Verkehrswertermittlung von Grundstücken

Kommentar und Handbuch
zur Ermittlung von Marktwerten
(Verkehrswerten), Versicherungs-
und Beleihungswerten unter
Berücksichtigung der **ImmoWertV**

6., vollständig neu bearbeitete Auflage 2010

Wolfgang Kleiber
Dipl.-Ing., Ministerialrat a.D. im Bundesministerium für Verkehr, Bau und Stadtentwicklung
Professor an der Hochschule Anhalt (Hochschule für angewandte Wissenschaften)
Fellow of the Royal Institution of Chartered Surveyors (FRICS)

unter Mitarbeit von
Dr. Roland Fischer
Öffentlich bestellter und vereidigter Sachverständiger für Grundstückswertermittlungen
und
Dr. Karsten Schröter
Leiter der Abteilung Bewertungsmanagement der Norddeutschen Landesbank
Member of the Royal Institution of Chartered Surveyors (MRICS)

mitbegründet und bis zur 5. Auflage mitbearbeitet von
Jürgen Simon
Dipl.-Ing. Architekt, Öffentlich bestellter und vereidigter Sachverständiger für Grundstückswertermittlungen

mitbegründet von
Gustav Weyers †

Bibliografische Information der Deutschen Nationalbibliothek
Die Deutsche Nationalbibliothek verzeichnet diese Publikation in der Deutschen Nationalbibliografie; detaillierte bibliografische Daten sind im Internet über http://dnb.d-nb.de abrufbar.

Die Immobilienwertermittlungsverordnung (ImmoWertV) ist im BGBl. I Nr. 25 vom 27. Mai 2010, S. 639, veröffentlicht. Die ImmoWertV tritt am 1. Juli 2010 in Kraft. Der Kommentierung liegt die am 7. Mai 2010 vom Bundesrat beschlossene und für die Veröffentlichung im BGBl. vorgesehene Fassung zugrunde (BR-Drs. 171/10).

Bundesanzeiger Verlagsges. mbH
Amsterdamer Straße 192
50735 Köln
Tel.: +49 (0) 2 21/97 66 8-20 0
Fax: +49 (0) 2 21/97 66 8-27 8
E-Mail: vertrieb@bundesanzeiger.de
Internet: www.bundesanzeiger-verlag.de

Weitere Informationen finden Sie auch in unserem Themenportal unter www.betrifft-biv.de

Kostenlose Bestellhotline:
Tel.: +49 (0) 8 00-12 34 33 9

ISBN: 978-3-89817-808-2

© 2010 Bundesanzeiger Verlagsges.mbH., Köln

Alle Rechte vorbehalten. Das Werk einschließlich seiner Teile ist urheberrechtlich geschützt. Jede Verwertung außerhalb der Grenzen des Urheberrechtsgesetzes bedarf der vorherigen Zustimmung des Verlags. Dies gilt auch für die fotomechanische Vervielfältigung (Fotokopie/Mikrokopie) und die Einspeicherung und Verarbeitung in elektronischen Systemen. Hinsichtlich der in diesem Werk ggf. enthaltenen Texte von Normen weisen wir darauf hin, dass rechtsverbindlich allein die amtlich verkündeten Texte sind.

Herstellung: Günter Fabritius

Satz: starke+partner, Willich

Druck und buchbinderische Verarbeitung: Bercker, Graphischer Betrieb, Kevelaer

Printed in Germany

Schnellübersicht

Abkürzungen		33
Teil I	**Texte**	
	Immobilienwertermittlungsverordnung – ImmoWertV –	67
	Beleihungswertverordnung – BelWertV –	87
	Auszug aus dem Bewertungsgesetz (BewG)	105
Teil II	**Einführung**	115
	Wertbegriffe	117
	Verkehrswert	122
	Grundstücksmarkt/Bodennutzung	125
Teil III	**Sachverständigenwesen**	153
	Sachverständiger	158
	Gutachten	253
	Grundbuch und Liegenschaftskataster	295
	Flächen und Volumina baulicher Anlagen	306
Teil IV	**Gutachterausschusswesen (Wertermittlungsrecht nach BauGB)**	339
Teil V	**Verkehrswertermittlung nach den Grundsätzen der Immobilienwertermittlungsverordnung – ImmoWertV**	555
	Vergleichswertverfahren	1229
	Extraktionsverfahren (Residualwertverfahren)	1381
	Ertragswertverfahren	1521
	Discounted-Cashflow-Verfahren	1639
	Sachwertverfahren	1821
Teil VI	**Verkehrswertermittlung besonderer Immobilienarten**	1951
Teil VII	**Verkehrswertermittlung aus besonderen Anlässen**	2395
	Enteignungen	2398
	Zugewinnausgleich	2453
	Pflichtteilsanspruch	2465
Teil VIII	**Verkehrswertermittlung in städtebaulichen Veranstaltungsgebieten**	2473
	Sanierungsgebiete und Entwicklungsbereiche	2479
	Erhaltungsgebiete	2657
	Stadtumbaugebiete	2665
	Umlegungsgebiete	2670
Teil IX	**Verkehrswertermittlung von Rechten und Belastungen**	2705
Teil X	**Beleihungswertermittlung nach den Grundsätzen der Beleihungswertermittlungsverordnung (BelWertV)**	2917
Teil XI	**Anhang**	3065
Teil XII	**Sachverzeichnis**	3135

Vorwort

*„Es gibt keine absoluten Werte,
denn es sind nicht die Dinge, die
uns ihren Wert auferlegen, sondern
der Mensch selbst ist es, der
die Werte bestimmt."*

Vorwort zur sechsten Auflage

Die Marktwertermittlung von Grundstücken nimmt in der Immobilienwirtschaft eine herausragende Bedeutung ein. Dies betrifft insbesondere das Immobilieninvestment, die Bilanzierung des Immobilienbestands, die Projektentwicklung und vieles mehr. Das Gleiche gilt für die sich an der Marktwertermittlung orientierende Ermittlung von Beleihungswerten. Eine unrealistische Einschätzung der Immobilienwerte und ihrer Entwicklung war der Auslöser der internationalen Finanzkrise und hat in diesem Bereich katastrophale Defizite aufgedeckt. Schließlich orientiert sich auch die steuerliche Bewertung mit der Erbschaftsteuerreform zunehmend an den bewährten Grundsätzen der Marktwertermittlung. Entsprechende Weichenstellungen sind auch im Bereich der anstehenden Grundsteuerreform zu erwarten.

Der deutsche Immobilienmarkt weist eine von internationalen Investoren hoch geschätzte Stabilität auf und ist anders als die Immobilienmärkte z.B. in Großbritannien, den Vereinigten Staaten und Spanien von zerplatzenden Immobilienblasen verschont worden. Die im internationalen Vergleich hochentwickelte deutsche Wertermittlung hat hierzu entscheidend beigetragen. Nach dem Bericht des ICS/IPD hat Deutschland im internationalen Vergleich von allen untersuchten Ländern am Besten abgeschnitten, was Zuverlässigkeit und Genauigkeit der Verkehrswertermittlung anbelangt (GuG 2007, 173, GuG 2000, 292). Die Bundesrepublik Deutschland weist auch idealtypische Rahmenbedingungen für eine fundierte Marktwertermittlung auf und dürfte weltweit das einzige Land sein, in dem auf einer gesetzlichen Grundlage sämtliche Grundstückstransaktionen in Kaufpreissammlungen registriert und ausgewertet werden.

Deutschland gehört zu den wenigen Ländern, in denen die Grundzüge der Marktwertermittlung in einer Rechtsverordnung geregelt sind. Dass der deutsche Immobilienmarkt von dramatischen Zusammenbrüchen verschont geblieben ist, kann nicht zuletzt auf die Wertermittlungsverordnung zurückgeführt werden, die sich als Garant einer fundierten Marktwertermittlung erwiesen hat, einer konsequent am Marktgeschehen ausgerichteten Verkehrswertermittlung frei von spekulativen Elementen und prognostischen Wertermittlungsmethoden.

Die Wertermittlungsverordnung – WertV – von 1988/98 hat sich in über 20 Jahren bewährt. Gleichwohl war es angezeigt, sie zu überprüfen und fortzuschreiben. Sie wurde 2010 durch die am 1.7.2010 in Kraft getretene Immobilienwertermittlungsverordnung – ImmoWertV – ersetzt. Die geänderten Rechtsvorschriften stehen im Mittelpunkt dieser Neuauflage. Der Sachverständige wird sich schnell in die geänderten Rechtsvorschriften einarbeiten, denn mit der Neufassung sind keine materiellen Änderungen einhergegangen. Die Änderungen beschränken sich im Wesentlichen auf neue Begrifflichkeiten einschließlich einer populistischen Namensgebung der Verordnung, redaktionelle Änderungen und systematische Umstellungen. Neu aufgenommen wurden lediglich zwei weitere Varianten des Ertragswertverfahrens, die mathematisch exakt der bisher geregelten Standardvariante entsprechen und dem Benutzer dieses Werks seit jeher bekannt sind. Diese Varianten haben schon seit langem, nicht zuletzt aufgrund dieses Werkes, Eingang in die allgemeine Wertermittlungspraxis gefunden. Es handelt sich um das sog. eingleisige Ertragswertverfahren ohne Aufteilung in den Boden- und Gebäudewertanteil sowie um die mehrperiodische Ertragswertermittlung nach der allgemeinen Barwertformel, der „Urmutter" aller Ertragswertverfahren einschließlich des Discounted Cashflow Verfahrens. Diese Varianten führen zu exakt demselben Ergebnis wie die bisher geregelte Standardvariante. Ersatzlos fortgefallen sind die Regelungen zur Bemessung

Vorwort

der Enteignungsentschädigung (bisher § 29 WertV) und die Wertermittlungsvorschriften für Sanierungsgebiete und Entwicklungsbereiche (bisher §§ 26 bis 28 WertV). Die Erläuterungen zu diesen Gebieten der Marktwertermittlung sind in der Neuauflage im Teil VII (Verkehrswertermittlung aus besonderen Anlässen) und dem neuen Teil VIII (Verkehrswertermittlung in städtebaulichen Veranstaltungsgebieten) aufgegangen.

Von materieller Bedeutung ist vor allem die neu in die WertV eingeführte Regelung über Bodenrichtwerte, mit denen erstmals auf der Grundlage der geänderten Ermächtigungsgrundlage des § 199 Abs. 1 des Baugesetzbuchs bundeseinheitliche Grundsätze über die Ableitung und Veröffentlichung von Bodenrichtwerten den Gutachterausschüssen für Grundstückswerte vorgegeben werden.

Auch wenn die Regelungen der ImmoWertV insgesamt nur geringe materielle Änderungen gegenüber der WertV von 1988/98 erfahren haben, ergeben sich für die Praxis aufgrund der redaktionellen und systematischen Änderungen erhebliche Folgen insbesondere für die Erstattung von Auftragsgutachten.

In der Darstellung und im Aufbau haben die Verfasser grundsätzlich an dem bewährten Prinzip festgehalten, komplizierte Sachverhalte möglichst anschaulich darzustellen. Aufbau und Darstellung sollen es dem „Einsteiger", wie auch dem fortgebildeten Leser, ermöglichen, sich schnell in die Materie einzuarbeiten. Auf zwei Änderungen ist jedoch hinzuweisen:

a) Die Erläuterungen zum Vergleichs-, Ertrags- und Sachwertverfahren wurden in einer „Systematischen Darstellung" zusammengefasst.

b) Beispielsfälle wurden zusammen mit der Erläuterung der Verkehrswertermittlung besonderer Immobilienarten (Sonderimmobilien, Freizeitimmobilien, Managementimmobilien, Betreiberimmobilien) in einem eigenen Teil (VI) zusammengefasst.

Die kompakte Behandlung der Wertermittlungsverfahren und der Spezialimmobilien soll die Benutzung des Werks übersichtlicher gestalten.

Das vorliegende Werk will für freischaffende Sachverständige ebenso wie für Gutachterausschüsse für Grundstückswerte, für Kreditinstitute, für Wirtschaftsprüfer, für Steuerberater, für die in Versicherungsunternehmen tätigen Sachverständigen, für die Verwaltung und für das Rechtswesen und nicht zuletzt auch für Studierende Ratgeber sein. Es stellt den aktuellen Stand der Wertermittlungslehre und Wertermittlungspraxis in Verbindung mit den Rechtsgrundlagen dar und steht in enger Verzahnung mit

– den geltenden Rechtsgrundlagen, die in der Sammlung amtlicher Vorschriften der Wertermittlung –WERTR 06– zusammengestellt sind (erschienen beim Bundesanzeiger Verlag in der 10. Auflage),

– der Rechtsprechung zur Verkehrswertermittlung, die in der im Luchterhand Verlag erschienenen Entscheidungssammlung zum Grundstücksmarkt und Grundstückswert – EzGuG – zusammengestellt und dort laufend fortgeführt wird, sowie

– der aktuellen Marktentwicklung, die einschließlich der Behandlung aktueller Fragen der Verkehrswertermittlung ebenfalls der im Luchterhand Verlag periodisch erscheinenden Zeitschrift „Grundstücksmarkt und Grundstückswert" – GuG – entnommen werden können.

Mit der sechsten Auflage ist der Mitbegründer dieses Werks und langjährige Mitherausgeber, Herr Prof. Dipl.-Ing. Jürgen Simon, ausgeschieden. Verlag und Herausgeber danken für die in insgesamt fünf Auflagen geleistete Arbeit. Herr Kollege Simon hat maßgeblich zur hohen Reputation dieses Werks in der breiten Fachöffentlichkeit beigetragen. Als Nachfolger konnte Herr Dr. Roland Fischer, öffentlich bestellter und vereidigter Sachverständiger (Bruckberg/Bergisch Gladbach/Halle/München) und Mitglied der Sachverständigengemeinschaft Dr. Fischer & Part-

Vorwort

ner, gewonnen werden, der mit dieser Auflage insbesondere eine Überarbeitung der nunmehr in Teil IX behandelten Marktwertermittlung von Rechten und Belastungen vorlegt.

Neubearbeitet und aktualisiert wurden auch die übrigen Teile dieses Werks und vor allem auch die nunmehr im Teil X behandelte Ermittlung von Beleihungswerten durch Herrn Dr. Karsten Schröter.

Dem Leser steht damit ein geschlossenes und aktuelles Werk über die Marktwertermittlung mit allen damit verwandten Bereichen zur Verfügung, das über die digitale Online-Version ständig aktualisiert wird (http://www.kleiber-digital.de).

Wolfgang Kleiber, Berlin
Roland Fischer, Bruckberg
Karsten Schröter, Hannover
im Mai 2010

Hinweise:
Die NHK 2000 wurden im Anhang dieses Werkes nicht erneut veröffentlicht. Sie finden diese abgedruckt in der 5. Auflage, Teil X, Anhang 4, S. 3049 ff. Außerdem stehen die NHK 2000 allen Lesern kostenfrei über die Startseite der Online-Version zur Verfügung.

Soweit Angaben in Deutsche Mark (DM) unvermeidlich waren, ergibt sich aus der Verordnung Nr. 2866/98 des Rates der Europäischen Gemeinschaften vom 31.12.1998 (ABl. L 359) ein Wechselkurs von 1 Euro (€) = 1,95583 DM.

Inhaltsverzeichnis

Vorwort zur sechsten Auflage	6
Abkürzungsverzeichnis	33
Gesetze, Verordnungen, Richtlinien und Normen	47

Teil I Rechtsgrundlagen (W. Kleiber)

1. Verordnung über die Grundsätze für die Ermittlung der Verkehrswerte von Grundstücken (Immobilienwertermittlungsverordnung – ImmoWertV)	67
Anlage 1: Barwertfaktoren für die Kapitalisierung (Vervielfältigertabelle)	79
Anlage 2: Barwertfaktoren für die Abzinsung	83
2. Verordnung über die Ermittlung der Beleihungswerte von Grundstücken gemäß § 16 Abs. 1 und 2 des Pfandbriefgesetzes (Beleihungswertermittlungsverordnung – BelWertV)	87
Anlage 1: Bandbreite der Einzelkostenansätze für die Ermittlung der Bewirtschaftungskosten	101
Anlage 2: Erfahrungssätze für die Nutzungsdauer baulicher Anlagen	102
Anlage 3: Bandbreiten für Kapitalisierungszinssätze	102
3. Auszug aus dem Bewertungsgesetz (BewG)	105

Teil II Einführung (W. Kleiber)

1 Wertbegriffe	117
2 Allgemeines zum Verkehrswert (Marktwert)	122
3 Zusammenhänge zwischen Kaufpreisen und Verkehrswert (Marktwert)	124
4 Allgemeines zum Grundstücksmarkt und zur Bodennutzung	
4.1 Grundvermögen und Bodennutzung in der Bundesrepublik Deutschland	125
4.2 Funktionalität des Grundstücksmarktes	136
5 Vom Preisstopp zum freien Grundstücksmarkt	151

Teil III Sachverständigenwesen (W. Kleiber)

1 Sachverständiger	
1.1 Einführung	158
1.2 Typologie der Sachverständigen	162
1.3 Organisationsformen der Sachverständigentätigkeit	206
1.4 Ablehnung von Sachverständigen	211
1.5 Beauftragung von Sachverständigen	218
1.6 Haftung von Sachverständigen	221
1.7 Haftung des Auftraggebers	238
1.8 Vergütung von Sachverständigen	239

Inhaltsverzeichnis

    1.9   Vermögensschaden-Haftpflichtversicherung 251
    1.10 Gerichtsstand 252

2 Gutachten
    2.1   Gutachten über Grundstückswerte 253
    2.2   Allgemeine Grundsätze der Gutachtenerstattung 267
    2.3   Markt- und Objektrating 292
    2.4   Anlage: Muster eines Schiedsgutachtenvertrags 293

3 Grundbuch und Liegenschaftskataster
    3.1   Grundbuch 295
    3.2   Liegenschaftskataster 302

4 Flächen und Volumina baulicher Anlagen
    4.1   Allgemeines 306
    4.2   Flächeneinheiten 307
    4.3   Volumina 331
    4.4   Ausbauverhältnis 338

Teil IV   Gutachterausschusswesen und Verkehrswert (§§ 192 bis 199 Baugesetzbuch – BauGB) (W. Kleiber)

1 Vorbemerkungen zum Wertermittlungsrecht des BauGB
    1.1   Wertermittlungsrecht des Bundes 341
    1.2   Wertermittlungsrecht der Länder 348

2 Die Rechtsgrundlagen des Baugesetzbuchs zur Wertermittlung im Einzelnen   349

§ 192 BauGB Gutachterausschuss

1 Gutachterausschüsse für Grundstückswerte (§ 192 Abs. 1 BauGB)
    1.1   Allgemeines 350
    1.2   Unabhängigkeit des Gutachterausschusses 352
    1.3   Räumlicher Tätigkeitsbereich 354
    1.4   Zusammensetzung 356
    1.5   Entschädigung von Mitgliedern des Gutachterausschusses 357
    1.6   Rechts- und Dienstaufsicht 358

2 Bestellung und Abberufung von Gutachtern
    2.1   Bestellung von Gutachtern 358
    2.2   Abberufung von Gutachtern und Amtsniederlegung 360

3 Geheimhaltungspflicht 360

4 Geschäftsstelle des Gutachterausschusses (§ 192 Abs. 4 BauGB) 362

5 Befangenheit von Gutachtern und deren Ablehnung 364

6 Haftung des Gutachterausschusses 366

7 Gebühren des Gutachterausschusses
    7.1   Übersicht 367
    7.2   Gebührenbefreiung 371
    7.3   Umsatzsteuer 374

Inhaltsverzeichnis

§ 193 BauGB Aufgaben des Gutachterausschusses

1 Übersicht 377
2 Gutachtenerstattung
   2.1 Gutachten 379
   2.2 Antragsberechtigte 382
3 Rechtsnatur der von den Gutachterausschüssen erstatteten Gutachten
   (§ 193 Abs. 3 BauGB) 391
4 Übersendungspflicht an die Eigentümer (§ 193 Abs. 4 BauGB)
   4.1 Allgemeines 392
   4.2 Rechtsnatur, Kosten 392
5 Führung und Auswertung der Kaufpreissammlung (§ 193 Abs. 5 BauGB)
   5.1 Übersicht 393
   5.2 Auswertung von Kaufverträgen 397
6 Weitere Aufgaben
   6.1 Allgemeines 401
   6.2 Bodenrichtwertübersichten 401
   6.3 Grundstücksmarktberichte 401

§ 194 BauGB Verkehrswert

1 Allgemeines 404
2 Normative Vorgaben für die Verkehrswertermittlung (Marktwertermittlung)
   2.1 Übersicht 405
   2.2 Gewöhnlicher Geschäftsverkehr 407
   2.3 Allgemeine Wertverhältnisse zum Wertermittlungsstichtag 417
   2.4 Wertbestimmende Zustandsmerkmale 422
   2.5 Verkehrswert-Derivate 430
   2.6 Ausländische Definitionen des Verkehrswerts bzw. Marktwerts
       (Market Value) 431
3 Verkehrswertermittlung (Marktwertermittlung)
   3.1 Verkehrswertspanne 438
   3.2 Genauigkeit und Leistungsfähigkeit der Verkehrswertermittlung ... 442
   3.3 Auf- und Abrundung 448
   3.4 Konsistenz der Verkehrswertermittlung 448
4 Merkantiler Minderwert 448
5 Verkehrswerte in anderen Rechtsbereichen
   5.1 Entschädigungsrecht 454
   5.2 Ausübung von Vorkaufsrechten 454
   5.3 Haushaltsrecht 455
   5.4 Bergrecht 456
   5.5 Steuerliches Bewertungsrecht (Gemeiner Wert) 456
   5.6 Zwangsversteigerungsrecht 457
   5.7 Kreditwirtschaftsrecht (Beleihungswert) 461
   5.8 Flurbereinigungsrecht 467
   5.9 Landwirtschaftsanpassungsgesetz 468
   5.10 Kapitalanlagenrecht (Investmentvermögen) 468

Inhaltsverzeichnis

5.11	Bilanzrecht	471
5.12	Weitere Rechtsbereiche	483

§ 195 BauGB Kaufpreissammlung

1 Übersendungspflichten von Grundstückskauf- und -tauschverträgen (§ 195 Abs. 1 BauGB)
- 1.1 Übersicht ... 486
- 1.2 Einschränkung der Übersendungspflicht ... 486

2 Zugang zu den Daten der Kaufpreissammlung (§ 195 Abs. 2 und 3 BauGB)
- 2.1 Allgemeines ... 489
- 2.2 Einsicht in die Kaufpreissammlung ... 491
- 2.3 Übermittlung der Kaufpreissammlung an das zuständige Finanzamt ... 492
- 2.4 Vorlage von Urkunden und Akten des Gutachterausschusses ... 493
- 2.5 Auskünfte aus der Kaufpreissammlung (§ 195 Abs. 3 BauGB) ... 495
- 2.6 Amtshilfeverpflichtungen des Gutachterausschusses ... 505

3 Verletzung datenschutzrechtlicher Bestimmungen ... 506

§ 196 BauGB Bodenrichtwerte

1 Bodenrichtwert
- 1.1 Übersicht ... 509
- 1.2 Flächendeckende Bodenrichtwertermittlung (§ 196 Abs. 1 BauGB) ... 510

2 Publizität der Bodenrichtwerte (§ 196 Abs. 3 BauGB)
- 2.1 Übersicht ... 512
- 2.2 Veröffentlichung (§ 196 Abs. 3 Satz 1 BauGB) ... 512
- 2.3 Mitteilung an das Finanzamt (§ 196 Abs. 3 Satz 1 BauGB) ... 512
- 2.4 Auskunft über Bodenrichtwerte (§ 196 Abs. 3 Satz 2 BauGB) ... 513

3 Bodenrichtwertübersicht ... 514

4 Anlage
- Anlage: Bodenrichtwertauskunft ... 516

§ 197 BauGB Befugnisse des Gutachterausschusses

1 Umfang der Befugnisse des Gutachterausschusses (§ 197 Abs. 1 BauGB)
- 1.1 Allgemeines ... 517
- 1.2 Auskunftsrechte (§ 197 Abs. 1 Satz 1 BauGB) ... 518
- 1.3 Vorlagepflichten der Betroffenen (§ 197 Abs. 1 Satz 2 BauGB) ... 519
- 1.4 Duldungspflichten der Betroffenen; Betretungsrechte (§ 197 Abs. 1 Satz 3 und 4 BauGB) ... 520

2 Amtshilfe
- 2.1 Rechts- und Amtshilfepflichten gegenüber dem Gutachterausschuss (§ 197 Abs. 2 BauGB) ... 521
- 2.2 Amtshilfe durch den Gutachterausschuss ... 521

3 Rechtsmittel ... 522

4 Anlagen
- Anlage 1: Angaben zur Kaufpreissammlung ... 523
- Anlage 2: Erhebungsbogen für Ein- und Zweifamilienhäuser ... 524

Inhaltsverzeichnis

Anlage 3: Erhebungsbogen für bebaute Grundstücke		526
Anlage 4: Erhebungsbogen zur Ermittlung von Kleingartenpachtzinsen		530

§ 198 BauGB Oberer Gutachterausschuss

1 Einrichtung Oberer Gutachterausschüsse oder Zentraler Geschäftsstellen (§ 198 Abs. 1 BauGB) ... 533

2 Aufgaben des Oberen Gutachterausschusses und der Zentralen Geschäftsstellen (§ 198 Abs. 2 BauGB)
- 2.1 Allgemeines ... 537
- 2.2 Überregionale Marktanalysen (§ 198 Abs. 2 Satz 1 BauGB) ... 537
- 2.3 Erstattung von Obergutachten (§ 198 Abs. 2 Satz 2 BauGB) ... 537

§ 199 BauGB Ermächtigungen

1 Allgemeines ... 541

2 Ermächtigung der Bundesregierung (§ 199 Abs. 1 BauGB)
- 2.1 Entstehungsgeschichte ... 541
- 2.2 Geltende Ermächtigungsnorm ... 542

3 Ermächtigungen der Landesregierungen (§ 199 Abs. 2 BauGB)
- 3.1 Übersicht ... 546
- 3.2 Bildung und Tätigwerden des Gutachterausschusses (§ 199 Abs. 2 Nr. 1 BauGB) ... 546
- 3.3 Aufgaben des Vorsitzenden (§ 199 Abs. 2 Nr. 2 BauGB) ... 547
- 3.4 Einrichtung und Aufgabe der Geschäftsstelle (§ 199 Abs. 2 Nr. 3 BauGB) ... 547
- 3.5 Ergänzende Ermächtigung zur Kaufpreissammlung sowie zur Veröffentlichung von Bodenrichtwerten und sonstiger Daten (§ 199 Abs. 2 Nr. 4 BauGB) ... 548
- 3.6 Übermittlung von Daten der Flurbereinigungsbehörden (§ 199 Abs. 2 Nr. 5 BauGB) ... 549
- 3.7 Übertragung weiterer Aufgaben (§ 199 Abs. 2 Nr. 6 BauGB) ... 551
- 3.8 Entschädigung der Mitglieder des Gutachterausschusses (§ 199 Abs. 2 Nr. 7 BauGB) ... 553

Teil V Verkehrswertermittlung nach den Grundsätzen der Immobilienwertermittlungsverordnung (W. Kleiber)

1 Vorbemerkungen zur ImmoWertV
- 1.1 Rechtsgrundlage ... 557
- 1.2 Entstehungsgeschichte ... 558
- 1.3 Allgemeine Zielsetzungen und Lösungen ... 564
- 1.4 Aufbau der ImmoWertV ... 565
- 1.5 Ergänzende Wertermittlungsrichtlinien ... 572

2 Die Rechtsgrundlagen der Immobilienwertermittlungsverordnung im Einzelnen ... 577

Inhaltsverzeichnis

Abschnitt 1 ImmoWertV:
Anwendungsbereich, Begriffsbestimmungen und allgemeine Verfahrensgrundsätze

§ 1 ImmoWertV Anwendungsbereich

1 **Anwendungsbereich (§ 1 Abs. 1 ImmoWertV)**
   1.1 ImmoWertV 578
   1.2 BelWertV 581

2 **Gegenstand der Wertermittlung**
   2.1 Grundstück und Grundstücksteil 581
   2.2 Wirtschaftliche Einheit 583
   2.3 Bestandteile des Grundstücks 585

3 **Anwendung der Verordnung auf Grundstücksrechte (§ 1 Abs. 2 ImmoWertV)**
   3.1 Allgemeines 593
   3.2 Beschränkt dingliche Rechte 595
   3.3 Nutzungsrechte 595
   3.4 Sicherungs- und Verwertungsrechte 597
   3.5 Erwerbsrechte 597

4 **Anwendung der Verordnung auf nicht marktgängige Wertermittlungsobjekte**   598

§ 2 ImmoWertV Grundlagen der Wertermittlung

1 **Zustand und allgemeine Wertverhältnisse**
   1.1 Allgemeine Grundsätze (§ 2 Satz 1 ImmoWertV) 599
   1.2 Qualifizierte Erwartung künftiger Entwicklungen (§ 2 Satz 2 ImmoWertV)   600

2 **Wartezeit (§ 2 Satz 3 ImmoWertV)** 602

§ 3 ImmoWertV Wertermittlungsstichtag und allgemeine Wertverhältnisse

1 **Wertermittlungsstichtag (§ 3 Abs. 1 ImmoWertV)**
   1.1 Allgemeines 603
   1.2 Retrograder Wertermittlungsstichtag 603

2 **Allgemeine Wertverhältnisse auf dem Grundstücksmarkt (§ 3 Abs. 2 ImmoWertV)** 604

§ 4 ImmoWertV Qualitäts- und Grundstückszustand

1 **Qualitätsstichtag (§ 4 Abs. 1 ImmoWertV)**
   1.1 Identität von Wertermittlungs- und Qualitätsstichtag 606
   1.2 Unterschiedlicher Wertermittlungs- und Qualitätsstichtag 608

2 **Zustand (§ 4 Abs. 2 ImmoWertV)** 611

3 **Besonderheiten der Zustandsqualifizierung (§ 4 Abs. 3 ImmoWertV)**
   3.1 Allgemeines 612
   3.2 Absehbare anderweitige Nutzungen (§ 4 Abs. 3 Nr. 1 ImmoWertV) 612
   3.3 Überdurchschnittlicher Aufwand (§ 4 Abs. 3 Nr. 2 ImmoWertV) 612
   3.4 Städtebauliche Missstände und Funktionsverluste (§ 4 Abs. 3 Nr. 3 ImmoWertV) 612

3.5	Dauerhafte öffentliche Zweckbindung/Gemeinbedarfsflächen (§ 4 Abs. 3 Nr. 4 ImmoWertV)	615
3.6	Erneuerbare Energien (§ 4 Abs. 3 Nr. 5 ImmoWertV)	615
3.7	Naturschutzrechtliche Ausgleichsflächen (§ 4 Abs. 3 Nr. 6 ImmoWertV)	615

§ 5 ImmoWertV Entwicklungszustand

1 Allgemeines 618

2 Flächen der Land- oder Forstwirtschaft (§ 5 Abs. 1 ImmoWertV)
- 2.1 Vorbemerkungen 624
- 2.2 Reine Flächen der Land- und Forstwirtschaft 626
- 2.3 Besondere Flächen der Land- oder Forstwirtschaft 658
- 2.4 Hofstelle, Hofanschlussflächen, hofnahe und -ferne Flächen 663

3 Bauerwartungsland (§ 5 Abs. 2 ImmoWertV)
- 3.1 Materielle Definition 670
- 3.2 Stand der Bauleitplanung 674
- 3.3 Städtebauliche Entwicklungen 675
- 3.4 Einer Bauerwartung entgegenstehende Gegebenheiten 676

4 Rohbauland (§ 5 Abs. 3 ImmoWertV)
- 4.1 Materielle Definition 676
- 4.2 Brutto- und Nettorohbauland 677
- 4.3 Bauliche Nutzung 678
- 4.4 Besonderheiten für Umlegungsgebiete 679

5 Baureifes Land (§ 5 Abs. 4 ImmoWertV)
- 5.1 Materielle Definition 680
- 5.2 Baureife begründende rechtliche Gegebenheiten 684
- 5.3 Der Baureife entgegenstehende rechtliche Gegebenheiten 692
- 5.4 Außenbereich 695

6 Sondernutzungen
- 6.1 Öd-, Un- und Geringstland 704
- 6.2 Erbschaftsteuer-Richtlinien 704

7 Schutzgebiete
- 7.1 Allgemeines 705
- 7.2 Naturschutzrechtliche Ausgleichsflächen und -maßnahmen 706
- 7.3 Landschafts- oder Naturschutzgebiete (Flora-Fauna-Habitat) 711
- 7.4 Wasserschutz-, Überschwemmungs- und Heilquellengebiet 715
- 7.5 Lärmschutzgebiet 722

8 Kleingartenland
- 8.1 Allgemeines 722
- 8.2 Pacht 723
- 8.3 Kleingärten in den neuen Bundesländern 727
- 8.4 Sonstiges Gartenland 731

9 Abbauland
- 9.1 Allgemeines 737
- 9.2 Grundeigene und bergfreie Bodenschätze 739
- 9.3 Verkehrswertermittlung 747
- 9.4 Bergschaden 762

Inhaltsverzeichnis

10 Wasserfläche
    10.1 Allgemeines 774
    10.2 Hafen 778

§ 6 ImmoWertV Weitere Grundstücksmerkmale

1 Allgemeines 782
2 Art und Maß der baulichen Nutzung (§ 6 Abs. 1 ImmoWertV)
    2.1 Allgemeines (§ 6 Abs. 1 Satz 1 ImmoWertV) 783
    2.2 Rechtliche Gegebenheiten 784
    2.3 Tatsächliche Gegebenheiten 812
    2.4 Erhebliches Abweichen der tatsächlichen Nutzung von der zulässigen bzw. lagetypischen Nutzung 815
    2.5 Flächen, auf denen nach den Festsetzungen des Bebauungsplans nur bestimmte Wohngebäude errichtet werden dürfen 815
3 Wertbeeinflussende Rechte und Belastungen (§ 6 Abs. 2 ImmoWertV)
    3.1 Allgemeines 817
    3.2 Pfandrechte 818
4 Abgabenrechtlicher Zustand (§ 6 Abs. 3 ImmoWertV) 818
5 Lage (§ 6 Abs. 4 ImmoWertV)
    5.1 Allgemeines 820
    5.2 Lagetypen 821
    5.3 Beeinträchtigungen der Lageverhältnisse 822
6 Lärm
    6.1 Allgemeines 826
    6.2 Verkehrslärm (Straßen und Schienen) 826
    6.3 Gewerbelärm 851
    6.4 Fluglärm 852
    6.5 Spiel- und Sportlärm 858
    6.6 Manöver- und Schießlärm 862
    6.7 Baulärm 862
7 Geruchsimmission 863
8 Staubimmission 864
9 Erschütterungen 864
10 Elektrosmog
    10.1 Grenzwerte 865
    10.2 Mindestfläche 868
    10.3 Nutzungsentgelte 868
    10.4 Minderung der Nutzungsentgelte 869
    10.5 Rechtsprechung zum Mobilfunk 869
11 Beschaffenheit und tatsächliche Eigenschaften (§ 6 Abs. 5 ImmoWertV)
    11.1 Allgemeines 870
    11.2 Altlasten 871
    11.3 Beschaffenheit der baulichen Anlage 893

12 Gesamt- und Restnutzungsdauer (§ 6 Abs. 6 ImmoWertV)
  12.1 Begriffe 895
  12.2 Übliche Gesamtnutzungsdauer (Nutzungsdauer) 897
  12.3 Übliche Restnutzungsdauer 902
  12.4 Abweichungen von der üblichen Restnutzungsdauer 903
  12.5 Verlängerung der Restnutzungsdauer durch Modernisierungen 905
  12.6 Abschätzung der Restnutzungsdauer bei Gebäudemix 915

§ 7 ImmoWertV Ungewöhnliche oder persönliche Verhältnisse

1 **Übersicht** 921

2 **Allgemeiner Grundsatz (§ 7 Satz 1 ImmoWertV)** 922

3 **Identifizierung ungewöhnlicher oder persönlicher Verhältnisse (§ 7 Satz 2 ImmoWertV)**
  3.1 Allgemeines 923
  3.2 Ausschluss „erheblich" abweichender Kaufpreise 924

4 **Rechtsprechungsübersicht** 926

5 **Ungewöhnliche Aufwendungen bei der Bemessung von Kaufpreisen** 929

6 **Verrentung von Kaufpreisen; Leib- und Zeitrente**
  6.1 Allgemeines 930
  6.2 Zeitrente 930
  6.3 Leibrente 932
  6.4 Zinssatz 937

§ 8 ImmoWertV Ermittlung des Verkehrswerts

1 **Allgemeine Übersicht**
  1.1 Regelungsgehalt des § 8 ImmoWertV 941
  1.2 Verfahren zur Preisermittlung für Investitionen 946
  1.3 Internationale „Bewertungsverfahren" und Bewertungsstandards 947

2 **Vergleichs-, Ertrags- und Sachwertverfahren (§ 8 Abs. 1 Satz 1 und 2 ImmoWertV)**
  2.1 Übersicht 951
  2.2 Verfahrenswahl 953
  2.3 Vergleichswertverfahren 959
  2.4 Ertragswertverfahren 961
  2.5 Sachwertverfahren 964
  2.6 Liquidationswertverfahren 967
  2.7 Kombinationsverfahren 969
  2.8 Monte-Carlo-Verfahren 971
  2.9 Massenbewertungsverfahren (Portfolio-Bewertung) 972

3 **Problemfälle bei der Wahl des Wertermittlungsverfahrens**
  3.1 Gewerbe- und Industriegrundstücke 978
  3.2 Unternehmensbewertung 978
  3.3 Eigentumswohnung 980
  3.4 Gemeinbedarfsfläche 981
  3.5 Teilfläche 982

Inhaltsverzeichnis

    3.6   Warteständiges Bauland 983
    3.7   Grundstücke im Zustand der Bebauung 983

4   Verkehrswertableitung aus den Ergebnissen der Wertermittlungsverfahren (§ 8 Abs. 1 Satz 3 ImmoWertV)
    4.1   Übersicht 985
    4.2   Aussagefähigkeit der herangezogenen Verfahren 985
    4.3   Berücksichtigung mehrerer Verfahrensergebnisse 985
    4.4   Mittelwertmethode (Berliner Verfahren) 986

5   Marktanpassung (§ 8 Abs. 2 Nr. 1 ImmoWertV)
    5.1   Allgemeines 987
    5.2   Vergleichswertverfahren 988
    5.3   Ertragswertverfahren 989
    5.4   Sachwertverfahren 989

6   Berücksichtigung besonderer objektspezifischer Grundstücksmerkmale (§ 8 Abs. 3 ImmoWertV)
    6.1   Allgemeines 990
    6.2   Baumängel und Bauschäden (Instandhaltungsrückstau) ... 994
    6.3   Wirtschaftliche Überalterung 1020
    6.4   Überdurchschnittlicher Erhaltungszustand 1023
    6.5   Architektonische Gestaltung 1024
    6.6   Vom marktüblich erzielbaren Ertrag erheblich abweichender Ertrag 1024

7   Anlagen
    7.1   Kostengliederung nach Bauelementen und Gebäudejahresklassen 1067
    7.2   Instandsetzungs- und Modernisierungskosten (einschließlich MwSt.) 1076
    7.3   Pauschalsätze für Modernisierungskosten des IVD Berlin-Brandenburg e.V. (2009/2010) 1082

Abschnitt 2 ImmoWertV:
Bodenrichtwerte und sonstige erforderliche Daten

§ 9 ImmoWertV Grundlagen der Ermittlung

1   Ableitungspflicht der Gutachterausschüsse 1083

2   Allgemeine Grundsätze der Ableitung 1085

3   Fortschreibung 1087

4   Veröffentlichung 1087

§ 10 ImmoWertV Bodenrichtwerte

1. Allgemeines
    1.1   Entstehungsgeschichte der Vorschrift 1089
    1.2   Ziel und Zweck von Bodenrichtwerten 1091
    1.3   Typologie der Bodenrichtwerte 1093

2   Ableitung von Bodenrichtwerten (§ 10 Abs. 1 ImmoWertV)
    2.1   Allgemeines 1099
    2.2   Bodenrichtwertableitung für Gebiete mit Grundstücksverkehr 1099
    2.3   Bodenrichtwertableitung für Gebiete ohne Grundstücksverkehr 1099

Inhaltsverzeichnis

3	**Darstellung von Bodenrichtwerten bei ihrer Veröffentlichung (§ 10 Abs. 2 ImmoWertV)**	
	3.1 Allgemeines	1101
	3.2 Darstellung in Bodenrichtwertkarten und Bodenrichtwertlisten	1102
	3.3 Zonale Bodenrichtwerte	1104
	3.4 Attributierung des Bodenrichtwertgrundstücks	1106
4	**Automatisierte Form (§ 10 Abs. 3 ImmoWertV)**	1109
5	**Ländererlasse zur Bodenrichtwertermittlung**	1109
6	**Anlagen**	
	Anlage 1: Erläuterungen der Bodenrichtwerte	1111
	Anlage 2: Darstellung der Bodenrichtwerte	1112

§ 11 ImmoWertV Indexreihen

1	**Anwendung von Indexreihen (§ 11 Abs. 1 ImmoWertV)**	1114
2	**Indexreihe (§ 11 Abs. 2 und 3 ImmoWertV)**	
	2.1 Definition (§ 11 Abs. 2 ImmoWertV)	1115
	2.2 Basiszeitraum und Basiszeitpunkt	1116
	2.3 Ableitung (§ 11 Abs. 3 ImmoWertV)	1116
3	**Indexreihen (§ 11 Abs. 4 ImmoWertV)**	
	3.1 Bodenpreisindexreihen	1117
	3.2 Indexreihen für die Preise von Eigentumswohnungen	1121
	3.3 Indexreihen für die Preise von Einfamilienhäusern	1121
4	**Kaufwertestatistiken**	1122
5	**Immobilienindizes**	1123

§ 12 ImmoWertV Umrechnungskoeffizienten

1	**Anwendung von Umrechnungskoeffizienten**	1125
2	**Ableitung von Umrechnungskoeffizienten**	1126
3	**Fortschreibung von Umrechnungskoeffizienten**	1126

§ 13 ImmoWertV Vergleichsfaktoren für bebaute Grundstücke

1	**Anwendung von Vergleichsfaktoren (§ 13 Satz 1 ImmoWertV)**	1127
2	**Ableitung von Vergleichsfaktoren (§ 13 Satz 2 ImmoWertV)**	1128
3	**Ertragsfaktor**	
	3.1 Ableitung von Ertragsfaktoren	1132
	3.2 Beispiele	1133
	3.3 Ertragsfaktoren im Verhältnis zum finanzmathematischen Vervielfältiger (Barwertfaktor)	1134
	3.4 Ertragsfaktoren im Verhältnis zu sonstigen immobilienwirtschaftlichen Multiplikatoren	1135
	3.5 Anwendung von Ertragsfaktoren	1135
4	**Gebäudefaktor**	
	4.1 Ableitung von Gebäudefaktoren	1136

Inhaltsverzeichnis

  4.2 Beispiele 1138
  4.3 Verhältnis von Gebäudefaktoren zu Normalherstellungskosten 1139
  4.4 Anwendung von Gebäudefaktoren 1140

§ 14 ImmoWertV Marktanpassungsfaktoren, Liegenschaftszinssätze

1 **Übersicht** 1143

2 **Funktion der Marktanpassungsfaktoren und Liegenschaftszinssätze (§ 14 Abs. 1 ImmoWertV)** 1143

3 **Marktanpassungsfaktoren (§ 14 Abs. 2 ImmoWertV)** 1145

4 **Sachwertfaktoren (§ 14 Abs. 2 Nr. 1 ImmoWertV)**
  4.1 Allgemeines 1145
  4.2 Sachwertfaktoren 1147
  4.3 Sachwertfaktorenbestimmende Einflüsse 1151
  4.4 Darstellung und Veröffentlichung von Sachwertfaktoren 1164

5 **Erbbaurechts- und Erbbaugrundstücksfaktoren (§ 14 Abs. 2 Nr. 2 ImmoWertV)** 1168

6 **Liegenschaftszinssätze (§ 14 Abs. 3 ImmoWertV)**
  6.1 Überblick 1169
  6.2 Anwendungsbereich 1173
  6.3 Allgemeines zum maßgeblichen Liegenschaftszinssatz 1175
  6.4 Liegenschafts- und Kapitalmarktzinssatz 1184
  6.5 Ableitung von Liegenschaftszinssätzen 1191

7 **Anlagen**
  Anlage 1: Sachwertfaktoren (Marktanpassungsfaktoren) 1205
  Anlage 2: Liegenschaftszinssätze für Mietwohnhäuser und
      Mietwohngeschäftshäuser 1223

Abschnitt 3 ImmoWertV:
Wertermittlungsverfahren

Unterabschnitt 1:
Vergleichswertverfahren (§§ 15 und 16 ImmoWertV)

Systematische Darstellung des Vergleichswertverfahrens

1 **Anwendungsbereich**
  1.1 Verkehrswertermittlung nach ImmoWertV 1232
  1.2 Steuerliche Bewertung 1235
  1.3 Besonderheiten der BelWertV 1236

2 **Grundzüge des Vergleichswertverfahrens**
  2.1 Allgemeines 1236
  2.2 Heranziehung von Vergleichspreisen und Bodenrichtwerten 1241
  2.3 Ersatzlösungen bei fehlenden Vergleichspreisen 1249
  2.4 Intertemporärer und qualitativer Abgleich (Berücksichtigung von
     Abweichungen) 1253
  2.5 Aggregation der Vergleichspreise zum Vergleichswert 1255
  2.6 Identifizierung und Eliminierung von Ausreißern 1260

2.7	Ableitung des Verkehrswerts aus dem Vergleichswert	1263
2.8	Auf- oder Abrundung	1264

3 Vergleichswertverfahren für bebaute Grundstücke (§ 15 Abs. 2 ImmoWertV)

3.1	Allgemeines	1264
3.2	Beispiel	1267
3.3	Umrechnungskoeffizienten für bebaute Grundstücke	1268

4 Bodenwertermittlung im Wege des Vergleichswertverfahrens

4.1	Bodenwert	1270
4.2	Bodenwertermittlung mittels Vergleichspreisen (Beispiel)	1271
4.3	Bodenrichtwertverfahren nach § 16 Abs. 1 Satz 4 ImmoWertV	1273
4.4	Bodenrichtwerte in der steuerlichen Bewertung	1278
4.5	Beleihungswertermittlung	1280
4.6	KostO	1280

5 Berücksichtigung von abweichenden Grundstücksmerkmalen

5.1	Allgemeines	1281
5.2	Hedonische Modelle, Regressionsanalysen	1284
5.3	Abweichende Grundstücksmerkmale	1290

6 Deduktive Bodenwertermittlung

6.1	Allgemeines	1374
6.2	Bodenwertermittlung bei warteständigem Bauland auf der Grundlage der Wartezeit	1375
6.3	Extraktionsverfahren (Residualwertverfahren) bei warteständigem Bauland	1381
6.4	Extraktionsverfahren (Residualwertverfahren) bei fertigem Bauland (baureifes Land)	1410
6.5	Bodenwertermittlung auf der Grundlage der Ertragsfähigkeit	1433
6.6	Zielbaumverfahrenq	1435

§ 15 ImmoWertV Ermittlung des Vergleichswerts

1 Überblick ... 1437

2 Ermittlungsgrundlagen

2.1	Übersicht	1439
2.2	Ausreichende Zahl von Vergleichspreisen (§ 15 Abs. 1 Satz 1 und 3 ImmoWertV)	1440
2.3	Hinreichend übereinstimmende Vergleichspreise (§ 15 Abs. 1 Satz 2 ImmoWertV)	1440
2.4	Identifizierung und Eliminierung ungeeigneter Kaufpreise (Ausreißer)	1441

3 Berücksichtigung von Abweichungen (intertemporärer und qualitativer Abgleich)

3.1	Übersicht	1441
3.2	Qualitativer Abgleich	1442
3.3	Intertemporärer Abgleich	1442

4 Ableitung des Verkehrswerts

4.1	Aggregation gleichnamig gemachter Vergleichspreise	1442
4.2	Ableitung des Verkehrswerts aus dem Vergleichswert (§ 8 ImmoWertV)	1443

Inhaltsverzeichnis

§ 16 ImmoWertV Ermittlung des Bodenwerts

1 Allgemeines
1.1 Bodenwert bebauter Grundstücke 1446
1.2 Bodenwert 1448

2 Bodenwertermittlung bebauter Grundstücke
2.1 Grundsatzregelung zur Bodenwertermittlung bebauter Grundstücke
  (§ 16 Abs. 1 Satz 1 ImmoWertV) 1452
2.2 Verhältnis der Grundsatzregelung zu anderen Rechtsvorschriften 1453
2.3 Zur Theorie der Dämpfung des Bodenwerts bebauter Grundstücke 1454
2.4 Rechtsprechung 1465
2.5 Steuerliche Bewertung 1466
2.6 Bilanzbewertung 1469
2.7 Schlussfolgerungen 1470

3 Bodenwertanteil am Gesamtwert bebauter Grundstücke 1471

**4 Im Außenbereich gelegene bebaute Grundstücke
  (§ 16 Abs. 2 ImmoWertV)** 1474

**5 Bodenwert von Grundstücken mit abbruchträchtiger Bausubstanz
  (§ 16 Abs. 3 ImmoWertV)**
5.1 Vorbemerkungen 1475
5.2 Anwendungsvoraussetzung der Vorschrift 1476

**6 Abweichungen der realisierten Nutzung von der zulässigen bzw.
  lagetypischen Nutzung (§ 16 Abs. 4 ImmoWertV)**
6.1 Allgemeines 1505
6.2 Anwendungsbereich 1506
6.3 Ermittlung der Bodenwertminderung bzw. Bodenwerterhöhung 1508
6.4 Steuerliche Bewertung 1513
6.5 Ergänzende Regelungen für Sanierungsgebiete und Entwicklungsbereiche
  (§ 16 Abs. 4 ImmoWertV) 1514

*Unterabschnitt 2:
Ertragswertverfahren (§§ 17 bis 20 ImmoWertV)*

Systematische Darstellung des Ertragswertverfahrens

1 Anwendungsbereich
1.1 Allgemeines 1523
1.2 Ertragswert als Zukunftserfolgswert 1524
1.3 Allgemeine Ertragswertformel 1525
1.4 Verfahrensübersicht 1534

2 Grundzüge der Ertragswertverfahren
2.1 Übersicht 1555
2.2 Grundzüge des allgemeinen Ertragswertverfahrens nach
  § 17 Abs. 2 Nr. 1 ImmoWertV (Standardverfahren) 1564
2.3 Ermittlung des vorläufigen Ertragswerts 1567
2.4 Ertragswert und Verkehrswert 1607
2.5 Beispiel zum Ertragswertverfahren 1609

	2.6	Allgemeine Fehlerbetrachtung	1611
	2.7	Ermittlung der Soll- bzw. Kostenmiete (Reinertrag) – Frontdoor Approach	1614
3	**Modifiziertes Ertragswertverfahren**		
	3.1	Pachtwertverfahren	1619
	3.2	Kapitalwertverfahren für Rentabilitätsanalysen	1627
4	**Discounted Cashflow Verfahren – Prognoseverfahren (prophecy valuation)**		
	4.1	Allgemeines	1632
	4.2	Restwertmethode (2-Phasen-Modell)	1635
	4.3	Grundzüge des Discounted Cashflow Verfahrens (Prognoseverfahren)	1639
	4.4	Zusammenfassung	1656
	4.5	Beispiel zum Discounted Cashflow Verfahren	1659
5	**Finanzmathematische Grundlagen**		
	5.1	Allgemeines	1665
	5.2	Aufzinsung	1666
	5.3	Abzinsung/Diskontierung	1667
	5.4	Barwertermittlung einer jährlich wiederkehrenden Zahlung	1669
	5.5	Endwertermittlung einer jährlich wiederkehrenden Zahlung oder Einnahme	1671

§ 17 ImmoWertV Ermittlung des Ertragswerts

1	**Grundlagen des Ertragswertverfahrens (§ 17 Abs. 1 ImmoWertV)**		
	1.1	Übersicht	1674
	1.2	Ertrag	1676
2	**Allgemeines Ertragswertverfahren (Standardverfahren nach § 17 Abs. 2 ImmoWertV)**		
	2.1	Übersicht	1683
	2.2	Allgemeines (zweigleisiges) Ertragswertverfahren nach § 17 Abs. 2 Nr. 1 ImmoWertV	1684
	2.3	Allgemeines (eingleisiges) Ertragswertverfahren nach § 17 Abs. 2 Nr. 2 ImmoWertV	1685
3	**Mehrperiodisches Ertragswertverfahren**		
	3.1	Allgemeines	1686
	3.2	Mehrperiodisches Ertragswertverfahren nach § 17 Abs. 3 ImmoWertV	1687
4	**Ertragswertermittlung nach Runge**		1692

§ 18 ImmoWertV Reinertrag, Rohertrag

1	**Reinertrag und Rohertrag**		
	1.1	Reinertrag (§ 18 Abs. 1 ImmoWertV)	1696
	1.2	Rohertrag (§ 18 Abs. 2 ImmoWertV)	1697
2	**Marktüblich erzielbarer Reinertrag**		
	2.1	Allgemeines	1700
	2.2	Allgemeines zur Wohn- und Gewerberaummiete	1704
	2.3	Wohnraummiete	1707
	2.4	Gewerberaummiete	1719
	2.5	Mietpreisbestimmende Merkmale	1723
	2.6	Mieterhöhungsverlangen	1737

Inhaltsverzeichnis

2.7	Mietminderung	1750
2.8	Mietwertgutachten (Beispiel)	1756

§ 19 ImmoWertV Bewirtschaftungskosten

1 Allgemeines 1763

2 Marktübliche Bewirtschaftungskosten (§ 19 Abs. 1 ImmoWertV)
- 2.1 Marktüblichkeit 1765
- 2.2 Bezugsstichtag 1765
- 2.3 Abweichungen der tatsächlichen von den marktüblichen Bewirtschaftungskosten 1768

3 Gesamtpauschale der Bewirtschaftungskosten
- 3.1 Allgemeines 1769
- 3.2 Wohnraum 1769
- 3.3 Gewerberaum 1770

4 Einzelpauschalen der Bewirtschaftungskosten
- 4.1 Allgemeines 1770
- 4.2 Abschreibung – AfA – 1771
- 4.3 Verwaltungskosten (§ 19 Abs. 2 Nr. 1 ImmoWertV) 1775
- 4.4 Betriebskosten (§ 19 Abs. 3 Nr. 4 ImmoWertV) 1779
- 4.5 Instandhaltungs- und Modernisierungskosten (§ 19 Abs. 2 Nr. 2 ImmoWertV) 1785
- 4.6 Modernisierungs- und Revitalisierungsrisiko 1800
- 4.7 Mietausfallwagnis (§ 19 Abs. 2 Nr. 3 ImmoWertV) 1801

5 Bonität der Mietverhältnisse (Scoring) 1809

6 Anlage: Bewirtschaftungskostentabelle des Gutachterausschusses in Berlin 1810

§ 20 ImmoWertV Kapitalisierung und Abzinsung

1 Kapitalisierung und Abzinsung 1813

2 Vervielfältiger (Barwertfaktor)
- 2.1 Allgemeines 1813
- 2.2 Nach- und vorschüssiger Vervielfältiger 1815
- 2.3 Unterjähriger Vervielfältiger 1817

3 Diskontierungszinssatz (Barwertfaktor) 1819

Unterabschnitt 3:
Sachwertverfahren (§§ 21 bis 23 ImmoWertV)

Systematische Darstellung des Sachwertverfahrens

1 Anwendungsbereich
- 1.1 Allgemeines 1822
- 1.2 Ersatzbeschaffungs- und Reproduktionskosten 1824
- 1.3 Kosten und Wert 1824
- 1.4 Marktwertkonformes Sachwertverfahren 1825
- 1.5 Sachwertdominiertes Ertragswertverfahren 1826

2 Grundzüge des Sachwertverfahrens
- 2.1 Sachwertverfahren nach ImmoWertV 1828

	2.2 Sachwertverfahren nach BelWertV	1831
	2.3 Sachwertverfahren in der steuerlichen Bewertung	1834
3	**Bodenwert**	
	3.1 Verkehrswertermittlung	1837
	3.2 Beleihungswertermittlung	1837
	3.3 Steuerliche Bewertung	1837
4	**Herstellungskosten baulicher Anlagen (Gebäudesachwert)**	
	4.1 Allgemeines	1838
	4.2 Normalherstellungskosten	1839
	4.3 Alterswertminderung (§ 23 ImmoWertV)	1868
5	**Sachwert der baulichen und sonstigen Außenanlagen (Aufwuchs)**	
	5.1 Allgemeines	1887
	5.2 Berücksichtigung des Wertanteils bei der Bodenwertermittlung	1887
	5.3 Wertanteil von Außenanlagen	1889
6	**Vorläufiger Sachwert**	
	6.1 Allgemeines	1900
	6.2 Marktanpassung	1901
	6.3 Berücksichtigung besonderer objektspezifischer Grundstücksmerkmale (§ 8 Abs. 3 ImmoWertV)	1902
7	**Verkehrswert (Marktwert)**	1903

§ 21 ImmoWertV Ermittlung des Sachwerts

1	**Übersicht (§ 21 Abs. 1 ImmoWertV)**	
	1.1 Zusammensetzung des Sachwerts	1905
	1.2 Sachwertbezogene Begriffe	1907
2	**Ermittlung des Bodenwerts**	1908
3	**Ermittlung des Sachwerts baulicher Anlagen (Gebäudesachwert) nach § 21 Abs. 2 ImmoWertV**	1909
4	**Ermittlung des Sachwerts baulicher und sonstiger Außenanlagen (§ 21 Abs. 3 ImmoWertV)**	1909
5	**Ermittlung des Wertanteils besonderer objektspezifischer Grundstücksmerkmale (§ 8 Abs. 3 ImmoWertV)**	1910

§ 22 ImmoWertV Herstellungskosten

1	**Herstellungskosten (§ 22 ImmoWertV)**	
	1.1 Übersicht	1912
	1.2 Mehrwertsteuer (MwSt.)	1913
2	**Normalherstellungskosten (§ 22 Abs. 2 ImmoWertV)**	
	2.1 Allgemeines	1914
	2.2 Baunebenkosten (§ 22 Abs. 2 Satz 3 ImmoWertV)	1915
	2.3 Bezugseinheit	1915
3	**Ermittlung der Herstellungskosten baulicher Anlagen**	
	3.1 Allgemeines	1917

Inhaltsverzeichnis

  3.2 Ermittlung der Herstellungskosten auf der Grundlage von Normalherstellungskosten 1918

4 Geschossebenenbezogene Normalherstellungskosten 2000
  4.1 Allgemeines 1933
  4.2 Kellergeschosse 1933
  4.3 Vollgeschosse 1935
  4.4 Dachgeschosse, Dachgeschossausbau und Spitzboden 1937

5 Ermittlung der Herstellungskosten baulicher Anlagen nach Einzelkosten (§ 22 Abs. 2 Satz 4 ImmoWertV)
  5.1 Verkehrswertermittlung 1942
  5.2 Steuerliche Bewertung 1942

6 Umrechnung von Normalherstellungskosten auf die Baupreisverhältnisse am Wertermittlungsstichtag (§ 22 Abs. 3 ImmoWertV) 1943

§ 23 ImmoWertV Alterswertminderung

1 Allgemeines 1944

2 Alterswertminderung nach ImmoWertV
  2.1 Relative Alterswertminderung 1945
  2.1 Lineare Alterswertminderung 1946

3 Alterswertminderung nach BelWertV 1947

4 Alterswertminderung in der steuerlichen Bewertung 1947

5 Anlagen 1948

Abschnitt 4 ImmoWertV:
Schlussvorschrift

§ 24 ImmoWertV Inkrafttreten und Außerkrafttreten 1949

Teil VI Verkehrswertermittlung besonderer Immobilienarten (Beispielsfälle) (W. Kleiber)

1 Grundstücksmarkt nach Immobilientypologie
  1.1 Übersicht 1959
  1.2 Wohnimmobilien 1960
  1.3 Gewerbeimmobilien 1961

2 Wohnimmobilien
  2.1 Verkehrswertermittlung von Einfamilienhäusern im Sachwertverfahren 1962
  2.2 Verkehrswertermittlung von Mehrfamilien-Wohnhäusern im Ertrags- und Sachwertverfahren 1976
  2.3 Verkehrswertermittlung eines gemischt genutzten Grundstücks im Ertragswertverfahren 1985
  2.4 Verkehrswertermittlung von Eigentumswohnungen 1990

3 Gewerbeimmobilien
  3.1 Typologie von Gewerbeimmobilien 2045

Inhaltsverzeichnis

3.2	Büroimmobilien	2048
3.3	Gewerbeparks	2069
3.4	Industrieimmobilien	2069
3.5	Logistikimmobilien	2071
3.6	Kiesgrube	2085
3.7	Gewerblich genutztes Altlastengrundstück	2089
3.8	Deponie	2095

4 Handelsimmobilien
- 4.1 Typologie der Handelsimmobilien 2101
- 4.2 Lage 2103
- 4.3 Kennziffern für Handelsimmobilien 2111
- 4.4 Einzelhandelsimmobilien (Läden) 2123
- 4.5 Großflächige Handelsimmobilien 2135

5 Sonderimmobilien
- 5.1 Typologie der Sonderimmobilien 2144
- 5.2 Hotel 2145
- 5.3 Alten- und Pflegeheim, Klinik 2181
- 5.4 Parkhaus 2210
- 5.5 Tankstelle 2222

6 Freizeitimmobilien
- 6.1 Allgemeines 2227
- 6.2 Freizeitbad 2235
- 6.3 Multiplexkino 2236
- 6.4 Golfanlage 2241
- 6.5 Tennisanlage 2247
- 6.6 Reitanlage 2258
- 6.7 Stadien und Arenen 2261

7 Gemeinbedarfsfläche
- 7.1 Allgemeines 2262
- 7.2 Abgehender Gemeinbedarf 2264
- 7.3 Bleibender Gemeinbedarf 2277
- 7.4 Künftiger Gemeinbedarf 2288

8 Bahnfläche
- 8.1 Allgemeine Grundsätze 2310
- 8.2 Entwicklungszustand und Zulässigkeit von Vorhaben 2312
- 8.3 Verkehrswertermittlung 2313

9 Post- und Fernmeldewesen
- 9.1 Allgemeines 2318
- 9.2 Antennengrundstücke 2318
- 9.3 Abgehender Post- und Fernmeldebedarf 2320

10 Flugplatz
- 10.1 Allgemeines 2323
- 10.2 Künftige Flughafenfläche 2324
- 10.3 Bleibende Flughafenfläche 2326
- 10.4 Abgehende Flughafenfläche 2336

11 Kirchliche und kirchlichen Zwecken dienende Fläche
- 11.1 Allgemeines 2336

Inhaltsverzeichnis

11.2 Wertermittlungsverfahren 2339
11.3 Symbolwert 2347

12 Denkmalgeschützte Bausubstanz
12.1 Allgemeines 2348
12.2 Zumutbarkeitsschwelle 2352
12.3 Vor- und Nachteile des Denkmalschutzes 2361
12.4 Verkehrswertermittlung 2367
12.5 Schlösser, Burgen und Gutshäuser 2376
12.6 Denkmalschutz in der steuerlichen Bewertung 2382

13 Soziale Wohnraumförderung
13.1 Allgemeines 2385
13.2 Wertermittlungsverfahren 2388

Teil VII Verkehrswertermittlung aus besonderen Anlässen (W. Kleiber/R. Fischer)

1 Wertermittlung im Rahmen von Enteignungen
1.1 Enteignung und Entschädigung 2398
1.2 Planungsschaden 2402
1.3 Übernahmeanspruch 2414
1.4 Enteignung 2417

2 Wertermittlung im Rahmen des Zugewinnausgleichs
2.1 Allgemeines 2453
2.2 Ermittlung des Anfangsvermögens 2456
2.3 Ermittlung des Endvermögens 2458
2.4 Wertermittlungsgrundsätze 2458

3 Wertermittlung im Rahmen des Pflichtteilsanspruchs
3.1 Allgemeines 2466
3.2 Pflichtteilsanspruch bei land- oder forstwirtschaftlichen Betrieben 2469
3.3 Pflichtteilsanspruch bei Unternehmen 2471
3.4 Pflichtteilsanspruch bei Nießbrauchsvorbehalt 2472

Teil VIII Städtebauliche Veranstaltungsgebiete (Sanierungsgebiete, städtebauliche Entwicklungsbereiche, Erhaltungssatzungen, Stadtumbausatzungen, Umlegungsgebiete) (W. Kleiber)

1 Städtebauliche Sanierungsgebiete und Entwicklungsbereiche
1.1 Allgemeines 2479
1.2 Besondere sanierungsrechtliche Vorschriften 2495
1.3 Steuerliche Vorschriften 2497

2 Sanierungs- bzw. entwicklungsunbeeinflusster Grundstückswert
2.1 Anwendungsbereich 2502
2.2 Ermittlung des sanierungsunbeeinflussten Grundstückswerts 2511
2.3 Ermittlung des entwicklungsunbeeinflussten Grundstückswerts 2522

Inhaltsverzeichnis

2.4	Besonderheiten der Ermittlung sanierungs- oder entwicklungsunbeeinflusster Grundstückswerte für bebaute Grundstücke	2533

3 Neuordnungswert
3.1	Anwendungsbereich	2539
3.2	Ermittlung des Neuordnungswerts	2544
3.3	Wertermittlungsverfahren	2550
3.4	Besonderheiten der Ermittlung des Neuordnungswerts bebauter Grundstücke	2556
3.5	Verbilligte Grundstücksveräußerung	2557

4 Ermittlung von Ausgleichsbeträgen
4.1	Erhebung von Ausgleichsbeträgen	2560
4.2	Ausgleichsbetragsermittlung nach Abschluss der Maßnahme	2577
4.3	Ermittlung des Anfangs- und Endwerts	2582
4.4	Besondere Ermittlungsverfahren	2592
4.5	Ausgleichsbetragsermittlung vor Abschluss der Gesamtmaßnahme	2632
4.6	Sonderregelung für die Endwertermittlung bebauter Grundstücke	2633
4.7	Sonderfälle	2639
4.8	Anrechnungen auf den Ausgleichsbetrag (§ 155 Abs. 1 BauGB)	2645
4.9	Beispiel eines Wertgutachtens zur Bemessung des Ausgleichsbetrags	2652

5 Wertermittlung im Geltungsbereich von Erhaltungssatzungen
5.1	Allgemeines	2657
5.2	Verkehrswertermittlung	2661

6 Wertermittlung im Geltungsbereich von Stadtumbausatzungen
6.1	Allgemeines	2665
6.2	Festlegung des Stadtumbaugebiets	2667
6.3	Planungsschaden	2667

7 Wertermittlung in Umlegungsgebieten
7.1	Übersicht	2670
7.2	Typologie der Umlegungsverfahren	2671
7.3	Verfahrensablauf	2671
7.4	Einführung in die Umlegung; Begriffe	2674
7.5	Allgemeine Grundsätze der Wertermittlung in Umlegungsgebieten	2685
7.6	Steuerliche Behandlung	2703

Teil IX Verkehrswertermittlung von Rechten und Belastungen an Grundstücken (R. Fischer/W. Kleiber/J. Simon)

1 Vorbemerkungen
1.1	Übersicht	2709
1.2	Eigentum	2714
1.3	Grundstücksgleiches Recht	2717
1.4	Baulast	2717

2 Erbbaurecht
2.1	Allgemeines	2726
2.2	Inhalt von Erbbaurechten	2731
2.3	Erbbauzins	2733

Inhaltsverzeichnis

    2.4 Verkehrswertermittlung von Erbbaurechten und erbbaurechtbelasteten Grundstücken 2755
    2.5 Wohnungs- und Teilerbbaurecht 2805

3 Gesetzliche Beschränkungen
    3.1 Übersicht 2806
    3.2 Überbau 2807
    3.3 Notweg 2818
    3.4 Wassernutzungsrecht 2825

4 Beschränkt dingliches Recht (Rechte Dritter)
    4.1 Übersicht 2826
    4.2 Dienstbarkeit 2826
    4.3 Verfügungs- und Erwerbsrecht 2903
    4.4 Sicherungs- und Verwertungsrecht 2913

Teil X   Kreditwirtschaftliche Wertermittlung (K. Schröter)

1 Vorbemerkung 2920

2 Überblick über kreditwirtschaftliche Wertermittlungen
    2.1 Anwender kreditwirtschaftlicher Wertermittlungen 2922
    2.2 Gutachter in der Kreditwirtschaft 2925
    2.3 Qualitätssicherung kreditwirtschaftlicher Wertermittlungen 2927

3 Immobilien als Kreditsicherheit
    3.1 Historische Entwicklung und aktueller Stand 2932
    3.2 Kreditprozess und Bewertung der Immobiliensicherheit 2935
    3.3 Funktionen von Markt- und Beleihungswert im Kreditprozess 2937

4 Systematik der Beleihungswertermittlung nach BelWertV
    4.1 Allgemeine Bestimmungen und Verfahrensgrundsätze 2953
    4.2 Vorlastenbereiche im Überblick 2961
    4.3 Wertermittlungsverfahren 2966
    4.4 Im Ausland belegene Objekte (Dritter Abschnitt BelWertV) 3023
    4.5 Bewertungs- und Beleihungspraxis 3027

5 Berücksichtigung von Immobiliensicherheiten bei der Prüfung der Werthaltigkeit ausfallgefährdeter Forderungen 3047

6 Wertermittlung und Rating-Prozess
    6.1 Begriff, Ziele und Merkmale des Immobilien-Geschäftsratings 3048
    6.2 Markt- und Objektrating für Einzelobjekte und Portfolien 3054
    6.3 Gutachter im Rating-Prozess 3063

Teil XI   Anhang (W. Kleiber)

1 Sachverständigenwesen 3068
    1.1 Muster-Sachverständigenordnung (SVO) des Deutschen Industrie- und Handelskammertages (DIHK) für öffentlich bestellte und vereidigte Sachverständige einschließlich hierzu erlassener Richtlinien 3068
    1.2 Honorar für Mietwertgutachten 3093

Inhaltsverzeichnis

	1.3 Muster eines Partnerschaftsgesellschaftsvertrags	3095
	1.4 Anschriftenliste der Sachverständigenverbände	3097
2	**Statistischer Anhang**	3103
	2.1 Bauland insgesamt, baureifes Land und Robauland	3103
	2.2 Preisindex für Wohnungsmieten (NKM) in Deutschland im langfristigen Vergleich	3104
	2.3 Verdienstindex	3105
	2.4 Verbraucherpreisindex (VPI)	3106
	2.5 Sterbetafel 2006/2008 für Deutschland des Statistischen Bundesamtes	3107
	2.6 Baupreisindizes des Statistischen Bundesamtes	3111
	2.7 Baupreisindizes, insbesondere für Wohngebäude in den Bundesländern	3117
3.	**Tabellen zur Zinseszins- und Rentenrechnung**	
	3.1 Aufzinsungsfaktor q^n	3130
	3.2 Abschreibungsdivisor $(q^n - 1)/(q - 1)$	3133

Teil XII   Sachverzeichnis 3137

Inhaltsverzeichnis

1.5 Männer ohne Rentenanwartschaftsvertrag ... 3098
1.6 Abschichtungen der betriebl. Altersvorsorge ... 3099

2. Statistischer Anhang
2.1 Bayland Insgesamt, besonders Land und Rohstand ... 3103
2.2 Frauenindex für Wohnungsmieten (NRW) in Deutschland ...
2.3 Institutionen/Vergüt.en ... 3104
2.4 Verkehrsindex ... 3105
2.5 Verbraucherpreisindex (VPI) ... 3106
2.6 Stichprobe 2006/2008 für Deutschland des Statistischen Bundesamtes ... 3107
2.7 Bayernindizes des Statistischen Bundesamtes ... 3111
2.8 Rumpelstilzchen insbesondere für Wohngebäude in der Bundesliga ... 3117

3. Tabellen zur Zinseszins- und Rentenrechnung
3.1 Aufzinsungsfaktor ... 3119
3.2 Abzinsungsfaktor bzw. Barwert-F... ... 3123

Teil XII / Sachverzeichnis ... 3127

Abkürzungsverzeichnis

A	Anfangswert i.S.d. § 154 Abs. 2 BauGB	AIZ	Allgemeine Immobilienzeitung
a. A./A. A.	anderer Ansicht/Anderer Ansicht	AJ	The Appraisal Journal
a. a. O.	am angegebenen Ort	AKG	Allgemeines Kriegsfolgengesetz
AB	Ausgleichsbetrag	AktG	Aktiengesetz
AbfG	Gesetz über die Vermeidung und Entsorgung von Abfällen (Abfallgesetz)	AllMinBl	Allgemeines Ministerialblatt
		ALR	Allgemeines Landrecht für die Preußischen Staaten
ABl.	Amtsblatt	Alt	Alternative
AblEG	Amtsblatt der Europäischen Gemeinschaften; vor 1958: Amtsblatt der EGKS	a. M.	anderer Meinung
		AMB	Allgemeine Bedingungen für die Maschinenversicherung
Abs.	Absatz/Absätze		
Abschn.	Abschnitt(e)	Amtl.	Amtlich(e)
abw.	abweichend	ÄndG	Änderungsgesetz
AcP	Archiv für die civilistische Praxis	ÄndVO	Änderungsverordnung
		Anh.	Anhang
AEAO	Anwendungserlass zur Abgabenordnung	Anl.	Anlage
		Anm.	Anmerkung(en)
AF	Abschreibungsfaktor	AnmV	Anmeldeverordnung
a. F.	alte(r) Fassung	AnwBl	Anwaltsblatt
AfA	Abschreibung für Abnutzungen	AO	Abgabenordnung
		AöR	Archiv des öffentlichen Rechts
AFB	Allgemeine Bedingungen für die Feuerversicherung	AP	Anlagepraxis (Zeitschrift)
AFG	Arbeitsförderungsgesetz		
AfK	Archiv für Kommunalwissenschaft	Argebau	Arbeitsgemeinschaft der für das Bau-, Wohnungs- und Siedlungswesen zuständigen Minister (Senatoren) der Länder
Ag	Antragsgegner(in)		
AG	Amtsgericht		
AGB	Allgemeine Geschäftsbedingungen		
		ArGeVGA	Arbeitsgemeinschaft der Vorsitzenden der Gutachterausschüsse (Nordrhein-Westfalen)
AGBGB	Bayerisches Ausführungsgesetz zum Bürgerlichen Gesetzbuch		
		Art.	Artikel
AgrarR	Agrarrecht	AS	Amtliche (Entscheidungs-)Sammlung des rheinland-pfälzischen und saarländischen OVG
AgrarW	Agrarwirtschaft		
AGVGA	Arbeitsgemeinschaft der Vorsitzenden der Gutachterausschüsse für Grundstückswerte in Nordrhein-Westfalen		
		AtG	Atomgesetz
		AuA	Arbeit und Arbeitsrecht (Zeitschrift)
AH	Abgeordnetenhaus		
AHG	Allgemeine Haftpflichtversicherungs-Bedingungen	Aufl.	Auflage
		AusglLeistG	Ausgleichsleistungsgesetz

Abkürzungen

AVN	Allgemeine Vermessungs-Nachrichten
AVO GBO	Verordnung zur Ausführung der Grundbuchordnung
AWG	Arbeiterwohnungsbaugenossenschaft
Az	Aktenzeichen
BAB	Bundesautobahn
bad.-württ.	baden-württembergisch(e, er)
BAFin	Bundesanstalt für Finanzdienstleistungen
BAG	Bundesarbeitsgericht
BAK	Bundesarchitektenkammer
BAKred	Bundesaufsichtsamt für das Kreditwesen
BAM	Bundesanstalt für Materialforschung und -prüfung
BAnz	Bundesanzeiger
BAG	Bundesarbeitsgericht
BauGB	Baugesetzbuch
BauNVO	Baunutzungsverordnung
BauR	Baurecht
BauROG	Gesetz zur Änderung des Baugesetzbuchs und zur Neuregelung des Rechts der Raumordnung
BauVorlVO	Bauvorlagenverordnung
BauZVO	Bauplanungs- und Zulassungsverordnung
BAV	Bundesaufsichtsamt für das Versicherungswesen
Bay., bay.	Bayerisch, bayerisch(e, er)
BayBgm	Bayerischer Bürgermeister
BayBO	Bayerische Bauordnung
BayBS	Bereinigte Sammlung der bayerischen Rechtsvorschriften
BayEG	Bayerisches Enteignungsgesetz
BayGO	Bayerische Gemeindeordnung
BayObLG	Bayerisches Oberstes Landesgericht
BayObLGZ	Entscheidungen des Bayerischen Obersten Landesgerichts in Zivilsachen
BayRS	Bayerische Rechtssammlung
BaySVG	Bayerisches Sachverständigengesetz
BayVerfGH	Bayerischer Verfassungsgerichtshof
BayVGH	Bayerischer Verwaltungsgerichtshof
BayVBl.	Bayerisches Verwaltungsblatt
BB	Der Betriebs-Berater
Bbg., bbg.	Brandenburg, brandenburgisch(e)
BBauBl.	Bundesbaublatt
BBergG	Bundesberggesetz
BBG	Bundesbeamtengesetz
BBodSchG	Bundes-Bodenschutzgesetz
BBodSchV	Bundes-Bodenschutz- und Altlastenverordnung
BBR	Bundesamt für Bauwesen und Raumordnung
BBauG	Bundesbaugesetz
BandBDSG	Bundesdatenschutzgesetz
BDVI-Forum	Zeitschrift des Bundes der öffentlich-bestellten Vermessungsingenieure
Beigel.	Beigeladene(r)
Beil.	Beilage
Bek.	Bekanntmachung
BelG	Beleihungsgrundsätze der Sparkassen
BelWertV	Beleihungswertverordnung
Bem.	Bemerkung
ber.	berichtigt
BerlKom	Berliner Kommentar zum Baugesetzbuch
Beschl.	Beschluss
BetrKV	Betriebskostenverordnung
BetrKostUV	Betriebskosten-Umlageverordnung
BewG	Bewertungsgesetz
BewG-DDR	Bewertungsgesetz der DDR

Abkürzungen

BewR Gr	Bewertungsrichtlinien (Grundvermögen)	Brem., brem.	Bremen, bremisch
BFA	Bezirksfachausschuss	BremLBO	Bremische Landesbauordnung
BFH	Bundesfinanzhof	BRRG	Beamtenrechtsrahmengesetz
BFHE	Entscheidungen des Bundesfinanzhofs	BRS	Thiel-Gelzer Baurechtssammlung
BfLR	Bundesforschungsanstalt für Landeskunde und Raumordnung (nunmehr BBR)	BSG	Bundessozialgericht
		BSGE	Entscheidungen des Bundessozialgerichts
BG	Berufungsgericht	BSHG	Bundessozialhilfegesetz
BGB	Bürgerliches Gesetzbuch	BStBl	Bundessteuerblatt
BGB RGRK	BGB Kommentar von Reichsgerichtsräten und Bundesrichtern	BT-Ausschuss	Bundestagsausschuss
		BT-Drucks.	Drucksache(n) des Deutschen Bundestags
BGBl.	Bundesgesetzblatt	BTE	Bund Technischer Experten
BGF	Brutto-Grundfläche		
BGH	Bundesgerichtshof	Buchst.	Buchstabe(n)
BGHZ	Entscheidungen des Bundesgerichtshofs in Zivilsachen (Band, Seite)	BuG	Bauamt und Gemeindebau
		BV	Verordnung über wohnungswirtschaftliche Berechnungen (Zweite Berechnungsverordnung – II. BV)
BHO	Bundeshaushaltsordnung		
BIIS	Bundesverband der Immobilien-Investment-Sachverständigen e. V.		
		BV	Bayerische Verfassung
BImSchG	Bundes-Immissionsschutzgesetz	BVerfG	Bundesverfassungsgericht
BImSchV	Bundes-Immissionsschutzverordnung	BVerfGE	Entscheidungen des Bundesverfassungsgerichts, Entscheidungssammlung (Band, Seite)
BJagdG	Bundesjagdrecht		
BlGBW	Blätter für Grundstücks-, Bau- und Wohnungswesen		
		BVerfGG	Bundesverfassungsgerichtsgesetz
BMBau	Bundesministerium für Raumordnung, Bauwesen und Städtebau	BVerwG	Bundesverwaltungsgericht
BMF	Bundesministerium der Finanzen	BVerwGE	Entscheidungen des Bundesverwaltungsgerichts, Entscheidungssammlung (Band, Seite)
BMWo	Bundesministerium für den Wohnungsbau		
BMWi	Bundesministerium für Wirtschaft	BVFG	Gesetz über die Angelegenheiten von Vertriebenen und Flüchtlingen
BNatschG	Bundesnaturschutzgesetz		
BodSchätzG	Bodenschätzungsgesetz		
BR-Drucks.	Drucksache(n) des Bundesrates (Nummer, Jahrgang)	BVG	Bundesversorgungsgesetz
		BVI	Bundesverband Investment und Asset Management e. V.
BReg	Bundesregierung		

Abkürzungen

BVS	Bund der öffentlich bestellten und vereidigten sowie qualifizierten Sachverständigen	DÖV	Die öffentliche Verwaltung
		DR	Deutsches Recht
		DRiZ	Deutsche Richterzeitung
BVVG	Bodenverwertungs- und Verwaltungsgesellschaft	DRK	Deutsches Rotes Kreuz
		DRspr.	Deutsche Rechtsprechung, Entscheidungssammlung und Aufsatzhinweise
BW	Bodenwert		
BWGZ	Baden-Württembergische Gemeindezeitung		
BWNotZ	Baden-Württembergische Notar-Zeitung	DS	Der Sachverständige (Zeitschrift)
BWVPr	Baden-Württembergische Verwaltungspraxis	DSchG	Denkmalschutzgesetz
		DSchPfG	Denkmalschutzpflegegesetz
bzw.	beziehungsweise	DSG	Datenschutzgesetz
CR	Computer und Recht	DST	Deutscher Städtetag
		DStR	Deutsches Steuerrecht
D	Dorfgebiet	DStZ/A	Deutsche Steuerzeitung (Ausgabe A)
DAB	Deutsches Architektenblatt	DStZ/B	Deutsche Steuerzeitung (Ausgabe B)
DAR	Deutsches Autorecht		
DB	Der Betrieb	DV	Durchführungsverordnung
dB	Dezibel		
DBZ	Deutsche Bauzeitung	DVBl	Deutsches Verwaltungsblatt
DDR	Deutsche Demokratische Republik		
		DVO	Durchführungsverordnung
dgl.	dergleichen		
ders.	derselbe	DVR	Deutsche Verkehrssteuer-Rundschau
DG	Dachgeschoss		
DGemStZ	Deutsche Gemeindesteuerzeitung	DVW	Deutscher Verein für Vermessungswesen
DGQ	Deutsche Gesellschaft für Qualität	DWW	Deutsche Wohnungswirtschaft
DGVM	Deutsche Gesellschaft für Versicherungsmathematik	E	Endwert i.S.d. § 154 Abs. 2 BauGB
d. h.	das heißt	EAC	European Accreditation for Certification
DIHT	Deutscher Industrie- und Handelstag	EALG	Entschädigungs- und Ausgleichsleistungsgesetz
DIHK	Deutsche Industrie- und Handelskammer		
DIN	Deutsche Industrie Norm	ebd.	ebenda
DIFU	Deutsches Institut für Urbanistik	ebf	erschließungsbeitragsfrei
		ebp	erschließungsbeitragspflichtig
DJ	Deutsche Justiz		
DJZ	Deutsche Juristen Zeitung	EBS	European Business School
DMBilG	D-Mark Bilanzgesetz	EC	Extended Coverage
DNotZ	Deutsche Notar Zeitung	ECB	Extended-Coverage-Bedingungen
DöD	Der öffentliche Dienst		
DOG	Deichordnungsgesetz		

Abkürzungen

EFG	Entscheidungen der Finanzgerichte	EWiR	Entscheidungen zum Wirtschaftsrecht
EG	Erdgeschoss	EzGuG	Entscheidungssammlung zum Grundstücksmarkt und Grundstückswert; Verlag Wolters & Kluwer
EGAO	Einführungsgesetz zur Abgabenordnung		
EGBGB	Einführungsgesetz zum Bürgerlichen Gesetzbuch		
Einf.	Einführung	f., ff.	folgende(r)
Einl.	Einleitung	FamRZ	Zeitschrift für das gesamte Familienrecht
EMLV	European Mortgage Lending Value	FBU	Feuer-Betriebsunterbrechungsversicherung
EMZ	Ertragsmesszahl		
EN	Europäische Norm	FBUB	Feuer-Betriebsunterbrechungsversicherungsbedingungen
Entsch.	Entscheidung		
EntschG	Gesetz über die Entschädigung nach dem Gesetz zur Regelung offener Vermögensfragen	FF	Funktionsfläche
		FG	Finanzgericht
		FGG	Gesetz über die Angelegenheiten der freiwilligen Gerichtsbarkeit
EOVGB	Entscheidungssammlung des Oberverwaltungsgerichts Berlin		
		FGO	Finanzgerichtsordnung
EPlaR	Entscheidungssammlung zum Planungsrecht; Hrsg. Bonath	FH	Firsthöhe
		FIG	Féderation Internationale des Geomètres
ErbbauVO	Erbbaurechtsverordnung	FinBeh	Finanzbehörde
ErbStG	Erbschaft- und Schenkungsteuergesetz	FischG	Landesfischereigesetz
		FLK	Freilegungskosten
ErbStR	Erbschaft- und Schenkungsteuer Richtlinien	FlLG	Fluchtliniengesetz
		FluglärmSchG	Gesetz zum Schutz gegen Fluglärm
ErholNutzG	Erholungsnutzungsgesetz		
Erl.	Erlass	FlurbG	Flurbereinigungsgesetz
ERP	Estimated Realisation Price	FM	Finanzminister
		FN	Forstwirtschaftliche Nutzfläche
ERRP	Estimated Restricted Realisation Price		
		Fn.	Fußnote
EStDV	Einkommensteuer Durchführungsverordnung	FORSA	Gesellschaft für Sozialforschung und statistische Analysen mbH
EStG	Einkommensteuergesetz	FPG	Fischerei-Produktionsgenossenschaft
EStR	Einkommensteuer-Richtlinien		
		FR	Finanzrundschau
ET	Energiewirtschaftliche Tagesfragen	FRICS	Fellow of the Royal Institution of Chartered Surveyors
EU	Europäische Union		
EuGH	Europäischer Gerichtshof	FStrG	Bundesfernstraßengesetz
EuGRZ	Europäische Grundrechte-Zeitung	FUR	Familien und Recht
		FVG	Finanzverfassungsgesetz
EV	Einigungsvertrag	FWW	Freie Wohnungswirtschaft
EW	Ertragswert		
EWG	Europäische Wirtschaftsgemeinschaft		

Abkürzungen

g	geschlossene Bauweise
G	Gebäudewert
GA	Gutachterausschuss
GABl.	Gemeinsames Amtsblatt
GastG	Gaststättengesetz
GAVO	Gutachterausschussverordnung
GAZ	Gesellschaft für Akkreditierung und Zertifizierung mbH
GBBerG	Grundbuchbereinigungsgesetz
GBl	Gesetzblatt
GBO	Grundbuchordnung
GbR	Gesellschaft bürgerlichen Rechts
GBVorlV	Grundbuchvorrangverordnung
GE	Grundeigentum (Zeitschrift ggf. mit Zusatz Bln – Berlin – oder Hbg – Hamburg –)
GE	Gewerbegebiet
GEG	Gutachter-Erstattungs-Grundsätze
gem.	gemäß
GemMBl.	Gemeinsames Ministerialblatt
GemOBG	Gemeindeordnung Baden-Württemberg
GemTg	Gemeindetag (bis März 1978, seither HSGZ)
GesBl.	Gesetzblatt
GewArch	Gewerbearchiv
GewO	Gewerbeordnung
Gewos	Gesellschaft für Wohnungs- und Siedlungswesen e. V., Hamburg
GewStDVO	Gewerbesteuer-Durchführungsverordnung
GewStG	Gewerbesteuergesetz
GewStR	Gewerbesteuer-Richtlinien
GF	Geschossfläche
GFZ	Geschossflächenzahl
GG	Grundgesetz
ggf.	gegebenenfalls
GGV	Gebäudegrundbuchverordnung
GI	Industriegebiet
gif	Gesellschaft für Immobilienwirtschaftliche Forschung
GMBl.	Gemeinsames Ministerialblatt
GmS-OGB	Gemeinsamer Senat der Obersten Gerichtshöfe des Bundes
GND	Gesamtnutzungsdauer
GO	Gemeindeordnung
GoB	Grundsätze ordnungsgemäßer Buchführung
GONW	Gemeindeordnung Nordrhein-Westfalen
GOP	Gross Operating Profit
GPG	Gärtnerische Produktionsgenossenschaft
GrdstPrVO	Grundstückspreisverordnung
GrdstVG	Gesetz über Maßnahmen zur Verbesserung der Agrarstruktur und zur Sicherung landwirtschaftlicher und forstwirtschaftlicher Betriebe/Grundstücksverkehrsgesetz
GrStDVO	Grundsteuerdurchführungsverordnung
GrEStG	Grunderwerbsteuergesetz
GrStG	Grundsteuergesetz
Gruchot	Beiträge zur Erläuterung des deutschen Rechts, begründet v. Gruchot
GRW	Gemeinschaftsaufgabe Verbesserung der regionalen Wirtschaftsstruktur
GRZ	Grundflächenzahl
GrZS	Großer Zivilsenat
GS	Gesetzessammlung
GuG	Grundstücksmarkt und Grundstückswert
GUT	Gewerbemiete und Teileigentum
GutachterausschussVO	Gutachterausschussverordnung
GVBl., GVOBl.	Gesetz- und Verordnungsblatt
GVG	Gerichtsverfassungsgesetz

Abkürzungen

GVO	Grundstücksverkehrsordnung	IABG	Industrieanlagen-Betriebsgesellschaft
GVVG	Grundstücksverkehrsverordnung	ID	Informationsdienst des Deutschen Volksheimstättenwerks
GWW	Gemeinnütziges Wohnungswesen	i. D.	im Durchschnitt
		i. d. F.	in der Fassung
ha	Hektar (=10 000 m²)	i. d. R.	in der Regel
HAbfG	Hessisches Abfallgesetz	IDW	Institut der Wirtschaftsprüfer
Hamb., hamb.	Hamburgisch, hamburgisch	IfS	Institut für Sachverständigenwesen e. V.
HambBO	Hamburger Bauordnung		
HBG	Hypothekenbankgesetz	IGW	Immissionsgrenzwert
HdB	Handwörterbuch der Betriebswirtschaftslehre	IHK	Industrie- und Handelskammer
HdwO	Handwerksordnung	IHKG	Gesetz über Industrie- und Handelskammern
Hess., hess.	Hessen, hessisch		
HessBO	Hessische Bauordnung	IKO	Innere Kolonisation
HessVGRspr.	Rechtsprechung der Hessischen Verwaltungsgerichte	InvG	Investmentgesetz
		InVorG	Investitionsvorranggesetz
		IRB	Immobilien- und Baurecht
HFA	Hauptausschuss des Instituts der Wirtschaftsprüfer in Deutschland e. V.	i. S.	im Sinne
		IVD	Immobilienverband Deutschland
HFR	Höchstrichterliche Finanzrechtsprechung	i. V. m.	in Verbindung mit
		IVSC	International Valuation Standards Committee
HGB	Handelsgesetzbuch		
HLBS	Hauptverband der landwirtschaftlichen Buchstellen und Sachverständigen e. V.	JA	Juristische Arbeitsblätter
		JBl. Saar	Justizblatt des Saarlandes
		JFG	Jahrbuch für Entscheidungen in Angelegenheiten der freiwilligen Gerichtsbarkeit des Grundbuchrechts
HNF	Hauptnutzfläche		
HOAI	Honorarordnung für Architekten und Ingenieure		
HRR	Höchstrichterliche Rechtsprechung (Entscheidungssammlung, Jahr und Nr.)	JMBlNW	Justizministerialblatt für Nordrhein-Westfalen
		JöR	Jahrbuch des öffentlichen Rechts der Gegenwart
Hrsg.	Herausgeber(in)	JR	Juristische Rundschau
HSGZ	Hessische Städte- und Gemeindezeitung	JStG	Jahressteuergesetz (97)
HuW	Haus und Wohnung	Jura	Juristische Ausbildung
HWG	Hessisches Wassergesetz	JurBüro	Das Juristische Büro
HwO	Handwerksordnung	JuS	Juristische Schulung
HypAblVO	Hypothekenablöseverordnung	Justiz	Die Justiz
		JVEG	Justizvergütungs- und -entschädigungsgesetz
I	Indexzahl	JW	Juristische Wochenschrift
i	laufende Jahreszahl	JZ	Juristenzeitung

Abkürzungen

JZ-ELS	JZ-Entscheidungen in Leitsätzen	LandwAnpG	Landwirtschaftsanpassungsgesetz
KAG	Kommunalabgabengesetz	LB	Liegenschaftsbuch
		LBG	Landbeschaffungsgesetz
KAS	Konrad-Adenauer-Stiftung	LBO	Landesbauordnung
		LF	Landwirtschaftliche Fläche
KAS	Kommunal Abgabensatzung	Lfg.	Lieferung
KBV	Kleinbetrags-Verordnung	LFGG	Landesgesetz über die freiwillige Gerichtsbarkeit
KF	Kapitalisierungsfaktor		
KG	Kammergericht	lfdm.	laufender Meter
KG	Kommanditgesellschaft	LFU	Landesamt für Umweltschutz
KGJ	Jahrbuch für Entscheidungen des Kammergerichts in Sachen der freiwilligen Gerichtsbarkeit (Bd. Abteilung, Seite)	LG	Landgericht
		LGebG	Landesgebührengesetz
		lit	Buchstabe
		LK	Der langfristige Kredit
		LKV	Landes- und Kommunalverfassung (Zeitschrift)
KJ	Kritische Justiz	LM	Nachschlagewerk des Bundesgerichtshofs in Zivilsachen, hrsg. von Lindenmaier, Möhring u. a.
Kl.	Kläger		
KleingG	Kleingartengesetz		
Komm.	Kommentar		
KostO	Kostenordnung		
KP	Kaufpreis		
KPMG	Deutsche Treuhand-Gesellschaft, Aktiengesellschaft	LN	Landwirtschaftliche Nutzfläche
		LPG	Landwirtschaftliche Produktionsgenossenschaft
krit.	kritisch	LS	Leitsatz
KSt	Körperschaftsteuer	LSA	Land Sachsen-Anhalt
KStG	Körperschaftsteuergesetz	lt.	laut
KStR	Körperschaftsteuer-Richtlinien	LT-Drucks	Landtags-Drucksache
		LPachtrNeuOG	Gesetz zur Neuordnung des landwirtschaftlichen Pachtrechts
KTS	Konkurs-, Treuhand- und Schiedsgerichtswesen		
KStZ	Kommunale Steuer-Zeitschrift	LuftVG	Luftverkehrsgesetz
		LVerVfH	Landesverwaltungsverfahrensgesetz
KV	Kommunalverfassung		
KVG	Kommunalvermögensgesetz	LVZ	Landwirtschaftliche Vergleichszahl
KVR	Kommunalverband Ruhrgebiet	LW	Liquidationswert
		LWw	Landeswassergesetz
KWG	Gesetz über das Kreditwesen (Kreditwesengesetz)	LZ	Leipziger Zeitung
		MABl./MBl./MinBl.	Ministerialamtsblatt
LAGA	Landesarbeitsgemeinschaft Wasser		
		MBO	Musterbauordnung
LandR	Entschädigungsrichtlinien Landwirtschaft	MinBl.	Ministerialblatt

Abkürzungen

MinBlFin	Ministerialamtsblatt des Bundesministeriums der Finanzen	m. w. N.	mit weiteren Nachweisen
		MwSt.	Mehrwertsteuer
MD	Dorfgebiet	n	Restnutzungsdauer
MD	Mitteilungsdienst Verband Sozialer Wettbewerb e. V.	Nachr. der nds. Kat.- und VermVw	Nachrichten der niedersächsischen Kataster- und Vermessungsverwaltung
MdF	Ministerium der Finanzen (der DDR)	Nachr. der rh.-pf. Kat.- und VermVw	Nachrichten der rheinland-pfälzischen Kataster- und Vermessungsverwaltung
MDR	Monatsschrift Deutsches Recht		
Meck.-Pom.	Mecklenburg-Vorpommern	nds.	niedersächsisch(e, er)
		NatSchG	Naturschutzgesetz
MfW	Ministerium für Wirtschaft (der DDR)	NDSchG	Niedersächsisches Denkmalschutzgesetz
MGebS	Mustergebührensatzung	NdsRpflege	Niedersächsische Rechtspflege
MHG	Miethöhengesetz		
MHRG	Gesetz zur Regelung der Miethöhe	n. F.	neue Fassung
		NF	Nutzfläche
MI	Mischgebiet	NGF	Netto-Grundflächen
MinBlFin	Ministerialblatt des Bundesministeriums der Finanzen	NGO	Niedersächsische Gemeindeordnung
MittBayNot	Mitteilungen des Bayerischen Notarvereins, der Notarkassen und der Landesnotarkammer Bayerns	NGZ	Neue gastronomische Zeitschrift
		NHK	Normalherstellungskosten
		NJ	Neue Justiz
MittDSt	Mitteilungen des Deutschen Städtetags	NJW	Neue Juristische Wochenschrift
MittNWStGB	Mitteilungen des Städte- und Gemeindebunds Nordrhein-Westfalen	NJW-RR	NJW-Rechtsprechungsreport
		NKAG	Niedersächsisches Kommunalabgabengesetz
MittRhNotK	Mitteilungsblatt der Rheinischen Notarkammer	NMV	Neubaumietenverordnung
Mio	Million	NN	Normal Null
MK	Kerngebiet	NNF	Nebennutzfläche
MM	Mietrechtliche Mitteilungen	nordrh.-westf.	nordrhein-westfälisch
		NÖV	Nachrichten aus dem öffentlichen Vermessungsdienst Nordrhein-Westfalen
ModEnG	Modernisierungs- und Energieeinsparungsgesetz		
Mrd.	Milliarde	NRW	Nordrhein-Westfalen
MSV	Ministerium für Stadtentwicklung und Verkehr	Nr., Nrn.	Nummer(n)
		NuR	Natur und Recht
MURL	Ministerium für Umwelt, Raumordnung und Landwirtschaft	NutzEV	Nutzungsentgeltverordnung
m. w. H.	mit weiteren Hinweisen	NVwZ	Neue Zeitschrift für Verwaltungsrecht

Abkürzungen

NVwZ-RR	NVwZ-Rechtsprechungsreport	PartG	Parteiengesetz
NW	Nordrhein-Westfalen	PartGG	Partnerschaftsgesellschaftsgesetz
NWB	Neue Wirtschafts Briefe	PGH	Produktionsgenossenschaft des Handwerks
NWBO	Nordrhein-Westfälische Bauordnung	PL	Preisliste
NWGO	Gemeindeordnung Nordrhein-Westfalen	PlanzV	Planzeichenverordnung
		PolG	Polizeigesetz
NwIG	Sonderbedingungen für die gleitende Neuwertversicherung	Pos.	Position
		pr., Pr.	preußischer, Preußisches
		Prot.	Protokoll
NWVBl	Nordrhein-Westfälisches Verwaltungsblatt	PrPVG	Preußisches Polizeiverwaltungsgesetz
NZM	Neue Zeitschrift für Miet- und Wohnungsrecht	PRV	Partnerschaftsregisterverordnung
		PrVBl.	Preußisches Verwaltungsblatt
NZV	Neue Zeitschrift für Verkehrsrecht		
		q	Zinsfaktor = 1 + Liegenschaftszinssatz/100
o	offene Bauweise		
OBG	Ordnungsbehörde	QMS	Qualitäts-Management-System
ÖbVI	Öffentlich bestellter Vermessungsingenieur	QSS	Qualitäts-Sicherungs-System
OFD	Oberfinanzdirektion		
öff.	öffentlich		
OGG	Ortsgerichtsgesetz	RAO	Reichsabgabenordnung
OH	Offene Handelsgesellschaft	RBBau	Richtlinien für die Durchführung von Bauaufgaben des Bundes im Zuständigkeitsbereich der Finanzverwaltung
OHG	Offene Handelsgesellschaft		
OLG	Oberlandesgericht		
OLGR	Rechtsprechung des Oberlandesgerichts (mit Zusatz des Gerichts)	RBewDV	Reichsbewertungs-Durchführungsverordnung
OLGZ	Entscheidungssammlung der Oberlandesgerichte in Zivilsachen	RBewG	Reichsbewertungsgesetz
		rd.	rund
		RdE	Recht der Energiewirtschaft
OrgVO	Verordnung über die Organisation der technischen Verwaltung	RdErl.	Runderlass
		RdF	Reichsminister der Finanzen
OVG	Oberverwaltungsgericht	RdI	Reichsminister des Innern
OVGE	Entscheidungen des Oberverwaltungsgerichts des Landes Nordrhein-Westfalen	RdL	Reichsminister der Landwirtschaft
		RDM	Ring Deutscher Makler
OWiG	Ordnungswidrigkeitengesetz	RdSchr.	Rundschreiben
		RDV	Recht der Datenverarbeitung
p	Liegenschaftszinssatz	RE	Reinertrag
p. a.	per annum	RE	Rechtsentscheid
PAO	Preisanordnung		

Abkürzungen

RegE	Regierungsentwurf	Sächs., sächs.	Sächsisch, sächsisch
REMiet	Rechtsentscheid in Mietsachen	SB	Selbstbedienung
		SchlHA	Schleswig-Holsteinischer Anzeiger
RFH	Reichsfinanzhof		
RFHE	Entscheidungen des Reichsfinanzhofs	SchuldRÄndG	Schuldrechtsänderungsgesetz
RG	Reichsgericht	SeuffArch	Seufferts Archiv für Entscheidungen der obersten Gerichte in den deutschen Staaten
RGBl.	Reichsgesetzblatt		
RGRK	Kommentar zum BGB, hrsg. von Reichsgerichtsräten und Bundesrichtern		
		SGB	Sozialgesetzbuch
		SGIN	Sonderbedingungen für die gleitende Neuwertversicherung
RGStG	Reichsgrundsteuergesetz		
RGZ	Entscheidungen des Reichsgerichts in Zivilsachen (Band und Seite)		
		SO	Sondergebiet
		Sp	Sparkasse
		SpG	Sparkassengesetz
RHeimStG	Reichsheimstättengesetz	SPV	Sonderungsplanverordnung
RhNotZ	Rheinische Notarzeitschrift		
		St	Entscheidungssammlung des Pr. OVG in Steuersachen
Rh.-pf.	Rheinland-pfälzisch		
RhPfBO	Rheinland-Pfälzische Bauordnung		
		StAnz	Staatsanzeiger
		StBauFG	Städtebauförderungsgesetz
RMBl.	Reichsministerialblatt		
Rn.	Randnummer		
RND	Restnutzungsdauer	StEK	Steuer-Erlass-Kartei
RoE	Rohertrag	StGB	Strafgesetzbuch
Rpfleger	Der Deutsche Rechtspfleger	StPO	Strafprozessordnung
		StRK	Steuer-Rechtsprechungs-Kartei
RSG	Reichssiedlungsgesetz		
Rspr	Rechtsprechung	StTg	Der Städtetag
RStBl.	Reichssteuerblatt	StuGR	Städte- und Gemeinderat
RUO	Reichsumlegungsordnung	StuW	Steuer und Wirtschaft
		StZB	Steuer- und Zollblatt Berlin
RVI	Rechtshandbuch Vermögen und Investitionen in der ehemaligen DDR, Losebl.		
		SV	Sachverständige(r)
		SVO	(Muster-)Sachverständigenordnung des Industrie- und Handelstags
RVO	Rechtsverordnung		
RWP	Rechts- und Wirtschaftspraxis		
		SW	Sachwert
		SZVS	Schweizerische Zeitschrift für Volkswirtschaft und Statistik
RzE	Rechtsbeilage zur Elektrizitätswirtschaft		
RzF	Rechtsprechung zur Flurbereinigung		
		TA	Technische Anleitung
S.	Satz, Seite/Sätze, Seiten	TEGoVA	The European Group of Valuers of Fixet Assets
Saarl., saarl.	Saarländisch, saarländisch		
		TG	Teilnehmergemeinschaft
SaarlBO, SLBO	Saarländische Bauordnung	TGA	Trägergemeinschaft für Akkreditierung GmbH

Abkürzungen

TGL	Technische Güte- und Lieferbedingungen	VDI	Verein Deutscher Ingenieure
TH	Traufhöhe	VDM	Verein Deutscher Makler
TH	Thüringen	VdH	Verband Deutscher Hypothekenbanken e. V.
THG	Treuhandanstalt		
Thür.	Thüringen	VE	Verrechnungseinheiten
TIAVSC	The International Assets Valuation Standards Committee	VEB	Volkseigener Betrieb
		VerBAV	Veröffentlichungen des Bundesaufsichtsamt für das Versicherungswesen
TLG	Treuhandliegenschaftsgesellschaft		
		VerglO	Vergleichsordnung
TÜV	Technischer Überwachungsverein	VerkMitt	Verkehrsrechtliche Mitteilungen
TÜV-CERT	Zertifizierungsgemeinschaft der Technischen Überwachungsvereine	VermAbgG	Vermögensabgabegesetz
		VermG	Gesetz zur Regelung offener Vermögensfragen (Vermögensgesetz)
Tz.	Teilziffer		
u. a.	unter anderem	VermGBln	Berliner Gesetz über das Vermessungswesen
u. Ä.	und Ähnliches		
UA	Unterausschuss	VersR	Versicherungsrecht
UBA	Umweltbundesamt	VerwArch	Verwaltungsarchiv
UEC	Union Européenne des Experts Comtable	VerwBeh	Verwaltungsbehörde
		VerwPraxis	Verwaltungspraxis
UG	Untergeschoss	VerwR	Verwaltungsrundschau
UM	Unternehmensbewertung & Management	VerwRspr.	Verwaltungs-Rechtsprechung
		VG	Verwaltungsgericht
UPR	Umwelt- und Planungsrecht	VGB	Allgemeine Bedingungen für die Neuwertversicherung von Wohngebäuden gegen Feuer, Leitungswasser und Sturmschäden
UR	Umbauter Raum		
Urt.	Urteil		
USPAP	Uniform Standards of Professional Practice (Appraisal Institute Chicago)		
		VGH	Verwaltungsgerichtshof
		VGH Bad.-Württ.	Verwaltungsgerichtshof Baden-Württemberg
UStG	Umsatzsteuergesetz		
UStR	Umsatzsteuer-Richtlinien	VGHE	Amtliche Sammlung des Bayerischen Verfassungsgerichtshofs, des Bayerischen Verwaltungsgerichtshofs, des Bayerischen DStH und des Bayerischen Kompetenz-Konfliktgerichtshofs
UTR	Jahrbuch des Umwelt- und Technikrechts		
u. U.	unter Umständen		
UVPG	Gesetz über die Umweltverträglichkeitsprüfung		
UW	Unternehmenswert		
UWG	Gesetz gegen den unlauteren Wettbewerb		
		vgl.	vergleiche
		v. H.	vom Hundert
V	Vervielfältiger	VHB	Allgemeine Bedingungen für die Neuwertversicherung des Hausrats
VAG	Versicherungsaufsichtsgesetz		
VBlBW	Verwaltungsblätter für Baden-Württemberg		
		VHW	Volksheimstättenwerk

Abkürzungen

VIZ	Zeitschrift für Vermögens- und Investitionsrecht		WF	Wohnfläche
			WFA	Wohnungsbauförderungsanstalt
VkBl	Verkehrsblatt		WGG	Wohnungsgemeinnützigkeitsgesetz
VLK	Verband der Landwirtschaftskammern			
			WHG	Wasserhaushaltsgesetz
VO	Verordnung		WiGBl.	Gesetzblatt der Verwaltung des Vereinigten Wirtschaftsgebiets
VOBl.	Verordnungsblatt			
Vorbem	Vorbemerkung(en)			
VP	Verkaufspreis		WiStG	Wirtschaftsstrafgesetz
VP	Versicherungspraxis		wistra	Wirtschaft, Steuer, Strafrecht
VRS	Verkehrsrecht-Sammlung			
VRSpr.	Verwaltungsrechtsprechung in Deutschland (Band, Nummer)		WiVerw	Wirtschaft und Verwaltung
			WKSchK	Wohnraumkündigungsschutzgesetz
VStG	Vermögensteuergesetz			
VStR	Vermögensteuer-Richtlinien		WM	Wertpapier-Mitteilungen
			WoBauErlG	Wohnungsbau-Erleichterungsgesetz
v. T.	vom Tausend			
VV	Verwaltungsvorschrift		WoBauG	Wohnungsbaugesetz
VVG	Versicherungsvertragsgesetz		WoBindG	Wohnungsbindungsgesetz
VW	Verkehrswert, Verwaltungsgerichtsordnung		WoFlV	Wohnflächenverordnung
			WP	Wahlperiode
VwR	Verwaltungsrundschau		WPO	Wirtschaftsprüferordnung
VwVfG	Verwaltungsverfahrensgesetz			
			WR	Reines Wohngebiet
VwVG	Verwaltungsvollstreckungsgesetz		WRP	Wettbewerb in Recht und Praxis
VwZG	Verwaltungszustellungsgesetz		WRV	Weimarer Reichsverfassung
VZOG	Vermögenszuordnungsgesetz		WS	Kleinsiedlungsgebiet
			WuM	Wohnungswirtschaft und Mietrecht
WA	Allgemeines Wohngebiet			
WährG	Währungsgesetz		WuR	Wirtschaft und Recht
WaldR	Waldwertermittlungsrichtlinien		WW	Warmwasser
			YP	Years Purchase
WarnR	Warnemeyers Rechtsprechung des Reichsgerichts (Jahr, Seite)			
			Z	Zahl der Vollgeschosse
WB	Besonderes Wohngebiet		ZAG	Gesetz betreffend die Zwangsabtretung von Grundeigentum für öffentliche Zwecke
WE	Wohneinheit			
WEG	Wohnungseigentumsgesetz			
WERTR	Wertermittlungsrichtlinien		ZAP	Zeitschrift für die Anwaltspraxis
WertV	Wertermittlungsverordnung		z. B.	zum Beispiel
WestLB	Westdeutsche Landesbank		ZBR	Zeitschrift für Beamtenrecht

Abkürzungen

ZevKR	Zeitschrift für evangelisches Kirchenrecht	ZLW	Zeitschrift für Luftrecht und Weltraumfragen
ZfB	Zeitschrift für Bergrecht	ZMR	Zeitschrift für Miet- und Raumrecht
ZfBR	Zeitschrift für deutsches und internationales Baurecht	ZöR	Zeitschrift für öffentliches Recht
ZfhF	Zeitschrift für handelswissenschaftliche Forschung	ZPO	Zivilprozessordnung
		ZRP	Zeitschrift für Rechtspolitik
ZfIR	Zeitschrift für Immobilienrecht	ZSEG	Gesetz über die Entschädigung von Zeugen und Sachverständigen
ZfS	Zeitschrift für Schadensrecht	ZSW	Zeitschrift für Sachverständigenwesen
ZfSchR	Zeitschrift für Schadensrecht	z. T.	zum Teil
ZfU	Zeitschrift für Umwelt	ZUM	Zeitschrift für Urheber- und Medienrecht/Film und Recht
ZfV	Zeitschrift für Vermessungswesen	zutr.	zutreffend
ZfW	Zeitschrift für Wasserrecht	ZVG	Gesetz über die Zwangsversteigerung und Zwangsverwaltung
ZGB	Zivilgesetzbuch		
ZH	Zentralheizung	ZW	Zeitwert
ZierH	Ziergehölzhinweise		
Ziff.	Ziffer	zz., zzt.	zur Zeit
ZIP	Zeitschrift für Wirtschaftsrecht	ZZP	Zeitschrift für Zivilprozess
ZKF	Zeitschrift für Kommunalfinanzen		

▶ *Zu den Abkürzungen des Liegenschaftskatasters vgl. Kleiber/Simon/Weyers, Verkehrswertermittlung von Grundstücken, 3. Auf. 1997 S. 55.*

Rechtsgrundlagen

Gesetze, Verordnungen, Richtlinien und Normen

Wertermittlungsrecht

- Gesetz zur Schätzung des Kulturbodens (**Bodenschätzungsgesetz – BodSchätzG**) i.d.F. des Art. 20 des Gesetzes vom 20.12.2007 (BGBl. I 2007, 3176).
- Verordnung über die Grundsätze für die Ermittlung der Verkehrswerte von Grundstücken (**Immobilienwertermittlungsverordnung – ImmoWertV**), BR-Drucks. 171/10 vom 26.03.2010.
- Richtlinien für die Ermittlung der Verkehrswerte (Marktwerte) von Grundstücken (**Wertermittlungsrichtlinien – WERTR 2006**) vom 1.3.2006 (BAnz Nr. 108a vom 10.6.2006, ber. BAnz Nr. 121 S. 4798).
- Richtlinien für die Ermittlung und Prüfung des Verkehrswerts von Waldflächen und für Nebenentschädigungen (**Waldwertermittlungsrichtlinien 2000 – WaldR 2000**) vom 23.7.2000 (BAnz Nr. 168 vom 6.9.2000 = GuG 2000, 303).
- Richtlinien für die Ermittlung des Verkehrswerts landwirtschaftlicher Grundstücke und Betriebe, anderer Substanzverluste und sonstiger Vermögensnachteile (**Entschädigungsrichtlinien Landwirtschaft – LandR 78**) i.d.F. der Bek. vom 28.7.1978 (BAnz Nr. 181 vom 26.9.1978), geändert durch Bek. des BMF vom 3.12.1980 (BAnz vom 18.12.1980), vom 3.12.1982 (BAnz vom 11.12.1982), vom 10.12.1984 (BAnz vom 15.12.1984), vom 29.4.1986 (BAnz vom 24.5.1986), vom 30.12.1986 (BAnz vom 8.1.1987), vom 22.2.1989 (BAnz vom 15.12.1989), vom 8.1.1991 (BAnz Nr. 17 vom 25.1.1991 = GuG 1991, 113), vom 6.4.1993 (BAnz Nr. 94 vom 22.5.1993), vom 20.12.1994 (GuG 1995, 111), vom 9.3.1995 (BAnz Nr. 78 vom 25.4.1995), vom 4.2.1997 (GuG 1997, 183).
- Hinweise zur Wertermittlung des Verkehrswerts von Ziergehölzen als Bestandteil von Grundstücken (**Schutz- und Gestaltungsgrün –ZierH 2000**) vom 20.3.2000 (BAnz Nr. 94 vom 18.5.2000 = GuG 2000, 155).
- Bekanntmachung der Hinweise zur Ermittlung von Entschädigungen für die Beeinträchtigung von **gemeinschaftlichen Jagdbezirken (JagdH 01)** vom 7.6.2001 (BAnz Nr. 146a vom 8.8.2001 = GuG 2003, 104).
- Bekanntmachung der **Regionalen Wertansätze 2006 für Ackerland und Grünland nach der Flächenerwerbsverordnung** vom 24.5.2006 (BAnz Nr. 145a vom 4.8.2006)
- **Arbeitsrichtlinie zur vorläufigen Bewertung von Grund und Boden in der DM-Eröffnungsbilanz** (des Ministeriums Wirtschaft der DDR), abgedruckt in Kleiber/Söfker, Vermögensrecht.
- **Gesetz über die Preisstatistik** vom 9.8.1958 (BGBl. III 720 – 9), zuletzt geändert durch Art. 20 des Gesetzes vom 7.9.2007 (BGBl. I 2007, 2246).
- Gesetz über die Statistik der Verdienste und Arbeitskosten (**Verdienststatistikgesetz - VerdStatG**) vom 21.12.2006 (BGBl. I 2006, 3291), zuletzt geändert durch Art. 21 des Gesetzes vom 7.9.2007 (BGBl. I 2007, 2246 = GuG 2008, 39).

Kreditwirtschaftliches Bewertungsrecht

Pfandbriefgesetz (PfandBG), i.d.F. der Bek. des Art. 1 des Gesetzes zur Neuordnung des Pfandbriefrechts vom 22.5.2005 (BGBl. I 2005, 1372), zuletzt geändert durch Art. 16 des Gesetzes vom 21.12.2007 (BGBl. I 2007, 3089).

Verordnung über die Ermittlung der Beleihungswerte von Grundstücken gemäß § 16 Abs. 1 und 2 des Pfandbriefgesetzes (**Beleihungswertermittlungsverordnung – BelWertV**) vom 12.5.2006 (BGBl. I 2006, 1175), zuletzt geändert durch Verordnung vom 16.9.2009 (BGBl. I 2009, 3041).

Verordnung über die Ermittlung der Beleihungswerte von Schiffen und Schiffsbauwerken nach § 24 Abs. 1 bis 3 des Pfandbriefgesetzes (**Schiffsbeleihungswertermittlungsverordnung – SchiffsBelWertV**) vom 6.5.2008 (BGBl. I 2008, 851).

Kreditwesengesetz (KWG) i.d.F. der Bekanntmachung vom 9.9.1998 (BGBl. I 1998, 2776), zuletzt geändert durch Art. 24 des Gesetzes zur Modernisierung des GmbH-Rechts und zur Bekämpfung von Missbräuchen (MoMiG) vom 23.10.2008 (BGBl. I 2008, 2026).

Gesetzes über Kapitalgesellschaften (KAGG) vom 16.4.1957 (BGBl. I 1957, 378) i.d.F. der Bek. vom 14.1.1970 (BGBl. I 1970, 127), zuletzt geändert durch Art. 6 des Gesetzes vom 22.12.2003 (BGBl. I 2003, 2840).

Investmentgesetz (InvG) vom 15.12.2003 (BGBl. I 2003, 2676), zuletzt durch Art. 3 des Gesetzes zur Umsetzung der Aktionärsrechterichtlinie vom 30.7.2009 (BGBl. I 2009, 2479).

Rechtsgrundlagen

Solvabilitätsverordnung vom 14.12.2006 (BGBl. I 2006, 2926), zuletzt geändert durch Art. 2a des Gesetzes vom 21.12.2007 (BGBl. I 2007, 3131).

Bay. Verordnung über die Beleihungsgrundsätze für Sparkassen vom 1.12.1997 (GuG 1998, 111).

Sparkassengesetz für Baden-Württemberg (SpG) i.d.F. vom 19.7.2005.

RdErl. des FM von Brandenburg **Beleihungsgrundsätze für die Sparkassen** vom 5.9.1991 (ABl. Brandenburg 1991, 409).

Gesetz über das Verbot der Verwendung von Preisklauseln bei der Bestimmung von Geldschulden (**Preisklauselgesetz**) vom 7.9.2007 (BGBl. I 2007, 2246, 2247).

Preisklauselverordnung vom 23.9.1998 (BGBl. I 1998, 3043), zuletzt geändert durch Art. 78 des Gesetzes vom 23.11.2007 (BGBl. I 2007, 2614).

Durchführungs- bzw. Gutachterausschussverordnungen der Länder nach § 199 Abs. 2 BauGB

Baden-Württemberg:
Verordnung über die Gutachterausschüsse, Kaufpreissammlungen und Bodenrichtwerte nach dem Baugesetzbuch – Gutachterausschussverordnung – vom 11.12.1989 (GBl. 1989, 541), zuletzt geändert durch Verordnung vom 15.2.2005 (GBl. 2005, 167).

Bayern:
Verordnung über die Gutachterausschüsse, die Kaufpreissammlungen und die Bodenrichtwerte nach dem Baugesetzbuch – GutachterausschussV – vom 5.4.2005 (GVBl. 2005, 88).

Berlin:
Verordnung zur Durchführung des Baugesetzbuchs – DVO BauGB – vom 5.11.1998 (GVBl. 1998, 331), zuletzt geändert durch Gesetz vom 19.6.2006 (GVBl. Bln 2006, 573).

Brandenburg:
Verordnung über die Gutachterausschüsse für Grundstückswerte (Gutachterausschussverordnung – GAV) vom 29.2.2000 (GVBl. II 2000, 61), zuletzt geändert durch Gesetz vom 24.9.2004 (GVBl. II 2004, 818).

Bremen:
Verordnung über die Gutachterausschüsse für Grundstückswerte nach dem Baugesetzbuch vom 4.9.1990 (GBl. 1990, 261), zuletzt geändert durch VO vom 18.10.2005 (GBl. 2005, 547).

Hamburg:
Verordnung über den Gutachterausschuss für Grundstückswerte vom 20.2.1990 (GVOBl. 1990, 37), geändert durch Verordnung vom 20.5.1997 (GVOBl. 1997, 144).

Hessen:
Verordnung zur Durchführung des Baugesetzbuchs – DVBauGB – vom 17.4.2007 (GVBl. I 2007, 259 = GuG 2007, 231).

Mecklenburg-Vorpommern:
Landesverordnung über die Bildung von Gutachterausschüssen für Grundstückswerte – Gutachterausschussverordnung (GutAVO) vom 6.7.1992 (GVOBl. 1992, 401 = GS Meckl-Vorp. Gl. B 213 – 1 – 1), geändert durch Gesetz vom 20.7.2006 (GVOBl. 2006, 576).

Niedersachsen:
Verordnung zur Durchführung des Baugesetzbuchs – DVO BauGB – vom 22.4.1997 (GVBl. 1997, 112), zuletzt geändert durch Art. 1 der Verordnung vom 1.12.2004 (GVBl. 2004, 546).

Nordrhein-Westfalen:
Verordnung über die Gutachterausschüsse für Grundstückswerte – Gutachterausschussverordnung NW – GAVO NW – vom 23.3.2004 (GVBl. 2004, 146), geändert durch VO vom 10.1.2006 (GVBl. 2006, 38).

Rheinland-Pfalz:
Landesverordnung über Gutachterausschüsse, Kaufpreissammlungen und Bodenrichtwerte (Gutachterausschussverordnung – GAVO –) vom 20. 4. 2005 (GVBl. 2005, 139).

Rechtsgrundlagen

Saarland:
Verordnung über die Gutachterausschüsse, Kaufpreissammlungen und Bodenrichtwerte nach dem Baugesetzbuch (Gutachterausschussverordnung – GutVO –) vom 21.8.1990 (ABl. 1990, 957), zuletzt geändert durch Verordnung vom 24.1.2006 (ABl. 2006, 174).

Sachsen:
Verordnung über die Gutachterausschüsse, Kaufpreissammlungen und Bodenrichtwerte nach dem Baugesetzbuch (Gutachterausschussverordnung) vom 27.8.1991 (SGV 1991, 324), geändert durch VO vom 9.11.2004 (SGVBl. 2004, 586).

Sachsen-Anhalt:
Verordnung über die Gutachterausschüsse für Grundstückswerte (VOGut) vom 14.6.1991 (GVBl. LSA 1991, 131), zuletzt geändert durch VO vom 19.11.2004 (GVBl. LSA 2004, 806).

Schleswig-Holstein:
Landesverordnung über die Bildung von Gutachterausschüssen und die Ermittlung von Grundstückswerten vom 6.12.1989 (GVOBl. 1989, 181 = GS Schl. – H II Gl. Nr. B 213 –1 – 9), zuletzt geändert durch VO vom 16.8.2004 (GVOBl. 2004, 333).

Thüringen:
Verordnung über Gutachterausschüsse, Kaufpreissammlungen und Bodenrichtwerte (Gutachterausschussverordnung) vom 24.6.2003 (GVBl. 2003, 316), zuletzt geändert durch VO vom 22.3.2005 (GVBl. 2005, 128).

Ländererlasse:

Baden-Württemberg
- Erl. des IM vom 7.6.1978 – V 2072.1/101 betr. **Bodenrichtwertermittlung**.
- (GABl. 1968, 490).
- Erl. des IM vom 5.9.1979 betr. **Bodenrichtwertermittlung** (GABl. 1979, 990).
- Erl. des IM vom 12.11.1979 – V 2072.1/119 (GABl. 1979, 1241).
- Verwaltungsvorschrift des FM über die Einführung der Richtlinien für die Ermittlung des Verkehrswerts von Grundstücken (**Wertermittlungsrichtlinien**) vom 22.4.1992 – VV 2030 – 19 (GABl. 1992, 399 = GuG 1993, 42).
- Erl. des FM zur Anerkennung von Grundstücksgutachten zertifizierter und anderer Sachverständiger vom 3.8.2000 – S 3014/15 – (GuG 2001, 287).

Berlin
- **Gesetz über Gebühren und Beiträge (GebG)** vom 22. 5. 1957 (GVBl. 1957, 516), zuletzt geändert durch Gesetz vom 6.7.2006 (GVBl. 2006, 713).
- **Verwaltungsgebührenordnung (VGebO)** i.d.F. vom 13.11.1978, zuletzt geändert durch § 5 des Vermessungsgebührengesetzes vom 4.3.2008 (GVBl. 2008, 62).
- Ausführungsvorschriften zur Ermittlung der sanierungsbedingten Bodenwerterhöhung und zur Feststellung von Ausgleichbeträgen nach §§ 152 bis 155 des Baugesetzbuchs (**AV Ausgleichsbeträge**) vom 12.11.2002 – SenStadt IV C 3/III E 2 – (ABl. 2003, 1761, 2597 = GuG 2003, 164, 219).
- Erl. des SenBauWohn- und Verkehr betr. schriftliche **Auskünfte aus der Kaufpreissammlung** vom 19.2.1999 – V A 3 6569/02/04 (GuG 2001, 175).
- Erl. betr. **Bodenrichtwertindizes** für die Grundbesitzbewertung (ABl. 2003, 2597).
- Bek. der **für die Wertermittlung erforderlichen Daten** vom 24.2.2004 – III EGSt 21 –, GuG 2004, 248.
- Bek. der **für die Wertermittlung erforderlichen Daten** vom 3.11.2005 – III EGSt 21 –, ABl. Bln 2005, 4391 = GuG 2006, 111.
- Bek. der **für die Wertermittlung erforderlicher Daten** vom 29.6.2006 – III EGSt 21 – (ABl. Bln 2006, 2626.
- Bek. der Faktoren zur **Anpassung des Sachwerts** von Grundstücken an die Lage auf dem Grundstücksmarkt im Westteil Berlins vom 18.11.2004 (ABl. Bln 2005, 174 = GuG 2005, 224), geändert am 10.3.2005.
- Bek. der Faktoren zur **Anpassung des Sachwerts** von Grundstücken an die Lage auf dem Grundstücksmarkt im Ostteil Berlins (ABl. Bln 2006, 1376 = GuG 2006, 352).

Rechtsgrundlagen

Brandenburg
- **Gebührengesetz – GebG –** vom 18.10.1991 (GVBl. 1991, 452), zuletzt geändert durch Art. 11 des Gesetzes vom 17.12.2003 (GVBl. 2003, 289).
- Allgemeine **Verwaltungsgebührenordnung (§ 20 Abs. 2 der Gutachterausschussverordnung B-GAVOB).**
- RdErl. über die rechtlichen, planerischen und finanziellen Aspekte der **Konversion militärischer Liegenschaften** Nr. 23/1/1997 vom 20.5.1997 (ABl. 1997, 476 = GuG 1998, 235).
- Verwaltungsvorschrift des IM zur Durchführung des **Brandenburgischen Datenschutzgesetzes** (VV zum BbgDSG) vom 17.12.1997 (ABl. 1998, 94).
- Gebührenordnung für die Gutachterausschüsse für Grundstückswerte und deren Geschäftsstelle (**Gutachterausschuss-Gebührenordnung – GAGebO**) vom 19.11.2003 (GVBl. II 2003, 678).
- Verwaltungsvorschrift zur Umsetzung der Musterrichtlinie über Bodenrichtwerte im Land Brandenburg (**Bodenrichtwertrichtlinie – BRW-RL –**) unveröffentlicht; eingeführt mit Schreiben des IM vom 30.1.2002 – III/2 – 84 – 33).
- RdErl. betr. Leistungen des Gutachterausschusses, die im Zusammenhang mit Sozialleistungen nötig werden, vom 14.4.1993 (GuG 1994, 286).
- Verwaltungsvorschrift zur Erstellung der Grundstücksmarktberichte im Land Brandenburg (**Grundstücksmarktbericht-Richtlinie – GMB-RL**).
- Richtlinien des MdI über die **Entschädigung der Gutachter** der Gutachterausschüsse für Grundstückswerte des Landes Brandenburg vom 28.9.2005, zuletzt geändert am 27.2.2006.

Hessen
- RdErl. des IM vom 11.12.1963 betr. **Bodenrichtwertermittlung** (StAnz 1964, 6).
- RdErl. des IM vom 24.12.1975 (StAnz 1976, 133).
- RdErl. vom 14.4.1993 betr. Leistungen des Gutachterausschusses, die im Zusammenhang mit Sozialleistungen nötig werden, und **Gebührenbefreiung nach dem Sozialgesetzbuch** (StAnz 1993, 1482 = GuG 1994, 286).
- Schreiben des MfWVL betr. **Umsatzsteuer** vom 21.1.1998 – VIIa 61 – 61c 08/15 – 39/97– (unveröffentlicht).

Mecklenburg-Vorpommern
- Landesverordnung über Verwaltungsgebühren in Angelegenheiten der Wertermittlung von Grundstücken (**WertErmGebVO**) vom 22.6.1993 (GVOBl. M-V 1993, 669).
- **Verwaltungskostengesetz** des Landes Mecklenburg-Vorpommern (**VwKostG M-V**) vom 4.10.1991 (GVOBl. M-V 1991, 366).

Niedersachsen
- **Gebührenordnung für Gutachterausschüsse** und deren Geschäftsstellen nach dem Baugesetzbuch (GOGut) vom 22.4.1997 (GVBl. 1997, 119), zuletzt geändert durch VO vom 19.7.2005 (GVBl. 2005, 249).
- Gebührenverzeichnis zur **Gebührenordnung der Gutachterausschüsse** und deren Geschäftsstellen nach dem Baugesetzbuch vom 22.4.1997 (GVBl. 1997, 216), zuletzt geändert durch Verordnung vom 11.12.2002 (GVBl. 2002, 785).
- Erl. des FM betr. **gutachterliche Äußerung** vom 12.5.1965 – 26 23 00 (GültL MF 82/87).
- GemRdErl. des IM, FM und SozM betr. Bodenrichtwertermittlung vom 7.9.1965 (MinBl. 1965, 1038).
- GemRdErl. des IM und SozM betr. **Gebührenfreiheit für Gutachten** nach § 136 BBauG vom 20.3.1968 (MinBl. 1968, 313).
- Allgemeine Dienstanweisung für die unteren und höheren Vermessungs- und Katasterbehörden (ADAVerm) vom 16.6.1974 (NdsMinBl. 1974, 1319).
- RdErl. des IM betr. **Hinweise zur Anwendung der Gebührenordnung** für die Erstattung von Gutachten vom 26.1.1976 (NdsMinBl. 1976, 195).
- EinfErl. zur WertR 76 vom 14.6.1976 (NdsMinBl. 1976, 1599).
- GemRdErl. vom 15.12.1978 (NdsMinBl. 1979, 18).
- GemRdErl. des IM und SozM betr. **Bodenrichtwertermittlung** vom 1.8.1979 (NdsMinBl. 1979, 149).

Rechtsgrundlagen

- RdErl. des IM zur Anwendung der Vorschriften über **Bodenrichtwerte** vom 1.7.1980 (NdsGVBl. 1980, 957).
- RdErl. des IM zur Ableitung der **für die Wertermittlung wesentlichen Daten** und zur Anwendung mathematisch-statistischer Verfahren vom 1.8.1981 (NdsMinBl. 1981, 766).
- RdErl. des ML: **Waldbewertungsrichtlinien – WBR –** (NdsMinBl. 1986, 936).
- Erl. des IM betr. **Gebührenordnung** vom 24.10.1986 (unveröffentlicht).
- RdErl. des MS vom 2.5.1988 – 301 – 21013 – (NdsMinBl. 1988, 547 Nr. 228, 2, 3 = GültL 392/17).
- RdErl. des MS vom 6.3.1991 – 301 – 21013 – GültL 392/19 – VV BauGB Nr. 404 (NdsMinBl. 1991, 470).
- RdErl. des FM vom 23.12.1991 (NdsMinBl. 1991, 314) zur **WertR** mit den ergänzenden Hinweisen des BMBau vom August 1996.
- RdErl. des IM betr. **Umsatzsteuer** vom 14.7.1994 – 67 0511/7 (NdsMinBl. 1994, 1072).

Nordrhein-Westfalen

- Allgemeine Verwaltungsgebührenordnung (AVwGebO NW) i.d.F. der Bek. vom 5.8.1980 (GVBl. 1980, 924), zuletzt geändert durch VO vom 22.5.2001 (GVBl. 2001, 198).
- **Gebührengesetz** für das Land Nordrhein-Westfalen vom 23.8.1999 (SGV NRW 2011).
- RdErl. vom 1.8.1963 (MinBl. NW 1963, 1627 = SMBl NW 2315), aufgehoben mit MinBl. NW 1999, 424.
- RdErl. des FM und MfWöA betr. **Zusammenarbeit und Führung von Kaufpreissammlungen** für unbebaute Grundstücke vom 13.3.1964 (MinBl. NW 1964, 558).
- RdErl. des MfWöA betr. **Abgabe von Kopien der Richtwertkarten** an Interessenten vom 29.4.1965 (MinBl. 1965, 583).
- RdErl. des IM vom 13.8.1974 – ID 2 – 9213 (unveröffentlicht).
- RdErl. des IM und FM betr. **Bodenrichtwertermittlung** vom 14.9.1976 (MinBl. NW 1976, 2109).
- Erl. des FM betr. **Steuerliche Behandlung gezahlter Entschädigungen** an die Mitglieder von Umlegungs- und Gutachterausschüssen vom 5.8.1987 – S 2337 – 25 V B (GuG 1999, 360).
- RdErl. des IM betr. **Bodenrichtwertermittlung** vom 18.5.1998 – III C 2 – 9213.
- RdErl. des IM und JM betr. Richtlinien über die Gutachterausschüsse für Grundstückswerte (**Kaufpreissammlung-Richtlinien [KPS-Richtlinien]**) vom 12.2.1999 – III C 2 9210 (MinBl. NW 1999, 424).
- Bodenrichtwerterlass – BoRiWErl. vom 2.3.2004 – 36 – 9210 – (MinBl. NW 2004, 2315).

Rheinland-Pfalz

- **Landesgebührengesetz (LGebG)** vom 3.12.1974 (GVBl. 1974, 578), zuletzt geändert durch Gesetz vom 21.7.2003 (GVBl. 2003, 212).
- Landesverordnung über die Gebühren für Amthandlungen nach dem Baugesetzbuch (**Besonders Gebührenverzeichnis**) vom 11.9.2001 (GVBl. 2001, 226).
- **Allgemeines Gebührenverzeichnis** vom 15.1.2002 (GVBl. 2003, 212).
- **Besonderes Gebührenverzeichnis** für Amtshandlungen nach dem BauGB vom 11.9.2001 (GVBl. 2001, 226).
- **Landesverordnung über sachliche Gebührenfreiheit** vom 24.6.1977 (GVBl. 1977, 194).
- Erl. des MfFuW betr. Berücksichtigung dinglicher **Beschränkungen des Grundeigentums bei der Ermittlung des Grundstückswerts** vom 11.8.1970 (S 31o1 A-IV 2).
- **Richtlinien zur Ermittlung von Grundstückswerten** nach dem Baugesetzbuch (RiWert) vom 1.6.1988, geändert durch RdSchr. vom 10.9.1989 (363/648 -15/0), vom 10.4.1991 (366/648 - 15/0), vom 21.11.1996 (336 4/648) und vom 19.3.1998 (365 4/648 -15/0).
- RdSchr. des MIS vom 16.5.1989.
- VV des ISM, FM und IM betr. **Zusammenarbeit zwischen den Geschäftsstellen der Gutachterausschüsse, den Finanzämtern und dem Statistischen Landesamt** vom 10.11.1995 – 366/648 – 15/0 – (MinBl. 1995, 535).
- Richtlinien des ISM, FM und MWVLW zur Bearbeitung von Umlegungen und Grenzregelungen nach dem BauGB (**Bodenordnungsrichtlinien-RiBodO**) vom 21.12.1994 (MinBl. 1995, 5).

Rechtsgrundlagen

- GemRdSchr. des ISM und FM zur **Zusammenarbeit zwischen den Geschäftsstellen der Gutachterausschüsse, den Finanzämtern und dem Statistischen Landesamt** vom 13.12.1999 (MinBl. 1999, 537 = GuG 2001, 95).
- Erl. des FM und MIS betr. **Unterrichtung der Gutachterausschüsse für Grundstückswerte und der Finanzämter** über die Bauleitplanung, Maßnahmen nach den Vorschriften des besonderen Städtebaurechts und die Erschließung der Gemeinden vom 9.4.2003 (MF 3292 - 4531).

Saarland
- Erl. des MF und Bundesangelegenheiten betr. Behandlung von **Landzuteilungen im Umlegungsverfahren** nach dem BauGB vom 17.4.2000 – B/5 119/2000 – S 4500; GuG 2001, 254.
- **Gebührenordnung für Gutachterausschüsse (GutGebO)** vom 18.12.1992 (ABl. 1993/2).

Sachsen
- **Verwaltungskostengesetz** des Freistaats Sachsen (SächsVwKG) i.d.F. der Bek. vom 24.9.1999 (SächsGVBl. 1999, 545).
- Verordnung über die Festsetzung der Verwaltungsgebühren und Auslagen (4. Sächsisches Kostenverzeichnis – SächsKVZ) vom 24.10.2000 (SächsGVBl. 2000, 549) und **5. Sächsisches Kostenverzeichnis** vom 18.7.2001.
- Erl. des StMdI zur **Veräußerung von Grundstücken und grundstücksgleichen Rechten** vom 13.10.1992 (SächsABl. 1992, 1573 = GuG 1993, 101).

Sachsen-Anhalt
- **Verwaltungskostengesetz** des Landes Sachsen-Anhalt (VwKostG LSA) vom 27.6.1991 (GVBl. LSA 1991, 154), zuletzt geändert Art. 1 des Gesetzes vom 30.3.1999 (GVBl. LSA 1999, 120).
- **Bodenrichtwerterlass** vom 22.1.1993 – 46 – 23520 (MinBl. LSA 1993, 500).
- RdErl. des MF betr. Richtlinien für die Ermittlung des Verkehrswerts von Grundstücken (**Wertermittlungsrichtlinien** 1991) vom 6.7.1992 (MinBl. LSA 1992, 1100 = GuG 1993, 42).
- **Gebührentabelle zur GutachterausschussVO** vom 14.6.1991 (GVBl. LSA 1994, 222).
- RdErl. des MI: Verwaltungsvorschriften zur Anwendung von automatisierten Verfahren für die Kaufpreissammlung nach § 195 BauGB (**AKS Anwendungserlass**) vom 30.12.1993 – 46 – 23522 (MinBl. LSA 1994, 412).
- **Allgemeine Gebührenordnung** des Landes Sachsen-Anhalt (AllGl LSA) vom 23.5.2000 (GVBl. LSA 2000, 266), zuletzt geändert durch Verordnung vom 17.12.2001 (GVBl. LSA 2001, 590).
- RdErl. des MF vom 29.3.1994 (MinBl. LSA 1994, 1298).
- RdErl. des IM zur Vorbereitung von Gutachten (**Gutachten-Erlass**) vom 2.9.1994 – 46.2 – 23 524/2 – (MinBl. LSA 1994, 2528), geändert durch RdErl. des IM vom 20.11.1997 (MinBl. LSA 1998, 141) und Änderungen vom 6.4.2000.
- RdErl. des IM betr. **Gutachterausschüsse für Grundstückswerte** vom 2.9.1994 (MinBl. LSA 1994, 2528).
- RdErl. des IM betr. Verwaltungsvorschriften zur Anwendung der **Allgemeinen Gebührenordnung** durch die Gutachterausschüsse und deren Geschäftsstelle vom 26.9.1994 – 46.2 – 05401/10 – (MinBl. LSA 1994, 2454).
- Billigkeitsmaßnahmen nach dem VwKostenG, RdErl. des MI vom 6.3.1995 – 47 – 05401 (MBl. LSA 1995, 425).
- RdErl. des IM betr. **Veräußerung kommunaler Grundstücke und grundstücksgleicher Rechte** vom 1.3.1995 – 33 11-10251 (MinBl. LSA 1995, 390 = GuG 1997, 112).
- GemRdErl. des IM und MF zur **Umsatzsteuer** für Amtshandlungen und Leistungen der Gutachterausschüsse für Grundstückswerte – 43 – 05401/10 vom 1.10.1997 (MinBl. LSA 1997, 1838).
- RdErl. des MI zur Änderung von GA-Erlassen vom 20.11.1997 (MinBl. LSA 1997, 141).
- GemRdErl. des MI und MF zur **Aktualisierung der amtlichen Bodenschätzung** und des Liegenschaftskatasters vom 11.2.1998 – 43 – 23512 45-S 3385 – 1 – (MinBl. LSA 1998, 478).
- RdErl. des MF zu den Grundsätzen für die Ermittlung des Verkehrswerts bei der **Veräußerung von landeseigenen Grundstücken durch Ausschreibung** vom 8.2.2000 – 54.2 – 27000 – 438 (MinBl. LSA 2000, 875 = GuG 2001, 96).

Schleswig-Holstein
- RdErl. des IM betr. **Bodenrichtwertermittlung** vom 22.4.1975 (ABl. 1975, 601).

Rechtsgrundlagen

Thüringen
- Erl. des IM zur **Zusammenarbeit zwischen den Geschäftstellen der Gutachterausschüsse, den Finanzämtern und dem Thüringer Landesamt für Statistik** vom 19.3.1992 – 740 – 9611.
- Thüringisches **Verwaltungskostengesetz (ThürVwKostG)** vom 7.8.1991 (GVBl. 1991, 321), zuletzt geändert durch Gesetz vom 12.5.1999 (GVBl. 1999, 267).

Sachverständigenrecht

Gewerbeordnung (GewO) i.d.F. der Bek. der Neufassung vom 22.2.1999 (BGBl. I 1999, 202), zuletzt geändert durch Art. 4 des Gesetzes vom 29.7.2009 (BGBl. I 2009, 2258, 2270).

Gesetz zur vorläufigen Regelung des Rechts der Industrie- und Handelskammern (IHKG) vom 18.12.1956 (BGBl. I 1956, 920), zuletzt geändert durch Art. 5 des Dritten Gesetzes zur Änderung der Handwerksordnung und anderer handwerksrechtlicher Vorschriften vom 24.12.2003 (BGBl. I 2003, 2934).

Gesetz über die Vergütung von Sachverständigen, Dolmetscherinnen, Dolmetscher, Übersetzerinnen, Übersetzer sowie die Entschädigung von ehrenamtlichen Richterinnen, ehrenamtlichen Richter, Zeuginnen, Zeugen und Dritten (**Justizvergütungs- und -entschädigungsgesetz – JVEG –**) vom 5.5.2004 (BGBl. I 2004, 718, 776), zuletzt geändert durch Art. 7 Abs. 3 des Gesetzes vom 30.7.2009 (BGBl. I 2009, 2449, 2470).

Gesetz über eine Berufsordnung der Wirtschaftsprüfer (**Wirtschaftsprüferordnung-WiPrO**) i.d.F. vom 5.11.1975 (BGBl. 1975, 2803), zuletzt geändert durch Art. 3 des Gesetzes vom 17.7.2009 (BGBl. I 2009, 2091).

Zivilprozessordnung (ZPO) in der im BGBl. III Gliederungsnummer 310 – 4 veröffentlichten bereinigten Fassung.

Partnerschaftsgesellschaftsgesetz – (PartGG) vom 25.7.1994 (BGBl. I 1994, 1744), zuletzt geändert Art. 22 des Gesetzes zur Modernisierung des GmbH-Rechts und zur Bekämpfung von Missbräuchen (MoMiG) vom 23.10.2008 (BGBl. I 2008, 2026).

Partnerschaftsregisterverordnung – PRV – vom 16.6.1995 (BGBl. I 1995, 808), zuletzt geändert durch Art. 3 der VO vom 8.12.1998 (BGBl. I 1998, 3580).

Schätzungsordnung (SchätzO) für das landwirtschaftliche Pachtwesen vom 26.11.1957 i.d.F. vom 11.11.1982.

Gesetz über die Zwangsversteigerung und die Zwangsverwaltung i.d.F. der Bek. vom 20.5.1898 (RGBl. 1898, 369, 713), zuletzt geändert durch Gesetz vom 26.3.2007 (BGBl. I 2007, 370).

Gesetz gegen den unlauteren Wettbewerb (UWG) vom 3.7.2004 (BGBl. I 2004, 1414), zuletzt geändert durch Art. 1 des Gesetzes vom 22.12.2008 (BGBl. I 2008, 2949).

Gesetz über die förmliche Verpflichtung nicht beamteter Personen (**Verpflichtungsgesetz**) vom 2.3.1974 (BGBl. I 1974, 547 = BGBl. III 453 – 17), zuletzt geändert durch Gesetz vom 15.8.1974 (BGBl. I 1974, 1942).

Landesrecht:

Baden-Württemberg: Verordnung der Landesregierung über Zuständigkeiten nach der Gewerbeordnung (GewOZuVO) vom 16.12.1985 (GBl. 1985, 582), zuletzt geändert durch VO vom 1.7.2004 (GBl. 2004, 469).

Gesetz über die Industrie- und Handelskammern in Baden-Württemberg vom 27.1.1958 (GBl. 1957, 77), zuletzt geändert durch Gesetz vom 17.6.1997 (GVBl. 1997, 278).

Verordnung über die öffentliche Bestellung von Sachverständigen auf dem Gebiet der Land- und Forstwirtschaft einschließlich des Garten- und Weinbaus sowie der Fischerei vom 20.12.2004 (GVBl. 2004, 497).

Bayern: Gesetz zur Ergänzung und Ausführung des Gesetzes zur vorläufigen Regelung des Rechts der Industrie- und Handelskammern vom 25.3.1958 (Bay RS 701 – 1 W) i.V.m. der Verordnung zur Durchführung der Gewerbeordnung vom 22.1.1985 (GVBl. 1985, 2 – Bay RS 7101 – 1-W), zuletzt geändert durch Gesetz vom 27.11.2007 (GVBl. 2007, 785).

Berlin: Verordnung über die öffentliche Bestellung von Sachverständigen durch die Industrie- und Handelskammer vom 10.11.1967 (GVBl. 1967, 1571).

Berliner Architekten- und Baukammergesetz vom 6.7.2006 (GVBl. 2006, 720) i.V.m. § 1 der Sachverständigenordnung der Baukammer Berlin vom 29.5.2002.

Brandenburg: Gesetz zur Ergänzung des Rechts der Industrie- und Handelskammern des Landes Brandenburg von 13.9.1991 (GVBl. 1991, 440), zuletzt geändert durch Gesetz vom 26.11.1998 (GVBl. 1998, 218).

Rechtsgrundlagen

Verordnung über die Voraussetzungen für die Bestellung sowie über die Befugnisse und Verpflichtungen der öffentlich bestellten und vereidigten Sachverständigen für die Land- und Forstwirtschaft einschließlich des Garten- und Weinbaus (Sachverständigenverordnung – SVO) vom 20.1.2001 (GVBl. 2001, 14).

Sachverständigenordnung (SVO) der Brandenburgischen Ingenieurkammer für die öffentliche Bestellung und Vereidigung vom 6.7.1995 (AmtAnz 2001, 433).

Brandenburgisches Architektenkammergesetz (BbgArchG) vom 8.3.2006 (GVBl. I 2006, 26).

Brandenburgisches Ingenieurgesetz vom 29.6.2004 (GVBl. 2004, 326), zuletzt geändert durch Art. 21 des Gesetzes vom 28.6.2006 (GVBl. 2006, 74).

Gesetz über die Errichtung einer Brandenburgischen Ingenieurkammer und zum Schutz der Berufsbezeichnung „Beratender Ingenieur" und „Beratende Ingenieurin" (Brandenburgisches Ingenieurkammergesetz) vom 29.6.2004 (GVBl. 2004, 326).

Bremen: Verordnung über Zuständigkeiten nach der Gewerbeordnung vom 23.10.1990 (GBl. 1990, 441), zuletzt geändert am 29.6.1999 (GBl. 1990, 162) und durch Geschäftsverteilung des Senats am 2.11.1999 (vgl. Bek, vom 27.6.2000, GBl. 2000, 237).

Gesetz über die Landwirtschaftskammern vom 20.3.1965 (GBl. 1965, 13), zuletzt geändert durch Gesetz vom 9.4.1957 (GBl. 1957, 41).

Verordnung über die öffentliche Bestellung und Vereidigung von Sachverständigen vom 23.5.1977 (GBl. 1977, 253).

Bremisches Ingenieurgesetz (BremIngG) vom 25.2.2003 (GBl. 2003, 67).

Hamburg: Gesetz über die vorläufige Regelung der Rechtsverhältnisse der Handelskammer Hamburg vom 27.2.1956 (GVBl. I 1956, 21), zuletzt geändert durch Gesetz vom 21.2.1983 (GVBl. 1983, 55) i.V.m. Nr. III Ziff. 5 der Anordnung zur Durchführung der Gewerbeordnung vom 22.12.1987 (AmtAnz Teil II des Hamb GVBl. 1988, 9).

Satzung und Geschäftsordnung der Landwirtschaftskammer Hamburg vom 8.4.1992 (AmtAnz Teil II des Hamb GVBl. vom 7.5.1992, 829) i.V.m. § 2 Abs. 1 Satz 2 Nr. 6 des Gesetzes über die Landwirtschaftskammer Hamburg (Landwirtschaftskammergesetz) vom 4.12.1990 (GVBl. 1990, 240).

Hamburgisches Architektengesetz i.d.F. vom 26.3.1991 (GVBl. 1991, 85).

Gesetz über das Ingenieurwesen (HmbIngG) vom 10.12.1996 (GVBl. 1996, 321), zuletzt geändert durch Gesetz vom 18.7.2001 (GVBl. 2001, 251, 256).

Hessen: Hessisches Ausführungsgesetz zum Bundesgesetz zur vorläufigen Regelung des Rechts der Industrie- und Handelskammern vom 6.11.1957 (GVBl. 1957, 147).

Verordnung über die öffentliche Bestellung von Sachverständigen auf dem Gebiet der Land- und Forstwirtschaft, des Garten- und Weinbaus sowie der Fischerei vom 20.12.2004 (GVBl. 2004, 497).

Hessisches Architekten- und Stadtplanergesetz vom 23.5.2002 (GVBl. I 2002, 182) i.V.m. § 1 Abs. 1 der Verordnung über Zuständigkeiten der Architekten- und Stadtplanerkammer Hessen und der Ingenieurkammer Hessen (AIKZustVO) vom 14.5.2008 (GVBl. 2008, 720).

Verordnung über die Bestellung von Sachverständigen nach dem Hessischen Architekten- und Stadtplanergesetz (ASSVO) vom 12.12.2002 (GVBl. I 2002, 819).

Gesetz über die Errichtung einer Ingenieurkammer und über die Berufsordnung der beratenden Ingenieure in Hessen (Ingenieurkammergesetz) vom 30.9.1986 (GVBl. I 1986, 281), zuletzt geändert durch Gesetz vom 15.11.2007 (GVBl. I 2007, 784) i.V.m. § 1 Abs. 2 der Verordnung über Zuständigkeiten der Architekten- und Stadtplanerkammer Hessen und der Ingenieurkammer Hessen (AIKZustVO) vom 14.5.2008 (GVBl. I 2008, 720).

Verordnung über die Bestellung von Sachverständigen nach dem Ingenieurkammergesetz in Hessen vom 15.3.2002 (GVBl. I 2002, 80).

Mecklenburg-Vorpommern: Gesetz über die Industrie- und Handelskammern für das Land Mecklenburg-Vorpommern vom 18.2.1992 (GVBl. 1992, 98) i.V.m. § 1 der Landesverordnung über die Regelung von Zuständigkeiten nach dem Gesetz über die Industrie- und Handelskammern vom 18.3.1992 (GVBl. 1992, 232).

§ 1 der Sachverständigen-Ermächtigungs-Verordnung (Landwirtschaft) vom 8.1.1997 (GVOBl. M-V 15) i.V.m. der Verordnung über die Bestellung sowie über die Befugnisse und Verpflichtungen der öffentlich bestellten und vereidigten Sachverständigen für die Land- und Forstwirtschaft einschließlich des Gartenbaus und der Fischerei (Landwirtschaftssachverständigenverordnung LwSachvVO M-V) vom 26.8.1997 (GVOBl. M-V 1997, 482).

Architektengesetz des Landes Mecklenburg-Vorpommern vom 12.3.1998 (GVBl. 1998, 364), zuletzt geändert durch Gesetz vom 20.7.2006 (GVBl. 2006, 576).

Ingenieurgesetz vom 8.11.1993 (GVOBl. 1993, 878), zuletzt geändert durch Art. 17 des Gesetzes vom 20.7.2006 (GVOBl. 2006, 576).

Rechtsgrundlagen

Verordnung über die Bestellung sowie über die Befugnisse und Verpflichtungen von öffentlich bestellten und vereidigten Sachverständigen für die Land- und Forstwirtschaft, einschließlich des Gartenbaus – Sachverständigenverordnung (Landwirtschaft) vom 23.10.1992 (GVBl. 1992, 632).

Landesverordnung über bauaufsichtlich anerkannte Sachverständige für die Prüfung technischer Anlagen und Einrichtungen (Sachverständigenverordnung-SVO) vom 6.8.1992 (GVOBl. 1992, 554).

Niedersachsen: Niedersächsisches Ausführungsgesetz zum Bundesgesetz zur vorläufigen Regelung des Rechts der Industrie- und Handelskammern vom 20.12.1957 (GVBl. 1957, 136), geändert durch Art. III des Gesetzes vom 29.5.1995 (GVBl. 1995, 126).

Gesetz über die Landwirtschaftskammern i.d.F. vom 10.2.2003 (GVBl. 2003, 61).

Architektengesetz i.d.F. vom 26.3.2003 (GVBl. 2003, 177) zuletzt geändert durch Art. 1 des Gesetzes vom 12.7.2007 (GVBl. 2007, 324).

Niedersächsisches Ingenieurgesetz vom 12.7.2007 (GVBl. 2007, 324).

Nordrhein-Westfalen: Gesetz über die Industrie- und Handelskammern im Lande Nordrhein-Westfalen vom 23.7.1957 (GV NW 1957, 187), zuletzt geändert durch Art. 15 des RBG vom 6.10.1987 (GV NW 1987, 342) i.V.m. § 1 Abs. 1 der Verordnung zur Regelung der Zuständigkeiten und auf dem Gebiet der Gewerbeüberwachung vom 10.12.1974 (GVBl. 1974, 1558) i.V.m. Nr. 117 des Verzeichnisses III der Anlage.

Gesetz über den Schutz der Berufsbezeichnung „Architekt", „Architektin", „Stadtplaner" und „Stadtplanerin" sowie über die Architektenkammer, über den Schutz der Berufsbezeichnung „Beratender Ingenieur" und Ingenieurkammer-Bau – Baukammergesetz vom 16.12.2003 (GVBl. 2003, 786).

Gesetz zur Errichtung von Landwirtschaftskammern im Lande Nordrhein-Westfalen vom 11.2.1949 i.d.F. vom 20.6.1989 (GV NW 1989, 436).

RdErl. des Ministeriums für Umwelt, Raumordnung und Landwirtschaft über die öffentliche Bestellung und Vereidigung von Sachverständigen für die Einreihung von Fleisch in Handelsklassen und für die Gewichtsfeststellung vom 31.5.1991 (MinBl. NW vom 18.7.1991 S. 920).

Rheinland-Pfalz: Landesgesetz zur Ergänzung und Ausführung des Gesetzes zur vorläufigen Regelung des Rechts der Industrie- und Handelskammern vom 24.2.1958 (GVBl. 1958, 43) i.V.m. § 1 der Landesverordnung über die Zuständigkeiten nach § 36 Abs. 1 und 2 der Gewerbeordnung auf dem Gebiet der Wirtschaft und des Verkehrs vom 25.3.1991 (GVBl. 1991, 174).

Landesgesetz über die Berufsordnung und die Kammer der Beratenden Ingenieure vom 25.3.1991 (GVBl. 1991, 174).

Architektengesetz Rheinland-Pfalz vom 16.12.2005 (GVBl. 2005, 505), i.V.m. § 1 der Landesverordnung über die Zuständigkeit nach § 36 Abs. 1 GewO auf dem Gebiet der Architektur vom 17.4.1991 (GVBl. 1991, 227).

Ingenieurkammergesetz vom 21.12.1978 (GVBl. 1978, 763), zuletzt geändert durch Gesetz vom 12.5.2006 (GVBl. 2006, 154).

Gesetz über die Landwirtschaftskammer Rheinland-Pfalz vom 28.7.1970 (GVBl. 1979, 309) i.V.m. der Satzung über die öffentliche Bestellung landwirtschaftlicher Sachverständiger vom 1.3.1979.

Landesverordnung über die öffentliche Bestellung von Sachverständigen nach dem Vieh- und Fleischgesetz vom 16.10.1992 (GVBl. 1992, 324).

Saarland: Gesetz Nr. 707 über die Industrie- und Handelskammer des Saarlandes vom 29.3.1960 (ABl. 1960, 261), zuletzt geändert durch Gesetz Nr. 1587 vom 15.2.2006 (ABl. 2006, 474).

Gesetz Nr. 532 über die Landwirtschaftskammer des Saarlands vom 9.7.1956 i.d.F. der Bekanntmachung vom 22.10.1975 (ABl. 1975, 1150).

Verordnung zur Änderung der Verordnung über die Erhebung von Gebühren durch den Gutachterausschuss vom 12.6.2006 (ABl. 2006, 843).

Saarländisches Architekten- und Ingenieurkammergesetz (SAIKG) vom 18.2.2004 (ABl. 2004, 822), zuletzt geändert durch Gesetz vom 15.2.2006 (GVBl. 2006, 474).

Sachsen: Verordnung der sächsischen Staatsregierung zur Durchführung der Gewerbeordnung vom 28.1.1992 (GVBl. 1992, 40), i.d.F. vom 27.6.2008 (GVBl. 2008, 414).

Gesetz zur Ergänzung und Ausführung des Gesetzes zur vorläufigen Regelung des Rechts der Industrie- und Handelskammern im Freistaat Sachsen vom 18.11.1991 (GVBl. 1991, 380) i.V.m. § 5 der Verordnung der Sächsischen Staatsregierung zur Durchführung der Gewerbeordnung vom 28.1.1992 (GVBl. 1992, 40), i.d.F. vom 27.6.2008 (GVBl. 2008, 414).

Verordnung über die öffentliche Bestellung und Vereidigung von Sachverständigen auf dem Gebiet der Land- und Forstwirtschaft sowie des Garten- und Weinbaus – Sächsische Landwirtschaftssachverständigenverordnung – SächsLandwSachVO – vom 29.10.2001 (GVBl. 2001, 694).

Rechtsgrundlagen

Sachsen-Anhalt: Gesetz über die Industrie- und Handelskammern in Sachsen-Anhalt (AGIHKG) vom 10.6.1991 (GVBl. 1991, 103), zuletzt geändert durch Gesetz vom 19.3.2002 (GVBl. LSA 2002, 130).

Verordnung über die Bestellung von landwirtschaftlichen Sachverständigen (LwSVO) vom 14.10.1997 (GVBl. LSA 1997, 886).

Ingenieurgesetz des Landes Sachsen-Anhalt (IngG-LSA) vom 17.2.2008 (GVBl. LSA 2006, 46).

Architektengesetz des Landes Sachsen-Anhalt vom 28.4.1998 (GVBl. LSA 1998, 243), zuletzt geändert durch Gesetz vom 5.8.2004.

Schleswig-Holstein: Gesetz über die Auflösung der Gauwirtschaftskammern Schleswig-Holstein und der Wirtschaftskammer Kiel vom 13.2.1954 (GVBl. 1954, 41), i.d.F. vom 31.12.19971 (GVBl. 1971, 182) i.V.m. § 42 des Preußischen Gesetzes über die Industrie- und Handelskammern i.d.F. vom 28.12.1933 (GS 1934, 6).

Gesetz über die Landwirtschaftskammer Schleswig-Holstein i.d.F. vom 26.2.2002 (GVOBl. 2002, 28).

Landesverordnung zur Übertragung der Ermächtigung nach § 36 Abs. 1 und 3 der Gewerbeordnung vom 25.11.1987 (GVOBl. 1987, 352) i.V.m. der Landesverordnung über die Ermächtigung der Architekten- und Ingenieurkammer Schleswig-Holstein zur öffentlichen Bestellung und Vereidigung von Sachverständigen gemäß § 36 Abs. 1 der Gewerbeordnung vom 22.12.1987 (GVOBl. 1988, 5), zuletzt geändert durch VO vom 7.9.2004 (GVOBL. 2004, 357).

Architekten- und Ingenieurkammergesetz (ArchIngKG) vom 9.8.2001 (GVOBl. 2001, 116).

Landesverordnung über die Architekten- und Ingenieurkammer Schleswig-Holstein vom 7.9.2004 (GVBl. 2004, 357).

Thüringen: Landesverordnung zur Übertragung der Zuständigkeit nach § 36 Abs. 1 und 2 der Gewerbeordnung auf dem Gebiet der Wirtschaft und des Verkehrs vom 3.4.1991 (GVBl. 1991, 69).

Verordnung über die öffentliche Bestellung und Vereidigung von Sachverständigen im Bereich der Land- und Forstwirtschaft einschließlich Garten- und Weinbau vom 5.10.2005 (GVBl. 2005, 352).

Thüringer Ausführungsgesetz zum Gesetz zur vorläufigen Regelung des Rechts der Industrie- und Handelskammern (Thür AGIHKG) vom 7.12.1993 (GVBl. 1993, 715).

Thüringer Architektengesetz (ThürArchG) vom 13.6.1997 (GVBl. 1997, 210), zuletzt geändert durch Gesetz vom 24.10.2001 (GVBl. 2001, 265).

> ➢ *Zu den Regelwerken in der ehemaligen DDR vgl. Kleiber/Simon/Weyers, Verkehrswertermittlung von Grundstücken, 3. Aufl., Teil XIII Anh. 15 S. 2257 ff.*

Steuerliches Bewertungsrecht

Bewertungsgesetz (BewG) i.d.F. der Bek. vom 1.2.1991 (BGBl. I 1991, 230), zuletzt geändert durch Art. 2 des Erbschaftsteuerreformgesetzes – ErbStRG - vom 24.12.2008 (BGBl. I 2008, 3018).

Verordnung zur Durchführung des § 55 Abs. 3 und 4 des Bewertungsgesetzes vom 27.7.1967 (BGBl. I 1967, 804, 1184), zuletzt geändert durch Art 18 des Gesetzes vom19.12.2000 (BGBl. I 2000, 1801).

Bewertungsgesetz (BewG) der DDR i.d.F. vom 18.9.1970 (Sonderdruck Nr. 674 vom 2.11.1970 = BAnz Nr. 117 a vom 17.6.1995).

Durchführungsverordnung zum Reichsbewertungsgesetz (RBewDV) vom 2.2.1935 (RGBl. 1935, 81 = RStBl. 1935, 189), zuletzt geändert durch VO vom 8.12.1944 (RGBl. I 1944, 338).

Rechtsverordnungen über die Bewertung bebauter Grundstücke vom 17.12.1934 (RMinBl. 1934, 785).

Richtlinien des Ministeriums der Finanzen der DDR zur Vereinfachung des Bewertungsverfahrens und zur Ermittlung des Einheitswerts des Grundvermögens vom 3.10.1975 (abgedruckt bei Kleiber/Söfker, Vermögensrecht, Jehle Rehm Losebl.).

Bilanz-Richtlinien Gesetz (BiRiG) vom 19.12.1985 (BGBl. I 1985, 2355).

Gesetz über die Eröffnungsbilanz in Deutscher Mark und die Kapitalneufestsetzung **(D-Mark Bilanzgesetz – DMBilG –)** i.d.F. der Bek. vom 28.7.1994 (BGBl. I 1994, 1842), zuletzt geändert durch Art. 25 des Gesetzes vom 22.6.1998 (BGBl. I 1998, 1474).

Arbeitsrichtlinie zur vorläufigen Bewertung von Grund und Boden in der DM-Eröffnungsbilanz (des Ministeriums für Wirtschaft der DDR), abgedruckt bei Kleiber/Söfker, Vermögensrecht, Jehle Rehm Verlag, Losebl.

Ermittlung der Wiederherstellungs-/Wiederbeschaffungskosten zum 1.7.1990 für im Beitrittsgebiet gelegene Gebäude und der AfA Bemessungsgrundlage; Sitzung der ESt IV/94 vom 8. bis 10.6.1994 (BStBl I 1994, 599).

Rechtsgrundlagen

Grunderwerbsteuergesetz (GrEStG) i.d.F. vom 26.2.1997 (BGBl. I 1979, 418, ber. BGBl. I 1997, 1804), zuletzt geändert durch Art. 10 des Gesetzes vom 20.12.2007 (BGBl. I 2007, 3170).

RdSchr. des BMF betr. Grunderwerbsteuer: Steuerliche **Behandlung von Landzuteilungen im Umlegungsverfahren** nach dem BauGB (§ 1 Abs. 1 Nr. 3 Buchst. B GrEStG) – IV A 4 S 4500 – 11/91 vom 11.7.1991.

Gleich lautende Erlasse der obersten Finanzbehörden der Länder betr. **Anwendung des § 1 Abs. 2a GrEStG** vom 13.6.1997 (BStBl I 1997, 632).

Erbschaft- und Schenkungsteuergesetz i.d.F. der Bekanntmachung vom 27.2.1997 (BGBl. I 1997, 378), zuletzt geändert durch Art. 27 des Gesetzes vom 21.8.2002 (BGBl. I 2002, 3322).

Erbschaftsteuer-Durchführungsverordnung (ErbStDV) vom 9.8.1998 (BStBl I 1998, 1183), zuletzt geändert durch Art. 1 des Erbschaftsteuerreformgesetzes – ErbStRG - vom 24.12.2008 (BGBl. I 2008, 3018).

Allgemeine Verwaltungsvorschrift zur Anwendung des Erbschaftsteuer- und Schenkungsteuerrechts (**Erbschaftsteuer-Richtlinien – ErbStR**) vom 16.12.2005.

Gleich lautender Erlass der obersten Finanzbehörden der Länder betr. **Ergänzende Hinweise zu den ErbStR** (BStBl I 1998, 1529).

Grundsteuergesetz (GrStG) vom 7.8.1973 (BGBl. I 1973, 965), zuletzt geändert durch Art. 6 des Gesetzes vom 1.9.2005 (BGBl. I 2005, 2676).

Gleich lautende Ländererlasse zur **Berücksichtigung von Nießbrauchs- und anderen Nutzungsrechten** vom 1.3.2004 (BStBl I 2004, 272).

Erl. des FM Baden-Württemberg betr. **Berücksichtigung unentgeltlicher Nutzungsrechte** bei Nachweis eines niedrigeren gemeinen Werts nach § 146 Abs. 7 BewG vom 1.3.2004 – S 3 3014/19 -, DB 2004, 1013).

Gleich lautende Erlasse der obersten Finanzbehörden der Länder zur **Umsetzung des Jahressteuergesetzes 2007** vom 2.4.2007 (BStBl I 2007, 314).

Gleich lautende Erlasse der obersten Finanzbehörden der Länder zur **Abgrenzung des Grundvermögens von den Betriebsvorrichtungen** vom 15.3.2006; **Gebäudebegriff:** (BStBl I 2006, 314).

Erl. des BMF betr. **Umsatzsteuerrechtlicher Behandlung von Erschließungsmaßnahmen** vom 4.12.2000 (BStBl I 2000, 1581 = GuG 2001, 238).

Richtlinien zur **Bewertung des land- und forstwirtschaftlichen Vermögens** vom 17.11.1967 (BStBl I 1967, 397) und vom 17.1.1968 (BStBl I 1968, 1529).

Erl. betr. der Einheitsbewertung von Grundbesitz, der unter Denkmalschutz steht, vom 21.10.1985 (BStBl I 1985, 648).

Gleich lautender Erlass der neuen Bundesländer betr. Bewertung des Grundvermögens und der Betriebsgrundstücke i.S.d. § 99 Abs. 1 Nr. 1 BewG sowie Festsetzung des Grundsteuermessbetrags im Beitrittsgebiet vom 20.11.1990 (BStBl I 1990, 827), zuletzt geändert durch Erl. vom 21.4.1992 (BStBl I 1992, 371).

Gleich lautender Erlass der neuen Bundesländer betr. **Bewertung von Kleingärten und Gartenlauben** in Kleingartenanlagen im Beitrittsgebiet vom 1.12.1990 (BGBl. I 1990, 833).

Gleich lautender Erlass der neuen Bundesländer betr. die **Ermittlung von Ersatzwirtschaftswerten** und die Festsetzung der Grundsteuermessbeträge für Betriebe der Land- und Forstwirtschaft ab 1.1.1991 vom 11.12.1990 (BStBl I 1990, 833), geändert durch Erl. vom 1.7.1991 (BStBl I 1991, 655) und vom 1.8.1994 (BStBl I 1994, 597).

Gleich lautender Erlass der neuen Bundesländer betr. **Bewertung von Einfamilienhäusern** im Beitrittsgebiet vom 6.1.1991 (BStBl I 1991, 968), zuletzt geändert durch Erl. vom 22.7.1994 (BStBl I 1994, 499).

Gleich lautender Erlass der neuen Bundesländer betr. **Abgrenzung des Grundvermögens von den Betriebsvorrichtungen** vom 31.3.1992 (BStBl I 1992, 342).

Gleich lautender Erlass der neuen Bundesländer betr. **Bewertung von Grundstücken mit Bank-, Versicherungs-, Verwaltungs- und Bürogebäuden sowie Hotelgebäuden** im Beitrittsgebiet vom 8.9.1992 (BStBl I 1992, 572).

Gleich lautender Erlass der neuen Bundesländer betr. die **Bewertung von Tankstellengrundstücken** im Beitrittsgebiet ab 1.1.1991 vom 9.11.1992 (BStBl I 1992, 712 = GuG 1995, 301).

Gleich lautender Erlass der neuen Bundesländer betr. die **Abgrenzung der wirtschaftlichen Einheit bei Einfamilienhäusern** mit räumlich getrennt liegenden Garagengrundstücken im Beitrittsgebiet vom 23.11.1992 (BStBl I 1992, 724).

Gleich lautender Erlass der neuen Bundesländer betr. die **Bewertung von Garagengrundstücken** im Beitrittsgebiet ab 1.1.1991 vom 24.11.1992 (BStBl I 1992, 725).

Rechtsgrundlagen

Gleich lautender Erlass der neuen Bundesländer betr. die **Abgrenzung, Entstehung und Grundstückshauptgruppen der wirtschaftlichen Einheit Wohnungs- und Teileigentum** ab 1.1.1991 vom 26.11.1992 (BStBl I 1993, 104), zuletzt geändert durch Erlass vom 25.7.1994 (BStBl I 1994, 502).

Gleich lautender Erlass der neuen Bundesländer betr. **Bewertung von Mietwohngrundstücken** und **gemischt genutzten Grundstücken** im Beitrittsgebiet ab 1.1.1991 vom 19.1.1993 (BStBl 1993, 173 = GuG 1993, 304).

Gleich lautender Erlass der neuen Bundesländer betr. **Bewertung von Fabrikgrundstücken, Lagerhausgrundstücken, Grundstücken mit Werkstätten** und vergleichbaren Grundstücken im Beitrittsgebiet ab 1.1.1991 vom 21.5.1993 (BStBl I 1993, 467 = GuG 1994, 226).

Gleich lautender Erlass der neuen Bundesländer betr. **Bewertung von Warenhausgrundstücken, Einkaufszentren sowie Groß-, SB- und Verbrauchermärkten und Messehallen** im Beitrittsgebiet vom 25.6.1993 (BStBl I 1993, 528 = GuG 1993, 362).

Gleich lautender Erlass der neuen Bundesländer betr. **Abgrenzung des Grundvermögens vom land- und forstwirtschaftlichen Vermögen** im Beitrittsgebiet vom 22.12.1993 (BStBl I 1994, 96).

Gleich lautender Erlass der neuen Bundesländer betr. **Bewertung von übrigen Geschäftsgrundstücken und sonstigen bebauten Grundstücken** im Beitrittsgebiet vom 21.7.1994 (BStBl I 1994, 480).

Gleich lautender Erlass der neuen Bundesländer betr. die **Einheitsbewertung von Grundbesitz, der unter Denkmalschutz steht,** vom 22.12.1994 (unveröffentlicht).

Gleich lautender Erlass der neuen Bundesländer betr. die **Bewertung von Grundstücken mit aufstehenden Gebäuden, die dem Verfall preisgegeben sind,** im Beitrittsgebiet ab 1.1.1991 vom 7.3.1995 (BStBl I 1995, 247 = GuG 1995, 243).

Gleich lautender Erlass der neuen Bundesländer betr. die **Berücksichtigung von Bodenverunreinigungen** bei der Einheitsbewertung des Grundvermögens und der Betriebsgrundstücke (i.S.d. § 99 Abs. 1 Nr. 1 BewG), die wie Grundvermögen zu bewerten sind, vom 20.3.1995 (unveröffentlicht).

Gleich lautender Erlass der neuen Bundesländer betr. die **Bewertung von Wochenendhäusern** im Beitrittsgebiet vom 14.12.1995 (unveröffentlicht).

Gleich lautender Erlass der neuen Bundesländer betr. die **Bewertung besonderer Außenanlagen** (Schwimmbecken im Freien, Tennisplätze) bei Einfamilienhäusern im Beitrittsgebiet vom 19.6.1996 (unveröffentlicht).

Gleich lautender Erlass der obersten Finanzbehörden der Länder betr. **Bewertung von unbebauten Grundstücken** nach dem 4. Abschn. des BewG vom 15.4.1997 (BStBl I 1997, 394 = DStR 1997, 740).

Gleich lautender Erlass der obersten Finanzbehörden der Länder betr. **Bewertung des land- und forstwirtschaftlichen Vermögens** nach dem 4. Abschn. des BewG vom 16.4.1997 (BStBl I 1997, 543).

Gleich lautender Erlass der obersten Finanzbehörden der Länder betr. **Bewertung von bebauten Grundstücken im Ertragswertverfahren** (§ 146 BewG) vom 28.5.1997 (BStBl I 1997, 592).

Gleich lautender Erlass der obersten Finanzbehörden der Länder betr. **Abgrenzung des land- und forstwirtschaftlichen Vermögens vom gewerblichen Betriebsvermögen** vom 30.5.1997 (BStBl I 1997, 600).

Gleich lautender Erlass der obersten Finanzbehörden der Länder betr. die **Sonderbewertung nach den §§ 148 bis 150 BewG** vom 17.6.1997 (BStBl I 1997, 643).

Gleich lautender Erlass der obersten Finanzbehörden der Länder betr. **Bewertung des land- und forstwirtschaftlichen Vermögens** nach dem Vierten Abschnitt des BewG (Bedarfsbewertung); Ermittlung eines Anteils am Betriebswert nach § 142 Abs. 1 i.V.m. § 49 BewG im Beitrittsgebiet vom 15.3.1999 (BStBl I 1999, 423 = GuG 1999, 367).

Bau- und Fachplanungsrecht

Baugesetzbuch (BauGB) i.d.F. der Bek. vom 23.9.2004 (BGBl. I 2004, 2414), zuletzt geändert durch Art. 4 des Gesetzes zur Neuregelung des Wasserrechts vom 31.7.2009 (BGBl. I 2009, 2585).

Verordnung über die bauliche Nutzung der Grundstücke (**Baunutzungsverordnung – BauNVO**) i.d.F. der Bek. vom 23.1.1990 (BGBl. I 1990, 132), zuletzt geändert durch Art. 3 des Investitionserleichterungs- und Wohnungsbaugesetzes vom 22.4.1993 (BGBl. I 1993, 466).

Verordnung über die Ausarbeitung der Bauleitpläne und die Darstellung des Planinhalts (**Planzeichenverordnung PlanzV 90**) vom 18.12.1990 (BGBl. I 1991, 58).

Raumordnungsgesetz vom 22.12.2008 (BGBl. I 2008, 2986), zuletzt geändert durch Art. 9 des Gesetzes vom 31.7.2009 (BGBl. I 2009, 2585).

Rechtsgrundlagen

Verordnung zu § 6a Abs. 2 des Raumordnungsgesetzes (**Raumordnungsverordnung – RoV**) vom 13.12.1990 (BGBl. I 1990, 2766), zuletzt geändert durch Art. 21 des Gesetzes vom 31.7.2009 (BGBl. I 2009, 2585).

Gesetz zum Schutz vor schädlichen Bodenveränderungen und zur Sanierung von Altlasten (**Bundes-Bodenschutzgesetz – BBodSchG**) vom 17.3.1998 (BGBl. I 1998, 502), zuletzt geändert durch Art. 3 des Gesetzes vom 9.12.2006 (BGBl. I 2006, 3214).

Bundes-Bodenschutz- und Altlastenverordnung vom 12.7.1999 (BGBl. I 1999, 1554), zuletzt geändert durch Art. 16 des Gesetzes vom 31.7.2009 (BGBl. I 2009, 2585).

Verordnung über die Eintragung des Bodenschutzlastvermerks vom 18.3.1999 (BGBl. I 1999, 487).

Flurbereinigungsgesetz (FlurbG) i.d.F. der Bekanntmachung vom 16.3.1976 (BGBl. I 1976, 546), zuletzt geändert durch Art. 17 des Gesetzes vom 19.12.2008 (BGBl. I 2008, 2794).

Bundeskleingartengesetz (BKleingG) vom 28.2.1983 (BGBl. I 1983, 210), zuletzt geändert durch Art. 11 des Gesetzes vom 19.9.2006 (BGBl. I 2006, 2146).

Gesetz zur Neuregelung des Rechts des Naturschutzes und der Landschaftspflege vom 29.7.2009 (BGBl. I 2009, 2592)

Gesetz über die Umweltverträglichkeitsprüfung (UVPG) vom 25.06.2005 (BGBl. I 2005, 1757), zuletzt geändert durch Art. 2 des Gesetzes vom 31.7.2009 (BGBl. I 2009, 2585).

Landbeschaffungsgesetz in der im BGBl. III unter Gliederungsnummer FNA 54-3 veröffentlichen bereinigten Fassung, zuletzt geändert durch Art. 105 des Gesetzes vom 31.10.2006 (BGBl. I 2006, 2407).

Bundes-Immissionsschutzgesetz (BImSchG) vom 26.9.2002 (BGBl. I 2002), zuletzt geändert durch Art. 15b des Gesetz vom 31.7.2009 (BGBl. I 2009, 2585).

24. Verordnung zur Durchführung des Bundes-Immissionsschutzgesetzes (**Verkehrswege-Schallschutzmaßnahmen VO – 24. BImSchV**) vom 4.2.1997 (BGBl. I 1997, 172 ber. BGBl. I 1997, 1259), geändert durch Art. 3 der VO vom 23.9.1997 (BGBl. I 1997, 2329).

Gesetz zur Förderung der Kreislaufwirtschaft und Sicherung umweltverträglicher Beseitigung von Abfällen (**Kreislaufwirtschafts- und Abfallgesetz – KrW-/AbfG**) vom 27.9.1994 (BGBl. I 1994, 2705), zuletzt geändert durch Art 5 des Gesetzes vom 22.12.2008 (BGBl. I 2008, 2986).

Umwelthaftungsgesetz (UmweltHG) vom 10.12.1990 (BGBl. I 1990, 1990, 2834), zuletzt geändert durch Art. 129 des Gesetzes vom 19.4.2006 (BGBl. I 2006, 866).

Gesetz zur Ordnung des Wasserhaushalts (**Wasserhaushaltsgesetz – WHG**) i.d.F. des Art. 1 des Gesetzes vom 31.7.2009 (BGBl. I 2009, 2585).

Gesetz über die Vermeidung und Entsorgung von Abfällen (Abfallgesetz – AbfG) vom 27.8.1986 (BGBl. I 1986, 1410, 1501), zuletzt geändert durch Art. 5 des Gesetzes vom 27.6.1994 (BGBl. I 1994, 1440).

Bundesberggesetz (BBergG) vom 13.8.1980 (BGBl. I 1980, 1310), zuletzt geändert durch Art. 10 des Gesetzes vom 31.7.2009 (BGBl. I 2009, 2585).

Gesetz zur **Vereinheitlichung der Rechtsverhältnisse bei Bodenschätzen** vom 15.4.1996 (BGBl. I 1996, 602).

Gesetz zur Erhaltung des Waldes und zur Förderung der Forstwirtschaft (**Bundeswaldgesetz**) vom 2.5.1975 (BGBl. I 1975, 1037), zuletzt geändert durch Art. 10 des Gesetzes vom 31.10.2006 (BGBl. I 2006, 2585).

Bundesjagdgesetz i.d.F. der Bek. vom 26.9.1976 (BGBl. I 1976, 2849), zuletzt geändert durch Art. 215 des Gesetzes vom 31.10.2006 (BGBl. I 2006, 2407).

Gesetz über die Anzeige und Beanstandung von Landpachtverträgen (**Landpachtverkehrsgesetz – LPachtVG**) vom 8.1.1985 (BGBl. I 1985, 2075), zuletzt geändert durch Art. 7 Abs. 37 des Gesetzes vom 19.6.2001 (BGBl. I 2001, 1149).

Bundesfernstraßengesetz (BFStrG) i.d F. der Bek. vom 20.2.2003 (BGBl. I 2003, 287).

Gesetz zur Neuordnung des Eisenbahnwesens (**Eisenbahnneuordnungsgesetz – ENeuOG**) vom 27.12.1993 (BGBl. I 1993, 2378), zuletzt geändert durch Art. 7 Abs. 42 des Gesetzes vom 19.6.2001 (BGBl. I 2001, 1149).

Allgemeines Eisenbahngesetz in der im BGBl. III unter Gliederungsnr. 930-1 veröffentlichten bereinigten Fassung), zuletzt geändert durch Gesetzes vom 16.7.2007 (BGBl. I 2007, 1383).

Telegraphenwegegesetz i.d.F. der Bek. vom 24.4.1991 (BGBl. I 1991, 1053), zuletzt geändert durch Art. 8 des Postneuordnungsgesetzes vom 14.9.1994 (BGBl. I 1994, 2377).

Luftverkehrsgesetz i.d F. der Bek. vom 27.3.1999 (BGBl. I 1999, 550), zuletzt geändert durch Art. 6 des Gesetzes vom 22.12.2008 (BGBl. I 2008, 2986).

Rechtsgrundlagen

Gesetz zur Gründung einer Bundesanstalt für Immobilienaufgaben (**BImA-Errichtungsgesetz**) vom 9.12.2004 (BGBl. I 2004, 3235).

Richtlinien

- Richtlinien für den Verkehrslärmschutz an Bundesfernstraßen in der Baulast des Bundes – **VLärmSchR** – vom 2.6.1997 (VkBl 1997, 434), geändert durch Allgemeines RdSchr. Nr. 20/2006 vom 4.8.2006 (VkBl 2006, 665).

Wohnungs-, Miet- und Grundstücksrecht

Gesetz zur **Reform des Wohnungsbaurechts (Wohnraumförderungsgesetz)** vom 13.9.2001 (BGBl. I 2001, 2376), zuletzt geändert durch Gesetz vom 28.3.2009 (BGBl. I 2009, 634).

Gesetz über das Wohnungseigentum und das Dauerwohnrecht (**Wohnungseigentumsgesetz - WEG**) in der im BGBl. III unter Gliederungsnr. 403-1 veröffentlichten bereinigten Fassung, zuletzt geändert durch Art. 1 des Gesetzes vom 26.3.2007 (BGBl. I 2007, 370).

Gesetz über das Erbbaurecht (**Erbbaurechtsgesetz - ErbbauRG**) vom 15.1.1919 (RGBl. I S. 1919, 72, 122), zuletzt geändert durch Art. 25 des Gesetzes 23.11.2007 (BGBl. I 2007, 2614).

Gesetz über das Verbot der **Zweckentfremdung von Wohnraum** vom 4.11.1971 (BGBl. I 1971, 1745), zuletzt geändert durch Gesetz vom 24.8.1993 (BGBl. I 1993, 1525).

Verordnung zur Berechnung der Wohnfläche (**Wohnflächenverordnung – WoFlV**) vom 25.11.2003 (BGBl. I 2003, 2346).

Verordnung über die Aufstellung von Betriebskosten (**Betriebskostenverordnung – BetrKV**) vom 25.11.2003 (BGBl. I 2003, 2347).

Gesetz zur Sicherung der Zweckbindung von Sozialwohnungen (**Wohnungsbindungsgesetz – WoBinG**) i.d.F. der Bek. vom 19.8.1984 (BGBl. I 1994, 2166 ber. S. 2319), zuletzt geändert durch Art. 6 des Gesetzes vom 13.9.2001 (BGBl. 2001, 2376).

Verordnung über wohnungswirtschaftliche Berechnungen (**Zweite Berechnungsverordnung – II. BV**) vom 12.10.1990 (BGBl. I 1990, 2178), zuletzt geändert durch Art. 78 des Gesetzes vom 23.11.2007 (BGBl. I 2007, 2614).

Erstes Gesetz über die Erhöhung der Grundmieten (**Erste Grundmietenverordnung – 1. GrundMV**) vom 17.6.1991 (BGBl. I 1991, 1269).

Zweite Verordnung über die Erhöhung der Grundmieten (**Zweite Grundmietenverordnung – 2. GrundMV**) vom 27.7.1992 (BGBl. I 1992, 1416).

Verordnung über die Umlage von Betriebskosten auf die Mieter (**Betriebskosten- und Umlageverordnung – BetrKostUV**) vom 17.6.1991 (BGBl. I 1991, 1270), zuletzt geändert durch VO vom 27.7.1992 (BGBl. I 1992, 1415).

Wirtschaftsstrafgesetz vom 9.7.1954 i.d.F. der Bek. vom 3.6.1975 (BGBl. I 1975, 1313), zuletzt geändert durch Gesetz vom 13.12.2001 (BGBl. I 2001, 3574).

Verordnung über die Ermittlung der zulässigen Miete für preisgebundene Wohnungen (**Neubaumietenverordnung – NMV**) i.d.F. der Bek. vom 12.10.1990 (BGBl. I 1990, 2203), zuletzt geändert durch Art. 4 der Verordnung vom 25.11.2003 (BGBl. I 2003, 2349).

Vermögensrecht

Einigungsvertrag vom 31.8.1990 (BGBl. II 1990, 889).

Gesetz zur Regelung offener Vermögensfragen (**Vermögensgesetz – VermG-**) i.d.F. der Bek. vom 9.2.2005 (BGBl. I 2005, 206), zuletzt geändert durch Art. 4 des Gesetzes vom 3.7.2009 (BGBl. I 2009, 1692).

Verordnung zum Vermögensgesetz über die Rückgabe von Unternehmen (**Unternehmensrückgabeverordnung – URüV –**) vom 13.7.1991 (BGBl. I 1991, 1542), zuletzt geändert durch Art. 26 des Gesetzes vom 22.6.1998 (BGBl. I 1998, 1474).

Verordnung über die Ablösung früherer Rechte und andere vermögensrechtliche Fragen (**Hypothekenablöseverordnung – HypAblV**) vom 10.6.1994 (BGBl. I 1994, 1253), zuletzt geändert durch Art. 209 Abs. 9 des Gesetzes vom 19.4.2006 (BGBl. I 2006, 866).

Grundstücksverkehrsordnung i.d.F. des Art. 15 des Registerverfahrensbeschleunigungsgesetzes vom 20.12.1993 (BGBl. I 1993, 2182), zuletzt geändert durch Art. 4 Abs. 44 des Gesetzes vom 22.9.2005 (BGBl. I 2005, 2809).

Rechtsgrundlagen

Gesetz über den Vorrang für Investitionen bei Rückübertragungsansprüchen nach dem Vermögensgesetz (**Investitionsvorranggesetz – InVorG**) i.d.F. der Bek. vom 4.8.1997 (BGBl. I 1997, 1996), zuletzt geändert durch Art. 5 Abs. 1 des Gesetzes vom 19.12.2006 (BGBl. I 2006, 3230).

Zweites Vermögensrechtsänderungsgesetz (2. VermÄndG) vom 14.7.1992 (BGBl. I 1992, 1257), zuletzt geändert durch das Investitionserleichterungs- und Wohnbaulandgesetz vom 22.4.1993 (BGBl. I 1993, 466 ber. S. 1811).

Gesetz zur Anpassung vermögensrechtlicher und anderer Vorschriften (**Vermögensrechtsanpassungsgesetz – VermRAnpG**) vom 4.7.1995 (BGBl. I 1995, 895).

Gesetz über die Entschädigung nach dem Gesetz zur Regelung offener Vermögensfragen (**Entschädigungsgesetz – EntschG**) i.d.F. der Bekanntmachung vom 13.7.2004 (BGBl. I 2004, 1658), zuletzt geändert durch Art. 3 Abs. 14 des Gesetzes vom 12.7.2006 (BGBl. I 2006, 1466).

Gesetz über staatliche Ausgleichsleistungen für Enteignungen auf besatzungsrechtlicher oder besatzungshoheitlicher Grundlage, die nicht mehr rückgängig gemacht werden können (**Ausgleichsleistungsgesetz – AusglLeistG**) i.d.F. der Bekanntmachung vom 13.7.2004 (BGBl. I 2004, 1665), zuletzt geändert durch Art. 1 des Gesetzes vom 3.7.2009 (BGBl. I 2009, 1688).

NS-Verfolgtenentschädigungsgesetz (NS-VEntschG) i.d.F. der Bekanntmachung vom 13.7.2004 (BGBl. I 2004, 1671), zuletzt geändert durch Art. 4 Abs. 42 des Gesetzes vom 22.9.2005 (BGBl. I 2005, 2809).

Gesetz zur Regelung in der Deutschen Demokratischen Republik nicht erfüllter Entschädigungsansprüche aus Enteignung (**DDR-Entschädigungserfüllungsgesetz – DDR-EErfG**) i.d.F. des Art. 4 des Gesetzes vom 10.12.2003 (BGBl. I 2003, 2471), ber. 13.7.2004 (BGBl. I 2004, 1654).

Gesetz zur Behandlung von Schuldbuchforderungen gegen die ehemalige Deutsche Demokratische Republik (**DDR-Schuldbuchbereinigungsgesetz – SchuldBerG**) vom 21.6.1995 (BGBl. I 1995, 846), zuletzt geändert durch Art. 3 Nr. 15 des Gesetzes vom 12.7.2006 (BGBl. I 2006, 1466).

Gesetz über eine einmalige Zuwendung an die im Beitrittsgebiet lebenden Vertriebenen (**Vertriebenenzuwendungsgesetz – VertrZuwG**) i.d.F. des Art. 9 des Entschädigungs- und Ausgleichsleistungsgesetzes vom 27.9.1994 (BGBl. I 1994, 2624, 2635).

Einführungsgesetz zum Bürgerlichen Gesetzbuch (EGBGB) in der im BGBl. Teil III Gliederungsnr. 400 – 2 veröffentlichten bereinigten Fassung, zuletzt geändert durch Art. 19 des Gesetzes vom 23.11.2007 (BGBl. I 2007, 2614).

Grundbuchbereinigungsgesetz (GBBerG) vom 20.12.1993 (BGBl. I 1993, 2182), zuletzt geändert durch Art. 41 des Gesetzes vom 17.12.2008 (BGBl. I 2008, 2586).

Verordnung über die vorrangige Bearbeitung investiver Grundbuchsachen (**Grundbuchvorrangverordnung – GBVorV**) vom 3.10.1994 (BGBl. I 1994, 2796).

Verordnung zur Durchführung der Grundbuchverordnung (**Grundbuchverfügung GBV**) i.d.F. der Bek. vom 24.1.1995 (BGBl. I 1995, 114), zuletzt geändert durch Art. 78 des Gesetzes vom 23.11.2007 (BGBl. I 2007, 2614).

Verordnung über die Anlegung und Führung von Gebäudegrundbuchbüchern (**Gebäudegrundbuchverfügung – GGB**) i.d.F. des Art. 1 der Verordnung über Gebäudegrundbücher und anderer Fragen des Grundbuchrechts vom 15.7.1994 (BGBl. I 1994, 1606), zuletzt geändert durch Art. 78 des Gesetzes vom 23.11.2007 (BGBl. I 2007, 2614).

Gesetz zur Sachenrechtsbereinigung im Beitrittsgebiet (**Sachenrechtsbereinigungsgesetz – SachenRBerG**) i.d.F. des Art. 1 des Sachenrechtsänderungsgesetzes vom 21.9.1994 (BGBl. I 1994, 2457), zuletzt geändert durch Art. 61 des Gesetzes vom 17.12.2008 (BGBl. I 2008, 2586).

Verordnung zur Durchführung des Grundbuchbereinigungsgesetzes und anderer Vorschriften auf dem Gebiet des Sachenrechts (**Sachenrechts-Durchführungsverordnung – SachenRDV**) vom 20.12.1994 (BGBl. I 1994, 3900).

Gesetz zur Anpassung schuldrechtlicher Nutzungsverhältnisse an Grundstücken im Beitrittsgebiet (**Schuldrechtsanpassungsgesetz – SchuldRAnpG**) i.d.F. des Art. 3 § 26 des Schuldrechtsänderungsgesetzes vom 21.9.1994 (BGBl. I 1994, 2538), zuletzt geändert durch Art. 7 Abs. 24 des Gesetz vom 19.6.2001 (BGBl. I 2001, 1149).

Gesetz über die Sonderung unvermessener und überbauter Grundstücke nach der Karte (**Bodensonderungsgesetz – BoSoG**) i.d.F. des Art. 14 des Registerverfahrensbeschleunigungsgesetzes vom 20.12.1993 (BGBl. I 1993, 2182), zuletzt geändert durch Art. 32 des Gesetzes vom 21.8.2002 (BGBl. I 2002, 3322).

Gesetz zur Bereinigung der im Beitrittsgebiet zu Erholungszwecken verliehenen Nutzungsrechte (**Erholungsnutzungsrechtsgesetz – ErholNutzG**) i.d.F. des Art. 2 des Schuldrechtsänderungsgesetzes vom 21.9.1994 (BGBl. I 1994, 2538, 2548).

Rechtsgrundlagen

Gesetz zur Regelung des Eigentums an von landwirtschaftlichen Produktionsgenossenschaften vorgenommenen Anpflanzungen (**Anpflanzungseigentumsgesetz – AnpfEigentG**) i.d.F. des Art. 3 des Schuldrechtsänderungsgesetzes vom 21.9.1994 (BGBl. I 1994, 2538, 2549), zuletzt geändert durch Art. 7 Abs. 28 des Gesetzes vom 19.6.2001 (BGBl. I 2001, 1149).

Gesetz zur Regelung der Rechtsverhältnisse an Meliorationsanlagen (**Meliorationsanlagengesetz – MeAnlG**) i.d.F. des Art. 4 des Schuldrechtsänderungsgesetzes vom 21.9.1994 (BGBl. I 1994, 2538, 2550), zuletzt geändert durch Gesetz vom 17.12.1999 (BGBl. I 1999, 2450).

Verordnung über die grundbuchmäßige Behandlung von Anteilen an ungetrennten Hofräumen (**Hofraumverordnung – HofV**) vom 24.9.1993 (BGBl. I 1993, 1658).

Verordnung über die angemessene Gestaltung von Nutzungsentgelten (**Nutzungsentgeltverordnung – NutzEV**) i.d.F. der Bekanntmachung vom 24.6.2002 (BGBl. I 2002, 2562).

Gesetz über die Feststellung der Zuordnung von ehemals volkseigenem Vermögen (**Vermögenszuordnungsgesetz – VZOG**) i.d.F. der Bek. vom 29.3.1994 (BGBl. I 1994, 709), zuletzt geändert durch Art. 3 des Gesetzes vom 3.7.2009 (BGBl. I 2009, 1692).

Verkehrsflächenbereinigungsgesetz vom 26.10.2001 (BGBl. I 2001, 2716), zuletzt geändert durch Art. 5 des Gesetzes vom 3.7.2009 (BGBl. I 2009, 1693).

Zuordnungsergänzungsgesetz vom 20.12.1993 (BGBl. I 1993, 2232), zuletzt geändert durch Art. 3 des Gesetzes vom 9.8.1994 (BGBl. I 1994, 2062).

Gesetz zur Regelung vermögensrechtlicher Angelegenheiten der Wohnungsgenossenschaften im Beitrittsgebiet (**Wohnungsgenossenschafts-Vermögensgesetz – WoGenVermG**) i.d.F. der Bek. vom 26.6.1994 (BGBl. I 1994, 1437).

Gesetz über das Vermögen der Gemeinden, Städte und Landkreise (**Kommunalvermögensgesetz – KVG**) vom 6.7.1990 (GBl. DDR I 1990, 660), zuletzt geändert durch § 9 Abs. 2 des Vermögenszuordnungsgesetzes vom 22.3.1991 (BGBl. I 1991, 784).

Verordnung zur Verlängerung der Frist für die Stellung von Anträgen nach § 1 Abs. 4 sowie § 10 des Vermögenszuordnungsgesetzes (**Antragsfristverordnung – AnFrV**) vom 14.7.1994 (BGBl. I 1994, 1265).

Gesetz zur Privatisierung und Reorganisation des volkseigenen Vermögens (**Treuhandgesetz – THG**) vom 17.6.1990 (GBl. DDR I 1990, 300), zuletzt geändert durch Art. 341 der Verordnung vom 31.10.2006 (BGBl. I 2006, 2407).

Verordnung zur Übertragung von liegenschaftsbezogenen Aufgaben und Liegenschaftsgesellschaften der Treuhandanstalt (**Treuhandliegenschaftsübertragungsverordnung – TreuhLÜV**) vom 20.12.1994 (BGBl. I 1994, 3908), zuletzt geändert durch Art. 539 der Verordnung vom 31.10.2006 (BGBl. I 2006, 2407).

Gesetz über die Spaltung der von der Treuhandanstalt verwalteten Unternehmen (SpTrUG) vom 5.4.1991 (BGBl. I 1991, 854), zuletzt geändert durch Art. 3 des Gesetzes vom 5.10.1994 (BGBl. I 1994, 2911).

Landwirtschaftsanpassungsgesetz (LWAnpG) i.d.F. der Bek. vom 3.7.1991 (BGBl. I 1991, 1418), zuletzt geändert durch Art. 7 Abs. 45 des Gesetzes vom 19.6.2001 (BGBl. I 2001, 1149).

Verordnung über den Erwerb land- und forstwirtschaftlicher Flächen, das Verfahren sowie den Beirat nach dem Ausgleichsleistungsgesetz (**Flächenerwerbsverordnung – FlErwV –**) vom 20.12.1995 (BGBl. I 1995, 2072), zuletzt geändert durch Art. 2 des Gesetzes vom 3.7.2009 (BGBl. I 2009, 1690).

Bekanntmachung der **Regionalen Wertansätze für Ackerland und Grünland** nach der Flächenerwerbsverordnung vom 17.1.2007 (BAnz Nr. 056a vom 21.3.2007).

Gesetz über die Übertragung des Eigentums und die Verpachtung **volkseigener landwirtschaftlich genutzter Grundstücke** an Genossenschaften, Genossenschaftsmitglieder und andere Bürger vom 22.7.1990 (GBl. DDR I 1990, 899), zuletzt geändert durch Art. 3 des Gesetzes vom 3.7.1991 (BGBl. I 1991, 1410, 1416).

Gesetz über Altschuldenhilfen für Kommunale Wohnungsunternehmen, Wohnungsgenossenschaften und private Vermieter in dem in Artikel 3 des Einigungsvertrages genannten Gebiet – (**Altschuldenhilfe-Gesetz**) vom 23.6.1993 (BGBl. I 1993, 986), zuletzt geändert durch Art. 2 der Verordnung vom 31.10.2006 (BGBl. I 2006, 2407).

Gesetz über Parteien und andere politische Vereinigungen (**Parteiengesetz – DDR-PartG**) vom 21.2.1990 (GBl. DDR I 1990, 60), zuletzt geändert durch Art. 1 des Gesetzes vom 19.12.2006 (BGBl. I 2006, 3230).

Verordnung über die Einrichtung und das Verfahren der unabhängigen Kommission zur Überprüfung des Vermögens der Parteien und Massenorganisationen der DDR (**Parteivermögenskommissionsverordnung – PVKV**) vom 14.6.1991 (BGBl. I 1991, 1243).

Gesetz über die Aufhebung rechtsstaatswidriger Verwaltungsentscheidungen im Beitrittsgebiet und die daran anknüpfenden Folgeansprüche (**Verwaltungsrechtliches Rehabilitationsgesetz – VwRehaG**) i.d.F. der Bek. vom 1.7.1997 (BGBl. I 1997, 1620), zuletzt geändert mit Art. 2 des Gesetzes vom 25.6.2009 (BGBl. I 2009, 1580).

Gesetz über den Ausgleich beruflicher Benachteiligungen für Opfer politischer Verfolgung im Beitrittsgebiet (**Berufliches Rehabilitierungsgesetz – BerRehaG**) i.d.F. der Bek. vom 1.7.1997 (BGBl. I 1997, 1625), zuletzt geändert durch Art. 2 des Gesetzes vom 25.6.2009 (BGBl. I 2009, 1580).

Gesetz über die Rehabilitierung und Entschädigung von Opfern rechtsstaatswidriger Strafverfolgungsmaßnahmen im Beitrittsgebiet (**Strafrechtliches Rehabilitierungsgesetz – StrRehaG**) i.d.F. der Bek. vom 17.12.1999 (BGBl. I 1999, 2664), zuletzt geändert mit Art. 1 des Gesetzes vom 21.8.2007 (BGBl. I 2007, 2118).

Verordnung über die Erfüllung von Entschädigungs- und Ausgleichsleistungsansprüchen durch Begebung und Zuteilung von Schuldverschreibungen des Entschädigungsfonds (**Schuldverschreibungsverordnung – SchuldV**) vom 21.6.1995 (BGBl. I 1995, 846), zuletzt geändert durch Art. 7 § 2 des Euro-Einführungsgesetzes vom 9.6.1998 (BGBl. I 1998, 1242).

Kirchliches Bewertungsrecht

Richtlinien der Evangelischen Kirche in Deutschland über die Verwaltung des kirchlichen Grundbesitzes i.d.F. vom 11.10.1985 (ABl. EKD 1985, 431).

Verwaltungsverordnung der Evangelischen Landeskirche in Baden über die Ermittlung der Verkehrswerte von Erbbaugrundstücken und Festsetzung der Erbbauzinsen vom 2.2.1982 (GVBl. der Evangelischen Landeskirche in Baden 1982, 82).

Europäische Rechtsnormen

Bilanzrichtlinie, Vierte Richtlinie 78/660/EWG des Rates vom 25.7.1978 aufgrund von Art. 54 Abs. 3 Buchst. g des Vertrages über den Jahresabschluss von Gesellschaften (ABl. EG Nr. L 222 S. 11).

Konzernbilanzrichtlinie, Siebente Richtlinie 83/349/EWG des Rates vom 13.6.1983 aufgrund von Art. 54 Abs. 3 Buchst. g des Vertrags über den konsolidierten Abschluss (ABl. EG Nr. L 193 S. 1).

Bankbilanzrichtlinie, Richtlinie 86/635/EWG des Rates vom 8.12.1986 über den Jahresabschluss und den konsolidierten Abschluss von Banken und anderen Finanzinstituten (ABl. EG Nr. L 372, S.1).

Versicherungsbilanzrichtlinie, Richtlinie 91/674/EWG des Rates vom 19.12.1991 über den Jahresabschluss und den konsolidierten Abschluss von Versicherungsunternehmen (ABl. EG Nr. L 374 S.7).

Mitteilung der Kommission betreffend Elemente staatlicher Beihilfen bei Verkäufen von Bauten oder Grundstücken durch die öffentliche Hand vom 10.7.1997 (**Grundstücksmitteilung**), ABl. EG 97 C Nr. 208/3 = GuG 1997, 363.

Richtlinie 98/32/EG des Europäischen Parlaments und des Rates vom 22.6.1998 zur Änderung – im Hinblick auf Hypotheken – der Richtlinie 89/647/EWG des Rates über einen **Solvabilitätskoeffizienten für Kreditinstitute** (ABl. EG L 204/26 vom 21.7.1998).

Richtlinie 2000/12/EG des Europäischen Parlaments und des Rates vom 20.3.2000 über die **Aufnahme und Ausübung der Tätigkeit der Kreditinstitute** (ABl. EU Nr. L 126/1 vom 26.5.2000).

Fair-Value-Richtlinie: Richtlinie 2001/65/EG des Europäischen Parlaments und des Rates vom 27.9.2001 zur Änderung der Richtlinien 78/660/EWG, 83/349/EWG und 86/635 EWG des Rates im Hinblick auf die im Jahresabschluss bzw. im konsolidierten Abschluss von Gesellschaften bestimmter Rechtsformen und von Banken und anderen Finanzinstituten zulässigen Wertansätzen (ABl. EG Nr. L 283 S. 28).

IAS-Verordnung: Verordnung (EG) Nr. 1606/2002 des Europäischen Parlaments und des Rates vom 19.7.2002 betr. internationaler Rechnungslegungsstandards (ABl. EG Nr. L 243 S.1).

Modernisierungsrichtlinie: Richtlinie 2003/51/EG des Europäischen Parlaments und des Rates vom 18.6.2003 zur Änderung der Richtlinien 78/660/EWG, 83/349/EWG, 86/635/EWG und 91/674/EWG über den Jahresabschluss und den konsolidierten Abschluss von Gesellschaften bestimmter Rechtsformen und von Banken und anderen Finanzinstituten sowie von Versicherungsunternehmen (ABl. EG Nr. L 178 S. 16).

Verordnung (EG) Nr. 211/2005 der Kommission vom 4.2.2005 zur Änderung der Verordnung (EG) Nr. 1725/2003 betr. die Übernahme bestimmter internationaler Rechnungslegungsstandards in Übereinstimmung mit der Verordnung (EG) Nr. 1606/2002 des Europäischen Parlaments und des Rates im Hinblick auf den „International Financial Reporting Standard" (IFRS) Nr. 1 und 2 und die „**International Accounting Standards**" (IAS) **Nr. 12, 16, 19, 32, 33, 38 und 39**; (ABl. L 41/1 vom 11.2.2005).

Verordnung (EG) Nr. 2238/2004 der Kommission vom 29.12.2004 zur Änderung der Verordnung (EG) Nr. 1725/2003 betr. die Übernahme bestimmter internationaler Rechnungslegungsstandards in Übereinstimmung mit der Verordnung (EG) Nr. 1606/2002 des Europäischen Parlaments und des Rates betr.

Rechtsgrundlagen

IFRS 1 und **IAS Nrn. 1 bis 10, 12 bis 17, 19 bis 24, 27 bis 38, 40 und 41 und SIC Nrn. 1 bis 7, 11 bis 14, 18 bis 27 und 30 bis 33** (ABl. Nr. L 394/1 vom 31.12.2004).

Verordnung (EG) Nr. 2236/2004 der Kommission vom 29.12.2004 zur Änderung der Verordnung (EG) Nr. 1725/2003 betr. die Übernahme bestimmter internationaler Rechnungslegungsstandards in Übereinstimmung mit der Verordnung (EG) Nr. 1606/2002 des Europäischen Parlaments und des Rates betr. „International Financial Reporting Standard" (IFRS) Nr. 1, 3 bis 5, **„International Accounting Standards" (IAS) Nr. 1,10, 12, 14, 16 bis 19, 22, 27, 28, 31 bis 41** und die Interpretation des „Standard Interpretation Committee" (SIC) Nr. 9, 22, 28 und 32 (ABl. Nr. L 392/1 vom 31.12.2004).

Verordnung (EG) Nr. 1998/2006 der Kommission vom 15.12.2006 über die Anwendung der Art. 87 und 88 Europavertrag auf **„De-minimis"-Beihilfen** (ABl. EU 2006 L 379 S. 5 ff.).

Normen

DIN 276/1993	Kosten im Hochbau
DIN 277/1950	Ermittlung des umbauten Raumes für ausgeführte Hochbauten
DIN 277/1987	Grundfläche und Rauminhalt
DIN 277/2005	Grundfläche und Rauminhalt
DIN 283	März 1951 Wohnungen Begriffe
DIN 18960	Nutzungskosten im Hochbau
EN 45001	Allgemeine Kriterien zum Betreiben von Prüflaboratorien
EN 45002	Begutachten von Prüflaboratorien
EN 45003	Allgemeine Kriterien für Stellen, die Prüflaboratorien akkreditieren
EN 45004	Allgemeine Kriterien für Betrieb von Stellen, die Inspektionen durchführen
EN 45011	Allgemeine Kriterien für Stellen, die Produkte zertifizieren
EN 45012	Allgemeine Kriterien für Stellen, die Qualitätsmanagementsysteme zertifizieren
EN 45013	Allgemeine Kriterien für Stellen, die Personal zertifizieren
EN 45014	Allgemeine Kriterien für Konformitätserklärungen von Anbietern

Euro-Wechselkurs

1 Euro = 1,95583 DM (Verordnung (EG) Nr. 2866/98 des Rates vom 31.12.1998: ABl. EG Nr. L 359 vom 31.12.1999).

IDW-Prüfungsstandard: Verwertung der Arbeit von Sachverständigen (IDW PS 322) GuG 2005, 50.

IDW-Stellungnahme zur Rechnungslegung: Berücksichtigung von strukturellem Leerstand bei zur Vermietung vorgesehenen Wohngebäuden (IDW RS WFA 1 = GuG 2005, 101).

IDW: Berücksichtigung von Immobiliensicherheiten bei der Prüfung der Werthaltigkeit von ausfallgefährdeten Forderungen bei Kreditinstituten (IDW PH 9.522.1; Stand 7.7.2005[1] = GuG 2006, 177).

BAKred: RdSchr. 2/99 vom 21.1.1999 – (Geschäftsnummer: I 3 – 238 – 3/95) § 20 Abs. 3 Satz 2 Nr. 5 KWG betr. Anrechnungserleichterungen für Realkredite (Beleihungswert, Freibetragsregelung, Beschränkung auf inländische Beleihungen) GuG 2001, 243.

Grundsatzpapier zum Beleihungswert von Immobilien des VdH (GuG 1997, 239).

BAKred RdSchr. 16/96 (I 3 238 – 3/95) GuG 1007, 242 zu § 20 Abs. 3 Satz 2 Nr. 4 KWG betr. Anrechnungserleichterung für dinglich auf Wohneigentum gesicherte Kredite (Verkehrswert, Freibetragsregelung, Bewertungsvorschriften).

---

[1] WPg 2005, 850 ff., Verabschiedet vom Hauptfachausschuss (HFA) am 7.7.2005.

Teil I

Rechtsgrundlagen

Teil I

Rechtsgrundlagen

1. Verordnung über die Grundsätze für die Ermittlung der Verkehrswerte von Grundstücken (Immobilienwertermittlungsverordnung – ImmoWertV)

BR-Drucks. 171/10
Auf Grund des § 199 Absatz 1 des Baugesetzbuchs,
der zuletzt durch Artikel 4 Nummer 4 Buchstabe a des Gesetzes
vom 24. Dezember 2008 (BGBl. I S. 3018) geändert worden ist,
verordnet die Bundesregierung:

Inhaltsverzeichnis

Abschnitt 1: Anwendungsbereich, Begriffsbestimmungen und allgemeine Verfahrensgrundsätze
§ 1 Anwendungsbereich
§ 2 Grundlagen der Wertermittlung
§ 3 Wertermittlungsstichtag und allgemeine Wertverhältnisse
§ 4 Qualitätsstichtag und Grundstückszustand
§ 5 Entwicklungszustand
§ 6 Weitere Grundstücksmerkmale
§ 7 Ungewöhnliche oder persönliche Verhältnisse
§ 8 Ermittlung des Verkehrswerts

Abschnitt 2: Bodenrichtwerte und sonstige erforderliche Daten
§ 9 Grundlagen der Ermittlung
§ 10 Bodenrichtwerte
§ 11 Indexreihen
§ 12 Umrechnungskoeffizienten
§ 13 Vergleichsfaktoren für bebaute Grundstücke
§ 14 Marktanpassungsfaktoren, Liegenschaftszinssätze

Abschnitt 3: Wertermittlungsverfahren

Unterabschnitt 1: Vergleichswertverfahren, Bodenwertermittlung
§ 15 Ermittlung des Vergleichswerts
§ 16 Ermittlung des Bodenwerts

Unterabschnitt 2: Ertragswertverfahren
§ 17 Ermittlung des Ertragswerts
§ 18 Reinertrag, Rohertrag
§ 19 Bewirtschaftungskosten
§ 20 Kapitalisierung und Abzinsung

Unterabschnitt 3: Sachwertverfahren
§ 21 Ermittlung des Sachwerts
§ 22 Herstellungskosten
§ 23 Alterswertminderung

Abschnitt 4: Schlussvorschrift
§ 24 Inkrafttreten und Außerkrafttreten

Anlage 1 (zu § 20): Barwertfaktoren für die Kapitalisierung
Anlage 2 (zu § 20): Barwertfaktoren für die Abzinsung

Abschnitt 1
Anwendungsbereich, Begriffsbestimmungen und allgemeine Verfahrensgrundsätze

§ 1
Anwendungsbereich

(1) Bei der Ermittlung der Verkehrswerte (Marktwerte)[1] von Grundstücken, ihrer Bestandteile sowie ihres Zubehörs und bei der Ableitung der für die Wertermittlung erforderlichen Daten einschließlich der Bodenrichtwerte ist diese Verordnung anzuwenden.

(2) Die nachfolgenden Vorschriften sind auf grundstücksgleiche Rechte, Rechte an diesen und Rechte an Grundstücken sowie auf solche Wertermittlungsobjekte, für die kein Markt besteht, entsprechend anzuwenden. In diesen Fällen kann der Wert auf der Grundlage marktkonformer Modelle unter besonderer Berücksichtigung der wirtschaftlichen Vor- und Nachteile ermittelt werden.

§ 2
Grundlagen der Wertermittlung

Der Wertermittlung sind die allgemeinen Wertverhältnisse auf dem Grundstücksmarkt am Wertermittlungsstichtag (§ 3) und der Grundstückszustand am Qualitätsstichtag (§ 4) zugrunde zu legen. Künftige Entwicklungen wie beispielsweise absehbare anderweitige Nutzungen (§ 4 Absatz 3 Nummer 1) sind zu berücksichtigen, wenn sie mit hinreichender Sicherheit auf Grund konkreter Tatsachen zu erwarten sind. In diesen Fällen ist auch die voraussichtliche Dauer bis zum Eintritt der rechtlichen und tatsächlichen Voraussetzungen für die Realisierbarkeit einer baulichen oder sonstigen Nutzung eines Grundstücks (Wartezeit) zu berücksichtigen.

§ 3
Wertermittlungsstichtag und allgemeine Wertverhältnisse

(1) Der Wertermittlungsstichtag ist der Zeitpunkt, auf den sich die Wertermittlung bezieht.

(2) Die allgemeinen Wertverhältnisse auf dem Grundstücksmarkt bestimmen sich nach der Gesamtheit der am Wertermittlungsstichtag für die Preisbildung von Grundstücken im gewöhnlichen Geschäftsverkehr (marktüblich) maßgebenden Umstände wie nach der allgemeinen Wirtschaftslage, den Verhältnissen am Kapitalmarkt sowie den wirtschaftlichen und demographischen Entwicklungen des Gebiets.

§ 4
Qualitätsstichtag und Grundstückszustand

(1) Der Qualitätsstichtag ist der Zeitpunkt, auf den sich der für die Wertermittlung maßgebliche Grundstückszustand bezieht. Er entspricht dem Wertermittlungsstichtag, es sei denn, dass aus rechtlichen oder sonstigen Gründen der Zustand des Grundstücks zu einem anderen Zeitpunkt maßgebend ist.

(2) Der Zustand eines Grundstücks bestimmt sich nach der Gesamtheit der verkehrswertbeeinflussenden rechtlichen Gegebenheiten und tatsächlichen Eigenschaften, der sonstigen Beschaffenheit und der Lage des Grundstücks (Grundstücksmerkmale). Zu den Grundstücksmerkmalen gehören insbesondere der Entwicklungszustand (§ 5), die Art und das Maß der baulichen oder sonstigen Nutzung (§ 6 Absatz 1), die wertbeeinflussenden Rechte und Belastungen (§ 6 Absatz 2), der abgabenrechtliche Zustand (§ 6 Absatz 3), die Lagemerkmale (§ 6 Absatz 4) und die weiteren Merkmale (§ 6 Absatz 5 und 6).

---

[1] § 194 BauGB: „Der Verkehrswert (Marktwert) wird durch den Preis bestimmt, der in dem Zeitpunkt, auf den sich die Ermittlung bezieht, im gewöhnlichen Geschäftsverkehr nach den rechtlichen Gegebenheiten und den tatsächlichen Eigenschaften, der sonstigen Beschaffenheit und der Lage des Grundstücks oder des sonstigen Gegenstands der Wertermittlung ohne Rücksicht auf ungewöhnliche oder persönliche Verhältnisse zu erzielen wäre."

(3) Neben dem Entwicklungszustand (§ 5) ist bei der Wertermittlung insbesondere zu berücksichtigen, ob am Qualitätsstichtag

1. eine anderweitige Nutzung von Flächen absehbar ist,

2. Flächen auf Grund ihrer Vornutzung nur mit erheblich über dem Üblichen liegenden Aufwand einer baulichen oder sonstigen Nutzung zugeführt werden können,

3. Flächen von städtebaulichen Missständen oder erheblichen städtebaulichen Funktionsverlusten betroffen sind,

4. Flächen einer dauerhaften öffentlichen Zweckbestimmung unterliegen,

5. Flächen für bauliche Anlagen zur Erforschung, Entwicklung oder Nutzung von Erneuerbaren Energien bestimmt sind,

6. Flächen zum Ausgleich für Eingriffe in Natur und Landschaft genutzt werden oder ob sich auf Flächen gesetzlich geschützte Biotope befinden.

§ 5
Entwicklungszustand

(1) Flächen der Land- oder Forstwirtschaft sind Flächen, die, ohne Bauerwartungsland, Rohbauland oder baureifes Land zu sein, land- oder forstwirtschaftlich nutzbar sind.

(2) Bauerwartungsland sind Flächen, die nach ihren weiteren Grundstücksmerkmalen (§ 6), insbesondere dem Stand der Bauleitplanung und der sonstigen städtebaulichen Entwicklung des Gebiets, eine bauliche Nutzung auf Grund konkreter Tatsachen mit hinreichender Sicherheit erwarten lassen.

(3) Rohbauland sind Flächen, die nach den §§ 30, 33 und 34 des Baugesetzbuchs[2] für eine bauliche Nutzung bestimmt sind, deren Erschließung aber noch nicht gesichert ist oder die nach Lage, Form oder Größe für eine bauliche Nutzung unzureichend gestaltet sind.

---

2 § 30 BauGB (Zulässigkeit von Vorhaben im Geltungsbereich eines Bebauungsplans): „(1) Im Geltungsbereich eines Bebauungsplans, der allein oder gemeinsam mit sonstigen baurechtlichen Vorschriften mindestens Festsetzungen über die Art und das Maß der baulichen Nutzung, die überbaubaren Grundstücksflächen und die örtlichen Verkehrsflächen enthält, ist ein Vorhaben zulässig, wenn es diesen Festsetzungen nicht widerspricht und die Erschließung gesichert ist.
(2) Im Geltungsbereich eines vorhabenbezogenen Bebauungsplans nach § 12 ist ein Vorhaben zulässig, wenn es dem Bebauungsplan nicht widerspricht und die Erschließung gesichert ist.
(3) Im Geltungsbereich eines Bebauungsplans, der die Voraussetzungen des Absatzes 1 nicht erfüllt (einfacher Bebauungsplan), richtet sich die Zulässigkeit von Vorhaben im Übrigen nach § 34 oder § 35."
§ 33 BauBG (Zulässigkeit von Vorhaben während der Planaufstellung): „(1) In Gebieten, für die ein Beschluss über die Aufstellung eines Bebauungsplans gefasst ist, ist ein Vorhaben zulässig, wenn
1. die Öffentlichkeits- und Behördenbeteiligung nach § 3 Abs. 2, § 4 Abs. 2 und § 4a Abs. 2 bis 5 durchgeführt worden ist,
2. anzunehmen ist, dass das Vorhaben den künftigen Festsetzungen des Bebauungsplans nicht entgegensteht,
3. der Antragsteller diese Festsetzungen für sich und seine Rechtsnachfolger schriftlich anerkennt und
4. die Erschließung gesichert ist.
(2) In Fällen des § 4a Abs. 3 Satz 1 kann vor der erneuten Öffentlichkeits- und Behördenbeteiligung ein Vorhaben zugelassen werden, wenn sich die vorgenommene Änderung oder Ergänzung des Bebauungsplanentwurfs nicht auf das Vorhaben auswirkt und die in Absatz 1 Nr. 2 bis 4 bezeichneten Voraussetzungen erfüllt sind.
(3) Wird ein Verfahren nach § 13 oder § 13a durchgeführt, kann ein Vorhaben vor Durchführung der Öffentlichkeits- und Behördenbeteiligung zugelassen werden, wenn die in Absatz 1 Nr. 2 bis 4 bezeichneten Voraussetzungen erfüllt sind. Der betroffenen Öffentlichkeit und den berührten Behörden und sonstigen Trägern öffentlicher Belange ist vor Erteilung der Genehmigung Gelegenheit zur Stellungnahme innerhalb angemessener Frist zu geben, soweit sie dazu nicht bereits zuvor Gelegenheit hatten."
§ 34 BauGB (Zulässigkeit von Vorhaben innerhalb der im Zusammenhang bebauten Ortsteile): „(1) Innerhalb der im Zusammenhang bebauten Ortsteile ist ein Vorhaben zulässig, wenn es sich nach Art und Maß der baulichen Nutzung, der Bauweise und der Grundstücksfläche, die überbaut werden soll, in die Eigenart der näheren Umgebung einfügt und die Erschließung gesichert ist. Die Anforderungen an gesunde Wohn- und Arbeitsverhältnisse müssen gewahrt bleiben; das Ortsbild darf nicht beeinträchtigt werden.
(2) Entspricht die Eigenart der näheren Umgebung einem der Baugebiete, die in der auf Grund des § 9a erlassenen Verordnung bezeichnet sind, beurteilt sich die Zulässigkeit des Vorhabens nach seiner Art allein danach, ob es nach der Verordnung in dem Baugebiet allgemein zulässig wäre; auf die nach der Verordnung ausnahmsweise zulässigen Vorhaben ist § 31 Abs. 1, im Übrigen ist § 31 Abs. 2 entsprechend anzuwenden.

(4) Baureifes Land sind Flächen, die nach öffentlich-rechtlichen Vorschriften und den tatsächlichen Gegebenheiten baulich nutzbar sind.

§ 6
Weitere Grundstücksmerkmale

(1) Art und Maß der baulichen oder sonstigen Nutzung ergeben sich in der Regel aus den für die planungsrechtliche Zulässigkeit von Vorhaben maßgeblichen §§ 30, 33 und 34 des Baugesetzbuchs[3] und den sonstigen Vorschriften, die die Nutzbarkeit betreffen. Wird vom Maß der zulässigen Nutzung in der Umgebung regelmäßig abgewichen, ist die Nutzung maßgebend, die im gewöhnlichen Geschäftsverkehr zugrunde gelegt wird.

(2) Als wertbeeinflussende Rechte und Belastungen kommen insbesondere Dienstbarkeiten, Nutzungsrechte, Baulasten sowie wohnungs- und mietrechtliche Bindungen in Betracht.

(3) Für den abgabenrechtlichen Zustand des Grundstücks ist die Pflicht zur Entrichtung von nichtsteuerlichen Abgaben maßgebend.

(4) Lagemerkmale von Grundstücken sind insbesondere die Verkehrsanbindung, die Nachbarschaft, die Wohn- und Geschäftslage sowie die Umwelteinflüsse.

(5) Weitere Merkmale sind insbesondere die tatsächliche Nutzung, die Erträge, die Grundstücksgröße, der Grundstückszuschnitt und die Bodenbeschaffenheit wie beispielsweise Bodengüte, Eignung als Baugrund oder schädliche Bodenveränderungen. Bei bebauten Grundstücken sind dies zusätzlich insbesondere die Gebäudeart, die Bauweise und Baugestaltung, die Größe, Ausstattung und Qualität, der bauliche Zustand, die energetischen Eigenschaften, das Baujahr und die Restnutzungsdauer.

(6) Die Restnutzungsdauer ist die Zahl der Jahre, in denen die baulichen Anlagen bei ordnungsgemäßer Bewirtschaftung voraussichtlich noch wirtschaftlich genutzt werden können;

Fortsetzung Fn. 2

(3) Von Vorhaben nach Absatz 1 oder 2 dürfen keine schädlichen Auswirkungen auf zentrale Versorgungsbereiche in der Gemeinde oder in anderen Gemeinden zu erwarten sein.
(3a) Vom Erfordernis des Einfügens in die Eigenart der näheren Umgebung nach Absatz 1 Satz 1 kann im Einzelfall abgewichen werden, wenn die Abweichung
1. der Erweiterung, Änderung, Nutzungsänderung oder Erneuerung eines zulässigerweise errichteten Gewerbe- oder Handwerksbetriebs oder der Erweiterung, Änderung oder Erneuerung einer zulässigerweise errichteten baulichen Anlage zu Wohnzwecken dient,
2. städtebaulich vertretbar ist und
3. auch unter Würdigung nachbarlicher Interessen mit den öffentlichen Belangen vereinbar ist.
Satz 1 findet keine Anwendung auf Einzelhandelsbetriebe, die die verbrauchernahe Versorgung der Bevölkerung beeinträchtigen oder schädliche Auswirkungen auf zentrale Versorgungsbereiche in der Gemeinde oder in anderen Gemeinden haben können.
(4) Die Gemeinde kann durch Satzung
1. die Grenzen für im Zusammenhang bebaute Ortsteile festlegen, wenn die Flächen im Flächennutzungsplan als Baufläche dargestellt sind,
2. bebaute Bereiche im Außenbereich als im Zusammenhang bebaute Ortsteile festlegen, wenn die Flächen im Flächennutzungsplan als Baufläche dargestellt sind,
3. einzelne Außenbereichsflächen in die im Zusammenhang bebauten Ortsteile einbeziehen, wenn die einbezogenen Flächen durch die bauliche Nutzung des angrenzenden Bereichs entsprechend geprägt sind.
Die Satzungen können miteinander verbunden werden.
(5) Voraussetzung für die Aufstellung von Satzungen nach Absatz 4 Satz 1 Nr. 2 und 3 ist, dass
1. sie mit einer geordneten städtebaulichen Entwicklung vereinbar sind,
2. die Zulässigkeit von Vorhaben, die einer Pflicht zur Durchführung einer Umweltverträglichkeitsprüfung nach Anlage 1 zum Gesetz über die Umweltverträglichkeitsprüfung oder nach Landesrecht unterliegen, nicht begründet wird und
3. keine Anhaltspunkte für eine Beeinträchtigung der in § 1 Abs. 6 Nr. 7 Buchstabe b genannten Schutzgüter bestehen.
In den Satzungen nach Absatz 4 Satz 1 Nr. 2 und 3 können einzelne Festsetzungen nach § 9 Abs. 1 und 3 Satz 1 sowie Abs. 4 getroffen werden. § 9 Abs. 6 ist entsprechend anzuwenden. Auf die Satzung nach Absatz 4 Satz 1 Nr. 3 sind ergänzend § 1a Abs. 2 und § 9 Abs. 1a entsprechend anzuwenden; ihr ist eine Begründung mit den Angaben entsprechend § 2a Satz 2 Nr. 1 beizufügen.
(6) Bei der Aufstellung der Satzungen nach Absatz 4 Satz 1 Nr. 2 und 3 sind die Vorschriften über die Öffentlichkeits- und Behördenbeteiligung nach § 13 Abs. 2 Satz 1 Nr. 2 und 3 sowie Satz 2 entsprechend anzuwenden. Auf die Satzungen nach Absatz 4 Satz 1 Nr. 1 bis 3 ist § 10 Abs. 3 entsprechend anzuwenden."

3 Vgl. Fn. 2.

durchgeführte Instandsetzungen oder Modernisierungen oder unterlassene Instandhaltungen oder andere Gegebenheiten können die Restnutzungsdauer verlängern oder verkürzen. Modernisierungen[4] sind beispielsweise Maßnahmen, die eine wesentliche Verbesserung der Wohn- oder sonstigen Nutzungsverhältnisse oder wesentliche Einsparungen von Energie oder Wasser bewirken.

§ 7
Ungewöhnliche oder persönliche Verhältnisse

Zur Wertermittlung und zur Ableitung erforderlicher Daten für die Wertermittlung sind Kaufpreise und andere Daten wie Mieten und Bewirtschaftungskosten heranzuziehen, bei denen angenommen werden kann, dass sie nicht durch ungewöhnliche oder persönliche Verhältnisse beeinflusst worden sind. Eine Beeinflussung durch ungewöhnliche oder persönliche Verhältnisse kann angenommen werden, wenn Kaufpreise und andere Daten erheblich von den Kaufpreisen und anderen Daten in vergleichbaren Fällen abweichen.

§ 8
Ermittlung des Verkehrswerts

(1) Zur Wertermittlung sind das Vergleichswertverfahren (§ 15) einschließlich des Verfahrens zur Bodenwertermittlung (§ 16), das Ertragswertverfahren (§§ 17 bis 20), das Sachwertverfahren (§§ 21 bis 23) oder mehrere dieser Verfahren heranzuziehen. Die Verfahren sind nach der Art des Wertermittlungsobjekts unter Berücksichtigung der im gewöhnlichen Geschäftsverkehr bestehenden Gepflogenheiten und der sonstigen Umstände des Einzelfalls, insbesondere der zur Verfügung stehenden Daten, zu wählen; die Wahl ist zu begründen. Der Verkehrswert ist aus dem Ergebnis des oder der herangezogenen Verfahren unter Würdigung seines oder ihrer Aussagefähigkeit zu ermitteln.

(2) In den Wertermittlungsverfahren nach Absatz 1 sind regelmäßig in folgender Reihenfolge gesondert zu berücksichtigen:

1. die allgemeinen Wertverhältnisse auf dem Grundstücksmarkt (Marktanpassung),
2. die besonderen objektspezifischen Grundstücksmerkmale des zu bewertenden Grundstücks.

(3) Besondere objektspezifische Grundstücksmerkmale wie beispielsweise eine wirtschaftliche Überalterung, ein überdurchschnittlicher Erhaltungszustand, Baumängel oder Bauschäden sowie von den marktüblich erzielbaren Erträgen erheblich abweichende Erträge können, soweit dies dem gewöhnlichen Geschäftsverkehr entspricht, durch marktgerechte Zu- oder Abschläge oder in anderer geeigneter Weise berücksichtigt werden.

---

[4] § 11 Abs. 6 II. BV: „(6) Modernisierung sind bauliche Maßnahmen, die den Gebrauchswert des Wohnraums nachhaltig erhöhen, die allgemeinen Wohnverhältnisse auf die Dauer verbessern oder nachhaltig Einsparungen von Energie oder Wasser bewirken."

Abschnitt 2
Bodenrichtwerte und sonstige erforderliche Daten

§ 9
Grundlagen der Ermittlung

(1) Bodenrichtwerte (§ 10) und sonstige für die Wertermittlung erforderliche Daten sind insbesondere aus der Kaufpreissammlung (§ 193 Absatz 5 Satz 1 des Baugesetzbuchs[5]) auf der Grundlage einer ausreichenden Zahl geeigneter Kaufpreise unter Berücksichtigung der allgemeinen Wertverhältnisse zu ermitteln. Zu den sonstigen erforderlichen Daten gehören insbesondere Indexreihen (§ 11), Umrechnungskoeffizienten (§ 12), Vergleichsfaktoren für bebaute Grundstücke (§ 13) sowie Marktanpassungsfaktoren und Liegenschaftszinssätze (§ 14).

(2) Kaufpreise solcher Grundstücke, die in ihren Grundstücksmerkmalen voneinander abweichen, sind im Sinne des Absatzes 1 Satz 1 nur geeignet, wenn die Abweichungen

1. in ihren Auswirkungen auf die Preise sich ausgleichen,
2. durch Zu- oder Abschläge oder
3. durch andere geeignete Verfahren berücksichtigt werden können.

§ 10
Bodenrichtwerte

(1) Bodenrichtwerte (§ 196 des Baugesetzbuchs[6]) sind vorrangig im Vergleichswertverfahren (§ 15) zu ermitteln. Findet sich keine ausreichende Zahl von Vergleichspreisen, kann der Bodenrichtwert auch mit Hilfe deduktiver Verfahren oder in anderer geeigneter und nachvollziehbarer Weise ermittelt werden. Die Bodenrichtwerte sind als ein Betrag in Euro pro Quadratmeter Grundstücksfläche darzustellen.

(2) Von den wertbeeinflussenden Merkmalen des Bodenrichtwertgrundstücks sollen der Entwicklungszustand und die Art der Nutzung dargestellt werden. Zusätzlich sollen dargestellt werden:

1. bei landwirtschaftlich genutzten Flächen gegebenenfalls die Bodengüte als Acker- oder Grünlandzahl,
2. bei baureifem Land der erschließungsbeitragsrechtliche Zustand sowie je nach Wertrelevanz das Maß der baulichen Nutzung, die Grundstücksgröße, -tiefe oder -breite und
3. bei förmlich festgelegten Sanierungsgebieten (§ 142 des Baugesetzbuchs[7]) und förmlich festgelegten Entwicklungsbereichen (§ 165 des Baugesetzbuchs[8]) der Grundstückszustand, auf den sich der Bodenrichtwert bezieht; dabei ist entweder der Grundstückszustand vor Beginn der Maßnahme oder nach Abschluss der Maßnahme darzustellen.

Deckt der Bodenrichtwert verschiedene Nutzungsarten oder verschiedene Nutzungsmaße ab, sollen diese ebenfalls dargestellt werden.

(3) Die Bodenrichtwerte sind in automatisierter Form auf der Grundlage der amtlichen Geobasisdaten zu führen.

---

5 Vgl. **§ 193 BauGB** (Aufgaben des Gutachterausschusses) Abs. 5, Teil IV § 193 BauGB, S. 376 dieser Auflage.
6 Vgl. **§ 196 BauGB** (Bodenrichtwerte) Abs. 1 bis 3, Teil IV § 196 BauGB, S. 508 dieser Auflage.

7 **§ 142 BauGB** (Sanierungssatzung): „(1) Die Gemeinde kann ein Gebiet, in dem eine städtebauliche Sanierungsmaßnahme durchgeführt werden soll, durch Beschluss förmlich als Sanierungsgebiet festlegen (förmlich festgelegtes Sanierungsgebiet). Das Sanierungsgebiet ist so zu begrenzen, dass sich die Sanierung zweckmäßig durchführen lässt. Einzelne Grundstücke, die von der Sanierung nicht betroffen werden, können aus dem Gebiet ganz oder teilweise ausgenommen werden.
(2) Ergibt sich aus den Zielen und Zwecken der Sanierung, dass Flächen außerhalb des förmlich festgelegten Sanierungsgebiets
1. für Ersatzbauten oder Ersatzanlagen zur räumlich zusammenhängenden Unterbringung von Bewohnern oder Betrieben aus dem förmlich festgelegten Sanierungsgebiet oder
2. für die durch die Sanierung bedingten Gemeinbedarfs- oder Folgeeinrichtungen
in Anspruch genommen werden müssen (Ersatz- und Ergänzungsgebiete), kann die Gemeinde geeignete Gebiete für diesen Zweck förmlich festlegen. Für die förmliche Festlegung und die sich aus ihr ergebenden Wirkungen sind die für förmlich festgelegte Sanierungsgebiete geltenden Vorschriften anzuwenden.
(3) Die Gemeinde beschließt die förmliche Festlegung des Sanierungsgebiets als Satzung (Sanierungssatzung). In der Sanierungssatzung ist das Sanierungsgebiet zu bezeichnen. Bei dem Beschluss über die Sanierungssatzung ist zugleich durch Beschluss die Frist festzulegen, in der die Satzung durchgeführt werden soll; die Frist soll 15 Jahre nicht überschreiten. Kann die Sanierung nicht innerhalb der Frist durchgeführt werden, kann die Frist durch Beschluss verlängert werden.
(4) In der Sanierungssatzung ist die Anwendung der Vorschriften des Dritten Abschnitts auszuschließen, wenn sie für die Durchführung der Sanierung nicht erforderlich ist und die Durchführung hierdurch voraussichtlich nicht erschwert wird (vereinfachtes Sanierungsverfahren); in diesem Fall kann in der Sanierungssatzung auch die Genehmigungspflicht nach § 144 insgesamt, nach § 144 Abs. 1 oder § 144 Abs. 2 ausgeschlossen werden."

8 **§ 165 BauGB** (Städtebauliche Entwicklungsmaßnahmen): „(1) Städtebauliche Entwicklungsmaßnahmen in Stadt und Land, deren einheitliche Vorbereitung und zügige Durchführung im öffentlichen Interesse liegen, werden nach den Vorschriften dieses Teils vorbereitet und durchgeführt.
(2) Mit städtebaulichen Entwicklungsmaßnahmen nach Absatz 1 sollen Ortsteile und andere Teile des Gemeindegebiets entsprechend ihrer besonderen Bedeutung für die städtebauliche Entwicklung und Ordnung der Gemeinde oder entsprechend der angestrebten Entwicklung des Landesgebiets oder der Region erstmalig entwickelt oder im Rahmen einer städtebaulichen Neuordnung einer neuen Entwicklung zugeführt werden.
(3) Die Gemeinde kann einen Bereich, in dem eine städtebauliche Entwicklungsmaßnahme durchgeführt werden soll, durch Beschluss förmlich als städtebaulichen Entwicklungsbereich festlegen, wenn
1. die Maßnahme den Zielen und Zwecken nach Absatz 2 entspricht,
2. das Wohl der Allgemeinheit die Durchführung der städtebaulichen Entwicklungsmaßnahme erfordert, insbesondere zur Deckung eines erhöhten Bedarfs an Wohn- und Arbeitsstätten, zur Errichtung von Gemeinbedarfs- und Folgeeinrichtungen oder zur Wiedernutzung brachliegender Flächen,
3. die mit der städtebaulichen Entwicklungsmaßnahme angestrebten Ziele und Zwecke durch städtebauliche Verträge nicht erreicht werden können oder Eigentümer der von der Maßnahme betroffenen Grundstücke unter entsprechender Berücksichtigung des § 166 Abs. 3 nicht bereit sind, ihre Grundstücke an die Gemeinde oder den von ihr beauftragten Entwicklungsträger zu dem Wert zu veräußern, der sich in Anwendung des § 169 Abs. 1 Nr. 6 und Abs. 4 ergibt,
4. die zügige Durchführung der Maßnahme innerhalb eines absehbaren Zeitraums gewährleistet ist.
Die öffentlichen und privaten Belange sind gegeneinander und untereinander gerecht abzuwägen.
(4) Die Gemeinde hat vor der förmlichen Festlegung des städtebaulichen Entwicklungsbereichs die vorbereitenden Untersuchungen durchzuführen oder zu veranlassen, die erforderlich sind, um Beurteilungsunterlagen über die Festlegungsvoraussetzungen nach Absatz 3 zu gewinnen. Die §§ 137 bis 141 sind entsprechend anzuwenden.
(5) Der städtebauliche Entwicklungsbereich ist so zu begrenzen, dass sich die Entwicklung zweckmäßig durchführen lässt. Einzelne Grundstücke, die von der Entwicklung nicht betroffen werden, können aus dem Bereich ganz oder teilweise ausgenommen werden. Grundstücke, die den in § 26 Nr. 2 und § 35 Abs. 1 Nr. 7 bezeichneten Zwecken dienen, die in § 26 Nr. 3 bezeichneten Grundstücke sowie Grundstücke, für die nach § 1 Abs. 2 des Landbeschaffungsgesetzes ein Anhörungsverfahren eingeleitet worden ist, und bundeseigene Grundstücke, bei denen die Absicht, sie für Zwecke der Landesverteidigung zu verwenden, der Gemeinde bekannt ist, dürfen nur mit Zustimmung des Bedarfsträgers in den städtebaulichen Entwicklungsbereich einbezogen werden. Der Bedarfsträger soll seine Zustimmung erteilen, wenn auch bei Berücksichtigung seiner Aufgaben ein überwiegendes öffentliches Interesse an der Durchführung der städtebaulichen Entwicklungsmaßnahme besteht.
(6) Die Gemeinde beschließt die förmliche Festlegung des städtebaulichen Entwicklungsbereichs als Satzung (Entwicklungssatzung). In der Entwicklungssatzung ist der städtebauliche Entwicklungsbereich zu bezeichnen.
(7) Der Entwicklungssatzung ist eine Begründung beizufügen. In der Begründung sind die Gründe darzulegen, die förmliche Festlegung des entwicklungsbedürftigen Bereichs rechtfertigen.
(8) Der Beschluss der Entwicklungssatzung ist ortsüblich bekannt zu machen. § 10 Abs. 3 Satz 2 bis 5 ist entsprechend anzuwenden. In der Bekanntmachung nach Satz 1 ist auf die Genehmigungspflicht nach den §§ 144, 145 und 153 Abs. 2 hinzuweisen. Mit der Bekanntmachung wird die Entwicklungssatzung rechtsverbindlich.
(9) Die Gemeinde teilt dem Grundbuchamt die rechtsverbindliche Entwicklungssatzung mit. Sie hat hierbei die von der Entwicklungssatzung betroffenen Grundstücke einzeln aufzuführen. Das Grundbuchamt hat in die Grundbücher dieser Grundstücke einzutragen, dass eine städtebauliche Entwicklungsmaßnahme durchgeführt wird (Entwicklungsvermerk). § 54 Abs. 2 Satz 1 und Abs. 3 ist entsprechend anzuwenden."

I ImmoWertV §§ 11 bis 14

§ 11
Indexreihen

(1) Änderungen der allgemeinen Wertverhältnisse auf dem Grundstücksmarkt sollen mit Indexreihen erfasst werden.

(2) Indexreihen bestehen aus Indexzahlen, die sich aus dem durchschnittlichen Verhältnis der Preise eines Erhebungszeitraums zu den Preisen eines Basiszeitraums mit der Indexzahl 100 ergeben. Die Indexzahlen können auch auf bestimmte Zeitpunkte des Erhebungs- und Basiszeitraums bezogen werden.

(3) Die Indexzahlen werden für Grundstücke mit vergleichbaren Lage- und Nutzungsverhältnissen abgeleitet. Das Ergebnis eines Erhebungszeitraums kann in geeigneten Fällen durch Vergleich mit den Indexreihen anderer Bereiche und vorausgegangener Erhebungszeiträume geändert werden.

(4) Indexreihen können insbesondere abgeleitet werden für

1. Bodenpreise,
2. Preise für Eigentumswohnungen und
3. Preise für Einfamilienhäuser.

§ 12
Umrechnungskoeffizienten

Wertunterschiede von Grundstücken, die sich aus Abweichungen bestimmter Grundstücksmerkmale sonst gleichartiger Grundstücke ergeben, insbesondere aus dem unterschiedlichen Maß der baulichen Nutzung oder der Grundstücksgröße und -tiefe, sollen mit Hilfe von Umrechnungskoeffizienten (§ 193 Absatz 5 Satz 2 Nummer 3 des Baugesetzbuchs[9]) erfasst werden.

§ 13
Vergleichsfaktoren für bebaute Grundstücke

Vergleichsfaktoren (§ 193 Absatz 5 Satz 2 Nummer 4 des Baugesetzbuchs[9]) sollen der Ermittlung von Vergleichswerten für bebaute Grundstücke dienen. Sie sind auf den marktüblich erzielbaren jährlichen Ertrag (Ertragsfaktor) oder auf eine sonst geeignete Bezugseinheit, insbesondere auf eine Flächen- oder Raumeinheit der baulichen Anlage (Gebäudefaktor), zu beziehen.

§ 14
Marktanpassungsfaktoren, Liegenschaftszinssätze

(1) Mit Marktanpassungsfaktoren und Liegenschaftszinssätzen sollen die allgemeinen Wertverhältnisse auf dem Grundstücksmarkt erfasst werden, soweit diese nicht auf andere Weise zu berücksichtigen sind.

(2) Marktanpassungsfaktoren sind insbesondere

1. Faktoren zur Anpassung des Sachwerts, die aus dem Verhältnis geeigneter Kaufpreise zu entsprechenden Sachwerten abgeleitet werden (Sachwertfaktoren, § 193 Absatz 5 Satz 2 Nummer 2 des Baugesetzbuchs[9]),
2. Faktoren zur Anpassung finanzmathematisch errechneter Werte von Erbbaurechten oder Erbbaugrundstücken, die aus dem Verhältnis geeigneter Kaufpreise zu den finanzmathematisch errechneten Werten von entsprechenden Erbbaurechten oder Erbbaugrundstücken abgeleitet werden (Erbbaurechts- oder Erbbaugrundstücksfaktoren).

---

9 Vgl. **§ 193 BauGB** (Aufgaben des Gutachterausschusses) Abs. 5, Teil IV § 193 BauGB, S. 376 dieser Auflage.

(3) Die Liegenschaftszinssätze (Kapitalisierungszinssätze, § 193 Absatz 5 Satz 2 Nummer 1 des Baugesetzbuchs[10]) sind die Zinssätze, mit denen Verkehrswerte von Grundstücken je nach Grundstücksart im Durchschnitt marktüblich verzinst werden. Sie sind auf der Grundlage geeigneter Kaufpreise und der ihnen entsprechenden Reinerträge für gleichartig bebaute und genutzte Grundstücke unter Berücksichtigung der Restnutzungsdauer der Gebäude nach den Grundsätzen des Ertragswertverfahrens (§§ 17 bis 20) abzuleiten.

Abschnitt 3
Wertermittlungsverfahren

Unterabschnitt 1
Vergleichswertverfahren, Bodenwertermittlung

§ 15
Ermittlung des Vergleichswerts

(1) Im Vergleichswertverfahren wird der Vergleichswert aus einer ausreichenden Zahl von Vergleichspreisen ermittelt. Für die Ableitung der Vergleichspreise sind die Kaufpreise solcher Grundstücke heranzuziehen, die mit dem zu bewertenden Grundstück hinreichend übereinstimmende Grundstücksmerkmale aufweisen. Finden sich in dem Gebiet, in dem das Grundstück gelegen ist, nicht genügend Vergleichspreise, können auch Vergleichspreise aus anderen vergleichbaren Gebieten herangezogen werden. Änderungen der allgemeinen Wertverhältnisse auf dem Grundstücksmarkt oder Abweichungen einzelner Grundstücksmerkmale sind in der Regel auf der Grundlage von Indexreihen oder Umrechnungskoeffizienten zu berücksichtigen.

(2) Bei bebauten Grundstücken können neben oder anstelle von Vergleichspreisen zur Ermittlung des Vergleichswerts geeignete Vergleichsfaktoren herangezogen werden. Der Vergleichswert ergibt sich dann durch Vervielfachung des jährlichen Ertrags oder der sonstigen Bezugseinheit des zu bewertenden Grundstücks mit dem Vergleichsfaktor. Vergleichsfaktoren sind geeignet, wenn die Grundstücksmerkmale der ihnen zugrunde gelegten Grundstücke hinreichend mit denen des zu bewertenden Grundstücks übereinstimmen.

§ 16
Ermittlung des Bodenwerts

(1) Der Wert des Bodens ist vorbehaltlich der Absätze 2 bis 4 ohne Berücksichtigung der vorhandenen baulichen Anlagen auf dem Grundstück vorrangig im Vergleichswertverfahren (§ 15) zu ermitteln. Dabei kann der Bodenwert auch auf der Grundlage geeigneter Bodenrichtwerte ermittelt werden. Bodenrichtwerte sind geeignet, wenn die Merkmale des zugrunde gelegten Richtwertgrundstücks hinreichend mit den Grundstücksmerkmalen des zu bewertenden Grundstücks übereinstimmen. § 15 Absatz 1 Satz 3 und 4 ist entsprechend anzuwenden.

(2) Vorhandene bauliche Anlagen auf einem Grundstück im Außenbereich (§ 35 des Baugesetzbuchs[11]) sind bei der Ermittlung des Bodenwerts zu berücksichtigen, wenn sie rechtlich und wirtschaftlich weiterhin nutzbar sind.

(3) Ist alsbald mit einem Abriss von baulichen Anlagen zu rechnen, ist der Bodenwert um die üblichen Freilegungskosten zu mindern, soweit sie im gewöhnlichen Geschäftsverkehr berücksichtigt werden. Von einer alsbaldigen Freilegung kann ausgegangen werden, wenn

1. die baulichen Anlagen nicht mehr nutzbar sind oder
2. der nicht abgezinste Bodenwert ohne Berücksichtigung der Freilegungskosten den im Ertragswertverfahren (§§ 17 bis 20) ermittelten Ertragswert erreicht oder übersteigt.

---

10 Vgl. **§ 193 BauGB** (Aufgaben des Gutachterausschusses) Abs. 5, Teil IV § 193 BauGB, S. 376 dieser Auflage.
11 Vgl. § 5 ImmoWertV Rn. 231.

I ImmoWertV § 17

(4) Ein erhebliches Abweichen der tatsächlichen von der nach § 6 Absatz 1 maßgeblichen Nutzung, wie insbesondere eine erhebliche Beeinträchtigung der Nutzbarkeit durch vorhandene bauliche Anlagen auf einem Grundstück, ist bei der Ermittlung des Bodenwerts zu berücksichtigen, soweit dies dem gewöhnlichen Geschäftsverkehr entspricht.

(5) Bei der Ermittlung der sanierungs- oder entwicklungsbedingten Bodenwerterhöhung zur Bemessung von Ausgleichsbeträgen nach § 154 Absatz 1[12] oder § 166 Absatz 3 Satz 4 des Baugesetzbuchs[13] sind die Anfangs- und Endwerte auf denselben Zeitpunkt zu ermitteln.

Unterabschnitt 2
Ertragswertverfahren

§ 17
Ermittlung des Ertragswerts

(1) Im Ertragswertverfahren wird der Ertragswert auf der Grundlage marktüblich erzielbarer Erträge ermittelt. Soweit die Ertragsverhältnisse absehbar wesentlichen Veränderungen unterliegen oder wesentlich von den marktüblich erzielbaren Erträgen abweichen, kann der Ertragswert auch auf der Grundlage periodisch unterschiedlicher Erträge ermittelt werden.

(2) Im Ertragswertverfahren auf der Grundlage marktüblich erzielbarer Erträge wird der Ertragswert ermittelt

1. aus dem nach § 16 ermittelten Bodenwert und dem um den Betrag der angemessenen Verzinsung des Bodenwerts verminderten und sodann kapitalisierten Reinertrag (§ 18 Absatz 1); der Ermittlung des Bodenwertverzinsungsbetrags ist der für die Kapitalisierung nach § 20 maßgebliche Liegenschaftszinssatz zugrunde zu legen; bei der Ermittlung des Bodenwertverzinsungsbetrags sind selbständig nutzbare Teilflächen nicht zu berücksichtigen (allgemeines Ertragswertverfahren), oder

2. aus dem nach § 20 kapitalisierten Reinertrag (§ 18 Absatz 1) und dem nach § 16 ermittelten Bodenwert, der mit Ausnahme des Werts von selbständig nutzbaren Teilflächen auf den Wertermittlungsstichtag nach § 20 abzuzinsen ist (vereinfachtes Ertragswertverfahren).

Eine selbständig nutzbare Teilfläche ist der Teil eines Grundstücks, der für die angemessene Nutzung der baulichen Anlagen nicht benötigt wird und selbständig genutzt oder verwertet werden kann.

(3) Im Ertragswertverfahren auf der Grundlage periodisch unterschiedlicher Erträge wird der Ertragswert aus den durch gesicherte Daten abgeleiteten periodisch erzielbaren Reinerträgen (§ 18 Absatz 1) innerhalb eines Betrachtungszeitraums und dem Restwert des Grundstücks

---

12 **§ 154 BauGB** (Ausgleichsbetrag des Eigentümers): „(1) Der Eigentümer eines im förmlich festgelegten Sanierungsgebiet gelegenen Grundstücks hat zur Finanzierung der Sanierung an die Gemeinde einen Ausgleichsbetrag in Geld zu entrichten, der der durch die Sanierung bedingten Erhöhung des Bodenwerts seines Grundstücks entspricht. Miteigentümer haften als Gesamtschuldner; bei Wohnungs- und Teileigentum sind die einzelnen Wohnungs- und Teileigentümer nur entsprechend ihrem Miteigentumsanteil heranzuziehen. Werden im förmlich festgelegten Sanierungsgebiet Erschließungsanlagen im Sinne des § 127 Abs. 2 hergestellt, erweitert oder verbessert, sind Vorschriften über die Erhebung von Beiträgen für diese Maßnahmen auf Grundstücke im förmlich festgelegten Sanierungsgebiet nicht anzuwenden. Satz 3 gilt entsprechend für die Anwendung der Vorschrift über die Erhebung von Kostenerstattungsbeträgen im Sinne des § 135a Abs. 3."

13 **§ 166 BauGB** (Zuständigkeit und Aufgaben): „(3) Die Gemeinde soll die Grundstücke im städtebaulichen Entwicklungsbereich erwerben. Dabei soll sie feststellen, ob und in welcher Rechtsform die bisherigen Eigentümer einen späteren Erwerb von Grundstücken oder Rechten im Rahmen des § 169 Abs. 6 anstreben. Die Gemeinde soll von dem Erwerb eines Grundstücks absehen, wenn
   1. bei einem baulich genutzten Grundstück die Art und das Maß der baulichen Nutzung bei der Durchführung der Entwicklungsmaßnahme nicht geändert werden sollen oder
   2. der Eigentümer eines Grundstücks, dessen Verwendung nach den Zielen und Zwecken der städtebaulichen Entwicklungsmaßnahme bestimmt oder mit ausreichender Sicherheit bestimmbar ist, in der Lage ist, das Grundstück binnen angemessener Frist dementsprechend zu nutzen, und er sich hierzu verpflichtet.

Erwirbt die Gemeinde ein Grundstück nicht, ist der Eigentümer verpflichtet, einen Ausgleichsbetrag an die Gemeinde zu entrichten, der der durch die Entwicklungsmaßnahme bedingten Erhöhung des Bodenwerts seines Grundstücks entspricht."

am Ende des Betrachtungszeitraums ermittelt. Die periodischen Reinerträge sowie der Restwert des Grundstücks sind jeweils auf den Wertermittlungsstichtag nach § 20 abzuzinsen.

§ 18
Reinertrag, Rohertrag

(1) Der Reinertrag ergibt sich aus dem jährlichen Rohertrag abzüglich der Bewirtschaftungskosten (§ 19).

(2) Der Rohertrag ergibt sich aus den bei ordnungsgemäßer Bewirtschaftung und zulässiger Nutzung marktüblich erzielbaren Erträgen. Bei Anwendung des Ertragswertverfahrens auf der Grundlage periodisch unterschiedlicher Erträge ergibt sich der Rohertrag insbesondere aus den vertraglichen Vereinbarungen.

§ 19
Bewirtschaftungskosten

(1) Als Bewirtschaftungskosten sind die für eine ordnungsgemäße Bewirtschaftung und zulässige Nutzung marktüblich entstehenden jährlichen Aufwendungen zu berücksichtigen, die nicht durch Umlagen oder sonstige Kostenübernahmen gedeckt sind.

(2) Nach Absatz 1 berücksichtigungsfähige Bewirtschaftungskosten sind

1. die Verwaltungskosten; sie umfassen die Kosten der zur Verwaltung des Grundstücks erforderlichen Arbeitskräfte und Einrichtungen, die Kosten der Aufsicht, den Wert der vom Eigentümer persönlich geleisteten Verwaltungsarbeit sowie die Kosten der Geschäftsführung;

2. die Instandhaltungskosten; sie umfassen die Kosten, die infolge von Abnutzung oder Alterung zur Erhaltung des der Wertermittlung zugrunde gelegten Ertragsniveaus der baulichen Anlage während ihrer Restnutzungsdauer aufgewendet werden müssen;

3. das Mietausfallwagnis; es umfasst das Risiko von Ertragsminderungen, die durch uneinbringliche Rückstände von Mieten, Pachten und sonstigen Einnahmen oder vorübergehenden Leerstand von Raum entstehen, der zur Vermietung, Verpachtung oder sonstigen Nutzung bestimmt ist; es umfasst auch das Risiko von uneinbringlichen Kosten einer Rechtsverfolgung auf Zahlung, Aufhebung eines Mietverhältnisses oder Räumung;

4. die Betriebskosten.

Soweit sich die Bewirtschaftungskosten nicht ermitteln lassen, ist von Erfahrungssätzen auszugehen.

§ 20
Kapitalisierung und Abzinsung

Der Kapitalisierung und Abzinsung sind Barwertfaktoren zugrunde zu legen. Der jeweilige Barwertfaktor ist unter Berücksichtigung der Restnutzungsdauer (§ 6 Absatz 6 Satz 1) und des jeweiligen Liegenschaftszinssatzes (§ 14 Absatz 3) der Anlage 1 oder Anlage 2 zu entnehmen oder nach der dort angegebenen Berechnungsvorschrift zu bestimmen.

Unterabschnitt 3
Sachwertverfahren

§ 21
Ermittlung des Sachwerts

(1) Im Sachwertverfahren wird der Sachwert des Grundstücks aus dem Sachwert der nutzbaren baulichen und sonstigen Anlagen sowie dem Bodenwert (§ 16) ermittelt; die allgemeinen Wertverhältnisse auf dem Grundstücksmarkt sind insbesondere durch die Anwendung von Sachwertfaktoren (§ 14 Absatz 2 Nummer 1) zu berücksichtigen.

(2) Der Sachwert der baulichen Anlagen (ohne Außenanlagen) ist ausgehend von den Herstellungskosten (§ 22) unter Berücksichtigung der Alterswertminderung (§ 23) zu ermitteln.

(3) Der Sachwert der baulichen Außenanlagen und der sonstigen Anlagen wird, soweit sie nicht vom Bodenwert miterfasst werden, nach Erfahrungssätzen oder nach den gewöhnlichen Herstellungskosten ermittelt. Die §§ 22 und 23 sind entsprechend anzuwenden.

§ 22
Herstellungskosten

(1) Zur Ermittlung der Herstellungskosten sind die gewöhnlichen Herstellungskosten je Flächen-, Raum- oder sonstiger Bezugseinheit (Normalherstellungskosten) mit der Anzahl der entsprechenden Bezugseinheiten der baulichen Anlagen zu vervielfachen.

(2) Normalherstellungskosten sind die Kosten, die marktüblich für die Neuerrichtung einer entsprechenden baulichen Anlage aufzuwenden wären. Mit diesen Kosten nicht erfasste einzelne Bauteile, Einrichtungen oder sonstige Vorrichtungen sind durch Zu- oder Abschläge zu berücksichtigen, soweit dies dem gewöhnlichen Geschäftsverkehr entspricht. Zu den Normalherstellungskosten gehören auch die üblicherweise entstehenden Baunebenkosten, insbesondere Kosten für Planung, Baudurchführung, behördliche Prüfungen und Genehmigungen. Ausnahmsweise können die Herstellungskosten der baulichen Anlagen nach den gewöhnlichen Herstellungskosten einzelner Bauleistungen (Einzelkosten) ermittelt werden.

(3) Normalherstellungskosten sind in der Regel mit Hilfe geeigneter Baupreisindexreihen an die Preisverhältnisse am Wertermittlungsstichtag anzupassen.

§ 23
Alterswertminderung

Die Alterswertminderung ist unter Berücksichtigung des Verhältnisses der Restnutzungsdauer (§ 6 Absatz 6 Satz 1) zur Gesamtnutzungsdauer der baulichen Anlagen zu ermitteln. Dabei ist in der Regel eine gleichmäßige Wertminderung zugrunde zu legen. Gesamtnutzungsdauer ist die bei ordnungsgemäßer Bewirtschaftung übliche wirtschaftliche Nutzungsdauer der baulichen Anlagen.

Abschnitt 4
Schlussvorschrift

§ 24
Inkrafttreten und Außerkrafttreten

Diese Verordnung tritt am 1.7.2010 in Kraft. Gleichzeitig tritt die Wertermittlungsverordnung vom 6. Dezember 1988 (BGBl. I S. 2209), die durch Artikel 3 des Gesetzes vom 18. August 1997 (BGBl. I S. 2081) geändert worden ist, außer Kraft.

Der Bundesrat hat zugestimmt.

Vervielfältigertabelle   **ImmoWertV I**

Barwertfaktoren (Vervielfältigertabelle)

Anlage 1   zu § 20 ImmoWertV: Barwertfaktoren für die Kapitalisierung (Vervielfältigertabelle) – identisch mit BewG, WertR und BelWertV –

Bei einer Restnutzungs-dauer von ....Jahren	Bei einem Zinssatz in Höhe von								
	1,0 %	1,5 %	2,0 %	2,5 %	3,0 %	3,5 %	4,0 %	4,5 %	5,0 %
1	0.99	0.99	0.98	0.98	0.97	0.97	0.96	0.96	0.95
2	1.97	1.96	1.94	1.93	1.91	1.90	1.89	1.87	1.86
3	2.94	2.91	2.88	2.86	2.83	2.80	2.78	2.75	2.72
4	3.90	3.85	3.81	3.76	3.72	3.67	3.63	3.59	3.55
5	4.85	4.78	4.71	4.65	4.58	4.52	4.45	4.39	4.33
6	5.80	5.70	5.60	5.51	5.42	5.33	5.24	5.16	5.08
7	6.73	6.60	6.47	6.35	6.23	6.11	6.00	5.89	5.79
8	7.65	7.49	7.33	7.17	7.02	6.87	6.73	6.60	6.46
9	8.57	8.36	8.16	7.97	7.79	7.61	7.44	7.27	7.11
10	9.47	9.22	8.98	8.75	8.53	8.32	8.11	7.91	7.72
11	10.37	10.07	9.79	9.51	9.25	9.00	8.76	8.53	8.31
12	11.26	10.91	10.58	10.26	9.95	9.66	9.39	9.12	8.86
13	12.13	11.73	11.35	10.98	10.63	10.30	9.99	9.68	9.39
14	13.00	12.54	12.11	11.69	11.30	10.92	10.56	10.22	9.90
15	13.87	13.34	12.85	12.38	11.94	11.52	11.12	10.74	10.38
16	14.72	14.13	13.58	13.06	12.56	12.09	11.65	11.23	10.84
17	15.56	14.91	14.29	13.71	13.17	12.65	12.17	11.71	11.27
18	16.40	15.67	14.99	14.35	13.75	13.19	12.66	12.16	11.69
19	17.23	16.43	15.68	14.98	14.32	13.71	13.13	12.59	12.09
20	18.05	17.17	16.35	15.59	14.88	14.21	13.59	13.01	12.46
21	18.86	17.90	17.01	16.18	15.42	14.70	14.03	13.40	12.82
22	19.66	18.62	17.66	16.77	15.94	15.17	14.45	13.78	13.16
23	20.46	19.33	18.29	17.33	16.44	15.62	14.86	14.15	13.49
24	21.24	20.03	18.91	17.88	16.94	16.06	15.25	14.50	13.80
25	22.02	20.72	19.52	18.42	17.41	16.48	15.62	14.83	14.09
26	22.80	21.40	20.12	18.95	17.88	16.89	15.98	15.15	14.38
27	23.56	22.07	20.71	19.46	18.33	17.29	16.33	15.45	14.64
28	24.32	22.73	21.28	19.96	18.76	17.67	16.66	15.74	14.90
29	25.07	23.38	21.84	20.45	19.19	18.04	16.98	16.02	15.14
30	25.81	24.02	22.40	20.93	19.60	18.39	17.29	16.29	15.37
31	26.54	24.65	22.94	21.40	20.00	18.74	17.59	16.54	15.59
32	27.27	25.27	23.47	21.85	20.39	19.07	17.87	16.79	15.80
33	27.99	25.88	23.99	22.29	20.77	19.39	18.15	17.02	16.00
34	28.70	26.48	24.50	22.72	21.13	19.70	18.41	17.25	16.19
35	29.41	27.08	25.00	23.15	21.49	20.00	18.66	17.46	16.37
36	30.11	27.66	25.49	23.56	21.83	20.29	18.91	17.67	16.55
37	30.80	28.24	25.97	23.96	22.17	20.57	19.14	17.86	16.71
38	31.48	28.81	26.44	24.35	22.49	20.84	19.37	18.05	16.87
39	32.16	29.36	26.90	24.73	22.81	21.10	19.58	18.23	17.02
40	32.83	29.92	27.36	25.10	23.11	21.36	19.79	18.40	17.16
41	33.50	30.46	27.80	25.47	23.41	21.60	19.99	18.57	17.29
42	34.16	30.99	28.23	25.82	23.70	21.83	20.19	18.72	17.42
43	34.81	31.52	28.66	26.17	23.98	22.06	20.37	18.87	17.55
44	35.46	32.04	29.08	26.50	24.25	22.28	20.55	19.02	17.66
45	36.09	32.55	29.49	26.83	24.52	22.50	20.72	19.16	17.77
46	36.73	33.06	29.89	27.15	24.78	22.70	20.88	19.29	17.88
47	37.35	33.55	30.29	27.47	25.02	22.90	21.04	19.41	17.98
48	37.97	34.04	30.67	27.77	25.27	23.09	21.20	19.54	18.08
49	38.59	34.52	31.05	28.07	25.50	23.28	21.34	19.65	18.17
50	39.20	35.00	31.42	28.36	25.73	23.46	21.48	19.76	18.26

I ImmoWertV — Vervielfältigertabelle

Anlage 1 zu § 20 ImmoWertV: Barwertfaktoren für die Kapitalisierung (Vervielfältigertabelle)

Bei einer Restnutzungsdauer von ....Jahren	Bei einem Zinssatz in Höhe von								
	1,0 %	1,5 %	2,0 %	2,5 %	3,0 %	3,5 %	4,0 %	4,5 %	5,0 %
51	39.80	35.47	31.79	28.65	25.95	23.63	21.62	19.87	18.34
52	40.39	35.93	32.14	28.92	26.17	23.80	21.75	19.97	18.42
53	40.98	36.38	32.50	29.19	26.37	23.96	21.87	20.07	18.49
54	41.57	36.83	32.84	29.46	26.58	24.11	21.99	20.16	18.57
55	42.15	37.27	33.17	29.71	26.77	24.26	22.11	20.25	18.63
56	42.72	37.71	33.50	29.96	26.97	24.41	22.22	20.33	18.70
57	43.29	38.13	33.83	30.21	27.15	24.55	22.33	20.41	18.76
58	43.85	38.56	34.15	30.45	27.33	24.69	22.43	20.49	18.82
59	44.40	38.97	34.46	30.68	27.51	24.82	22.53	20.57	18.88
60	44.96	39.38	34.76	30.91	27.68	24.94	22.62	20.64	18.93
61	45.50	39.78	35.06	31.13	27.84	25.07	22.71	20.71	18.98
62	46.04	40.18	35.35	31.35	28.00	25.19	22.80	20.77	19.03
63	46.57	40.57	35.64	31.56	28.16	25.30	22.89	20.83	19.08
64	47.10	40.96	35.92	31.76	28.31	25.41	22.97	20.89	19.12
65	47.63	41.34	36.20	31.96	28.45	25.52	23.05	20.95	19.16
66	48.15	41.71	36.47	32.16	28.60	25.62	23.12	21.01	19.20
67	48.66	42.08	36.73	32.35	28.73	25.72	23.19	21.06	19.24
68	49.17	42.44	36.99	32.54	28.87	25.82	23.26	21.11	19.28
69	49.67	42.80	37.25	32.72	29.00	25.91	23.33	21.16	19.31
70	50.17	43.15	37.50	32.90	29.12	26.00	23.39	21.20	19.34
71	50.66	43.50	37.74	33.07	29.25	26.09	23.46	21.25	19.37
72	51.15	43.84	37.98	33.24	29.37	26.17	23.52	21.29	19.40
73	51.63	44.18	38.22	33.40	29.48	26.25	23.57	21.33	19.43
74	52.11	44.51	38.45	33.57	29.59	26.33	23.63	21.37	19.46
75	52.59	44.84	38.68	33.72	29.70	26.41	23.68	21.40	19.48
76	53.06	45.16	38.90	33.88	29.81	26.48	23.73	21.44	19.51
77	53.52	45.48	39.12	34.03	29.91	26.55	23.78	21.47	19.53
78	53.98	45.79	39.33	34.17	30.01	26.62	23.83	21.50	19.56
79	54.44	46.10	39.54	34.31	30.11	26.68	23.87	21.54	19.58
80	54.89	46.41	39.74	34.45	30.20	26.75	23.92	21.57	19.60
81	55.33	46.71	39.95	34.59	30.29	26.81	23.96	21.59	19.62
82	55.78	47.00	40.14	34.72	30.38	26.87	24.00	21.62	19.63
83	56.22	47.29	40.34	34.85	30.47	26.93	24.04	21.65	19.65
84	56.65	47.58	40.53	34.97	30.55	26.98	24.07	21.67	19.67
85	57.08	47.86	40.71	35.10	30.63	27.04	24.11	21.70	19.68
86	57.50	48.14	40.89	35.22	30.71	27.09	24.14	21.72	19.70
87	57.92	48.41	41.07	35.33	30.79	27.14	24.18	21.74	19.71
88	58.34	48.68	41.25	35.45	30.86	27.19	24.21	21.76	19.73
89	58.75	48.95	41.42	35.56	30.93	27.23	24.24	21.78	19.74
90	59.16	49.21	41.59	35.67	31.00	27.28	24.27	21.80	19.75
91	59.57	49.47	41.75	35.77	31.07	27.32	24.30	21.82	19.76
92	59.97	49.72	41.91	35.87	31.14	27.37	24.32	21.83	19.78
93	60.36	49.97	42.07	35.98	31.20	27.41	24.35	21.85	19.79
94	60.75	50.22	42.23	36.07	31.26	27.45	24.37	21.87	19.80
95	61.14	50.46	42.38	36.17	31.32	27.48	24.40	21.88	19.81
96	61.53	50.70	42.53	36.26	31.38	27.52	24.42	21.90	19.82
97	61.91	50.94	42.68	36.35	31.44	27.56	24.44	21.91	19.82
98	62.29	51.17	42.82	36.44	31.49	27.59	24.46	21.92	19.83
99	62.66	51.40	42.96	36.53	31.55	27.62	24.49	21.94	19.84
100	63.03	51.62	43.10	36.61	31.60	27.66	24.50	21.95	19.85

Vervielfältigertabelle   **ImmoWertV I**

Anlage 1 zu § 20 ImmoWertV: Barwertfaktoren für die Kapitalisierung (Vervielfältigertabelle)

Bei einer Restnutzungsdauer von ....Jahren	Bei einem Zinssatz in Höhe von									
	5,5 %	6,0 %	6,5 %	7,0 %	7,5 %	8,0 %	8,5 %	9,0 %	9,5 %	10,0 %
1	0.95	0.94	0.94	0.93	0.93	0.93	0.92	0.92	0.91	0.91
2	1.85	1.83	1.82	1.81	1.80	1.78	1.77	1.76	1.75	1.74
3	2.70	2.67	2.65	2.62	2.60	2.58	2.55	2.53	2.51	2.49
4	3.51	3.47	3.43	3.39	3.35	3.31	3.28	3.24	3.20	3.17
5	4.27	4.21	4.16	4.10	4.05	3.99	3.94	3.89	3.84	3.79
6	5.00	4.92	4.84	4.77	4.69	4.62	4.55	4.49	4.42	4.36
7	5.68	5.58	5.48	5.39	5.30	5.21	5.12	5.03	4.95	4.87
8	6.33	6.21	6.09	5.97	5.86	5.75	5.64	5.53	5.43	5.33
9	6.95	6.80	6.66	6.52	6.38	6.25	6.12	6.00	5.88	5.76
10	7.54	7.36	7.19	7.02	6.86	6.71	6.56	6.42	6.28	6.14
11	8.09	7.89	7.69	7.50	7.32	7.14	6.97	6.81	6.65	6.50
12	8.62	8.38	8.16	7.94	7.74	7.54	7.34	7.16	6.98	6.81
13	9.12	8.85	8.60	8.36	8.13	7.90	7.69	7.49	7.29	7.10
14	9.59	9.30	9.01	8.75	8.49	8.24	8.01	7.79	7.57	7.37
15	10.04	9.71	9.40	9.11	8.83	8.56	8.30	8.06	7.83	7.61
16	10.46	10.11	9.77	9.45	9.14	8.85	8.58	8.31	8.06	7.82
17	10.86	10.48	10.11	9.76	9.43	9.12	8.83	8.54	8.28	8.02
18	11.25	10.83	10.43	10.06	9.71	9.37	9.06	8.76	8.47	8.20
19	11.61	11.16	10.73	10.34	9.96	9.60	9.27	8.95	8.65	8.36
20	11.95	11.47	11.02	10.59	10.19	9.82	9.46	9.13	8.81	8.51
21	12.28	11.76	11.28	10.84	10.41	10.02	9.64	9.29	8.96	8.65
22	12.58	12.04	11.54	11.06	10.62	10.20	9.81	9.44	9.10	8.77
23	12.88	12.30	11.77	11.27	10.81	10.37	9.96	9.58	9.22	8.88
24	13.15	12.55	11.99	11.47	10.98	10.53	10.10	9.71	9.33	8.98
25	13.41	12.78	12.20	11.65	11.15	10.67	10.23	9.82	9.44	9.08
26	13.66	13.00	12.39	11.83	11.30	10.81	10.35	9.93	9.53	9.16
27	13.90	13.21	12.57	11.99	11.44	10.94	10.46	10.03	9.62	9.24
28	14.12	13.41	12.75	12.14	11.57	11.05	10.57	10.12	9.70	9.31
29	14.33	13.59	12.91	12.28	11.70	11.16	10.66	10.20	9.77	9.37
30	14.53	13.76	13.06	12.41	11.81	11.26	10.75	10.27	9.83	943
31	14.72	13.93	13.20	12.53	11.92	11.35	10.83	10.34	9.89	9.48
32	14.90	14.08	13.33	12.65	12.02	11.43	10.90	10.41	9.95	9.53
33	15.08	14.23	13.46	12.75	12.11	11.51	10.97	10.46	10.00	9.57
34	15.24	14.37	13.58	12.85	12.19	11.59	11.03	10.52	10.05	9.61
35	15.39	14.50	13.69	12.95	12.27	11.65	11.09	10.57	10.09	9.64
36	15.54	14.62	13.79	13.04	12.35	11.72	11.14	10.61	10.13	9.68
37	15.67	14.74	13.89	13.12	12.42	11.78	11.19	10.65	10.16	9.71
38	15.80	14.85	13.98	13.19	12.48	11.83	11.23	10.69	10.19	9.73
39	15.93	14.95	14.06	13.26	12.54	11.88	11.28	10.73	10.22	9.76
40	16.05	15.05	14.15	13.33	12.59	11.92	11.31	10.76	10.25	9.78
41	16.16	15.14	14.22	13.39	12.65	11.97	11.35	10.79	10.27	9.80
42	16.26	15.22	14.29	13.45	12.69	12.01	11.38	10.81	10.29	9.82
43	16.36	15.31	14.36	13.51	12.74	12.04	11.41	10.84	10.31	9.83
44	16.46	15.38	14.42	13.56	12.78	12.08	11.44	10.86	10.33	9.85
45	16.55	15.46	14.48	13.61	12.82	12.11	11.47	10.88	10.35	9.86
46	16.63	15.52	14.54	13.65	12.85	12.14	11.49	10.90	10.36	9.88
47	16.71	15.59	14.59	13.69	12.89	12.16	11.51	10.92	10.38	9.89
48	16.79	15.65	14.64	13.73	12.92	12.19	11.53	10.93	10.39	9.90
49	16.86	15.71	14.68	13.77	12.95	12.21	11.55	10.95	10.40	9.91
50	16.93	15.76	14.72	13.80	12.97	12.23	11.57	10.96	10.41	9.91

I ImmoWertV — Vervielfältigertabelle

Anlage 1 zu § 20 ImmoWertV: Barwertfaktoren für die Kapitalisierung (Vervielfältigertabelle)

Bei einer Restnutzungsdauer von ....Jahren	Bei einem Zinssatz in Höhe von									
	5,5 %	6,0 %	6,5 %	7,0 %	7,5 %	8,0 %	8,5 %	9,0 %	9,5 %	10,0 %
51	17.00	15.81	14.76	13.83	13.00	12.25	11.58	10.97	10.42	9.92
52	17.06	15.86	14.80	13.86	13.02	12.27	11.60	10.99	10.43	9.93
53	17.12	15.91	14.84	13.89	13.04	12.29	11.61	11.00	10.44	9.94
54	17.17	15.95	14.87	13.92	13.06	12.30	11.62	11.01	10.45	9.94
55	17.23	15.99	14.90	13.94	13.08	12.32	11.63	11.01	10.45	9.95
56	17.28	16.03	14.93	13.96	13.10	12.33	11.64	11.02	10.46	9.95
57	17.32	16.07	14.96	13.98	13.12	12.34	11.65	11.03	10.47	9.96
58	17.37	16.10	14.99	14.00	13.13	12.36	11.66	11.04	10.47	9.96
59	17.41	16.13	15.01	14.02	13.15	12.37	11.67	11.04	10.48	9.96
60	17.45	16.16	15.03	14.04	13.16	12.38	11.68	11.05	10.48	9.97
61	17.49	16.19	15.05	14.06	13.17	12.39	11.68	11.05	10.48	9.97
62	17.52	16.22	15.07	14.07	13.18	12.39	11.69	11.06	10.49	9.97
63	17.56	16.24	15.09	14.08	13.19	12.40	11.70	11.06	10.49	9.98
64	17.59	16.27	15.11	14.10	13.20	12.41	11.70	11.07	10.49	9.98
65	17.62	16.29	15.13	14.11	13.21	12.42	11.71	11.07	10.50	9.98
66	17.65	16.31	15.14	14.12	13.22	12.42	11.71	11.07	10.50	9.98
67	17.68	16.33	15.16	14.13	13.23	12.43	11.71	11.08	10.50	9.98
68	17.70	16.35	15.17	14.14	13.24	12.43	11.72	11.08	11.50	9.98
69	17.73	16.37	15.19	14.15	13.24	12.44	11.72	11.08	10.51	9.99
70	17.75	16.38	15.20	14.16	13.25	12.44	11.73	11.08	10.51	9.99
71	17.78	16.40	15.21	14.17	13.25	12.45	11.73	11.09	10.51	9.99
72	17.80	16.42	15.22	14.18	13.26	12.45	11.73	11.09	10.51	9.99
73	17.82	16.43	15.23	14.18	13.27	12.45	11.73	11.09	10.51	9.99
74	17.84	16.44	15.24	14.19	13.27	12.46	11.74	11.09	10.51	9.99
75	17.85	16.46	15.25	14.20	13.27	12.46	11.74	11.09	10.51	9.99
76	17.87	16.47	15.26	14.20	13.28	12.46	11.74	11.10	10.52	9.99
77	17.89	16.48	15.26	14.21	13.28	12.47	11.74	11.10	10.52	9.99
78	17.90	16.49	15.27	14.21	13.29	12.47	11.74	11.10	10.52	9.99
79	17.92	16.50	15.28	14.22	13.29	12.47	11.75	11.10	10.52	9.99
80	17.93	16.51	15.28	14.22	13.29	12.47	11.75	11.10	10.52	10.00
81	17.94	16.52	15.29	14.23	13.30	12.48	11.75	11.10	10.52	10.00
82	17.96	16.53	15.30	14.23	13.30	12.48	11.75	11.10	10.52	10.00
83	17.97	16.53	15.30	14.23	13.30	12.48	11.75	11.10	10.52	10.00
84	17.98	16.54	15.31	14.24	13.30	12.48	11.75	11.10	10.52	10.00
85	17.99	16.55	15.31	14.24	13.30	12.48	11.75	11.10	10.52	10.00
86	18.00	16.56	15.32	14.24	13.31	12.48	11.75	11.10	10.52	10.00
87	18.01	16.56	15.32	14.25	13.31	12.48	11.75	11.10	10.52	10.00
88	18.02	16.57	15.32	14.25	13.31	12.49	11.76	11.11	10.52	10.00
89	18.03	16.57	15.33	14.25	13.31	12.49	11.76	11.11	10.52	10.00
90	18.04	16.58	15.33	14.25	13.31	12.49	11.76	11.11	10.52	10.00
91	18.04	16.58	15.33	14.26	13.31	12.49	11.76	11.11	10.52	10.00
92	18.05	16.59	15.34	14.26	13.32	12.49	11.76	11.11	10.52	10.00
93	18.06	16.59	15.34	14.26	13.32	12.49	11.76	11.11	10.52	10.00
94	18.06	16.60	15.34	14.26	13.32	12.49	11.76	11.11	10.52	10.00
95	18.07	16.60	15.35	14.26	13.32	12.49	11.76	11.11	10.52	10.00
96	18.08	16.60	15.35	14.26	13.32	12.49	11.76	11.11	10.52	10.00
97	18.08	16.61	15.35	14.27	13.32	12.49	11.76	11.11	10.52	10.00
98	18.09	16.61	15.35	14.27	13.32	12.49	11.76	11.11	10.52	10.00
99	18.09	16.61	15.35	14.27	13.32	12.49	11.76	11.11	10.52	10.00
100	18.10	16.62	15.36	14.27	13.32	12.49	11.76	11.11	10.53	10.00

Berechnungsvorschrift für die der Tabelle nicht zu entnehmenden Barwertfaktoren für die Kapitalisierung

$$\text{Kapitalisierungsfaktor} = \frac{q^n - 1}{q^n \times (q - 1)} \quad \text{wobei } q = 1 + \frac{p}{100} \quad \begin{array}{l} p = \text{Liegenschaftszinssatz} \\ n = \text{Restnutzungsdauer} \end{array}$$

Abzinsungsfaktor

Anlage 2 zu § 21 ImmoWertV: Barwertfaktoren für die Abzinsung

Restnutzungsdauer von ....Jahren	Zinssatz								
	1,0 %	1,5 %	2,0 %	2,5 %	3,0 %	3,5 %	4,0 %	4,5 %	5,0 %
1	0,9901	0,9852	0,9804	0,9756	0,9709	0,9662	0,9615	0,9569	0,9524
2	0,9803	0,9707	0,9612	0,9518	0,9426	0,9335	0,9246	0,9157	0,9070
3	0,9706	0,9563	0,9423	0,9286	0,9151	0,9019	0,8890	0,8763	0,8638
4	0,9610	0,9422	0,9238	0,9060	0,8885	0,8714	0,8548	0,8383	0,8227
5	0,9515	0,9283	0,9057	0,8839	0,8626	0,8420	0,8219	0,8025	0,7835
6	0,9420	0,9145	0,8880	0,8623	0,8375	0,8135	0,7903	0,7679	0,7462
7	0,9327	0,9010	0,8706	0,8413	0,8131	0,7860	0,7599	0,7348	0,7107
8	0,9235	0,8877	0,8535	0,8207	0,7894	0,7594	0,7307	0,7032	0,6768
9	0,9143	0,8746	0,8368	0,8007	0,7664	0,7337	0,7026	0,6729	0,6446
10	0,9053	0,8617	0,8203	0,7812	0,7441	0,7089	0,6756	0,6439	0,6139
11	0,8963	0,8489	0,8043	0,7621	0,7224	0,6849	0,6496	0,5162	0,5847
12	0,8874	0,8364	0,7885	0,7436	0,7014	0,6618	0,6246	0,5897	0,5568
13	0,8787	0,8240	0,7730	0,7254	0,6810	0,6394	0,6006	0,5643	0,5303
14	0,8700	0,8118	0,7579	0,7077	0,6611	0,6178	0,5775	0,5400	0,5051
15	0,8613	0,7999	0,7430	0,6905	0,6419	0,5969	0,5553	0,5167	0,4810
16	0,8528	0,7880	0,7284	0,6736	0,6232	0,5767	0,5339	0,4945	0,4581
17	0,8444	0,7764	0,7142	0,6572	0,6050	0,5572	0,5134	0,4732	0,4363
18	0,8360	0,7649	0,7002	0,6412	0,5874	0,5384	0,4936	0,4528	0,4155
19	0,8277	0,7536	0,6864	0,6255	0,5703	0,5202	0,4746	0,4333	0,3957
20	0,8195	0,7425	0,6730	0,6103	0,5537	0,5026	0,4564	0,4146	0,3769
21	0,8114	0,7315	0,6598	0,5954	0,5375	0,4856	0,4388	0,3968	0,3589
22	0,8034	0,7207	0,6468	0,5809	0,5219	0,4692	0,4220	0,3797	0,3418
23	0,7954	0,7100	0,6342	0,5667	0,5067	0,4533	0,4057	0,3634	0,3256
24	0,7876	0,6995	0,6217	0,5529	0,4919	0,4380	0,3901	0,3477	0,3101
25	0,7798	0,6892	0,6095	0,5394	0,4776	0,4231	0,3751	0,3327	0,2953
26	0,7720	0,6790	0,5976	0,5262	0,4637	0,4088	0,3607	0,3184	0,2812
27	0,7644	0,6690	0,5859	0,5134	0,4502	0,3950	0,3468	0,3047	0,2678
28	0,7568	0,6591	0,5744	0,5009	0,4371	0,3817	0,3335	0,2916	0,2551
29	0,7493	0,6494	0,5631	0,4887	0,4243	0,3687	0,3207	0,2790	0,2429
30	0,7419	0,6398	0,5521	0,4767	0,4120	0,3563	0,3083	0,2670	0,2314
31	0,7346	0,6303	0,5412	0,4651	0,4000	0,3442	0,2965	0,2555	0,2204
32	0,7273	0,6210	0,5306	0,4538	0,3883	0,3326	0,2851	0,2445	0,2099
33	0,7201	0,6118	0,5202	0,4427	0,3770	0,3213	0,2741	0,2340	0,1999
34	0,7130	0,6028	0,5100	0,4319	0,3660	0,3105	0,2636	0,2239	0,1904
35	0,7059	0,5939	0,5000	0,4214	0,3554	0,3000	0,2534	0,2143	0,1813
36	0,6989	0,5851	0,4902	0,4111	0,3450	0,2898	0,2437	0,2050	0,1727
37	0,6920	0,5764	0,4806	0,4011	0,3350	0,2800	0,2343	0,1962	0,1644
38	0,6852	0,5679	0,4712	0,3913	0,3252	0,2706	0,2253	0,1878	0,1566
39	0,6784	0,5595	0,4619	0,3817	0,3158	0,2614	0,2166	0,1797	0,1491
40	0,6717	0,5513	0,4529	0,3724	0,3066	0,2526	0,2083	0,1719	0,1420
41	0,6650	0,5431	0,4440	0,3633	0,2976	0,2440	0,2003	0,1645	0,1353
42	0,6584	0,5351	0,4353	0,3545	0,2890	0,2358	0,1926	0,1574	0,1288
43	0,6519	0,5272	0,4268	0,3458	0,2805	0,2278	0,1852	0,1507	0,1227
44	0,6454	0,5194	0,4184	0,3374	0,2724	0,2201	0,1780	0,1442	0,1169
45	0,6391	0,5117	0,4102	0,3292	0,2644	0,2127	0,1712	0,1380	0,1113
46	0,6327	0,5042	0,4022	0,3211	0,2567	0,2055	0,1646	0,1320	0,1060
47	0,6265	0,4967	0,3943	0,3133	0,2493	0,1985	0,1583	0,1263	0,1009
48	0,6203	0,4894	0,3865	0,3057	0,2420	0,1918	0,1522	0,1209	0,0961
49	0,6141	0,4821	0,3790	0,2982	0,2350	0,1853	0,1463	0,1157	0,0916
50	0,6080	0,4750	0,3715	0,2909	0,2281	0,1791	0,1407	0,1107	0,0872

I ImmoWertV — Abzinsungsfaktor

Rest-nutzungs-dauer von ....Jahren	Zinssatz								
	1,0 %	1,5 %	2,0 %	2,5 %	3,0 %	3,5 %	4,0 %	4,5 %	5,0 %
51	0,6020	0,4680	0,3642	0,2838	0,2215	0,1730	0,1353	0,1059	0,0831
52	0,5961	0,4611	0,3571	0,2769	0,2150	0,1671	0,1301	0,1014	0,0791
53	0,5902	0,4543	0,3501	0,2702	0,2088	0,1615	0,1251	0,0970	0,0753
54	0,5843	0,4475	0,3432	0,2636	0,2027	0,1560	0,1203	0,0928	0,0717
55	0,5785	0,4409	0,3365	0,2572	0,1968	0,1508	0,1157	0,0888	0,0683
56	0,5728	0,4344	0,3299	0,2509	0,1910	0,1457	0,1112	0,0850	0,0651
57	0,5671	0,4280	0,3234	0,2448	0,1855	0,1407	0,1069	0,0814	0,0620
58	0,5615	0,4217	0,3171	0,2388	0,1801	0,1360	0,1028	0,0778	0,0590
59	0,5560	0,4154	0,3109	0,2330	0,1748	0,1314	0,0989	0,0745	0,0562
60	0,5504	0,4093	0,3048	0,2273	0,1697	0,1269	0,0951	0,0713	0,0535
61	0,5450	0,4032	0,2988	0,2217	0,1648	0,1226	0,0914	0,0682	0,0510
62	0,5396	0,3973	0,2929	0,2163	0,1600	0,1185	0,0879	0,0653	0,0486
63	0,5343	0,3914	0,2872	0,2111	0,1553	0,1145	0,0845	0,0625	0,0462
64	0,5290	0,3856	0,2816	0,2059	0,1508	0,1106	0,0813	0,0598	0,0440
65	0,5237	0,3799	0,2761	0,2009	0,1464	0,1069	0,0781	0,0572	0,0419
66	0,5185	0,3743	0,2706	0,1960	0,1421	0,1033	0,0751	0,0547	0,0399
67	0,5134	0,3688	0,2653	0,1912	0,1380	0,0998	0,0722	0,0524	0,0380
68	0,5083	0,3633	0,2601	0,1865	0,1340	0,0964	0,0695	0,0501	0,0362
69	0,5033	0,3580	0,2550	0,1820	0,1301	0,0931	0,0668	0,0480	0,0345
70	0,4983	0,3527	0,2500	0,1776	0,1263	0,0900	0,0642	0,0459	0,0329
71	0,4934	0,3475	0,2451	0,1732	0,1226	0,0869	0,0617	0,0439	0,0313
72	0,4885	0,3423	0,2403	0,1690	0,1190	0,0840	0,0594	0,0420	0,0298
73	0,4837	0,3373	0,2356	0,1649	0,1156	0,0812	0,0571	0,0402	0,0284
74	0,4789	0,3323	0,2310	0,1609	0,1122	0,0784	0,0549	0,0385	0,0270
75	0,4741	0,3274	0,2265	0,1569	0,1089	0,0758	0,0528	0,0368	0,0258
76	0,4694	0,3225	0,2220	0,1531	0,1058	0,0732	0,0508	0,0353	0,0245
77	0,4648	0,3178	0,2177	0,1494	0,1027	0,0707	0,0488	0,0337	0,0234
78	0,4602	0,3131	0,2134	0,1457	0,0997	0,0683	0,0469	0,0323	0,0222
79	0,4556	0,3084	0,2092	0,1422	0,0968	0,0660	0,0451	0,0309	0,0212
80	0,4511	0,3039	0,2051	0,1387	0,0940	0,0638	0,0434	0,0296	0,0202
81	0,4467	0,2994	0,2011	0,1353	0,0912	0,0616	0,0417	0,0283	0,0192
82	0,4422	0,2950	0,1971	0,1320	0,0886	0,0596	0,0401	0,0271	0,0183
83	0,4379	0,2906	0,1933	0,1288	0,0860	0,0575	0,0386	0,0259	0,0174
84	0,4335	0,2863	0,1895	0,1257	0,0835	0,0556	0,0371	0,0248	0,0166
85	0,4292	0,2821	0,1858	0,1226	0,0811	0,0537	0,0357	0,0237	0,0158
86	0,4250	0,2779	0,1821	0,1196	0,0787	0,0519	0,0343	0,0227	0,0151
87	0,4208	0,2738	0,1786	0,1167	0,0764	0,0501	0,0330	0,0217	0,0143
88	0,4166	0,2698	0,1751	0,1138	0,0742	0,0484	0,0317	0,0208	0,0137
89	0,4125	0,2658	0,1716	0,1111	0,0720	0,0468	0,0305	0,0199	0,0130
90	0,4084	0,2619	0,1683	0,1084	0,0699	0,0452	0,0293	0,0190	0,0124
91	0,4043	0,2580	0,1650	0,1057	0,0679	0,0437	0,0282	0,0182	0,0118
92	0,4003	0,2542	0,1617	0,1031	0,0659	0,0422	0,0271	0,0174	0,0112
93	0,3964	0,2504	0,1586	0,1006	0,0640	0,0408	0,0261	0,0167	0,0107
94	0,3925	0,2467	0,1554	0,0982	0,0621	0,0394	0,0251	0,0160	0,0102
95	0,3886	0,2431	0,1524	0,0958	0,0603	0,0381	0,0241	0,0153	0,0097
96	0,3847	0,2395	0,1494	0,0934	0,0586	0,0368	0,0232	0,0146	0,0092
97	0,3800	0,3259	0,1465	0,0912	0,0569	0,0355	0,0223	0,0140	0,0088
98	0,3771	0,2324	0,1436	0,0893	0,0552	0,0343	0,0214	0,0134	0,0084
99	0,3734	0,2290	0,1408	0,0868	0,0536	0,0332	0,0206	0,0128	0,0080
100	0,3697	0,2256	0,1380	0,0864	0,0520	0,0321	0,0198	0,0123	0,0076

Abzinsungsfaktor — ImmoWertV I

Rest-nutzungs-dauer von ....Jahren	Zinssatz									
	5,5 %	6,0 %	6,5 %	7,0 %	7,5 %	8,0 %	8,5 %	9,0 %	9,5 %	10 %
1	0,9479	0,9434	0,9390	0,9346	0,9302	0,9259	0,9217	0,9174	0,9132	0,9091
2	0,8985	0,8900	0,8817	0,8734	0,8653	0,8573	0,8495	0,8417	0,8340	0,8264
3	0,8516	0,8396	0,8278	0,8163	0,8050	0,7938	0,7829	0,7722	0,7617	0,7513
4	0,8027	0,7921	0,7773	0,7629	0,7488	0,7350	0,7216	0,7084	0,6956	0,6830
5	0,7651	0,7473	0,7299	0,7130	0,6966	0,6806	0,6650	0,6499	0,6352	0,6209
6	0,7252	0,7050	0,6853	0,6663	0,6480	0,6302	0,6129	0,5963	0,5801	0,5645
7	0,6874	0,6651	0,6435	0,6227	0,6028	0,5835	0,5649	0,5470	0,5298	0,5132
8	0,6516	0,6274	0,6042	0,5820	0,5607	0,5403	0,5207	0,5019	0,4838	0,4665
9	0,6176	0,5919	0,5674	0,5439	0,5216	0,5002	0,4799	0,4604	0,4418	0,4241
10	0,5854	0,5584	0,5327	0,5083	0,4852	0,4632	0,4423	0,4224	0,4035	0,3855
11	0,5549	0,5268	0,5002	0,4751	0,4513	0,4289	0,4076	0,3875	0,3685	0,3505
12	0,5260	0,4970	0,4697	0,4440	0,4199	0,3971	0,3757	0,3555	0,3365	0,3186
13	0,4986	0,4688	0,4410	0,4150	0,3906	0,3677	0,3463	0,3262	0,3073	0,2897
14	0,4726	0,4423	0,4141	0,3878	0,3633	0,3405	0,3191	0,2992	0,2807	0,2633
15	0,4479	0,4173	0,3888	0,3624	0,3380	0,3152	0,2941	0,2745	0,2563	0,2394
16	0,4246	0,3936	0,3651	0,3387	0,3144	0,2919	0,2711	0,2519	0,2341	0,2176
17	0,4024	0,3714	0,3428	0,3166	0,2925	0,2703	0,2499	0,2311	0,2138	0,1978
18	0,3815	0,3503	0,3219	0,2959	0,2720	0,2502	0,2303	0,2120	0,1952	0,1799
19	0,3616	0,3305	0,3022	0,2765	0,2531	0,2317	0,2122	0,1945	0,1783	0,1635
20	0,3427	0,3118	0,2838	0,2584	0,2354	0,2145	0,1956	0,1784	0,1628	0,1486
21	0,3249	0,2942	0,2665	0,2415	0,2190	0,1987	0,1803	0,1637	0,1487	0,1351
22	0,3079	0,2775	0,2502	0,2257	0,2037	0,1839	0,1662	0,1502	0,1358	0,1228
23	0,2919	0,2618	0,2349	0,2109	0,1895	0,1703	0,1531	0,1378	0,1240	0,1117
24	0,2767	0,2470	0,2206	0,1971	0,1763	0,1577	0,1412	0,1264	0,1133	0,1015
25	0,2622	0,2330	0,2071	0,1842	0,1640	0,1460	0,1301	0,1160	0,1034	0,0923
26	0,2486	0,2198	0,1945	0,1722	0,1525	0,1352	0,1199	0,1064	0,0945	0,0839
27	0,2356	0,2074	0,1826	0,1609	0,1419	0,1252	0,1105	0,0976	0,0863	0,0763
28	0,2233	0,1956	0,1715	0,1504	0,1320	0,1159	0,1019	0,0895	0,0788	0,0693
29	0,2117	0,1846	0,1610	0,1406	0,1228	0,1073	0,0939	0,0822	0,0739	0,0630
30	0,2006	0,1741	0,1512	0,1314	0,1142	0,0994	0,0865	0,0754	0,0657	0,0573
31	0,1902	0,1643	0,1420	0,1228	0,1063	0,0920	0,0797	0,0691	0,0600	0,0521
32	0,1803	0,1550	0,1333	0,1147	0,0988	0,0852	0,0735	0,0634	0,0548	0,0474
33	0,1709	0,1462	0,1252	0,1072	0,0919	0,0789	0,0677	0,0582	0,0500	0,0431
34	0,1620	0,1379	0,1175	0,1002	0,0855	0,0730	0,0624	0,0534	0,0457	0,0391
35	0,1535	0,1301	0,1103	0,0937	0,0796	0,0676	0,0575	0,0490	0,0417	0,0356
36	0,1455	0,1227	0,1036	0,0875	0,0740	0,0626	0,0530	0,0449	0,0381	0,0323
37	0,1379	0,1158	0,0973	0,0818	0,0688	0,0580	0,0489	0,0412	0,0348	0,0294
38	0,1307	0,1092	0,0914	0,0765	0,0640	0,0537	0,0450	0,0378	0,0318	0,0267
39	0,1239	0,1031	0,0858	0,0715	0,0596	0,0497	0,0415	0,0347	0,0290	0,0243
40	0,1175	0,0972	0,0805	0,0668	0,0554	0,0460	0,0383	0,0318	0,0265	0,0221
41	0,1113	0,0917	0,0756	0,0624	0,0516	0,0426	0,0353	0,0292	0,0242	0,0201
42	0,1055	0,0865	0,0710	0,0583	0,0480	0,0395	0,0325	0,0268	0,0221	0,0183
43	0,1000	0,0816	0,0667	0,0545	0,0446	0,0365	0,0300	0,0246	0,0202	0,0166
44	0,0948	0,0770	0,0626	0,0509	0,0415	0,0338	0,0276	0,0226	0,0184	0,0151
45	0,0899	0,0727	0,0588	0,0476	0,0386	0,0313	0,0254	0,0207	0,0168	0,0137
46	0,0852	0,0685	0,0552	0,0445	0,0359	0,0290	0,0235	0,0190	0,0154	0,0125
47	0,0807	0,0647	0,0518	0,0416	0,0334	0,0269	0,0216	0,0174	0,0140	0,0113
48	0,0765	0,0610	0,0487	0,0389	0,0311	0,0249	0,0199	0,0160	0,0128	0,0103
49	0,0725	0,0575	0,0457	0,0363	0,0289	0,0230	0,0184	0,0147	0,0117	0,0094
50	0,0688	0,0543	0,0429	0,0339	0,0269	0,0213	0,0169	0,0134	0,0107	0,0085

I ImmoWertV — Abzinsungsfaktor

Restnutzungsdauer von ....Jahren	Zinssatz									
	5,5 %	6,0 %	6,5 %	7,0 %	7,5 %	8,0 %	8,5 %	9,0 %	9,5 %	10 %
51	0,0652	0,0512	0,0403	0,0317	0,0250	0,0197	0,0156	0,0123	0,0098	0,0077
52	0,0618	0,0483	0,0378	0,0297	0,0233	0,0183	0,0144	0,0113	0,0089	0,0070
53	0,0586	0,0456	0,0355	0,0277	0,0216	0,0169	0,0133	0,0104	0,0081	0,0064
54	0,0555	0,0430	0,0334	0,0259	0,0201	0,0157	0,0122	0,0095	0,0074	0,0058
55	0,0526	0,0406	0,0313	0,0242	0,0187	0,0145	0,0113	0,0087	0,0068	0,0053
56	0,0499	0,0383	0,0294	0,0226	0,0174	0,0134	0,0104	0,0080	0,0062	0,0048
57	0,0473	0,0361	0,0276	0,0211	0,0162	0,0124	0,0096	0,0074	0,0057	0,0044
58	0,0448	0,0341	0,0259	0,0198	0,0151	0,0115	0,0088	0,0067	0,0052	0,0040
59	0,0425	0,0321	0,0243	0,0185	0,0140	0,0107	0,0081	0,0062	0,0047	0,0036
60	0,0403	0,0303	0,0229	0,0173	0,0130	0,0099	0,0075	0,0057	0,0043	0,0033
61	0,0382	0,0286	0,0215	0,0161	0,0121	0,0091	0,0069	0,0052	0,0039	0,0030
62	0,0362	0,0270	0,0202	0,0151	0,0113	0,0085	0,0064	0,0048	0,0036	0,0027
63	0,0343	0,0255	0,0189	0,0141	0,0105	0,0078	0,0059	0,0044	0,0033	0,0025
64	0,0325	0,0240	0,0178	0,0132	0,0098	0,0073	0,0054	0,0040	0,0030	0,0022
65	0,0308	0,0227	0,0167	0,0123	0,0091	0,0067	0,0050	0,0037	0,0027	0,0020
66	0,0292	0,0214	0,0157	0,0115	0,0085	0,0062	0,0046	0,0034	0,0025	0,0019
67	0,0277	0,0202	0,0147	0,0107	0,0079	0,0058	0,0042	0,0031	0,0023	0,0017
68	0,0262	0,0190	0,0138	0,0100	0,0073	1,0053	0,0039	0,0029	0,0024	0,0015
69	0,0249	0,0179	0,0130	0,0094	0,0068	0,0049	0,0036	0,0026	0,0019	0,0014
70	0,0236	0,0169	0,0122	0,0088	0,0063	0,0046	0,0033	0,0024	0,0017	0,0013
71	0,0223	0,0160	0,0114	0,0082	0,0059	0,0042	0,0031	0,0022	0,0016	0,0012
72	0,0212	0,0151	0,0107	0,0077	0,0055	0,0039	0,0028	0,0020	0,0015	0,0010
73	0,0201	0,0142	0,0101	0,0072	0,0051	0,0036	0,0026	0,0019	0,0013	0,0010
74	0,0190	0,0134	0,0095	0,0067	0,0047	0,0034	0,0024	0,0017	0,0012	0,0009
75	0,0180	0,0126	0,0089	0,0063	0,0044	0,0031	0,0022	0,0016	0,0011	0,0008
76	0,0171	0,0119	0,0083	0,0058	0,0041	0,0029	0,0020	0,0014	0,0010	0,0007
77	0,0162	0,0113	0,0078	0,0055	0,0038	0,0027	0,0019	0,0013	0,0009	0,0006
78	0,0154	0,0106	0,0074	0,0051	0,0035	0,0025	0,0017	0,0012	0,0008	0,0006
79	0,0146	0,0100	0,0069	0,0048	0,0033	0,0023	0,0016	0,0011	0,0008	0,0005
80	0,0138	0,0095	0,0065	0,0045	0,0031	0,0021	0,0015	0,0010	0,0007	0,0005
81	0,0131	0,0089	0,0061	0,0042	0,0029	0,0020	0,0013	0,0009	0,0006	0,0004
82	0,0124	0,0084	0,0057	0,0039	0,0027	0,0018	0,0012	0,0009	0,0006	0,0004
83	0,0118	0,0079	0,0054	0,0036	0,0025	0,0017	0,0011	0,0008	0,0005	0,0004
84	0,0111	0,0075	0,0050	0,0034	0,0023	0,0016	0,0011	0,0007	0,0005	0,0003
85	0,0106	0,0071	0,0047	0,0032	0,0021	0,0014	0,0010	0,0007	0,0004	0,0003
86	0,0100	0,0067	0,0044	0,0030	0,0020	0,0013	0,0009	0,0006	0,0004	0,0003
87	0,0095	0,0063	0,0042	0,0028	0,0019	0,0012	0,0008	0,0006	0,0004	0,0003
88	0,0090	0,0059	0,0039	0,0026	0,0017	0,0011	0,0008	0,0005	0,0003	0,0002
89	0,0085	0,0056	0,0037	0,0024	0,0016	0,0011	0,0007	0,0005	0,0003	0,0002
90	0,0081	0,0053	0,0035	0,0023	0,0015	0,0010	0,0006	0,0004	0,0003	0,0002
91	0,0077	0,0050	0,0032	0,0021	0,0014	0,0009	0,0006	0,0004	0,0003	0,0002
92	0,0073	0,0047	0,0030	0,0020	0,0013	0,0008	0,0006	0,0004	0,0002	0,0002
93	0,0069	0,0044	0,0029	0,0019	0,0012	0,0008	0,0005	0,0003	0,0002	0,0001
94	0,0065	0,0042	0,0027	0,0017	0,0011	0,0007	0,0005	0,0003	0,0002	0,0001
95	0,0062	0,0039	0,0025	0,0016	0,0010	0,0007	0,0004	0,0003	0,0002	0,0001
96	0,0059	0,0037	0,0024	0,0015	0,0010	0,0006	0,0004	0,0003	0,0002	0,0001
97	0,0056	0,0035	0,0022	0,0014	0,0009	0,0006	0,0004	0,0002	0,0002	0,0001
98	0,0053	0,0033	0,0021	0,0013	0,0008	0,0005	0,0003	0,0002	0,0001	0,0001
99	0,0050	0,0031	0,0020	0,0012	0,0008	0,0005	0,0003	0,0002	0,0001	0,0001
100	0,0047	0,0029	0,0018	0,0012	0,0007	0,0005	0,0003	0,0002	0,0001	0,0001

Berechnungsvorschrift für die der Tabelle nicht zu entnehmenden Barwertfaktoren für die Abzinsung

$$\text{Abzinsungsfaktor} = q^{-n} = \frac{1}{q^n} \text{ wobei } q = 1 + \frac{1}{100}$$

p = Liegenschaftszinssatz
n = Restnutzungsdauer

2.
Verordnung über die Ermittlung der Beleihungswerte von Grundstücken gemäß § 16 Abs. 1 und 2 des Pfandbriefgesetzes (Beleihungswertermittlungsverordnung – BelWertV)

vom 12.5.2006 (BGBl. I 2006, 1175),
zuletzt geändert durch die
erste Verordnung zur Änderung der Beleihungswertermittlungsverordnung
vom 16. September 2009 (BGBl. I 2009, 3041)

Inhaltsverzeichnis (nicht Bestandteil der Verordnung)

Teil 1 Allgemeine Bestimmungen und Verfahrensgrundsätze
§ 1 Anwendungsbereich
§ 2 Gegenstand der Wertermittlung
§ 3 Grundsatz der Beleihungswertermittlung
§ 4 Verfahren zur Ermittlung des Beleihungswerts

Teil 2 Gutachten und Gutachter
§ 5 Gutachten
§ 6 Gutachter
§ 7 Unabhängigkeit des Gutachters

Teil 3 Wertermittlungsverfahren

Abschnitt 1 Ertragswertverfahren
§ 8 Ermittlungsgrundlagen
§ 9 Ermittlung des Ertragswerts der baulichen Anlagen
§ 10 Rohertrag
§ 11 Bewirtschaftungskosten
§ 12 Kapitalisierung der Reinerträge
§ 13 Ermittlung des Ertragswerts in besonderen Fällen

Abschnitt 2 Sachwertverfahren
§ 14 Grundlagen der Sachwertermittlung
§ 15 Bodenwert
§ 16 Wert der baulichen Anlage
§ 17 Wertminderung wegen Alters
§ 18 Berücksichtigung sonstiger wertbeeinflussender Umstände

Abschnitt 3 Vergleichswertverfahren
§ 19 Ermittlung des Vergleichswerts

Abschnitt 4 Besonderheiten bei einzelnen Objekten
§ 20 Bauland
§ 21 Erbbaurechte und andere grundstücksgleiche Rechte
§ 22 Landwirtschaftlich genutzte Objekte
§ 23 Maschinen und Betriebseinrichtungen
§ 24 Wohnungswirtschaftlich genutzte Objekte bei Vergabe von Kleindarlehen

Abschnitt 5 Im Ausland belegene Objekte
§ 25 Beleihungen im Ausland

I BelWertV — Inhaltsverzeichnis

Abschnitt 6 Überprüfung der Beleihungswertermittlung
§ 26   Überprüfung der Grundlagen der Beleihungswertermittlung

Teil 4 Schlussvorschriften
§ 27   Bezugsquelle der DIN-Norm
§ 28   Inkrafttreten

Anlage 1   zu § 11 Abs. 2 der Beleihungswertermittlungsverordnung – BelWertV
Anlage 2   zu § 12 Abs. 2 der Beleihungswertermittlungsverordnung – BelWertV
Anlage 3   zu § 12 Abs. 4 der Beleihungswertermittlungsverordnung – BelWertV
Anlage 4   Vervielfältigertabelle zu § 12 Abs. 1 BelWertV

Auf Grund des § 16 Abs. 4 Satz 1 bis 3 des Pfandbriefgesetzes vom 22. Mai 2005 (BGBl. I S. 1373) in Verbindung mit § 1 Nr. 4 der Verordnung zur Übertragung von Befugnissen zum Erlass von Rechtsverordnungen auf die Bundesanstalt für Finanzdienstleistungsaufsicht vom 13. Dezember 2002 (BGBl. 2003 I S. 3), § 1 Nr. 4 zuletzt geändert durch Artikel 7 Nr. 1 des Gesetzes vom 22. Juni 2005 (BGBl. I S. 1373), verordnet die Bundesanstalt für Finanzdienstleistungsaufsicht im Einvernehmen mit dem Bundesministerium der Justiz nach Anhörung der Spitzenverbände der Kreditwirtschaft:

Teil 1
Allgemeine Bestimmungen und Verfahrensgrundsätze

§ 1
Anwendungsbereich

Bei der Ermittlung der Beleihungswerte nach § 16 Abs. 1 und 2 des Pfandbriefgesetzes[1] und bei der Erhebung der für die Wertermittlung erforderlichen Daten sind die Vorschriften dieser Verordnung anzuwenden.

§ 2
Gegenstand der Wertermittlung

Gegenstand der Beleihungswertermittlung ist das Grundstück, grundstücksgleiche Recht oder vergleichbare Recht einer ausländischen Rechtsordnung, das mit dem Grundpfandrecht belastet ist oder belastet werden soll.

§ 3
Grundsatz der Beleihungswertermittlung

(1) Der Wert, der der Beleihung zugrunde gelegt wird (Beleihungswert), ist der Wert der Immobilie, der erfahrungsgemäß unabhängig von vorübergehenden, etwa konjunkturell bedingten Wertschwankungen am maßgeblichen Grundstücksmarkt und unter Ausschaltung von spekulativen Elementen während der gesamten Dauer der Beleihung bei einer Veräußerung voraussichtlich erzielt werden kann.

(2) Zur Ermittlung des Beleihungswerts ist die zukünftige Verkäuflichkeit einer Immobilie unter Berücksichtigung der langfristigen, nachhaltigen Merkmale des Objekts, der normalen regionalen Marktgegebenheiten sowie der derzeitigen und möglichen anderweitigen Nutzungen im Rahmen einer vorsichtigen Bewertung zugrunde zu legen.

§ 4
Verfahren zur Ermittlung des Beleihungswerts

(1) Zur Ermittlung des Beleihungswerts sind der Ertragswert (§§ 8 bis 13) und der Sachwert (§§ 14 bis 19) des Beleihungsobjekts getrennt zu ermitteln. Der Beleihungswert ist unter Berücksichtigung dieser Werte nach Maßgabe der Absätze 2 bis 6 abzuleiten. Das zu bewertende Objekt ist im Rahmen der Wertermittlung zu besichtigen.

(2) Bei Wohnungs- und Teileigentum ist ergänzend das Vergleichswertverfahren nach § 19 durchzuführen und der Vergleichswert als Kontrollwert bei der Ermittlung des Beleihungswerts zu berücksichtigen. Bei Eigentumswohnungen und einzelnen, in sich selbstständigen

---

[1] **§ 16 Abs. 1 und 2 PfandbG:** „(1) Die als Grundlage für die Beleihungswertfestsetzung dienende Wertermittlung ist von einem von der Kreditentscheidung unabhängigen Gutachter vorzunehmen, der über die hierzu notwendige Berufserfahrung sowie über die notwendigen Fachkenntnisse für Beleihungswertermittlungen verfügen muss.
(2) Der Beleihungswert darf den Wert nicht überschreiten, der sich im Rahmen einer vorsichtigen Bewertung der zukünftigen Verkäuflichkeit einer Immobilie und unter Berücksichtigung der langfristigen, nachhaltigen Merkmale des Objektes, der normalen regionalen Marktgegebenheiten sowie der derzeitigen und möglichen anderweitigen Nutzungen ergibt. Spekulative Elemente dürfen dabei nicht berücksichtigt werden. Der Beleihungswert darf einen auf transparente Weise und nach einem anerkannten Bewertungsverfahren ermittelten Marktwert nicht übersteigen. Der Marktwert ist der geschätzte Betrag, für welchen ein Beleihungsobjekt am Bewertungsstichtag zwischen einem verkaufsbereiten Verkäufer und einem kaufbereiten Erwerber, nach angemessenem Vermarktungszeitraum, in einer Transaktion im gewöhnlichen Geschäftsverkehr verkauft werden könnte, wobei jede Partei mit Sachkenntnis, Umsicht und ohne Zwang handelt."

gewerblich genutzten Einheiten kann in diesen Fällen eine Ermittlung des Sachwerts entfallen.

(3) Maßgeblich für die Ermittlung des Beleihungswerts ist regelmäßig der Ertragswert, der nicht überschritten werden darf. Bleibt in diesen Fällen der Sachwert oder der Vergleichswert des Beleihungsobjekts um mehr als 20 Prozent hinter dem Ertragswert zurück, bedarf es einer besonderen Überprüfung der Nachhaltigkeit der zu Grunde gelegten Erträge und ihrer Kapitalisierung. Bestätigt sich hierbei der anfangs ermittelte Ertragswert, bedarf das Ergebnis der Überprüfung einer nachvollziehbaren Begründung, andernfalls ist der Ertragswert entsprechend zu mindern.

(4) Bei Ein- und Zweifamilienhäusern sowie Eigentumswohnungen kann der Beleihungswert am Sachwert orientiert werden und eine Ertragswertermittlung entfallen, wenn das zu bewertende Objekt nach Zuschnitt, Ausstattungsqualität und Lage zweifelsfrei zur Eigennutzung geeignet und bestimmt ist und bei gewöhnlicher Marktentwicklung nach den Umständen des Einzelfalls sicher vorausgesetzt werden kann, dass das Objekt von potenziellen Erwerbern für die eigene Nutzung dauerhaft nachgefragt wird. Der Beleihungswert kann in diesen Fällen auch an einem nach § 19 ermittelten Vergleichswert orientiert werden; neben der Ertragswertermittlung kann hierbei auch die Sachwertermittlung entfallen. Bei Ein- und Zweifamilienhäusern darf eine Orientierung am Vergleichswert jedoch nur dann erfolgen, wenn der Ermittlung aktuelle Vergleichspreise von mindestens fünf Objekten zugrunde liegen, die auch hinsichtlich der Größe der Wohnfläche mit dem zu bewertenden Objekt hinreichend übereinstimmen.

(5) Ein zum Zeitpunkt der Bewertung erkennbarer Instandhaltungsrückstau oder sonstiger baulicher Aufwand sowie Baumängel und Bauschäden sind als gesonderter Wertabschlag in Höhe der zu erwartenden Aufwendungen oder nach Erfahrungssätzen als gesonderter Wertabschlag zu berücksichtigen. Der Beleihungswert ist entsprechend anzupassen.

(6) Bei im Bau befindlichen Objekten ist der Beleihungswert der Zustandswert. Dieser ist die Summe aus dem Bodenwert (§ 15) und dem anteiligen Wert der baulichen Anlage. Der anteilige Wert der baulichen Anlagen errechnet sich aus dem Wert der baulichen Anlagen des fertig gestellten Objekts (§ 16) und dem erreichten Bautenstand. Der in Ansatz gebrachte Bautenstand ist von einer von der Pfandbriefbank ausgewählten fachkundigen, von Bauplanung und -ausführung unabhängigen Person festzustellen; § 7 Abs. 1 Satz 1 gilt entsprechend. In den Fällen, in denen der Ertragswert des planmäßig fertig gestellten Objekts unter dessen Sachwert liegt, darf der Zustandswert den anteiligen Ertragswert, der prozentual dem jeweiligen Bautenstand entspricht, nicht überschreiten.

Teil 2
Gutachten und Gutachter

§ 5
Gutachten

(1) Der Beleihungswert ist mittels eines Gutachtens zu ermitteln.

(2) Das Gutachten muss durch einen oder mehrere Gutachter erstellt werden, die von der Pfandbriefbank allgemein oder von Fall zu Fall bestimmt werden. In besonderen Fällen, etwa im Rahmen von Kooperationen oder bei Portfoliokäufen, können für andere Kreditinstitute oder Versicherungsunternehmen erstellte Beleihungswertgutachten zugrunde gelegt werden, wenn

1. diese Gutachten den Bestimmungen dieser Verordnung entsprechen,

2. ein nicht mit der Kreditentscheidung befasster, fachkundiger Mitarbeiter der Pfandbriefbank eine Plausibilitätsprüfung, auch im Hinblick auf die einzelnen angesetzten Bewertungsparameter, durchführt und

3. das Ergebnis der Plausibilitätsprüfung dokumentiert wird.

Gutachten, die vom Darlehensnehmer vorgelegt oder in Auftrag gegeben worden sind, dürfen nicht zugrunde gelegt werden.

(3) Das Gutachten muss zur Objekt- und Standortqualität, zum regionalen Immobilienmarkt, zu den rechtlichen und tatsächlichen Objekteigenschaften und zur Beleihungsfähigkeit des Objektes, seiner Verwertbarkeit und Vermietbarkeit Stellung nehmen. Das Gutachten hat sich auch damit auseinanderzusetzen, ob für die begutachtete Immobilie ein genügend großer potenzieller Käufer- und Nutzerkreis besteht und somit die nachhaltige Ertragsfähigkeit der Immobilie anhand ihrer vielseitigen Verwendbarkeit und ihrer ausreichenden Nutzbarkeit durch Dritte gewährleistet ist; ein im Zeitablauf zu erwartender Werteverlust ist darzustellen und insbesondere bei der Bemessung des Modernisierungsrisikos (§ 11 Abs. 7) und der Restnutzungsdauer (§ 12 Abs. 2) zu berücksichtigen. Die wesentlichen Bewertungsparameter und getroffenen Annahmen sind nachvollziehbar darzulegen und zu begründen.

(4) Alle den Sach- und Ertragswert beeinflussenden Umstände, insbesondere auch etwaige Nutzungsbeschränkungen, Dienstbarkeiten, Duldungspflichten, Vorkaufsrechte, Baulasten und alle sonstigen Beschränkungen und Lasten sind zu nennen, zu beachten und gegebenenfalls wertmindernd zu berücksichtigen.

§ 6
Gutachter

Der Gutachter muss nach seiner Ausbildung und beruflichen Tätigkeit über besondere Kenntnisse und Erfahrungen auf dem Gebiet der Bewertung von Immobilien verfügen; eine entsprechende Qualifikation wird bei Personen, die von einer staatlichen, staatlich anerkannten oder nach DIN EN ISO/IEC 17024 akkreditierten Stelle als Sachverständiger oder Gutachter für die Wertermittlung von Immobilien bestellt oder zertifiziert worden sind, vermutet. Bei der Auswahl des Gutachters hat sich die Pfandbriefbank davon zu überzeugen, dass der Gutachter neben langjähriger Berufserfahrung in der Wertermittlung von Immobilien speziell über die zur Erstellung von Beleihungswertgutachten notwendigen Kenntnisse, insbesondere bezüglich des jeweiligen Immobilienmarktes und der Objektart, verfügt.

§ 7
Unabhängigkeit des Gutachters

(1) Der Gutachter muss sowohl vom Kreditakquisitions- und Kreditentscheidungsprozess als auch von Objektvermittlung, -verkauf und -vermietung unabhängig sein. Er darf nicht in einem verwandtschaftlichen, einem sonstigen rechtlichen oder wirtschaftlichen Verhältnis zum Darlehensnehmer stehen und darf kein eigenes Interesse am Ergebnis des Gutachtens haben. Der Gutachter darf auch nicht den Beleihungswert festsetzen oder den Kredit bearbeiten.

(2) Gutachten von bei der Pfandbriefbank angestellten Gutachtern dürfen nur dann der Beleihungswertermittlung zugrunde gelegt werden, wenn im Rahmen der Aufbauorganisation der Pfandbriefbank die betreffenden Gutachter nur der Geschäftsleitung verantwortlich sind, die unmittelbar der Geschäftsleitung unterstellt ist, oder Teil einer alle betreffenden Gutachter zusammenfassenden Einheit und auch im Übrigen bis einschließlich der Ebene der Geschäftsleitung nicht einem Bereich der Pfandbriefbank zugeordnet sind, in denen Immobilienkreditgeschäfte entweder angebahnt oder zum Gegenstand des einzigen Votums gemacht werden.

Teil 3
Wertermittlungsverfahren

Abschnitt 1
Ertragswertverfahren

§ 8
Ermittlungsgrundlagen

(1) Bei Anwendung des Ertragswertverfahrens ist der Wert der baulichen Anlagen, getrennt von dem Bodenwert, nach den §§ 9 bis 12 zu ermitteln.

(2) Der Bodenwert ist gemäß § 15 zu ermitteln.

(3) Bodenwert und Wert der baulichen Anlage ergeben vorbehaltlich § 13 den Ertragswert des Beleihungsobjekts.

§ 9
Ermittlung des Ertragswerts der baulichen Anlagen

(1) Bei der Ermittlung des Ertragswerts der baulichen Anlagen ist vom nachhaltig erzielbaren jährlichen Reinertrag auszugehen. Der Reinertrag ergibt sich aus dem Rohertrag (§ 10) abzüglich der Bewirtschaftungskosten (§ 11).

(2) Der Reinertrag ist um den Betrag zu vermindern, der sich durch angemessene Verzinsung des Bodenwerts ergibt. Der Verzinsung ist der für die Kapitalisierung nach § 12 maßgebende Kapitalisierungszinssatz zugrunde zu legen. Ist das Grundstück wesentlich größer, als es einer den baulichen Anlagen angemessenen Nutzung entspricht, und ist eine zusätzliche Nutzung oder Verwertung einer Teilfläche zulässig und möglich, ist bei der Berechnung des Verzinsungsbetrags der Bodenwert dieser Teilfläche nicht anzusetzen. In der Wertermittlung ist die zusätzliche Nutzung und Verwertung dieser Teilfläche auch in baurechtlicher Hinsicht nachvollziehbar darzulegen.

(3) Der nach Absatz 2 verminderte Reinertrag ist nach § 12 zu kapitalisieren.

§ 10
Rohertrag

(1) Bei der Ermittlung des Rohertrags darf nur der Ertrag berücksichtigt werden, den das Objekt bei ordnungsgemäßer Bewirtschaftung und zulässiger Nutzung jedem Eigentümer nachhaltig gewähren kann. Liegt die nachhaltige Miete über der vertraglich vereinbarten Miete, ist im Regelfall die vertraglich vereinbarte Miete anzusetzen. Die Mietfläche entspricht der vermietbaren Wohnfläche bei wohnwirtschaftlicher Nutzung und der dauerhaft vermietbaren Nutzfläche bei gewerblicher Nutzung. Bei verschiedenen Nutzungsarten sind die anteiligen Erträge getrennt darzustellen. Umlagen, die vom Mieter oder Pächter zur Deckung von Betriebskosten zu zahlen sind, sind nicht zu berücksichtigen.

(2) Im Falle von Hotel-, Klinik-, Pflegeheim- oder einer vergleichbaren Nutzung sind die daraus resultierenden Roherträge nach Absatz 1 auf der Basis vorsichtig angenommener, durchschnittlich erzielbarer Umsätze pro Zimmer oder Bett herzuleiten.

(3) Bestehen strukturelle oder lang andauernde Leerstände, ist besonders zu prüfen, ob aufgrund der jeweiligen Marktlage eine Vermietung überhaupt oder zu den angesetzten Mietpreisen in absehbarer Zeit noch zu erwarten ist.

§ 11
Bewirtschaftungskosten

(1) Der nach § 10 ermittelte Rohertrag ist um die üblicherweise beim Vermieter verbleibenden Bewirtschaftungskosten zu kürzen. Dafür sind ertragsmindernde, aus langfristiger Markterfahrung gewonnene Einzelkostenansätze für Verwaltungskosten, Instandhaltungskosten, das

Mietausfallwagnis und gegebenenfalls weitere nicht durch Umlagen gedeckte Betriebskosten anzusetzen sowie objektartenspezifisch ein Modernisierungsrisiko nach Absatz 7 zu berücksichtigen.

(2) Die Einzelkostenansätze haben sich innerhalb der nach Absatz 1 zulässigen Bandbreiten zu bewegen, sofern nicht die besonderen Umstände des Einzelfalls einen höheren Ansatz erfordern. Ein erkennbares, akutes Mietausfallwagnis, welches über dem angesetzten Erfahrungssatz liegt, ist als gesonderter Wertabschlag in Höhe des erwarteten Ausfalls anzusetzen. Die Mindesthöhe für den Bewirtschaftungskostenabzug insgesamt beträgt 15 Prozent des Rohertrags. Im Ergebnis dürfen aber die tatsächlichen oder kalkulierten Bewirtschaftungskosten eines Objekts nicht unterschritten werden.

(3) Verwaltungskosten sind

1. die Kosten der zur Verwaltung des Grundstücks erforderlichen Arbeitskräfte und Einrichtungen sowie der Aufsicht,

2. die Kosten für Buchhaltung, Rechnungsprüfung, Zahlungsverkehr und Jahresabschluss sowie

3. die Kosten für Abschluss und Änderung von Mietverträgen und die Bearbeitung von Versicherungsfällen.

(4) Instandhaltungskosten im Sinne des Absatzes 1 Satz 2 sind Kosten, die infolge Abnutzung, Alterung und Witterung zur Erhaltung des bestimmungsgemäßen Gebrauchs der baulichen Anlagen während ihrer Nutzungsdauer aufgewendet werden müssen. Sie umfassen die laufende Instandhaltung und regelmäßige Instandsetzung der baulichen Anlage, nicht jedoch deren Modernisierung.

(5) Mietausfallwagnis im Sinne des Absatzes 1 Satz 2 ist das Wagnis einer Ertragsminderung, die durch uneinbringliche Mietrückstände oder Leerstehen von Raum, der zur Vermietung bestimmt ist, entsteht. Es dient auch zur Deckung der Kosten einer Rechtsverfolgung auf Zahlung, Aufhebung eines Mietverhältnisses oder Räumung.

(6) Betriebskosten im Sinne des Absatzes 1 Satz 2 sind die Kosten, die durch das Eigentum am Grundstück oder durch den bestimmungsgemäßen Gebrauch des Grundstücks sowie seiner baulichen und sonstigen Anlagen laufend entstehen.

(7) Die Kosten für notwendige Anpassungsmaßnahmen, die zusätzlich zu den Instandhaltungskosten zur Aufrechterhaltung der Marktgängigkeit und der dauerhaften Sicherung des Mietausgangsniveaus notwendig sind, bilden das Modernisierungsrisiko nach Absatz 1 Satz 2. Sie werden als prozentualer Anteil an den Neubaukosten dargestellt.

§ 12
Kapitalisierung der Reinerträge

(1) Der um den Verzinsungsbetrag des Bodenwerts nach § 9 Abs. 2 verminderte Reinertrag ist in Abhängigkeit von der Restnutzungsdauer der baulichen Anlage und dem Kapitalisierungszinssatz mit dem sich daraus ergebenden, finanzmathematisch dem Rentenbarwertfaktor entsprechenden Vervielfältiger nach Anlage 4 zu kapitalisieren.

(2) Bei der Bemessung der Restnutzungsdauer ist im Gegensatz zur technischen Lebensdauer ausschließlich auf den Zeitraum abzustellen, in dem die bauliche Anlage bei ordnungsgemäßer Unterhaltung und Bewirtschaftung noch wirtschaftlich betrieben werden kann. Die wirtschaftliche Restnutzungsdauer ist unter Berücksichtigung der sich in zunehmend kürzer werdenden zeitlichen Abständen wandelnden Nutzeranforderungen objektspezifisch anhand der Fragestellung, wie lange die Vermietbarkeit des Beleihungsobjekts zu den angenommenen Erträgen gesichert erscheint, einzuschätzen. Die in Anlage 2 genannten Erfahrungssätze für die Nutzungsdauer baulicher Anlagen sind zu berücksichtigen.

(3) Der Kapitalisierungszinssatz entspricht dem angenommenen Zinssatz, mit dem die künftig erzielbaren nachhaltigen Reinerträge eines Grundstücks auf den Zeitraum ihrer angenom-

menen Zahlung nach vorsichtiger Schätzung erfahrungsgemäß diskontiert werden. Er muss aus der regional maßgeblichen langfristigen Marktentwicklung abgeleitet werden. Je höher das Ertrags- und Verkaufsrisiko der Immobilie einzustufen ist, desto höher muss auch der Kapitalisierungszinssatz gewählt werden. Verschiedene Nutzungsarten sind jeweils gesondert zu betrachten.

(4) Bei wohnwirtschaftlicher Nutzung dürfen Kapitalisierungszinssätze nicht unter 5 Prozent, bei gewerblicher Nutzung unbeschadet des Satzes 3 nicht unter 6 Prozent in Ansatz gebracht werden (Mindestsätze). Die in Anlage 3 genannten Bandbreiten für einzelne Nutzungsarten sind zugrunde zu legen. Die untere Grenze der jeweiligen Bandbreite darf bei gewerblich genutzten Objekten um höchstens 0,5 Prozentpunkte unterschritten werden, wenn es sich um erstklassige Immobilien handelt. Dies ist dann der Fall, wenn mindestens folgende Kriterien erfüllt sind:

1. eine sehr gute Lage im Verdichtungsraum,
2. ein entsprechend der jeweiligen Objektart bevorzugter Standort,
3. eine gute Infrastruktur,
4. eine gute Konzeption,
5. eine hochwertige Ausstattung,
6. eine hochwertige Bauweise,
7. eine besonders hohe Marktgängigkeit,
8. die Beschränkung auf die Nutzungsarten Handel, Büro und Geschäfte,
9. ein sehr guter Objektzustand und
10. die gegebene Möglichkeit anderweitiger Nutzungen.

Ein Unterschreiten nach Satz 3 bedarf im Gutachten der besonderen, nachvollziehbaren Begründung.

§ 13
Ermittlung des Ertragswerts in besonderen Fällen

(1) Verbleibt bei der Minderung des Reinertrags um den Verzinsungsbetrag des Bodenwerts nach § 9 Abs. 2 kein Anteil für die Ermittlung des Ertragswerts der baulichen Anlagen, so ist als Ertragswert des Beleihungsobjekts abweichend von § 8 Abs. 3 nur der Bodenwert anzusetzen. Der Bodenwert ist in diesem Fall um die gewöhnlichen Kosten zu mindern, die aufzuwenden wären, um das Grundstück vergleichbaren unbebauten Grundstücken anzugleichen. Gewöhnliche Kosten im Sinne des Satzes 2 sind insbesondere die Abbruchkosten für die baulichen Anlagen.

(2) Bei einer Restnutzungsdauer der baulichen Anlage von weniger als 30 Jahren ist auch der Anteil des Bodenwerts am Ertragswert auf die Restnutzungsdauer des Gebäudes zu kapitalisieren, oder es müssen die Abbruchkosten der baulichen Anlagen ermittelt, ausgewiesen und vom Ertragswert abgezogen werden.

(3) In Fällen, in denen der Bodenwert mehr als die Hälfte des Ertragswerts ausmacht, sind im Gutachten die bei der Ermittlung des Bodenwerts zugrunde gelegten Annahmen zu begründen und die Voraussetzungen für eine Ersatzbebauung und die dafür gegebenenfalls notwendigen Aufwendungen besonders darzulegen.

Abschnitt 2
Sachwertverfahren

§ 14
Grundlagen der Sachwertermittlung

Der Sachwert des Beleihungsobjekts setzt sich aus dem Bodenwert und dem nach § 16 zu ermittelnden Wert der baulichen Anlage zusammen. Zu der baulichen Anlage gehören auch die Außenanlagen.

§ 15
Bodenwert

(1) Zur Ermittlung des Bodenwerts sind Erhebungen anzustellen über

1. die örtliche Lage, die Größe und den Zuschnitt des Grundstückes,
2. die Art und das Maß der baurechtlich festgesetzten Nutzungsmöglichkeiten und die tatsächliche Nutzung,
3. die Art und Beschaffenheit der Zuwegungen,
4. die wichtigsten wirtschaftlichen und verkehrstechnischen Verbindungen,
5. die Anschlussmöglichkeiten an Versorgungsleitungen und Kanalisation,
6. die noch anfallenden Erschließungsbeiträge und
7. vorhandene Richtwerte und Vergleichspreise.

(2) Der Bodenwert ist nach Quadratmetern der Grundstücksfläche anzusetzen. Bei der Ermittlung des Bodenwerts darf keine höherwertige Nutzung als zulässig zugrunde gelegt werden.

§ 16
Wert der baulichen Anlage

(1) Zur Ermittlung des Werts der baulichen Anlage sind die aus Erfahrungssätzen abzuleitenden Herstellungskosten je Raum- oder Flächeneinheit mit der Anzahl der entsprechenden Bezugseinheit des zu bewertenden Gebäudes zu vervielfachen (Herstellungswert). Die angesetzten Herstellungskosten müssen regional und objektspezifisch angemessen sein. Wertmäßig zu berücksichtigen sind dabei insbesondere

1. die beabsichtigte und mögliche Verwendung,
2. der Umfang und die Raumaufteilung,
3. die Bauweise und die für den Rohbau verwendeten Materialien,
4. die Ausstattung und die wertbeeinflussenden Nebenanlagen,
5. das Alter und der Erhaltungszustand nach Maßgabe des § 17 und
6. sonstige wertbeeinflussende Umstände nach Maßgabe des § 18.

Die Kosten für Außenanlagen dürfen im Regelfall mit nicht mehr als 5 Prozent des Herstellungswerts angesetzt werden.

(2) Um eventuellen Baupreissenkungen und damit der nachhaltigen Gültigkeit der Ansätze Rechnung zu tragen, ist der nach Absatz 1 ermittelte Herstellungswert um einen Sicherheitsabschlag von mindestens 10 Prozent zu kürzen. Aus allen Bewertungen müssen der Ausgangswert je Raum- oder Flächeneinheit, der Sicherheitsabschlag sowie eine etwa notwendige Wertminderung wegen Alters ersichtlich sein.

(3) Baunebenkosten, insbesondere Kosten für Planung, Baudurchführung, behördliche Prüfungen und Genehmigungen, können nur in üblicher Höhe und soweit Berücksichtigung finden, wie ihnen eine dauernde Werterhöhung entspricht. Der Ansatz von Baunebenkosten ist auf bis zu 20 Prozent des nach Maßgabe des Absatzes 2 verminderten Herstellungswerts beschränkt.

§ 17
Wertminderung wegen Alters

(1) Die Wertminderung wegen Alters bestimmt sich nach dem Verhältnis der Restnutzungsdauer zur Nutzungsdauer der baulichen Anlagen; sie ist in einem Prozentsatz des Herstellungswerts auszudrücken. Bei der Bestimmung der Wertminderung kann je nach Art und Nutzung der baulichen Anlagen von einer gleichmäßigen oder von einer mit zunehmendem Alter sich verändernden Wertminderung ausgegangen werden.

(2) Ist die bei ordnungsgemäßem Gebrauch übliche Nutzungsdauer der baulichen Anlagen durch Instandsetzungen oder Modernisierungen verlängert worden oder haben unterlassene Instandhaltung oder andere Gegebenheiten zu einer Verkürzung der Restnutzungsdauer geführt, soll der Bestimmung der Wertminderung wegen Alters die geänderte Restnutzungsdauer und die für die baulichen Anlagen übliche Nutzungsdauer zugrunde gelegt werden.

§ 18
Berücksichtigung sonstiger wertbeeinflussender Umstände

Sonstige nach den §§ 16 und 17 bisher noch nicht erfasste, den Wert beeinflussende Umstände, insbesondere eine wirtschaftliche Überalterung, ein über- oder unterdurchschnittlicher Erhaltungszustand und ein erhebliches Abweichen der tatsächlichen von der vorgesehenen Nutzung sind durch Zu- oder Abschläge oder in anderer geeigneter Weise zu berücksichtigen.

Abschnitt 3
Vergleichswertverfahren

§ 19
Ermittlung des Vergleichswerts

(1) Zur Ermittlung des Vergleichswerts sind nachhaltig erzielbare Vergleichspreise von Objekten heranzuziehen, die hinsichtlich der maßgeblich ihren Wert beeinflussenden Merkmale, insbesondere Lage, Ausstattung und Nutzungsmöglichkeiten, mit dem zu bewertenden Objekt hinreichend übereinstimmen; die Vergleichspreise können aus Kaufpreis- oder anderen Marktdatensammlungen entnommen werden. Von dem so ermittelten Wert ist ein Sicherheitsabschlag in Höhe von mindestens 10 Prozent in Abzug zu bringen.

(2) Bei Wohnungs- und Teileigentum ergibt sich der Anfangswert des zu bewertenden Objekts aus der Vervielfachung des Vergleichspreises je Quadratmeter Wohn- beziehungsweise Nutzfläche mit der gesamten Fläche des zu bewertenden Wohnungs- und Teileigentums, im Falle von Stellplätzen aus der Vervielfachung des Vergleichspreises für einen Stellplatz mit der Anzahl der zu bewertenden Stellplätze; Absatz 1 Satz 2 gilt entsprechend.

Abschnitt 4
Besonderheiten bei einzelnen Objekten

§ 20
Bauland

Bei der Wertermittlung von Bauland ist sowohl dessen Entwicklungszustand als auch der künftige Bedarf an Baugrundstücken zu prüfen. Zu Bebauungsrecht, Erschließungszustand und eventuellen Altlasten ist im Gutachten Stellung zu nehmen. Nur gesichertes Bebauungsrecht darf berücksichtigt werden. Der Wertansatz ist unter Berücksichtigung der vorgefundenen Grundstücksmerkmale aus geeigneten Vergleichswerten abzuleiten. § 15 Abs. 2 ist entsprechend anzuwenden.

§ 21
Erbbaurechte und andere grundstücksgleiche Rechte

Bei der Beleihung von Erbbaurechten ist die Restlaufzeit des Erbbaurechts zu berücksichtigen. Sich aus dem Erbbaurecht ergebenden Einschränkungen ist durch angemessene Wertabschläge ausreichend Rechnung zu tragen. Im Gutachten ist darzulegen, ob und wie lange das Erbbaurecht im Hinblick auf seine Laufzeit und die bei seiner Beendigung für das Bauwerk vereinbarte Entschädigungsregelung angemessen verwertbar erscheint. Die Regelung gilt für andere grundstücksgleiche Rechte und solche Rechte einer ausländischen Rechtsordnung, die den grundstücksgleichen Rechten deutschen Rechts vergleichbar sind, entsprechend.

§ 22
Landwirtschaftlich genutzte Objekte

(1) Landwirtschaftlich genutzte Objekte sind solche, deren überwiegender Teil des Rohertrags durch land- oder forstwirtschaftliche Nutzung erzielt wird.

(2) Im Falle unbebauter Grundstücke (Acker, Grünland, Obst- und Weinbauflächen, Wald) ist der Wert der Grundstücke unter Berücksichtigung der vorgefundenen Grundstücksmerkmale aus geeigneten Vergleichspreisen abzuleiten; § 15 ist entsprechend anzuwenden. Dabei sind Art, Struktur und Größe des Grundstücks im Hinblick auf regionale Gegebenheiten unter besonderer Berücksichtigung der Bodenqualität und der klimatischen Bedingungen im Gutachten besonders zu würdigen und bei der Ableitung des Bodenwerts zu berücksichtigen.

(3) Sofern bebaute Grundstücke bei der Bewertung einbezogen werden sollen, sind für diese jeweils der Ertragswert und der Sachwert zu ermitteln. Den Gebäuden kann ein eigenständiger Wert, der bei der Beleihungswertermittlung berücksichtigt werden kann, nur dann beigemessen werden, wenn sie selbstständig und auch außerhalb des jeweiligen landwirtschaftlichen Betriebes genutzt werden können. § 4 Abs. 4 ist entsprechend anzuwenden.

§ 23
Maschinen und Betriebseinrichtungen

Maschinen und Betriebseinrichtungen sind bei der Ermittlung des Sachwerts grundsätzlich unberücksichtigt zu lassen, sofern sie nicht wesentliche Bestandteile des Gegenstands der Beleihungswertermittlung im Sinne des § 2 sind. Der Wert solcher wesentlicher Bestandteile ist, wenn sich das Grundpfandrecht darauf erstreckt, unter Berücksichtigung einer normalen Abschreibung und ausreichender Abschläge für Abnutzung und technische Entwertung gesondert zu schätzen. Sofern bei Maschinen infolge der technischen Entwicklung mit einer schnellen Überalterung zu rechnen ist, können diese wertmäßig nicht angesetzt werden.

§ 24
Wohnungswirtschaftlich genutzte Objekte bei Vergabe von Kleindarlehen

(1) Bei der Beleihung eines im Inland gelegenen wohnwirtschaftlich genutzten Objekts kann auf die Erstellung eines Gutachtens nach § 5 verzichtet werden, wenn der auf dem Beleihungsobjekt abzusichernde Darlehensbetrag unter Einbeziehung aller Vorlasten den Betrag von 400.000 Euro nicht übersteigt. Bei einer teilweisen gewerblichen Nutzung des Objekts darf der darauf entfallende Ertragsanteil ein Drittel des Rohertrags nicht überschreiten. An Stelle des Gutachtens ist eine vereinfachte Wertermittlung zu erstellen oder erstellen zu lassen, die den übrigen Anforderungen dieser Verordnung entsprechen muss.

(2) Die Person, die im Falle des Absatzes 1 die Wertermittlung durchführt und erstellt, muss für die Beleihungswertermittlung der dort genannten Objekte ausreichend geschult und qualifiziert sein. Sie darf nicht identisch sein mit der Person, die die abschließende Kreditentscheidung trifft oder den Beleihungswert festsetzt; § 7 Abs. 1 Satz 2 gilt entsprechend. Die Pfandbriefbank hat die Ordnungsmäßigkeit der Wertermittlungen mittels einer in regelmäßigen Abständen durch Gutachter vorzunehmenden Überprüfung einer hinreichend großen Zahl repräsentativer Stichproben sicherzustellen; die §§ 6 und 7 sind entsprechend anzuwenden.

(3) Abweichend von § 4 Abs. 1 Satz 3 kann in Fällen des Absatzes 1 eine Besichtigung des Beleihungsobjekts dann unterbleiben, wenn

1. das Objekt der Pfandbriefbank oder dem mit der Pfandbriefbank kooperierenden Kreditinstitut oder Versicherungsunternehmen bereits bekannt ist, wobei Bekanntheit nur dann angenommen werden kann, wenn das Objekt in den letzten beiden Jahren von einem Mitarbeiter der Pfandbriefbank oder des kooperierenden Kreditinstituts oder Versicherungsunternehmen oder im Auftrag der Pfandbriefbank oder des kooperierenden Kreditinstituts oder Versicherungsunternehmens besichtigt worden ist,

2. es sich um die Beleihung einer Eigentumswohnung handelt, die in einem Gebäude belegen ist, in dem die Pfandbriefbank bereits zumindest eine gleichartige Wohnung innerhalb der letzten zwei Jahre besichtigt hat,

3. bei Beleihung eines in einer Siedlung von gleichartigen Einfamilienhäusern belegenen Einfamilienhauses die Pfandbriefbank zumindest ein gleichartiges Objekt in dieser Siedlung innerhalb der letzten zwei Jahre besichtigt hat oder

4. bei Beleihung eines neu errichteten Fertighauses der Pfandbriefbank oder dem kooperierenden Kreditinstitut oder Versicherungsunternehmen der Bauplatz bekannt ist und das Fertighaus nach Art und Typus anhand des Kataloges des Herstellers eindeutig bestimmt werden kann.

Die Gründe für das Unterbleiben der Besichtigung sind in nachvollziehbarer Weise zu dokumentieren.

(3a) Abweichend von § 4 Absatz 1 Satz 3 kann in den Fällen des Absatzes 1 auf eine Innenbesichtigung des zu bewertenden Objekts verzichtet werden, wenn der Person, die die Wertermittlung durchführt, die wesentlichen Bewertungsparameter hinreichend bekannt sind und

1. die Immobilie innerhalb der letzten zehn Jahre fertiggestellt worden ist, wobei die Gründe für den Verzicht auf die Innenbesichtigung in nachvollziehbarer Weise zu dokumentieren sind, oder

2. ein Abschlag in Höhe von mindestens 10 Prozent auf das Ergebnis der Beleihungswertermittlung vorgenommen wird.

(4) Bei Erwerb einer Vielzahl von Darlehensforderungen im Sinne des Absatzes 1 von anderen Kreditinstituten oder Versicherungsunternehmen können von diesen oder für diese erstellte vereinfachte Wertermittlungen zugrunde gelegt werden, wenn

1. diese Wertermittlungen den Bestimmungen der Absätze 1 Satz 3 und 2 Satz 1 und 2 entsprechen,

2. ein nicht mit der Kreditentscheidung befasster, fachkundiger Mitarbeiter der Pfandbriefbank eine Plausibilitätsprüfung, auch im Hinblick auf die einzelnen angesetzten Bewertungsparameter, durchführt und

3. das Ergebnis dieser Plausibilitätsprüfung dokumentiert wird.

Die nach Satz 1 Nr. 2 erforderliche Plausibilitätsprüfung kann auf eine repräsentative, das erworbene Portfolio regional und objektmäßig abbildende Anzahl von Bewertungen beschränkt werden. Ergibt sich hierbei, dass die seinerzeit ermittelten Werte der Beleihungsobjekte nicht nur in Einzelfällen zu hoch angesetzt worden sind, oder ergeben sich sonstige Zweifel bezüglich der Angemessenheit der ermittelten Werte, so ist in Abhängigkeit vom Ergebnis der Überprüfung die Stichprobe angemessen auszuweiten oder eine Einzelprüfung aller Bewertungen für bestimmte Regionen oder Objekttypen oder eine vollständige Neubewertung bestimmter oder aller Beleihungsobjekte gemäß Absatz 1 Satz 3 in Verbindung mit Absatz 2 Satz 1 und 2 durchzuführen. Die Wertermittlungen nach Satz 1 sind in die gemäß Absatz 2 Satz 3 vorzunehmende Überprüfung ebenfalls einzubeziehen.

Abschnitt 5
Im Ausland belegene Objekte

§ 25
Beleihungen im Ausland

(1) Die Ermittlung des Beleihungswerts von außerhalb der Bundesrepublik Deutschland belegenen Objekten ist nach den §§ 1 bis 23 und § 26 durchzuführen, soweit in den Absätzen 2 bis 5 nichts Abweichendes bestimmt ist.

(2) Bei der Ermittlung des Beleihungswerts können wesentliche Informationen, Daten und Einschätzungen aus einem in Bezug auf das zu bewertende Objekt erstellten landesspezifischen Gutachten herangezogen werden, sofern dieses Gutachten auf transparenten und von Fachkreisen anerkannten Bewertungsmethoden beruht und die wesentlichen Informationen zur Ermittlung des Beleihungswerts enthält. Das landesspezifische Gutachten darf zum Zeitpunkt der Beleihungswertermittlung nicht älter als zwei Jahre sein und muss den Vorgaben des § 4 Abs. 1 Satz 3, des § 5 Abs. 2 Satz 1 und 3 und Abs. 3 sowie der §§ 6 und 7 entsprechend erstellt worden sein. Die aus dem landesspezifischen Gutachten entnommenen Daten und Parameter sind in dem nach § 5 Abs. 1 zu erstellenden Beleihungswertgutachten kenntlich zu machen. Auf eine erneute Besichtigung des Objektes im Rahmen der Beleihungswertermittlung kann verzichtet werden, wenn das landesspezifische Gutachten die im Rahmen der seinerzeitigen Besichtigung gewonnenen Erkenntnisse ausreichend beschreibt sowie alle notwendigen Informationen zu Lage, Ausstattung und Zustand des Objekts enthält.

(3) Bei der Ableitung des anzusetzenden Kapitalisierungszinssatzes nach § 12 Abs. 3 sind die in dem jeweiligen Markt nicht nur kurzfristig erreichten Spitzenwerte angemessen zu gewichten.

(4) Sofern eine Berücksichtigung der wirtschaftlichen Restnutzungsdauer im Sinne des § 12 Abs. 2 in landesspezifischen Wertermittlungen unüblich oder nicht ausgewiesen ist, kann zur Ermittlung des Vervielfältigers nach § 12 Abs. 1 eine Restnutzungsdauer von 100 Jahren zugrunde gelegt werden, sofern die geringere tatsächliche Restnutzungsdauer durch zusätzliche Gebäudeabschreibungen im Rahmen der Abzüge für Bewirtschaftungskosten kompensiert wird.

(5) Sieht die jeweilige landesspezifische Bewertungsmethodik üblicherweise einen Abzug von Bewirtschaftungskosten nicht oder nur in stark verminderter Form vor, kann der in § 11 Abs. 2 Satz 3 vorgeschriebene Mindestabzug auch in Form eines ergebnisgleichen Äquivalents durch Ansatz eines erhöhten Kapitalisierungszinssatzes erfolgen.

Abschnitt 6
Überprüfung der Beleihungswertermittlung

§ 26
Überprüfung der Grundlagen der Beleihungswertermittlung

(1) Bestehen Anhaltspunkte, dass sich die Grundlagen der Beleihungswertermittlung nicht nur unerheblich verschlechtert haben, sind diese zu überprüfen. Dies gilt insbesondere dann, wenn das allgemeine Preisniveau auf dem jeweiligen regionalen Immobilienmarkt in einem die Sicherheit der Beleihung gefährdenden Umfang gesunken ist. Sofern es sich nicht um eigengenutzte Wohnimmobilien handelt, ist eine Überprüfung auch dann vorzunehmen, wenn die auf dem Beleihungsobjekt abgesicherte Forderung einen wesentlichen Leistungsrückstand von mindestens 90 Tagen aufweist. Der Beleihungswert ist bei Bedarf zu mindern.

(2) Soweit nach anderen Vorschriften eine weitergehende Verpflichtung zur Überprüfung des Beleihungswerts besteht, bleibt diese unberührt.

Teil 4
Schlussvorschriften

§ 27
Bezugsquelle der DIN-Norm

Die in § 6 Satz 1 genannte DIN-Norm ist im Beuth Verlag GmbH erschienen und im Deutschen Patent- und Markenamt in München archivmäßig gesichert niedergelegt.

§ 28
Inkrafttreten

Diese Verordnung tritt am 1. Juni 2006 in Kraft.

Anlage 1

Anlage 1
zu § 11 Abs. 2 der Beleihungswertermittlungsverordnung – BelWertV
Bandbreite der Einzelkostenansätze für die Ermittlung der Bewirtschaftungskosten

Verwaltungskosten

a) Wohnungsbau

Bandbreiten der Kosten, kalkuliert auf Basis der Einheiten:

- Wohnungen: 200,00 bis 275,00 Euro
- Garagen: 25,00 bis 50,00 Euro

b) Gewerbliche Objekte

Bandbreite: 1 bis 3% des Jahresrohertrags

In jedem Einzelfall ist darauf zu achten, dass der ausgewiesene absolute Betrag unzweifelhaft für eine ordnungsgemäße Verwaltung angemessen ist.

Instandhaltungskosten

Kalkulationsbasis: Herstellungskosten pro m² Wohn- oder Nutzfläche (ohne Baunebenkosten und Außenanlagen). Die untere Grenze der Bandbreite ist in der Regel für neue, die obere Grenze für ältere Objekte angemessen. Objektzustand, Ausstattungsgrad und Alter sind bei der Bemessung der Instandhaltungskosten zu berücksichtigen.

a) z. B. Lager und Produktionshallen mit Herstellungskosten von 250,00 bis 500,00 €/m²:
    0,8% bis 1,2%,   absolute Untergrenze: 2,50 €/m²

b) z. B. gewerbliche Objekte einfachen Standards und SB-Verbrauchermärkte mit Herstellungskosten von mehr als 500,00 €/m²:
    0,8% bis 1,2%,   absolute Untergrenze: 5,00 €/m²

c) z. B. Wohngebäude und gewerbliche Gebäude mit mittleren Standard und Herstellungskosten von mehr als 1 000,00 €/m²:
    0,5% bis 1%,   absolute Untergrenze: 7,50 €/m²

d) z. B. hochwertige Büro- und Handels- und andere gewerbliche Objekte mit Herstellungskosten von mehr als 2 000,00 €/m²:
    0,4% bis 1%,   absolute Untergrenze: 9,00 €/m²

e) Garagen und Tiefgaragenstellplätze: 30,00 bis 80,00 €   je Stellplatz

Mietausfallwagnis

a) Wohnungsbau: 2 % oder mehr
b) Gewerbliche Objekte: 4 % oder mehr

Modernisierungsrisiko

Berechnungsbasis sind die Herstellungskosten (ohne Baunebenkosten und Außenanlagen)

a) *Kein Modernisierungsrisiko*
   (z. B. normale Wohnhäuser, kleinere Wohn- und Geschäftshäuser, kleine
   und mittlere Bürogebäude, Lager und Produktionshallen):   0 % bis 0,3 %

b) *geringes Modernisierungsrisiko*
   (z. B. größere Bürogebäude, Wohn-, Büro- und Geschäftshäuser mit besonderen
   Ausstattungsmerkmalen, Einzelhandel mit einfachem Standard):   0,2 % bis 1,2 %

c) *höheres Modernisierungsrisiko*
   (z. B. innerstädtische Hotels, Einzelhandel mit höherem Standard,
   Freizeitimmobilien mit einfachem Standard):   0,5 % bis 2 %

I BelWertV Anlage 2 und 3

d) *sehr hohes Modernisierungsrisiko*
(z. B. Sanatorien, Kliniken, Freizeitimmobilien mit höherem Standard, Hotels und Einzelhandelsobjekte mit besonders hohem Standard): 0,75 % bis 3 %

Anlage 2
zu § 12 Abs. 2 der Beleihungswertermittlungsverordnung – BelWertV
Erfahrungssätze für die Nutzungsdauer baulicher Anlagen

A) Wohnwirtschaftliche Nutzung (in Deutschland belegene Objekte): 25 bis 80 Jahre

B) Gewerbliche Nutzung (in Deutschland belegene Objekte):

a) Geschäfts- und Bürohäuser: 30 bis 60 Jahre
b) Warenhäuser, Einkaufszentren: 15 bis 50 Jahre
c) Hotels und Gaststätten: 15 bis 40 Jahre
d) Landwirtschaftlich genutzte Objekte: 15 bis 40 Jahre
e) Kliniken, Reha-Einrichtungen, Alten- und Pflegeheime: 15 bis 40 Jahre
f) Lagerhallen, Produktionsgebäude: 15 bis 40 Jahre
g) Freizeitimmobilien (z. B. Sportanlagen): 15 bis 30 Jahre
h) Parkhäuser: 15 bis 40 Jahre
i) SB- und Fachmärkte, Verbrauchermärkte: 10 bis 30 Jahre
j) Tankstellen: 10 bis 30 Jahre

Anlage 3
zu § 12 Abs. 4 der Beleihungswertermittlungsverordnung – BelWertV
Bandbreiten für Kapitalisierungszinssätze

A) wohnwirtschaftliche Nutzung (in Deutschland belegene Objekte):

Wohnhäuser: 5,0 % bis 8,0 %

B) gewerbliche Nutzung (in Deutschland belegene Objekte):

a) Geschäftshäuser: 6,0 % bis 7,5 %
b) Bürohäuser: 6,0 % bis 7,5 %
c) Warenhäuser: 6,5 % bis 8,0 %
d) SB- und Fachmärkte: 6,5 % bis 8,5 %
e) Hotels und Gaststätten: 6,5 % bis 8,5 %
f) Kliniken, Reha-Einrichtungen: 6,5 % bis 8,5 %
g) Alten- und Pflegeheime: 6,5 % bis 8,5 %
h) Landwirtschaftlich genutzte Objekte: 6,5 % bis 8,5 %
i) Verbrauchermärkte, Einkaufszentren: 6,5 % bis 9,0 %
j) Freizeitimmobilien, Sportanlagen: 6,5 % bis 9,0 %
k) Parkhäuser, Tankstellen: 6,5 % bis 9,0 %
l) Lagerhallen: 6,5 % bis 9,0 %
m) Produktionsgebäude: 7,0 % bis 9,0 %

Anlage 4

Vervielfältigertabelle zu § 12 Abs. 1 BelWertV

Hier nicht abgedruckt. Sie ist identisch mit der zur ImmoWertV abgedruckten Vervielfältigertabelle.

3.
Auszug aus dem Bewertungsgesetz (BewG)

vom 16.10.1934 (RGBl. I 1934, 1035 FNA 610-7) in der Fassung der Bekanntmachung vom 1.2.1991(BGBl. I 1991, 230), zuletzt geändert durch Art. 2 des Erbschaftssteuerreformgesetzes – ErbStRG – vom 28.12.2008 (BGBl. I 2008, 3018)

C. Grundvermögen

I. Allgemeines

§ 176
Grundvermögen

(1) Zum Grundvermögen gehören

1. der Grund und Boden, die Gebäude, die sonstigen Bestandteile und das Zubehör,
2. das Erbbaurecht,
3. das Wohnungseigentum, Teileigentum, Wohnungserbbaurecht und Teilerbbaurecht nach dem Wohnungseigentumsgesetz,

soweit es sich nicht um land- und forstwirtschaftliches Vermögen (§§ 158 und 159[1]) oder um Betriebsgrundstücke (§ 99[2]) handelt.

---

1 § 158 BewG (Begriff des land- und forstwirtschaftlichen Vermögens):
„(1) Land- und Forstwirtschaft ist die planmäßige Nutzung der natürlichen Kräfte des Bodens zur Erzeugung von Pflanzen und Tieren sowie die Verwertung der dadurch selbst gewonnenen Erzeugnisse. Zum land- und forstwirtschaftlichen Vermögen gehören alle Wirtschaftgüter, die einem Betrieb der Land- und Forstwirtschaft zu diesem Zweck auf Dauer zu dienen bestimmt sind.
(2) Die wirtschaftliche Einheit des land- und forstwirtschaftlichen Vermögens ist der Betrieb der Land- und Forstwirtschaft. Wird ein Betrieb der Land- und Forstwirtschaft in Form einer Personengesellschaft oder Gemeinschaft geführt, sind in die wirtschaftliche Einheit auch die Wirtschaftsgüter einzubeziehen, die einem oder mehreren Beteiligten gehören, wenn sie dem Betrieb der Land- und Forstwirtschaft auf Dauer zu dienen bestimmt sind.
(3) Zu den Wirtschaftsgütern, die der wirtschaftlichen Einheit Betrieb der Land- und Forstwirtschaft zu dienen bestimmt sind, gehören insbesondere
1. der Grund und Boden,
2. die Wirtschaftsgebäude,
3. die stehenden Betriebsmittel,
4. der normale Bestand an umlaufenden Betriebsmitteln,
5. die immateriellen Wirtschaftsgüter,
6. die Wohngebäude und der dazugehörende Grund und Boden.
Als normaler Bestand an umlaufenden Betriebsmitteln gilt ein solcher, der zur gesicherten Fortführung des Betriebs erforderlich ist.
(4) Zum land- und forstwirtschaftlichen Vermögen gehören nicht
1. Grund und Boden sowie Gebäude und Gebäudeteile, die nicht land- und forstwirtschaftlichen Zwecken dienen,
2. Kleingartenland und Dauerkleingartenland,
3. Geschäftsguthaben, Wertpapiere und Beteiligungen,
4. über den normalen Bestand hinausgehende Bestände an umlaufenden Betriebsmitteln,
5. Tierbestände oder Zweige des Tierbestands und die hiermit zusammenhängenden Wirtschaftsgüter (zum Beispiel Gebäude und abgrenzbare Gebäudeteile mit den dazugehörenden Flächen, Betriebsmittel), wenn die Tiere weder zur landwirtschaftlichen Nutzung noch nach § 175 zu den übrigen land- und forstwirtschaftlichen Nutzungen gehören. Die Zugehörigkeit der landwirtschaftlich genutzten Flächen zum land- und forstwirtschaftlichen Vermögen wird hierdurch nicht berührt,
6. Geldforderungen und Zahlungsmittel,
7. Pensionsverpflichtungen.
(5) Verbindlichkeiten gehören zum land- und forstwirtschaftlichen Vermögen, soweit sie nicht im unmittelbaren wirtschaftlichen Zusammenhang mit den in Absatz 4 genannten Wirtschaftsgütern stehen."
§ 159 BewG (Abgrenzung land- und forstwirtschaftlich genutzter Flächen zum Grundvermögen):
„(1) Land- und forstwirtschaftlich genutzte Flächen sind dem Grundvermögen zuzurechnen, wenn nach ihrer Lage, den am Bewertungsstichtag bestehenden Verwertungsmöglichkeiten oder den sonstigen Umständen anzunehmen ist, dass sie in absehbarer Zeit anderen als land- und forstwirtschaftlichen Zwecken, insbesondere als Bauland, Industrieland oder Land für Verkehrszwecke, dienen werden.
(2) Bildet ein Betrieb der Land- und Forstwirtschaft die Existenzgrundlage des Betriebsinhabers, so sind dem Betriebsinhaber gehörende Flächen, die von einer Stelle aus ordnungsgemäß nachhaltig bewirtschaftet werden, dem Grundvermögen nur dann zuzurechnen, wenn mit großer Wahrscheinlichkeit anzunehmen ist, dass sie spätestens nach zwei Jahren anderen als land- und forstwirtschaftlichen Zwecken dienen werden.
(3) Flächen sind stets dem Grundvermögen zuzurechnen, wenn sie in einem Bebauungsplan als Bauland festgesetzt sind, ihre sofortige Bebauung möglich ist und die Bebauung innerhalb des Plangebiets in benachbarten Bereichen begonnen hat oder schon durchgeführt ist. Satz 1 gilt nicht für die Hofstelle und für andere Flächen in unmittelbarem räumlichen Zusammenhang mit der Hofstelle bis zu einer Größe von insgesamt 1 Hektar."

(2) In das Grundvermögen sind nicht einzubeziehen

1. Bodenschätze,
2. die Maschinen und sonstigen Vorrichtungen aller Art, die zu einer Betriebsanlage gehören (Betriebsvorrichtungen), auch wenn sie wesentliche Bestandteile sind.

Einzubeziehen sind jedoch die Verstärkungen von Decken und die nicht ausschließlich zu einer Betriebsanlage gehörenden Stützen und sonstigen Bauteile wie Mauervorlagen und Verstrebungen.

§ 177
Bewertung

Den Bewertungen nach den §§ 179 und 182 bis 196 ist der gemeine Wert (§ 9[3]) zu Grunde zu legen.

II. Unbebaute Grundstücke

§ 178
Begriff der unbebauten Grundstücke

(1) Unbebaute Grundstücke sind Grundstücke, auf denen sich keine benutzbaren Gebäude befinden. Die Benutzbarkeit beginnt im Zeitpunkt der Bezugsfertigkeit. Gebäude sind als bezugsfertig anzusehen, wenn den zukünftigen Bewohnern oder sonstigen Benutzern zugemutet werden kann, sie zu benutzen; die Abnahme durch die Bauaufsichtsbehörde ist nicht entscheidend.

(2) Befinden sich auf dem Grundstück Gebäude, die auf Dauer keiner Nutzung zugeführt werden können, gilt das Grundstück als unbebaut. Als unbebaut gilt auch ein Grundstück, auf dem infolge von Zerstörung oder Verfall der Gebäude auf Dauer kein benutzbarer Raum mehr vorhanden ist.

§ 179
Bewertung der unbebauten Grundstücke

Der Wert unbebauter Grundstücke bestimmt sich regelmäßig nach ihrer Fläche und den Bodenrichtwerten (§ 196 des Baugesetzbuchs). Die Bodenrichtwerte sind von den Gutachterausschüssen nach dem Baugesetzbuch zu ermitteln und den Finanzämtern mitzuteilen. Bei der Wertermittlung ist stets der Bodenrichtwert anzusetzen, der vom Gutachterausschuss zuletzt zu ermitteln war. Lässt sich von den Gutachterausschüssen kein Bodenrichtwert nach

---

2 § 99 BewG (Betriebsgrundstücke):
„(1) Betriebsgrundstück im Sinne dieses Gesetzes ist der zu einem Gewerbebetrieb gehörige Grundbesitz, soweit er, losgelöst von seiner Zugehörigkeit zu dem Gewerbebetrieb,
 1. zum Grundvermögen gehören würde oder
 2. einen Betrieb der Land- und Forstwirtschaft bilden würde.
(2) Dient das Grundstück, das, losgelöst von dem Gewerbebetrieb, zum Grundvermögen gehören würde, zu mehr als der Hälfte seines Werts dem Gewerbebetrieb, so gilt das ganze Grundstück als Teil des Gewerbebetriebs und als Betriebsgrundstück. Dient das Grundstück nur zur Hälfte seines Werts oder zu einem geringeren Teil dem Gewerbebetrieb, so gehört das ganze Grundstück zum Grundvermögen. Ein Grundstück, an dem neben dem Betriebsinhaber noch andere Personen beteiligt sind, gilt auch hinsichtlich des Anteils des Betriebsinhabers nicht als Betriebsgrundstück. Abweichend von den Sätzen 1 bis 3 gehört der Grundbesitz der in § 97 Abs. 1 bezeichneten inländischen Körperschaften, Personenvereinigungen und Vermögensmassen stets zu den Betriebsgrundstücken.
(3) Betriebsgrundstücke im Sinne des Absatzes 1 Nr. 1 sind wie Grundvermögen, Betriebsgrundstücke im Sinne des Absatzes 1 Nr. 2 wie land- und forstwirtschaftliches Vermögen zu bewerten."
3 § 9 BewG (Bewertungsgrundsatz, gemeiner Wert):
„(1) Bei Bewertungen ist, soweit nichts anderes vorgeschrieben ist, der gemeine Wert zugrunde zu legen.
(2) Der gemeine Wert wird durch den Preis bestimmt, der im gewöhnlichen Geschäftsverkehr nach der Beschaffenheit des Wirtschaftsgutes bei einer Veräußerung zu erzielen wäre. Dabei sind alle Umstände, die den Preis beeinflussen, zu berücksichtigen. Ungewöhnliche oder persönliche Verhältnisse sind nicht zu berücksichtigen.
(3) Als persönliche Verhältnisse sind auch Verfügungsbeschränkungen anzusehen, die in der Person des Steuerpflichtigen oder eines Rechtsvorgängers begründet sind. Das gilt insbesondere für Verfügungsbeschränkungen, die auf letztwilligen Anordnungen beruhen."

§ 196 des Baugesetzbuchs[4] ermitteln, ist der Bodenwert aus den Werten vergleichbarer Flächen abzuleiten.

III. Bebaute Grundstücke

§ 180
Begriff der bebauten Grundstücke

(1) Bebaute Grundstücke sind Grundstücke, auf denen sich benutzbare Gebäude befinden. Wird ein Gebäude in Bauabschnitten errichtet, ist der fertiggestellte Teil als benutzbares Gebäude anzusehen.

(2) Als Grundstück im Sinne des Absatzes 1 gilt auch ein Gebäude, das auf fremdem Grund und Boden errichtet oder in sonstigen Fällen einem anderen als dem Eigentümer des Grund und Bodens zuzurechnen ist, selbst wenn es wesentlicher Bestandteil des Grund und Bodens geworden ist.

§ 181
Grundstücksarten

(1) Bei der Bewertung bebauter Grundstücke sind die folgenden Grundstücksarten zu unterscheiden:
1. Ein- und Zweifamilienhäuser,
2. Mietwohngrundstücke,
3. Wohnungs- und Teileigentum,
4. Geschäftsgrundstücke,
5. gemischt genutzte Grundstücke und
6. sonstige bebaute Grundstücke.

(2) Ein- und Zweifamilienhäuser sind Wohngrundstücke, die bis zu zwei Wohnungen enthalten und kein Wohnungseigentum sind. Ein Grundstück gilt auch dann als Ein- oder Zweifamilienhaus, wenn es zu weniger als 50 Prozent, berechnet nach der Wohn- oder Nutzfläche, zu anderen als Wohnzwecken mitbenutzt und dadurch die Eigenart als Ein- oder Zweifamilienhaus nicht wesentlich beeinträchtigt wird.

(3) Mietwohngrundstücke sind Grundstücke, die zu mehr als 80 Prozent, berechnet nach der Wohn- oder Nutzfläche, Wohnzwecken dienen, und nicht Ein- und Zweifamilienhäuser oder Wohnungseigentum sind.

(4) Wohnungseigentum ist das Sondereigentum an einer Wohnung in Verbindung mit dem Miteigentumsanteil an dem gemeinschaftlichen Eigentum, zu dem es gehört.

(5) Teileigentum ist das Sondereigentum an nicht zu Wohnzwecken dienenden Räumen eines Gebäudes in Verbindung mit dem Miteigentum an dem gemeinschaftlichen Eigentum, zu dem es gehört.

(6) Geschäftsgrundstücke sind Grundstücke, die zu mehr als 80 Prozent, berechnet nach der Wohn- und Nutzfläche, eigenen oder fremden betrieblichen oder öffentlichen Zwecken dienen und nicht Teileigentum sind.

(7) Gemischt genutzte Grundstücke sind Grundstücke, die teils Wohnzwecken, teils eigenen oder fremden betrieblichen oder öffentlichen Zwecken dienen und nicht Ein- und Zweifamilienhäuser, Mietwohngrundstücke, Wohnungseigentum, Teileigentum oder Geschäftsgrundstücke sind.

(8) Sonstige bebaute Grundstücke sind solche Grundstücke, die nicht unter die Absätze 2 bis 7 fallen.

---

4 Vgl. **§ 196 BauGB** (Bodenrichtwerte): Abs. 1 bis 3, Teil IV § 196 BauGB, S. 508 dieser Auflage.

(9) Eine Wohnung ist die Zusammenfassung einer Mehrheit von Räumen, die in ihrer Gesamtheit so beschaffen sein müssen, dass die Führung eines selbständigen Haushalts möglich ist. Die Zusammenfassung einer Mehrheit von Räumen muss eine von anderen Wohnungen oder Räumen, insbesondere Wohnräumen, baulich getrennte, in sich abgeschlossene Wohneinheit bilden und einen selbständigen Zugang haben. Außerdem ist erforderlich, dass die für die Führung eines selbständigen Haushalts notwendigen Nebenräume (Küche, Bad oder Dusche, Toilette) vorhanden sind. Die Wohnfläche muss mindestens 23 Quadratmeter (m²) betragen.

§ 182
Bewertung der bebauten Grundstücke

(1) Der Wert der bebauten Grundstücke ist nach dem Vergleichswertverfahren (Absatz 2 und § 183), dem Ertragswertverfahren (Absatz 3 und §§ 184 bis 188) oder dem Sachwertverfahren (Absatz 4 und §§ 189 bis 191) zu ermitteln.

(2) Im Vergleichswertverfahren sind grundsätzlich zu bewerten

1. Wohnungseigentum,
2. Teileigentum,
3. Ein- und Zweifamilienhäuser.

(3) Im Ertragswertverfahren sind zu bewerten

1. Mietwohngrundstücke,
2. Geschäftsgrundstücke und gemischt genutzte Grundstücke, für die sich auf dem örtlichen Grundstücksmarkt eine übliche Miete ermitteln lässt.

(4) Im Sachwertverfahren sind zu bewerten

1. Grundstücke im Sinne des Absatzes 2, wenn kein Vergleichswert vorliegt,
2. Geschäftsgrundstücke und gemischt genutzte Grundstücke mit Ausnahme der in Absatz 3 Nr. 2 genannten Grundstücke,
3. sonstige bebaute Grundstücke.

§ 183
Bewertung im Vergleichswertverfahren

(1) Bei Anwendung des Vergleichswertverfahrens sind Kaufpreise von Grundstücken heranzuziehen, die hinsichtlich der ihren Wert beeinflussenden Merkmale mit dem zu bewertenden Grundstück hinreichend übereinstimmen (Vergleichsgrundstücke). Grundlage sind vorrangig die von den Gutachterausschüssen im Sinne der §§ 192 ff. des Baugesetzbuchs mitgeteilten Vergleichspreise.

(2) Anstelle von Preisen für Vergleichsgrundstücke können von den Gutachterausschüssen für geeignete Bezugseinheiten, insbesondere Flächeneinheiten des Gebäudes, ermittelte und mitgeteilte Vergleichsfaktoren herangezogen werden. Bei Verwendung von Vergleichsfaktoren, die sich nur auf das Gebäude beziehen, ist der Bodenwert nach § 179 gesondert zu berücksichtigen.

(3) Besonderheiten, insbesondere die den Wert beeinflussenden Belastungen privatrechtlicher und öffentlich-rechtlicher Art, werden im Vergleichswertverfahren nach den Absätzen 1 und 2 nicht berücksichtigt.

§ 184
Bewertung im Ertragswertverfahren

(1) Bei Anwendung des Ertragswertverfahrens ist der Wert der Gebäude (Gebäudeertragswert) getrennt von dem Bodenwert auf der Grundlage des Ertrags nach § 185 zu ermitteln.

(2) Der Bodenwert ist der Wert des unbebauten Grundstücks nach § 179.

(3) Der Bodenwert und der Gebäudeertragswert (§ 185) ergeben den Ertragswert des Grundstücks. Es ist mindestens der Bodenwert anzusetzen. Sonstige bauliche Anlagen, insbesondere Außenanlagen, sind regelmäßig mit dem Ertragswert des Gebäudes abgegolten.

§ 185
Ermittlung des Gebäudeertragswerts

(1) Bei der Ermittlung des Gebäudeertragswerts ist von dem Reinertrag des Grundstücks auszugehen. Dieser ergibt sich aus dem Rohertrag des Grundstücks (§ 186) abzüglich der Bewirtschaftungskosten (§ 187).

(2) Der Reinertrag des Grundstücks ist um den Betrag zu vermindern, der sich durch eine angemessene Verzinsung des Bodenwerts ergibt; dies ergibt den Gebäudereinertrag. Der Verzinsung des Bodenwerts ist der Liegenschaftszinssatz (§ 188) zu Grunde zu legen. Ist das Grundstück wesentlich größer, als es einer den Gebäuden angemessenen Nutzung entspricht, und ist eine zusätzliche Nutzung oder Verwertung einer Teilfläche zulässig und möglich, ist bei der Berechnung des Verzinsungsbetrags der Bodenwert dieser Teilfläche nicht zu berücksichtigen.

(3) Der Gebäudereinertrag ist mit dem sich aus der Anlage 21[5] ergebenden Vervielfältiger zu kapitalisieren. Maßgebend für den Vervielfältiger sind der Liegenschaftszinssatz und die Restnutzungsdauer des Gebäudes. Die Restnutzungsdauer wird grundsätzlich aus dem Unterschiedsbetrag zwischen der wirtschaftlichen Gesamtnutzungsdauer, die sich aus der Anlage 22[6] ergibt, und dem Alter des Gebäudes am Bewertungsstichtag ermittelt. Sind nach Bezugsfertigkeit des Gebäudes Veränderungen eingetreten, die die wirtschaftliche Gesamtnutzungsdauer des Gebäudes verlängert oder verkürzt haben, ist von einer der Verlängerung oder Verkürzung entsprechenden Restnutzungsdauer auszugehen. Die Restnutzungsdauer eines noch nutzbaren Gebäudes beträgt regelmäßig mindestens 30 Prozent der wirtschaftlichen Gesamtnutzungsdauer.

§ 186
Rohertrag des Grundstücks

(1) Rohertrag ist das Entgelt, das für die Benutzung des bebauten Grundstücks nach den am Bewertungsstichtag geltenden vertraglichen Vereinbarungen für den Zeitraum von zwölf Monaten zu zahlen ist. Umlagen, die zur Deckung der Betriebskosten gezahlt werden, sind nicht anzusetzen.

(2) Für Grundstücke oder Grundstücksteile,

1. die eigengenutzt, ungenutzt, zu vorübergehendem Gebrauch oder unentgeltlich überlassen sind,
2. die der Eigentümer dem Mieter zu einer um mehr als 20 Prozent von der üblichen Miete abweichenden tatsächlichen Miete überlassen hat,

ist die übliche Miete anzusetzen. Die übliche Miete ist in Anlehnung an die Miete zu schätzen, die für Räume gleicher oder ähnlicher Art, Lage und Ausstattung regelmäßig gezahlt wird. Betriebskosten sind nicht einzubeziehen.

§ 187
Bewirtschaftungskosten

(1) Bewirtschaftungskosten sind die bei gewöhnlicher Bewirtschaftung nachhaltig entstehenden Verwaltungskosten, Betriebskosten, Instandhaltungskosten und das Mietausfallwagnis; durch Umlagen gedeckte Betriebskosten bleiben unberücksichtigt.

(2) Die Bewirtschaftungskosten sind nach Erfahrungssätzen anzusetzen. Soweit von den Gutachterausschüssen im Sinne der §§ 192 ff. des Baugesetzbuchs keine geeigneten Erfah-

---

5 Entspricht Vervielfältigertabelle (Barwertfaktoren für die Kapitalisierung) der ImmoWertV.
6 Vgl. Abb. 41 bei § 6 ImmoWertV (Rn. 381).

rungssätze zur Verfügung stehen, ist von den pauschalierten Bewirtschaftungskosten nach Anlage 23[7] auszugehen.

§ 188
Liegenschaftszinssatz

(1) Der Liegenschaftszinssatz ist der Zinssatz, mit dem der Verkehrswert von Grundstücken im Durchschnitt marktüblich verzinst wird.

(2) Anzuwenden sind die von den Gutachterausschüssen im Sinne der §§ 192 ff. des Baugesetzbuchs ermittelten örtlichen Liegenschaftszinssätze. Soweit von den Gutachterausschüssen keine geeigneten Liegenschaftszinssätze zur Verfügung stehen, gelten die folgenden Zinssätze:

1. 5 Prozent für Mietwohngrundstücke,
2. 5,5 Prozent für gemischt genutzte Grundstücke mit einem gewerblichen Anteil von bis zu 50 Prozent, berechnet nach der Wohn- und Nutzfläche,
3. 6 Prozent für gemischt genutzte Grundstücke mit einem gewerblichen Anteil von mehr als 50 Prozent, berechnet nach der Wohn- und Nutzfläche, und
4. 6,5 Prozent für Geschäftsgrundstücke.

§ 189
Bewertung im Sachwertverfahren

(1) Bei Anwendung des Sachwertverfahrens ist der Wert der Gebäude (Gebäudesachwert) getrennt vom Bodenwert nach § 190 zu ermitteln. Sonstige bauliche Anlagen, insbesondere Außenanlagen, und der Wert der sonstigen Anlagen sind regelmäßig mit dem Gebäudewert und dem Bodenwert abgegolten.

(2) Der Bodenwert ist der Wert des unbebauten Grundstücks nach § 179.

(3) Der Bodenwert und der Gebäudesachwert (§ 190) ergeben den vorläufigen Sachwert des Grundstücks. Dieser ist zur Anpassung an den gemeinen Wert mit einer Wertzahl nach § 191 zu multiplizieren.

§ 190
Ermittlung des Gebäudesachwerts

(1) Bei der Ermittlung des Gebäudesachwerts ist von den Regelherstellungskosten des Gebäudes auszugehen. Regelherstellungskosten sind die gewöhnlichen Herstellungskosten je Flächeneinheit. Der Gebäuderegelherstellungswert ergibt sich durch Multiplikation der jeweiligen Regelherstellungskosten mit der Brutto-Grundfläche des Gebäudes. Die Regelherstellungskosten sind in der Anlage 24[8] enthalten. Das Bundesministerium der Finanzen wird ermächtigt, durch Rechtsverordnung mit Zustimmung des Bundesrates die Anlage 24 zu diesem Gesetz dadurch zu ändern, dass es die darin aufgeführten Regelherstellungskosten nach Maßgabe marktüblicher gewöhnlicher Herstellungskosten und des vom Statistischen Bundesamt veröffentlichten Baupreisindex aktualisiert, soweit dies zur Ermittlung des gemeinen Werts erforderlich ist.

(2) Vom Gebäuderegelherstellungswert ist eine Alterswertminderung abzuziehen. Diese wird regelmäßig nach dem Verhältnis des Alters des Gebäudes am Bewertungsstichtag zur wirtschaftlichen Gesamtnutzungsdauer nach Anlage 22[9] bestimmt. Sind nach Bezugsfertigkeit des Gebäudes Veränderungen eingetreten, die die wirtschaftliche Gesamtnutzungsdauer des Gebäudes verlängert oder verkürzt haben, ist von einem entsprechenden früheren oder späteren

---

7 Abgedruckt in der Syst. Darst. des Ertragswertverfahrens bei Rn. 207.
8 Abgedruckt in der Syst. Darst. des Sachwertverfahrens bei Rn. 99.
9 Nach Anl. 22 zum BewG ist die lineare Alterswertminderung zugrunde zu legen (abgedruckt in der Syst. Darst. des Sachwertverfahrens bei Rn. 162 (vgl. § 23 ImmoWertV Rn. 18).

Baujahr auszugehen. Der nach Abzug der Alterswertminderung verbleibende Gebäudewert ist regelmäßig mit mindestens 40 Prozent des Gebäuderegelherstellungswerts anzusetzen.

§ 191
Wertzahlen

(1) Als Wertzahlen im Sinne des § 189 Abs. 3 sind die Sachwertfaktoren anzuwenden, die von den Gutachterausschüssen im Sinne der §§ 192 ff. des Baugesetzbuchs für das Sachwertverfahren bei der Verkehrswertermittlung abgeleitet wurden.

(2) Soweit von den Gutachterausschüssen keine geeigneten Sachwertfaktoren zur Verfügung stehen, sind die in der Anlage 25[10] bestimmten Wertzahlen zu verwenden.

IV. Sonderfälle

§ 192
Bewertung in Erbbaurechtsfällen

Ist das Grundstück mit einem Erbbaurecht belastet, sind die Werte für die wirtschaftliche Einheit Erbbaurecht (§ 193) und für die wirtschaftliche Einheit des belasteten Grundstücks (§ 194) gesondert zu ermitteln.

193
Bewertung des Erbbaurechts

(1) Der Wert des Erbbaurechts ist im Vergleichswertverfahren nach § 183 zu ermitteln, wenn für das zu bewertende Erbbaurecht Vergleichskaufpreise oder aus Kaufpreisen abgeleitete Vergleichsfaktoren vorliegen.

(2) In allen anderen Fällen setzt sich der Wert des Erbbaurechts zusammen aus einem Bodenwertanteil nach Absatz 3 und einem Gebäudewertanteil nach Absatz 5.

(3) Der Bodenwertanteil ergibt sich aus der Differenz zwischen

1. dem angemessenen Verzinsungsbetrag des Bodenwerts des unbelasteten Grundstücks nach Absatz 4 und

2. dem vertraglich vereinbarten jährlichen Erbbauzins.

Der so ermittelte Unterschiedsbetrag ist über die Restlaufzeit des Erbbaurechts mit dem sich aus Anlage 21[11] ergebenden Vervielfältiger zu kapitalisieren.

(4) Der angemessene Verzinsungsbetrag des Bodenwerts des unbelasteten Grundstücks ergibt sich durch Anwendung des Liegenschaftszinssatzes, der von den Gutachterausschüssen im Sinne der §§ 192 ff. des Baugesetzbuchs ermittelt wurde, auf den Bodenwert nach § 179. Soweit von den Gutachterausschüssen keine geeigneten Liegenschaftszinssätze zur Verfügung stehen, gelten die folgenden Zinssätze:

1. 3 Prozent für Ein- und Zweifamilienhäuser und Wohnungseigentum, das wie Ein- und Zweifamilienhäuser gestaltet ist,

2. 5 Prozent für Mietwohngrundstücke und Wohnungseigentum, das nicht unter Nummer 1 fällt,

3. 5,5 Prozent für gemischt genutzte Grundstücke mit einem gewerblichen Anteil von bis zu 50 Prozent, berechnet nach der Wohn- und Nutzfläche, sowie sonstige bebaute Grundstücke,

4. 6 Prozent für gemischt genutzte Grundstücke mit einem gewerblichen Anteil von mehr als 50 Prozent, berechnet nach der Wohn- und Nutzfläche, und

5. 6,5 Prozent für Geschäftsgrundstücke und Teileigentum.

---

10 Abgedruckt bei § 14 ImmoWertV Anlage 1 (Rn. 224).
11 Entspricht Vervielfältigertabelle (Barwertfaktoren für die Kapitalisierung) der Anl. 1 zur ImmoWertV.

(5) Der Gebäudewertanteil ist bei der Bewertung des bebauten Grundstücks im Ertragswertverfahren der Gebäudeertragswert nach § 185, bei der Bewertung im Sachwertverfahren der Gebäudesachwert nach § 190. Ist der bei Ablauf des Erbbaurechts verbleibende Gebäudewert nicht oder nur teilweise zu entschädigen, ist der Gebäudewertanteil des Erbbaurechts um den Gebäudewertanteil des Erbbaugrundstücks nach § 194 Abs. 4 zu mindern.

§ 194
Bewertung des Erbbaugrundstücks

(1) Der Wert des Erbbaugrundstücks ist im Vergleichswertverfahren nach § 183 zu ermitteln, wenn für das zu bewertende Grundstück Vergleichskaufpreise oder aus Kaufpreisen abgeleitete Vergleichsfaktoren vorliegen.

(2) In allen anderen Fällen bildet der Bodenwertanteil nach Absatz 3 den Wert des Erbbaugrundstücks. Dieser ist um einen Gebäudewertanteil nach Absatz 4 zu erhöhen, wenn der Wert des Gebäudes vom Eigentümer des Erbbaugrundstücks nicht oder nur teilweise zu entschädigen ist.

(3) Der Bodenwertanteil ist die Summe des über die Restlaufzeit des Erbbaurechts abgezinsten Bodenwerts nach § 179 und der über diesen Zeitraum kapitalisierten Erbbauzinsen. Der Abzinsungsfaktor für den Bodenwert wird in Abhängigkeit vom Zinssatz nach § 193 Abs. 4 und der Restlaufzeit des Erbbaurechts ermittelt; er ist Anlage 26[12] zu entnehmen. Als Erbbauzinsen sind die am Bewertungsstichtag vereinbarten jährlichen Erbbauzinsen anzusetzen; sie sind mit dem sich aus Anlage 21[13] ergebenden Vervielfältiger zu kapitalisieren.

(4) Der Gebäudewertanteil des Erbbaugrundstücks entspricht dem Gebäudewert oder dem anteiligen Gebäudewert, der dem Eigentümer des Erbbaugrundstücks bei Beendigung des Erbbaurechts durch Zeitablauf entschädigungslos zufällt; er ist nach Maßgabe der Anlage 26[14] auf den Bewertungsstichtag abzuzinsen.

§ 195
Gebäude auf fremdem Grund und Boden

(1) In Fällen von Gebäuden auf fremdem Grund und Boden sind die Werte für die wirtschaftliche Einheit des Gebäudes auf fremdem Grund und Boden (Absatz 2) und die wirtschaftliche Einheit des belasteten Grundstücks (Absatz 3) gesondert zu ermitteln.

(2) Das Gebäude auf fremdem Grund und Boden wird bei einer Bewertung im Ertragswertverfahren mit dem Gebäudeertragswert nach § 185, bei einer Bewertung im Sachwertverfahren mit dem Gebäudesachwert nach § 190 bewertet. Ist der Nutzer verpflichtet, das Gebäude bei Ablauf des Nutzungsrechts zu beseitigen, ist bei der Ermittlung des Gebäudeertragswerts der Vervielfältiger nach Anlage 21[15] anzuwenden, der sich für die am Bewertungsstichtag verbleibende Nutzungsdauer ergibt. § 185 Abs. 3 Satz 5 ist nicht anzuwenden. Ist in diesen Fällen der Gebäudesachwert zu ermitteln, bemisst sich die Alterswertminderung im Sinne des § 190 Abs. 2 Satz 1 bis 3 nach dem Alter des Gebäudes am Bewertungsstichtag und der tatsächlichen Gesamtnutzungsdauer. § 190 Abs. 2 Satz 4 ist nicht anzuwenden.

(3) Der Wert des belasteten Grundstücks ist der auf den Bewertungsstichtag abgezinste Bodenwert nach § 179 zuzüglich des über die Restlaufzeit des Nutzungsrechts kapitalisierten Entgelts. Der Abzinsungsfaktor für den Bodenwert wird in Abhängigkeit vom Zinssatz nach § 193 Abs. 4 und der Restlaufzeit des Nutzungsverhältnisses ermittelt; er ist Anlage 26[16] zu entnehmen. Das über die Restlaufzeit des Nutzungsrechts kapitalisierte Entgelt ergibt sich durch Anwendung des Vervielfältigers nach Anlage 21[17] auf das zum Bewertungsstichtag vereinbarte jährliche Entgelt.

---

12 Entspricht Abzinsungsfaktor (Barwertfaktoren für die Abzinsung) der Anl. 2 zur ImmoWertV.
13 Entspricht Vervielfältigertabelle (Barwertfaktoren für die Kapitalisierung) der Anl. 1 zur ImmoWertV.
14 Entspricht Abzinsungsfaktor (Barwertfaktoren für die Abzinsung) der Anl. 2 zur ImmoWertV.
15 Entspricht Vervielfältigertabelle (Barwertfaktoren für die Kapitalisierung) der Anl. 1 zur ImmoWertV.
16 Entspricht Abzinsungsfaktor (Barwertfaktoren für die Abzinsung) der Anl. 2 zur ImmoWertV.
17 Entspricht Vervielfältigertabelle (Barwertfaktoren für die Kapitalisierung) der Anl. 1 zur ImmoWertV.

I Auszug BewG

§ 196
Grundstücke im Zustand der Bebauung

(1) Ein Grundstück im Zustand der Bebauung liegt vor, wenn mit den Bauarbeiten begonnen wurde und Gebäude und Gebäudeteile noch nicht bezugsfertig sind. Der Zustand der Bebauung beginnt mit den Abgrabungen oder der Einbringung von Baustoffen, die zur planmäßigen Errichtung des Gebäudes führen.

(2) Die Gebäude oder Gebäudeteile im Zustand der Bebauung sind mit den bereits am Bewertungsstichtag entstandenen Herstellungskosten dem Wert des bislang unbebauten oder bereits bebauten Grundstücks hinzuzurechnen.

§ 197
Gebäude und Gebäudeteile für den Zivilschutz

Gebäude, Teile von Gebäuden und Anlagen, die wegen der in § 1 des Zivilschutzgesetzes vom 25. März 1997 (BGBl. I S. 726), das zuletzt durch Artikel 2 des Gesetzes vom 27. April 2004 (BGBl. I S. 630) geändert worden ist, in der jeweils geltenden Fassung bezeichneten Zwecke geschaffen worden sind und im Frieden nicht oder nur gelegentlich oder geringfügig für andere Zwecke benutzt werden, bleiben bei der Ermittlung des Grundbesitzwerts außer Betracht.

V. Nachweis des niedrigeren gemeinen Werts

§ 198
Nachweis des niedrigeren gemeinen Werts

Weist der Steuerpflichtige nach, dass der gemeine Wert der wirtschaftlichen Einheit am Bewertungsstichtag niedriger ist als der nach den §§ 179, 182 bis 196 ermittelte Wert, so ist dieser Wert anzusetzen. Für den Nachweis des niedrigeren gemeinen Werts gelten grundsätzlich die auf Grund des § 199 Abs. 1 des Baugesetzbuchs erlassenen Vorschriften[18].

---

18 Immobilienwertermittlungsverordnung (ImmoWertV).

Teil II

Einführung

Teil II

Einführung

Einführung

*Die Wertermittlung von Grundstücken ist der Versuch,
mit theoretischen Modellen ökonomische Prozesse abzubilden.
Im Zentrum dieser Theorie stehen aber nicht Zahlen,
sondern Menschen und Märkte.
Menschen handeln aber nicht immer ökonomisch.
(Eine Definition der Wirtschaftswissenschaften)*

Gliederungsübersicht	Rn.
1 Wertbegriffe	1
2 Allgemeines zum Verkehrswert (Marktwert)	18
3 Zusammenhänge zwischen Kaufpreisen und Verkehrswert (Marktwert)	30
4 Allgemeines zum Grundstücksmarkt und zur Bodennutzung	
4.1 Grundvermögen und Bodennutzung in der Bundesrepublik Deutschland	31
4.2 Funktionalität des Grundstücksmarktes	
4.2.1 Allgemeines	47
4.2.2 Bodenwertentwicklung	64
4.2.3 Allgemeine Determinanten der Bodenwertentwicklung	74
5 Vom Preisstopp zum freien Grundstücksmarkt	99

1 Wertbegriffe

Wo es um die Ermittlung von Grundstückswerten geht, steht am Anfang die Frage, welcher Wert überhaupt ermittelt werden soll. Denn das **„Werten" ist teleologisch und bedarf eines Wertsystems.** Demzufolge erschließen sich die zahlreichen Wertbegriffe inhaltlich stets erst vor dem Hintergrund ihrer Genesis und Zielsetzungen[1].   **1**

Am Anfang dieses Werks soll deshalb zunächst ein Überblick über die wichtigsten Wertbegriffe[2] gegeben werden, die heute im Rechts- und Wirtschaftsleben gebräuchlich sind. Danach ist zu unterscheiden zwischen   **2**

a) dem „spitzen", zumeist auf einen aktuellen Wertermittlungsstichtag bezogenen und im Baugesetzbuch definierten *Verkehrswert* (Marktwert = gemeiner Wert); wenn im bürgerlichen Recht (des BGB) vom „Wert" die Rede ist (vgl. §§ 2311 ff. BGB; vgl. § 194 BauGB Rn. 226), geht es im Übrigen auch dort um den „gemeinen Wert" (= Verkehrswert), ggf. um den Ertragswert (vgl. § 2312 BGB); das Gleiche dürfte auch für den im BGB gebrauchten Begriff des *Marktwerts* gelten (vgl. §§ 385, 453, 764, 1221 und 1235 BGB, aber auch § 821 ZPO; vgl. Rn. 18 ff., § 194 BauGB Rn. 193, 206);

---

[1] Heyde, J. E., Wert, eine philosophische Grundlegung, Erfurt 1926; Kraft, V., Die Grundlagen einer wissenschaftlichen Wertlehre, 2. Aufl. Wien 1951; Spiller, K., Der betriebswirtschaftliche Wert und seine Arten in der Bilanz, Diss. Hamburg 1962; Ehrenfels, Chr. v., System der Werttheorie, Bd. 1 Leipzig 1897; Reininger, R., Wertphilosophie und Ethik, 3. Aufl. Wien-Leipzig 1947; Ruf, W., Die Grundlagen eines betriebswirtschaftlichen Wertbegriffes, Bern 1955; Pausenberger, E., Wert und Bewerten, Betriebswirtschaftliche Studienbücher, Hrsg. Seischab, H., Stuttgart 1962; Münstermann, Philosophie der Werte 1921; Aristoteles, Politica Buch 1 Kap. 9; Pausenberger, Wert und Bewertung, Stuttgart 1962; Maar, Staatslexikon 6 Bd. Freiburg, S. 443; Gablers Wirtschaftslexikon, Wiesbaden 1979, S. 2160; Niederée, L., Einwendungen gegen den Verkehrswert, ZfR 2000, 1.

[2] Brückner in AVN 1969, 453; Gerardy u.a. in AVN 1969, 42; Brückner, Grundstücks- und Gebäudewerte in der Rechts-, Bau- und Wirtschaftspraxis, 3. Aufl. Berlin 1974; Frisch in AVN 1965, 270 (vgl. Gerardy in AVN 1966, 109); Görres in MDR 1961, 898; Jansen in Nachr. der nds. Kat. und VermVw 1972, 40; Maury in NJW 1964, 2048 und NJW 1965, 736; Freuding in AVN 1972, 228, DÖV 1970, 308 und BayVBl. 1982, 108; Vogel in DStZ 1979, 28; Bendel in AgrarR 1986, 341.

II Einführung — Wertbegriffe

b) dem nach den pauschalierenden Methoden des steuerlichen Bewertungsrechts auf einen zurückliegenden Hauptfeststellungszeitpunkt bzw. Bedarfsbewertungszeitpunkt bezogenen und nach den §§ 19 bis 109a des Bewertungsgesetzes – BewG – mit Rechtskraft „festgestellten" steuerlichen *Einheitswert* bzw. *Grundbesitzwert (Bedarfswert)*, der sich – soweit nichts anderes vorgeschrieben ist – am sog. gemeinen Wert i.S. des § 9 BewG orientiert;

c) dem *Beleihungswert*, der nach § 16 Abs. 2 des Pfandbriefgesetzes – PfandBG – den Marktwert (früher Verkaufswert[3]) nicht übersteigen (vgl. hierzu § 194 BauGB Rn. 181 ff.) darf, und

d) dem „*vollen Wert*" des Haushaltsrechts, der mit dem Verkehrswert (Marktwert) identisch ist (§ 194 BauGB Rn. 166).

3 In der **Handels- und** Steuerbilanz sind einige weitere spezifische Wertbegriffe bedeutsam, insbesondere

– der *Handelsbilanzwert:* Dies ist der in der Handelsbilanz ausgewiesene Wert eines Wirtschaftsguts, der nach den §§ 252 ff. des Handelsgesetzbuchs – HGB – in Anlehnung an den Steuerbilanzwert ermittelt wird;

– der *Steuerbilanzwert:* Dies ist der in der Steuerbilanz ausgewiesene Wert, der nach den Vorschriften des Bilanzrechts ermittelt wird (Bilanzrichtliniengesetz);

– der *Festwert:* Dies ist der Wert, der in der Handels- und Steuerbilanz für bestimmte Wirtschaftsgüter (Betriebsvorrichtungen) ermittelt wird und für einen längeren Zeitraum unverändert bleibt;

– der *Buchwert:* Dies ist der Wert, mit dem ein Wirtschaftsgut in der Handels- und Steuerbilanz auf der Aktiv- und Passivseite ausgewiesen ist. Obergrenze für den Buchwert sind die Anschaffungs- oder Herstellungskosten; Untergrenze sind bei abnutzbaren Gütern die Anschaffungs- oder Herstellungskosten vermindert um die Abschreibung;

– der *Höchstwert:* Dies ist der in der Handels- und Steuerbilanz für bestimmte Wirtschaftsgüter maximal ansetzbare Wert. Bei nicht abnutzbaren Wirtschaftsgütern sind die ursprünglichen Anschaffungs- oder Herstellungskosten zugleich der Höchstwert (§ 6 Abs. 1 Nr. 2 EStG); bei abnutzbaren Wirtschaftsgütern stellen die Anschaffungs- oder Herstellungskosten, vermindert um die Abschreibung, den Höchstwert dar (vgl. § 6 Abs. 1 Nr. 1 EStG);

– der *Teilwert:* Dies ist der Betrag, den ein Erwerber eines ganzen Unternehmens im Rahmen des dafür zu zahlenden Gesamtkaufpreises für das einzelne zum Betriebsvermögen gehörende Wirtschaftsgut ansetzen würde (§ 6 Abs. 1 Nr. 1 EStG, § 10 Abs. 2 BewG; vgl. § 193 BauGB Rn. 12, 30); dabei ist davon auszugehen, dass der Erwerber den Betrieb (das Unternehmen) fortführt;

– der *Zwischenwert:* Dies ist der Wert, der in bestimmten Fällen in der Handels- und Steuerbilanz angesetzt werden kann: Entsprechend seiner Bezeichnung liegt er zwischen den Anschaffungs- oder Herstellungskosten und dem Teilwert;

– der *Erinnerungswert:* Dies ist (immer) der Wert von 1 €, der in der Handels- und Steuerbilanz für ein zwar abgeschriebenes, aber noch zum Betriebsvermögen gehörendes Wirtschaftsgut ausgewiesen ist, und

– der *Wiederbeschaffungs- bzw. Wiederherstellungswert:* Dies ist der Neuwert, der z. B. bei der DM-Bilanzeröffnung in den neuen Bundesländern um den Betrag zu vermindern ist, der die zwischenzeitliche Nutzung des Vermögensguts und ein Zurückbleiben hinter dem technischen Fortschritt berücksichtigt (§ 7 DMBilG).

Die **internationale Rechnungslegung stellt auf den beizulegenden** Zeitwert (*fair value*) ab, der als der Betrag definiert wird, „zu dem ein Vermögenswert zwischen sachverständigen, vertragswilligen und voneinander unabhängigen Geschäftspartnern getauscht werden könnte"

---

[3] Fleischmann/Bellinger/Kerl, Hypothekenbankgesetz, 4. Aufl. 1995, Komm. zu § 12; Pohnert, Kreditwirtschaftliche Wertermittlungen, 5. Aufl. 1996 Neuwied.

Wertbegriffe **Einführung II**

(IAS 16 § 6). Zu den Wertbegriffen der internationalen Rechnungslegung vgl. § 194 BauGB Rn. 220 ff.[4]

Im **Kostenrecht ist der** Geschäftswert maßgeblich, der sich nach dem gemeinen Wert (Verkehrswert) bemisst. Die Wertbestimmungen der Kostenordnung sind aber gleichwohl nicht geeignet, Anhaltspunkte für die Ermittlung des Verkehrswerts (wahren Werts) zu bieten[5]. **4**

Im allgemeinen Sprachgebrauch wird mitunter der **Begriff „Zeitwert"** gebraucht. Mit diesem Begriff wird zunächst lediglich verdeutlicht, dass es sich um einen auf einen bestimmten Zeitpunkt bezogenen Wert handeln soll. Dies wiederum kann die materielle Bedeutung des Begriffs nicht erhellen, da letztlich jeder Wert – wie immer man ihn materiell definiert – auf einen Zeitpunkt bezogen ist. So sind der Verkehrswert (Marktwert), der Beleihungswert und selbst der steuerliche (auf den Hauptfeststellungszeitpunkt bezogene) Einheitswert und selbst sog. Stopppreise auf bestimmte Zeitpunkte bezogen. **5**

Damit kann als Zeitwert materiell jeder Wert in Betracht kommen. **Welcher Wert im materiellen Sinne als Zeitwert maßgeblich ist, muss aus den jeweiligen Rechtsgrundlagen abgeleitet werden.** Soweit im Rechtsverkehr z.B. in Verträgen auf den „Zeitwert" Bezug genommen wird, muss letztlich aus dem Willen der Vertragsparteien sein Sinngehalt abgeleitet werden. Im Grundstücksverkehr wird der Begriff allerdings häufig eingeschränkt auf den Wertanteil einer baulichen Anlage verwandt. Soll es dabei um den Verkehrswertanteil des Gebäudes gehen, so sind die allgemeinen Grundsätze des § 8 ImmoWertV für die Wahl des Wertermittlungsverfahrens maßgebend. Soll es dagegen um den Substanzwert einer baulichen Anlage unabhängig von dem Marktgeschehen gehen, so ist der im Sachwertverfahren zu ermittelnde Ersatzbeschaffungswert, ggf. unter Berücksichtigung einer Wertminderung infolge Alters und Baumängel sowie Bauschäden, maßgebend.

Der **Begriff des Zeitwerts ist wegen seiner materiellen Unschärfe streitbefangen und sollte aufgegeben werden**[6]. Der Begriff des Zeitwerts wird leider auch in einer Reihe von gesetzlichen Vorschriften gebraucht, so z.B. in

– § 7 Abs. 1 Satz 2 sowie § 10 Abs. 1 und 2 DMBilG, nach dem als „Zeitwert" der höhere Verkehrswert angesetzt werden kann[7],

– § 12 Abs. 2 Satz 1 und § 48 Abs. 2 Satz 2 SchuldRAnpG[8],

– auch in der Preisverfügung Nr. 3/82 der DDR, die dem Beschluss des Ministerrates der DDR vom 28.7.1977 entspricht[9], und schließlich

– wird auch in der internationalen Bilanzbewertung vom „beizulegenden Zeitwert" (*fair value*) gesprochen (vgl. § 194 BauGB Rn. 208).

Daneben fand der Begriff **„Zeitwert" vor allem in der Versicherungswirtschaft Anwendung** (§ 1 Abs. 1a VGB i.V.m. § 7 Abs. 3 b VGG), wobei sich sein materieller Gehalt aus den maßgeblichen Versicherungsbestimmungen erschloss[10].

---

4 Kleiber in GuG 2000, 321.
5 So bereits OLG Kiel, Urt. vom 20.11.1931 – 2 U 238/31 –, EzGuG 14.1b.
6 So schon Brückner, Wertermittlung von Grundstücken, 4. Aufl. 1973, S. 295 f., 320; auf die Unbestimmtheit weist auch Köhne hin: Landwirtschaftliche Taxationslehre, 3. Aufl. 1999, S. 14, ablehnend die überholte Auffassung von Ross/Brachmann, nach dem der Zeitwert einseitig der Neubauwert abzüglich Alterswertminderung sei (Ross/Brachmann, Ermittlung des Bauwerts, 24. Aufl. 2. Aufl.
7 BFH, Urt. vom 27.3.2001 – I R 42/99 –, DB 2001, 1229.
8 Nach der Begründung zu § 12 Abs. 2 SchuldRAnpG (BT-Drucks. 12/7135, S. 47) wird der Begriff „Zeitwert" als Synonym zum Verkehrswert(-anteil) gebraucht, der aus dem Ertrags- oder Sachwert – je nach Nutzungsart des Gebäudes – nach den Regeln der WertV abzuleiten ist. Die genannten Vorschriften verwenden diesen Begriff i.S.d. „Verkehrswertanteils" baulicher Anlagen (vgl. Zimmermann in RVI, B 412 § 12 Rn. 27 ff., 23 ff.).
9 Nach Abschnitt III b war für die Entschädigung für ein Mietwohngrundstück als „Zeitwert" das Mittel aus Sach- und Ertragswert zu bilden (vgl. BVerwG, Urt. vom 7.6.1999 – 8 B 99/99 –, GuG 2000, 58 = EzGuG; BVerwG, Urt. vom 16.3.1995 – 7 C 39/93 –, GuG 1995, 264 = EzGuG 10.9; BVerwG, Urt. vom 24.6.1993 – 7 C 27/92 –, BVerwGE 94, 16; vgl. BT-Drucks. 12/2480, S. 38).
10 BGH, Urt. vom 6.6.1984 – IVa ZR 149/82 –, NJW 1984, 843; BGH, Urt. vom 8.7.1992 – IV ZR 229/91 –, NJW-RR 1992, 1376 = MDR 1993, 31; BGH, Urt. vom 16.3.1994 – IV ZR 282/92 –, NJW-RR 1994, 986 = VersR 1994, 1103; DMBilG: BFH, Urt. vom 27.3.2001 – I R 42/99 –, BFHE 195, 234.

II Einführung   Wertbegriffe

6 **Versicherungswert** ist (bei Neuwertversicherungen) bei Gebäuden der ortsübliche Neubauwert, der sich im Wesentlichen nach dem Sachwert des Gebäudes bemisst, wobei die Ermittlung des Sachwerts im Versicherungswesen von der Sachwertermittlung nach den Grundsätzen der ImmoWertV abweicht (vgl. Teil XI der 3. Aufl. zu diesem Werk). Entsprechendes gilt auch für den Ersatzwert, der als der Versicherungswert im Zeitpunkt des Schadens definiert ist (§ 51 Abs. 1 VVG i.V.m. § 52 und den §§ 86, 88, 140, 141 VVG). Im VVG wird darüber hinaus der Begriff des *Handelswerts* gebraucht (vgl. § 140 VVG).

7 Mit dem wirtschaftstheoretischen Begriff des **Gebrauchswerts** (*use value*) wird der subjektive Nutzen eines Gutes nach seiner objektiven Eignung bezeichnet. Der Gebrauchswert steht komplementär zum objektiven Wert und in keinem quantitativen Zusammenhang zum Tauschwert[11]. Der Begriff „Gebrauchswert" wird auch vielfach als Synonym zum Nutzwert und im Zusammenhang mit dem Modernisierungsbegriff verwendet (vgl. § 7 Abs. 3 NdsDSchG).

▶ *Vgl. hierzu § 6 Abs. 6 ImmoWertV*

8 Im steuerlichen Bereich wird dagegen der Begriff **Nutzungswert** i.S. des gemeinen Werts (Verkehrswert) z. B. im Rahmen der Nutzungswertbesteuerung für eigengenutzte Wohnungen gebraucht[12]; er wird nach fiktiven Einkünften ermittelt (vgl. § 13 Abs. 2 Nr. 2 EStG). Im nichtsteuerlichen Bereich wird der Begriff „Nutzungswert"[13] dagegen vielfach zur Unterscheidung der Werthaltigkeit eines Grundstücks auf Grund der tatsächlich ausgeübten Nutzung von dem höheren, sich nach anderen Kriterien bildenden Verkehrswert verwandt[14]; z. B. zur Abgrenzung des landwirtschaftlichen Nutzungswerts vom Verkehrswert.

9 Im Rahmen der Beleihung von Immobilien wird der **Beleihungswert** zugrunde gelegt, der in § 3 Abs. 1 BelWertV als der Wert definiert wird, „der erfahrungsgemäß unabhängig von vorübergehenden, etwa konjunkturell bedingten Wertschwankungen am maßgeblichen Grundstücksmarkt und unter Ausschaltung von spekulativen Elementen während der gesamten Dauer der Beleihung bei einer Veräußerung voraussichtlich erzielt werden kann". Der Begriff **Verkaufswert** wird im Beleihungswesen mit der Aufhebung des § 12 Hypothekenbankgesetz nicht mehr gebraucht. Er wurde in der Vergangenheit gleichbedeutend mit den Begriffen „Vergleichswert"[15] i.S. der §§ 15 f. ImmoWertV sowie „Verkehrswert" gebraucht.

10 ▶ *Zu weiteren Ausführungen zur Beleihungswertermittlung vgl. Teil X sowie § 194 BauGB Rn. 182 ff.*

11 **Grundstückswert** im Zwangsversteigerungsverfahren ist der vom Vollstreckungsgericht festgesetzte und mit Rechtsmitteln anfechtbare Verkehrswert i.S. des § 194 BauGB (vgl. § 194 BauGB Rn. 176 ff.).

12 Die genannten **Wertbegriffe stehen** allesamt **in** einer mehr oder minder ausgeprägten **Verwandtschaft zueinander,** insbesondere, was die Ermittlung der im Mittelpunkt dieses Werks stehenden Ermittlung von Verkehrswerten, Beleihungswerten, Versicherungswerten und die Bewertung von Unternehmen anbelangt. Dennoch muss aber sehr sorgfältig zwischen den

---

11 Opitz, Nutzwertanalyse von Immobilien in GuG 2000, 82.
12 BFH, Urt. vom 11.10.1977 – VIII R 20/75 –, EzGuG 20.68; BFH, Urt. vom 30.1.1974 – IV R 110/73 –, EzGuG 20.56a; BFH, Urt. vom 30.1.1974 – IV R 105/72 –; BFH, Urt. vom 10.8.1972 – VIII R 82/71 –, EzGuG 20.53; BFH, Urt. vom 10.8.1972 – VIII R 80/69 –, EzGuG 20.52; BFH, Urt. vom 17.10.1969 – VI R17/67 –, EzGuG 20.45; BFH, Urt. vom 20.10.1965 – VI 292/64 U –, EzGuG 20.42; BFH, Urt. vom 20.1.1978 – III R 120/75 –, EzGuG 14.58a; BFH, Urt. vom 29.7.1960 – III 206/56 U –, EzGuG 14.13; BFH, Urt. vom 11.8.1989 – IX R 87/86 –, EzGuG 12.58; BFH, Urt. vom 30.7.1991 – IX R 49/90 –, EzGuG 3.99; BFH, Urt. vom 30.1.1974 – IV R 105/72 –, EzGuG 3.42a; BFH, Urt. vom 30.6.1966 – VI 292/65 –, EzGuG 2.8a.
13 Zum „Nutzungswert": OLG Düsseldorf, Urt. vom 24.2.1994 – 16 U 135/93 –, EzGuG 20.150 a, Weyers in GuG 1994, 353.
14 OLG Köln, Urt. vom 9.4.1963 – 9 U 2/63 –, EzGuG 14.15b; BVerwG, Urt. vom 9.6.1959 – 1 C B 27/58 –, EzGuG 17.13; BGH, Urt. vom 22.11.1991 – V ZR 160/90 –, EzGuG 3.103.
15 Krause, D. H., Die Einschätzung nach dem gemeinen Wert, Verbandsnachrichten der preuß. Katasterkontrolleure 1907, 57, 62; so auch schon Gutachten des Schätzungsausschusses zur Vorbereitung der Einheitsbewertung des Grundvermögens über die Bewertung des Grundvermögens, Hrsg. BMF Bonn 1955, S. 7; Kleiber in DLK 1996, 200; Pr OVG, Urt. vom 10.6.1870 – VII C 183/31 –, EzGuG 19.1; ProVG, Urt. vom 11.3.1897 – VIII a 66 –, EzGuG 19.2a; ProVG, Urt. vom 17.6.1918 – VIII C 89/18 –, EzGuG 19.3.

Wertbegriffe — Einführung II

jeweiligen Wertbegriffen und den jeweils anzuwendenden Wertermittlungsmethoden unterschieden werden.

Der im Steuerrecht maßgebliche in § 9 Abs. 2 des **Bewertungsgesetzes (BewG)** als Steuerwert (*assessed value*) definierte gemeine Wert ist trotz des von der vorstehenden Definition des Verkehrswerts abweichenden Wortlauts materiell mit dem Verkehrswert identisch[16]. Der gemeine Wert wird dort als der Preis definiert, „der im gewöhnlichen Geschäftsverkehr nach der Beschaffenheit des Wirtschaftsgutes bei seiner Veräußerung zu erzielen wäre. Dabei sind alle Umstände, die den Preis beeinflussen, zu berücksichtigen. Ungewöhnliche oder persönliche Verhältnisse sind nicht zu berücksichtigen." Der als „gemeiner Wert" nach den Regeln des Bewertungsgesetzes abgeleitete Einheits- bzw. Grundbesitzwert unterscheidet sich vom aktuell ermittelten Verkehrswert lediglich hinsichtlich des Wertermittlungsstichtags und der zur Anwendung kommenden Wertermittlungsmethodik. Die steuerliche Bewertung ist, da es sich um eine „Massenbewertung" handelt, auf pauschalierende Vereinfachungen gegenüber der „spitzen" Verkehrswertermittlung angelegt. Auf Grund der (notwendigerweise) pauschalierenden Bewertungsmethodik des Steuerrechts müssen die festgestellten Einheitswerte erhebliche Disparitäten zu den (im Städtebaurecht) zumeist zeitnah ermittelten Verkehrswerten aufweisen[17]. Eine Angleichung des Wortlauts der Definition des „gemeinen Werts" (§ 9 BewG) an § 194 BauGB wäre bei alledem zu fordern (vgl. § 194 BauGB Rn. 173). — **13**

Die Einheitswerte waren bis zum Inkrafttreten des Jahressteuergesetzes 1997 (JStG 1997) Bemessungsgrundlage für alle einheitswertabhängigen Steuern (Grund-, Vermögen-, Erbschaft- und Schenkungsteuer) und wurden in den alten Bundesländern auf den 1.1.1964 festgestellt. Sie fanden – außer bei der Grundsteuer – mit einem Zuschlag von 40 % Anwendung, obwohl zwischenzeitlich erhebliche Werterhöhungen zu verzeichnen waren. Mit dem Jahressteuergesetz 1997 wurde für die **Erbschaft- und Schenkungsteuer** eine neue Bemessungsgrundlage geschaffen. Es handelt sich hierbei um den Grundbesitzwert (Bedarfswert), der insoweit die bisherigen Einheitswerte ablöst[18]. — **14**

Sprachlich wird im Übrigen zwischen der Verkehrswertermittlung und der Feststellung des Einheits- bzw. Grundbesitzwerts (gemeiner Wert) auch dadurch unterschieden, dass man im ersten Fall von der „Wertermittlung" und im zweiten Fall von der **„Bewertung"** spricht. Dem entsprechen auch die Bezeichnungen der entsprechenden Rechtsgrundlagen (*Wertermittlungs*verordnung und *Bewertungs*gesetz). Unter „bewerten" wird dabei nicht das „Wert Erfassen", sondern das „Wert Geben" mit konstituierender Wirkung verstanden[19]. Dies wird allerdings in der **BelWertV** nicht konsequent durchgehalten. Dort wird ein (Beleihungs-)Wert „gegeben", so dass dort einheitlich von Bewertung zu sprechen wäre. Des Weiteren ist zwischen dem verobjektivierten „Wert" (*value*) und dem sich im Einzelfall aus subjektiver Betrachtung gegebenen „Preis" (*worth*) – z. B. dem Kaufpreis – zu unterscheiden. — **15**

Da Grundstückswerte ihrer Natur nach nicht mathematisch exakt ermittelbar oder bestimmbar sind, muss dem vielfach auch gebrauchten Begriff der **Wertschätzung** bzw. **Schätzung** von Grundstückswerten, unter Einbeziehung von Wahrscheinlichkeitsableitungen und unter Einkalkulierung und Abwägung der Möglichkeiten bis hin zur Berufung auf Erfahrungssätze, eine größere Realitätsnähe als dem Begriff der „Wertermittlung" beigemessen werden. Mit diesem Begriff werden oftmals unerfüllbare Erwartungen geweckt. Im bürgerlichen Recht hat — **16**

---

16 So auch Rössler/Troll/Langner, Bewertungs- und Vermögensteuergesetz, Komm. 14. Aufl. § 9 BewG Rn. 4; sowie Klein, Erläut. zum BewG in: Das Dt. Bundesrecht 462 Lfg. März 1981; auch der RegE zum BBauG 1960 ging in seiner Begründung von der Begriffsidentität aus – vgl. BT-Drucks. 3/336 zu § 163, S. 107; Begriffsidentität erkannte schließlich auch der BGH, Urt. vom 25.6.1964 – III ZR 111/61 –, EzGuG 4.22; sowie BGH, Urt. vom 2.7.1968 – V Blw 10/68 –, EzGuG 19, 14; vgl. im Übrigen auch die Rspr. des RG, Urt. vom 19.11.1879 (AVN 1920, 327) und vom 11.10.1880, EzGuG 19.2a; sowie des PrOVG, Urt. vom 10.6.1910 – VIII C 99/09 –, EzGuG 20.8. und vom 19.5.1914; auch ALR I §§ 83 und 112; Zweifel an der Begriffsidentität erscheinen von daher abwegig.
17 Baulandbericht 1986: Schriftenreihe des Bundesministeriums für Raumordnung. Bauwesen und Städtebau 03.100., S. 52, sowie Baulandbericht 1993.
18 Halaczinsky, R., Der bewertungsrechtliche Grundbesitzwert; ein falscher Verkehrswert? GuG 2004, 291.
19 Ruf 1955; anders Wöhe, G., Bilanzierung und Bilanzpolitik, 8. Aufl. München 1991, S. 347: „Bewerten ist eine Tätigkeit, die das Ziel hat, den Wert einer Sache ... festzustellen."

der Begriff der Schätzung wohlbedacht seinen Platz gefunden[20]; Begriffe wie „Schätzwert" oder *Schätzungswert* (§ 1048 Abs. 2; §§ 501 und 2312 Abs. 1 Satz 2 BGB) haben dabei allerdings keine eigentliche materielle Bedeutung, sondern sind methodischer Natur. Eine Schätzung kann erforderlich sein, „wenn die individuelle Ermittlung des Werts eines einzelnen Bewertungsobjekts unmöglich oder nur mit einem unvertretbaren Zeit- und Kostenaufwand möglich ist".[21]

17 **Die Schätzung stellt ihrer Natur nach eine Art Beweiswürdigung dar,** wobei auch dafür zu fordern ist, dass zuvor der Sachverhalt vollständig aufgeklärt worden ist und die Schätzung in sich schlüssig sein muss[22] (Näheres hierzu bei § 194 BauGB Rn. 120, 129).

2 Allgemeines zum Verkehrswert (Marktwert)

▶ *Ausführlich hierzu vgl. § 194 BauGB*

18 Von zentraler Bedeutung für das Wirtschafts- und Rechtsleben ist der Verkehrswert des Grundstücks. Vom Verkehrswert des Grundstücks ist i.d.R. auch dann die Rede, wenn im (alltäglichen) Sprachgebrauch vom „Grundstückswert", vom „wahren", „wirklichen" oder vom „inneren" Wert gesprochen wird. **Der Verkehrswert ist materiell mit dem Marktwert identisch** (vgl. Teil V § 194 BauGB Rn. 193, 206 ff.). Der Verkehrswert (Marktwert) wird in § 194 des Baugesetzbuchs – BauGB – wie folgt definiert:

„§ 194 BauGB Verkehrswert (Marktwert): Der Verkehrswert (Marktwert) wird durch den Preis bestimmt, der in dem Zeitpunkt, auf den sich die Ermittlung bezieht, im gewöhnlichen Geschäftsverkehr nach den rechtlichen Gegebenheiten und tatsächlichen Eigenschaften, der sonstigen Beschaffenheit und der Lage des Grundstücks oder des sonstigen Gegenstands der Wertermittlung ohne Rücksicht auf ungewöhnliche oder persönliche Verhältnisse zu erzielen wäre."

Die **Definition des Marktwerts in § 16 Abs. 2 Satz 4 PfandBG** ist mit dem so definierten Verkehrswert/Marktwert materiell identisch, wie sich unschwer erkennen lässt:

„(2) ... Der Marktwert ist der geschätzte Betrag, für welchen ein Beleihungsobjekt am Bewertungsstichtag zwischen einem verkaufsbereiten Verkäufer und einem kaufbereiten Erwerber, nach angemessenem Vermarktungszeitraum, in einer Transaktion im gewöhnlichen Geschäftsverkehr verkauft werden könnte, wobei jede Partei mit Sachkenntnis, Umsicht und ohne Zwang handelt."

19 Der um die auf einem Grundstück lastenden **Schulden und** Verbindlichkeiten verminderte Verkehrswert wird in der Immobilienwirtschaft auch als *Net Asset Value*[23] bezeichnet.

20 Begrifflich hat der Verkehrswert/Marktwert seine Wurzeln im **gemeinen Wert.** Dieser stellt die historisch ältere und schon in § 111 des Allgemeinen Preußischen Landrechts gebrauchte Bezeichnung dar, die auch noch heute mit materiell identischem Inhalt in einer Reihe von Vorschriften verwandt wird[24]. Neben dem § 9 Abs. 2 BewG sind hier insbesondere zu nennen:

---

20 Nach § 738 Abs. 2 BGB ist der Wert des Gesellschaftsvermögens „im Wege der Schätzung zu ermitteln". Des Weiteren § 287 und § 587 ZPO; im Steuerrecht: § 217 AO.
21 Adler/Düring/Schmaltz, Rechnungslegung und Prüfung der Unternehmen, 6. Aufl. Stuttgart 1998 Rn. 57 zu § 252 HGB.
22 Im römischen Recht gilt die Formel: Ex sententia animi tui te aestimare oportere, quid aut credas aut parum probatumt ibi opinaeis.
23 Der Ausdruck *property valuation* hat sich gegenüber dem Begriff *asset valuation* durchgesetzt.
24 § 142 des Bundesbaugesetzes hatte zur Verdeutlichung der materiellen Identität den Begriff des gemeinen Werts als Klammerzusatz der Verkehrswertdefinition zugeordnet.

Verkehrswert (Marktwert) — Einführung II

- § 19 KostO[25],
- § 32 ErbbauVO[26],
- § 18 LBG.

Der **Verkehrswert/Marktwert** ist **identisch mit dem** „vollen Wert" i.S.d. Bundes- und Landeshaushaltsordnungen sowie der Gemeindeordnungen der Länder. Er ist damit Bemessungsgrundlage für die Überlassung und Nutzung von Vermögensgegenständen der öffentlichen Hand. Solche darf die öffentliche Hand nur unter besonderen Voraussetzungen verbilligt abgeben; die Ausnahmen werden im Haushaltsplan zugelassen[27]. — 21

Der **Verkehrswert** (Marktwert) ist auch als **Wert des Grundstücks i.S.d. bürgerlichen Rechts** anzusehen, z. B. nach § 453 und § 2311 BGB bei Erbauseinandersetzungen, nach § 2325 BGB bei Pflichtteilsergänzungen oder bei Abwendung der Herausgabe noch vorhandener Nachlassgegenstände zum Zwecke der Befriedigung eines Nachlassgläubigers durch Zahlung des Werts nach § 1973 Abs. 2 BGB (des Weiteren § 1515 Abs. 1 und 3 BGB, §§ 2049 und 2312 BGB). — 22

Während sich § 194 BauGB darauf beschränkt, den Verkehrswert (Marktwert) materiell zu definieren und die übrigen Vorschriften des Ersten Teils des Dritten Kapitels des BauGB die Einrichtung der Gutachterausschüsse für Grundstückswerte regeln, enthält die auf Grund der Ermächtigung des § 199 Abs. 1 BauGB erlassene **Immobilienwertermittlungsverordnung (ImmoWertV) allgemeine** Grundsätze für die Ermittlung der Verkehrswerte (Marktwerte) **von Grundstücken**. — 23

Die Definition des Verkehrswerts/Marktwerts und seine Ableitung aus dem Geschehen auf dem Grundstücksmarkt setzt grundsätzlich einen **Grundstücksmarkt mit freier Preisbildung** voraus, wobei für die Verkehrswertermittlung allein die Preisbildung im „gewöhnlichen Geschäftsverkehr" maßgeblich ist. Deshalb ist der Verkehrswert – allerdings irreführend – auch als der „Preis für jedermann" bezeichnet worden[28]. — 24

Elementarer Bestandteil des gewöhnlichen Geschäftsverkehrs ist die Berücksichtigung verkehrswertbeeinflussender Umstände, die von der Wirtschafts- und Rechtsordnung gesetzt sind. In der Verkehrswertdefinition wird daher die **Berücksichtigung der rechtlichen Gegebenheiten** besonders herausgestellt. Bleiben im Einzelfall die rechtlichen Gegebenheiten bei der Preisbildung unberücksichtigt, so kann dieser Kaufpreis i.d.R. nicht dem gewöhnlichen Geschäftsverkehr zugerechnet werden. — 25

Der Verkehrswert/Marktwert ist in § 194 BauGB als ein nach den vorgegebenen Normen verobjektivierter Tauschwert definiert, der unabhängig von der angewandten Wertermittlungsmethodik in der Synthese aller Wertmomente „im gewöhnlichen Geschäftsverkehr" am wahrscheinlichsten zu erzielen ist[29]. Unter dem **gewöhnlichen Geschäftsverkehr** wird dabei der Handel auf einem freien Markt verstanden, wobei weder Käufer noch Verkäufer unter Zeitdruck, Zwang oder Not stehen und allein objektive Maßstäbe preisbestimmend sind[30]. Im Unterschied zur ImmoWertV ist nach der Definition des Verkehrswerts der „gewöhnliche Geschäftsverkehr" von den „ungewöhnlichen oder persönlichen Verhältnissen" zu unterscheiden, die immer dann zu vermuten sind, wenn ein Kaufpreis nicht unter normal üblichen Verhältnissen zustande gekommen ist (vgl. § 194 BauGB Rn. 9; § 7 ImmoWertV). Als der im gewöhnlichen Geschäftsverkehr „am wahrscheinlichsten" zu erzielende Kaufpreis *(„most probable selling price")* kann der Verkehrswert ermittlungstechnisch zugleich als statistischer Durchschnittswert angesehen werden. Hierin unterscheidet sich die angelsächsische — 26

---

25 BayObLG, Beschl. vom 9.7.1998 – 3 Z BR 8/98 –, GuG 1999, 119 = EzGuG 19.46; KG, Beschl. vom 26.3.1996 – 1 W 1810/95 –, EzGuG 10.11.
26 BGH, Urt. vom 3.10.1980 – V ZR 125/79 –, EzGuG 7.77.
27 Kleiber in Krautzberger, Städtebauförderungsrecht Bd. II Nr. 15 I.
28 BGH, Urt. vom 25.6.1964 – III ZR 111/61 –, EzGuG 20.37 = 4.22; BGH, Urt. vom 30.11.1959 – III ZR 130/59 –, EzGuG 19.5.
29 BT-Drucks, 10/6166, S. 123.
30 BFH, Urt. vom 23.2.1979 – III R 44/74 –, EzGuG 19.35; BFH, Urt. vom 14.2.1969 – III R 88/65 –, EzGuG 19.16.

II Einführung — Verkehrswert (Marktwert)

Anschauung nicht mehr von der deutschen Wertermittlungslehre, nachdem die *Royal Institution of Chartered Surveyors* die Definition des „*Open Market Value*" als den „besten Preis" aufgegeben und sich mit dem „*Market Value*" der deutschen Verkehrswertdefinition angeglichen hat (vgl. § 194 BauGB Rn. 108).

27 Normative Vorgaben über den materiellen Gehalt des einer **verobjektivierenden Wertlehre** folgenden Verkehrswerts, auf die sich der Gesetzgeber mit § 194 BauGB beschränken konnte, haben zu einer einseitig ausgerichteten Wertermittlungspraxis geführt. Der Verkehrswert wird im öffentlich-rechtlichen Bereich (z. B. als Bemessungsgrundlage für Enteignungsentschädigungen), aber auch im bürgerlich-rechtlichen Bereich damit stets von entscheidender Bedeutung bleiben, weil die objektivierende Betrachtungsweise, die seiner Ermittlung zugrunde liegt, Gewähr für den gerechten Ausgleich unterschiedlicher Interessenlagen bietet. Dies darf jedoch nicht den Blick dafür verstellen, dass einer bestimmten zweckorientierten Funktion der Wertermittlung folgend auch ein versubjektivierter Wert seine Bedeutung hat. Hierunter soll ein Wert verstanden werden, der einem Grundstück aus der subjektiven Sicht eines Käufers, aber auch Verkäufers unter Berücksichtigung seiner subjektiven Absichten und Möglichkeiten nach ansonsten wiederum objektiven Kriterien beizumessen ist, d. h., es soll zwar entscheidend auf die Funktion des Werts als Entscheidungsgrundlage für eine konkrete subjektive Situation ankommen, wobei aber auch hier wirtschaftlich vernünftiges Handeln als Maßstab zu fordern ist (sog. **funktionale Werttheorie**)[31].

28 Neben der objektivistischen Betrachtungsweise, wie sie dem Verkehrswert zu Grunde liegt, hat also die **subjektive** und auftragsgeberorientierte Wertlehre nicht nur ihre Berechtigung, sondern stellt dabei einen vernachlässigten Bereich der Wertermittlungspraxis dar. Es kann allerdings nicht nachdrücklich genug gefordert werden, dass Wertermittlungen auf der Grundlage subjektiver Betrachtungsweisen (funktionale Wertlehre) eindeutig und unmissverständlich im Gutachten darzulegen sind, damit keine Verwechslung mit dem Verkehrswert aufkommen kann.

29 Grundstücke stellen Unikate dar. Deshalb ist die Verkehrswertermittlung eines Grundstücks regelmäßig mit der Notwendigkeit einer Einzelbewertung verbunden.

▶ *Zur Definition des Verkehrswerts im Einzelnen vgl. Dieterich in Ernst/Zinkahn/Bielenberg, BauGB Komm. § 194; sowie hier § 194 BauGB Rn. 48 ff.; zu Massenbewertungsverfahren § 8 ImmoWertV Rn. 109*

3 Zusammenhänge zwischen Kaufpreisen und Verkehrswert (Marktwert)

30 Der unter bestimmten normativen Vorgaben als Preis definierte **Verkehrswert (Marktwert)** ist aus den vorstehenden Gründen **nicht mit dem** im Einzelfall auf dem Grundstücksmarkt ausgehandelten **Kaufpreis gleichzusetzen,** denn dieser muss nicht dem Verkehrswert entsprechen (vgl. § 194 BauGB Rn. 14 f.). Der im Einzelfall ausgehandelte Preis ist lediglich ein intersubjektives Maß für den Verkehrswert, wobei sowohl auf der Seite des Verkäufers als auch des Käufers Zufälligkeiten nie ganz ausgeschlossen werden können. Der BGH[32] hat hierzu treffend ausgeführt:

„Der Preis einer Sache muss nicht ihrem Wert entsprechen. Er richtet sich gerade bei Grundstücken und vor allem, wie hier, bei luxuriösen Villen-Grundstücken nach Angebot und Nachfrage und wird jeweils

---

31 In der Unternehmensbewertung wird dieser Methodenstreit (objektive oder subjektive Betrachtungsweise) schon seit Langem geführt (vgl. Künnemann, Unternehmensbewertung 1995, S. 30 ff.); für diesen Streit gibt es keinen Anlass, da beide Methoden ihre Berechtigung haben und es nur darum geht, die Fälle voneinander abzugrenzen. Vgl. auch Paul, E., Bewertungsmethoden im Kontext der funktionalen Werttheorie, GuG 1998, 84.
32 BGH, Urt. vom 25.10.1967 – VIII ZR 215/66 –, EzGuG 19.11; LG Darmstadt, Beschl. vom 16.10.1958 – 5 T 18/58 –, EzGuG 19.4.

zwischen Käufer und Verkäufer ausgehandelt. Marktpreis und objektiver Verkehrswert spielen keine entscheidende Rolle, vielmehr sind oft spekulative Momente (Kaufkraft, Geldwert usw.) von erheblicher Bedeutung, häufig auch die persönlichen Vorstellungen und Wünsche des Kaufinteressenten. Der Verkäufer versucht den höchstmöglichen Preis zu erzielen, mag dieser auch unvernünftig sein. Der Käufer ist bestrebt, möglichst wenig zu zahlen, mag dabei das Grundstück auch „verschenkt" sein. Wer bei diesem Ringen um den Preis den Gegner in seine Karten blicken lässt, hat bald verspielt."[33]

4 Allgemeines zum Grundstücksmarkt und zur Bodennutzung

4.1 Grundvermögen und Bodennutzung in der Bundesrepublik Deutschland

Schrifttum: *Bulwien, H.,* Der Immobilienmarkt in Deutschland, VdH 2002; *Francke/Rehkugler,* Immobilienmärkte und Immobilienbewertung, München 2005; *Rußig* (ifo-Institut für Wirtschaftsforschung e. V. an der Universität München), Die volkswirtschaftliche Bedeutung der Immobilienwirtschaft, München 2005.

Die Immobilienwirtschaft erwirtschaftet nach eigener Einschätzung jährlich etwa 300 Mrd. € bzw. 8 % des Bruttoproduktionswerts für Deutschland[34]. **31**

a) *Grundvermögen*

Der Grundstücksmarkt und die Preisbildung auf dem Grundstücksmarkt gilt bei alledem als *terra incognita.* Das Gleiche gilt für die **Eigentumsverhältnisse in der Bundesrepublik Deutschland.** Über die Eigentumsverhältnisse in Deutschland liegen zurzeit keine aktuellen Untersuchungen vor[35]. Die Zahl der wirtschaftlichen Einheiten wird auf 28 Mio. geschätzt. **32**

Der Immobilienbestand wurde Anfang 2003 auf insgesamt 7 140 Mrd € geschätzt[36], wobei sich dieser Bestand aufgliedert in

– 3 370 Mrd. € selbst genutztes oder vermietetes Wohneigentum der privaten Haushalte,
– 2 140 Mrd. € Wohneigentum der Unternehmen, kommunalen Gebietskörperschaften, Wohnungsgesellschaften usw.,
– 1 630 Mrd. € Büro-, Industrie-, Hotel- oder Handelsnutzungen.

1995 belief sich das private **Immobilienvermögen in Deutschland**[37] auf

– ~ 3 650 Mrd. € Sachwertkonzept,
– ~ 3 090 Mrd. € Ertragswertkonzept,
– ~ 3 500 Mrd. € Verkehrswertkonzept.

Diese Immobilien waren mit ≈ 650 Milliarden € Kreditvolumen belastet.

---

33 Anders bezüglich Geschäftswert BayObLG, Urt. vom 5.1.1995 – 3 Z BR 291/94 –, EzGuG 19.44.
34 BT-Drucks. 15/3928.
35 Die letzte grundlegende Untersuchung geht auf Duwendag zurück (Wem gehört der Boden in der Bundesrepublik Deutschland?, Bonn 1974).
36 BT-Drucks. 15/3928; Immobilien Zeitung, Medieninformation 21.1.2003 (empirica, Bulwien AG, GfK prisma Institut GmbH); 3,8 Bio. € im Jahre 2002 nach Bulwien, H., Der Immobilienmarkt in Deutschland, VdH 2002; Im Gutachten des ifo-Institut für Wirtschaftsforschung e. V. an der Universität München, Die volkswirtschaftliche Bedeutung der Immobilienwirtschaft, München 2005, wird das gesamte Immobilienvermögen (Anfang 2003) nach dem Wiederbeschaffungswert sämtlicher Bauten mit 7 217 Mrd € eingeschätzt. Der Wiederbeschaffungswert sämtlicher Bauten ist aber nicht mit dem Marktwert gleich zu setzen und mithin auch nicht der Grundstückswert (vgl. Abb. 14, auch Teil VI Rn. 651).
37 Zum Immobilienvermögen privater Haushalte liegt eine Untersuchung des Deutschen Instituts für Wirtschaftsforschung (DIW) aus dem Jahre 1998 von Bartholomai vor (Projektbericht des Statistischen Bundesamtes), DIW-Wochenbericht vom 27.8.1998, S. 630 ff.

II Einführung — Grundstücksmarkt und Bodennutzung

33 Die **Haus- und Grundvermögensquoten** betrugen Anfang 2003 49 % in Deutschland,

- in den *alten* Ländern 52,1 % mit einem durchschnittlichen Vermögenswert (Verkehrswert) von rd. 210 000 €,
- in den *neuen* Ländern 35,5 % mit einem durchschnittlichen Vermögenswert von rd. 100 000 €.

Anfang 2003 belief sich das im Wohnungseigentum angelegte Vermögen auf 9,3 Mio. , während das Geldvermögen (nur) 3,7 Mio. und das sonstige Sachvermögen 1,7 Mio. betrug.

Da auch Miteigentum an Immobilien – rd. ²/₃ aller Grundeigentümer sind Alleineigentümer – als vermietete Objekte und Grundstücke in die Haus- und Grundvermögensquote eingehen, liegt diese 1995 höher als die zutreffender als Selbstnutzerquote zu bezeichnende Wohneigentumsquote mit ca. 39 % (alte Länder ca. 42 %, neue Länder 29 %). Nach Angaben des Statistischen Bundesamtes ist die Wohnungseigentumsquote von 40,9 % im Jahre 1998 (14,5 Mio. Haushalte) im Jahre 2003 auf 42,6 % (15,1 Mio. Haushalte) gestiegen (alte Bundesländer 44,6 %; neue Bundesländer 34,2 %).

34 Zur **Eigentumsquote** wird immer wieder darauf hingewiesen, dass Deutschland mit der Schweiz das Schlusslicht in Europa bilde und sie hierzulande nur halb so groß wie im vergleichsweise „armen" Irland ausfalle. Hieraus werden Defizite im Bodenrecht und in der Wohnungspolitik abgeleitet, die sich bei genauerer Betrachtung allerdings relativieren. Zunächst kann generell festgestellt werden, dass die Eigentumsquote umso niedriger ausfällt, je höher der Lebensstandard ist. Darüber hinaus weist Deutschland mit 2,2 Personen pro Haushalt aber auch die kleinsten Haushaltsgrößen[38] auf, so dass schon von daher eine geringe Eigentumsquote zwangsläufig ist. Nimmt man die deutsche Haushaltsgröße zum Maßstab, so unterscheidet sich (West-)Deutschland von Irland nur noch um 13 Prozentpunkte (Abb. 1):

Abb. 1: Haushaltsgrößenbereinigte Eigentumsquote

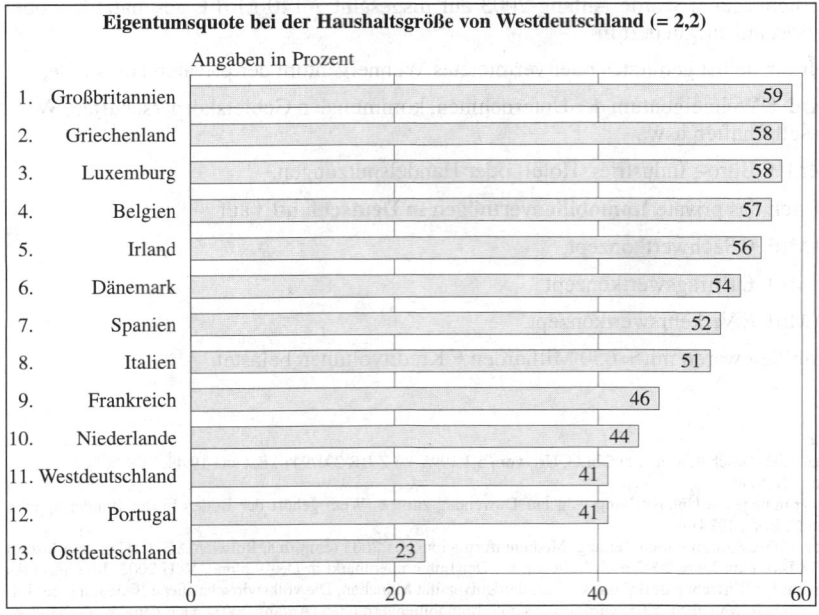

Quelle: Aufina GmbH, Wiesbaden

---

38 Zur Entwicklung vgl. GuG 1998, 363.

Grundstücksmarkt und Bodennutzung   **Einführung II**

Abb. 2:   Wohnungseigentumsquote (nicht haushaltsgrößenbereinigt)

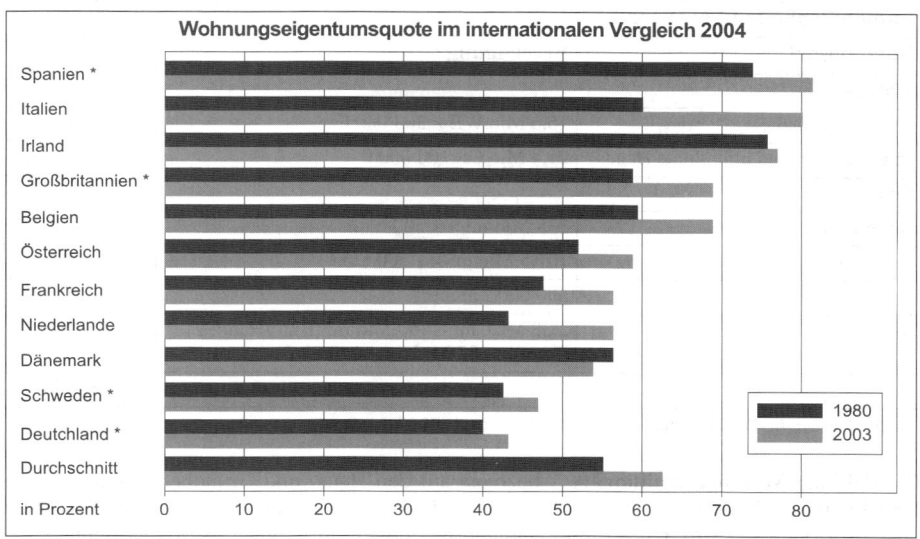

Quelle: EU Housing Statistics 2004, European Mortgage Federation 2005, IW Köln

Der **Wunsch nach einem** Eigenheim nimmt bei allen Befragungen stets noch den ersten Rang der Wunschskala ein[39]. Das Marktvolumen für die Privatisierung von Wohnungsbeständen wurde für den Zeitraum von 2004 bis 2014 auf 1 000 000 bis 3 000 000 Wohneinheiten geschätzt.

In den **alten Ländern** verteilten sich die Immobilienvermögen der privaten Haushalte im Jahre 1998 von 3 250 Mrd. € gleichmäßiger auf die 7,7 Mio. Grundbesitzerhaushalte als die 245 Mrd. € Immobilienvermögen in den neuen Ländern auf dort 2,4 Mio. Grundbesitzerhaushalte. Für das Jahr 2002 wird die Zahl der Haushalte mit Immobilienvermögen angegeben mit:

Alte Bundesländer 14, 3 Mio Haushalte (durchschnittlicher Immobilienwert 233 000 €),

Neue Bundesländer 2,3 Mio Haushalte (durchschnittlicher Immobilienwert 182 000 €).

Der Gesamtwert des Immobilienbestands in Deutschland wurde für 2002 mit 7,14 Mio € angegeben:

---

39 „Was hat man ihm (dem kleinen Mann) nicht alles versprochen: das Land Utopia, den kommunistischen Zukunftsstaat, das Neue Jerusalem, selbst ferne Planeten. Er aber wollte nur eines: ein Haus mit Garten." (Gilbert Keith Chesterton; 1874 – 1936).

II Einführung — Grundstücksmarkt und Bodennutzung

Abb. 3: Immobilienbestand in Deutschland:

Immobilienbestand in Deutschland		
Nutzungsart	Berechnung	Wert
Wohnen		
Private Haushalte	16,6 Mio WE × 203 000 €	3,37 Bio €
Unternehmen und öffentliche Hand	21,4 Mio € × 100 000 €	2,14 Bio €
Gewerbe		
Büroflächen	335 Mio m² × 1 500 €/m²	502 Mrd. €
Einzelhandel	107,5 Mio m² × 1 500 €/m²	161 Mrd. €
Hotel	590 000 Zimmer	29 Mrd. €
Industrie- und Gewerbeflächen	2,33 Mrd. m² − 460 Mio m² (Büro/Handel/Hotel)= 1,87 Mrd m² × 500 €/m²	935 Mrd €
		7,137 Bio €

Quelle: Bulwien, H., Der Immobilienmarkt in Deutschland, VdH 2002;

37 Die Zahl der **Vermögensmillionäre** – bezogen auf den Haus- und Grundbesitz – belief sich 1995 in Deutschland auf rd. 752 000 Haushalte oder 4,2 % der Grundbesitzer. Diese verfügten über 19 % oder 550 Mrd. € des Immobiliennettovermögens, d. h. unter Abzug der Schulden.

38 Die **Vermögenskonzentration beim Immobilienvermögen** dürfte im Zeitablauf abgenommen haben, da die Zahl der Haushalte mit Grundvermögen ständig zugenommen hat, in den alten Ländern

von 1973 bis 1978 um	1,3 Mio.	Haushalte,
von 1978 bis 1988 um	2 Mio.	Haushalte,
von 1988 bis 1995 um	3 Mio.	Haushalte.

Die Zahl selbst genutzter Wohnungen hat sich von 1978 bis 1993 um 2,6 Mio. erhöht (Abb. 4):

Abb. 4: Verkehrswerte[1] des Haus- und Grundbesitzes der privaten Haushalte mit Immobilienvermögen[2]

Ergebnisse der Einkommens- und Verbrauchsstichproben (1 000 €)				
Gegenstand der Nachweisung	1993		1998	
	Früheres Bundesgebiet	Neue Länder u. Ost-Berlin	Früheres Bundesgebiet	Neue Länder und Ost-Berlin
Durchschnitt je Haushalt	218	108	239	118
Darunter				
– mit Restschuld	245	144	264	154
– ohne Restschuld	187	87	210	85

1 Geschätzte Werte
2 Ohne Haushalte mit einem normalen Haushaltsnettoeinkommen von 17 900 € und mehr, ohne Personen in Anstalten und Gemeinschaftsunterkünften (1993: Angaben zum Stichtag 31. Dezember; 1998: Angaben zum Stichtag 1. Januar).

Quelle: Wirtschaft und Statistik 3/99 = GuG 1999, 310.

Grundstücksmarkt und Bodennutzung — Einführung II

Amtliches Zahlenmaterial zum Bestand und zur Entwicklung des Geldvermögens einerseits und des Immobilien- und Grundvermögens andererseits wird in fünfjährigen Abständen im Rahmen der Einkommens- und Verbrauchsstichprobe (EVS) bei ca. 70 000 Haushalten erhoben und **in der Bundesstatistik veröffentlicht**[40] (Abb. 5 bis 7).

Abb. 5: Die fünf größten privaten Waldbesitzer in Deutschland

Betrieb	Sitz	Waldfläche (Hektar)
Fürst von Thurn und Taxis	Regensburg	30 000
Fürst zu Fürstenberg	Donaueschingen	18 000
Hofkammer Hohenzollern	Sigmaringen	14 000
Riedesel Freiherren zu Eisenach	Lauterbach	14 000
Fürst zu Sayn-Wittgenstein Berleburg	Berleburg	13 000

Abb. 6: Anteile der Immobilienbesitzer in den jeweiligen sozialen Gruppen (in %)*

Quelle: Statistisches Bundesamt

* Monatseinkommen bis 17 500 €; dadurch Unterschätzung bei Angestellten und Freiberuflern/Gewerbetreibenden.

Abb. 7: Anteil der privaten Haushalte mit Haus- und Grundbesitz an den Haushalten der jeweiligen Gruppe[41]

Ergebnisse der Einkommens- und Verbrauchsstichproben					
Gegenstand der Nachweisung	Früheres Bundesgebiet			Neue Länder und Berlin-Ost	
	1988	1993	1998	1993	1998
Hochgerechnete Haushalte	24 684	28 928	29 921	6 682	6 783
	%				
Haushalte mit Haus- und Grundbesitz	46,7	50,5	47,8	27,7	33,3
nach ausgewählten Haushaltstypen					
Paare ohne Kind	56,2	59,2	56,7	32,4	37,2
Paare mit 1 Kind	53,9	54,5	48,4	30,7	42,4

---

40 BT-Drucks. 14/2977; vgl. auch Monatsberichte der Deutschen Bundesbank „Zur Entwicklung der privaten Vermögenssituation seit Beginn der neunziger Jahre", Monatsbericht Januar 1999.

41 Ohne Haushalte mit einem monatlichen Haushaltsnettoeinkommen von 17 500 € und mehr (1988: 12 500 € und mehr und ohne Haushalte von Ausländern) und ohne Personen in Anstalten und Gemeinschaftsunterkünften.

II Einführung — Grundstücksmarkt und Bodennutzung

Ergebnisse der Einkommens- und Verbrauchsstichproben					
Gegenstand der Nachweisung	Früheres Bundesgebiet			Neue Länder und Berlin-Ost	
Paare mit 2 Kindern	63,1	63,9	63,2	38,9	51,3
Paare mit 3 und mehr Kindern	71,0	66,9	67,5	41,6	52,0
Alleinerziehende	21,2	25,2	21,3	(8,9)	13,7
alleine lebende Frau	25,3	30,4	28,5	12,1	11,5
alleine lebender Mann	23,1	26,8	27,5	(13,7)	17,9
nach der Haushaltsgröße					
Haushalte mit ... Person(en)					
1	24,6	29,1	28,2	12,5	13,5
2	51,2	56,5	53,4	30,1	33,9
3	59,3	61,9	59,3	32,8	46,0
4	67,3	68,7	67,3	40,3	53,9
5 und mehr	76,4	72,1	72,4	46,1	61,9

Ergebnisse der Einkommens- und Verbrauchsstichproben					
Gegenstand der Nachweisung	Früheres Bundesgebiet			Neue Länder und Berlin-Ost	
	1988	1993	1998	1993	1998
nach der sozialen Stellung des/der Haupteinkommensbeziehers/in					
Selbständige(r) in der Landwirtschaft	92,1	88,0	90,8	(87,7)	(76,5)
Gewerbetreibende(r)/freiberuflich Tätige(r)	73,5	71,2	64,6	53,5	52,9
Beamter/Beamtin	56,8	63,9	65,1	(20,5)	41,1
Angestellte(r)	48,3	51,2	49,1	30,4	40,2
Arbeiter(in)	48,5	48,8	45,8	30,3	39,8
Arbeitslose(r)	22,0	28,4	28,2	21,5	24,8
Nichterwerbstätige(r)	40,6	47,1	44,1	23,2	23,4
nach dem Alter des/der Haupteinkommensbeziehers/in					
von ... bis unter ... Jahren					
unter 25	(5,4)	(6,8)	(7,2)	-	(6,1)
25 – 35	28,2	27,3	28,5	21,7	29,3
35 – 45	54,8	55,3	51,2	33,1	41,4
45 – 55	60,2	64,1	60,7	34,9	44,0
55 – 65	57,6	63,3	61,8	34,3	36,6
65 – 70	52,6	57,7	53,9	25,6	28,2
70 und älter	36,3	46,1	43,7	18,9	19,8

Quelle: Wirtschaft und Statistik 3/99

Grundstücksmarkt und Bodennutzung **Einführung II**

Abb. 8: **Immobilienbestand institutioneller Investoren in Deutschland**

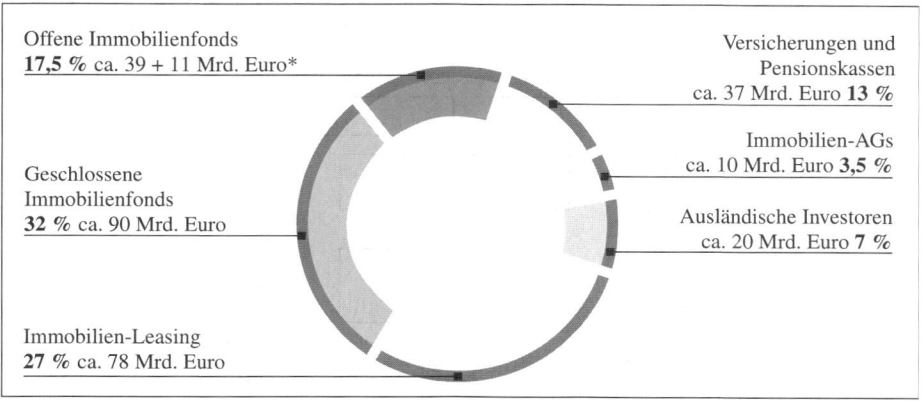

Quelle: BVI. BAV, Bundesverband Deutscher Leasing-Gesellschaften, Bankhaus Ellwanger & Geiger, Deutsche Bundesbank, Kapitalmarktstatistik, Bulwien AG

b) *Bodennutzung*

Zur Frage der Bodennutzung kann auf die statischen Erhebungen des Statistischen Bundesamtes zurückgegriffen werden. Sie stellt sich wie aus den Abb. 9 und 10 ersichtlich dar: 40

Abb. 9: **Bevölkerung, Wohnungen und Wohnfläche in ausgewählten Ländern der Europäischen Union**

	Bevölkerung[c] **(in 1 000 E)**		**Wohnungsbestand insgesamt (in 1 000 E)**		**Wohnfläche pro Wohnung**[c] **(m²)**		**Wohnfläche pro Person (m²)**	
Deutschland	81 661	(1995)	35 954	(1995)	83,6	(1995)	36,8	(1995)
Belgien	10 137	(1995)	3 892	(1994)	87,6[b]	(1991)	33,6[b]	(1994/1995)
Dänemark	5 228	(1995)	2 413	(1994)	106,9[b]	(1994)	49,3[b]	(1994/1995)
Finnland	5 108	(1995)	2 352	(1994)	72,7[b]	(1993)	33,5[b]	(1994/1995)
Frankreich	58 143	(1994)	27 493	(1994)	85,4[b]	(1991)	40,4[b]	(1994/1995)
Irland	3 582	(1995)	1 085	(1994)	73,0	(1991)	22,1	(1994/1995)
Österreich	8 047	(1995)	3 072	(1994)	85,2[b]	(1994)	32,5[b]	(1994/1995)
Schweden	8 827	(1995)	4 044	(1993)	99,0	(ca. 1989)	47,0[d]	(ca. 1989)
Niederlande	15 459	(1995)	6 195	(1994)	-		-	
* Nutzfläche Statistisches Bundesamt (1997) 37, 87								

Im Jahre 2003 wurde der Wohnungsbestand auf 38,69 Mio. Wohnungen geschätzt; dieser teilt sich wie aus Abb. 10 ersichtlich auf:

II Einführung — Grundstücksmarkt und Bodennutzung

Abb. 10: Wohnungsbestand in Deutschland

Quelle: Deutsche Bank Research

Abb. 11: Wohnfläche pro Person 1950 bis 2020 in m²

Quelle: Statistisches Bundesamt, ifs Berlin, BBR

Abb. 12: Wohnfläche pro Person und Nutzungsstruktur

Wohnfläche pro Person und Nutzungsstruktur						
Jahr	Fläche je Wohnung	Fläche je Raum	Fläche je Person	Räume je Wohnung	Räume je Person	Personen je Wohnung
1950						5,0
1961						3,3
1965	68,6 m²	17,3 m²	22,3 m²	4,0	1,3	3,1
1968	71,1 m²	17,2 m²	23,8 m²	4,1	1,4	3,0
1972	75,0 m²	17,9 m²	26,4 m²	4,2	1,5	2,9
1978	80,5 m²	18,1 m²	31,1 m²	4,5	1,7	2,6
1980	81,5 m²	19,2 m²	32,6 m²	4,3	1,7	2,5
1982	82,5 m²	19,4 m²	33,6 m²	4,3	1,7	2,5
1985	84,4 m²	19,8 m²	35,3 m²	4,3	1,8	2,4
1987	86,3 m²	19,4 m²	35,5 m²	4,5	1,8	2,4
1993	84,7 m²	19,7 m²	36,2 m²	4,3	1,9	2,3
1998	86,9 m²	-	39,3 m²	-	-	2,2
2002	89,6 m²	-	41,6 m²	-	-	2,2

Quelle: Statistisches Bundesamt

Abb. 13: Wohnfläche je Einwohner 1989 bis 2007 in m²

Wohnfläche je Einwohner 1989 bis 2007 in m²			
Jahr	Westdeutschland	Ostdeutschland	gesamt
1989	36,7	27,4	34,7
1990	36,4	28,2	34,8
1991	36,5	28,7	34,9
1992	36,5	29,0	35,1
1993	36,9	29,3	35,4
1994	37,4	31,1	36,2
1995	37,9	31,8	36,7
1996	38,3	32,6	37,2
1997	38,8	33,7	37,9
1998	39,3	34,5	38,4
1999	39,9	35,2	39,0
2000	40,2	36,0	39,5
2001	40,5	36,7	39,8
2002	40,8	37,2	40,1
2003	41,1	37,8	40,5
2004	41,5	38,0	40,8
2005	41,8	38,4	41,2
2006	42,2	38,9	41,6
2007	42,6	39,0	41,9
2008			

Quelle: Institut für Städtebau, Wohnungswirtschaft und Bausparwesen e. V., Statistisches Bundesamt

II Einführung — Grundstücksmarkt und Bodennutzung

Abb. 14: Bodennutzung in der Bundesrepublik Deutschland 2004

Quelle: Gutachten des ifo-Institut für Wirtschaftsforschung e.V. an der Universität München, Die volkswirtschaftliche Bedeutung der Immobilienwirtschaft, München 2005

Abb. 15: Siedlungs- und Verkehrsfläche in den Bundesländern 2004

Regionale Gliederung	Siedlungs- und Verkehrsfläche (31.12.2004)	
	je Katasterfläche %	je Einwohner in m²
Deutschland	12,6	546
Baden-Württemberg	13,5	453
Bayern	10,7	608
Berlin	69,4	183
Brandenburg	8,5	975
Bremen	56,5	343
Hamburg	58,6	252
Hessen	15,1	522
Mecklenburg-Vorpommern	7,2	952
Niedersachsen	13,0	772
Nordrhein-Westfalen	21,6	404
Rheinland-Pfalz*	13,7	668
Saarland	19,9	483
Sachsen	11,6	495
Sachsen-Anhalt	9,8	794
Schleswig-Holstein	11,4 (geschätzt)	638 (geschätzt)
Thüringen	8,9	609

Grundstücksmarkt und Bodennutzung Einführung II

Regionale Gliederung	Siedlungs- und Verkehrsfläche (31.12.2004)	
	je Katasterfläche %	je Einwohner in m²
Nachrichtlich:		
Früheres Bundesgebiet	14,0	529
Neue Länder mit Berlin	9,5	613

Quelle: Berechnungen des Bundesamtes für Bauwesen und Raumordnung nach Daten des Statistischen Bundesamtes (BT-Drucks. 15/4472).

* Einschließlich des gemeinschaftlichen deutsch-luxemburgischen Hoheitsgebiets.

In den Jahren 2001 bis 2004 hat die Siedlungs- und Verkehrsfläche insgesamt um 1 682 km² bzw. um 115 ha/Tag zugenommen (1997 bis 2000: 129 ha/Tag).

Die Angaben zur Flächennutzung basieren auf einer Auswertung der Liegenschaftskataster in den Bundesländern. **Grundlage** der Zuordnung der Bodenfläche zu den einzelnen Nutzungsarten **bildet das Nutzungsartenverzeichnis** der Arbeitsgemeinschaft der Vermessungsverwaltungen der Länder der Bundesrepublik Deutschland. **41**

Unter dem Begriff der **Siedlungs- und Verkehrsfläche** wird die Summe mehrerer aus ökologischer Sicht sehr heterogener Flächennutzungsarten verstanden. **42**

Siedlungs- und Verkehrsfläche

    Gebäude- und Freifläche:

    Flächen mit Gebäuden (Gebäudeflächen) und unbebaute Flächen (Freiflächen), die den Zwecken der Gebäude untergeordnet sind.

plus **Betriebsfläche:**

    Unbebaute Flächen, die gewerblich, industriell oder für Zwecke der Ver- und Entsorgung genutzt werden.

minus **Abbauland:**

    Unbebaute Flächen, die vorherrschend durch Abbau der Bodensubstanz genutzt werden.

plus **Erholungsfläche:**

    Unbebaute Flächen, die dem Sport und der Erholung dienen.

plus **Verkehrsfläche:**

    Unbebaute Flächen, die dem Straßen-, Schienen- oder Luftverkehr, sowie Landflächen, die dem Verkehr auf den Wasserstraßen dienen.

plus **Friedhof:**

    Unbebaute Flächen, die zur Bestattung dienen oder gedient haben; letztere, sofern nicht vom Charakter der Anlage her Grünanlage zutreffender ist.

Die Siedlungs- und Verkehrsfläche kann keineswegs mit der versiegelten Fläche gleichgesetzt werden, da sie einen nicht quantifizierbaren Anteil von nicht bebauten und nicht versiegelten Frei- bzw. Grünflächen enthält. Über den Anteil der versiegelten Flächen liegen keine statistischen Daten vor.[42] **43**

Die Siedlungs- und Verkehrsfläche umfasst die Flächen, auf denen sich das Leben der Menschen überwiegend abspielt. Hier wohnt, arbeitet, erholt und bewegt sich der Mensch hauptsächlich. Hier ist der Eingriff des Menschen in das ursprüngliche ökologische Gefüge, in die ursprüngliche Bodennutzung, am stärksten zu spüren. Die negativen Auswirkungen beein- **44**

---

42 BT-Drucks. 15/4472.

II Einführung   Grundstücksmarkt und Bodennutzung

flussen u.a. Boden, Wasserhaushalt, Kleinklima, Flora und Fauna. Hinzu kommen vielfältige Umweltbelastungen, die von menschlichen Ansiedlungen als Standorte von Emissionsquellen ausgehen.

45 Bundesweit vergleichbare Daten zu **Wohnbauflächen** und **Gewerbebauland** werden vom Statistischen Bundesamt nur als Summenparameter „Gebäude- und Freifläche" ausgewiesen. Der Anteil der Verkehrsfläche an der Siedlungs- und Verkehrsfläche betrug 2004 38,5 %. Der Anteil der Gebäude- und Freifläche an der Siedlungs- und Verkehrsfläche betrug 2004 52,4 %[43].

46 Die **Bodennutzung ist durch den Gedanken des** Freiraumschutzes geprägt (§§ 1 und 1a BauGB). Die Bauleitplanung hat vor diesem Hintergrund ihre „Unschuld" verloren und reagiert nicht auf bloße Preissteigerungen. Wenn in einem so kleinen und dicht besiedelten Land wie der Bundesrepublik Deutschland die Neuausweisung auf Grenzen stößt und andererseits das Land auch noch zu den wohlhabendsten Ländern gerechnet werden muss, müssen die Immobilienpreise im internationalen Vergleich zwangsläufig hierzulande rekordverdächtig sein. In der Tat ist das deutsche Grundstückswertgefüge zwar nicht das höchste in der Welt[44], es ist jedoch sicherlich im internationalen Vergleich den Hochpreisländern zuzurechnen.

4.2 Funktionalität des Grundstücksmarktes

4.2.1 Allgemeines

47 Wie bei anderen Märkten geht es auch bei dem Grundstücksmarkt um das Zusammentreffen von Angebot und Nachfrage (*supply and demand*)[45]. Der Grundstücksmarkt stellt im Vergleich zu den Märkten anderer Güter jedoch einen besonderen Markt dar. Dies beginnt bei der Individualität jedes einzelnen Grundstücks, der beschränkten Duplizierbarkeit, der Sozialbindung des Grundeigentums und endet bei teilweise irrationalen Marktkräften und einem häufig intransparenten Marktgeschehen. Dass der **„Boden" ein besonderes Gut** und als solches der Befugnis des Gesetzgebers unterworfen ist, Inhalt und Schranken des Eigentums zu bestimmen, hat das BVerfG in der viel zitierten Entscheidung vom 12.1.1967[46] mit folgenden Worten umschrieben:

„Die Tatsache, daß der Grund und Boden unvermehrbar und unentbehrlich ist, verbietet es, seine Nutzung dem unübersehbaren Spiel der freien Kräfte und dem Belieben des Einzelnen vollständig zu überlassen; eine gerechte Rechts- und Gesellschaftsordnung zwingt vielmehr dazu, die Interessen der Allgemeinheit beim Boden in weit stärkerem Maße zur Geltung zu bringen, als bei anderen Vermögensgütern. Der Grund und Boden ist weder volkswirtschaftlich noch in seiner sozialen Bedeutung mit anderen Vermögenswerten ohne weiteres gleichzustellen; er kann im Rechtsverkehr nicht wie eine mobile Ware behandelt werden."

48 Die auf einem Markt sich bildenden Preise sind Preise, bei denen Anbieter und Nachfrager zu einer Einigung über die Höhe des Preises gelangen, wobei i.d.R. nur der meistbietende Nachfrager zum Zuge kommt. Der Grundstücksmarkt zerfällt in eine Vielzahl von regionalen und sektoralen **Teilmärkten**, wobei auch persönliche Präferenzen von Bedeutung sein können. Ein innerstädtisch gelegenes, für Wohn- und Gewerbezwecke nutzbares Eckgrundstück kann im Hinblick auf eine gewerbliche Nutzung oder Wohnnutzung auf dem Grundstücksmarkt wertmäßig unterschiedlich eingeschätzt werden.

49 Das **Geschehen auf dem Grundstücksmarkt ist in der Anschauung** teilweise **mystisch und mit oftmals emotionalen Vorurteilen überfrachtet.** Dies beginnt bei den Bodenpreisen, die mit Blick auf die Ballungszentren als gesellschaftspolitisches Ärgernis betrachtet werden.

---
43 BT-Drucks. 15/4472; BT-Drucks. 14/1483.
44 So aber Pfeiffer, U., Ansatzpunkte für eine Optimierung der Flächen- und Gebäudenutzung, LBS Kolloquium 6./7.4.1998 Hbg.
45 Woll, A., Allgemeine Volkswirtschaftslehre, 11. Aufl. München 1993, S. 68 f.; Siebert, H., Einführung in die Volkswirtschaftslehre, 11. Aufl. Stuttgart 1992 S. 98 ff.; Schneider, H., Mikroökonomie, 4. Aufl. München 1986 S. 4 ff.
46 BVerfG, Urt. vom 12.1.1967 – 1 BvR 169/63 –, EzGuG 6.96.

Grundstücksmarkt und Bodennutzung — Einführung II

Allgemein kann jedenfalls festgestellt werden, dass die Bodenpreise in Deutschland auf eine geringere Akzeptanz stoßen als das Preisgeschehen für andere Güter, bei denen Deutschland ebenfalls in der Welt „Spitzenreiter" ist, was zumeist klaglos hingenommen wird.

Bei alledem wird die sog. **Bodenfrage in der politischen Auseinandersetzung** auch nicht immer mit der gebotenen Schlüssigkeit der Argumentation behandelt. Bei überdurchschnittlich ansteigenden Bodenwerten verfällt man sehr schnell auf das eigentlich unzutreffende Argument, die Funktionsfähigkeit des Bodenmarktes in Abrede zu stellen, und verweist auf den erschwerten Zugang zum Grund und Boden. Zentralfigur dieser Argumentation ist dabei nicht selten das „arme Mütterchen", das sich (möglichst an der Elbchaussee – natürlich auf der „nassen Seite" –) kein Einfamilienhäuschen mehr leisten könne. Umgekehrt spricht man bei fallenden Bodenwerten sehr schnell von einem „kränkelnden" oder „schwachen" Bodenmarkt und weist auf die Folgen hin, die sich aus einer verminderten Beleihungsfähigkeit des Grund und Bodens oder aus der daraus resultierenden Überbelastung einer Immobilie ergeben; angebotserhöhende Subventionen mit preisdämpfender Wirkung werden sogar als „kalte Enteignung" bezeichnet[47]. Was bei dieser Sachlage als der bodenpolitisch erwünschte „richtige" Bodenwert gelten kann, muss deshalb als das noch ungelöste Problem angesehen werden. 50

Die Folgewirkungen „hoher" Bodenpreise sind ambivalent. Zum einen führen sie dazu, dass denjenigen, die sich den Grunderwerb zum gestiegenen Bodenwert nicht (mehr) leisten können, der Zugang zum Grund und Boden versperrt wird. Zum anderen entfalten **hohe Bodenwerte**, was immer darunter zu verstehen ist, eine tunliche Wirkung in Bezug auf einen **sparsamen und schonenden Umgang mit ökologisch wertvollen Freiräumen** sowie eine raumordnerischen Zielen dienende Wirkung[48]. 51

So ergibt sich z. B. aus einer Langzeituntersuchung des Gutachterausschusses für Grundstückswerte in *Düren*, dass sich die **Grundstücksgröße von Einfamilienhäusern seit 1945 kontinuierlich** und nicht unerheblich **verringert hat**. Dies dürfte insbesondere auf den Anstieg der Bodenwerte zurückzuführen sein (Abb. 16): 52

Abb. 16:   Grundstücksgröße bei Einfamilienhäusern

Baujahr	Fläche
1945	460
1955	450
1965	450
1975	385
1985	320
1995	308

Quelle: Grundstücksmarktbericht des Gutachterausschusses in Düren 1998

Auch aus dem Bericht des Oberen Gutachterausschusses für den Regierungsbezirk *Hannover* (aus dem Jahre 1995) ergibt sich, dass die **durchschnittlichen** Grundstücksgrößen im ländlichen Raum mit niedrigen Grundstückspreisen deutlich höher als in den Großstädten mit vergleichsweise hohen Bodenpreisen ausfallen (Abb. 17)[49]. 53

---

47 Preissler in DWW 1986, 86.
48 Antwort der BReg auf die Große Anfrage der SPD in BT-Drucks. 10/3690, S. 12 (Frage 14).
49 Die Dichte der Siedlung wirkt sich im Übrigen wohltuend auf das Durchschnittsgewicht der Bevölkerung aus. Nach einer US-Studie ist das Durchschnittsgewicht der Bevölkerung in dicht besiedelten Gebieten (z. B. Manhattan) geringer als im *Urban Sprawl* (Stadt-Umland).

II Einführung Grundstücksmarkt und Bodennutzung

Abb. 17: Bodenwert in Abhängigkeit von der Grundstücksgröße und vom Wertniveau bei erschließungsbeitragspflichtigem baureifem Land des individuellen Wohnungsbaus

Quelle: Bericht des Oberen Gutachterausschusses für den Bereich des Regierungsbezirks Hannover 1996

54 Des Weiteren steuern die sich auf einem freien Grundstücksmarkt bildenden Verkehrswerte die Bodenverteilung, soweit das Gemeinwesen in diesen Prozess insbesondere mit den Instrumenten der „Bodennutzungsplanung", der direkten oder **indirekten** Förderung oder mit privatrechtlichen Steuerungsmechanismen nicht eingreift. Dies ersetzt die **„Platzanweiserfunktion"** des Gemeinwesens bei staatlich administrierten Preisen (Distributionsproblem).

55 Die **Preisbildung auf dem Grundstücksmarkt** hat zu allen Zeiten Rätsel aufgegeben[50]. Die Verkehrswertermittlung ist gleichwohl keine Hexerei, wenn man nicht übertriebene Vorstellungen und überspannte Erwartungen hat.

56 Die **Motive für die Angebots- und Nachfrageseite** sind weitgehend gleichartig, wobei vielfach allein aus der persönlichen Situation beider Seiten dieselben Motive Angebot und Nachfrage erzeugen (Abb. 18).

57 **Boden- und Immobilienwerte** werden als Barometer der Wirtschaft angesehen. Sie können immer nur so hoch sein, wie Käufer zu zahlen imstande sind. Insoweit **spiegelt** sich in ihnen **die** (nominelle) **Kaufkraft einschließlich der** Finanzierungsfähigkeit (Zinsniveau) wider, d.h., die Höhe des Bodenwertniveaus wird nicht nur von der Angebotsseite, sondern auch maßgeblich von der finanziellen Stärke der Nachfrager mitbestimmt.

---

50 Nell-Breuning in „Preisbildung auf dem Baulandmarkt", Wirtschaftsfragen der freien Welt, Frankfurt am Main, o.J., S. 235.

Abb. 18: Funktionsweise des Grundstücksmarktes (Schema)

Erfahrungsgemäß geht der wirtschaftlich kalkulierende Grundstückskäufer bei der Bemessung seines Kaufpreises vom Nutzen aus (Reinertrag, Wertzuwachs, steuerliche Entlastung), den er von dem Objekt erwartet. Durch Kapitalisierung des Reinertrags findet auch er im Allgemeinen seine Wertvorstellung. Je größer nun von ihm der Reinertrag veranschlagt wird und je geringer der Zinssatz ist, mit dem er sich zufrieden geben möchte, umso höher ist der Preis, den er dem Verkäufer bieten kann. Nicht jede Wertvorstellung (Kaufpreiserwartung) führt jedoch zu einem entsprechenden Preis (Kaufabschluss) und nicht jeder Preis entspricht dem Wert des Objekts. Der Kaufpreis ist der durch die individuellen Wertvorstellungen sowohl auf Seiten des jeweiligen Käufers, aber auch auf Seiten des Verkäufers sich ergebende Tauschpreis. Demgegenüber ergibt sich der Verkehrswert aus der allgemeinen Angebots- und Nachfragesituation auf dem Grundstücksmarkt. **Kaufpreis und Verkehrswert** sind deshalb nur selten identisch (vgl. Rn. 30 und § 194 BauGB Rn. 14 f.).

Lässt sich ein ermittelter Verkehrswert trotz geschäftsüblicher Veräußerungsanstrengungen am Markt nicht „realisieren", so kann dies als deutlicher Hinweis auf eine nicht marktgerechte Verkehrswertermittlung oder auf signifikante Änderungen der Marktverhältnisse gegenüber denen zum Zeitpunkt der Wertermittlung verstanden werden. Bei Maklern gilt der Satz, dass jedes Objekt zu verkaufen ist, wenn der Preis stimmt. Umgekehrt kann eine sehr schnelle Veräußerung eines Grundstücks zum ermittelten Verkehrswert auch auf eine sehr „moderate" (fehlerhafte) Verkehrswertermittlung deuten. Es gehört zum Marktgeschehen, dass Grundstücke erst in „zähen" Verhandlungen zwischen Verkäufer und potenziellen Erwerbern zum Verkauf gelangen. Angebote werden vom Verkäufer regelmäßig als zu niedrig angesehen, während die Kaufpreisforderungen von potenziellen Käufern als zu hoch beklagt werden. Der Ausgleich unterschiedlicher Interessenlagen erfolgt schließlich über den Preis (Abb. 18). Damit stellt die Preisbildung zugleich auch einen Ausgleich zwischen dem Angebot und der Nachfrage her (Marktausgleichsfunktion).

II Einführung — Grundstücksmarkt und Bodennutzung

60 Des Weiteren stellt der **Markt**[51] im Rahmen der landesplanerischen und städtebaulichen Rechtsordnung (Allokation) den **Verteilungsmechanismus** (Distribution) dar, d. h., über den Preis gelangt der Grund und Boden – wenn er zum Verkauf ansteht – regelmäßig dorthin, wo er am effektivsten genutzt wird, soweit nicht in diesen Prozess z. B. über sog. **Einheimischenmodelle**[52], durch direkte oder indirekte Förderungen (Gewerbeansiedlungspolitik) oder durch planerische Nutzungsbindungen eingegriffen wird (vgl. § 194 BauGB Rn. 16).

61 Neben der Anreiz-, Koordinations- und Marktausgleichsfunktion sowie der Lenkungsfunktion gehen von den Preisen auch **Signal- und Informationsfunktionen** aus.

62 Dem Immobilienmarkt wird nicht immer wohldurchdacht eine mangelnde Funktionsfähigkeit nachgesagt, wobei man vornehmlich das erreichte und gemeinhin als gesellschaftspolitisches Ärgernis empfundene Bodenwertgefüge zum Maßstab macht. Nimmt man das **Transaktionsvolumen als Maßstab für die Funktionalität des Immobilienmarktes**, hat Deutschland den größten und gleichmäßigsten Marktanteil. Der **Anteil des Immobiliensektors an der Bruttoinlandsproduktion** wird mit 22,5 Prozent eingeschätzt[53].

63 **International ist die Reputation des deutschen Immobilienmarktes als gut zu bezeichnen.** Hervorgehoben wird seine Immunität gegenüber sog. *bubbles,* die in den 90er Jahren die Immobilienmärkte vergleichbarer Industrieländer heimgesucht haben[54].

4.2.2 Bodenwertentwicklung

64 Die Entwicklung des städtischen Bodenwertgefüges ist eng mit dem **Bevölkerungswachstum**, dem **Haushaltsbildungsverhalten**, der **Mobilität** und war in der Vergangenheit darüber hinaus mit der Verstädterung verbunden. Mit der Industrialisierung sind in den Ballungszentren gewaltige Bodenpreissteigerungen einhergegangen, die die heutige Preisentwicklung in den Schatten stellen.

65 *Bonczek*[55] berichtet hierzu über folgende **Perioden:**

Die städtischen Bodenwerte hatten sich von 1865 bis 1880 im Allgemeinen verdoppelt und bis 1900 mehr als vervierfacht.

In den Gründerjahren (1871 bis 74) stiegen die Baustellenpreise in der Umgebung Berlins um das Zehn- bis Fünfzigfache des Ackerwerts, der bis dahin zwischen 300 und 600 Mark je Morgen[56] betragen hatte und auf 3 000 bis 12 000 M je Morgen stieg (von 0,12 bzw. 0,24 M/m² auf 1,20 bzw. 4,80 M/m²).

Besonders groß waren die Bodenwertsteigerungen um die Jahrhundertwende in den Geschäftsgebieten der Großstädte, so wurden z. B. in Berlin, Unter den Linden = 9 000 M/m², in Hannover in der Großen Parkhofstraße = 2 500 M/m² und in Essen an der Limbecker Str. = 1 000 M für den Quadratmeter bezahlt.

Als Mittel für Städte über 100 000 Einwohner kann als Bodenwert in besten Geschäftsvierteln 400 bis 500 M/m² angenommen werden.

66 Für die Zeit von 1950 bis 1967 wurde eine Erhöhung der Baulandpreise in der Bundesrepublik Deutschland um das Acht- bis Zehnfache geschätzt[57]. Die Gewinne der Nachkriegszeit

---

51 Zur Funktionsweise auf dem Grundstücksmarkt: Kleiber im BBauBl. 1994, 327, 420.
52 Bundesministerium für Raumordnung, Bauwesen und Städtebau, Baulandbericht 1986, Schriftenreihe 03.116 Bonn 1986, S. 131; ders.: Baulandbericht 1993, Bonn 1993; Glück, Wege zum Bauland, München 1994; Kleiber in Bauen in Städten und Gemeinden. KAS Kommunal-Verlag Düsseldorf 1991; Beck, M., Die Einheimischenmodelle in Bayern, Diss. 1993 Regensburg.
53 Das in Immobilien gebundene private Anlagevermögen wird von Ropeter (Investitionsanalyse für Gewerbeimmobilien, Müller-Verlag 1997) unter Berufung auf Bulwien mit 6 500 Mrd. €, das Transaktionsvolumen mit rd. 150 Mrd. € beziffert (1994). Im Jahre 1996 soll es bereits auf rd. 240 Mrd € belaufen haben (GuG 1998, 129).
54 Renaud, B., The 1985 – 94 Global Real Estate Cycle, Weltbank Washington USA; GuG 2000, 227.
55 Bonczek, Entwicklungslinien des Eigentums an Grund und Boden, Neue Heimat Nordrhein-Westfalen Düsseldorf, o.D.
56 1 Morgen = 2 553 m² (Preußen).
57 Hofmann, in: Bodenordnung (Hrsg. F. Schreiber); Tiemann, Der Städtetag 1970, 562 ff. und 572.

Grundstücksmarkt und Bodennutzung Einführung II

wurden seinerzeit auf mindestens 50 Mrd. € geschätzt. Allein die **Umwidmungsgewinne von Ackerland zu Bauland** im Zeitraum von 1960 bis 1969 wurden auf 25 Mrd. € geschätzt.

Im Jahre 1973 wurde von *Stemmler*[58] die **Entwicklung der Grundstückspreise in Köln** im Vergleich zur Entwicklung des Einkommens, der Lebenshaltungs- und der Baukosten dargestellt. Eine Langfassung der Untersuchung ist auch in einem Beitrag zu der Schrift „100 Jahre stadtkölnisches Vermessungs- und Liegenschaftswesen" anlässlich der Geodätischen Woche zu Köln im Jahre 1975 erschienen (Abb. 18).

67

Die Untersuchung[59] kam schon seinerzeit zu dem Ergebnis, dass die Baupreise und die Einkommen weitaus stärker als die Baulandpreise angestiegen sind und allein die Lebenshaltungskosten eine moderatere Entwicklung als die Baulandpreise aufweisen. Die Fortschreibung der seinerzeitigen Untersuchung auf der Grundlage der vom Gutachterausschuss für Grundstückswerte für den Bereich Köln abgeleiteten Bodenpreisindexreihen bestätigt das seinerzeitige Untersuchungsergebnis (Abb. 19).

68

Abb. 19: Entwicklung der Baulandpreise in Köln (Mehrfamilienhausgrundstücke) im Verhältnis zur Entwicklung des Einkommens, der Lebenshaltungskosten und der Baupreise

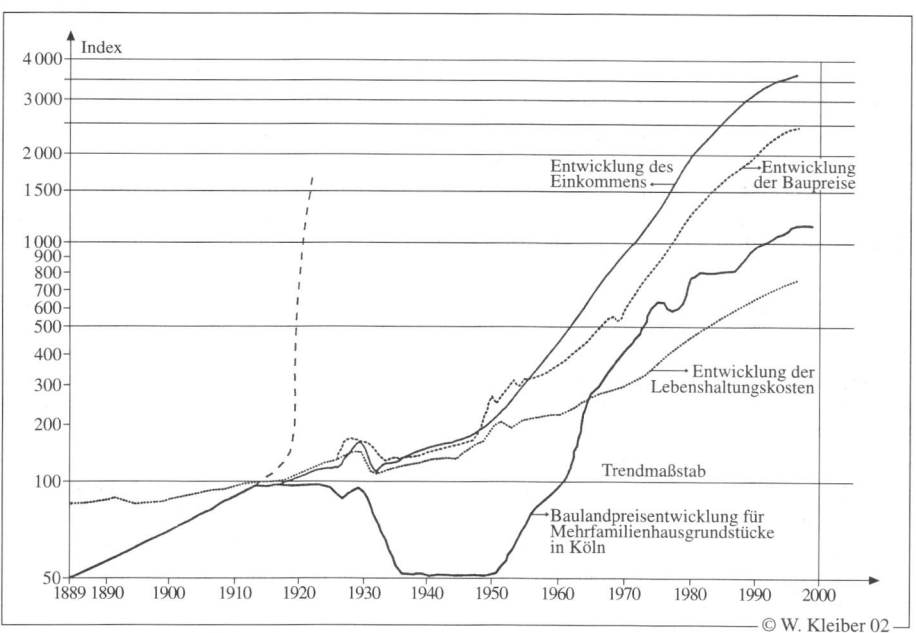

Quelle: Stemmler, Der Städtetag 1973, 127/W. Kleiber GuG 1999, 57

---

58 Der Städtetag 1973, 127 ff.
59 Die Untersuchung gründete sich auf folgende Veröffentlichungen: a) Vollmar, Der Bodenpreis, ZfV 1953, 162 ff., b) Vollmar, Bodenwertänderungen nach Baulandumlegungen, ZfV 1953, 394 ff., c) Tiemann, Die Baulandpreise und ihre Entwicklung, Der Städtetag 1970, 562 ff., d) Schlegtendahl/Elstner/Tiemann, Zur Entwicklung von Grundstückswerten, Wichmann Verlag Karlsruhe, e) Kartenwerke „Entwicklung der Grundstückspreise" im linksrheinischen Stadtgebiet von Köln (1885, 1900, 1914, 1929, 1936 und 1952 [Anlage zu einem Bericht des Liegenschaftsamtes Köln vom 18.3.1950] „Der Preisstand unbebauter Grundstücke im Stadtbezirk Köln im Verhältnis zu 1914 [hier: Baustellen für Miethäuser] 1924 bis 1930"), veröffentlicht von Romunde in „100 Jahre stadtkölnisches Vermessungs- und Liegenschaftswesen" a.a.O., sowie f) Angaben statistischer Ämter.

II Einführung — Grundstücksmarkt und Bodennutzung

Abb. 20: Wertzuwachs von Immobilien

Quelle: Deutsche Immobilien-Akademie

In dem letzten Jahrzehnt hat sich das Bild gewandelt. Nach einer Untersuchung der Deka Bank sind die Häuserpreise zwischen 1995 und 2005 real um rd. 3 % gefallen.

69 Völlig ungeeignet zur Beschreibung der Wertentwicklung auf dem Grundstücksmarkt ist die auf der Grundlage des § 2 Nr. 5 und § 7 des Gesetzes über die Preisstatistik vom Statistischen Bundesamt ermittelte und in der Fachserie 17 Reihe 5 veröffentlichte sog. **Kaufwertestatistik**. Erhebungsgegenstand dieser Statistik sind Verkäufe von unbebauten Grundstücken mit einer Größe von 100 m² und mehr, und zwar so, wie die Verkaufspreise anfallen. Das Statistische Bundesamt führt hierzu aus:

„Die ausgewiesenen Durchschnittswerte sind für einen zeitlichen Vergleich nur bedingt verwendbar, weil die statistischen Massen, aus denen sie ermittelt werden, sich jeweils aus anders gearteten Einzelfällen zusammensetzen können. Die Statistik der Kaufwerte für Bauland hat daher mehr den Charakter einer Grundeigentumswechselstatistik, mit der durchschnittliche Kaufwerte ermittelt werden, als den einer echten Preisstatistik. Aus diesem Grund werden auch keine prozentualen Veränderungen (Baulandpreisindizes) veröffentlicht."

70 Nach der Kaufwertestatistik kann zwar ein leicht steigender Trend z. B. der Kaufwerte für baureifes Land festgestellt werden, jedoch gibt dieser Trend nicht die tatsächliche Wertentwicklung an, da ihr eben **nicht ein einheitlicher Warenkorb** zu Grunde liegt. So weist die Statistik z. B. einen abfallenden Trend auf, wenn mit fortschreitender Zeit Grundstücke geringerer Qualität als im Vorjahr gehandelt wurden, auch wenn für Grundstücke gleicher Qualität höhere Kaufpreise vereinbart wurden.

71 Wenn gleichwohl selbst von renommierten Instituten immer wieder auf diese Kaufwertestatistik zur Beschreibung der Marktentwicklung hingewiesen wird, so mag dies auf eigene Unwissenheit zurückzuführen sein, die dann aber zu einer Irreführung des Verbrauchers solcher Statistiken führt. Bodenpolitisch nimmt sich die Marktentwicklung nach dieser Statistik äußerst „harmlos" aus. Gleichwohl stellt sich aber die Frage, worauf die sich nach dieser Statistik ergebende **moderate Entwicklung** zurückzuführen ist. Im Hinblick auf die große Zahl der in die Statistik eingehenden Transaktionsfälle müssen hier systematische Einflüsse vermutet werden. Da nur Kauffälle von unbebauten Grundstücken in die Statistik eingehen und mit dem „Zuwachsen" der Städte jeweils stets Transaktionsfälle peripherer gelegener Grundstücke die Mehrzahl der in die Statistik eingehenden Kauffälle bilden, kann z. B. vermutet werden, dass von Jahr zu Jahr tendenziell Kauffälle von Grundstücken in die Statistik eingehen, die sich immer weiter in das „billigere" Umland „hineinfressen" (Abb. 21).

Grundstücksmarkt und Bodennutzung — Einführung II

Die **Funktionalität des (Bau-)Bodenmarktes** lässt sich nicht mit den gesellschaftspolitisch beklagten Preissteigerungsraten auf dem Bodenmarkt beschreiben. Ob der Bodenmarkt „funktioniert", ist ohnehin eine vornehmlich teleologisch zu beantwortende Frage. Die gern zitierte Formel, ein guter Bodenmarkt müsse gewährleisten, dass Grundstücke zur rechten Zeit am rechten Ort zu einem angemessenen Preis zur Verfügung gestellt werden, erweist sich bei näherer Betrachtung als wenig aussagekräftig. Planerisch vernünftiges Handeln vorausgesetzt, wird man aus städtebaulicher Sicht dem Bodenmarkt eine Funktionsfähigkeit attestieren, die selbsttragend und mit möglichst wenig staatlichen Eingriffen den Boden in möglichst kurzer Zeit seiner bestimmungsgemäßen Nutzung zuführt. Von daher ist das Umsatzvolumen ein schon prägnanter Indikator für die Funktionsfähigkeit des Bodenmarktes, wobei hier das **Umsatzvolumen** weniger in Geldeinheiten oder Zahl der Grundstücke, sondern in Fläche im Vordergrund steht.

72

Betrachtet man die **Entwicklung des Umsatzes im Vergleich zur Preisentwicklung**, so zeigt sich, dass bei einer stagnierenden und rückläufigen Preisentwicklung auch das Umsatzvolumen zurückgeht, d.h., Bodenpreissteigerungen wirken sich geradezu belebend auf die Umsatztätigkeit aus. So ist das Umsatzvolumen seit 1993 zurückgegangen, d.h. nahezu zeitgleich mit dem Rückgang der Immobilienpreise in den großen Ballungszentren. Noch drastischer stellte sich diese Entwicklung in den Jahren 1999/2000 dar.

73

Abb. 21: Periphere Wanderung des Grundstücksmarktgeschehens für Grundstücke gleich bleibender Wertigkeit

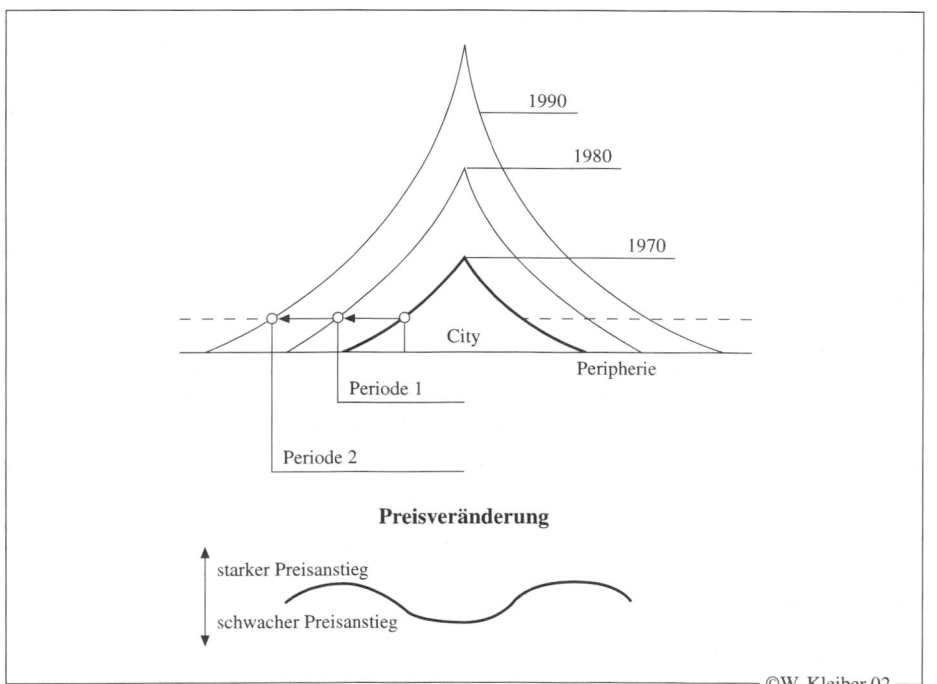

4.2.3 Allgemeine Determinanten der Bodenwertentwicklung

a) Rentierlichkeit

74 Der **Bodenmarkt wird** – gemessen an Bodenwertsteigerungen – im Vergleich zum Kapitalmarkt und anderen Anlagegütern durch eine **geringe Rendite** bestimmt[60]. Dies gilt sowohl für den Markt bebauter als auch unbebauter Grundstücke.

75 Wenn zur Beschreibung der Funktionsweise des Bodenmarktes immer wieder in „Schwarzbüchern" auf spektakuläre und **unverdiente** (weil ohne eigene Anstrengung der Grundeigentümer) **Wertsteigerungen** verwiesen wird, so mag dieses Bild vornehmlich den Sonderfall beschreiben, der sich für den Fall einer sich kurzfristig vollziehenden Umwidmung von Ackerland zu Bauland einstellt; das Bild des Schöneberger Millionenbauern wirkt insofern noch heute fort. Ansonsten stellen Immobilien bei gleich bleibender Qualität langfristig gesehen im Vergleich zu anderen Anlagearten keine lukrative Geldanlage dar, wie sich schon allein an den für die verschiedenen Grundstücksarten abgeleiteten Liegenschaftszinssätzen für bebaute Grundstücke erweist.

76 Auch für unbebaute Grundstücke ist in der allgemeinen Anschauung das Bild vorherrschend, der Grundeigentümer erziele – von land- und forstwirtschaftlichen Nutzungen abgesehen – allein aus dem bloßen „Liegenlassen" seines Bauplatzes durch Nichtstun zwar nicht unmittelbar Gewinne, jedoch erziele er allein auf Grund der jährlichen Bodenwertsteigerungen angesichts einer als „privilegiert" bezeichneten steuerlichen Behandlung des Grundeigentums jederzeit realisierbare **überdurchschnittliche Gewinne**. Perioden überdurchschnittlicher Bodenwertsteigerungen bleiben offensichtlich in den Köpfen und lassen Phasen des Preisrückgangs, die selbst in einem Ballungszentrum wie München auftreten, vergessen.

77 Der Bodenwert eines baureifen Grundstücks, der sich im Jahre 1960 auf 50 €/m² belaufen haben soll, ist ausweislich der Bodenpreisindexreihe des Gutachterausschusses für Grundstückswerte in München in 37 Jahren bis zum Jahr 1997 zwar auf 755 €/m² angestiegen, jedoch stellt dies gerade einmal eine Verzinsung von rd. 7,6 % dar, die sich unter Berücksichtigung der Vorhaltekosten vermindert. In strukturschwächeren Räumen nimmt sich die Bodenwertsteigerung weitaus geringer aus. So ergibt sich für den Kreis Wesel im Zeitraum von 1980 bis 1998 gerade einmal eine Preissteigerung von rd. 3,5 %. Eine **Langzeitbetrachtung** für *Köln* über den Zeitraum von 1989 bis 1997 ergibt gerade einmal eine Verzinsung von rd. 2,6 % (vgl. Rn. 67).

78 Wesentlicher Grund für die Akzeptanz einer eingeschränkten Rendite ist nach wie vor die **„Flucht in die Sachwerte"**. Der Boden ist historisch bedingt in Deutschland ein Sachgut ersten Ranges und dies aus guten Gründen, wie im Übrigen schon (bei Goethe) der kaiserliche Hofnarr (Faust, Zweiter Teil, Erster Akt, „Lustgarten") gewusst hat[61].

79 Die **höchste Rentierlichkeit**, aber auch das höchste Investitionsrisiko, weisen Immobilien in strukturschwachen Räumen auf. Die Ballungszentren mit ihrem hohen Preisniveau weisen hingegen die geringste Rentierlichkeit auf, verbunden mit einem geringen Investitionsrisiko. Insoweit unterscheidet sich der Immobilienmarkt nicht von anderen Kapitalanlagemöglichkeiten. Dies kommt auch in den von den Gutachterausschüssen für Grundstückswerte abgeleiteten Liegenschaftszinssätzen zum Ausdruck[62].

b) Wohlstandskomponente; Kaufkraft

80 Aus Langzeituntersuchungen ist bekannt, dass die Wertentwicklung auf dem Grundstücksmarkt nicht von der Immobilie selbst, sondern von dem allgemeinwirtschaftlichen Umfeld bestimmt wird. **Wo die Kaufkraft am höchsten ist, stellen sich die höchsten Immobilien-**

---

[60] Hoenig bezeichnete die „Inflation der Baulandwerte" als „eine der größten Utopien der Wirtschaftsgeschichte" und sah als Entstehungsgrund dieses „Aberglaubens" die erweckte „Verheißung und Erwartungen, die nach menschlichem Ermessen niemals erfüllbar sind" (Hoenig a.a.O., S. 25).
[61] „... und kaufen kann ich Äcker, Haus und Vieh/Heut abend wieg' ich mich im Grundbesitz".
[62] Kleiber in GuG-aktuell 2000, 17.

preise ein. Mit der örtlichen Kaufkraft (pro Quadratmeter Siedlungsfläche) können nach Untersuchungen des Pestel-Instituts sogar rd. 80 % der regionalen Baulandpreisunterschiede erklärt werden[63]. Auch werden insbesondere für Eigenheime besonders hohe Sparleistungen erbracht. Fast könnte man sagen, dass hohe Sparleistungen für den Immobilienerwerb vom Grundstücksmarkt „bestraft" werden.

Bei freier Preisbildung stellen die sich auf dem Markt einstellenden Preise „Wettbewerbspreise" mit einer **Marktausgleichs- und Lenkungsfunktion** dar[64], wobei sich ihre Höhe maßgeblich durch den Wohlstand der Nachfrager bestimmt. *C. J. Fuchs*[65] hat hierzu schon zu Beginn des vorangegangenen Jahrhunderts lakonisch festgestellt: „Die Bodenpreise stufen sich also nach der Wohlhabenheit der Bewohner ab; ein schon von *Paul Voigt* für Charlottenburg nachgewiesenes Gesetz." Eine profane Erkenntnis, die engagierten Bodenreformern auch heute noch im Gedächtnis bleiben sollte: die sog. Wohlstandskomponente (Abb. 22 und 23).

81

Abb. 22: Abhängigkeit der Immobilienpreise von der Kaufkraft

Quelle: H. Bukase in DLK, 1995, 380

---

63 GuG 1997, 302; Pestel-Institut für Systemforschung e.V. Hannover, Regionale Baulandpreisdifferenzen in Deutschland, Hannover 2001.
64 Gruber/Kleber 1994, S. 42.
65 Fuchs, J., Über städtische Bodenrente und Bodenspekulation, in Archiv für Sozialwissenschaft Vol. XXII, XXIII, S. 660; Vollmar in ZfV 1953, 192.

II Einführung — Grundstücksmarkt und Bodennutzung

Abb. 23: Abhängigkeit der Immobilienpreise von der Kaufkraft

Quelle: H. Bukase in DLK, 1995, 380

82 Dieser Zusammenhang wird z. B. auch im **deutsch-niederländischen Grenzgebiet** deutlich, wo von unseren holländischen Nachbarn die auf holländischer Seite unter dem Einfluss der deutschen Kaufkraft gegenüber dem übrigen Landesgebiet deutlich höheren Immobilienpreise für den ansonsten als beispielhaft herausgestellten holländischen Grundstücksmarkt beklagt werden. Auch dieser Markt, so wird man erkennen, ist gegen die preistreibende Wirkung einer hohen Kaufkraft nicht gefeit. Will man also, dass Einsparungen bei der Errichtung von Wohnimmobilien nach holländischem Muster auch tatsächlich weiten Kreisen der Bevölkerung zugute kommen, reicht die bloße „Kopie" solcher „billigen" Bauweisen nicht aus. Vielmehr muss man mit entsprechenden Vertragsgestaltungen sicherstellen, dass die Einsparungen auch tatsächlich dem „Endverbraucher" zugute kommen.

c) Umweltpolitische Restriktionen

83 Mit wachsendem Wohlstand steigt die Nachfrage. Sobald das Angebot da nicht mithalten kann, müssen die Grundstückswerte ebenfalls ansteigen (Marktausgleichsfunktion). Zwar ist der These von der Unvermehrbarkeit des Baubodens zutreffenderweise mit dem Hinweis auf die Möglichkeiten der Neuausweisung widersprochen worden, jedoch stehen dem heute **umweltpolitische Belange** entgegen. Zwar würde bei Fortsetzung der bislang praktizierten Flächenausweisung (von ca. 120 ha/Tag im Jahre 1997) die Siedlungs- und Verkehrsfläche im anstehenden Dezennium gerade einmal um rd. 1 % auf rd. 12,3 % ansteigen[66], jedoch wird von der Umweltseite auch dies nicht hingenommen. So wird im Abschlussbericht der Enquête-Kommission „Schutz des Menschen und der Umwelt" eine Verringerung der jährlichen Umwandlungsrate jungfräulicher Naturflächen in Siedlungs- und Verkehrsflächen bis zum Jahre 2010 auf 10 % der für das Jahr 1993 bis 1995 festgestellten Rate gefordert, d. h. auf

---

66 BT-Drucks. 13/10736, S. 181 = GuG-aktuell 1998, 18.

rd. 12 ha/Tag[67]. Im April 2002 hat die Bundesregierung im Rahmen der „Perspektiven für Deutschland"[68] das Ziel formuliert, die tägliche Flächeninanspruchnahme auf 30 ha/Tag bis zum Jahr 2020 zu senken.

Wenn in der Vergangenheit der **These vom unvermehrbaren Bauland** unter Hinweis auf das Umwandlungspotenzial widersprochen wurde, so wird diese These unter dem Druck ökologisch begründeter Forderungen angesichts der erreichten Siedlungsdichte und des verfügbaren Bodens tatsächlich Realität. Darüber hinaus wird beklagt, dass mit der Ausweisung und Erschließung von Bauland erheblich in die nachhaltige Entwicklung der Umwelt eingegriffen wird[69]. 84

d) Bodenspekulation

Überdurchschnittliche Preisentwicklungen auf dem Grundstücksmarkt sind vor allem zu Beginn des 20. Jahrhunderts der sog. Bodenspekulation angelastet worden. Der Begriff wird heute vielfach noch als ein **„politischer Kampfbegriff"** gebraucht und ist emotional überfrachtet. 85

Als „Bodenspekulation" im engeren Sinne kann heute allenfalls ein Verhalten bezeichnet werden, bei dem durch illegale Machenschaften besondere Vorteile erlangt werden, so z. B., wenn überhöhte Kaufpreise im Vertrauen darauf bezahlt werden, dass sich der Bodenwert durch „Druck" auf den Planungsträger noch weiter erhöht (auch sog. *Insider*-Geschäfte). Solche Kaufleute sind nicht dem gewöhnlichen Geschäftsverkehr i.S.d. § 194 BauGB zuzurechnen und müssen bei der Verkehrswertermittlung unbeachtlich bleiben[70]. 86

Im allgemeinen Sprachgebrauch wird der Begriff der „Spekulation" zumeist unbedachterweise auch auf solche Sachverhalte ausgedehnt, die gerade nicht spekulativ, sondern rational gut begründbar sind[71]. 87

Hier soll der **Begriff der Spekulation** im engeren Sinne allein für die Fälle verstanden werden, in denen ein Investor mit sehr zweifelhaften und unsicheren Erfolgsaussichten beim Kauf eines Grundstücks Gewinnerwartungen vorwegnimmt und dabei ein hohes Risiko eingeht, dass sich seine im echten Sinne spekulativen Erwartungen zerschlagen und in diesem Fall sein „Einsatz" durch hohe finanzielle Verluste „bestraft" wird; hieraus zu schließen, dass es auf dem Grundstücksmarkt keine „Spekulation" gäbe, weil stets „sichere" Gewinnerwartung bestünde, ist eine Verkennung der tatsächlichen Verhältnisse, denn es treten auch dort erhebliche Wertverluste auf. In der politischen Alltagsdiskussion wird der Begriff aus der Ohnmacht, die wahren Ursachen der Bodenpreissteigerungen zu erkennen, allzu häufig als politischer Kampfbegriff auch dort als preistreibende Ursache für solche Fallgestaltungen verwandt, wo ein besonders wohlinformierter, besonders „einflussreicher" oder versierter Investor eine bereits bestehende oder sich mehr oder minder sicher abzeichnende Preissteigerung – also frei von spekulativen Erwägungen – auf Grund allgemeiner Wertentwicklungen auch im Rahmen einer geordneten städtebaulichen Entwicklung vorwegnehmen kann (vgl. Abb. 24)[72]. 88

---

67 BT-Drucks. 13/11200, S. 129 = GuG 1998, 355; vgl. BT-Drucks. 13/7400; etwas behutsamer in seiner Forderung das Umweltministerium in BMU-Pressemitteilung vom 28.4.1998 = GuG-aktuell 1998, 17.
68 Kabinettsbeschluss vom 27.10.2004 „Perspektiven für Deutschland – Unsere Strategie für eine nachhaltige Entwicklung. Fortschrittsbericht 2004".
69 Zum Vorwurf des Rückgangs der Artenvielfalt im besiedelten Bereich hat sich in der Untersuchung des Umweltforschungszentrums Leipzig-Halle (Evolutionary Ecology Research Bd. 6 S. 749, 2004) auf der Grundlage der Datenbank „Floramap" des Bundesamtes für Naturschutz ergeben, dass die Artenvielfalt in der Stadt höher als auf dem Land ist. Dies ist angesichts der „homogenen" Landwirtschaft keineswegs überraschend (FAZ vom 6.10.2004).
70 BGH, Urt. vom 8.2.1971 – III ZR 200/69 –, EzGuG 6.134; BVerwG, Urt. vom 21.1.1967 – 4 C 33/65 –, EzGuG 8.20; BGH, Urt. vom 8. 11.1962 – III ZR 86/61 –, EzGuG 8.5; BVerwG, Urt. vom 9.6.1959 – 1 CB 27/58 –, EzGuG 17.13; RG, Urt. vom 30.5.1911 – VII 568/10 –, EzGuG 20.10; RG, Urt. vom 7.5.1909 – VII358/08 –, PrVBl. 1910, 262 = Recht 1909 Sp. 486.
71 Sieber, Bodenpolitik und Bodenrecht, Bern/Stuttgart 1970, S. 83 ff., 105; Haman, Bodenwert und Stadtplanung, Stuttgart 1969, S. 23 f.; Gaentzsch, Die Bodenwertabschöpfung nach dem StBauFG, Siegburg 1975, S. 14 ff.; Bär, Die Verkehrswertbesteuerung der Liegenschaften als Mittel der Bodenpolitik, Bern/Stuttgart 1970, S. 78 ff.
72 Als „Spekulant" wird mitunter derjenige verstanden, der im Hinblick auf eine unrentierliche Bebauung sein Grundstück mit der Absicht unbebaut lässt, an Bodenwertsteigerungen zu partizipieren (*land use dissident*). Allgemein verbinden sich mit dem Begriff unklare Vorstellungen, die schon an die Hexenverbrennungen des Mittelalters erinnern.

Abb. 24: Vorweggenommene Werterhöhung durch spekulativen Zwischenerwerb

89 Diese Zusammenhänge wurden bereits 1956 von *Sieber* gründlich untersucht und dargelegt[73]. Ausgehend von der Definition der „Spekulation" als Kauf und Verkauf von Gütern zum Zweck, aus Preisänderungen, welche für die Zeit zwischen beiden Transaktionen erwartet werden, in möglichst kurzer Zeit ohne zusätzliche Leistungen einen Gewinn zu erzielen, hängt der „Erfolg" des Spekulanten immer davon ab, dass die erwünschte Preisänderung (zumeist Preissteigerung) auch tatsächlich eintritt. Dies wiederum ist, gerade was die Umwandlung von land- oder forstwirtschaftlichen Flächen in Bauland anbelangt, letztlich also allein von dem Verhalten der Gemeinde abhängig, die auf Grund ihrer Planungshoheit eine sehr starke Stellung in diesem Prozess einnimmt. Sofern der Investor in diesem Prozess in einer nicht zu beanstandenden Weise zur Beschleunigung des Verfahrens beiträgt, kann ihm dabei eine nützliche Funktion nicht abgesprochen werden. Auf der anderen Seite kann sich aber eine vorausschauende gemeindliche Baulandpolitik darauf ausrichten, zur Finanzierung der Aufschließungsmaßnahmen dadurch an der Bodenpreissteigerung (Arbitrage) zu partizipieren, dass sie selbst die zur Aufschließung anstehenden Grundstücke erwirbt, wie dies auch in den unterschiedlichst ausgestalteten Baulandmodellen praktiziert wird[74]. Im Ergebnis bleibt aber festzustellen, dass

– die auf Gewinnerzielung abzielende sog. spekulative Erwartung selbst bei monopolistischer Marktstellung nicht in der Lage ist, das allgemeine Bodenwertniveau des künftigen Baulands auf Dauer nachhaltig zu beeinflussen, sondern allenfalls Bodenwertsteigerungen vorwegnimmt, die bei einer geordneten städtebaulichen Entwicklung ohnehin eintreten,

---

[73] Sieber, Bodenpreissteigerung und Wohnungsmarkt, in WuR 1956, 48; Sieber, Die Bodenspekulation und ihre Bekämpfungsmöglichkeiten, in WuR 1957, 73; ders. in WuR 1960, 267; Barnikel, in: Die Verwaltung 1971, 423; Eberstadt, in: Schmollers Jahrbuch 1905.

[74] Baulandbericht des Bundesministeriums für Raumordnung, Bauwesen und Städtebau 1983; Schriftenreihe 03.100, S. 70 ff.; Glück, Wege zum Bauland, München 1994.

Grundstücksmarkt und Bodennutzung — Einführung II

und

– eine derartige „Spekulation" immer nur soviel Raum hat, wie die Gemeinde selbst nicht die Chancen der Arbitrage nutzt.

In der neueren volkswirtschaftlichen Literatur wird die „Spekulation" heute nicht mehr negativ eingeschätzt; von Ökonomen wird vielmehr hervorgehoben, dass sie zu einer Verstetigung der Preisentwicklung beitrage[75]. 90

e) Bodenhortung

„Wer rd. 60 % Steuern zahlen muss und den Rest nicht inflationssicher anlegen kann, in einer Zeit, in der **ein Quadratmeter Teppichboden oft mehr kostet als ein nicht mehr produzierbarer Quadratmeter** Grund und Boden an Erlös bringt, der veräußert nicht gerne", wurde in einer erregten Debatte im Deutschen Bundestag im Jahre 1981 ausgeführt[76]. 91

Der daraus folgenden Zurückhaltung des Grund und Bodens will man deshalb schon seit jeher durch eine **höhere** Besteuerung unbebauter, aber baureifer Grundstücke begegnen, um so einen Angebots- und Verwertungsdruck zu erzeugen[77]. 92

Die Vorhaltung von Bauland ist mit dem Mythos überdurchschnittlicher Wertsteigerungen verbunden; Grund und Boden hat den Ruf eines **krisensicheren und „billig" zu haltenden Sachguts** erworben. In der Tat hat das seit 1964 erstarrte Grundsteuersystem zu einer kontinuierlichen Absenkung der realen Grundsteuerlast geführt. Der geringen Höhe der Grundsteuer wird angelastet, dass sie der „Spekulation mit unbebauten Grundstücken" Vorschub leiste[78]. Konkret geht es dabei um den Vorwurf der Zurückhaltung unbebauter Grundstücke von ihrer bestimmungsgemäßen Nutzung, sei es durch Bebauung oder durch Verkauf an Bauwillige (sog. Bodenhortung). Hierauf wird zurückgeführt, dass im Jahre 1998 im gewerblichen Bereich etwa 20 % und im Wohnbereich etwa 13 % des ausgewiesenen Baulands nicht bebaut seien. 93

Als Ursache der sog. Bodenhortung wird wiederum die „Spekulation" ausgemacht. Von wissenschaftlicher Seite hat man für die **Angebotszurückhaltung der Eigentümer** indessen **vorwiegend persönliche, auf die Lebensumstände zurückführbare Gründe** feststellen können: 94

a) Grundstücke werden im „Familienverband" häufig für eine spätere Bebauung durch die Kinder, zur Finanzierung eines anderweitig geplanten Eigenheims usw. „privat" vorgehalten.

b) Landwirte sind oftmals nur gegen Ersatzland bereit, Grundstücke zu veräußern. Sie scheuen die Aufdeckung stiller Reserven, wenn der Veräußerungsgewinn nicht fristgerecht reinvestiert werden kann[79].

c) Finanzierungsprobleme für eine Bebauung.

d) Unsicherheiten und mangelnde Anstoßeffekte bezüglich der Bebaubarkeit und Bebauung.

Der Baulandbericht des Bundesministeriums für Raumordnung, Bauwesen und Städtebau 1999[80] kommt zu dem zusammenfassenden Ergebnis, dass die **Angebotszurückhaltung auf ein ausgeprägt privatnütziges Verhalten der Eigentümer zurückzuführen ist.** Sie umfasst die Haltung von Grundstücken aus ideellen und emotionalen Gründen (z. B. Bewahrung ererbten Eigentums, Konservierung ökologischer Verhältnisse oder Sicherung der persönlichen Wohnqualität); sie ist vor allem aber aus Erwägungen der Familienvorsorge, d.h. zur Sicherung eigener späterer Bauabsichten oder derjenigen Nachkommender Generationen zu 95

---

75 Samuelson, P., Nordhaus, W., Economics, Mc Graw-Hill.
76 MdB Niegel am 1.10.1981, StenProt des Deutschen Bundestages am 1.10.1981 (55. Sitzung 9. Wahlperiode S. 3183).
77 MdB Reschke, Deutscher Bundestag am 1.1.1981 (a.a.O., S. 3184 ff.); Kleiber in NZM 1999, 777.
78 Enquête-Kommission „Schutz des Menschen und der Umwelt" Ziff. 4.3.3.3; BT-Drucks. 13/11200 = GuG 1998, 354.
79 Bodenvorratspolitik und Baulandbeschaffung, Informationen zur Raumentwicklung der BfLR Heft 10, 1983.
80 BMBau, Baulandbericht 1993, Bonn 1993, S. 83.

erklären. Dies sind die Hauptmotive für bis zu 80 % der Vorhaltungen, während allenfalls bei bis zu 20 % die Wertanlage das Motiv ist[81].

f) Bodensubventionierung

96 Der von politischer Seite regelmäßig beklagte **Anstieg der Bodenwerte** wird zudem in vielfältigster Weise auch noch **direkt oder indirekt subventioniert.** Genannt seien

- die Bereitstellung verbilligten Baulands,
- direkte und indirekte Förderungen (Investitionszuschüsse, zinsverbilligte Darlehen, Aufwendungszuschüsse, Bürgschaften und steuerliche Vorteile)[82] sowie
- die Grundbesitzbesteuerung.

97 *Hoenig*[83] stellte 1952 in noch heute zutreffender Weise fest, dass die Finanzierung der Bau- und Bodenkosten aus allgemeinen Steuermitteln „einen so breiten Raum" einnimmt, dass mindestens ein sehr **erheblicher Teil der Bodenkosten auf Rechnung der Allgemeinheit ginge.** Die staatliche Förderung des Wohnungsbaus (Mietwohnungs- und Eigenheimbau) durch direkte und indirekte Förderungsmaßnahmen belief sich ausweislich des Berichts der Enquête-Kommission „Schutz des Menschen und der Umwelt" unter Berufung auf die „Expertenkommission Wohnungspolitik" noch 1997 auf ein Finanzvolumen von 15 bis 20 Mrd. Euro, wovon bis zu 20 % der gewährten Förderung durch Wertsteigerungen aufgesogen würden und die Förderung zu etwa 5 % auf den Bodenwert durchschlagen würde[84].

g) Hypothekenzinsen

98 Die mitunter vertretene Auffassung, dass niedrige und sinkende Hypothekenzinsen als kaufkraftstärkendes Moment die Nachfrageseite stärken und zumindest zeitversetzt zu einem Anstieg der Grundstückswerte führen, konnte bislang zumindest nicht mit Allgemeingültigkeit empirisch nachgewiesen werden. Wenn schon rationale Gründe dafür sprechen mögen, so werden solche Momente offensichtlich durch andere Einflussgrößen überlagert. **Zeiten hoher** Hypothekenzinsen sind z. B. **regelmäßig mit inflationären Tendenzen** und mit einem verstärkten Drang in Sachwerte verbunden, die auch zur Inkaufnahme höherer Hypothekenzinsen verleiten[85].

h) Flächenbedarf

Mit wachsendem Wohlstand wächst der Flächenbedarf. Die Entwicklung der „Pro-Kopf-Wohnfläche und der Haushaltsgröße" ist kontinuierlich gestiegen.

---

81 Keppel, Baulandpotenzial, Baulücken, Diss. Dortmunder Vertrieb für Bau- und Planungsliteratur 1991; Schmidt-Fries, J., Das Wohnbaulandpotenzial innerhalb der Nordstadt von Neuss, Geogr. Dipl-Arbeit Bonn1991; Heusener, K./Kujath, H., Verfügbarkeit und Möglichkeiten der Mobilisierung von Bauland; Institut für Entwicklungsplanung und Strukturforschung, Universität Hannover 1993.
82 Hierzu auch die LBS-Umfrage aus dem Jahre 1999 sowie BT-Drucks. 14/1624; BT-Drucks. 14/1625; BTDrucks.14/1626.
83 Hoenig, A. (Grundeigentum und Baufreiheit) 1: „Wir wollen nicht verkennen, dass die Bodenrechte unter den gegenwärtigen Verhältnissen ebenso wie die übrigen Mietpreisbestandteile von den staatlichen Subventionen leben. Sie wird auf Kosten der Steuerzahler künstlich aufrechterhalten, und die Grundeigentümer sind längst Almosenempfänger der Staatskasse geworden."
84 BT-Drucks. 13/7400, S. 51 (auch GuG 1998, 355); entsprechende Hinweise auch bei Biedenkopf/Miegel, Wohnungsbau am Wendepunkt, 1978, S. 98; so auch Hofmann in: Bodenordnung (Hrsg. F. Schreiber), S. 23; und Nell-Breuning, Preisbildung am Baubodenmarkt, S. 237 – 238, in: Wirtschaftsfragen der freien Welt; Möller, Der Boden in der politischen Ökonomie, S. 22.
85 Vogel in GuG 1996, 145 mit Erwiderung von Kolb in GuG 1996, 363; Gondring in Gondring/Lammel, Handbuch Immobilienwirtschaft, Wiesbaden 2001, S. 71.

Freier Grundstücksmarkt   **Einführung II**

5   Vom Preisstopp zum freien Grundstücksmarkt

Die freie Preisbildung auf dem Grundstücksmarkt war in Deutschland über eine lange Periode ausgesetzt. Mit der Verordnung über das Verbot von Preiserhöhungen vom 26.11.1936 – PreisstoppVO – (RGBl. I 1936, 955) wurde aus bodenpolitischen Gründen die Preisbildung der Grundstücke dem freien Spiel der Kräfte des Grundstücksmarktes entzogen und einem rigorosen **Preisstopp** unterworfen[86].   **99**

Preisstoppregelungen haben sich **bodenpolitisch** als ein **untaugliches Instrument** erwiesen. Sie können die Lage auf dem Grundstücksmarkt ebensowenig verbessern, wie sich Fieber durch Zerschlagen des Fieberthermometers heilen ließe.   **100**

Dennoch wurden die Preisstoppregelungen nach dem Krieg verhältnismäßig **spät** und erst **schrittweise aufgehoben**. Erst nach einer über 50-jährigen Preisstoppregelung war der Grundstücksmarkt im vereinten Deutschland wieder gänzlich dem freien Spiel der Marktkräfte ausgesetzt.   **101**

a) In den **alten Bundesländern** wurden die Preisvorschriften für den Verkehr mit Grundstücken vom 26.11.1936 (RGBl. I 1936, 955) sowie die Preisvorschriften nach den §§ 2 und 3 des Preisgesetzes vom 10.4.1948 (WiGBl. 1948, 27) mit Wirkung vom 30.10.1960 durch § 185 BBauG 60 und die VO über die Preisüberwachung vom 7.7.1942 (RGBl. I 1942, 451) mit § 186 Nr. 65 BBauG 60 aufgehoben[87]. Zuvor wurden   **102**

– mit Verordnung PR Nr. 75/52 vom 28.11.1952 (BGBl. I 1952, 792) die Preise bebauter Grundstücke sowie sog. Trümmergrundstücke und

– mit Verordnung PR Nr. 1/55 vom 17.4.1955 (BAnz Nr. 75 vom 20.4.1955) die Preise im Rahmen von Zwangsversteigerungsverfahren

freigegeben (vgl. Vorbem. zum BauGB Rn. 5).

b) Auf dem Gebiet der **neuen Bundesländer** wurden die Preisvorschriften mit der Verordnung über die Aufhebung bzw. Beibehaltung von Rechtsvorschriften auf dem Gebiet der Preise vom 25.6.1990 (GBl. DDR I 1990, 471) mit Wirkung vom 1.7.1990 aufgehoben, nachdem bereits im 1 Staatsvertrag vom 18.5.1990 (vgl. Anl. 7 der Anl. I § 3 Abs. 2 lit. f., BGBl. II 1990, 518) im Zusammenhang mit der Umstellung der auf Mark der DDR laufenden Verbindlichkeiten und Forderungen auf Deutsche Mark (DM-Eröffnungsbilanz) u.a. vereinbart wurde, dass der Wert von Grund und Boden zum aktuellen Verkehrswert zu ermitteln ist. Auf der Grundlage des vorstehenden Gesetzes sowie des Gesetzes über die   **103**

---

86 VO über das Verbot von Preiserhöhungen vom 26.11.1936 (RGBl. I 1936.955 = RVI 42 Dok II); Erste AusführungsVO vom 30.11.1936 (RGBl. II 1936, 956 = RVI 42 a Dok II); RdErl. Nr. 155/37 vom 6.10.1937 betr. Preisbildung und Preisüberwachung der Reichskommissars für Preisbildung; VO über die Preisüberwachung und Rechtsfolgen von Preisverstößen im Grundstücksverkehr vom 7.7.1942 (RGBl. I 1942, 451 und MittBl. I S. 482 = RVI 43 Dok II, zuletzt i.d.F. vom 28.11.1952 (BGBl. I 1952, 792); Erl. vom 24. 2.1955 betr. Antragsrecht des beurkundenden Notars (MittBl. I, S. 110); Erl. zur Mitwirkung der Notare bei der Preisüberwachung im Grundstücksverkehr vom 8.7.1942 (Deutsche Justiz, S. 473); RdErl. Nr. 64/41 vom 10.6.1941 (MittBl. I 1941, 350) betr. Preisbildung und Preisüberwachung bei Bauland i.V.m. RdErl. 66/42 vom 1.7.1942 (MittBl. I 1942, 438) betr. Festsetzung von Richtpreisen; GemErl. zur Ausführung der VO über die Preisüberwachung und Rechtsfolgen von Preisverstößen im Grundstücksverkehr vom 7.7.1942 (RGBl. I 1942, 451) sowie vom 18./27.10.1943 (Deutsche Justiz, S. 489 und MittBl. I, S. 689); GemErl. zur Ausführung der VO über die Preisüberwachung vom 7.7.1942 und Rechtsfolgen von Preisverstößen im Grundstücksverkehr vom 8.7.1942 (RGBl. I 1942, 451); RdErl. vom 6.10.1937 (T.-Nr. IV/5 – 21 – 2575) über Preisbildung und Preisüberwachung (alle abgedruckt bei Legler, Preisbildung und -überwachung für Grundstücke, Mieten und Pachten. VEB Dt. Zentralverlag Dresden 1956) sowie Weil, Th., Grundstücksschätzung, 5. Aufl. Düsseldorf 1958; des Weiteren wurde die Preisüberwachung für land- und forstwirtschaftliche Grundstücke durch Bauland in „Richtpreisplänen" festgesetzt (vgl. RdErl. 64/41 und 66/62 des Reichskommissars für die Preisbildung vom 10.6.1941; MittBl. I, S. 350); hierzu Pinkwart in ZfV 1954, 47 ff.); Richtlinien über die Waldbewertung, Erl. vom 17.1.1944 (MittBl. II 1944, 12); Erl. 4.6.1942 (Az. IX – 16 – 2508/42) zur Bewertung bebauter Grundstücke (Sonderausgabe); lesenswert: Potthoff. Schwarzes über schwarze Käufe in NJW 1958, 2044: Ule in VerwArch 1963, 347.

87 Bekanntmachung betr. Aufhebung der Preisvorschriften für den Verkehr mit Grundstücken des BMWi vom 5.9.1960 (MinBl. des BMWi 1960, 418 = HGBR 1961 – B – 10.2); StenBer. der 270, BT-Sitzung 1 WP S. 13364 C: Gesetzentwurf der FDP über die Beseitigung von Preisbindungen vom 7.11.1957 (BT-Drucks. III/13); Brückner, Grundstücksund Gebäudewerte in der Rechts-, Bau- und Wirtschaftspraxis, 3. Aufl. 1974, S. 33 ff.

II Einführung   Freier Grundstücksmarkt

Preisbildung und die Preisüberwachung beim Übergang zur sozialen Marktwirtschaft – Preisgesetz – vom 22.6.1990 (GBl. DDR I 1990, 471) ist insbesondere die auf den Ministerratsbeschluss der DDR vom 15.2.1990 zurückgehende Ergänzung zur Preisverfügung 3/87 – Bewertung von unbebauten und bebauten Grundstücken und Feststellung der Höhe der Entschädigung – vom 30.4.1987 einschließlich der Preisverfügung 3/87 selbst und der hierzu erlassenen „Grundsätze" des Amtes für Preise aufgehoben worden. Auch § 6 der Durchführungsverordnung zum Gesetz über den Verkauf volkseigener Gebäude vom 15.3.1990 (GBl. DDR I 1990, 158) war damit ab dem 1.7.1990 nicht mehr anwendbar. Aufgehoben wurden ferner die Bewertungsrichtlinien vom 20.6.1984, die Preisverfügung Nr. 3/82 vom 9.12.1982 einschließlich der hierzu ergangenen Hinweise des Amtes für Preise sowie die Richtlinie über die Preisprüfung vom 15.2.1979 des Ministeriums der Finanzen der DDR (vgl. Vorbem. zum BauGB Rn. 2, 20).

104 Die wichtigsten **Rechtsgrundlagen und Fachanweisungen für Preisermittlungen** in der ehemaligen DDR sind im Anhang 15 zur 3. Aufl. dieses Werks chronologisch zusammengestellt.

Teil III

Sachverständigenwesen

Teil III

Nachverständigenwesen

Übersicht   **Sachverständigenwesen III**

> *„Wenn jemand sein Haus als heilige Gabe dem Herrn weihen will, so soll der Priester es abschätzen, je nachdem es gut oder schlecht ist. Wie der Priester es abschätzt, das soll dann Geltung haben."*
> *(3. Buch Moses, Kap. 27 Vers 14 nach der Übersetzung von Brund, Gießen 1963)*

Sachverständigenwesen

Gliederungsübersicht   Rn.

1 Sachverständiger
- 1.1 Einführung 1
- 1.2 Typologie der Sachverständigen
  - 1.2.1 Übersicht 10
  - 1.2.2 Freie (selbst ernannte) Sachverständige 18
  - 1.2.3 Amtlich anerkannte Sachverständige 26
  - 1.2.4 Verbandsmäßig anerkannte Sachverständige 31
  - 1.2.5 Gerichtlich ernannte Sachverständige 33
  - 1.2.6 Verpflichtete Sachverständige 57
  - 1.2.7 Öffentlich bestellte und vereidigte Sachverständige
    - 1.2.7.1 Öffentliche Bestellung nach GewO 58
    - 1.2.7.2 Ergänzende Landesregelungen 83
    - 1.2.7.3 Sachverständigenordnung (SVO) 97
    - 1.2.7.4 Bestellungsverfahren 98
    - 1.2.7.5 Bestellungsverlängerung 101
    - 1.2.7.6 Sachverständigenpflichten 102
    - 1.2.7.7 Rundstempel 104
    - 1.2.7.8 Erlöschen der öffentlichen Bestellung 107
    - 1.2.7.9 Werbung 109
  - 1.2.8 Zertifizierte Sachverständige
    - 1.2.8.1 Allgemeines 111
    - 1.2.8.2 Zertifizierung 135
    - 1.2.8.3 Hyp Zert 138
  - 1.2.9 Member of the Appraisal Institute (MAI) 143
  - 1.2.10 Chartered Surveyors 144
  - 1.2.11 Wirtschafts- und vereidigte Buchprüfer 152
- 1.3 Organisationsformen der Sachverständigentätigkeit
  - 1.3.1 Allgemeine Grundsätze
    - 1.3.1.1 Grundsatz der Höchstpersönlichkeit 162
    - 1.3.1.2 Heranziehung von Hilfskräften 168
    - 1.3.1.3 Schweigepflicht 169
    - 1.3.1.4 Nebenpflichten 170
  - 1.3.2 Zusammenarbeit von Sachverständigen
    - 1.3.2.1 Sachverständigengruppen und Arbeitsgemeinschaften ... 171
    - 1.3.2.2 Sachverständigen-Partnerschaften 172
    - 1.3.2.3 Gesellschaft bürgerlichen Rechts (GbR) 176
    - 1.3.2.4 Gesellschaft mit beschränkter Haftung (GmbH) ... 177
    - 1.3.2.5 Büro- und Praxisgemeinschaften 178
- 1.4 Ablehnung von Sachverständigen
  - 1.4.1 Allgemeines 179
  - 1.4.2 Ablehnung von Behörden 189
  - 1.4.3 Rechtsprechungsübersicht 192
- 1.5 Beauftragung von Sachverständigen 193

III Sachverständigenwesen   Übersicht

1.6 Haftung von Sachverständigen
    1.6.1 Sach- und Rechtsmangel 202
    1.6.2 Haftung gegenüber privaten Auftraggebern 206
    1.6.3 Haftung gegenüber Dritten (Drittwirkung) 221
    1.6.4 Haftung der vom Gericht bestellten Sachverständigen
        1.6.4.1 Allgemeines 237
        1.6.4.2 Streitverkündung 245
    1.6.5 Haftung von Schiedsgutachtern 246
    1.6.6 Haftung im Zwangsversteigerungsverfahren 249
    1.6.7 Haftungsbegrenzung und Haftungsausschluss 250
    1.6.8 Verjährung von Gewährleistungsansprüchen 256
1.7 Haftung des Auftraggebers 259
1.8 Vergütung von Sachverständigen
    1.8.1 Allgemeines 260
    1.8.2 Vergütung von gerichtlich bestellten Sachverständigen
        1.8.2.1 Rechtsgrundlage 265
        1.8.2.2 Vergütungsanspruch 267
        1.8.2.3 Vergütungsantrag 268
        1.8.2.4 Gegenstand der Vergütung 270
    1.8.3 Vergütung von Schiedsgutachtern 279
    1.8.4 Vergütung von sachverständigen Zeugen 283
1.9 Vermögensschaden-Haftpflichtversicherung 284
1.10 Gerichtsstand 286
2 Gutachten
  2.1 Gutachten über Grundstückswerte
      2.1.1 Allgemeines 287
      2.1.2 Geschäftsbedingungen 299
      2.1.3 Schiedsgutachterabrede und Schiedsrichtervereinbarung
          2.1.3.1 Allgemeines 300
          2.1.3.2 Schiedsgutachten 312
          2.1.3.3 Schiedsrichterliches Verfahren 334
  2.2 Allgemeine Grundsätze der Gutachtenerstattung
      2.2.1 Inhaltliche Anforderungen
          2.2.1.1 Konzentrationsgebot 355
          2.2.1.2 Objektivitätsgebot 360
          2.2.1.3 Kompetenzeinhaltungsgebot 363
          2.2.1.4 Sachaufklärungsgebot 369
          2.2.1.5 Sorgfaltspflicht 374
          2.2.1.6 Klarheits- und Transparenzgebot 383
          2.2.1.7 Begründungsgebot 387
          2.2.1.8 Höchstpersönlichkeitsgebot 414
      2.2.2 Aufbau und Gestaltung schriftlicher Gutachten 416
      2.2.3 Angabe des Bodenwerts eines bebauten Grundstücks im Gutachten 443
  2.3 Markt- und Objektrating 451
  2.4 Anlage: Muster eines Schiedsgutachtenvertrags 453
3 Grundbuch und Liegenschaftskataster
  3.1 Grundbuch
      3.1.1 Allgemeines 454
      3.1.2 Aufbau 460
      3.1.3 Grundbuchprinzipien 470
      3.1.4 Einsichtsrecht 479
  3.2 Liegenschaftskataster
      3.2.1 Allgemeines 484
      3.2.2 Aufbau 485
      3.2.3 Einsichtsrecht/Auskünfte aus dem Liegenschaftskataster 495
4 Flächen und Volumina baulicher Anlagen
  4.1 Allgemeines 497
  4.2 Flächeneinheiten
      4.2.1 Geschossfläche (GF) 499

	4.2.2	Brutto-Grundfläche (BGF)		
		4.2.2.1	Allgemeines	502
		4.2.2.2	Begriffe	503
		4.2.2.3	Ermittlung der Brutto-Grundfläche (BGF) nach DIN 277	504
		4.2.2.4	Ermittlung der Netto-Grundfläche (NGF)	507
		4.2.2.5	Nutzbarer Dachraum/Spitzboden	508
		4.2.2.6	*Gross Internal Area* (GIA)	511
	4.2.3	Nutzfläche (NF) nach DIN 277		512
	4.2.4	Wohnfläche		
		4.2.4.1	Allgemeiner Grundsatz der Wohn- und Nutzflächenermittlung	513
		4.2.4.2	Wohnraum und Wohnung	515
		4.2.4.3	Wohnfläche (WF)	519
	4.2.5	Mietflächen für gewerbliche Flächen (gif)		552
	4.2.6	Nutzflächenfaktor		554
4.3	Volumina			
	4.3.1	Allgemeines		560
	4.3.2	Baumasse		567
	4.3.3	Umbauter Raum nach DIN 277/1950		569
	4.3.4	Brutto-Rauminhalt (BRI) nach DIN 277/2005		579
4.4	Ausbauverhältnis			584

III Sachverständigenwesen

1 Sachverständiger

1.1 Einführung

Schrifttum: *Bayerlein,* Praxishandbuch Sachverständigenrecht, 4. Aufl. München 2008; *Bleutge,* in *Landman/Rohmer,* Komm. zur Gewerbeordnung Losebl. München; *Bleutge, P.,* Neue gesetzliche Bestimmungen im Sachverständigenrecht, GewA 1975, 258; *Bremer, H.,* Der Sachverständige, 2. Aufl. Heidelberg 1973; *Cors, K.,* Handbuch Sachverständigenwesen, 3. Aufl. 2002; *Dölp, M.,* Der Sachverständige im Strafprozess, ZRP 2004, 235; *Garger, B.,* Das Sachverständigenverfahren im Versicherungsvertragsrecht, Wien 2002; *Haas,* Der Sachverständige des Handwerks, 5. Aufl. Stuttgart 2001; *Hinze, R.,* Begutachtung im Grenzbereich, ZSW 1980, 28; *Jansen, R.,* Regeln der Baukunst, BauR 1990, 555; *Keyserlingk, A.v.,* Die Schweigepflicht des Sachverständigen, BB 1980, 233; *Kleiber, W.,* Von Thermometermachern und anderen Berufen, GuG 1992, 241; *Koch, R.,* Immobilienwerbung und Wettbewerbsrecht, 8. Aufl. Kiel; *Lanz, H.,* Zweiklassenrecht durch Gutachterkauf, ZRP 1998, 337; *Leberecht, L.,* Betrachtungen am technischen Sachverständigenwesen Berlin 1984; *Manasse, B.,* Der Sachverständige, 2. Aufl. 1932; *Meyer/Höver/Bach,* Die Vergütung und Entschädigung von Sachverständigen, Zeugen, Dritten und von ehrenamtlichen Richtern nach dem JVEG, 24. Aufl. Köln 2007; *Mügel,* Der Sachverständige im Zivil- und Strafprozess, Köln 1931; *v. Münch,* Gutachten: Der süße Duft, NJW 1998, 1761; *Pause, E.,* Der unabhängige Sachverständige, NJW 1985, 2576; *Pause, E.,* Die Unabhängigkeit des Sachverständigen, GewA 1986, 218; *Scholz, R.,* Für ein Sachverständigengesetz? ZG 2000, 221; *Sendler, H.,* Richter und Sachverständiger, NJW 1986, 2907; *Seidel, A.,* Privater Sachverstand und staatliche Garantenstellung im Verwaltungsrecht, München 2000; *Staudt* (Hrsg.), Handbuch für den Bausachverständigen, Bundesanzeiger Verlag 2007; *Stober,* Der öffentlich bestellte Sachverständige zwischen beruflicher Bindung und Deregulierung, Köln 2001; *Thielmann, J.,* Von promovierten habilitierten oberflächlichen Sachverständigen, strafo 2004, 5; *Ulrich,* Der gerichtliche Sachverständige, 12. Aufl. Köln 2007; *Volze, H.,* Sachverständigenfragen, 2. Aufl. Frankfurt 1996; *Wellmann, C.,* Der Sachverständige in der Praxis, 7. Aufl. München 2004.

1 Anders als im angelsächsischen Sprachraum[1] gibt es in Deutschland keine allgemein gebräuchliche Berufsbezeichnung für die auf dem Gebiet der Grundstückswertermittlung tätigen Fachleute[2]. Der in der ersten Hälfte des letzten Jahrhunderts noch gebräuchliche Begriff des *Taxators* ist auf diesem Gebiet kaum noch anzutreffen. Die auf diesem Gebiet Tätigen bezeichnen sich heute zumeist als **Sachverständige** für die Bewertung unbebauter und bebauter Grundstücke.

Sachverständiger ist jedoch nur eine Person, die sich

a) **durch eine besondere[3] Sachkunde mit „erheblich" über dem Durchschnitt liegenden Fachkenntnissen auf einem bestimmten Sachgebiet** (vgl. § 3 Abs. 2 Buchst. d) SVO; vgl. Rn. 68, 99 ff.),

b) **entsprechende Erfahrung auf diesem Gebiet,**

c) **durch höchstpersönliche Leistungserstattung und**

d) **persönliche Integrität**

---

1 Im angelsächsischen Sprachraum vorherrschend ist der Begriff des „valuer" oder „appraiser"; der „appraiser" wird in den Uniform Standards of Professional Appraisal Practice (USPAP) definiert, als „one who is expected to perform valuation services competently and in a manner that is independent, impartial, and objective". Zum Sachverständigenwesen in Deutschland: LT-Drucks. Nds. Nr. 13/1569; LT-Drucks. Nordrh.-Westf. 11/8661; LT-Drucks. Bremen 14 (609); in Frankreich: Gerichtlich bestellte Sachverständige (expert agée par les tribunaux); Landwirtschaftliche Sachverständige (expert agricole et foncier).

2 Nach dem vom Hauptausschuss der Trägergemeinschaft für Akkreditierung (TGA) beschlossenen Normativen Dokument (September 2005) wird unterschieden zwischen a) dem zertifizierten Immobilienbewerter, qualifiziert für die Bewertung von unbebauten Grundstücken, bebauten Wohngrundstücken (Ein- und Zweifamilienhäuser, Mehrfamilienhäuser), gemischt genutzten und einfachen gewerblichen Grundstücken sowie Wohnungs- und Teileigentum und Erbbaurechte, und b) dem zertifizierten Sachverständigen, qualifiziert (darüber hinaus) für die Bewertung aller übrigen Objekte, insbesondere auch für umfangreiche Gewerbekomplexe, Betreiberimmobilien und Immobilienportfolios.

3 Als Sachverständiger sollte nur der „Spezialist" gelten, der einen eng beschriebenen Sachgebiet besondere Sachkenntnisse hat (vgl. BVerwG, Urt. vom 11.12.1972 – 1 C 5/72 –, EzGuG 11.88a; vgl. auch § 1 SVO und Ziff. 1.3.2 Satz 2 sowie 1.3.3 der Richtlinien zu § 1 SVO; ferner BGH, Urt. vom 23.5.1984 – I ZR 140/82 –, EzGuG 11.142e –; OLG München, Urt. vom 23.10.1975 – 6 o 2824/75 –, EzGuG 11.98a; VG Sigmaringen, Urt. vom 9.6.1980 – 1 K 514/79 – EzGuG 11.119d; LG Dortmund, Urt. vom 7.7.1992 – 19 O 59/92 –, EzGuG 11.194f.

auszeichnet und in dieser Eigenschaft für Gerichte, Behörden und Privatpersonen Gutachten zu bestimmten Problemen unparteiisch, unabhängig, weisungsfrei und gewissenhaft erstattet oder allgemein Unkundigen eine eigene Urteilsbildung ermöglicht. Eine Person, die zwar über eine überdurchschnittliche Sachkunde verfügt, der es aber an Erfahrung und auch an der Vermittlungsfähigkeit seiner Sachkunde und Erfahrung mangelt, ist damit keinesfalls von der Tätigkeit ausgeschlossen; sie kann dieser Tätigkeit z. B. als „Bewerter" oder „Schätzer" nachkommen.

Im Rahmen der **europarechtlichen Beihilfebestimmungen** ist der Sachverständige nach Nr. II 2 lit. a II der Grundstücksmitteilung[4] definiert worden als „eine Person mit einwandfreiem Leumund, die einen geeigneten Abschluss an einer anerkannten Ausbildungsstätte oder eine gleichwertige akademische Qualifikation[5] erworben hat" und „in der Ermittlung von Anlagevermögenswerten nach Standort und Kategorie des Vermögenswerts sachkundig und erfahren ist". Die Kommission verlangt bei ihren Entscheidungen zur beihilferechtlichen Beurteilung von Grundstücksveräußerungen einen belastbaren Nachweis, dass „die Sachverständigen bei ihrer Tätigkeit keiner unzulässigen Einflussnahme ausgesetzt waren"[6].

Für die Sachverständigeneigenschaft ist die überdurchschnittliche Sachkunde zwar nur auf ein bestimmtes Sachgebiet beschränkt, jedoch bedarf es dafür auch eines breiten übergreifenden Grundwissens. Die Spezialisierung darf nicht dazu führen, dass der Sachverständige „immer mehr über immer weniger" weiß[7].

Der Stadtvermessungsoberinspektor *M. Schnabel* führte in einer Studie aus dem Jahre 1913[8] zum Sachverständigenwesen Folgendes aus: „Die immer mehr ans Tageslicht gebrachten Unzuträglichkeiten und oft schweren Geldverluste, die aus unrichtigen Wertschätzungen von Grundstücken hauptsächlich im Hypothekenverkehr und in der Bilanz von Aktiengesellschaften entstehen, erfordern eine beschleunigte Einschränkung bzw. gänzliche Aufhebung des ‚wilden' **Taxwesens**, das bisher als einträgliches Gewerbe von oft gar nicht dazu geeigneten Persönlichkeiten betrieben wird, denen jedes Verantwortungsgefühl eine unbekannte Gewissensregung ist: Jede Taxe wird nach Wunsch des Auftraggebers ausgeführt, wenn sie nur entsprechend honoriert wird." Die Frage nach der schon damals geforderten **Einschränkung des wilden Taxwesens** stellt sich heute in verschärftem Maße, denn Kreditgeber, Käufer, Verkäufer, Erbengemeinschaften, schlechthin das gesamte Wirtschafts- und Rechtsleben ist auf verlässliche Wertgutachten für Immobilien angewiesen. Das Deutsche Institut für Wirtschaftsfor-

2

---

4   Mitteilung der Kommission betreffend Elemente staatlicher Beihilfen bei Verkäufen von Bauten oder Grundstücken durch die öffentliche Hand vom 10.7.1997 (Grundstücksmitteilung), ABl. EG 97 C Nr 208/3 = GuG 1997, 363.
5   Für den Fall, dass in einem Mitgliedstaat keine geeigneten akademischen Qualifikationen erworben werden können, sieht Nr. II lit. a III der Grundstücksmitteilung vor, dass „der Sachverständige für Wertermittlung Mitglied eines anerkannten Fachorgans für die Ermittlung von Anlagevermögenswerten sein" soll und „vom Gericht oder einer gleichgestellten Behörde bestellt werden oder mindestens über eine abgeschlossene höhere Schulbildung und ein ausreichendes Ausbildungsniveau mit wenigstens dreijähriger praktischer Erfahrung nach dem Erwerb der Qualifikation und über Kenntnisse in der Wertermittlung von Grundstücken und Gebäuden der besonderen Lokalität verfügen" soll. Im Hinblick auf die erforderliche Unabhängigkeit der Gutachter verlangt Nr. II 2 lit. a V der Grundstücksmitteilung, dass öffentliche Stellen nicht berechtigt sein dürfen, „hinsichtlich des Ermittlungsergebnisses Anweisungen zu erteilen. Staatliche Bewertungsbüros, Beamte oder Angestellte gelten so lange als unabhängig, wie eine unzulässige Einflussnahme auf ihre Feststellungen effektiv ausgeschlossen ist".
6   EU-Entscheidung vom 16.5.2006 – K (2006) endg. – Staatliche Beihilfe Nr. NN 27/2007 – Deutschland Grundstücksverkauf – LG Berlin.
7   Nickolas Murray Butler; als „Experten" hat Johannes Mario Simmel solche Leute bezeichnet, die andere daran hindern, den gesunden Menschenverstand zu gebrauchen; auch wird darunter (scherzhaft) ein Mensch verstanden, „den man in letzter Minute hinzuzieht, um einen Mitschuldigen zu haben"; Benjamin Stolberg bezeichnet den „Experten als einen Menschen, der die kleinen Irrtümer vermeidet, während er dem großen Trugschluss entgegentreibt"; Lucian von Samosta (120 bis 185 n.Chr.) befand es dagegen als „seltsam, dass Männer, die sich für Sachverständige ausgeben, einander widersprechen und von einer Sache nicht einerlei Begriff haben". G. F. McCleary lässt dagegen einen hohen Richter damit zu Wort kommen, dass er falsche Zeugen vor Gericht in drei Klassen einteilt: den Lügner, den verdammten Lügner und den Sachverständigen (McCleary, Englische Rechtsprechung, Einführung, Heymanns Verlag Köln); Wapenhans, W., Baugutachten – gezielt hinterfragen, Bundesanzeiger Verlag 2006.
8   M. Schnabel, Das Taxen des Bodenwerts bebauter städtischer Grundstücke, Verlag von Breer und Thiemann, Hamm 1913; die Diskussion um eine Verbesserung und um eine qualifizierte Professionalisierung hat seinerzeit in anderen vergleichbaren Ländern zu einer vergleichsweise hoch qualifizierten Ausformung der Disziplin des „appraisers" bzw. „valuers" mit hohem Ansehen geführt (vgl. The Appraisal of Real Estate, 12. Aufl. American Institute of Real Estate Appraisers, Chicago 2002, S. 651 ff.).

III Sachverständigenwesen Sachverständiger

schung (DIW) schätzte 1996 allein das private Immobilienvermögen zwischen 2 000 und 2 600 Mrd. € ein. Doch noch immer gilt das Wort, nach dem „Taxen = Faxen" und „Schätzer = Schwätzer" sind.

3 Anders als für Thermometermacher, Holzspielzeugmacher, Bürsten- und Pinselmacher oder Pferdewirte[9] gibt es bis zum heutigen Tage **für den Sachverständigen kein Berufsgesetz**[10]. Die Bundesregierung und auch der Bund-Länder-Ausschuss „Gewerberecht" haben unverständlicherweise bislang stets ein **Berufsgesetz für Sachverständige** ebenso wie ein Gesetz zum Schutz der Sachverständigen abgelehnt und im Übrigen auf die Gesetzgebungskompetenz der Bundesländer hingewiesen[11].

4 Wer sich als Sachverständiger betätigen und so nennen will, braucht keine behördliche Zulassung zu besitzen. Er braucht auch nicht seine persönliche Integrität oder sein Fachwissen durch Ablegung einer vorgeschriebenen Prüfung nachzuweisen. Bei alledem ist aber vom **Tatbestand einer Täuschung** (§ 132a Abs. 1 Nr. 3 und Abs. 2 StGB; vgl. Rn. 24, 67, 220) auszugehen, wenn sich jemand als Sachverständiger bezeichnet, ohne die Voraussetzung zu erfüllen[12].

„**§ 132a StGB Missbrauch von Titeln, Berufsbezeichnungen und Abzeichen**

(1) Wer unbefugt

1. inländische oder ausländische Amts- oder Dienstbezeichnungen, akademische Grade, Titel oder öffentliche Würden führt,
2. die Berufsbezeichnung Arzt, Zahnarzt, Psychologischer Psychotherapeut, Kinder- und Jugendlichenpsychotherapeut, Psychotherapeut, Tierarzt, Apotheker, Rechtsanwalt, Patentanwalt, Wirtschaftsprüfer, vereidigter Buchprüfer, Steuerberater oder Steuerbevollmächtigter führt,
3. die Bezeichnung öffentlich bestellter Sachverständiger führt oder
4. inländische oder ausländische Uniformen, Amtskleidungen oder Amtsabzeichen trägt,

wird mit Freiheitsstrafe bis zu einem Jahr oder mit Geldstrafe bestraft.

(2) Den in Absatz 1 genannten Bezeichnungen, akademischen Graden, Titeln, Würden, Uniformen, Amtskleidungen oder Amtsabzeichen stehen solche gleich, die ihnen zum Verwechseln ähnlich sind."

---

9 Kleiber in GuG 1992, 241; VO vom 8.9.1992 (BGBl. I 1992, 1511); BürstPiMstrV vom 27.7.1993 (BGBl. I 1993, 1414); GürtMetMstV vom 9.9.1994 (BGBl. I 1994, 2316); Molkereifachmann/Molkereifachfrau vom 27.5.1994 (BGBl. I 1994, 1195); Orthopädiemechaniker- und BandagistenmeisterV – OrthBandMstV – vom 26.4.1994 (BGBl. I 1994, 885); schon vorbildlich dagegen die VO über die Berufsausbildung zum Kaufmann, Kauffrau in der Grundstücks- und Wohnungswirtschaft vom 11.3.1996 (BGBl. I 1996, 462) bzw. über die Prüfung zum anerkannten Abschluss „Geprüfte/r Immobilienfachwirt/-in" (BGBl. I 1998, 4060 = GuG 1999, 103).

10 Zum Sachverständigenwesen in Deutschland: BT-Drucks. 14/3986; 14/3987; **Baden-Württemberg:** LT-Drucks. 11/5775 vom 18.7.1995; **Bayern:** LT-Drucks. 13/2636 vom 25.9.1995; **Berlin:** Abgeordnetenhaus-Drucks. 13/591 und 13/615; **Brandenburg:** LT-Drucks. 2/376 und 2/1104 vom 14.7.1995; **Bremen:** Bürgerschafts-Drucks. 14/609 vom 11.3.1997; **Hamburg:** Bürgerschafts-Drucks. 15/2388 und 15/2642 vom 29.12.1994 und 24.1.1995; **Hessen:** LT-Drucks. 14/27 und 14/353 vom 2.8.1995; **Mecklenburg-Vorpommern:** LT-Drucks. 2/2584 und 2/2688 vom 2.6.1997; **Niedersachsen:** LT-Drucks. 13/1569 vom 6.12.1995; **Nordrhein-Westfalen:** LT-Drucks. 1/8661 und 11/8806 vom 4.5.1995; **Rheinland-Pfalz:** LT-Drucks. 12/5997 und 12/6314 vom 14.5.1995; **Saarland:** LT-Drucks. 11/605 vom 31.12.1996; **Sachsen:** LT-Drucks. 2/4621 vom 12.3.1997; **Sachsen-Anhalt:** LT-Drucks. 2/2317 und 2/2499 vom 24.7.1996; **Schleswig-Holstein:** LT-Drucks. 14/98 vom 18.6.1996; **Thüringen:** LT-Drucks. 2/1163 und 2/1348 vom 4.9.1996.

11 Vgl. BT-Drucks. 14/3986 und 14/3987.

12 BGH, Urt. vom 16.2.1989 – I ZR 72/87 –, EzGuG 11.170a; AG Krefeld, Urt. vom 26.9.1960 – 2 c Ds –, EzGuG 11.20d; LG Bonn, Urt. vom 20.1.1978 – 3 O 281/77 –, EzGuG 11.111e; OLG München, Urt. vom 23.10.1975 – 6 O 2824/75 –, EzGuG 11.98a.

Wenn sich jemand als Sachverständiger bezeichnet, ohne die Voraussetzung zu erfüllen, kann darin auch eine **unlautere bzw. irreführende geschäftliche Handlung** (sittenwidrige Werbung) i.S. der §§ 1, 3 und 5 UWG liegen[13]. Des Weiteren

- ist auch anerkannt, dass unter bestimmten Voraussetzungen die Verletzung eines Schutzgesetzes zu erblicken ist, wenn sich eine Person fälschlicherweise als „bestellter" Sachverständiger ausgibt (§ 823 Abs. 2 BGB),
- ist die Aussage „Bundesvereinigung der von privaten Fachverbänden anerkannten Grundstückssachverständigen BAS" als irreführende Werbung beanstandet worden[14],
- berechtigt eine abgelegte Meisterprüfung und eine durch absolvierte Sachverständigenseminare dokumentierte Sachkunde nicht zur Führung der Bezeichnung „anerkannter Sachverständiger"[15],
- ist es einem Sachverständigen nicht erlaubt, sich als „Gerichts-Sachverständiger" zu bezeichnen[16].

Der Missbrauch von Titeln, Berufsbezeichnungen und Abzeichen und namentlich die Bezeichnung öffentlich bestellter Sachverständiger ist nach § 132a Abs. 2 StGB strafbar. Dies gilt nach Abs. 2 der Vorschrift auch für solche, die ihnen zum Verwechseln ähnlich sind[17].

Das Irreführungsverbot des § 5 UWG gebietet keine Aufklärung über das Sachgebiet der Bestellung in einer Werbung, da es nur irreführende, nicht aber auch **unvollständige oder abgekürzte Angaben** verbietet[18]. Ein öffentlich bestellter Sachverständiger muss in der Werbung auch nicht auf die Körperschaft hinweisen, die ihn bestellt hat[19]. 5

▶ *Zum Verhältnis „freier" Sachverständiger zum Gutachterausschuss für Grundstückswerte vgl. § 192 BauGB Rn. 6 ff.; Vorbem. zum BauGB Rn. 14* 6

Eine eindeutige Definition des Begriffs des Sachverständigen gibt es nicht. Der Gesetzgeber, der diesen Begriff verwendet, setzt seinen Bedeutungsinhalt voraus (§§ 36 ff. GewO, § 91 HwO, §§ 402 bis 414 ZPO, §§ 72 bis 93 StPO; § 96 Abs. 2 und § 98 VwGO). Die Bezeichnung „Sachverständiger" ist gesetzlich auch nicht geschützt[20]. 7

In einem gerichtlichen Verfahren ist der Sachverständige **Gehilfe des Richters**. 8

Im Jahre 1996 waren in der Bundesrepublik Deutschland **schätzungsweise 40 000 Sachverständige** tätig, von denen etwa 15 000 (= 40 %) öffentlich bestellt und vereidigt waren[21]. 9

---

13 Bock in Praxishandbuch Sachverständigenrecht § 6 Rn. 5; Koch, R., Immobilienwerbung und Wettbewerbsrecht, 8. Aufl. Kiel; BGH, Urt. vom 6.2.1997 – I ZR 234/94 –, BB 1997, 1760 = EzGuG 11.244b; OLG Köln, Urt. vom 8.8.1997 – 6 U 208/96 –, GewA 1998, 245 = EzGuG 11.249; OLG Dresden, Beschl. vom 4.9.1996 – 12 U 564/96 –, WRP 1996, 1168 = EzGuG 11.235c.; OLG Hamm, Urt. vom 13.5.1997 – 4 U 259/96 –, EzGuG 11.244k; OLG München, Urt. vom 20.10.1994 – 29 U 6380/93 –, WRP 1995, 57 = EzGuG 11.217b; LG Saarbrücken, Urt. vom 8.4.2002 – 7 II 101/01 –, WRP 2002, 1463 = EzGuG 11.325; LG München I, Urt. vom 29.9.1993 – 1 HKO 9540/93 –, DAR 1994, 121 = EzGuG 11.207c; LG Dortmund, Urt. vom 7.7.1992 – 19 O 59/92 –, WRP 1994, 72 = EzGuG 11.194f; LG Duisburg, Urt. vom 19.9.1986 – 12 O 133/86 –, GewA 1987, 20 = EzGuG 11.158b; LG München, Urt. vom 24.3.1983 – 4 HKO 1580/83 –, WRP 1984, 234 = EzGuG 11.137b; LG Frankfurt am Main, Urt. vom 22.7.1981 – 2/6 O 277/81 –, EzGuG 11.125a; LG Dortmund, Urt. vom 7.5.1980 – 19 O 95/87 –, EzGuG 11.119c; VG Stuttgart, Urt. vom 4.5.1979 – VRS III 142/78 –, EzGuG 11.115a; LG Regensburg, Urt. vom 28.2.2002 – 1 HKO 1970/01 –, GewA 2002, 476 = EzGuG 11.322; LG Wiesbaden, Urt. vom 19.7.1978 – 12 O 46/78 –, EzGuG 11.112b; VG Oldenburg, Urt. vom 26.4.1978 – 2 A 26/77 –, EzGuG 11.111i.
14 OLG Naumburg, Urt. vom 13.3.1997 – 2 U 124/95 –, EzGuG 11.244g; OLG Dresden, Beschl. vom 4.9.1996 – 12 U 564/96 – EzGuG 11.235c;.
15 LG Duisburg, Urt. vom 15.2.2002 – 22 O 169/01 –, EzGuG 11.318.
16 LG München I, Urt. vom 24.3.1983 – 4 HKO 1580/83 –, EzGuG 11.137c.
17 AG Krefeld, Beschl. vom 25.9.1970 – 2x Dc 63/60 –, BB 1961, 197; LG Bonn, Urt. vom 20.1.1978 – 3 O 281/77 –, WRP 1978, 922 = EzGuG 11.111d; LG Duisburg, Urt. vom 5.12.1996 – 91 O 38/96 –, WRP 1999, 245 = EzGuG 11.239a.
18 LG Frankfurt am Main, Urt. vom 26.8.2005 – 3 11 O 32/05 –, GuG 2006, 52 = EzGuG 11.462.
19 LG Hamburg, Urt. vom 2.8.2005 – 312 O 211/05 –, EzGuG 11.485.
20 BVerfG, Beschl. vom 25.3.1992 – 1 BvR 288/86 –, EzGuG 11.193.
21 Wasilewski u.a., Neue freiberufliche Dienstleistungen, Deutscher Ärzte Verlag Köln 1997; nach Angaben der BReg betrug entsprechend den Schätzungen von Berufsorganisationen und des Instituts freier Berufe die Zahl der Sachverständigen im Jahr 2000 rd. 25 000, von denen nur 16 000 öffentlich bestellt und vereidigt sind (BT-Drucks. 14/3986).

III Sachverständigenwesen

Davon wiederum waren 1998 ca. 6 500 Sachverständige von den Industrie- und Handelskammern auf ca. 200 verschiedenen Sachgebieten öffentlich bestellt und vereidigt.

1.2 Typologie der Sachverständigen

1.2.1 Übersicht

10 Die Rechtsordnung der Bundesrepublik Deutschland hat, wie schon zuvor das Deutsche Reich, keinen einheitlichen Sachverständigentyp entstehen lassen. **Typologisch lassen sich Sachverständige nach dem Umfang ihrer Tätigkeit, ihrer formalen Stellung zum Auftraggeber und ihrer institutionellen Ausrichtung untergliedern:**

11 a) Vom Umfang der Tätigkeit her wird zwischen **haupt- und nebenberuflich tätigen Sachverständigen** unterschieden[22]. Eine *hauptberufliche* Tätigkeit liegt vor, wenn der Sachverständige seine Berufseinkünfte „im Wesentlichen" aus gerichtlicher oder außergerichtlicher Tätigkeit erzielt.[23] Der hauptberufliche Sachverständige ist insbesondere aber durch § 36 GewO bestätigt worden. Der Sachverständige ist *nebenberuflich* tätig, wenn der Lebensunterhalt regelmäßig aus den Einkünften einer anderen hauptberuflichen Tätigkeit bestritten wird: Die wirtschaftliche Unabhängigkeit gewährleistet in diesem Fall ein Höchstmaß an Unparteilichkeit.

12 b) Im Verhältnis zum Auftraggeber wird des Weiteren zwischen **selbstständigen und unselbstständigen Sachverständigen** unterschieden. Der *selbstständige* Sachverständige ist im eigenen Namen und für eigene Rechnung freiberuflich oder gewerblich (§ 14 GewO) tätig, unabhängig davon, ob diese Tätigkeit haupt- oder nebenberuflich ausgeübt wird. Der *unselbstständige* Sachverständige ist dagegen für andere, z. B. für Kreditinstitute, Versicherungsgesellschaften, Sachverständigenbüros, staatliche Einrichtungen oder Gesellschaften, als Angestellter[24] oder Beamter tätig.

13 c) Daneben lassen sich **Sachverständige** einteilen in:
   – freie oder auch selbst ernannte Sachverständige,
   – (amtlich) anerkannte Sachverständige,
   – verbandsmäßig anerkannte Sachverständige,
   – gerichtlich ernannte Sachverständige,
   – berufene Sachverständige,
   – qualifizierte Sachverständige,
   – zugelassene Sachverständige,
   – ermächtigte Sachverständige,
   – verpflichtete Sachverständige,
   – geprüfte Sachverständige[25],
   – *Members of the Appraisal Institute, Chartered Surveyors*,
   – öffentlich bestellte und vereidigte Sachverständige sowie
   – zertifizierte Sachverständige, wobei zwischen einer Zertifizierung nach EU-Normen und einer anderweitigen, an Vorgaben nicht gebundenen Zertifizierung zu unterscheiden ist.

Vom Sachverständigen zu unterscheiden ist der **sachverständige Zeuge** (§ 414 ZPO, § 85 StPO). Der sachverständige Zeuge ist eine Person, die – wie jeder andere Zeuge – eine Wahr-

---

22 OVG Berlin, Beschl. vom 28.2.1969 – 6 B. 62/67 –, EzGuG 11.68a.
23 KG, Beschl. vom 24.10.1980 – 1 W 2666/80 –, EzGuG 11.120l.
24 Panse in NJW 1985, 2577.
25 LG Duisburg, Urt. vom 15.2.2002 – 2 O 169/01 –, WRP 2002, 853.

nehmung kraft besonderer Sachkunde ohne Zusammenhang mit einem gerichtlichen Gutachtenauftrag gemacht hat[26]. Äußert er sich darüber hinaus, so ist er Sachverständiger. Der sachverständige Zeuge ist gebührenrechtlich einem „normalen" Zeugen gleichgestellt und wird wie dieser entschädigt[27].

▶ *Zu den Gutachterausschüssen für Grundstückswerte vgl. Teil IV (BauGB; § 192 BauGB Rn. 9)*

Als freiberuflich im steuerlichen Sinne gilt nach § 18 EStG grundsätzlich nur, wer die Ausbildung an einer Hochschule absolviert hat. Zu den Freiberuflern gehören danach u.a. Architekten, Vermessungsingenieure, Wirtschaftsprüfer, vereidigte Buchprüfer sowie solche, die in ihrer Tätigkeit den Katalogberufen ähnlich sind[28]. **14**

Als eine den Katalogberufen ähnliche Tätigkeit gilt eine solche, die mit dem typischen Bild eines Katalogberufs in allen ihren Merkmalen gesamtheitlich vergleichbar ist. Darüber hinaus gehört zu der freiberuflichen Tätigkeit auch eine wissenschaftliche, künstlerische, schriftstellerische, unterrichtende und erzieherische Tätigkeit. Eine **Sachverständigentätigkeit, die sich vornehmlich auf praktische Erfahrungen und Marktkenntnisse stützt,** gehört mithin nicht zur freiberuflichen Tätigkeit; sie **ist gewerblicher Natur.** **15**

Die **gewerbliche Sachverständigentätigkeit** ist im Unterschied zur freiberuflichen Tätigkeit damit verbunden, dass der Sachverständige **16**

– gemäß § 14 GewO seine gutachterliche Tätigkeit der zuständigen Behörde anzeigen muss,
– gewerbesteuerpflichtig ist und
– Pflichtmitglied der Industrie- und Handelskammer ist.

Haupt- und nebenamtlich tätige Sachverständige unterliegen bei der Erstattung ihrer Gutachten denselben Pflichten. Folgende **Besonderheiten** gelten jedoch **für hauptamtlich tätige Sachverständige:** **17**

– Hauptamtliche Sachverständige, und nur diese, können nach § 1 Abs. 2 Partnerschaftsgesellschaftsgesetz diese Gesellschaftsform nutzen[29].
– Die Bestellungsbehörde kann nach § 36 Abs. 3 GewO für hauptamtliche Sachverständige in ihren Satzungen besondere Bestimmungen treffen.

1.2.2 Freie (selbst ernannte) Sachverständige

Als freie Sachverständige gelten solche, die zwar über das erforderliche Fachwissen verfügen, jedoch keinen öffentlich-rechtlichen Nachweis (Urkunde) vorweisen können. Die **Mitgliedschaft in einem Berufsverband** ist dafür nicht ausschlaggebend. Man spricht in diesem Zusammenhang auch von selbst ernannten Sachverständigen, obwohl die Selbsternennung die Sachverständigeneigenschaft nicht begründen kann, wenn es an der erforderlichen Sachkunde mangelt (vgl. Rn. 1). Die selbst ernannten Sachverständigen unterliegen – wie andere Sachverständige – den allgemeinen einschlägigen gesetzlichen Regelungen, insbesondere dem Gesetz zur Bekämpfung des Unlauteren Wettbewerbs (UWG), und dürfen sich als solche nicht bezeichnen, wenn sie nicht die Voraussetzungen aufweisen. **18**

Zu den Sachverständigen zählen darüber hinaus aber auch diejenigen der selbstständig tätigen Sachverständigen und der bei ihnen angestellten Sachverständigen, die **keine öffentlich-** **19**

---

[26] OLG Hamm, Beschl. vom 26.4.1972 – 23 W 2/72 –, NJW 1972, 2003; OLG Hamburg, Beschl. vom 22.2.1985 – 8 W 36/85 –, JurBüro 1985, 1218; OLG Köln, Beschl. vom 27.11.1992 – 2 Ws 465/92 –, MDR 1993, 391; OLG Hamm, Beschl. vom 26.4.1972 – 23 W 2/72 –, NJW 1972, 2003; OLG Zweibrücken, Beschl. vom 31.01.1981 – 2 WF 70/81 -; OLG Düsseldorf, Beschl. vom 26.9.1972 – 10 W 109/74 –, MDR 1975, 326 = Rpfleger 1975, 71.
[27] LG Heilbronn, Beschl. vom 21.1.2008 – 3 Qs 158/07 –, EzGuG 11.
[28] BFH, Urt. vom 29.10.1987 – IV R 79/84 –, BFH/NV 1988, 492; BFH, Urt. vom 18.7.1985 – IV R 59/83 –, BFHE 144, 233 = BStBl II 1985, 655; BFH, Urt. vom 3.3.1998 – IV B 18/97 –, EzGuG 11.262b; zur Frage der Umsatzsteuer vgl. Ulrich, J. in DS 2001, 209.
[29] BFH, Urt. vom 3.3.1998 – IV B 18/97 –, EzGuG 11.262b.

III Sachverständigenwesen — Sachverständiger

rechtliche Urkunde über ihre Qualifikation und Eignung besitzen (z. B. Angehörige von Berufsverbänden), die angestellten Sachverständigen einer Sachverständigenorganisation, die Mitarbeiter von Universitätsinstituten und behördenangehörige Sachverständige[30].

20 Freie Sachverständige, die als selbst ernannte Sachverständige keine öffentlich-rechtliche Urkunde über die Qualifikation und Eignung besitzen, dürfen sich nach vorherrschender Auffassung nicht den **Anschein der** öffentlichen Bestellung oder amtlicher Anerkennung geben, was schon bei Verwendung eines Rundstempels der Fall ist[31]. Hierzu gehören vorbehaltlich einer Neuregelung nicht solche Sachverständige, die in der ehemaligen DDR vor dem Wirksamwerden des Beitritts (3.10.1990) auf Grund eines Verwaltungsakts der Deutschen Demokratischen Republik ihre Sachverständigeneigenschaft bescheinigt bekommen haben. Diese Entscheidungen galten nach Art. 19 des Einigungsvertrags vorerst fort. Sie können aber aufgehoben werden, wenn die Entscheidungen mit rechtsstaatlichen Grundsätzen oder mit den Regelungen des Einigungsvertrags unvereinbar sind[32].

21 Die **freien Sachverständigen unterliegen bei ihrer gewerbsmäßigen Tätigkeit der GewO**. Die GewO sieht weder eine Wettbewerbsbeschränkung noch eine Residenzpflicht oder eine Altersbegrenzung für die Ausübung ihrer Tätigkeit vor; sie kann allerdings nach § 35 wegen Unzuverlässigkeit des Sachverständigen ausgesprochen werden.

22 Zu den freien Sachverständigen gehören auch die **von nicht staatlichen Vereinigungen (Berufsverbänden) anerkannten Sachverständigen.** Der BGH hat solche Sachverständige unter der Voraussetzung zugelassen, dass der Verband über die erforderliche Qualifikation, Unabhängigkeit und Objektivität verfügt. Gleichzeitig muss sichergestellt sein, dass durch ein geeignetes Prüfverfahren nur besonders sachkundigen Bewerbern die Anerkennung verliehen wird[33].

23 Freie Sachverständige dürfen nicht das **Landessiegel führen**[34] und den Bundesadler bzw. seitenverkehrten ADAC-Adler benutzen[35].

24 Auch der freie (selbst ernannte) Sachverständige unterliegt den Regelungen des § 3 UWG und des § 132 Abs. 1 Nr. 3 und Abs. 2 StGB. Das **Verbot der irreführenden Handlung (Werbung)** (§ 3 UWG) lässt es nicht zu, sich missbräuchlich als „Sachverständiger" zu bezeichnen, wenn man nicht über die erforderliche Sachkunde verfügt (vgl. Rn. 3). Demzufolge darf sich nur derjenige als Sachverständiger bezeichnen, der über einen das durchschnittliche Können und Wissen auf einem bestimmten Sachgebiet übersteigenden Sachverstand verfügt[36]. Der „Verbraucher" erwartet neben der Sachkunde einer als „Sachverständiger" auftretenden Person darüber hinaus auch, dass diese Sachkunde in einer überprüfbaren Weise angeeignet wurde; der Kunde gehe – so die Rechtsprechung[37] – davon aus, dass die ihm gegenüber als „Sachverständiger" firmierende Person die zur Ausübung dieses Berufs erforderlichen Kenntnisse in einer überprüfbaren Berufsausbildung durchlaufen und ebenso nachprüfbar abgeschlossen habe. Der BGH hat demgegenüber aber nicht ausschließen wollen, dass eine

---

30 LT-Drucks. NW 11/8661.
31 OLG Dresden, Urt. vom 4.9.1996 – 12 U 564/96 –, WRP 1996, 1168 = EzGuG 11.235c; a. A. OLG Stuttgart, Urt. vom 3.10.1986 – 2 U 105/86 –, EzGuG 11 159 a; OLG Hamm, Urt. vom 11.3.1986 – 4 U 100/85 –, EzGuG 11.151b; LG Ulm, Beschl. vom 30.12.1993 – 2 Kflt 239/93 –, GuG 1995, 5 = EzGuG 11.208b; LG Heidelberg, Urt. vom 27.11.1985 – O 140/85 KfH II –, EzGuG 11.149 d; OLG München, Urt. vom 22.2.1983 – 6 W 722/83 –, EzGuG 11.135f; OLG München, Urt. vom 23.2.1983 – 20 u 3018/82 –, EzGuG 11.135 f; LG Koblenz, Urt. vom 25.2.1985 – 4 HO 167/84 –, EzGuG 11.146a, zu alledem Bayerlein u.a., Praxishandbuch Sachverständigenrecht, München 1990, S. 110; Landmann/Rohmer, GewO. 14. Aufl. 1989, § 36 GewO Rn. 8 g.
32 In Brandenburg haben die auf Grund der „Anordnung Nr. 2 über die Zulassung privater Architekten und Ingenieure" vom 5.2.1990 (GBl. DDR I 1990, 115) erteilten Zulassungen ihre Gültigkeit verloren (vgl. BbgIngKamG vom 19.10.1993, Bbg. GVBl. 1993, 463, § 29); zum Rechtsweg vgl. VerfG Brandenburg, Beschl. vom 20.10.1994 – VfGBbg 12/94 –, GuG 1997, 124 = EzGuG 11.216a.
33 BGH, Urt. vom 23.5.1984 – I ZR 140/82 –, EzGuG 11.142p.
34 LG Duisburg, Urt. vom 19.9.1986 – 12 O 133/86 –, EzGuG 11.158b.
35 OLG Düsseldorf, Urt. vom 4.4.1996 – 20 U 101/95 –.
36 LG Dortmund, Beschl. vom 27.5.1990 und 7.7.1992 – 16 O 1/90 –, WRP 1994, 72 = EzGuG 11.194f; LG München, Urt. vom 29.9.1993 – 1 HKO 9640/93 –, DAR 1994, 121 = EzGuG 11.207c; OLG München, Urt. vom 20.10.1994 – 29 U 6380/93 –, WRP 1995, 57 = EzGuG 11,127b; Revision: BGH, Urt. vom 6.2.1997 – III ZR 234/94 –, EzGuG 11.244a.
37 OLG Hamm, Urt. vom 13.5.1997 – 4 U 259/96 –, EzGuG 11.244b.

Sachverständigeneigenschaft auch autodidaktisch angeeignet werden kann; die Darlegungs- und Beweislast obliegt dann aber demjenigen, der als „Sachverständiger" firmiert[38]. Der BGH hat damit die von den Instanzgerichten errichtete „Papierform-Hürde" beseitigt und grundsätzlich den freien Bildungsweg akzeptiert.

Wie der BGH bereits 1990 entschied, genießt das **Verbot täuschender Berufsangaben** – begründet im Verbot unlauterer und irreführender Handlungen (§§ 3, 5 UWG) – keinen verfassungsrechtlichen Schutz[39]. 25

1.2.3 Amtlich anerkannte Sachverständige

Amtlich anerkannte Sachverständige sind solche, die **ihre Sachkunde vor einer staatlichen Stelle** (bzw. staatlich beliehenen Organisationen, wie dem TÜV und die GTÜ) **nachgewiesen** haben und denen die amtliche Anerkennung auf Grund besonderer gesetzlicher Bestimmungen zuerkannt wurde (z. B. nach dem Lebensmittelgesetz). Dieser Typus ist speziell für die technische Überwachung entwickelt worden (§ 24 GewO), wo der amtlich anerkannte Sachverständige als „Beliehener" i.d.R. eine hoheitliche Funktion mit unmittelbarer Wirkung für den Auftraggeber ausübt, beispielsweise die Kfz-Sachverständigen, Aufzüge, im Bereich des präventiven Gefahrenschutzes und der Überwachungsorganisationen[40]. Im Bereich des Bauordnungsrechts ist im Zusammenhang mit der Freistellungsregelung für bestimmte Bauvorhaben, insbesondere bezüglich des Nachweises für Standsicherheit sowie des Schall- und Wärmeschutzes, auf staatlich anerkannte Sachverständige die Aufgabe übergegangen, die Einhaltung der Normen zu prüfen und zu bescheinigen[41]. Soweit amtlich anerkannte Sachverständige hoheitlich tätig werden, rechnen sie ihr Honorar nach staatlichen Gebührenordnungen ab. 26

Die **technische Überwachung**, insbesondere auf den Gebieten der überwachungsbedürftigen Anlagen nach § 11 Gerätesicherheitsgesetz und des Kraftfahrzeugwesens, wird wegen besonderer Gefahren für Beschäftigte und Dritte von amtlichen oder amtlich für diesen Zweck anerkannten Sachverständigen vorgenommen. Diese Sachverständigen sind in technischen Überwachungsorganisationen zusammengefasst und entsprechen in ihrer Funktion beliehenen Unternehmern (Durchführung staatsentlastender Aufgaben). In einzelnen Bereichen sind diese Sachverständigen eines Unternehmens gleichgestellt, in dem die Prüfungen durch Werksangehörige nach Art der überwachungsbedürftigen Anlagen und der Integration dieser Anlagen in Prozessanlagen angezeigt ist, soweit sie von der zuständigen Behörde für die Prüfung der in diesem Unternehmen betriebenen überwachungsbedürftigen Anlagen anerkannt sind[42]. 27

Amtlich anerkannte Sachverständige können auch private und gerichtliche Sachverständigentätigkeit ausüben. 28

Von den *amtlich* anerkannten Sachverständigen zu unterscheiden sind solche **Sachverständige, die von einer nicht offiziell dazu bestimmten Stelle anerkannt worden sind.** Wenn dabei die die Anerkennung aussprechende Einrichtung nicht bekannt gegeben wird, so kann hierin eine wettbewerbsrechtliche Irreführung vorliegen.[43] Es kommt entscheidend darauf an, ob die Anerkennungsstelle in fachlicher und organisatorischer Hinsicht den an die Sachkompetenz, die nötige Unabhängigkeit und die erforderliche Objektivität zu stellenden Anforderungen entspricht[44]. 29

---

38 BGH, Urt. vom 6.2.1997 – I ZR 234/94 –, EzGuG 11.244a.
39 BGH, Urt. vom 25.1.1990 – I ZR 182/88 –, NJW-RR 1990, 678.
40 §§ 11 ff. Gerätesicherheitsgesetz, §§ 11, 18, §§ 28 f. StVZO; § 80 Abs. 1 BauO Nordrh.-Westf.; Bausachverständigenverordnung – BauSVO – Bad.-Württ. vom 15.7.1986 (GBl. 1986, 305); zur Dritthaftungssituation vgl. Werner/Reuber in BauR 1996, 796; BGH, Urt. vom 11.1.1973 – III ZR 32/71 –, EzGuG 11.89; offen noch: BGH, Urt. vom 11.7.1955 – III ZR 178/54 –, EzGuG 11.7.
41 Werner/Reuber in BauR 1996, 796; Schulte in BauR 1998, 249.
42 LT-Drucks. NW 11/8661.
43 OLG Köln, Urt. vom 18.9.1998 – 6 U 25/98 –, GuG 1999, 313 = EzGuG 11.271.
44 BGH, Urt. vom 23.5.1984 – I ZR 140/82 –, EzGuG 11.142 p; OLG Hamm, Urt. vom 17.7.1986 – 4 M 231/84 –, EzGuG 11.156b; LG Duisburg, Urt. vom 5.12.1996 – 41 O 38/96 –, EzGuG 11.239a.

III Sachverständigenwesen

30 Unter eingeschränkten Bedingungen hat der BGH die Anerkennung einer Sachverständigeneigenschaft durch eine nichtstaatliche Vereinigung gelten lassen, wenn diese Vereinigung über die sachliche Qualifikation, Unabhängigkeit und Objektivität verfügt, die nicht eine **Gefahr der Irreführung des ratsuchenden Publikums** entstehen lässt.[45] Zur Frage des Vertrauensschutzes, den eine Anerkennung suggeriert, auch im Hinblick auf die Haftung des anerkannten Sachverständigen gegenüber Dritten, vgl. Rn. 224 ff.

1.2.4 Verbandsmäßig anerkannte Sachverständige

31 Die **Zugehörigkeit eines Sachverständigen zu einer Sachverständigenorganisation** (Verband) **ist** selbst bei formeller Anerkennung durch die Organisation **bedeutungslos**, wenn damit nicht zugleich der Nachweis der besonderen Qualifikation, die Anerkennung und Einhaltung von Standesregeln bis hin zur Fortbildungspflicht einhergehen. Dies gilt insbesondere für freiberuflich tätige Mitglieder von Sachverständigenverbänden[46]. Die Anerkennung ist im Übrigen nicht unproblematisch[47]. Die Benutzung der Bezeichnung „anerkannter Sachverständiger"[48] oder „anerkannter Sachverständiger durch einen Fachverband"[49] ist unlauter. Die Bezeichnung muss mit einem Hinweis auf den Verband oder die Organisation gegeben werden, die die Anerkennung ausgesprochen hat[50]; des Weiteren liegt eine Irreführung vor, wenn der Sachverständige nicht mehr Mitglied der Organisation ist[51].

32 Die **Verbände erfüllen keinen gesetzlichen Auftrag** und sind zumeist privatrechtlich organisiert, häufig als eingetragener Verein.

1.2.5 Gerichtlich ernannte Sachverständige

Schrifttum: *Ankermann,* Das Recht der mündlichen Befragung des Sachverständigen, NJW 1985, 1204; *Ulrich,* Der gerichtliche Sachverständige, 12. Aufl. 2007; *Krauer/Wolf* in NJW 2004, 2857; *Müller,* Der Sachverständige im gerichtlichen Verfahren, 3. Aufl. 1988; *Schellhammer,* Zivilprozess, 9. Aufl. 2001; *Schikora, G.,* Einsichtnahme in die Handakten von Sachverständigen durch Gerichte und Parteien, MDR 2002, 1033; *Ulrich, J.,* Selbstständiges Beweisverfahren, ibr-Schriftenreihe 2004; *Ulrich,* Der gerichtliche Sachverständige, 12. Aufl. 2007; *Zöller/Greger,* ZPO, 23. Aufl. 2002; *Olzen,* Das Verhältnis von Richtern und Sachverständigen im Zivilprozess, ZZP 1980, Bd. 63, 66.

33 Gerichtliche Sachverständige sind solche, die im Einzelfall als „Helfer des Richters" zur Entscheidung eines gerichtlichen Verfahrens herangezogen werden; zum gerichtlichen Sachverständigen wird man durch gerichtlichen Auftrag[52]. Ihnen gleichgestellt sind die von der Staatsanwaltschaft und in einem Verwaltungsverfahren herangezogenen Sachverständigen[53]. Der **Sachverständige zählt** dann **zu den Beweismitteln des gerichtlichen Verfahrens** (vgl. § 404, § 73 Abs. 2 StPO, § 36 Abs. 1 OWiG, § 96 Abs. 1 Nr. 2 VwGO u.a. sowie Rn. 196,

---

45 BGH, Urt. vom 23.5.1984 – I ZR 140/82 –, EzGuG 11.142 p; BGH, Urt. vom 23.1.1978 – I ZR 104/76 –, EzGuG 11.111e;
46 BVerwG, Urt. vom 20.9.1985 – 1 C 22/82 –, EzGuG 11.147c; BVerwG, Urt. vom 29.9.1985 – 1 C 18/83 –, EzGuG 11.147b.
47 BGH, Urt. vom 23.5.1984 – I ZR 140/82 –, EzGuG 11.142e; Bleutge in Landmann/Rohmer, Gewerbordnung § 36 Rn. 8g; Bock in Praxishandbuch Sachverständigenrecht § 6 Rn. 18; vgl. auch BGH, Urt. vom 23.5.1984 – I ZR 140/82 –, EzGuG 11.142e; OLG Hamm, Urt. vom 17.7.1986 – 4 U 231/84 –, EzGuG 11.156a.
48 OLG München, Urt. vom 13.7.1995 – 6 U 1529/95 –; OLG Naumburg, Urt. vom 13.3.1997 – 2 U 124/95 –, GewA 1998, 421 = EzGuG 11.244g; LG Duisburg, Urt. vom 15.2.202 – 2 O 169/01 –, WRP 2002, 853; LG Bonn, Urt. vom 20.1.1978 – 3 O 281/77 –, WRP 1978, 922 = EzGuG 11.111d.
49 Grundsätze vgl. BGH, Urt. vom 23.5.1984 – I ZR 140/82 – NJW 1985, 2365 = EzGuG 11.142u; LG Essen, Urt. vom 5.3.2003 – 42 O 120/02 –, WRP 2003, 1268 = EzGuG 11.348a.
50 OLG Naumburg, Urt. vom 13.3.1997 – 2 U 124/95 –, GewArch 1998, 421 = EzGuG 11.244g; zum BVSK: OLG Hamm, Urt. vom 17.7.1986 – 4 U 231/84 –, GewArch 1987, 246 = EzGuG 11.156b.
51 LG Essen, Urt. vom 5.3.2003 – 42 O 120/02 –, WRP 2003, 1268 = EzGuG 11.348a.
52 BSG, Urt. vom 1.12.1964 – 11 RA 145/64 – EzGuG 11.46a = NJW 1965, 368; BGH Goldammer's Archiv für Strafrecht GA 1956, 294, OVG Berlin, Urt. vom 8.3.2001 – 3 K 25/00 –, JurBüro 2001, 485.
53 Jessnitzer/Frieling, Der gerichtliche Sachverständige, München, 10. Aufl. 1992, Rn. 723; Praxishandbuch Sachverständigenrecht § 12 Rn. 1 ff.; kritisch Lanz in ZRP 1998, 337; Regelungen über gerichtliche Sachverständige enthielt bereits das k.u.k.-Sanierungsgesetz für Prag (RGBl. für die im Reichsrath vertretenen Königreiche und Länder von 1893, 25 ff., 27 ff.).

292 f.). Mit einer Werbung als „gerichtlich zugelassener Sachverständiger" wird gegen wettbewerbsrechtliche Vorschriften verstoßen[54].

Die gerichtlich beauftragten Sachverständigen nehmen **keine hoheitlichen Aufgaben** wahr[55]. **34**

Die ZPO kennt zwar nur Einzelpersonen als Sachverständige. Ein **Gericht ist** aber **nicht** **35**
gehalten, als Sachverständige nur Einzelpersonen zu beauftragen[56].

Auch der häufig von Gerichten beauftragte Sachverständige darf auf Briefköpfen und sonstigen Werbeträgern nicht mit der Bezeichnung „vom Gericht bestellt", „**Gerichtssachverständiger**", „gerichtlich zugelassener Sachverständiger"[57] oder „zugelassen als Sachverständiger bei allen Amts-, Land- und Oberlandesgerichten"[58] werben.

Soweit für die zu begutachtende Materie Sachverständige öffentlich bestellt worden sind, sollen vom Gericht andere Personen nur herangezogen werden, wenn besondere Umstände es erfordern. Die **Auswahl der in einem Prozess heranzuziehenden Sachverständigen** und ihre Anzahl erfolgt durch das Prozessgericht. **36**

Wird ein Sachverständiger als **sachverständiger Zeuge** vom Gericht geladen, um dort zu vergangenen Tatsachen oder Zuständen auszusagen, die er selbst in privater Eigenschaft auf Grund seiner Sachkunde wahrgenommen hat, finden die **Vorschriften über den Zeugenbeweis** Anwendung. **37**

Der **Sachverständigenbeweis** ist neben dem Zeugenbeweis, dem Augenscheinsbeweis, dem Urkundenbeweis und dem Beweis durch Parteivernehmung eines der fünf klassischen Beweismittel nach der Prozessordnung. Für den Zivilprozess ist der Sachverständigenbeweis in den §§ 402 bis 414 ZPO geregelt (vgl. Anh. 1.6). **38**

Darüber hinaus ist in den §§ 485 bis 494a ZPO das **selbstständige Beweisverfahren** (anstelle des früheren Beweissicherungsverfahrens) geregelt. Die Vorschriften gelten (mit Ausnahme der Strafverfahren) kraft Verweisung auch vor anderen Gerichtsverfahren. **39**

Im **Verwaltungsprozess** (vgl. Rn. 294) sowie im **Strafverfahren** gelten eine Reihe von Besonderheiten:

Abb. 1: Synoptische Gegenüberstellung von Zivil- und Strafverfahren

Synoptische Gegenüberstellung von Zivil- und Strafverfahren	
Sachverständigenbeauftragung durch richterlichen Beweisbeschluss während des Verfahrens.	Sachverständigenbeauftragung durch Staatsanwalt oder Gericht auch schon in Vorbereitung des Verfahrens.
Vorprozessuale Tätigkeit kann Besorgnis der Befangenheit auslösen.	Beauftragung im Vorverfahren löst keine Besorgnis der Befangenheit aus.
Sachverhaltsfeststellung durch Parteivortrag.	Sachverhaltsfeststellung von Amts wegen.
Regelmäßig schriftliches Gutachten.	Regelmäßig mündliches Gutachten; schriftliches Gutachten zur Vorbereitung.
Anregung zur Tatsachenfeststellung (gegenüber Parteien) zurückhaltend.	Anregung zur Sachverhaltsermittlung im Rahmen des Auftrags.
Keine Beschlagnahme von Sachen.	Beschlagnahme von Gegenständen möglich, jedoch nicht vom Sachverständigen.

---

54 LG Wiesbaden, Urt. vom 19.7.1978 – 12 O 46/78 –, EzGuG 11.112b.
55 BGH, Urt. vom 5.10.1972 – III ZR 168/70 –, EzGuG 11.86; OLG München, Urt. vom 19.10.1973 – 8 U 4203/72 –, EzGuG 11.91b; OLG Düsseldorf, Urt. vom 6.8.1986 – 4 A 41/86 –, EzGuG 11.157.
56 OLG München, Urt. vom 22.9.1967 – 8 U 707/67 –, EzGuG 11.59b; OLG München, Urt. vom 17.12.1973 – 11 W 655/73 –, EzGuG 11.91c.
57 LG München I, Urt. vom 24.3.1983 – 4 HKO 1580/83 –, WRP 1984, 235 = EzGuG 11.137c; LG Wiesbaden, Urt. vom 19.7.1978 – 12 O 46/78 –, WRP 1979, 166 = EzGuG 11.112b; LG Leipzig, Urt. vom 1.9.2000 – O2HK O 253/00 –, WRP 2001, 840.
58 LG Frankfurt am Main, Urt. vom 30.1.2004 – 3/12 O 88/03 –, WRP 2004, 1198 = EzGuG 11.373.

III Sachverständigenwesen — Sachverständiger

Recht der Parteien auf mündliche Erläuterung des Gutachtens durch Sachverständigen.	Ladung des Sachverständigen auch durch Beschuldigten möglich.
Kein originäres Fragerecht; notfalls aber durch Gericht.	Eigenes Fragerecht des Sachverständigen; Veranlassung von Zeugen- und Beschuldigtenvernehmung.
Ablehnung des Sachverständigen grundsätzlich nur vor Gutachtenerstattung, soweit nicht Ablehnungsgrund bei oder nach Gutachtenerstattung oder durch das Gutachten selbst entstanden ist.	Ablehnung des Sachverständigen auch nach Erstattung des Gutachtens.
Gutachtenerstattungsverweigerungsrecht weiter gehend als im Strafprozess (§ 408 i.V.m. den §§ 383 f. ZPO).	Gutachtenerstattungsverweigerungsrecht enger als im Zivilprozess (§ 76 i.V.m. den §§ 52 f. StPO).
Eidesleistung liegt im Ermessen des Gerichts und kann nicht erzwungen werden.	Eidesleistung kann vom Staatsanwalt, Angeklagten, Verteidiger, Nebenkläger und Privatkläger erzwungen werden.
Eidesleistung vor oder nach Gutachtenerstattung sehr selten.	Eidesleistung immer nach Gutachtenerstattung.
Gutachtenergebnis ist auf Sicherheit oder größte Wahrscheinlichkeit ausgerichtet.	Im Hauptverfahren: „in dubio pro reo".

Quelle: Institut für Sachverständigenwesen e. V.

a) Gerichtlicher Beweisbeschluss

40 Die **Beweisaufnahme erfolgt vor dem Prozessgericht**, soweit sie nicht einem Mitglied des Prozessgerichts oder einem anderen Gericht übertragen worden ist. An der Beweisaufnahme können die Parteien, die Prozessbevollmächtigten sowie Privatgutachter teilnehmen.

41 Beweisaufnahme und die Anordnung eines besonderen Beweisaufnahmeverfahrens erfolgen durch **Beweisbeschluss** des Gerichts. Der Inhalt des Beweisbeschlusses kann in einem besonderen Einweisungstermin mit den Sachverständigen und den Prozessparteien formuliert werden. Das Gericht soll den Sachverständigen vor Abfassung der Beweisfrage hören, ihn in seine Aufgaben einweisen und ihm auf Verlangen den Antrag erläutern, wenn es erforderlich ist. Der Beweisbeschluss kann im Übrigen auch schon vor der mündlichen Verhandlung erlassen werden.

42 **Der Beweisbeschluss enthält**
  – die Bezeichnung der streitigen Tatsachen, über die Beweis erhoben werden soll,
  – die Bezeichnung der Beweismittel unter Benennung der zu vernehmenden Zeugen, Sachverständigen oder der zu vernehmenden Partei und
  – die Bezeichnung der Partei, die sich auf Beweismittel berufen hat.

43 Bei streitigem Sachverhalt bestimmt das Gericht, **welche Tatsachen der Sachverständige seinem Gutachten zugrunde legen soll**. Den Parteien werden Weisungen an den Sachverständigen mitgeteilt.

44 **Mit dem gerichtlichen Auftrag entsteht** zwischen dem Sachverständigen und dem Gericht **ein öffentlich-rechtliches Rechtsverhältnis**, d.h., Rechte und Pflichten der Vertragsparteien werden nicht vertraglich ausgehandelt.

b) Pflichten des Gerichts

45 Das Gericht hat die Tätigkeit des Sachverständigen zu leiten und kann ihm **Weisungen über Art und Umfang seiner Tätigkeit** erteilen, wenn dadurch seine fachliche Unabhängigkeit nicht beeinträchtigt wird. Die §§ 273 ff. ZPO bestimmen hierzu:

„**§ 273 ZPO Vorbereitung des Termins**

(1) ₁Das Gericht hat erforderliche vorbereitende Maßnahmen rechtzeitig zu veranlassen. ₂In jeder Lage des Verfahrens ist darauf hinzuwirken, dass sich die Parteien rechtzeitig und vollständig erklären.

(2) Zur Vorbereitung jedes Termins kann der Vorsitzende oder ein von ihm bestimmtes Mitglied des Prozessgerichts insbesondere

1. den Parteien die Ergänzung oder Erläuterung ihrer vorbereitenden Schriftsätze sowie die Vorlegung von Urkunden und von anderen zur Niederlegung bei Gericht geeigneten Gegenständen aufgeben, insbesondere eine Frist zur Erklärung über bestimmte klärungsbedürftige Punkte setzen;
2. Behörden oder Träger eines öffentlichen Amtes um Mitteilung von Urkunden oder um Erteilung amtlicher Auskünfte ersuchen;
3. das persönliche Erscheinen der Parteien anordnen;
4. Zeugen, auf die sich eine Partei bezogen hat, und Sachverständige zur mündlichen Verhandlung laden sowie eine Anordnung nach § 378 treffen.

(3) ₁Anordnungen nach Absatz 2 Nr. 4 sollen nur ergehen, wenn der Beklagte dem Klageanspruch bereits widersprochen hat. ₂Für sie gilt § 379 entsprechend.

(4) ₁Die Parteien sind von jeder Anordnung zu benachrichtigen. ₂Wird das persönliche Erscheinen der Parteien angeordnet, so gelten die Vorschriften des § 141 Abs. 2, 3.

§ 274 ZPO Ladung der Parteien; Einlassungsfrist

(1) Nach der Bestimmung des Termins zur mündlichen Verhandlung ist die Ladung der Parteien durch die Geschäftsstelle zu veranlassen.

(2) Die Ladung ist dem Beklagten mit der Klageschrift zuzustellen, wenn das Gericht einen frühen ersten Verhandlungstermin bestimmt.

(3) ₁Zwischen der Zustellung der Klageschrift und dem Termin zur mündlichen Verhandlung muss ein Zeitraum von mindestens zwei Wochen liegen (Einlassungsfrist). ₂Ist die Zustellung im Ausland vorzunehmen, so hat der Vorsitzende bei der Festsetzung des Termins die Einlassungsfrist zu bestimmen.

§ 275 ZPO Früher erster Termin zur mündlichen Verhandlung

(1) ₁Zur Vorbereitung des frühen ersten Termins zur mündlichen Verhandlung kann der Vorsitzende oder ein von ihm bestimmtes Mitglied des Prozessgerichts dem Beklagten eine Frist zur schriftlichen Klageerwiderung setzen. ₂Andernfalls ist der Beklagte aufzufordern, etwa vorzubringende Verteidigungsmittel unverzüglich durch den zu bestellenden Rechtsanwalt in einem Schriftsatz dem Gericht mitzuteilen; § 277 Abs. 1 Satz 2 gilt entsprechend.

(2) Wird das Verfahren in dem frühen ersten Termin zur mündlichen Verhandlung nicht abgeschlossen, so trifft das Gericht alle Anordnungen, die zur Vorbereitung des Haupttermins noch erforderlich sind."

Die **Pflichten des Gerichts** ergeben sich aus § 404a ZPO[59]. Es sind dies: **46**

a) eine Leitungs- und Weisungspflicht,

b) eine Anhörungs-, Einweisungs- und Erläuterungspflicht,

c) eine Pflicht zur Vorgabe des unstreitigen Sachverhalts sowie

d) eine Pflicht zur Regelung des Parteienverkehrs.

§ 404a ZPO hat folgende Fassung: **47**

„**§ 404a ZPO Gerichtliche Leitung des Sachverständigen**

(1) Das Gericht hat die Tätigkeit des Sachverständigen zu leiten und kann ihm für Art und Umfang seiner Tätigkeit Weisungen erteilen.

(2) Soweit es die Besonderheit des Falles erfordert, soll das Gericht den Sachverständigen vor Abfassung der Beweisfrage hören, ihn in seine Aufgabe einweisen und ihm auf Verlangen den Auftrag erläutern.

(3) Bei streitigem Sachverhalt bestimmt das Gericht, welche Tatsachen der Sachverständige der Begutachtung zu Grunde legen soll.

---

59 Vgl. Siegburg, Zum Beweisthema des Beweisbeschlusses beim Sachverständigenbeweis über Baumängel, BauR 2001, 875, 882; OLG Stuttgart IBR 1999, 1; OLG Celle, Beschl. vom 30.10.1997 – 4 U 197/95 –, EzGuG 11.254a.

III Sachverständigenwesen

(4) Soweit es erforderlich ist, bestimmt das Gericht, in welchem Umfang der Sachverständige zur Aufklärung der Beweisfrage befugt ist, inwieweit er mit den Parteien in Verbindung treten darf und wann er ihnen die Teilnahme an seinen Ermittlungen zu gestatten hat.

(5) ₁Weisungen an den Sachverständigen sind den Parteien mitzuteilen. ₂Findet ein besonderer Termin zur Einweisung des Sachverständigen statt, so ist den Parteien die Teilnahme zu gestatten."

48 Die **Pflichten des gerichtlich beauftragten Sachverständigen** ergeben sich aus § 407a ZPO; dies sind

a) die Pflicht zur Prüfung der sachlichen Zuständigkeit,

b) die Pflicht zur persönlichen Gutachtenerstattung,

c) die Pflicht zur Mitteilung von Zweifeln und besonders hohen Kosten,

d) die Pflicht zur Herausgabe von Akten,

e) die Pflicht zur Kostentragung bei Nichterscheinen oder Gutachtenverweigerung.

49 **§ 407a ZPO hat folgende Fassung:**

„§ 407a ZPO Mitwirkungspflichten

(1) ₁Der Sachverständige hat unverzüglich zu prüfen, ob der Auftrag in sein Fachgebiet fällt und ohne die Hinzuziehung weiterer Sachverständiger erledigt werden kann. ₂Ist das nicht der Fall, so hat der Sachverständige das Gericht unverzüglich zu verständigen.

(2) ₁Der Sachverständige ist nicht befugt, den Auftrag auf einen anderen zu übertragen. ₂Soweit er sich der Mitarbeit einer anderen Person bedient, hat er diese namhaft zu machen und den Umfang ihrer Tätigkeit anzugeben, falls es sich nicht um Hilfsdienste von untergeordneter Bedeutung handelt.

(3) ₁Hat der Sachverständige Zweifel an Inhalt und Umfang des Auftrages, so hat er unverzüglich eine Klärung durch das Gericht herbeizuführen. ₂Erwachsen voraussichtlich Kosten, die erkennbar außer Verhältnis zum Wert des Streitgegenstandes stehen oder einen angeforderten Kostenvorschuss erheblich übersteigen, so hat der Sachverständige rechtzeitig hierauf hinzuweisen."

c) Beeidigung des Sachverständigen

50 Der Sachverständige wird nach § 410 Abs. 1 Satz 1 ZPO vor oder nach Erstattung des Gutachtens beeidigt. Bei Sachverständigen, die auf dem einschlägigen Sachgebiet bereits beeidigt sind, z. B. öffentlich bestellte und vereidigte Sachverständige, genügt die **Berufung** oder eine entsprechende Erklärung im Gutachten **auf den bereits geleisteten Eid** (§ 410 Abs. 2 ZPO).

51 **§ 410 ZPO hat folgende Fassung:**

„§ 410 ZPO Beeidigung

(1) ₁Der Sachverständige wird vor oder nach Erstattung des Gutachtens beeidigt. ₂Die Eidesnorm geht dahin, dass der Sachverständige das von ihm erforderte Gutachten unparteiisch und nach bestem Wissen und Gewissen erstatten werde oder erstattet habe.

(2) Ist der Sachverständige für die Erstattung von Gutachten der betreffenden Art im Allgemeinen beeidigt, so genügt die Berufung auf den geleisteten Eid; sie kann auch in einem schriftlichen Gutachten erklärt werden."

Nach § 410 Abs. 1 Satz 2 ZPO wird der Sachverständige also darauf beeidigt, dass er das von ihm geforderte Gutachten **unparteiisch und nach bestem Wissen und Gewissen** erstatten werde oder erstattet hat[60]. Die Beeidigung ist im Hinblick auf zivilrechtliche Haftungsfolgen nach § 823 Abs. 2 BGB von Bedeutung (vgl. Rn. 162 ff., 211 ff., 238).

▶ *Zur Haftung von gerichtlichen Sachverständigen vgl. Rn. 237 ff.*

---

[60] Lanz in ZRP 1998, 337; v. Münch in NJW 1998, 1761.

d) Behandlung von Gutachtenaufträgen

Grundsätzlich hat ein zum Sachverständigen Ernannter nach § 407 ZPO (Rn. 33, 102) **dem gerichtlichen Auftrag Folge zu leisten,** wenn

- er zur Erstattung von Gutachten der erforderlichen Art öffentlich bestellt ist,
- er die Wissenschaft bzw. das Gewerbe, deren Kenntnis zur Erstattung des Gutachtens Voraussetzung ist, öffentlich zum Erwerb ausübt oder zur Ausübung öffentlich bestellt oder ermächtigt ist, oder
- er sich hierzu vor Gericht bereit erklärt hat.

Der **Sachverständige kann sich verweigern**

- aus Gründen, aus denen ein Zeuge von seinem Zeugnisverweigerungsrecht Gebrauch machen darf, insbesondere bei verwandtschaftlichen Beziehungen zu einer Partei, bei Verlöbnis oder Verheiratung,
- aus besonderen Gründen, wie Krankheit, Arbeitsüberlastung, Urlaub und mangelnder Sachkunde (vgl. § 10 SVO),
- oder wenn ihm die zur sachgerechten und zuverlässigen Beantwortung der Beweisfrage erforderlichen Kenntnisse und Erfahrungen fehlen.

Die Verweigerung bedarf zu ihrer Wirksamkeit der **Entbindung durch das Gericht**. Die Entbindung bedarf eines Antrags, der unverzüglich unter Angabe der Gründe gestellt werden muss. Darüber hinaus muss das Gericht den Sachverständigen entbinden, wenn eine Partei ein Ablehnungsgesuch unter Angabe von Tatsachen gestellt hat, die geeignet sind, aus ihrer Sicht berechtigte Zweifel an der Unparteilichkeit des Sachverständigen aufkommen zu lassen.

▶ *Zur Ablehnung von Sachverständigen vgl. Rn. 179 ff.*

Hält der Sachverständige für die Beantwortung der Beweisfragen eine **weitere Aufklärung des Sachverhalts** (z. B. durch gerichtliche Zeugenvernehmung oder Vorlage von Urkunden) für erforderlich, so hat er das Gericht hiervon zu unterrichten. Benötigt der Sachverständige noch Unterlagen, die sich in den Händen einer Partei befinden, so ist der sichere, allerdings auch zeitraubende Weg die Anforderung über das Gericht; dies gilt insbesondere dann, wenn die Partei nicht anwaltlich vertreten ist. In der Regel werden jedoch keine Bedenken bestehen, wenn der Sachverständige die Unterlagen schriftlich unmittelbar über den Prozessvertreter von der Partei erbittet und eine Abschrift seines Schreibens dem Prozessvertreter der anderen Partei und dem Gericht übersendet. Von einem einseitigen mündlichen oder fernmündlichen Kontakt mit nur einer Partei wird vom DIHT (Merkblatt)[61] dringend abgeraten (Ausnahme: Ladung zur Ortsbesichtigung). **Eigene Feststellungen zum Sachverhalt** darf der Sachverständige nur treffen, wenn sich die Befugnis hierzu aus dem Beweisbeschluss ergibt oder die ordnungsgemäße Erledigung des Auftrags dies erfordert (z. B. Notwendigkeit einer Objekt- oder Ortsbesichtigung). Bei Zweifeln, ob und wieweit der Sachverständige eigene Feststellungen zum Sachverhalt treffen darf, muss er sich beim Gericht Gewissheit verschaffen. Auf keinen Fall darf der Sachverständige selbst Zeugen vernehmen, umfangreiche Ermittlungen anstellen oder den Sachverhalt mit nur einer Partei oder nur einem Prozessbevollmächtigten erörtern oder abklären. Bei den Tatsachen, die ein gerichtlicher Sachverständiger auf Grund des Akteninhalts seinem Gutachten zu Grunde legen muss, insbesondere die ihm vom Gericht mitgeteilten Tatsachen (§ 404a Abs. 3 ZPO), handelt es sich um sog. **Anknüpfungstatsachen**. Eigene tatsächliche Feststellungen des Sachverständigen, die sich objektiv nachweisen lassen und über die der Sachverständige auch als Zeuge aussagen könnte, sind dagegen **Befundtatsachen**.

Das Gericht kann sich dem Urteil des Sachverständigen anschließen, aber es auch verwerfen. **Liegt ein Gutachten vor, so darf das Gericht nicht ohne Weiteres die Möglichkeit einer sachverständigen Beratung ungenutzt lassen** und muss sich gegebenenfalls ein ihm unklar

---

61 DIHT-Merkblatt: Der gerichtliche Sachverständige, Köln 1997.

III Sachverständigenwesen   Sachverständiger

erscheinendes Gutachten ergänzen und erläutern lassen[62]. Das Gericht hat aber die Pflicht zur Aufklärung des Sachverhalts und „Erschöpfung" eines durch Gutachtenerstattung angetretenen Sachverständigenbeweises (vgl. Rn. 295 ff. m.w.N.)[63]. Es muss sich auch mit den Grundlagen einer Schätzung auseinandersetzen, wenn sie wesentlich für die Entscheidung sind[64], und seine abweichende Beurteilung begründen (§ 192 BauGB Rn. 297)[65]. Soweit **mehrere sich** widersprechende Gutachten dem Gericht vorliegen, muss der Tatrichter auf die Aufklärung von Widersprüchen zwischen den verschiedenen Sachverständigen wie auch innerhalb eines einzelnen Gutachtens hinwirken[66].

Für steuerrechtliche Streitigkeiten hat der BFH entschieden, dass das **Finanzamt bei streitigen Grundstücksbewertungen** nicht verpflichtet ist, das Gutachten eines unabhängigen Sachverständigen einzuholen. Es kann sich auch mit Hilfe hauseigener Bewertungssachverständiger sachkundig machen. Deren Gutachten sind im finanzgerichtlichen Prozess als Privatgutachten zu behandeln[67].

▶ *Zu den Besonderheiten der Haftung vgl. Rn. 200 ff. und zur Entschädigung vgl. Rn. 260 ff.*

e) *Ortsbesichtigung (vgl. Rn. 379)*

55   Der Ortstermin des Gerichtssachverständigen ist zwar kein Gerichtstermin, sondern lediglich eine vorbereitende Maßnahme, jedoch sind die Grundsätze eines „fairen" Gerichtsverfahrens auch hier zu beachten. Daraus folgt, dass der **Ortstermin parteiöffentlich** ist. Die Prozessparteien, deren Rechtsanwälte und Streithelfer (Nebenintervenienten) und deren Anwälte haben ein Anwesenheitsrecht. Es empfiehlt sich zu diesem Zweck, zum Ortstermin mit einem sicheren Zugangsnachweis (Einschreiben/Rückschein) rechtzeitig zu laden (Terminmitteilung) und dem Gericht den bevorstehenden Ortstermin mitzuteilen. Sofern Parteien oder Streithelfer durch Anwälte vertreten sind, erfolgt die Ladung über die jeweiligen Anwälte (§ 176 ZPO). Zwischen dem Zugang der Terminmitteilung und dem Termin sollten mindestens zwei Wochen liegen.[68] Soweit dazu Wohnungen zu betreten sind und damit gerechnet werden muss, dass der Zugang verweigert wird, ist der Sachverhalt dem Gericht zur Klärung und Entscheidung zu unterbreiten. Das Gericht kann der beweisbelasteten Prozesspartei eine angemessene Ausschlussfrist setzen, dieses der sachverständigen Beweiserhebung entgegenstehende Hindernis zu beseitigen oder auf Duldung zu verklagen (§ 356 ZPO). Terminverlegungsgesuche sind ohne Nachprüfung der Gründe „großzügig" zu behandeln. Eine zweite Terminverlegung kann nur bei triftigen Gründen und ggf. unter Einschaltung des Gerichts in Betracht gezogen werden.

Auch im **Zwangsversteigerungsverfahren** sollten sowohl die beteiligten Gläubiger als auch Schuldner geladen werden[69].

Im Ortstermin können Hinweise zu den tatsächlichen Verhältnissen gegeben werden; der Sachverständige darf indessen nicht in Streitgespräche verwickelt oder in seiner Tätigkeit

---

62 BGH, Urt. vom 5.6.1961 – V ZR 11/80 –, EzGuG 11.124b.
63 BGH, Urt. vom 29.11.1995 – VIII ZR 278/94 –, GuG 1996, 180 = EzGuG 11.225; BGH, Urt. vom 13.10.1983 – IV ZR 220/93 –, EzGuG 207e; BGH, Urt. vom 11.5.1993 – VI ZR 243/92 –, EzGuG 11.205h;BGH, Urt. vom 12.1.1976 – VIII ZR 273/74 –, EzGuG 11.101a; BGH, Urt. vom 2.11.1970 – III ZR 129/68 –, EzGuG 11.74; BGH, Urt. vom 13.7.1962 – IV ZR 21/62 –, EzGuG 11.26; BGH, Urt. vom 28.6.1961 – V ZR 14/60 –, EzGuG 11.23; BGH, Urt. vom 22.7.1959 – 4 StR 250/59 –, EzGuG 11.18 d; BGH, Urt. vom 8.11.1955 – I ZR 12/54 –, EzGuG 11.7a; OLG Hamburg, Urt. vom 21.12.1961 – 6 U 172/61 –, EzGuG 11.24.
64 BGH, Urt. vom 17.12.1964 – III ZR 96/63 –, EzGuG 11.47; BGH, Urt. vom 18.12.1958 – 4 StR 399/58 –, EzGuG 11.16; BGH, Urt. vom 30.4.1952 – III ZR 198/51 –, EzGuG 11.2.
65 BGH, Urt. vom 9.5.1989 – VI ZR 268/88 –, EzGuG 11.170k.
66 BGH, Urt. vom 10.5.1994 – VI ZR 192/93 –, EzGuG 11.210; BGH, Urt. vom 23.9.1989 – VI ZR 261/85 –, EzGuG 11.159; OLG Oldenburg, Urt. vom 18.10.1995 – 2 U 130/95 –, EzGuG 11.224e.
67 BFH, Urt. vom 31.8.1994 – X R 170/93 –, GuG 1995, 183 = EzGuG 11.215; FG Münster, Urt. vom 12.8.1998 – 8 K 5129/94 GrE –, UVR 1999, 252 = StE 1999, 24.
68 Im Falle eines überraschenden Ortstermins ist vorher eine gerichtliche Entscheidung herbeizuführen; vgl. Franzki in Bayerlein, Praxishandbuch, 2. Aufl., § 14 Rn. 57.
69 Stöber, Zwangsversteigerungsgesetz, 18. Aufl. München 2006, § 74a Rn. 8; Steiner, Zwangsversteigerungsverfahren, München 1984, § 74a Rn. 96.

behindert werden[70]; er selbst darf sich auch nicht in Streit- oder Vergleichsgespräche einlassen. Bei einer **Störung des Ortstermins** muss dieser nach einer Abmahnung abgebrochen und das Gericht um Weisung gebeten werden, wie zu verfahren ist. Das Gericht kann in entsprechender Anwendung des § 444 ZPO (Grundsatz der Beweisvereitelungsfolgen) von einem weiteren Versuch der Beweiserhebung absehen und die gegnerische Behauptung als erwiesen ansehen. Das Gericht kann aber auch einen gerichtlichen Ortstermin unter Hinzuziehung des Sachverständigen ansetzen und zugleich ankündigen, dass es bei Störung dieses Termins nach § 444 ZPO verfahren werde.

▶ *Zu den Besonderheiten der Haftung vgl. Rn. 200 ff. und zur Entschädigung vgl. Rn. 260 ff.*

f) Ergänzung und Erläuterung eines Gutachtens

Im selbstständigen Beweisverfahren können die Parteien nach Übersendung des schriftlichen Gutachtens des gerichtlichen Sachverständigen Anträge auf **Ergänzung oder Erläuterung des Gutachtens** stellen, solange das Verfahren noch nicht beendet ist[71]. Welcher Zeitraum für entsprechende Anträge als angemessen anzusehen ist, bestimmt sich nach den Umständen des Einzelfalls, wobei auch der Umfang und Schwierigkeitsgrad des Gutachtens und ein etwa gegebenes Beschleunigungsbedürfnis zu berücksichtigen sind[72]. **56**

Um erkennbare Unstimmigkeiten eines Gutachtens aufzuklären, kann auch das Gericht den Sachverständigen zur Erläuterung seines Gutachtens laden. Auf Verlangen des Gerichts hat der Sachverständige nach § 407a Abs. 4 ZPO (Gerichts-)**Akten und sonstige für die Begutachtung beigezogene Unterlagen und Untersuchungsergebnisse** unverzüglich herauszugeben oder mitzuteilen. Nach Auffassung von *Schikora* sind unter Bezugnahme auf die Gesetzesmaterialien auch Handakten des Sachverständigen vorzulegen[73].

g) Persönliche Vernehmung eines Gutachters

Die Vorschriften der §§ 402 und 397 ZPO geben den Parteien nicht das Recht, die persönliche Vernehmung eines Privatgutachters zur Erläuterung seines Gutachtens zu verlangen[74]. In der Rechtspraxis ist es gleichwohl unbestritten, dass das Gericht auf rechtzeitig gestellten Antrag zur mündlichen Anhörung zu laden hat, selbst dann, wenn das Gericht ein Gutachten für vollständig und überzeugend erachtet hat. Nach der Rechtsprechung des BGH[75] kann von der Partei, die die Anhörung verlangt hat, nicht verlangt werden, dass sie die beabsichtigten Fragen im Voraus konkretisiert. Anhaltspunkt dafür können jedoch die Einwendungen gegen das Gutachten, die Begutachtung betreffende Anträge und Ergänzungsfragen zu dem schriftlichen Gutachten sein, die gemäß § 411 Abs. 4 innerhalb eines angemessenen Zeitraums dem Gericht mitzuteilen sind.

1.2.6 Verpflichtete Sachverständige

Als verpflichtete Sachverständige gelten insbesondere **Angestellte von Behörden oder sonstigen Stellen, auf die öffentliche Verwaltungsaufgaben übertragen worden sind, die nach dem** Gesetz über die förmliche Verpflichtung nicht beamteter Personen (Verpflichtungsgesetz) **verpflichtet worden sind.** In Betracht kommt eine Verpflichtung nach § 1 Abs. 1 Nr. 1 oder 3 dieses Gesetzes: **57**

– Wer, ohne Amtsträger zu sein, bei einer Behörde oder einer sonstigen öffentlichen Stelle Aufgaben der öffentlichen Verwaltung wahrnimmt, beschäftigt oder für sie tätig ist, wird nach Nr. 1 förmlich verpflichtet.

---

70 OLG Düsseldorf, Urt. vom 29.5.1973 – 20 W 13/73 –, BauR 1974, 72 = EzGuG 11.90d.
71 BGH, Urt. vom 13.9.2005 – VI ZB 84/01 –, EzGuG 11.466,
72 OLG Köln, Urt. vom 18.9.1996 – 2 W 151/96 –, EzGuG 11.235d.
73 Schikora in MDR 2002, 1033; BT Drucks. 11/3621, 40.
74 BVerwG, Beschl. vom 26.11.1980 – 6 B 16/80 –, EzGuG 11.121f; BGH, Urt. vom 5.12.1961 – VI ZR 261/60 –; BGH, Urt. vom 17.9.1963 – VI ZR 172/62 –, in VRS 26, 86.
75 BGH, Beschl. vom 5.9.2006 – VI ZR 176/05 –, NJW-RR 2007, 212; BGH, Urt. vom 27.2.1957 – VI ZR 290/56 –, BGHZ 24, 9, 14; BVerwG, Urt. vom 19.3.1996 – 11 B 9/96 –, NJW 1996, 2318 = EzGuG 11..228.

III Sachverständigenwesen

– Die von den Industrie- und Handelskammern, den Landwirtschaftskammern, den Handwerkskammern und von Behörden bestellten und vereidigten Sachverständigen werden nach Nr. 3 förmlich verpflichtet.

1.2.7 Öffentlich bestellte und vereidigte Sachverständige

1.2.7.1 Öffentliche Bestellung nach GewO

Schrifttum: *Bleutge, P.,* Der öffentlich bestellte und vereidigte Sachverständige, Funktion und Inhalt seiner Berufung, BB 1973, 1416; *Bleutge, P.,* Die öffentliche Bestellung von Sachverständigen im Spiegel der Rechtsprechung, GewA 1974, 184; *Bleutge, P.,* Die besondere Sachkunde nach § 36 GewO, GewA 1975, 147; *Bleutge, P.,* Der öffentlich bestellte Sachverständige, DRiZ 1977, 10; *Bleutge, P., Die neuere Rechtsprechung zu § 36 GewO,* GewA 1976, 363; GewA 1980, 313; GewA 1986, 145; GewA 1990, 113; *Bleutge, P.,* Der öffentlich bestellte Sachverständige nach § 36 GewO, WiVerw 1988, 1; *Bleutge, P.,* Die Novellierung des § 36 GewO, GewA 1994, 447; *Bleutge, P.,* Öffentliche Bestellung und private Zertifizierung im Wettbewerb, GuG 1997, 72; *Bleutge, P.,* Prüfung der Sachkunde bei zertifizierten Sachverständigen, Der Bausachverständige 2005, 8, 47; *Bremer, H.,* Straf- und zivilrechtliche Folgen der fälschlichen Bezeichnung „öffentlich bestellter Sachverständiger", BB 1974, 210; *Brocki, G.,* Die öffentliche Bestellung von Sachverständigen für die Wirtschaft, GewA 1961, 174; *Broß, S.,* Ist das Verfahren der Industrie- und Handelskammern für die öffentliche Bestellung von Sachverständigen verfassungswidrig?, ZfBR 1992, 51; *Broß, S.,* Die öffentliche Bestellung von Sachverständigen und Kartellrecht, GRUR 1993, 190; *Döbereiner, W.,* Die Bedürfnisprüfung bei der öffentlichen Bestellung von Sachverständigen, BB 1984, 1074; *Jahn, R.,* Zur Bedürfnisprüfung im Sachverständigenwesen, JuS 1993, 643; *Kamphausen, A.,* Zur Sachkundeprüfung bei der öffentlichen Bestellung von Sachverständigen, GewA 1991, 124; *Konstantinou, K.,* Die öffentliche Bestellung von Sachverständigen, Köln 1993; *Müller, K.,* Die Voraussetzungen für die öffentliche Bestellung eines Sachverständigen, GewA 1971, 193; *Nicklisch, F.,* Technische Überwachungsorganisationen und öffentlich bestellte Sachverständige, DB 1982, 2277; *Pause, E.,* Der unabhängige Sachverständige, NJW 1985, 2576; *Pause, E.,* Die Unabhängigkeit des Sachverständigen, GewA 1986, 218; *Stober, R.,* Der öffentlich bestellte Sachverständige zwischen beruflicher Bindung und Deregulierung, Köln 1991; *Stober, R.,* Zum Beruf des Sachverständigen nach der Novellierung des § 36 GewO, Heidelberg 1996; *Tettinger, P.,* Die öffentliche Bestellung von Sachverständigen im Lichte der jüngeren Rechtsprechung, GewA 1984, 41; *Tettinger, P./Pielow, C.,* Die aktuelle Rechtsentwicklung bei der öffentlichen Bestellung und Vereidigung von Sachverständigen, GewA 1992, 1; *Tettinger/Wank,* Kommentar zur Gewerbeordnung, 7. Aufl. München 2004; *Trauzettel, G.,* Der öffentlich bestellte und vereidigte Sachverständige im Dienste der Bürger, ZSW 1986, 141; *Weidhaas, J.,* Die Überprüfung der besonderen Sachkunde von Sachverständigen durch Fachgremien, GewA 1991, 367; *Weidhaas, J.,* Sachverständige in der elektronischen Datenverarbeitung, CR 1986, 597; *Weidhaas, J.,* Öffentlich bestellte IHK-Sachverständige, ZSW 1986, 33; *Wolter, B.,* Die Bedürfnisprüfung in § 36 GewO = GewA 1972, 321.

58 Um Gerichten, Unternehmen, Behörden und Privatleuten die Suche nach **fachlich besonders qualifizierten Sachverständigen mit besonders hoher Glaubwürdigkeit und Gewähr für Unparteilichkeit und Zuverlässigkeit** zu erleichtern, wurde die Institution des „öffentlich bestellten und vereidigten Sachverständigen" geschaffen. Sie bietet auf Grund ihrer Überprüfung dieser Sachverständigen durch staatliche oder halbstaatliche Stellen die Gewähr der besonderen Sachkunde auf ihrem Fachgebiet[76] sowie für eine uneingeschränkte Vertrauenswürdigkeit. Sie werden deshalb auch von Gerichten vorzugsweise herangezogen (vgl. § 104 Abs. 2 ZPO, § 73 Abs. 2 StPO, § 173 Abs. 1 VwGO).

Der öffentlich bestellte und vereidigte Sachverständige übt keinen besonderen, sondern einen jedermann zugänglichen Beruf des Sachverständigen aus. Rechte und Pflichten des öffentlich bestellten und vereidigten Sachverständigen ergeben sich entweder aus

a) einer auf Grund der Ermächtigung nach § 36 Abs. 3 GewO erlassenen Rechtsverordnung[77] oder

---

[76] BVerwG, Urt. vom 11.12.1972 – 1 C 5/71 –, EzGuG 1188a.

[77] Verordnung über die öffentliche Bestellung und Vereidigung von Sachverständigen des Landes Bremen vom 23.5.1977 (GBl. 1977, 253); über die öffentliche Bestellung und Vereidigung von Sachverständigen auf dem Gebiet der Land- und Forstwirtschaft einschließlich des Garten- und Weinbaus sowie der Fischerei des Landes Baden-Württemberg vom 20.12.2004 (GVBl 2004, 497).

b) einer nach § 36 Abs. 4 GewO erlassenen (autonomen) Satzung einer für die Bestellung dieser Sachverständigen zuständigen Körperschaft öffentlichen Rechts (Sachverständigenordnung SVO der Industrie- und Handelskammern, Architektenkammern, Handwerkskammer).

Der öffentlich bestellte und vereidigte Sachverständige ist organisiert im **Bundesverband der Sachverständigen (BVS)**, der am 27.11.1961 gegründet wurde und sich in 12 Landesverbände untergliedert[78]. Kooperativer Mitgliedsverband des BVS ist der Hauptverband der landwirtschaftlichen Buchstellen und Sachverständigen (HLBS), der 1922 als „Reichsverband landwirtschaftlicher Privat-Buchstellen e.V." gegründet wurde, im Ditten Reich als „Reichsverband für das landwirtschaftliche Buchführungs-, Betreuungs- und Schätzungswesen e.V. – angegliedert dem Reichsnährstand" geführt wurde und sich 1948 als „Hauptverband für landwirtschaftliche Buchführung und Betreuung e.V." formierte. Der BVS vertritt als Dachorganisation die Interessen von 24 Mitgliedsverbänden mit mehr als 5 000 Sachverständigen, die auf weit mehr als 100 verschiedenen Fachgebieten tätig sind, davon sind etwa 1 000 Mitglieder im Bereich der Immobilienbewertung tätig.

Die Tätigkeit eines öffentlich bestellten und vereidigten Sachverständigen ist nicht auf den Bezirk der Kammer beschränkt, die ihn bestellt hat (§ 2 Abs. 5 SVO). Ob er seine Tätigkeit haupt- oder nebenberuflich ausübt, liegt in seiner Entscheidung. Er kann seine Tätigkeit allein oder zusammen mit anderen Sachverständigen ausüben (§ 21 SVO), wobei es sich nicht um öffentlich bestellte und vereidigte Sachverständige handeln muss. **59**

Es liegt innerhalb der Ausübung sachgerechten Ermessens, wenn eine Industrie- und Handelskammer im Rahmen des § 36 GewO vom öffentlich bestellten Sachverständigen verlangt, dass er grundsätzlich nur eine **berufliche Niederlassung** haben darf, weil nur so eine ständige Überprüfung des Sachverständigen gewährleistet ist. In entsprechender Anwendung der in § 42 Abs. 2 GewO umschriebenen gewerblichen Niederlassung liegt eine berufliche Niederlassung dann vor, wenn dem Sachverständigen ein zum dauernden Gebrauch eingerichteter, ständig oder in regelmäßiger Wiederkehr von ihm benutzter Raum für Arbeiten zur Verfügung steht, die im Zusammenhang mit seiner Gutachtertätigkeit stehen[79]. **60**

Für die öffentliche Bestellung zum Sachverständigen gilt grundsätzlich, dass **61**

– die Person mindestens 30 Jahre und höchstens 68 Jahre alt ist und
– die öffentliche Bestellung von einigen Kammern befristet, meistens für 3 bis 5 Jahre, mit der Möglichkeit einer erneuten Bestellung ausgesprochen wird.

Zum Mindestalter von Sachverständigen **schreibt § 3 Nr. 2b SVO vor, dass der Bewerber das 30. Lebensjahr vollendet hat.** Davon kann nach der Begründung zu dieser Regelung nicht abgewichen werden. Dies stellt keinen Eingriff in die Freiheit der Berufswahl, sondern eine Regelung der Berufsausübung dar[80]. **62**

Die öffentliche Bestellung und Vereidigung von Sachverständigen für Grundstückswerte wird grundsätzlich als eine **Maßnahme zur Daseinsvorsorge** angesehen. § 36 GewO ist im Grundkonzept nicht als eine dem Art. 12 GG unterfallende Berufszulassungsschranke ausgestaltet. Hierin unterscheidet sich die Regelung von der öffentlichen Bestellung der Vermessungsingenieure (ÖbVI), wo sie den alleinigen Zugang zum Beruf darstellt und wo deshalb auch nicht der Sachverständigenbegriff, sondern – etwas bescheidener – die Ingenieurbezeichnung Verwendung findet. Dafür werden aber i.d.R. gleich zwei (große) Staatsprüfungen sowie Praxiserfahrung als Zulassungsvoraussetzung gefordert; ein pikanter Widerspruch. **63**

Gesetzliche Grundlagen sind insbesondere § 36 GewO und § 91 Abs. 1 Nr. 8 der Handwerksordnung – HwO[81]. Die Zuständigkeit für die öffentliche Bestellung von Sachverständigen **64**

---
78 Zur Chronik des BVS vgl. Rollmann, „Wir deutschen Sachverständigen ...".
79 VG Saarlouis, Urt. vom 23.6.1980 – 5 K 114/79 –, EzGuG 11.119a.
80 BVerwG, Beschl. vom 30.12.1965 – 1 B 37/65 –, EzGuG 11.49b.
81 BGH, Urt. vom 28.6.1984 – I ZR 93/82 –, EzGuG 11.142; VG Leipzig, Urt. vom 15.8.2000 – 5 K 429/99 –, GuG 2001, 254 = EzGuG 11.288a; VG Ansbach, Urt. vom 30.3.2000 – AN 16 K 97.0.2635 –, GuG 2001, 254 = EzGuG 11.120m.

III Sachverständigenwesen Sachverständiger

ergibt sich dabei i.d.R. aus § 36 GewO. Die öffentliche Bestellung stellt keine Berufszulassung[82] dar und **verleiht** auch **keinerlei hoheitliche Befugnisse;** infolgedessen ist sie auch kein Akt staatlicher Beleihung.

65 Die **Bezeichnung öffentlich bestellter und vereidigter Sachverständiger ist gesetzlich geschützt** und nur diesen vorbehalten (§ 3 UWG und § 132a Abs. 1 Nr. 53 StGB); führt eine Person gleichwohl diese Bezeichnung, so ist dies eine nach § 3 UWG **irreführende Handlung (Werbung,** vgl. Rn. 4)[83]. Des Weiteren dürfen nur diese Sachverständigen den von den Kammern ausgehändigten Rundstempel führen (vgl. Rn. 104).

66 Die öffentlich bestellten Sachverständigen sollen auf Grund ihrer besonderen Sachkunde Fragen beantworten können, deren selbstständige Beurteilung einem Gericht oder einem anderen Auftraggeber wegen fehlender Fachkenntnisse nicht möglich ist. Ihre Gutachten haben einen erheblichen, oft streitentscheidenden Einfluss auf fremde Entscheidungen, die unter Umständen schwerwiegende Folgen für die Betroffenen mit sich bringen.

67 Wegen der verantwortungsvollen Stellung des Sachverständigen sind an die von ihm zu verlangende Charakterstärke hohe Anforderungen zu stellen. Daher erfordert die öffentliche Bestellung als Sachverständiger eine uneingeschränkte **Zuverlässigkeit und Vertrauenswürdigkeit der Person**[84]. Für die **persönliche Eignung und Integrität** ist zu fordern die Gewähr für Unabhängigkeit und Unparteilichkeit sowie für die Einhaltung der Sachverständigenpflichten. Diese Voraussetzung ist nicht gegeben, wenn Tatsachen vorliegen, die die Annahme rechtfertigen, der Sachverständige werde seinen mit der öffentlichen Bestellung zusammenhängenden öffentlichen Aufgaben nicht immer ordnungsgemäß nachkommen[85]. Des Weiteren ist eine Eignung nicht gegeben, wenn der Sachverständige grundsätzlich nicht willens und in der Lage ist, die grundlegenden Pflichten seiner Tätigkeit zu beachten[86]. Vom Sachverständigen werden geordnete Vermögensverhältnisse[87] sowie die Beherrschung der deutschen Sprache in Wort und Schrift gefordert. Die gebotene **Unparteilichkeit** muss sich in Stil und Sprache widerspiegeln. Auch muss von einem öffentlich bestellten Sachverständigen erwartet werden, dass er nicht erst vor den Schranken der (Straf-)Gesetze Halt macht, sondern bereits unterhalb der Grenze des rechtlich Zulässigen sein Verhalten so einrichtet, dass – gemessen an den Geboten der Fairness, der Korrektheit und der persönlichen Integrität – Zweifel an der Zuverlässigkeit seines Tuns gar nicht erst aufkommen[88], vgl. hierzu die Bestimmungen der Muster-Sachverständigenordnung – SVO – des Industrie- und Handelskammertags. Des Weiteren ist er zur gewissenhaften Erfüllung seiner Obliegenheiten verpflichtet (§ 1 Abs. 1 Verpflichtungsgesetz). Darüber hinaus wird gefordert, dass der Sachverständige nicht einschlägig vorbestraft ist. Auch die unbefugte Verwendung von Rundstempeln kann Zweifel an den persönlichen Voraussetzungen eines Antragstellers rechtfertigen[89].

---

82 BVerwG, Urt. vom 3.2.1986 – 1 B 4/86 –, EzGuG 11.150; VGH Mannheim, Urt. vom 8.12.1987 – 6 S 3097/86 –, EzGuG 11.168a.
83 OLG Dresden, Beschl. vom 4.9.1996 – 12 U 564/96 –, EzGuG 11.235c, AG Krefeld, Urt. vom 25.9.1970 – 2x DS 43/60 –, BB 1961, 197.
84 BVerwG, Urt. vom 27.6.1974 – 1 C 10/73 –, EzGuG 11.94; OVG Münster, Urt. vom 25.11.1986 – 4 A 1673/85 –, EzGuG 11.162a; OVG Münster, Urt. vom 31.3.1982 – 4 A 2552/80 –, EzGuG 11.127b; VG Augsburg, Urt. vom 27.4.1983 – An 4 K 82 A. 205 –, EzGuG 11.136 g; OVG Münster, Urt. vom 21.4.1983 –, EzGuG 11.137 d; VG Minden, Urt. vom 10.2.1982 – 2 K 2259/81 –, EzGuG 11.135c; VG Karlsruhe, Urt. vom 21.1.1982 – 6 K 325/81 –, EzGuG 11.125n; VG München, Urt. vom 23.1.1996 – M 16 K 95.617 –, EzGuG 11.227a; VGH Mannheim, Urt. vom 22.9.1976 – 6 608/76 –, EzGuG 11.103b; Tettinger in GewArch 1984, 44 und GewArch 1992, 1.
85 BVerwG, Urt. vom 27.6.1974 – 1 C 10/73 –, EzGuG 11.94; Bleutge in Landmann/Rohmer, GewO § 36.
86 BVerwG, Urt. vom 24.4.1979 – 1 C 51/75 –
87 VG Münster, Urt. vom 9.11.1993 – 4 K 2470/92 –, EzGuG 11.207i.
88 OVG Münster, Urt. vom 14.10.1985 – 4 A 1494/80 –, EzGuG 11.148; OVG Lüneburg, Urt. vom 15.6.1977 – 7 A 151/75 –, EzGuG 11.110; VG Berlin, Beschl. vom 19.10.1979 – 4 A 209/78 –, EzGuG 11.115h; OLG Hamm, Beschl. vom 13.7.1979 – 1 W 41/79 –, EzGuG 11.115 d; LG Oldenburg, Beschl. vom 6.5.1971 – 1 O 196/69 –, EzGuG 11.77 g; LG Berlin, Beschl. vom 17.11.1970 – 53 T 60/70 –, EzGuG 11.74a.
89 VG Bayreuth, Urt. vom 17.9.1991 – B 1 K 89.607 –, EzGuG 11.186 d.

Das Tatbestandsmerkmal der **persönlichen Eignung** unterliegt der uneingeschränkten gerichtlichen Überprüfung[90].

Die **besondere Sachkunde in § 36 GewO** ist ein unbestimmter Rechtsbegriff, der ebenfalls der uneingeschränkten gerichtlichen Nachprüfung unterliegt (vgl. Rn. 101). **68**

Rechtsanspruch auf Bestellung/Bedürfnisprüfung

Auf die Beeidigung und öffentliche Bestellung als Sachverständiger gemäß § 36 GewO bestand im Übrigen lange Zeit **kein** (sich auf Art. 12 Abs. 1 Satz 1 GG gründender) **Rechtsanspruch**[91]. Eine berufliche Betätigung war nämlich auf diesem Gebiet auch ohne Bestellung möglich, denn das Bewerten von Grundstücken ist weder den dafür bestellten Personen vorbehalten noch genehmigungspflichtig[92]. **69**

Auf die öffentliche Bestellung besteht nunmehr ein Anspruch, wenn die Bestellungsvoraussetzungen vorliegen; es gibt keine Bedürfnisprüfung. §§ 36 und 36a der Gewerbeordnung – GewO – (vgl. auch § 91 Abs. 1 Nr. 8 HwO) **haben folgende Fassung**[93]: **70**

„§ 36 GewO Öffentliche Bestellung von Sachverständigen

(1) Personen, die als Sachverständige auf den Gebieten der Wirtschaft einschließlich des Bergwesens, der Hochsee- und Küstenfischerei sowie der Land- und Forstwirtschaft einschließlich des Garten- und Weinbaues tätig sind oder tätig werden wollen, sind auf Antrag durch die von den Landesregierungen bestimmten oder nach Landesrecht zuständigen Stellen für bestimmte Sachgebiete öffentlich zu bestellen, sofern für diese Sachgebiete ein Bedarf an Sachverständigenleistungen besteht, sie hierfür besondere Sachkunde nachweisen und keine Bedenken gegen ihre Eignung bestehen. Sie sind darauf zu vereidigen, dass sie ihre Sachverständigenaufgaben unabhängig, weisungsfrei, persönlich, gewissenhaft und unparteiisch erfüllen und ihre Gutachten entsprechend erstatten werden. Die öffentliche Bestellung kann inhaltlich beschränkt, mit einer Befristung erteilt und mit Auflagen verbunden werden.

(2) Absatz 1 gilt entsprechend für die öffentliche Bestellung und Vereidigung von besonders geeigneten Personen, die auf den Gebieten der Wirtschaft

1. bestimmte Tatsachen in Bezug auf Sachen, insbesondere die Beschaffenheit, Menge, Gewicht oder richtige Verpackung von Waren feststellen oder
2. die ordnungsmäßige Vornahme bestimmter Tätigkeiten überprüfen.

(3) Die Landesregierungen können durch Rechtsverordnung die zur Durchführung der Absätze 1 und 2 erforderlichen Vorschriften über die Voraussetzungen für die Bestellung sowie über die Befugnisse und Verpflichtungen der öffentlich bestellten und vereidigten Sachverständigen bei der Ausübung ihrer Tätigkeit erlassen, insbesondere über

1. die persönlichen Voraussetzungen einschließlich altersmäßiger Anforderungen, den Beginn und das Ende der Bestellung,
2. die in Betracht kommenden Sachgebiete einschließlich der Bestellungsvoraussetzungen,
3. den Umfang der Verpflichtungen des Sachverständigen bei der Ausübung seiner Tätigkeit, insbesondere über die Verpflichtungen

    a) zur unabhängigen, weisungsfreien, persönlichen, gewissenhaften und unparteiischen Leistungserbringung,

    b) zum Abschluss einer Berufshaftpflichtversicherung und zum Umfang der Haftung,

    c) zur Fortbildung und zum Erfahrungsaustausch,

---

90 BayVGH, Beschl. vom 19.9.2004 – 22 CS 04.1885 –, NVwZ-RR 2005, 242.
91 BVerwG, Urt. vom 26.6.1990 – 1 C 10/88 –, EzGuG 11.179 mit Anm. von Weidhaas in GewArch 1991, 367; BVerwG, Urt. vom 3.2.1986 – 1 B 4/86 –, EzGuG 11.150; BVerwG, Urt. vom 24.4.1979 – 1 C 31/75 –, EzGuG 11.114 d; BVerwG, Urt. vom 24.6.1975 – 1 C 23/73 –, EzGuG 11.97; BVerwG, Urt. vom 27.6.1974 – 1 C 10/73 –, EzGuG 11.94; BVerwG, Urt. vom 6.6.1963 – 1 B 11/63 –, EzGuG 11.35; OVG Münster, Urt. vom 31.3.1982 – 4 A 2552/80 –, EzGuG 11.127b, VG Köln, Urt. vom 27.11.1980 – 1 K 4734/79 –, EzGuG 1 K 4734/79 –, EzGuG 11.121h; Tettinger in GewArch 1984, 48 und GewArch 1992, 1; Müller in ZSW 1983, 120.
92 BVerfG, Urt. vom 1.7.1986 – 1 BvL 26/83 –, EzGuG 11.156; BayVGH, Urt. vom 14.8.1986 – 22 B 83 A 835 –, EzGuG 11.158; BVerwG, Urt. vom 24.6.1975 – 1 C 23/73 –, EzGuG 11.97.
93 § 36 Abs. 3 Nr. 3 Buchstabe e) neu gefasst und § 36a eingefügt durch Gesetz zur Umsetzung der Dienstleistungsrichtlinie im Gewerberecht und in weiteren Rechtsvorschriften vom 17. Juli 2009 (BGBl. I, S. 2091), in Kraft getreten am 28.12.2009.

d) zur Einhaltung von Mindestanforderungen bei der Erstellung von Gutachten,
e) zur Anzeige bei der zuständigen Behörde hinsichtlich aller Niederlassungen, die zur Ausübung der in Absatz 1 genannten Sachverständigentätigkeiten genutzt werden,
f) zur Aufzeichnung von Daten über einzelne Geschäftsvorgänge sowie über die Auftraggeber,

und hierbei auch die Stellung des hauptberuflich tätigen Sachverständigen regeln.

(4) Soweit die Landesregierung weder von ihrer Ermächtigung nach Absatz 3 noch nach § 155 Abs. 3 Gebrauch gemacht hat, können Körperschaften des öffentlichen Rechts, die für die öffentliche Bestellung und Vereidigung von Sachverständigen zuständig sind, durch Satzung die in Absatz 3 genannten Vorschriften erlassen.

(5) Die Absätze 1 bis 4 finden keine Anwendung, soweit sonstige Vorschriften des Bundes über die öffentliche Bestellung oder Vereidigung von Personen bestehen oder soweit Vorschriften der Länder über die öffentliche Bestellung oder Vereidigung von Personen auf den Gebieten der Hochsee- und Küstenfischerei, der Land- und Forstwirtschaft einschließlich des Garten- und Weinbaues sowie der Landesvermessung bestehen oder erlassen werden.

§ 36a Öffentliche Bestellung von Sachverständigen mit Qualifikationen aus einem anderen Mitgliedstaat der Europäischen Union oder einem anderen Vertragsstaat des Abkommens über den Europäischen Wirtschaftsraum

(1) Bei der Bewertung der nach § 36 Absatz 1 geforderten besonderen Sachkunde von Antragstellern sind auch Ausbildungs- und Befähigungsnachweise anzuerkennen, die in einem anderen Mitgliedstaat der Europäischen Union oder in einem anderen Vertragsstaat des Abkommens über den Europäischen Wirtschaftsraum ausgestellt wurden. Wenn der Antragsteller in einem der in Satz 1 genannten Staaten für ein bestimmtes Sachgebiet

1. zur Ausübung von Sachverständigentätigkeiten berechtigt ist, die dort Personen vorbehalten sind, die über eine der besonderen Sachkunde im Sinne des § 36 Absatz 1 im Wesentlichen entsprechende Sachkunde verfügen, oder
2. in zwei der letzten zehn Jahre vollzeitig als Sachverständiger tätig gewesen ist und sich aus den vorgelegten Nachweisen ergibt, dass der Antragsteller über eine überdurchschnittliche Sachkunde verfügt, die im Wesentlichen der besonderen Sachkunde im Sinne des § 36 Absatz 1 entspricht,

ist seine Sachkunde bezüglich dieses Sachgebiets vorbehaltlich des Absatzes 2 als ausreichend anzuerkennen.

(2) Soweit sich die Inhalte der bisherigen Ausbildung oder Tätigkeit eines Antragstellers auf dem Sachgebiet, für das die öffentliche Bestellung beantragt wird, wesentlich von den Inhalten unterscheiden, die nach § 36 Voraussetzung für die öffentliche Bestellung als Sachverständiger für das betreffende Sachgebiet sind, kann dem Antragsteller nach seiner Wahl eine Eignungsprüfung oder ein Anpassungslehrgang auferlegt werden. Diese Maßnahme kann insbesondere auch die Kenntnis des deutschen Rechts und die Fähigkeit zur verständlichen Erläuterung fachlicher Feststellungen betreffen.

(3) Soweit an den Antragsteller nach Absatz 1 Satz 2 in seinem Herkunftsstaat außerhalb der Sachkunde liegende Anforderungen gestellt wurden, die den nach § 36 Absatz 1 geltenden vergleichbar sind, sind diese nicht nochmals nachzuprüfen. § 13b gilt entsprechend.

(4) Die zuständige Behörde bestätigt binnen eines Monats den Empfang der von dem Antragsteller eingereichten Unterlagen und teilt gegebenenfalls mit, welche Unterlagen noch nachzureichen sind. Das Verfahren für die Prüfung des Antrags auf Anerkennung muss innerhalb von drei Monaten nach Einreichen der vollständigen Unterlagen abgeschlossen sein. Diese Frist kann in begründeten Fällen um einen Monat verlängert werden. Bestehen Zweifel an der Echtheit von vorgelegten Bescheinigungen und Nachweisen oder benötigt die zuständige Behörde weitere Informationen, kann sie durch Nachfrage bei der zuständigen Stelle des Herkunftsstaats die Echtheit überprüfen und entsprechende Auskünfte einholen. Der Fristablauf ist solange gehemmt."

71 Die geltende Fassung des § 36 GewO geht auf eine Entscheidung des BVerfG zur vormals **restriktiv praktizierten Bedürfnisprüfung** zurück. Das BVerfG hatte in seinem Beschl. vom 25.3.1992[94] beanstandet, dass die öffentliche Bestellung und Vereidigung von den Industrie- und Handelskammern insofern zu restriktiv gehandhabt wurde, als sie ihre Entscheidung zunächst davon abhängig gemacht hatten, ob ein allgemeiner Bedarf dafür besteht, und der Sachverstand einer bestimmten Anzahl öffentlich bestellter Sachverständiger in ihrem Kam-

---

94 BVerfG, Beschl. vom 24.3.1992 – 1 BvR 298/86 –, GuG 1992, 287 = EzGuG 11.193.

merbereich voll ausgelastet ist, für weitere Zulassungen also kein konkretes Bedürfnis besteht.

Die konkrete Bedürfnisprüfung wurde als unvereinbar mit der grundrechtlich gewährleisteten Berufsfreiheit (Art. 12 Abs. 1 GG) **erkannt.** Wenn der Gesetzgeber – so das Gericht – die staatliche Anerkennung einer beruflichen Qualifikation vorsehe und damit Vorteile im beruflichen Wettbewerb schaffe, so wirke sich die Verweigerung einer solchen Anerkennung als Eingriff in die Berufsfreiheit aus. Beschränkt sei damit zwar nicht die Freiheit der Berufswahl, wohl aber die der Berufsausübung. Die Intensität des Eingriffs wurde zudem als erheblich erkannt. Zudem enthalte § 36 GewO a. F. keine Ermächtigung zu einer konkreten Bedürfnisprüfung, die der Gesetzgeber nach Auffassung des Gerichts auch gar nicht schaffen dürfe, weil eine solche Bedürfnisprüfung bei der Zulassung öffentlich bestellter Sachverständiger unverhältnismäßig stark in die Freiheit der Berufsausübung eingreife. Für die Bestellung reicht demzufolge ein abstraktes Bedürfnis aus. 72

Mit dieser Entscheidung wurde die langjährige Rechtsprechung der Verwaltungsgerichte zu § 36 GewO, die die konkrete Bedürfnisprüfung als zulässig erachtet hatte, korrigiert. Ein Antragsteller hat mithin auch insofern ein **subjektives Recht auf eine fehlerfreie Prüfung seines Antrags.** 73

Mit der vorstehend abgedruckten Neufassung des § 36 GewO hat der Gesetzgeber den Bedenken des BVerfG zur Bedürfnisprüfung Rechnung getragen[95]. Wie der **Deregulierungsbericht** der BReg[96] und die Begründung zur Änderung des § 36 GewO[97] hervorheben, sollen mit der novellierten Fassung der Vorschrift die „objektiven Zulassungsbeschränkungen bei der öffentlichen Bestellung von Sachverständigen aufgehoben werden". Damit ist die **Rechtsprechung, mit der die Bedürfnisprüfung bestätigt wurde, obsolet geworden** (vgl. Rn. 72 ff.)[98]. 74

Obwohl die **Bedürfnisprüfung** „gefallen" ist, wird z. B. für *Nordrhein-Westfalen* eingeräumt, dass Engpässe auf diesem Felde bestehen. Dies wird in der Antwort auf eine kleine Anfrage auf einen Mangel an qualifizierten Sachverständigen zurückgeführt[99]; dort heißt es: 75

„Der **Bedarf an sachverständiger Begutachtung** wird sowohl im Bereich der Wirtschaft als auch im Bereich der Gerichte in der Regel durch den Kreis der öffentlich bestellten, der amtlich anerkannten Sachverständigen sowie der sonstigen Sachverständigen gedeckt. Soweit in Einzelfällen Engpässe auftreten, liegt dies vor allem daran, dass es nicht immer möglich ist, für alle (oft sehr spezialisierte) Teilgebiete flächendeckend ausreichend qualifizierte Fachleute zu gewinnen, die den hohen Anforderungen einer Sachverständigentätigkeit gerecht werden."

Kritisch aber muss hierzu angemerkt werden, dass der beklagte **Mangel an qualifizierten Sachverständigen** zu einem nicht unerheblichen Teil auf ein nicht immer durchschaubares Bestellungs- und Prüfungssystem, eine mitunter hinhaltende Behandlung von Antragstellern, ein unzureichendes Vorbereitungsverfahren und eine „gutsherrenmäßige Verwaltungskunst" der Industrie- und Handelskammern zurückführbar ist. 76

---

95 BR-Drucks. 365/93; BR-Drucks. 365/93, Beschl. S. 23 f.
96 BT-Drucks. 12/7468 = GuG aktuell 1984, 18; Boden, SBV, Stadtbau-Verlag, Dokumentation Band III, S. 47 f.; Deutscher Verband für Wohnungswesen, Städtebau und Raumplanung e.V., Bonn 1968; Aktuelle Beiträge des Presse- und Informationsamtes der BReg Nr. 16/1984 vom 23.2.1984, die die „Aufgabenverlagerung auf die wirtschaftliche Selbstverwaltung im Bereich des Sachverständigenwesens" ausdrücklich nennen; vgl. auch BT-Drucks. 11/6985, S. 18 ff.; Hoffmann in GewArch 1991, 251; vgl. auch Ossenbühl, F., Die Erfüllung von Verwaltungsaufgaben durch Private, Veröffentlichung der Vereinigung deutscher Staatsrechtslehrer Berlin 1971 Band 29; Forum 1985, 121; Siedentopf, H., Die Übertragung von öffentlichen Dienstleistungen auf öffentlich bestellte und vereidigte Sachverständige, Rechtsgutachten, Speyer 1988; Wanhoff in DOV 1982, 310; Stober, Der öffentlich bestellte Sachverständige zwischen beruflicher Bindung und Deregulierung, Köln 1991.
97 BR-Drucks. 365/93 = GuG 1993, 356.
98 OVG Lüneburg, Urt. vom 12.7.1962 – 3 A 101/61 –, EzGuG 11.25b; BayVGH, Urt. vom 14.8.1986 – 22 B 83 A 835 –, EzGuG 11.158; VGH Mannheim, Urt. vom 11.8.1986 – 6 S 958/86 –, EzGuG 11.157a; BVerwG, Beschl. vom 3.2.1986 – 1 B 4/86 –, EzGuG 11.150; VG München, Urt. vom 19.11.1985 – M 5959 XVI/83 –, EzGuG 11.149b; OVG Koblenz, Urt. vom 26.3.1985 – 6 A 101/83 –, EzGuG 11.146c; VG Hannover, Urt. vom 13.3.1985 – 7 A 13/82 –, EzGuG 11.146b; VG Hannover, Urt. vom 4.2.1982 – 5 A 39/79 –, EzGuG 11.125o; VG Berlin, Urt. vom 28.10.1981 – 4 A 209/79 –, EzGuG 11.125h; VG Schleswig, Urt. vom 4.8.1981 – 12 A 216/18 –, EzGuG 11.125c; VG Schleswig, Urt. vom 3.4.1979 – 2 A 1/78 –, EzGuG 11.114k.
99 LT-Drucks. NW 11/8661.

III Sachverständigenwesen   Sachverständiger

Privilegierung öffentlich bestellter und vereidigter Sachverständiger

77 Die Entwicklung auf dem Gebiet des Sachverständigenwesens für Grundstückswerte hat nicht zuletzt auf Grund der restriktiven Anwendung des § 36 GewO a. F. – zwar ungewollt – zu einer Situation geführt, die von vielen als **Zweiklassengesellschaft** empfunden wird:

78 Auf der einen Seite steht – wenn man von den Sachverständigen der Handwerkskammern, der Landwirtschaftskammern und der Architektenkammern einmal absieht – der von der Industrie- und Handelskammer **öffentlich bestellte und vereidigte Sachverständige** (organisiert im gleichnamigen BVS sowie in 14 Landesverbänden), wobei die Bestellung den Nachweis der Qualifikation in einer schriftlichen und mündlichen Prüfung vor einem Fachgremium voraussetzt.

79 Auf der anderen Seite stehen die sonstigen **freien oder selbst ernannten Sachverständigen**. Dabei ist trotz der „Inpflichtnahme" und eines „Werbeverbots", die unter anderem den **öffentlich bestellten und vereidigten Sachverständigen** charakterisieren[100], bei ihm eine **privilegierte Stellung**, nicht nur in formaler Hinsicht, zu erkennen; an folgenden Beispielen sei dies erläutert:

a) Der öffentlich bestellte und vereidigte Sachverständige für Grundstückswertermittlungen hat einen **erleichterten Zugang zur Kaufpreissammlung** der Gutachterausschüsse für Grundstückswerte. In den entsprechenden landesrechtlichen Regelungen wird ihm nämlich fiktiv unterstellt, dass er ein berechtigtes Interesse als Voraussetzung für Auskünfte aus der Kaufpreissammlung mitbringt[101]. In einigen Bundesländern ist sogar eine Abstufung in der Qualität der Auskunftserteilung zwischen den öffentlich bestellten und vereidigten Sachverständigen sowie den sonstigen antragstellenden Sachverständigen vorgesehen[102]. Dies ist nach Auffassung des Bundesbeauftragten für Datenschutz rechtlich nicht haltbar (vgl. § 195 BauGB Rn. 58 ff.).

b) Die öffentlich bestellten und vereidigten Sachverständigen werden **vorzugsweise** von **Gerichten herangezogen** (§ 404 Abs. 2 ZPO, § 73 Abs. 2 StPO).

c) Nach Nr. 163 und 177 der ErbStR kann regelmäßig durch ein Gutachten des örtlichen Gutachterausschusses für Grundstückswerte oder eines öffentlich bestellten und vereidigten Sachverständigen in den Fällen des § 145 Abs. 3 Satz 3 BewG der Nachweis erbracht werden, dass ein niedrigerer Verkehrswert als der nach Nr. 160 bis 163 ErbStR festgestellte Wert maßgeblich ist.

d) Vorstehendem Grundsatz tragen auch die gemeinsamen Ländererlasse der Finanzverwaltung vom 15.4.1997 – S 3014/4 und vom 28.5.1997 – S 3014/5 Rechnung[103].

---

100 § 407 Abs. 1 ZPO; § 75 Abs. 1 StPO; § 98 VwGO; § 118 SGB; Ausnahmen: § 408 Abs. 1 Satz 2 ZPO, §§ 383 f. ZPO.
101 § 13 Abs. 1 bad.-württ. GutachterausschussVO; § 10 brandb. GutachterausschussVO; § 12 Abs. 1 brem. GutachterausschussVO; § 9 Abs. 2 hess. VO zur Durchführung des BauGB; § 10 nordrh.-westf. GAVO-NW; § 13 Abs. 1 sächs. GutachterausschussVO; § 10 Abs. 1 sachs.-anh. GutachterausschussVO; allein in § 17 Abs. 3 Nr. 3 der bln. DVO-BauGB werden neben den öffentlich bestellten und vereidigten Sachverständigen auch Sachverständige „mit vergleichbarer Sachkunde" genannt.
102 § 10 Abs. 2 brem. GutachterausschussVO, nach der sie „fallbezogene schriftliche Auskunft in anonymisierter Form" erteilt bekommen (§ 10 Abs. 3); entsprechend § 10 hamb. GutachterausschussVO; § 15 rh.-pf. GutachterausschussVO, nach der den öffentlich bestellten und vereidigten Sachverständigen neben Name und Anschrift des Eigentümers von Vergleichsgrundstücken zwar nicht genannt werden dürfen, jedoch weiter gehende Auskünfte anderen Stellen und Personen i.S.d. § 15 Abs. 2 erteilt werden dürfen; § 13 Abs. 1 saarl. GutachterausschussVO, der die Auskunft für den freien Sachverständigen nicht vorsieht; § 13 Abs. 1 Satz 2 i. V. m. Abs. 2 Satz 2 schl.-hol. GutachterausschussVO; Entsprechendes gilt auch nach § 16 der thüring. GutachterausschussVO. Dies alles mag mit datenschutzrechtlichen Argumenten begründet werden, jedoch gelten eine Reihe datenschutzrechtlicher Regelungen auch für "freie" Sachverständige (vgl. § 27 rh.-pf. Landesdatenschutzgesetz; vgl. auch §§ 210 ff. StGB) und sind zumindest rechtlich gestaltbar.
103 Erl. des bad.-württ. FM vom 24.8.1998 – 3 S 3014/15 –, DB 1998, 1840 = GuG 1999, 55; Vfg. OFD Frankfurt am Main vom 31.10.1997 in GuG 1998, 353, vgl. hierzu gleich lautende Erlasse der obersten Finanzbehörden der Länder zur Umsetzung des Jahressteuergesetzes 2007 vom 2.4.2007 (BStBl I 2007, 314), Hinweis 124; Nachweis des niedrigeren gemeinen Werts durch Sachverständigengutachten. Im BFH, Urt. vom 10.11.2004 – II R 69/01 –, GuG 2005, 184 = BStBl II 2005, 259 = EzGuG 11.407 wird dagegen auch der Nachweis eines Sachverständigen zugelassen, der nicht ausdrücklich öffentlich bestellt und vereidigt sein muss.

Sachverständiger | **Sachverständigenwesen III**

Die zumindest wirtschaftlich entscheidende Privilegierung folgt aber schon daraus, dass dem öffentlich bestellten und vereidigten Sachverständigen die Sachkunde und Unparteilichkeit in herausgehobener Weise verbrieft worden ist und er damit gegenüber einem freien Sachverständigen **Wettbewerbsvorteile** hat[104]. Diese Nebenwirkung der öffentlichen Bestellung kann seine wirtschaftlichen Erwerbschancen entscheidend verbessern, zumal seine Stellung unter einem besonderen Schutz steht[105]. Er sucht sich nicht zuletzt deshalb von dem freien Sachverständigen abzugrenzen. Dies geht bis hin zu der Streitfrage, ob ein freier Sachverständiger einen „Rundstempel" verwenden darf (vgl. Rn. 104). **80**

Als Beispiel der wirtschaftlichen **Privilegierung des öffentlich bestellten und vereidigten Sachverständigen** kann auch auf die Bewertungsrichtlinien der Treuhandanstalt vom 23.7.1991 verwiesen werden, in denen die öffentlich bestellten und vereidigten Sachverständigen für bebaute und unbebaute Grundstücke namentlich als berechtigt zur Erstellung eines Verkehrswertgutachtens im Auftrag der Treuhandanstalt durch die TLG hervorgehoben wurden[106]. **81**

▶ *Zur Haftung vgl. Rn. 200 ff.*

Nach § 36 Abs. 5 GewO findet **§ 36 Abs. 1 bis 4 GewO** u. a. **keine Anwendung, soweit die Länder Vorschriften über die öffentliche Bestellung und Vereidigung von Sachverständigen auf dem Gebiet** Hochsee- und Küstenfischerei, der Land- und Forstwirtschaft einschließlich des Weinbaus und des Garten- und Weinbaus sowie der Landesvermessung erlassen haben. Dies wird auf dem Gebiet der Landwirtschaft von den Landwirtschaftskammern wahrgenommen. **82**

1.2.7.2 Ergänzende Landesregelungen

Die **öffentliche Bestellung landwirtschaftlicher Sachverständiger** ist in den Bundesländern unterschiedlich geregelt. Zuständig sind[107]: **83**

Baden-Württemberg:	*Regierungspräsidenten (Freiburg, Karlsruhe, Stuttgart, Tübingen)*
Bayern:	*Regierung der Regierungsbezirke (Oberbayern, Niederbayern, Oberpfalz, Mittelfranken, Unterfranken, Schwaben)*
Berlin:	*Senator für Wirtschaft (Landesverband Gartenbau und Landwirtschaft)*
Brandenburg:	*Ministerium für Ernährung, Landwirtschaft und Forsten*
Bremen:	*Landwirtschaftskammer*
Hamburg:	*Hauptausschuss für Landwirtschaft und Gartenbau*
Hessen:	*Hessisches Landesamt für Regionalentwicklung und Landwirtschaft (Kassel) betr. Landwirtschaft und die Regierungspräsidenten betr. Forstwirtschaft sowie des Garten- und Weinbaus (VO vom 9.6.1996; VV vom 23.1.1997)*
Mecklenburg-Vorpommern:	*Landwirtschaftsministerium*
Niedersachsen:	*Landwirtschaftskammer (Hannover, Weser-Ems)*

---

104 BVerfG, Beschl. vom 25.3.1992 – 1 BvR 298/86 –, EzGuG 11.193; BVerwG, Urt. vom 26.6.1990 – 1 C 10/88 –, EzGuG 11.179; BVerwG, Urt. vom 29.5.1957 – 1 C 212/54 –, EzGuG 11.10; BVerwG, Urt. vom 24.6.1975 – 1 C 23/73 –, Ez-GuG 11.97; hierzu Weidhaas in GewArch 1991, 367; VG Stuttgart, Urt. vom 15.3.1972 – R 74/66 –, EzGuG 11.83a.
105 BVerwG, Urt. vom 27.6.1974 – 1 C 10/73 –, EzGuG 11.94; § 823 Abs. 2 BGB; §§ 1 und 4 UWG; §§ 132 a, 263 StGB; LG Wiesbaden, Urt. vom 19.7.1978 – 12 O 46/78 –, EzGuG 11.112a.
106 OLG Stuttgart, Urt. vom 3.10.1986 – 2 U 105/86 –, EzGuG 11.159a; OLG Hamm, Urt. vom 11.3.1986 – 4 U 100/85 –, EzGuG 11.151b; umfassend hierzu Landmann/Rohmer, GewO, a.a.O., § 36 Rn. 8g S. 17.
107 Leitfaden zur Anerkennung freiberuflicher landwirtschaftlicher Berater nach dem HLBS-Standard, 2. Aufl. 1993 Siegburg; zur Berechtigung der Führung der Bezeichnung „Landwirtschaftliche Buchstelle" vgl. GuG 1992, 345 und GuG 1994, 300; zum Stand Vollrath in HLBS-report 1998, 17.

III Sachverständigenwesen   Sachverständiger

Nordrhein-Westfalen:	Landwirtschaftskammer (Rheinland, Westfalen-Lippe)
Rheinland-Pfalz:	Landwirtschaftskammer
Saarland:	Landwirtschaftskammer
Sachsen:	Staatsministerium für Landwirtschaft, Ernährung und Forsten; Regierungspräsidium Chemnitz
Sachsen-Anhalt:	Ministerium für Ernährung, Landwirtschaft und Forsten
Schleswig-Holstein:	Landwirtschaftskammer
Thüringen:	Ministerium für Landwirtschaft und Forsten

84 Zu den **Rechtsgrundlagen** vgl. die Übersicht in der 2. Aufl. dieses Werks.

85 In *Berlin* gilt die Besonderheit, dass **ein öffentlich bestellter Vermessungsingenieur** in dieser Eigenschaft zugleich gutachtlich bei der Ermittlung von Grundstückswerten tätig werden darf (soweit nicht der Gutachterausschuss für Grundstückswerte nach den §§ 192 ff. BauGB zuständig ist), da diese Aufgabe[108] als „Vermessungsaufgabe" definiert ist[109]; in dieser Eigenschaft führt er das kleine Landessiegel (§ 12 ÖbVI-BO).

86 Diesbezüglich muss man leider schon von einer gesetzlich „verbrieften" Sachkunde sprechen, die nicht immer der Realität ihrer Berufsausbildung entspricht. **Gutachten öffentlich bestellter Vermessungsingenieure wurden im Rahmen der Bedarfsbewertung** zunächst auch **nicht als Gutachten öffentlich bestellter und vereidigter Sachverständiger** von den Finanzbehörden **anerkannt;** die Entscheidung wurde dann aber revidiert[110].

87 In *Bayern* ist die öffentliche Bestellung von Sachverständigen im **Bayerischen Sachverständigengesetz** – BaySVG – geregelt (vgl. auch Durchführungsrichtlinien vom 28.6.1966[111]); das Gesetz findet allerdings keine Anwendung, wenn die Bestellung anderweitig geregelt ist, wie z. B. im Falle der öffentlichen Bestellung von Sachverständigen durch die Industrie- und Handelskammer auf Grund von Art. 7 Nr. 1 und 2 des Bayerischen Ausführungsgesetzes zum Gesetz über die Industrie- und Handelskammern.

88 In *Brandenburg* kann die **Brandenburgische Ingenieurkammer** im Rahmen des § 36 GewO **Sachverständige öffentlich bestellen**[112].

89 In *Hamburg:* § 11 Buchst. g des Hamburgischen Architektengesetzes i.d.F. vom 26.3.1991 (GVBl. 1981, 85).

90 In *Hessen* können weder die Architektenkammer noch die Ingenieurkammer Sachverständige öffentlich bestellen. Sie haben lediglich Mitwirkungsrechte.

91 In *Niedersachsen* findet § 9 Abs. 1 Nr. 8 des Architektengesetzes vom 23.2.1970 (GVBl. 1970, 37), zuletzt geändert durch Gesetz vom 28.3.1990 (GVBl. 1990, 127), Anwendung. Danach muss eine Zuständigkeit verneint werden, weil der Wortlaut des § 9 Abs. 1 Nr. 8 nicht auf die öffentliche Bestellung nach § 36 GewO Bezug nimmt, sondern nur von „vorschlagen, prüfen und ernennen" spricht. Daneben gilt § 19 Abs. 1 Nr. 8 des Gesetzes über den Schutz der Berufsbezeichnung „Beratender Ingenieur" und die Errichtung einer Ingenieurkammer vom 28.3.1990 (GVBl. 1990, 132).

---

108 § 24 des Gesetzes über das Vermessungswesen in Berlin – VermGBln vom 8.4.1974 (GVBl. 1974, 806), zuletzt geändert durch Art. III des Gesetzes vom 26.1.1993 (GVBl. 1993, 40).
109 ÖbVI-Berufsordnung – ÖbVI-BO vom 31.3.1987 (GVBl. 1987, 1333); Gesetz über die öffentlich bestellten und beeidigten Sachverständigen vom 11.10.1950 (BayRS 702 – 1-W), zuletzt geändert durch § 8 des Gesetzes vom 23.3.1989 (GVBl. 1989, 89) und § 2 EWR-Anpassungsgesetz vom 24.5.1994 (GVBl. 1994, 392).
110 FM von Nds, Erl. vom 25.5.1999 – S 3014 – 9 – 34 2 –, GuG 1999, 359; Schreiben der bln. Senatsverwaltung für Finanzen vom 25.1.2000 (III B 16 S 3014 – 16/98) an den BDVI Landesgruppe Berlin; GuG 2000, 369: Revision durch Schreiben der Senatsverwaltung für Finanzen Berlin vom 7.7.2000 (III B 16 S 3014 – 16/98), GuG 2000, 369.
111 Landmann/Rohmer, GewO Bd. 2 Nr. 270.
112 Satzung der Brandenburgischen Ingenieurkammer vom 22.3.1995 (Amtl. Anz. 1995, 448, § 15).

In *Nordrhein-Westfalen* und *Rheinland-Pfalz* gehört es zu den Aufgaben der Architektenkammer, Sachverständige öffentlich zu bestellen und zu vereidigen (soweit die Architektenkammer hierfür zuständig ist) und auf Verlangen von Behörden und Gerichten (sowie Dritter) zu benennen[113]. 92

Die Architektenkammer NW und die Ingenieurkammer-Bau NW haben von der auf Grund § 9 Abs. 1 Nr. 8 und § 29 Abs. 1 Nr. 8 des Baukammergesetzes vom 15.12.1992 (GVBl. – NW 1992, 534) bestehenden Möglichkeit, Sachverständige zu bestellen und zu vereidigen, bislang keinen Gebrauch gemacht[114].

In *Rheinland-Pfalz* gelten § 13 Abs. 1 Nr. 9 des Architektengesetzes Rheinland-Pfalz vom 22.3.1989 (GVBl. 1989, 71) und § 12 Abs. 2 des Landesgesetzes über die Berufsordnung und die Kammer der Beratenden Ingenieure vom 25.3.1991 (GVBl. 1991, 174). 93

In *Sachsen* gehören zu den Aufgaben der **Ingenieurkammern** das Vorschlags- und **Mitwirkungsrecht bei der öffentlichen Bestellung und Vereidigung von Ingenieursachverständigen** (§ 2 Abs. 1 Nr. 6 SächsIngKG)[115]. 94

In *Sachsen-Anhalt* gehört es zu den **Aufgaben der Ingenieurkammern, Sachverständige** vorzuschlagen, **zu prüfen, zu ernennen und zu vereidigen**. Die Entschädigung für die Tätigkeit in den Organen sowie der Sachverständigen wird durch Satzung der Ingenieurkammer geregelt[116]. 95

In *Schleswig-Holstein* gelten § 1 Nr. 1 der Landesverordnung zur Übertragung der Ermächtigung nach § 36 Abs. 1 und 3 der GewO vom 25.11.1987 (GVOBl. 1987, 352) i.V.m. § 1 der Landesverordnung über die Ermächtigung der Architekten- und Ingenieurkammer Schleswig-Holstein zur öffentlichen Bestellung und Vereidigung von Sachverständigen gemäß § 36 Abs. 1 GewO vom 22.12.1987 (GVOBl. 1988, 5). 96

1.2.7.3 Sachverständigenordnung (SVO)

Bei der Sachverständigenordnung[117] **– SVO – der Industrie- und Handelskammern**[118] **handelt es sich** nicht um eine Satzung, sondern **um eine** das Gesetz auslegende und eine einheitliche Ermessensbetätigung sicherstellende **Verwaltungsvorschrift**. Zur Rechtsetzung ist die Kammer nämlich nur befugt, wenn sie durch eine entsprechende landesrechtliche Rechtsverordnung dazu ermächtigt ist[119]. Zum Erlass solcher Verwaltungsvorschriften sind die Industrie- und Handelskammern durch § 36 GewO befugt, wenn und soweit die Landesregierungen von ihrer Ermächtigung keinen Gebrauch gemacht haben, durch Rechtsverordnung die zur Durchführung des § 36 Abs. 1 und 2 GewO erforderlichen Vorschriften über die Voraussetzungen für die Bestellung sowie über die Befugnisse und Verpflichtungen der öffentlich bestellten und vereidigten Sachverständigen bei der Ausübung ihrer Tätigkeit zu erlassen. Demzufolge bleibt es den Kammern vorbehalten, zu regeln, 97

---

113 § 9 Abs. 1 Nr. 8 Baukammergesetz – BauKaG – Nordrh.-Westf. vom 15.12.1992 (GVBl. 1992, 534); Architektengesetz Rh.-Pf. vom 23.3.1989 (GVBl. 1989, 71).
114 LT-Drucks. 11/8661.
115 Sächsisches Ingenieurkammergesetz – SächsIngKG – vom 19.10.1993 (GVBl. 1993, 989).
116 Ingenieurgesetz des Landes Sachsen-Anhalt (IngG-LSA) vom 15.11.1991 (GVBl. LSA 1991, 440), § 18 Abs. 1 Nr. 8 und § 20.
117 Die Muster-Sachverständigenordnung ist im Anh. 1.1 abgedruckt; vgl. auch § 2 Abs. 1 Nr. 6 des bad.-württ. Gesetzes über die Errichtung einer Ingenieurkammer und über die Berufsordnung der Beratenden Ingenieure (Ingenieurkammergesetz) vom 8.1.1990 (GBl. 1990, 16), wonach die Kammern bei der Ernennung von Sachverständigen mitwirken.
118 Hierzu waren die Kammern bereits im Dritten Reich befugt. Im Deutschen Reichsanzeiger Nr. 132 vom 12.6.1937 heißt es: „Die Industrie- und Handelskammern sind berechtigt, Gewerbetreibende auf den Gebieten der Industrie, des Handels, des Immobilienwesens, des Banken- und Börsenwesens, der Energiewirtschaft, des Verkehrswesens und für diese Gebiete tätige Gewerbetreibende als Sachverständige zu beeidigen und öffentlich anzustellen.".
119 VG Saarlouis, Urt. vom 23.6.1980 – 5 K 114/79 –, EzGuG 11.119j; VG Karlsruhe, Urt. vom 5.12.1980 – 3 K 217/80 –, EzGuG 11.120m.

III Sachverständigenwesen   Sachverständiger

- in welcher Weise ein Bewerber seine besondere Sachkunde (vgl. Rn. 1) nachzuweisen hat,
- ob die Kammer zur Ermittlung der besonderen Qualifikation eines Bewerbers auf Auskünfte und Beratung von Fachleuten zurückgreift und deren Urteil ihrer Entscheidung zu Grunde legt, und
- ob die Bestellung befristet werden kann[120].

Die **Bestimmungen der Sachverständigenverordnung** einer Kammer **sind für den öffentlich bestellten Sachverständigen verbindlich,** wenn er sie ausdrücklich als für sich verbindlich anerkannt und er sich ihnen damit unterworfen hat[121].

1.2.7.4 Bestellungsverfahren

Schrifttum: *Bleutge, P.,* Zertifizierung und Berufsabschlüsse – Nachweis der besonderen Sachkunde?, Der Bausachverständige 2005, 5; *Bleutge, P.,* Die besondere Sachkunde und ihre Überprüfung, Der Bausachverständige 2005, 48; *Bleutge, P.,* Prüfung bei Verlängerung befristeter Bestellungen zum Sachverständigen, Der Bausachverständige 2005, 52; *Breithold, B.,* Die Eignung zum öffentlich bestellten Sachverständigen nach § 36 Abs. 1 Satz 1 GewO, MDR 1976, 462.

98 Die öffentliche **Bestellung und Vereidigung von Sachverständigen** gemäß § 36 GewO **erfolgt** nach den Grundsätzen der Sachverständigenordnung – SVO – grundsätzlich **durch die** Industrie- und Handelskammer (vgl. § 1 SVO, abgedruckt im Anh. 1.1), die Handwerkskammer (§ 91 Abs. 1 Nr. 8 HwO), die Landwirtschaftskammer und in 10 Ländern auch durch Architekten- und Ingenieurkammern. 2003 waren insgesamt 82 Industrie- und Handelskammern kraft Landesrecht für die öffentliche Bestellung und Vereidigung von Sachverständigen auf 200 verschiedenen Sachgebieten zuständig.

99 Die **öffentliche Bestellung erfolgt durch Verwaltungsakt** der zuständigen öffentlich-rechtlichen Stelle. Es bestehen drei Zulassungsvoraussetzungen:

- besondere Sachkunde, die nachzuweisen ist,
- Erfahrungen und
- die persönliche Eignung (persönliche Integrität).

Das Verfahren, das dem Nachweis der für die öffentliche Bestellung erforderlichen Sachkunde und persönlichen Eignung dient, steht (unter Beachtung der SVO) im Ermessen der Kammer[122].

100 Ein angehender Sachverständiger muss seine besondere Sachkunde nachweisen, die ihn aus dem Kreis seiner Kollegen hervorhebt[123]. An den **Nachweis der besonderen Sachkunde** ist ein strenger Maßstab anzulegen. Besondere Sachkunde ist nach herrschender Auffassung gegeben, wenn der Bewerber solche überdurchschnittlichen Fachkenntnisse mitbringt, wie sie in den Anforderungsprofilen der Fachverbände aufgelistet sind, und der Bewerber die Fähigkeit hat, diese in einer logischen, klaren, verständlichen, ergebnisorientierten und nachvollziehbaren Weise zur Beantwortung und Beurteilung ihm vorgelegter Fragen anwenden kann. Der Nachweis der besonderen Sachkunde ist vom Antragsteller zu erbringen. Allein die Tätigkeit als Immobilienmakler, der nur die für seinen Beruf notwendige Sachkunde besitzt, kann nicht als Nachweis dafür gelten, dass er für eine öffentliche Bestellung als Sachverständiger auf dem Gebiet der „Bewertung von bebauten und unbebauten Grundstücken" qualifiziert ist. Auch der Besuch einiger jeweils eine Woche andauernder Kurse kann keine erheblich überdurchschnittlichen Kenntnisse vermitteln[124].

---

120 OVG Münster, Urt. vom 21.1.1969 – 4 A 1274/67 –, EzGuG 11.66a; VG Leipzig, Urt. vom 15.8.2000 – 5 K 429/99 –, GuG 2001, 255 = EzGuG 11.288a.
121 OVG Münster, Urt. vom 19.6.1963 – 4 A 346/62 –, EzGuG 11.35a; OVG Münster, Urt. vom 12.1.1966 – 4 A 565/65 –, EzGuG 11.50a.
122 VG Saarlouis, Urt. vom 13.10.1980 – 5 K 606/79 –, EzGuG 11.120k.
123 BVerwG, Urt. vom 11.12.1972 – 1 C 5/71 –, EzGuG 11.88a; VG Hannover, Urt. vom 4.2.1982 – 5 A 39/79 –, EzGuG 11.125o; Weidhaas in GewArch 1991, 367.
124 OVG Münster, Urt. vom 21.4.1983 – 4 A 928/82 –, EzGuG 11.137g.

Nach dem Untersuchungsgrundsatz des § 24 VwVerfG hat die Kammer zu prüfen, ob die erforderliche Sachkunde gegeben ist. Der **Bestellungsbehörde bleibt es überlassen, in welcher Weise ein Bewerber seine besondere Sachkunde nachzuweisen hat**[125]; bei Fehlen ausreichender Prüfungsnachweise des Bewerbers ist die Industrie- und Handelskammer befugt, den Bewerber zur Feststellung seiner Sachkunde auf ein prüfungsähnliches Verfahren vor einem Fachausschuss (als ein Hilfsorgan der Kammern) zu verweisen. Die Entscheidung bleibt gleichwohl bei der Behörde, die an die Stellungnahme des Fachausschusses nicht gebunden ist und auch sonstige Nachweise der Sachkunde in ihre Entscheidung einbeziehen kann.

Ein Antragsteller hat ein **subjektives Recht auf eine fehlerfreie Prüfung seines Antrags**[126]. Dem abgelehnten Bewerber steht der Rechtsweg auch gegen die Entscheidung des Vorprüfungsausschusses offen. Im Rahmen der Vorprüfung werden im Wesentlichen die vom Antragsteller eingereichten Gutachten geprüft. Es ist rechtlich nicht zu beanstanden, wenn die Verwaltungsbehörde zur Überprüfung eingereichter Gutachten die Mitglieder des Fachgremiums heranzieht[127]. Abzulehnen ist die Praxis, Antragsteller mit „geschmäcklerischen" Beanstandungen oder völlig überzogenen Anforderungen abzulehnen, die die Prüfer in ihrer eigenen Tätigkeit zumeist selbst nicht erfüllen.

Das Verfahren der öffentlichen Bestellung unterliegt dem **Willkürverbot.** Der Verwaltungsbehörde steht bezüglich des Sachkundenachweises kein gerichtsfreier Beurteilungsspielraum zu. Nach der Grundsatzentscheidung des BVerwG vom 26.6.1990[128] gebietet das Erfordernis des Sachkundenachweises keine „starr-schematische Handhabung". § 36 GewO gebietet es auch nicht, dass sich Bewerber einer schriftlichen und/oder mündlichen Prüfung unterziehen müssen. Qualifizierte Abschlüsse an Hochschulen und vergleichbare Zertifizierungen sind zumindest für den Sachkundenachweis geeignet und geben ein objektiveres Bild als die Beurteilung durch ein häufig unqualifiziertes Fachgremium[129], deren Mitglieder schon einmal offen zugeben, dass sich die Konkurrenzsituation mit der Bestellung neuer Sachverständiger nur verschlechtere. Mit dem Grundsatz der Verhältnismäßigkeit ist es nicht vereinbar, den Nachweis der Sachkunde ausschließlich von einem schriftlichen und mündlichen Examen abhängig zu machen und z. B. einen zertifizierten Sachverständigen einer Sachkundeprüfung zu unterziehen[130], zumal umgekehrt die öffentliche Bestellung im Hinblick auf die Vergleichbarkeit der Sachkundeprüfung als Sachkundenachweis für eine Zertifizierung ausreicht[131]. Der Bewerber kann bereits auf Grund der vorgelegten Unterlagen zu seinem beruflichen Werdegang öffentlich bestellt und vereidigt werden. Es gibt nach Ansicht des BGH[132] auch keinen allgemeinen Erfahrungssatz, wonach die für die Ausübung des Berufs erforderlichen Kenntnisse und Fähigkeiten nicht durch Selbstunterrichtung erlangt werden können. Nur wenn andere vom Bewerber vorgelegte Unterlagen nicht ausreichen, den Nachweis der besonderen Sachkunde zu erbringen, kann dem Bewerber eine Prüfung abverlangt werden.

Zur Überprüfung der Sachkunde eines Bewerbers können sich die Kammern eines Sachverständigen bedienen[133]. In der Regel bedienen sich die Kammern dafür eingerichteter „**Fachgremien**" bzw. „**Fachausschüsse**", die zumeist in Dreierbesetzung tätig werden. Jeder Bewerber hat mindestens die Möglichkeit, in begründeten Fällen ein Mitglied des mit der Überprüfung der Sachkunde beauftragten Fachbeirats wegen Besorgnis der Befangenheit abzulehnen[134]. Die Fachgremien beraten die Kammer; nach außen bleiben jedoch die Kam-

---

125 VG Leipzig, Urt. vom 15.8.2000 – 5 K 429/99 –, EzGuG 11.288a; VG Karlsruhe, Urt. vom 5.12.1980 – 3 K 217/80 –, EzGuG 11.120 m.
126 OVG Koblenz, Urt. vom 26.3.1985 – 6 A 101/83 –, EzGuG 11.146a.
127 VG Regensburg, Urt. vom 25.3.1996 – RN 5 K 94.327 –, EzGuG 11.229 a.
128 BVerwG, Urt. vom 26.6.1990 – 1 C 10/88 –, GuG 1992, 293 = EzGuG 11.178b.
129 Von Antragstellern aus gutem Grund gemieden wird z. B. das bei der IHK Potsdam angesiedelte Fachgremium.
130 Abzulehnen VG Freiburg, Urt. vom 13.4.2005 – 7 K 1366/03 –; Berufung nicht zugelassen VGH Mannheim, Beschl. vom 22.6.2006 – 6 S 1083/05 –.
131 Beschluss des Hauptausschusses der TGA aus dem Jahre 1998; vgl. auch RdSchr des DIHK vom 4.7.2000 an alle IHK, Bleutge in DS 2005, 47.
132 BGH, Urt. vom 6.2.1997 – I ZR 234/94 –, EzGuG 11.244b.
133 VG Stuttgart, Urt. vom 10.12.1992 – 14 S 1788/90 –.
134 BayVGH, Urt. vom 14.12.1972 – 188 VI 71 –, EzGuG 11.86b; VG Stuttgart, Urt. vom 9.5.2003 – 10 K 1758/01 –, EzGuG 11.349c.

III Sachverständigenwesen — Sachverständiger

mern selbst verantwortlich[135]. Die Industrie- und Handelskammern verweigern sich allerdings vielfach ihrer Eigenverantwortung mit dem Hinweis auf fehlende eigene Sachkompetenz. Ablehnungen sind unter Bekanntgabe der maßgeblichen Ablehnungsgründe zu begründen, jedoch muss dabei die Herkunft vertraulicher Auskünfte nicht mitgeteilt werden[136]. Der ablehnende Bescheid darf sich nicht auf unsachliche oder sogar falsche negative Äußerungen Dritter stützen. Gegen den Ablehnungsbescheid kann nach den §§ 68 ff. VwGO Widerspruch eingelegt und bei ablehnendem Widerspruchsbescheid eine Entscheidung durch das Verwaltungsgericht eingeholt werden. Dabei unterliegt auch das von der Kammer praktizierte Verfahren der richterlichen Überprüfung[137].

Eine Bestellungsbehörde handelt ermessensfehlerhaft, wenn sie bei der Auswahl der für eine Bestellung infrage kommenden Personen grundsätzlich freiberufliche Bewerber solchen vorzieht, die als Angestellte tätig sind. Die Zugehörigkeit zum öffentlichen Dienst steht einer Bestellung zum Sachverständigen nicht entgegen[138]. Die Unabhängigkeit eines Sachverständigen lässt sich nämlich nicht in ein bestimmtes Verhältnis zu der Art seiner Tätigkeit – freiberuflich oder angestellt – setzen. **So kann ein Angestellter mit festem Gehalt unabhängiger sein als ein Selbstständiger, der vielleicht mangels Auslastung seines Gewerbes auf die zusätzliche Einnahmemöglichkeit durch seine öffentliche Bestellung angewiesen ist.** Umgekehrt mögen für einen gut verdienenden Gewerbetreibenden die Einkünfte aus seiner Gutachtertätigkeit weniger Anreize bieten als für einen Angestellten mit mittlerem Einkommen. Von einem abhängig tätigen Bewerber wird man jedoch im Hinblick auf seine Verfügbarkeit fordern können, dass er eine Einverständniserklärung des Arbeitgebers mit einer weisungsfreien Sachverständigentätigkeit in einem dem Bedürfnis entsprechenden Ausmaß vorlegt[139].

Auch die **Mitgliedschaft im Gutachterausschuss für Grundstückswerte** oder die Zugehörigkeit zum Liegenschaftsamt steht einer öffentlichen Bestellung nicht entgegen[140].

Eine erfolgte **Zertifizierung nach DIN EN ISO/IEC 17024** (früher EN 45 013) ist i.d.R. als Nachweis der besonderen Sachkunde anzusehen.

Die **Zertifizierung eines Sachverständigen ersetzt nicht den Nachweis der besonderen Sachkunde**[141].

Die persönliche Eignung setzt voraus, dass der Bewerber in **geordneten wirtschaftlichen Verhältnissen** lebt[142].

1.2.7.5 Bestellungsverlängerung

101 Mit der Novellierung der Mustersachverständigenverordnung wurde die **Bestellung der öffentlich bestellten Sachverständigen auf fünf Jahre befristet.** Die Bestellung kann jeweils um weitere fünf Jahre verlängert werden, wenn die bei der Erstbestellung gesetzlich geforderte besondere Sachkunde und persönliche Eignung nach wie vor gegeben sind.

Die Industrie- und Handelskammern haben nach dem Muster der für zertifizierte Sachverständige geltenden EN DIN 45 013 mit der Begründung, die Qualität der bestellten Sachverständigen zu sichern, das schon für die Erstbestellung undurchsichtige Prüfverfahren in kostenträchtiger und bürokratischer Weise auf bereits bestellte Sachverständige ausgedehnt. Es muss bezweifelt werden, dass es schon angesichts des damit verbundenen Prüfumfangs dafür überhaupt eine hinreichende Zahl geeigneter Prüfer gibt, denn wenn schon der Sachver-

---

135 VG Oldenburg BeckRS 2005, 22394.
136 BVerwGE, Urt. vom 29.5.1957 – 1 C 212/54 –; BVerwGE 5, 95 = EzGuG 11.10; OVG Lüneburg, Urt. vom 29.2.1988 – 8 B 24/87 –, GewArch 1988, 192.
137 VG Leipzig, Urt. vom 16.11.2000.
138 Bay VGH, Beschl. vom 23.12.2004 – 22 ZB 04.3216 –, EzGuG 11.402; VG Schleswig, Urt. vom 25.10.1990 – 12 A 11 und 12/89 –, EzGuG 11.182a, OVG Koblenz, Urt. vom 11.9.1980 – 11 A 12/80 –, EzGuG 11.120e.
139 OVG Koblenz, Urt. vom 11.9.1980 – 11 A 12/80 –, EzGuG 11.120e; a.A. VG Düsseldorf, Urt. vom 13.2.1973 – 3 K 1718/70 –, EzGuG 11.90a.
140 BayVGH, Urt. vom 30.5.1973 – 129 VI 71 –, EzGuG 11.90e.
141 VG Freiburg GewArch 2005, 377; VGH Mannheim GewArch 2007, 160; VG Hannover BeckRS 2007, 27533.
142 VGH Kassel, Urt. vom 24.11.2004 – 8 T 3081/04 –, BeckRS 2008, 32863; VG Berlin, Urt. vom 25.7.2003 – 10 A 329/02 –; VG Berlin, Urt. vom 5.12.2003 – 10 A 105/03 –, BeckRS 2008 32865.

ständige eine „besondere Sachkunde" vorweisen muss, so müssen die Prüfer noch weit darüber stehen. Erfahrungsgemäß sind die **Prüfgremien aber qualitativ häufig überfordert** und stützen ihr Votum vielfach auf „geschmäcklerische" Feststellungen und stellen überzogene Forderungen, die sie in ihrer eigenen Praxis selbst nicht erfüllen. Überwachungsmaßnahmen der Kammern unterliegen der Bindung an den Verhältnismäßigkeitsgrundsatz[143].

Eine effektivere Qualitätssicherung ließe sich allein schon dadurch gewährleisten, wenn die Industrie- und Handelskammern in konkreten Einzelfällen Hinweisen und **Beschwerden** zu **der Tätigkeit von Sachverständigen** konsequenter nachgingen, was weitgehend unterbleibt.

1.2.7.6 Sachverständigenpflichten

Schrifttum: *Keyserlingk, A.,* Die Schweigepflicht des Sachverständigen, Umfang, Strafbarkeit und zivilrechtliche Haftung, BB 1980, 233; *Müller, K.,* Die Pflichten des öffentlich bestellten und vereidigten Sachverständigen, DB 1972, 1809.

Der öffentlich bestellte und vereidigte Sachverständige unterliegt Pflichten, nämlich **102**

a) der **persönlichen, unparteiischen, unabhängigen und weisungsfreien** Gutachtenerstattungspflicht (§ 75 Abs. 1 StPO; § 407a ZPO abgedruckt bei Rn. 49; § 26 VwVfG; (§ 23 SVO, Anh. 1.1); ein **Gutachtenverweigerungsrecht** besteht **nur in Ausnahmefällen** (§§ 76 ff. StPO und § 407 ZPO):

„§ 407 ZPO Pflicht zur Erstattung des Gutachtens

(1) Der zum Sachverständigen Ernannte hat der Ernennung Folge zu leisten, wenn er zur Erstattung von Gutachten der erforderten Art öffentlich bestellt ist oder wenn er die Wissenschaft, die Kunst oder das Gewerbe, deren Kenntnis Voraussetzung der Begutachtung ist, öffentlich zum Erwerb ausübt oder wenn er zur Ausübung derselben öffentlich bestellt oder ermächtigt ist.

(2) Zur Erstattung des Gutachtens ist auch derjenige verpflichtet, der sich hierzu vor Gericht bereit erklärt hat."

Öffentlich bestellte und vereidigte Sachverständige sind nach § 413 ZPO zur Erstattung von Gutachten für Gerichte nach den Bedingungen des Gesetzes über die Entschädigung von Zeugen und Sachverständigen (ZSEG) verpflichtet; **im Verweigerungsfall** kann gegen sie ein **Ordnungsgeld** festgesetzt werden (§ 409 ZPO).

Bei der Erstattung von **Gemeinschaftsgutachten** muss dementsprechend erkennbar sein, für welche Teile des Gutachtens der einzelne Sachverständige verantwortlich ist (vgl. Rn. 163).

b) der Verpflichtung zur **gewissenhaften und unabhängigen Erfüllung seiner Obliegenheiten** (Sorgfaltspflicht nach § 36 Abs. 1 Satz 2 GewO; § 1 Verpflichtungsgesetz);

c) der Pflicht zur Führung der Bezeichnung „öffentlich bestellte(r) und vereidigte(r) Sachverständige(r)" auf dem jeweiligen Bestellungsgebiet;

d) der Pflicht zur **Kundmachung der öffentlichen Bestellung** (§ 12 SVO);

e) der Pflicht, die bei der Ausübung seiner Tätigkeit erlangten **Kenntnisse Dritten nicht unbefugt mitzuteilen** oder zum Schaden anderer oder zu seinem oder zum Nutzen anderer nicht unbefugt zu verwerten (**Schweigepflicht** nach § 203 Abs. 2 StGB, § 15 SVO; vgl. Rn. 169; § 192 BauGB Rn. 33 ff.);

f) der (laufenden) **Fortbildungspflicht** (§ 16 SVO);

g) der **Haftungspflicht** (§ 14 SVO) zusammen mit der Pflicht, eine angemessene Berufshaftpflichtversicherung abzuschließen und während seiner Tätigkeit zu erhalten;

h) der **Aufzeichnungs-, Aufbewahrungs- und Auskunftspflicht** (§§ 13, 19 und 20 SVO), insbesondere über angenommene und abgelehnte Aufträge auf dem Bestellungsgebiet,

---

143 BVerfG, Beschl. vom 23.7.2001 – 1 BvR 873/00 –; BVerfG, Beschl. vom 12.3.2004 – 1 BvR 540/04 –, NVwZ-RR 2004, 545; BVerfG, Beschl. vom 13.8.2003 – 1 BvR 1326/90 –, NJW 2003, 3618; BVerfG, Beschl. vom 16.1.1991 – 1 BvR 1326/90 –, NJW 1991, 1530; OVG Münster, Beschl. vom 9.12.2004 – 13 B 2200/04 –; OVG Lüneburg, Beschl. vom 16.3.2004 – 8 ME 164/03 –, NJW 2004, 1750; OVG Saarland, Beschl. vom 21.1.2004 – 1 W 29/03 –, NJW 2004, 2033.

III Sachverständigenwesen Sachverständiger

Auftraggeber, Gegenstand des Auftrags und Tag der Gutachtenerstattung; die Aufbewahrungspflicht der Gutachtenkopien beträgt sieben Jahre;

i) der **Niederlassungspflicht**, wobei in besonderen Fällen weitere Niederlassungen möglich sind;

j) der **Anzeigepflicht** von Änderungen in der beruflichen oder gewerblichen Tätigkeit gegenüber der bestellenden Kammer.

103 Der öffentlich bestellte und vereidigte Sachverständige ist demzufolge zur Erstattung von Gutachten verpflichtet. Er kann die Gutachtenerstattung nur aus „wichtigem Grund" verweigern (vgl. § 10 SVO Anh. 1.1). Die **Ablehnung** ist nach § 663 BGB dem Auftraggeber unverzüglich anzuzeigen; die Vorschrift hat folgenden Wortlaut:

„**§ 663 BGB Anzeigepflicht bei Ablehnung**

₁Wer zur Besorgung gewisser Geschäfte öffentlich bestellt ist oder sich öffentlich erboten hat, ist, wenn er einen auf solche Geschäfte gerichteten Auftrag nicht annimmt, verpflichtet, die Ablehnung dem Auftraggeber unverzüglich anzuzeigen. ₂Das Gleiche gilt, wenn sich jemand dem Auftraggeber gegenüber zur Besorgung gewisser Geschäfte erboten hat."

Die berufliche Außendarstellung einschließlich der **Werbung** in sachlicher und nicht irreführender Form gehört zu den durch Art. 12 Abs. 1 GG geschützten berufsbezogenen Tätigkeiten[144].

Im geschäftlichen Verkehr darf im Übrigen mit einer öffentlichen Bestellung und Vereidigung **nur auf dem Sachgebiet geworben werden, auf dem die Bestellung ausgesprochen worden ist**[145].

1.2.7.7 Rundstempel

Schrifttum: *Bleutge, P.,* Rundstempel-Verbot für selbst ernannte Sachverständige, WRP 1979, 777.

104 Die Verwendung von Rundstempeln, wie sie den öffentlich bestellten und vereidigten Sachverständigen durch die SVO vorgeschrieben ist, ist nur diesen vorbehalten[146]. In der Verwendung des Rundstempels durch nicht öffentlich bestellte und vereidigte Sachverständige sahen die Gerichte eine irreführende Werbung bzw. Handlung (§§ 3, 5 UWG), da der Verbraucher Rundstempel aus Notarurkunden und Urteilsabschriften kennt und entsprechende Assoziationen zwangsläufig sind. Öffentlich bestellte und vereidigte Sachverständige haben allerdings auch kein Rundstempelmonopol[147]. Auch ist die Verwendung verwechselungsfähiger Stempel[148] unzulässig. Die runde Form als solche begründet allerdings nach Auffassung der Gerichte

---

144 BVerfG; Beschl. vom 4.8.2003 – 1 BvR 2108/02 –, unter Hinweis auf BVerfG,Urt. vom 11.2.1992 – 1 BvR 1531/90 –, BVerfGE 85, 248; BVerfG, Urt. vom 22.1.2002 – 2 BvB 3/01 –, BVerfGE 104, 372; BVerfG, Beschl. vom 28.7.2004 – 1 BvR 159/04 –.
145 BGH, Urt. vom 28.6.1984 – I ZR 93/82 –, EzGuG 11.142t; LG Landshut, Urt. vom 14.8.1990 – HK O 766/90 –, WRP 1991, 676.
146 OLG Naumburg, Urt. vom 13.3.197 – 2 U 124/96 –, GewA 198, 421 = EzGuG 1.24g; OLG Düsseldorf, Urt. vom 19.2.1988 – 2 U 76/87 –, WRP 1988, 278 = EzGuG 11.169a; OLG Hamm, Beschl. vom 11.3.1986 – 4 U 100/85 –, DB 1985, 2326 = EzGuG 11.151b; OLG Stuttgart, Urt. vom 3.10.1986 – 2 U 105/86 –, EzGuG 11.159c; OLG München, Urt. vom 22.2.1983 – 6 W 722/83 –, EzGuG 11.35a; OLG Frankfurt am Main, Urt. vom 16.8.1982 – 6 W 112/82 –, EzGuG 11.132a; OLG München, Urt. vom 26.3.1981 – 6 U 4325/80 –, EzGuG 11.123a; OLG Bamberg, Urt. vom 9.12.1981 – 3 U 134/81 –, WRP 1982, 158 = EzGuG 11.125q; OLG Köln, Beschl. vom 12.11.1980 – 2 W 100/80 –, EzGuG 11.121d; LG Koblenz, Urt. vom 25.2.1985 – 4 HO 167/84 –, EzGuG 11.146a; LG Darmstadt, Urt. vom 17.12.1985 – 16 O 579/85 –, EzGuG 11.149f; LG Heidelberg, Urt. vom 27.11.1985 – O 140/85 KfH II –, EzGuG 11.149e; LG Arnsberg, Urt. vom 20.12.1984 – 8 O 215/84 –, EzGuG 11.144; LG Wiesbaden, Beschl. vom 17.12.1981 – 5 O 528/81 –, EzGuG 11.125n; LG Wiesbaden, Beschl. vom 3.9.1981 – S O 326/81 –, EzGuG 11.125e; LG Frankfurt am Main, Urt. vom 22.7.1981 – 2/6 O 277/81 –, EzGuG 11.125a; LG München, Urt. vom 12.11.1980 – 7 HKO 5084/80 –, EzGuG 11.121c.
147 BGH, WRP 1984, 648; OLG Hamm, Urt. vom 11.3.1986 – 4 U 100/85 –, DB 1986, 2326 = EzGuG 11.151b; LG Nürnberg-Fürth, Urt. vom 22.6.2001 – 4 HKO 1239/01 –, EzGuG 11.304.
148 OLG München, Urt. vom 26.3.1981 – 6 U 4325/80 –, EzGuG 11.123a = WRP 1981, 483; OLG Köln, Urt. vom 30.1.198 – 6 U 73/97 –, GRUR 1999, 375.

nicht die Gefahr der Irreführung[149]. Der BGH hatte schon 1971 hierzu entschieden, dass eine Wettbewerbshandlung nicht schon deshalb unlauter sein kann, weil sie gegen Anordnungen und Richtlinien von Verbänden, Berufsvertretungen, Vereinen und sonstigen Organisationen verstößt[150]. **Ein nicht öffentlich bestellter und vereidigter Sachverständiger dürfe einen Rundstempel** deshalb **nur verwenden, wenn dieser so augenfällig von dem Erscheinungsbild der von den öffentlich bestellten und vereidigten Sachverständigen benutzten Rundstempel abweicht,** dass selbst für den flüchtigen Betrachter nicht die Gefahr entsteht, den Stempel des freien Sachverständigen für den eines öffentlich bestellten und vereidigten Sachverständigen zu halten[151]. Diese Gefahr sei besonders dann gegeben, sobald der Stempel die Worte „Sachverständiger für ..." enthält.

Ein **Verbandsrundstempel, in welchem lediglich die Mitgliedschaft in einem Verband dokumentiert wird,** gilt nicht als irreführend[152]. Auch die Verwendung des Rundstempels der Zertifizierungsstelle des Instituts für Sachverständigenwesen ist nach Auffassung der Rechtsprechung wettbewerbsrechtlich unbedenklich[153]. **105**

Die Sachverständigenverbände verwenden bei alledem in auffälliger Weise **Stempelformen, die dem Rundstempel nahekommen**; damit wird der irreführende Eindruck einer öffentlichen Bestellung erweckt, auch wenn der Stempel inhaltlich wahrheitsgemäße Angaben enthält[154]. Nach § 5 Abs. 2 Nr. 3 UWG ist jedoch die Verwendung verwechselungsfähiger Stempel unzulässig[155]. Die runde Form als solche begründet allerdings nach Auffassung der Gerichte nicht die Gefahr der Irreführung[156]. Der BGH hatte schon 1971 hierzu entschieden, dass eine Wettbewerbshandlung nicht schon deshalb unlauter sein kann, weil sie gegen Anordnungen und Richtlinien von Verbänden, Berufsvertretungen, Vereinen und sonstigen Organisationen verstößt[157]. **106**

1.2.7.8 Erlöschen der öffentlichen Bestellung

Schrifttum: *Bleutge, P.,* Die Zulässigkeit einer Altersgrenze für die öffentlich bestellten Sachverständigen, GewA 1978, 284; *Jahn; R.,* Zur Höchstaltersgrenze für öffentlich bestellte und vereidigte Sachverständige, GewA 1991, 247; *Rickert, A.,* Weitere Anmerkungen zur Altersbegrenzung, DS 1996/7; *Wittkowski, K.,* Ist die Altersgrenze für Sachverständige zweckdienlich und daher vertretbar?, ZSW 1983, 245.

Die öffentliche Bestellung erlischt nach § 22 SVO durch **107**

a) *Verzicht* des Sachverständigen, der nach § 22 Abs. 1 Buchst. a SVO einer schriftlichen Erklärung des Sachverständigen gegenüber der Kammer bedarf, dass er nicht mehr als öffentlich bestellter und vereidigter Sachverständiger tätig sein wolle;

---

149 OLG Stuttgart, Beschl. vom 3.10.1986 – 2 U 105/86 –, WRP 1987, 334: = EzGuG 11.159b; OLG Hamm, Urt. vom 11.3.1986 – 4 U 100/85 –, EzGuG 11.151b = GewArch 1986, 332; OLG Köln, Urt. vom 17.9.1998 – 6 U 25/98 –, GRUR 1999, 375; LG Nürnberg-Fürth, Beschl. vom 22.6.2001 – 4 HK O 1230/01 –; LG Traunstein, Urt. vom 6.10.2004 – 1 HK O 2622/04 –.
150 BGH, Urt. vom 25.6.1971 – I ZR 68/70 –, GRUR 1971, 580 = MDR 1971, 907 = BB 1971, 949; OLG Naumburg, Urt. vom 13.3.1997 – 2 U 124/95 –, EzGuG 11 244g.
151 OLG Hamm, Urt. vom 11.3.1986 – 4 U 100/85 –, EzGuG 11.115b; einschränkend OLG Stuttgart, Urt. vom 3.10.1986 – 2 U 105/86 –, EzGuG 11.159b; LG Nürnberg-Fürth, Urt. vom 22.6.2001 – 4 HhC 1230/01 –, EzGuG 11.304.
152 OLG Stuttgart, WRP 1987, 334; OLG Hamm, Urt. vom 11.3.1986 – 4 U 100/85 –, GewArch 1985, 332 = EzGuG 11.151b.
153 LG Traunstein, Urt. vom 6.10.2004 – 1 HKO 2622/04 –.
154 Das OLG Frankfurt am Main, Urt. vom 12.2.1987 – 6 U 7/87 –, NJW-RR 1988, 103 hat einen Rundstempel mit Doppelumrandung zugelassen; OLG Hamm, Urt. vom 9.3.1995 – 4 U 121/94 –, WRP 1996, 443 = GewArch 1995, 443.
155 OLG München, Urt. vom 26.3.1981 – 6 U 4325/80 –, EzGuG 11.123a = WRP 1981, 483.
156 OLG Stuttgart, Beschl. vom 3.10.1986 – 2 U 105/86 –, WRP 1987, 334 = EzGuG 11.159b: OLG Hamm, Urt. vom 11.3.1986 – 4 U 100/85 –, EzGuG 11.151b = GewArch 1986, 332; OLG Köln, Urt. vom 17.9.1998 – 6 U 25/98 –, GRUR 1999, 375; LG Nürnberg-Fürth, Beschl. vom 22.6.2001 – 4 HK O 1230/01 –; LG Traunstein, Urt. vom 6.10.2004 – 1 HK O 2622/04 –.
157 BGH, Urt. vom 25.6.1971 – I ZR 68/70 –, GRUR 1971, 580 = MDR 1971, 907 = BB 1971, 949; OLG Naumburg, Urt. vom 13.3.1997 – 2 U 124/95 –, EzGuG 11.244g.

III Sachverständigenwesen Sachverständiger

b) *Verlegung der beruflichen Hauptniederlassung oder,* falls eine solche nicht besteht, *des Hauptwohnsitzes* aus dem Bezirk der Kammer; in diesem Fall muss der Sachverständige bei der für den neuen Sitz zuständigen Kammer erneut Antrag auf Bestellung stellen. Dabei hat er regelmäßig einen Rechtsanspruch auf Bestellung und nur in ganz besonderen Ausnahmefällen (vgl. Begründung zu § 22 Abs. 1 Buchst. b SVO) ist die Kammer daran gehindert[158];

c) *Ablauf der befristeten Bestellung,* die durch Verwaltungsakt gemäß § 2 Abs. 3 SVO zum Zwecke der Überwachung und zum Schutz der Öffentlichkeit zeitlich befristet werden kann und deren Verlängerung der Sachverständige schon vor Ablauf der Befristung beantragen kann;

d) *Erreichung der Altersgrenze,* nämlich die Vollendung des 68. Lebensjahres nach § 22 Abs. 1 Buchst. d SVO, wobei aus Gründen des Bestandsschutzes und der Verhältnismäßigkeit gegenüber den betroffenen Sachverständigen die Kammer nach § 22 Abs. 2 SVO in begründeten Ausnahmefällen die Möglichkeit hat, eine einmalige befristete Verlängerung bis zur Vollendung des 71. Lebensjahres zuzulassen; die Höchstaltersgrenze nach § 20 Abs. 1 Buchst. d SVO – nämlich die Vollendung des 68. Lebensjahres – ist in der Rechtsprechung bestätigt worden[159].

e) *Rücknahme und Widerruf* der öffentlichen Bestellung durch die Kammer gemäß § 22 Abs. 1 Buchst. e SVO. **Zwischen Rücknahme und Widerruf ist** dabei **zu unterscheiden:**

– Eine **Rücknahme** kommt in Betracht, wenn der Kammer die Unrichtigkeit der Angaben und Nachweise, die Grundlage der Bestellung waren, bekannt wird. Hierzu gehören falsche Nachweise über die Vermögensverhältnisse oder durch Dritte angefertigte Gutachten. Dabei ist es unerheblich, ob den zu Unrecht ernannten Sachverständigen ein Verschulden trifft. Eine Rücknahme kommt aber auch in Betracht, wenn nachträglich Bedenken gegen die Eignung des Sachverständigen aufkommen[160].

– Ein **Widerruf** kommt in Betracht, wenn sich nachträglich herausstellt, dass der Sachverständige die erforderliche Eigenschaft nicht oder nicht mehr besitzt. Dabei ist es unerheblich, ob der Sachverständige die Eigenschaften während der öffentlichen Bestellung verloren hat; zum Widerruf können auch bekannt gewordene Tatsachen führen, die schon vorher bestanden haben (z. B. wiederholte Verletzung von Pflichten, die Voraussetzungen für eine unabhängige Tätigkeit oder mangelnde Gewähr für eine unparteiische Ausübung der Sachverständigentätigkeit).

Die Voraussetzungen liegen z. B. auch vor, wenn sich nachträglich ergibt, dass das Gutachten eines solchen Sachverständigen nach Aufbau, Wortwahl und stilistischer Gestaltung so angefertigt ist, dass es von Personen, die auf dem jeweiligen Fachgebiet keine

---

158 Kritik hierzu bei Stober, Der öffentlich bestellte Sachverständige zwischen beruflicher Bindung und Deregulierung, Köln 1991, S. 143; Bleutge in Landmann/Rohmer, Komm. zu § 36 GewO Rn. 124.
159 BVerfG, Beschl. vom 16.11.1990 – 1 BvR 1280/90 –, EzGuG 11.182b; BVerfG, Beschl. vom 4.5.1983 – 1 BvL 46 und 47/80 –, EzGuG 11.137; BVerfG, Beschl. vom 19.11.1962 – 1 BvR 541/57 –, EzGuG 11.30a; BVerfG, Beschl. vom 2.5.1961 – 1 BvR 203/53 –, BVerfGE 12,319; BVerfG, Beschl. vom 17.7.1961 – 1 BvL 44/55 –, EzGuG 11.23b; BVerfG, Beschl. vom 20.5.1959 – 1 BvL 1/58 und 7/58 –, EzGuG 11.18b; BVerfG, Beschl. vom 16.6.1959 – 1 BvR 71/57 –, EzGuG 11.18c; BVerwG, Beschl. vom 6.6.1963 – 1 B 11/63 –, EzGuG 11.35; VGH Mannheim, Beschl. vom 5.2.2003 – 14 S 2243/01 –, GuG 2003, 318; BayVerfGH, Entsch. vom 12.5.1989 – Vf. 6 VII 87 –, EzGuG 11.170; BayVerfGH, Entsch. vom 28.7.1983 – Vf. 20 VII 81 –, EzGuG 11.140; BayVerfGH, Entsch. vom 17.5.1982 – Vf. 2 – VII 80 –, EzGuG 11.130a; OVG Münster, Urt. vom 7.7.1989 – 4 A 1787/88 –, EzGuG 11.171; OVG Lüneburg, Urt. vom 26.11.1975 – 7 A 71/75 –, EzGuG 11.99; OVG Berlin, Beschl. vom 17.2.1977 – 1 S 1/77 –, EzGuG 11.106a; VG Arnsberg, Urt. vom 14.12.1978 – 1 K 494/78 –, EzGuG 11.114 d; VG Dessau, Beschl. vom 8.11.2000 – 2 B 482/00 –, GuG 2002, 191 = EzGuG 11.289a; VG Freiburg, Urt. vom 20.8.2001 – 7 K 1673/00 –, EzGuG 11.310; VG Braunschweig, Urt. vom 8.12.1995 – 1 A 1283/94 –, EzGuG 11.226a Bleutge in GewArch 1978, 284: Landmann/Rohmer, GewO § 36 Rn. 73; vgl. BT-Drucks. 14/577; BT-Drucks. 7/551; LT-Drucks. NW vom 10.9.1999, LT-Drucks. 14/4237.
160 BVerwG, Urt. vom 6.11.1959 – 1 C 295/58 –, EzGuG 11.20; BVerwG, Urt. vom 29.5.1957 – 1 C 212/54 –, EzGuG 11.10; ferner PrOVG, Urt. vom 3.3.1937 – III B 3/27 –, PrOVGE 81.399 = GewArch 25.68; VG Minden, Urt. vom 10.2.1983 – 2 K 2259/81 –, EzGuG 11.135h.

Fachkenntnisse besitzen, nicht verstanden werden kann[161]. Zum Widerruf können insbesondere

- Verkehrsstrafen[162]
- eine Verletzung der Anzeigepflichten,
- ungeordnete wirtschaftliche Verhältnisse,
- mangelnde Eignung[163]

führen[164].

Einmalige und leichtere Pflichtverletzungen führen i.d.R. zunächst nur zu einer **Abmahnung** oder der **Erteilung von Auflagen** durch die Kammer. Erst eine erfolglose Abmahnung und wiederholte Pflichtverletzung kann in diesen Fällen zum Widerruf der Bestellung führen.

f) *Niederlegung der öffentlichen Bestellung* durch den Sachverständigen durch entsprechende nicht empfangsbedürftige Willenserklärung: Auf die Zustimmung der Bestellungskörperschaft kommt es nicht an[165].

Mit dem Widerruf bzw. der Rücknahme verliert der Sachverständige die Eigenschaft als öffentlich bestellter und vereidigter Sachverständiger. Stempel und Ausweis sind an die Kammer zurückzugeben. 108

Rücknahme und Widerruf sind belastende Verwaltungsakte, gegen die sich der Sachverständige durch Widerspruch und bei erfolglosem Widerspruch durch Klage vor dem Verwaltungsgericht wehren kann.

Ist die öffentliche Bestellung erloschen, darf sich der Sachverständige auch nicht als Senior-Mitglied eines Verbandes öffentlich bestellter und vereidigter Sachverständiger nennen, weil dies den unzutreffenden Eindruck erweckt, er sei noch immer öffentlich bestellt und vereidigt[166].

1.2.7.9 Werbung

Schrifttum: *Bayerlein,* Praxishandbuch Sachverständigenrecht, 4. Aufl., S. 114 ff.

▶ *Vgl. Rn. 4 f., 103 und zur Werbung mit Rundstempeln Rn. 104.*

Das BVerfG hat in seinem Urteil vom 26.20.2004[167] entschieden, dass die berufliche Außendarstellung eines freiberuflich Tätigen einschließlich der Werbung[168] für die Inanspruchnahme seiner Dienste in den Schutzbereich des Art. 12 Abs. 1 Satz 1 GG fällt, der die freie Berufsausübung schützt. Es gibt mithin auch **für öffentlich bestellte und vereidigte Sachverständige kein Werbeverbot**[169]. Es empfiehlt sich, mindestens Name und Anschrift, die öffentliche Bestellung und Vereidigung, den Namen der Bestellungskörperschaft sowie das Sachgebiet nach Maßgabe der Bestellungsurkunde anzugeben[170]. Nach einer Entscheidung des LG Frankfurt am Main gebietet das Irreführungsverbot des § 5 UWG allerdings keine 109

---

161 VG Sigmaringen, Urt. vom 9.6.1980 – 1 K 514/79 –, EzGuG 11.119d; OVG Münster, Urt. vom 21.1.1969 – 4 A 1274/67 –, EzGuG 11.66a; OVG Münster, Urt. vom 12.1.1966 – 4 A 565/65 –, EzGuG 11.50a.
162 BVerwG, Beschl. vom 15.11.1991 – 1 B 136/91 –, EzGuG 11.189.
163 VGH München, Beschl. vom 19.7.2004 – 22 CS 04.1885 –, EzGuG 11.390.
164 Zum Verfahren: VG München, Urt. vom 28.8.2004 – M 16 S 03.3568 –, EzGuG 11.388.
165 VG Magdeburg, Urt. vom 3.7.2003 – 3 B 145/03 MD –.
166 LG Frankfurt am Main, Beschl. vom 11.6.1997 – 2 06 O 157/97 –, EzGuG 11.245a.
167 BVerfG, Urt. vom 26.10.2004 – 1 BvR 981/00 –.
168 „Werbung ist ein Verhalten, das darauf angelegt ist, andere dafür zu gewinnen, die Leistung desjenigen in Anspruch zu nehmen, für den geworben wird." (BGH, Beschl. vom 7.10.1991 – AnwZ (B) 25/91 –, NJW 1992, 45). „Werbung ist die Information (Äußerung) über ein Unternehmen oder eine seiner Leistung, mit dem Ziel, den Absatz von Waren und die Erbringung von Dienstleistungen zu fördern." (Art. 2 Nr. 1 der Richtlinie 84/450 EWG).
169 OVG Münster, Urt. vom 4.9.2007 – DÖV 2008, 124; OVG Münster, Urt. vom 4.9.2007 – DÖV 2008, 124.
170 Volze, H., Werbemöglichkeiten für den Sachverständigen, GuG 2004, 17.

Aufklärung über das Sachgebiet der Bestellung, da es nur irreführende, nicht aber auch unvollständige oder abgekürzte Angaben verbietet[171].

110 Unzulässig sind unlautere Wettbewerbshandlungen (§§ 3, 4 UWG) und irreführende Werbungen (§§ 3, 5 UWG). Zu den **unlauteren Wettbewerbshandlungen** gehören

- reklamehafte Werbemittel und -methoden,
- Werbungen mit und über den Preis[172],
- Werbung mit Qualitätsaussagen,
- diskriminierende Werbung[173].

Irreführende Werbung ist

- die Bezeichnung als „Sachverständiger"[174],
- Anerkennung durch Fachverband[175],
- Werbung mit Zertifikaten,
- „Dekorationsgegenstände".

Irreführend ist eine generalisierende Werbung als „Sachverständiger für Bauwesen", weil ein Sachverständiger Spezialist und nicht Generalist ist[176]. Ein öffentlich bestellter Sachverständiger muss in der Werbung nicht auf die Körperschaft hinweisen, die ihn bestellt hat; er darf aber den Hinweis auf seine Eigenschaft als öffentlich bestellter Sachverständiger nicht mit einem Sachgebiet verknüpfen, für das er nicht bestellt worden ist (§ 12 SVO)[177]. Auch mit dem Hinweis auf eine erloschene Sachverständigeneigenschaft darf nicht geworben werden[178]. Die Werbung als „Gerichtssachverständiger" stellt eine irreführende Werbung dar, weil bei einem nicht unerheblichen Teil der angesprochenen Verkehrskreise der Eindruck erweckt werde, der betreffende Sachverständige sei ein öffentlich bestellter Sachverständiger[179].

Unzulässig ist des Weiteren eine **Inverbindungsbringung von Hinweisen auf die Sachverständigentätigkeit** einerseits **und die gewerbliche Tätigkeit** andererseits, weil diese Verbindung die Gefahr von Missverständnissen in sich birgt, und zwar jedenfalls bei dem wenig erfahrenen Teil der Kundschaft des gewerblichen Unternehmens[180].

1.2.8 Zertifizierte Sachverständige

Schrifttum: *Achten, A.*, Zertifizierung, GuG 2008, 8; *Bleutge, P.*, Prüfung der Sachkunde bei zertifizierten Sachverständigen, Der Bausachverständige 2005, 8, 47; *Bleutge, P.*, Öffentliche Bestellung und private Zertifizierung im Wettbewerb, GuG 1997, 72; *Böshagen, U.*, Die Zertifizierung, in EU-Rechtshandbuch für die Wirtschaft, München 1996; *Emmert, U.*, Haftung der Zertifizierungsstellen, CE 1999, 244; *Hagenkötter, A.*, Zertifizierung und Verschwiegenheitspflicht, AnwBl 1997, 616; *Niebling, J.*, Rechtsfragen der Akkreditierung und Zertifizierung, WiB 1995, 737; *Schmalgemeier, H.*, Zertifizierung von Sachverständigen in der Immobilienbewertung, GuG 2007, 209; *Werner, M.*, Zertifizierung – Vorgehen des Auditors, AnwBl 1997, 644.

---

171 LG Frankfurt am Main, Urt. vom 26.8.2005 – 3 – 11 O 32/05 –, GuG 2006, 52; des Weiteren BGH, Urt. vom 27.1.2005 – I ZR 202/02 –, BB 2005, 1244.
172 LG Berlin, Urt. vom 25.11.2003 – 103 O 159/03 –, EzGuG 11.360.
173 BGH, Urt. vom 9.12.1975 – VI ZR 157/73 –, EzGuG 11.100.
174 LG Dortmund, Urt. vom 7.5.1980 – 19 O 95/80 –, EzGuG 11.119e.
175 LG Essen, Urt. vom 5.3.2003 – 42 O 120/02 –, EzGuG 11.348a.
176 LG Regensburg, Urt, vom 28.2.2002 – 1 HKO 1970/01 –, WRP 2002, 122 = EzGuG 11.322.
177 LG Hamburg, Urt. vom 2.8.2005 – 312 O 211/05 –, EzGuG 11.458; OLG Hamm, Urt. vom 9.3.1995 – 4 U 121/94 –, GewArch 1995, 341 = EzGuG 11.222f.
178 OLG Dresden, Urt. vom 4.9.1996 – 12 U 564/96 –, WRP 1996, 1168 = EzGuG 11.235c; VG Oldenburg, Urt. vom 26.4.1978 – 2 A 26/77 –, GewArch 1979, 92 = EzGuG 11.111i; LG Frankfurt am Main, Urt. vom 11.6.1997 – 2-06 O 157/97 –, GewArch 1997, 416 = EzGuG 11.245a.
179 LG München I, Urt. vom 24.3.1983 – 4 HKO 1580/83 –, EzGuG 11.137c; LG Wiesbaden, Urt. vom 19.7.1978 – 12 O 46/78 –, EzGuG 11.112b.
180 KG Berlin, Urt. vom 11.5.1976 – 5 U 2582/75 –, EzGuG 11.102b.

1.2.8.1 Allgemeines

Eine **Zertifizierung von Sachverständigen ist praktisch von jeder Stelle möglich,** da es sich hierbei nicht um einen geschützten Begriff handelt. Hierfür bestehen weder fachliche noch formelle Voraussetzungen. Diese Zertifizierung ist damit praktisch bedeutungslos und keine Gewähr, dass der „Zertifizierte" die für einen Sachverständigen notwendige Sachkunde aufweist. **111**

Von diesem „**wilden Zertifizierungswesen**" zu unterscheiden ist die Zertifizierung durch Stellen, die nach der Europäischen Norm EN 45 013 akkreditiert sind. Die „Zertifizierung" durch nicht akkreditierte Stellen als vermeintlicher Qualitätssicherungsnachweis ist von daher irreführend gerade im Hinblick auf den Auftraggeber, der darin sein Vertrauen setzt. Hierauf soll nicht näher eingegangen werden. **112**

Da das Akkreditierungs- und Zertifizierungswesen ohne gesetzliche Grundlage eingeführt wurde, konnte es von jedermann unkontrolliert mit unterschiedlichen **Qualitätsstandards** durchgeführt werden. Im Rahmen der DIN 45 013 werden sie **vom sog. Sektorkomitee und** im Rahmen der ISO 9001 **vom Geprüften selbst vorgegeben.** Es kommt hinzu, dass auch die Bezeichnungen „Akkreditierung" und „Zertifizierung" nicht geschützt sind und von jedermann ohne Einhaltung der Norm verwendet werden können. Infolgedessen muss zwischen zertifizierten Sachverständigen unterschieden werden, die unter Einhaltung der DIN 45 013 und der ISO 9001 zertifiziert wurden. Ohne Angabe dieser Normen, zu der ein Sachverständiger nicht verpflichtet ist, muss bei dem „Verbraucher" Verwirrung aufkommen. Der Sachverständige braucht noch nicht einmal eine Norm einzuhalten, wenn er von einem Verband lediglich zertifiziert worden ist. **113**

Nachfolgend wird die **Zertifizierung nach EU-Normen** vorgestellt. Eine anderweitige Zertifizierung ist an Vorgaben nicht gebunden und demzufolge bedeutungslos. **Grundlage für die europäische Zertifizierung** von Sachverständigen sind folgende Normen: **114**

EN 45 003   Allgemeine Kriterien für Stellen, die Prüflaboratorien akkreditieren,

EN 45 013   Allgemeine Stellen, die Personal zertifizieren.

Von der Zertifizierung nach der DIN EN 45 013 zu unterscheiden ist das Qualitätssicherungssystem nach der Normreihe ISO 9000[181] (Qualitätsmanagement der Dienstleistung). **115**

Mit der Zertifizierung von Sachverständigen sollen auf europäischer Ebene vertrauensbildende Maßnahmen zur Qualitätssicherung u.a. von Dienstleistungen im Gutachterbereich geschaffen werden. Hierzu wurden Kriterien geschaffen, die von den Stellen beachtet werden müssen, die Personal zertifizieren, wenn sie als kompetent und zuverlässig anerkannt werden sollen. Die Anerkennung erfolgt durch ein Zertifikat: Ein Zertifikat ist eine Bescheinigung. Bezogen auf die Sachverständigentätigkeit wird mit der Zertifizierung durch einen unabhängigen Dritten lediglich bescheinigt, dass eine Dienstleistung mit bestimmten technischen Regeln übereinstimmt (Konformität). **Das Zertifikat bescheinigt also die Konformität z.B. einer Dienstleistung mit technischen Regeln.** **116**

Die **Zertifizierung** soll **durch Zertifizierungsstellen auf der Grundlage der Normen EN 45 011, 45 012 und 45 013** erfolgen (vgl. entsprechende DIN vom Mai 1990 „Allgemeine Kriterien für Stellen, die Prüflaboratorien akkreditieren"). Die genannten Normen haben den Status einer deutschen Norm. Diese Normen verlangen u.a. **117**

– die Unparteilichkeit der Zertifizierungsstelle, die durch eine entsprechende Besetzung zu gewährleisten ist, und

– den Zugang zu den Diensten einer Zertifizierungsstelle durch alle Interessenten.

Die Zertifizierungsstelle wird auf der Grundlage der EN 45 000 akkreditiert. **Akkreditieren bedeutet die formelle Anerkennung der Kompetenz einer autorisierten Zertifizierungs- 118**

---
[181] Klocke in GuG 1996, 145.

III Sachverständigenwesen   Sachverständiger

stelle durch einen unabhängigen Dritten: Maßstäbe für die Beurteilung der Zertifizierungsstellen ergeben sich aus ISO-Richtlinien in den EN-Normen der 45 000er-Reihe.

119 Welche **Bedeutung die Zertifizierung** erlangen wird und ob sie faktisch in ihrer Bedeutung die „öffentliche Bestellung und Vereidigung" ablösen wird, ist derzeit schwer abschätzbar. Sicher erscheint nur, dass solche Sachverständige, die „europäisch" tätig sein wollen, einer Zertifizierung bedürfen, während „inländisch" tätige Sachverständige vorerst noch nicht darauf angewiesen sein werden.

120 Die durch die EU-Norm vorgegebene privatrechtliche Lösung schließt nicht aus, dass **miteinander konkurrierende Zertifizierungsstellen** eingerichtet werden. Eine solche Konkurrenzsituation wäre grundsätzlich zu begrüßen, wenn dies zu einer Qualitätssteigerung führen würde. Bedenklich wäre sie allerdings immer dann, wenn man sich im Hinblick auf Leistungsanforderungen unterbieten würde. Diese Gefahr kann nicht ausgeschlossen werden und es muss deshalb vornehme Pflicht der Zertifizierungsstellen sein, sich im Interesse des Verbrauchers gemeinsam auf ein hohes Anforderungsniveau zu verständigen, weil sonst die Gefahr bestünde, dass in diesem ungeregelten Bereich auch künftig noch „schwarzen Schafen" das Feld überlassen wird. Einer Zersplitterung der Zuständigkeiten im Sachverständigenwesen gilt es damit auch im Rahmen der EU-Normen vorzubeugen[182].

121 Die **Akkreditierung liegt in der Hand** nationaler Akkreditierungsstellen, wobei das Akkreditierungswesen nicht ausschließlich hoheitliche Aufgabe des Staates ist, sondern pluralistisch organisiert sein kann. Einer öffentlich-rechtlichen Einrichtung wird damit keine Monopolstellung eingeräumt. Damit kann jeder Zertifizierungsstelle werden, wenn er nur in seiner Struktur und in seinem Verfahren den Anforderungen der europäischen Norm entspricht.

122 Das **Akkreditierungswesen** gliedert sich in
 – einen „geregelten Bereich" (harmonischer Bereich), wenn der nationale Gesetzgeber gesetzlich die Sachverständigentätigkeit regelt und sich der Staat von der Kompetenz der Prüflaboratorien und Zertifizierungsstellen überzeugt, und
 – einen „gesetzlich ungeregelten Bereich" (nicht harmonisierter Bereich), in dem keine Rechtsvorschriften der EU oder nationale Rechtsvorschriften existieren und der den selbst regulierenden Maßnahmen der Wirtschaft vorbehalten ist.

Zum „gesetzlich geregelten Bereich" gehören Akkreditierungen, die im Rahmen von Notifizierungsverfahren durchgeführt werden, sowie Akkreditierungen, Zertifizierungen, Prüfungen und mit ähnlichen Begriffen beschriebene Verfahren, die in nicht harmonisierten Rechtsvorschriften enthalten sind.

123 Zum gesetzlich geregelten Bereich gehören durch Bundes- oder Landesgesetze sowie durch EG-Richtlinien bestimmte Prüfungen und Zertifizierungen durch dafür anerkannte Stellen (z. B. auf dem Gebiet des Eich- und Sicherungswesens sowie im Bereich des Umweltschutzes). **Zum gesetzlich ungeregelten Bereich gehört dagegen die Zertifizierung von Sachverständigen.**

124 Für den gesetzlich nicht geregelten Bereich wurden unter dem 1991 vom Bund, der deutschen Wirtschaft und den Ländern gegründeten **Deutschen Akkreditierungs-Rat (DAR)** für die verschiedenen Aufgabengebiete Akkreditierungsstellen gebildet. Die Bundesregierung hat es aber abgelehnt, dem DAR eine gesetzlich vorgeschriebene Überwachungs- und Regulierungsfunktion zuzuerkennen[183]. Welche Rechtsfigur der Deutsche Akkreditierungs-Rat einnimmt, ist ungeklärt. Der Deutsche Akkreditierungs-Rat ist ein Forum, das durch freiwillige Absprache der Beteiligten geschaffen wurde. Es dient der Koordinierung und dem Meinungsaustausch. Verbindliche Beschlüsse werden nicht gefasst. Verstoßen Mitglieder gegen mitgliedschaftliche Verpflichtungen, richten sich die Rechtsfolgen nach dem Mitgliedschaftsrecht. Der DAR ist Mitglied der *European Cooperation for Akkredition* (EA).

---

182 Hansen, W., Zertifizierung und Akkreditierung von Produkten und Leistungen der Wirtschaft, Carl Hanser Verlag 1993.
183 Vgl. BT-Drucks. 14/3685.

Im Bereich der Zertifizierung von Sachverständigen liegt die Zuständigkeit bei der **Trägergemeinschaft für Akkreditierung (TGA)**. Die vom DAR eingesetzte TAG ist im sog. ungeregelten Bereich nicht alleinverantwortlich für die Akkreditierung von Zertifizierungsstellen und jeder hat das Recht, eine Akkreditierungsstelle zu gründen. Die Regeln der TGA sind für andere Akkreditierungsstellen mithin nicht maßgebend[184]. Die TGA akkreditiert die Zertifizierungsstellen, bei denen Sachverständige nach der EN 45 013 zertifiziert werden können (Abb. 2).

Private Akkreditierer werden unter dem Dach der Trägergemeinschaft für Akkreditierung GmbH (TGA) tätig. Die Bundesregierung teilt über ihre ständige Vertretung in Brüssel der Kommission u. a. mit, welche nationale Stelle bzw. Stellen Zertifizierungsaufgaben im Rahmen einer EU-Richtlinie wahrnehmen. Die formale Registrierung einer Zertifizierungsstelle durch die Kommission der Europäischen Gemeinschaft bezeichnet man als **Notifizierung**. Notifizierte Stelle ist eine neutrale Stelle, deren Kompetenz zur Durchführung der Konformitätsbewertungsverfahren im Sinne von EU-Richtlinien durch die nationale Regierung bestätigt und der Europäischen Kommission und den Mitgliedstaaten für bestimmte Prüf-, Zertifizierungs- oder Überwachungsaufgaben im Rahmen von EU-Richtlinien gemeldet wurde[185].

Abb. 2: Akkreditierung

Notifiziert wird nur im harmonisierten geregelten Bereich, der nach dem vorher Gesagten durch Richtlinien der Europäischen Union „geregelt" ist, um so sicherzustellen, dass die von den EU-Staaten notifizierten Stellen qualitativ vergleichbar arbeiten. Da für den Bereich der Grundstückswertermittlung solche Richtlinien bislang nicht bestehen, dürfte diesbezüglich auch eine Notifizierung der Zertifizierungsstellen entfallen.

a) *Europäische Norm EN 45 013*

Die wichtigste Norm der EN-45 000er-Reihe für allgemeine Kriterien für Stellen, die Personal zertifizieren, ist die DIN EN 45 013. Die Norm wurde auf privatrechtlicher Grundlage durch eine gemeinsame CEN/CENELEC-Arbeitsgruppe für Zertifizierung ausgearbeitet und kann von jedermann angewendet werden, ohne dass die Anwendung zwingend ist. Die Bundesregierung hat es abgelehnt, die darin enthaltenen Kriterien gesetzlich festzuschreiben[186].

Die Norm enthält allgemeine **Kriterien für die Begutachtung des organisatorischen Aufbaus, der Ausstattung mit Personal und technischen Einrichtungen sowie die Arbeitsweise von Akkreditierungs- und Zertifizierungsstellen.** Die Kriterien „gelten für Zertifizierungsstellen, die Systeme zur Zertifizierung von Personal betreiben und durch Begutachtung und

---

184 LG Bonn, Urt. vom 15.7.1997 – 11 O 184/96 –, EzGuG 11.246c.
185 Können die gemeldeten Stellen die Übereinstimmung mit den Kriterien der DIN-EN-45 000-Reihe/DIN EN ISO/IEC 17 000 Reihe z. B. durch ihre Akkreditierung nachweisen, so wird davon ausgegangen, dass sie auch den Kriterien der Richtlinie entsprechen.
186 Vgl. BT-Drucks. 14/3685.

wiederkehrende Überwachung bestätigen, dass das Personal kompetent ist, die angegebenen Dienste zu leisten".

128 Die EN 45 013 enthält keine Kriterien für die fachlichen Anforderungen, die jeweils fachgebietsspezifisch erarbeitet werden müssen. Dies geschieht durch sog. **Sektorkomitees** bei der TGA, die sich aus Vertretern der Fachinstitutionen und Vertretern von Verbänden zusammensetzt[187].

129 Die für das jeweilige Fach- und Zertifizierungsgebiet geltenden Anforderungen werden in einem „Normativen Dokument" zusammengestellt, das Grundlage für die Arbeit der Zertifizierungsstellen ist. Im Bereich des **Sektorkomitees Personalzertifizierung Grundstückswertermittlungen** gliedert sich das Normative Dokument in drei Teilfachgebiete:

a) Bewertung von bebauten und unbebauten Grundstücken (allgemeine Grundstückswertermittlung),

b) Bewertung von landwirtschaftlichen bebauten und unbebauten Grundstücken (Grundstückswertermittlung im Agrarsektor) und

c) Hypothekarische Immobilienbewertung (Kreditwirtschaftliche Grundstückswertermittlung).

130 Die **Bestätigung durch die Zertifizierungsstelle erfolgt in Form eines** Kompetenzzertifikats und wird in einem Verzeichnis für kompetentes Personal veröffentlicht. Der Aufbau des Zertifizierungswesens erfolgt unter der Regie des Deutschen Akkreditierungs-Rats (DAR; Abb. 3).

Abb. 3: **Deutscher Akkreditierungs-Rat**

---

[187] Bleutge verweist hierauf mit der Bemerkung, dass die Zusammensetzung der die Qualitätsstandards festlegenden Sektorkomitees dem Zufallsprinzip überlassen wurde (DS 1999, 16). Dies gilt im Übrigen auch für die personelle Besetzung des Akkreditierungsrats im Bereich der Verkehrswertermittlung von Grundstücken.

Die Norm enthält zu dem angegebenen Verfahren **folgende Definitionen:** 131

a) **Zertifizierungssystem:**

System, das seine eigenen Verfahrens- und Verwaltungsregeln hat, um Zertifizierungen der Konformität durchzuführen.

b) **Zertifizierungsstelle:**

Stelle, die Zertifizierungen der Konformität durchführt. Die Zertifizierungsstelle muss

- über ein Organigramm, eine eindeutige Dokumentation ihrer Rechtsform, eine Beschreibung ihrer Zertifizierungssysteme sowie über Angaben ihrer Finanzierung verfügen,
- über ein System zur Überwachung der gesamten Dokumentation des Zertifizierungssystems verfügen,
- Aufzeichnungen über ihre Tätigkeit führen,
- das zertifizierte Personal regelmäßig überwachen,
- über qualifiziertes Zertifizierungspersonal und Einrichtungen verfügen,
- über kompetentes Personal verfügen,
- über ein Qualitätssicherungs-Handbuch und dokumentierte Verfahren verfügen, aus denen hervorgeht, auf welche Weise sie die Kriterien erfüllt,
- sicherstellen, dass Vertraulichkeit gewahrt wird,
- ein Verzeichnis der zertifizierten Personen führen,
- über Verfahren zur Behandlung von Beschwerden gegen ihre Entscheidungen verfügen,
- durch interne Audits und wiederkehrende Überprüfung die Erfüllung der Kriterien dieser Norm sicherstellen; ein **Audit** dient dazu, im Rahmen der Zertifizierung von Personal die vorgeschriebene Dokumentation sowie deren Umsetzung vor Ort zu prüfen. Dazu werden kompetente Auditoren benötigt, für deren Qualifikation die Zertifizierungsgesellschaften zuständig sind,
- über dokumentierte Verfahren zum Entzug und zur Annullierung von Kompetenzzertifikaten verfügen.

c) **Auditierung:**

Überprüfungsvorgang der Zertifizierungsstelle.

d) **Überwachungsstelle für Zertifizierung:**

Stelle, die Überwachungsaufgaben im Auftrag einer Zertifizierungsstelle wahrnimmt.

e) **Kompetenzzertifikat:**

Dokument, das gemäß den Regeln eines Zertifizierungssystems ausgestellt wurde und anzeigt, dass angemessenes Vertrauen besteht, dass die genannte Person für bestimmte Aufgaben kompetent ist.

f) **Akkreditierungsstelle:**

Stelle, die formal die Kompetenz von Prüf- und Zertifizierungsstellen bestätigt, d.h., sie bestätigt, dass diese Einrichtungen in der Lage sind, bestimmte Aufgaben ordnungsgemäß durchzuführen.

III Sachverständigenwesen

132 Ansonsten regelt die Norm lediglich die **Struktur der Zertifizierungsstelle und das Verfahren nach folgenden Grundsätzen:**

a) Alle Personen, die zertifiziert werden wollen, müssen Zugang zu den Diensten der Zertifizierungsstelle haben. Es dürfen keine unangemessenen finanziellen und anderen Bedingungen gestellt werden.

b) Die Zertifizierungsstelle muss unparteiisch sein und über eine Struktur verfügen, die die Auswahl der Mitglieder ihres Lenkungsgremiums aus den am Zertifizierungssystem interessierten Gruppen fordert, ohne dass Einzelinteressen dominieren. Sie muss über angestelltes Personal unter einem dem Lenkungsgremium gegenüber verantwortlichen Leiter verfügen, das die tägliche Arbeit erledigt.

c) Das Lenkungsgremium muss für die Durchführung der Zertifizierung im Sinne dieser Norm verantwortlich sein (Geschäftspolitik, Umsetzung, Aufsicht, Aufgabenübertragung).

133 Hieraus folgt, dass

– einerseits alle Personen, die zertifiziert werden wollen, ein **generelles Zugangsrecht** zu der Zertifizierung haben und

– andererseits **keine Verpflichtung zur Zertifizierung** besteht. Die Zertifizierung ist mithin für die Berufsausübung nicht erforderlich, wenngleich sie die Stellung des Sachverständigen auf dem deutschen und internationalen Markt verbessern mag.

134 **Inhaltliche Vorgaben für den Sachverständigen (für Grundstückswerte) werden durch die EN 45013 nicht definiert.** Es handelt sich vielmehr um ein System, mit dem die äußeren Anforderungen an die Überprüfung der Voraussetzungen durch Fachgremien normiert werden, um den Nachweis der besonderen Sachkunde und persönlichen Eignung eines Bewerbers zu erlangen. Ob die damit privatrechtlich organisierten Überwachungsmechanismen strenger als im System der öffentlichen Bestellung nach § 36 GewO wirken werden, wird sich erst noch erweisen müssen[188]. Es wird sich damit zumindest ein weiterer Weg eröffnen, um hier auf der Grundlage europäischer Lösungen eine Zertifizierung zu erlangen, die zunächst nicht die öffentliche Bestellung ersetzt, sondern sich für den Bewerber zusätzlich anbietet. Ein Sachverständiger kann demzufolge zukünftig „öffentlich bestellt und vereidigt" sowie zertifiziert sein. Umgekehrt wird die hoheitliche Anerkennung von Sachverständigen durch die öffentliche Bestellung und Vereidigung von den übrigen EU-Mitgliedstaaten nicht übernommen. Diesbezüglich handelt es sich um eine deutsche Besonderheit[189].

Derzeit ist die Zertifizierung in Stufen mit den sich aus nachfolgender Abbildung ergebenden Schwerpunkten und Vertiefungen geregelt:

---

188 Kleiber in DS 1996, 21.
189 Bleutge in GuG 1997, 72; Wenzl, D./Meinhardt, P., Zertifizierung von Sachverständigen nach EN 45 013 auf dem Gebiet der Bewertung unbebauter und bebauter Grundstücke in der Landwirtschaft, HLBS-report 1998, 12.

Abb. 4: Zertifizierung von Sachverständigen

1.2.8.2 Zertifizierung

Die **Zertifizierung erfolgt auf Antrag.** Dem Antrag sind i.d.R. beizufügen

- Angaben zur Person, der beruflichen Tätigkeit, ggf. dem Anstellungsverhältnis, zur Schulbildung, Fachausbildung sowie zum beruflichen Werdegang (Nachweis mit Zeugnissen),
- (mindestens fünf anonymisierte) Gutachten,
- im Bereich der landwirtschaftlichen Bewertung zu folgenden Bereichen:
  - Verkehrswertermittlung unbebauter landwirtschaftlicher Grundstücke,
  - Bewertung von Wertbeeinträchtigungen oder Entschädigungen bei bebauten und unbebauten landwirtschaftlichen Grundstücken infolge von Eingriffen Dritter,
  - Bewertung im Zusammenhang mit Parzellenpacht (örtlicher Pachtpreis, Pachtwert, Anpassung des Pachtpreises u.a.),
  - Wertermittlung landwirtschaftlicher Wirtschaftsgebäude (verschiedene Anlässe),
  - Wertermittlung landwirtschaftlicher Wohngebäude (verschiedene Anlässe).

136 Die eigentliche **Zertifizierungsprüfung** besteht aus einem schriftlich-theoretischen Teil und einer mündlichen Prüfung entsprechend dem Anforderungsprofil des Prüfstoffverzeichnisses.

137 Bei bestandener Prüfung wird ein **fünf Jahre gültiges Zertifikat** mit einem dieses ausweisenden Stempel vergeben. Die Zertifizierung wird von der Zertifizierungsstelle öffentlich bekannt gemacht. Der Zertifizierte wird mit seinen Angaben in jedermann zugängliche Verzeichnisse aufgenommen. Zur Sicherstellung der fachlichen Qualifikation des „Zertifizierten" muss dieser jährlich eine Fort- und Weiterbildung von mindestens drei Tagen nachweisen und auf Anforderung mindestens drei selbst verfasste Gutachten zur Kontrolle vorlegen (Abb. 5).

Abb. 5: Ablauf des Zertifizierungsverfahrens

Die Zertifizierungsstellen (z. B. IfS-Zert, einziger Gesellschafter ist das Institut für Sachverständigenwesen e.V.) haben ein aktuelles Verzeichnis der zertifizierten Sachverständigen vorzuhalten.

1.2.8.3 Hyp Zert

138 Auf dem Gebiet der **hypothekarischen Immobilienbewertung** ist die Hyp Zert GmbH (Holbeinstr. 17, 53175 Bonn) als Zertifizierungsstelle seit dem 7.10.1997 nach der EN 45 013 akkreditiert. Die Akkreditierung wird auf der Basis von jährlichen Audits durch die TGA überwacht. Darüber hinaus wurde mit dem *Royal Institution of Chartered Surveyors (RICS)* eine Anerkennung des Zertifizierungsverfahrens vereinbart.

139 Hyp Zert ist eine Gesellschaft mit beschränkter Haftung. Sie wurde 1996 von dem Verband deutscher Hypothekenbanken e.V., Bonn (VDH), gegründet. Seit dem 23.12.1997 gehören auch der Deutsche Sparkassen und Giroverband e.V., Bonn (DSGV), der Bundesverband Öffentlicher Banken Deutschlands e.V., Bonn (VÖB), und der Bundesverband deutscher Banken e.V., Köln (BdB), dem Gesellschafterkreis der Hyp Zert an.

Zu den **Gremien der Hyp Zert** gehören die Gesellschafterversammlung, der Aufsichtsrat sowie ein Lenkungsgremium, das sich aus den am Zertifizierungssystem interessierten Gruppen zusammensetzt. Das Lenkungsgremium berät die Geschäftsführung hinsichtlich Fragen zum Zertifizierungsverfahren und besonderer Geschäftsbereiche sowie hinsichtlich der Behandlung von Antragstellern und der Zusammenarbeit mit anderen Stellen. Die Geschäftsführung berichtet dem Lenkungsgremium, wie die Geschäftspolitik durch die Zertifizierungsstelle umgesetzt wird. Die Zusammensetzung des Lenkungsgremiums soll gewährleisten, dass keine Einzelinteressen dominieren. 140

Die Prüfung der Sachverständigen wird durch den **Prüfungsausschuss** vorgenommen, der mit Experten auf dem Gebiet der Beleihungswertermittlung besetzt sein soll. Die Entscheidung über Erteilung bzw. Entzug des Zertifikats wird vom Zertifizierungsausschuss getroffen (Abb. 6). 141

Abb. 6: Organisationsstruktur der Hyp Zert GmbH

Hyp Zert zertifiziert auf Antrag, wenn der Bewerber 142
– die Zulassungsvoraussetzungen nachweist,
– fünf anonymisierte Beleihungswertgutachten aus mindestens drei unterschiedlichen Objektarten vorlegt und
– die (mündliche und schriftliche) Zertifizierungsprüfung besteht,

durch Ausstellung eines Zertifikats, das eine Gültigkeit von fünf Jahren hat und ggf. mit nicht unbeträchtlichen Gebühren erneuert werden muss. Mit dem erfolgreichen Absolvieren des Zertifizierungsverfahrens wird der Titel „Immobiliensachverständiger für Beleihungswertermittlungen, zertifiziert durch Hyp Zert" (CIS hyp zert) verliehen. Eine Rezertifizierung ist vorgesehen.

1.2.9 Member of the Appraisal Institute (MAI)

Ausgehend von den Ereignissen der Weltwirtschaftskrise in den Jahren 1920 bis 1930 begannen sich in den Vereinigten Staaten die Grundstückssachverständigen im Jahre 1930 zu organisieren. Erst 1987 haben sich die acht größten amerikanischen Sachverständigenorganisationen zu einer führenden nichtstaatlichen, aber vom Kongress anerkannten Organisation unter 143

III Sachverständigenwesen — Sachverständiger

der Bezeichnung The Appraisal Foundation (TAF) zusammengeschlossen. 1989 hat die Stiftung mit dem *Appraisal Institute of Canada* gemeinsame Standards der Marktwertermittlung entwickelt, die **Uniform Standards of Professional Appraisal Practice** (USPAP), einschließlich der Definitionen, der Präambel und der Richtlinien *(Standards, Rules, Comments and Statements)*.

Die Stiftung hat drei Institutionen:

- **The Board of Trustees** (BOT), das über die Mitglieder des *The Appraisal Standards Board* (ASB) und des *The Appraisers Qualification Board* (AQB) und über die Finanzierung der *The Appraisal Foundation* (TAF) entscheidet,
- **The Appraisal Standards Board** (ASB), das die *Uniform Standards of Professional Appraisal Practice* (USPAP) überwacht; das Board veröffentlicht laufend „Statements on Appraisal Standards" (SMT) und „Advisory Opinions" (AO als *guidance*); darüber hinaus „Questions and Answers" (Q&A) als „Frequently Asked Questions" (FAQ) (http://www.appraisalfoundation.org), und
- **The Appraisers Qualification Board** (AQB), das für die Ausbildung und die Mitgliedschaft (Zertifizierung) zuständig ist.

Drei weitere Organisationen sind der *The Appraisal Foundation* (TAF) beratend zur Seite gestellt:

- The Appraisal Foundation Advisory Council (TAFAC),
- Industry Advisory Council (IAC),
- Education Council of Appraisal Foundation Sponsors (ECAFS).

Das *The Appraisal Standards Board* veröffentlicht laufend

- *Statements on Appraisal Standards* (SMT) und
- *Advisory Opinions* (AO).

1.2.10 Chartered Surveyors

▶ *Zur Verkehrswertermittlung in Großbritannien vgl. § 194 BauGB Rn. 106*

144 *Chartered Surveyors* sind Mitglieder des im Jahre 1868[190] gegründeten **Royal Institution of Chartered Surveyors** – RICS – (London), das 1881 die königliche Charta erhielt. Voraussetzung ist der Abschluss eines Studiums an verschiedenen Universitäten und Technischen Hochschulen *(polytechnics)*, die ein Diplom im Bereich der Immobilienwirtschaft *(Estate Management)* verleihen. Derzeit bestehen 33 Studiengänge allein im Bereich der „General Practice Division", die als Ersatzabschlüsse („Fully Exempting Degrees and Diplomas") vom RICS anerkannt sind[191].

Das **Royal Institution of Chartered Surveyors** besteht aus insgesamt 16 Fachrichtungen:

1. Antiques & Fine Arts
2. Building Surveying
3. Commercial Property
4. Construction
5. Dispute Resolution
6. Environment
7. Facilities Management
8. Geomatics
9. Management Consultancy
10. Minerals & Waste Management
11. Planning & Development
12. Project Management
13. Residential Property
14. Rural
15. **Valuation**
16. Plant & Machinery

---

190 Gegründet 15.6.1868, incorporated by Royal Charter 26.8.1881; Gabler/Lammel in Gondring/Lammel, Handbuch Immobilienwirtschaft, Wiesbaden 2001, S. 1182.
191 Morgan, J., The Natural History of Professionalisation and its Relevance to Differences in Valuation Methodology and Practice in the United Kingdom and Germany, Diss 1998 Reading.

Das Institut hatte 2008 etwa 140 000 Mitglieder, von denen allerdings nur ein kleiner Bruchteil auf dem Gebiet der Grundstücksbewertung tätig war.

Die *graduate courses* dauern i.d.R. drei bis vier Jahre. Die **Qualifikation als** *Chartered Surveyor* wird erst nach mindestens zweijährigem Praktikum vergeben. Der *„Professional Associate"* wird erst nach zehn weiteren Berufsjahren und nicht vor dem 30. Lebensjahr zum *Fellow of the Royal Institution of Chartered Surveyors* – **FRICS** – ernannt[192]. Die Qualifikation wird über das *Assessment of Professional Competence* (APC) erworben. Es besteht aus **145**

– der Erfüllung der Aufnahmekriterien,
– einer praktischen Ausbildungsphase (von mindestens zwei Jahren), begleitet durch einen *Councellor*,
– dem Nachweis über berufliche Fortbildung (*Continuing Professional Development* – CPD) mit 48 Fortbildungsstunden pro Jahr,
– dem APC-Vorbereitungsseminar,
– der Endvorlage (Lebenslauf, Tätigkeitsbericht, Projektberichte und Überblick über Fortbildungsmaßnahmen) und
– der (mündlichen und schriftlichen) Abschlussprüfung (dem *Final Assessment).*

Mit dem erfolgreichen Abschluss darf der Kandidat den Titel *Member of the Royal Institution of Chartered Surreyors* (MRICS) führen.

Insgesamt gibt es **vier unterschiedliche Mitgliedschaften**[193]: **146**

a) *Fellow of the Royal Institution of The Chartered Surveyors* (FRICS); Voraussetzung ist die Mitgliedschaft beim RICS und eine mindestens fünfjährige leitende Position in der Immobilienbranche;

b) *Professional Member of The Royal Institution Chartered Surveyors (*MRICS); Voraussetzung hierfür ist der erfolgreiche Abschluss der vorstehenden Fachqualifikationsprüfung;

c) *Associates;*

d) *Honorary Members of the Royal Institution of Chartered Surveyors* (HonMemb RICS).

Das *Assessment of Professional Competence* (APC) schließlich beinhaltet neben der unter Beobachtung ausgeübten Berufspraxis auch eine regelmäßige Teilnahme an Fort- und Weiterbildungsmaßnahmen. Über beide Bereiche ist der RICS gegenüber regelmäßig zu berichten. Oberstes Organ ist der „*General Council*" *(Bye-Law 34 section 34).* Mitglieder der *General Practise Division* sind berechtigt, den Titel *„Chartered (Valuation) Surveyor"* einschließlich des Zusatzes *„and Estate Agent"* zu führen. **147**

Nur *Chartered Surveyors* dürfen die Berufsbezeichnung MRICS *(Professional Associate)* **oder FRICS *(Fellow)* verwenden.** Diese Berufsbezeichnung genießt international hohe Autorität und ist auch in Deutschland angesichts des für die Öffentlichkeit undurchsichtigen Zertifizierungswesens Qualitätssiegel für Professionalität und Integrität. Bezeichnenderweise hat man sich von dieser Seite der gleichzeitigen Zertifizierung verschlossen, obwohl die Voraussetzung in qualifizierterer Weise erfüllt wäre als bei manch privatwirtschaftlich organisierter Institution, die hierzulande zertifiziert. **148**

Die Mitglieder unterliegen einem beruflichen Verhaltenscodex *(**Rules of Conduct**[194])* mit Weiterbildungspflicht *(Continuing Professional Development),* die allerdings im Vergleich zur deutschen Sachverständigenordnung deutlich geringere Anforderungen stellt. **149**

Das nationale Standardwerk der Verkehrswertermittlung ist das sog. ***Red Book*** vom 1.5.2003 *(Appraisal and Valuation Standards),* das allerdings keine Grundsätze der Marktwertermittlung enthält, sondern lediglich Hinweise zu Vertragsbedingungen für die Erstattung von Gut-

---

192 Christopher in AIZ 1991, 22.
193 Bye-Law 1973 s. II.
194 Vgl. GuG 2007, 230.

achten *(Valuation Certificate; Valuation Report)* für die verschiedensten Auftraggeber und Anlässe, Definitionen, Anweisungen zur Güterbewertung und professionelle Verhaltensregeln (Eigenverlag *The Royal Institution of Chartered Surveyors*). Der 3. *(International Practice Statements)* und 4. Teil *(International Guidance Notes)* erhebt zwar internationalen Gültigkeitsanspruch, jedoch müssen die Vorgaben zurücktreten, soweit sie gegen nationales Recht verstoßen. Die **Red-Book Standards stehen in ihren Anforderungen deutschen Regeln nach** und stellen mithin keinen „Freibrief" für die hierzulande tätigen Mitglieder des RICS dar.

In einem vom RICS selbst durchgeführten qualitativen Kompetenzvergleich fallen die Chartered Surveyors insbesondere auch im Vergleich zu deutschen Sachverständigen allerdings qualitativ ab[195].

Von dem RICS akkreditierte **Studiengänge zum Chartered Surveyor** werden in Deutschland berufsbegleitend als Aufbaustudiengänge *(International Real Estate Business School* – Irebs – an der Universität Regensburg [Eltville/Berlin/Essen/München], der Akademie der Immobilienwirtschaft – ADI –, der Bergischen Universität Wuppertal, der Bauakademie Biberach, dem Europäischen Bildungszentrum – EBZ – in Bochum, dem Europäischen Institut für Postgraduale Bildung an der TU Dresden – Eipos) und als Vollzeitstudiengänge (Urban Management an der Universität Leipzig, der FHTW Berlin, der Hochschule für Wirtschaft und Umwelt, Nürtingen-Geislingen, der Berufsakademie Stuttgart) angeboten[196].

150 Das **RICS Deutschland** (früher: Deutscher Verband *Chartered Surveyors* e.V. [DVCS]) ist der deutsche Nationalverband der RICS. Er nimmt insbesondere wahr

– das *Assessment of Professional Competence* – APC (Beurteilung der beruflichen Ausbildung) und die Organisation der Abschlussprüfung *(Final Assessments)*,

– die Weiterbildung *(Continuing Professional Development* – CPD).

151 Als europäischer Dachverband der *Chartered Surveyors* fungiert die 1993 gegründete *European Society of Chartered Surveyors* **(ESCS)** mit Sitz in Brüssel, die sich seit 2001 **RICS Europe** nennt.

1.2.11 Wirtschafts- und vereidigte Buchprüfer

152 Eine Sonderstellung im Sachverständigenwesen nehmen die Wirtschaftsprüfer und vereidigten Buchprüfer ein. Die Tätigkeit der Wirtschaftsprüfer und der vereidigten Buchprüfer ist im Wesentlichen durch die Aufgabe geprägt, **betriebswirtschaftliche Prüfungen**, insbesondere solche von **Jahresabschlüssen wirtschaftlicher Unternehmen**, durchzuführen und über das Ergebnis der Prüfung zu berichten sowie einen Bestätigungsvermerk zu erteilen oder zu versagen. Wichtige Kontrollfunktionen zugunsten der Öffentlichkeit, der Unternehmen, zugunsten eines Kapitalanlegerschutzes und Gläubigerschutzes erfordern ein hohes Qualitätsniveau des Dienstleistungsprodukts „Abschlussprüfung".

153 Gemäß § 15 Abs. 1 i.V.m. § 131 b Abs. 1 der Wirtschaftsprüferordnung (WPO) werden Wirtschaftsprüfer und vereidigte Buchprüfer durch **Aushändigung einer von der für die Wirtschaft zuständigen obersten Landesbehörde ausgestellten Urkunde als** Wirtschaftsprüfer oder als vereidigter Buchprüfer bestellt. Im Rahmen dieser Bestellung sind

a) Wirtschaftsprüfer u.a. gemäß § 2 Abs. 2 Nr. 1 WPO befugt, unter Berufung auf ihren Berufseid auf den Gebieten der wirtschaftlichen Betriebsführung als Sachverständige aufzutreten,

b) vereidigte Buchprüfer gemäß § 129 Abs. 1 Nr. 1 WPO u.a. befugt, unter Berufung auf ihren Berufseid auf den Gebieten des betrieblichen Rechnungswesens als Sachverständige aufzutreten.

---

195 Vgl. GuG 2007, 137 und GuG 2007, 51.
196 Anh. 1.11 sowie GuG 1993, 128.

Wirtschaftsprüfer sind Adressaten von **strengen Qualitätsmaßstäben in der** Wirtschaftsprüferordnung. Die Pflicht zur Einhaltung dieser Maßstäbe ergibt sich aus den allgemeinen Berufspflichten, nach denen der Wirtschaftsprüfer seinen Beruf unabhängig, gewissenhaft, verschwiegen und eigenverantwortlich auszuüben hat (§ 43 Abs. 1 Satz 1 WPO). Die Berufssatzung der Wirtschaftsprüferkammer als materiell-rechtliche Normierung im Rahmen der freiberuflichen Selbstverwaltung konkretisiert insbesondere den Grundsatz der gewissenhaften Berufsausübung. Sie enthält Vorschriften, die den Wirtschaftsprüfer zur Beachtung fachlicher Regeln, zur Erhaltung seiner fachlichen Kompetenz und zur Gesamtplanung aller Aufträge (§ 4 WPO) sowie zur Aus- und Weiterbildung seiner Mitarbeiter (§ 6 WPO) verpflichten. Der Wirtschaftsprüfer hat die Einhaltung der Berufspflichten regelmäßig zu überprüfen und Mängel abzustellen (§ 7 WPO). Gemäß § 43 Abs. 1 Satz 1 WPO i.V.m. der Berufssatzung obliegen Wirtschaftsprüfern und vereidigten Buchprüfern besondere Berufspflichten zur Sicherung der Qualität, um in der Praxis stets eine hohe Qualität bei der Durchführung von Prüfungsaufträgen zu gewährleisten. **154**

Darüber hinaus hat der Berufsstand **Empfehlungen zur Qualitätssicherung** entwickelt. So wurden von den Vorständen der Wirtschaftsprüferkammer und des Instituts der Wirtschaftsprüfer in Deutschland e.V. gemeinsam mit der Stellungnahme VO 1/95 „Zur Qualitätssicherung in der Wirtschaftsprüferpraxis" in Übereinstimmung mit dem *International Standard on Auditing* ISA 220 „*Quality Control for Audit Work*" Grundsätze zur internen Qualitätssicherung bei der Praxisorganisation und der Abwicklung einzelner Prüfaufträge herausgegeben. **155**

Zwischenzeitlich hat sich international die Erkenntnis durchgesetzt, dass die traditionellen und bestehenden Qualitätssicherungsmaßnahmen durch eine präventive (externe) Qualitätskontrolle zu ergänzen sind, bei der durch eine außerhalb der Praxis stehende Person überprüft wird, ob die **internen Maßnahmen zur Sicherung der Qualität** umgesetzt werden. So hat die *International Federation of Accountants* (IFAC) im Mai 1999 ein neues *Statement of Policy of Council* „*Assuring the Quality of Professional Services*" herausgegeben, mit dem sie ihre Mitglieder auf deutscher Seite, die Wirtschaftsprüferkammer und das Institut der Wirtschaftsprüfer in Deutschland, verpflichtet, eine obligatorische (externe) Qualitätskontrolle einzuführen. **156**

Innerhalb der EU sind zwischenzeitlich in fast allen Ländern, mit Ausnahme von Österreich und Deutschland, solche Systeme der Qualitätskontrolle eingeführt worden. In Deutschland existiert bisher „extern" nur die Durchsicht der im Bundesanzeiger veröffentlichten **Abschlüsse durch die Wirtschaftsprüferkammer**. Hiermit wird überprüft, ob nach der äußeren Form die gesetzlichen Vorschriften für die Aufstellung und Prüfung dieser Abschlüsse eingehalten worden sind und ob der Inhalt des Bestätigungsvermerks den gesetzlichen Vorschriften entspricht. **157**

Die **Qualität der Prüfungsleistung** ist, mit Ausnahme notwendiger gesetzlicher Vorgaben, in erster Linie **Sache des Berufsstands.** Die Einführung eines Systems auf freiwilliger Basis durch den Berufsstand oder Teile hiervon hätte jedoch zum Nachteil, dass die grundsätzliche Verbindlichkeit, die das Berufsrecht bietet, nicht gewährleistet werden kann. Die Einführung einheitlich hoher Qualitätsstandards wäre nicht zwangsläufig, die Entwicklung von Parallelsystemen wäre denkbar. Letzteres könnte wiederum einen Mangel an Transparenz und Akzeptanzprobleme sowohl in der Öffentlichkeit als auch im Berufsstand bewirken. Hinzu kommt, dass ein einheitliches und ein verbindliches System eine Zweiteilung des Berufsstands verhindert. Kleine und mittelständische Einheiten werden mit den gleichen Qualitätsmaßstäben am System teilnehmen können wie die großen Wirtschaftsprüfungsgesellschaften, die bereits über effiziente interne Qualitätskontrollsysteme verfügen. **158**

Die **Einführung eines Pflichtsystems** besitzt für die geprüften Berufsangehörigen eine berufsregelnde Tendenz als Regelung der Berufsausübung. Ebenfalls haben die Normierungen von Anforderungen für die Berufsangehörigen, die die Prüfungen durchführen, eine grundrechtliche Relevanz. Die Verschwiegenheitsregelungen für die Durchführung der Kontrolle sind, soweit dies erforderlich ist, einzuschränken, wobei die Verschwiegenheit im Gesamtsystem gewährleistet bleiben muss. Die Wirtschaftsprüferkammer muss mit der Organisation des Systems betraut werden, spezielle Organe sind zu schaffen. **159**

III Sachverständigenwesen

160 Die **Wirtschaftsprüferkammer** hat nach § 57 Abs. 1 WPO als Selbstverwaltungskörperschaft des Berufsstands die Aufgabe, die beruflichen Belange ihrer Mitglieder zu wahren und die Erfüllung der beruflichen Pflichten zu überwachen. Daher ist es nur konsequent, sie mit der Organisation und Durchführung des Systems der Qualitätskontrolle zu betrauen. Damit wird die freiberufliche Selbstverwaltung der Wirtschaftsprüfer und vereidigten Buchprüfer gestärkt.

161 Die **Wirtschaftsprüferkammer führt ein Berufsregister** u. a. für Wirtschaftsprüfer und vereidigte Buchprüfer gemäß § 37 Abs. 1 i.V.m. § 130 Abs. 1 Satz 1 WPO[197].

Wirtschaftsprüfer können nicht mit einem Sachverständigen der Grundstücksbewertung gleichgesetzt werden, insbesondere wenn sie ihre Tätigkeit nicht unter Beachtung des Höchstpersönlichkeitsgrundsatzes ausüben. Im Rahmen der steuerlichen Bedarfsbewertung ist deshalb das Gutachten eines Wirtschaftsprüfers zum Nachweis eines niedrigen gemeinen Werts nicht zugelassen[198].

1.3 Organisationsformen der Sachverständigentätigkeit

1.3.1 Allgemeine Grundsätze

1.3.1.1 Grundsatz der Höchstpersönlichkeit

162 Die Erstattung von Gutachten steht unter dem Grundsatz der Höchstpersönlichkeit, nach dem jede gutachterliche Leistung persönlich zu erbringen ist (vgl. § 407a Abs. 2 ZPO, §§ 613 und 664 BGB, § 12 Abs. 1 und 2 JVEG, § 9 SVO). Für den öffentlich bestellten und vereidigten Sachverständigen ergibt sich dies ausdrücklich aus der Sachverständigenordnung. Dies bedeutet allerdings nicht, dass der Gutachter alles alleine machen muss. Der **Gutachter kann sich unter bestimmten Voraussetzungen Hilfskräften**[199] **bedienen** (vgl. Rn. 168, 207, 414).

163 Im Unterschied zu dem als Kollegialorgan tätigen Gutachterausschuss für Grundstückswerte nach den §§ 192 ff. BauGB erstattet der von einem Gericht beauftragte sowie der privat beauftragte Sachverständige sein Gutachten persönlich. Der Grundsatz der Höchstpersönlichkeit[200] ist Ausfluss der Sachverständigeneigenschaft, denn ohne diese Höchstpersönlichkeit sind die Anforderungen an Unparteilichkeit, Unabhängigkeit und besondere Sachkunde sinnlos[201]. Zwar ist die Begutachtung durch Sachverständigengruppen und Arbeitsgemeinschaften in der Rechtsprechung[202] anerkannt, stets muss jedoch **aus dem Gutachten ersichtlich** sein, **für welche Teile, Feststellungen und Folgerungen der einzelne Sachverständige verantwortlich zeichnet** (vgl. Rn. 171)[203]. Entsprechendes gilt für die „Sachverständigen-Partnerschaft" in der GmbH, bei der das Innenverhältnis so gestaltet sein muss, dass der einzelne Sachverständige fachlich unabhängig bleibt[204].

164 Der Grundsatz der Höchstpersönlichkeit folgt aus dem Gebot, Gutachten **nach bestem Wissen und Gewissen** zu erstatten (vgl. Rn. 211, 245 ff.), und der „persönlichen Eignung" des Sachverständigen als Gutachter. Bei den öffentlich bestellten und vereidigten Sachverständi-

---

[197] LT-Drucks. Nds. 13/1569; LT-Drucks. 14/98 vom 20.6.1996 Schleswig-Holstein.
[198] BFH, Urt. vom 10.11.2004 – II R 69/01 –, BStBl II 2005, 259 = BFHE 207, 352 = GuG 2005, 184 = EzGuG 11.407.
[199] OLG Zweibrücken, Beschl. vom 30.1.1886 – 2 WF 179/85 –, EzGuG 11.149g; OLG Celle, Beschl. vom 28.3.1985 – 12 WF 39/85 –, EzGuG 11.146 d; BGH, Urt. vom 28.6.1972 – VII ZR 60/71 –, EzGuG 11.84b.
[200] BVerwG, Urt. vom 9.3.1984 – 8 C 97/83 –, EzGuG 11.142a; VGH Mannheim, Urt. vom 11.8.1986 – 6 S 958/86 –, EzGuG 11.157 a; OLG Celle, Beschl. vom 28.3.1985 – 12 WF 39/85 –, EzGuG 11.146 d; BSG, Urt. vom 28.3.1973 – 9 RV 655/72 –, EzGuG 11.90b; BGH, Urt. vom 28.6.1972 – VII ZR 60/71 –, EzGuG 11.84b; OLG Frankfurt am Main, Beschl. vom 7.6.1977 – 2 Ws 16/77 –, EzGuG 11.109e.
[201] Bock in Bayerlein u.a., Praxishandbuch Sachverständigenrecht, München 1990, S. 44; Bleutge in NJW 1985. Rechtshistorisch ist dies zumindest für den gerichtlichen Sachverständigen kein den Entwürfen der ZPO innewohnender Grundsatz, wie das RG unter Hinweis auf die Motive zu den Entwürfen der ZPO aus dem Jahre 1871 und 1872 feststellte (RG, Urt. vom 3.11.1882 – II 357/82 –).
[202] BGH, Urt. vom 5.5.1959 – V Blw 41/58 –, EzGuG 11.18.
[203] Landmann/Rohmer, GewO, 14. Aufl. 1989, § 36 GewO Rn. 34.
[204] Bleutge in Informationen des Instituts für Sachverständigenwesen, OV/87 und IV/88; vgl. Roeßner in Praxishandbuch Sachverständigenrecht, München 1990, S. 204 f.

gen wird deshalb die persönliche Gutachtenerstattung in § 9 SVO expressis verbis vorgeschrieben. Vor diesem Hintergrund verbietet sich auch grundsätzlich die Erstattung massenhafter Gutachten nach überschlägigen Verfahren[205].

Der beauftragte Sachverständige darf die **Auftragsausführung** nach § 664 BGB „im Zweifel" auch **nicht einem Dritten übertragen**; die Vorschrift lautet: **165**

„**§ 664 BGB Persönliche Verpflichtung; Haftung für Gehilfen**

(1) ₁Der Beauftragte darf im Zweifel die Ausführung des Auftrags nicht einem Dritten übertragen. ₂Ist die Übertragung gestattet, so hat er nur ein ihm bei der Übertragung zur Last fallendes Verschulden zu vertreten. ₃Für das Verschulden eines Gehilfen ist er nach § 278 verantwortlich.

(2) Der Anspruch auf Ausführung des Auftrags ist im Zweifel nicht übertragbar."

Mit der Sachverständigeneigenschaft ist es im Übrigen unvereinbar, wenn sich der Gutachter durch seinen Auftraggeber **vertraglich von der persönlichen Gutachtenerstattung entbindet**[206]. **166**

Soweit sich **Gerichte und Staatsanwaltschaften** eines Sachverständigen bedienen (§ 404 ZPO, § 73 Abs. 2 StPO, § 244 Abs. 4 Satz 2 StPO, § 36 Abs. 1 OWiG, § 96 Abs. 1 Nr. 2 VwGO u.a.), ergibt sich der Grundsatz der Höchstpersönlichkeit insbesondere aus den §§ 410 und 407a Abs. 2 ZPO[207]. **167**

Bei einem Verstoß gegen das Höchstpersönlichkeitsgebot verliert der Sachverständige i.d.R. seinen gesamten **Vergütungsanspruch**.

1.3.1.2 Heranziehung von Hilfskräften

Vom Grundsatz der Höchstpersönlichkeit (vgl. § 407a Abs. 2 ZPO, §§ 613 und 664 BGB, § 12 Abs. 1 und 2 JVEG, § 9 SVO) zu unterscheiden ist die nicht zu beanstandende „Mitarbeit anderer Personen" (vgl. § 407a Abs. 2 ZPO), d.h. die Heranziehung von „Hilfskräften" durch den Sachverständigen. Bleutge definiert die **Hilfskraft** als eine Person, „die, sei sie beim Sachverständigen angestellt oder selbständiger Unternehmer, auf demselben Sachgebiet tätig ist wie der beauftragte Sachverständige, dessen fachliche Weisung befolgen muss, seiner Kontrolle unterliegt und dem Sachverständigen entsprechend ihren fachlichen Fähigkeiten zuarbeitet. Einer Hilfskraft dürfen nur solche Aufgaben übertragen werden, die der Sachverständige aufgrund seiner Sachkunde auch hätte persönlich erledigen können." **168**

Mit der **Übertragung von Aufgaben auf eine Hilfskraft** bleibt die persönliche Verantwortung des Sachverständigen uneingeschränkt erhalten[208].

Ob und in welchem Umfang der Sachverständige Hilfskräfte heranzieht, ist nach pflichtgemäßem Ermessen zu entscheiden[209]; dabei kann insbesondere eine Erhöhung der Qualität und eine kürzere Bearbeitungszeit von Bedeutung sein[210]. Bei der Übertragung von Aufgaben muss sichergestellt bleiben, dass die persönliche Verantwortung des Gutachters nicht ausgeschlossen wird[211]. Dies bedeutet, dass der Gutachter die Hilfstätigkeit überwacht, die **Hilfskräfte nach seinen Anleitungen tätig werden** und er selbst nach Abschluss der durch Hilfskräfte ausgeführten vorbereitenden Arbeiten sein Gutachten eigenverantwortlich erstattet. Durch den Einsatz von Hilfskräften darf also der persönliche Charakter des Gutachtens, das der Gutachter z.B. in einer mündlichen Verhandlung persönlich erläutern und vertreten

---

205 Bock in Bayerlein u.a., Praxishandbuch a.a.O., S. 44.
206 Zu alledem Müller in ZSW 1986, 78 unter Hinweis auf OLG Zweibrücken, Urt. vom 30.1.1986 – 2 WF 179/83 –, EzGuG 11.149g.
207 Bayerlein u.a. Praxishandbuch a.a.O., S. 17, 212 ff., 246.
208 BVerwG, Urt. vom 9.3.1984 – 8 C 97/83 –, NJW 1984, 2645 = EzGuG 11.142l; OLG Karlsruhe, Urt. vom 21.12.1990 – JurBüro 1991, 997.
209 Zur gerichtlichen Überprüfung OLG Brandenburg, Urt. vom 6.9.2001, OLGR-Brandenburg 2002, 56.
210 OLG München, Urt. vom 17.12.1973 – 11 W 655/73 –, NJW 1974, 611 = EzGuG 11.91d.
211 OLG Hamm, Urt. vom 31.7.1968 – 15 W 193/68 –, EzGuG 11.65b; OLG Hamm, Beschl. vom 6.2.1974 – 23 W 518/73 –, Rpfleger 1974, 243 = EzGuG 11.92c; OLG München, Beschl. vom 17.12.1973 – 11 W 653/73 –, NJW 1974, 611 = EzGuG 11.91d; BGH, Urt. vom 13.7.1972 – II ZR 90/70 –, BGHZ 59, 175 = NJW 1972, 1754 = MDR 1973, 34 = VersR 1972, 929; Bleutge in NJW 1985, 1185.

muss, nicht verloren gehen. Der Auftraggeber, aber auch Dritte, die auf das Gutachten vertrauen, müssen sich darauf verlassen können, dass der Sachverständige das von ihm unterschriebene Gutachten in allen wesentlichen Teilen selbst erarbeitet hat.

▶ *Zur Haftung von Gehilfen vgl. Rn. 209 ff.*

1.3.1.3 Schweigepflicht

169 Der **Sachverständige unterliegt** gemäß § 203 Abs. 2 Nr. 5 StGB **der Schweigepflicht** (vgl. Rn. 102; § 192 BauGB; Rn. 33 ff.)[212].

Dem Amtsträger, der i.S. der Abgabenordnung das **Steuergeheimnis** zu wahren hat, sind nach dem Anwendungserlass zur AO Sachverständige nur dann gleichgestellt, wenn sie von einer Behörde oder einem Gericht hinzugezogen werden[213].

1.3.1.4 Nebenpflichten

170 Hauptpflicht des Sachverständigen ist die Erstattung (Abgabe) seines Gutachtens mit der vertraglich vereinbarten Beschaffenheit. Daneben bestehen aber zahlreiche Nebenpflichten. Diese ergeben sich zunächst aus der Rücksichtnahme auf den Leistungs- und Vertragszweck und der Verkehrssitte (**Treuepflicht** i.S.d. § 242 BGB). Der Sachverständige ist gegenüber seinem Auftraggeber verpflichtet, auf Umstände hinzuweisen, die er nicht wissen kann, ggf. auf die Notwendigkeit von Zusatzaufträgen (Obhutspflicht i.S. von § 241 Abs. 2 BGB).

1.3.2 Zusammenarbeit von Sachverständigen

1.3.2.1 Sachverständigengruppen und Arbeitsgemeinschaften

171 Die Erstattung von Gutachten durch Sachverständigengruppen und Arbeitsgemeinschaften ist zulässig (Gruppen oder Gemeinschaftsgutachten)[214]. Auch der öffentlich bestellte und vereidigte Sachverständige darf sich „zur Ausübung seiner Sachverständigentätigkeit mit anderen Personen in jeder Rechtsform zusammenschließen" (§ 21 Abs. 1 MSVO). Es wird jedoch wiederum gefordert, dass nach dem Grundsatz der Höchstpersönlichkeit (vgl. Rn. 162 sowie Rn. 207) **aus** dem **Gutachten erkennbar ist, wer für welche Teile des Gutachtens verantwortlich zeichnet**[215]. Diese Forderung lässt sich allerdings nicht auf die Gutachterausschüsse für Grundstückswerte nach den §§ 192 ff. BauGB übertragen, die als ein Kollegialgremium angelegt sind; deren Gutachten werden von allen beteiligten Gutachtern gezeichnet, ohne dass dabei kenntlich gemacht wird, für welche Teile des Gutachtens das einzelne Mitglied verantwortlich ist.

---

212 OVG Koblenz, Beschl. vom 6.5.1976 – 2 B 7/76 –, EzGuG 11.102a; BVerfG, Beschl. vom 10.11.1994 – I BvB 1398/93 –, EzGuG 11.217b; OVG Münster, Urt. vom 22.9.1965 – 3 A 1360/63 –, EzGuG 11.49.
213 Anwendungserlass zur Abgabenordnung 1977 (AEAO) vom 15.7.1998 (BStBl I 1998, 630, Nr. 4 zu § 30), zuletzt geändert BStBl I 2000, 190.
214 BGH, Urt. vom 5.5.1959 – V BLw 41/58 –, EzGuG 11.18; OLG München, Urt. vom 22.9.1967 – 8 U 707/67 –, EzGuG 11.59b; Bayerlein, Praxishandbuch Sachverständigenrecht, § 14 Rn. 27; so schon RG in JW 1882, 175 und RG, Urt. vom 3.11.1882 – II 357/82 –, RGZ 8, 343.
215 Bayerlein, Praxishandbuch Sachverständigenrecht, § 5 Rn. 15, § 9 Rn. 22 und 27, § 14 Rn. 27 sowie § 31 Rn. 17; Landmann/Rohmer, Gewerbeordnung, 14. Aufl., § 36 Rn. 34.

Abb. 7: Gesellschaftstypen

1.3.2.2 Sachverständigen-Partnerschaften

Schrifttum: *Eggesiecker,* Die Partnerschaftsgesellschaft für Freie Berufe, Bonn 1996; *Ganten, H.,* Die Partnerschaftsgesellschaft, GuG 1995, 15; *Henssler, M.,* Partnerschaftsgesellschaftsgesetz, München 1997; *Meilicke/Graf v. Westphalen/Hoffmann/Lenz,* Partnerschaftsgesellschaftsgesetz, München 1995; *Michalski/Romermann,* Partnerschaftsgesellschaftsgesetz, 2. Aufl. Köln 1999; *Ring,* Die Partnerschaftsgesellschaft, Bonn 1997.

Unter Sachverständigen-Partnerschaften werden Zusammenschlüsse von Sachverständigen in der Rechtsform einer **Gesellschaft bürgerlichen Rechts (GbR) oder einer GmbH** verstanden. Beide Rechtsformen sind auf Gemeinschaftlichkeit ausgerichtet. Um bei der Erreichung eines (gemeinsamen) Zieles nicht in Kollision mit dem Grundsatz der Höchstpersönlichkeit (vgl. Rn. 162) zu geraten und um sicherzustellen, dass der einzelne Sachverständige unparteiisch und frei von Weisungen seiner Tätigkeit nachgehen kann, sollte im Vertrag dies ausdrücklich vereinbart worden sein. — 172

Die **Unabhängigkeit** ist insbesondere **bei einer GmbH**[216] **nicht unproblematisch,** da der Sachverständige hier als — 173

– Geschäftsführer,

– freier Mitarbeiter oder

– als Angestellter

tätig werden kann. Dabei ist – wie ausgeführt – zu fordern, dass die einzelnen Mitglieder, unabhängig von ihrer Funktion, ihre Unabhängigkeit[217] bewahren, auch wenn sie nach Maßgabe des § 37 Abs. 1 und des § 46 Nr. 6 GmbHG Beschränkungen und Anweisungen unterliegen und der geschäftsführungsberechtigte Sozius den Weisungen der Geschäftsführung verpflichtet ist. Geschäftsführer und Gesellschafter einer **Sachverständigen-GmbH** können auch unmittelbar und persönlich in Anspruch genommen werden (DIHT – Kurzgutachten, 2001)[218].

Im Einzelnen ist also im **Gesellschaftsvertrag** die Weisungsfreiheit, Unabhängigkeit und Unparteilichkeit zu sichern. Bei einer GbR stehen indessen Geschäftsführung und Vertretung *der anderen Sozien* jedem Sachverständigen zu, so dass diese Rechtsform kollisionsunanfälliger ist (§§ 705 ff. BGB). In dem Gesellschaftsvertrag verpflichten sich nämlich die Gesellschafter gegenseitig, die Erreichung eines gemeinsamen Zieles in der durch Vertrag — 174

---

216 Baumbach/Huck, GmbH-Gesetz, Komm. § 36 Rn. 4; Volze, Sachverständigenfragen, 2. Aufl. 1996, S. 60 ff.; Haftung des Sachverständigen in der GmbH, IfS-Informationen 2000/2; Westermann/Mutter in DZWir 1995, 184.
217 Bayerlein, Praxishandbuch Sachverständigenrecht, § 5 Rn. 12.
218 OLG Köln, Urt. vom 21.6.2002 – 19 U 166/01 –, GuG 2004, 60.

bestimmten Weise zu fördern. Deshalb hat die Rechtsform der GbR im Gegensatz zur GmbH keine eigene Rechtspersönlichkeit.

Sozietäten zwischen öffentlich bestellten und nicht öffentlich bestellten Sachverständigen werden grundsätzlich als zulässig anerkannt, wenn die Ausübung der Tätigkeit in umfassender Weise nach den Maßstäben der öffentlich bestellten und vereidigten Sachverständigen im Sozietätsvertrag vereinbart wird. Der Begriff „Bürogemeinschaft" ist dabei in der Rechtsprechung als irreführend erkannt worden[219].

175 Mit dem **Partnerschaftsgesellschaftsgesetz – PartGG –** i.V.m. der PartnerschaftsregisterVO hat der Gesetzgeber ein zusätzliches Organisationsangebot geschaffen, das neben den bestehenden Organisationsformen steht. Die „Partnerschaft" wird darin als eine Gesellschaft definiert, „in der sich Angehörige freier Berufe zur Ausübung ihrer Berufe zusammenschließen" (§ 1 Abs. 1 Satz 1 PartGG). Den „stillen Partner", dessen Beteiligungsabsicht nur in einer Ertragsbeteiligung (gegen Gewährung finanzieller oder sächlicher Mittel) besteht, sieht das Gesetz hingegen nicht vor und stünde im Gegensatz zur freien Berufsausübung (§ 1 Abs. 2 PartGG)[220].

Die **Partnerschaft bildet eine rechtsfähige Gesamthandsgemeinschaft,** ohne eine juristische Person zu sein. Für Verbindlichkeiten haften die Partner als Gesamtschuldner.

Folgende Regelungen[221] sind besonders **hervorzuheben:**

a) Der Name der Partnerschaft muss mindestens einen Namen der Partner zusammen mit dem Zusatz „Partner" oder „Partnerschaft" enthalten (§ 2 Abs. 1 PartGG); auch der Name eines ausgeschiedenen Partners darf unbefristet geführt werden (§ 24 Abs. 2 HGB).

b) Der Partnerschaftsvertrag muss schriftlich (jedoch nicht notariell) abgeschlossen werden (§ 3 PartGG).

c) Die Partnerschaft entsteht „nach außen" und konstitutiv erst durch Eintragung in ein Partnerschaftsregister (§ 7 Abs. 1 PartGG)[222].

d) Die Partnerschaft kann, aber muss nicht die persönliche Haftung der Mitglieder begrenzen. Für eine Haftungsbegrenzung für Schäden aus fehlerhafter Berufsausübung sieht das Gesetz zwei Möglichkeiten vor:

– Die Haftung kann unter Verwendung vorformulierter Vertragsbedingungen auf diejenigen Partner beschränkt werden, die eine Leistung erbringen oder verantwortlich zu leiten und zu überwachen haben (Haftungskonzentration nach § 8 Abs. 2 PartGG).

– Des Weiteren kann durch Gesetz für einzelne Berufe eine summenmäßige Haftungsbegrenzung entsprechend der Regelung des § 51a BRAO – geschaffen werden (§ 8 Abs. 3 PartGG).

1.3.2.3 Gesellschaft bürgerlichen Rechts (GbR)

176 Die Gesellschaft bürgerlichen Rechts ist nach § 705 BGB ein auf einem Gesellschaftsvertrag beruhender **Zusammenschluss mehrerer Personen mit dem Ziel, durch gemeinsame Leistung auf der Grundlage des persönlichen Zusammenwirkens der Mitglieder einen gemeinsamen Zweck zu erreichen.** Sie ist – soweit sie als Außengesellschaft durch Teilnahme am Rechtsverkehr eigene Rechte und Pflichten begründet – rechtsfähig[223].

---

219 LG Düsseldorf, Beschl. vom 17.8.1995 – 45 StL 8/95 –, DStR 1996, 847 – GI 1997, 50 = ZAP EN Nr. 935/96.
220 Zur Abgrenzung: OVG Lüneburg, Urt. vom 15.8.1988 – 8 A 42/87 –, BauR 1989, 495; BFH, Urt. vom 17.11.1981 – VIII R 121/80 –, BStBl II 1982, 492; BFH, Urt. vom 20.4.1989 – IV R 299/83 –, NJW 1990, 343.
221 Hierzu Ganten in GuG 1995,15 und Selbert, U. in Betrieb und Wirtschaft 1995,100; ders. in DB 1994, 2381; Lenz, T. in MDR 1994, 741; Schmidt, K. in NJW 1995, 1; Bayer/Imberger in Dt. Zeitschrift für Wirtschaftsrecht 1993, 309 und 1995, 177; OLG Karlsruhe, Urt. vom 1.2.2001 – 4 U 96/00 –, NJW 2001, 1584.
222 Vgl. hierzu das Merkblatt des AG Essen „als Hilfestellung bei der Abfassung der Erstanmeldung zum Partnerschaftsregister", GuG 2005, 107.
223 BGH, Urt. vom 28.1.2001 – II ZR 331/00 –, GuG 2002, 318 = NJW 2002, 1207.

Die Gesellschaft bürgerlichen Rechts entsteht durch Abschluss eines Gesellschaftsvertrags, der grundsätzlich keiner Form bedarf. Weder eine notarielle Urkunde noch die Festlegung eines Mindesthaftkapitals oder die Eintragung ins Handelsregister ist erforderlich. Rechte und Pflichten der Gesellschafter untereinander (Innenverhältnis) ergeben sich aus dem Gesellschaftsvertrag und aus den §§ 705 ff. BGB.

1.3.2.4 Gesellschaft mit beschränkter Haftung (GmbH)

Die Gesellschaft mit beschränkter Haftung (GmbH) kann nach §§ 1, 5, 13 GmbHG (§ 1 AktG) als eine aus einem oder mehreren Gesellschaftern bestehende durch Gesellschaftsvertrag (Satzung) gegründete **Gesellschaft mit eigener Rechtspersönlichkeit** angesehen werden, die ein in Stammeinlagen zerlegtes Stammkapital hat. Sie gilt grundsätzlich als Gewerbebetrieb und ist gewerbesteuerpflichtig.

177

1.3.2.5 Büro- und Praxisgemeinschaften

Die einfachste Form eines freiberuflichen Zusammenschlusses ist die Büro- und Praxisgemeinschaft, die sich i.d.R. auf die gemeinsame Nutzung von Büro- und Praxisräumen einschließlich deren Einrichtungen und die gemeinsame Beschäftigung von Mitarbeitern beschränkt. Jeder Freiberufler übt dabei seine Tätigkeit selbstständig aus, was in separaten Praxisschildern und Geschäftspapieren zum Ausdruck kommen muss.

178

1.4 Ablehnung von Sachverständigen

1.4.1 Allgemeines

Schrifttum: *Bleutge*, Ablehnung wegen Besorgnis der Befangenheit, 2. Aufl. 1999; *Kühl*, Die Ablehnung des Sachverständigen wegen Besorgnis der Befangenheit im Sozialgerichtsprozess, NZS 2003, 579; *Pawlak*, Ablehnung des Sachverständigen im Strafverfahren wegen Befangenheit, Diss. Hamburg 1999; *Ulrich*, Der gerichtliche Sachverständige, 12. Aufl. 2007, S. 113 ff.

Der Sachverständige kann im gerichtlichen Verfahren auf Antrag einer Prozesspartei abgelehnt werden, wenn ein **Grund** vorliegt, **der aus Sicht der ablehnenden Partei bei vernünftiger Betrachtung geeignet ist, Misstrauen gegen die Unparteilichkeit des Sachverständigen zu rechtfertigen.** Das gilt insbesondere

179

– bei verwandtschaftlichen, nahen persönlichen oder geschäftlichen Beziehungen zu einer Partei[224],

– bei Feindschaft oder Konkurrenz zu einer Partei,

– wenn der Sachverständige in derselben Sache schon als Privatgutachter entgeltlich tätig gewesen ist; Entsprechendes gilt auch, wenn der Gutachter wiederholt in anderen Sachen für eine Partei tätig geworden ist[225],

– wenn der Sachverständige einseitig zu nur einer der Parteien Kontakt aufnimmt,

– wenn der Sachverständige nur eine der Parteien an der Ortsbesichtigung teilnehmen lässt und sich dies zum Nachteil einer Partei auswirken kann[226],

– wenn sich der Sachverständige von einer Partei ohne Benachrichtigung der anderen Seite Informationen beschafft[227],

---

[224] OLG Köln, Beschl. vom 12.11.1980 – 2 W 100/80 –, EzGuG 11.121 d.
[225] OLG Hamm, Beschl. vom 14.6.1999 – 13 U 11/99 –, EzGuG 11.279b; OLG Oldenburg, Urt. vom 27.8.1996 – 2 W 105/96 –, EzGuG 11.235b; OLG Frankfurt am Main, Urt. vom 25.7.1986 – 22 W 20/86 –, EzGuG 11.156a; OLG Nürnberg, Beschl. vom 9.1.1981 – 8 W 2748/80 –, EzGuG 11.121 p; a.A.= LG Zweibrücken, Beschl. vom 22.4.1983 – 2 U 27/82 –, EzGuG 11.137h.
[226] OLG Düsseldorf, Beschl. vom 29.5.1973 – 20 W 13/73 –, EzGuG 11.90 d; OLG Köln, Urt. vom 16.1.1974 – 2 U 22/73 –, EzGuG 11.91f; LG Itzehoe, Beschl. vom 1.2.2001 – 6 OH 14/00 –, GuG 2001, 317.
[227] Thomas/Putzo, Anm. 1b zu § 406 ZPO.

III Sachverständigenwesen Sachverständiger

- wenn der Sachverständige mit einer Partei in laufender Geschäftsbeziehung steht oder als wirtschaftlicher Konkurrent auftritt[228],
- wenn der Sachverständige ohne Benachrichtigung der anderen Partei bei einer Partei Bauteile besichtigt hat,
- wenn der Sachverständige bei seinen Ermittlungen nur eine Partei einbezogen hat[229],
- wenn der Sachverständige mit einer Partei ein Telefonat führt, ohne dem Verfahrensgegner den Inhalt desselben mitzuteilen[230],
- wenn der Sachverständige mit überzogener Ausdrucksweise Kritik an einem von der Partei vorgelegten Privatgutachten übt[231]; die Ablehnung muss in Kauf genommen werden, wenn der Prozessvortrag der klagenden Parteien als „Märchenstunde" abqualifiziert wird[232].

Ein **Sachverständiger kann** indessen (nach § 406 ZPO) **nicht abgelehnt werden,** wenn

1. er in der Vorweihnachtszeit ein allgemein gehaltenes Werbeschreiben an Gerichte und Rechtsanwälte schickt[233],
2. er den Umfang des Beweisthemas verkennt, es sei denn, der Irrtum ist so schwerwiegend, dass er als Anzeichen für eine vorhandene Voreingenommenheit angesehen werden muss[234],
3. er beim Ortstermin Schriftstücke der Parteien entgegennimmt; er muss dies im Gutachten festhalten[235].
4. er mit dem Privatgutachter der Gegenpartei früher gewerblich zusammengearbeitet hat[236].

Ein Ablehnungsantrag, der nicht nur offensichtlich unbegründet, sondern dessen Begründung völlig ungeeignet ist, eine Besorgnis der Befangenheit zu begründen, ist unzulässig[237].

180 Bleibt eine Partei trotz ordnungsgemäßer Ladung unentschuldigt der **Ortsbesichtigung** fern, so hat sie insoweit keine Ablehnungsgründe (vgl. Rn. 203, 220, 245, 379, 431).

181 Rechtsprechung:

1. Der Vorwurf der Befangenheit eines Sachverständigen, der die Hinzuziehung beider Parteien zu einer vorbereitenden Ortsbesichtigung für entbehrlich hielt, ist insbesondere dann unbegründet, wenn er dabei weder das Grundstück betreten noch mit Parteien und Zeugen Verbindung aufgenommen oder eine Partei einseitig von der Ortsbesichtigung ausgeschlossen hat[238].
2. Das Ablehnungsgesuch ist begründet, wenn der Sachverständige sich über den Sachverhalt in einem einseitigen Gespräch mit Angestellten nur der einen Partei informiert hat[239].
3. Die Ablehnung eines Sachverständigen wegen Besorgnis der Befangenheit kann nicht damit begründet werden, dass er es, obwohl eine ausdrückliche Anweisung des prozessleitenden Gerichts fehlt, unterlassen habe, die Parteien von einem Besichtigungstermin zu benachrichtigen. Nur aus den Grundsätzen der Waffengleichheit und eines fairen Verfahrens sind die Maßstäbe zu entwickeln, nach denen der Sachverständige gehalten ist, die

---

228 LG Köln, Beschl. vom 15.1.2004 – 23 T 1/04 –, EzGuG 11.366a.
229 OLG Hamburg, Urt. vom 17.2.1969 – 6 W 7/69 –, EzGuG, 11.67b.
230 LG Aurich, Urt. vom 30.8.1984 – 2 O 790/84 –, EzGuG 11.143.
231 OLG Oldenburg, Beschl. vom 19.1.1999 – 2 W 5/99 –, EzGuG 11.275a.
232 OLG Schleswig, Urt. vom 22.11.2001 – 16 W 282/01 –, EzGuG 11.314a; hierzu auch LSozG Nordrhein-Westfalen, Beschl. vom 16.6.2003 – L 11 AR 490/03 – AB –, EzGuG 11.349a.
233 LG Mönchengladbach, Beschl. vom 21.4.1993 – 1 O 71/92 –, EzGuG 11.205.
234 BFH, Urt. vom 29.3.1999 – V B 140/98 –, EzGuG 11.277c.
235 KG, Beschl. vom 15.1.2004 – 4 W 4/03 –, EzGuG11.364.
236 OLG Frankfurt am Main, Beschl. vom 19.1.1981 – 17 W 1/81 –, EzGuG 11.121r.
237 OLG Celle, Beschl. vom 30.8.2005 – 1 Ws 310/05 –, GuG 2006, 122 = EzGuG 11.463.
238 OLG München, Beschl. vom 11.2.1983 – 25 W 736/83 –, EzGuG 11.135j.
239 OLG Hamm, Beschl. vom 19.5.1972 – 1 W 12/72 –, EzGuG 11.84a.

Anwesenheit der Parteien beim Ortstermin zu gestatten. An den Grundsatz der Parteiöffentlichkeit ist der Sachverständige nicht gebunden[240].

4. Der Sachverständige wird nicht befangen, wenn er gemeinsam mit einer der Parteien zum Ortstermin erscheint und zusammen mit dieser Partei wieder geht[241].

5. Ein Sachverständiger kann von einer Partei mit Erfolg wegen Besorgnis der Befangenheit abgelehnt werden, wenn dieser einen gemeinsam vereinbarten Ortstermin auf Antrag einer Partei verschiebt, dann aber den neuen Termin trotz eines Verlegungsantrags der anderen Partei durchführt, weil er die Anwesenheit dieser Partei nicht für erforderlich hält[242].

6. a) Im selbstständigen Beweisverfahren hat jede Partei und jeder Verfahrensbevollmächtigte das uneingeschränkte Recht, bei einer Orts- oder Gegenstandsbesichtigung anwesend zu sein. Dies gilt nicht nur für die gerichtlich angeordneten, sondern auch für Termine, die der Sachverständige bei schriftlicher Begutachtung anordnet.

b) Von daher ist der Sachverständige gehalten, allen Beteiligten die Ortstermine rechtzeitig mitzuteilen. Die Herausgabe von Mitteilungen einen bzw. drei Tage vor dem anberaumten Termin ist zu kurzfristig und nicht geeignet, die den Beteiligten eingeräumten Beteiligungsrechte zu wahren. Ebenso stellt es einen Pflichtverstoß dar, wenn Terminmitteilungen nur an die Partei(en), nicht aber auch an deren Verfahrensbevollmächtigte erfolgen[243].

7. a) Ein Sachverständiger ist nicht schon deshalb befangen, weil er per Telefax zu einem zwei Tage später stattfindenden dritten Ortstermin einlädt, bei dem die Anwesenheit der Parteien nicht erforderlich ist.

b) Ein Sachverständiger ist ferner dann nicht befangen, wenn er diesen beabsichtigten dritten Ortstermin lediglich den Parteien unmittelbar bekannt gibt und die zu den vorhergehenden Ortsterminen von ihm noch eingeladenen Prozessbevollmächtigten zu den früheren Ortsterminen nicht erschienen sind[244].

8. Der Sachverständige ist nicht befangen, wenn er ohne Ladung *beider* Parteien einen Ortstermin durchführt[245] und sich dies nicht zum Nachteil einer Partei auswirken kann (vgl. Rn. 203, 220, 379). Nach einer neuen Grundsatzentscheidung des BVerfG liegt abweichend von einer in der älteren Rechtsprechung und in der älteren Literatur vertretenen Auffassung grobe Fahrlässigkeit vor, wenn ein Ortstermin in Anwesenheit nur einer Partei ohne vorherige Benachrichtigung der anderen Partei durchgeführt wird[246].

9. Ein Sachverständiger, der in einem Erbrechtsstreit den Wert von Grundstücken feststellen soll, kann von beiden Parteien wegen Besorgnis der Befangenheit abgelehnt werden, wenn er es unterlässt, die Parteien von Besichtigungsterminen zu benachrichtigen[247].

10. Aus der Nichteinhaltung der Ladungsfrist zum Ortstermin und der vergessenen Ladung der Verfahrensbevollmächtigten ergibt sich noch keine Besorgnis der Befangenheit des Sachverständigen[248].

a) Für die Frage, ob ein Sachverständiger, der die Parteien von einem Ortstermin nicht benachrichtigt hat und der deshalb mit Erfolg wegen Befangenheit abgelehnt worden

---

240 OLG Dresden, Beschl. vom 25.11.1996 – 7 U 1608/95 –, EzGuG 11.238b.
241 OLG Frankfurt am Main, Beschl. vom 2.3.1998 – 15 W 8/98 –, EzGuG 11.262a.
242 LG Darmstadt, Urt. vom 14.4.1997 – 10 O 309/96 –, EzGuG 11.244j.
243 OLG Frankfurt am Main, Urt. vom 10.2.1994 – 24 UH 1/92 –, EzGuG 11.209.
244 LG Dortmund, Beschl. vom 3.5.1999 – 19 O 155/97 –, EzGuG 11.276.
245 LG Konstanz, Beschl. vom 17.3.1995 – 3 O 294/91 –, EzGuG 11.222b; OLG Hamm, Beschl. vom 13.7.1979 – 1 W 41/79 –, EzGuG 11.115 d.
246 BVerfG, Urt. vom 3.2.1998 – 1 BvR 909/94 –, GuG 2000, 178 = EzGuG 11.261b; BGH, Urt. vom 15.4.1975 – X ZR 52/75 –, EzGuG 11.95 c; OLG Hamburg, Urt. vom 4.2.1969 – 6 W 123/68 –, EzGuG 11.67a; Thomas/Putzo, 20. Aufl., Rn. 2; Baumbach/Hartmann, 56. Aufl., Rn. 204; Zöller/Greger, 20. Aufl., Rn. 8; Jessnitzer, Der gerichtliche Sachverständige, 10. Aufl., Rn. 204; Bayerlein, Praxishandbuch Sachverständigenrecht, 2. Aufl., § 19 Rn. 15; LG Düsseldorf, Beschl. vom 13.9.1979 – 25 T 633/79 –, JurBüro 1980, 111.
247 KG Berlin, Beschl. vom 29.4.1982 – 8 W 1013/82 –, EzGuG 11. 129.
248 LG Erfurt, Urt. vom 8.6.1999 – 2 T 80/99 –, EzGuG 11.279.

ist, wegen Unverwertbarkeit seines Gutachtens seinen Entschädigungsanspruch dadurch verliert, kommt es darauf an, ob unter Abwägung aller Umstände des Einzelfalles dem Sachverständigen der Vorwurf grober Fahrlässigkeit gemacht werden kann. Ein lediglich formularmäßig ohne besondere Hervorhebung in dem Auftragsschreiben an den Sachverständigen enthaltener Hinweis „Von einem etwaigen Besichtigungstermin ist den Parteien zu Händen ihrer Prozessbevollmächtigten rechtzeitig Nachricht zu geben", reicht für sich allein nicht aus, den Vorwurf einer groben Verletzung der Pflichten des Sachverständigen zu rechtfertigen.

b) Ein Sachverständiger muss auch die Prozessvertreter der Parteien zur Ortsbesichtigung einladen. Er darf nicht weiterarbeiten, wenn er von dem Ablehnungsgesuch Kenntnis genommen hat[249].

11. Ein Sachverständiger verliert seinen Entschädigungsanspruch nicht allein wegen einer erfolgreichen Ablehnung, sondern nur dann, wenn er die Ablehnung durch grobes Verschulden verursacht hat[250].

12. Wenn ein Sachverständiger erkennen kann, dass gegen seine Unparteilichkeit Bedenken aufkommen können, muss er vor Aufnahme seiner Tätigkeit die Reaktion der Parteien und des Gerichts abwarten[251].

13. Ein vom Gericht beauftragter Sachverständiger ist nicht ohne weiteres deshalb befangen, weil er die von ihm zu treffenden Feststellungen in der Weise vorbereitet hat, dass er sich die für die Erstellung des Gutachtens erforderliche Kenntnis ohne Anwesenheit der Parteien, wenn auch im räumlichen Bereich einer von ihnen ("vor Ort") verschafft hat[252].

14. Die Ablehnung eines Sachverständigen wegen Besorgnis der Befangenheit kann damit begründet werden, dass der Sachverständige bei längerer Fahrtdauer zu einem Ortstermin von einer Partei, z. B. in deren Pkw, mitgenommen wird[253].

182 Hieraus folgt:

Von etwaigen **Orts- oder Objektbesichtigungen** *(inspection)* hat der Sachverständige die Prozessvertreter und, wenn die Parteien nicht anwaltlich vertreten sind, die Parteien zu verständigen und ihnen Gelegenheit zur Teilnahme zu geben. Das gilt auch für einen Streithelfer (Nebenintervenienten), der einer Partei zu deren Unterstützung im Rechtsstreit beigetreten ist. Bei der Mitteilung des Termins ist auf eine angemessene Frist zu achten, die den Beteiligten eine Teilnahme möglich macht. Grundsätzlich empfiehlt es sich, auch das Gericht von der Orts- oder Objektbesichtigung zu unterrichten. Hält der Sachverständige eine **Teilnahme des Gerichts** für notwendig, soll er hierauf hinweisen. Notwendig ist die Benachrichtigung des Gerichts insbesondere dann, wenn der Sachverständige den Ortstermin aus besonderen Gründen (z. B. bei Messung von Lärmemissionen einer Diskothek oder Baustelle) ausnahmsweise ohne vorherige Ankündigung und Ladung der Parteien durchführen möchte; in diesen Fällen sollte der Sachverständige eine vorherige Abstimmung mit dem Gericht herbeiführen[254].

Der **Ortstermin ist** nicht öffentlich, aber **parteiöffentlich**; die Parteien können aber von sachkundigen Mitbeobachtern begleitet werden[255].

183 Das **Ablehnungsgesuch kann sich** zulässigerweise **nur gegen die Person des gerichtlich bestellten Sachverständigen richten;** eine Ablehnung von Hilfskräften ist indessen in § 406 ZPO nicht vorgesehen und sonach nicht zulässig[256]. Vor der Entscheidung über ein Ablehnungsgesuch, das sich auf einen Sachverständigen bezieht, hat aber das Gericht zu prüfen, ob eine Entbindung des Sachverständigen gemäß § 406 Abs. 1 Satz 2 ZPO geboten erscheint.

---

249 LG Itzehoe, Beschl. vom 1.2.2001 – 6 OH 14/00 –, EzGuG 11.296a.
250 KG, Beschl. vom 17.11.1992 – 1 W 5976/92 –, EzGuG 11.198.
251 OLG Naumburg, Urt. vom 22.11.2001 – 13 W 573/01 –, EzGuG 11.314.
252 OLG Bremen, Urt. vom 26.6.1998 – 2 U 48/98 –, EzGuG 11.267 f.
253 OLG Frankfurt am Main, Urt. vom 16.9.1959 – 2 W 102/59 –, EzGuG 11.19.
254 DIHT-Merkblatt, Der gerichtliche Sachverständige, Köln 1997.
255 LG Verden, Urt. vom 22.11.2004;
256 So OLG Zweibrücken, Beschl. vom 30.1.1986 – 2 WF 179/85 –, EzGuG 11.149h.

184 Lange Zeit wurde die **Ablehnung eines Sachverständigen im selbstständigen Beweisverfahren** als unzulässig angesehen[257], da sonst der Beschleunigungseffekt des Verfahrens damit verloren gehe (vgl. § 492 Abs. 1 ZPO i.V.m. § 406 und § 402 Abs. 2 ZPO). Da bei der Einleitung eines selbstständigen Beweiserhebungsverfahrens häufig nicht bekannt ist, ob es überhaupt zu einem Hauptprozess kommt, ist die neuere Rechtsprechung aus Gründen des Rechtsschutzes dazu übergegangen, dass eine Ablehnung des Sachverständigen bereits im selbstständigen Beweisverfahren möglich sein muss[258].

185 Der Antrag auf Ablehnung eines Sachverständigen ist (auch im Falle des § 406 Abs. 2 Satz 2 ZPO) i.d.R. binnen zwei Wochen zu stellen[259]. Die **Ablehnungsgründe sind binnen zwei Wochen** nach Verkündung oder Zustellung des Beschlusses über die Ernennung des Sachverständigen **bekannt zu geben.**

186 Sind dem **Antragsgegner erst zu einem späteren Zeitpunkt** die Ablehnungsgründe bekannt geworden, muss er gemäß § 294 ZPO glaubhaft machen, dass er unverschuldet verhindert war, den Ablehnungsgrund zu einem früheren Zeitpunkt geltend zu machen (vgl. § 406 Abs. 3 ZPO), insbesondere wenn die Ablehnungsgründe erst nach Erstellung eines Gutachtens, aber noch vor Beendigung des selbstständigen Beweisverfahrens bekannt werden[260].

187 „§ 406 ZPO Ablehnungsgründe

(1) ₁Ein Sachverständiger kann aus denselben Gründen, die zur Ablehnung eines Richters berechtigen, abgelehnt werden. ₂Ein Ablehnungsgrund kann jedoch nicht daraus entnommen werden, dass der Sachverständige als Zeuge vernommen worden ist.

(2) ₁Der Ablehnungsantrag ist bei dem Gericht oder Richter, von dem der Sachverständige ernannt ist, vor seiner Vernehmung zu stellen, spätestens jedoch binnen zwei Wochen nach Verkündung oder Zustellung des Beschlusses über die Ernennung. ₂Zu einem späteren Zeitpunkt ist die Ablehnung nur zulässig, wenn der Antragsteller glaubhaft macht, dass er ohne sein Verschulden verhindert war, den Ablehnungsgrund früher geltend zu machen. ₃Der Antrag kann vor der Geschäftsstelle zu Protokoll erklärt werden.

(3) Der Ablehnungsgrund ist glaubhaft zu machen; zur Versicherung an Eides statt darf die Partei nicht zugelassen werden.

(4) Die Entscheidung ergeht von dem im zweiten Absatz bezeichneten Gericht oder Richter; eine mündliche Verhandlung der Beteiligten ist nicht erforderlich.

(5) Gegen den Beschluss, durch den die Ablehnung für begründet erklärt wird, findet kein Rechtsmittel, gegen den Beschluss, durch den sie für unbegründet erklärt wird, findet sofortige Beschwerde statt."

188 **Rechtsprechung:**

1. Wird ein Sachverständiger nach Erstattung des Gutachtens wegen des Inhaltes des Gutachtens abgelehnt, so muss die Ablehnung unverzüglich erfolgen. Eine Überlegungszeit von 2 ½ Monaten ist in der Regel zu lang[261].

2. Ein Ablehnungsgesuch wegen Besorgnis der Befangenheit gegen einen Sachverständigen ist unverzüglich nach der Erlangung der Kenntnis vom Ablehnungsgrund zu stellen. Ein Ablehnungsgesuch nach 6 Wochen ist auch unter Berücksichtigung einer angemessenen Überlegungszeit verfristet und damit unzulässig[262].

---

257 Röthlein, Bausachen, Jehle-Rehm 1991, 1. Aufl., S. 43; Wert/Pastor, Rn. 53 ff.; Kroppen/Heyers/Schmitz, Rn. 775; OLG München, Urt. vom 7.7.1977 – 7 W 1481/77 –, EzGuG 11.110a; a. A.: Motzke in BauR 1983, 500; Booz in BauR 1989, 38; vgl. auch Ingenstau/Korbion B § 18, 4 Rn. 91 ff.; Hickl, S. 49 ff.; OLG München, Urt. vom 22.7.1981 – 25 W 1583/81 –, EzGuG 11.124b; OLG München, Urt. vom 15.9.1983 – 9 W 2055/83 –, EzGuG 11.140a; OLG München, Urt. vom 18.3.1984 – 24 W 77/84 –, EzGuG 11.124d.
258 KG, Beschl. vom 11.4.1988 – 24 W 778/88 –, EzGuG 11.170a; Hesse in ZfBR 1983, 247 ff.; Weinkamm in BauR 1984, 29 f.; OLG Düsseldorf, Beschl. vom 29.12.1981 – 2 U 156/76 –, EzGuG 11.124 d; OLG München, Urt. vom 18.3.1984 – 24 W 77/84 –, EzGuG 12.32.
259 OLG München, Beschl. vom 2.3.2003 – 13 W 2082/03 –, EzGuG 11.347a.
260 Schulz in NJW 1984, 1019; Müller in NJW 1982, 1961.
261 OLG Koblenz, Beschl. vom 7.7.1976 – 4 W 415/76 –, EzGuG 11.103a.
262 OLG Naumburg, Beschl. vom 29.6.1998 – 10 14/98 –, EzGuG 11.268; LG München I, Beschl. vom 17.7.1993 – 13 T 12592/98 –, EzGuG 11.270.

3. Ergibt sich der Grund zur Ablehnung des Sachverständigen wegen Besorgnis der Befangenheit aus dem Inhalt des schriftlichen Gutachtens, läuft im Allgemeinen die Frist zur Ablehnung des Sachverständigen gleichzeitig mit der vom Gericht gesetzten Frist zur Stellungnahme nach § 411 Abs. 4 ZPO ab, wenn sich die Partei zur Begründung des Antrags mit dem Inhalt des Gutachtens auseinandersetzen muss[263].

1.4.2 Ablehnung von Behörden

189 Eine **Ablehnung einer Behörde** wegen Besorgnis der Befangenheit nach § 406 ZPO ist **grundsätzlich nicht zulässig,** weil sich Ablehnungsgründe stets nur gegen eine bestimmte natürliche Person richten können. Nicht einmal der Alleinverfasser eines Behördengutachtens ist i.S.d. §§ 402 ff. ZPO als Sachverständiger ablehnbar, weil er für seine Behörde handelt, die nach außen allein die Verantwortung für das Gutachten trägt[264].

190 ▶ *Zur Ablehnung (Befangenheit) von Mitgliedern des Gutachterausschusses für Grundstückswerte vgl. § 192 BauGB Rn. 46 ff. m.w.N.*

191 Im **verwaltungsgerichtlichen Verfahren** kann ein Sachverständiger regelmäßig dann wegen Befangenheit erfolgreich abgelehnt werden, wenn er der den Bescheid erteilenden Behörde angehört (Abgrenzung zum Fall des Sachverständigen, der lediglich dem gleichen Rechtsträger wie die Partei angehört)[265].

1.4.3 Rechtsprechungsübersicht

192 1. Die Ablehnung eines Sachverständigen wegen Besorgnis der Befangenheit findet nach § 406 i.V.m. § 42 ZPO dann statt, wenn bei verständiger Würdigung der Umstände aus der Sicht einer Partei Zweifel an einer unparteilichen Einstellung des Sachverständigen gerechtfertigt sind. Das ist dann der Fall, wenn der Sachverständige in Gegenwart eines Vertreters der Klägerin und ohne Hinzuziehung des Beklagten Ermittlungen anstellt[266].

2. Der Sachverständige ist befangen, wenn er in derselben Sache bereits schon früher entgeltlich ein Gutachten für eine der Parteien erstattet hat[267].

3. Die Ablehnung eines Sachverständigen wegen Besorgnis der Befangenheit ist begründet, wenn der Sachverständige für die Gegenpartei wiederholt in anderen Fällen als Privatgutachter tätig war und weder Partei noch Sachverständiger dies angezeigt haben[268].

4. Eine berufliche Zusammenarbeit eines Gutachters mit einer Prozesspartei bei mehreren früheren Bauobjekten führt nicht zwingend zu seiner Befangenheit als Gerichtssachverständiger[269].

5. Die Besorgnis der Befangenheit verlangt einen gegenständlichen vernünftigen Grund, der die Partei von ihrem Standpunkt aus befürchten lassen kann, der Sachverständige werde sein Gutachten nicht unparteiisch erstatten. Es genügt das subjektive Misstrauen einer Partei, sofern Tatsachen vorliegen, die von ihrem Standpunkt aus die Ablehnung gerechtfertigt erscheinen lassen[270].

6. Neben der besonderen Sachkunde ist die uneingeschränkte Vertrauenswürdigkeit die Eigenschaft, die für die Bestellung von Sachverständigen erforderlich ist und bei deren

---

263 BGH, Urt. vom 15.3.2005 – VI ZB 74/04 –, EzGuG 11.408.
264 OLG Köln, Beschl. vom 16.6.1980 – 7 W 16/80 –, EzGuG 11.119e; OLG Nürnberg, Beschl. vom 19.10.1966 – 3 W 82/66 –, EzGuG 11.54 (Patentanwaltskammer); KG Berlin, Beschl. vom 18.6.1971 – W 1182/71 –, EzGuG 11.78 (Gutachterausschuss).
265 Vgl. BVerwG, Beschl. vom 30.12.1997 – 11 B 3/97 –, GuG 1998, 247 = EzGuG 11.259a; BVerwG, Beschl. vom 6.10.1998 – 3 B 35/98 –, EzGuG 11.271.
266 LG Oldenburg, Beschl. vom 6.5.1971 – 1 O 196/69 –, EzGuG 11.77g.
267 BGH, Urt. vom 1.2.1972 – VI ZR 134/70 –, EzGuG 11.81c; OLG Frankfurt am Main, Urt. vom 25.7.1986 – 22 W 20/86 –, EzGuG 11.156c.; OLG Celle, Beschl. vom 21.1.2005 – 3 W 6/05 –, EzGuG 11.403.
268 OLG Karlsruhe, Beschl. vom 22.5.1986 – 7 W 8/86 –, EzGuG 11.154.
269 BGH, Beschl. vom 9.11.2004 – X ZR 65/03 –, EzGuG 11.398.
270 OLG Karlsruhe, Beschl. vom 5.4.1973 – 10 U 180/72 –, EzGuG 11.90c.

Fehlen die Bestellung zurückgenommen werden kann. Diese uneingeschränkte Vertrauenswürdigkeit wird erschüttert, wenn das Verhalten des Sachverständigen berechtigte Zweifel weckt, ob er stets gewillt und fähig ist, seine Gutachten vom Einfluss eigener, insbesondere wirtschaftlicher Interessen freizuhalten[271].

7. a) Die Ablehnung eines Sachverständigen wegen Besorgnis der Befangenheit ist nicht schon dann gerechtfertigt, wenn dieser Inhaber eines Konkurrenzbetriebs einer Partei ist und mit dieser allgemein im Wettbewerb steht.

   b) Ein Befangenheitsgrund kann in einem solchen Fall allenfalls dann in Betracht kommen, wenn der Betrieb des Sachverständigen gerade bei dem konkreten Auftrag oder sonst bei diesem Auftraggeber als Mitbewerber aufgetreten ist[272].

8. Eine frühere gewerbliche Zusammenarbeit des Sachverständigen mit dem Privatgutachter der Gegenpartei rechtfertigt keine Ablehnung[273].

9. Ein Sachverständiger ist im Rechtsstreit gegen eine Versicherung nicht schon deshalb befangen, weil er in einer Vielzahl von Fällen außergerichtlich als Gutachter für Versicherungsgesellschaften und auch für die beklagte Versicherung tätig war und weiterhin tätig sein wird[274].

10. Ein außergerichtlich für eine Versicherung tätiger Sachverständiger ist nicht befangen, wenn er seine frühere Tätigkeit auch als Tätigkeit für die spätere Prozesspartei verstanden hat[275].

11. Gegen einen öffentlich bestellten und beeidigten Sachverständigen, der vom Gericht mit der Erstellung eines Beweisgutachtens über die ortsübliche Vergleichsmiete beauftragt wurde, und der einfaches Mitglied in einer Interessenvereinigung der Haus- und Grundbesitzer oder Mieter ist, ist die Besorgnis der Befangenheit wegen dessen Mitgliedschaft nicht begründet[276].

12. Ein Sachverständiger muss bereits im selbstständigen Beweisverfahren wegen Besorgnis der Befangenheit abgelehnt werden[277].

13. Die Befangenheit eines Sachverständigen gegenüber einem Streitgenossen ist geeignet, auch bei dem anderen Streitgenossen Misstrauen gegen die Unvoreingenommenheit und Unparteilichkeit zu rechtfertigen[278].

14. Bezeichnet ein gerichtlich bestellter Sachverständiger, der ein schriftliches Gutachten vorgelegt hat, ein zum Zwecke der Kritik angekündigtes Privatgutachten unbesehen als Gefälligkeitsgutachten, kann dies die Besorgnis der Befangenheit des Sachverständigen begründen[279].

15. Ein Sachverständiger wird nicht befangen, wenn er gemeinsam mit einer der Parteien zum Ortstermin erscheint und zusammen mit dieser Partei wieder geht[280].

16. Die Ablehnung eines gerichtlich bestellten Sachverständigen wegen Besorgnis der Befangenheit ist gerechtfertigt, wenn der Sachverständige sich von einer Partei mit weiteren Maßnahmen der Beweissicherung entgeltlich beauftragen lässt, auch wenn es sich dabei

---

271 VGH Mannheim, Urt. vom 22.9.1976 – G 608/76 –, EzGuG 11.103c.
272 OLG Düsseldorf, Beschl. vom 4.9.1979 – 23 W 36/79 –, EzGuG 11.115e.
273 OLG Frankfurt am Main, Beschl. vom 19.1.1981 – 17 W 1/81 –, EzGuG 11.121; a. A. OLG Nürnberg, Beschl. vom 9.1.1981 – 8 W 1748/80 –, EzGuG 11.120q.
274 OLG Koblenz, Beschl. vom 10.1.1992 – 4 W 2/92 –, EzGuG 11.190a.
275 OLG Düsseldorf, Beschl. vom 31.1.1995 – 23 W 3/95 –, EzGuG 11.222b.
276 LG München, Beschl. vom 23.10.1981 – 14 S 7217/81 –, EzGuG 11.125g.
277 OLG Düsseldorf, Beschl. vom 31.1.1995 – 23 W 3/95 –, EzGuG 11.222b.
278 OLG Frankfurt am Main, Beschl. vom 16.9.1980 – 17 W 22/.80 –, EzGuG 11.120d.
279 OLG Zweibrücken, Beschl. vom 16.9.1997 – 5 WF 115/96 –, EzGuG 11.252; LSozG Nordrhein-Westfalen, Beschl. vom 16.6.2003 – L 11 AR 490/03 –, EzGuG 11.349f.; OLG Saarbrücken, Urt. vom 16.9.2004 – 5 W 196/04 –, EzGuG 11.393: OLG Oldenburg, Urt. vom 2.1.1999 – 2 W 51/99 –, NJW-RR 2000, 1166 = EzGuG 11.275a.
280 OLG Frankfurt am Main, Beschl. vom 1.3.1998 – 15 W 8/98 –, EzGuG 11.262b.

III Sachverständigenwesen   Sachverständiger

„überwiegend" um eine Fotodokumentation handelt, die fast keine gutachterliche Bedeutung enthält[281].

17. Der Umstand, dass ein mit der Erstellung eines Gutachtens Beauftragter kein öffentlich bestellter und vereidigter Sachverständiger ist, gibt keinen Anlass, an der Unparteilichkeit zu zweifeln[282].

1.5 Beauftragung von Sachverständigen

Schrifttum: *Brox/Walter*, Besonderes Schuldrecht, 29. Aufl. München 2004.

193 Die **Erstattung von Gutachten erfolgt** bei einem Privatgutachter **auf der Grundlage eines Werkvertrags**[283] nach den §§ 631 ff. BGB, den dieser mit seinem Auftraggeber schließt. Der Werkvertrag ist formfrei und kann mündlich, schriftlich oder auch über das Internet oder sonst im Fernabsatz (vgl. Fernabsatzgesetz, § 312c BGB und § 1 der BGB-Infoverordnung; BGBl 2002, 1141 und 1230) geschlossen werden. Die Wirksamkeit der elektronischen Form eines Werkvertrags setzt eine elektronische Verschlüsselung nach dem SigG voraus.

Im Werkvertrag sollten auch die **Mitwirkungspflichten des Auftraggebers** geregelt werden, insbesondere

- die Bereitstellung aller für eine ordnungsgemäße Durchführung erforderlichen Unterlagen und Auskünfte,
- eine Baukostenaufstellung (technische, rechtliche und wirtschaftliche Bestandsaufnahme einschließlich der Instandhaltungspauschalen und ggf. Instandsetzungskosten),
- der Grundbuchauszug (bei Rechten einschließlich einschlägigen Auszugs aus der Grundakte),
- der Liegenschaftsauszug einschließlich Flurkarte,
- der Kaufvertrag,
- ggf. Vorgutachten,
- ggf. Erbbauverträge,
- Baulastenauszug,
- Baurecht (Flächennutzungs- und Bebauungsplan),
- Auskunft über Erschließungskostenbeiträge und sonstige öffentlich-rechtliche Beiträge,
- Auskunft aus dem Altlastenverzeichnis bzw. -kataster,
- Auskunft aus der Bodenrichtwertkarte,
- Lageplan,
- Katasterauszug,
- Baupläne, Grundrisse und Schnitte,
- Baugenehmigung,
- Baubeschreibung,
- Baugrunduntersuchung,
- Immissionsschutzrechtliche Genehmigungen,
- Mietaufstellung nebst Mietverträgen,
- Bewirtschaftungskostenaufstellungen (Verwaltungskosten, Instandhaltungskosten, Betriebskosten),

---

281 OLG Düsseldorf, Beschl. vom 8.9.2004 – I 6 W 36/04 –, EzGuG 11.391.
282 OVG Münster, Beschl. vom 9.3.2005 – 6 E 58/05 –, EzGuG 11.406 = GuG 2005, 251.
283 *BGH* Urt. vom 20.3.1974 – VII ZR 11/73 –, EzGuG 12.14a; AG Ettlingen, Urt. vom 21.6.1978 – 2 C 618/77 –, EzGuG 11.112a; BGH, Urt. vom 18.5.1978 – VII ZR 158/77 –, EzGuG 11.111h.

- Flächenaufstellungen (Brutto-Grundfläche, Geschossflächen, Wohn- und Nutzflächen),
- die Gewährleistung einer Ortsbesichtigung (Zugang zum Objekt),
- die Vollmacht für den Sachverständigen und eine von ihm beauftragte Person, bei den Beteiligten, Behörden, Institutionen oder dritten Personen die notwendigen Auskünfte und Unterlagen einzuholen.

Der Auftraggeber darf umgekehrt dem Sachverständigen keine Weisungen erteilen, die dessen unabhängige Wertermittlung, Feststellungen und Schlussfolgerungen verfälschen können.

Rechte und Pflichten der Vertragsparteien ergeben sich aus den §§ 631 ff. BGB einschließlich der Vorschriften über 194

- die *Verjährung von Ansprüchen* aus Erstellung des Gutachtens *und Schadensersatzansprüchen* (§§ 195 ff. BauGB) und
- die *Leistungsstörung* für den Fall, dass der Werkvertrag nicht, schlecht oder nicht termingerecht erfüllt wird (§§ 275 ff. BGB).

„§ 631 BGB Vertragstypische Pflichten beim Werkvertrag

(1) Durch den Werkvertrag wird der Unternehmer zur Herstellung des versprochenen Werks, der Besteller zur Entrichtung der vereinbarten Vergütung verpflichtet.

(2) Gegenstand des Werkvertrags kann sowohl die Herstellung oder Veränderung einer Sache als ein anderer durch Arbeit oder Dienstleistung herbeizuführender Erfolg sein."

Der Sachverständige ist nach den §§ 675 ff. i.V.m. § 663 BGB verpflichtet, dem Auftraggeber unverzüglich anzuzeigen, wenn er den Auftrag ablehnt. Der **Auftrag kann aber auch ohne Annahmeerklärung durch konkludentes Handeln zustande kommen,** wenn nämlich eine solche Erklärung nach der Verkehrssitte nicht zu erwarten ist oder der Auftraggeber darauf verzichtet hat (§ 151 BGB). Ein Abschlusszwang besteht im Übrigen nicht. Der Sachverständige muss sich verweigern, wenn er sich befangen fühlt. Er muss seinen Auftraggeber auf Umstände hinweisen, die verständliche Zweifel an seiner Unvoreingenommenheit oder Misstrauen gegen seine Unparteilichkeit aufkommen lassen müssen. 195

Der Privatgutachter schuldet mit der Annahme des Auftrags seinem Auftraggeber den werkvertraglichen Erfolg. 196

Die **Leistungspflicht des Auftragnehmers** setzt sich zusammen aus 197

- der Herstellung des Gutachtens frei von Sach- und Rechtsmängeln und mit der vereinbarten Beschaffenheit,
- der termingerechten Ablieferung des Gutachtens.

Der Sachverständige ist nach § 271 BGB verpflichtet, sein Gutachten sofort zu erstellen, sofern er nicht einen anderen Leistungszeitpunkt bzw. Leistungszeitraum ausbedungen hat.

„§ 271 BGB Leistungszeit

(1) Ist eine Zeit für die Leistung weder bestimmt noch aus den Umständen zu entnehmen, so kann der Gläubiger die Leistung sofort verlangen, der Schuldner sie sofort bewirken.

(2) Ist eine Zeit bestimmt, so ist im Zweifel anzunehmen, dass der Gläubiger die Leistung nicht vor dieser Zeit verlangen, der Schuldner aber sie vorher bewirken kann."

Im Gegenzug besteht die **Leistungspflicht des Auftraggebers** in der Abnahme des Gutachtens und der Bezahlung. Für eine nicht rechtzeitige Ablieferung des Gutachtens kann der Auftraggeber einen **Verzögerungsschaden** geltend machen. Dafür reicht es allerdings nicht aus, dass die Leistungszeit verstrichen ist; vielmehr muss ein Verzug hinzutreten (§ 280 Abs. 2 BGB). Verzug tritt bei Erstellung eines Gutachtens nach § 286 Abs. 1 BGB grundsätzlich erst durch Mahnung ein. Klageerhebung und Zustellung des Mahnbescheids stehen der Mahnung gleich. Eine Mahnung ist unter den Voraussetzungen des § 286 Abs. 2 BGB entbehrlich, insbesondere im Falle eines vertraglich vereinbarten Leistungstermins „nach dem Kalender". 198

III Sachverständigenwesen

199 Liefert der Sachverständige sein Gutachten bei Fälligkeit nicht oder mangelhaft (§ 633 Abs. 2 BGB) ab, so kann der Auftraggeber gemäß § 323 Abs. 1 BGB nach erfolglosem Ablauf einer angemessenen Nachfrist vom Vertrag zurücktreten, wenn er nicht weiterhin Erfüllung verlangen will. Entsprechendes gilt bei Verletzung von **Nebenpflichten des Sachverständigen**[284].

200 Liefert der Sachverständige ein mangelhaftes Gutachten ab, so stehen dem Auftraggeber nach § 634 BGB eine Reihe von Rechten zu. **Die Vorschrift** hat folgenden Wortlaut:

„§ 634 BGB Rechte des Bestellers bei Mängeln

Ist das Werk mangelhaft kann der Besteller, wenn die Voraussetzungen der folgenden Vorschriften vorliegen und soweit nichts anderes bestimmt ist,

1. nach § 635 Nacherfüllung verlangen,
2. nach § 637 den Mangel selbst beseitigen und Ersatz der erforderlichen Aufwendungen verlangen,
3. nach den §§ 636, 323 und 326 Abs. 5 von dem Vertrag zurücktreten oder nach § 638 die Vergütung mindern und
4. nach den §§ 636, 280, 281, 283 und 311a Schadensersatz oder nach § 284 Ersatz vergeblicher Aufwendungen verlangen.

§ 635 BGB Nacherfüllung

(1) Verlangt der Besteller Nacherfüllung, so kann der Unternehmer nach seiner Wahl den Mangel beseitigen oder ein neues Werk herstellen.

(2) Der Unternehmer hat die zum Zwecke der Nacherfüllung erforderlichen Aufwendungen, insbesondere Transport-, Wege-, Arbeits- und Materialkosten zu tragen.

(3) Der Unternehmer kann die Nacherfüllung unbeschadet des § 275 Abs. 2 und 3 verweigern, wenn sie nur mit unverhältnismäßigen Kosten möglich ist.

(4) Stellt der Unternehmer ein neues Werk her, so kann er vom Besteller Rückgewähr des mangelhaften Werks nach Maßgabe der §§ 346 bis 348 verlangen.

§ 636 BGB Besondere Bestimmungen für Rücktritt und Schadensersatz

Außer in den Fällen des § 281 Abs. 2 und des § 323 Abs. 2 bedarf es der Fristsetzung auch dann nicht, wenn der Unternehmer die Nacherfüllung gemäß § 635 Abs. 3 verweigert oder wenn die Nacherfüllung fehlgeschlagen oder dem Besteller unzumutbar ist."

201 Nach § 649 BGB kann der Auftraggeber jederzeit vom Gutachterauftrag zurücktreten, wobei der bis dahin entstandene Vergütungsteil entrichtet werden muss. Hat der Sachverständige seine Pflicht nicht oder nicht vollständig erfüllt, so ist der Auftraggeber auch ohne Zahlung von Teilen der Vergütung zum **Rücktritt** berechtigt und kann ggf. auch Schadensersatzansprüche stellen.

▶ *Zum Höchstpersönlichkeitsgebot vgl. Rn. 414*

---

[284] Palandt/Heinrichs, BGB, Ergänzungsband zur 61. Aufl., § 282 Rn. 2.

Abb. 8: Gewährleistungsrechte des Auftraggebers

1.6 Haftung von Sachverständigen

1.6.1 Sach- und Rechtsmangel

Schrifttum: *Ayad* in DB 2001, 2697; *Arndt, H.,* Die Haftung des gerichtlichen Sachverständigen, DRiZ 1973, 272; *Balzer, P.,* Zum Schutzbereich eines Gutachtenauftrags zur Wertermittlung von Grundstücken, ZfIR 2005, 101; *Bleutge, P.,* Die Haftung des Sachverständigen für fehlerhafte Gutachten, 1. Aufl. 2002; *Brandte, J.,* Die Haftung des gerichtlichen Sachverständigen im Zwangsversteigerungsverfahren – ein Fall des Unvermögens, BauR 2000, 766; *Brückner, S./Damm, R.,* Die zivilrechtliche Haftung des gerichtlichen Sachverständigen, JuS 1976, 359; *Jacobs, W.,* Haftung des gerichtlichen Sachverständigen, ZRP 2001, 489; *Kilian, M.,* Zweifelsfragen der deliktrechtlichen Sachverständigenhaftung nach § 839a BGB, ZGS 2004, 220; *Neumann, L.,* Die Haftung des Sachverständigen nach neuem Delikts- und Werkvertragsrecht, MDR 2003, 906; *Bydinski, P.,* Die Haftung des Sachverständigen gegenüber Ditten bei fehlerhafter Erstellung eines Wertgutachtens, EWiR 1998, 683; *Däubler* in NJW 2001, 3729; *Döbereiner,* Die Haftung des gerichtlichen und außergerichtlichen Sachverständigen, BauR 1979, 282; *Döbereiner, W./Keyserlingk, A.,* Sachverständigen-Haftung, Wiesbaden 1979; *Emmerich, V.,* Rechtsprechungsübersicht, Haftung von Sachverständigen gegenüber Dritten, JuS 1998, 557; *Finn, M.,* Zur Haftung des Sachverständigen gegenüber Dritten, DS 2005, 11; *Glaser, H.,* Haftung des Bausachverständigen, JR 1971, 365; *Hendrix, G.,* Die Haftung des Sachverständigen für fehlerhafte Gutachten, BB 1961, 996; *Keilholz,* Zur Haftung des Sachverständigen in (schieds.)gerichtlichen Bausachen, BauR 1986, 377; *Littbarski, S.,* Strenge Haftung des Sachverständigen – Sicherheit für den Auftraggeber, ZIP 1996, 812; *Müssig, P.,* Falsche Auskunftserteilung und Haftung, NJW 1989, 1697; *Oderski, W.,* Die Berufshaftung – ein zumutbares Risiko?, NJW 1989, 1697; *Pieper,* Rechtsstellung des Sachverständigen und vertragliche Haftung von Bau- und Bewertungssachverständigen für private Gutachten und Empfehlungen, Gedächtnisschrift für Bruns 1980, 167; *Schöpflin, R.,* Probleme der Haftung des gerichtlichen Sachverständigen nach § 839a

III Sachverständigenwesen

BGB, ZfSch 2004, 241; *Späth, W.,* Haftung des Steuerberaters als gerichtlicher Sachverständiger, StB 2002, 387; *Voit* in BauR 2002, 145; *Rasehorn, T.,* Zur Haftung für fehlerhafte Sachverständigengutachten, NJW 1974, 1172; *Sinz* in BauR 2002, 181; *Thole, C.,* Die Haftung des gerichtlichen Sachverständigen nach § 839a BGB, Köln 2004; *Turner, T.,* Die Haftung des Sachverständigen für sein im Zwangsversteigerungsverfahren erstattetes, fehlerhaftes Gutachten, BauR 2000, 1523; *Mark Lee Levin,* Real Appraisers' liability, New York 1995; *Volze, H.,* Haftung des Sachverständigen für unrichtige Verkehrswertgutachten, GuG 2002, 28; *Wasner, G.,* Die Haftung des gerichtlichen Sachverständigen, NJW 1986, 119; *Weimar, W.,* Haftung des Sachverständigen für fehlerhafte Gutachten, VersR 1955, 263.

202 Der Sachverständige schuldet seinem Auftraggeber ein mangelfreies Gutachten. Der Mangelbegriff ist in § 633 Abs. 2 BGB definiert. Die Haftung *(liability)* des (privat tätigen) Sachverständigen gegenüber privaten Auftraggebern bestimmt sich nach den gesetzlichen **Gewährleistungsbestimmungen der §§ 633 ff. BGB**[285]. Zentrale Norm der Sachverständigenhaftung ist hingegen § 280 BGB.

„**§ 633 BGB Sach- und Rechtsmangel**

(1) Der Unternehmer hat dem Besteller das Werk frei von Sach- und Rechtsmängeln zu verschaffen.

(2) Das Werk ist frei von Sachmängeln, wenn es die vereinbarte Beschaffenheit hat. Soweit die Beschaffenheit nicht vereinbart ist, ist das Werk frei von Sachmängeln,

1. wenn es sich für die nach dem Vertrag vorausgesetzte, sonst
2. für die gewöhnliche Verwendung eignet und eine Beschaffenheit aufweist, die bei Werken der gleichen Art üblich ist und die der Besteller nach der Art des Werks erwarten kann.

Einem Sachmangel steht es gleich, wenn der Unternehmer ein anderes als das bestellte Werk oder das Werk in geringer Menge herstellt.

(3) Das Werk ist frei von Rechtsmängeln, wenn Dritte in Bezug auf das Werk keine oder nur die im Vertrag übernommenen Rechte gegen den Besteller geltend machen können."

203 Zentraler Punkt eines Vertragsverhältnisses ist die vertraglich vereinbarte Beschaffenheit. Ein **Mangel i.S. von § 633 BGB** liegt insbesondere vor, wenn das Gutachten nicht die vertraglich vereinbarte Beschaffenheit hat, d.h. dem Gutachterauftrag nicht entsprochen wurde. Darüber hinaus liegt ein Mangel vor, wenn

– das Gutachten eine für das Ergebnis wesentliche objektiv falsche Aussage enthält und damit unverwertbar ist,

– die Feststellungen und Schlussfolgerungen nicht dem neuesten Stand der Technik und Wissenschaft entsprechen,

– der Gutachter auf Grund seiner Sachkunde hätte erkennen müssen, dass der Auftrag nicht zu dem gewünschten Erfolg führen kann,

– das Gutachten lückenhaft und unvollständig ist, insbesondere wenn zwingende Vorgaben der Verkehrswertermittlung unzureichend berücksichtigt wurden, und dem Sachverhalt nicht ausreichend Rechnung trägt,

– ein zwar fehlerfreies Gutachten auf Grund nicht unwesentlicher Mängel in der Darstellung für den „Verbraucher" unnachvollziehbar ist,

– ein zwar richtiges Ergebnis im Wege sachlich unvertretbarer Methoden gewonnen wurde,

– der Sachverständige in nicht nachprüfbarer Weise nur das Ergebnis seiner Untersuchung mitteilt[286].

204 Ein Sachmangel liegt danach vor, wenn das Gutachten nicht die vertraglich vereinbarte Beschaffenheit aufweist. **Grundsätzlich bestimmt der Auftraggeber den Inhalt der vom**

---

[285] BGH, Urt. vom 26.10.1978 – VII ZR 249/77 –, EzGuG 11.114b; BGH, Urt. vom 20.1.1972 – VII ZR 148/70 –, EzGuG 6.146; BGH, Urt. vom 8.12.1966 – VII ZR 114/64 –, EzGuG 11.54; BGH, Urt. vom 29.11.1965 – VII ZR 265/63 –, EzGuG 11.49a; BGH, Urt. vom 20.10.1964 – VI ZR 101/63 –, EzGuG 11.43c; OLG Düsseldorf, Urt. vom 20.12.1973 – 2 U 103/73 –; Döbereiner in BauR 1979, 282; Lüder in FWW 1970, 111; Glaser in DWW 1985, 168; Hellmer in NJW 1974, 556; Franzki in DRiZ 1976, 100; BB 1966, 1324.

[286] OLG Düsseldorf, Beschl. vom 21.8.1995 – 10 W 66/95 –, EzGuG 11.224.

Gutachter zu erbringenden Leistung. Im gerichtlichen Verfahren ergeben sich die Aufgaben aus dem Beweisbeschluss. Der Auftrag soll klar und eindeutig sein; des Weiteren sind die Tatsachen anzugeben, von denen der Sachverständige auszugehen hat, jedoch soll der Sachverständige auf Vorgaben in seinem Gutachten ausdrücklich hinweisen, die nach seiner Sachkunde geeignet sind, bei einem unbefangenen „Verbraucher" des Gutachtens Fehleinschätzungen hervorzurufen. In Zweifelsfällen soll der Sachverständige auf eine Klarstellung hinwirken, die den Zielsetzungen des Auftraggebers entspricht. Besondere Sachverhalte, die die „Verkehrsfähigkeit" des Gutachtens beeinträchtigen und sich nicht aus der Natur der Sache ergeben, sind im Interesse Dritter offenzulegen. Zur Vermeidung von Pflichtverletzungen und diesbezüglichen Streitigkeiten empfiehlt es sich, im Sachverständigenvertrag die Beschaffenheit des Gutachtens zu konkretisieren und die **konkrete Aufgabenstellung, den Zweck des Gutachtens und schließlich auch den alleinigen Adressaten des Gutachtens (Nutzungsbereich)** im Gutachten deutlich herauszustellen. Für die Weitergabe eines Gutachtens an Dritte kann die schriftliche Genehmigung des Sachverständigen ausbedungen werden.

205 Allgemein gilt ein Gutachten noch als richtig, wenn der darin **festgestellte Wert um bis zu +/– 25 v. H. von dem als richtig erkannten Wert abweicht,** wobei es letztlich auf die Verhältnisse des Einzelfalls ankommt (vgl. § 194 BauGB Rn. 129 ff.)[287].

Zur Frage, wann ein **Gutachten mit einem Mangel behaftet** ist, vgl. im Übrigen die einschlägigen Ausführungen der Muster-Sachverständigenordnung des Industrie- und Handelskammertages.

Verweigert der Auftraggeber auf Grund solcher Mängel die Abnahme des Gutachtens und den Werklohn, indem er den Inhalt des Gutachtens nicht billigt, so liegt die **Beweislast der Mangelfreiheit des Werks beim Sachverständigen.**

Im Übrigen haftet ein **Makler** für eigene Pflichtverletzungen, wenn er sich auf ein Gutachten des Sachverständigen beruft[288].

1.6.2 Haftung gegenüber privaten Auftraggebern

a) Haftung aus Vertrag

206 Ist der Sachverständige auf der Grundlage eines Vertrags tätig geworden, so ergeben sich Schadensersatzansprüche und die Haftung des Sachverständigen aus dem Vertragsverhältnis bzw. aus unerlaubter Handlung (vgl. Rn. 217, 224, 243). Während die Schuld die Leistungspflicht begründet, besagt die Haftung, dass das **Vermögen des Verpflichteten Zugriffsobjekt für den Gläubiger** ist[289].

207 Erweist sich das Gutachten eines Sachverständigen als objektiv falsch, ist der Sachverständige nach § 280 Abs. 1 i.V.m. § 634 BGB zum Ersatz des daraus entstehenden Schadens verpflichtet (**Schadensersatz**). Die Schadensersatzpflicht ist verschuldensabhängig. Der Sachverständige haftet nicht, wenn er eine Pflichtverletzung nicht zu vertreten hat. Der Auftraggeber muss die Ursächlichkeit des fehlerhaften Gutachtens für den eingetretenen Schaden nachweisen. Damit geht die Schuldvermutung des Sachverständigen einher[290].

208 Dabei ist zwischen der Haftung gegenüber
- seinem Auftraggeber und
- einem Dritten

zu unterscheiden (im Falle einer gerichtlichen Beauftragung vgl. Rn. 93).

---

287 BGH, Urt. vom 26.4.1991 – V ZR 61/90 –, NJW 1991, 2761 = EzGuG 11.163k; BGH, Urt. vom 1.4.1987 – IVa ZR 139/85 –, ZSW 1988, 153 = EzGuG 11.163k; OLG Braunschweig, Urt. vom 17.4.1975 – 1 U 34/73 –,VersR 1976, 329 = EzGuG 19.26a; OLG München, Beschl. vom 15.5.1959 – 8 U 1490/56 –, VersR 1959, 1017 = EzGuG 11.18a; LG Berlin, Urt. vom 17.10.1978 – 7 O 131/78 –, VersR 1979, 365 = EzGuG 11.113c.
288 LG Potsdam, Urt. vom 25.11.2005 – 6 O 347/02 –, GuG 2006, 255.
289 Wessel, Praxishandbuch Sachverständigenrecht, § 34 Rn. 1.
290 BGH, Urt. vom 28.9.1967 – VII ZR 81/65 –, NJW 1968, 43.

III Sachverständigenwesen Sachverständiger

Anspruchsgrundlage für den Schadensersatzanspruch, der auf einem fehlerhaften Gutachten beruht, ist § 634 Nr. 4 i.V.m. den §§ 280 und 281 BGB.

„§ 634 BGB Recht des Bestellers bei Mängeln

Ist das Werk mangelhaft, kann der Besteller, wenn die Voraussetzungen der folgenden Vorschriften vorliegen und soweit nichts anderes bestimmt ist,

1. nach § 635 Nacherfüllung verlangen,
2. nach § 637 den Mangel selbst beseitigen und Ersatz der erforderlichen Aufwendungen verlangen,
3. nach den §§ 636, 323 und 326 Abs. 5 von dem Vertrag zurücktreten oder nach § 638 die Vergütung mindern und
4. nach den §§ 636, 280, 281, 283 und 311a Schadensersatz oder nach § 284 Ersatz vergeblicher Aufwendungen verlangen

§ 280 BGB Schadensersatz wegen Pflichtverletzung

(1) Verletzt der Schuldner eine Pflicht aus dem Schuldverhältnis, so kann der Gläubiger Ersatz des hierdurch entstehenden Schadens verlangen. Dies gilt nicht, wenn der Schuldner die Pflichtverletzung nicht zu vertreten hat.

(2) Schadensersatz wegen Verzögerung der Leistung kann der Gläubiger nur unter der zusätzlichen Voraussetzung des § 286 verlangen.

(3) Schadensersatz statt der Leistung kann der Gläubiger nur unter den zusätzlichen Voraussetzungen des § 281, des § 282 oder des § 283 verlangen."

209 Mit der Bezugnahme auf § 280 BGB wird entscheidend auf eine **Pflichtverletzung** (vgl. SVO) des Sachverständigen abgestellt; die Pflichten ergeben sich aus § 633 Abs. 1 BGB.

– Nach § 633 Abs. 1 BGB hat der Sachverständige seinem Auftraggeber ein Gutachten zu erstatten, das frei von **Sach- und Rechtsmängeln** ist.

– Nach § 633 Abs. 2 BGB ist ein Gutachten frei von **Sachmängeln**, wenn es

– die **vereinbarte Beschaffenheit** hat bzw.

– die nach dem Vertrag vorausgesetzte Beschaffenheit hat oder

– die für die gewöhnliche Verwendung erforderliche Eignung besitzt und eine Beschaffenheit aufweist, die bei Gutachten der gleichen Art üblich ist und die der Auftraggeber erwarten kann.

– Nach § 633 Abs. 3 BGB ist ein Gutachten frei von *Rechtsmängeln*, wenn Dritte in Bezug auf das Werk keine oder nur die im Vertrag übernommenen Rechte gegen den Besteller geltend machen können.

210 Die **Haftung setzt Verschulden (Pflichtverletzung) voraus,** worunter Vorsatz und Fahrlässigkeit zu verstehen sind (§ 276 Abs. 1 BGB):

– **Vorsatz** ist die wissentliche und gewollte Verletzung eines Rechtsguts, wie z. B. das Eigentum, ein persönliches Recht und Vermögensansprüche. Ein falsches Gutachten stellt die Verletzung eines Rechtsguts dar, wenn der Sachverständige bewusst ein falsches Gutachten erstattet hat.

– **Fahrlässigkeit** besteht, wenn die im Verkehr erforderliche Sorgfalt[291] außer Acht gelassen wird (§ 276 Abs. 1 Satz 2 BGB). Dazu gehört die Beachtung der einschlägigen Regeln und der bestehenden Ermessensbeurteilungsspielräume.

---

291 OVG Lüneburg, Beschl. vom 19.8.1968 – 3 D 9/68 –, EzGuG 11.65a.

- *Grobe* **Fahrlässigkeit** besteht, wenn die im Verkehr erforderliche Sorgfalt in besonders schwerem Maße verletzt wird[292]; außer einer objektiven Sorgfaltspflichtverletzung ist auch ein schweres subjektiv zurechenbares Verschulden Voraussetzung[293].
- *Einfache (leichte)* **Fahrlässigkeit** besteht nach § 276 Abs. 2 BGB, wenn die im Verkehr erforderliche Sorgfalt außer Acht gelassen wurde, d.h. ein Fehler oder eine Pflichtwidrigkeit vorliegen, die auch einem gewissenhaften Sachverständigen einmal unterlaufen können[294].

Unter **fahrlässigem Handeln** ist ein leichter Grad der Fahrlässigkeit zu verstehen. **211**

Als **leichtfertiges und sittenwidriges Verhalten** hat es die Rechtsprechung gewertet, wenn **212** der Sachverständige es versäumt hat, das Wertermittlungsobjekt persönlich in Augenschein zu nehmen (Ortsbesichtigung, vgl. Rn. 179 ff., 203, 220, 245, 379, 431). Der BGH[295] hat hierzu ausgeführt:

„Das BG hat dahinstehen lassen, ob der Kläger das Gutachten ganz oder teilweise bewusst falsch erstattet hat. Es hat sich aber davon überzeugt, dass er jedenfalls in besonders grober und leichtfertiger Weise gehandelt hat. In Übereinstimmung mit dem (gerichtlichen) Sachverständigen hat es angenommen, bei einem Fachmann habe kein vernünftiger Zweifel darüber aufkommen können, dass ein Neubau der Nachkriegszeit nicht vorlag. Wenn das für den Wert mitentscheidende Alter des Hauses ohne Hinweis nur auf Grund von Angaben des Eigentümers festgestellt werde, so müsse ein solches Vorgehen für einen Fachmann als besonders leichtfertig angesehen werden. Wegen des Widerspruchs zum äußeren Eindruck des Hauses habe er zum Mindesten die **Bauakten einsehen** müssen. Gleiches gelte für die – mittelbare – Angabe des Gutachtens, das gesamte Haus sei allgemein und hierbei auch auf Feuchtigkeit sowie **Schwamm** untersucht worden, während nicht nur ein Drittel aller Wohnräume, insbesondere auch eine Erdgeschoss- und eine Dachgeschosswohnung unbesichtigt blieben, die gerade für Feuchtigkeit und Schwamm von besonderer Bedeutung seien ...

Diese tatsächlichen Feststellungen des BG rechtfertigen den Schluss, dass der Beklagte sittenwidrig gehandelt hat. Wie anerkannt ist, kann ein leichtfertiges und auch grob fahrlässiges Verhalten einen Sittenverstoß darstellen. Zutreffend verweist das BG darauf, dass eine solche Beurteilung insbesondere naheliegt, wenn der Schädiger mit Rücksicht auf sein Ansehen oder seinen Beruf eine Vertrauensstellung einnimmt[296]."

In einer weiteren Entscheidung[297], die die Gutachtenerstattung über ein Wohnhaus zum **213** Gegenstand hat, bei der der Gutachter das **Haus weder besichtigt** (vgl. Rn. 180, 220) **noch in die Unterlagen Einsicht genommen** hatte, wurde das Verhalten des Gutachters unter Bezugnahme auf die Rechtsprechung des BGH[298] als grob leichtfertig und als Verstoß gegen die guten Sitten i.S. des § 826 BGB erkannt. Nach Ansicht des Gerichts war der Gutachter durch die Übernahme des Schätzungsauftrags verpflichtet, sämtliche Unterlagen zu überprüfen und das Objekt persönlich zu besichtigen. Er durfte sich keinesfalls auf die Berechnungen des

---

292 OLG Frankfurt am Main, Urt. vom 6.5.2004 – 25 W 27/04 –, EzGuG 11.383a; OLG Frankfurt am Main, Beschl. vom 10.5.1977 – 2 Ws 16/77 –, EzGuG 11.109a; OLG Hamburg, Beschl. vom 14.4.1965 – 8 W 54/65 –, MDR 1965, 755 = EzGuG 11.47 d; OLG Naumburg, Beschl. vom 21.11.2001 – 13 W 604/01 –, GuG 2004, 53 = EzGuG 11.313b; OLG Bamberg, Beschl. vom 2.2.1989 JurBüro 1989, 1169; LG Offenburg, Beschl. vom 13.12.1973, KostRspr. § 3 Nr. 175; LG Düsseldorf, Beschl. vom 13.9.1979 – 25 T 633/79 –, JurBüro 1980, 111; LG Bielefeld, Beschl. vom 19.9.1974 – 7 O 200/71 –, MDR 1975, 238 = EzGuG 11.94b.
293 OLG Frankfurt am Main, Beschl. vom 6.5.2004 – 25 W 27/04 –, EzGuG 11.283a.
294 BGH, Urt. vom 15.12.1975 – X ZR 52/73 –, NJW 1976, 1154 = EzGuG 11.100a; KG, Beschl. vom 11.11.1992 – 1 W 5976/92 –, MDR 1993, 289 = GuG 1993, 383 = EzGuG 11.198; OLG München, Beschl. vom 30.12.1969 – 11 W 1212/69 –, NJW 1970, 1240 = EzGuG 11.70; OLG München, Beschl. vom 5.12.1980 – 11 W 2363/80 –, EzGuG 11.; OLG München, Beschl. vom 15.5.1970 – Ws 1275/69 –, NJW 1971, 257 = EzGuG 11.72; OLG Hamburg, Beschl. vom 17.10.1977 – 8 W 282/77 –, JurBüro 1978, 898 = MDR 1978, 237 = EzGuG 11.110e; OLG Stuttgart, Beschl. vom 19.1.1976 – 8 W 459/75 –, Rpfleger 1976, 189 = EzGuG 11.101b.
295 BGH, Urt. vom 28.6.1966 – VI ZR 287/64 –, EzGuG 11.51.
296 BGH, Urt. vom 9.7.1953 – IV ZR 242/52 –, EzGuG 11.4a; BGH, Urt. vom 13.7.1956 – VI ZR 132/55 –, EzGuG 11.8a; BGH, Urt. vom 11.10.1960 – VI ZR 137/59 –, EzGuG 11.21.
297 LG Braunschweig, Urt. vom 9.3.1966 – 2 O 166/65 –, EzGuG 11.50c; OLG Köln, Urt. vom 5.2.1993 – 19 U 104/92 –, EzGuG 11.200.
298 BGH, Urt. vom 17.9.1954 – V ZR 32/53 –, EzGuG 14,3a; OLG Köln, Urt. vom 16.1.1974 – 2 U 22/73 –, EzGuG 11.91e; OLG München, Urt. vom 3.11.1983 – 24 U 185/83 –, EzGuG 11.140e; OLG Hamburg, Beschl. vom 17.2.1969 – 6 W 7/69 –, EzGuG 11.67b; OLG Düsseldorf, Beschl. vom 12.1.1995 – 10 W 135/94 –, EzGuG 11.122; LG Aurich, Beschl. vom 30.8.1984 – 2 O 790/84 –, EzGuG 11.43; OLG Hamm, Beschl. vom 13.7.1979 – 1 W 41/79 –, EzGuG 11.115d.

III Sachverständigenwesen Sachverständiger

Vorgutachters verlassen, da es dem Wesen und der Stellung eines vereidigten Sachverständigen entspricht, als Gutachter selbstständig und unabhängig tätig zu werden.

Zur Sorgfaltspflicht des Gutachters, deren Missachtung die Frage der Haftung entstehen lässt, gehört auch, dass der **Sachverständige nicht ungeprüft die ihm zugänglich gemachten Unterlagen übernimmt**, so dass der Eindruck entsteht, er habe die Unterlagen geprüft oder die Anknüpfungstatsachen selbst festgestellt (vgl. Rn. 171, 369 ff., 377).

214 Ein Sachverständiger macht sich auch schadensersatzpflichtig, wenn er bei seiner Ortsbesichtigung **einen gravierenden Mangel** (z. B. einen Schädlingsbefall im Dach an einem freiliegenden Holzbalken) **nicht entdeckt** und seinen Auftraggeber nicht auf das damit verbundene Risiko hinweist[299].

215 Auch bei **Gewerbebauten** hat ein (öffentlich bestellter und vereidigter) Sachverständiger im Zuge der Erstattung eines Wertgutachtens eine Innenbesichtigung höchstpersönlich vorzunehmen[300].

216 Für die Erstellung eines **Mietgutachtens** für in Wohnanlagen gelegene Wohnungen soll es nach Auffassung des OLG Oldenburg[301] regelmäßig genügen, wenn ein Sachverständiger i.S.d. § 558a Abs. 2 Nr. 3 BGB eine Wohnung gleichen Typs besichtigt hat und der Sachverständige die Ausstattung der besichtigten Wohnung beschreibt.

217 Unter besonderen Voraussetzungen haftet der Sachverständige auch ohne Verschulden **(Gefährdungshaftung):**

a) bei Mitwirkung von Dritten (Hilfskräfte, Erfüllungsgehilfe) i.S.d. § 278 BGB (vgl. Rn. 168);

b) bei Werkverträgen für den vertraglich vereinbarten Erfolg (Erfolgshaftung)[302].

218 Die **maßgeblichen Regelungen des BGB** sind:

„**§ 249 BGB Art und Umfang des Schadensersatzes**

(1) Wer zum Schadensersatze verpflichtet ist, hat den Zustand herzustellen, der bestehen würde, wenn der zum Ersatze verpflichtende Umstand nicht eingetreten wäre.

(2) Ist wegen Verletzung einer Person oder wegen Beschädigung einer Sache Schadensersatz zu leisten, so kann der Gläubiger statt der Herstellung den dazu erforderlichen Geldbetrag verlangen. Bei der Beschädigung einer Sache schließt der nach Satz 1 erforderliche Geldbetrag die Umsatzsteuer nur mit ein, wenn und soweit sie tatsächlich angefallen ist.

§ 252 BGB Entgangener Gewinn

Der zu ersetzende Schaden umfasst auch den entgangenen Gewinn. Als entgangen gilt der Gewinn, welcher nach dem gewöhnlichen Laufe der Dinge oder nach den besonderen Umständen, insbesondere nach den getroffenen Anstalten und Vorkehrungen, mit Wahrscheinlichkeit erwartet werden konnte.

§ 254 BGB Mitverschulden

(1) Hat bei der Entstehung des Schadens ein Verschulden des Geschädigten mitgewirkt, so hängt die Verpflichtung zum Ersatz sowie der Umfang des zu leistenden Ersatzes von den Umständen, insbesondere davon ab, inwieweit der Schaden vorwiegend von dem einen oder anderen Teile verursacht worden ist.

(2) Dies gilt auch dann, wenn sich das Verschulden des Beschädigten darauf beschränkt, dass er unterlassen hat, den Schuldner auf die Gefahr eines ungewöhnlich hohen Schadens aufmerksam zu machen, die der Schuldner weder kannte noch kennen musste, oder dass er unterlassen hat, den Schaden abzuwenden oder zu mindern. Die Vorschrift des § 278 findet entsprechende Anwendung.

§ 276 BGB Verantwortlichkeit des Schuldners

(1) Der Schuldner hat Vorsatz und Fahrlässigkeit zu vertreten, wenn eine strengere oder mildere Haftung weder bestimmt noch aus dem sonstigen Inhalt des Schuldverhältnisses, insbesondere aus der Über-

---

299 OLG Stuttgart, Urt. vom 26.3.1998 – 19 U 97/96 –, EzGuG 11.266.
300 LG Potsdam, Urt. vom 4.11.1997 – 9 S 59/96 –, EzGuG 11.255 = GuG-aktuell 1997, 38 (LS).
301 OLG Oldenburg, Beschl. vom 2.1.1981 – 5 UH 4/80 –, EzGuG 11.120.
302 Bayerlein, Praxishandbuch Sachverständigenrecht, § 8 Rn. 10, § 34 Rn. 11 und § 35 Rn. 1 ff.; BGH, Urt. vom 17.5.1984 – VII ZR 169/82 –, EzGuG 11.142b.

nahme einer Garantie oder eines Beschaffungsrisikos zu entnehmen ist. Die Vorschriften der §§ 827 und 828 finden entsprechende Anwendung.

(2) Fahrlässig handelt, wer die im Verkehr erforderliche Sorgfalt außer Acht lässt.

(3) Die Haftung wegen Vorsatzes kann dem Schuldner nicht im Voraus erlassen werden.

§ 278 BGB Verantwortung des Schuldners für Dritte

Der Schuldner hat ein Verschulden seines gesetzlichen Vertreters und der Personen, deren er sich zur Erfüllung seiner Verbindlichkeiten bedient, in gleichem Umfange zu vertreten wie eigenes Verschulden. Die Vorschrift des § 276 Abs. 3 findet keine Anwendung."

Gutachten sind nach bestem Wissen und Gewissen zu erstatten (vgl. Rn. 164, 245 ff. und § 8 SVO). Verletzt ein Gutachter diese Pflicht in schuldhafter Weise und resultiert hieraus eine fehlerhafte Wertermittlung, so ist dies auch für die Frage der Haftung und Sachverständigenentschädigung von Bedeutung. Bloße Irrtümer des Gutachters bei der Beurteilung der Beweisfrage – sei es bei den Beurteilungsgrundlagen oder sei es bei den Schlussfolgerungen – rechtfertigen allerdings noch nicht die Annahme, dass der Gutachter „nicht nach bestem Wissen und Gewissen vorgegangen sei, auch wenn sein Irrtum auf (einfacher oder grober) Fahrlässigkeit" beruht[303]. In der Rechtsprechung ist die Vermittlung unrichtigen Wissens an ein Gericht als unbefugter Eingriff in einen fremden Rechtskreis bezeichnet worden[304]; jedoch ist ein Gutachten, das im Ergebnis objektiv unrichtig ist, deshalb nicht gleich mit einem **Mangel** behaftet[305].

219

b) Haftung nach Gesetz

Neben der vertraglichen Haftung kann auch eine **Haftung nach dem Recht der unerlaubten Handlung** der §§ 823 ff. BGB in Betracht kommen. Nach 823 Abs. 1 BGB ist derjenige zum Ersatz des Schadens verpflichtet, der vorsätzlich oder grob fahrlässig das Leben, den Körper, die Gesundheit, die Freiheit und das Eigentum oder ein sonstiges Recht eines anderen widerrechtlich verletzt. Werden sie verletzt, haftet der Sachverständige gemäß § 823 Abs. 1 BGB uneingeschränkt[306]. Dieser Fall kann bei einem fehlerhaften Gutachten eines Bausachverständigen, weniger dagegen bei einem Sachverständigen für Grundstückswerte auftreten, zumal das Vermögen kein „sonstiges Recht" i.S. von § 823 Abs. 1 BGB darstellt.

220

Darüber hinaus haftet der Sachverständige nach § 823 Abs. 2 BGB, wenn er gegen ein **Schutzgesetz**, d.h. gegen „den Schutz eines anderen eines bezweckendes Gesetz verstößt". Hier kommt insbesondere die Verletzung der Schweigepflicht nach § 203 Abs. 2 Nr. 5 StGB oder die Amtsanmaßung nach § 132a Abs. 1 Nr. 3 StGB in Betracht, wenn sich z. B. ein selbst ernannter Sachverständiger als „öffentlich bestellter und vereidigter Sachverständiger" ausweist (vgl. Rn. 4). Kein Schutzgesetz ist indessen die SVO.

Schließlich kann auch ein Schadensersatzanspruch nach § 826 BGB bei **vorsätzlicher, sittenwidriger Schädigung** in Betracht kommen.

Wird eine GmbH mit der Erstattung eines Gutachtens beauftragt, haftet für Schäden aus dem Gutachten grundsätzlich die **GmbH** und nicht der einzelne Gesellschafter, wobei auch eine Haftung nach den Grundsätzen eines Vertrags mit Schutzwirkung für Dritte ausgeschlossen ist[307]. Eine persönliche Haftung des Gesellschafters bzw. der Geschäftsführung kann allerdings in Betracht kommen, wenn diese ein persönliches Garantieversprechen abgegeben haben, den Eindruck der persönlichen Haftung bei einem gutgläubigen Auftraggeber erweckt haben, bei unerlaubter Handlung (§ 823 Abs. 2 BGB), bei einem leichtfertig oder gewissenlos fehlerhaften Gutachten (§ 826 BGB).

---

303 LG Bremen, Beschl. vom 17.1.1977 – 3 O 1584/70 –, EzGuG 11.105.
304 LG Ansbach, Urt. vom 25.1.1956 – 2 S 106/55 –, EzGuG 11.8.
305 So aber Hartmann, Komm. zur HOAI, Losebl. Kissingen, § 33 Rn. 3.
306 BVerfG, Urt. vom 11.10.1978 – 1 BvR 84/74 –, EzGuG 11.114; OLG Zweibrücken, Urt. vom 20.3.2003 – 4 U 35/02 –, EzGuG 11.349a.
307 OLG Köln, Urt. vom 21.6.2002 – 19 U 166/01 –, GuG 2004, 60.

1.6.3 Haftung gegenüber Dritten (Drittwirkung)

221 Der Sachverständige haftet auch für **Mangelfolgeschäden**. Hierunter sind Schäden zu verstehen, die dem mangelhaften Gutachten unmittelbar anhaften oder eng mit diesem verbunden sind.

222 Eine **Haftung** des Sachverständigen **gegenüber Dritten besteht nach allgemeinen Vertragsgrundsätzen,** wenn dieser in den Schutzbereich des Gutachtervertrags[308] einbezogen worden ist (Vertrag mit Schutzwirkung zu Gunsten Dritter). Schon das RG hat deshalb den „Vertrag mit Schutzwirkung zugunsten Dritter" entwickelt[309]. Das Wesen dieses Rechtsinstituts besteht darin, dass zwar der Anspruch allein dem Auftraggeber des Gutachtens (Gläubiger) zusteht, jedoch der Dritte in der Weise in die vertraglichen Sorgfalts- und Obhutspflichten einbezogen ist, dass er bei Verletzung vertragliche Schadensersatzansprüche geltend machen kann. Diese Rechtsfigur ist vom BGH fortentwickelt worden[310], jedoch ausdrücklich auf **Personen beschränkt, die über eine besondere, vom Staat anerkannte Sachkunde verfügen,** wie z. B. öffentlich bestellte und vereidigte Sachverständige, Wirtschaftsprüfer und Steuerberater[311].

223 Nach dem ab dem 1.1.2002 geltenden § 311 Abs. 3 BGB besteht auch ein **gesetzliches Schuldverhältnis zu Personen, die selbst nicht Vertragsparteien sind.** Die Vorschrift hat folgenden Wortlaut:

„(3) Ein Schuldverhältnis mit Pflichten nach § 241 Abs. 2 kann auch zu einer Person entstehen, die nicht selbst Vertragspartei werden soll. Ein solches Schuldverhältnis entsteht insbesondere, wenn der Dritte in besonderem Maße Vertrauen für sich in Anspruch nimmt und dadurch die Vertragsverhandlungen oder den Vertragsschluss erheblich beeinflusst."

224 Voraussetzung ist, dass sich ein Dritter auf ein Gutachten verlassen und durch ein fehlerhaftes Gutachten einen Schaden erlitten hat. Dies kann sich ergeben, wenn Vermögensdispositionen[312] auf der Grundlage des fehlerhaften Gutachtens getroffen worden sind. Im Übrigen kann aber auch ohne Einbeziehung des Dritten in den Schutzbereich des Gutachtervertrags eine Haftung nach den §§ 823 und 826 BGB (Unerlaubte Handlung und Sittenwidrigkeit) in Betracht kommen. Dieser Fall ist gerade bei Sachverständigen für Grundstückswerte gegeben, weil im Vertrauen auf deren Gutachten Versicherungen, Kreditinstitute, Bauherrn und andere Investoren geschäftliche Dispositionen treffen.

225 Es kommt dabei nicht darauf an, dass die Dritten dem Sachverständigen namentlich bekannt sind. Vielmehr **muss er damit rechnen, dass auch Dritte auf die Richtigkeit des Gutachtens vertrauen, obwohl er mit diesen in keinerlei Vertragsbeziehungen steht**[313].

226 **Ob und inwieweit Dritte in den Schutzbereich eines Gutachtervertrags einbezogen werden, hängt** zunächst **von dem Parteiwillen, dem Zweck des Gutachtens und den im Gutachten enthaltenen Angaben ab**[314]. Ergibt sich dies nicht aus dem Gutachtervertrag selbst

---

308 Zur Prospekthaftung eines Wirtschaftsprüfers BGH, Urt. vom 8.6.2004 – X ZR 383/02 –, EzGuG 11.384a.
309 RG, Urt. vom 5.10.1917 – III 145/17 –, RGZ 91, 21; RG, Urt. vom 3.5.1921 – III 470/20 –, RGZ 102, 231; RG, Urt. vom 10.2.1930 – VI 270/29 –, RGZ 127, 218.
310 BGH, Urt. vom 22.1.1968 – VIII ZR 195/65 –, BGHZ 49, 350; BGH, Urt. vom 15.5.1959 – VI ZR 109/58 –, EzGuG 12.2; BGH, Urt. vom 16.10.1963 – VIII ZR 28/62 –, WM 1963, 1327 = NJW 1964, 33 = ZMR 1964, 140; BGH, Urt. vom 28.4.1982 – IVa ZR 312/80 –, EzGuG 11.128.
311 BGH, Urt. vom 2.4.1998 – III ZR 245/96 –, WM 1998, 1032; BGH, Urt. vom 19.12.1996 – IX ZR 327/95 –, WM 1997, 359; BGH, Urt. vom 2.7.1996 – X ZR 104/94 –, WM 1996, 1739; BGH, Urt. vom 10.11.1994 – III ZR 50/94 –, GuG 1995, 54 = EzGuG 11.218; BGH, Urt. vom 23.1.1985 – IVa ZR 66/83 –, EzGuG 11.144e; BGH, Urt. vom 26.11.1986 – IVa ZR 86/85 –, EzGuG 11.162b; BGH, Urt. vom 18.10.1988 – XI ZR 12/88 –, NJW-RR 1989, 696; OLG Dresden, Urt. vom 29.5.1996 – 8 U 531/96 –, GuG 1997, 383 = EzGuG 11.234; OLG Dresden, Urt. vom 19.11.1996 – 5 U 157/96 –, EzGuG 11.238a; AG Dortmund, Urt. vom 28.6.1996 – 131 C 15915/95 –, EzGuG 11.234a.
312 BGH, Urt. vom 10.11.1994 – III ZR 50/94 –, EzGuG 11.218; BGH, Urt. vom 28.4.1982 – IVa ZR 312/80 –, EzGuG 11.128; BGH, Urt. vom 30.1.1968 – IV ZR 153/66 –, EzGuG 11.62a; BGH, Urt. vom 12.7.1966 – IV ZR 1/65 –, EzGuG 11.51a; BGH, Urt. vom 7.1.1965 – VII ZR 28/63 –, EzGuG 11.47a; BGH, Urt. vom 13.5.1963 – VII ZR 236/61 –, EzGuG 11.33; BGH, Urt. vom 18.6.1962 – VII ZR 237/60 –, EzGuG 11.25; BGH, Urt. vom 13.12.1956 – VII ZR 22/56 –, EzGuG 11.9; BGH, Urt. vom 6.10.1954 – II ZR 149/53 –, EzGuG 11.6; OLG Düsseldorf, Urt. vom 6.8.1986 – 4 U 41/86 –, EzGuG 11.157; OLG Saarbrücken, Urt. vom 19.7.1971 – 2 U 127/70 –, EzGuG 11.80; OLG Celle, Urt. vom 3.3.1961 – 11 U 230/59 –, EzGuG 11.22; OLG Frankfurt am Main, Urt. vom 19.9.1974 – 6 U 5/75 –, EzGuG 11.94a.
313 BGH, Urt. vom 7.11.1960 – VIII ZR 148/59 –, EzGuG 6.53.
314 BGH, Urt. vom 20.4.2004 – X ZR 250/02 –, EzGuG 11.381a.

dadurch, dass z. B. Dritte ausdrücklich aus dem Schutzbereich ausgenommen wurden, so wird man den mutmaßlichen Willen (hypothetischer Parteiwille) des Auftraggebers und den Verwendungszweck des Gutachtens mit heranziehen müssen. Ein für die Beleihung eines Grundstücks in Auftrag gegebenes Gutachten kann z. B. die ihm zugedachte Funktion nur entwickeln, wenn es auch für das beleihende Kreditinstitut Beweiskraft entwickelt[315]. Für eine solche Vertrauensschutzfunktion des Gutachtens ist es nicht erforderlich, dass der Sachverständige die Dritten namentlich kennt[316]; vielmehr reicht es aus, wenn der Sachverständige die Drittwirkung erkennen musste. Gleichwohl wurden in der Rechtsprechung in einer Reihe von Fällen Dritten ein Vertrauensschutz versagt[317] und der Drittschutz nur bejaht, wenn

– das Gutachten von dem Dritten zur Grundlage wesentlicher Entscheidungen herangezogen wurde,
– der zu schützende Dritte oder eine entsprechende Personengruppe objektiv abgrenzbar war,
– das Gutachten für den Dritten von erheblicher Bedeutung war und
– dem Sachverständigen die besondere Bedeutung und Funktion des Gutachtens für den Dritten erkennbar war und dieser auf die Richtigkeit des Gutachtens vertrauen durfte[318].

Die **Rechtsprechung** hat wie folgt entschieden: **227**

1. Beauftragt eine Bank einen Gutachter mit der Erstellung eines Beleihungswertgutachtens über ein Grundstück, das einer ihrer Kunden zu kaufen beabsichtigt, so ist der Kunde nicht derart in den Schutzbereich des Gutachtervertrags mit einbezogen, dass er aus § 635 BGB oder aus positiver Vertragsverletzung eigene Schadensersatzansprüche gegen den Gutachter geltend machen kann[319].

2. Für schädliche Auswirkungen seines Gutachtens kann auch der Gutachter einem Dritten gegenüber haften, dem die Öffentlichkeit nicht in gleicher Weise wie beispielsweise einem öffentlich bestellten und vereidigten Sachverständigen besonders hervorgehobene Kompetenz, Erfahrung und Zuverlässigkeit zutrauen kann[320].

3. In den Schutzbereich eines Gutachtens sind alle Personen einbezogen, gegenüber denen der Auftraggeber „von dem Gutachten bestimmungsmäßigen Gebrauch" macht[321]. Insoweit empfiehlt es sich, den Zweck des Auftrags im Gutachten auf den Adressaten zu begrenzen.

Der gerichtliche Sachverständige, der ohne sein Mitwirken einseitig vom Gericht ernannt wird, steht dagegen weder zur Justizbehörde noch zu den Prozessparteien in privatrechtlicher Beziehung. Vielmehr wird durch den Ernennungsakt zwischen dem Sachverständigen und dem Staat als Träger der Gerichtsbarkeit ein Rechtsverhältnis begründet (vgl. Rn. 33 ff.). Der Sachverständige ist in diesem Fall Beweismittel. Der **gerichtlich bestellte Sachverständige haftet** demzufolge **nicht gegenüber Dritten**, denn er steht in keinerlei Vertragsbeziehungen zu den Parteien des Rechtsstreits, sondern lediglich in einem öffentlich-rechtlichen Verhältnis zum Gericht. **228**

Auch ein **Schiedsgutachter** haftet entsprechend dem Parteiwillen nicht für Drittschäden (Rn. 248 ff., 354). **229**

---
315 BGH, Urt. vom 10.11.1994 – III ZR 50/94 –, GuG 1995, 54 = EzGuG 11.218.
316 A.A. noch BGH, Urt. vom 2.11.1993 – IVa ZR 20/82 –, EzGuG 20.103; BGH Urt. vom 25.1.1985 – IVa ZR 66/83 –, NJW-RR 1986, 484.
317 BGH, Urt. vom 17.10.2000 – X ZR 169/99 –, GuG 2001, 186; OLG Stuttgart, Urt. vom 18.8.1993 – 9 U 47/83 –, EzGuG 11.206b; OLG Hamm, Urt. vom 2.7.1992 – 22 U 55/91 –, EzGuG 11.194c; OLG Hamm, Urt. vom 21.11.1988 – 22 U 77/78 –, EzGuG 11.170e.
318 BGH, Urt. vom 23.1.1985 – IVa ZR 66/83 –, DB 1985, 1464; BGH, Urt. vom 26.11.1986 – IVa ZR 86/85 –, NJW 1987, 1758 = EzGuG 11.162b; BGH, Urt. vom 10.11.1994 – III ZR 50/94 –, NJW 1995, 392; OLG Frankfurt am Main, Urt. vom 7.7.1988 – 3 U 15/87 –, NJW-RR 1989, 337.
319 OLG Köln, Urt. vom 4.12.2000 – 16 U 25/00 –, EzGuG 11.291a.
320 BGH, Urt. vom 14.11.2000 – X ZR 203/98 –, EzGuG 11.289.
321 BGH, Urt. vom 20.4.2004 – X ZR 250/02 –, EzGuG 11.381a.

III Sachverständigenwesen Sachverständiger

Der **auf Grund einer gesetzlichen Grundlage** (z. B. § 116 FlurbG) **von einer Behörde herangezogene Sachverständige wird nach Maßgabe der einschlägigen gesetzlichen Vorschriften tätig.**

230 In der Rechtsprechung wird neben dem hypothetischen Parteiwillen auch auf die **Stellung des Sachverständigen** und insbesondere darauf abgehoben, was der Sachverständige an Vertrauensschutz suggeriert. Diesbezüglich wird eine staatliche Anerkennung der Sachverständigeneigenschaft oder ein damit vergleichbarer Akt nachgewiesener Sachkunde hervorgehoben, wobei sich dies nicht mehr ausdrücklich auf eine öffentliche Bestellung des Sachverständigen beschränkt[322]. Insoweit gewinnt ein Dritthaftungsausschluss auch für freie Sachverständige an Bedeutung[323].

231 **Gutachten freier Sachverständiger**, die einen besonderen staatlichen Anerkennungsakt nicht für sich in Anspruch nehmen können, entwickeln für Dritte keine damit vergleichbare Schutzfunktion, selbst wenn der Sachverständige durch Verwendung eines Siegels mit Zulassungsnummer (im zu entscheidenden Fall das Siegel des „Hauptverbandes freier Sachverständiger Deutschland-Ost") Sachkunde suggeriert. Die Objektivität und Zuverlässigkeit eines öffentlich bestellten und vereidigten Sachverständigen kann jedoch nach Auffassung des Gerichts der freie Sachverständige nicht für sich in Anspruch nehmen[324].

232 Mit den öffentlich bestellten und vereidigten Sachverständigen gleichgestellt hat das OLG Dresden im Übrigen die als **„besonders verpflichteten Bausachverständigen einer Kreissparkasse"** tätigen Bausachverständigen und führt hierzu aus:[325]

233 „Der Senat verkennt hierbei nicht, dass der BGH in einer neuen Entscheidung den Anwendungsbereich des Vertrags mit Schutzwirkung zugunsten Dritter bei SV erweitert hat. So hat er entschieden, dass die vorbezeichnete Rspr. auch auf einen SV anwendbar ist, der als besonders verpflichteter Bausachverständiger einer Kreissparkasse tätig ist. Die Grundlage einer solchen Verpflichtung ergebe sich aus den jeweiligen Beleihungsgrundsätzen für die öffentlich-rechtlichen Sparkassen. § 3 dieser Beleihungsgrundsätze bestimme, dass Schätzungen des Beleihungsgegenstands, also auch Grundstücke, u.a. von einem mit den örtlichen Verhältnissen besonders vertrauten, vom Vorstand bestellten und verpflichteten SV vorgenommen werden können. Derartigen Personen werde dann – ebenso wie öffentlich bestellten und vereidigten SV – ein besonderes Vertrauen in deren Sachkunde und Zuverlässigkeit entgegengebracht. Es bestünden demnach keine Bedenken, einen derartigen SV einem öffentlich bestellten und vereidigten SV gleichzustellen."

234 Ein Dritthaftungsausschluss ist wirkungslos, wenn es um die gesetzliche Haftung nach den §§ 823 und 826 BGB geht, d.h. um sittenwidrige und vorsätzliche Schädigung (vgl. Rn. 250 ff.).

235 „**§ 823 BGB Schadensersatzpflicht**

(1) Wer vorsätzlich oder fahrlässig das Leben, den Körper, die Gesundheit, die Freiheit, das Eigentum oder ein sonstiges Recht eines anderen widerrechtlich verletzt, ist dem anderen zum Ersatze des daraus entstehenden Schadens verpflichtet.

(2) Die gleiche Verpflichtung trifft denjenigen, welcher gegen ein den Schutz eines anderen bezweckendes Gesetz verstößt. Ist nach dem Inhalte des Gesetzes ein Verstoß gegen dieses auch ohne Verschulden möglich, so tritt die Ersatzpflicht nur im Falle des Verschuldens ein.

§ 826 BGB Sittenwidrige vorsätzliche Schädigung

Wer in einer gegen die guten Sitten verstoßenden Weise einem anderen vorsätzlich Schaden zufügt, ist dem anderen zum Ersatze des Schadens verpflichtet."

---

322 OLG Naumburg, Urt. vom 13.12.2001 – 2 U 100/01 –, GuG 2002, 123; LG Bochum, Urt. vom 4.9.1991 – 16 S 3/91 –, NJW-RR 1993, 29; OLG München, Beschl. vom 21.5.1990 – 31 U 5232/89 –, ZfSchR 1990, 296.
323 BGH, Urt. vom 14.11.2002 – X ZR 203/98 –, NJW 2001, 514.
324 BGH, Urt. vom 10.11.1994 – III ZR 50/94 –, GuG 1995, 54 = EzGuG 11.218.
325 Vgl. auch BGH, Urt. vom 14.11.2000 – X ZR 203/98 –, EzGuG 11.290 = NJW 2001, 514.

Ein solcher Fall tritt z. B. ein, wenn sich der Gutachter durch **nachlässige Ermittlungen der** **236** **Wertermittlungsgrundlagen** seiner Sorgfaltspflicht entledigt[326], so z. B. durch unterlassene Ortsbesichtigung.

1.6.4 Haftung der vom Gericht bestellten Sachverständigen

1.6.4.1 Allgemeines

Schrifttum: *Bleutge, P.,* Die Haftung des Gerichtssachverständigen, Festschrift Jack Mantscheff, München 2000, S. 225; *Jacobs, W.,* Haftung des gerichtlichen Sachverständigen, ZRP 2001, 489; *Thole, Ch.,* Die Haftung des gerichtlichen Sachverständigen nach § 839a BGB, Diss. Bonn 2003, Heymannns Verlag; *Wagner, G.,* Das Zweite Schadensänderungsgesetz, NJW 2002, 2049.

Bei einem vom Gericht berufenen Sachverständigen kommt eine **Haftung aus zivilrecht-** **237** **lichem Vertrag nicht in Betracht**, weil die Beziehung zwischen den Parteien des Rechtsstreits und dem beauftragten Gerichtssachverständigen öffentlich-rechtlicher Art ist; eine Anwendung des § 328 BGB scheidet auch aus[327]. Da der für ein Gericht tätige Sachverständige auch keine öffentliche Gewalt ausübt, scheidet im Übrigen auch eine Haftung des Sachverständigen aus Amtspflichtverletzung nach § 839 BGB i.V.m. Art. 34 GG aus[328]. Der Gutachterausschuss für Grundstückswerte haftet dagegen aus Amtspflichtverletzung (vgl. § 192 BauGB Rn. 52 ff.).

Nach dem am 1.8.2002 in Kraft getretenen **§ 839a BGB** hat der gerichtliche Sachverständige **238** Schadensersatz zu leisten, wenn er vorsätzlich oder grob fahrlässig ein unrichtiges Gutachten erstattet. Schadensersatzberechtigt ist ein Verfahrensbeteiligter, dem ein Schaden durch eine gerichtliche Entscheidung entsteht, die auf seinem Gutachten beruht.

„§ 839a BGB Haftung des gerichtlichen Sachverständigen

(1) Erstattet ein vom Gericht ernannter Sachverständiger vorsätzlich oder grob fahrlässig ein unrichtiges Gutachten, so ist er zum Ersatz des Schadens verpflichtet, der einem Verfahrensbeteiligten durch eine gerichtliche Entscheidung entsteht, die auf diesem Gutachten beruht.

(2) § 839 Abs. 3 ist entsprechend anzuwenden."

Nach § 839a BGB ist der vom Gericht ernannte Sachverständige zum **Ersatz des Schadens** **239** verpflichtet, **der** einem Verfahrensbeteiligten **durch eine gerichtliche Entscheidung entsteht, die auf diesem Gutachten beruht.**

Der Sachverständige haftet nach § 839a BGB unter Ausschluss der leichten Fahrlässigkeit für **240** jeden **Vermögensschaden**. Eine Haftung des Sachverständigen wegen *einfacher* Fahrlässigkeit ist nach § 839a BGB nicht gegeben.

Die Vorschrift kommt nach ihrem Wortlaut nur bei einem von einem Gericht ernannten Sach- **241** verständigen zur Anwendung; dabei macht es keinen Unterschied, ob ein Sachverständiger beeidigt oder nicht beeidigt worden ist. Im Falle der Beauftragung des Sachverständigen von einem Staatsanwalt, einer Behörde oder einem privaten Auftraggeber verbleibt es bei der Haftung nach den §§ 823 und 826 BGB (Staatsanwaltschaft), den Vorschriften zum Vertrag oder der unerlaubten Handlung (Behördenauftrag) und Privatvertrag sowie bei der Anwendung des § 839a BGB bei privaten Schiedsgerichtsverfahren.

Voraussetzung für den Schadensersatzanspruch ist, dass **242**

1. ein „unrichtiges Gutachten" erstattet wurde, das dem Inhalt des Auftrags nicht gerecht wird,

2. das Gutachten vorsätzlich oder grob fahrlässig erstattet wurde,

---

326 BGH, Urt. vom 24.5.1991 – VI ZR 293/90 –, EzGuG 11.187; OLG Köln, Urt. vom 5.2.1993 – 19 U 104/92 –, GuG 1995, 125 = EzGuG 11.199b; BGH, Urt. vom 16.9.1966 – VIII ZR 200/64 –, EzGuG 11.516; BGH, Urt. vom 28.6.1966 – VI ZR 287/64 –, EzGuG 11.51.

327 Glaser in JR 1971, 365; zu den Pflichten des Sachverständigen und des Gerichts vgl. § 404a, § 40a ZPO, D, Anl. 4 zu § 192.

328 BGH, Urt. vom 5.10.1972 – III ZR 168/70 –, BB 1972, 1529 = EzGuG 11.80.

3. einem Verfahrensbeteiligten ein Schaden entstanden ist und

4. eine Kausalität zwischen dem Urteil und dem unrichtigen Gutachten vom Geschädigten nachgewiesen wird.

243 Haben die Parteien ihren **Streit** indessen **durch Vergleich beendet,** so kommt nicht § 829a BGB, sondern die §§ 823 und 826 BGB zur Anwendung. Im Übrigen verweist § 839a Abs. 2 BGB auf § 839 Abs. 3 BGB. Dies bedeutet, dass der Sachverständige nicht in Anspruch genommen werden kann, wenn der Geschädigte es versäumt hat, den Schaden durch Gebrauch seiner Rechtsmittel abzuwenden. Rechtsmittel sind nicht nur förmliche Rechtsbehelfe (Instanzenzug: Berufung bzw. Revision), sondern auch formlose Rechtsbehelfe jeder Art, wie Beschwerden und Hinweise gegenüber dem Sachverständigen zu den begangenen Fehlern.

244 Darüber hinaus kommt eine **Haftung aus unerlaubter Handlung** in Betracht (§§ 823 und 826 BGB, vgl. Rn. 217, 224, 229).

1.6.4.2 Streitverkündung

Schrifttum: *Bockholdt, F.,* Keine Streitverkündung gegenüber dem gerichtlichen Sachverständigen, NJW 2005, 122; *Bohl, Th./Heimer, Ch.,* Unzulässigkeit der Streitverkündung an den Gerichtssachverständigen im Zivilprozess, GuG 2006, 1; *Rickert/König,* Die Streitverkündung gegenüber dem gerichtlichen Sachverständigen, NJW 2005, 1829; *Ulrich,* Der gerichtliche Sachverständige, 12. Aufl. 2007, S. 225, 277, 773, 489 ff.; *Volze,* Die Streitverkündung gegenüber dem gerichtlichen Sachverständigen, DS 2005, 14.

245 Eine besondere rechtliche Variante, einen Sachverständigen für ein mangelhaftes Gutachten in Anspruch zu nehmen, besteht darin, dass in einem gerichtlichen Verfahren die Partei, deren Erfolgsaussichten auf Grund dessen Gutachtens geschmälert sein könnten, gemäß § 72 Abs. 1 ZPO den Streit mit der Aufforderung verkündet, dem Prozess auf einer Seite beizutreten[329].

1.6.5 Haftung von Schiedsgutachtern

Schrifttum: *Volze, H.,* Haftung des Sachverständigen für unrichtige Verkehrswertgutachten, GuG 2002, 28.

246 Im Unterschied zu der sonstigen privaten Gutachtertätigkeit haftet ein Schiedsgutachter, wenn ein nicht durch Nachbesserung beseitigter Fehler das **Gutachten offenbar unbillig oder offenbar unrichtig** erscheinen lässt (vgl. Rn. 227, 245, 348)[330].

▶ *Zum Begriff der offenbaren Unbilligkeit und Unrichtigkeit vgl. Rn. 327 ff.*

247 Der Schiedsgutachter haftet entsprechend dem Parteiwillen grundsätzlich nicht für **Drittschäden.** Es empfiehlt sich, dies in dem Schiedsgutachten ausdrücklich hervorzuheben.

248 Der von einem **Schiedsgericht** beauftragte Sachverständige haftet im Übrigen nach denselben Grundsätzen wie der von einem Staatsgericht herangezogene Sachverständige, wenn nichts anderes vereinbart worden ist (vgl. Rn. 227, 248 ff., 354). Damit haftet der Schiedsgutachter auch in Fällen grober Fahrlässigkeit. Dem Auftraggeber eines Schiedsgutachtens stehen Gewährleistungsrechte wegen mangelhafter Leistung (nach den §§ 634 ff. BGB) nur bei offenbarer Unrichtigkeit i.S.d. § 319 BGB zu[331].

---

329 Böckermann, Ablehnung eines Sachverständigen oder Richters durch Streitverkündung oder Klageerhebung, MDR 2002, 1348; Volze in DS 2005, 13; Rickert, Ausschluss des gerichtlichen Sachverständigen mittels Streitverkündung, DS 2005, 214; OLG Frankfurt am Main, Urt. vom 7.6.2000 – 4 W 11/00 –, DS 2005, 30; OLG Frankfurt am Main, Urt. vom 15.7.2004 – 1 U 78/01 –, DS 2005, 30; LG München, Beschl. vom 16.6.2005 – 18 O 7466/03 –, GuG 2006, 51 = EzGuG 11.451a; OLG München, Beschl. vom 29.7.2005 – 9 W 1940/05 –, GuG 2006, 52 = EzGuG 11.457; OLG Celle, Beschl. vom 14.11.2005 – 7 W 117/05 –, LG Bayreuth, Beschl. vom 9.11.2005 – 32 O 607/03 –, LG Bayreuth, Beschl. vom 30.9.2005 – 32 O 607/03 –.
330 BGH, Urt. vom 22.4.1965 – VII ZR 15/65 –, EzGuG 11.48; OLG Schleswig, Urt. vom 21.9.1988 – 4 U 141/87 –, EzGuG 11.170b.
331 OLG Frankfurt am Main, Urt. vom 3.11.2004 – 7 U 194/03 –, EzGuG 11.397.

1.6.6 Haftung im Zwangsversteigerungsverfahren

▶ *Grundsätzliches hierzu § 194 BauGB Rn. 176 ff.; Teil III Rn. 477; Teil IX Rn. 216, 497; § 6 ImmoWertV Rn. 152*

Im Zwangsversteigerungsverfahren kommt eine **vertragliche Haftung des vom Gericht eingeschalteten Sachverständigen** nicht in Betracht, weil zwischen Gericht und dem Ersteigerer vertragliche Beziehungen fehlen. Ebenso wenig kann ein Schadensersatzanspruch auf § 839 BGB (Amtshaftung) gestützt werden, weil gerichtliche Sachverständige durch die gerichtliche Beauftragung nicht Beamte im haftungsrechtlichen Sinne werden[332]. Im Rahmen von Zwangsversteigerungsverfahren hat der Bieter bis zum 1.8.2002 mithin auch keinen Schadensersatzanspruch gegen den Sachverständigen wegen möglicherweise fehlerhaften Wertgutachtens, es sei denn, es handelt sich um einen in sittenwidriger Weise vorsätzlich herbeigeführten Schaden[333]. **249**

Für eine **Haftung nach § 826 BGB** ist Voraussetzung, dass der Sachverständige bei der Erstellung seines Gutachtens leichtfertig und gewissenlos und mindestens mit bedingtem Vorsatz gehandelt hat. Die Erstattung eines fehlerhaften Gutachtens reicht dagegen nicht aus.

Ein Vollstreckungsschuldner kann im Übrigen gegen den Beschluss über die Festsetzung des Grundstückswerts sofortige **Beschwerde** einlegen[334].

Durch Art. 2 Nr. 5 des Zweiten Gesetzes zur Änderung schadensrechtlicher Vorschriften vom 19.7.2002 (BGBl. I 2002, 2674) ist mit § 839a BGB eine eigenständige Anspruchsgrundlage für die Haftung des gerichtlichen Sachverständigen geschaffen worden, die in ihrem Anwendungsbereich dessen bisherige Deliktshaftung ersetzt. Auf Grund dieser Neuregelung ist ein vom Gericht ernannter Sachverständiger, der vorsätzlich oder grob fahrlässig ein unrichtiges Gutachten erstattet, zum Ersatz des Schadens verpflichtet, der einem Verfahrensbeteiligten (z. B. Ersteigerer als Meistbietenden) entsteht. Mit der Entscheidung des BGH vom 9.3.2006 wird der **Zuschlag in der Zwangsversteigerung einer gerichtlichen Entscheidung gleichgestellt;** damit wird die Sachverständigenhaftung entscheidend ausgeweitet[335].

1.6.7 Haftungsbegrenzung und Haftungsausschluss

Schrifttum: *Roeßner* in *Bayerlein*, Praxishandbuch Sachverständigenrecht, 4. Aufl. 2008, S. 545.

▶ *Vgl. Rn. 234*

Im Überblick kommen folgende Haftungsbegrenzungen in Betracht: **250**

a) Genereller Haftungsausschluss,

b) Summenmäßige Haftungsbeschränkung,

c) Zeitliche Haftungsbeschränkung,

d) Haftungsbegrenzung auf Personen- und Sachschäden,

e) Abbedingung der Haftung auf nicht vorhersehbare Schäden,

f) Beschränkung der Haftung auf subsidiäre Haftung und

g) Haftungsbeschränkung auf bestimmte Verschuldensformen.

---

[332] BGH, Urt. vom 20.5.2003 – VI ZR 312/02 –, EzGuG 11.349d; OLG Celle, Urt. vom 6.5.2004 – 4 U 30/04 –, EzGuG 11.383b.

[333] OLG Oldenburg, Urt. vom 12.1.2001 – 6 U 231/00 –, EzGuG 11.291a; OLG Frankfurt am Main, BauR 2000, 1251; OLG Brandenburg, Urt. vom 11.1.2000 – 11 U 137/99 –, BauR 2000, 1518 = EzGuG 11.282b; LG Köln, Urt. vom 7.1.2004 – 28 O 330/03 –, 11.363; auch LG Marburg, Urt. vom 30.9.1998 – 2 O 113/98 –, EzGuG 11.271b; LG Kiel, Urt. vom 21.11.2003 – 1 OH 43/03 –, EzGuG 11.358a.

[334] BGH Urt. vom 27.2.2004 – IXa ZB 185/03 –, EzGuG 11.377a; OLG Hamm, Urt. vom 6.2.2004 – 9 U 97/03 –, EzGuG 11.373a.

[335] BGH, Urt. vom 9.3.2006 – III ZR 143/05 –, GuG 2006, 241 = NJW 2006, 1733 = EzGuG 11.503; Wagner/Thole in VersR 2004, 275, 278.

III Sachverständigenwesen

Allgemein unzulässig bzw. unwirksam (nichtig) ist:

a) ein Haftungsausschluss wegen Vorsatzes (§ 276 Abs. 3 BGB); nach den Regelungen der Sachverständigenordnung (SVO) dürfen öffentlich bestellte und vereidigte Sachverständige ihre Haftung für Vorsatz und grobe Fahrlässigkeit nicht ausschließen oder der Höhe nach (z. B. auf die Höchstversicherungssumme) begrenzen. Beides gilt unabhängig davon, ob der Gutachtervertrag im Wege individualvertraglicher Abreden oder in Form von Allgemeinen Geschäftsbedingungen (AGB) zustande gekommen ist.

b) ein genereller Haftungsausschluss nach Art: „Für jedwede Mängel aus diesem Gutachten wird nicht gehaftet." [336],

c) ein sittenwidriger Haftungsausschluss (§ 138 BGB) sowie ein Verstoß gegen den Grundsatz von Treu und Glauben[337],

d) ein einseitiger Haftungsausschluss ohne Zustimmung des Auftraggebers; dies gilt nach *Jessnitzer/Frieling*[338] für eine dahingehende Erklärung des Gutachters in seinem schriftlichen Gutachten,

e) ein Haftungsausschluss, der über die gesetzlichen Grenzen hinausgeht, insbesondere für die Fälle, in denen die im Verkehr erforderliche Sorgfalt außer Acht gelassen wird (§ 276 Abs. 2 BGB),

f) einen Haftungsausschluss (auch nicht bei leichter Fahrlässigkeit) oder eine Begrenzung der Haftung dem Umfang nach zu begrenzen für Schäden, wenn

   – der Mangel arglistig verschwiegen wird oder

   – eine Garantie für die Beschaffenheit des Gutachtens übernommen wurde (§ 639 BGB).

„§ 639 BGB Haftungsausschluss

Auf eine Vereinbarung, durch welche die Rechte des Bestellers wegen eines Mangels ausgeschlossen oder beschränkt werden, kann sich der Unternehmer nicht berufen, wenn er den Mangel arglistig verschwiegen oder eine Garantie für die Beschaffenheit des Werks übernommen hat."

251 Die **Zulässigkeit** und der **Umfang einer Haftungsbeschränkung** hängt davon ab, ob sie Gegenstand

a) einer individualvertraglichen Abrede *(Einzelvertrag)*, wobei zu unterscheiden ist zwischen

   – öffentlich bestellten und vereidigten Sachverständigen und

   – nicht öffentlich bestellten und vereidigten Sachverständigen, oder

b) *allgemeiner Geschäftsbedingungen* (AGB)

sind.

In beiden Fällen wirken Haftungsbeschränkungen und Haftungsausschlüsse auch gegenüber einem unbeteiligten Dritten. **Vereinbarte Verjährungsfristen im Sachverständigenvertrag** gelten auch **für** Ansprüche dritter Personen, die aus diesem Vertrag eine Schutzwirkung für sich ableiten[339].

a) Individualvertragliche Abrede

252 Nach § 305b BGB haben **individuelle Vertragsabreden Vorrang vor** Allgemeinen Geschäftsbedingungen. Des Weiteren bestehen nach § 305 Abs. 1 Satz 3 BGB in den Fällen keine Allgemeinen Geschäftsbedingungen, in denen die Vertragsbedingungen zwischen den Vertragsparteien im Einzelnen ausgehandelt wurden.

Durch einen Einzelvertrag sind grundsätzlich alle haftungsbeschränkenden Abreden zulässig, sofern sie unterhalb des unzulässigen Haftungsausschlusses wegen Vorsatz (§ 276 Abs. 3

---

336 BVerwG, Urt. vom 6.7.1973 – 4 C 22/72 –, EzGuG 12.13.
337 Volze in DS 1979, 221; Döbereiner/von Keyserlingk, Sachverständigenhaftung, Rn. 202 ff.
338 Jessnitzer/Frieling, Der gerichtliche Sachverständige, 10. Aufl. 1992, Rn. 32, 701.
339 OLG Oldenburg, Urt. vom 9.9.1997 – 9 U 36/97 –, EzGuG 12.121a.

BGB) oder außerhalb zwingender Verbotsvorschriften liegen und nicht sittenwidrig sind. Der Sachverständige kann seine Haftung grundsätzlich auf **grobe Fahrlässigkeit und Vorsatz** beschränken[340] (Rn. 201).

Freien (nicht öffentlich bestellten und vereidigten) Sachverständigen wird in der Rechtsprechung[341] die Möglichkeit eingeräumt, **Dritte aus dem Schutzbereich** eines Gutachtervertrags sowohl im Wege einer Individualvereinbarung als auch durch Formularklauseln **auszuschließen**, soweit er nicht nach § 826 BGB (vgl. Rn. 229) gesetzlich haftet[342]. Dies sollte im Gutachten selbst vermerkt sein. Darüber hinaus kann ausdrücklich vereinbart werden, dass das Gutachten nur mit schriftlicher Genehmigung des Sachverständigen an Dritte weitergegeben darf[343].

Volze[344] empfiehlt, Gutachten mit folgendem Aufdruck zu versehen:

„Dieses Gutachten wurde ausschließlich zur Verwendung durch den Auftraggeber erstellt. Nur bei gesetzlicher Auskunftspflicht darf dessen Inhalt ohne meine Einwilligung zur Kenntnis gebracht werden."

Grundsätzlich sind – vom Vorsatz abgesehen (§ 276 Abs. 3 BGB) – bei einer individuellen Vertragsgestaltung **Beschränkungen der Haftung und Gewährleistung durch Verkürzung der Verjährungsfrist möglich**, z. B. Reduzierung der Verjährungsfrist auf ein Jahr, beginnend am Ende des Jahres, in dem der Anspruch entsteht[345]. Dies setzt voraus, dass Haftungsbeschränkung und das besondere Risiko in einem angemessenen Verhältnis stehen. Bezüglich eines Haftungsausschlusses sind jedoch dem Grundsatz der Vertragsfreiheit **Grenzen** gesetzt. *Bleutge*[346] empfiehlt folgende Individualabrede:

„Der Sachverständige haftet für Schäden, die auf einem mangelhaften Gutachten beruhen – gleich aus welchem Rechtsgrund – nur dann, wenn er oder seine Erfüllungsgehilfen die Schäden durch eine vorsätzliche oder grob fahrlässige Pflichtverletzung verursacht haben. Dies gilt auch für Schäden, die der Sachverständige bei der Vorbereitung seines Gutachtens verursacht hat, sowie für Schäden, die nach erfolgter Nacherfüllung entstanden sind. § 639 BGB bleibt unberührt. Alle darüber hinausgehenden Schadensersatzansprüche werden ausgeschlossen."

Für **öffentlich bestellte und vereidigte Sachverständige** gelten die vorstehenden Ausführungen mit der Ausnahme, dass die Haftung für Vorsatz und grobe Fahrlässigkeit nicht ausgeschlossen und auch nicht der Höhe nach beschränkt werden darf (§ 14 Abs. 1, § 15 Abs. 1 SVO).

b) Allgemeine Geschäftsbedingungen (AGB)

Schrifttum: Roeßner in *Bayerlein*, Praxishandbuch Sachverständigenrecht, 4. Aufl. 2008, S. 552, *Usinger/Minuth*, Immobilien – Recht und Steuern, 3. Aufl. 2004, S. 142.

Bei **Verwendung** vorformulierter Gutachterverträge (Formularmuster AGB) müssen die Bedingungen des BGB über Allgemeine Geschäftsbedingungen (§§ 305 bis 310 BGB) beachtet werden. Darüber hinaus darf der Sachverständige seine Haftung für Schäden weder ausschließen noch begrenzen, die

— aus der *Verletzung des Lebens, des Körpers oder der Gesundheit* resultieren, wenn die Pflichtverletzung auf Vorsatz oder Fahrlässigkeit beruht (§ 307 Nr. 7a BGB), und zwar weder bei vorsätzlicher noch bei (leichter) Fahrlässigkeit,

— aus einer grob fahrlässigen Pflichtverletzung oder auf einer vorsätzlichen oder grob fahrlässigen Pflichtverletzung eines gesetzlichen Vertreters oder einer Hilfskraft (Erfüllungs-

253

---
340 OLG Celle, Urt. vom 5.1.1995 – 22 U 196/93, EzGuG 11.221.
341 BGH, Urt. vom 25.1.1985 – IVa ZR 66/83 –, NJW-RR 1986, 484.
342 Locher, Festschrift für Cramshaar 1997, 393; OLG Dresden, Urt. vom 21.5.1996 – 8 U 531/96 –, GuG 1997, 384 = EzGuG 11.234.
343 OLG Oldenburg, Urt. vom 9.9.1997 – 9 U 36/97 –, EzGuG 12.121a = VersR 1998, 1563.
344 Volze in DS 2000, 30.
345 Nach einer Entscheidung des OLG Celle, Urt. vom 5.1.1995 – 22 U 196/93 –, BauR 1995, 715 = EzGuG 11.221 kann der Sachverständige seine Haftung im Individualvertrag auf Vorsatz und grobe Fahrlässigkeit beschränken.
346 Bleutge, P., Haftungsfragen für Sachverständige nach neuem Schuldrecht und nach geplantem § 839a BGB, DS 2002, 127 ff.

III Sachverständigenwesen — Sachverständiger

gehilfe) resultieren (§ 309 Nr. 7b BGB); ein Haftungsausschluss und eine Haftungsbegrenzung im Mustervertrag (AGB) werden nach vorherrschender Auffassung auch nicht für die Fälle leichter Fahrlässigkeit als möglich angesehen, wenn es um die Verletzung sog. **Kardinalpflichten** geht[347], aber auch vertraglicher **Nebenpflichten**[348]. Somit dürfen vertragstypisch vorhersehbare Schäden nicht aus der Haftung ausgenommen werden[349].

Schließlich kann sich der Sachverständige nach § 639 BGB auch nicht auf eine Vereinbarung berufen, durch welche die Rechte des Auftraggebers wegen eines Mangels ausgeschlossen oder beschränkt werden, wenn er den **Mangel arglistig verschwiegen** oder eine Garantie für die Beschaffenheit des Gutachtens übernommen hat.

Eine Verkürzung der Verjährungsfrist ist zumindest in den Fällen des § 309 Nr. 8b ff. BGB unzulässig.

254 Für **öffentlich bestellte und vereidigte Sachverständige** ist die Möglichkeit des Haftungsausschlusses und der Haftungsbeschränkung durch weiter gehende standesrechtliche Regeln eingegrenzt worden.

a) Eine Haftung für Vorsatz und grobe Fahrlässigkeit darf nicht ausgeschlossen werden;

b) eine Haftung für einfache Fahrlässigkeit[350] kann im Umkehrschluss im Wege einer Individualvereinbarung ausgeschlossen werden;

c) eine Haftung für grobe Fahrlässigkeit lässt sich im Wege einer Individualvereinbarung „in angemessenem Umfang" ausschließen (vgl. § 14 SVO);

d) eine Haftung kann der Höhe nach im Wege einer Individualvereinbarung in besonderen Fällen ausnahmsweise beschränkt werden.

Ein Verstoß gegen die eingrenzenden **standesrechtlichen Regeln** hat nicht automatisch deren Nichtigkeit (§ 134 BGB) zur Folge; im Hinblick auf die besondere Stellung des öffentlich bestellten und vereidigten Sachverständigen kann aber darin ein Verstoß gegen die guten Sitten erblickt werden (§ 138 BGB). Im Übrigen hat ein Verstoß regelmäßig disziplinarische Maßnahmen der bestellenden Kammer zur Folge.

255 Die **Haftung des privat beauftragten Sachverständigen für Schäden auf Grund leichter Fahrlässigkeit kann zeitlich und der Höhe nach begrenzt** sowie insgesamt über die Allgemeinen Geschäftsbedingungen oder jeweils im Vertrag **ausgeschlossen werden**[351]. Der Ausschluss verstößt nicht gegen § 9 Abs. 2 Nr. 2 AGBG. Ein Haftungsausschluss für Schäden aus vorsätzlichem Handeln ist dagegen unzulässig. Für Schäden aus grober Fahrlässigkeit kann die Haftung

– im Individualvertrag bei ungewöhnlich hohem Risiko summenmäßig begrenzt sowie

– bei Mangelschäden auch über die Allgemeinen Geschäftsbedingungen zeitlich begrenzt werden.

Für Werte unter 25 565 € und über 25 564 594 € räumt § 34 Abs. 3 und 4 HOAI **Sonderregelungen** ein. Des Weiteren wird mit § 34 Abs. 5 und 6 HOAI die Möglichkeit freier Vereinbarungen eingeräumt; soweit es dabei um die Konkretisierung der Schwierigkeiten geht, wird mit Abs. 6 der Vorschrift kein abschließender Katalog vorgegeben.

Der **Gerichtssachverständige** hat auf Grund seines abschließend geregelten öffentlich-rechtlichen Verhältnisses **keine Möglichkeit, die Haftung auszuschließen oder der Höhe nach zu begrenzen**. Entsprechendes gilt auch für die von einem Schiedsgericht beauftragten Gutachter. Da es weder mit dem Gericht noch mit den Verfahrensbeteiligten zu einem Vertrag

---

[347] BGH, Urt. vom 19.1.1984 – VII ZR 220/82 –, BGHZ 89, 363 (367); BGH, Urt. vom 26.11.1984 – VIII ZR 214/83 –, BGHZ 93, 27 (48); BGH, Urt. vom 11.11.1992 – VIII ZR 238/91 –, NJW 1993, 335.
[348] BGH, Urt. vom 20.6.1984 – VIII ZR 137/83 –, NJW 1985, 914.
[349] BGH, Urt. vom 14.11.2000 – X ZR 211/98 –, NJW-RR 2001, 342.
[350] Ausführlich Wessel, Praxishandbuch Sachverständigenrecht, München, § 39, S. 538 ff.; BGH, Urt. vom 10.1.1974 – VII ZR 28/72 –, EzGuG 12.14.
[351] OLG Celle, Urt. vom 5.1.1995 – 22 U 196/93 –, EzGuG 11.221.

kommt, können ein Haftungsausschluss oder eine Haftungsbegrenzung vertraglich vereinbart werden.

▶ *Zur Haftung des Gutachterausschusses für Grundstückswerte vgl. § 192 BauGB Rn. 52 ff.*

1.6.8 Verjährung von Gewährleistungsansprüchen

Die Verjährung von Schadensersatzansprüchen gegen einen Sachverständigen für die Fälle ab dem 1.1.2002 ist in den §§ 194 f. BGB geregelt. Die regelmäßige **Verjährungsfrist** 256

– von Gewährleistungs- und Schadensersatzansprüchen (aus Vertragsrecht) **und**
– von Ansprüchen aus unerlaubter Handlung[352]

beträgt nach § 195 BGB **drei Jahre** (§ 634a Abs. 1 Nr. 3 bzw. § 311 Abs. 2 und § 280 Abs. 1 i.V.m. § 195 BGB).

Die Verjährungsfrist beginnt am Ende des Jahres (sog. **Silvesterverjährung**), 257

– in dem der Anspruch entstanden ist und der Gläubiger Kenntnis von den anspruchsbegründenden Umständen und der Person des Schädigers erlangt hat oder
– ohne grobe Fahrlässigkeit Kenntnis hätte erlangen können (§ 199 Abs. 1 BGB).

Darüber hinaus gilt die **Kappungsgrenze (zeitliche Obergrenze)** von 10 Jahren gerechnet ab Entstehung des Anspruchs, d. h., die Verjährung endet nach 10 Jahren (§ 199 Abs.1 Nr. 1 BGB) ohne Rücksicht auf die Kenntnis oder grob fahrlässige Unkenntnis der Umstände und die Person des Sachverständigen von der Entstehung des Anspruchs (§ 199 Abs. 3 Nr. 1 BGB). 258

Ist der Anspruch weder entstanden (weil noch kein Schaden eingetreten ist) und liegt auch keine Kenntnis oder grob fahrlässige Unkenntnis vor, dann verjähren Schadensersatzansprüche innerhalb von **30 Jahren** ab dem schadensauslösenden Ereignis (Erstellung des Gutachtens).

– Werden die schadensbegründenden Umstände erst im 11. Jahr erkannt, ist der Anspruch verjährt, wenn der Geschädigte bereits im 9. Jahr die schadensbegründenden Umstände kannte oder in der Form der groben Fahrlässigkeit hätte erkennen können.
– Schadensersatzansprüche wegen der **Verletzung des Lebens, des Körpers, der Gesundheit oder Freiheit** verjähren ohne Rücksicht auf die Kenntnis oder grob fahrlässige Unkenntnis in 30 Jahren ab Begehung der Handlung (§ 199 Abs. 2 BGB).
– Schadensersatzansprüche wegen **Verletzung des Eigentums oder des Vermögens** verjähren ohne Rücksicht auf die Kenntnis oder grob fahrlässige Unkenntnis in 10 Jahren ab Entstehung des Anspruchs (§ 199 Abs. 3 BGB).
– Schadensansprüche aus **ungerechtfertigter Bereicherung oder aus** Geschäftsführung ohne Auftrag verjähren ebenfalls in 10 Jahren ab Entstehung des Anspruchs (§ 199 Abs. 4 BGB).
– Schadensersatzansprüche bei Mängeln an einem **Bauwerk** sowie bei Werken, deren Erfolg in der Erbringung von Planungs- und Überwachungsleistungen besteht, verjähren in fünf Jahren.

Die in § 199 BGB getroffene Regelung zur regelmäßigen Verjährungsfrist ist für Werkverträge und damit für Sachverständige im Übrigen nicht abschließend. Nach § 634a BGB verjähren Schadensersatzansprüche wegen Mängeln bei der Herstellung einer Sache, die kein Bauwerk sind, in zwei Jahren und bei Bauwerken und Werken, deren Erfolg in der Erbringung von Planungs- oder Überwachungsleistungen besteht, in fünf Jahren.

---

352 Döbereiner/von Keyserlingk, a.a.O., Rn. 165 f.

III Sachverständigenwesen Sachverständiger

Nach § 634a Abs. 3 BGB verjähren abweichend von § 634a Abs. 1 Nr. 1 und 2 sowie Abs. 2 BGB die Ansprüche in der regelmäßigen Verjährungsfrist, wenn der Unternehmer den **Mangel arglistig verschwiegen** hat.

Durch **Allgemeine Geschäftsbedingungen** zu einem Werkvertrag können nicht ausgeschlossen werden

– die Verjährung von Ansprüchen wegen eines Mangels in den Fällen des § 309 Nr. 8b BGB,
– die Verjährung bei Haftung wegen Vorsatzes.

1.7 Haftung des Auftraggebers

259 Der Auftraggeber haftet für die fällige vereinbarte Vergütung des Sachverständigen, aber auch für die Verletzung von Nebenpflichten. Der Vergütungsanspruch wird nach § 641 Abs. 1 BGB mit der **Abnahme des Gutachtens** fällig. Unter der Abnahme eines Gutachtens versteht man die körperliche Entgegennahme des Gutachtens zusammen mit der Erklärung, dass die Leistung als vertragsgemäß anerkannt wird.

„§ 640 BGB Abnahme

(1) Der Besteller ist verpflichtet, das vertragsgemäß hergestellte Werk abzunehmen, sofern nicht nach der Beschaffenheit des Werks die Abnahme ausgeschlossen ist. Wegen unwesentlicher Mängel kann die Abnahme nicht verweigert werden. Der Abnahme steht gleich, wenn der Besteller das Werk nicht innerhalb einer ihm vom Unternehmer bestimmten angemessenen Frist abnimmt, obwohl er dazu verpflichtet ist.

(2) Nimmt der Besteller ein mangelhaftes Werk gemäß Absatz 1 Satz 1 ab, obschon er den Mangel kennt, so stehen ihm die in § 634 Nr. 1 bis 33 bezeichneten Rechte nur zu, wenn er sich seine Rechte wegen des Mangels bei der Abnahme vorbehält."

Die Abnahme des Gutachtens wegen eines **unwesentlichen Mangels des Gutachtens** kann nach § 640 Abs. 1 Satz 1 BGB nicht verweigert werden. Der Sachverständige kann dem Auftraggeber eine Frist zur Abnahme des Gutachtens mit der Folge stellen, dass es dann keiner besonderen Abnahmehandlung bedarf (fingierte Abnahme nach § 640 Abs. 1 Satz 3 BGB).

Mit der Abnahme des Gutachtens

– wird die Vergütung nach § 641 Abs. 1 BGB fällig,
– ist die Vergütung gemäß § 246 BGB mit 4 % zu verzinsen,
– beginnt die Verjährungsfrist bestimmter Gewährleistungsansprüche,
– wird die Beweislast umgekehrt,
– entfällt die Kündigungsmöglichkeit des Auftraggebers nach § 649 BGB und
– geht ein Gefahrenübergang auf den Auftragnehmer einher.

Ein **Vorschuss auf die Vergütung des Gutachtens** wird nach Maßgabe des Gutachtervertrags fällig. Verzugszinsen und Verzugsschaden kann der Sachverständige erst geltend machen, wenn er den Auftraggeber durch Mahnung nach § 286 Abs. 1 BGB in Verzug gesetzt hat, sofern die Parteien im Vertrag keine Zahlungsfrist vereinbart haben (§ 286 Abs. 2 Nr. 1 BGB).

1.8 Vergütung von Sachverständigen

1.8.1 Allgemeines

▶ *Zur Vergütung des Gutachterausschusses für Grundstückswerte vgl. Teil IV § 192 BauGB Rn. 26 ff., 57 ff. und § 199 BauGB Rn. 51*

Schrifttum: Bach, W., Zur Entschädigung von Schreibaufwendungen nach dem ZSEG, JurBüro 1992, 6; Baur, W., Vergütung eines abgelösten Sachverständigen, IBR 2004, 523; Berg, W., Verfassungsfragen zur Entschädigung von Sachverständigen, GewA 1993, 265; Bleutge, P., Erstattung der Schreibkosten des Sachverständigen, Rpfleger 1988, 131; Bleutge, P., Der Aufwendungsersatz für Hilfskräfte nach dem ZSEG, JurBüro 1998, 340; Bleutge, P., Eckpunkte für eine Novellierung des ZSEG, WiVerw 2002, 44; Bleutge, P., Gebühren für Gutachter, DIHK-Publikationen, 4. Aufl. 2004; Bleutge, P., Vor- und Nachteile des neuen Justizvergütungs- und -entschädigungsgesetzes, GewArch 2004, 370; Bleutge, P., Möglichkeiten zur Erlangung eines Vorschusses, GuG 2005, 208; Bund, N., Der Übergang vom ZSEG und EhrRiEG zum JVEG, Repfleger 2005, 132; Hartmann, P., Kostengesetz, Beck Verlag 34. Aufl. 2004; Kamphausen, P.-A., Praxiskommentar JVEF 2004, 1. Aufl. Hamburg 2004; Hinze, R., Entschädigung von Sachverständigen, ZSW 1983, 55; Kamphausen, P., Die einverständliche Vergütung des gerichtlichen Sachverständigen, ZSW 1983, 269; Ley, M., Die neue Vergütung des Sachverständigen im Insolvenzverfahren, ZIP 2004, 1391; Meyer/Höver/Bach, Die Vergütung von Sachverständigen, Zeugen, Dritten und ehrenamtlichen Richtern nach dem JVEG, Komm., 24. Aufl. Heymanns Verlag 2007; Müller, K., Das Verfahren zur Geltendmachung des Entschädigungsanspruchs für den gerichtlichen Sachverständigen, ZSW 1980, 2; Röhrich/Krell, Vergütung für Bausachverständige nach JVEG, Bundesanzeiger Verlag 2005; Ronellenfitsch, M., Die neue Sachverständigenvergütung nach JVEG, WiVerw 2002, 1; Schneider, H., Änderung bei der Zahlung von Vergütungen und Entschädigungen durch die Einführung des Justizvergütungs- und -entschädigungsgesetzes (JVEG), JurBüro 2004, 360; Schneider, Aktuelle Entwicklung zum JVEG 2005, Jurbüro 2006, 230; Ulrich, J., Zum „Lohn" des gerichtlichen Sachverständigen, JurBüro 2003, 515; Ulrich, J., Sachverständigenentschädigung: Nur für durchschnittlich schnelle Arbeit gibt es Geld, IVR 2004, 212; Ulrich, J., Das neue JVEG: Bestenfalls „knapp befriedigend", IBR 2004, 137; Ulrich, J., Vergütung des Sachverständigen für seine Stellungnahme zum Befangenheitsgesuch, IBR 2004, 524.

260

Bei einem Privatauftrag im außergerichtlichen Bereich gilt der **Grundsatz der freien Honorarvereinbarung**, die bei Abschluss des Vertrags zu treffen ist. Die Vorschriften des JVEG finden keine Anwendung. Soweit gesetzlich festgelegte Gebührensätze bestehen, kommen diese zur Anwendung.

261

– Im Falle einer unterbliebenen Honorarvereinbarung gilt nach § 632 Abs. 1 BGB eine Vergütung als stillschweigend vereinbart, und zwar nach § 632 Abs. 2 BGB die „übliche" Vergütung[353],

– Unter der Herrschaft der HOAI a.F. war das Honorar in diesem Fall nach § 6 HOAI a.F. zu berechnen. Dabei ist **regelmäßig der Mindestsatz** maßgebend, wenn nicht Pauschalen oder abweichende Stundensätze vereinbart worden sind[354].

– Werden Nebenkosten und Ersatz der Mehrwertsteuer nicht besonders vereinbart, sind diese im Honorar enthalten[355].

Die Vergütung von Sachverständigenleistungen war im Teil IV der **Honorarordnung für Architekten und Ingenieure HOAI** a.F. geregelt[356]. Die §§ 33 und 34 HOAI a.F. fanden auf die nach diesen Vorschriften erfassten Leistungen und Gutachten Anwendung, sofern nicht Sonderregelungen maßgeblich sind (vgl. Rn. 257). Mit der Novellierung der HOAI sind die Regelungen zur Honorierung von Wertgutachtern ersatzlos gestrichen worden.

262

---

353 BGH, Urt. vom 26.10.2000 – VII ZR 239/98 –, NJW 2001, 151; OLG München, Beschl. vom 30.3.1979 – 11 W 922/79 –, JurBüro 1979, 1059 = WRP 1979, 349 = EzGuG 11.114k; AG München, Beschl. vom 28.7.1995, SchPr 1996, 60.
354 Kurth in NJW 1990, 2038; AG Bonn, Urt. vom 10.9.1980 – 3 C 65/80 –, EzGuG 11.120c.
355 BGH, Urt. vom 25.2.1982 – VII ZR 116/81 –, BB 1982, 768 = EzGuG 11.126e; OLG Karlsruhe, Beschl. vom 17.11.1978 – 15 U 111/79 –, DB 1979, 447.
356 OLG Düsseldorf, Urt. vom 9.2.1979 – 22 U 200/78 –, EzGuG 11.114h.

III Sachverständigenwesen — Sachverständiger

263 Generell lassen sich **Gutachten unterscheiden** in

a) sog. *Honorargutachten* einschließlich entsprechender Schiedsgutachten, deren Honorierung frei vereinbart werden kann, und

b) sog. *Schadensgutachten.*

264 Für Wertermittlungen bestimmte § 34 HOAI a.F. i.V.m. den Honorartafeln **Mindest- und Höchstsätze**, wobei eine schriftliche Vereinbarung nach § 4 Abs. 4 HOAI a.F. für Abweichungen von den Mindestsätzen der Normalstufe Voraussetzung ist; bei abweichenden Vereinbarungen ist ggf. das maßgebliche Honorar nach § 5a HOAI a.F. durch lineare Interpolation zu ermitteln. Grundlage für die Bemessung des Honorars ist nach § 34 Abs. 2 HOAI a.F. der vom Sachverständigen ermittelte Wert des Grundstücks, Gebäudes, einer anderen baulichen Anlage oder des Rechts an einem Grundstück. Bezüglich des für den **Wert maßgeblichen Zeitpunkts** bestehen im Schrifttum unterschiedliche Auffassungen[357]. In Betracht kommt:

a) der Wertermittlungsstichtag[358] oder

b) der Zeitpunkt der Wertermittlung, d.h. der Erstellung des Gutachtens entsprechend dem Wortlaut der Bestimmung[359].

Ein **Verlust des Vergütungsanspruchs** tritt neben der Verjährung ein, wenn

a) der Sachverständige sein Gutachten nicht persönlich erstattet hat[360],

b) das Gutachten auf Grund inhaltlicher Mängel (vgl. Rn. 203) unverwertbar ist und die Unverwertbarkeit des Gutachtens vom Sachverständigen grob verschuldet worden ist[361],

c) der Sachverständige mit Erfolg wegen Besorgnis der Befangenheit abgelehnt wird.

Im Falle einer Beauftragung des Sachverständigen in einem Rechtsstreit kann von der obsiegenden Partei die Erstattung der Kosten eines Privatgutachtens gegenüber der unterlegenen Partei (**Kostenerstattungsanspruch**) nach § 91 ZPO geltend gemacht werden, soweit diese zur zweckentsprechenden Rechtsverfolgung erforderlich waren, daneben kann alternativ auch ein Anspruch nach § 634 BGB gegeben sein (Anspruchskonkurrenz). Die Höhe richtet sich nach der Vereinbarung zwischen Auftraggeber und Auftragnehmer bzw. nach dem üblichen Honorar, wenn keine Vereinbarung getroffen wurde.

1.8.2 Vergütung von gerichtlich bestellten Sachverständigen

Schrifttum: *Kröber,* NStZ 1999, 170; *Meyer/Höver/Bach,* Die Vergütung und Entschädigung von Sachverständigen, Zeugen, Dritten und von ehrenamtlichen Richtern nach dem JVEG, 24. Aufl. Köln 2007; *Ulrich, J.,* Zum „Lohn" des gerichtlichen Sachverständigen, JurBüro 2003, 515; *Schneider, H.,* Änderungen bei der Zahlung von Vergütungen und Entschädigungen durch die Einführung des Justizvergütungs- und -entschädigungsgesetzes (JVEG), JurBüro 2004, 360.

---

357 Motzke/Wolff, Praxis der HOAI, München 1992, S. 345.
358 Hesse/Korbion/Mantscheff/Vygen, HOAI Komm. 3. Aufl. München, § 34 Rn. 11; Hartmann, Die neue Honorarordnung für Architekten und Ingenieure (HOAI), Komm. Losebl. Kissingen § 34 Rn. 12.
359 Locher/Koeble/Frik, Komm. zur HOAI 6. Aufl. Düsseldorf 1991, § 34 Rn. 3.
360 KG, Beschl. vom 6.8.2004 – 6 W 135/04 –, GuG 2005, 380 = EzGuG 11.392; OLG Düsseldorf, Beschl. vom 9.3.1989 – 11 W 3/89 –, JurBüro 1989, 1169 = FamRZ 1989, 889; OLG Frankfurt am Main, Beschl. vom 7.6.1977 – 20 W 443/77 –, JurBüro 1977, 1613 = EzGuG 11.109d; OVG Lüneburg, Beschl. vom 19.8.1968 – 2 D 9/68 –, GewArch 1968, 287 = EzGuG 11.65c.
361 BSG, Beschl. vom 15.7.2004 – B 9 V 24/03 B –, EzGuG 11.389; OLG Frankfurt am Main, Urt. vom 6.5.2004 – 25 W 27/04 –, EzGuG 11.383a; OLG Hamburg, Beschl. vom 2.10.1996 – 8 W 191/96 –, MDR 1997, 102 = EzGuG 11.235f; OLG Koblenz, Beschl. vom 27.11.1992 – 5 W 637/92 –, JurBüro 1994, 562 = EzGuG 11.198c; OLG Frankfurt am Main, Beschl. vom 24.3.1977 – 20 W 108/77 –, BB 1978, 1690 = EzGuG 11.108c; LG Bremen, Beschl. vom 17.1.1977 – 7 – 3 O 1584/70 –, NJW 1977, 2126 = EzGuG 11.105; KG, Urt. vom 3.10.1972 – 1 W 1299/72 –, Rpfleger 1973, 38 = EzGuG 11.85a; OLG Hamm, Beschl. vom 31.3.1970 – 15 W 480/71 –, NJW 1970, 1240 = EzGuG 11.71; OLG Frankfurt am Main, Beschl. vom 18.10.1962 – 6 W 425/62 –, NJW 1963, 400 = EzGuG 11.28; OLG Koblenz, Beschl. vom 6.1.1981, Rpfleger 1981, 248; OLG Celle, Beschl. vom 18.10.1968 – 8 W 244/68 –, NdsRpflege 1969, 155; OLG Düsseldorf, Beschl. vom 21.8.1995 – 10 W 66/95 –, MDR 1995, 1267 = EzGuG 11.224. Kein automatischer Wegfall des Vergütungsanspruchs: OLG Frankfurt am Main, Beschl. vom 13.1.2003 – 3 WF 226/02 –, EzGuG 11.345b.

1.8.2.1 Rechtsgrundlage

Die Entschädigung oder Vergütung des gerichtlich bestellten Sachverständigen bestimmt sich ausschließlich nach dem **Justizvergütungs- und -entschädigungsgesetz – JVEG**. Die Anwendung dieser Entschädigungsbestimmungen setzt nach § 1 JVEG den Auftrag eines deutschen Gerichts voraus. Das Gesetz findet nach § 1 auch Anwendung auf die Gutachtenerstattung im Auftrag

– einer Staatsanwaltschaft,

– einer selbst ermittelnden Finanzbehörde,

– einer Verwaltungsbehörde im Ordnungswidrigkeitsverfahren,

– der Polizei und

– eines Gerichtsvollziehers.

Es gilt nicht nur für öffentlich bestellte und vereidigte, sondern für alle Arten von Sachverständigen. Keine Entschädigung nach diesem erhalten nach § 1 Abs. 3 JVEG indessen Angehörige von Behörden, die im Rahmen ihrer Dienstaufgaben Gutachten erstatten.

Das **JVEG** ist nach § 26 Abs. 3 Satz 2 VwVfG und den entsprechenden Landesregelungen im Verwaltungsverfahren **unter Berücksichtigung ergänzender landesrechtlicher Vorschriften anwendbar.**

265

Das JVEG gilt nach § 1 Abs. 2 Satz 2 nicht für **Angehörige einer Behörde oder sonstigen öffentlichen Stelle**, die nicht Ehrenbeamte oder ehrenamtlich tätig sind, wenn sie in Erfüllung ihrer Dienstaufgaben tätig sind[362]. Es findet jedoch Anwendung, wenn Behörden oder sonstige öffentliche Stellen von dem Gericht, der Staatsanwaltschaft, der Finanzbehörde oder der Verwaltungsbehörde zu Sachverständigenleistungen herangezogen werden (§ 1 Abs. 2 Satz 1 JVEG), wenn dies nach den einschlägigen Verfahrensvorschriften vorgesehen ist. Auf Privatgutachten findet das JVEG keine unmittelbare Anwendung.

266

1.8.2.2 Vergütungsanspruch

Ein **Entschädigungsanspruch** eines Sachverständigen **besteht** grundsätzlich **ohne Rücksicht auf die Verwertbarkeit der erbrachten Leistung**[363].

267

Ein Anspruch auf Vergütung besteht auch

– bei *vorzeitiger Beendigung des Auftrags* aus Gründen, die er nicht zu vertreten hat[364],

– bei *Rückgabe des Auftrags wegen Unzuständigkeit*[365] sowie

– bei einer *gutachterlichen Ergänzung* eines bereits erstatteten Gutachtens, soweit die dadurch erforderliche Tätigkeit einen neuen Sachverhalt zum Inhalt hat[366].

---

362 OLG Düsseldorf, Beschl. vom 16.1.1968 – 2 Ws 570/67 –, KostRsp § 1 Nr. 29.
363 OVG Berlin, Beschl. vom 7.12.2004 – 1 K 1/04 –, GuG 2005, 319 = EzGuG 11.413a; VG Stuttgart, Urt. vom 8.7.2004 – 4 K 1554/04 –, EzGuG 11.386; OLG Düsseldorf, Beschl. vom 4.6.1992 – 11 WF 13/91 –, EzGuG 11.194b; OLG Karlsruhe, Urt. vom 26.11.1998 – 3 W 66/98 –, EzGuG 11.273a; zum Fristversäumnis: BGH, Urt. vom 30.5.1962 – IV ZB 106/62 –, EzGuG 11.24g. Keine Vergütung wird gewährt für die Vorprüfung der Frage, ob der Sachverständige die notwendige Kompetenz hat, wenn er dies aus den überlassenen Unterlagen ersehen kann (OLG Düsseldorf, Beschl. vom 11.5.1993 – 10 W 12/93 –, EzGuG 11.205i).
364 OLG Hamm, Beschl. vom 16.3.1966 – 3 Ws 453/65 –, NJW 1966, 1883; OLG Bamberg, JVBl 1970, 155; KG, Beschl. vom 9.10.1970 – 1 W 5377/70 –, BB 1971, 242; BayVGH, Beschl. vom 5.3.1997 – BReg 3 Z 49/71 –; OLG Bamberg, Beschl. vom 29.12.1972, JurBüro 1973, 672; OLG München, Beschl. vom 10.2.1978, Rpfleger 1978, 272; KG Beschl. vom 24.10.1980 – 1 W 2666/80 –, JurBüro 1981, 1866; OLG Frankfurt am Main, Beschl. vom 14.7.1981, JurBüro 1981, 1885.
365 BGH, Beschl. vom 20.3.1979 – X ZR 21/76 –, NJW 1979, 1939 = EzGuG 11.114j; OLG Frankfurt am Main, Beschl. vom 3.8.1989 – 9 U 381/85 –, Rpfleger 1989, 304 = EzGuG 11.170a; OLG Köln, Beschl. vom 7.12.1992 – 17 W 273/92 –, MDR 1993, 1024 = GuG-aktuell 2004, 31; OLG Bamberg, Beschl. vom 29.12.1972, JurBüro 1973, 672; OLG Hamburg, Beschl. vom 23.4.1975 – 8 W 88/75 –, JurBüro 1975, 1349; LG Konstanz, Beschl. vom 20.10.1969 – III O 131/66 –, BB 1970, 641.
366 LSozG Berlin, Urt. vom 13.5.2004 – L 2 SF 23/03 – F –, EzGuG 11.383e.

III Sachverständigenwesen

Nach § 407a Abs. 3 Satz 2 ZPO hat der Sachverständige das Gericht rechtzeitig darauf hinzuweisen, wenn die voraussichtlichen **Kosten seines Gutachtens erkennbar außer Verhältnis zum Wert des Streitgegenstands** stehen oder einen angeforderten Kostenvorschuss erheblich (um mehr als 25 %) übersteigen. Andernfalls läuft er Gefahr, dass das Gericht seine Vergütung kürzt[367].

Der *gerichtlich zugezogene Sachverständige,* der abgelehnt wird, verliert seinen Entschädigungsanspruch nur dann, wenn er die **Ablehnung grob fahrlässig verursacht** hat[368]. Ist ein Gutachten unbrauchbar, so ist in diesem Sinne ebenfalls ein Entschädigungsanspruch ausgeschlossen, wenn wiederum die Unbrauchbarkeit grob fahrlässig herbeigeführt wurde[369]. Eine Entschädigung kann auch dann versagt werden, wenn der Sachverständige seine Ablehnung wegen Besorgnis der Befangenheit grob fahrlässig oder durch bewusste Pflichtwidrigkeit herbeigeführt hat[370]. Lädt ein gerichtlich bestellter Sachverständiger zu einem Ortstermin einen beigetretenen Streithelfer nicht ein, so kann er für diesen **Ortstermin** keine Entschädigung verlangen[371].

Der Sachverständige kann seinen **Vergütungsanspruch** in folgenden Fällen **verlieren:**

a) Unverwertbarkeit von Gutachten

Ist ein Gutachten unbrauchbar, verliert der Sachverständige seinen Anspruch auf Entschädigung, wenn er die **Unverwertbarkeit eines Gutachtens** in der Rechtsform des Vorsatzes oder der groben Fahrlässigkeit (in grob schuldhafter Weise) selbst zu verantworten hat[372]. Unverwertbar ist ein Gutachten, wenn es in einem gerichtlichen Verfahren für die Beantwortung der Beweisfragen in keiner Weise eine Grundlage bilden kann oder wenn die Schlussfolgerungen auch einem bemühten Auftraggeber nicht zu verstehen sind. Unverständlichkeit kann sich aus Stil und Sprache der Darstellung, aber auch aus dem Fehlen wesentlicher Gutachtenteile ergeben[373]. Unverwertbar ist es insbesondere auch dann, wenn die Verwertbarkeit des Gutachtens auch nicht durch Ergänzung herzustellen ist[374]. Eine Entschädigung kann auch dann versagt werden, wenn der Sachverständige seine Ablehnung wegen Besorgnis der Befangenheit grob fahrlässig oder durch bewusste Pflichtwidrigkeit herbeigeführt hat[375]. Eine **Überschreitung des Gutachtenauftrags** führt indes nicht zwingend zum Verlust des Vergütungsanspruchs[376].

---

367 OLG München, Beschl. vom 20.3.2008 – 11 WF 1195/07 –, GuG 2008; OLG Nürnberg, Beschl. vom 10.10.2002 – 6 W 1891/02 –, GewArch 2003, 343 = NJW-RR 2003, 791 = EzGuG 11.343; BayObLG, Beschl. vom 11.12.1997 – 1 ZBR 143/97 – NJW 1998, 3788 = GuG-aktuell 1999, 39 = EzGuG 11.258; OLG Düsseldorf, Beschl. vom 1.6.1992 – 11 WF 14/91 –; BayObLG, Beschl. vom 14.8.1981 – 3 Z 20/82 –, JurBüro 1982, 110 = EzGuG 11.125e; KG, Beschl. vom 24.10.1980 – 1 W 2666/80 –, EzGuG 11.120 l; LG Traunstein, Beschl. vom 19.10.1978, – JurBüro 1980,109; LG Traunstein, Beschl. vom 4.8.1978 – 1 O 465/74 –, JurBüro 1980, 109 = EzGuG 11.112c; JurBüro 1980, 109; OLG München, Beschl. vom 28.11.1977 – 11 W 2244/77 –, Rpfleger 1979, 158; OLG Hamm, Beschl. vom 10.5.1972 – 10 W 65/70 –, NJW 1970, 1980 = JVBl 1972, 218; OLG München, Beschl. vom 27.6.1972, JVBl 1972, 287; OLG Düsseldorf, Beschl. vom 24.6.1970 – 10 W 65/70 –, JVBl 1970, 236; OLG Bamberg, Beschl. vom 19.1.1969, JurBüro 1969, 141; OLG Zweibrücken, Beschl. vom 25.8.1965 – 2 W 49/65 –, JurBüro 1965, 906.
368 OLG Koblenz, Beschl. vom 17.2.2004 – 14 W 199/04 –, EzGuG 11.375a; OLG Koblenz, Beschl. vom 15.8.1980 – 14 W 322, 363/80 –; KG Berlin, Urt. vom 3.10.1972 – 1 W 1299/72 –, EzGuG 11.85a; OLG Köln, Urt. vom 1.5.1970 – 8 W 25/70 –, EzGuG 11.71a; BGH, Urt. vom 15.12.1975 – X ZR 52/73 –, EzGuG 11.100a.
369 OLG Düsseldorf, Beschl. vom 12.1.1995 – 10 W 135/94 –, EzGuG 11.222; OLG Frankfurt am Main, Beschl. vom 6.5.2004 – 25 W 27/04 –, EzGuG 11.283a.
370 OLG Düsseldorf, Beschl. vom 8.5.2001 – 10 W 33/01 –, GuG 2003, 320.
371 OLG Koblenz, Beschl. Vom 17.2.2004 – 14 W 199/04 –, EzGuG 11.375a; OLG Saarbrücken, Beschl. vom 27.5.2003 – 7 U 604/01 –, EzGuG 11.349e.
372 OLG Brandenburg, Urt. vom 8.4.2005 – 1 W 3/05 –, EzGuG 11.440a; OLG Frankfurt am Main, Beschl. vom 6.5.2004 – 25 W 27/04 –, EzGuG 11.283; OLG Düsseldorf, Beschl. vom 31.5.2001 – 10 WF 10/01 –, EzGuG 11.300; OLG München, Beschl. vom 11.10.2001 – 11 W 2467/01 –, EzGuG 11.313; OLG Hamburg, Beschl. vom 4.4.2000 – 8 W 82/00 –, EzGuG 11.285a; OLG Düsseldorf, Beschl. vom 12.1.1995 – 10 W 135/94 –, EzGuG 11.222; zur leichten Fahrlässigkeit: OLG München, Beschl. vom 5.12.1980 – 11 W 2363/80 –, EzGuG 11.121j.
373 LSozG Schleswig-Holstein, Beschl. vom 22.4.2008 – L 1 B 89/08 SK –, GuG aktuell 2008, 39, OLG Schleswig, Beschl. vom 6.10.2006 – 15 WF 244/06 –, OLGR-Schleswig 2006, 883 = EzGuG 11.542.
374 OLG Hamburg, Urt. vom 2.10.1996 – 8 W 191/96 –, EzGuG 11.235h.
375 OLG Düsseldorf, Beschl. vom 8.5.2001 – 10 W 33/01 –, GuG 2003, 320.
376 OLG Jena, Beschl. vom 2.6.2008 – 4 W 198/08 –.

b) Grob fahrlässig verursachte Ablehnung eines Sachverständigen

Im Falle einer Ablehnung des gerichtlich zugezogenen Sachverständigen verliert er seinen Entschädigungsanspruch nur dann, wenn er die **Ablehnung grob fahrlässig verursacht hat**[377]. Der Vergütungsanspruch des Sachverständigen geht indessen nicht schon dadurch unter, dass er mit Erfolg einer Partei abgelehnt wurde[378].

c) Fehlerhafte Durchführung des Ortstermins

Lädt ein gerichtlich bestellter Sachverständiger zu einem Ortstermin einen beigetretenen Streithelfer nicht ein, so kann er für diesen **Ortstermin** keine Entschädigung verlangen[379].

d) Vorprüfung

Für die **Vorprüfung** eines Sachverständigen, ob er das Gutachten erstatten kann, kann i.d.R. eine Entschädigung nicht verlangt werden, wenn er ohne Schwierigkeiten erkennen konnte, dass er das erwartete Gutachten nicht erstellen kann. Etwas anderes gilt dann, wenn der Sachverständige erst nach Aktenstudium feststellen kann, dass er aus Gründen, die er nicht zu vertreten hat, das gewünschte Gutachten nicht erstatten kann[380].

1.8.2.3 Vergütungsantrag

Der Anspruch auf Entschädigung oder Vergütung muss nach § 2 JVEG durch **Vergütungsantrag** innerhalb einer Frist von drei Monaten geltend gemacht werden; der Antrag ist i.d.R. in zweifacher Ausfertigung bei dem Gericht einzureichen, das den Gutachter beauftragt hat. In dem Verlangen sind die Kosten zu spezifizieren und der Endbetrag anzugeben; eine Entschädigungs- oder Vergütungszuweisung „von Amts wegen" kennt das JVEG nicht. Mit dem Eingang des Vergütungsantrags ist der Vergütungsanspruch entstanden.

268

Nach § 3 JVEG kann in Ausnahmefällen ebenfalls auf Antrag ein **Vorschuss** gewährt werden[381].

Daneben besteht die Möglichkeit, einen Antrag nach § 4 JVEG zu stellen, um auf der Grundlage einer detaillierten Kostenaufstellung einen **gerichtlichen Beschluss über die zu gewährende Entschädigung, Vergütung** herbeizuführen, wenn sonst keine Kostendeckung gewährleistet ist[382].

Der **Vergütungsanspruch unterliegt der Verjährung**.

269

a) Die *Verjährungsfrist der Geltendmachung* beträgt drei Monate (§ 2 Abs. 1 JVEG). Die Frist beginnt mit Eingang des Gutachters beim Auftraggeber zu laufen. Im Falle einer mündlichen Verhandlung beginnt nach § 2 Abs. 1 Satz 2 Nr. 2 JVEG mit Beendigung der Vernehmung erneut eine Frist zu laufen.

b) Ist die Vergütung nach ihrer Geltendmachung nicht gewährt worden, so verjährt sich sein *Entschädigungsanspruch* nach § 2 Abs. 3 JVEG nach Ablauf von drei Jahren, beginnend mit dem Schluss des Jahres, in dem der Vergütungsanspruch mit Eingang des Gutachtens bei dem Auftraggeber entstanden ist.

Im Übrigen gelten die Verjährungsbestimmungen des BGB.

---

377 OLG Koblenz, Beschl. vom 17.2.2004 – 14 W 199/04 –, EzGuG 11.375a; OLG Koblenz, Beschl. vom 15.8.1980 – 14 W 322, 363/80 –, EzGuG 11.120a; KG Berlin, Urt. vom 3.10.1972 – 1 W 1299/72 –, EzGuG 11.85a; OLG Köln, Urt. vom 1.5.1970 – 8 W 25/70 –, EzGuG 11.71a; BGH, Urt. vom 15.12.1975 – X ZR 52/73 –, EzGuG 11.100a.
378 OLG Cottbus, Urt. vom 31.8.2005 – 4 O 130/02 –, EzGuG 11.464.
379 OLG Koblenz, Beschl. vom 17.2.2004 – 14 W 199/04 –, EzGuG 11.375a; OLG Saarbrücken, Beschl. vom 27.5.2003 – 7 U 604/01 –, EzGuG 11.349e.
380 OLG Düsseldorf, Beschl. vom 1.7.2004 – I 10 W 63/04 –, EzGuG 11.387; OLG Düsseldorf, Beschl. vom 1.7.2004 – I 10 47/04 –, EzGuG 11.386.
381 OLG Hamburg, Beschl. vom 20.11.1980 – 8 W 190/80 –, EzGuG 11.121e.
382 Zur Anfechtung von Entschädigungsfestsetzungen: Müller-Brühl in DStZ 1993, 289; OLG Celle, Beschl. vom 10.5.1962 – 3 Ws 214/62 –, EzGuG 11.24c; OLG Düsseldorf, Beschl. vom 8.9.1994 – 10 W 109/94 –, EzGuG 11.217a; OLG Köln, Urt. vom 6.9.2000 – 11 U 261/99 –, GuG 2001, 254; LSozG Thüringen, Urt. vom 19.9.1995 – L 5 B 17/94 –, EzGuG 11.224c; OLG München, Urt. vom 2.12.1994 – 11 W 1015/94 –, EzGuG 11.218b; OLG Düsseldorf, Urt. vom 19.12.1980 – 10 W 99/80 –, EzGuG 11.121 l.

1.8.2.4 Gegenstand der Vergütung

270 **Sachverständige erhalten** nach § 8 Abs. 1 **JVEG als Vergütung:**

1. ein sich nach den §§ 9 bis 11 JVEG bemessendes Honorar für ihre Leistung,

2. einen Fahrtkostenersatz nach § 5 JVEG,

3. eine Aufwandsentschädigung nach § 6 JVEG und

4. einen Ersatz für sonstige Aufwendungen nach den §§ 7 bis 11 JVEG,

5. einen Ersatz für besondere Aufwendungen nach § 12 JVEG.

Abb. 9: Sachverständigenvergütung

Die Prozessparteien können sich nach § 13 JVEG (bisher § 7 ZSEG) dem Gericht gegenüber mit einer bestimmten oder abweichend **von den gesetzlichen Regelungen zu bemessenden Vergütung** einverstanden erklären; dabei können auch Aufwendungen zum Gegenstand der besonderen Vereinbarung gemacht werden. Voraussetzung für eine höhere Vergütung ist, dass der Sachverständige in seinem Kostenvoranschlag die Höhe der Vergütung bestimmt hat und ein ausreichender Kostenvorschuss an die Staatskasse bezahlt wurde. Weitere Voraussetzung dafür ist, dass die Prozessparteien sich in erkennbarer Weise dem Gericht gegenüber erklären; das bloße Stillschweigen der Parteien stellt keine entsprechende Vereinbarung dar[383]. Das Gericht kann aber die Zustimmung einer anderen Partei (durch Richtervotum) ersetzen[384].

Nach § 13 Abs. 2 JVEG soll das zu vereinbarende Honorar das Eineinhalbfache des höchsten Stundensatzes nach § 9 nicht überschreiten. Die Vereinbarung ist verbindlich[385].

Darüber hinaus kann die oberste Landesbehörde oder eine von ihr bestimmte Stelle nach § 14 JVEG zur **Vereinfachung der Abrechnung** eine Vergütung im Rahmen der nach dem JVEG zulässigen Vergütung vereinbaren, wenn der Sachverständige „häufig" zur Erledigung von Gerichtsaufträgen herangezogen wird.

a) Honorar

Das **Honorar** wird **nach Feststundensätzen** bemessen, die sich nach § 9 JVEG aus der Zuordnung der Leistung zu einer bestimmten Honorargruppe nach Anl. 1 zu § 9 ergeben. Die „Bewertung von Immobilien" ist der Honorargruppe 6 mit einem Feststundensatz von 75 € zugeordnet. Soweit die Leistung in einem Sachgebiet erbracht wurde, das in keiner der in der Anl. 1 zum JVEG genannten Honorargruppen genannt wird, ist die Leistung nach § 9 Abs. 1 Satz 3 JVEG unter Berücksichtigung der allgemein für Leistungen dieser Art außergerichtlich und außerbehördlich vereinbarten Stundensätze einer Honorargruppe nach billigem Ermessen zuzuordnen. Das Honorar des Sachverständigen, der als Insolvenzverwalter das Vermögen des Schuldners beurteilt (§ 22 Abs. 1 Satz 2 Nr. 3 InsO), beträgt davon abweichend nach § 9 Abs. 2 JVEG für jede Stunde 65 €.

271

Eine **Erhöhung des Stundensatzes**

272

- bei Nachweis hauptberuflicher Tätigkeit[386],
- bei Auseinandersetzung mit der wissenschaftlichen Lehre und
- bei Erwerbsverlusten infolge häufiger Heranziehung

ist nicht (mehr) möglich. Benutzt ein Sachverständiger für die Erstellung des Gutachtens einen **Computer,** so rechtfertigt dies keine Erhöhung des Stundensatzes[387].

Soweit das Honorar nach Stundensätzen zu bemessen ist, gilt der **Feststundensatz** nach § 8 Abs. 2 Satz 1 i.V.m. § 9 Abs. 1 Satz 4 JVEG einheitlich für sämtliche Arbeitsabschnitte und für jede Stunde der erforderlichen Zeit einschließlich notwendiger Reise- und Wartezeiten[388]. Dabei wird allerdings ein hoher Grad an Fachkenntnissen vorausgesetzt. Die letzte bereits begonnene Stunde (Endstundensatz) wird nach § 8 Abs. 2 Satz 2 JVEG nur dann voll gerechnet, wenn sie zu mehr als 30 Minuten für die Leistungserbringung erforderlich war; andernfalls beträgt das Honorar die Hälfte des sich für die volle Stunde ergebenden Betrags.

Nach § 8 Abs. 2 Satz 1 JVEG wird die **erforderliche Zeit** vergütet. Die erforderliche Zeit soll dem nach objektiven Maßstäben[389] üblichen Zeitaufwand entsprechen, d.h., eine subjektiv langsame Bearbeitung auf Grund einer notwendig werdenden Einarbeitung muss unberücksichtigt bleiben[390]. Bei der Beurteilung ist ein großzügiger Maßstab unter Berücksichtigung des Streitstoffes, des Grades der Schwierigkeit der zu beantwortenden Fragen, des Umfangs des Gutachtens und der Bedeutung der Streitsache anzulegen[391]. Die erforderliche Zeit ist nach der Anzahl der Stunden zu bemessen, jedoch muss dazu jeder Zeitabschnitt auf die Minute festzustellen sein. Zur erforderlichen Zeit gehören insbesondere

273

---

383 OLG Hamm, Beschl. vom 26.8.1971 – 15a W 196/71 –, JVBl 1972, 45; OLG Nürnberg, Beschl. vom 23.6.1969 – 2 W 39/68 –, JVBl 1970, 69.
384 OLG Stuttgart, Beschl. vom 9.7.2001 – 8 W 357/01 –, NJW-RR 2002, 462 = GuG 2001, 382 = DB 2001, 1926 = EzGuG 11.306; AG Trier, Beschl. vom 1.9.2004 – 5 V 11/04 –, EzGuG 11.390; OLG Celle, Beschl. vom 28.3.1961 – 8 U 81/85 –, MDR 1961, 809.
385 OLG Frankfurt am Main, Beschl. vom 25.9.1964 – 6 W 298/64 –, JVBl 1965, 191.
386 OLG München, Beschl. vom 13.2.1997 – 11 WF 823/97 –, EzGuG 11.244c; OLG Düsseldorf, Urt. vom 26.5.1983 – 10 W 43/83 –, EzGuG 11.138b; OLG Köln, Urt. vom 4.8.1979 – 1 Ws 18/79 –; OLG Düsseldorf, Beschl. vom 8.9.1994 – 10 W 109/94 –, EzGuG 11.217; VGH Mannheim, Urt. vom 7.10.2002 – 14 S 702/01 –, GuG 2003, 317.
387 OLG Frankfurt am Main, Beschl. vom 12.10.1993 – 18 W 242/93 –, EzGuG 11.207d.
388 Zum Stundensatz im **Insolvenzverfahren:** AG Hamburg, Beschl. vom 28.9.2004 – 67 g IN 274/04 –, EzGuG 11.395.
389 BGH, Urt. vom 16.12.2003 – X ZR 206/98 –, GuG 2004, 381.
390 OLG Zweibrücken, Beschl. vom 25.9.1986 – 1 Ws 222/86 –, EzGuG 11.159a; OLG Hamm, Beschl. vom 31.3.2000 – 2 Ws 287/99 –, EzGuG 11.284a; OLG Hamm, Beschl. vom 27.4.1993 – 3 Ws 328/92 –, EzGuG 11.205c.
391 OLG Bremen, Urt. vom 28.2.2008 – 2 W 95/07 –, OLGR-Bremen 2008, 376 = GuG 2008.

III Sachverständigenwesen — Sachverständiger

- das Studium der Gerichtsakten nebst Beiakten,
- Wege-, Reise- und Wartezeit (einschließlich Verkehrsstau[392]) sowie die Ortsbesichtigung,
- gedankliche Vorarbeiten, Ausarbeitung und Durchsicht des Gutachtens.

Zur erforderlichen Zeit gehören indessen nicht
- die Aufstellung und Versendung der Rechnung[393],
- Mittagspausen von durchschnittlich einer Stunde und Übernachtungen von acht Stunden[394],
- Zeitversäumnisse durch Umwege und Pannen[395],
- Anträge auf gerichtliche Festsetzung nach § 4 Abs. 1 JVEG, Einlegung von Beschwerden nach § 4 Abs. 3 JVEG sowie Stellungnahmen zu Anträgen auf Ablehnung wegen Besorgnis der Befangenheit[396].

Kriterien des Stundensatzrahmens sind
- der Grad der erforderlichen Fachkenntnisse,
- die Schwierigkeit der Leistung[397],
- ein anderweitig nicht abgedeckter Aufwand für eine notwendigerweise in Anspruch zu nehmende technische Einrichtung sowie
- besondere Umstände, unter denen die Erarbeitung des Gutachtens erfolgen musste.

Grundsätzlich ist davon auszugehen, dass die vom Sachverständigen festgestellte Zeit auch erforderlich war, jedoch unterliegen die Zeitangaben einer **Nachprüfung** des die Vergütung festsetzenden Gerichts[398]. Das Gericht hat die Vergütung nach Art und Höhe insgesamt zu prüfen und festzusetzen und kann sich nicht auf die Bestimmung des zu zahlenden Stundensatzes beschränken[399].

b) Fahrtkostenersatz

274 Bei Benutzung eines eigenen oder unentgeltlich zur Nutzung überlassenen Kraftfahrzeugs wird ein **Kilometergeld** von 0,30 € gewährt, für Zeugen, sachverständige Zeugen und Dritte beträgt das Kilometergeld lediglich 0,25 €. Bei Benutzung öffentlicher Verkehrsmittel werden die Fahrtkosten bis zur 1. Wagenklasse der Bahn ersetzt[400]. Höhere Fahrtkosten (auch Flugkosten) werden nach § 5 Abs. 3 JVEG nur ersetzt, soweit dadurch Mehrbeträge an Vergütung und Entschädigung erspart werden oder höhere Fahrtkosten wegen besonderer Umstände notwendig sind[401].

---

[392] OLG Stuttgart, Beschl. vom 19.2.1996 – 1 Ws 13/96 –, JurBüro 1996, 659.
[393] OLG München, Beschl. vom 16.8.1973 – 2 Ws 487/72 –, MDR 1973, 1044 = EzGuG 12.9b.
[394] OLG Hamm, Beschl. vom 27.4.1993 – 3 Ws 328/92 –, MDR 1993, 1025 = EzGuG 11.205c; OLG Karlsruhe, Beschl. vom 19.4.1967 – 1 Ws 257/66 –, Justiz 1967, 220; zu Übernachtungskosten: LSozG Thüringen, Urt. vom 5.4.2000 – 16 B 2/00 SF –, JurBüro 2000, 489.
[395] OLG Hamm, Beschl. vom 30.9.1977 – 3 Ws 439/77 –, MDR 1978, 868.
[396] OLG München, Beschl. vom 16.5.1994 – 1 W 1462/94 –, MDR 1994, 1050 = EzGuG 11.211; OLG Düsseldorf, Beschl. vom 17.5.1994 – 10 W 60/94 –, MDR 1994, 1050 = EzGuG 11.212.
[397] OLG Koblenz, Beschl. vom 20.4.1999 – 1 W 97/99 –, EzGuG 11.277e; AG Göttingen, Beschl. vom 17.9.2004 – 74 IN 260/04 –, EzGuG 11.394.
[398] OLG Karlsruhe, Urt. vom 23.6.1999 – 3 W 60/99 –, EzGuG 11.279c; OLG Düsseldorf, Beschl. vom 5.12.1994 – 10 W 130/94 –, JurBüro 1995, 488 = EzGuG 11.219; OLG Koblenz, Urt. vom 21.8.1975 – 6 U 657/73 –, MDR 1976, 324; OLG Hamm, Beschl. vom 27.8.1973 – 23 W 16/73 –, JMBlNRW 1974, 56 = KostRsp 16 Nr 43; BayVerfGH, Urt. vom 28.9.1973; LG Regensburg, Beschl. vom 22.1.1979 – 2 T 212/78 –, JurBüro 1979, 1342; LG Bochum, Beschl. vom 20.10.1975 – 7 T 30/75 –, Rpfleger 1976, 32; LG Dortmund, Beschl. vom 8.3.1966 – 9 T 479/65 –, NJW 1966, 1169; LSozG Stuttgart, Beschl. vom 1.7.1974 – L 9 Ko 10/74 –, NJW 1974, 2200.
[399] OLG Düsseldorf, Beschl. vom 12.11.1980 – 1 Ws 669/80 –, EzGuG 11.121b.
[400] Zur Entschädigung einer Bahncard: OLG Koblenz, Beschl. vom 25.3.1993 – 14 W 73/93 –, Rpfleger 1994, 85; OLG Hamm, Beschl. vom 30.1.1996 – 20 U 98/95 –, JurBüro 1996, 598.
[401] OLG München, Beschl. vom 22.7.1981 – 25 W 1583/81 –, BauR 1982, 299 = EzGuG 11.125b; LG Braunschweig, Beschl. vom 27.3.2002 – 2 W 95/02–, EzGuG 11.324b.

c) Aufwandsentschädigung

Der Sachverständige, der aus Anlass der Wahrnehmung eines Termins von seiner Wohnung und seinem Tätigkeitsmittelpunkt abwesend sein muss, erhält nach § 6 Abs. 1 JVEG ein **Tagegeld** in Höhe des sich nach § 4 Abs. 5 Satz 1 Nr. 5 Satz 2 EStG bestimmenden Betrags, wenn er innerhalb der Gemeinde, in dem der Termin stattfindet, weder wohnt noch berufstätig ist. Ist eine auswärtige Übernachtung notwendig, erhält er ein **Übernachtungsgeld**, das sich nach den Bestimmungen des Bundesreisekostengesetzes bemisst.

275

d) Ersatz für sonstige Aufwendungen

Nach § 7 Abs. 1 JVEG wird auch Ersatz für die in den §§ 5, 6 und 12 nicht besonders genannten baren Auslagen ersetzt, soweit sie notwendig sind. **Porto, Telefon- und Faxkosten** werden im tatsächlich angefallenen Umfang ersetzt.

276

Die nach § 7 Abs. 1 JVEG zu erstattenden **Kosten einer notwendigen Vertretung und notwendiger Begleitpersonen** sind nach der Rechtsprechung nur insoweit zu erstatten, wie die vom Vertreter erzielten Einnahmen hinter der an ihn gezahlten Vergütung zurückbleiben[402].

Die Anfertigungen von **Ablichtungen (Fotokopien)** werden nach § 7 Abs. 2 JVEG mit 0,50 €/Kopie für die ersten 50 Kopien und jede darüber hinausgehende Kopie mit 0,15 €/Kopie ersetzt. Farbkopien werden wiederum nach § 12 Abs. 1 Nr. 2 JVEG mit 2 €/Seite ersetzt[403].

Die **Überlassung von elektronisch gespeicherten Daten** anstelle von Ablichtungen werden nach § 7 Abs. 3 JVEG mit 2,50 € je Datei ersetzt.

e) Ersatz für besondere Aufwendungen

Nach dem Grundsatz des § 12 Abs. 1 Satz 1 JVEG sind mit dem Honorar nach den §§ 9 bis 11 JVEG auch die **üblichen Gemeinkosten** (allgemeine Bürokosten, Fachliteratur, Inanspruchnahme fremder Einrichtungen[404]) sowie der mit der Gutachtenerstattung üblicherweise verbundene Aufwand abgegolten.

277

Als „Ersatz für besondere Aufwendungen" werden jedoch gesondert ersetzt:

1. die für die Vorbereitung und Erstattung eines Gutachtens aufgewendeten notwendigen Kosten, einschließlich der notwendigen Aufwendungen für **verbrauchte Stoffe, Werkzeuge und Hilfskräfte**;

2. die für die Vorbereitung und Erstattung eines Gutachtens erforderlichen **Lichtbilder (Fotos)**[405] oder an deren Stelle tretenden **Farbausdrucke** (in Höhe einer Pauschale von 2 € für den ersten Abzug oder Ausdruck und 0,50 € für jeden weiteren Abzug oder Ausdruck, § 12 Abs. 1 Nr. 2 Satz 2 JVEG)[406] einschließlich der Kopierkosten für die Handakte[407];

3. für die **Erstellung des schriftlichen Gutachtens** 0,75 € je angefangene 1 000 Anschläge (die Zahl der Anschläge ist zu schätzen, wenn diese nicht bekannt ist); dieser sich aus § 12

---

[402] OLG Koblenz, Beschl. vom 3.4.1973; OLG Hamm, Beschl. vom 1.4.1960 – 3 Ws 479/59 –, NJW 1960, 1406 = EzGuG 11.20a. Zur Abrechnung von **Schreibgebühren**, vgl. LG Frankfurt am Main, Beschl. vom 4.4.2005 – 2 – 12 – OH 17/05 –, EzGuG 11.408; OVG München, Urt. vom 31.08.2004 – 1 B 4411A –, EzGuG 11.389.
[403] LG Mönchengladbach, Beschl. vom 10.5.1993 – 8 O 119/91 –, EzGuG 11.205g; OLG Düsseldorf, Beschl. vom 18.5.1993 – 10 W 20/93 –, EzGuG 11.206; OLG Stuttgart, Beschl. vom 12.8.1997, EzGuG 11.249a.
[404] BGH, Beschl. vom 16.12.2003 – XZR 206/98 –, EzGuG 11.362.
[405] AG Köln, Beschl. vom 4.4.2008 – 143 H 2/07 – EzGuG = GuG-aktuell 2008, 39; KG, Urt. vom 12.11.2007 – 8 W 70/07 –, GuG 2008, 245.
[406] OLG Hamburg, Beschl. vom 21.2.2007 – 8 W 21/07 –, EzGuG 11.569a; AG Wiesbaden, Urt. vom 8.3.2005 – 93 H 39/04 – 19 –, EzGuG 11.405; LG Hannover, Beschl. vom 6.5.2004 – 33 AR 1/04 –, GuG 2005, 253 = EzGuG 11.383c; LSozG Rheinland-Pfalz, Urt. vom 2.4.2001 – L 4 SB 14/00 –, GuG-aktuell 2003, 23 = EzGuG 11.299a.
[407] LG Stendal, Beschl. vom 5.5.2008 – 21 O 24/05 –; OLG Stuttgart, Beschl. vom 12.9.2005 – 1 Ws 211/05 –, EzGuG 11.465; OLG München, Beschl. vom 24.1.2006 – 3 O 554/03 –, GuG 2006, 253; OLG Stuttgart, Beschl. vom 12.8.1997 Justiz 1994, 443 = EzGuG 11.249a.

Abs. 1 Nr. 3 JVEG ergebende Pauschalsatz ist nach *Bleutge* nur für die Erstellung der **Reinschrift** eines schriftlichen Gutachtens einschlägig[408],

4. die auf die gesamte Vergütung (§ 8 Abs. 1 JVEG) anfallende **Umsatzsteuer**[409], sofern diese nicht nach § 19 Abs. 1 UStG unerhoben bleibt (§ 12 Abs. 1 Satz 2 Nr. 4 JVEG). Ist der Sachverständige also umsatzsteuerpflichtig, kann er auf seine gesamte Vergütung (Honorar und erstattungsfähige Auslagen, z. B. die vom Gutachterausschusses für Grundstückswerte in Rechnung gestellte Umsatzsteuer) die Umsatzsteuer aufschlagen.

Vorbereitende Schreibarbeiten, wie z. B. die Einladung und Protokollierung der Ortsbesichtigung[410], Terminbenachrichtigungen und Aktenanforderungen[411], sollen auf der Grundlage des § 12 Abs. 1 Nr. 1 JVEG mit dem Stundensatz abgerechnet werden, den die Sekretärin vom Gutachter als Gehalt erhält. Kein Kostenersatz wird für das Übersendungsschreiben und die Kostenrechnung sowie für den Antrag auf richterliche Festsetzung des Entschädigungsanspruchs gewährt[412].

Die **Vergütung der Hilfskräfte** ist nicht an die Höchstsätze des JVEG gebunden[413], jedoch kann sie auch nicht die Vergütung des eigentlichen Sachverständigen überschreiten[414]; die Gemeinkosten für Hilfskräfte werden nach § 12 Abs. 2 JVEG durch einen Aufschlag von 15 % pauschaliert, es sei denn, die Heranziehung von Hilfskräften[415] hat keine oder nur unwesentlich erhöhte Gemeinkosten veranlasst. Auf gerichtliche Anforderung ist im Einzelnen darzulegen, wieso die Zuziehung von Hilfskräften sachlich geboten war, mit welcher Verrichtung sie beauftragt waren, welcher Zeitaufwand dafür jeweils angefallen war und in welcher Höhe dieser vergütet wurde[416].

278 Für die Spezifizierung des Auftrags wird von der **Industrie- und Handelskammer** folgende Systematik empfohlen:

Wahrnehmung des Gerichtstermins	.... Std.	
Fahrten	.... Std.	
A. Zeitaufwand (§§ 8, 9)		
1. Aktenstudium	.... Std.	
2. Diktat des Schreibens zur Abstimmung der Ortsbesichtigung und Ladung, Einholung von Auskünften u. a.	.... Std.	
3. Ortsbesichtigung (einschließlich Hin- und Rückfahrt)	.... Std.	
4. Zeichen- und Rechenarbeiten	.... Std.	
5. Ausarbeitung und Diktat des Gutachtens	.... Std.	
Gesamtzahl der Stunden	.... Std.	
Aufgerundet nach § 8 Abs. 2 Satz 1 auf	.... Std.	
Stundensatz: 75,00 €	à 75,00 €	= .... €

---

408 Bleutge, Gebühren für Gutachter, 4. Aufl. DIHK Köln 2004, S. 42 f.
409 OLG Oldenburg, Beschl. vom 1.4.1993 – 2 U 190/90 –, EzGuG 11.203h; LG Göttingen, Beschl. vom 21.2.2008 – 20549/07 –;
410 OLG Koblenz, Beschl. vom 14.1.1993 – 5 W 7/93 –, JurBüro 1994, 563 = GuG 1993, 121.
411 LG Offenburg, Beschl. vom 18.2.1971 – 3 O 192/69 –.
412 KG, Beschl. vom 21.9.1971, Rpfleger 1971, 447; LAG Hamm, Beschl. vom 26.11.1975 – 9 Sa 989/75 –, JurBüro 1976, 491; OLG Saarbrücken, Beschl. vom 30.7.1962 – 3 U 110/58 –, JBlSaar 1962, 149.
413 OLG Hamm, Beschl. vom 20.1.2004 – 26 U 113/01 –, GuG 2005, 252 = EzGuG 11.366b; LG Koblenz, Beschl. vom 9.11.1967 – 1 R 79/65 –, NJW 1968, 204; OLG Bamberg, Beschl. vom 11.1.1979 – 2 U 155/74 –, JurBüro 1979, 409; OLG Zweibrücken, Beschl. vom 9.12.1989 – Ws 154/69 –, EzGuG 11.69h = NJW 1970, 531; VG Hamburg, Beschl. vom 21.4.1980 – VIII VG 1390/79 –, JurBüro 1980, 1706.
414 OLG Düsseldorf, Beschl. vom 27.4.1993 – 10 W 32/98 –, BauR 1993, 772 = EzGuG 11.205b; OLG Celle, Beschl. vom 11.4.1967 – 8 W 18/67 –, JVBl 1967, 214; LG Bielefeld, Beschl. vom 18.3.1974 – 3 Ns 50/72 –, MDR 1974, 956; OLG Braunschweig, Beschl. vom 19.5.1978 – 2 W 20/78 –, KostRsp § 8 Nr. 52; Praktische Hinweise: IfS: Der Sachverständige und seine Mitarbeiter, 2. Aufl. Köln 2003.
415 OLG Düsseldorf, Beschl. vom 14.4.1993 – 10 W 156/92–, EzGuG 11.204a.
416 OLG Karlsruhe, Beschl. vom 11.11.2004 – 12 W 85/04 –, EzGuG 11.407a.

B. Ersatz von Aufwendungen (§§ 5–7, 12)

1. Aufwendungen für Hilfskräfte (gem. § 12 Abs. 2 Nr. 1)
   zuzüglich 15 % Gemeinkosten (.......... Std. à ....) = ... €
2. Reisekosten für Ortsbesichtigung gem. § 5 Abs. 2 Satz 1
   (Deutsche Bahn oder Fahrt mit eigenem Pkw: 0,30 €/km) = ... €
3. Tagegeld (gem. § 6 Abs. 1 i.V.m. § 4 Abs. 5 Satz 1 Nr. 5 Satz 2 EStG)
   (Abwesenheit vom Wohn- und Tätigkeitsmittelpunkt zwecks
   Ortsbesichtigung für 9 Stunden) (............ Std. à ....) = ... €
4. Fotografien (gem. § 7 Abs. 2) (..........Originale à 2,00 €) = ... €
   (........... Abzüge à 0,50 €) = ... €
5. Fotokopien (gem. § 7 Abs. 2) (............ Stück à 0,50 €) = ... €
   (............ Stück à 0,15 €) = ... €
   (....... Farbkopien à 2,00 €) = ... €
6. Schreibkosten für Reinschrift des Gutachtens (gem. § 12 Abs. 1 Satz 2 Nr. 3)
   für das Original (............ Anschläge/1000 à 0,75 €) = ... €
   für ..... weitere Exemplare (....... Seiten) (......... Seiten à 0,15 €)* = ... €
   auf Anforderung des Gerichts
7. Porto, Telefon (gem. § 7) u.Ä.** = ... €
   Auslagen insgesamt = ... €

C. Gesamtsumme

A Zeitaufwand = ... €
B Ersatz von Aufwendungen = ... €
   Mehrwertsteuer 19 % gem. § 8 Abs. 1 Nr. 4 = ... €
C Gesamtvergütung = ... €

* 0,50 € für eine Fotokopie und 0,50 € für einen Durchschlag (Kopie) der Reinschrift des Gutachtens gibt es nur dann, wenn die Posten 5 und 6 – zusammengezählt – nicht mehr als 50 Exemplare betragen. Alles, was darüber hinausgeht, wird mit 0,15 € pro Kopie bezahlt.
** Auf Nachfrage des Kostenbeamten muss die Pauschale für Porto und Telefon jeweils aufgeschlüsselt werden.

Auftrag zur Erläuterung eines Gutachtens im Gerichtstermin:

A. Zeitaufwand (§§ 8, 9)

1. Vorbereitung des Termins einschließlich
   Studium der Handakten und Durcharbeitung
   des Gutachtens .... Std.
2. Anreise zum Termin
   Am .... ab ..... Uhr; bis 24:00Uhr* .... Std.
3. Termin und Rückreise
   Am .... ab ...... Uhr; zurück ...... Uhr* .... Std.
   .... Std.
   Aufgerundet gemäß § 8 Abs. 2 auf .... Std.
4. *Stundensatz:* .... × 75 € .... €

B. Ersatz von Aufwendungen (§§ 5–7, 12)

1. Reisekosten (Deutsche Bahn, 1. Klasse,
   Beleg liegt bei) = ... €
2. Taxifahrten am Terminsort (Belege liegen bei) = ... €
3. Übernachtung (Beleg liegt bei) = ... €

III Sachverständigenwesen   Sachverständiger

    4. Tagegeld

       am .... Std.   = ... €

       am .... Std.   = ... €

       Auslagen insgesamt   = ... €

C. Gesamtentschädigung

A Zeitaufwand   = ... €

B Ersatz von Aufwendungen   = ... €

   Mehrwertsteuer 19 % gem. § 12 Abs. 1 Satz 2 Nr. 4   = ... €

C Gesamtvergütung   = ... €

    *   Die Zeit von 19.00 bis 24.00 Uhr sowie die Zeit von 0.00 bis 8.00 Uhr gilt nicht als Arbeitszeit, wird aber bei der Berechnung des Abwesenheitsgelds nach § 10 berücksichtigt.

Wird ein Sachverständiger **nach Ablieferung eines Gutachtens** vom Gericht aufgefordert, zusätzliche Fragen zu beantworten, einzelne Punkte seines Gutachtens zu konkretisieren oder zur Kritik einer Prozesspartei Stellung zu nehmen, wird der Sachverständige bei Aufträgen, die unter der Herrschaft des JVEG erteilt wurden, erneut im Sinne des § 1 Abs. 1 Nr. 1 JVEG zu Beweiszwecken herangezogen[417]. In Zweifelsfällen ist nach Kriterien der Billigkeit zu entscheiden[418].

1.8.3 Vergütung von Schiedsgutachtern

279 Ein als Schiedsgutachter tätig werdender Sachverständiger kann seine **Vergütung frei vereinbaren.** In Betracht kommt die Vereinbarung

– eines Pauschalhonorars oder

– eine Vergütung nach Stundensätzen,

wobei es sich empfiehlt, einen Ersatz von Auslagen für Hilfskräfte, Fahrt- und Schreibkosten sowie ggf. Vorauszahlung in die Vereinbarung mit aufzunehmen. Dies gilt auch bezüglich eines Anspruchs auf Zahlung der Mehrwertsteuer.

280 Ist eine **Vereinbarung über die Vergütung nicht getroffen** worden, hat der Sachverständige nach § 632 Abs. 2 BGB Anspruch auf die übliche Vergütung, d.h., sie bemisst sich dann nach dem Umfang der erbrachten Leistung, dem Schwierigkeitsgrad und den erforderlichen Auslagen. Die Vergütung wird nach Erstattung des Gutachtens und dessen Abnahme fällig. Vorschuss- und Abschlagszahlungen können nur verlangt werden, wenn solche vereinbart worden sind.

„§ 632 BGB Vergütung"

(1) Eine Vergütung gilt als stillschweigend vereinbart, wenn die Herstellung des Werkes den Umständen nach nur gegen eine Vergütung zu erwarten ist.

(2) Ist die Höhe der Vergütung nicht bestimmt, so ist bei dem Bestehen einer Taxe die taxmäßige Vergütung, in Ermangelung einer Taxe die übliche Vergütung als vereinbart anzusehen."

---

417 OLG Düsseldorf, Beschl. vom 26.4.2005, DS 2005, 348; OLG Celle, Beschl. vom 6.7.2005 – 2 W 141/05 –, JurBüro 2005, 550, 657; OVG Berlin, Beschl. vom 7.12.2004 – 1 K 1/04 –, GuG 2005, 319 = EzGuG 11.413a; KG, Beschl. vom 21.2.2007 – 26 U 230/01 –, DS 2007, 230 = EzGuG 11.569.

418 Ablehnend: LG Essen, Beschl. vom 14.7.2005 –, BauR 2005, 1686 = JZ 2005, 1686; OLG München, Beschl. vom 16.5.1994 – 1 W 1462/94 –, MDR 1994, 1050 = EzGuG 11.211; OLG Düsseldorf, Beschl. vom 17.5.1994 – 10 W 60/94 –, MDR 1994, 1050 = EzGuG 11.212; OLG Köln, Beschl. vom 14.6.1994 – 3 U 169/89 –, VersR 1995, 1508 = EzGuG 11.214b; OLG Koblenz, Beschl. vom 8.12.1999 – 10 W 788/95 –, MDR 2000, 416; LSozG Celle, Beschl. vom 5.12.2000, SGb 2001, 385; zustimmend: OLG Frankfurt am Main, Beschl. vom 24.2.1993 – 4 WF 13/93 –, MDR 1993, 484; LSozG Baden-Württemberg, Beschl. vom 17.2.1004 – L 12 RA 1624/03 – KO/A –, GuG 2005, 117 = EzGuG 11.375; LSozG Sachsen, Beschl. vom 19.12.2007 – L 2 U 77/07 –, EzGuG 11.613; OLG Stuttgart, Beschl. vom 11.9.2007 – 10 W 23/07 –, JurBüro 2008, 98 = EzGuG 11.599.

Das Justizvergütungs- und -entschädigungsgesetz – JVEG – findet auf die Vergütung von Schiedsgutachtern keine Anwendung; Anwendung kann indessen die **HOAI** finden. 281

Der **Vergütungsanspruch verjährt gemäß § 195 BGB nach drei Jahren.** Nach § 199 beginnt die regelmäßige Verjährungsfrist mit dem Schluss des Jahres, in dem 282

1. der Anspruch entstanden ist und
2. der Gläubiger von den den Anspruch begründenden Umständen und der Person des Schuldners Kenntnis erlangt oder ohne grobe Fahrlässigkeit erlangen müsste.

Fällig wird der Anspruch nach § 641 Abs. 1 BGB mit der Abnahme des Gutachtens.

Es empfiehlt sich, in dem Gutachtervertrag eine Bestimmung aufzunehmen, wer dem Sachverständigen die Vergütung schuldet. Aus der Sicht des Sachverständigen ist eine Vereinbarung sinnvoll, nach der **beide Auftraggeber für seinen Honoraranspruch als Gesamtschuldner haften.** Im Übrigen werden die Kosten des Schiedsgutachters üblicherweise von beiden Parteien je zur Hälfte getragen[419].

Ein den Vergütungsanspruch berührender Mangel eines Schiedsgutachtens liegt nur dann vor, wenn das Gutachten offenbar unrichtig ist[420].

1.8.4 Vergütung von sachverständigen Zeugen

Die Frage, ob eine Beweisperson als Zeuge oder als Sachverständiger anzusehen und zu entschädigen ist, ist weder davon abhängig, wie sie von der beweisführenden Partei bezeichnet und im Beweisbeschluss aufgeführt ist, noch davon, ob sie als sachverständiger Zeuge oder als Sachverständiger geladen wurde. Entscheidend ist vielmehr der sachliche Gehalt der Vernehmung[421]. 283

1.9 Vermögensschaden-Haftpflichtversicherung

Für den Sachverständigen ist bei alledem eine Haftpflichtversicherung für Vermögensschäden unverzichtbar. Für solche gelten die „Allgemeinen Versicherungsbedingungen zur Haftpflichtversicherung für Vermögensschäden" – AVB –. Diese definieren **Vermögensschäden** als solche **Schäden, die weder Personenschäden** (Tötung, Verletzung des Körpers oder Schädigung der Gesundheit von Menschen) **noch Sachschäden** (Beschädigung, Verderben, Vernichtung oder Abhandenkommen von Sachen) **sind.** Beispiele für Vermögensschäden sind Fehler bei der Wertermittlung, falsche Analysen und unrichtige Messungen und Berechnungen. Darüber hinaus wird Versicherungsschutz nach Maßgabe „Besonderer Bedingungen und Risikobeschreibungen für die Vermögensschaden-Haftpflichtversicherung von Sachverständigen und Gutachtern" gewährt. Sie sehen z. B. den Versicherungsschutz für gutachterliche Feststellungen nach Maßgabe folgender Bestimmung vor: „Versichert ist die freiberufliche Beurteilung bestehender Verhältnisse einschließlich der Tätigkeit als Gerichts- und Schiedsgutachter." 284

Die Versicherer[422] bieten i.d.R. sowohl **Vorwärts- als auch Rückwärtsversicherungen** an: 285

– Die *Vorwärtsversicherung* umfasst die Folgen aller vom Beginn des Versicherungsschutzes ab bis zum Ablauf des Vertrags vorkommenden Verstöße.

– Die *Rückwärtsversicherung* bietet Deckung gegen in der Vergangenheit vorgekommene Verstöße, welche dem Versicherungsnehmer oder Versicherten oder seinen Sozien bis zum Abschluss der Rückwärtsversicherung nicht bekannt geworden sind. Bei Antragstellung ist die zu versichernde Zeit nach Anfang- und Endpunkt zu bezeichnen.

---

419 OLG Düsseldorf, Beschl. vom 20.3.1996 – 22 U 151/97 –, OLGR-Düsseldorf 1998, 279; LG Kassel, Beschl. vom 20.9.1996 – 10 S 151/96 –, VersR 1997, 1268 = EzGuG 11.235d.
420 OLG Frankfurt am Main, Urt. vom 21.10.2006 – 26 U 24/05 –, GuG 2006, 317.
421 OLG Düsseldorf, Beschl. vom 18.11.2004 – 10 W 88/04 –, EzGuG 11.411a; LG Lüneburg, Beschl. vom 28.4.2006 – 1 T 66/05 –, GuG 2006, 321; OLG Koblenz, Urt. vom 19.5.2005 – 5 U 1470/04 –, EzGuG 11.447a.
422 Auch z. B. für landwirtschaftliche Unternehmensberater (vgl. Verlag Pflug und Feder GmbH, Postfach 20 47 in 53743 St. Augustin).

III Sachverständigenwesen   Sachverständiger

Nach § 14 SVO (vgl. Anh. 1.1) soll der Sachverständige eine **Haftpflichtversicherung in angemessener Höhe** abschließen. Im Hinblick auf den Haftungszeitraum von bis zu 30 Jahren muss der Sachverständige darauf achten, dass er einen Versicherungsschutz auch für Schäden erhält, die dem Versicherer später als zwei bzw. fünf Jahre nach Beendigung des Versicherungsvertrags gemeldet werden. Die Deckungssummen für Personen- und Sachschäden liegen derzeit bei 1,5 Mio. € bzw. 0,5 Mio. €. Vermögensschäden sind in Höhe von 150 000 bis 500 000 € versicherbar.

Ansonsten sind bei einer **summenmäßigen Haftungsbegrenzung** der **Grundsatz von Treu und Glauben** sowie die guten Sitten zu beachten. Maßstab dafür ist insbesondere das Sachverständigenhonorar.

1.10   Gerichtsstand

286   Nach § 12 ZPO ist das Gericht, bei dem eine Person ihren allgemeinen Gerichtsstand hat, für alle gegen sie zu erhebenden Klagen zuständig, sofern kein ausschließender Gerichtsstand begründet ist. Des Weiteren ist der allgemeine Gerichtsstand einer Person ihr Wohnsitz; dazu gehört auch ihr Geschäftssitz. Klagen auf Zahlung der Vergütung sind deshalb grundsätzlich an den Wohnsitz des Auftraggebers einzureichen. Im Gutachtervertrag kann aber eine sog. **Gerichtsstandsklausel** des Inhalts aufgenommen werden, dass „im Falle einer Klage des Sachverständigen gegen seinen Auftraggeber wegen Zahlung der Vergütung nicht das Gericht am Wohnort oder Geschäftssitz des Auftraggebers, sondern das am Wohnort oder Geschäftssitz des Sachverständigen zuständige Gericht zuständig" sein soll.

Nach § 29 Abs. 1 ZPO ist für Streitigkeiten aus einem Vertragsverhältnis und über dessen Bestehen das **Gericht des Ortes zuständig, an dem die streitige Verpflichtung zu erfüllen ist.** Eine davon abweichende Vereinbarung des Gerichtsstands kann nach § 29 Abs. 2 ZPO (i.V.m. § 38 Abs. 1 ZPO) nur begründet werden, wenn beide Vertragsparteien Kaufleute, juristische Personen des öffentlichen Rechts oder öffentlich-rechtliche Sondervermögen sind. Die Vereinbarung eines anderen Gerichtsstands kann ihre Wirkung mithin nicht entfalten, wenn der Vertragspartner seinerseits ein privater Endverbraucher oder Freiberufler ist.

Darüber hinaus kann es in den Fällen, in denen der **Schuldner Ausländer ist oder ins Ausland verzogen ist,** angezeigt sein, eine Vereinbarung des Inhalts in den Gutachtervertrag aufzunehmen, das „für den Vertrag das Recht der Bundesrepublik Deutschland" gelten soll.

2 Gutachten

2.1 Gutachten über Grundstückswerte

2.1.1 Allgemeines

Schrifttum: *Auernhammer, H.,* Der WertR des Sachverständigengutachtens, BauR 1983, 97; *Bayerlein, W.,* Praxishandbuch Sachverständigenrecht, 3. Aufl. 2002; *Bleutge, P.,* Urherberschutz beim Sachverständigengutachten, Wiesbaden 1989; Bundesministerium für Verkehr, Bau- und Wohnungswesen, WERTR (Anl. 24a WERTR 76); *DIHT,* Inhaltliche Anforderungen an Gutachten für bebaute und unbebaute Grundstücke (1991); *Ehlers, A.,* Medizinisches Gutachten im Prozess, 3. Aufl. München 2005; *Göppinger, H.,* Praxis der Begutachtung, Berlin 1974; *Grabe, H.,* Offenlegung von Befundtatsachen im Verkehrswertgutachten des Sachverständigen, BauR 2003, 341; *Gruhle, H.,* Gutachtentechnik, Berlin 1955; *IDW-Prüfungsstandard* (IDW PS 322 „Verwertung der Arbeit von Sachverständigen" vom 6.5.2002, GuG 2005, 47); *Kamphausen, P.,* Alternativbegutachtung durch Sachverständige, BauR 1986, 151; *Lippert, H.,* Wem stehen die Ergebnisse eines Sachverständigengutachtens zu?, NJW 1989, 2935; *Nicklisch, F.,* Das Recht im Umgang mit dem Ungewissen in Wissenschaft und Technik, NJW 1986, 2287; *Pieper, H.,* Perspektiven eines Gerichtsgutachtens, WiVerw 1988, 47; *Schulz, E.,* Modell-Gutachten, ZSW 1986, 40; *Wapenhans, W.,* Baugutachten – gezielt hinterfragen, Bundesanzeiger Verlag 2006; *Zuschlag, B.,* Das Gutachten des Sachverständigen, 2. Aufl. Göttingen 2002.

Bei einem **Gutachten** handelt es sich um eine **mit besonderer Sachkunde, Fachwissen und Erfahrung begründete Stellungnahme,** die entsprechend dem Auftrag (Antragstellung) **287**

a) Tatsachenfeststellungen,

b) Erfahrungssätze sowie

c) aus Tatsachenfeststellungen gezogene Schlussfolgerungen einschließlich Werturteilen

in objektiver, begründeter, systematisch gegliederter und nachvollziehbarer Weise vermitteln soll. Sie muss sich auf Tatsachen und darf sich nicht auf Mutmaßungen stützen (weitere Ausführungen bei § 193 BauGB Rn. 7 ff.)[1].

Ein im gerichtlichen Auftrag erstattetes **Gutachten sollte grundsätzlich keine rechtlichen Ausführungen enthalten** oder Sachverhalte rechtlich werten, da dies dem Gericht vorbehalten ist. Bei der Erstattung von Gutachten über Grundstückswerte ist dies allerdings häufig unvermeidbar, z. B. wenn es um die rechtliche Qualifizierung des Entwicklungszustands eines zu wertenden Objekts geht. Hier muss man i.d.R. erwarten können, dass ein Gutachter die geltenden Rechtssätze sachkundig beachten kann. Bei rechtlichen Wertungen, die das Ergebnis eines Gutachtens entscheidend mit beeinflussen oder gar von einer herrschenden Rechtsauffassung abweichen, sollte der Gutachter jedoch frühzeitig mit dem Gericht in Verbindung treten. **288**

Grundsätzlich kann ein Gutachten schriftlich (in Textform) oder mündlich erstattet werden. Die **schriftliche Gutachtenerstattung ist in der Grundstückswertermittlung die Regel.** **289**

Gutachten sind grundsätzlich unverbindlich. Dies gilt auch für Gutachten des Gutachterausschusses für Grundstückswerte nach den §§ 192 ff. BauGB. Die Gutachten der Gutachtenausschüsse für Grundstückswerte unterliegen auch nicht einem Anspruch auf Widerruf[2]. Zur Rechtsnatur der Gutachten der Gutachterausschüsse für Grundstückswerte vgl. § 193 BauGB Rn. 67 ff. **290**

---

1 BGH, Urt. vom 2.11.1983 – IV ZR 20/82 –, EzGuG 20.103; der Tübinger Rechtsprofessor Wonhard Möschel hat die Gutachten über den Telekommunikationsmarkt weniger zuversichtlich mit dem Satz kommentiert: „Mit Gutachten ist es wie mit der Liebe: Wenn man dafür bezahlt wird, verändert sich die Sicht."
2 BGH, Urt. vom 18.10.1977 – VI ZR 171/76 –, EzGuG 11.111.

III Sachverständigenwesen — Gutachten

291 Eine **Verbindlichkeit** eines Gutachtens kann gegeben sein, **wenn ein Gutachten Gegenstand eines Schiedsgutachtenvertrags ist**[3].

▶ *Zum Gutachten bei Mieterhöhungsverlangen vgl. § 18 ImmoWertV Rn. 189*

292 Im gerichtlichen Verfahren werden sachverständige Gutachter als Helfer bzw. **Entscheidungsgehilfen des Gerichts** zur Feststellung von unbekannten Erfahrungssätzen, zur Tatsachenbeurteilung oder Tatsachenfeststellung herangezogen (vgl. Rn. 5, 20)[4].

293 Im gerichtlichen Verfahren sind die Gutachten der Sache nach als **Sachverständigenbeweis** i.S. des §§ 402 ff. **ZPO anerkannt** (§ 73 Abs. 2 StPO; § 36 Abs. 1 OWiG; § 96 Abs. 1 Nr. 2 VwGO[5]; bezüglich der Gutachterausschüsse für Grundstückswerte vgl. Rn. 33; § 192 BauGB Rn. 9; § 193 BauGB Rn. 67; § 198 BauGB Rn. 22).

294 Im **Verwaltungsprozess** ermittelt das Gericht den Sachverhalt von Amts wegen und kann Beweise nach den Umständen des Einzelfalls selbst erheben[6]. Nach den §§ 96 ff. VwGO kann das Tatsachengericht

– sachverständige Zeugen vernehmen,

– Sachverständige anhören und

– sich von Sachverständigen erstattete Gutachten nach § 98 VwGO i.V.m. § 411 Abs. 3 ZPO erläutern lassen.

295 Das Gericht kann sich auch auf gutachtliche Stellungnahmen anderer Behörden stützen, selbst dann, wenn die federführende Behörde die Stellungnahme schon im vorherigen Verwaltungsverfahren eingeholt hat. Nach einem Beschluss des BVerwG gilt dies auch dann, wenn der **Sachverständige als Bediensteter demselben Rechtsträger wie die am Rechtsstreit beteiligte Behörde angehört**[7].

296 Im Verwaltungsrechtsstreit kann ein **Sachverständiger** also nicht schon deshalb nach § 406 Abs. 1 Satz 1 i.V.m. § 42 Abs. 1 ZPO und § 54 Abs. 2 VwGO wegen Befangenheit abgelehnt werden, weil er bereits **im vorausgegangenen Verwaltungsverfahren eine gutachtliche Stellungnahme abgegeben hat**.

297 Nach dem Grundsatz der freien Beweiswürdigung (§ 287 ZPO) **kann sich ein Gericht dem Gutachten ganz oder teilweise anschließen; es kann das Gutachten aber auch gänzlich verwerfen** (vgl. Rn. 6)[8]. Dabei wird jedoch vorausgesetzt, dass das von den Parteien Vorgebrachte gewürdigt und die Ablehnung der Beweise begründet wird, wobei freilich der Tatrichter noch in stärkerem Umfang als nach § 286 ZPO nicht auf jedes einzelne Vorbringen

---

3 BGH, Urt. vom 2.10.1982 – III ZR 85/81 –, EzGuG 11.135; BGH, Urt. vom 23.11.1972 – VII ZR 178/71 –, EzGuG 11.86c; BGH, Urt. vom 27.1.1971 – VIII ZR 151/69 –, EzGuG 11.77b; OLG Zweibrücken, Urt. vom 20.1.1971 – 2 U 75/70 –, EzGuG 11.77a; zur Abgrenzung zum Schiedsgutachtenvertrag vgl. OLG Celle, Urt. vom 6.1.1966 – 7 U 89/64 –, EzGuG 11.50; BGH, Urt. vom 14.2.1968 – VII ZR 189/65 –, EzGuG 11.63; BGH, Urt. vom 19.11.1964 – VII ZR 8/63 –, EzGuG 11.45; vgl. Rauscher, Das Schiedsgutachterrecht, Diss. 1969.

4 BGH, Urt. vom 7.6.1956 – 3 StR 136/56 –, EzGuG 11.8c; BGH, Urt. vom 25.9.1973 – VI ZR 113/71 –, EzGuG 11.91; BGH, Urt. vom 21.2.1976 – I StR 264/77 –, MDR 1978, 627; BGH, Urt. vom 7.6.1977 – VI ZR 77/76 –, EzGuG 11.109a; BGH, Urt. vom 28.4.1977 – VI ZR 183/75 –, EzGuG 11.109; BGH, Urt. vom 19.11.1964 – VII ZR 8/63 –, EzGuG 11.45; BGH, Beschl. vom 14.5.1975 – 3 StR 113/75 –; BGH, Beschl. vom 15.12.1975 – X ZR 52/73 –, EzGuG 11.100a; BGH, Urt. vom 5.10.1972 – III ZR 168/70 –, EzGuG 11.86; OLG Frankfurt am Main, Beschl. vom 18.10.1962 – 6 W 425/62 –, EzGuG 11.28; LG Berlin, Beschl. vom 16.9.1963 – (18) O. 1861 –, EzGuG 11.37; OLG München, Beschl. vom 30.12.1969 – 11 W 1212/69 –, EzGuG 11.70; LG Bremen, Beschl. vom 17.1.1977 – 3 O 1584/70 –, EzGuG 11.105.

5 BGH, Urt. vom 23.1.1974 – IV ZR 92/72 –, EzGuG 11.92; BGH, Urt. vom 16.12.1974 – III ZR 39/72 –, EzGuG 19.26; BGH, Urt. vom 8.12.1975 – III ZR 93/73 –, EzGuG 20.58 (a. A. OLG Düsseldorf, Urt. vom 16.12.1968 – 7 U 166/67 –, EzGuG 11.66); LG Köln, Beschl. vom 6.1.1984 – 9 T 318/83 –, EzGuG 11.142a; LG Berlin, Beschl. vom 16.9.1963 – (18) O. 18/61 –, EzGuG 11.37.

6 BVerwG, Urt. vom 26.8.1998 – 11 VR 4/98 –, NVwZ 1999, 535 = UPR 1999, 145 = DVBl 1999, 898; BVerwG, Beschl. vom 7.12.1997 – 7 B 230/97 –, EzGuG 13.136.

7 BVerwG, Beschl. vom 30.12.1997 – 11 B 3/97 –, GuG 1998, 247 = EzGuG 11.259a.

8 Zur Würdigung von Sachverhalten und Ergebnissen von Sachverständigen BGH, Urt. vom 23.9.1986 – VI ZR 261/85 –, EzGuG 11.159; BGH, Urt. vom 13.7.1962 – IV ZR 21/62 –, EzGuG 11.26; OLG Hamburg, Urt. vom 21.12.1961 – 6 U 172/61 –, EzGuG 11.24; BGH, Urt. vom 28.6.1961 – V ZR 14/60 –, EzGuG 11.23; BGH, Urt. vom 18.12.1958 – 4 StR 399/58 –, EzGuG 11.16; BVerwG, Urt. vom 25.1.1985 – 8 C 110/83 –, EzGuG 11.145; OLG Bamberg, Beschl. vom 29.1.1969 – 1 W 3/69 –, EzGuG 11.67; OLG Düsseldorf, Beschl. vom 24.3.1954 – 10 W 82/54 –, EzGuG 11.4 d.

und auf jedes einzelne Beweismaterial einzugehen braucht. Wenn keine Zweifel an der fachlichen Qualifikation des Sachverständigen bestehen, soll nach Auffassung des OLG Düsseldorf von einer zu eingehenden Detailprüfung abgesehen werden[9].

Der Tatrichter muss in seiner **Begründung** aber erkennen lassen, dass eine sachentsprechende Beurteilung überhaupt stattgefunden hat und dass nicht wesentliche, die Entscheidung bedingende Momente außer Acht gelassen worden sind[10]. Hinzu kommt, dass auch bei der grundsätzlichen Anwendung des § 287 ZPO der Tatrichter, weil er die die Entscheidung begründenden Tatsachen so weit als möglich festzustellen hat, damit seine Schätzung der Wirklichkeit tunlichst nahekommt, Tatsachen, die die Grundlage für die Ausübung des ihm eingeräumten Ermessens geben sollen, unter Heranziehung des § 286 ZPO festzustellen und zusammen mit ihrer Auswertung im Urteil darzulegen hat[11]. Will das Gericht also von einem Gutachten abweichen, muss es seine abweichende Überzeugung begründen. Die Begründung muss erkennen lassen, dass die abweichende Beurteilung nicht durch einen Mangel an Sachkunde beeinflusst ist[12].

298

2.1.2 Geschäftsbedingungen

Die Rechtsbeziehung des Sachverständigen zu seinem Auftraggeber wird häufig in allgemeinen Geschäftsbedingungen im Rahmen der Auftragserteilung festgelegt[13]. Mit der Eigenschaft eines Sachverständigen ist es dabei nur vereinbar, dass der Sachverständige den Auftrag persönlich und **unparteiisch nach bestem Wissen und Gewissen** ausführt und den Erfolg nur im Rahmen objektiver und unparteiischer Anwendung seiner Sachkunde gewährleistet.

299

2.1.3 Schiedsgutachterabrede und Schiedsrichtervereinbarung

2.1.3.1 Allgemeines

Schrifttum: *Bleutge, P.*, Das Schiedsgutachten, 4. Aufl. Köln 2002; *Bleutge, P.*, Der Sachverständige als Schiedsgutachter, GewA 1978, 145; *Lachmann,* Handbuch für die Schiedsgerichtspraxis, 2. Aufl. Köln 2002; *Bernuth, W.*, Schiedsgutachtenabreden und die Durchführung selbstständiger Beweisverfahren, ZIP 1998, 2081; *Bulla, W.*, Schiedsgutachterklausel in Wertsicherungsabreden, BB 1976, 389; *Bulla, W.*, Gerichtliche Nachprüfbarkeit von Schiedsgutachten, NJW 1978, 397; *Eberl, W./Friedrich, F.,* Alternative Streitbeilegung im zivilen Baurecht, BauR 2002, 250; *Gehrlein, M.*, Wirksamkeitsmängel von Schiedsgutachten, VersR 1994, 1009; *Groth, K./Bubnoff, D.v.,* Gibt es „gerichtsfeste" Vertraulichkeit bei der Mediation?, NJW 2001, 338; *Kleinewefers, H.,* Gutachter- und Schlichtungsstellen, VersR 1988, 764; *Kröll, S.,* Qualifizierung eines Vertrags als Schiedsgutachtervertrag, EWiR 1998, 1019; *Kurth, J.,* Zur Kompetenz von Schiedsrichtern und Schiedsgutachtern, NJW 1990, 2038; *Lionnet,* Handbuch der internationalen und nationalen Schiedgerichtsbarkeit, 2. Aufl. Stuttgart 2001; *Lörcher/Lörcher,* das Schiedsverfahren – national/international – nach deutschem Recht, 2. Aufl. Heidelberg 2001; *Marsilius, G.*, Schiedsgerichtsvertrag oder Schiedsgutachtervertrag, BB 1959, 1015; BB 1963, 281; *Sandrock, O.,*

---

9 OLG Düsseldorf, Beschl. vom 17.2.1984 – 19 W 1/81 –, EzGuG 20.104b; kritisch zur Auswahl von Sachverständigen Sendler in NJW 1986, 2907; Kohnert in NVwZ 1998, 138; „Diejenigen Richter, die in weiser Einsicht in die Grenzen ihrer eigenen Sachkenntnis auf die Expertise der bestellten Gutachter vertrauen, sind gleichwohl nicht völlig von ihnen abhängig. Es mag bequeme Richter geben, die es vorziehen, dem Ergebnis einer vertretbaren Beweisführung eines Gutachters einfach deswegen anzuschließen, weil das einfacher ist, als letztere zu widerlegen. Die meisten Richter danken aber keineswegs zugunsten des Gutachters ab. Sie wissen durch geschickte Auswahl verschiedener Sachverständiger ihre Freiheit der Beweisführung weitgehend zu verteidigen, wie Sendler überzeugend an diversen Fällen vom ‚Sachverständigen vom Dienst' oder eitlen ‚Professoren-Stechen' vor Gericht illustriert. Überspitzt formuliert, kommt er zu dem Ergebnis: ‚Sage mir, welchen Wissenschaftler du als Sachverständigen heranziehst, und ich sage dir, was herauskommen wird.'".
10 BGH, Urt. vom 12.7.1965 – III ZR 214/64 –, EzGuG 2.8.
11 BGH, Beschl. vom 18.10.1984 – III ZR 116/83 –, EzGuG 15.34; BGH, Urt. vom 18.10.1984 – III ZR 134/83 –, EzGuG 20.108.
12 BGH, Urt. vom 27.5.1982 – III ZR 201/80 –, EzGuG 11.132; BGH, Urt. vom 16.1.2001 – VI ZR 408/99 –, GuG 2001, 189; BGH, Urt. vom 13.2.2001 – VI ZR 272/99 –, GuG 2001, 188; BGH Urt. vom 7.4.1992 – VI ZR 216/91 –, VersR 1992, 747; BGH, Urt. vom 28.4.1998 – VI ZR 403/96 –; BGH, Urt. vom 9.1.1996 – VI ZR 72/95 –; BGH, Urt. vom 15.6.1993 – VI ZR 175/92 –; BGH, Urt. vom 10.12.1991 – VI ZR 234/90 –, MDR 1992, 407.
13 Hierzu Allgemeine Geschäftsbedingungen der Gutachtenerstattung; Empfehlungen des Bundesverbandes öffentlich bestellter und vereidigter Sachverständiger e.V. vom 10.2.1981 (BAnz. Nr. 36 vom 21.2.1981; abgedruckt in der 3. Aufl. dieses Werks, S. 173 ff.).

III Sachverständigenwesen Gutachten

Gewöhnliche Fehler in Schiedssprüchen, BB 2001, 2173; *Schiffer,* Wirtschaftsschiedsgerichtsbarkeit, Köln 1999, *Schlosser, P.,* Offenbare Unrichtigkeit eines Schiedsgutachtens bei einer Überprüfbarkeit wegen lückenhafter Ausführungen, EWiR 1998, 339; *Sieben, G.,* Zu den Voraussetzungen für eine offenbare Unrichtigkeit eines Schiedsgutachtens, EWiR 1987, 227; *Sturmberg, G.,* Gehört das Schiedsgutachten der Vergangenheit an?, BauR 1992, 693; *Volmer, D.,* Das Schiedsgutachtenrecht, BB 1984, 1010; *Volze, H.,* Das Schiedsgutachten, DS 2000, 8; *Wellmann,* Der Sachverständige in der Praxis, 7. Aufl. München 2004.

300 Gutachten haben grundsätzlich keine bindende Wirkung, und auch die Gutachten öffentlich bestellter und vereidigter Sachverständiger oder der Gutachterausschüsse für Grundstückswerte genießen keine gesetzlich verankerte Vermutung ihrer Richtigkeit. Im Streitfalle unterliegen die Gutachten wie alle anderen Beweismittel der **richterlichen Beweiswürdigung** (vgl. Rn. 6, 297 ff.).

301 Im Rahmen der Vertragsfreiheit besteht für (streitende) Parteien die Möglichkeit, dem Gutachten eines Sachverständigen bzw. seinem „Urteil" eine verbindliche Wirkung zukommen zu lassen. Dabei ist zu unterscheiden zwischen

a) einer **Schiedsgutachterabrede**, die den Sachverständigen zu einem Schiedsgutachter werden lässt, und

b) einer **Schiedsrichtervereinbarung**, die dem Sachverständigen eine Schiedsrichterfunktion im Rahmen eines Schiedsgerichtsverfahrens zukommen lässt.

302 Zwischen dem Schiedsgutachter und dem Schiedsrichter bestehen grundlegende **Unterschiede:**

a) **Gegenstand einer Schiedsgutachterabrede** ist der Auftrag der Vertrags- bzw. Streitparteien an den sachverständigen Schiedsgutachter, zur Beilegung strittiger Fragen eine für sie materiell-rechtlich verbindliche (wirksame) Entscheidung über einzelne Tatsachen, die Bewertung von Sachen und Leistungen (z. B. eine Verkehrswertermittlung) oder Ursachenzusammenhänge zu treffen. Die Schiedsgutachterabrede ist mithin eine vertragliche Vereinbarung, die ohne Beteiligung des Schiedsgutachters in einem Grundvertrag geschlossen worden ist, um Meinungsverschiedenheiten zwischen den Parteien des Grundvertrags einer verbindlichen Klärung zuzuführen. Der Schiedsgutachter wird durch den Grundvertrag nicht verpflichtet; der Grundvertrag bedarf auch nicht der Form des § 1031 ZPO.

303 Der **Schiedsgutachter hat keine prozessrechtlichen Funktionen** und ist nach allgemeiner Auffassung nicht an die Bestimmungen der ZPO gebunden. Rechtsgrundlage seiner Tätigkeit sind die §§ 317 ff. BGB, in denen er als „Dritter" bezeichnet wird.

304 Wichtiges Merkmal einer Schiedsgutachterabrede ist, dass das Schiedsgutachten nur insoweit verbindlich sein soll, wie es nicht bei grober Unrichtigkeit und grober Unbilligkeit angefochten werden kann (vgl. Rn. 327).

305 Man unterscheidet darüber hinaus noch nach **Schiedsgutachten im engeren und weiteren Sinne:**

– Bei einem Schiedsgutachten im *engeren Sinne* wird der Schiedsgutachter beauftragt, ein zwischen den Parteien bestehendes Vertragsverhältnis nach billigem Ermessen vertragsgestaltend zu ergänzen oder zu ändern.

– Bei einem Schiedsgutachten im *weiteren Sinne* wird der Schiedsgutachter auch damit beauftragt, eine von den Parteien absichtlich offengelassene Vertragslücke auszufüllen, worunter z. B. auch eine vertraglich unbestimmte Anpassung eines Mietzinses fällt.

306 b) **Gegenstand eines Schiedsrichterverfahrens** ist die Beauftragung eines privaten Schiedsrichters, der anstelle eines staatlichen Gerichts über Rechtsstreitigkeiten der Parteien außergerichtlich und verbindlich prozessrechtlich entscheidet. Die Entscheidung erfolgt auf der Grundlage eines materiell-rechtlichen Geschäftsbesorgungsvertrags durch Schiedsspruch. Der Schiedsspruch entfaltet die Wirkung eines gerichtlichen Urteils, aus dem Schiedsspruch kann nach Erklärung der Vollstreckbarkeit die Zwangsvollstreckung betrieben werden.

Kommt es im Verlauf des Schiedsrichterverfahrens zu einer vergleichsweisen Einigung (**Vergleich**) der Parteien, so erfolgt die Einigung durch den auf Antrag der Parteien vom Schiedsrichter protokollierten Schiedsspruch (Schiedsspruch mit vereinbartem Wortlaut). 307

Das **Schiedsgerichtsverfahren ist der privaten Gerichtsbarkeit zuzurechnen** und hat deshalb seine Rechtsgrundlagen in den §§ 1029 ff. ZPO. 308

Voraussetzung für ein Schiedsgerichtsverfahren ist eine zwischen den Parteien zu schließende **Schiedsvereinbarung**. Im Unterschied zum Schiedsgutachtervertrag, der zwar mit dem Ziel einer Einigungsgrundlage zur Beendigung eines Streits abgeschlossen wird, jedoch den Parteien den Weg zum ordentlichen Gericht offenlässt, wird das Schiedsgerichtsverfahren mit einem Schiedsspruch endgültig abgeschlossen. 309

Die **Abgrenzung zwischen Schiedsgutachtenabreden und Schiedsgerichtsvereinbarungen** ist mitunter problematisch. Wichtigstes Kriterium dafür, ob eine Schiedsgutachterabrede oder eine Schiedsgerichtsvereinbarung vorliegt, ist die von den Parteien gewollte Verbindlichkeit der Entscheidung: 310

– Soll eine gerichtliche Entscheidung völlig ausgeschlossen werden, so liegt i.d.R. ein Schiedsgerichtsvertrag vor.

– Soll eine gerichtliche Entscheidung für den Fall der offenbaren Unbilligkeit und Unrichtigkeit möglich bleiben, so liegt eine Schiedsgutachterabrede vor[14].

Das OLG Celle[15] führt hierzu aus: „Beide Verträge unterscheiden sich dadurch, dass im ersten Fall das **Schiedsgericht an Stelle des ordentlichen Gerichts** über einen Rechtsstreit zu entscheiden hat, während der Schiedsgutachter lediglich Tatsachen, die für die Entscheidung eines Rechtsstreits erheblich sind, oder, wie das RG[16] es ausgedrückt hat (RGZ 96, 60), die Tatbestandselemente eines Anspruchs festzustellen hat, ohne dass er selbst die abschließende Folgerung zieht, die sich aus der von ihm gegebenen Beantwortung für die endgültige Entscheidung ergibt." 311

2.1.3.2 Schiedsgutachten

a) Allgemeines

Schiedsgutachterabreden werden aus dem Bestreben streitender Parteien geschlossen, kostspielige und langwierige prozessuale Auseinandersetzungen über den streitigen Gegenstand zu vermeiden und sich dem **fachlichen Urteil des Sachverständigen** zu unterwerfen. 312

Typischer Anwendungsfall zur Klärung eines streitigen und sachverständig zu beurteilenden Sachverhalts ist der **Abschluss von Miet- und Pachtverträgen**, bei denen sich beide Parteien in einer Schiedsgutachterabrede darauf verständigt haben, dass nach Ablauf einer bestimmten Zeitspanne ein neuer Miet- und Pachtzins gelten soll. Des Weiteren werden Schiedsgutachterabreden zur Klärung unterschiedlicher Auffassungen über die Höhe des Verkehrswerts, über das Vorliegen von Baumängeln sowie generell zur Feststellung von Tatsachen, soweit sie für deren rechtliche Einordnung notwendig sind, geschlossen. Die Entscheidung über „bloße" Tatsachen ist dagegen für die Entscheidung durch Schiedsgutachten ungeeignet[17]. 313

Im Unterschied zum Schiedsrichtervertrag ist die **Schiedsgutachterabrede formfrei**. Sie kann durch schriftlichen Vertrag geschlossen werden oder durch eine gemeinsame bzw. in Übereinstimmung stehende Beauftragung eines Sachverständigen. Die Schiedsgutachterabrede kann 314

---

[14] BGH, Urt. vom 4.6.1981 – III ZR 4/80 –, EzGuG 11.124a; BGH, Urt. vom 13.12.1956 – VII ZR 22/56 –, EzGuG 11.9; OLG Koblenz, Beschl. vom 27.4.1995 – 5 U 1536/94 –, NJW-RR 1996, 970.
[15] Zur Abgrenzung: OLG Celle, Urt. vom 6.1.1966 – 7 U 89/64 –, EzGuG 11.50; BGH, Urt. vom 25.6.1952 – II ZR 104/51 –, EzGuG 11.3.
[16] RG, Urt. vom 23.5.1919 – II 22/12 –, RGZ 96, 57, 60.
[17] BGH, Urt. vom 18.2.1955 – V ZR 110/53 –, EzGuG 6.12; BGH, Urt. vom 20.3.1953 – V ZR 5/52 –, EzGuG 11.4.

III Sachverständigenwesen   Gutachten

auch Gegenstand allgemeiner Geschäftsbedingungen sein, sofern sie nicht gemäß § 9 AGBGB Bestimmungen enthält, die den Vertragspartner entgegen den Geboten nach Treu und Glauben unangemessen benachteiligt. Dies bedeutet insbesondere, dass

- die Unparteilichkeit des Schiedsgutachters gewährt sein muss,
- der Vertragspartner einen Anspruch auf rechtliches Gehör hat,
- der Vertragspartner nicht darin eingeschränkt wird, bei offenbarer Unrichtigkeit des Schiedsgutachtens dieses gemäß § 319 BGB anfechten zu können, und
- etwaige aus einem unrichtigen Schiedsgutachten entstehende Nachteile nicht unverhältnismäßig hoch ausfallen.

315 **Rechtsgrundlage für die Vereinbarung eines Schiedsgutachtens sind die §§ 317 bis 319 BGB.** Die Vorschriften haben folgende Fassung:

„**§ 317 BGB Bestimmung der Leistung durch einen Dritten**

(1) Ist die Bestimmung der Leistung einem Dritten überlassen, so ist im Zweifel anzunehmen, dass sie nach billigem Ermessen zu treffen ist.

(2) Soll die Bestimmung durch mehrere Dritte erfolgen, so ist im Zweifel Übereinstimmung aller erforderlich; soll eine Summe bestimmt werden, so ist, wenn verschiedene Summen bestimmt werden, im Zweifel die Durchschnittssumme maßgebend.

§ 318 BGB Anfechtung der Bestimmung

(1) Die einem Dritten überlassene Bestimmung der Leistung erfolgt durch Erklärung gegenüber einem der Vertragschließenden.

(2) Die Anfechtung der getroffenen Bestimmung wegen Irrtums, Drohung oder arglistiger Täuschung steht nur den Vertragschließenden zu; Anfechtungsgegner ist der andere Teil. Die Anfechtung muss unverzüglich erfolgen, nachdem der Anfechtungsberechtigte von dem Anfechtungsgrunde Kenntnis erlangt hat. Sie ist ausgeschlossen, wenn dreißig Jahre verstrichen sind, nachdem die Bestimmung getroffen worden ist.

§ 319 BGB Unwirksamkeit der Bestimmung; Ersetzung

(1) Soll der Dritte die Leistung nach billigem Ermessen bestimmen, so ist die getroffene Bestimmung für die Vertragschließenden nicht verbindlich, wenn sie offenbar unbillig ist. Die Bestimmung erfolgt in diesem Falle durch Urteil; das Gleiche gilt, wenn der Dritte die Bestimmung nicht treffen kann oder will oder wenn er sie verzögert.

(2) Soll der Dritte die Bestimmung nach freiem Belieben treffen, so ist der Vertrag unwirksam, wenn der Dritte die Bestimmung nicht treffen kann oder will oder wenn er sie verzögert."

316 „**Dritter**" i.S. der Vorschriften des BGB ist der Schiedsgutachter; in der Praxis wird demgegenüber der Begriff „Dritter" für eine neutrale Stelle (z. B. Industrie- und Handelskammer[18], Handwerkskammer usw.) verwandt, die entsprechend der Schiedsgutachterabrede als Schiedsgutachter tätig werden soll[19].

317 Nach § 317 Abs. 2 BGB können auch **mehrere Sachverständige als Schiedsgutachter** beauftragt werden. In diesem Fall müssen sie grundsätzlich gemeinsam und (im Zweifel) einstimmig entscheiden. Diese Regelung ist dispositiv; das Einstimmigkeitsprinzip kann durch das Mehrheitsprinzip ersetzt werden.

318 **Schiedsgutachten** sind gemäß § 317 BGB nach billigem Ermessen und nicht nach freiem Belieben zu erstatten. Sie **müssen objektiv und unparteiisch sein.** Schiedsgutachten werden rechtswirksam, wenn sie einer Partei – ggf. in der in der Schiedsgutachterabrede festgelegten Weise – zugegangen sind. Es darf anschließend nur mit Zustimmung beider Parteien abgeändert werden[20]. Die Verbindlichkeit beschränkt sich allerdings auf solche Feststellungen des Schiedsgutachtens, für die eine Verbindlichkeit vereinbart wurde, und erstreckt sich nicht auf den übrigen Inhalt.

---

18 BGH, Urt. vom 14.2.2005 – II ZR 365/02 –, EzGuG 11.404.
19 BGH, Urt. vom 5.12.1979 – VIII ZR 155/78 –, EzGuG 11.116a.
20 BGH, Urt. vom 14.7.1986 – II ZR 249/85 –, EzGuG 11.156a.

319 Ein Schiedsgutachten entfaltet für die beteiligten Parteien also eine bindende Wirkung[21]. Die Parteien können sich einvernehmlich aber auf die Unwirksamkeit des Schiedsgutachters verständigen, wenn sie beide damit nicht einverstanden sind. Darüber hinaus können sich die Parteien aber von Beginn an für den Fall, dass eine der Parteien mit dem Gutachten nicht einverstanden ist, auf die **Einholung eines Obergutachtens** verständigen. Ansonsten kann ein Schiedsgutachten nur wegen Gesetzes- und Treuewidrigkeit (§§ 134, 138, 242 BGB), wegen Irrtums, Drohung oder Täuschung (§§ 117 f., 142, 318 Abs. 2 BGB) sowie bei offenbarer Unrichtigkeit und offenbarer Unbilligkeit angegriffen werden[22].

320 Voraussetzung für die bindende Wirkung des Schiedsgutachtens ist eine **gültige Schiedsgutachterabrede** und die vereinbarungsgemäße Nominierung des Schiedsgutachters.

321 Des Weiteren gehört zum notwendigen Inhalt einer Schiedsgutachterabrede eine **Regelung zur Auswahl des Schiedsgutachters**, die für den Fall, dass sich die Vertragspartner nicht einigen können, auf eine neutrale Stelle (z. B. die Kammer) übertragen werden kann. Die Benennung ist für die Parteien verbindlich, sofern nicht dessen Befangenheit glaubhaft dargelegt werden kann. Dem Benennungsersuchen soll darüber hinaus die Schiedsgutachterabrede (Grundvertrag) beigefügt werden. Im Übrigen stehen den Parteien für die Beauftragung Gestaltungsmöglichkeiten zu.

322 Eine **Aufhebung der Schiedsgutachterabrede** kann jederzeit im gegenseitigen Einvernehmen vereinbart werden.

b) Ablehnung des Schiedsgutachters

323 Das BGB enthält keine Regelungen zur Ablehnung des Schiedsgutachters. Dafür können allgemein folgende **Grundsätze** gelten:

a) Die Ablehnung eines Schiedsgutachters kann der Gegenpartei formlos erklärt werden (§ 318 Abs. 2 BGB). Das BGB enthält auch keinerlei Regelungen über das einzuhaltende Verfahren.

b) Einen inkompetenten oder parteiischen Schiedsgutachter braucht keine Partei zu akzeptieren, insbesondere bei schwerer Entgleisung.

c) Stets kann ein Schiedsgutachter gemeinsam abgelehnt werden.

d) Wird die Ablehnung des Schiedsgutachters verweigert, so kann die Gegenpartei die Mitwirkung an der Beauftragung eines Ersatzgutachters gerichtlich erzwingen.

e) Die Ablehnung muss in entsprechender Anwendung des § 406 Abs. 2 ZPO rechtzeitig vorgebracht werden. Eine Partei verliert ihr Ablehnungsrecht, wenn die Ablösung des Schiedsgutachters bereits vor Abschluss des Schiedsgutachterverfahrens möglich gewesen wäre[23]. Gründe, die zur Ablehnung des Schiedsgutachters berechtigen, können sich aber im Verlauf des Verfahrens insbesondere im Zusammenhang mit der Ortsbesichtigung ergeben.

Im Übrigen ist eine Ablehnung nur zulässig, wenn sich die Parteien in der Schiedsgutachterabrede ein Ablehnungsrecht vorbehalten haben[24].

c) Schiedsgutachtervertrag

324 Ein Sachverständiger ist nicht verpflichtet, als Schiedsgutachter tätig zu werden; lediglich der öffentlich bestellte und vereidigte Sachverständige sollte nicht ohne Grund den Auftrag ablehnen. **Erst mit der Annahme des Auftrags der Vertragspartner des Grundlagenvertrags kommt der Gutachtenvertrag zustande.** Es empfiehlt sich, den Vertrag schriftlich

---

21 OLG Düsseldorf, Urt. vom 16.12.1997 – 21 U 24/97 –, GuG 1998, 375 = EzGuG 11.259.
22 BGH, Urt. vom 22.4.1965 – VII ZR 15/65 –, EzGuG 11.48; BGH, Urt. vom 21.10.1964 – VIII ZR 64/63 –, EzGuG 11.44; BGH, Urt. vom 14.10.1958 – VIII ZR 118/57 –, EzGuG 11.14; BGH, Urt. vom 19.2.1957 – VIII ZR 38/56 –, EzGuG 11.11. Zur Vereinbarung eines Ablehnungsrechts vgl. BGH, Urt. vom 28.2.1972 – II ZR 151/69 –, EzGuG 11.82.
23 BGH, Urt. vom 1.4.1987 – IVa ZR 139/85 –, EzGuG 11.163c.
24 BGH, Urt. vom 28.2.1972 – II ZR 151/69 –, EzGuG 11.82.

abzuschließen und von beiden Vertragsparteien des Grundlagenvertrags unterschreiben zu lassen. Der schriftliche Vertrag sollte mindestens beinhalten:

– Gegenstand und Zweck des Gutachtens mit einer klar umrissenen Aufgabenstellung,
– Vertragsklauseln, die die Tätigkeit des Sachverständigen als Schiedsgutachter und nicht als Schiedsrichter klarstellen,
– Vertragsklauseln über Ablehnungsgründe und über die Unterstützung seiner Tätigkeit durch die Vertragsparteien, insbesondere über die zur Verfügung zu stellenden Unterlagen und die Mitwirkung der Vertragsparteien,
– Vertragsklauseln über die Verwendung des Schiedsgutachtens (z. B. über die Verwendung des Schiedsgutachtens untereinander),
– Vertragsklauseln über die Vergütung des Schiedsgutachters,
– Vertragsklauseln über die Zeit, in der das Gutachten vorzulegen ist, sowie
– die Unterschriften beider Vertragsparteien und des Schiedsgutachters.

325 Der Schiedsgutachtervertrag kann einen Vertrag „eigener Art", einen Geschäftsbesorgungsvertrag oder insbesondere einen **Werkvertrag** darstellen.

d) Kündigung des Gutachtervertrags

326 Die Parteien können jederzeit auch gegen den Willen des Schiedsgutachters den mit ihm geschlossenen Vertrag kündigen. Die **Kündigung muss von beiden Parteien ausgesprochen werden**. Der Schiedsgutachter hat in diesem Fall Anspruch auf die bis dahin verdiente Vergütung, es sei denn, der Kündigungsgrund wurde von ihm selbst verschuldet. Der **Schiedsgutachter kann umgekehrt den Vertrag kündigen**, wenn

– ihm wichtige Unterlagen oder eine sonst erforderliche Unterstützung versagt wurden,
– er in unzumutbarer Weise tatsächlichen Angriffen oder üblen Beschimpfungen ausgesetzt war oder
– sich nachträglich herausstellt, dass er die notwendige fachliche Kompetenz dafür nicht hat.

Der Schiedsgutachter kann die Parteien nicht durch Zwangsmittel zur Mitarbeit verpflichten. Verweigert sich eine Partei, kann die andere Partei auf Mitwirkung klagen.

e) Offenbare Unrichtigkeit und Unbilligkeit

327 Schiedsgutachten unterliegen nach § 319 BGB der **Inhaltskontrolle durch die Gerichte,** wenn das Ergebnis die als richtig erkannte Lösung offenkundig verfehlt. Unbedeutende Fehler, die das Gesamtergebnis nicht verfälschen, führen nicht zur offenbaren Unrichtigkeit[25].

328 Bei schwerwiegenden Begründungsmängeln sind Schiedsgutachten, unabhängig vom Ergebnis, offenbar unrichtig und unverbindlich[26]. Eine **offenbare Unrichtigkeit** liegt vor, wenn sich die **Fehlerhaftigkeit dem sachkundigen und unbefangenen Beobachter aufdrängt**[27]. Sind

---

25 OLG Hamm, Urt. vom 20.3.2004 – 21 U 76/02 –, EzGuG 11.379b.
26 BGH, Urt. vom 16.11.1987 – II ZR 11/87 –, MDR 1988, 381.
27 BGH, Urt. vom 27.6.2001 – VIII ZR 235/00 –, EzGuG 11.304b; BGH, Urt. vom 21.9.1983 – VIII ZR 233/82 –, EzGuG 11.140c; BGH, Urt. vom 25.1.1979 – X ZR 40/77 –, EzGuG 11.114 g; BGH, Urt. vom 26.10.1972 – VII ZR 44/71 –, EzGuG 11.86a; BGH, Urt. vom 19.12.1975 – IV ZR 107/73 –, EzGuG 11.101; BGH, Urt. vom 13.5.1974 – VII ZR 38/73 –, EzGuG 11.93c; BGH, Urt. vom 2.2.1977 – VIII ZR 155/75 –, EzGuG 11.106; BGH, Urt. vom 26.2.1986 – IVa ZR 138/84 –, EzGuG 11.151a; BGH, Urt. vom 17.5.1991 – V ZR 104/90 –, EzGuG 11.183; BGH, Urt. vom 1.4.1987 – IVa ZR 139/85 –, EzGuG 11.163c; BGH, Urt. vom 21.6.1995 – XII ZR 167/94 –, EzGuG 20.157; BGH, Urt. vom 26.4.1991 – V ZR 61/90 –, EzGuG 7.114; BGH, Urt. vom 21.1.1963 – VII ZR 162/61 –, EzGuG 11.31; BGH, Urt. vom 3.10.1957 – II ZR 77/56 –, EzGuG 11.12; BGH, Urt. vom 22.2.1974 – V ZR 60/72 –, EzGuG 11.93; BGH, Urt. vom 18.2.1955 – V ZR 110/53 –, EzGuG 6.12; BGH, Urt. vom 20.3.1953 – V ZR 5/52 –, EzGuG 11.4; KG, Urt. vom 28.1.1985 – 8 U 1420/84 –, EzGuG 11.145a; KG, Urt. vom 26.5.1998 – 21 U 9234/97 –, EzGuG 11.267c; OLG Schleswig, Urt. vom 9.6.1999 – 4 CC 103/95 –, EzGuG 11.279a; OLG Koblenz, Urt. vom 20.9.1996 – 10 U 964/95 –, EzGuG 11.235e; OLG Hamm, Urt. vom 5.11.1993 – 26 U 61/93 –, EzGuG 11.207h.

die einer Verkehrswertschätzung zu Grunde gelegten Wertermittlungsmaßstäbe unrichtig oder wesentliche Wertermittlungsmaßstäbe außer Acht gelassen, dann ist auch eine dadurch hervorgerufene erhebliche Abweichung der Schätzung von der wirklichen Sachlage i.d.R. „offenbar", so dass dieser Mangel für jeden sachkundigen und unbefangenen Beurteiler bei gewissenhafter Prüfung offen zutage tritt[28]. Zur Tauglichkeit eines vom Schiedsgutachter angewandten Vergleichswertverfahrens zur Verkehrswertermittlung hat der BGH festgestellt, dass Angaben über den Kaufpreis geeigneter Grundstücke in ausreichender Zahl zur Verfügung stehen und die Vergleichsobjekte, ihre Wertmerkmale und die einzelnen Preise in dem Schiedsgutachten mitgeteilt werden, da nur dann nachprüfbar sei, ob der Schiedsgutachter einen zutreffenden Vergleichsmaßstab angewandt hat. Wenn der Schiedsgutachter nur mitteilt, dass „umfangreiche Recherchen" durchgeführt worden seien, ohne das Ergebnis dieser Recherchen darzulegen, sei das Schiedsgutachten offenbar unrichtig und unverbindlich[29]. Bezüglich der Konkretisierungspflicht von Vergleichsobjekten in Schiedsgutachten hat der BGH gegenüber der Rechtsprechung des BVerfG allerdings einschränkende Anforderungen gestellt.

329 Eine offenbare Unrichtigkeit kann auch dann vorliegen, wenn **Ausführungen und Begründungen so lückenhaft** sind, dass selbst ein Fachmann oder eine Fachfrau das Ergebnis nicht überprüfen kann[30]. Keine **offenbare Fehlerhaftigkeit** eines Schiedsgutachtens liegt indessen vor, wenn das rechtliche Gehör nur ungenügend gewährt wurde[31]. Eine offenbare Fehlerhaftigkeit liegt jedoch vor, wenn der Sachverständige

– für Vergleichsmieten keine konkreten Vergleichsobjekte benennt[32],

– sein Gutachten bei der Indexierung auf Jahresindexzahlen statt auf Monatswerte „aufbaut"[33],

– die Sanierungsmaßnahmen zur Bemessung eines Wasserschadens kostenmäßig nicht in Ansatz bringt[34].

Ein Fehler des Sachverständigen bei der Durchführung des **Besichtigungstermins** ist nicht geeignet, eine offenbare Unrichtigkeit des Schiedsgutachtens darzutun[35].

330 Eine offenbare Unrichtigkeit liegt auch dann vor, wenn der Sachverständige die ihm gestellte **Aufgabe überschritten** hat, **wesentliche Bewertungsmerkmale in nicht überprüfbarer Weise berücksichtigt** und **unbrauchbare Methoden** zur Anwendung gebracht hat[36]. Des Weiteren sind Schiedsgutachten auch bei schwerwiegenden Verfahrensmängeln unverbindlich. Ein schwerwiegender Verfahrensmangel in diesem Sinne liegt vor, wenn der Sachverständige wegen Besorgnis der Befangenheit abgelehnt werden kann[37].

---

28 BGH, Urt. vom 14.12.1967 – III ZR 22/66 –, EzGuG 11.61; BGH, Urt. vom 21.5.1975 – VIII ZR 161/73 –, EzGuG 11.96; BGH, Urt. vom 6.12.1974 – V ZR 95/73 –, EzGuG 11.95; BGH, Urt. vom 20.11.1975 – III ZR 112/73 –, EzGuG 11.98b; BGH, Urt. vom 30.3.1979 – V ZR 150/77 –, EzGuG 7.66.

29 BGH, Urt. vom 23.11.1984 – V ZR 120/83 –, EzGuG 11.144b; BGH, Urt. vom 21.5.1975 – VIII ZR 161/73 –; BGH, Urt. vom 25.1.1979 – X ZR 40/77 –, EzGuG 11.114g.

30 BGH, Urt. vom 24.9.1990 – II ZR 191/89 –, EzGuG 11.181a = NJW-RR 1991, 228, in dem zu entscheidenden Fall hatte der Sachverständige ohne eigene Überprüfung Bilanzaufstellungen übernommen, von denen er dann, ohne es begründen zu können, abwich; BGH, Urt. vom 16.11.1987 – II ZR 111/87 –, DB 1988, 752 = ZIP 1988, 162; OLG Hamm, Urt. vom 20.3.2004 – 21 U 76/02 –, EzGuG 11.379b; BGH, Urt. vom 20.9.1996 – 10 U 96/95 –, VersR 1997, 963.

31 BGH, Beschl. vom 21.6.1995 – XII ZR 167/94 –, GuG 1996, 113 = EzGuG 20.157 –; BGH, Urt. vom 21.4.1993 – XII ZR 126/91 –, EzGuG 11.205a; BGH, Urt. vom 9.6.1983 – IX ZR 41/82 –, EzGuG 11.138 a; BGH, Urt. vom 21.9.1983 – VIII ZR 233/82 –, EzGuG 11.140 d; BGH, Urt. vom 26.2.1982 – IVa ZR 138/84 –, EzGuG 11.151a; BGH, Urt. vom 26.10.1972 – VII ZR 44/71 –, EzGuG 11.86 a; BGH, Urt. vom 23.11.1972 – VII ZR 178/11 –, EzGuG 11.86b; BGH, Urt. vom 20.10.1972 – V ZR 137/71 –, EzGuG 7.31; BGH, Urt. vom 14.10.1958 – III ZR 118/57 –, EzGuG 11.14; BGH, Urt. vom 25.6.1952 – II ZR 104/51 –, EzGuG 11.3.

32 BVerfG, Beschl. vom 11.10.1994 – 1 BvR 1398/93 –, EzGuG 11.217b; KG, Urt. vom 28.1.1985 – 8 U 1420/84 –, EzGuG 11.148a; BGH, Urt. vom 21.9.1983 – VIII ZR 233/82 –, EzGuG 11.140 c; BGH, Urt. vom 2.2.1977 – VIII ZR 155/75 –, EzGuG 11.106 mit Anm. von Köhler in NJW 1979, 1435, Bulla in NJW 1978, 397; Weber in NJW 1977, 251 = ZMR 1977, 234; Marienfeld in ZMR 1978, 291 = AVN 1978, 52.

33 BGH, Urt. vom 21.3.1983 – III ZR 113/82 –, NJW 1983, 2258.

34 BGH, Urt. vom 26.2.1986 – IV ZR 138/84 –, EzGuG 11.155a.

35 OLG Düsseldorf, Urt. vom 26.7.2000 – 22 U 4/00 –, EzGuG 11.28a.

36 BGH, Urt. vom 3.11.1995 – V ZR 182/94 –, EzGuG 7.125; OLG Düsseldorf, Urt. vom 26.7.2000 – 22 U 4/00 –, BauR 2000, 1771; OLG Köln, Urt. vom 13.12.1995 – 19 U 69/94 –, EzGuG 11.226b.

37 OLG Köln, Urt. vom 11.5.2002 – 19 U 27/00 –, GuG 2004, 59.

Im Übrigen hat die Rechtsprechung zum Schiedsgutachten darauf hingewiesen, dass ein Gutachten mit einer **Fehlertoleranz** von bis zu 20 % noch als richtig gelten kann[38].

f) Haftung

331 Der Schiedsgutachter haftet in den Fällen **grober Fahrlässigkeit** und des **Vorsatzes**.

▶ *Zur Haftung als Gutachter im Schiedsverfahren und als Schiedsgutachter vgl. Rn. 227, 387 ff. und Wessel in Bayerlein u.a., Praxishandbuch Sachverständigenrecht, 3. Aufl. München 2002, §§ 34 f. vgl. Rn. 16; zur Substantiierungspflicht vgl. § 18 ImmoWertV Rn. 202*

332 Bezüglich der Verkehrswertermittlung von Grundstücken bleibt noch darauf hinzuweisen, dass der BGH die Bestandskraft eines Schiedsgutachtens bestätigt hat, bei dem der **Aufwuchs** des Grundstücks nicht besonders veranschlagt wurde[39].

333 Die **Parteien können im Schiedsgutachtenvertrag die Anfechtbarkeit** des Schiedsgutachtens **wegen offenbarer Unbilligkeit oder Unrichtigkeit** (gemeinsam) **ausschließen,** wenn sie sich dem unterwerfen. Dies kann allerdings nicht Gegenstand der allgemeinen Geschäftsbedingungen sein[40]. § 319 Abs. 1 BGB ist nämlich abdingbar. Darüber hinaus sieht § 319 Abs. 2 BGB ausdrücklich vor, dass die Parteien eine Vereinbarung treffen können, nach der der Schiedsgutachter seine Entscheidung nach freiem Belieben treffen kann, sofern diese nicht gegen ein gesetzliches Verbot (§ 134 BGB) oder gegen die guten Sitten (§ 138 BGB) verstößt. Hierzu gehören „offenbar unbillige" Bestimmungen[41].

2.1.3.3 Schiedsrichterliches Verfahren

Schrifttum: *Wellmann,* Der Sachverständige in der Praxis, 7. Aufl. 2004.

334 Streitende Parteien können sich durch eine Schiedsvereinbarung (Schiedsvertrag oder Schiedsvereinbarung) nach den §§ 1029 ff. ZPO darauf einigen, „alle oder einzelne Streitigkeiten, die zwischen ihnen in Bezug auf ein bestimmtes Rechtsverhältnis vertraglicher oder nichtvertraglicher Art entstanden sind oder künftig entstehen, der **Entscheidung durch ein Schiedsgericht** zu unterwerfen".

335 Das schiedsrichterliche Verfahren ist im **10. Buch der ZPO** geregelt. Es gliedert sich in folgende Abschnitte:

10. Buch. Schiedsrichterliches Verfahren §§ 1025–1066

1. Abschnitt. Allgemeine Vorschriften §§ 1025–1028

2. Abschnitt. Schiedsvereinbarung §§ 1029–1033

3. Abschnitt. Bildung des Schiedsgerichts §§ 1034–1039

4. Abschnitt. Zuständigkeit des Schiedsgerichts §§ 1040, 1041

5. Abschnitt. Durchführung des schiedsrichterlichen Verfahrens §§ 1042–1050

6. Abschnitt. Schiedsspruch und Beendigung des Verfahrens §§ 1051–1058

7. Abschnitt. Rechtsbehelf gegen den Schiedsspruch § 1059

8. Abschnitt. Voraussetzungen der Anerkennung und Vollstreckung von Schiedssprüchen §§ 1060, 1061

9. Abschnitt. Gerichtliches Verfahren §§ 1062–1065

10. Abschnitt. Außervertragliche Schiedsgerichte § 1066

---

[38] BGH, Urt. vom 26.4.1991 – V ZR 61/90 –, BB 1991, 1448.
[39] BGH, Urt. vom 9.6.1983 – IX ZR 41/82 –, EzGuG 11.138a.
[40] RG, Urt. vom 17.12.1935 – III 66/35 –, RGZ 150, 9; BGH, Urt. vom 28.2.1972 – II ZR 151/69 –, EzGuG 11.82.
[41] OGHZ 4, 45.

Die Schiedsvereinbarung hat die **Qualität eines materiell-rechtlichen Vertrags** über die prozessualen Beziehungen der Parteien; mit ihr derogieren die Parteien die Zuständigkeit der ordentlichen Gerichte zugunsten eines „privaten" Schiedsgerichts.

Rechtsgrundlage ist § 1029 ZPO:

„(1) Schiedsvereinbarung ist eine Vereinbarung der Parteien, alle oder einzelne Streitigkeiten, die zwischen ihnen in Bezug auf ein bestimmtes Rechtsverhältnis vertraglicher oder nichtvertraglicher Art entstanden sind oder künftig entstehen, der Entscheidung durch ein Schiedsgericht zu unterwerfen.

(2) Eine Schiedsvereinbarung kann in Form einer selbstständigen Vereinbarung (Schiedsabrede) oder in Form einer Klausel in einem Vertrag (Schiedsklausel) geschlossen werden."

Auf das schiedsrichterliche Verfahren finden die §§ 1025 ff. ZPO Anwendung.

Die **Schiedsrichter** (Schiedsgericht) **entscheiden anstelle des staatlichen Gerichts** über den Rechtsstreit der Parteien endgültig. Im Unterschied hierzu befindet ein Schiedsgutachter (vgl. Rn. 313 ff.) lediglich über Tatsachen und Tatumstände (z. B. über Grundstückswerte), ohne gleichzeitig auch über die materielle Vertragsauslegung zu entscheiden.

Dem Schiedsrichter stehen zur Entscheidungsfindung zwar nicht dieselben Befugnisse wie dem staatlichen Gericht zu, jedoch kann er erforderlichenfalls **im Wege der Rechtshilfe staatliche Gerichte in Anspruch nehmen** (z. B. im Rahmen der Zeugenvernehmung und Zeugenvereidigung).

Die Schiedsrichter (Schiedsgericht) entscheiden durch **Schiedsspruch** (§§ 1051 ff. ZPO), sofern es nicht im Verlauf des Verfahrens zu einer vergleichsweisen Einigung („Schiedsvergleich") kommt. Dabei wird es i.d.R. erforderlich, Tatsachen festzustellen und sie unter rechtlichen Gesichtspunkten zu würdigen. Deshalb werden häufig Juristen und nur gelegentlich Sachverständige zu Schiedsrichtern bestellt[42].

Sofern **Sachverständige als Beweismittel von Schiedsrichtern beigezogen** werden, liegt kein öffentliches Rechtsverhältnis wie bei gerichtlich bestellten Sachverständigen (i.S.d. §§ 402 ff. ZPO) vor. Insoweit besteht für den angesprochenen Sachverständigen auch keine Begutachtungspflicht. Wird der Sachverständige tätig, so liegt dem ein privatrechtlicher Gutachterauftrag zu Grunde und dementsprechend haftet der Gutachter auch nur privatrechtlich, wobei die *Haftung* im Schiedsgerichtsverfahren für leichte Fahrlässigkeit durch stillschweigende Vereinbarung ausgeschlossen ist[43].

Jeder vermögensrechtliche Anspruch kann nach § 1030 Abs. 1 Satz 1 ZPO **Gegenstand einer Schiedsvereinbarung sein:**

„**§ 1030 ZPO Schiedsfähigkeit**

(1) ₁Jeder vermögensrechtliche Anspruch kann Gegenstand einer Schiedsvereinbarung sein. ₂Eine Schiedsvereinbarung über nichtvermögensrechtliche Ansprüche hat insoweit rechtliche Wirkung, bis die Parteien berechtigt sind, über den Gegenstand des Streites einen Vergleich zu schließen.

(2) ₁Eine Schiedsvereinbarung über Rechtsstreitigkeiten, die den Bestand eines Mietverhältnisses über Wohnraum im Inland betreffen, ist unwirksam. ₂Dies gilt nicht, soweit es sich um Wohnraum der in § 556a Abs. 8 des Bürgerlichen Gesetzbuchs bestimmten Art handelt.

(3) Gesetzliche Vorschriften außerhalb dieses Buches, nach denen Streitigkeiten einem schiedsrichterlichen Verfahren nicht oder nur unter bestimmten Voraussetzungen unterworfen werden dürfen, bleiben unberührt."

Gegenstand einer Schiedsvereinbarung können insbesondere auch Klagen auf **Feststellung des Bestehens oder Nichtbestehens eines Mietverhältnisses** oder Untermietverhältnisses und Klagen sein, bei denen das Bestehen eines Mietverhältnisses nur inzidenter festgestellt wird, wie Räumungsklage. Gegenstand einer Schiedsvereinbarung können indessen nicht sein Streitigkeiten oder sonstige Ansprüche aus dem Mietverhältnis, die nicht unmittelbar den (Weiter-)Bestand des Rechts zur Nutzung von Räumen betreffen.

---
42 Albers in Baumbach/Lauterbach/Albers/Hartmann, Komm. zur ZPO, 56. Aufl. München 1997.
43 BGH, Urt. vom 19.11.1964 – VII ZR 8/63 –, EzGuG 11.45.

345 Die **Schiedsvereinbarung wird schriftlich** abgeschlossen; die sog. halbe Schriftform ist ausreichend. Die Schriftform kann durch die in § 126a BGB vorgesehene elektronische Form (qualifizierte elektronische Signatur) ersetzt werden.

„**§ 1031 ZPO Form der Schiedsvereinbarung**

(1) Die Schiedsvereinbarung muss entweder in einem von den Parteien unterzeichneten Schriftstück oder in zwischen ihnen gewechselten Schreiben, Fernkopien, Telegrammen oder anderen Formen der Nachrichtenübermittlung, die einen Nachweis der Vereinbarung sicherstellen, enthalten sein.

(2) Die Form des Absatzes 1 gilt auch dann als erfüllt, wenn die Schiedsvereinbarung in einem von der einen Partei oder von der anderen Partei oder von einem Dritten beiden Parteien übermittelten Schriftstück enthalten ist und der Inhalt des Schriftstücks im Fall eines nicht rechtzeitig erfolgten Widerspruchs nach der Verkehrssitte als Vertragsinhalt angesehen wird.

(3) Nimmt ein den Formerfordernissen des Absatzes 1 oder 2 entsprechender Vertrag auf ein Schriftstück Bezug, das eine Schiedsklausel enthält, so begründet dies eine Schiedsvereinbarung, wenn die Bezugnahme dergestalt ist, dass sie diese Klausel zu einem Bestandteil des Vertrages macht.

(4) ...

(5) ...

(6) Der Mangel der Form wird durch die Einlassung auf die schiedsgerichtliche Verhandlung zur Hauptsache geheilt."

346 Die **Parteien können**
- nach Maßgabe des § 1034 ZPO die Anzahl der Schiedsrichter (im Falle einer fehlenden Vereinbarung sind es drei) und
- nach Maßgabe des § 1035 ZPO das Verfahren zur Bestellung des oder der Schiedsrichter vereinbaren.

347 Die **Ablehnung eines Schiedsrichters** ist in den §§ 1036 ff. ZPO geregelt.

„**§ 1036 ZPO Ablehnung eines Schiedsrichters**

(1) ₁Eine Person, der ein Schiedsrichteramt angetragen wird, hat alle Umstände offenzulegen, die Zweifel an ihrer Unparteilichkeit oder Unabhängigkeit wecken können. ₂Ein Schiedsrichter ist auch nach seiner Bestellung bis zum Ende des schiedsrichterlichen Verfahrens verpflichtet, solche Umstände den Parteien unverzüglich offenzulegen, wenn er sie ihnen nicht schon vorher mitgeteilt hat.

(2) ₁Ein Schiedsrichter kann nur abgelehnt werden, wenn Umstände vorliegen, die berechtigte Zweifel an seiner Unparteilichkeit oder Unabhängigkeit aufkommen lassen, oder wenn er die zwischen den Parteien vereinbarten Voraussetzungen nicht erfüllt. ₂Eine Partei kann einen Schiedsrichter, den sie bestellt oder an dessen Bestellung sie mitgewirkt hat, nur aus Gründen ablehnen, die ihr erst nach der Bestellung bekannt geworden sind.

§ 1037 ZPO Ablehnungsverfahren

(1) Die Parteien können vorbehaltlich des Absatzes 3 ein Verfahren für die Ablehnung eines Schiedsrichters vereinbaren.

(2) ₁Fehlt eine solche Vereinbarung, so hat die Partei, die einen Schiedsrichter ablehnen will, innerhalb von zwei Wochen, nachdem ihr die Zusammensetzung des Schiedsgerichts oder ein Umstand im Sinne des § 1036 Abs. 2 bekannt geworden ist, dem Schiedsgericht schriftlich die Ablehnungsgründe darzulegen. ₂Tritt der abgelehnte Schiedsrichter von seinem Amt nicht zurück oder stimmt die andere Partei der Ablehnung nicht zu, so entscheidet das Schiedsgericht über die Ablehnung.

(3) ₁Bleibt die Ablehnung nach dem von den Parteien vereinbarten Verfahren oder nach dem in Absatz 2 vorgesehenen Verfahren erfolglos, so kann die ablehnende Partei innerhalb eines Monats, nachdem sie von der Entscheidung, mit der die Ablehnung verweigert wurde, Kenntnis erlangt hat, bei Gericht eine Entscheidung über die Ablehnung beantragen; die Parteien können eine andere Frist vereinbaren. ₂Während ein solcher Antrag anhängig ist, kann das Schiedsgericht einschließlich des abgelehnten Schiedsrichters das schiedsrichterliche Verfahren fortsetzen und einen Schiedsspruch erlassen.

§ 1038 ZPO Untätigkeit oder Unmöglichkeit der Aufgabenerfüllung

(1) ₁Ist ein Schiedsrichter rechtlich oder tatsächlich außerstande, seine Aufgaben zu erfüllen, oder kommt er aus anderen Gründen seinen Aufgaben in angemessener Frist nicht nach, so endet sein Amt, wenn er

zurücktritt oder wenn die Parteien die Beendigung seines Amtes vereinbaren. ₂Tritt der Schiedsrichter von seinem Amt nicht zurück oder können sich die Parteien über dessen Beendigung nicht einigen, kann jede Partei bei Gericht eine Entscheidung über die Beendigung des Amtes beantragen.

(2) Tritt ein Schiedsrichter in den Fällen des Absatzes 1 oder des § 1037 Abs. 2 zurück oder stimmt eine Partei der Beendigung des Schiedsrichteramtes zu, so bedeutet dies nicht die Anerkennung der in Absatz 1 oder § 1036 Abs. 2 genannten Rücktrittsgründe.

§ 1039 ZPO Bestellung eines Ersatzschiedsrichters

(1) ₁Endet das Amt eines Schiedsrichters nach den §§ 1037, 1038 oder wegen seines Rücktritts vom Amt aus einem anderen Grund oder wegen der Aufhebung seines Amtes durch Vereinbarung der Parteien, so ist ein Ersatzschiedsrichter zu bestellen. ₂Die Bestellung erfolgt nach den Regeln, die auf die Bestellung des zu ersetzenden Schiedsrichters anzuwenden waren.

(2) Die Parteien können eine abweichende Vereinbarung treffen."

Die **Durchführung des schiedsrichterlichen Verfahrens** ist in den §§ 1042 ff. ZPO geregelt: **348**

„§ 1042 ZPO Allgemeine Verfahrensregeln

(1) ₁Die Parteien sind gleich zu behandeln. ₂Jeder Partei ist rechtliches Gehör zu gewähren.

(2) Rechtsanwälte dürfen als Bevollmächtigte nicht ausgeschlossen werden.

(3) Im Übrigen können die Parteien vorbehaltlich der zwingenden Vorschriften dieses Buches das Verfahren selbst oder durch Bezugnahme auf eine schiedsrichterliche Verfahrensordnung regeln.

(4) ₁Soweit eine Vereinbarung der Parteien nicht vorliegt und dieses Buch keine Regelung enthält, werden die Verfahrensregeln vom Schiedsgericht nach freiem Ermessen bestimmt. ₂Das Schiedsgericht ist berechtigt, über die Zulässigkeit einer Beweiserhebung zu entscheiden, diese durchzuführen und das Ergebnis frei zu würdigen.

§ 1043 ZPO Ort des schiedsrichterlichen Verfahrens

(1) ₁Die Parteien können eine Vereinbarung über den Ort des schiedsrichterlichen Verfahrens treffen. ₂Fehlt eine solche Vereinbarung, so wird der Ort des schiedsrichterlichen Verfahrens vom Schiedsgericht bestimmt. ₃Dabei sind die Umstände des Falles einschließlich der Eignung des Ortes für die Parteien zu berücksichtigen.

(2) Haben die Parteien nichts anderes vereinbart, so kann das Schiedsgericht ungeachtet des Absatzes 1 an jedem ihm geeignet erscheinenden Ort zu einer mündlichen Verhandlung, zur Vernehmung von Zeugen, Sachverständigen oder der Parteien, zur Beratung zwischen seinen Mitgliedern, zur Besichtigung von Sachen oder zur Einsichtnahme in Schriftstücke zusammentreten.

§ 1044 ZPO Beginn des schiedsrichterlichen Verfahrens

₁Haben die Parteien nichts anderes vereinbart, so beginnt das schiedsrichterliche Verfahren über eine bestimmte Streitigkeit mit dem Tag, an dem der Beklagte den Antrag, die Streitigkeit einem Schiedsgericht vorzulegen, empfangen hat. ₂Der Antrag muss die Bezeichnung der Parteien, die Angabe des Streitgegenstandes und einen Hinweis auf die Schiedsvereinbarung enthalten.

§ 1045 ZPO Verfahrenssprache

(1) ₁Die Parteien können die Sprache oder die Sprachen, die im schiedsrichterlichen Verfahren zu verwenden sind, vereinbaren. ₂Fehlt eine solche Vereinbarung, so bestimmt hierüber das Schiedsgericht. ₃Die Vereinbarung der Parteien oder die Bestimmung des Schiedsgerichts ist, sofern darin nichts anderes vorgesehen wird, für schriftliche Erklärungen einer Partei, mündliche Verhandlungen, Schiedssprüche, sonstige Entscheidungen und andere Mitteilungen des Schiedsgerichts maßgebend.

(2) Das Schiedsgericht kann anordnen, dass schriftliche Beweismittel mit einer Übersetzung in die Sprache oder die Sprachen versehen sein müssen, die zwischen den Parteien vereinbart oder vom Schiedsgericht bestimmt worden sind.

§ 1046 ZPO Klage und Klagebeantwortung

(1) ₁Innerhalb der von den Parteien vereinbarten oder vom Schiedsgericht bestimmten Frist hat der Kläger seinen Anspruch und die Tatsachen, auf die sich dieser Anspruch stützt, darzulegen und der Beklagte hierzu Stellung zu nehmen. ₂Die Parteien können dabei alle ihnen erheblich erscheinenden Schriftstücke vorlegen oder andere Beweismittel bezeichnen, derer sie sich bedienen wollen.

III Sachverständigenwesen — Gutachten

(2) Haben die Parteien nichts anderes vereinbart, so kann jede Partei im Laufe des schiedsrichterlichen Verfahrens ihre Klage oder die Angriffs- und Verteidigungsmittel ändern oder ergänzen, es sei denn, das Schiedsgericht lässt dies wegen Verspätung, die nicht genügend entschuldigt wird, nicht zu.

(3) Die Absätze 1 und 2 gelten für die Widerklage entsprechend.

§ 1047 ZPO Mündliche Verhandlung und schriftliches Verfahren

(1) ₁Vorbehaltlich einer Vereinbarung der Parteien entscheidet das Schiedsgericht, ob mündlich verhandelt werden soll oder ob das Verfahren auf der Grundlage von Schriftstücken und anderen Unterlagen durchzuführen ist. ₂Haben die Parteien die mündliche Verhandlung nicht ausgeschlossen, hat das Schiedsgericht eine solche Verhandlung in einem geeigneten Abschnitt des Verfahrens durchzuführen, wenn eine Partei es beantragt.

(2) Die Parteien sind von jeder Verhandlung und jedem Zusammentreffen des Schiedsgerichts zu Zwecken der Beweisaufnahme rechtzeitig in Kenntnis zu setzen.

(3) Alle Schriftsätze, Schriftstücke und sonstigen Mitteilungen, die dem Schiedsgericht von einer Partei vorgelegt werden, sind der anderen Partei, Gutachten und andere schriftliche Beweismittel, auf die sich das Schiedsgericht bei seiner Entscheidung stützen kann, sind beiden Parteien zur Kenntnis zu bringen.

§ 1048 ZPO Säumnis einer Partei

(1) Versäumt es der Kläger, seine Klage nach § 1046 Abs. 1 einzureichen, so beendet das Schiedsgericht das Verfahren.

(2) Versäumt es der Beklagte, die Klage nach § 1046 Abs. 1 zu beantworten, so setzt das Schiedsgericht das Verfahren fort, ohne die Säumnis als solche als Zugeständnis der Behauptungen des Klägers zu behandeln.

(3) Versäumt es eine Partei, zu einer mündlichen Verhandlung zu erscheinen oder innerhalb einer festgelegten Frist ein Schriftstück zum Beweis vorzulegen, so kann das Schiedsgericht das Verfahren fortsetzen und den Schiedsspruch nach den vorliegenden Erkenntnissen erlassen.

(4) ₁Wird die Säumnis nach Überzeugung des Schiedsgerichts genügend entschuldigt, bleibt sie außer Betracht. ₂Im Übrigen können die Parteien über die Folgen der Säumnis etwas anderes vereinbaren."

349 Die **Beweiserhebung durch Sachverständige** ist in § 1049 ZPO geregelt. Die Vorschrift lautet:

„§ 1049 ZPO Vom Schiedsgericht bestellter Sachverständiger

(1) ₁Haben die Parteien nichts anderes vereinbart, so kann das Schiedsgericht einen oder mehrere Sachverständige zur Erstattung eines Gutachtens über bestimmte vom Schiedsgericht festzulegende Fragen bestellen. ₂Es kann ferner eine Partei auffordern, dem Sachverständigen jede sachdienliche Auskunft zu erteilen oder alle für das Verfahren erheblichen Schriftstücke oder Sachen zur Besichtigung vorzulegen oder zugänglich zu machen.

(2) ₁Haben die Parteien nichts anderes vereinbart, so hat der Sachverständige, wenn eine Partei dies beantragt oder das Schiedsgericht es für erforderlich hält, nach Erstattung seines schriftlichen oder mündlichen Gutachtens an einer mündlichen Verhandlung teilzunehmen. ₂Bei der Verhandlung können die Parteien dem Sachverständigen Fragen stellen und eigene Sachverständige zu den streitigen Fragen aussagen lassen.

(3) Auf den vom Schiedsgericht bestellten Sachverständigen sind die §§ 1036, 1037 Abs. 1 und 2 entsprechend anzuwenden."

350 Die **Parteien können die Bestellung eines Sachverständigen ausschließen** oder auf bestimmte Personen bzw. Personengruppen beschränken. Eine erfolglose Ablehnung kann nach § 1049 ZPO nur im Aufhebungs- oder Vollstreckbarkeitserklärungsverfahren (§§ 1059 ff. ZPO) angefochten werden. Der Schiedsrichter hat im Übrigen seine Aufgabe unter Beachtung des Höchstpersönlichkeitsgrundsatzes wahrzunehmen. Er kann sich dabei Hilfspersonen bedienen.

351 Das **Schiedsgericht entscheidet** nach Maßgabe der von den Parteien als auf den Inhalt des Rechtsstreits anwendbar bezeichneten Rechtsvorschriften mit Mehrheit der Stimmen des Schiedsgerichts **durch Schiedsspruch**. Der Schiedsspruch ist schriftlich zu erlassen und zu begründen, sofern nichts anderes vereinbart worden ist. Der Schiedsspruch hat unter den Parteien die Wirkung eines rechtskräftigen gerichtlichen Urteils (§ 1055 ZPO). Ein Rechtsbehelf gegen den Schiedsspruch ist nach Maßgabe der §§ 1059 ff. ZPO zulässig.

Die Parteien können sich während des schiedsrichterlichen Verfahrens über die Streitigkeiten auch **vergleichen.** In diesem Fall beendet das Schiedsgericht das Verfahren ohne Schiedsspruch durch Beschluss gemäß § 1056 Abs. 2 Nr. 2 ZPO. Auf Antrag der Parteien kann der Vergleich durch „Schiedsspruch mit vereinbartem Wortlaut" geschlossen werden (§ 1053 Abs. 1 Satz 2 ZPO). Damit kann die Vollstreckbarkeit des Vergleichs erleichtert werden. 352

Auf Antrag beider Parteien kann das Verfahren aber auch beendet werden durch Erlass eines Schiedsspruchs, dessen Inhalt die Parteien vereinbart haben **(Schiedsspruch mit vereinbartem Wortlaut).** Ein Schiedsspruch mit vereinbartem Wortlaut ist nach Maßgabe des § 1053 Abs. 2 i.V.m. § 1054 ZPO zu erlassen und muss angeben, dass es sich um einen Schiedsspruch handelt. Ein solcher Schiedsspruch hat dieselbe Wirkung wie jeder andere Schiedsspruch zur Sache. 353

Der für ein Schiedsgericht tätige Gutachter wird zwar im Auftrag und mit Vollmacht der Parteien tätig, jedoch gelten auch für ihn die **Haftungsgrundsätze,** die für einen von einem Staatsgericht beauftragten Gutachter gelten. Der BGH leitet dies aus einer entsprechenden stillschweigenden Parteienvereinbarung ab[44]. 354

Der Schiedsrichter haftet bei seiner Spruchtätigkeit nicht für Fahrlässigkeit. Nach der Rechtsprechung des BGH ist die Haftungsbeschränkung des Schiedsrichters nicht aus einer analogen Anwendung des § 839 Abs. 2 BGB, sondern aus der dem Schiedsrichter vertraglich eingeräumten Stellung abzuleiten. Die **Haftungsbeschränkung** gilt auch für die Aufnahme einer verfahrensrechtlich unzulässigen Entscheidung in einen Schiedsspruch (vgl. Rn. 248 ff., 227, 245).

2.2 Allgemeine Grundsätze der Gutachtenerstattung

2.2.1 Inhaltliche Anforderungen

2.2.1.1 Konzentrationsgebot

Gutachten werden in aller Regel auf der Grundlage eines Auftrags (vgl. § 8 ImmoWertV Rn. 38 ff.) erstattet und sollen sich nach *Rudolph*[45] hierauf konzentrieren, auch wenn dem Gutachter „andere Aspekte der Sache interessanter und wichtiger erscheinen". Diesem Konzentrationsgebot kann zwar vom Grundsatz her zugestimmt werden. Auf dem Gebiet der Erstattung von Gutachten über Grundstückswerte hat es sich jedoch allzu häufig als gefährlich erwiesen, und ein Gutachter sollte sich hier nicht scheuen, **sachdienliche Ergänzungen in sein Gutachten einzubeziehen, wenn eine missbräuchliche Verwendung seines Gutachtens droht.** 355

Beispiel: 356

Gutachter Redlich wird von einem Kaufinteressenten beauftragt, den Verkehrswert eines gewerblich genutzten Grundstücks (Kammgarnfabrik) zu ermitteln, das auf Grund einer absehbaren städtebaulichen Neuordnung schon bald einer höherwertigen Nutzung zugeführt werden kann. Der Auftraggeber besteht auf der Ermittlung des Verkehrswerts der Kammgarnfabrik unter „Ausblendung" der sich abzeichnenden höheren Nutzbarkeit *(existing use value).*

Der sich bei strenger „Konzentration" auf den Auftrag ergebende Verkehrswert wird vom Gutachter Redlich „richtig" ermittelt; der „Verkehrswert" entspricht gleichwohl nicht dem tatsächlich erzielbaren „Verkehrswert", wenn im gewöhnlichen Geschäftsverkehr die absehbare höhere Nutzbarkeit üblicherweise zu höheren Abschlüssen führt. Der Auftraggeber bringt das Gutachten in die Kaufpreisverhandlungen mit der Absicht ein, den Verkäufer von der Angemessenheit des niedrigeren „Verkehrswerts" zu überzeugen.

---

[44] BGH, Urt. vom 19.11.1964 – VII ZR 8/63 –, EzGuG 11.45; BGH, Urt. vom 6.10.1954 – II ZR 149/53 –, EzGuG 11.6; OLG Hamburg, Beschl.vom 29.1.1974 – 8 W 6/74 –, EzGuG 11.205e.
[45] Rudolph, Praxishandbuch Sachverständigenrecht 1990, S. 464.

III Sachverständigenwesen — Gutachten

357 In derartigen Fällen empfiehlt es sich, die ohnehin im Gutachten darzulegende **Auftragserteilung** bzw. im gerichtlichen Verfahren die zu beantwortende Beweisfrage mit entsprechenden Hinweisen zu versehen, wenn sich der Gutachter fruchtlos um eine sachgerechte Beauftragung bemüht hat. Daneben kann es geboten sein, nach § 665 BGB **von den Weisungen abzuweichen**. Solche Konstellationen sind in der Praxis der Wertermittlung nicht selten. Die Problematik ist darin begründet, dass im Alltagsleben von „Verkehrswerten" in der Erwartung gesprochen wird, dass stets ein bestimmter Verkehrswert ermittelt werden muss, ohne dass daneben – je nach Vergabe – auch fiktive oder modifizierte Verkehrswerte für ein und dasselbe Grundstück ermittelbar sind, insbesondere wenn dem Gutachter besondere, vom tatsächlichen und rechtlichen Zustand des Grundstücks abweichende Vorgaben gemacht worden sind. Dies können „Außenstehende" oft nicht erkennen, weil sie eben mit dem Begriff „Verkehrswert" die Vorstellung einer eindeutigen Grundstückszuordnung verbinden.

358 *Beispiel:*

Gutachter Redlich blickt auf eine 20-jährige Berufspraxis zurück und wurde 1991 beauftragt, den Verkehrswert über ein „Filetgrundstück" in Berlin, Unter den Linden, zu erstellen. Schon seit geraumer Zeit werden hier Büromieten von rd. 40 €/m² Nutzfläche registriert und die Euphorie ist (noch) ungebrochen.

Gutachter Redlichs Wertermittlung für seinen Auftraggeber, der ein Bürogrundstück auf der Grundlage des ermittelten Verkehrswerts erwerben will, soll in „redlicher" Anwendung der Grundsätze der WertV die „nachhaltige" Rendite des Objekts zu Grunde gelegt werden. Seine Erfahrung und Markteinschätzung sagen ihm, dass die registrierten Mieten zwar das Geschehen auf dem Grundstücksmarkt bislang bestimmt haben, jedoch gleichwohl nicht von Dauer sein werden; er rechnet mit einer Halbierung der Mieten schon in wenigen Jahren.

359 Ein Sachverständiger steht, wie das Beispiel zeigt, häufig vor der Frage, ob er sich auf die Ermittlung eines stichtagsbezogenen Verkehrswerts beschränken oder auch seine **weiter gehende** Markteinschätzung zum Ausdruck bringen soll. Nach angelsächsischen Berufsregeln ist dies sogar ausdrücklich geboten, jedoch sollte sich der Sachverständige dabei vor spekulativen Äußerungen hüten und sich nur von objektiven Erkenntnissen unter **Hervorhebung der Wahrscheinlichkeit** leiten lassen (Rn. 374).

2.2.1.2 Objektivitätsgebot

360 Für die von Sachverständigen erstatteten Gutachten gilt das **Gebot der unparteiischen Aufgabenerfüllung**, unabhängig davon, ob es sich um einen öffentlich bestellten und vereidigten Sachverständigen (§ 8 SVO), einen vom Gericht beauftragten Sachverständigen, einen freien (selbsternannten) Sachverständigen oder einen Schiedsgutachter handelt. Die **Erstattung parteiischer Gutachten ist schlechthin mit einer** (beanspruchten) **Sachverständigeneigenschaft unvereinbar.** Selbst der „Parteisachverständige" darf nicht parteiisch sein.

361 Die unparteiische Aufgabenerfüllung kann bereits bei der **Präzisierung des Auftrags** beginnen, d. h., der Sachverständige kann hier bereits gefordert sein, auf eine Aufgabenstellung hinzuwirken, die ein parteiisches Gutachten insoweit ausschließt, als einseitige Vorstellungen zur Vorgabe gemacht werden. Für den Sachverständigen ist das nicht immer leicht erkennbar, da er i.d.R. nur mit seinem Auftraggeber verhandelt. **Der Verwertungszweck des Gutachtens sollte deshalb zusammen mit dem Auftraggeber und der präzisen Aufgabenstellung im Gutachten dargelegt** und ggf. mit einem Hinweis versehen werden, wenn mit dem Auftraggeber eine sinnvolle und zweckentsprechende Aufgabenstellung nicht herbeigeführt werden konnte.

362 Im Rahmen der unparteiischen Aufgabenerfüllung sollte der Sachverständige **jedweden Anschein der Voreingenommenheit, irreführende und missverständliche Aussagen sowie Unvollständigkeiten vermeiden.**

2.2.1.3 Kompetenzeinhaltungsgebot

363 Die fachliche Kompetenz des Sachverständigen bestimmt den Wert des Gutachtens. Der Sachverständige muss deshalb einen **Auftrag ablehnen, soweit seine fachliche Kompetenz**

dem nicht gewachsen ist, d.h., ein Gutachter darf seine fachliche Kompetenz nicht überschreiten[46].

Dies kann in der Grundstückswertermittlung zu vielschichtigen Konflikten führen, weil für den Grundstückswert häufig die Klärung einer Vielzahl von **Einzelfragen im rechtlichen, spezialtechnischen bis hin zum toxikologischen Bereich** (Altlasten) ausschlaggebend ist: **364**

– Die *Bebaubarkeit* eines Grundstücks kann äußerst streitbefangen sein.
– Der *Einsatz bodenrechtlicher Instrumente* (Instrumente zur Sicherung der Bauleitplanung, des Besonderen Städtebaurechts des Zweiten Kapitels des BauGB usw.) ist häufig mit Zweifelsfragen verbunden.
– Der Bestand und die rechtliche Bedeutung von *miet- und pachtrechtlichen Bindungen* kann fragwürdig sein.
– Die *Eigentumsverhältnisse* können insbesondere in den neuen Bundesländern umstritten sein (sog. Vermögensrecht).
– *Altlastenverdachtsflächen* bedürfen der Untersuchung, wenn diesem Umstand präzise Rechnung getragen werden soll; selbst bei Vorliegen toxikologischer Untersuchungen ist der Sachverständige i.d.R. nicht in der Lage, die Vereinbarkeit einer Altlast mit der Nutzbarkeit des Grundstücks zu beurteilen, für Grundstückswerte schon mangels allgemeingültiger nutzungsabhängiger Schwellenwerte.
– Unklarheiten, die häufig erst im Wege gerichtlicher Auseinandersetzungen geklärt werden, bestehen häufig bei der Ermittlung von *Entschädigungen* (Fragen der Vorwirkung) und insbesondere auf dem schwierigen Gebiet des Planungsschadensrechts (§§ 39 ff. BauGB); vom Sachverständigen wird häufig erwartet, dass er die Frage in sein Gutachten einbezieht, ob und in welcher Höhe planungsschadensrechtliche Ansprüche an einem Grundstück „hängen".

Allgemein muss erwartet werden, dass der **Grundstückssachverständige mit den einschlägigen Rechtsnormen und der Rechtsprechung vertraut** ist, obwohl gerade diese Fragen in der Ausbildung zu kurz kommen. Dies darf aber nicht dazu führen, dass sich der Grundstückssachverständige als „Winkeladvokat" betätigt und leichtfertig rechtliche Wertungen seinem Gutachten zu Grunde legt, die außerhalb seiner Kompetenz stehen. Spricht ein gerichtlicher Sachverständiger im Zusammenhang mit der Auslegung des Beweisthemas auch rechtliche Fragen an, so begründet dies für sich allein genommen allerdings noch keine Besorgnis der Befangenheit[47]. **365**

Die Verhaltensregeln und die daraus folgenden Konsequenzen für die Gutachtenerstattung und die Sachverständigentätigkeit sind in der Fachwelt erstaunlicherweise wenig diskutiert worden, obwohl gerade diese Fragen in der jüngeren Vergangenheit immer mehr an Bedeutung gewonnen haben. Vielmehr wurden Sachverständige mit derartigen interdisziplinären Problemstellungen „allein" gelassen, und sie haben es oftmals nicht vermocht, die von anderer Seite zu vertretenden Defizite, die einer fundierten Wertermittlung entgegenstehen, deutlich zu machen. Ein hervorstechendes Beispiel ist die Verkehrswertermittlung aufgelassener Militärflächen (sog. **Konversionsflächen**), bei denen einerseits – quasi naturgesetzlich – der Verdacht (aber keinesfalls die Sicherheit) einer flächendeckenden Kontamination hochgehalten und andererseits zu einem Zeitpunkt das **Verkehrswertgutachten in Auftrag gegeben wird, zu dem noch keinerlei Vorstellungen über die künftige Nutzbarkeit der Flächen** bestehen. Erwerbsinteressierte sind hier häufig zunächst nur an einem „billigen" Erwerb des Grundstücks interessiert und stellen die künftige Nutzung in Abhängigkeit von dem Erwerbspreis, dem Ergebnis der Altlastenuntersuchungen und überdies von den insgesamt anfallenden Umnutzungskosten. Bei derartig unklaren Verhältnissen muss die „Leistungsfähigkeit" der Verkehrswertermittlung begrenzt sein. Eine Verkehrswertermittlung mag zwar dann mit ent- **366**

---
46 BGH, Urt. vom 10.7.2003 – VII ZR 329/02 –, EzGuG 11.350b.
47 OLG Nürnberg, Beschl. vom 1.8.2001 – 4 W 2519/01 –, EzGuG 11.308; OLG Karlsruhe, Beschl. vom 27.4.1993 – 18a W 9/94 –.

III Sachverständigenwesen — Gutachten

sprechender Unsicherheit möglich sein; ihre (Un-)Sinnigkeit haben dann aber die Auftraggeber zu vertreten. Wer bei einer äußerst „nebulösen" Ausgangssituation ein Wertgutachten in Auftrag gibt und andererseits ein fundiertes Ergebnis mit hoher „Treffsicherheit" erwartet, muss dies als einen Akt der Selbsttäuschung begreifen.

367 Folgende **Verhaltensgrundsätze** kommen in derartigen Fällen in Betracht:

- Der **Sachverständige für Grundstückswerte** darf in rechtlichen Zweifelsfragen **kein Rechtsgutachten** (z. B. über die Bebaubarkeit eines Grundstückes) **erstellen,** er kann allenfalls darlegen, welche Bebaubarkeit auf Grund welcher Grundlagen objektiv erwartet werden kann.
- In **Zweifelsfällen** besteht die Möglichkeit,
    - sich mit dem Auftraggeber abzusprechen, welche rechtlichen Gesichtspunkte dem Gutachten zugrunde gelegt werden sollen; ggf. sind sachlich abweichende Vorstellungen darzulegen,
    - der Hinzuziehung von weiteren Spezialsachverständigen sowie
    - der Erstellung von Alternativgutachten[48].

368 Selbst in dem **Erkennen und der** Einschätzung von Baumängeln und Bauschäden ist der Grundstückswertermittler oftmals überfordert, zumal für dieses Gebiet eigenständig Sachverständige bestellt und vereidigt werden. Um sich hier vor der Haftung von Fehleinschätzungen zu schützen, werden diesbezügliche Ausführungen in den Verkehrswertgutachten von den Sachverständigen ausdrücklich unter dem Vorbehalt einer Überprüfung von dementsprechend vorgebildeten Sachverständigen gestellt.

2.2.1.4 Sachaufklärungsgebot

369 Der Sachverständige ist entsprechend § 410 ZPO verpflichtet, sein Gutachten **unparteiisch** und **nach bestem Wissen und Gewissen** zu erstellen (§ 410 ZPO, vgl. Rn. 51).

370 Weit verbreitet ist die **Praxis, bei zweifelhaftem Sachverhalt dem Gutachten bestimmte Sachverhalte zu Grunde zu legen.** So wird z. B. in Verkehrswertgutachten über altlastenbehaftete und altlastenverdächtige Grundstücke die bekannte Formel vorausgeschickt: „Ich gehe bei meiner Wertermittlung von einem nichtkontaminierten Grundstück aus." Andere Sachverständige, die zur Einsicht gekommen sind, dass sie davon eigentlich nicht ausgehen können, formulieren etwas vorsichtiger, etwa wie folgt: „Ich bewerte das Grundstück frei von Altlasten und sonstigen Bodenverunreinigungen.", und weisen darauf hin, dass der ermittelte Verkehrswert in Abhängigkeit von der Verifizierung einer Altlast möglicherweise noch zu korrigieren sei (vgl. § 6 ImmoWertV Rn. 152 ff.).

371 Diese Praxis droht in Leichtfertigkeit „abzurutschen", denn von einem Sachverständigen muss gefordert werden, dass er in seinem **Gutachten** zumindest **die Tatsachen darstellt, die für ihn erkennbar waren**[49] bzw. hätten erkannt werden müssen. Im Rahmen seiner Sorgfaltspflicht hat der Sachverständige nicht nur Verdachtsmomenten nachzugehen und die Ergebnisse offenzulegen. Er steht auch unter der Pflicht der Aufklärung des Sachverhalts, der für die Verkehrswertermittlung von Bedeutung sein kann. Die sich großer Beliebtheit erfreuende Formel „Ich gehe davon aus, ..." wird dagegen allzu oft als Freizeichnungsklausel von der notwendigen Sachverhaltsaufklärung verstanden und ist geeignet, beim „Verbraucher" eines Gutachtens den Eindruck zu erwecken, dass die Verhältnisse tatsächlich so sind, wie sie der Sachverständige im Rahmen seiner Sachverhaltsaufklärungspflicht „ausgehenderweise" unterstellt.

372 Etwas anderes mag gelten, wenn der Gutachter in **Absprache mit dem Auftraggeber** und unter Hervorhebung der Möglichkeit oder sogar Wahrscheinlichkeit anderer Verhältnisse und

---

[48] Kamphausen, BauR 1986, 151 ff.
[49] So auch die Rspr. des BVerwG zur Erkennbarkeit abwägungsrechtlicher Belange in der Bauleitplanung: BVerwG, Urt. vom 9.11.1979 – 4 N 1/87 – 4 N 2 – 4/79 –, NJW 1980, 1061 = MDR 1980, 256 = BauR 1980, 36 = DVBl 1980, 233 = DÖV 1980, 217 = BRS Bd. 35 Nr. 24 = JZ 1980, 85 = BBauBl. 1980, 251 = BayVBl. 1980, 88 = ZfBR 1979, 255; BGH, Urt. vom 27.9.1973 – VII ZR 142/72 –, EzGuG 11.91a.

ihrer Folgen für das Ergebnis der Wertermittlung seine Sachaufklärungspflicht einvernehmlich einschränkt. Dies steht im Übrigen in Wechselwirkung zum vereinbarten Honorar.

Im Rahmen seiner Aufklärungspflicht hat der Gutachter alle ihm **zugänglichen Erkenntnisquellen** auszuwerten und zur Entscheidungsfindung heranzuziehen[50]. Als „zugängliche" Erkenntnisquellen gelten solche, die verfügbar und benutzbar sind, ohne dass sie ihm bereits zur Verfügung gestanden haben müssen. Derjenige, der zu Erkenntnisquellen gelangen will, muss sich also unter Umständen den Zugang (wie sich schon begrifflich aus dem Wort „zugänglich" ergibt) verschaffen.

Bei komplizierten Sachverhalten empfiehlt es sich, eine sog. **Immobilien-*Due-Diligence*** einzuholen. Mit einer *Due-Diligence* werden im Vorfeld einer Investition Chancen und Risiken auf den entscheidenden Feldern analysiert. Dies sind bei Immobilien insbesondere:

– die bauliche Analyse (z. B. Brand- und Schallschutzbestimmungen, Parkplätze, Gewährleistungsrechte)
– die rechtliche Analyse (Eigentumsverhältnisse, Rechte und Belastungen), einschließlich
  – der baurechtlichen Analyse (Einhaltung baurechtlicher Vorschriften)
  – der steuerrechtlichen Analyse (einschließlich steuerrechtlicher Gestaltung von Grundstückstransaktionen)
  – der miet- und pachtrechtlichen Situation; Ausstiegs- und Haftungsklauseln
– die wirtschaftliche Analyse (Standort- und Marktanalyse)
– die finanzielle Analyse (Finanzierung von Transaktionen)
– die Umweltanalyse
– die Analyse der effizienten Bewirtschaftung des Grundstücks (*Facility-Management*-Analyse), Objektmanagement, Betreiber, Personal

Es ist zwischen der Marktanalyse und einer Standortanalyse zu unterscheiden.

Abb. 10: Standortanalyse

---
50 BGH, Urt. vom 4.3.1982 – III ZR 156/80 –, EzGuG 11.127; „zugänglich" bedeutet „verfügbar", „benutzbar" (Brockhaus Wahrig „Deutsches Wörterbuch in 6. Bänden", 6 Bd.), „zur Verfügung stehend" (Storig „Das große Wörterbuch der deutschen Sprache"), „so eingerichtet, dass es benutzt werden kann" (Klappenbach/Steinitz „Wörterbuch der deutschen Gegenwartssprache").

Abb. 11: Marktanalyse

© W. Kleiber 2006

Gegenstand der Markt- und Standortanalyse ist auch die **Drittverwendungsfähigkeit** einer Immobilie, wobei zwischen

– der Drittverwendungsfähigkeit im engen Sinne, d.h. einer Drittverwendung der Immobilie *ohne* erheblichen Umbauaufwand für eine anderweitige Nutzung und

– der Drittverwendungsfähigkeit im weiten Sinne, d.h. einer Drittverwendung der Immobilie *mit* erheblichem Umbauaufwand

zu unterscheiden ist.

2.2.1.5 Sorgfaltspflicht

a) Allgemeines

374 Aus dem Gutachten soll hervorgehen, mit welcher **Sicherheit und Genauigkeit** die **dem Gutachten zugrunde gelegten Befundtatsachen** ermittelt worden sind bzw. ermittelbar sind (vgl. Rn. 207). Für den Fall, dass Anknüpfungs- und Befundtatsachen und daraus gezogene Schlussfolgerungen des Gutachters mit Unsicherheiten behaftet bleiben müssen, nennt *Rudolph*[51] folgende Abstufungen:

– „an Sicherheit grenzende Wahrscheinlichkeit", d.h. in höchstem Maße wahrscheinlich, ohne dass volle Sicherheit besteht,

– äußerst wahrscheinlich (höchstgradige Wahrscheinlichkeit),

– sehr wahrscheinlich (stark überwiegende Wahrscheinlichkeit),

– wahrscheinlich (überwiegende Wahrscheinlichkeit),

– eher wahrscheinlich (leicht überwiegende Wahrscheinlichkeit),

– unwahrscheinlich (überwiegende Unwahrscheinlichkeit),

– sehr unwahrscheinlich (stark überwiegende Unwahrscheinlichkeit),

– äußerst unwahrscheinlich (höchstgradige Unwahrscheinlichkeit).

375 Für Wirtschaftsprüfer hat es das OLG Düsseldorf ausdrücklich als deren Aufgabe herausgestellt, die ihnen vorgelegten **Unterlagen kritisch zu hinterfragen und durch Zusatzfragen prüfungsrelevante Einzelheiten aufzuklären,** die sich aus den Unterlagen nicht oder nicht eindeutig ergeben[52].

---

51 Rudolph, Praxishandbuch Sachverständigenrecht, S. 462 f.
52 OLG Düsseldorf, Beschl. vom 8.1.1986 – 2 W 122/85 –, EzGuG 11.149g.

376 Es ist mit dem Vertrauensschutz des Rezipienten eines Gutachtens unvereinbar, wenn man bezüglich der Sorgfaltspflichten individuelle Maßstäbe gelten lässt. Zumindest bei der Gutachtenerstattung durch einen Gutachterausschuss für Grundstückswerte oder einem öffentlich bestellten und vereidigten Sachverständigen sind objektive Maßstäbe anzuhalten, die vom Auftraggeber hier erwartet werden können. Dies ergibt sich aus dem Umstand, dass es zu den Amtspflichten eines jeden Amtsträgers gehört, vor einer hoheitlichen Maßnahme (§ 192 BauGB Rn. 3), die geeignet ist, einen anderen in seinen Rechten zu beeinträchtigen, den **Sachverhalt im Rahmen des Zumutbaren so umfassend zu erforschen, dass die Beurteilungs- und Entscheidungsgrundlage nicht in wesentlichen Punkten zum Nachteil des Betroffenen unvollständig sind**[53] (vgl. Rn. 207).

Mündliche Auskünfte zum Planungsrecht sind nicht als Vertrauensgrundlage geeignet[54].

Zur Begutachtung reicht regelmäßig ein **visueller Augenschein ohne Öffnung von Bauteilen und Freilegung** aus[55]. Die Frage einer Bauteilöffnung ist in der Rechtsprechung mehrfach behandelt worden[56].

b) Flächen- und Massenangaben

377 Immer häufiger wird in Gutachten über Grundstückswerte *ohne* **Überprüfung von Flächen- bzw. Massenangaben**[57] des Auftraggebers bzw. überreichter Pläne baulicher Anlagen „ausgegangen". Dies kann vor allem dann beobachtet werden, wenn ein Zweitgutachten unter Verwendung eines vorhandenen Erstgutachtens erstellt wird. Indessen haben die Erfahrungen gelehrt, dass zwei unabhängig voneinander tätige Gutachter zu unterschiedlichen Flächen- und Massenangaben kommen. Falsche Massen- und Flächenangaben sind häufig auch darauf zurückzuführen, dass sich der Gutachter auf übergebene oder ihm sonsthin zugängliche Pläne verlassen hat (vgl. Rn. 207). Falsche Flächen- und Massenermittlungen können aber – wie auch die sog. Schneider-Pleite offengelegt hat – das Ergebnis erheblich verfälschen und der Sachverständige ist gehalten, die verwertbaren Anknüpfungstatsachen „herauszuarbeiten". Unsicherheitsfaktoren dürfen nicht unterdrückt werden, sondern müssen mit ihren Schwachstellen angesprochen werden. Ansehen und Glaubwürdigkeit des Sachverständigen sind bereits bei kleineren Abweichungen in Mitleidenschaft gezogen, wenn diese im Rahmen der üblichen Sorgfaltspflicht zutage treten müssen, selbst dann, wenn sie sich auf das Ergebnis einer Wertermittlung nur marginal auswirken.

c) Angaben zu den Ertragsverhältnissen

378 Das besondere Vertrauen, das insbesondere dem Gutachten des öffentlich bestellten und vereidigten Sachverständigen im Geschäftsverkehr beigemessen wird, setzt voraus, dass er das Gutachten nach bestem Wissen und Gewissen erstellt und dafür Dritten gegenüber einsteht. In diesem Rahmen ist der Gutachter für die **gewissenhafte Feststellung von (Befund-)Tatsachen verantwortlich.** Von einem ihm lediglich unter Angabe einer Aufgabenstellung mitgeteilten Mietertrag darf ein Sachverständiger nur dann ohne weiteres ausgehen, wenn er sich davon überzeugt hat, dass die Angaben zutreffen (vgl. Rn. 207). Verwendet er im Gutachten hingegen Tatsachenmaterialien, die er nicht oder nur teilweise selbst ermittelt oder nicht oder nur teilweise überprüft hat, muss er dies mit Angabe der Quellen im Gutachten eindeutig vermerken[58].

---

[53] Papier im Münchener Komm. Bd. 5, 3. Aufl., § 839 Nr. 595; a. A. OLG Karlsruhe, Urt. vom 19.3.1998 – 12 U 204/97 –, GuG 1998, 380 = EzGuG 11.265.
[54] BVerwG, Urt. vom 5.6.2003 – 4 BN 29/03 –.
[55] OLG Stuttgart, Urt. vom 26.3.1998 – 19 U 97/96 –, EzGuG 11.266.
[56] Zur richterlichen Anordnung einer Bauteilöffnung: OLG Frankfurt am Main, Urt. vom 26.2.1998 – 18 U 50/95 –, EzGuG 11.262a; OLG Celle, Beschl. vom 30.10.1997 – 4 U 197/95 –, EzGuG 11.254a.
[57] OLG Saarbrücken, Urt. vom 13.7.1971 – 2 U 127/70 –, EzGuG 11.80.
[58] BGH, Urt. vom 13.11.1997 – X ZR 144/94 –, EzGuG 11.256.

III Sachverständigenwesen — Gutachten

d) Ortsbesichtigung (vgl. Rn. 55)

379 Die **persönliche Besichtigung** des zu begutachtenden Gegenstands ist für eine sachverständige Gutachtenerstattung grundsätzlich **unabdingbar**. Die Unterlassung kann ein leichtfertiges und auch grob fahrlässiges Verhalten darstellen. Der BGH hat da einen Sittenverstoß erkannt (vgl. Rn. 180, 203, 220, 245, 431; § 4 ImmoWertV Rn. 20).

Ein Gutachten, das in Folge eines **Zutrittsverbots**[59] lediglich das äußere Erscheinungsbild eines Gebäudes berücksichtigt, ist allerdings dann nicht mangelhaft, wenn dieser Umstand im Gutachten eindeutig hervorgehoben wurde und es sich dem unbefangenen Dritten aufdrängt, dass es sich bei der Bewertung um eine Durchschnittsbewertung auf Grund der Aktenlage handelt[60].

e) Lehrmeinungen und Vorgutachten

380 Wissenschaftliche Auseinandersetzungen mit unterschiedlichen Lehrmeinungen sind im Gutachten nur insoweit notwendig, als sie zur Lösung der Beweisfrage beitragen. **Auf abweichende fachliche Auffassungen ist jedoch hinzuweisen,** wenn sie von einigem Gewicht sind. Vertritt der Sachverständige eine Außenseitermeinung, hat er dies kenntlich zu machen.

381 Findet der Sachverständige in den Akten bereits das **Vorgutachten eines anderen gerichtlichen Sachverständigen oder eines Privatgutachters** vor, so wird von ihm erwartet, dass er sich auch hiermit kritisch und argumentativ auseinandersetzt[61], es sei denn, das Gericht schließt eine solche Auseinandersetzung mit dem Vorgutachten im Beweisbeschluss ausdrücklich aus[62].

382 **Fazit:** Aus alledem ergibt sich, dass der Gutachter ungenügend abgesicherte Untersuchungsergebnisse und Schlussfolgerungen ausdrücklich hervorheben und Scheingenauigkeiten vermeiden muss. Der **Sachverständige muss sich gegen die vom Auftraggeber vorgegebenen Anknüpfungstatsachen wehren** und diese unterrichten, wenn er erkennen (muss), dass diese nicht „haltbar" oder irrtümlich vergeben worden sind. Der Gutachter muss eigenverantwortlich alle für den Verkehrswert bedeutsamen Anknüpfungstatsachen erheben bzw. übernommene Anknüpfungstatsachen in gebotenem Maße überprüfen.

2.2.1.6 Klarheits- und Transparenzgebot

Schrifttum: *Fischer/Lorenz/Biederbeck*, Rpfleger 2002, 337; *Freyberger*, MDR 2000, 1281; *Ulrich*, Der gerichtliche Sachverständige, 12. Aufl. 2007, Rn. 549 ff.

383 Die Erfüllung des Transparenzgebots beginnt bei einer systematischen und übersichtlichen Gliederung des Gutachtens. Des Weiteren ist eine Rationalität der Argumentation, ihrer Schlussfolgerungen sowie der Begründung zu fordern. Der Sachverständige ist schließlich auch einer **klaren und präzisen Sprache** verpflichtet. Dies beginnt bereits beim Aufbau des Gutachtens, der Rationalität der Argumentation und ihrer Schlussfolgerungen sowie der Begründung. Für den „Verbraucher" eines Gutachtens **unverständliche Fachausdrücke sollen** ebenso wie begründungsersetzende Floskeln („abwegig", „offensichtlich", „zweifellos" usw.) **vermieden werden**; sie können die erforderliche Argumentation nicht ersetzen. Es muss auch vermieden werden, den gebotenen klaren Sprachduktus und die aufeinander aufbauende logische Abfolge der Tatsachenfeststellung und die daraus zu ziehenden Folgerungen durch überflüssiges „Beiwerk" zu überladen. Es ist einem Gutachten über den Verkehrswert z. B. eines Grundstücks in Weimar abträglich, wenn der „Verbraucher" weitschweifig über die Gründung des Bauhauses und die Stadt der Dichter und Denker belehrt wird.

---

59 Auch das Insolvenzgericht ist im Eröffnungsverfahren nicht befugt, den mit der Erstellung eines Gutachtens beauftragten Sachverständigen zu ermächtigen, die Wohn- und Geschäftsräume des Schuldners zu betreten und dort Nachforschungen anzustellen (BGH, Beschl. vom 4.3.2004 – IX ZB 133/03 –, EzGuG 11.377a); a. A. AG Duisburg, Beschl. vom 17.5.2004 – 62 IN 124/04 –, EzGuG 11.383 f.
60 VG Stuttgart, Urt. vom 8.7.2004 – 4 K 1554/04 –, GuG 2005,117 = EzGuG 11.388.; OLG Celle, Urt. vom 6.5.2004 – 4 U 30/04 –, EzGuG 11.383b.
61 BVerfG, Urt. vom 7.10.1996 – 1 BvR 520/95 –, NJW 1997, 122.
62 IHK-Merkblatt „Der gerichtliche Gutachterauftrag", Köln 1997.

Eine verständliche Sprache ist durch geeignete **Lichtbilder, Karten, Pläne und Skizzen** zu ergänzen: **384**

- Übersichtspläne 1 : 5000 bis 1 : 25.000,
- Flurkartenausschnitte 1 : 500 bis 1 : 2500,
- Grundrisse, Schnitte, Ansichten,
- Fotos mit Eintragung des Standpunktes der Aufnahme in der Karte und Angabe des Aufnahmezeitpunktes,
- Kataster- und Grundbuchauszüge,
- Nachprüfbare Flächen- und Massenberechnungen,
- Ausschnitte der Planungsgrundlagen (z. B. Bebauungsplan).

Die **Lage des Grundstücks** und der baulichen Anlage sowie bestehender Rechte (z. B. Wegerechte) müssen aus den beigebrachten Karten und Plänen erkennbar sein. **385**

Die vom Sachverständigen **selbst erhobenen Anknüpfungstatsachen und die übernommenen bzw. vorgegebenen Anknüpfungstatsachen müssen** für den „Verbraucher" als solche **hervorgehoben werden.** **386**

2.2.1.7 Begründungsgebot

a) Allgemeines

Die Begründung eines Gutachtens ist ein ureigenes Element jeder Gutachtertätigkeit. Es kommt nicht allein darauf an, dass ein **Gutachten** im Ergebnis richtig ist, es muss auch **richtig begründet** sein **und für** jeden **Verbraucher nachvollziehbar und nachprüfbar** sein. **387**

Ein Gutachten ist indessen mangelhaft, wenn es in nicht nachvollziehbarer Weise **nur das Ergebnis** mitteilt[63]. **388**

Ein Gutachter muss insbesondere die **Methodik sowie die Befund- und Anknüpfungstatsachen** offenlegen: **389**

a) Das Gutachten muss in seiner Methodik und rationalen Argumentation begründet sein, d.h., der Lösungsweg muss plausibel und nachvollziehbar sein. Mit umstrittenen Lehrmeinungen hat sich der Sachverständige auseinanderzusetzen, sofern es sich nicht um sog. Außenseitermeinungen handelt. Sofern die umstrittenen Lehrmeinungen von dem eingeschlagenen Lösungsweg zwar abweichen, jedoch für das Ergebnis belanglos sind, sollte dies im Gutachten dargelegt werden.

b) Die dem Gutachten zu Grunde gelegten Befund- und Anknüpfungstatsachen müssen begründet sein, was in erster Linie auf einen nachprüfbaren Nachweis hinausläuft.

Die Begründung soll also die tragenden Gedanken und Folgerungen des Gutachtens in nachvollziehbarer Weise erkennen lassen. Dies gilt auch für die **Wahl des Wertermittlungsverfahrens** (vgl. § 8 ImmoWertV Rn. 1 ff.). Zur Frage, ob ein nach einer verfehlten Rechenmethode oder ein sonst hin „unplausibel" abgeleiteter Wert, der zur Bemessung einer Ausgleichs- oder Entschädigungsleistung herangezogen wurde, die Rechtswidrigkeit des festgesetzten Betrags herbeiführt, ist in der Rechtsprechung im Übrigen dahingehend entschieden worden, dass nur dann Rechtswidrigkeit vorliegt, wenn das Ergebnis falsch ist[64]. **390**

---

[63] OLG Düsseldorf, Beschl. vom 21.8.1995 – 10 W 66/95 –, EzGuG 11.224.
[64] Zum Abgabenrecht allgemein BVerwG, Urt. vom 27.1.1982 – 8 C 12/81 –, EzGuG 9.44; BGH, Urt. vom 19.1.1984 –III ZR 185/82 –, EzGuG 17.50; OLG Saarbrücken, Urt. vom 17.9.1987 – 4 U 16/85 –, EzGuG 11.166 (zum Umlegungsmehrwertausgleich); OVG Saarland, Urt. vom 24.5.1985 in SKZ 1985, 237; a. A. betr. Ausgleichsbetragsbescheide VG Köln, Urt. vom 16.5.1986 – 13 K 3039/85 –, EzGuG 15.46; VG Köln, Urt. vom 8.5.1987 – 13 K 2398/86 –, EzGuG 15.52.

III Sachverständigenwesen — Gutachten

b) Begründung des Lösungswegs

391 Die Begründung des Lösungswegs ist in der Grundstückswertermittlung in erster Linie eine Begründung der **Wahl des oder der herangezogenen Wertermittlungsverfahren.** Sie wird den Gutachterausschüssen für Grundstückswerte mit § 8 Abs. 2 letzter Halbsatz ImmoWertV expressis verbis vorgeschrieben. Dieses Gebot gilt aber generell für jede Gutachtenerstattung. **Ein Gutachten, das dem Gericht nicht ermöglicht, den Gedankengängen des Gutachters nachzugehen, sie zu prüfen und sich ihnen anzuschließen oder sie abzulehnen, ist für den Rechtsstreit wertlos**[65]. In einer Entscheidung des VG Augsburg[66] wird hervorgehoben, dass auch der Gutachterausschuss für Grundstückswerte sich seiner Begründungspflicht nicht allein unter Berufung auf seine langjährige Erfahrung entziehen kann und neben den Gedankengängen zur Wahl des oder der Wertermittlungsverfahren, den herangezogenen Vergleichspreisen, Ertragsverhältnissen und sachwertbezogenen Daten auch „sonstige" für die Wertermittlung maßgeblichen Gesichtspunkte offenlegen muss. Solche „sonstigen" Gesichtspunkte sind insbesondere die Gründe, die bei Heranziehung mehrerer Wertermittlungsverfahren für die Ableitung des Verkehrswerts aus den Ergebnissen der herangezogenen Wertermittlungsverfahren ausschlaggebend sind.

392 **Auch die Gutachten der Gutachterausschüsse für Grundstückswerte unterliegen** – wie vorstehend hervorgehoben wurde – **der Begründungspflicht.** Zwar wird dies mit dem BauGB nicht (mehr) expressis verbis vorgeschrieben, jedoch besteht die Begründungspflicht ohnehin, so dass es dahingehender klarstellender Regelungen nicht bedarf[67].

c) Begründung der Befund-, Zusatz- und Anknüpfungstatsachen

Schrifttum: *Grabe, H.,* Offenlegung der Befundtatsachen im Verkehrswertgutachten des Sachverständigen, BauR 2003, 341; *Ulrich,* Der gerichtliche Sachverständige, 12. Aufl. 2007, Rn. 321, 653, 686.

393 Die Tatsachen, die der Sachverständige zum Zwecke der Gutachtenerstattung festgestellt hat, werden als **Befundtatsachen** bezeichnet. Davon zu unterscheiden sind die einem gerichtlichen Gutachter vom Gericht ggf. durch Überlassung der Gerichtsakten gegebenen **Anknüpfungstatsachen.** Die Anknüpfungstatsachen hat das Gericht dem Sachverständigen mitzuteilen.

Die Begründung der Befundtatsachen hat in erster Linie den Nachweis dieser Tatsachen zum Gegenstand. Dies ist noch verhältnismäßig unproblematisch, wenn es um die zu Grunde gelegten **Planungsgrundlagen** und dgl. geht, da ohne weiteres hierzu die notwendigen Angaben gemacht werden können.

394 Problematisch sind vor allem Angaben zu

- **Vergleichspreisen von Grundstücken** sowie
- **Vergleichsmieten,**

deren Eignung regelmäßig nur beurteilt werden kann, wenn die zugehörigen Objekte in identifizierbarer Weise benannt werden. Daraus können sich nicht nur Konflikte mit dem Datenschutz (Geheimhaltungspflicht der Gutachter), sondern auch für die praktische Tätigkeit des Sachverständigen ergeben, denn personenbezogene Daten werden ihm häufig nur zur Verfügung gestellt, wenn deren Geheimhaltung gewährleistet ist. Zur Tauglichkeit eines vom Schiedsgutachter angewandten Vergleichswertverfahrens zur Verkehrswertermittlung hat der BGH festgestellt, dass Angaben über den Kaufpreis geeigneter Grundstücke in ausreichender Zahl zur Verfügung stehen und die Vergleichsobjekte, ihre Wertmerkmale und die einzelnen

---

[65] So OLG Frankfurt am Main, Urt. vom 18.10.1962 – 6 W 425/62 –, EzGuG 11.28; BGH, Urt. vom 30.5.1963 – III ZR 230/61 –, EzGuG 8.8; BGH, Urt. vom 17.12.1964 – III ZR 93/63 –, EzGuG 11.47; OLG Oldenburg, RE vom 19.12.1980 – 5 UH 13/80 –, EzGuG 20.87; LG Bremen, Beschl. vom 17.1.1977 – 7 – 3 O 1584/70 –, EzGuG 1.105.

[66] VG Augsburg, Urt. vom 10.2.1982 – 4 K 80 A 914 –, EzGuG 11.126.

[67] BGH, Urt. vom 30.4.1952 – III ZR 198/51 –, EzGuG 11.2; BGH, Urt. vom 17.12.1964 – III ZR 96/63 –, EzGuG 11.47; BGH, Urt. vom 4.2.1982 – III ZR 156/80 –, EzGuG 11.127; OLG Frankfurt am Main, Urt. vom 18.10.1962 – 6 W 425/62 –, EzGuG 11.28; LG Bremen, Beschl. vom 17.1.1977 – 3 O 1584/70 –, EzGuG 11.105; VG Augsburg, Urt. vom 10.2.1982 – 4 K 80 A 914 –, EzGuG 11.126; VG Ansbach, Beschl. vom 8.4.1971 – 9331/37 – V/71 –, EzGuG 11.77f.

Preise in dem Schiedsgutachten mitgeteilt werden, da nur dann nachprüfbar sei, ob der Schiedsgutachter einen zutreffenden Vergleichsmaßstab angewandt hat. Wenn der Schiedsgutachter nur mitteilt, dass „umfangreiche Recherchen" durchgeführt worden seien, ohne das Ergebnis dieser Recherchen darzulegen, sei das Schiedsgutachten offenbar unrichtig und unverbindlich[68].

Nicht immer ist es erforderlich, Gutachten unter **Angabe der Kaufpreise und sonstiger personenbezogener Daten** der zur Wertermittlung herangezogenen Vergleichsgrundstücke (Mieten usw.) zu begründen. Die der gesetzgeberischen Entscheidung über ein Einsichtsrecht in die Kaufpreissammlung zu Grunde liegenden Belange des Datenschutzes (vgl. § 195 BauGB Rn. 34 ff.) spricht sogar gegen eine Identifizierung der Vergleichsgrundstücke im Gutachten[69]. Die Weitergabe von Gutachten kann nämlich nicht verhindert werden, so dass die Preisgabe personenbezogener Daten in einem Gutachten im Vergleich zur Preisgabe an einen außerhalb der Gutachterausschüsse stehenden Sachverständigen ein weitaus schwerwiegenderer Eingriff in das informationelle Selbstbestimmungsrecht des Betroffenen wäre. 395

Auf der anderen Seite dienen Gutachten häufig als Grundlage für **Entscheidungen, die in Grundrechte eingreifen.** Dies gilt insbesondere bei der Bemessung von *Enteignungsentschädigungen* und *Ausgleichsbeträgen* sowie bei Gutachten zur Begründung eines *Mieterhöhungsverlangens*. Die Rechtsschutzgarantie des Art. 19 Abs. 4 GG bedingt, dass Eingriffe in das Eigentum nachprüfbar und gerichtliche Entscheidungen nur auf Tatsachen gestützt werden dürfen, zu denen sich die Beteiligten äußern können (§ 108 Abs. 2 VwGO). In derartigen Fällen muss zwischen beiden Rechtsgütern abgewogen werden. In der Rechtsprechung wurde dem Datenschutz zunächst ein hohes Gewicht beigemessen. Der BGH[70] hat hierzu festgestellt, dass für die Verkehrswertermittlung durch Gutachterausschüsse für Grundstückswerte „einzelne Vergleichsobjekte nicht gesondert" aufgeführt werden müssen. Die Auffassung wurde damit begründet, dass einzelne Vergleichsobjekte ohnehin nur einen Ausschnitt dessen bieten, was Gutachter bei der Verkehrswertermittlung an Erfahrung hineinbringen können, wobei ein Großteil der persönlichen Erfahrungen sich nicht belegen ließe. 396

Vom BGH sind in der Folgezeit aber **höhere Anforderungen an die Substantiierung der herangezogenen Vergleichsdaten** gestellt worden, zumindest was die Gutachten von Sachverständigen betrifft. 397

Symptomatisch ist die Entwicklung der **Rechtsprechung zur Begründung von Mieterhöhungsverlangen** (vgl. § 18 ImmoWertV Rn. 202 ff.). Im Rahmen eines Rechtsstreits über ein Mieterhöhungsverlangen nach § 2 MHG (§ 558a BGB) hatte der BGH zwar zunächst noch entschieden, dass die Anforderungen an die Substantiierungslast des Vermieters „nicht überspannt werden dürfen", soweit Vergleichsobjekte nicht zur Verfügung stehen; ein sachgemäß begründetes Gutachten eines zuverlässigen Sachverständigen könne deshalb zur Begründung eines Gutachtens ausreichen[71]. 398

---

68 BGH, Urt. vom 23.11.1984 – V ZR 120/83 –, EzGuG 11.144b; BGH, Urt. vom 21.5.1975 – VIII ZR 161/73 –; BGH, Urt. vom 25.1.1979 – X ZR 40/77 –, EzGuG 11.114 g; OLG Düsseldorf, Beschl. vom 21.8.1995 – 10 W 66/95 –, EzGuG 11.124.
69 Nach § 6 Abs. 3 der bad.-württ. GutachterausschussVO hat der Gutachterausschuss für Grundstückswerte auf Verlangen des Antragstellers das Gutachten unter „besonderer Würdigung der Vergleichspreise" auszuarbeiten. Ob dabei die Vergleichspreise mit ihrem Personenbezug identifizierbar zu machen sind, lässt die Verordnung allerdings offen.
70 BGH, Urt. vom 4.3.1952 – III ZR 156/80 –, EzGuG 11.127; dagegen AG Wiesbaden, Urt. vom 10.8.1972 – 51b C 429/72 –, EzGuG 20.51b.
71 BGH, Urt. vom 21.4.1982 – VIII ARZ 2/82 –, EzGuG 20.97; BGH, Urt. vom 4.2.1958 – VIII ZR 13/57 –, EzGuG 14.6; so auch noch LG Lüneburg, Urt. vom 23.3.1995 – 4 S 314/94 –, GuG 1996, 254 = EzGuG 20.156; OLG Hamburg, Urt. vom 22.6.1994 – 4 U 89/93 –, GuG 1996, 114 = EzGuG 20.152a; OLG Karlsruhe, RE vom 25.7.1982 – REMiet 2/82 –, EzGuG 20.101; OLG Frankfurt am Main, RE vom 5.10.1981 – REMiet 2/81 –, EzGuG 20.91; OLG Frankfurt am Main, Beschl. vom 24.1.1989 – 20 W 291/87 –, EzGuG 20.125a; OLG Oldenburg, RE vom 19.12.1980 – 5 UH 13/80 –, EzGuG 20.87; OLG Oldenburg, Urt. vom 30.3.1972 – 2 U 54/68 –; LG Hamburg, Urt. vom 30.4.1976 – 11 S 26/75 –, EzGuG 20.61; LG Freiburg, Urt. vom 16.12.1975 – 9 S 152/75 –, EzGuG 20.59; LG Frankfurt am Main, Urt. vom 16.6.1958 – 2/13 O 3/58 –, EzGuG 11.13; LG Bonn, Urt. vom 25.6.1992 – 6 S 482/91 –, EzGuG 11.190 d; BGH, Urt. vom 30.6.1959 – VIII ZR 81/58 –, EzGuG 20.54; BGH, Urt. vom 26.9.1958 – VIII ZR 121/57 –, NJW 1958, 1967 = ZMR 1959, 270; BGH, Urt. vom 4.2.1958 – VIII ZR 13/57 –, EzGuG 14.5.

III Sachverständigenwesen Gutachten

399 Im Zusammenhang mit der **Unternehmensbewertung** hat das OLG Düsseldorf verneint, dass der Sachverständige sämtliche Tatsachen, auf denen ein Gutachten beruht, durch Vorlage von Einzelerläuterungen und Zahlenwerke, insbesondere der kompletten Buchhaltung und dgl., belegt (Detailprüfung). Sofern das Gericht selbst im Rahmen seiner Sorgfaltspflicht überfordert wäre, die Grundlagen eines Gutachtens selbst zu überprüfen, müsse das Gericht vielmehr die Autorität und die persönliche und fachliche Qualität des Gutachters in seine Betrachtung einbeziehen[72].

d) Offenbarungspflicht

400 Für **bürgerliche Rechtsstreitigkeiten** hat das **BVerfG**[73] jedoch anlässlich eines **Rechtsstreits über ein Mieterhöhungsverlangen** entschieden, dass eine **Offenlegung der tatsächlichen Umstände im Gutachten aus rechtsstaatlichen Gründen regelmäßig geboten ist,** damit ein Gutachten verwertet werden kann. Das Gericht hat angeführt:

„Das Rechtsstaatsprinzip gewährleistet in bürgerlichen Rechtsstreitigkeiten elementare Verfahrensregeln, die für einen fairen Prozess und einen wirkungsvollen Rechtsschutz unerlässlich sind. Dazu gehört, dass das Gericht die Richtigkeit bestrittener Tatsachen nicht ohne hinreichende Prüfung bejaht. Das gilt grundsätzlich auch für konkrete Befundtatsachen, auf deren Feststellung ein Sachverständiger sein Gutachten gestützt hat. Den Parteien muss dabei die Möglichkeit gegeben werden, an dieser Prüfung mitzuwirken. Dazu müssen auch ihnen die konkreten Befundtatsachen, die das Gericht durch Übernahme des Sachverständigengutachtens verwerten will, zugänglich sein.

Eine dem Rechtsstaatsprinzip genügende Urteilsgrundlage fehlt jedoch, wenn der Richter einem Sachverständigengutachten, dessen Befundtatsachen bestritten sind, ohne nähere Prüfung dieser Tatsachen folgt und sich ohne weiteres darauf verlässt, dass die vom Sachverständigen zu Grunde gelegten und nicht im Einzelnen konkretisierten tatsächlichen Feststellungen richtig sind. Auch den Parteien wird auf diese Weise die Möglichkeit abgeschnitten, an einer Überprüfung mitzuwirken. Es wird ihnen dadurch verwehrt, gegebenenfalls die tatsächlichen Grundlagen und somit die Tauglichkeit des Gutachtens zur Streitentscheidung zu erschüttern. Das führt im Ergebnis dazu, dass nicht der Richter unter Beteiligung der Parteien, sondern der Sachverständige die tatsächlichen Urteilsgrundlagen feststellt.

Zur Nachprüfung eines Sachverständigengutachtens kann die Kenntnis der einzelnen tatsächlichen Umstände, die der Sachverständige selbst erhoben und seinem Gutachten zu Grunde gelegt hat, entbehrlich sein.

In einem solchen Fall ist die Offenlegung dieser Tatsachen aus rechtsstaatlichen Gründen regelmäßig geboten. Ist der Sachverständige dazu nicht bereit, darf sein Gutachten nicht verwertet werden.

Ob und inwieweit das Gericht und die Verfahrensbeteiligten die Kenntnis von Tatsachen, die ein Sachverständiger seinem Gutachten zu Grunde gelegt hat, für eine kritische Würdigung des Gutachtens tatsächlich benötigen, lässt sich nicht generell entscheiden.

Die Frage muss vom Richter unter Berücksichtigung der Umstände des Einzelfalles entschieden werden. Grundsätzlich wird die Forderung nach einer eigenen Überprüfung durch die Beteiligten um so berechtigter sein, je weniger das Gutachten auf dem Erfahrungswissen des Sachverständigen und je mehr es auf einzelnen konkreten Befundtatsachen aufbaut.

Je umfassender und allgemeiner der vom Sachverständigen verwertete Tatsachenstoff ist, desto deutlicher nimmt allerdings der Nutzen der Kenntnis einzelner Umstände für die kritische Auseinandersetzung mit dem Gutachten ab. Unter Umständen kann es dann ausreichen, den Beteiligten die Möglichkeit von Stichproben einzuräumen. Soweit der Sachverständige schließlich sein Gutachten auf statistisch erfasstes oder allgemein zugängliches Tatsachenmaterial aufbaut, werden Einzelheiten für eine kritische Würdigung regelmäßig nicht benötigt. Entsprechend verhält es sich bei Erfahrungswissen und wissenschaftlich begründeten Einsichten.

Das Maß, in dem Tatsachen offengelegt werden müssen, damit ein Gutachten im Prozess verwertet werden darf, lässt sich ebenso wenig generell festlegen, sondern richtet sich nach den Umständen des Einzelfalles. Einerseits ist den Betroffenen grundsätzlich die Möglichkeit zu eröffnen, allen nicht fernliegenden Zweifeln an der Tragfähigkeit der Tatsachengrundlage eines Gutachtens nachzugehen. Doch können, insbesondere auch zur Wahrung der Privatsphäre Dritter, Grenzen gesetzt werden, wenn ein Beteiligter seine

---

72 OLG Düsseldorf, Beschl. vom 17.2.1984 – 19 W 1/81 –, EzGuG 20.104b.
73 BVerfG, Beschl. vom 11.10.1994 – 1 BvR 1398/93 –, GuG 1995, 51 = EzGuG 11.217b.

Zweifel nicht hinreichend substantiiert oder wenn bei vernünftiger Würdigung der Gesamtumstände nicht zu erwarten ist, dass durch eine Überprüfung das Gutachten in Frage gestellt wird.

Abstriche an dem Offenlegungsanspruch der Parteien können allerdings gerechtfertigt sein, wenn das Schweigen des Sachverständigen auf anerkennenswerten Gründen beruht und die Nichtverwertung eines Gutachtens zum materiellen Rechtsverlust eines Beteiligten führen würde. Das kommt vor allem dann in Betracht, wenn die dem Gutachten zu Grunde liegenden Tatsachen generell geheimhaltungsbedürftig sind und nicht nur der ausgewählte Sachverständige an ihrer Offenbarung gehindert ist."

401 Die für bürgerliche Rechtsstreitigkeiten herausgestellte **Offenbarungspflicht**[74] ist Ausfluss des aus Art. 2 Abs. 1 GG i.V.m. dem Rechtsstaatsprinzip abgeleiteten Anspruchs auf ein rechtsstaatliches Verfahren und muss insoweit auch für öffentlich-rechtliche Rechtsstreitigkeiten gelten. Es kann nämlich gegen Art. 2 Abs. 1 GG i.V.m. dem Rechtsstaatsprinzip verstoßen, wenn ein Gutachten über die ortsübliche Vergleichsmiete zur Grundlage eines Urteils gemacht wird, obwohl weder das Gericht noch die Prozessparteien die Möglichkeit hatten, die vom Sachverständigen zu Grunde gelegten Befundtatsachen zu überprüfen[75].

402 In der vorstehenden Entscheidung des BVerfG sind **Grenzen der Offenbarungspflicht** dort erkannt worden, wo dem Gutachten zu Grunde liegende Tatsachen „generell geheimhaltungsbedürftig" sind. Im Einzelfall muss zwischen den Anforderungen an ein Gutachten als Grundlage für eine in Grundrechte eingreifende Entscheidung und dem Rechtsschutzbedürfnis der von einer Offenlegung ihrer personenbezogenen Daten Betroffenen abgewogen werden, ob und in welchem Umfang der Rechtsschutz der Beteiligten eine Offenlegung von Vergleichsdaten bedingt, d.h., ob und in welchem Umfang das Recht auf informationelle Selbstbestimmung vor den Belangen der Betroffenen zurückstehen muss (Abwägungsprinzip).

Hierzu führt das BVerfG (a.a.O.) aus:

„Die im rechtsstaatlichen Fairnessgebot verankerte Pflicht des Gerichts, die tatsächlichen Grundlagen eines Gutachtens hinreichend zu überprüfen und daran auch die Parteien mitwirken zu lassen, verträgt Einschränkungen, soweit Rechte anderer beeinträchtigt würden. Das Gericht kann daher im Interesse eines beweisbelasteten Prozessbeteiligten geringere Anforderungen an die Offenlegung durch den Sachverständigen stellen, wenn die von diesem dafür vorgebrachten Gründe hinreichend gewichtig sind. Das ist insbesondere der Fall, wenn es sich um Daten aus der engsten Privat- oder Intimsphäre unbeteiligter Dritter handelt, deren Preisgabe niemandem zuzumuten ist. In derartigen Fällen muss regelmäßig damit gerechnet werden, dass auch ein anderer Sachverständiger nicht in der Lage sein wird, zu der Beweisfrage unter Offenlegung einschlägiger Tatsachen Stellung zu nehmen. Allein der Umstand, dass Dritte eine Bekanntgabe von Tatsachen aus ihrer Privatsphäre nicht wünschen und der Sachverständige sich daran gebunden fühlt, ist freilich kein ausreichender Grund dafür, das Urteil auf ein solches Gutachten zu stützen.

Auf eine Offenlegung von Mietpreis und Adressen der Vergleichswohnungen oder sonstiger Angaben über deren Beschaffenheit kann danach in aller Regel nicht verzichtet werden, soweit deren Kenntnis für eine Überprüfung des Gutachtens praktisch unentbehrlich ist."

403 Nach dem Grundsatz des rechtlichen Gehörs muss z. B. einem Enteignungsbetroffenen die Möglichkeit gegeben werden, zu allen entscheidungserheblichen Tatsachen Stellung zu nehmen; dies betrifft auch das bei der Ermittlung des Sachverhalts von der Enteignungsbehörde nach § 107 Abs. 1 Satz 4 BauGB einzuholende Gutachten des Gutachterausschusses. Die **Rechtsschutzgarantie des Art. 19 Abs. 4 GG bedingt, dass Eingriffe in das Eigentum nachprüfbar sind** und gerichtliche Entscheidungen nur auf Tatsachen gestützt werden dürfen, zu denen sich die Beteiligten äußern können.

404 Der Beschluss des BVerfG (a.a.O.) stellte einen vorläufigen Schlussstrich unter eine **Rechtsentwicklung** dar, die anfangs geringere Anforderungen an die Offenbarungspflicht gestellt hatte. So hatte der BGH[76] für die gutachterliche Verkehrswertermittlung durch die Gutachterausschüsse für Grundstückswerte noch festgestellt, dass sie die „einzelnen" Vergleichsobjekte

---

[74] So schon LG Krefeld, Beschl. vom 6.6.1978 – 3 T 39/79 –, EzGuG 11.111i.
[75] BVerfG, Beschl. vom 16.7.1997 – 1 BvR 860/97 –, GuG 1998, 176 = EzGuG 11.247, Ablehnung der Verfassungsbeschwerde; BVerfG, Beschl. vom 11.10.1994 – 1 BvR 1388/93 –; Ältere Rspr., OLG Oldenburg, Beschl. vom 22.12.1980 – 5 UH 13/80 –, EzGuG 11.120o; OLG Schleswig, Beschl. vom 1.6.1981 – 6 REMiet 1/81 –, EzGuG 20.89b.
[76] BGH, Urt. vom 4.3.1992 – III ZR 156/80 –, EzGuG 11.127.

III Sachverständigenwesen   Gutachten

nicht gesondert aufzuführen „bräuchten"; das Gericht begründete die Auffassung damit, dass einzelne Vergleichsobjekte immer nur einen Abschnitt dessen bieten, was die Gutachter bei der Verkehrswertermittlung an Erfahrung hineinbringen können, wobei ein Großteil der persönlichen Erfahrung sich nicht im Einzelnen belegen ließe.

405 Des Weiteren hat das BVerfG[77] seine eigene Entscheidung vom 11.10.1994 dahingehend erläutert, dass sich dieser nicht entnehmen ließe, dass ein Sachverständiger in seinem Mietwert-Gutachten „stets die Vergleichswohnungen offen legen muss, damit sein Gutachten verwertbar ist". Ob und inwieweit im Streitfalle ein Gericht und die Verfahrensbeteiligten die Kenntnis von Tatsachen, die ein Sachverständiger seinem Gutachten zu Grunde gelegt hat, für eine kritische Würdigung des Gutachtens tatsächlich benötigen, ließe sich nicht generell entscheiden und müsse vom Richter unter Berücksichtigung der Umstände des Einzelfalls entschieden werden. Die Grenzen würden nach Auffassung des BVerfG dann gesetzt sein, wenn ein **Beteiligter seine Zweifel an der Überzeugungskraft des Gutachtens nicht hinreichend substantiiert** oder bei vernünftiger Würdigung der Gesamtumstände nicht zu erwarten ist, dass durch eine Überprüfung das Gutachten in Frage gestellt wird[78].

406 Das OLG Schleswig hat zur Wirksamkeit eines *Mieterhöhungsverlangens* sogar gefordert, dass der **Name des Wohnungsnutzers** anzugeben ist, wenn bei Angabe der Vergleichswohnung nach Straße, Hausnummer und Etage sich mehrere Wohnungen auf der angegebenen Etage befinden[79].

407 An der Rechtsprechung des BVerfG zur **Substantiierungspflicht bei** Mieterhöhungsverlangen ist von Sachverständigen Kritik geübt worden[80]. Dabei blieben die **Schwächen der Praxis,** die sich zur Begründung der gutachterlich ermittelten ortsüblichen Vergleichsmiete auf nicht offenbarte Vergleichsmieten stützte, weitgehend unausgesprochen. Man muss wohl einräumen, dass sich manch ein Gutachter allzu leichtfertig auf vorhandene Vergleichsdaten berief, die er tatsächlich hätte schwerlich vorlegen können, und es mag auch ein „Stück Bequemlichkeit" gewesen sein, sich dann pauschal auf eine Sachkunde und Geheimhaltungspflicht „zurückzuziehen"[81]. Auch aus dieser Erfahrung heraus wird die Rechtsprechung des BVerfG verständlich.

408 Die **von Sachverständigen vorgebrachte Kritik** lässt sich im Kern dahingehend zusammenfassen, dass die vom BVerfG geforderte Offenbarungspflicht einerseits für den Sachverständigen wirtschaftlich „ruinös" sei und andererseits die gesetzlichen Möglichkeiten, ein Mieterhöhungsverlangen auf ein Sachverständigengutachten zu gründen, nunmehr „leer" liefen:

a) So wird von Sachverständigen, die sich in ihrem Berufsleben eine Datenbank aufgebaut haben, befürchtet, dass sie um die „Früchte ihres Lebens" gebracht würden, weil sie nunmehr nicht nur die im Einzelfall herangezogenen Vergleichswohnungen, sondern sogar ihre Datenbank zu offenbaren hätten, damit auch die „richtige" Auswahl der Vergleichsgrundstücke überprüft werden könne.

b) Des Weiteren wird befürchtet, dass mit der Rechtsprechung dem Sachverständigen der „Informationsfluss abgeschnitten" werde, da die Informanten nunmehr die Offenbarung ihrer Daten befürchten müssten (so z.B. Mieterlisten von Hausverwaltungen; institutionelle Wohnungsvermieter). Der Sachverständige könne sich dann fortan nur noch auf den Mietspiegel stützen. *Draber* kommt bei dieser Problematik zu der Erkenntnis, dass der Mietspiegel für den Sachverständigen die wichtigste Erkenntnisquelle sei und von Sachverständigen kaum ein methodisches Instrument vorgehalten werden könne, das dem

---

[77] BVerfG, Beschl. vom 16.10.1996 – 1 BvR 1544/96 –, GuG 1997, 187 = EzGuG 20, 236.
[78] LG München II, Beschl. vom 23.5.1996 – 12 S 5599/94 –, GuG aktuell 1997, 15 = EzGuG 11.233.
[79] OLG Schleswig, Beschl. vom 1.6.1981 – 6 REMiet 1/81 –, EzGuG 20.89b.
[80] *Streich* in *GuG 1995,* 233; Isenmann in DWW 1995, 68; Walterscheidt, B. in WuM 1995, 83; Reinecke in WuM 1993, 101; Sternel in DS 1994, 16; Weichert in WuM 1993, 723.
[81] Vgl. bereits BT-Drucks. 8/2610, S. 12.

Mietspiegel überlegen ist. Damit offenbare sich nichts anderes als die „Ohnmacht der Gerichte vor der Unfähigkeit der Sachverständigen"[82].

c) Es wird befürchtet, dass mit der Rechtsprechung eine „Verfälschung" der Sachverständigentätigkeit einhergehe, weil künftig nur noch solche Mieten offenbart werden, die besonders günstig sind, während „höhere" Mieten verschwiegen würden.

409 Bei allem Verständnis für die aufgekommene Kritik können zumindest die vorgebrachten „existenzgefährdenden" Befürchtungen nicht überzeugen, denn allein die Offenbarung der Vergleichsobjekte macht die Tätigkeit des Sachverständigen nicht entbehrlich. Der eigentliche „Wert" der Tätigkeit des Sachverständigen liegt in der sachgerechten Auswahl der Vergleichsobjekte und in der nachvollziehbaren sachkundigen „Umrechnung" der Vergleichsmieten auf das jeweilige Objekt, für das die ortsübliche Miete ermittelt werden soll. Zudem hat das BVerfG dem Sachverständigen auch **keine dogmatische Offenbarungspflicht** auferlegt. Zwar hat es sich zu der Kernaussage bekannt, dass „auf eine Offenlegung von Mietpreis und Adressen der Vergleichswohnungen oder sonstigen Angaben ... *in aller Regel* nicht verzichtet werden kann", jedoch dies wiederum auf solche Angaben eingeschränkt,

– deren Kenntnis für eine Überprüfung des Gutachtens praktisch unentbehrlich sind, und
– die nicht generell geheimhaltungsbedürftig sind und den Sachverständigen nicht an ihrer Offenbarung hindern.

410 Wenn es im Einzelfall dem Sachverständigen aus anerkennenswerten Gründen versagt ist, die dem Gutachten zu Grunde gelegten Tatsachen zu offenbaren, soll es ausreichen, dass sich das Gericht zumindest Gewissheit darüber verschaffen kann, **in welcher Weise der Sachverständige die Daten erhoben hat.** Damit hat das BVerfG einen Weg aufgezeigt, wie der Sachverständige aus seiner Konfliktsituation zwischen Offenbarungspflicht und Geheimhaltungspflicht „herauskommen kann".

411 Geringere Ansprüche an die Substantiierungspflicht eines Sachverständigen stellte dagegen der BGH zunächst in seiner Rechtsprechung bei **Schiedsgutachten über Vergleichsmieten**[83]. Danach sind die herangezogenen Vergleichsobjekte hinreichend angegeben, wenn sie nach Anschrift mit der jeweiligen Straßenbezeichnung, individuellen Beschaffenheitsmerkmalen und Mietpreisen ohne weiter gehende Individualisierung offengelegt werden. Die Offenlegung der Angaben über die genaue Lage des Hauses und der Wohnung sowie der Namen und Anschriften der Mieter und Vermieter wird nicht gefordert. Es soll genügen, dass der Gutachter die Vergleichsobjekte so beschreibt, dass die Parteien deren Gewinn beurteilen können. Würde man mehr verlangen, so würde die Erkenntnismöglichkeit des Sachverständigen erheblich eingeschränkt werden und wegen der Gefahr der Verletzung datenschutzrechtlicher Grundsätze (§§ 4 und 28 Abs. 1 BDSG) könnten nur noch Vergleichsobjekte bedenkenfrei berücksichtigt werden, für die die jeweils Betroffenen ihre Zustimmung zur Datenübermittlung erteilt hätten; dies entspräche aber nicht der allgemeinen Lebenserfahrung. Diese Rechtsauffassung trägt dem gegenseitigen Einverständnis der Parteien zur Einigung auf der Grundlage eines Schiedsgutachtens Rechnung und steht damit der Rechtsprechung des BVerfG[84] nicht entgegen.

Der BGH hat diese Rechtsprechung jedoch später dahingehend korrigiert, dass bei Mieterhöhungsverlangen, die mit Vergleichswohnungen begründet werden, diese so genau bezeichnet werden müssen, dass der Mieter sie ohne nennenswerte Schwierigkeiten auffinden kann. Dies erfordere bei einem Mehrfamilienhaus mit mehreren Wohnungen auf demselben Geschoss die **Angabe der genauen Lage der Wohnung, einer Wohnungsnummer oder des Namens des Mieters**[85].

---

82 Draber in WuM 1996, 735.
83 BGH, Beschl. vom 10.3.1995 – XII ZR 7/94 –; BGH, Urt. vom 21.6.1995 – XII ZR 16/94 –, GuG 1996, 113 = EzGuG 20.157.
84 BVerfG, Beschl. vom 11.10.1994 – 1 BvR 1398/93 –, GuG 1995, 51 = EzGuG 11.267b.
85 BGH, Urt. vom 18.12.2002 – VIII ZR 72/02 –, GuG 2003, 248.

III Sachverständigenwesen Gutachten

412 Ähnliche Probleme stellen sich im **Bereich der** steuerlichen Bewertung, wenn ein Grundbesitzwert (Einheitswert) auf der Grundlage personenbezogener Daten abgeleitet worden ist. Auch hier ist der BFH[86] von dem Grundsatz ausgegangen, dass Sinn und Zweck des Steuergeheimnisses mit dem gesetzlichen Erfordernis der Einheitsbewertung abzuwägen seien. In dem zu entscheidenden Fall hätte es allerdings nach Auffassung des BFH die Offenbarungsbefugnisse überschritten, wenn bei Anwendung des Ertragswertverfahrens auf der Grundlage der üblichen Miete „das Finanzamt" die von ihm ermittelten Mieten, aus denen es die regelmäßig gezahlte Miete ableitet, bei der Bekanntgabe der Vergleichsobjekte jeweils einzeln einem bestimmten Grundstück zuordnen würde, so dass einem Dritten bekannt würde, welche Miete ein bestimmter Grundstückseigentümer im Einzelfall mit seinen Mietern vereinbart hat. In einer weiteren Entscheidung hat der BFH[87] erkannt, dass nach dem jeweiligen Verfahrensstand zu entscheiden ist, ob im Verfahren gegen die Einheitsbewertung eines unbebauten Grundstücks glaubhaft gemacht wird, dass der zum Sachverständigen bestellte Gutachterausschuss für Grundstückswerte die genaue Lagebezeichnung von Vergleichsobjekten verweigern darf. Bei dieser Entscheidung sind insbesondere die Geheimhaltungspflicht des Gutachterausschusses und das Interesse an einer zutreffenden Besteuerung unter Berücksichtigung aller Umstände des Einzelfalls gegeneinander abzuwägen. Des Weiteren kommt das Gericht zu der Auffassung, dass der Grundsatz der Chancen und Waffengleichheit einen Prozess allein nicht rechtfertige, die Kaufpreissammlung bzw. Teile von ihr entgegen der Geheimhaltungspflicht des Gutachterausschusses den Prozessbeteiligten zugänglich zu machen. Nicht unter die Geheimhaltungspflicht fällt im Übrigen die Angabe solcher **Tatsachen, die ohne weiteres allen lebenserfahrenen Menschen bekannt sind**[88]. Offenkundig ist z. B. eine Angelegenheit, wenn darüber in einer Tageszeitung berichtet worden ist[89]. Das Gleiche gilt für Angelegenheiten, die öffentlich beraten oder sonst wie bekannt gegeben worden sind[90].

Eine besondere Regelung über die Angabe von Daten aus der Kaufpreissammlung im Gutachten enthält **§ 9 Abs. 2 und 3 der brandenburgischen GAVOB.** Danach gilt die Kaufpreissammlung auch für die Gutachtenerstattung grundsätzlich als geheimhaltungspflichtig, jedoch dürfen Daten der Kaufpreissammlung in Gutachten angegeben werden, soweit es zu deren Begründung erforderlich ist; dies jedoch in einer auf natürliche Personen beziehbaren Form nur, wenn kein Grund zu der Annahme besteht, dass dadurch schutzwürdige Geheimhaltungsinteressen der Betroffenen beeinträchtigt werden.

413 **Fazit:** Ein Gutachten muss schlüssig sein und in nachvollziehbarer Weise die Gedankengänge und Forderungen des Gutachters erkennen lassen. Was die Angabe personenbezogener Daten zur Begründung eines Gutachters anbelangt, müssen substantielle Angaben dann gefordert werden, wenn das Gutachten Grundlage für Eingriffe in die vermögensrechtliche Position des Eigentümers ist und das Rechtsschutzbedürfnis dies erfordert.

2.2.1.8 Höchstpersönlichkeitsgebot

414 Gutachten (auch Schiedsgutachten[91]) sind vom Sachverständigen höchstpersönlich zu erstatten und (allein) mit seiner Unterschrift *(signature)*[92] zu versehen, da er wegen seiner besonderen fachlichen und persönlichen Qualifikation beauftragt wird. Dies gilt insbesondere für den gerichtlich beauftragten Sachverständigen (§ 404 Abs. 1 ZPO). Die persönliche Gutachtenerstattung schließt nicht aus, dass er sich **Hilfskräften** bedient, für die er verantwortlich bleibt. Voraussetzung für den Einsatz einer Hilfskraft ist, dass

---

86 BFH, Urt. vom 24.9.1976 – III B 12/76 –, EzGuG 11.104; BFH, Urt. vom 21.5.1982 – III B 32/81 –, EzGuG 20.99; Vorinstanz: FG Hamburg, Beschl. vom 23.6.1981 – III 119/77 –, AVN 1986, 345.
87 BFH, Beschl. vom 21.5.1982 – III B 32/81 –, EzGuG 20.99.
88 RG, Urt. vom 29.1.1935 – VII 272/34 –, RGZ 147, 20; OVG Münster, Urt. vom 5.8.1960 – 49/59 –, OVGE 15, 56.
89 OVG Münster, Urt. vom 22.9.1965 – 3a 1360/63 –, EzGuG 11.49.
90 Knack, VwVfG § 84 Rn. 3.22 ff.
91 Vgl. OLG Köln, Urt. vom 27.8.1999 – 19 U 198/98 –, EzGuG 11.281.
92 "Personalized evidence indicating authentication"; vgl. The Appraisal of Real Estate, 12. Aufl. 2002.

Gutachten — Sachverständigenwesen III

- sie auf demselben Fachgebiet tätig ist wie der Sachverständige selbst,
- sie den Weisungen des Sachverständigen unterliegt und
- ihre Tätigkeit vom Sachverständigen überwacht wird[93].

Auf Hilfskräfte kann insbesondere die Erhebung von Befund- und Anknüpfungstatsachen sowie die Zusammenstellung der für die Begutachtung erforderlichen Informationen delegiert werden[94]. Auch **Schreibkräfte** gelten als Hilfskräfte, wenn sie bei der Vorbereitung der Gutachtenerstattung eingesetzt werden[95].

Für den gerichtlichen Sachverständigen bestimmt § 407a Abs. 2 ZPO, dass der Sachverständige nicht befugt ist, einen Gutachtenauftrag auf einen anderen zu übertragen. Er kann sich aber der **Mitarbeit einer anderen geeigneten (Hilfs-)Person** bedienen. Die Mitwirkung einer solchen Hilfsperson muss die volle persönliche Verantwortung des gerichtlich ernannten Sachverständigen wahren. Der Sachverständige ist diesbezüglich anzeigepflichtig, d.h., er muss den Mitarbeiter namhaft machen, seine Qualifikation und den Umfang seiner Tätigkeit angeben[96]. Im Unterschied zur Hilfskraft kann der Mitarbeiter Handlungs-, Bewertungs- und Entscheidungsspielräume ausfüllen[97]. **415**

▶ *Weiteres hierzu bei Rn. 162, 168 ff. und 171 ff.*

2.2.2 Aufbau und Gestaltung schriftlicher Gutachten

Gutachten über Grundstückswerte werden **regelmäßig schriftlich erstattet**. **416**

Gutachten müssen nach Aufbau, Wortwahl und stilistischer Gestaltung durchweg so gestaltet sein, dass sie auch von Personen verstanden werden können, die auf dem jeweiligen Gebiet keine Fachkenntnisse besitzen[98]. **417**

Der Sachverständige sollte sich dabei einer systematischen und übersichtlichen **Gliederung** bedienen und das Gutachten so gestalten, dass es aus sich selbst heraus verständlich ist. Es soll eine ansprechende Form aufweisen, in der Sprache verständlich sein und sich vor allem auf sachliche Aussagen unter Vermeidung überflüssigen Beiwerks konzentrieren. **418**

Als Kriterium für die **äußerliche Gestaltung eines Gutachtens** hat das OLG Koblenz[99] die vom DIN (Deutsches Institut für Normierung e. V.) für Veröffentlichungen aus Wissenschaft, Technik, Wirtschaft und Verwaltung des Normenausschusses, Bibliotheks- und Dokumentationswesen herausgegebenen Normen herangezogen: Danach sollen auf einer geschriebenen Seite links 4 cm und oben 2 cm frei bleiben. Für den Zeilenabstand werden 60 Anschläge und 30 Zeilen pro Seite empfohlen. Bei extrem großen Seitenrand, einem großen Zeilenabstand sowie einer großen Zeichengröße können die Kosten für die Erstellung des Gutachtens entsprechend gekürzt werden[100]. **419**

Die Verwendung von **Formularen für Wertgutachten** ist heute allgemein abzulehnen, wenn es um qualifizierte Gutachten geht. Allenfalls bei einfachen Fällen und Massenbewertungen können Formulare hilfreich sein. Zur Anwendung kommt hier in erster Linie das Formular

---

93 OLG Hamm, Beschl. vom 31.7.1968 – 15 W 193/68 –, DB 1968, 1903 = EzGuG 11.65b; OLG Hamm, Beschl. vom 6.2.1974 – 23 W 518/73 –, Rpfleger 1974, 243 = EzGuG11.92c; OLG Bamberg, Beschl. vom 11.1.1979 – 2 U 155/74 –, JurBüro 1979, 409.
94 BSG, Beschl. vom 10.2.1993 – 9/9a BV 107/92 –; OLG Frankfurt am Main, Urt. vom 18.2.2004 – 7 U 175/02 –, EzGuG 11.376a; OLG Zweibrücken, Urt. vom 5.12.2001 – 7 U 40/01 –, OLG Hamburg in OLGR-Hamburg 2001, 57.
95 OLG Koblenz, Beschl. vom 14.1.1993 – 5 U 1137/82 –, JurBüro 1994, 563 = GuG 1993, 121; LG Frankfurt am Main, Beschl. vom 18.2.1986.
96 BVerwG, Urt. vom 28.2.1982 – 8 C 48/90 –, EzGuG 11.191f; BVerwG, Urt. vom 9.3.1984 – 8 C 97/83 –, EzGuG 11.241i; BSG, Urt. vom 27.4.1989 – 9 RV 29/88 –, VersR 1990, 992.
97 Bleutge in NJW 1985, 1185; Schikora in MDR 2002, 1033; OLG Frankfurt am Main, Beschl. vom 13.2.1981 – 1 WF 28/81 –.
98 VG Sigmaringen, Urt. vom 9.6.1980 – 1 K 514/79 –, EzGuG 11.119.
99 OLG Koblenz, Urt. vom 29.4.1996 – 1 Ws 267/96 –, EzGuG 11.231a.
100 LSozG Rheinland-Pfalz, Urt. vom 2.4.2001 – L 4 SB 14/00 –, GuG- aktuell 2003, 23 = EzGuG 11.299a = Breith 200, 679.

III Sachverständigenwesen — Gutachten

der WERTR. Vom Abdruck wurde hier abgesehen. Wertermittlungsformulare können der 3. Aufl. zu diesem Werk entnommen werden:

a) Gutachtenformular der WERTR, abgedruckt in der 3. Aufl. zu diesem Werk auf S. 1760 ff. sowie in Kleiber/Simon, WertV 98, 6. Aufl. Köln 2004, S. 700, sowie Kleiber, WERTR 2006, 10. Aufl.

b) Gutachtenformular des TLG Fachbeirats, abgedruckt in der 3. Aufl., S. 1792 ff.

c) Gutachtenformular der WestLB, abgedruckt in der 3. Aufl., S. 1774 ff.

420 In einer Grobstruktur wird das sich aus Abb. 12 ergebende **Aufbauschema** empfohlen.

421 Um das Gutachten übersichtlich zu gestalten, empfiehlt es sich, größere **Zwischenberechnungen,** wie die Berechnung des umbauten Raumes, der Nutz- bzw. Geschossflächen und dgl., Kartenmaterialien, Bilder und Dokumente (Grundbuchauszüge und dgl.) **im Anhang übersichtlich zusammenzustellen.**

422 Insbesondere der gewählte Lösungsweg (Wertermittlungsverfahren), die dem Gutachten zu Grunde gelegten Anknüpfungstatsachen und die Ableitung des Verkehrswerts aus den Ergebnissen des oder der gewählten Wertermittlungsverfahren sind jeweils zu begründen bzw. nachzuweisen. **Mögliche Fehlerquellen, verworfene Unterlagen sowie Gegenmeinungen von Bedeutung sind offenzulegen.**

423 Zur **Grobstruktur** im Einzelnen:

A Deckblatt

424 Das Deckblatt sollte für sich oder i.V.m. einem Beiblatt neben dem **Namen und der Adresse des Sachverständigen** (Gutachterausschuss für Grundstückswerte; bei öffentlich bestellten und vereidigten Sachverständigen auch das Bestellungsgebiet) eine Kurzbezeichnung der zu begutachtenden Liegenschaft, ein Datum, das Aktenzeichen bzw. die Geschäftsnummer, den Adressaten des Gutachtens sowie den Auftraggeber mit vollständiger Anschrift aufweisen. Weite Verbreitung hat die Praxis, daneben den ermittelten Verkehrswert der Liegenschaft zusammen mit dem Wertermittlungsstichtag und einem Lichtbild auf dem Deckblatt auszuweisen.

Bei Gutachten eines Gutachterausschusses für Grundstückswerte ist die **Besetzung des Ausschusses** ggf. unter Hinweis auf die Gutachterausschusssitzung anzugeben.

B Inhaltsangabe

425 Eine dem Gutachten vorangestellte **Inhaltsübersicht,** in der auch die **Anlagen** angegeben werden, führt in den inhaltlichen „Ablauf" des Gutachtens ein und erleichtert dem „Verbraucher" die Benutzung.

Abb. 12: Grobgliederung eines Verkehrswertgutachtens

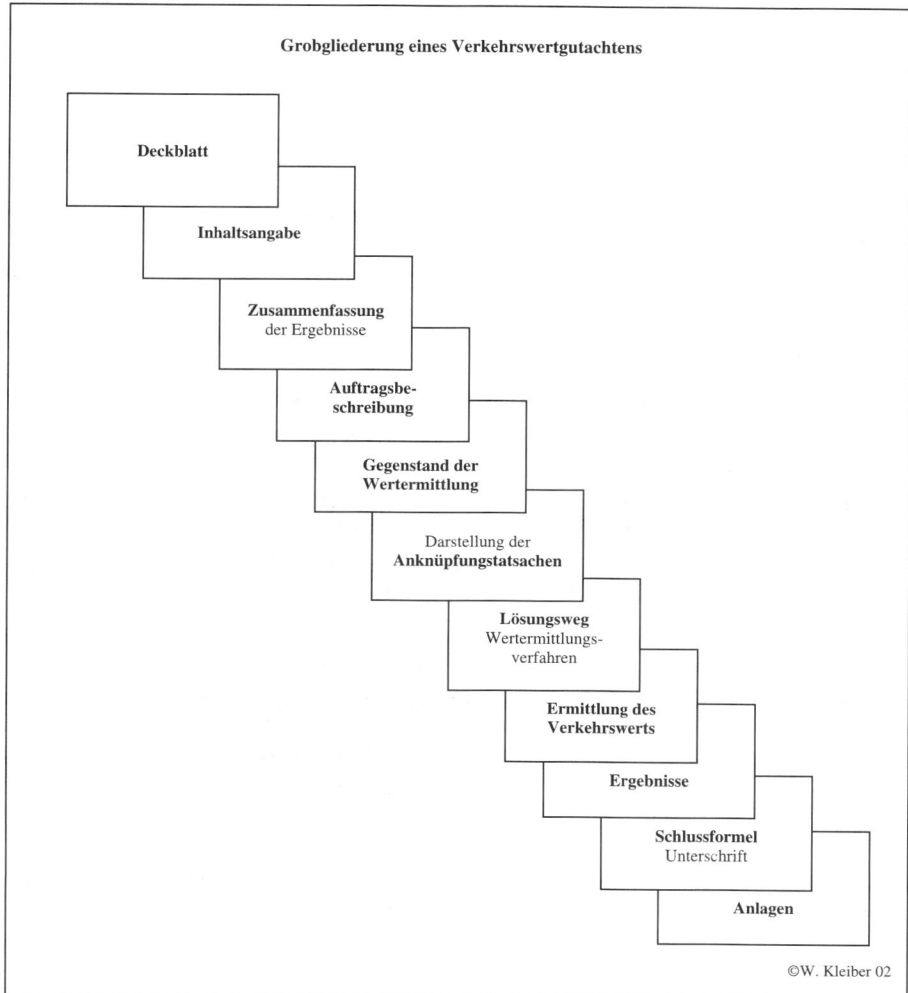

C Zusammenfassung der Ergebnisse

Für den „schnellen" Gebrauch eines Gutachtens und eine Plausibilitätsüberprüfung hat es sich als nützlich erwiesen, **die Ergebnisse bereits am Anfang des Gutachtens in einer Zusammenfassung vorzustellen.**

426

D Auftragsbeschreibung

Einen größeren Raum nimmt die Auftragsbeschreibung ein. Der Gutachter sollte hier **alle bedeutsamen Modalitäten** darlegen. Hierzu gehört der Gegenstand des Auftrags, d.h. die Angabe, ob es sich um ein Privat-, Behörden-, Schieds- oder Gerichtsgutachten handelt. Der Auftrag ist „originalgetreu" anzugeben, d.h. bei

427

a) *Gerichtsgutachten*

   durch wörtliche Wiedergabe des Beweisbeschlusses, soweit der Sachverständige dazu Stellung nehmen soll,

b) *Privatgutachten*

durch wörtliche Wiedergabe des erteilten Auftrags, der ggf. mit dem Auftraggeber zuvor herausgearbeitet werden muss.

Des Weiteren sind

– der Auftraggeber (ggf. unter Angabe der Vertretungsvollmacht),

– der Zeitpunkt der Auftragserteilung,

– die Auftragsannahme bzw. die Bestätigung des Auftragseingangs,

– die Aktenzeichen, unter denen der Auftrag beim Auftraggeber und Auftragnehmer geführt wird,

– etwaige Zeitvorgaben sowie vor allem

– der Auftragsinhalt

präzise anzugeben.

428 **Gegenstand der Beschreibung des Auftragsinhalts** sind weiterhin

– die genaue Beschreibung der zu begutachtenden Liegenschaft bzw. des Rechts an einer Liegenschaft usw.,

– besondere Maßgaben bezüglich der zu berücksichtigenden rechtlichen Gegebenheiten, der Eigenschaft und Beschaffenheit des zu begutachtenden Objekts,

– die vom Auftraggeber ausdrücklich gewünschte Berücksichtigung bestimmter Anknüpfungstatsachen und sonstige sachlich vertretbare Anweisungen sowie

– der Wertermittlungsstichtag.

429 Soweit vom Auftraggeber **Vorgaben** gemacht worden sind, **die** zwar **unübliche Besonderheiten aufweisen,** gleichwohl aber nicht zur Ablehnung des Auftrags führen, weil sie zu einem fachlich nicht vertretbaren Gutachten führen würden, sind diese Besonderheiten so deutlich herauszustellen, dass ein verständiger Verbraucher des Gutachtens diese Besonderheiten mit ihren Folgen für das Wertermittlungsergebnis erkennen kann. Gleiches gilt für die vom Auftraggeber vorgegebenen Anknüpfungstatsachen, deren Richtigkeit vom Gutachter selbst nicht überprüft werden soll.

430 Des Weiteren ist in diesem Zusammenhang im Hinblick auf die Tauglichkeit und Erfolgsbezogenheit des Gutachtens i.S.d. § 631 Abs. 2 BGB und des § 633 Abs. 1 BGB (vgl. Rn. 212) der **Verwendungszweck** des Gutachtens darzulegen.

431 Besonders hervorzuheben ist der **Zeitpunkt der Ortsbesichtigung**. Soweit die zum Zeitpunkt der Ortsbesichtigung tatsächlich gegebenen Eigenschaften des Wertermittlungsobjekts von den vom Auftraggeber vorgegebenen Eigenschaften bzw. von den am Wertermittlungsstichtag gegebenen Eigenschaften abweichen, sind solche Befundtatsachen im Einzelnen darzulegen (vgl. Rn. 8, 180, 203, 220, 379).

432 Bezüglich der Besichtigung des Wertermittlungsobjekts ist darauf hinzuweisen, dass dies eine Verpflichtung des Gutachters ist und er im Fall der **Unterlassung** Gefahr läuft, sein Gutachten **sittenwidrig, leichtfertig und fahrlässig** erstattet zu haben.

E Gegenstand der Wertermittlung (Beschreibung)

433 Neben der allgemeinen Beschreibung der zu begutachtenden Liegenschaft oder des sonstigen Wertermittlungsobjekts unter Angabe

– von Gemeinde/Kreis/Land,

– der Straße und Hausnummer und

– der Grundstücksart

sind vor allem die genauen **Grundbuch- und Katasterbezeichnungen** anzugeben:

- Grundbuch (Grundbuchband, Grundbuchblatt, Gemarkung),
- Liegenschaftskataster (Flur, Flurstück, Liegenschaftsbuchnummer).

F Darstellung der Befund- und Anknüpfungstatsachen

Alle für die Erstattung des Gutachtens wesentlichen Befund- und Anknüpfungstatsachen sind im Gutachten möglichst mit dem Nachweis ihrer Herkunft (**Quellenangaben**) darzulegen[101]. Dies betrifft die Angaben des zu begutachtenden Objekts, der zum Vergleich herangezogenen Vergleichsgrundstücke und anderer Vergleichsdaten (Mieten, Pachten, Herstellungswerte) sowie sonstiger Wertermittlungsgrundlagen (Indexreihen, Abschreibungstabellen und dgl.). Dabei sind wiederum die **von Dritten** (Auftraggeber, Vorgutachter usw.) **übernommenen Anknüpfungstatsachen** sowie die selbsterhobenen Anknüpfungstatsachen zu kennzeichnen. 434

Zu den von **Dritten übernommenen Anknüpfungstatsachen** ist zu fordern, dass sie mindestens auf **Plausibilität eigenverantwortlich überprüft** oder mit dem ausdrücklichen Hinweis versehen werden, dass der Auftraggeber die ungeprüfte Übernahme verlangt hat (vgl. Rn. 207). 435

Flächen- und Massenberechnungen (Brutto-Rauminhalt/umbauter Raum) sind in einer nachvollziehbaren Form im Gutachten nachzuweisen (Anlage zum Gutachten). 436

Im Rahmen der Plausibilitätsüberprüfung von Gutachten hat sich mitunter die **Kontrollfunktion eines ansonsten überflüssigen Wertermittlungsverfahrens** bewährt. Insbesondere bei Gutachten über Grundstücke, deren bauliche Anlagen Baumängel, Bauschäden oder einen Instandhaltungsrückstau aufweisen, kommt es erfahrungsgemäß immer wieder vor, dass der Gutachter im Rahmen des Ertrags- und des Sachwertverfahrens einerseits unterschiedliche Instandsetzungskosten angesetzt hat und andererseits die Ergebnisse dann aber zueinander wieder „stimmig" sind. Dies kann i.d.R. als ein Beleg dafür gewertet werden, dass der Gutachter die „Stimmigkeit" herbeigeführt und unbedachterweise die Schlüssigkeit des Gutachtens aufs Spiel gesetzt hat. 437

Mit der **Anwendung eines zusätzlichen** und **für die Verkehrswertermittlung entbehrlichen Verfahrens** kann sich der Gutachter im Übrigen der Gefahr einer Fehlinterpretation seines Gutachtens durch einen „unkundigen" Leser aussetzen; im Streitfall kann dies zu überflüssigen Auseinandersetzungen führen. 438

Beispiel:

Gutachter Redlich hat den Verkehrswert eines Ertragsobjektes im Wege des Ertragswertverfahrens zutreffenderweise mit 50 Mio. € abgeleitet. In seinem Gutachten hat er zusätzlich den Sachwert mit 100 Mio. € ermittelt und dieses Ergebnis unberücksichtigt gelassen. Die im Ertrags- und Sachwertverfahren berücksichtigten Zu- und Abschläge weisen erhebliche Unterschiede aus, da eine Reihe wertmindernder und werterhöhender Faktoren im Rahmen des Ertragswertverfahrens bereits mit der angesetzten Nettokaltmiete berücksichtigt werden, während sie im Rahmen des Sachwertverfahrens angesetzten Normalherstellungskosten „lage- und objektneutral" sind. Im Rahmen der gerichtlichen Auseinandersetzung wird dem Gutachter eine in sich widersprüchliche Begründung auf der Grundlage unterschiedlicher Zu- oder Abschläge, die in den unterschiedlichen Methoden begründet sind, vorgeworfen.

Das Beispiel zeigt, dass mit der Anwendung eines an sich überflüssigen Wertermittlungsverfahrens ein Einfallstor für Auseinandersetzungen aufgestoßen wird, und es ist dann oft schwer, die **unterschiedliche Höhe der Zu- und Abschläge im Ertrags- und Sachwertverfahren** plausibel auf Angemessenheit zu begründen. 439

Zu den **wesentlichen Anknüpfungstatsachen** eines Verkehrswertgutachtens gehören insbesondere 440

---

[101] BGH, Urt. vom 5.6.1981 – V ZR 11/80 –, EzGuG 11.124; BGH, Urt. vom 25.3.1993 – VII ZR 290/91 –, EzGuG 11.201a; BGH, Urt. vom 28.6.1972 – VII ZR 60/71 –, EzGuG 11.84b.

III Sachverständigenwesen — Gutachten

- die Grundstücksgröße (ggf. auch die Größe der bei der Wertermittlung zu unterscheidenden Teilflächen) möglichst auf der Grundlage der Angaben des Liegenschaftskatasters;
- die Eintragungen in Abt. II und III des Grundbuchs;
- der Grundstückszuschnitt (Lage, Form z. B. nach Grundstücksbreite, -tiefe und Straßenfront);
- der Entwicklungszustand (gemäß § 5 ImmoWertV) unter Angabe der maßgeblichen rechtlichen und tatsächlichen Besonderheiten; soweit Entschädigungs- oder Ausgleichsansprüche bestehen, sind sie anzugeben;
- die Festsetzungen und Darstellungen in der Bauleitplanung (Bebauungsplan und Flächennutzungsplan) sowie in Vorhaben- und Erschließungsplänen;
- Ausweisungen in *informellen* Planungen (Rahmenpläne);
- Inhalte *städtebaulicher Verträge* einschließlich der notwendigen Angaben zu diesen Plänen;
- der Erschließungszustand in tatsächlicher Hinsicht (Anschluss von Versorgungsleitungen: Wasser, Wärme, Energie, Abwasser) unter Einbeziehung der Frage einer ggf. (nur) gegebenen „gesicherten" Erschließung (vgl. § 5 ImmoWertV Rn. 182 ff.);
- der abgaben- und beitragsrechtliche Zustand, insbesondere bez. Erschließungsbeiträgen, KAG-Beiträgen, Kostenerstattungsbeträgen, Ausgleichsbeträgen, Ausgleichsleistungen in Umlegungsverfahren, Walderhaltungsabgaben und Stellplatzverpflichtungen;
- die Bodenbeschaffenheit, insbesondere Bodengüte, Oberflächenbeschaffenheit, Eignung als Baugrund, Belastungen mit Ablagerungen – ggf. Alt- oder Neulasten –, Grundverhältnisse sowie abbauwürdige Bodenvorkommen;
- die Lage des Grundstücks (Verkehrs-, Wohn- und Geschäftslage) unter Angabe der Nähe zu zentralen Einrichtungen, störenden Betrieben, der Verkehrsverbindungen sowie Umwelteinflüsse und dgl.;
- die sonstige Lage, z. B. als Eckgrundstücke;
- die Himmelsrichtung;
- die Art und das Maß der baulichen Nutzbarkeit (nach Maßgabe des § 6 Abs. 1 ImmoWertV), die Bauweise sowie – bei davon abweichender Nutzung – auch die tatsächlich realisierte und lagetypische Nutzung (realisierte GRZ, GFZ oder BMZ), Zahl der Vollgeschosse, Höhe der baulichen Anlagen;
- die Unterschiede zwischen der am Wertermittlungsstichtag rechtlich zulässigen von der tatsächlich lageüblichen Nutzung (Unter- oder Übernutzung);
- die Rechte und Belastungen (Wegerechte, Aussichtsrechte usw.) einschließlich Baulasten;
- ein Überbau (falls gegeben);
- die sonstigen rechtlichen Gegebenheiten wie Veränderungssperren, Anbauverbote, Abbauverbote, Landschaftsschutzgebiet und dgl.;
- die Bebauung (Baujahr und Restnutzungsdauer, Bauart, Zahl der Vollgeschosse, Roh- und Ausbau-Baumängel und Bauschäden, Instandhaltung und Modernisierung, baulicher Zustand, Ausstattung, Grundrissgestaltung, Ertragsverhältnisse bzw. marktüblich erzielbare Einnahmen und üblicherweise anfallenden Ausgaben) sowie der Gesamteindruck (vgl. § 6 ImmoWertV Rn. 133 f.);
- die Berechnung des Rauminhalts (umbauter Raum) sowie Wohn-, Nutz- oder Brutto-Grund- bzw. Geschossfläche nach Aufmaß bzw. nach (überprüften) Bauplänen;
- die baulichen und nichtbaulichen Außenanlagen wie Einfriedungen, Terrassen, Treppen, Pflasterungen sowie ein vorhandener Aufwuchs insbesondere im Hinblick auf seine Funktion und wertrelevanten Annehmlichkeitswert;
- die wirtschafts- und investitionsfördernden Einflüsse.

Gutachten **Sachverständigenwesen III**

Im Rahmen des angewandten **Wertermittlungsverfahrens** sind im Gutachten darzulegen: **441**

– Bei *Anwendung des Vergleichswertverfahrens* unter Heranziehung von Vergleichspreisen (mit Kaufdatum und wertbeeinflussenden Merkmalen) und/oder Bodenrichtwerten unter Berücksichtigung der Bezugspunkte und wertbeeinflussender Merkmale (Bodenrichtwertgrundstücke) sowie

  – Bodenpreisindexreihen,
  – Vergleichsfaktoren für bebaute Grundstücke,
  – Umrechnungskoeffizienten und dgl.

– Bei *Anwendung des Sachwertverfahrens* unter Heranziehung von Normalherstellungskosten oder entsprechender Erfahrungssätze, geeigneter Baupreisindexzahlen, der Restnutzungsdauer und Gesamtnutzungsdauer der baulichen Anlagen und besonderer Betriebseinrichtungen, der Baumängel und Bauschäden (Schadensbeseitigungskosten), Baunebenkosten und sonstigen wertbeeinflussenden Umstände, ist besonders „auszuwerfen"

  – der Bodenwert,
  – der Sachwertfaktor,
  – der Sachwert der baulichen Anlagen sowie
  – der Verkehrswertanteil der baulichen Außenanlagen und – vorbehaltlich § 21 Abs. 3 ImmoWertV – der sonstigen Anlagen.

– Bei *Anwendung des Ertragswertverfahrens* unter Heranziehung des jährlichen Roh- und Reinertrags (tatsächlich und marktüblich erzielbaren Erträge wie Miete und Pacht), der Bewirtschaftungskosten (Verwaltungs-, Betriebs- und Instandhaltungskosten, Mietausfallwagnis), des Liegenschaftszinssatzes und Vervielfältigers, der Restnutzungsdauer und sonstiger den Ertragswert bestimmender Angaben, ist besonders „auszuwerfen"

  – der Bodenwert,
  – Wert der baulichen Anlagen und
  – in Ausnahmefällen der Wert der sonstigen Anlagen, soweit der Verkehrswertanteil nicht bereits im Wert der baulichen Anlagen enthalten ist.

– Die Lage auf dem Grundstücksmarkt, soweit diese nicht bereits mit dem Wertermittlungsverfahren (Liegenschaftszinssatz oder Sachwertfaktor) „erfasst" ist; Zu- oder Abschläge sind ggf. zu begründen.

– Bei *Anwendung mehrerer Verfahren*: Berücksichtigung der Ergebnisse der übrigen Verfahren.

Bei alledem soll sich der Gutachter auf **kurze, knappe und präzise Angaben** beschränken. Es **442** gilt der Satz von Leonardo da Vinci: „Je genauer man beschreibt, umso verwirrter wird der Leser und umso vager wird, was man zu beschreiben trachtet. Man muss daher illustrieren und beschreiben."

2.2.3 Angabe des Bodenwerts eines bebauten Grundstücks im Gutachten

§ 141 Abs. 3 BBauG 76, nach dem in einem Gutachten über ein bebautes Grundstück der **Bodenwert** **443** **mit dem** Wert eines unbebauten Grundstücks anzugeben ist, wurde mit dem BauGB aufgehoben. Bei der Ermittlung des Verkehrswerts bebauter Grundstücke wird zumindest bei Anwendung des Ertrags- oder Sachwertverfahrens nach den Vorschriften der ImmoWertV der Bodenwert i.d.R. jedoch auch künftig gesondert „auszuwerfen" sein[102]. Allerdings kann nunmehr nicht mehr ausgeschlossen werden, dass dabei ein „anderer" – in diesem Fall zumeist geminderter – Bodenwert[103] herangezogen wird, als sich für

---
102 § 17 Abs. 2 ImmoWertV.
103 Hierzu Dieterich in Ernst/Zinkahn/Bielenberg, Komm. zum BauGB, Rn. 113 ff. zu § 194 BauGB und Kleiber in Ernst/Zinkahn/Bielenberg, Komm. zum BauGB, § 196 BauGB, Rn. 71 ff.

das Grundstück in unbebautem Zustand ergeben würde. In diesem Fall müsste allerdings auch bei der Ableitung der übrigen der Wertermittlung zu Grunde gelegten Parameter (z. B. bei der Ableitung des Liegenschaftszinssatzes) von diesen „anderen" Bodenwerten ausgegangen worden sein; es kommt nämlich maßgeblich darauf an, dass die Ermittlungsmethodik in sich schlüssig ist. Dass diese Vorgehensweise der Transparenz der Wertermittlung nicht immer förderlich wäre, versteht sich von selbst. Sie muss für den „Verbraucher" eines Gutachtens vor allem dann verwirrend sein, wenn zur Ermittlung des Bodenwerts von Bodenrichtwerten ausgegangen wurde. Diese sind nach § 196 Abs. 1 Satz 2 BauGB in bebauten Gebieten nämlich – wie nach bisherigem Recht (§ 144 Abs. 1 Satz 2 BBauG 76) – mit dem Wert zu ermitteln, der sich ergeben würde, wenn der Boden unbebaut wäre. Wenn demgegenüber ein „anderer" – nach den unterschiedlichsten Bewertungstheorien abgeleiteter – „Bodenwert" in das Wertermittlungsverfahren eingine, müsste dies bei jedem „Verbraucher" eines Gutachtens auf Unverständnis stoßen und bedürfte einer nachvollziehbaren Begründung (vgl. hierzu Näheres bei § 16 ImmoWertV).

Mit der Aufhebung des § 142 Abs. 3 BBauG wollte sich der Gesetzgeber offensichtlich nicht direkt in den **Meinungsstreit** einschalten, der in Fachkreisen über den Ansatz des Bodenwerts bei bebauten Grundstücken besteht. Es ist umstritten, ob der Bodenrichtwert für bebaute Grundstücke durch einen „Bebauungsabschlag" zu mindern ist oder nicht. Theoretisch gesehen kann ein Abschlag insbesondere bei Altbebauung berechtigt sein, da der Grund und Boden durch die vorhandene Bebauung in seiner Nutzbarkeit festgelegt ist. Er ist gegenüber einem unbebauten Grundstück nicht mehr frei verfügbar. Allerdings liegen über die Höhe der Bodenwertminderung keine gesicherten Erkenntnisse vor. Sie können nicht auch nicht in Erfahrung gebracht werden, da bebaute Grundstücke nur zusammen mit dem aufstehenden Gebäude gehandelt werden. Es kann demnach nicht festgestellt werden, welchen Anteil am Gesamtkaufpreis der Käufer dem Grund und Boden beimisst. Zudem würde die Höhe eines etwaigen „Bebauungsabschlags" immer von der jeweiligen Grundstücksmarktsituation abhängen, insbesondere davon, bis zu welcher am Kaufpreis bemessenen Höhe die Grundstückssach- oder Ertragswerte am Markt realisiert werden (sind z. B. Kaufpreis und Grundstückssachwert identisch, entspricht der Bodenwert des bebauten Grundstücks dem Bodenrichtwert).

Der Meinungsstreit wurde erneut mit der Novellierung der WertV im Jahre 2009 aufgegriffen. Nunmehr wird in § 16 Abs. 1 ImmoWertV klargestellt, dass sich der Wert des Bodens „ohne Berücksichtigung der vorhandenen baulichen Anlagen ergibt". Die Begründung zu dieser Vorschrift[104] führt hierzu aus, dass die „Annahme einer generellen Bodenwertdämpfung für bebaute Grundstücke ... den gesetzlichen Vorschriften zur Wertermittlung (vgl. § 154 Absatz 1 und § 166 Absatz 3 Satz 4 BauGB i.V.m. bisherigen § 28 Absatz 3 Satz 1 WertV sowie § 196 Absatz 1 Satz 2 BauGB)" widerspräche. Für sie besteht auch kein praktisches Bedürfnis."

444 Die oben genannten Angaben sind grundsätzlich auch für die **zum Vergleich herangezogenen** Vergleichsobjekte zu machen, jedoch reduziert sich der Katalog regelmäßig durch die Auswahl geeigneter Vergleichspreise mit der Folge, dass in erster Linie die vom Wertermittlungsgegenstand abweichenden Zustandsmerkmale zum Zwecke der Berücksichtigung dieser Abweichungen besonders herausgestellt werden.

G Lösungsweg (Wertermittlungsverfahren)

445 Auf der Grundlage einer Analyse der gestellten Wertermittlungsaufgabe, des erforschten Sachverhalts, der zur Verfügung stehenden Daten und der sonstigen Umstände des Einzelfalls muss der Gutachter den von ihm als sachgerecht erkannten Lösungsweg begründen. Dies betrifft in erster Linie die **Wahl des** Wertermittlungsverfahrens bzw. der von ihm herangezogenen Wertermittlungsverfahren und die Verknüpfung ihrer Ergebnisse (vgl. § 8 ImmoWertV Rn. 25 ff.).

446 Mit geradezu ideologischem Anspruch wird von vielen Sachverständigen die Auffassung vertreten, dass bei **bebauten Grundstücken grundsätzlich das Sach- *und* das Ertragswertverfahren zur Anwendung kommen** müssen, auch wenn sich der Gutachter a priori für ein bestimmtes Verfahren entschieden hat, aus dem er letztlich den Verkehrswert ableitet (vgl. Rn. 438). Zur Begründung wird auf die Möglichkeit zusätzlicher Erkenntnisse und eine Kontrollfunktion verwiesen. Mitunter entsteht sogar der Eindruck, das Sachwertverfahren wird bei der Verkehrswertermittlung ertragsorientierter Grundstücke geradezu als ein eindrucksvoller Beleg für die Fähigkeiten des Gutachters mitgeschleppt. Andere Gutachter lehnen kate-

---

104 BR-Drucks 296/09.

gorisch schon aus grundsätzlichen Erwägungen das „Mitschleppen" eines Verfahrens ab, das letztlich für die Ableitung des Verkehrswerts ohne Bedeutung ist (vgl. § 8 ImmoWertV Rn. 37).

H Ermittlung des Verkehrswerts

Die eigentliche Ermittlung des Verkehrswerts auf der Grundlage einer fundierten Analyse der Wertermittlungsangabe, einer begründeten Darstellung des Lösungswegs (Wertermittlungsverfahren), der Auswahl geeigneter Vergleichsparameter (Vergleichspreise, Vergleichsmieten, Normalherstellungskosten) und sonstiger Parameter (Liegenschaftszinssatz, Indexreihen usw.) stellt i.d.R. den einfachsten Teil eines Gutachtens dar. Für die Güte des Gutachtens ist vielmehr allein die Güte der **Eignung der in die Wertermittlung eingehenden Daten auf der Grundlage einer sachlich fundierten Problemanalyse** und des richtigen Lösungswegs ausschlaggebend, d.h., das Ergebnis einer Wertermittlung kann immer nur so gut sein, wie die eingehenden Daten sind. **447**

Der Gutachter hüte sich bei alledem vor **übertriebener Rechengenauigkeit.** Hier gilt der Satz von Christian Friedrich *Gauß:* „Der Mangel an mathematischer Bildung gibt sich durch nichts so auffallend zu erkennen, wie durch maßlose Schärfe im Zahlenrechnen."

I Ergebnisse

Mit dem Gutachten soll die gestellte Aufgabenstellung eine präzise Beantwortung erfahren. Am Ende eines Gutachtens über den Verkehrswert von Grundstücken steht deshalb der in Euro **ausgewiesene Verkehrswert des Grundstücks unter Angabe des Wertermittlungsstichtags.** **448**

J Schlussformel/Unterschrift

Das Gutachten muss von dem beauftragten Sachverständigen **persönlich unterschrieben** (und wenn es sich dabei um einen öffentlich bestellten und vereidigten Sachverständigen handelt, mit dem Rundstempel versehen) werden. **449**

Im Hinblick auf den **Höchstpersönlichkeitsgrundsatz** und die Eigenverantwortung des Gutachters wird folgende Schlussformel empfohlen:

„Das Wertermittlungsobjekt wurde am .... 20...... von mir besichtigt; das Gutachten wurde unter meiner Leitung und Verantwortung erstellt.

(Ort) ...., den ....   (Unterschrift) .... Siegel"

K Anlagen

– Lageplan; **450**

– Flurkarte 1 : 500 bis 1 : 2500;

– Übersichtsplan 1 : 5000 bis 1 : 25 000;

– Lichtbilder;

– Grundriss- und Aufrisspläne;

– Baubeschreibung;

– Ermittlung von Nutzflächen, Rauminhalten (umbautem Raum) und dgl.;

– Aufstellung von Mieteinnahmen, Bewirtschaftungskosten und dgl.;

– Ergänzende Zusammenstellungen (ggf. der herangezogenen Vergleichspreise).

Entsprechende **Formulare für Verkehrswertgutachten** enthalten die Wertermittlungsrichtlinien (WERTR) des Bundes in der jeweils geltenden Fassung (vgl. Rn. 419); sie finden breite Anwendung. Die Verwendung von Formularen ist allerdings in erster Linie nur bei einfachen Wertermittlungsfällen unproblematisch; für kompliziertere Sachverhalte enthalten Formulare

III Sachverständigenwesen — Gutachten

allein schon für eine angemessene Begründung i.d.R. nicht genügend Raum. Deshalb wird in Nr. 1.2 WERTR herausgestellt, dass die Verwendung des Vordrucks der WERTR 06 in erster Linie nur in besonders einfachen Fällen und bei Massenbewertungen in Betracht kommt (vgl. Rn. 452).

▶ *Zu alledem vgl. die Muster-Sachverständigenordnung – SVO – des Industrie- und Handelstages, abgedruckt im Anh. 1.1.*

2.3 Markt- und Objekt*rating*

▶ *Hierzu Teil X Rn. 578 ff.*

451 Das Markt- und Objekt*rating* ist ein standardisiertes Verfahren, um die nachhaltige Qualität einer Immobilie auf ihrem einschlägigen Teilmarkt abzubilden[105].

452 Bestimmungsfaktoren sind:

1. Länderrisiko
2. Branchenrisiko
   - Konjunkturabhängigkeit der Branche
   - Wachstumsmöglichkeiten
   - Marktzugangsbeschränkungen
   - Technologischer Entwicklungsstand
   - Wirtschaftliche Interventionsmöglichkeiten des Staates
3. Unternehmensrisiko

Abb. 13: Rating

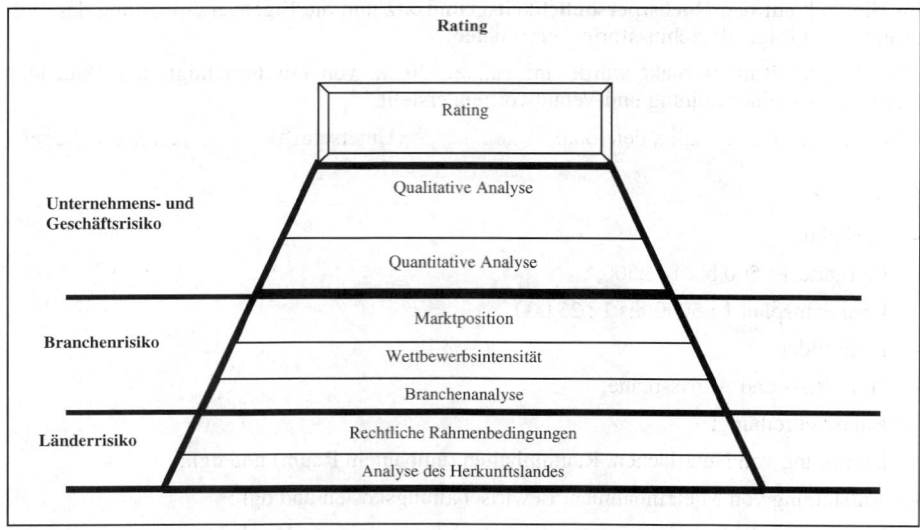

---

[105] Im Unternehmensbereich ist das Rating als eine durch Symbole einer festgelegten ordinalen Ratingskala oder durch eine semantische Verknüpfung dieser Symbole ausgedrückte Klassifizierung der Bonität und des Risikogehalts eines Unternehmens (Bonitätseinstufung), insbesondere der zukünftigen Fähigkeit eines Unternehmens zur vollständigen und termingerechten Zahlung der Tilgung und Verzinsung seiner Schulden (Berblinger, Rating, S. 31; Müller, Rating; von Reden, Rating, Sönnichsen, Ratingsysteme) und das Insolvenzrisiko definiert worden.

2.4 Anlage: Muster eines Schiedsgutachtenvertrags[106]

Zwischen der

Schiedspartei 1)
Schiedspartei 2)   Auftraggeber

und dem

Schiedsgutachter   Auftragnehmer

wird folgender Vertrag abgeschlossen:

1. Die unterzeichnenden Auftraggeber beauftragen den Schiedsgutachter, über folgende Fragen schiedsgutachterliche Feststellung zu treffen:
   – genaue Beschreibung des Auftragsgegenstandes und der Auftragsgrundlage
2. Die Auftraggeber erkennen die nach billigem Ermessen zutreffenden Feststellungen des Schiedsgutachters als rechtsverbindlich an.
3. Die Auftraggeber sind an den ernannten Schiedsgutachter gebunden.
4. Die Tätigkeit des Schiedsgutachters wird wie folgt abgerechnet:

4.1	Sachverständiger	€........../Stunde
4.2	technischer Mitarbeiter	€........../Stunde
4.3	Sekretariatsmitarbeiter	€........../Stunde
4.4	Fotokopien	€........../je Stück
4.5	Lichtbilder – farbig	€........../je Stück
4.6	Fahrtkosten	€........../je Kilometer
4.7	allgemeine Verwaltungs- und Bürokosten	pauschal (z. B. 3 % der vorgenannten Ziffern 4.1–4.3)
4.8	weitere Nebenkosten gemäß vorgelegten Nachweisen.	

5. Auf die vorgenannten Honorar- und Nebenkostensätze wird die jeweils gültige Mehrwertsteuer zusätzlich berechnet.
6. Der Schiedsgutachter kann jederzeit einen angemessenen Kostenvorschuss fordern.

   Als erster Kostenvorschuss wird von den Parteien angefordert:

   a) Schiedspartei zu 1)   €..........
   b) Schiedspartei zu 2)   €..........

7. Das Schiedsgutachten wird gegen vorherige Vorauszahlung oder per Nachnahme zugesandt.
8. Die Auftraggeber haften gesamtschuldnerisch für die Gebühren einschließlich Nebenkosten gem. obiger Ziffer 4.
9. Der Schiedsgutachter haftet für grob fahrlässig und fahrlässig verursachte Schäden. Für leichte Fahrlässigkeit wird der Schadensersatzanspruch ausgeschlossen.

   Für den Fall der Haftung wegen grober Fahrlässigkeit und einfacher Fahrlässigkeit wird die Haftung der Höhe nach begrenzt auf:

   Sachschaden   €..........
   Personenschaden   €..........

---
106 Quelle: Volze in DS 1991, 12.

III Sachverständigenwesen   Gutachten

10. Die Haftung des Schiedsgutachters ist begrenzt auf eine Zeitdauer von drei Jahren ab Zugang des Gutachtens bei den Auftraggebern.

Ort ...., Datum ....

....
(Schiedsgutachter)   (Schiedspartei zu 1)

                                          ....
                                          (Schiedspartei zu 2)

3 Grundbuch und Liegenschaftskataster

3.1 Grundbuch

3.1.1 Allgemein

Schrifttum: *Bauer, H.-J./v. Oefele, H.*; Grundbuchordnung, München 1999; *Bengel/Simmerding*, Grundbuch, Grundstück, Grenze, 2000; *Schmidt/Fröhlig*, Grundbuch lesen und verstehen, 1994.

Für den Grundstücksverkehr ist das **Grundbuch** *(land register)* zusammen mit dem **Liegenschaftskataster** die wichtigste **Dokumentation** über Rechte an Grundstücken. Es ist damit für den Sachverständigen unentbehrlich. Da grundsätzlich alle Grundstücke einem Buchungszwang unterliegen, können dem Grundbuch umfassend die darin eingetragenen Rechtsverhältnisse entnommen werden. In der eindeutigen Beschreibung des Rechtszustands liegt zugleich die rechtliche Bedeutung des Grundbuchs. Die wirtschaftliche Bedeutung des Grundbuchs kann in der Sicherung von Grundpfandrechten gesehen werden. 454

Bezüglich der Rechtsgrundlagen ist zwischen dem **materiellen und formellen Liegenschaftsrecht** zu unterscheiden: 455

a) Das *materielle* Liegenschaftsrecht ist im Wesentlichen im 3. Buch (Sachenrecht §§ 854 bis 1296 BGB) des Bürgerlichen Gesetzbuchs (BGB) geregelt;

b) das *formelle* Liegenschaftsrecht wird durch die Grundbuchordnung (GBO), ergänzt durch die Grundbuchverfügung (GBV), geregelt[1].

Das **formelle Grundbuchrecht der GBO** enthält als die drei tragenden Verfahrensgrundsätze: 456

1. das Antragserfordernis,
2. den Bewilligungsgrundsatz,
3. die Notwendigkeit der Voreintragung des Betroffenen.

Wichtige Ausnahmen vom Bewilligungsgrundsatz stellen vor allem das materielle Konsensprinzip des § 20 GBO und der Unrichtigkeitsnachweis nach § 22 GBO dar.

Das **Grundbuch wird,** von wenigen Ausnahmen abgesehen, **bei den Amtsgerichten geführt** (Grundbuchämter), vgl. § 1 GBO. Die Grundbücher selbst werden für Grundbuchbezirke eingerichtet. Die Grundstücke werden im Grundbuch nach dem in den Bundesländern eingerichteten Liegenschaftskataster als das „amtliche Verzeichnis" benannt (§ 2 Abs. 1 und 2 GBO). 457

Das Grundbuch ist ein öffentliches Buch und genießt öffentlichen Glauben (§ 892 BGB)[2], d.h., jedermann, der ein im Grundbuch eingetragenes Recht durch ein Rechtsgeschäft erwirbt, kann auf die Richtigkeit des Grundbuchs vertrauen. Voraussetzung ist der gutgläubige Erwerb, bei dem die Unrichtigkeit des Grundbuchs nicht bekannt ist. Das RG hat hierzu mit Urteil vom 12.2.1910[3] entschieden, dass auch die **Bestandsangaben des Katasters über die Begrenzung des Grundstücks** am öffentlichen Glauben teilhaben. Nicht am öffentlichen Glauben partizipieren die in das Grundbuch übernommenen Angaben tatsächlicher Art, wie **Flächengröße,** Lage, Bebauung, Bewirtschaftungsart (Nutzungsart). Im Ergebnis nehmen also nur die Katasterangaben individualisierender Art am öffentlichen Glauben teil, wie Name der Gemarkung, Flurnummer und Flurstücknummer. 458

Eine im Grundbuch mit 0 m² ausgewiesene Fläche bedeutet nicht, dass das Grundstück nicht mehr besteht, vielmehr handelt es sich um eine Fläche = 0,5 m². In diesem Fall kann dem Liegenschaftskataster die Fläche mit Zehntelquadratmeter-Genauigkeit entnommen werden.

---

1 Grundbuchordnung (GBO); Grundbuchbereinigungsgesetz (GBBerG); Grundbuchvorrangverordnung (GBVorV); Grundbuchverfügung (GBV); Gebäudegrundbuchverfügung.

2 RG, Urt. vom 18.10.1905 – V 241 –, RGZ 61, 374; RG, Urt. vom 28.11.1934 – V 216/34 –, RGZ 145, 354; Demharter GBO, 22. Aufl. 1997, S. 43.

3 RG, Urt. vom 12.2.1910 – V 72/09 –, RGZ 73, 125; BGH, Urt. vom 1.3.1973 – III ZR 69/70 –, NJW 1973, 1077; OVG Münster, Urt. vom 12.2.1992 – 7 A 1910/89 –, NJW 1993, 217 = NVwZ 1993, 499 (LS) = DÖV 1992, 928; Bengel/Simmerding, Grundbuch, Grundstück, Grenze, Schweizer Verlag 3. Aufl. 1989, S. 87 ff.

III Sachverständigenwesen — Grundbuch

459 Neben dem Grundbuch werden gemäß § 24 und § 100 GBV nach landesrechtlichen Geschäftsordnungen sowie nach der Aktenordnung **Grundakten** geführt. Die Grundakten setzen sich aus den Schriften zu dem einzelnen Grundbuchblatt zusammen, d.h., Bestandteile der Grundakten sind

a) alle Schriften, die sich auf das Grundbuchblatt beziehen und zu Eintragungen geführt haben (Urkunden und Abschriften von solchen, die nach § 10 Abs. 1 GBO vom Grundbuchamt als Eintragungsunterlagen aufbewahrt werden; des Weiteren: Eingänge, Protokolle, Verfügungen, Entwürfe, Kostenrechnungen usw.), und

b) ein **Handblatt**, das eine laufende vervollständigte Abschrift des Grundbuchblatts darstellt.

3.1.2 Aufbau

460 Um die Auffindung der Grundstücke im Grundbuch zu erleichtern, sind die **Grundbücher für Grundbuchbezirke** angelegt. Ursprünglich stimmten die Grundbuchbezirke mit den Gemeindegebietsgrenzen überein. Auf Grund kommunaler Neugliederungen bestehen heute in den Gemeinden vielfach jedoch mehrere Grundbuchbezirke.

461 Das **Grundbuch gliedert sich in** (vgl. Abb. 14):

A ein Deckblatt (Aufschrift),

B ein Bestandsverzeichnis (Grundstücksmerkmale),

C eine Erste Abteilung (Eigentumsverhältnisse),

D eine Zweite Abteilung (Besitzungen ohne Grundpfandrechte) und

E eine Dritte Abteilung (Grundpfandrechte).

462 Zum Inhalt im Einzelnen:

A *Aufschrift des Deckblatts*

a) Amtsgericht, bei dem das Grundbuch geführt wird,

b) Gemarkung/Vermessungsbezirk,

c) Grundbuchband,

d) Grundbuchblatt.

Es dient der rechtlichen Identifizierung des Grundstücks bzw. des Wohnungseigentums oder des Erbbaurechts.

Abb. 14: Aufbau des Grundbuchs

Gemarkungen stellen vermessungstechnische Bezirke (§ 6 Abs. 3 GrdbVfg.) dar, die katastertechnische Ordnungsfunktionen erfüllen und die von den Katasterbehörden festgelegt werden. Sie umfassen i.d.R. die in einem topografischen Zusammenhang liegenden Grundstücke. Die Unterbezirke der Gemarkungen werden **Flure** genannt, die ebenfalls katastertechnische Funktionen für die lagemäßige Ordnung und Nummerierung der Flurstücke erfüllen. Die Flure werden meist in der Weise nummeriert, dass die im Norden und Nordwesten der Gemarkung liegende Flur die Nr. 1 erhält. Innerhalb der Flur bilden die **Flurstücke** die katastermäßigen Flächeneinheiten, d.h., mehrere Flurstücke bilden die Flur. Das Flurstück ist ein geometrisch eindeutig begrenzter Teil der Erdoberfläche, der im Liegenschaftskataster unter einer besonderen Bezeichnung geführt wird. Flurstücke werden auf Antrag oder, wenn es für die Führung des Liegenschaftskatasters erforderlich bzw. zweckmäßig ist, von Amts wegen gebildet. Ein **Grundstück i.S. des Grundbuchrechts** kann aus mindestens einem oder mehreren Flurstücken bestehen. 463

Die für die Bezeichnung der Grundstücke im Grundbuch maßgebliche Vorschrift ist § 2 Abs. 2 GBO, nach der die Grundstücke „in den Büchern nach einem amtlichen Verzeichnis benannt" werden, „in dem sie unter Nummern und Buchstaben aufgeführt sind". Das **Liegenschaftskataster dient als amtliches Verzeichnis der Grundstücke i.S. des Grundbuchordnung** und ermöglicht das Auffinden (die Identifizierung) der im Grundbuch verzeichneten Grundstücke in der Örtlichkeit einschließlich des Nachweises der Grundstücksgrenzen. 464

B Bestandsverzeichnis

Das Bestandsverzeichnis dient der tatsächlichen Kennzeichnung des Grundstücks. Die **Bezeichnung der Grundstücke erfolgt nach den Angaben des Liegenschaftskatasters,** das das amtliche Verzeichnis der Grundstücke i.S. von § 2 Abs. 2 GBO darstellt. Aus den Angaben des Liegenschaftskatasters werden die Bezeichnungen der Gemarkung, der Flur, des Flurstücks, die Nummern des Liegenschaftsbuchs, die Lagebezeichnung und die Größe übernommen. 465

Das **Bestandsverzeichnis ist in laufende Nrn. der Grundstücke unterteilt,** wobei die laufende Nr. als das Grundstück im Rechtssinne verstanden wird. 466

a) Spalte 1: Derzeitige laufende Nummer des Grundstücks

- Jedes Grundstück wird unter einer laufenden Nummer eingetragen.
- Mehrere Grundstücke desselben Eigentümers werden unter laufenden Nummern geführt.

b) Spalte 2: Bisherige laufende Nummern des Grundstücks

c) Spalte 3: Bezeichnung des Grundstücks und der mit dem Eigentum verbundenen Rechte, aufgeteilt in Unterabteilungen:

- Gemarkung/Vermessungsbezirk,
- Katasterlage/Flur- und Flurstücknummer,
- Liegenschaftsbuch,
- Liegenschaftsbuch,
- Wirtschaftsart und Lage.

d) Spalte 4: Größe des Grundstücks

e) Spalte 5: Frühere Eintragung des Grundstücks

f) Spalte 6: Bestand und Zuschreibung

g) Spalte 7: Neueintragung des im Bestandsverzeichnis abgeschriebenen Grundstücks

h) Spalte 8: Abschreibung.

C Erste Abteilung

467 **Gegenstand der Ersten Abteilung** (Abt. I) sind im Unterschied zum Bestandsverzeichnis, wo die Grundstücksmerkmale dargestellt sind, die **Eigentumsverhältnisse**, nämlich

a) Spalte 1: die laufende Nr. der Eintragung,

b) Spalte 2: der Grundstückseigentümer,

c) Spalte 3: die laufende Nr. der Grundstücke im Bestandsverzeichnis,

d) Spalte 4: die Grundlage der Eintragung, d.h. der Rechtsvorgang des Eigentumserwerbs, die Auflassung; rot unterstrichen der gelöschte bisherige Eigentümer.

Als Eigentümer können auch **mehrere Eigentümer** eingetragen sein, wenn

– Miteigentum bzw.

– Gesamthandeigentum

besteht.

D Zweite Abteilung

468 **Gegenstand der Zweiten Abteilung** (Abt. II) **sind in sieben Spalten sämtliche Belastungen des Grundstücks (Lasten und Beschränkungen) mit Ausnahme der** Grundpfandrechte, wie

– Erbbaurechte,

– Grunddienstbarkeiten,

– persönlich beschränkte Dienstbarkeiten,

– Nießbrauchsrechte,

– Öffentliche Lasten (Bodenschutzvermerk, vgl. § 6 ImmoWertV Rn. 140),

– Reallasten,

– Vorkaufsrechte,

– Vormerkungen,

– Widersprüche und

– Verfügungsbeschränkungen.

▶ *Zu den Rechten am Grundstück vgl. Teil IX Rn. 1 ff.*

Nicht eingetragen sind i.d.R.[4]

– die öffentlich-rechtlichen Lasten, die Erschließungskosten, KAG-Beiträge, Kostenerstattungsbeträge, Grundsteuern usw.,

– die Baulasten (vgl. Teil IX Rn. 30 f., § 5 ImmoWertV Rn. 227),

– die Miet- und Pachtverhältnisse,

– das Baurecht,

– der Denkmalschutz.

E Dritte Abteilung

469 **Gegenstand der Dritten Abteilung** (Abt. III) **sind die sog. Grundpfandrechte** (vgl. § 1 ImmoWertV Rn. 37; § 7 ImmoWertV); dies sind

– die Hypotheken (§ 1113 BGB),

---

[4] Kutter, U., Grundstückseigentum und öffentliche Lasten – reicht bei dem Erwerb von Grundstücken der Blick in das Grundbuch?, ZMR 1998, 601 ff.

- die Grundschulden und
- die Rentenschulden (§ 1199 BGB).

3.1.3 Grundbuchprinzipien

Das Grundbuch ist als ein öffentliches Buch nach dem **Grundprinzip des** Realfoliums aufgebaut, d.h., **jedes Grundstück ist im Grundbuch an besonderer Stelle auf einem eigenen Grundbuchblatt ausgewiesen:**

„**§ 3 GBO Grundbuchblatt; buchungsfreie Grundstücke; Buchung von Miteigentumsanteilen**

(1) Jedes Grundstück erhält im Grundbuch eine besondere Stelle (Grundbuchblatt). Das Grundbuchblatt ist für das Grundstück als das Grundbuch im Sinne des Bürgerlichen Gesetzbuchs anzusehen.

(2) Die Grundstücke des Bundes, der Länder, der Gemeinden und anderer Kommunalverbände, der Kirchen, Klöster und Schulen, die Wasserläufe, die öffentlichen Wege sowie die Grundstücke, welche einem dem öffentlichen Verkehr dienenden Bahnunternehmen gewidmet sind, erhalten ein Grundbuchblatt nur auf Antrag des Eigentümers oder eines Berechtigten.

...

(7) Werden die Miteigentumsanteile an dem dienenden Grundstück neu gebildet, so soll, wenn die Voraussetzungen des Absatzes 4 vorliegen, das Grundbuchamt in der Regel nach den vorstehenden Vorschriften verfahren."

Über mehrere Grundstücke desselben Eigentümers kann ein **gemeinschaftliches Grundbuchblatt** geführt werden (Zusammenstellung i.S.d. § 4 Abs. 1 GBO).

Für **Wohnungs- und Sondereigentum** (Teil VI Rn. 39 ff.) werden eigene Grundbücher geführt, die mit entsprechenden Aufschriften im Deckblatt versehen sind und bei denen das Wohnungs- und Sondereigentum in einem selbstständigen Bestandsverzeichnis geführt werden. Bei dem im Wohnungseigentumsgesetz (WEG) geregelten Wohnungseigentum steht jedem Miteigentümer der Wohnungseigentumsanlage ein Bruchteil am Grundstück und an den nicht im Sondereigentum stehenden baulichen Anlagen zu. Die Aufteilung erfolgt auf der Grundlage eines Einräumungsvertrags bzw. der Teilungserklärung des Eigentümers gegenüber dem Grundbuchamt, das aus dem bisherigen Bestandsverzeichnis des Grundstücks entsprechend viele Grundbuchblätter mit eigenem Bestandsverzeichnis anlegt. Voraussetzung ist die **Abgeschlossenheitsbescheinigung** der zuständigen Baubehörde. In der Teilungserklärung werden die rechtlichen Beziehungen zwischen den Miteigentümern der Wohneigentumsanlage geregelt (vgl. Teil VI Rn. 46 ff.; § 8 ImmoWertV Rn. 125 ff.).

Erbbaurechte werden grundbuchlich wie Grundstücke in einem besonderen Erbbaurechtsgrundbuch geführt, in denen im Bestandsverzeichnis das Erbbaurecht ausgewiesen wird. Im Bestandsverzeichnis werden des Weiteren insbesondere die Dauer des Erbbaurechts und der Inhalt des Erbbaurechtsvertrags ausgewiesen.

Entsprechendes gilt für Wohnungs- bzw. Teilerbbaurechtsgrundbücher. Weiterhin bestehen

- Berggrundbücher,
- Eisenbahngrundbücher und
- Fischereigrundbücher (Bayern).

Der **Inhalt der Teilungserklärung und der Abgeschlossenheitsbescheinigung sollen** bei alledem **in Gutachten über Wohnungs- und Teileigentum** genau unter Angaben der Quellen **angegeben** werden.

Für Eintragungen im Grundbuch gilt das **Antragsprinzip.** Eine Eintragung erfolgt demnach nur auf Antrag. § 13 GBO schreibt hierfür vor:

„**§ 13 GBO Antragsgrundsatz**

(1) Eine Eintragung soll, soweit nicht das Gesetz etwas anderes vorschreibt, nur auf Antrag erfolgen. Antragsberechtigt ist jeder, dessen Recht von der Eintragung betroffen wird oder zu dessen Gunsten die Eintragung erfolgen soll.

(2) Der genaue Zeitpunkt, in dem ein Antrag beim Grundbuchamt eingeht, soll auf dem Antrag vermerkt werden. Der Antrag ist beim Grundbuchamt eingegangen, wenn er einer zur Entgegennahme zuständigen Person vorgelegt ist. Wird er zur Niederschrift einer solchen Person gestellt, so ist er mit Abschluss der Niederschrift eingegangen.

(3) Für die Entgegennahme eines auf eine Eintragung gerichteten Antrags oder Ersuchens und die Beurkundung des Zeitpunkts, in welchem der Antrag oder das Ersuchen beim Grundbuchamt eingeht, sind nur für die Führung des Grundbuchs über das betroffene Grundstück zuständige Personen und der von der Leitung des Amtsgerichts für das ganze Grundbuchamt oder einzelne Abteilungen zuständige Beamte (Angestellte) der Geschäftsstelle zuständig. Bezieht sich der Antrag oder das Ersuchen auf mehrere Grundstücke in verschiedenen Geschäftsbereichen desselben Grundbuchamts, so ist jeder zuständig, der nach Satz 1 in Betracht kommt."

476 Nach § 19 GBO erfolgt eine Eintragung, wenn derjenige sie bewilligt, dessen Recht von ihr betroffen ist. Im Falle der Auflassung eines Grundstücks sowie im Falle der Bestellung, Änderung des Inhalts oder Übertragung eines Erbbaurechts darf die Eintragung nach § 20 GBO (**Einigungsgrundsatz**) nur erfolgen, wenn die erforderliche Einigung des Berechtigten und des anderen Teils erklärt ist.

477 Grundsätzlich ist eine mehrfache Belastung sowohl in Abt. II als auch in Abt. III möglich. Geht eine solche Mehrfachbelastung über den Substanzwert hinaus, ist der Befriedigungsrang der einzelnen dinglichen Belastungen maßgebend, so z. B. in der *Zwangsversteigerung*. Der Befriedigungsrang ergibt sich nach dem **Prioritätsprinzip** (Vorrangprinzip), nach dem ein früheres Recht vor dem späteren Vorrang hat.

478 Es kommt damit entscheidend auf den Zeitpunkt der Eintragung an (§§ 17, 45 GBO). Die **Eintragung hat konstitutive Wirkung**, so dass auch einer falschen Eintragung der aus dem Grundbuch ersichtliche Rang zukommt. Grundbuchrechtlich wird dem Prioritätsprinzip innerhalb derselben Abteilung durch das **Locus-Prinzip** Rechnung getragen, nach dem das vorausgehende Recht das „bessere" ist. Bei Eintragungen in verschiedenen Abteilungen gilt das **Tempus-Prinzip**.

Abb. 15: Grundbuchprinzipien

Quelle: Volhard, Beurkundungsrecht.

3.1.4 Einsichtsrecht

Für den Grundstückssachverständigen wichtig ist das in § 12 GBO geregelte **Einsichtsrecht** und das Recht auf (beglaubigte) Abschriften. **§ 12 GBO** lautet: 479

„**§ 12 Grundbucheinsicht; Abschriften**

(1) Die Einsicht des Grundbuchs ist jedem gestattet, der ein berechtigtes Interesse darlegt. Das Gleiche gilt von Urkunden, auf die im Grundbuche zur Ergänzung der Eintragung Bezug genommen ist, sowie von den noch nicht erledigten Eintragungsanträgen.

(2) Soweit die Einsicht des Grundbuchs, der im Absatz 1 bezeichneten Urkunden und der noch nicht erledigten Eintragungsanträge gestattet ist, kann eine Abschrift gefordert werden; die Abschrift ist auf Verlangen zu beglaubigen.

(3) Das Bundesministerium der Justiz kann durch Rechtsverordnung mit Zustimmung des Bundesrates bestimmen, dass

1. über die Absätze 1 und 2 hinaus die Einsicht in sonstiger sich auf das Grundbuch beziehende Dokumente gestattet ist und Abschriften hiervon gefordert werden können;

2. bei Behörden von der Darlegung des berechtigten Interesses abgesehen werden kann, ebenso bei solchen Personen, bei denen es auf Grund ihres Amtes oder ihrer Tätigkeit gerechtfertigt ist."

Das Recht auf Einsicht in das Grundbuch einschließlich der Grundakten besteht demzufolge bei berechtigtem Interesse. **Das berechtigte Interesse braucht sich** im Gegensatz zum rechtlichen Interesse **nicht auf ein bereits vorhandenes Recht zu stützen.** Das Einsichtsrecht schließt auch die Einsicht in andere zu den Grundakten genommene Urkunden ein, und zwar zumindest insoweit, wie auf sie bei der Eintragung Bezug genommen wurde. Eingeschlossen sind auch die noch nicht zu den Grundakten genommenen Eintragungsanträge[5]. 480

Ein **berechtigtes Interesse** ist gegeben, wenn der Antragsteller ein verständiges durch die Sachlage gerechtfertigtes Interesse verfolgt[6]. 481

Zum **Nachweis des berechtigten Interesses** kann der Sachverständige eine Vollmacht des Berechtigten (z. B. des Eigentümers) vorlegen, der stets ein berechtigtes Interesse hat[7]. Notare und Anwälte, die im nachgewiesenen Auftrag eines Notars handeln, sowie öffentlich bestellte Vermessungsingenieure (§ 43 GBV) sind von der Darlegung eines berechtigten Interesses befreit. 482

Viele **Sachverständige** nehmen keine Einsicht in das Grundbuch und die Grunddaten und **vertrauen auf die Angaben ihres Auftraggebers oder den vom Auftraggeber überlassenen Kopien.** Darüber hinaus beschränken sich viele Sachverständige auch auf fernmündliche Auskünfte zum Grundbuch. Im Gutachten verweisen sie – oftmals mit Standardtexten – darauf, dass dies auftragsgemäß geschehe, um Haftungsansprüchen bei einer daraus möglicherweise resultierenden fehlerhaften Gutachtenerstattung zu entgehen. Diese Praxis ist nicht frei von Bedenken, da sie mit der Sorgfaltspflicht nicht im Einklang steht und der Auftraggeber selbst nicht immer erkennen kann, ob und welche Grundbuchangaben für die Wertermittlung von Bedeutung sind, und im Übrigen damit eine Einflussnahme auf das Wertermittlungser- 483

---

[5] BayObLG, Urt. vom 9.2.1992 – 2 Z BR 98/92 –, NJW 1993, 171 = MittBayNot 1993, 161; BayObLG, Urt. vom 14.3.1991 – BReg 2 Z 162/90 –, MDR 1991, 1172 = BWNotZ 1991, 144 = RDV 1992, 82; BayObLG, Urt. vom 23.3.1983 – BReg 2 Z 12/83 –, EzGuG 11.136; BayObLG, Urt. vom 14.4.1983 – 2 Z 26/83 –, BWNotZ 1983, 90 = JurBüro 1983, 1384; OLG Stuttgart, Urt. vom 17.1.1983 – 8 W 452/82 –, Justiz 1983, 80 = Rpfleger 1983, 272 = DWW 1985, 62 (LS); OLG Stuttgart, Urt. vom 28.11.1969 – 8 W 237/89 –, Justiz 1970, 92 = Rpfleger 1970, 92; OLG Hamm, Beschl. vom 15.12.1970 – 15 W 430/70 –, NJW 1971, 899 = MDR 1971, 403 = Rpfleger 971, 107 = OLGZ 1971, 232 = EzGuG 11.75; LG Frankfurt am Main, Urt. vom 12.5.1978 – 2/9 T 492/78 –, Rpfleger 1978, 316; OLG Hamm, Urt. vom 14.5.1988 – 15 W 113/88 –, NJW 1988, 2482; OLG Karlsruhe, Urt. vom 13.8.1963 – 3 W 48/65 –, Justiz 1964, 43; LG Heilbronn, Urt. vom 12.7.1982 – 1 T 173/82 –, WM 1982, 971 = Rpfleger 1982, 414 = Justiz 1982, 372 = BWNotZ 1982, 150; Melchers in Rpfleger 1993, 309; Böttcher in Meikel, Grundbuchrecht § 12 Rn. 2; Haegele/Schöner/Stöber, Grundbuchrecht, 11. Aufl., Rn. 525; im Übrigen § 195 BauGB Rn. 22 ff.

[6] Schreiner in Rpfleger 1980, 51; Frohn in Rechtspfleger Jahrbuch 1982, 343; Böttcher in Meikel, Grundbuchrecht, 7. Aufl., § 58 Rn. 58; Haegele/Schöner/Stöber, Grundbuchrecht, 11. Aufl., Rn. 524a; Balser/Rühlicke/Roser, Handbuch des Grundstücksverkehrs, 3. Aufl. Wiesbaden 1989; Lüke in NJW 1983, 1407.

[7] BayObLG, Beschl. vom 23.3.1983 – BReg 2 Z 12/83 –, EzGuG 11.135h; OLG Hamm, Urt. vom 15.12.1970 – 15 W 430/70 –, EzGuG 11.75.

gebnis einhergehen kann, wenn dadurch bedeutsame Grundbuchangaben „unterschlagen" werden, zumal der „Verbraucher" eines solchen Gutachtens dies nicht erkennen kann und auf die Sorgfaltspflicht des Gutachters vertraut (vgl. Rn. 207, 370).

3.2 Liegenschaftskataster

3.2.1 Allgemeines

484 Das Liegenschaftskataster *(Land Survey Register)* ist das amtliche Verzeichnis der Grundstücke, auf dem das Grundbuch aufbaut. Während das Liegenschaftskataster die Liegenschaften mit ihren tatsächlichen Eigenschaften beschreibt, gibt das Grundbuch in rechtlicher Hinsicht Auskunft über die Eigentumsverhältnisse einschließlich der auf dem Grundstück ruhenden Rechte und Belastungen. Das Liegenschaftskataster besteht aus der **Liegenschaftskarte** *(cadastral map)* einschließlich des ihm zu Grunde liegenden Zahlenwerks **und** dem **Liegenschaftsbuch**. Im Liegenschaftskataster sind alle Liegenschaften (= Flurstücke und Gebäude) darzustellen und zu beschreiben. Ein Grundstück i.S.d. Grundbuchrechts kann aus (mindestens) einem oder mehreren Flurstücken als der kleinsten Buchungseinheit bestehen.

3.2.2 Aufbau

485 Der Nachweis des Liegenschaftskatasters lässt sich in einen *beschreibenden* und einen *darstellenden Teil* untergliedern.

486 Der *beschreibende* Teil, das **Katasterbuchwerk**, enthält im Wesentlichen Flurstücks- und Gebäudeangaben, Eigenschaftsangaben und Eigentümerangaben. Der *darstellende* Teil besteht aus den Flurkarten, den **Schätzungskarten** und dem zu Grunde liegenden Zahlenwerk. In den Schätzungskarten sind allerdings nur die amtlichen Ergebnisse der Bodenschätzung landwirtschaftlich genutzten Bodens als Grundlage der Einheitsbewertung (§ 50 Abs. 1 BewG) zusammengefasst. Sie sind für die Bemessung von Ertragssteuern (§ 13a Abs. 4 EStG) und Veräußerungsgewinnen (§ 55 EStG) von Bedeutung. Schließlich findet das Ergebnis der Bodenschätzung nach § 28 Abs. 1 FlurbG auch in der Flurbereinigung Anwendung[8]. Neben der genauen Kartierung des Bodens nach seiner Beschaffenheit – ausgedrückt in Klassen (vgl. § 5 ImmoWertV Rn. 46 ff.) – wird die Ertragsfähigkeit in Wertzahlen (vgl. § 5 ImmoWertV Rn. 56 ff.) nachgewiesen.

487 Die Schätzungskarten gehen auf die sog. **Reichsbodenschätzung** (vgl. § 5 ImmoWertV Rn. 46 ff.) von 1934 zurück. Nach § 14 BodSchätzG in der geltenden Fassung sind die bestandskräftig festgestellten Bodenschätzungsergebnisse sowie die Lage und Bezeichnung der Bodenprofile (§ 8 BodSchätzG) in das Liegenschaftskataster zu übernehmen. Zur Sicherung der Gleichmäßigkeit der Bodenschätzung werden ausgewählte Bodenflächen als Musterstücke (vor 1975 „Reichsmusterstücke") mit rechtsverbindlicher Kraft geschätzt. Mit § 6 BodSchätzG wird das Bundesministerium der Finanzen ermächtigt, die vorgenannten Musterstücke im Bundesgesetzblatt zu benennen. Die Schätzungsergebnisse werden nach § 10 BodSchätzG in Schätzungsbüchern und -karten festgehalten.

In den **Schätzungsbüchern** sind festzuhalten

– die Belegenheitsgemeinde oder -gemarkung,

– das Datum der Schätzung,

– die Bezeichnung der für die Schätzung maßgeblichen Nutzungsart,

– die Bezeichnung der Klassen-, Klassenabschnitts- und Sonderflächen,

– die Beschreibung der Bodenprofile (bestimmende und nicht bestimmende Grablöcher) und

– die Wertzahlen.

---

[8] Oppel in ZfV 1984, 634; Taschenmacher in DStZ 1965, 283 und Kühbach in NÖV 1983, 173.

In den **Schätzungskarten** sind festzuhalten

– die räumliche Abgrenzung der Klassen-, Klassenabschnitts- und Sonderflächen und deren Bezeichnung,
– die Wertzahlen und
– die Lage und Nummer der Bodenprofile einschließlich der Kennzeichnung der bestimmenden und nicht bestimmenden Grablöcher.

Musterstücke und Vergleichsgrundstücke sind in Schätzungsbüchern und -karten darzustellen (§ 10 Abs. 3 BodSchätzG).

Der Inhalt des Liegenschaftskatasters wird nach den **Flurstücks- und Gebäudeangaben,** den Eigenschaftsangaben und den Eigentümerangaben unterschieden. **488**

a) *Flurstücks- und Gebäudeangaben (vgl. Rn. 463) sind:* **489**

– Flurstücksbezeichnung,
– Lagebezeichnung,
– Angaben zur tatsächlichen Nutzung,
– Angaben zum Flächeninhalt,
– Angaben zur geometrischen Form und zum räumlichen Bezugssystem,
– Angaben zur Abmarkung und zu Grenzeinrichtungen,
– Angaben zu den Gemeinden, Gemeindeverbänden und Regierungsbezirken sowie zu den Ortsbezirken des Liegenschaftskatasters,
– Grundbuchbezeichnung einschließlich der Nummer des Bestandsverzeichnisses und der Buchungsart sowie das zuständige Grundbuchamt.

Für die Liegenschaften können nachgewiesen werden:

– Zugehörigkeit zu weiteren Verwaltungsbezirken und regionalen Gliederungen, wie z. B. Finanzamt, Forstamt oder Baublock,
– für die Planung wichtige topografische Merkmale,
– weitere Angaben zu den Gebäuden, wie z. B. Baujahr, Nutzung, Geschosszahlen und -flächen, umbauter Raum, Höhe und Dachform.

Die **Angaben der tatsächlichen Nutzung im Liegenschaftskataster haben keine rechtsgestaltende Wirkung;** sie sind allenfalls von nachrichtlicher Natur, wobei allerdings auch keine Aktualität erwartet werden kann. Den Angaben liegt die zum Zeitpunkt der Erhebung von der Katasterbehörde vorgefundene und vorherrschende Nutzung zu Grunde (sog. Dominanzprinzip).

▶ *Zu den Abkürzungen des Liegenschaftskatasters vgl. 3. Aufl. dieses Werks, S. 55; des Weiteren § 5 ImmoWertV Rn. 253*

Neben der „tatsächlichen Nutzung" kann auch die „**Klassifizierung" der öffentlich-rechtlichen Festlegung nach anderen Vorschriften über das** Nutzungsartenverzeichnis nachgewiesen werden. Die Nutzungsarten sind dreistellig verschlüsselt, wobei über die zweistellige Kennung zunächst zwischen der „tatsächlichen Nutzung" und den „Klassifizierungen" zu unterscheiden ist.

b) *Eigenschaftsangaben sind:* **490**

– **Ergebnisse der amtlichen Bodenschätzung** nach dem Bodenschätzungsgesetz, Klassifizierungen, insbesondere
  – der Flächen des land- und forstwirtschaftlichen Vermögens nach dem Bewertungsgesetz und dem Bodenschätzungsgesetz,

III Sachverständigenwesen Grundbuch

- der Wasserflächen nach dem Bundeswasserstraßengesetz und dem Landeswassergesetz,
- der Straßenflächen nach dem Bundesfernstraßengesetz und dem Landesstraßengesetz,
- der Waldflächen nach dem Landesforstgesetz.
- Hinweise auf öffentlich-rechtliche Festsetzungen anderer Stellen, wie
  - Baulast,
  - Denkmalschutz,
  - Grabungsschutzgebiet,
  - Naturschutzgebiet,
  - Wasserschutzgebiet,
  - Heilquellenschutzgebiet,
  - Weinlage und Weinbausteillage,
  - Bodenordnungsverfahren,
  - Altlast.

Abb. 16: Aufbau des Nutzungsartenverzeichnisses

Als Eigenschaftsangaben können außerdem Hinweise auf sonstige Feststellungen von öffentlichem Interesse, wie z. B. Fernleitungen, Grunddienstbarkeiten oder Anliegervermerke, nachgewiesen werden.

491 c) *Eigentümerangaben*

Angaben zu den Grundstückseigentümern, Erbbauberechtigten und Inhabern sonstiger grundstücksgleicher Rechte sind:

- Vor-, Familien- und Geburtsnamen, Geburtsdaten,
- Bezeichnung der juristischen Personen,

- Firmennamen,
- Anteilsverhältnisse.

Diese Angaben sind bei im Grundbuch eingetragenen Grundstücken in inhaltlicher Übereinstimmung mit dem Grundbuch zu halten.

Als **Eigentümerangaben** können außerdem vermerkt werden: **492**

- die Wohnanschrift der Grundstückseigentümer und Erbbauberechtigten sowie die Namen und Wohnanschriften der zur Vertretung bevollmächtigten Personen,
- Angaben zum Aufteilungsplan und zum Sondereigentum bei Wohnungs- und Teileigentum.

Katasterbehörde ist das (jeweils örtlich zuständige) **Katasteramt**. Es führt das Liegenschaftskataster. Obere Katasterbehörde – i.d.R. die örtlich zuständige höhere Verwaltungsbehörde – sowie Oberste Katasterbehörde bestimmen sich nach Landesrecht. **493**

Das Liegenschaftskataster ist **durch Fortführung stets auf dem neuesten Stand zu halten.** Diese Aufgabe obliegt den Katasterämtern. Die Fortführung oder die Erneuerung des Liegenschaftskatasters ist den Grundstückseigentümern, Erbbauberechtigten und Inhabern sonstiger grundstücksgleicher Rechte mitzuteilen oder durch Offenlegung (auf die Dauer eines Monats nach vorheriger öffentlicher Bekanntmachung) bekannt zu geben. **494**

3.2.3 Einsichtsrecht/Auskünfte aus dem Liegenschaftskataster

Daten aus dem Liegenschaftskataster können ggf. unter Erhebung von Gebühren und Kostenerstattung für Auslagen **als Einzelauskunft oder regelmäßig übermittelt** werden an **495**

- Behörden und sonstige öffentliche Stellen, soweit dies zur Erfüllung ihrer Aufgaben erforderlich ist,
- Personen und andere Stellen außerhalb des öffentlichen Bereichs, wenn sie ein berechtigtes Interesse an der Kenntnis der zu übermittelnden Daten glaubhaft machen und überwiegende schutzwürdige Interessen der Betroffenen nicht beeinträchtigt werden.

Die **Übermittlung der Daten erfolgt durch Auskünfte und Auszüge; darüber hinaus kann Einsicht gewährt werden.** Auszüge können auf Antrag beglaubigt werden. Eine Vervielfältigung durch andere Stellen kann zugelassen werden. Grundstückseigentümer, Erbbauberechtigte und Inhaber sonstiger grundstücksgleicher Rechte können das Liegenschaftskataster einsehen sowie Auskunft und Auszüge über die sie betreffenden Liegenschaften erhalten. **496**

4 Flächen und Volumina baulicher Anlagen

4.1 Allgemeines

497 Im Rahmen der Marktwertermittlung von Grundstücken kommt den Flächen und Volumina und ihrer Berechnung eine maßgebliche Bedeutung zu, denn eine **fehlerhafte Flächen- und Volumenermittlung schlägt unmittelbar** (und mitunter in voller Höhe) **auf das Ergebnis der Wertermittlung durch.** Dies gilt gleichermaßen für die Grundstücksfläche, die bauplanungsrechtlich zulässige Geschossfläche sowie für die im Rahmen des Ertragswertverfahrens maßgebliche Mietfläche und die bei Anwendung des Sachwertverfahrens zur Anwendung kommende Brutto-Grundfläche bzw. den Brutto-Rauminhalt.

Im Rahmen der Verkehrswertermittlung bebauter Grundstücke im Wege des Sachwertverfahrens kommt dem Volumen bzw. Brutto-Rauminhalt (BRI) und der Fläche einer baulichen Anlage eine besondere Bedeutung zu. Im Verhältnis zum Volumen der baulichen Anlage ist die **Fläche zumeist** sogar **die für die Wertbildung wichtigere Größe,** insbesondere, wenn die Geschosse einer baulichen Anlage Überhöhen aufweisen. Denn Erträge werden in erster Linie „in der Fläche" erzielt, während die Überhöhe eines Geschosses, z. B. im Hinblick auf Heizkosten und Unterhaltung, die Ertragsfähigkeit eines Gebäudes beeinträchtigen könnte.

Für eine fundierte Ermittlung des Verkehrswerts bebauter Grundstücke bedarf es einer **exakten Flächenermittlung** der baulichen Anlage **auf der Grundlage eindeutig definierter und sachgerechter Berechnungsmethoden**. Dabei können im Rahmen des Vergleichs-, Ertrags- und Sachwertverfahrens unterschiedliche Berechnungsmethoden sachlich begründet sein, obwohl grundsätzlich einheitliche Berechnungsweisen schon im Hinblick auf die Vergleichbarkeit der Verfahren anzustreben sind.

Flächen und Volumina sind nicht allein unter Anwendung der Schulmathematik (Länge × Breite [× Höhe]) zu ermitteln, vielmehr ist dafür auch die Beherrschung der dafür erlassenen **Normen und Standards** erforderlich, die die Anrechenbarkeit bestimmter Flächenteile regeln. Insoweit können sich für ein Bauwerk in Abhängigkeit von der angewandten Norm unterschiedliche Flächen ergeben.

Es gibt **international und auch auf europäischer Ebene keine einheitlichen Standards der Flächenberechnung**, so dass z. B. eine nach deutschen Berechnungsvorschriften ermittelte Wohnfläche nicht mit einer z. B. nach italienischen Normen ermittelten Wohnfläche identisch ist.

Flächenberechnungen sind insbesondere **erforderlich**, um

– die bauplanungsrechtlich ausgeübte und zulässige Grundstücksnutzung zu überprüfen,
– im Rahmen des Ertragswertverfahrens den auf die Wohn- bzw. Nutzfläche bezogenen Ertrag unter Heranziehung von Vergleichsmieten zu ermitteln und
– im Rahmen des Sachwertverfahrens den Herstellungswert der baulichen Anlage unter Heranziehung von Erfahrungssätzen gewöhnlicher Herstellungskosten (Normalherstellungskosten) zu ermitteln, die ihrerseits auf eine geeignete Flächen- bzw. Volumeneinheit bezogen sind.

498 Allgemein ist dabei der **Grundsatz der Kompatibilität** anzuwenden. Danach ist die Fläche (bzw. das Volumen) der zu wertenden baulichen Anlage stets nach derselben Berechnungsmethode zu ermitteln, die den herangezogenen Vergleichsdaten zu Grunde gelegt worden ist:

– Werden z. B. im Rahmen des *Ertragswertverfahrens* auf den Quadratmeter Wohnfläche (WF) bezogene Vergleichsmieten herangezogen, so bedarf es zunächst der Klärung, nach welcher Berechnungsmethode die Wohnfläche ermittelt worden ist, um dann die Wohnfläche der zu wertenden baulichen Anlage nach derselben Methode festzustellen.

Flächen und Volumina

- Entsprechendes gilt auch im Rahmen des *Vergleichswertverfahrens*, z. B. bei der Ermittlung des Verkehrswerts einer Eigentumswohnung, wenn hierzu auf den Quadratmeter bezogene Vergleichswerte herangezogen werden sollen.
- Werden hingegen im Rahmen des *Sachwertverfahrens* z. B. auf den Quadratmeter Brutto-Grundfläche (BGF) bezogene Normalherstellungskosten herangezogen, so muss der Anwender solcher Daten wiederum die entsprechenden Berechnungsmodalitäten der Ermittlung der Brutto-Grundfläche des zu wertenden Objekts zu Grunde legen.

4.2 Flächeneinheiten

4.2.1 Geschossfläche (GF)

▶ *Hierzu § 6 ImmoWertV Rn. 40 ff.*

Die Geschossfläche (GF) ist eine städtebaurechtlich definierte Flächeneinheit. **§ 20 Abs. 3 BauNVO** definiert die Geschossfläche wie folgt: **499**

„(3) Die Geschossfläche ist nach den Außenmaßen der Gebäude in allen Vollgeschossen zu ermitteln. Im Bebauungsplan kann festgesetzt werden, dass die Flächen von Aufenthaltsräumen in anderen Geschossen einschließlich der zu ihnen gehörenden Treppenräume und einschließlich ihrer Umfassungswände ganz oder teilweise mitzurechnen oder ausnahmsweise nicht mitzurechnen sind."

Der in der Praxis benutzte Begriff der Brutto-Geschossfläche, der der BauNVO fremd ist, soll verdeutlichen, dass entsprechend der Definition des § 20 Abs. 3 BauNVO die Außenwände und Konstruktionsflächen mitgerechnet werden. Ansonsten handelt es sich dabei um einen bauplanungsrechtlichen Begriff, aus dem sich die zulässige Nutzung ergibt. **Die für die Brutto-Geschossfläche benutzte Abkürzung BGF darf nicht mit derselben zur Abkürzung der** Brutto-Grundfläche (entsprechend der DIN 277) **herangezogenen Abkürzung BGF verwechselt werden.**

Als **Vollgeschosse** gelten nach § 18 BauNVO Geschosse, die nach landesrechtlichen Vorschriften Vollgeschosse sind oder auf ihre Zahl angerechnet werden. Die Landesbauordnungen definieren die Vollgeschosse unterschiedlich (vgl. § 6 ImmoWertV Rn. 42 ff.). So zählen z. B. in *Rheinland-Pfalz* als Vollgeschosse die Geschosse, die über der Geländeoberfläche liegen und über 2/3 (bei Geschossen im Dachraum über 3/4) ihrer Grundfläche eine Höhe von 2,30 m haben. Gegenüber einer Außenwand zurückgesetzte oberste Geschosse sind nur Vollgeschosse, wenn sie diese Höhe über zwei Drittel der Grundfläche des darunter liegenden Geschosses aufweisen. **500**

Als **Aufenthaltsräume** gelten Räume, die zum nicht nur vorübergehenden Aufenthalt von Menschen bestimmt oder geeignet sind und nach Lage, Größe und Beschaffenheit für diesen Zweck benutzt werden können (vgl. § 6 ImmoWertV Rn. 46). Zu den Aufenthaltsräumen gehören insbesondere Wohn- und Schlafräume, Büro-, Praxis-, Geschäfts-, Verkaufs- und Arbeitsräume, Gast-, Beherbergungs- und Versammlungsräume sowie Wohnküchen. Nicht zu den Aufenthaltsräumen gehören die üblichen Nebenräume, wie Flure, Gänge, Treppenräume, Küchen, Bäder, Toiletten, Abstell-, Heiz- und Lagerräume sowie Hausarbeits- und Hobbyräume. **501**

Die **Geschossfläche** ist **für die Belange der Sachwertermittlung nur im eingeschränkten Sinne** geeignet; jedoch für die Beurteilung der Grundstücksnutzung von Bedeutung. Dies ist insbesondere darauf zurückzuführen, dass Bauherren bestrebt sind, Dach- und Kellergeschosse nicht zu Vollgeschossen werden zu lassen, um eine möglichst hohe baurechtliche Ausnutzung des Grundstücks zu erreichen. Entsprechend der landesrechtlichen Definition des Vollgeschosses kann z. B. durch Veränderung der Dachneigung, Drempel und Gauben erreicht werden, dass das Dachgeschoss mit der erforderlichen Höhe (z. B. 2,30 m) „kurz" unter der 2/3-Grenze zurückbleibt. Desgleichen kann z. B. ein Kellergeschoss eines Hanggrundstücks so errichtet werden, dass es geringfügig unter der für ein Vollgeschoss erforderlichen Geländehöhe bleibt. Wenn in diesen Fällen darüber hinaus diese Ebenen gleichwohl als

III Sachverständigenwesen — Flächen und Volumina

"Quasi"-Vollgeschosse ausgebaut sind, gehen sie nicht in die Geschossfläche ein, obwohl sie die entsprechende Rentierlichkeit aufweisen bzw. damit der entsprechende Sachwert verkörpert wird (Abb. 17).

Abb. 17: Ausgebaute, aber nicht als Vollgeschosse geltende Grundrissebenen

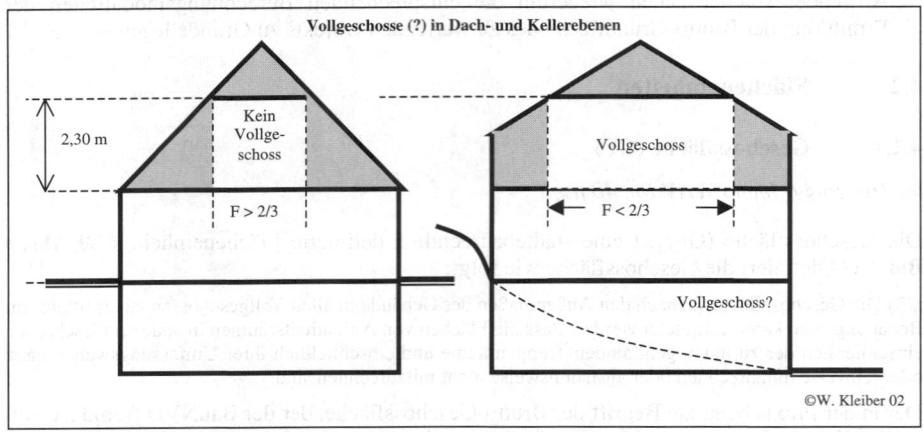

4.2.2 Brutto-Grundfläche (BGF)

4.2.2.1 Allgemeines

502 Die Geschossfläche (GF) nach § 20 Abs. 3 BauNVO ist allein planungsrechtlich von Bedeutung. **Für die Belange der Bauwirtschaft ist die Geschossfläche ungeeignet,** da mit ihr lediglich die Grundrissebenen der Vollgeschosse erfasst werden und im Rahmen einer Kostenkalkulation auch die übrigen Geschosse berücksichtigt werden müssen. Dies gilt gleichermaßen für die Sachwertermittlung. Im Rahmen der Sachwertermittlung werden deshalb die gewöhnlichen Herstellungskosten auf der Grundlage von Normalherstellungskosten ermittelt, die auf die Brutto-Grundfläche (BGF) bzw. den Brutto-Rauminhalt (BRI) nach der DIN 277 abgeleitet worden sind.

Die **DIN 277** vom **Februar 2005** hat die DIN 277 aus dem Jahre 1987 abgelöst und regelt die Ermittlung der **Brutto-Grundfläche (BGF) und des Brutto-Rauminhalts (BRI).**

4.2.2.2 Begriffe

503 **Brutto-Grundfläche (BGF) sind** danach **die Summe der Grundflächen aller Grundrissebenen eines Bauwerks** nach DIN 277 – 2:2005 – 02, Tabelle 1, Nr. 1 bis 9 **und deren konstruktive Umschließung**. Für die Ermittlung der Brutto-Grundfläche (Summe aus Netto-Grundfläche und Konstruktions-Grundfläche) sind die äußeren Maße der Bauteile einschließlich Bekleidung, z. B. Putz, Außenschalen mehrschaliger Wandkonstruktionen in Höhe der Boden- bzw. Deckenbelagsoberkanten anzusetzen. Konstruktive und gestalterische Vor- und Rücksprünge, Fuß-Sockelleisten, Schrammborde und Unterschneidungen sowie vorstehende Teile von Fenster- und Türbekleidungen bleiben dabei unberücksichtigt.

Nicht zur Brutto-Grundfläche gehören **Flächen, die ausschließlich der Wartung, Inspektion und Instandsetzung von Baukonstruktionen und technischen Anlagen dienen,** z. B. nicht nutzbare Dachflächen, fest installierte Dachleitern und -stege, Wartungsstege in abgehängten Decken (vgl. Anl. 24 zu § 190 Abs. 1 Satz 4 und 5 BewG).

Die **BGF** berechnet sich also nach den äußeren Maßen des Bauwerks, jedoch ohne nicht nutzbare Dachflächen[1].

Abb. 18: Nutzungsgruppen und Gliederung der Netto-Grundfläche (Tabelle 1 DIN 277 – 2:2005 – 02)

Nr	Netto-Grundflächen	Nutzungsgruppe
1	Nutzflächen (NF)	Wohnen und Aufenthalt
2		Büroarbeit
3		Produktion, Hand- und Maschinenarbeit, Experimente
4		Lagern, Verteilen und Verkaufen
5		Bildung, Unterricht und Kultur
6		Heilen und Pflegen
7		Sonstige Nutzflächen
8	Technische Funktionsfläche (TF)	Technische Anlagen
9	Verkehrsfläche (VF)	Verkehrserschließung und -sicherung

Die **Brutto-Grundfläche darf nicht mit der (Brutto-)Geschossfläche gleichgesetzt oder verwechselt werden.** Die Geschossfläche ist (in § 20 Abs. 2 und 3 BauNVO) definiert als die Summe der nach den Außenmaßen eines Gebäudes ermittelten Grundrissebenen aller Vollgeschosse ermittelten Fläche ohne

– Nebenanlagen i.S.des § 14 BauNVO,

– Balkone, Loggien, Terrassen sowie

– bauliche Anlagen, soweit sie nach Landesrecht in den Abstandsflächen (seitlicher Grenzabstand und sonstige Abstandsflächen) zulässig sind oder zugelassen werden können. Als Vollgeschosse gelten nach § 20 Abs. 1 BauNVO Geschosse, die nach landesrechtlichen Vorschriften Vollgeschosse sind oder auf ihre Zahl angerechnet werden.

Die **Brutto-Grundfläche gliedert sich in eine Netto-Grundfläche und eine Konstruktions-Grundfläche** (Abb. 19).

– Die **Netto-Grundfläche (NGF)** ist die Summe der nutzbaren, zwischen den aufgehenden Bauteilen befindlichen Grundflächen aller Grundrissebenen eines Bauwerks und gliedert sich in

 – Nutzfläche (NF),

 – Technische Funktionsfläche (TF) und

 – Verkehrsfläche (VF)

 mit Nutzungen nach DIN 277 – 2:2005 – 02 Tabelle 1, Nrn. 1 bis 9. Zur Netto-Grundfläche gehören auch die Grundflächen von freiliegenden Installationen, fest eingebauten Gegenständen, wie z.B. von Öfen, Heiz- und Klimageräten, Bade- oder Duschwannen, nicht raumhohen Vormauerungen und Bekleidungen, Einbaumöbeln, nicht ortsgebundenen, versetzbaren Raumteilern, Installationskanälen und -schächten sowie Kriechkellern über 1,0 m² lichtem Querschnitt und Aufzugsschächten.

---

1 Mit den Regelungen der DIN 277 unvereinbar ist der Hinweis von Kröll/Sommer (Lehrbuch der Grundstückswertermittlung, Neuwied 2005, S. 207), nach dem „nicht ausgebaute Dachflächen mit einer Raumhöhe unter 1,50 m" nicht in die Brutto-Grundfläche eingehen. Kröll/Sommer sind hier den Erläuterungen im Einführungserlass zu den NHK 95 zum Opfer gefallen, in dem gerade das Gegenteil erläutert wurde.

III Sachverständigenwesen — Flächen und Volumina

- Die **Konstruktions-Grundfläche** (KGF) ist die Summe der Grundflächen der aufgehenden Bauteile aller Grundrissebenen eines Bauwerks, z. B. von Wänden, Stützen, Pfeilern, Schornsteinen, raumhohen Vormauerungen und Bekleidungen, Installationshohlräumen der aufgehenden Bauteile, Wandnischen und -schlitzen, Wandöffnungen, z. B. Türen, Fenstern, Durchgängen, Installationskanälen und -schächten sowie Kriechkellern bis 1,0 m² lichtem Querschnitt.

  Die Konstruktions-Grundfläche ist die Differenz zwischen Brutto- und Netto-Grundfläche.

  Mithin gilt:

  $$BGF = NGF + KGF$$
  $$NGF = NF + TF + VF$$

- **Nutzfläche (NF);** sie ist derjenige Teil der Netto-Grundfläche (NGF), der die Nutzung des Bauwerks auf Grund seiner Zweckbestimmung dient. Dies sind Nutzungen nach Tabelle 1 Nrn. 1 bis 7 DIN 277 – 2:2005 – 02.

  Mit der DIN 277 wird keine Wohnfläche definiert. Gegenüber der WoFlVO und der II. BV gehören nach der DIN 277 zur **Nutzfläche** auch solche **Flächen, die außerhalb der Wohnungen gelegen sind,** z. B. Wirtschaftskeller, Waschküchen, Trocken- und Abstellräume.

- **Technische Funktionsflächen (TF);** sie umfassen denjenigen Teil der Netto-Grundfläche (NGF), der der Unterbringung zentraler betriebstechnischer Anlagen im Bauwerk dient, z. B. Heizungs- und Klimaanlagen, Hausanschlussräume, Fernmeldetechnik, Wasserver- und -entsorgung usw. Dies sind Nutzungen nach Tabelle 1 Nr. 8 DIN 277 – 2:2005 – 02.

  Sofern es die Zweckbestimmung eines Bauwerks ist, eine oder mehrere betriebstechnische Anlagen unterzubringen, die der Ver- und Entsorgung anderer Bauwerke dienen, z. B. bei einem Heizhaus, sind die dafür erforderlichen Grundflächen jedoch Nutzflächen nach DIN 277 – 1:2005 – 02 Tabelle 1 Nr 7.

- **Verkehrsflächen (VF);** sie umfassen denjenigen Teil der Netto-Grundfläche (NGF), der dem Zugang zu den Räumen (NF) und dem Verkehr innerhalb des Gebäudes dient, z. B. Treppenhäuser, Fahrstühle, Flure, Eingangshallen, überdachte Garagen usw. Dies sind Nutzungen nach Tabelle 1 Nr. 9 DIN 277 – 2:2005 – 02.

Abb. 19: Begriffe

- BGFa: überdeckt und allseitig in voller Höhe umschlossen
- BGFb: überdeckt, jedoch nicht allseitig in voller Höhe umschlossen
- BGFc: nicht überdeckt

Die **Bewegungsfläche innerhalb von Nutz- oder Funktionsflächen**, z. B. Gänge zwischen Einrichtungsgegenständen, **gehört nicht zur Verkehrsfläche**. Dagegen gehören Treppen und Flure innerhalb von Wohnungen zur Verkehrsfläche und nicht zur Nutzfläche.

4.2.2.3 Ermittlung der Brutto-Grundfläche (BGF) nach DIN 277

Maßgebliche Norm für die Ermittlung der Brutto-Grundfläche sind die entsprechenden Vorgaben der **DIN 277 von 2005**. Danach sind Grundflächen und Rauminhalte nach ihrer Zugehörigkeit zu folgenden Bereichen getrennt zu ermitteln: 504

– **Bereich a:** Überdeckt und allseitig in voller Höhe umschlossen

  In der Abb. 20 Kellergeschoss (KG), Erdgeschoss (EG), 1. und 2. Obergeschoss (OG), ausgebautes und nicht ausgebautes Dachgeschoss.

– **Bereich b:** Überdeckt, jedoch nicht allseitig in voller Höhe umschlossen

  In der Abb. 20 Durchfahrt im Erdgeschoss, überdachter Balkon bzw. Loggia im 1. OG sowie überdachter Teil der Terrasse im 2. OG; Brutto-Grundflächen des Bereichs b sind an den Stellen, an denen sie nicht umschlossen sind, bis zur senkrechten Projektion ihrer Überdeckungen zu rechnen. Brutto-Grundflächen von Bauteilen (Konstruktions-Grundflächen), die zwischen den Bereichen a und b liegen, sind dem Bereich a zuzurechnen.

– **Bereich c:** Nicht überdeckt

  In der Abb. 20 nicht überdeckter Balkon im 2. OG, da Dachüberstände nicht als Überdeckung gelten, und die nicht überdachte Terrassenfläche im 2. OG.

Abb. 20: Brutto-Grundfläche

Nicht berücksichtigt bei der Ermittlung der Brutto-Grundfläche (BGF) werden
- Kriechkeller[2]   1,
- Kellerschächte   2,
- Außentreppe   3,
- nicht nutzbare Dachflächen (auch Zwischendecken)   4.

Zur Brutto-Grundfläche gehören nicht die **Flächen, die keine *nutzbaren* Grundrissebenen** von Geschossen, Zwischengeschossen, Dachgeschossen oder Dachflächen sind, z. B. Kriechkeller, Zwischenräume bei Kaltdächern, Flächen von Hohlräumen zwischen Gelände und Unterfläche des Bauwerks sowie Flächen nicht begehbarer oder nutzbarer Dachflächen (z. B. Flächen von Flachdächern, die nicht als Dachterrasse genutzt werden, Dachflächen, die nur bei Wartung, Instandsetzungen bzw. zur Schornsteinreinigung u. Ä. betreten werden).

505 Als **konstruktiv bedingte Hohlräume**, deren Grundfläche nicht in die Berechnung der Brutto-Grundfläche eingeht, sind z. B. die nicht nutzbaren Hohlräume außerhalb tragender Wände anzusehen (Abb. 21).

---

2   OVG Saarland, Urt. vom 9.3.1988 – 2 R 392/87 –, unveröffentlicht; OLG Düsseldorf, Urt. vom 23.11.1993 – 21 U 78/93 –, NJW-RR 1993, 1240 = BauR 1995, 131; BayOLG, Urt. vom 20.6.1984 – BReg 2 Z 59/83 –, Rpfleger 1994, 409 = DWW 1984, 242; OLG Hamm, Urt. vom 16.1.1974 – 11 U 193/73 –, VersR 1974, 1034.

Abb. 21: Konstruktiv bedingter Hohlraum

Abb. 22: Abgehängte Decken und Kriechkeller

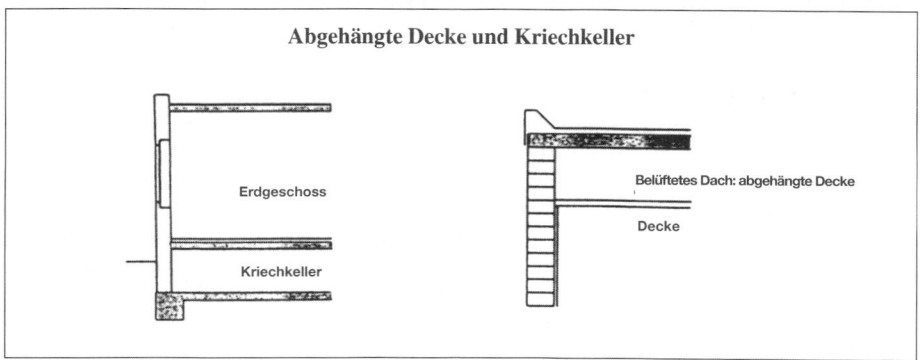

Bei der **Ermittlung der Brutto-Grundfläche gelten folgende Grundsätze:**

1) Für die Ermittlung der Brutto-Grundfläche sind die äußeren Maße der Bauteile einschließlich Bekleidung, z. B. Putz, Außenschalen mehrschaliger Wandkonstruktionen, in Höhe der Boden- bzw. Deckenbelagsoberkanten anzusetzen.

   Vor- und Rücksprünge der Grundrissflächen sowie Profilierungen bleiben zur Vereinfachung unberücksichtigt. Im Einzelnen sind dies: konstruktive Elemente, wie tragende Pfeiler, Mauerverstärkungen oder gestalterische Maßnahmen zur Belebung der Fassadenstruktur, wie Mauereinziehungen, Profile der Bekleidungselemente u.Ä., sofern die Netto-Grundfläche der dadurch verursachten Versetzung der Außenbegrenzungslinien (Vor- und Rücksprünge) nicht folgt und keine Vergrößerung oder Verkleinerung der Netto-Grundfläche damit verbunden ist (Abb. 23).

Abb. 23: Profilierungen

2) Grundflächen sind getrennt zu ermitteln
   - nach ihrer Zugehörigkeit zu den Bereichen a bis c,
   - nach Grundrissebenen, z. B. Geschossen, und
   - nach unterschiedlichen Höhen (dies gilt auch für Grundflächen unter oder über Schrägen).

3) Brutto-Grundflächen des Bereichs b sind an den Stellen, an denen sie nicht umschlossen sind, **bis zur vertikalen Projektion ihrer Überdeckungen** zu rechnen. Brutto-Grundflächen von Bauteilen, die zwischen den Bereichen a und b liegen (Konstruktions-Grundfläche), sind dem Bereich a zuzuordnen.

4) **Waagerechte Flächen sind aus ihren tatsächlichen Maßen, schräg liegende Flächen aus ihrer vertikalen Projektion auf eine waagerechte Ebene zu berechnen.** Dies betrifft Tribünen, Zuschauerräume, Rampen und insbesondere **Treppen**, die nach ihrer senkrechten Projektion in die BGF eingehen. Bei der Ermittlung der BGF braucht ihnen mithin keine Beachtung geschenkt zu werden. In der Horizontalen wird bei der Ermittlung der BGF nach den Außenmaßen über die Treppen quasi hinweggemessen (Abb. 24).

Abb. 24: Keine gesonderte Berücksichtigung von Treppen

Flächen und Volumina   Sachverständigenwesen III

Maßgebliche Norm für Treppen ist die DIN 1806; sie sieht folgende Grenzmaße vor:

Abb. 25:   Grenzmaße (Fertigmaße im Endzustand)

Grenzmaße von Treppen (Fertigmaße im Endzustand)					
Spalte	1	2	3	4	5
Zeile	Gebäudeart	Treppenart	Mindestens nutzbare Treppenlaufbreite	Maximale Treppensteigung s^2	Mindestens Treppenauftritt a^3
1	Wohngebäude mit nicht mehr als zwei Wohnungen[1]	Treppen, die zu Aufenthaltsräumen führen	80	20	23[4]
2		Kellertreppen, die nicht zu Aufenthaltsräumen führen	80	21	21[5]
3		Bodentreppen, die nicht zu Aufenthaltsräumen führen	50	21	21[5]
4	sonstige Gebäude	baurechtlich notwendige Treppen	100	19	26
5	alle Gebäude	baurechtlich nicht notwendige Treppen	50	21	21

1. schließt auch Maisonette-Wohnungen in Gebäuden mit mehr als 2 Wohnungen ein
2. aber nicht < 140 mm
3. aber nicht > 370 mm
4. bei Stufen, deren Treppenauftritt a unter 260 mm liegt, muss die Unterschneidung u mindestens so groß sein, dass insgesamt 260 mm Trittfläche (a+u) erreicht werden
5. bei Stufen, deren Treppenauftritt a unter 240 mm liegt, muss die Unterschneidung u mindestens so groß sein, dass insgesamt 240 mm Trittfläche (a+u) erreicht werden

Gemessen wird hierbei im Gehbereich, der bei geraden, viertel- und halbgewendelten Treppen 1/5 der Treppenlaufbreite in der Mitte des Laufes beträgt.

5) Nicht zur Brutto-Grundfläche gehören Flächen, die ausschließlich der Wartung, Inspektion und Instandsetzung von Baukonstruktionen und technischen Anlagen dienen, z. B. nicht nutzbare Dachflächen.

d) Ermittlung der modifizierten Brutto-Grundfläche (BGF) nach NHK 2000

Grundlage der vom Bundesministerium für Raumordnung, Bauwesen und Städtebau veröffentlichten **Normalherstellungskosten** (NHK 2000) **ist die** als **Summe der Grundflächen aller Grundrissebenen eines Gebäudes** definierte **Brutto-Grundfläche (BGF), jedoch ohne die sog. c-Fläche.**

Der *Bereich c* (**d.h. die nicht überdeckte Grundfläche**), geht nach der DIN 277 zwar in die Brutto-Grundfläche ein, jedoch berücksichtigen die in der Wertermittlungspraxis gebräuchlichen Tafelwerte des Bundesministeriums für Verkehr, Bau- und Wohnungswesen über die Normalherstellungskosten 2000 (NHK 2000) nur die Brutto-Grundfläche (BGF) *der Bereiche a und b* aller Grundrissebenen eines Bauwerks. Für die Wertermittlungspraxis folgt hieraus, dass der *Bereich c* in die **Ermittlung der Brutto-Grundfläche nicht einbezogen wird bzw. bei Heranziehung von bereits vorliegenden** Brutto-Grundflächenberechnungen herausgerechnet werden muss.

Der mit den Normalherstellungskosten nicht erfasste **Bereich c ist** i.d.R. **kostenanteilsmäßig** schon deshalb **unbedeutsam,** weil nicht überdachte Grundflächen – wenn überhaupt – nur in wenigen Fällen auftreten (zumeist nur der sich im obersten Geschoss unter dem Dachüberstand befindliche Balkon).

Sofern dieser Bereich von Bedeutung ist (Kostenanteil mehr als 1 %) wird er zusätzlich als ein besonders zu veranschlagendes Bauteil (oder über den **Gebäudemix** als Nebennutzfläche mit geringen Kosten) berücksichtigt. Insoweit ändert sich bei Heranziehung der NHK 2000 nichts gegenüber der bisherigen Wertermittlungspraxis, in der z. B. Balkone als „besonders zu veranschlagende Bauteile" wertmäßig gesondert zu erfassen waren.

4.2.2.4 Ermittlung der Netto-Grundfläche (NGF)

507 Bei der **Ermittlung der Netto-Grundfläche gelten folgende Grundsätze:**

1) Für die Ermittlung der Netto-Grundfläche (Summe aus Technischer Funktions-, Nutz- und Verkehrsfläche) im Einzelnen sind die lichten Maße zwischen den Bauteilen in Höhe der Boden- bzw. Deckenbelagsoberkanten anzusetzen. Konstruktive und gestalterische Vor- und Rücksprünge, Fuß-Sockelleisten, Schrammborde und Überschneidungen sowie vorstehende Teile von Fenster- und Türbekleidungen bleiben unberücksichtigt.

2) Grundflächen von Treppen und Rampen sind als vertikale Projektion zu ermitteln. Diese Flächen sind, soweit sie keine eigene Ebene darstellen, der darüberliegenden Ebene zuzuordnen, sofern sie sich dort nicht mit anderen Grundflächen überschneiden.

3) Grundflächen unter der jeweils ersten Treppe oder unter der ersten Rampe werden derjenigen Grundrissebene zugerechnet, auf der die Treppe oder die Rampe beginnt. Sie werden ihrer Nutzung entsprechend zugeordnet.

4) Grundflächen von Installationskanälen und -schächten über 1,0 m² lichtem Querschnitt und von Aufzugsschächten werden in jeder Grundrissebene, durch die sie führen, ermittelt.

4.2.2.5 Nutzbarer Dachraum/Spitzboden

508 **Auf die BGF anzurechnen sind auch die nicht ausgebauten, aber *nutzbaren* Dachräume (bis zu den Außenflächen).** Im Unterschied zu der Heranziehung der 13er-Werte, bei denen die für ausgebaute und nicht ausgebaute Dachgeschosse unterschiedlichen Normalherstellungskosten dadurch berücksichtigt wurden, dass der umbaute Raum des nicht ausgebauten Dachgeschosses mit nur 1/3 in die Volumenberechnung einging, ist bei der Berechnung der Brutto-Grundfläche des Dachgeschosses nicht mehr nach ausgebautem und nicht ausgebautem Dachgeschoss zu unterscheiden. Vielmehr geht die „nutzbare" Dachgeschossfläche in jedem Fall in die Brutto-Grundfläche ein. Unterschiede in den Normalherstellungskosten werden durch ein nach ausgebautem und nicht ausgebautem Dachgeschoss differenzierendes Tabellenwerk berücksichtigt.

509 Der **Begriff der nutzbaren Dachfläche darf nicht gleichgesetzt werden mit dem Begriff der ausgebauten Dachfläche.** Nutzbar ist eine Dachfläche insbesondere, wenn sie begehbar, über eine „feste" Treppe erreichbar und als solche benutzbar ist. Bezüglich der Höhe der Normalherstellungskosten wird in den Tabellen der NHK zwischen ausgebauten und nicht ausgebauten Dachgeschossen unterschieden, wobei ein nicht ausgebautes Dachgeschoss nutzbar sein kann.

Die **Einbeziehung der nutzbaren Dachfläche in die Berechnung der Brutto-Grundfläche ist** auch **unabhängig von der Geschosshöhe.** Auf eine Unterscheidung zwischen Raumhöhen von unter und über 1,5 m, wie bei der Ermittlung des umbauten Raumes, kommt es also nicht

Flächen und Volumina — Sachverständigenwesen III

an. Dies ist im Zusammenhang mit der Ermittlung von Normalherstellungskosten auch folgerichtig, denn insoweit unterscheiden sich die Normalherstellungskosten allenfalls marginal.

Ist– wie in der Abbildung dargestellt – das **Dachgeschoss nur teilweise ausgebaut**, sind Zu- oder Abschläge von den im Tabellenwerk ausgewiesenen Normalherstellungskosten (NHK 2000) erforderlich. Dies gilt entsprechend, wenn sich in einem **Steildach** eine **zusätzliche Ebene** (nutzbar und zugänglich) befindet. **Nicht nutzbare Spitzböden** werden bei der Ermittlung der BGF hingegen nicht berücksichtigt.

Die **Brutto-Grundfläche eines Spitzbodens** wird bei der Flächenermittlung also berücksichtigt, wenn die im Spitzboden zusätzlich vorhandene Grundfläche „nutzbar" ist. Es kommt nicht darauf an, dass der Spitzboden ausgebaut ist. Ist das Dach nur zum Teil ausgebaut bzw. ist die nutzbare Fläche des Spitzbodens unausgebaut geblieben, so ist diesem Umstand dadurch Rechnung zu tragen, dass ein Gebäudemix bezüglich der Heranziehung der Normalherstellungskostentabellen für entsprechende Gebäude mit ausgebautem und nicht ausgebautem Dachgeschoss gebildet wird (Abb. 26). 510

Ob ein **Spitzboden** als Aufenthaltsraum genutzt werden darf, richtet sich nach bauordnungsrechtlichen Vorschriften[3].

▶ *Hierzu auch das Berechnungsbeispiel bei § 22 ImmoWertV Rn. 108*

Abb. 26: Teilausgebautes Dachgeschoss mit Spitzboden

4.2.2.6 *Gross Internal Area* (GIA)

Der Brutto-Grundfläche (BGF) entspricht in Großbritannien die *Gross Internal Area* (GIA). Die GIA berechnet sich nach den „RICS *Code of Measuring Practice*"[4] und ist nach „vor Ort gemessenen Maßen" zu ermitteln, d.h., die Maße dürfen nicht Grundrissplänen entnommen werden. 511

Die *Gross Internal Area* (GIA) bestimmt sich, wie die BGF nach der Gesamtfläche aller Grundrissebenen, jedoch gemessen zwischen den Innenkanten der Außenfassade. Keine Berücksichtigung finden mithin die Wandstärken der Umfassungsflächen und außen liegende

---
3 BVerwG, Urt. vom 9.11.1990 – 8 C 81/89 –, NJW-RR 1991, 400 (LS) = WuM 1991, 407 = BBauBl. 1991, 767 (LS) = DÖV 1991, 517.
4 RICS Guidance Note: Code of Measuring Practice, A guide for Property Professionals, 6th edition, Cambridge, University Press 2007.

aufgehende Bauteile (offene Balkone, Loggien, überdachte Gänge und außen liegende Fluchttreppen, Vordächer [*canopies*] sowie Zwischen- und Hohlräume, Gewächshäuser, Geräteschuppen, Lagerräume für Brennstoffe und Ähnliches).

4.2.3 Nutzfläche (NF) nach DIN 277

512 Die Nutzfläche (NF) ist nach den vorstehenden Ausführungen derjenige **Teil der Netto-Grundfläche (NGF), der der Nutzung des Bauwerks aufgrund seiner Zweckbestimmung dient** und die sich nach den vorstehenden Erläuterungen ermittelt. Dies sind Nutzungen nach Tabelle 1 Nrn. 1 bis 7 DIN 277 – 2:2005 – 02 (vgl. Abb. 18), die sich in die Nutzungsgruppen Wohnen und Aufenthalt, Büroarbeit, Produktion, Hand- und Maschinenarbeit, Experimente, Lagern, Verteilen und Verkaufen, Bildung, Unterricht und Kultur, Heilen und Pflegen und Sonstige Nutzflächen gliedern.

4.2.4 Wohnfläche

4.2.4.1 Allgemeiner Grundsatz der Wohn- und Nutzflächenermittlung

Schrifttum: *Durst/v. Zitzewitz*, in NZM 1999, 605; *Isenmann* in NZM 1998, 749; *Käser/Beck*, in BWNotZ 2001, 143; *Kramer*, in NZM 1999, 156 und NZM 2000, 1121; *Schul, A., Wichert, J.*, Berechnung und Bedeutung der Mietfläche von Gewerberäumen, ZMR 2002, 633.

▶ *Hierzu Teil V § 18 ImmoWertV Rn. 118; zu Abweichungen der tatsächlichen Fläche zur mietvertraglich ausgewiesenen Fläche § 18 ImmoWertV Rn. 128*

513 Vom Bereich der öffentlichen Wohnraumförderung abgesehen bestehen keine verbindlichen Vorgaben für die **Ermittlung der Wohn- oder Nutzfläche**. In der Vermietungspraxis wird jedoch zumeist auf die Berechnungsvorschriften der sozialen bzw. öffentlichen Wohnraumförderung zurückgegriffen. Dies waren bislang die Regelungen der §§ 42 bis 44 II. BV, die durch die Wohnflächenverordnung abgelöst worden sind. Die Verkehrswertermittlung von Grundstücken muss sich an dieser Vermietungspraxis orientieren, denn es kommt entscheidend auf die Berechnungsmethode der Wohn- oder Nutzfläche an, die den Vergleichsmieten zu Grunde liegt. Deshalb können diesbezüglich auch keine Vorgaben gemacht werden.

Der Sachverständige muss bei alledem im Rahmen des Ertragswertverfahrens die Wohn- und Nutzfläche der zu wertenden Immobilie nach der Berechnungsmethode ermitteln, deren sich die **Vermietungspraxis** bedient und die den herangezogenen Vergleichsmieten zugrunde liegt. Dies können insbesondere sein

– die Wohnfläche nach der Wohnflächenverordnung – WoFlV –,

– die Wohnfläche nach der DIN 283 vom März 1981[5],

– die Wohnfläche nach den §§ 42 bis 44 II. BV,

– die Nutzfläche nach der DIN 277 und

– die gewerbliche Fläche nach der Richtlinie zur Berechnung der Mietfläche für gewerblichen Raum (MF-G) der Gesellschaft für Immobilienwirtschaftliche Forschung (gif).

Die Normen sind abgedruckt in Kleiber, Sammlung amtlicher Vorschriften, WERTR, 10. Aufl. Bundesanzeiger Verlag.

514 Obwohl die DIN 283 vom März 1981 aufgehoben worden ist und sich die Berechnungsverfahren nach der WoFlVO (früher §§ 42 bis 44 II. BV) allein auf die Ermittlung der Wohnfläche (WF) für den Bereich der öffentlichen Wohnraumförderung beschränken und auch nur dafür bindend sind, haben die Methoden eine darüber hinausgehende Bedeutung erlangen können und finden selbst auf die **Ermittlung von gewerblichen Flächen** (Büroflächen) weitgehend Anwendung (vgl. Rn. 520). Man spricht dann allerdings von **Nutzflächen (NF)**.

---

5 Zu den DIN-Normen allgemein: OLG Hamm, Urt. vom 17.2.1998 – 7 U 5/96 –, GuG aktuell 1999, 46 (LS); BGH, Urt. vom 14.5.1998 – VII ZR 184/97 –, GuG-aktuell 1999, 31 (LS); BVerfG, Beschl. vom 29.7.1998 – 1 BvR 1143/90 –, GuG-aktuell 1999, 38 (LS).

4.2.4.2 Wohnraum und Wohnung

Wohnraum definiert sich nach § 17 Abs. 1 des Wohnraumförderungsgesetzes als der umbaute Raum, „der tatsächlich oder rechtlich zur dauernden Wohnnutzung geeignet und vom Verfügungsberechtigten dazu bestimmt ist. Wohnraum können abgeschlossene Wohnungen oder einzelne Wohnräume sein." **515**

Nach der **DIN 283** von 1951, die der Normungsausschuss des Deutschen Instituts für Normung e.V. am 8. 3. 1983 (Teil I) und am 1. 6. 1989 (Teil II) ersatzlos zurückgezogen hat, gilt als **Wohnung die Summe der Räume, welche die Führung eines Haushalts ermöglichen,** darunter stets eine Küche oder ein Raum mit Kochgelegenheiten. Zu einer Wohnung gehören außerdem Wasserversorgung, Ausguss und Abort. **516**

Die „**Wohnung**" selbst wird mit Nr. 1 der DIN 283 – 1 in abgeschlossene und nicht abgeschlossene Wohnungen untergliedert. Des Weiteren wird bezüglich des Wohnungsbegriffs zwischen **517**

– den *Räumen* einer Wohnung (DIN 283 – 1 Nr. 2) und
– der *Ausstattung* einer Wohnung (DIN 283 – 1 Nr. 2)

unterschieden. In die Wohnflächenberechnung gehen davon nach DIN 283 – 2 Nr. 1 nur die Grundflächen der Räume von Wohnungen und nicht die Grundflächen ein, die der „Ausstattung der Wohnung" gemäß DIN 283 – 1 Nr. 3 zuzurechnen sind, z. B. Bodenräume, Waschküchen, Kellerräume, Trockenräume, Speicherräume, Garagen usw. Dies entspricht § 42 Abs. 4 II. BV, in der die vorgenannten Räume als „Zubehörraum" bezeichnet werden (vgl. § 18 ImmoWertV Rn. 124).

In der **steuerlichen Bewertung** wird die Wohnung wie folgt definiert:

„(2)$_1$Unter einer **Wohnung** im Sinne des § 146 Abs. 5 BewG ist eine Zusammenfassung von Räumen zu verstehen, die von anderen Wohnungen oder Räumen baulich getrennt sind. $_2$Es muss somit ein dauerhafter baulicher Abschluss vorhanden sein, der jedoch nicht in allen Belangen den Anforderungen an die Abgeschlossenheit nach den Bestimmungen zum Wohnungseigentumsgesetz oder nach den DIN-Vorschriften entsprechen muss. $_3$Weiter muss ein eigener Zugang bestehen, der nicht durch einen anderen Wohnbereich führt. $_4$Diese Voraussetzung ist z. B. erfüllt, wenn ein eigener Zugang unmittelbar von Außen vorhanden ist oder wenn jede Wohneinheit in dem Gebäude jeweils durch eine abschließbare Eingangstür gegenüber dem gemeinsamen Treppenhaus oder Vorraum abgetrennt ist. $_5$Die zu einer Wohneinheit zusammengefassten Räume müssen über eine Küche verfügen. $_6$Dabei reicht es aus, wenn in dem als Küche vorgesehenen Raum die Anschlüsse für diejenigen Einrichtungs- und Ausstattungsgegenstände vorhanden sind, die für die Führung eines selbstständigen Haushalts notwendig sind, insbesondere Stromanschluss für den Elektroherd bzw. Gasanschluss für den Gasherd, Kalt- und ggf. Warmwasserzuleitung und ein Ausguss. $_7$Weiter müssen ein Bad mit Wanne oder Dusche und eine Toilette vorhanden sein; ein Waschbecken reicht nicht aus. $_8$Die Wohnfläche muss mindestens 23 m^2 betragen^6."

Des Weiteren enthalten die Bauordnungen **Mindestanforderungen an Wohnungen**. So bestimmt § 41 der BO Brandenburg z. B.: **518**

„(1) Jede Wohnung muss von anderen Wohnungen und fremden Räumen baulich abgeschlossen sein und einen eigenen, abschließbaren Zugang unmittelbar vom Freien, von einem Treppenraum, einem Flur oder einem anderen Vorraum haben. Wohnungen in Wohngebäuden mit nicht mehr als zwei Wohnungen brauchen nicht abgeschlossen zu sein. Wohnungen in Gebäuden, die nicht nur zum Wohnen dienen, müssen einen besonderen Zugang haben; gemeinsame Zugänge können gestattet werden, wenn Gefahren oder unzumutbare Belästigungen für die Benutzer der Wohnungen nicht entstehen.

(2) Jede Wohnung muss eine für ihre Bestimmung ausreichende Größe und eine entsprechende Zahl besonnter Aufenthaltsräume haben. Es dürfen nicht alle Aufenthaltsräume nach Norden liegen.

---

6 Gleich lautende Erlasse der obersten Finanzbehörden der Länder zur Umsetzung des Jahressteuergesetzes 2007 vom 2.4.2007 (BStBl I 2007, 314); vgl. BFH, Urt. vom 5.10.1984 – III R 192/83 –, BFHE 142, 505 = BStBl II 1985, 151; sowie BFH, Urt. vom 26.9.2007 – II R 74/05 –, BStBl. II 2008, 15.

1. Einzelne Aufenthaltsräume sind in Kellergeschossen zulässig, wenn
   a) der Fußboden der Aufenthaltsräume nicht mehr als 1,50 m unter der Geländeoberfläche liegt und
   b) die Geländeoberfläche, die sich an die Außenwände mit notwendigen Fenstern anschließt, in einer Entfernung von 2 m und in Breite der Aufenthaltsräume vor den notwendigen Fenstern nicht mehr als 0,50 m über dem Fußboden der Aufenthaltsräume liegt.
2. Innerhalb jeder Wohnung müssen ein Bad und eine Toilette mit Wasserspülung sowie die technischen Voraussetzungen für den Einbau einer Küche vorhanden sein. Fensterlose Räume sind zulässig, wenn sie eine Lüftungsanlage haben.
3. Wohngebäude müssen über einen leicht erreichbaren und gut zugänglichen Abstellraum für Kinderwagen, Rollstühle und Fahrräder sowie über leicht erreichbare und witterungsgeschützte Abstellplätze für Fahrräder verfügen. Dies gilt nicht für Wohngebäude geringer Höhe."

4.2.4.3 Wohnfläche (WF)

a) Allgemeines

519 Die **Wohnfläche** einer Wohnung wird mit § 19 des Wohnraumförderungsgesetzes definiert als „die Summe der anrechenbaren Grundflächen der ausschließlich zur Wohnung gehörenden Räume". **§ 19 Abs. 1 des** Wohnraumförderungsgesetzes:

„(1) Die Wohnfläche einer Wohnung ist die Summe der anrechenbaren Grundflächen der ausschließlich zur Wohnung gehörenden Räume. Die Bundesregierung wird ermächtigt, durch Rechtsverordnung mit Zustimmung des Bundesrates Vorschriften zur Berechnung der Grundfläche und zur Anrechenbarkeit auf die Wohnfläche zu erlassen."

520 Mit dem Begriff der **Wohnfläche** verbindet sich im allgemeinen Sprachgebrauch keine bestimmte Berechnungsart. Wird dieser Begriff z. B. in Mietverträgen ohne Bezugnahme auf eine bestimmte Berechnungsart verwandt, so ist der Begriff auslegungsfähig[7]. Der BGH hat hierzu festgestellt, dass der Begriff auslegungsfähig sei, weil sich kein einheitlicher Sprachgebrauch entwickelt habe[8]. In einer neueren Entscheidung hat der BGH[9] erkannt, dass dabei die Verkehrssitte zu berücksichtigen ist und infolgedessen die Gültigkeit der DIN 283 von 1951 für die Bildung der Verkehrssitte unbeachtlich sei. Auch das BayObL hat eine **Auslegung** dieses Begriffs **nach der Verkehrssitte** zugelassen und dabei auch die Heranziehung der bereits 1983 bzw. 1989 zurückgezogenen DIN 283 zugelassen (vgl. Rn. 514, 546)[10]. Auf eine nicht mit der DIN 283 übereinstimmende Berechnung der Wohnfläche braucht nicht ausdrücklich hingewiesen zu werden[11]. Umgekehrt ist von einer Wohnflächenberechnung nach der DIN 283 nur dann auszugehen, wenn die Parteien dies vereinbart haben oder sie als Berechnungsgrundlage ortsüblich oder nach der Art der Wohnung naheliegender ist[12]."

521 Für eine **normgerechte Wohnflächenermittlung** kommen in Betracht
   a) die Wohnflächenberechnung nach WoFlV[13],
   b) die Wohnflächenberechnung nach den §§ 42 bis 44 II. BV[14] und
   c) die Wohnflächenberechnung nach der DIN 283 „Wohnungen"[15].

Nur die zum Wohnen im eigentlichen Sinne bestimmten Räume sind in die Wohnflächenberechnung einzubeziehen, nicht hingegen Zusatzräume wie Keller, Waschküche, Geräteraum, Garagen, Boden, Gemeinschaftsraum usw.[16].

---

[7] BGH, Urt. vom 30.11.1990 – V ZR 91/89 –, EzGuG 12.77; BGH, Urt. vom 11.7.1997 – V ZR 246/96 –, NJW 1997, 2874.
[8] BGH, Urt. vom 30.11.1990 – V ZR 91/86 –, EzGuG 12.77.
[9] BGH, Urt. vom 11.7.1997 – V ZR 246/96 –, NJW 1997, 2874.
[10] BayObLG, Urt. vom 7.3.1996 – 2 Z BR 136/95 –, GuG 1996, 381.
[11] OLG Koblenz, Urt. vom 2.2.1994 – 7 U 1605/92 –, IBR 1995, 191.
[12] BGH, Urt. vom 23.5.2007 – VIII ZR 231/06 –, GuG-aktuell 2008/1; BGH, Urt. vom 24.3.2004 – VIII ZR 44/03 –.
[13] Die Verordnung zur Berechnung der Wohnfläche – WoFlV vom 25.11.2003 (BGBl I 2003, 2346) ist auf der Grundlage der Ermächtigung des § 19 Abs. 1 des Wohnraumförderungsgesetzes erlassen worden.
[14] OLG Hamm, Urt. vom 7.11.1996 – 22 U 12/96 –, NJW-RR 1997, 1551; LG München, Urt. vom 5.3.1980 – 14 S 11 902/79 –, WuM 1980, 183.
[15] LG Hamburg, Urt. vom 10.4.1987 – 11 S 212/86 –, WuM 1987, 354.
[16] LG Aachen in ZMR 1993, 417.

522 Auch nach Erlass der Wohnflächenverordnung bleibt die Situation weiterhin von einem **uneinheitlichen Wohnflächenbegriff** geprägt, was die Berechnung der Wohnfläche anbelangt.

523 Die Frage nach der **im Einzelfall maßgeblichen Berechnungsnorm** ist nicht nur in der allgemeinen Vermietungspraxis, sondern auch für die Verkehrswertermittlung von Bedeutung, nämlich

– bei der Ermittlung der Wohnfläche des Wertermittlungsobjekts
– und bei der Ermittlung der Vergleichsobjekte.

524 Von Interesse ist in diesem Zusammenhang auch, welche **Berechnungsnorm den Mietspiegeln zu Grunde liegt,** denn Wohn- bzw. Nutzflächen sind für die Ermittlung der Nettokaltmiete und als Umlagemaßstab von Betriebskosten von wesentlicher Bedeutung.

b) Wohnfläche nach Wohnflächenverordnung WoFlV

525 Die **Wohnfläche einer Wohnung** (Wohnheims) bestimmt sich bei Anwendung der Wohnflächenverordnung (WoFlV) nach den

– gemäß § 2 WoFlV zur Wohnung (zum Wohnheim) gehörenden Grundflächen, die
– gemäß § 3 WoFlV ermittelt werden und
– nach Maßgabe des § 4 WoFlV zur Anrechnung kommen.

526 Nach § 2 Abs. 1 WoFlV umfasst

– die **Wohnfläche einer Wohnung die Grundflächen** der Räume, die ausschließlich zu dieser Wohnung gehören;
– die **Wohnfläche eines Wohnheims die Grundflächen** der Räume, die zur alleinigen und gemeinschaftlichen Nutzung durch die Bewohner bestimmt sind.

Zur Wohnfläche gehören nach § 2 Abs. 2 WoFlV auch die Grundflächen von

1. Wintergärten, Schwimmbädern und ähnlichen nach allen Seiten geschlossenen Räumen sowie
2. Balkonen, Loggien, Dachgärten und Terrassen,

wenn sie ausschließlich zu der Wohnung oder dem Wohnheim gehören.

527 Ein **Raum mit Schwimmbecken und Sauna**[17] gehört auch nach dem **Steuerrecht** zu den *Wohnzwecken dienenden Räumen*.

528 **Zur Wohnfläche gehört** nach § 2 Abs. 3 WoFlV indessen **nicht die Grundfläche** von

1. Zubehörräumen, insbesondere Kellerräumen[18], Abstellräumen und Kellerersatzräumen außerhalb der Wohnung, Waschküchen, Boden-, Trocken- und Heizungsräumen sowie Garagen;
2. Räumen, die nicht den an ihre Nutzung zu stellenden Anforderungen des Bauordnungsrechts der Länder genügen, sowie
3. Geschäftsräumen (d.h. Räumen, die nach ihrer baulichen Anlage und Ausstattung auf Dauer anderen als Wohnzwecken, insbesondere gewerblichen und beruflichen Zwecken, zu dienen bestimmt sind und solchen Zwecken dienen [§ 2 Abs. 2 Nr. 3 WoFlV]).

529 Im Umkehrschluss zu § 2 Abs. 3 WoFlV sind Räume im Kellergeschoss der Wohnfläche zuzurechnen, wenn sie nach ihrer Nutzung den zu stellenden Anforderungen des Bauordnungsrechts genügen und keine Zubehörräume sind. Dabei kommt es im Rahmen der Ver-

---

17 BFH, Urt. vom 9.9.1980 – VIII R 5/79 –, EzGuG 3.63b.
18 Mit der Verwendung des Begriffs „Kellerraum" statt „Keller" soll verdeutlicht werden, dass ein im Untergeschoss – z. B. in Hanglagen – für Wohnzwecke ausgebauter Raum nicht gleich Keller ist. Zum **Aufenthaltsraum im Keller** vgl. OVG Berlin, Beschl. vom 14.11.2003 – 2 B 6/02 –, BlnGE 2004, 356.

kehrswertermittlung nicht darauf an, ob sie von der Baubehörde ausdrücklich dafür als geeignet erklärt worden sind. **Ausgebaute Kellerräume**, die zum dauernden Aufenthalt von Menschen bauordnungsrechtlich geeignet sind, müssen demzufolge auch im Rahmen der Verkehrswertermittlung der Wohnfläche zugerechnet werden[19]. Ein als Freizeitraum genutzter Kellerraum mit Heizung und PVC-Fußboden ist mit einem Viertel der Raumfläche zu berücksichtigen, auch wenn er als Kellerraum für den dauernden Aufenthalt von Menschen ungeeignet ist[20].

530 Dieser Auslegung entspricht

- § 42 Abs. 4 Nr. 3 II. BV. Im Umkehrschluss zu dieser Vorschrift sind Räume im **Kellergeschoss** der Wohnfläche zuzurechnen, wenn sie nach ihrer Nutzung den zu stellenden Anforderungen des Bauordnungsrechts genügen. Dabei kommt es nicht darauf an, ob sie von der Baubehörde ausdrücklich dafür als geeignet erklärt worden sind.

- die DIN 283 – 2: Diese gestattet unter Nr. 2.1.1 die Hinzurechnung von **Nebenräumen**, die nach den sonstigen Grundsätzen der DIN 283 auch im Kellergeschoss liegen können, auch wenn sie nicht zum dauernden Aufenthalt für Menschen bestimmt sind. Die Tatsache, dass Räume im Kellergeschoss liegen, macht sie nämlich nicht zum Kellerraum, wenn man von Lager- und Abstellräumen und dgl. absieht[21].

531 Die **Grundfläche** wird nach § 3 WoFlV nach den lichten Maßen zwischen den Bauteilen ermittelt; dabei ist von der Vorderkante der Bekleidung der Bauteile auszugehen. Bei fehlenden begrenzenden Bauteilen ist der bauliche Abschluss zu Grunde zu legen. Bei der Ermittlung der Grundfläche sind namentlich einzubeziehen die Grundflächen von

1. Tür- und Fensterbekleidungen sowie Tür- und Fensterumrahmungen,

2. Fuß-, Sockel- und Schrammleisten,

3. fest eingebauten Gegenständen, wie z. B. Öfen, Heiz- und Klimageräten, Herden, Bade- oder Duschwannen,

4. frei liegenden Installationen,

5. Einbaumöbeln und

6. nicht ortsgebundenen, versetzbaren Raumteilern.

532 **Bei der Ermittlung der Grundflächen bleiben außer Betracht die Grundflächen von**

1. Schornsteinen, Vormauerungen, Bekleidungen, frei stehenden Pfeilern und Säulen, wenn sie eine Höhe von mehr als 1,50 Meter aufweisen und ihre Grundfläche mehr als 0,1 Quadratmeter beträgt (§ 3 Abs. 3 Nr. 1 WoFlV),

2. Treppen mit über drei Steigungen und deren Treppenabsätze,

3. Türnischen (§ 3 Abs. 3 Nr. 3 WoFlV) und

3. Fenster- und offenen Wandnischen, die nicht bis zum Fußboden herunterreichen oder bis zum Fußboden herunterreichen und 0,13 m oder weniger tief sind (§ 3 Abs. 3 Nr. 4 WoFlV).

533 Die Grundfläche ist durch Ausmessung im fertig gestellten Wohnraum oder auf Grund einer Bauzeichnung zu ermitteln. Wird die Grundfläche auf Grund einer Bauzeichnung ermittelt, muss diese

---

19 Otto, F. in AIZ 1984, 37; vgl. auch Dröge, Handbuch der Mietpreisbewertung für Wohn- und Gewerberaum, 2. Aufl., Neuwied 1999, S. 28; zur Wohnfläche im Keller, vgl. BVerwG, Urt. vom 23.8.1990 – 8 c 18/89 –, NJW-RR 1991, 396 = BBauBl. 1991, 767 (LS) = HSGZ 1991, 62 = ZMR 1990, 43 = ZAP EN Nr. 156/91; zum **Aufenthaltsraum im Keller** vgl. OVG Berlin, Beschl. vom 14.11.2003 – 2 B 6/02 –, BlnGE 2004, 356.
20 LG Hannover, Urt. vom 14.1.1975 – 9 S 153/74 –, WuM 1976, 105.
21 OLG Frankfurt am Main, Urt. vom 23.3.1983 – 17 U 113/82 –, OLGZ 1984, 366 = MDR 1984, 754 = DWW 1985, 65; BFH, Urt. vom 27.1.1999 – II B 74/98 –, GuG 2000, 184.

Flächen und Volumina — Sachverständigenwesen III

1. für ein Genehmigungs-, Anzeige-, Genehmigungsfreistellungs- oder ähnliches Verfahren nach dem Bauordnungsrecht der Länder gefertigt oder, wenn ein bauordnungsrechtliches Verfahren nicht erforderlich ist, für ein solches geeignet sein und

2. die Ermittlung der lichten Maße zwischen den Bauteilen im Sinne des Abs. 1 ermöglichen.

Ist die **Grundfläche nach einer Bauzeichnung** ermittelt worden und ist abweichend von dieser Bauzeichnung gebaut worden, ist die Grundfläche durch Ausmessung im fertig gestellten Wohnraum oder auf Grund einer berichtigten Bauzeichnung neu zu ermitteln.

Anders als nach dem bisherigen § 43 Abs. 1 bis 3 II. BV wird nicht mehr zwischen Rohbaumaßen und Fertigmaßen unterschieden. Diese Unterscheidung ist nach bisherigem Recht für den bei Rohbaumaßen vorzunehmenden pauschalen sog. „Putzabzug" von drei vom Hundert von Bedeutung. Ein „Putzabzug" – so die Begründung – sei heute angesichts veränderter Bautechniken (Fertigbauweise, Verwendung von Fertigteilen) nicht mehr gerechtfertigt. Künftig sind daher nach Satz 1 ausschließlich die lichten Maße zwischen den Bauteilen maßgeblich. Dabei wird klargestellt, dass von der Vorderkante der Bekleidung der Bauteile auszugehen ist; Putz oder andere Wandbekleidungen – sofern vorhanden – gelten hierbei als Bestandteil der Bauteile. Aus der Begründung folgt, dass man bei älteren Bauwerken, die nicht mit den „neuen Bautechniken" errichtet worden sind, dann umgekehrt weiterhin die nach Rohbaumaßen ermittelten Flächen um den Putzabschlag (3 %) kürzen müsste. **534**

Der bisherige § 43 Abs. 5 Satz 1 Nr. 2 II. BV, wonach die **Grundflächen von Erkern und Wandschränken** nur dann Berücksichtigung finden, wenn sie jeweils mindestens 0,5 Quadratmeter aufweisen, ist nicht übernommen worden; künftig werden diese Grundflächen nach der Grundregel des § 3 Abs. 1 WoFlV in die Grundflächenermittlung einbezogen, ohne dass eine Mindestfläche gefordert wird. **535**

Gegenüber § 43 Abs. 4 Nr. 1 II. BV sind die **Grundflächen von Schornsteinen, Vormauerungen, Bekleidungen, frei stehenden Pfeilern und Säulen** bereits dann nicht mehr in die Grundflächenermittlung einzubeziehen, wenn sie eine Höhe von mehr als 1,50 m aufweisen. Damit wird insbesondere dem Umstand Rechnung getragen, dass in neuerer Zeit vermehrt z. B. sanitäre Installationen verkleidet werden und es hier zu Unsicherheiten über die Behandlung derartiger Verkleidungen bei der Grundflächenermittlung kommt. Durch die Bestimmung soll sichergestellt werden, dass die Grundflächen solcher Raumgebilde in die Grundflächenermittlung nur einzubeziehen sind, wenn der über diesen Raumgebilden befindliche Bereich, z. B. als Ablagemöglichkeit, nutzbar bleibt. **536**

Nach § 4 WoFlV sind **auf die Grundfläche anzurechnen die Grundflächen** **537**

1. von Räumen und Raumteilen mit einer lichten Höhe von mindestens zwei Metern vollständig,

2. von Räumen und Raumteilen mit einer lichten Höhe von mindestens 1 m und weniger als 2 m zur Hälfte,

3. von unbeheizbaren Wintergärten, Schwimmbädern und ähnlichen nach allen Seiten geschlossenen Räumen zur Hälfte,

4. von Balkonen, Loggien, Dachgärten und Terrassen i.d.R. zu einem Viertel, höchstens jedoch zur Hälfte.

Abweichend vom früheren § 44 Abs. 2 II. BV sind die **Grundflächen von Balkonen, Loggien, Dachgärten und Terrassen** in der Regel zu einem Viertel anzurechnen. Auf den im bisherigen § 44 Abs. 1 Nr. 3 II. BV ausdrücklich enthaltenen Hinweis auf die Nichtanrechnung von Grundflächen von Räumen oder Raumteilen mit einer lichten Höhe von weniger als 1 m wird künftig verzichtet, da sich die Nichtanrechenbarkeit dieser Grundflächen bereits aus dem Regelungszusammenhang der Nummern 1 und 2 i.V.m. § 1 Abs. 2 ergibt. **Unbeheizbare Wintergärten**, d.h. Räume, die überwiegend zum Halten von Pflanzen bestimmt sind und von im Winter beheizbaren und zum Wohnen bestimmten Räumen zu unterscheiden sind, sind **538** lediglich zur Hälfte anzurechnen. **Beheizbare Wintergärten** sind hingegen voll anzurechnen. Die hälftige Anrechnung der Grundflächen von Schwimmbädern und ähnlichen nach allen Seiten geschlossenen Räumen entspricht bisherigem Recht.

539 Anstelle des Begriffs „**Freisitz**" wird der gebräuchlichere Begriff „Terrasse" verwendet. Ein Sichtschutz („gedeckt") wird nicht mehr vorausgesetzt. Da ein Sichtschutz ohne erheblichen Aufwand auch nachträglich durch Bepflanzungen oder leicht montierbare Sichtblenden errichtet oder auch wieder beseitigt werden kann, ist es nicht mehr gerechtfertigt, die Anrechenbarkeit von Terrassen vom Bestehen des Sichtschutzes abhängig zu machen.

540 Ist die **Wohnfläche bis zum 31.12.2003 nach den §§ 42 ff. der II. BV** berechnet worden, bleibt es bei dieser Berechnung (§ 5 WoFlV).

Abb. 27: Wohnfläche nach WoFlV und den §§ 42 bis 44 II. BV

c) *Wohnfläche nach den §§ 42 bis 44 II. BV*

541 **Grundsätzlich findet die in den §§ 42 bis 44 II. BV geregelte Berechnungsweise der Wohnfläche nur im Bereich der öffentlichen Wohnraumförderung,** nicht jedoch bei mietpreisfreien Alt- und Neubauten **Anwendung.** Umgekehrt enthielt die DIN 283 – 1 in den Vorbemerkungen den ausdrücklichen Hinweis, dass für den öffentlich geförderten und den steuerbegünstigten Wohnungsbau die II. BV ergänzende Bestimmungen über die anrechenbare Grundfläche enthält.

542 Der **Anwendungsbereich der II. BV** ergibt sich aus § 1 II. BV:

„**§ 1 Anwendungsbereich der Verordnung**

(1) Diese Verordnung ist anzuwenden, wenn

1. die Wirtschaftlichkeit, Belastung, Wohnfläche oder der angemessene Kaufpreis für öffentlich geförderten Wohnraum bei Anwendung des Zweiten Wohnungsbaugesetzes oder des Wohnungsbindungsgesetzes,
2. die Wirtschaftlichkeit, Belastung oder Wohnfläche für steuerbegünstigten oder freifinanzierten Wohnraum bei Anwendung des Zweiten Wohnungsbaugesetzes,
3. die Wirtschaftlichkeit, Wohnfläche oder der angemessene Kaufpreis bei Anwendung der Verordnung zur Durchführung des Wohnungsgemeinnützigkeitsgesetzes zu berechnen ist.

Flächen und Volumina — Sachverständigenwesen III

(2) Diese Verordnung ist ferner anzuwenden, wenn in anderen Rechtsvorschriften die Anwendung vorgeschrieben oder vorausgesetzt ist. Das Gleiche gilt, wenn in anderen Rechtsvorschriften die Anwendung der Ersten Berechnungsverordnung vorgeschrieben oder vorausgesetzt ist."

▶ Zur Wohnfläche vgl. § 2 WoFlV

543

Wird die Wohnfläche über Fertigmaße ermittelt, so werden die **lichten Maße zwischen den Wänden ohne Berücksichtigung der** Wandgliederung, Wandbekleidungen, Scheuerleisten usw. zu Grunde gelegt (§ 43 Abs. 2 II. BV). Wird dabei von Rohbaumaßen ausgegangen, so sind die errechneten Wohnflächen um 3 v. H. zu kürzen (§ 43 Abs. 3 II. BV). Schornstein- und Mauervorlagen mit einer geringeren Grundfläche von 0,1 Quadratmeter bleiben unberücksichtigt (§ 43 Abs. 4 Nr. 1 II. BV). Die Berücksichtigung von Fenstern und offenen Wandnischen, Erkern und Wandschränken sowie Raumteilen unter Treppen bestimmt sich nach § 43 Abs. 5 II. BV.

544

Abb. 28: Zuordnung von Grundflächen und Räumen zu den Nutzungsarten mit Beispielen[22]

Nr.	Grundflächen und Räume	Beispiele
1 Wohnen und Aufenthalt		
1.1	Wohnräume	Wohn- und Schlafräume in Wohnungen, Wohnheimen, Internaten, Beherbergungsstätten, Unterkünften, Wohndielen, Wohnküchen, Wohnbalkone, -loggien, -veranden, Terrassen
1.2	Gemeinschaftsräume	Gemeinschaftsräume in Heimen, Kindertagesstätten, Tagesräume, Aufenthaltsräume, Clubräume, Bereitschaftsräume
1.3	Pausenräume	Wandelhallen, Pausenhallen, -zimmer, -flächen in Schulen, Hochschulen, Krankenhäusern, Betrieben, Büros, Ruheräume
1.4	Warteräume	Warteräume in Verkehrsanlagen, Krankenhäusern, Praxen, Verwaltungsgebäuden
1.5	Speiseräume	Gast- und Speiseräume, Kantinen, Cafeterien, Tanzcafés
1.6	Crafträume	Haftzellen
2 Büroarbeit		
2.1	Büroräume	Büro-, Diensträume für eine oder mehrere Personen
2.2	Großraumbüros	Flächen für Büroarbeitsplätze einschließlich der im Großraum enthaltenen Flächen für Pausenzonen, Besprechungszonen, Garderoben, Verkehrswege
2.3	Besprechungsräume	Sitzungsräume, Prüfungsräume, Elternsprechzimmer
2.4	Konstruktionsräume	Zeichenräume
2.5	Schalterräume	Kassenräume
2.6	Bedienungsräume	Schalträume und Schaltwarten für betriebstechnische Anlagen oder betriebliche Einbauten, Vorführkabinen, Leitstellen
2.7	Aufsichtsräume	Pförtnerräume, Wachräume, Haftaufsichtsräume
2.8	Bürotechnikräume	Photolabor-Räume, Vervielfältigungsräume, Räume für EDV-Anlagen

Allgemein sind nach den **§§ 42 bis 44 II. BV**

545

a) die Grundflächen von Räumen mit einer Höhe von mindestens 2 m voll anzurechnen,

b) die Grundflächen von Räumen und Raumteilen mit einer lichten Höhe von mindestens 1 m und weniger als 2 m zur Hälfte anzurechnen, dies gilt auch für Wintergärten, Schwimmbäder und Ähnliches;

---

22 Die Beispiele zeigen einige typische Nutzungsfälle ohne Anspruch auf Vollzähligkeit.

c) die Grundflächen von Räumen mit einer lichten Höhe von weniger als 1 m nicht anzurechnen und

d) die Grundflächen von Balkonen und Loggien bis zur Hälfte anzurechnen.

d) Wohnfläche nach DIN 283/1951

546 Die DIN 283 (1951, vgl. Rn. 514, 520), die schon 1983 ersatzlos aufgehoben wurde, enthält Methoden zur **Ermittlung der Wohn- und Nutzfläche des freifinanzierten Wohnungsbaus.** Die DIN 283 gliedert sich in

DIN 283 – 1 „Begriffe" (aufgehoben im August 1989) und

DIN 283 – 2 „Berechnung der Wohnflächen und Nutzflächen" (aufgehoben im August 1983).

547 Bezüglich der **Unterscheidung zwischen Wohn- und Nutzfläche** bestimmt Nr. 1 der DIN 283 – 2 als

– *Wohnfläche* die anrechenbare Grundfläche der Räume von Wohnungen, wobei die „Wohnung" selbst durch DIN 283 – 1 Nr. 1 – definiert wird, und

– *Nutzfläche* die nutzbare Fläche von Wirtschaftsräumen und gewerblichen Räumen, die wiederum unter Nr. 4 der DIN 283 – 1 definiert sind.

e) Synoptische Gegenüberstellung

548 Die **nach der DIN 283 abgeleitete Wohnfläche unterscheidet sich von der Wohnfläche nach den §§ 42 bis 44 II. BV und der WoFlV.** Die Unterschiede sind allerdings viel geringer als vielfach behauptet[23].

549 Die **Unterschiede der Berechnungsvorschriften (WoFlVO, §§ 42 ff. II. BV und DIN 283/ 1951) liegen im Wesentlichen im Ansatz der Balkon- und Terrassenflächen.** Nach DIN 283/ 1951 ist für diese Flächen 1/4 der Grundfläche anzunehmen (bei Terrassen und Freisitzen nur, soweit sie überdeckt sind). Nach § 44 Abs. 2 II. BV können diese Flächen entweder überhaupt nicht oder höchstens *bis* zur Hälfte ihrer Grundfläche angesetzt werden. Das führt in der Praxis dazu, dass der Bauherr von zum Verkauf bestimmten Eigentums- oder Mietwohnungsgebäuden den höchsten Flächenansatz wählt und der Bauherr eines eigengenutzten Einfamilienhauses diese Flächen nicht ansetzt. Daneben kann die Wohnfläche bei einem Einfamilienhaus nach § 44 Abs. 3 II. BV noch bis zu 10 v. H. gemindert werden. Im Ergebnis ist danach die Wohnfläche eines Einfamilienhauses, die nach der DIN 283 berechnet wurde, gegenüber der Berechnung nach der II. BV um rd. 10 bis 20 m² größer.

550 Nach der WoFlV sind die **Grundflächen von Balkonen, Loggien, Dachgärten und Terrassen** (Freisitze) „in der Regel" zu einem Viertel – höchstens jedoch zur Hälfte – anzurechnen, während die II. BV eine Anrechnung „bis zur Hälfte" vorsah. Die Änderung zielt darauf ab, die bislang (nach der II. BV) auch nur höchstens zur Hälfte vorgegebene Anrechenbarkeit zur Geltung zu bringen. Bezüglich der Anrechnung von Balkonen *bis* zur Hälfte ihrer Wohnfläche war – je nach Himmelsrichtung und Nutzbarkeit – auf den Wohnwert abzustellen[24]. Die hälftige Anrechnung kam in Betracht, wenn der Balkon von der Straße abgelegen ist[25]. Hingegen ist der Balkon bei Nordlage und Nähe einer Verkehrsstraße nicht zu berücksichtigen[26].

551 Nach wie vor kann die Grundfläche aus der (bauordnungsrechtlich geeigneten) Bauzeichnung ermittelt werden (wenn entsprechend gebaut wurde), jedoch entfällt nach der WoFlV im Unterschied zur II. BV der sog. 3%ige **Putzabschlag**.

---

23 Englert in DWW 1980, 132.
24 LG Hamburg, Urt. vom 16.2.1996 – 311 S 73/95 –,WuM 1996, 278.
25 LG Kiel, Urt. vom 14.10.1993 – 1 S 210/91 –, WuM 1995, 307; AG Wuppertal, Urt. vom 22.4.1987 – 94 C 79/87 –, DWW 1988, 211.
26 LG Kiel, Urt. vom 14.10.1993 – 1 S 210/91 –, WuM 1995, 307; AG Krefeld, Urt. vom 4.7.1991 – 9 C 103/91 –, DWW 1992, 243.

Abb. 29: Gegenüberstellung der WoFlV, II. BV und DIN 283 (1951)

Gegenüberstellung WoFlV, II. BV und DIN 283		
WoFlV	**II. BV**	**DIN 283**
Die Wohnfläche ... ist die Summe der anrechenbaren Grundflächen der ausschließlich zur Wohnung gehörenden Räume (§ 19 WohnraumFördG; § 2 WoFlV).	Die Wohnfläche einer Wohnung ist die Summe der anrechenbaren Grundfläche der Räume, die ausschließlich zu der Wohnung gehören.	Wohnfläche ist die anrechenbare Grundfläche der Räume von Wohnungen.
Voll berechnet werden die Grundflächen von Räumen und Raumteilen mit einer lichten Höhe von mindestens 2 m.	Voll berechnet werden die Grundflächen von Räumen und Raumteilen mit einer lichten Höhe von mindestens 2 m.	Voll berechnet werden die Grundflächen von Räumen oder Raumteilen mit einer lichten Höhe von mindestens 2 m.
Zur Hälfte anrechenbar ist die Grundfläche von Räumen und Raumteilen mit einer lichten Höhe von mindestens 1 m und < als 2 m, von *unbeheizbaren Wintergärten*, Schwimmbädern u.ä. nach allen Seiten geschlossenen Räumen. „In der Regel" zu einem Viertel, höchstens jedoch zur Hälfte die Grundflächen von Balkonen, Loggien, Dachgärten und Terrassen (Freisitze).	Zur Hälfte anrechenbar ist die Grundfläche von Räumen und Raumteilen mit einer lichten Höhe von mindestens 1 m und < als 2 m und von Wintergärten, Schwimmbecken u.ä. nach allen Seiten geschlossenen Räumen. Die Grundflächen von Balkonen, Loggien, Dachgärten oder gedeckten Freisitzen können *bis zur Hälfte* angerechnet werden, wenn sie ausschließlich zu dem Wohnraum gehören.	Zur Hälfte anrechenbar ist die Grundflächen von Raumteilen mit einer lichten Höhe von mehr als 1 m und < als 2 m und von nicht ausreichend beheizbaren Wintergärten. Zu einem Viertel anrechenbar sind Hauslauben (Loggien), Balkone und gedeckte Freisitze.
Nicht zu berechnen ist die Grundfläche von Räumen oder Raumteilen mit einer lichten Höhe < als 1 m.	Nicht zu berechnen sind die Grundflächen von Räumen oder Raumteilen mit einer lichten Höhe < als 1 m.	Nicht zu berechnen sind die Grundfläche von Raumteilen mit einer lichten Höhe < als 1 m und von nicht gedeckten Terrassen und Freisitzen.
Nicht zur Wohnfläche gehören Zubehörräume, insbesondere – Kellerräume, Abstellräume, Waschküchen, Bodenräume, Trockenräume, Heizungsräume, Garagen, – Geschäftsräume und – Räume, die bauordnungsrechtlichen Anforderungen nicht genügen.	Nicht zur Wohnfläche gehören Zubehörräume, wie Keller, Abstellräume, Waschküchen, Dachböden usw. außerhalb der Wohnung.	Nutzflächen von Wirtschaftsräumen und gewerblichen Räumen, die mit einer Wohnung im Zusammenhang stehen, sind nach den Grundsätzen für die Ermittlung von Wohnflächen zu berechnen.
Bei der Grundflächenermittlung sind einzubeziehen die Grundflächen von – Tür- und Fensterbekleidungen, – Fußsockel- und Schrammleisten, – fest eingebauten Gegenständen (Öfen, Herde, Klimageräte usw.), – Einbaumöbeln, – frei liegenden Installationen, – nicht ortsgebundenen Raumteilern.	Bei der Grundflächenermittlung sind einzubeziehen die Grundflächen von – Tür- und Fensterbekleidungen, – Fußsockel- und Schrammleisten, – fest eingebauten Gegenständen (Öfen, Herde, Klimageräte usw.), – Erkern und Wandschränken, die eine Mindestgrundfläche von 0,5 m² haben, – Raumteilern unter Treppen mit lichter Höhe von mindestens 2 m.	Bei der Grundflächenermittlung sind einzubeziehen die Grundflächen von – Tür- und Fensterbekleidungen und -umrahmung, – Scheuerleisten, – Öfen, Kochherden, Kaminen, Heizkörpern – Einbaumöbeln, – Wandgliederung in Stuck, Mörtel oder Gips.

III Sachverständigenwesen — Flächen und Volumina

Gegenüberstellung WoFlV, II. BV und DIN 283		
WoFlV	**II. BV**	**DIN 283**
Bei der Grundflächenermittlung bleiben außer Betracht die Grundflächen von – Schornsteinen, Pfeilern, Vormauerungen und Bekleidungen mit einer Höhe von > 1,50 m und einer Grundfläche von > 0,1 m², – Treppen mit über 3 Steigungen und deren Treppenabsätze, – Türnischen, – Fenster- und Wandnischen, die nicht zum Fußboden herunterreichen oder bis zum Fußboden herunterreichen und 0,13 m oder weniger tief sind.	Bei der Grundflächenermittlung bleiben außer Betracht die Grundflächen von – Schornstein- und Mauervorlagen mit einer Grundfläche von > 0,1 m² (§ 43 Abs. 4 Nr. 1 II. BV). – Fenster- und offenen Wandnischen, die bis zum Fußboden herunterreichen und weniger als 0,13 m tief sind.	Bei der Grundflächenermittlung bleiben außer Betracht die Grundflächen von – Schornsteinen, Pfeilern, Säulen, Mauervorlagen mit einer Grundfläche von > 0,1 m², die in ganzer Raumhöhe durchgehen, – Treppen bis zu 3 Steigungen, – Türnischen, – Fenster- und Wandnischen, die nicht zum Fußboden herunterreichen oder bis zum Fußboden herunterreichen und weniger als 0,13 m tief sind.
Die Grundfläche ist zu ermitteln durch – Ausmessung am fertig gestellten Wohnraum oder – nach bauordnungsrechtlich geeigneter Bauzeichnung, wenn entsprechend gebaut wurde, – ohne Abzug von 3 % für Putz.	– Wird die Wohnfläche über Fertigmaße ermittelt, so werden die lichten Maße zwischen den Wänden ohne Berücksichtigung der Wandgliederung, Wandbekleidungen, Scheuerleisten usw. zu Grunde gelegt (§ 43 Abs. 2 II. BV). – Wird bei der Grundflächenermittlung von Rohbaumaßen ausgegangen, so sind die errechneten Wohnflächen um 3 v. H. zu kürzen (§ 43 Abs. 3 II. BV).	– Die Grundflächen sind aus Fertigmaßen (lichte Maße zwischen den Wänden) zu ermitteln. – Wird bei der Grundflächenermittlung von Bauzeichnungen ausgegangen, so sind bei verputzten Wänden die aus Rohbaumaßen ermittelten Flächen um 3 v. H. zu kürzen (§ 43 Abs. 3 II. BV).

Abb. 30: Gegenüberstellung der WoFlV und DIN 277

Gegenüberstellung WoFlV und DIN 277			
Gebäudeteil		**WoFlV**	**DIN 277**
Abstellraum	im Wohnbereich	100 %	100 %
	außerhalb des Wohnbereichs	nicht anzurechnen	100 %, sofern diese zweckbestimmt sind
Terrasse		25 %, höchstens 50 %	100 %
Balkon		25 %, höchstens 50 %	100 %
Wintergarten	beheizt	100 %	100 %
	unbeheizt	50 %	100 %
Dachschrägen bis zu	1 bis 2 m	50 %	100 %
	unter 1 m	nicht anzurechnen	100 %
Keller- und Waschküche		nicht anzurechnen	

4.2.5 Mietflächen für gewerbliche Flächen (gif)

552 Die Gesellschaft für Immobilienwirtschaftliche Forschung (gif) hat für die Berechnung der Mietfläche von gewerblichen Räumen eine Richtlinie für eine eindeutige, einheitliche und reproduzierbare Berechnung der Fläche erarbeitet. Es handelt sich hierbei um die **Richtlinie**

MF-G vom 1.11.2004. Sie stellt eine Zusammenfassung, Harmonisierung und Weiterentwicklung der 1996 und 1997 eingeführten Richtlinie zur Berechnung der Mietfläche für Büroraum (MF-B) und der Richtlinie zur Berechnung der Mietfläche für Handelsraum (MF-H) dar.

▶ *Die Richtlinie ist in GuG 2005, 221 abgedruckt.*

Die Richtlinie will regeln, welche Flächen der DIN 277 als „Mietfläche" und wie die gemeinschaftlich genutzten Flächen der Mietfläche zuzuordnen sind. Dementsprechend wird unterschieden nach

— MF-G-Flächen; dies ist die „Mietfläche", die sich aus der BGF i.S. der DIN 277 abzüglich der MF-0-Flächen ergibt,

— MF-0 Flächen; dies sind Flächen, die keine „Mietfläche" sind, insbesondere die technischen Funktionsflächen (TF), die anteiligen Verkehrsflächen (VF) und die Konstruktionsflächen (KGF) i.S. der DIN 277,

— MF-G1 Flächen; dies sind Mietflächen, die einem Mieter exklusiv zugeordnet sind, und

— MF-G2 Flächen; dies sind Mietflächen, die mehreren oder allen Mietern anteilig mit gemeinschaftlichem Nutzungsrecht zugeordnet sind (z. B. Müllräume, Anlieferung usw.).

Die Richtlinien haben bislang nur in einem verhältnismäßig kleinen Marktsegment Anerkennung[27] **gefunden** und sind im Begriff sich durchzusetzen[28].

Die Bedeutung dieser Richtlinien liegt vor allem im Rahmen des Ertragswertverfahrens, wenn sie zur Ermittlung der vermieteten Fläche, z. B. des zu wertenden Objekts, herangezogen werden soll. Vor Anwendung dieser Richtlinie muss man sich aber Gewissheit verschaffen, dass die im Einzelfall zum Vergleich herangezogenen (auf den Quadratmeter Mietfläche bezogenen) Vergleichserträge ebenfalls auf der Grundlage der nach diesen Richtlinien ermittelten Mietfläche vereinbart worden sind. Es gilt auch hier der **Grundsatz der Kompatibilität, dass die Mietflächenermittlungsmethode maßgeblich sein muss, die auch bei den zum Vergleich herangezogenen Vergleichsmieten zugrunde gelegt worden ist** (vgl. Rn. 498).

553

4.2.6 Nutzflächenfaktor

Als **Nutzflächenfaktor** NFF wird das Verhältnis der Wohn- bzw. Nutzfläche eines Gebäudes zu seiner Geschossfläche (GF) bzw. seiner Brutto-Grundfläche (BGF) definiert.

554

$$\text{Nutzflächenfaktor NFF}_{GF} = \text{Wohn- bzw. Nutzfläche/Geschossfläche (GF)}$$

$$\text{Nutzflächenfaktor NFF}_{BGF} = \text{Wohn- bzw. Nutzfläche/Brutto-Grundfläche (BGF)}$$

Beispiel:

555

Wohnhaus aus dem Jahre 1955

Bebaute Fläche (Außenmaße):	20 m × 15 m = 300 m²
Anzahl der Vollgeschosse:	III
Geschossfläche:	300 m² × 3 Vollgeschosse = 900 m²
Nutzflächenfaktor:	0,76
Nutzfläche = 900 × 0,76 =	684 m² (überschlägig)

Während man in der Bauwirtschaft vornehmlich mit dem auf die BGF bezogenen Nutzflächenfaktor arbeitet, wird in der Marktwertermittlung der auf die Geschossfläche bezogene

556

---

27 Schul/Wichert in ZMR 2002, 633.
28 Der Normenausschuss Bauwesen (NABau) im Deutschen Institut für Normung e.V. (DIN) vertritt die Auffassung, dass für gewerblich genutzte Flächen DIN 277 – 1 und DIN 277 – 2 anzuwenden sind, die auch für Wohnungen anwendbar sein sollen, wenn dies vertraglich vereinbart ist, und dass die Wohnungsdefinition den jeweiligen Landesbauordnungen sowie deren Durchführungsverordnungen zu entnehmen wäre. Die zurückgezogenen DIN 283 – 1 und DIN 283 – 2 können nach Meinung des NABau im DIN auch als Vertragsgrundlage dienen, sofern sie beiden Vertragsparteien zugänglich sind (Isermann in NZM 1998, 749).

Nutzflächenfaktor bevorzugt. Die Höhe des Nutzflächenfaktors ist von der Nutzungsart, der Anzahl der Vollgeschosse sowie der Gebäudetiefe und der Bauperiode abhängig.

557 Für **Wohn- und Geschäftshäuser sowie Büro- und Geschäftsimmobilien** wurden vom Gutachterausschuss in *Berlin* folgende Nutzflächenfaktoren (näherungsweise) abgeleitet:

Abb. 31: Geschossflächenbezogene Nutzflächenfaktoren in Berlin

Nutzflächenfaktoren (NFF) bezogen auf Geschossfläche (GF)			
Teilmarkt	Wohn- bzw. Nutzfläche/Geschossfläche		
	Wohnhäuser und Wohn-/ Geschäftshäuser	Büro- und Geschäftshäuser	Objekte des Einzelhandels
Altbauten vor 1919	72/100	78/100	Keine Angabe
Zwischenkriegsbauten 1919–1948	76/100	77/100	Keine Angabe
Nachkriegsbauten 1949–1989	76/100	81/100	83/100
Nachkriegsbauten ab 1990	80/100	81/100	88/100

Quelle: Grundstücksmarktbericht 2008/2009

Vgl. die Ergebnisse älterer Untersuchungen in Kleiber/Simon, 5. Aufl. Teil III Rn. 559 = ABl. Berlin 2000, 1067 sowie die älteren Untersuchungen von Udart, München (in VR 1976, 291) und Vogels, Grundstücks- und Gebäudebewertung marktgerecht, 5. Aufl. 1996, S. 21.

558 Für die Belange der Bauwirtschaft sind folgende **Funktions- und Nutzungskennzahlen** bezogen auf die *Brutto-Grundfläche* ermittelt worden:

Abb. 32: Funktions- und Nutzungskennzahlen

Büro- und Nutzungskennzahlen						
Verhältnis	Büro- und Verwaltungsgebäude			Wohn- und Wohnungsgeschäftsgebäude		
Qualifizierung	gut	mittel	schlecht	gut	mittel	schlecht
Netto-Grundfläche (NFG) Brutto-Grundfläche (BGF)	0,94	0,91	0,88	0,88	0,83	0,78
Verkehrsfläche (VF) Brutto-Grundfläche (BGF)	0,14	0,19	0,27	0,007	0,11	0,15
Nutzfläche (NF) Brutto-Grundfläche (BGF)	0,76	0,65	0,54	0,78	0,70	0,62
Hauptnutzfläche (HNF)* Brutto-Grundfläche (BGF) * Gebäude *ohne* Tiefgarage	0,69	0,55	0,40	0,68	0,57	0,46
Geschosshöhe im Normalgeschoss* Zellenbüro (ohne Unterdecke) 2,80 * nicht klimatisiert	2,95	2,95	3,10	–	–	–
Geschosshöhe im Normalgeschoss* Zellenbüro * klimatisiert	3,20	3,30	3,40	–	–	–
Brutto-Rauminhalt (BRI)* Brutto-Grundfläche (BGF) * Gebäude ohne Tiefgarage	3,00	3,80	4,60	2,50	2,85	3,20

Flächen und Volumina **Sachverständigenwesen III**

Büro- und Nutzungskennzahlen						
Verhältnis	Büro- und Verwaltungsgebäude			Wohn- und Wohnungsgeschäftsgebäude		
Qualifizierung	gut	mittel	schlecht	gut	mittel	schlecht
Brutto-Rauminhalt (BRI)* Hauptnutzfläche (HNF) * Gebäude ohne Tiefgarage	5,40	7,40	9,30	3,80	4,80	5,80
Nebennutzfläche (NNF) m^2 je Wohneinheit (WE)	–	–	–	12	19	26
Hüllfläche (HF) Brutto-Grundfläche (BGF)	–	–	–	1,0	1,3	2,6
Hüllfläche (HF) Hauptnutzfläche (HNF)	–	–	–	1,5	2,2	2,9

Quelle: Gärtner, S., Beurteilung und Bewertung alternativer Planungsentscheidungen im Immobilienbereich mit Hilfe eines Kennzahlensystems, 1. Aufl. 1996

559 Mit Hilfe der Nutzflächenfaktoren NFF lässt sich die Nutz- bzw. Wohnfläche WF aus der Geschossfläche nach § 20 BauNVO bzw. der Brutto-Grundfläche ausrechnen, d.h. die Geschossfläche wird um die nicht anrechenbaren Grundflächen (Mauerwerk, Verkehrsflächen usw.) reduziert.

Nutz-/Wohnfläche (NF/WF) = Geschossfläche (GF) × NF

wobei NFF = Nutzflächenfaktor

4.3 Volumina

4.3.1 Allgemeines

560 Im Allgemeinen wird bei der **Ermittlung des Volumens** einer baulichen Anlage lediglich zwischen

– dem *umbauten Raum* nach der DIN 277 von 1950 und

– dem *Rauminhalt* nach der DIN 277 von 1973/1987/2005

unterschieden. Die städtebaurechtlich bedeutsame Volumenermittlung nach **Baumasse** spielt hingegen im Rahmen der Verkehrswertermittlung eine untergeordnete Bedeutung. Der Vollständigkeit halber soll sie gleichwohl erwähnt werden (vgl. Rn. 567 ff.).

561 Für die **Volumenberechnung im Hochbau** ist die vom Deutschen Institut für Normung e.V. herausgegebene Vorschrift DIN 277 maßgebend.

562 Im Rahmen der **Verkehrswertermittlung von Grundstücken muss unbedingt zwischen dem umbauten Raum nach der DIN 277 von 1950 und dem Rauminhalt nach der DIN 277 von 1973/1987/2005 unterschieden werden.** Diese Unterscheidung spielt insbesondere bei Anwendung des Sachwertverfahrens eine bedeutsame Rolle, weil im Rahmen der Baugenehmigung das Volumen der baulichen Anlage i.d.R. heute nach der aktuellen DIN 277 ermittelt wird, während vor allem die sog. 13er-Normalherstellungskosten auf der Grundlage der DIN 277 von 1950 ermittelt worden sind. Im Unterschied zur aktuellen DIN 277/2005 verwendet die DIN 277 von 1950 zur Bezeichnung des Volumens der baulichen Anlage den Begriff „umbauter Raum". Wer vom „umbauten Raum" spricht, unterstellt damit zugleich die Berechnung des Bauvolumens nach der DIN 277 von 1950.

563 Die DIN 277 wurde erstmals 1934 zur Schaffung eines einheitlichen Verfahrens zur Ermittlung der Kosten im Hochbau geschaffen. Sie wurde in den Jahren 1936, 1940 und 1950 präzisiert und ergänzt. Dabei wurden insbesondere die **Berechnungen des Dachraums** und der unteren Gebäudebegrenzungen geändert. Im Mai 1973 wurde sie durch eine neue Vorschrift ersetzt (DIN 277, 1973), die im Jahr 1987 geringfügig erweitert[29] und im Jahre 2005 novelliert worden ist.

564 In Fachkreisen sind die unterschiedlichen Berechnungsweisen der Ausgaben 1950 und 1973/87 und 2005 weitgehend bekannt, aber offensichtlich nicht die Konsequenzen, die sich aus der Anwendung beider Vorschriften bei der Sachwertermittlung ergeben. Die Differenzen sind zum Teil erheblich und so unterschiedlich, dass eine allgemeine **Umrechnungsformel, nach der der umbaute Raum** (DIN 277, 1950) **aus dem Brutto-Rauminhalt** (DIN 277, 1973/1987/2005) **errechnet wird,** nicht angegeben werden kann. Die DIN 277 (1973/1987/2005) ist vorwiegend für genaue Kostenberechnungen entwickelt worden und geht oftmals über die für eine Verkehrswertermittlung geforderte Genauigkeit hinaus.

565 **Ein formelmäßig erfassbares Verhältnis des umbauten Raums zum Rauminhalt,** das dem Einzelfall genügt, **kann es nicht geben.** Aus diesem Grunde wird auch vor der Heranziehung von mitunter veröffentlichten Umrechnungsformeln gewarnt, die allenfalls ein überschlägiges Verhältnis angeben können. Im Einzelfall können die Abweichungen jedoch erheblich sein.

566 In der Wertermittlungspraxis sind Normalherstellungskosten bislang weitgehend auf der Grundlage von Volumeneinheiten herangezogen worden. Dafür kommen insbesondere

a) der **umbaute Raum** nach der DIN 277 aus dem Jahre 1950 und

b) der **Brutto-Rauminhalt (BRI)** nach der DIN 277 (2005)

in Betracht, wobei vornehmlich die Anwendung der DIN 277 aus dem Jahre 1950 (umbauter Raum) vielfach noch weiter zur Anwendung kam, obwohl diese DIN schon seit langem durch die neue DIN 277 1973/1987/2005 abgelöst worden ist und die Immobilienbranche flächenbezogenen Angaben über Normalherstellungskosten den Vorzug gibt.

Mit der Abkehr von den überholten sog. 13er-Werten als Grundlage der Ermittlung der Normalherstellungskosten, die noch auf den Kubikmeter umbauten Raum nach der DIN 277 von 1950 bezogen waren, ist auch eine Abkehr von dieser schon seit langem nicht mehr gültigen DIN verbunden. Der **Übergang zur DIN 277 aus dem Jahre 1973/1987/2005 ist gleichzeitig mit einem Übergang zu einer Flächeneinheit, nämlich zur Brutto-Grundfläche (BGF),** verbunden.

4.3.2 Baumasse

▶ *Zur Baumassenzahl (BMZ) vgl. § 6 ImmoWertV Rn. 47*

567 Die Baumasse ist das Volumen einer baulichen Anlage, die im Rahmen der Festsetzung des zulässigen Maßes der baulichen Nutzung für Industriegebiete (GI) i.S.d. § 9 BauNVO von Bedeutung ist. **§ 21 Abs. 2 BauNVO** definiert die Baumasse wie folgt:

„(2) Die Baumasse ist nach den Außenmaßen der Gebäude vom Fußboden des untersten Vollgeschosses bis zur Decke des obersten Vollgeschosses zu ermitteln. Die Baumassen von Aufenthaltsräumen in anderen Geschossen einschließlich der zu ihnen gehörenden Treppenräume und einschließlich ihrer Umfassungswände und Decken sind mitzurechnen. Bei baulichen Anlagen, bei denen eine Berechnung der Baumasse nach Satz 1 nicht möglich ist, ist die tatsächliche Baumasse zu ermitteln."

568 Bei der Ermittlung der Baumasse bleiben **Nebenanlagen** (§ 6 ImmoWertV Rn. 39), Balkone, Loggien, Terrassen sowie bauliche Anlagen, die nach Landesrecht im Bauwich oder in den Abstandsflächen zulässig sind oder zugelassen werden können, unberücksichtigt (§ 21 Abs. 3 i.V.m. § 19 Abs. 4 und § 14 BauNVO).

---

[29] Kleiber/Simon/Weyers, Verkehrswertermittlung von Grundstücken, 4. Aufl. 2002, DIN 277, 1987; vgl. Anl. 3 bei Rn. 590.

4.3.3 Umbauter Raum nach DIN 277/1950

Die **Ermittlung des umbauten Raums auf der Grundlage der DIN 277** von 1950 ist nach **569** den vorstehenden Ausführungen weitgehend obsolet geworden, weil der umbaute Raum als Bezugsgrundlage der Normalherstellungskosten in der modernen Wertermittlungslehre aufgegeben worden ist und selbst die Versicherungswirtschaft davon abgeht.

Die lange Zeit zur Anwendung gekommenen **Normalherstellungskosten aus dem Jahre 1913** **570** (die tatsächlich sogar auf handschriftliche Aufzeichnungen von Ross aus dem 19. Jahrhundert zurückgehen [!]), waren noch auf den umbauten Raum bezogen, obwohl

a) die Berechnungsmodalitäten des umbauten Raums auf Grund permanenter Änderungen der DIN 277 in den Jahren 1934, 1936, 1940 und 1950 geändert wurden,

b) die Regelbauleistungen, die Bauwerkstypen und das Wägungsschema ebenfalls permanent (in den Jahren 1914, 1938, 1950, 1958, 1962, 1970, 1976, 1980, 1985, 1991 und 2005) neueren Bauweisen angepasst wurden und

c) die bis auf 1913 zurückgehende Baupreisindexreihe des Statistischen Bundesamtes für eine Umrechnung der 1913er-Normalherstellungskosten völlig ungeeignet ist[30].

Die **Sachwertermittlung vollzieht sich** heute **auf der Grundlage der auf die Brutto-Grund-** **571** **fläche bezogenen Normalherstellungskosten** (NHK 2000).

a) Vereinfachte Ermittlung des umbauten Raums nach mittleren Geschosshöhen (Überschlagsberechnung)

Der **umbaute Raum** lässt sich **ausgehend von der bebauten Fläche des Gebäudes** – ermittelt **572** aus den gemessenen oder aus Bauzeichnungen abgegriffenen **Außenmaßen** – überschlägig ermitteln, wenn man das mittlere Baujahr des Gebäudes kennt; *Vogels* gibt hierfür folgende Geschosshöhen an (Abb. 33)[31]:

Abb. 33: Mittlere Geschosshöhe nach Vogels bei Wohngebäuden

Mittlere Geschosshöhe für Wohngebäude		
Baujahr	Geschosshöhe	
	Kellergeschoss	Wohngeschoss
um 1900	2,80 m	3,50 m
um 1930	2,50 m	3,00 m
um 1950	2,50 m	2,75 m

Für das ausgebaute sowie für das **nicht ausgebaute Dachgeschoss** müssen in Abhängigkeit **573** von der Dachneigung, der Haustiefe und der Drempelhöhe zusätzlich mittlere Geschosshöhen angesetzt werden.

Beispiel:

Wohnhaus aus dem Jahre 1955 mit Flachdach:	unterkellert
Bebaute Fläche (Außenmaße):	20 m × 15 m = 300 m²
Anzahl der Vollgeschosse:	III
Umbauter Raum = (300 m² × 3 × 2,75 m) + (300 m² × 2,50 m)	
Umbauter Raum =	3.225 m³ (überschlägig)

---

30 Metzmacher/Krikler, Gebäudeschätzung über die Bruttogeschossfläche, Köln 1996, S. 14 f.; FG Düsseldorf, Urt. vom 10.9.1993 – 14 K 255/88 F –, GuG 1994, 253 = EzGuG 20.148.
31 Vogels, Grundstücks- und Gebäudebewertung marktgerecht a.a.O., S. 23.

III Sachverständigenwesen — Flächen und Volumina

b) Vereinfachte Ermittlung des umbauten Raums im Versicherungswesen

574 Für die Ermittlung des umbauten Raumes werden von Versicherungsgesellschaften **vereinfachte Berechnungsweisen** vorgegeben. Diese Berechnungsmethoden entsprechen den in der Wertermittlungspraxis angewandten Methoden, als sich die Sachwertermittlung noch auf die sog. 13er-Normalherstellungskosten stützte.

575 Der **umbaute Raum** wird **überschlägig nach den Gebäudeabmessungen** ermittelt:

Grundfläche (m²) = Länge × Breite

Höhe (m) = Summe der Höhen der einzelnen Geschosse einschließlich Dachraum

Länge und Breite von Außenkante zu Außenkante der Umfassungsmauern

Höhe von der Oberkante des Kellerfußbodens bis zur Oberkante der Decke des obersten Vollgeschosses. Sie lässt sich am besten im Treppenhaus messen.

Ist eine genaue Ermittlung nicht möglich, so können bei Wohngebäuden folgende Höhen angenommen werden:

– Kellergeschoss: rd. mit 2,5 m
– Erdgeschoss und Obergeschosse: je rd. mit 3 m

576 Der **umbaute Raum** wird errechnet:

Länge × Breite × Höhe = m³

Wenn das **Dach** im Querschnitt ein Dreieck ist, darf die Höhe für den Dachraum nur zur Hälfte berücksichtigt werden, d.h., die Dachhöhe kann überschlägig mit der Hälfte der Gebäudebreite angenommen werden.

Das **Keller-,** das **Erdgeschoss** und die **Obergeschosse** sind mit ihrem vollen Volumen anzusetzen, ein **Dachgeschoss** nur, wenn es ausgebaut ist. Der nicht ausgebaute Dachraum wird im Rahmen der Heranziehung von 13er-Normalherstellungskosten nur mit einem Drittel seines umbauten Raums berücksichtigt.

Beispiel:

577 2-geschossiges Wohngebäude, unterkellert, mit Satteldach (Abb. 34)

Abb. 34: Wohngebäude

Berechnung des umbauten Raums

bei ausgebautem Dachgeschoss:

$88 \times 8{,}5 = 748 \text{ m}^3$

$+ \text{DG } 88 \times 4/2 = 176 \text{ m}^3$

$= 924 \text{ m}^3$

bei nicht ausgebautem Dachgeschoss:

$88 \times 8{,}5 = 748 \text{ m}^3$

$+ \text{DG } 88 \times 4/2 \times \mathbf{\mathit{1/3}} = 59 \text{ m}^3$

$= 807 \text{ m}^3$

Was die Ermittlung des Herstellungswerts auf der Grundlage der 13er auf den umbauten Raum bezogenen Normalherstellungskosten anbelangt, sei auf einen besonders ins Gewicht fallenden Unterschied zur Ermittlung des Herstellungswerts auf der Grundlage der NHK 2000 hingewiesen:

578

Grundsätzlich weisen ein ausgebautes und nicht ausgebautes Dachgeschoss das gleiche Raumvolumen auf. Da jedoch der Herstellungswert bei ausgebautem und nicht ausgebautem Dachgeschoss unterschiedlich ist, enthalten die **Tabellenwerke** aktueller (auf 2000 bezogener) **Normalherstellungskosten für Objekte mit ausgebautem und nicht ausgebautem Dachgeschoss jeweils gesonderte Tabellen.** Die auf den Kubikmeter umbauten Raum bezogenen Tabellenwerke der 13er-Normalherstellungskosten enthielten dagegen keine gesonderten Tabellenwerke für ausgebaute und nicht ausgebaute Dachgeschosse. Um den unterschiedlichen Ausbauzustand zu berücksichtigen, bediente man sich eines „Tricks", indem man das Volumen eines nicht ausgebauten Dachgeschosses nur mit einem Drittel zum Ansatz brachte. Im Ergebnis reduzierte man also das Dachvolumen, statt die Normalherstellungskosten des nicht ausgebauten Dachgeschosses zu reduzieren.

4.3.4 Brutto-Rauminhalt (BRI) nach DIN 277/2005

Die DIN 277 von 2005 **unterscheidet zwischen folgenden Volumina:**

579

a) ***Brutto-Rauminhalt (BRI);*** er definiert sich als die Summe der Rauminhalte des Bauwerks über Brutto-Grundflächen und ergibt sich aus der Brutto-Grundfläche (vgl. Rn. 539) multipliziert mit der zugehörigen Höhe. Die zugehörige Höhe berechnet sich

   – im *untersten Geschoss:* die Länge von der Unterkante (UK) der konstruktiven Bauwerkssohle bis zur Oberkante (OK) des Bodenbelags des darauffolgenden Geschosses,

   – in den *mittleren Geschossen:* jeweils zwischen den Oberkanten (OK) des Bodenbelags,

   – im *obersten Geschoss:* von der Oberkante des Bodenbelags bis zur Oberkante des Dachbelags,

   – in Flächenbereichen: bis zur Oberkante der umschließenden Bauteile wie Brüstungen, Attiken und Geländer.

   Unberücksichtigt bleiben Tief- und Flachgründungen, Lichtschächte, Außentreppen und Außenrampen, Eingangsüberdachungen, Dachüberstände, soweit sie nicht Überdeckungen für den Bereich b (vgl. Rn. 504) darstellen, auskragende Sonnenschutzanlagen, über den Dachbelag aufgehende Schornsteinköpfe, Lüftungsrohre und -schächte.

b) ***Netto-Rauminhalt (NRI);*** er definiert sich als die Summe der lichten Rauminhalte aller Räume, deren Grundflächen zur Netto-Grundfläche gehören, und ergibt sich aus der Netto-Grundfläche, multipliziert mit der zugehörigen lichten Raumhöhe.

   Nicht zum Netto-Rauminhalt gehören z. B. der Rauminhalt über abgehängten Decken, in Doppelböden und in mehrschaligen Fassaden.

III Sachverständigenwesen   Flächen und Volumina

c) **Konstruktions-Rauminhalt (KRI)**; er definiert sich als die Summe der Rauminhalte der Bauteile, die Netto-Rauminhalte umschließen. Der Konstruktions-Rauminhalt schließt die Rauminhalte ein von

- abgehängten Decken,
- Doppelböden,
- mehrschaligen Fassaden,
- Installationskanälen und -schächten mit einem lichten Querschnitt bis 1,0 m².

Der Konstruktions-Rauminhalt ist die Differenz zwischen Brutto-Rauminhalt und Netto-Rauminhalt.

580   Bei der **Ermittlung des Brutto-Rauminhalts gelten folgende Grundsätze:**

1) Der Brutto-Rauminhalt ist aus den Brutto-Grundflächen und den dazugehörenden Höhen zu ermitteln. Als Höhen für die Ermittlung des Brutto-Rauminhaltes gelten die vertikalen Abstände zwischen den Deckenbelagsoberkanten der jeweiligen Grundrissebenen bzw. bei Dächern die Dachbelagsoberkanten.

2) Für die Höhen des Bereichs c sind die Oberkanten begrenzender Bauteile, z. B. Brüstungen, Attiken, Geländer, maßgebend.

3) Bei untersten Geschossen gilt als Höhe der Abstand von der Unterkante der konstruktiven Bauwerkssohle bis zur Deckenbelagsoberkante der darüber liegenden Grundrissebene.

4) Bei Bauwerken oder Bauwerksteilen, die von nicht vertikalen und/oder nicht waagerechten Flächen begrenzt werden, ist der Rauminhalt nach entsprechenden geometrischen Formeln zu ermitteln.

581   Bei der Berechnung des Brutto-Rauminhalts ergeben sich mindestens drei **getrennte Volumina** (bei Gebäuden mit Satteldächern vier Rauminhalte) von unterschiedlicher Wertigkeit, für die jeweils getrennte Raummeterpreise anzusetzen sind (vgl. Abb. 35).

Abb. 35:   **Ermittlung des Brutto-Rauminhalts nach DIN 277/2005**

a: Brutto-Rauminhalt von allseitig umschlossenen und überdeckten Bauteilen,
b: Brutto-Rauminhalt von nicht allseitig in voller Höhe umschlossenen, jedoch überdeckten Bauteilen,
c: Brutto-Rauminhalt von Bauwerken/Teilen von Bauwerken, die von Bauwerken umschlossen, jedoch nicht überdeckt sind.

Flächen und Volumina **Sachverständigenwesen III**

Um die **Größenordnung der Differenz** zwischen dem umbauten Raum und dem Brutto- **582**
Rauminhalt **überschlägig** abschätzen zu können, geben folgende **Richtzahlen** einen Anhalt:

Gebäudeform   Abschlag in v. H. des Brutto-Rauminhalts
                                                 (DIN 277, 2005)

Gebäude mit Flachdach ca. 3 bis 8
(Abschlag ist abhängig von der Höhe der Dachaufkantung und
der Unterkante der den Fußboden tragenden Konstruktion)

Gebäude mit offenem Dachraum   ca. 3 bis 8
Gebäude mit nicht ausgebautem Dachgeschoss (Dachneigung 45 °)   bis ca. 50
Gebäude mit ausgebautem Dachgeschoss   ca. 3 bis 8

Für genauere Sachwertermittlungen sind die Richtzahlen jedoch nicht brauchbar.

Um erkennen zu können, nach welcher **DIN-Vorschrift** das Volumen berechnet wurde, ist auf Folgendes zu achten:

— Datum der Berechnung: Volumen für Bauten ab 1974 wurden im Allgemeinen nach DIN 277 (2005) berechnet.

— Die Berechnung des Dachraumes bei Gebäuden mit Satteldächern erfolgt nach DIN 277 (1973/1987/2005) mit dem Höhenansatz 1/2, nach DIN 277 (1950), davon 1/3, wenn das Dach nicht ausgebaut ist (1/3 × 1/2) = 1/6.

— Bei der Berechnung nach DIN 277 (1950) liegen Baurichtmaße zugrunde.

— Bei Berechnung nach DIN 277 (1973/87) muss die Aufteilung in getrennte Volumina erkennbar sein.

Die **Berechnung des Volumens nach DIN 277/2005** führt im Regelfall zu einem anderen **583**
Ergebnis als die Volumenberechnung nach DIN 277 (1950); vgl. Abb. 36.

Abb. 36: Unterschiede in der Berechnung des Brutto-Rauminhalts (DIN 277/2005) und des umbauten Raums (DIN 277, 1950)

4.4 Ausbauverhältnis

▶ *Zur Bedeutung vgl. § 8 ImmoWertV Rn. 110*

584 Die **Wirtschaftlichkeit eines Gebäudes** ergibt sich aus dem Verhältnis

– der Brutto-Grundfläche zur Netto-Grundfläche und
– der Hauptnutzfläche zur Nebennutzfläche.

Insbesondere das zuletzt genannte Verhältnis stellt in der Bauwirtschaft die heute maßgebliche Kenngröße dar. In der bisherigen Wertermittlungspraxis wurde diesbezüglich vor allem das sog. Ausbauverhältnis herangezogen.

585 Als das Ausbauverhältnis bezeichnet man das **Verhältnis zwischen dem Rauminhalt** (umbauter Raum) **und der Wohn- bzw. Nutzfläche**

$$\text{Ausbauverhältnis [m]} = \frac{\text{Rauminhalt (umbauter Raum) [m}^3\text{]}}{\text{Wohn-/Nutzfläche [m}^2\text{]}}$$

586 Das **Ausbauverhältnis** ist insbesondere **vom Baujahr des Gebäudes** abhängig, da im Laufe der Zeit immer effizientere Gebäudeaufteilungen erreicht werden konnten. Eine hohe Ausbauverhältniszahl zeigt i.d.R. eine wertmindernde Überhöhe der Geschosse an.

587 Damit kann **unwirtschaftlichen Geschosshöhen** und einem unwirtschaftlich hohen Anteil an Funktions- und Verkehrsflächen Rechnung getragen werden. Unwirtschaftliche Geschosshöhen finden bei Anwendung flächenbezogener Normalherstellungskosten ohnehin keinen Eingang in die Gebäudesachwertermittlung. Einem **unwirtschaftlich hohen Anteil an Funktions- und Verkehrsflächen** muss dagegen weiterhin Rechnung getragen werden. Darüber hinaus ist aber noch wertmäßig einem ungünstigen Verhältnis zwischen Haupt- und Nebennutzflächen Rechnung zu tragen. Bei alledem ist solchen wertmindernden Umständen im Rahmen des § 8 Abs. 3 ImmoWertV (wirtschaftliche Wertminderung) Rechnung zu tragen.

Abb. 37: Ausbauverhältnis

▶ *Zu Normen und Standards nach DIN 277/1950, DIN 277/2005-02, Wohnflächenverordnung – WoFiV, Wohnfläche nach II. BV, Wohnfläche nach DIN 283/1951, Geschossfläche nach BauNVO, Richtlinie MF-G siehe 5. Auflage dieses Werkes S. 336 ff. oder unter www.kleiber-digital.de*

Teil IV

**Gutachterausschusswesen und Verkehrswert
(§§ 192 bis 199 Baugesetzbuch – BauGB)**

Das Gutachterausschusswesen und der Verkehrswert; das Recht der Wertermittlung des Baugesetzbuchs BauGB – (§§ 192 bis 199 BauGB)

1 Vorbemerkungen zum Wertermittlungsrecht des BauGB

Gliederungsübersicht Rn.
1.1 Wertermittlungsrecht des Bundes
    1.1.1 Allgemeines 1
    1.1.2 Gesetzgebungskompetenz und Gesetzgebungsmotive 4
    1.1.3 Inkrafttreten 19
    1.1.4 Annex: Treutax 23
1.2 Wertermittlungsrecht der Länder 27

1.1 Wertermittlungsrecht des Bundes

1.1.1 Allgemeines

Schrifttum: *Schaar, H-W.,* Gutachterausschüsse online – Neue Dimensionen der Markttransparenz, GuG 2002, 30.

Das Recht der Wertermittlung ist im Baugesetzbuch – BauGB – im Ersten Teil des Dritten Kapitels (§§ 192 bis 199 BauGB) geregelt. Die §§ 192 ff. BauGB enthalten im Wesentlichen Regelungen über die **Einrichtung der Gutachterausschüsse für Grundstückswerte und deren Aufgaben, die materielle Definition des** im Städtebaurecht maßgeblichen **Marktwerts (Verkehrswerts) von Grundstücken sowie** die **Ermächtigungsgrundlagen** zum Erlass von Vorschriften über

a) die Anwendung gleicher Grundsätze bei der Ermittlung der Verkehrswerte (Immobilienwertermittlungsverordnung durch die Bundesregierung) und

b) die Bildung und das Tätigwerden von Gutachterausschüssen, Oberen Gutachterausschüssen und Zentralen Geschäftsstellen (Gutachterausschussverordnung) durch die Landesregierungen.

Der im BauGB definierte Marktwert (Verkehrswert, § 194 BauGB) hat im allgemeinen Wirtschafts- und Rechtsleben eine allgemeingültige Bedeutung erlangt. Der Verkehrswert ist zudem identisch mit dem im Steuerrecht maßgeblichen gemeinen Wert und dem in der Rechnungslegung maßgeblichen „beizulegenden Zeitwert" *(fair value)*; vgl. § 194 BauGB Rn. 173 ff. 206 ff., Teil II Rn. 18. Die ImmoWertV (vormals WertV) enthält ergänzend hierzu allgemeine Grundsätze für die Ermittlung des Verkehrswerts. Die Ausführungs-VOen der Länder enthalten dagegen Vorschriften, die die Tätigkeit der Gutachterausschüsse – ergänzend zu den bundesrechtlichen Vorschriften des BauGB – regeln. Darüber hinaus haben Bund und Länder im untergesetzlichen Bereich eine Reihe von Verwaltungsanweisungen erlassen, die auch für die außerhalb der Gutachterausschüsse für Grundstückswerte tätigen Sachverständigen eine nicht unerhebliche Bedeutung erlangen konnten (vgl. Vorbem. zur ImmoWertV Rn. 40 ff.).

Zur **Einordnung der zum BauGB erlassenen ImmoWertV,** der GutachterausschussV sowie der hierzu erlassenen Richtlinien (Abb. 1).

Abb. 1: Bundes- und landesrechtliche Regelungen zur Wertermittlung

1.1.2 Gesetzgebungskompetenz und Gesetzgebungsmotive

4 Die **Gesetzgebungskompetenz des Bundes** zum Erlass von Vorschriften über die Wertermittlung von Grundstücken stützt sich auf Art. 74 Nr. 18 GG. Das Bundesverfassungsgericht – BVerfG – hatte im Jahre 1954 auf Antrag des Bundestags, des Bundesrates und der Bundesregierung ein Gutachten über die Erfordernisse der Bau- und Bodengesetzgebung erstattet und führt hierin wie folgt aus: „Bodenbewertung kann nicht Selbstzweck sein. Sie ist für die verschiedensten Zwecke erforderlich, außer für die in dem Gutachtenantrag genannten bau- und bodenrechtlichen Vorgänge z. B. auch für die Vermögensteuer, die Grundsteuer und die Grunderwerbsteuer. Sie stellt daher kein selbstständiges Rechtsgebiet dar. Darum ist eine Zuständigkeit des Bundes zur Gesetzgebung über die Bodenbewertung nur soweit zu bejahen, als diese im Zusammenhang steht mit Materien, für die eine Gesetzgebungszuständigkeit des Bundes gegeben ist. Soweit in diesem Gutachten die Bundeszugehörigkeit für einzelne Materien bejaht ist, ist daher auch die Zuständigkeit des Bundes für die Gesetzgebung über Bodenbewertung gegeben; sie kann einheitlich oder für die einzelnen Materien gesondert geregelt werden"[1].

5 Die Einrichtung „Gutachterausschüsse für Grundstückswerte" geht – gestützt auf dieses Gutachten – in ihrer heutigen Form auf das BBauG vom 23.6.1960 (BGBl. I 1960, 341) zurück. Das BBauG 1960 hat mit Wirkung vom 30.10.1960 erstmals nach dem Krieg die bis dahin geltende, aus dem Jahre 1936 stammende Preisstopppregelung für das Gebiet der alten Bundesländer (vgl. Teil II Rn. 99 ff.) vollständig aufgehoben (§ 186 Nr. 65 bis 67 BBauG 1960). Mit der **Aufhebung des Preisstopps** war die Notwendigkeit verbunden, die terra incognita des Grundstücksmarktes transparent zu machen und Vorkehrungen zu treffen, um Veräußerer und Erwerber in Unkenntnis der Wertverhältnisse auf dem Grundstücksmarkt vor Übervorteilung zu schützen[2]. Dies war das entscheidende Motiv für die Einrichtung von Gutachterausschüssen für Grundstückswerte mit den ihnen übertragenen Pflichten, eine Kaufpreissammlung zu führen und auf dieser Grundlage Gutachten über Grundstückswerte und jedermann

---

[1] Rechtsgutachten des BVerfG über die Zuständigkeit des Bundes zum Erlass eines Baugesetzes vom 16.6.1954 – 1 P BvV 2/52 –, EzGuG 19.3c.
[2] 3. Buch Mose, Kapitel 25 Vers 14.

zugängliche Bodenrichtwerte zu ermitteln³. Hingegen wurde damit nicht das Ziel verfolgt, mit der Tätigkeit der Gutachterausschüsse Einfluss auf die Preisentwicklung auf dem Grundstücksmarkt auszuüben. Mit der aufklärenden Tätigkeit sollte allenfalls „übermäßigen Pendelausschlägen der Preise nach oben und nach unten im Sinne einer Beruhigung des Marktes" entgegengewirkt werden. In diesem Zusammenhang wurde auch von einem „Schwingungsdämpfer" gesprochen⁴.

Historisch gesehen war das Bedürfnis nach mehr **Transparenz des Grundstücksmarktes** bei Erlass des BBauG 1960 besonders ausgeprägt, weil das aus dem Jahre 1936 stammende Verbot von Preiserhöhungen gemäß Preisstopp vom 26.11.1936 (RGBl. II 1936, 955)⁵ sowie auf Grund der §§ 2 und 3 des Preisgesetzes vom 10.4.1948⁶ nach § 185 BBauG 1960 erst mit Wirkung vom 30.10.1960 aufgehoben wurde, nachdem der Preisstopp nur kurzfristig und vorübergehend auf Grund des sog. Leitsätzegesetzes vom 24.6.1948 aufgehoben war. Demzufolge bestand im Jahre 1960 kein eigentlicher dem freien Spiel der Kräfte ausgesetzter Baubodenmarkt. Die völlige Freigabe des Grundstücksmarktes verlangte ausreichende Transparenz, um im Sinne marktwirtschaftlicher Prinzipien funktionsfähig zu werden. Auch wenn nunmehr der Bodenmarkt im Prinzip schon vier Dezennien dem freien Spiel der Kräfte überlassen ist, macht es eine spezifische Eigenart⁷ nach wie vor erforderlich, der allgemein stärkeren Position des Verkäufers bei steigenden Bodenpreisen durch größere Transparenz der Grundstücksmarktverhältnisse ausgleichend entgegenzuwirken; Entsprechendes gilt im Übrigen auch bei fallenden Bodenpreisen. 6

Die Integration des Wertermittlungsrechts in das Städtebaurecht des Bundesbaugesetzes (BBauG) von 1960 war der Schlussstein einer langen im Zusammenhang mit der Aufhebung des Preisstopps geführten politischen Auseinandersetzung⁸. Ursprünglich bestand die Vorstellung, ein eigens über den städtebaulichen Bereich hinausgehendes **Verkehrswertgesetz** zu schaffen (StenProt. der 270. BT-Sitzung, S. 13355 vom 11.6.1953). Dagegen sah der Erste Referentenentwurf eines „Baugesetzes für die Bundesrepublik Deutschland" – sog. Dittus-Entwurf – bereits in einem eigenen (Fünften) Teil Vorschriften für die Ermittlung von Grundstückswerten vor (Bonn 1950). Der später von 127 Abgeordneten aller Parteien eingebrachte Initiativentwurf eines BBauG vom 26.10.1955 übernahm diesen Vorschlag (BT-Drucks. II/1813) ebenso wie der Entwurf eines Baugesetzes (Hauptkommissionsentwurf, Schriftenreihe des BMWo Bd. 7 und 9), der am 2.3.1956 von der beim Bundesministerium für Wohnungsbau gebildeten Hauptkommission für die Baugesetzgebung vorgelegt wurde. Der von der Bundesregierung vorgelegte Referentenentwurf folgte schließlich diesem Beispiel. Er wurde am 26.7.1956 vom Bundeskabinett beschlossen und dem Bundesrat am 25.9.1956 zugeleitet. 7

Daneben hat es eine Reihe parlamentarischer Initiativen zur Bodenbewertung und über die Einführung einer **Grundrentenabgabe**⁹, über die Bemessung von Enteignungsentschädigungen¹⁰ sowie zur Beseitigung von Preisbindungen (Preisstopp) gegeben¹¹.

---

3 Wissenschaftlicher Beirat für Fragen der Bodenbewertung beim Bundesminister für Wohnungsbau: Vorschläge zur Ordnung des Baulandmarktes, Schriftenreihe des BMWo Bd. 12 S. 3.59; BT-Drucks. III/336, S. 105; Hauptkommission für die Baugesetzgebung beim BMWo: Entwurf eines Baugesetzes, Schriftenreihe des BMWo, Bd. 7, S. 133 ff., Bd. 9, S. 69 ff.
4 BT-Drucks. III/336, S. 105 ff.; zu BT-Drucks. III/1794, S. 26 f.; Bundesminister Lücke sprach anlässlich der 3. Lesung von einer „Überführung des Grundstücksmarktes in die soziale Marktwirtschaft, gleichzeitig Einbau von Bestimmungen, die sicherstellen, dass dem Bodenwucher wirksam entgegengetreten wird ..." (116. Sitzung des BT vom 20.5.1960; StenProt. S. 6635 C).
5 Stahlkopf in AVN 1940, 246.
6 WiGBl. 1948, 2.
7 BVerfG, Beschl. vom 12.1.1967 – 1 BvR 169/63 – EzGuG 6.96.
8 Der Referentenentwurf für ein Reichsstädtebaugesetz von 1931 enthielt keine „Vorbildregelung"; §§ 85 ff. dieses Entwurfs regelten die Wertermittlung in Anlehnung an das Reichsbewertungsgesetz (RArbBl. I 1931, 266), jedoch war für Entschädigungsfestsetzungen im § 69 eine **Schätzbehörde** vorgesehen, deren Festsetzungen **nicht** verbindlich sein sollten.
9 Gesetzentwurf der Fraktion des GB/BHE vom 27.2.1956, BT-Drucks. II/2132.
10 Antrag der Abgeordneten Huth, Schneider, Wittenberg und Genossen vom 27.5.1953, BT-Drucks. II/1426.
11 Antrag der FDP vom 7.11.1957, BT-Drucks. III/13.

IV Gutachterausschusswesen

8 Die **Notwendigkeit einer Verankerung des Wertermittlungsrechts im Bundesbaugesetz** war in der Beratung des RegE von 1956 nicht unumstritten. Während der Finanzausschuss eine Streichung der Wertermittlungsvorschriften empfahl, sah der Agrar- und Wirtschaftsausschuss des Deutschen Bundestags und vor allem der Ausschuss für Wiederaufbau und Wohnungswesen (Sitzung am 8.3.1958, BR-Drucks. 47/1/58) ein dringendes Bedürfnis für diese Vorschriften, um Spekulationsgewinne im Zusammenhang mit der Aufhebung des Preisstopps zu verhindern (vgl. auch 270. Sitzung der 1. WP des Deutschen Bundestags). In unveränderter Fassung wurde der RegE am 13.12.1956 dem Deutschen Bundestag zugeleitet (BT-Drucks. II/3028), der ihn in seiner 183. Sitzung am 11.1.1957 (StenBer S. 10160 B) an die Ausschüsse überwies[12].

9 Nachdem der RegE von 1956 in der 2. Legislaturperiode nicht mehr zur Verabschiedung gelangte, legte die BReg anfangs der 3. Legislaturperiode erneut eine überarbeitete Fassung des RegE von 1956 vor[13]. Der überarbeitete Entwurf wurde vom Deutschen Bundestag in seiner 33. Sitzung erneut beraten[14]. Auf Grund der Beratung wurde vom Bundesministerium für Wohnungswesen ein **Wissenschaftlicher Beirat für Fragen der Bodenbewertung** eingesetzt, der die BReg und die gesetzgebenden Körperschaften über weitere Fragen des Bodenmarktes beraten sollte. Dieser erstattete am 25.9.1958 ein Gutachten über „Vorschläge zur Ordnung des Baulandmarktes"[15].

10 Im Kern ging es bei den weiteren Beratungen weniger um die Fragen der Bodenbewertung im engeren Sinne, als um Fragen der **bodenordnerischen Flankierung der Aufhebung des Preisstopps** insbesondere durch Einführung einer Baulandsteuer[16]. Die Ergebnisse der Beratungen zum RegE von 1958 sind im sog. Hesberg-Bericht des federführenden 24. BT-Ausschusses zusammengefasst[17].

11 Mit der Verabschiedung des BBauG im Jahre 1960 und dem **„Scheitern" der Baulandsteuer** wollte die bodenpolitische Diskussion nicht verstummen. Auf der Grundlage des Beschlusses des Deutschen Bundestags vom 18.5.1962 (BT-Drucks. IV/212 Umdruck 103) hat der damalige Wohnungsbauminister Lücke erneut einen Bericht über Maßnahmen zur raumordnerisch wirksamen Förderung einer verstärkten Ausweisung und Erschließung neuen Baulands in Randgebieten der Schwerpunkte des Wohnungsbedarfs vorgelegt[18].

12 Mit der **BBauG-Novelle 1976** wurde das gesetzgeberische Motiv von 1960 aufgegriffen und die Institution „Gutachterausschuss" gestärkt. Der Aufgabenkatalog der Gutachterausschüsse wurde erweitert (vgl. § 136 BBauG 76). Darüber hinaus wurden die Rechtsgrundlagen mit dem Ziel einer Verbesserung der materiellen Grundlagen der Wertermittlung fortentwickelt (vgl. § 143a BBauG 76)[19].

13 Im Verlauf der Vorbereitung des Baugesetzbuchs wurde von Fachleuten aus Ländern und Verbänden übereinstimmend festgestellt, dass sich die seit 1960 bestehende Institution Gutachterausschuss bewährt habe[20]. Die bei den Gutachterausschüssen eingerichteten und von ihnen ausgewerteten Kaufpreissammlungen sowie die aus ihnen abgeleiteten Bodenrichtwerte, die überwiegend jährlich abgeleitet und veröffentlicht werden, die ebenfalls vom Gutachterausschuss abgeleiteten und dem Bürger zugänglichen Bodenpreisindexreihen, Umrechnungs-

---

12 Keine zwingenden Gründe für die Einrichtung von Gutachterausschüssen konstatierte die CDU (Rheinland – Wirtschaftsausschuss) in ihrer Stellungnahme zum Entw. des BBauG; abgedruckt in Boden, SBV Stadtbau-Verlag Dokumentation Bd. III, S. 47 f. Dt. Verband für Wohnungswesen, Städtebau und Raumplanung e. V., Bonn 1968.
13 RegE vom 16.4.1958 – BT-Drucks. III/336.
14 StenProt. der 33. Sitzung, S. 1838 ff.; vgl. Boden – eine Dokumentation Bd. III, S. 15.
15 Schriftenreihe des BMWo Bonn 1958, Bd. 12.
16 BT-Drucks. III/1794, S. 2436 StenProt. der 114. Sitzung des Deutschen Bundestags, S. 8164.
17 BT-Drucks. III/1794, S. 102 ff.; BT-Drucks. III/zu 1794, S. 26; StenProt. der 116. Sitzung des Deutschen Bundestags vom 20.5.1960, S. 6635 C; BT-Drucks. III/1861.
18 BT-Drucks. IV/707.
19 BT-Drucks. 7/4793 S. 51 ff.; BR-Drucks. 190/1/76, S. 433; BT-Sitzung vom 9.4.1976 StenProt. S. 145 ff.; BTDrucks. 7/5059, S. 10; 435. BR-Sitzung vom 4.6.1976, S. 229 ff.; 227. BT-Sitzung vom 11.3.1976, StenProt, S. 15870, 15845.
20 Materialien zum Baugesetzbuch, Schriftenreihe des BMBau, 03.108, Bonn 1984, S. 209 ff.; als Vorläufer kann das Pr. Schätzungsamtsgesetz – SchAG – vom 8.6.1918 (ABl. 1918, 463, Pr. GS I 1918. 83 = Jahrbuch der Bodenreform 1919. 47) gelten; vgl. Teil II Rn. 44.

koeffizienten, Liegenschaftszinssätze usw. tragen wesentlich zur Transparenz auf den örtlichen Bodenmärkten – erklärtes Ziel des BBauG 1960 – bei. Diese Daten geben nämlich einen Einblick in das Geschehen auf dem Grundstücksmarkt, wie er sonst nicht vermittelt werden kann. Deren Veröffentlichungen sichern die **Transparenz des Grundstücksmarktes** und wirken einer „ungesunden Entwicklung" auf diesem Markt entgegen. Vor allem aber ist die Tätigkeit der Gutachterausschüsse – auch im Bewusstsein der Fachleute und Bürger – für Wertermittlungen allgemein und für Wertermittlung z. B. im Rahmen von Maßnahmen der Bauleitplanung, der Bodenordnung und bei der Bemessung der Enteignungsentschädigung unentbehrlich. Gleichzeitig wird hierdurch ein hohes Maß an Chancengleichheit verwirklicht, weil diese Daten jedermann zugänglich sind. Hieraus resultiert eine allgemeine Anerkennung der Gutachterausschüsse und ihrer Tätigkeit nicht nur unter Fachleuten, sondern auch in weiten Kreisen der Bevölkerung. Die Gutachterausschüsse sind deshalb als mittlerweile schon traditionelle Einrichtungen mit gewachsener Verwaltungsstruktur anzusehen, die wegen ihrer Kompetenz allseitig stark frequentiert werden.

Unter Hinweis auf die Regierungserklärung vom 4.5.1983, in der der „Verlagerung öffentlicher Dienstleistungen auf freiberuflich Tätige" besondere Bedeutung beigemessen wurde[21], sowie auf eine steuerliche Subventionierung[22] der Tätigkeit der Gutachterausschüsse wurde im Verlauf des Gesetzgebungsverfahrens zum BauGB eine Einschränkung des Aufgabenbereichs der Gutachterausschüsse gefordert (vgl. § 193 BauGB Rn. 45 ff.). Nach Ansicht der damaligen Bundesregierung durften jedoch größere Wettbewerbsverzerrungen in diesem Bereich nicht vorhanden sein; sie stützte sich dabei auf die Beschlussempfehlung und den Bericht des Bundestagsausschusses für Raumordnung, Bauwesen und Städtebau zu dem von der Bundesregierung eingebrachten Entwurf eines Gesetzes über das Baugesetzbuch. Der Ausschuss sah in der **Tätigkeit der Gutachterausschüsse keine ernsthafte Konkurrenz zu der Tätigkeit der freien Sachverständigen,** weil dazu der Anteil der von den Ausschüssen erstellten Gutachten mit weniger als 10 v. H. der Gesamtzahl der von den selbstständigen Sachverständigen erstellten Gutachten zu gering sei (vgl. § 193 BauGB Rn. 48)[23]. **14**

Bei der Erarbeitung des Baugesetzbuchs bestand nach dem Vorhergesagten keine Veranlassung, die Vorschriften über die „Wertermittlung" nicht in das Gesetzbuch aufzunehmen. Dies umso weniger, als weder von den Ländern noch von den kommunalen Spitzenverbänden oder den sonstigen Verbänden eine solche Forderung erhoben worden ist. Eine Abschaffung hätte auf Unverständnis stoßen müssen, weil sie der **Zersplitterung** eines bisher **einheitlichen Rechts** auf einem wichtigen Gebiet Vorschub leisten würde und ganz eindeutig der Intention des BBauG 1960 (Schaffung solider Grundlagen einer Verkehrswertermittlung) zuwiderliefe. **15**

---

21 Aktuelle Beiträge des Presse- und Informationsamtes der BReg Nr. 16/1984 vom 23.2.1984; darin wird die „Aufgabenverlagerung auf die wirtschaftliche Selbstverwaltung im Bereich des Sachverständigenwesens" ausdrücklich genannt; vgl. auch Wanhoff, DÖV 1982, 310; BT-Drucks. 11/6985, S. 18 ff.; BT-Drucks. 12/21, S. 42; BT-Drucks. 12/7468 = GuG aktuell 1994, 18; Hoffmann in GewArch 1991, 251; vgl. auch sog. „15-Punkte-Programm" des Bundesverbands mittelständische Wirtschaft – BVMW – „Privatisierung und Deregulierung der Freien Berufe" in GuG-aktuell 1994, 34; Ossenbühl, F., Die Erfüllung von Verwaltungsaufgaben durch „Private"; Veröffentlichung der Vereinigung Deutscher Staatsrechtslehrer Berlin 1971, Bd. 29; Forum 1985, 121; Siedentopf, H., Die Übertragung von öffentlichen Dienstleistungen auf öffentlich bestellte und vereidigte Sachverständige, Rechtsgutachten, Speyer 1988; vgl. auch die Stellungnahme des Bundes der Steuerzahler in AVN 1968, 580.
22 Hierzu: Antwort des parl. Staatssekretärs des BMF vom 25.7.1987 auf eine entsprechende parlamentarische Anfrage (BT-Drucks. 11/658, S. 4 f.); „Eine besondere Umsatzsteuerbefreiung für die Leistungen der Gutachterausschüsse gibt es weder im Umsatzsteuergesetz noch im Baugesetzbuch. Auf die Gutachterausschüsse als öffentlich-rechtliche Einrichtungen sind die umsatzsteuerlichen Vorschriften anzuwenden, die allgemein für die Umsatzbesteuerung der öffentlichen Hand gelten (vgl. § 2 Abs. 3 UStG). Danach unterliegen die Ausschüsse mit den Leistungen nicht hoheitlicher Natur der Umsatzsteuer, soweit die Voraussetzungen eines Betriebs gewerblicher Art im Sinne des Körperschaftsteuerrechts erfüllt sind. Dazu müssen bei den wirtschaftlichen Tätigkeiten die jeweiligen Ausschüsse (z. B. bei Verkehrswertermittlungen zu privaten Zwecken) die in § 4 Körperschaftsteuergesetz und Abschnitt 5 Körperschaftsteuer-Richtlinien bezeichneten Merkmale vorliegen. Insbesondere muss grundsätzlich die Bagatellgrenze von 60 000 DM Jahresumsatz überschritten sein. Ist dies der Fall, so sind die im Rahmen des Betriebs gewerblicher Art ausgeführten Leistungen der Umsatzsteuer zu unterwerfen".
23 BT-Drucks. 11/658, S. 5 sowie BT-Drucks. 10/6166, S. 137 f.

IV Gutachterausschusswesen — Vorbem. zum BauGB

16 Insgesamt „leidet" die Verkehrswertermittlung, trotz einer permanenten und mehr dem modischen Zeitgeist Rechnung tragenden „Deregulierungsdiskussion", nicht an einem Übermaß staatlicher Vorgaben, sondern eher an **berufsständischen Defiziten der maßgeblichen Verbände**[24].

17 Die Wertermittlungsvorschriften des BauGB zielen auf eine „kompakte" **Gliederung und Straffung der Regelungen** ab: Vor allem sollen die wesentlichen Institutionen für die Wertermittlung, deren Organisation und materielle Grundlagen erhalten bleiben. Der Gesetzgeber hat sich bei der Regelung der Grundstückswertermittlung erklärtermaßen aber dort zurückgehalten, wo er im Rahmen des Gesetzgebungsverfahrens eine größere Sachkompetenz bei den Ländern erblickte und wo es sich um Selbstverständlichkeiten oder reine Verwaltungsabläufe handelt. Das gilt insbesondere hinsichtlich der Regelung über das Tätigwerden der Gutachterausschüsse im Einzelnen und der Organisation der Gutachterausschüsse.

18 Das **BauGB** hält an den Eckpunkten des bisherigen Rechts (BBauG) fest, nach dem

- für die Ermittlung von Grundstückswerten selbstständige und unabhängige Gutachterausschüsse gebildet werden (§ 192 Abs. 1 BauGB),
- die Gutachterausschüsse jeweils aus einem Vorsitzenden und ehrenamtlichen weiteren Gutachtern bestehen (§ 192 Abs. 2 BauGB),
- der Vorsitzende und die weiteren Gutachter Sachkunde und Erfahrungen haben sollen (§ 192 Abs. 3 BauGB),
- dem Gutachterausschuss eine Geschäftsstelle zur Seite gestellt wird (§ 192 Abs. 4 BauGB) und
- die Gutachterausschüsse insbesondere eine Kaufpreissammlung führen, Bodenrichtwerte und auf Antrag Verkehrswerte von Grundstücken gutachtlich ermitteln sowie sonstige für die Wertermittlung erforderliche Daten ableiten (§ 193 Abs. 3 BauGB).

Mit Art. 4 des **Erbschaftsteuerreformgesetzes – ErbStRG** vom 24.12.2008 (BGBl. I 2008, 3018) sind die Wertermittlungsvorschriften des BauGB den Bedürfnissen der steuerlichen Bewertung angepasst worden. Die Änderungen zielen im Wesentlichen auf eine flächendeckende Bodenrichtwertermittlung für alle Grundstücksarten ab (vgl. § 196 BauGB in der ab 1.7.2009 geltenden Fassung). Um dafür eine „bundesweit einheitliche Datengrundlage" (so die amtliche Begründung) zu schaffen, wurde die bisherige Ermächtigung der Länder, die Ableitung der Bodenrichtwerte zu regeln, auf die Bundesregierung übertragen (vgl. § 199 in der ab 1.7.2009 geltenden Fassung). Im Zuge dieser Reform wurde die WertV vom 6.12.1988 (BGBl. I 1988, 2209), zuletzt geändert durch Art. 3 des Gesetzes zur Änderung des Baugesetzbuchs und zur Neuregelung des Rechts der Raumordnung (Bau- und Raumordnungsgesetz 1998 – BauROG) vom 18.8.1997 (BGBl. I 1997, 2081), durch die am 1.7.2010 in Kraft getretene Immobilienwertermittlungsverordnung – ImmoWertV – ersetzt.

1.1.3 Inkrafttreten

19 Das mit dem Erbschaftsteuerreformgesetz – ErbStRG – geänderte Wertermittlungsrecht des BauGB ist gemäß Art. 6 Abs. 2 ErbStRG am 1.7.2009 in Kraft getreten.

Die bis dahin geltenden Regelungen des BauGB a.F. sind in den alten und neuen Bundesländern zu unterschiedlichen Zeitpunkten in Kraft getreten:

a) Alte Bundesländer

20 Das BauGB ist am *1. Juli* 1987 in Kraft getreten und hat das Bundesbaugesetz – BBauG –, das Städtebauförderungsgesetz – StBauFG – sowie die Ausgleichsbetragsverordnung abgelöst. Nach dem Überleitungsrecht des § 243 BauGB 87 waren jedoch zunächst die bisherigen materiellen Bestimmungen des BBauG über die Wertermittlung von Grundstücken (§§ 136 bis 144 BBauG) noch bis zum Inkrafttreten der in § 199 BauGB vorgesehenen Verordnungen, nämlich

---

[24] Kleiber in DS 1996, 21.

- der Wertermittlungsverordnung – WertV – des Bundes und
- der Durchführungs- bzw. Gutachterausschussverordnung des Landes,

anzuwenden, bis die genannten Verordnungen im jeweiligen Bundesland in Kraft getreten waren. Des Weiteren schrieb § 243 BauGB 87 vor, dass spätestens ab dem *1. Januar* 1990 das Recht der Wertermittlung des BauGB (§§ 192 bis 199 BauGB) die bisherigen Regelungen des BBauG ablöst, auch wenn eine der genannten Verordnungen nicht vorher in Kraft getreten ist. Auch die Wertermittlungsverordnung vom 6.12. 1988 – WertV 88 – ist nach der Überleitungsregelung des § 31 WertV im einzelnen Bundesland zugleich mit dessen nach § 199 Abs. 2 BauGB a.F. erlassener Durchführungs- bzw. Gutachterausschussverordnung, spätestens jedoch am 1. Januar 1990 in Kraft getreten. **Seit dem 1. Januar 1990 fanden mithin die Vorschriften des BauGB und der WertV 88 über die Wertermittlung von Grundstücken in den alten Bundesländern einheitliche Anwendung.**

b) Neue Bundesländer

Mit dem Vertrag zwischen der Bundesrepublik Deutschland und der Deutschen Demokratischen Republik über die Herstellung der Einheit Deutschlands – **Einigungsvertrag – wurde u. a. auch das BauGB mit Wirkung vom 3. Oktober 1990 für das Gebiet der Länder Brandenburg, Mecklenburg-Vorpommern, Sachsen, Sachsen-Anhalt, Thüringen und des östlichen Teils von Berlin übernommen.** Die bis dahin dort geltende Verordnung zur Sicherung einer geordneten städtebaulichen Entwicklung und der Investitionen in den Gemeinden (Bauplanungs- und Zulassungsverordnung – BauZVO) vom 20.6.1990 (GBl. DDR I 1990, 739) gilt indessen nicht fort.

Um den Besonderheiten in dem der Bundesrepublik Deutschland beigetretenen Gebiet Rechnung zu tragen, enthielt die in das BauGB 93 eingefügte **Überleitungsregelung** des § 246a jedoch eine Reihe von Maßgaben, die in den beigetretenen Gebieten anstelle oder ergänzend zu den Vorschriften des BauGB befristet bis zum 31. Dezember 1997 anzuwenden waren; hierzu gehörten auch Regelungen der BauZVO[25]; sie sind mit dem BauGB 93 zum Teil wieder aufgehoben worden, soweit sie ihre Bedeutung verloren haben.

Die mit dem BauROG aufgehobenen Überleitungsregelungen des **§ 246a BauGB 93** sind in der 2. Aufl. auf S. 144 wiedergegeben.

1.1.4 Annex: Treutax

Anfang der 70er Jahre wurde vom damaligen Bundesbauministerium die Gründung einer **bundesweit tätigen Bewertungsgesellschaft** unter der Bezeichnung „Treutax" geplant (Grund- und Bauwert, Gesellschaft zur Wertermittlung von Grundstücken und baulichen Anlagen m.b.H., Bonn, Chlodwigplatz 1). Aufgabe dieser Gesellschaft sollte eine Verbesserung der Transparenz des Grundstücksmarktes sein. Zu diesem Zweck sollte die Gesellschaft Informationen über den Grundstücksmarkt sammeln, Fortbildungsveranstaltungen durchführen, Gutachten erstatten und Bewertungsrichtlinien erarbeiten. Man ging seinerzeit davon aus, dass die Gutachterausschüsse für Grundstückswerte dieser Aufgabe schon im Hinblick auf das seinerzeit verabschiedete Städtebauförderungsgesetz nicht gewachsen seien, und erwartete einen starken Anstieg der Gutachtertätigkeit auch für Zwecke der Besteuerung und Beleihung von Grundstücken[26].

Die Treutax sollte in der **Rechtsform einer gemeinnützigen Gesellschaft als Organ der staatlichen Wohnungspolitik** gegründet werden, der die Deutsche Bau- und Bodenbank AG, die Deutsche Siedlungs- und Landesrentenbank, Bonn, der Gesamtverband gemeinnütziger Wohnungsunternehmen e.V., Köln, der Deutsche Sparkassen- und Giroverband, Bonn, der Verband freier Wohnungsunternehmen e.V., Hamburg, das Beamtenheimstättenwerk,

---
25 Vgl. Anl. I. Kapitel XIV Abschnitt II Nr. 1 des Einigungsvertrags vom 31. August 1990, BGBl. 1990, 885 sowie GuG 1990, 110.
26 Protokoll der 46. Sitzung des UA „Kommunales Vermessungs- und Liegenschaftswesen" des Deutschen Städtetags vom 4. und 5.11.1971 (Umdruck Nr. C 2926).

IV Gutachterausschusswesen Vorbem. zum BauGB

Hameln, der Verband öffentlich-rechtlicher Körperschaften e. V., Bonn-Bad Godesberg, der Zentralverband der Deutschen Haus-, Wohnungs- und Grundstückseigentümer, die Deutsche Grundbesitz-Investmentgesellschaft mbH, Köln, die Stadtsparkasse Osnabrück, der Verband privater Bausparkassen e. V., Bonn, die Bundesvereinigung Deutscher Heimstätten e. V., Bonn, und der Bundesverband privater Wohnungsunternehmen e. V., Bonn, angehören sollten. Wertermittlungen sollten durch die Gesellschaft selbst nicht durchgeführt werden, sondern durch öffentlich bestellte und vereidigte Sachverständige.

25 Weiter hieß es in einem Informationsblatt der Gesellschaft zum **Aufgabenbereich:**

„Die Tätigkeit der Gesellschaft wird sich erstrecken auf:
1) Veranstaltung von Seminaren und Kolloquien;
2) regelmäßige Zusammenkünfte der regionalen Verbindungsleute (Beirat der Obleute);
3) Fachgespräche und Erfahrungsaustausch fachlicher Gruppen (Fachbeiräte);
4) Austausch von Berichten und Statistiken;
5) Informationen aller Art, die die Gesellschaft in Form von Mitteilungen, Grundsätzen, Literatur und Hinweisenden Gutachtern liefert.

Die mit der Gesellschaft zusammenarbeitenden Sachverständigen werden Wertermittlungen in ihrer eigenen Verantwortung erstellen. Soweit die Sachverständigen die von der Gesellschaft erarbeiteten Methoden und Grundsätze ihren Gutachten zu Grunde legen, sollen sie darauf hinweisen.

Die Gesellschaft erhält neutrale Ergebnisberichte, die sie nach verschiedenen fachlichen Gesichtspunkten, auch in Hinsicht auf Abweichungen von ihren Unterlagen, auswertet. Die daraus resultierenden Erkenntnisse fließen an die Sachverständigen zurück. Diese Rückkopplung vermittelt nicht nur Erkenntnisse, sondern gibt den Gutachtern auch die Möglichkeit einer laufenden Selbstkontrolle. Die Gesellschaft finanziert sich durch Entgelte für ihre Dienstleistungen.

Bei der Gesellschaft ist eine Fachkommission gebildet worden, die sie bei der Aufstellung von Grundsätzen zur Wertermittlung beraten soll. Die Mitglieder sind Sachverständige aus verschiedenen Institutionen und Verbänden, die Wertermittlungen als Entscheidungsunterlagen benötigen, und sie sind Sachverständige, die selbst Wertermittlungen aufstellen. Durch den engen Kontakt mit der Gesellschaft und den Sachverständigen soll sowohl gleich bleibende Qualität als auch Transparenz der Wertermittlungen angestrebt werden. Auf der Ebene der Fachkommission soll der Ausgleich in schwierigen Problemen und grundsätzlichen Fragen zustande kommen; damit sollen die Sachverständigen im Einzelfall notwendige Hilfen für ihre Arbeit erhalten."

26 Die Gesellschaft wurde mit einem Stammkapital von 300 000 DM gegründet, von dem die Deutsche Bau- und Bodenbank 50 % hielt. Die Anlaufzeit der Gesellschaft hatte sich jedoch nach ihrer Gründung verzögert und sie drohte an ihrer Aufgabe zu scheitern. Der Aufsichtsrat der Gesellschaft hat deshalb der Gesellschafterversammlung die **Liquidation** empfohlen; die Gesellschafterversammlung ist dieser Empfehlung schließlich gefolgt[27].

1.2 Wertermittlungsrecht der Länder

27 Die **auf der Grundlage der Ermächtigungen des BBauG erlassenen Verordnungen der Länder** zur Wertermittlung von Grundstücken blieben von den Überleitungsregelungen des § 243 BauGB 87 und § 31 WertV 88 zunächst unberührt. Dies betrifft die zu den §§ 136 bis 144 BBauG erlassenen **Durchführungs- bzw. Gutachterausschussverordnungen** der Länder. Sie fanden deshalb grundsätzlich auch nach dem 1. Januar 1990 (noch) Anwendung, sofern sie nicht von den auf der Grundlage des § 199 Abs. 2 BauGB erlassenen Nachfolgeregelungen abgelöst wurden (vgl. § 199 BauGB).

28 **Alle Bundesländer haben** inzwischen **auf der Grundlage der neuen Ermächtigungsnorm des § 199 Abs. 2 BauGB** neue **Gutachterausschussverordnungen** bzw. Durchführungsverordnungen zum BauGB **erlassen und gleichzeitig die bisherigen Verordnungen aufgehoben.** Die geltenden landesrechtlichen Vorschriften zur Bildung und zum Tätigwerden von Gutachterausschüssen und Oberen Gutachterausschüssen sind in der Gesetzesübersicht am Anfang dieses Werks abgedruckt.

---

27 BT-Drucks. 7/1014, S. 33 ff.

2 Die Rechtsgrundlagen des Baugesetzbuchs zur Wertermittlung im Einzelnen

§ 192 BauGB
Gutachterausschuss

(1) Zur Ermittlung von Grundstückswerten und für sonstige Wertermittlungen werden selbstständige, unabhängige Gutachterausschüsse gebildet.

(2) Die Gutachterausschüsse bestehen aus einem Vorsitzenden und ehrenamtlichen weiteren Gutachtern.

(3)₁Der Vorsitzende und die weiteren Gutachter sollen in der Ermittlung von Grundstückswerten oder sonstigen Wertermittlungen sachkundig und erfahren sein und dürfen nicht hauptamtlich mit der Verwaltung der Grundstücke der Gebietskörperschaft, für deren Bereich der Gutachterausschuss gebildet ist, befasst sein. ₂Für die Ermittlung der Bodenrichtwerte ist ein Bediensteter der zuständigen Finanzbehörde mit Erfahrung in der steuerlichen Bewertung von Grundstücken als Gutachter vorzusehen.

(4) Die Gutachterausschüsse bedienen sich einer Geschäftsstelle.

Gliederungsübersicht Rn.
1 Gutachterausschüsse für Grundstückswerte (§ 192 Abs. 1 BauGB)
   1.1 Allgemeines 1
   1.2 Unabhängigkeit des Gutachterausschusses 10
   1.3 Räumlicher Tätigkeitsbereich 16
   1.4 Zusammensetzung 21
   1.5 Entschädigung von Mitgliedern des Gutachterausschusses 26
   1.6 Rechts- und Dienstaufsicht 30
2 Bestellung und Abberufung von Gutachtern
   2.1 Bestellung von Gutachtern 31
   2.2 Abberufung von Gutachtern und Amtsniederlegung 32
3 Geheimhaltungspflicht 33
4 Geschäftsstelle des Gutachterausschusses (§ 192 Abs. 4 BauGB) 41
5 Befangenheit von Gutachtern und deren Ablehnung 46
6 Haftung des Gutachterausschusses 52
7 Gebühren des Gutachterausschusses
   7.1 Übersicht 57
   7.2 Gebührenbefreiung 74
   7.3 Umsatzsteuer 87

1 Gutachterausschüsse für Grundstückswerte (§ 192 Abs. 1 BauGB)

1.1 Allgemeines

1 Die nach § 192 Abs. 1 BauGB zu bildenden Gutachterausschüsse für Grundstückswerte *(Municipal Valuation Committee)* wurden bereits auf der **Grundlage der entsprechenden Vorschriften des BBauG 60** gebildet (§§ 136 ff. BBauG). Lediglich in den der Bundesrepublik Deutschland beigetretenen Gebieten wurden die Gutachterausschüsse für Grundstückswerte auf der Grundlage des dort am 3. Oktober 1990 in Kraft getretenen BauGB eingerichtet; dort war jedoch schon vorher auf der Grundlage der §§ 50 ff. BauZVO zur Vorbereitung der Bildung von Gutachterausschüssen mit der Einrichtung von Geschäftsstellen begonnen worden. Die Vorschriften sind mit dem BauGB 93 aufgehoben worden.

2 **Die Gutachterausschüsse für Grundstückswerte sind** als **eine Behörde** einzuordnen. Dies ist darin begründet, dass nach § 1 Abs. 4 VwVfG eine Behörde (i.S. dieses Gesetzes) jede Stelle ist, die Aufgaben der öffentlichen Verwaltung wahrnimmt. – Der BGH[1] hat in seiner Rechtsprechung eine Behörde als ein in den allgemeinen Organismus der Anstalten und Körperschaften des öffentlichen Rechts eingefügtes Organ der Staatsgewalt bezeichnet, das dazu berufen ist, unter öffentlicher Autorität für die Erreichung der Zwecke des Staates unmittelbar oder mittelbar tätig zu sein. – Ähnlich das BayObLG[2]: „Als eine ‚öffentliche Behörde' ist ein in den allgemeinen Organismus der Behörden eingefügtes Organ der Staatsverwaltung anzusehen, das dazu berufen ist, unter öffentlicher Autorität nach eigenem Ermessen für die Herbeiführung der Zwecke des Staates oder doch der nach den Aufgaben des Staates von diesem zu fördernden Zwecke tätig zu sein, gleichviel, ob das Organ unmittelbar vom Staate oder von einer dem Staate untergeordneten Korporation zunächst für deren Angelegenheiten bestellt ist, sofern diese Angelegenheiten grundsätzlich zugleich in den Bereich der staatlichen oder staatlich geförderten Zwecke fallen. Nicht erforderlich für den Begriff der öffentlichen Behörde ist, dass ihre Befugnisse sich als Hoheitsrechte, als obrigkeitliche Gewalt darstellen".

3 Bei dem Gutachterausschuss handelt es sich dabei grundsätzlich um eine **Landesbehörde** und nicht um eine Kommunalbehörde; dies ist z. B. für die Frage der Haftung von Bedeutung (vgl. Rn. 52 ff.). Lediglich die besondere Stellung der Gutachterausschüsse im Land *Baden-Württemberg* erlaubt es dort, von einer Kommunalbehörde zu sprechen[3]. Als Landesbehörde führen die Gutachterausschüsse auch das **Landessiegel**. Im Land *Sachsen-Anhalt* führt der Gutachterausschuss für Grundstückswerte als Einrichtung des Landes jedoch das Dienstsiegel des Katasteramtes (vgl. § 1 VO Gut LSA)[4].

---

[1] BGH, Urt. vom 13.11.1963 – V ZR 8/62 –, BGHZ 40, 225 = WM 1964, 65; BGH, Beschl. vom 16.10.1963 – IV ZB 171/63 –, EzGuG 11.38a; BGH, Urt. vom 12.7.1951 – IV ZB 5/51 –, BGHZ 3,110 = NJW 1951, 799; BGH, Urt. vom 20.9.1957 – V ZB 19/57 –; BGH, Urt. vom 12.10.1954 – V ZB 21/53 –, WM 1955,185; als „kollegiale" Behörde wird der Gutachterausschuss bezeichnet in BGH, Urt. vom 23.1.1974 – IV ZR 92/72 –, EzGuG 11.92; OLG Düsseldorf, Urt. vom 16.2.1967 – 7 U 166/67 –, EzGuG 11.56; LG Mainz, Urt. vom 25.10.1979, Nachr. der rh.-pf. Kat.- und VermVw. 1983, 102; VG Gelsenkirchen, Urt. vom 21.6.1979 – 5 K 2977/78 –, EzGuG 4.57; a. A. VG Düsseldorf, Urt. vom 22.12.1960 – 1 K 1991/60 –, DVBl. 1962, 104; VG Leipzig, Beschl. vom 27.7.1994 – 4 K 1992/93 –, GuG 1985, 382 – EzGuG 11.214 b.

[2] BayObLG, Beschl. vom 25.3.1969 – BReg 2 Z 96/68 –, BayObLGZ 69, 93; BayObLG, Urt. vom 30.12.1954 – BReg 2 Z 171/54 –, BayObLGZ 1954, 322/325; KG, Urt. vom 17.2.1927 – 1 X 922 –, JFG 4, 262/263; KG, Urt. vom 6.11.1930 – 1 X 672/30 –, JFG, 8, 306/308; KG, Urt. vom 6.10.1936 – 1 Wx 322/36 –, JFG 14, 220/221; Keidel FGG 9. Aufl. § 29 Rn. 19.

[3] Nach § 1 Abs. 1 der bad.-württ. GutachterausschussVO vom 11.12.1989 (GBl. 1989, 541), zuletzt geändert durch die Verordnung vom 15.2.2005 (GBl. 2005, 167), sind die Gutachterausschüsse „bei" den Gemeinden zu bilden; vgl. auch Erl. des bad.-württ. IM vom 7.6.1978, GeschZ: V 2072.1/101 (GABl. 1978, 490); Erl. des bad.-württ. IM vom 12.11.1979, GeschZ: V 2072.1/119 (GABl. 1979, 1241).

[4] Hoheitszeichenverordnung des Landes Mecklenburg-Vorpommern vom 8.10.1997 (GVBl. 1997, 536), zuletzt geändert durch VO vom 27.10.2008 (GVOBl. 2008, 431); § 2 Abs. 1 Nr. 8.

Muster des kleinen Landessiegels

Muster 8
Beispiel für Dienstsiegel der Gemeinden, Ämter und Landkreise des Landesteils Mecklenburg, welche kein eigenes Wappen führen

Muster 9
Beispiel für Dienstsiegel der Gemeinden, Ämter und Landkreise des Landesteils Vorpommern, welche kein eigenes Wappen führen

Gutachterausschüsse für Grundstückswerte sind zugleich **öffentliche Stellen und** damit **Normadressat der jeweiligen Datenschutzgesetze der Länder.** Aufgrund ihrer Eigenständigkeit sind sie auch eigenständig verantwortlich für die Einhaltung datenschutzrechtlicher Bestimmungen. Da die Gutachten der Gutachterausschüsse wegen der fehlenden Bindungswirkung keine Verwaltungsakte i.S. des § 35 VwVfG (Begriff des Verwaltungsaktes) darstellen, kann die **Erstattung des Gutachtens** allerdings **nicht als Verwaltungsverfahren** i.S. des § 9 VwVfG angesehen werden.

▶ *Zu Fragen der Haftung vgl. Rn. 52 ff. sowie Teil III Rn. 200 ff., zu den ausgeschlossenen Personen nach § 20 VwVfG Rn. 48 ff.*

Der **Gutachterausschuss wird** im Rahmen der ihm mit § 193 BauGB zugewiesenen Aufgaben **hoheitlich tätig**[5]. Hoheitliche Aufgaben werden wahrgenommen, wenn es sich um Tätigkeiten handelt (vgl. Rn. 92 ff., 54), durch die der Staat oder eine andere öffentlich-rechtliche Körperschaft im Rahmen der gesetzlichen Befugnisse Anordnungen trifft, deren Durchführung erforderlichenfalls erzwungen werden kann[6].

Hoheitliche Tätigkeit i.S. des § 4 Abs. 5 KStG ist

– die Führung und Auswertung der Kaufpreissammlung,
– die Ableitung und Veröffentlichung von Bodenrichtwerten,
– die Aufgaben nach § 193 Abs. 1 Nr. 1 und 2 sowie Abs. 2 BauGB,
– die Gutachtertätigkeit nach § 5 Abs. 2 BKleingG, usw.

Im Hinblick auf die umsatzsteuerliche Behandlung stellt die Gutachtenerstattung nach § 193 Abs. 1 Nr. 3 und 4 BauGB eine wirtschaftliche Betätigung i.S. des Abschn. 5 Abs. 2 KStR dar (vgl. Rn. 87 ff.).

Gutachterausschüsse für Grundstückswerte sind nach Auffassung des OLG Düsseldorf **keine Sachverständigen i.S. der §§ 402 ff. ZPO**[7]. Der BGH hat indessen entschieden, dass zumindest deren **Gutachten ihrer Natur nach Sachverständigengutachten sind** und ein „Gericht ... nicht gegen § 404 ZPO" verstoße, „wenn es auf Antrag einer Partei ... den Gutachterausschuss mit der Erstattung eines Gutachtens beauftragt" (vgl. § 193 BauGB Rn. 54)[8]. Auch finden die Vorschriften des § 406 ZPO über die Ablehnung keine Anwendung.

---

5   BGH, Urt. vom 4.3.1982 – III ZR 156/80 –, NVwZ 1982, 395 = EzGuG 11.127; OLG Hamm, Urt. vom 29.11.2000 – 11 U 68/00 –, EzGuG 11.291 = NVwZ-RR 2001, 493; so schon KG Berlin, Beschl. vom 18.6.1971 – W 1182/71 –, EzGuG 11.78.
6   BFH, Urt. vom 22.8.1957 – IV 255/56 U –, BFHE 65, 424 = BStBl III 1957, 395; BFH, Urt. vom 26.1.1962 – VI 141/60 S –, BFHE 74, 540 = BStBl III 1962, 201.
7   OLG Düsseldorf, Urt. vom 16.12.1968 – 7 U 166/67 –, EzGuG 11.66; LG Berlin, Beschl. vom 16.9.1963 – (18) 0.18/61 –, EzGuG 11.37; so noch Baumbach/Lauterbach ZPO § 406 Rn. 1.
8   BGH, Urt. vom 23.1.1974 – IV ZR 92/72 –, EzGuG 11.92.

1.2 Unabhängigkeit des Gutachterausschusses

10 Seinem Wesen nach handelt es sich bei dem Gutachterausschuss für Grundstückswerte um ein **Kollegialorgan unabhängiger Gutachter**. Nach § 192 Abs. 1 BauGB ist der Gutachterausschuss und damit auch jedes seiner Mitglieder selbstständig und unabhängig. Der Gutachterausschuss steht außerhalb der Hierarchie des Behördenaufbaus und ist nicht Teil der Verwaltung der Städte oder der Kreise, für deren Bereich er gebildet worden ist[9]. Dies soll gewährleisten, dass die Gutachterausschüsse ihrer Tätigkeit unparteiisch und ohne Ansehen der Person aus freier Überzeugung nachkommen können.

Im Zusammenhang mit der beihilferechtlichen Prüfung des Verkaufs von Grundstücken der öffentlichen Hand ist die Unabhängigkeit der Gutachterausschüsse, die regelmäßig in den Verkauf eingeschaltet worden sind, ratione personae (europarechtlich) unbeanstandet geblieben[10], und lediglich die Maßstäbe ihrer Wertermittlungen wurden ratione materiae korrigiert.

Die Unabhängigkeit von **sonstigen „Bewertungsstellen"**, die neben den Gutachterausschüssen bei einigen Kommunen eingerichtet sind, ist von der EU-Kommission dagegen in Zweifel gezogen worden. In der Kommissionsentscheidung vom 14.4.1992 (a.a.O.) heißt es in Bezug auf die Erstellung eines Wertgutachtens durch die Senatsverwaltung für Bau- und Wohnungswesen zum Potsdamer Platz, dass „diese öffentliche Stelle bei Grundstücksverkäufen des Berliner Senats unter Umständen nicht als ein unabhängiger Gutachterausschuss nach dem Bundesbaugesetz *(BauGB)* anzusehen ist, weil sie Teil der Berliner Senatsverwaltung ist und keine Eigenständigkeit besitzt." In einer weiteren Entscheidung ist die Unabhängigkeit des Bewertungsausschusses der Stadt Dresden, die den Wert des von der Stadt Dresden verkauften Grundstücks („Gläserne Manufaktur") ermittelt hatte, in Zweifel gezogen worden[11]. Nicht betroffen von diesen Entscheidungen sind Gutachten unabhängiger Sachverständiger i.S. der Grundstücksmitteilung (vgl. Syst. Darst. des Vergleichwertverfahrens Rn. 73)[12].

11 Die mit § 192 Abs. 1 BauGB herausgestellte Unabhängigkeit und Selbstständigkeit gebietet eine entsprechende Gewährleistung bei der Berufung der Ausschussmitglieder, ihrer Zusammensetzung bis hin zu deren Abberufung und dgl. Diesbezüglich sind nach § 199 Abs. 2 Nr. 1 bis 3 BauGB die Landesregierungen gefordert, Regelungen zu treffen, die sowohl bezüglich der **Mitglieder des Gutachterausschusses als auch der Einrichtung seiner Geschäftsstelle höchste Gewähr für dessen Unabhängigkeit** und insbesondere die persönliche Unabhängigkeit jedes einzelnen Mitglieds des Gutachterausschusses **bieten**. Die dafür sensibelsten „Elemente" des Gutachterausschusses sind

a) der Vorsitzende des Gutachterausschusses und sein(e) Stellvertreter sowie

b) die verwaltungsmäßige Verankerung der Geschäftsstelle des Gutachterausschusses im Behördenaufbau.

Zwar nimmt die Geschäftsstelle „nur" Hilfsfunktionen wahr, jedoch bestimmt sie unter der Leitung des Vorsitzenden mit nicht unerheblichen landesrechtlich ausformulierten Leitungskompetenzen die inhaltliche Arbeit des Gutachterausschusses. Vorsitzender und Geschäftsstelle bilden auch die Präsenz des Gutachterausschusses, während die ehrenamtlichen Gutachter fallbezogen hinzugezogen werden und die Gesamttätigkeit des Gutachterausschusses nur in eingeschränktem Maße überblicken können.

12 Bezüglich des **Vorsitzenden** schließt § 192 Abs. 3 BauGB nicht aus, dass er **Bediensteter der Verwaltung** ist, bei der der Gutachterausschuss eingerichtet wurde, jedoch gebietet der

---

9 LG Berlin, Beschl. vom 16.9.1963 – (18) O. 18/61 –, EzGuG 11.37.
10 Entscheidung der EU-Kommission vom 14.4.1992 (Abl. EG 1992 L 263/15 (20) – „Potsdamer Platz"); Entscheidung der EU-Kommission vom 17.7.1996 (Abl. EG 1996 L 283/43 (47) – „Fort Malakoff"); Entscheidung der EU-Kommission vom 25.11.1998 (Abl. EG 1999 L 108/44 (47) „Draiswerke"); Koenig/Kühling, Grundstücksveräußerungen der öffentlichen Hand, planerischer Wandel und EG-Beihilferecht, NZBau 2001, 409.
11 Aufforderung der Kommission vom 3.2.2000 (Abl. EG 2000 C 78/8 (15 – Nr 59).
12 Mitteilung der Kommission betreffend Elemente staatlicher Beihilfen bei Verkäufen von Bauten oder Grundstücken durch die öffentliche Hand vom 10.7.1997 (Grundstücksmitteilung), ABl. EG 97 C Nr 208/3 = GuG 1997, 363; Aufforderung der Kommission zur „Dessauer Geräteindustrie" (Abl. EG 1999 C 213/12 (14), Fn 8).

Grundsatz der bundesrechtlich zu wahrenden Interessenneutralität gerade diesbezüglich eine Zurückhaltung des Landesgesetzgebers. Dessen ungeachtet haben mit Ausnahme der Länder *Baden-Württemberg* und *Hessen* alle Landesregierungen in den Gutachterausschüssen bestimmt, dass der Vorsitzende Bediensteter bzw. Beamter der Gebietskörperschaft bzw. des Katasteramtes ist, für deren Bereich der Gutachterausschuss gebildet wurde. In *Brandenburg, Rheinland-Pfalz* und in *Thüringen* muss (soll) er nach § 2 Abs. 3 der GutachterausschussVO Bediensteter des Katasteramtes, das die Aufgaben der Geschäftsstelle des Gutachterausschusses wahrnimmt, bzw. der entsprechenden Vermessungsdienstelle sein. Bundesrechtlich wird mit § 192 Abs. 3 Satz 1 BauGB darüber hinaus aber auch Sachkunde und Erfahrung „in der Ermittlung von Grundstückswerten" gefordert (vgl. § 2 Abs. 5 Thür. GutachterausschussVO). Diese Kompetenz haben die genannten Bediensteten aber nicht allein auf Grund ihrer Amtszugehörigkeit[13].

Eine ähnliche Problematik stellt sich bezüglich der Zusammensetzung der Umlegungsausschüsse[14]. **Wo Bedienstete der Verwaltung und dazu noch in leitender Funktion dem Gutachterausschuss angehören, kann die Interessenneutralität beeinträchtigt werden,** auch wenn sie nicht die Stimmenmehrheit haben. Dies gilt insbesondere dann, wenn dem Vorsitzenden zugleich die Geschäftsstelle des Gutachterausschusses untergeordnet ist, die die Arbeitsergebnisse des Gutachterausschusses, z. B. ein Verkehrswertgutachten, vorbereitet. Es wäre auch weltfremd zu glauben, dass sich ein sich aufdrängender Verdacht einer Verletzung der Interessensneutralität in den Fällen, in denen es z. B. um ein Verkehrswertgutachten geht, von dem die jeweilige Gebietskörperschaft betroffen ist, dadurch vermeiden ließe, dass der Vorsitzende bei der Besetzung des Gutachterausschusses (im Einzelfall) den Vorsitz möglicherweise an den stellvertretenden Vorsitzenden abgibt, der möglicherweise sogar noch als Bediensteter der Nachbargemeinde dort Vorsitzender des Gutachterausschusses ist, und umgekehrt.

13

Man kann in diesem Zusammenhang nicht deutlich genug herausstellen, welche Bedeutung Verkehrswertgutachten (des Gutachterausschusses) im Rechtsverkehr einnehmen, und dabei insbesondere das Anliegen des Bundesgesetzgebers herausstellen, mit den Gutachterausschüssen eine Stelle einrichten zu wollen, die gerade in kritischen Fällen, z. B. zur Bemessung von Abgaben (Ausgleichsbeträge) und Enteignungsentschädigungen oder bei einfachen Grundstücksveräußerungen, die für das Fiskalvermögen einer Gebietskörperschaft mittelbar oder unmittelbar von Bedeutung sind, höchste Gewähr für Unparteilichkeit bietet[15]. Dies betrifft nicht nur die Gutachtenerstattung, sondern vielfach in noch bedeutsamerer Weise die Führung und Auswertung der Kaufpreissammlung. Der ungehinderte Zugang des Gutachterausschusses (und seiner Geschäftsstelle) zu der von ihm geführten Kaufpreissammlung sowie das Hintergrundwissen bezüglich der von ihm abgeleiteten erforderlichen Daten der Wertermittlung verschaffen ihm im Streitfalle Vorteile, da externe Sachverständige hinsichtlich der veröffentlichten „Daten der Wertermittlung" schon aufgrund der häufig unzureichenden Zusatzinformationen über deren Ableitung und der in aller Regel in anonymisierter Weise erteilten Auskünfte über Vergleichspreise nach § 195 Abs. 3 BauGB hier leicht ins Hintertreffen geraten (müssen). Dies beginnt bei einem häufig langwierigen und kostspieligen **Auskunftsverfahren** und einer mitunter wenig „kundenfreundlich" aufbereiteten Auskunft.

14

Nicht untypisch ist der Fall, dass der Gutachterausschuss für Grundstückswerte zwecks gemeindlichen Ankaufs eines Grundstücks ein Gutachten erstattet hat oder einen zu diesem Zwecke beauftragten Sachverständigen mit entsprechenden Vergleichsdaten aus der von ihm

15

---

13 § 2 Abs. 2 bay. GutachterausschussVO; § 9 Abs. 2 bln DVO-BauGB; § 2 Abs. 2 bdb. GAV (Sollvorschrift); § 2 Abs. 1 Satz 3 brem. GutachterausschussVO; § 3 Abs. 2 hamb. GutachterausschussV; § 2 Abs. 3 meck.-vorp. GutAVO; § 10 Abs. 2 Satz 2 nds DVO-BauGB; § 2 Abs. 2 nordrh.-westf. GAVO NW (Sollvorschrift); § 2 Abs. 2 rh.-pf. GutachterausschussVO; § 4 Abs. 2 saarl. GutVO; § 2 Abs. 2 sächs. GutachterausschussVO; § 2 Abs. 2 VOGut LSA; § 2 Abs. 3 GutachterausschussVO SH; § 2 Abs. 2 thür. GutachterausschussVO; Schmidt in GuG 1992, 330.
14 Bielenberg stellt bezüglich der Umlegungsausschüsse in VR 1995, 13 fest, dass die Eigenschaft als Bediensteter der Verwaltung mit der Mitgliedschaft im Umlegungsausschuss bundesrechtlich unvereinbar sei.
15 Nicht grundlos schreibt z. B. § 2 Abs. 2 Satz 1 der Umlegungsausschussverordnung des Landes Mecklenburg-Vorpommern vor, dass das Mitglied, das über Sachkunde in der Bewertung von Grundstücken und Gebäuden verfügt, weder der Gemeindevertretung noch der Gemeindeverwaltung angehören darf.

geführten Kaufpreissammlung „versorgt" hat und der Gegengutachter nunmehr selbst Auskunft aus der Kaufpreissammlung begehrt. Dieser ist dann im besonderen Maße an solchen Vergleichsdaten interessiert, die geeignet sind, das Gutachten des Gutachterausschusses „auszuhebeln". In solchen Fällen wird häufig auch die **anonymisierte Auskunftserteilung** zu einem weiteren Problem, denn wenn in Angelegenheiten der Gebietskörperschaft, für deren Bereich der Gutachterausschuss eingerichtet und in deren Verwaltungsaufbau seine Geschäftsstelle integriert ist, der Gutachterausschuss und seine Geschäftsstelle den vollständigen Zugriff zur Kaufpreissammlung einschließlich der Angaben hat, die der anderen Seite aus datenschutzrechtlichen Gründen nicht zugänglich sind, so liegt auch hierin eine Benachteiligung dessen, der sich „gegen" ein Gutachten der Behörde „Gutachterausschuss" (vgl. Rn. 2 ff.) wendet, während umgekehrt bei dem Vorsitzenden des Gutachterausschusses und seiner Geschäftsstelle auch nicht die Gefahr einer Pflichtenkollision auszuschließen ist. Diese Konstellationen sind nicht dadurch zu überwinden, dass man dem Gutachterausschuss mit § 192 Abs. 1 BauGB Unabhängigkeit und Selbstständigkeit vorgibt oder auf den Umstand hinweist, dass er eine Landeseinrichtung darstelle. Letztlich lassen sich solche **Interessenkollisionen** nur vermeiden, indem man den Gutachterausschuss und vor allem seine Geschäftsstelle weit aus der Behördenhierarchie auslagert oder ihn generell nicht in Angelegenheiten tätig werden lässt, die mittelbar oder unmittelbar die Interessen der jeweiligen Gebietskörperschaft berühren. Die Ansiedlung der Geschäftsstelle des Gutachterausschusses bei den kommunalen Kataster- und Vermessungsämtern ist bei alledem eine nicht bedenkenfreie Regelung.

1.3 Räumlicher Tätigkeitsbereich

16 Der **räumliche Tätigkeitsbereich der Gutachterausschüsse wird mit dem Baugesetzbuch bundesrechtlich nicht** mehr **vorgegeben**[16].

17 Nach früherem Recht wurden Gutachterausschüsse für den **Bereich einer kreisfreien Stadt oder eines Landkreises** gebildet, wobei die Landesregierungen lediglich im Einzelfall den Gutachterausschuss auch bei kreisangehörigen Gemeinden einrichten konnten (§ 137 Abs. 1 BBauG 76)[17]. Der Fortfall dieser Bestimmungen bedeutet nach der Begründung des Gesetzentwurfs zum BauGB keine inhaltliche Änderung, sondern ist lediglich ein Ausdruck der Zurückhaltung des Bundesgesetzgebers in der Erwartung einer verantwortlichen und sachgerechten Regelung durch die Länder[18]. Der räumliche Zuständigkeitsbereich ist demzufolge den zum BauGB auf der Grundlage der Ermächtigung des § 199 Abs. 2 BauGB erlassenen Rechtsverordnungen zu entnehmen (vgl. Vorbem. zum BauGB, Rn. 27).

18 Die Regelung über den **Zuständigkeitsbereich der Gutachterausschüsse,** für den sie einzurichten sind (kreisfreie Städte und Landkreise), ist in der Vergangenheit mehrfach geändert worden.

Nach dem **BauGB von 1960** bestand der Grundsatz, dass die Gutachterausschüsse für den Bereich kreisfreier Städte und Landkreise einzurichten sind. Dies ging auf eine Empfehlung des 24. BT-Ausschusses zurück und wurde damit begründet, dass „die Gutachterausschüsse ... ein erhebliches Erfahrungsmaterial" benötigen, „um zu zuverlässigen Wertermittlungen zu kommen" (BT-Drucks. III/zu 1794, zu § 161a). Eine abweichende Regelung sah der Entwurf zum BauGB in § 164 Abs. 2 (später § 144 Abs. 2 BBauG 60) in der Weise vor, dass die Landesregierungen im Wege der Rechtsverordnung regeln konnten, dass Gutachterausschüsse auch bei kreisangehörigen Gemeinden eingerichtet werden durften. Hiervon hatte insbesondere *Baden-Württemberg* auf Grund der Tradition ortsgerichtlicher Schätzungen Gebrauch gemacht.

---

16 Mit der Zurückhaltung des Bundes bezüglich der Regelung des räumlichen Zuständigkeitsbereichs der Gutachterausschüsse hat der Bundesgesetzgeber seine Absicht aufgegeben, die Sachkompetenz des Gutachterausschusses durch Zuordnung eines möglichst großen Zuständigkeitsbereichs zu stärken; eine Lockerung ging auf diesem Gebiet bereits mit der Beschleunigungsnovelle vom 6.7.1979 (BGBl. I 1979, 949) zum BBauG 1976 einher; vgl. BT-Drucks. 7/4793, S. 51 f.; BT-Drucks. 8/2451, S. 25; BT-Drucks. 8/2885, S. 44; Gutachten der AdV „Gutachterausschüsse nach dem BBauG und ihre Geschäftsstelle", S. 7; auch LT-Drucks. Bad.-Württ 7/4208.
17 Einer „Atomisierung" des Zuständigkeitsbereichs der Gutachterausschüsse stand ein von der AdV erarbeitetes Gutachten entgegen (vgl. ZfV 1976, 160).
18 BT-Drucks. 10/4630, S, 148.

Mit dem **BBauG 1976** wurde diese Regelung ersetzt: Nach dem § 137 Abs. 1 BBauG 76 war den Ländern nahegelegt worden, die Einrichtung von Gutachterausschüssen mit kleinerem Einzugsbereich zu vermeiden und nur noch im Einzelfall den Verbleib oder die Neueinrichtung von Gutachterausschüssen bei kreisangehörigen Gemeinden zuzulassen, **wenn die Erfüllung der Aufgaben der Gutachterausschüsse dort gewährleistet ist.**

Mit dem **BBauG 1976** wurde der alte Rechtszustand durch Streichung der Worte „im Einzelfall" wieder hergestellt (BT-Drucks. 7/4793, zu § 137). Der genannte Ausschussbericht führt hierzu aus: „Da sich in der Praxis gezeigt hat, dass Gutachterausschüsse, die entsprechend den Vorschriften des § 144 Abs. 2 (BBauG 60) für den Bereich einer oder mehrerer kleiner Gemeinden gebildet sind, in der Regel keine befriedigende Arbeit leisten können, weil ihr Einzugsgebiet zu klein und das Vergleichsmaterial zu gering ist, war ursprünglich vorgeschlagen worden, dass § 144 Abs. 2 (BBauG 60) entfallen solle, dass die Landesregierungen nur noch ein Verbleiben schon bestehender Gutachterausschüsse bei kreisangehörigen Gemeinden verordnen könnten, wenn die Erfüllung der Aufgaben des Gutachterausschusses gewährleistet war. Diese im Hinblick auf die Gebietsreform in verschiedenen Ländern und die durch sie vielfach vorgenommene Einkreisung großer leistungsfähiger Städte gemachte Einschränkung wurde von der Mehrheit des Ausschusses dahin abgemildert, dass die ‚Einrichtung' von Gutachterausschüssen auch dann von der Landesregierung verordnet werden kann, wenn die Erfüllung ihrer Aufgaben gesichert ist".

Das **BauGB 87** beließ es bei den Regelungen des BBauG 76; in der Begründung wird auf die Verantwortung der Länder für eine effiziente Organisationsstruktur hingewiesen (BT-Drucks. 10/4630, II 8 S. 59 sowie zu Nr. 97 zu § 192 S. 149). Ob dies zumindest in *Baden-Württemberg* wahrgenommen wurde, bleibt aber fraglich. In Baden-Württemberg verblieb es mit rd. 1 100 Gutachterausschüssen zumindest zahlenmäßig bei der Einrichtung von mehr Gutachterausschüssen als im gesamten übrigen Bundesgebiet; selbst Kleinstgemeinden (wie Simonswald und Glottertal) haben dort einen Gutachterausschuss. Empirische Untersuchungen lassen begründete Zweifel an der Funktionsfähigkeit solcher Gutachterausschüsse aufkommen (vgl. Schmidt in GuG 1992, 330, GuG 1995, 279 und in GuG 1996, 351). Demgegenüber wurde insbesondere vom bad.-württ. Städte- und Gemeindebund die Funktionsfähigkeit der gemeindeangehörigen Gutachterausschüsse aus vordergründigen Motiven bestätigt (vgl. Gt-info 578/96 des GemTg. Bad.-Württ. vom 20.8.1996).

Im Hinblick auf die zusätzlichen Aufgaben des Gutachterausschusses, die mit der Neufestsetzung steuerlicher Grundbesitzwerte (in Fortsetzung der Einheitsbewertung) hinzugekommen sind, nämlich die Ermittlung von Bodenrichtwerten bezogen auf den 31.12.1995 für steuerliche Zwecke, sah der von der BReg vorgelegte **Entwurf eines Jahressteuergesetzes – JStG 97** – vor, § 192 Abs. 1 BauGB durch folgende Sätze zu ergänzen: „Die Gutachterausschüsse werden für den Bereich einer kreisfreien Stadt oder eines Landkreises eingerichtet. Die Landesregierungen können durch die auf Grund der Ermächtigung nach § 199 Abs. 2 (BauGB) erlassene Rechtsverordnung bestimmen, dass Gutachterausschüsse im Einzelfall bei kreisangehörigen Gemeinden verbleiben oder eingerichtet werden, wenn die Erfüllung ihrer Aufgaben gewährleistet ist (BR-Drucks. 390/96, S. 35)."

Die **Begründung** (BR-Drucks. 390/96, S. 89 f.) führt hierzu aus:

„Durch den neuen Satz 2 soll die Regelung über die Einrichtung der Gutachterausschüsse für Grundstückswerte wieder der Regelung des § 137 Bundesbaugesetz in der Fassung der Bekanntmachung vom 18.8.1976 (BGBl. I 1976, 2257) angepasst werden. Bereits nach dieser Vorschrift waren die Gutachterausschüsse grundsätzlich für den Bereich einer kreisfreien Stadt oder eines Landkreises einzurichten, da eine Zersplitterung der Tätigkeit der Gutachterausschüsse auf kleine kreisangehörige Gemeinden schon auf Grund der ihnen nicht ausreichend zur Verfügung stehenden Vergleichsmaterialien einer sachgerechten Erfüllung der Aufgaben abträglich ist (vgl. BT-Drucks. 7/4793). Durch den neuen Satz 3 sollen die Landesregierungen ermächtigt sein, durch die Verordnung nach § 199 Abs. 2 zu bestimmen, dass Gutachterausschüsse im Einzelfall bei kreisangehörigen Gemeinden verbleiben oder eingerichtet werden, wenn die Erfüllung ihrer Aufgaben gewährleistet ist. Mit der vorgesehenen Ergänzung soll zugleich die Stellung der Gutachterausschüsse im Hinblick auf die anstehenden Aufgaben, die sich im Zusammenhang mit der steuerlichen Neubewertung des Grundbesitzes ergeben, gestärkt werden."

Die vorgesehene Änderung fand im Deutschen Bundestag vornehmlich auf Betreiben der betroffenen Gutachterausschüsse keine Mehrheit. Damit wurde die Chance vertan, die Gutachterausschüsse in *Baden-Württemberg* zu stärken, denn **mit der Einrichtung der Gutachterausschüsse bei Kleinstgemeinden muss zwangsläufig eine eingeschränkte Leistungsfähigkeit verbunden sein,** u. a. weil dort

– nur wenig Vergleichsmaterial für eine fundierte Verkehrswertermittlung vorliegen kann und

– häufig auch nicht die notwendige Fachkunde zur Verfügung stehen kann (die nach dem Gesetzeswortlaut unabhängigen Gutachterausschüsse setzen sich dort überwiegend aus Gemeinderatsmitgliedern zusammen und stellen damit faktisch Ausschüsse des Gemeindeparlaments dar)[19].

Die Tätigkeit der Gutachterausschüsse in Baden-Württemberg steht weiterhin unter kritischer Beobachtung[20].

20 Im Übrigen hätte mit einer Konzentration der Gutachterausschüsse bei den kreisfreien Städten und bei den Landkreisen ein Rationalisierungseffekt bei gleichzeitiger Effizienzsteigerung einhergehen können.

1.4 Zusammensetzung

21 Die **Gutachterausschüsse bestehen** nach §192 Abs. 2 BauGB **aus**

– einem Vorsitzenden und

– „ehrenamtlichen weiteren Gutachtern"[21].

22 Der **Vorsitzende ist Repräsentant des Gutachterausschusses,** dessen Aufgaben nach § 199 Abs. 2 Nr. 2 BauGB durch Landesrecht geregelt werden (vgl. § 199 BauGB Rn. 31). Anders als die „ehrenamtlichen weiteren Gutachter" kann der Vorsitzende auch haupt- oder nebenamtlich bestellt werden, wobei er aber in jedem Fall die Voraussetzungen eines Gutachters erbringen muss, d.h., er muss die erforderliche Sachkunde aufweisen. Die Bestellung von stellvertretenden Vorsitzenden sieht das Gesetz nicht ausdrücklich vor, schließt es aber auch nicht aus.

23 Nach § 16 Satz 1 Nr. 4 der nds DVO-BauGB werden im verwaltungsrechtlichen Vorverfahren in *Niedersachsen* auch **Widersprüche** gemäß § 73 VwGO vom Vorsitzenden erteilt.

24 In welcher **Besetzung der Gutachterausschuss im Einzelfall** zusammentritt, ist ebenfalls Gegenstand landesrechtlicher Bestimmungen (vgl. § 199 BauGB, Rn. 24 ff.):

– Für die *Erstattung von Gutachten* besteht die Regelbesetzung aus einem Vorsitzenden und zwei weiteren ehrenamtlichen Gutachtern (tres faciunt collegium)[22].

– Für die *Ermittlung von Bodenrichtwerten* besteht die Regelbesetzung aus einem Vorsitzenden (oder einem Stellvertreter) und mindestens drei bzw. vier weiteren ehrenamtlichen Gutachtern[23].

25 Bundesrechtlich ist lediglich vorgeschrieben, dass **für die Ermittlung der Bodenrichtwerte ein Bediensteter der zuständigen Finanzbehörde mit Erfahrungen in der steuerlichen Bewertung als Gutachter vorzusehen** ist (vgl. § 192 Abs. 3 Satz 2 BauGB). Hat dieser Bedienstete an der Bodenrichtwertermittlung nicht mitgewirkt, so sind die Bodenrichtwerte nicht ordnungsgemäß zustande gekommen[24].

Gegenüber dem bisherigen Recht (§ 139 BBauG 76) ist damit folgende Modifikation eingetreten:

---

[19] Die oberste Rechtsaufsichtsbehörde (JM Baden-Württemberg) ist nach amtlichen Verlautbarungen (LT-Drucks. 13/1478 vom 8.11.2002) offensichtlich auch nicht an einer Verbesserung der Situation interessiert.
[20] Kleine Anfrage im Landtag Baden-Württemberg vom 8.11.2002 Nr. 13/1478; vgl. GuG 2005, 43.
[21] Nicht zu verwechseln mit der Berufung zum Ehrenbeamten nach den §§ 5 ff. und 177 BBG; vgl. § 3 Abs. 2, § 115 BRRG.
[22] Die Gutachtenerstattung durch ein Kollegium hatte schon A. Weber (Bodenrechte und Bodenspekulation in der modernen Stadt Leipzig, S. 175) gefordert, da die Wertermittlung „in weitem Umfang lediglich Gefühlssache" sei.
[23] § 5 Abs. 2 bad.-württ. GutachterausschussVO; § 7 Abs. 3 bay. GutachterausschussVO; § 6 Abs. 2 bln. DVOBauGB; § 16 bbg. GutachterausschussVO; § 5 Abs. 1 hamb. GutachterausschussVO; § 2 Abs. 4 hess. DV BauGB; § 16 GAVO NW; § 3 Abs. 2 rh.-pf. GutachterausschussVO; § 4 Abs. 3 saarl. GutVO; § 9 Abs. 1 schl.-hol. GutachterausschussVO; § 14 Abs. 2 thür. GutachterausschussVO; die Möglichkeit einer „erweiterten" Besetzung anzuordnen sieht § 1 Abs. 2 Satz 4 brem. GutachterausschussVO und § 16 Abs. 1 GutAVO LSA vor.
[24] Dieterich in Ernst/Zinkahn/Bielenberg § 192 BauGB Rn. 35.

- Dem Gutachterausschuss soll ein Bediensteter der Finanzverwaltung angehören. Während es sich nach bisherigem Recht dabei um „Bedienstete der örtlichen Finanzämter" handelte, soll dies nach dem BauGB „ein Bediensteter der *zuständigen Finanzbehörde* sein (§ 192 Abs. 3 Satz 2 BauGB). Diese Regelung geht auf einen Vorschlag des Bundesrates zurück, dem sich der federführende BT-Ausschuss[25] angeschlossen hat. Der Ausschuss wollte – wie der Bundesrat – auf diese Weise sicherstellen, dass bei einer die Zuständigkeit eines Finanzamts übergreifenden zentralen Erfassung der Kaufpreise innerhalb der Finanzverwaltung Angehörige der für die zentrale Bearbeitung zuständigen Stelle zur Ermittlung der Bodenrichtwerte herangezogen werden können.

- Während nach bisherigem Recht der Bedienstete der Finanzverwaltung „insbesondere" bei den Bodenrichtwertermittlungen mitwirken sollte, ist nach geltendem Recht dieser Bedienstete (nur) für die Ermittlung der Bodenrichtwerte „vorzusehen" (§ 192 Abs. 3 Satz 2 BauGB).

- Bedienstete der örtlich zuständigen Finanzämter sind nach Maßgabe landesrechtlicher Vorschriften auch bei anderen Tätigkeiten des Gutachterausschusses hinzuzuziehen, so z. B. bei der Erstellung von Mietwertübersichten und den Übersichten über Bodenrichtwerte[26].

1.5 Entschädigung von Mitgliedern des Gutachterausschusses

Die Entschädigung der Mitglieder des Gutachterausschusses bestimmt sich nach **landesrechtlichen Vorschriften,** zu deren Erlass die Landesregierungen mit § 199 Abs. 2 Nr. 7 ermächtigt worden sind (vgl. § 199 BauGB Rn. 51 ff.): 26

Die landesrechtlichen Regelungen knüpfen dabei zumeist an die im **Justizvergütungs- und -entschädigungsgesetz vorgesehenen Mindeststundensätze** an und sehen unterschiedliche Regelungen für den Vorsitzenden und die weiteren ehrenamtlichen Gutachter vor: 27

Baden-Württemberg:	§ 14 GutachterausschussVO
Bayern:	§ 7 GutachterausschussVO
Berlin:	§ 12 DVO-BauGB
Brandenburg[27]*:*	§ 19 GAV
Bremen:	§ 7 GutachterausschussVO
Hamburg:[28]	§ 8 GutachterausschussVO
Hessen:	§ 20 DurchführungsVO zum BauGB
Mecklenburg-Vorpommern:	§ 6 GutachterausschussVO
Niedersachsen:	§ 26 DVO-BauGB
Nordrhein-Westfalen:	§ 19 GAVO NW
Rheinland-Pfalz:	§ 4 GutachterausschussVO
Saarland:	§ 11 GutVO
Sachsen:	§ 14 GutachterausschussVO
Sachsen-Anhalt:	§ 18 VO Gut
Schleswig-Holstein:	§ 6 GutachterausschussVO
Thüringen:	§ 16 GutachterausschussVO

---

25 BT-Drucks. 10/6166, S. 162.
26 Nach § 2 Abs. 4 der nordrh.-westf. GutachterausschussVO werden diese Mitglieder ausschließlich zur Ermittlung von Bodenrichtwerten, beim Beschluss der für die Wertermittlung erforderlichen Daten, bei der Erstellung von Bodenrichtwertübersichten und des Grundstücksmarktberichtes sowie bei der Erstellung von Mietwertübersichten und den Mietspiegeln herangezogen.
27 Richtlinien des MdI über die Entschädigung der Gutachter des Gutachterausschusses für Grundstückswerte des Landes Brandenburg vom 28.9.2004 mit Ergänzungen vom 27.2.2006.
28 In Hamburg werden die Gutachter nach § 2 Abs. 1 und 4 sowie nach den §§ 3 und 4 des Gesetzes über Entschädigungsleistungen anlässlich ehrenamtlicher Tätigkeit in der Verwaltung vom 1.7.1963 (Hamb. GVBl. 163, 111), zuletzt geändert am 9.12.1976 (Hamb. GVBl. 1976, 237), in der jeweils geltenden Fassung entschädigt (vgl. § 8 Hamb. GutachterausschussVO, a.a.O.)

28 Die den ehrenamtlichen Gutachtern gezahlten Entschädigungen stellen einen Auslagenersatz und eine angemessene Entschädigung für Zeitversäumnisse und sonstige Aufwendungen[29] dar. Die Entschädigung kann nicht als Einkunft aus selbstständiger Arbeit angesehen werden, da sie lediglich an einem Gutachten des Gutachterausschusses mitwirken und die Gutachten nicht in deren Namen erstattet werden. Es kommt hinzu, dass für die Gutachten eine öffentlich-rechtliche Gebühr erhoben wird.

29 Die Entschädigung wird den **Einkünften aus sonstiger selbstständiger Arbeit** i. S. d. § 18 Abs. 1 Nr. 3 EStG zugerechnet, soweit sie nicht unter die Einkünfte aus freiberuflicher Tätigkeit fällt[30]. Die **Entschädigung wird** gemäß § 2 der Verordnung über Mitteilungen an die Finanzbehörden – MV – vom 7.9.1993 (BGBl. I 1993, 1554) **den Finanzbehörden gemeldet.**

1.6 Rechts- und Dienstaufsicht

30 Die **Gutachterausschüsse sind** – wie dargelegt – selbstständig und weisungsunabhängig. Sie sind dabei jedoch **an die materiellen und formellen Regelungen des BauGB, der ImmoWertV und der GutachterausschussVO gebunden** (vgl. § 1 ImmoWertV Rn. 1); sie sind hingegen nicht an Anweisungen bundes- oder landesministerieller Richtlinien zur Verkehrswertermittlung gebunden (vgl. Vorbem. zur ImmoWertV Rn. 40 ff.).

Die Tätigkeit des Gutachterausschusses unterliegt gleichwohl der Aufsicht, und zwar insbesondere im Hinblick auf die Einhaltung von Rechtsvorschriften bei der Wahrnehmung der Aufgaben des Gutachterausschusses, die Einhaltung der den Gutachtern auferlegten Pflichten, die gewissenhafte Erfüllung der dem Gutachterausschuss obliegenden Aufgaben sowie die Geschäftsführung der Gutachterausschüsse und ihrer Geschäftsstellen.

Abb. 1: Rechts- und Dienstaufsichtsbehörden

Rechts- und Dienstaufsichtsbehörden		
Land	Behörde	Rechtsgrundlage
Brandenburg	Ministerium des Innern	§ 3 Abs. 1 GutachterausschussVO
Niedersachsen	Für das Vermessungs- und Katasterwesen zuständige Ministerium	§ 10 DVO-BauGB
Rheinland-Pfalz	Landesamt für Vermessung und Geoinformation	§ 3 Abs. 4 GutachterausschussVO
Thüringen	Obere Katasterbehörde	§ 3 Abs. 7 GutachterausschussVO

2 Bestellung und Abberufung von Gutachtern

2.1 Bestellung von Gutachtern

31 Das BauGB enthält keine Bestimmung über die **Bestellung von** Gutachtern[31]. Aufgrund der Ermächtigung des § 199 Abs. 2 BauGB **regeln dies die Landesregierungen durch Rechtsverordnung** (vgl. Vorbem. zum BauGB Rn. 27). Bundesrechtlich schreibt § 192 Abs. 3 Satz 1 BauGB lediglich vor, dass

---

29 Zu Aufwandsentschädigungen vgl. BFH, Urt. vom 15.3.1968 – VI R 288/66 –, EzGuG 11.64.
30 So Erl. des nordrh.-westf. FM vom 5.8.1987 – S 2337 – 25 V B (VI 921 – 00/1 – GuG 1999, 360 = EilDStNWNr. 620/87 vom 5.11.1987.
31 Mit dem BauGB wurde auch die Bestimmung des § 138 Abs. 2 BBauG 76 über die Bestellung von Gutachtern aufgehoben; nach dieser Vorschrift wurden Gutachter von der höheren Verwaltungsbehörde auf vier Jahre bestellt. Die Nachfolgeregelungen der Landesregierungen sollten sicherstellen, dass die Bestellung von Gutachtern frei von politischen und nach fachlich vertretbaren Erwägungen erfolgen kann. Ob dies damit tatsächlich sichergestellt werden konnte, mag bezweifelt werden. So gehören dem Gutachterausschuss für Grundstückswerte für den Bereich der Landeshauptstadt Stuttgart im Jahre 2004 u. a. eine Ärztin und Medizinjournalistin, ein Polizist, ein Berufsschullehrer und ein selbstständiger Schreinermeister an, die zumindest von ihrer beruflichen Herkunft nicht ihre besondere Sachkunde erkennen lassen, aber allesamt zugleich Stadträte sind.

Bestellung § 192 BauGB IV

- die Gutachter in der Grundstückswertermittlung und sonstigen Wertermittlungen erfahren sein sollen und
- nicht hauptamtlich mit der Verwaltung der Grundstücke der Gebietskörperschaft befasst sein dürfen, für deren Bereich der Gutachterausschuss gebildet worden ist (**Inkompatibilitätsbestimmung**).

Bezüglich der für die Bestellung von Gutachtern vorgeschriebenen Sachkunde und Erfahrung in der Ermittlung von Grundstückswerten sollten ähnliche Maßstäbe gelten, wie sie von den Industrie- und Handelskammern mit den in der Sachverständigenordnung – SVO – formulierten Grundsätzen über die öffentliche Bestellung und Vereidigung von Sachverständigen vorgegeben sind (vgl. Anh. 1.1). Die Gutachterausschussverordnungen schließen Personen von der Bestellung aus, die nach § 21 Nrn. 1 bis 3 VwGO vom Richteramt ausgeschlossen sind[32]. Auf die Bestellung als Gutachter des Gutachterausschusses besteht kein Rechtsanspruch.

Die **Bestellung zum Gutachter des Gutachterausschusses für Grundstückswerte** (nach den §§ 192 ff. BauGB) ist **landesrechtlich wie folgt** geregelt (Abb. 2):

Abb. 2: Bestellung zum Gutachter des Gutachterausschusses

Land	Bestellungsbehörde	Zeitraum	Rechtsgrundlage*
Baden-Württemberg	Gemeinde/Verwaltungsgemeinschaft	4 Jahre	§ 2
Bayern	Kreisverwaltung	4 Jahre	§ 3
Berlin	Für das Vermessungswesen zuständiges Mitglied des Senats	4 Jahre	§ 9
Brandenburg	Ministerium des Innern	5 Jahre	§ 2
Bremen	Senat bzw. Senator für Bauwesen	4 Jahre	§ 2 Abs. 2 f.
Hamburg	Senat	unbefristet	§ 3 Abs. 1
Hessen	Präsident des Hess. Landesamtes für Bodenmanagement und Geoinformation bzw. der Vorsitzende	5 Jahre	§ 3 Abs. 1
Mecklenburg-Vorpommern	Innenminister	4 Jahre	§ 3 Abs. 1
Niedersachsen	Für das Vermessungs- und Katasterwesen zuständiges Ministerium	5 Jahre	§ 10
Nordrhein-Westfalen	Bezirksregierung	5 Jahre	§ 2 Abs. 1
Rheinland-Pfalz	Landesamt für Vermessung und Geobasisinformationen	5 Jahre	§§ 1, 3
Saarland	Umweltministerium auf Vorschlag nach Maßgabe der GutVO	4 Jahre	§ 6, § 1 Abs. 3
Sachsen	Regierungspräsidium	5 Jahre	§ 2
Sachsen-Anhalt	Bezirksregierung	4 Jahre	§ 2
Schleswig-Holstein	Bürgermeister/Landrat	4 Jahre	§ 3 Abs. 1 und 2
Thüringen	Obere Katasterbehörde	5 Jahre	§ 3 und § 1 Abs. 3

*Rechtsgrundlagen vgl. Gesetzeszusammenstellung am Anfang dieses Werks.

---

32 Vgl. § 2 Abs. 2 bad.-württ. GutachterausschussVO; § 3 Abs. 2 bay. GutachterausschussVO; § 2 Abs. 6 bbg. GutachterausschussVO; § 10 Abs. 2 nds DVO-BauGB; § 2 nordrh.-westf. GutachterausschussVO; § 3 Abs. 3 rh.-pf. GutachterausschussVO; § 3 Abs. 4 Nr. 2 thür. GutachterausschussVO; § 2 Abs. 3 sächs. GutachterausschussVO; § 5 schl.-hol. GutachterausschussVO.

2.2 Abberufung von Gutachtern und Amtsniederlegung

32 Die **Bestellung eines Gutachters endet, wenn er sein Amt niederlegt;** dafür bedarf es keiner Abberufung.

Die **Bestellungsbehörde hat** einen **Gutachter abzuberufen, wenn die Voraussetzungen seiner Bestellung entfallen sind** oder er nicht hätte bestellt werden dürfen. Die Voraussetzungen können insbesondere vorliegen, wenn

a) der Gutachter seine Pflichten (wiederholt) gröblich verletzt und gegen Rechtsvorschriften verstößt oder sich sonstwie als unwürdig erweist,

b) der Gutachter seine Tätigkeit nicht mehr ordnungsgemäß ausüben kann.

Das Nähere ist in den Gutachterausschussverordnungen der Länder geregelt[33].

3 Geheimhaltungspflicht

33 Die Gutachter der Gutachterausschüsse für Grundstückswerte sind zur Geheimhaltung der ihnen bekannt gewordenen personenbezogenen Daten verpflichtet. Anders als noch § 138 Abs. 3 BBauG 76, enthält die Nachfolgeregelung keine dies klarstellende Regelung. Die Begründung zu § 192 BauGB verweist lediglich auf entsprechende **Grundsätze in den Verwaltungsverfahrensgesetzen des Bundes und der Länder**[34].

34 Neben den Vorschriften der Verwaltungsverfahrensgesetze sind die Regelungen der Datenschutzgesetze und der GutachterausschussVOen der Länder zu beachten:

a) Von den **Vorschriften des Verwaltungsverfahrensgesetzes – VwVfG –** sind vor allem die Vorschriften des § 83 und § 84 VwVfG (Verschwiegenheitspflicht) über die ehrenamtliche Tätigkeit einschlägig. Diese Vorschriften sind nach dem Wortlaut des § 81 VwVfG allerdings nur auf die Tätigkeit in einem „Verwaltungsverfahren" anzuwenden, das in § 9 VwVfG als eine „nach außen wirkende Tätigkeit der Behörden" definiert ist, „die auf die Prüfung der Voraussetzungen, die Vorbereitung und den Erlass eines Verwaltungsakts oder auf den Abschluss eines öffentlich-rechtlichen Vertrags gerichtet ist"[35]. Die Gutachten des Gutachterausschusses stellen nach der höchstrichterlichen Rechtsprechung indessen keinen Verwaltungsakt dar; sie können allenfalls der Vorbereitung von Verwaltungsakten dienen (§ 193 BauGB Rn. 67). Soweit demzufolge noch ein Regelungsbedarf über die Geheimhaltungspflichten der Gutachter besteht, sind die Landesregierungen mit § 199 Abs. 2 Nr. 1 BauGB ermächtigt worden, die Bildung und das Tätigwerden der Gutachterausschüsse sowie die Mitwirkung der Gutachter und deren Ausschluss im Einzelfall zu regeln[36]. Auch wenn nach den vorstehenden Ausführungen die §§ 83 f. VwVfG bei strenger Betrachtungsweise nicht auf die Gutachter anzuwenden sind, empfiehlt es sich, in den Landesverordnungen entsprechend der Regelung des § 83 Abs. 2 VwVfG die Gutachter bei Übernahme ihrer Aufgaben zur Verschwiegenheit besonders zu verpflichten, zumal es fraglich sein mag, dass alle Gutachter Amtsträger i. S. des § 11 Abs. 1 Nr. 2 StGB sind

---

33 Vgl. § 4 Abs. 4 bbg. GutachterausschussVO; § 4 Abs. 4 nordrh.-westf. GutachterausschussVO; § 4 Abs. 4 thür. GutachterausschussVO; § 5 Abs. 4 schl.-hol. GutachterausschussVO.

34 BT-Drucks. 10/4630, S. 149.

35 Ausgenommen ist damit jedwedes Verwaltungshandeln, dem kein Regelungscharakter zukommt (z. B. behördliche Auskünfte), einschließlich sog. Verwaltungsvorakte (vgl. Achterberg in DÖV 1971, 397 ff.). Nach Wortlaut und Entstehungsgeschichte der Vorschrift entspricht dies dem gesetzgeberischen Willen. Der Gesetzgeber hat erklärtermaßen rechtsdogmatisch unverfestigte Formen des Verwaltungshandelns nicht einbeziehen wollen. Er hat allerdings auch nicht verkannt, dass eine Reihe von Vorschriften des VwVfG über den engeren Anwendungsbereich dieses Gesetzes hinaus allgemeine Bedeutung für nicht erfasste Verfahrensarten erlangen werden (vgl. BR-Drucks 227/73, S. 41 f.). Dies könnte auch für die Gutachterausschüsse gelten. § 9 VwVfG muss angesichts seines eindeutigen Wortlauts gleichwohl eher restriktiv ausgelegt werden.

36 Zur Geheimhaltung bei der steuerlichen Bedienung vgl. BFH, Beschl. vom 21.5.1982 – III B 32/81 –, EzGuG 20.99; Vorinstanz: FG Hamburg, Beschl. vom 23.6.1981 – III 199/77 –, AVN 1986, 345; BFH, Urt. vom 24.9.1976 – III B 12/76 –, EzGuG 11.104; § 30 AO sowie § 10 Abs. 1 Satz 2 und die §§ 41 f. BDSG.

Geheimhaltungspflicht § 192 BauGB IV

und schon deshalb bei Verletzung von Geheimhaltungspflichten die strafrechtlichen Folgen des § 203 StGB greifen (vgl. § 195 BauGB Rn. 84).

b) Die **Datenschutzgesetze der Länder** verpflichten die Gutachterausschüsse für Grundstückswerte, alle technischen und organisatorischen Maßnahme zu treffen, um insbesondere bereits beim Aufbau der Kaufpreissammlung und ihrer Nutzung datenschutzrechtliche Belange sicherzustellen (vgl. z. B. § 10 nordrh.-westf. DSB). Die Dokumentation der organisatorischen Maßnahmen stellt hier bereits ein wesentliches Element dar[37].

In diesem Zusammenhang ist auch auf die strafrechtlichen Folgen bei **Verletzung des Datengeheimnisses nach den Bestimmungen der Landesdatenschutzgesetze** hinzuweisen: so bestimmt z. B. § 27 des rh.-pf. Landesdatenschutzgesetzes – LDatG (vgl. auch § 27 saarl. DatG, vgl. auch § 14 nordrh.-westf. DSG): 35

„(1) Wer unbefugt von diesem Gesetz geschützte personenbezogene Daten, die nicht offenkundig sind,

1. übermittelt, verändert oder sonst wie verwendet oder
2. abruft oder sich sonst wie verschafft oder
3. den Zugriff auf solche Daten gewährt, wird mit Freiheitsstrafe bis zu einem Jahr oder mit Geldstrafe bestraft.

(2) Handelt der Täter gegen Entgelt oder in der Absicht, sich oder einen anderen zu bereichern oder einen anderen zu schädigen, so ist die Strafe Freiheitsstrafe bis zu zwei Jahren oder Geldstrafe.

(3) Die Bestimmungen der Absätze 1 und 2 gelten nur, soweit die Tat nicht in anderen Vorschriften mit höheren Strafen bedroht ist.

(4) Die Tat wird nur auf Antrag verfolgt. Den Antrag kann auch die Datenschutzkommission stellen."

▶ *Weiteres zum Bundesdatenschutzgesetz § 195 Rn. 80 ff.* 36

Dementsprechend muss z. B. im Lande *Rheinland-Pfalz* der **auskunftsbegehrende Sachverständige** schriftlich versichern, dass er 37

– alle mündlich oder durch Auskunft erhaltenen Angaben streng vertraulich behandelt und diese zu keinem anderen als dem zur sachgerechten Aufgabenerfüllung gehörenden Zweck verarbeitet, bekannt gibt oder zugänglich macht,

– in das/die zu erstellende(n) Gutachten nur anonymisierte Daten der Vergleichsgrundstücke aufnimmt (z. B. ohne Flurstück- und Hausnummern),

– die Daten bis zu ihrer Vernichtung so aufbewahrt, dass Unbefugte keine Kenntnis davon erhalten,

– die zur Verfügung gestellten Daten nach Auswertung (z. B. in einem Gutachten) zum frühestmöglichen Zeitpunkt vernichtet.

Die Vernichtung personenbezogener Daten, die der auskunftsberechtigte Sachverständige erhalten hat, schließt indessen nicht aus, dass er dieses Wissen in seinen Erfahrungsschatz aufnimmt und in seiner weiteren Tätigkeit hierauf aufbaut[38].

b) In Ansehung dieser Rechtslage legen eine Reihe von **GutachterausschussVOen der Länder** den Gutachtern besondere Geheimhaltungspflichten auf[39]. 38

c) Auch das **Strafgesetzbuch – StGB – enthält Vorschriften über die Geheimhaltung**; einschlägig sind insbesondere 39

---

37 Musterdienstanweisung der AGVGA Nordrh.-Westf.; 11. und 12. Tätigkeitsbericht des nordrh.-westf. Landesbeauftragten für den Datenschutz, Sammelband Datensicherung und Organisationshilfen.
38 BayObLG, Beschl. vom 23.7.1987 – REMiet 2/87 –, EzGuG 20.121.
39 § 3 Abs. 1 bad.-württ. GutachterausschussVO; § 4 bay. GutachterausschussVO; § 10 bln. DVO-BauGB; § 4 Abs. 1 brem. GutachterausschussVO; § 3 Abs. 4 hamb. GutachterausschussVO; § 4 Abs. 2 hess. DV BauGB; § 3 Abs. 3 GAVO NW; §§ 7, 16 saarl. GutVO; § 4 schl.-hol. GutachterausschussVO.

- § 353b StGB über die Verletzung des Dienstgeheimnisses und einer besonderen Geheimhaltungspflicht;
- § 355 StGB über die Verletzung des Steuergeheimnisses (im Hinblick auf die Mitwirkung von Bediensteten der Finanzbehörde nach § 192 Abs. 3 Satz 2 BauGB und die Übermittlung der Kaufpreissammlung an das Finanzamt nach § 195 Abs. 2 Satz 1 BauGB);
- §§ 201 ff. StGB über die Verletzung des persönlichen Lebens- und Geheimbereichs (insbesondere die Vorschriften über die unbefugte Offenbarung geschützter Daten nach § 203 Abs. 2 StGB)[40]; vgl. hierzu § 195 BauGB Rn. 80 ff.

40 d) Für ehrenamtlich tätige Gutachter ist schließlich auf die **Bestimmungen der Gemeindeordnungen** – GO – hinzuweisen. So ist z. B. nach § 22 Abs. 1 Satz 1 der GO *Nordrhein-Westfalen* derjenige, der zu ehrenamtlicher Tätigkeit oder zu einem Ehrenamt berufen worden ist, zur Verschwiegenheit über solche Angelegenheiten verpflichtet, deren Geheimhaltung ihrer Natur nach erforderlich ist[41].

4 Geschäftsstelle des Gutachterausschusses (§ 192 Abs. 4 BauGB)

41 Die Gutachterausschüsse bedienen sich nach Abs. 4 einer Geschäftsstelle. Dies ist die einzige Vorschrift, in der im BauGB von der Geschäftsstelle des Gutachterausschusses die Rede ist. Ansonsten betreffen die Regelungen des BauGB nur den Gutachterausschuss, obwohl die Geschäftsstelle wesentliche Arbeiten des Gutachterausschusses vorbereitet und betreut. **Die Geschäftsstelle ist ein Organ des Gutachterausschusses und nimmt innerhalb der Behörde Gutachterausschuss-Hilfsfunktionen wahr,** die hinsichtlich Inhalt und Umfang in der Verantwortung und der Entscheidung des Gutachterausschusses stehen[42]. Der Gutachterausschuss bestimmt deshalb auch, in welchem Rahmen und in welchem Umfang seine Geschäftsstelle tätig wird. Der Bundesgesetzgeber hat mit dem BauGB infolgedessen nicht einzelne Tätigkeiten der Geschäftsstelle durch Bundesgesetz festschreiben wollen, wie es der Deutsche Städtetag vorgeschlagen hatte[43]. Er hat vielmehr die umfassende Verantwortung des Gutachterausschusses auch für diesen Aufgabenbereich dadurch unterstreichen wollen, dass er im Gesetzbuch die Geschäftsstelle des Gutachterausschusses an dieser Stelle nicht mehr – wie noch in § 143 a Abs. 2 BBauG 76 – ausdrücklich anspricht.

42 In *Hessen* ist gemäß § 10 der GutachterausschussVO eine „**Zentrale Geschäftsstelle der Gutachterausschüsse für Grundstückswerte** des Landes Hessen – ZGGH" beim Hessischen Landesamt für Bodenmanagement und Geoinformation eingerichtet worden. Ihr obliegt die Festlegung verbindlicher Standards im Hinblick auf die Bereitstellung eines aktuellen flächendeckenden und einheitlichen Datenangebots in Abstimmung mit den Geschäftsstellen der Gutachterausschüsse, um insbesondere

- die landesweite Einheitlichkeit der von den Gutachterausschüssen zu erhebenden und von den Geschäftsstellen geführten Daten und erstellten Produkte sicherzustellen,
- Daten zu Kaufpreisobjekten, die in den Gutachterausschüssen nur vereinzelt auftreten, zu sammeln, auszuwerten und bereitzustellen,
- die Abgabe von Daten, die den räumlichen Zuständigkeitsbereich eines einzelnen Gutachterausschusses überschreiten, an Dritte zu koordinieren und sicherzustellen,

---

40 § 4 Abs. 3 hess. DV BauGB.
41 OVG Münster, Urt. vom 22.9.1965 – III A 1360/63 –, EzGuG 11.49.
42 VG Düsseldorf, Urt. vom 3.7.1980 – 9 K 182/80 –, EzGuG 11.120.
43 BT-Drucks. 10/6166, S. 162.

- den Grundstücksmarktbericht für das Land Hessen sowie sonstige Übersichten und Analysen zu erstellen und zu vertreiben,
- verbindliche Standards und Geschäftsmodelle für die Datenvermarktung durch Dritte zu entwickeln,
- die landesweite Öffentlichkeitsarbeit zu koordinieren und durchzuführen,
- die generalisierten Bodenwerte nach § 15 Abs. 4 zu veröffentlichen,
- den zentralen Internetauftritt sowie die Möglichkeit eines Online-Datenabrufs einzurichten und zu betreuen,
- wertrelevante Daten in Form von Indexreihen, Umrechnungskoeffizienten, Liegenschaftszinssätzen, Marktanpassungsfaktoren und Vergleichsfaktoren landesweit aufzubereiten,
- die Gutachterausschüsse und Geschäftsstellen bei der Fortbildung zu unterstützen.

Zu den **Aufgaben der Geschäftsstelle** gehört: 43
- die Entgegennahme und Registrierung der Anträge;
- die Prüfung der Antragsberechtigung und der örtlichen und sachlichen Zuständigkeit;
- die Sachverhaltsaufklärung einschließlich Beschaffung erforderlicher Unterlagen (Pläne, Lichtbilder, Grundbuchauszüge, Verträge, Mieten usw.);
- die verwaltungsmäßige Vorbereitung und Abwicklung der Ausschusssitzungen (Entwurf für die Tagesordnung, Einladung der ehrenamtlichen Gutachter, Benachrichtigung der Grundstückseigentümer, Fertigung der Sitzungsniederschriften und dgl.);
- die Festsetzung der Entschädigungen der ehrenamtlichen Gutachter;
- die Festsetzung und Veranlagung der Gebühren;
- die Ausfertigung und Übersendung der Wertgutachten;
- die Erstattung von Berichten und Zusammenstellungen an die zuständige Aufsichtsbehörde (über erstattete Wertgutachten, Bodenrichtwertauskünfte usw.);
- die Führung der Verwaltungsgeschäfte für den Gutachterausschuss bzw. den Vorsitzenden;
- die Vorbereitung und Veröffentlichung von Grundstücksmarktberichten;
- die Vorbereitung von Wertgutachten, insbesondere durch Aufklärung des Sachverhalts[44];
  - Klarstellung von Aufgabe und Zweck des Wertgutachtens;
  - Erforschung der im Einzelfalle zu berücksichtigenden Wertermittlungsmerkmale (Aufzählung beispielhaft);
  - Sichtung und Prüfung, ob vorliegende Unterlagen ausreichen; evtl. Beschaffung fehlender Unterlagen;
  - Feststellung von Grundstücksbezeichnung und -größe sowie Erschließungszustand;
  - Ermittlung des Lagewerts für den Grund und Boden sowie der Zu- oder Abschläge wegen spezieller Merkmale des Grundstücks;
  - Ermittlung der Massen der Gebäude und sonstigen baulichen Anlagen;
  - Ermittlung der Wohn-, Geschoss- bzw. Nutzflächen der Gebäude;
  - Ableitung der speziellen Normalherstellungswerte, der Abschreibungssätze und sonstigen Wertminderungen;
  - Ableitung der speziellen angemessenen Mietwerte;
  - Ermittlung der Bewirtschaftungskosten, der angemessenen Verzinsung (Liegenschaftszinssätze), der Restnutzungsdauer, des Vervielfältigers;

---
44 OLG Stuttgart, Urt. vom 25.11.1993 – 1 Ws 232/93 –, Rpfleger 1994, 183 = EzGuG 11.207e.

- Ableitung evtl. besonderer Minder- oder Mehrwerte (wegen Bauschäden oder Baumängeln, Sondererträgen u. a.);
- Konzipierung eines vollständigen, diskussionsfähigen Entwurfs des gesamten Gutachtens;
- die Führung der Kaufpreissammlung nach Weisung des Gutachterausschusses einschließlich der Prüfung und „Berichtigung" der Kaufpreise im Hinblick auf den gewöhnlichen Geschäftsverkehr sowie auf ungewöhnliche und persönliche Verhältnisse und ggf. Zurückführung der berichtigten Kaufpreise auf Vergleichsgrundstücke mit gebietstypischen Eigenschaften;
- die antragsgemäße Übermittlung der Kaufpreissammlung an das zuständige Finanzamt; die Urkunden- und Aktenvorlage an Gerichte und Staatsanwaltschaften;
- die fachliche Vorbereitung der Bodenrichtwertermittlung einschließlich der Fertigung von Bodenrichtwertkarten, Übersichten usw., Veranlassung der Offenlage, Bodenrichtwertauskünfte;
- die fachliche Vorbereitung und Ableitung „erforderlicher Daten der Wertermittlung" für den Gutachterausschuss;
- die Beschaffung und Erarbeitung allgemeiner Wertermittlungsgrundlagen (z. B. Sammlung von Mieten, Erarbeitung von Mietwerten, Normalherstellungskosten und sonstigen Wertermittlungsdaten, Sammlung und Nachweis der erstatteten Gutachten) und
- der Material- und Erfahrungsaustausch mit anderen Gutachterausschüssen.

44 Die **Geschäftsstelle** ist nach Maßgabe landesrechtlicher Bestimmungen **bei einer Behörde** eingerichtet. Als Organ des Gutachterausschusses nimmt die Geschäftsstelle nicht Aufgaben der Städte und Kreise wahr, für deren Bereich der Gutachterausschuss gebildet wurde.

45 Dies bedeutet, dass die Bediensteten der Geschäftsstelle – soweit sie im Behördenaufbau anderen Tätigkeiten nachgehen – gleichzeitig Geschäftsstellenaufgaben für den Gutachterausschuss quasi in Doppelfunktion wahrnehmen. Bei der Ausübung ihrer Hilfstätigkeit als **Geschäftsstelle des Gutachterausschusses** ist sie nicht an **Weisungen** ihrer Anstellungsbehörde gebunden, sondern **allein** denjenigen **des Gutachterausschusses unterworfen,** sofern das Weisungsrecht nicht auf dem Vorsitzenden des Gutachterausschusses übertragen wurde[45].

5 Befangenheit von Gutachtern und deren Ablehnung

▶ *Allgemeines vgl. Teil III Rn. 179 ff.*

46 Aus der Eigenschaft des Gutachterausschusses für Grundstückswerte als Kollegialorgan folgt nicht, dass dieser in seiner Gesamtheit wegen Besorgnis der Befangenheit abgelehnt werden kann[46]. Im gerichtlichen Verfahren ist **§ 406 ZPO,** der die Ablehnung von Sachverständigen regelt, **auf den Gutachterausschuss für Grundstückswerte nicht anwendbar**[47].

---

45 Z. B. RdErl. des IM-LSA vom 2.9.1994 – 46.2 – 235 24/2 –, MBl LSA 1994, 2528.
46 BGH, Urt. vom 23.1.1974 – IV ZR 92/72 –, EzGuG 11.92, OLG Köln, Beschl. vom 16.6.1980 – 7 W 16/80 –, EzGuG 11.119e; OLG Frankfurt am Main, Urt. vom 18.5.1931 – 4 W 65/31 –, JW 1931, 2042; OLG München, Beschl. vom 26.1.1959 – 6 W 1733/58 –, EzGuG 11.17; LG Berlin, Beschl. vom 16.9.1963 – (18)O.18/61 –, EzGuG 11.37; OLG Hamm, Beschl. vom 28.4.1964 – W 1/63 –, EzGuG 11.46; BFH, Beschl. vom 9.7.1981 – IV B 44/80 –, EzGuG 11.125; KG Berlin, Urt. vom 3.7.1964 – 9U 2340/63 –, EzGuG 11.42; anders aber: KG Berlin, Beschl. vom 18.6.1971 – W 1182/71 –, EzGuG 11.78; BGH, Urt. vom 2.11.1970 – III ZR129/68 –, EzGuG 11.74; LG Osnabrück, Beschl. vom 27.1.1999 – U 146 O 17.2 - EzGuG 11.131e.
47 BGH, Urt. vom 27.11.1963 – V ZR 6/62 –, EzGuG 11.39; OLG Nürnberg, Beschl. vom 19.10.1966 – 3 W 82/66 –, EzGuG 11.54; OLG Frankfurt am Main, Beschl. vom 23.11.1964 – 1 W 17/64 –, EzGuG 11.46, OLG Oldenburg, Beschl. vom 17.4.1997 – 5 W 51/97 –, EzGuG 11.244k; OLG Hamm Beschl. vom 28.12.1989 – 1 W 111/89 –, NJW-RR 1990, 1471; LG Stuttgart, Urt. vom 29.10.1986 – 8 W 491/86 -; KG, Urt. vom 18.6.1971 – W 1182/71 –; LG Rostock, Urt. vom 12.7.2002 – 2 T 199/02 –, NJOZ 2002, 2437; Gleiches gilt für die Ablehnung nach § 86 FGO (BFH, Urt. vom 2.28.1996 – IX B 71/96 –, BStBl. II 1997, 290 = DStRE 1997, 223 f.).

Befangenheit § 192 BauGB IV

Wegen Besorgnis der Befangenheit können nur einzelne Mitglieder des Gutachterausschusses abgelehnt werden[48]. Das BauGB enthält keine Vorschriften über die **Befangenheit und** den **Ausschluss von Gutachtern im Einzelfall**. Entsprechende Regelungen des bisherigen Rechts (§ 139 Abs. 4 BBauG 76) sind mit der Begründung aufgehoben worden, dass künftig die Grundsätze der Verwaltungsverfahrensgesetze des Bundes und der Länder zur Anwendung kommen sollen und es ihrer „Wiederholung in einem Baugesetzbuch" nicht bedarf[49]. 47

Die **bloße Eigenschaft als Bediensteter der Gebietskörperschaft** kann bei sinngemäßer Auslegung des BauGB nach Auffassung des BGH[50], Urt. vom 2.11.1970, kein Ausschließungsgrund sein. Auch die Doppelmitgliedschaft im Gutachter- und Umlegungsausschuss ist kein Grund zur Ablehnung wegen Befangenheit[51].

Einschlägig sind hier wiederum im Rahmen eines Verwaltungsverfahrens (§ 9 VwVfG) die **Vorschriften der §§ 20 f. VwVfG**. Danach sind insbesondere ausgeschlossen: 48

– ein Beteiligter,
– ein Angehöriger eines Beteiligten,
– ein Angehöriger eines bevollmächtigten Vertreters,
– ein wirtschaftlich abhängiger Beschäftigter eines Beteiligten sowie wer aus seiner amtlichen Eigenschaft in der Angelegenheit ein Gutachten abgegeben hat oder sonst tätig geworden ist (§ 139 Abs. 4 Satz 3 BBauG 76).

Nach § 20 VwVfG steht dem Beteiligten gleich, wer durch die Tätigkeit oder durch die Entscheidung einen *unmittelbaren* Vor- oder Nachteil erlangen kann; damit sind auch die ausgeschlossen, die nach bisherigem Recht an dem Grundstück „wirtschaftlich" interessiert (§ 139 Abs. 4 Satz 1 BBauG 76) oder mit der **Verwaltung des Grundstücks, auf das sich die Wertermittlung bezieht,** befasst sind (§ 139 Abs. 3 Satz 1 Halbsatz 1 BBauG 76). Das bisherige Recht ging freilich insofern weiter, als danach auch die von der Mitwirkung ausgeschlossen sind, die „nur" *mittelbar* Vor- oder Nachteile erlangen können. Im Unterschied zum Wortlaut des bisherigen Rechts gehören auf Grund der Anwendung des VwVfG auch Verlobte zu den Angehörigen (§ 20 Abs. 5 Nr. 1 VwVfG), die jedoch nach der im Schrifttum vertretenen Auffassung[52] auch schon bisher von der Mitwirkung ausgeschlossen waren. Im Übrigen gelten die obigen Ausführungen zu § 9 VwVfG entsprechend (vgl. Rn. 34). 49

Nach § 192 Abs. 3 Satz 2 BauGB dürfen **Gutachter nicht hauptamtlich mit der Verwaltung der Grundstücke der Gebietskörperschaften, für deren Bereich der Gutachterausschuss gebildet ist, befasst sein.** Eine Befassung mit der Verwaltung im Nebenamt oder eine hauptamtliche Verwaltung von Grundstücken in anderen Gebietskörperschaften bewirken hingegen nicht den Ausschluss. Eine hauptamtliche Verwaltungstätigkeit wird immer bei dem Bürgermeister (Oberbürgermeister) bzw. dem Landrat der Gebietskörperschaft, für deren Bereich der Gutachterausschuss gebildet worden ist, gegeben sein. Sie wird insbesondere auch gegeben sein, wenn der Person als Beigeordneter oder als sonstiger Bediensteter der Gebietskörperschaft, für deren Bereich der Gutachterausschuss gebildet ist, die Verwaltung der der Gebietskörperschaft gehörenden Grundstücke obliegt. 50

---

48 LG Kaiserslautern, Beschl. vom 14.5.1986 – 1 T 90/86 –, EzGuG 11.143; OLG Karlsruhe, Beschl. vom 22.5.1986 – 7 W 8/86 –, EzGuG 11.154; KG Berlin, Beschl. vom 22.9.1987 – 21 W 4289/87 –, EzGuG 11.167; LG Aurich, Beschl. vom 30.8.1984 – 2 O 790/84 –, EzGuG 11.143; OLG Frankfurt am Main, Beschl. vom 8.11.1982 – 17 W 53/82 –, EzGuG 11.133; KG Berlin, Beschl. vom 29.4.1982 – 8 W 1013/82 –, EzGuG 11.129; OLG Düsseldorf, Beschl. vom 29.9.1972 – U 2/71 –, EzGuG 11.85; OLG München, Beschl. vom 22.12.1970 – 12 W 1645/70 –, EzGuG 11.76; OLG München, Beschl. vom 20.5.1963 – 6 W 807/63 –, EzGuG 11.3439.
49 BTDrucks.10/4630, S. 149.
50 BGH, Urt. vom 2.11.1970 – III ZR 129/68 – EzGuG 11.74; VGH München, Beschl. vom 1.8.2000 – 22 B 96.1682 –, NVwZ 2001,207.
51 LG Osnabrück, Beschl. vom 27.1.1999 – U 146 O 17.2 –, EzGuG 11.131e.
52 Dieterich in Ernst/Zinkahn/Bielenberg BauGB, § 139 BBauG Rn. 17.

51 Nach dem Ausschussbericht[53] zu § 139 BBauG 76, aus dem § 192 BauGB hervorgegangen ist, wollte der Gesetzgeber die Mitwirkung solcher Personen im Gutachterausschuss nicht zulassen. Ausgehend vom Grundsatz, dass die Unabhängigkeit der Gutachter zu stärken und der Anschein einer Interessenkollision zwischen den „örtlich betroffenen Gebietskörperschaften und den Gutachterausschüssen" zu vermeiden sei, dürfen nach dem Wortlaut des Ausschussberichtes „der Vorsitzende und die Gutachter nicht mit der Verwaltung des betroffenen Grundstücks oder sonstiger Gegenstände oder überhaupt hauptamtlich mit der Verwaltung von Grundstücken der Gebietskörperschaften im Zuständigkeitsbereich des Ausschusses befasst sein". Im Unterschied zum gesetzlichen Wortlaut soll hiernach ein Gutachter also schon dann von der Mitwirkung ausgeschlossen sein, wenn er irgendwo im Zuständigkeitsbereich des Ausschusses hauptamtlich mit der Verwaltung von Grundstücken einer zugehörigen Gebietskörperschaft befasst ist.

6 Haftung des Gutachterausschusses

52 Entsprechend der Einordnung des Gutachterausschusses in den Behördenaufbau haftet für **Amtspflichtverletzungen des Gutachterausschusses** gemäß Art. 34 GG i.V.m. § 839 BGB das Land[54]. Dort, wo der Gutachterausschuss eine Behörde des Landkreises oder der Gemeinde ist, haftet die jeweilige Gebietskörperschaft (vgl. Rn. 3). Sofern gesetzlich nichts anderes bestimmt ist, haftet als Dienstherr des Gutachterausschusses derjenige, der dem Amtsträger die Aufgaben, bei denen eine Amtspflichtverletzung vorgenommen wurde, übertragen hat[55]. § 839a BGB findet nach der Rechtsprechung des BGH keine Anwendung auf die Gutachterausschüsse[56].

53 **Amtspflichten des Gutachterausschusses, die er intern mit der Erstattung eines Gutachtens für die Gemeinde wahrnimmt, können auch zugunsten eines außenstehenden „Dritten" bestehen**, wenn sich die Gemeinde gegenüber diesem auf das Gutachten des Gutachterausschusses stützt, so z. B. wenn die Gemeinde im Rahmen der sanierungsrechtlichen Preisprüfung nach den §§ 144 f. i.V.m. § 153 Abs. 2 BauGB[57] verfährt. Eine Dritthaftung aus Amtspflichtverletzung besteht auch gegenüber dem Ersteigerer eines Grundstücks im Zwangsversteigerungsverfahren[58].

> ▶ Zur Rechtsnatur des Gutachtens eines Gutachterausschusses vgl. Rn. 2, § 193 BauGB Rn. 67 ff.; zur Haftung des Gutachterausschusses bei fehlerhafter Auskunftserteilung § 195 BauGB Rn. 34; zur Haftung allgemein Teil III Rn. 200 ff.

54 Es gehört zu den Amtspflichten eines jeden Amtsträgers, bei hoheitlichen Maßnahmen (vgl. Rn. 7), die geeignet sind, einen Anderen in seinen Rechten zu beeinträchtigen, den **Sachverhalt im Rahmen des Zumutbaren so umfassend zu erforschen, dass die Beurteilungs- und**

---

53 BT-Drucks. 7/4793, S. 52.
54 BGH, Urt. vom 1.2.2001 – III ZR 193/99 –, GuG 2001, 180 = NVwZ 2001, 1074 = EzGuG 11.296; BGH, Urt. vom 4.3.1982 – III ZR 156/80 –, EzGuG 11.127; BGH, Urt. vom 23.1.1974 – IV ZR 92/72 –, EzGuG 11.92; OLG Frankfurt am Main, Urt. vom 23.11.1964 – 1 W 17/64 –, EzGuG 11.46; OLG Köln, Beschl. vom 16.6.1980 – 7 W 16/80 –, EzGuG 11.129 e; OLG Hamm, Urt. vom 29.11.2000 – 11 U 68/00 –, GuG 2001, 189 = EzGuG 11.290; RdErl. des hess. IM vom 24.12.1975, StAnz. 1976, 133; RdErl. des nordrh.-westf. MfL WöA vom 10.9.1964, MinBl. 1964, 1366.
55 BGH, Urt. vom 6.2.2003 – III ZR 44/02 –, GuG 2003, 397; BGH, Urt. vom 15.1.1981 – III ZR 18/80 –, EzGuG 11.121; BGH, Urt. vom 26.4.1972 – III ZR 100/77 –, EzGuG 11.115; BGH, Urt. vom 12.2.1970 – III ZR 231/68 –, BGHZ 53, 217 = MDR 1970, 490; BGH, Urt. vom 30.11.1967 – VII ZR 34/65 –, EzGuG 11.60; BGH, Urt. vom 1.4.1963 – III ZR 4/62 –, EzGuG 11.32; BGH, Urt. vom 5.6.1952 – III ZR 151/51 –, BGHZ 6, 215; BGH, Urt. vom 21.6.1951 – III ZR 134/50 –, BGHZ 2, 350; zu Amtspflichtverletzungen des Umlegungsausschusses: BGH, Urt. vom 27.4.1981 – III ZR 71/97 –, EzGuG 11.124; zu Amtspflichtverletzungen der Baugenehmigungsbehörden: BGH, Urt. vom 10.4.1986 – III ZR 209/84 –, EzGuG 11.152; BGH, Urt. vom 29.9.1975 – III ZR 40/73 –, EzGuG 11.98.
56 BGH, Urt. vom 19.3.2006 – III ZR 143/05 – GuG 2006, 241 = NJW 2006, 1733 = EzGuG 11.503.
57 BGH, Urt. vom 1.2.2001 – III ZR 193/99 –, EzGuG 11.295 (in Modifizierung der Rspr. BGH, Urt. vom 5.7.1990 – III ZR 190/88 –).
58 BGH, Urt. vom 6.2.2003 – III ZR 44/02 –, GuG 2003, 397.

Entscheidungsgrundlage nicht in wesentlichen Punkten zum Nachteil des Betroffenen unvollständig bleibt[59].

Auch für die Gutachterausschüsse für Grundstückswerte gilt, dass sie 55
- ihre Gutachten **nach bestem Wissen und Gewissen** abzugeben und zu begründen haben und
- verpflichtet sind, ihnen zugängliche Erkenntnisquellen vollständig und sachgerecht auszuwerten[60].

Bei Ansprüchen nach § 839 BGB beginnt die **Verjährungsfrist** des § 852 Abs. 1 BGB im 56
Übrigen erst, wenn ein Geschädigter Kenntnis erlangt, dass eine Amtshandlung widerrechtlich und schuldhaft war und deshalb eine zum Schadensersatz verpflichtende Amtspflichtverletzung darstellt[61]. Wer sich auf die Voraussetzung der Verjährung beruft, hat die Beweislast[62].

7 Gebühren des Gutachterausschusses

7.1 Übersicht

Für die Gutachten der Gutachterausschüsse für Grundstückswerte nach den §§ 192 ff. BauGB 57
werden **Gebühren nach Landesrecht bzw. nach Kommunalrecht** *(Baden-Württemberg; Schleswig-Holstein)* erhoben; § 199 Abs. 2 Nr. 6 BauGB, unabhängig davon, ob der Gutachterausschuss für einen privaten oder öffentlichen Auftraggeber tätig wird.[63]

Die **Gebühren** sind wie folgt geregelt in:

Baden-Württemberg: 58

Es gelten die Vorschriften des § 4 der Gemeindeordnung i.d.F. vom 24.7.2000[64] i.V.m. den §§ 8 und 8a des Kommunalabgabengesetzes i.d.F. vom 28.5.1996[65], des Landesgebührengesetzes, des Landesjustizkostengesetzes und anderen kommunalsteuerlichen Vorschriften vom 25.4.1978[66], zuletzt geändert durch Gesetz vom 29.6.1998[67] . Nach § 8a KAG können die Gemeinden für die Erstattung von Gutachten durch den Gutachterausschuss auf der Grundlage einer Satzung Verwaltungsgebühren erheben. § 8 Abs. 1, 2, 3 Satz 2 und 4 KAG und §§ 4, 8, 9 Abs. 1, §§ 15 und 16 des Landesgebührengesetzes von Baden-Württemberg gelten entsprechend. Ferner kann in jedem Fall der Ersatz der Auslagen für besondere Sachverständige gesondert verlangt werden (§ 8a Abs. 2 KAG). Werden besondere Sachverständige bei der Wertermittlung zugezogen (§ 197 BauGB), so sind sie nach den Bestimmungen des Justizvergütungs- und -entschädigungsgesetzes zu vergüten.

Mit dieser Regelung, die in keinem anderen Bundesland anzutreffen ist, bekräftigt das baden-württembergische Landesrecht den Charakter der dort vielerorts bestehenden Gutachterausschüsse als kommunale Einrichtungen.

Um eine Zersplitterung des Gebührenwesens zu verhindern, haben die kommunalen Landesverbände Baden-Württembergs eine Mustersatzung über die Erhebung von Gebühren für die Erstattung von Gutachten des Gutachterausschusses (MGebS) erarbeitet[68]. Es bleibt abzuwar-

---
59 Papier in MünchKomm Bd. 5 3. Aufl. § 839 BGB Rn. 95.
60 Nicht überzeugend a.A. OLG Karlsruhe, Urt. vom 19.3.1998 – 12 U 204/97 –, GuG 1998, 380 (nicht rechtskräftig).
61 BGH, Urt. vom 24.2.1994 – III ZR 76/92 –, NJW 1994, 3164.
62 Stein in MünchKomm., 3. Aufl. Bd. 3, § 852 Rn. 71.
63 OLG Stuttgart, Beschl. vom 25.10.1993 – 1 Ws 232/93 –, EzGuG 11.209 g.
64 GBl. 2000, 582, 698.
65 GBl. 1996, 481.
66 GBl. 1978, 224.
67 GBl. 1998, 358.
68 Abgedruckt in BWGZ 1979, 748 ff.

ten, ob dadurch verhindert werden kann, dass sich die Gebührenbestimmungen im Lande auseinanderentwickeln[69].

59 *Bayern:*

Anzuwenden ist das Kostengesetz (KG) vom 20.2.1998 (GVBl. 1998, 43), zuletzt geändert durch Gesetz vom 27.12.1999 (GVBl. 1999, 554).

§ 19 der Verordnung über die Gutachterausschüsse, die Kaufpreissammlungen und die Bodenrichtwerte nach dem Bundesbaugesetz (GutachterausschussV) vom 23.6.1992 (GVBl. 1992, 167).

60 *Berlin:*

– Gesetze über Gebühren und Beiträge vom 22.5.1957 (GVBl. 1957, 516), zuletzt geändert durch Gesetz vom 15.4.1996 (GVBl. 1996, 121).

– Verwaltungsgebührenordnung (VGebO) vom 27.6.1972 (GVBl. 1972, 1098, 2198) i.d.F. der Bekanntmachung vom 13.11.1978 (GVBl. 1978, 2410), zuletzt geändert durch § 5 des Vermessungsgebührengesetzes vom 4.3.2008 (GVBl. 2008, 62).

61 *Brandenburg:*

– Gebührengesetz – GebG – vom 18.10.1991 (GVBl. 1991, 452), zuletzt geändert durch Art. 11 des Gesetzes vom 17.12.2003 (GVBl. 2003, 289).

– Allgemeine Verwaltungsgebührenordnung (§ 20 Abs. 2 der Gutachterausschussverordnung B-GAVOB),

– Gebührenordnung für die Gutachterausschüsse für Grundstückswerte und deren Geschäftsstellen GAGebO Bbg vom 19.11.2003 (GVBl. 2003, 678).

62 *Bremen:*

– Bremische Verwaltungsgebührenordnung i.d.F. des Gesetzes zur Änderung der Verwaltungsgebührenordnung vom 22.12.1978 (Brem. GBl. 1978, 249).

63 *Hessen:*

– Gebühren nach § 15 der VO zur Durchführung des BauGB vom 21.2.1990 (GVBl. 1990, 49), geändert durch VO vom 17.12.1998 (GVBl. I 1998, 562).

– Hessisches Verwaltungskostengesetz (HVwKostG).

64 *Hamburg:*

– Gebührengesetz vom 9.6.1968 (GVBl. 1968, 103).

– Gebührenordnung für den Gutachterausschuss für Grundstückswerte in Hamburg und seine Geschäftsstelle vom 1.12.1970 (GVBl. 1970, 307).

65 *Mecklenburg-Vorpommern:*

– Landesverordnung über Verwaltungsgebühren in Angelegenheiten der Wertermittlung von Grundstücken (WertErmGebVO) vom 22.6.1993 (GVOBl. M-V 1993, 669).

– Verwaltungskostengesetz des Landes Mecklenburg-Vorpommern (VwKostG M-V) vom 4.10.1991 (GVOBl. M-V 1991, 366).

66 *Niedersachsen:*

– Niedersächsisches Verwaltungskostengesetz (VerwKG) vom 7.5.1962 (GVBl. 1972, 43), zuletzt geändert durch Art. 3 des Gesetzes vom 17.12.1997 (GVBl. 1997, 539).

– Gebührenordnung für Gutachterausschüsse und deren Geschäftsstellen nach dem Baugesetzbuch (GOGut) vom 22.4.1997 (GVBl. 1997, 119), zuletzt geändert durch Verordnung vom 19.7.2005 (GVBl. 2005, 249).

---

69 Vgl. im Übrigen Erl. des IM vom 19.4.1979 betr. Förderungsfähigkeit der Gutachten.

| Gebühren | § 192 BauGB IV |

- Gesetz über die Erhebung von Gebühren und Auslagen in der Verwaltung, wenn die Amtshandlung in Ausübung öffentlicher Gewalt veranlasst wurde.
- Gem. RdErl. des MI und SozM vom 20.3.1968 betr. Gebührenfreiheiten für Gutachten nach § 136 BBauG (MinBl. 1968, 313).
- RdErl. d. MI vom 26.1.1976 betr. Hinweise zur Anwendung der Gebührenordnung für die Erstattung von Gutachten (MinBl. 1976, 195).
- RdErl. des MI betr. Gebührenordnung vom 24.10.1986 (unveröffentlicht).

Nordrhein-Westfalen: 67

- Gebührengesetz (GebG NRW) i.d.F. der Bekanntmachung vom 23.8.1999 (GV NW 1999, 524).
- Allgemeine Verwaltungsgebührenordnung (AVwGebO NW) i.d.F. der Bekanntmachung vom 5.8.1980 – (GVBl. 1980, 924), zuletzt geändert durch VO vom 8.11.1994 (GVBl. 1994, 1016).
- RdErl. des IM betr. Gebühren der Gutachterausschüsse bei Maßnahmen nach dem Städtebauförderungsgesetz – unveröffentlicht.

Rheinland-Pfalz: 68

- Landesgebührengesetz (LGebG) vom 3.12.1974 (GVBl. 1974, 578), zuletzt geändert durch Gesetz vom 21.7.2003 (GVBl. 2003, 212).
- Landesverordnung über die Gebühren für Amtshandlungen allgemeiner Art – Allgemeines Gebührenverzeichnis vom 15.1.2002 (GVBl. 2003, 212).
- Landesverordnung über sachliche Gebührenfreiheit vom 24.6.1977 (GVBl. 1977, 194).
- Landesverordnung über Gutachterausschüsse, Kaufpreissammlungen und Bodenrichtwerte (Gutachterausschussverordnung) vom 15.5.1989 (GVBl. 1989, 153), zuletzt geändert durch Verordnung vom 19.1.1999 (GVBl. 1999, 19)[70].
- Landesverordnung über die Gebühren für Amtshandlungen nach dem BauGB (Besonderes Gebührenverzeichnis) vom 11.9.2001 (GVBl. 2001, 226) i.V.m. dem Besonderen Gebührenverzeichnis für Amtshandlungen nach dem BauGB (GVBl. 1989, 107)[71].
- Richtlinien zur Ermittlung von Grundstückswerten nach dem Baugesetzbuch vom 1.6.1988 – 363/648 – 15/0 –.
- Verwaltungsvorschrift über die Zusammenarbeit zwischen den Geschäftsstellen der Gutachterausschüsse, den Finanzämtern und dem Statistischen Landesamt vom 1.12.1981 (MinBl. 1981, 799).
- RdSchr. vom 1.10.1996 – 356 4/641 – 08/05.

Saarland: 69

- Gesetz über die Erhebung von Verwaltungs- und Benutzungsgebühren im Saarland (SaarlGebG) vom 24.6.1964 (ABl. 1964, 629), zuletzt geändert durch Gesetz Nr. 1108 vom 24.6.1998 (ABl. 1998, 518).
- Verordnung über die Erhebung von Gebühren durch die Gutachterausschüsse vom 18.12.1992 (ABl. 1993/2), zuletzt geändert durch Verordnung zur Änderung der Verordnung über die Erhebung von Gebühren durch den Gutachterausschuss vom 12.6.2006 (ABl. 2006, 843).

---

70 VerfGH Rheinland-Pfalz, Beschl. vom 6.12.1996 – VGH B 13/96 –, EzGuG 11.240.
71 Zur Verfassungskonformität vgl. VerfGH Rheinland-Pfalz, Beschl. vom 6.12.1997 – VGH B 13/96 –, GuG 1997,123.

70 *Sachsen:*

- Verwaltungskostengesetz des Freistaats Sachsen (SächsVwKG) i.d.F. der Bekanntmachung vom 24.9.1999 (SächsGVBl. 1999, 545) i.V.m. dem Vierten Sächsischen Kostenverzeichnis vom 24.10.2000 (SächsGVBl. 2000, 549).
- Verordnung über die Festsetzung der Verwaltungsgebühren und Auslagen (2. Sächsisches Kostenverzeichnis – SächsKVZ) vom 24.10.2000 (SächsGVBl. 2000, 549) und 5. Sächsisches Kostenverzeichnis vom 18.7.2001.

71 *Sachsen-Anhalt:*

- Allgemeine Gebührenordnung des Landes Sachsen-Anhalt (AllGO LSA) vom 23.5.2000 (GVBl. LSA 2000, 266).
- Verwaltungskostengesetz des Landes Sachsen-Anhalt (VwKostG LSA) vom 27.6.1991 (GVBl. LSA 1991, 154), zuletzt geändert durch Art. 1 des Gesetzes vom 30.3.1999 (GVBl. LSA 1999, 120).
- Verwaltungsvorschrift zur Anwendung der Allgemeinen Gebührenordnung des Landes Sachsen-Anhalt durch die Gutachterausschüsse für Grundstückswerte und deren Geschäftsstellen (RdErl. des MI vom 26.9.1994 – 46.2 – 05401/10 – (MBl. LSA 1994, 2454).
- Verwaltungsvollstreckungsgesetz des Landes Sachsen-Anhalt vom 18.12.1997 (GVBl. LSA 1997, 1073), zuletzt geändert durch Gesetz vom 17.11.1998 (GVBl. 1998, 461).
- Gebührentabelle zur GutachterausschussVO vom 14.6.1994 (GVBl. LSA 1994, 222).
- Billigkeitsmaßnahmen nach dem VwKostenG, RdErl. des MI vom 6.3.1995 – 47 – 05401 (MBl. LSA 1995, 425).

72 *Schleswig-Holstein:*

Eigene Gebührenordnungen der Gemeinden und Kreise.

73 *Thüringen:*

- Thüringisches Verwaltungskostengesetz (ThürVwKostG) vom 23.9.2005 (GVBl. 2005, 325).
- Allgemeine Verwaltungskostenverordnung vom 27.9.1993 (GVBl. 1993, 619).

▶ *Zur Amtshilfe vgl. Rn. 52; § 193 BauGB Rn. 67; § 197 BauGB Rn. 25 ff.*

7.2 Gebührenbefreiung

Im Überblick bestehen folgende Regelungen zur **persönlichen oder generellen Gebühren-** **74**
befreiung in den Ländern:

Abb. 3: Generelle und persönliche Gebührenbefreiung

Land	Rechtsgrundlagen		
	persönliche Gebührenbefreiung	generelle Gebühren- befreiung	abweichende Regelungen
Berlin	§ 3 Abs. 1 Nr. 1 VGebO		
Brandenburg	§ 8 Abs. 1 Nr. 3 GebG Bbg		§ 8 Abs. 4 GebG Bbg i.V.m. § 2 GAGebO
Hessen	§ 8 Abs. 1 Nr. 2 HVwKostG	§ 8 Abs. 1 Nr. 2 HVwKostG	§ 15 der BauGB-Durch- führungsVO i.V.m. Gesetz über die Erhe- bung von Gebühren für die Erstattung von Wert- gutachten vom 13.3.1972
Mecklenburg- Vorpommern	§ 8 Verwaltungskostengesetz		
Niedersachsen	§ 2 Abs. 1 Nr. 2 des Gesetzes über die Erhebung von Gebühren und Auslagen in der Verwaltung, wenn die Amtshand- lung in Ausübung öffentlicher Gewalt veranlasst wurde		
Nordrhein- Westfalen	§ 8 Abs. 1 Nr. 3 GebG NRW		§ 8 Abs. 4 Satz 1 Nr. 9 GebG NRW
Rheinland-Pfalz	§ 8 Abs. 1 Nr. 3 Landesgebührengesetz		
Saarland	§ 3 Abs. 1 Nr. 3 des Gesetzes über die Erhebung von Verwaltungs- und Benut- zungsgebühren		
Sachsen	§ 4 Abs. 1 Nr. 5 Verwaltungskostenge- setz		
Thüringen	§ 3 Abs. 2 Verwaltungskostengesetz		

Zur Frage, ob die Gutachterausschüsse für Grundstückswerte **Gebührenbefreiung** zu gewäh- ren haben, wenn sie **für Sozialämter** tätig sind, wird zunächst festgestellt, dass die Gutachter- ausschüsse i.S. der Landesverwaltungsverfahrensgesetze sowie des Amtshilfe- und Gebüh- renrechts als Behörde anzusehen sind (vgl. Rn. 2 und § 193 BauGB Rn. 67 ff.).

Nach § 64 Abs. 2 SGB X sind **Geschäfte und Verhandlungen, die aus Anlass der Beantra- gung, Erbringung und Erstattung von Sozialleistungen nötig werden, kostenfrei.** Einen dahingehenden Antrag kann der Eigentümer nach § 193 Abs. 1 Nr. 3 stellen bzw. muss ihn auf Verlangen des Sozialamtes stellen. Er kann aber auch dem Sozialamt die notwendige Voll- macht erteilen, damit der Gutachterausschuss insoweit für ihn tätig wird. Die Sozialämter sind nach § 193 Abs. 1 Nr. 2 BauGB antragsberechtigt. Soweit die Länder nicht ergänzende Rege- lungen über die Gebührenfreiheit in derartigen Sozialangelegenheiten haben[72], ist gleichwohl die Frage der Anwendung des § 64 Abs. 2 SGB X strittig.

---

72 Z. B. Rheinland-Pfalz: § 8 Abs. 1 Nr. 4 Landesgebührengesetz.

75 Für eine Gebührenbefreiung bei der Erstattung eines Wertgutachtens im Zusammenhang mit der Heranziehung des Grundvermögens nach § 88 Abs. 2 Nr. 7 BSHG (**kleines Hausgrundstück**) spricht zunächst der Wortlaut des § 64 Abs. 1 SGB X, nach dem für das Verfahren bei den „Behörden" nach diesem Gesetzbuch keine Gebühren und Auslagen erhoben werden dürfen[73]. Mit dem Verfahren i.S. dieser Vorschrift ist nicht nur das Verwaltungsverfahren nach § 8 SGB X angesprochen. Vielmehr fallen darunter auch Tätigkeiten der Sozialbehörden im Vorfeld der Beantragung von Sozialleistungen. Insofern sind die „Geschäfte und Verhandlungen", die von der Sozialbehörde aus Anlass der Beantragung einer Sozialleistung mit anderen Behörden erfolgen, bereits von § 8 Abs. 1 SGB X erfasst. Als Verfahren kommt eine Wertermittlung nach § 88 Abs. 2 Nr. 7 BSHG in Betracht, denn dieses Gesetz gilt – sofern nicht abweichende Regelungen gelten – als Verfahren i.S.d. § 64 SGB X (vgl. Art. 2 § 1 Nr. 15 SGB I). Die als Spezialregelung in Betracht kommende Vorschrift des § 37 SGB I sieht bezüglich § 64 SGB X keine Ausnahmeregelung vor, sodass das **Verfahren nach § 88 Abs. 2 Nr. 7 BSAG ein Verfahren** i.S.d. § 64 Abs. 1 SGB X bleibt, **das auf die Gutachterausschüsse unmittelbar anzuwenden ist.**[74]

76 § 8 Abs. 2 SGB X betrifft andere Behörden. Die auf die alte Regelung des § 118 BSHG zurückgehende Formulierung „Geschäfte und Verhandlungen" lässt schon durch die Verwendung unbestimmter Rechtsbegriffe erkennen, dass insoweit eine einengende Auslegung nicht angezeigt ist. **Unter Geschäfte werden deshalb alle Amtsgeschäfte verstanden, die die mit der Durchführung des SGB befassten Behörden aus Anlass der Beantragung, Erbringung oder Erstattung einer Sozialleistung für notwendig halten.** Die Kostenfreiheit in diesem Zusammenhang bedeutet, dass die anderen Behörden ebenso wie die Sozialbehörden nach Abs. 1 weder Gebühren noch Auslagen verlangen dürfen.

77 Auch zu der insoweit inhaltsgleichen früheren Regelung in **§ 118 Abs. 1 BSHG** bestand die Auffassung, dass diese weitgefasste Vorschrift alle Geschäfte und Verhandlungen einschließen sollte, die mit der Durchführung des Bundessozialhilfegesetzes notwendig wurden. Anhaltspunkte, die für eine andere Auslegung von § 64 Abs. 2 SGB X sprechen würden, sind nicht ersichtlich. Auch der Hinweis von *Gottschick/Giese*[75] rechtfertigt keine andere Betrachtung. Bei den dort angesprochenen fachärztlichen Tätigkeiten handelt es sich zumeist um Leistungen niedergelassener Ärzte; diese sind mit der Tätigkeit des Gutachterausschusses nicht vergleichbar.

78 Die **Vorschrift des § 64 SGB X** regelt die Kostenfreiheit im gesamten Sozialleistungsbereich und **ist** insoweit **als „lex specialis" anzusehen.** Es ist deshalb rechtlich unerheblich, dass in der Verordnung für die Leistungen der Gutachterausschüsse eine Gebührenbefreiung nicht vorgesehen ist. Darüber hinaus handelt es sich bei dem Sozialgesetzbuch um höherrangiges Recht. Zum Zeitpunkt des Erlasses der genannten Verordnung im Jahre 1972 war das Sozialgesetzbuch im Übrigen noch nicht in Kraft (Inkrafttreten am 1.1.1981).

79 Der Umstand, dass die Gutachterausschüsse selbstständig handeln, steht der Kostenfreiheit im Rahmen des § 64 SGB X nicht im Wege. Das Land oder die Kommunalbehörde sind Kostenträger für diese Einrichtungen; dem Land bzw. der Kommune stehen auch die Gebühren zu, die für die Gutachten gezahlt werden. Die Mitglieder der Gutachterausschüsse erhalten lediglich Sitzungsgelder für ihre Tätigkeit im Ausschuss. Die **Tätigkeit der Gutachterausschüsse muss bei alledem den Geschäften und Verhandlungen i.S.d. § 64 Abs. 2 SGB X zugerechnet werden.**

80 Auf der anderen Seite hat das OVG Rheinland-Pfalz 1985 entschieden, dass es sich bei der Erteilung von Auskünften an Sozialversicherungsträger aus der Fahrzeugkartei nicht um Amtshilfe handle, sondern eine eigene Aufgabe der zuständigen Behörde vorliege. Weiterhin hat der VGH Mannheim in seinem Urt. vom 16.7.1985 – 14 S 227/84 – festgestellt: „Für die Erteilung von Auszügen aus dem Liegenschaftskataster durch Vermessungsbehörden auf Antrag anderer Behörden (hier: einer auf dem Gebiet des Sozialversicherungsrechts tätigen Körperschaft des öffentlichen Rechts) können Verwaltungsgebühren erhoben

---

[73] VGH Mannheim, Urt. vom 16.7.1985 – 14 S 227/84 –, BWVPr. 1985, 255.
[74] Hess. RdErl.; StAnz 1993, 1482 = GuG 1994, 286.
[75] Gottschick/Giese, Bundessozialhilfegesetz § 118 BSHG Rn. 4.

werden, weil gemäß § 4 Abs. 2 Nr. 2 LVwVfG/§ 3 Abs. 2 Nr. 2 SGB X (gebührenfreie) Amtshilfe nicht vorliegt." Auch im Bereich der Auskünfte aus dem Melderegister an Sozialversicherungsträger hat der VGH Mannheim mit seinem Urt. vom 31.7.1985 entschieden, dass die Gemeinden hierfür Verwaltungsgebühren erheben können. Der VGH hat dabei auch festgestellt, eine Gebührenfreiheit könne nicht aus § 64 SGB X hergeleitet werden.

Die Problematik entschärft sich immer dann, wenn der Gutachterausschuss und seine Geschäftsstelle in Sozialhilfefällen durch **einfache Auskünfte** von vorneherein ohne Wertermittlung feststellen kann, dass der Grundstückswert unter den im Einzelfall maßgeblichen Wertgrenzen anzusetzen ist. **81**

Weitere Vorschriften, die eine **Freiheit von Gebühren, Kosten, Steuern und Abgaben** vorsehen: **82**

§ 67 des Landwirtschaftsanpassungsgesetzes LwAnpG sieht für Bodenordnungsverfahren, einschließlich der Regelung von Rechtsverhältnissen zwischen Nutzungsberechtigten (Nutzern) und den Eigentümern von mit Nutzungsrechten belasteten Grundstücken Abgabenfreiheit vor; die Vorschrift lautet:

„**§ 67 LwAnpG**

(1) Die zur Durchführung dieses Gesetzes vorgenommenen Handlungen, einschließlich der Auseinandersetzungen nach § 49, sind frei von Gebühren, Steuern, Kosten und Abgaben.

(2) Die Gebühren-, Kosten-, Steuer- und Abgabenfreiheit ist von der zuständigen Behörde ohne Nachprüfung anzuerkennen, wenn die zuständige Landwirtschaftsbehörde, in Verfahren nach den §§ 54, 56 und 64 die zuständige Flurneuordnungsbehörde, bestätigt, dass eine Handlung der Durchführung dieses Gesetzes dient."

Die vom **Bundesministerium für Ernährung, Landwirtschaft und Forsten** veröffentlichten Empfehlungen zur Zusammenführung von Boden- und Gebäudeeigentum nach § 64 LwAnpG[76] gehen unter Nr. 6.6.3 davon aus, dass der Gutachterausschuss für Grundstückswerte in den einschlägigen Fällen keine Gebühren erhebt. **83**

Vorstehende Regelung ist **§ 79 BauGB** nachgebildet, der **für** städtebauliche **Umlegungsverfahren** folgende Regelung zur Abgaben- und Auslagenbefreiung enthält: **84**

„**§ 79 BauGB**

(1) Geschäfte und Verhandlungen, die der Durchführung oder Vermeidung der Umlegung dienen, einschließlich der Berichtigung der öffentlichen Bücher, sind frei von Gebühren und ähnlichen nicht steuerlichen Abgaben sowie von Auslagen; dies gilt nicht für die Kosten eines Rechtsstreits. Unberührt bleiben Regelungen nach landesrechtlichen Vorschriften.

(2) Die Abgabenfreiheit ist von der zuständigen Behörde ohne Nachprüfung anzuerkennen, wenn die Umlegungsstelle versichert, dass ein Geschäft oder eine Verhandlung der Durchführung oder Vermeidung der Umlegung dient."

Im Unterschied zu § 67 LwAnpG lässt das BauGB aber ausdrücklich die für die Gebührenerhebung der Gutachterausschüsse für Grundstückswerte maßgeblichen **landesrechtlichen Regelungen unberührt.** Mit § 67 LwAnpG hat demgegenüber also der Gesetzgeber Gebrauch von einem konkurrierenden Gesetzgebungsrecht machen wollen[77]. **85**

Landesrechtliche Gebührenregelungen bleiben auch nach § 151 BauGB unberührt; die Vorschrift regelt die Abgaben- und Auslagenbefreiung für **städtebauliche Sanierungs- und Entwicklungsmaßnahmen**[78]. **86**

---

76 GemMinBl. 1992, 1095, Abgedruckt bei Kleiber/Söfker, Vermögensrecht, Eigentum am Grund und Boden, Jehle Rehm Verlag München; vgl. auch GuG 1993, 163 und 229.
77 Kostenermächtigungs-Änderungsgesetz vom 23.6.1970 (BGBl. I 1970, 805); hierzu BT-Drucks. VI/329 Zu Art. 23; BVerfG, „Kartell"-Beschl. vom 11.10.1966 – 2 BvR 477/64 –, BGBl. I 1966, 138 = BVerfGE 20, 257.
78 Ernst/Zinkahn/Bielenberg, BauGB, Komm. zu § 151 BauGB.

7.3 Umsatzsteuer

87 Bei der Tätigkeit der Gutachterausschüsse für Grundstückswerte nach § 193 Abs. 1 Nr. 3 und 4 BauGB, d.h. der Wertermittlungstätigkeit **für Privatpersonen,** Behörden und Gerichte, sowie für weitere ihnen mit der GutachterausschussVO übertragene Tätigkeiten **handelt es sich um eine wirtschaftliche Tätigkeit i.S. des Abschn. 5 Abs. 2 KStR.** Ein Betrieb gewerblicher Art wird mit dieser Tätigkeit der juristischen Person des öffentlichen Rechts (§ 1 Abs. 1 Nr. 6 i.V.m. § 4 Abs. 1 KStG) mindestens dann begründet, wenn bei Vorliegen der übrigen Voraussetzungen des Absch. 5 KStR die Umsatzgrenze nach Abs. 5 in Höhe von 60 000 DM *nachhaltig* überschritten wird. Wird diese Umsatzgrenze nicht erreicht, kann im Einzelfall auf Antrag gleichwohl ein Betrieb gewerblicher Art angenommen werden, wenn hierfür von der juristischen Person des öffentlichen Rechts besondere Gründe vorgetragen werden (vgl. Abschn. 5 Abs. 5 Satz 6 KStR).

88 Liegt ein Betrieb gewerblicher Art vor, kann – auch wenn zum Beispiel wegen Beachtung des jeweiligen Gebührengesetzes keine Gewinne erzielt werden – nicht generell von der Abgabe einer **Körperschaftsteuer-Erklärung** abgesehen werden.

89 Nach den vorstehenden Grundsätzen muss auch in allen offenen Fällen verfahren werden. In Einzelfällen kann aus Vertrauensschutzgründen (zum Beispiel wenn bei bisheriger anderer steuerlicher Behandlung durch die Finanzverwaltung eine **rückwirkende Anpassung der Gebührenordnungen und -bescheide** nicht möglich ist oder unverhältnismäßig wäre) von einer rückwirkenden Änderung abgesehen werden.

90 Nach § 2 Abs. 3 Satz 1 UStG unterliegen die **Umsätze der Gutachterausschüsse für Grundstückswerte** sowohl bei Verkehrswertermittlungen für private als auch für öffentliche Auftraggeber grundsätzlich **der Umsatzsteuer,** unabhängig davon, ob die Umsatzgrenze von 60 000 DM im Einzelfall nicht überschritten wird (vgl. Abschn. 5 Abs. 5 Satz 7 KStR 1995, BAnz Nr. 4a vom 6.1.1996)[79].

91 **Wird der Gutachterausschuss für Grundstückswerte in Konkurrenz zu privaten Sachverständigen tätig, liegt also eine umsatzsteuerpflichtige Tätigkeit vor.** Die Tätigkeit für andere juristische Personen des öffentlichen Rechts im Wege der Amtshilfe ist nach Auffassung des Hess. Ministeriums für Wirtschaft, Verkehr und Landesentwicklung dagegen nicht der Umsatzsteuer unterworfen. Diese Auslegung läuft insofern „leer", als der Gutachterausschuss abweichend von § 4 Abs. 1 VwVfG nicht zur Amtshilfe verpflichtet ist (vgl. § 197 BauGB Rn. 28 ff.)[80].

92 Bei den Gutachterausschüssen für Grundstückswerte handelt es sich um **Einrichtungen (des Landes, der Kommune** bzw. Landkreise, vgl. Rn. 3) **mit Behördeneigenschaft.** Als juristische Personen des öffentlichen Rechts sind die Ausschüsse nach § 2 Abs. 3 UStG nur im Rahmen ihrer Betriebe gewerblicher Art unternehmerisch tätig[81]. Nur die in diesen Betrieben und Tätigkeitsbereichen ausgeführten Umsätze unterliegen der Umsatzbesteuerung (steuerbare Umsätze). Wirtschaftliche Tätigkeiten der Ausschüsse (z.B. Verkehrswertermittlungen zu privaten Zwecken) können steuerbare Umsätze im Rahmen eines Betriebs gewerblicher Art sein. Ob im Einzelfall ein Betrieb gewerblicher Art vorliegt, ist nach den §§ 1 Abs. 1 Nr. 6 und 4 KStG zu beurteilen. **Soweit die Ausschüsse im hoheitlichen Bereich tätig werden, werden keine steuerbaren Umsätze ausgeführt** (vgl. Rn. 7).

93 Auch nach einer Entscheidung der obersten Finanzbehörden des Bundes und der Länder aus dem Jahre 1986 unterliegen die Gutachterausschüsse für Grundstückswerte der Umsatzsteuer,

---

[79] Zum Besteuerungsverfahren vgl. Fn. 20 sowie RdErl. des MI LSA vom 1.10.1997 (43 – 05401/10) betr. Umsatzsteuer für Amtshandlungen und Leistungen der Gutachterausschüsse für Grundstückswerte (MBl. LSA 1997, 1838 = GuG 1998, 155); Nds RdErl. des MI vom 14.7.1994 – 67 0511/7 (Nds. MinBl. 1994, 1072); Erl. des nordrh.-westf. FM vom 23.12.1998 – S 2706 – 81-V B 4 –, GuG 1999, 306 i.V.m. RdErl. IM vom 23.12.1998 – III C 2 – 9210 – und vom 1.2.1999 – III C 2 – 921060.

[80] Hess. Ministerium für Wirtschaft, Verkehr und Landesentwicklung, Schreiben vom 21.1.1998 (VIIa 61 – 61c08/15 – 39/97) *an die Geschäftsstellen der Gutachterausschüsse* (unveröffentlicht); vgl. auch Merkblatt zur umsatzsteuerlichen Behandlung der Gutachterausschüsse ab dem 1.1.1998, GuG 1999, 306.

[81] BT-Drucks. 11/658 Parl. Anfrage MdB Gattermann.

soweit die Voraussetzungen nach Abschn. 5 der Körperschaftsteuerrichtlinien – KStR – für einen Betrieb gewerblicher Art vorliegen[82]. Ob ein Betrieb gewerblicher Art vorliegt, ist nach den Grundsätzen des Umsatzsteuergesetzes – UStG – in Anknüpfung an das Körperschaftsteuergesetz – KStG – zu entscheiden. Da die **Tätigkeit der Gutachterausschüsse als eine wirtschaftliche Tätigkeit anzusehen ist, unterliegen die Gutachterausschüsse mithin der Umsatzbesteuerung.** Auf die Frage einer Wettbewerbssituation im Verhältnis zu den freiberuflich tätigen Sachverständigen kommt es nicht an. Von daher kann dahinstehen, ob Wettbewerbsverzerrungen i.S. der Rechtsprechung des BFH[83] bestehen, auf Grund deren eine unterschiedliche umsatzsteuerliche Behandlung intensive und nachhaltige Auswirkungen in der Branche zur Folge hat, oder eine solche Wettbewerbssituation a priori auszuschließen ist[84]. Auch steht die 6. EG-Richtlinie einer Besteuerung nicht entgegen, weil nur bei einer *nicht* wirtschaftlichen Tätigkeit für eine Umsatzbesteuerung erforderlich ist, dass die Nichtbesteuerung zu größeren Wettbewerbsverzerrungen i.S. des Art. 4 Abs. 5 (2) der 6. EG-Richtlinie führt und die Tätigkeit nicht im Anh. 6 der 6. EG-Richtlinie aufgeführt ist[85]; zur Frage des Wettbewerbs vgl. Vorbem. zum BauGB Rn. 8 ff.

Als eine *nicht* wirtschaftliche Tätigkeit gilt eine Tätigkeit im Rahmen der Ausübung der öffentlichen Gewalt. Der Begriff **Ausübung öffentlicher Gewalt** ist gesetzlich nicht definiert, jedoch kann nach der gefestigten Rechtsprechung von einer solchen i.S.d. Steuerrechts ausgegangen werden, wenn die Tätigkeit von einer juristischen Person des öffentlichen Rechts wahrgenommen wird, die dem Träger der öffentlichen Gewalt eigentümlich und vorbehalten ist. Dafür reicht die bloße gesetzliche Zuweisung entsprechend den Regelungen der §§ 192 ff. BauGB einer Tätigkeit als Pflichtaufgabe einer Körperschaft des öffentlichen Rechts nicht aus[86]. **94**

Für die „Ausübung öffentlicher Gewalt" ist kennzeichnend die Erfüllung öffentlich-rechtlicher Aufgaben, die aus der Staatsgewalt abgeleitet sind und wenn die gesetzlich zugewiesenen Aufgaben von einem privatrechtlich tätigen Unternehmer nicht erfüllt werden können. Es kommt also entscheidend darauf an, dass die Tätigkeit nicht von einem privaten Unternehmer ausgeführt werden kann[87]. Unerheblich bleibt indessen die Frage, ob eine Tätigkeit, die von einem privaten Unternehmer ausgeführt werden könnte und ein konkurrierender Privatunternehmer nicht tätig ist[88]. Der **Gutachterausschuss für Grundstückswerte übt demzufolge zumindest i.S. des Steuerrechts keine öffentliche Gewalt aus,** denn die Tätigkeit der Gutachterausschüsse kann – was die Erstattung von Gutachten (nicht dagegen die Ableitung wesentlicher Daten nach § 193 Abs. 3 BauGB i.V.m. den §§ 9 ff. ImmoWertV) angeht – auch von privaten Sachverständigen ausgeübt werden; lediglich im Falle der Enteignung muss die Enteignungsbehörde nach § 107 Abs. 1 Satz 3 BauGB bei der Ermittlung des Sachverhalts ein Gutachten des Gutachterausschusses einholen. Demgegenüber hat die Rechtsprechung des BGH die Tätigkeit der Gutachterausschüsse als *hoheitliche* Tätigkeit angesehen[89]. **95**

---

82 FG Baden-Württemberg, Gerichtsbeschl. vom 28.10.1997 – 12 K 201/95 –, GuG 1998, 52 = EzGuG 11.237 (nicht rechtskräftig, vgl. Beschl. des FG Baden-Württemberg vom 12.1.1998).
83 BFH, Urt. vom 11.6.1997 – II B 93/96 –, BFHE 183, 236 = BStBl II 1997, 527.
84 OFD Saarbrücken, Vfg. vom 22.4.1986 – S 7106 – 52 St 241.
85 EuGH, Urt. vom 17.10.1989 – Rs. 231/87 –, GuG 1994, 112 = EzGuG 11.174 a; EuGH, Urt. vom 15.5.1990 – C 4/98 –, DB 1991, 80.
86 Birkenfeld, Juristische Personen des öffentlichen Rechts als Unternehmer, Umsatzsteuer-Rundschau 1989, 6; BFH, Urt. vom 22.9.1976 – I R 102/74 –, EzGuG 18.71 a; BFH, Urt. vom 18.8.1966 – V 21/64 –, BStBl. III1967, 100.
87 BFH, Urt. vom 7.11.1991 – IV R 50/90 –, BStBl II 1993, 380.
88 BHF, Urt. vom 30.6.1988 – VR 79/84 –, BStBl II 1988, 910.
89 BGH, Urt. vom 4.3.1982 – III ZR 156/80 –, EzGuG 11.127; KG, Urt. vom 18.6.1971 – W 1182/71 –, EzGuG 11.78; vgl. Rn. 3.

§ 193 BauGB
Aufgaben des Gutachterausschusses

(1) ¹Der Gutachterausschuss erstattet Gutachten über den Verkehrswert von bebauten und unbebauten Grundstücken sowie Rechten an Grundstücken, wenn

1. die für den Vollzug dieses Gesetzbuchs zuständigen Behörden bei der Erfüllung der Aufgaben nach diesem Gesetzbuch,

2. die für die Feststellung des Werts eines Grundstücks oder der Entschädigung für ein Grundstück oder ein Recht an einem Grundstück auf Grund anderer gesetzlicher Vorschriften zuständigen Behörden,

3. die Eigentümer, ihnen gleichstehende Berechtigte, Inhaber anderer Rechte am Grundstück und Pflichtteilsberechtigte, für deren Pflichtteil der Wert des Grundstücks von Bedeutung ist, oder

4. Gerichte und Justizbehörden

es beantragen. ²Unberührt bleiben Antragsberechtigungen nach anderen Rechtsvorschriften.

(2) Der Gutachterausschuss kann außer über die Höhe der Entschädigung für den Rechtsverlust auch Gutachten über die Höhe der Entschädigung für andere Vermögensnachteile erstatten.

(3) Die Gutachten haben keine bindende Wirkung, soweit nichts anderes bestimmt oder vereinbart ist.

(4) Eine Abschrift des Gutachtens ist dem Eigentümer zu übersenden.

(5) ¹Der Gutachterausschuss führt eine Kaufpreissammlung, wertet sie aus und ermittelt Bodenrichtwerte und sonstige zur Wertermittlung erforderliche Daten. ²Zu den sonstigen für die Wertermittlung wesentlichen Daten gehören insbesondere

1. Kapitalisierungszinssätze, mit denen die Verkehrswerte von Grundstücken im Durchschnitt marktüblich verzinst werden (Liegenschaftszinssätze), für die verschiedenen Grundstücksarten, insbesondere Mietwohngrundstücke, Geschäftsgrundstücke und gemischt genutzte Grundstücke.

2. Faktoren zur Anpassung der Sachwerte an die jeweilige Lage auf dem Grundstücksmarkt (Sachwertfaktoren), insbesondere für die Grundstücksarten Ein- und Zweifamilienhäuser.

3. Umrechnungskoeffizienten für das Wertverhältnis von sonst gleichartigen Grundstücken, z. B. bei unterschiedlichem Maß der baulichen Nutzung und

4. Vergleichsfaktoren für bebaute Grundstücke, insbesondere bezogen auf eine Raum- oder Flächeneinheit der baulichen Anlage (Gebäudefaktor) oder auf den nachhaltig erzielbaren jährlichen Ertrag (Ertragsfaktor).

Gliederungsübersicht	Rn.
1 Übersicht	1
2 Gutachtenerstattung
2.1 Gutachten
2.1.1 Allgemeines	5
2.1.2 Gutachten über Grundstückswerte (§ 193 Abs. 1 BauGB)	11
2.1.3 Gutachten über die Entschädigung von Vermögensnachteilen (§ 193 Abs. 2 BauGB)	21

	2.2	Antragsberechtigte	
		2.2.1 Allgemeines...	24
		2.2.2 Antragsberechtigung der das BauGB vollziehenden Behörden (§ 193 Abs. 1 Satz 1 Nr. 1 BauGB)..	25
		2.2.3 Antragsberechtigung sonstiger Behörden (§ 193 Abs. 1 Satz 1 Nr. 2 BauGB)	
		2.2.3.1 Allgemeines..	34
		2.2.3.2 Finanzbehörden...	37
		2.2.3.3 Enteignungsbehörden	39
		2.2.3.4 Sozial- und Arbeitsämter	42
		2.2.3.5 Sonstige Behörden..	44
		2.2.4 Antragsberechtigung Privater (§193 Abs. 1 Satz 1 Nr. 3 BauGB)	
		2.2.4.1 Eigentümer..	47
		2.2.4.2 Nutzungsberechtigte	51
		2.2.4.3 Kaufbewerber..	53
		2.2.5 Antragsberechtigung von Gerichten und Justizbehörden (§ 193 Abs. 1 Satz 1 Nr. 4 BauGB)..	54
		2.2.6 Unberührte Antragsberechtigungen nach anderen Rechtsvorschriften (§ 193 Abs. 1 Satz 2 BauGB)...	60
3	Rechtsnatur der von den Gutachterausschüssen erstatteten Gutachten (§ 193 Abs. 3 BauGB)		67
4	Übersendungspflicht an die Eigentümer (§ 193 Abs. 4 BauGB)		
	4.1	Allgemeines...	69
	4.2	Rechtsnatur, Kosten	70
5	Führung und Auswertung der Kaufpreissammlung (§ 193 Abs. 5 BauGB)		
	5.1	Übersicht	
		5.1.1 Allgemeines...	71
		5.1.2 Kaufpreiskarte	81
		5.1.3 Kaufpreiskartei (-datei)	86
		5.1.4 Sonstige Bestandteile...	88
	5.2	Auswertung von Kaufverträgen	91
6	Weitere Aufgaben		
	6.1	Allgemeines...	101
	6.2	Bodenrichtwertübersichten..	102
	6.3	Grundstücksmarktberichte	103

1 Übersicht

Nach § 192 Abs. 1 BauGB sind **Gutachterausschüsse für die Ermittlung von Grundstückswerten** und für sonstige Wertermittlungen eingerichtet worden. § 193 BauGB behandelt hierzu ergänzend

- die Erstattung von Gutachten über den Verkehrswert von Grundstücken und Rechten an Grundstücken (§ 193 Abs. 1 BauGB),
- die Erstattung von Gutachten über die Höhe der Entschädigung für sonstige Vermögensnachteile insbesondere nach § 93 Abs. 2 Nr. 2 i.V.m. § 96 BauGB (§ 193 Abs. 2 BauGB),
- die Wirkung von Gutachten (§ 193 Abs. 3 BauGB),
- die Übersendung von Gutachten an die Eigentümer (§ 193 Abs. 4 BauGB) und
- die Führung und Auswertung der Kaufpreissammlung (§ 193 Abs. 5 i.V.m. § 195; vgl. Rn. 71 ff.).

Die Vorschrift konkretisiert damit die Verkehrswertermittlung und „sonstige Wertermittlungen" (§ 192 Abs. 1 BauGB). Es handelt sich dabei nicht um eine abschließende Aufgabenbeschreibung, denn nach § 193 Abs. 1 Satz 2 BauGB bleiben Antragsberechtigungen nach anderen Rechtsvorschriften unberührt. Darüber hinaus sind die Landesregierungen mit § 199 Abs. 2 Nr. 6 BauGB ermächtigt, dem Gutachterausschuss weitere Aufgaben zu übertragen.

2 Die geltende Fassung des § 193 BauGB geht auf das am 1.1.2008 in Kraft getretenen **Erbschaftsteuerreformgesetz**[1] – ErbStRG – zurück und ist am 1.7.2009 in Kraft getreten (Art 6 Nr. 2 ErbStRG).

3 Mit der ab 1.7.2009 geltenden Fassung werden als „sonstige Wertermittlungen" herausgestellt

1. die Ermittlung von **Bodenrichtwerten** (§ 193 Abs. 3 i.V.m. § 196; vgl. § 196 BauGB Rn. 1 ff.) und

2. die Ermittlung **sonstiger zur Wertermittlung erforderlicher Daten,** insbesondere

   – Kapitalisierungszinssätze, mit denen die Verkehrswerte von Grundstücken im Durchschnitt marktüblich verzinst werden *(Liegenschaftszinssätze)*, für die verschiedenen Grundstücksarten, insbesondere Mietwohngrundstücke, Geschäftsgrundstücke und gemischt genutzte Grundstücke.

   – Faktoren zur Anpassung der Sachwerte an die jeweilige Lage auf dem Grundstücksmarkt *(Sachwertfaktoren)*, insbesondere für die Grundstücksarten Ein- und Zweifamilienhäuser.

   – *Umrechnungskoeffizienten* für das Wertverhältnis von sonst gleichartigen Grundstücken, z. B. bei unterschiedlichem Maß der baulichen Nutzung und

   – *Vergleichsfaktoren für bebaute Grundstücke*, insbesondere bezogen auf eine Raum- oder Flächeneinheit der baulichen Anlage (Gebäudefaktor) oder auf den nachhaltig erzielbaren jährlichen Ertrag (Ertragsfaktor).

Es handelt sich auch hierbei nicht um einen abschließenden Katalog der vom Gutachterausschuss zu ermittelnden „sonstigen zur Wertermittlung erforderlichen Daten". § 143a Abs. 3 des bis zum Inkrafttreten des BBauG von 1976 führte darüber hinaus ausdrücklich die Ermittlung von **Bewirtschaftungskosten** und **Bodenpreisindexreihen** auf. Die Ableitung der in § 193 Abs. 5 BauGB genannten erforderlichen Daten ist in den §§ 9 bis 14 ImmoWertV einschließlich der Ermittlung von Indexreihen geregelt.

§ 193 Abs. 5 BauGB ist missverständlich formuliert, da nach dem Einleitungssatz die Ermittlung von Bodenrichtwerten und die Ermittlung sonstiger zur Wertermittlung erforderlicher Daten nebeneinander genannt werden und diese Daten auch noch ohne Erwähnung der Bodenrichtwerte konkretisiert werden. Tatsächlich gehören aber die Bodenrichtwerte zu den erforderlichen Daten (§§ 8 bis 14 ImmoWertV).

4 Es handelt sich bei alledem um **Pflichtaufgaben des Gutachterausschusses** für Grundstückswerte; lediglich die Erstattung von Gutachten über die Höhe der Entschädigung für andere Vermögenswerte im Zusammenhang mit der Ermittlung der Entschädigung für den Rechtsverlust ist als „Kann-Bestimmung" ausgestaltet (§ 193 Abs. 2 BauGB).

Darüber hinaus werden die Landesregierungen mit § 199 Abs. 2 Nr. 6 BauGB ermächtigt, weitere Aufgaben auf den Gutachterausschuss zu übertragen. Hervorzuheben ist insbesondere die Erstellung von Grundstücksmarktberichten[2].

Darüber hinaus kann der Gutachterausschuss nach Maßgabe **landesrechtlicher Vorschriften** folgende Aufgaben haben:

a) Erstattung von Gutachten über Miet- und Pachtwerte (vgl. Rn. 30 ff.),

b) Erstellung von *Mietwertübersichten,*

c) Führung einer *Mietdatenbank* auf Antrag der zuständigen Stelle und Erstellung eines Mietspiegels,

d) Erteilung von Wertauskünften und Stellungnahmen über Grundstückswerte,

---

[1] Erbschaftsteuerreformgesetz – ErbStRG – vom 24.12.2008 (BGBl. I 2008, 3018).

[2] § 13 bbg. GutachterausschussVO; § 22 nds. DVO-BauGB; § 13 Abs. 2 Nordrh.-wstf. GutachterausschussVO; § 14 Abs. 5 rh.-pf. GutachterausschussVO; § 13 Abs. 3 thür. GutachterausschussVO.

e) Individuelle Auswertungen der Kaufpreissammlung (in anonymisierter und aggregierter Form) sowie

f) Führung weiterer Datensammlungen über Mieten und Bewirtschaftungskosten.

Bei der Erfüllung dieser Aufgaben bedient sich der Gutachterausschuss gemäß § 192 Abs. 4 BauGB seiner Geschäftsstelle.

▶ *Zu den Aufgaben der Geschäftsstelle vgl. § 192 Rn. 41 ff.*

2 Gutachtenerstattung

2.1 Gutachten

2.1.1 Allgemeines

Schrifttum: *Körner, R.,* Rechtsschutz bei Untätigkeit des Gutachterausschusses, BlnGE 2005, 530.

▶ *Zum Grundsätzlichen vgl. Teil III Rn. 287 ff.*

Zu den wesentlichen Aufgaben des Gutachterausschusses gehört die Erstattung von **Gutachten über den Verkehrswert von Grundstücken**. § 193 Abs. 1 BauGB bestimmt, wer bundesrechtlich antragsberechtigt ist. Darüber hinaus hat der Gutachterausschuss ein Gutachten zu erstatten, wenn die Enteignungsbehörde im Rahmen eines Enteignungsverfahrens nach den §§ 104 ff. BauGB ihn zur Ermittlung des Sachverhalts nach § 107 Abs. 1 Satz 3 BauGB entsprechend beauftragt (vgl. Teil VII Rn. 233)[3].

5

Als **Gutachten** sind dabei mit einer besonderen Sachkunde, Fachwissen und Erfahrung abgegebene und begründete Stellungnahmen zu verstehen, die – je nach Auftragserteilung – sowohl Tatsachenfeststellungen, Erfahrungssätze und Wertungen vermitteln sowie aus Tatsachenfeststellungen gezogene Schlussfolgerungen und Wertungen einschließlich Werturteilen vermitteln.

6

Von einem Gutachten zu unterscheiden sind

a) sog. Kurzgutachten,

b) gutachtliche (sachverständige) Äußerungen und Stellungnahmen und

c) Wertauskünfte[4].

Ein **Kurzgutachten** steht schon rein begrifflich im Widerspruch zu dem Begriff des Gutachtens, wenn hierunter ein irgendwie ausgestaltetes Quasi-Gutachten verstanden wird, bei dem aber auf wesentliche Elemente eines Gutachtens verzichtet werden soll bzw. verzichtet worden ist.

7

Eine **gutachtliche Äußerung** sah die „Allgemeine Dienstanweisung für die unteren und höheren Vermessungs- und Katasterbehörden (ADAVerm)" für *Niedersachsen* vor[5]. Sie wurde mit Erl. des nds. Innenministeriums im Jahre 1986 zwar formal wieder abgeschafft[6], jedoch

8

---

3 Zum Rechtsschutz bei Untätigkeit des Gutachterausschusses vgl. Körner, R. in BlnGE 2005, 530.
4 Vgl. § 5 Abs. 5b nordrh.-westf. GutachterausschussVO.
5 Allgemeine Dienstanweisung für die unteren und höheren Vermessungs- und Katasterbehörden (ADAVerm) vom 12.6.1974 (Nds. MinBl. 1974, 1319). Als eine „amtliche Arbeit" eines Katasteramtes war die „gutachtliche Äußerung" gemäß RdErl. des FM vom 17.3.1928 – KV 2.692 – (FinMinBl. 1928, 57) zur Durchführung der Bewertung des Grundbesitzes nach Maßgabe des Reichsbewertungsgesetzes vom 10.8.1925 (RGBl. I 1925, 214) im Feststellungs- und Rechtsmittelverfahren zugelassen. Das Gleiche galt für gutachtliche Äußerungen auf Antrag von Reichs-, Staats- und Kommunalbehörden für andere als steuerliche Zwecke (RdErl. des FM vom 22.2.1929 – KV 2 – 530 betr. gutachtliche Äußerungen und Gutachten über Grundstückswerte; FinMinBl. 1928, 30). Anträgen privater Grundeigentümer war dagegen nur zu entsprechen, wenn sie sich auf den eigenen Grundbesitz des Antragstellers bezogen; ansonsten waren Anträge auf Erstattung gutachtlicher Äußerungen, aber auch Gutachten grundsätzlich abzulehnen.
6 Erl. des nds. FM vom 12.5.1965 – 26 23 00 – GültL MF 82/97; Erl. des nds. IM vom 24.10.1985 (unveröffentlicht); Schönherr in Nachr. der nds. Kat.- und VermVw. 1976, 159.

kann jede behördliche Auskunft nach wie vor inhaltlich in einer gutachtlichen Äußerung bestehen.[7]

9 Der **Begriff der Wertauskunft** wird im Bereich der nds. Kataster- und Vermessungsverwaltung i.S. einer „erweiterten Auskunft aus der Kaufpreissammlung" verstanden, die mit Ziff. 7.2 des nds. Gebührenverzeichnisses der Gebührenordnung für Gutachterausschüsse und deren Geschäftsstellen nach dem Baugesetzbuch eingeführt wurde. In der Praxis wird dabei neben den Vergleichsdaten auch eine (mathematisch-statistische) Analyse der Stichprobe ohne jede Wertung mitgeliefert.

10 Nach § 14 Nr. 2b der DVO-BauGB kann der Gutachterausschuss in *Niedersachsen* (auf Kreisebene) auf Antrag von Behörden zur Erfüllung ihrer Aufgaben auch „Gutachten über den Bodenwert von Grundstücksgruppen" erstatten (**Gruppengutachten**)[8]. Da sich bei solchen Gutachten der ermittelte Wert naturgemäß nicht auf ein spezifisches Grundstück bezieht, wird es in aller Regel unvermeidlich sein, statt eines Punktwerts eine Wertspanne im Gruppengutachten auszuweisen. Die Ableitung des Verkehrswerts eines konkreten Grundstücks aus einem Gruppengutachten kann dann nach den Regeln erfolgen, die bei Heranziehung von Bodenrichtwerten gängig sind. Bei einem Gruppengutachten wird man dabei stets den Geltungsbereich mit Gebietsabgrenzung angeben müssen.

2.1.2 Gutachten über Grundstückswerte (§ 193 Abs. 1 BauGB)

11 Die Erstattung von Gutachten ist dem Gutachterausschuss für Grundstückswerte mit Abs. 1 Satz 1 als eine Pflichtaufgabe aufgegeben, auch wenn der Einleitungssatz die **zwingende Rechtsverpflichtung** weniger deutlich als im bisherigen Recht erkennen lässt[9]. Die Pflicht zur Gutachtenerstattung beschränkt sich allerdings auf die Fälle, in denen nach § 193 BauGB (auch § 107 Abs. 1 Satz 4 BauGB) oder anderen Rechtsvorschriften ein Antragsrecht besteht (vgl. § 193 Abs. 1 Satz 2 BauGB).

12 Umgekehrt hat der Antragsberechtigte in den gesetzlich geregelten Fällen einen **Rechtsanspruch auf Gutachtenerstattung**, den er im Wege einer Leistungsklage nach der VwVO bzw. auch im Wege einer Amtshaftungsklage (vgl. Teil VII Rn. 233) durchsetzen kann; sie ist an Fristen nicht gebunden[10]. Der Gutachterausschuss kann sich dem auch nicht mit dem Hinweis auf Arbeitsüberlastung entziehen[11].

13 Die Pflicht zur Gutachtenerstattung beschränkt sich nicht auf Gutachten über den „Verkehrswert von bebauten und unbebauten Grundstücken". Nach § 200 BauGB erstreckt sich das **Antragsrecht** auch **auf die Begutachtung von Grundstücksteilen und grundstücksgleichen Rechten**[12]. Dies entspricht auch Sinn und Zweck der Vorschrift, denn im Zuge der Vorbereitung und Durchführung städtebaulicher Maßnahmen nach dem BauGB kann z. B.

– die Ermittlung von Bodenwerten (bebauter Grundstücke)[13],

– die Verkehrswertermittlung von Rechten, auch grundstücksgleichen Rechten[14],

– die Ermittlung des Verkehrswertanteils für bauliche Anlagen, Anpflanzungen und sonstige Einrichtungen[15]

---

7 BVerwG, Urt. vom 26.1.1996 – 8 C 19/84 –, EzGuG 20.160; BVerwG, Urt. vom 31.7.1985 – 9 B 71/85 –, NJW 1986, 3221 = BayVBl. 1986, 478; BGH, Urt. vom 7.3.2001 – X ZR 176/99 –, GuG-aktuell 2001, 39.
8 GOGut vom 22.4.1997 (Nds. GVBl. 1997, 119).
9 § 136 Abs. 1 BBauG 76 begann wie folgt: „Der Gutachterausschuss hat über den Wert ... ein Gutachten zu erstatten, wenn ..."; unklar bleibt allerdings, warum es in § 198 Abs. 2 BauGB im Vergleich zum bisherigen Recht (§ 137a Abs. 2 BBauG 76) bei der stringenten Formulierung geblieben ist, nach der der Obere Gutachterausschuss auf Antrag eines Gerichts ein Obergutachten zu erstatten „hat".
10 Zum Rechtsschutz bei Untätigkeit des Gutachterausschusses vgl. Körner, R. in BlnGE 2005, 530.
11 LG Berlin: BauI O 1/02.
12 Kleiber in Ernst/Zinkahn/Bielenberg, BauGB, Komm. zu § 2 WertV Rn. 12.
13 §§ 57, 58, § 153 Abs. 5, § 154 BauGB.
14 § 59 Abs. 3, 4, § 61 BauGB.
15 § 60 BauGB.

erforderlich werden. Dementsprechend stellt § 1 Abs. 2 ImmoWertV klar, dass die Verordnung auf die Wertermittlung von grundstücksgleichen Rechten, Rechten an diesen und Rechten an Grundstücken entsprechend anzuwenden ist und Gegenstand der Wertermittlung auch ein Grundstücksteil, einschließlich seiner Bestandteile sowie des Zubehörs, sein kann[16]. **14**

Der Gutachterausschuss für Grundstückswerte wird im Rahmen der Erstattung von Gutachten erst auf Antrag tätig (**fakultative Wertermittlung**). **15**

Rang und Autorität der Gutachten der Gutachterausschüsse sind allgemein anerkannt (vgl. Rn. 47 ff. und Vorbem. zum BauGB Rn. 13). Gleichwohl kann sich z. B. eine Gemeinde schuldhaft amtswidrig verhalten, wenn sie sich bei ihren Entscheidungen „schematisch auf das von ihr eingeholte Gutachten des Gutachterausschusses stützt" und ihr gleichzeitig ein (gerichtliches) Gutachten eines Sachverständigen vorlag, das zu einem wesentlich abweichenden Wert gelangte. **16**

Ein **Anspruch auf die Ermittlung bestimmter Wertanteile am Verkehrswert**, d. h. des Werteinflusses, der ursächlich auf bestimmte Einflüsse zurückführbar ist, wurde bislang in der Rechtsprechung nicht bejaht: **17**

a) So ist nach einer Entscheidung des OVG Münster[17] der Gutachterausschuss für Grundstückswerte nicht verpflichtet, zusätzlich zu dem Verkehrswert eines in einem Bergschadensgebiet gelegenen Grundstücks ein Gutachten über eine etwaige **Wertminderung auf Grund bergbaulicher Einwirkungen** zu erstatten. In der Angelegenheit sah sich der Gutachterausschuss für Grundstückswerte schon deshalb dazu nicht in der Lage, weil er den bergbaulichen Einfluss bereits durch Heranziehung von Vergleichspreisen aus dem Bergschadensgebiet berücksichtigt hatte.

b) Das BVerwG[18] hat des Weiteren einen Anspruch auf **Ermittlung der sanierungsbedingten Werterhöhung** abgelehnt, wenn der Käufer ein im Sanierungsgebiet gelegenes Grundstück i.V.m. der Ablösung des Ausgleichsbetrags zum Neuordnungswert erworben hat.

In beiden Fällen ging es um die Ermittlung eines ursächlich auf bestimmte wertbildende Faktoren zurückführbaren Einflusses auf den Verkehrswert. Der Wortlaut des § 193 Abs. 1 BauGB sieht hierfür keinen Wertermittlungsanspruch vor. Gleichwohl ist in beiden Fällen der ablehnenden Haltung des Gutachterausschusses für Grundstückswerte nicht zu folgen; sie mag allenfalls insoweit verständlich sein, als die gebührenrechtlichen Regelungen diese Zusatzleistung nicht abdecken. Bemerkenswert in diesem Zusammenhang ist, dass keines der Gerichte die Gutachtenerstattungspflicht für den Fall verneint hat, dass die Antragsteller ein **Zweitgutachten** mit der **Maßgabe** in Auftrag geben, jeweils den Verkehrswert des Grundstücks ohne Berücksichtigung des bergbaulichen Einflusses bzw. der sanierungsbedingten Werterhöhung zu ermitteln. **18**

Nach § 193 Abs. 4 BauGB ist eine **Abschrift des Gutachtens nur dem Eigentümer** zu **übersenden**[19]. Aufgehoben wurde die noch nach dem BBauG 76 bestehende Übersendungspflicht für ein dem Eigentümer erstattetes Gutachten an **19**

– sonstige Rechtsinhaber sowie an

– Personen, soweit sie ein „berechtigtes Interesse haben", wenn keine berechtigten Interessen anderer beeinträchtigt werden (§ 136 Abs. 5 BBauG 76).

---

16 Nicht ausdrücklich angesprochen ist die Verkehrswertermittlung von Miteigentumsanteilen.
17 OVG Münster, Urt. vom 23.1.1984 – 10 A 2366/97 –, EzGuG 4.95; Vorinstanz: VG Gelsenkirchen, Urt. vom 21.6.1978 – 5 K 2977/78 –, EzGuG 4.57.
18 BVerwG, Beschl. vom 19.11.1997 – 4 B 182/97 –, EzGuG 15.90.
19 Frühere Entwürfe sahen sogar vor, das „*Schätzergebnis*" bei der Schätzstelle zu jedermanns Einsicht offenzulegen und darüber hinaus jedem, der ein berechtigtes Interesse darlegt, Einsicht in das Schätzgutachten zu gewähren (BT-Drucks. II/1813 § 183 Abs. 5 BBauG; so auch 1959 Begr. zu § 176); die Voraussetzungen für das Auskunftsverlangen sind der Grundbuchordnung nachgebildet.

IV § 193 BauGB — Gutachtenerstattung

20 Das bisherige Recht war problematisch, weil im Falle der Bekanntgabe des Gutachtens und eines Widerspruchs durch den Eigentümer die **Möglichkeit des Rechtsschutzes** nur **unzureichend** gewahrt werden konnte[20].

▶ *Zu den inhaltlichen und sonstigen Anforderungen an ein Gutachten vgl. Teil III Rn. 287 ff.*

2.1.3 Gutachten über die Entschädigung von Vermögensnachteilen (§ 193 Abs. 2 BauGB)

▶ *Zur Bemessung von Vermögensnachteilen vgl. Teil VII Rn. 279*

21 Bei **Enteignungen** ist **nach § 93 BauGB** Entschädigung

– für den durch die Enteignung eintretenden und sich nach dem Verkehrswert zu bemessenden Rechtsverlust und

– für andere durch die Enteignung eintretende Vermögensnachteile

zu gewähren.

22 In der Praxis können schon aus wertermittlungstechnischen Gründen die Entschädigungen für den Rechtsverlust und für andere Vermögensnachteile anteilsmäßig nicht immer voneinander hinreichend abgegrenzt werden. Dies gilt insbesondere bei Anwendung des Differenzwertverfahrens, z. B. bei der Entschädigung für abzutretende Vorgartenflächen. Deshalb ist es sachgerecht, derartige Entschädigungsermittlungen in einer Hand durchzuführen, um so Doppelentschädigungen zu vermeiden (vgl. Teil VII Rn. 246 ff.). Bundesgesetzlich ist daher dem **Gutachterausschuss** mit der „**Kann-Vorschrift**" des § 192 Abs. 2 BauGB die Möglichkeit eröffnet worden, „außer über die Höhe der Entschädigung für den Rechtsverlust auch **Gutachten über die Höhe der Entschädigung für andere Vermögensnachteile zu erstatten**". Die als „Kann-Vorschrift" ausgestaltete bundesgesetzliche Regelung kann aufgrund der Ermächtigung des § 199 Abs. 2 Nr. 6 BauGB durch Landesrecht zu einer Pflichtaufgabe ausgestaltet werden, so z. B. in *Brandenburg* (§ 5 GutachterausschussVO), *Nordrhein-Westfalen* (§ 5 Abs. 3 GAVO NW) und *Thüringen* (§ 5 GutachterausschussVO) bei städtebaulichen oder sonstigen Maßnahmen im Zusammenhang mit dem Grunderwerb oder mit Bodenordnungsmaßnahmen sowie der Aufhebung oder **Beendigung von Miet- und Pachtverhältnissen**.

23 Eine entsprechende Regelung enthält auch § 7 Abs. 2 der schl.-hol. GutachterausschussVO. Wie nach § 193 Abs. 2 BauGB ist diese Regelung als „Kann-Bestimmung" ausgestaltet, wobei im Falle der Gutachtenerstattung **im Zusammenhang mit der Aufhebung oder Beendigung von Miet- oder Pachtverhältnissen** das **Antragsrecht** über die Antragsberechtigung nach § 193 Abs. 1 Nr. 3 BauGB ausdrücklich auch für die jeweiligen **Mieter oder Pächter** besteht (vgl. § 5 Abs. 6 GutachterausschussVO NW).

2.2 Antragsberechtigte

2.2.1 Allgemeines

24 **Antragsberechtigt** nach § 193 Abs. 1 BauGB **sind insbesondere**

– die für den Vollzug des Baugesetzbuchs (BauGB) zuständigen Behörden, soweit es um die Erfüllung von Aufgaben nach dem BauGB geht,

– die für die Feststellung eines Grundstückswerts oder der Entschädigung aufgrund anderer gesetzlicher Vorschriften (z. B. nach dem Bundesberggesetz oder dem Enteignungsgesetz des Landes) zuständigen Behörden und

---

[20] Welche Konsequenzen ein sog. Verwaltungsakt mit Drittwirkung für das Verwaltungsverfahren und im Rechtsstreit hat, ist umstritten; vgl. Dörffler in NJW 1963, 14 ff., Haueisen in NJW 1964, 2037 ff., Fromm in DVBl. 1966, 241 ff. und Bender in NJW 1966, 1989 ff.

– der Eigentümer oder ein ihm gleichstehender Berechtigter oder Inhaber anderer Rechte am Grundstück (vgl. § 1 ImmoWert Rn. 23 ff.), z. B. Mieter oder Pächter[21].

Im Zusammenhang mit Ermittlung von **Miet- und Pachtwerten** sowie der Aufhebung oder Beendigung von Miet- oder Pachtverhältnissen besteht ein Antragsrecht ausdrücklich auch für die jeweiligen Mieter oder Pächter[22].

Die bundesrechtliche Antragsberechtigung wird in *Berlin* mit § 7 Satz 2 der bln. DVOBauGB (a.a.O.) eingeschränkt. Im Unterschied zu § 193 Abs. 1 Nr. 3 BauGB sollen nach dieser Vorschrift die „Inhaber anderer Rechte am Grundstück" nicht berechtigt sein, einen Antrag auf Gutachtenerstattung zu stellen[23].

2.2.2 Antragsberechtigung der das BauGB vollziehenden Behörden (§ 193 Abs. 1 Satz 1 Nr. 1 BauGB)

Das Antragsrecht der Behörden (zum Begriff vgl. § 192 BauGB Rn. 2) nach § 193 Abs. 1 Satz 1 BauGB beschränkt sich zunächst allein auf die **das BauGB vollziehenden Behörden**[24]. Antragsberechtigungen (auch von Behörden) nach anderen gesetzlichen Vorschriften bleiben nach § 193 Abs. 1 Satz 2 BauGB allerdings unberührt.   25

Die **Antragsberechtigung von Behörden** wird mit § 193 Abs. 1 Satz 1 Nr. 1 BauGB in zweifacher Hinsicht beschränkt: Zum einen beschränkt sie das Antragsrecht auf die für den Vollzug dieses Gesetzbuchs (BauGB) „zuständigen Behörden". Zum anderen wird das Antragsrecht dieser Behörden darüber hinaus auf Wertermittlungen „bei der Erfüllung der Aufgaben nach diesem Gesetzbuch" (BauGB) beschränkt.   26

Zu den **Antragsberechtigten i.S. des § 193 Abs. 1 Satz 1 Nr. 1 BauGB** zählen u. a.   27

a) die Planungsverbände (§ 205 BauGB),

b) die Sanierungsträger (§ 158 BauGB),

c) die Entwicklungsträger (§ 167 BauGB),

d) die Enteignungsbehörde (§ 104 BauGB),

e) der Umlegungsausschuss (§ 46 Abs. 2 Nr. 1 BauGB),

f) eine geeignete Behörde im Sinne des § 46 Abs. 4 BauGB, soweit diese Stellen mit der Durchführung einer Maßnahme nach dem BauGB beauftragt sind[25].

Daneben kommen auch noch Wertermittlungen **im Zusammenhang mit den entschädigungsrechtlichen Regelungen** des BauGB in Betracht, u. a.   28

– Entschädigungen bei länger als vier Jahren dauernden Veränderungssperren nach § 18 BauGB,

– Entschädigung bei Versagung der Baugenehmigung trotz Erteilung einer Bodenverkehrsgenehmigung nach § 21 BauGB,

– Limitierungen des Vorkaufsrechts nach § 28 BauGB,

– Übernahmeansprüche nach den planungsschadensrechtlichen Regelungen, in Sanierungsgebieten, Entwicklungsbereichen, Geltungsbereichen von Erhaltungssatzungen sowie bei Bau- und Rückbaugeboten,

– Ersatzansprüche bei der Aufhebung von Nutzungsverhältnissen nach § 185 BauGB,

---

21 §§ 7, 19 bln. DVO-BauGB; § 3 Abs. 2 Nr. 6 i.V.m. § 8 Abs. 1 hess. DV BauGB.
22 Vgl. § 5 Abs. 6 GutachterausschussVO NW; § 7 Abs. 2 Nr. 2 schl.-hol. GutachterausschussVO.
23 Zur Konkurrenz mehrerer Rechtssätze vgl. Wolff/Bachof, Verwaltungsrecht I, 9. Aufl., S. 164; Larenz, Methodenlehre der Rechtswissenschaft, 4. Aufl. Bln., S. 250 ff.
24 So schon § 171 des Hauptkommissionsentwurfs (Schriftenreihe des BMWo Bd. 7 und 9); RegEntw. BBauG § 161 (BT-Drucks. III/336).
25 RdErl. des MI des Landes Sachsen-Anhalt vom 2.9.1994 MinBl. LSA 1994, 2528.

- Verkehrswertermittlung von Flächen, die von der Gemeinde für die Erschließung bereitgestellt werden (§ 128 BauGB), sowie
- bei der Ermittlung des Sachverhalts nach § 107 Abs. 1 Satz 4 BauGB.

29 Soweit es entschädigungsrechtlich um die „Feststellung des Werts eines Grundstücks oder der Entschädigung für ein Grundstück oder ein Recht an einem Grundstück auf Grund anderer gesetzlicher Vorschriften" geht, ergibt sich die Antragsberechtigung aus **§ 193 Abs. 1 Satz 1 Nr. 2 BauGB.**

30 Die Antragsberechtigung der „für den Vollzug" des BauGB zuständigen Behörden „bei der Erfüllung von Aufgaben nach dem Gesetzbuch" erstreckt sich auch auf die **Fälle, in denen die zuständige Behörde ihren (städtebaurechtlichen) Aufgaben mit Mitteln des Privatrechts nachkommt.**

31 **Sanierungs- und Entwicklungsträger** nach den §§ 157 ff. BauGB sind selbst nicht antragsberechtigt, da sie mit der Erfüllung gemeindlicher Aufgaben betraut sind. Das Antragsrecht der Gemeinde kann aber auf den Sanierungs- oder Entwicklungsträger übertragen werden. In diesem Fall empfiehlt sich die Vorlage einer Bescheinigung der Gemeinde, nach der sie in Zweifelsfällen zur Beantragung von Gutachten von der Gemeinde beauftragt werden können.

32 Im Übrigen sind bezüglich der Beauftragung des Gutachterausschusses für Grundstückswerte beziehungsweise freier Sachverständiger folgende **Landesregelungen** beachtlich:

Mecklenburg-Vorpommern: Städtebauförderungsrichtlinien vom 15.3.2000 (ABl. M-V 2000, 709) Nr. 5.4 und 6.2.

33 Die vom Gutachterausschuss für Grundstückswerte im Rahmen der Vorbereitung und Durchführung von städtebaulichen Sanierungs- und Entwicklungsmaßnahmen erstatteten **Gutachten können auch für steuerliche Zwecke Bedeutung erlangen.** Der BFH hat jedenfalls bestätigt, dass es einem Finanzgericht als Tatsacheninstanz nicht verwehrt sei, ein solches Gutachten seiner Schätzung zu Grunde zu legen[26].

2.2.3 Antragsberechtigung sonstiger Behörden (§ 193 Abs. 1 Satz 1 Nr. 2 BauGB)

2.2.3.1 Allgemeines

34 Nach Abs. 1 Satz 1 Nr. 2 sind neben den das BauGB vollziehenden Behörden (§ 193 Abs. 1 Satz 1 Nr. 1 BauGB) auch **andere Behörden** antragsberechtigt, wenn sie für die „Feststellung"

a) des Werts eines Grundstücks oder

b) der Entschädigung für ein Grundstück oder ein Recht an einem Grundstück

auf Grund anderer gesetzlicher Vorschriften zuständig sind.

35 Die Antragsberechtigung nach § 193 Abs. 1 Satz 1 Nr. 2 BauGB hat erst mit dem BBauG 76 Eingang in das Städtebaurecht gefunden und wurde in das BauGB überführt. Nach den Gesetzesmaterialien sollte mit dieser Vorschrift das Antragsrecht „vor allem... *(auf)* die für die Feststellung von Enteignungsentschädigungen auf Grund anderer gesetzlicher Vorschriften außerhalb des Städtebauförderrechts zuständigen Behörden *(erweitert werden).* Diese Erweiterung des Kreises der Antragsberechtigten kommt den Erfahrungen und Forderungen der Praxis entgegen und soll vor allem auch dazu beitragen, die **Zersplitterung des Bewertungs- und Wertermittlungswesens** in den verschiedenen Rechtsgebieten allmählich abzubauen"[27].

36 Der Wortlaut der Vorschrift und ihre Begründung legen es nahe, dass nach § 193 Abs. 1 Satz 1 Nr. 2 BauGB nur solche **Behörden** antragsberechtigt sind, **die tatsächlich auch mit Rechtswirkung Grundstückswerte feststellen und nicht nur ermitteln,** ohne dass hiervon unmittelbar Rechtswirkung ausgeht. Dafür spricht der nur an dieser Stelle gebrauchte Begriff der

---
26 BFH, Urt. vom 29.8.1996 – VIII R 15/93 –, BStBl. II 1997, 313.
27 BT-Drucks. 7/4793, zu § 136.

„Feststellung" (vgl. § 19 BewG), während ansonsten das Gesetzbuch stets nur von „Wert"-Ermittlung spricht.

2.2.3.2 Finanzbehörden

Antragsberechtigt sind die *Finanzbehörden,* denen die **Feststellung von Einheits- bzw. Grundbesitzwerten** nach § 19 BewG (§ 180 Abs. 1 Nr. 1 AO) obliegt, wobei Gegenstand des Wertermittlungsantrags der Verkehrswert bezogen auf einen vorgegebenen Wertermittlungsstichtag ist; dies kann auch der Hauptfeststellungszeitpunkt bzw. Bedarfsbewertungszeitpunkt sein. Dieser Verkehrswert ist nach seiner materiell-rechtlichen Definition (§ 194 BauGB) mit dem in § 9 BewG definierten gemeinen Wert identisch. Der gemeine Wert ist in der steuerlichen Bewertung nach § 9 Abs. 1 BewG der Bewertung zu Grunde zu legen, soweit nichts anderes vorgeschrieben ist (vgl. Teil II Rn. 13). **37**

Nach § 7 der bln. DVO-BauGB (a.a.O.) sind zudem die Finanzgerichte berechtigt, ein Gutachten über Grundstücksteilwerte zu beantragen. **Grundstücksteilwert** ist der Betrag, den ein Erwerber eines (ganzen) gewerblichen Betriebs im Rahmen des Gesamtkaufpreises für das einzelne Wirtschaftsgut ansetzen würde (§ 10 BewG). **38**

2.2.3.3 Enteignungsbehörden

Die Antragsberechtigung der Enteignungsbehörden bei dem Vollzug des Baugesetzbuchs ergibt sich bereits aus Abs. 1 Satz 1 Nr. 2. Mit der Nr. 2 wird demzufolge die Antragsberechtigung auf **Behörden** ausgedehnt, **die Entschädigungen auf Grund anderer Gesetze** (z. B. Fachplanungsgesetze) **durchführen.** **39**

Der Wortlaut der Regelung beschränkt das Antragsrecht nicht auf Enteignungen nach Bundesgesetzen. Im Hinblick auf die Gesetzgebungskompetenz des Bundes – beschränkt auf das Gebiet des Bodenrechts (Art. 74 Nr. 18 GG) – ist dabei gleichwohl keine einengende Auslegung geboten[28]. **40**

Zu den **Antragsberechtigten**[29] i. S. des § 193 Abs. 1 Satz 1 Nr. 2 BauGB zählen auch **41**

a) die Enteignungsbehörden nach dem Enteignungsgesetz der Länder, soweit die Gutachterausschussverordnungen ein Antragsrecht vorsehen[30],

b) die Finanzämter im Rahmen der Einheitsbewertung,

c) die Landesbehörden nach § 64 Abs. 3 der Landeshaushaltsordnung des *Landes Sachsen-Anhalt* vom 30.4.1991 (GVBl. LSA 1991, 35).

2.2.3.4 Sozial- und Arbeitsämter

Nach § 88 Abs. 2 des Bundessozialhilfegesetzes (BSHG) darf die Sozialhilfe u.a. nicht vom Einsatz oder von der Verwertung eines angemessenen Hausgrundstücks abhängig gemacht werden, das vom Hilfesuchenden oder einer anderen in den §§ 11 und 28 BSHG genannten Person allein oder zusammen mit Angehörigen ganz oder teilweise bewohnt wird und nach seinem Tod bewohnt werden soll[31]. Die Angemessenheit bestimmt sich nach der Zahl der Bewohner, dem Wohnbedarf (zum Beispiel Behinderter, Blinder oder Pflegebedürftiger), der Grundstücksgröße, der Hausgröße, dem Zuschnitt und der Ausstattung des Wohngebäudes sowie dem Wert des Grundstücks einschließlich des Wohngebäudes. Familienheime und Eigentumswohnungen i.S. der §§ 7 und 12 des Zweiten Wohnungsbaugesetzes sind i.d.R. nicht unangemessen groß, wenn ihre Wohnfläche die Grenzen des § 39 Abs. 1 Satz 1 Nr. 1 und 3 i.V.m. Abs. 2 des Zweiten Wohnungsbaugesetzes, bei der häuslichen Pflege (§ 69 **42**

---
28 Dieterich in Der Landkreis 1978, 397.
29 RdErl. des MI des Landes Sachsen-Anhalt vom 2.9.1994 MinBl. LSA 1994, 2528.
30 § 5 Abs. 3 bbg. GutachterausschussVO; § 14 nds. DVO-BauGB; § 5 Abs. 4 nordrh.-westf. GutachterausschussVO; § 5 Abs. 4 thür. GutachterausschussVO; Sachsen-Anhalt, VO vom 13.4.1994 (GVBl. LSA 1994, 508).
31 Hierzu Erl. des IM NW vom 29.9.1999 – III C 2 – 9210 – sowie nds. Merkblatt zu den Möglichkeiten einer überschlägigen Wertermittlung durch die Sozialämter auf der Grundlage von Auskünften der Gutachterausschüsse.

BSHG) die Grenzen des § 39 Abs. 1 Nr. 1 und 3 i. V. mit § 82 des Zweiten Wohnungsbaugesetzes nicht übersteigt (§§ 88 Abs. 2 Nr. 7 BSHG).

43 Das Antragsrecht der Sozialämter zielt auf die Feststellung ab, ob es sich bei dem genannten Grundbesitz um sog. **kleine Hausgrundstücke** i. S. des § 88 Abs. 2 Nr. 7 BSHG handelt.

▶ *Zur Frage, ob die Gutachterausschüsse im Wege der Amtshilfe tätig werden, vgl. § 197 BauGB Rn. 28 ff.*

2.2.3.5 Sonstige Behörden

44 Zur Frage der **Antragsberechtigung von Straßenbauämtern,** die nicht entsprechend § 193 Abs. 1 Nr. 1 BauGB im Vollzug des BauGB tätig sind, ist festzustellen, dass bei enger Auslegung des Wortlauts der Vorschrift eine Antragsberechtigung nicht besteht. Diese Behörden sind wiederum bei enger Auslegung der Vorschrift auch nicht für die „Feststellung des Werts eines Grundstücks" zuständig (vgl. § 193 Abs. 1 Nr. 2 BauGB). Jedoch sind auch diese Behörden gehalten, z. B. für Straßenlandabtretungen im Zuge der Verbreiterung einer Straße den betroffenen Eigentümern ein angemessenes Angebot zu unterbreiten, und müssen hierfür die Grundstückswerte (Entschädigung für den Rechtsverlust) „feststellen" bzw. „feststellen lassen". Bei enger Auslegung kann mithin einem Wertermittlungsantrag von Straßenbaubehörden nicht entsprochen werden. § 5 Abs. 3 Nr. 2 der thür. GutachterausschussVO sieht in diesem Zusammenhang ausdrücklich vor, dass der Gutachterausschuss Gutachten über

– den Restwert eines Gebäudes und sonstiger Grundstückseinrichtungen sowie über Bodenwerte nach den §§ 5 und 6 VerkFlBG sowie

– nach dem SachenRBerG

erstatten kann.

45 In Zweifelsfällen ist der **Wertermittlungsantrag** nach § 193 Abs. 1 Nr. 3 BauGB **von den betroffenen Eigentümern zu stellen,** wobei die Kosten von der Straßenbaubehörde übernommen werden.

46 Im Übrigen kann den Belangen der Straßenbauämter in recht unkomplizierter Weise schon dadurch entsprochen werden, dass der Gutachterausschuss für Grundstückswerte entsprechende Bodenrichtwerte ableitet. In Ergänzung des § 196 Abs. 1 Satz 5 BauGB wurde z. B. in *Niedersachsen* mit § 14 Nr. 2a DVO-BauGB für „Behörden" ein **Antragsrecht für die Ableitung besonderer Bodenrichtwerte** i.S.d. § 196 Abs. 5 BauGB eingeführt (vgl. § 196 BauGB Rn. 33 ff.), dem der Gutachterausschuss entsprechen „kann". Darüber hinaus kann er nach dieser Vorschrift Gutachten über den Bodenwert von Grundstücksgruppen erstatten.

2.2.4 Antragsberechtigung Privater (§193 Abs. 1 Satz 1 Nr. 3 BauGB)

2.2.4.1 Eigentümer

47 Die **Antragsberechtigung** nach § 193 Abs. 1 Satz 1 Nr. 3 BauGB geht über **Anlässe** hinaus, **die mit der Vorbereitung und Durchführung städtebaulicher Maßnahmen in einem unmittelbaren Zusammenhang stehen.** Danach sind Eigentümer und damit

– private Eigentümer von Grundstücken,

– ihnen gleichstehende Berechtigte[32],

– Inhaber anderer Rechte am Grundstück und

– Pflichtteilsberechtigte, für deren Pflichtteil der Wert des Grundstücks von Bedeutung ist,

ebenfalls antragsberechtigt. Damit erstrecken sich die **Pflichten des Gutachterausschusses** auch auf Wertermittlungen, deren Bedeutung in erster Linie dem **allgemeinen Wirtschafts-**

---

32 Zum Wertermittlungsanspruch pflichtteilsberechtigter Erben BGH, Urt. vom 9.11.1983 – VIa ZR 151/82 –, EzGuG 11.141; BGH, Urt. vom 8.7.1985 – II ZR 150/84 –, EzGuG 11.147; BGH, Urt. vom 6.5.1982 – IX ZR 36/81 –, EzGuG 11.130.

und **Rechtsleben** zugeordnet werden muss, so z. B. bei Erbauseinandersetzungen, Vermögensauseinandersetzungen und bei Scheidungen usw. Hieran ist im Gesetzgebungsverfahren zum BauGB Kritik geübt worden.

Auf die **Antragsberechtigung Privater** konnte der Gesetzgeber nicht verzichten, weil diese dem Gutachterausschuss gegenüber weitgehende Auskunftspflichten (§ 140 BauGB) haben und ihnen deswegen billigerweise auch zuerkannt werden muss, dass der Gutachterausschuss für sie tätig wird, wenn es um die Ermittlung des Werts ihrer Grundstücke geht. Auch der federführende BT-Ausschuss[33] hat sich hierzu ausdrücklich bekannt. Er hat dabei in der Tätigkeit der Gutachterausschüsse keine ernsthafte Konkurrenz zu der Tätigkeit der freien Sachverständigen gesehen, weil der Anteil der von den Gutachterausschüssen erstellten Gutachten mit weniger als 10 v. H. der Gesamtzahl der von den selbstständigen Sachverständigen erstellten Gutachten gering sei; nach einer neueren niedersächsischen Untersuchung hat sich seither der Anteil sogar noch vermindert (1996). Gleichwohl hat es der federführende BT-Ausschuss begrüßt, dass der Kreis derjenigen, die ein Gutachten beantragen können, gegenüber dem geltenden Recht auf das Notwendige eingeschränkt wird; der BT-Ausschuss befand sich damit in Übereinstimmung mit dem Wirtschaftsausschuss, der um Prüfung von Vorschlägen gebeten hatte, die auf eine weitere Begrenzung des Kreises der Antragsberechtigten hinauslaufen und insbesondere die Eigentümer von der Antragsberechtigung ausschließen wollten[34]. Diese Vorschläge konnte der federführende BT-Ausschuss aus den dargelegten Gründen nicht billigen. Dabei fiel nach Auffassung des Ausschusses für die Beibehaltung der schon im RegE vorgesehenen Antragsberechtigung ganz entscheidend ins Gewicht, dass der Gutachterausschuss seit seiner Einrichtung im Jahr 1960 eine unabhängige Behörde ist. Auch aus diesem Grunde müsse der Gutachterausschuss dem Bürger zur Verfügung stehen[35]. In den zur Vorbereitung des Baugesetzbuchs durchgeführten Sachverständigengesprächen wurde die Beibehaltung der Gutachterausschüsse sogar damit begründet, dass „private Sachverständige die Wertermittlung auf dem hohen Qualitätsniveau, wie sie heute von den Gutachterausschüssen überwiegend geleistet werde, nicht leisten können". 48

Inhaber oder Inhaberinnen eines grundstücksgleichen Rechts sind sowohl für die Ermittlung des Verkehrswerts des Rechts als auch für die Ermittlung des Verkehrswerts des Grundstücks, an dem das Recht besteht, antragsberechtigt. 49

Bei **Wohnungs- und Teileigentum** beschränkt sich das Antragsrecht i.d.R. auf das Sondereigentum, es sei denn, ein qualifizierter Beschluss der Wohnungseigentümerversammlung nach § 23 WEG gestattet eine Gutachtenerstellung über das Gesamteigentum. 50

2.2.4.2 Nutzungsberechtigte

Inhaber oder Inhaberinnen von Nutzungsrechten nach dem ZGB der DDR vom 19.6.1975 (GBl. I DDR 1975, 465), zuletzt geändert durch Gesetz vom 22.7.1990 (GBl. I DDR 1990, 903), sind für die Ermittlung des Verkehrswerts des Rechts und für die Ermittlung des Verkehrswerts für den Teil des Grundstücks, auf den sich das Nutzungsrecht bezieht, antragsberechtigt[36]. 51

Im Übrigen sehen verschiedene Gesetze und Verordnungen vielfach mehr i.S. einer Klarstellung zu § 193 Abs. 1 Nr. 1 und 2 BauGB Antragsberechtigungen vor: 52

a) Vertragsparteien nach § 5 Abs. 2 BKleingG,

b) Vertragsparteien nach § 7 NutzEV,

c) Notare in einem Vermittlungsverfahren nach Maßgabe des § 97 Abs. 2 SachenRBerG.

▶ *Näheres vgl. Rn. 60 ff.*

---
[33] BT-Drucks. 10/6166, S. 137 f.
[34] BT-Drucks. 10/6166, S. 123.
[35] Materialien zum Baugesetzbuch; Schriftenreihe des BMBau a.a.O., S. 215.
[36] RdErl. des sächs.-anh. MI vom 2.9.1994 – 46.2. – 23 524/2 – (MBl. LSA 1994, 2528).

2.2.4.3 Kaufbewerber

53 Das **Recht von Kaufbewerbern und Bewerbern um eine Dienstbarkeit auf Erstattung von Gutachten** nach § 136 Abs. 1 Nr. 5 BBauG 76 ist indessen mit dem BauGB aufgehoben worden. Dieses Antragsrecht war in der Praxis bedeutungslos und bestand ohnehin nur solange, wie der Bewerber mit dem Eigentümer in ernsthaften Verhandlungen stand. Die Voraussetzungen waren zumeist nur in Verbindung mit dem Eigentümer nachweisbar. Da in diesen Fällen auch der Eigentümer einen entsprechenden Antrag stellen und mit dem Bewerber die Übernahme der Kosten vereinbaren kann, wird die Tätigkeit des Gutachterausschusses mit der Aufhebung dieses Antragsrechts praktisch nur unwesentlich eingegrenzt.

2.2.5 Antragsberechtigung von Gerichten und Justizbehörden (§ 193 Abs. 1 Satz 1 Nr. 4 BauGB)

54 Antragsberechtigt sind Gerichte und Justizbehörden, wobei sich deren Antragsberechtigung nicht auf Verkehrswertermittlungen im Vollzug städtebaulicher Sachverhalte nach dem BauGB beschränkt. Demzufolge kommen neben den **ordentlichen Gerichten** und den **Verwaltungsgerichten** auch die **Arbeits-, Sozial- und Finanzgerichte** in Betracht (vgl. Rn. 38, § 192 BauGB Rn. 9).

55 **Justizbehörden** sind seit 1976 ebenfalls antragsberechtigt. In Betracht kommen hier

– Staatsanwaltschaften,

– Behörden in Vormundschafts- und Nachlassangelegenheiten,

– Bezirksnotare und

– Bezirksrevisoren.

56 Die Gutachterausschüsse für Grundstückswerte werden hier insbesondere als **Sachverständige in Zwangsangelegenheiten** beauftragt[37].

57 Für die Erstattung von Gutachten in **Verfahren vor den Baulandgerichten** gelten auch die Bestimmungen des Gesetzes über die Entschädigung von Zeugen und Sachverständigen[38]. Der Gutachterausschuss kann als solcher nicht wegen Besorgnis der Befangenheit abgelehnt werden[39], allenfalls einzelne Mitglieder.

58 Das von einem Gericht eingeholte Gutachten eines Gutachterausschusses für Grundstückswerte ist seiner Natur nach ein **Sachverständigengutachten, auf das die Vorschriften der §§ 402 ff. ZPO angepasst angewendet werden können**[40].

59 Im Übrigen können sich die Parteien gegen die gerichtliche Beauftragung des Gutachterausschusses für Grundstückswerte nicht mit der Begründung wehren, dass die Entschädigung damit niedriger ausfällt, wenn das Gericht einen einzelnen Sachverständigen mit der Gutachtenerstattung beauftragt hätte[41].

---

37 Zeller, ZVG Rn. 10.4.
38 KG Berlin, Beschl. vom 22.1.1964 – 9 U 1194/62 –, EzGuG 11.40 b; LG Münster, Beschl. vom 11.10.1966 – 5 T 229/66 –, EzGuG 11.53; OLG Schleswig, Beschl. vom 8.7.1964 – 1 B 64/64 –, EzGuG 11.43; LG Koblenz, Beschl. vom 25.7.1966 – 4 T 266/66 –, EzGuG 11.52; OLG Karlsruhe, Beschl. vom 14.12.1967 – 9W 131/67 –, EzGuG 11.62; OLG München, Beschl. vom 13.4.1976 – 11 W 888/76 –, EzGuG 11.102.
39 OLG Frankfurt am Main, Beschl. vom 23.11.1964 – 1 W 17/64 –, EzGuG 11.46; OLG Oldenburg, Urt. vom 9.12.1991 – 12 WF 138/91 –; LG Kaiserslautern, Beschl. vom 14.5.1986 – 1 T 90/86 –, EzGuG 11.153.
40 BGH, Urt. vom 23.1.1974 – IV ZR 92/72 –, EzGuG 11.92; das KG hat in seinem Beschl. vom 18.6.1971 – W 1182/71 –, EzGuG 11.78 die Gutachten der Gutachterausschüsse noch als behördliche Auskünfte qualifiziert. Das OLG Düsseldorf hat darüber hinaus den Gutachterausschüssen die Eigenschaft als Sachverständige i.S. der §§ 402 ff. ZPO abgesprochen (OLG Düsseldorf, Urt. vom 16.2.1968 – 7 U 166/67 –, EzGuG 11.63 a); vgl. auch BFH, Urt. vom 9.7.1981 – IV B 44/80 –, EzGuG 11.127.
41 OLG Celle, Beschl. vom 21.5.1968 – 8 W 114/68 –, EzGuG 11.65.

2.2.6 Unberührte Antragsberechtigungen nach anderen Rechtsvorschriften (§ 193 Abs. 1 Satz 2 BauGB)

Der Katalog der Antragsberechtigten nach § 193 Abs. 1 BauGB ist nicht abschließend. Nach Satz 2 der Vorschriften bleiben Antragsberechtigungen nach anderen Rechtsvorschriften unberührt. Zudem eröffnet § 199 Abs. 2 Nr. 6 BauGB den **Landesregierungen** die Möglichkeit, dem Gutachterausschuss **durch Rechtsverordnung „weitere Aufgaben" zu übertragen.** 60

Antragsberechtigungen nach anderen Rechtsvorschriften sind:

a) *Kleingartengesetz (KleingG)*

Nach § 5 Abs. 2 des Bundeskleingartengesetzes (BKleingG) hat der Gutachterausschuss auf Antrag einer Vertragspartei eines Kleingartenpachtvertrags „ein **Gutachten über den ortsüblichen Pachtzins im erwerbsmäßigen Obst- und Gemüsebau zu erstatten**.[42] Den zulässigen Pachtzins eines einzelnen Kleingartens hat der Gutachterausschuss nach dem Wortlaut dieser Vorschrift nicht zu ermitteln. 61

▶ *Zu den Besonderheiten auch im Hinblick auf die neuen Bundesländer vgl. § 20a BKleingG bei § 5 ImmoWertV Rn. 295 ff.*

b) *Gesetz über die freiwillige Gerichtsbarkeit*

Für *Baden-Württemberg* wird mit den §§ 44 f. des **Landesgesetzes über die freiwillige Gerichtsbarkeit**[43] bestimmt: 62

„§ 44

(1) Die Gutachterausschüsse für Grundstückswerte nach dem Baugesetzbuch sind für die Wertermittlungen von Grundstücken, grundstücksgleichen Rechten und Rechten an Grundstücken sowie von Grundstückszubehör allgemein zuständig. Es kann ein Gutachten über den Verkehrswert oder einen anderen Wert verlangt werden.

(2) Das Gutachten ist auf Antrag von Gerichten oder Behörden zu erstatten oder auf Antrag von Personen, die ein berechtigtes Interesse nachweisen.

§ 45

Der Gutachterausschuss soll die für die Wertermittlung maßgeblichen Gesichtspunkte schriftlich niederlegen. Im Übrigen finden auf das Verfahren des Gutachterausschusses die Vorschriften entsprechend Anwendung, die für seine Tätigkeit nach dem Baugesetzbuch gelten."

c) *Gutachterausschussverordnungen der Länder*

Daneben ergeben sich aus den Gutachterausschussverordnungen der Länder (vgl. Vorbem. zum BauGB Rn. 27) weitere Aufgaben des Gutachterausschusses, die den Katalog des § 192 BauGB landesspezifisch ergänzen. Die dort geregelten Aufgaben sind teilweise auf die Antragsberechtigung bestimmter Personen beschränkt: 63

- **Gutachten über Miet- und Pachtwerte** oder ähnliche Nutzungsentgelte[44];
- Mietwertübersichten[45]; Mietspiegel und Mietdatenbanken[46];
- Zustandsfeststellungen bei vorzeitiger Besitzeinweisung nach § 116 Abs. 5 BauGB[47], insbesondere zum Zwecke der Beweissicherung;

---

42 BR-Drucks. 13/83; BT-Drucks. 9/2232, S. 18 f.; Sitzung des 16. BT-Ausschusses vom 24.11.1982 und 1.12.1982; Rothe, BKleingG, Komm. Wiesbaden, S. 60 ff.; Otte in Ernst/Zinkahn/Bielenberg, BauGB, Komm. zum BKleingG.
43 Landesgesetz über die freiwillige Gerichtsbarkeit (LFGG) vom 12.2.1975 (GBl. 1975, 116), zuletzt geändert durch Art. 3 des Gesetzes vom 30.11.1987 (GBl. 1987, 534).
44 §§ 7, 19 bln. DVO-BauGB; § 3 Abs. 2 Nr. 6 i.V.m. § 8 Abs. 1 hess. DVBauGB; als „Kann-Bestimmung": § 5 Abs. 5 GAVO NW; § 19 nds. DVBauGB, § 7 Abs. 2 Nr. 2 schl.-hol. GutachterausschussVO.
45 § 5 Abs. 4 bbg. GutachterausschussVO; § 7 bln. DVO-BauGB: als „Kann-Bestimmung": § 5 Abs. 5 GAVO NW.
46 § 5 Abs. 5 nordrh.-westf. GutachterausschussVO.
47 § 1 Abs. 2 bay. GutachterausschussVO; § 7 bln. DVO-BauGB; § 5 Abs. 4 GAVO NW; als „Kann-Bestimmung" § 14 nds. DVO-BauGB.

- Zustandsfeststellungen nach dem Landesenteignungsgesetz[48];
- Gutachten über Entschädigung nach dem Landesenteignungsgesetz[49];
- Gutachten über den merkantilen Minderwert von Grundstücken (bei enteignenden Eingriffen)[50];
- Gutachten über Grundstücksteilwerte[51]; **Teilwert** ist nach § 10 BewG der Betrag, den ein (gedachter) Erwerber eines ganzen Unternehmens im Rahmen des Gesamtkaufpreises für das einzelne Wirtschaftsgut ansetzen würde. Dabei ist davon auszugehen, dass der Erwerber das Unternehmen fortführt (vgl. § 6 Abs. 1 Nr. 1 Satz 3 EStG; Teil II Rn. 3).

d) *Nutzungsentgeltverordnung*

64 Nach § 7 Abs. 1 Satz 1 der Nutzungsentgeltverordnung – NutzEV – hat der örtlich zuständige Gutachterausschuss auf Antrag ein **Gutachten über die ortsüblichen Nutzungsentgelte** für die Nutzung von Bodenflächen auf Grund von Verträgen nach § 312 ZGB (DDR) vom 19.6.1975 (GBl. I DDR 1975, 465) zu erstatten. Des Weiteren hat er auf Verlangen in anonymisierter Form Auskunft über die in seinem Geschäftsbereich vereinbarten Entgelte zu erteilen (§ 7 Abs. 1 Satz 2 NutzEV). Diese Aufgabe betrifft die nach Maßgabe des § 3 der VO zulässige schrittweise Erhöhung der Entgelte bis zur Höhe der „ortsüblichen Entgelte"; das ortsübliche Entgelt ist in § 3 Abs. 2 als das nach dem 2.10.1990 in der Gemeinde oder in vergleichbaren Gemeinden für vergleichbar genutzte Grundstücke vereinbarte Entgelt definiert, wobei für die Vergleichbarkeit die tatsächliche Nutzung unter Berücksichtigung der Art und des Umfangs der Bebauung der Grundstücke maßgebend ist.

e) *Sachenrechtsbereinigungsgesetz*

65 Nach § 97 Abs. 2 SachenRBerG kann ein mit einem notariellen Vermittlungsverfahren nach diesem Gesetz beauftragter **Notar** auf Antrag eines der Beteiligten nach Erörterung der Angelegenheit ein **schriftliches Gutachten des Gutachterausschusses** einholen, und zwar über

- den Verkehrswert des belasteten Grundstücks,
- das in § 36 Abs. 1 und § 63 Abs. 3 SachenRBerG bestimmte Verhältnis des Werts der mit einem Erbbaurecht belasteten oder zu veräußernden Fläche zu dem des Gesamtgrundstücks und
- den Umfang und den Wert baulicher Maßnahmen i. S. des § 12 SachenRBerG.

66 Das sich aus § 97 Abs. 2 SachenRBerG ergebende **Antragsrecht des beauftragten Notars stellt** für den örtlichen Gutachterausschuss für Grundstückswerte **zugleich eine Gutachtenerstattungspflicht dar.**

---

48 § 5 Abs. 3 bbg. GutachterausschussVO; § 5 Abs. 4 GAVO NW i.V.m. § 37 Abs. 4 EEG NW vom 20.6.1989 (GVBl. 1989, 366); als „Kann-Bestimmung": § 14 nds. DVO-BauGB.
49 § 5 Abs. 2 GAVO NW i.V.m. § 24 Abs. 1 EEG NW; § 19 nds. DVBauGB; § 5 Abs. 4 thür. GutachterausschussVO.
50 Zum Begriff des „merkantilen Minderwerts" vgl. § 194 BauGB Rn. 144 ff.; § 7 bln. DVO-BauGB.
51 § 7 bln. DVO-BauGB; § 5 Abs. 3 Nr. 3 thür. GutachterausschussVO; hierzu: Schreiben des BMF vom 30.3.1990 zur Ermittlung des Teilwerts (GeschZ: IV B2 – S2171 – 12/90); zur Ermittlung: Die vereinfachte Ermittlung der Teilwerte für den Grundbesitz: Schriftenreihe des Gesamtverbandes der Wohnungswirtschaft, Bd. 33 Wissen 1990:Voss in BBauBl. 1990, 326.

3 Rechtsnatur der von den Gutachterausschüssen erstatteten Gutachten (§ 193 Abs. 3 BauGB)

▶ *Allgemeines zu Gutachten vgl. Rn. 58, Teil III Rn. 287 ff., 290 ff.*

Schrifttum: *Dieterich, H./Kniep, K.*, Anfechtbarkeit von Gutachten der Gutachterausschüsse?, GuG 2002, 193.

Die **Gutachten der Gutachterausschüsse haben** nach § 193 Abs. 3 BauGB **keine bindende Wirkung,** soweit nichts anderes bestimmt oder vereinbart worden ist. Derartige Bestimmungen enthalten z. B. 67

– die Förderungsrichtlinien der Länder, insbesondere für Sanierungsmaßnahmen nach den §§ 136 ff. BauGB[52], und
– die Bestimmungen, die eine Veräußerung von Grundstücken der öffentlichen Hand unterhalb des Verkehrswerts insbesondere für deren Bebauung im Bereich der sozialen Wohnraumförderung zulassen[53].

Die von den Gutachterausschüssen in hoheitlicher Tätigkeit erstatteten **Gutachten sind keine anfechtbaren Verwaltungsakte**[54]. Das Gutachten stellt lediglich eine unverbindliches Werturteil[55] über ein Grundstück oder ein Recht an einem Grundstück und damit keine Einzelfallregelung auf dem Gebiet des öffentlichen Rechts dar, die auf unmittelbare Rechtswirkung nach außen gerichtet ist (vgl. § 35 VwVfG). Dies ergibt sich im Übrigen auch aus § 217 BauGB, denn die Gutachten sind u. a. für Enteignungs- und Umlegungsverfahren von Bedeutung (vgl. §§ 95 Abs. 1 und 57 Satz 3 BauGB), so dass für den Fall der Anfechtbarkeit nur die Zuständigkeit der Baulandgerichte hätte vorgesehen werden können. Die Tatsache, dass der Gesetzgeber davon abgesehen hat (vgl. § 217 Abs. 1 BauGB), lässt den Rückschluss zu, dass der Gesetzgeber eine *unmittelbare gerichtliche* Kontrolle der Gutachten überhaupt nicht begründen wollte[56]. Auch wenn Gutachten nach § 194 Abs. 3 BauGB keine bindende Wirkung haben und keine Verwaltungsakte sind, haben sie oftmals eine „mittelbare" nach außen gerichtete Wirkung; insbesondere wenn sie die Grundlage für in Grundrechte eingreifende Entscheidungen von Gerichten und Behörden bilden, ist eine inzidente Überprüfung eines Gutachtens durch die Gerichte nicht ausgeschlossen, z. B. wenn der Betroffene einen Verwaltungsakt angreift, der auf ein Gutachten aufbaut. Hieraus folgt, dass die Gutachten der Gutachterausschüsse grundsätzlich nicht auf dem Verwaltungsweg angreifbar sind, auch wenn dem Gutachterausschuss gemäß § 1 Abs. 4 VwVfG Behördeneigenschaften zugesprochen werden müssen. Den Betroffenen verbleibt lediglich die Inzidenzprüfung, wenn die Gutachten Grundlage hoheitlichen Handelns geworden sind.

Die Gutachten entfalten z. B. eine Wirkung nach außen, wenn sie im Rahmen der Ausgleichsbetragserhebung Bestandteil des **Ausgleichsbetragsbescheids** nach § 154 Abs. 4 Satz 1 BauGB sind; insoweit unterliegt das Ergebnis im Streitfall der tatrichterlichen Überprüfung, denn aus dem Rechtsschutzgebot des Art. 19 Abs. 4 GG folgt, dass Hoheitsakte in tatsäch- 68

---

[52] Z. B. bad.-württ. Verwaltungsvorschrift Städtebauliche Erneuerung vom 15.6.1987 – VwV-StBauF – GABl.BW 1987, 609, Nr. 7.1.2; bay. StBauFR i.d.F. der Bekanntm. des IM vom 29.11.1981, Nr. 9.4.1. (MABl. 1981, 763), zuletzt geändert durch Bekanntm. des IM vom 22.1.1987 (MABl. 1987, 400); RdErl. des hess. IM vom 21.1.1991 – V C 41, 61a 24 – 1/91 –, GuG 1991, 166; Nds. VV BauGB, RdErl. vom 2.5.1988 – 301 – 21013 –, GültL 392/17 – Nr. 228.; schl.-hol. StBauFR vom 14.1.1982 in der ab 1.4.1988 geltenden Fassung – 17 IV 540 – 513.035 – 18 –, Nr. 5.25.
[53] Z. B. nordrh.-westf. Haushaltsgesetz vom 14.12.1988 (GVBl. 1988, 518); § 6 Abs. 3 Satz 2: vgl. die umfassende Zusammenstellung bei Kleiber in Krautzberger, Städtebauförderungsrecht, Bd. II Teil I Ziff. 15.
[54] BVerwG, Urt. vom 21.8.1981 – 4 C 16/78 –, EzGuG 15.18; BVerwG, Beschl. vom 29.11.1972 – 4 B 102/72 –, EzGuG 11.87 hierzu Wendt in DÖV 1963, 89; BVerwG, Urt. vom 30.9.1960 – 1 B 97/59 –, EzGuG 11.21; OVG Lüneburg, Urt. vom 15.12.1977 – A 311/74 –, EzGuG 15.7; OVG Bremen, Urt. vom 15.15.1972 – 2 BA 114/72 –, EzGuG 11.84; zu alledem Jessnitzer in BauR 1977, 98; Selige in BIGBW 1970, 166; ders. in BIGBW 1973, 166 und Freuding in BayVBl. 1980, 715.
[55] BGH, Urt. vom 18.10.1977 – VI ZR 171/76 –, EzGuG 11.111.
[56] Zur Anfechtung von Amtshandlungen, die keine rechtlich verbindlichen Wirkungen haben: BVerwG, Urt. vom 18.4.1969 – 7 C 58/67 –, EzGuG 11.69; BVerwG, Urt. vom 20.7.1962 – 7 C 57/61 –, EzGuG 11.27; BVerwG, Urt. vom 29.6.1954 – 1 C 169/53 –, EzGuG 11.5.

IV § 193 BauGB Übersendungspflicht

licher und rechtlicher Hinsicht vollständig (und damit auch die ihnen zu Grunde liegenden Wertermittlungen) der richterlichen Rechtskontrolle unterliegen[57].

Dieterich/Kniep[58] verweisen zu alledem darauf, dass zwar das Gutachten des Gutachterausschusses selbst nicht, jedoch der entsprechende **Gebührenbescheid rechtsmittelfähig** ist und hierin eine Indizkontrolle gesehen werde.[59]

Bei alledem ist es dem Betroffenen unbenommen, ein **Gutachten von Amts wegen oder auf Grund von Gegenvorstellungen** zu **überprüfen und zu widerlegen**.

4 Übersendungspflicht an die Eigentümer (§ 193 Abs. 4 BauGB)

4.1 Allgemeines

69 Nach § 193 Abs. 4 BauGB ist ein Gutachten abschriftlich dem Eigentümer zu übersenden, wenn es ein Dritter nach Maßgabe des § 193 Abs. 1 BauGB beantragt hat. Dritte sind nach Maßgabe des § 193 Abs. 1 BauGB die dort genannten Behörden, Gerichte, dem Eigentümer gleichstehende Berechtigte, Inhaber anderer Rechte am Grundstück (vgl. § 200 Abs. 2 BauGB) und Pflichtteilsberechtigte, für deren Pflichtteil der Wert des Grundstücks von Bedeutung ist. Die Vorschrift zielt darauf ab, den Eigentümer in den gleichen Informationsstand zu versetzen wie die Antragsberechtigten.

Die Mitteilungspflicht gilt für **Einzelgutachten, Sammelgutachten sowie Gutachten über andere Vermögensnachteile.** § 193 Abs. 5 BauGB spricht allgemein von Gutachten und schließt damit die zuvor in § 193 Abs. 2 BauGB angesprochenen Gutachten über die Höhe der Entschädigung für andere Vermögensnachteile nicht aus.

Gehört das Grundstück mehreren **Miteigentümern nach Bruchteilen,** ist jedem Miteigentümer das Gutachten zu übersenden. Bei **Gesamthandseigentum** reicht es zwar aus, wenn der Gemeinschaft das Gutachten abschriftlich übersandt wird, jedoch wird mit einer Übersendung des abschriftlichen Gutachtens an alle Eigentümer der Zielsetzung der Vorschrift entsprochen.

4.2 Rechtsnatur, Kosten

70 Da das Gutachten selbst kein Verwaltungsakt ist (vgl. § 217 Abs. 1 BauGB; vgl. Rn. 67), kann nach *Dieterich*[60] auch die **Mitteilung eines Gutachtens an den Eigentümer kein Verwaltungsakt** sein. Dies bedeutet im Hinblick auf den Rechtsschutz, dass kein Vorverfahren durchzuführen ist. Praktisch ist auch nicht erkennbar, dass der Eigentümer mit der Mitteilung des von Dritten beantragten Gutachtens an ihn selbst in seiner Rechtsposition beeinträchtigt wäre; vielmehr wäre eine solche Beeinträchtigung eher denkbar, wenn ihm das Gutachten nicht zur Kenntnis gegeben würde.

Dem Eigentümer, der ein Gutachten nicht beantragt hat, können für die Mitteilung des von Dritten beantragten Gutachtens **keine Kosten** auferlegt werden.

---

57 BVerfG, Beschl. vom 17.4.1991 – 1 BvR 23/83 –, NJW 1991, 2005 = DVBl. 1991, 801; vgl. Mampel in DÖV1992, 562.
58 Dieterich in GuG 2002, 193.
59 VG Augsburg, Urt. vom 10.2.1982 – Au 4 K 80 A 914 –, EzGuG 11.126.
60 Dieterich in Ernst/Zinkahn/Bielenberg, § 193 BauGB Rn 142.

5 Führung und Auswertung der Kaufpreissammlung (§ 193 Abs. 5 BauGB)

5.1 Übersicht

5.1.1 Allgemeines

▶ *Zur Kaufpreissammlung vgl. § 195 BauGB*

Der Verkehrswert eines Grundstücks, Bodenrichtwerte und die zur Wertermittlung „erforderlichen Daten"[61] können nur sachgerecht und entsprechend der Lage auf dem Grundstücksmarkt ermittelt werden, wenn die das Geschehen auf dem Grundstücksmarkt wiedergebenden Vorgänge (Kauf und Tausch von Grundstücken) bekannt sind. Bereits **mit dem BBauG 1960 wurde deshalb den Gutachterausschüssen die Führung und Auswertung einer Kaufpreissammlung aufgegeben.** Es handelt sich hierbei um ein unter besonderen Schutz gestelltes Register, das deshalb nicht mit dem Liegenschaftskataster oder dem Grundbuch vergleichbar ist (vgl. § 195 BauGB). 71

Der RegE[62] zum BBauG 60 enthielt noch keinerlei bundesrechtliche Vorschriften über die Einrichtung und Führung von Kaufpreissammlungen sowie über die Ermittlung von Bodenrichtwerten; entsprechende Regelungen sollten den Ländern vorbehalten bleiben. Erst während der **Beratung dieses Gesetzentwurfs** entschied sich der 24. BT-Ausschuss auf Antrag der CDU/CSU-Fraktion einstimmig für dahingehende Regelungen, um auf diese Weise der „Übersichtlichkeit des Grundstücksmarktes" zu dienen[63]. 72

Das **Institut der Kaufpreissammlung** geht dennoch keineswegs originär auf das BBauG 60 zurück. Der Gesetzgeber hat in der 3. Legislaturperiode vielmehr bewährte Erfahrungen aufgegriffen, die sich **in das 19. Jahrhundert zurückverfolgen** lassen. 73

▶ *Näheres hierzu vgl. Einf. (Teil II) Rn. 130 ff.*

Kaufpreissammlungen enthalten alle dem Gutachterausschuss nach § 195 BauGB zur Kenntnis gelangenden Angaben einschließlich der in die Sammlung übernommenen Auswertungsergebnisse. Sie stellen damit ein **originäres Abbild des Geschehens auf dem Grundstücksmarkt** dar. Im statistischen Sinne bilden sie eine Stichprobe für die Wertvorstellungen im gewöhnlichen wie aber auch im ungewöhnlichen Grundstücksverkehr. Die Kaufpreissammlungen sind unabdingbar, da sich die Tätigkeit des Gutachterausschusses – insbesondere durch die Verkehrswertdefinition des § 194 BauGB vorgegeben – am tatsächlichen Geschehen auf dem Grundstücksmarkt orientieren muss. Der gesammelte Kaufpreis stellt hierbei ein Eingangsdatum dar, in dem Verkäufer und Käufer in ihren Wertvorstellungen übereinstimmen; er ist ein intersubjektives Maß für eine verobjektivierende Wertermittlung. Die Sammlung und Aufbereitung von Kaufverträgen ist deshalb der erste Arbeitsschritt einer Wertermittlung. Erst durch die Kaufpreissammlungen einschließlich der Auswertung von Kaufverträgen werden die Verhältnisse auf dem Grundstücksmarkt durchsichtig und empirisch belegbar. Gutachterausschüsse können daher ihre Aufgaben immer nur so gut bzw. so schlecht erfüllen, wie es um ihre Kaufpreissammlung bestellt ist[64]. 74

---

61 Der im bisherigen Recht enthaltene Begriff der für die Wertermittlung „wesentlichen" Daten (§ 143a Abs. 3 und § 144 Abs. 1 Nr. 2 BBauG 76) wird durch den Begriff der „erforderlichen" Daten ersetzt (§ 193 Abs. 3 und § 199 Abs. 2 Nr. 4 BauGB, der „nur" von den sonstigen Daten der Wertermittlung spricht).
62 BT-Drucks. III/336.
63 BT-Drucks. III/zu 1794, S. 27.
64 Die Auffassung, Kaufpreissammlungen der Gutachterausschüsse seien als „Taxationsgrundlage" unbrauchbar (vgl. Bewer in AgrarR 1975, 85), kann als überholt gelten. Auch der Auffassung, dass „etwa in der Hälfte aller Landkauffälle die Preise um bis zu 30 %, gelegentlich stärker, verkürzt angegeben werden, mit der Folge, dass sog. ‚Schwarzpreise' in die Kaufpreissammlung Eingang finden" (vgl. Faßbender in AgrarR 1985, 279, der wohl meint, dass „unechte" Preise in die Kaufpreissammlung Eingang fänden, während die „Schwarzpreise" unbekannt bleiben), ist nur der Wert subjektiver Einschätzung beizumessen. Selbst vor Aufhebung des Preisstopps ist der Anteil der sog. „Schwarzmarktpreise" von Sachkennern auf 10 %, höchstens 30 % des Umsatzes beziffert worden (vgl. BT-Drucks. III, S. 8197), so dass er heute noch erheblich niedriger sein dürfte.

IV § 193 BauGB — Kaufpreissammlung

75 **Wert und Aussagekraft von Kaufpreissammlungen** werden entscheidend durch die für die Einrichtung und Führung angewandte Methodik bestimmt. Um ihren Zweck erfüllen zu können, müssen Kaufpreissammlungen vor allem systematisch gegliedert sein, gute Zugriffsmöglichkeiten zu den gesammelten Daten haben und eine hohe Aussagefähigkeit besitzen. Sie sollen gewährleisten, dass die für die Erfüllung der Aufgabe der Gutachterausschüsse erforderlichen Daten abrufbereit zur Verfügung stehen[65]. Für Gutachterausschüsse von einer gewissen Größenordnung bietet sich eine automatisierte Datenverarbeitung an[66], mit deren Hilfe sich die Zugriffszeit verringern, die Selektionsfähigkeit verbessern und überdies die Auswertung der Kaufverträge und die Ableitung erforderlicher Daten für die Wertermittlung rationell und gründlich durchführen lässt.

76 Das Gesetz beschränkt sich darauf, nur einen verhältnismäßig groben bundesrechtlichen Rahmen mit allgemein gehaltenen Regelungen vorzugeben. Es enthält nicht einmal eine Definition der Kaufpreissammlung. Auch hat der Bundesgesetzgeber darauf verzichtet, im BauGB Mindestanforderungen an die Auswertung der Kaufpreise vorzugeben, wie dies noch in § 143a Abs. 2 Satz 3 bis 5 BBauG 76 geregelt war. Bundesrechtlich ist z. B. die Pflicht entfallen, diejenigen **Kaufpreise in der Kaufpreissammlung zu kennzeichnen, von denen anzunehmen ist, dass ungewöhnliche oder persönliche Verhältnisse** i. S. des § 7 ImmoWertV ihre Höhe **beeinflusst haben**. Dies zu regeln, hat der Bundesgesetzgeber mit § 199 Abs. 2 Nr. 4 BauGB in die Hände des Landesgesetzgebers gelegt. Hiervon ist nur vereinzelt Gebrauch gemacht worden[67].

77 Das BauGB beschränkt sich auf den Hinweis, dass die Kaufpreissammlung zu „führen" und „auszuwerten" ist. Zwar muss eine ordentliche Führung der Kaufpreissammlung bis zu einem gewissen Grad auch deren Auswertung bedeuten, jedoch soll die ausdrückliche Hervorhebung der Auswertung sicherstellen, dass eine bedarfsgerechte **Auswertung der Kaufpreissammlung** überall durchgeführt wird. Unter Auswertung ist die Erfassung und Würdigung aller zur sachgerechten Einschätzung der erfassten Vorgänge (insbesondere Kaufverträge) notwendigen Eigenschaften der Grundstücke einschließlich der rechtlichen Gegebenheiten zu verstehen, die zur Interpretation der Kaufpreise erforderlich sind. Angesichts der Bedeutung dieser Auswertung wurde noch anlässlich der Novellierung des BBauG in der 7. Legislaturperiode die Forderung erhoben, die Zuständigkeit des Bundes für den Erlass einer Rechtsverordnung über die Führung und Auswertung der Kaufpreissammlung zu begründen. Hierzu ist es nicht gekommen; stattdessen wurde die Regelungskompetenz in die Hände der Länder gelegt mit der Folge, dass die aufgrund der Ermächtigung des § 199 Abs. 2 Nr. 4 BauGB erlassenen Rechtsverordnungen (vgl. Vorbem. zum BauGB Rn. 27) Führung und Auswertung der Kaufpreissammlung voneinander abweichend regeln. Tendenzen der Vereinheitlichung sind aber erkennbar.

78 Auswertung ist nicht identisch mit dem in § 3 Abs. 5 BDSG gebrauchten Begriff der „Verarbeitung" (personenbezogener Daten), der das Speichern, Verändern, Übermitteln, Sperren und Löschen personenbezogener Daten umfasst.

79 **Kaufpreissammlungen bestehen** nach den Rechtsverordnungen der Länder **aus einem**

– **kartenmäßigen Nachweis** – der Kaufpreiskarte – **und** einem

– **beschreibenden Nachweis** – der Kaufpreiskartei (bzw. -datei)[68].

80 Bestandteil der Kaufpreissammlung können auch ergänzende Datensammlungen sein, die Grundlage für die Wertermittlung im Einzelfall und für die Ableitung erforderlicher Daten

---

65 Oelfke in Nachr. der nds. Kat.- und VermVw 1982, 2 ff.
66 Möckel in ZfV 1980, 63; Battelle-Institut, Entwicklung eines EDV-unterstützten Verfahrens zur Bestimmung von Grundstückswerten, Stufe II, Frankfurt am Main 1977.
67 § 8 Abs. 4 Satz 3 GAVO NW; § 10 Abs. 5 Satz 2 bay. GutachterausschussVO.
68 § 11 Abs. 2 bad.-württ. GutachterausschussVO; § 11 Abs. 1 brem. GutachterausschussVO; § 8 Abs. 2 bbg. GutachterausschussVO; § 9 hamb. GutachterausschussVO; § 12 Abs. 3 hess. DV BauGB; § 12 Abs. 2 saarl. GutVO; § 12 Abs. 2 schl.-hol. GutachterausschussVO.

sein können[69]. Kaufpreiskarte und Kaufpreiskartei bilden eine funktionale Einheit und sind so zu führen, dass eine Verbindung zwischen beiden gewährleistet ist, z. B. mit Hilfe von Ordnungsmerkmalen. **Ordnungsmerkmale** dienen der eindeutigen Kennzeichnung eines „Falles" in der Kaufpreissammlung. Dies sind insbesondere

– die Angaben des Liegenschaftskatasters,
– die Angaben des Grundbuchs,
– die Bezeichnung der Gemeinde und des Gemeindeteils,
– die Straße und Hausnummer sowie
– die Flurstückskoordinaten.

5.1.2 Kaufpreiskarte

Die **Kaufpreiskarte ist der kartenmäßige Nachweis der Kaufpreissammlung**, der nach Maßgabe landesrechtlicher Vorschriften die Vorgänge i.S. des § 195 Abs. 1 BauGB mit dem Entgelt und dem Zeitpunkt der Preisbestimmung enthält sowie den Zuschnitt der Grundstücke erkennen lassen „soll"[70]. In *Schleswig-Holstein* kann in Gemeinden unter 1 000 Einwohnern mit geringem Grundstücksverkehr auf die Anlegung einer Kaufpreiskarte verzichtet werden (§ 12 Abs. 2 GutachterausschussVO). In der Kaufpreiskarte sind die Verkaufsfälle mit dem Zeitpunkt der Bestimmung des Entgelts einzutragen. Die Entgelte sind auf die für die Objektgruppen geeigneten Vergleichsmaßstäbe zu beziehen. **81**

Grundlage für die Kaufpreissammlungen sind in erster Linie die dem Gutachterausschuss nach **§ 195 Abs. 1 BauGB mitgeteilten Rechtsvorgänge** (vgl. § 195 BauGB Rn. 1 f.). Darüber hinaus räumt der Gesetzgeber dem Gutachterausschuss in § 197 Abs. 1 BauGB das Recht ein, für die Führung der Kaufpreissammlungen sowie zur Begutachtung von den Eigentümern und sonstigen Inhabern von Rechten an Grundstücken die Vorlage dafür notwendiger Unterlagen zu fordern und die Grundstücke zur Auswertung von Kaufverträgen zu betreten. **82**

Die Rechts- und Amtshilfepflicht der Gerichte und Behörden nach § 197 Abs. 2 Satz 1 BauGB gilt im Rahmen der Auswertung von Kaufverträgen grundsätzlich auch für die **Erfassung der wertbeeinflussenden Umstände, die ergänzend zu den Angaben der Kaufverträge sachdienlich und erforderlich sind,** insbesondere bezüglich **83**

– der Bauleitpläne und anderer planerischer Grundlagen, die für den Entwicklungszustand, die Art und das Maß einer baulichen Nutzung und sonst hin für den Grundstückszustand maßgeblich sind,
– Angaben über Erschließungsbeiträge nach dem BauGB und sonstige Beiträge und Abgaben i. S. des § 127 Abs. 4 BauGB,
– Angaben über Naturschutzabgaben und Kostenerstattungsbeträge nach den §§ 135a ff. BauGB,
– Angaben über Ausgleichsbeträge nach den §§ 153 f. BauGB und § 25 BodSchG sowie Ausgleichsleistungen nach § 64 BauGB,
– Angaben des Liegenschaftskatasters und des Grundbuchs, des Baulastenverzeichnisses, der Bauakten, Baugrundkarten und dgl.,
– Angaben zur Stellplatzpflicht und ggf. deren Ablösung.

Durch eigene Ermittlungen, ggf. durch örtliche Feststellungen, erfassbar sind schließlich insbesondere: **84**

---

69 § 16 bln. DVO-BauGB; § 11 Abs. 1 brem. GutachterausschussVO; § 11 bad.-württ. GutachterausschussVO; anders: § 9 GAVO NW, nach der „neben der Kaufpreissammlung weitere Datensammlungen" über Mieten und Bewirtschaftungskosten geführt werden
70 § 11 Abs. 3 bad.-württ. GutachterausschussVO; § 12 Abs. 5 hess. DV BauGB; § 13 Abs. 4 rh.-pf. GutachterausschussVO; § 12 Abs. 3 saarl. GutVO; § 12 Abs. 3 schl.-hol. GutachterausschussVO; § 9 Abs. 3 hamb. GutachterausschussVO.

- die tatsächliche Nutzung der Grundstücke,
- der Zustand vorhandener baulicher Anlagen (vgl. § 5 ImmoWertV Rn. 113), Anpflanzungen und sonstiger Einrichtungen, vor allem aus wirtschaftlicher und technischer Sicht,
- die Lage, der Erschließungszustand sowie sonstige Umstände tatsächlicher Art,
- Umstände, die lediglich preis- und nicht wertbeeinflussender Art sind.

85 Der besondere **Wert der Kaufpreiskarte liegt darin, dass sie die Lage (räumliche Zuordnung) und den Zuschnitt der Grundstücke erkennen lässt.** Es ist zweckmäßig, die räumliche Begrenzung der registrierten Objekte in einfacher Form kartenmäßig zu verdeutlichen. Dass die Kaufpreiskarte einerseits einen räumlichen Überblick über das Preisverhältnis auf dem Grundstücksmarkt ermöglicht, andererseits auch den Grundstückszuschnitt erkennen lassen soll, erfordert einen hinreichend großen Maßstab mit Darstellung der Eigentums- und Nutzungsverhältnisse der Grundstücke sowie der topografischen Gegebenheiten. Besonders geeignet sind Katasterkarten (Flurkarten), amtliche Stadtkarten und – in Gebieten mit geringem Grundstücksverkehr (z. B. in land- oder forstwirtschaftlich genutzten Gebieten) – die Deutsche Grundkarte 1:5000 oder eine vergleichbare Karte (vgl. Musterrichtlinien über Kaufpreissammlungen, Bodenrichtwerte und Ableitung wesentlicher Daten für die Wertermittlung der Fachkommission Städtebau der ARGEBAU). Der Nachweis der eingetragenen Vorgänge auf demselben Kaufpreiskartenblatt soll sich über einen längeren Zeitraum erstrecken, um den Benutzern der Kaufpreiskarte (insbesondere Gutachterausschuss, Geschäftsstelle des Gutachterausschusses und Finanzamt) einen räumlichen Überblick über zeitnahe wie auch über zurückliegende Vorgänge zu vermitteln. Als zweckdienlich hat sich erwiesen, wenn in der Kaufpreiskarte die Grenzen der Bau-, Umlegungs-, Sanierungs-, Ersatz- und Ergänzungsgebiete sowie der Entwicklungsbereiche eingetragen werden und dabei auf die für die Wertermittlung bedeutsamen Umstände, die das besondere Gebiet betreffen, hingewiesen wird. Umfang und Form sonstiger in der Kaufpreiskarte darzustellender Daten sind in den verschiedenen Bundesländern in den einschlägigen Erlassen geregelt.

5.1.3 Kaufpreiskartei (-datei)

86 Die **Kaufpreiskartei ist der beschreibende Nachweis der Kaufpreissammlung,** aus dem sich nach den weitgehend übereinstimmenden Definitionen der Länderverordnungen die Vertragsmerkmale, die wertbeeinflussenden Umstände und die geeigneten Ordnungsmerkmale des übertragenen Eigentums an Grundstücken sowie die jeweiligen Objektgruppen ergeben.

- *Vertragsmerkmale* sind die Vertragsart oder der sonstige Grund des Rechtsübergangs (z. B. Kauf, Tausch, Zwangsversteigerung, Enteignung, Umlegung, Bestellung von Erbbaurechten), die Gruppen der Vertragsparteien (zumeist gegliedert nach Privatpersonen, Wohnungsbaugesellschaften, Stadt/Gemeinde und sonstigen öffentlichen Körperschaften), das Entgelt, die Zahlungsbedingungen sowie Besonderheiten der Preisvereinbarung und ungewöhnliche oder persönliche Verhältnisse;
- *Wertbeeinflussende Umstände* sind insbesondere Entwicklungszustand (Flächen der Land- oder Forstwirtschaft, Bauerwartungsland, Rohbauland und baureifes Land), Lage, Größe, (Art und Maß der) Nutzung, Nutzungsmöglichkeit, gezahlte oder nicht gezahlte Erschließungsbeiträge oder andere Beiträge sowie ferner bei baulichen Anlagen Alter, baulicher Zustand und etwaiger Ertrag;
- *Ordnungsmerkmale* (vgl. Rn. 79);
- *Objektgruppen* sind Gruppen von Grundstücken, für die nach den örtlichen Marktverhältnissen Teilmärkte bestehen.

87 Der beschreibende Nachweis der Kaufpreissammlung besteht (noch) überwiegend aus Kaufpreiskarteikarten. Für Angaben zu Gebäuden, zum Wohnungseigentum/Teileigentum und zu Erbbaurechten werden in *Niedersachsen* **Folgekarteikarten** angelegt, die dem Aufbau von Gebäudetypsammlungen dienen. Wegen weiterer Einzelheiten zur Anlage von Kaufpreiskarteien wird auf die jeweiligen Landesregelungen verwiesen (vgl. Vorbem. zum BauGB Rn. 27).

5.1.4 Sonstige Bestandteile

Neben Kaufpreiskarte und -kartei (-datei) werden vielfach ergänzende **Kaufpreislisten** angelegt[71]. Hierzu gehören auch Listen, in denen die Kaufpreise bestimmter Objektgruppen in einer für die Erfüllung der Aufgaben des Gutachterausschusses zweckmäßigen Weise in Beziehung zu ihren maßgeblichen wertbeeinflussenden Merkmalen registriert werden. Begrifflich stellt dies bereits eine Auswertung i. S. des § 193 Abs. 3 BauGB dar; auch **Gebäudetypensammlungen** (vgl. § 6 ImmoWertV Rn. 113) fallen hierunter. Ferner werden **Grundwertakten** geführt, in denen alle wertrelevanten Unterlagen gesammelt werden[72]. 88

Ob und in welchem Umfang die Kaufpreissammlung neben Kaufpreiskarte und Kaufpreiskartei noch **weitere Bestandteile** enthält, kann selbst innerhalb eines Bundeslandes von Gutachterausschuss zu Gutachterausschuss unterschiedlich sein, wenn landesrechtliche Regelungen eine unterschiedliche Ausgestaltung der Kaufpreissammlungen zulassen[73]. 89

Das **Ergebnis der Auswertung von Kaufverträgen** auf der Grundlage dieser Datensammlungen wird in die Kaufpreissammlung übernommen und wird damit deren Bestandteil[74]. Diese Verpflichtung ist im Hinblick auf die Vorschrift des § 195 Abs. 2 BauGB beachtlich, weil mit der Übernahme auch dieser Bestandteil dem Finanzamt zugänglich wird. In Ländern, in denen Kaufpreissammlungen nur „mindestens" aus Kaufpreiskarte und -kartei (-datei) bestehen, können auch die beschriebenen Datensammlungen als solche und nicht nur das Ergebnis ihrer Auswertung Bestandteil der Kaufpreissammlung sein, soweit sie begrifflich nicht unter die besonderen, die Kaufpreissammlungen ergänzenden Datensammlungen fallen, deren Führung in verschiedenen Gutachterausschussverordnungen vorgesehen ist. 90

5.2 Auswertung von Kaufverträgen

Während das BBauG 60 lediglich von der Einrichtung und Führung der Kaufpreissammlungen sprach, stellte bereits das BBauG 76 in § 143a Abs. 2 die Auswertung als eine besondere Aufgabe heraus. Hieran hält § 193 Abs. 5 BauGB fest. Zur Auswertung der Kaufpreissammlung gehört insbesondere eine **ergänzende Erfassung aller preis- bzw. wertbeeinflussenden Umstände**, die den zu sammelnden Kaufpreisen zugrunde lagen. Sie lassen sich i.d.R. den eingegangenen Kaufverträgen nicht unmittelbar entnehmen, sondern müssen ergänzend festgestellt werden. Dazu müssen insbesondere bei den einschlägigen Ämtern ergänzende Informationen, aber auch von den Vertragsparteien eingeholt werden. Bewährt hat sich hierbei, die sich aus den Vertragsunterlagen nicht ergebenden Angaben durch persönliches Anschreiben mit beigefügtem Fragebogen von den Grundeigentümern zu erbitten (vgl. Anh. zu § 195 und zu § 197 BauGB). Die Durchsetzung der Auskunftsrechte mit Zwangsmitteln nach § 197 BauGB ist i.d.R. nicht erforderlich. 91

Die Auswertung von Kaufverträgen war den Gutachterausschüssen schon vor Inkrafttreten des BBauG 76 keinesfalls fremd. Im **Ausschussbericht zum BBauG 76**[75] wird darauf hingewiesen, dass „entsprechend den Erfahrungen in der Praxis ... das Schwergewicht von der bloßen Sammlung weg auf die Auswertung der Kaufpreise verlagert" wurde, „denn nicht die Sammlung gibt wesentliche Erkenntnisse über den Bodenmarkt wieder, sondern die Ergebnisse der Auswertung der Kaufpreise. Diese soll insbesondere Aufschluss geben über den Einfluss der verschiedenen wertbildenden Faktoren auf den Preis der einzelnen Grundstücke". 92

Zur Auswertung der Kaufpreissammlung gehört begrifflich auch die in der Vorschrift hervorgehobene **Ermittlung** von Bodenrichtwerten und **der sonstigen zur Wertermittlung erforderlichen Daten,** insbesondere der unter Nr. 1 bis 4 genannten Liegenschaftszinssätze, der Marktanpassungsfaktoren des Sachwertverfahrens (Sachwertfaktoren), der Umrechnungsko- 93

---

71 Oelfke in Nachr. der nds. Kat.- und VermVw. 1972, 2.
72 Romunde, Die Grundstücksbewertung in Köln, 100 Jahre stadtkölnisches Vermessungs- und Liegenschaftswesen, Köln 1975, S. 119.
73 Brand in NÖV 1976, 90.
74 § 16 bln. DVO-BauGB.
75 BT-Drucks. 7/4793, S. 53.

effizienten für das Wertverhältnis von sonst gleichartigen Grundstücken sowie der Vergleichsfaktoren für bebaute Grundstücke. Die namentliche Hervorhebung dieser Daten geht auf das Erbschaftsteuerreformgesetz – ErbStRG – vom 24.12.2008 (BGBl. I 2008, 3018) zurück und soll eine flächendeckende Ableitung dieser Daten auch für steuerliche Zwecke gewährleisten[76].

94 Auch wenn sich die „Auswertung der Kaufpreissammlungen" und die „Ableitung erforderlicher Daten für die Wertermittlung" nicht in jeder Hinsicht begrifflich eindeutig voneinander abgrenzen lassen, ergibt sich folgende inhaltliche und für den Gesetzgeber hinreichend bestimmte **Abgrenzung:**

95 Dem Begriff **Führung und Auswertung der Kaufpreissammlungen** sind alle aus der Einrichtung und der Führung der Kaufpreissammlung nach Weisung der Gutachterausschüsse ergebenden Tätigkeiten einschließlich der Erfassung der den Zustand des Grundstücks (§§ 4 bis 65 ImmoWertV) bestimmenden Grundstücksmerkmale zuzuordnen, die nach Weisung der Gutachterausschüsse in Beziehung zum gezahlten Kaufpreis zu setzen sind. Soweit anzunehmen ist, dass ungewöhnliche oder persönliche Verhältnisse die Höhe der vereinbarten Kaufpreise beeinflusst haben, waren nach dem BBauG von 1976 die Kaufpreise noch in den Sammlungen unter Hinweis auf diese Umstände zu kennzeichnen (§ 143a Abs. 2 BBauG 76).

96 Im Einzelnen gehören **zur Führung und Auswertung der Kaufpreissammlung:**

– Aufbereitung, Zuordnung und Auswahl geeigneter Kaufpreise zu Objektgruppen für Wertermittlungen, zur Ermittlung von Bodenrichtwerten sowie zur Ableitung erforderlicher Daten nach § 193 Abs. 3 BauGB;

– Umrechnung der Kaufpreise entsprechend den Marktgepflogenheiten – auf geeignete Vergleichsmaßstäbe; Kaufpreise unbebauter Grundstücke werden i.d.R. auf einen Quadratmeter Grundstücksfläche bezogen, während für Kaufpreise bebauter Grundstücke als Vergleichsmaßstab (ggf. nach Abzug des Bodenwertanteils) der Quadratmeter Geschossfläche, Wohnfläche, Nutzfläche oder der Kubikmeter umbauten Raumes (Brutto-Rauminhalt), die Normalherstellungskosten, der Roh- oder Reinertrag in Betracht kommen;

– Kennzeichnung der besonderen Art der Übertragung bzw. Begründung von Eigentum entsprechend § 195 Abs. 1 BauGB;

– Aufspaltung von Kaufpreisen bzw. Enteignungsentschädigungen in Wertanteile für das Grundstück und sonstige Vermögensnachteile;

– Kennzeichnung und ggf. Umrechnung von Kaufpreisen mit Besonderheiten i.S. des § 7 ImmoWertV;

– Erfassung des Zustands des Grundstücks (§§ 5 f. ImmoWertV) sowie die Zuordnung der wertbeeinflussenden Umstände zum gezahlten Kaufpreis bzw. Kaufpreisanteil;

– Umrechung des Kaufpreises (bzw. Kaufpreisanteils) auf eine geeignete Bezugsgrundlage (z. B. €/m² Grundstücksfläche; €/m² Wohn- oder Nutzfläche);

– Darstellung der Kauf- und Tauschfälle in der Kaufpreiskarte;

– Auswahl von besonders geeigneten Kauf- und Tauschfällen zum Zwecke der Wertermittlung und der Ableitung erforderlicher Daten für die Wertermittlung;

– Aufbereitung der Kauf- und Tauschfälle (einschließlich der zusätzlich erforderlichen Erfassung wertbeeinflussender Umstände) für die Ermittlung von Bodenrichtwerten (§ 196 BauGB), die Ableitung erforderlicher Daten der Wertermittlung (§ 193 Abs. 3 BauGB) und „sonstiger" Daten der Wertermittlung i. S. des § 199 Abs. 2 Nr. 4 BauGB;

– bei Wohnungseigentum/Teileigentum (einschließlich Mieteigentum an gemeinschaftlichen Anlagen) werden Kaufpreise, ggf. nach Abzug der Wertanteile für Garage oder Stellplatz, auf einen Quadratmeter Geschossfläche bzw. auf einen Quadratmeter Wohn- oder Nutzfläche bezogen;

---

[76] BT-Drucks. 16/7918, S. 48.

- bei der Bestellung von Erbbaurechten wird der Erbbauzins auf den Quadratmeter Grundstücksfläche oder auf den Verkehrswert des unbelasteten Grundstücks bezogen. Bei der Übertragung von Erbbaurechten kann der Bodenwertanteil auf den Verkehrswert gleichartiger unbelasteter und unbebauter Grundstücke bezogen werden;
- die „Bereinigung" von Kaufpreisen um die *Mehrwertsteuer*, die bei der Veräußerung gewerblicher Objekte i.d.R. als „durchlaufender Posten" anfällt. Wird die Mehrwertsteuer im Grundstücksverkehr ersetzt, so kann dies als Erstattung von Grundstückswechselkosten angesehen werden, die sich nicht im Verkehrswert auswirkt.

Die Auswertung erfolgt heute in aller Regel mit Hilfe der elektronischen Datenverarbeitung; früher wurden dafür Kaufpreiskarteikarten mit kodierten Lochrändern angelegt, die es dem Benutzer erlaubten, mit Hilfe von Nadeln die Vergleichskauffälle aus der Sammlung auszusortieren, die nach ihren Eigenschaften dem zu wertenden Objekt entsprechen. Als Beispiel sind hierzu die Ansichten solcher **Kaufpreiskarteien** für den Boden- und Gebäudeanteil abgedruckt (Abb. 1 und 2). 97

Der **Begriff Ableitung erforderlicher Daten für die Wertermittlung** war mit dem am 1.1.1990 außer Kraft getretenen § 143a Abs. 3 BBauG 76 verhältnismäßig klar umschrieben. 98

Das Gesetz verstand darunter insbesondere die Ableitung von Bodenpreisindexreihen, Umrechnungskoeffizienten, Bewirtschaftungsdaten (Daten über Einnahmen und Ausgaben der Grundstücksbewirtschaftung)[77] und Liegenschaftszinssätze, Marktanpassungsfaktoren und Vergleichsfaktoren für bebaute Grundstücke. Nach § 25 der nds. DVO-BauGB gehören hierzu auch die vom Oberen Gutachterausschuss gesammelten und ausgewerteten Daten von Objekten, die im Gebiet eines Landkreises oder einer kreisfreien Stadt nur vereinzelt vorhanden sind[78].

Sowohl die Führung und Auswertung der Kaufpreissammlung als auch die Ableitung erforderlicher Daten der Wertermittlung sind nach § 193 Abs. 3 BauGB eine **Aufgabe des Gutachterausschusses.** 99

Zu den **Verwaltungsvorschriften der Länder** vgl. Übersicht am Anfang dieses Werks. 100

---

77 § 16 bln. DVO-BauGB; § 11 Abs. 1 Satz 5 brem. GutachterausschussVO.
78 § 12 Abs. 10 hess. DV BauGB spricht in Abgrenzung zu den „erforderlichen" Daten sogar von den „bedeutsamen" Daten der Wertermittlung.

IV § 193 BauGB Kaufpreissammlung

Abb. 1: Kaufpreiskarteikarte Bodenanteil

Abb. 2: Kaufpreiskarteikarte Gebäudeanteil

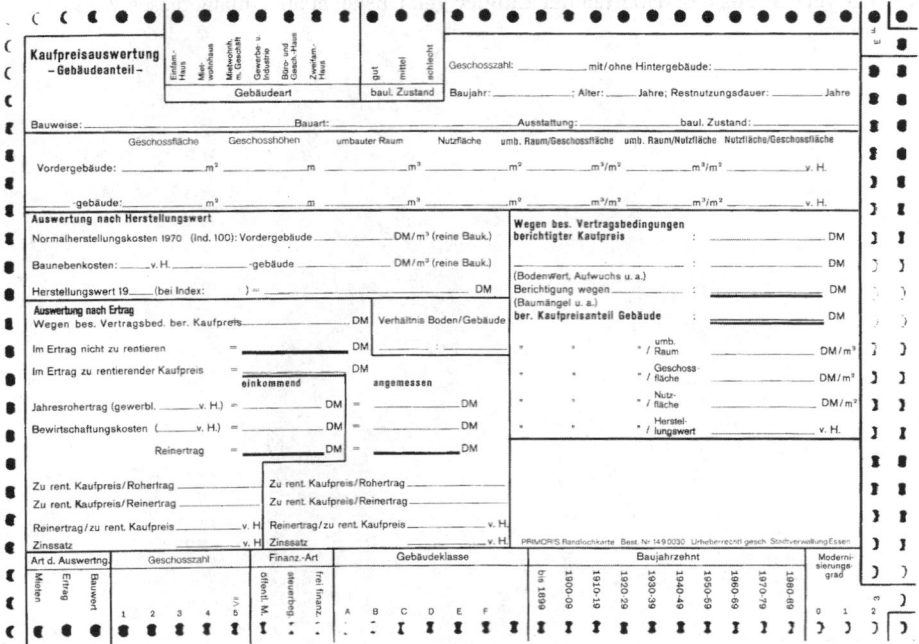

6 Weitere Aufgaben

6.1 Allgemeines

Weitere Aufgaben des Gutachterausschusses **nach Maßgabe landesrechtlicher Vorschriften** sind: 101

a) die Erstellung von *Übersichten über den Grundstücksmarkt*[79] (Grundstücksmarktberichte, vgl. Rn. 104), die insbesondere Angaben über die Umsatz- und Preisentwicklung enthalten sollen;

b) die Erstellung von *Übersichten über Bodenrichtwerte* für typische Orte, wobei diese für baureifes Land nach
 - Wohnbauflächen für den individuellen Wohnungsbau,
 - Wohnbauflächen für den Geschosswohnungsbau und
 - gewerblichen Bauflächen gegliedert werden[80]. Dabei soll (nach Möglichkeit) zwischen guter, mittlerer und mäßiger Lage unterschieden werden;

c) die *Mitteilung von Bodenrichtwerten* zur Erstellung von Übersichten über die Bodenrichtwerte gemäß Buchstabe b)[81].

6.2 Bodenrichtwertübersichten

In einer Reihe von **Gutachterausschussverordnungen der Landesregierungen** wird dem Gutachterausschuss für Grundstückswerte bzw. dem Oberen Gutachterausschuss aufgegeben, Bodenrichtwerte i.S. des § 196 BauGB für die Erstellung von Bodenrichtwertübersichten zusammenzutragen (vgl. zur Ermächtigung § 199 BauGB Rn. 20 ff.). 102

▸ *Näheres zu den Bodenrichtwertübersichten vgl. § 196 BauGB Rn. 73 ff.*

6.3 Grundstücksmarktberichte

▸ *Weitere Ausführungen bei § 199 BauGB Rn. 46 ff.*

Die unter Buchstabe a) bei Rn. 101 genannten **Grundstücksmarkt-** bzw. **Jahresberichte** informieren über Anzahl der Kauffälle und Grundstücksarten (baureifes Land, bebaute Grundstücke, Flächen der Land- oder Forstwirtschaft, Wohnungseigentum), die verkaufte Fläche und den Umsatz in € und stellen einen Vergleich zu den Vorjahren her. Des Weiteren wird häufig auf den Grundstücksverkehr im Jahresablauf (je Quartal) und nach Grundstücksgröße, Kaufpreishöhe sowie Marktteilnehmer eingegangen. Auch hier wird auf Veränderungen gegenüber Vorjahren Bezug genommen, so dass Trends sichtbar werden. Insbesondere die Gutachterausschüsse größerer Städte veröffentlichen in den jährlichen Grundstücksmarktberichten zunehmend die erforderlichen Daten für die Wertermittlung gemäß § 193 Abs. 3 BauGB[82]. 103

Von besonderer Bedeutung sind **Bodenpreisindexreihen,** überwiegend abgeleitet aus Kaufpreisen für Mietwohngrundstücke sowie Ein- und Zweifamilienhausgrundstücke, durchschnittliche Kaufpreise von Eigentumswohnungen bei Erstverkäufen und Wiederverkäufen bzw. Umwandlungen von Mietwohnungen in Eigentumswohnungen, durchschnittliche Kauf- 104

---

[79] § 20 Abs. 2 bln. DVO-BauGB; § 13 Abs. 2 brem. GutachterausschussVO; § 13 bbg GutachterausschussVO; § 22 nds. DVO-BauGB; § 13 Abs. 2 GAVO NW; § 14 Abs. 5 rh.-pf. GutachterausschussVO; § 13 thür. GutachterausschussVO.
[80] BVerwG, Urt. vom 27.2.1969 – 4 B 248/68 –, EzGuG 11.68; BGH, Urt. vom 2.11.1970 – III ZR 129/68 –, EzGuG 11.74; BGH, Urt. vom 23.1.1974 – IV ZR 92/72 –, EzGuG 11.92.
[81] BGH, Urt. vom 28.9.1993 – III ZR 91/92 –, GuG 1994, 311 = EzGuG 15.78.
[82] Jäger, U., Markttransparenz durch Grundstücksmarktberichte, NÖV 1998, 39; Baumann, Grundstücksmarktberichte, Nachr. der Kat.- und VermVW. Rh.-Pf. 1993, 131; Jäger, U., Weiterentwicklung der Markttransparenz auf dem Grundstücksmarkt, NÖV 1998, 44.

preise von schlüsselfertigen Reiheneigenheimen und Liegenschaftszinssätze als Durchschnittswerte gewichtet nach der Anzahl der Verkaufsfälle in den vorkommenden Objektarten (z. B. Mietwohnhäuser nach Verkaufsjahr, frei finanziert und mit öffentlichen Mitteln gefördert; gemischt genutzte Grundstücke; Geschäftsgrundstücke). Anzutreffen sind auch Mietspiegel (Vergleichsmiettabellen) für nicht öffentlich geförderte Wohnungen, **Mietübersichten** über gewerbliche Räume nach Standort/Lage, Nutzungsart (Büro- und Praxisräume, Ladenlokale, Industrie- und Gewerbehallen), durchschnittliche Nutzfläche und Preisspannen in €/m² Nutzfläche monatlich (ohne Mehrwertsteuer, jedoch meist einschließlich Bewirtschaftungskosten wie Grundsteuer und Prämien für die Sach- und Haftungsversicherung) und nunmehr auch Mietrichtwertkarten für Ladenräume.

§ 194 BauGB
Verkehrswert

Der Verkehrswert (Marktwert) wird durch den Preis bestimmt, der in dem Zeitpunkt, auf den sich die Ermittlung bezieht, im gewöhnlichen Geschäftsverkehr nach den rechtlichen Gegebenheiten und tatsächlichen Eigenschaften, der sonstigen Beschaffenheit und der Lage des Grundstücks oder des sonstigen Gegenstands der Wertermittlung ohne Rücksicht auf ungewöhnliche oder persönliche Verhältnisse zu erzielen wäre.

Gliederungsübersicht — Rn.

1 Allgemeines — 1
2 Normative Vorgaben für die Verkehrswertermittlung (Marktwertermittlung)
  2.1 Übersicht — 5
  2.2 Gewöhnlicher Geschäftsverkehr
    2.2.1 Allgemeines — 11
    2.2.2 Ungewöhnliche oder persönliche Verhältnisse — 17
    2.2.3 Teilmarkt: Gewöhnlicher Geschäftsverkehr für ungewöhnliche oder persönliche Verhältnisse? — 31
    2.2.4 Gewöhnlicher Geschäftsverkehr bei Massenverkäufen — 48
  2.3 Allgemeine Wertverhältnisse zum Wertermittlungsstichtag
    2.3.1 Allgemeines — 51
    2.3.2 Missverstandenes Stichtagsprinzip — 55
    2.3.3 Verkehrswert als Zukunftserfolgswert — 63
  2.4 Wertbestimmende Zustandsmerkmale
    2.4.1 Allgemeines — 70
    2.4.2 Entwicklungspotenzial als Grundstücksmerkmal — 75
    2.4.3 Grunderwerbsnebenkosten — 85
  2.5 Verkehrswert – Derivate — 94
  2.6 Ausländische Definitionen des Verkehrswerts bzw. Marktwerts (*Market Value*)
    2.6.1 Vorbemerkung — 102
    2.6.2 Marktwert nach EU-Recht — 103
    2.6.3 Frankreich (valeur vénale) — 104
    2.6.4 Großbritannien (*Market Value*) — 106
    2.6.5 Niederlande (onderhands veerkoopwaarde) — 113
    2.6.6 Österreich (Verkehrswert) — 114
    2.6.7 Russische Föderation — 115
    2.6.8 Schweiz (Verkehrswert) — 116
    2.6.9 USA (*Market Value*) — 117
    2.6.10 Tegova (*Market Value*) — 118
3 Verkehrswertermittlung (Marktwertermittlung)
  3.1 Verkehrswertspanne — 119
  3.2 Genauigkeit und Leistungsfähigkeit der Verkehrswertermittlung — 129
  3.3 Auf- und Abrundung — 141
  3.4 Konsistenz der Verkehrswertermittlung — 142
4 Merkantiler Minderwert — 143
5 Verkehrswerte in anderen Rechtsbereichen
  5.1 Entschädigungsrecht — 158
  5.2 Ausübung von Vorkaufsrechten — 161
  5.3 Haushaltsrecht — 166
  5.4 Bergrecht — 171
  5.5 Steuerliches Bewertungsrecht (Gemeiner Wert) — 173
  5.6 Zwangsversteigerungsrecht
    5.6.1 Allgemeines — 176
    5.6.2 Rechtsgrundlagen — 177
    5.6.3 Verfahrensablauf — 178
    5.6.4 Beteiligte — 179

5.6.5	Verkehrswertfestsetzungsbeschluss	
	5.6.5.1 Grundstückwert	180
	5.6.5.2 Wertermittlungsstichtag	181
	5.6.5.3 Wertermittlungsgrundlagen	182
	5.6.5.4 Versteigerungstermin	183
5.7	Kreditwirtschaftsrecht (Beleihungswert)	184
5.8	Flurbereinigungsrecht	198
5.9	Landwirtschaftsanpassungsgesetz	201
5.10	Kapitalanlagenrecht (Investmentvermögen)	203
5.11	Bilanzrecht	
	5.11.1 Nationale Bewertungsstandards	206
	5.11.2 Internationale Bewertungsstandards (IFRS/IAS)	207
	5.11.3 Versicherungsbilanzrichtlinie	223
5.12	Weitere Rechtsbereiche	226

1 Allgemeines

▶ *Allgemeines zum Verkehrswert, sonstigen Wertbegriffen und zum Grundstücksmarkt sowie zur Entwicklung der Wertlehre vgl. Einleitung Teil II Rn. 1 ff., 18 ff.*

1 Die mit § 194 BauGB gegebene materiell-rechtliche **Definition des Verkehrswerts (Marktwerts) ist von zentraler Bedeutung für das gesamte Wirtschafts- und Rechtsleben.** Es handelt sich hierbei zwar um eine dem Städtebaurecht zugeordnete Definition; sie hat aber eine allgemeine Anerkennung gefunden. Infolgedessen findet auch die ImmoWertV, die die Ermittlung des Verkehrswerts regelt, breite Anwendung. Sie kann u. a. auch im Rahmen der Bilanzierung von Grundstücken und im Rechnungswesen herangezogen werden, soweit dort auf den Marktwert bzw. den beizulegenden Zeitwert (*Fair Value*) Bezug genommen wird (vgl. Rn. 206 ff.).

Die **Definition des Marktwerts in § 194 BauGB ist materiell identisch mit der in § 16 Abs. 2 Satz 4 PfandBG gegebenen Definition des Marktwerts**, *mit der der Marktwert als der geschätzte Betrag definiert wird, für welchen ein Beleihungsobjekt am Bewertungsstichtag zwischen einem verkaufsbereiten Verkäufer und einem kaufbereiten Erwerber, nach angemessenem Vermarktungszeitraum, in einer Transaktion im gewöhnlichen Geschäftsverkehr verkauft werden könnte, wobei jede Partei mit Sachkenntnis, Umsicht und ohne Zwang handelt.*

2 Einer materiellen Definition des Verkehrswerts bedarf es in einer Rechts- und Wirtschaftsordnung, weil Grundstücke und auch Rechte an Grundstücken keinen absoluten Wert haben. **Der Wert** eines Wirtschaftsgutes **ist** nämlich **keine dem Gut innewohnende Eigenschaft,** die objektiv existiert und die von der bewertenden Person unabhängig ist. Vielmehr hängt der Wert von einer bestimmten Beziehung zwischen dem Bewertenden und dem zu bewertenden Gut in einer bestimmten Situation und den in dieser Situation gegebenen Entscheidungsmöglichkeiten ab[1]. Die Dinge haben insoweit nur den Wert, den man ihnen verleiht[2]. Im allgemeinen Sprachgebrauch wird unter dem „Wert" eines Grundstücks deshalb das verstanden, was der Mensch ihm i.d.R. monetär nach seiner Anschauung zuordnet. Im Vordergrund steht dabei der künftige Nutzen: „*Value is created by the anticipation of future benefits*"[3] (vgl. Rn. 63 ff.). Vor diesem Hintergrund werden im amerikanischen Schrifttum zwei Grundprinzipien der Wertbildung herausgestellt:

a) *principle of Anticipation*

b) *principle of Substitution*

Mit dem zweiten Grundsatz soll herausgekehrt werden, dass nach den Preismechanismen des Grundstücksmarktes im Falle der Substituierbarkeit eines Grundstücks die am Markt angebo-

---

[1] Wöhe, Einführung in die allgemeine Betriebswirtschaftslehre, München.
[2] Jean-Baptiste Poquel (Molière).
[3] The Appraisal of Real Estate, 12. Aufl. Chicago S. 35.

tenen Kaufpreise wertbestimmend sind, die für vergleichbare Grundstücke zum niedrigsten Preis angeboten werden. Gleichwohl gilt auch für diese Grundstücke das Prinzip des „*highest and best use*" (vgl. Rn. 71).

Aus den vorstehenden Gründen hat der Gesetzgeber im Zusammenhang mit der Baugesetzgebung auf der Grundlage des Art. 74 Nr. 18 GG (Bodenrecht) durch normative Vorgaben einen Wert definieren müssen, der im Vollzug hoheitlicher Maßnahmen bodenrechtlicher Art Grundlage von Ausgleichs- und Entschädigungsleistungen sein soll, so z. B. zur Bemessung der Entschädigung für hoheitliche Eingriffe in das Grundeigentum oder zum Ausgleich bei bodenordnerischen Maßnahmen. Art. 14 Abs. 3 GG fordert dabei eine Entschädigung zu einem Wert, der „unter gerechter Abwägung der Interessen der Allgemeinheit und der Beteiligten zu bestimmen" ist. Mit § 194 BauGB hat sich der Gesetzgeber für einen Wert entschieden, der im Falle einer Enteignung den zu entschädigenden Eigentümer „bildhaft" in die Lage versetzt, sich für die **Entschädigung gleichwertigen Ersatz zu verschaffen**[4]. Diese Ausgleichsfunktion erfüllt ein **als Marktwert definierter Verkehrswert**. Der im Städtebaurecht mit § 194 BauGB definierte Verkehrswert hat deshalb in der Wirtschafts- und Rechtsordnung breite Anerkennung gefunden und ist ein **Marktwert**.

In jüngster Zeit sind im politischen Raum Ansätze erkennbar, die im Ergebnis auf einen „anderen Verkehrswert" ausgerichtet sind. Diese Ansätze zielen vordergründig auf die Verfahren der Verkehrswertermittlung. Bauland soll im Wege der Verkehrswertermittlung billiger und williger werden[5]. Da die Höhe des Verkehrswerts letztlich aber vom Markt bestimmt wird und die Verkehrswertermittlung dem Verhalten des Grundstücksmarktes folgen muss, müssen solche Vorschläge auf eine Manipulation des Marktgeschehens über die Verkehrswertermittlung hinauslaufen. Wenn die Bodenpreise politisch als „zu hoch" erscheinen, so kann dem nur bodenpolitisch, aber nicht über die Verkehrswertermittlung entgegengewirkt werden.

Der Verkehrswert i. S. des § 194 BauGB ist der Wert, an den zahlreiche Rechtsvorschriften anknüpfen (so z. B. das Entschädigungsrecht). Auch in der Immobilienwirtschaft ist der Verkehrswert (Marktwert) von zentraler Bedeutung. Die Ermittlung des Verkehrswerts steht deshalb im Mittelpunkt der Wertermittlungspraxis. Gleichwohl bleibt daran zu erinnern, dass die Ermittlung auch anderer vom Verkehrswert im strengen Sinne abgewandelter Werte im Wirtschaftsleben durchaus ihre Berechtigung haben kann (**Verkehrswert-Derivate**, vgl. Rn. 94). Anders als in der angelsächsischen Wertermittlungslehre haben sich dafür allerdings noch keine allgemein anerkannten Begriffe durchsetzen können.

2 Normative Vorgaben für die Verkehrswertermittlung (Marktwertermittlung)

2.1 Übersicht

§ 194 BauGB definiert den Verkehrswert als einen nach normierten Grundsätzen erzielbaren Preis (pretium). Da es sich bei den (auch im gewöhnlichen Geschäftsverkehr) auf dem Grundstücksmarkt erzielten Entgelten um intersubjektive Preise[6] handelt, sind die kodifizierten Vor-

---

4   BGH, Urt. vom 16.11.1953 – GST 5/53 –, BGHZ 11, 156; BGH, Urt. vom 22.1.1959 – III ZR 186/57 –, BGHZ 29, 217; BGH, Urt. vom 8.11.1962 – III ZR 86/61 –, BGHZ 39, 198; BGH, Urt. vom 8.4.1965 – VII ZR 246/93 –, BGHZ 43, 300.
5   BT-Drucks. 13/6384 sowie BT-Drucks. 13/7589, S. 30 zum Antrag der Fraktion Bündnis 90/Die Grünen; hierzu Kleiber in NZM 1999, 133; GuG-aktuell 1996, 1; Möckel in GuG 1996, 274; Kleiber in Ernst/Zinkahn/Bielenberg § 196 BauGB Rn. 14 und 76.
6   BGH, Urt. vom 25.10.1967 – VIII ZR 215/66 –, EzGuG 19.11; zur geschichtlichen Entwicklung des Verkehrswertbegriffs vgl. § 138 Abs. 1 RAO vom 13.12.919; zuvor RG, Urt. vom 19.11.1879 (Gruchot Beitr. Bd. 24, 409); Bonczek, Stadt und Boden, 1978; Freudling in BayVBl. 1982, 108 sowie die Zusammenstellung der reichsgerichtlichen Rechtsprechung, aus der die heutige Definition hervorgegangen ist, in AVN 1920, 326 ff.; die Subjektivität der Werteinschätzung illustriert Antoine de Saint-Exupery in „Das Wunder des heimatlichen Hauses" mit den Worten: „Das Wunder des heimatlichen Hauses besteht nicht darin, dass es uns schützt und wärmt, es besteht auch nicht im Stolz des Besitzes – seinen Wert erhält es dadurch, dass es in langer Zeit einen Vorrat von Beglückung aufspeichert, dass es tief im Herzen die dunkle Masse sammelt, aus der wie Quellen die Träume entspringen!"

gaben einer verobjektivierenden Wertlehre folgend darauf gerichtet, als **Verkehrswert (Marktwert) einen frei von subjektiver Betrachtungsweise allein an den objektiven Merkmalen eines Grundstücks orientierten Wert zu ermitteln** (verum rei pretium).

6 Der Verkehrswert (Marktwert) bemisst sich dabei nach folgenden **normativen Vorgaben:**

a) Der Verkehrswert (Marktwert) bestimmt sich auf der Grundlage aller wertbeeinflussenden tatsächlichen und rechtlichen *Merkmale* eines Grundstücks (vgl. Rn. 70 ff.),

b) Der Verkehrswert (Marktwert) bestimmt sich nach dem Preis, der im *„gewöhnlichen Geschäftsverkehr ... ohne Rücksicht auf ungewöhnliche oder persönliche Verhältnisse"* zu erzielen wäre (vgl. Rn. 11).

c) Der Verkehrswert (Marktwert) bestimmt sich nach den *allgemeinen Wertverhältnissen* (Lage auf dem Grundstücksmarkt; vgl. § 3 Abs. 2 ImmoWertV), die in dem Zeitpunkt, auf den sich die Verkehrswertermittlung bezieht (= Wertermittlungsstichtag; vgl. § 3 Abs. 1 ImmoWertV), auf dem Grundstücks(teil-)markt vorherrschen; es handelt sich somit um einen stichtagsbezogenen Wert (vgl. Rn. 52 ff.).

7 Der nach vorstehenden Normierungen abgeleitete **Verkehrswert (Marktwert) stellt einen verobjektivierten Tauschwert dar,** wie er sich im freien Spiel zwischen Angebot und Nachfrage für jedermann[7] bildet, wobei es hierbei jeweils nur um die Interessenten eines bestimmten Grundstücksteilmarktes geht.

Auf die irgendwie definierte „Angemessenheit" dieses Tauschwerts kommt es nicht an. „Ob die Preise dem Gemeinwohl, dem Wohlergehen der Gesamtheit entsprechen oder nicht, darüber zu befinden, ist nicht Sache der Tatsachengerechtigkeit", hat *Nell-Breuning* schon 1928 festgestellt. Bodenpolitisch kann es auch nicht ankommen, Grund und Boden möglichst zu verbilligen, wie von demselben festgestellt worden ist; es komme vielmehr auf den „richtigen" Bodenwert an[8]. Wenn bei ansteigenden Bodenwerten die Funktionsfähigkeit des Bodenmarktes bemängelt wird, so wird mit dieser Kritik übersehen, dass gerade damit die Funktionsfähigkeit unter Beweis gestellt wird. Denn steigende Preise stellen einen marktkonformen Ausgleich zwischen einem sich verkleinernden Angebot einerseits und einer sich verstärkenden Nachfrage andererseits her[9].

8 Für die Ermittlung des Verkehrswerts eines Grundstücks ist das vorstehende Problem letztlich unbeachtlich. Es kommt hier allein darauf an, den sich nach der vorgefundenen Situation ergebenden Verkehrswert zu ermitteln. In den im gewöhnlichen Geschäftsverkehr sich manifestierenden Preisen für ein Grundstück kommt diese Situation am augenscheinlichsten zum Ausdruck, und zwar umso besser, je mehr Vergleichspreise vorliegen. In diesem Sinne ist der **Verkehrswert ermittlungstechnisch auch als ein statistischer Wert zu verstehen,** d.h. als Wert, der sich auf der Grundlage des ausgewogenen Mittels der zum Vergleich herangezogenen Daten ergibt. Im A-Bericht zum BauGB wurde in diesem Zusammenhang darauf hingewiesen, dass der Ausschuss unter dem Verkehrswert begrifflich den Wert versteht, der im allgemeinen Grundstücksverkehr am **wahrscheinlichsten** zu erzielen ist[10].

9 Der **Verkehrswert (Marktwert) eines Grundstücks ist eine zeitabhängige Größe,** und zwar in doppelter Hinsicht:

1. Einerseits ist der Zustand eines Grundstücks in seinen Eigenschaften regelmäßig Änderungen ausgesetzt, so z. B. durch bauliche und sonstige Maßnahmen auf dem Grundstück, aber auch durch entsprechende Maßnahmen in der Umgebung des Grundstücks (externe Effekte), die zu Änderungen der Lagemerkmale des Grundstücks führen. Solche Einflüsse bestehen mehr oder minder ständig und können „über Nacht" oder auch erst allmählich

---

7 BGH, Urt. vom 22.4.1982 – III ZR 131/80 –, EzGuG 17.44; BGH, Urt. vom 24.3.1977 – III ZR 32/75 –, WM 1977, 676 = EzGuG 6.190; BGH, Urt. vom 25.6.1964 – III ZR 111/61 –, EzGuG 20.37 = 4.22; ProVG, Urt. vom 18.1.1902 in EzGuG 20.6a; RG, Urt. vom 19.11.1879 in EzGuG 19.2 = AVN 1929, 327.
8 Nell-Breuning, Grundzüge der Börsenmoral, Freiburg 1928.
9 Nell-Breuning in BBauBl. 1952, 181; zur Diskussion über den sittlich „gerechten" und wirtschaftlich „richtigen" Grundstückspreis Lütge, „Wohnungswirtschaft", Stuttgart 1949, S. 101, 163 ff. m.w.N.
10 BT-Drucks. 10/6166, S. 137 f.

die verkehrswertbeeinflussenden Eigenschaften und Merkmale eines Grundstücks und damit auch seinen Verkehrswert (Marktwert) „nach oben oder nach unten" verändern.

2. Andererseits ändert sich der Verkehrswert selbst bei gleich bleibenden Eigenschaften des Grundstücks (Zustand) und seiner Umgebung regelmäßig allein schon aufgrund der durch die allgemeine Wirtschaftslage, der allgemeinen rechtlichen (einschließlich steuerrechtlichen) Rahmenbedingungen, der allgemeinen (auch städtebaulichen) Verhältnisse in der Gemeinde und der sonstigen die allgemeine Lage auf dem Grundstücksmarkt bestimmenden Rahmenbedingungen.

Dementsprechend stellt die **Definition des Verkehrswerts (Marktwerts)** heraus, dass er sich maßgeblich nach

a) dem Zeitpunkt, auf den sich die Ermittlung bezieht, und

b) den rechtlichen Gegebenheiten und tatsächlichen Eigenschaften, der sonstigen Beschaffenheit und der Lage des Grundstücks

bemisst.

Zur richtigen Einschätzung eines Verkehrswerts gehört deshalb begriffsnotwendigerweise **die Angabe des Wertermittlungsstichtags und des maßgeblichen Grundstückszustands** mit seinen wertbeeinflussenden Merkmalen.

2.2 Gewöhnlicher Geschäftsverkehr

2.2.1 Allgemeines

Die Ermittlung des Verkehrswerts (Marktwerts) auf der Grundlage des gewöhnlichen Geschäftsverkehrs[11] (*arm's length transaction*) ist das wichtigste Kriterium (vgl. § 8 ImmoWertV Rn. 41 ff.). Gewöhnlicher Geschäftsverkehr ist der Handel

– auf einem freien Markt, wobei weder Käufer noch Verkäufer unter Zeitdruck, Zwang oder Not stehen und allein objektive Maßstäbe preisbestimmend sind,

– zwischen vertragswilligen und voneinander unabhängigen Geschäftspartnern, die hinreichend und ggf. sachverständig aufgeklärt sind und

– bei dem die Marktteilnehmer in einer Situation der Markt- und Wettbewerbsauthentizität mit anderen Marktteilnehmern interagieren[12].

Dies alles setzt voraus, dass das Grundstück offen am Markt angeboten wird. Für die Aushandelung des Verkaufs soll ein der Art des Grundstücks angemessener Zeitraum zur Verfügung stehen; die Verkaufsmodalitäten müssen eine ordnungsgemäße Veräußerung ermöglichen. Die in den IFRS 40 (vgl. Rn. 211 ff.) gegebenen Erläuterungen zur Bestimmung des beizulegenden Zeitwerts (*fair value*) sind mit den für die Ermittlung des Verkehrswerts (Marktwert) maßgeblichen Kriterien des gewöhnlichen Geschäftsverkehrs deckungsgleich. Danach ist

– ein Käufer „vertragswillig", wenn er zum Kauf motiviert, aber nicht gezwungen ist; ein solcher Käufer ist weder übereifrig noch entschlossen, um jeden Preis zu kaufen; der angenommene Käufer würde keinen höheren Preis als den bezahlen, der von einem Markt, bestehend aus sachverständigen und vertragswilligen Käufern und Verkäufern, gefordert würde;

– ein Verkäufer „vertragswillig", wenn er zum Verkauf motiviert, aber weder übereifrig noch zum Verkauf gezwungen ist; er ist weder bereit, zu jedem Preis zu verkaufen, noch wird er einen unter den aktuellen Marktbedingungen als unvernünftig angesehenen Preis

---

11 „Arm's-length transaction": A transaction between unrelated parties under no duress; The Appraisal of Real Estate, Chicago 2001 12. Aufl., S. 150.
12 Entsprechend dem EG-beihilferechtlichen Paradigma des „market economy vendor; vgl. EuGH Rs. C 305/89 Alfa Romeo, Slg. 1991, I-1603 Rn. 19 ff.; RS C 303/89 –, ENI-Lanerossi Slg. 1991 – I 1433 Rn. 20 ff.

verlangen; der vertragswillige Verkäufer ist daran interessiert, ein Grundstück zu dem nach den Marktgegebenheiten bestmöglichen erzielbaren Preis zu verkaufen.

Die Parteien handeln

- „*unabhängig*" voneinander, wenn sie keine besonderen oder speziellen Beziehungen zueinander haben, die marktuntypische Transaktionspreise begründen. Es ist zu unterstellen, dass die Transaktion zwischen einander nicht nahe stehenden, voneinander unabhängig handelnden Parteien stattfindet,
- „*sachverständig*", wenn sowohl der vertragswillige Käufer als auch der vertragswillige Verkäufer ausreichend über die Art und die Merkmale des Grundstücks, seine gegenwärtige und mögliche Nutzung und über die Marktbedingungen zum Zeitpunkt des Verkaufs informiert sind.

Der gewöhnliche Geschäftsverkehr wird des Weiteren dadurch bestimmt, dass ungewöhnliche oder persönliche Verhältnisse keinen Einfluss auf die Preisgestaltung haben (vgl. Rn. 17 ff.). Auf subjektive Verwertungsabsichten und Einschätzungen künftiger Entwicklungen soll es dabei nicht ankommen[13].

Was in der Definition des § 194 BauGB mit dem abstrakten Begriff des „gewöhnlichen Geschäftsverkehrs" umfassend umschrieben ist, entspricht dem *marché normale* der französischen Gesetzgebung und dem *Market Value* des *Royal Institution of Chartered Surveyors* (vgl. Rn. 103 ff.).

12 Der **gewöhnliche**[14] **Geschäftsverkehr** ist gleichbedeutend mit den vom BGH oft auch gebrauchten Begriffen des „gesunden"[15] und des „allgemeinen"[16] Geschäftsverkehrs.

13 Vom „**wahren**" und „**inneren**" **Wert** spricht der BGH in seiner Rechtsprechung zum Zugewinnausgleich (vgl. Rn. 53 und 57).

14 Die Definition des Verkehrswerts und seine Ableitung aus dem Geschehen auf dem Grundstücksmarkt setzt grundsätzlich einen **Grundstücksmarkt mit freier Preisbildung** voraus, wobei für die Verkehrswertermittlung allein die Preisbildung im „gewöhnlichen Geschäftsverkehr" maßgeblich ist. Der **Verkehrswert** ist aus den vorstehenden Gründen **nicht mit dem** im Einzelfall auf dem Grundstücksmarkt **ausgehandelten Kaufpreis gleichzusetzen**, denn dieser muss nicht dem Verkehrswert entsprechen. Der im Einzelfall ausgehandelte Preis ist lediglich ein intersubjektives Maß für den Verkehrswert, wobei sowohl auf der Seite des Verkäufers als auch auf der des Käufers Zufälligkeiten nie ganz ausgeschlossen werden können[17].

15 Erfahrungsgemäß geht der wirtschaftlich kalkulierende Grundstückskäufer bei der Bemessung seines Kaufpreises vom Nutzen aus (Reinertrag, Wertzuwachs, steuerliche Entlastung), den er von dem Objekt erwartet. Durch Kapitalisierung des Reinertrags findet er im Allgemeinen seine Wertvorstellung. Je größer nun von ihm der Reinertrag veranschlagt wird und je geringer der Zinssatz ist, mit dem er sich zufrieden geben möchte, umso höher ist der Preis, den er dem Verkäufer bieten kann. Nicht jede Wertvorstellung (Kaufpreiserwartung) führt jedoch zu einem entsprechenden Preis (Kaufabschluss) und nicht jeder Preis entspricht dem Wert des Objekts. Der Kaufpreis ist der durch die individuellen Wertvorstellungen sowohl auf der Seite des jeweiligen Käufers als auch auf der Seite des Verkäufers sich ergebende Tauschpreis. Demgegenüber ergibt sich der Verkehrswert aus der allgemeinen Angebots- und Nach-

---

13 BFH, Urt. vom 23.2.1979 – III R 44/74 –, EzGuG 19.35; BFH, Urt. vom 14.2.1969 – III 88/65 –, EzGuG 19.16.
14 BGH, Urt. vom 1.3.1984 – III ZR 197/82 –, EzGuG 6.224; BGH, Urt. vom 20.3.1975 – III ZR 153/72 –, EzGuG 18.64; BGH, Urt. vom 29.1.1970 – III ZR 30/69 –, EzGuG 18.48; BGH, Urt. vom 25.6.1964 – III ZR 111/61 –, EzGuG 4.22; BGH, Urt. vom 8.6.1959 – III ZR 66/58 –, EzGuG 6.41.
15 BGH, Urt. vom 14.6.1984 – III ZR 41/83 –, EzGuG 8.61; BGH, Urt. vom 1.7.1982 – III ZR 10/81 –, EzGuG 4.86; BGH, Urt. vom 3.6.1982 – III ZR 98/79 – EzGuG 4.8.; BGH, Urt. vom 13.7.1978 – III ZR 166/76 –, EzGuG 18.84; BGH, Urt. vom 22.6.1978 – III ZR 92/75 –, EzGuG 17.35; BGH, Urt. vom 10.1.1972 – III ZR 61/68 –, EzGuG 16.18; BGH, Urt. vom 8.5.1967 – III ZR 148/65 –, EzGuG 14.82; BGH, Urt. vom 20.12.1963 – III ZR 60/63 –, EzGuG 14.17; BGH, Urt. vom 8.11.1962 – III ZR 86/61 –, EzGuG 8.5.
16 BGH, Urt. vom 22.2.1971 – III ZR 131/70 –, EzGuG 8.34 a; BGH, Urt. vom 8.2.1971 – III ZR 200/69 –, EzGuG 6.134; BGH, Urt. vom 13.12.1962 – III ZR 164/61 –, EzGuG 6.67.
17 BGH, Urt. vom 13.3.1991 – IV ZR 52/90 –, EzGuG 20.143 b; BGH, Urt. vom 25.3.1954 – IV ZR 146/53 –,EzGuG 20.17; BGH, Urt. vom 4.6.1954 – V ZR 10/54 –, EzGuG 6.7 d; BGH, Urt. vom 30.9.1954 – IV ZR43/54 –, BGHZ 14, 368 = WM 1955, 342 = BB 1954, 1009.

fragesituation auf dem Grundstücksmarkt. **Kaufpreise und Verkehrswert** (Marktwert) **sind deshalb nur selten identisch** (vgl. Einl. II Rn. 30, 57).

Der Verkehrswert (Marktwert) bestimmt sich darüber hinaus „ohne Rücksicht auf ungewöhnliche oder persönliche Verhältnisse" (vgl. § 7 ImmoWertV; vgl. Rn. 29).

Lässt sich ein ermittelter Verkehrswert trotz geschäftsüblicher Veräußerungsanstrengungen am Markt nicht „realisieren", so kann dies als deutlicher Hinweis auf eine nicht marktgerechte Verkehrswertermittlung oder auf signifikante Änderungen der Marktverhältnisse gegenüber den zum Zeitpunkt der Wertermittlung vorherrschenden Marktverhältnissen verstanden werden. Bei Maklern gilt der Satz, dass jedes Objekt zu verkaufen ist, wenn der Preis stimmt. Umgekehrt kann eine sehr schnelle Veräußerung eines Grundstücks zum ermittelten Verkehrswert auch auf eine sehr „moderate" (fehlerhafte) Verkehrswertermittlung deuten. Es gehört zum Marktgeschehen, dass Grundstücke erst in „zähen" Verhandlungen zwischen Verkäufer und potenziellen Erwerbern zum Verkauf gelangen[18]. Angebote werden vom Verkäufer regelmäßig als zu niedrig beurteilt, während die Kaufpreisforderungen von potenziellen Käufern als zu hoch beklagt werden. Der Ausgleich unterschiedlicher Interessenlagen erfolgt schließlich über den Preis. Damit stellt die Preisbildung zugleich auch einen Ausgleich zwischen Angebot und der Nachfrage her (**Marktausgleichsfunktion**). Des Weiteren stellt der **Markt** im Rahmen der landesplanerischen und städtebaulichen Rechtsordnung (Allokation) den **Verteilungsmechanismus** (Distribution) dar, d.h., über den Preis gelangt der Grund und Boden – wenn er zum Verkauf ansteht – regelmäßig dorthin, wo er am effektivsten genutzt wird, soweit nicht in diesen Prozess, z. B. über sog. „**Einheimischenmodelle**"[19], durch direkte oder indirekte Förderungen (Gewerbeansiedlungspolitik) oder durch planerische Nutzungsbindungen eingegriffen wird. Neben der Anreiz-, Koordinations- und Marktausgleichsfunktion gehen von den Preisen auch wichtige Signal- und Informationsfunktionen aus (vgl. Einl. II Rn. 59).

2.2.2 Ungewöhnliche oder persönliche Verhältnisse

▶ *Weitere Ausführungen hierzu bei § 7 ImmoWertV.*

Neben dem **gewöhnlichen Geschäftsverkehr** fordert die Verkehrswertdefinition, dass bei der Verkehrswertermittlung „ungewöhnliche oder persönliche Verhältnisse" unberücksichtigt bleiben müssen. Hierin wird vielfach eine Tautologie erblickt[20].

Dieser Auffassung scheint auch die geltende ImmoWertV zu folgen. § 7 der geltenden Fassung der **ImmoWertV** schreibt lediglich vor, dass zur Wertermittlung und zur Ableitung der erforderlichen Daten Kaufpreise und andere Daten heranzuziehen sind, bei denen angenommen werden kann, dass sie nicht durch „ungewöhnliche oder persönliche Verhältnisse beeinflusst worden sind". Die Vorgängerregelung – § 4 Abs. 3 WertV 72 – hat in Anlehnung an § 194 BauGB darüber hinaus auch noch ausdrücklich die Verwendung von Kaufpreisen ausgeschlossen, die „nicht im gewöhnlichen Geschäftsverkehr" zustande gekommen sind. Der Verordnungsgeber hatte dies seinerzeit damit begründet, dass „beide Voraussetzungen ... vorliegen müssen".

---

18 Eine „zügige" Veräußerung fordert das OVG Bremen im Urt. vom 10.12.2001 – 1 D 203/01 –, EzGuG 15.102 im Rahmen von städtebaulichen Entwicklungsmaßnahmen.
19 Baulandbericht 1986: Bundesministerium für Raumordnung, Bauwesen und Städtebau. Schriftenreihe 03.116 Bonn 1986, S. 131; ders.: Baulandbericht 1993, Bonn 1993; Glück, Wege zum Bauland, München 1994; Kleiber in Bauen in Städten und Gemeinden. KAS Kommunal-Verlag in Düsseldorf 1991; Beck, M., Die Einheimischenmodelle in Bayern, Diss. 1993 Regensburg; BGH, Urt. vom 29.11.2002 – VZR 105/02 –, EzGuG 3.127a = EzGuG 14.137; BGH, Urt. vom 2.10.1998 – VZR 45/98 –, GuG-aktuell 1999, 31; BayVGH, Urt. vom 22.12.1998 – 1 B 94.3288 –, GuG-aktuell 1999, 46; BayVGH, Urt. vom 11.4.1990 – 1 B 85 A. 14/80 –, EzGuG 12.69a: BVerwG, Urt. vom 11.2.1993 – 4 C 18/91 –, GuG 1993, 250 = EzGuG 12.116; OLG Hamm, Urt. vom 11.1.1996 – 22 U 67/95 –, BayVBl. 1997, 536; VG München, Urt. vom 27.2.1996 – M 1 K 95.175 –, BayVBl. 1997, 533; OLG München, Urt. vom 20.1.1998 – 25 U 4623/97 –, GuG 1999, 64, 125 = EzGuG 14.131; LG Karlsruhe, Urt. vom 13.2.1997 – 80516/96 –, DNotZ 1998, 483; OLG München, Urt. vom 27.6.1994 – 30 U 974/93 –, BayVBl. 1995, 282 = EzGuG 14.122a; OLG Koblenz, Urt. vom 5.11.1997 – 7 U 370/97 –, DNot-report 1998, 25 = EzGuG 12.122; Burgi, M., Die Legitimität von Einheimischenprivilegierungen im globalen Dorf, JZ 1999, 873.
20 So ausdrücklich BR-Drucks. 265/72, S. 9 ff.; zur Frage einer Tautologie Dieterich in Ernst/Zinkahn/Bielenberg, BauGB, Komm. zu § 194 Rn. 39; vgl. auch § 20 Abs. 1 Satz 3 nds. DVBauGB.

19 Tatsächlich ist auch **zwischen** dem **gewöhnlichen Geschäftsverkehr und** der Frage **der Berücksichtigung ungewöhnlicher oder persönlicher Verhältnisse zu unterscheiden.** Während die Ermittlung des Verkehrswerts auf der Grundlage des „gewöhnlichen Geschäftsverkehrs" ein geradezu wesensimmanentes Merkmal der Verkehrswertermittlung ist, muss der apodiktische Befehl zur Nichtberücksichtigung „ungewöhnlicher oder persönlicher Verhältnisse" differenziert betrachtet werden[21].

20 Darüber hinaus bereitet es Schwierigkeiten, die **ungewöhnlichen** von den **persönlichen Verhältnissen** abzugrenzen. In der Rechtsprechung werden deshalb beide Begriffe in aller Regel als **einheitliches Begriffspaar** verwandt. Es ist aber nicht auszuschließen, dass eine Unterscheidung zwischen beiden Begriffen durchaus einmal sinnvoll sein kann.

21 Zweckmäßiger erscheint es bei alledem, zwischen „ungewöhnlichen oder persönlichen Verhältnissen"

– in den *objektiven Eigenschaften* des Gegenstands der Wertermittlung und

– in der *subjektiven Kaufpreisgestaltung*

zu unterscheiden.

22 Grundsätzlich sind nämlich **ungewöhnliche Eigenschaften eines Grundstücks**, z. B. ein ungewöhnlicher Grundstückszuschnitt, ein besonders problembehafteter Baugrund oder eine besondere rechtliche Belastung eines Grundstücks als tatsächliche Eigenschaft des Grundstücks bei der Verkehrswertermittlung zu berücksichtigen. Nur der ungewöhnliche Geschäftsverkehr würde darüber nämlich hinwegsehen.

23 Nach § 4 Abs. 3 Satz 2 Nr. 6 WertV 72 konnten dagegen ungewöhnliche oder persönliche Verhältnisse vorliegen, wenn **wertbeeinflussende Rechte und Belastungen** bestanden haben. Die Vorschrift war sachlich nicht haltbar und ist mit der geltenden WertV aufgehoben worden. Denn die genannten rechtlichen Gegebenheiten müssen i.d.R. im gewöhnlichen Geschäftsverkehr den Verkehrswert eines Grundstücks beeinflussen. Die Definition des Verkehrswerts (§ 194 BauGB) stellt zu Recht darauf ab, dass sich der Verkehrswert (Marktwert) unter Berücksichtigung rechtlicher Gegebenheiten ergibt, so dass schon ein ungewöhnlicher Geschäftsverkehr vorliegen müsste, wenn die genannten rechtlichen Gegebenheiten bei der Kaufpreisbemessung unberücksichtigt blieben. Hierauf kann zurückgeführt werden, dass sich die Rechtsprechung über die Regelung des § 4 Abs. 1 Satz 2 Nr. 6 WertV 72 hinweggesetzt hatte[22]. § 6 Abs. 2 ImmoWertV führt die wertbeeinflussenden Rechte und Belastungen deshalb als bei der Verkehrswertermittlung zu berücksichtigende Zustandsmerkmale ausdrücklich auf (vgl. § 6 ImmoWertV Rn. 99).

24 Als „*ungewöhnliche* Verhältnisse" könnte aber auch eine **Kaufpreisvereinbarung** verstanden werden, **bei der die Vertragsparteien oder eine der Vertragsparteien unter Zwang, aus Not oder unter besonderer Rücksichtnahme gehandelt haben.** Dieser Fall ist jedoch in zutreffender Weise den „*persönlichen* Verhältnissen" zuzuordnen. Bei der Verkehrswertermittlung sollen derartige Umstände unberücksichtigt bleiben, denn der Verkehrswert ist mit der Maßgabe zu ermitteln, dass die Entscheidung über Kauf und Verkauf freiwillig in Wahrung eigener wirtschaftlicher Interessen getroffen wird.[23]

---

[21] Nach § 142 Abs. 1 BBauG 76, aus dem § 194 BauGB hervorgegangen ist, waren bei der Verkehrswertermittlung „besondere Vorschriften über die Berücksichtigung und Nichtberücksichtigung bestimmter Umstände" zu beachten (Reduktionsklausel). Diese seinerzeit mit dem BBauG 76 eingeführte Bestimmung sollte insbesondere den Gutachter an Regelungen i.S.d. §§ 57 f., 93 ff. und der §§ 153 ff. BauGB erinnern. In der Beschlussempfehlung des federführenden BT-Ausschusses wurde hierzu ausgeführt, dass der Hinweis nur deklaratorische Bedeutung habe, denn bei der Wertermittlung seien immer alle wertbeeinflussenden Umstände und damit auch die in § 194 BauGB ausdrücklich angesprochenen „rechtlichen Gegebenheiten" zu berücksichtigen (vgl. BTDrucks. 7/4793, S. 53). Mit der Aufhebung dieser Bestimmungen gehen deshalb keine materiellen Änderungen einher.

[22] OLG Bremen, Urt. vom 11.1.1970 – UB 13/68a –, EzGuG 18.47; OLG Nürnberg, Urt. vom 24.9.1969 – 4 U 40/69 –, EzGuG 14.38, vgl. auch FWW 1970, 425; anders noch der BFH, Urt. vom 14.8.1953 – III 33/53 U –, EzGuG 20.16a, der ein vom Üblichen abweichendes Mietverhältnis als „ungewöhnliche Verhältnisse" im Rahmen der Einheitsbewertung ansah.

[23] BFH, Urt. vom 23.2.1979 – III R 44/74 –, EzGuG 19.35; BFH, Urt. vom 14.2.1969 – III 88/65 –, EzGuG 19.16.

Darüber hinaus muss aber auch ernsthaft die Frage gestellt werden, ob nicht auch **persönliche Verhältnisse** den Verkehrswert (Marktwert) eines Grundstücks oder Rechte an einem Grundstück beeinflussen können. So ist z. B. eine von der durchschnittlichen Lebenserwartung abweichende Lebenserwartung eines Wohn- oder Nießbrauchsberechtigten durchaus ein Umstand, der im gewöhnlichen Geschäftsverkehr preis- und damit wertbeeinflussend sein kann. Problematischer wird es da schon bei der Verkehrswertermittlung von erbbaurechtsbelasteten Grundstücken. Hier kann beobachtet werden, dass im gewöhnlichen Geschäftsverkehr höhere Preise regelmäßig dann erzielt werden, wenn das erbbaurechtsbelastete Grundstück an den Erbbauberechtigten veräußert wird. Dieser Grundstücksteilmarkt ist sogar dominierend im Grundstücksverkehr mit erbbaurechtsbelasteten Grundstücken. Die **persönlichen Beziehungen** sind in derartigen Fällen damit geradezu **charakteristisch für den gewöhnlichen Geschäftsverkehr**. 25

Ähnlich stellt sich insbesondere die Situation bei der Verkehrswertermittlung von Rechten an Grundstücken, für die oftmals ein besonderer persönlicher Vorteil geradezu charakteristisch ist, dar. Besteht z. B. ein **Vorkaufsrecht** an einem Grundstück, das zusammen mit dem Grundeigentum des Vorkaufsberechtigten dessen Wert erheblich erhöht (Arrondierungsvorteil; Vereinigungsvorteil), so ist es gerade eben diese persönliche Beziehung, die den Wert eines stets zu einer bestimmten Person prägenden Vorkaufsrechts bestimmt[24]. Der Vorkaufsberechtigte mag deshalb sogar einen hohen Preis für die Einräumung dieses Vorkaufsrechts entrichtet haben (vgl. Teil IX Rn. 501 ff.). 26

Bei der **Verkehrswertermittlung von Rechten an Grundstücken** und grundstücksgleichen Rechten, die ihrer Natur nach darauf angelegt sind, die Beziehung zwischen zwei Rechtsinhabern zu regeln, ist die Berücksichtigung der hieraus resultierenden persönlichen Belange rational verständlich und insoweit nicht ungewöhnlich. 27

Hiervon zu unterscheiden sind solche persönlichen Merkmale, wie sie § 138 BGB als kennzeichnend für sittenwidrige Rechtsgeschäfte herausstellt, nämlich die **Ausbeutung einer Zwangslage, Unerfahrenheit, Mangel an Urteilsvermögen, erhebliche Willensschwäche.** 28

Bei alledem ist die sich aus § 194 BauGB i.V.m. § 7 ImmoWertV ergebende Maßgabe, den Verkehrswert (Marktwert) „ohne Rücksicht auf ungewöhnliche oder persönliche Verhältnisse" zu ermitteln, vornehmlich dahingehend auszulegen, dass grundsätzlich nur **Kaufpreise** heranzuziehen sind, **die nicht durch besondere Aufwendungen oder Abschläge mitbestimmt worden sind,** 29

– die aus Anlass des Erwerbs aus persönlichen Umständen entstanden sind
– bzw. nicht zu den sonst üblicherweise vertraglich vereinbarten Entgelten auf dem jeweiligen Grundstücksteilmarkt gehören, oder
– durch Liebhaberei gekennzeichnet sind.

Dies schließt insbesondere Preise aus, die durch Nebenabreden oder besondere Umstände erhöht oder gesenkt werden, bspw. untypische Finanzierungen, *Sale-and-leaseback*-Vereinbarungen oder besondere i.V.m. dem Verkauf gewährte Vergünstigungen oder Zugeständnisse.

Derartige Umstände müssen also bei der Verkehrswertermittlung unberücksichtigt bleiben. Allein die **objektiven Eigenschaften des Grundstücks**, mögen sie auch als ungewöhnlich zu bezeichnen sein, bestimmen den Verkehrswert. 30

2.2.3 Teilmarkt: Gewöhnlicher Geschäftsverkehr für ungewöhnliche oder persönliche Verhältnisse?

Wie vorstehend dargelegt, bestimmt sich der Verkehrswert nach dem Preis, der nach der Gesamtheit aller Eigenschaften des Grundstücks im „gewöhnlichen" Geschäftsverkehr zu erzielen wäre. Darüber hinaus bestimmt § 194 BauGB, dass *ungewöhnliche oder persönliche Verhältnisse* unberücksichtigt bleiben müssen. In dieser Maßgabe wurde – wie ausgeführt – 31

---
24 BGH, Urt. vom 23.3.1976 – 5 StR 82/70 –, EzGuG 14.54a.

im Schrifttum eine Tautologie zum *gewöhnlichen Geschäftsverkehr* erblickt. Dem kann zunächst gefolgt werden, wenn es um **ungewöhnliche oder persönliche Verhältnisse** geht, **die den Preis im Einzelfall aus der Person des Käufers bzw. des Verkäufers** in dem Sinne **beeinflusst haben**, wie dies der Regelung des § 7 ImmoWertV zugrunde liegt. Ungewöhnliche Verhältnisse in den Eigenschaften des Grundstücks müssen dagegen berücksichtigt werden, denn es wäre mit dem gewöhnlichen Geschäftsverkehr unvereinbar, wenn z. B. der ungewöhnliche Umstand, dass ein Grundstück einen besonders *schwierigen Baugrund* aufweist, unberücksichtigt bliebe. Dies stellt eine Eigenschaft dar, die, wie z. B. ein Recht an einem Grundstück, zu berücksichtigen ist. Mit der ImmoWertV hat der Verordnungsgeber klargestellt, dass *Rechte am Grundstück* zu berücksichtigen sind und nicht als ungewöhnliche Verhältnisse außer Betracht bleiben. Gleiches muss für sonstige ungewöhnliche Eigenschaften eines Grundstücks gelten.

32 Bezüglich der Berücksichtigung bzw. Nichtberücksichtigung persönlicher Verhältnisse stellt sich die Situation erheblich problematischer dar. Zunächst muss diesbezüglich dem Trugschluss widersprochen werden, dass sich der Verkehrswert (Marktwert) als der Preis definiert, der im gewöhnlichen Geschäftsverkehr von jedermann zu erzielen wäre (**sog. Jedermanns-Preis**)[25].

33 Der **Grundstücksmarkt zerfällt** bekanntlich **in eine Vielzahl sektoraler und regionaler Teilmärkte** mit jeweils spezifischen Käuferpotenzialen. Jedermann ist nicht daran interessiert, jedes Grundstück allerorts zu erwerben.

Darüber hinaus ist es aufgrund der Immobilität von Grundstücken durchaus gewöhnlich, dass Eigentümer bestimmter Grundstücke oder bestimmter Rechte an einem Grundstück ein besonderes (gesteigertes) Interesse am Erwerb anderer Grundstücke, Grundstücksteile oder Rechte an Grundstücken haben. So werden im **gewöhnlichen Geschäftsverkehr von Erbbauberechtigten** deutlich höhere Kaufpreise entrichtet, wenn das jeweilige mit einem Erbbaurecht belastete Grundstück zum Verkauf gelangt (vgl. Teil IX Rn. 165 f., 137 ff.). Ein ähnliches Phänomen hat sich auch beim Grunderwerb von Grundstücken mit bergfreien Bodenschätzen in den neuen Bundesländern offenbart (§ 5 ImmoWertV Rn. 342 ff.). Schließlich muss man auch erkennen, dass für sog. „Schikanierzwickel" von den „schikanierten" Grundstückseigentümern in aller Regel deutlich höhere Kaufpreiszugeständnisse gemacht werden.

34 Bei alledem muss man einräumen, dass der **Eigentümer eines „Schikanierzwickels",** eines **mit einem Erbbaurecht belasteten Grundstücks** oder eines Grundstücks mit bergfreien Bodenschätzen die höheren Preise so lange nicht realisieren kann, wie die damit in persönlicher Beziehung stehenden Berechtigten nicht kaufwillig sind, jedoch ist zumindest im Falle des mit einem Erbbaurecht belasteten Grundstücks in aller Regel ein Eigentümer an dem Verkauf zunächst auch gar nicht interessiert. Wer die Bestellung eines Erbbaurechts an seinem Grundstück und dessen Verkauf betrieben hat, will ja sein Eigentum längerfristig gerade nicht aufgeben und stattdessen sich des Erbbauzinses erfreuen. Wenn er also schon mit der Bestellung des Erbbaurechts auf die Realisierung des vollen Verkehrswerts mit der Absicht verzichtet, dass ihm wieder das „Volleigentum" nach Ablauf des Erbbaurechts zufällt, so erscheint es durchaus verständlich, dass er im Falle des Verkaufs des erbbaurechtbelasteten Grundstücks den höheren (i.d.R. nur vom Erbbauberechtigten erzielbaren) Verkaufserlös erwartet. Von daher kann durchaus von einem gewöhnlichen Geschäftsverkehr gesprochen werden, wenn der Verkehrswert aus den ohnehin nur zur Verfügung stehenden deutlich höheren Preisen ermittelt wird, die allein die Erbbauberechtigten (und nicht Dritte) in aller Regel zu zahlen bereit sind. Ungewöhnlich ist in solchen Fällen dagegen der Verkauf des Erbbaurechts an Dritte. Der gewöhnliche Geschäftsverkehr, so er überhaupt bei dieser Konstellation besteht, „schrumpft" in solchen Fällen auf einen bipolaren Teilmarkt zusammen.

---

25 Pr OVG, Urt. vom 18.1.1902, EzGuG 20.6a; BGH, Urt. vom 25.6.1964 – III ZR 111/61 –, EzGuG 20.37 = EzGuG 4.22; BGH, Urt. vom 30.11.1959 – III ZR 130/59 –, EzGuG 19.5; BGH, Urt. vom 19.9.1966 – III ZR 216/63 –, EzGuG 6.92.

The Appraisal of Real Estate, Chicago,[26] stellt neben dem allgemeinen Grundstücksmarkt im vorstehenden Sinne als weitere **Teilmärkte** heraus:

a) *Limited-market property: A property that has relatively few potential buyers at a particular time.*

b) *Special-purpose property: A limited-market property with a unique physical design, special construction materials or a layout that restricts its utility to the use for which it was built; also called special-design property.*

Im Falle der im Zuge des **Grunderwerbs von Grundstücken mit bergfreien Bodenschätzen** am Markt zu beobachtenden deutlich höheren Preise, die die Bergwerkseigentümer üblicherweise zahlen, ist in der Rechtsprechung der Theorie von einem spezifischen Teilmarkt (**Teilmarkttheorie**) mit der Begründung widersprochen worden, dass hier aus ökonomischen Zwängen kein freier Markt entstehe und die überhöhten Preise nur zur Vermeidung zeitaufwendiger Erwerbsverhandlungen hingenommen werden[27]. Das LG Potsdam hat demgegenüber erkannt, dass eine **Verengung des Grundstücksmarktes auf wenige Interessenten durchaus dem gewöhnlichen Geschäftsverkehr zuzurechnen** sei, wenn kein Abschlusszwang bestehe[28]. Es gibt auch nach der Rechtsprechung des BGH keinen Erfahrungssatz des Inhalts, dass selbst die unter dem Druck einer Enteignung ausgehandelten Preise „unangemessen" seien[29]. Dass selbst bei bestehenden Enteignungsmöglichkeiten das Marktgeschehen durch überhöhte Preise gekennzeichnet ist, mag auf ein unzweckmäßig geregeltes Enteignungsverfahren zurückzuführen sein. Gleichwohl kann es in Zeiten steigender Baukosten sinnvoll sein, solche Preise zur Vermeidung von Verzögerungen hinzunehmen[30]. Bei alledem kann in der Praxis zunehmend eine Hinwendung zu der Teilmarkttheorie festgestellt werden. Der BGH ist allerdings in Bezug auf den Teilmarkt für Flächen über bergfreien Bodenschätzen ohne nähere Auseinandersetzung entgegengetreten[31].

Noch schärfer stellt sich die Frage nach dem Verkehrswert, wenn der **Teilmarkt auf einen einzigen herausgehobenen Interessenten zusammenschrumpft** und anders als bei Erbbaurechten und bergfreien Bodenschätzen keinerlei rechtliche Beziehungen dieses Interessenten zum verkaufswilligen Eigentümer bestehen. So können sich allein aus der Nachbarschaft besondere Beziehungen ergeben (vgl. Beispiel Abb. 1):

Abb. 1: Lageplan

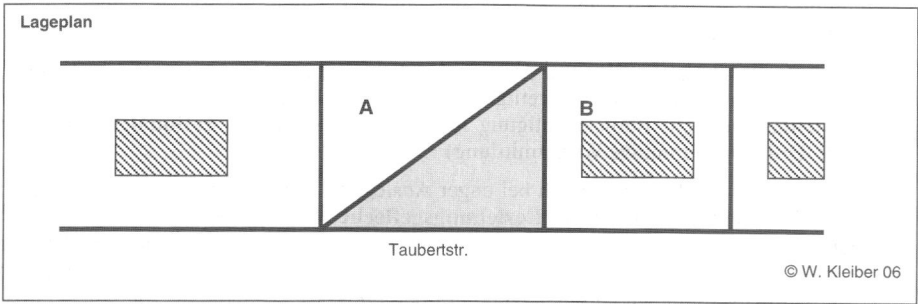

---

26 The Appraisal of Real Estate 12. Aufl. Chicago 2001: USPAP – Uniform Standards of Professional Practice; Appraisal Institute, S. 25.
27 LG Neuruppin, Urt. vom 9.4.1997 – 1a O 658/96 –, EzGuG 4.167 (nicht rechtskräftig); hierzu Gutbrod/Töpfer, Praxis des Bergrechts, RWS Köln 1996, S. 512; Aust/Jacobs/Pasternak, Die Enteignungsentschädigung 5. Aufl. 2002 Rn. 497 ff. und 705 f.
28 LG Potsdam, Urt. vom 21.8.1997 – 7 S 276/96 –, GuG-aktuell 1997, 38 = EzGuG 19.45.
29 BGH, Urt. vom 28.4.1966 – III ZR 24/65 –, EzGuG 19.9; BGH, Urt. vom 12.10.1970 – III ZR 117/67 –, EzGuG 2.10; BGH, Urt. vom 1.7.1982 – III ZR 10/81 –, EzGuG 4.86; BGH, Urt. vom 23.5.1985 – III ZR 10/84 –, EzGuG 6.228; BGH, Urt. vom 20.4.1989 – II ZR 237/87 –, EzGuG 18.110a; anders LG Koblenz, Urt. vom 1.10.1979 – 4 O 11/79 –, EzGuG 19.35 b; vgl. auch BR-Drucks. 205/72 zu § 4 Abs. 3c.
30 Salzwedel in Erichsen (Hrsg.), Allgemeines Verwaltungsrecht, 10. Aufl. 1995, § 49 Rn. 31; OLG Frankfurt am Main, Urt. vom 20.3.1980 – 1 U 198/77 – EzGuG 19.35a.
31 BGH, Beschl. vom 19.12.2002 – III ZR 41/02 – EzGuG 4.186.

38 Die in dem *Beispiel* hervorgehobene Teilfläche des Grundstücks B weist eine besondere Lagegunst in Bezug auf den Eigentümer A auf, dessen Grundstück mit dem Erwerb des Grundstücks baureif wird. Der **Vereinigungswert** *(marriage value)* des Grundstücks würde mit dem Zukauf der Teilfläche erheblich über das ansteigen, was sich auf der Grundlage eines Erwerbspreises der Teilfläche zu dem üblichen Bodenwert für die unbebaubare Teilfläche ergäbe. Mit der Vereinigung wird nämlich die Fläche A und B zugleich von einer Rohbaulandqualität in die Qualität des baureifen Landes hineinwachsen. In der Praxis ist es deshalb durchaus üblich, den Wertzuwachs als Verhandlungsbasis für eine Aufteilung des Zugewinns seitens des Verkäufers ins Feld zu führen. Die ansonsten – zumindest baulich – nicht selbstständig nutzbare Fläche des Grundstücks B hat insoweit für den Eigentümer des Grundstücks keinen gegenüber seiner Hauptfläche geminderten Wert, sondern sogar einen höheren Wert. Dass für solche Teilflächen üblicherweise auch höhere Preise erzielt werden, zeigt die Praxis. Würde diese Fläche „nur" zu dem Preis an den Eigentümer des Grundstücks A zum Verkauf gelangen, der dem üblichen Preis für unbebaubare Teilflächen entspricht, müsste auch ein erhebliches Abweichen von den üblichen Kaufpreisen i.S. des § 7 Satz 2 ImmoWertV konstatiert werden, denn in derartigen Fällen kommt es regelmäßig nur zum Verkauf an die jeweiligen Nachbarn, und die sind im Hinblick auf den Wertzuwachs des Gesamtgrundstücks (***marriage value***) regelmäßig zu höheren Preiszugeständnissen bereit. Wenn man in solchen Fällen sich auf eine „Zweierbeziehung" verengenden Teilmarkt ohne Anspruch auf eine Generalisierung zum Maßstab der Wertermittlung machen will, so könnte bei alledem zumindest dann von einem *besonderen Wert* im Beziehungsgeflecht beider Nachbarn gesprochen werden, wenn ein „gewöhnlicher Geschäftsverkehr" mit höheren Preiszugeständnissen im Hinblick auf derartige persönliche Verhältnisse festzustellen ist.

39 Im vorstehenden Sinne wird neuerdings in den Erläuterungen des *Red Book* zum *Market Value* darauf hingewiesen, dass der Verkehrswert (Marktwert) Elemente einschließt wie *„the realization of ‚marriage value' arising from merger with another property or interests within the same property"*[32].

40 Man mag sicherlich diesen besonderen Wert nicht ohne Weiteres zugleich als Verkehrswert (Marktwert) ansehen, der im Falle einer Enteignung zu entschädigen wäre, jedoch ist eine **Wertermittlungspraxis, die sich stets und ständig (nur) am Verkehrswert orientiert, nicht dienstleistungsgerecht,** denn der Eigentümer des Grundstücks B muss schon auch am Vereinigungswert interessiert sein, wenn er die ‚überschießende' Teilfläche seines Grundstücks zu verkaufen gedenkt.

41 Seit jeher war im Übrigen anerkannt, dass sich auch im Rahmen einer objektiven Wertlehre die Wertermittlung nicht von den jeweiligen Entscheidungsträgern abstrahieren lässt. Diese müssen vielmehr explizit Berücksichtigung finden, wobei **subjektiv rationales Verhalten** unterstellt wird (sog. gerundive Wertermittlung)[33].

42 Der Verkehrswertbegriff wird nämlich bei enger Auslegung den vorstehenden Ausführungen zu einer sich bis **auf ein bilaterales Beziehungsgeflecht verengenden Teilmarkttheorie**[34] nicht gerecht (sog. „eingeschränkter Interessentenkreis"). Auf der anderen Seite sind ähnliche Konstellationen, bei denen der Eigentümer eines Grundstücks oder eines Rechts an einem Grundstück im gewöhnlichen Geschäftsverkehr höhere Preiszugeständnisse von einem einzigen in Betracht kommenden Erwerber erwarten kann, so ungewöhnlich nicht. Aus der Sicht dieses besonderen Interessenten bestehen wiederum sogar gute Gründe für den Erwerb zu einem besonders hohen Preis, wenn der Erwerb ihm einen besonderen Vorteil bietet, d.h.,

---

32 Red Book Teil I Ziff. 3.3.
33 Wöhe, Einführung in die allgemeine Betriebswirtschaftslehre, München; Engels, W., Betriebswirtschaftliche Bewertungslehre im Lichte der Entscheidungstheorie, Beiträge zur betriebswirtschaftlichen Forschung; Hrsg. Gutenberg u.a., Köln und Oplanden 1962; Spiller, K., Der betriebswirtschaftliche Wert, Diss. Hamburg 1962; Metz, Entscheidungsorientierte Wertermittlung von Grundstücken, Diss., Berlin 1979.
34 BGH, Urt. vom 23.5.1995 – III ZR 10/84 –, EzGuG 6.228; BGH, Urt. vom 18.4.1991 – III ZR 79/90 –, EzGuG 18.114; BFH, Urt. vom 29.4.1987 – X R 2/80 –, EzGuG 19.39 b; BFH, Urt. vom 23.2.1979 – III R 44/77 –, EzGuG 19.35; RFH, Urt. vom 8.10.1926 – II A 429/26 – II A 429/26 –, EzGuG 14.1a; PrOVG, Urt. vom 14.1.1916 – VII C 291/14 –, PrVBl. 37, 569.

auch aus der Sicht dieses Erwerbers liegen jedenfalls keinesfalls spekulative Gründe für die Preiszugeständnisse vor; für ihn stellen die höheren Preise den gewöhnlichen Geschäftsverkehr dar.

Dass sich der gewöhnliche Geschäftsverkehr auf einen kleinen Kreis von Interessenten (**eingeschränkter Interessentenkreis**) verengen kann, war in der Rechtsprechung seit jeher anerkannt (vgl. § 7 ImmoWertV Rn. 21 Nr. 10 sowie die Rechtsprechung zum Kostenrecht). In dem *Beispiel* der Abb. 2 soll für den Eigentümer des Grundstücks A die Möglichkeit bestehen, sein Grundstück, das mangels Erschließung als Rohbauland einzustufen wäre, durch Zukauf des Flurstücks 14/2 vom Eigentümer B baureif zu machen. Durch den Zukauf erhöhe sich der Verkehrswert seines Grundstücks in den derzeitigen Grenzen (Rohbauland) um 200 €/m², d.h. um 200 000 €. In solchen Fällen müsste man schon vom **ungewöhnlichen Geschäftsverkehr** sprechen, wenn der Eigentümer B beim Verkauf des Flurstücks 14/2 an diesem Wertsprung nicht partizipieren wollte. **43**

Gleichermaßen müsste man es auch als ungewöhnlichen Geschäftsverkehr bezeichnen, wenn sich der Eigentümer A diesem Begehren verweigert und auf eine Realisierung des Vereinigungswerts verzichtete. Wenn hier von der Wertermittlungspraxis die „reine Lehre" von einem (falsch verstandenen) „**Jedermanns-Prinzip**" vertreten werden würde, so wird diese Auffassung durch das tatsächliche Geschehen auf dem Grundstücksmarkt bestraft, d.h. die handelnden Eigentümer wären dann im Vergleich zu den „Fachleuten" die wirtschaftlich vernünftiger Denkenden[35]. Dem kann auch nicht entgegengehalten werden, dass am Wertermittlungsstichtag der Eigentümer des Grundstücks A erklärtermaßen gar nicht zum Kauf bereit wäre und der Eigentümer des Grundstücks B auf das angewiesen wäre, was ein Dritter ohne den besonderen Vorteil für das Grundstück A zu bezahlen bereit wäre. Zum einen ist der gewöhnliche Geschäftsverkehr für solche Teilflächen durch einen langen Atem des Grundstückseigentümers A gekennzeichnet, denn er wird bereit sein, auf seine Chance zu warten, zumal ein Dritter in einem solchen Fall allenfalls nur einen besonders niedrigen Preis zu zahlen bereit wäre, wenn eine Weiterveräußerung an A gänzlich ausgeschlossen wäre. Zum anderen ist es aber auch nicht ausgeschlossen, dass ein Dritter eine solche Teilfläche ankauft, um dann zu gegebener Zeit einen Teil des Vereinigungswerts gegenüber dem Eigentümer A zu „realisieren". **44**

Wie und nach welchen Grundsätzen der aus dem Vereinigungswert *(assemblage: marriage value)* resultierende Wertzuwachs in den Teilflächenwert einfließt, ist häufig das Ergebnis des **Verhandlungsgeschicks der Beteiligten** und stellt ein dunkles Kapitel der Wertermittlungslehre dar. In der Vergangenheit sind solche Fälle vornehmlich aber möglicherweise allzu unbedacht a priori als „ungewöhnliche oder persönliche Verhältnisse" abgehandelt worden; ihre Berücksichtigung wurde mit diesem Argument verworfen. Gleichwohl muss man aber in Anbetracht des Geschehens auf dem Grundstücksmarkt hier fragen, ob sich die Verkehrswertlehre für das tatsächliche Geschehen auf dem Grundstücksmarkt nicht als zu starr erwiesen hat. **45**

---

35 In der Enteignungsrechtsprechung englischer Gerichte ist die Partizipation bestätigt worden: 1961 Stokes v Cambridge Corporation, 30 %– 33 %; 1988 Ozanne v Herfordshire County Council (Lands Tribunal Decision 1st Court level) 50 % for ransom, the whole of the ransom was apportioned amongst the multiple owners; 1989 Batchelor v Kent County Council (Lands Tribunal Decision) 15 % was the ransom amount appropriate to the owner, as there was a possible alternative access; 1991 Ozanne v Herfordshire County Council (Lands Tribunal Decision November 1991 House of Lords); 1991 Batchelor v Kent County Council (Lands Tribunal Remission October 1991 – Court of Appeal 1990 & 1992); 1997 Crown House Developments v Chester City Council (Lands Tribunal Decision 1996) 30 % ransom following from Stokes; 2004 Snook v Somerset Council (Lands Tribunal Decision 2004) 50 % for ransom.

Abb. 2: Lageplan

46 In diesem Sinne sind nach **§ 2 Abs. 3 des österreichischen Bundesgesetzes über die gerichtliche Bewertung von Liegenschaften** (vgl. Rn. 116) bei der Verkehrswertermittlung „die besondere Vorliebe und andere ideelle Wertzumessungen einzelner Personen" (**Affektionswerte**) außer Betracht zu lassen. Nach der Begründung zu dieser Vorschrift gilt dies jedoch nur für „besondere, insbesondere ideelle, Wertzumessungen", während subjektive Wertzumessungen einzelner Personen dann jedoch in die Verkehrswertermittlung eingehen sollen, wenn sie für wirtschaftliche Gegebenheiten berücksichtigt werden sollen[36]. Als Beispiel für solche wirtschaftliche Gegebenheiten wird der Fall genannt, dass die Sache für einen bestimmten Interessenten deshalb von besonderem vermögensrechtlichem Interesse ist, weil er sie zu seinem wirtschaftlichen Vorteil besonders günstig in sein sonstiges Vermögen einfügen könnte[37]. Dies wiederum sind die vorstehend diskutierten Fallgestaltungen.

47 Im Übrigen wird mit Recht in der Begründung darauf hingewiesen, dass eine allgemeine, im affektiven (ideellen) Bereich begründete Bereitschaft zur Leistung eines höheren Preises bei der Ermittlung des Verkehrswerts „in Anschlag zu bringen" ist.

2.2.4 Gewöhnlicher Geschäftsverkehr bei Massenverkäufen

48 ▶ *hierzu vgl. § 8 ImmoWertV Rn. 109 ff.*

49 Immobilien werden i.d.R. längerfristig gehalten und gelangen nur „stückweise" auf den Markt. Verkäuferseitig wird häufig eine „hausse" abgewartet, und nur bei einer lang anhaltenden „baisse" schwindet die Hoffnung auf die Rentierlichkeit weiteren Zuwartens. Dies zeigen auch die auf den einzelnen regionalen und sektoralen Teilmärkten zu beobachtenden Umsatzentwicklungen: Sie weisen gegenüber der Immobilienpreisentwicklung deutlich höhere Ausschläge der Umsatzentwicklung, häufig verbunden mit einer Phasenverschiebung, auf; Wertsteigerungen wirken also selten umsatzstimulierend, während **Wertrückgänge einen Attentismus zur Folge haben.**

50 Nicht selten können solche „Normalverhältnisse" dadurch „gestört" werden, dass überdurchschnittlich große Grundstücksbestände mehr oder minder schlagartig zum Verkauf gelangen (Massenangebot), die aus der üblichen Umsatzentwicklung singulär herausfallen. Diese

---

36 Beilage zu den StenProt des Nationalrats XVIII GP 333, abgedruckt am 7.1.1992, Erläuterungen zu § 2.
37 Spielbüchler in Rummel ABGB Rn. 2 ff. zu § 305.

Grundstücksbestände können **so groß** sein, **dass** im Falle ihrer „stückweisen" Veräußerung der **Verkäufermarkt in einen Käufermarkt mit drastischem Preisverfall umschlagen würde**. Die bei Verkäufen von großen Immobilienbeständen (Blockverkäufe von Immobilienportfolios) auftretenden Marktkonstellationen sind von denen der Einzelveräußerung grundsätzlich zu unterscheiden. Deshalb ist auch der „gewöhnliche Geschäftsverkehr" von „Massenverkäufen" ein anderer als bei der Veräußerung einzelner Grundstücke. Dem muss auch im Rahmen einer sog. Massenbewertung Rechnung getragen werden.

– Dies betrifft insbesondere die jeweils zu berücksichtigenden besonderen objektspezifischen Grundstücksmerkmale. Bei einer Einzelbewertung werden in dem für den Verkehrswert maßgebenden „gewöhnlichen Geschäftsverkehr" die besonderen objektspezifischen Grundstücksmerkmale weitaus umfänglicher berücksichtigt als bei der Ermittlung des Verkehrswerts eines Immobilienportfolios. So werden z. B. bei der Verkehrswertermittlung eines einzelnen Verwaltungsgebäudes ein vom übrigen Objekt abweichender Instandhaltungszustand, ein bestehendes Wegerecht oder andere Besonderheiten konkret berücksichtigt, während solche Besonderheiten bei dem Erwerb der Immobilie als Bestandteil eines Immobilienportfolios im „gewöhnlichen Geschäftsverkehr" gar keine Beachtung finden. Dies gilt sowohl für werterhöhende als auch wertmindernde Besonderheiten. Der gewöhnliche Geschäftsverkehr lässt sich hier von dem Gedanken leiten, der auch bei Massenbewertungsverfahren zum Tragen kommt, nämlich von dem Gedanken, dass sich solche Besonderheiten in der Summe ausgleichen. Wenn bei Anwendung von Massenbewertungsverfahren im Unterschied zu Einzelbewertungen derartigen Besonderheiten nicht Rechnung getragen wird, so gehen damit eigentlich keine den Verkehrswert verfälschenden Vereinfachungen einher, vielmehr ist diese Vorgehensweise sogar i. S. der Verkehrswertermittlung eines Immobilienportfolios sachgerecht und sogar geboten. Die bei Massenbewertungsverfahren zur Anwendung kommenden „Vereinfachungen" und „Pauschalierungen" sind von daher „verkehrswertimmanent", wenn es um den Verkehrswert des Gesamtpakets geht.

– Bei **Blockverkäufen** gelangen häufig nicht nur Immobilien, sondern vielfach Unternehmen ganz oder teilweise zum Verkauf, ohne dass die auf den jeweiligen Verkaufsgegenstand entfallenden Preisanteile ausgewiesen werden. Die erzielten Kauferlöse werden vereinzelt zwar auch von den Gutachterausschüssen registriert, jedoch aus den vorstehenden Gründen nicht ausgewertet[38].

2.3 Allgemeine Wertverhältnisse zum Wertermittlungsstichtag

2.3.1 Allgemeines

▶ *Näheres zu den allgemeinen Wertverhältnissen auf dem Grundstücksmarkt vgl. § 3 ImmoWertV Rn. 11 ff.*   **51**

Unter dem Einfluss der in § 3 Abs. 2 ImmoWertV definierten allgemeinen Wertverhältnisse auf dem Grundstücksmarkt sind Grundstückswerte im freien Spiel zwischen Angebot und Nachfrage i.d.R. auch Werteinflüssen ausgesetzt, die nicht unmittelbar auf die objektiv vorhandenen Merkmale des Grundstücks zurückführbar sind. Dass der Verkehrswert über längere Zeit auch bei gleich bleibenden Zustandsmerkmalen konstant bleibt, ist die Ausnahme. In der Rechtsprechung wird in diesem Zusammenhang von „Zeiten schwankender Preis- und Wertverhältnisse" und auch von „konjunkturellen Weiterentwicklungen" gesprochen. Infolgedessen ist der **Verkehrswert** (Marktwert) **ein stichtagsbezogener Wert**, wobei der maßgebliche Zeitpunkt in § 3 Abs. 1 ImmoWertV als „Wertermittlungsstichtag" bezeichnet wird. Auch wenn der **Verkehrswert damit eine Momentaufnahme (Zeitwert) ist, wird seine Höhe maßgeblich von der Zukunftserwartung** der Erwerber **bestimmt**. Dies wird besonders bei Renditeobjekten deutlich (vgl. Syst. Darst. des Ertragswertverfahrens Rn. 2 ff.).   **52**

---

38 Vgl. Grundstücksmarktbericht von Essen 2007.

53 Dass sich der Verkehrswert (Marktwert) nach dem Wortlaut der Definition des § 194 i.V.m. § 3 Abs. 1 ImmoWertV auf die allgemeinen Wertverhältnisse eines bestimmten Wertermittlungsstichtags bestimmt, darf nicht dahingehend missverstanden werden, dass es „messerscharf" allein auf die Wertverhältnisse dieses Tages ankommt. Die Verkehrswertermittlung könnte das nicht leisten und schon gar keine „seismologische" Fortschreibung des Verkehrswerts eines Grundstücks zum „Tageskurs". Dies wäre im Übrigen auch mit der Definition des Verkehrswerts unvereinbar. Denn im gewöhnlichen Geschäftsverkehr werden Grundstücke weder bei kurzfristigen Preisausschlägen „nach oben" gekauft, noch bei kurzfristigen Preisausschlägen „nach unten" verkauft (vgl. Rn. 13 ff.). Der BGH hat zu alledem zutreffenderweise in seiner Chruschtschow-Entscheidung[39] erkannt, dass kurzfristige Preissenkungen auf dem Grundstücksmarkt außer Betracht bleiben müssen, wenn der spätere Wegfall der Preissenkung bei vernünftiger wirtschaftlicher Betrachtungsweise für einen durchschnittlich besonnenen, nüchternen Betrachter erkennbar war. Gleiches muss entsprechend für kurzfristige Spitzenausschläge gelten. Soweit die einem „durchschnittlich besonnenen, nüchternen Betrachter" am Wertermittlungsstichtag erkennbare Entwicklung außer Betracht bliebe, müsste von einem **missverstandenen Stichtagsprinzip** gesprochen werden. Der in § 3 Abs. 1 ImmoWertV verwandte Begriff des Wertermittlungsstichtags mag hierzu beigetragen haben.

54 Bei der **retrograden (retrospektiven) Ermittlung von Verkehrswerten (Marktwerten)**, d.h. bei einer auf einen zurückliegenden Stichtag bezogenen Wertermittlung (ex-post), müssen andererseits besondere sich in den „jüngeren" Preisvereinbarungen manifestierende Preisentwicklungen, die für einen „durchschnittlich besonnenen, nüchternen Betrachter" am Wertermittlungsstichtag nicht erkennbar waren bzw. sein konnten, ebenfalls außer Betracht bleiben (vgl. Rn. 68 und § 3 ImmoWertV Rn. 4 ff.). Der Sachverständige hat sich in solchen Fällen in den Erkenntnisstand zu versetzen, den er am Wertermittlungsstichtag haben konnte, d.h., er darf in solchen Fällen seine Erkenntnisse über die Folgezeit nicht zur Grundlage der Verkehrswertermittlung auf einen zurückliegenden Zeitpunkt machen. Bei der **Verkehrswertermittlung, bezogen auf zurückliegende Zeitpunkte,** sind stets die Verhältnisse maßgebend, die zu diesem Zeitpunkt den gewöhnlichen Geschäftsverkehr bestimmt haben.

2.3.2 Missverstandenes Stichtagsprinzip

55 Nach § 194 BauGB bestimmt sich der Verkehrswert (Marktwert) durch einen nach normativen Vorgaben auf einen Zeitpunkt ermittelten Preis. § 3 Abs. 1 Satz 1 ImmoWertV präzisiert diesen **Zeitpunkt** als den Wertermittlungsstichtag, obwohl kein Sachverständiger angesichts der allgemeinen Schätzungsgenauigkeit in der Lage wäre, einen Verkehrswert – quasi seismografisch – mit der Genauigkeit eines Tages zu ermitteln. Selbst die auf einen bestimmten Wertermittlungsmonat bezogene Verkehrswertermittlung dürfte in aller Regel problematisch sein. **Der als Bezugszeitpunkt der ImmoWertV vorgegebene Wertermittlungsstichtag täuscht** insoweit **eine nicht vorhandene und auch nicht leistbare Genauigkeit der Verkehrswertermittlung vor.** Die sich hieran anknüpfende Bezeichnung des Verkehrswerts als einen stich*tags*bezogenen Wert hat damit zu einer Reihe von Missverständnissen geführt, die nicht rein rhetorischer Art sind.

56 § 194 BauGB definiert den Verkehrswert (Marktwert) als den Preis, der „in dem Zeitpunkt, auf den sich die Ermittlung bezieht, im *gewöhnlichen Geschäftsverkehr*" zu erzielen wäre. Die Vorschrift stellt zwar auf einen Zeitpunkt ab, jedoch wird gleichzeitig eine Verbindung zum gewöhnlichen Geschäftsverkehr hergestellt. Der gewöhnliche Geschäftsverkehr ist wiederum dadurch gekennzeichnet, dass sich Käufer und Verkäufer jeweils Zeit nehmen. So gelangen nach Untersuchungen amerikanischer Makler z. B. Einfamilienhäuser erst nach durchschnittlich drei Monaten zum Verkauf, d.h., das **Geschehen auf dem Grundstücksmarkt ist im gewöhnlichen Geschäftsverkehr durch einen relativ langen Verhandlungszeitraum und dem Objekt angemessene Vermarktungsmodalitäten gekennzeichnet.**

---

39 BGH, Urt. vom 31.5.1965 – III ZR 214/63 –, EzGuG 19.8; BGH, Urt. vom 22.10.1986 – IVa ZR 143/85 –, EzGuG 20.117.

Größere Immobilien gelangen sogar erst nach weitaus längeren Zeiträumen zum Verkauf. Aus Kaufpreis- und Umsatzuntersuchungen der Gutachterausschüsse ist darüber hinaus bekannt, dass in Zeiten der Preisberuhigung und des Preisrückgangs auf dem Grundstücksmarkt (sog. Flaute auf dem Immobilienmarkt) die Umsätze zurückgehen, während sie bei Preissteigerungen wieder anziehen. Auch hieraus folgt, dass seitens der Verkäufer Preiseinbrüche durch Zurückhaltung überbrückt werden. Aus diesem Grunde dürfen kurzfristige und vorübergehende Preiseinbrüche im Hinblick auf das (**missverstandene**) **Stichtagsprinzip**[40] nicht zur Grundlage der Verkehrswertermittlung gemacht werden. Das Gleiche gilt im Hinblick auf das Käuferverhalten für kurzfristige und vorübergehende Preisausschläge „nach oben". Im Rahmen der Rechtsprechung des BGH zur Ermittlung des Zugewinnausgleichs und von Pflichtteilsansprüchen wird deshalb auf das Verhalten eines „nüchternen Käufers bzw. Verkäufers" abgestellt, der „außergewöhnliche allgemeine Wertverhältnisse auf dem Grundstücksmarkt" (z. B. die **Flaute auf dem Grundstücksmarkt**) ausschaltet.

Der BGH spricht in diesem Zusammenhang vom „wahren" und „inneren" Wert[41]. Es handelt sich dabei nach Einschätzung des BGH um eine Denkfigur, mit deren Hilfe bei außergewöhnlichen allgemeinen Wertverhältnissen auf dem Grundstücksmarkt i. S. des § 3 Abs. 2 ImmoWertV, d.h. bei **Preisverhältnissen unter Ausnahmebedingungen** (Stopppreise; Chruschtschow-Ultimatum und Berliner Grundstückspreise), unangemessenen Ergebnissen der Verkehrswertermittlung, z. B. im Interesse der Pflichtteilsberechtigten, entgegenzuwirken versucht wird. Im Ergebnis sollen damit Preisausschläge bei der Verkehrswertermittlung „ausgeschaltet" werden, wie sie ein nüchterner Käufer bzw. Verkäufer durch Zuwarten „ausschalten" würde. Grundsätzlich ist ein solches Verhalten auch dem *gewöhnlichen Geschäftsverkehr* immanent. 57

Der BGH[42] hatte schon im Urteil vom 23.10.1985 u.a. dargelegt, dass der für die Berechnung des Zugewinns maßgebende wirkliche Wert eines Grundstücks nicht stets mit dem hypothetischen Verkaufswert am Stichtag übereinstimmen muss, sondern dass der wirkliche Wert höher sein kann als der aktuelle Veräußerungswert. Insbesondere ist bei der Wertermittlung ein **vorübergehender Preisrückgang** nicht zu berücksichtigen, wenn er bei nüchterner Beurteilung schon am Stichtag als vorübergehend erkennbar war. Eine strengere Orientierung an dem tatsächlich erzielbaren Verkaufserlös ist nur dann geboten, wenn das Grundstück zur Veräußerung bestimmt ist oder als Folge des Zugewinnausgleichs veräußert werden muss[43]. In einer neueren Entscheidung hat der BGH[44] bekräftigt, dass nur dann, wenn im Rahmen des Zugewinnausgleichs der Ausgleichspflichtige gezwungen ist, Gegenstände seines Endvermögens unwirtschaftlich zu liquidieren, dieser Umstand im Rahmen einer **sachverhaltsspezifischen Wertermittlung** zu berücksichtigen ist; dabei ist vorab zu prüfen, ob eine unwirtschaftliche Liquidierung durch eine Stundung gemäß § 1382 BGB vermieden werden kann. 58

In einer weiteren **Entscheidung des BGH**[45] wird zu alledem ausgeführt: 59

„Der Zugewinnausgleich soll beide Ehegatten gleichermaßen an den während der Ehe geschaffenen Werten beteiligen. Würde insbesondere ein Familienheim, bei dem es sich vielfach um das Hauptvermögensstück handelt, nur mit einem Wert angesetzt, der durch eine **vorübergehende ungünstige Marktlage** beeinflusst ist, erlangte der ausgleichsberechtigte Ehegatte keinen angemessenen Anteil an dessen wirklichem, bleibendem Wert, während der andere Ehegatte, der im Besitz des Objekts bleiben will und kann, aus eher zufälligen Umständen Nutzen zöge. Entgegen der Auffassung des BG kommt es deswegen auch nicht darauf an, ob eine ungünstige Marktlage auf örtlich begrenzte Umstände zurückzuführen ist oder

---

40 BGH, Urt. vom 31.5.1965 – III ZR 214/63 –, EzGuG 19.8; BGH, Urt. vom 1.4.1992 – XII ZR 142/91 –, EzGuG 20.139a, hierzu Kleiber in GuG – aktuell 1995, 1998, 9.
41 BGH, Urt. vom 1.4.1992 – XII ZR 142/91 –, EzGuG 20.139 a; BGH, Urt. vom 23.10.1985 – IVb ZR 62/84 –; EzGuG 20.110 b; BGH, Urt. vom 31.5.1965 – III ZR 214/63 –, EzGuG 19.8; BGH, Urt. vom 14.2.1975 – IVZR 28/73 –; BGH, Urt. vom 17.3.1982 – IVa ZR 27/81 –, EzGuG 20.94 a; BGH, Urt. vom 1.10.1992 – IV ZR 211/91 –, EzGuG 20.142; BGH, Urt. vom 13.3.1991 – IV ZR 52/90 –, EzGuG 20.134 b; BGH, Urt. vom 25.3.1954 – IV ZR 146/53 –, EzGuG 20.17; BGH, Urt. vom 4.6.1954 – V ZR 10/54 –, EzGuG 6.7 d; BGH, Urt. vom 30.9.1954 – IV ZR 43/54 –, BGHZ 14, 368 = WM 1955, 342 = BB 1954, 1009; Kleiber in GuG aktuell1995, 1.
42 BGH, Urt. vom 23.10.1985 – IVb ZR 62/84 –, EzGuG 20.110b.
43 Schwab, Hdb des ScheidungsR 2. Aufl. Teil VII Rn. 72.
44 BGH, Urt. vom 15.1.1992 – XII ZR 247/90 –, BGHZ 117, 70 = NJW 1992, 1103 = FamRZ 1992, 411.
45 BGH, Urt. vom 1.4.1992 – XII ZR 146/91 –, EzGuG 20.139a.

auf eine gesamtwirtschaftliche Entwicklung. Entscheidend ist, ob sie aus der Sicht eines nüchternen Betrachters am Bewertungsstichtag als temporär einzuschätzen war und deswegen einen wirtschaftlich Denkenden veranlasst hätte, eine Veräußerung zurückzustellen, soweit nicht besondere Umstände dazu zwängen."

60 Auch bei der Ermittlung des Verkehrswerts (Marktwerts) sollen **kurzfristige und vorübergehende Preisausschläge auf dem Grundstücksmarkt** unberücksichtigt bleiben, wenn sie für einen durchschnittlich besonnenen und nüchternen Betrachter erkennbar sind. Dies betrifft nicht nur die sog. **Flaute auf dem Immobilienmarkt,** sondern auch **spekulativ überhitzte Ausschläge nach oben**. Zwar sind Verkehrswerte (Marktwerte) bezogen auf die Wertverhältnisse eines bestimmten Wertermittlungsstichtags zu ermitteln, jedoch ist dabei vom „gewöhnlichen Geschäftsverkehr" auszugehen und dieser ist – wie dargelegt – dadurch gekennzeichnet, dass weder Käufer noch Verkäufer unter zeitlichem Druck handeln, d.h., bei vorübergehenden Preisausschlägen wird entweder vom Käufer oder vom Verkäufer zugewartet. Man kann insoweit von einem missverstandenen Stichtagsprinzip sprechen, wenn der Verkehrswert (Marktwert) aus auf der Grundlage der am Wertermittlungsstichtag als vorübergehend erkennbaren besonderen Verhältnissen abgeleitet würde. Verkäufer und Käufer werden nicht zu „jedem Preis" handelseinig. Ähnlich hat schon RFH[46] im Zusammenhang mit der Ermittlung des gemeinen Werts (Verkehrswert) von Anlagegegenständen entschieden, „dass geringfügige Schwankungen und vorübergehende Erscheinungen regelmäßig noch nicht genügen, um den gemeinen Wert jener Gegenstände zu steigern und zu senken".

61 Dass der gewöhnliche Geschäftsverkehr i. S. des § 194 BauGB durch einen **objektadäquaten Vermarktungszeitraum** geprägt ist, wird in den außergesetzlichen englischen und französischen Normen wortreich umschrieben. Die französischen Erläuterungen fordern, *que le bien ait été proposé à lavente dans les conditions du marché, sans réserves, avec une publicité adéquate.* Die Definition des *Market Value* fordert ein „*proper marketing*" und versteht u.a. darunter einen dem Objekt angemessenen Vermarktungszeitraum.[47]

62 ▶ *Zur Konsistenz der Verkehrswertermittlung vgl. Rn. 142 ff.*

2.3.3 Verkehrswert als Zukunftserfolgswert

63 Der **Verkehrswert stellt trotz seiner Bezugnahme auf den Zeitpunkt**, auf den sich die Ermittlung bezieht (Wertermittlungsstichtag), gewissermaßen **das Kondensat der Zukunft** dar (Zukunftserfolgswert, vgl. § 8 ImmoWertV Rn. 37 ff.)[48]. Der Wert eines Grundstücks wird nämlich durch Zukunftserwartungen bestimmt (*value is created by the anticipation of future benefits*). Dies wird besonders deutlich bei Anwendung des Ertragswertverfahrens. Der Ertragswert wird dabei letztlich als Barwert aller künftigen Erträge ermittelt. Auch bei Anwendung des Sachwertverfahrens sind die Herstellungskosten der Vergangenheit von untergeordneter Bedeutung. Als nach der Einheit Deutschlands die frühere Stalinallee zum Verkauf gestellt wurde, waren die geringen Löhne der damaligen Bauarbeiter, die zu den Ereignissen von 1953 beigetragen haben, kein Maßstab für die Verkehrswertermittlung.

a) Bei **Anwendung des Vergleichswertverfahrens** wird der Verkehrswert zwar (in Bezug auf den Wertermittlungsstichtag) aus möglichst gegenwartsnah zustande gekommenen Vergleichspreisen abgeleitet. Gleichwohl ist auch dieser Wert ein zukunftsorientierter Wert, denn die Vergleichspreise werden maßgeblich durch die Zukunftserwartungen der Käufer geprägt.

b) Bei **Anwendung des Ertragswertverfahrens** wird allein schon dadurch der Blick in die Zukunft in den Vordergrund gerückt, dass ausdrücklich die „nachhaltigen" Erträge die Grundlage der Wertermittlung sein sollen. Damit sind bei einem bebauten Grundstück die Erträge angesprochen, die über die gesamte Zeitschiene der wirtschaftlichen Nutzbarkeit vor allem des Gebäudes erwartet werden können. Dies kann ein sehr langer, kaum über-

---
46 RFH, Urt. vom 24.1.1935 – III A 406 –.
47 Red Book Teil II, Ziff. 3.2.7.
48 „Value is created by the anticipation of future benefits", The Appraisal of Real Estate, 12. Aufl. Chicago S. 35.

sehbarer Zeitraum sein, jedoch ist der Anwender damit gehalten, das in die Wertermittlung einzustellen, was er bei wirtschaftlich vernünftiger Betrachtung am Wertermittlungsstichtag hätte erkennen können. Grundsätzlich kann der Sachverständige darauf vertrauen, dass er mit den am Wertermittlungsstichtag ortsüblich erzielbaren Ertragsverhältnissen die nachhaltige Ertragssituation „einfängt", wenn er zur Kapitalisierung dieser Erträge den (dynamischen) Liegenschaftszinssatz heranzieht, der auf dem Grundstücksmarkt im Hinblick auf die nachhaltige Entwicklung ermittelt wurde.

Steht eine Immobilie indessen zur Umnutzung an, so muss der Sachverständige das in einer Immobilie „schlummernde" **Entwicklungspotenzial als Bestandteil der nachhaltigen Ertragsfähigkeit** erkennen. Das Gleiche gilt, wenn die am Wertermittlungsstichtag tatsächlich gegebenen Ertragsverhältnisse aufgrund vertraglicher Bindungen bzw. des geltenden Mietrechts von den nachhaltigen Erträgen über eine zeitliche Bindungsfrist in einem für das Ergebnis der Ertragswertermittlung bedeutsamen Maße abweichen[49]. **64**

Dass insbesondere bei Anwendung des Ertragswertverfahrens die Zukunftserwartungen (*anticipation*) von maßgeblicher Bedeutung sind, wird auch dadurch deutlich, dass der zur Ermittlung des Ertragswerts heranzuziehende Liegenschaftszinssatz darauf angelegt ist, die künftige Entwicklung in die Verkehrswertermittlung einzustellen (vgl. Erläuterungen zu § 14 Abs. 3 ImmoWertV). **65**

Bei Anwendung des Ertragswertverfahrens lässt sich die Erwartung an die Zukunft besonders plausibel in das Verfahren „einbringen", weil das **Verfahren a priori darauf angelegt ist, den Verkehrswert aus der künftigen Nutzung (bzw. Nutzungsfähigkeit) abzuleiten**. Entsprechend der Definition des Verkehrswerts ist dabei von nachhaltigen Erträgen auszugehen, wie sie ohne Rücksicht auf ungewöhnliche oder persönliche Verhältnisse nach den rechtlichen und tatsächlichen Gegebenheiten erzielbar sind. **66**

c) Der Sachwert baulicher Anlagen wird zwar i.d.R. mit Hilfe von Normalherstellungskosten der Vergangenheit abgeleitet, die zunächst auf den Wertermittlungsstichtag mit Hilfe von Baupreisindexreihen umgerechnet wurden. Diese Kosten haben im Rahmen der Verkehrswertermittlung nur insoweit Bedeutung, wie sie das abbilden, was **der Grundstückseigentümer heute (am Wertermittlungsstichtag) mit Blick auf die zukünftige Nutzung an eigenen Aufwendungen erspart.** Wer heute in den jungen Bundesländern ein Einfamilienhaus erwirbt, fragt – wie dargelegt – nicht danach, wie der Bauarbeiter in der DDR entlohnt wurde und was ihn heute das Einfamilienhaus kosten würde. Bei alledem geht es nicht um die „historischen Rekonstruktionskosten" nach den Verhältnissen zum Zeitpunkt der Errichtung des Gebäudes, sondern um die **Ersatzbeschaffungskosten** (*replacement costs*) nach den Verhältnissen am Wertermittlungsstichtag. Insoweit ist auch bei Anwendung des Sachwertverfahrens die Vergangenheit nur von begrenzter Bedeutung.

Für das Gewesene gibt der Kaufmann nichts! Im Kern geht es deshalb bei Anwendung des Sach-, Vergleichs- und Ertragswertverfahrens darum, möglichst wertermittlungsstichtagsnahe Erfahrungssätze über die auf dem Grundstücksmarkt vorherrschende Wertschätzung des Objekts (Vergleichspreise), die Herstellungskosten (Normalherstellungskosten) und Erträge unter Berücksichtigung der künftigen Nutzung in das Verfahren einzuführen. **67**

Dies betrifft nicht nur die zur Verkehrswertermittlung heranziehbaren Vergleichspreise, sondern auch die **sonstigen Grundlagen der Verkehrswertermittlung,** insbesondere die künftigen Ertragsverhältnisse einschließlich der Erkenntnisse über den Grundstückszustand: **68**

a) Der BFH hat zutreffend festgestellt, dass sich auf den Verkehrswert nur solche Verhältnisse und Gegebenheiten auswirken können, die zum Wertermittlungsstichtag hinreichend konkretisiert sind und zumindest mit ihrer Tatsache gerechnet werden konnte

---

49 BerlVerfGH, Beschl. vom 23.3.2003 – VerfGH 60/01 –, GuG 2003, 250.

(Wurzeltheorie)⁵⁰. Ein **später aufkommender Altlastenverdacht** kann deshalb auch bei retrograder Verkehrswertermittlung (ex-post) selbst dann nicht berücksichtigt werden, wenn er sich später verifiziert hat (vgl. Rn. 54).

Die vornehmlich im Rahmen der Unternehmensbewertung entwickelte **Wurzeltheorie** gilt auch für die Verkehrswertermittlung. Sie liegt im Wesen des Verkehrswerts (Marktwerts), der maßgeblich durch die künftige Nutzbarkeit bestimmt ist (Zukunftserfolgswert)⁵¹. Auch in der Rechtsprechung des BGH zur Ermittlung des Zugewinnausgleichs findet die Wurzeltheorie deshalb Beachtung.

Spätere Entwicklungen, deren Wurzeln in der Zeit nach dem Wertermittlungsstichtag liegen, **müssen außer Betracht bleiben**⁵².

69   b) Auch **neuere Erkenntnisse über die Lebenserwartung sind bei der retrograden Verkehrswertermittlung (ex-post) nicht zu berücksichtigen,** wenn es z. B. um die Verkehrswertermittlung eines Wohnrechts oder eines Nießbrauchs geht. In diesem Fall sind mithin die jeweiligen Sterbetafeln heranzuziehen, die zum Wertermittlungsstichtag dem Sachverständigen zugänglich waren (vgl. Rn. 54; Syst. Darst. des Vergleichswertverfahrens Rn. 67 und § 15 ImmoWertV Rn. 10 ff.).

2.4 Wertbestimmende Zustandsmerkmale

2.4.1 Allgemeines

70   Der Verkehrswert (Marktwert) bestimmt sich auf der Grundlage aller (tatsächlichen und rechtlichen) *Merkmale* eines Grundstücks. Als **wertbestimmende Merkmale eines Grundstücks** führt § 194 BauGB an:

– die rechtlichen Gegebenheiten⁵³,

– die tatsächlichen Eigenschaften,

– die sonstige Beschaffenheit und

– die Lage des Grundstücks.

71   Aufzählung und Untergliederung der aufgeführten Merkmale sind unsystematisch und gesetzgeberisch nur aus der Rechtstradition der Verkehrswertdefinition erklärbar⁵⁴. Die aufgeführten **Merkmale lassen sich nicht eindeutig voneinander abgrenzen;** sie weisen vielmehr Überschneidungen auf. Entscheidend ist allein an, dass alle wertbeeinflussenden Grundstücksmerkmale – allerdings aber auch nicht doppelt – berücksichtigt werden.

---

50 BFH, Urt. vom 1.4.1998 – X R 150/95 –, EzGuG 19.45 = GuG 1998, 372; BFH, Urt. vom 27.2.1992 – IV R 71/90 –, BFHE 167, 140 = BStBl II 1992, 554 = BB 1992, 1178; BGH, Urt. vom 17.1.1973 – IV ZR 142/70 – NJW 1973, 509 = EzGuG 20.53b; BayObLG, Urt. vom 11.7.2001 – 3 Z BR 153/00 –, DB 2001, 1928; BGH, Urt. vom 4.3.1998 – II B 5/97 –, ZIP 1998, 690 = NZG 1998, 379 (auch Emmerich/Habersack, § 305 AktG Rn. 58).

51 Bereits: RG, Urt. vom 3.4.1897 – V 341/96 –, Gruchot 41, 1002; BGH, Beschl. vom 8.5.1998 – Blw. 18/97 –,EzGuG 20.163; BGH, Beschl. vom 16.2.1973 – II ZR 74/71 –, DB 1973, 565; OLG Düsseldorf, Urt. vom 17.2.1984 – 19 W 1/81 –, EzGuG 20.104b; OLG Düsseldorf, Urt. vom 29.10.976 – 19 W 6/73 –, WM 1977,797 = DB 1977, 296; OLG Celle, Urt. vom 4.4.1979 – 9 Wx 2/77 –, EzGuG 20.80a; LG Frankfurt am Main, Urt. vom 8.12.1982 – 3/3 AktE 104/79 –, BB 1983, 1244.

52 BGH, Urt. vom 17.1.1973 – IV ZR 142/70 –, EzGuG 20.53a.

53 Nach § 142 Abs. 1 BBauG 76, aus dem § 194 BauGB hervorgegangen ist, waren bei der Verkehrswertermittlung „besondere Vorschriften über die Berücksichtigung und Nichtberücksichtigung bestimmter Umstände" zu beachten (Reduktionsklausel). Diese seinerzeit mit dem BBauG 76 eingeführte Bestimmung sollte insbesondere den Gutachter an Regelungen i.S.d. § 57 f. und der §§ 153 ff. BauGB erinnern. In der Beschlussempfehlung der federführenden BT-Ausschusses wurde hierzu ausgeführt, dass der Hinweis nur deklaratorische Bedeutung habe, denn bei der Wertermittlung seien immer alle wertbeeinflussenden Umstände und damit auch die in § 194 BauGB ausdrücklich angesprochenen „rechtlichen Gegebenheiten" zu berücksichtigen (vgl. BTDrucks. 7/4793, S. 53). Mit der Aufhebung dieser Bestimmungen gehen deshalb keine materiellen Änderungen einher.

54 Die Definition wurde erstmals vom RG im Urt. vom 19.11.1879 verwandt (Gruchot 24.409 = AVN 1920, 327 [LS]); später RG, Urt. vom 11.10.1880, EzGuG 19.2: RG, Urt. vom 4.11.1893, RG, Urt. vom 11.6.1874 – V 175/93 –, RGZ 32, 298; später BT-Drucks. II/1813,S. 45, § 184 Abs. 2; BT-Drucks. II/3028, S. 52, § 168 Abs. 2; Drucks. III/336, S. 46, § 163 Abs. 2.

Eigenschaft ist jedes einer Kaufsache auf gewisse Dauer anhaftende Merkmal, das für deren Wert, ihren im Falle des Ankaufs vertraglich vorausgesetzten Gebrauch oder aus sonstigen Gründen für den Käufer erheblich ist[55].

Der Begriff der Eigenschaften umfasst im **Werkvertrags- und Kaufrecht** üblicherweise auch „unkörperliche Werkleistungen", d.h., es sind darunter alle Verhältnisse zu verstehen, die nach Art und Dauer nach der allgemeinen Verkehrsauffassung geeignet sind, Einfluss auf die Wertschätzung und Brauchbarkeit der Sache auszuüben, ohne dass der „bloße Wert" oder der Preis einer Sache zu den Eigenschaften zu rechnen ist[56]. Nach der Verkehrswertdefinition sollen in Abgrenzung zu den „rechtlichen Gegebenheiten" aber hierunter nur die „tatsächlichen" Eigenschaften verstanden werden. Gleichwohl weist dieser Begriff Überschneidungen mit der „sonstigen Beschaffenheit" und „Lage des Grundstücks" auf.

Zu den Eigenschaften gehören u.a.

a) die Nutzbarkeit, insbesondere Bebaubarkeit[57],

b) die Entwicklungspotenziale, soweit sie im gewöhnlichen Geschäftsverkehr zum Wertermittlungsstichtag ihren Niederschlag im Verkehrswert finden,

c) eine öffentliche Förderung[58],

d) steuerliche Abschreibungsmöglichkeiten[59],

e) Rechte an Grundstücken.

2.4.2 Entwicklungspotenzial als Grundstücksmerkmal

Aus der Erkenntnis, dass der Verkehrswert als Zukunftserfolgswert verstanden werden muss, folgt, dass bei der Verkehrswertermittlung von **Grundstücken, bei denen mit der tatsächlichen Nutzung ein am Wertermittlungsstichtag vorhandenes Entwicklungspotenzial nicht ausgeschöpft wird**, die (künftige) Nutzung in die Wertermittlung eingehen muss, die sich einem verständigen Eigentümer unter Berücksichtigung der rechtlichen Möglichkeiten und der Präferenzen des Grundstücksmarktes aufdrängt (Grundsatz des *highest and best use*)[60]. Die vorhandene Nutzung kann sich dabei als hinderlich erweisen; auch dies muss ggf. berücksichtigt werden. Es handelt sich in solchen Fällen um Immobilien mit Entwicklungspotenzial *(property in transition),* wobei sich vielfach verschiedene Alternativnutzungen anbieten. In solchen Fällen kann regelmäßig die Nutzung der Verkehrswertermittlung zugrunde gelegt werden, die bei geringstem Risiko die höchste Ertragsfähigkeit *(maximally productive)* verspricht. Der Verkehrswertermittlung muss in solchen Fällen eine Kosten-Nutzen-Analyse vorausgehen (Abb. 3). Bei alledem kann es nicht auf bloße Wunschvorstellungen des Eigentümers ankommen; vielmehr sind die vorhandenen und absehbaren **rechtlichen und wirtschaftlichen Möglichkeiten realitätsbezogen, ohne spekulative Momente anzuhalten** *(physically possible, legally permissible und financially feasible).*

Dass die Verkehrswertermittlung, wie im Übrigen auch andere Wertermittlungen, auf einen bestimmten Wertermittlungsstichtag bezogen werden muss, führt im Übrigen bei Laien immer wieder zu dem Trugschluss, dass damit **Zukunftserwartungen (positiver und negativer Art)** von ihrer Einbeziehung in die Verkehrswertermittlung ausgenommen seien (Miss-

---

55 Palandt/Putzo, BGB, 57. Aufl. § 459 Rn. 20; OLG Frankfurt am Main, Urt. vom 30.4.1998 – 15 U 65/97 –,GuG 1989, 121 = EzGuG 4.171.
56 RG, Urt. vom 24.6.1927 – VI 135/27 –; Münchener Komm. BGB 2. Aufl. München 1985 § 633 Rn. 26; Ingenstau, H./ Korbion, H., Verdingungsordnung für Bauleistungen, 12. Aufl. Düsseldorf 1993 B § 13, 1 Rn. 116; Palandt/Putzo BGB § 459 Rn. 20.
57 OLG Frankfurt am Main, Urt. vom 30.4.1998 – 15 U 65/97 –, GuG 1999, 121 = EzGuG 4.171.
58 BFH, Urt. vom 18.12.1985 – II R 229/83 –, EzGuG 20.111.
59 BGH, Urt. vom 6.12.1985 – V ZR 2/85 –, EzGuG 12.43b; BGH, Urt. vom 13.2.1981 – V ZR 25/80 –, EzGuG 14.65a; BGH, Urt. vom 19.2.1980 – V ZR 185/79 –, MDR 1981, 659 = BGHZ 79, 183; Kritisch: Brych in ZfBR 1981, 153; Koller in NJW 1981, 1768.
60 Highest and best use is the reasonably probable and legal use of vacant or an improved property that is physically possible, legally permissible, appropriately supported, financially feasible, and that results in the highest value (The Appraisal of Real Estate, The American Institue, 12 Auf., S 306.

verstandenes Stichtagsprinzip; vgl. Rn. 55 ff.). Der stichtagsbezogene Verkehrswert ist nach seinem materiellen Gehalt eine Größe, in der sich Zukunftserwartungen „kondensieren", wobei hierbei vor allem das sog. Nachhaltigkeitsprinzip zu beachten ist.

76 Dass Entwicklungspotenziale bei der Verkehrswertermittlung berücksichtigt werden müssen, folgt aus der Definition des Verkehrswerts als dem im gewöhnlichen Geschäftsverkehr erzielbaren Preis. Im gewöhnlichen Geschäftsverkehr wird nämlich neben der tatsächlichen Nutzung auch die Nutzungsfähigkeit eines Grundstücks berücksichtigt. **Zu den tatsächlichen Eigenschaften" i.S. des § 194 BauGB gehört mithin nicht nur das tatsächlich „Vorhandene", sondern auch das bei nüchterner Betrachtung unter Berücksichtigung der rechtlichen und wirtschaftlichen Gegebenheiten „Mögliche"**, selbst dann, wenn sich dies noch nicht rechtlich verfestigt hat. Maßgeblich ist dabei die gesunde Verkehrsauffassung. Der BGH hat [61] in seiner Rechtsprechung auch deutlich gemacht, dass sich der Verkehrswert nicht allein nach der ausgeübten Nutzung, sondern auch unter Einbeziehung der Nutzungsfähigkeit bemisst:

„Die Entschädigung für das Grundstück ist vielmehr nach der durch seine Beschaffenheit und Lage bedingten Nutzungsfähigkeit – nicht allein nach der ausgeübten Nutzung – des Grundstücks am Tage der Inanspruchnahme zu bemessen (vgl. BGH, Urt. vom 8.11.1962 – III ZR 86/61 –, *EzGuG 8.5*)."

Abb. 3: Verkehrswert von Immobilien mit Entwicklungspotenzial

In dieser Rechtsprechung ging es zwar um die Verkehrswertermittlung landwirtschaftlicher Grundstücke, jedoch kann dies gleichermaßen für die **Nutzungsfähigkeit bebauter Grundstücke** gelten, zumindest dann, wenn nicht ein entschädigungslos hinzunehmender Planungsschaden für eine nicht ausgeübte Nutzung i. S. des § 42 BauGB droht.

Diese Auslegung führt im Übrigen zum Ergebnis, dass insoweit keine Disparität zur Beleihungswertermittlung besteht, bei der die sog. **Drittverwendungsmöglichkeit** seit jeher Berücksichtigung findet[62].

---

61 BGH, Urt. vom 6.12.1962 – III ZR 113/61 –, EzGuG 6.65; LG Bremen, Urt. vom 5.11.1954 – 1 O 749/54 (B) –, EzGuG 6.10; BGH, Urt. vom 17.12.1964 – III ZR 96/63 –, EzGuG 11.47; BGH, Urt. vom 8.11.1962 – III ZR 86/61 –, EzGuG 8.5.

62 So auch ausdrücklich die Interpretation des marché normal in Art. 2 des Règlement no 99 – 10 du Comité de la réglementation bancaire et financière sur les sociétés de credit foncière (Journal officiel de la République Francaise 1999 vom 27.7.1999); auch die englische Interpretation des Verkehrswerts in *Red Book* (2002), nach der der Verkehrswert „the prospect of development where there is no current permission for that developement" einschließt.

Diese Vorgehensweise ist z. B. bei Immobilien angezeigt, die sich in einem (potenziellen) Umbruch befinden (*property in transition*). So wie der Eigentümer in solchen Fällen verschiedene Optionen der Grundstücksnutzung hat und sich aus einem gesunden Interesse an einer Gewinnmaximierung überlegen kann, welche Nutzung zu bevorzugen ist, muss dies auch bei der Wertermittlung berücksichtigt werden. 77

Dabei müssen aber gewissenhaft einige Regeln beachtet werden, wenn solche Überlegungen zum Verkehrswert (Marktwert) führen sollen: 78

a) Bei der Berücksichtigung zukünftiger Nutzungsmöglichkeiten kann nur das zugrunde gelegt werden, was nach den **rechtlichen und tatsächlichen Gegebenheiten ohne spekulative Elemente erwartet werden kann,** wobei Erwartungen nicht unumstößlich abgesichert sein müssen.

b) Es dürfen nur solche Nutzungsmöglichkeiten berücksichtigt werden, die im Immobilienverkehr nach den Verwertungsmöglichkeiten des Objekts „gewöhnlich" und damit markt- und wertbestimmend sind; auf **persönliche Nutzungsabsichten eines Erwerbers kommt es** also **nicht an.**

c) **Alle in die Wertermittlung eingehenden Daten müssen,** auch soweit es dabei um eine fiktive Verkehrswertermittlung für den Umnutzungsfall geht, **dem gewöhnlichen Geschäftsverkehr entsprechen** und von ungewöhnlichen oder persönlichen Verhältnissen unbeeinflusst sein.

Die höchste und beste Nutzung der Verkehrswertermittlung zugrunde zu legen, kann also als ein der Verkehrswertdefinition innewohnender Grundsatz angesehen werden. Dies ist keinesfalls eine der angelsächsischen Bewertungslehre ureigene Auffassung, sondern lag stets auch dem deutschen Verständnis vom Verkehrswert zugrunde[63]. 79

Die höchste Nutzung wird nicht ganz befriedigend vom *International Valuation Standards Committee* (IVSC) wie folgt definiert: 80

„Die wahrscheinlichste Nutzung einer Immobilie, die physisch möglich, angemessen gerechtfertigt, rechtlich zulässig und finanziell durchführbar ist und die der bewerteten Immobilie den höchsten Wert verleiht."

Das Verständnis von einem Verkehrswert (Marktwert), der sich nach dem *„best use"* eines wirtschaftlich vernünftig Handelnden bemisst, hat seit jeher die Wertermittlungspraxis bestimmt[64]. Bestimmte **Spielarten der klassischen Wertermittlungsverfahren** sind gezielt darauf gerichtet, den für eine vorgefundene immobilienwirtschaftliche Situation erzielbaren *„best use value"* zu ermitteln, so z. B. 81

– das Liquidationswertverfahren,

– die sog. „Zerlegungs- oder Zerschlagungstaxe" oder

– die Berücksichtigung von „Verschmelzungswertrelationen".

▶ Hierzu § 8 ImmoWertV Rn. 89 ff. 82

Das Verständnis des Verkehrswerts vom *„highest and best use value"* darf bei alledem jedoch nicht schematisch überstrapaziert werden. Es muss mit **großer Sensibilität zur Anwendung** kommen. 83

Eine Ausnahme ist z. B. in den in § 6 Abs. 1 Satz 2 ImmoWertV geregelten Fällen bezüglich des der Verkehrswertermittlung zugrunde zu legenden Maßes der baulichen Nutzung (GFZ) gegeben. Danach ist die **lagetypische Nutzung** und nicht die höchstzulässige Nutzung der Verkehrswertermittlung zugrunde zu legen, wenn üblicherweise die lagetypische Nutzung am Wertermittlungsstichtag realisiert wird und für die Preisbildung maßgebend ist. 84

---

63 So schon bei Kleiber/Simon, WERTV 98 5. Aufl., Köln 1999; so aber auch Tegova, Anerkannte Europäische Standards für die Immobilienbewertung, London 1997, S. 20.

64 Auch und vor allem in der Unternehmensbewertung: BGH, Urt. vom 30.3.1967 – II ZR 141/64 –, NJW 1967 = MDR 1967, 566; OLG Düsseldorf, Beschl. vom 17.2.1984 – 19 W 1/81 –, EzGuG 20.104b.

2.4.3 Grunderwerbsnebenkosten

▶ *Syst. Darst. des Vergleichswertverfahrens Rn. 537; Syst. Darst. des Ertragswertverfahrens Rn. 424*

85 Grunderwerbsnebenkosten bzw. Grundstücksnebenkosten sind die im Zusammenhang mit der Veräußerung von Grundstücken auftretenden Grundstückstransaktionskosten.

86 Die **DIN 276/1993** führt unter Ziff. 4.3 hierzu auf:
- Vermessungsgebühren,
- Gerichtsgebühren,
- Notariatsgebühren (*legal and registration fees*),
- Maklerprovision (*agents fees*),
- Grunderwerbsteuer (*transfer tax; stamp duty*),
- Wertermittlungen/Untersuchungen (z. B. bez. Altlasten),
- Genehmigungsgebühren,
- Bodenordnung/Grenzregulierung,
- Sonstige Grundstücksnebenkosten (Kosten für die Bestellung von Grundschulden und Hypotheken zur Kaufpreisfinanzierung; Kosten der Löschung von Belastungen im Grundbuch, die der Käufer nicht trägt; § 449 BGB).

87 Es handelt sich hierbei zumindest in Deutschland um Kosten, die, von den Besonderheiten der Maklerprovision abgesehen, üblicherweise dem Käufer entstehen.

88 Die **Grundstückstransaktionskosten sind von der Höhe des Kaufpreises abhängig:**

Abb. 4: Grundstückstransaktionskosten (ohne Maklerkosten)

Kaufpreis oder Grundschuldbetrag	Notarkosten – Kaufvertrag						Notarkosten – Grundschuld	Grundbuchkosten – Kaufvertrag				Grundbuchkosten – Grundschuld	Finanzamt
	Vertragsgebühr (Beratung, Beurkundung)	Bei Eigentumswohnung: Verwalterzustimmung	Bei Grundstücken: Vorkaufsrechtanfrage	Überwachung Kaufpreisfälligkeit; Vollzugsüberwachung, Eigentumsumschreibung	Dokumentenpauschale; Auslagen; Mehrwertsteuer 16 %	Grundschuld einschließlich Dokumentenpauschale; Auslagen; Mehrwertsteuer	Eintragung und Löschung der Auflassungsvormerkung	Eigentumsumschreibung	Katasterfortführungsgebühr		Grundschuld	Grunderwerbsteuer 3,5 % des Kaufpreises
€	€	€	€	€	€	€	€	€	€		€	€
100 000	414	103	21	ca 120	ca 160	ca 280	155	207	62		207	3500
150 000	564	141	28	ca 160	ca 200	ca 360	211	282	85		282	5250
200 000	714	178	36	ca 190	ca 230	ca 450	268	357	107		357	7000
250 000	864	216	43	ca 230	ca 270	ca 540	324	432	130		432	8750
300 000	1014	253	51	ca 260	ca 300	ca 620	380	507	152		507	10500
350 000	1164	291	58	ca 300	ca 340	ca 710	436	582	175		582	12250
400 000	1314	328	66	ca 330	ca 370	ca 800	493	657	197		657	14000
450 000	1464	366	73	ca 360	ca 410	ca 880	549	732	220		732	15750
500 000	1614	403	81	ca 400	ca 450	ca 970	605	807	242		807	17500

Quelle: LBS aktuell Juni 2002

Abb. 5: Grundstückstransaktionskosten

Grundstückstransaktionskosten				
Grundstückspreis €	Maklerkosten ohne Umsatzsteuer	Notar- und Grundbuchkosten	Grunderwerbsteuer	insgesamt
< 0,75 Mio €	4,3 bis 5,2 %	Max. 2 %	3,5 %	9,8 bis 10,7 %
0,75 – 1,0 Mio €	4,3 bis 5,3 %	Max. 1,5 %	3,5 %	9,3 bis 10,2 %
2,5 – 5 Mio €	4,3 bis 5,3 %	Max. 1 %	3,5 %	8,8 bis 9,7 %
5 – 7,5 Mio €	3,4 bis 4,3 %	0,5 %	3,5 %	7,4 bis 8,3 %
> 7,5 Mio €	2,6 bis 3,4 %	0,5 %	3,5 %	6,6 bis 7,4 %
bis 50 Mio €	1,3 bis 1,7 %	0,5 %	3,5 %	4,3 bis 5,7 %

Die **Grundstückstransaktionskosten** werden **durchschnittlich** mit ca.12 **Prozent des Kaufpreises** eingeschätzt (1,5 % Notar; Grundbuch 3,5 % Grunderwerbsteuer; 6 % Maklerprovision; 1 % Bank- und Bearbeitungsgebühren) sowie ggf. zusätzliche Kosten für die Risikoabdeckung durch Lebensversicherung und Arbeitslosigkeit[65]. 89

Bezüglich der Bedeutung der Grundstückstransaktionskosten muss zwischen der Frage unterschieden werden, *ob* diese Kosten den Verkehrswert beeinflussen *und wie* diese Kosten ggf. bei der Verkehrswertermittlung zu berücksichtigen sind[66]. 90

a) **Grundsätzlich wird der Verkehrswert durch die üblicherweise anfallenden Grundstückstransaktionskosten beeinflusst.** Angesichts der nicht unerheblichen Höhe der Transaktionskosten muss nämlich davon ausgegangen werden, dass im Rahmen der Preisbildung auf dem Grundstücksmarkt diese Kosten vom Erwerber in seine Gesamtkalkulation eingestellt worden sind. Der im Kaufvertrag schließlich vereinbarte und ausgewiesene Kaufpreis stellt gewissermaßen das Ergebnis dieser Gesamtkalkulation dar. Diese Kaufpreise gehen nun als Vergleichspreise in die Kaufpreissammlung ein und bilden die Grundlage der Verkehrswertermittlung. Damit wird deutlich, dass die Transaktionskosten durchaus den Verkehrswert beeinflussen, und zwar in der üblicherweise und objektspezifischen Höhe. Diesen Gedankengängen folgend, stellte § 6 Abs. 3 WertV 88/98 richtigerweise heraus, dass nur die aus Anlass des Erwerbs und der Veräußerung entstehenden **Aufwendungen, die nicht üblicherweise entstehen,** bezüglich ihres Einflusses auf den (Vergleichs- bzw.) Kaufpreis unberücksichtigt bleiben müssen. Um den allgemeinen Einfluss der üblicherweise anfallenden Transaktionskosten auf den Verkehrswert an einem drastischen Beispiel zu verdeutlichen, sei auf den Fall hingewiesen, dass die Grunderwerbsteuer auf 50 v. H. (!) heraufgesetzt würde, was zu deutlich niedrigeren Kaufabschlüssen führen würde.

b) Eine ganz andere Frage ist die, ob und **wie die verkehrswertbeeinflussenden Transaktionskosten bei der Verkehrswertermittlung zu berücksichtigen sind.** Aus den vorherigen Ausführungen ergibt sich, dass die Transaktionskosten i.d.R. nicht mehr berücksichtigt werden dürfen, soweit sie bereits mit den Vergleichspreisen berücksichtigt sind, und zwar in marktkonformer Höhe. Eine zusätzliche Berücksichtigung der Grundstücksnebenkosten, die überdies je nach persönlichen Umständen unterschiedlich ausfallen können, ist von daher abzulehnen. Vielmehr sind diese den ungewöhnlichen oder persönlichen Verhältnissen zuzuordnen, wenn sie von den üblichen Kosten abweichen (§ 7 Satz 2 ImmoWertV). Kein Grundstückseigentümer wäre zum Verkauf „unter" Verkehrswert nur deshalb bereit, weil ein bestimmter Erwerber aus seiner persönlichen Situation heraus besonders hohe Nebenkosten hat (Abb. 5 und 6).

---

65 BT-Drucks. 15/3928 S. 2.
66 Vgl. Kleiber in GuG 2000, 321 ff.

91 Bei der Verkehrswertermittlung von Grundstücken nach den klassischen Wertermittlungsverfahren ist aus vorstehenden Gründen davon auszugehen, dass die Grundstückstransaktionskosten „automatisch" Eingang in die Wertermittlung finden, weil

– bei **Anwendung des Vergleichswertverfahrens** bereits von Vergleichspreisen ausgegangen wird, die um die i.d.R. unter dem Einfluss der üblicherweise vom Erwerber aufzubringenden Grunderwerbskosten bereits gemindert sind,

– bei **Anwendung des Ertragswertverfahrens** auf der Grundlage marktkonformer Liegenschaftszinssätze von Zinssätzen ausgegangen wird, die aus Kaufpreisen bebauter Grundstücke abgeleitet worden sind, für die der Erwerber die Grunderwerbskosten aufzubringen hat und die, wie im vorstehenden Fall, bereits mit dem Kaufpreis berücksichtigt werden,

– bei **Anwendung des Sachwertverfahrens** insbesondere im Hinblick auf die aus Vergleichspreisen abgeleiteten Bodenwerte sowie im Hinblick auf die zur Anwendung kommenden Marktanpassungsfaktoren, die wiederum aus Vergleichspreisen bebauter Grundstücke abgeleitet worden sind, bei denen der Erwerber die Grunderwerbskosten berücksichtigt hat.

Anders stellt sich die Situation bei Anwendung des **Prognoseverfahrens (*Discounted Cashflow* Verfahren)** auf der Grundlage von Diskontierungszinssätzen dar, die sich am Zins für langfristige Kapitalanlagen (z. B. Bundesobligationen) orientieren (vgl. Syst. Darst. des Ertragswertverfahrens Rn. 348 ff.). Diese Zinssätze werden für Geldanlagen gewährt, die im Vergleich zu Immobilienanlagen verhältnismäßig geringe Transaktionskosten aufweisen, so dass der Ertrag um die Transaktionskosten vermindert werden muss, wenn man diese Zinssätze hilfsweise auf die Verkehrswertermittlung von Grundstücken überträgt. Wendet man das Prognoseverfahren (*Discounted Cashflow* Verfahren) in der Weise an, dass man nur den Investitionszeitraum der ersten (zehn) Jahre (Betrachtungszeitraum, *holding period*) auf der Grundlage der bankenüblichen Zinssätze kapitalisiert und den Restwert auf der Grundlage des Liegenschaftszinssatzes kapitalisiert, so hat man bezüglich dieses Wertanteils aber – wie bei Anwendung des klassischen Ertragswertverfahrens – die Transaktionskosten mit dem Liegenschaftszinssatz berücksichtigt.

92 Eine Besonderheit liegt auch bei Anwendung des **Extraktionsverfahrens (Residualwertverfahren)** vor (vgl. Syst. Darst. des Vergleichswertverfahrens Rn. 447 ff.). Bei Anwendung dieses Verfahrens will man den Verkehrswert aus den Kosten der Grundstücksentwicklung ableiten, und wenn in diesem Rahmen ein (zusätzlicher) Grunderwerb erforderlich ist, so ist darin eine gesonderte Berücksichtigung der Grunderwerbskosten – quasi als unvermeidliche Entwicklungskosten im erweiterten Sinne – begründet. Im Zuge der Grundstücksentwicklung wird dann nämlich ein zusätzlicher Zwischenerwerb erforderlich. Die Grunderwerbskosten werden deshalb auch nur einmal und nicht im Hinblick auf den Verkauf der Immobilie an den „Enderwerber" ein zweites Mal berücksichtigt. Der „Endverkauf" z. B. eines neu errichteten Wohnhauses zum Verkehrswert unter Abzug der Grunderwerbsnebenkosten wäre nicht dem gewöhnlichen Geschäftsverkehr zuzurechnen[67].

Die Grunderwerbskosten haben darüber hinaus im Rahmen der Investitionsberechnung Bedeutung für die sog Nettoanfangsrendite. Die **Nettoanfangsrendite** (*initial rent*) ergibt sich – bezogen auf den Zeitpunkt des Grundstückserwerbs – aus:

$$\text{Nettoanfangsrendite} = \frac{\text{Reinertrag (RE)}}{\text{Gesamtinvestitionskosten (einschließlich Grundstückstransaktionskosten)}}$$

93 Zusammenfassend ist festzustellen, dass Grundstückstransaktionskosten generell den Verkehrswert beeinflussen. Einer besonderen Berücksichtigung dieses Einflusses bedarf es bei Anwendung der gängigen Wertermittlungsverfahren jedoch nicht, da der Einfluss bereits implizit mit den Wertermittlungsparametern berücksichtigt wird. Wenn jedoch in Einzelfällen bei Anwen-

---

[67] Hierzu die Glosse in GuG-aktuell 2000, 9.

dung besonderer Wertermittlungsverfahren die Grunderwerbskosten nicht indirekt Eingang in die Verkehrswertermittlung finden, so kann ein gesonderter Abzug in Betracht kommen.

Abzulehnen ist die mit dem Hinweis auf „**internationale Bewertungsstandards**" erhobene pauschale Forderung, die Grunderwerbskosten bei der Ermittlung des Verkehrswerts stets zum Abzug zu bringen. Dabei wird unzulässigerweise der Begriff der „internationalen Bewertungs*standards*" als internationale Bewertungs*verfahren* verstanden. Als „internationale Bewertungs*standards*" können nun allenfalls die Regelungen der **internationalen Rechnungslegung und Bilanzierung** verstanden werden. In die internationale und im Übrigen auch in die deutsche Rechnungslegung und Bilanzierung wird nun zunehmend das Verkehrswertprinzip (Marktwertprinzip) eingeführt und auch dann sind Grunderwerbskosten nicht gesondert zum Ansatz zu bringen. Nur in besonderen Ausnahmefällen der internationalen und deutschen Bilanzierung sind jedoch die Grunderwerbskosten gesondert abzusetzen (vgl. Rn. 206), z.B. wenn eine anstehende Grundstückstransaktion zu einer Vermögensminderung führt. So soll nach Abschn. 7 Art. 49 Abs. 5 der EG-Richtlinie von 1991 (91/647/EEC) im Rahmen der Rechnungslegung und Bilanzierung von Unternehmenswerten der Marktwert „... um die tatsächlichen oder geschätzten Verkaufskosten reduziert werden ..., wo der Wert an dem Tag festgesetzt wurde, an dem die Bilanzen aufgestellt werden, an dem Land und Gebäude verkauft wurden oder binnen kurzer Zeit verkauft werden."

Bei alledem ist die Forderung abwegig, die ImmoWertV und die WERTR dahingehend zu ergänzen, dass bei der Verkehrswertermittlung die Grunderwerbskosten zum Abzug zu bringen sind. Auch ließe sich eine ergänzende Regelung zu den Standards der internationalen Rechnungslegung schon kompetenzrechtlich nicht begründen. Wie die deutsche Definition des Verkehrswerts enthält im Übrigen auch die **angelsächsische Definition** des *Market Value* **keine Vorgaben zu einer besonderen Berücksichtigung der Transaktionskosten bei der Verkehrswertermittlung.** Immerhin hat sich selbst die Tegova zu der in Deutschland seit jeher herrschenden Auffassung bekannt, dass der „Marktwert ... nicht um die Transaktionskosten" zu berichtigen ist[68].

Abb. 6: Rahmenbedingungen für den Erwerb von Gewerbeimmobilien im Euro-Raum

Land	Grunderwerbsteuer	Maklergebühr	Übliche Mietvertragslaufzeit in Jahren (Büro)[a]
Deutschland	3,5 %	3–6 %	5–10
Belgien	12,5 %	3 %	3/6/9
Finnland	4,0 %	2–4 %	3–5
Frankreich	4,8 %	2–5 %	3/6/9
Irland	bis zu 6 %	1–2 %	5–25
Italien	10,0 %	2–3 %	6
Luxemburg	7,0–11,0 %[b]	3 %	3/6/9
Niederlande	6,0 %	1,25–2 %	5–10
Österreich	3,5 %	3 %	3–5
Portugal	10,0 %	3–5 %	5
Spanien	6,0 %	1–5 %	3–5

[a] branchenspezifische Abweichungen möglich, Maklergebühr z.T. zahlbar von Verkäufer
[b] je nach Standort

Quelle: Maklerangaben; Deutsche Bank Immobiliengruppe RESEARCH 2000

Dementsprechend wird selbst im **Blauen Buch** der Tegova (auf S. 18 der 1. Aufl. London 1997 und auf S. 105 ff. der 2. Aufl. 2003) herausgestellt, dass als Marktwert (und der Verkehrswert ist ein Marktwert, sic!) der „geschätzte Wert einer Immobilie *ohne Berücksichti-*

---

68 Tegova, Anerkannte Europäische Standards für die Immobilienbewertung, 1. Aufl. 1997, S. 100.

gung der Kosten von Verkauf oder Kauf und ohne Aufrechnung irgendwelcher mit in Zusammenhang stehender Steuern" zu verstehen sei. Von daher ist es unverständlich, wenn die Forderung erhoben wurde, diese selbst im Rahmen der Bilanzierung von Grundstücken nur in besonderen Einzelfällen vorgegebene Berücksichtigung der Transaktionskosten zu einem allgemeinen Grundsatz der Verkehrswertermittlung zu machen und in dem Regelwerk der ImmoWertV zu verankern.

2.5 Verkehrswert-Derivate

94 Auf dem Grundstücksmarkt treten zusammenfassend zahlreiche mit der vorstehend erläuterten Konstellation vergleichbare Fallgestaltungen auf:

– **Erwerb eines mit einem Erbbaurecht belasteten Grundstücks durch den Erbbauberechtigten**, der i.d.R. ebenfalls zu höheren Preiszugeständnissen als jeder Dritte bereit ist (vgl. Rn. 34).

– **Erwerb von vermieteten Eigentumswohnungen und Eigenheimen** durch den Mieter. Auch in diesen Fällen wird im Falle eines Erwerbs durch Dritte, sofern es sich nicht um typische Vermietungsobjekte handelt, mit Preisabschlägen zu rechnen sein, wenn es sich um typischerweise eigengenutzte Objekte handelt, weil ein solcher Erwerber nur begrenzte und schwerfällige Möglichkeiten hat, seinen Eigenbedarf durchzusetzen.

95 Der Verkehrswertbegriff hat sich auch für andere Fallgestaltungen als zu eng und unpraktikabel erwiesen, ohne dass das Sachverständigenwesen in einer dienstleistungsorientierten Weise hierauf reagiert hat: Die Immobilienbranche einschließlich der Kreditinstitute ist häufig z.B. auch an dem **Wert einer Immobilie** interessiert, **der z.B. im Falle eines Notverkaufs oder in einem bestimmten Zeitrahmen realisierbar ist**. Demgegenüber impliziert der „gewöhnliche Geschäftsverkehr", dass der Verkäufer nicht unter Zwang oder zeitlichem Druck handelt. Wie ausgeführt, nimmt nach Untersuchungen amerikanischer Makler allein schon der Verkauf eines Einfamilienhauses etwa drei Monate in Anspruch. Hochkarätige Immobilien gelangen dagegen im gewöhnlichen Geschäftsverkehr häufig erst in Jahren zum Verkauf. Hieran ist die Verkehrswertermittlung ausgerichtet, und der Sachverständige gerät nicht selten unter Druck, wenn sich für eine hochkarätige Immobilie der ermittelte Verkehrswert nicht sofort realisieren lässt.

96 Entsprechend den Bedürfnissen der Immobilienwirtschaft sind für solche Fälle, in denen der Veräußerungswillige an einem schnellen Verkauf interessiert ist, durchaus **modifizierte Wertbegriffe** sinnvoll:

97 Für derartige Konstellationen werden im *Red Book* des *Royal Institution of Chartered Surveyors*[69] neben dem (strengen) Verkehrswert *(Market Value – MV)* die *Depreciated Replacement Cost (DRC = Sachwert)*, der *Existing Use Value (EUV)*, der *Projected Market Value (PMV)*, die *Market Rent (MR)* – Mietwert – angeboten[70].

98 a) *Depreciated Replacement Costs* (DRC)[71], die genau genommen als ein Näherungsverfahren zur Marktwertermittlung im Wege des Sachwertverfahrens definiert werden, das sich auf der Grundlage der bestehenden Nutzung an den Kosten der Wiederherstellung und Wertverbesserungen orientiert.

"A method of valuation which provides a recognized proxy for the Market Value of Specialized Properties. It is an estimate of the Market Value for the existing use of the land, plus the current gross replacement (or reproduction) costs of improvements, less allowances for physical deterioration and all relevant forms of absolescence and optimization."

---

69 Red Book des Royal Institution of Chartered Surveyors, London 1995, VAS 4.6, VAS 4.7, VAS 4.11.
70 Daneben seien genannt der „*Estimated Realization Price*" (geschätzter Verkaufspreis). bzw. der eingeschränkte geschätzte Verkaufspreis (*Estimated Restricted Realization Price*).
71 Red Book Teil I PS 3.3.

b) **Existing Use Value** (EUV) als den (für Bilanzierungszwecke) gebrauchten Marktwert unter der Voraussetzung, dass die gegenwärtige Nutzung (ggf. durch Dritte) fortgeführt wird.

"The estimated amount for which a property should exchange on the date of valuation between a willing buyer and a willing seller in an arm's length transaction, after proper marketing wherein the parties had acted knowledgeably, prudently and without compulsion, assuming that the buyer is granted vacant possession of all parts of the property required by the business and disregarding potential alternative uses and any other characteristics of the property that would cause its Market Value to differ from the needed to replace the remaining service potential at least cost."

c) **Projected Market Value** (PMV), als den voraussichtlichen Marktwert.

"The estimated amount for which a property is expected to exchange at a date, after the date of valuation and specified by a valuer, between a willing buyer and a willing seller in an arm's length transaction, after proper marketing wherein the parties had acted knowledgeably, prudently and without compulsion."

d) **Market Rent,** als den Mietwert.

"The estimated amount for which a property, or space within the property, should lease (let) on the date of valuation between a willing buyer and a willing lessee on appropriate lease terms in an arm's length transaction, after proper marketing wherein the parties had acted knowledgeably, prudently and without compulsion."

Das *American Institute of Real Appraisers*[72] unterscheidet des Weiteren noch nach:

e) **Use Value** (Gebrauchswert).

"The value of property as it is currently used, not is value considering alternative uses, may be used where legislation has been enacted to preserve farmland, timberland, or other open space on urban fringes, also known as value in use."

f) **Investment Value** (Investitionswert).

"The specific value of a property to a particular investor or class of investors based on individual investment requirements; distinguished from market value, which is impersonal and detached."

g) **Going-concern Value.**

"The market value of all tangible and intangible assets of an established and operating business with an indefinite life, as if sold in aggregate."

h) **Public Interest Value,**

der im amerikanischen Schrifttum[73] auch als ein „*non-market value*" für Grundstücke bezeichnet wird, die dem sog. bleibenden Gemeinbedarf zuzurechnen sind, d.h. für Grundstücke, die dem üblichen Marktgeschehen entzogen sind. Die Festsetzung eines Werts für derartige Flächen war, wie in Deutschland, auch in den Vereinigten Staaten stets kontrovers[74].

2.6 Ausländische Definitionen des Verkehrswerts bzw. Marktwerts (*Market Value*)

2.6.1 Vorbemerkung

▶ *Zu den Begriffen der Internationalen Rechnungslegung und der Bilanzierung Rn. 207*

Der im englischsprachigen Schrifttum verwandte Begriff des *Market Value* ist materiell identisch mit dem Verkehrswert, wie er in § 194 BauGB definiert ist. Das BauGB hat der Defini-

---

[72] The Appraisal of Real Estate, 12. Aufl. Chicago 2001: USPAP – Uniform Standards of Professional Practice; Appraisal Institute Chicago, S. 25.
[73] *The Appraisal of Real Estate* 12. Aufl. Chicago S. 649.
[74] Woodward, S., *Public Interest Value and Non-Economic Highest and Best Use*, The Appraisals Institute's Position, Valuation Insights and Perspectives Bd. 1 Nr. 2 (1996, S. 27); United States General Accounting Office, Federal Land Management: Consideration of Proposed Alaska Land Exchanges Should be Discontinued GAO/RCED 88 – 179 Washington DC December 1988.

tion des Verkehrswerts den Begriff „Marktwert" zugeordnet, um die materielle Identität klarzustellen. Der **Verkehrswert (Marktwert) ist auch identisch mit dem Marktwert** (*Market Value*) **der IAS** (vgl. Rn. 206 ff.) des internationalen Bilanzrechts, insbesondere mit dem Marktwert des IASC, **sowie dem Marktwerts der EU-Richtlinie 2000 vom 20.3.2000 (ABl. EG L 126/1) für das Beleihungswesen** (vgl. Rn. 210).

2.6.2 Marktwert nach EU-Recht

103 In **Art. 49 Abs. 2 der Richtlinie 91/647/EWG des EU-Rates** wird der Marktwert wie folgt definiert:

„Unter Marktwert ist der Preis zu verstehen, der zum Zeitpunkt der Bewertung aufgrund eines privatrechtlichen Vertrags über Bauten oder Grundstücke zwischen einem verkaufsbereiten Verkäufer und einem ihm nicht durch persönliche Beziehungen verbundenen Käufer unter den Voraussetzungen zu erzielen ist, dass das Grundstück offen am Markt angeboten wurde, dass die Marktverhältnisse einer ordnungsgemäßen Veräußerung nicht im Wege stehen und dass eine der Bedeutung des Objekts angemessene Verhandlungszeit zur Verfügung steht."

Der hier gebrauchte **Marktwertbegriff** wird **synonym zum Verkehrswertbegriff** verwendet; in vielen anderen Dokumenten wird gleichsetzend auch der Begriff des „Verkehrswerts" gebraucht. Es handelt sich also um eine unscharfe Übersetzung. Es handelt sich darüber hinaus im Übrigen um eine fachlich abzulehnende Übersetzung, da sich der Verkehrswert (Marktwert) gerade nicht nach den Verhältnissen zum „Zeitpunkt der Bewertung", sondern nach den Verhältnissen zum „Wertermittlungsstichtag" bestimmt.

2.6.3 Frankreich (valeur vénale)

Schrifttum: *Adolf, W.,* Bewertungsrelevante Grundlageninformation über den Auslandsmarkt Frankreich, GuG 2004, 282; *Hök, G.-S.,* Überblick über die rechtlichen Grundlagen der Flächenberechnung bei Immobilien im französischen Recht und die Folgen der Nichtbeachtung, GuG 2004, 269; *Hök, G.S.,* Zu Entschädigung bei der Enteignung von Grundstücken in Frankreich, GuG 2001, 20; *Hök, G-S.,* Immobilienbewertung in Frankreich, GuG 2000, 193; *Hök, G-S.,* Neues Bauplanungsrecht in Frankreich, GuG 2001, 168; *Hök, G-S.,* Neues Planungsrecht in Frankreich, GuG 2003/3; *Hök, G-S.,* Das französische Grundstücksrecht im Überblick, GuG 2000, 349; *Kleiber, W.,* Wertermittlung in Frankreich, GuG 2004, 298; *Hök, G.-S.,* Sachverständigenwesen und Bewertung in der französischen Gerichtspraxis, GuG 2003, 45; *Hök, G.-S.,* Aktuelles Gewerberaummietrecht in Frankreich, GuG 2002, 205.

104 In einer **französischen Definition** des Kreditwesens **wird** – ähnlich wie in Deutschland – der Verkehrswert mit **dem abstrakten Begriff** des *marché normale* **charakterisiert.** Zum Verkehrswert *(valeur vénale)* wird im *Règlement No. 99 – 10 du Comité de la règlementation bancaire et financière sur les sociétés de credit foncier (Jounal officiel de la République Francaise* 1999 vom 27.7.1999) ausgeführt:

105 „Art. 2

L'évaluation est réalisée sur la base des caractéristiques durables à long terme de l'immeuble, des conditions de marché normales et locales, de l'usage actuel du bien et des autres usages qui pourraient lui être donnés."

Ergänzend heißt es dazu in der **Charte de l'Expertise** (IFEI – Institut Francais de l'Expertise Immobilière) vom 4.1.2000:

„C'est le prix auquel un droit de propriété pourrait raisonnablement être vendu sur le marché à l'amiable au moment de l'Expertise, les conditions suivantes étant supposées préalablement réunies:

a) la libre volonté du vendeur et de lacquéreur,

b) un délai raisonnable par la négociation, compte tenu de la nature du bien et de la situation du marché,

c) que la valeur soit à un niveau sensiblement stable pendant ce délai,

d) que le bien ait été proposé à la vente dans les conditions du marché, sans réserves, avec une publicité adéquate,

e) l'absence de facteurs de convenance personnelle."

Es gibt keine amtlichen Wertermittlungsrichtlinien, sondern nur allgemeine Wertermittlungsgrundsätze der französischen Gutachterverbände:

- Charte de l'Expertise en Evaluation Immobilière,
- Guide de l'Evaluation des Biens,
- Conditions générales d'exercice de l'expertise en évaluation immobilière,
- Guide méthodologique relative à l'évaluation des actifs immobilière,
- Guide des diligences,
- Principes déontologiques communs s'appliquant aux experts en évaluation immobilière,
- Rapport du groupe de travail sur l'expertise immobilière du patrimoine des sociétés faisant publiquement apel à l'épargne.

2.6.4 Großbritannien (*Market Value*)

Schrifttum: *Millington,* An Introduction to Property Valuation, London,

▶ *Zu den Chartered Surveyors vgl. Teil III Rn. 144*

Das „Rote Buch" des *Royal Institution of Chartered Surveyors (RICS)* definiert den *Market Value* im *Practice Statement 3.2* wie folgt: **106**

"The estimated amount for which a property should exchange on the date of valuation between a willing buyer and a willing seller in an arm's-length transaction after proper marketing wherein the parties had each acted knowledgeably, prudently and without compulsion."[75] **107**

Das *Royal Institution of Chartered Surveyors* hat im Jahre 2002 die Definition des dahin gehenden *Open Market Value* (OMV[76]) aufgegeben und diese durch den vorstehenden „*Market Value (MV)*" ersetzt. Nach der bis 2002 geltenden angelsächsischen Definition des *Open Market Value* definierte sich dieser als der „**beste Preis**"[77]. Hieran ist von deutscher Seite Kritik[78] geübt worden. Die neue Definition entspricht der Interpretation des für die Ermittlung des Verkehrswerts (Marktwerts) maßgeblichen gewöhnlichen Geschäftsverkehrs, wie sie schon vom BFH vor über 30 Jahren herausgestellt wurde (vgl. Rn. 11). Dies ist eine erfreuliche Entwicklung, jedoch ist das *Royal Institution of Chartered Surveyors* insoweit noch in seiner Entwicklung halbherzig, als im Teil I Ziff. 3.2.1 der Erläuterungen des *Red Book* zum *Market Value* noch immer verschwommen herausgestellt wird, dass es der „*best price*" sei, „*reasonably obtained by the seller and the most advantageous price reasonably obtainable by the buyer*". **108**

---

[75] Der Marktwert ist der geschätzte Betrag, zu dem eine Immobilie zum Bewertungsstichtag zwischen einem verkaufsbereiten Verkäufer und einem kaufbereiten Erwerber nach angemessenem Vermarktungszeitraum in einer Transaktion im gewöhnlichen Geschäftsverkehr verkauft werden könnte, wobei jede Partei mit Sachkenntnis, Umsicht und ohne Zwang handelt.

[76] VAS 4.2 RICS Statement of Valuation; London 1996: *"Open market value means the best price at which the sale of an interest in property might reasonably be expected to have been completed unconditionally for each consideration on the date of valuation assuming: a) a willing seller; b) that, prior to the date of valuation, there had been a reasonable period (having regard to the nature of the property and the state of the market) for the proper marketing of the interest, for the agreement of price and terms and for the completion of the sale; c) that the state of the market, level of values and other circumstances were, on any earlier assumed date of exchange of contracts, the same as on the date of valuation; and that no account is taken of any additional bid by a purchaser with a special interest."*

[77] „*Best price*" wurde allerdings von englischen Sachverständigen unterschiedlich interpretiert. Einerseits wurde der „*best price*" im wörtlichen Sinne als der höchste Preis verstanden, andere Sachverständige haben ihn als den „wahrscheinlichsten Preis" verstanden. Dann allerdings hätte der *Open Market Value* dem deutschen Verkehrswert entsprochen und die damalige Kritik an der deutschen Verkehrswertdefinition wäre unsinnig gewesen.

[78] Kleiber in GuG 2000, 321.

109 Bei genauerer Betrachtung fallen die **Unterschiede des *Market Value*** (als der nach den gegebenen Erläuterungen *best price*) **zum deutschen Verkehrswert** geringer aus, als es auf den ersten Blick erscheint:

a) Zum Ersten wird der *Market Value* auch in der angelsächsischen Wertermittlungslehre nicht als der „best price" definiert, wie er sich unter mehr oder minder spekulativen Erwartungen ergibt. Vielmehr geht es auch hier um den *„best price"* unter gemeingewöhnlichen Verhältnissen.

b) Des Weiteren darf nicht übersehen werden, dass auch der Verkehrswert – zumindest bei Anwendung des Vergleichswertverfahrens – aus den *„best prices"* abgeleitet wird, denn die in die Kaufpreissammlung eingehenden Vergleichspreise stellen i.d.R. solche „Bestpreise" dar. Grundstücke werden nämlich in aller Regel erst nach zähen Verhandlungen an den Höchstbietenden veräußert, so dass insofern auch die Kaufpreissammlung durch Höchstpreise geprägt wird. Wenn dann der Verkehrswert im Wege der Aggregation der zum Vergleich in Betracht kommen „Höchstpreise" abgeleitet wird, so kann darin ein statistisch abgesichertes Höchstpreisprinzip erblickt werden.

c) Sofern ein Grundstück Entwicklungspotenziale aufweist, folgt – wie dargestellt – auch die deutsche Wertermittlungslehre dem Prinzip des *„highest and best use"* (so z. B. bei Anwendung des Ertragswertverfahrens, vgl. Rn. 85 ff.).

110 Die ausdrückliche Hervorhebung des *„best price"* in der Erläuterungen des *Red Book* (2002) ist bei alledem nicht ungefährlich, da sie dazu verführen muss, aus einer Vielzahl von zum Preisvergleich sich anbietenden Kaufpreisen einen **spekulativ überhöhten Kaufpreis** zum Maßstab der Verkehrswertermittlung zu machen.

111 Während nämlich in der deutschen Praxis der Verkehrswertermittlung dieser als (gewogenes) Mittel aus einer Vielzahl von Vergleichspreisen abgeleitet wird, die ohnehin schon allesamt regelmäßig als Höchstpreise Eingang in die Kaufpreissammlung gefunden haben, legen die Erläuterungen zum *Market Value* nahe, diesen allein aus dem **höchsten der in Betracht kommenden Vergleichspreise abzuleiten**. Bodenpolitisch abträglich ist dies mit einem sog. Leitereffekt verbunden und steht dem Gedanken der Ausgleichsfunktion einer sich nach dem Verkehrswert bemessenden Enteignungsentschädigung entgegen (vgl. Rn. 3). Darüber hinaus ist die Interpretation auch wertermittlungstechnisch bedenklich. Geht man nämlich davon aus, dass sich auch der *Market Value* nicht auf sog. „Ausreißer" stützen soll, die nicht mehr dem gewöhnlichen Geschäftsverkehr zuzurechnen sind, so spitzt sich die kritische Frage der Ermittlung des *Market Value* auf die entscheidende Frage zu, wo die Grenze zu ziehen ist, die zum Ausschluss solcher Ausreißer führt.

Abb. 7: Ableitung des Verkehrswerts i. S. der angelsächsischen Verkehrswertdefinition

Selbst, wenn es nun aber gelingt, die Ausreißer in zutreffender Weise auszugrenzen, so verbleibt es dann bei dem unbefriedigenden Ergebnis, dass sich die **Ermittlung** des *Market Value* **auf einen einzigen,** nämlich den verbleibenden *best price* stützt, während sich der deutsche Verkehrswert in einer vertrauenswürdigeren Weise auf das (gewogene) Mittel der verbleibenden Vergleichspreise stützen kann.

Die im *Red Book* des *Royal Institution of Chartered Surveyors* weiterhin vorgegebene **Unterscheidung** in

– einen *Existing Use Value* (EUV, vgl. Rn. 99) und

– einen *Projected Market Value* (PMV)

muss bei alledem als eine Antinomie zur angelsächsischen Definition des Verkehrswerts *(Market Value)* als *the best price* **angesehen werden.** Denn wenn schon im Verhältnis zur bestehenden Nutzung eine sich aufdrängende höherwertigere Alternativnutzung im gewöhnlichen Geschäftsverkehr die Preisbildung maßgeblich beeinflusst, so kann der *Existing Use Value* gerade nicht als allgemein gültiger Verkehrswert angesehen werden. dieser Wert kann allenfalls als **modifizierter Verkehrswert** angesehen werden. Im Übrigen ist die Unterscheidung auch der deutschen Wertermittlungspraxis nicht fremd. Auch in Deutschland werden Verkehrswerte nach bestimmten (vom Auftraggeber vorgegebenen) Maßgaben ermittelt. Die ImmoWertV ist diesbezüglich sogar praxisnäher und umfassender, als nach § 4 Abs. 1 Satz 2 ImmoWertV generell jeder von dem am Wertermittlungsstichtag abweichenden Grundstückszustand der Wertermittlung zugrunde gelegt werden kann, also nicht nur der *existing use,* sondern z. B. auch ein **künftiger** *(projected)* **Grundstückszustand,** wie es z. B. bei der Verkehrswertermittlung in Umlegungs- und Sanierungsgebieten sowie in Entwicklungsbereichen erforderlich werden kann.

Was in § 194 BauGB mit dem abstrakten Rechtsbegriff des gewöhnlichen Geschäftsverkehrs umschrieben ist, erfährt mit dem *Market Value* eine wohl weitgehend identische Interpretation. Immerhin war das *Royal Institution of Chartered Surveyors* mit der Abkehr vom *Open Market Value* einsichtig genug, seine im Vergleich zur deutschen Gesetzgebung geradezu wortreiche und geradezu lyrische Umschreibung des Verkehrswerts aufzugeben, und hat sich deutschen und internationalen Standards angeglichen. Zur Ermittlung des Verkehrswerts kommen in Großbritannien vergleichsweise einfache Varianten des Ertragswertverfahrens auf der Grundlage „stark vereinfachter realitätsfremder Annahmen" und „geschätzter Liegenschaftszinssätze" (*„all risks yields"*) zur Anwendung[79].

Für die Flächenermittlung gibt es in Großbritannien im Übrigen auch keine gesetzliche Norm. Grundlage der **Flächenermittlung** für Bewertungszwecke ist der von RICS und der ISVA herausgegebene Vermessungskodex[80].

Die oftmals vorgenommene Bewertung von *Wohnimmobilien* nach der Zahl der Zimmer statt nach Quadratmetern ist archaisch; mitunter wird auch auf die *„Gross External Area* (GEA)" Bezug genommen, die der BGF entspricht. Sie setzt sich aus den Flächen aller Grundrissebenen gemessen nach Außenmaßnahmen zusammen, wobei Balkone, Loggien und Flächen mit einer Höhe 1,50 m separat anzugeben sind. Diese Flächen werden i.d.R. auch nur mit reduzierten Mieten berücksichtigt.

Bei *Büroimmobilien* werden

– die Nettoinnenfläche (*„net internal area"* [NIA] auch *„net lettable area"* [NLA] genannt) bzw.

– die Bruttoaußenflächen (*„gross external area"* [GEA]) ohne Berücksichtigung von Balkons und Loggien und wiederum unter separater Angabe der Flächen mit einer Höhe 1,50 m

nach der Definition des RICS zugrunde gelegt.

Foyers, Eingangshallen, Toiletten, Putzkammern, Treppenschächte, Betriebsräume, Feuerflure, interne Tragmauern, Stützen und Pfeiler, Gemeinschaftsräume und -gänge, Spalten, Luftschächte, Technik-, Sanitär- und Treppenräume, Aufzugsschächte, Aufzugsvorräume, Technikräume Windfänge gehören nicht zur NLA, jedoch werden gemeinschaftlich genutzte Empfangshallen entsprechend der Zahl der Nutzer mit einem reduzierten Mietansatz berücksichtigt.

2.6.5 Niederlande (onderhands veerkoopwaarde)

113 „Der Verkehrswert ist der wahrscheinlichste Betrag, der bei privatem Verkauf in einer dem Objekt am meisten angemessenen Weise, nach bester Vorbereitung durch die meist bietende Partei, die nicht zugleich Mieter ist, bezahlt wird."

Zusätzlich wird unterschieden nach dem Verkehrswert im unvermieteten (vrij van huur en gebruik) und vermieteten (in verhuurde staat) Zustand sowie unter Berücksichtigung der vom Käufer oder Verkäufer zu tragenden gesetzlichen Erwerbskosten („kosten koper, k. k." oder „vrij op naam, v. o. n.").

Enge Verwandtschaft mit dem deutschen Verkehrswert weist auch die **niederländische Verkehrswertdefinition** in Art. 40b des Enteignungsgesetzes auf[81]:

„Artikel 40b OW Enteignungsgesetz

Der wirkliche Wert der zu enteignenden Sache wird vergütet, nicht der eingebildete Wert, den die Sache aus ausschließlich persönlichen Gründen nur für den Berechtigten hat.

Bei der Festsetzung des wirklichen Werts wird von dem Preis ausgegangen, der bei einem zu unterstellenden Verkauf im freien Geschäftsverkehr zwischen dem zu Enteignenden als redlich handelndem Verkäufer und dem Enteignungsbegünstigten als redlich handelndem Käufer zustande gekommen wäre.

In besonderen Fällen wird der wirkliche Wert nach anderen Maßstäben bestimmt.

Artikel 40a OW

Bei der Festlegung des Entschädigungsbetrags wird von dem Tag ausgegangen, an dem das Enteignungsurteil gemäß Art. 37 Abs. 2 oder Art. 54t Abs. 2 ausgesprochen worden ist, mit der Maßgabe, dass in den Fällen, in denen das Gericht eine Entscheidung gemäß Art. 54i Abs. 1 getroffen hat (Ausspruch der Enteignung nach Festsetzung eines unstreitigen Mindestbetrags der Entschädigung) und diese Entscheidung

---

79 White, Internationale Bewertungsverfahren für das Investment in Immobilien, 1999, S. 20.
80 Code of measuring practice, 5th edition (2001).
81 Übersetzung von Schmidt-Eichstaedt.

2.6.6 Österreich (Verkehrswert)

Schrifttum: *Hök, S.*, Zur Grundstücksbewertung in Österreich, GuG 2003, 205; Bundesgesetz über die allgemein beeideten und gerichtlich zertifizierten Sachverständigen und Dolmetscher (SDG); Österreichisches Sachverständigen- und Dolmetschergesetz (SDG) in der ab 1.1.2005 geltenden Fassung: BG 19.2.1975 (BGBl 1975, 136) i.d.F BG BGBl 1989, 343, 1994, 623, BGBl I 1997,140 und BGBl I 2001, 98, BGBl I 2004/1, BGBl I 2004, 58 und BGBl I 2004, 71, sowie V BGBl 1979, 358, 1982/333, 1987, 177, 1992, 214 und BGBl II 1997, 407 über die Gebühren der Zeugen, Sachverständigen, Dolmetscher, Geschworenen und Schöffen in gerichtlichen Verfahren und der Vertrauenspersonen (Gebührenanspruchsgesetz 1975 – GebAG 1975).

In § 2 des österreichischen Bundesgesetzes über die gerichtliche Bewertung von Liegenschaften[82] wird der Verkehrswert wie folgt definiert: **114**

„*(2) Verkehrswert ist der Preis, der bei einer Veräußerung der Sache üblicherweise im redlichen Geschäftsverkehr für sie erzielt werden kann.*

(3) Die besondere Vorliebe und andere ideelle Wertzumessungen einzelner Personen haben bei der Ermittlung des Verkehrswerts außer Betracht zu bleiben."

Die **österreichische Gesetzgebung** spricht, ähnlich wie die deutsche Gesetzgebung, vom „*üblicherweise* im *redlichen Grundstücksverkehr* erzielbaren Preis" (vgl. Rn. 44).

2.6.7 Russische Föderation

Schrifttum: *Iwanow, N.*, Grunderwerb in der Russischen Föderation, Haarmann-Hemmelrath-Schriftenreihe Band 2, 2003 Immobilien S. 181; *Khlopzow, D.*, Der Grundstücksmarkt und die Grund- und Bodenpolitik Russlands, GuG 2009, 146; *Volovitch, N.*, Die Entwicklung der russischen Boden- und Bewertungsgesetzgebung, GuG 2005, 269. **115**

2.6.8 Schweiz (Verkehrswert)

Schrifttum: *Loderer/Jörg/Pichler/Roth/Zgraggen*, Handbuch der Bewertung, 2. Aufl. Zürich 2002; Schätzerhandbuch (Bewertung von Immobilien) der schweizerischen Vereinigung kantonaler Grundstücksbewertungsexperten (SVKG); Schweizerische Schätzungsexperten-Kammer, Schweizerischer Verband der Immobilien-Treuhänder (SEK/SVIT); *Canonica, F.*, Konventionelle Schätzungsmethoden, Schweizerischer Immobilienschätzer-Verband 2000.

Der Verkehrswert definiert sich wie folgt: **116**

„Der Verkehrswert entspricht dem unter normalen Verhältnissen erzielbaren Kaufpreis ohne Rücksicht auf ungewöhnliche oder persönliche Verhältnisse. Er wird unter Würdigung der Wirtschaftlichkeit in der Regel aus Real- und Ertragswert ermittelt."

2.6.9 USA (*Market Value*)

Schrifttum: American Institute of Real Appraisers, The Appraisal of Real Estate, 12. Aufl. Chicago 2001; *Lusht, Kenneth M.*, Real estate valuation principles and applications, Chicago 1997.

Die *Uniform Standards of Professional Appraisal Practice* (USPAP – Chicago)[83] definieren den Marktwert wie folgt: **117**

"*The most probable price, as of a specified date, in cash or in terms equivalent to cash, or in other precisely revealed terms, for which the specific property rights shield sell after reasonable exposure in a competitive market under all conditions requisite to a fair sale, with the buyer and seller each acting prudently, knowledgeably, and for selfinterest, and assuming that neither is under undue duress.*"

---

82 Bundesgesetz über die gerichtliche Bewertung von Liegenschaften (Liegenschaftsbewertungsgesetz – LBG) sowie über Änderungen des Außerstreitgesetzes und der Exekutionsordnung (BGBl. für die Republik Österreich 1992, 745); ÖNORM B 1802 (Fassung vom 1.12.1997 – Liegenschaftsbewertung – Grundlagen).
83 American Institute of Real Appraisers, The Appraisal of Real Estate, 12. Aufl. Chicago 2001: USPAP – Uniform Standards of Professional Practice (Appraisal Institute Chicago), 12. Aufl. S. 22.

Eine der bisherigen Definition des RICS entsprechende Definition des *Market Value* ist vom **Supreme Court of California**[84] gegeben worden:

"The highest price estimated in terms of money which the land would bring if exposed for sale in the open market, with reasonable time allowed in which to find a purchaser, buying with knowledge of all of the uses and purposes to which it is adapted and for which it was capable of being used."

Diese Definition geht sogar noch weiter, als hier wiederum vom „höchsten" Preis gesprochen wird und der „beste" Preis nicht zugleich der „höchste" Preis sein muss. International gesehen, fand die Definition des *Open Market Value* als der „*höchste* Preis" keine Anerkennung.

2.6.10 Tegova (*Market Value*)

118 Die von der Tegova vorgelegte Definition des „Marktwerts" orientiert sich an der deutschen Definition des Verkehrswerts[85]:

„**Marktwert** ist der geschätzte Betrag, für welchen ein Vermögen am Tag der Bewertung zwischen einem verkaufsbereiten Veräußerer und einem kaufbereiten Abnehmer in einer Transaktion auf rein geschäftlicher Basis nach ordnungsgemäßen Verkaufsverhandlungen, bei welchen jede Partei mit Sachkenntnis, Vorsicht und ohne Zwang gehandelt hat, ausgetauscht werden sollte."

Die **internationalen Rechnungslegungsstandards** des IASC haben eine wenig zufriedenstellende Ergänzung in den Standards der Tegova *(Approval European Valuation Standards – Blue Book)* gefunden. Abweichend vom Wortlaut der Definition des IASC werden dort (überflüssigerweise) folgende Definitionen gegeben:

"Market Value shall mean the price at which land and buildings could be sold under private contract between a willing seller and an arm's length buyer on the date of valuation, it being assumed that the property is publicly exposed to the market, that the market conditions permit orderly disposal and that a normal period having regard to the nature of the property, is available for the negotiation of the sale."

Mit dieser Definition ist der Verkehrswert (Marktwert) i.S.d. § 194 BauGB durchaus vereinbar; mit ihr wird lediglich wortreich das umschrieben, was unter den Begriff des gewöhnlichen Geschäftsverkehrs fällt. Darüber hinaus wird für bilanzielle Zwecke als ein modifizierter Marktwert (Verkehrswert) definiert:

"Market Value for the existing use is the estimated amount for which an asset should exchange on the date of valuation based on continuation of its existing use, but assuming the asset is unoccupied, between a willing buyer and a willing seller in an arm's length transaction after proper marketing wherin the parties had each acted knowledgeably, prudently and without compulsion."

Es handelt sich hierbei letztlich um einen **Verkehrswert (Marktwert) nach Maßgabe der bilanziellen Besonderheiten,** der sich nicht in die allgemeine Verkehrswertermittlungspraxis übertragen lässt.

3 Verkehrswertermittlung (Marktwertermittlung)

3.1 Verkehrswertspanne

119 Aufgrund der Vielzahl unbestimmter Rechtsbegriffe, die die Definition des Verkehrswerts kennzeichnen, kann es nicht wundernehmen, dass der **Verkehrswert** trotz der detaillierten Verfahrensvorschriften der WertV **keine mathematisch exakt ermittelbare Größe** (vgl. Vorbem. zur ImmoWertV Rn. 16)[86] ist und verschiedene Gutachter selbst bei Anwendung gleicher Grundsätze für ein und dasselbe Wertermittlungsobjekt regelmäßig zu voneinander

---

84 Sacramento Southern RR Co v. Heilbron 156 Cal. 408, 104 p. 979 (1909); vgl. weiterführend: The Appraisal of Real Estate, 12. Aufl. Chicago 2001.
85 Obgleich heute allgemein anerkannt ist, dass Verkehrswert und Marktwert materiell identisch sind, besteht hierzu insbesondere im Bereich der HypZert vereinzelt noch immer eine abweichende Auffassung. Abwegig hierzu die Auffassung von Lux, die materielle Definition oder auch nur die Verwendung des Begriffes Markt- oder Verkehrswert führe zu unterschiedlichen Wertermittlungsverfahren (vgl. Pohnert, Kreditwirtschaftliche Wertermittlungen, 6. Aufl. 2004 S. 4).
86 Erichsen in VerwArch. III 23, S. 337; Vogel in DStZ A 1979, 28.

divergierenden Ergebnissen gelangen[87] (sog. „Unmöglichkeit exakter Wertermittlungen"). Diese Situation kommt auch in nachstehender, sicherlich nicht ganz ernst gemeinten Definition des Verkehrswerts zum Ausdruck: „Da es den Wert des Objektes nicht gibt, bedarf es einer ganzen Reihe von Denkmanipulationen, um einen theoretischen Wert zu ermitteln, den wir dann vor Freude, ihn gefunden zu haben, Verkehrswert nennen"[88]: „Wertermittlung eine rechnerische Verschleierung der Unsicherheit" (Engels 1962)? Eine ebenfalls nicht ernst gemeinte Auffassung definiert als Verkehrswert den Preis, den ein hoch interessierter Käufer nach langem Zaudern „mit schmerzverzerrtem Gesicht" noch akzeptiert.

Keine Verkehrswertermittlung kann für sich in Anspruch nehmen, dass sie mit absoluter Gewissheit zum „richtigen" Verkehrswert führt. Es kann stets nur darum gehen, den Verkehrswert so genau wie möglich zu ermitteln[89]. Um subjektive Einschätzungen eines einzelnen Gutachters möglichst auszuschalten, wurden die **Gutachterausschüsse für Grundstückswerte mit** dem BauGB **als Kollegialorgane** ausgestaltet; der **selbstständig tätige Sachverständige ist dagegen** i.d.R. **Einzelkämpfer.**

Dass die **Ermittlung von Verkehrswerten** (Marktwerten) **letztlich stets eine Schätzung**[90] bleibt, hat der Gesetzgeber gesehen und gewissermaßen billigend in Kauf genommen, sei es, dass es um die Ermittlung von Enteignungsentschädigungen oder von Ausgleichsbeträgen oder um die Begutachtung von Grundstücken im privaten Bereich geht[91]. Auch wenn der Verkehrswert keine mathematisch exakt ermittelbare Größe sein kann, ist es im Wirtschafts- und Rechtsleben unumgänglich, **Entscheidungen auf der Grundlage eines** „spitz" ermittelten **Verkehrswerts** (Marktwerts) **zu treffen**. Irgendwie geartete Verkehrswert*spannen* wären für den Grundstücksverkehr gemeinhin völlig unbrauchbar. Auch bei der Bemessung von Enteignungsentschädigungen kann man sich im Übrigen letztlich nur auf einen bestimmten Wert und nicht auf Wertspannen einigen. § 194 BauGB definiert deshalb den Verkehrswert (Marktwert) als einen bestimmten Preis und nicht als Preisspanne (vgl. Rn. 140). **120**

In jedem Fall muss es bei der **Ermittlung des Verkehrswerts** (Marktwerts) **um die Ableitung eines „spitz"** – wenngleich abgerundeten (vgl. Rn. 141 ff.) **abgeleiteten Werts („Punktwert") und nicht etwa um die Ermittlung einer Verkehrswertspanne gehen**, die im Übrigen ebenfalls mit Unsicherheiten behaftet wäre. Hieran muss schon aus rechtspolitischen Gründen festgehalten werden, auch wenn mehrere Gutachter bei der Ermittlung des Verkehrswerts (Marktwerts) für ein und dasselbe Grundstück zu unterschiedlichen Ergebnissen kommen und Abweichungen in der Rechtsprechung in Kauf genommen werden. Im Streitfalle muss nolens volens das als Verkehrswert angesehen werden, was letztinstanzlich Bestand hat und die größte Gewähr für Richtigkeit bietet. Der nach den Grundsätzen der ImmoWertV bei angemessener Berücksichtigung aller wertbeeinflussenden Umstände „geschätzte" Verkehrswert findet in der Wirtschaft und im Rechtsleben breite Anerkennung. Er ist insbesondere nach § 95 Abs. 1 BauGB Grundlage für die Bemessung der Enteignungsentschädigung. Wie dort muss sich auch die Ermittlung des Ausgleichsbetrags auf den nach den anerkannten Grundsätzen der ImmoWertV ermittelten Verkehrswert stützen. **121**

---

[87] BGH, Urt. vom 22.1.1959 – III ZR 186/57 –, WM 1959, 408 = EzGuG 6.38; BGH, Urt. vom 9.11.1959 – III ZR 148/58 –, BGHZ 32, 1 = EzGuG 14.12; BGH, Urt. vom 13.12.1962 – III ZR 97/61 –, MDR 1963, 569 = EzGuG 14.15; BGH, Urt. vom 23.11.1962 – V ZR 259/60 –, EzGuG 20.32; BGH, Urt. vom 20.12.1963 – III ZR 112/62 –, EzGuG 14.18; BGH, Urt. vom 20.12.1963 – III ZR 60/61 –, EzGuG 14.17; BGH, Urt. vom 31.3.1977 – III ZR 10/75 –, EzGuG 14.56; BGH, Urt. vom 25.6.1964 – III ZR 111/64 –, EzGuG 20.37; BGH, Urt. vom 2.7.1968 – V BLw 10/68 –, EzGuG 19.14; BGH, Urt. vom 4.3.1982 – III ZR 156/80 –, EzGuG 11.127; BGH, Urt. vom 18.10.1984 – III ZR 116/82 –, EzGuG 15.34; BGH, Urt. vom 1.2.1982 – III ZR 93/80 –, EzGuG 14.69; BGH, Urt. vom 1.2.1982 – III ZR 100/80 –, EzGuG 14.70; BGH, Urt. vom 8.2.1965 – III ZR 174/63 –, WM 1965, 460 = EzGuG 14.22; BVerwG, Urt. vom 24.11.1978 – 4 C 56/78 –, BVerwGE 57, 88 = EzGuG 15.9.
[88] OLG Saarbrücken, Urt. vom 13.7.1971 – 2 U 127/70 –, EzGuG 11.80 unter Berufung auf BGH.
[89] LG Berlin, Urt. vom 13.1.2004 – 9 O 42/02 –, GuG 2004, 185.
[90] Haas, Rechtsfragen der Bodenwertermittlung und Entschädigung. ISW München. Städtebauliche Beträge 1967, Heft 1, S. 224; zu dieser Problematik auch Schmidt-Eichstaedt in DÖV 1978, 130; Gaentzsch, Die Bodenwertabschöpfung im StBauFG, Siegburg 1975, S. 152; Engelken in NJW 1977, 413; Niehans, J., Die Preisbildung bei unsicheren Erwartungen, SZVS 1948, 433; Wittmann, Der Wertbegriff in der Betriebswirtschaftslehre, Köln 1956, S. 84.
[91] BVerwG, Urt. vom 24.11.1978 – 4 C 56/76 –, EzGuG 15.9; vgl. auch zur Kostenermittlung im Erschließungsbeitragsrecht BVerwG, Urt. vom 16.8.1985 – 8 C 120 – 122/83 –, EzGuG 9.59.

122 Probleme können bei alledem auftreten, wenn es im Grundstücksverkehr **preisprüfungsrechtliche Vorschriften** wie z.B. § 153 Abs. 2 BauGB zu beachten gilt. Nach dieser Vorschrift ist in Sanierungsgebieten und städtebaulichen Entwicklungsbereichen die Genehmigung der Veräußerung eines Grundstücks nach den §§ 144 f. BauGB zu versagen, wenn der vereinbarte Kaufpreis den sanierungs- bzw. entwicklungsunbeeinflussten Grundstückswert übersteigt. Die Besonderheit, die es bei der Preisprüfung zu berücksichtigen gilt, besteht darin, dass es im Geschäftsverkehr weder dem Erwerber noch dem Veräußerer angesichts der bestehenden Unsicherheiten bei der Verkehrswertermittlung zugemutet werden kann, sich an den „spitz" ermittelten Verkehrswert heranzutasten oder von vornherein **Sicherheitsabschläge** in Kauf zu nehmen, damit der Kaufpreis genehmigungsfähig ist.

123 Das BVerwG[92] hat in Bezug auf den **sanierungsunbeeinflussten Grundstückswert** i.S.d. § 153 Abs. 1 BauGB ausgeführt, dass der Wert – mehr oder weniger – ungewiss sei und sich nicht einfach „ausrechnen" oder seiner Höhe nach einer Tabelle entnehmen lasse, sondern aus einem Ermittlungsverfahren hervorgehe, das zumindest praktisch vielfältige Gelegenheit bietet, so oder anders vorzugehen.

124 Im Anschluss an die Rechtsprechung des BVerwG hat das OVG Lüneburg[93] festgestellt, dass es der Gemeinde bei der Ermittlung des Ausgleichsbetrags nicht verwehrt sein könne, „die **mit der Ermittlung des Verkehrswerts notwendig verbundenen Ungewissheiten** durch eine vorsichtige, an die untere Grenze des Vertretbaren heranreichende Veranschlagung aufzufangen". Rechtlich und rechtspolitisch bedenklich wäre aber, wenn hieraus ein Rechtsanspruch des Ausgleichsbetragspflichtigen abgeleitet wird. Im Urt. des VG Münster vom 18.2.1988[94] wird unter Bezugnahme auf die o.a. Rechtsprechung des BVerwG ausgeführt: „Die Entscheidung des Gesetzgebers für die sog. ‚Wertlösung' ist angesichts der dargestellten Bewertungsunsicherheiten nur hinnehmbar, wenn die – mathematisch nun einmal nicht ‚auszurechnenden' – Bewertungsgesichtspunkte so angesetzt werden, dass Unsicherheiten nicht zu Lasten des Abgabepflichtigen ausschlagen. Die im vorliegenden Fall nach den vorstehenden Erörterungen sowohl hinsichtlich des Endwerts als auch mit Bezug auf den Anfangswert bestehenden Unsicherheiten bewertet die Kammer in Anwendung der ihr zustehenden Schätzungsbefugnis gemäß § 287 ZPO auf 20 v. H. der sich nach den zonalen Grundwerten ergebenden Differenz. Damit ist den im Einzelnen dargelegten Unsicherheiten der Verkehrswertermittlung in erforderlichem – aber auch ausreichendem – Maße Rechnung getragen"[95].

125 Dieser Auffassung kann nicht beigetreten werden; auch die Bemessung der Enteignungsentschädigung nach dem Verkehrswert gemäß § 95 Abs. 1 BauGB stellt im gleichartigen Sinne eine Wertlösung dar. Die vorstehenden Überlegungen müssten mit dieser Begründung dazu führen, dass auch bei der Bemessung der Enteignungsentschädigung Bewertungsunsicherheiten nicht zu Lasten des Enteigneten ausschlagen, d.h. bestehende Unsicherheiten müssten bei der Bemessung der Enteignungsentschädigung durch entsprechende Zuschläge berücksichtigt werden. Im Ergebnis würde das zu einer Aufweichung des auf das Verkehrswertprinzip aufbauenden boden-, enteignungs- und ausgleichsrechtlichen Systems des Städtebaurechts führen. Wertermittlungstechnisch wäre die Frage aufgeworfen, welche Unsicherheitsmarge mit welcher statistischen Genauigkeit (Konvergenzintervall) z.B. bei der Enteignungsentschädigung zusätzlich zu berücksichtigen ist. In der höchstrichterlichen Rechtsprechung zur Enteignungsentschädigung ist dies bislang nicht gefordert worden. Als **Verkehrswert** (Marktwert) **ist hier der „volle Wert"**[96] oder der „wahre" bzw. „innere" Wert (vgl. Rspr. des BGH im Zusammenhang mit Auseinandersetzungen zum Zugewinnausgleich) maßgebend; an diesem muss sich auch das „angemessene Angebot" nach § 87 Abs. 2 Satz 1 BauGB orientieren[97].

---

92 Kleiber in Ernst/Zinkahn/Bielenberg, BauGB, Vorbem. zur WertV, Rn. 22 m.w.N.; Kremers in BlGBW 1969, 129, und Hintzsche in BlGBW 1969, 233.
93 OVG Lüneburg, Urt. vom 30.10.1986 – 6 A 32/85 –, EzGuG 15.50.
94 VG Münster, Urt. vom 18.2.1988 – 3 K 2268/85 –, EzGuG 15.60.
95 Kritisch hierzu Mampel in DÖV 1992, 562.
96 BGH Urt. vom 9.11.1959 – III ZR 149/58 –, EzGuG 14.11.
97 BGH Urt. vom 16.12.1982 – III ZR 123/81 –, EzGuG 6.128.

Was bei der Enteignung als Bemessungsgrundlage der **Entschädigung für das Genommene** 126
verfassungsrechtliche Anerkennung gefunden hat, muss verfassungsrechtlich auch als Bemessungsgrundlage zum Ausgleich für die durch gemeindliche Sanierungsmaßnahmen dem Eigentümer „gegebene" Werterhöhung Bestand haben; für eine unterschiedliche Betrachtungsweise bestehen keine rechtfertigenden Gründe.

Tatsächlich werden in der vorstehenden Entscheidung des VG Münster (vgl. Rn. 124) zwei 127
klar zu unterscheidende Probleme unzulässigerweise aufeinander bezogen, nämlich die Ermittlung der sanierungsbedingten Bodenwerterhöhungen einerseits und die vom BVerwG entwickelten Prinzipien zur Preisprüfung nach § 153 Abs. 2 BauGB (=§ 15 Abs. 3 Satz 2 StBauFG) andererseits. Die oben genannte Rechtsprechung des BVerwG zur Preisprüfung rechtfertigt nämlich keineswegs vom strikten Verkehrswertprinzip bei der Ausgleichsbetragserhebung abzuweichen: Bei dem zu entscheidenden Fall ging es um die Genehmigung eines Rechtsgeschäfts, wobei der Versagungsgrund (§ 153 Abs. 2 BauGB) nach Auffassung des Gerichts nur scheinbar an die Genehmigungsbehörde adressiert ist, in seinem Kern jedoch ein an den Rechtsverkehr gerichtetes Verbot sei, bei der rechtsgeschäftlichen Veräußerung des Grundstücks mit dem vereinbarten Gegenwert den sanierungsunbeeinflussten Grundstückswert zu überschreiten. Da dieser Verkehrswert im mathematischen Sinne keine exakt errechenbare Größe darstelle, nötige die Versagung der Genehmigung bei unwesentlicher Überschreitung des sanierungsunbeeinflussten Grundstückswerts den Veräußerer in verfassungswidriger Weise, bei der Preisvereinbarung „sicherheitshalber" auch unter dem sanierungsunbeeinflussten Grundstückswert zu bleiben, wenn er der Genehmigung sicher sein wolle. In der „Nötigung" zur Inkaufnahme einer „freiwilligen Vermögenseinbuße" sah das Gericht eine Verletzung des Eigentums nach Art. 14 GG.

Anders stellt sich jedoch die Situation bei **Grundstücksverhandlungen zur Vermeidung einer Enteignung, bei Wertermittlungen** im Rahmen **von Umlegungsverfahren** und auch bei der **Ausgleichsbetragserhebung** dar. Durch Unsicherheiten bei der Verkehrswertermittlung wird der Betroffene hier nicht zur „Inkaufnahme" einer „freiwilligen" Vermögenseinbuße genötigt. Der Vollzug der einschlägigen Bestimmungen stellt ihn hier auch nicht vor das Problem, sich an einen mit einer Unsicherheitsmarge behafteten Wert herantasten zu müssen. Sofern der Betroffene in den genannten Verfahren den zugrunde gelegten Wert nicht akzeptieren will, steht ihm der Rechtsweg offen. Dies gilt auch für die Ausgleichsbetragserhebung, ohne dass damit die freie Verfügbarkeit des Eigentums eingeschränkt wird. Von daher besteht keine Rechtfertigung, das im Städtebaurecht geltende Verkehrswertprinzip für die Ausgleichsbetragserhebung zu modifizieren.

Fraglich bleibt, bis zu welcher Grenze eine Überschreitung des sanierungsunbeeinflussten 128
Grundstückswerts als „unwesentlich" bezeichnet werden kann. Das BVerwG (a.a.O.) hat hierzu lediglich ausgeführt, dass der **vereinbarte Gegenwert** i.S. des § 153 Abs. 2 BauGB solange nicht über dem gemäß § 153 Abs. 1 BauGB ermittelten sanierungsunbeeinflussten Grundstückswert liegt, wie nicht Werte vereinbart wurden, die **in einer für den Rechtsverkehr erkennbaren Weise deutlich das verfehlten, was auch sonst, nämlich im gewöhnlichen Geschäftsverkehr, ohne Rücksicht auf ungewöhnliche oder persönliche Verhältnisse zu erzielen wäre**. Feste Margen können nicht vorgegeben werden, da es wesentlich auf das allgemeine (absolute) Bodenwertniveau sowie auf die Homogenität des örtlichen Grundstücksmarktes ankommt[98]. In der Rechtsprechung sind **Überschreitungen** von 7,6 % als unschädlich erachtet worden[99]; die Grenze wird man eher bei 20 % ziehen müssen.

▶ *Weitere Ausführungen hierzu in Teil VIII Rn. 92 ff.*

---

[98] Ähnlich stellt sich diese Frage bei Anwendung der sog. Bagatellklausel des § 155 Abs. 3 BauGB: hierzu Kleiber in Ernst/Zinkahn/Bielenberg, BauGB, § 155, Rn. 92 ff.
[99] VG Neustadt, Urt. vom 17.10.1975 – 8 K 192/74 –; VG Bremen, Urt. vom 27.10.1982 – 1 A 503/82 –, EzGuG 15.23; nicht genehmigungsfähig bei Überschreitung von 7 % (absolut: 10 000 DM); BayVGH, Urt. vom 16.11.1989 – 2 B 89.1217 –, GuG 1991, 102 = EzGuG 15.65: 5 %; LG Darmstadt, Urt. vom 28.4.1993 – 9 017/92 –, GuG 1994, 62 = EzGuG 15.86.

3.2 Genauigkeit und Leistungsfähigkeit der Verkehrswertermittlung

Schrifttum: *Brückner/Neumann*, MDR 2003, 906; *Jester, S./Roesch, G.*, Der Verkehrswert als Näherungswert, GuG 2006, 157; *Haack, B.*, Sensitivitätsanalyse zur Verkehrswertermittlung von Grundstücken, Diss. Bonn 2006; *Soergel/Spickhoff* BGB 13. Aufl. § 839a Rn. 30; *Zimmerling*, BGB 2. Aufl. 2004 § 839a Rn. 13.

129 Die Leistungsfähigkeit der Verkehrswertermittlung wird im Hinblick auf Genauigkeitsanforderungen immer wieder in Frage gestellt. Wiederholt wird von fachlich unkundiger Seite auf Beispielfälle verwiesen, in denen **Gutachter für ein und dasselbe Grundstück** auch schon mitunter **zu um ein Mehrfaches unterschiedlichen Ergebnissen gelangten**. Solche Fälle mögen in Einzelfällen tatsächlich auch auftreten, wobei dies vielfach nicht in der doch weit entwickelten Wertermittlungslehre, sondern in der unsachgerechten Anwendung der Wertermittlungslehre durch den eingeschalteten Gutachter begründet ist. In solchen Fällen wird auch schon einmal von „Schlechtachtern" gesprochen.

130 Häufiger gibt es aber für deutlich voneinander abweichende Ergebnisse der eingeschalteten Sachverständigen auch andere plausible Gründe, die unberechtigterweise dem Sachverständigenwesen angelastet werden. Dies betrifft insbesondere die Verkehrswertermittlung solcher **Immobilien, die zur Umnutzung anstehen**, wenn letztlich von keiner Seite verlässliche Erkenntnisse darüber vorliegen, welche Nutzung künftig zu erwarten ist (Rn. 63 ff.). Hier liegt es zum einen sogar in der Hand des Auftraggebers, direkt auf das Ergebnis der Verkehrswertermittlung dadurch Einfluss zu nehmen, dass er dem Sachverständigen bestimmte Vorgaben macht, während ein anderer Auftraggeber einem anderen Sachverständigen andere Vorstellungen aufgibt, die der Sachverständige dann zur Grundlage seiner Verkehrswertermittlung macht (**Verkehrswertermittlung nach sog. Maßgaben**). In solchen Fällen müssen die Sachverständigen zu unterschiedlichen Ergebnissen gelangen, was für Außenstehende oftmals unverständlich ist, denn sie verbinden mit dem Begriff des „Verkehrswerts" die Vorstellung, dass es für ein Grundstück nur einen Verkehrswert geben könne. Man muss einräumen, dass Sachverständige häufig selbst zu diesem Missverständnis dadurch beigetragen haben, dass sie das Ergebnis ihrer Verkehrswertermittlung nicht deutlich genug mit dem Hinweis versehen, auf welchen Maßgaben ihre Verkehrswertermittlung beruht.

131 Allzu häufig sehen sich die Auftraggeber aber auch nicht in der Lage, die künftige Nutzung vorzugeben und überlassen dies dem Sachverständigen. Sicherlich kann von einem Sachverständigen grundsätzlich auch erwartet werden, dass er die **künftige Nutzung aufgrund bestehender oder sich mit Sicherheit bzw. zumindest mit hinreichender Wahrscheinlichkeit abzeichnender Nutzungsmöglichkeiten** fachkundig einschätzen kann. Immer wieder wird der Sachverständige aber mit der Erstellung von Verkehrswertgutachten bereits zu einem Zeitpunkt „gefordert", wo keinerlei oder allenfalls nur grobe Vorstellungen über die künftige Nutzbarkeit vorliegen und man erwartet vom Grundstückssachverständigen im Kern das, was der Planer, der Investor bzw. die planende Gemeinde selbst noch nicht leisten konnte. Hier soll der Sachverständige in die „Bresche" springen und ist überfordert. Wenn ihm gleichwohl ein Gutachten abverlangt wird, so kann von solchen Gutachten keine „Treffsicherheit" erwartet werden. Schaltet man dann auch noch mehrere Gutachter mit unterschiedlichen Nutzungsvorstellungen ein, so müssen die jeweils für sich schon zwangsläufig unsicheren Gutachten voneinander abweichen.

132 Im Ergebnis muss in solchen Fällen bedacht werden, dass der **Verkehrswert** (Marktwert) als stichtagsbezogener, aber dennoch zukunftsorientierter Wert **mit einer umso höheren Sicherheit und Genauigkeit ermittelt werden kann, je konkreter sich die Zukunft abzeichnet und bei der Wertermittlung berücksichtigt werden kann**. In den angesprochenen Fällen empfiehlt es sich daher, die Verkehrswertermittlung nicht allzu früh „in Auftrag" zu geben und dem Gutachter die künftige Nutzung möglichst auf der Grundlage qualifizierter Nutzungsvorstellungen an die Hand zu geben – im Idealfalle wäre dies der rechtsverbindliche Bebauungsplan.

Verkehrswert/Genauigkeit § 194 BauGB IV

Die Verkehrswertermittlung von Grundstücken, die sich noch im Vorfeld der Konkretisierung ihrer künftigen Nutzbarkeit befinden, kann sich (und muss sich) im Übrigen auf das stützen, was ohne spekulative Erwartungen im gewöhnlichen Geschäftsverkehr unter Berücksichtigung der rechtlichen und tatsächlichen Gegebenheiten (Situationsgebundenheit) erwartet werden kann[100]. Des Weiteren muss dabei der **Zeitraum** berücksichtigt werden, **in dem die Umsetzung einer beabsichtigten Folgenutzung erwartet werden kann.** Zwangsläufig wird die Verkehrswertermittlung um so „schwammiger", je unsicherer die künftige Nutzung ist. Wenn bei alledem in der Praxis sog. Risikoabschläge berücksichtigt werden, so trägt dies dem Wagnis Rechnung, das ein Investor als Erwerber auf sich nimmt; dieses Wagnis kann bereits mit einer entsprechenden Wartezeit i.d.R. berücksichtigt werden[101]. 133

Sieht man einmal von den vorstehend behandelten Fallgestaltungen ab, so wird in der Rechtsprechung für die Verkehrswertermittlung von Grundstücken unter „Normalverhältnissen" und ohne Unsicherheiten bezüglich der Nutzbarkeit von einer Genauigkeit *(range of vaulation)* von „bis zu +20 bis +30 %" ausgegangen[102]; dies sind jedoch keine starren, sondern vom Einzelfall abhängige Toleranzgrenzen: 134

a) BGH, Urt. vom 30.5.1963 – III ZR 230/61 –, EzGuG 8.8

„Hier ist die Entschädigungsfestsetzung der Verwaltungsbehörde um etwas über 100 % von dem wirklichen durch das Berufungsgericht festgestellten Wert der Grundstücke abgewichen. Es trifft zwar zu, dass der erkennende Senat die Verschiebung des Berechnungszeitpunkts schon in Fällen für erforderlich gehalten hat, in denen die Differenz zwischen der administrativen Festsetzung und dem objektiv richtigen Wert des Grundstücks **unter 10 %** lag. ... Zu beachten ist hierbei jedoch, dass es auf die Prozentzahl allein nicht entscheidend ankommen kann, sondern dass auch die konkreten Werte, die der Prozentzahl zugrunde liegen, mit in die Betrachtung hineinzuziehen sind."

Das Gericht ließ in diesem Fall bei einem Grundstückswert von 2 040 € eine Abweichung von **12 %** gelten.

b) BGH, Urt. vom 28.6.1966 – IV ZR 287/64 –, EzGuG 11.51:

Eine Abweichung von 78 % ist nach Ansicht des Gerichts „grob falsch". Das Gericht führt aus: „Der Revision kann nicht zugegeben werden, dass sich der Unterschied im Rahmen des Vertretbaren halte. Der Sachverständige hat ausgeführt, bei Schätzungen von Altbau-Grundstücken, deren Gebäude kriegsbeschädigt und wie hier teilweise mit alten Baustoffen wiederhergestellt sind, könne nur ein Genauigkeitsgrad von **±20 Prozent bis 30 Prozent** erwartet werden. Die Grenze ist weit überschritten."

c) BGH, Urt. vom 1.4.1987 – IVa ZR 139/68 –, EzGuG 11.163c

„Daher ist erst dann von der Unverbindlichkeit einer Sachverständigenfeststellung auszugehen, wenn die Feststellung erheblich außerhalb des an sich üblichen Toleranzbereichs entsprechender Schätzungen liegt. Das wird bei Abweichungen in einer Größenordnung von **unter 15 %** (Berechnungsmethode: geforderter höherer Betrag mit 100 % gleichgesetzt) regelmäßig zu verneinen sein."

d) BGH, Urt. vom 26.4.1991 – V ZR 61/90 –, GuG 1992, 165 = EzGuG 7.114

„Zwischen dem vom Schiedsgutachter ermittelten jährlichen Erbbauzins von 12 320 € und der im Berufungsurteil festgestellten Höhe von 10 250 € besteht eine Differenz von 2 070 €, also von 16,79 %. Dazu verweist die Revision auf eine im Schrifttum vertretene Auffassung, wonach Abweichungen bis zu 25 % im Allgemeinen hinzunehmen seien (so z.B. Laule, DB 1966, 769, 770; von Hoyningen-Huene, Die Billigkeit im Arbeitsrecht 1978, S. 38; Soergel-Wolf, BGB 12. Aufl., § 319 Rn. 8; ähnlich OLG München, Urt. vom 15.5.1959 – 8 U 1490/56 –, EzGuG 11.18a; **20 – 25 %**). Der

---
[100] BGH, Urt. vom 8.11.1962 – III ZR 86/81 –, EzGuG 8.5; BGH, Urt. vom 25.3.1975 – V ZR 92/74 –; BGH, Urt. vom 28.10.1971 – III ZR 84/70 –, EzGuG 8.37; BGH, Urt. vom 20.12.1963 – III ZR 60/63 –, EzGuG 14.17; BGH, Urt. vom 30.9.1963 – III ZR 59/61 –, EzGuG 8.9; BVerwG, Urt. vom 27.1.1967 – 4 C 33/65 –, EzGuG 8.20; BVerwG, Urt. vom 9.6.1959 – 1 CB 27/58 –, EzGuG 17.13.
[101] Haas, Rechtsfragen der Bodenwertermittlung und Entschädigung. ISW München. Städtebauliche Beiträge 1967, Heft 1, S. 224; zu dieser Problematik auch Schmidt-Eichstaedt in DÖV 1978, 130; Gaentzsch. Die Bodenwertabschöpfung im StBauFG, Siegburg 1973, S. 152; Engelken in NJW 1977, 413; Niehans, J., Die Preisbildung bei unsicheren Erwartungen, SZVS 1948, 433; Wittmann, Der Wertbegriff in der Betriebswirtschaftslehre, Köln 1956, S. 84.
[102] Vgl. Studer, Th., Stand und Entwicklungsmöglichkeiten der Immobilienbewertung – Schwerwiegende konzeptionelle Mängel des Realwerts, http://www1.treuhaender.ch/artikel(6dstudeq/htm Stand 27.8.2001; Laule, G., Zur Bestimmung der Summe durch mehrere Dritte nach billigem Ermessen, DB 1966, 769.

erkennende Senat hat in dem Urt. vom 26.4.1961 – V ZR 183/59 – jedenfalls eine Abweichung von **ca. 18 %** nicht als offenbar unbillig angesehen."

e) LG Berlin, Urt. vom 22.11.1955 – 4 O 338/54 –

Nach dieser Entscheidung können die Abweichungen **bis ± 15 %** ausmachen.

f) LG Hamburg, Urt. vom 31.10.1960 – 10 O 30/60 –, EzGuG 18.15

„Erfahrene Sachverständige haben dem Gericht immer wieder bestätigt, dass Abweichungen in der Bewertungshöhe **um 10 % nach oben und nach unten** auch bei sorgfältigen Feststellungen und Bemühungen gar nicht zu vermeiden wären. Häufig ist der Ungenauigkeitsbereich noch größer."

g) OLG Frankfurt am Main, Urt. vom 19.9.1974 – 6 U 5/75 –, EzGuG 11.94a

Das Gutachten eines „grob nachlässig handelnden" öffentlich bestellten und vereidigten Sachverständigen hat nach Feststellung des Gerichts zu einer Überbewertung des Verkehrswerts um 200 bis 300 % geführt.

h) OLG Berlin, Urt. vom 17.10.1978 – 7 O 131/78 –, EzGuG 11.114b

„Die Kammer hält danach eine erhebliche Abweichung frühestens dann für gegeben, wenn die Abweichungen aufgrund nachgewiesener offensichtlicher Fehler der Sachverständigen insgesamt – d.h. unter Zusammenrechnung aller Einzelpunkte und Berücksichtigung eventueller Ausgleichspositionen – **mindestens 10 %** der festgestellten Schadenssumme ausmachen."

i) LG Braunschweig, Urt. vom 17.4.1975 – 1 U 34/73 –, EzGuG 19.26a

Im **Versicherungswesen** wird von einer allgemeinen Schätzungsunschärfe von **20 bis 25 %** ausgegangen und erst bei einer größeren Abweichung zwischen Versicherungssumme und Versicherungswert eine Berufung des Versicherers auf Unterversicherung anerkannt (so auch OLG München, Urt. vom 15.5.1959 – 8 U 1490/56 –, EzGuG 11.18a und OLG Schleswig, Urt. vom 26.10.1953 – 4 U 82/53 –, VersR 1954, 506 sowie BGH, Urt. vom 1.4.1953 – II ZR 88/52 –; BGH, Urt. vom 1.4.1953 – II ZR 88/52 –, BGHZ 9, 195).

j) OLG Nürnberg, Urt. vom 14.4.1987

„Bei einer Abweichung der Schätzung um nur **2,4 %** liegt sie damit in einem Ungenauigkeitsbereich, der gering und angesichts der Gesamthöhe wirtschaftlich unerheblich ist. Die Abweichung im Gutachten des Beklagten kann unter diesen Umständen nicht als vertragswidrige Schadenszufügung eingestuft werden."

k) VG Münster, Urt. vom 18.2.1988 – 3 K 226/85 –, EzGuG 15.60

„Berücksichtigt man ferner, dass die gerichtlichen Sachverständigen mit jeweils vertretbarer Begründung zu abweichenden Ergebnissen gelangt sind und nicht selten die Auffassung der jeweils anderen Sachverständigen als durchaus auch vertretbar gekennzeichnet haben, so hält es die Kammer für geboten, den unter Berücksichtigung der zonalen Grundwerte sich ergebenden Differenzbetrag mit einem allgemeinen Wertabschlag zu berücksichtigen. Die Entscheidung des Gesetzgebers für die sog. „Wertlösung" ist angesichts der dargestellten Bewertungsunsicherheit nur hinnehmbar, wenn die – mathematisch nun einmal nicht „auszurechnenden" – Bewertungsgesichtspunkte so angesetzt werden, dass Unsicherheiten nicht zu Lasten des Abgabepflichtigen ausschlagen. Die im vorliegenden Fall nach den vorstehenden Erörterungen sowohl hinsichtlich des Endwerts als auch in Bezug auf den Anfangswert bestehenden Unsicherheiten bewertet die Kammer in Anwendung der ihr zustehenden Schätzungsbefugnis gemäß § 287 ZPO auf **20 v. H.** der sich nach den zonalen Grundwerten ergebenden Differenzen ...."

l) VGH München, Urt. vom 13.6.1990 – M 9 K 89.2465 –, GuG 1992, 29 = EzGuG 11.178

„Schätzgutachten von Grundstücken und Bauten können niemals – etwa rein rechnerisch – den exakten Wert einer Immobilie bestimmen. Wenn der von der Klägerin beauftragte B. also zu anderen Werten gekommen ist als der Gutachterausschuss in den streitgegenständlichen Gutachten, so besagt dies nichts darüber aus, dass das Gutachten des Gutachterausschusses völlig daneben liegt. Bei Gutachten über den Wert von Immobilien haben die Gerichte nach den allgemein gemachten Erfahrungen von Abweichungen im Bereich **bis zu 20 %** auszugehen. Die von B. beanstandeten Werte in den streitgegenständlichen Gutachten bewegen sich nicht in einem solchen Bereich, dass die Kammer davon ausgehen könnte, eines der beiden Gutachten sei völlig falsch. Bei zwei verschiedenen Gutachten muss immer gedacht werden, dass das eine Gutachten die Spanne der möglichen Abweichungen voll nach oben und das andere voll nach unten in Anspruch nimmt ..."

m) BGH, Urt. vom 26.4.1961 – V ZR 183/59 –, MDR 1961, 670:

   Der BGH hat eine Abweichung von ca. 18 % von der untersten Grenze eines zweiten, als richtig befundenen Wertgutachtens nicht beanstandet:

   „… unter Zugrundelegung der Schätzung des Gemeinderats insgesamt 38 400 DM für die zu übernehmende Liegenschaft zu zahlen, während er nach der Ersatzbestimmung durch das Berufungsgericht insgesamt 47 000 DM zu leisten hätte. Auch wenn man in Betracht zieht, dass der Gemeinderat nach der Schätzverfügung den Verkehrswert zu bestimmen hat, und der Tatrichter bei der Ersatzbestimmung seinerseits einen ‚vorsichtigen Maßstab' angewendet hat, also an der unteren Grenze des Werts geblieben ist, kann bei einer Abweichung in Höhe von nur 8 600 DM nicht festgestellt werden, dass sich der vom Gemeinderat geschätzte Teil des Übernahmepreises in dem dargelegten Maße als verfehlt offenbart und die Schätzung des vom Gemeinderat hier zu beachtenden Grundsatzes von Treu und Glauben in grober Weise verletzt."

n) OLG Schleswig, Urt. vom 6.7.2007 – 14 U 61/06 –

   Abweichungen von 12,5 % sind noch im tolerablen Bereich.

o) Auch im **Erschließungsbeitragsrecht** wird den Gemeinden im Übrigen bei der Kostenermittlung eine „Schätzbefugnis" eingeräumt, die ihr einen „gewissen Spielraum" und aus Gründen der Verwaltungspraktikabilität dem Grundsatz der „pfenniggenauen" Kostenermittlung eine Grenze setzt[103].

Die Praxis muss sich hierauf einstellen, ohne dass damit die Definition des Verkehrswerts (Marktwerts) als ein „spitz" im gewöhnlichen Geschäftsverkehr erzielbarer Preis (Punktwert) in Frage gestellt werden kann. Rechts- und Wirtschaftsleben kommen grundsätzlich nicht an der Notwendigkeit eines Verkehrswerts vorbei, denn eine sich an der Genauigkeit der Verkehrswertermittlung orientierende **Wertermittlungsspanne (Rahmenwert)** kann den zu zahlenden Kaufpreis, auf den sich Käufer und Verkäufer einigen wollen, oder die im Einzelfall am Verkehrswert orientierte Enteignungsentschädigung nicht ersetzen[104]. Es kommt vor allem hinzu, dass es eine klar definierte **Wertspanne (Rahmenwert)** gar nicht geben kann, denn auch im Falle einer Ermittlung der „Wertspanne" müssen wiederum Unsicherheiten auftreten. **135**

Bei Anwendung statistischer Methoden wäre die Ermittlung einer Wertspanne **(Konvergenzintervall) eine Funktion der geforderten statistischen Sicherheit,** jedoch sind die statistischen Methoden i.d.R. ohnehin nur bedingt und eher nur i.S. einer Operationalisierung des Verfahrens anwendbar, denn die strengen statistischen Anforderungen an die Normalverteilung des Vergleichsmaterials sind allenfalls in Ausnahmefällen voll erfüllt. **136**

Die in der Rechtsprechung für die Verkehrswertermittlung von Grundstücken unter „Normalverhältnissen" und ohne Unsicherheiten bezüglich der Nutzbarkeit **herausgestellte Genauigkeit** *(range of vaulation)* **von „bis zu + 20 bis + 30 %"** ist nicht in der Ungenauigkeit der Wertermittlungsmethodik, sondern in dem zu ermittelnden Verkehrswert selbst begründet. Der Verkehrswert ist ein Abbild des künftigen Nutzens einer Immobilie (Zukunftserfolgswert) und die Zukunftserwartungen sind nun einmal auf dem allgemeinen Grundstücksmarkt unterschiedlich ausgeprägt. Davon zeugt die **Streuung der Vergleichspreise** und die sog. 2-Sigma Regel zum Ausschluss von Kaufpreisen, die nicht (mehr) dem gewöhnlichen Geschäftsverkehr zuzurechnen sind. Des Weiteren ist die Ungenauigkeit der in die Marktwertermittlung eingehenden Parameter begründet. Diese wiederum ist das Resultat der allgemeinen im gewöhnlichen Geschäftsverkehr hinzunehmenden „Schwankungen".

– Bei **Anwendung des Vergleichswertverfahrens** stellt man sehr schnell fest, dass die Vergleichspreise auch unter Ausschaltung ungewöhnlicher und persönlicher Verhältnisse und unter Berücksichtigung von Abweichungen in den Grundstücksmerkmalen „streuen". Diese „Streuung" ist einerseits auf die Intransparenz des Grundstücksmarktes und andererseits auf unterschiedliche Anschauungen zurückzuführen. So ist ein unmittelbar in der

---

103 BVerwG, Urt. vom 16.8.1985 – 8 C 120 – 122/83 –, EzGuG 9.59; weitere Rspr.: BGH, Urt. vom 10.6.1976 – VII ZR 129/74 –, EzGuG 11.103; LG Braunschweig, Urt. vom 9.3.1966 – 2 O 116/65 –, EzGuG 11.50a; OLG Düsseldorf, Urt. vom 11.3.1988 – 7 U 4/84 –, EzGuG 20.124; LG Arnsberg, Urt. vom 28.5.1985 – 5 T150/85 –, EzGuG 5.19; BGH, Urt. vom 28.6.1966 – VI ZR 287/64 –, EzGuG 11.51; BGH, Urt. vom 2.11.1983 – IVa ZR 20/82 –, EzGuG 20.103.
104 Kleiber in Vorbem. zur WERTV in Ernst/Zinkahn/Bielenberg, BauGB Rn. 22 ff.; im Ergebnis so auch Mampel in DÖV 1992, 556; vgl. auch Reisnecker im Kohlhammer Komm., BauGB § 95 Rn. 16; a. G. Gronemeyer in BauR 1979; 112 sowie in NVwZ 1986, 92; Stich im Berl. Kom., BauGB § 194 Rn. 9; Krit. Leisner im AgrarR 1977, 356 und BB 1975, 1.

Nachbarschaft eines Wohnhauses gelegener Kinderspielplatz für den einen Käufer ein werterhöhender Umstand und für den anderen Käufer ein wertmindernder Umstand. **Aus der Streuung der Vergleichspreis resultiert zwangsläufig eine Unsicherheitsmarge der Verkehrswertermittlung** aus Vergleichspreisen. Käufer und Verkäufer tasten den Grundstücksmarkt mit unterschiedlichen Erfahrungen ab, taktieren bei Preisverhandlungen mit unterschiedlichem Verhalten nach divergierenden Mustern, agieren nach unterschiedlichen rationalen aber auch emotionalen Maßstäben. Dies alles ist geradezu kennzeichnend für den gewöhnlichen Geschäftsverkehr und daraus resultiert die Streuung der Vergleichspreise für ein und dieselbe Immobilie, so dass die darauf aufbauende Verkehrswertermittlung mit einer nicht unerheblichen in der „Unschärfe des Marktes" begründeten Unsicherheitsmarge verbunden ist.

— Bei **Anwendung des Ertragswertverfahrens** ist aus den gleichen Gründen auch der anzusetzende Reinertrag aufgrund der *Streuung der Vergleichsmieten* mit einer Unsicherheit behaftet[105]. Des Weiteren weisen auch *Flächenermittlungen* eine Unsicherheit auf. Dies ist in der Auslegung der maßgeblichen Flächenberechnungsnorm begründet. Zwar lassen sich Länge und Breite fehlerfrei multiplizieren, jedoch führt allein die Zuordnung und Berücksichtigung einzelner Teilflächen nach Maßgabe der zur Anwendung kommenden Flächenberechnungsnorm zwangsläufig zu unterschiedlichen Ergebnissen. Diesbezüglich kann man eine Ungenauigkeit von mindestens +/– 10 % unterstellen, wobei diese oftmals sogar deutlich höher ausfällt. Diese Unsicherheitsmargen wirken sich gleich doppelt auf die Ertragswertermittlung aus. Zum Einen finden sie direkt mit dem im Einzelfall angesetzten Reinertrag und der angesetzten Nutzfläche Eingang in die Ertragswertermittlung. Zum Anderen kommen diese Unsicherheiten auch bei der Ableitung des *Liegenschaftszinssatzes* zum Tragen. Es ist mithin kaum möglich, den Liegenschaftszinssatz auf 0,5 Prozentpunkte mathematisch exakt zu bestimmen. Allein eine Unsicherheit von 0,5 Prozentpunkten im Liegenschaftszinssatz führt zwangsläufig zu einer Unsicherheit von rd. 10 % des Ergebnisses. Aus alledem ergibt sich, dass der Ertragswert – selbst wenn das Wertermittlungsverfahren exakt zur Anwendung gekommen ist – mit einer Unsicherheitsmarge von + / – 30 % behaftet ist. Im Übrigen gilt dies für alle zur Anwendung kommenden Ertragswertverfahrens und insbesondere für das sich auf prognostizierte Ertragsentwicklung stützende Ertragswertvermittlung (*Discounted Cashflow* Verfahren).

— Entsprechendes gilt auch bei **Anwendung des Sachwertverfahrens**.

— Einen weiteren oftmals unterschätzten Unsicherheitsfaktor stellt ggf. die bei dem jeweiligen Verfahren angesetzte Wertminderung wegen Baumängel und Bauschäden bzw. eines Instandhaltungsrückstaus dar. Diese lehnt sich in der gutachterlichen Praxis an „Kostenschätzungen" an, wobei auch dabei erhebliche Unsicherheiten hinzunehmen sind, denn für eine fundierte **Kostenschätzung** bedarf es ggf. eines Sondergutachtens (z. B. auf der Grundlage der Bauteilmethode). Kostenschätzungen sind aufgrund vielfältiger Unwägbarkeiten nur mit relativ hoher Ungenauigkeit von +/– 25 % möglich[106].

137 Am letztlich doch **bewährten Verkehrswertprinzip führt** deshalb grundsätzlich **kein vernünftiger Weg vorbei.** Die realistische Einschätzung über die Genauigkeit der Verkehrswertermittlung, die in der Rechtsprechung möglicherweise noch nicht einmal voll durchgeschlagen hat – die allgemeine Spanne dürfte sich nämlich eher an der oberen Grenze der genannten Zahlen und zwar nach oben *und* unten (±) bewegen und im Einzelfall auch darüber liegen –, muss aber umso mehr den Sachverständigen zu höchster Sorgfalt und Gewissenhaftigkeit zwingen. Wenn schon die Verkehrswertermittlung in weiten Bereichen auf Schätzelementen beruht und die Erfahrung von ausschlaggebender Bedeutung ist, dann müssen auch alle Werteinflüsse erfasst und in begründeter Weise in die Verkehrswertermittlung eingebracht werden. Als **Verkehrswert ist** dann im Streitfalle **der Wert** anzusetzen, **der die größte Gewähr der Richtigkeit bietet.**

---

105 Engels in GuG 2008, 271.
106 Schmitz/Krings/Dahlhaus/Meisel, Baukosten 2005/6, Verlag Wingen 18. Aufl., S. 10.

Im Übrigen hat die Rechtsprechung Wege aufgezeigt, wie dem **Problem der Unsicherheiten** **138**
bei der Verkehrswertermittlung ohne Aufgabe des Verkehrswertprinzips im Interesse
des Rechtsfriedens und der Praxis **Rechnung getragen werden** kann (vgl. Rn. 122 ff.):

a) Bei der sich am sanierungsunbeeinflussten (Verkehrs-)Wert orientierenden Preisprüfung nach § 142 BauGB i.V.m. § 153 Abs. 2 BauGB dürfen unwesentliche Überschreitungen des „spitz" ermittelten Verkehrswerts nicht zur Versagung der sanierungsrechtlichen Grundstücksverkehrsgenehmigung führen[107].

b) Bei der Ermittlung von Ausgleichsbeträgen in Sanierungsgebieten soll es nach Auffassung des OVG Lüneburg den Gemeinden nicht verwehrt sein, „die mit der Ermittlung des Verkehrswerts notwendig verbundenen Ungewissheiten ... durch eine vorsichtige, an der unteren Grenze des Vertretbaren heranreichende Veranschlagung aufzufangen"[108].

Die in der zuletzt genannten Entscheidung vertretene Auffassung[109] ist allerdings abzulehnen, denn sie würde konsequenterweise dazu führen, dass man im Enteignungsfall die Höhe der Entschädigung ebenfalls durch eine vorsichtige, an der oberen Grenze des Vertretbaren heranreichende Veranschlagung umgekehrt auffangen müsste, und dies ist in der höchstrichterlichen Rechtsprechung bislang jedenfalls nicht gefordert worden.

Im Bereich **der Einheitsbewertung** ist hervorgehoben worden, dass Unsicherheiten der **139**
Schätzung hinzunehmen sind, wenn zuvor der Sachverhalt vollständig aufgeklärt und die
Schätzung in sich schlüssig ist. Der BFH[110] hat hierzu ausgeführt:

„Die Schätzung ist ein Verfahren, Besteuerungsgrundlagen mit Hilfe von Wahrscheinlichkeitsüberlegungen zu ermitteln, wenn eine sichere Feststellung trotz des Bemühens um Aufklärung nicht möglich ist. Dabei sind alle Umstände zu berücksichtigen, die für ein solches Verfahren von Bedeutung sein können. Auszugehen ist von dem aufgeklärten Sachverhalt. Es bedarf weiterhin der Feststellung, dass eine weitere Sachaufklärung nicht möglich oder zumutbar ist. Erst in diesem Stadium setzten die Schätzungsüberlegungen ein, die aus dem festgestellten Sachverhalt folgern, dass die Besteuerungsgrundlagen in einer wahrscheinlichen Höhe verwirklicht worden sind (BFH, Urt. vom 2.2.1982 – VII R 65/80 –, *EzGuG 20.93b*)[111].

Die durch Schätzung ermittelte Besteuerungsgrundlage enthält einen **Unsicherheitsbereich,** der vom Wahrscheinlichkeitsgrad der Schätzung abhängig ist. Die Wahrscheinlichkeit, dass eine Schätzung zutreffend ist, wird umso größer sein, je umfangreicher der zugrunde gelegte gewisse Sachverhalt und je zuverlässiger die angewandte Schätzungsmethode ist. Eine genaue Bestimmung der Besteuerungsgrundlage kann im Schätzwege trotz Bemühens um Zuverlässigkeit allenfalls zufällig erreicht werden.

Diese **Unschärfe, die jeder Schätzung anhaftet,** kann im Allgemeinen vernachlässigt werden. Soweit sie sich zuungunsten des Steuerpflichtigen auswirkt, muss er sie hinnehmen, zumal wenn er den Anlass für die Schätzung gegeben hat (BFH, Urt. vom 26.4.1983 – VIII R 38/82 –, *EzGuG 11.137f*).

Welche Schätzungsmethode dem Ziel, die Besteuerungsgrundlagen durch Wahrscheinlichkeitsüberlegungen so zu bestimmen, dass sie der Wirklichkeit möglichst nahe kommen, am besten gerecht wird, ist grundsätzlich eine Frage der Tatsachengerechtigkeit ...

Schätzungen müssen insgesamt in sich schlüssig sein; ihre Ergebnisse müssen darüber hinaus wirtschaftlich vernünftig und möglich sein ..."

Eine **Schätzung**[112] erweist sich **erst dann** als **rechtswidrig, wenn sie den durch die** **140**
Umstände des Falles gezogenen Schätzungsrahmen verlässt (vgl. Rn. 118 ff.)[113].

---

107 BVerwG, Urt. vom 24.11.1978 – 4 C 56/76 –, EzGuG 15.9.
108 OVG Lüneburg, Urt. vom 30.10.1986 – 6 A 32/85 –, EzGuG 15.50.
109 So zuvor schon VG Münster, Urt. vom 18.2.1988 – 3 K 2268/85 – mit einem Abschlag von 20 % des ermittelten Ausgleichsbetrags.
110 BFH, Urt. vom 18.12.1984 – VIII R 195/82 –, EzGuG 20.108a.
111 Tipke, K., Über Schätzung im Verwaltungsverfahren und im Verwaltungsprozess, VerwArch 1969, 136.
112 Zur Leistungsfähigkeit der Wertermittlung im Rahmen der Einheitsbewertung BFH, Urt. vom 18.12.1984 – VIII R 195/82 –, EzGuG 20.108a; BFH Urt. vom 2.2.1982 – VI 65/80 –, EzGuG 20.93a; BFH, Urt. vom 26 4.1983 – VIII R 38/82 –, EzGuG 11.137b; vgl. auch BGH, Urt. vom 22.1.1959 – III ZR 148/57 –, EzGuG 6.37.
113 BFH, Urt. vom 1.10.1992 – IV R 34/90 –, BFHE 169, 503 = BB 1993, 719.

3.3 Auf- und Abrundung

141 Die Forderung nach der Ableitung eines „spitz" ermittelten Verkehrswerts findet ihre Begründung in der Verkehrswertdefinition des § 194 BauGB und bedeutet allerdings nicht, dass **Verkehrswerte mit einer „Pfenniggenauigkeit"** ermittelt werden können. Wie im Grundstücksverkehr sind auch bei der Verkehrswertermittlung die „rechnerischen" Ergebnisse der Wertermittlung entsprechend abzurunden. Folgende **Auf- oder Abrundungen** *(rounding)* sind gebräuchlich (Abb. 8).

Abb. 8: Auf- oder Abrundung bei der Verkehrswertermittlung

Auf- oder Abrundung der Verkehrswertermittlung	
Höhe des Verkehrswerts	Auf- oder Abrundung auf
bis 10 000 €	volle Hunderter
10 000 bis 500 000 €	volle Tausender
500 000 bis 1 000 000 €	volle Zehntausender
über 1 000 000 €	volle Hunderttausender

© W. Kleiber 09

3.4 Konsistenz der Verkehrswertermittlung

142 Mit dem vorstehend angesprochenen sprachlichen Problem steht auch die Frage nach der zeitlichen Konsistenz einer Verkehrswertermittlung im Zusammenhang. Dies ist z. B. in den Fällen von Bedeutung, in denen sich Kaufverhandlungen auf der Grundlage eines vorher erstellten Verkehrswertgutachtens über eine längere Zeit hinziehen. Nr. 3.1 der TLG Verkaufsrichtlinie[114] misst **Verkehrswertgutachten als Entscheidungsgrundlage für den Grundstücksverkauf** grundsätzlich **eine sich auf 8 Monate erstreckende Gültigkeit** bei, wobei dieser Zeitraum für *Berlin* allerdings auf vier Monate beschränkt wird[115]. Der Zeitraum soll sich nach dem Wertermittlungsstichtag und dem Beurkundungstag bemessen und ist durchaus realistisch, wenn man einmal von dem Sonderfall sich kurzfristig und zugleich nachhaltig verändernder allgemeiner Wertverhältnisse auf dem Grundstücksmarkt absieht.

4 Merkantiler Minderwert

143 Schrifttum: *Bartke, S./Schwarze, R.,* Marktorientierte Risikobewertung vornutzungsbelasteter Grundstücke, GuG 2009, 195; *Bindhardt,* BauR 1982, 442; *Kamphausen,* DS 1985, 280; *Krell/Krell,* Zeitabhängige Einflüsse bei der Ermittlung merkantiler Minderwerte, GuG 1998, 133; *Roller, G.,* Wertermittlung sanierter Gebäude – technischer und merkantiler Minderwert, GuG 2002, 16; *Vogel, R.,* Merkantiler Minderwert, GuG 1997, 151.

144 Zu den tatsächlichen Eigenschaften und der sonstigen Beschaffenheit i.S. der Verkehrswertdefinition des § 194 BauGB. gehört ggf. auch ein merkantiler Minderwert des Grundstücks. Er ist integraler Bestandteil des Verkehrswerts. **Unter einem merkantilen Minderwert ist dabei der Betrag zu verstehen, um den sich der Verkehrswert eines Grundstücks, das einen Mangel aufwies, trotz vollständiger Beseitigung dieses Mangels in technisch einwandfreier Weise** (auch z. B. aufgrund eines Bauschadens) **in der allgemein verbliebenen Befürchtung mindert, dass sich ein Folgeschaden irgendwie auch künftig auswirken**

---

114 TLG-Verkaufsrichtlinie (Stand 10.2.1996), abgedruckt bei Bielenberg/Kleiber/Söfker, Vermögensrecht, Jehle Rehm, II 4.2.13.
115 Für Gutachten eines Mieterhöhungsverlangens wurde vom LG Berlin im Urt. vom 3.2.1998 – 63 S 364/97 –, EzGuG 11.262 von einer zweijährigen Aktualität des Gutachtens ausgegangen.

Verkehrswert/Merkantiler Minderwert § 194 BauGB IV

könnte, auch wenn diese Befürchtung tatsächlich unbegründet ist[116]. Der merkantile Minderwert wird auch als psychologischer Minderwert bezeichnet.

Beispiel:

Bei der Ermittlung des Minderwerts eines vom Schwamm befallenen Hauses werden die Kosten der Beseitigung der Grundfeuchtigkeit des Hauses, die die Schwammbildung hervorgerufen hat, in Ansatz gebracht. Eine *Minderung des Verkehrswerts* kann aber bestehen bleiben, auch wenn die wertmindernden Schäden in technisch einwandfreier Weise beseitigt sind. Das gilt es zu berücksichtigen, wenn im gewöhnlichen Geschäftsverkehr befürchtet wird, die Schäden könnten sich doch irgendwie nachteilig auswirken, und deshalb im Grundstücksverkehr Sachen, bei denen solche Schäden aufgetreten waren, wertmäßig niedriger eingeschätzt werden als unbeschädigt gebliebene Sachen. Dies gilt selbst dann, wenn im Einzelfall die Befürchtung eines Folgeschadens unbegründet ist.

Der **merkantile Minderwert definiert sich** damit **nicht als ein „Wert"** an sich, **sondern als eine** in den **Verkehrswert** eingehende, d.h. ihn **mindernde Eigenschaft** der Sache. Die Wertminderung (merkantiler Minderwert) kann im Einzelfall auch schon vor der technisch einwandfreien Schadensbeseitigung eintreten. Befindet sich zum Beispiel ein altlastenbetroffenes Grundstück in der Sanierung oder steht eine einwandfreie Sanierung auf Kosten des Verursachers an, so kann der merkantile Minderwert bereits auf den Verkehrswert „durchschlagen", wenn im gewöhnliche Geschäftsverkehr auch für das sanierte Grundstück nur ein geringerer Kaufpreis erzielt werden könnte, als sich für ein vergleichbares nicht betroffenes Grundstück ergibt. 145

Ein merkantiler Minderwert mindert i.d.R. auch den **Beleihungswert** eines Grundstücks[117].

Nach der Rechtsprechung des BGH liegt der merkantile Minderwert in der Minderung des Verkaufswerts einer Sache[118]. Ein derartiger Minderwert kann auch einem Gebäude anhaften, wenn der Verdacht auf einen eventuell verborgen gebliebenen Schaden oder einen möglicherweise zukünftig eintretenden Schaden besteht. Die Annahme des merkantilen Minderwerts beruht eben gerade auf der Lebenserfahrung, dass ein einmal mit Mängeln behaftet gewesenes Gebäude trotz sorgfältiger und vollständiger Reparatur im Geschäftsverkehr vielfach niedriger bewertet wird. Der Minderwert wirkt sich nicht erst bei Verkauf des Gebäudes aus, sondern besteht auch dann, wenn es nicht verkauft werden soll[119]. Des Weiteren hat der BGH[120] festgestellt, dass eine **„Minderung des Verkehrswerts"** auch bestehen bleiben kann, „wenn die wertmindernden Schäden in technisch einwandfreier Weise beseitigt sind. Das gilt vor allem dann, wenn im Verkehr befürchtet wird, die Schäden könnten sich doch irgendwie nachteilig auswirken und deshalb Sachen, bei denen solche Schäden aufgetreten waren, niedriger bewertet werden als unbeschädigt gebliebene, selbst wenn im Einzelfall die Befürchtung eines Folgeschadens in Wahrheit unbegründet ist". Im Einzelfall muss deshalb geprüft werden, ob eine entsprechende Wertminderung ggf. nach § 194 BauGB bereits berücksichtigt ist oder im Entschädigungsfall nach § 96 BauGB noch zusätzlich berücksichtigt werden muss.

Eine **Minderung wegen merkantilen Minderwerts** kommt demnach auch dann in Betracht, wenn das Objekt einen Schaden hatte und dieser Schaden beseitigt worden ist. Er ist **nicht nach technischen Gesichtspunkten zu berechnen**. Es sind ausschließlich die Auswirkungen auf den gemeinen Verkaufswert zu berücksichtigen[121]. Maßgebend ist der Verkaufswert am Immobilienmarkt. Für die **Ermittlung des (merkantilen) Minderwerts** ist zu Recht darauf hingewiesen worden, dass sich die letztlich **auf eine Vertrauenserschütterung zurückzuführende Wertminderung** nicht nach mathematischen Formeln ermitteln lässt. und **im Wege der Schätzung** beurteilt werden muss[122]. Es gilt also im Gutachten überzeugend klarzustellen, aus welchen nicht bautechnischen Gründen der Verkaufswert für „jedermann" gemindert ist. 146

---

116 BGH, Urt. vom 24.2.1972 – VII ZR 177/70 –, EzGuG 3.38b.
117 BGH, Urt. vom 14.1.1971 – VII ZR 3/69 –, EzGuG 3.34a.
118 BGH, Urt. vom 8.12.1977 – VII ZR 60/76 –, EzGuG 19.33a; BGH, Urt. vom 2.4.1981 – III ZR 186/79 –, EzGuG 4.75 = EzGuG 19.38.
119 BGH, Urt. vom 5.10.1961 – VII ZR 146/60 –, EzGuG 19.6b; vgl. Bindhardt in BauR 1982, 442.
120 BGH, Urt. vom 20.6.1968 – III ZR 32/66 –, EzGuG 19.13; BGH, Urt. vom 13.11.1970 – V ZR 6/70 –, EzGuG 19.23.
121 BGH, Urt. vom 25.2.1953 – II ZR 172/52 –, EzGuG 20.13.
122 OLG Saarbrücken, Urt. vom 20.5.1960 – 3 U 45/95 –, EzGuG 4.14; OVG Münster, Urt. vom 23.1.1984 – 10 A 23 66/79 –, EzGuG 4.95.

Gesicherte Ergebnisse über die Höhe des Abschlags wegen merkantilen Minderwerts können deshalb nur nach umfangreichen Marktuntersuchungen gewonnen werden (Kaufpreisvergleiche!). Da Kaufpreise im Allgemeinen von zahlreichen Marktumständen beeinflusst werden, ist der auf den merkantilen Minderwert entfallende Anteil äußerst schwer festzustellen. Er wird nur bei erheblicher Minderung nachweisbar sein (z. B. **Hausschwamm, Bergschadensgefahr** usw.). Das bedeutet, es müssen konkrete Umstände vorliegen, dass der gesunde Grundstücksverkehr über die schon zuerkannte Wertminderung hinaus einen weiteren Abzug macht.

147 In den folgenden Bereichen können **merkantile Minderwerte von Bedeutung** sein:

a) Hausschwamm[123],

b) Trockenfäule[124],

c) schlechte Baumaterialien[125] und Bauausführung,

d) Altlasten (vgl. § 6 ImmoWertV Rn. 190, 195)[126],

e) Bergschaden (vgl. § 5 ImmoWertV Rn. 383, 422 ff.)[127],

f) Untertunnelung[128],

g) Baugrund[129],

h) Begrünung[130],

i) Rohbau[131].

148 Nicht jeder in der Vergangenheit aufgetretene und zwischenzeitlich behobene Mangel und Schaden einer Sache führt jedoch zu einem merkantilen Minderwert. Für die Berücksichtigung eines merkantilen Minderwerts ist vielmehr Voraussetzung, dass tatsächlich **im gewöhnlichen Geschäftsverkehr eine den Preis beeinflussende Abneigung**, z. B. gegen ein ehemals kontaminiertes, aber inzwischen saniertes Grundstück, besteht und insoweit bei der Veräußerung Wertabschläge allgemein hingenommen werden müssen. Erfahrungsgemäß treten merkantile Minderwerte deshalb in aller Regel nur bei besonders gravierenden Mängeln auf, die auch nach ihrer Beseitigung der Sache als Makel anhaften oder in der allgemeinen Anschauung weiterhin die Befürchtung eines Folgeschadens aufkommen lassen.

149 Deshalb muss, wenn ein merkantiler Minderwert in Betracht kommt, im Einzelfall zunächst geprüft werden, ob überhaupt ein merkantiler Minderwert zu berücksichtigen ist. Der Sachverständige muss sich – um sich nicht schadensersatzpflichtig zu machen – dieser Frage mit der gleichen Sorgfalt widmen, die er zur Erstellung des Gutachtens selbst obwalten lassen muss. Entsprechend dem Vorhergesagten, dass merkantile Minderwerte nur bei wesentlichen Mängeln, von denen der Grundstücksmarkt ausgeht, auftreten können, ist ein merkantiler Minderwert dann nicht zu berücksichtigen, wenn die **Schadensbeseitigungskosten unter 10 v. H.** des mangelfreien Gebäudewerts liegen[132]. Darüber hinaus ist vom Ansatz eines mer-

---

123 BGH, Urt. vom 20.6.1968 – III ZR 32/66 –, EzGuG 19.33; BGH, Urt. vom 10.7.1963 – VI ZR 66/62 –, WM 1963, 967 = MDR 1964, 41 = BB 1963, 1354; RG, Urt. vom 11.7.1914 – V 67/14 –, RGZ 85, 252; BGH, Urt. vom 28.6.1961 – V ZR 201/60 –, EzGuG 19.6; BGH, Urt. vom 13.11.1970 – V ZR 6/70 –, EzGuG 19.23; BGH, Urt. vom 8.12.1977 – VI ZR 60/76 –, EzGuG 19.32a; Tewis in GuG 2000, 33.
124 BGH, Urt. vom 20.6.1968 – III ZR 32/66 –, EzGuG 19.13.
125 BGH, Urt. vom 25.2.1953 – II ZR 172/52 –, EzGuG 20.15, BGH, Urt. vom 8.12.1977 – VI ZR 60/76 –, BauR 1979, 158 = EzGuG 19.33a; BGH, Urt. vom 24.2.1972 – VII ZR 177/70 –, EzGuG 3.38b; BGH, Urt. vom 14.1.1971 – VII ZR 3/69 –, EzGuG 3.34a; BGH, Urt. vom 15.12.1994 – VII ZR 246/93 –, BauR 1995, 388.
126 BGH, Urt. vom 10.7.1991 – XII ZR 109/90 –, EzGuG 20.124 d.
127 OLG Saarbrücken, Urt. vom 20.5.1980 – 3 U 45/95 –, EzGuG 4.14; OVG Münster, Urt. vom 23.1.1984 – 10A 2366/79 –, EzGuG 4.95; OLG Saarbrücken, Urt. vom 16.5.1994 – 4 W 174/94 –, GuG 1995, 314 = EzGuG 4.157; OLG Düsseldorf, Urt. vom 4.2.2000 – 7 U 67/98 –, GuG 2001, 123.
128 BGH, Urt. vom 24.1981 – III ZR 186/79 –, EzGuG 19.38.
129 OVG Lüneburg, Urt. vom 17.1.1997 – 1 L 1218/95 –, NdsRpflege 1997, 123 = BRS Bd 59 Nr 250 = EzGuG 15.87a.
130 OLG München, Urt. vom 28.4.1994 – 1 U 6995/93 –, EzGuG 2.58a.
131 BGH, Urt. vom 22.11.1991 – V ZR 187/90 –, BGHZ 16, 161.
132 KG, Urt. vom 13.1.1975 – 12 U 2107/74 –, VersR 1975, 664.

Verkehrswert/Merkantiler Minderwert § 194 BauGB IV

kantilen Minderwerts abzusehen, wenn sich die Restnutzungsdauer des Gebäudes auf weniger als 20 v. H. der Gesamtnutzungsdauer beläuft[133].

Ob und in welcher Höhe ein merkantiler Minderwert den Verkehrswert des Grundstücks beeinflusst, muss nach der Verkehrsauffassung beurteilt werden. In der Wertermittlungspraxis werden merkantile Minderwerte mit einem **Vomhundertsatz des Verkehrswerts** berücksichtigt, der sich für dasselbe Grundstück unter der Annahme ergibt, dass der Mangel in der Vergangenheit gar nicht erst aufgetreten ist. Die Höhe des Vomhundertsatzes ist abhängig von 150

a) der Höhe der aufgebrachten Schadensbeseitigungskosten[134], im Verhältnis zum mangelfreien Gebäudewert,

b) dem Grad des Gefährdungspotenzials, dass der Schaden nicht (vollständig) beseitigt ist und die Kosten erneut entstehen,

c) der Zeit, die seit Schadensbehebung verstrichen ist, und

d) der Restnutzungsdauer des Gebäudes, sofern der merkantile Minderwert aus einem Gebäudemangel resultiert.

Neben der Schadenshöhe kann des Weiteren auch eine medienwirksame Behandlung des zwischenzeitlichen behobenen Schadensfalles in der Öffentlichkeit zu einem merkantilen Minderwert führen.

Hieraus folgt, dass **zur Ermittlung des merkantilen Minderwerts zunächst die Kosten ermittelt werden müssen,** die für die Beseitigung des Schadens aufgebracht wurden. Diese Beseitigungskosten sind ins Verhältnis zum Gebäudewert zu setzen[135]. Als Erfahrungswerte für die Höhe des merkantilen Minderwerts können gelten bei Schadensbeseitigungskosten in Höhe von 151

– 1/3 des mangelfreien Gebäudewerts   5 % des Gebäudewerts,
– 2/3 des mangelfreien Gebäudewerts   6 % des Gebäudewerts,
– 3/3 des mangelfreien Gebäudewerts   7 % des Gebäudewerts,

nach Schadensbeseitigung. Die Wertminderung baut sich mit fortschreitender Zeit ab. *Volze* gibt dafür folgende Tabelle an:

Abb. 9: Merkantiler Minderwert

Merkantiler Minderwert			
Nutzungsdauer	1/3 des mangelfreien Gebäudewerts als Reparaturkosten	2/3 des mangelfreien Gebäudewerts als Reparaturkosten	3/3 des mangelfreien Gebäudewerts als Reparaturkosten
20 Jahre	5 %	6 %	7 %
40 Jahre	4 %	5 %	6 %
60 Jahre	3 %	4 %	5 %
80 Jahre	-	-	-

Quelle: Volze, Vortrag vor der Fachgruppe Bau- und Bewertung des LVS Hessen in der IHK Frankfurt am Main 14.11.2003

Diese Erfahrungssätze sind nach dem **Grad der Wahrscheinlichkeit** entsprechend der Schadensart zu modifizieren und vermindern sich (ausgehend vom Zeitpunkt der Schadensbeseitigung) mit fortschreitender Zeit. Allgemein schwindet die Wertminderung über einen Zeitraum von regelmäßig rd. 15 Jahren gegen null, d.h. nach 15 Jahren kann ein merkantiler 152

---
133 LG Frankfurt am Main, Urt. vom 8.12.1982 – 3/3 AktE 104/79 –, DAR 1984, 319 = BB 1983, 1244.
134 BGH, Urt. vom 28.6.1961 – V ZR 201/60 –, EzGuG 19.69.
135 BGH, Urt. vom 13.11.1970 – V ZR 6/70 –, EzGuG 19.23.

Minderwert ausgeschlossen werden. Der Einfluss schwindet allerdings nicht linear, sondern zunächst eher geringfügig und mit fortschreitender Zeit zunehmend, d.h. parabelförmig:

Abb. 10: Merkantiler Minderwert mit fortschreitender Zeit

Prozentualer merkantiler Minderwert in Abhängigkeit von der Zeit:

$$\text{Merkantiler Minderwert}_\% = 100 - (100 \times \frac{\text{Jahre}}{\text{Gesamtdauer}})^2/100$$

Beispiel:

– Gesamtdauer eines merkantilen Minderwerts =   15 Jahre
– Zeitspanne seit Schadensbeseitigung =   5 Jahre

Merkantiler Minderwert$_\%$ im 5 Jahr = $100 - (100 \times 5/15)^2/100 = 88{,}89\,\%$ des merkantilen Minderwerts im Zeitpunkt der Schadensbehebung

Ein merkantiler Minderwert, der sich unmittelbar nach der Schadensbeseitigung in Höhe von 7 % des Gebäudewerts ergibt, beläuft sich in diesem Fall nach 5 Jahren nur noch auf 6,2 %.

153 Ein merkantiler Minderwert darf bei **Anwendung des Sachwertverfahrens** nur insoweit berücksichtigt werden, wie er nicht bereits mit der Berücksichtigung der Wertminderung aufgrund von Baumängeln oder Bauschäden erfasst wird, d.h. insoweit geht es darum, eine doppelte Berücksichtigung zu vermeiden[136]. Es empfiehlt sich, die für Bauschäden und Baumängel anzubringenden Abschläge klar vom Abschlag wegen merkantilen Minderwerts aufgrund behobener Bauschäden zu trennen.

154 Wenn eine **technische Wertminderung durch einen Bauschaden und eine merkantile Wertminderung** durch einen nicht ausräumbaren Verdacht auf Schaden **nebeneinander** bestehen, bereitet die klare Trennung der Bauschadensabschläge von den Abschlägen wegen merkantilen Minderwerts Probleme, denn je nachdem, ob ein Bauschaden oder ein merkantiler Minderwert vorliegt, gelten bei der Bemessung der Abschläge unterschiedliche Grundsätze. *Kamphausen*[137] hat dazu die jeweiligen Fallarten wie folgt zusammengestellt:

---

136 BGH, Urt. vom 25.2.1953 – II ZR 172/52 –, EzGuG 20.15; BGH, Urt. vom 5.10.1961 – VII ZR 146/60 –, EzGuG 19.6b; BGH, Urt. vom 26.10.1972 – VII ZR 181/71 –, EzGuG 11.86b; BGH, Urt. vom 14.1.1971 – VII ZR 3/69 –, EzGuG 3.34a; KG Berlin, Urt. vom 17.11.1977 – 12 U 1543/77 –, EzGuG 2.17; ferner BGH, Urt. vom 18.9.1979 – VI ZR 19/79 –, EzGuG 19.35a; BGH, Urt. vom 3.10.1961 – VI ZR 238/60 –, EzGuG 19.6a, BGH, Urt. vom 28.2.1980 – VII ZR 183/79 –, EzGuG 11.117.
137 Kamphausen in DS 1985, 280.

Zusammenstellung der Fallarten bei der Wertminderung wegen Baumängeln und Bauschäden und merkantilen Minderwerts in Anlehnung an Kamphausen

Beeinträchtigung durch Baumängel und Bauschäden	Verkehrswertminderung wegen	
	baulicher Mängel oder Schäden	merkantiler Umstände
unerheblich	nein	nein
erheblich, nicht reparabel	ja (Verkürzung der Restnutzungsdauer)	nein, wenn durch Abschlag wegen baulicher Mängel oder Schäden abgedeckt
erheblich, teilweise reparabel	ja	ja, wenn Anhaltspunkte für einen darüber hinausgehenden Marktabschlag bestehen
erheblich, aber vollständig beseitigt	nein	ja, wenn Anhaltspunkte für Marktabschlag bestehen

Entsprechendes gilt im Übrigen auch bei **Anwendung des Ertragswertverfahrens**. Ein merkantiler Minderwert kann sich nämlich auch auf die Ertragsverhältnisse, d.h. auf die Vermietung und die Beleihung auswirken (vgl. § 5 ImmoWertV Rn. 383) und wird ggf. insoweit bereits entsprechend berücksichtigt[138]. 155

Die **im Schadensersatzrecht** (vgl. Teil VII Rn. 241 ff.) **für den merkantilen Minderwert entwickelten Grundsätze**[139] gelten im Übrigen auch im Recht der Entschädigung. Begründet wird dies damit, dass dem Eigentümer einer Sache, der trotz völliger und ordnungsgemäßer Reparatur im Verkehr wegen der Befürchtung von versteckten Mängeln ein geringerer Wert beigemessen wird, ein gegenwärtiger Schaden entsteht, weil er zu einem weniger wertvollen Vermögen führt. Enteignungsrechtlich gesehen hat ein solcher Eigentümer als Folge eines enteignenden Eingriffs bereits ein gegenwärtiges Sonderopfer erbracht. Der merkantile Minderwert ist damit Ausdruck der erlittenen Substanzeinbuße[140]. 156

Die im Schadensersatz- und Enteignungsrecht geltenden Grundsätze zur Berücksichtigung merkantiler Minderwerte sind verkehrswertimmanent, wobei es auf die Verhältnisse auf dem Grundstücksmarkt am Wertermittlungsstichtag ankommt. Bei der **Enteignungsentschädigung** sollte der merkantile Minderwert aus systematischen Gründen deshalb bei der Ermittlung der Entschädigung für den Rechtsverlust und damit bei der Ermittlung des Verkehrswerts berücksichtigt werden. Für die Bemessung des merkantilen Minderwerts ist im Schadensersatzrecht der Zeitpunkt der beendeten Instandsetzung der beschädigten Sache maßgebend[141]. Nach der Rechtsprechung des BGH[142] soll auch im Entschädigungsrecht auf diesen Zeitpunkt abgehoben werden, weil dieser Zeitpunkt dem – sonst ausschlaggebenden – Eingriffszeitpunkt möglichst nahe kommt (vgl. zu alledem Teil VII Rn. 224 ff.). 157

---

138 RG, Urt. vom 24.3.1937 – V 271 –,Warn Rspr. 1937 Nr. 99BGH, Urt. vom 25.2.1953 – II ZR 172/52 –, EzGuG 20.15; BGH, Urt. vom 5.10.1961 – VII ZR 146/60 –, EzGuG 19.6b; BGH, Urt. vom 26.10.1972 – VII ZR 181/71 –, EzGuG 11.86b; OLG Düsseldorf, Urt. vom 13.7.1972 – 5 U 100 u. 199/71 –, EzGuG 6.156a., BGH, Urt. vom 14.1.1971 – VII ZR 3/69 –, EzGuG 3.34a; zur Frage **entgangener Gebrauchsvorteile**: BGH, Urt. vom 28.2.1980 – VII ZR 183/79 –, EzGuG 11.117; OLG Düsseldorf, Urt. vom 13.7.1972 – 5 U 100 und199/71 –, EzGuG 6.156a
139 BGH, Beschl. vom 4.7.1979 – V BLw 8/79 –, WM 1979, 1243 = NJW 1980, 281; BGH, Urt. vom 3.10.1961 – VI ZR 238/60 –, EzGuG 19.6a; vgl. Staudinger/Medicus § 251 BGB, Rn. 34 ff., 82.
140 BGH, Urt. vom 2.4.1981 – III ZR 186/79 –, EzGuG 4.75; BGH, Urt. vom 28.9.1972 – III ZR 44/70 –, EzGuG 14.47; BGH, Urt. vom 20.12.1971 – III ZR 79/69 –, EzGuG 13.19.
141 BGH, Urt. vom 2.12.1966 – VI ZR 72/65 –, NJW 1967, 552 = MDR 1967, 294.
142 BGH, Urt. vom 2.4.1981 – III ZR 186/79 –, EzGuG 4.75.

5 Verkehrswerte in anderen Rechtsbereichen

5.1 Entschädigungsrecht

158 ▶ *Weitere Ausführungen im Teil VII*

159 Der in § 194 BauGB definierte **Verkehrswert** (Marktwert) **ist bei Enteignungen** nach § 95 Abs. 1 Satz 1 BauGB (auch § 10 LBeschG) **Bemessungsgrundlage für die Entschädigung des Rechtsverlusts**[143]. Der Verkehrswert bildet sich daher in Wechselbeziehung zu der Entschädigung, die im Falle einer Enteignung zu gewähren ist. Die Entschädigungsvorschriften sind deshalb bei der Verkehrswertermittlung zu beachten, denn ein vernünftig handelnder Erwerber wird bei der Kaufpreisbemessung das berücksichtigen, was er im Enteignungsfall als Entschädigung beanspruchen kann. Dies gehört zu den nach § 194 BauGB zu berücksichtigenden rechtlichen Gegebenheiten.

160 Auch die sich an die entschädigungsrechtlichen Bestimmungen des BauGB anlehnenden **Enteignungsgesetze der Länder** (vgl. Teil VII Rn. 169) knüpfen an den Verkehrswertbegriff des § 194 BauGB an[144].

5.2 Ausübung von Vorkaufsrechten

▶ *Vgl. hierzu Teil IX Rn. 501 ff.*

161 Der Verkehrswert ist nach § 28 Abs. 3 BauGB auch **Bemessungsgrundlage bei Ausübung des preislimitierenden Vorkaufsrechts** nach dem BauGB.

162 Schon bei Ausübung des **allgemeinen Vorkaufsrechts nach § 3 des Maßnahmengesetzes zum Baugesetzbuch** (BauGB-MaßnahmenG 93)[145] war der Verkehrswert Bemessungsgrundlage, wenn der vereinbarte Kaufpreis den Verkehrswert (Marktwert) in einer dem Rechtsverkehr erkennbaren Weise deutlich überschritt.

163 Mit **§ 28 Abs. 3 BauGB 98** findet diese Regelung seit dem 1.1.1998 generell Anwendung bei Ausübung des Vorkaufsrechts nach dem BauGB.

164 Wann eine **deutliche Überschreitung des Verkehrswerts** (Marktwerts) vorliegt, soll nach der Begründung zu dieser Vorschrift in Anlehnung an die Rechtsprechung des BVerwG zur sog. Preisprüfung in Sanierungsgebieten beurteilt werden; danach liegt der vereinbarte Kaufpreis so lange nicht über dem Verkehrswert, wie nicht Werte vereinbart oder zugrunde gelegt werden, die in einer dem Rechtsverkehr erkennbaren Weise deutlich verfehlen, was auch

---

143 Die gegebene Rechtslage ist verfassungsrechtlich nicht vorgegeben, denn Art. 14 Abs. 3 Satz 3 GG verlangt nicht, dass die Entschädigung stets nach dem Marktwert bemessen wird (vgl. BVerfG Urt. vom 18.12.1968 – 1 BvR 638, 673/64 –, EzGuG 6.118; BVerfG Beschl. vom 26.10.1977 – 1 BvL 9/72 –, EzGuG 6.194; BGH, Urt. vom 18.10.1979 – III ZR 68/77 –, EzGuG 6.20a; BGH, Urt. vom 28.9.1972 – III ZR 44/70 –, EzGuG 14.47; zu den Grenzen des Gesetzgebers aufgrund der besonderen Stellung des Grund und Bodens, Inhalt und Schranken des Eigentums zu bestimmen, grundsätzlich BVerfG, Beschl. vom 12.1.1967 – 1 BvR 169/63 –, EzGuG 6.96 und BGH, Urt. vom 26.11.1954 – V ZR 58/53 –, EzGuG 6.11.

144 § 7 Abs. 4 des hamb. Enteignungsgesetzes i.d.F. vom 11.11.1980 (GVBl. 1980, 305), zuletzt geändert durch Gesetz vom 1.7.1993 (GVBl. 1993, 149), wonach die Vorschriften über die Gutachterausschüsse und die hierzu ergangenen Rechtsverordnung „sinngemäß" in Enteignungsverfahren anzuwenden sind; Art. 10 Abs. 1 Satz 2 des bay. Enteignungsgesetzes vom 25.7.1978 (GVBl. 1978, 625 = BayRS 2141 – 1-I) enthält eine § 194 BauGB entsprechende Verkehrswertdefinition, die allerdings nicht die Berücksichtigung der „rechtlichen Gegebenheiten" ausdrücklich vorschreibt; Verwendung dieser Verkehrswertbegriff auch im hess. Enteignungsgesetz vom 4.4.1973 (GVBl. 1973, 107), im nds. Enteignungsgesetz i.d.F. vom 6.4.1981 (GVBl. 1981, 83), zuletzt geändert durch Gesetz vom 19.9.1989 (GVBl. 1989, 345), im rh.-pf. Landesenteignungsgesetz vom 22.4.1966 (GVBl. 1966, 103), geändert durch Gesetz vom 27.6.1974 (GVBl. 1974, 290) und § 9 Abs. 1 Satz 2 des bad.-württ. Landesenteignungsgesetzes vom 6.4.1982 (GBl. 1982, 97), geändert durch Gesetz vom 25.2.1992 (GVBl. 1992, 145), und im nordrh.-westf. Landesenteignungs- und -entschädigungsgesetz – EEG – vom 20.6.1989 (GVBl. 1989, 366, ber. GVBl. 1989, 570).

145 BGBl. I 1993, 622.

sonst, nämlich im gewöhnlichen Geschäftsverkehr, ohne Rücksicht auf ungewöhnliche oder persönliche Verhältnisse zu erzielen wäre (vgl. Rn. 128, Teil VIII Rn. 92 ff.)[146].

Die sich nach dem **Verkehrswert** (Marktwert) bemessende Entschädigung **ist begrifflich** **165** **identisch mit dem wahren wirklichen oder inneren Wert eines Grundstücks** und auch mit dem „vollen Gegenwert", der auch Maßstab für ein angemessenes Angebot (vgl. Rn. 13, 53; Teil VII Rn. 252 f.) ist, das im Vorfeld einer Enteignung nach den §§ 87 f. BauGB unterbreitet werden muss[147].

5.3   Haushaltsrecht

Schrifttum: Kommunales Vermögen – richtig bewertet, Haufe Verlag 2004.

Der Verkehrswert (Marktwert) ist auch identisch mit dem **„vollen Wert"** i.S. der Bundes- und **166** Landeshaushaltsordnungen sowie der Gemeindeordnungen der Länder[148]; er ist damit Bemessungsgrundlage für die Überlassung und Nutzung von Vermögensgegenständen der öffentlichen Hand. Solche darf die öffentliche Hand nur unter besonderen Voraussetzungen verbilligt abgeben[149]; die Ausnahmen werden im Haushaltsplan zugelassen.

Der materiellen Definition des Verkehrswerts (Marktwerts) entspricht der „volle Wert"; dieser **167** Begriff wird im Haushaltsrecht des Bundes, der Länder und der Gemeinden verwandt. Auch der **in den jungen Bundesländern geltende § 49 Kommunalverfassung (KV)**[150] vom 17.5.1990 stellt für den Regelfall der Veräußerung von Vermögensgegenständen auf diesen Wert ab[151]. Der Verkauf öffentlichen Vermögens unter diesem Wert stellt nach der Rechtsprechung des BGH eine teilweise unentgeltliche und verbotene Zuwendung dar, wenn er nicht ausnahmsweise einem legitimen öffentlichen Zweck dient[152].

Ein Kaufvertrag, durch welchen **öffentliches Vermögen verschleudert** wird, war nach § 68 **168** Abs. 1 Nr. 1 ZGB im Gebiet der jungen Bundesländer sowie im Ostteil Berlins schon bisher „nichtig, wenn sein Inhalt gegen ein in Rechtsvorschriften enthaltenes Verbot verstößt" (vgl. auch § 134 BGB). Soweit Verträge zwischen dem 19.3.1990 (= Datum des Inkrafttretens des Gesetzes über den Verkauf volkseigener Gebäude vom 7.3.1990, GBl. DDR I 1990, 157) und dem 30.6.1990 abgeschlossen, aber bis zum 30.6.1990 noch nicht erfüllt wurden, gelten die Ausführungen unter Rn. 103 des Teils II (Einführung). Nach § 4 Abs. 2 der Verordnung zum Preisgesetz vom 25.6.1990 (GBl. DDR I 1990, 172 f.) greift diese nämlich in noch nicht erfüllte Verträge ein. Ist also der Kaufpreis erst nach dem 30.6.1990 entrichtet worden oder die Eigentumseintragung im Grundbuch (vgl. § 297 ZGB) nach dem 30.6.1990 vorgenommen worden, hätte die Kaufsumme neu ausgehandelt werden müssen.

---

146 BT-Drucks. 11/5972, S. 13; BGH, Urt. vom 5.7.1990 – III ZR 229/89 –, EzGuG 14.94; BVerwG, Urt. vom 24.11.1978 – 4 C 56/76 –, EzGuG 15.9; BVerwG, Urt. vom 21.8.1981 – 4 C 16/78 –, EzGuG 15.18; LG Karlsruhe, Urt. vom 24.6.1994 – O 12/94 –, GuG 1995, 383 = EzGuG 14.122; ferner BT-Drucks. 11/6636, S. 26 f.
147 BGH, Urt. vom 16.12.1982 – III ZR 123/81 –, EzGuG 6.218; BGH, Urt. vom 9.11.1959 – III ZR 149/58 –, EzGuG 14.11; BGH, Urt. vom 31.5.1965 – III ZR 214/63 –, EzGuG 19.8; BGH, Urt. vom 22.5.1967 – III ZR 145/66 –, EzGuG 6.99; BGH, Urt. vom 8.6.959 – III ZR 66/58 –, EzGuG 6.41; OLG Düsseldorf, Urt. vom 18.10.1979 – 18 U 78/79 –, EzGuG 16.23a.
148 Bundeshaushaltsordnung – BHO, dort § 63 Abs. 3 BHO; vgl. auch § 63 Abs. 3 brem. LHO; BGH, Urt. vom 30.1.1967 – III ZR 35/65 –, EzGuG 1.6; OVG Münster, Urt. vom 5.8.1982 – 15 A 1634/81 –, EzGuG 1.21; OVG Münster, Urt. vom 17.7.1981 – 15 A 2672/78 –; Bekanntm. des bay. Staatsministeriums des Innern vom 15.11.1988 (AllMBl. 1988, 895); Art. 75 der bay. GemO vom 11.9.1989 (GVBl. 1989. 585); bad.-württ. VwVGemO vom 1.12.1985 (GABl. 1985, 1113, zu § 92); § 6 der nordrh.-westf. Haushaltsgesetzes vom 14.12.1988 (GVBl. 1988, 518), auch RdErl. des nordrh.-westf. MSWV vom 16.3.1988 – 1 C 1 – 60.00 – 204/88 –, (MBl.1988, 534), Tz. 6.2.18.23.
149 Zusammenstellung bei Kleiber in Krautzberger, Städtebauförderungsrecht, a.a.O., Bd. II, Nr. 15; vgl. BT-Drucks. 11/8403, S. 3; Gesetz über die Veräußerung von Grundstücken Berlins (GVBl. Bln 1992, 304).
150 GBl. DDR I 1990, 255 i.V.m. Anl. II Kap. II Sachgebiet B Abschnitt II des Einigungsvertrages vom 31.8.1990 (BGBl. II 1990, 885); vgl. RdErl. des IM von Sachsen-Anhalt vom 1.3.1995 – 33.11 – 10251 – (MBl. LSA 1995, 390 = GuG 1997, 112).
151 Vgl. § 55 Abs. 3, § 56 Abs. 3 der Haushaltsordnung vom 15.6.1990, GBl. DDR I 1990 Nr. 33.
152 BGH, Beschl. vom 28.9.1993 – III ZR 91/92 –, EzGuG 15.77; BGH, Urt. vom 30.1.1967 – III ZR 35/65 –, EzGuG 1.6; OVG Münster, Urt. vom 5.8.1982 – 15 A 1634/81 –, EzGuG 1.21.

169 Auch nach der **vor dem 1.7.1990 gegebenen Rechtslage waren die DDR-Behörden** im Übrigen zum sparsamen Umgang mit öffentlichen Geldern verpflichtet[153].

170 Der **Verkehrswert** (= voller Wert) **als Bemessungsgrundlage für die Veräußerung von Grundstücken** gemäß § 63 Abs. 3 BHO **gilt** nach § 105 BHO im Übrigen **auch für bundesunmittelbare juristische Personen des öffentlichen Rechts,** jedoch kann der für sie jeweils zuständige Bundesminister im Einvernehmen mit dem Bundesministerium der Finanzen und dem Bundesrechnungshof auch hierfür Ausnahmen zulassen, soweit kein erhebliches finanzielles Interesse des Bundes besteht. Mithin fällt unter diese Regelung auch die Treuhandanstalt, die nach § 2 des Treuhandgesetzes – TG – eine Anstalt des öffentlichen Rechts ist.

5.4 Bergrecht

171 § 194 BauGB definiert den Verkehrswert (Marktwert) wortgleich mit **§ 85 Abs. 1 des Bundesberggesetzes BBergG,** wo er ebenfalls Bemessungsgrundlage der Entschädigung für den Rechtsverlust ist.

172 ▶ *Nähere Ausführungen zum Abbauland vgl. § 5 ImmoWertV Rn. 306 ff.*

5.5 Steuerliches Bewertungsrecht (Gemeiner Wert)

Schrifttum: *Halaczinsky, R.,* Der bewertungsrechtliche Grundbesitzwert; ein falscher Verkehrswert?, GuG 2004, 291; *Halaczinsky, R./Teß,* Grundbesitzbewertung für Erbfall und Schenkung, 2. Aufl. Bundesanzeiger Verlag 2003; *Höll, K./Moench, D.,* Die neue Erbschaftsteuer, Luchterhand Verlag 1997; *Klein, F.,* Erbschaft- und Schenkungsteuergesetz, Nomos 1997; *Meincke, J-P.,* Erbschaft- und Schenkungsteuergesetz, Beck Verlag 2002; *Rössler/Troll,* Bewertungsgesetz, Vahlen-Verlag; *Schneider, N.,* Erbschaft-/Schenkungsteuerrecht, 2. Aufl. Haus- und Grund; *Weinmann, N.,* Das neue Erbschaftsteuerrecht 1997, Beck-Verlag.

173 Trotz unterschiedlichen Wortlauts ist der Verkehrswert auch materiell identisch mit dem in § 9 Abs. 2 BewG bestimmten **gemeinen Wert des Steuerrechts.**

174 Der BFH hat in einer Entscheidung von 1990[154] festgestellt, dass der wahre Wert des Grundvermögens dem Verkehrswert entspricht. Der als „**gemeiner Wert**" nach den Regeln des Bewertungsgesetzes abgeleitete Einheitswert unterscheidet sich vom aktuell ermittelten Verkehrswert lediglich hinsichtlich des Wertermittlungsstichtags und der Wertermittlungsmethodik[155]. Die steuerliche Bewertung ist, da es sich um eine Massenbewertung handelt, auf pauschalierende Vereinfachungen gegenüber der „spitzen" Verkehrswertermittlung angelegt. Zudem wird sie nach dem Steuerrecht (als Einheits- bzw. Grundbesitzwert) mit Rechtswirksamkeit festgesetzt. Die Einheitswerte – bis zum Inkrafttreten des Jahressteuergesetzes Bemessungsgrundlage für alle einheitswertabhängigen Steuern (Grund-, Vermögen-, Erbschaft- und Schenkungsteuer) – wurden auf den 1.1.1964 festgestellt und fanden – außer bei der Grundsteuer – mit einem Zuschlag von 40 % Anwendung, obwohl zwischenzeitlich erhebliche Werterhöhungen zu verzeichnen waren. Deshalb sowie aufgrund der (notwendigerweise) pauschalierenden Bewertungsmethodik des Steuerrechts müssen die festgestellten

---

153 Vgl. z. B. § 1 Abs. 4, § 5 Abs. 1 und 2, § 8 Abs. 1, §§ 11, 15 Abs. 5, § 23 Abs. 1 und 2 Gesetz über die Staatshaushaltsordnung der DDR vom 13.12.1968 (GBl. DDR I 1968, 383) und § 3 Anordnung über die Rechtsträgerschaft an volkseigenen Grundstücken vom 7.7.1969 (GBl. DDR II 1969, 433).
154 BFH, Urt. vom 2.2.1990 – III R 173/86 –, EzGuG 20.131 = GuG 1992, 217.
155 So auch Rössler/Troll, Bewertungs- und Vermögensteuergesetz, Komm. 14. Aufl. § 9 BewG Rn. 1 ff., sowie Klein, Erläut. zum BewG in: Das Dt. Bundesrecht 462 Lfg. März 1981: auch der RegE zum BBauG 1960 ging in seiner Begründung von der Begriffsidentität aus – vgl. BT-Drucks. III/336 zu § 163, S. 107; Begriffsidentität erkannte schließlich auch der BGH im Urt. vom 1.7.1982 – III ZR 10/81 –, EzGuG 4.86; BGH, Urt. vom 25.6.1964 – III ZR 111/61 –, EzGuG 20.37 = 4.22; BGH, Urt. vom 2.7.1968 – V Blw 10/68 –, EzGuG 19.14; vgl. BT-Drucks. III/1794; im Übrigen auch die Rspr. des RG, Urt. vom 19.11.1879, EzGuG 19.2 und RG, Urt. vom 20.9.880 – Va 390/79 –, (RGZ 3, 230 [241]) sowie des Pr. OVGs, Urt. vom 10.6.1910 – VIII C 99/09 –, EzGuG 20.8; und vom 19.5.1914 – VIII C 315/10 –, EzGuG 20.9; auch ALR I §§ 83 und 112, Zweifel an der Begriffsidentität erscheinen von daher abwegig.

Einheitswerte erhebliche Diskrepanzen zu den (im Städtebaurecht) zumeist zeitnah ermittelten Verkehrswerten aufweisen[156]; zur Fortentwicklung vgl. Einf. Teil II Rn. 13.

Gleichwohl besteht **Begriffsidentität** zwischen dem gemeinen Wert und dem Verkehrswert (Marktwert). Die aus vorstehenden Gründen auftretenden Disparitäten lassen sich allerdings nicht dadurch überbrücken, dass in § 194 BauGB (wie noch in § 142 Abs. 1 BBauG 76) der gemeine Wert namentlich hervorgehoben wird. Vielmehr wäre zu fordern, die Begriffsbestimmungen des § 9 BewG dem § 194 BauGB anzupassen. **175**

Anstelle dieser Einheitswerte (und Ersatzwirtschaftswerte) wird bei der Erbschaftsteuer (§ 12 Abs. 3 ErbStG) ab 1. Januar 1996 und bei der Grunderwerbsteuer (§ 8 Abs. 2 GrEStG) ab 1. Januar 1997 eine sog. **Bedarfsbewertung** nach Maßgabe der §§ 138 ff. BewG unter Berücksichtigung der tatsächlichen Verhältnisse zum Besteuerungszeitpunkt und der Wertverhältnisse zum 1. Januar 1996 durchgeführt. Wie die Einheitsbewertung erfolgt auch die Bedarfsbewertung nach einer typisierten und pauschalierten Bewertungsmethodik. Der Gesetzgeber hat aber dem Steuerpflichtigen mit einer Öffnungsklausel (sog. *escape*-Klausel) die Möglichkeit des Nachweises eingeräumt, dass der gemeine Wert des Grundstücks (Verkehrswert) niedriger als der Bedarfswert ist. Die Modalitäten des Nachweises sind in den Ziff. 163 und 177 der ErbStR geregelt. Nach Ziff. 163 Abs. 1 Satz 2 ErbStR und Ziff. 177 Abs. 1 Satz 2 ErbStR ist dafür regelmäßig ein Gutachten des örtlich zuständigen Gutachterausschusses oder eines Sachverständigen für die Bewertung von Grundstücken erforderlich; nicht zugelassen ist das Gutachten eines Wirtschaftsprüfers[157].

Das zum Nachweis eines niedrigeren gemeinen Werts (Verkehrswert) vorgelegte Gutachten ist für die Feststellung des Grundbesitzwerts nicht bindend und unterliegt der **Beweiswürdigung durch das Finanzamt** nach den Prüfkriterien der Ziff. 177 Abs. 1 Satz 4 ErbStR. Danach ist das Gutachten auf inhaltliche Richtigkeit und Schlüssigkeit zu prüfen. Ein Gegengutachten des Finanzamtes ist nicht erforderlich[158].

Neben dem Nachweis durch Gutachten kann der Nachweis nach Ziff. 163 Abs. 2 Satz 1 und Ziff. 177 Abs. 2 Satz 1 ErbStR auch ein vor oder nach dem Besteuerungszeitpunkt im gewöhnlichen Geschäftsverkehr zustande gekommener Kaufpreis über das zu bewertende Grundstück dienen. Dieser Einjahreszeitraum ist in der Rechtsprechung unter bestimmten Voraussetzungen auf bis zu drei Jahre ausgedehnt worden[159].

5.6 Zwangsversteigerungsrecht

▶ *Teil III Rn. 477 ff.; § 6 ImmoWertV Rn. 152 ff.; zur Berücksichtigung von Rechten am Grundstück vgl. Teil IX Rn. 47 (Baulast), Rn. 57, 81 ff., 216 ff. (Erbbaurecht), Rn. 312, 497 ff. (Altenteilrecht), Rn. 519, 520 ff. (Vorkaufsrecht und Beleihungspraxis) sowie in der Beleihung Teil X Rn. 367; zur Haftung des Sachverständigen Teil III Rn. 249 ff.*

Schrifttum: *Ulrich, P.,* Die Teilungsversteigerung von Immobilien, GuG 2003, 282.

5.6.1 Allgemeines

Im Rahmen der **Vollstreckungsversteigerung** aufgrund einer grundbuchlich gesicherten Geldforderung hat der Gläubiger gegenüber dem Schuldner, der Eigentümer von Immobilien ist, folgende Möglichkeiten: **176**

– die Eintragung einer *Zwangshypothek* zur Sicherung des Zahlungsanspruchs,

---

156 Baulandbericht 1986; Schriftenreihe des Bundesministeriums für Raumordnung, Bauwesen und Städtebau 03.100, S. 52; vgl. GuG 1992, 42.
157 BFH, Urt. vom 10.11.2004 – II R 69/01 –, BStBl II 2005, 259 = BFHE 207, 352 = GuG 2005, 184 = EzGuG 11.407.
158 Erl. des FM Baden-Württemberg vom 24.8.1998 – S 3014 –, DB 1998, 1840.
159 BFG, Urt. vom 2.7.2004 – II R 55/01 –, BStBl II 2004, 703; BFH, Beschl. vom 22.7.2004 – II B 176/02 – BFH/NV 2004, 1628.

- die *Zwangsverwaltung*, um den Gläubiger aus den laufenden Miet- und Pachteinnahmen unter Abzug der Mittel für die Objekterhaltung zu befriedigen, und
- die *Zwangsversteigerung*, um den Gläubiger aus dem Erlös zu befriedigen.

Die Maßnahmen können vom Gläubiger einzeln und gleichzeitig ergriffen werden.

Die Zwangsversteigerung kann z. B. bei Ehescheidungen und Erbstreitigkeiten zum Zwecke der Aufhebung der Gemeinschaft als sog. Teilungsversteigerung betrieben werden.

5.6.2 Rechtsgrundlagen

177 Rechtsgrundlage der **Zwangsversteigerung** ist das BGB und Gesetz über die Zwangsversteigerung und die Zwangsverwaltung (Zwangsvollstreckungsgesetz – ZVG). Die **Zwangsvollstreckung** wegen Geldforderungen richtet sich nach den §§ 864 bis 871 ZPO.

Allgemeine **Grundsätze:**

a) *Deckungsgrundsatz:* Danach dürfen Rechte der dem betreibenden Gläubiger im Rang vorgehenden Berechtigten nicht berührt werden und es werden daher nur Gebote zugelassen, durch die deren Ansprüche sowie die Verfahrenskosten gedeckt werden;

b) *Übernahmegrundsatz:* Im Grundbuch eingetragene und gegenüber dem betreibenden Gläubiger vorrangige Rechte bleiben grundsätzlich bestehen und gehen auf den Ersteher über;

c) *Rangklassensystem:* Danach wird bei der Verteilung des Versteigerungserlöses der Anspruch einer späteren Rangklasse erst befriedigt, wenn die Ansprüche der vorrangigen Rangklassen voll befriedigt sind.

d) *Surrogationsprinzip:* Der vom Ersteher zu zahlende Versteigerungserlös tritt für den früheren Grundstückseigentümer – belastet mit den Rechten und Ansprüchen – an die Stelle des Grundeigentums.

e) *Anmeldungsgrundsatz:* Aus dem Grundbuch nicht ersichtliche Ansprüche sowie Rechte, die erst nach dem Versteigerungsvermerk im Grundbuch eingetragen werden, sind spätestens bis zur Abgabe von Geboten im Versteigerungstermin anzumelden, um berücksichtigt werden zu können.

5.6.3 Verfahrensablauf

Schrifttum: *Budde* in Rpfleger 1991, 189; *Stöber,* ZVG, 18. Aufl.; *Storz,* Praxis des Zwangsversteigerungsverfahrens, 9. Aufl.

178 Der Verfahrensablauf der Zwangsversteigerung ist darauf ausgerichtet, den Belangen des Schuldners in ausreichendem Maße Rechnung zu tragen, insbesondere eine angemessene Verwertung seiner Grundstücke zu gewährleisten und einer Verschleuderung entgegenzuwirken[160].

Die Zwangsversteigerung wird auf Antrag angeordnet und von Amts wegen durchgeführt. Hierzu erlässt der das Verfahren betreibende Rechtspfleger den Anordnungsbeschluss und ersucht das Grundbuchamt, einen **Versteigerungsvermerk** in Abteilung II des Grundbuchs einzutragen. Dem Versteigerungsvermerk kommt eine Warnfunktion zu (keine Grundbuchsperre) zu, da nachfolgende Grundbucheintragungen zwar möglich sind, jedoch im Versteigerungsverfahren nur auf Anmeldung berücksichtigungsfähig sind.

5.6.4 Beteiligte

179 Beteiligte sind der Grundstückseigentümer (als Schuldner), alle das Verfahren betreibende Gläubiger und die Inhaber von Rechten am Grundstück.

---

160 BVerfG, Urt. vom 7.12.1977 – 1 BvR 734/77 –; BVerfG, Urt. vom 27.9.1978 – 1 BvR 361/78 –; BGH, Urt. vom 5.11.2004 – IXa ZB 27/04 –.

5.6.5 Verkehrswertfestsetzungsbeschluss

5.6.5.1 Grundstückswert

Der in der Zwangsversteigerung maßgebliche **Grundstückswert** wird nach § 74a Abs. 5 **180**
ZVG vom Vollstreckungsgericht (Amtsgericht) **„festgesetzt"**[161]. Als Grundstückswert wird
nach dem ergänzenden Klammerzusatz dieser Vorschrift der **Verkehrswert (Marktwert) i.S.
des § 194 BauGB**[162], bezogen auf den Zeitpunkt der Versteigerung, festgesetzt. Das Gleiche
gilt für grundstücksgleiche Rechte, die der Versteigerung, unterliegen[163].

§ 74a Abs. 5 ZVG hat folgende Fassung:

„(5) ₁Der Grundstückswert (Verkehrswert) wird vom Vollstreckungsgericht, nötigenfalls nach Anhörung
von Sachverständigen, festgesetzt. ₂Der Wert der beweglichen Gegenstände, auf die sich die Versteigerung erstreckt, ist unter Würdigung aller Verhältnisse frei zu schätzen. ₃Der Beschluss über die Festsetzung des Grundstückswerts ist mit der sofortigen Beschwerde anfechtbar; eine weitere Beschwerde
findet nicht statt. ₄Der Zuschlag oder die Versagung des Zuschlags können mit der Begründung, dass der
Grundstückswert unrichtig festgesetzt sei, nicht angefochten werden."

Der vom Vollstreckungsgericht festgesetzte **Verkehrswert** (Marktwert) **ist in folgenden Fällen von Bedeutung:**

a) für die Errechnung der sog. *7/10-Grenze* nach § 74a Abs. 1 ZVG: Nach dieser Vorschrift
kann ein Berechtigter, dessen Anspruch ganz oder teilweise durch das Meistgebot nicht
gedeckt ist, aber bei einem Gebot in der genannten Höhe (7/10) voraussichtlich gedeckt
sein würde, die Versagung des Zuschlags beantragen, wenn das abgegebene Meistgebot
einschließlich des Kapitalwerts der nach den Versteigerungsbedingungen bestehen bleibenden Rechte unter sieben Zehnteilen des Grundstückswerts (Verkehrswert) bleibt;

b) für die Errechnung der sog. *5/10-Grenze* nach § 85a Abs. 1 ZVG: Nach dieser Vorschrift
ist der Zuschlag von Amts wegen zu versagen, wenn das abgegebene Meistgebot einschließlich des Kapitalwerts der nach den Versteigerungsbedingungen verbleibenden
Rechte die Hälfte des Grundstückswerts (Verkehrswert) nicht erreicht;

c) für die Verteilung eines im *geringsten Gebot* stehenden Gesamtrechts (vgl. § 64 ZVG);

d) für die *Verteilung des Erlöses bei Gesamtausgebot* nach § 112 Abs. 2 ZVG: Nach dieser
Vorschrift wird bei einer Versteigerung mehrerer Grundstücke der Erlös aus einem
Zuschlag (aufgrund eines Gesamtausgebots) um den Betrag gemindert, der zur Deckung
der Kosten sowie zur Befriedigung derjenigen bei der Feststellung des geringsten Gebots
berücksichtigen und durch Zahlung zu deckenden Rechte erforderlich ist, für welche die
Grundstücke ungeteilt haften. Der Überschuss wird sodann auf die einzelnen Grundstücke
nach den Verhältnissen des Werts der Grundstücke verteilt;

e) für die Feststellung des Rechts, Antrag auf *Versagung des Zuschlags* nach § 85 Abs. 1
ZVG zu stellen. Nach dieser Vorschrift ist der Zuschlag zu versagen, wenn vor dem
Schluss der Verhandlung ein Beteiligter, dessen Rechte durch Zuschlag beeinträchtigt
werden würden und der nicht zu den Berechtigten nach § 74a Abs. 1 gehört, die Bestimmung eines neuen Versteigerungstermins beantragt hat und dem stattgegeben wurde;

f) für eine *fiktive Befriedigung des Grundpfandrechtsgläubigers* als Ersteher des Grundstücks (§ 114a ZVG)[164] und

g) für die Stellung eines *Vollstreckungsschutzantrags* des Schuldners nach § 765a ZVG mit
dem Ziel der Zuschlagsversagung bei Verschleuderung des Grundstücks[165].

---
161 Hierzu Ulrich in GuG 1992, 314.
162 Hintzen, Immobiliarzwangsvollstreckung, Jehle-Rehm, München 1991, S. 90.
163 Zeller/Stöber, Zwangsversteigerungsgesetz 13. Aufl. 1989, § 74 a Rn. 7.7.
164 BGH, Urt. vom 13.11.1986 – IX ZR 26/86 –, WM 1987, 80 = ZIP 1987, 156.
165 Für den Verschleuderungsfall gibt es keine „feste" Grenze. Die Umstände des Einzelfalls müssen jeweils berücksichtigt
werden: LG Krefeld, Urt. vom 27. 1. 1988 – 6 T 346/87 –, Rpfleger 1988, 375; OLG Koblenz, Urt. vom 23.4.1986 – 4
W 286/86 –, JurBüro 1986, 158; OLG Schleswig, Beschl. vom 21.5.1975 – 1 W 53/75 –, Rpfleger 1975, 372.

Vor Zuschlagserteilung muss die „Festsetzung" des Grundstückswerts rechtskräftig sein; andererseits muss die Entscheidung über den Zuschlag bis zur Rechtskraft ausgesetzt werden[166].

Im Rahmen der Festsetzung ist allen Verfahrensbeteiligten **rechtliches Gehör** zu gewähren.

Der Beschluss ist allen Beteiligten von Amts wegen zuzustellen (§ 74a Abs. 5 Satz 3 ZVG). Alle Verfahrensbeteiligten (Gläubiger und Schuldner), nicht aber Mieter und Pächter, können im Übrigen gegen den Beschluss über die Festsetzung des Grundstückswerts sofortige Beschwerde einlegen[167].

Die Festsetzung des Verkehrswerts (Marktwerts) erfolgt für und wider aller das Zwangsversteigerungsverfahren betreibender Gläubiger und steht **regelmäßig für das gesamte Verfahren** fest[168]. Die formelle Rechtskraft eines Beschlusses über die Festsetzung des Grundstückswerts steht aber einer Änderung der Festsetzung nicht entgegen, wenn neue Tatsachen die Festsetzung eines anderen Werts erfordern[169]. Die Ermittlung durch das Vollstreckungsgericht ist nach Auffassung des BGH[170] für das über die Reichweite der Befriedigungswirkung des § 114a ZVG entscheidende Prozessgericht nicht bindend[171]. Lediglich bei veränderten Verhältnissen und langer Verfahrensdauer (veränderte Baurechtssituation bzw. fünfjährige Verfahrensdauer) erfolgt eine Wertanpassung[172].

5.6.5.2 Wertermittlungsstichtag

181 **Wertermittlungsstichtag** ist damit der Zeitpunkt der Versteigerung.

Die Wertermittlung muss jedoch vor dem Versteigerungstermin erfolgen und der Verkehrswertfestsetzungsbeschluss muss bei Zuschlagserteilung rechtskräftig sein.

5.6.5.3 Wertermittlungsgrundlagen

182 Nach § 74a Abs. 5 Satz 1 ZVG wird der Grundstückswert (Verkehrswert) vom Vollstreckungsgericht, nötigenfalls nach Anhörung von Sachverständigen, festgesetzt. **§ 404 Abs. 2 ZPO** bestimmt hierzu ergänzend:

„(2) Sind für gewisse Arten von Gutachten Sachverständige öffentlich bestellt, so sollen andere Personen nur dann gewählt werden, wenn besondere Umstände es erfordern".

Im **Zwangsversteigerungsverfahren** können das Gericht und der Sachverständige den Zutritt zum Bewertungsobjekt nicht erzwingen[173].

Zur Ermittlung des Verkehrswerts (Marktwerts) werden die Vorschriften der WertV herangezogen[174]. Nach § 74a Abs. 5 Satz 2 ZVG ist der Wert der beweglichen Gegenstände, auf die sich die Versteigerung erstreckt, unter Würdigung aller Verhältnisse frei zu schätzen.

Die Kosten der Verkehrswertermittlung werden aus dem Veräußerungserlös aufgebracht. Kosten für Spezialgutachten sind zumindest dann aufzubringen, wenn sie in einem angemessenen Verhältnis zu den Auswirkungen stehen, die das Ergebnis des Gutachtens auf den festzusetzenden Verkehrswert des Gutachtens haben kann. Besteht bei einem Grundstück z. B. ein ernstzunehmender **Altlastenverdacht**, muss das Vollstreckungsgericht bei der Verkehrswert-

---

166 OLG Düsseldorf, Urt. vom 13.10.1980 – 3 W 208/80 –, EzGuG 12.29b; OLG München, Beschl. vom 6.9.1968 – 12 W 1328/68 –, EzGuG 19.15; OLG Schleswig, Urt. vom 9.9.1980 – 1 W 83/80 –, EzGuG 12.29a.
167 BGH, Urt. vom 27.2.2004 – IXa ZB 185/03 –, EzGuG 11.377a; OLG Hamm, Urt. vom 6.2.2004 – 9 U 97/03 –, EzGuG 11.373a Zeller/Stöber, Zwangsversteigerungsgesetz 13. Aufl. 1989, § 74a Rn. 9; 2.5; ders. § 114 a Rn. 3.1.
168 Steiner/Storz, Zwangsversteigerungsrecht 9. Aufl. 1984/86, § 74 Rn. 98 f., 77.
169 LG Mönchengladbach, Beschl. vom 20.2.2003 – 5 T 404/02 –, GuG 2003, 408.
170 BGH, Urt. vom 13.11.1986 – IX ZR 26/86 –, WM 1987, 80.
171 BT-Drucks. 8/693, S. 52; WM 1988, 1 ff.
172 OLG Hamm, Beschl. vom 8.7.1977 – 15 W 133/77 –, Rpfleger 1977, 452; OLG Koblenz, Urt. vom 13.5.1985 – 4 W 199/84 –, Rpfleger 1985, 410; OLG Köln, Urt. vom 1.6.1983 – 2 W 59/83 –, MDR 1983, 851 = Rpfleger 1983, 362 = ZIP 1983, 999; Hamelbeck in DWW 1959, 131; Spiels in NJW 1955, 184; OLG Schleswig, Urt. vom 9.9.1980 – 1 W 83/80 –, EzGuG 12.28 a; kritisch hierzu WM 1988, 1 ff.
173 Steiner/Storz, Zwangsversteigerungsrecht, 9. Aufl. 1984/86, § 74a Rn. 86; OLG Koblenz, Beschl. vom 5.12.1967 – 4 W 476/67 –, EzGuG 11.60 a.
174 Schulz im Rpfleger 1987, 441.

ermittlung den Verdachtsmomenten nachgehen und alle zumutbaren Erkenntnisquellen über die Bodenbeschaffenheit nutzen[175].

Dass im Zwangsversteigerungsverfahren Gebote unterhalb des Verkehrswerts üblich sind, darf nicht dazu führen, die wertbeeinflussenden Umstände dabei anders zu beurteilen als bei der Verkehrswertermittlung schlechthin[176]. Ein **Abschlag wegen des „Makels der Zwangsversteigerung"** (Zwangsversteigerungs- und Zwangsverwaltungsvermerk) ist **bei der Verkehrswertermittlung** deshalb **nicht zulässig**. Eine fehlerhafte Festsetzung des Grundstückswerts hat auf die Wirksamkeit des Zuschlagsbeschlusses aber keinen Einfluss[177].

Bei den Meistgeboten in **Zwangsversteigerungsverfahren** handelt es sich um Netto-Kaufpreise[178].

5.6.5.4 Versteigerungstermin

Mit dem Verkehrswertfestsetzungsbeschluss bzw. spätestens nach Rechtskraft des Verkehrswertfestsetzungsbeschlusses wird dann der **Versteigerungstermin** bestimmt. Die Entscheidung über den Zuschlag (Erteilung oder Versagung) wird in dem Versteigerungstermin oder in einem gesonderten Verkündungstermin bekannt gegeben, an das sich ggf. das Verteilungsverfahren anschließt (Teilungsplan)[179].

183

5.7 Kreditwirtschaftsrecht (Beleihungswert)

▶ *Hierzu Teil X*

Schrifttum: *Bienert, K.,* Zum Beleihungswertbegriff, GuG 2005, 344; *Europäisches Parlament und Rat,* Richtlinie 98/32/EG vom 22.6.1998 (Hypothekardarlehensrichtlinie) zur Änderung der Richtlinie 89/647 EWG des Rates über einen Solvabilitätskoeffizienten für Kreditinstitute;

184

BAKred, RdSchr vom 30.12.1996 an alle Kreditinstitute in der Bundesrepublik Deutschland zu § 20 Abs. 3 Satz 2 Nr. 4 des Gesetzes über das Kreditwesen (KWG); *BAKred,* RdSchr 16/96 vom 30.12.1996; *BAKred,* RdSchr bezüglich Verkehrswert, Freibetragsregelung und Bewertungsvorschriften GuG 1997, 242; *BAKred,* RdSchr 16/96, GuG 1997, 238; *BAKred.* RdSchr Nr. 14 vom 28.8.1998 und Nr. 2/99 vom 21.1.1999; *BAKred,* RdSchr 16/96 vom 30.12.1996 zu § 20 Abs 2 Satz 2 Nr 4 KWG. Anrechnungerleichterung für dinglich auf Wohnungseigentum gesicherte Kredite (GuG 1997, 242); *BAKred,* RdSchr 14/98 vom 26.8.1998 zum Grundatz I (GS I) gem. §§ 10 Abs 1 und 10a Abs 1 KWG; *BAKred,* RdSchr 2/99 vom 21.1.1999 zu § 20 Abs 3 Satz 2 Nr. 5 KWG; *BAKred,* RdSchr vom 10.3.1999 zu Eigennutzung oder Vermietung als Erläuterung zu den RdSchr 14/98 und 2/99; Auszug aus den Erläuterungen zu den Meldungen der Institute zum GS I vom 18.3.1999; *BAKred,* Schreiben vom 7.9.1999 an die Deutsche Bundesbank wegen Anforderungen an die Eignung der Gutachter für die Wertermittlung nach den Richtlinien zu § 20 Abs. 3 Satz 2 Nr. 5 KWG, GuG 2001, 243; *BAKred,* Schreiben zur Ermittlung des Beleihungswerts gemäß § 12 HBG Kleindarlehensgrenze, GuG 2000, 298; *BAKred,* Schreiben vom 22.6.1999 an den Verband deutscher Hypothekenbanken betr. Kleindarlehensgrenze, GuG 2000, 374; *BAKred,* Schreiben vom 21.12.1999 an die Deutsche Bundesbank wegen Anrechnung gewerblicher Realkredite gem. RdSchr 14/98 vom 26.8.1998; *BAKred,* Schreiben vom 17.4.2000 an die Deutsche Bundesbank bez. Anrechnungserleichterungen für gewerbliche Realkredite im GS I und den Großkreditvorschriften sowie Anforderungen an die Eignung als Gutachter für die Wertermittlung nach den Richtlinien gem. § 20 Abs 3 Satz 2 Nr. 5 KWG; Vorschlag zur Behandlung und Kriterien zur Festlegung einer Ausnahmebehandlung von gewerblichen Immobilienkrediten des Baseler Ausschusses für Bankaufsicht; *BAKred,* Erläuterungen vom 20.7.2000 zur Bekanntm. über die Änderung und Ergänzung der Grundsätze über die Eigenmittel und die Liquidität der Institute;

Vereinbarung zur Zusammenarbeit zwischen dem Bundesaufsichtsamt für das Kreditwesen, dem Bundesaufsichtsamt für das Versicherungswesen, dem Bundesaufsichtsamt für den Wertpapierhandel und der Deutschen Bundesbank vom 3.11.2000; Einheitliche Wertermittlungsanweisung des genossenschaftlichen Finanzverbundes für das Realkreditgeschäft nach den §§ 11 und 12 HBG, GuG 2001, 93;

---

175 BGH, Urt. vom 18.5.2006 – V ZB 142/05 –, GuG 2006, 316 = EzGuG 4.196.
176 LG Münster, Beschl. vom 23.4.1985 – 5 T 359/85 – 8 K 38 + 47/84 II – (unveröffentlicht).
177 BGH, Urt. vom 19.3.1971 – V ZR 153/68 –, NJW 1971, 1751 = MDR 1971, 567; BGH, Urt. vom 7.11.1969 – V ZR 85/66 –, BGHZ 53, 57 = NJW 1970, 656.
178 BGH, Urt. vom 3.4.2003 – IX ZR 93/02 –.
179 LG Koblenz, Beschl. vom 27.6.2003 – 2 T 372/02 –, JurBüro 2003, 551.

IV § 194 BauGB — Verkehrswert/Beleihungswert

Werth, A., Vom Verkehrswert unabhängige Beleihungswerte im Blickfeld der Europäischen Union, GuG 1998, 257; *Weyers, G.*, Kreditwirtschaftliche Immobilienbewertung in Deutschland, GuG 2000, 267;

Beleihungsgrundsätze für Sparkassen, ABl. für Brandenburg 1991, 409; VO über die Organisation und den Geschäftsbetrieb der Sparkassen (SparkassenVO) in Bayern vom 1.12.1997 (Bay GVBl 1997, 816);

Verband der deutschen Hypothekenbanken, Grundsatzpapier zum Beleihungswert von Immobilien, GuG 1997, 239; Wesentliche Aspekte der Beleihungswertermittlung vom 3.6.1998.

185 Für die Beleihung von Grundstücken ist der Beleihungswert maßgebend (*Mortgage Lending Value, MLV*). Mit dem **Pfandbriefgesetz (PfandBG)** ist die Ermittlung des Beleihungswerts auf eine neue Rechtsgrundlage gestellt worden. Wie die damit abgelöste Regelung des § 12 Hypothekenbankgesetz (HBG), enthält allerdings auch das Pfandbriefgesetz keine materielle Definition des Beleihungswerts.

Synoptischer Vergleich § 16 PfandBG und § 12 HBG	
§ 16 PfandBG	**§ 12 HBG**
(2) ₁Der Beleihungswert darf den Wert nicht überschreiten, der sich im Rahmen einer vorsichtigen Bewertung der zukünftigen Verkäuflichkeit einer Immobilie und unter Berücksichtigung der langfristigen, nachhaltigen Merkmale des Objektes, der normalen regionalen Marktgegebenheiten sowie der derzeitigen und möglichen anderweitigen Nutzungen ergibt. ₂Spekulative Elemente dürfen dabei nicht berücksichtigt werden. ₃**Der Beleihungswert darf einen auf transparente Weise und nach einem anerkannten Bewertungsverfahren ermittelten Marktwert nicht übersteigen.** ₄Der Marktwert ist der geschätzte Betrag, für welchen ein Beleihungsobjekt am Bewertungsstichtag zwischen einem verkaufsbereiten Verkäufer und einem kaufbereiten Erwerber, nach angemessenem Vermarktungszeitraum, in einer Transaktion im gewöhnlichen Geschäftsverkehr verkauft werden könnte, wobei jede Partei mit Sachkenntnis, Umsicht und ohne Zwang handelt.	(1) ₁Der bei der Beleihung angenommene Wert des Grundstücks darf den durch sorgfältige Ermittlung festgestellten Verkaufswert nicht übersteigen. ₂Bei der Feststellung dieses Werts sind nur die dauernden Eigenschaften des Grundstücks und der Ertrag zu berücksichtigen, welchen das Grundstück bei ordnungsmäßiger Wirtschaft jedem Besitzer nachhaltig gewähren kann. (2) Liegt eine Ermittlung des Verkehrswerts aufgrund der Vorschriften der §§ 192 bis 199 des Baugesetzbuchs vor, so soll dieser bei der Ermittlung des Beleihungswerts berücksichtigt werden.

§ 16 PfandBG gibt lediglich vor, dass der **Beleihungswert** (bisher „der bei der Beleihung angenommene Wert") **zwei Schranken nicht überschreiten darf**, nämlich

a) den Wert, der sich im Rahmen einer vorsichtigen Bewertung der zukünftigen Verkäuflichkeit einer Immobilie und unter Berücksichtigung der langfristigen, nachhaltigen Merkmale des Objektes, der normalen regionalen Marktgegebenheiten sowie der derzeitigen und möglichen anderweitigen Nutzungen ergibt, sowie

b) den Marktwert.

Darüber hinaus dürfen nach § 16 Abs. 2 Satz 2 PfandBG spekulative Elemente nicht berücksichtigt werden, was aber jedem Sachverständigen für Beleihungs- und Verkehrswertermittlung ein Selbstverständnis ist und sich bereits aus der Definition des Marktwerts (Verkehrswerts) ergibt. Dies ausdrücklich vorzugeben, erschien dem Gesetzgeber wohl geboten.

186 Im Unterschied zur Vorgängerregelung, nach der der Beleihungswert nicht den durch „sorgfältige Ermittlung festgestellten **Verkaufswer**t" übersteigen durfte, wird mit dem geltenden Recht erfreulicherweise dieser „Verkaufswert" durch den „Marktwert" ersetzt, der materiell mit dem „Verkehrswert" i. S. des § 194 BauGB identisch definiert wird. Dass der „Verkaufswert", wie er in § 12 HBG erläutert wurde, mit dem Verkehrswert identisch ist, wurde schon in den Vorauflagen zu diesem Kommentar vertreten[180]. Dessen ungeachtet wollte das Beleihungswesen unter dem „Verkaufswert" einen Wert verstehen, der unterhalb des Verkehrswerts zu definieren ist, was der § 12 HBG aber nicht „leiste".

Dieser **Verkehrswert (Marktwert) soll** nach § 16 Abs. 2 Satz 3 PfandBG **die oberste Grenze des Beleihungswerts bilden.** 187

Der **Beleihungswert wird in § 3 BelWertV** ohne verfassungsrechtliche Grundlage wie folgt **definiert:** 188

„(1) Der Wert, der der Beleihung zugrunde gelegt wird (Beleihungswert), ist der Wert einer Immobilie, der erfahrungsgemäß unabhängig von vorübergehenden, etwa konjunkturell bedingten Wertschwankungen am maßgeblichen Grundstücksmarkt und unter Ausschaltung von spekulativen Elementen während der gesamten Dauer der Beleihung bei einer Veräußerung voraussichtlich erzielt werden kann."[181]

Abb. 11: Beleihungswert

Kennzeichnend für den Beleihungswert ist, dass es sich hierbei um einen „Dauerwert" handelt, der zur Absicherung der Unsicherheiten, die in der zukünftigen Grundstückswertentwicklung liegen, das für das Objekt bestehende Risiko berücksichtigt. Marktgängigkeit und Dauerhaftigkeit des Wertermittlungsobjekts finden deshalb besondere Beachtung. Als Ausgangsgröße für die Ermittlung des Beleihungswerts ist der Verkehrswert (Marktwert) durch- 189

---

[180] GuG aktuell 1995, 1, 17; Kleiber in DLK 1996, 200; in der Rechtsprechung ist der „Verkaufswert" schon immer mit dem „Verkehrswert" gleichgesetzt worden, und zwar schon zu einer Zeit, als das auf das Jahr 1899 zurückgehende Hypothekenbankgesetz erlassen wurde (Pr. OVG, Urt. vom 10.6.1870 – VII C 183/31 –, EzGuG 19.1; Pr. OVG, Urt. vom 11.3.1897 – VIII a 66 –, EzGuG 19.2 a; Pr. OVG, Urt. vom 17.6.1918 – VIII C 89/18 –, EzGuG 19.3; so schon Spohr in AVN 1937, 605; Rothkegel in AVN 1952, 105). Hieran hat auch die höchstrichterliche Rechtsprechung bis heute festgehalten. Der BGH hat im Urt. vom 28.6.1966 – VI ZR 287/64 –, EzGuG 11.51 (so auch BGH, Urt. vom 22.10.1986 – IVa ZR 143/85 –, EzGuG 20.117b; BGH, Urt. vom 22.10.1986 – IV a ZR 76/85 –, EzGuG 20.117a; LG Darmstadt, Beschl. vom 16.10.1958 – 5 T 18/58 –, EzGuG 19.4), völlig unmissverständlich die Gleichung Verkaufswert = Verkehrswert aufgestellt (Goldberg/Müller, Versicherungsaufsichtsgesetz Bln. 1980, S. 484). Eindeutig wird auch in der Vfg. des Justizministeriums vom 18.3.1914 (ABl 1914, 37) zur „Schätzung zum Zweck einer Beleihung", in deren Ergänzungen zu § 4 vom 16.9.1918, in der Vfg. vom 17.12.1919 sowie in der Vfg. vom 17.12.1919 (ABl 1921, 153) die Identität von Verkehrs- und Verkaufswert herausgestellt, so dass Zweifel hieran abwegig sind. Werth in GuG 1998, 257.
[181] Inhaltlich ist die Definition auf dem alten Stand des Grundsatzpapiers zum Beleihungswert von Immobilien des VdH (GuG 1997, 238) – die Philosophie des Beleihungswerts im Sinne von § 12 HBG – stehen geblieben.

aus geeignet. Wenn in der Vergangenheit seitens der Kreditwirtschaft die Heranziehung von Verkehrswerten als Ausgangswert für die Ableitung des Beleihungswerts mit dem unzutreffenden Hinweis abgelehnt wurde, (nur) dieser sei „zeitraumbezogen", während der Verkehrswert stichtagsbezogen sei, so liegt darin eine grundlegende Verkennung des Verkehrswerts. Dabei wird häufig verschwiegen, dass auch der Beleihungswert auf einen Stichtag bezogen werden muss und die Zukunftserwartungen von den Kreditinstituten auch nicht besser abgeschätzt werden können. So vermeidet auch die Definition des § 3 BelWertV die Bezugnahme auf einen **Wertermittlungsstichtag,** und das dürfte wohl nicht auf ein Versäumnis, sondern eher auf ein beharrliches und gleichwohl unverständliches Festhalten an dem das Beleihungswesen beherrschenden kollektiven Irrtum zurückzuführen sein, der Beleihungswert kenne keinen Bezugsstichtag.

Der **Beleihungswert ist – wie der Verkehrswert** und letztlich jeder andere Wert – ein **stichtagsbezogener Wert**, selbst dann, wenn vorübergehende Schwankungen unberücksichtigt bleiben[182]. Diesbezüglich hat sich die Ideologie der alten Schule als sehr beständig erwiesen, auch wenn sie sich in der Verordnung selbst widerlegt. So sind z. B. die der Beleihungswertermittlung zugrunde zu legenden Parameter allesamt stichtagsbezogen (Kapitalisierungszinssatz, Bodenwert usw.). In einer Reihe von Einzelregelungen wird demzufolge konsequent auf stichtagsbezogene Verhältnisse abgestellt. Nach § 4 Abs. 5 BelWertV ist z. B. die Wertminderung wegen Baumängeln und Bauschäden nach Erfahrungssätzen oder auf der Grundlage der für ihre Beseitigung „zum Zeitpunkt der Bewertung" erforderlichen Aufwendungen zu berücksichtigen[183]. Wie sonst sollte die auch für die Beleihungswertermittlung maßgebliche Restnutzungsdauer im Rahmen des Ertragswertverfahrens oder die Alterswertminderung ermittelt werden, wenn nicht zuvor ein Wertermittlungsstichtag bestimmt werden würde.

190 Der **Beleihungswert ist im Verhältnis zum Verkehrswert** sogar **noch stärker auf die am Wertermittlungsstichtag gegebenen Verhältnisse fixiert**, denn nach § 20 Satz 3 BelWertV darf nur ein (am Wertermittlungsstichtag) „gesichertes Bebauungsrecht ... berücksichtigt werden", während z. B. bei der Verkehrswertermittlung von Bauerwartungsland auch eine (am Wertermittlungsstichtag) aus einer entsprechenden Darstellung im Flächennutzungsplan resultierende Aussicht auf eine zulässige Nutzung berücksichtigt wird.

191 Der wesentliche Unterschied ist deshalb in seinem eigentlichen Kern darin begründet, dass die Kreditinstitute die Zukunft eher vorsichtig und verhalten abschätzen, was im Interesse der Kreditsicherung begründet ist. Von daher ist nicht die Beleihungswertermittlung, sondern die Verkehrswertermittlung vom Nachhaltigkeitsprinzip geprägt, während für die Beleihungswertermittlung eher das „Vorsichtsprinzip" oder allenfalls ein **gezügeltes Nachhaltigkeitsprinzip** kennzeichnend ist. Infolgedessen wird der Beleihungswert als der Wert einer Immobilie zu einem bestimmten Wertermittlungsstichtag definiert, der erfahrungsgemäß unabhängig von **vorübergehenden, etwa konjunkturell bedingten Wertschwankungen** am maßgeblichen Grundstücksmarkt und unter Ausschaltung von spekulativen Elementen[184] während der gesamten Dauer der Beleihung bei einer Veräußerung voraussichtlich erzielt werden kann.

192 Beleihungswert ist bei alledem der Verkehrswert, gemindert um einen angemessenen Risikoabschlag (**Sicherheitsabschlag**) zur Berücksichtigung des Kreditrisikos grundpfandrechtlich gesicherter Darlehen.

Auch wenn die BelWertV mit der Vorgabe von Verfahrensvorschriften[185] den Eindruck zu erwecken trachtet, die Ermittlung des Beleihungswerts eigenständig zu regeln, so handelt es sich um Regelungen, die weitgehend mit denen der ImmoWertV deckungsgleich sind, und auch die vorgegebenen Bandbreiten und Grenzwerte entsprechen weitgehend der allgemeinen Praxis der Verkehrswertermittlung. Der eigentliche Unterschied ergibt sich aus den Sicher-

---

182 Vgl. Kleiber GuG 2006, 69.
183 Mit dieser Vorschrift wird deutlich, dass auch der Beleihungswert stichtagsbezogen sein muss, wobei allerdings in der Bewertung zwischen dem „Zeitpunkt der Bewertung" und dem „Wertermittlungsstichtag", d.h. den Zeitpunkt, auf den sich die Bewertung bezieht, zu unterscheiden ist. Auf den Zeitpunkt der Bewertung kommt es diesbezüglich nicht an.
184 Die Berücksichtigung „spekulativer Elemente" ist auch der Verkehrswertermittlung fremd.
185 Mit den Verfahrensvorschriften der BelWertV wird das sog. Zwei-Säulen-Prinzip aufgegeben (vgl. GuG 2006, 69).

heitsabschlägen bzw. -zuschlägen. Bei gesamtheitlicher Betrachtung sind es insbesondere drei „Stellschrauben", die zu einem im Verhältnis zum Verkehrswert abgeminderten Beleihungswert führen:

Die **wesentlichen Stellschrauben** sind bei Anwendung des **193**

– *Ertragswertverfahrens* die Anwendung eines Kapitalisierungszinssatzes, der im Verhältnis zum Liegenschaftszinssatz nach § 14 Abs. 3 ImmoWertV um einen (Mindest-)Risikozuschlag erhöht wird,
– *Sachwertverfahrens* die 10 %ige Kürzung des Herstellungswerts und
– *Vergleichswertverfahrens* die Abminderung des Vergleichswerts um einen Sicherheitsabschlag von mindestens 10 %.

Darüber hinaus werden für das Ertragswertverfahren Mindestansätze für die Bewirtschaftungskosten (z. B. 25 % bzw. 30 %) – ggf. unter Einbeziehung eines Modernisierungsrisikos – und Mindestansätze für den Liegenschaftszinssatz – dort Kapitalisierungszinssatz genannt – (z. B. für Wohnobjekte 5 % und Gewerbeobjekte 6 %) vorgegeben.

Die allein im Rahmen des Ertrags-, Sach- und Vergleichswertverfahrens angesprochenen Sicherheitsabschläge (bzw. -zuschläge) dürfen aber bei richtigem Verständnis des Beleihungswerts nicht schematisch zur Anwendung kommen. Entscheidend ist das für das Kreditinstitut bestehende **objektbezogene Risiko**. Zu diesem eigentlichen Kern des Beleihungswerts gibt die BelWertV allerdings keinerlei Hinweise.

Abb. 12: Wesentliche Stellschrauben der Beleihungswertermittlung

Bei alledem ist alternativ zur Ermittlung des Beleihungswerts nach den Vorschriften der Bel- **194** WertV in der Praxis direkt vom Verkehrswert ausgegangen worden, an den je nach **Objekt-Risikokategorien** Sicherheitsabschläge angebracht wurden[186].

–	Einfamilienhäuser	10 bis 15 %
–	Mehrfamilienwohnhäuser	15 bis 25 %
–	gemischt genutzte Objekte	20 bis 30 %
–	gewerblich genutzte Objekte	25 bis 40 %

---

[186] Vgl. Vorauflage Teil VII Rn. 12, 154, 311, Abb. 12, 19 sowie Weyers in GuG 1990, 74 und GuG 2000, 257.

IV § 194 BauGB — Verkehrswert/Beleihungswert

Beispiele:

a) Einfamilienhaus mit geringem Risiko (1)

Bodenwert	150 000 €	(30 %)
Bauwert	+ 350 000 €	(70 %)
Sachwert	500 000 €	(100 %)
Verkehrswert = Beleihungswert	**500 000 €**	

Es kann ein Risikoabschlag von bis zu 10 % des Verkehrswerts vorgenommen werden. Der Beleihungswert im Fallbeispiel (gutes Objekt mit geringem Beleihungs- und Verwertungsrisiko) könnte in Höhe des Verkehrswerts (500 000 €) festgesetzt werden.

b) Gemischt genutztes Grundstück mit durchschnittlichem Risiko (2)

Bodenwert	275 000 €	(11 %)
Bauwert	+ 2 225 000 €	(89 %)
Sachwert	2 500 000 €	(100 %)
Ertragswert	2 400 000 €	
Verkehrswert	2 400 000 €	
Beleihungswert	**2 150 000 €**	

(Sicherheitsabschlag = 10,4 %)

Der Risikoabschlag vom Verkehrswert darf 10 bis 20 % betragen. Bei rd. 10 % Risikoabschlag könnte der Beleihungswert mit 2 150 000 € festgesetzt werden.

195 In der **Solvabilitätsrichtlinie** (Stichwort: 50 %-Gewichtung des gewerblichen Realkredits; vgl. Teil X Rn. 113, 545 ff.) wird der Beleihungswert wie folgt definiert:

„Als Beleihungswert gilt der Wert der Immobilie, der von einem Schätzer ermittelt wird, welcher eine sorgfältige Schätzung der künftigen Marktgängigkeit der Immobilie unter Berücksichtigung ihrer dauerhaften Eigenschaften der normalen und örtlichen Marktbedingungen, ihrer derzeitigen Nutzung sowie angemessener Alternativnutzungen vornimmt. In die Schätzung des Beleihungswerts fließen keine spekulativen Gesichtspunkte ein. Der Beleihungswert ist in transparenter und eindeutiger Weise zu belegen."

In derselben Richtlinie wird der „**Marktwert**" (vgl. Teil II Rn. 18 sowie unter Rn. 206 ff.) wie folgt definiert:

„In den ... genannten Fällen gilt als Marktwert der Preis, zu dem die Immobilie im Rahmen eines privaten Vertrags zwischen einem verkaufsbereiten Verkäufer und einem unabhängigen Käufer zum Zeitpunkt der Schätzung verkauft werden könnte, wobei die Annahme zugrunde gelegt wird, dass die Immobilie öffentlich auf dem Markt angeboten wird, dass die Marktbedingungen eine ordnungsgemäße Veräußerung ermöglichen und dass für die Aushandlung des Verkaufs ein im Hinblick auf die Art der Immobilie normaler Zeitraum zur Verfügung steht."

Der in Art. 62 Abs. 1 der Richtlinien 2000/12/EG des Europäischen Parlaments und des Rates vom 20.3.2000 über die Aufnahme und Ausübung der Tätigkeit der Kreditinstitute[187] nahezu wortgleich definierte Marktwert (Verkehrswert) ist zugleich auch für die **Beleihung von Grundstücken** der Bezugswert.

196 Eine Sachverständigengruppe des Europäischen Hypothekenverbandes hat darüber hinaus Grundsätze für einen **Europäischen Beleihungswert** (*European Mortgage Lending Value*, EMLV) erarbeitet, nach denen der Europäische Beleihungswert

– „eine vorsichtige Bewertung der künftigen Marktfähigkeit der Immobilie einschließt;

– versucht, spekulative Elemente zu ermitteln und zu eliminieren (z. B. Risiken, die sich aus der Volatilität der Immobilienmärkte ergeben);

– die normale und lokale Marktlage widerspiegelt (Grundlage für die Bewertung ist die gegenwärtige Marktsituation);

---
[187] ABl. EG L 126/2.

- hauptsächlich auf langfristigen (nachhaltigen) Aspekten basiert (z. B. Qualität der Lage und des Gebäudes, seine Art und Größe, Bebauungsplan/Flächenaufteilungsstand [*zoning status*], baulicher Zustand, nachhaltiger Mietwert);
- die derzeitige Verwendung und nach Möglichkeit geeignete alternative Verwendungen berücksichtigt;
- auf transparenten und deutlich erklärten Bewertungsmethoden beruht;
- von Gutachtern mit angemessener Sachkenntnis ermittelt wird".

Bei der Ermittlung von Beleihungswerten bleiben Belastungen mit **Grundpfandrechten** außer Betracht. Die in Abt. II des Grundstücks eingetragenen Rechte sind indessen zu berücksichtigen. Grundpfandrechte beeinflussen im Allgemeinen nämlich nicht den Verkehrswert, sondern allenfalls den Preis eines Grundstücks. **Banken und Kreditinstitute „bewerten" jedoch die Grundpfandrechte bei der Ermittlung des Beleihungswerts.** Ausgehend vom Verkehrswert für das vergleichsweise unbelastete Grundstück wird über Risikoabschläge der Beleihungswert ermittelt. Hier ist vor allem die Rangstelle der unterschiedlichen Vorlasten (Eintragungen) im Grundbuchwert bestimmend, da nach § 11 HGB die Beleihung die ersten Dreifünftel des Beleihungswerts (60 %) nicht übersteigen darf. **197**

▶ *Nähere Ausführungen zum Beleihungswert vgl. Teil X Rn. 200 ff.*

5.8 Flurbereinigungsrecht

In der landwirtschaftlichen Flurbereinigung wird im Unterschied zur städtebaulichen Umlegung (§§ 45 ff. BauGB) mit § 27 des Flurbereinigungsgesetzes – FlurbG – vom Verkehrswertprinzip abgewichen, als hier die Bewertung in der Weise zu erfolgen hat, dass der **„Wert" der Grundstücke eines Teilnehmers** am Verfahren **im Verhältnis zu dem „Wert" aller Grundstücke** des Flurbereinigungsgebiets **zu „bestimmen"** ist. Dabei wird also nicht ein strenger Maßstab i.S. der Verkehrswertdefinition des § 194 BauGB angesetzt; vielmehr geht es um die „Bestimmung" eines relativen, auf die Verhältnisse der Wertigkeiten im jeweiligen Flurbereinigungsgebiet bezogenen Werts (Tauschwerte)[188]. Für landwirtschaftlich genutzte Grundstücke kommt es hier maßgeblich auf den Nutzen an, den die Flächen bei gemeinüblicher ordnungsgemäßer Bewirtschaftung jedem Besitzer ohne Rücksicht auf ihre Entfernung vom Wirtschaftshofe oder von der Ortslage nachhaltig gewähren können (vgl. § 28 FlurbG). Das Wertverhältnis wird durch Wertverhältniszahlen ausgedrückt, die aus dem Nutzungswert (Reinertrag) je Flächeneinheit des Bodens abgeleitet werden. **198**

Für **Bauflächen** und **Bauland** sowie für **bauliche Anlagen** wird dagegen nach § 29 Abs. 1 FlurbG der Verkehrswert i.S. des § 194 BauGB abgeleitet; er wird jedoch abweichend hiervon – unter Ausschluss flurbereinigungsbedingter Werterhöhungen – definiert. Die angesprochenen Bestimmungen haben folgenden Wortlaut: **199**

„§ 27 FlurbG

Um die Teilnehmer mit Land von gleichem Wert abfinden zu können, ist der Wert der alten Grundstücke zu ermitteln. Die Wertermittlung hat in der Weise zu erfolgen, dass der Wert der Grundstücke eines Teilnehmers im Verhältnis zu dem Wert aller Grundstücke des Flurbereinigungsgebietes zu bestimmen ist.

§ 28 FlurbG

(1) Hierbei sind die Ergebnisse einer Bodenschätzung nach dem Bodenschätzungsgesetz vom 20. Dezember 2007 (BGBl. I S. 3150, 3176) in der jeweils geltenden Fassung zugrunde zu legen; Abweichungen sind zulässig.

(2) Wesentliche Bestandteile eines Grundstücks, die seinen Wert dauernd beeinflussen, sowie Rechte nach § 49 Abs. 3 sind, soweit erforderlich, in ihrem Wert besonders zu ermitteln.

---

188 BVerwG, Urt. vom 14.2.1963 – 1 C 56/61 –, EzGuG 17.24a.

§ 29 FlurbG

(1) Die Wertermittlung für Bauflächen[189] und Bauland sowie für bauliche Anlagen hat auf der Grundlage des Verkehrswertes zu erfolgen[190].

(2) Der Verkehrswert wird durch den Preis bestimmt, der in dem Zeitpunkt, auf den sich die Ermittlung bezieht, im gewöhnlichen Geschäftsverkehr nach den Eigenschaften, der sonstigen Beschaffenheit und der Lage des Grundstücks ohne Rücksicht auf ungewöhnliche oder persönliche Verhältnisse zu erzielen wäre; Wertänderungen an baulichen Anlagen, die durch die Aussicht auf die Durchführung der Flurbereinigung entstanden sind, bleiben außer Betracht.

(3) Bei bebauten Grundstücken ist der Verkehrswert des Bodenanteils und der Bauteile getrennt zu ermitteln, wenn dies aufgrund von Vergleichspreisen möglich ist; die Verkehrswerte sind gesondert anzugeben.

(4) Die Ermittlung des Verkehrswerts der baulichen Anlagen soll nur dann vorgenommen werden, wenn die baulichen Anlagen einem neuen Eigentümer zugeteilt werden."

200 Neben dem **Gesetz über die Schätzung des Kulturbodens** (Bodenschätzungsgesetz – BodSchätzG) sind die Bestimmungen der ImmoWertV, WERTR, WaldR 2000 und LandR 78 von Bedeutung.

5.9 Landwirtschaftsanpassungsgesetz

201 Die Grundsätze der ImmoWertV finden ggf. unter ergänzender Heranziehung der WERTR auch bei der Ermittlung von **Abfindung in Geld, Abfindung in Land sowie bei der Ersatzlandbereitstellung** nach Maßgabe des LwAnpG Anwendung. Grundsätzlich erfolgt dabei die Wertermittlung für

– Anpflanzungen nach § 63 Abs. 2 LwAnpG i.V.m. § 28 Abs. 2 FlurbG sowie
– Bauflächen, Bauland, bauliche Anlagen sowie für Rechte an Grundstücken nach § 63 Abs. 2 LwAnpG i.V.m. § 29 FlurbG.

202 Eine **Verfahrens*empfehlung*** enthalten die hierzu vom Bundesministerium für Ernährung, Landwirtschaft und Forsten veröffentlichten Hinweise[191].

5.10 Kapitalanlagenrecht (Investmentvermögen)

Schrifttum: *Archner, G.* Die Bewertung von Immobilien der Offenen Immobilienfonds nach neuem Recht, GuG 2008, 266; *Holzner, P.,* Der offene Immobilienfonds – eine interessante Kapitalanlage, GuG 1992, 5; *Holzner, P.* Zur Kritik an der Bewertung der Liegenschaften offener Immobilienfonds, GuG 2000, 78; *Kleiber, W.,* Qualitas occultas, GuG-aktuell 2006, 16; *Renner, U.,* Die Bedeutung des Sachverständigen Gutachtens beim Offenen Immobilienfonds, GuG 1993, 139; *Schneider, D.,* Ertragsanalyse der Liegenschaften eines offenen Immobilienfonds, GuG 2001, 338; *Simon, J.* Verkehrswertermittlung offener Immobilienfonds, GuG 1999, 129; *Volze, H.,* Die Sachverständigenhaftung bei offenen Immobilienfonds, GuG 1993, 68.

203 Das Recht der Kapitalanlage ist im **Kreditwesengesetz (KWG)** sowie in dem am 1.1.2004 in Kraft getretenen **Investment- und das Investmentsteuergesetz** geregelt. Das bisher anwendbare Kapitalanlagegesetz (KAGG) gilt für bestehende Fonds nur noch während einer Übergangszeit.

Das **Investmentgesetz (InvG)** umfasst alle relevanten organisations-, aufsichts-, vertriebs- und steuerrechtlichen Regelungen. Die wichtigsten Regelungen:

– Alle geschäftlichen Betätigungen müssen offen gelegt werden.
– Die Anlagefonds müssen öffentlich verfügbar sein.

---

189 Hier wohl begrifflich nicht dem Bauland zugerechnet (sic!).
190 BT-Drucks VI/2204 zu § 57.
191 Empfehlungen des Bundesministeriums für Ernährung, Landwirtschaft und Forsten, GemMBl. 1992, 1095; abgedruckt bei Kleiber/Söfker, Vermögensrecht, Eigentum an Grund und Boden, Verlag Jehle-Rehm, München; GuG 1993, 163, 229; Thöne in GuG 1993, 279.

- Das Anlagevermögen eines jeden Fonds muss vom übrigen Vermögen der Investment-Gesellschaft getrennt werden (= Sondervermögen).
- Fondsgesellschaften unterliegen der Bankenaufsicht.
- Eine Depotbank muss eingeschaltet werden, die das Sondervermögen der Fonds verwahrt und mit der Ausgabe und Rücknahme der Anteilsscheine beauftragt wird. Sie hat weitreichende Kontroll- und Mitwirkungsbefugnisse.
- Anleger und Interessenten müssen regelmäßig informiert werden.
- Zurverfügungstellung des Verkaufsprospektes bei Vertragsabschluss (Verkaufsprospekt u.a. mit detaillierten Angaben über das Sondervermögen, die Depotbank, Anteilspreisberechnung und die Anlageziele).
- Erstellen halbjährlicher Fonds-Rechenschaftsberichte.
- Veröffentlichung börsentäglicher Information über die Anteilpreise (z. B. in Wirtschafts- und Tagespresse).

Für Immobilien-Sondervermögen gelten die §§ 66 bis 83 InvG, insbesondere die Regelungen zu den **offenen Immobilienfonds**. Unter einem offenen Immobilienfonds versteht man ein durch eine Kapitalgesellschaft treuhänderisch verwaltetes, rechtlich unselbstständiges Immobiliensondervermögen, in dem Kapital unter Beachtung der Risikostreuung und Gewinnerzielung (dauernde Erträge und Wertzuwächse) vor allem in Immobilien und immobiliengleiche Rechte angelegt wird[192]. Diese Kapitalgesellschaften unterliegen den Bestimmungen des InvG, sind im **Bundesverband Investment und Asset Management e. V. (BVI)** organisiert und werden durch das BaFin überwacht.

Das Sondervermögen eines offenen Immobilienfonds setzt sich i.d.R. aus Grundvermögen und sonstigem Vermögen zusammen. Nach der zentralen Regelung des § 70 Abs. 2 InvG (§ 34 Abs. 2 Satz 3 KAGG) sind die im Jahresabschluss oder der Vermögensaufstellung der Immobilien-Gesellschaft ausgewiesenen Immobilien mit dem Wert anzusetzen, der von einem nach § 77 Abs. 1 InvG gebildeten Sachverständigenausschuss festgestellt wurde.

Der **Sachverständigenausschuss** bewertet die Vermögensgegenstände „nach Maßgabe der §§ 67 und 68" (InvG)

- *vor* Erwerb der Beteiligung an einer Immobilien-Gesellschaft (§ 68 Abs. 2 InvG) und
- danach mindestens einmal jährlich (§ 70 Abs. 2 Satz 2) sowie
- neu zu erwerbende Immobilien vor ihrem Erwerb (§ 67 Abs. 7 InvG).

Welcher Wert dabei *„nach Maßgabe der §§ 67 und 68"* zu ermitteln ist, lassen die besagten Vorschriften offen. Gegenstand dieser Regelungen sind Vorschriften über zulässige Vermögensgegenstände, Anlagegrenzen (§ 67 InvG) und die Beteiligung an Immobilien-Gesellschaften (§ 68 InvG). Bezüglich des maßgeblichen Werts sprechen die Vorschriften eben nur vom „Wert eines Grundstücks" (bzw. einem angemessenen Erbbauzins), ohne diesen als Verkehrswert (Marktwert) zu konkretisieren. Vom Verkehrswert ist lediglich in § 82 Abs. 3 InvG im Zusammenhang mit der Veräußerung von Immobilien die Rede; mit dieser Vorschrift soll eine **Veräußerung „unter Verkehrswert" ausgeschlossen** werden.

„§ 70 Abs. 2 InvG

(2) Der Wert der Beteiligung an einer Immobilien-Gesellschaft ist durch einen Abschlussprüfer im Sinne des § 319 Abs. 1 Satz 1 und 2 des Handelsgesetzbuchs nach den für die Bewertung von Unternehmensbeteiligungen allgemein anerkannten Grundsätzen zu ermitteln, wobei die im Jahresabschluss oder in der Vermögensaufstellung der Immobilien-Gesellschaft ausgewiesenen Immobilien mit dem Wert anzusetzen sind, der von einem nach § 77 Abs. 1 von der Kapitalanlagegesellschaft gebildeten Sachverständigenausschuss festgestellt wurde. Der Sachverständigenausschuss bewertet die Vermögensgegenstände nach Maßgabe der §§ 67 und 68 nach Erwerb der Beteiligung an der Immobilien-Gesellschaft mindestens einmal jährlich."

---

[192] Klug, W. Offene Immobilienfonds 2004.

204 Die Einrichtung des **Sachverständigenausschusses** ist in § 77 InvG geregelt:

„**§ 77 InvG Sachverständigenausschuss**

(1) Die Kapitalanlagegesellschaft hat einen oder mehrere Sachverständigenausschüsse zu bilden. Der Sachverständigenausschuss ist in den durch dieses Gesetz die Vertragsbedingungen bestimmten Fällen für die Bewertung von Vermögensgegenständen zuständig. Der Sachverständigenausschuss übt seine Tätigkeit unabhängig von der Kapitalanlagegesellschaft aus, insbesondere dürfen Vertreter der Kapitalanlagegesellschaft nicht an den Sitzungen des Sachverständigenausschusses teilnehmen.

(1a) Ein Sachverständigenausschuss besteht aus drei Sachverständigen, die als Hauptgutachter oder Nebengutachter an der Bewertung von Vermögensgegenständen mitwirken. Die Zusammensetzung eines Sachverständigenausschusses und dessen Tätigkeit sind von der Kapitalanlagegesellschaft durch eine Geschäftsordnung festzulegen, deren Muster mit der Bundesanstalt abzustimmen ist. Die Geschäftsordnung hat mindestens zu regeln:

1. die Berufung und Abberufung von Mitgliedern,
2. die Anzahl, Zusammensetzung, Aufgaben und Beauftragung der Ausschüsse,
3. dass der Wertermittlung ein geeignetes, am jeweiligen Immobilienanlagemarkt anerkanntes Wertermittlungsverfahren oder mehrere dieser Verfahren zugrunde zu legen sind und die Wahl des Verfahrens zu begründen ist,
4. dass dem Sachverständigenausschuss von der Kapitalanlagegesellschaft alle zur Bewertung erforderlichen Unterlagen zur Verfügung gestellt werden,
5. die Teilnahme der Sachverständigen an einer Ortsbesichtigung,
6. die Gliederung der Bewertungsgutachten und
7. die Beschlussfassung.

Nach der Geschäftsordnung muss gewährleistet sein, dass kein Ausschussmitglied mehr als zwei Jahre als Hauptgutachter an der Bewertung desselben Vermögensgegenstandes mitwirkt.

(2) Die Mitglieder des Sachverständigenausschusses werden von der Kapitalanlagegesellschaft bestellt. Die Bestellung setzt voraus, dass der Sachverständige unabhängig, unparteilich und zuverlässig ist sowie angemessene Fachkenntnisse und ausreichende praktische Erfahrungen hinsichtlich der von ihm zu bewertenden Immobilienart und des jeweiligen regionalen Immobilienmarktes nachweist. Ein Sachverständiger darf für die Kapitalanlagegesellschaft in einem ihrer Sachverständigenausschüsse nur bis zum Ablauf des fünften auf seine erstmalige Bestellung folgenden Kalenderjahres tätig sein. Dieser Zeitraum verlängert sich anschließend um jeweils ein weiteres Jahr, wenn

1. die Einnahmen des Sachverständigen aus seiner Tätigkeit als Mitglied des Sachverständigenausschusses oder aus anderen Tätigkeiten für die Kapitalanlagegesellschaft in den vier Jahren, die dem letzten Jahr des jeweils gesetzlich erlaubten Tätigkeitszeitraums vorausgehen, im Mittel 30 Prozent seiner Gesamteinnahmen nicht überschritten haben;
2. der Sachverständige gegenüber der Kapitalanlagegesellschaft im letzten Jahr des gesetzlich erlaubten Tätigkeitszeitraums eine entsprechende Erklärung im Sinne der Nummer 1 abgibt.

Ein Sachverständiger darf nach Ablauf von zwei Jahren seit Ende des gesetzlich erlaubten Tätigkeitszeitraums erneut bestellt werden. Als Sachverständiger kann auch ein Angehöriger eines Zusammenschlusses von Sachverständigen unabhängig von der Rechtsform des Zusammenschlusses bestellt werden, wenn in Bezug auf diesen Angehörigen die Voraussetzungen nach Satz 2 erfüllt sind; die Sätze 3 bis 5 gelten für diesen Angehörigen entsprechend. Die Bestellung eines Angehörigen eines Zusammenschlusses von Sachverständigen ist nur zulässig, wenn im Gesellschaftsvertrag oder in der Satzung des Zusammenschlusses sowie durch geeignete Organisationsmaßnahmen die Weisungsfreiheit, die Unabhängigkeit und die Unparteilichkeit des Sachverständigen sichergestellt und Interessenkonflikte aufgrund sonstiger Tätigkeiten des Zusammenschlusses ausgeschlossen sind.

(3) Die Bestellung ist der Bundesanstalt anzuzeigen; das Vorliegen der Voraussetzungen nach Absatz 2 ist hierbei darzulegen. Wenn diese Voraussetzungen fehlen oder wegfallen, kann die Bundesanstalt verlangen, dass ein anderer Sachverständiger bestellt wird."

Die Tätigkeit des Sachverständigenausschusses orientiert sich an der Mustergeschäftsordnung[193] und den „Anforderungen an Verkehrs-/Marktwertgutachten im Auftrag von Kapital-

---

[193] GuG 2008, 226.

anlagegesellschaften nach § 77 Abs. 1a InvG" des **Bundesverbandes der Immobilien-Investment-Sachverständigen e. V. (BIIS).**

Zum **Erwerb neuer Objekte bzw. der Belastung mit einem Erbbaurecht** und der **Veräußerungen von Bestandsobjekten** schreiben § 67 Abs. 5 und 7 InvG (§ 27 Abs. 3 KAGG) und § 82 Abs. 1 und 2 InvG (§ 37 Abs. 1 KAGG) ergänzend vor: 205

„§ 67 InvG

(5) Ein Vermögensgegenstand nach den Absätzen 1 und 2 darf nur erworben werden, wenn er zuvor von einem Sachverständigen im Sinne des § 77 Abs. 1 gebildeten Sachverständigenausschuss angehört, bewertet wurde und die aus dem Sondervermögen zu erbringende Gegenleistung den ermittelten Wert nicht oder nur unwesentlich übersteigt. Entsprechendes gilt für Vereinbarungen über die Bemessung des Erbbauzinses und seine etwaige spätere Änderung.

(6) Für ein Immobilien-Sondervermögen dürfen auch Gegenstände erworben werden, die zur Bewirtschaftung der Vermögensgegenstände des Immobilien-Sondervermögens erforderlich sind.

(7) Ein Grundstück im Sinne des Absatzes 1 Nr. 1 bis 3 oder des Absatzes 2 Satz 1 darf die Kapitalanlagegesellschaft nur unter den in den Vertragsbedingungen näher festgelegten Bedingungen mit einem Erbbaurecht belasten. Die Angemessenheit des Erbbauzinses ist vor der Bestellung des Erbbaurechts von einem Sachverständigen im Sinne des § 77 Abs. 2 Satz 2, der nicht einem von der Kapitalgesellschaft nach § 77 Abs. 1 gebildeten Sachverständigenausschuss angehört, zu bestätigen. Der nach § 77 Abs. 1 gebildete Sachverständigenausschuss hat innerhalb von zwei Monaten nach der Bestellung des Erbbaurechts den Wert des Grundstücks neu festzustellen. Ein Erbbaurecht darf nicht bestellt werden, wenn der Wert des Grundstücks, an dem das Erbbaurecht bestellt werden soll, zusammen mit dem Wert der Immobilien-Grundstücke, an denen bereits Erbbaurechte bestellt worden sind, 10 Prozent des Werts des Immobilien-Sondervermögens übersteigt. Die Verlängerung eines Erbbaurechts gilt als Neubestellung.

§ 82 InvG Veräußerung und Belastung von Grundstückswerten

(1) Die Veräußerung von Vermögensgegenständen nach § 67 Abs. 1 und 2 und § 68 Abs. 1, die zu einem Sondervermögen gehören, ist vorbehaltlich des § 81 nur zulässig, wenn dies in den Vertragsbedingungen vorgesehen ist und die Gegenleistung den durch Sachverständigenausschuss ermittelten Wert nicht unterschreitet. Werden durch ein einheitliches Rechtsgeschäft zwei oder mehr der in Satz 1 genannten Vermögensgegenstände an denselben Erwerber veräußert, so ist hierbei auf die insgesamt vereinbarte Gegenleistung abzustellen. In den Fällen des Satzes 2 darf die Gegenleistung die Summe der Wertansätze für die veräußerten Vermögensgegenstände um nicht mehr als 5 Prozent unterschreiten, wenn dies den Interessen der Anleger nicht zuwiderläuft.

(2) Von der Bewertung durch den Sachverständigenausschuss kann abgesehen werden, wenn Teile des Immobilienvermögens auf behördliches Verlangen zu öffentlichen Zwecken veräußert, im Umlegungsverfahren oder um es abzuwenden gegen andere Immobilien getauscht oder wenn zum Zwecke der Abrundung eigenen Grundbesitzes Immobilien hinzu erworben werden und die hierfür zu entrichtende Gegenleistung die für eine gleich große Fläche einer eigenen Immobilie erbrachte Gegenleistung um nicht mehr als 5 Prozente überschreitet."

5.11 Bilanzrecht

Schrifttum: *Baetge, J.,* Bilanzen, 4. Aufl. Düsseldorf 1996, S. 263 ff.; *Baumunk, H./Böckem, H./Schurbohm, E.,* Die Bilanzierung von Immobilien nach International Accounting Standards, GuG 2002, 354; *Baumunk, H,* Immobilienbewertung und internationale Standards, GuG 2004, 224; *Budde, W.,* Becksche Bilanz-Komm. §§ 238 und 239 HGB, 4. Aufl. 1999 § 253 HGB Rn. 290; *Kleiber, W.,* Die „europäischen Bewertungsstandards" des Blauen Buchs, GuG 2000, 321; *Böcking, H-J./Sittmann-Haury, C.,* Forderungsbewertung – Anschaffungskosten versus Fair Value, BB 2003, 195; *Döring, U.,* Komm. zu § 253 HGB in Küting/Weber, Handbuch der Rechnungslegung, 4. Aufl. Stuttgart; *Glade, A.,* Praxishandbuch der Rechnungslegung und Prüfung, 2. Aufl. Berlin 1995, § 253 Rn. 38 ff. und 42; *Trappmann, H./Rauber, D.,* Fair Value von Immobilien in der Finanzkrise, GuG 2009, 193; *Weber/Baumunk,* IFRS Immobilien, Luchterhand 2005; *Winnefeld, R.,* Bilanz-Handbuch, München 1997 E 1060 ff.; *Dusemond, M./Kessler, H.,* Rechnungslegung kompakt: Einzel- und Konzernabschluss nach HGB und Erläuterungen abweichender Rechnungslegungspraktiken nach IAS und US-GAPP, 2. Aufl. Oldenbourg 2001 S. 42 ff. Kommunales Vermögen – richtig bewertet, Haufe Verlag 2004.

▶ *Vgl. Einführung, Teil II, Rn. 3 ff.*

5.11.1 Nationale Bewertungsstandards

206 Bei der **handelsrechtlichen Eröffnungsbilanz** eines Unternehmens bestimmt sich der Wertansatz nach den Vorschriften der §§ 7, 9, 10 und 12 des DM-Bilanzgesetzes (DMBilG).

- § 7 DMBilG enthält **allgemeine Grundsätze zur Neubewertung von Vermögensgegenständen,** die durch die Spezialregelungen der §§ 9 und 10 DMBilG zur Bewertung von Grund und Boden sowie Gebäuden ergänzt werden. Zentraler Wertmaßstab für die Neubewertung ist der (beizulegende) „Zeitwert"[194]. Danach ist zu unterscheiden zwischen Vermögensgegenständen, die
  - im Unternehmen Verwendung finden und
  - die nicht mehr verwendet werden.

  Vermögensgegenstände, die im Unternehmen nicht mehr verwendet werden, sind nach § 7 Abs. 5 DMBilG mit dem zu erwartenden **Verkaufspreis nach Abzug der noch anfallenden Kosten** anzusetzen (**Veräußerungswert**). Vermögensgegenstände, die noch genutzt werden, aber vor dem 1.7.1990 bereits vollständig abgeschrieben worden sind, dürfen höchstens mit ihrem Veräußerungswert angesetzt werden.

- Als Wert der **Gebäude und anderer Bauten** kann nach § 10 Abs. 2 DMBilG der Verkehrswert angesetzt werden. Der Zeitwert von Gebäuden und anderer Bauten kann nach § 10 Abs. 1 DMBilG auch aus den *Wiederherstellungskosten* (§ 7 Abs. 3 DMBilG) oder ihren *Wiederbeschaffungskosten* (§ 7 Abs. 2 DMBilG) abgeleitet werden, sofern nicht ein anderer Wertansatz bestimmt ist. Ausgehend vom Neuwert ist die zwischenzeitliche Nutzung und ein Zurückbleiben hinter dem technischen Fortschritt (Wertminderung wegen Alters [Abschreibung i.S.d. § 253 Abs. 2 HGB], Baumängeln und Bauschäden sowie sonstige wertbeeinflussende Umstände i.S. der §§ 23 ff. WertV) zu berücksichtigen. In diesem Rahmen sind auch unterlassene Instandhaltungen und Großreparaturen zur Erhaltung der Bausubstanz wertmindernd zu berücksichtigen, soweit keine entsprechenden Rückstellungen gebildet worden sind. Die Vermögensgegenstände sind jedoch höchstens mit dem Wert anzusetzen, der ihnen unter der Annahme der Unternehmensfortführung am Bewertungsstichtag beizulegen ist. In diesem Zusammenhang wird auch der Begriff des Zeitwerts gebraucht.

- Nach § 9 DMBilG[195] ist der **Grund und Boden** (nur[196]) mit seinem „Verkehrswert"[197] unter Berücksichtigung wesentlicher Beeinträchtigungen (Nutzungs-, Verfügungs- und Verwertungsbeschränkungen) anzusetzen. Entsprechendes gilt auch für künftige Rekultivierungs- und Entsorgungspflichten, soweit für sie keine entsprechenden Rückstellungen gebildet worden sind. Für unentgeltlich eingeräumte grundstücksgleiche Nutzungsrechte darf nach § 9 Abs. 3 DMBilG unter bestimmten Voraussetzungen der Barwert der üblichen Nutzungsentschädigung zum Ansatz gebracht werden.

Neben den allgemeinen handelsrechtlichen Bilanzerstellungsvorschriften kann auch die **Anwendung der speziellen Vorschriften der §§ 264 ff. HGB für Kapitalgesellschaften** in Betracht kommen. Nach § 252 Abs. 1 Nr. 2, 3 und 4 HGB ist bei der Bewertung von der Fortführung der Unternehmenstätigkeit auszugehen, sofern dem nicht tatsächliche oder rechtliche Gegebenheiten entgegenstehen. Darüber hinaus sind Vermögensgegenstände einzeln und vorsichtig zu bewerten.

---

[194] Vgl. „*Fair Value*", der keinesfalls eine „Erfindung" der *International Accounting Standards* ist. Es handelt sich um einen unbestimmten Rechtsbegriff, für dessen Ermittlung Hilfswerte diskutiert werden: Baetge, J., Bilanzen, 4. Aufl. Düsseldorf 1996, S. 263 ff.; Döring, U., Komm. zu § 253 HGB in Küting/Weber, Handbuch der Rechnungslegung, 4. Aufl. Stuttgart; Glade, A., Praxishandbuch der Rechnungslegung und Prüfung, 2. Aufl. Berlin 1995, § 253 Rn. 38 ff.; Winnefeld, R., Bilanz-Handbuch, München 1997 E 1060 ff.; Dusemond, M./Kessler, H., Rechnungslegung kompakt: Einzel- und Konzernabschluss nach HGB und Erläuterungen abweichender Rechnungslegungspraktiken nach IAS und US-GAPP, 2. Aufl. Oldenbourg 2001 S. 42 ff.

[195] Es handelt sich um eine Spezialvorschrift zu den allgemeinen Regelungen des § 7 DMBilG; vgl. Forster, W./Gelhauser, Wagner in Budde/Forster, D-Mark Bilanzgesetz, Komm. München 1991 § 7 Rn. 4.

[196] Forster/Kämpfer in Budde/Förster, D-Mark Bilanzgesetz, Komm. München 1991, Rn. 12 zu § 9.

[197] In der amtlichen Begründung wird hierzu ausgeführt: „Der Verkehrswert wird grundsätzlich durch den am Markt erzielbaren Preis bestimmt" (BT-Drucks. 11/7817 S. 65 ff.).

Im Handelsrecht ist zu unterscheiden zwischen der **Zugangsbewertung** und der **Folgebewertung**.

– *Zugangsbewertung* ist die erstmalige Bewertung bei Zugang eines Vermögensgegenstands zum Betriebsvermögen.

– *Folgebewertung* ist die dem folgende Bewertung des Vermögensgegenstands zu jedem Bilanzstichtag.

Nach den „Allgemeine Bewertungsgrundsätzen" des § 252 HGB gelten für die Bewertung der im Jahresabschluss ausgewiesenen Vermögensgegenstände und Schulden insbesondere folgende Grundsätze:

– Es ist von der Fortführung der Unternehmenstätigkeit auszugehen (*Going-concern*-Prinzip), sofern dem nicht tatsächliche oder rechtliche Gegebenheiten entgegenstehen (§ 252 Abs. 1 Nr. 2 HGB),

– die Vermögensgegenstände sind einzeln zu bewerten (Grundsatz der Einzelbewertung § 252 Abs. 1 Nr. 3 HGB) und

– die Vermögensgegenstände sind vorsichtig zu bewerten, namentlich sind alle vorhersehbaren Risiken und Verluste, die bis zum Abschlussstichtag entstanden sind, zu berücksichtigen, selbst wenn diese erst zwischen dem Abschlussstichtag und dem Tag der Aufstellung des Jahresabschlusses bekannt geworden sind (Vorsichtsprinzip § 252 Abs. 1 Nr. 4 HGB).

Vermögensgegenstände sind nach § 253 Abs. 1 HGB höchstens mit den Anschaffungs- oder Herstellungskosten, vermindert um Abschreibungen nach den § 253 Abs. 2 und 3 anzusetzen. Bei **Vermögensgegenständen des Anlagevermögens**, deren Nutzung zeitlich begrenzt ist, sind die Anschaffungs- oder Herstellungskosten nach § 253 Abs. 2 HGB um planmäßige Abschreibungen zu auf den niedrigeren „beizulegenden Zeitwert" (Marktwert gleichartiger Unternehmen, der dem beizulegenden Zeitwert nach IFRS entspricht)[198] vermindern. Der Plan muss die Anschaffungs- oder Herstellungskosten auf die Geschäftsjahre verteilen, in denen der Vermögensgegenstand voraussichtlich genutzt werden kann. Ohne Rücksicht darauf, ob ihre Nutzung zeitlich begrenzt ist, können bei Vermögensgegenständen des Anlagevermögens außerplanmäßige Abschreibungen vorgenommen werden, um die Vermögensgegenstände mit dem niedrigeren Wert anzusetzen, der ihnen am Abschlussstichtag beizulegen ist; sie sind vorzunehmen bei einer *voraussichtlich dauernden Wertminderung*.

Eine **voraussichtlich dauernden Wertminderung** liegt bei abnutzbaren Wirtschaftsgütern des Anlagevermögens vor, wenn der beizulegende Zeitwert (Marktwert) den Buchwert, der sich bei planmäßiger Abschreibung ergibt, zum Bilanzstichtag mindestens für die halbe Restnutzungsdauer unterschreitet[199].

Bei **Vermögensgegenständen des Umlaufvermögens** sind nach § 253 Abs. 3 HGB Abschreibungen vorzunehmen, um diese mit einem niedrigeren Wert anzusetzen, der sich aus einem Börsen- oder Marktpreis am Abschlussstichtag ergibt. Ist ein Börsen- oder Marktpreis nicht festzustellen und übersteigen die Anschaffungs- oder Herstellungskosten den Wert, der den Vermögensgegenständen am Abschlussstichtag beizulegen ist, so ist auf diesen Wert abzuschreiben. Außerdem dürfen Abschreibungen vorgenommen werden, soweit diese nach vernünftiger kaufmännischer Beurteilung notwendig sind, um zu verhindern, dass in der nächsten Zukunft der Wertansatz dieser Vermögensgegenstände aufgrund von Wertschwankungen geändert werden muss. Abschreibungen sind nach § 253 Abs. 4 HGB außerdem im Rahmen vernünftiger kaufmännischer Beurteilung zulässig.

▶ *Vgl. Einführung, Teil II, Rn. 5, 29 sowie § 8 ImmoWertV Rn. 110*

---

[198] Berger/Ring, Beck'scher Bilanzkommentar, 6. Aufl. 2006 § 263 Rn. 297; Küting DB 2005, 1124; Baetge/Dörner/Wollmert/Kirsch, Rechnungslegung nach internationalen Standards, 2. Aufl. 2006.

[199] Analoge Auslegung der Rechtsprechung des BFH zum Ansatz eines niedrigeren Teilwerts gemäß § 6 Abs. 1 Nr. 1 Satz 2 EStG; vgl. BFH, Urt. vom 14.3.2006 – I R 22/05 –.

5.11.2 Internationale Bewertungsstandards (IFRS/IAS)

▶ *Vgl. § 8 ImmoWertV Rn. 16 ff.*

Schrifttum: *Baumunk, H.,* Die Bilanzierung von Immobilien nach International Accounting Standards, GuG 2002, 354; *Böcking, H-J./Sittmann-Haury, C.,* Forderungsbewertung – Anschaffungskosten versus Fair Value, BB 2003, 195; *Frieß, R.,* Ansatz und Auswirkungen aktiver latenter Steuern nach IAS 12 am Beispiel ehemals gemeinnütziger Wohnungsbaugesellschaften, GuG 2005, 264; *Kölschbach J.,* Offenlegung des Zeitwerts von Immobilien im Jahresabschluss von Versicherungsunternehmen, GuG 1999, 202; *Geib,* Die Pflicht zur Offenlegung des Zeitwerts von Kapitalanlagen der Versicherungsunternehmen nach Umsetzung der Versicherungsbilanzrichtlinie; Versicherungswirtschaft, hrsg. Farny Bd. 20 Köln 1997; *Schaar, H-W.,* Bilanzierungsbewertung – eine neue Aufgabe für kommunale Bewertungsstellen, GuG 1999, 298; *Weber/Baumunk,* IFRS Immobilien, Luchterhand 2005; *Zurhorst* in Immobilien Zeitung 1999, Nr. 27 S. 12; IDW PS 322 Verwertung der Arbeit von Sachverständigen, WPg 2002, 689.

207 International wird die Rechnungslegung von den **IFRS** und den *United States – Generally Accepted Accounting Principles* (**US-GAAP**) geprägt. Beide Organisationen bemühen sich um eine Konvergenz und gegenseitige Anerkennung.

208 Alle kapitalmarktorientierten Gesellschaften in der EU haben nach der EU-Verordnung 1606/2002 ihre Konzernabschlüsse nach internationalen Rechnungslegungsvorschriften aufzustellen[200]. Ab dem Jahre 2002 waren alle börsennotierten EU-Unternehmen verpflichtet, bis zum Jahre 2005 ihre **konsolidierten Jahresabschlüsse (Konzernabschlüsse) nach den *International Accounting Standards*** (IFRS)[201] aufzustellen. Den Mitgliedsstaaten wird darüber hinaus ein Wahlrecht eingeräumt, die Anwendung der IAS auf nicht börsennotierte Unternehmen und auf Einzelabschlüsse auszudehnen.

Die sog **IAS-Verordnung**[202] wird ergänzt durch § 315 HGB, der allen konzernrechnungsbelegungspflichtigen Unternehmen erlaubt, den Konzernabschluss mit bindender Wirkung nach Maßgabe der IFRS aufzustellen. Nach Abs. 2a dieser Bestimmung haben die Kapitalgesellschaften die Möglichkeit, einen IFRS-Einzelabschluss zum Gegenstand der Offenlegung zu machen.

209 Bei bilanzieller Bewertung von unbebauten und bebauten Grundstücken unterscheiden die IAS zwischen

a) (eigenbetrieblichen) Sachanlagen nach IAS 16,

b) langfristigen Finanzanlagen (z. B. als Finanzinvestition gehaltene Immobilien; *investment property*) nach IAS 40 zur Erzielung laufender Einnahmen und/oder Wertsteigerungen,

c) Immobilien, die sich in der Entwicklungs- oder Bauphase befinden, um sie eigenbetrieblich (IAS 16) oder als Finanzanlage (IAS 40) zu nutzen (IAS 2). Bis zum Zeitpunkt ihrer bestimmungsgemäßen Nutzung werden sie nach IAS 16 bilanziert (Umlaufvermögen),

Entscheidend ist der Zweck, zu dem die Immobilie gehalten wird.

– **Sachanlagen**[203]

– **(a) die für Zwecke der Herstellung oder der Lieferung von Gütern und Dienstleistungen, zur Vermietung an Dritte oder für Verwaltungszwecke gehalten werden; und die**

---

[200] Die europarechtlichen Grundlagen der Bewertung von Anlagevermögen bei Jahresabschlüssen und die Bilanzierungsprinzipien der Europäischen Union gehen auf die Vierte Richtlinie des Rates vom 25.7.1978 (ABl. EG vom 14.8.1978 Nr. L 222/11.) zurück. Es handelt sich hier um bilanzielle Spezialregelungen, die nicht unmittelbar mit der klassischen Verkehrswertermittlung gleichzusetzen sind. Nach Art. 35 der Richtlinie sind Gegenstände des Anlagevermögens zu den Anschaffungs- und Herstellungskosten zu bewerten. Des Weiteren sehen die Vorschriften besondere Maßgaben der Berücksichtigung von Zinsen für Fremdkapital vor, sofern sie auf den Zeitpunkt der Herstellung entfallen (Art. 35 Abs. 4), wenn am Tag, zu dem die Bilanz aufgestellt wird, Grundstücke oder Gebäude verkauft sind oder binnen kurzem verkauft werden sollen (Art. 49 Abs. 5).

[201] Herausgegeben vom *International Accounting Standards Committee* (IASC), seit 2001 „*International Accounting Standards Board*" (IASB); die IAS wurden in „*International Financial Reporting Standards*" (IFRS) umbenannt.

[202] IAS-Verordnung: Verordnung (EG) Nr. 1606/2002 des Europäischen Parlaments und des Rates vom 19.7.2002 betr. internationaler Rechnungslegungsstandards (ABl. EG Nr. L 243 S.1)

[203] „Sachanlagen" umfassen nach IAS 16 § 6 materielle Vermögenswerte,

Beizulegender Zeitwert/Marktwert (IAS)

- **(b)** erwartungsgemäß länger als eine Periode genutzt werden.
- (IAS 16) umfassen materielle Vermögenswerte
    - a) zum Zwecke der Herstellung oder Lieferung von Gütern oder
    - b) zum Zwecke der Herstellung oder Lieferung von Dienstleistungen
    - c) zur Vermietung an Dritte oder
    - d) für Verwaltungszwecke.
- **Finanzanlagen**[204] (IAS 40) sind Investitionen, die zur Erzielung von Mieteinnahmen und/oder zum Zwecke der Wertsteigerung getätigt wurden (IAS 40 § 5, 7).

Daneben unterscheiden die IAS noch nach

- **Vorräte** (IAS 2), d.h. Immobilien, die im Rahmen der normalen Geschäftstätigkeit in naher Zukunft (innerhalb von 12 Monaten) zum Verkauf bestimmt sind, und
- **Langfristfertigungen** (IAS 11), d.h. (Fremd-) Immobilien, die langfristig (aufgrund eines Fertigungsauftrags) für einen Dritten erstellt werden (IAS 11).

Gemischt genutzte Immobilien, deren einzelne Bestandteile gesondert verkauft oder vermietet werden können, sind entsprechend aufzuteilen. Eine eigenbetriebliche Nutzung von untergeordneter Bedeutung (5 % bis maximal 30 %) bleibt außer Betracht.

---

[204] Als „Finanzinvestition gehaltene Immobilien" gelten nach IAS 40 § 5 „als Immobilien (Grundstücke oder Gebäude – oder Teile von Gebäuden – oder beides), die (vom Eigentümer oder vom Leasingnehmer im Rahmen eines Finanzierungsleasingverhältnisses) zur Erzielung von Mieteinnahmen und/oder zum Zwecke der Wertsteigerung gehalten werden und nicht:
(a) zur Herstellung oder Lieferung von Gütern bzw. der Erbringung von Dienstleistungen oder für Verwaltungszwecke, oder
(b) zum Verkauf im Rahmen der gewöhnlichen Geschäftstätigkeit des Unternehmens."

Abb. 13: Maßgeblicher Bewertungsstandard bei unterschiedlicher Immobilienverwendung nach IAS

a) *Sachanlagen*

210 Nach **IAS 16 § 6 (Bilanzierung von Sachanlagen)** und **IAS 40 § 5 (Bilanzierung von als Finanzinvestition gehaltene Immobilien)** definiert sich der (erklärungsbedürftige und geheimnisvolle[205]) beizulegende Zeitwert (*Fair Value*) allgemein wie folgt:

„Der beizulegende Zeitwert (*Fair Value*) ist der Betrag, zu dem ein Vermögenswert zwischen sachverständigen, vertragswilligen und voneinander unabhängigen Geschäftspartnern getauscht werden könnte."

Die mit dem Marktwert (Verkehrswert) identische Definition wird durch eine Reihe materieller Maßgaben und bewertungstechnischer Hinweise ergänzt:

IAS 16 §§ 32 und 33 ergänzen diese Definition des beizulegenden Zeitwerts (*Fair Value*) um die Spezialregelung

a) zur Ermittlung des beizulegenden Zeitwerts von Grundstücken und Gebäuden und

---
[205] Groh in DB 1985, 1851.

b) zur Ermittlung technischer Anlagen und Betriebs- und Geschäftsausstattungen

wie folgt:

„32. Der beizulegende Zeitwert von Grundstücken und Gebäuden wird in der Regel nach den auf dem Markt basierenden Daten ermittelt, wobei man sich normalerweise der Berechnungen hauptamtlicher Gutachter bedient. Der beizulegende Zeitwert für technische Anlagen und Betriebs- und Geschäftsausstattung ist in der Regel der durch Schätzungen ermittelte Marktwert.

33. Gibt es aufgrund der speziellen Art der Sachanlage und ihrer seltenen Veräußerung, ausgenommen als Teil eines fortbestehenden Geschäftsbereiches, keine marktbasierten Nachweise für den beizulegenden Zeitwert, muss ein Unternehmen eventuell den beizulegenden Zeitwert unter Anwendung eines Ertragswertverfahrens oder der abgeschriebenen Wiederbeschaffungswertmethode schätzen."

Eine **Sachanlage** (z. B. unbebaute Grundstücke sowie Grundstücke und Gebäude) ist nach IAS 16 § 7 als Vermögenswert anzusetzen, wenn

(a) es wahrscheinlich ist, dass ein mit ihm verbundener künftiger wirtschaftlicher Nutzen dem Unternehmen zufließen wird, und wenn

(b) seine Anschaffungs- und Herstellungskosten verlässlich ermittelt werden können.

Eine **Sachanlage**, die als Vermögenswert anzusetzen ist, ist nach **IAS 16 § 15** bei der **erstmaligen Erfassung** mit ihren Anschaffungs- und Herstellungskosten[206] zu bewerten.

Eine **Sachanlage** ist **nach ihrem erstmaligen Ansatz als Vermögenswert (Folgebewertung)** nach IAS 16 § 30 zu ihren Anschaffungskosten abzüglich der kumulierten Abschreibungen und kumulierten Wertminderungsaufwendungen anzusetzen (*Benchmark-Methode*).

Als *alternativ zulässige Methode* – Wahlrecht – *(Allowed Alternative Treatment)* ist eine Sachanlage nach IAS 16 § 31 nach dem erstmaligen Ansatz als Vermögenswert zu einem **Neubewertungsbetrag** anzusetzen, der seinem beizulegenden Zeitwert am Tage der Neubewertung abzüglich nachfolgender kumulierter planmäßiger Abschreibungen und nachfolgender kumulierter Wertminderungsaufwendungen entspricht. Neubewertungen sind in regelmäßigen Abständen vorzunehmen, um sicherzustellen, dass der Buchwert nicht wesentlich von dem Wert abweicht, der unter Verwendung des beizulegenden Zeitwerts am Bilanzstichtag ermittelt werden würde.

Als alternativ zulässige Methode *(Allowed Alternative Treatment)* zur Bewertung einer Sachanlage bzw. der Neubewertung einer langfristigen Finanzanlage wird damit der **Marktwert auf der Grundlage der ausgeübten oder einer ähnlichen Nutzung abzüglich der kumulierten planmäßigen Abschreibung** zugelassen (Wahlrecht).

b) *Vermögensanlage (als Finanzinvestition gehaltene Immobilie)*

Als Finanzinvestition gehaltene Immobilien sind nach IAS 40 § 16 dann und nur dann **als Vermögenswert** in der Bilanz **anzusetzen**, wenn:

(a) es wahrscheinlich ist, dass dem Unternehmen der zukünftige wirtschaftliche Nutzen, der mit den als Finanzinvestition gehaltenen Immobilien verbunden ist, zufließen wird, und

(b) die *Anschaffungs- und Herstellungskosten* der als Finanzinvestition gehaltenen Immobilien zuverlässig bemessen werden können.

Eine als Finanzinvestition gehaltene Immobilie ist nach IAS 40 § 20 bei Zugang mit ihren Anschaffungs- und Herstellungskosten zu bewerten. *Die* **Transaktionskosten** *sind in die erstmalige Bewertung miteinzubeziehen.*

Im Rahmen einer **Folgebewertung** hat das Unternehmen nach IAS 40 § 30

a) entweder das Modell des beizulegenden Zeitwerts entsprechend IAS 40 §§ 33 bis 55 oder

---

206 „Anschaffungs- und Herstellungskosten" einer Sachanlage umfassen nach IAS 16 § 16: „(a) den Kaufpreis einschließlich Einfuhrzölle und nicht erstattungsfähiger Umsatzsteuern nach Abzug von Rabatten, Boni und Skonti. (b) alle direkt zurechenbaren Kosten. die anfallen, um den Vermögenswert zu dem Standort und in den erforderlichen vom Management beabsichtigten betriebsbereiten Zustand zu bringen. (c) die erstmalig geschätzten Kosten für den Abbruch und das Abräumen des Gegenstandes und die Wiederherstellung des Standortes, an dem er sich befindet. die Verpflichtung, die ein Unternehmen entweder bei Erwerb des Gegenstandes oder als Folge eingeht. wenn es während einer gewissen Periode ihn zu anderen Zwecken als zur Herstellung von Vorräten benutzt hat."

b) das Anschaffungskostenmodell nach IAS 40 § 50 als Bilanzierungs- und Bewertungsmethode zu wählen

und diese Methode für alle als Finanzinvestition gehaltenen Immobilien anzuhalten.

Nach IAS 40 § 33 hat ein Unternehmen, das nach der erstmaligen Erfassung das Modell des beizulegenden Zeitwerts gewählt hat, alle als Finanzinvestition gehaltenen Immobilien mit Ausnahme der in IAS 40 § 53 beschriebenen besonderen Fälle zum **beizulegenden Zeitwert** zu bewerten. Ein Gewinn oder Verlust, der durch die Änderung des beizulegenden Zeitwerts der als Finanzinvestition gehaltenen Immobilien entsteht, ist nach IAS 40 § 35 im Ergebnis in der Periode erfolgswirksam zu berücksichtigen, in dem er entstanden ist.

Sofern sich ein Unternehmen nach dem erstmaligen Ansatz für das **Anschaffungsmodell** entscheidet, hat es nach IAS 40 § 56 seine gesamten als Finanzinvestition gehaltenen Immobilien nach Vorschriften der IAS 16 für dieses Modell zu bewerten, d.h. zu Anschaffungs- und Herstellungskosten abzüglich der kumulierten Abschreibungen und kumulierten Wertminderungsaufwendungen.

Der beizulegende Zeitwert einer als Finanzinvestition gehaltenen Immobilie ist nach IAS 40 §§ 5, 36 (auch IAS 16 § 6) der Betrag, zu dem ein Vermögensgegenstand zwischen sachverständigen, vertragswilligen und voneinander unabhängigen Geschäftspartnern getauscht werden kann. Er entspricht damit in der Regel dem Marktwert (Verkehrswert). Diese Definition schließt insbesondere geschätzte Preise aus, die durch Nebenabreden oder besondere Umstände erhöht oder gesenkt werden, beispielsweise untypische Finanzierungen, *Sale-and-Lease-bac*k-Vereinbarungen oder besondere in Verbindung mit dem Verkauf gewährte Vergünstigungen oder Zugeständnisse.

Des Weiteren heißt es in IAS 40 §§ 36 ff.:

„36. Der beizulegende Zeitwert von als Finanzinvestition gehaltenen Immobilien entspricht dem Preis, zu dem die Immobilien zwischen sachverständigen, vertragswilligen und voneinander unabhängigen Geschäftspartnern getauscht werden könnten (siehe Paragraph 5). Der beizulegende Zeitwert schließt insbesondere geschätzte Preise aus, die durch Nebenabreden oder besondere Umstände erhöht oder gesenkt werden, bspw. untypische Finanzierungen, Sale-and-Lease-back-Vereinbarungen oder besondere in Verbindung mit dem Verkauf gewährte Vergünstigungen oder Zugeständnisse.

37. Ein Unternehmen bestimmt den **beizulegenden Zeitwert ohne Abzug der dem Unternehmen gegebenenfalls beim Verkauf oder bei einem anders gearteten Abgang entstehenden Transaktionskosten**.

38. Der beizulegende Zeitwert von als Finanzinvestition gehaltenen Immobilien spiegelt die **Marktbedingungen am Bilanzstichtag** wider.

39. Der **beizulegende Zeitwert bezieht sich auf einen bestimmten Zeitpunkt**. Da sich die Marktbedingungen ändern können, kann der als beizulegender Zeitwert ausgewiesene Betrag bei einer Schätzung zu einem anderen Zeitpunkt falsch oder unangemessen sein. Die Definition des beizulegenden Zeitwerts geht zudem vom gleichzeitigen Austausch und der Erfüllung des Kaufvertrags ohne jede Preisänderung aus, die zwischen sachverständigen, vertragswilligen und voneinander unabhängigen Geschäftspartnern vereinbart werden könnte, wenn Austausch und Erfüllung nicht gleichzeitig stattfinden.

40. Der beizulegende Zeitwert der als Finanzinvestition gehaltenen Immobilien berücksichtigt neben anderen Dingen die **Mieterträge aus den gegenwärtigen Mietverhältnissen** sowie angemessene und vertretbare Annahmen, die dem entsprechen, was sachverständige und vertragswillige Geschäftspartner für Mieterträge aus zukünftigen Mietverhältnissen nach den aktuellen Marktbedingungen annehmen würden. Außerdem gibt er auf einer ähnlichen Grundlage alle Mittelabflüsse (einschließlich Mietzahlungen und anderer Abflüsse) wieder, die in Bezug auf die Immobilie zu erwarten sind. Einige dieser Mittelabflüsse sind als Verbindlichkeiten erfasst, während andere erst zu einem späteren Zeitpunkt im Abschluss ausgewiesen werden (z. B. regelmäßige Zahlungen wie Eventualmietzahlungen).

42. Die Definition des beizulegenden Zeitwerts bezieht sich auf „sachverständige und vertragswillige Geschäftspartner". In diesem Zusammenhang bedeutet „**sachverständig**", dass sowohl der vertragswillige Käufer als auch der vertragswillige Verkäufer ausreichend über die Art und die Merkmale der als Finanzinvestition gehaltenen Immobilien, ihre gegenwärtige und mögliche Nutzung und über die Marktbedingungen zum Bilanzstichtag informiert sind. Ein vertragswilliger Käufer ist jemand, der zum Kauf motiviert, aber nicht gezwungen ist. Ein solcher Käufer ist weder übereifrig noch entschlossen, um jeden

Preis zu kaufen. Der angenommene Käufer würde keinen höheren Preis als den bezahlen, der von einem Markt, bestehend aus sachverständigen und vertragswilligen Käufern und Verkäufern, gefordert würde.

43. Ein **vertragswilliger Verkäufer** ist weder übereifrig noch zum Verkauf gezwungen, er ist weder bereit, zu jedem Preis zu verkaufen, noch wird er einen unter den aktuellen Marktbedingungen als unvernünftig angesehenen Preis verlangen. Der vertragswillige Verkäufer ist daran interessiert, die als Finanzinvestition gehaltenen Immobilien zu dem nach den Marktgegebenheiten bestmöglichen erzielbaren Preis zu verkaufen. Die tatsächlichen Verhältnisse des gegenwärtigen Eigentümers der als Finanzinvestition gehaltenen Immobilien sind nicht Teil dieser Betrachtung, da der vertragswillige Verkäufer ein hypothetischer Eigentümer ist. (Ein vertragswilliger Verkäufer würde beispielsweise nicht die besondere steuerliche Situation des gegenwärtigen Immobilieneigentümers berücksichtigen.)

44. Die Definition des beizulegenden Zeitwerts bezieht sich auf Transaktionen zwischen **unabhängigen Geschäftspartnern.** Eine solche Transaktion ist ein Geschäftsabschluss zwischen Parteien, die keine besondere oder spezielle Beziehung zueinander haben, die marktuntypische Transaktionspreise begründet. Es ist zu unterstellen, dass die Transaktion zwischen einander nicht nahestehenden, voneinander unabhängig handelnden Unternehmen stattfindet.

45. Den bestmöglichen substanziellen Hinweis für den beizulegenden Zeitwert erhält man durch auf einem aktiven Markt notierte aktuelle Preise ähnlicher Immobilien, die sich am gleichen Ort und im gleichen Zustand befinden und Gegenstand vergleichbarer Mietverhältnisse und anderer, mit den Immobilien zusammenhängender Verträge sind. Ein Unternehmen hat dafür Sorge zu tragen, jegliche Unterschiede hinsichtlich Art, Lage oder Zustand der Immobilien in den Vertragsbedingungen der Mietverhältnisse und in anderen, mit den Immobilien zusammenhängenden Verträgen festzustellen.

46. Liegen aktuelle Preise eines aktiven Markts in der nach Paragraph 45 verlangten Art nicht vor, berücksichtigt ein Unternehmen Informationen verschiedenster Quellen, einschließlich:

(a) aktueller Preise eines aktiven Markt für Immobilien abweichender Art, anderen Zustands oder Standorts (oder solche, die abweichenden Leasingverhältnissen oder anderweitigen Verträgen unterliegen), die angepasst wurden, um diese Unterschiede widerzuspiegeln;

(b) der vor kurzem auf einem weniger aktiven Markt erzielten Preise für ähnliche Immobilien, die angepasst wurden, um die Änderungen der wirtschaftlichen Rahmenbedingungen seit dem Zeitpunkt der Transaktion, zu dem diese Preise erzielt wurden, widerzuspiegeln;

und

(c) diskontierter Cashflow-Prognosen, die auf einer verlässlichen Schätzung von zukünftigen Cashflows beruhen, gestützt durch die Vertragsbedingungen bestehender Mietverhältnisse und anderer Verträge sowie durch (wenn möglich) externe substanzielle Hinweise wie aktuelle marktübliche Mieten für ähnliche Immobilien am gleichen Ort und im gleichen Zustand und für die Abzinsungssätze verwendet wurden, die die gegenwärtigen Bewertungen des Marktes hinsichtlich der Unsicherheit der Höhe und des zeitlichen Anfalls künftiger Cashflows widerspiegeln."

Nach den §§ 36 ff. (IAS 40) bestimmt sich der beizulegende Zeitwert als Marktwert (*Market Value*), der materiell identisch mit dem Verkehrswert i.S.d. § 194 BauGB definiert wird. Die Erläuterungen zum **„vertragswilligen Käufer"** (IAS 40 § 35) sowie zum „angemessenen *Marketing*" (IAS 40 § 37) sind Interpretationen, die auch für den „gewöhnlichen Geschäftsverkehr" i.S. des § 194 BauGB stehen.

Materiell sind bei der Ermittlung des beizulegenden Zeitwerts folgende sich aus IAS 40 §§ 49 f. ergebende **Maßgaben** zu beachten:

„IAS 40 §§ 49 und 50

Der beizulegende Zeitwert berücksichtigt beispielsweise nicht die folgenden Faktoren, soweit sie sachverständigen und vertragswilligen Käufern und Verkäufern nicht ohne Weiteres zur Verfügung stehen würden;

(a) den zusätzlichen Wert, der sich aus der Bildung eines Portfolios von Immobilien an unterschiedlichen Standorten ergibt;

(b) **Synergieeffekte** zwischen als Finanzinvestition gehaltenen Immobilien und anderen Vermögenswerten;

(c) Rechtsansprüche oder gesetzliche Einschränkungen, die lediglich für den gegenwärtigen Eigentümer gelten;

und

(d) Steuervorteile oder Steuerbelastungen, die nur für den gegenwärtigen Eigentümer bestehen.

50. Bei der Bestimmung des beizulegenden Zeitwerts von als Finanzinvestition gehaltenen Immobilien hat das Unternehmen Vermögenswerte und Schulden, die bereits als solche einzeln erfasst wurden, nicht erneut anzusetzen. Zum Beispiel:

(a) Ausstattungsgegenstände wie Aufzug oder Klimaanlage sind häufig ein integraler Bestandteil des Gebäudes und im Allgemeinen in den beizulegenden Zeitwert der als Finanzinvestition gehaltenen Immobilien mit einzubeziehen und nicht gesondert als Sachanlage zu erfassen.

(b) der beizulegende Zeitwert eines im möblierten Zustand vermieteten Bürogebäudes schließt im Allgemeinen den beizulegenden **Zeitwert der Möbel** mit ein, da die Mieteinnahmen sich auf das möblierte Bürogebäude beziehen. Sind Möbel im beizulegenden Zeitwert der als Finanzinvestition gehaltenen Immobilien enthalten, erfasst das Unternehmen die Möbel nicht als gesonderten Vermögenswert.

(c) der beizulegende Zeitwert der als Finanzinvestition gehaltenen Immobilien beinhaltet nicht im Voraus bezahlte oder abgegrenzte Mieten aus Operating-Leasingverhältnissen, da das Unternehmen diese als gesonderte Schuld oder gesonderten Vermögenswert erfasst.

(d) der beizulegende Zeitwert von geleasten als Finanzinvestition gehaltenen Immobilien spiegelt die erwarteten Cashflows wider (einschließlich erwarteter Eventualmietzahlungen). Wurden bei der Bewertung einer Immobilie die erwarteten Zahlungen nicht berücksichtigt, müssen daher zur Bestimmung des beizulegenden Zeitwerts der als Finanzinvestition gehaltenen Immobilien für Rechnungslegungszwecke alle erfassten Schulden aus dem Leasingverhältnis wieder hinzugefügt werden.

51. Der beizulegende Zeitwert der als Finanzinvestition gehaltenen Immobilien spiegelt weder zukünftige Ausgaben zur Verbesserung oder Wertsteigerung noch den damit einhergehenden künftigen Nutzen wider."

212 Die **methodischen Hinweise der IAS-Bestimmungen zur Ermittlung des beizulegenden Zeitwerts** sind leider etwas ungeordnet, jedoch **entsprechen sie voll und ganz den Grundsätzen der zu § 194 BauGB erlassenen ImmoWertV**:

– Methodisch wird für die Ermittlung dieses Werts dem *Vergleichswertverfahren* Vorrang eingeräumt (IAS 40 § 39) und zwar möglichst im Wege des „unmittelbaren Preisvergleichs" und nachrangig im Wege des „mittelbaren Preisvergleichs" (IAS 40 § 40a und b).

– Nachrangig ist das *Ertragswertverfahren* und zwar zunächst auf der Grundlage der gegenwärtigen Mietverhältnisse (IAS 40 § 33; auch IAS 16 § 33).

– Eine *Ertragswertermittlung auf der Grundlage von Prognosen* ist zulässig, soweit sie auf „verlässlichen" Schätzungen von zukünftigen *Cashflows* beruht, gestützt durch die **Vertragsbedingungen bestehender Mietverhältnisse** und anderer Verträge sowie durch (wenn möglich) externe substanzielle Hinweise, wie **aktuelle Mieten** für ähnliche Immobilien am gleichen Ort und im gleichen Zustand (IAS 40 § 40 c).

– Zur Abzinsung gibt IAS 40 § 40c) vor, dass solche Zinssätze zu verwenden sind, die die gegenwärtigen Bewertungen des Marktes hinsichtlich der Unsicherheit der Höhe und des zeitlichen Anfalls künftiger Cashflows widerspiegeln.

Die Berücksichtigung von „Prognosen", *die auf Vertragsbedingungen gestützt werden*, sind im eigentlichen Sinne keine Prognosen; die Berücksichtigung von Vertragsbedingungen ist auch dem Ertragswertverfahren (nach ImmoWertV) immanent (§ 4 Abs. 3, § 6 Abs. 2 und § 8 Abs. 3 ImmoWertV). Das Gleiche gilt für die Vorgaben der IAS-Regelung zum Abzinsungszinssatz, die dem Liegenschaftszinssatz i. S. des § 14 Abs. 3 ImmoWertV entsprechen. Die ImmoWertV ist mit diesen Regelungen materiell identisch und substanzieller.

213 Fazit: Die Begriffe „beizulegender Zeitwert", „Marktwert" und „Verkehrswert" werden synonym gebraucht, denn der Verkehrswert ist in der Tat der im gewöhnlichen Geschäftsverkehr auf dem Grundstücksmarkt erzielbare Preis[207]. **Marktwert i. S. des EG-Rechts ist mithin kein Aliud im Verhältnis zum Verkehrswert.** Dies gilt grundsätzlich auch für die Bilanzierungsbestimmungen, die mit dem beizulegenden Zeitwert (*fair value*) an den aktuellen Marktwert (Verkehrswert) anknüpfen[208].

Beizulegender Zeitwert/Marktwert (IAS) § 194 BauGB IV

Art. 49 Abs. 2 der Direktive des Europäischen Rates von 1991 (91/647/EEC) definiert den Marktwert wie folgt (EG-Definition genannt): **214**

„Der Marktwert soll den Preis bezeichnen, zu welchem Grundstücke und Gebäude gemäß privatem Vertrag von einem verkaufsbereiten Veräußerer an einen unabhängigen Käufer am Tag der Bewertung verkauft werden können, wobei die Annahme zugrunde gelegt wird, dass die Immobilie öffentlich auf dem Markt angeboten wird, dass die Marktbedingungen eine ordnungsgemäße Veräußerung ermöglichen und dass für die Aushandlung des Verkaufs ein im Hinblick auf die Art der Immobilie normaler Zeitraum zur Verfügung steht."[209]

Die Definition ist materiell **mit dem in § 194 BauGB definierten Verkehrswert (Marktwert) identisch**[210]. **215**

Soweit bei der Ermittlung dieses Marktwerts nach den bilanzrechtlichen Vorschriften Besonderheiten zum Tragen kommen (z. B. **Ermittlung des beizulegenden Zeitwerts = *Fair Value***), mag man auch von einem modifizierten (bilanziellen) Marktwert (Verkehrswert) sprechen. Diese sind in den Besonderheiten der Vermögensbilanz begründet und dürfen nicht zum allgemeinen Maßstab der Verkehrswertermittlung gemacht werden, zumal sie auch in der bilanziellen Bewertung nur unter engen Voraussetzungen zur Anwendung kommen (vgl. Teil II Rn. 18). So können international tätige Konzerne im Rahmen des Konzernabschlusses von der Möglichkeit des **§ 292a HGB** Gebrauch machen, im Rahmen der Umstellung der Bilanzierung und Rechnungslegung von Grundstücken einschließlich Gebäuden diese bei langfristiger Kapitalanlage auf der Grundlage des *Fair Value* i.S. der *International Accounting Standards* (IFRS/IAS) zu bewerten. Es handelt sich hierbei um einen Sammelbegriff, dessen Präzisierung das *International Accounting Standards Committee* (IASC) den Berufsverbänden überlässt[211]. **216**

In den internationalen Rechnungslegungsstandards wird zunehmend von der Bewertung von Finanzinstrumenten (einschließlich Immobilien) zu historischen Kosten abgerückt und eine Rechnungslegung auf der Grundlage aktueller Zeitwerte befürwortet. Mit der Richtlinie 2001/65/EG des Europäischen Parlaments und des Rates vom 27.9.2001 wurden die Vierte Richtlinie über den Jahresabschluss („Bilanz-Richtlinie" – 78/660/EWG) und die „Konzern-Richtlinie" (83/349 EWG und 86/635 EWG) so geändert, dass bestimmte **Finanzinstrumente** fortan zum **„beizulegenden Zeitwert"** bewertet werden können, soweit weitgehend Einvernehmen darüber besteht, dass dieser Wertansatz angemessen ist. Der „beizulegende Zeitwert" (Abschn. 7a; Art. 42a ff. der Richtlinie) wird auch als ***Fair Value*** bezeichnet. Mit der Richtlinie wird das Ziel verfolgt, dass Unternehmen die internationalen Rechnungslegungsstandards (*International Accounting Standards – IAS,* inzwischen als *International Financial Reporting Standard – IFRS* bezeichnet) einschließlich IAS 39 für die **Bewertung von Finanzinstrumenten** uneingeschränkt anwenden können. Der beizulegende Zeitwert (*Fair Value*) wird auf der Grundlage des Verkehrswerts (Marktwerts) ermittelt oder – falls es an einem verlässlichen Markt mangelt – auf der Grundlage allgemein anerkannter Bewertungsmodelle ermittelt. **217**

Art. 42b der Richtlinie 2001/65/EG bestimmt hierzu: **218**

„(1) Der **beizulegende Zeitwert** gemäß Artikel 42a wird nach folgenden Methoden bestimmt:

---

207 Vgl. 1999/275/EG, ABl. Nr. L 108 vom 27.4.1999, S. 44 ff.; 96/631/EG, ABl. L 283 vom 5.11.1996, S. 43 ff.; 96/631/EG, ABl. L 283 vom 5.11.1996, S. 43 ff.; 92/465/EWG, ABl. L 295 vom 20.10.1987, S. 25 ff.; EG VO Nr. 2909/2000, ABl. L 336 vom 30.12.2000, S. 75 ff.
208 Richtlinie 78/660/EWG Art. 42a, b, c bzw. 91/674/EWG Art. 49 Abs. 5.
209 „Market Value shall mean the price at which land and buildings could be sold under private contract between a willing seller and an arm's length buyer on the date of valuation, it being assumed that the property is publicly exposed to the market, that the market conditions permit orderly disposal an that a normal period having regard to the nature of the property, is available for the negotiation of the sale."; vgl. auch Rn. 193; vgl. Richtlinie 78/660/EWG Art. 42 a, b, c; Stellungnahme des EG Wirtschafts- und Sozialausschusses ABl. C 268 vom 19.9.2000, S. 1 ff.
210 *Weber/Baumunk*, IFRS Immobilien, Luchterhand 2005, S. 78 ff. Die Auffassung, dass aus einer materiell identischen, aber sprachlich vom Verkehrswert abweichenden Definition die Anwendung bestimmter Wertermittlungsverfahren folge, ist geradezu absurd (So aber noch Lux für den Bereich der Hypzert in Pohnert; Klarstellend hierzu Weber/Baumunk, IFRS Immobilien, Luchterhand 2005 S. 88 ff.).
211 Kritisch hierzu selbst das englischsprachige Schrifttum, vgl. Crosby, N. in Estates Gazette 2000, 71: *„Something strange is going on in the world of valuation practice statements and guidance notes worldwide";* Kleiber in GuG 2000, 321; Hök in GuG 2001, 65; Hommel/Berndt in BB 2000, 1184.

a) Bei Finanzinstrumenten, für die sich ein verlässlicher Markt ohne Weiteres ermitteln lässt, entspricht er dem Marktwert. Lässt sich der Marktwert für das Finanzinstrument als Ganzes nicht ohne Weiteres bestimmen, wohl aber für seine einzelnen Bestandteile oder für ein gleichartiges Finanzinstrument, so kann der Marktwert des Instruments aus den jeweiligen Marktwerten seiner Bestandteile oder dem Marktwert des gleichartigen Finanzinstrumentes abgeleitet werden.

b) Bei **Finanzinstrumenten**, für die sich ein verlässlicher Markt *nicht* ohne Weiteres ermitteln lässt, wird dieser Wert mit Hilfe allgemein anerkannter Bewertungsmodelle und -methoden bestimmt. Diese Bewertungsmodelle und -methoden müssen eine angemessene Annäherung an den Marktwert gewährleisten."

219 Den beizulegenden Zeitwert (*Fair Value*) definiert die deutsche Ausgabe der IAS (= IFSR *International Financial Reporting Standards*) als „den Betrag, zu dem ein Vermögenswert zwischen sachverständigen, vertragswilligen und voneinander unabhängigen Geschäftspartnern ausgetauscht wird". IAS 40 § 29 konkretisiert den beizulegenden Zeitwert einer als Finanzinvestition gehaltenen Immobilie i.d.R. als den Marktwert (Verkehrswert). Nach IAS 40 § 31 hat der beizulegende Zeitwert die **aktuelle Marktlage und die Umstände zum Bilanzstichtag** und nicht zu einem vorangegangenen oder zukünftigen Zeitpunkt widerzuspiegeln.

220 16 § 7 und 25 § 4 IAS definieren den *Market Value* (**Marktwert**) in materieller Identität mit dem Verkehrswert wie folgt:

„... *the amount for which an asset could be exchanged between a knowledgeable, willing buyer and a knowledgeable willing seller in an arm's length transaction.*"

221 16 § 30 IAS definiert den **beizulegenden Zeitwert** (*Fair Value*) wie folgt:

„*The fair value of land and buildings is usually its Market Value for Existing Use which presupposes continued use of the asset in the same or similar business. This value is determined by appraisal normally undertaken by professionally qualified valuers.*"

222 Der **beizulegende Zeitwert** (*Fair Value*) ist regelmäßig der Marktwert auf der Grundlage der ausgeübten Nutzung. Dabei wird unterstellt, dass die Nutzung der Immobilie im gleichen oder im ähnlichen Geschäftsbetrieb fortgesetzt wird,

– ohne Berücksichtigung von unternehmensspezifischen Wertpotenzialen durch Risikoverteilung durch Portfoliobildung, Synergieeffekte und einer besonderen Steuer und Finanzierungssituation (IAS 40 § 36) und

– ohne Berücksichtigung von Transaktionskosten (IAS 40 § 37).

5.11.3 Versicherungsbilanzrichtlinie

223 Nach den Bewertungsregeln des Abschnitts 7 der Versicherungsbilanzrichtlinie (VersBiRiLi) der EG[212] sind im Rahmen des **Jahresabschlusses von Versicherungsunternehmen** Kapitalanlagen wechselseitig zum **Zeitwert** bzw. nach den Anschaffungskosten auszuweisen und anzugeben (vgl. Art. 46 Abs. 3 und 4 VersBiRiLi; zur Bewertung von Kapitalanlagen nach dem Zeitwert vgl. Art 33 Abs. 2 und 3 der Richtlinie 78/660/EWG). Der Zeitwert von „Bauten und Gebäuden" bestimmt sich grundsätzlich nach dem Marktwert, der wie folgt definiert wird: Art. 49 Abs. 2 der Direktive des Europäischen Rates vom 19.12.1991 über den Jahresabschluss und den konsolidierten Abschluss von Versicherungsunternehmen (91/647/EEC ABl. Nr. L 374 vom 31.12.1991 S. 7 ff.) definiert den Marktwert wie folgt (EG-Definition genannt):

„**Art. 49 VersBiRiLi**[213]

(2) Unter Marktwert ist der Preis zu verstehen, der zum Zeitpunkt der Bewertung aufgrund eines privatrechtlichen Vertrags über Bauten oder Grundstücke zwischen einem verkaufswilligen Verkäufer und einem ihm nicht durch persönliche Beziehungen verbundenen Käufer unter den Voraussetzungen zu

---

212 ABl. EG Nr. L 374 vom 19.12.1991, S. 7 ff.
213 Vgl. Richtlinie 78/660/EWG Art. 42a, b, c; Stellungnahme des EG Wirtschafts- und Sozialausschusses ABl. C 268 vom 19.9.2000, S. 1 ff.; vgl. Art. 43 Abs. 1 Buchstabe a und b in ABl. EG Nr. L 374 vom 19.12.1991, S. 7 ff.

erzielen ist, dass das Grundstück offen am Markt angeboten wurde, dass die Marktverhältnisse einer ordnungsgemäßen Veräußerung nicht im Wege stehen und dass eine der Bedeutung des Objekts angemessene Verhandlungszeit zur Verfügung steht."[214]

Insoweit besteht wiederum **Identität zwischen Marktwert, Verkehrswert und Zeitwert** (Art. 49 Abs. 1 und 2 VersBiRiLi). Nach Art. 49 Abs. 1 i.V.m. Abs. 4 und 5 VersBiRiLi ist dieser Marktwert (Brutto-Zeitwert) jedoch zu vermindern (Netto-Zeitwert), wenn 224

– sich der „Wert eines Gebäudes oder Grundstücks" seit der letzten Schätzung vermindert hat (Art. 49 Abs. 4 VersBiRiLi) bzw.
– „zum Zeitpunkt der Bilanzaufstellung Gebäude oder Grundstücke verkauft worden" sind oder in nächster Zeit verkauft werden sollen; in diesem Fall ist der festgesetzte Marktwert (Verkehrswert) – ggf. unter Berücksichtigung der Minderung nach Art. 49 Abs. 4 VersBiRiLi) – um die angefallenen oder geschätzten Realisierungsaufwendungen herabzusetzen.

„**Art. 49 Abs. 4 und 5 VersBiRiLi**

(4) Hat sich seit der letzten Schätzung gemäß Absatz 3 der Wert eines Gebäudes oder Grundstücks vermindert, so ist eine entsprechende Wertberichtigung vorzunehmen. Der berichtigte Wert ist bis zur nächsten, nach den Absätzen 2 und 3 vorzunehmenden Marktwertfeststellung beizubehalten.

(5) Sind zum Zeitpunkt der Bilanzaufstellung Gebäude oder Grundstücke verkauft worden oder sollen sie in der nächsten Zeit verkauft werden, dann ist der nach den Absätzen 2 festgesetzte Wert um die angefallenen oder geschätzten Realisationsaufwendungen abzusetzen."

Fazit: International und in der EG werden die Begriffe „Marktwert" und „Verkehrswert" synonym gebraucht, denn der Verkehrswert ist in der Tat der im gewöhnlichen Geschäftsverkehr auf dem Grundstücksmarkt erzielbare Preis[215]. **Marktwert i.S.d. EG-Rechts und der IAS ist mithin kein Aliud im Verhältnis zum Verkehrswert.** Dies gilt grundsätzlich auch für die Bilanzierungsbestimmungen, die mit dem *fair value* an den Marktwert (Verkehrswert) anknüpfen und nach der Richtlinie 78/660/EWG (Art. 42a, 42b, 42c bzw. 91/674/EWG Art. 49 Abs. 5) für bestimmte Fallgestaltungen eine Modifikation des Marktwerts (Verkehrswerts) vorgeben (vgl. Rn. 92). 225

5.12 Weitere Rechtsbereiche

Schrifttum: *Maaß, M,* Grundstückskauf nur noch mit Wertgutachten?, NJW 2001, 3467.

Der **Verkehrswert** ist auch als „**Wert des Grundstücks**" **i.S.d. bürgerlichen Rechts** anzusehen, z. B. nach § 453 und § 2311 BGB bei Erbauseinandersetzungen, nach § 2325 BGB bei Pflichtteilsergänzungen (vgl. Teil VII)[216] oder bei Abwendung der Herausgabe noch vorhandener Nachlassgegenstände zum Zwecke der Befriedigung eines Nachlassgläubigers durch Zahlung des Werts nach § 1973 Abs. 2 BGB (des Weiteren § 1515 Abs. 1 und 3 BGB, §§ 2049 und 2312 BGB). 226

▶ *Hierzu Teil IX Rn. 112 ff.*

– Auf den **Verkehrswert nach § 194 BauGB** nimmt auch § **6 der II. Berechnungsverordnung** Bezug; die Vorschrift regelt den Wert des Baugrundstücks bei der Berechnung der Gesamtkosten;
– **Erbbaurecht** (vgl. z. B. § 19 ErbbauG);

---

214 „Market Value shall mean the price at which land and buildings could be sold under private contract between a willing seller and an arm's length buyer on the date of valuation, it being assumed that the property is publicly exposed to the market, that the market conditions permit orderly disposal and that a normal period having regard to the nature of the property, is available for the negotiation of the sale."; vgl. Richtlinie 78/660/EWG Art. 42 a, b, c; Stellungnahme des EG-Wirtschafts- und Sozialausschusses ABl. C 268 vom 19.9.2000, S. 1 ff.
215 Vgl. 1999/275/EG, ABl. Nr. L 108 vom 27.4.1999, S. 44 ff.; 96/631/EG, ABl. L 283 vom 5.11.1996, S. 43 ff.; 96/631/EG, ABL. L 283 vom 5.11.1996, S. 43 ff.; 92/465/EWG, ABl. L 295 vom 20.10.1987, S. 25 ff.; EG VO Nr. 2909/2000, ABl. L 336 vom 30.12.2000, S. 75 ff.
216 BayObLG. Beschl. vom 11.10.1924 – Reg Vi 32/24 –, BayObLGZ, Bd. 23 A S. 192.

- Ermittlung des **Wirtschaftswerts** und des **Höfewerts** nach der Höfeordnung i.V.m. § 48 BewG.

227 Nach der Rechtsprechung des BGH sind Rechtsgeschäfte bei einem **besonders groben Missverhältnis zwischen Leistung und Gegenleistung** sittenwidrig. Ein grobes Missverhältnis liegt insbesondere vor, wenn der vereinbarte Kaufpreis weniger als die Hälfte des Verkehrswerts eines Grundstücks ausmacht und dies offenkundig ist[217]. In derartigen Fällen der Sittenwidrigkeit des Rechtsgeschäftes darf vom Notar die Beurkundung des Rechtsgeschäfts nicht vorgenommen werden. Ein im Vorfeld der Baulandausweisung geschlossener städtebaulicher Vertrag ist nichtig, wenn die Gemeinde ein Grundstück unter dem bei der Annahme geltenden Verkehrswert erwirbt[218].

228 Im **Grundstücksverkehr mit land- oder forstwirtschaftlichen Grundstücken** ist bei Vorliegen eines groben Missverhältnisses zwischen Leistung und Gegenleistung das Rechtsgeschäft nach § 9 Abs. 1 Nr. 3 GrstVG nicht genehmigungsfähig[219].

229 Ein grobes Missverhältnis zwischen Leistung und Gegenleistung kann in folgenden Fällen auftreten:

- bei (gemischten) Schenkungen[220],
- bei Miet- und Pachtverhältnissen (Verhältnis der Vermieterleistung zur gezahlten Miete)[221],
- bei Zwangsversteigerungen (Verhältnis zwischen Grundstückswert und Meistgebot)[222],
- bei Erbbaurechten (Verhältnis zwischen dem Grundstückswert angemessenen und dem tatsächlichen Erbbauzins)[223],
- bei Denkmälern (Verhältnis zwischen Erhaltungsaufwand und Verkehrswert bei Erhaltungsgebot)[224],
- bei Bierbezugsverträgen[225],
- bei Abfindungen eines Gesellschafters bei dessen Ausscheiden aus der Gesellschaft[226].

---

217 BGH, Urt. vom 2.7.2004 – V ZR 213/03 –, EzGuG 20.192a; BGH, Urt. vom 18.1.1980 – V ZR 34/78 –, WM 1980, 597; BGH, Urt. vom 30.1.1981 – V ZR 7/80 –; BGH, Urt. vom 18.1.1985 – V R 123/83 –, EzGuG 12.40; BGH, Urt. vom 12.12.1986 – V ZR 100/85 –; BGH, Urt. vom 18.1.1991 – V ZR 171/89 –; BGH, Urt. vom 8.11.1991 – V ZR 160/90 –, EzGuG 12.96; BGH, Urt. vom 19.1.2001 – V ZR 437/99 –, BGHZ 146, 298 = NJW 2001, 1127; LG Berlin, Urt. vom 3.12.1991 – 20 O.388/91 –, EzGuG 12.99.
218 OLG München, MittBayNot 1999, 586.
219 BGH, Beschl. vom 2.7.1968 – V Blw 10/68 –, EzGuG 19.14; OLG Frankfurt am Main, Beschl. vom 15.9.1955 – 6 Wb 26/54 –, RdL 1955, 309; OLG Stuttgart, Beschl. vom 29.11.1965 – 10 WLw 21/65 –, RdL 1966, 98; OLG Celle in RdL 1964, 324.
220 OLG Köln, Urt. vom 26.3.1992 – 18 U 123/91 –, EzGuG 12.106b.
221 LG Köln, Urt. vom 18.2.1975 – 39 – 2/74 –, EzGuG 3.55a; LG Darmstadt, Urt. vom 14.1.1972 – 2 Kla 2/71 –, EzGuG 3.38a; OLG Köln, Urt. vom 22.8.1978 – 1 Ss 381/78 –, EzGuG 20,77; OLG Frankfurt am Main, Beschl. vom 1.6.1994 – 2 Ws (B) 335/94 –, EzGuG 20. 151; zur EOP-Methode BGH, Urt. vom 13.6.2001 – XII ZR 49/99 –, EzGuG 10.178 = GuG 2001, 303; OLG Stuttgart, Beschl. vom 19.6.2001 – 5 U 121/00 –, EzGuG 20.179 = GuG 2001, 313.
222 BVerfG, Beschl. vom 7.12.1977 – 1 BvR 734/77 –, EzGuG 19.33
223 BGH, Urt. vom 5.10.2001 – V ZR 237/00 –, EzGuG 7.133; BGH, Urt. vom 20.10.1972 – V ZR 196/71 –, EzGuG 7.31a; OLG Celle, Urt. vom 20.2.1962 – 4 U 184/61 –, EzGuG 7.6; OLG Hamburg, Urt. vom 22.2.1972 – 4 U 155/72 –, EzGuG 7.32
224 BayVGH, Beschl. vom 5.5.1980 – 14 CS 80 A.99 –, EzGuG 5.8a
225 BGH, Urt. vom 7.10.1970 – VIII ZR 202/68 –, EzGuG 14.41b
226 BGH, Urt. vom 16.12.1991 – II ZR 58/91 –, EzGuG 20.138

§ 195 BauGB
Kaufpreissammlung

(1) ¹Zur Führung der Kaufpreissammlung ist jeder Vertrag, durch den sich jemand verpflichtet, Eigentum an einem Grundstück gegen Entgelt, auch im Wege des Tausches, zu übertragen oder ein Erbbaurecht zu begründen, von der beurkundenden Stelle in Abschrift dem Gutachterausschuss zu übersenden. ²Dies gilt auch für das Angebot und die Annahme eines Vertrags, wenn diese getrennt beurkundet werden, sowie entsprechend für die Einigung vor einer Enteignungsbehörde, den Enteignungsbeschluss, den Beschluss über die Vorwegnahme einer Entscheidung im Umlegungsverfahren, den Beschluss über die Aufstellung eines Umlegungsplans, den Beschluss über eine vereinfachte Umlegung und für den Zuschlag in einem Zwangsversteigerungsverfahren.

(2) Die Kaufpreissammlung darf nur dem zuständigen Finanzamt für Zwecke der Besteuerung übermittelt werden. Vorschriften, nach denen Urkunden oder Akten den Gerichten oder Staatsanwaltschaften vorzulegen sind, bleiben unberührt.

(3) Auskünfte aus der Kaufpreissammlung sind bei berechtigtem Interesse nach Maßgabe landesrechtlicher Vorschriften zu erteilen (§ 199 Abs. 2 Nr. 4).

Gliederungsübersicht — Rn.

1 Übersendungspflichten von Grundstückskauf- und -tauschverträgen (§ 195 Abs. 1 BauGB)
  1.1 Übersicht 1
  1.2 Einschränkung der Übersendungspflicht 4
2 Zugang zu den Daten der Kaufpreissammlung (§ 195 Abs. 2 und 3 BauGB)
  2.1 Allgemeines 7
  2.2 Einsicht in die Kaufpreissammlung 15
  2.3 Übermittlung der Kaufpreissammlung an das zuständige Finanzamt 22
  2.4 Vorlage von Urkunden und Akten des Gutachterausschusses
    2.4.1 Allgemeines 25
    2.4.2 Zivilprozessordnung (ZPO) 31
    2.4.3 Verwaltungsgerichtsordnung (VwGO) 32
    2.4.4 Strafprozessordnung (StPO) 33
  2.5 Auskünfte aus der Kaufpreissammlung (§ 195 Abs. 3 BauGB)
    2.5.1 Bundesrechtliche Regelung
      2.5.1.1 Allgemeines 34
      2.5.1.2 Berechtigtes Interesse 36
      2.5.1.3 Anonymisierte und nicht anonymisierte Auskunftserteilung ... 44
      2.5.1.4 Privilegierte Auskunftsberechtigung 51
    2.5.2 Landesrechtliche Regelung
      2.5.2.1 Allgemeines 55
      2.5.2.2 Gebühren 60
  2.6 Amtshilfeverpflichtungen des Gutachterausschusses 80
3 Verletzung datenschutzrechtlicher Bestimmungen 84

1 Übersendungspflichten von Grundstückskauf- und -tauschverträgen (§ 195 Abs. 1 BauGB)

1.1 Übersicht

▶ *Zur Kaufpreissammlung vgl. § 193 BauGB Rn. 71 ff.*

1 Die **Kaufpreissammlung**, bestehend aus

– einem kartenmäßigen Nachweis (Kaufpreiskarte) und
– einem beschreibenden Nachweis (Kaufpreiskartei, -datei),

stellt ein originäres Abbild des Geschehens auf dem Grundstücksmarkt dar. Die Kenntnis hierüber ist eine wesentliche Voraussetzung für marktgerechte Wertermittlungen. Deshalb war der Gesetzgeber bestrebt, dass möglichst alle Vorgänge, die für die Aufgabenerfüllung der Gutachterausschüsse nützlich sein können, in die Kaufpreissammlung eingehen.

2 Ergänzend zu der mit § 193 Abs. 3 BauGB dem Gutachterausschuss für Grundstückswerte auferlegten Pflicht zur Führung und Auswertung von Kaufpreissammlungen regelt § 195 Abs. 1 BauGB, dass jeder Vertrag, durch den sich jemand verpflichtet, Eigentum gegen Entgelt, auch im Wege des Tausches, zu übertragen oder ein Erbbaurecht zu begründen, von der beurkundenden Stelle in Abschrift zu übersenden ist. Die Übersendungspflicht richtet sich in erster Linie an die Notare und bricht als lex specialis § 18 der Bundesnotarordnung, der diese zur Verschwiegenheit über die bei ihrer Berufsausübung bekannt gewordenen Angelegenheiten gegenüber jedermann verpflichtet. Die **Übersendungspflichten der beurkundenden Stellen von Grundstückskauf- und -tauschverträgen** sowie anderen Vorgängen der Übertragung von Eigentum an Grundstücken sind umfassend. Dabei soll es der Entscheidung des Gutachterausschusses vorbehalten bleiben, ob der Vertrag zur Auswertung geeignet ist. Deshalb fallen auch Verträge über gemischte Schenkungen, Scheidungsvereinbarungen, Ehegattenüberlassungen, Betriebsübergaben und die Einbringung von Grundstücken in eine Gesellschaft unter die Übersendungspflicht, wenngleich diese Verträge oftmals keine für den gewöhnlichen Geschäftsverkehr repräsentativen Entgelte ausweisen.

Bei den Meistgeboten in **Zwangsversteigerungsverfahren** handelt es sich um Netto-Kaufpreise[1].

Da die in der Kaufpreissammlung gespeicherten Daten eine wesentliche Voraussetzung für marktgerechte Wertermittlungen sind, kommt der Frage des Zugangs zur Kaufpreissammlung eine zentrale Bedeutung zu. Aus diesem Sachzusammenhang heraus regelt § 195 Abs. 2 und 3 BauGB den Zugang zur Kaufpreissammlung.

3 **Die Übersendungspflicht ist auf keine besonderen Grundstücksarten beschränkt** und betrifft auch Kauffälle für land- oder forstwirtschaftlich genutzte oder nutzbare Grundstücke, die im Übrigen von den Kreisstellen der Landwirtschaftskammern gesammelt werden, soweit eine Genehmigungspflicht nach dem GrdstVG besteht[2]. Die Landesregierungen werden zudem mit § 199 Abs. 2 Nr. 5 BauGB ermächtigt, auch die Übermittlung von Daten der Flurbereinigungsbehörde zur Führung und Auswertung der Kaufpreissammlungen durch Rechtsverordnung zu regeln (vgl. § 199 BauGB Rn. 41 f.).

1.2 Einschränkung der Übersendungspflicht

4 Gegen die Übersendung der vollständigen Kaufverträge an die Gutachterausschüsse sind **datenschutzrechtliche Bedenken** vom Bundesbeauftragten für Datenschutz erhoben worden. Diese können nicht überzeugen, da das informationelle Selbstbestimmungsrecht des Bürgers durch die Übersendung der Kaufverträge an die Gutachterausschüsse nicht berührt

---

[1] BGH, Urt. vom 3.4.2003 – IX ZR 93/02 –.
[2] Mantau/Lipinsky, Ermittlung von Bodenpreisen, Bonn 1975, S. 28 f., 39.

wird, zumal die Kaufverträge mit den persönlichen Angaben unmittelbar nach ihrer Auswertung vernichtet werden und ein allgemeines Einsichtsrecht in die Kaufpreissammlung nicht besteht. Der weiter gehende Vorschlag, die Übersendung der vollständigen Kaufverträge durch die auszugsweise Übermittlung ausgewählter, nicht personenbezogener Daten zu ersetzen, musste abgelehnt werden, weil die Kenntnis der vollständigen Kaufvertragsinhalte einschließlich der Namen der betroffenen Vertragsparteien eine zwingende Voraussetzung für eine erfolgreiche Erfüllung der den Gutachterausschüssen mit § 193 BauGB gesetzlich übertragenen Aufgabe der Auswertung der Kaufpreissammlung ist.

Dies ist darin begründet, dass 5

– Name und Anschrift der Vertragsparteien am ehesten darauf hinweisen, ob der Kaufpreis durch **ungewöhnliche oder persönliche Verhältnisse** beeinflusst sein kann und damit von Preisvergleichen auszunehmen ist (z. B. firmeninterner Kauf/Verkauf, Arrondierungszukauf, preisgeförderter Verkauf der öffentlichen Hand, Verwandtschaftskauf, Kauf durch Pächter, Mieter etc.);

– eine preiserhebliche und zutreffende Zuordnung zu Grundstücksarten, Objektgruppen oder Käufergruppen meistens nur über die Namen der Vertragspartner möglich ist. So lässt sich z. B. ein unverhältnismäßig geringer Kaufpreis für ein bebautes Grundstück ohne Weiteres als ein noch um die Rückbaukosten zu bereinigender Kaufpreis für ein unbebautes Grundstück qualifizieren, sofern die Erwerberin an Hand ihres Namens als Wohnungsbaugesellschaft identifiziert werden kann. Andererseits lässt sich z. B. ein **unangemessen hoher Kaufpreis** für ein gewerblich nutzbares Grundstück allein am Namen des Erwerbers mit ganz spezieller Branchenkultur und ganz besonderen Standortvorlieben erkennen;

– es bei unbebauten Grundstücken wichtig sein kann, von den Erwerbern Einzelheiten über die beabsichtigte **Art und das Maß der baulichen Nutzung** zu erfahren;

– es ebenfalls der Information über **Name und Adresse der Vertragsparteien** bedarf, um die Erlaubnis zur Ortsbesichtigung beim Kaufobjekt einzuholen, die für eine sachgerechte Auswertung häufig erforderlich ist;

– nach § 197 Abs. 1 Satz 2 BauGB der Gutachterausschuss verlangen kann, dass Eigentümer und sonstige Inhaber von Rechten an einem Grundstück die zur Führung der Kaufpreissammlung und zur Begutachtung notwendigen Unterlagen vorlegen; eine Anonymisierung der Daten über Name und Anschrift der Vertragsparteien vor Übersendung an die Gutachterausschüsse würde dazu führen, dass evtl. notwendig werdende **Auskünfte** bei den Betroffenen nicht eingeholt werden können;

– der vereinbarte Kaufpreis aus dem Kaufvertrag nicht immer ohne Weiteres ersichtlich ist; so werden neben einem Barpreisanteil häufig auch **andere Leistungen** vereinbart, z. B. die Übernahme von Grundpfandrechten, eine Anrechnung von Belastungen in Abteilung II des Grundbuchs, Rentenverpflichtung, Sachleistungen oder Restkaufgelder; solche Sondervereinbarungen sind durchweg nur aus den individuellen Gegebenheiten des jeweiligen Einzelfalls heraus auch für die Zwecke des Gutachterausschusses nur von erfahrenem Fachpersonal hinreichend qualifizierbar und quantifizierbar;

– besonders bei Verkäufen durch die Gemeinde die vereinbarten Kaufpreise häufig mit **Auflagen oder Bedingungen** verbunden sind; im gewerblichen Bereich sind z. B. Auflagen zur Schaffung neuer Arbeitsplätze, einen bestimmten Geschäftsbetrieb auf dem Grundstück aufrechtzuerhalten, Nachbesserungs- und Rücktrittsklauseln, Vorkaufs- und Wiederkaufsrechte, Ablösungsbeträge, Altlasten betreffende Regelungen, Konkurrenzschutzklauseln, Miet- oder Pachtrechtsvereinbarungen einschließlich der konkreten Anpassungsmodalitäten üblich. Bei Wohngrundstücken spielen Wohnrechte, Miet- und Mietpreisbindungen, Erbbaurechtsvereinbarungen einschließlich der zugehörigen Abreden über Laufzeiten, Rückvergütungen bei Vertragsablauf oder Heimfall, Erbbauzins- und Anpassungsklauseln eine große Rolle. Ob und in welchem Maße die individuelle Vereinbarung des Kaufvertrags wertrelevant ist, lässt sich meist nur von fachkompetenter Stelle und nur bei Kenntnis des vollständigen Vertragsinhalts zuverlässig beantworten;

- auch die **Zahlungsfristen und Übergabezeitpunkte** von Bedeutung sind, damit den Gutachterausschüssen auch Rückkoppelungen möglich sind; so kann nachgeprüft werden, ob der Kaufvertrag auch im Grundbuch vollzogen wurde. Denn die Kaufpreissammlung soll nicht irgendwelche fiktiven Kaufpreise, sondern die tatsächlich gezahlten enthalten. Deshalb ist es auch notwendig zu wissen, ob der Kaufvertrag eine Auflassung enthält;
- die oft schon zum Kaufzeitpunkt vorhandenen **preiserheblichen Verwertungsabsichten** häufig nur aus dem ganzen Vertragskontext zu entnehmen sind.

6 Weiterhin stehen gegen die **Verwendung eines Formulars zur Übermittlung einzelner Daten an die Gutachterausschüsse** folgende Gründe:

a) Es ist in Fachkreisen bekannt, dass die Kaufpreise für Grundstücke von einer Vielzahl von Merkmalen beeinflusst werden. Diese Einflussfaktoren entstehen laufend neu, genauso wie sie an Aussagekraft verlieren. Sie unterliegen den Änderungen des Marktverhaltens und entziehen sich daher einer unflexiblen Regelung durch Verwendung eines Formblatts. Wegen der unterschiedlichen Einflussfaktoren müssten auch die Inhalte der Formblätter regional und von Stadt zu Stadt unterschiedlich sein. Eine Vereinheitlichung dieser Merkmale auf bundesweiter Ebene würde die ortsnahe Arbeit der Gutachterausschüsse erschweren.

b) Das Ausfüllen von Formblättern führt zu erheblich größerem Verwaltungsaufwand als das einfache Ablichten der Kaufverträge. Zudem würde das mit einem Formblatt – verbunden mit den Auskunftsrechten nach § 197 BauGB – einerseits datenschutzrechtlich keine Verbesserung bedeuten, da die Gutachterausschüsse dann die Verträge zur Erledigung ihrer Aufgaben von den Notariaten anfordern müssten, und andererseits den Verwaltungsaufwand sowohl bei den Notariaten als auch bei den Geschäftsstellen der Gutachterausschüsse wesentlich erhöhen. Hinzu kommt das Risiko einer Fehlinterpretation bei der Übertragung der Daten aus den Kaufverträgen in die Formblätter. Den Notariaten fehlt es an ausgebildeten Fachleuten, die eine Übertragung von Kaufvertragsdaten in Formblätter fehlerfrei gewährleisten.

c) Bei den Erschwernissen, die sich durch die Mehrarbeit bei der Übertragung von Daten in die Formblätter ergeben, besteht zudem die Gefahr, dass die beurkundenden Stellen ihrer Übersendungspflicht nicht mehr nachkommen. Bereits heute zeigen Stichproben, dass einige Notare ihren Verpflichtungen nach dem BauGB nicht vollständig nachkommen. Diese Tendenz würde durch die Einführung eines Formblatts noch verschärft.

d) Es besteht bereits heute Einigkeit darüber, dass selbst die Informationen aus den Kaufvertragsabschriften für eine qualifizierte Wertermittlung der Kaufpreise zum Teil nicht ausreichen. In der Vergangenheit wurde dennoch von den Rechten des § 197 Abs. 1 (Auskunfts-, Vorlage- und Betretungsrechte) nur in wenigen Einzelfällen Gebrauch gemacht. Würde man anstelle der Kaufvertragsabschriften künftig nur noch Datenextrakte übermitteln, dann müssten die Möglichkeiten des § 197 Abs. 1 BauGB in weitaus größerem Umfang ausgeschöpft und die Grundstückseigentümer und Besitzer weitaus häufiger zu Auskünften sowie zur Vorlage von Unterlagen aufgefordert werden. Dies ist sicher nicht i.S. einer bürgernahen Verwaltung. Wenn nämlich in Zukunft mangels ausreichender Informationen der Gutachterausschüsse verstärkt von den Möglichkeiten des § 197 Abs. 1 BauGB Gebrauch gemacht werden müsste, würde dies mit Sicherheit zu einer entsprechenden negativen Reaktion in der Öffentlichkeit führen. Das Ziel einer leistungsfähigen und transparenten Information über den Grundstücksmarkt würde dadurch außerdem erheblich gefährdet.

e) Die Verwendung eines Formblatts, das die wesentlichen Inhalte des Kaufvertrags beinhaltet, würde weiterhin bedeuten, dass die Auswertung der Kaufverträge de facto auf die Notare bzw. indirekt auch auf die Vertragsparteien übertragen würde. Es ist aber eine unabdingbare Aufgabe der Gutachterausschüsse, selbst zu beurteilen, welche Daten für die Beurteilung im Einzelfall ausreichen und ob es erforderlich ist, ggf. weitere Daten heranzuziehen. Insbesondere die Beantwortung der Frage, ob ungewöhnliche oder persönliche Verhältnisse vorliegen, erfordert Sachverstand und Kenntnis auf dem Gebiet der

Wertermittlung. Sie lässt sich nicht einfach mit einem Kreuz auf einem Formblatt beantworten. Außerdem kann die Auswirkung der ungewöhnlichen oder persönlichen Verhältnisse oft nur abgeschätzt und erst berücksichtigt werden, wenn der Vertragsinhalt bekannt ist. Durch die Übertragung der Daten auf ein Formblatt wird die Auswertung des Vertrags eigentlich von einer Stelle ausgeführt, die hierzu erstens nicht befugt ist und zweitens auch nicht die notwendige Sachkenntnis besitzt. Das aber wollte der Gesetzgeber gerade nicht, als er mit dem BBauG 60 die Gutachterausschüsse ins Leben rief.

2 Zugang zu den Daten der Kaufpreissammlung (§ 195 Abs. 2 und 3 BauGB)

2.1 Allgemeines

Grundsätzlich ist die **Kaufpreissammlung nur dem Gutachterausschuss** und – sofern ein Oberer Gutachterausschuss nach § 198 BauGB gebildet worden ist – dem Oberen Gutachterausschuss **direkt zugänglich**[3]. Hieran ist insbesondere von privat tätigen Sachverständigen, aber auch von anderen Stellen des Bundes und der Länder Kritik geübt worden. Verkehrswerte können nämlich marktgerecht nur auf der Grundlage von Vergleichsdaten wie Kaufpreise, Mieten und Pachten ermittelt werden, so dass der Zugangsberechtigte in Konkurrenz zu anderen eine bevorzugte Stellung hat; in diesem Zusammenhang wird sogar von einer Monopolstellung gesprochen. Wesentlicher Grund für den eingeschränkten Zugang zur Kaufpreissammlung ist die Tatsache, dass hierin auch **personenbezogene Daten** eingehen. Personenbezogene Daten sind dabei Einzelangaben über persönliche oder sachliche Verhältnisse einer bestimmten oder bestimmbaren natürlichen Person (vgl. § 3 Abs. 1 des Bundesdatenschutzgesetzes – BDSG –). Die dem Gutachterausschuss nach § 195 Abs. 1 BauGB zugehenden Verträge enthalten derartige Angaben. Darüber hinaus finden weitere personenbezogene Daten über das Auskunftsrecht nach § 197 BauGB Eingang in die Kaufpreissammlung.

7

Im Gesetzgebungsverfahren hat die Frage der **Öffnung der Kaufpreissammlung durch Übermittlung oder Einsichtgewährung**, insbesondere zugunsten der öffentlich bestellten und vereidigten Sachverständigen, eine bedeutende Rolle gespielt. Dabei wurde das **Urteil des Bundesverfassungsgerichts** vom 15.12.1983 **zum Volkszählungsgesetz 1983**[4] eingehend geprüft. In diesem Urt. hat das Gericht das Recht auf informationelle Selbstbestimmung des Bürgers hervorgehoben. Die Verpflichtung zur Übersendung von Abschriften der Kaufverträge usw. gemäß § 195 Abs. 1 BauGB stellt für den Betroffenen bereits eine Beschränkung dieses Rechts dar. Wie das Gericht weiter betont hat, habe das Recht auf informationelle Selbstbestimmung jedoch gegenüber der Preisgabe personenbezogener Daten an eine Datensammelstelle – Kaufpreissammlung – zurückzutreten, wenn ein überwiegendes Allgemeininteresse dies unter Beachtung des Grundsatzes der Verhältnismäßigkeit rechtfertige. Das ist beachtlich, da in der vom Gutachterausschuss geführten Kaufpreissammlung nicht nur alle Daten gesammelt werden, die sich aus Kaufverträgen und sonstigen dem Gutachterausschuss zu übermittelnden Verträgen und Rechtsgeschäften ergeben, sondern auch personenbezogene Daten, die der Gutachterausschuss auf Grund seiner Auskunftsbefugnis von den Vertragspartnern und sonstigen auskunftspflichtigen Personen anfordert.

8

Die Kaufpreissammlung stellt damit eine **Datensammelstelle** dar, **die** nach den Grundsätzen des BVerfG **unter Beachtung** des **informationellen Selbstbestimmungsrechts** des Bürgers Dritten nur unter Beachtung des Grundsatzes der Verhältnismäßigkeit, d.h. im überwiegenden Allgemeininteresse, **zugänglich gemacht werden darf.** Unter Beachtung dieser Grundsätze kam der federführende BT-Ausschuss[5] zur Auffassung, dass eine über die im Regierungsent-

9

---

3 Kleiber in Ernst/Zinkahn/Bielenberg, BauGB, Komm. zu § 195 Rn. 53; vgl. § 20 der nds DVO-BauGB.
4 BVerfG, Urt. vom 15.12.1983 – 1 BvR 209/83 –, EzGuG 11.142.
5 BT-Drucks. 10/6166, S. 137 f.

wurf gegenüber dem Finanzamt vorgesehene weitere Öffnung der Kaufpreissammlung nicht in Betracht komme, „insbesondere nicht für eine Wertermittlung, die ein öffentlich bestellter und vereidigter Sachverständiger im Einzelfall durchzuführen hat. Ein Einsichtsrecht eines öffentlich bestellten vereidigten Sachverständigen würde in diesem Fall einen unverhältnismäßigen, vom überwiegenden Allgemeininteresse nicht gerechtfertigten Eingriff in das informationelle Selbstbestimmungsrecht des Bürgers bedeuten. Hieran ändert auch nichts die Tatsache, dass der öffentlich bestellte vereidigte Sachverständige besonders auf Verschwiegenheit und Geheimhaltung verpflichtet ist. Gegenstand des Datenschutzes ist vielmehr die Verwendung personenbezogener Daten schlechthin." In diesem Sinne hat sich auch der Bundesbeauftragte für den Datenschutz in zwei dem Ausschuss vorgelegten Schreiben (vom 29.1. und 22.4.1986) geäußert. Der Bundesbeauftragte für den Datenschutz weist in diesen Schreiben außerdem darauf hin, dass aus Gründen des Datenschutzes Auskünfte aus der Kaufpreissammlung stets nur in anonymisierter Form gegeben werden dürften. Dies würde allerdings bedeuten, dass neben den die Person direkt bezeichnenden Angaben, wie Name und Anschrift, auch die genauen Grundstücksbezeichnungen, wie Flurstücke und Grundbuchblatt, Straße und Hausnummer, nicht weitergegeben werden dürften[6].

10 **Nach dem Baugesetzbuch muss unterschieden werden zwischen**

a) der Einsicht in die Kaufpreissammlung (Rn. 15 ff.),

b) der Übermittlung der Kaufpreissammlung (Rn. 19 ff.),

c) der Vorlage von Urkunden und Akten des Gutachterausschusses (Rn. 22 f.) und

d) Auskünften aus der Kaufpreissammlung (Rn. 30 ff.).

Im Übrigen kommt eine Auskunft nach den Vorschriften der Amtshilfe nicht in Betracht (Rn. 80 ff.).

11 Mit der in § 195 Abs. 2 BauGB geregelten Übermittlung der Kaufpreissammlung an das zuständige Finanzamt sowie der Vorlage von Urkunden und Akten bei Gerichten und Staatsanwaltschaften wird die **Übermittlung im sog. öffentlichen Bereich** zusammengefasst, auf die grundsätzlich die landesrechtlichen Verfahrensvorschriften anzuwenden sind (vgl. § 14 nordrh.-westf. DSG). Grundsätzlich gilt auch hierfür das Erforderlichkeitsprinzip, nach dem sich der Umfang der Übermittlung auf das unabweisbar Notwendige beschränken muss.

12 **Keine Übermittlungspflicht besteht bezüglich der staatlichen Bauverwaltungen,** wie dies noch vom Bundesrat[7] gefordert wurde. Der Bundesgesetzgeber hätte den Zugang zur Kaufpreissammlung auch diesbezüglich nur insoweit öffnen können, wie dies im überwiegenden Allgemeininteresse erforderlich ist. Eine unbeschränkte Zugänglichkeit der Kaufpreissammlung für bestimmte Stellen und Personengruppen würde jedoch einen wirksamen Datenschutz unmöglich machen und den Schutz der Daten der datenverwaltenden Stelle entziehen. Bedenken bestehen diesbezüglich auch bei den Datenschutzbeauftragten[8]. Es verbleibt hier aber das Auskunftsrecht.

13 Neben dem Gutachterausschuss sind zur Unterstützung kommunaler Ämter und Dienststellen **städtische Bewertungsstellen** eingerichtet worden, die bei der Erfüllung ihrer Aufgaben auf die Daten des Gutachterausschusses zurückgreifen. Die für den Bereich des Gutachterausschusses geltenden Geheimhaltungsvorschriften (vgl. z. B. §§ 9 und 10 GAVONW) müssen dabei grundsätzlich auch gegenüber der städtischen Bewertungsstelle beachtet werden. Organisatorisch lässt sich dies dadurch sicherstellen, dass Mitarbeiter nicht gleichzeitig für die städtische Bewertungsstelle und den Gutachterausschuss tätig sind[9].

---

6   5. Tätigkeitsbericht des Landesbeauftragten für Datenschutz des Landes Schleswig-Holstein: LT-Drucks. 9/1738, S. 31 f., auch 5. Tätigkeitsbericht des hamburgischen Datenschutzbeauftragten vom 1.1.1987, S. 52; Bericht des nds. Datenschutzbeauftragten, LT-Drucks. 9/1300, S. 31; 9. Tätigkeitsbericht des Bundesbeauftragten für Datenschutz, BT-Drucks. 10/6816; BT-Drucks. 13/6392, S. 117.
7   BT-Drucks. 10/5027, S. 19.
8   LT-Drucks. Schl.-H. 9/1738, S. 32 f.
9   Vgl. auch Muster-Dienstanweisung der AG Datenschutz der AGVGA-NW.

Nach Maßgabe datenschutzrechtlicher Regelungen sind für Kaufpreissammlungen wie für andere automatisiert geführte Dateien mit personenbezogenen Daten sog. **Datenbeschreibungen** zu führen und dem Landesbeauftragten für den Datenschutz vorzulegen; die Datenbeschreibung ist fortzuführen.

2.2 Einsicht in die Kaufpreissammlung

Während bei der Erteilung von Auskünften Teile der Kaufpreissammlung zu bestimmten Fragen bekannt gegeben werden, ermöglicht das Einsichtsrecht naturgemäß die Kenntnisnahme aller in der Kaufpreissammlung enthaltenen Angaben und bedeutet deshalb einen weitaus stärkeren Eingriff in die informationelle Selbstbestimmung des Bürgers.

Neben der Übersendung der Kaufpreissammlung an die Finanzbehörde, der Vorlage von Auszügen aus der Kaufpreissammlung bei Gerichten oder Staatsanwaltschaften sowie dem Auskunftsrecht (nach Maßgabe landesrechtlicher Vorschriften) sieht das BauGB einen weiteren Zugang zur Kaufpreissammlung – als Ganzes oder in Teilen – durch **allgemeine Einsichtsgewährung** aus den dargelegten **datenschutzrechtlichen Gründen nicht** vor.

Demgegenüber wurde in einigen Bundesländern nach **überholtem Recht** in der Vergangenheit Einsicht in die Kaufpreissammlung gewährt[10]. Zum Erlass dieser Vorschriften waren und sind die Länder weder mit dem inzwischen abgelösten BBauG noch mit dem BauGB ermächtigt worden. Das Gesetzbuch eröffnet den Ländern zwar nunmehr die Möglichkeit, unter bestimmten Voraussetzungen Auskünfte zu gewähren, nicht hingegen die Einsicht in die Kaufpreissammlung landesrechtlich zu regeln[11].

Die Frage eines Einsichtsrechts wurde im Verlauf des Gesetzgebungsverfahrens mehrfach mit **dem Bundesbeauftragten für den Datenschutz** erörtert. Nach dessen Auffassung besteht kein überwiegendes Allgemeininteresse, das ein solches Einsichtsrecht begründen könnte (vgl. dessen o.a. Schreiben Rn. 9). Hinzu kommt, dass das Gebot der Normenklarheit den Bundesgesetzgeber dazu verpflichtet, über die Verwertung von Daten abschließend zu entscheiden, die auf Grund eines Bundesgesetzes erhoben werden, sei es durch ausdrückliche gesetzliche Regelung oder durch eine bis ins Einzelne gehende Ermächtigungsvorschrift zugunsten der Länder. Bei multifunktionaler Verwendung erhobener Daten sind dabei entsprechend höhere Anforderungen zu stellen. Wie ausgeführt, sah sich der Bundesgesetzgeber aber gehindert, die Einsicht in die Kaufpreissammlung zuzulassen. Ein Einsichtsrecht datenschutzrechtlich dadurch zu ermöglichen, dass nur anonymisierte Daten in die Kaufpreissammlung aufgenommen werden, konnte im Übrigen nicht in Betracht gezogen werden, weil dies den Informationsgehalt der Kaufpreissammlung und damit deren eigentlichen Wert erheblich beeinträchtigen würde (vgl. Rn. 4 ff.).

Mit der Frage eines Einsichtsrechts in die Kaufpreissammlung hat sich im Übrigen der BayVGH in seinem Urt. vom 10.2.1986[12] ausführlich befasst. Das Gericht hat diesbezüglich darauf hingewiesen, dass es allein dem Gutachterausschuss obliege, auf der Grundlage der von ihm geführten Kaufpreissammlung den Wert der Grundstücke zu ermitteln (vgl. § 136 Abs. 2 BBauG). Hierfür sind die Kaufverträge nach Weisung der Gutachterausschüsse von

---

10 Nach § 7 Abs. 3 Satz 2 der bad.-württ. GutachterausschussVO a. F. – Bad.-württ. GutachterausschussVO vom 30.5.1978 (GBl. 1978, 314), geändert durch VO vom 20.4.1982 (GBl. 1982, 142) und aufgehoben durch VO vom 11.12.1989 (GBl. 1989, 541) – konnten öffentlich bestellte vereidigte Sachverständige gegen Gebühr Einsicht in die Kaufpreissammlung nehmen. Nach § 11a Abs. 1 der bayer. GutachterausschussVO a. F. – Bay. GutachterausschussVO vom 5.3.1980 (GVBl. 1980, 153), geändert durch VO vom 15.6.1982 (GVBl. 1982, 335) – konnte ebenfalls – soweit „im Einzelfall" zu Zwecken der Wertermittlung dies erforderlich war – in die Kaufpreissammlung Einsicht genommen werden, von den Gerichten, den mit der Wertermittlung an bebauten und unbebauten Grundstücken sowie von Rechten an Grundstücken befassten Behörden sowie den öffentlich bestellten und vereidigten Sachverständigen für die Bewertung von bebauten und unbebauten Grundstücken sowie von Rechten an Grundstücken.
11 Ein Einsichtsrecht sieht gleichwohl § 23 der nds. GutachterausschussVO vor, und zwar bezüglich der Ermittlung von Bodenrichtwerten, der Aufstellung von Grundstücksmarktberichten und Bodenrichtwertübersichten sowie der Ableitung erforderlicher Daten der Wertermittlung.
12 BayVGH, Urt. vom 10.2.1986 – 14 B 84 A, 1629 –, EzGuG 11.151 – nicht rechtskräftig –, zuvor schon BayVGH, Beschl. vom 16.6.1983 – CE 83 A, 349 –, EzGuG 11.139.

ihren Geschäftsstellen auszuwerten. Die **öffentlich bestellten und vereidigten Sachverständigen** für die Bewertung von Grundstücken seien nach Auffassung des Gerichts vom Gesetzgeber nicht dazu berufen, Kaufverträge bzw. Kaufpreissammlungen nach entsprechender Einsichtnahme auszuwerten, auch soweit sie nach der vom Deutschen Industrie- und Handelstag erlassenen Sachverständigenverordnung (vgl. Anh. 1.1) eingeschworen und somit zur Verschwiegenheit verpflichtet seien. Im Übrigen hatte das Gericht bei dieser Sach- und Rechtslage ungeprüft gelassen, ob das in § 11a Abs. 1 bayer. GutachterausschussVO a. F. geregelte Einsichtsrecht datenschutzrechtlichen Bedenken standhält.

20 Das **BVerwG**[13] hat die Revision gegen diese Entscheidung zurückgewiesen und festgestellt, dass das BauGB auch für öffentlich bestellte und vereidigte Sachverständige ein allgemeines Einsichtsrecht ausgeschlossen hat. Dies verstößt nicht gegen höherrangiges Recht, insbesondere nicht gegen Art. 12 Abs. 1 oder Art. 3 Abs. 1 GG. Zwar sind die öffentlich bestellten Sachverständigen ebenso wie die Mitglieder des Gutachterausschusses für Grundstückswerte zur Verschwiegenheit verpfichtet; jedoch ist gleichwohl mit dem ausgeschlossenen Anspruch auf Einsicht in die Kaufpreissammlung keine verfassungswidrige Benachteiligung ihrer Berufsausübung verbunden. Dies wird wie folgt begründet: „Die Mitglieder der Gutachterausschüsse werden nach besonderen Qualifikationsmerkmalen ausgewählt (§ 192 Abs. 1 bis 3 BauGB und die Regelungen der Länder gemäß § 199 Abs. 2 Nr. 1 BauGB; früher eingehend: §§ 138, 139 BBauG), die deren Unabhängigkeit und die Einhaltung der Verschwiegenheitspflicht in besonderer Weise gewährleisten sollen. Damit sind sie – anders als die Sachverständigen und einem öffentlichen Dienstverhältnis angenähert – in eine herausgehobene Verantwortlichkeit eingebunden. Von daher erscheint es nicht sachwidrig, die Kenntnis der personenbezogenen Daten in der Kaufpreissammlung auf diesen Personenkreis zu begrenzen. Es kommt hinzu, dass die Verweigerung eines Rechts auf Einsicht in die Kaufpreissammlung nicht geeignet erscheint, die berufliche Tätigkeit der Sachverständigen in beachtlichem Maße zu beeinträchtigen." Ein allgemeiner auf Art. 12 Abs. 1 GG zu stützender Anspruch auf Einsicht in bestimmte bei öffentlichen Behörden oder anderen öffentlichen Stellen geführte Akten, Vorschriften und andere Vorgänge zum Zwecke der Ausübung beruflicher Tätigkeiten besteht nach Auffassung des Gerichts im Übrigen nicht[14].

21 **Fazit:** Ein **Einsichtsrecht in die Kaufpreissammlung haben** bei alledem grundsätzlich **nur die dem Gutachterausschuss für Grundstückswerte angehörenden Gutachter im Vollzug ihrer Obliegenheiten.** Dies ergibt sich aus der ihnen obliegenden Führung und Auswertung der Kaufpreissammlung. § 10 Abs. 1 der hamb. GutachterausschussVO (a.a.O.), der dies ausdrücklich regelt, stellt deshalb nur eine klarstellende Bestimmung dar. Die außerhalb der Gutachterausschüsse tätigen Gutachter haben indessen kein Einsichtsrecht.

Lediglich die **vom Gericht beauftragten öffentlich bestellten Sachverständigen** dürfen in die Kaufpreissammlung Einsicht nehmen[15].

2.3 Übermittlung der Kaufpreissammlung an das zuständige Finanzamt

22 § 195 Abs. 2 Satz 1 BauGB ist lex specialis zu § 16 Abs. 1 BDSG. Nach dieser Vorschrift ist eine Datenübermittlung auch an nicht öffentliche Stellen dann zulässig, wenn sie zur Erfüllung der in der Zuständigkeit der übermittelnden Stelle liegenden Aufgaben erforderlich ist und die Voraussetzungen vorliegen, die eine Nutzung zulassen würden, oder der Empfänger ein berechtigtes Interesse an der Kenntnis der zu übermittelnden Daten glaubhaft darlegt und der Betroffene kein schutzwürdiges Interesse an dem Ausschluss der Übermittlung hat. Die darin angelegte Interessenabwägung hat der Gesetzgeber mit § 195 Abs. 2 Satz 1 BauGB offenbar vorgenommen und **nur eine Übermittlung an das zuständige Finanzamt für Zwecke der Besteuerung** zugelassen. „Übermitteln" bedeutet dabei auch das Bekanntgeben gespeicherter oder durch Datenverarbeitung unmittelbar gewonnener Daten an Dritte in der

---
13 BVerwG, Urt. vom 6.10.1989 – 4 C 11/86 –, GuG 1990, 36 = EzGuG 11.172.
14 BVerwG, Urt. vom 16.9.1980 – 1 C 52/75 –, BVerwGE 61,15 = NJW 1981, 535; BVerwG, Urt. vom 5.6.1984 – 5 C 73/82 –, EzGuG 11.142i.
15 BGH, Urt. vom 27.9.1990 – III ZR 97/89 –, GuG 1991, 38 = EzGuG 2.51.

Weise, dass die Daten durch die speichernde Stelle weitergegeben oder zur Einsichtnahme, insbesondere zum Abruf, bereitgehalten werden[16]. Mit der Beschränkung der Zulässigkeit einer Übermittlung der Kaufpreissammlung wird wiederum der Rechtsprechung zum Volkszählungsurteil Rechnung getragen (vgl. auch § 138 Abs. 2 Satz 4 BauGB). Die Übermittlung ist in Verwaltungsvorschriften geregelt[17].

Die **Finanzämter** wiederum sind durch § 22 AO verpflichtet, die ihnen bekannt gewordenen Daten auf Grund des Steuergeheimnisses geheim zu halten, jedoch sind sie nach § 7 Abs. 2 des Preisstatistikgesetzes gegenüber Statistischen Ämtern auskunftspflichtig.

Die Statistik über Kaufwerte für Bauland des **Statistischen Bundesamtes und** der **Statistischen Landesämter** wird insbesondere auf der Grundlage der Auskünfte der Finanzämter geführt, die nach § 7 Abs. 2 des Preisstatistikgesetzes auskunftspflichtig sind; von den Grundstücksverkäufen erhalten die Finanzämter Kenntnis auf Grund von Veräußerungsanzeigen der Gerichte, Behörden und Notare nach § 18 GrEStG. Daneben können auch entsprechende Auskünfte nach § 195 Abs. 3 BauGB i.V.m. landesrechtlichen Vorschriften direkt von den Gutachterausschüssen für Grundstückswerte erteilt werden.

Von der Möglichkeit der Zusammenarbeit haben die Länder Niedersachsen, Rheinland-Pfalz, Sachsen-Anhalt und Thüringen Gebrauch gemacht:

Niedersachsen: Verwaltungsvorschrift zum BauGB (VV-BauGB) i.d.F. der 2. Änderung vom 6.3.1991 (301–21013-GültL 392/19; Nds. MinBl. 1991, 470).

Rheinland-Pfalz: VV des Min. für Inneres und Sport und des FM zur Zusammenarbeit zwischen den Geschäftsstellen der Gutachterausschüsse, den Finanzämtern und dem Statistischen Landesamt vom 13.12.1999 (MinBl. 1999, 537).

Sachsen-Anhalt: Erl. des IM vom 19.12.1994 (46–23522) zur Baulandpreisstatistik (unveröffentlicht).

Thüringen: Erl. des thür. IM vom 19.3.1992 zur Zusammenarbeit zwischen den Geschäftsstellen der Gutachterausschüsse, den Finanzämtern und dem Thüringer Landesamt für Statistik (740–9611).

2.4   Vorlage von Urkunden und Akten des Gutachterausschusses

2.4.1   Allgemeines

Nach § 195 Abs. 2 Satz 2 BauGB bleiben Rechtsvorschriften unberührt, nach denen „**Urkunden oder Akten Gerichten oder Staatsanwaltschaften vorzulegen sind**". Es handelt sich hierbei im eigentlichen Sinne nicht um den Fall eines allgemeinen Einsichtsrechts oder gar einer laufenden Übermittlung der Kaufpreissammlung. Vielmehr geht es hier lediglich um das Recht der Gerichte oder der Staatsanwaltschaften auf Hinzuziehung von Urkunden und Akten im Einzelfall. Vom Umfang her ist das Recht auf Vorlage solcher Akten und Urkunden beschränkt, deren Hinzuziehung auf Grund anderer Rechtsvorschriften zulässig ist.

Was im Einzelnen unter den Begriff der **Akten und Urkunden** fällt, ergibt sich aus diesen Begriffen selbst. Akten sind solche Unterlagen, die unmittelbar zur Erfüllung einer öffentlichen Aufgabe geeignet und bestimmt sind. Hierzu zählen nicht Vorentwürfe und Notizen des Bearbeiters. Akten und auch Aktensammlungen sind im Übrigen keine Dateien i. S. des Bundesdatenschutzes, es sei denn, sie können durch automatisierte Verfahren umgeordnet und ausgewertet werden (vgl. § 3 Abs. 2 und 3 BDSG). Die Vorlagepflicht geht deshalb über die

---

[16] § 2 Abs. 2 Nr. 2 des Gesetzes zum Schutz vor Missbrauch personenbezogener Daten bei der Datenverarbeitung.
[17] VV über die Zusammenarbeit in Rh.-Pf. vom 10.11.1995, MinBl. 1995, 535; Erl. des thür. IM vom 19.3.1992 – 740 – 9611 –.

ansonsten bestehende Auskunftpflicht hinaus, da sie auch Akten und Urkunden[18] zum Gegenstand hat, die nicht Bestandteil der Kaufpreissammlung sein müssen[19].

27 Nach § 415 ZPO sind **Urkunden,** die von einer öffentlichen Behörde innerhalb der Grenzen ihrer Amtsbefugnisse in der vorgeschriebenen Form aufgenommen sind, öffentliche Urkunden. Diese für das Gebiet des Zivilprozesses geltende Begriffsbestimmung hat Bedeutung für das gesamte Rechtsgebiet. Auch Urkunden über grundbuchmäßige Erklärungen, die von einer Behörde in ihren eigenen Angelegenheiten ausgestellt werden, sind öffentliche Urkunden. Solche Urkunden begründen vollen Beweis für die darin bezeugten Erklärungen der Behörde (§ 418 ZPO) und bedürfen weder der notariellen Beglaubigung, der Unterschrift noch des Nachweises, dass der Unterzeichner der Urkunden eine zur Vertretung der Behörde befugte Person ist[20].

28 In der Verwaltungsvorschrift des Landes *Niedersachsen*[21] heißt es hierzu:

„402.4.1 Gerichte oder Staatsanwaltschaften sind berechtigt, die Vorlage von Urkunden oder Akten zu verlangen, soweit es in dem jeweils anzuwendenden Verfahrensrecht (VwGO, StPO, ZPO) vorgesehen ist und wenn von Amtswegen ermittelt wird. Auf Anordnung eines Gerichts kann der zugezogene Sachverständige die Unterlagen erhalten.

402.4.2 Aus der Kaufpreissammlung werden die Daten eines konkret zu benennenden Objektes oder eine auf das zu begutachtende Objekt bezogene Stichprobe (siehe Nr. 403.1) in dem Umfang abgegeben, der für eine sachgerechte Wertermittlung erforderlich ist. Die Angaben und Daten der Stichprobe müssen nicht anonymisiert werden."

29 § 195 Abs. 2 Satz 2 BauGB war im Verlauf des Gesetzgebungsverfahrens nicht unumstritten[22]. Nach Auffassung des Bundesrates sollte die Bestimmung gestrichen werden, da nicht gewährleistet sei, dass die Daten der Kaufpreissammlung vertraulich behandelt werden, denn die im Prozess vorgelegten Akten und Urkunden sind parteiöffentlich zu machen, wobei die Datenschutzgesetze zwar zu beachten, aber nicht vorrangig sind; dies muss vom Gericht im Einzelfall geprüft werden[23]. An der Regelung wurde schließlich festgehalten, weil sie einerseits dem geltenden Recht entspreche und andererseits der Grundsatz des rechtlichen Gehörs seine dahin gehende Öffnung der Kaufpreissammlung verlange. Mit dieser nunmehr ausdrücklich im Gesetzbuch enthaltenen Klarstellung soll sichergestellt werden, dass bei gerichtlichen Auseinandersetzungen auch die Urkunden und Akten des Gutachterausschusses zugänglich sind. Die **Unterlagen sind in diesem Zusammenhang auch öffentlich bestellten und vereidigten Sachverständigen zugänglich zu machen,** soweit sie vom Gericht beauftragt wurden[24]. Die Funktionsfähigkeit der Rechtspflege ist nämlich von weit überwiegendem Allgemeininteresse und muss deshalb hinter datenschutzrechtlichen Erwägungen zurücktreten. Ohne diese Regelung würde das BauGB möglicherweise als „lex specialis" den Regelungen des Prozessrechts (Zivilprozessordnung, Strafprozessordnung, Verwaltungsgerichtsordnung usw.) vorgehen und deren Anwendung ausschließen[25].

30 Der **Umfang der Vorlagepflicht** richtet sich nach den einschlägigen Bestimmungen des Prozessrechts.

---

18 § 299 Abs. 2, §§ 415, 417 f. ZPO, § 96 Abs. 5 und § 96 Abs. 1 VwVO und § 249 StPO; zum Begriff vgl. Thomas/Putzo, ZPO 17 Aufl., Vorb. zu § 415.
19 Zur Frage einer amtspflichtwidrigen Verletzung des Steuergeheimnisses bei Übersendung von Akten an die Staatsanwaltschaft BGH, Urt. vom 12.2.1981 – III ZR 123/79 –, EzGuG 11.122; BVerfG, Beschl. vom 27.10.1999 – 1 BvR 385/90 –, NJW 2000, 1175 – NVwZ 2000, 428.
20 BayObLG, Beschl. vom 25.3.1969 – BReg 2 Z 96/68 –, BayObLGZ 69, 89; BayObLG, Urt. vom 3.11.1954 – Breg 2 Z 121/54 –, BayObLGZ 1954, 322; Güthe/Triebel, a.a.O. § 29 Rn. 21 ff., 151 ff.; Horber, a.a.O. § 29 Rn. 7 f.; Stein/Jonas 18 Aufl. § 415 Anm. I, 2.
21 VV-BauGB vom 6.3.1991, MinBl. 1991, 471.
22 BT-Drucks. 10/5027, S. 20; BT-Drucks. 10/5111, S. 13: hierzu Kleiber in Ernst/Zinkahn/Bielenberg, BauGB § 195 Rn. 65 ff. m.w.N.
23 Baumbach/Lauterbach/Albers/Hartmann, ZPO.
24 22. BT-Drucks. 10/4630, S. 151; vgl. bereits RdErl. des nordrh.-westf. IM vom 13.8.1974 – ID 2 – 9213 –, zu Nr. 5 Abs. 1 des RdErl. vom 1.8.1963 (MBl, Nordrh.-Westf. S. 1627/SMBl. NW 2315); RdSchr. des rh.-pf.MIS vom 16.5.1989, a.a.O., Tz. 2.2. sowie RiWert des rh.-pf. MIS vom 1.6.1988, zuletzt geändert durch RdSchr. vom 20.11.1996 – 3564/648 – 15/0; BGH, Urt. vom 27 9.1990 – III ZR 97/89 –, GuG 1991, 38 = EzGuG 2.51.
25 OLG Karlsruhe, RDV 1986, 18.

2.4.2 Zivilprozessordnung (ZPO)

Die Zivilprozessordnung – ZPO[26] – regelt das Verfahren der ordentlichen Gerichte in bürgerlichen Rechtsstreitigkeiten; sie geht grundsätzlich von dem Beibringungsgrundsatz der für den Streitfall wichtigen Tatsachen aus. Die **Parteien sind** danach **verpflichtet,** die streitige Materie und **Beweismittel in den Prozess einzubringen** (vgl. aber die §§ 142 ff. und 448 ZPO). Im Rahmen der Beweisaufnahme nach den §§ 355 ff. ZPO sind für die Vorlage von Urkunden und Akten § 273 Abs. 2 Nr. 2, § 358a Nr. 2 ZPO sowie §§ 432, 616 Abs. 1 und § 915 Abs. 3 ZPO einschlägig. Im Beweisbeschluss (§ 359 ZPO) muss die streitige Tatsache zusammen mit den erforderlichen Beweismitteln enthalten sein, wobei sich das Gericht über die Erheblichkeit des Beweispunktes und über die Beweislast im Klaren sein muss[27]. **31**

2.4.3 Verwaltungsgerichtsordnung (VwGO)

Das verwaltungsgerichtliche Verfahren wird von der Offizialmaxime beherrscht (§ 86 VwGO). Das Gericht klärt von Amts wegen den Sachverhalt auf. Hierzu gehört auch die Beiziehung aller für die Entscheidung wichtigen Akten und Urkunden einschließlich der der Kaufpreissammlung. Die Beweiserhebung richtet sich im Übrigen – soweit nichts anderes bestimmt ist – nach den Bestimmungen der ZPO. Nach den Bestimmungen der §§ 96 ff. VwGO, insbesondere nach den **§§ 99 und 100 VwGO, sind Behörden zur Vorlage von Akten und Urkunden verpflichtet,** soweit dies nicht dem Wohl des Staates schadet oder die Vorgänge auf Grund eines Gesetzes oder ihrem Wesen nach geheim gehalten werden müssen (vgl. auch die §§ 26, 29 und 50 VwGO). Als Behörde ist in diesem Zusammenhang auch der Gutachterausschuss anzusehen (vgl. § 192 BauGB Rn. 2). § 29 VwGO gilt im Übrigen nur für die Akteneinsicht in einem laufenden Verwaltungsverfahren[28], und es kann auch genügen, wenn in der mündlichen Verhandlung der Inhalt der Akten vom Vorsitzenden oder dem Berichterstatter vorgetragen wird (§ 103 Abs. 2 VwGO). **32**

2.4.4 Strafprozessordnung (StPO)

Auch die Strafprozessordnung[29] – StPO – geht von dem Untersuchungsgrundsatz aus. **Zur Beweiserhebung kann die Staatsanwaltschaft Auskünfte von Behörden oder die Ermittlung von Behörden** verlangen (§ 161 StPO). Dies betrifft auch den Gutachterausschuss, wobei das Auskunftsverlangen an einen bestimmten Zweck, nämlich die Beweiserhebung bei einer Straftat, gebunden sein muss (§ 160 StPO)[30]. **33**

2.5 Auskünfte aus der Kaufpreissammlung (§ 195 Abs. 3 BauGB)

2.5.1 Bundesrechtliche Regelung

2.5.1.1 Allgemeines

Das Gesetzbuch führt mit § 195 Abs. 3 BauGB erstmalig bundesrechtlich ein **allgemeines Auskunftsrecht** aus der Kaufpreissammlung ein, und zwar **nach Maßgabe landesrechtlicher Vorschriften**. Die Ermächtigung ergibt sich aus § 199 Abs. 2 Nr. 4 BauGB. Das Baugesetzbuch zielt damit erklärtermaßen auf eine Verbesserung der Übersichtlichkeit des Grundstücksmarktes. Gleichzeitig soll dem Informationsbedürfnis, insbesondere der öffentlich bestellten und vereidigten Sachverständigen, Rechnung getragen werden. **34**

---

26 Zu den Änderungen Jessnitzer in DS 1991, 8 ff.
27 Zur Einsicht von Akten bei Gericht vgl. im Übrigen OLG Hamm, Beschl. vom 17.3.1989 – 14 W 21/89 –, EzGuG [11.170 f.]
28 BVerwG, Urt. vom 30.6.1983 – 2 C 11/83 –, [DÖD] 1984, 23 = VR 1984, 70 = ZBR 1984, 42; Parallelverfahren; BVerwG, Urt. vom 30.6.1983 – 2 C 76/81 –, DÖD 1984, 23 = VR 1984, 70 = ZfBR 1984, 42.
29 Strafprozessordnung vom 1.4.1987, BGBl. I 1987, 475, zuletzt geändert durch Gesetz vom 12.8.2005 (BGBl I 2005, 2360).
30 Vgl. im Übrigen § 94 Abs. 1, § 95 Abs. 1 und § 221 ZPO.

35 Nach § 195 Abs. 3 BauGB sind **Auskünfte aus der Kaufpreissammlung nur bei berechtigtem Interesse** zu erteilen. Welche Anforderungen dabei zu stellen sind, ist im Gesetzbuch nicht näher umschrieben. Der Ausschussbericht stellt lediglich heraus, dass der Begriff des „berechtigten Interesses" umfassender als der des „rechtlichen Interesses" sei; d.h., im Interesse des Auskunftsbedürfnisses von Sachverständigen soll es ausreichen, dass der Auskunftsbegehrende ein verständliches, durch die Sachlage gerechtfertigtes Interesse verfolgt[31].

§ 10 Abs. 4 der nordrh.-westf. GutachterausschussVO geht von dem Verständnis aus, dass mit § 195 Abs. 3 BauGB stets nur die nicht anonymisierte Auskunftserteilung geregelt ist und die anonymisierte Auskunftserteilung auch ohne berechtigtes Interesse zulässig ist. Im Ergebnis gehen aber auch die Länder von einer nicht anonymisierten Auskunftserteilung aus, die schon bisher „grundstücksbezogene" Auskünfte erteilt haben (vgl. Rn. 45).

2.5.1.2 Berechtigtes Interesse

36 Der **Begriff des „berechtigten Interesses"** geht nach der Rechtsprechung zur Einsicht in das Grundbuch nach § 12 Abs. 1 Satz 1 GBO weiter als der des „rechtlichen" Interesses und umfasst auch wirtschaftliche Interessen. Es braucht sich auch nicht auf ein vorhandenes Recht zu begründen. Dies muss man auch hier gelten lassen, da bei der Verkehrswertermittlung wirtschaftliche Interessen sogar überwiegend im Vordergrund stehen. Nach der in Schrifttum und Rechtsprechung vertretenen Auffassung genügt es, dass der Antragsteller ein verständliches, durch die Sachlage gerechtfertigtes Interesse verfolgt. Es wird i.d.R. – anders als nach § 34 FGG – keine allgemeine Glaubhaftmachung gefordert werden können. Vielmehr genügt die Darlegung von Tatsachen in der Weise, dass ohne begründete Bedenken der Gutachterausschuss von der Verfolgung berechtigter Interessen überzeugt sein muss.

37 Rechtsprechung und Schrifttum verlangen das Vorbringen von **Tatsachen, die ein berechtigtes Interesse begründen,** in solcher Art, dass daraus ein überzeugender Anhalt für die Richtigkeit der Angaben gewonnen werden kann. Danach ist zu prüfen, ob das dargelegte Interesse als berechtigtes Interesse anzuerkennen ist und ob gegen die tatsächlichen Angaben des Antragstellers derartige Bedenken sprechen, dass sie eines überzeugenden Anhalts für ihre Richtigkeit entbehren. Kann auf Grund erheblicher Bedenken eine hinreichende Wahrscheinlichkeit, dass die tatsächlichen Angaben des Antragstellers richtig sind, nicht festgestellt werden, so kann nach herrschender Auffassung die Vorlage weiterer Unterlagen, ggf. auch die Glaubhaftmachung oder der Vollbeweis verlangt werden[32].

38 Vor allem in **Zweifelsfällen** ist demnach zu verlangen, dass das berechtigte Interesse ggf. durch Vortrag von Tatsachen und Gründen dargetan wird, so dass die Richtigkeit nicht angezweifelt werden kann. So steht z. B. einem Makler ein *allgemeines* Recht auf Grundbucheinsicht zu. In der Rechtsprechung wird aber auch nicht ausgeschlossen, dass auch in diesem Fall *berechtigte* Interessen vorliegen können.

39 Ein berechtigtes Interesse liegt insbesondere vor, wenn es zu den **beruflichen Obliegenheiten des Anfragenden** gehört, Gutachten über den Verkehrswert von Grundstücken zu erstatten. Andererseits genügt nicht jedes beliebige Interesse und vor allem nicht die Auskunft zu unlauteren Zwecken oder aus reiner Neugier. Eine missbräuchliche Auskunftserteilung muss vermieden werden (vgl. § 193 BauGB Rn. 75).

40 Bei **Behörden**[33] und sonstigen öffentlichen Stellen (z. B. Enteignungs-, Straßenbau- und Flurbereinigungsbehörden) ist ein berechtigtes Interesse zu unterstellen, wenn die beantragten

---

31 BT-Drucks. 10/6166, S. 163.
32 Zur Rechtsprechung auf Einsicht in das Grundbuch vgl. Teil III Rn. 479 ff.; ferner: BayObLG, Beschl. vom 31.3.1928 – Reg 35/28 –, BayObLGZ 28 A S. 309; BayObLG, Beschl. vom 28.5.1975 – 2 Z 38/75 –, Rpfleger 1975, 361; BayObLG, Urt. vom 23.3.1983 – BReg 2 Z 12/83 – EzGuG 11.137a; OLG München in HRR 1937 Nr. 739; OLG Hamm, Urt. vom 18.12.1985 – 15 W 417/85 –, BNotZ 1986, 497 = Rpfleger 1986, 128; OLG Düsseldorf, Urt. vom 15.10.1986 – 3 Wx 340/86 –, Rpfleger 1987, 199.
33 § 13 Abs. 1 Satz 2 bad.-württ. GutachterausschussVO; § 11 Abs. 1 bay. GutachterausschussVO; § 17 bln. DVOBauGB; § 12 brem. GutachterausschussVO; § 10 hamb. GutachterausschussVO; § 9 Abs. 2 hess. DV BauGB:§ 10 GAVO NW; § 13 Abs. 1 saarl. GutVO; § 13 Abs. 1 schl.-hol. GutachterausschussVO.

Daten zur Erfüllung der in der Zuständigkeit des Empfängers liegenden Aufgaben erforderlich sind. Soweit gefordert wird, dass eine sachgerechte Verwendung der Daten gewährleistet ist, kann dies regelmäßig angenommen werden, wenn die Stelle im Rahmen ihrer Aufgabenerfüllung mit der Verwaltung oder Wertermittlung von Liegenschaften befasst ist. Als Behörde gelten auch Gutachterausschüsse (vgl. § 192 BauGB Rn. 2), so dass auch bei benachbarten Gutachterausschüssen ein berechtigtes Interesse auf Auskunftserteilung zu unterstellen ist.

Auch bei **wissenschaftlichen Instituten** ist ein berechtigtes Interesse zu unterstellen, wenn die Auskünfte für Forschungszwecke benötigt werden; ein direkter Personenbezug wird dabei i.d.R. nicht erforderlich sein. Des Weiteren gilt dies für **öffentlich bestellte und vereidigte** oder gerichtlich bestellte Sachverständige sowie für **Grundstückssachverständige** mit vergleichbarer Sachkunde für die Erstattung von Gutachten[34].

Ein berechtigtes Interesse auf Auskünfte aus der Kaufpreissammlung besteht nach § 97 SachenRBerG für Notare, die mit einem **notariellen Vermittlungsverfahren** nach den §§ 87 ff. SachenRBerG beauftragt worden sind und wenn von den Beteiligten ein entsprechender Antrag gestellt wurde (§ 97 Abs. 1 SachenRBerG). Des Weiteren besteht nach **§ 7 NutzEV** ein Auskunftsrecht für die Vertragsparteien zwecks Anpassung der Nutzungsentgelte (Pachtzinsen) für Erholungs- und Freizeitgrundstücke, namentlich für sog. Datschengrundstücke.

Bundesrechtlich besteht bei berechtigtem Interesse (vgl. Rn. 36 ff.) **ein Rechtsanspruch auf Auskunftserteilung**, der ggf. im Wege der Leistungsklage durchsetzbar ist (vgl. § 193 BauGB Rn. 13). Der Landesverordnungsgeber wird mit § 199 Abs. 2 Nr. 4 BauGB nicht ermächtigt, das Auskunftsrecht auf bestimmte natürliche oder juristische Personen einzuschränken. Der Anspruch ist aber sachlich auf solche Auskünfte begrenzt, für die im Einzelfall ein berechtigtes Interesse gegeben ist, d.h., Auskünfte können nur in dem Umfang gegeben werden, für den ein berechtigtes Interesse zu bejahen ist. Dies muss jeweils vom Gutachterausschuss geprüft werden. Das Auskunftsrecht kann als datenschutzrechtlich zulässiger Ersatz für ein umfassendes Einsichtsrecht angesehen werden. Nach Sinn und Zweck der Regelung muss gefordert werden, dass im Rahmen des berechtigten Interesses Auskünfte in umfassender Weise erteilt werden. Hieraus folgt, dass der Gutachterausschuss die ihm nach § 195 BauGB zugehenden Verträge so auswertet, dass sie auch Gegenstand einer umfassenden Auskunftserteilung sein können (vgl. Rn. 49 ff.).

2.5.1.3 Anonymisierte und nicht anonymisierte Auskunftserteilung

Bundesrechtlich wird auch nicht ausdrücklich vorgeschrieben, dass Auskünfte stets nur in anonymisierter Form gewährt werden dürfen. Lediglich mit § 7 Abs. 1 Satz 2 NutzEV ist die Anonymisierung ausdrücklich vorgegeben. Der federführende BT-Ausschuss ging bei seiner Beratung dieser Vorschrift ebenso wie der Bundesbeauftragte für Datenschutz allerdings davon aus, dass Auskünfte aus der Kaufpreissammlung stets nur unter Wahrung datenschutzrechtlicher Belange, d.h. stets nur in anonymisierter und in einer solchen Form gegeben werden, dass der Eigentümer des betreffenden Grundstücks nicht erkannt werden kann[35].

Auskünfte aus der Kaufpreissammlung gelten als **anonymisiert, wenn die angegebenen Daten derart verändert worden sind, dass sie Rückschlüsse auf Eigentümer, Erbbaurechtigte oder Inhaber dinglicher Rechte und auf die exakte Lage des Bezugsobjektes**

---

34 § 13 Abs. 1 bad.-württ. GutachterausschussVO; § 17 Abs. 3 bln. DVO BauGB; § 11 bay. GutachterausschussVO; § 12 Abs. 2 brem. GutachterausschussVO; § 9 Abs. 2 hess. DV BauGB; § 10 GAVO NW; § 13 Abs. 1 rh.-pf. GutachterausschussVO; § 11 saarl. GutVO.

35 BT-Drucks. 10/6166, S. 137 f. und 162 f.; wie der Bundesbeauftragte hatte bereits der schl.-hol. Datenschutzbeauftragte in seinem 5. Tätigkeitsbericht vom 20.1.1983 darauf hingewiesen, dass einer Verwendung der Daten aus der Kaufpreissammlung „in anonymisierter Form nichts im Wege" stünde, dies allerdings voraussetze, dass neben den die Person direkt bezeichnenden Angaben, wie Name und Anschrift, auch die genauen Grundstücksbezeichnungen, wie Flurstück oder Grundbuchblattnummer, Straße und Hausnummer, nicht genannt werden dürfen (Schl.-Holst. LT-Drucks. 9/1738, S. 32 f.; BT-Drucks. 10/6816, S. 21 f. Vgl. jedoch § 10 Abs. 4 nordrh.-westf. GutachterausschussVO; LT-Saarland LT-Drucks. 12/860 Nr. 1610).

nicht oder nur mit einem unverhältnismäßig großen Aufwand an Zeit, Kosten und Arbeitskraft ermöglichen, d.h., dass die Daten einer bestimmten oder bestimmbaren **natürlichen Person nicht zugeordnet werden können** (§ 3 Abs. 7 BDSG). Dies bedeutet insbesondere, dass der Name, die Anschrift des Eigentümers oder sonstiger berechtigter Personen sowie Flurstücknummer, Straße und Hausnummer, Grundbuchblatt- oder Liegenschaftsbuchnummer nicht angegeben werden dürfen. In der Praxis wird es zur Anonymisierung i.d.R. ausreichen, die Daten lagemäßig auf Straßen zu beziehen, wobei bei langen Straßenzügen der Bezug auf Straßenabschnitte zu fordern wäre. Die Möglichkeiten der Anonymisierung sind generell desto geringer, je individueller das Grundstück und je detaillierter die beantragte Auskunft ist.

46 In den GutachterausschussVO wird das Wie der Auskunftserteilung unterschiedlich geregelt, und zwar

a) Auskunftserteilung grundsätzlich nur in anonymisierter Form[36]

b) grundstücksbezogene Auskunftserteilung[37]

c) nichtanonymisierte Auskunftserteilung[38] und

d) nichtanonymisierte (grundstücksbezogene) Auskunftserteilung für privilegierte Personen[39].

Auskünfte über Daten, die einen Antragsteller selbst betreffen (Auskünfte über eigenes Grundstück), sind generell nicht zu anonymisieren, denn insoweit sind diese Daten nicht geheimhaltungsfähig. Nach den Datenschutzgesetzen ergibt sich bezüglich der Eigentümer und Erbbauberechtigten sogar eine Auskunftspflicht.

47 Die **grundstücksbezogene Auskunftserteilung** steht einer nicht anonymisierten Auskunftserteilung gleich, denn mit der konkreten Angabe eines Grundstücks ist ohne großen Aufwand auch dessen Eigentümer feststellbar, d.h. Auskünfte, die eine eindeutige lagemäßige Zuordnung des Grundstücks erlauben, können nicht als anonymisiert gelten. Wenn also nach der GutachterausschussVO eines Landes Auskünfte **grundstücksbezogen** erteilt werden, handelt es sich hierbei **im Ergebnis** aber um **eine nicht anonymisierte Auskunftserteilung**, auch wenn in den Vorschriften der Länder zusätzlich bestimmt wird, dass Name und Anschrift des Grundstückseigentümers nicht mitgeteilt werden dürfen[40].

48 **Nur eine nicht anonymisierte Auskunft gewährleistet eine sachgerechten Verwendung der Auskunft.** Wenn die Auskunftserteilung in der GutachterausschussVO von einer sachgerechten Verwendung der Auskunft abhängig gemacht wird[41], folgt daraus nicht nur, dass der Empfänger der Auskunft eine sachgerechte Verwendung der Auskunft gewährleistet, sondern auch, dass die Auskunft in nicht anonymisierter Form erteilt wird[42]. Darüber hinaus ist zu fordern, dass mit der Auskunft auch umfassend alle erforderlichen Begleitinformationen mitgegeben werden. Eine Auskunft ist z.B. unvollständig, wenn im Rahmen der Anwendung des Vergleichswertverfahrens (§§ 15 f. ImmoWertV) es nicht möglich ist, die Vergleichbarkeit von Kaufpreisen mit dem zu wertenden Grundstück hinreichend beurteilen zu können, um Unterschiede gemäß § 15 Abs. 1 Satz 4 ImmoWertV sachgemäß berücksichtigen zu können. Es ist nicht auszuschließen, dass sich der Gutachterausschuss Haftungsforderungen aussetzt, wenn auf Grund unvollständiger oder unrichtiger Auskünfte Schadensersatz geltend gemacht wird[43].

---

36 § 19 bbg. GutachterausschussVO.
37 § 15 Satz 3 rh.-pf. GutachterausschussVO; § 10 thür. GutachterausschussVO; § 13 Abs. 1 Satz 2 GutachterausschussVO Schl.-Hol.; § 13 Abs. 3 Satz 2 GutachterausschussVO Meckl.-Vorp.
38 § 10 nordrh.-westf. GutachterausschussVO.
39 § 12 Abs. 2 schl.-hol. GutachterausschussVO.
40 § 10 Abs. 2 Satz 3 hbg. GutachterausschussVO; § 15 Abs. 2 rh.-pf. GutachterausschussVO; § 10 thür. GutachterausschussVO.
41 § 10 bbg. GutachterausschussVO, § 13 Abs. 1 Nr. 3 bad.-württ. GutachterausschussVO; § 10 GAVO NW; § 15 Abs. 1 Satz 1 rh.-pf. GutachterausschussVO; § 13 Abs. 1 saarl. GutVO; § 13 Abs. 1 Satz I schl.-hol. GutachterausschussVO, § 10 GutachterausschussVO Th.
42 Insoweit widersprüchlich § 15 Abs. 1 GutachterausschussVO Rh.-Pf., § 10 GutachterausschussVO Th.
43 Müssig in NJW 1989, 1697; OLG Celle, Urt. vom 3.3.1961 – 11 U 230/59 –, EzGuG 11.22 m.w.N.: schon RG in JW 1934, 2398; vgl. § 192 BauGB Rn. 20.

Eine nicht anonymisierte Auskunftserteilung ist im Hinblick auf die Begründung von Gutachten und deren Qualität zu fordern. In der Rechtsprechung ist die **Substantiierungs- bzw. Offenbarungspflicht** insbesondere für solche Gutachten herausgestellt worden, die Grundlage für Eingriffe in das Eigentum sind und aus rechtsstaatlichen Gründen geboten sind (vgl. Teil III Rn. 394 ff). Der BGH hat diese Frage im Hinblick auf die allgemeine Gutachtenerstattung bislang unentschieden gelassen; in einer **Entscheidung des BGH**[44] heißt es hierzu wörtlich:

„Die vom Sachverständigen ausgewerteten acht vergleichbaren Verkaufsfälle beruhen auf einer Auskunft des Gutachterausschusses in R. Dabei entsprach es der gesetzlichen Regelung des § 195 Abs. 3 BauGB, dass diese Auskunft nur unter Wahrung datenschutzrechtlicher Belange, d.h. nur in anonymisierter und in einer solchen Form gegeben wurde, die den Eigentümer des betreffenden Grundstücks nicht erkennen ließ (BerlKomm/Stich, § 195 Rn. 6; ferner Battis/Krautzberger/Löhr, BauGB 2 Aufl. 1987, § 195 Rn. 3). Dies könnte allerdings – worauf die Revision zu Recht hinweist – bedeuten, dass die fehlende genauere Kennzeichnung der Vergleichsobjekte es den Prozessparteien insgesamt unmöglich macht, sie auf ihre Vergleichbarkeit nachzuprüfen. Ob dies die Folge haben muss, dass solchermaßen beschränkte Auskünfte aus der Kaufpreissammlung als Beweismittel im Prozess untauglich werden, weil durch die Beschränkung der Anspruch der Parteien auf rechtliches Gehör verletzt wird, braucht im vorliegenden Fall nicht entschieden zu werden.

Der Sachverständige hat sich allerdings nicht auf eine anonymisierte Auswertung der Angaben des Gutachterausschusses beschränkt, sondern ist einen wesentlichen Schritt weiter gegangen, indem er die topographische Lage der Vergleichsobjekte bezeichnet und von jedem Objekt Lichtbilder gerechtfertigt und zu den Akten gereicht hat. Aus diesen Angaben ergibt sich jedoch, dass zumindest bei einem großen Teil der Vergleichsobjekte die Vergleichbarkeit mit dem Grundstück der Klägerin nicht gewährleistet ist (insbesondere bei den in der Übersichtskarte mit Nr. 1, 3, 4, 5, 8 und 9 bezeichneten Objekten). Denn das Grundstück der Klägerin wurde wesentlich durch seine unmittelbare Nachbarschaft zu dem beplanten Stadtteil E und durch die Anbindung an das angrenzende Wohngebiet geprägt, während die Vergleichsgrundstücke teilweise fernab von jeder zusammenhängenden Bebauung liegen. Daher hätten die individuellen Besonderheiten des Grundstücks der Klägerin stärker als geschehen gewichtet werden müssen, möglicherweise auch unter Heranziehung und Auswertung der Bodenrichtwerte (§ 196 BauGB, §§ 5, 7 WertV 72). Wenn Vergleichspreise überhaupt nicht zu ermitteln sein sollten, ist die Vergleichswertmethode im vorliegenden Fall unanwendbar, und es bedarf zur Wertermittlung einer ins Einzelne gehenden Prüfung der Faktoren, welche die Qualität und den Preis des Entschädigungsobjektes bestimmen, um auf diese Weise den – fiktiven – Preis zu ermitteln, der gezahlt werden würde, wenn für das Objekt ein Markt existierte (Krohn/Löwisch, a.a.O. Rn. 390 m.w.N.)."

Die Auskunftserteilung wird in einer Reihe von GutachterausschussVOen von bestimmten **Voraussetzungen** abhängig gemacht:

a) Im Hinblick auf datenschutzrechtliche Belange kann die **Auskunftserteilung von der Zusicherung der Einhaltung datenschutzrechtlicher Bestimmungen abhängig** gemacht werden[45].

b) Ebenfalls Im Hinblick auf datenschutzrechtliche Belange wird zur Voraussetzung gemacht, dass die übermittelten **Daten nur für den Zweck verwendet werden, zu dessen Erfüllung sie übermittelt werden**[46] bzw. mit dem das berechtigte Interesse begründet wurde[47].

c) Gewährleistung der sachgerechten Verwendung[48].

2.5.1.4 Privilegierte Auskunftsberechtigung

Die GutachterausschussVOen der Länder halten ergänzend zum Bundesrecht eine Reihe von Privilegierungen für die Auskunftserteilung vor:

---

44 BGH, Urt. vom 27.9.1990 – III ZR 97/89 –, GuG 1991, 38 = EzGuG 4.134.
45 § 10 Abs. 2 GutachterausschussVO NW.
46 § 10 Abs. 2 thür. GutachterausschussVO; § 15 Abs. 1 Satz 4 rh.-pf. GutachterausschussVO.
47 § 20 Abs. 2 nds. DVO-BauGB.
48 § 13 Abs. 1 schl.-hol. GutachterausschussVO.

a) In einer Reihe von GutachterausschussVOen wird i. S. eines Vermutungstatbestandes ein *berechtigtes Interesse an der Erteilung von Auskünfte* konstituiert, und zwar insbesondere für

- Behörden zur Erfüllung ihrer Aufgaben[49],
- öffentlich bestellte und vereidigte Sachverständige[50] sowie
- nach DIN EN 45013 zertifizierte Sachverständige[51].

b) In einer Reihe von GutachterausschussVOen wird i. S. eines Vermutungstatbestandes die *sachgerechte Verwendung der erteilten Auskünfte* konstituiert, und zwar insbesondere für

- Behörden zur Erfüllung ihrer Aufgaben[52],
- öffentlich bestellte und vereidigte Sachverständige[53] sowie
- nach DIN EN 45013 zertifizierte Sachverständige.

c) Von besonderer Problematik sind die GutachterausschussVOen der Länder, die bei der Auskunftserteilung bezüglich einer *Anonymisierung der Daten* „qualitativ" zwischen den Auskunftsbegehrenden unterscheiden[54]. Dies führt zu einer Benachteiligung derjenigen, die nur anonymisierte Daten erhalten, was sich nicht immer durch Geheimhaltungsgründe rechtfertigen lässt.

52 Datenschutzrechtlich lässt sich z. B. eine **Privilegierung der öffentlich bestellten und vereidigten Sachverständigen oder der nach DIN EN 45013 zertifizierten Sachverständigen** gegenüber anderen Sachverständigen per se nicht begründen. Datenschutzrechtlich relevant ist die konkrete Einzelfallkonstellation und insbesondere die Frage, ob der Sachverständige als „Beliehener" in hoheitlichem Auftrag oder als gewerbetreibender Freiberufler privatwirtschaftlich handelt[55].

53 Wird beispielsweise ein **Sachverständiger mit der Wahrnehmung einer hoheitlichen Aufgabe der öffentlichen Verwaltung beauftragt** (z. B. Erstellung von Gutachten in Enteignungsverfahren, Vermessungsarbeiten für das Liegenschaftskataster oder Abgabe gutachterlicher Stellungnahmen in Gerichtsverfahren), ist er als „Beliehener" öffentliche Stelle i. S. des § 2 Abs. 4 Satz 2 Bundesdatenschutzgesetz (BDSG). Seine Rechte und Pflichten im Hinblick auf die Erhebung, Speicherung, Veränderung, Nutzung und Übermittlung personenbezogener Daten ergeben sich sodann aus den §§ 13 bis 17 BDSG bzw. den entsprechenden landesrechtlichen Regelungen, die den Umgang mit personenbezogenen Daten eng an die konkrete hoheitliche Aufgabenerfüllung binden und in diesem Rahmen zulassen.

54 Wird ein Sachverständiger andererseits in privatwirtschaftlichem Auftrag tätig (z. B. als **Gutachter für eine Wohnungsbau- oder Sanierungsgesellschaft**), ist er datenschutzrechtlich als nicht-öffentliche Stelle nach § 2 Abs. 4 Satz 1 BDSG anzusehen. Seine Rechte und Pflichten bestimmen sich dann in erster Linie nach § 28 BDSG, der hohe Anforderungen an das schutzwürdige Interesse der Betroffenen stellt, deren personenbezogene Daten zu geschäfts- bzw. gewerbemäßigen Zwecken erhoben, gespeichert oder verarbeitet werden sollen.

---

49 § 10 bbg. GutachterausschussVO; § 13 Abs. 1 schl.-hol. GutachterausschussVO.
50 § 10 bbg. GutachterausschussVO; § 10 Abs. 2 GutachterausschussVO NW; § 13 Abs. 1 schl.-hol. GutachterausschussVO.
51 § 10 Abs. 2 GutachterausschussVO NW; das Niedersächsische Ministerium für Inneres und Sport im Schreiben vom 12.5.2003 an die HypZert GmbH (Aktenzeichen 34 – 23525), in dem die nach EN 45013 zertifizierten Sachverständigen den öffentlich bestellten und vereidigten Sachverständigen gleichgestellt werden. Dies ist nicht unproblematisch, denn nach § 558a BGB kann ein Mieterhöhungsverlangen u. a. nur durch ein mit Gründen versehenes Gutachten eines öffentlich bestellten und vereidigten Sachverständigen begründet werden. Das Gutachten eines zertifizierten Sachverständigen wurde im Gesetzgebungsverfahren abgelehnt.
52 § 10 bbg. GutachterausschussVO.
53 § 10 bbg. GutachterausschussVO.
54 § 12 brem. GutachterausschussVO; § 10 hamb. GutachterausschussVO; § 13 Abs. 3 Satz 2 GutachterausschussVO M-V; § 13 Abs. 2 schl.-hol. GutachterausschussVO.
55 So auch der Bundesbeauftragte für Datenschutz im Schreiben vom 13.11.1997 – IV 510/10 – an das BMBau (GuG 2000, 105); Bleutge in Landmann/Rohmer, GewO § 36 Rn. 46; a. A. Sieg/Leiferman/Tettinger, GewO, 5. Aufl. 1988 München § 36 Rn. 2.

2.5.2 Landesrechtliche Regelung

2.5.2.1 Allgemeines

Die Länder sind ermächtigt, das Wie der Auskunftserteilung zu regeln und dabei auch die Frage einer Anonymisierung der bei der Auskunftserteilung anfallenden personenbezogenen Daten einer Klärung zuzuführen (§ 199 Abs. 2 Nr. 4 BauGB). 55

In verschiedenen Ländern wird bei alledem die **Erteilung von grundstücksbezogenen Auskünften auf Behörden und öffentlich bestellte und vereidigte Sachverständige beschränkt**[56]. 56

Des Weiteren kann landesrechtlich geregelt werden, wem die Entscheidung über Auskünfte aus der Kaufpreissammlung obliegt. § 11 Nr. 9 der rh.-pf. GutachterausschussVO bestimmt diesbezüglich, dass es der Geschäftsstelle des Gutachterausschusses obliegt, Auskünfte aus der Kaufpreissammlung „nach Weisung des Vorsitzenden" des Gutachterausschusses zu erteilen. 57

Auskünfte werden auf Antrag erteilt. Der Antrag sollte das Objekt, für dessen Wertermittlung Auskunft begehrt wird, benennen. 58

Die Auskünfte dürfen nur für den Zweck verwendet werden, zu dessen Erfüllung sie erteilt wurden. Eine **Weitergabe an Dritte** ist unzulässig. 59

2.5.2.2 Gebühren

Die **Erhebung von Gebühren** für die Auskunftserteilung **ist landesrechtlichen Regelungen vorbehalten** (vgl. § 199 BauGB). 60

▶ *Zur Verwendung und Geheimhaltung von Auskünften vgl. § 192 BauGB Rn. 33; zu Gebühren und zur Gebührenbefreiung § 192 Rn. 57 ff., 74* 61

Es bestehen folgende landesrechtliche Regelungen: 62

Baden-Württemberg: Name und Anschrift des Eigentümers oder sonstiger berechtigter Personen dürfen nicht mitgeteilt werden (§ 13 Abs. 1 Satz 3 GutachterausschussVO); die Angabe von Straße, Hausnummer und Flurstücksnummer (grundstücksbezogene Angaben) wird hingegen nicht ausdrücklich ausgeschlossen.

In *Bayern* werden nach § 11 Abs. 2 der GutachterausschussVO Auskünfte bei nachgewiesenem berechtigtem Interesse erteilt, wobei hiervon i.d.R. auszugehen ist, wenn die Auskunft von einem öffentlich bestellten und vereidigten Sachverständigen oder einer mit der Wertermittlung von Grundstücken befassten Behörde begehrt wird. Die Auskünfte dürfen nach Abs. 3 der Vorschrift nur insoweit erteilt werden, wie sie für die Wertermittlung erforderlich sind und dürfen auch nur zu diesem Zweck Verwendung finden. Bezüglich der Frage einer Anonymisierung schreibt Abs. 2 Satz 3 vor, dass „der Name und die Anschrift des jetzigen und der früheren Eigentümer sowie sonstiger berechtigter Personen nicht mitgeteilt" werden dürfen, woraus im Umkehrschluss gefolgert werden kann, dass die einem Kaufpreis zuzuordnenden **Lagebezeichnungen eines Grundstücks** (Straße und Hausnummer) angegeben werden dürfen. Ein Musterbeispiel für eine Vorschrift, die auf den ersten Blick den Eindruck eines hoch angesetzten Datenschutzes erweckt, tatsächlich aber mit der Angabe von Straße und Hausnummer letztlich die Herausgabe personenbezogener Daten erlaubt. 63

Berlin: Auskünfte aus der Kaufpreissammlung werden nach § 18 der bln. DVOBauGB 64
– bei Darlegung eines berechtigten Interesses für den angegeben Verwendungszweck als „Rechercheergebnisse" „grundstücksbezogenen" und „blockbezogenen" (ohne Angaben der unmittelbaren Grundstückslagedaten, wie Straßenname, Grundstücksnummer) analog oder in digitaler Form erteilt.[57]

---

56 § 13 Abs. 2 Satz 2 GutachterausschussVO Schl.-Hol.; § 13 Abs. 3 Satz 2 GutachterausschussVO M-V.
57 Vgl. GuG 2001, 175.

- *Grundstücksbezogene Auskünfte* erhalten öffentlich bestellte und vereidigte Sachverständige, auf dem Gebiet tätige Behörden, öffentlich bestellte Vermessungsingenieure, nach der EN DIN 45013 zertifizierte Sachverständige und Notare bei Ermittlungen nach § 97 Abs. 1 SachenRBerG.
- *Blockbezogene Auskünfte* erhalten Dritte.

65 *Brandenburg:* Auskünfte aus der Kaufpreissammlung sind nur zu erteilen, wenn ein berechtigtes Interesse dargelegt worden ist und sichergestellt ist, dass diese keine personenbezogenen Daten enthalten und die sachgerechte Verwendung gewährleistet erscheint (§ 10 GAV). Im Übrigen ist eine sachgerechte Verwendung regelmäßig anzunehmen, wenn die Auskunft von Behörden zur Erfüllung ihrer Aufgaben oder von öffentlich bestellten Sachverständigen für Grundstückswertermittlung zur Begründung ihrer Gutachten beantragt wird[58].

66 *Bremen:* Öffentlich bestellten und vereidigten Sachverständigen, die auf Grund eines gerichtlichen Beweisbeschlusses tätig werden, sowie Bediensteten der Katasterbehörden, die Aufgaben nach § 64 Abs. 2 der Landeshaushaltsordnung wahrnehmen, wird nach § 12 Abs. 1 der brem. GutachterausschussVO durch Gewährung *fallbezogener* Einsichtnahme in die Kaufpreissammlung Auskunft erteilt. Darüber hinaus werden schriftliche Auskünfte in anonymisierter Form an denjenigen erteilt, der ein berechtigtes Interesse nachweisen kann.

67 *Hamburg:* Den mit der Durchführung des BauGB befassten Behörden und Gerichten sowie öffentlich bestellten und vereidigten Sachverständigen, die auf Grund eines **gerichtlichen Beweisbeschlusses** tätig werden, wird fallbezogene Auskunft aus der Kaufpreissammlung erteilt, wenn die sachgerechte Verwendung der Daten gewährleistet erscheint. Die Auskünfte dürfen nur grundstücksbezogen erteilt werden; der Name und die Anschrift des Eigentümers dürfen nicht mitgeteilt werden. Darüber hinaus werden fallbezogene schriftliche Auskünfte in anonymisierter Form an denjenigen erteilt, der ein berechtigtes Interesse darlegt (vgl. § 10 Abs. 2 und 3 GutachterausschussVO).

68 *Hessen:* Nach § 9 Abs. 2 Satz 5 hess. DVBauGB dürfen der Name und die Anschrift des Eigentümers oder sonstiger Personen, die Rechte an Grundstücken haben, aus der Auskunft nicht erkennbar sein. Ansonsten schreibt die Verordnung aber nicht ausdrücklich vor, dass die Daten zu anonymisieren sind, und schließt insbesondere die Erteilung grundstücksbezogener Auskünfte nicht ausdrücklich aus.

69 *Mecklenburg-Vorpommern:* Die Kaufpreissammlung ist mit ihren ergänzenden Datensammlungen grundsätzlich geheim zu halten. Neben den Mitgliedern des Gutachterausschusses und seiner Geschäftsstelle sind Auskünfte bei berechtigtem Interesse so zu erteilen, dass sie nicht auf bestimmte, aber bestimmbare Personen und Grundstücke bezogen werden können, jedoch können Behörden und öffentlich bestellten und vereidigten Sachverständigen grundstücksbezogene Auskünfte erteilt werden, wenn dies zur Erfüllung der Bewertungsaufgabe erforderlich ist (§ 13 GutAVO).

70 *Niedersachsen:* Mit Ausnahme von Auskünften an Eigentümer und Erbbauberechtigte (über die zu ihrer Person gespeicherten Daten) sind sonstigen Personen, die ein berechtigtes Interesse im Einzelfall nachweisen, Auskünfte so zu erteilen, dass sie nicht auf bestimmte oder bestimmbare Personen oder Grundstücke bezogen werden können (§ 20 DVO-BauGB)[59]. Nach § 20 DVO-BauGB sind die Daten der Kaufpreissammlung benachbarter Gutachterausschüsse und dem Oberen Gutachterausschuss zur Erfüllung von deren Obliegenheiten auf Anforderung regelmäßig zu übermitteln oder im automatisierten Abrufverfahren nicht anonymisiert bereitzuhalten[60].

---

58 Verwaltungsvorschrift des MI zur Durchführung des bbg. Datenschutzgesetzes (VV zum Bbg. DSG) vom 17.12.1997 (ABl. 1998, 94).
59 Hierzu Nr. 401 des nds. RdErl. des MS vom 6.3.1991 – 301 – 21013 –, GültL 392/19.
60 vgl. hierzu Nr. 403 der Verwaltungsvorschrift zum Baugesetzbuch (VV-BauGB; RdErl des MS vom 2.5.1988 (Nds. MBl 1988, 547), zuletzt geändert durch RdErl vom 18.4.1996 (Nds. MBl 1996, 835).

Nordrhein-Westfalen: Auskünfte aus der Kaufpreissammlung sind zu erteilen, wenn ein berechtigtes Interesse dargelegt wird und der Empfänger der Daten die Einhaltung datenschutzrechtlicher Bestimmungen zusichert. Auskünfte aus der Kaufpreissammlung in anonymisierter Form sind nach § 10 GAVO ohne Darlegung eines berechtigten Interesse zulässig. Die anonymisierte Auskunft aus der Kaufpreissammlung stellt nach § 10 Abs. 4 Satz 2 GAVO keine Auskunft aus der Kaufpreissammlung des § 195 Abs. 3 BauGB dar. Darüber hinaus wird in § 10 Abs. 3 GAVO der Hinweis gegeben, dass Daten aus der Kaufpreissammlung in Gutachten angegeben werden dürfen, soweit es zu deren Begründung erforderlich ist. Die Angabe in einer auf natürliche Personen beziehbaren Form ist jedoch nur zulässig, wenn kein Grund zu der Annahme besteht, dass dadurch schutzwürdige Belange der Betroffenen beeinträchtigt werden.

71

Rheinland-Pfalz: Auf schriftlich gestellten Antrag dürfen nach § 15 Abs. 1 Satz 2 und 3 GutachterausschussVO Auskünfte „nur grundstücksbezogen erteilt werden. Der Name und die Anschrift des Eigentümers oder sonstiger berechtigter Personen dürfen nicht mitgeteilt werden." Anderen Stellen und Personen sind nach Maßgabe dieser Vorschrift nur solche Auskünfte zu erteilen, die Rückschlüsse auf die Eigentümer nicht ermöglichen.

72

Die rh.-pf. GutachterausschussVO erlaubt im Umkehrschluss zu § 15 Abs. 2 der VO, dass öffentlich bestellte und vereidigte Sachverständige grundstücksbezogene Auskünfte aus der Kaufpreissammlung erhalten, die Rückschlüsse auf den Grundstückseigentümer ermöglichen. § 15 der rh.-pf. GutachterausschussVO unterscheidet zwischen Auskünften

a) an Behörden und sonstige öffentliche Stellen sowie öffentlich bestellte und vereidigte Sachverständige und

b) andere Stellen und Personen.

Während im ersten Fall Auskünfte „grundstücksbezogen" (§ 15 Abs. 1 Satz 3 GutachterausschussVO) erteilt werden „dürfen", sind im zweiten Fall nur „solche Auskünfte zu erteilen, die Rückschlüsse auf den Eigentümer nicht ermöglichen (§ 15 Abs. 2 GutachterausschussVO). Behörden, sonstige öffentliche Stellen sowie **öffentlich bestellte und vereidigte Sachverständige sind damit gegenüber anderen Auskunftsberechtigten** dadurch **privilegiert,** dass ihnen im Ergebnis nicht anonymisierte Daten aus der Kaufpreissammlung zugänglich gemacht werden dürfen", denn auf Grund der vom Verordnungsgeber geforderten „grundstücksbezogenen" Auskunftserteilung können die Daten nach dem vorher Gesagten nicht als anonymisiert gelten. Hieran ändert nichts, dass Name und Anschrift des Eigentümers oder sonstiger berechtigter Personen nicht mitgeteilt werden dürfen, denn auf Grund des Grundstücksbezugs sind diese „bestimmbar".

Auf der Grundlage des § 18 der rh.-pf. GutachterausschussVO hat das rh.-pf. Ministerium des Inneren und für Sport entsprechende **Ausführungsbestimmungen** erlassen[61]. Danach muss sich der öffentlich bestellte Sachverständige unter Hinweis auf die strafrechtlichen Folgen von Zuwiderhandlungen nach § 27 rh.-pf. LDatG verpflichten,

73

– alle erhaltenen Angaben streng vertraulich zu behandeln und diese zu keinem anderen als dem zur sachgerechten Aufgabenerfüllung gehörenden Zweck zu verarbeiten, bekannt zu geben oder zugänglich zu machen,

– in das zu erstellende Gutachten nur anonymisierte Daten der Vergleichsgrundstücke aufzunehmen (z. B. Vergleichsgrundstück ohne Flurstücks- und Hausnummer),

– die Daten bis zu ihrer Vernichtung so aufzubewahren, dass Unbefugte keine Kenntnis davon erhalten,

– die zur Verfügung gestellten Daten nach Auswertung (z. B. in einem Gutachten) zum frühestmöglichen Zeitpunkt zu vernichten; diese Verpflichtung ist auch dann erfüllt, wenn der Sachverständige in Kenntnis eines bevorstehenden Gerichtsverfahrens die Daten erst nach Rechtskraft des Urteils/Vergleichs vernichtet.

---

61 Erl. des rh.-pf. MIS vom 16.5.1989 – 363/648 – 15/0.

74 *Saarland:* Behörden und sonstigen öffentlichen Stellen sowie öffentlich bestellten und vereidigten oder gerichtlich bestellten Sachverständigen sind im Einzelfall auf schriftlichen Antrag Auskünfte zu erteilen, wenn ein berechtigtes Interesse nachgewiesen wird und die sachgerechte Verwendung der Daten gewährleistet ist. Die Auskünfte dürfen (nur) grundstücksbezogen erteilt werden; Name und Anschrift des Eigentümers oder sonstiger berechtigter Personen dürfen nicht mitgeteilt werden. Der Empfänger darf die übermittelten Daten nur für den Zweck verwenden, zu dessen Erfüllung sie ihm übermittelt werden (§ 13 saarl. GutVO).

75 *Sachsen:* Grundstücksbezogene Auskünfte dürfen ohne Mitteilung des Namens und der Anschrift des Eigentümers oder einer sonstigen berechtigten Person auf Antrag erteilt werden, soweit der Empfänger ein berechtigtes Interesse an der Kenntnis der Daten glaubhaft macht, überwiegende schutzwürdige Interessen des Betroffenen dem nicht entgegenstehen und eine sachgerechte Verwendung der Daten gewährleistet erscheint (§ 10 GutachterausschussVO). Vom Vorliegen eines berechtigten Interesses und der sachgerechten Verwendung der Daten ist dabei regelmäßig auszugehen, wenn die Auskunft von einer mit der Wertermittlung von Grundstücken und grundstücksgleichen Rechten befassten Behörde oder von einem öffentlich bestellten und vereidigten Sachverständigen beantragt wird.

Das Sächsische Staatsministerium des Innern geht im Schreiben vom 17.5.1999 – 51 – 2505, 70/122 – davon aus, dass nach § 10 Abs. 1 Satz 3 der Landesverordnung lediglich die Mitteilung des Namens und der Anschrift des Eigentümers oder sonstiger berechtigter Personen unzulässig sei und damit die **Bekanntgabe der Flurstücksnummer (und der angrenzenden Straßen) bei jeder Auskunft aus der Kaufpreissammlung zulässig** sei und nicht ausgeschlossen ist, dass sich durch die Bekanntgabe grundstücksbezogener Daten, wie Flurstücksnummer oder Grundbuchblatt, ein Personenbezug (z. B. durch Einsicht in das Grundbuch) herstellen lässt[62].

76 *Sachsen-Anhalt:* Auskünfte dürfen nur in anonymisierter Form erteilt werden, wobei die Daten als anonymisiert gelten, wenn sie Eigentümer, Erbbauberechtigten oder Inhaber anderer dinglicher Rechte am Grundstück nur mit einem verhältnismäßig hohen Aufwand zugeordnet werden können. Die Auskünfte werden auf den mit der Durchführung des BauGB befassten Behörden und Gerichten sowie öffentlich bestellten und vereidigten Sachverständigen, die auf Grund eines gerichtlichen Beweisbeschlusses tätig werden, erteilt, soweit die sachgerechte Verwendung der Daten gewährleistet erscheint. Darüber hinaus werden Auskünfte an diejenigen erteilt, die ein berechtigtes Interesse darlegen. Ein berechtigtes Interesse liegt nach § 10 der VOGut insbesondere vor, wenn es zur beruflichen Obliegenheit des Anfragenden gehört, Gutachten über den Verkehrswert von Grundstücken zu erstatten oder der Anfragende in Bezug auf seinen eigenen Grundbesitz auf die Kenntnis von Vergleichspreisen angewiesen ist.

77 In einem **RdErl.** des Landes **(MBl. LSA 1994, 414)** heißt es:

„5.1 Gegenstand der Auskunft nach § 10 VOGut sind Kaufpreise und Daten über wert- und preisbeeinflussende Merkmale solcher Grundstücke, die nach den Angaben des Antragstellers mit dem Objekt, für dessen Wertermittlung Auskunft begehrt wird, vergleichbar sind.

5.2 Umfang und Inhalt der Auskunft müssen so beschaffen sein, dass der Antragsteller mit Hilfe der ihm übermittelten Daten den mit der Auskunft verfolgten Zweck sachgerecht erreichen kann.

5.3 Der Antrag auf Auskunft aus der Kaufpreissammlung muss das Objekt, für dessen Wertermittlung Auskunft begehrt wird, benennen und hinsichtlich der wertrelevanten Daten beschreiben. Mängel in der Beschreibung, die sich auf den Inhalt der Auskunft auswirken, hat der Antragsteller zu vertreten. Es ist sicherzustellen, dass die gegebene Auskunft jederzeit nachvollzogen werden kann.

5.4 Die Auskunft aus der Kaufpreissammlung erstreckt sich auf die in der Kaufpreisdatei gespeicherten Elemente zu den Vertragsmerkmalen und dem Grundstückszustand, soweit nicht § 10 Abs. 3 VOGut dem entgegensteht.

---

62 GuG 2000, 105.

5.5 Der Anspruch auf Auskunft aus der Kaufpreissammlung erstreckt sich nicht auf

a) die Ordnungsmerkmale der Kaufpreisdatei,

b) die Kaufpreiskarte und

c) die ergänzenden weiteren Datensammlungen."

Schleswig-Holstein: Auskünfte sind so zu erteilen, dass sie sich nicht auf bestimmte oder bestimmbare Personen und Grundstücke beziehen. **Grundstücksbezogene Auskünfte** können erteilt werden bei 78

– Behörden zur Erfüllung ihrer Aufgaben oder

– öffentlich bestellten und vereidigten Sachverständigen zur Erstattung von Wertgutachten für die in § 193 Abs. 1 BauGB genannten Personen und Stellen,

wenn dies zur Erfüllung der Bewertungsaufgaben erforderlich ist (§ 13 Abs. 1 und 2 GutachterausschussVO).

Thüringen: Auskünfte dürfen grundstücksbezogen ohne Name und Anschrift des Eigentümers oder sonstiger berechtigter Personen mitgeteilt werden; der Empfänger darf die übermittelten Daten nur für den Zweck verwenden, zu dessen Erfüllung sie ihm übermittelt wurden (§ 10 GutachterausschussVO). Im Übrigen sind Behörden und sonstigen öffentlichen Stellen sowie öffentlich bestellten und vereidigten Sachverständigen auf Antrag Auskünfte zu erteilen, wenn ein berechtigtes Interesse dargelegt wird und die sachgerechte Verwendung der Daten gewährleistet ist (vgl. Nr. 8 der Anl. 4 zur Richtlinie über Einrichtung und Führung der Kaufpreissammlung; RiWert des IM). 79

2.6 Amtshilfeverpflichtungen des Gutachterausschusses

Nach § 1 Abs. 4 des Bundesdatenschutzgesetzes – BDSG – finden die Vorschriften dieses Gesetzes auf personenbezogene Daten nur soweit Anwendung, wie nicht besondere Rechtsvorschriften des Bundes auf in Dateien gespeicherte personenbezogene Daten anzuwenden sind. Derartige Spezialregelungen enthält § 195 Abs. 2 und 3 BauGB, der den Zugang zur Kaufpreissammlung regelt. Der sich aus § 1 Abs. 3 BDSG ergebende Vorrang des BauGB gilt auch dann, wenn er Regelungen betrifft, die nicht als Datenschutzregelungen zu verstehen sind und den Datenschutz mindern[63]. 80

Aus vorstehenden Ausführungen folgt, dass der **Gutachterausschuss nicht befugt ist, die von ihm gespeicherten Daten** innerhalb des öffentlichen Bereichs **im Wege der Amtshilfe an Behörden und sonstige öffentliche Stellen** nach den §§ 15 bis 17 BDSG **zu übermitteln.** 81

„§ 15 Datenübermittlung an öffentliche Stellen

(1) Die Übermittlung personenbezogener Daten an öffentliche Stellen ist zulässig, wenn

1. sie zur Erfüllung der in der Zuständigkeit der übermittelnden Stelle oder des Dritten, an den die Daten übermittelt werden, liegenden Aufgaben erforderlich ist und

2. die Voraussetzungen vorliegen, die eine Nutzung nach § 14 zulassen würden.

(2) Die Verantwortung für die Zulässigkeit der Übermittlung trägt die übermittelnde Stelle. Erfolgt die Übermittlung auf Ersuchen des Dritten, an den die Daten übermittelt werden, trägt dieser die Verantwortung. In diesem Falle prüft die übermittelnde Stelle nur, ob das Übermittlungsersuchen im Rahmen der Aufgaben des Dritten, an den die Daten übermittelt werden, liegt, es sei denn, dass besonderer Anlass zur Prüfung der Zulässigkeit der Übermittlung besteht, § 10 Abs. 4 bleibt unberührt.

(3) Der Dritte, an den die Daten übermittelt werden, darf die übermittelten Daten für den Zweck verarbeiten oder nutzen, zu dessen Erfüllung sie ihm übermittelt werden. Eine Verarbeitung oder Nutzung für andere Zwecke ist nur unter den Voraussetzungen des § 14 Abs. 2 zulässig.

(4) Für die Übermittlung personenbezogener Daten an Stellen der öffentlich-rechtlichen Religionsgesellschaften gelten die Absätze 1 bis 3 entsprechend, sofern sichergestellt ist, dass bei diesen ausreichende Datenschutzmaßnahmen getroffen werden.

---

63 Lüke in NJW 1983, 1407.

(5) Sind mit personenbezogenen Daten, die nach Absatz 1 übermittelt werden dürfen, weitere personenbezogene Daten des Betroffenen oder eines Dritten so verbunden, dass eine Trennung nicht oder nur mit unvertretbarem Aufwand möglich ist, so ist die Übermittlung auch dieser Daten zulässig, soweit nicht berechtigte Interessen des Betroffenen oder eines Dritten an deren Geheimhaltung offensichtlich überwiegen; eine Nutzung dieser Daten ist unzulässig.

(6) Absatz 5 gilt entsprechend, wenn personenbezogene Daten innerhalb einer öffentlichen Stelle weitergegeben werden.

§ 16 Datenübermittlung an nicht öffentliche Stellen

(1) Die Übermittlung personenbezogener Daten an nicht öffentliche Stellen ist zulässig, wenn

1. sie zur Erfüllung der in der Zuständigkeit der übermittelnden Stelle liegenden Aufgaben erforderlich ist und die Voraussetzungen vorliegen, die eine Nutzung nach § 14 zulassen würden, oder

2. der Dritte, an den die Daten übermittelt werden, ein berechtigtes Interesse an der Kenntnis der zu übermittelnden Daten glaubhaft darlegt und der Betroffene kein schutzwürdiges Interesse an dem Ausschluss der Übermittlung hat. Das Übermitteln von besonderen Arten personenbezogener Daten (§ 3 Abs. 9) ist abweichend von Satz 1 Nr. 2 nur zulässig, wenn die Voraussetzungen vorliegen, die eine Nutzung nach § 14 Abs. 5 und 6 zulassen würden oder soweit dies zur Geltendmachung, Ausübung oder Verteidigung rechtlicher Ansprüche erforderlich ist.

(2) Die Verantwortung für die Zulässigkeit der Übermittlung trägt die übermittelnde Stelle.

(3) In den Fällen der Übermittlung nach Absatz 1 Nr. 2 unterrichtet die übermittelnde Stelle den Betroffenen von der Übermittlung seiner Daten. Dies gilt nicht, wenn damit zu rechnen ist, dass er davon auf andere Weise Kenntnis erlangt oder wenn die Unterrichtung die öffentliche Sicherheit gefährden oder sonst dem Wohle des Bundes oder eines Landes Nachteile bereiten würde.

(4) Der Dritte, an den die Daten übermittelt werden, darf diese nur für den Zweck verarbeiten oder nutzen, zu dessen Erfüllung sie ihm übermittelt werden. Die übermittelnde Stelle hat ihn darauf hinzuweisen. Eine Verarbeitung oder Nutzung für andere Zwecke ist zulässig, wenn eine Übermittlung nach Absatz 1 zulässig wäre und die übermittelnde Stelle zugestimmt hat."

82 Darüber hinaus ist der Gutachterausschuss auch nicht befugt, die personenbezogenen Daten nach § 16 BDSG an Stellen außerhalb des öffentlichen Bereichs zu übermitteln. Die einschlägigen Bestimmungen des **§ 195 BauGB i.V.m. der nach § 199 Abs. 2 Nr. 4 BauGB erlassenen Landesverordnung regeln den Zugang zur Kaufpreissammlung abschließend.**

83 Wie ausgeführt, ist der Gutachterausschuss also nicht verpflichtet, die gespeicherten Daten anderen Stellen im Wege der **Amtshilfe** zu übermitteln: es ist ihm sogar versagt, soweit sich dies nicht ausdrücklich aus § 195 Abs. 2 und 3 BauGB ergibt (vgl. Rn. 12 ff.). Eine Verletzung der Geheimhaltungspflicht kann Strafverfolgung und Haftungsfragen auslösen. Grundsätzlich gilt dies auch innerhalb des Verwaltungsaufbaus, in den der Gutachterausschuss und seine Geschäftsstelle eingegliedert sind.

▶ *Zur Amtshilfe vgl. § 197 BauGB Rn. 25 ff.*

3   Verletzung datenschutzrechtlicher Bestimmungen

84 Nach den vorherigen Ausführungen lässt sich feststellen, dass der Gesetzgeber die Kaufpreissammlung aus datenschutzrechtlichen Gründen gegen unberechtigten Zugang absichern wollte und die strafrechtlichen Vorschriften der **§§ 202a bis 205 StGB** hier von besonderer Bedeutung sind (vgl. § 192 BauGB Rn. 31):

„**§ 202a StGB Ausspähen von Daten**

(1) Wer unbefugt Daten, die nicht für ihn bestimmt und die gegen unberechtigten Zugang besonders gesichert sind, sich oder einem anderen verschafft, wird mit Freiheitsstrafe bis zu drei Jahren oder mit Geldstrafe bestraft.

(2) Daten im Sinne des Absatzes 1 sind nur solche, die elektronisch, magnetisch oder sonst nicht unmittelbar wahrnehmbar gespeichert sind oder übermittelt werden.

§ 203 StGB Verletzung von Privatgeheimnissen

(1) Wer unbefugt ein fremdes Geheimnis, namentlich ein zum persönlichen Lebensbereich gehörendes Geheimnis oder ein Betriebs- oder Geschäftsgeheimnis, offenbart, das ihm als

1. Arzt, Zahnarzt, Tierarzt, Apotheker oder Angehörigem eines anderen Heilberufs, der für die Berufsausübung oder die Führung der Berufsbezeichnung eine staatlich geregelte Ausbildung erfordert,
2. Berufspsychologen mit staatlich anerkannter wissenschaftlicher Abschlussprüfung,
3. Rechtsanwalt, Patentanwalt, Notar, Verteidiger in einem gesetzlich geordneten Verfahren, Wirtschaftsprüfer, vereidigtem Buchprüfer, Steuerberater, Steuerbevollmächtigtem oder Organ oder Mitglied eines Organs einer Rechtsanwalts-, Patentanwalts-, Wirtschaftsprüfungs-, Buchprüfungs- oder Steuerberatungsgesellschaft,
4. Ehe-, Erziehungs- oder Jugendberater sowie Berater für Suchtfragen in einer Beratungsstelle, die von einer Behörde oder Körperschaft, Anstalt oder Stiftung des öffentlichen Rechts anerkannt ist,
4a. Mitglied oder Beauftragtem einer anerkannten Beratungsstelle nach den §§ 3 und 8 des Schwangerschaftskonfliktgesetzes,
5. staatlich anerkanntem Sozialarbeiter oder staatlich anerkanntem Sozialpädagogen oder
6. Angehörigem eines Unternehmens der privaten Kranken-, Unfall- oder Lebensversicherung oder einer privatärztlichen Verrechnungsstelle

anvertraut worden oder sonst bekannt geworden ist, wird mit Freiheitsstrafe bis zu einem Jahr oder mit Geldstrafe bestraft.

(2) ¹Ebenso wird bestraft, wer unbefugt ein fremdes Geheimnis, namentlich ein zum persönlichen Lebensbereich gehörendes Geheimnis oder ein Betriebs- oder Geschäftsgeheimnis, offenbart, das ihm als

1. Amtsträger,
2. für den öffentlichen Dienst besonders Verpflichtetem,
3. Person, die Aufgaben oder Befugnisse nach dem Personalvertretungsrecht wahrnimmt,
4. Mitglied eines für ein Gesetzgebungsorgan des Bundes oder eines Landes tätigen Untersuchungsausschusses, sonstigen Ausschusses oder Rates, das nicht selbst Mitglied des Gesetzgebungsorgans ist, oder als Hilfskraft eines solchen Ausschusses oder Rates,
5. öffentlich bestelltem Sachverständigem, der auf die gewissenhafte Erfüllung seiner Obliegenheiten auf Grund eines Gesetzes förmlich verpflichtet worden ist, oder
6. Person, die auf die gewissenhafte Erfüllung ihrer Geheimhaltungspflicht bei der Durchführung wissenschaftlicher Forschungsvorhaben auf Grund eines Gesetzes förmlich verpflichtet worden ist,

anvertraut worden oder sonst bekannt geworden ist. ²Einem Geheimnis im Sinne des Satzes 1 stehen Einzelangaben über persönliche oder sachliche Verhältnisse eines anderen gleich, die für Aufgaben der öffentlichen Verwaltung erfasst worden sind; Satz 1 ist jedoch nicht anzuwenden, soweit solche Einzelangaben anderen Behörden oder sonstigen Stellen für Aufgaben der öffentlichen Verwaltung bekannt gegeben werden und das Gesetz dies nicht untersagt.

(3) ¹Dem in Absatz 1 Nr. 3 genannten Rechtsanwalt stehen andere Mitglieder einer Rechtsanwaltskammer gleich. ²Den in Absatz 1 und Satz 2 Genannten stehen ihre berufsmäßig tätigen Gehilfen und die Personen gleich, die bei ihnen zur Vorbereitung auf den Beruf tätig sind. ³Den in Absatz 1 und den in Satz 1 und 2 Genannten steht nach dem Tod des zur Wahrung des Geheimnisses Verpflichteten ferner gleich, wer das Geheimnis von dem Verstorbenen oder aus dessen Nachlass erlangt hat.

(4) Die Absätze 1 bis 3 sind auch anzuwenden, wenn der Täter das fremde Geheimnis nach dem Tod des Betroffenen unbefugt offenbart.

(5) Handelt der Täter gegen Entgelt oder in der Absicht, sich oder einen anderen zu bereichern oder einen anderen zu schädigen, so ist die Strafe Freiheitsstrafe bis zu zwei Jahren oder Geldstrafe.

§ 204 StGB Verwertung fremder Geheimnisse

(1) Wer unbefugt ein fremdes Geheimnis, namentlich ein Betriebs- oder Geschäftsgeheimnis, zu dessen Geheimhaltung er nach § 203 verpflichtet ist, verwertet, wird mit Freiheitsstrafe bis zu zwei Jahren oder mit Geldstrafe bestraft.

(2) § 203 Abs. 4 gilt entsprechend."

§ 196 BauGB
Bodenrichtwerte

(1) ₁Auf Grund der Kaufpreissammlung sind flächendeckend durchschnittliche Lagewerte für den Boden unter Berücksichtigung des unterschiedlichen Entwicklungszustands zu ermitteln (Bodenrichtwerte). ₂In bebauten Gebieten sind Bodenrichtwerte mit dem Wert zu ermitteln, der sich ergeben würde, wenn der Boden unbebaut wäre. ₃Es sind Richtwertzonen zu bilden, die jeweils Gebiete umfassen, die nach Art und Maß der Nutzung weitgehend übereinstimmen. ₄Die wertbeeinflussenden Merkmale des Bodenrichtwertgrundstücks sind darzustellen. ₅Die Bodenrichtwerte sind jeweils zum Ende jedes zweiten Kalenderjahres zu ermitteln, wenn nicht eine häufigere Ermittlung bestimmt ist. ₆Die Bodenrichtwerte sind, soweit nichts anderes bestimmt ist, jeweils zum Ende eines jeden Kalenderjahres zu ermitteln. ₇Für Zwecke der steuerlichen Bewertung des Grundbesitzes sind Bodenrichtwerte nach ergänzenden Vorgaben der Finanzverwaltung zum jeweiligen Hauptfeststellungszeitpunkt oder sonstigen Feststellungszeitpunkt zu ermitteln. ₈Auf Antrag der für den Vollzug dieses Gesetzbuchs zuständigen Behörden sind Bodenrichtwerte für einzelne Gebiete bezogen auf einen abweichenden Zeitpunkt zu ermitteln.

(2) ₁Hat sich in einem Gebiet die Qualität des Bodens durch einen Bebauungsplan oder andere Maßnahmen geändert, sind bei der nächsten Fortschreibung der Bodenrichtwerte auf der Grundlage der geänderten Qualität auch Bodenrichtwerte bezogen auf die Wertverhältnisse zum Zeitpunkt der letzten Hauptfeststellung oder dem letzten sonstigen Feststellungszeitpunkt zu ermitteln. ₂Die Ermittlung kann unterbleiben, wenn das zuständige Finanzamt darauf verzichtet.

(3) ₁Die Bodenrichtwerte sind zu veröffentlichen und dem zuständigen Finanzamt mitzuteilen. ₂Jedermann kann von der Geschäftsstelle Auskunft über die Bodenrichtwerte verlangen.

Gliederungsübersicht	Rn.
1 Bodenrichtwert
1.1 Übersicht	1
1.2 Flächendeckende Bodenrichtwertermittlung (§ 199 Abs. 1 BauGB)
1.2.1 Allgemeines	9
1.2.2 Bodenrichtwerte für bebaute Gebiete	11
1.2.3 Bodenrichtwerte für land- oder forstwirtschaftliche Flächen	15
1.2.4 Bodenrichtwerte für steuerliche Bewertungen	16
2 Publizität der Bodenrichtwerte (§ 199 Abs. 3 BauGB)
2.1 Übersicht	17
2.2 Veröffentlichung (§ 199 Abs. 3 Satz 1 BauGB)	19
2.3 Mitteilung an das Finanzamt (§ 199 Abs. 3 Satz 1 BauGB)	20
2.4 Auskunft über Bodenrichtwerte (§ 199 Abs. 3 Satz 2 BauGB)	25
3 Bodenrichtwertübersicht	30
4 Anlage: Bodenrichtwertauskunft	35

1 Bodenrichtwert

1.1 Übersicht

Schrifttum: *Bizer, K., Joeris, D.*, in GuG 1998, 132; *Dicke, M.*, Ermittlung von Bodenrichtwerten bei eingeschränkter Verfügbarkeit von Kaufpreisen, NÖV 1998, 57; *Küting/Trappmann/Kessler*, Die Eignung von Bodenrichtwerten zur Ausfüllung der bilanziellen Bewertungsmaßstäbe bei Grundstücken nach HGB und den IFRS, BB 2006, 1853.

▶ *Zur Bodenwertermittlung mittels Bodenrichtwerten vgl. Syst. Darst. des Vergleichswertverfahrens Rn. 152 ff.; § 16 ImmoWertV Rn. 7 ff.; § 10 ImmoWertV*

Unter Bodenrichtwerten *(reference land values)* ist der **durchschnittliche Lagewert des Grund und Bodens pro Quadratmeter bebauter oder unbebauter Grundstücksfläche in einem Gebiet mit im Wesentlichen gleichen Lage- und Nutzungsverhältnissen** zu verstehen (zum Bezugsstichtag vgl. § 10 ImmoWertV Rn. 14 ff.). **1**

Bodenrichtwerte sind nach § 196 Abs. 1 Satz 3 und 4 BauGB mit den wertbeeinflussenden Merkmalen des **Bodenrichtwertgrundstücks** für Bodenrichtwertzonen darzustellen, in denen Art und Maß der Nutzung weitgehend übereinstimmen (vgl. § 10 ImmoWertV Rn. 42 ff.). **2**

Die Ermittlung von Bodenrichtwerten ist eine der **Pflichtaufgaben der Gutachterausschüsse für Grundstückswerte** (vgl. § 193 Abs. 5 BauGB)[1]. **3**

In der Rechtsprechung ist ein **Anspruch auf Ermittlung und Veröffentlichung von Bodenrichtwerten** im Hinblick auf die Möglichkeit des Eigentümers, ein Gutachten über den Verkehrswert seines Grundstücks zu beantragen, bislang verneint worden[2]. Dabei wurde darauf verwiesen, dass Bodenrichtwerte zur Verbesserung der Übersichtlichkeit des Grundstücksmarktes beitragen sollen. Dennoch bleibt zu fragen, ob nicht ein einklagbarer Leistungsanspruch besteht, wenn der Gutachterausschuss gerade dieser gesetzlich verankerten Aufgabe nicht nachgekommen ist. **4**

Die Ermittlung von Bodenrichtwerten ist ergänzend in § 10 ImmoWertV geregelt. Das Ergebnis der Bodenrichtwertermittlung muss begründet sein. Eine **formale Begründung sieht das Gesetz** allerdings **nicht vor.** **5**

Bodenrichtwerte und ihre Veröffentlichung sind ein Instrument zur Verbesserung der Transparenz des Grundstücksmarktes, der als eine terra incognita bezeichnet wird (vgl. § 10 ImmoWertV Rn. 4). **6**

Bodenrichtwerte haben sich auch als **Grundlage der Verkehrswertermittlung** bewährt (vgl. § 10 ImmoWertV Rn. 7 ff.). § 16 Abs. 1 Satz 2 ImmoWertV schreibt deshalb klarstellend vor, dass zur Ermittlung von Bodenwerten auch geeignete Bodenrichtwerte herangezogen werden können (Bodenrichtwertverfahren). Bodenrichtwerte sind „geeignet", wenn die Merkmale des zugrunde gelegten Bodenrichtwertgrundstücks hinreichend mit den Grundstücksmerkmalen des zu bewertenden Grundstücks übereinstimmen. **7**

---

1 Das Institut für Bodenrichtwerte geht auf eine Initiative der CDU/CSU-Fraktion zum BBauG 1960 zurück (vgl. BT-Drucks. III/zu 1794, zu § 162a BBauG 1960). Auf ihren Antrag wurde der von der Bundesregierung in der 3. Legislaturperiode eingebrachte RegE eines BBauG (BT-Drucks. III/336) durch Vorschriften über Richtwerte ergänzt; hierüber beschloss der seinerzeit federführende 24. BT-Ausschuss einstimmig. Das Institut hat sich grundsätzlich bewährt und wurde mit dem BBauG 1976 unter Berücksichtigung der Erfahrungen fortentwickelt; auch das BauGB hält an den in 25-jähriger Praxis bewährten Regelungen fest (BT-Drucks. 10/4630, S. 59). Die im Rahmen der Vorbereitung des RegE zum BauGB durchgeführten Erörterungen mit Fachleuten aus den Ländern und dem kommunalen Bereich hatten bestätigt, dass die Ermittlung von Bodenrichtwerten, deren Fortschreibung und Veröffentlichung für die Transparenz des Bodenmarktes und jede künftige Wertermittlungsregelung unverzichtbar sei (vgl. Materialien zum BauGB; Schriftenreihe des BMBau 03.108, Bonn 1984, S. 217); dem hat sich der federführende (16.) BT-Ausschuss für Raumordnung, Bauwesen und Städtebau angeschlossen (BT-Drucks. 10/6166, S. 137 ff.).
2 VG Stuttgart, Urt. vom 4.11.1986 – 13 K 241/86 –, GuG 1990, 103 = EzGuG 11.160.

IV § 196 BauGB — **Bodenrichtwerte**

8 **Bodenrichtwerte sind** wie die Gutachten der Gutachterausschüsse **unverbindlich**; dies gilt grundsätzlich auch für die Finanzverwaltung[3]. In verschiedenen Rechtsvorschriften wird gleichwohl bestimmt, dass die Bodenrichtwerte der Bewertung zugrunde zu legen sind:

1. In **§ 19 Abs. 5 des Sachenrechtsbereinigungsgesetzes (SachenRBerG)** wird bestimmt, dass zur Ermittlung des Bodenwerts nach § 19 SachenRBerG zunächst ein vorhandener Bodenrichtwert herangezogen werden „soll", jedoch kann jeder Beteiligte eine „abweichende Bestimmung" (besser: Ermittlung) des Bodenwerts verlangen, wenn

   – Anhaltspunkte dafür vorliegen, dass die Bodenrichtwerte nicht den tatsächlichen Marktverhältnissen entsprechen, oder

   – auf Grund untypischer Lage und Beschaffenheit des Grundstücks die Bodenrichtwerte als Ermittlungsgrundlage ungeeignet sind.

2. Die von den Gutachterausschüssen abgeleiteten Bodenrichtwerte werden auch in der **steuerlichen Bewertung** ohne eigene Überprüfung herangezogen (vgl. § 10 ImmoWertV Rn. 25 f.). Der Steuerpflichtige hat jedoch die Möglichkeit, den Nachweis zu erbringen, dass der gemeine Wert (Verkehrswert/Marktwert) niedriger als die auf Grundlage der Bodenrichtwerte vorgenommene Wertfeststellung ist (§ 145 Abs. 3 Satz 3 BewG; § 198 BewG).

1.2 Flächendeckende Bodenrichtwertermittlung (§ 196 Abs. 1 BauGB)

1.2.1 Allgemeines

9 Nach der ab 1.7.2009 geltenden Fassung des § 196 BauGB sind **Bodenrichtwerte flächendeckend für alle Grundstücksarten „unter Berücksichtigung des unterschiedlichen Entwicklungszustands" zu ermitteln**. Diese Vorgabe des Gesetzgebers ersetzt die bis dahin geltende Fassung des Abs. 1 Satz 1, nach der Bodenrichtwerte „mindestens für erschließungsbeitragspflichtiges *oder* erschließungsbeitragsfreies Bauland" (Baureifes Land) zu ermitteln waren. Künftig kann hieraus nicht mehr im Umkehrschluss gefolgert werden, dass die Ableitung von Bodenrichtwerten für andere Grundstücksarten im Ermessen des Gutachterausschusses steht. Mit der Verpflichtung der Gutachterausschüsse zur flächendeckenden und periodischen Ableitung von Bodenrichtwerten hat der Gesetzgeber sicherstellen wollen, dass Bodenrichtwerte abgeleitet und veröffentlicht werden, um eine allgemeine Transparenz des Grundstücksmarktes zu gewährleisten, und speziell als Grundlage steuerlicher Bewertungen zur Verfügung stehen.

10 In der Begründung der RegVorl zu dieser Vorschrift[4] wurde die Ableitung von Bodenrichtwerten auch für land- und forstwirtschaftliche Grundstücke als Pflichtaufgabe ausdrücklich hervorgehoben und zudem die Forderung erhoben, dass für **Bauerwartungsland und Rohbauland** „zumindest zu gewährleisten (ist), dass die Bodenrichtwerte deduktiv ermittelbar sind". Die demgegenüber nach dem Gesetzeswortlaut zwingende Verpflichtung zur Ableitung von Bodenrichtwerten auch für Bauerwartungsland und Rohbauland sollte nach Vorstellung des Bundesrates dahingehend „aufgeweicht" werden, dass diese Verpflichtung nur gegeben sei, „soweit geeignete Daten aus der Kaufpreissammlung vorliegen"[5]. Zur Begründung wurde ergänzend darauf hingewiesen, dass bei „werdendem Bauland schwer kalkulierbar" sei, „wann und mit welcher Wahrscheinlichkeit das Land tatsächlich Baureife erlangen wird. Infolgedessen können die Preise in diesen Gebieten erheblich streuen und sich sprunghaft verändern. Aufgrund dieser Unwägbarkeiten ist es in der Praxis z.T. unmöglich, gesicherte Bodenrichtwerte für diese Flächen zu erheben." Die BReg hat diesen Vorschlag in widersprüchlicher Weise mit dem Hinweis abgelehnt, dass sich Bodenrichtwerte für diesen Entwicklungszustand „auch auf der Basis überörtlicher Marktdaten ermitteln lassen" und im

---

3 BT-Drucks. 7/4793, zu § 143b BBauG 76.
4 BT-Drucks. 16/7918, S. 48.
5 BR-Drucks. 16/8547, S. 9.

1.2.2 Bodenrichtwerte für bebaute Gebiete

Für bebaute Gebiete sind nach dem BauGB ebenfalls **Bodenrichtwerte** abzuleiten, und zwar **mit dem Wert, der sich ergeben würde, wenn der Boden unbebaut wäre.** Die Abteilung eines anderen Bodenrichtwerts – z. B. ein gegenüber dem unbebaut gedachten Grundstück gedämpfter Bodenrichtwert (vgl. § 16 ImmoWertV Rn. 36 ff.) – ist nicht zulässig und bedürfte einer eindeutigen Erläuterung, wenn dieser Bodenrichtwert einem nicht in der Grundstückswertermittlung vorgebildeten Bürger die Transparenz über den Bodenmarkt verschaffen soll, die Sinn und Zweck der Regelung ist.

11

Eine **Besonderheit** sieht diesbezüglich § 14 der GutachterausschussVO[7] für das Land *Bremen* vor. Danach können dort zusätzlich zu den Bodenrichtwerten i.S. des § 196 BauGB noch **„Sonstige Richtwerte"** abgeleitet und als nachrichtliche Mitteilung in den Bodenrichtwertkarten veröffentlicht werden. Als „Sonstige Richtwerte" sieht die Verordnung solche „für den Grund und Boden von Grundstücken mit älterer Bebauung" vor. Diese aus sich selbst heraus unverständliche Vorschrift soll ersichtlich Rechtsgrundlage für die Ableitung von durchschnittlichen Lagewerten für den Grund und Boden sein, die im Unterschied zu § 196 Abs. 1 Satz 2 BauGB wohl mit einem geringeren Wert angesetzt werden, als es dem Bodenwert eines unbebaut gedachten Grundstücks entsprechen würde. Es geht dabei also um die Ermittlung „gedämpfter" Richtwerte für den Grund und Boden (vgl. § 16 ImmoWertV Rn. 36 ff.; Teil II Rn. 443).

12

Höchst problematisch ist dabei allerdings, dass die Vorschrift keine Regelungen enthält, in welcher Weise der „Bodenrichtwert" i.S. des § 196 Abs. 1 BauGB zu „dämpfen" wäre, damit sich der „Richtwert" i. S. des § 14 brem. GutachterausschussVO ergibt. Auch enthält die Verordnung keinerlei Hinweise darauf, wie bei Heranziehung solcher „Richtwerte" zur Ermittlung von Verkehrswerten bezüglich anderer Wertermittlungsparameter (z. B. Liegenschaftszinssatz) zu verfahren ist, denn die **Systematik der ImmoWertV** geht grundsätzlich davon aus, dass als Bodenwert eines bebauten Grundstücks der Wert anzusetzen wäre, den das Grundstück im unbebauten Zustand hätte (vgl. § 16 Abs. 1 Satz 1 ImmoWertV). Bei Heranziehung solcher „Richtwerte" muss also gefordert werden, dass im Gutachten detailliert dargelegt wird, nach welchen Grundsätzen der Bodenwert gedämpft wurde. Des Weiteren muss auch dargetan werden, dass dies dem tatsächlichen Geschehen auf dem Grundstücksmarkt entspricht und ob dem auch bei der Ableitung anderer zur Wertermittlung erforderlicher Daten (z. B. bei der Ermittlung des Liegenschaftszinssatzes) in gleicher Weise Rechnung getragen wurde (vgl. § 14 ImmoWertV Rn. 216 ff., § 16 ImmoWertV Rn. 66 ff.). Andernfalls wäre ein Gutachten nicht hinreichend begründet und würde zudem einer Verfälschung des Ergebnisses Tür und Tor öffnen.

13

Die Gutachterausschüsse von *München* und von *Stuttgart*[8] hatten vor Jahren noch Bodenrichtwerte für bebaute Grundstücke mit einem um einen bestimmten Vomhundertsatz gegenüber dem Bodenwert unbebauter Grundstücke verminderten Wert (bis 40%) in der Bodenrichtwertkarte ausgeworfen. Die Gutachterausschüsse in München und Stuttgart haben, wie im Übrigen auch andere Gutachterausschüsse[9], die Praxis der „Bodenwertdämpfung" aufgegeben, da sie nicht zur Transparenz beiträgt und wertermittlungsmethodisch zu Irritationen führen musste (vgl. § 14 ImmoWertV Rn. 90 ff., § 16 ImmoWertV Rn. 20 ff.).

14

---

6 BT-Drucks. 16/8547, S. 13.
7 § 14 brem. GutachterausschussVO: Sonstige Richtwerte: „Sonstige Richtwerte, insbesondere solche für den Grund und Boden von Grundstücken mit älterer Bebauung, können ermittelt und als nachrichtliche Mitteilung in den Bodenrichtwertkarten veröffentlicht werden."
8 Die Landeshauptstadt Stuttgart hat mit dem Grundstücksmarktbericht 2003 die Praxis der Bodenwertdämpfung aufgegeben.
9 Gutachterausschüsse von Lübeck und Darmstadt.

1.2.3 Bodenrichtwerte für land- oder forstwirtschaftliche Flächen

Schrifttum: *Kindler, R.,* Zur Ermittlung von Bodenrichtwerten für landwirtschaftliche Flächen im Landkreis Potsdam-Mittelmark, GuG 2002, 264; *Dittrich/Uherek/Plewka,* Pachtprägung der Bodenrichtwerte für Ackerland in den neuen Bundesländern, GuG 2009, 101.

15 Generell sind auch für land- oder forstwirtschaftliche Flächen (§ 5 Abs. 1 ImmoWertV), wie im Übrigen auch für andere Entwicklungszustände des Grund und Bodens, Bodenrichtwerte abzuleiten und zu veröffentlichen. Nach Abs. 1 Satz 1 ist nämlich „flächendeckend" für alle Entwicklungszustände die Ableitung von Bodenrichtwerten zwingend vorgeschrieben (vgl. Rn. 9).

1.2.4 Bodenrichtwerte für steuerliche Bewertungen

16 Bodenrichtwerte sind für die steuerliche Bewertung von besonderer Bedeutung. Das Nähere wird unter § 10 ImmoWertV Rn. 23 ff. erläutert.

2 Publizität der Bodenrichtwerte (§ 196 Abs. 3 BauGB)

2.1 Übersicht

Schrifttum: *Hansche, H.,* Anmerkungen zu den Veröffentlichungen der Gutachterausschüsse in den neuen Ländern, GuG 2002, 37.

17 Nach § 196 Abs. 3 Satz 1 BauGB sind Bodenrichtwerte

a) zu veröffentlichen und

b) dem zuständigen Finanzamt mitzuteilen.

Darüber hinaus kann nach § 196 Abs. 1 Satz 2 BauGB jedermann von der Geschäftsstelle des Gutachterausschusses **Auskünfte über die Bodenrichtwerte** verlangen.

18 Die von den Gutachterausschüssen herausgegebene **Bodenrichtwertsammlung stellt weder eine amtliche Bekanntmachung** i.S. des § 5 Abs. 1 UrhG **noch ein amtliches Werk** i.S. des § 5 Abs. 2 UrhG **dar**[10], weil die Bodenrichtwertsammlung lediglich einer allgemeinen Information ohne regelnden Charakter diene. Die Bodenrichtwertsammlung ist damit urheberrechtlich geschützt.

2.2 Veröffentlichung (§ 196 Abs. 3 Satz 1 BauGB)

19 Bodenrichtwerte werden in Bodenrichtwertkarten und Bodenrichtwertlisten veröffentlicht (vgl. hierzu § 10 ImmoWertV Rn. 42 ff.). Das Nähere wird in den auf der Grundlage des § 199 Abs. 2 Nr. 4 BauGB von den Landesregierungen erlassenen **Gutachterausschussverordnungen** geregelt.

2.3 Mitteilung an das Finanzamt (§ 196 Abs. 3 Satz 1 BauGB)

20 Neben der Veröffentlichung der Bodenrichtwerte schreibt § 196 Abs. 3 Satz 1 BauGB auch ihre **Mitteilung an das zuständige Finanzamt** vor. I.d.R. erfolgt die Mitteilung durch Übersendung einer Vervielfältigung der Bodenrichtwertkarte. Die Mitteilung dient der Unterrichtung dieser Stellen über das Geschehene auf dem Grundstücksmarkt.

21 Die bisher vorgeschriebene **Mitteilung der Bodenrichtwerte an die höhere Verwaltungsbehörde** konnte mit dem BauGB **ersatzlos entfallen,** da das Bundesrecht die höhere Verwaltungsbehörde nicht mehr zur Zusammenstellung von Übersichten über die Bodenrichtwerte verpflichtet.

---

10 BGH, Urt. vom 20.7.2006 – I ZR 185/03 –, GuG 2007, 121 = EzGuG 11.529.

Die **Mitteilung an das Finanzamt** wurde erstmalig durch das BBauG 1976 vorgeschrieben. Schon vorher wurden aber dem Finanzamt Bodenrichtwertkarten zur Verfügung gestellt. **22**

Die Gutachterausschussverordnungen der Länder sehen neben der Mitteilung an das zuständige Finanzamt auch eine Mitteilung an **23**

– den Landkreis *(Baden-Württemberg)* bzw.
– die Regierungspräsidien *(Hessen, Sachsen)* bzw. die Bezirksregierung *(Rheinland-Pfalz)*

vor. Es empfiehlt sich im Übrigen, den mit der städtebaulichen Planung befassten Behörden die Bodenrichtwertkarte zugänglich zu machen.

Die **Mitteilung obliegt grundsätzlich dem Gutachterausschuss;** bei Delegation auf Grund einer Rechtsverordnung nach § 199 Abs. 2 Nr. 2 und 3 dem Vorsitzenden des Gutachterausschusses oder der Geschäftsstelle. **24**

2.4 Auskunft über Bodenrichtwerte (§ 196 Abs. 3 Satz 2 BauGB)

Der Zweck der Bodenrichtwerte, den **Grundstücksmarkt transparent** zu halten, lässt sich nur erreichen, wenn die vom Gutachterausschuss ermittelten Bodenrichtwerte allgemein zugänglich sind. Dafür reicht allein die Veröffentlichung der Bodenrichtwerte nicht aus. Entscheidend ist vielmehr, dass jedermann die Möglichkeit hat, sich auch noch nach der Veröffentlichung über die Wertverhältnisse auf dem Grundstücksmarkt zu informieren. **25**

Jedermann kann nach § 196 Abs. 3 Satz 2 BauGB **von der Geschäftsstelle Auskünfte über Bodenrichtwerte verlangen.** Dazu gehören auch Notare, wenn sie z. B. im Zuge eines notariellen Vermittlungsverfahrens nach dem SachenRBerG tätig werden. Insoweit kommt der ergänzenden Regelung des § 97 Abs. 1 Satz 2 Nr. 1 SachenRBerG nur klarstellende Bedeutung zu. **26**

Das **Auskunftsrecht** nach § 196 Abs. 3 Satz 2 BauGB steht neben der in Satz 1 vorgeschriebenen Veröffentlichung; es steht jedermann (auch Ortsfremden) selbst dann noch zu, wenn z. B. die ortsübliche Bekanntmachung der Bodenrichtwerte im Wege einer Auslegung durchgeführt ist. Im Interesse der Markttransparenz sollen die Allgemeinheit wie auch öffentliche Stellen ganzjährig die Möglichkeit haben, sich über die Grundstückswertverhältnisse orientieren zu können. **27**

Zur Erteilung von Auskünften über die Bodenrichtwerte ist nach § 196 Abs. 3 Satz 2 BauGB **die Geschäftsstelle des Gutachterausschusses verpflichtet,** in dessen Zuständigkeitsbereich die Bodenrichtwertermittlung jeweils fällt. Die Auskunft kann durch Gewährung von Einsichtnahme in die Bodenrichtwertkarte sowie durch mündliche, fernmündliche oder schriftliche Einzelauskünfte erteilt werden. Die schriftliche Erteilung von Auskünften über Bodenrichtwerte ist nach landesrechtlichen Vorschriften i.d.R. kostenpflichtig. Soweit Gutachterausschüsse darüber hinaus dazu übergegangen sind, als besondere Leistung eine Vervielfältigung der Bodenrichtwertkarten (ggf. auf CD-ROM[11]) abzugeben, werden auch hierfür Kosten erhoben. **28**

Das Auskunftsrecht nach § 196 Abs. 3 Satz 2 BauGB erstreckt sich auf die **Bodenrichtwerte und ihre sachlichen und zeitlichen Bezüge.** Es findet spätestens dort seine Grenzen, wo die Gutachter verpflichtet sind, persönliche und wirtschaftliche Verhältnisse, die ihnen durch ihre Tätigkeit zur Kenntnis gelangen, geheim zu halten. Dies betrifft Auskünfte über Vergleichspreise, die zum Inhalt der Kaufpreissammlung gehören, insbesondere auch solche, die der Bodenrichtwertermittlung zugrunde liegen (vgl. die Entschließung des bayer. IM vom 23.4.1968 betr. Geheimhaltung der Unterlagen für die Richtwerte). Diese Auffassung findet in den zu § 143b BBauG 1976 erlassenen Gutachterausschussverordnungen der Länder darin Ausdruck und Bestätigung, dass sie die Ermittlung von Bodenrichtwerten in nicht öffentlicher Beratung vorschreiben. **29**

---
11 Vgl. Kertscher in Nachr. der nds. Kat- und VermVw. 2001, 24.

3 Bodenrichtwertübersicht

▶ *Näheres hierzu bei § 199 BauGB Rn. 20 ff. und § 193 BauGB Rn. 101*

30 Die früher im BBauG 76 verankerte Verpflichtung (§ 143b Abs. 4 Satz 2 und 3 sowie Abs. 5 BBauG 76), **Übersichten über die Bodenrichtwerte, gegliedert nach Orten, typischem Entwicklungszustand und Art der Nutzung der Grundstücke,** zusammenzustellen und zu veröffentlichen, hat das BauGB nicht übernommen. Zur Begründung des bundesrechtlichen „Verzichts" wird darauf verwiesen, dass es den Ländern überlassen bleiben müsse, ob und inwieweit sie solche Übersichten für erforderlich halten[12]. § 199 Abs. 2 Nr. 6 BauGB eröffnet den Landesregierungen hierzu die Möglichkeiten, dem Gutachterausschuss die für die Erstellung von überörtlichen Bodenrichtwertübersichten erforderlichen Vorarbeiten zu übertragen. Die Bedeutung dieser Übersichten, insbesondere für die Landesplanung und die Raumordnung, muss aber eher kritisch beurteilt werden.

31 Von dieser Möglichkeit haben eine Reihe von Ländern Gebrauch gemacht und den Gutachterausschüssen für Grundstückswerte aufgegeben, auf der Grundlage der Bodenrichtwerte Übersichten über die Bodenrichtwerte typischer Orte für baureifes Land zumeist der Mittelbehörde (Regierung, Regierungspräsident bzw. Landesvermessungsamt) zwecks Zusammenfassung in Übersichten mitzuteilen (vgl. § 193 BauGB Rn. 101).

32 Bei der Erstellung von **Bodenrichtwertübersichten** für typische Orte wird i.d.R. unterschieden nach baureifem Land für

– Wohnbauflächen des individuellen Wohnungsbaus,
– Wohnbauflächen des Geschosswohnungsbaus und
– gewerbliche Bauflächen.

Die Bodenrichtwertübersichten sind Grundlage des Grundstücksmarktberichtes des Landes.

33 Dabei wird zwischen guter, mittlerer und mäßiger **Lage** unterschieden; solche Bodenrichtwertübersichten sind vorgeschrieben in

–	*Brandenburg:*	§ 15 GutachterausschussVO,
–	*Hamburg:*	§ 12 GutachterausschussVO,
–	*Hessen:*	§ 3 Abs. 2 Nr. 8 i.V.m. § 14 hess. DVOBauGB,
–	*Mecklenburg-Vorpommern:*	§ 16 GutachterausschussVO,
–	*Niedersachsen:*	§ 22 Abs. 5 nds. DVBauGB,
–	*Nordrhein-Westfalen:*	§ 13 GAVO NW,
–	*Rheinland-Pfalz:*	§ 14 GutachterausschussVO,
–	*Sachsen:*	§ 13 GutachterausschussVO,
–	*Sachsen-Anhalt:*	§ 13 GutachterausschussVO,
–	*Schleswig-Holstein:*	§ 15 GutachterausschussVO und
–	*Thüringen:*	§ 14 GutachterausschussVO.

34 Die Bodenrichtwertübersichten sollten nach den Grundgedanken des BBauG einen **überörtlichen Überblick über das Bodenwertgefüge** vermitteln. In *Niedersachsen* werden Bodenrichtwertübersichtskarten im Maßstab 1 : 200 000 als Sonderausgabe der Gemeindegrenzkarte gleichen Maßstabs geführt. Dieser Maßstab bedingte eine Generalisierung der zur Verfügung stehenden originären Bodenrichtwerte. Hierbei stand die Übersichtlichkeit, Anschaulichkeit und vor allem die Repräsentativität und Bedeutung der Aussage solcher

---

12 BT-Drucks. 10/4630, S. 152.

Bodenrichtwerte § 196 BauGB IV

Bodenrichtwertübersichtskarten für die Allgemeinheit im Vordergrund. Der Inhalt solcher Karten beschränkte sich daher auf Grundstücksarten, die für die Allgemeinheit von besonderem Interesse sind. Dargestellt wurden Bodenrichtwerte für Bauland (baureifes Land) der Nutzung als reines oder allgemeines Wohngebiet bezogen auf normal geschnittene Grundstücke mittlerer Lage. Je nach der Höhe der Bodenrichtwerte für die einzelnen Ortschaften waren kleinere oder größere gelbe Kreise in die Karte eingezeichnet. Die Karte ist insbesondere für die Raumplanung von erheblicher Bedeutung gewesen: So lässt sie die Auswirkung von Verkehrswegen auf das Bodenwertgefüge deutlich erkennen. Auch strukturschwache Gebiete fielen auf der Karte ins Auge. Landesplanerische Entscheidungen konnten durch die Kartenbenutzung unterstützt werden (Abb. 6).

Abb. 6: Bodenrichtwertübersicht

IV § 196 BauGB   Bodenrichtwerte

4 Anlage

35 Anlage: Bodenrichtwertauskunft

Anlage 1:
Bodenrichtwertauskunft gem. § 196 Baugesetzbuch (BauGB)

Gutachterausschuss   München _____
für Grundstückswerte
im Bereich
der Landeshauptstadt München

– Geschäftsstelle –

Antragsteller:

Name   Vorname

_____   _____

Straße   Hsnr.

_____   _____

PLZ   Ort   Tel. - Nr. (tagsüber)

_____ _____   _____

Der Bodenrichtwert wird für die nachfolgend genannten Objekte und Stichtage benötigt. Falls das Objekt nicht eindeutig einem Richtwertgebiet bzw. Straßenrichtwert zugeordnet werden kann, soll ein geeigneter Richtwert aus der Umgebung herangezogen werden.

Straße   Hsnr.   Stichtag

1. _____ _____   _____

2. _____ _____   _____

3. _____ _____   _____

4. _____ _____   _____

Mir ist bekannt, dass die Gebühr für die Auskunft pro Objekt und Stichtag ...€ beträgt.

_____   _____
      Ort, Datum   Unterschrift

§ 197 BauGB
Befugnisse des Gutachterausschusses

(1) ₁Der Gutachterausschuss kann mündliche oder schriftliche Auskünfte von Sachverständigen und von Personen einholen, die Angaben über das Grundstück und, wenn das zur Ermittlung von Geldleistungen im Umlegungsverfahren, von Ausgleichsbeträgen und von Enteignungsentschädigungen erforderlich ist, über ein Grundstück, das zum Vergleich herangezogen werden soll, machen können. ₂Er kann verlangen, dass Eigentümer und sonstige Inhaber von Rechten an einem Grundstück die zur Führung der Kaufpreissammlung und zur Begutachtung notwendigen Unterlagen vorlegen. ₃Der Eigentümer und der Besitzer des Grundstücks haben zu dulden, dass Grundstücke zur Auswertung von Kaufpreisen und zur Vorbereitung von Gutachten betreten werden. ₄Wohnungen dürfen nur mit Zustimmung der Wohnungsinhaber betreten werden.

(2) ₁Alle Gerichte und Behörden haben dem Gutachterausschuss Rechts- und Amtshilfe zu leisten. ₂Das Finanzamt erteilt dem Gutachterausschuss Auskünfte über Grundstücke, soweit dies zur Ermittlung von Ausgleichsbeträgen und Enteignungsentschädigungen erforderlich ist.

Gliederungsübersicht   Rn.
1 Umfang der Befugnisse des Gutachterausschusses (§ 197 Abs. 1 BauGB)
    1.1 Allgemeines.. 1
    1.2 Auskunftsrechte (§ 197 Abs. 1 Satz 1 BauGB).. 7
    1.3 Vorlagepflichten der Betroffenen (§ 197 Abs. 1 Satz 2 BauGB).................. 14
    1.4 Duldungspflichten der Betroffenen; Betretungsrechte
        (§ 197 Abs. 1 Satz 3 und 4 BauGB).. 18
2 Amtshilfe
    2.1 Rechts- und Amtshilfepflichten gegenüber dem Gutachterausschuss
        (§ 197 Abs. 2 BauGB)... 25
    2.2 Amtshilfe durch den Gutachterausschuss 28
3 Rechtsmittel 32
4 Anlagen
    Anlage 1: Angaben zur Kaufpreissammlung... 37
    Anlage 2: Erhebungsbogen für Ein- und Zweifamilienhäuser 38
    Anlage 3: Erhebungsbogen für bebaute Grundstücke 39
    Anlage 4: Erhebungsbogen zur Ermittlung von Kleingartenpachtzinsen....... 40

1 Umfang der Befugnisse des Gutachterausschusses (§ 197 Abs. 1 BauGB)

1.1 Allgemeines

§ 197 BauGB ist aus § 140 BBauG 76 (Auskunfts- und Vorlagepflicht) hervorgegangen, wobei lediglich die Überschrift nunmehr „Befugnisse des Gutachterausschusses" lautet. Die Vorschrift, nach der der Gutachterausschuss **mündliche oder schriftliche Auskünfte von Sachverständigen oder Personen** einholen kann, die Angaben über das Grundstück und, wenn das zur Ermittlung von Ausgleichsbeträgen und von Enteignungsentschädigungen erforderlich ist, auch über Vergleichsgrundstücke machen können, ist auf die Ermittlung von Geldleistungen in Umlegungsverfahren erweitert worden.

IV § 197 BauGB Befugnisse des Gutachterausschusses

2 Mit der Änderung der Überschrift zu dieser Vorschrift, die ausdrücklich auf eine Auskunfts- und Vorlage*pflicht* hinwies, ist der materielle Inhalt nicht von einer Verpflichtungsnorm in eine Befugnisnorm abgewandelt worden. Die Begründung geht weiterhin von der **Verpflichtung der auskunftsfähigen Personen** aus, indem sie darauf hinweist, dass die noch in § 140 BBauG 76 ausdrücklich geregelte Auskunftspflicht der Gerichte und Behörden in der Nachfolgevorschrift nur deshalb nicht mehr geregelt sei, weil dies bereits durch die Verwaltungsverfahrensgesetze der Länder geregelt ist. Art. 35 GG begründet darüber hinaus eine *Amtshilfeverpflichtung* der Gerichte *gegenüber* dem Gutachterausschuss[1].

3 § 197 BauGB stellt im **Verhältnis zu den §§ 208 und 209 BauGB** eine Vorschrift dar, die lediglich die allgemeinen Regelungen dieser Vorschriften verdrängt (vgl. Rn. 33). Ansonsten finden auch die genannten Vorschriften auf Grund der Behördeneigenschaften des Gutachterausschusses Anwendung[2].

4 **Auskunfts-, Vorlage- und Duldungspflichten nach § 197 Abs. 1 BauGB werden durch Verwaltungsakte konkretisiert.** Die Verwaltungsakte können z. B. in *Niedersachsen* auf der Grundlage des § 70 NVwVerfG durchgesetzt werden (vgl. landesrechtliche Regelungen zur Zwangsvollstreckung).

5 Während § 197 Abs. 2 BauGB die Rechts- und Amtshilfepflichten der Gerichte und Behörden gegenüber dem Gutachterausschuss regelt, ergeben sich die **Befugnisse des Gutachterausschusses** aus § 197 Abs. 1 BauGB. Dort werden drei Sachverhalte geregelt:

a) Auskunftsrechte des Gutachterausschusses (vgl. Rn. 7),

b) Vorlagepflichten der Betroffenen (vgl. Rn. 14) sowie

c) Duldungspflichten der Betroffenen; Betretungsrechte des Gutachterausschusses (vgl. Rn. 18).

6 Die Befugnisse nach § 197 BauGB stellen eine **Ergänzung der allgemeinen verwaltungsverfahrensrechtlichen Regelungen** dar, nach denen der Gutachterausschuss als hoheitlich tätige Behörde verpflichtet ist, den Sachverhalt von Amts wegen zu erforschen (§§ 24 bis 26 VwVfG).

1.2 Auskunftsrechte (§ 197 Abs. 1 Satz 1 BauGB)

7 Nach der „Kann-Bestimmung" des § 197 Abs. 1 Satz 1 BauGB kann der Gutachterausschuss **mündliche oder schriftliche Auskünfte** über „das Grundstück" einholen. Darüber hinaus kann der Gutachterausschuss auch Auskünfte über Vergleichsgrundstücke einholen, wenn dies zur Ermittlung von Geldleistungen im Umlegungsverfahren, von Ausgleichsbeträgen und von Enteignungsgrundstücken erforderlich ist. Nach § 7 Abs. 2 NutzEV haben die Gemeinden dem Gutachterausschuss Auskunft über vereinbarte Nutzungsentgelte in anonymisierter Form zu erteilen.

8 Da das **Auskunftsrecht** grundsätzlich **auf Angaben über ein einzelnes Grundstück** („das" Grundstück) **beschränkt** ist, soll es sich hierbei ersichtlich um den Fall einer Erstattung eines Verkehrswertgutachtens handeln, wobei das Auskunftsrecht auf Angaben über das zu bewertende Grundstück beschränkt ist. Nur bei der Ermittlung von Geldleistungen im Umlegungsverfahren (vgl. § 64 BauGB) sowie von Ausgleichsbeträgen und Entschädigungsleistungen erstreckt sich das Auskunftsrecht auch auf Vergleichsgrundstücke. § 197 Abs. 2 Satz 2 BauGB grenzt die Auskunftspflicht des Finanzamts gegenüber dem Gutachterausschuss ein (vgl. Rn. 25).

9 Normativ gründet sich das Auskunftsrecht einerseits auf die Aufgabenzuweisung des § 193 Abs. 3 BauGB, nach dem der Gutachterausschuss zur Führung und Auswertung der Kaufpreissammlung verpflichtet ist, und andererseits auf die Befugnisnorm des § 197 BauGB.

---

[1] BR-Drucks. 575/85, S. 15.
[2] Kalb in Ernst/Zinkahn/Bielenberg, BauGB § 208 Rn. 7.

Befugnisse des Gutachterausschusses § 197 BauGB IV

Der **Erhebungsumfang ist** im Hinblick auf datenschutzrechtliche Belange **auf den unerlässlichen Datenumfang beschränkt,** der zur sachlichen und zeitgerechten Aufgabenerfüllung erforderlich ist (Erforderlichkeitsprinzip des Datenschutzes). **10**

Dem Auskunftsrecht des Gutachterausschusses für Grundstückswerte steht eine **Auskunftspflicht der Betroffenen** gegenüber, die ggf. mit Zwangsmitteln durchgesetzt werden kann (vgl. Rn. 32 ff.). Der Auffassung, dass § 197 Abs. 1 BauGB lediglich ein Auskunftsrecht und nicht eine Auskunftspflicht der betroffenen Grundeigentümer begründe, kann nicht gefolgt werden. Wenn nach § 197 Abs. 1 Satz 1 BauGB der Eigentümer und der Inhaber von Rechten am Grundstück sogar zur Vorlage von Unterlagen verpflichtet ist, so kann das Auskunftsrecht nach Sinn und Zweck der Regelung nicht dahinter treten. Im Übrigen empfiehlt es sich, die datenschutzrechtlichen Aufklärungs- und Hinweispflichten bei der Einholung von Auskünften zu beachten (vgl. § 12 nordrh.-westf. DSG). **11**

Adressaten der Auskunftspflicht sind neben Sachverständigen auch die übrigen natürlichen, aber auch juristischen Personen, wie Mieter, Verwalter, Eigentümer, dinglich Berechtigte, Banken und Behörden (nach § 197 Abs. 2 BauGB). Die Vorschrift geht über die Regelungen des § 208 Satz 1 Nr. 1 BauGB hinaus. Nach dieser Vorschrift ist der Beteiligte nur zum persönlichen Erscheinen und nicht zu einer Auskunft verpflichtet. **12**

Nach dem vorher Gesagten kann das **persönliche Erscheinen** angeordnet werden[3]. Der Gutachterausschuss hat indessen nicht das Recht, die Personen zu vernehmen, zu beeidigen oder von ihnen eine eidesstattliche Erklärung zu verlangen; dies kann der Gutachterausschuss nur im Wege der Rechts- und Amtshilfe durch ein ersuchtes Gericht vornehmen[4]. Bei falscher Auskunft kann sich ein vereidigter Sachverständiger nach § 353b StGB strafbar machen. Ansonsten kommt für unrichtige Auskünfte die Verhängung eines Bußgeldes nach § 213 Abs. 1 BauGB nicht in Betracht[5]. **13**

1.3 Vorlagepflichten der Betroffenen (§ 197 Abs. 1 Satz 2 BauGB)

Nach § 197 Abs. 1 Satz 2 BauGB kann der Gutachterausschuss verlangen, dass Eigentümer und sonstige Inhaber von Rechten an einem Grundstück die **14**

– zur Führung der Kaufpreissammlung und
– zur Begutachtung (Erstattung von Gutachten)

notwendigen **Unterlagen** vorlegen.

Notwendige Unterlagen können insbesondere sein: **15**

– Angaben über Mieten, Pachten und sonstige Nutzungsentgelte,
– Bewirtschaftungsdaten (§ 19 ImmoWertV),
– Angaben über den baulichen Zustand von Gebäuden bis hin zu Kostenbelegen über die Herstellung, Instandhaltung, Modernisierung und Schadensbeseitigungsmaßnahmen,
– Baugenehmigungen.

Auch wenn die Vorschrift im Unterschied zu § 193 Abs. 5 BauGB nur auf Unterlagen zur „Führung" und nicht auch zur **Auswertung der Kaufpreissammlung** abstellt, fallen alle hierzu erforderlichen Unterlagen unter die Vorlagepflicht. **16**

§ 208 Satz 1 Nr. 2 BauGB ergänzt die Regelung durch die **Verpflichtung Dritter, Unterlagen vorzulegen.** **17**

---

[3] Dieterich in Ernst/Zinkahn/Bielenberg, BauGB § 197 Rn. 8; Schrödter, BauGB 6 Aufl. § 197 Rn. 2.
[4] OLG Düsseldorf, Beschl. vom 8.1.1957 – 12 W 24/56 –, NJW 1957, 1036.
[5] Kalb in Ernst/Zinkahn/Bielenberg, BauGB § 156 BBauG 1956 Rn. 3.

1.4 Duldungspflichten der Betroffenen; Betretungsrechte (§ 197 Abs. 1 Satz 3 und 4 BauGB)

18 Nach § 197 Abs. 1 Satz 3 BauGB haben Eigentümer, Inhaber vergleichbarer Rechte (§ 200 Abs. 2 BauGB) und Besitzer des Grundstücks zu dulden[6], dass Grundstücke

– zur Auswertung von Kaufpreisen und

– zur Vorbereitung von Gutachten

betreten werden. **Wohnungen dürfen** allerdings **nur mit Zustimmung der Wohnungsinhaber betreten werden.**

19 Im Übrigen findet **§ 209 BauGB Anwendung** (vgl. Rn. 6). Die Vorschrift bestimmt:

„**§ 209 Vorarbeiten auf Grundstücken**

(1) Eigentümer und Besitzer haben zu dulden, dass Beauftragte der zuständigen Behörden zur Vorbereitung der von ihnen nach diesem Gesetzbuch zu treffenden Maßnahmen Grundstücke betreten und Vermessungen, Boden- und Grundwasseruntersuchungen oder ähnliche Arbeiten ausführen. Die Absicht, solche Arbeiten auszuführen, ist den Eigentümern oder Besitzern vorher bekannt zu geben. Wohnungen dürfen nur mit Zustimmung der Wohnungsinhaber betreten werden.

(2) Entstehen durch eine nach Absatz 1 zulässige Maßnahme dem Eigentümer oder Besitzer unmittelbare Vermögensnachteile, so ist dafür von der Stelle, die den Auftrag erteilt hat, eine angemessene Entschädigung in Geld zu leisten; kommt eine Einigung über die Geldentschädigung nicht zustande, so entscheidet die höhere Verwaltungsbehörde über die Entschädigung; vor der Entscheidung sind die Beteiligten zu hören. Hat eine Enteignungsbehörde den Auftrag erteilt, so hat der Antragsteller, in dessen Interesse die Enteignungsbehörde tätig geworden ist, dem Betroffenen die Entschädigung zu leisten; kommt eine Einigung über die Geldentschädigung nicht zustande, so setzt die Enteignungsbehörde die Entschädigung fest; vor der Entscheidung sind die Beteiligten zu hören."

20 Unter den Voraussetzungen des § 209 Abs. 2 BauGB ist eine **Entschädigung für Vermögensnachteile** infolge der Ausübung von Vorarbeiten auf dem Grundstück zu gewähren.

21 **Vor der Besichtigung sind der Eigentümer und der Besitzer zu benachrichtigen;** die Benachrichtigung kann auch mündlich erfolgen[7].

22 Fraglich bleibt, ob die gesetzliche Duldungspflicht ausreichend oder darüber hinaus der Erlass eines Verwaltungsaktes erforderlich ist[8], der die zunächst jedermann treffende Duldungspflicht konkretisiert. *Stelkens* vertritt hierzu die Auffassung, dass die Behörde in jedem Fall dann einen **Verwaltungsakt zur Konkretisierung der Duldungspflicht erlassen** muss, wenn sie die Duldungspflicht zwangsweise durchsetzen will, wenn es also als Vollstreckungstitel oder auch nur zur Klarstellung der Rechtslage erforderlich wird[9].

23 Im **Zwangsversteigerungsverfahren** können das Gericht und der Sachverständige den Zutritt nicht erzwingen[10].

24 Mit dem **eingeschränkten Betretungsrecht für Wohnungen** wird dem Grundrecht der Unverletzlichkeit der Wohnung (Art. 13 GG) Rechnung getragen. Im gerichtlichen Verfahren darf das Betreten einer Wohnung durch einen Sachverständigen, der vom Gericht im Rahmen eines schwebenden Zivilprozesses bestellt worden ist, grundsätzlich nur nach vorheriger Anhörung der Wohnungsinhaber angeordnet werden[11].

---

[6] Zu diesem Begriff § 36 Abs. 2 Nr. 4 VwVerfG sowie § 6 Verwaltungsvollstreckungsgesetz.
[7] Fislake im BerlKom § 209 Rn. 10.
[8] So OVG Saarland, Beschl. vom 23.12.1977 – 2 W 129/77 –, EzGuG 11.111a; OVG Berlin, Urt. vom 24.11.1987 – 2551/87 – NVwZ 1988, 844; BayVGH, Urt. vom 10.4.1986 – 8 B 85 A.630 –, BRS Bd. 46 Nr. 199; vgl. VG Berlin, Beschl. vom 19.6.1984 – 13 A 455/81 –, EzGuG 11.142 f.; OVG Münster, Urt. vom 27.10.1981 – 11 A 1757/79 –, im Falle einer Betretung durch die Naturschutzbehörde bzw. zum Gebot nach LBauO.
[9] Forsthoff, Lehrbuch des Verwaltungsrechts, § 15. 3; Stelkens in NuR 1983, 261.
[10] Steiner/Storz, Zwangsversteigerungsrecht, 9. Aufl. 1984/86, § 74a Rn. 86; OLG Koblenz, Beschl. vom 5.12.1967 – 4 W 476/67 –, EzGuG 11.60a.
[11] BVerfG, Beschl. vom 5.5.1987 – 1 BvR 1113/85 –, EzGuG 11.164; BVerfG, Urt. vom 13.10.1971 – 1 BvR 280/66 –, BVerfGE 32, 54; BVerfG, Urt. vom 3.4.1979 – 1 BvR 994/76 –, BVerfGE 51, 79; Redeker in DVBl. 1981, 83.

2 Amtshilfe

2.1 Rechts- und Amtshilfepflichten gegenüber dem Gutachterausschuss (§ 197 Abs. 2 BauGB)

Nach § 197 Abs. 2 BauGB haben alle Gerichte und Behörden dem Gutachterausschuss Rechts- und Amtshilfe zu leisten (vgl. Rn. 2 und Art. 35 GG). Darüber hinaus wird mit § 7 Abs. 2 NutzEV klargestellt, dass diese Amtshilfepflicht auch für Gemeinden zum Zwecke der Ermittlung des ortsüblichen Entgelts nach der **NutzEV** gilt. Daneben sind die für die Anzeige von Landpachtverträgen zuständigen Behörden nach § 5 Abs. 2 Satz 2 **BKleingG** verpflichtet, auf Antrag des Pächters oder Verpächters eines Kleingartens Auskünfte über die ortsüblichen Pachtzinsen im erwerbsmäßigen Obst- und Gemüseanbau zu erteilen.

Vergleichbare **Regelungen enthalten** auch **die §§ 4 bis 8 VwVfG, die §§ 156 ff. GVG und § 14 VwVO.** Im Hinblick auf diese Regelungen hat der Gesetzgeber § 152 BBauG 76 gestrichen, der allgemein die Rechts- und Amtshilfe bei der Durchführung des Städtebaurechts ausdrücklich regelte. Wegen des spezialrechtlichen Regelungsgehalts des § 197 Abs. 2 BauGB über die dem Gutachterausschuss zu leistende Rechts- und Amtshilfe wurde diese Vorschrift nicht durch Art. 49 Nr. 4 des Ersten Gesetzes zur Bereinigung des Verwaltungsverfahrensrechts vom 18.2.1986 (BGBl. I 1986, 265) gestrichen[12]. Gestützt auf § 197 Abs. 2 BauGB können u.a. Auskünfte über Mieten bei einer Wohngeldstelle eingeholt werden[13].

Die **Auskunftspflicht des Finanzamts** ist mit § 197 Abs. 2 Satz 2 BauGB auf Auskünfte über Grundstücke **beschränkt,** soweit dies zur Ermittlung von

– Ausgleichsbeträgen nach den §§ 154 f. BauGB und
– Enteignungsentschädigungen

erforderlich ist. Im Ergebnis bedeutet dies eine Lockerung des Steuergeheimnisses (vgl. § 30 AO), die deshalb auf die Fälle beschränkt wurde, wo ein öffentliches Interesse an der Auskunftspflicht besteht. Die Verwendung dieser Auskünfte muss nach denselben Grundsätzen der Geheimhaltung erfolgen, wie sie für die Finanzverwaltung gelten. Im Übrigen kann im Umkehrschluss aus der Vorschrift gefolgert werden, dass ein darüber hinausgehendes Auskunftsrecht gegenüber dem Finanzamt nicht besteht.

2.2 Amtshilfe durch den Gutachterausschuss

Nach § 4 Abs. 1 VwVfG leistet jede Behörde anderen Behörden Amtshilfe. Da der Gutachterausschuss für Grundstückswerte als Behörde zu qualifizieren ist (vgl. § 192 BauGB Rn. 2), wäre von daher eine Amtshilfepflicht des Gutachterausschusses abzuleiten, zumal er darüber hinaus hoheitlich tätig wird.

Der Gesetzgeber hat jedoch im **Gutachterausschuss für Grundstückswerte** eine Behörde sui generis gesehen, die abweichend von § 4 Abs. 1 VwVfG nicht zur Amtshilfe und infolgedessen **nicht zur kostenlosen Erstattung von Gutachten gegenüber anderen Behörden** verpflichtet ist. Dies folgt aus § 193 Abs. 1 Satz 1 Nr. 1, 2 und 4 BauGB, der die antragsberechtigten Behörden aufzählt und im Umkehrschluss hierzu andere Behörden vom Antragsrecht ausschließt. Der Gesetzgeber hat damit das allgemeine Recht auf Amtshilfeersuchen durch ein Antragsrecht ersetzt. Die auf Antrag von Behörden erstatteten Gutachten sind damit kostenpflichtig. Dieser Antrag ist nach Auffassung des LG Berlin einem Amtshilfeersuchen gleich zu achten[14]. Besondere Regelungen enthalten landesrechtliche Regelungen bei Amtshandlungen nach dem Grundsatz der Gegenseitigkeit (vgl. § 192 BauGB Rn. 67, 74).

---

12 BT-Drucks. 10/1232, S. 84, und BT-Drucks. 10/4630, S. 154; zum Auskunftsrecht in Sanierungsgebieten vgl. § 138 BauGB.
13 Nds. LT-Drucks. 11/740, Nr. 18.3.
14 LG Berlin, Beschl. vom 16.9.1963 – (18) 0.18/61 –, EzGuG 11.37.

30 Aus vorstehenden Gründen ist der **Gutachterausschuss** für Grundstückswerte auch **nicht befugt, im Wege der Amtshilfe personenbezogene Daten anderen Behörden preiszugeben** (vgl. § 195 BauGB Rn. 80 ff.).

31 Davon **unberührt** ist die **Verpflichtung** der Behörde „Gutachterausschuss" **zur Erteilung von Auskünften und Akteneinsicht nach § 99 VwGO.**

3 Rechtsmittel

32 Wie vorstehend erläutert wurde, begründet § 197 BauGB einerseits eine Auskunfts- und Vorlagepflicht der Betroffenen und andererseits einen Rechtsanspruch des Gutachterausschusses. Das **Auskunftsverlangen des Gutachterausschusses stellt einen Verwaltungsakt dar,** gegen den Rechtsmittel zulässig sind (vgl. §§ 68 und 41 VwGO, ggf. § 80 Abs. 2 Nr. 4 VwGO).

33 **Für die Durchsetzung dieses Anspruchs findet § 208 BauGB Anwendung** (vgl. Rn. 3). Die Vorschrift hat folgende Fassung:

„**§ 208 Anordnungen zur Erforschung des Sachverhalts**

Die Behörden können zur Erforschung des Sachverhalts auch anordnen, dass

1. Beteiligte persönlich erscheinen,
2. Urkunden und sonstige Unterlagen vorgelegt werden, auf die sich ein Beteiligter bezogen hat,
3. Hypotheken-, Grundschuld- und Rentenschuldgläubiger die in ihrem Besitz befindlichen Hypotheken-, Grundschuld- und Rentenschuldbriefe vorlegen.

Für den Fall, dass ein Beteiligter der Anordnung nicht nachkommt, kann ein Zwangsgeld bis zu fünfhundert Euro angedroht und festgesetzt werden. Ist Beteiligter eine juristische Person oder eine nicht rechtsfähige Personenvereinigung, so ist das Zwangsgeld dem nach Gesetz oder Satzung Vertretungsberechtigten anzudrohen und gegen ihn festzusetzen. Androhung und Festsetzung können wiederholt werden."

34 Der Gutachterausschuss ist eine Behörde (vgl. § 192 BauGB Rn. 2), die entsprechend dieser Vorschrift ein **Zwangsgeld zur Durchsetzung ihres Auskunftsrechts** androhen und festsetzen kann.

35 Im Übrigen finden zur Durchsetzung der Befugnisse des Gutachterausschusses die **Verwaltungsvollstreckungsgesetze der Länder** Anwendung (vgl. § 70 Abs. 1 nds. VwVfG)[15].

36 Der Verwaltungsakt, mit dem der Gutachterausschuss Maßnahmen nach § 197 Abs. 1 BauGB durchsetzen will, ist nach § 211 BauGB mit einer **Rechtsmittelbelehrung** zu versehen. Widerspruchs- und Anfechtungsklage haben aufschiebende Wirkung, soweit nicht nach § 80 Abs. 2 Nr. 4 VwGO seine sofortige Vollziehung angeordnet wird. Ob für die Anfechtungsklage die Verwaltungsgerichte oder die Baulandgerichte zuständig sind, ist strittig[16].

---

15 Krautzberger in Baltis/Krautzberger/Löhr, BauGB § 191 Rn. 6; Dieterich in Ernst/Zinkahn/Bielenberg, BauGB § 197 Rn. 19.
16 Näheres hierzu Schrödter, BauGB § 197 Rn. 7.

4 Anlagen

Anlage 1: Angaben zur Kaufpreissammlung

Anlage 1:
Anlage 8 zur Muster-Dienstanweisung für Gutachterausschüsse

Der Gutachterausschuss für Grundstückswerte in der/im ...

Gutachterausschuss für Grundstückswerte · PLZ Ort

Anschrift der Geschäftsstelle
Telefon:
Auskunft erteilt:
Durchwahl:
Zimmer:
Aktenzeichen:
Datum:

Datum und Zeichen Ihres Schreibens

Kaufvertrag über das Grundstück ...

vom ...   Urkunden-Rolle Nr. ...   Notar ...

Sehr geehrte Damen und Herren,

der Gutachterausschuss für Grundstückswerte in der/im ... hat auf Grund des § 195 Abs. 1 Baugesetzbuch (BauGB) vom 8. Dezember 1986 in der jeweils geltenden Fassung eine Abschrift des o. g. Vertrags erhalten. Der vereinbarte Kaufpreis und andere erforderliche Daten aus dem Vertrag werden in die Kaufpreissammlung aufgenommen, die als Grundlage für Wertermittlungen zu führen ist.

Neben diesen Vertragsdaten ist es erforderlich, die Mieten, die Betriebskosten und, soweit bekannt, auch weitere wesentliche Daten vom Gebäude zu erfahren.

Der Gutachterausschuss ist auf Grund der §§ 192 ff. BauGB eingerichtet worden.

Diese Vorschriften ermöglichen berechtigten Personen und Institutionen, den Verkehrswert eines Grundstücks durch eine unabhängige, sachkundige und mit den Hilfsmitteln der Kaufpreissammlung versehene öffentliche Stelle ermitteln zu lassen, auf Antrag und gegen Gebühr.

Um also eine aussagefähige Kaufpreissammlung als Arbeitsgrundlage zu erhalten, wäre ich Ihnen dankbar, wenn Sie mir eine Ausfertigung des Fragebogens unter Benutzung des beigefügten Freiumschlages zusenden würden.

Die Berechtigung, Sie um Auskunft zu bitten, findet sich in § 197 Abs. 1 BauGB. Der zugesandte Kaufvertrag und der Fragebogen werden sofort nach der Bearbeitung ersatzlos vernichtet.

Mit freundlichen Grüßen
Im Auftrag

Anlagen:
Fragebogen
Freiumschlag

IV § 197 BauGB — Befugnisse des Gutachterausschusses Anl. 2

38 Anlage 2: Erhebungsbogen für Ein- und Zweifamilienhäuser

Anlage 2 zu § 197 BauGB:

Geschäftsstelle des Gutachterausschusses für Grundstückswerte für den Bereich

ERHEBUNGSBOGEN für Ein- und Zweifamilienhäuser

Kaufvertrag-Nr./Aktenzeichen: ☐☐☐☐ / ☐☐☐☐ - ☐☐ /

Wir bitten Sie, Ihre Angaben auf den Zeitpunkt des Erwerbs zu beziehen. Zutreffendes bitte ankreuzen ☒ bzw. ausfüllen ☐☐

Gebäudetyp

Gebäudeart:
1. ☐ Kleinsiedlungshaus
2. ☐ Einfamilienhaus
3. ☐ Einfamilienhaus mit Einliegerwohnung
4. ☐ Villa, Landhaus
5. ☐ Zweifamilienhaus
6. ☐ Wochenendhaus

Baujahr: ☐☐☐☐

Jahr der letzten wesentlichen Veränderung:

Art der baulichen Veränderung:

Stellung des Gebäudes:
- ☐ Einzeln stehend
- ☐ Doppelhaus
- ☐ Doppelhaushälfte
- ☐ Reihenmittelhaus
- ☐ Reihenendhaus
- ☐ Anbau
- ☐ Frei stehend (Nebengebäude)

Zahl der Geschosse ohne Keller und Dachgeschoss: ☐☐

Gebäudekonstruktion:
1. ☐ Holzgebäude
2. ☐ Fachwerkgebäude
3. ☐ Gebäude in leichter Bauart
4. ☐ Fertighaus in leichter Bauart
5. ☐ Fertighaus in massiver Bauart
6. ☐ Mauerwerksbauten

Dachform:
- ☐ Flachdach
- ☐ Pultdach
- ☐ Satteldach
- ☐ Walmdach
- ☐ Mansardendach
- ☐ Zelt-, Kegel-, Kuppeldach
- ☐ Bogendach
- ☐ sonstige Dachkonstruktion

Größe

Umbauter Raum:
- ☐ nach Bauakte ☐☐☐☐☐ m^3
- ☐ nach eign. Berechnung

Anzahl der Wohnungen im Gebäude: ☐☐

Gebäudegrundfläche: ☐☐☐ m^2

Wohn- und Nutzfläche:
- ☐ nach Bauakte
- ☐ nach eign. Berechnung

Wohnen: ☐☐☐☐ m^2
Gewerblich: ☐☐☐☐ m^2

Keller ☐ vorhanden ☐ nicht vorhanden
☐ teilweise ca. ___ % der Gebäudegrundfläche
☐ teilweise/vollständig zum Wohnen ausgebaut

Dachgeschoss:
☐ ja ☐ nein
☐ teilweise/vollständig zum Wohnen ausgebaut

Durchschnittliche Raumhöhe
In den Wohngeschossen: ☐☐·☐☐ m
Im Keller: ☐☐·☐☐ m
Im Dachgeschoss: ☐☐·☐☐ m

Anzahl der Garagen
Im Gebäude: ☐☐ Als Nebengebäude: ☐☐

Anzahl der Einstellplätze (außerhalb des Gebäudes): ☐☐

Ausstattung

Beheizung:
- ☐ Einzelöfen ☐ Warmluft
- ☐ Etagenheizung ☐ Klimaanlage
- ☐ Zentralheizung ☐ Fernheizung

Energieart:
- ☐ Kohle/Holz ☐ Elektrisch
- ☐ Gas ☐ Sonnenenergie,
- ☐ Öl ☐ Wärmepumpe

Sanitäre Anlagen
Bad/Dusche: ☐ vorhanden ☐ nicht vorhanden
☐ zwei od. mehrere
WC: ☐ vorhanden ☐ nicht vorhanden
☐ zwei od. mehrere ☐ außerhalb des Hauses

Entsorgung
Abwasser: ☐ zentral ☐ eigene

Fenster: ☐ Einfachfensterrahmen mit Einfachglas
☐ Doppelfensterrahmen
☐ Isolierglas

Fußboden: ☐ Parkett, hochwertiger Teppich, Fliesen, Marmor
☐ Kunststoffbelag, Steinfußboden, Holzdielen

Decken und Wände: ☐ Deckenvertäfelung ☐ Wandvertäfelung
☐ teilweise
☐ vollständig

Befugnisse des Gutachterausschusses Anl. 2 § 197 BauGB IV

Anlage 2

Weitere Fragen

Haben Sie bestimmte Grundstücksmerkmale bei der Preisfestlegung als besonders wertbeeinflussend eingestuft (z. B. Verkehrslage, Ausnutzbarkeit)?

☐ nein

☐ ja, welche _____

Welche weiteren besonderen Ausstattungsmerkmale weisen Ihr Haus bzw. Ihr Grundstück auf (z. B. erhöhte Wärmedämmung, Sauna, Schwimmbad, offener Kamin, Einbauküche)?

_____

Waren wertmindernde Umstände z. Z. des Kaufes vorhanden (z. B. mangelnde Isolierung, Reparaturen, Bauschäden, Baumängel)?

☐ nein

☐ ja, welche _____

Waren Sie an dem Grundstück besonders interessiert und haben Sie daher einen höheren Kaufpreis als üblich bezahlt (Liebhaberkauf, Zukauf)?

☐ nein _____

☐ ja, warum _____

Wurde von Ihnen ein Preis vereinbart, der unterhalb des üblichen, von sonstigen Personen zu zahlenden Preises liegt (Verwandtschaftskauf, Kauf vom Arbeitgeber)?

☐ nein _____

☐ ja, warum _____

Welche Nebengebäude befinden sich außer der evtl. vorhandenen Garage auf Ihrem Grundstück (bitte Bauweise und ungefähre Größe angeben)?

_____

_____

Bemerkungen

Ich bin damit einverstanden, dass die vorstehenden Daten in der Kaufpreissammlung gespeichert werden.

_____
(Unterschrift)

Quelle: RiWert Rh.-Pf.

IV § 197 BauGB — Befugnisse des Gutachterausschusses Anl. 3

39 Anlage 3: Erhebungsbogen für bebaute Grundstücke

Anlage 3 zu § 197 BauGB:

Geschäftsbuch-Nummer 62 – 54.00 –	Datum

Der Gutachterausschuss
für Grundstückswerte
in der Stadt Bonn
Stadthaus (Etage 7 A)
Berliner Platz 2
53111 Bonn

Hinweis zum Datenschutz:
Die Angaben werden zur rechtmäßigen Aufgabenerfüllung auf Grund § 195 in Verbindung mit § 197 Baugesetzbuch in der geltenden Fassung erhoben und gemäß den Vorschriften des Datenschutzgesetzes Nordrhein-Westfalen vom 19. 12. 1978 (GV NW S. 640) verarbeitet.

E R H E B U N G S B O G E N
zur Kaufpreissammlung gemäß § 195 in Verbindung mit § 197 BauGB
– bebaute Grundstücke –

Das Gebäude/Wohnungseigentum (WE)/Teileigentum (TE)

liegt im Ortsteil ....

Straße, Hausnummer ....

– bitte so weit wie möglich ankreuzen bzw. ausfüllen –

Gebäudeangaben (bei WE/TE bezogen auf das Gesamtobjekt)

Denkmalschutz		**Bauweise**			
☐ ja	☐ nein	☐ Einzelhaus	☐ Doppelhaus	☐ Hausgruppe	☐ geschlossene Bauweise
Immissionseinflüsse		**Wohnlage – wenn Wohnnutzung –** (Erläuterung siehe Ziffer 1 der Anlage)			
☐ nein	☐ ja	☐ einfach	☐ mittel	☐ gut	☐ sehr gut
Gebäudeart		☐ Einfamilien-haus	☐ Zweifamilien-haus	☐ Mehrfamilien-haus	☐ gemischt genutztes Gebäude
		☐ Bürogebäude	☐ Geschäftsgebäude (100 % Gewerbe)		☐ Halle
Anzahl der Geschosse ☐ Zahl der Vollgeschosse einschl. Erdgeschoss		☐ ausgebautes Dachgeschoss vorhanden	☐ Tiefgaragen-geschoss vorhanden	Baujahr	Anzahl der Wohn- und Gewerbeeinheiten
Modernisierung (Erläuterung siehe Ziffer 2 der Anlage)					Jahr der Vollmodernisierung
☐ nicht modernisiert	☐ nur Fassade restauriert	☐ teilweise modernisiert	☐ überwiegend modernisiert	☐ voll modernisiert	
Sondereinrichtungen ☐ Schwimmbad		☐ Sauna	☐ Aufzug	☐ Fitnessraum	
Bau- und Unterhaltungszustand ☐ sehr gut	☐ gut	☐ normal	☐ schlecht		
Gemeinschaftsküche ☐ Waschküche		☐ Trockenraum		☐ Fahrradkeller	
Vermietung an gewerblichen Zwischenmieter ☐ nein	☐ gesamtes Gebäude		☐ nur Gewerbeeinheiten		☐ nur Wohneinheiten
Besondere Einkünfte (z. B. Vermietung von Werbeflächen)					
☐ nein	☐ ja, folgende				€/Jahr

Befugnisse des Gutachterausschusses Anl. 3 — § 197 BauGB IV

WOHNUNG(EN)

lfd. Nr.	Lage der Wohnung					Zahl der Räume (s. Ziff. 4 der Anlage)	Ausstattungsklasse (s. Ziff. 5 der Anlage)	Ausstattung			Garage (=7), Tiefgaragenstellplatz (=8), oberirdischer Stellplatz (=9)	Kellerraum/Abstell-raum vorhanden	öffentlich gefördert	Gesamt-Wohnfläche (qm)	mtl. Kaltmiete ohne Nebenkosten (€ / qm oder €)	mtl. Miete für Garage oder Stellplatz (€)	Mietvertrag Abschluss (Mon./Jahr)	letzte Mieterhöhung (Mon./Jahr)	Bewirtschaftungskosten			
	Vorderhaus	Hinterhaus	Anbau	I. OG rechts (s. Ziff. 3 der Anlage)	sonnige Lage			Balkon, Loggia	hochwertige Fußbodenbeläge	isolierverglaste Fenster									nicht umlagefähig Verwaltungs-kosten (€/Jahr)	nicht umlagefähig Instandhaltungs-kosten (€/Jahr)	umlagefähig Heizungs-kosten (€/Jahr)	umlagefähig Betriebs-kosten (wie z. B. Wasser, Kanal, Müll, etc.) (€/Jahr)
Beispiel	x			x	x	3	2	x	x	x	8	x		82	7,50	50	8.81	8.84	240	840	1.160	860

GEWERBLICHE EINHEIT(EN)

lfd. Nr.	Art der gewerblichen Nutzung						Lage			ausreichend Kundenparkplätze am/auf Grundstück vorhanden	Ausstattungsklasse (s. Ziff. 6 der Anlage)	Geschäftslage (s. Ziff. 7 der Anlage)	Nutzfläche der Haupträume (qm)	Nutzfläche der Nebenräume Lager-/Sozialräume (qm)	Gesamtmiete (kalt ohne Nebenkosten, ohne MwSt.) (€ /Monat)	Nebenkosten (€ / Monat)	Anzahl der zur Einheit gehörenden Stellplätze	Mietpreis für Stellplätze (€)	Mietpreisanpassungs-klausel vorhanden	Benutzung von Betriebseinrichtungen im Mietpreis enthalten	Besondere Mietpreis-vereinbarungen (z. B. umsatzabhängige Pacht)	Auflagen, Beschränkungen	Mietvertrag Abschluss (Monat/Jahr)	letzte Mieterhöhung (Monat/Jahr)
	Ladenlokal	Büro/Praxis	Gewerbe-(Industrie-)betrieb	Gaststätte	Lagerfläche	Sonstige Nutzung (bitte beschreiben)	straßenseitig	Hintergebäude	Geschoss (s. Ziff. 3 der Anlage) II. OG links															
Beispiel		x					x		II. OG links	x	2	5	140	18	2.500	520	5	200	x				2.79	3.85

Anlage zum Erhebungsbogen „Bebaute Grundstücke"

Erläuterung einzelner Begriffe

1. Wohnlage

einfach	– ungünstige Infrastruktur, erhebliche Beeinträchtigung durch Immissionen (Lärm, Geruch), schlechtes Wohnumfeld
mittel	– gute Infrastruktur, geringe Immissionen, befriedigendes Wohnumfeld
gut	– gute Infrastruktur, geringe Immissionen, gutes Wohnumfeld, überwiegend aufgelockerte Bebauung, ausreichend Grünflächen, wenig Durchgangsverkehr
sehr gut	– keine Immissionen, sehr gutes Wohnumfeld; Vorteile durch Klima, Freiräume, Aussicht oder besonderen Freizeitwert; aufgelockerte, höchstens zweigeschossige Bebauung; ruhige, verkehrsgünstige Grünlage; kein bzw. geringer Durchgangsverkehr

2. Modernisierung

Ein Altbau wird als „modernisiert" bezeichnet, wenn die Mehrzahl der nachfolgend aufgezählten Merkmale zutreffen:

– abgeschlossene Wohnungen
– (fast) alle Räume von der Diele aus erreichbar
– guter Wohnungsgrundriss, ausreichend Stellfläche für Möbel
– Toilette und Bad/Dusche in der Wohnung
– Zentralheizung (auch Nachtspeicheröfen)
– Warmwasseranschluss (fließendes Warmwasser)
– neuer bzw. aufgearbeiteter Fußboden(belag)
– zeitgemäße Elektroinstallation
– Bad gefliest, Küche zeitgemäß ausgestattet
– Fenster isolierverglast
– Antennenanschluss, Klingel, automatische Türöffner, Gegensprechanlage

Treffen nur wenige der Merkmale zu, so ist der Altbau als nicht modernisiert anzusehen.

Ist eine Wohnung durch eine (Voll-)Modernisierung einer Neubauwohnung gleichzustellen, d. h. treffen (fast) alle Modernisierungsmerkmale zu, bitte auch das Jahr der (Voll-)Modernisierung angeben.

3. Geschosslage

S = Souterrain
EG = Erdgeschoss
1. OG (usw.) = 1. Obergeschoss, 1. Etage
DG = Dachgeschoss

4. Zahl der Räume

alle Wohn-, Schlaf-, Kinder- und Arbeitszimmer, ohne Bad, WC, Flure und Dielen

5. Ausstattung Wohnungen

1 – abgeschlossene Komfortwohnung mit Zentral-/Etagenheizung; Bad und 2 WC in der Wohnung; großzügige Aufteilung; höherwertige Materialien wie Marmor, Parkett; exklusive Sanitärausstattung und Dekor-Fliesen

2 – abgeschlossene Wohnung mit Zentral-/Etagenheizung, Bad und WC in der Wohnung

3 – abgeschlossene Wohnung ohne Zentral-/Etagenheizung, Bad und WC in der Wohnung

4 – abgeschlossene Wohnung mit Zentral-/Etagenheizung, WC in der Wohnung, ohne Bad

5 – abgeschlossene Wohnung ohne Zentral-/Etagenheizung, WC in der Wohnung, ohne Bad

6 – abgeschlossene Wohnung mit Zentral-/Etagenheizung, WC im Treppenhaus, ohne Bad

7 – abgeschlossene Wohnung ohne Zentral-/Etagenheizung, WC im Treppenhaus, ohne Bad

8 – nicht abgeschlossene Wohnung mit Zentral-/Etagenheizung

9 – nicht abgeschlossene Wohnung ohne Zentral-/Etagenheizung

6. Ausstattung Gewerbeeinheiten

1 – gute (überdurchschnittliche) moderne Ausstattung je nach Art des Gewerbes

2 – normale (durchschnittliche) Ausstattung je nach Art des Gewerbes

3 – mäßige, nicht zeitgemäße Ausstattung je nach Art des Gewerbes

7. Geschäftslage – Ladenlokale

1 – Fußgängerzone von Bonn und tlw. von Bad Godesberg

2 – Citybereich der einzelnen Stadt- und Ortsteile, Randbereich der Fußgängerzone von Bonn-Bad Godesberg

3 – Geschäftsgrundstücke in Wohn-/Geschäftslagen außerhalb von Citybereichen der Stadt- und Ortsteile

4 – einzeln verstreute Geschäftsgrundstücke außerhalb von Geschäftslagen

IV § 197 BauGB   Befugnisse des Gutachterausschusses Anl. 4

40   Anlage 4: Erhebungsbogen zur Ermittlung von Kleingartenpachtzinsen

Anlage 4 zu § 197 BauGB:

Erhebungsbogen zur Ermittlung von Kleingartenpachten

Geschäftsstelle des Gutachterausschusses für Grundstückswerte

Anschrift:

Datum	
Aktenzeichen	
Bearbeiter	
Telefon	

Betr.: Führung der Kaufpreissammlung

Sehr geehrte

der Gutachterausschuss für Grundstückswerte hat nach dem Bundeskleingartengesetz für Kleingartenpachtverträge ein Gutachten über die ortsübliche Pacht im erwerbsmäßigen Obst- und Gemüseanbau zu erstatten. Die ortsübliche Pacht soll zur Festlegung der Kleingartenpacht dienen. Der Gutachterausschuss kann dieser Aufgabe jedoch nur nachkommen, wenn er über realistische, marktübliche Daten verfügt.

Wir bitten daher um Ihr Verständnis, wenn wir uns mit dem beigefügten Fragebogen an Sie wenden (Anlage). Wir wären Ihnen dankbar, wenn Sie uns entsprechende Auskünfte geben könnten.

Sollten Sie keine Pachtverträge abgeschlossen haben, bitten wir ebenfalls um Rückgabe des Fragebogens. Füllen Sie dann bitte nur das Feld II aus. Sollten Sie darüber hinaus Kenntnisse über Pachten im erwerbsmäßigen Obst- und Gemüseanbau haben, dann teilen Sie uns diese bitte im Feld III mit. Wir haben Ihnen einen Freiumschlag beigefügt.

Die Mitwirkung bei dieser Erhebung ist freiwillig. Aus einer Nichtbeantwortung der Fragen entstehen Ihnen keine Nachteile.

Wir versichern Ihnen, dass die von Ihnen erhaltenen Angaben nur zu dem o. g. Zweck verwendet und vertraulich behandelt werden.

Für Ihre Bemühungen bedanken wir uns recht herzlich.

Mit freundlichen Grüßen

Im Auftrag

Befugnisse des Gutachterausschusses Anl. 4 § 197 BauGB IV

Geschäftsstelle des
Gutachterausschusses
Katasteramt

Anschrift: _____, den _____

                                              Str. _____

                                              Tel. _____

Fragebogen über den Pachtzins im erwerbsmäßigen Obst- und Gemüseanbau (§ 5 BKleingG vom 28. 2. 1983) in der jeweils gültigen Fassung

I. ☐ Von mir wurde der folgende Pachtvertrag abgeschlossen:

a) ☐ mündlicher

   ☐ schriftlicher   Pachtvertrag vom _____

b) ☐ Dauer des Vertrags

   ☐ bis auf weiteres (Kündigungsfrist: _____)

   ☐ bis _____

c) (Ver-)Pächter

Name, Anschrift

d) ge-/verpachtete Flächen:

Gemeinde	Gemarkung	Flur	Flurstück	Fläche	Jahrespacht

e) Nutzung der Pachtfläche

   ☐ Obstanbau   Kulturart

   ☐ Gemüseanbau   Gemüseart

f) Die Pachtfläche grenzt an bereits vom Pächter bewirtschaftete Flächen an (Arrondierung)

   ☐ ja   ☐ nein   ☐ nicht bekannt

Kleiber

g) Mit der vereinbarten Pacht wird auch verpächtereigenes bauliches Kapital (Wirtschaftsgebäude, Wasserversorgung o.Ä.) bzw. Pflanzeninventar (Obstbäume oder andere Dauerkulturen) verzinst.

☐ nein

☐ ja, und zwar

II. ☐ Ein Pachtvertrag für Flächen des erwerbsmäßigen Obst- und Gemüseanbaus wurde von mir nicht abgeschlossen.

III. ☐ Über Pachten im erwerbsmäßigen Obst- und Gemüseanbau kann ich Ihnen folgende Erfahrungswerte mitteilen:

Ich bin damit einverstanden, dass die vorstehenden Angaben zu den in dem Begleitschreiben genannten Zwecken genutzt werden.

(Unterschrift)

§ 198 BauGB
Oberer Gutachterausschuss

(1) ₁Für den Bereich einer oder mehrerer höherer Verwaltungsbehörden sind Obere Gutachterausschüsse oder Zentrale Geschäftsstellen zu bilden, wenn in dem Bereich der höheren Verwaltungsbehörde mehr als zwei Gutachterausschüsse gebildet sind. ₂Auf die Oberen Gutachterausschüsse sind die Vorschriften über die Gutachterausschüsse entsprechend anzuwenden.

(2) ₁Der Obere Gutachterausschuss oder die Zentrale Geschäftsstelle haben insbesondere die Aufgabe, überregionale Auswertungen und Analysen des Grundstücksmarktgeschehens zu erstellen. ₂Der Obere Gutachterausschuss hat auf Antrag eines Gerichts ein Obergutachten zu erstatten, wenn schon das Gutachten eines Gutachterausschusses vorliegt.

Gliederungsübersicht   Rn.

1 Einrichtung Oberer Gutachterausschüsse oder Zentraler Geschäftsstellen
 (§ 198 Abs. 1 BauGB) 1
2 Aufgaben des Oberen Gutachterausschusses und der Zentralen Geschäftsstellen
 (§ 198 Abs. 2 BauGB)
 2.1 Allgemeines... 10
 2.2 Überregionale Marktanalysen (§ 198 Abs. 2 Satz 1 BauGB) 12
 2.3 Erstattung von Obergutachten (§ 198 Abs. 2 Satz 2 BauGB)
  2.3.1 Antragsberechtigung... 14
  2.2.1 Rechtliche Bedeutung des Obergutachtens 20

1 Einrichtung Oberer Gutachterausschüsse oder Zentraler Geschäftsstellen (§ 198 Abs. 1 BauGB)

§ 198 Abs. 1 Satz 1 BauGB gibt den Ländern auf, für den Bereich einer oder mehrerer höherer Verwaltungsbehörden (Regierungspräsident) **Obere Gutachterausschüsse** *oder* **Zentrale Geschäftsstellen** mit den in § 198 Abs. 2 BauGB konkretisierten Aufgaben **einzurichten.** Nach dem bis zum 1.7.2009[1] geltenden Recht waren die Länder lediglich zur Einrichtung Oberer Gutachterausschüsse ermächtigt, ohne davon Gebrauch machen zu müssen. Die Einrichtung Zentraler Geschäftsstellen war bis zum 1.7.2009 bundesrechtlich nicht vorgesehen.

Von der Möglichkeit, Obere Gutachterausschüsse einzurichten, hatten bis dahin nur die Länder *Brandenburg, Niedersachsen, Nordrhein-Westfalen, Sachsen-Anhalt, Rheinland-Pfalz* und *Thüringen* Gebrauch gemacht. In *Hessen* sind mit § 10 der hess. GutachterausschussVO auch ohne bundesrechtliche Ermächtigung Zentrale Geschäftsstellen eingerichtet worden. Mit Inkrafttreten der geltenden Fassung des § 198 Abs. 1 BauGB (am 1.7.2009) sind die Länder Baden-Württemberg, Bayern, Mecklenburg-Vorpommern, Saarland, Sachsen und Schleswig-Holstein verpflichtet worden, Obere Gutachterausschüsse oder Zentrale Geschäftsstellen einzurichten.

Die Verpflichtung zur Einrichtung Oberer Gutachterausschüsse oder Zentraler Geschäftsstellen besteht nach § 198 Abs. 1 Satz 1 Halbsatz 2 BauGB nur, wenn in dem Bereich der höheren Verwaltungsbehörde mehr als zwei Gutachterausschüsse gebildet sind. Damit sind die **Stadtstaaten** (*Berlin, Bremen* und *Hamburg*) von der Verpflichtung ausgenommen.

---

[1] Erbschaftsteuerreformgesetz – ErbStRG – vom 24.12.2008 (BGBl. I 2008, 3018).

3   Die Länder haben **von der Ermächtigung** nach dem Stand vom 1.7.2009 **wie folgt Gebrauch gemacht:**

- In *Brandenburg* ist ein Oberer Gutachterausschuss für den Bereich des Landes gebildet worden (§ 21 Abs. 1 GAV). Die Mitglieder des Oberen Gutachterausschusses werden vom Ministerium des Innern bestellt und sollen Mitglieder eines Gutachterausschusses sein. Als Mitglied des Oberen Gutachterausschusses können auch Bedienstete des Landes bestellt werden. Von der Mitwirkung an einem Obergutachten ist ein Gutachter des Oberen Gutachterausschusses jedoch ausgeschlossen, wenn er an dem Gutachten des örtlich zuständigen Gutachterausschusses mitgewirkt hat.

- In *Nordrhein-Westfalen* ist gemäß § 21 GAVO NW für den Bereich des Landes ein Oberer Gutachterausschuss gebildet worden. Die Mitglieder des Oberen Gutachterausschusses werden vom Innenministerium für die Dauer von fünf Jahren bestellt. Sie sollen Mitglieder eines Gutachterausschusses sein. Von der Mitwirkung an einem Obergutachten sind sie aber ausgeschlossen, wenn sie an dem Gutachten des örtlich zuständigen Gutachterausschusses mitgewirkt haben.

- In *Niedersachsen* wurde ein Oberer Gutachterausschuss für den Bereich des Landes gebildet. Die Mitglieder der Oberen Gutachterausschüsse werden von den Bezirksregierungen für die Dauer von fünf Jahren bestellt. Sie können gleichzeitig einem Gutachterausschuss angehören. Von der Mitwirkung an einem Obergutachten sind sie ausgeschlossen, wenn sie an dem Gutachten des örtlich zuständigen Gutachterausschusses mitgewirkt haben[2].

- In *Rheinland-Pfalz* wurde für den Bereich des Landes ein Oberer Gutachterausschuss gebildet, dessen Mitglieder von dem für das Vermessungs- und Katasterwesen zuständigen Ministerium bestellt und abberufen werden (§§ 17 bis 21 GAAVO).

- In *Sachsen-Anhalt* wurde für den Bereich des Landes ein Oberer Gutachterausschuss gebildet, dessen Mitglieder vom Ministerium des Innern bestellt werden. Der Vorsitzende soll Bediensteter der obersten oder einer höheren Vermessungs- und Katasterbehörde des Landes sein. Die Amtsperiode des Oberen Gutachterausschusses beträgt vier Jahre. Im Übrigen ist ein Mitglied des Oberen Gutachterausschusses von der Mitwirkung an einem Gutachten ausgeschlossen, wenn er an dem Gutachten des örtlich zuständigen Gutachterausschusses mitgewirkt hat.

- In *Thüringen* wurde ein Oberer Gutachterausschuss gebildet, dessen Mitglieder von dem für die Gutachterausschüsse zuständigen Ministerium berufen werden. Sie sind von der Mitwirkung an einem Obergutachten ausgeschlossen, wenn sie an dem Gutachten des örtlich zuständigen Gutachterausschusses mitgewirkt haben.

- In *Hessen* ist an Stelle eines Oberen Gutachterausschusses gemäß § 10 der GutachterausschussVO eine „**Zentrale Geschäftsstelle der Gutachterausschüsse für Grundstückswerte** des Landes Hessen – ZGGH" beim Hessischen Landesamt für Bodenmanagement und Geoinformation eingerichtet worden.

4   Die Möglichkeit, an Stelle von Oberen Gutachterausschüssen „Zentrale Geschäftsstellen der Gutachterausschüsse" einzurichten, wurde den Ländern eingeräumt, nachdem sie im Rahmen der Erbschaftsteuerreform 2009 der von der BReg[3] vorgesehenen Verpflichtung zur flächendeckenden Einrichtung von Oberen Gutachterausschüssen im Gesetzgebungsverfahren widersprochen hatten. Die Länder haben diese Verpflichtung insbesondere nicht für erforderlich angesehen, um die **Bodenrichtwertermittlung** zu vereinheitlichen und die Abstimmung zwischen den örtlichen Gutachterausschüssen zu verbessern und insbesondere auch bei örtlich unzureichender Datengrundlage aus regionalen und überregionalen Daten flächendeckende Daten für die Wertermittlung ableiten zu können. Nach Auffassung der Länder könne eine Vereinheitlichung der Bodenrichtwertermittlung nicht vom Oberen Gutachterausschuss geleistet werden, weil ihm „keinerlei Kontroll- und Weisungsbefugnis gegenüber den ört-

---

2 Hierzu RdErl. d. Nds. MS vom 6.3.1991 – 301 – 21013 –, GültL 392/19 –, Nds. MBl. 1991, 470 Tz. 404.
3 BT-Drucks. 16/7918, S. 22, 48.

lichen Gutachterausschüssen zustehe"[4]. Im weiteren Gesetzgebungsverfahren wurde deswegen den Ländern alternativ die Möglichkeit eingeräumt, zentrale Geschäftsstellen nach hessischem Vorbild zu bilden[5].

Nach § 10 Abs. 2 der Hess GutachterausschussVO nimmt die **Zentrale Geschäftstelle** folgende Aufgaben wahr: 5

(2) Die zentrale Geschäftsstelle legt in Abstimmung mit den Geschäftsstellen der Gutachterausschüsse verbindliche Standards im Hinblick auf die Bereitstellung eines aktuellen, flächendeckenden und einheitlichen Datenangebots fest. Sie ist zentrale Ansprechstelle für Informationen über die Gesamtheit der Gutachterausschüsse und hat insbesondere

1. die landesweite Einheitlichkeit der von den Gutachterausschüssen zu erhebenden und von den Geschäftsstellen geführten Daten und erstellten Produkte sicherzustellen,
2. Daten zu Kaufpreisobjekten, die in den Gutachterausschüssen nur vereinzelt auftreten, zu sammeln, auszuwerten und bereitzustellen,
3. die Abgabe von Daten, die den räumlichen Zuständigkeitsbereich eines einzelnen Gutachterausschusses überschreiten, an Dritte zu koordinieren und sicherzustellen,
4. den Grundstücksmarktbericht für das Land Hessen sowie sonstige Übersichten und Analysen zu erstellen und zu vertreiben,
5. verbindliche Standards und Geschäftsmodelle für die Datenvermarktung durch Dritte zu entwickeln,
6. die landesweite Öffentlichkeitsarbeit zu koordinieren und durchzuführen,
7. die generalisierten Bodenwerte nach § 15 Abs. 4 zu veröffentlichen,
8. den zentralen Internetauftritt sowie die Möglichkeit eines Online-Datenabrufs einzurichten und zu betreuen,
9. wertrelevante Daten in Form von Indexreihen, Umrechnungskoeffizienten, Liegenschaftszinssätzen, Marktanpassungsfaktoren und Vergleichsfaktoren landesweit aufzubereiten,
10. die Gutachterausschüsse und Geschäftsstellen bei der Fortbildung zu unterstützen.

Nach § 198 Abs. 1 Halbsatz 2 BauGB sind die **Vorschriften des BauGB über die Gutachterausschüsse auch auf die Oberen Gutachterausschüsse** (nicht jedoch auf die Zentralen Geschäftsstellen) **anzuwenden.** Die „entsprechende" Anwendung der Vorschriften bedeutet u. a., dass die Vorschriften nur insoweit auf den Oberen Gutachterausschuss anzuwenden sind, wie es dessen Aufgabenbereich entspricht. 6

– Da den Oberen Gutachterausschüssen bzw. den Zentralen Geschäftsstellen nicht die Führung und Auswertung einer Kaufpreissammlung, die Ermittlung von Bodenrichtwerten nach § 196 BauGB und die Ableitung erforderlicher Daten der Wertermittlung nach Abschnitt 2 der ImmoWertV obliegt, haben sie grundsätzlich auch keinen Anspruch auf Übersendung der Verträge nach § 195 Abs. 1 BauGB.
– Der Obere Gutachterausschuss hat im Rahmen der Erfüllung seiner Aufgaben jedoch die **Befugnisse nach § 197 BauGB.**
– Die Gutachter der Oberen Gutachterausschüsse unterliegen des Weiteren – wie die der Gutachterausschüsse selbst – der Verpflichtung, ihnen bekannt gewordene (personenbezogene) Daten geheim zu halten.

Der **Obere Gutachterausschuss und die Zentrale Geschäftstelle haben** im Übrigen **keine Fachaufsicht** oder allgemeine Weisungsbefugnis gegenüber den örtlichen Gutachterausschüssen. Die Geschäftsstellen des örtlichen Gutachterausschusses wirken jedoch im Wege der Amtshilfe an den vom Oberen Gutachterausschusses bzw. der Zentralen Geschäftsstelle zu erfüllenden Aufgaben mit. 7

Darüber hinaus sind die Länder mit § 199 Abs. 2 Nr. 1, 6 und 7 BauGB ermächtigt worden, **weitere Bestimmungen** über 8

---
4 BT-Drucks. 16/8547, S. 11.
5 BT-Drucks. 16/8547, S. 13.

IV § 198 BauGB   Oberer Gutachterausschuss

1. die Bildung und das „Tätigwerden" der Oberen Gutachterausschüsse[6],
2. die Übertragung weiterer in § 198 Abs. 2 BauGB nicht genannter Aufgaben auf den Oberen Gutachterausschuss und
3. die Entschädigung der Mitglieder des Oberen Gutachterausschusses

zu erlassen.

9   **Von der Ermächtigung** ist **wie folgt Gebrauch gemacht worden:**

a) *Erstattung von Obergutachten auf Antrag einer Behörde in einem gerichtlichen Verfahren*, wenn das Gutachten eines Gutachterausschusses bereits vorliegt[7];

b) *Erstattung von Obergutachten für einen nach § 193 Abs. 1 BauGB Antragsberechtigten*, wenn für das Obergutachten eine bindende Wirkung bestimmt oder vereinbart worden ist[8];

c) *Erarbeitung eines Landesgrundstücksmarktberichtes*[9];

d) *Erarbeitung von Übersichten und Analysen*[10];

e) *Empfehlungen zu besonderen Problemstellungen* für die *Gutachterausschüsse*[11];

f) *Erarbeitung von verbindlichen Standards für die Auswertung der wesentlichen Daten aus der Kaufpreissammlung*[12];

g) *Beratung der Gutachterausschüsse*[13];

h) *Unterstützung der Aus- und Fortbildung der Gutachterausschüsse*[14];

i) *Führung eines Bodenrichtwertinformationssystems*[15];

j) *Obergutachten auf Antrag einer für die Vorbereitung, Durchführung, Abwicklung oder Förderung städtebaulicher Sanierungsmaßnahmen zuständigen Behörde*, wenn ein Gutachten des Gutachterausschusses bereits vorliegt[16];

k) *Datensammlung und Auswertung von Kaufpreisobjekten, die bei den Gutachterausschüssen nur vereinzelt auftreten.*

---

6   Nds. DVBauGB (a.a.O.) und GAVO NW (a a.O.).
7   § 23 Abs. 1 nordrh.-westf. GutachterausschussVO; § 20 thür. GutachterausschussVO; § 21 GutachterausschussVO LSA.
8   § 25 nds. DVO-BauGB; § 23 Abs. 1 nordrh.-westf. GutachterausschussVO.
9   § 20 thür. GutachterausschussVO; § 23 Abs. 4 nordrh.-westf. GutachterausschussVO; § 21 GutachterausschussVO LSA.
10   § 20 thür. GutachterausschussVO.
11   § 20 thür. GutachterausschussVO.
12   § 23 Abs. 2 nordrh.-westf. GutachterausschussVO.
13   § 23 Abs. 5 nordrh.-westf. GutachterausschussVO.
14   § 23 Abs. 5 nordrh.-westf. GutachterausschussVO.
15   § 23 bbg. GutachterausschussVO; § 23 Abs. 6 nordrh.-westf. GutachterausschussVO.
16   § 25 Nr. 2 nds DVO-BauGB; RdErl. des nds. MS vom 2.5.1988 – 301 – 21013 –, Nds. MBl. 1988, 547, Nr. 228, 2.3; vgl. auch GemRdErl. vom 15.12.1978, Nds. MBl. 1979, 18.

2 Aufgaben des Oberen Gutachterausschusses und der Zentralen Geschäftsstellen (§ 198 Abs. 2 BauGB)

2.1 Allgemeines

Der Aufgabenbereich ist bundesrechtlich durch § 195 Abs. 2 BauGB vorgegeben.

1. Nach Satz 1 dieser Vorschrift haben der Obere Gutachterausschuss oder die Zentrale Geschäftsstelle insbesondere die Aufgabe, überregionale Auswertungen und Analysen des Grundstücksmarktgeschehens zu erstellen.
2. Nach Satz 2 hat der **Obere Gutachterausschuss auf Antrag eines Gerichts ein Obergutachten zu erstatten, wenn das Gutachten eines Gutachterausschusses bereits vorliegt.**

Die **Erstattung von Obergutachten ist** damit nur dem **Oberen Gutachterausschuss vorbehalten**, denn mit dem Verweis auf die entsprechende Anwendung der für Gutachterausschüsse geltenden Vorschriften ist nur für den Oberen Gutachterausschuss gewährleistet, dass die Mitglieder „in der Ermittlung von Grundstückswerten oder sonstigen Wertermittlungen sachkundig und erfahren" sind.

2.2 Überregionale Marktanalysen (§ 198 Abs. 2 Satz 1 BauGB)

Die mit § 198 Abs. 2 Satz 1 BauGB dem Gutachterausschuss gestellte Aufgabe, überregionale Auswertungen und Analysen des Grundstücksmarktgeschehens zu erstellen, gehört seit jeher zu den vornehmsten Aufgaben des Oberen Gutachterausschusses bzw. einer Zentralen Geschäftsstelle. Dieser Aufgabe kommen sie durch Vorlage von **Landesgrundstücksmarktberichten** nach.

Die Bedeutung dieser überregionalen Auswertung liegt vor allem darin, dass die Auswertungen der örtlichen Gutachterausschüsse zusammengefasst werden. Daten von Objekten, die bei den einzelnen Gutachterausschüssen nur vereinzelt vorhanden sind, können von dem Oberen Gutachterausschuss oder der Zentralen Geschäftsstelle gesammelt und ausgewertet und in dem **Grundstücksmarktbericht des Landes zusammen mit den Bodenrichtwertübersichten** veröffentlicht werden[17]. Die Auswertungsergebnisse sind den Gutachterausschüssen mitzuteilen.

2.3 Erstattung von Obergutachten (§ 198 Abs. 2 Satz 2 BauGB)

2.3.1 Antragsberechtigung

Nach § 198 Abs. 2 Satz 2 BauGB hat der Obere Gutachterausschuss die Aufgabe, auf Antrag eines Gerichts ein Obergutachten zu erstatten, wenn schon das Gutachten eines Gutachterausschusses vorliegt. Im Unterschied zu § 193 Abs. 1 Nr. 4 BauGB sind nach § 198 BauGB ausdrücklich nur die Gerichte und nicht auch die sonstigen Justizbehörden zur Beantragung eines Gutachtens des Oberen Gutachterausschusses ermächtigt; **ausgeschlossen sind** damit **die Staatsanwaltschaften**, sofern denen nicht ein Antragsrecht durch Landesrecht eingeräumt wird.

Antragsberechtigt ist also nur ein Gericht und auch nur dann, **wenn ein Gutachten bereits vorliegt**. Der Gesetzgeber wollte damit den Gerichten die Möglichkeit eröffnen, ein Gutachten des „Oberen Gutachterausschusses" einzuholen, wenn der örtlich zuständige Gutachterausschuss bereits „verbraucht" ist. Ob dafür eine zwingende Notwendigkeit besteht, muss aber bezweifelt werden. Zum einen kann das Gericht auf freie und auch auf öffentlich bestellte und vereidigte Sachverständige in derartigen Fällen zurückgreifen. Zum anderen

---
17 § 24 nds. DVO-BauGB; § 23 Abs. 3 nordrh.-westf. GutachterausschussVO; § 22 thür. GutachterausschussVO.

kann sich das Gericht im verwaltungsrechtlichen Verfahren ohne Verstoß gegen seine Aufklärungspflicht nach § 86 Abs. 1 VwGO auch auf gutachtliche Stellungnahmen anderer Behörden stützen, wenn die federführende Behörde die Stellungnahme schon im vorherigen Verwaltungsverfahren eingeholt hat[18].

16 Die **gerichtliche Entscheidung** darüber, **ob ein weiteres Gutachten eingeholt werden soll, steht im Rahmen der freien Beweiswürdigung** (vgl. § 108 Abs. 1 VwGO) **im pflichtgemäßen Ermessen** des Tatsachengerichts. Dieses Ermessen wird nur dann verfahrensfehlerhaft ausgeübt, wenn das Gericht von der Einholung eines weiteren Gutachtens oder eines Obergutachtens (z. B. nach Maßgabe des § 198 BauGB) absieht, obwohl die Notwendigkeit dieser weiteren Beweiserhebung (vgl. Rn. 9) sich ihm hätte aufdrängen müssen. Reicht indessen bereits ein eingeholtes Gutachten aus, um das Gericht in die Lage zu versetzen, die entscheidungserheblichen Fragen sachkundig beurteilen zu können, ist die Einholung eines weiteren Gutachtens oder Obergutachtens weder notwendig noch veranlasst[19].

17 Ob ein Gericht unter den Voraussetzungen des § 198 BauGB ein Obergutachten einholt, steht nach dem vorher Gesagten (Rn. 16) im tatrichterlichen Ermessen des Gerichts (§ 412 Abs. 1 ZPO). Vor allem wenn das vorliegende Gutachten keine groben Fehler aufweist, besteht kein Anlass zur Einholung eines Obergutachtens[20]. Die Einschaltung eines Obergutachtens setzt vielmehr voraus, dass ein vorliegendes **Gutachten grobe Mängel aufweist oder** die **Beweisfrage besonders schwierig** ist[21]. Des Weiteren wird dies bejaht, wenn ein neuer Gutachter über überlegene Forschungsmittel verfügt[22]. Vorhandene weitere Aufklärungsmöglichkeiten müssen sogar genutzt werden, wenn sie sich anbieten und Erfolg versprechen[23].

18 Besteht Anlass, ein weiteres Gutachten einzuholen, ist **nicht ausgeschlossen, dass** das **Gericht** nach § 412 Abs. 1 ZPO oder § 83 Abs. 1 StPO **eine neue Begutachtung** durch

– einen privat tätigen Sachverständigen oder

– eine andere Behörde

anordnet[24].

19 Von der Möglichkeit, ein **Gutachten des Oberen Gutachterausschusses** einzuholen, wurde bislang nur **in verhältnismäßig geringem Umfang** Gebrauch gemacht. Die Notwendigkeit der Einrichtung Oberer Gutachterausschüsse muss deshalb auch unter Berücksichtigung der Kosten in Frage gestellt werden. Einer personellen und sächlichen Stärkung der örtlichen Gutachterausschüsse ist von daher der Vorzug zu geben.

2.3.2 Rechtliche Bedeutung des Obergutachtens

20 **Der Obere Gutachterausschuss stellt** in Bezug auf ein vorliegendes Gutachten eines Gutachterausschusses **keine Rechtsmittelinstanz dar,** da nach § 193 Abs. 4 BauGB Gutachten ohnehin unverbindlich und keine anfechtbaren Verwaltungsakte sind (vgl. § 193 BauGB Rn. 67 ff.)[25]. Mit der Einrichtung der Oberen Gutachterausschüsse sollte vielmehr lediglich für die Fälle, in denen der Gutachterausschuss bereits „verbraucht" ist, ein weiteres Kollegialgre-

---

18 BVerwG, Beschl. vom 30.12.1997 – 11 B 3/97 –, GuG 1998, 247 = EzGuG 11.259a.
19 BVerwG, Urt. vom 6.2.1985 – 8 C 15/84 –, EzGuG 11.146.
20 BVerwG, Urt. vom 17.12.1959 – 4 C 278/57 –, DVBl. 1960, 287; LG Münster, Urt. vom 7.8.1963 – 8 S 153/63 –, EzGuG 11.36.
21 BGH, Urt. vom 10.3.1977 – III ZR 195/74 –, EzGuG 18.72; BGH, Urt. vom 17.2.1970 – III ZR 139/67 –, BGHZ 53, 245 = NJW 1970, 146.
22 BGH, Urt. vom 4.3.1980 – VI ZR 6/79 –, EzGuG 11.118; BGH, Urt. vom 5.12.1961 – VI ZR 261/60 –, EzGuG 11.23d; BGH, Urt. vom 9.2.1971 – VI ZR 142/69 –, EzGuG 11.77c; BGH, Urt. vom 18.3.1974 – III ZR 48/73 –, VersR 1974, 804 = MDR 1974, 739.
23 BGH, Urt. vom 12.1.1976 – VIII ZR 273/74 –, EzGuG 11.101a.
24 § 404 Abs. 1 ZPO; § 73 Abs. 1 StPO.
25 Zur Frage eines „Instanzenzuges" für die Verkehrswertermittlung der Gutachterausschüsse mit feststellender Wirkung vgl. Bielenberg empfehlen sich weitere bodenrechtliche Vorschriften im städtebaulichen Bereich, Rechtsgutachten zum 49. Dt. Juristentag Gutachten B 1972, S. B 121; Kleiber in Krautzberger, Städtebauförderungsrecht, II § 153 BauGB Rn. 114; Ernst/Hoppe, Das öffentliche Bau- und Bodenrecht, Raumplanungsrecht, 2. Aufl., München 1981 Rn. 775; Gewos-Gutachten, Bodenrechtsreform im sozialen Rechtsstaat, Gewos Schriftenreihe Bd. 9 1973, S. 125.

mium sachkundiger und erfahrener Gutachter geschaffen werden, das angerufen werden kann und dem für seine Gutachtenerstattung die Kaufpreissammlung des Gutachterausschusses zugänglich ist. Deswegen muss vom Oberen Gutachterausschuss gefordert werden, dass er auf der Grundlage größerer Sachkunde und besserer Erkenntnisquellen die Sachkompetenz aufweist, die bestehende Zweifel an einem vorliegenden Gutachten und möglicherweise gegensätzliche Auffassungen mehrerer vorher gehörter Sachverständiger auszuräumen vermag.

Hat ein Gericht ein Obergutachten des Oberen Gutachterausschusses eingeholt, so ist es auch hieran nicht gebunden. Der Sache nach handelt es sich auch bei den **Obergutachten um Sachverständigenbeweise** i.S. der §§ 402 ff. ZPO, denen sich ein Gericht anschließen kann, die aber in freier Beweiswürdigung auch ganz oder in Teilen unberücksichtigt bleiben können (vgl. Teil III Rn. 293 ff.). **21**

§ 199 BauGB
Ermächtigungen

(1) Die Bundesregierung wird ermächtigt, mit Zustimmung des Bundesrates durch Rechtsverordnung Vorschriften über die Anwendung gleicher Grundsätze bei der Ermittlung der Verkehrswerte und bei der Ableitung der für die Wertermittlung erforderlichen Daten einschließlich der Bodenrichtwerte zu erlassen.

(2) Die Landesregierungen werden ermächtigt, durch Rechtsverordnung

1. die Bildung und das Tätigwerden der Gutachterausschüsse und der Oberen Gutachterausschüsse, soweit in diesem Gesetzbuch nicht bereits geschehen, die Mitwirkung der Gutachter und deren Ausschluss im Einzelfall,
2. die Aufgaben des Vorsitzenden,
3. die Einrichtung und die Aufgaben der Geschäftsstelle,
4. die Führung und Auswertung der Kaufpreissammlung, sowie die Veröffentlichung der Bodenrichtwerte und sonstiger Daten der Wertermittlung und die Erteilung von Auskünften aus der Kaufpreissammlung,
5. die Übermittlung von Daten der Flurbereinigungsbehörden zur Führung und Auswertung der Kaufpreissammlung,
6. die Übertragung weiterer Aufgaben auf den Gutachterausschuss und den Oberen Gutachterausschuss und
7. die Entschädigung der Mitglieder des Gutachterausschusses und des Oberen Gutachterausschusses

zu regeln.

Gliederungsübersicht   Rn.

1 Allgemeines 1
2 Ermächtigung der Bundesregierung (§ 199 Abs. 1 BauGB)
    2.1 Entstehungsgeschichte 5
    2.2 Geltende Ermächtigungsnorm
       2.2.1 Allgemeines 10
       2.2.2 Erforderliche Daten der Wertermittlung 12
       2.2.3 Wertermittlungsvorschriften für Sanierungsgebiete und Entwicklungsbereiche 18
       2.2.4 Bodenrichtwertübersicht 20
3 Ermächtigungen der Landesregierungen (§ 199 Abs. 2 BauGB)
    3.1 Übersicht 22
    3.2 Bildung und Tätigwerden des Gutachterausschusses (§ 199 Abs. 2 Nr. 1 BauGB)
       3.2.1 Allgemeines 24
       3.2.2 Bildung von Gutachterausschüssen 25
       3.2.3 Tätigwerden von Gutachterausschüssen 28
    3.3 Aufgaben des Vorsitzenden (§ 199 Abs. 2 Nr. 2 BauGB) 31
    3.4 Einrichtung und Aufgabe der Geschäftsstelle (§ 199 Abs. 2 Nr. 3 BauGB) ... 32
    3.5 Ergänzende Ermächtigung zur Kaufpreissammlung sowie zur Veröffentlichung von Bodenrichtwerten und sonstiger Daten (§ 199 Abs. 2 Nr. 4 BauGB)
       3.5.1 Allgemeines 33
       3.5.2 Veröffentlichung sonstiger Daten der Wertermittlung 38
    3.6 Übermittlung von Daten der Flurbereinigungsbehörden (§ 199 Abs. 2 Nr. 5 BauGB) . 41
    3.7 Übertragung weiterer Aufgaben (§ 199 Abs. 2 Nr. 6 BauGB)
       3.7.1 Allgemeines 44
       3.7.2 Grundstücksmarktbericht 46

	3.7.3　Bodenrichtwertübersicht...	50
3.8	Entschädigung der Mitglieder des Gutachterausschusses (§ 199 Abs. 2 Nr. 7 BauGB)	51

1　Allgemeines

§ 199 BauGB enthält **Ermächtigungen des Bundes und der Länder zum Erlass von Rechtsverordnungen** zum Recht der Wertermittlung.　　**1**

– § 199 Abs. 1 BauGB ermächtigt die Bundesregierung zum Erlass von Vorschriften über die Anwendung gleicher Grundsätze bei der Ermittlung der Verkehrswerte und bei der Ableitung erforderlicher Daten.

– § 199 Abs. 2 BauGB ermächtigt die **Landesregierungen, Organisation und Verfahren der Gutachterausschüsse zu regeln (Durchführung des Wertermittlungsrechts** des Bundes).

Die Ermächtigung geht auf die Entscheidung des Gesetzgebers zum BBauG von 1960 zurück, **bundeseinheitliche Verfahrensgrundsätze zur Ermittlung des Verkehrswerts** in einer Rechtsverordnung vorzugeben (§ 144 BBauG).　　**2**

In dem RegEntw zum BBauG waren dagegen noch Bestimmungen über Verfahrensgrundsätze zur Verkehrswertermittlung oder zumindest der Hinweis auf die Anwendung des Vergleichs-, Ertrags- oder Sachwertverfahrens enthalten[1]. Aus Gründen der Vollzugsfähigkeit des Städtebaurechts wurde seinerzeit die Notwendigkeit gesehen, auf der Grundlage des Art. 84 Abs. 2 GG weiter gehende Vorschriften über die Verkehrswertermittlung zu erlassen[2]. Der seinerzeit federführende 24. BT-Ausschuss hat hieran anknüpfend der Bundesregierung den Erlass einer Rechtsverordnung empfohlen, um die Anwendung gleicher Grundsätze bei der Verkehrswertermittlung sicherzustellen[3]. Dem folgend wurde die Bundesregierung mit **§ 141 Abs. 4 BBauG 60** zum Erlass einer ImmoWertV[4] ermächtigt. Die Ermächtigung hatte folgenden Wortlaut:　　**3**

„Die Bundesregierung wird ermächtigt, mit Zustimmung des Bundesrates durch Rechtsverordnung Vorschriften zu erlassen, um die Anwendung gleicher Grundsätze bei der Ermittlung der Verkehrswerte zu sichern."

Die Ermächtigungsnorm wurde in der Folgezeit mehrfach geändert (vgl. Vorbem. zur Immo-WertV Rn. 1 ff.).　　**4**

2　Ermächtigung der Bundesregierung (§ 199 Abs. 1 BauGB)

2.1　Entstehungsgeschichte

▶ *Hierzu vgl. Vorbem. zum BauGB Rn. 4 ff.*

Die **Wertermittlungsverordnung in ihrer Ursprungsfassung vom 7.8.1961** wurde auf der Grundlage vorstehender Ermächtigung erlassen[5].　　**5**

1　Initiativentwurf zum BBauG vom 26.10.1955, BT-Drucks. II/1813, § 184 und S. 74; Entwurf eines Gesetzes zur Bodenbewertung und über Bodenrentenabgabe des GB/BHE, BT-Drucks. II/2132, vgl. auch Hauptkommissionsentwurf vom 2.3.1956, § 173, Schriftenreihe des BMWo Bd. 7, Begründung hierzu in Schriftenreihe des BMWo Bd. 9, S. 140.
2　Begründung zu § 168 des RegE eines BBauG vom 13.12.1956, BT-Drucks. II/3028, S. 136 und RegE eines BBauG von 1958, BT-Drucks. III/336, zu § 163.
3　BT-Drucks. III/1794, S. 102 ff. und BT-Drucks. III/zu 1794, zu § 161, S. 26.
4　Zur Regelungskompetenz vgl. Rechtsgutachten des BVerfG vom 16.6.1954 – 1 PBvV 2/52 – Schriftenreihe des BMWo Bd. 5, Bonn 1954.
5　WertV 61; BGBl. I 1961, 1183; die Begründung zur WertV von 1961 ist im BAnz. Nr. 154 vom 12.8.1961, S. 3 abgedruckt. Der Bundesrat hatte dem Verordnungsentwurf der Bundesregierung (BT-Drucks. 261/61) ohne Änderungen in seiner 236. Sitzung am 14.7.1961 gem. Art. 80 Abs. 2 GG mehrheitlich zugestimmt, nachdem der BR-Ausschuss für Wiederaufbau und Wohnungswesen in seiner 108. Sitzung am 6.7.1961 keine Änderungsanträge beschlossen und dem Bundesrat die Zustimmung empfohlen hatte (vgl. auch Sitzung des Unterausschusses vom 28.6.1961).

6 Mit Inkrafttreten des StBauFG vom 15.8.1972 (BGBl. I 1972, 1416) war Anlass für eine Novellierung der WertV von 1961 gegeben. Der Aufgabenbereich der Gutachterausschüsse wurde mit diesem Gesetz auf **die Ermittlung sanierungs- und entwicklungsunbeeinflusster Grundstückswerte** i. S. der § 153 Abs. 1 und § 169 Abs. 4 BauGB (§§ 23 und 57 Abs. 4 StBauFG), Neuordnungswerte i.S. der § 153 Abs. 4 und § 169 Abs. 8 BauGB (§ 25 Abs. 6 und § 59 Abs. 5 StBauFG), die Ermittlung von Ausgleichsbeträgen i.S. der §§ 154 f. BauGB (§ 41 Abs. 4 bis 11 StBauFG) sowie auf die für die Überführung von Grundstücken in das Treuhandvermögen eines Sanierungsträgers oder für die Rücküberführung maßgeblichen Werte i.S.d. § 160 Abs. 5 und 7 BauGB (§ 36 Abs. 5, 7 und 8 StBauFG) erweitert. Die Ermächtigungsgrundlage des BBauG 1961 (vgl. Rn. 3) wurde hierfür durch die Ermächtigungen des § 91 Nr. 1 und Nr. 2 StBauFG ergänzt; sie hatten folgenden Wortlaut:

„Die Bundesregierung wird ermächtigt, mit Zustimmung des Bundesrates durch Rechtsverordnung Vorschriften zu erlassen über

1. die Anwendung gleicher Grundsätze bei der Ermittlung der nach § 23 Abs. 1 bis 3 und nach § 57 Abs. 4 maßgeblichen Grundstücks- und Gebäudewerte,

2. die Anwendung gleicher Grundsätze bei der Ermittlung der Verkehrswerte nach § 25 Abs. 6 und § 59 Abs. 5 sowie der Erhöhung der Grundstückswerte nach § 41 Abs. 5."

7 Die **Begründung zu dieser Vorschrift** vermerkt lediglich, dass die Bundesregierung zusätzlich ermächtigt werde, „Vorschriften zu erlassen über die Anwendung gleicher Grundsätze bei der Ermittlung der maßgeblichen Grundstückswerte, wenn land- und forstwirtschaftliche Flächen in Anspruch genommen und wenn Grundstücke nach § 25 oder nach § 59 StBauFG veräußert werden"[6].

8 Die Novellierung wurde zum Anlass genommen, über eine Ergänzung der ImmoWertV durch Vorschriften zur Wertermittlung in förmlich festgelegten Sanierungsgebieten und Entwicklungsbereichen hinaus, „gewisse Klarstellungen und **Verbesserungen der bisherigen Vorschriften**" vorzunehmen (vgl. Vorbem. zur ImmoWertV Rn. 8)[7].

9 ▶ Zur Bedeutung dieser Ermächtigungsvorschrift vgl. Rn. 18 ff. sowie Teil VIII Rn. 5 ff.

2.2 Geltende Ermächtigungsnorm

2.2.1 Allgemeines

10 Mit **§ 199 Abs. 1 BauGB** wird die Bundesregierung ermächtigt, *„mit Zustimmung des Bundesrates durch Rechtsverordnung Vorschriften über die Anwendung gleicher Grundsätze bei der Ermittlung der Verkehrswerte und bei der Ableitung der für die Wertermittlung erforderlichen Daten einschließlich der Bodenrichtwerte"* zu erlassen. Der Wortlaut der (ab 1.7.2009) geltenden Ermächtigungsvorschrift lehnt sich damit an die vorangegangene Regelung an. In der **Begründung**[8] zu § 199 BauGB a.F. wird hierzu ausgeführt, dass sich die Ermächtigung darauf beschränkt, „im Interesse einer einheitlichen Rechtsanwendung nur Vorschriften über allgemeine Grundsätze der Wertermittlung zu erlassen. Darin sollen die allgemein anerkannten und überall angewandten Regeln und Verfahren für die Wertermittlung und die Ableitung der für die Wertermittlung erforderlichen Daten niedergelegt werden. Die Hinzufügung der „Ableitung der für die Wertermittlung erforderlichen Daten" ist nur aus Gründen der Klarstellung erfolgt. Dass gleiche Grundsätze auch hierfür gelten müssen, wenn die Wertermittlung und ihre Ergebnisse bundesweit im Interesse einheitlicher Lebens- und Wirtschaftsverhältnisse gleichmäßig und vergleichbar sein sollen, ist selbstverständlich."

---

6 BT-Drucks. zu VI/2204, S. 30.
7 BR-Drucks. 265/72, S. 3 ff.
8 BT-Drucks. 10/4630, zu § 199.

Der klarstellenden Hinweis in § 199 Abs. 1 BauGB, nach dem **zu den „für die Wertermittlung erforderlichen Daten" auch** die **„Bodenrichtwerte" gehören**, ist erst mit dem Erbschaftsteuerreformgesetz[9] – ErbStRG – vom 24.12.2008 in die Ermächtigungsnorm eingefügt worden. Dies wurde für erforderlich gehalten, um bundesrechtlich eine für die steuerliche Bewertung sachgerechte Ableitung der Bodenrichtwerte zu gewährleisten, denn die Ableitung von Bodenrichtwerten erfolgte in den Ländern nach teilweise erheblich voneinander abweichenden Grundsätzen. Grundlage war § 199 Abs. 2 Nr. 4 BauGB in der bis 31.12.2007 geltenden Fassung, der die Länder ermächtigte, die Ableitung der Bodenrichtwerte zu regeln. Die nunmehr geltende Fassung dieser Vorschrift ermächtigt die Länder nur noch, die *Veröffentlichung der Bodenrichtwerte* und sonstiger Daten der Wertermittlung zu regeln. Der Erlass von Vorschriften über die Ableitung von Bodenrichtwerten fällt nunmehr in die Bundeskompetenz. **11**

Eine bundesrechtliche Einheitlichkeit ist z. B. hinsichtlich der Ermittlung und Veröffentlichung der Bodenrichtwerte darin begründet, dass die Bodenrichtwerte **Grundlage der steuerlichen Bewertung** (§ 145 Abs. 3 und § 179 BewG) sind. In diesem Rahmen sind erhebliche Defizite sichtbar geworden, die einerseits in einer vielerorts unzureichenden Dichte und andererseits in Mängeln der eindeutigen Darstellung („Attributierung" der qualitativen Eigenschaften des Bodenrichtwertgrundstücks) gesehen werden müssen. Die Länder haben sich auch nicht zu einer einheitlichen Darstellungstechnik untereinander und selbst innerhalb eines Landes verständigen können. Bodenrichtwerte werden deshalb von den Gutachterausschüssen in den unterschiedlichsten und für überörtlich tätige Sachverständige oftmals missverständlichen Weisen publiziert[10]. Hierauf kann u. a. die aufgekommene Kritik an den Gutachterausschüssen zurückgeführt werden. Dass die Regelungskompetenz für die Veröffentlichung von Bodenrichtwerten im Rahmen der Erbschaftsteuerreform bei den Ländern geblieben ist, muss von daher als „halbherziger Schritt" betrachtet werden.

2.2.2 Erforderliche Daten der Wertermittlung

Der **Begriff der erforderlichen Daten** wird in § 193 Abs. 5 BauGB konkretisiert (vgl. § 193 BauGB Rn. 97). Die Vorschrift nennt daneben die eigenständig in § 196 BauGB geregelte Ableitung von Bodenrichtwerten. Gleichwohl sind auch diese den „für die Wertermittlung erforderlichen Daten" zuzurechnen. **12**

Der Verordnungsgeber hat mit den §§ 9 bis 14 ImmoWertV von der Ermächtigung Gebrauch gemacht, die **Ableitung dieser Daten** zu regeln. Die Ableitung **obliegt** nach § 193 Abs. 5 BauGB **den Gutachterausschüssen**; für diese sind die Vorschriften verbindlich. **13**

Gegenüber der Ermächtigungsnorm von 1976 wird in der geltenden Ermächtigungsvorschrift nicht mehr ausdrücklich die „Fortschreibung" der abgeleiteten erforderlichen Daten der Wertermittlung genannt. Bezüglich der **Fortschreibung dieser Daten** ist das darin begründet, dass die erforderlichen Daten zeitabhängige Größen sind und die Ableitung begrifflich auch deren Fortschreibung einbeziehen muss. Hierfür bedurfte es demzufolge keiner ausdrücklichen Ermächtigung. Die Fortschreibung der abgeleiteten Daten wird den Gutachterausschüssen für Grundstückswerte mit § 9 ImmoWertV bundesrechtlich in der Weise aufgegeben, dass die Daten „unter Berücksichtigung der *allgemeinen Wertverhältnisse*" auf dem Grundstücksmarkt abzuleiten sind, d. h., Änderungen der Lage auf dem Grundstücksmarkt verpflichten die Gutachterausschüsse zur Fortschreibung (§ 9 ImmoWertV Rn. 10). **14**

Grundsätzlich kann dies auch für die ausdrücklich nicht mehr hervorgehobene **Veröffentlichung** der erforderlichen Daten der Wertermittlung so gesehen werden, zumal an einheitlichen Grundsätzen der Veröffentlichungspraxis ein Bundesinteresse bestehen muss. Diese Daten sollen nämlich die Praxis der Gutachterausschüsse mit der der freien Sachverständigen verzahnen. Die Zurückhaltung des Bundes, Vorschriften über die Veröffentlichung dieser Daten zu erlassen, hat jedoch zu einer für außenstehende Sachverständige uneinheitlichen und **15**

---

9 BGBl. I 2008, 3018.
10 Kleiber in NZM 1999, 777; Deutscher Landkreistag in GuG 2000, 164.

schon deshalb mitunter missverständlichen Veröffentlichungspraxis der Gutachterausschüsse geführt. **Die** von den Gutachterausschüssen für Grundstückswerte **veröffentlichten erforderlichen Daten lassen oftmals nicht hinreichend die Ableitungsgrundlagen und die der Ableitung zu Grunde liegende Wertermittlungsmethodik erkennen.** Dies ist aber unter dem Grundsatz der Modellkonformität (zwischen Ableitung und Anwendung der erforderlichen Daten) eine grundlegende Voraussetzung für eine sachgerechte Anwendung dieser Daten. Es kommt hinzu, dass die von den einzelnen Gutachterausschüssen für Grundstückswerte abgeleiteten „erforderlichen Daten" nur eingeschränkt vergleichbar sind, weil sie für unterschiedliche und nicht mehr unmittelbar vergleichbare Objektgruppen abgeleitet werden. Wenn dies mit dem Hinweis auf regional unterschiedliche Verhältnisse begründet wird, so ist dies nicht gerade überzeugend und eher Ausdruck mangelnder Bereitschaft zur Zusammenarbeit. Die Gutachterausschüsse für Grundstückswerte haben sich bisher leider nicht auf einen einheitlichen Rahmen verständigen können, der es ihnen durchaus auch ermöglichen würde, die abgeleiteten erforderlichen Daten entsprechend den örtlichen Besonderheiten zu „verdichten".

16   Ob bei alldem der Bund ermächtigt ist, die Veröffentlichung der abgeleiteten erforderlichen Daten zu regeln, mag rechtlich problematisch sein, denn § 199 Abs. 2 Nr. 4 BauGB ermächtigt die Landesregierungen zum **Erlass von Vorschriften über die Veröffentlichung der Bodenrichtwerte und der** *sonstigen* (nicht der „erforderlichen") **Daten der Wertermittlung.** Diese stellen zumindest nach dem Wortlaut der Ermächtigungsnorm des § 199 BauGB ein Aliud gegenüber den erforderlichen Daten der Wertermittlung dar (vgl. Rn. 7, 39 f., § 9 ImmoWertV Rn. 5 sowie § 199 BauGB Rn. 95 und § 193 BauGB Rn. 16, 38 ff.).

17   Im Übrigen bleibt fraglich, ob es einer besonderen **Ermächtigung zum Erlass von Vorschriften über die Ableitung der für die Wertermittlung erforderlichen Daten** überhaupt bedurft hätte, da diese zum Zwecke der Verkehrswertermittlung abgeleitet werden und es insoweit einer besonderen Ermächtigung wohl nicht bedarf. Dass gleiche Grundsätze auch hierfür gelten müssen, wenn Wertermittlungen und ihre Ergebnisse bundesweit im Interesse einheitlicher Lebens- und Wirtschaftsverhältnisse vergleichbar sein sollen, ist selbstverständlich. Die ausdrückliche Erwähnung der „Ableitung erforderlicher Daten" kann deshalb nur als Klarstellung angesehen werden.

2.2.3 Wertermittlungsvorschriften für Sanierungsgebiete und Entwicklungsbereiche

18   Im Unterschied zu den früheren Ermächtigungsgrundlagen enthält das BauGB **keine ausdrückliche Ermächtigung zum Erlass von Vorschriften über Wertermittlungen in förmlich festgelegten Sanierungsgebieten und Entwicklungsbereichen** (bisher: § 91 Nr. 1 und 2 StBauFG; vgl. Rn. 6). Der Gesetzgeber hat eine dahingehende Ermächtigung als überflüssig angesehen, da die Grundsätze der Verkehrswertermittlung auch in diesen Veranstaltungsgebieten Anwendung finden. Das BauGB verwendet zwar in den §§ 153 ff. BauGB verschiedentlich den Begriff „Wert" an Stelle des Begriffs „Verkehrswert" (vgl. § 153 Abs. 1 und 5 BauGB), jedoch wird das Verkehrswertprinzip auch in diesem Rechtsbereich nicht aufgeben. Es geht auch in den förmlich festgelegten Sanierungsgebieten und Entwicklungsbereichen um die Ermittlung eines normativ festgelegten Verkehrswerts. Der A-Ber. zum StBauFG spricht im Hinblick auf den Ausschluss von Werterhöhungen auf Grund der Aussicht auf die Sanierung, ihre Vorbereitung und Durchführung von einem „modifizierten Verkehrswert"[11].

Dass eine Wertermittlung nach Maßgabe des § 153 Abs. 1 BauGB als eine modifizierte Verkehrswertermittlung anzusehen ist, wird heute nicht mehr ernsthaft in Frage gestellt. Im Hinblick auf die Erhebung von Ausgleichsbeträgen nach Abschluss des Sanierungsverfahrens müssen nach dieser Vorschrift zwar sanierungsbedingte Werterhöhungen unberücksichtigt bleiben; andererseits entspräche es jedoch nicht dem gewöhnlichen Geschäftsverkehr, wenn beim Erwerb eines ausgleichsbetragspflichtigen Grundstücks in erkennbarer Weise sanierungsbedingte Werterhöhungen in den Kaufpreis eingingen, obwohl der Erwerber insoweit

---

11   BT-Drucks. VI/2204, zu § 57; so auch BVerwG, Urt. vom 24.11.1978 – 4 C 56/76 –, EzGuG 15.9.

der Ausgleichsbetragspflicht nach den §§ 154 ff. BauGB unterliegt. Im Ergebnis würde nämlich der **Fall eines überhöhten Kaufpreises vorliegen, der nach der Definition des § 194 BauGB nicht für den Verkehrswert repräsentativ sein kann.** Schon bei der Verabschiedung des StBauFG ist deshalb darauf hingewiesen worden, dass es der besonderen Ermächtigung des § 91 Nr. 1 und 2 StBauFG nicht bedurft hätte, um die ImmoWertV durch Vorschriften über Wertermittlungen in förmlich festgelegten Sanierungsgebieten und städtebaulichen Entwicklungsbereichen zu ergänzen.

Generell kann auch darauf hingewiesen werden, dass die **Preisbildung auf dem Grundstücksmarkt durch eine Vielzahl abgabenrechtlicher Vorschriften gekennzeichnet ist** und die Erhebung von Ausgleichsbeträgen keinesfalls als eine Besonderheit mehr anzusehen ist. Genannt seien hier nur die Erhebung von Erschließungsbeiträgen, KAG-Beiträgen, naturschutzrechtlichen Kostenerstattungsbeträgen, Stellplatzabgaben, Versiegelungsabgaben und vieles mehr. Für den gewöhnlichen Geschäftsverkehr ist es von daher geradezu „alltäglich", solche Abgaben in die Preisbildung einzubeziehen, und kaum ein Sachverständiger spricht in diesem Zusammenhang mehr von einem „modifizierten" Verkehrswert. Der Bundesgesetzgeber, der noch mit dem BBauG von 1976 dies als eine Besonderheit gesehen hatte und die Verkehrswertdefinition (damals § 142 Abs. 1 BBauG 1976) mit einem ergänzenden Absatz versehen hatte, nach dem „insbesondere Vorschriften über die Berücksichtigung und Nichtberücksichtigung bestimmter Umstände" bei der Ermittlung des Verkehrswerts (gemeinen Werts) zu beachten sind (§ 142 Abs. 1 Satz 2 BBauG 76), hatte deshalb diese Regelung mit dem BauGB als eine „unbestrittene Selbstverständlichkeit" entfallen lassen[12]. **19**

▶ *Hierzu auch die Erläut. zum Teil VIII Rn. 5 ff.*

2.2.4 Bodenrichtwertübersicht

▶ *Hierzu Allgemeines bei § 196 BauGB Rn. 30 ff. und § 193 BauGB Rn. 101*

Bundesrechtlich enthält das BauGB keine Regelungen zur Zusammenstellung und Veröffentlichung von Übersichten über Bodenrichtwerte (Bodenrichtwertübersichten). Zum einen ist eine noch im BBauG 76 enthaltene ausdrückliche Ermächtigung zum Erlass entsprechender Vorschriften durch die Bundesregierung aufgegeben worden. Zum anderen werden mit § 199 Abs. 2 BauGB aber auch die **Landesregierungen nicht mehr zum Erlass entsprechender Regelungen** ausdrücklich **ermächtigt.** § 199 Abs. 2 Nr. 6 BauGB lässt dies jedoch als eine „weitere Aufgabe" des Gutachterausschusses, des Oberen Gutachterausschusses bzw. der Zentralen Geschäftsstelle (§ 198 BauGB) zu. Dies ist in der Zielsetzung des Bundesgesetzgebers begründet, das bundesrechtliche Wertermittlungsrecht zu straffen und sich bei Verfahrens- und Organisationsangelegenheiten zurückzuhalten[13]. **20**

In den Bodenrichtwertübersichten, die als **21**

– Karten oder

– Listen

geführt werden, **werden für typische Orte oder Ortsteile typische Bodenrichtwerte zusammengestellt**[14].

---

12 BT-Drucks. 10/4630 Nr. 97 zu § 194; abweigend von daher die Kritik von Zimmermann, WERTV 88 1. Aufl. München 1998, S. 445 ff.
13 BR-Drucks. 575/85, S. 153, 59.
14 Übersicht über die Bodenrichtwerte für typische Orte und Ortsteile, Bek. des IM von Meckl.-Vorp. vom 23.5.2000 – II 730 – (ABl. 2000, 1076).

3 Ermächtigungen der Landesregierungen (§ 199 Abs. 2 BauGB)

3.1 Übersicht

22 Mit § 199 Abs. 2 BauGB werden die Landesregierungen ermächtigt, Regelungen zu treffen, wie Organisation und Aufgabenbereich der Gutachterausschüsse es gebieten (Gutachterausschussverordnungen). Der Gesetzgeber geht dabei davon aus, dass die Gutachterausschüsse die Regeln eines geordneten Verwaltungshandelns auch dann beachten, wenn ihre Tätigkeit nicht durch detaillierte bundesgesetzliche Anweisungen bestimmt wird, sondern durch Verordnung und Richtlinien geordnet wird. Demgemäß überlässt es der Bundesgesetzgeber weitgehend den Ländern, was sie für regelungsbedürftig halten. § 199 Abs. 2 BauGB stellt einen Katalog regelungsbedürftiger Punkte dar, von dem die Nr. 4 besonders zu erwähnen ist, weil hiermit die wichtigen **Veröffentlichungspflichten des Gutachterausschusses** den Ländern übertragen worden sind.

▶ *Die Fundstellen der Landesverordnungen sind am Anfang dieses Werks in der Gesetzesübersicht abgedruckt.*

23 Im Einzelnen werden die **Landesregierungen in § 199 Abs. 2 BauGB ermächtigt, folgende Rechtsmaterien durch Rechtsverordnung zu regeln:**

- die Bildung und das Tätigwerden der Gutachterausschüsse und der Oberen Gutachterausschüsse (§ 199 Abs. 2 Nr. 1 BauGB)[15],
- die Mitwirkung der Gutachter und deren Ausschluss im Einzelfall (§ 199 Abs. 2 Nr. 1 BauGB),
- die Aufgaben des Vorsitzenden des Gutachterausschusses (§ 199 Abs. 2 Nr. 2 BauGB),
- die Einrichtung und die Aufgaben der Geschäftsstelle des Gutachterausschusses (§ 199 Nr. 3 BauGB),
- die Führung und Auswertung der Kaufpreissammlung (§ 199 Abs. 2 Nr. 4 BauGB),
- die Veröffentlichung der Bodenrichtwerte und „sonstiger" Daten der Wertermittlung (§ 199 Abs. 2 Nr. 4 BauGB),
- die Erteilung von Auskünften aus der Kaufpreissammlung (§ 199 Abs. 2 Nr. 4 BauGB),
- die Übermittlung von Daten der Flurbereinigungsbehörden zur Führung und Auswertung der Kaufpreissammlung (§ 199 Abs. 2 Nr. 5 BauGB),
- die Übertragung weiterer Aufgaben auf den Gutachterausschuss und den Oberen Gutachterausschuss (§ 199 Abs. 2 Nr. 6 BauGB) und
- die Entschädigung der Mitglieder des Gutachterausschusses und des Oberen Gutachterausschusses (§ 199 Abs. 2 Nr. 7 BauGB).

3.2 Bildung und Tätigwerden des Gutachterausschusses (§ 199 Abs. 2 Nr. 1 BauGB)

3.2.1 Allgemeines

24 Die Ermächtigung des § 199 Abs. 2 Nr. 1 BauGB betrifft zwei Bereiche,

a) die *Bildung,* d.h. die Einrichtung der Gutachterausschüsse, womit vor allem ihr räumlicher Zuständigkeitsbereich und ihre rechtliche Eingliederung in Land-, Kreis- und Gemeindeebene angesprochen sind, sowie

---

15 Der Gesetzgeber hat es versäumt, in die Regelung die mit dem ErbStRG in § 198 BauGB bundesrechtlich zugelassene Einrichtung Zentraler Geschäftsstellen (Inkrafttreten der Regelung zum 1.7.2009) aufzunehmen.

b) das *Tätigwerden,* d.h. die Organisation des Gutachterausschusses.

Zu beiden Bereichen sehen die Vorschriften der §§ 192 ff. BauGB bereits eine Reihe bundesrechtlicher Mindestanforderungen vor, zu deren Ergänzung die Landesregierungen ermächtigt sind.

3.2.2 Bildung von Gutachterausschüssen

Bundesrechtlich wird mit § 192 Abs. 1 BauGB lediglich vorgegeben, dass zur Ermittlung von Grundstückswerten und für sonstige Wertermittlungen **selbstständige und unabhängige Gutachterausschüsse** (flächendeckend) **im gesamten Bundesgebiet** einzurichten sind. Dieser Vorgabe sind die Länder nachgekommen. Man kann davon ausgehen, dass für das gesamte Bundesgebiet Gutachterausschüsse gebildet worden sind, und zwar entweder als Landesbehörden oder als kommunale Einrichtungen (*Baden-Württemberg* vgl. Erl. zu § 192 BauGB).

Eine Ausnahme besteht allenfalls für **gemeindefreie Bereiche**, in denen das BauGB keine Anwendung findet[16].

Zum **räumlichen Tätigkeitsbereich** enthält § 192 Abs. 1 BauGB keine Vorgaben mehr (vgl. hierzu § 192 BauGB Rn. 16 ff.).

3.2.3 Tätigwerden von Gutachterausschüssen

Die Regelungskompetenz über das Tätigwerden des Gutachterausschusses betrifft in erster Linie

– die Zuständigkeit des Gutachterausschusses,
– die Zusammensetzung des Gutachterausschusses,
– die Bestellung, Mitwirkung und Abberufung von Gutachtern des Gutachterausschusses,
– die Zusammenarbeit des Gutachterausschusses mit seiner Geschäftsstelle,
– die Regelung von Rechten und Pflichten der Mitglieder des Gutachterausschusses,
– die verfahrensrechtliche Ausgestaltung der Aufgabenerfüllung.

Nach dem Verfassungsgrundsatz „Bundesrecht vor Landesrecht" findet die **Landeskompetenz dort** ihre **Grenzen, wo bundesrechtliche Vorschriften Vorgaben** bereits gemacht haben. Dies sind vor allem die Regelungen der §§ 192 ff. BauGB selbst, die zum Tätigwerden des Gutachterausschusses bereits zahlreiche Vorgaben enthalten. Des Weiteren sind die Vorschriften des Strafgesetzbuchs über die Geheimhaltung zu erwähnen.

Darüber hinaus steht die Ermächtigung der Länder in **Konkurrenz zu landesrechtlichen Vorschriften**, insbesondere den Verwaltungsverfahrensgesetzen, Datenschutzgesetzen und Gemeindeordnungen der Länder.

3.3 Aufgaben des Vorsitzenden (§ 199 Abs. 2 Nr. 2 BauGB)

Ergänzend zu § 192 Abs. 2 und 3 BauGB werden die Landesregierungen ermächtigt, die Aufgaben des Vorsitzenden zu regeln. Es handelt sich hier um eine **Klarstellung zur Ermächtigung der Nr. 1.**

3.4 Einrichtung und Aufgabe der Geschäftsstelle (§ 199 Abs. 2 Nr. 3 BauGB)

§ 199 Abs. 2 Nr. 3 BauGB ermächtigt ergänzend zu § 192 Abs. 3 und § 196 Abs. 3 BauGB die Landesregierung, die Einrichtung und die Aufgaben der Geschäftsstelle des Gutachterausschusses zu regeln.

---

16 BVerwG, Urt. vom 21.8.1995 – 4 N 1/95 –, BVerwGE 99, 127 = NVwZ 1996, 265 = RdL 1995, 277 = BBauBl 1995, 888 = UPR 1995, 446 = BauR 1995, 804 = DÖV 1995, 1044 = DVBl 1996, 47 = BRS Bd. 57 Nr. 115 = DWW 1997, 48.

3.5 Ergänzende Ermächtigung zur Kaufpreissammlung sowie zur Veröffentlichung von Bodenrichtwerten und sonstiger Daten (§ 199 Abs. 2 Nr. 4 BauGB)

3.5.1 Allgemeines

33 § 199 Abs. 2 Nr. 4 BauGB ermächtigt die Landesregierung, durch Rechtsverordnung

1. die Führung und Auswertung der Kaufpreissammlung,
2. die Veröffentlichung der Bodenrichtwerte und sonstiger Daten der Wertermittlung und
3. die Erteilung von Auskünften aus der Kaufpreissammlung

zu regeln. Davon haben die Länder im Rahmen der von ihnen erlassenen **Gutachterausschussverordnungen** sowie durch **technische Anleitungen** Gebrauch gemacht[17].

34 Die Ermächtigungsnorm war im Rahmen der Novellierung des materiellen Wertermittlungsrechts des BauGB/BBauG schon im Jahre 1987 nicht unumstritten. Nach den Vorstellungen der Bundesregierung bestand Veranlassung, diese **Materie bundeseinheitlich zu regeln,** um hier eine Einheitlichkeit und nachhaltige Qualitätsverbesserung zu sichern. Auf der Ebene des Referentenentwurfs wurde diese Auffassung von den großen Städten auch unterstützt. Bereits nach den Empfehlungen des beratenden 15. BT-Ausschusses sollten jedoch die Landesregierungen hierfür Verantwortung tragen[18]. Hierbei ist es zunächst geblieben.

Im Rahmen der Erbschaftsteuerreform 2009 war es erneut ein Anliegen der BReg[19], die Regelungskompetenz über die „Führung und Auswertung" der Kaufpreissammlung auf den Bund zu verlagern, um „die Umsetzung der im Bewertungsrecht bundesgesetzlich geregelten steuerlichen Bewertung" zu gewährleisten sowie im Hinblick auf das generelle Erfordernis „größerer Transparenz auf dem Grundstücksmarkt" auf eine „bundesweit einheitliche Datengrundlage" zu stützen. Dafür sei entscheidend, dass der Bund die Grundsätze für die Ableitung bzw. Ermittlung aller für die Wertermittlung erforderlichen Daten einschließlich der Bodenrichtwerte regeln könne. Die Länder haben dem erneut widersprochen und darauf bestanden, die Führung und Auswertung der Kaufpreissammlung weiterhin zuregeln; lediglich die „Ermittlung der Bodenrichtwerte" wurde aus der Ermächtigungsnorm der Länder herausgenommen. Mit dem gleichzeitig geänderten § 199 Abs. 1 BauGB ist der Bund erstmals ausdrücklich ermächtigt worden, Vorschriften über die **„Anwendung gleicher Grundsätze bei der Ermittlung ...der Bodenrichtwerte"** zu erlassen.

35 Wie oben unter Rn. 11 dargelegt, ist nach wie vor eine bundesrechtliche Einheitlichkeit nicht nur bei der Ermittlung, sondern auch bei der Veröffentlichung der Bodenrichtwerte fachlich geboten. Das Gleiche gilt für die Veröffentlichung der aus der Kaufpreissammlung abgeleiteten erforderlichen Daten der Wertermittlung (§§ 9 ff. ImmoWertV). Aus den Veröffentlichungen sind für außenstehende Sachverständige, denen sie zu dienen bestimmt sind, oftmals die **Eigenschaften der Grundstücke, aus denen diese Daten abgeleitet worden sind** und auf die sie sich infolgedessen (nur) beziehen können, nicht erkennbar, um ggf. Unterschiede des im Einzelfall damit zu wertenden Grundstücks in angemessener Weise berücksichtigen zu können. Dabei muss auch die vom Gutachterausschuss angewandte Wertermittlungsmethodik einschließlich der zum Ansatz gekommenen Ausgangsparameter (z. B. Normalherstellungskosten) offengelegt werden, weil die abgeleiteten erforderlichen Daten nur im Zusammenhang mit der **angewandten Methodik** aussagekräftig sind.

36 Auch kann festgestellt werden, dass in einer Reihe grundsätzlicher Fragen die Gutachterausschüsse unter Hinweis auf ihre Unabhängigkeit und Weisungsungebundenheit oftmals ört-

---

17 Z. B. RiWert Rh.-Pf. und RdErl. des nordrh.-westf. MI und MJ vom 12.2.1999 (Kaufpreissammlung-Richtlinien; MinBl. NW 1999, 424 ff.).
18 § 144b BBauG des Referentenentwurfs; AK Gutachterausschüsse der FK Städtebau der Argebau Sitzung vom 19. bis 21.9.1974 in Ludwigshafen; BT-Drucks. 7/4793.
19 BT Drucks. 16/7918, S. 48.

lichen Neigungen folgend **methodische Sonderwege** beschreiten. Es gibt diesbezüglich in Deutschland leider kein länderübergreifendes koordinierendes Gremium mit „Leitplankenfunktion". Die Gutachterausschüsse sind da weitgehend sich selbst überlassen und überörtlich tätige Organisationen, wie z. B. der IVD, finden in der Öffentlichkeit größere Aufmerksamkeit, obwohl sie bei weitem nicht über das Kaufpreismaterial verfügen, das den Gutachterausschüssen zugänglich ist und mit öffentlichen Mitteln ausgewertet wird.

Die bisherigen Ansätze zu einer sinnvollen Vereinheitlichung und qualitativen Verbesserung der Ableitung und Veröffentlichung von Bodenrichtwerten und sonstigen Daten der Wertermittlung haben sich bei alledem auch auf Länderebene als unzureichend erwiesen und bedürfen einer **länderübergreifenden Bereitschaft**, die über Lippenbekenntnisse hinausgehen muss. Auch auf diesem Gebiet mangelt es an einem aufeinander abgestimmten Vorgehen der für das Gutachterausschusswesen zuständigen Ministerien der Länder.

3.5.2 Veröffentlichung sonstiger Daten der Wertermittlung

§ 199 Abs. 2 Nr. 4 BauGB ermächtigt des Weiteren die Landesregierungen im Wege einer **Rechtsverordnung**, die Veröffentlichung von „sonstigen" Daten der Wertermittlung zu regeln, ohne diese Daten selbst zu definieren.

Was als **sonstige Daten** i. S. des § 199 Abs. 2 Nr. 4 BauGB (vgl. § 193 BauGB Rn. 63; § 9 ImmoWertV Rn. 4) in Abgrenzung zu den „erforderlichen Daten" der Wertermittlung i.S. des § 199 Abs. 1 BauGB i.V.m. § 193 Abs. 3 BauGB zu verstehen ist, bedarf der Auslegung, denn der Gesetzgeber hat die Regelungskompetenz zwischen Bundes- und Landesregierung aufteilen wollen. Fest steht, dass der Begriff der „sonstigen" Daten umfassender als der Begriff der „erforderlichen" Daten ist. Allein vom Wortlaut her wäre daher der Schluss zu ziehen, dass der Bundesgesetzgeber die Landesregierungen zum Erlass von Vorschriften über die Ableitung sonstiger, aber zur Wertermittlung *nicht* erforderlicher Daten ermächtigt hat (argumentum e contrario).

Im Unterschied zur Ermächtigungsgrundlage des § 144 Abs. 1 Nr. 2 i.V.m. § 143a Abs. 3 BBauG 76 ermächtigt das BauGB die Bundesregierung nicht mehr zum Erlass von Vorschriften über die Fortschreibung und **Veröffentlichung der** mit den „wesentlichen" Daten der Wertermittlung i. S. des § 143a Abs. 3 BBauG 76 materiell identischen **erforderlichen Daten der Wertermittlung**. Mit § 199 Abs. 2 Nr. 4 BauGB hat der Bundesgesetzgeber neben der Veröffentlichung von Bodenrichtwerten expressis verbis nur die Veröffentlichung der „sonstigen Daten der Wertermittlung" der Regelung durch die Landesregierung unterstellt (vgl. hierzu auch die amtliche Begründung zur WertV 88 – Teil A Allgemeines –, in der auf die Verbindung von § 199 Abs. 2 Nr. 4 BauGB zu § 196 Abs. 3 BauGB – Veröffentlichung von Bodenrichtwerten –, nicht aber zu § 193 Abs. 3 BauGB – Ermittlung erforderlicher Daten – hingewiesen wird). Bezüglich der Veröffentlichung der Daten der Wertermittlung schließt die Ermächtigung des § 199 Abs. 2 Nr. 4 **BauGB** dennoch die nach § 193 Abs. 3 BauGB abgeleiteten „erforderlichen" Daten ein, denn dies zu regeln hat der Bundesgesetzgeber ersichtlich den Landesregierungen überlassen (vgl. § 9 ImmoWertV Rn. 2)[20].

3.6 Übermittlung von Daten der Flurbereinigungsbehörden (§ 199 Abs. 2 Nr. 5 BauGB)

Nach § 199 Abs. 2 Nr. 5 BauGB sind die Landesregierungen zum Erlass von Vorschriften über die **Übermittlung von Daten der Flurbereinigungsbehörde** ermächtigt. Die Bestimmung geht auf einen Vorschlag des Bundesrates zurück, dem sich der federführende BT-Ausschuss[21] im Hinblick auf die Auswertung des Flurbereinigungsplans „mit seinen Grundstücksübertragungen und Grundstückstauschvorgängen einschließlich der Geldabfindungen und Masselandverkäufen" angeschlossen hat. Vor allem der Grundstücksmarkt im „länd-

---

20 Hierzu Vorbem. zur ImmoWertV Rn. 15 ff.; auch amtl. Begründung zu Allgemeines (Teil A) zur WertV 88.
21 BT-Drucks. 10/6166, S. 163.

lichen Gebiet mit den teilweise spärlichen Verkaufsfällen" soll damit besser erfasst werden können. In diesem Zusammenhang ist auch darauf hinzuweisen, dass **Grundstücksan- und -verkäufe im Rahmen von Flurbereinigungsverfahren bereits von der Regelung des § 195 Abs. 1 BauGB miterfasst sind.** Ob und inwieweit die verschiedenen Arten des Landerwerbs über die Vorschriften der §§ 40, 44, 52, 54 Abs. 2, § 55 Abs. 1, § 88 Nr. 4 und § 89 FlurbG dem Gutachterausschuss mitzuteilen sind, sollen die Landesregierungen unter Berücksichtigung der landesspezifischen Besonderheiten bei der Durchführung der Verfahren nach dem FlurbG entscheiden.

42 Hierbei ist **entscheidungserheblich:**
- Die §§ 40, 88 Nr. 4 und 89 FlurbG regeln die Geldentschädigungen für Anlagen, die dem öffentlichen Verkehr, einem anderen öffentlichen Interesse dienen sowie für enteignungsgleiche Eingriffe bei sog. Unternehmensflurbereinigungen nach § 87 FlurbG. Die Übernahme dieser Entschädigung steht den Regelungen des § 195 Abs. 1 BauGB gleich.
- Die Geldabfindung nach § 52 FlurbG bei Aufgabe des Landanspruchs orientiert sich am Verkehrswert oder einem ihm „nahe kommenden Kapitalbetrag"; von daher bedarf die Heranziehung solcher Abfindungen zur Verkehrswertermittlung einer sorgfältigen Prüfung[22].
- Der Geldausgleich für Mehr- oder Minderzuteilungen nach § 44 Abs. 3 FlurbG sowie Verwertungserlöse aus Masselandverkäufen nach den §§ 54 f. FlurbG orientieren sich ebenfalls am Verkehrswert, so dass auch derartige Entgelte als Vergleichspreise geprüft werden müssen.

43 Im Einzelnen ist **von der Ermächtigung,** Daten der Flurbereinigung dem Gutachterausschuss zur Verfügung zu stellen, **wie aus Abb. 1 ersichtlich, Gebrauch gemacht worden.** Die Länder Brandenburg (§ 8 GutachterausschussVO) und Thüringen (§ 9 Abs. 8 GutachterausschussVO) geben ohne nähere Differenzierung den Flurbereinigungsbehörden die Übermittlung der zur Führung und Auswertung der Kaufpreissammlung erforderlichen Daten auf.

Abb. 1: **Übermittlung von Daten der Flurbereinigung**

Land	Vorschriften des						Rechts-grundlagen*
	Landw-AnpG § 58	FlurbG					
		§ 40	§ 52	§ 54	§ 55	§ 88	§ 89	
Baden-Württemberg	–	–	x	–	–	–	x	§ 9
Bayern	–	x	–	x	x	x	x	§ 10 Abs. 10
Berlin	–	–	–	–	–	–	–	–
Bremen	–	–	–	–	–	–	–	–
Hamburg	–	–	–	–	–	–	–	–
Hessen	–	x	–	x	x	x	x	§ 12 Abs. 2
Mecklenburg-Vorpommern	–	–	–	–	–	–	–	–
Niedersachsen	–	x	–	x	x	x	x	§ 18
Nordrhein-Westfalen	–	x	–	x	x	x	x	§ 8 Abs. 3
Rheinland-Pfalz	–	x	–	x	–	x	x	§ 17
Saarland	–	x	–	x	–	x	x	§ 15
Sachsen	x	x	x	x	x	x	x	§ 12
Sachsen-Anhalt	–	–	–	–	–	–	–	–
Schleswig-Holstein	–	–	–	–	–	–	–	–

* Fundstellen vgl. Zusammenstellung der Gesetze am Anfang dieses Werkes

---
22 Erlenbach in ZfV 1985, 557; Weiß in VR 1984, 30.

3.7 Übertragung weiterer Aufgaben (§ 199 Abs. 2 Nr. 6 BauGB)

3.7.1 Allgemeines

Die Ermächtigung des § 199 Abs. 2 Nr. 6 BauGB zur Übertragung weiterer Aufgaben auf den Gutachterausschuss und den Oberen Gutachterausschuss lässt Inhalt, Zweck und Ausmaß allenfalls aus dem „Sinnzusammenhang der Norm mit anderen Vorschriften" und dem Ziel, das die gesetzliche Regelung insgesamt verfolgt, herleiten[23]. **Art. 80 Abs. 1 GG** fordert dagegen, dass Inhalt, Zweck und Ausmaß der erteilten Ermächtigung im Gesetz bestimmt werden und für eine „weitere" im Gesetz vorgesehene Übertragung der Ermächtigung es einer Rechtsverordnung bedarf. Bei dieser Sachlage werden in nicht unbegründeter Weise im Schrifttum Zweifel dargelegt, ob die Ermächtigung einer weiteren Übertragung von Aufgaben einer verfassungsrechtlichen Prüfung standhält[24].

44

Weitere Aufgaben sind die Erstellung von

45

a) Grundstücksmarktberichten (§ 193 BauGB Rn. 103),

b) Bodenrichtwertübersichten (§ 196 BauGB Rn. 30 ff.; § 193 BauGB Rn. 101).

3.7.2 Grundstücksmarktbericht

▶ *Weitere Ausführungen bei § 193 BauGB Rn. 103 ff.*

Das BauGB spricht expressis verbis lediglich die Veröffentlichung der Bodenrichtwerte (§ 196 Abs. 3 sowie § 199 Abs. 2 Nr. 4 BauGB) und „sonstiger Daten der Wertermittlung" (§ 196 Abs. 2 Nr. 4 BauGB) an und ermächtigt ansonsten die Landesregierungen, das **Tätigwerden der Gutachterausschüsse** durch Rechtsverordnung zu regeln.

46

In der Praxis haben sich diesbezüglich Grundstücksmarktberichte bewährt, die von vielen Gutachterausschüssen, aber auch von Oberen Gutachterausschüssen (Brandenburg, Niedersachsen, Nordrhein-Westfalen) erstellt werden. Ein **Rahmenkonzept für den Aufbau von Grundstücksmarktberichten** hat eine Expertengruppe „Grundstückswertermittlung" im Arbeitskreis Liegenschaftskataster der Arbeitsgemeinschaft der Vermessungsverwaltungen der Länder der Bundesrepublik Deutschland (AdV) vorgelegt, das allerdings insbesondere im Hinblick auf die anzustrebende überregionale Vergleichbarkeit der Grundstücksmarktberichte als überholt gelten muss.

47

In den Gutachterausschussverordnungen der Länder ist die **Erstellung von Grundstücksmarktberichten unterschiedlich geregelt:**

48

Eine Reihe von Verordnungen sprechen die Erstellung von Grundstücksmarktberichten nicht direkt an, sondern weisen allenfalls auf die „Veröffentlichung der zur Wertermittlung erforderlichen Daten" hin. In anderen Bundesländern wird entweder die Geschäftsstelle des Gutachterausschusses (ggf. nach Weisung des Vorsitzenden) bzw. der Gutachterausschuss selbst zur Erstellung und Veröffentlichung von Grundstücksmarktberichten ausdrücklich verpflichtet oder es wird ihm als „Kann-Bestimmung" anheimgestellt.

Ausdrückliche **Regelungen, die den Gutachterausschuss bzw. seine Geschäftsstelle zur Erstellung von Grundstücksmarktberichten verpflichten,** enthalten folgende Gutachterausschussverordnungen:

49

Bayern: Die erforderlichen Daten sind „in geeigneter Weise" bekannt zu machen (§ 14 GAAVO).

Berlin: Nach § 15 Abs. 2 Nr. 4 der DVO-BauGB „hat" die Geschäftsstelle des Gutachterausschusses einen Grundstücksmarktbericht zu erstellen und zu veröffentlichen.

---

23 BVerfG, Beschl. vom 12.11.1958 – 2 BvL 4, 26, 40/56 –, BVerfGE 8, 274 (307).
24 Dieterich in Ernst/Zinkahn/Bielenberg, BauGB § 199 Rn. 28.

Brandenburg: Nach § 13 GutachterausschussVO „soll" der Gutachterausschuss Feststellungen über den Grundstücksmarkt, insbesondere über Umsatz- und Preisentwicklung, in einer Übersicht über den Grundstücksmarkt zusammenfassen und veröffentlichen.

Verwaltungsvorschrift zur Erstellung der Grundstücksmarktberichte im Land Brandenburg (Grundstücksmarktbericht-Richtlinie – GMB-RL).

Bremen: Nach § 15 Abs. 2 GAAVO „ist" über den Grundstücksmarkt regelmäßig, mindestens jährlich, durch Veröffentlichungen zu berichten. Dabei sind die Verhältnisse auf den Teilmärkten ... gesondert darzustellen.

Hamburg: Der Geschäftsstelle obliegt nach Weisung des Gutachterausschusses die Veröffentlichung der sonstigen erforderlichen Daten in einem jährlichen Grundstücksmarktbericht (§ 2 Abs. 2 Nr. 2 GAAVO).

Hessen: Die Geschäftsstelle hat nach Weisung des Gutachterausschusses die sonstigen Daten der Wertermittlung in Form eines Grundstücksmarktberichtes zu veröffentlichen (§ 9 Nr. 5 der hess. DVBauGB).

Mecklenburg-Vorpommern: Nach § 10 Abs. 3 Nr. 5 GutVO „obliegt" der Geschäftsstelle des Gutachterausschusses die Erstellung und Veröffentlichung des Grundstücksmarktberichtes.

Niedersachsen: Nach § 13 Abs. 1 Nr. 2 DVO-BauGB ist die Erstellung von Grundstücksmarktberichten Aufgabe des Gutachterausschusses.

Nordrhein-Westfalen: Nach § 13 Abs. 2 GutachterausschussVO „soll" der Gutachterausschuss Feststellungen über den Grundstücksmarkt, insbesondere über Umsatz- und Preisentwicklungen, in einer Übersicht über den Grundstücksmarkt zusammenfassen und veröffentlichen.

Rheinland-Pfalz: Nach § 11 Nr. 7 GAAVO „obliegt" der Geschäftsstelle des Gutachterausschusses nach Weisung des Vorsitzenden die Erstellung und Veröffentlichung des Grundstücksmarktberichtes.

Sachsen: Der Gutachterausschuss „kann" Berichte über den Grundstücksmarkt erstellen (§ 12 GAAVO).

Sachsen-Anhalt: Nach § 13 Abs. 4 VOGut „soll" der Gutachterausschuss Feststellungen über den Grundstücksmarkt, insbesondere über Umsatz- und Preisentwicklung, in einer Übersicht über den Grundstücksmarkt zusammenfassen (Grundstücksmarktbericht).

Thüringen: Nach § 13 GutachterausschussVO obliegt dem Gutachterausschuss die Veröffentlichung eines Grundstücksmarktberichtes (vgl. § 8 Nr. 6).

Die von den Gutachterausschüssen herausgegebenen **Grundstücksmarktberichte** stellen **weder eine amtliche Bekanntmachung** i.S. des **§ 5 Abs. 1 UrhG noch ein amtliches Werk** i.S.d. § 5 Abs. 2 UrhG dar[25], weil sie lediglich einer allgemeinen Information ohne regelnden Charakter dienen.

3.7.3 Bodenrichtwertübersicht

50 Die Vorschrift sieht **keine ausdrückliche Ermächtigung** zum Erlass von Regelungen über die Zusammenstellung und Veröffentlichung von Bodenrichtwertübersichten vor, schließt dies aber auch nicht aus.

> ▶ *Nähere Erläuterungen hierzu bereits Rn. 20, 45 sowie bei § 196 Rn. 73 ff., § 193 BauGB Rn. 101.*

---

25 BGH, Urt. vom 20.7.2006 – I ZR 185/03 –, GuG 2007, 121.

3.8 Entschädigung der Mitglieder des Gutachterausschusses (§ 199 Abs. 2 Nr. 7 BauGB)

▶ *Weitere Ausführungen zu den Gebühren der Gutachterausschüsse vgl. § 192 BauGB Rn. 57 ff. und zur Entschädigung der Gutachter vgl. § 192 BauGB Rn. 26, 57*

Mit § 199 Abs. 2 Nr. 7 BauGB werden die Landesregierungen ermächtigt, durch Rechtsverordnung die Entschädigung für die Mitglieder des Gutachterausschusses und des Oberen Gutachterausschusses zu regeln, wobei sich die Ermächtigung nicht auf die ehrenamtlichen Mitglieder i.S. des § 192 Abs. 2 BauGB beschränkt, sondern auch den Vorsitzenden einschließt. Dies kann aus der **Sicht der Rechnungsämter** zumindest in den ohnehin nicht unproblematischen Fällen bedenklich sein, in denen der Vorsitzende der Verwaltung angehört und seinen Aufgaben während der allgemeinen Dienstzeit auch nur teilweise nachkommt. 51

Nach § 1 Abs. 2 JVEG kommen die Entschädigungsvorschriften der Vergütungsvorschriften des **Justizvergütungs- und -entschädigungsgesetzes (JVEG)** auch zur Anwendung, wenn Behörden oder sonstige öffentliche Stellen von Gerichten zu Sachverständigenleistungen herangezogen werden[26]. Diese Regelung stellt nach *Dieterich*[27] eine **Einschränkung der landesrechtlichen Regelungskompetenz** dar (Art. 31 GG), jedoch muss in diesen Fällen unterschieden werden zwischen 52

- dem Entschädigungsanspruch der Behörde „Gutachterausschuss" nach § 1 Abs. 2 JVEG einerseits und
- dem Entschädigungsanspruch des Mitglieds der Behörde Gutachterausschuss nach Landesrecht andererseits.

---

26 OLG Stuttgart, Urt. vom 19.6.1987 – 1 Ws 195/87 –, MDR 1987, 1051; OLG München, Beschl. vom 13.4.1976 – 11 W 888/76 –, EzGuG 11.102; OLG Kiel, Beschl. vom 8.7.1964 – 1 B 7b 4/64 –, EzGuG 11.43; OLG Karlsruhe, Beschl. vom 14.12.1967 – 9 W 131/67 –, Rpfleger 1968, 234; OLG Saarbrücken, Beschl. vom 8.2.1965 – 5 W 96/64 – KostRspr. § 1 ZuSEG Nr. 10; LG Münster, Beschl. vom 11.10.1966 – 5 T 229/66 –, EzGuG 11.532.
27 Dieterich in Ernst/Zinkahn/Bielenberg, BauGB § 199 Rn. 39 (so jedenfalls zur Vorgängerregelung § 1 Abs. 2 ZSEG).

Teil V

Verkehrswertermittlung nach den Grundsätzen der Immobilienwertermittlungsverordnung

> *„Man muss die Dinge ändern,
> damit sie die gleichen bleiben."*
> *(Wahlspruch des Fürsten Fabrizio aus Tomosa de Lampedusa, Der Leopard)*

Verkehrswertermittlung nach den Grundsätzen der Immobilienwertermittlungsverordnung

---

Gliederungsübersicht   Rn.
1 Vorbemerkungen zur ImmoWertV
    1.1 Rechtsgrundlage 1
    1.2 Entstehungsgeschichte
       1.2.1 Ursprungsfassung (WertV 61) 2
       1.2.2 1. Novellierung (WertV 72) 6
       1.2.3 2. Novellierung (WertV 88) 8
       1.2.4 3. Novellierung (WertV 98) 12
       1.2.5 4. Novellierung (ImmoWertV 10) 13
    1.3 Allgemeine Zielsetzungen und Lösungen 15
    1.4 Aufbau der ImmoWertV 17
    1.5 Ergänzende Wertermittlungsrichtlinien
       1.5.1 WERTR 06 40
       1.5.2 WaldR 2000, LandR 78, ZierH 2000 und JagdH 01 50
       1.5.3 Bedeutung der ergänzenden Richtlinien 53

1 Vorbemerkungen zur ImmoWertV

1.1 Rechtsgrundlage

Das BauGB enthält nur die materielle Definition des Verkehrswerts, ohne seine Ermittlung verfahrensmäßig zu regeln. Das **BauGB ermächtigt** jedoch **mit seinem § 199 Abs. 1** die **Bundesregierung** mit Zustimmung des Bundesrates **durch Rechtsverordnung,**

– die Ermittlung des Verkehrswerts (Marktwert) und
– die Ableitung der für die Wertermittlung erforderlichen Daten einschließlich der Bodenrichtwerte

zu regeln (Immobilienwertermittlungsverordnung). Es bleibt fraglich, ob es einer besonderen Ermächtigung zum Erlass von Vorschriften über die Ableitung der für die Wertermittlung erforderlichen Daten überhaupt bedarf, da diese zum Zwecke der Verkehrswertermittlung abgeleitet werden und insoweit unter die dafür einschlägige Ermächtigung fallen. Dass gleiche Grundsätze auch hierfür gelten müssen, wenn Wertermittlungen und ihre Ergebnisse im Interesse einheitlicher Lebens- und Wirtschaftsverhältnisse bundesweit vergleichbar sein sollen, ist selbstverständlich. Die ausdrückliche Erwähnung der „Ableitung erforderlicher Daten" kann deshalb nur als Klarstellung angesehen werden (Abb. 1).

Abb. 1: Rechtsgrundlagen der Verkehrswertermittlung

▶ Zur Ermächtigungsgrundlage vgl. § 199 BauGB Rn. 3 ff. sowie Vorbem. zum BauGB Rn. 1 ff.

1.2 Entstehungsgeschichte

1.2.1 Ursprungsfassung (WertV 61)

2 Die geltende Immobilienwertermittlunsverordnung – ImmoWertV – ist aus der Wertermittlungsverordnung – **WertV** – **vom 7. August 1961** (BGBl. I 1961, 1183) hervorgegangen.

3 Die Ursprungsfassung der WertV 1961 geht darauf zurück, dass bis zu deren Erlass keine Rechtsvorschriften über die Ermittlung des Verkehrswerts von Grundstücken bestanden[1]. Mit der WertV 1961 sollte der **Unterschiedlichkeit der Ermittlungsmethoden,** die vielfach zu stark voneinander abweichenden Ergebnissen bei der Wertermittlung geführt hat, entgegengewirkt werden.

4 Diese Zielsetzung ist bereits in dem von der Bundesregierung beschlossenen Entwurf eines Bundesbaugesetzes[2], der noch keine Ermächtigungsvorschrift enthielt, erkennbar. § 168 Abs. 3 des Entwurfs regelt im Einzelnen, auf welchem Weg die Schätzstelle zu dem Verkehrswert zu gelangen hat. Der Gesetzesentwurf lehnt im Wesentlichen an den von der Hauptkommission für die Baugesetzgebung beim Bundesminister für Wohnungsbau vorgelegten Entwurf eines Baugesetzes vom 2. März 1956[3] an. Bereits in der Begründung des Gesetzentwurfs wird festgestellt, dass die allgemeinen Grundsätze des § 168 naturgemäß nicht ausreichen, „um zu gewährleisten, dass die Schätzstelle auch tatsächlich nach den gleichen Methoden und nach den gleichen Gesichtspunkten schätzt", und es allgemeiner Verwaltungsvorschriften bedarf, „die sich bis in die technischen Einzelheiten erstrecken müssen". Es war vorgesehen, über Art. 84 Abs. 2 GG zu gegebener Zeit entsprechende Vorschriften zu erlassen. Anstelle der im RegE vorgeschlagenen Festlegung der anzuwendenden Ermittlungsmethoden hat der Gesetzgeber die Bundesregierung schließlich ermächtigt, durch Rechtsverordnung mit Zustimmung des Bundesrates Vorschriften zu erlassen, um die Anwendung gleicher Grundsätze bei der Ermittlung der Verkehrswerte zu sichern.

5 Eine einheitliche Regelung konnte bis dahin nur durch Verwaltungsvorschriften erreicht werden. Für den Bereich der Bundesvermögens- und Bauverwaltung waren deshalb vom BMF

---

1 Begründung zur WertV 61, BAnz. Nr. 154 vom 12.8.1961; auch Prot. der 108. Sitzung des BR-Ausschusses für Wiederaufbau und Wohnungswesen vom 6.7.1961 und vom 28.6.1961; im Übrigen BR-Drucks. 281/61 und 236. Sitzung des Bundesrates vom 14.7.1961, S. 205.
2 BR-Drucks. 352/56 vom 28.9.1956.
3 Schriftenreihe des BMWo Bd. 7 Köln.

die Richtlinien für die Wertermittlung von Grundstücken vom 16.4.1955[4] erlassen worden, aus der die WertV 1961 hervorgegangen ist. Neben **einheitlichen Ermittlungsmethoden** war es auch Ziel der WertV 1961, im Interesse einer gleichmäßigen Handhabung und einer **besseren Vergleichbarkeit der Ergebnisse** die erforderlichen Begriffsbestimmungen zu geben, da gerade die Verwendung gleicher Begriffe, wenn sie verschieden verstanden werden, häufig Ursache von unterschiedlichen Ermittlungsergebnissen ist.

1.2.2   1. Novellierung (WertV 72)

Die Ursprungsfassung der Verordnung von 1961 (WertV 61) wurde aufgrund der Ermächtigungen des § 141 Abs. 4 BBauG 60 und § 91 Nr. 1 und 2 StBauFG 71 durch Verordnung vom 10.8.1972 (BGBl. I 1972, 1409) novelliert (WertV 72). Anlass hierfür war das im Vorjahr erlassene StBauFG. Deshalb ging es bei dieser Novellierung auch vornehmlich um eine Ergänzung der WertV um Vorschriften, die die **Anwendung gleicher Grundsätze bei der Ermittlung der für städtebauliche Sanierungsgebiete und Entwicklungsbereiche** maßgeblichen Boden- und Grundstückswerte gewährleisten sollten (§§ 21 bis 24 WertV 72 entsprechend §§ 26 bis 28 WertV 88/98). Bei dieser Gelegenheit wurden aber auch andere Wertermittlungsvorschriften der Entwicklung auf diesem Gebiet angepasst[5].

6

Die Novellierung wurde zum Anlass genommen, über eine Ergänzung der WertV durch Vorschriften zur Wertermittlung in förmlich festgelegten Sanierungsgebieten und Entwicklungsbereichen hinaus, „gewisse Klarstellungen und Verbesserungen der bisherigen Vorschriften" vorzunehmen[6]. Den von der Bundesregierung beschlossenen Entwurf einer Verordnung zur Änderung und Ergänzung der Verordnung über die Grundsätze für die Ermittlung des Verkehrswertes von Grundstücken hat der Bundesrat in seiner 383. Sitzung am 17.7.1972 mit insgesamt 11 vom federführenden BR-Ausschuss für Städtebau und Wohnungswesen empfohlenen Änderungsvorschlägen zugestimmt[7].

7

Die Bundesregierung hat die Empfehlungen des Bundesrates aufgegriffen und die ÄnderungsVO unter dem Datum des 10.8.1972 erlassen (BGBl. I 1972, 1409). Die novellierte **WertV i.d.F. der Bekanntmachung vom 15.8.1972** wurde im BGBl. vom gleichen Tage verkündet (BGBl. I 1972, 1417). Nach Art. 4 der ÄnderungsVO ist sie am Tage nach der Verkündung, also am 16.8.1972, in Kraft getreten.

1.2.3   2. Novellierung (WertV 88)

Eine weitere Novellierung der WertV wurde nach Verabschiedung der **BBauG-Novelle 1976** vorbereitet. Anlass dafür war, dass im Zuge der ersten durchgreifenden Novellierung des Bundesbaugesetzes – BBauG 60 – auch die Vorschriften des Siebenten Teils des BBauG über die Ermittlung von Grundstückswerten fortentwickelt wurden (BBauG 1976)[8]. Die Arbeiten an einer neuen WertV wurden deshalb schon gleich nach Verabschiedung des BBauG 1976 im Bundesministerium für Raumordnung, Bauwesen und Städtebau unter Beteiligung des Deutschen Städtetages[9], der ARGEBAU[10] und der Bundesressorts aufgenommen. Mit Rücksicht auf vordringlichere gesetzliche Maßnahmen sowie auf die Zweckmäßigkeit, Erfahrungen mit der zu regelnden Materie zu sammeln, erschien es jedoch vertretbar, die Einleitung eines Verordnungsgebungsverfahrens bis zur Verabschiedung des Baugesetzbuchs – BauGB – zurück-

8

---

4 BAnz Nr. 91 vom 12.5.1955.
5 Begründung BR-Drucks. 265/72.
6 BR-Drucks. 265/72, S. 3 ff.
7 BR-Drucks. 265/1/72 und 265/2/72.
8 U. a. von der Fachkommission „Kommunales Liegenschafts- und Vermessungswesen" des Deutschen Städtetags – z. B. 53. Sitzung am 18.5.1975; vgl. auch StenProt. der 33. Sitzung des 15. BT-Ausschusses für Raumordnung, Bauwesen und Städtebau am 12.11.1974, S. 33, 57 und 116, sowie dessen 40. Sitzung am 22.1.1975, S. 5; eine Verbesserung der Rechtsgrundlagen der WertV wurde im Übrigen unabhängig von dem im RegE zum BBauG 1976 vorgesehenen Übertragung eines maßnahmebedingten Wertausgleichs in das allgemeine Städtebaurecht gefordert.
9 Sitzungen des Arbeitskreises „Wertermittlung" des Deutschen Städtetags vom 19./20.4.1977, 14./15.6.1977, 3./4.8.1977, 4.10.1977, 23.3.1982 und 27.4.1983.
10 Sitzungen des Arbeitskreises „Gutachterausschüsse" der Fachkommission „Städtebau" der ARGEBAU vom 21./22.3.1977, 26./27.4.1977, 22./23.6.1977, 25./26.8.1977, 3./4.11.1977 und 25./26.2.1982.

zustellen[11]. Mit dem BauGB wurden die bisherigen Rechtsgrundlagen des Städtebaus, nämlich das BBauG und das StBauFG, zusammengefasst.

9   Erst **nach Verabschiedung des BauGB** wurden die Arbeiten an der Neufassung der WertV auf der Grundlage der **Ermächtigung des § 199 Abs. 1 BauGB** und der bisherigen Vorentwürfe unter Beteiligung von Experten aus den Bundesländern und den Kommunen wieder aufgenommen[12]. Dem ging eine Entschließung des Deutschen Bundestags voraus, mit der er anlässlich der dritten Beratung des BauGB die Bundesregierung aufforderte, in der **11. Legislaturperiode** das Ausführungsrecht zum BauGB zu novellieren. Dabei sollten erklärtermaßen die Entwicklung der Wertermittlungspraxis berücksichtigt und die Grundlagen der Wertermittlung durch materielle und verfahrenstechnische Vereinfachungen verbessert werden[13].

Als **Ziele der im Jahre 1988 novellierten Wertermittlungsverordnung (WertV 88)** werden in der amtlichen Begründung herausgestellt[14]:

a) Durch die Verordnung sollen gleiche Grundlagen und Materialien für die Wertermittlung durch amtliche und private Stellen geschaffen werden. Ziel der Verordnung ist erklärtermaßen eine größere Transparenz des Grundstücksmarktes, die es insbesondere dem einzelnen Bürger ermöglicht, Angebote am Grundstücksmarkt auf ihre Preiswürdigkeit hin zu prüfen oder prüfen zu lassen. In diesem Zusammenhang wird die im Zweiten Teil der WertV 88 geregelte und nach § 193 Abs. 3 BauGB den Gutachterausschüssen obliegende Ableitung der für die Wertermittlung erforderlichen Daten, wie Bodenpreisindexreihen, Umrechnungskoeffizienten, Liegenschaftszinssätze und Vergleichsfaktoren bebauter Grundstücke, genannt. Diese Daten sind nach § 8 WertV 88 abzuleiten und sollen die **Voraussetzungen** schaffen, **dass Verkehrswerte zu den verschiedensten Zwecken auf der Grundlage der von den Gutachterausschüssen ausgewerteten Kaufpreissammlung abgeleitet werden können.** Insbesondere sollen sie auch von den außerhalb der Gutachterausschüsse tätigen Sachverständigen herangezogen werden können. Es wird vom Verordnungsgeber erwartet, dass ihre Gutachten und deren Ergebnisse somit vergleichbar, den davon Betroffenen transparenter und verständlicher sowie unnötige prozessuale Auseinandersetzungen zwischen den Beteiligten vermieden werden. Voraussetzung hierfür ist allerdings deren Veröffentlichung, die vielerorts noch unzureichend erfolgt. Die Länder sind mit § 199 Abs. 2 BauGB ermächtigt, den rechtlichen Rahmen dafür vorzugeben.

b) Damit künftig bei jeder Wertermittlung der jeweilige Entwicklungszustand eines Grundstücks nach gleichen Grundsätzen beurteilt wird, werden mit dem § 4 WertV 88 für die Zwecke der Wertermittlung von Grundstücken **(bundes-)einheitliche Begriffsbestimmungen für die Kategorisierung des Grund und Bodens** unter Berücksichtigung der rechtlichen und tatsächlichen Merkmale vorgegeben (Flächen der Land- oder Forstwirtschaft, Rohbauland, Bauerwartungsland und baureifes Land). Hiermit soll einer immer wieder in Wissenschaft und Praxis erhobenen Forderung Rechnung getragen und eine verfahrenstechnische Vereinfachung herbeigeführt werden. In der Praxis wurden nämlich die nunmehr definierten Qualitätsstufen des Grund und Bodens – die Verordnung spricht vom „Entwicklungszustand" des Bodens – nicht selten mit unterschiedlichem Inhalt gebraucht.

c) Die Anwendung des **Vergleichswertverfahrens** soll entsprechend seiner hervorragenden Bedeutung, insbesondere im Hinblick auf seine Anwendung auf bebaute Grundstücke, **praxisgerechter** als bisher **ausgestaltet** werden.

d) Des Weiteren sollen die im Jahre 1972 in die WertV aufgenommenen **Vorschriften für förmlich festgelegte Sanierungs- und Entwicklungsbereiche** sowie für die dazugehörigen Ersatz- und Ergänzungsgebiete entsprechend den Erfordernissen der Praxis und dem in das Baugesetzbuch integrierten Sanierungs- und Entwicklungsmaßnahmenrecht **fort-**

---

11 Kleiber im BBauBl. 1988, 611.
12 Sitzung der Fachkommission „Städtebau" der ARGEBAU vom 22./23.10.1987 sowie Sitzungen des Arbeitskreises „Wertermittlung" des Unterausschusses „Kommunales Liegenschafts- und Vermessungswesen" des Bauausschusses des Deutschen Städtetags am 16.2.1987, 19./20.10.1987 sowie 18./19.4.1988.
13 BT-Drucks. 10/6252; BR-Drucks. 352/88, S. 28.
14 Kleiber in NVwZ 1989, 33; Kleiber in BBauBl. 1988, 611.

entwickelt werden. Diese Vorschriften (§§ 21 bis 24 WertV 72) hätten sich trotz ihres umfangreichen Textes teilweise als unzulänglich (z. B. § 22 Abs. 5 WertV 72) erwiesen und wurden durch straffere Vorschriften ersetzt.

e) Schließlich war nach über 16-jähriger Geltungsdauer der WertV 72 ganz allgemein Anlass gegeben, die Rechtsgrundlagen der Verkehrswertermittlung entsprechend der **Entwicklung der Wertermittlungspraxis fortzuschreiben.** Dies hat seinen Niederschlag in einer Vielzahl von strukturellen und materiellen Änderungen gefunden. Auch wenn dabei die drei klassischen Wertermittlungsverfahren in ihren Grundzügen erhalten geblieben sind, kann deshalb von einer durchgreifenden Neufassung der Wertermittlungsgrundsätze gesprochen werden. Von daher war es sachgerecht, die Wertermittlungsverordnung 88 im Wege des Erlasses einer Neufassung zu „novellieren".

Anhörungen zum überarbeiteten **Entwurf und dessen Abstimmung** erfolgten im Bundesministerium für Raumordnung, Bauwesen und Städtebau am 18.2.1988 (Berufsverbände), am 23.2.1988 (Wirtschaftsverbände), am 26.2.1988 (Kommunale Spitzenverbände), am 29.2.1988 (Bundesressorts) und am 10.3.1988 (Länderressorts). **10**

Der Referentenentwurf wurde mit Schreiben vom 30.6.1988 dem Bundeskabinett zugeleitet und von der Bundesregierung am 20.7.1988 beschlossen. Mit Schreiben vom 20.7.1988 an den Präsidenten des Bundesrates wurde die Zustimmung des Bundesrates nach Art. 80 Abs. 2 GG erbeten[15]. Der Bundesrat hat in seiner 593. Sitzung am 14.10.1988 der Verordnung mit zwei Änderungen zugestimmt. Zuvor hatte sich am 31.8.1988 der UA „Städtebau und Wohnungswesen" des Innenausschusses, am 7.9.1988 der Innenausschuss in seiner 587. Sitzung und der Agrarausschuss des Bundesrates in seiner 489. und 491. Sitzung vom 2. und 26.9.1988 beraten. **Den vom Bundesrat empfohlenen,** auf einen Antrag des Landes Nordrhein-Westfalen im BR-Ausschuss für Innere Angelegenheiten zurückgehenden **Änderungen ist die Bundesregierung beigetreten**[16]. Es handelt sich hierbei um folgende Änderungen: **11**

a) In § 4 WertV 88 wurde die Überschrift „Entwicklungszustand" durch „Zustand und Entwicklung von Grund und Boden" ersetzt, weil Flächen der Land- und Forstwirtschaft keine Entwicklungszustandsstufen seien und nicht der Eindruck entstehen dürfe, „alles Agrarland befinde sich in einer Vorstufe, nämlich in der Entwicklung zum Bauland".

b) In § 4 Abs. 2 Satz 1 WertV 88 wurde nach dem Wort „Zeit" das Wort „tatsächlich" eingefügt; diese Ergänzung soll das Gewollte klarstellen (vgl. § 5 ImmoWertV Rn. 152).

Die Wertermittlungsverordnung vom 6. Dezember 1988 – **WertV 88** – ist im Bundesgesetzblatt – BGBl. – Nr. 56 vom 13. Dezember 1988 auf S. 2209 veröffentlicht worden und ist nach Maßgabe des § 31 WertV 88 in Kraft getreten[17].

1.2.4 3. Novellierung (WertV 98)

Die WertV 88 wurde im Jahre 1997 erneut novelliert. Ausschlaggebend hierfür waren die mit der deutschen Einheit obsolet gewordene Berlin-Klausel (§ 30 WertV 88) und das Investitionserleichterungs- und Wohnbaulandgesetz[18]. Mit diesem Gesetz wurde die bereits mit § 6 und § 7 des Maßnahmengesetzes zum BauGB als Teil des damaligen Investitionserleichterungs- und Wohnbaulandgesetzes vom 17.5.1990 (BGBl. I 1990, 926) – zunächst befristet – in fortentwickelter Form wieder eingeführte Entwicklungsmaßnahme in das BauGB dauerhaft eingefügt (§§ 165 ff. BauGB). Danach werden städtebauliche Entwicklungsmaßnahmen nicht mehr im Wege einer Rechtsverordnung, sondern als Satzung festgelegt und aufgehoben. § 28 Abs. 2 WertV 88, der den für die Ermittlung der Anfangs- und Endwerte maßgeblichen Wertermittlungsstichtag bestimmte, knüpfte demgegenüber noch an die Rechtsverordnung an und war damit insoweit obsolet. **12**

---

15 BR-Drucks. 352/88; zu BR-Drucks. 352/88.
16 BR-Drucks. 352/1/88.
17 Die amtliche Begründung zu dieser Verordnung ist abgedruckt bei Kleiber/Simon, Marktwertermittlung, WertV 98, BundesanzeigerVerlag Köln, 6. Aufl. 2004.
18 Zuletzt i.d.F. der Bekanntmachung vom 28.4.1993; BGBl. I 1993, 662.

V ImmoWertV   Entstehungsgeschichte

Da das Gesetz zur Änderung des Baugesetzbuchs und zur Neuregelung des Rechts der Raumordnung (BauROG) vom 18.8.1997 – Bau- und Raumordnungsgesetz 98 (BGBl. I 1997, 2081) – an dieser Rechtsentwicklung festhielt, war Anlass gegeben, die **WertV 88 mit Art. 3 des BauROG der Rechtsentwicklung redaktionell anzupassen.** Darüber hinaus wurde die Überschrift des § 26 WertV 88 der mit dem BauROG 98 geänderten Verweisungskette des § 169 BauGB angepasst[19]. Schließlich war die Berlin-Klausel (§ 30 WertV 88) aufgrund des Sechsten Überleitungsgesetzes vom 25.9.1990 (BGBl. I 1990, 2106) gegenstandslos geworden und wurde ersatzlos gestrichen; die bisherige Inkrafttretensklausel (§ 31 WertV 88) wurde § 30 WertV. Die geänderte WertV ist am 1.1.1998 in Kraft getreten (Art. 11 Abs. 1 BauROG).

1.2.5   4. Novellierung (ImmoWertV 10)

13   Im Jahre 2007 hat das BMVBS eine erneute Novellierung der WertV eingeleitet, um die Entwicklungen auf dem Grundstücksmarkt, die zunehmende Internationalisierung der Immobilienwirtschaft und die Weiterentwicklung von Wissenschaft und Praxis der Wertermittlung zu berücksichtigen. **Erklärte Leitthemen** dieser Überlegungen waren:

- Verwaltungsvereinfachung,
- Verbesserung der Transparenz auf dem Grundstücksmarkt,
- bessere Vergleichbarkeit der Wertermittlungsergebnisse,
- Berücksichtigung weiterer Verfahrensvarianten im Ertragswertverfahren,
- Deregulierung (vgl. GuG-aktuell 2008, 18).

Im hierzu vorgelegten „Bericht des Sachverständigengremiums zur Überprüfung des Wertermittlungsrechts"[20] wurden eine Reihe von Vorschlägen unterbreitet, die in die Praxis bereits Einzug gehalten haben und in den Vorauflagen dieses Werks bereits entsprechend so dargestellt wurden. Zusammenfassend wurde vom Gremium festgestellt, dass sich die WertV 88 bewährt habe und die deutsche Wertermittlung im internationalen Vergleich eine führende Rolle einnimmt.

Die weitergehenden Überlegungen für die Novellierung der WertV haben gezeigt, dass die vom Sachverständigengremium gemachten Vorschläge in weiten Bereichen fachlich nicht tragfähig sind[21]. Bereits der von der Bundesregierung am 1. April 2009 beschlossene **1. Regierungsentwurf**[22] **weicht erheblich von den Vorschlägen der eingesetzten Arbeitsgruppe ab;** zahlreiche fachlich nicht tragfähige Vorschläge wurden fallen gelassen (Bodenrichtwertverfahren, Kapitalisierungszinssatz, Nachhaltigkeitspostulat u.s.w.).

Als **Eckpunkte der Neuregelungen** wurden herausgestellt:

1. Einbeziehung künftiger Entwicklungen

Klarstellung, dass die Verkehrswertermittlung nicht nur auf Ereignisse in der Vergangenheit reagiert, sondern immer die künftige Entwicklung, wenn sie sich anhand konkreter Anknüpfungstatsachen hinreichend sicher feststellen lässt, einbezogen werden muss (vgl. hierzu bereits § 194 BauGB Rn. 63).

2. Berücksichtigung besonderer Flächen

Da mit den in der WertV 88 geregelten Entwicklungsstufen keine (unmittelbare) Aussage zur Wertigkeit der Flächen verbunden ist, soll klargestellt werden, dass die konkrete städtebauliche Situation beispielsweise von Brachflächen, Konversionsflächen, Stadtumbaugebieten,

---

19   BT-Drucks. 13/6392, S. 28 und hierzu die Begründung auf S. 90.
20   Simon in GuG 2008, 132, 210.
21   Fischer, GuG 2009, 106; Kleiber, Novellierung der WertV: Neuer Wein in alten Schläuchen?, AIZ Das Immobilienmagazin 2009, 27 und 52; Bundesvereinigung Spitzenverbände der Immobilienwirtschaft (BSI) und der GdW (GuG 2008, 299); Esser, Anforderungen der Wohnungswirtschaft an eine Novellierung der WertV, GuG 2008, 263; Kleiber, Novellierung der Wertermittlungsverordnung (WertV), vhw-Veranstaltung am 8.11.2008; ders., Immobilien- und Schadenbewertung II, expert-Verlag Forum Eipos, Bd. 18.
22   BR-Drucks. 296/09 vom 3.4.2009 und BR-Drucks. 296/09 (Beschluss) vom 15.5.2009.

Flächen für die Nutzung von erneuerbaren Energien (z. B. Windparks zur Gewinnung von Windenergie) oder von Ausgleichsflächen für Eingriffe in Natur und Landschaft zu berücksichtigen sind (vgl. hierzu bereits § 5 ImmoWertV Rn. 14 f.).

3. Marktanpassung in der Verkehrswertermittlung

Zur Marktanpassung sind – entgegen den Regelungen der WertV 88 – zunächst die Lage auf dem Grundstücksmarkt und anschließend ggf. besondere objektspezifische Grundstücksmerkmale (z. B. Baumängel, Bauschäden) zu berücksichtigen.

4. Praxisgerechtere Ausgestaltung der Vorschriften zu den erforderlichen Daten

In die Vorschriften über die erforderlichen Daten sollen Regelungen zu Bodenrichtwerten (§ 196 BauGB) und Marktanpassungsfaktoren aufgenommen werden, weil diese bislang trotz ihrer überragenden praktischen Bedeutung nicht als erforderliche Daten in den §§ 8 ff. WertV 88 geregelt sind.

5. Eigenständige Regelung der Ermittlung des Bodenwerts

Die in der WertV 88 verstreuten Vorschriften zur Bodenwertermittlung sollen in einer einzigen Vorschrift zusammengefasst und gestrafft werden. In der neuen Vorschrift soll als Grundsatz vorgegeben werden, dass der Bodenwert ohne Berücksichtigung der Bebauung (keine generelle „Bodenwertdämpfung") zu ermitteln ist.

6. Einbeziehung weiterer Varianten des Ertragswertverfahrens

Das in diesem Werk seit der 1. Auflage behandelte „vereinfachte Ertragswertverfahren", das bislang „amtlich" nur durch die WERTR 2006 eingeführt ist, soll in die ImmoWertV aufgenommen werden. Es kommt im Gegensatz zu dem bislang in der WertV geregelten umfassenden Ertragswertverfahren ohne Bodenwertverzinsungsbetrag aus. Entsprechendes gilt auch für das mehrperiodische Ertragswertverfahren. Es handelt sich hierbei stets um ein- und dasselbe Verfahren, und die „mathematischen" Varianten müssen deshalb zu ein- und demselben Ergebnis führen[23].

7. Bessere Verständlichkeit/Straffung der Vorschriften zum Sachwertverfahren

Die Regelung zur Berücksichtigung von Baumängeln und Bauschäden soll nicht mehr im Abschnitt zum Sachwertverfahren, sondern bei der Vorschrift über die Verkehrswertermittlung (§ 8 ImmoWertV) im Anschluss an die Regelung zur Marktanpassung erfolgen. Dies entspräche der für das Sachwertverfahren gängigen und bewährten Praxis, Baumängel und Bauschäden erst nach der Marktanpassung anzusetzen, und stellt sicher, dass diese auch in anderen Wertermittlungsverfahren sachgerecht in Ansatz gebracht werden.

8. Deregulierung

Durch einen insgesamt klareren systematischen Aufbau sowie Straffung und Zusammenfassung von Einzelregelungen soll eine Verringerung der Anzahl der Vorschriften in der ImmoWertV erreicht werden.

Im Rahmen des außergewöhnlich (langwierigen) Verordnungsgebungsverfahrens ist die BReg zunächst mit ihrem 1. RegE gescheitert: **14**

Der Bundesrat hat am 15.5.2009 in seiner 858. Sitzung dem 1. RegE vom 1. April 2009 nur mit einer Reihe materiell bedeutsamer Maßgaben zustimmen können[24]:

1. Der Bundesrat hat die Zusammenfassung der bisherigen Regelungen der §§ 19, 24 und 25 WertV 88 über die subsidiäre Berücksichtigung besonderer objektspezifischer Grundstücksmerkmale in § 8 Abs. 3 ImmoWertV begrüßt, jedoch die vorgeschlagene Herausnahme, dieses für nahezu jede Marktwertermittlung wichtigen Verfahrensschrittes, aus den jeweiligen Wertermittlungsverfahren abgelehnt. Nach dem Beschluss des Bundesrates sind entsprechend der bisherigen Systematik der WertV, die besonderen objektspezifischen Grundstücksmerkmale „*in*" den jeweiligen Wertermittlungsverfahren zu berücksichtigen.

---

23 GuG 2008, 223.
24 BR-Drucks. 296/09 (Beschluss) vom 15.5.2009.

Der Beschluss des Bundesrates trägt der berechtigten Kritik am 1. RegE Rechnung, denn die darin vorgesehene Herausnahme der Berücksichtigung besonderer objektspezifischer Grundstücksmerkmale aus den Wertermittlungsverfahren hätte bedeutet, dass sich bei Anwendung des Vergleichs-, Ertrags- und Sachwertverfahrens ein anderer Vergleichs-, Ertrags- und Sachwert als nach bisherigem Recht ergibt. Nach dem 1. RegE hätte sich beispielsweise als „Sachwert" des Grundstücks lediglich ein sachwertorientierter Wert ergeben, mit dem wesentliche wertbestimmende Grundstücksmerkmale nicht berücksichtigt werden.

2. Vom Bundesrat wurde jedoch neben einer fakultativen Attributierung der Bodenrichtwerte (§ 10 Abs. 2 ImmoWertV) empfohlen, die in § 10 Abs. 3 des 1. RegE vorgesehene Regelung zur Abgrenzung von Bodenrichtwertzonen dahingehend abzuändern, dass eine Abweichung der Bodenwerte der einzelnen Grundstücke einer Zone bis zu 30% ober- oder unterhalb des Bodenrichtwerts (anstelle 20%) zulässig sein soll (vgl. § 10 ImmoWertV Rn. 2, 63 ff.).

3. Die weitergehenden **Empfehlungen der Ausschüsse**[25] wurden nicht vom Bundesrat übernommen.

Die BReg hat der vom Bundesrat vorgeschlagenen Heraufsetzung der Abweichungsquote unverständlicherweise nicht zustimmen wollen. Das Bundeskabinett hat am 24.3.2010 einen 2. RegE beschlossen und dem Bundesrat erneut zugeleitet (BR-Drucks. 171/10 vom 26.3.2010). Im 2. RegE wurde § 10 Abs. 3 i.d.F. des 1. RegE ersatzlos fallen gelassen (vgl. § 10 ImmoWertV Rn. 2, 63 f.). Der Bundesrat hat in seiner Sitzung am 7.5.2010 dem 2. RegE ohne Maßgaben zugestimmt. Zuvor hatten der Ausschuss für Agrarpolitik und Verbraucherschutz, der Finanzausschuss und der Wohnungsbauausschuss am 22. April 2010 dem 2. RegE einstimmig zugestimmt; lediglich im Finanzauschuss gab es eine Enthaltung. Die beschlossene Fassung ist nach ihrer Verkündung im Bundesgesetzblatt in Kraft getreten.

1.3 Allgemeine Zielsetzungen und Lösungen

15 Die ImmoWertV regelt:

a) Grundsätze für die Ermittlung des – *materiell* – in § 194 BauGB definierten Verkehrswerts von Grundstücken (auch von Teilen von Grundstücken) sowie von Rechten an Grundstücken – ausdrücklich auch von grundstücksgleichen Rechten und Rechten an diesen (vgl. § 1 Abs. 2 ImmoWertV sowie § 200 Abs. 2 BauGB, der allerdings nur die grundstücksgleichen Rechte anspricht) – in *verfahrensrechtlicher* Hinsicht;

b) die nach § 193 Abs. 3 BauGB den Gutachterausschüssen obliegende Ermittlung[26] „sonstiger zur Wertermittlung erforderlicher Daten einschließlich Bodenrichtwerte" (vgl. § 9 ImmoWertV Rn. 1 ff.);

c) Begriffsbestimmungen, die für die vorstehenden Wertermittlungen im Interesse einer einheitlichen Handhabung erforderlich sind.

16 Trotz der angestrebten materiellen und verfahrensrechtlichen Verbesserungen wird man – wie der BGH immer wieder festgestellt hat – an der Auffassung festhalten müssen, dass der **Verkehrswert eines Grundstücks** auch künftig **„keine genau errechenbare Größe"** ist (vgl. § 194 BauGB Rn. 118 ff.) und es sich bei seiner Ermittlung nur um eine bewährte Schätzung handeln kann[27]. Werden dabei alle den Verkehrswert beeinflussenden Faktoren nach den aner-

---

25 BR-Drucks. 296/09 vom 4.5.2009.
26 Gesetz- und Verordnungsgeber benutzen die Begriffe „Ermittlung" und „Ableitung" der erforderlichen Daten im Übrigen mit identischem Inhalt (vgl. einerseits § 193 Abs. 3 BauGB und andererseits § 199 Abs. 1 BauGB); unterschiedlich auch die WertV (einerseits Vorblatt der amtl. Begründung zur WertV, § 6 Abs. 1 Satz 1, § 8 Abs. 1 Satz 1 und § 9 Abs. 4 WertV und andererseits: § 11 Abs. 2 WertV).
27 BGH, Urt. vom 22.1.1959 – III ZR 186/57 –, EzGuG 6.38; BGH, Urt. vom 23.11.1962 – V ZR 259/60 –, EzGuG 20.32; BGH, Urt. vom 25.6.1964 – III ZR 111/64 –, EzGuG 20.37; BGH, Urt. vom 12.7.1965 – III ZR 214/64 –, EzGuG 2.8; *BGH, Urt.* vom 2.7.1968 – V Blw 10/68 –, EzGuG 19.14; BGH, Urt. vom 4.3.1982 – III ZR 156/80 –, EzGuG 11.127; BGH, Urt. vom 18.10.1984 – III ZR 116/82 –, EzGuG 15.34; auch zur Verkehrswertermittlung von Wertänderungen eines Grundstücks durch Dienstbarkeiten ist dies wiederholt bestätigt worden.

kannten Grundsätzen angemessen berücksichtigt, so stellt sich das Ergebnis als Verkehrswert des Grundstücks dar. Der so geschätzte Verkehrswert (Marktwert) ist in der Wirtschaft und im Rechtsleben (z. B. als Grundlage für Enteignungsentschädigungen und in der Umlegung) anerkannt (vgl. § 194 BauGB Rn. 125 ff.).

1.4 Aufbau der ImmoWertV

Die **ImmoWertV entspricht materiell der WertV 88/98** und sieht im Wesentlichen einen veränderten systematischen Aufbau und eine Verschlankung bestehender Regelung sowie die weitgehende Aufhebung der Regelungen zur Wertermittlung in Sanierungsgebieten und Entwicklungsbereichen sowie zur Enteignungsentschädigung vor.

Wie schon die WertV von 1961 hält auch die geltende ImmoWertV im Kern an der Unterteilung zwischen Vergleichs-, Ertrags- und Sachwertverfahren fest. Die Verfahren sind in ihren Grundzügen im **Abschnitt 3** geregelt, der als einziger Teil in Unterabschnitte untergliedert ist. Ihnen sind im **Abschnitt 1** allgemeine Grundsätze (Anwendungsbereich, Begriffsbestimmungen und allgemeine Verfahrensgrundsätze) sowie im **Abschnitt 2** die Grundsätze für die Ableitung der „Bodenrichtwerte und sonstiger erforderlicher Daten" vorangestellt. **Abschnitt 4** enthält die „Schlussvorschriften" (Abb. 2):

Abschnitt 1 der ImmoWertV regelt den Anwendungsbereich, Begriffsbestimmungen und allgemeine Verfahrensgrundsätze. Dabei wurde der Tatsache Rechnung getragen, dass bei jeder Verkehrswertermittlung grundsätzlich zwischen dem für

– die Qualifizierung des tatsächlichen und rechtlichen Zustands des zu wertenden grundstücksmaßgeblichen Zeitpunkts (Qualitätsstichtag) und
– dem Zeitpunkt, auf den sich die Wertermittlung beziehen soll (Wertermittlungsstichtag), unterschieden werden muss (§ 3 ImmoWertV).

Während bei Wertermittlungen zu privaten Zwecken (z. B. bei Verkaufsabsichten) beide Stichtage i.d.R. zusammenfallen, muss im öffentlich-rechtlichen Bereich, wie bei Wertermittlungen im Zuge von Umlegungs-, Enteignungs- und Sanierungsverfahren nach den §§ 45 ff., 93 ff. und 136 ff. BauGB, im Regelfall zwischen beiden Stichtagen unterschieden werden.

Abb. 2: Aufbau der ImmoWertV

Aufbau der ImmoWertV

ABSCHNITT 1
Anwendungsbereich, Begriffsbestimmungen und allgemeine Verfahrensgrundsätze
(§§ 1 bis 8 ImmoWertV)

ABSCHNITT 2
Bodenrichtwerte und sonstige erforderliche Daten (§§ 9 bis 14 ImmoWertV)

ABSCHNITT 3
Wertermittlungsverfahren (§§ 15 bis 23 ImmoWertV)

Unterabschnitt 1:	Vergleichswertverfahren	(§§ 15, 16 ImmoWertV)
Unterabschnitt 2:	Ertragswertverfahren	(§§ 17 bis 20 ImmoWertV)
Unterabschnitt 3:	Sachwertverfahren	(§§ 21 bis 23 ImmoWertV)

ABSCHNITT 4
Schlussvorschrift (§ 24 ImmoWertV)

ANLAGEN: Barwertfaktoren für die Kapitalisierung und Abzinsung

© W. Kleiber 09

Da bei allen zur Anwendung kommenden Wertermittlungsverfahren gleichermaßen **von jeweils marktorientierten Daten auszugehen** ist, sind mit den §§ 4 bis 6 ImmoWertV –

quasi vor die Klammer gezogen – die Vorschriften zusammengefasst worden, die die für die Vergleichbarkeit von Grundstücken wesentlichen Zustandsmerkmale tatsächlicher und rechtlicher Art namentlich aufführen.

20 Von besonderer Bedeutung ist dabei § 5 ImmoWertV, mit dem unter der Überschrift „Entwicklungszustand" bundeseinheitlich für Zwecke der Verkehrswertermittlung **Begriffsbestimmungen für Flächen der Land- oder Forstwirtschaft, Rohbauland, Bauerwartungsland und für baureifes Land** vorgegeben werden.

21 Die **Wahl der zur Anwendung kommenden Wertermittlungsverfahren** oder eines einzelnen Wertermittlungsverfahrens ist in § 8 Abs. 1 ImmoWertV geregelt. Sie stellt eine entscheidende Weichenstellung für die Verkehrswertermittlung dar. Die ImmoWertV nennt hier das Vergleichs-, Ertrags- und das Sachwertverfahren. Die Verfahren selbst sind im Abschnitt 3 der ImmoWertV geregelt. Nach den in § 8 Abs. 1 ImmoWertV genannten Grundsätzen bestimmt sich das Wertermittlungsverfahren nach:

a) den im gewöhnlichen Geschäftsverkehr bestehenden Gepflogenheiten, d.h. nach den Überlegungen, die im Grundstücksverkehr nach Art des Grundstücks für die Preisbemessung maßgebend sind, sowie

b) den sonstigen Umständen des Einzelfalls, worunter in erster Linie die dem Sachverständigen für die Wertermittlung zur Verfügung stehenden Vergleichsdaten zu verstehen sind.

Nach der Art des Gegenstands der Wertermittlung kann es beispielsweise angezeigt sein, das Vergleichswertverfahren anzuwenden. Stehen dem Sachverständigen aber keine geeigneten Vergleichspreise in ausreichender Zahl zur Verfügung, so sind dies Umstände, die ein **Ausweichen auf weniger geeignete Verfahren** rechtfertigen.

22 Von **zentraler Bedeutung** ist die in § 8 Abs. 2 und 3 ImmoWertV geregelte **Marktanpassung sowie die Berücksichtigung „besonderer objektspezifischer Grundstücksmerkmale"**. Die Regelung ist integraler Bestandteil der im Abschnitt geregelten Wertermittlungsverfahren. Daraus folgt, dass jeweils ergänzend zu den Regelungen des Vergleichswertverfahrens (§§ 15 und 16 ImmoWertV), des Ertragswertverfahrens (§§ 17 bis 20 ImmoWertV) und des Sachwertverfahrens (§§ 21 bis 23 ImmoWertV) die „besonderen objektspezifischen Grundstücksmerkmale" berücksichtigt werden müssen, um zum Vergleichs-, Ertrags- oder Sachwert zu gelangen.

▶ *Weitere Ausführungen vgl. § 8 ImmoWertV Rn. 1 ff.*

23 Im Abschnitt 3 werden allgemeine Grundsätze des

– Vergleichswertverfahrens *(Comparison Approach)*,

– Ertragswertverfahrens *(Rental Method)* und

– Sachwertverfahrens *(Cost Approach)*

geregelt. Bezüglich des in den §§ 17 ff. ImmoWertV geregelten Ertragswertverfahrens hat es in der Fachwelt erhebliche Irritationen gegeben, weil im Bericht der Arbeitsgruppe der Eindruck erweckt wurde, dass ein auf prognostischer Ertragsentwicklung basierendes *Discounted Cashflow* Verfahren in die Verordnung aufgenommen werden solle. Tatsächlich hat das Gremium dies aber gerade nicht vorgeschlagen; vielmehr hält es an dem international gebräuchlichen Ertragswertverfahren auf der Grundlage des Liegenschaftszinssatzes *(all over capitalization rate)* und der am Wertermittlungsstichtag „marktüblich" erzielbaren Erträge unmissverständlich fest. Die Irritationen sind durch fachlich unzutreffende Begründungen im Bericht der Arbeitsgruppe entstanden und haben in einer für ein Bundesministerium auffälligen Weise Eingang in die amtliche Begründung des RegE gefunden.

Tatsächlich enthält die ImmoWertV **keinerlei Regelungen über ein auf Prognosen gestütztes Ertragswertverfahren** *(Discounted Cashflow* Verfahren*)*:

a) Im Schrifttum und in der Praxis wird unter einem *Discounted Cashflow* Verfahren eine besondere Variante des Ertragswertverfahrens verstanden, bei dem nicht von den am Wertermittlungsstichtag marktüblich erzielbaren Erträgen, sondern von prognostizierten Erträgen ausgegangen wird. Diese Erträge werden konsequenterweise nicht unter Heranziehung des Liegenschaftszinssatzes *(all over capitalization rate),* sondern mit einem besonderen kapitalmarktorientierten Diskontierungs- bzw. Kapitalisierungszinssatz kapitalisiert. Es handelt sich um ein anerkanntes Verfahren der Unternehmensbewertung und der Ermittlung von Investitionswerten.

b) Da es derzeit kein für die Verkehrswertermittlung (Marktwertermittlung) geeignetes *Discounted Cashflow* Verfahren gibt, ist die Aufnahme des Verfahrens in die ImmoWertV von dem im Vorfeld der Novellierung einberufenen Gremium abgelehnt worden.

c) Das in der ImmoWertV geregelten Ertragswertverfahren lässt grundsätzlich nur eine sich auf marktüblich erzielbare Erträge stützende Ertragswertermittlung zu und schreibt für deren Kapitalisierung ausdrücklich die Heranziehung von Liegenschaftszinssätzen vor.

d) Demzufolge wird mit der ImmoWertV – entgegen zahlreichen fachlich unzutreffenden Ausführungen ihrer Begründung[28] – kein *Discounted Cashflow Verfahren* eingeführt. Die Begründung stützt sich dabei auf ebenso fachlich unzutreffende Ausführungen in dem vom BMVBS veröffentlichten Bericht des Sachverständigengremiums zur Überprüfung des Wertermittlungsrechts, mit dem schon zuvor der unzutreffenden Eindruck erweckt wurde, die ImmoWertV führe das *Discounted Cashflow* Verfahren ein. *Geppert/Werling*[29] bemerken hierzu, dass man dann auch eine „Packung Fischstäbchen als normierten Kabeljau" bezeichnen könnte.

e) Wegen der dadurch eingetretenen Irritationen („Mogelpackung"), ist vom Bund der öffentlich bestellten Sachverständigen (BVS)[30] eine Berichtigung der amtlichen Begründung gefordert worden, dem das Ministerium unverständlicherweise nicht nachgekommen ist.

f) Gleichwohl schließt die ImmoWertV ein auf Prognosen gestütztes *Discounted Cashflow* Verfahren auch nicht aus. Die vorstehend genannte Entscheidung des BVerwG[31], nach der weitere in der Wertermittlungspraxis unter anderer Bezeichnung angewandte Verfahren grundsätzlich anwendbar sind, gilt auch bezüglich des *Discounted Cashflow* Verfahrens. Allerdings haben sich in der Wertermittlungspraxis noch keine allgemein anerkannten Verfahrensgrundsätze eines *Discounted Cashflow* Verfahrens herausgebildet und auch die von der gif und dem BIIS entwickelten Verfahren haben keine allgemeine Anerkennung finden können. Abzulehnen sind insbesondere kommerziell angebotene *„Black Box"*-Verfahren, die vor deutschen Gerichten schon deshalb kaum Bestand haben können, weil dem Anwender und „Verbraucher" dieser Rechenverfahren die gemachten Ansätze undurchsichtig und unbegründet sind.

Tatsächlich wird mit der ImmoWertV das bisherige **Ertragswertverfahren** lediglich gleich **in drei materiell identischen Varianten** geregelt, die „auf den Cent genau" zu ein und demselben Ergebnis führen müssen und schon seit jeher Gegenstand dieses Werks waren[32]:

a) das sog. *„zweigleisige"* Ertragswertverfahren unter Aufspaltung in einen Boden- und Gebäudewertanteil,

b) das sog. *„eingleisige"* Ertragswertverfahren ohne Aufspaltung in einen Boden- und Gebäudewertanteil und

c) das sog. *partielle* (mehrperiodische) Ertragswertverfahren – auch Phasenmodell genannt – nach der allgemeinen Barwertformel.

Bei allen Verfahren soll – ausgehend von **marktüblich erzielbaren Erträgen** – die allgemein erwartete Ertragsentwicklung – anders als bei dem auf prognostischen Ansätzen basierenden

---

[28] Vgl. BT-Drucks. 296/09 sowie BT-Drucks. Begründung Ziff. III zum allgemeinen Teil und Begründungen zu §§ 16 und 17.
[29] Geppert/Werling, Praxishandbuch, Wertermittlung von Immobilieninvestments, 2009, S. 48.
[30] Schreiben des BVS vom 26 3.2009 an des BMVBS, vgl. auch Immobilien Zeitung vom 28.5.2009.
[31] BVerwG, Beschl. vom 16. 1. 1996 – 4 B 69/95 –, GuG 1996, 111 = EzGuG 15.83.
[32] GuG 2007, 223.

Discounted Cashflow Verfahren – nach dem diesbezüglich eindeutigen Wortlaut der Verordnung mit Hilfe des **Liegenschaftszinssatzes** berücksichtigt werden. Von daher sind die zahlreichen Hinweise in der Begründung auf das *Discounted Cashflow* Verfahren fachlich irreführend[33] und sind von der Fachwelt mit großer Verwunderung aufgenommen worden („Türkennovelle"[34]).

24 Die in Abschnitt 3 geregelten **Wertermittlungsverfahren stellen Hilfswege für die Ableitung des** normativ an dem Geschehen auf dem Grundstücksmarkt orientierten **Verkehrswerts dar**[35]. Nach der Terminologie der ImmoWertV erhält man als Ergebnis des angewandten Verfahrens den Vergleichs-, Ertrags- und Sachwert. Hierbei handelt es sich grundsätzlich nur um Zwischenwerte[36], die nicht zwangsläufig mit dem Verkehrswert identisch sind. Mit der ImmoWertV hat der Verordnungsgeber erklärtermaßen aber die Wertermittlungsverfahren dahingehend fortentwickeln wollen, dass die genannten Zwischenwerte möglichst direkt zum Verkehrswert führen. Dies kann allerdings nur erreicht werden, wenn Vergleichs-, Ertrags- und Sachwert im umfassenden Sinne der Lage auf dem Grundstücksmarkt entsprechen. Im Ergebnis geht die ImmoWertV auch in Bezug auf das Ertrags- und Sachwertverfahren von dem Verständnis aus, dass der Grundstücksmarkt vollständig in den Ertrags- und Sachwert eingehen soll; d.h., Ertrags- oder Sachwert soll mithin nicht mehr im engeren Sinne den Wert darstellen, den ein Grundstück

– allein im Hinblick auf die gegebenen Ertragsverhältnisse oder

– allein im Hinblick auf die darin verkörperten gewöhnlichen Herstellungskosten

unabhängig von dem im gewöhnlichen Geschäftsverkehr erzielbaren Preis hat.

25 Die **Wertermittlungsverfahren** werden in Abschnitt 3 der ImmoWertV lediglich **in ihren Grundzügen ohne Anspruch auf Vollständigkeit** geregelt. Damit ist die Anwendung anderer in der ImmoWertV nicht ausdrücklich geregelter Methoden nicht ausgeschlossen. Dies bedeutet aber andererseits auch nicht, dass damit jedes andere Verfahren zur Anwendung kommen kann; vielmehr muss es sich um geeignete Verfahren handeln, die zu einem sachgerechten Ergebnis i.S. der Verkehrswertdefinition führen.

26 Aufbauend auf den anerkannten Grundsätzen der in der ImmoWertV geregelten Wertermittlungsverfahren (Vergleichs-, Ertrags- und Sachwertverfahren) haben sich die Wertermittlungsverfahren in der Praxis fortentwickelt. Das BVerwG hat in seinem Beschluss vom 16.1.1996[37] hierzu festgestellt, dass zumindest in den Fällen, in denen eine der in der WertV vorgesehenen Methoden nicht angewendet werden kann, **auch andere geeignete Methoden** zur Anwendung kommen und entwickelt werden können. Auch lassen sich die geregelten Verfahren modifizieren:

a) In der Wertermittlungspraxis werden bei Anwendung des in den §§ 17 bis 20 ImmoWertV geregelten Ertragswertverfahrens die Möglichkeiten der Vereinfachungen, die dieses Verfahren insbesondere bei Objekten, deren Bebauung eine lange Restnutzungsdauer bietet, oftmals nicht erkannt. Hierauf wird in der Syst. Darst. des Ertragswertverfahrens hingewiesen. Im Hinblick auf die bestehenden Möglichkeiten, bei Anwendung des Ertragswertverfahrens auf die Ermittlung des Bodenwerts zu verzichten, spricht man auch vom **Vereinfachten Ertragswertverfahren,** das in der Syst. Darst. des Ertragswertverfahrens unter den Rn. 24 und 35 ff. behandelt wird.

b) Des Weiteren kommt z. B. im Rahmen von Investitionsüberlegungen hilfsweise auch das **Extraktionsverfahren** (**Residualwertverfahren**) insbesondere dann zur Anwendung, wenn es um die Verkehrswertermittlung umnutzungsbefangener Immobilien mit Entwicklungspotenzial geht. Bei Anwendung dieses Verfahrens wird – vereinfacht ausgedrückt –

---

33 Vgl. auch Stellungnahme des GdW in GuG 2008, 299 und Esser in GuG 2008, 263.
34 Vgl. Glosse in GuG-aktuell 2009, 9; Moll-Amrein, Der Liegenschaftszinssatz in der Immobilienbewertung, Diss. 2009 Wiesbaden.
35 Begründung zur WertV 61, BAnz. Nr. 154 vom 12.8.1961.
36 Begründung zur WertV 72, BR-Drucks. 265/72, S. 3.
37 BVerwG. Urt. vom 16.1.1996 – 4 B 69/95 –, GuG 1996, 111 = EzGuG 15.83.

der Verkehrswert eines Grundstücks aus dem z. B. im Wege des Vergleichs- oder Ertragswertverfahrens ermittelten Verkehrswert, der sich fiktiv nach Durchführung einer beabsichtigten Entwicklung ergibt, unter Berücksichtigung der Entwicklungs- und ggf. Herstellungskosten abgeleitet. Auch der Verkehrswert von warteständigem Bauland wird ähnlich abgeleitet, wenn dafür keine geeigneten Vergleichspreise zur Verfügung stehen. Dabei wird vom Verkehrswert für baureifes Land ausgegangen, der um die Kosten der Baulandentwicklung vermindert wird. Der Differenzbetrag stellt in solchen Fällen das Residuum dar, das dann Grundlage der Wertermittlung sein soll. Die Extraktion (Residualwertverfahren) ist allerdings nur dann geeignet, wenn die miteinander in Beziehung gesetzten Größen sich selbst am Verkehrswert orientieren (vgl. Syst. Darst. des Vergleichswertverfahrens Rn. 447 ff.).

Bei allen Wertermittlungsverfahren kommt es entscheidend darauf an, das **Geschehen auf dem Grundstücksmarkt** in die Wertermittlungsmethodik zu integrieren. Dies ist allein schon von der Methodik her am ehesten bei Anwendung des Vergleichswertverfahrens gewährleistet: **27**

– **Bei Anwendung des Ertragswertverfahrens** findet das Geschehen auf dem Grundstücksmarkt vor allem durch Ansatz marktgerechter Ertragsverhältnisse (Nutzungsentgelte und Bewirtschaftungskosten) sowie durch den aus Verkaufspreisen nach Maßgabe des § 14 Abs. 3 ImmoWertV abgeleiteten Liegenschaftszinssatz Eingang in das Wertermittlungsverfahren. Zudem sind nach § 8 Abs. 3 ImmoWertV ausdrücklich „besondere objektspezifische Grundstücksmerkmale" zu berücksichtigen, soweit sie noch nicht bei der Ermittlung des Ertragswerts nach den §§ 17 bis 20 ImmoWertV erfasst sind; dies gilt gleichermaßen für wohnungs- und mietrechtliche Bindungen (§ 6 Abs. 2 ImmoWertV).

– **Bei Anwendung des Sachwertverfahrens** stößt die Einbeziehung des Grundstücksmarktes erfahrungsgemäß auf die größten Schwierigkeiten. Zum einen entsprechen schon per definitionem die nach § 22 anzusetzenden gewöhnlichen Herstellungskosten nicht zwangsläufig dem, was im gewöhnlichen Geschäftsverkehr wertmäßig für das damit hergestellte Werk erzielt werden kann. Auch die Alterswertminderung gewährleistet noch keine Anpassung an den Marktwert. Deshalb wird regelmäßig eine Anpassung des vorläufigen Sachwerts an den Marktwert erforderlich (§ 8 Abs. 2 Nr. 1 ImmoWertV). Hierzu sollen die von den Gutachterausschüssen für Grundstückswerte nach § 14 Abs. 1 und 2 ImmoWertV abgeleiteten Sachwertfaktoren herangezogen werden. Darüber hinaus müssen „besondere objektspezifische Grundstücksmerkmale" (Baumängel und Bauschäden, eine wirtschaftliche Überalterung usw.) sowie wohnungs- und mietrechtliche Bindungen (§ 6 Abs. 2 ImmoWertV) nach § 8 Abs. 2 Nr. 2 ImmoWertV berücksichtigt werden, wobei die entsprechenden Zu- und Abschläge der Lage auf dem Grundstücksmarkt entsprechen müssen.

– Auch bei **Anwendung des Extraktionsverfahrens** (Residualwertverfahren) kann das ermittelte Residuum im Übrigen keinesfalls „automatisch" dem Verkehrswert gleichgesetzt werden. Auch hier muss ggf. das Ergebnis anderer angewandter Verfahren sowie die Lage auf dem Grundstücksmarkt berücksichtigt werden, um daraus den Verkehrswert abzuleiten.

Der Verordnungsgeber hat aber seine Augen nicht davor verschließen können, dass die vorstehende Zielsetzung in der Praxis nicht immer erreichbar sein wird. **§ 8 Abs. 1 Satz 3 ImmoWertV** enthält diesbezüglich eine **Angstklausel**. Danach ist der Verkehrswert aus dem Ergebnis des oder der herangezogenen Verfahren(s) unter Würdigung seiner oder ihrer Aussagefähigkeit zu ermitteln (vgl. Abb. 3). **28**

Abb. 3: Ableitung des Verkehrswerts aus dem Vergleichs-, Ertrags- und/oder Sachwertverfahren nach § 8 ImmoWertV

29 Geht man davon aus, dass die Möglichkeiten der Einbeziehung des Grundstücksmarktes in das Wertermittlungsverfahren selbst weitgehend ausgeschöpft worden sind, kann es sich bei der Anpassung an die **Lage auf dem Grundstücksmarkt** gemäß § 8 Abs. 2 Nr. 1 ImmoWertV nach den Vorstellungen des Verordnungsgebers nur noch um residuelle Anpassungen handeln, die dann aber auch begründet werden müssen. Die Vorschrift darf nicht dahingehend ausgelegt werden, dass in jedem Fall Zu- oder Abschläge z. B. an den Sachwert anzubringen sind. Die Vorschrift läuft also nach den vorherigen Ausführungen „leer", wenn die Marktlage bereits hinreichend in das Wertermittlungsverfahren Eingang finden konnte.

30 **Fazit:** Zusammenfassend ist festzustellen, dass es das vom Verordnungsgeber ausdrücklich verfolgte Ziel ist, die Lage auf dem Grundstücksmarkt auch bei Anwendung des Ertrags- und Sachwertverfahrens innerhalb des Verfahrens selbst zu berücksichtigen, so dass Ertrags- und Sachwert möglichst dem Verkehrswert entsprechen[38]. Die Verfahrensvorschriften sind hierauf angelegt.

31 **Abschnitt 2 der ImmoWertV** regelt zur Verbesserung der Wertermittlungsgrundlagen die Ableitung der „Bodenrichtwerte und sonstiger erforderlicher Daten der Wertermittlung". Es handelt sich dabei in erster Linie um (Bodenpreis-)Indexreihen, Umrechnungskoeffizienten, Liegenschaftszinssätze und Vergleichsfaktoren für bebaute Grundstücke. Nach **§ 9 Immo-**

---

38 BR-Drucks., 352/88, S. 43 f.

Aufbau der ImmoWertV

WertV „sind" diese Daten (vom Gutachterausschuss) abzuleiten und sollen vor allem beim Vergleichswertverfahren zur Berücksichtigung von Abweichungen der wertbeeinflussenden Merkmale der Vergleichsgrundstücke von dem zu bewertenden Grundstück herangezogen werden (vgl. §§ 11, 12 und 14 ImmoWertV).

Abschnitt 3 der ImmoWertV regelt in drei Abschnitten das Vergleichs-, Ertrags- und Sachwertverfahren; im engen Zusammenhang mit diesem Teil steht § 8 des Abschnitts 1, der die Wahl des Wertermittlungsverfahrens und die Ableitung des Verkehrswerts aus dem Ergebnis des angewandten Verfahrens regelt. **32**

a) Das in den §§ 15 und 16 ImmoWertV geregelte *Vergleichswertverfahren* wurde gegenüber dem bisherigen Recht unwesentlich modifiziert und durch eine Vorschrift über die Bodenwertermittlung ergänzt. **33**

b) Das in den §§ 17 bis 20 ImmoWertV geregelte *Ertragswertverfahren* entspricht in seinen Grundzügen dem bisherigen Recht der WertV 88/98. Die in § 17 ImmoWertV geregelten drei Varianten **(Allgemeines [umfassendes] Standardverfahren, vereinfachtes Ertragswertverfahren, mehrperiodisches partielles Ertragswertverfahren) stellen lediglich mathematisch unterschiedliche Ausformungen ein- und desselben Verfahrens dar und führen zu exakt identischen Ergebnissen.** Das bisher in § 20 WertV 88/98 geregelte Liquidationswertverfahren ist in § 16 Abs. 3 ImmoWertV aufgegangen, bei Anwendung des Ertragswertverfahrens ist in diesen Fällen von dem sich nach dieser Vorschrift ergebenden Bodenwert auszugehen. **34**

c) Das in den §§ 21 bis 23 ImmoWertV geregelte *Sachwertverfahren* wurde gegenüber dem bisherigen Recht in einer Reihe von Punkten geändert. Der Sachwert setzt sich wie bisher aus dem Wert der baulichen Anlagen, dem Wert der sonstigen Anlagen und dem Bodenwert zusammen. Der unter Berücksichtigung der (künftig linearen) Alterswertminderung ermittelte (vorläufige) Sachwert ist sodann mit Hilfe der von den Gutachterausschüssen abgeleiteten Sachwertfaktoren an die Lage auf dem Grundstücksmarkt anzupassen (§ 8 Abs. 2 Nr. 1 ImmoWertV). Besondere objektspezifische Grundstücksmerkmale sind, soweit sie noch nicht berücksichtigt worden sind, sodann in einem zweiten Schritt zu berücksichtigen (§ 8 Abs. 2 Nr. 2 ImmoWertV) und in den Sachwert einzubeziehen. Diese Reihenfolge entspricht der Praxis und ist geboten, denn die Sachwertfaktoren werden regelmäßig aus Vergleichsdaten ohne besondere objektspezifische Grundstücksmerkmale abgeleitet.

Besondere objektspezifische Grundstücksmerkmale sind die bislang in den §§ 19, 24 und 25 WertV 88/98 angesprochenen Baumängel und Bauschäden sowie sonstige wertbeeinflussende Grundstücksmerkmale (insbesondere eine wirtschaftliche Überalterung, ein überdurchschnittlicher Erhaltungszustand, von den marktüblich erzielbaren Erträgen abweichende Erträge). Soweit sich daraus eine Werterhöhung oder eine Wertminderung ergibt, sind sie in einer den Marktwert beeinflussenden Höhe zu ermitteln; die Schadensbeseitigungskosten können dafür nur einen Anhalt bieten. **35**

Mit der Regelung wird klargestellt, dass **Wertminderungen und Werterhöhungen aufgrund besonderer objektspezifischer Grundstücksmerkmale bei allen in Betracht kommenden Wertermittlungsverfahren in gleicher Höhe** Berücksichtigung finden. **36**

Abschnitt 4 der ImmoWertV (Schlussvorschrift) regelt nur noch das Inkrafttreten der ImmoWertV und das Außerkrafttreten der WertV. **37**

Die bisher in den §§ 26 bis 28 WertV 88/98 geregelte *Ermittlung des sanierungs- bzw. entwicklungsunbeeinflussten Grundstückswerts, des Neuordnungswerts* i.S. des § 153 Abs. 1 und Abs. 4 BauGB sowie die **Ermittlung von Ausgleichsbeträgen** nach den §§ 154 f. BauGB sind nicht in die ImmoWertV übernommen worden, da sie dem materiellen Recht des BauGB entsprechen (vgl. allerdings § 16 Abs. 5 ImmoWertV). **38**

Auch die Vorschrift des § 29 WertV 88/89 über das *Verbot von Doppelentschädigungen* bei der Ermittlung von **Vermögensnachteilen** nach § 96 BauGB unter Berücksichtigung von **39**

Vermögensvorteilen ist ersatzlos fortgefallen. Die Regelung entsprach dem im BauGB geregelten Entschädigungsrecht.

1.5 Ergänzende Wertermittlungsrichtlinien

1.5.1 WertR

Schrifttum: *Bundesverband Deutscher Grundstückssachverständiger (BDGS)*, Vorschläge zur Überarbeitung des Teil II WERTR 96, GuG 1999, 1; *Bertz, U.*, Neubekanntmachung der WERTR 02, GuG 2003, 22; *Schmalgemeier, H.*, Neue Wertermittlungsrichtlinien – Anforderungen der Praxis, GuG 1991, 41; *Simon, J.*, Anmerkungen zu den Wertermittlungs-Richtlinien, GuG 1992, 68; *Simon, J.*, Bewertung von Erbbaurechten nach WERTR 06, GuG 2006, 129; *Simon, J.*, Verkehrswert von Wohnungsrecht und Nießbrauch nach WERTR 06, GuG 2006, 211; *Stemmler, J./Menning, U.*, Zur Novellierung der Wertermittlungsrichtlinien, GuG 2006, 61.

40 Noch vor dem erstmaligen Erlass der WertV im Jahre 1961 hat das Bundesministerium der Finanzen (BMF) für den Bereich der Bundesvermögens- und Bauverwaltung bereits im Jahre 1955 Richtlinien zur Wertermittlung von Grundstücken herausgegeben[39]. Diese Richtlinien wurden in mehreren Schritten der Rechtsentwicklung und der herrschenden Wertermittlungslehre angepasst. Die fortgeschriebene Fassung der WERTR vom 31.5.1976 (WERTR 76)[40] wurde vom Bundesministerium für Raumordnung, Bauwesen und Städtebau im Jahre 1991 erneut überarbeitet und neu bekannt gemacht (**Wertermittlungs-Richtlinien vom 11.6.1991 – WERTR 1991**)[41].

41 Mit der WERTR 91 wurde allerdings nur der Erste Teil der WERTR 76 novelliert. **Teil II der WERTR**, der insbesondere Regelungen zur Verkehrswertermittlung von Erbbaurechten enthält, wurde seinerzeit zurückgestellt. Dabei ist wiederholt Kritik an den Regelungen

– zur Ermittlung des Verkehrswerts von Erbbaurechten und mit Erbbaurecht belasteten Grundstücken (z. B. zum Wertfaktor),

– zur Ermittlung des Verkehrswerts eines Nießbrauchs oder Wohnrechts (z. B. zum maßgeblichen Zinssatz)

geübt worden, ohne allerdings von der Fachwelt breite Anerkennung findende Änderungsvorschläge vorlegen zu können[42]. Der **Arbeitskreis Wertermittlung des Deutschen Städtetags** hatte sich bereits im Vorfeld der Novellierung der WERTR 76 auch recht vorsichtig zur Novellierung des Zweiten Teils der WERTR (wie folgt) geäußert: „Im Rahmen der Besonderen Vorschriften *(der WERTR)* hatten in der Vergangenheit die Verfahren zur Ermittlung von Erbbaurechten großen Anklang gefunden. Es ist zu prüfen, ob diese Verfahren – auch auf Grund der Erkenntnisse der Umfrage des Deutschen Städtetags – noch praxisgerechter gestaltet werden können"[43].

42 Auf nochmalige Anfrage beim Deutschen Städtetag wurde von diesem am 5.8.1998 dem Bundesministerium für Raumordnung, Bauwesen und Städtebau (unter dem Aktenzeichen 61.05.70) mitgeteilt, dass **nach überwiegender Auffassung seiner Mitgliedsstädte die Anwendung des Teil II der WERTR „der Praxis im Grundsatz keine Probleme" bereite,** wenngleich dieser Teil veraltet erscheine. Der Arbeitskreis „Wertermittlung" des Deutschen Städtetags ist dann in seiner Sitzung am 15. und 16.3.1999 in Hamburg zum Ergebnis gekommen, dass eine „Überarbeitung der Aussagen *(der WERTR)* zum Erbbaurecht derzeit nicht erforderlich" sei. Ebenso wurde vom Bundesverband der öffentlich bestellten und vereidigten Sachverständigen durch den Fachbereichsleiter Wertermittlung BVS dem Bundesministerium für Raumordnung, Bauwesen und Städtebau (mit Schreiben vom 21.8.1998) mitgeteilt, dass „keine Empfehlungen zur WERTR gegeben werden sollten".

---

[39] WERTR 55 vom 16.4.1955 (BAnz Nr. 91 vom 12.5.1955).
[40] WERTR 76 vom 31.5.1976; BAnz Nr. 146 vom 6.8.1976 (Beil. 21/76).
[41] WERTR 91 vom 11.6.1991 (BAnz Nr. 182a vom 27 9.1991).
[42] Schmalgemeier in GuG 1992, 132; Vogels in GuG 1990, 128; Simon in GuG 1992, 68 sowie 1999, 1.
[43] Vorbericht zur Sitzung des AK Wertermittlung am 23. und 24.4.1990.

Der **Erste Teil der WertR** und ihre Anlagen wurden in der Folgezeit nicht mehr durch Neubekanntmachungen, sondern **durch eine Reihe von Einzelerlassen des Bundesministeriums für Raumordnung, Bauwesen und Städtebau fortgeschrieben**:.   **43**

- Bekanntmachung des BMBau vom 28.7.1993 (BAnz Nr. 146, 7347 = GuG 1993, 356),
- Erlass des BMBau vom 2.8.1993 (GuG 1993, 356),
- Bekanntmachung des BMBau vom 7.8.1993 (BAnz Nr. 169, 9890),
- Erlass des BMBau vom 12.10.1993 (BAnz Nr. 199 vom 21.10.1993, 9630 = GuG 1994, 42),
- Erlass des BMBau vom 7.3.1994 (BAnz Nr. 58 vom 24.3.1994 = GuG 1994, 168),
- Erlass des BMBau vom 1 8.1996 (BAnz Nr. 150 vom 13.8.1996 = GuG 1996, 289),
- Erlass des BMBau vom 1.8.1997 (RS I 3 – 630504 – 4), zur Einführung der NHK 95 (vgl. VV 5334 des BMF vom 17.7.1998),
- Erlass des BMBau vom 2.9.1998 (BAnz Nr. 170 vom 11.9.1998, ber BAnz Nr. 179 vom 24.9.1998 = GuG 1998, 301 und GuG 1998, 352),
- Erlass des BMVBW vom 3.5.2001 (BAnz Nr. 109 vom 16.6.2001 = GuG 2001, 240).

Im Jahre 2002 wurden die Wertermittlungsrichtlinien unter Berücksichtigung der Änderungen nochmals redaktionell überarbeitet und aktualisiert. Die **Neubekanntmachung der Wertermittlungsrichtlinien vom 19.7.2002 ist im BAnz Nr. 238a vom 20.12.2002** unter der Bezeichnung WertR **02** veröffentlicht worden. Die wohl weitreichendste Ergänzung der Neubekanntmachung ist nach erfolgreicher Erprobung die Integration der Normalherstellungskosten 2000 (NHK 2000). Diese wurden zuvor allerdings bereits mit Erlass des BMBau vom 1.8.1997 (RS I 3 – 630504 – 4) in die WertR integriert[44]. In Ergänzung zu Nr. 3.6.1.1. der WertR werden dem Sachverständigen aktualisierte Normalherstellungskosten nach dem Preisstand 2000 – NHK 2000 – vorgegeben. Sie ersetzen die lange Zeit verbreiteten Normalherstellungskosten von 1913.   **44**

Im Jahre 2006 wurde die WertR erneut novelliert und zum 1.3.2006 bekannt gegeben (BAnz. Nr. 108a vom 10.6.2006). Im Mittelpunkt dieser Novellierung steht der Zweite Teil (Rechte und Belastungen). Inhaltlich gehen die Änderungen auf Stellungnahmen der Bundesressorts und Verbände sowie auf Beratungen in einer beim Arbeitskreis „Wertermittlung" der Fachkommission „Kommunales Vermessungs- und Liegenschaftswesen" des Deutschen Städtetags gebildeten Arbeitsgruppe zurück. Mit der neuen Fassung der Wertermittlungsrichtlinien (WertR 06) ist

1. der *Erste Teil* der Wertermittlungsrichtlinien über die Verkehrswertermittlung von Grundstücken redaktionell unter Beibehaltung vorstehender Grundsätze überarbeitet worden,

2. der *Zweite Teil* der Wertermittlungsrichtlinien über die Verkehrswertermittlung von Rechten und Belastungen an Grundstücken neu gefasst worden. Die Hinweise zur Bodenwertermittlung in besonderen Fällen (Nr. 5 des Zweiten Teils) sind dabei weitgehend unverändert geblieben.

Im Zweiten Teil wird insbesondere die **Verkehrswertermittlung von Erbbaurechten und Erbbaugrundstücken**, Wohnungsrechten, Grunddienstbarkeiten und beschränkten persönlichen Dienstbarkeiten, Wegen und Leitungsrechten sowie des Überbaus und des Nießbrauchs geregelt.

Wie nach den bisher geltenden Richtlinien ist bei der Wertermittlung von befristeten **Rechten oder Belastungen** der jährliche Vor- bzw. Nachteil über die Restlaufzeit zu kapitalisieren, wobei danach unterschieden werden muss, ob sie auf einen festen Zeitraum bezogen sind oder mit dem Ableben des Berechtigten erlöschen.

---

44 Die seinerzeit aktualisierte Fassung der WertR (WertR 76/96) wurde zusammen mit dem BMBau-Erlass vom 1.8.1997 über die aktualisierten Normalherstellungskosten (NHK 95) in der 7. Aufl. der beim Bundesanzeiger Verlag erschienenen Schrift „WertR 76/96" veröffentlicht (BAnz Nr. 150 vom 13.8.1996, S. 9133 = GuG 1996, 298).

Sind Rechte oder Belastungen auf feste Zeiträume bezogen, soll nach der Neufassung zur Kapitalisierung der Vor- und Nachteile der Zeitrentenbarwertfaktor herangezogen werden.

Die Hinweise zur **Verkehrswertermittlung von Erbbaurechten und Erbbaugrundstücken** wurden durch Grundsätze des Vergleichswertverfahrens ergänzt, für dessen Anwendung es allerdings entsprechender Marktfaktoren bedarf. Die Anwendung der finanzmathematischen Methoden wurde dahingehend umgestellt, dass sich der Ertragswert nach dem abgezinsten Bodenwert zuzüglich der kapitalisierten Erbbauzinsen bemisst; dabei soll künftig „in der Regel" der jeweils angemessene, nutzungstypische Liegenschaftszinssatz (i.S. des § 14 Abs. 3 ImmoWertV) herangezogen werden, der originär für die Verkehrswertermittlung bebauter Grundstücke im Wege des Ertragswertverfahrens abgeleitet wird.

45 Bei den WERTR handelt es sich hierbei um eine bundesministerielle Verwaltungsanweisung, die nur insoweit verbindlich ist, wie ihre Anwendung angeordnet ist. Ihre Anwendung ist nicht auf Bundesbehörden beschränkt; sie wurde auch in den verschiedensten Erlassen der Länder vorgeschrieben[45]. Vor diesem Hintergrund sind die **Richtlinien** zwar für die nach den §§ 192 ff. BauGB (früher §§ 136 ff. BBauG) eingerichteten Gutachterausschüsse für Grundstückswerte **nicht verbindlich, sie sind aber auch hier nicht mehr wegzudenken**. Die Wertermittlungsrichtlinien können seit ihrem erstmaligen Erscheinen im Jahre 1955 auf eine gewachsene Tradition zurückblicken und haben weite **Verbreitung und Anerkennung** gefunden.

46 **Erlass und Änderungen der Wertermittlungsrichtlinien bedürfen nicht der Zustimmung des Bundesrates.** Dabei kann dahinstehen, ob es sich bei den Wertermittlungsrichtlinien um eine allgemeine Verwaltungsvorschrift im Rechtssinne handelt[46]. Als verbindliche Verwaltungsanweisung des Bundes richten sich die Wertermittlungsrichtlinien nur an den Bereich der Bundesverwaltung. Eine unmittelbare Geltung der Wertermittlungsrichtlinien für Landesbehörden besteht nur im Rahmen der Erledigung von Bauaufgaben des Bundes im Bereich der Finanzbauverwaltung im Wege der Organleihe. Das Institut der Organleihe ist dadurch gekennzeichnet, dass das Organ eines Rechtsträgers ermächtigt und beauftragt wird, einen Aufgabenbereich eines anderen Rechtsträgers wahrzunehmen. Das entliehene Organ wird als Organ des Entleihers tätig, dessen Weisungen es unterworfen ist und dem die von diesem Organ getroffenen Maßnahmen und Entscheidungen zugerechnet werden[47]. Die im Wege der Organleihe in Anspruch genommenen Landesbehörden handeln in Bezug auf die konkrete Aufgabe nicht als Behörde des Landes, sondern als Bundesbehörde.

47 Hieraus ergibt sich, dass **für die Wertermittlungsrichtlinien Art. 86 Satz 1 GG** und nicht Art. 84 Abs. 2 bzw. Art. 85 Abs. 2 Satz 1 GG **einschlägig** ist. Demzufolge ergeben sich aus der Entscheidung des BVerfG vom 2.3.1999 – 2 BvF 1/94 – keine Konsequenzen für die Wertermittlungsrichtlinien.

48 Die WERTR i. d. F. von 1991 fand – wie die WertV – grundsätzlich in den alten und den jungen Bundesländern Anwendung. Da jedoch der Grundstücksmarkt in den jungen Bundesländern eine Reihe von Besonderheiten aufwies, die insbesondere darin begründet waren, dass sich ein Grundstücksmarkt dort erst noch voll entwickeln musste und die dort im Altbestand zulässigen Mieten für Wohngebäude (noch) nicht den nachhaltigen Ertrag darstellten, weil durch § 11 des Miethöhengesetzes – MHG – vorgegeben war, dass sie erst allmählich durch Mieterhöhungen – abhängig von der Einkommensentwicklung – in das Vergleichssystem überführt werden, hatte das Bundesministerium für Raumordnung, Bauwesen und Städtebau **Ergänzende Hinweise zu den Wertermittlungs-Richtlinien 1991 für das Gebiet der neuen Länder** vom 17.3.1992[48] erlassen. Diese Hinweise hatten nur ergänzenden und vorübergehenden Charakter, soweit die seinerzeitige WERTR 91 für die besonderen Verhältnisse

---

45 Verwaltungsvorschrift des Bundes VV 0652.
46 Hierzu Definition bei Maunz/Dürig-Lerche, GG Art. 84 Rn. 96.
47 BVerfG, Urt. vom 12.1.1983 – 2 BvL 23/81 –, BVerfGE 63, 1.
48 Ergänzende Hinweise zu den WERTR 91 für das Gebiet der neuen Länder vom 17.5.1992 (BAnz. Nr. 86 vom 8.5.1992); abgedruckt bei Kleiber, Sammlung amtlicher Texte zur Wertermittlung ... ,4. Aufl. 1992; Näheres hierzu Kleiber/Simon/Weyers, WertV 88, 3. Aufl. 1993 Rn. 38 ff.

auf den Grundstücksmärkten der jungen Länder nicht ausreichte; sie wurden mit BMBau-Erl. vom 1.8.1996 wieder aufgehoben[49].

Im Übrigen bleibt darauf hinzuweisen, dass die zum Zeitpunkt des Erlasses der ImmoWertV geltende WERTR 06 noch der Anpassung an die Verordnung bedarf.

Abb. 4: Aufbau der WERTR

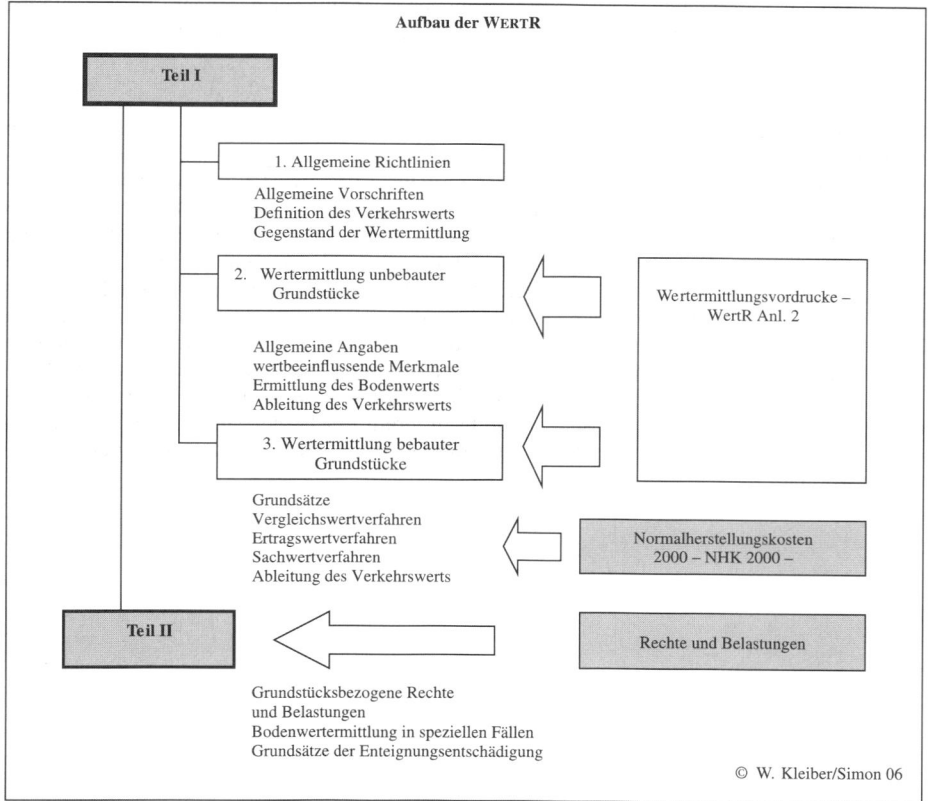

1.5.2 WaldR 2000, LandR 78, ZierH 2000 und JagdH 01

Ergänzend zu den Wertermittlungsrichtlinien (WERTR) wurden vom Bundesministerium der Finanzen im Einvernehmen mit dem Bundesministerium für Verkehr, Bau- und Wohnungswesen die **Hinweise zur Wertermittlung von Ziergehölzen als Bestandteil von Grundstücken** (Schutz- und Gestaltungsgrün) vom 20. März 2000 – **Ziergehölzhinweise 2000** erlassen[50].

Darüber hinaus hat das Bundesministerium der Finanzen die **Waldwertermittlungsrichtlinien i.d.F. vom 12. Juli 2000 (WaldR 2000)**[51] sowie – im Einvernehmen mit den genannten Ressorts, dem Bundesministerium für Ernährung, Landwirtschaft und Forsten sowie dem Bundesministerium für Raumordnung, Bauwesen und Städtebau – die **Entschädigungsricht-**

---

49 GuG 1996, 298.
50 BAnz Nr. 94 vom 18.5.2000 = GuG 2000, 155; vormals Kleiber, WERTR 76/96, 6. Aufl. 1997, Köln, S. 438; BAnz Nr. 94 vom 18.5.2000 = GuG 2000, 155; Wilbat/Bracke in GuG 2001, 74.
51 Waldwertermittlungsrichtlinien 2000 – WaldR 2000 – i.d.F. vom 12.7.2000 (BAnz Nr. 168 = GuG 2000, 301), Vorgängerin: Waldwertermittlungsrichtlinien i.d.F. vom 25.2.1991 (WaldR 91; BAnz. Nr. 100a vom 5.6.1991).

linien Landwirtschaft vom 28. Juli 1978 (LandR 78)[52] bekannt gegeben. Schließlich hat das Bundesministerium der Finanzen im Einvernehmen mit dem Bundesministerium für Verkehr, Bau- und Wohnungswesen **Hinweise zur Ermittlung von Entschädigungen für die Beeinträchtigungen von gemeinschaftlichen Jagdbezirken (JagdH 01)** i.d.F. vom 7.6.2001 (BAnz Nr. 146a vom 8.8.2001 = GuG 2003, 104) bekannt gemacht.

52 Für die Praxis sind auch diese Richtlinien von großer Bedeutung, da sie die Grundsätze über die Ermittlung des Verkehrswerts von Grundstücken, Rechten an Grundstücken sowie die Ermittlung der Entschädigung für andere Vermögensnachteile für besondere Fälle konkretisieren. Die zuletzt genannten Richtlinien bedürfen noch der Anpassung an die ImmoWertV.

1.5.3 Bedeutung der ergänzenden Richtlinien

53 **Die bundesministeriellen Richtlinien bilden** zusammen **ein Regelwerk, an das die Gerichte** – wie schon in Bezug auf die Wertermittlungsverordnung – in keiner Weise gebunden sind, auf die aber in der Rechtsprechung zurückgegriffen wird[53]; ihr Inhalt wird als geltender „Bewertungsgrundsatz" betrachtet[54]. Wegen ihrer übergreifenden Bedeutung ist ihre Anwendung nicht auf Bundes- und Landesbehörden beschränkt; auch der frei praktizierende Sachverständige für Grundstückswerte bedient sich ihrer ebenso wie der bereits erwähnte Gutachterausschuss für Grundstückswerte. Die Voraussetzungen für ihre Anwendbarkeit in möglichst allen Bereichen wurden dadurch geschaffen, dass die Wertermittlungsrichtlinien in Zusammenarbeit mit Vertretern der zuständigen Bundes- und Landesressorts, den Vertretern der kommunalen Spitzenverbände sowie der Fachkommission „Städtebau" in der Arbeitsgemeinschaft der für das Bau-, Wohnungs- und Siedlungswesen zuständigen Minister der Länder (Argebau) entstanden sind[55]. Schon bald nach ihrem Erscheinen sind die Richtlinien den Gutachterausschüssen für Grundstückswerte vom Deutschen Städtetag zur Anwendung empfohlen worden[56].

---

52 Zur Novellierung Köhne in GuG 1997, 133.
53 BGH, Urt. vom 28.9.1972 – III ZR 44/70 –, EzGuG 14.47; BGH, Beschl. vom 11.3.1993 – III ZR 24/92 –, EzGuG 20.144a.
54 OVG Lüneburg, Urt. vom 15.12.1977 – 1 A 311/74 –, EzGuG 15.7; Revision: BVerwG, Urt. vom 24.11.1978 – 4 C 56/76 –, EzGuG 15.9.
55 Kleiber in BBauBl. 1976, 299; vgl. auch zur Bewertung von abgehenden Konversionsflächen (Gemeinbedarf) RdSchr. des Deutschen Städtetags (Umdruck Nr. H 4814) – Az 61.05.70/62.63.30 vom 17.1.1994.
56 MittDST Nr. 564/76; vgl. Richtlinien zur Ermittlung von Grundstückswerten nach dem BauGB; VV des Ministeriums des Innern und für Sport in Rh.-Pf. vom 1.6.1988, geändert durch RdSchr. vom 10.9.1989 und vom 10.4.1991.

Übersicht § 1 ImmoWertV V

2 Die Rechtsgrundlagen der Immobilienwertermittlungsverordnung im Einzelnen

Abschnitt 1 ImmoWertV: Anwendungsbereich, Begriffsbestimmungen und allgemeine Verfahrensgrundsätze

§ 1 ImmoWertV
Anwendungsbereich

(1) Bei der Ermittlung der Verkehrswerte (Marktwerte) von Grundstücken, ihrer Bestandteile sowie ihres Zubehörs und bei der Ableitung der für die Wertermittlung erforderlichen Daten einschließlich der Bodenrichtwerte ist diese Verordnung anzuwenden.

(2) ₁Die nachfolgenden Vorschriften sind auf grundstücksgleiche Rechte, Rechte an diesen und Rechte an Grundstücken sowie auf solche Wertermittlungsobjekte, für die kein Markt besteht, entsprechend anzuwenden. ₂In diesen Fällen kann der Wert auf der Grundlage marktkonformer Modelle unter besonderer Berücksichtigung der wirtschaftlichen Vor- und Nachteile ermittelt werden.

Gliederungsübersicht Rn.
1 Anwendungsbereich (§ 1 Abs. 1 ImmoWertV)
   1.1 ImmoWertV 1
   1.2 BelWertV 18
2 Gegenstand der Wertermittlung
   2.1 Grundstück und Grundstücksteil
      2.1.1 Übersicht.. 20
      2.1.2 Grundstück 24
      2.1.3 Grundstücksteil... 25
      2.1.4 Gegenstand der Wertermittlung nach BelWertV 26
   2.2 Wirtschaftliche Einheit 27
   2.3 Bestandteile des Grundstücks
      2.3.1 Übersicht.. 32
      2.3.2 Bauliche und sonstige Anlagen
         2.3.2.1 Allgemeines 40
         2.3.2.2 Bauliche Anlagen... 41
         2.3.2.3 Sonstige Anlagen (Aufwuchs).. 48
      2.3.3 Besondere Betriebseinrichtungen 57
      2.3.4 Zubehör.. 61
      2.3.5 Kunstgegenstände 62
3 Anwendung der Verordnung auf Grundstücksrechte (§ 1 Abs. 2 ImmoWertV)
   3.1 Allgemeines... 63
   3.2 Beschränkt dingliche Rechte 72
   3.3 Nutzungsrechte... 73
   3.4 Sicherungs- und Verwertungsrechte
      3.4.1 Übersicht.. 80
      3.4.2 Grundpfandrecht 81
   3.5 Erwerbsrechte 83
4 Anwendung der Verordnung auf nicht marktgängige Wertermittlungsobjekte 84

1 Anwendungsbereich (§ 1 Abs. 1 ImmoWertV)

1.1 ImmoWertV

1 Mit § 1 Abs. 1 ImmoWertV wird die **Anwendung der ImmoWertV den** nach den §§ 192 ff. BauGB eingerichteten **Gutachterausschüssen für Grundstückswerte vorgeschrieben** (vgl. § 194 BauGB Rn. 31 ff.)[1].

- bei der Ermittlung des materiell in § 194 BauGB definierten Verkehrswerts von Grundstücken (auch Teilen von Grundstücken, vgl. Rn. 25 ff.),
- bei der eigenständigen Ermittlung des Verkehrswerts von Grundstücksbestandteilen und von Zubehör sowie
- bei der den Gutachterausschüssen nach § 193 Abs. 3 BauGB obliegenden Ableitung erforderlicher Daten der Wertermittlung i.S. des Zweiten Abschnitts der Verordnung.

▶ *Zur weitergehenden Bedeutung der ImmoWertV vgl. Vorbem. zur ImmoWertV Rn. 1 ff.*

2 Kann eine in der ImmoWertV vorgesehene Methode nicht angewandt werden, hindert dies nicht, **andere geeignete Methoden** zu entwickeln und anzuwenden. Die Regelungen der ImmoWertV sind insoweit nicht abschließend[2].

3 Die Anwendung der ImmoWertV wird **in einer Reihe bundes- und landesrechtlicher Verwaltungsanweisungen nachgeordneten Dienststellen vorgeschrieben**[3].

In der Dienstanweisung der Bundesfinanzverwaltung (VV 0652) heißt es beispielsweise wie folgt:

„(1) In jedem Falle der Veräußerung eines bundeseigenen Grundstücks ist gemäß § 64 Abs. 3 BHO zur Ermittlung des vollen Werts (vgl. § 194 BauGB Rn. 48) eine Wertermittlung aufzustellen.

(2) Dabei sind die

- Verordnung über Grundsätze für die Ermittlung des Verkehrswerts von Grundstücken (Wertermittlungsverordnung – WertV) in der Fassung vom 15. August 1972 – BGBl. I S. 1416 – (VV 53 20),
- Richtlinien für die Ermittlung des Verkehrswerts von Grundstücken (Wertermittlungs-Richtlinien 1976 – WertR 76 vom 31. Mai 1976 –) – Beilage Nr. 21/76 zum Bundesanzeiger Nr. 146 vom 6. August 1976 – (VV 53 31 Nr. 2)

in den jeweils gültigen Fassungen anzuwenden. Die Dienstanweisung zu VV 53 31 ist zu beachten. Die Richtlinien finden keine Anwendung bei der Wertbemessung von Betrieben und Betriebsteilen, wenn auf den Umsatz abzustellen ist.

---

[1] BGH, Urt. vom 4.3.1982 – III ZR 156/80 –, EzGuG 11.127; BGH, Urt. vom 9.12 1968 – III ZR 114/66 –, EzGuG 4.28; BGH, Urt. vom 24.1.1966 – III ZR 15/66 –, EzGuG 6.85; BGH, Urt. vom 15.10.1992 – III ZR 147/91 –, GuG 1993, 178 = EzGuG 14.115; BGH, Beschl. vom 11.3.1993 – III ZR 24/92 –, GuG 1994, 116 = EzGuG 20.143a, vgl. RdSchr. des BMWo vom 14.8.1961, BBauBl. 1961, 694; a. A. trotz vorstehender höchstrichterlicher Rspr. Zimmermann/Heller, Der Verkehrswert von Grundstücken, München 1995, S. 27. In verschiedenen Rechtsvorschriften sowie Erlassen ist die WertV ebenso wie im Übrigen die WertR Bundes- und Landesverwaltungen bei der Erfüllung eigener Aufgaben vorgeschrieben worden (vgl. nds. Einf. Erl. zur WertR 76 vom 14.9.1976, nds. MBl. 1976, 1599; RdErl. des MI LSA vom 1.3.1995 – 33.11, – 10251 – MBl. LSA 1995, 390 = GuG 1997, 112).

[2] BVerwG, Beschl. vom 16.1.1996 – 4 B 96/95 –, GuG 1996, 111 = EzGuG 15.83.

[3] Vgl. Rn. 1; *Baden-Württemberg*: Schreiben des FM vom 22.4.1992 (GeschZ VV 2030 – 19) – abgedruckt in GuG 1992, 278 sowie GuG 1993, 42 (in der Darstellung etwas unentschlossen); *Niedersachsen*: RdErl. des nds. MF vom 23.12.1991 – Gütl. 151/666 – abgedruckt in GuG 1992, 209; *Schleswig-Holstein*: Schreiben des FM vom 19.8.1991 (GeschZ 596 – 3540), abgedruckt in GuG 1992, 277; *Thüringen*: Schreiben des FM vom 12.8.1991 (GeschZ 42.01), abgedruckt in GuG 1992, 277; *Rheinland-Pfalz*: Schreiben des Ministeriums des Innern und für Sport vom 12.7.1991 (GeschZ 366/648 – 15/0), abgedruckt in GuG 1992, 278; *Hessen*: Erl. des IM vom 22.1.1991 (GeschZ 4161a 24 – 1/91), abgedruckt in GuG 1991, 166; *Sachsen-Anhalt*: Erl. des MF vom 6.7.1992 (MBl. LSA 1992, 1100 = GuG 1993, 42).

Anwendungsbereich § 1 ImmoWertV V

Bei land- und forstwirtschaftlichen Grundstücken sind ergänzende bzw. abweichende Bestimmungen in den jeweils geltenden Fassungen im Rahmen ihrer Geltungsbereiche zu beachten (vgl. z. B. LandR 78 vom 28. Juli 1978 – Beilage Nr. 21/78 zum Bundesanzeiger Nr. 181 vom 26. September 1978 – nebst Anlagen 2 und 3 vom 7. Februar 1980 – Beilage Nr. 14/80 zum Bundesanzeiger Nr. 79 vom 25. April 1980 [VV 53 51 Nr. 2] und WaldR 77 vom 25. März 1977 – Beilage Nr. 14/77 zum Bundesanzeiger Nr. 107 vom 11. Juni 1977 [VV 53 41 Nr. 2]).

Die Angaben in der Wertermittlung müssen so vollständig und begründet sein, dass die Überlegungen aller mit der Wertermittlung befassten Dienststellen erkennbar sind und eine Überprüfung ohne Rückfragen möglich ist. Dabei ist ggf. eine Gegenüberstellung der ermittelten Werte zu etwaigen Einzelwertvorstellungen der Gegenseite vorzunehmen, damit deutlich wird, worauf die unterschiedlichen Wertvorstellungen beruhen.

(3) Im Anwendungsbereich der WertR 76 bilden der ermittelte Bodenwert gemäß Nr. 1.122 des Wertermittlungsvordrucks für unbebaute Grundstücke und der baufachlich ermittelte Verkehrswert gem. Nr. 1.43 des Wertermittlungsvordrucks für bebaute Grundstücke die Ausgangsgrundlage für die Bemessung des Verkehrswerts (voller Wert) und des Kaufpreises (Nrn. 2.2 und 2.4 der Wertermittlungsvordrucke), die von den Oberfinanzdirektionen – Bundesvermögensabteilung bzw. Bundesvermögensämtern – in eigener Verantwortung vorzunehmen ist.

Entsprechendes gilt für land- und forstwirtschaftliche Grundstücke.

(4) Die Oberfinanzdirektionen bzw. Bundesvermögensämter haben den Verkehrswert (voller Wert) und den Kaufpreis unter Darstellung aller wert- und kaufpreisbildenden Faktoren – auch soweit hierzu bereits gutachtlich in der Wertermittlung Stellung genommen worden ist – eingehend zu begründen.

(5) Der Kaufpreis muss dem vollen Wert i.S. des § 63 Abs. 3 BHO (siehe Vorl. VV Nr. 2 zu § 63 BHO) entsprechen, es sei denn, dass die Voraussetzungen für eine Veräußerung unter dem vollen Wert vorliegen (siehe VV 06 50 Abs. 2)."

Die Verordnung findet nach § 85 Abs. 3 **BBergG**[4] bei der Bemessung von Entschädigungen nach diesem Gesetz entsprechende Anwendung. **4**

Des Weiteren ist der Gutachterausschuss für Grundstückswerte nach **§ 7 NutzEV** verpflichtet, Gutachten über ortsübliche Nutzungsentgelte zu erstatten (vgl. § 193 BauGB Rn. 29); darüber hinaus sind Gutachten nach **§ 92 Abs. 2 SachenRBerG** unter Anwendung der ImmoWertV zu erstatten. **5**

Schließlich sind die Vorschriften der ImmoWertV mittelbar auch in sonstigen Rechtsbereichen zu beachten, wenn der Gutachterausschuss wertermittlerisch tätig wird. So ist der Gutachterausschuss nach § 5 Abs. 2 **KleingG**[5] verpflichtet, Gutachten über den ortsüblichen **Pachtzins** im erwerbsmäßigen Obst- und Gemüsebau zu erstatten. **6**

Allgemein kann festgestellt werden, dass die ImmoWertV für nahezu alle Bereiche **anerkannte Grundsätze für die Ermittlung des Verkehrswerts** (= Marktwert = voller Wert = Verkaufswert = angemessener Wert = Wert) enthält, gleichgültig von wem oder welcher Stelle der Verkehrswert ermittelt wird; insoweit entfaltet die ImmoWertV eine mittelbare Bindungswirkung. **7**

Im Mittelpunkt der Regelungen der ImmoWertV steht die Ermittlung des Verkehrswerts (Marktwerts) von Grundstücken, die im Eigentum einer natürlichen oder juristischen Person stehen. **8**

Für die **Verkehrswertermittlung von Rechten an Grundstücken** enthält die ImmoWertV keine unmittelbar geltenden Vorschriften (vgl. Rn. 63). Die für Grundstücke geltenden Grundsätze finden vielmehr nur entsprechend Anwendung. Teil II der WERTR schließt diese Lücke. Für die Verkehrswertermittlung grundstücksgleicher Rechte (Erbbaurecht) sowie für eine Reihe ausgewählter Rechte an Grundstücken sind dort weiterführende Grundsätze zu finden. **9**

Anders als noch mit § 1 WertV 72 wird im geltenden Recht der ImmoWertV der Anwendungsbereich nicht mehr damit umschrieben, dass die Verordnung bei **Wertermittlungen nach dem Städtebaurecht** anzuwenden ist. Die Begründung zur WertV 88 führt hierzu aus, **10**

---

4 Boldt/Weller, BBergG, Berlin – New York, Ergänzungsbd. 1992, § 85 Rn. 1 ff.
5 BR-Drucks. 616/1/93; BT-Drucks. 12/6154.

V § 1 ImmoWertV — Anwendungsbereich

dass die Beibehaltung der bisherigen Formulierung missverständlich wäre, da die Verordnung nicht nur bei Wertermittlungen in Durchführung des BauGB angewendet werden soll, sondern bei allen nach den §§ 192, 193 und 199 BauGB vom Gutachterausschuss vorzunehmenden Wertermittlungen. Hierzu gehören neben Wertermittlungen auf Antrag von Gerichten und Behörden insbesondere solche nach Maßgabe der §§ 18 und 21 Abs. 2 und 3, § 28 Abs. 3, 4 und 6, §§ 39 und 40 Abs. 3, § 41 Abs. 2, §§ 42 bis 44, §§ 57 bis 61, §§ 93 bis 103, § 128 Abs. 1, § 145 Abs. 5, §§ 149, 153 bis 155, § 160 Abs. 5 und 7, § 164 Abs. 4 und 5, § 165 Abs. 3 Nr. 3, § 166 Abs. 3 und 4, § 168 Abs. 2, §§ 169 und 173 Abs. 2, § 176 Abs. 4, § 179 Abs. 3 und § 185 Abs. 1 BauGB, u. a. auch Wertermittlungen auf Antrag des Grundstückseigentümers. Denn auch in diesem Fall kann die Gutachtenerstattung als „Wertermittlung nach dem Städtebaurecht" angesehen werden, da sich das Antragsrecht und die Erstattungspflicht aus dem Städtebaurecht ergibt (§ 193 Abs. 1 Nr. 3 BauGB). Das geltende Recht stellt deshalb eine Klarstellung gegenüber § 1 WertV 72 und keine materielle Änderung dar.

11 **Privat tätige Sachverständige** sind, soweit nichts anderes vorgeschrieben ist, zwar nicht formell an die ImmoWertV gebunden. In Konkurrenz zu den Gutachten der Gutachterausschüsse müssen jedoch auch sie de facto an der Einhaltung der Vorschriften der ImmoWertV interessiert sein, denn diesen kommt im Rechts- und Wirtschaftsleben eine breite Allgemeingültigkeit zu. In einer Reihe von Sachverständigenordnungen werden die Sachverständigen deshalb zur Anwendung der ImmoWertV – wie im Übrigen auch der WERTR – verpflichtet[6]. Dies gilt insbesondere auch dann, wenn sich der Sachverständige werkvertraglich zur Anwendung normativ geregelten Rechts der Verkehrswertermittlung verpflichtet hat.

12 Dasselbe verlangen die Bundesbehörden von den öffentlich bestellten und vereidigten Sachverständigen. Die Bedeutung der ImmoWertV ist deshalb nicht auf Wertermittlungen nach dem Städtebaurecht beschränkt. Die **breite Anerkennung der ImmoWertV** ist darin begründet, dass deren Verfahrensvorschriften auf jahrzehntelangen Erfahrungen beruhen und sich in der Praxis bewährt haben.

13 In der **steuerlichen Bewertung** wird der ImmoWertV die Bedeutung einer anerkannten Schätzungsmethode beigemessen[7].

14 Auch wenn in der Rechtsprechung betont wurde, dass die **Verordnung „nur für die Gutachterausschüsse" und nicht für Gerichte verbindlich sei**,[8] so hat die Rechtsprechung die Verfahrensvorschriften der ImmoWertV dennoch als im gerichtlichen Verfahren „grundsätzlich verwertbar" bezeichnet und den in der ImmoWertV normierten Grundsätzen der Verkehrswertermittlung eine solche Bedeutung beigemessen, dass ihre Anwendbarkeit im Streitfall nicht auf die Gutachterausschüsse beschränkt sei und sich der Richter damit auseinanderzusetzen hätte[9]. Denn sie enthält „allgemein anerkannte Regeln der Wertermittlungslehre"[10]. Der BGH hat deshalb erkannt, dass die ImmoWertV allgemein anerkannte Grundsätze der Verkehrswertermittlung enthalte, deren Anwendbarkeit sich nicht auf die Gutachterausschüsse für Grundstückswerte beschränke[11].

▶ *Zur Anwendung der zur ImmoWertV erlassenen Richtlinien vgl. Vorbem. zur ImmoWertV Rn. 50 ff.*

15 Die Verordnung enthält Regelungen zur Ermittlung des Verkehrswerts, ohne diesen zu definieren. Auf eine dahingehende Vorschrift konnte verzichtet werden, da der Verkehrswert

---

[6] Hamb. Sachverständigenordnung (Hamb. Amtl. Anz. vom 7.7.1989, S. 1345, Nr. 11j).
[7] BFH, Urt. vom 15.1.1985 – IX R 81/83 –, EzGuG 20.109; BFH, Urt. vom 28.3.1984 – IV R 324/81 –, EzGuG 20.106; BFH, Urt. vom 17.8.1999 – IV B 116/98 –, GuG 2000, 236 = EzGuG; 20.173; BFH, Urt. vom 22.4.1998 – IV B 42/97 –, BFH/NV 1998, 1214; BFH, Urt. vom 28.3.1984 – IV R 224/81 –, EzGuG 20.106; FG Nürnberg, Urt. vom 29.3.2001 – IV 419/99 –, EzGuG 4.181.
[8] BGH, Urt. vom 4.3.1982 – III ZR 156/80 –, EzGuG 11.127; BGH, Urt. vom 26.10.1972 – III ZR 78/71 –, EzGuG 18.57; BGH, Urt. vom 20.3.1975 – III ZR 153/72 –, EzGuG 18.64; BGH, Urt. vom 9.12.1968 – III ZR 114/66 –, EzGuG 4.28; BGH, Urt. vom 24.1.1966 – III ZR 15/66 –, EzGuG 6.85.
[9] BGH, Urt. vom 27.4.1964 – III ZR 136/63 –, EzGuG 6.75.
[10] BGH, Urt. vom 4.3.1982 – III ZR 156/80 –, EzGuG 11.127.
[11] BGH, Urt. vom 12.1.2001 – V ZR 420/99 –, GuG 2001, 181.

Grundstück und Grundstücksteil § 1 ImmoWertV V

materiell bereits durch § 194 BauGB bestimmt ist. Da der im Städtebaurecht definierte Verkehrswert identisch mit einer Vielzahl anderer Wertbegriffe ist, kommt der ImmoWertV auch von daher eine **breite Allgemeingültigkeit im Rechts- und Wirtschaftsleben** zu.

Zum **Begriff des Grundstücks** vgl. Rn. 20 ff. 16

Im Rahmen der *steuerlichen Bewertung* (Einheits- und Grundbesitzbewertung) ist Bewertungsobjekt das Grundstück als **wirtschaftliche Einheit** (§ 2 BewG, vgl. Rn. 21, 27 ff.). Was als wirtschaftliche Einheit zu gelten hat, ist dabei **nach den Anschauungen des Verkehrs (Verkehrsauffassung)** zu entscheiden. 17

1.2 BelWertV

Die Vorschriften der BelWertV sind nach § 1 BelWertV „bei der **Ermittlung der Beleihungswerte** nach § 16 Abs. 1 und 2 des Pfandbriefgesetzes und bei der Erhebung der für die Wertermittlung erforderlichen Daten … anzuwenden". 18

▶ Weitere Hinweise vgl. Teil X 19

2 Gegenstand der Wertermittlung

2.1 Grundstück und Grundstücksteil

2.1.1 Übersicht

Am Anfang einer jeden Wertermittlung muss zunächst festgestellt werden, was „Gegenstand der Wertermittlung" ist, d.h., der Gutachter muss sich Klarheit über das Wertermittlungsobjekt verschaffen. Dabei geht es in der Praxis nicht nur um die Ermittlung des Verkehrswerts von Grundstücken oder von den bereits mit § 1 Abs. 2 ImmoWertV angesprochenen grundstücksgleichen Rechten bzw. Rechten an Grundstücken. Häufig geht es auch um die Verkehrswertermittlung von Grundstücksteilen oder um Bestandteile eines Grundstücks. **Gegenstand der Wertermittlung** kann sein: 20

a) das Grundstück einschließlich seiner Bestandteile sowie des Zubehörs,

b) ein Grundstücksteil einschließlich seiner Bestandteile sowie des Zubehörs,

c) einzelne Bestandteile oder sogar ein einzelnes Zubehör.

Nr. 1.4 WERTR definiert als Gegenstand der Wertermittlung:

„Nach …… können Gegenstand der Wertermittlung das Grundstück oder ein Grundstücksteil einschließlich seiner Bestandteile, wie Gebäude, Außenanlagen und sonstige Anlagen sowie das Zubehör sein. Gegenstand der Wertermittlung können auch besondere Betriebseinrichtungen sein.

Bestandteile eines Grundstückes sind insbesondere Rechte, die mit dem Eigentum an einem Grundstück verbunden sind, seien sie privatrechtlicher Art, wie Dienstbarkeiten, oder öffentlich-rechtlicher Art, wie Baulasten.

Auch Belastungen und ihr wertmindernder Einfluss können Gegenstand der Wertermittlung sein.

Einzelne Bestandteile von Grundstücken können auch selbstständig Gegenstand der Wertermittlung sein."

Gegenstand der Wertermittlung kann aber auch eine in der Vorschrift unerwähnt gebliebene **wirtschaftliche Einheit** im steuerlichen Sinne, aber auch im allgemein verstandenen Sinne sein (vgl. Rn. 27 ff.). 21

Der Gegenstand der Wertermittlung bestimmt sich maßgeblich nach dem **Wertermittlungsantrag bzw. Wertermittlungsauftrag** (vgl. § 4 ImmoWertV Rn. 3 ff.). Dieser soll 22

a) das *Wertermittlungsobjekt* eindeutig bezeichnen; dabei ist besonders anzugeben, wenn sich die Wertermittlung auf
- den Grund und Boden eines Grundstücks (ohne bauliche oder sonstige Anlagen),
- Teile des Grundstücks mit oder ohne bauliche und sonstige Anlagen,
- einzelne bauliche oder sonstige Anlagen oder
- auf das Zubehör

beschränken soll;

b) den *Wertermittlungsstichtag* (§ 3 Abs. 1 ImmoWertV) enthalten. Erscheint der Wertermittlungsantrag nicht sachgerecht, so sollte sich der Gutachter mit dem Antragsteller ins Benehmen setzen und ihn veranlassen, den Wertermittlungsantrag entsprechend zu ändern[12]. § 665 BGB schreibt für die Beauftragung vor:

„**§ 665 BGB (Abweichung von Weisungen)** ₁Der Beauftragte ist berechtigt, von den Weisungen des Auftraggebers abzuweichen, wenn er den Umständen nach annehmen darf, dass der Auftraggeber bei Kenntnis der Sachlage die Abweichung billigen würde. ₂Der Beauftragte hat vor der Abweichung dem Auftraggeber Anzeige zu machen und dessen Entschließung abzuwarten, wenn nicht mit dem Aufschube Gefahr verbunden ist."

23 **In verbleibenden Zweifelsfällen** wird es unvermeidbar sein, **von plausiblen Annahmen** auszugehen und **im Gutachten zu erläutern,** ob und inwieweit bei der Wertermittlung eines Grundstücks dessen Bestandteile und das Zubehör erfasst worden sind und welcher Wertermittlungsstichtag zu Grunde gelegt wurde (vgl. Teil III Rn. 355).

2.1.2 Grundstück

24 In den meisten Fällen wird es sich bei dem Wertermittlungsobjekt um ein Grundstück im grundbuchrechtlichen Sinne handeln, das im Gutachten durch
- seine Lagebezeichnung (Ort, Straße, Hausnummer),
- seine Grundbuchbezeichnungen (Grundbuch, Grundbuchblatt, Nr. eines gemeinschaftlichen Grundbuchblatts) und
- seine Katasterbezeichnung (Gemarkung, Flur, Flurstück[e])

bestimmt wird. Die Anwendung der ImmoWertV auf die Verkehrswertermittlung von Grundstücken im Rechtssinne zu beschränken wäre nicht sachgerecht[13]. Der in der ImmoWertV verwendete **Grundstücksbegriff ist deshalb untechnisch auszulegen.** Wertermittlungsobjekt kann z. B. im Zuge bodenordnerischer Maßnahmen ein fiktives und einer sachgerechten Auslegung des hier verwandten Grundstücksbegriffs Rechnung tragendes Grundstück sein. Auch bei derartigen Grundstücken ist allerdings eine eindeutige Beschreibung des Grundstücks nach Lage und Größe im Gutachten erforderlich[14].

2.1.3 Grundstücksteil

25 Neben den Bestandteilen eines Grundstücks kann ausdrücklich auch ein Grundstücksteil Gegenstand der Wertermittlung sein. Damit sind im Wesentlichen Grundstücksteilflächen angesprochen, die z. B. bei Abtretung von Straßenverbreiterungsflächen zu entschädigen sind. **Die Grundstücksteilfläche muss im Verkehrswertgutachten beschrieben werden,** wobei

---

12 BR-Drucks. 352/88, S. 32 f.
13 So auch in der steuerlichen Bewertung (vgl. § 70 BewG; hierzu BewR Gr. vom 19.9.1966 [BAnz Nr. 183 Beil. = BStBl I 1966, 890]); ErbStR zu § 145 BewG.
14 Das US-amerikanische Rechtssystem unterscheidet interessanterweise zwischen:
  - real estate = Physical land and appurtenances attached to the land, e.g. structures;
  - real property: All interests, benefits, and rights inherent in the ownership of physical real estate; the bundle of rights with which the ownership of the real estate is endowed;
  American Institute of Real Appraisers, The Appraisal of Real Estate, 12. Aufl. Chicago 2001: USPAP – Uniform Standards of Professional Practice (Appraisal Institute Chicago).

es sich nicht um eine bereits vermessene Teilfläche handeln muss. Mitunter mag sogar eine Flächenangabe genügen, wenn die genaue Festlegung der Teilflächenbegrenzung für das Ergebnis der Wertermittlung unerheblich ist.

2.1.4 Gegenstand der Wertermittlung nach BelWertV

Gegenstand der Beleihungswertermittlung ist nach § 2 BelWertV „das Grundstück, grundstücksgleiche Recht oder vergleichbare Recht einer ausländischen Rechtsordnung, das mit dem Grundpfandrecht belastet ist oder belastet werden soll". 26

2.2 Wirtschaftliche Einheit

In der steuerlichen Bewertung ist Gegenstand der Bewertung i.d.R. die wirtschaftliche Einheit (vgl. Rn. 17, 21). **Was als wirtschaftliche Einheit zu gelten hat, ist** nach § 2 Abs. 1 Satz 2 BewG **nach den Anschauungen des Verkehrs unter Berücksichtigung der örtlichen Gewohnheit, der tatsächlichen Übung, der Zweckbestimmung und der wirtschaftlichen Zusammengehörigkeit der einzelnen Wirtschaftsgüter zu entscheiden** (§ 2 Abs. 1 Satz 3 und 4 BewG). Die örtliche Gewohnheit, die tatsächliche Übung, die Zweckbestimmung und die wirtschaftliche Zusammengehörigkeit der einzelnen Wirtschaftsgüter sind dabei zu berücksichtigen[15]. Bezüglich der Zweckbestimmung kommt es darauf an, dass der subjektive Wille des Eigentümers mit der Anschauung des Verkehrs im Einklang steht[16]. Zu einer wirtschaftlichen Einheit kann jedoch nach § 2 Abs. 2 BewG nur der Grundbesitz (bzw. die Wirtschaftsgüter) zusammengefasst werden, der demselben Eigentümer gehört[17]. 27

„(1) ₁Grundbesitz kann nur zu einer **wirtschaftlichen Einheit zusammengefasst** werden, wenn er zu derselben Vermögensart (entweder ausschließlich Betriebsgrundstück i. S. des § 99 Abs. 2 BewG oder ausschließlich Grundvermögen) gehört. ₂Grenzt eine unbebaute Fläche an eine Grundstücksfläche, die zum Beispiel mit einem Einfamilienhaus bebaut ist, können beide Flächen auch bei so genannter offener Bauweise selbständige wirtschaftliche Einheiten bilden. ₃Wird von einem größeren Grundstück eine Teilfläche verpachtet und errichtet der Pächter auf dieser Fläche ein Gebäude, ist die Teilfläche als besondere wirtschaftliche Einheit zu bewerten.

₁Der Anteil des Eigentümers an gemeinschaftlichen Hofflächen oder Garagen ist nach § 138 Abs. 3 Satz 2 BewG in das Grundstück einzubeziehen, wenn der Anteil zusammen mit diesem genutzt wird. ₂Dabei ist es unerheblich, ob zum Beispiel einzelne Garagen unabhängig von einem Hauptgebäude genutzt werden.

(2) ₁Zur wirtschaftlichen Einheit eines bebauten Grundstücks gehören der Grund und **Boden, die Gebäude, die Außenanlagen, sonstige wesentliche Bestandteile** und das Zubehör. ₂Nicht einzubeziehen sind Maschinen und Betriebsvorrichtungen, auch wenn sie wesentliche Bestandteile sind. ₃Verstärkungen von Decken und die nicht ausschließlich zu einer Betriebsanlage gehörenden Stützen und sonstige Bauteile wie Mauervorlagen und Verstrebungen gehören zum Grundstück (vgl. § 68 Abs. 2 BewG).

(3) ₁Die **wirtschaftliche Einheit des Wohnungs-/Teileigentums** setzt sich aus dem Sondereigentum und dem Miteigentumsanteil an dem gemeinschaftlichen Eigentum zusammen, zu dem es gehört. ₂Sind bei einem Wohnungseigentum mehrere Wohnungen mit nur einem Miteigentumsanteil verbunden, sind sie grundsätzlich zu einer wirtschaftlichen Einheit zusammengefasst. ₃Eine Ausnahme besteht jedoch dann, wenn die tatsächlichen Gegebenheiten der Verkehrsanschauung entgegenstehen. ₄Liegen die Wohnungen in demselben Haus unmittelbar übereinander oder nebeneinander und sind sie so miteinander verbunden, dass sie sich als ein Raumkörper darstellen, bilden sie eine wirtschaftliche Einheit. ₅Besteht keine derartige Verbindung, weil sich die Wohnungen getrennt von anderen im Sondereigentum stehenden Wohnun-

---

15 RFH, Urt. vom 22.11.1934 – III A 176 und 247/34 –, RStBl 1935, 109; BFH, Urt. vom 20.1.1955 – V 120/54 U –, BStBl III 1955, 93; BFH, Urt. vom 3.3.1955 – VZ 119/54 U –, BStBl III 1955, 179; BFH, Urt. vom 3.2.1956 – III 206/55 U –, EzGuG 20.18; BFH, Urt. vom 19.5.1967 – III 50/61 –, BStBl III 1967, 510; BFH, Urt. vom 13.6.1969 – III 17/65 –, BStBl II 1969, 517; BFH, Urt. vom 13.6.1969 – III R 132/67 –, BStBl II 1969, 612; BFH, Urt. vom 7.12.1973 – III R 158/72 –, BFHE 111, 264 = BStBl II 1974, 195; BFH, Urt. vom 2.7.1976 – III R 54/75 –, BStBl II 1976, 640 = BFHE 119, 294.
16 RFH, Urt. vom 26.3.1931 – III A 567/30 –, RStBl. 1931, 802; RFH, Urt. vom 10.4.1930 – III A 294/30 –, RStBl 1930, 298; BFH, Urt. vom 15.10.1954 – III 148/54 U –, BStBl III 1955, 2; RFH, Urt. vom 20.10.1938 – III 148/38 –, RStBl 1938, 1155; BFH, Urt. vom 4.10.1974 – III R 127/73 –, BStBl II 1975, 302; BFH, Urt. vom 23.2.1979 – III R 73/77 –, EzGuG 19.35.
17 ErbStR Nr. 152 Abs. 2 und 3, Nr. 164 Abs. 2.

gen im Gebäude befinden, sind nach der Verkehrsanschauung mehrere wirtschaftliche Einheiten anzunehmen.

(4) ₁Handelt es sich dagegen um **mehrere Wohnungen, die jeweils mit einem Miteigentumsanteil am Grundstück verbunden sind,** und liegen mithin zivilrechtlich mehrere selbstständige Wohnungseigentumsrechte vor, ist trotz des tatsächlichen Aneinandergrenzens und der Eintragung auf ein gemeinsames Wohnungsgrundbuchblatt eine Zusammenfassung zu einer einheitlichen wirtschaftlichen Einheit nicht möglich. ₂Werden mehrere Wohnungen durch größere bauliche Maßnahmen zu einer einzigen Wohnung umgestaltet und sind sie danach nicht mehr ohne größere bauliche Veränderungen getrennt veräußerbar, bilden sie nur eine wirtschaftliche Einheit. ₃Dies gilt entsprechend für die bauliche Zusammenfassung von Wohnung und Gewerberaum.

(5) ₁**Zubehörräume,** insbesondere Kellerräume und sonstige Abstellräume, die der Grundstückseigentümer gemeinsam mit seinem Miteigentumsanteil nutzt, sind ohne Rücksicht auf die zivilrechtliche Gestaltung in die wirtschaftliche Einheit einzubeziehen. ₂Gehören zu der Wohnung auch Garagen, sind sie in die wirtschaftliche Einheit des Wohnungseigentums einzubeziehen (§ 138 Abs. 3 Satz 2 in Verbindung mit § 70 Abs. 1 und 2 BewG). ₃Hierbei ist es unerheblich, wie das Eigentum des Wohnungseigentümers an den Garagen gestaltet ist. ₄Es kommt auch nicht darauf an, ob sich die Garagen auf dem Grundstück der Eigentumswohnungsanlage oder auf einem Grundstück in der näheren Umgebung befinden. ₅An Abstellplätzen außerhalb von Sammelgaragen kann kein Sondereigentum begründet werden. ₆Derartige Abstellplätze sind Gemeinschaftseigentum, die jedoch mittels einer Nutzungsvereinbarung einem bestimmten Wohnungseigentums- oder Teileigentumsrecht zugeordnet werden können[18]."

28 Die **wirtschaftliche Einheit eines Gewerbegrundstücks** oder eines sonstigen Grundstücks umfasst regelmäßig den Grund und Boden, die Gebäude, die Außenanlagen, insbesondere Wege- und Platzbefestigungen sowie Einfriedungen, die sonstigen wesentlichen Bestandteile und das Zubehör. Der Umstand, dass die Gebäude zu unterschiedlichen Zwecken genutzt werden, steht der Annahme einer wirtschaftlichen Einheit nicht entgegen.

Nicht in die wirtschaftliche Einheit einzubeziehen sind Maschinen und sonstige Vorrichtungen aller Art, die zu einer Betriebsanlage gehören.

29 Zum **Grund und Boden** gehören die im räumlichen Zusammenhang stehenden bebauten und unbebauten Flächen. Demnach sind auch die unbebauten Flächen zwischen Fabrikgebäuden sowie Lagerflächen, die innerhalb des Fabrikgeländes liegen, der wirtschaftlichen Einheit des zu bewertenden Grundstücks zuzurechnen.

30 Die **räumliche Trennung von Flächen** steht der Annahme einer wirtschaftlichen Einheit grundsätzlich entgegen. Grundstücke, die räumlich getrennt liegen, können nicht deshalb zu einer wirtschaftlichen Einheit zusammengefasst werden, weil sie zu demselben Gewerbebetrieb gehören. Sind die Flächen eines Gewerbebetriebs durch eine öffentliche Straße voneinander getrennt, können sie regelmäßig nicht als eine wirtschaftliche Einheit angesehen werden. Hiervon kann jedoch in den Fällen abgewichen werden, in denen nach der Verkehrsauffassung (§ 2 BewG) wegen der örtlichen Gewohnheit und der tatsächlichen Nutzung eine wirtschaftliche Zusammengehörigkeit derart besteht, dass sich die Zusammenfassung zu einer wirtschaftlichen Einheit für einen Außenstehenden aufdrängt (z. B. bei Verbindung von räumlich getrennt liegenden Produktionsstätten durch einen Tunnel oder eine Brücke).

31 Ob mehrere Grundstücke zusammen oder Teile eines Grundstücks jeweils für sich eine wirtschaftliche Einheit bilden, hängt nicht von der tatsächlichen Nutzung ab und damit auch nicht von der aus ihr abgeleiteten und deshalb nur **auf dem Willen des Eigentümers beruhenden Zusammengehörigkeit oder Selbstständigkeit.** Dies ist vielmehr ausschließlich nach bauplanungsrechtlichen Gegebenheiten zu beurteilen. Ein ausreichender Grund für die Annahme einer wirtschaftlichen Einheit ist gegeben, wenn wegen verbindlicher planerischer Vorstellungen oder tatsächlicher Geländeverhältnisse ein Teil eines Grundstücks nur selbstständig baulich genutzt werden kann und deshalb sinnvollerweise einen eigenen Anschluss an eine öffentliche Einrichtung zur Wasserversorgung erhalten muss oder wenn mehrere Grundstücke

---

18 Nr. 165 Abs. 3 und 4 ErbStR.

desselben Eigentümers nicht jeweils für sich, sondern nur zusammen baulich genutzt werden können und deshalb nur einen Anschluss benötigen[19].

2.3 Bestandteile des Grundstücks

2.3.1 Übersicht

Als Bestandteil ist allgemein jeder Teil einer einheitlichen oder zusammengesetzten Sache anzusehen. Das Bürgerliche Gesetzbuch unterscheidet in den §§ 93 bis 95 zwischen den wesentlichen und den unwesentlichen Bestandteilen. Die **Bestandteile** eines Grundstücks lassen sich **untergliedern in** 32

- wesentliche Bestandteile,
- unwesentliche Bestandteile und
- Scheinbestandteile.

Wesentliche Bestandteile einer Sache sind solche, die voneinander nicht getrennt werden können, ohne dass der eine oder andere Teil zerstört oder in seinem Wesen verändert wird (§ 93 BGB). Zu den wesentlichen Bestandteilen eines Grundstücks gehören die mit dem Grund und Boden fest verbundenen Sachen, insbesondere Gebäude, sowie die Erzeugnisse des Grundstücks, solange sie mit dem Boden zusammenhängen. Samen wird mit dem Aussäen, eine Pflanze wird mit dem Einpflanzen wesentlicher Bestandteil des Grundstücks (§ 94 Abs. 1 BGB). Demzufolge gehören auch Bäume zu den wesentlichen Bestandteilen[20]. Ein auf einem Erbbaurecht errichtetes Gebäude ist allerdings nur Scheinbestandteil des mit dem Erbbaurecht belasteten Grundstücks. 33

Zu den wesentlichen Bestandteilen eines Gebäudes gehören nach § 94 Abs. 2 BGB die zur Herstellung des Gebäudes eingefügten Sachen, insbesondere Werkstoffe, aus denen Mauern, Fußböden, Decken, Verputz, Treppen, Fenster, Türen usw. hergestellt sind. 34

Zu den **unwesentlichen Bestandteilen** eines Grundstücks gehören umgekehrt solche, die voneinander getrennt werden können, ohne dass sie das andere Teil zerstören oder sein Wesen verändern. 35

Nach § 96 BGB gelten als Bestandteil des Grundstücks auch **Rechte, die mit dem Eigentum an einem Grundstück verbunden sind:** z. B. Grunddienstbarkeiten[21], dingliche Vorkaufsrechte, Reallasten, Jagdrechte sowie der in das Grundbuch eingetragene Erbbauzinsanspruch[22]. 36

Nicht zu den Bestandteilen eines Grundstücks gehören nach § 95 BGB **solche Sachen, die nur zu einem vorübergehenden Zwecke mit dem Grund und Boden verbunden sind.** Das Gleiche gilt für ein Gebäude oder anderes Werk, das in Ausübung eines Rechts an einem fremden Grundstück von dem Berechtigten mit dem Grundstück verbunden worden ist **(Scheinbestandteile).** Entsprechendes gilt also für Gebäude, die in Ausübung eines Rechts an einem fremden Grundstück (Erbbaurecht[23], Nießbrauch, Dienstbarkeit, Überbaurecht und dgl.) vom Berechtigten mit dem Grund und Boden verbunden worden sind. 37

---

19 BayVGH, Urt. vom 11.1.1985 – 23 B 83 A. 1017 –, EzGuG 9.54.
20 BGH, Urt. vom 13.5.1975 – VI ZR 85/74 –, EzGuG 2.14; OVG Koblenz, Urt. vom 25.4.1963 – 3 C 97/61 –, EzGuG 2.6; LG Tübingen, Urt. vom 14.2.1986 – 2 O 1/86 –, EzGuG 2.42.
21 KG Berlin, Urt. vom 10.7.1967 – U 485/67 –, EzGuG 14.39; Pr. OVG, Urt. vom 10.6.1932 – VII C 183/31 –, EzGuG 14.2.
22 §§ 96, 94 BGB, § 9 Abs. 1 Satz 1, Abs. 2 Satz 1 ErbbauVO, § 1105 BGB; vgl. BFH, Beschl. vom 28.11.1986, – II R 32/83 –, EzGuG 7.101.
23 BGH, Urt. vom 28.5.1971 – V ZR 121/68 –, EzGuG 19.25; BGH, Urt. vom 12.4.1961 – VIII ZR 152/60 –, EzGuG 3.16; BGH, Urt. vom 9.3.1960 – V ZR 189/58 –, EzGuG 3.14a; BGH, Urt. vom 27.5.1959 – V ZR 173/57 –, NJW 1959, 1487; BGH, Urt. vom 31.10.1952 – V ZR 36/51 –, EzGuG 3.2.

38 Dass ein **Recht an einem Grundstück eigenständiger Gegenstand der Wertermittlung** sein kann, bedeutet nicht, dass dabei eine vorhandene Beziehung zu einem „dienenden" oder „herrschenden" Grundstück außer Betracht bleibt (vgl. Rn. 67; § 6 ImmoWertV Rn. 94 ff.).

39 Nach § 5 Art. 231 des Einführungsgesetzes zum BGB gehören in den der **Bundesrepublik Deutschland beigetretenen Gebieten** nicht zu den Bestandteilen eines Grundstücks Gebäude, Baulichkeiten, Anlagen, Anpflanzungen oder Einrichtungen, die gemäß dem am Tag vor dem Wirksamwerden des Beitritts (2.10.1990) geltenden Recht vom Grundstückseigentum unabhängiges Eigentum sind. Das Gleiche gilt, wenn solche Gegenstände am Tag des Wirksamwerdens des Beitritts (3.10.1990) oder danach errichtet oder angebracht werden, soweit dies auf Grund eines vor dem Wirksamwerden des Beitritts begründeten Nutzungsrechts an dem Grundstück oder Nutzungsrecht nach den §§ 312 bis 315 des Zivilgesetzbuchs der DDR zulässig ist. Das Nutzungsrecht an dem Grundstück und die erwähnten Anlagen, Anpflanzungen oder Einrichtungen gelten als wesentliche Bestandteile des Gebäudes[24].

2.3.2 Bauliche und sonstige Anlagen

2.3.2.1 Allgemeines

40 Die **ImmoWertV** unterscheidet grundsätzlich nach *baulichen* und *sonstigen* Anlagen (§ 21 Abs. 1 Satz 1 ImmoWertV). Die Unterscheidung ist insbesondere bei Anwendung des Sachwertverfahrens von Bedeutung.

2.3.2.2 Bauliche Anlagen

41 Was unter **baulichen Anlagen** und unter diesen Begriff fallende „Gebäude" zu verstehen ist, ergibt sich aus dem Bundesrecht[25] i.V.m. den Bestimmungen der Landesbauordnungen[26]. § 2 Abs. 1 und 2 der Bauordnung Brandenburg vom 16.7.2003 bestimmt z. B.:

„(1) *Bauliche Anlagen* sind mit dem Erdboden verbundene, aus Bauprodukten hergestellte Anlagen. Eine Verbindung mit dem Boden besteht auch dann, wenn die Anlage durch eigene Schwere auf dem Erdboden ruht oder auf ortsfesten Bahnen begrenzt beweglich ist, oder wenn die Anlage nach ihrem Verwendungszweck dazu bestimmt ist, überwiegend ortsfest benutzt zu werden. Zu den baulichen Anlagen zählen auch

1. Aufschüttungen und Abgrabungen,
2. Lager-, Abstellplätze und Ausstellungsplätze,
3. Campingplätze, Wochenendhausplätze, Spielplätze und Sportplätze,
4. Stellplätze für Kraftfahrzeuge und Abstellplätze für Fahrräder,
5. Gerüste,
6. Hilfseinrichtungen zur statischen Sicherung von Bauzuständen,
7. künstliche Hohlräume unter der Geländeoberfläche,
8. Seilbahnen.

(2) *Gebäude* sind selbstständig benutzbare, überdeckte bauliche Anlagen, die von Menschen betreten werden können und geeignet oder bestimmt sind, dem Schutz von Menschen, Tieren oder Sachen zu dienen."

---

24 BGBl. II 1990, 942.
25 BVerwG, Urt. vom 17.12.1976 – 4 C 6/75 –, NJW 1977, 2090 = BauR 1977, 109; BVerwG, Urt. vom 31.8.1973 – 4 C 33/71 –, BVerwGE 44.59 = BayVBl 1974, 108 = BauR 1973, 366 = DVBl 1974, 236 = DÖV 1974, 200; BVerwG, Urt. vom 10.12.1971 – 4 C 33 – 35/69 –, BVerwGE 39, 154 = MDR 1972, 444 = BBauBl. 1972, 426 = BauR 1972, 100 = DVBl. 1972, 211 = DÖV 1972, 496.
26 GVBl. 1984, 419.

Bauliche Anlagen § 1 ImmoWertV V

Das **Gebäude** ist auch in den Richtlinien zum Bewertungsrecht definiert[27]:

„(1) Nach den in der höchstrichterlichen Rechtsprechung aufgestellten Grundsätzen ist ein Bauwerk als Gebäude anzusehen, wenn es Menschen oder Sachen durch räumliche Umschließung Schutz gegen Witterungseinflüsse gewährt, den Aufenthalt von Menschen gestattet, fest mit dem Grund und Boden verbunden, von einiger Beständigkeit und ausreichend standfest ist[28]. Bestehen Zweifel, ob ein bestimmtes Merkmal des Gebäudebegriffs vorliegt, so ist nach der Verkehrsauffassung zu entscheiden. Zum Begriff der Verkehrsauffassung vgl. BFH, Urt. vom 3.2.1956 – III 206/55 U –, BStBl III 1956, 78 = StZBl. Bln. 1956, 1093 = EzGuG 20.18.

(2) Der Begriff des Gebäudes setzt nicht voraus, dass das Bauwerk über die Erdoberfläche hinausragt. Auch unter der Erdoberfläche befindliche Bauwerke, z. B. Tiefgaragen, unterirdische Betriebsräume, Lagerkeller, Gärkeller, können Gebäude im Sinne des Bewertungsgesetzes sein. Das Gleiche gilt für Bauwerke, die ganz oder zum Teil in Berghänge eingebaut sind. Ohne Einfluss auf den Gebäudebegriff ist auch, ob das Bauwerk auf eigenem oder fremdem Grund und Boden steht."

Die Definition ist im Übrigen auch für das **Einkommensteuer- und Körperschaftsteuerrecht** maßgeblich[29].

Neben dem Gebäude gehören zu den baulichen Anlagen auch die **baulichen Außenanlagen**. Die Außenanlagen werden in verschiedenen Regelwerken definiert (z. B. Zweite Berechnungsverordnung [II BV]; vgl. Anl. 1 Nr. 2 und 4 zu § 5 Abs. 5 II BV; dem entspricht Nr. 5 der DIN 276, Teil 2 [April 1981]). Die dem ebenfalls entsprechende Anl. 2 und § 15 Abs. 3 WertV 72 gehen noch auf die DIN 276 i.d.F. vom März 1954 zurück; diese Anl. ist nicht in die WertV 88 übernommen worden.

Die **Außenanlagen waren in der DIN 276/1954/81** (vgl. Anl. 2 zur WertV 72) **wie folgt definiert:**

„**2.2 Kosten der Außenanlagen**

Das sind die Kosten sämtlicher Bauleistungen, die für die Herstellung der Außenanlagen erforderlich sind, gegliedert nach den Technischen Vorschriften für Bauleistungen (VOB Teil C, neueste Ausgabe):

Hierzu gehören die:

2.2.1 Kosten der Entwässerungs- und Versorgungsanlagen vom Hausanschluss ab bis an das öffentliche Netz oder an nicht öffentliche Anlagen, die Daueranlagen sind, außerdem alle anderen Entwässerungs- und Versorgungsanlagen außerhalb der Gebäude, Kleinkläranlagen, Sammelgruben, Brunnen, Zapfstellen usw.

2.2.2 Kosten für das Anlegen von Höfen, Wegen und Einfriedungen, nicht öffentlichen Spielplätzen usw.

2.2.3 Kosten der Gartenanlagen und Pflanzungen, die nicht zu den besonderen Betriebseinrichtungen gehören (vgl. Abschn. 2.4), der nicht mit einem Gebäude verbundenen Freitreppen, Stützmauern, fest eingebauten Flaggenmasten, Teppichklopfstangen, Wäschepfähle usw.

2.2.4 Kosten sonstiger Außenanlagen, z. B. Luftschutzaußenanlagen, Kosten für Teilabbrüche außerhalb der Gebäude, soweit diese nicht in den Abschn. 1.3.2 gehören.

Bei den Kosten der Außenanlagen sind zu berücksichtigen:

– die Kosten aller eingebauten oder mit den Außenanlagen fest verbundenen Sachen (Bestandteile);

– die Kosten aller vom Bauherrn erstmalig zu beschaffenden nicht eingebauten oder nicht fest verbundenen Sachen an und in den Außenanlagen (Zubehör), z. B. Aufsteckschlüssel für äußere Leitungshähne und -ventile, Feuerlöschanlagen (Schläuche, Stand- und Stahlrohre für äußere Feuerlöschanlagen)."

---

27 RdErl. vom 31.3.1967 – S 3190 – 1-V1 – BStBl II 1967, 127; BFH, Urt. vom 30.1.1991 – II R 48/88 –, GuG 1991, 341; vgl. BewR Gr vom 19.9.1966 (BAnz Nr. 183 Beil.= BStBl I 1966, 890).
28 BFH, Urt. vom 24.5.1963 – III 140/60 U –, EzGuG 3.34.
29 Vgl. im Übrigen zum Begriff: BFH, Beschl. vom 26.11.1973 – GrS 5/71 –, EzGuG 20.56.

V § 1 ImmoWertV   **Bauliche Anlagen**

In der **DIN 276 Teil 2 Nr. 5 vom April 1991** werden die Außenanlagen wird wie folgt definiert:

„Hierzu gehören die Kosten für die Herstellung aller Anlagen außerhalb des Bauwerks, einschließlich der Verbindung mit den öffentlichen oder nichtöffentlichen Erschließungsanlagen, ferner die Kosten, die durch die Erschließung (siehe Abschnitt 2.2 Absatz 3) und die Oberflächengestaltung des Baugrundstücks entstehen.

Es sind dies in der Regel Kosten für: Einfriedungen, Geländebearbeitung, Versorgungs- und Abwasseranlagen, Wirtschaftsvorrichtungen, Straßen, Wege, Plätze, Treppen, Grünflächen, ferner Außenanlagen für besondere Zweckbestimmungen.

Bei größeren baulichen Anlagen können die jeweiligen Kosten der Außenanlagen auch einzelnen Bauwerken bzw. Baukörpern zugeordnet werden.

Beim Umbau von Außenanlagen gehören hierzu auch die Kosten von Teilabbruch-, Sicherungs- und Demontagearbeiten.

Der Wert wiederverwendeter Bauteile ist gesondert auszuweisen. Werden Eigenleistungen erbracht, so sind dafür die Kosten einzusetzen, die für die entsprechenden Auftragnehmerleistungen entstehen würden."

46   Die **DIN 276 nach dem Stand Juni 1993** hat diese Definition erheblich erweitert und zählt unter Ziff. 4.3 Tabelle 1 Kostengruppe 500 auf:

„Kosten der Bauleistungen und Lieferungen für die Herstellung aller Gelände- und Verkehrsflächen, Baukonstruktionen und technischen Anlagen außerhalb des Bauwerks, soweit nicht in Kostengruppe 200 erfasst. In den einzelnen Kostengruppen sind die zugehörigen Leistungen, wie z. B. Erdarbeiten, Unterbau und Gründungen, enthalten."

Die **Kostengruppe 500** gliedert die Außenanlagen auf nach den Positionen

510	Geländeflächen
520	Befestigte Flächen
530	Baukonstruktionen in Außenanlagen
540	Technische Anlagen in Außenanlagen
550	Einbauten in Außenanlagen sowie
590	Sonstige Maßnahmen für Außenanlagen

47   Die DIN 276 (Stand Juni 1993) ist für die Belange der Verkehrswertermittlung in ihrer Detailliertheit unpraktikabel, wenngleich sie in Zweifelsfällen herangezogen werden kann. Praktikabler ist hier schon die **Anl. 1 zu § 5 Abs. 5 II BV.** Dort sind als Kosten der Außenanlage sämtliche Bauleistungen definiert, die für die Herstellung der Außenanlagen erforderlich sind:

„Hierzu gehören

a) die Kosten der Entwässerungs- und Versorgungsanlagen vom Hausanschluss ab bis an das öffentliche Netz oder an nichtöffentliche Anlagen, die Daueranlagen sind (13 d), außerdem alle anderen Entwässerungs- und Versorgungsanlagen außerhalb der Gebäude, Kleinkläranlagen, Sammelgruben, Brunnen, Zapfstellen usw.,

b) die Kosten für das Anlegen von Höfen, Wegen und Einfriedungen, nicht öffentlichen Spielplätzen usw.,

c) die Kosten der Gartenanlagen und Pflanzungen, die nicht zu den besonderen Betriebseinrichtungen gehören, der nicht mit einem Gebäude verbundenen Freitreppen, Stützmauern, fest eingebauten Flaggenmaste, Teppichklopfstangen, Wäschepfähle usw.,

d) die Kosten sonstiger Außenanlagen, z. B. Luftschutzaußenanlagen, Kosten für Teilabbrüche außerhalb der Gebäude, soweit sie nicht zu den Kosten für das Herrichten des Baugrundstücks gehören.

Zu den Kosten der Außenanlagen gehören auch

a) die Kosten aller eingebauten oder mit den Außenanlagen fest verbundenen Sachen,

b) die Kosten aller vom Bauherrn erstmalig zu beschaffenden, nicht eingebauten oder nicht fest verbundenen Sachen an und in den Außenanlagen, z. B. Aufsteckschlüssel für äußere Leitungshähne und -ventile, Feuerlöschanlagen (Schläuche, Stand- und Strahlrohre für äußere Feuerlöschanlagen)."

2.3.2.3 Sonstige Anlagen (Aufwuchs)

Schrifttum: *Aust,* Zur Bewertung von Ziergehölzen, GuG 1991, 90; *Aust/Jacobs,* Die Enteignungsentschädigung, 4. Aufl., S. 221; *Büchs,* Grunderwerb und Entschädigung beim Straßenbau, 2. Aufl. Rn. 155; *Berndt, M.,* Ertragswert einer Gärtnerei, SVK-Verlag 1988; *Berndt, M.,* HLBS-report, Heft 1998/1, Verlag Pflug und Feder, St. Augustin 1998; *Breloer, H.,* Was ist mein Baum wert?, Thalacker Medien, 3. Aufl. 1995; *Breloer, H.,* Wertermittlung von Bäumen und Sträuchern, SVK Verlag 1988; *Breloer,H./Koch,* Baumwert und Baumschutzsatzungen, SVK-Verlag 1986; *Buchwald,* Wertermittlung von Ziergehölzen, St. Augustin 1987; *Dieterich, H.,* in Ernst/Zinkahn/Bielenberg, Komm. zum BauGB § 194 Rn. 120 ff.; *Dieterich, H.* in BuG 1971, 21; *Dieterich, H.,* „Baulandumlegung" 3. Aufl. München 1996, Rn. 314; *Fleckenstein, K.,* in VersR 1987, 236; *Fleckenstein, K.,* Sachgerechte Ermittlung von Gehölzwerten, Verlag Pflug und Feder 1987; Fleckenstein, K., Ermittlung von Schadensursachen und Gehölzwerten, Verlag Pflug und Feder 1992; *Franzki* in DRiZ 1976, 113: *Friedrich, H.,* in VR 1981, 426, 438; *Hötzel, H.-J.,* Der Zinssatz bei der Gehölzwertermittlung nach der Methode Koch, HLBS-report 2001, 136 = DS 2001, 314; *Hötzel, H.-J.,* in AgrarR 1997, 369; *Kamphausen* in GuG 1993, 31; *Kappus,* VersR 1984, 1021; *Koch, W./Breloer, H.,* Aktualisierte Gehölzwerttabellen 3. Aufl. 1997 m.w.N.; *Köhne, M.,* Landwirtschaftliche Taxationslehre, 3. Aufl. Berlin 2000 S. 413; *Kleiber, W.,* Das Gartenamt 1981, 525; *Köhne, M.,* in AgrarR 1978, 127, 244, 272, 274 und AgrarR 1979, 36; *Palandt,* BGB, 49. Aufl. § 249 Anm. 5 b; *Rauw.,* in WF 1984, 171 und WF 1985, 77; *Schmid,* MDR 1980, 191; *Schulz, H.-J.,* Die Ziergehölzhinweise (ZierH 2000) im Vergleich zur Methode Koch, GuG 2002, 212; *Schulz-Kleeßen* in DS 1989, 15; *Staudinger-Medicus,* Komm. zum BGB 12. Aufl. § 251 Rn. 78; *Wedemeyer* in HLBS-report 1998, 15; *Wedemeyer* in Einzelbaumbewertung in Theorie und Praxis, Verlag Pflug und Feder, St. Augustin 1999; *Wilbat, D./Bracke, J.,* Die neuen Ziergehölzhinweise des Bundesministeriums der Finanzen, GuG 2002, 74; dagegen Amtliche Verlautbarungen zur Ermittlung von Aufwuchswerten: Schreiben des BMBau vom 23.5.1980, abgedruckt in ZSW 1981, 25 = BWGZ 1980, 637 = MittDSt vom 10.7.1980 Nr. 819/80; Verfügung des BMF vom 12.12.1980 – VIB 2 – VV 3610 – 23/80 –; Baumwertrichtlinien des Deutschen Städtetags in MittDSt vom 20.12.1983 vom 1028/84; MittDSt vom 11.2.1987 Nr. 155/87; Bearbeitungshinweise des BMV, BMF und BMVg i.d.F. der Bekanntmachung vom 5.2.1985, BAnz. Nr. 41a vom 28.2.1985, abgedruckt bei Kleiber, WertR 76/96, Bundesanzeiger Verlag, 6. Aufl. 1997 – nunmehr ZierH 2000 (vgl. Rn. 32), WERTR 02, 8. Aufl. Bundesanzeiger Verlag 2003; Berechnungsgrundlagen für die Ermittlung von Schäden an landwirtschaftlichen Kulturen und Grundstücken, Verb. der Landwirtschaftskammern, Bonn 1986; abgedruckt im Anh. 14.1 der 3. Aufl.

§ 21 Abs. 1 ImmoWertV unterscheidet zwischen *baulichen* und *sonstigen* Anlagen. Die **Außenanlagen werden** wiederum in § 21 Abs. 3 ImmoWertV **nach den** *baulichen* **und sonstigen Außenanlagen untergliedert**. Hieraus folgt, dass mit „sonstigen Anlagen" i.S. dieser Vorschrift insbesondere der auf einem Grundstück vorhandene Aufwuchs angesprochen ist. Dem entspricht auch die Begründung zu § 21 WertV 88[30], die als „sonstige Anlagen" ausdrücklich „Gartenanlagen, Anpflanzungen und Parks" herausstellt. Hieran ist Kritik mit der Begründung geübt worden, dass auch im Garten- und Landschaftsbau „*gebaut*" werde[31]. **48**

Tatsächlich schließt der Garten- und Landschafts*bau* auch **Pflanzarbeiten** ein; auf der anderen Seite definieren die Landesbauordnungen – wie ausgeführt – als *bauliche* Anlagen[32] lediglich die mit dem Erdboden verbundenen, „aus Baustoffen und Bauteilen hergestellten Anlagen", und der Verordnungsgeber hat ersichtlich hierauf abgestellt: Im Umkehrschluss hierzu hat er in naturverbundener Weise den nicht aus Bauteilen und Baustoffen hergestellten Aufwuchs (in der Begründung zu § 21) nicht als *bauliche* Außenanlage herabsetzen wollen. **49**

---

30 BR-Drucks. 352/88.
31 DIN 18915 Vegetationstechnik im Landschaftsbau; Bodenarbeiten; DIN 18916 Vegetationstechnik im Landschaftsbau; Pflanzen und Pflanzarbeiten; DIN 18917 Vegetationstechnik im Landschaftsbau; Rasen und Saatarbeiten; DIN 18918 Vegetationstechnik im Landschaftsbau; Ingenieurbiologische Sicherungsbauweisen, Sicherungen durch Aussaaten, Bepflanzungen, Bauweisen mit lebenden und nichtlebenden Stoffen und Bauteilen, kombinierte Bauweisen; DIN 18919 Vegetationstechnik-Landschaftsbau; Entwicklungs- und Unterhaltungspflege von Grünflächen; DIN 18920 Vegetationstechnik im Landschaftsbau; Schutz von Bäumen, Pflanzenbeständen und Vegetationsflächen bei Baumaßnahmen; BMV STLK Standardleistungskatalog für den Straßen- und Brückenbau (Leistungsbereich 1017, Juni 1986); Musterleistungsverzeichnis Freizeitanlagen – MLV – Ausgabe 1990 der Forschungsgesellschaft Landschaftsentwicklung – Landschaftsbau e.V. Bonn 1990.
32 BVerwG, Urt. vom 17.12.1976 – 4 C 6/75 –, BauR 1977, 109; BVerwG, Urt. vom 1.11.1974 – 4 C 13/73 –, BauR 1975, 108; BVerwG, Urt. vom 31.8.1973 – 4 C 33/71 –, BVerwGE 44, 49; BVerwG, Urt. vom 26.6.1970 – 4 C 116/68 –, BRS Bd. 23 Nr. 129.

Im Übrigen wäre ein solcher Streit um begriffliche Zuordnungen überflüssig, wo es dem Verordnungsgeber um eine sinnvolle Aufteilung ging.

50 Im Unterschied zur ImmoWertV gehören nach den Grundsätzen der **BelWertV** die Außenanlagen zu den baulichen Anlagen, ohne dass zwischen baulichen und „sonstigen" Anlagen" unterschieden wird (§ 14 BelWertV). Zu den baulichen Anlagen gehören nach den Grundsätzen der BelWertV indessen nicht **„Maschinen und besondere Betriebseinrichtungen"**, die nach § 23 BelWertV bei der Ermittlung des Sachwerts grundsätzlich unberücksichtigt bleiben (vgl. Rn. 60).

51 Aufwuchs sind nach der **steuerlichen**, aber auch hier sachgerechten **Definition** lebende, im Boden verwurzelte Pflanzen, insbesondere das stehende Holz und Dauerkulturen[33].

52 Mit § 21 Abs. 3 ImmoWertV hat der Verordnungsgeber bestimmt, dass eine besondere **Erfassung des Wertanteils von baulichen Außenanlagen und sonstigen Anlagen entfällt, soweit dieser bereits mit dem Bodenwert erfasst** wird. Nach der amtlichen Begründung zu der entsprechenden Regelung der WertV 88 betrifft dies insbesondere die „üblichen Zier- und Nutzgärten", die im gewöhnlichen Geschäftsverkehr bereits vom Bodenwert miterfasst werden. Lediglich bei außergewöhnlichen Anlagen und besonders wertvollen Anpflanzungen soll sich – so die Begründung – ihr Herstellungswert nach Erfahrungssätzen oder „*notfalls* aus den gewöhnlichen Herstellungskosten" ergeben[34]. Des Weiteren wird in der Begründung darauf hingewiesen, dass die „sonstigen Anlagen" (Aufwuchs) für das Ertragswertverfahren „in der Regel ... nicht von Bedeutung sind, und gegebenenfalls über § 8 Abs. 3 ImmoWertV (§ 19 WertV 88) erfasst werden können"[35].

Die genannte Vorschrift zielt im Kern darauf ab, eine **doppelte Berücksichtigung des Wertanteils von Außenanlagen und sonstigen Anlagen** bei der Verkehrswertermittlung des Grundstücks zu vermeiden, und zwar in den Fällen, in denen sich der zum Vergleich herangezogene Bodenwert auf ein Grundstück bezieht, das z. B. eine mit dem zu wertenden Grundstück vergleichbare Bepflanzung aufweist. Dies kann insbesondere bei geringfügig und in ortsüblicher Weise bepflanzten Grundstücken der Fall sein[36].

53 Fragen der **Wertermittlung von Aufwuchs** und des **Schadenersatzes** für Aufwuchs werden im Schrifttum im Übrigen äußerst kontrovers und nicht immer mit der gebotenen Sachlichkeit und Nüchternheit behandelt. Im Vordergrund steht dabei das von den Anhängern der Methode Koch geradezu mit einem Alleinvertretungsanspruch vertretene spezielle Sachwertverfahren, das im Schrifttum auf Kritik gestoßen ist.

---

[33] BFH, Urt. vom 7.5.1987 – IV R 150/84 –, BFHE 150, 130 = BStBl II 1987, 130 = DStR 1987, 656 = HFR 1987, 566.
[34] BR-Drucks. 352/88, S. 56.
[35] BR-Drucks. 352/88, S. 61; vom wertmindernden Einfluss spricht Dresen in Nachr. der rh.-pf. Kat.- und VermVw. 1988, 184.
[36] Kleiber in Ernst/Zinkahn/Bielenberg, BauGB § 21 WERTV Rn. 21 ff.

Im Zuge der manchmal sogar emotional überladen geführten Diskussion zur Wertermittlung von Aufwuchs blieb manche beachtenswerte – selbst höchstrichterliche – **Rechtsprechung** unbeachtet oder wurde nicht immer hinreichend genau zitiert. Damit sich der Anwender hierüber ein objektives Bild verschaffen kann, soll hierauf nur unter Angabe der Fundstellen verwiesen werden[37].

54

▶ *Zur Verkehrswertermittlung von* **Waldgrundstücken** *vgl. § 5 ImmoWertV Rn. 85 ff.*

Zu alledem wird im *Palandt*[38] ausgeführt: „Bei der Schadensbemessung folgt die Rechtsprechung z.T. den Veröffentlichungen von Koch[39]. Dessen Methode führt aber zu übersetzten Entschädigungsbeträgen, die mit den Mehrpreisen, die bei Grundstücksverkäufen für Baumbestand zusätzlich bezahlt werden, offensichtlich unvereinbar sind." Der Kommentar nimmt Bezug auf entsprechende Ausführungen in *StaudMedicus*[40.] Dieser führt hierzu aus, dass sich die Methode *Koch* von § 251 Abs. 2 BGB weit entferne und daher bedenklich sei. Wörtlich heißt es u. a. dort: „Denn wenn man zunächst die Kosten einer Teilherstellung zuspricht und dann auch noch die verbleibende Wertminderung nach den Kosten einer (freilich modifizierten) Herstellung berechnet, wird der als Schadensersatz geschuldete Betrag doch *erheblich durch die Kosten der unverhältnismäßig teuren Herstellung* bestimmt. Zu rechtfertigen wäre, das allenfalls mit der *ökologischen Bedeutung* von Bäumen …". Das OLG Zweibrücken hat im Urt. vom 25.1.2005 (a.a.O.) hierzu festgestellt, dass bei der Bewertung von Bäumen nach der Methode Koch eine Reduktion auf null sachgerecht sein kann.

55

---

37 BGH, Urt. vom 9.4.1956 – III ZR 135/55 –, EzGuG 2.1; BGH, Urt. vom 15.3.1962 – III ZR 211/60 –, EzGuG 2.2; BGH, Urt. vom 7.5.1962 – III ZR 35/61 –, EzGuG 2.3; OLG Stuttgart, Urt. vom 7.3.1962 – 1 U 1/62 –, EzGuG 2.5; OVG Koblenz, Urt. vom 25.4.1963 – 3 C 97/61, 46/62 –, EzGuG 2.6; BGH, Urt. vom 19.3.1964 – III ZR 141/43 –, EzGuG 2.7; BGH, Urt. vom 12.7.1965 – III ZR 214/64 –, EzGuG 2.8; BFH, Urt. vom 15.10.1965 – VI 181/65 U –, EzGuG 20.41; BFH, Urt. vom 30.6.1966 – VI 292/65 –, EzGuG 2.8a; OLG Hamburg, Urt. vom 10.10.1969 – 1 U 61/68 –, EzGuG 2.9; BGH, Urt. vom 12.10.1970 – III ZR 117/67 –, EzGuG 2.10; OLG Köln, Urt. vom 10.3.1972 – 4 U 183/71 –, EzGuG 2.11; BGH, Urt. vom 5.4.1973 – III ZR 74/72 –, EzGuG 2.12; KG Berlin, Urt. vom 21.2.1974 – 12 U 1762/73 –, EzGuG 2.13; BGH, Urt. vom 13.5.1975 – VI ZR 85/74 –, EzGuG 2.14; OLG Düsseldorf, Urt. vom 26.10.1976 – 4 U 41/76 –, EzGuG 2.15a; KG Berlin, Urt. vom 21.6.1977 – 9 U 253/77 –, EzGuG 2.16; KG Berlin, Urt. vom 17.11.1977 – 12 U 1543/77 –, EzGuG 2.17; LG Berlin, Urt. vom 20.1.1978 – 2 S 152/77 –, EzGuG 2.18; KG Berlin, Urt. vom 2.10.1978 – 22 U 1 867/78 –, EzGuG 2.19; KG Berlin, Urt. vom 20.11.1968 – 12 U 1974/78 –, EzGuG 2.20; OLG Hamburg, Urt. vom 6.12.1978 – 5 U 237/77 –, EzGuG 2.22; LG Heilbronn, Urt. vom 6.2.1979 – 4 O 1843/77 –, EzGuG 2.23; LG Hannover, Urt. vom 7.3.1979 – 16 S 297/78 –, EzGuG 2.24; OLG Köln, Urt. vom 22.12.1980 – 7 U 209/79 –, EzGuG 2.25; LG Detmold, Urt. vom 4.6.1981 – 1 O 181/81 –, EzGuG 2.26; LG Kassel, Urt. vom 12.1.1982 – 6 O 98/81 –, EzGuG 2.27; OLG Koblenz, Urt. vom 13.1.1982 – 1 U 6/80 –, EzGuG 2.28; LG Baden-Baden, Urt. vom 22.1.1982 – 1 O 257/81 –, EzGuG 2.29; OLG Celle, Urt. vom 9.12.1982 – 5 U 69/82 –, EzGuG 2.30; LG Mannheim, Urt. vom 15.12.1982 – 4 O 30/82 –, VersR 1982, 93; OLG Frankfurt am Main, Urt. vom 14.3.1983 – 1 U 6/81 –, EzGuG 2.31; BGH, Urt. vom 9.6.1983 – IX ZR 41/82 –, EzGuG 2.32; AG Wiesbaden, Urt. vom 21.6.1983 – 97 C395/83 –, EzGuG 2.32; LG Itzehoe, Urt. vom 22.6.1983 – 2 O 104/81 –, EzGuG 2.33; BGH, Beschl. vom 29.9.1983 – III ZR 66/83 –, EzGuG 2.34; OLG Lüneburg, Urt. vom 26.10.1983 – 9 U 11/83 –, EzGuG 2.35; OLG Lüneburg, Urt. vom 6.12.1983 – 6 O 124/82 –, EzGuG 2.36; OLG Zweibrücken, Urt. vom 14.12.1983 – 2 U77/83 –, EzGuG 2.37; LG Freiburg, Urt. vom 6.3.1984 – 10 80/82 –, EzGuG 2.38; LG Osnabrück, Urt. vom 24.1.1985 – 9 O 231/83 –, EzGuG 2.39; OLG Celle, Urt. vom 19.3.1985 – 16 U 228/84 –, EzGuG 2.40 = GuG 1990, 49; OLG Oldenburg, Urt. vom 7.6.1985 – 6 U 246/84 –, EzGuG 2.40a; OLG Nürnberg, Urt. vom 25.7.1985 – 2 U 1585/83 –, EzGuG 2.40b; OLG Celle, Urt. vom 27.1.1986 – 19 U 5/85 –, EzGuG 2.41; LG Tübingen, Urt. vom 14.2.1986 – 2 O 1/86 –, EzGuG 2.42; LG Karlsruhe, Urt. vom 13.2.1987 – 35/85 –, EzGuG 2.43; OVG Bremen, Beschl. vom 4.12.1987 – 1 B 84/87 –; NVwZ 1988, 725 = EzGuG 15.58; OLG Karlsruhe, Urt. vom 20.4.1988 – 13 U 61/85 –, EzGuG 2.44; OLG München, Urt. vom 18.11.1988 – 21 U 5727/87 –, EzGuG 2.45; BGH, Beschl. vom 7.3.1989 – VI ZR147/88 –, EzGuG 2.46; LG Mainz, Urt. vom 6.6.1989 – 2 O 45/89 –, EzGuG 2.47; LG Oldenburg, Urt. vom 24.7.1989 – 7 O 1037/79 –, EzGuG 2.48; LG Stuttgart, Urt. vom 20.11.1989 – 15 O 188/89 –, EzGuG 2.49; OLG Celle, Urt. vom 17.5.1990 – 4 U 27/90 –, GuG 1991, 41 = EzGuG 2.50 – Rev: BGH, Urt. vom 2.7.1992 – III ZR162/90 –, EzGuG 2.54; BGH, Urt. vom 29.9.1990 – III ZR 97/89 –, EzGuG 2.51 = GuG 1991, 38; LG Bielefeld, Urt. vom 14.5.1991 – 23 O 186/96 –, NJW-RR 1992, 26; OLG Düsseldorf, Urt. vom 27.5.1991 – 1U 36/90 –, EzGuG 2.51a; BayVGH, Urt. vom 1.8.1991 – 13 A 89.2413 –, EzGuG 2.52; OLG Düsseldorf, Urt. vom 18.10.1991 – 22 U 220/90 –, EzGuG 2.53 = GuG 1993, 61; BGH, Urt. vom 2.7.1992 – III ZR 162/90 –, EzGuG 2.54 = GuG 1993, 524; BVerwG, Beschl. vom 3.9.1992 – 11 B 2/92 –, EzGuG 2.55; OLG Karlsruhe, Urt. vom 19.10.1993 – 17 U 29/91 –, EzGuG 2.56; LG Arnsberg, Urt. vom 12.11.1993 – 5 S 96/92 –, EzGuG 2.57; LG Berlin, Urt. vom 11.1.1994 – 31 O 266/93 –, EzGuG 2.58; OLG München, Urt. vom 28.4.1994 – 1 U 6995/93 –, EzGuG 2.58a; BVerwG, Urt. vom 16.6.1994 – 4 C 2/94 –, EzGuG 2.59; OLG Düsseldorf, Urt. vom 12.12.1996 – 18 U181/95 –, AgrarR 1997, 188; NJW-RR 1997, 857 = VersR 1997, 501; OLG Koblenz, Urt. vom 13.6.1997 – 8 U 1009/96 –, EzGuG 2.60; LG Traunstein, Urt. vom 27.5.1999 – 2 = 1849/98 –, EzGuG 2.61: OLG Zweibrücken, Urt. vom 25.1.2005 DS 2005, 146; OLG Köln, Urt. vom 13.11.1998 – 20 U 66/98 –.
38 BGB, 64. Aufl. § 251 Rn 11.
39 Zuletzt VersR 1985, 213.
40 Medicus, Komm. zum BGB § 251 Rn. 78.

▶ *Weitere Hinweise zur Wertermittlung von Aufwuchs vgl. Syst. Darst. des Vergleichswertverfahrens Rn. 113 ff.; Syst. Darst. des Ertragswertverfahrens Rn. 32, 84; § 8 ImmoWertV Rn. 403 f.; Syst. Darst. des Sachwertverfahrens Rn. 199 ff.; § 21 ImmoWertV Rn. 11, 16 ff. und bei Kleingärten vgl. 3. Aufl. dieses Werks S. 2247 ff.*

56 Für die Verkehrswertermittlung von Ziergehölzen als Bestandteile von Grundstücken (Schutz- und Gestaltungsgrün) sind vom BMF die **Ziergehölzhinweise 2000 – ZierH 2000 –** erlassen worden[41].

2.3.3 Besondere Betriebseinrichtungen

57 Der **Begriff der besonderen Betriebseinrichtungen** *(special equipment and mechanical systems)* ist der DIN 276 (vom März 1954) entliehen. In Anlehnung hieran rechneten nach **Anl. 2 zur WertV 72**[42] hierzu:

a) bei Wohngebäuden: Personen- und Lastenaufzüge, Müllbeseitigungsanlagen, Hausfernsprecher, Uhrenanlagen, gemeinschaftliche Wasch- und Badeeinrichtungen usw.;

b) bei öffentlichen Bauten, Anstalten und Gebäuden für Sonderzwecke: Anlagen und Einrichtungen, die für die Zweckbestimmung des Gebäudes notwendig sind, z. B. Einrichtungen für Lehr- und Hörsäle, Meldeanlagen, Einrichtungen für Archive und Büchereien, Einrichtungen für Kassen- und Tresoreinrichtungen, Tankanlagen;

c) bei gewerblich genutzten Gebäuden usw.: Anlagen und Einrichtungen, die für die Zweckbestimmung des Gebäudes notwendig sind, z. B. Schankanlagen, Back-, Koch-, Kühlanlagen, Hebevorrichtungen, Gleisanlagen, Förderanlagen.

Zur Abgrenzung von Gebäuden und **besonderen Betriebseinrichtungen** in der Wohnungswirtschaft vgl. im Übrigen RdErl. der Länder vom 31.3.1967 (BStBl II 1967, 127).

58 Im Unterschied zu § 21 Abs. 1 WertV 88/98 werden in § 21 ImmoWertV die „besonderen Betriebseinrichtungen" nicht mehr als Gegenstand der Verkehrswertermittlung genannt. Daraus kann jedoch nicht geschlossen werden, dass die besonderen Betriebseinrichtungen nicht mehr zu berücksichtigen sind. Ihre besondere Hervorhebung konnte entfallen, da sie bereits in der **DIN 276 (vom Juni 1993)** als Bestandteile der „Kosten des Bauwerks" (Kostengruppe 400 ff.) aufgegangen sind.

59 Hinweise zur **technischen Lebensdauer der besonderen Betriebseinrichtungen** enthielt Anl. 8 zur WertR 96, die allerdings nicht in die geltende Fassung der WERTR überführt wurde.

60 Im Rahmen der **Beleihungswertermittlung** sind Maschinen und Betriebseinrichtungen nach § 24 BelWertV bei der Ermittlung des Sachwerts grundsätzlich unberücksichtigt zu lassen, sofern sie nicht wesentliche Bestandteile des Gegenstandes der Beleihungswertermittlung i.S. des § 2 BelWertV sind. Der Wert solcher wesentlicher Bestandteile ist, wenn sich das Grundpfandrecht darauf erstreckt, unter Berücksichtigung einer normalen Abschreibung und ausreichender Abschläge für Abnutzung und technische Entwertung gesondert zu schätzen. Sofern bei Maschinen infolge der technischen Entwicklung mit einer schnellen Überalterung zu rechnen ist, können diese wertmäßig nicht angesetzt werden.

2.3.4 Zubehör

61 **Zubehör sind** nach § 97 BGB bewegliche **Sachen, die, ohne Bestandteil der Hauptsache zu sein, dem wirtschaftlichen Zwecke der Hauptsache zu dienen bestimmt sind und zu ihr in einem dieser Bestimmung entsprechenden räumlichen Verhältnis stehen.** Zubehör sind danach dem Eigentümer gehörende Beleuchtungskörper, Mülltonnen, Treppenläufer und

---

[41] Ziergehölzhinweise vom 20.3.2000, BAnz Nr. 94 vom 18.5.2000; abgedruckt in GuG 2000, 155; hierzu Wilbat/Bracke in GuG 2001, 74.
[42] BT-Drucks. 352/88, S. 61.

dgl. Eine Sache ist allerdings nicht Zubehör, wenn sie im Verkehr nicht als Zubehör angesehen wird[43]. Ergänzend zu § 97 BGB schreibt **§ 98 BGB** vor:

„Dem wirtschaftlichen Zweck der Hauptsache sind zu dienen bestimmt:

1. bei einem Gebäude, das für einen gewerblichen Betrieb dauernd eingerichtet ist, insbesondere bei einer Mühle, einer Schmiede, einem Brauhaus, einer Fabrik, die zu dem Betriebe bestimmten Maschinen und sonstigen Gerätschaften;
2. bei einem Landgute, das zum Wirtschaftsbetriebe bestimmte Gerät und Vieh, die landwirtschaftlichen Erzeugnisse, soweit sie zur Fortführung der Wirtschaft bis zu der Zeit erforderlich sind, zu welcher gleiche oder ähnliche Erzeugnisse voraussichtlich gewonnen werden, sowie der vorhandene, auf dem Gute gewonnene Dünger."

2.3.5 Kunstgegenstände

Schrifttum: *Heuer, C.-H.,* Der gemeine Wert von Kunstgegenständen, DStR 2002, 845; *Heuer, C.-H.,* in DStR 1995, 438 und 1999, 1389; *Wolff-Diepenbrock,* DStR 1987, Beilage zu Heft 12.

Die Verkehrswertermittlung von Kunstgegenständen gehört in aller Regel nicht zum Aufgabenbereich des Sachverständigen für Grundstückswerte. In Einzelfällen kann jedoch die Frage nach dem Wert von Kunstgegenständen aufgeworfen sein, so z. B. bei einer in die bauliche Anlage oder in einen Garten integrierten künstlerisch wertvollen Skulptur. Wie im Steuerrecht[44] ist dann gegebenenfalls der **Verkehrswert** (gemeiner Wert) des Kunstgegenstands maßgebend. Der BFH misst dabei dem Vergleichswertverfahren eine herausgehobene Stellung bei. **62**

3 Anwendung der Verordnung auf Grundstücksrechte (§ 1 Abs. 2 ImmoWertV)

3.1 Allgemeines

§ 1 Abs. 2 ImmoWertV bestimmt i.S. einer Klarstellung, dass die ImmoWertV **entsprechend Anwendung** findet auf die Wertermittlung von **63**

– Rechten an Grundstücken,
– grundstücksgleichen Rechten,
– Rechten an grundstücksgleichen Rechten und
– auf Objekte, für die kein Markt besteht.

Rechte und Belastungen sind, soweit sie nicht Gegenstand einer eigenständigen Wertermittlung sind, als Zustandsmerkmal des davon betroffenen Grundstücks zu berücksichtigen. Dies folgt aus § 6 Abs. 2 ImmoWertV (vgl. § 6 ImmoWertV Rn. 94 ff.).

Unter **grundstücksgleichen Rechten** sind solche zu verstehen, die **64**

– ihrer Ausgestaltung nach dem Eigentum am Grundstück nahe kommen, also dinglichen Charakter haben,
– eine möglichst unbeschränkte Herrschaftsbefugnis verleihen und
– in das Grundbuch oder ein entsprechendes öffentliches Buch eingetragen werden.

Zu den grundstücksgleichen Rechten, die rechtlich wie Grundstücke behandelt werden, zählen das **Erbbaurecht** (vgl. Teil IX Rn. 49 ff.) mit den Unterabteilungen Wohnungs- und Teilerbbaurecht, das **Jagd- und Fischereirecht, das Bergrecht, das Schiffseigentum** und **65**

---
43 BewR Gr vom 19.9.1966 zu § 68 BewG, BAnz Nr. 193 Beil.= BStBl I 1966, 890.
44 BFH, Urt. vom 6.6.2001 – II R 7/98 –, ZEV 2002, 331; BFH, Urt. vom 14.11.1980 BStBl II 1981, 251: RFH, Urt. vom 24.6.1929, RStBl 1929, 497; FG München, Urt. vom 10.12.1998 – 4 V 1954/98 –, DStR 1999, 1389.

eingetragene **Luftfahrzeuge** (Flugzeuge); Schiffseigentums-, Jagd- und Fischereirechte gehören nach dem EGBG jedoch nur noch teilweise und nach Bundesländern unterschiedlich zu den grundstücksgleichen Rechten.

66 **Baulasten** sind freiwillig übernommene öffentlich-rechtliche Verpflichtungen, die den Grundstückseigentümer zu einem sein Grundstück betreffenden Tun, Dulden oder Überlassen verpflichten.

▶ *Zur Verkehrswertermittlung von Baulasten vgl. Teil IX Rn. 28 ff. und von Wohnungseigentum vgl. Teil VI Rn. 39 ff.*

67 Für die **Verkehrswertermittlung von Rechten an Grundstücken** enthält die ImmoWertV keine unmittelbar geltenden Vorschriften; die für Grundstücke geltenden Grundsätze finden vielmehr nur entsprechend Anwendung. Bei der Verkehrswertermittlung von Grundstücken, die

– mit einem Recht zugunsten eines anderen Grundstücks bzw. zugunsten eines Dritten belastet sind bzw.

– aufgrund eines Rechts an einem anderen Grundstück einen besonderen Vorteil haben,

muss **zwischen dem Vorteil für das herrschende Grundstück und dem Nachteil für das dienende Grundstück unterschieden werden**[45]. Die Werterhöhung auf Grund eines Vorteils und die Wertminderung auf Grund einer dienenden Funktion können um ein Vielfaches auseinandergehen (vgl. Teil IX Rn. 1 ff.).

a) *Wertminderung eines dienenden Grundstücks:*

68 Die Belastung eines Grundstücks z. B. mit einer Grunddienstbarkeit mindert im Allgemeinen dessen Verkehrswert. Eine Ermäßigung des Grundstückswerts kommt allerdings nur dann in Betracht, wenn die Belastung des Grundstücks mit der Grunddienstbarkeit seine Nutzung wesentlich beschränkt. Das Ausmaß der Ermäßigung bestimmt sich nach den Umständen des Einzelfalls. Es richtet sich danach, welche Bedeutung der Belastung bei einer Veräußerung des dienenden Grundstücks beigemessen werden würde.

69 In der **steuerlichen Bewertung**[46] von unbebauten Grundstücken ist die Belastung mit einer Grunddienstbarkeit bei der Ermittlung des Bodenwerts zu berücksichtigen (Abschn. 10 Abs. 4 Satz 1 BewG Gr). In den Fällen der Bewertung der bebauten Grundstücke im Ertragswertverfahren kommt ein Abschlag nach § 82 Abs. 1 BewG nur insoweit in Betracht, als die Wertminderung infolge der Belastung nicht bereits in der Höhe der Jahresrohmiete berücksichtigt ist. Die Ermäßigung des Grundstückswerts unterliegt hier keiner Begrenzung (§ 82 Abs. 3 BewG). In den Fällen der Bewertung der bebauten Grundstücke im Sachwertverfahren wirkt sich eine Wertminderung im Allgemeinen im Bodenwert aus (Abschn. 35 Abs. 2 BewR Gr).

b) *Werterhöhung eines herrschenden Grundstücks*

70 Die Belastung eines Grundstücks z. B. mit einer Grunddienstbarkeit führt für das herrschende Grundstück nur dann zu einer Werterhöhung, wenn die Belastung „für die Benutzung des Grundstücks des Berechtigten Vorteil bietet" (§ 1019 BGB), der den Verkehrswert des herrschenden Grundstücks beeinflusst (vgl. § 9 Abs. 2 BewG). Das Ausmaß der Werterhöhung richtet sich nach den Umständen des Einzelfalles. Im Allgemeinen ist der Wert des dienenden Grundstücks um den Betrag zu erhöhen, um den der Wert des dienenden Grundstücks gemindert ist (vgl. Abschn. 10 Abs. 4 Satz 3 BewR Gr).

71 In den Fällen der **steuerlichen Bewertung** von unbebauten Grundstücken wirkt sich eine Werterhöhung für das herrschende Grundstück im Bodenwert aus. In den Fällen der Bewertung der bebauten Grundstücke im Ertragswertverfahren wirkt sich eine Werterhöhung bereits in der Höhe der Jahresrohmiete aus. Eine Erhöhung des Grundstückswerts nach § 82 Abs. 2

---

45 KG Berlin, Urt. vom 10.7.1967 – U 485/67 –, EzGuG 14.39.
46 Erl. des MfFuW des Landes Rheinland-Pfalz vom 11.8.1970 (S. 3101 A – IV/2).

3.2 Beschränkt dingliche Rechte

Bei den beschränkt dinglichen Rechten (Abb. 1) ist zu unterscheiden zwischen

a) Nutzungsrechten (Rn. 73),

b) Sicherungs- und Verwertungsrechten (Rn. 80 ff.) sowie

c) Erwerbsrechten (Rn. 84 ff.).

Abb. 1: Übersicht über die beschränkt dinglichen Rechte

3.3 Nutzungsrechte

Zu den Nutzungsrechten gehören insbesondere das Altenteil (Auszug, Leibgeding, Leibzucht), das **Dauerwohnrecht** (§§ 31 ff. WEG), das **Wohnungsrecht** (§ 1039 BGB), das **Aussichtsrecht,** das **Leitungsrecht,** der **Nießbrauch** (§§ 1030 ff. BGB).

▶ *Zur Verkehrswertermittlung vgl. Teil IX Rn. 335 ff.*

Auf dem Gebiet der **neuen Bundesländer und im Ostteil Berlins gehören** nach Art. 231 § 5 des Einführungsgesetzes zum Bürgerlichen Gesetzbuch – EGBGB[47] – **nicht zu den Bestandteilen eines Grundstücks Gebäude, Baulichkeiten, Anlagen, Anpflanzungen und Einrichtungen,** die am Tag vor dem Wirksamwerden des Beitritts (2. Oktober 1990) errichtet waren oder danach errichtet oder angebracht wurden, soweit dies auf Grund eines vor dem Wirksamwerden des Beitritts begründeten Nutzungsrechts an dem Grundstück oder eines Nutzungsrechts nach §§ 312 bis 315 des Zivilgesetzbuchs der Deutschen Demokratischen Republik zulässig war. Das Nutzungsrecht an dem Grundstück und die erwähnten Anlagen, Anpflanzungen oder Einrichtungen gelten nach Art. 231 § 5 Abs. 2 EGBGB als wesentliche Bestandteile des Gebäudes[48].

Solche Rechte können dingliche Nutzungsrechte sein auf der Grundlage

– des Gesetzes über die Verleihung von Nutzungsrechten an volkseigenen Grundstücken[49];

– des Zivilgesetzbuchs vom 19.6.1975 (GBl. I 1975, 465);

– der Verordnung über die Bereitstellung von genossenschaftlich genutzten Bodenflächen für die Einrichtung von Eigenheimen auf dem Lande vom 9.9.1976 (GBl. I 1976, 426, 500).

---

47 Anl. I Kapitel III Sachgebiet B Abschnitt II Nr. 1 des Einigungsvertrags vom 31.8.1990, BGBl. I 1990, 885, 941.
48 Kleiber/Söfker, Vermögensrecht, Eigentum an Grund und Boden, Jehle/Rehm Verlag 2006.
49 Gesetz über die Verleihung von Nutzungsrechten an volkseigenen Grundstücken vom 14.12.1970 (GBl. I 1970, 372) i.d.F. des Gesetzes über den Verkauf volkseigener Eigenheime, Miteigentumsanteile und Gebäude für Erholungszwecke vom 19.12.1973 (GBl. I 1973, 578).

76 Rechte der genannten Art wurden insbesondere verliehen für den **Bau von Eigenheimen auf volkseigenem Grund und Boden** – in seltenen Fällen auch für andere persönlichen Zwecken dienende Gebäude – sowie für Mietwohngebäude und Nebengebäude (Garagen, Gemeinschaftswaschküchen) der Arbeiterwohnungsbaugenossenschaften (AWG) auf volkseigenem Grund und Boden.

77 Nutzungsrechte nach dem ZGB wurden auch verliehen, wenn auf Grund eines früheren Erbbaurechts, Erbpachtvertrags oder Pachtvertrags ein Eigenheim auf einem **Grundstück** errichtet wurde, **das später Volkseigentum** wurde. Die landwirtschaftlichen Produktionsgenossenschaften konnten dingliche Nutzungsrechte aus einer genossenschaftlich genutzten Fläche (unabhängig vom Eigentum daran) zur Errichtung von Eigenheimen vergeben.

78 **Obligatorische (schuldrechtliche) Nutzungsrechte** wurden bis zum Inkrafttreten des Zivilgesetzbuchs (ZGB) am 1.1.1976 auf der Grundlage des Bürgerlichen Gesetzbuchs (BGB) begründet. Ab 1.1.1976 konnte vertraglich ein obligatorisches Nutzungsverhältnis nach den §§ 312 bis 315 des ZGB für Zwecke der kleingärtnerischen Nutzung, der Erholung und Freizeitgestaltung (Wochenendgrundstück, Bootshäuser, Garagen und dgl.) für Bürger abgeschlossen werden. In den Bereichen der Wirtschaft konnten zwischen den Wirtschaftseinrichtungen, Institutionen, Staatsorganen und Organisationen Nutzungsverträge auf der Grundlage der §§ 71 ff. des Gesetzes über das Vertragssystem in der sozialistischen Wirtschaft – Vertragsgesetz – vom 25.3.1982 (GBl. I 1982, 293) zur Nutzung von Grund und Boden bzw. Gebäuden abgeschlossen werden. Für die Nutzung volkseigener Gebäude und baulicher Anlagen durch Genossenschaften (PGH, LPG, GPG) auf vertraglicher Grundlage galt außerdem die Anordnung für die Übertragung volkseigener unbeweglicher Grundmittel an sozialistische Genossenschaften vom 11.10.1974[50].

79 Zusätzlich zu der im Teil II der WERTR behandelten Verkehrswertermittlung von Rechten an Grundstücken enthielten die hierzu erlassenen **Ergänzenden Hinweise für das Gebiet der neuen Länder** Grundsätze für die Ermittlung von Nutzungsrechten und für Grundstücke, die mit einem Nutzungsrecht belastet sind. Es handelte sich hier um eine aus der Rechtsentwicklung der DDR hervorgegangene Besonderheit auf dem Gebiet der ehemaligen DDR; sie sind mit BMBau-Erl. vom 1.8.1996[51] aufgehoben worden.

▶ *Weitere Hinweise hierzu in GuG 1992, 256; Empfehlungen des BML (GemMBl. 1992, 1095 = GuG 1993, 163 = Kleiber/Söfker, Vermögensrecht, Eigentum an Grund und Boden II 4.6)*

---

50 GBl. I 1974, 489, GBl. I 1975, 344.
51 GuG 1996, 298.

3.4 Sicherungs- und Verwertungsrechte

3.4.1 Übersicht

Die unterschiedlichen Sicherungs- und Verwertungsrechte sind aus Abb. 2 ersichtlich (vgl. § 6 ImmoWertV Rn. 99 und Teil IX Rn. 534 ff.).

80

Abb. 2: Sicherungs- und Verwertungsrechte

3.4.2 Grundpfandrecht

Grundpfandrechte dienen der Darlehenssicherung. Das BGB kennt den Begriff „Grundpfandrechte" nicht. Er hat sich aber im allgemeinen Sprachgebrauch eingebürgert und bezeichnet zusammenfassend die so genannten **Verwertungsrechte wie Hypotheken** (§§ 1133 bis 1190 BGB), **Grundschulden** (§§ 1191 bis 1198 BGB) und **Rentenschulden** (§§ 1199 bis 1203 BGB). Sie geben dem Berechtigten ein dingliches Verwertungsrecht am belasteten Grundstück und sind zur Sicherung von Krediten in Abteilung III des Grundbuchs eingetragen. Sie beeinflussen im Allgemeinen nur den Barpreis, nicht jedoch den Verkehrswert des Grundstücks (vgl. Teil IX Rn. 535 ff.).

81

Nach § 1113 Abs. 1 BGB kann zu diesem Zweck ein Grundstück in der Weise belastet werden, dass an denjenigen, zu dessen Gunsten die Belastung erfolgt, eine bestimmte Geldsumme zur Befriedigung einer ihm zustehenden Forderung aus dem Grundstück zu zahlen ist. **Im Gegensatz zur Grundschuld ist die Hypothek abhängig von dem tatsächlichen Bestand der Forderung.** Der Zusammenhang von Forderung und Grundschuld wird durch den Sicherungsvertrag (Darlehensvertrag) hergestellt, wobei ein Wechsel der Forderung jedes Mal durch Grundbucheintragung hergestellt werden muss.

82

3.5 Erwerbsrechte

Unter die Erwerbsrechte fallen insbesondere die gesetzlich oder vertraglich eingeräumten **Vorkaufsrechte,** die Anwartschaftsrechte (**Wiederkaufsrechte, Ankaufsrechte,** Vorhand), die Vormerkung und die Aneignungsrechte (z. B. **Jagdrechte,** vgl. Teil IX Rn. 533).

83

4 Anwendung der Verordnung auf nicht marktgängige Wertermittlungsobjekte

84 § 1 Abs. 2 ImmoWertV erklärt deklaratorisch die entsprechende Anwendbarkeit der Regelungen der ImmoWertV auf Wertermittlungsobjekte, für die kein Markt besteht. Nach der Begründung zu dieser Vorschrift sollen damit insbesondere Rechte wie das **Wohnungsrecht** (§ 1093 BGB) als beschränkte persönliche Dienstbarkeit und der **Nießbrauch** (§§ 1030 ff. BGB) angesprochen werden, die nur, wenn sie juristischen Person zustehen, unter bestimmten Voraussetzungen übertragbar sind (§§ 1059 Satz 2, 1059a, 1092 Abs. 2 BGB)[52]. Dafür hätte es dieser mit der ImmoWertV erstmals eingeführten Ergänzung nicht bedurft, denn die ImmoWertV ist – wie schon die WertV 88/98 – ohnehin auf die Verkehrswertermittlung von Rechten an Grundstücken „entsprechend" anzuwenden.

85 Das Spektrum nicht marktgängiger bzw. -fähiger Wertermittlungsobjekte geht allerdings weit über die genannten Rechte hinaus (z. B. sog. bleibende Gemeinbedarfsflächen usw.) und wird den Sachverständigen auch weiterhin vor Probleme stellen. Denn allein mit dem Hinweis darauf, dass der Marktwert in diesen Fällen **„unter Berücksichtigung wirtschaftlicher Vor- und Nachteile"** und unter Zugrundelegung des **„wahrscheinlichsten Marktverhaltens der Beteiligten"** ermittelt werden kann, werden ihm keine neuen Erkenntnisse gegeben.

---

52 BR-Drucks 296/09.

§ 2 ImmoWertV
Grundlagen der Wertermittlung

₁Der Wertermittlung sind die allgemeinen Wertverhältnisse auf dem Grundstücksmarkt am Wertermittlungsstichtag (§ 3) und der Grundstückszustand am Qualitätsstichtag (§ 4) zugrunde zu legen. ₂Künftige Entwicklungen wie beispielsweise absehbare anderweitige Nutzungen (§ 4 Absatz 3 Nummer 1) sind zu berücksichtigen, wenn sie mit hinreichender Sicherheit auf Grund konkreter Tatsachen zu erwarten sind. ₃In diesen Fällen ist auch die voraussichtliche Dauer bis zum Eintritt der rechtlichen und tatsächlichen Voraussetzungen für die Realisierbarkeit einer baulichen oder sonstigen Nutzung eines Grundstücks (Wartezeit) zu berücksichtigen.

Gliederungsübersicht Rn.
1 Zustand und allgemeine Wertverhältnisse
   1.1 Allgemeine Grundsätze (§ 2 Satz 1 ImmoWertV) 1
   1.2 Qualifizierte Erwartung künftige Entwicklungen (§ 2 Satz 2 ImmoWertV) 4
2 Wartezeit (§ 2 Satz 3 ImmoWertV) 5

1 Zustand und allgemeine Wertverhältnisse

1.1 Allgemeine Grundsätze (§ 2 Satz 1 ImmoWertV)

▶ *§ 194 BauGB Rn. 52 ff.*

Der Verkehrswert (Marktwert) **ist ein stichtagsbezogener Wert**. Er bestimmt sich nach § 194 BauGB einerseits nach den „rechtlichen Gegebenheiten und tatsächlichen Eigenschaften, der sonstigen Beschaffenheit und der Lage des Grundstücks", d.h. der Gesamtheit der Grundstücksmerkmale (dem Zustand des Grundstücks), und nach dem zum vorgegebenen Wertermittlungsstichtag vorherrschenden allgemeinen Wertverhältnissen auf dem Grundstücksmarkt.   **1**

Ausgangspunkt einer jeden Verkehrswertermittlung sind deshalb zunächst **die Qualifizierung des Zustands des zu bewertenden Grundstücks** zum Qualitätsstichtag sowie die Feststellung des Zeitpunkts, auf den sich die Wertermittlung beziehen soll (Wertermittlungsstichtag). Nicht immer sind der Wertermittlung die Grundstücksmerkmale (Zustandsmerkmale) zugrunde zu legen, die am Wertermittlungsstichtag tatsächlich gegeben sind (vgl. § 4 ImmoWertV Rn. 1 ff.), d.h., nicht immer ist der Wertermittlungsstichtag zugleich Qualitätsstichtag. Hieraus folgt, dass grundsätzlich zwischen zwei Zeitpunkten unterschieden werden muss, nämlich   **2**

– dem Zeitpunkt, der für die Qualifizierung des Zustands des Grundstücks – sog. *Qualitätsstichtag* (auch Qualitätsfestschreibungszeitpunkt genannt) – und

– dem Zeitpunkt, der für die der Wertermittlung zugrunde zu legenden allgemeinen Wertverhältnisse auf dem Grundstücksmarkt *(Wertermittlungsstichtag)* maßgebend ist[1].

Wie sich der Grundstückszustand und die der Wertermittlung zugrunde zu legenden „allgemeinen Wertverhältnisse auf dem Grundstücksmarkt" bestimmen, ergibt sich nach § 3 Abs. 2 und § 4 Abs. 2 ImmoWertV.   **3**

---
1 BGH, Urt. vom 22.4.1982 – III ZR 131/80 –, EzGuG 17.44; BGH, Urt. vom 13.7.1978 – III ZR 112/75 –, EzGuG 6.200 = EzGuG 19.34; BGH, Urt. vom 25.9.1958 – III ZR 82/57 –, EzGuG 6.35; BayObLG, Urt. vom 27.1.1987 – RReg 1 Z 167/86 –, EzGuG 6.233.

1.2 Qualifizierte Erwartung künftiger Entwicklungen (§ 2 Satz 2 ImmoWertV)

▶ Vgl. *§ 194 BauGB Rn. 75; § 4 ImmoWertV Rn. 23*

4   Auch wenn sich der **Verkehrswert (Marktwert)** nach § 194 BauGB „durch den Preis bestimmt, der in dem Zeitpunkt, auf den sich die Ermittlung bezieht, ... nach den rechtlichen Gegebenheiten und tatsächlichen Eigenschaften, der sonstigen Beschaffenheit und der Lage des Grundstücks" bestimmt, **wird er maßgeblich von der Zukunftserwartung** *(anticipation)* **der Erwerber bestimmt.** Der Verkehrswert definiert sich damit als Zukunfserfolgswert. Im amerikanischen Schrifttum[2] heißt es dazu: *„Anticipation is the perception that value is created by the expectation of benefits to be derived in the future. In the real estate market, the current value of a property is not based on its historical prices or the costs of its creation; rather, value is based on market participants ... perception of the future benefits of acquisition ... The value of owner-occupied property is primarily based on the expected future advantages, amenities and pleasures of ownership and occupancy."* Dies ist insbesondere dann von Bedeutung, wenn

– am Wertermittlungsstichtag bereits vorhandene Nutzungspotenziale nicht „ausgeschöpft" werden (Fehlnutzungen) bzw. die ausgeübte Nutzung auf Dauer nicht gewährleistet ist, oder

– am Wertermittlungsstichtag bereits erkennbar ist, dass sich die Nutzbarkeit z. B. aufgrund anstehender Planungsentscheidungen oder sonstiger Gegebenheiten verbessern wird oder – umgekehrt – beeinträchtigt werden kann (z. B. durch Herabzonung).

5   Im Kern geht es darum, ein in der Immobilie „schlummerndes" **Entwicklungspotenzial als Bestandteil der nachhaltigen Ertragsfähigkeit** ebenso zu erkennen wie eine zu erwartende Beeinträchtigung der am Wertermittlungsstichtag zulässigen und ausgeübten Nutzung. Dementsprechend ist in der Enteignungsrechtsprechung des BGH darauf hingewiesen worden, dass „die Entschädigung für das Grundstück ... nach der durch seine Beschaffenheit und Lage bedingten Nutzungsfähigkeit – nicht allein nach der ausgeübten Nutzung – des Grundstücks am Tage der Inanspruchnahme zu bemessen" ist[3].

6   Nach § 2 Satz 2 ImmoWertV sind deshalb künftige Entwicklungen wie beispielsweise absehbare anderweitige Nutzungen zu berücksichtigen. Es muss sich dabei um **qualifizierte Erwartungen** handeln, d.h. um solche, die „mit hinreichender Sicherheit aufgrund konkreter Tatsachen" zu erwarten sind. Eine entsprechende Regelung enthält im Übrigen auch § 4 Abs. 3 Nr. 1 ImmoWertV; insofern liegt eine Doppelregelung vor.

7   Dies ist z. B. bei Immobilien angezeigt, die ein Entwicklungspotenzial aufweisen und sich in einem (potenziellen) Umbruch befinden *(property in transition)*. So wie der Eigentümer in solchen Fällen verschiedene Optionen der Grundstücksnutzung hat und sich aus einem gesunden Interesse an einer Gewinnmaximierung überlegen kann, welche Nutzung zu bevorzugen ist, muss dies bei der Wertermittlung berücksichtigt werden.

8   Dabei müssen aber gewissenhaft einige Regeln beachtet werden, wenn solche Überlegungen zum Verkehrswert führen sollen:

a) Bei der Berücksichtigung zukünftiger Nutzungsmöglichkeiten kann nur das zugrunde gelegt werden, was nach den **rechtlichen und tatsächlichen Gegebenheiten ohne spekulative Elemente erwartet werden** kann. Die Erwartungen müssen dabei nicht unumstößlich abgesichert sein jedoch fordert § 2 Satz 2 ImmoWertV im vorstehenden Sinne eine qualifizierte sich auf „konkrete Tatsachen" stützende Erwartung.

b) Es dürfen nur solche Nutzungsmöglichkeiten berücksichtigt werden, die im Immobilienverkehr nach den Verwertungsmöglichkeiten des Objekts „gewöhnlich" und damit markt-

---
2   The Appraisal of Real Estate, American Institute of Real Estate Appraisers, 9. Aufl. Chicago 1987, S. 32.
3   Vgl. BGH, Urt. vom 8.11.1962 – III ZR 86/61 –, EzGuG 8.5.

Künftige Entwicklung § 2 ImmoWertV V

und wertbestimmend sind; auf **persönliche Nutzungsabsichten eines Erwerbers** kommt es nicht an.

c) Alle **in die Wertermittlung eingehende Daten müssen**, auch soweit es dabei um fiktive Verkehrswertermittlungen für den Umnutzungsfall geht, **dem gewöhnlichen Geschäftsverkehr entsprechen** und von ungewöhnlichen oder persönlichen Verhältnissen unbeeinflusst sein.

Als ein typischer Anwendungsfall kann z. B. ein heruntergekommenes Miet- bzw. Geschäftshaus gelten, bei dem sich für jeden Eigentümer die Frage stellt, ob das Objekt instandsetzungs- und modernisierungsfähig ist oder ein Abriss vorzuziehen ist (**Modernisieren oder Abreißen?**). In solchen Fällen kann es angezeigt sein, gleich mehrere (fiktive) Ertragswerte auf der Grundlage verschiedener rechtlich zulässiger und tatsächlich realisierbarer Nutzungskonzepte und den jeweils dafür aufzubringenden Entwicklungskosten neben dem Liquidationswert zu ermitteln, um sich aus einer sorgfältigen Analyse der Ergebnisse für das letztlich tragende Verfahren entscheiden zu können (vgl. Abb. 1). Dies stellt den Sachverständigen häufig vor schwierige Probleme, da hier – sowohl was die künftigen Nutzungskonzepte als auch die zu deren Umsetzung erforderlichen Kosten anbelangt – besonders besonnen und mit viel Realitätssinn vorgegangen werden muss. Die Anwendung des Ertragswertverfahrens schlägt dabei häufig in eine äußerst fehleranfällige Extraktion (Residualwertmethode) um.

Abb. 1: Verkehrswert von Immobilien mit Entwicklungspotenzial

2 Wartezeit (§ 2 Satz 3 ImmoWertV)

▶ *Hierzu allgemeine Ausführungen bei § 5 ImmoWertV Rn. 15 ff., 144, 159, 286 ff.; Syst. Darst. des Vergleichswertverfahrens Rn. 184 ff., 204 ff.; Teil VIII Rn. 243 ff.*

5 Unter § 5 ImmoWertV Rn. 16 wurde darauf hingewiesen, dass vor allem bei der Klassifizierung des werdenden Baulands neben dem Entwicklungszustand eines Grundstücks die Wartezeit bis zu einer baulichen oder sonstigen Nutzung mitberücksichtigt werden muss. Konkret geht es nach § 2 Satz 3 ImmoWertV um die voraussichtliche Dauer bis zum Eintritt der rechtlichen und tatsächlichen Voraussetzungen für die Realisierbarkeit einer baulichen oder sonstigen Nutzung eines Grundstücks. Es kann aber auch umgekehrt um die voraussichtliche Dauer bis zum Fortfall der rechtlichen und tatsächlichen Voraussetzungen für die Fortführung einer ausgeübten Nutzung gehen.

11 Die **Abschätzung der Wartezeit** erfordert vom Sachverständigen viel Einfühlungsvermögen in den „Baulandproduktionsprozess" und eingehende Kenntnisse der bodenrechtlichen Zusammenhänge, wobei er sich vor allem frei von spekulativen Erwägungen machen muss. So sich das alltägliche Morgengebet eines schwäbischen Landwirts („Lieber Gott, schenk uns Regen und einen reichen Planungssegen", die sog. vierte Fruchtfolge) erfüllt, ist der „Baulandproduktionsprozess" von den ersten Überlegungen, eine „grüne Wiese" für eine bauliche oder sonstige Nutzung aufzubereiten, bis hin zum Verkauf des fertigen Bauplatzes i.d.R. gleichwohl langwierig und scheitert auch schon einmal.

12 Die Berücksichtigung der Wartezeit kann wertermittlungstechnisch auf der Grundlage der **Rechenregeln der Zinseszinsrechnung** erfolgen; danach lässt sich der Barwert eines Kapitals, das bei einem gegebenen Zinssatz erst nach n Jahren zufließt, nach folgender Formel berechnen:

$$K_0 = 1/q^n \times K_n \quad \text{wobei} \quad q = 1 + p/100$$

K_0 Anfangskapital
K_n Endkapital
n Laufzeit = Anzahl der Jahre
p Zinssatz

Der Abzinsungsfaktor $1/q^n$ ist mit Tischrechnern leicht zu ermitteln und kann auch Anh. 2 zur ImmoWertV entnommen werden.

13 *Beispiel:*

Ein Grundstück wird unter Berücksichtigung seiner zu erwartenden Wertverbesserung nach den konjunkturellen Verhältnissen am Wertermittlungsstichtag zu einem Preis von 500 000 € verkauft, unter Berücksichtigung einer Wartezeit von 2 Jahren ergibt sich bei einer 6 %igen Verzinsung

$$K_0 = 1/(1 + 6/100)^2 \times 500\,000 = \mathbf{445\,000\ €}$$

§ 3 ImmoWertV
Wertermittlungsstichtag und allgemeine Wertverhältnisse

(1) Der Wertermittlungsstichtag ist der Zeitpunkt, auf den sich die Wertermittlung bezieht.

(2) Die allgemeinen Wertverhältnisse auf dem Grundstücksmarkt bestimmen sich nach der Gesamtheit der am Wertermittlungsstichtag für die Preisbildung von Grundstücken im gewöhnlichen Geschäftsverkehr (marktüblich) maßgebenden Umstände wie nach der allgemeinen Wirtschaftslage, den Verhältnissen am Kapitalmarkt sowie den wirtschaftlichen und demographischen Entwicklungen des Gebiets.

Gliederungsübersicht Rn.
1   Wertermittlungsstichtag (§ 3 Abs. 1 ImmoWertV)
   1.1   Allgemeines 1
   1.2   Retrograder Wertermittlungsstichtag 4
2   Allgemeine Wertverhältnisse auf dem Grundstücksmarkt (§ 3 Abs. 2 ImmoWertV) 5

1   Wertermittlungsstichtag (§ 3 Abs. 1 ImmoWertV)

1.1   Allgemeines

Wertermittlungsstichtag ist nach § 3 Abs. 1 ImmoWertV **der Zeitpunkt, auf den sich die Wertermittlung beziehen soll,** d.h., die zu diesem Zeitpunkt auf dem Grundstücksmarkt vorherrschenden allgemeinen Wertverhältnisse sollen maßgebend sein. Dies kann ein gegenwärtiger, aber auch – im Falle einer sog. retrograden Verkehrswertermittlung – ein zurückliegender Zeitpunkt, jedoch kein in der Zukunft liegender Zeitpunkt sein. Denn der Gutachter kann nicht „vorhersehend" mit der gebotenen Sicherheit die künftige Entwicklung auf dem Grundstücksmarkt prognostizieren. Indessen kann der Wertermittlung aber durchaus ein Zustand des Grundstücks zugrunde gelegt werden, wie er sich nach konkreten Anhaltspunkten voraussichtlich in der Zukunft darstellt. Dies kann zum Beispiel auf der Grundlage eines zur Realisierung anstehenden Bebauungsplans erfolgen (vgl. § 194 BauGB Rn. 31 ff.).   1

Der **Wertermittlungsstichtag muss von dem Zeitpunkt der Wertermittlung** (bzw. Zeitpunkt der Bewertung), d.h. dem Zeitpunkt der An- und Ausfertigung z.B. eines Gutachtens sowie dem Zeitpunkt der Ortsbesichtigung, **unterschieden werden.**   2

Der vom Verordnungsgeber eingeführte Begriff des Wertermittlungsstichtags ist irreführend, wenngleich unvermeidlich. Auf der einen Seite kommt man im allgemeinen Rechtsverkehr und insbesondere auch bei der Durchführung städtebaulicher Maßnahmen nicht umhin, die Verkehrswertermittlung auf einen bestimmten Zeitpunkt zu beziehen (z.B. im Rahmen der Enteignungsentschädigung, der Verkehrswertermittlung in Umlegungs- und Sanierungsgebieten sowie Entwicklungsbereichen). Auf der anderen Seite muss man mit Blick auf die Leistungsfähigkeit der Wertermittlung aber auch klar sehen, dass es **in Zeiten sich verändernder allgemeiner Wertverhältnisse auf dem Grundstücksmarkt keinem Sachverständigen gelingen kann, den „Tages-Verkehrswert" zu ermitteln** und vielleicht sogar noch täglich fortzuschreiben. Insoweit gaukelt der Begriff „Wertermittlungs*stichtag*" eine nicht leistbare Genauigkeit vor, und selbst die Bezugnahme auf einen Bezugs*monat* wäre ein kaum stets erfüllbares Versprechen.   3

1.2   Retrograder Wertermittlungsstichtag

Bei einer auf einen zurückliegenden Stichtag bezogenen Verkehrswertermittlung (retrograde Verkehrswertermittlung) ist die damalige Lage auf dem Grundstücksmarkt auch in Bezug auf   4 die Grundlagen der Wertermittlung maßgeblich (vgl. § 194 BauGB Rn. 54, 68; Syst. Darst. zum Vergleichswertverfahren Rn. 67; § 15 ImmoWertV Rn. 6, 10).

2 Allgemeine Wertverhältnisse auf dem Grundstücksmarkt (§ 3 Abs. 2 ImmoWertV)

5 Die allgemeinen Wertverhältnisse auf dem Grundstücksmarkt – häufig auch als allgemeine Preis- und Währungsverhältnisse bezeichnet – werden mit § 3 Abs. 2 ImmoWertV als die **Gesamtheit der am Wertermittlungsstichtag für die Preisbildung von Grundstücken im gewöhnlichen Geschäftsverkehr (marktüblich) maßgebenden Umstände definiert,** wie die allgemeine Wirtschaftslage, die Verhältnisse am Kapitalmarkt sowie die wirtschaftlichen und demographischen Entwicklungen[1]. Damit wird ausdrücklich hervorgehoben, dass nur die im „gewöhnlichen Geschäftsverkehr" für Angebot und Nachfrage maßgebenden Umstände berücksichtigungsfähig sind. Dies stellt lediglich eine Klarstellung dar, denn dies ergibt sich bereits aus der Definition des Verkehrswerts (vgl. § 194 BauGB Rn. 52 ff.).

6 Mit den in § 3 Abs. 2 ImmoWertV angesprochenen **Entwicklungen** ist die allgemeine Entwicklung des Ortes angesprochen, die sich durch die Bevölkerungsentwicklung, Wirtschaftskraft und sonstigen Standortbedingungen (Olympiastadt-, Hauptstadt- oder Zentralfunktionen) ergibt. Darüber hinaus sind aber auch allgemeine immobilienwirtschaftlich bedeutsame vorteilhafte oder nachteilige Entwicklungen angesprochen, nicht dagegen eine kleinräumige städtebauliche Entwicklung (z. B. in einem Sanierungsgebiet).

7 Die „allgemeinen Wertverhältnisse auf dem Grundstücksmarkt" müssen gerade im Hinblick auf städtebauliche Veränderungen gegenüber Zustandsänderungen abgegrenzt werden. **Nr. 1.5.3 WERTR** enthält hierzu folgende Hinweise.

„Nach § 3 Abs. 3 WertV *(entspricht § 3 Abs. 2 ImmoWertV)* bestimmen sich die allgemeinen Wertverhältnisse auf dem Grundstücksmarkt nach der Gesamtheit der am Wertermittlungsstichtag für die Preisbildung von Grundstücken im gewöhnlichen Geschäftsverkehr für Angebot und Nachfrage maßgebenden Umstände, wie die allgemeine Wirtschaftssituation, der Kapitalmarkt und die Entwicklungen am Ort (Marktlage).

Es handelt sich bei den allgemeinen Wertverhältnissen um eine Vielzahl von Umständen, die zum Teil ganz allgemein und überall vorliegen (z. B. Entwicklung des Zinsniveaus) oder nur örtlich anzutreffen sind, sowie solche, die nur Grundstücksmärkte bestimmter Grundstücksarten betreffen.

Die Vergleichspreise und sonstigen Daten der Wertermittlung sind möglichst auf der Grundlage geeigneter Indexreihen und Umrechnungskoeffizienten an die maßgeblichen allgemeinen Wertverhältnisse auf dem Grundstücksmarkt anzupassen."

8 **Einzelne, die allgemeinen Wertverhältnisse auf dem Grundstücksmarkt beeinflussende Umstände,** wie namentlich das Wirtschaftswachstum, die Bevölkerungsentwicklung, Änderungen im (konsumtiven) Verhalten der Marktteilnehmer und der Einkommensverhältnisse, die Entwicklung der Geldzinspolitik und der Kaufkraft, das Aufkommen einer Sachwertpsychose[2] sowie die Entwicklung der allgemeinen städtebaulichen und stadtwirtschaftlichen Verhältnisse, können dagegen i.d.R. für sich allein nicht als repräsentativ für die Entwicklung der allgemeinen Wertverhältnisse auf dem Grundstücksmarkt gelten. Infolge der Komplexität des Geschehens auf dem Bodenmarkt wird dieser vielmehr durch die Gesamtheit der für die Preisbildung maßgeblichen Umstände bestimmt, die mit fortschreitender Zeit bei gleich bleibendem Zustand des Grund und Bodens dessen Wert im gewöhnlichen Geschäftsverkehr mehr oder weniger beeinflussen.

---

1 BGH, Urt. vom 30.11.1959 – III ZR 122/59 –, EzGuG 6.45; BGH, Urt. vom 30.11.1959 – III ZR 130/59 –, EzGuG 19.5; vom Gesetzgeber wurde der Begriff erstmals in § 23 Abs. 2 Satz 2 StBauFG (= § 153 Abs. 1 Satz 2 BauGB) verwandt (hierzu: BT-Drucks. VI/2204, S. 12).

2 Niehans in SZVS 1966, 195; Sieber, ebenda, S. 1; ders., Bodenpolitik und Bodenrecht, Bern 1970, S. 51 ff., S. 73 ff.

Übersicht **§ 4 ImmoWertV V**

§ 4 ImmoWertV
Qualitäts- und Grundstückszustand

(1) ₁Der Qualitätsstichtag ist der Zeitpunkt, auf den sich der für die Wertermittlung maßgebliche Grundstückszustand bezieht. ₂Er entspricht dem Wertermittlungsstichtag, es sei denn, dass aus rechtlichen oder sonstigen Gründen der Zustand des Grundstücks zu einem anderen Zeitpunkt maßgebend ist.

(2) ₁Der Zustand eines Grundstücks bestimmt sich nach der Gesamtheit der verkehrswertbeeinflussenden rechtlichen Gegebenheiten und tatsächlichen Eigenschaften, der sonstigen Beschaffenheit und der Lage des Grundstücks (Grundstücksmerkmale). ₂Zu den Grundstücksmerkmalen gehören insbesondere der Entwicklungszustand (§ 5), die Art und das Maß der baulichen oder sonstigen Nutzung (§ 6 Absatz 1), die wertbeeinflussenden Rechte und Belastungen (§ 6 Absatz 2), der abgabenrechtliche Zustand (§ 6 Absatz 3), die Lagemerkmale (§ 6 Absatz 4) und die weiteren Merkmale (§ 6 Absatz 5 und 6).

(3) Neben dem Entwicklungszustand (§ 5) ist bei der Wertermittlung insbesondere zu berücksichtigen, ob am Qualitätsstichtag

1. eine anderweitige Nutzung von Flächen absehbar ist,
2. Flächen auf Grund ihrer Vornutzung nur mit erheblich über dem Üblichen liegendem Aufwand einer baulichen oder sonstigen Nutzung zugeführt werden können,
3. Flächen von städtebaulichen Missständen oder erheblichen städtebaulichen Funktionsverlusten betroffen sind,
4. Flächen einer dauerhaften öffentlichen Zweckbestimmung unterliegen,
5. Flächen für bauliche Anlagen zur Erforschung, Entwicklung oder Nutzung von Erneuerbaren Energien bestimmt sind,
6. Flächen zum Ausgleich für Eingriffe in Natur und Landschaft genutzt werden oder ob sich auf Flächen gesetzlich geschützte Biotope befinden.

Gliederungsübersicht Rn.
1 Qualitätsstichtag (§ 4 Abs. 1 ImmoWertV)
   1.1 Identität von Wertermittlungsstichtag und Qualitätsstichtag 1
   1.2 Unterschiedlicher Wertermittlungs- und Qualitätsstichtag
      1.2.1 Übersicht 8
      1.2.2 Rückwärtiger Zeitpunkt der Zustandsqualifizierung (Qualitätsstichtag) 11
      1.2.3 Zukünftiger Zeitpunkt der Zustandsqualifizierung (Qualitätsstichtag) 13
2 Zustand (§ 4 Abs. 2 ImmoWertV) 16
3 Besonderheiten der Zustandsqualifizierung (§ 4 Abs. 3 ImmoWertV)
   3.1 Allgemeines 21
   3.2 Absehbare anderweitige Nutzungen (§ 4 Abs. 3 Nr. 1 ImmoWertV) 23
   3.3 Überdurchschnittlicher Aufwand (§ 4 Abs. 3 Nr. 2 ImmoWertV) 24
   3.4 Städtebauliche Missstände und Funktionsverluste (§ 4 Abs. 3 Nr. 3 ImmoWertV)
      3.4.1 Städtebauliche Missstände 25
      3.4.2 Funktionsverluste 34
   3.5 Dauerhafte öffentliche Zweckbindung/Gemeinbedarfsflächen
      (§ 4 Abs. 3 Nr. 4 ImmoWertV) 36
   3.6 Erneuerbare Energien (§ 4 Abs. 3 Nr. 5 ImmoWertV) 38
   3.7 Naturschutzrechtliche Ausgleichsflächen (§ 4 Abs. 3 Nr. 6 ImmoWertV) 39

1 Qualitätsstichtag (§ 4 Abs. 1 ImmoWertV)

▶ Vgl. § 2 ImmoWertV Rn. 2 ff.

1.1 Identität von Wertermittlungs- und Qualitätsstichtag

1 **Qualitätsstichtag ist** nach § 4 Abs. 1 Satz 1 ImmoWertV **der Zeitpunkt, auf den sich der für die Wertermittlung maßgebliche Grundstückszustand bezieht.** Der Begriff des Qualitätsstichtags, auch Qualitätsfestschreibungszeitpunkt genannt, ist in der Entschädigungsrechtsprechung und im Schrifttum entwickelt worden und hat allgemein Anerkennung gefunden. Mit dem Begriff soll in prägnanter Weise der Zeitpunkt fixiert werden, nach dem sich die für die Wertermittlung maßgeblichen Zustandsmerkmale bestimmen[1], die von den am Wertermittlungsstichtag tatsächlich gegebenen Zustandsmerkmalen abweichen können.

2 Im Allgemeinen ist bei der Marktwertermittlung der Grundstückszustand „maßgeblich", der den tatsächlichen Verhältnissen am Wertermittlungsstichtag (§ 3 Abs. 1 ImmoWertV) entspricht, wobei künftige Entwicklungen nach Maßgabe des § 2 Satz 2 ImmoWertV zu berücksichtigen sind. **Wertermittlungsstichtag und Qualitätsstichtag,** d.h. der Zeitpunkt, der für die Qualifizierung des Grundstückszustands maßgeblich ist, **sind dann identisch.**

3 Von dem am Wertermittlungsstichtag gegebenen Grundstückszustand ist deshalb grundsätzlich auszugehen, soweit nicht

– der Auftraggeber dem Sachverständigen andere „maßgebliche" Vorgaben macht oder

– nach den im Einzelfall gegebenen Verhältnissen, insbesondere rechtlichen Gegebenheiten, wie der Lage des Grundstücks in einem Sanierungsgebiet, in einem städtebaulichen Entwicklungsbereich oder in einem Umlegungsgebiet, der Grundstückszustand eines vom Wertermittlungsstichtag abweichenden Zeitpunkts für die Qualifizierung des Grundstückszustands maßgeblich ist (vgl. die Erläuterungen im Teil VII und VIII sowie Rn. 11 ff.).

Es kann sich dabei um Zustandsmerkmale der Vergangenheit, aber auch der Zukunft handeln. Im **Überblick** ist zwischen **folgenden Fallgestaltungen** zu unterscheiden:

a) Vorverlegung des Zeitpunkts der Zustandsqualifizierung gegenüber dem Wertermittlungsstichtag;

b) Berücksichtigung eines künftigen Grundstückszustands gegenüber dem Wertermittlungsstichtag.

4 Ein **vom Wertermittlungsstichtag abweichender Qualitätsstichtag** kann sich insbesondere aus den Zielen und Zwecken der Marktwertermittlung ergeben, und der Sachverständige ist gut beraten, sich mit dem Auftraggeber ins Benehmen zu setzen, wenn von daher seine Vorgaben nicht sachgerecht sind (vgl. § 1 ImmoWertV Rn. 22).

5 Sind **Wertermittlungsstichtag und Qualitätsstichtag** identisch, ist die Feststellung des maßgeblichen Grundstückszustands einfach, weil der Gutachter „vor Ort" die tatsächlichen Zustandsmerkmale feststellen und sich hierüber einen persönlichen Eindruck verschaffen kann (vgl. Abb. 1).

---

1 BGH, Urt. vom 19.6.1986 – III ZR 22/85 –, EzGuG 6.229; BGH, Urt. vom 24.3.1977 – III ZR 32/75 –, EzGuG 6.190; BGH, Urt. vom 29.11.1965 – III ZR 34/64 –, EzGuG 6.82; BayObLG, Urt. vom 27.1.1987 – RReg 1 Z 167/86 –, EzGuG 6.233; Schmidt-Aßmann in Ernst/Zinkahn/Bielenberg, BauGB KOmm § 93 BauGB Rn. 69 ff.

Abb. 1: Identität von Wertermittlungsstichtag und Qualitätsstichtag

Die Verkehrswertermittlung auf der Grundlage des am Wertermittlungsstichtag vorhandenen Grundstückszustands darf nicht dahingehend missverstanden werden, dass im Falle von absehbaren Nutzungsänderungen diese grundsätzlich außer Betracht bleiben. Obwohl der Verkehrswert (in § 194 BauGB) als ein stichtagsbezogener Wert definiert ist, müssen grundsätzlich die **in absehbarer Zeit[2] zu erwartenden Änderungen** insoweit berücksichtigt werden, wie dies dem gewöhnlichen Geschäftsverkehr entspricht. Spekulative Erwartungen müssen dagegen außer Betracht bleiben. Die Berücksichtigung von absehbaren Entwicklungen gilt insbesondere für baurechtlich bedeutsame Nutzungsänderungen. Im Hinblick auf eine Änderung der baulichen Nutzbarkeit ist dies darin begründet, dass das deutsche Städtebaurecht eine allgemeine maßnahmenbedingte „Wertabschöpfung", insbesondere einen Planungswertausgleich, nicht kennt. Deshalb müssen in absehbarer Zeit zu erwartende Nutzungsänderungen grundsätzlich berücksichtigt werden, und zwar nach möglichst konkreten Anhaltspunkten, wie z. B. dem Entwurf eines Flächennutzungs- oder Bebauungsplans, „qualifizierten" Rahmenplänen, d.h. solchen, die von der Gemeinde beschlossen oder zustimmend zur Kenntnis genommen worden sind, oder einem sonstigen konkludenten Handeln der Gemeinde (vgl. § 194 BauGB Rn. 75 ff.).

Anstehende **Nutzungsänderungen bleiben** indessen immer insoweit **außer Betracht, wie der Gesetzgeber ihre Nichtberücksichtigung vorgeschrieben hat oder hierfür besondere Ausgleichsleistungen zu erbringen sind:**

1. Bei der *Bemessung der Enteignungsentschädigung* bemisst sich die Entschädigung für den Rechtsverlust nach dem Verkehrswert des Grundstücks unter Ausschluss von Wertänderungen infolge der bevorstehenden Enteignung (nach dem Grundsatz der enteignungsrechtlichen Vorwirkung) auf der Grundlage des Zustands, der zu dem Zeitpunkt bestand, als die Enteignung mit Sicherheit und hinreichender Bestimmtheit feststand.

2. In Gebieten, die unter *Anwendung der besonderen sanierungsrechtlichen Vorschriften* der §§ 152 ff. BauGB saniert werden, sowie in Entwicklungsbereichen sind grundsätzlich die Verkehrswerte unter Ausschluss der sanierungs- oder entwicklungsbedingten Werterhöhung maßgebend.

3. In *Umlegungsgebieten* nach den §§ 45 ff. BauGB sind die Einwurfswerte unter Ausschluss der umlegungsbedingten Werterhöhung zu ermitteln.

---

2 Zum Begriff der „absehbaren Zeit" vgl. § 5 ImmoWertV Rn. 28 ff., 159 ff.

V § 4 ImmoWertV — Qualitätsstichtag

4. Umgekehrt bleiben im Falle einer *Herabzonung des Grundstücks* (§§ 39 ff. BauGB) die dadurch bedingten Wertminderungen insoweit und so lange außer Betracht, wie der Eigentümer noch einen Anspruch auf Entschädigung eines Planungsschadens hat.

5. Werterhöhende Maßnahmen bleiben insoweit auch außer Betracht, wie der *Eigentümer des Grundstücks dafür beitrags- oder abgabepflichtig ist*. Dies betrifft insbesondere Erschließungsmaßnahmen nach den §§ 126 ff. BauGB in Bezug auf den zu erwartenden Erschließungsbeitrag. Ist eine Erschließungsmaßnahme, mit der Rohbauland baureif gemacht wird, absehbar, ist die damit einhergehende Verkürzung der Wartezeit nach § 2 Abs. 2 ImmoWertV jedoch zu berücksichtigen.

1.2 Unterschiedlicher Wertermittlungs- und Qualitätsstichtag

1.2.1 Übersicht

8 Wie dargelegt, sind im „Normalfall" der Wertermittlungsstichtag und der Zeitpunkt, der für die Qualifizierung des Grundstückszustands maßgeblich ist (Qualitätsstichtag), identisch. Dieser Fall liegt z. B. regelmäßig vor, wenn im privaten Grundstücksverkehr der Verkehrswert zur Bemessung eines angemessenen Kaufpreises ermittelt werden soll. Insbesondere im Zuge bodenordnerischer Maßnahmen können jedoch

– der Wertermittlungsstichtag und

– der für die Qualifizierung des Grundstückszustands maßgebliche Zeitpunkt (Qualitätsstichtag)

auseinanderfallen. Deshalb bestimmt § 4 Abs. 1 Satz 2 ImmoWertV, dass der Wertermittlung **ein vom Wertermittlungsstichtag abweichender Grundstückszustand zugrunde zu legen ist, wenn dies aus rechtlichen oder sonstigen Gründen geboten** ist. Grundsätzlich kann es sich dabei um jeden fiktiven – vernünftigen Gesichtspunkten Rechnung tragenden – Grundstückszustand handeln, der dann in dem Gutachten hinreichend genau qualifizierend beschrieben werden muss. In den einschlägigen Fällen wird der Gutachter aber schon aus praktischen und rechtlichen Erwägungen danach trachten, den maßgeblichen Grundstückszustand nach den Verhältnissen eines bestimmten in der Vergangenheit oder in der Zukunft liegenden Zeitpunkts zu qualifizieren[3]:

9 *Beispiel:*

Ein Erblasser hinterlässt zwei Erben ein Wohngebäude, in dem einer der Erben wohnt. Im Zuge der Erbauseinandersetzung soll der andere Erbe auf der Grundlage des aktualisierten Wertanteils ausgezahlt werden. Zwischenzeitlich wurden aber von dem im Gebäude wohnenden Erben erhebliche bauliche Änderungen vorgenommen. Die damit bewirkten Wertverbesserungen sollen ihm aber in voller Höhe erhalten bleiben. Zur Ermittlung des Erbanteils ist deshalb der heutige Verkehrswert des Grundstücks nach dessen Zustand zum Zeitpunkt des Erbgangs zu ermitteln.

10 Vor allem **im öffentlich-rechtlichen Bereich fallen** – wie unter Rn. 3 ff. erläutert – **der Wertermittlungsstichtag und der für die Qualifizierung des Grundstückszustands maßgebliche Zeitpunkt auseinander.**

1.2.2 Rückwärtiger Zeitpunkt der Zustandsqualifizierung (Qualitätsstichtag)

11 Bei der Bemessung von Enteignungsentschädigungen sowie im Zuge städtebaulicher Veranstaltungen wie

– Sanierungsverfahren unter Anwendung der besonderen sanierungsrechtlichen Vorschriften der §§ 152 ff. BauGB (klassisches bzw. umfassendes Sanierungsverfahren),

---

3 Grundsätzlich muss zur Qualifizierung des maßgeblichen Grundstückszustands nicht unbedingt ein bestimmter Stichtag vorgegeben werden; es reicht aus, die wertbestimmenden Merkmale eines der Wertermittlung zugrunde zu legenden Grundstückszustands „qualitativ" vorzugeben (vgl. Kleiber in Krautzberger, Städtebauförderungsrecht Bd. I § 153 Rn. 25 ff. zur Wertermittlungspraxis in Sanierungsgebieten).

- Entwicklungsmaßnahmen nach den §§ 165 ff. BauGB sowie
- Umlegungsverfahren nach den §§ 45 ff. BauGB

stellt sich die Aufgabe, den Verkehrswert des Grundstücks oder den jeweiligen Bodenwert (des bebauten Grundstücks) auf der Grundlage der Zustandsmerkmale des Grundstücks zu einem (gegenüber dem Wertermittlungsstichtag) zurückliegenden Zeitpunkt zu ermitteln. Man spricht in diesem Fall – etwas vereinfacht – vom Verkehrswert des Grundstücks „nach den **Zustandsmerkmalen von gestern und den allgemeinen Wertverhältnissen von heute**". In diesen Fällen müssen die Zustandsmerkmale des Grundstücks zu einem „historischen", d.h. zu einem zurückliegenden Zeitpunkt festgestellt werden. Der Verkehrswert wird dann unter Zugrundelegung dieses Zustands und der aktuellen allgemeinen Wertverhältnisse auf dem Grundstücksmarkt ermittelt (Abb. 2).

Abb. 2: Verkehrswertermittlung auf der Grundlage eines „historischen" Grundstückszustands

Beispiele:

Bei der **Bemessung von Enteignungsentschädigungen** bestimmen sich nach § 93 Abs. 4 und § 95 Abs. 1 BauGB zwar sowohl der maßgebliche Grundstückszustand als auch die der Wertermittlung zugrunde zu legenden allgemeinen Wertverhältnisse übereinstimmend nach dem Zeitpunkt, in dem die Enteignungsbehörde über den Enteignungsantrag entscheidet[4], jedoch führt insbesondere bei der Enteignung künftiger Gemeinbedarfsflächen das Institut der enteignungsrechtlichen Vorwirkung zu einer Zurückverlegung des Stichtags, nach dem sich der Zustand des zu enteignenden Grundstücks bestimmt. Danach ist also die Grundstücksqualität (Zustand des Grundstücks) maßgebend, die für das **Grundstück in dem Zeitpunkt** bestand, **in dem eine Enteignung mit Sicherheit und hinreichender Bestimmtheit zu erwarten war** (Zeitpunkt des enteignenden Eingriffs, § 6 ImmoWertV Rn. 8 ff., Teil VII Rn. 357 ff.).

a) Auch bei der Bemessung der **Enteignungsentschädigung nach dem Landbeschaffungsgesetz LBG** bestimmt sich gemäß § 17 Abs. 3 LBG der Grundstückszustand nach den Verhältnissen zum Zeitpunkt des Enteignungsbeschlusses. Bei vorzeitiger Besitzeinwei-

---

[4] Zeitpunkt der letzten Tatsachenverhandlung; vgl. BGH, Urt. vom 29.4.1968 – III ZR 177/65 –, EzGuG 16.8; BGH, Urt. vom 27.6.1963 – III ZR 165/61 –, EzGuG 6.69; BGH, Urt. vom 27.6.1963 – III ZR 166/61 –, EzGuG 6.70; BGH, Urt. vom 28.6.1954 – III ZR 49/53 –, BGHZ 14,106 = NJW 1954, 1485 = DÖV 1954, 635 (LS); BGH, Urt. vom 23.9.1957 – III ZR 224/56 –, EzGuG 6.23; BGH, Urt. vom 24.2.1958 – III ZR 181/56 –, EzGuG 6.29; BGH, Urt. vom 22.1.1959 – III ZR 186/57 –, EzGuG 6.38.

sung ist gemäß § 39 Abs. 1 Nr. 5 LBG der Zeitpunkt maßgebend, in dem diese wirksam wird.

b) Im Falle einer **Umlegungsmaßnahme** nach den §§ 45 ff. BauGB ist der Grundstückszustand nach Maßgabe des § 57 BauGB zum Zeitpunkt des Umlegungsbeschlusses unter Ausschluss der umlegungsbedingten Werterhöhung (Rohbauland) maßgebend.

c) Im Falle einer **klassischen Sanierungsmaßnahme oder** einer **Entwicklungsmaßnahme** nach Maßgabe des § 153 Abs. 1 bzw. § 169 Abs. 1 Nr. 7 oder Abs. 4 BauGB ist der Grundstückszustand zum Zeitpunkt des beginnenden Sanierungs- oder Entwicklungseinflusses maßgebend.

1.2.3 Zukünftiger Zeitpunkt der Zustandsqualifizierung (Qualitätsstichtag)

13 Eine marktkonforme Verkehrswertermittlung erlaubt es nicht, in der Zukunft sich erst (noch) bildende Verkehrswerte präskriptiv zu ermitteln. Dies könnte nur auf der Grundlage spekulativer Annahmen geschehen, denn die Entwicklung der allgemeinen Wertverhältnisse auf dem Grundstücksmarkt lässt sich im Allgemeinen nicht voraussehen *(prospective value opinion)*. Davon zu unterscheiden ist aber die auf einen aktuellen Wertermittlungsstichtag bezogene **Verkehrswertermittlung unter Zugrundelegung eines bestimmten vorhersehbaren Grundstückszustands**. Diese Aufgabe stellt sich im Zuge der Durchführung städtebaulicher Veranstaltungen und ist insoweit lösbar, wie der künftige Zustand z. B. auf Grund einer Bauleitplanung und der beabsichtigten städtebaulichen Maßnahme absehbar ist. Derartige Aufgaben stellen sich insbesondere im Zuge der Durchführung

– von Umlegungen und
– von Sanierungs- und Entwicklungsmaßnahmen.

14 In diesen Fällen müssen die **Zustandsmerkmale des Grundstücks auf der Grundlage der anstehenden Maßnahmen und der rechtlichen Neuordnung** bezogen auf die aktuellen allgemeinen Wertverhältnisse auf dem Grundstücksmarkt ermittelt werden (Abb. 3).

Abb. 3: Berücksichtigung des künftigen Grundstückszustands bei der Verkehrswertermittlung

15 Bei alledem ist es **nicht erforderlich, den Zeitpunkt genau bestimmen zu können, zu dem der nach der Planung und den beabsichtigten Maßnahmen zugrunde zu legende Zustand tatsächlich verwirklicht worden ist.** Es reicht aus, wenn sich der künftige Zustand insbesondere auf der Grundlage einer Bauleitplanung und der anstehenden Maßnahmen qualifizieren lässt. Im Falle der Durchführung von Sanierungs- und Entwicklungsmaßnahmen ist dies der Verkehrswert unter Berücksichtigung der rechtlichen und tatsächlichen Neuordnung nach Maßgabe der §§ 153 Abs. 4 und § 169 Abs. 8 BauGB. Im Falle der Durchführung einer Umlegungsmaßnahme nach den §§ 45 ff. BauGB ist dies der auf den Umlegungsbeschluss bezogene Verkehrswert (Zuteilungswert) unter Berücksichtigung der umlegungsbedingten Werterhöhung. Soll zudem die Wartezeit bis zum Eintritt des zugrunde gelegten Grundstückszustands berücksichtigt werden, muss allerdings diese vom Gutachter geschätzt werden (vgl. § 2 Satz 3 ImmoWertV).

▶ *Weitere Ausführungen hierzu im Teil VIII (Sanierungs- und Entwicklungsmaßnahmen)*

2 Zustand (§ 4 Abs. 2 ImmoWertV)

Was in der Verkehrswertdefinition des § 194 BauGB mit den sich überschneidenden und nicht sauber voneinander abgrenzbaren Begriffen der „rechtlichen Gegebenheiten", „tatsächlichen Eigenschaften", „sonstigen Beschaffenheit" und „Lage" umschrieben ist, wird in der Sprache der ImmoWertV mit dem **Sammelbegriff „Zustand"** des Grundstücks zusammengefasst. Der Zustand bestimmt sich nicht nur nach den sichtbaren Eigenschaften, sondern auch den rechtlichen Gegebenheiten und Nutzungspotenzialen, deren Realisierung in absehbarer Zeit „mit hinreichender Sicherheit aufgrund konkreter Tatsachen" (§ 2 Satz 2 ImmoWertV, § 4 Abs. 3 Nr. 1 ImmoWertV) zu erwarten ist.

16

Als Zustand des Grundstücks bezeichnet § 4 Abs. 2 ImmoWertV die **Gesamtheit der den Verkehrswert beeinflussenden rechtlichen Gegebenheiten und tatsächlichen Eigenschaften, der sonstigen Beschaffenheit und der Lage des Grundstücks.** Mit diesem Tripel knüpft die Verordnung ersichtlich an die Definition des Verkehrswerts in § 194 BauGB an.

17

Der Begriff des Zustands stellt nicht allein auf die äußere Beschaffenheit, d.h. auf physische und körperliche Merkmale (wie Grenzen, natürliche Bebaubarkeit, Alter und Mängel eines Gebäudes) ab, sondern auch auf die **durch die Beschaffenheit und Lage** des Grundstücks **vorgegebene Nutzungsfähigkeit im Rahmen der baurechtlichen Ordnung.** Dementsprechend hat der BGH[5] in seiner Rechtsprechung unter Hinweis auf keine Geringeren als Goethe und Schiller zum Zustandsbegriff ausgeführt: „Die deutsche Sprache lässt unter diesem Begriff eine vollständige, allseitige Betrachtung durchaus zu, fordert sie geradezu, wenn dies im Sinne der Betrachtung liegt; hier mag der Hinweis auf das Goethewort ‚Wie selten ist der Mensch mit dem Zustand zufrieden, in dem er sich befindet', und darauf genügen, dass Friedrich Schiller eine seiner historischen Schriften mit ‚Übersicht des Zustandes von Europa zur Zeit des ersten Kreuzzuges' überschrieben hat"[6].

18

„Zustand" des Grundstücks ist – wie bereits herausgestellt – ein Sammelbegriff, der sich in eine Vielzahl von einzelnen Zustandsmerkmalen aufschlüsseln lässt. Die Zustandsmerkmale werden in den §§ 5 und 6 ImmoWertV konkretisiert. An erster Stelle ist hier der **Entwicklungszustand** (§ 5 ImmoWertV) zu nennen. Auch dies ist ein Sammelbegriff für die unterschiedlichsten Entwicklungszustandsstufen, der angefangen von den „Flächen der Land- oder Forstwirtschaft" das gesamte Spektrum des werdenden Baulandes bis hin zum „baureifen Land" umfasst. Für die Belange der Verkehrswertermittlung gibt § 5 ImmoWertV für die wichtigsten Entwicklungszustandsstufen normierte Inhalte vor. Weitere Zustandsmerkmale werden in § 4 Abs. 3 und § 6 ImmoWertV zusammen mit entsprechenden wertermittlungstechnischen Hinweisen erläutert.

19

Zur Erfassung des Zustands ist unbedingt eine **Ortsbesichtigung** erforderlich. Der Gutachter läuft sonst Gefahr, sein Gutachten sittenwidrig, leichtfertig und fahrlässig erstattet zu haben,

20

---

5 BGH, Urt. vom 9.1.1969 – III ZR 51/68 –, EzGuG 6.120; BGH, Urt. vom 8.11.1962 – III ZR 86/61 –, EzGuG 8.5.
6 BGH, Urt. vom 30.6.1966 – III ZR 3/64 –, EzGuG 19.10 auch unter Hinweis auf das deutsche Wörterbuch der Gebrüder Grimm Bd. 16 (1954).

V § 4 ImmoWertV §nbsp;   **Zustandsqualifizierung**

und setzt sich Haftungsansprüchen aus (vgl. Teil III Rn. 8, 180, 203, 220, 379, 431). Des Weiteren müssen alle rechtlichen Qualifikationsmerkmale bei den zuständigen Ämtern eingeholt werden.

3 Besonderheiten der Zustandsqualifizierung (§ 4 Abs. 3 ImmoWertV)

3.1 Allgemeines

21 § 4 Abs. 3 ImmoWertV enthält eine ergänzende Regelung zu § 5 ImmoWertV. Danach sind neben dem Entwicklungszustand u.a. die dort aufgeführten **Grundstücksmerkmale zu berücksichtigen, soweit sie am Qualitätsstichtag** (§ 4 Abs. 1 ImmoWertV) **vorhanden sind.** Die ergänzenden Hinweise des § 4 Abs. 3 ImmoWertV sind mit der Novellierung der WertV im Jahre 2010 erstmals in die Verordnung aufgenommen worden. Es handelt sich um eine missglückte Vorschrift, deren Inhalt anderen Vorschriften zuzuordnen ist.

22 Mit der Regelung des § 4 Abs. 3 ImmoWertV will der Verordnungsgeber auf eine Reihe von **Besonderheiten** hinweisen, ohne dass er konkrete Hinweise geben konnte, wie diese Besonderheiten zu berücksichtigen sind.

3.2 Absehbare anderweitige Nutzungen (§ 4 Abs. 3 Nr. 1 ImmoWertV)

▶ *Vgl. § 2 ImmoWertV Rn. 4; § 194 BauGB Rn. 75*

23 Dass nach § 4 Abs. 3 Nr. 1 ImmoWertV bei der Wertermittlung die Absehbarkeit einer „anderweitigen" Nutzung zu berücksichtigen ist, ergibt sich bereits aus § 2 Satz 2 ImmoWertV. Es handelt sich von daher um eine überflüssige **Doppelregelung,** wobei auch nach § 4 Abs. 1 Nr. 1 ImmoWertV „anderweitige" Entwicklungen nur zu berücksichtigen sind, wenn sie aufgrund qualifizierter Entwicklungserwartungen i.S. des § 2 Satz 2 ImmoWertV „absehbar" sind.

3.3 Überdurchschnittlicher Aufwand (§ 4 Abs. 3 Nr. 2 ImmoWertV)

24 Nach § 4 Abs. 3 Nr. 2 ImmoWertV soll ein **erheblich über dem Üblichen liegender Aufwand** berücksichtigt werden, wenn dieser erforderlich ist, um eine Fläche aufgrund ihrer Vornutzung einer baulichen oder sonstigen Nutzung zuzuführen. Dies ergibt sich wiederum aus § 6 Abs. 5 ImmoWertV unabhängig davon, ob der Aufwand aufgrund der Vornutzung erforderlich ist, und ist auch nicht davon abhängig, dass der Aufwand „erheblich über dem Üblichen" liegt.

3.4 Städtebauliche Missstände und Funktionsverluste (§ 4 Abs. 3 Nr. 3 ImmoWertV)

3.4.1 Städtebauliche Missstände

▶ *Vgl. Teil VIII; § 6 ImmoWertV Rn. 379; § 15 ImmoWertV Rn. 7*

25 Nach § 4 Abs. 3 Nr. 3 ImmoWertV ist bei der Marktwertermittlung der Tatsache Rechnung zu tragen, dass ein Grundstück

– von einem städtebaulichen Missstand oder
– von erheblichen Funktionsverlusten

betroffen ist.

Zustandsqualifizierung § 4 ImmoWertV V

Was als **städtebaulicher Missstand** anzusehen ist, wird in § 136 Abs. 2 und 3 BauGB definiert. Danach ist bei den städtebaulichen Missständen zwischen Substanz- und Funktionsschwächen zu unterscheiden; in der Praxis treten regelmäßig Mischformen auf. **26**

Eine **Substanzschwäche** liegt nach § 136 Abs. 2 Nr. 1 i.V.m. Abs. 3 BauGB vor, wenn das Gebiet nach seiner vorhandenen Bebauung oder nach seiner sonstigen Beschaffenheit den allgemeinen Anforderungen an gesunde Wohn- und Arbeitsverhältnisse oder an die Sicherheit der in ihm wohnenden oder arbeitenden Menschen nicht entspricht, insbesondere in Bezug auf **27**

a) die Belichtung, Besonnung und Belüftung der Wohnungen und Arbeitsstätten,

b) die bauliche Beschaffenheit von Gebäuden, Wohnungen und Arbeitsstätten,

c) die Zugänglichkeit der Grundstücke,

d) die Auswirkungen einer vorhandenen Mischung von Wohn- und Arbeitsstätten,

e) die Nutzung von bebauten und unbebauten Flächen nach Art, Maß und Zustand,

f) die Einwirkungen, die von Grundstücken, Betrieben, Einrichtungen und Verkehrsanlagen ausgehen, insbesondere durch Lärm, Verunreinigungen und Erschütterungen, sowie

g) die vorhandene Erschließung.

Eine **Funktionsschwäche** liegt nach § 136 Abs. 2 Nr. 2 i.V.m. Abs. 3 BauGB vor, wenn das Gebiet in der Erfüllung der Aufgaben erheblich beeinträchtigt ist, die ihm nach seiner Lage und Funktion obliegen, insbesondere in Bezug auf **28**

a) den fließenden und ruhenden Verkehr,

b) die wirtschaftliche Situation und Entwicklungsfähigkeit des Gebiets unter Berücksichtigung seiner Versorgungsfunktion im Verflechtungsbereich und

c) die infrastrukturelle Erschließung des Gebiets, seine Ausstattung mit Grünflächen, Spiel- und Sportplätzen und mit Anlagen des Gemeinbedarfs, insbesondere unter Berücksichtigung der sozialen und kulturellen Aufgaben dieses Gebiets im Verflechtungsbereich.

Liegen städtebauliche Missstände vor, so sind die Voraussetzungen für eine **städtebauliche Sanierungsmaßnahme** nach den §§ 136 ff. BauGB gegeben (vgl. hierzu Näheres im Teil VIII); dies muss im konkreten Einzelfall verifiziert werden. Ist eine städtebauliche Sanierungsmaßnahme beschlossen worden, finden die zu beachtenden Vorschriften der §§ 136 ff. BauGB Anwendung. **29**

Darüber hinaus sind städtebauliche Missstände auch planungsschadensrechtlich von Bedeutung. Nach § 43 Abs. 4 BauGB sind Bodenwerte nicht zu entschädigen, soweit sie darauf beruhen, dass in dem Gebiet städtebauliche Missstände i.S. des § 136 Abs. 2 und 3 BauGB bestehen und die Nutzung des Grundstücks zu diesen Missständen wesentlich beiträgt. **30**

§ 43 Abs. 4 BauGB; die Vorschrift hat folgenden Wortlaut:

„(4) Bodenwerte sind nicht zu entschädigen, soweit sie darauf beruhen, dass

1. die zulässige Nutzung auf dem Grundstück den allgemeinen Anforderungen an gesunde Wohn- und Arbeitsverhältnisse oder an die Sicherheit der auf dem Grundstück oder im umliegenden Gebiet wohnenden oder arbeitenden Menschen nicht entspricht oder

2. in einem Gebiet städtebauliche Missstände im Sinne des § 136 Abs. 2 und 3 bestehen und die Nutzung des Grundstücks zu diesen Missständen wesentlich beiträgt."

Der **Verzahnung der Verkehrswertermittlung mit den planungsschadensrechtlichen Regelungen des § 43 Abs. 4 Nr. 1 und 2 BauGB,** nach denen die genannten Umstände bereits bei der Ermittlung des Bodenwerts in der Weise zu berücksichtigen sind, dass Nutzungen bei der Bodenwertermittlung unberücksichtigt bleiben, soweit sie darauf beruhen, dass sie den allgemeinen Anforderungen an gesunde Wohn- und Arbeitsverhältnisse oder an die Sicherheit der auf dem Grundstück oder im umliegenden Gebiet wohnenden oder arbeitenden Menschen nicht entsprechen, ist bei der Bodenwertermittlung Rechnung zu tragen. **31**

32 *Beispiel:*
In einem Gebiet sind durch (unzulässige) Maßnahmen der Verdichtung Wertminderungen i.S. des § 43 Abs. 4 BauGB eingetreten, die durch eine Blockentkernung behoben werden sollen. Das tatsächlich realisierte Nutzungsmaß ist auch ohne herabzonenden Bebauungsplan nicht zu berücksichtigen (Abb. 4).

Abb. 4: Nichtberücksichtigung des durch die tatsächliche Nutzung realisierten Nutzungsmaßes

33 Die realisierte Bebauung bleibt bei der Bodenwertermittlung insoweit unberücksichtigt, wie sie zum **städtebaulichen Missstand i. S. des § 136 Abs. 2 und 3 BauGB** wesentlich beiträgt oder nicht den allgemeinen Anforderungen an gesunde Wohn- und Arbeitsverhältnisse oder an die Sicherheit der auf dem Grundstück oder im umliegenden Gebiet wohnenden und arbeitenden Menschen entspricht.

3.4.2 Funktionsverluste

▶ *Teil VIII Rn. 605*

34 Ist das zu bewertende Grundstück in einem Gebiet gelegen, das von „erheblichen Funktionsverlusten" betroffen ist, soll nach § 4 Abs. 3 Nr. 3 ImmoWertV auch dies bei der Marktwertermittlung berücksichtigt werden. **Erhebliche städtebauliche Funktionsverluste** liegen nach § 171a Abs. 2 Satz 2 BauGB „insbesondere vor, wenn ein dauerhaftes Überangebot an baulichen Anlagen für bestimmte Nutzungen, namentlich für Wohnzwecke besteht oder zu erwarten ist". Im Kern geht es dabei um die Leerstandsproblematik.

35 Der **Funktionsverlust** eines Gebiets wirkt sich auf die allgemeinen Marktverhältnisse aus und ist deshalb **schon nach allgemeinen Grundsätzen zu berücksichtigen.** Soweit das Belegenheitsgebiet in eine Stadtumbaumaßnahme nach den §§ 171 a bis d BauGB einbezogen worden ist, sind die dann zur Anwendung kommenden Rechtsvorschriften zu beachten (Näheres hierzu Teil VIII Rn. 605 ff.).

3.5 Dauerhafte öffentliche Zweckbindung/Gemeinbedarfsflächen (§ 4 Abs. 3 Nr. 4 ImmoWertV)

▶ *Teil VI Rn. 595 ff.*

Mit § 4 Abs. 3 Nr. 4 ImmoWertV sind Gemeinbedarfsflächen angesprochen. Unter Gemeinbedarfsflächen werden **Grundstücke** verstanden, **die durch eine dauerhafte Zweckbindung,** insbesondere durch Festsetzungen i.S. des § 4 Abs. 2 Nr. 3, § 4a Abs. 2 Nr. 5, § 5 Abs. 2 Nr. 7, § 6 Abs. 2 Nr. 5 und § 7 Abs. 2 Nr. 4 BauNVO, **privatwirtschaftlichem Gewinnstreben entzogen sind,** ohne jedoch i.S. eines Gemeingebrauchs jedermann ohne weiteres zugänglich sein zu müssen[7]. Es kommt nicht darauf an, dass der Gemeinbedarfszweck durch einen öffentlichen Träger wahrgenommen wird. 36

Gemeinbedarfsflächen bilden einen Grundstücksteilmarkt sui generis. Die Grundsätze ihrer Bewertung sind im Teil VI unter Rn. 595 ff. erläutert. 37

3.6 Erneuerbare Energien (§ 4 Abs. 3 Nr. 5 ImmoWertV)

Mit § 4 Abs. 3 Nr. 5 ImmoWertV wird auf Flächen hingewiesen, die für bauliche Anlagen zur Erforschung, Entwicklung oder Nutzung von erneuerbaren Energien bestimmt sind. Hierzu zählen z. B. **Flächen, die der Gewinnung von Wasserkraft, Windenergie, solarer Strahlungsenergie, Geothermie sowie von Energie aus Biomasse und der Verwertung des biologisch abbaubaren Anteils von Abfällen aus Haushalten und Industrie dienen** (vgl. § 3 Abs. 1 des Erneuerbare-Energien-Gesetzes); nicht jedoch reine Anbauflächen für Pflanzen, die zur Energiegewinnung bestimmt sind. Die Vorschrift gibt keinerlei Hinweise über die zu berücksichtigenden Besonderheiten; ihre bloße Erwähnung soll der ImmoWertV einen politisch erwünschten Anstrich verleihen. 38

3.7 Naturschutzrechtliche Ausgleichsflächen (§ 4 Abs. 3 Nr. 6 ImmoWertV)

Schließlich wird in § 4 Abs. 3 Nr. 6 ImmoWertV auf Flächen hingewiesen, die zum Ausgleich für Eingriffe in Natur und Landschaft genutzt werden oder auf denen sich gesetzlich geschützte **Biotope** befinden (Näheres hierzu bei § 5 ImmoWertV Rn. 254 ff.). 39

---

7 Zum Begriff: BVerwG, Beschl. vom 18.5.1994 – 4 NB 15/94 –, DVBl 1994, 1139 = GuG 1995, 53.

§ 5 ImmoWertV
Entwicklungszustand

(1) Flächen der Land- und Forstwirtschaft sind Flächen, die ohne Bauerwartungsland, Rohbauland oder baureifes Land zu sein, land- oder forstwirtschaftlich nutzbar sind.

(2) Bauerwartungsland sind Flächen, die nach ihren weiteren Grundstücksmerkmalen (§ 6), insbesondere dem Stand der Bauleitplanung und der sonstigen Entwicklung des Gebiets, eine bauliche Nutzung aufgrund konkreter Tatsachen mit hinreichender Sicherheit erwarten lassen.

(3) Rohbauland sind Flächen, die nach den §§ 30, 33 und 34 des Baugesetzbuchs für eine bauliche Nutzung bestimmt sind, deren Erschließung aber noch nicht gesichert ist oder die nach Lage, Form oder Größe für eine bauliche Nutzung unzureichend gestaltet sind.

(4) Baureifes Land sind Flächen, die nach öffentlich-rechtlichen Vorschriften und den tatsächlichen Gegebenheiten baulich nutzbar sind.

Gliederungsübersicht   Rn.
1 Allgemeines 1
2 Flächen der Land- oder Forstwirtschaft (§ 5 Abs. 1 ImmoWertV)
   2.1 Vorbemerkungen 20
   2.2 Reine Flächen der Land- und Forstwirtschaft
      2.2.1 Allgemeines 26
      2.2.2 Grundzüge der Verkehrswertermittlung 30
      2.2.3 Lagemerkmale
         2.2.3.1 Allgemeines 37
         2.2.3.2 Grundstücksgröße und Grundstücksgestalt (-zuschnitt) 38
      2.2.4 Bonität
         2.2.4.1 Allgemeines 41
         2.2.4.2 Schätzungsrahmen 51
         2.2.4.3 Ertragsmesszahl 67
      2.2.5 Ertragswertermittlung 77
      2.2.6 Waldfläche
         2.2.6.1 Allgemeines 80
         2.2.6.2 Waldboden 82
         2.2.6.3 Grundstücksgröße 88
         2.2.6.4 Besonderheiten für Erholungswälder 89
         2.2.6.5 Waldbestand 92
      2.2.7 Gestaute Wasserflächen, Fischteiche 116
   2.3 Besondere Flächen der Land- oder Forstwirtschaft
      2.3.1 Allgemeines 117
      2.3.2 Sanierungsgebiete und Entwicklungsbereiche 121
      2.3.3 Qualifikationsmerkmale 128
   2.4 Hofstelle, Hofanschlussflächen, hofnahe und -ferne Flächen
      2.4.1 Allgemeines 133
      2.4.2 Hofstelle 135
      2.4.3 Hofanschlussfläche, hofnahe- und hofferne Fläche 136
3 Bauerwartungsland (§ 5 Abs. 2 ImmoWertV)
   3.1 Materielle Definition 137
   3.2 Stand der Bauleitplanung 157
   3.3 Städtebauliche Entwicklungen 162
   3.4 Einer Bauerwartung entgegenstehende Gegebenheiten 164
4 Rohbauland (§ 5 Abs. 3 ImmoWertV)
   4.1 Materielle Definition 165
   4.2 Brutto- und Nettorohbauland 173
   4.3 Bauliche Nutzung 174
   4.4 Besonderheiten für Umlegungsgebiete 181

Übersicht § 5 ImmoWertV V

5	Baureifes Land (§ 5 Abs. 4 ImmoWertV)		
	5.1	Materielle Definition	
		5.1.1 Allgemeines	183
		5.1.2 Bebaute Grundstücke	191
		5.1.3 Baulücke	194
		5.1.4 Im Außenbereich gelegene bebaute Grundstücke	195
		5.1.5 Steuerliche Bewertung	196
		5.1.6 Beleihungswertermittlung	197
	5.2	Baureife begründende rechtliche Gegebenheiten	
		5.2.1 Bauplanungsrecht	198
		5.2.2 Zulässigkeit von Vorhaben im Geltungsbereich eines Bebauungsplans nach § 30 BauGB	203
		5.2.3 Zulässigkeit von Vorhaben bei Planreife nach § 33 BauGB	205
		5.2.4 Zulässigkeit von Vorhaben im unbeplanten Innenbereich nach § 34 BauGB	208
		5.2.5 Abgrenzungsfragen	210
	5.3	Der Baureife entgegenstehende rechtliche Gegebenheiten	
		5.3.1 Öffentlich-rechtliche Nutzungsbeschränkungen	215
		5.3.2 Sonstige rechtliche Gegebenheiten	216
	5.4	Außenbereich	
		5.4.1 Allgemeines	229
		5.4.2 Zulässige Vorhaben	237
		5.4.3 Bodenwertermittlung	245
		5.4.4 Bodenwert von im Außenbereich baurechtswidrig bebauten Grundstücken	246
6	Sondernutzungen		
	6.1	Öd-, Un- und Geringstland	249
	6.2	Erbschaftsteuer-Richtlinien	252
7	Schutzgebiete		
	7.1	Allgemeines	253
	7.2	Naturschutzrechtliche Ausgleichsflächen und -maßnahmen	
		7.2.1 Allgemeines	254
		7.2.2 Grundstücksintegrierte Ausgleichsflächen und -maßnahmen	260
		7.2.3 Zugeordnete Ausgleichsflächen und -maßnahmen	261
		7.2.4 Ausgleichsflächen in Sanierungsgebieten und Entwicklungsbereichen	266
	7.3	Landschafts- oder Naturschutzgebiete (Flora-Fauna-Habitat)	
		7.3.1 Allgemeines	267
		7.3.2 Flora-Fauna-Habitat (FFH)-Richtlinie	269
	7.4	Wasserschutz-, Überschwemmungs- und Heilquellengebiet	
		7.4.1 Übersicht	272
		7.4.2 Wasserschutzgebiet	273
		7.4.3 Überschwemmungsgebiet (Hochwassergebiet)	276
		7.4.4 Vorranggebiet, Vorbehaltsgebiet, Eignungsgebiet	277
		7.4.5 Wertminderung infolge Natur- und Wasserschutzauflagen	278
	7.5	Lärmschutzgebiet	279
8	Kleingartenland		
	8.1	Allgemeines	280
	8.2	Pacht	
		8.2.1 Allgemeines	282
		8.2.2 Ermittlung der ortsüblichen Pacht	286
	8.3	Kleingärten in den neuen Bundesländern	295
	8.4	Sonstiges Gartenland	304
9	Abbauland		
	9.1	Allgemeines	306
	9.2	Grundeigene und bergfreie Bodenschätze	
		9.2.1 Allgemeines	317
		9.2.2 Besonderheiten in den neuen Bundesländern	
		9.2.2.1 Rechtsentwicklung	321
		9.2.2.2 Bergrechtsvereinheitlichung	333
		9.2.2.3 Bergfreie Bodenschätze	336

9.3	Verkehrswertermittlung		
	9.3.1	Allgemeines	340
	9.3.2	Vergleichswertverfahren	347
	9.3.3	Ertragswertverfahren	359
	9.3.4	Beleihungsbeschränkung für Sparkassen	364
9.4	Bergschaden		
	9.4.1	Allgemeines	381
	9.4.2	Bergschaden an Gebäuden und Außenanlagen	
		9.4.2.1 Allgemeines	395
		9.4.2.2 Bergschadensersatzanspruch	397
	9.4.3	Nicht behebbare Bergschäden (Minderwert)	
		9.4.3.1 Allgemeines	404
		9.4.3.2 Ermittlung des Minderwerts (Minderwertregelung)	408
		9.4.3.3 Steuerliche Bewertungspraxis	411
	9.4.4	Anpassungs- und Bergschadenssicherungsmaßnahmen	412
	9.4.5	Behebbare Bergschäden	413
	9.4.6	Bodenwertermittlung in Bergschadensgebieten	414
	9.4.7	Merkantiler Minderwert	417
	9.4.8	Bergschadensgefahr und Bergschadensverzicht	423
10	Wasserfläche		
	10.1	Allgemeines	435
	10.2	Hafen	448

1 Allgemeines

1 Mit § 5 ImmoWertV werden für die Belange der Wertermittlung von Grundstücken bundeseinheitliche Begriffsbestimmungen für die unterschiedlichen Entwicklungszustandsstufen des Grund und Bodens, angefangen von den Flächen der Land- oder Forstwirtschaft über das „werdende Bauland" (Bauerwartungsland und Rohbauland) bis hin zum baureifen Land, gegeben. Dies dient der **Qualifizierung des Grundstücks, das zur Wertermittlung ansteht, und der Auswahl geeigneter Vergleichsgrundstücke** z. B. bei Anwendung des Vergleichswertverfahrens.

2 Der Verordnungsgeber will damit „Missverständnissen" und Trugschlüssen in der Rechtsprechung und im Schrifttum entgegenwirken, die sich aus unterschiedlichen Auffassungen zu diesen Begriffen gebildet hätten[1]. Ansonsten sind **mit der Klassifizierung des Entwicklungszustands nach § 5 ImmoWertV keine Rechtsfolgen** im Hinblick auf bestehende oder nicht bestehende Baurechte oder Entschädigungsansprüche **verbunden.**

3 **Einheitliche Begriffsbestimmungen** für den Entwicklungszustand von Grundstücken dienen insbesondere

– bei der *Verkehrswertermittlung* der Qualifizierung des Wertermittlungsobjekts und der Auswahl der zum Preisvergleich heranzuziehenden Grundstücke,

– bei der *Bodenrichtwertermittlung* nach § 196 BauGB der Qualifizierung des Bodenrichtwertgrundstücks (vgl. § 196 BauGB Rn. 5 ff.; Syst. Darst. des Vergleichswertverfahrens Rn. 183 ff.),

– bei der *Ableitung erforderlicher Daten der Wertermittlung* nach Abschnitt 2 der ImmoWertV der Auswahl geeigneter (gleichartiger) Grundstücke.

---

1 BR-Drucks. 352/88, S. 34 Dies gilt im Bereich der Beleihungswertermittlung nach den Studienbriefen der HypZert leider noch immer. So entsprechen die Hinweise von Rüchardt (Studienbriefe HypZert 2001 S. 47) weder den gesetzlichen Definitionen noch der allgemein anerkannten Auffassung.

Allgemeines § 5 ImmoWertV V

Das Fehlen derartiger Begriffsbestimmungen hat in der Tat in Rechtsprechung und Schrifttum zu Irritationen geführt. Der BGH[2] hat hierzu ausgeführt: „Unjuristische, vom Gesetz nicht umrissene, örtlich vielfach unterschiedlich angewandte Ausdrücke – wie „Bauerwartungsland" oder „werdendes oder **merkantiles Bauland**" oder „Baurohland" (RG, Urt. vom 30.5.1911 – VII 568/10 –, Gruchot, Bd. 55, 1176 = *EzGuG 20.10*) –, die lediglich eine höhere Qualifikation als Ackerland besagen wollen, haben für sich keine selbstständige Bedeutung, sie enthalten eine typische Wertung; es fehlt ihnen das für eine Tatsache wesentliche Element der Bestimmtheit." Dem Mangel hatten die Länder für Zwecke der Bodenrichtwertermittlung in ihren aufgrund der Ermächtigung des BBauG 76 erlassenen Gutachterausschussverordnungen abhelfen wollen[3]. Die Verordnungen sind durch die zum BauGB erlassenen Nachfolgeverordnungen abgelöst. 4

Der **Katalog der in § 5 ImmoWertV WertV definierten Entwicklungszustandsstufen**[4] ist unvollständig. Die Vorschrift beschränkt sich auf Definitionen zu den Flächen der Land- oder Forstwirtschaft sowie zum werdenden Bauland bis hin zum baureifen Land. Andere Flächen werden nicht definiert. Deshalb wäre es verfänglich, wollte man z. B. das **Öd- oder Unland** (vgl. §§ 44 f. BewG; vgl. Rn. 254), Geringstland oder auch **Wasserflächen** (vgl. Rn. 435) in eine der Definitionen „hineinpressen". Im Einzelfall kann dies Probleme aufwerfen. 5

a) *Flächen, die einer öffentlichen Nutzung vorbehalten sind* (Gemeinbedarfsflächen)[5], fallen grundsätzlich nicht unter die Definitionen des § 5 ImmoWertV (vgl. § 4 Abs. 3 Nr. 4 ImmoWertV). Bei erstmaligem Erwerb dieser Flächen durch die öffentliche Hand oder bei der Verkehrswertermittlung der aus der öffentlichen Zweckbindung „entlassenen" Flächen wird aber hilfsweise auf die Definitionen des § 5 ImmoWertV zurückgegriffen werden können (vgl. Teil VI Rn. 596 ff. und § 8 ImmoWertV Rn. 130 ff.).

b) Die nach den tatsächlichen Zustandsmerkmalen land- oder forstwirtschaftlich nutzbaren, aber rechtlich einer derartigen Nutzung entzogenen Flächen (z. B. **Biotope**, vgl. § 4 Abs. 3 Nr. 5 ImmoWertV), sind, soweit sie nicht unter die Definitionen des § 5 ImmoWertV fallen, nicht als „Flächen der Land- oder Forstwirtschaft" einzustufen, denn für diese liegen die mit § 5 Abs. 1 ImmoWertV ausdrücklich geforderten Voraussetzungen nicht vor. Sie sind von einer land- oder forstwirtschaftlichen Nutzung ausgeschlossen. Ist also aus ökologischen Gründen ein derartiger „Dienst" i.S. des § 5 Abs. 1 ImmoWertV nicht zulässig, kann die betroffene Fläche auch nicht als derartige Fläche eingestuft werden[6].

c) Ob eine *Fläche mit abbauwürdigen Bodenschätzen* (**Abbauland**, vgl. § 43 BewG), für die eine Bauerwartung nicht besteht, als „Fläche der Land- oder Forstwirtschaft" oder als „ausgebeutetes Grundstück" einzustufen ist, beantwortet sich nach der Rechtsprechung des BGH[7] danach, „ob und gegebenenfalls in welchem Umfang der Grundstücksverkehr als den Verkehrswert mindernd berücksichtigt, dass das Grundstück während der Dauer des Kiesabbaues und der Rekultivierung forstwirtschaftlich nicht genutzt werden kann"; eine daraus resultierende Werterhöhung sollte allerdings auch nicht außer Betracht bleiben (vgl. Rn. 311 ff.; Teil VI Rn. 225).

---

2   BGH, Urt. vom 28.4.1966 – III ZR 24/65 –, EzGuG 19.9; BGH, Urt. vom 20.12.1963 – III ZR 60/63 –, EzGuG 14.17; BGH, Urt. vom 8.11.1962 – III ZR 86/61 –, EzGuG 8.5.
3   § 13 Abs. 3 bay. GutachterausschussVO vom 5.3.1980 (GVBl. 1980, 153); geändert durch VO vom 15.6.1982 (GVBl. 1982, 335); § 13 Abs. 2 bis 4 rh.-pf. GutachterausschussVO vom 5.6.1978 (GVBl. 1978, 331); § 12 Abs. 2 saarl. GutachterausschussVO vom 15.12.1982 (ABl. 1982, 1002); alle Verordnungen wurden durch die Nachfolgeverordnungen zum BauGB abgelöst.
4   Unter den Begriff „Entwicklungszustand" fallen nach Auffassung des Bundesrates nur das Bauerwartungsland, Rohbauland und das baureife Land, während das Flächen der Land- oder Forstwirtschaft keine Entwicklungsstufe bilden. Anders als nach dem RegE zur WertV (BR-Drucks. 352/88, S. 4), nach dem die Überschrift zu § 4 noch „Entwicklungszustand" lautete, wurde dies auf Empfehlung des Bundesrates in „Zustand und Entwicklung des Grund und Bodens" abgeändert, denn es dürfe nicht der Eindruck entstehen, „alles Agrarland" befände sich in einer Vorstufe zum Bauland (vgl. BR-Drucks. 352/1/88, S. 1).
5   Hierunter werden solche verstanden, die einer dauerhaften öffentlichen Zweckbindung, insbesondere aufgrund eines Bebauungsplans, unterworfen (vor allem bei Festsetzungen nach § 4 Abs. 2 Nr. 3, § 4 Abs. 2 Nr. 5 und Nr. 8, § 6 Abs. 2 Nr. 5 und § 7 Abs. 2 Nr. 4 BauNVO) und damit jedwedem privaten Gewinnstreben entzogen sind.
6   So auch Zimmermann in WertV 88, S. 83.
7   BGH, Urt. vom 14.12.1978 – III ZR 6/77 –, EzGuG 4.63.

Kleiber

d) Sonstige Sondernutzungen, wie **Deponien** (vgl. Teil VI Rn. 230), Müllverbrennungsanlagen, Kernkraftwerke, Anlagen der Ver- und Entsorgung, Golf- und Bolzplätze, Wochenend- und Ferienhausgebiete sowie Kleingärten, werfen besondere Fragen auf.

▶ *Weitere Ausführungen hierzu vgl. Rn. 253 ff., 435 und Teil VI Rn. 225, 230*

6 Neben den „Flächen der Land- oder Forstwirtschaft" werden nur solche Entwicklungszustandsstufen definiert, die ausdrücklich nur auf eine **bauliche Nutzung** ausgerichtet sind. Baurechtlich sind damit nur solche Nutzungen angesprochen, die auf die Errichtung oder Änderung baulicher Anlagen ausgerichtet sind, wobei grundsätzlich nicht allein der bauordnungsrechtliche Begriff maßgebend ist[8]. Vielmehr ist auf die bauliche Nutzbarkeit nach allen öffentlich-rechtlichen Vorschriften zumindest bei der Einstufung des „baureifen Landes" abzustellen.

7 Nicht zu den land- oder forstwirtschaftlich genutzten oder nutzbaren Flächen gehören solche, die eine bauliche Nutzung aufweisen oder in absehbarer Zeit erwarten lassen. Dies sind Flächen, auf denen bauliche Anlagen zulässigerweise vorhanden sind oder errichtet werden dürfen bzw. zu erwarten ist, dass eine bauliche Anlage errichtet werden darf. Als bauliche Anlage gelten dabei nicht nur Gebäude, sondern bauliche Anlagen i.S. des Bauordnungsrechts. **Flächen für Aufschüttungen und Abgrabungen, Lager-, Abstell- und Ausstellungsplätze, Camping- und Wochenendplätze, Sport- und Spielplätze, Stellplätze für Kraftfahrzeuge sowie Kleingärten** (vgl. § 9 Abs. 1 Nr. 15 und § 5 Abs. 1 Nr. 5 BauGB) **fallen mithin nicht unter die land- oder forstwirtschaftlich nutzbaren Flächen.**

8 Zur Bestimmung des maßgeblichen **Entwicklungszustands und Ermittlung des Werts von Gemeinbedarfsflächen** – auch soweit sie als Sondergebiet (§ 6 ImmoWertV Rn. 30 ff.) festgesetzt sind – wird auf die Ausführungen bei Rn. 187, 195; § 8 ImmoWertV Rn. 131 ff. sowie im Teil VI bei Rn 596 ff. verwiesen.

9 Ausgehend von den „Flächen der Land- oder Forstwirtschaft" folgt § 5 ImmoWertV in seinem Aufbau der Baulandentwicklung. Nach der **Systematik der Vorschrift** bestimmt sich der Entwicklungszustand entsprechend den vorliegenden objektiven Zustandsmerkmalen nach der „ranghöchsten" Stufe (vgl. Abb. 1).

10 Bei der Qualifizierung des Entwicklungszustands eines Grundstücks ist seit jeher der sog. **Verkehrsauffassung** und den sich darauf gründenden Kaufpreisen für ein Grundstück[9] eine maßgebliche Bedeutung beigemessen worden. In unzulässiger Vereinfachung wurde z. B. eine Fläche pauschal als Bauerwartungsland eingestuft, von der man glaubte, dass sie der Grundstücksverkehr unabhängig von den qualitativen Eigenschaften als solche betrachtet habe. Dies hat nicht selten zu Fehleinschätzungen geführt. Spekulativ überhöhte und nicht auf Einzelfälle beschränkte Preise haben dazu verleitet, von einer höherwertigen Grundstücksqualität auszugehen, auch wenn alle sonstigen für einen gesunden Geschäftsverkehr ausschlaggebenden Anhaltspunkte dagegen sprachen.

11 Die **Qualifizierung einer Fläche** nach Maßgabe des § 5 ImmoWertV soll deshalb **ausschließlich nach objektiven Gegebenheiten erfolgen,** wobei vor allem die „ungesunde" Verkehrsauffassung keine Rolle spielen darf, die sich mitunter schon auch einmal über die Grundsätze einer geordneten städtebaulichen Entwicklung hinwegsetzt und ein kollektives – gleichwohl spekulatives – Meinungsmonopol bilden kann.

---

[8] Hiervon zu unterscheiden ist der vom Landesrecht unabhängige Begriff der baulichen Anlage in § 29 BauGB (vgl. BVerwG, Urt. vom 31.8.1973 – 4 C 33/81 –, BVerwGE 44, 59 = BayVBl. 1974, 108 = BauR 1973, 366 = DVBl. 1974, 236 = DÖV 1974, 200 = BRS Bd. 27 Nr. 122; BVerwG, Urt. vom 1.11.1974 – 4 C 13/73 –, BauR 1975, 108 = DVBl. 1975, 497; zu den Unterschieden: Ernst/Zinkahn/Bielenberg, BauGB § 29 Rn. 2 ff.).

[9] BVerwG, Urt. vom 6.12.1956 – 1 C 75/55 –, EzGuG 8.3; BGH, Urt. vom 28.10.1971 – III ZR 84/70 –, EzGuG 8.37.

Abb. 1: Übersicht über die in § 5 ImmoWertV definierten Entwicklungszustandsstufen

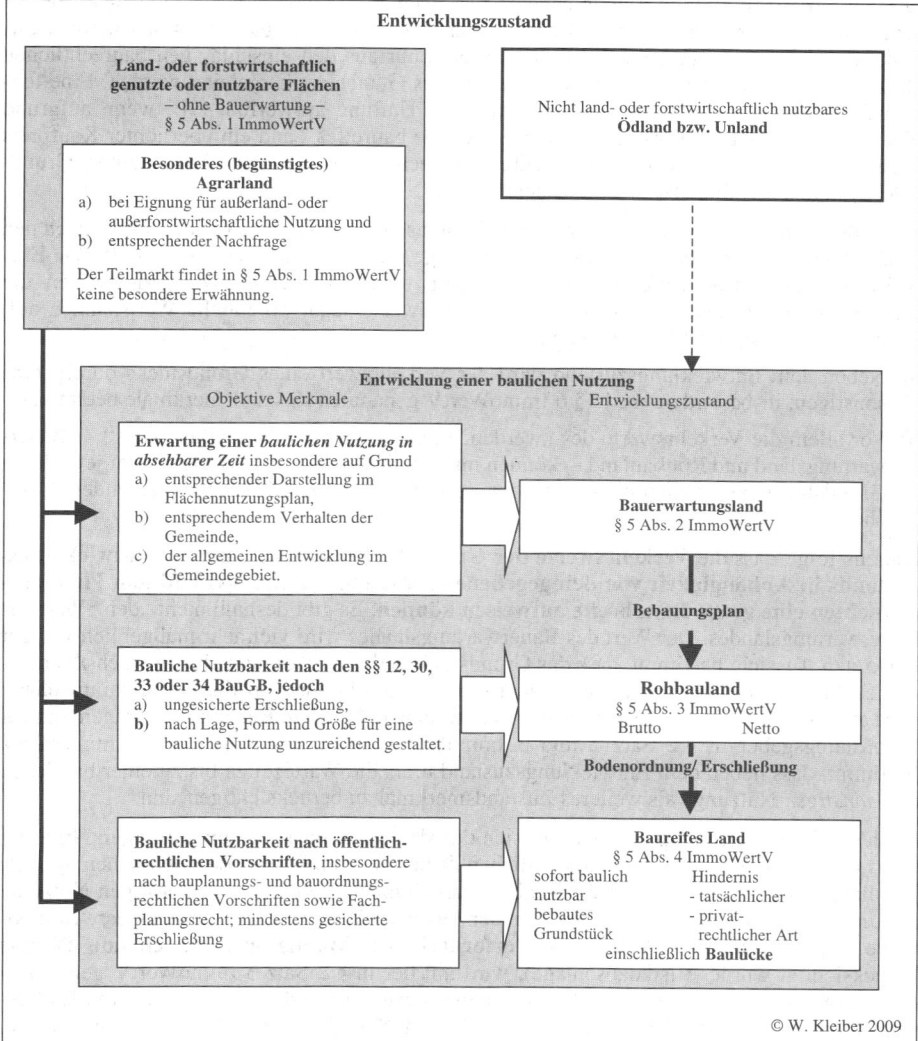

Rechtspolitisch hat der Verordnungsgeber das Ziel verfolgt, das Verkehrswertprinzip bereits bei der Qualifizierung des **Entwicklungszustands auf seinen von spekulativen Aspekten freien Kern zurückzuführen.** In der Begründung zu § 4 WertV 88, aus dem § 5 ImmoWertV hervorgegangen ist, wird deshalb herausgestellt, dass sich der Entwicklungszustand „grundsätzlich nach den rechtlichen Vorgaben" richte[10]. Auf die im Geschäftsverkehr aufgetretenen Preiszugeständnisse[11] auf subjektive Verwertungsabsichten[12] sowie Hoffnungen und Wünsche kann es nicht ankommen[13]. Die Grenzen zwischen einer als spekulativ angesehenen Verkehrsauffassung und einem gesunden Geschäftsverkehr können im Einzelfall allerdings

---
10 BR-Drucks. 352/88, S. 34.
11 So allerdings noch BVerwG, Urt. vom 21.6.1955 – 1 C 173/54 –, EzGuG 17.2.
12 BGH, Urt. vom 30.5.1963 – III ZR 230/61 –, EzGuG 8.8.
13 OLG München, Urt. vom 29.11.1979 – U 3/79 –, EzGuG 8.55.

fließend sein, insbesondere was die Abgrenzung zwischen den Flächen der Land- oder Forstwirtschaft sowie dem Bauerwartungsland betrifft (vgl. im Einzelnen Rn. 15 ff.).

13 **Die Klassifizierung einer Fläche** nach den Maßstäben des § 5 ImmoWertV **begründet im Übrigen keine rechtliche Qualität i.S. einer Aussicht oder gar eines Anspruchs auf Zulassung eines Vorhabens.** Ein Baurecht kann nur aus den einschlägigen baurechtlichen Bestimmungen und nicht aus der Einschätzung des Gutachters hergeleitet werden. Eine fehlerhafte Klassifizierung kann aber die Frage der Haftung aufwerfen, z. B. wenn aufgrund einer grob fehlerhaften Einstufung einer Fläche als baureifes Land ein überhöhter Kaufpreis bezahlt wurde. Umgekehrt hat eine erteilte Baugenehmigung nicht zum Inhalt, einem Grundstück „Baulandqualität" zu- oder abzusprechen[14].

14 Schließlich bleibt darauf hinzuweisen, dass die **Klassifizierung eines Grundstücks** nach den Maßstäben des § 5 ImmoWertV **keine wertmäßige, sondern lediglich eine qualitative Einordnung des Grundstücks** darstellt. Innerhalb eines Entwicklungszustands weisen die jeweiligen Grundstücke des Gemeindegebiets teilweise sogar erhebliche Wertspannen auf. Folgende Ursachen sind hierfür zu nennen:

a) Neben dem Entwicklungszustand wird der Verkehrswert eines Grundstücks durch seine sonstigen, insbesondere die in § 6 ImmoWertV genannten Zustandsmerkmale beeinflusst.

b) Vor allem die Verkehrswerte des „werdenden bzw. warteständigen Baulandes" – Bauerwartungsland und Rohbauland – können im Hinblick auf die sog. Wartezeit der jeweiligen Grundstücke bis zu einer baulichen oder sonstigen Nutzung erheblich voneinander abweichen.

15 Hieraus folgt, dass die **Verkehrswerte der Grundstücke eines bestimmten Entwicklungszustands in Abhängigkeit von den gegebenen Situationsmerkmalen und den Planungsaussichten eine große Bandbreite aufweisen können.** Es gibt deshalb nicht „den" Wert des Bauerwartungslandes. Der Wert des Bauerwartungslandes wird vielmehr maßgeblich von der konkreten Aussicht bestimmt, dass das Grundstück in das Rohbauland „hineinwächst" oder – umgekehrt – seine Eigenschaft als Bauerwartungsland verliert. In diesem Zusammenhang wird auch von der „Reife" des Grundstücks gesprochen. Um dem Rechnung zu tragen, hat der Verordnungsgeber in § 2 Satz 2 und 3 ImmoWertV sowie § 4 Abs. 3 Nr. 1 ImmoWertV bestimmt, dass neben dem Entwicklungszustand u. a. „die Wartezeiten bis zu einer baulichen *und sonstigen* Nutzung" als weiteres Zustandsmerkmal zu berücksichtigen sind.

16 Nach § 2 Satz 3 ImmoWertV bestimmt sich die **Wartezeit bis zu einer baulichen Nutzung** eines Grundstücks nach der voraussichtlichen Dauer bis zum Eintritt der rechtlichen und tatsächlichen Voraussetzungen für die Realisierbarkeit einer baulichen oder sonstigen Nutzung. Im Unterschied zur bisherigen Praxis[15], in der neben der Wartezeit als eine besondere Komponente auch das **für den Vollzug der erforderlichen Maßnahmen bestehende Wagnis** berücksichtigt wurde (Risikoabschläge), wird mit der in § 2 Satz 3 ImmoWertV gegebenen Definition unter der Wartezeit auch das Wagnis subsumiert (vgl. hierzu die näheren Erläuterungen bei Rn. 144, 159 ff.; § 6 ImmoWertV Rn. 108 ff. und Teil VIII Rn. 243 ff.; Syst. Darst. des Vergleichswertverfahrens Rn. 441 ff., 513).

17 Die wohl erstmals von *Bonczek*[16] vorgestellte bildliche Darstellung der Baulandentwicklung – die sog. **Bonczeksche Treppenkurve** (in der nachfolgenden Abb. 2 mit der durchbrochenen Linie angedeutet) – vermittelt schon nach dem Vorhergesagten ein völlig falsches Bild von der tatsächlichen Bodenwertentwicklung. Obwohl diese „Treppenkurve" schon seinerzeit nur – grob vereinfachend – zur Veranschaulichung des Baulandentwicklungsprozesses und seines Einflusses auf die Bodenwertentwicklung vorgestellt wurde, erfährt sie immer wieder unkritisch im Schrifttum eine persönliche Neuauflage des jeweiligen Verfassers. Tatsächlich verläuft die Wertentwicklung in den meisten Fällen nämlich weitaus kontinuierlicher, wobei bestimmte rechtliche und tatsächliche Maßnahmen durchaus auch schon einmal einen Wert-

---

14 BVerwG, Beschl. vom 12.4.1976 – 4 B 123/75 –, EzGuG 8.48.
15 Nds. RdErl. vom 2.5.1988 – 301 – 21013 –, Nds. MBl. 1988, 547, Nr. 228.3.4.
16 Erstmals wohl bei Bonczek,W./Halstenberg, F., Bau-Boden, Hamburg 1963.

Allgemeines § 5 ImmoWertV V

schub bewirken können, der sich zumeist nur in „abgefederter Weise" niederschlägt, denn z. B. ein Bebauungsplan wird nicht „über Nacht" aufgestellt.

Entsprechend den vorstehenden Ausführungen wird in der Abb. 2 die **Entwicklung eines Grundstücks von der land- oder forstwirtschaftlichen Nutzung bis hin zur Baureife** dargestellt: 18

Abb. 2: Wertentwicklung einer land- oder forstwirtschaftlichen Fläche im Verlauf ihres Überganges zum baureifen Land

*soweit dieser Entwicklungszustand tatsächlich vorhanden ist. © W. Kleiber 02

Auf das mit der Bonczekschen Treppenkurve vermittelte unzutreffende Bild der tatsächlichen Bodenwertentwicklung mag auch die bequeme, aber abzulehnende Praxis der Wertermittlung zurückzuführen sein, den Verkehrswert z. B. von Bauerwartungsland mit einem der Literatur entnommenen **Vom-Hundert-Satz des Bodenwerts für baureifes Land** schematisch abzuleiten. Dies stellt eine äußerst fragwürdige Methode (vgl. Syst. Darst. des Vergleichswertverfahrens Rn. 429 ff.)[17] dar, die oft genug mit dem Scheinargument begründet wird, dass keine Vergleichspreise für Bauerwartungsland vorlägen. Vielfach konnten in derartigen Fällen aber lediglich Bequemlichkeiten des Sachverständigen ausgemacht werden. 19

---

17 Simon/Kleiber, Schätzung und ... 8. Aufl. 2004, S. 101 und die dortige Kritik.

2 Flächen der Land- oder Forstwirtschaft (§ 5 Abs. 1 ImmoWertV)

2.1 Vorbemerkungen

Schrifttum: *Bewer, C.*, Der Verkehrswert landwirtschaftlicher Grundstücke, AgrarR 1975, 85; *Feuerstein, H.*, Bodenpreis und Bodenmarkt, Strothe Hannover 1971; *Feuerstein, H.*, Bestimmungsgründe der Preise und des Transfers landwirtschaftlich genutzten Bodens, Agrarwirtschaft 1970, 22; *Fischer, R./Lorenz, H.-J./Biederbeck, M./Astl, B.*, Verkehrswertermittlung bebauter und unbebauter Grundstücke, Bundesanzeiger 2005; *Kindler, R.*, Zur Ermittlung von Bodenrichtwerten für landwirtschaftliche Flächen, GuG 2002, 264; *Klages, B.*, Kaufwertpauschalierung für landwirtschaftliche Nutzflächen im Rahmen des Flächenerwerbsprogramms, GuG 1996, 65; *Köhne, M.*, Novellierung der Entschädigungsrichtlinien Landwirtschaft von 1978, GuG 1997, 133; *Mantau, R.*, Bestimmung der Bodenpreise für landwirtschaftlich genutzte Flächen, AgrarR 1980, 67; *Semmelroggen, K.*, Bodenrichtwerte landwirtschaftlich genutzter Flächen im Landkreis Göttingen, Nachr. der nds KatVermVw 1985, 211; *Stock, Kl.-D.*, Probleme der Bewertung landwirtschaftlicher Betriebe in den neuen Bundesländern, GuG 1992, 73; *Stock, Kl.-D.*, Verkehrswertermittlung für landwirtschaftliche Nutzflächen unter Beachtung spezieller betriebswirtschaftlicher Einflüsse, GuG 1993, 83; *Ternes, H-P.*, Wertermittlung im ländlichen Raum, ZfV 1988, 44; *Uherek, H., Vonran, Y.*, Kaufpreisanalyse stadtnaher landwirtschaftlicher Flächen, untersucht am Umfeld der Stadt Leipzig, GuG 1996, 83; *Dittrich/Uherek/Plewka*, Pachtprägung der Bodenrichtwerte in den neuen Bundesländern, GuG 2009, 101.

20 § 5 Abs. 1 ImmoWertV definiert die **Flächen der Land- oder Forstwirtschaft** als Flächen, die, ohne Bauerwartungsland, Rohbauland oder baureifes Land zu sein, land- und forstwirtschaftlich nutzbar sind.

Mit § 5 Abs. 1 ImmoWertV ist die bislang vorgegebene Unterscheidung zwischen „reinen" und „besonderen" Flächen der Land- oder Forstwirtschaft ohne überzeugende Begründung aufgegeben worden[18]. § 4 Abs. 1 WertV 88 in der bis zum Inkrafttreten der ImmoWertV geltenden Fassung definierte land- und forstwirtschaftliche Flächen wie folgt:

„(1) Flächen der Land- und Forstwirtschaft sind entsprechend genutzte oder nutzbare Flächen,

1. von denen anzunehmen ist, dass sie nach ihren Eigenschaften, der sonstigen Beschaffenheit und Lage, nach ihren Verwertungsmöglichkeiten oder den sonstigen Umständen in absehbarer Zeit nur land- und forstwirtschaftlichen Zwecken dienen werden,
2. die sich, insbesondere durch ihre landschaftliche oder verkehrliche Lage, durch ihre Funktion oder durch ihre Nähe zu Siedlungsgebieten geprägt, auch für außerlandwirtschaftliche oder außerforstwirtschaftliche Nutzungen eignen, sofern im gewöhnlichen Geschäftsverkehr eine dahin gehende Nachfrage besteht und auf absehbare Zeit keine Entwicklung zu einer Bauerwartung bevorsteht."

Die Nachfolgeregelung unterscheidet im Unterschied zu § 4 Abs. 1 der bisherigen Fassung der WertV nicht mehr zwischen

a) den **reinen Flächen der Land- oder Forstwirtschaft** (§ 4 Abs. 1 Nr. 1 WertV 88) ohne anderweitige Eignungen (sie entsprechen dem sog. innerlandwirtschaftlichen Verkehrswert) und

b) den **besonderen Flächen der Land- oder Forstwirtschaft** (§ 4 Abs. 1 Nr. 2 WertV 88) mit einer Eignung für außerland- und außerforstwirtschaftliche Zwecke ohne Bauerwartung (sie entsprechen dem außerlandwirtschaftlichen Verkehrswert).

Die Aufgabe der Unterscheidung ist fachlich auf Kritik gestoßen, denn tatsächlich haben die Gutachterausschüsse für Grundstückswerte die **Existenz eines dualen Marktes für land- und forstwirtschaftliche Flächen** empirisch belegen können und in ihren Marktberichten dargestellt[19]. Zudem hat der Entwicklungszustand der besonderen Flächen der Land- und Forstwirtschaft zwischenzeitlich Eingang in die allgemeine Wertermittlungspraxis gefunden

---

[18] BVerwG, Urt. vom 22.2.1995 – 11 C 20/90 –, GuG 1995, 372 = EzGuG 4.160; BFH, Urt. vom 26.1.1973 – III R 122/71 –, BStBl II 1973, 282; BFH, Urt. vom 16.11.1978 – IV R 191/74 –, BFHE 126, 220; BFH, Urt. vom 5.12.1980 – III R 56/77 –, BStBl II 1981, 498; vgl. auch § 1 Abs. 2 GrdstVG.

[19] Fischer, Ist die Neufassung der Wertermittlungsverordnung erforderlich, GuG 2009, 106.

(z. B. bei Golfplätzen)[20]. Aus diesem Grunde ist nach wie vor von entsprechenden Teilmärkten auszugehen, auch wenn der Verordnungsgeber daran gescheitert ist, die bisherige Definition der besonderen land- und forstwirtschaftlichen Flächen zu verbessern.

Zu den landwirtschaftlichen Flächen gehören auch die bewirtschafteten und nicht bewirtschafteten Gewässerflächen sowie im erweiterten Sinne auch die land- und forstwirtschaftlichen Wegeflächen und der Hofraum. Auch die brachgefallenen land- und forstwirtschaftlichen Flächen im Außenbereich sind land- oder forstwirtschaftliche Flächen. **Nr. 2.2.1.1 WERTR** führt hierzu aus: 21

„Auch Brachflächen im Außenbereich oder die zur Reduzierung der landwirtschaftlichen Überproduktion stillgelegten landwirtschaftlichen Anbauflächen sind Flächen der Land- oder Forstwirtschaft. Dabei kann es sich auch um eine eingeschränkte landwirtschaftliche Nutzung handeln, z. B. bei Düngungsbeschränkungen in Wasserschutzzonen.

Es kommt demnach nicht auf die ausgeübte Nutzung an, sondern auf die nach allgemeiner Verkehrsanschauung und planungsrechtlicher Festsetzung mögliche Nutzung. Subjektive Nutzungsabsichten bleiben außer Betracht."

Mit der Definition der Flächen der Land- oder Forstwirtschaft als die Flächen, die land- und forstwirtschaftlich *„nutzbar"* sind, werden auch entsprechend land- und forstwirtschaftlich *„genutzte"* Flächen erfasst. Mithin kommt es auf eine **tatsächlich ausgeübte land- oder forstwirtschaftliche Nutzung nicht** an; wohl muss aber eine land- oder forstwirtschaftliche Nutzung zulässig sein. Auf der anderen Seite darf für diese Flächen eine Entwicklung zu einer Bauerwartung nicht bevorstehen. 22

Die Unterscheidung zwischen „reinen" und „besonderen" Flächen der Land- oder Forstwirtschaft ist auch bei **Wertermittlungen nach dem Flurbereinigungsrecht** geboten[21]. Im Übrigen ist bei Wertermittlungen in Flurbereinigungsverfahren § 28 Abs. 1 FlurbG zu beachten: 23

„§ 28 Abs. 1 FlurbG

(1) Für landwirtschaftlich genutzte Grundstücke ist das Wertverhältnis in der Regel nach dem Nutzen zu ermitteln, den sie bei gemeinüblicher ordnungsgemäßer Bewirtschaftung jedem Besitzer ohne Rücksicht auf ihre Entfernung vom Wirtschaftshofe oder von der Ortslage nachhaltig gewähren können. Hierbei sind die Ergebnisse einer Bodenschätzung nach dem Bodenschätzungsgesetz vom 20. Dezember 2007 (BGBl. I S. 3150, 3176) in der jeweils geltenden Fassung zugrunde zu legen; Abweichungen sind zulässig."

Landwirtschaft i.S. des BauGB, das die Ermächtigungsvorschrift zum Erlass der WertV enthält, ist insbesondere der Ackerbau, die Wiesen- und Weidewirtschaft einschließlich Tierhaltung, soweit das Tierfutter auf den zum landwirtschaftlichen Betrieb gehörenden Flächen erzeugt werden kann, die gartenbauliche Erzeugung, der Erwerbsobstbau, der Weinbau, die berufsmäßige Imkerei und die berufsmäßige Binnenfischerei (§ 201 BauGB)[22]. 24

Nach **§ 22 Abs. 1 BelWertV** sind landwirtschaftlich genutzte Objekte „solche, deren überwiegender Teil des Rohertrags durch land- oder forstwirtschaftliche Nutzung erzielt wird". Der Wert von Acker, Grünland, Obst- und Weinbauflächen sowie Wald ist nach § 22 Abs. 2 BelWertV unter Berücksichtigung der vorgefundenen Grundstücksmerkmale aus geeigneten Vergleichspreisen abzuleiten; § 15 BelWertV ist entsprechend anzuwenden. Dabei sind Art, Struktur und Größe des Grundstücks im Hinblick auf regionale Gegebenheiten unter besonderer Berücksichtigung der Bodenqualität und der klimatischen Bedingungen im Gutachten besonders zu würdigen und bei der Ableitung des Bodenwerts zu berücksichtigen.

---

20 BVerwG, Urt. vom 22.2.1995 – 2 C 20/94 –, EzGuG 4.160; BVerwG, Beschl. vom 4.2.1991 – 5 B 91/90 –; BVerwG, Beschl. vom 29.5.1991 – 5 B 27/91 –, GuG 1992, 224 = EzGuG 17.67; BVerwG, Urt. vom 16.12.1992 – 11 C 3/92 –, GuG 1994, 184 = EzGuG 17.70; VGH Mannheim, Urt. vom 11.5.1995 – 7 S 2194/94 –, GuG 1996, 181 = EzGuG 4.162.
21 BVerwG, Urt. vom 22.2.1995 – 11 C 20/90 –, GuG 1995, 372 = EzGuG 4.160; BFH, Urt. vom 26.1.1973 – III R 122/71 –, BStBl II 1973, 282; BFH, Urt. vom 16.11.1978 – IV R 191/74 –, BFHE 126, 220; BFH, Urt. vom 5.12.1980 – III R 56/77 –, BStBl II 1981, 498; vgl. auch § 1 Abs. 2 GrdstVG.
22 Köhne/Moser/Kleiber, Entwicklungslinien der landwirtschaftlichen Sachverständigenpraxis, HLBS 2005 Heft 171 S. 90.

25 **Forstwirtschaft** kann allgemein als planmäßige Waldbewirtschaftung durch Anbau, Pflege und Abschlag verstanden werden. In § 22 Abs. 6 Satz 2 WertV 72 war sie als die Erzeugung und Gewinnung von Rohholz definiert. Diese Definition erwies sich als zu eng, denn zunehmend steht bei Wäldern die Erholungs- und Schutzfunktion im Vordergrund. Diese Wälder sind zumindest forstwirtschaftlich nutzbar. Von daher fallen die entsprechenden Flächen unter die Definition des § 5 Abs. 1 ImmoWertV, auch wenn die ImmoWertV – anders als das BauGB[23] – den Wald nicht ausdrücklich nennt (vgl. Rn 80 ff.). In der Begründung zur WertV 88 wird aber ausdrücklich darauf hingewiesen, dass der Wert eines Erholungswalds unter den Wert einer „rein" forstwirtschaftlichen Fläche absinken kann[24].

▶ *Zum „reinen" Agrarland vgl. anschließend Rn. 26 ff.; zu den besonderen land- oder forstwirtschaftlichen Flächen vgl. Rn. 117 ff.; zum Wald Rn. 80 ff.*

Im Übrigen kann allgemein festgestellt werden, dass auch die Preisbildung auf dem landwirtschaftlichen Grundstücksmarkt zwar mit der **Ertragsfähigkeit** korreliert, gleichwohl davon abgekoppelt ist (vgl. Rn. 131).

2.2 Reine Flächen der Land- und Forstwirtschaft

2.2.1 Allgemeines

Schrifttum: *Gekle, L.*, Leitfaden zur Lösung landwirtschaftlicher Bewertungsprobleme, HLBS Verlag 1. Aufl. 2002; *Köhne, M.*, Landwirtschaftliche Taxationslehre, Parey Buchverlag 3. Aufl. 2000; *Stock, K.D.*, Wertveränderungen an einem Anwesen sowie Feststellung des Verkehrswerts von Grundstücksflächen, HLBS Verlag 1. Aufl. 1995.

26 § 5 Abs. 1 ImmoWertV definiert Flächen der Land- und Forstwirtschaft als land- oder forstwirtschaftlich nutzbare Flächen. Im Umkehrschluss zur Definition des Bauerwartungslandes kann eine Entwicklung der Flächen zu Bauland nicht erwartet werden. Dies kann allerdings oftmals nur über einen „absehbaren" Zeitraum ausgeschlossen werden. Insoweit ist die bisherige Definition nach wie vor sachgerecht, dass es sich dabei um solche Flächen handelt, die nach ihren Eigenschaften, der sonstigen Beschaffenheit und ihrer Lage, ihren Verwertungsmöglichkeiten oder den sonstigen **Umständen** *in absehbarer Zeit* **nur land- oder forstwirtschaftlich** nutzbar sind (so auch § 69 BewG).

27 Auch **Flächen, die nur in eingeschränktem Maße einer land- oder forstwirtschaftlichen Nutzung zu dienen bestimmt sind,** fallen unter die Definition des § 5 Abs. 1 ImmoWertV. Dies kann sich z. B. aus Düngebeschränkungen in Wasserschutzgebieten oder aus einer eingeschränkten forstwirtschaftlichen Nutzbarkeit z. B. als Schutz- oder Bannwald ergeben. Entsprechendes gilt auch für Brachflächen, die durch Maßnahmen zur Reduzierung der landwirtschaftlichen Überschussproduktion betroffen sind[25].

28 Was als **absehbare Zeit** anzusehen ist, lässt sich nicht vorgeben[26]. Es handelt sich hierbei um einen unbestimmten Rechtsbegriff, der nach den Gegebenheiten des Einzelfalls auszulegen ist[27]. In strukturschwachen landwirtschaftlich orientierten Gebieten sind die Zeiträume, in denen eine andere als land- oder forstwirtschaftliche Nutzung erwartet werden könnte, generell langfristiger anzusetzen als in den unter Siedlungsdruck stehenden Räumen. Aus der Situationsgebundenheit dieser Flächen heraus müssen in den strukturschwachen Gebieten schon sehr konkrete Anhaltspunkte für eine anderweitige Nutzung gefordert werden, wenn der Flä-

---

23 § 1 Abs. 5 Satz 3, § 5 Abs. 2 Nr. 9 b, § 9 Abs. 1 Nr. 18b BauGB; vgl. hierzu BVerwG, Beschl. vom 19.2.1996 – 4 B 20/96 –, DÖV 1996, 608; OVG Münster, Urt. vom 22.1.1988 – 10 A 1299/87 –, EzGuG 8.64; mit der Übernahme des Begriffs „Wald" in das BauGB hat der Gesetzgeber den Begriffsbestimmungen der Waldgesetze des Bundes und der Länder entsprechen wollen und eine klare Flächenzuordnung dort ermöglichen wollen, wo die Erholungs- und Schutzfunktion im Vordergrund steht (BT-Drucks. 10/4630, S. 62 und 68); zum Begriff vgl. landesrechtliche Vorschriften, z. B. § 2 bbg Landeswaldgesetz (GVBl. 1991, 213).
24 BR-Drucks. 352/88, S. 37.
25 BR-Drucks. 352/88 S. 35 f.
26 BGH, Urt. vom 8.11.1962 – III ZR 86/61 –, EzGuG 8.5.
27 Zur „Absehbarkeit" im Erschließungsbeitragsrecht vgl. BVerwG, Urt. vom 22.2.1985 – 8 C 114/83 –, EzGuG 9.55.

che eine Bauerwartung beigemessen werden soll. Der BGH hat nicht ausschließen wollen, dass landwirtschaftlich genutzte Gebiete ihrer Qualität nach in die Zwischenstufe gehören, also im weitesten Sinne als Bauland anzusehen sind, „wenn innerhalb von etwa sechs Jahren eine Bebauung nicht zu erwarten ist"[28]. Auf der anderen Seite wurde in der Rechtsprechung[29] eine Nutzungsmöglichkeit, die erst in 30 Jahren realisiert werden soll, nicht als absehbar bezeichnet (vgl. Rn. 138, 150, 159)[30].

In der **Rechtsprechung der Finanzgerichte** ist die absehbare Zeit ein Zeitraum, für den die Entwicklung mit einiger Wahrscheinlichkeit übersehen werden kann, besonders in der Richtung, dass sich der Übergang von der landwirtschaftlichen zu einer anderen Nutzung vollziehen werde[31]. In § 69 Abs. 1 BewG wird in Übereinstimmung mit dieser Rechtsprechung ein Zeitraum von 6 Jahren als absehbar angesehen. 29

Zum Preisniveau und zur Preisentwicklung vgl. Abb. 3.

Abb. 3: Kaufwerte in Worms

Jahr	Anzahl	Fläche in Hektar*		Kaufwerte in €/m² (ohne Nullwerte)			Besondere Mittelwerte (ohne Verträge unter 1,53 €/m² und ohne besonders beeinflusste Kaufpreise)
		insgesamt	pro Kauffall	Mittel	minimal	maximal	
ACKERGRUNDSTÜCKE							
1987	48	32,5	0,7	3,27	1,0	5,4	**3,36**
1988	44	26,8	0,6	2,54	1,3	3,8	**2,58**
1989	50	26,1	0,5	2,61	1,4	4,1	**2,78**
1990	41	15,6	0,4	2,29	0,8	4,1	**2,43**
1991	25	12,0	0,48	2,11	0,5	3,6	**2,27**
1992	24	22,4	0,93	2,28	1,4	4,1	**2,33**
1993	23	19,6	0,85	1,43	0,3	2,8	**2,11**
1994	31	22,8	0,73	1,84	0,3	4,1	**2,24**
1995	32	27,73	0,87	1,57	0,9	2,8	**1,87**
1996	33	11,94	0,36	1,75	1,0	4,1	**1,99**
1997	55	28,23	0,51	3,42	0,6	6,5	**2,12**
1998	40	19,88	0,50	2,79	0,7	7,2	**2,07**
1999	91	48,58	0,53	3,71	1,0	10,5	**2,23**
2000	59	75,56	1,28	3,41	1,0	10,5	**2,20**
2001	38	39,86	1,02	3,67	1,0	10,5	**2,08**
2002	58	55,57	0,96	2,59	1,3	10,5	**2,43**
2003	32	26,23	0,82	3,73	1,2	10,5	**2,16**
2004	35	14,3	0,41	2,11	1,2	11,0	**2,11**
2005	38	16,5	0,44	2,11	0,2	10,4	**2,06**
2006							

---

28 BGH, Urt. vom 8.11.1962 – III ZR 86/61 –, EzGuG 8.5; wird dort näher ausgeführt.
29 BGH, Urt. vom 18.9.1986 – III ZR 83/85 –, EzGuG 4.111; BGH, Urt. vom 1.2.1982 – III ZR 93/80 –, EzGuG 14.69.
30 So aber die Praxis in dem dem Urt. des LG Koblenz vom 6.3.1989 – 4 O 18/88 –, EzGuG 8.66 zu Grunde liegenden Fall.
31 RFH, Urt. vom 30.4.1931 – III A 1283/30 –, EzGuG 4.2e; RFH, Urt. vom 21.7.1932 – III A 679/31 –, EzGuG 4.2 g; RFH, Entsch. vom 27.7.1938 – III 322/37 –, EzGuG 8.1c; BFH, Urt. vom 4.8.1972 – III R 47/72 –, BStBl II 1972, 849 = EzGuG 4.36a; BewR Gr vom 19.9.1966 (BAnz Nr. 183 Beil. = BStBl I 1966, 890) zu Nr. 3 Abs. 7; schon der Reichskommissar für die Preisbildung verstand darunter eine Frist von 6 Jahren (Erl. Nr. 66/42 vom 1.6.1942 [MittBl I 1942, 466]).

V § 5 ImmoWertV   Flächen der Land- oder Forstwirtschaft

Jahr	Anzahl	Fläche in Hektar*		Kaufwerte in €/m² (ohne Nullwerte)			Besondere Mittelwerte (ohne Verträge unter 1,53 €/m² und ohne besonders beeinflusste Kaufpreise)
		insgesamt	pro Kauffall	Mittel	minimal	maximal	
WEINGÄRTEN							(ohne Verträge unter 2,05 €/m²)
1987	25	5,6	0,23	4,50	1,8	6,1	4,57
1988	16	3,1	0,19	4,99	2,0	7,7	4,99
1989	10	2,6	0,26	5,52	2,6	10,0	5,52
1990	29	10,7	0,37	3,22	1,5	6,1	3,26
1991	19	4,5	0,24	3,48	2,0	5,1	3,48
1992	14	8,9	0,63	5,93	1,3	7,7	5,97
1993	12	2,0	0,16	2,20	1,4	3,9	2,31
1994	22	8,6	0,39	2,83	1,5	3,8	3,07
1995	16	4,69	0,29	2,49	1,5	5,1	3,14
1996	40	9,08	0,23	2,78	1,1	7,7	3,31
1997	21	4,74	0,23	3,49	1,3	10,2	3,81
1998	20	5,33	0,27	3,45	1,5	7,2	3,52
1999	31	9,53	0,31	3,03	0,8	6,1	3,31
2000	36	13,20	0,37	2,79	1,2	14,5	2,92
2001	58	17,73	0,31	3,61	1,0	5,3	3,91
2002	25	7,58	0,30	3,16	1,3	4,3	3,28
2003	20	5,96	0,30	2,72	1,2	3,5	2,96
2004	43	12,1	0,28	2,67	1,0	5,3	3,05
2005	31	10,4	0,34	3,03	1,0	4,0	3,14
2006							
2007							
GÄRTEN							
1987	16	0,94	0,06	11,91	4,7	15,9	*1 ha = 10 000 m²
1988	24	2,98	0,12	7,87	4,9	22,7	
1989	19	1,81	0,09	8,33	2,6	20,5	
1990	19	1,6	0,08	12,83	5,1	16,3	
1991	22	1,56	0,07	10,02	3,1	33,7	
1992	25	1,56	0,06	11,11	1,2	36,8	
1993	23	1,65	0,07	16,00	1,3	33,2	
1994	24	2,71	0,11	14,31	3,9	44,3	
1995	24	1,67	0,07	10,12	0,7	30,7	
1996	31	1,56	0,05	11,07	1,0	27,8	
1997	32	3,58	0,11	14,97	1,9	51,1	
1998	36	2,69	0,07	11,79	2,6	37,7	
1999	31	1,92	0,06	16,30	3,1	47,7	
2000	32	2,34	0,07	14,08	2,0	42,1	
2001	24	1,35	0,06	14,06	2,6	44,1	
2002	32	2,84	0,09	12,66	0,6	25,0	
2003	29	2,62	0,06	24,71	2,7	41,0	
2004	24	1,83	0,08	15,13	3,5	72,8	
2005	27	1,54	0,06	15,48	3,1	44,3	
2006							

Quelle: Gutachterausschuss für Grundstückswerte in der Stadt Worms

Zur Wertermittlung können hilfsweise die **regionalen Wertansätze** i.S. von § 5 Abs. 1 Satz 2 der **Flächenerwerbsverordnung** herangezogen werden[32]. Diese werden im Wesentlichen aus den Bodenrichtwerten nach § 196 BauGB hergeleitet und weisen daher eine geringe Aktualität auf. Dies ist einerseits darauf zurückzuführen, dass in die Bodenrichtwertableitung die Ergebnisse abgeschlossener und dem Gutachterausschuss übermittelter und von diesem ausgewerteter Kaufverträge eingehen und die Bodenrichtwerte im Ein- bis Zwei-Jahres-Rhythmus aktualisiert veröffentlicht werden. Grundlage der Bodenrichtwerte ist mithin das Marktgeschehen, das i.d.R. zwei Jahre oder mehr zurückliegt. Schon aus diesem Grund bilden sie das aktuelle Marktgeschehen nur unzureichend ab. Für die Ermittlung der EALG-Kaufpreise spielen die **regionalen Wertansätze** deshalb inzwischen nur noch eine untergeordnete Rolle.

Die auf das Entschädigungs- und Ausgleichsleistungsgesetz (EALG) gestützte **Flächenerwerbsverordnung** sieht in § 5 Abs. 1 folgende Regelung für die Ermittlung des Verkehrswerts vor, von dem der EALG-Kaufpreis durch Abzug von 35 % hergeleitet wird[33]:

„Kaufpreis für landwirtschaftliche Flächen

Der Verkehrswert für landwirtschaftliche Flächen ... wird ermittelt nach den Vorgaben der Wertermittlungsverordnung .... Soweit für Acker- und Grünland Regionale Wertansätze vorliegen, soll der Wert hiernach bestimmt werden. Die Regionalen Wertansätze werden vom Bundesminister der Finanzen im Bundesanzeiger veröffentlicht. Der Kaufbewerber oder die Privatisierungsstelle können eine davon abweichende Bestimmung des Verkehrswertes durch ein Verkehrswertgutachten des nach § 192 des Baugesetzbuches eingerichteten und örtlich zuständigen Gutachterausschusses verlangen, wenn tatsächliche Anhaltspunkte dafür vorliegen, dass die Regionalen Wertansätze als Ermittlungsgrundlage ungeeignet sind."

2.2.2 Grundzüge der Verkehrswertermittlung

Zur Verkehrswertermittlung landwirtschaftlicher Nutzflächen kann hier nur ein allgemeiner Überblick gegeben und auf die weiterführende Literatur verwiesen werden[34]. Als amtliche Hinweise können die **Entschädigungsrichtlinien Landwirtschaft vom 28.7.1978 – LandR 78 –** herangezogen werden.

Generell wird bei der Verkehrswertermittlung land- oder forstwirtschaftlicher Nutzflächen (NF) nach folgenden **Nutzungsarten** unterschieden:

– landwirtschaftliche Nutzflächen (LN oder LF),
– forstwirtschaftliche Nutzflächen (FN),
– bewirtschaftete und nicht bewirtschaftete Gewässerflächen,
– Ödlandflächen,
– Unlandflächen und
– sonstige Flächen wie Wege, Hofraum, Gebäude, Gräben, Hecken und dgl. einschließlich Abbauland.

Als **Kulturflächen** bezeichnet man davon diejenigen Flächen, die bewirtschaftet werden (land- oder forstwirtschaftliche Flächen einschließlich bewirtschafteter Gewässer).

Zu den **landwirtschaftlichen Nutzflächen** gehören:

– das Ackerland,
– das Dauergrünland, Hutungen (= Grünlandflächen mit geringer natürlicher Ertragsfähigkeit),

---

[32] Bekanntmachung der Regionalen Wertansätze 2006 für Ackerland und Grünland nach der Flächenerwerbsverordnung vom 24.5.2004 (BAnz Nr. 145a vom 4.8.2006).
[33] Das EALG wurde im Jahre 2000 bei der Kommission der europäischen Gemeinschaften notifiziert und von dieser genehmigt. Die EALG-Verkäufe an Pächter sind bis zum 31.12.2009 abzuschließen.
[34] Köhne, M., Landwirtschaftliche Taxationslehre, 3. Aufl. Hamburg/Berlin 2000 m. w. N.

- das Wechselland, auf dem ein Wechsel von ackerbaulicher und Grünlandnutzung in einem geringen Wechsel stattfindet,
- das Gartenland (Haus- und Erwerbsgärten),
- die Obstanlagen,
- das Rebland,
- die Hopfengärten,
- die Baumschulen und
- die Korbweidenanlagen.

33 Die **Verkehrswertermittlung land- oder forstwirtschaftlicher Nutzflächen** muss deutlich abgegrenzt werden von der
- steuerlichen Ermittlung des gemeinen Werts (Einheits- bzw. Grundbesitzbewertung) dieser Grundstücke und
- der Ertragswertermittlung im Rahmen des Erbrechts bzw. für die Ermittlung des Zugewinnausgleichs nach bürgerlichem Recht.

34 Die **steuerliche Bewertung land- oder forstwirtschaftlicher Betriebe** erfasst gemäß § 36 BewG grundsätzlich den Ertragswert. I.d.R. wird der Ertrag durch ein Vergleichswertverfahren ermittelt, das in knappen Grundsätzen in den §§ 38 bis 40 BewG normiert ist, seine eigentliche Erkenntnisquelle jedoch erst in der allgemeinen Verwaltungsvorschrift über Richtlinien zur Bewertung des land- und forstwirtschaftlichen Vermögens findet[35]. Land- und forstwirtschaftliche Grundstücke werden danach nicht als solche bewertet, sondern gehen indirekt über die Unternehmensbewertung des land- und forstwirtschaftlichen Vermögens in den insgesamt nach Gesichtspunkten des Ertragswerts ermittelten Einheiten ein. Die in § 40 Abs. 2 BewG festgelegten Einheitswerte stützen sich auf einen abgesenkten Reinertrag[36].

35 Im Rahmen des **Erbrechts und der Bemessung des Zugewinnausgleichs sowie des ehelichen Güterrechts** bemisst sich der Wert eines Landguts nach den §§ 1376 Abs. 4, 2049 Abs. 2 und § 2312 Abs. 1 BGB zum Zwecke des Erhalts landwirtschaftlicher Betriebe grundsätzlich nach dem im Vergleich zum Verkehrswert niedrigeren Ertragswert (vgl. Teil VII Rn. 132 ff., 157 ff.).

36 Generell ist aber auch bei der Ermittlung des Verkehrswerts landwirtschaftlicher Betriebe zu beachten, dass der **Wertanteil des Grund und Bodens** am Verkehrswert des Betriebs nicht losgelöst vom landwirtschaftlichen Betrieb abgeleitet wird; vielmehr steht auch hier eine betriebsbezogene Verkehrswertermittlung im Vordergrund.

2.2.3 Lagemerkmale

2.2.3.1 Allgemeines

37 Die **allgemeinen wertbestimmenden Merkmale** sind
- die allgemeine Lage des Grundstücks, insbesondere auch zum Ort,
- die planerischen Ausweisungen in der Regional- und Landesplanung, der Bauleitplanung (Flächennutzungs- und Bebauungsplan) und dgl.,
- Nutzungseinschränkungen (Wasserschutz-, Naturschutzgebiete),
- langfristige Pachtverträge,
- Nutzungsart (wobei im Wesentlichen zwischen Acker- und Grünland sowie Sonderkulturen unterschieden wird),

---

[35] Teil 1 bis 4 und 8, BStBl I 1967, 397; Teile 5 bis 7 BStBl I 1968, 223.
[36] Schriftlicher Bericht des Finanzausschusses des Bundestags, zu BT-Drucks. IV/3508, S. 3 f; Gürsching/Stenger, BewG, VermG 9. Aufl. 1992 § 40 Rn. 4 ff.; BVerfG, Beschl. vom 22.6.1995 – 2 BvL 37/91 –, GuG 1995, 309 = EzGuG 1.61.

Grundstücksgröße § 5 ImmoWertV V

- Größe und Form des Grundstücks (Einsetzbarkeit von Maschinen),
- Erschließung des Grundstücks (Zuwege),
- Oberflächengestalt (z. B. Hängigkeit),
- Bodenwert und Bodenqualität (Bonität),
- Bodenverbesserungsmaßnahmen (z. B. Drainage),
- Klima,
- Waldnähe und sonstige Beeinträchtigungen und Hindernisse,
- besondere Nutzungsmöglichkeiten für Intensivkulturen,
- die allgemeine Nachfrage im sog. „innerland- oder forstwirtschaftlichen Grundstücksverkehr" sowie für außerland- oder forstwirtschaftliche Nutzungen (Zahl der Vollerwerbsbetriebe, vergleichbares Pachtpreisniveau),
- Verbund mit Produktionsquoten (z. B. für Milch und Zuckerrüben),
- Aussicht auf eine Flurneuordnung (Flurbereinigungsverfahren),
- Schadstoffbelastungen.

2.2.3.2 Grundstücksgröße und Grundstücksgestalt (-zuschnitt)

▶ *Zur Abhängigkeit bei forstwirtschaftlich genutzten Grundstücken vgl. Rn. 88*

Bei der **Berücksichtigung von Lagemerkmalen** landwirtschaftlicher Grundstücke gelten folgende **Grundsätze:** 38

a) *Grundstücksgröße:* **Allgemein gilt im landwirtschaftlichen Bereich schon im Hinblick auf die Mechanisierung, dass größere Grundstücke zumeist auch zu höheren Preisen gehandelt werden.** Die Untersuchungen von *Stock*[37] zeigen folgende Abhängigkeit (Abb. 4)[38]:

Abb. 4: Kaufpreise landwirtschaftlicher Flächen nach Grundstücksgrößen

€/m²	bis 1 ha	bis 3 ha	über 3 ha	insgesamt
bis 3,00 Anzahl	4	–	–	5
%	28,57	11,11	–	18,52
bis 3,00 Anzahl	7	3	–	8
%	50,00	11,11	–	29,63
bis 4,00 Anzahl	1	4	1	5
%	7,14	33,33	25,00	18,52
bis 4,00 Anzahl	2	4	3	9
%	14,29	44,44	75,00	33,33
insgesamt Anzahl	14	9	4	27
%	**100,00**	**100,00**	**100,00**	**100,00**

Quelle: Stock in GuG 1993, 87

---

[37] Entsprechende Werte sind veröffentlicht in GuG 1993, 355; Meinhardt in GuG 1993, 329; Kindler in Neue Landwirtschaft 1992, 15; Klare/Koch in DLG Mitteilungen 1993, 44; Weber in AgE 1993/14; Uherek in GuG 1993, 277.
[38] Meinhardt in GuG 1993, 333.

Für das Land *Brandenburg* hat *Kindler*[39] festgestellt, dass umgekehrt nur für Flächen unter 1 ha Größe höhere Kaufpreise erzielt werden, während darüber hinaus der Einfluss der Flächengröße unwesentlich sei[40]. Bei Flächen unter 1 ha ist der Mittelwert der Flächen bei Ackerland um 75 % und bei Grünland um 29 % höher als bei Flächen ab 1 ha Größe.

Abb. 5: Kaufwerte landwirtschaftlicher Grundstücke nach Grundstücksgrößen im Land Brandenburg im Jahr 2000

Größe in ha	m²-Fläche	Mittlere Kaufpreise landwirtschaftlicher Flächen im Land Brandenburg
0,10 bis 0,25	1 800	0,56 €/m²
0,25 bis 1,00	5 200	0,37 €/m²
1,00 bis 2,00	14 400	0,25 €/m²
2,00 bis 5,00	32 600	0,25 €/m²
über 5,00	125 600	0,26 €/m²
Mittlerer Kaufwert	63 900	0,30 €/m²

Quelle: Statistische Berichte des Landesbetriebs für Datenverarbeitung und Statistik des Landes Brandenburg: Mittlere Kaufwerte nach Größen und Kauffällen in 2000

39 Der Gutachterausschuss in *Bergisch Gladbach* hat die aus Abb. 6 ersichtliche Abhängigkeit empirisch abgeleitet.

Abb. 6: Abhängigkeit des Quadratmeterwerts landwirtschaftlich genutzter Grundstücke von der Grundstücksgröße

Quelle: Grundstücksmarktbericht 2009 Bergisch Gladbach

---

39 Kindler, R., Zur Ermittlung von Bodenrichtwerten für landwirtschaftliche Flächen, GuG 2002, 263.
40 Der Obere Gutachterausschuss für Grundstückswerte stellt in seinem Marktbericht 2007 (S. 48) fest, dass keine signifikante Abhängigkeit des Bodenpreises von der Flächengröße festgestellt werden konnte.

Grundstücksgröße § 5 ImmoWertV V

Abb. 7: Umrechnungskoeffizienten für die Abhängigkeit des Bodenwerts von der Grundstücksgröße von Ackergrundstücken

Umrechnungskoeffizienten für die Abhängigkeit des Bodenwerts von der Grundstücksgröße im landwirtschaftlichen Bereich					
Fläche		Region Hannover	LK Holzminden (2004)	LK Paderborn (1995)	LK Hameln-Pyrmont (2006)
in ha	in m²				
0,25	2 500	0,89	0,88	0,94	–
0,50	5 000	0,94	0,96	0,97	0,89
0,75	7 500	0,97	–	0,99	–
1,00	**10 000**	1,00	**1,00**	**1,00**	0,95
1,25	12 500	1,02	–	–	–
1,50	15 000	1,04	–	1,02	–
1,75	17 500	1,05	1,04	–	–
2,00	**20 000**	1,06	1,06	1,03	**1,00**
2,25	22 500	1,07	–	–	–
2,50	25 000	1,08	–	–	–
2,75	27 500	1,09	–	–	–
3,00	30 000	1,10	–	1,04	1,03
3,25	32 500	1,11	–	–	–
3,50	35 000	1,11	–	–	–
3,75	37 500	1,12	–	–	–
4,00	40 000	1,13	1,09	–	1,05
4,25	42 500	1,13	–	–	–
4,50	45 000	1,14	–	–	—
4,75	47 500	1,15	–	–	–
5,00	50 000	1,15	–	–	1,06
6,00	60 000	–	1,11	–	1,07
7,00	70 000	–	–	–	1,08
8,00	80 000	–	1,12	–	–

Quelle: Landesgrundstücksmarktbericht 2004–2007

b) *Grundstücksgestalt (Zuschnitt):* Ein rechteckiges Grundstück mit geraden Grenzverläufen bietet die besten Bewirtschaftungsvoraussetzungen. Nachteile bieten dreieckige Grundstücke und Grenzversprünge (vgl. Syst. Darst. des Vergleichswertverfahrens Rn. 247 ff.). **40**

Wertminderungen, die sich aus einer **ungünstigen Grundstücksform** ergeben, lassen sich aus den zusätzlichen Bewirtschaftungskosten, z. B.

– Arbeitszeitverluste,
– Maschinenkosten,
– Saatverluste, Düngeverluste und dgl. im Randstreifen,

ermitteln. Die kapitalisierten zusätzlichen Bewirtschaftungskosten können Minderwerte von 0,50 bis 1,50 €/m² ausmachen und bei kleinen Flächen sogar den Restwert übersteigen. Die Wertminderung beläuft sich auf –5 bis –15 %.

c) *Geländeneigung*

Der Wert der Fläche mindert sich mit der Geländeneigung:

Geländeneigung	Prozentuale Auswirkung
5 %	–4 %
10 %	–7 %

▶ *Zur Arrondierung land- und forstwirtschaftlicher Flächen vgl. Syst. Darst. des Vergleichswertverfahrens Rn. 312 ff.; zu Leitungsdurchschneidungen Teil IX Rn. 401 ff.*

2.2.4 Bonität

2.2.4.1 Allgemeines

41 Für Zwecke der Besteuerung sowie nichtsteuerliche Zwecke, insbesondere der Agrarordnung, des Bodenschutzes und der Bodeninformationssysteme, wurden in Fortführung der Reichsbodenschätzung (1934) nach Maßgabe des BodSchätzG einheitliche Bewertungsgrundlagen für landwirtschaftlich nutzbare Flächen des Bundesgebiets geschaffen (vgl. Teil III Rn. 486). Zur Sicherung der Gleichmäßigkeit der Bodenschätzung wurden ausgewählte Bodenflächen als **Musterstücke** geschätzt, die einen Querschnitt über die im Bundesgebiet hauptsächlich vorhandenen Böden hinsichtlich ihrer natürlichen Ertragsfähigkeit abbilden sollen. Darüber hinaus sind nach § 7 BodSchätzG in jeder Gemarkung für die wichtigsten und besonders typischen Böden **Vergleichsstücke** auszuwählen, zu beschreiben und in Anlehnung an die Musterstücke zu bewerten. Die Systematik der Bodenschätzung ist darauf angelegt, alle Grundstücke ins Verhältnis zu einem **Musterstück bzw. Vergleichsstück zu** setzen und zu bewerten. Das Musterstück der Reichsbodenschätzung mit den besten natürlichen Standortbedingungen und Ertragsverhältnissen erhielt dazu die Vergleichszahl 100[41]. Die gesetzlichen Grundlagen der Reichsbodenschätzung sind im Gesetz zur Schätzung des landwirtschaftlichen Kulturbodens (Bodenschätzungsgesetz – BodSchätzG) i.d.F. des Art. 20 des Gesetzes vom 20.12.2007 (BGBl. I 2007, 3150) aufgegangen.

42 Nach § 2 BodSchätzG ist **zwischen folgenden landwirtschaftlich nutzbaren Flächen zu unterscheiden:**

Ackerland	A
Grünland	Gr

43 Das **Ackerland (A)** umfasst die Bodenflächen zum feldmäßigen Anbau von Getreide, Hülsen- und Ölfrüchten, Hackfrüchten, Futterpflanzen, Obst- und Sonderkulturen sowie von Gartengewächsen. Außerdem gehören zum Ackerland auch das **Acker-Grünland**, das durch einen Wechsel in der Nutzung von Ackerland und Grünland gekennzeichnet ist.

44 Das **Grünland (Gr)** umfasst die Dauergrasflächen, die i.d.R. gemäht und beweidet werden, sowie den **Grünland-Acker**, der durch einen Wechsel in der Nutzung von Grünland und Ackerland gekennzeichnet ist. Von dem Grünland sind besonders zu bezeichnen:

- als *Grünland-Wiese* (GrW) diejenigen Dauergrasflächen, die infolge ihrer feuchten Lage nur gemäht werden können (absolutes Dauergrünland),

- als *Grünland-Streuwiese* (GrStr) diejenigen stark vernässten Dauergrünlandflächen, die ausschließlich oder in der Hauptsache durch Entnahme von Streu genutzt werden können,

- als *Grünland-Hutung* (GrHu) diejenigen Flächen geringer Ertragsfähigkeit, die nicht bestellt werden können und im Allgemeinen nur eine Weidenutzung zulassen.

---

[41] Umfassend Rösch, A./Kurandt, F., Bodenschätzung und Liegenschaftskataster, 3. Aufl. Nachdruck 1968 Carl Heymanns Verlag Berlin 1950.

Für Acker- und Grünland sind einheitliche **Schätzungsrahmen** aufgestellt worden, die die *Wertzahlen* ausweisen.

Abb. 8: Auszug aus der Liegenschaftskarte mit Angaben zur Bonität

Die **Wertzahl** ist in § 3 Satz 2 BodSchätzG als Verhältniszahl definiert, die Unterschiede im Reinertrag bei gemeinüblicher und ordnungsgemäßer Bewirtschaftung zum Ausdruck bringt. Bei der Ermittlung der Wertzahlen sind alle die natürliche Ertragsfähigkeit beeinflussenden Umstände zu berücksichtigen, insbesondere

– beim Ackerland Bodenart, Zustandsstufe und Entstehung,
– beim Grünland Bodenart, Bodenstufe, Klima- und Wasserverhältnisse.

a) Für das **Ackerland** können dem Liegenschaftskataster zwei Wertzahlen entnommen werden:

  – Die **Bodenzahl**, die die durch die Verschiedenheit der Bodenbeschaffenheit im Zusammenhang mit den Grundwasserverhältnissen bedingten Ertragsunterschiede zum Ausdruck bringt.
  – Die **Ackerzahl**, die außerdem noch die Ertragsunterschiede, die auf das Klima, die Geländegestaltung und andere natürliche Ertragsbedingungen zurückführbar sind, durch prozentuale Zu- und Abrechnungen an der Bodenzahl berücksichtigt.
  – Boden- und Ackerzahl gelten nicht stets für das gesamte Flurstück, sondern gelten häufig nur jeweils für Teilflächen.

b) Für das **Grünland** können dem Liegenschaftskataster ebenfalls zwei Wertzahlen entnommen werden:

  – Die **Grünlandgrundzahl** bringt die aufgrund der Beurteilung von Bodenbeschaffenheit, Klima- und Wasserverhältnissen sich ergebenden Ertragsunterschiede zum Ausdruck.
  – Die **Grünlandzahl** berücksichtigt außerdem die Ertragsunterschiede, die auf Geländegestaltung und andere natürliche Ertragsbedingungen zurückzuführen sind[42], durch prozentuale Abrechnungen an der Grünlandgrundzahl.

---

42 Nr. 12 Abs. 2 BodSchätzTechnAnw.

V § 5 ImmoWertV — Bonität

Bei der Schätzung von Grünland-Hutungen und Grünland-Streuwiesen werden nur die Grünlandzahlen festgelegt.

49 Die **Wertzahlen sind Reinertragszahlen** und setzen eine gemeinübliche und ordnungsgemäße Bewirtschaftung voraus.

50 Die **Bodenbeschaffenheit** der Klassen- und Klassenabschnittsflächen ist nach § 8 BodSchätzG anhand eines für die jeweilige Klasse und den jeweiligen Klassenabschnitt typischen **Bodenprofil**s – bestimmendes Grabloch – zu beschreiben; ihre Ertragsfähigkeit wird in Anlehnung an Muster- und Vergleichsstücke geschätzt.

– *Klassenflächen* sind Flächen, die sich in Bodenbeschaffenheit, Geländegestaltung, klimatischen Verhältnissen und Wasserverhältnissen nicht wesentlich unterscheiden.

– *Klassenabschnittsflächen* sind Teilflächen innerhalb von Klassenflächen mit abweichender Bodenbeschaffenheit oder abweichenden Wasserverhältnissen.

– *Sonderflächen* sind Flächen, die wesentliche Abweichungen der übrigen Ertragsbedingungen von den Eigenschaften der Klassenflächen aufweisen.

2.2.4.2 Schätzungsrahmen

a) *Ackerschätzungsrahmen*

Bodenarten:

51 Der Ackerschätzungsrahmen (Abb. 9) untergliedert sich in der Hauptsache nach **Bodenarten**, wobei der bodenartige Gesamtcharakter einschließlich Steingehalt und Grobkörnigkeit ausschlaggebend ist:

S	Sand
Sl	anlehmiger Sand
lS	lehmiger Sand
SL	stark lehmiger Sand
sL	sandiger Lehm	mineralische Bodenarten
L	Lehm
LT	schwerer Lehm
T	Ton
Mo	Moor

Abb. 9: Ackerschätzungsrahmen[43]

Ackerschätzungsrahmen								
Bodenart	**Entstehung**	**(Boden-)Zustandsstufe**						
		1	**2**	**3**	**4**	**5**	**6**	**7**
S	D		41–34	33–27	26–21	20–16	15–12	11–7
	Al		44–37	36–30	29–24	23–19	18–14	13–9
	V		41–34	33–27	26–21	20–16	15–12	11–7
Sl	D		51–43	42–35	34–28	27–22	21–17	16–11
(S/lS)	Al		53–46	45–38	37–31	30–24	23–19	18–13
	V		49–43	42–36	35–29	28–23	22–18	17–12

---

43 Richtlinien zur Bewertung land- und forstwirtschaftlicher Grundstücke (BAnz. Nr. 224 vom 30.11.1967, BStBl I 1967, 3973).

Bonität § 5 ImmoWertV V

Ackerschätzungsrahmen									
Bodenart	Entste-hung	(Boden-)Zustandsstufe						
		1	2	3	4	5	6	7
lS	D	68–60	59–51	50–44	43–37	36–30	29–23	22–16
	Lö	71–63	62–54	53–46	45–39	38–32	31–25	24–18
	Al	71–63	62–54	53–46	45–39	38–32	31–25	24–18
	V		57–51	50–44	43–37	36–30	29–24	23–17
	Vg			47–41	40–34	33–27	26–20	19–12
SL (lS/sL)	D	75–68	67–60	59–52	51–45	44–38	37–31	30–23
	Lö	81–73	72–64	63–55	54–47	46–40	39–33	32–25
	Al	80–72	71–63	62–55	54–47	46–40	39–33	32–25
	V	75–68	67–60	59–52	51–44	43–37	36–30	29–22
	Vg			55–48	47–40	39–32	31–24	23–16
sL	D	84–76	75–68	67–60	59–53	52–46	45–39	38–30
	Lö	92–83	82–74	73–65	64–56	55–48	47–41	40–32
	Al	90–81	80–72	71–64	63–56	55–48	47–41	40–32
	V	85–77	76–68	67–59	58–51	50–44	43–36	35–27
	Vg			64–55	54–45	44–36	35–27	26–18
L	D	90–82	81–74	73–66	65–58	57–50	49–43	42–34
	Lö	100–92	91–83	82–74	73–65	64–56	55–46	45–36
	Al	100–90	89–80	79–71	70–62	61–54	53–45	44–35
	V	91–83	82–74	73–65	64–56	55–47	46–39	38–30
	Vg			70–61	60–51	50–41	40–30	29–19
LT	D	87–79	78–70	69–62	61–54	53–46	45–38	37–28
	Al	91–83	82–74	73–65	64–57	56–49	48–40	39–29
	V	87–79	78–70	69–61	60–52	51–43	42–34	33–24
	Vg			67–58	57–48	47–38	37–28	27–17
T	D		71–64	63–56	55–48	47–40	39–30	29–18
	Al		74–66	65–58	57–50	49–41	40–31	30–18
	V		71–63	62–54	53–45	44–36	35–26	25–14
	Vg			59–51	50–42	41–33	32–24	23–14
Mo	–		54–46	45–37	36–29	28–22	21–16	15–10

Übergänge und Schichtwechsel zwischen Mineral- und Moorböden werden durch Kombi- 52
nationen bezeichnet, z. B. SMo, LMo, TMo oder MoS, MoL und MoT.

Die **Hauptuntergliederung nach Bodenarten** unterscheidet zusätzlich noch nach 53

– Entstehungsarten und

– (Boden-)Zustandsstufen.

54 *Entstehungsarten:*

Mit der Entstehungsart werden die für die Entstehung des Bodens maßgeblichen Kräfte beschrieben. Es sind dies:

D = Diluvium (Lockersediment und -gestein eiszeitlich und tertiären Ausgangsmaterials)

Al = Alluvium (nacheiszeitliche Lockersedimente aus Abschwemmmassen und Ablagerungen von Fließgewässern)

Lö = Löß (Lockersediment aus Windablagerung)

V = Verwitterungsboden (Bodenentwicklung aus anstehendem Festgestein)

Vg = stark steinige Verwitterungs- und Gesteinsböden

g = Zusatz bei hohem Gribbodenanteil von D- und Al-Böden (führt zur Wertminderung)

55 **Moorböden** nehmen dabei eine Sonderstellung ein; sie zählen nicht zu den mineralischen Bodenarten. Ihre Bonität wird maßgeblich durch den Grad der Zersetzung bestimmt.

Bodenzustandsstufen:

56 Mit der Einteilung in (Boden-)Zustandsstufen werden die **Bodeneigenschaften** beschrieben, die durch lang dauernde Einwirkungen von Klima, früherem Pflanzenbestand, Geländegestaltung, Grundwasser, Art der Nutzung und Gestein bedingt sind.

57 Es wird zwischen **sieben Zustandsstufen** unterschieden, von denen die Stufe 1 den günstigsten und die Stufe 7 den ungünstigsten Zustand beschribt.

Beispiel:

b) *Der Grünlandschätzungsrahmen*

58 Der Grünlandschätzungsrahmen (Abb. 10) untergliedert sich in der Hauptsache wiederum nach den Bodenarten, die auch für den Ackerschätzungsrahmen maßgeblich sind; er beschränkt sich allerdings auf nur **fünf Bodenarten:**

S   Sand
lS   lehmiger Sand
L   Lehm
T   Ton
Mo   Moor

Bonität § 5 ImmoWertV V

Abb. 10: Grünlandschätzungsrahmen[44]

Grünlandschätzungsrahmen							
Bodenklima			Wasserverhältnisse				
Art	Stufe		1	2	3	4	5
S	I (45–40)	a	60–51	50–43	42–35	34–28	27–20
		b	52–44	43–36	35–29	28–23	22–16
		c	45–38	37–30	29–24	23–19	18–13
	II (30–25)	a	50–43	42–36	35–29	28–23	22–16
		b	43–37	36–30	29–24	23–19	18–13
		c	37–32	31–26	25–21	20–16	15–10
	III (20–15)	a	41–34	33–28	27–23	22–18	17–12
		b	36–30	29–24	23–19	18–15	14–10
		c	31–26	25–21	20–16	15–12	11–7
lS	I (60–55)	a	73–64	63–54	53–45	44–37	36–28
		b	65–56	55–47	46–39	38–31	30–23
		c	57–49	48–41	40–34	33–27	26–19
	II (45–40)	a	62–54	53–45	44–37	36–30	29–22
		b	55–47	46–39	38–32	31–26	25–19
		c	48–41	40–34	33–28	27–23	22–16
	III (30–25)	a	52–45	44–37	36–30	29–24	23–17
		b	46–39	38–32	31–26	25–21	20–14
		c	40–34	33–28	27–23	22–18	17–11
L	I (75–70)	a	88–77	76–66	65–55	54–44	43–33
		b	80–70	69–59	58–49	48–40	39–30
		c	70–61	60–52	51–43	42–35	34–26
	II (60–55)	a	75–65	64–55	54–46	45–38	37–28
		b	68–59	58–50	49–41	40–33	32–24
		c	60–52	51–44	43–36	35–29	28–20
	III (45–40)	a	64–55	54–46	45–38	37–30	29–22
		b	58–50	49–42	41–34	33–27	26–18
		c	51–44	43–37	36–30	29–23	22–14
T	I (70–65)	a	88–77	76–66	65–55	54–44	43–33
		b	80–70	69–59	58–48	47–39	38–28
		c	70–61	60–52	51–43	42–34	33–23
	II (55–50)	a	74–64	63–54	53–45	44–36	35–26
		b	66–57	56–48	47–39	38–30	29–21
		c	57–49	48–41	40–33	32–25	24–17
	III (40–35)	a	61–52	51–43	42–35	34–28	27–20
		b	54–46	45–38	37–31	30–24	23–16
		c	46–39	38–32	31–25	24–19	18–12

44 Richtlinien zur Bewertung land- und forstwirtschaftlicher Grundstücke (BAnz Nr. 224 vom 30.11.1967, BStBl I 1967, 3973).

V § 5 ImmoWertV — Bonität

Grünlandschätzungsrahmen							
Bodenklima			Wasserverhältnisse				
Art	Stufe		1	2	3	4	5
Mo	I (45–40)	a	60–51	50–42	41–34	33–27	26–19
		b	57–49	48–40	39–32	31–25	24–17
		c	54–46	45–38	37–30	29–23	22–15
	II (30–25)	a	53–45	44–37	36–30	29–23	22–16
		b	50–43	42–35	34–28	27–21	20–14
		c	47–40	39–33	32–26	25–19	18–12
	III (20–15)	a	45–38	37–31	30–25	24–19	18–13
		b	41–35	34–28	27–22	21–16	15–10
		c	37–31	30–25	24–19	18–13	12–7

Klima: a = 7,9 °C Jahreswärme und darüber;
b = 7,9 bis 7,0 °C Jahreswärme;
c = 6,9 bis 5,7 °C Jahreswärme

Bei besonders ungünstigen klimatischen Verhältnissen in Gebirgslagen mit einer Jahresdurchschnittstemperatur unter 5,7 °C kann eine weitere Klimastufe d gebildet werden, die eine entsprechend geringere Bewertung zulässt.

59 Die **Hauptuntergliederung** nach Bodenarten unterscheidet zusätzlich noch nach

- Bodenzustandsstufen,
- Klimastufen und
- Wasserverhältnissen.

60 Eine weitere Untergliederung des Grünlandschätzungsrahmens nach **Entstehungsarten des Bodens** ist für die Bonitierung bedeutungslos; der Grünlandschätzungsrahmen verzichtet deshalb hierauf.

Bodenzustandsstufen

61 Der Grünlandschätzungsrahmen sieht lediglich **drei Bodenzustandsstufen** vor, wobei gegenüber dem Ackerschätzungsrahmen mehrere Zustandsstufen zusammengefasst werden konnten:

Zustandsstufe I   = Zustandsstufe 2 und 3 des Ackerschätzungsrahmens
günstigster Zustand (günstige Basenverhältnisse, durchlässig)

Zustandsstufe II = Zustandsstufe 4 und 5 des Ackerschätzungsrahmens

Zustandsstufe III = Zustandsstufe 6 und 7 des Ackerschätzungsrahmens
ungünstigster Zustand (sauer, dicht)

62 Lediglich für **Moorböden** besteht Identität der Zustandsstufen; Stufe 1 kann im Übrigen bei der Einteilung des Grünlandes entfallen.

Wasserverhältnisse

63 Der **Feuchtigkeitsgrad** des Grünlandes wird im Wesentlichen durch das Grundwasser, den Niederschlag und die Bodenverhältnisse bestimmt. Der Grünlandschätzungsrahmen sieht insgesamt fünf Wasserzustandsstufen vor, die wie folgt charakterisiert sind:

Ertragsmesszahl § 5 ImmoWertV V

Wasserstufe 1: Frische, gesunde Lagen mit gutem Süßgräserbestand (besonders günstig)

Wasserstufe 2: Zwischenlage

Wasserstufe 3: Feuchte Lagen, aber noch keine stauende Nässe; weniger gute Gräser mit nur geringem Anteil an Sauergräsern. Trockene Lagen mit noch verhältnismäßig guten, aber harten Gräsern

Wasserstufe 4: Zwischenlage (bei besonders trockenen Lagen ergänzend mit einem Minuszeichen gekennzeichnet)

Wasserstufe 5: Ausgesprochen nasse bis sumpfige Lagen mit stauender Nässe; schlechte Gräser mit starkem Hervortreten der Sauergräser. Sehr trockene, dürre Lagen (häufig scharfe, leicht ausbrennende Südhänge) mit weniger guten und harten Gräsern (besonders ungünstig). Besonders trockene Lagen werden wiederum mit einem Minuszeichen gekennzeichnet.

Klimaverhältnisse

Für die Bonitierung sind die Klimaverhältnisse von Bedeutung. Im Vordergrund steht dabei die **Jahreswärme** und nicht die bereits durch die Unterteilung nach Wasserverhältnissen berücksichtigten Niederschlagsverhältnisse. Der Grünlandschätzungsrahmen sieht **drei Klimastufen** vor: **64**

Klimastufe a: Durchschnittliche Jahreswärme ≥ 7,9 °C

Klimastufe b: Durchschnittliche Jahreswärme 7,9 ° bis 7,0 °C

Klimastufe c: Durchschnittliche Jahreswärme 6,9 ° bis 5,7 °C

Klimatische Sonderverhältnisse müssen allerdings berücksichtigt werden: **65**

Klimastufe d: Ungünstige Klimaverhältnisse in hohen Gebirgslagen mit einer durchschnittlichen Jahreswärme ≤ 5,7 °C.

Gemäß § 14 des BodSchätzG sind die rechtskräftig festgestellten Schätzungsergebnisse in das Liegenschaftskataster zu übernehmen. Sie wurden in **Schätzungskarten** übernommen[45]. **66**

Beispiel:

2.2.4.3 Ertragsmesszahl

Die **Ertragsmesszahl** definiert sich als Produkt der Fläche in Ar und der Acker- und **Grundlandzahl** (§ 9 Abs. 1 Satz 2 BodSchätzG) und beschreibt die natürliche Ertragsfähigkeit dieser Fläche in Abhängigkeit von der zu wertenden Fläche. Bestehen innerhalb einer Fläche mehrere Teilflächen unterschiedlicher Acker- oder Grünlandzahlen (Wertzahlen), so bildet die Summe der Produkte der einzelnen Flächen in Ar und der jeweiligen Wertzahl die Ertragsmesszahl der Gesamtfläche (**Bonität**). **67**

---

45 RdErl. des RMI vom 8.6.1937 – VI A 5223/6833 –, zuletzt ergänzt durch Erl. vom 28.3.1939, RMBl. 1939, 971.

V § 5 ImmoWertV — Ertragsmesszahl

$$\text{EMZ [m}^2\text{]} = \text{Fläche} \times \text{Acker- oder Grünlandzahl}/100 \qquad (1)$$

Die **Ackerzahl** (1 bis 120) ergibt sich unter Berücksichtigung der Bodenart, der Entstehung und der Zustandsstufe aus der dem Ackerschätzungsrahmen entnommenen Bodenzahl (von 7 bis 100) zuzüglich bzw. abzüglich eines Zu- oder Abschlags zur Berücksichtigung des Klimas, der Geländegestaltung (u.a.) von maximal +/– 20.

Die **Grünlandzahl** (1 bis 100) ergibt sich unter Berücksichtigung der Bodenart, der Bodenstufe, der Klima- und Wasserverhältnisse aus der dem Grünlandschätzungsrahmen entnommenen Grünlandgrundzahl (von 7 bis 88) zuzüglich bzw. abzüglich eines Zu- oder Abschlags zur Berücksichtigung der Geländegestaltung (u.a.) von maximal +/– 12.

Die **Ertragsmesszahl ist im Liegenschaftsbuch angegeben**.

Beispiel:

Gemeindebezirk .... **Grundbuch** .... **Erbbaugrundbuch** ....
Bd. ...... Bl. ...... Bd. .... Bl. ....

Jahrgang der Entstehung	Nummer		Lage	Nutzungsart (Nr. des Gebäudebuchs)	Fläche Gesamtfläche des Flurstücks			Ertragsmesszahl	Fortführung			Bestand	
	der Flur	des Flurstücks			ha	a	qm		Jahr	von Nummer	an Nummer	Hinweis auf die Fortführungsunterlagen	Bemerkungen
1	2		3	4	5			6	7			8	
	4	57	In der Sonne	A	12	47	83	50713					

68 Die EMZ definiert sich damit als die in **Quadratmetern angegebene Größe einer Bodenfläche höchster Ertragsfähigkeit** (mit der Wertzahl 100), die in Bezug auf den Reinertrag der Fläche gleichwertig mit der jeweiligen Fläche ist:

Beispiel:

Größe der Fläche 1400 m²
Ackerzahl der Fläche 65
EMZ = 1400 m² × 65/100 = 910 m²

Das heißt, die 1400 m² große Bodenfläche mit der Wertzahl 65 entspricht einer 910 m² großen Bodenfläche mit der Wertzahl 100.

69 Die **Ertragsmesszahl (EMZ)** kennzeichnet die natürliche Ertragsfähigkeit des Bodens aufgrund der natürlichen Ertragsbedingungen, insbesondere der Bodenbeschaffenheit, der Geländegestaltung und der klimatischen Verhältnisse. Sie wird anhand der Ergebnisse der amtlichen Bodenschätzung berechnet und bildet eine der Grundlagen für die Einheitsbewertung und damit für die Besteuerung des land- und forstwirtschaftlichen Vermögens. In den neuen Bundesländern erfolgt die Einheitsbewertung durch die Finanzverwaltungen aufgrund ungeklärter Eigentumsverhältnisse und aus Vereinfachungsgründen gegenwärtig noch überwiegend anhand gemeindedurchschnittlicher Ertragsmesszahlen.

70 Besteht ein Flurstück bzw. **Grundstück aus mehreren Nutzungsarten** mit verschiedenen Teilen von Klassenflächen, so sind die Flächen und Ertragsmesszahlen (EMZ) der einzelnen Nutzungsarten für jedes Teilstück summarisch auszuweisen[46]. Die Summe aller Ertragsmesszahlen eines Grundstücks dividiert durch seine Fläche in Ar ergibt die **durchschnittliche Ertragsmesszahl**, aus der die Bonität erkennbar wird.

---

46 Nr. 52 f. des Bodenschätzungsübernahmeerlasses – BodSchätzÜbernErl. des RdErl. vom 23.9.1936, zuletzt ergänzt durch RdErl. vom 22.2.1938 – VI a 4074/38 – 6833.

Ertragsmesszahl § 5 ImmoWertV V

Die große Bedeutung, die der Ertragsmesszahl für die Wertfindung beigemessen wird, trifft nach *Köhne*[47] nur für Standorte mit bindigen Böden und nicht für Standorte mit hoher Viehdichte, leichteren Böden mit Beregnung sowie für Grünland zu. 71

Der **Verkehrswert landwirtschaftlicher Flächen kann nach Vergleichspreisen oder aufgrund von Bodenrichtwerten abgeleitet werden**, die sich im Allgemeinen auf ein landwirtschaftlich genutztes Grundstück von ca. 2 ha Größe, in regelmäßiger Grundstücksform und in einem normalen Kulturzustand beziehen: 72

Beispiel für Bodenrichtwerte:

$$\frac{\text{Bodenrichtwert in €/m²}}{\text{Zustandsmerkmale des Bodenrichtwertgrundstücks}}$$

z.B.: $\dfrac{3{,}50}{\text{A } 55}$ oder $\dfrac{1{,}20}{\text{Gr } 30 \text{ (Mo)}}$

wobei   A = Acker   Gr = Grünland   So = Sonderkulturen
die Zahlen für die durchschnittliche Ackerzahl/Grünlandzahl für die jeweilige Zone angibt.

Für die **Verkehrswertermittlung landwirtschaftlicher Flächen im Wege des Vergleichswertverfahrens** bietet es sich an, Vergleichspreise bezogen auf die Ertragsmesszahl zu ermitteln, denn die landwirtschaftlichen Verkehrswerte sind vielfach eine Funktion der Ertragsfähigkeit des Bodens, wobei eine regional unterschiedliche Abhängigkeit festgestellt worden ist. Untersuchungen für den Landkreis *Müritz* haben z. B. ergeben, dass die Bodenpreise ausgehend von einem Grundwert eine Bonitätsabhängigkeit aufweisen. Folgende Empfehlung wurde im Grundstücksmarktbericht 2003 gegeben:

$$\text{Ackerland (€/ha)} = 1000 \text{ €} + 72 \text{ €/ha} \times \text{Ackerzahl}$$

Allein mit der einfachen Bildung eines Quotienten aus Kaufpreis und Bonität ist noch keine funktionale Abhängigkeit des Bodenwerts von der Bonität nachgewiesen. Von vielen Gutachterausschüssen für Grundstückswerte werden Untersuchungen über die Abhängigkeit des Bodenwerts von der Ertragsfähigkeit mit unterschiedlichen Ergebnissen veröffentlicht. Soweit eine Abhängigkeit nachgewiesen werden konnte, kann eine Anpassung der Bodenwerte in **Abhängigkeit von der Acker- und Grünlandzahl** mit folgender Gleichung vorgenommen werden:

Aus (1): $\text{EMZ} = \text{Flächen m}^2 \times \text{Acker- oder Grünlandzahl}/100$

folgt (2): $\boxed{\text{EMZ}_{1\text{m}^2} = 1 \text{ m}^2 \times \text{Acker- oder Grünlandzahl}/100}$

Beispiel: 73

Grundstücksgröße	1 m²	(fiktiv)
Ackerzahl	65	

Ertragsmesszahl $(\text{EMZ})_{1 \text{ m}^2} = 65/100 \times 1 \text{ m}^2 = 0{,}65 \text{ m}^2$

Da die **Ertragsmesszahl eines Grundstücks von** dessen **individueller Flächengröße abhängt**, bietet die direkte Bezugnahme der Vergleichspreise auf die Acker- bzw. Grünlandzahl eine größere Operationabilität. Sie stellt gewissermaßen die auf 1 Quadratmeter Grundstücksfläche bezogene Ertragsmesszahl dar.

---

[47] Köhne, Landwirtschaftliche Taxationslehre 3. Aufl. 2000, S. 59.

74 Ist nun aus Vergleichsuntersuchungen der Durchschnittspreis in €/EMZ oder in €/m² Acker- oder Grünlandzahl bekannt, kann daraus der **Verkehrswert** abgeleitet werden. Das Preisniveau von Ackerflächen schwankt kleinräumig in erheblichem Maße, sodass durchschnittliche Preise einer Region keine Aussagekraft haben (vgl. Abb. 11 ff.):

Abb. 11: Ackerpreise in Niedersachsen

Gutachterausschuss für Grundstückswerte Braunschweig				
Region	Ackerzahl (Bodenschätzung)			
	bis 40	41–60	61–80	> 80
LK Goslar	–	1,53	1,76	1,73
LK Peine	1,40	1,90	2,60	2,70
LK Wolfenbüttel	–	1,62	1,89	3,46
Stadt Braunschweig	2,85	2,86	3,43	–
Stadt Salzgitter	–	–	2,05	3,05
Land Niedersachsen	1,24	1,42	1,73	2,57

Quelle: Landesgrundstücksmarktbericht 2006

75 *Beispiel A:*

EMZ (Ertragsmesszahl) des Grundstücks	910 m²
Durchschnittspreis je EMZ (von 1 m²)	0,75 €/m² EMZ
Grundstücksgröße	1400 m²

Vergleichswert: 910 m² × 0,75 €/m² = 682,50 €

Umgerechnet auf den Quadratmeter Grundstücksfläche:
Vergleichswert: 682,50 €/1400 m² = 0,49 €/m² ≈ 0,50 €/m²

76 *Beispiel B:*

Ackerzahl (AZ) der Fläche	65
Durchschnittspreis je AZ	0,0076 €/m²
Grundstücksgröße	1400 m²
Vergleichswert:	0,0076 €/m² × 65 ≈ **0,50 €/m² AZ**
	1400 m² × 0,50 €/m² AZ = 700 €

Im *Beispiel A* erhält man direkt den Gesamtwert des Grundstücks, im *Beispiel B* zunächst den auf den Quadratmeter Grundstücksfläche bezogenen Bodenwert, der zunächst vielleicht anschaulicher ist.

Der Gutachterausschuss von *Paderborn* hat 1995 folgende **Umrechnungskoeffizienten für Ackerlandwerte** beschlossen, mit denen Wertunterschiede, die dadurch bedingt sind, dass das Bewertungsobjekt vom Vergleichsobjekt bzw. Bodenrichtwertgrundstück hinsichtlich der Ackerzahl oder der Grundstücksgröße abweicht, berücksichtigt werden können (Abb. 12).

Abb. 12: Umrechnungskoeffizienten für Ackerlandwerte in Paderborn

Umrechnungskoeffizienten für Ackerlandwerte (§ 12 ImmoWertV)			
Ackerzahl	Faktor	Grundstücksfläche ab ... m²	Faktor
30	0,88	2 500	0,94
35	0,92	5 000	0,97
40	0,96	7 500	0,99
45	1,00	10 000	1,00
50	1,04	15 000	1,02
55	1,08	20 000	1,03
60	1,12	30 000	1,04

Abb. 13: Umrechnungskoeffizienten zum Einfluss der Ackerzahl auf den Bodenwert

Quelle: Landesgrundstücksmarktbericht 2005

Abb. 14: Umrechnungskoeffizienten Abhängigkeit des Bodenwerts von der Ackerzahl

Umrechnungskoeffizienten Abhängigkeit des Bodenwerts von der Ackerzahl					
Ackerzahl	Region Hannover	LK Hildesheim 2005	LK Holzminden 2004	LK Oberspreewald Lausitz 2005	Paderborn 1995
10	–	–	–	0,635	–
15	–	–	–	0,726	–
20	0,65	–	–	0,818	–
25	0,74	0,60	–	0,909	–
30	0,82	0,64	–	**1,000**	0,76
35	0,90	0,68	0,65	1,091	0,82
40	0,95	0,72	0,72	1,182	0,86
45	**1,00**	0,76	0,78	1,274	0,89
50	1,04	0,80	0,85	1,365	0,93
55	1,09	0,84	0,92	1,456	0,96

V § 5 ImmoWertV Ertragsmesszahl

Umrechnungskoeffizienten Abhängigkeit des Bodenwerts von der Ackerzahl					
Ackerzahl	Region Hannover	LK Hildesheim 2005	LK Holzminden 2004	LK Oberspreewald Lausitz 2005	Paderborn 1995
60	1,13	0,88	1,00	1,547	1,12
65	1,18	0,92	1,08	–	–
70	1,24	0,96	1,15	–	–
75	1,29	1,00	1,24	–	–
80	1,35	1,05	1,44	–	–
85	1,42	1,10	–	–	–
90	–	1,15	–	–	–
95	–	1,20	–	–	–
100	–	1,25	–	–	–
105	–	1,30	–	–	–
110	–	1,35	–	–	–

Quelle: Landesgrundstücksmarktbericht 2007

Beispiel:

Zu bewertendes Grundstück: 20 000 m² – Ackerzahl 55
Bodenrichtwertgrundstück: 10 000 m² – Ackerzahl 40
Bodenrichtwert: 1,75 €/m²

Wertermittlung

Bodenwert: 1,75 €/m² × 1,03 : 1,00 × 1,08 : 0,96 ≈ 2,03 €/m²
Im Gutachterausschussmarktbericht 2005 von *Kleve* wird folgender Zusammenhang zwischen dem Bodenwert für Ackerland und der Bodenpunktzahl angegeben:

$$\text{Wert in €/m}^2 = 0{,}0266 \times \text{Bodenpunktzahl} + 1{,}4385$$

Im Grundstücksmarktbericht 2007 des Oberen Gutachterausschusses für das Land *Brandenburg* wird folgende Abhängigkeit des Bodenpreises (y) von der Ackerzahl (x) genannt:

$$y = 0{,}0041x + 0{,}1422$$

Abb. 15: Umrechnungskoeffizienten Abhängigkeit des Bodenwerts von Grünlandgrundstücken von der Bonitierung

Umrechnungskoeffizienten Abhängigkeit des Bodenwerts von der Bonitierung		
Grünlandzahl	LK Hildesheim	LK Oberspreewald Lausitz 2005
10	–	0,471
15	–	0,603
25	0,79	0,735
30	0,82	0,868
35	0,85	1,000
40	0,88	1,132
45	0,91	1,265
50	0,94	1,397
55	0,97	1,529

Umrechnungskoeffizienten Abhängigkeit des Bodenwerts von der Bonitierung		
Grünlandzahl	LK Hildesheim	LK Oberspreewald Lausitz 2005
60	1,00	1,661
65	1,04	1,794
70	1,08	–
75	1,12	–
80	1,16	–
85	1,20	–

Quelle: Landesgrundstücksmarktbericht 2005

2.2.5 Ertragswertermittlung

Nach allgemeinen Grundsätzen errechnet sich der Ertragswert durch Kapitalisierung der Reinerträge. Diese ergeben sich aus den (Roh-)Erträgen abzüglich des gewöhnlichen Aufwands während eines Wirtschaftsjahres. Bei **betriebswirtschaftlicher Betrachtungsweise** (Unternehmensbewertung) werden Zins- und Pachtaufwendungen berücksichtigt. Des Weiteren wird zur Ermittlung des Reinertrags auch der Lohnansatz für den Betriebsleiter und seine mitarbeitenden nicht entlohnten Betriebsangehörigen in Abzug gebracht. Der sich daraus ergebende Reinertrag wird als Erfolgsanteil des im Betrieb eingesetzten Kapitals einschließlich des Grund und Bodens, der Gebäude, des Viehs, der Vorräte und aller Betriebseinrichtungen (Geräte und Maschinen) angesehen.

Die Höhe der **Pacht** orientiert sich an dem erzielbaren Einkommen, insbesondere nach den

– grundstücksindividuellen Besonderheiten, wie Nutzungsart (Acker bzw. Grünland natürliche Ertragskraft des Bodens und Lieferrechte,

– betriebsindividuellen Besonderheiten, wie Qualifikation des Betriebsleiters, Auslastung vorhandener Gebäude und Maschinen sowie deren technischer Stand und Flächenbedarf für die Dungverwertung bei Veredelungsbetrieben,

– lokalen und regionalen Gegebenheiten, wie naturräumliche und klimatische Verhältnisse, regionale Auflagen und regionale Ausgleichszahlungen,

– fiskalischen Faktoren, wie z. B. EU-Agrarreform, Investitionsförderung, struktur-, sozial-, steuer- und umweltpolitische Maßnahmen (Ausgleichszahlungen),

– gesamtwirtschaftlichen Verhältnissen (z. B. Arbeitslosigkeit, Investitionsneigung usw.).

Der Reinertrag ist unter Berücksichtigung gesetzlicher Vorgaben zu kapitalisieren; der kapitalisierte Reinertrag ist der Ertragswert. Der **Reziprokwert des Verzinsungssatzes stellt den Kapitalisierungsfaktor dar:**

$$\text{Kapitalisierungsfaktor} = \frac{100}{\text{Verzinsungssatz}}$$

Für *Nordrhein-Westfalen* beträgt die Verzinsung 4 %;

$$\text{Kapitalisierungsfaktor } \textit{Nordrhein-Westfalen} = \frac{100}{4} = 25$$

Für *Bayern* beträgt die Verzinsung 5,5 %; hieraus ergibt sich ein Kapitalisierungsfaktor von 18.

Dieser auf die Einheitsbewertung zurückführbare Zinssatz wird dort auf einen stark reduzierten Hektar-Reinertragssatz angewandt, so dass sich tatsächlich eine wesentlich niedrigere Verzinsung von etwa 2,75 % ergibt.

79 Bei **Erbauseinandersetzungen** gehen die Gerichte zur Ermittlung des Ertragswerts in *Bayern* vom 18fachen, in den meisten anderen Bundesländern vom 25fachen Jahresreinertrag aus[48].

2.2.6 Waldfläche

2.2.6.1 Allgemeines

Schrifttum: *Bewer, S.,* Minderung des Werts von Jagdbezirken durch Straßen- oder Bahntrassen, Wertermittlungsforum SVK Verlag 1988, Heft 4, S. 180; *Bewer, S.,* Jagdwertminderung, Wertermittlungsforum SVK Verlag 1994, Heft 1, S. 13; *Harbort, H.-K.,* Bewertung von Waldgrundstücken, Nachr. der nds. Kat.- und VermVw 1988, 318; *König, K.-H.,* Die Wertermittlung von Waldboden und Holzbeständen bei Berücksichtigung der Richtlinien zur Waldbewertung in Nordrhein-Westfalen, GuG 1991, 83; *Mantel, W.,* Waldbewertung – Einführung und Anleitung, BLV Verlagsgesellschaft, 6. Aufl. 1982; *Möhring, B./Leefken, G./Wagner, L.,* Anmerkungen zur Verkehrswertermittlung von Waldgrundstücken, HLBS-Report 2007, 152; *Sagl, W.,* Bewertung in Forstbetrieben, Blackwell Wissenschaftsverlag 1995; *Sagl, W.,* Entschädigung für Grundbeanspruchung, Universität für Bodenkultur, Bd. 15, Wien 1992; Bewertung in Forstbetrieben, Wien 1995; *Thies, H.J.,* Rechtliche und ökonomische Probleme bei der Beurteilung von Jagdwertminderungen, AgrarR 1991, 85; *Wolf, Th.,* Bewertung von Jagdschäden beim Grunderwerb für den Neubau von Bundesfernstraßen, AFZ 1969, Heft 44, S. 866–869; aktualisiert in: *Meyer-Ravenstein, Köhne, Wolf, Wenzl, Wolfram,* Jagdwertminderung Heft 121 der HLBS-Schriftenreihe, 1987.

▶ *Zum Begriff der Forstwirtschaft vgl. Rn. 25*

80 Wald i.S. von § 2 BWaldG ist jede mit Forstpflanzen bestockte Grundfläche. Als Wald gelten auch kahlgeschlagene oder verlichtete Grundflächen, Waldwege, Waldeinteilungs- und Sicherungsstreifen, Waldblößen und Lichtungen, Waldwiesen, Wildäsungsplätze, Holzlagerplätze sowie weitere mit dem Wald verbundene und ihm dienende Flächen. In der Flur oder im bebauten Gebiet gelegene kleinere Flächen, die mit einzelnen Baumgruppen, Baumreihen oder mit Hecken bestockt sind oder als Baumschulen verwendet werden, sind nicht Wald im Sinne des BWaldG.

Unter den **Begriff Wald** fallen nach Maßgabe landesrechtlicher Vorschriften die beholzten und nichtbeholzten Waldflächen; § 2 LWaldG MV definiert den Wald z. B. wie folgt:

„**§ 2 LWaldG MV**[49]

(1) Wald im Sinne dieses Gesetzes ist jede mit Waldgehölzen bestockte Grundfläche. Waldgehölze sind alle Waldbaum- und Waldstraucharten. Bestockung ist der flächenhafte Bewuchs mit Waldgehölzen, unabhängig von Regelmäßigkeit und Art der Entstehung.

(2) Als Wald gelten auch kahlgeschlagene oder verlichtete Grundflächen, Waldwege, Waldeinteilungs- und Sicherungsstreifen, Waldwiesen, Waldblößen, Lichtungen, Waldpark- und Walderholungsplätze. Als Wald gelten ferner im Wald liegende oder mit ihm verbundene und ihm dienende Flächen wie insbesondere:

– Wildäsungsflächen und Holzlagerplätze,

– Pflanzgärten und Leitungsschneisen,

– Weihnachtsbaum- und Schmuckreisigkulturen,

– Teiche, Weiher, Gräben und andere Gewässer von untergeordneter Bedeutung sowie deren Uferbereiche, unbeschadet der wasser-, fischerei-, landeskultur- und naturschutzrechtlichen Vorschriften,

– Moore, Heiden und sonstige ungenutzte Ländereien (Ödflächen).

(3) Nicht als Wald gelten:

– in der Feldflur oder im bebauten Gebiet gelegene kleinere Flächen, die mit einzelnen Baumgruppen, Baumreihen oder Hecken bestockt sind,

---

48 Sichtermann, Das Grundstücksverkehrsgesetz, 3. Aufl. Stuttgart 1980, S. 19.
49 Landeswaldgesetz LWaldG – MV vom 8.2.1993 (GVOBl MV 1993, 90), zuletzt geändert durch Gesetz vom 2.3.1993 (GVOBl MV 1993, 178).

- in der Feldflur gelegene Weihnachtsbaum- und Schmuckreisigkulturen, Baumschulen und zum Wohnbereich gehörende Parkanlagen sowie
- mit Waldgehölzen bestockte Friedhöfe.

(4) Bestehen im Rahmen der Gesetzesanwendung Zweifel über die Zuordnung einer Grundfläche zu Wald, so ist für die Entscheidung die oberste Forstbehörde zuständig."

Für die **Qualifizierung einer Fläche** als Wald kommt es nach der Rechtsprechung allein auf die tatsächlichen Verhältnisse an; dabei sei es unerheblich, wie die Bestockung der Fläche mit Forstpflanzen entstanden ist. Eine unbebaute Fläche, auf der sich im Wege ungestörter natürlicher Sukzession Forstpflanzen ansiedeln, kann auch dann zu einem Wald im Rechtssinne heranwachsen, wenn sie in einem Bebauungsplan als Wohngebiet ausgewiesen ist[50].

Grundsätze und Hinweise für die **Ermittlung des Verkehrswerts von Waldflächen** enthalten die Waldwertermittlungsrichtlinien 2000 – WaldR 2000 – (vgl. Vorbem. zur ImmoWertV Rn. 181). Danach setzt sich der Waldwert aus

- dem Wertanteil für den Boden und
- dem Holzbestand

zusammen[51].

Von besonderer Bedeutung ist die vorherige Genehmigung der Forstbehörden im Falle einer **Umwandlung des Waldes** (Rodung und Überführung in eine andere Nutzungsart). Soweit nachteilige Wirkungen einer ständigen oder befristeten Umwandlung nicht ausgeglichen werden können, muss bei der Wertermittlung geprüft werden, ob und in welcher Höhe eine **Walderhaltungsabgabe** zu entrichten ist, die neben Ersatzmaßnahmen verlangt werden kann (vgl. Syst. Darst. des Vergleichswertverfahrens Rn. 374).

2.2.6.2 Waldboden

Der „Wert des Waldbodens" bestimmt sich nach Nr. 5 WaldR in Anlehnung an § 194 BauGB durch den Preis, der am Wertermittlungsstichtag im gewöhnlichen Grundstücksverkehr ohne Rücksicht auf ungewöhnliche oder persönliche Verhältnisse für Waldboden zu erzielen wäre. Der **Waldbodenverkehrswert (Bodenwertanteil)** ist grundsätzlich aus Vergleichspreisen von Verkäufen vergleichbarer Waldflächen abzuleiten, wobei Vergleichbarkeit insbesondere hinsichtlich

- Lage (Nr. 2.3.1 WaldR 2000), insbesondere Nähe zum Ballungsraum, Absatzmarkt und Erholungsraum,
- Funktion,
- Größe,
- Flächengestalt (Arrondierungsgrad),
- Erschließungszustand,
- Bodenbeschaffenheit,
- Ertragsfähigkeit sowie
- Art und Maß der tatsächlichen und rechtlichen Nutzung

gegeben sein soll (Nr. 5.1 WaldR 2000).

I.d.R. liegen keine Vergleichspreise über „waldleere" Vergleichsgrundstücke vor, da Waldgrundstücke überwiegend als Einheit von Boden und Waldbestand verkauft werden. Deshalb können **hilfsweise landwirtschaftliche Vergleichspreise** herangezogen werden[52]. Auf der

---

50 BVerwG, Beschl. vom 14.5.1986 – 4 B 76/85 –, NVwZ 1986, 206; OVG Münster, Urt. vom 6.7.2000 – 7a D 101/97 –, BRS Bd. 63 Nr. 16; OVG Münster, Urt. vom 22.1.1988 – 10 A 1299/87 –, NVwZ 1988, 1048 = EzGuG 8.64; OVG Münster, Urt. vom 21.11.1991 – 20 A 2063/90 -; OVG Münster, Urt. vom 11.6.1985 – 20 A 460/84 –.
51 Vgl. auch Waldbewertungsrichtlinien (WBR) des LM Niedersachsen vom 1.9.1986, NdsMinBl. 1986, 936.
52 OLG Zweibrücken, Urt. vom 14.12.1983 – 2 U 77/83 –, EzGuG 2.37; zum Wertverhältnis zwischen land- oder forstwirtschaftlichen Flächen vgl. BGH, Urt. vom 5.4.1973 – III ZR 74/72 –, EzGuG 2.12; ferner Leisner in AgrarR 1977, 356.

Grundlage des Verhältnisses des mittleren landwirtschaftlichen Bodenverkehrswerts zum mittleren Waldbodenpreis wird dabei der örtlich einschlägige landwirtschaftliche Bodenverkehrswert durch Multiplikation mit diesem Prozentsatz abgeleitet. Die in den WaldR angegebene Verhältniszahl von 45 % stellt lediglich einen Beispielsfall dar und darf nicht als Normalwert missverstanden werden.

83 Sofern die herangezogenen Kaufpreissammlungen oder auf sonstige Weise ermittelten Vergleichspreise auch bei Einholung ergänzender Informationen keine hinreichenden Aufschlüsse über die im gewöhnlichen Geschäftsverkehr für Waldflächen gezahlten Preise versprechen, kommt eine Wertermittlung

– nach den Waldbewertungsrichtlinien des Bundes (WaldR) oder

– nach Bewertungsrichtlinien des Landes (z. B. WB 95 von Sachsen-Anhalt)

in Betracht[53].

Abb. 16: Land- und forstwirtschaftlich genutzte Grundstücke im Ennepe-Ruhr-Kreis

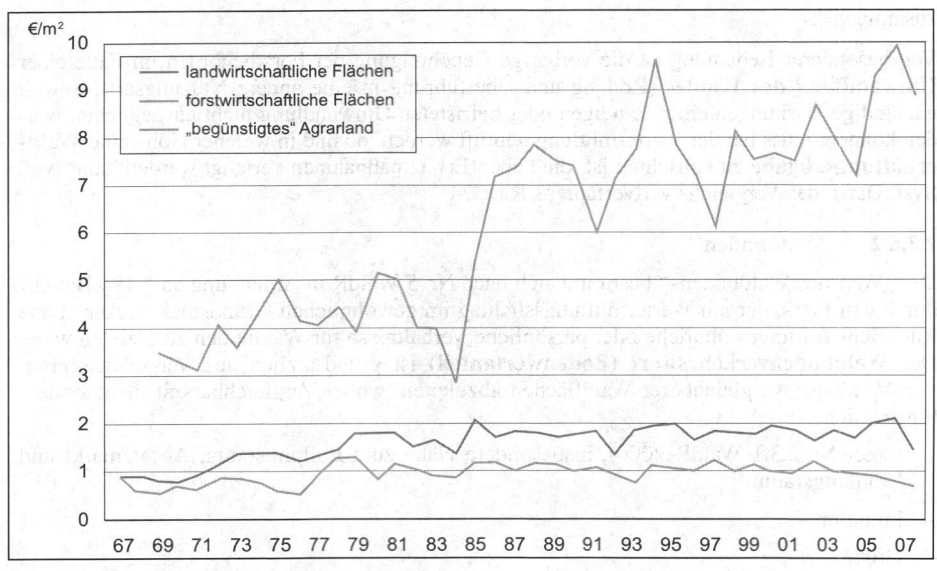

Quelle: Grundstücksmarktbericht Ennepe-Ruhr-Kreis 2009

84 Als vergleichbar können **Vergleichspreise** aus Gebieten herangezogen werden, **die hinsichtlich**

– Gemeindegröße i.V.m. der Bevölkerungsdichte und

– **Ertragsfähigkeit ihrer landwirtschaftlichen Flächen** (gemessen an der Ertragsmesszahl)

vergleichbar sind.

85 *Beispiel:*

– Örtlich maßgebender landwirtschaftlicher Bodenwert: 9 000 €/ha

– Verhältnis der Waldbodenpreise zu den landwirtschaftlichen Bodenpreisen in vergleichbaren Gebieten

$$45 : 100$$

Der **Waldbodenwert** beträgt mithin: 9 000 €/ha × 45/100 = **4 050 €/ha**

---

53 BGH, Urt. vom 5.7.2002 – V ZR 97/01 –, EzGuG 12.126; BGH, Urt. vom 2.7.1992 – III ZR 162/90 –, GuG 1993, 52 = EzGuG 2.54.

Als Vergleichspreise besonders geeignet sind solche, die sich auf Böden mit gleichwertigem Waldbestand beziehen. Dementsprechend definiert Nr. 2.1 WaldR den **Waldwert als den Wert, der die Wertanteile für den Boden und für den Waldbestand umfasst.** Die häufig gewählte Methode, den Waldbodenwert schematisch mit dem Wert des Waldes aufzuaddieren, darf nicht ungeprüft zur Anwendung kommen, weil beide Wertanteile nicht dem Gesamtwert entsprechen müssen. Bevor man zu dieser Methode greift, sollte sie deshalb auf Plausibilität geprüft werden.

Der Waldwert wird insbesondere beeinflusst von

- der Lage (Nähe zu Siedlungsgebieten, Ballungsräumen, Erholungszentren usw.),
- der Erschließung, der Größe und dem Arrondierungsgrad der Waldflächen,
- dem tatsächlichen Zustand des Waldbestands und seinem Betriebsziel,
- den gegendüblichen Preis- und Lohnverhältnissen,
- den besonderen Umständen, die den Waldwert beeinflussen können, wie z. B. Dienstbarkeiten, rechtliche Gegebenheiten, Erholungsfunktion des Waldes.

2.2.6.3 Grundstücksgröße

▶ *Vgl. Syst. Darst. des Vergleichswertverfahrens Rn. 247, 275, 306 ff.*

Der auf den Quadratmeter bezogene **Grundstückswert steigt** im Hinblick auf die forstwirtschaftliche Nutzung – wie im Grundstücksverkehr mit rein landwirtschaftlichen Flächen – nach allgemeiner Auffassung auch bei forstwirtschaftlichen Flächen **mit der Grundstücksgröße** an. Aus Abb. 17 sind allerdings andere Ergebnisse einer hierzu durchgeführten empirischen Untersuchung des Gutachterausschusses für den Bereich von *Bergisch Gladbach* ersichtlich.

Abb. 17: Abhängigkeit des Quadratmeterwerts forstwirtschaftlich genutzter Grundstücke (Waldflächen) von der Grundstücksgröße

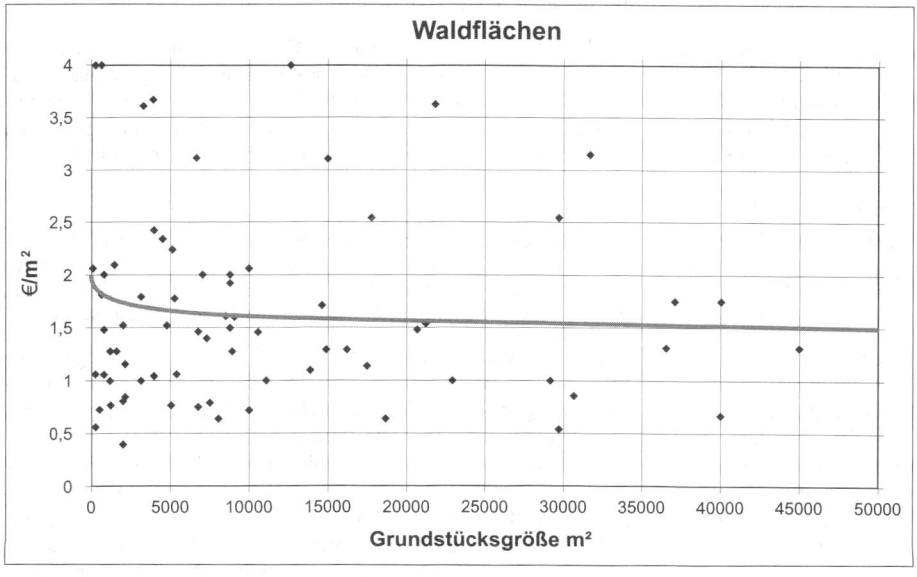

Quelle: Grundstücksmarktbericht Bergisch Gladbach 2009

Nach Untersuchungen des Oberen Gutachterausschusses für Grundstückswerte im Land *Brandenburg* besteht folgende Abhängigkeit des Bodenpreises (y) von der Flächengröße (x) bei Flächen bis 25 Hektar:

Laubholz und Mischwaldbestand: $y = 8\,€ - 0{,}5x + 0{,}2087$

Nadelholzbestand: $y = 0{,}004x + 0{,}204$

2.2.6.4 Besonderheiten für Erholungswälder

89 **Wald kann nach Maßgabe landesrechtlicher Vorschriften** auf Antrag oder von Amts wegen **zu Erholungswald erklärt werden**, wenn es das Wohl der Allgemeinheit erfordert, entsprechende Waldflächen für Zwecke der Erholung zu schützen, zu pflegen oder zu gestalten. Privatwald darf nur dann zu Erholungswald erklärt werden, wenn Staatswald und Körperschaftswald zur Sicherung des Erholungsbedürfnisses nicht ausreichen oder wegen ihrer Lage und Beschaffenheit nicht oder nur geringfügig für die Erholung in Anspruch genommen werden können (vgl. § 22 LWaldG MV).

Zur Frage der **Berücksichtigung von Naherholungsfunktionen eines Waldgebiets** hat der **BGH** ausgeführt:

„Es ist nicht zu beanstanden, dass der Sachverständige die Bedeutung des Waldes als Landreserve, als Naherholungsgebiet und als potenzielles Wassergewinnungsgebiet berücksichtigt hat. Insbesondere durfte er auch für die stadtnäheren Teile der beanspruchten Flächen einen höheren Preis ansetzen als für die dem Siedlungsgebiet ferner liegenden. ... Die Eigenschaft als Naherholungsgebiet durfte deshalb berücksichtigt werden, weil die Schaffung und Erhaltung solcher Gebiete eine wichtige und immer wichtiger werdende kommunale Aufgabe darstellt. Die Aufwendungen, die für den Ersatz oder die Ergänzung von Erholungsgebieten erforderlich sind, die ganz oder teilweise für andere Zwecke freigegeben werden mussten, geben daher für die abgebende Körperschaft einen berechtigten Grund ab, bei freihändigem Verkauf ihre Preisforderung entsprechend zu gestalten."[54]

90 Bei Heranziehung dieser Entscheidung darf allerdings nicht übersehen werden, dass es bei dem zu entscheidenden Fall um die **Bemessung der Enteignungsentschädigung** ging, die den Enteigneten in den Stand setzen soll, sich für die Entschädigung gleichwertiges Ersatzland zu kaufen. Die für das Gemeinwesen in dieser Entscheidung herausgestellten Eigenschaften sind bei privatwirtschaftlichem Erwerb derartiger Flächen dagegen i.d.R. nicht bzw. nur in dem Maße kaufpreisbeeinflussend, wie sie wirtschaftlich „realisierbar" sind.

91 Zu der **Naherholungsfunktion des Waldes** gehört auch seine Nutzbarkeit im privaten Bereich. So hat der BGH[55] in einer Entscheidung darauf hingewiesen, dass die Lage eines Waldgrundstücks in der Nähe einer guten Straße, das zum Abstellen von Wohnwagen (an Wochenenden) dient, seinen Wert so erhöhen kann, dass es dem Wert von landwirtschaftlich genutzten Grundstücken selbst dann gleichkommt, wenn es in einem Landschaftsschutzgebiet liegt.

2.2.6.5 Waldbestand

Schrifttum: *Baader,* Untersuchungen über Randschäden, Schriftenreihe der forstlichen Universität Göttingen 1952, Bd. 3 Frankfurt am Main; *Haub/Weimann,* Neue Alterwertfaktoren der Bewertungsrichtlinien; *Köhne,* Landwirtschaftliche Taxationslehre, Hamburg; *Sagl,* Bewertung in Forstbetrieben, Berlin, Blackwell Wissenschaftsverlag; *Speidel,* Forstwirtschaftliche Betriebswirtschaftslehre, Parey Berlin.

92 Bezüglich der **Berücksichtigung des Holzbestands** (vgl. Rn. 101 ff.) ist der maßgebliche Entwicklungszustand der Waldfläche von Bedeutung. Grundsätzlich ist der Ertragswert des Aufwuchses im Falle einer Enteignung des Grundstücks nicht gesondert zu entschädigen, wenn das Grundstück z. B. als baureifes Land eingestuft wurde, weil der Verkehrswert derartiger Grundstücke in ausschlaggebender Weise durch die bauliche und nicht durch die forstwirtschaftliche Nutzbarkeit bestimmt wird[56]. Kann jedoch der Bewuchs vor der baulichen Nutzung zusätzlich wirtschaftlich verwertet werden, so schließt dies infolgedessen nicht aus, „dass der Grundeigentümer aus forstlichem Gelände den Nutzen zieht, auf den es nach seiner bisherigen und gegenwärtigen ... Bewirtschaftungsform angelegt ist. Die Erwartung einer

---

54 BGH, Urt. vom 12.10.1970 – III ZR 117/67 –, EzGuG 2.10; BGH, Urt. vom 5.4.1973 – III ZR 74/72 –, EzGuG 2.12; BGH, Urt. vom 24.1.1972 – III ZR 166/69 –.
55 BGH, Urt. vom 14.3.1968 – III ZR 200/65 –, EzGuG 4.27a.
56 OLG Hamburg, Urt. vom 10.10.1969 – 1 U 81/68 –, EzGuG 6.186a unter Bezugnahme auf BGH, Urt. vom 12.7.1965 – III ZR 214/64 –, EzGuG 2.8; vgl. auch OLG Stuttgart, Urt. vom 7.3.1962 – 1 U 1/62 –, EzGuG 2.5.

baulichen Nutzung und der Hiebreife können nämlich nebeneinander bestehen."[57] Die zur Erzielung des Nutzens erforderlichen Aufwendungen müssen dabei allerdings berücksichtigt werden.

Im Bereich der **Beleihungswertermittlung** bleiben im Übrigen Holzbestände unberücksichtigt[58].

Bei der **Verkehrswertermittlung der Waldbestände** (Bestandswald) wird unterschieden zwischen

– dem Altersklassenwald (Rn. 94 ff.),
– dem Plenterwald (Rn. 113),
– dem Mittelwald (Rn. 113),
– dem Niederwald (Rn. 120) und
– dem Bauernwald (Rn. 115).

a) *Altersklassenwald*

Für **Waldbestände eines Altersklassenwaldes, der die Umtriebszeit (U) erreicht oder überschritten hat, ist nach den Vorgaben der WaldR als Bestandswert der Abtriebswert zu ermitteln.** Für jüngere Waldbestände des Altersklassenwaldes ist der Bestandswert nach dem Alterswertfaktorverfahren (vgl. Nr. 6.6 WaldR) zu ermitteln. Ist jedoch der Abtriebswert größer als der nach dem Alterswertfaktorverfahren ermittelte Wert, so ist als Bestandswert der Abtriebswert anzusetzen. In den Fällen, in denen das Alterswertfaktorverfahren nicht durchgeführt werden kann, ist der Bestandswert nach einem anderen anerkannten Verfahren zu ermitteln. Dabei ist zu beachten, dass der Bestandswert i.d.R. nicht niedriger liegt als die Kosten, die für die Wiederbegründung eines Bestands gleicher Holzart, Wuchsleistung und Qualität bei ordnungsgemäßer Bewirtschaftung gegendüblich aufgewendet werden würden.

Bei größeren Waldobjekten ist das Verfahren der Einzelbewertung von Boden und Waldbestand der WaldR problematisch. Nr. 3.2 WaldR führt hierzu aus, dass die Einzelbewertung zu einem Ergebnis führen kann, das über dem Verkehrswert liegt.

Der **Abtriebswert eines Waldbestands** entspricht dem Marktpreis, der beim Verkauf des gefällten und aufgearbeiteten Holzes nach Abzug der Holzerntekosten erzielbar wäre (erntekostenfreier Holzerlös). Dieser wird ermittelt auf der Grundlage der durchschnittlichen sortimentsspezifischen Holzerlöse und Holzerntekosten der letzten Jahre unter Berücksichtigung der örtlichen Verhältnisse und Entwicklungen. Der Abtriebswert stellt mithin einen Zerschlagungs- oder Liquidationswert dar.

Bei der **Ermittlung des Abtriebswerts** ist im Einzelnen wie folgt zu verfahren:

Der **Holzvorrat** ist nach Handelsklassen zu sortieren. Weicht die Aushaltungsgrenze von der nach Nr. 4.3 Abs. 3 WaldR 2000 zu Grunde gelegten Grenze ab, ist der Vorrat im Bereich der betroffenen Sortimente entsprechend zu korrigieren.

Die **Waldbestände sind** entsprechend ihrem tatsächlichen Zustand **nach der gegendüblichen Sortierung** oder im Anhalt an Sortenertragstafeln **einzuschätzen.** Besondere Gütemerkmale sind zu berücksichtigen.

Die **Sortenanteile** sind mit den in der jeweiligen Gegend nachhaltig erzielbaren Bruttoholzpreisen (Nettoholzpreis + Umsatzsteuer) anzusetzen. Der Forstabsatzfondsbeitrag wird nicht abgezogen. Bei der Ermittlung der nachhaltigen Holzpreise ist von den in größeren Forstverwaltungen im Durchschnitt mehrerer, dem Wertermittlungsstichtag vorangegangener Forstwirtschaftsjahre erzielten Holzpreisen auszugehen. Die allgemeine Entwicklungstendenz der Holzpreise und die besonderen, gegendüblichen Verhältnisse sind angemessen zu berücksichtigen.

---

57 BGH, Urt. vom 28.4.1969 – III ZR 189/66 –, EzGuG 6.121a; BGH, Urt. vom 7.10.1976 – III ZR 60/73 –, EzGuG 6.188.
58 Rüchardt, Studienbriefe HypZert 2001 S. 46.

99 Auf der Grundlage des ermittelten Holzvorrats, seiner Sortierung und der nachhaltigen Holzpreise ist der **Bruttoverkaufserlös des Waldbestands** zu ermitteln.

100 Als Holzerntekosten sind die zum Wertermittlungsstichtag in der jeweiligen Gegend üblichen **Holzerntekosten** anzusetzen. Hierzu gehören **die Kosten des Holzeinschlags** unter Berücksichtigung der besonderen Hiebs- und Arbeitsbedingungen, **der Holzvermessung, der Holzbringung und** die **anteiligen Lohnnebenkosten.** Soweit in der jeweiligen Gegend bei der Holzernte Unternehmereinsatz üblich ist, ist auch die dabei anfallende Umsatzsteuer zu den Holzerntekosten zu rechnen.

101 Der **Bestandswert nach dem Alterswertfaktorverfahren** ist nach der sog. Blume'schen Formel zu ermitteln:

$$H_a = [(A_u - c) \times f + c] \times B$$

H_a = Bestandswert für 1 ha im Alter a
A_u = Abtriebswert je ha eines Waldbestandes im Alter der Umtriebszeit U
c = Kulturkosten je ha
f = Alterswertfaktor für das Alter a
B = Bestockungsfaktor (Wertrelation zu einem vollbestockten Bestand) im Alter a (siehe auch Nr. 6.6.1 WaldR 2000)
A = Alter a (ggf. wirtschaftliches Alter der Pflanzen)

102 Abtriebswert im Alter U (A_u) ist die Differenz zwischen dem Bruttoverkaufserlös für das im Alter U gefällte und aufgearbeitete Holz eines Waldbestands (Nr. 6.5.1 WaldR 2000) und den dabei anfallenden Holzerntekosten (Nr. 6.5.2 WaldR 2000).

103 Die **Umtriebszeit U** ist grundsätzlich nach dem Betriebswerk bzw. Betriebsgutachten oder nach der gegendüblichen Umtriebszeit anzusetzen. Soweit für Einzelbestände ein wesentlich abweichendes Endnutzungsalter zu erwarten ist, gilt dieses für diese Bestände als Umtriebsalter.

104 Der **Bestockungsfaktor** soll im Gegensatz zu dem bei der Waldaufnahme festgestellten Bestockungsgrad in der Formel so angesetzt werden, dass Regenerationsfähigkeit und Lichtungszuwachs sowie eine von der angewendeten Ertragstafel abweichende waldbauliche Zielbestockung des Bestandes angemessen berücksichtigt werden.

105 Kulturkosten sind die gegendüblichen Kosten der Wiederbegründung eines Waldbestandes. Dazu sind zu rechnen: die Kosten für Schlagräumung und etwaige Bodenbearbeitung, für Pflanzenbeschaffung und Pflanzung, für etwa erforderlichen Schutz der Kultur (Einzelschutz oder Flächenschutz), zur Abwendung sonstiger Risiken und für Kulturpflege (Freischneiden, chemische Unkrautbekämpfung) bis zur Sicherung der Kultur. Zu den Kulturkosten rechnen auch die anteiligen Lohnnebenkosten und die anteilige Umsatzsteuer. Für Unternehmereinsatz gilt Nr. 6.5.2 WaldR letzter Satz entsprechend.

106 Kosten, die erst nach der Sicherung der Kultur auftreten, wie z. B. Pflege, Säuberungs- und Läuterungskosten, rechnen nicht zu den Kulturkosten i.S. der WaldR 2000.

107 Der **Alterswertfaktor für das Alter a** ist in den Tabellen der Anl. 1 WaldR 2000[59] = Abb. 18 für die betreffende Umtriebszeit zu entnehmen.

---

[59] Kleiber, WERTR 2006, Sammlung amtlicher Vorschriften 10. Aufl. Köln 2010 Bundesanzeiger Verlag; Königs in GuG 1991, 83; Mantel/Weinmann, Waldbewertung, 6. Aufl. München 1982.

Abb. 18: Alterswertfaktoren zu den Waldwertermittlungsrichtlinien 2000 (Anl. 1)

Alter	Eiche	Buche	Fichte	Kiefer	Alter	Eiche	Buche	Fichte	Kiefer	Alter	Eiche	Buche
1	0,005	0,007	0,007	0,007	61	0,367	0,480	0,603	0,528	121	0,761	0,932
2	0,011	0,013	0,013	0,014	62	0,374	0,488	0,616	0,538	122	0,767	0,938
3	0,016	0,020	0,020	0,020	63	0,381	0,497	0,628	0,548	123	0,773	0,943
4	0,021	0,027	0,027	0,027	64	0,387	0,506	0,640	0,558	124	0,779	0,948
5	0,027	0,033	0,034	0,034	65	0,394	0,515	0,652	0,568	125	0,784	0,952
6	0,032	0,040	0,041	0,041	66	0,401	0,523	0,664	0,578	126	0,790	0,957
7	0,037	0,047	0,048	0,048	67	0,408	0,532	0,676	0,588	127	0,796	0,961
8	0,043	0,054	0,055	0,055	68	0,415	0,541	0,688	0,598	128	0,801	0,966
9	0,048	0,060	0,062	0,062	69	0,422	0,549	0,700	0,608	129	0,807	0,970
10	0,053	0,067	0,070	0,069	70	0,429	0,558	0,712	0,617	130	0,812	0,974
11	0,059	0,074	0,078	0,076	71	0,436	0,567	0,724	0,627	131	0,818	0,977
12	0,064	0,081	0,085	0,084	72	0,442	0,575	0,736	0,637	132	0,823	0,981
13	0,070	0,088	0,093	0,091	73	0,449	0,584	0,748	0,647	133	0,829	0,984
14	0,075	0,095	0,102	0,099	74	0,456	0,592	0,760	0,656	134	0,834	0,987
15	0,080	0,102	0,110	0,106	75	0,463	0,601	0,771	0,666	135	0,839	0,990
16	0,086	0,109	0,118	0,114	76	0,470	0,609	0,783	0,676	136	0,845	0,993
17	0,091	0,116	0,127	0,122	77	0,477	0,617	0,794	0,685	137	0,850	0,995
18	0,097	0,123	0,135	0,129	78	0,484	0,626	0,806	0,695	138	0,855	0,997
19	0,103	0,131	0,144	0,137	79	0,491	0,634	0,817	0,704	139	0,860	0,999
20	0,108	0,138	0,153	0,145	80	0,497	0,642	0,828	0,714	140	0,865	1,000
21	0,114	0,146	0,162	0,153	81	0,504	0,651	0,839	0,723	141	0,870	
22	0,120	0,153	0,171	0,162	82	0,511	0,659	0,850	0,733	142	0,875	
23	0,125	0,161	0,180	0,170	83	0,518	0,667	0,860	0,742	143	0,880	
24	0,131	0,168	0,190	0,178	84	0,525	0,675	0,871	0,751	144	0,885	
25	0,137	0,176	0,199	0,187	85	0,531	0,683	0,881	0,761	145	0,890	
26	0,143	0,183	0,209	0,195	86	0,538	0,691	0,891	0,770	146	0,894	
27	0,148	0,191	0,219	0,204	87	0,545	0,699	0,901	0,779	147	0,899	
28	0,154	0,199	0,229	0,212	88	0,552	0,707	0,911	0,788	148	0,904	
29	0,160	0,207	0,239	0,221	89	0,558	0,715	0,920	0,797	149	0,908	
30	0,166	0,215	0,249	0,230	90	0,565	0,723	0,929	0,805	150	0,913	
31	0,172	0,223	0,259	0,239	91	0,572	0,731	0,938	0,814	151	0,917	
32	0,178	0,231	0,269	0,248	92	0,578	0,739	0,946	0,823	152	0,921	
33	0,184	0,239	0,280	0,257	93	0,585	0,746	0,954	0,831	153	0,926	
34	0,190	0,247	0,290	0,266	94	0,592	0,754	0,962	0,840	154	0,930	
35	0,197	0,255	0,301	0,275	95	0,598	0,761	0,970	0,848	155	0,934	
36	0,203	0,264	0,312	0,284	96	0,605	0,769	0,977	0,856	156	0,938	
37	0,209	0,272	0,323	0,294	97	0,612	0,776	0,983	0,865	157	0,942	
38	0,215	0,280	0,334	0,303	98	0,618	0,784	0,989	0,873	158	0,946	
39	0,222	0,289	0,345	0,312	99	0,625	0,791	0,995	0,880	159	0,949	
40	0,228	0,297	0,356	0,322	100	0,631	0,798	1,000	0,888	160	0,953	
41	0,234	0,306	0,367	0,331	101	0,638	0,806		0,896	161	0,957	
42	0,241	0,314	0,378	0,341	102	0,644	0,813		0,903	162	0,960	
43	0,247	0,323	0,390	0,351	103	0,650	0,820		0,911	163	0,963	
44	0,254	0,331	0,401	0,360	104	0,657	0,827		0,918	164	0,967	
45	0,260	0,340	0,413	0,370	105	0,663	0,834		0,925	165	0,970	
46	0,267	0,348	0,424	0,380	106	0,670	0,841		0,931	166	0,973	
47	0,273	0,357	0,436	0,389	107	0,676	0,847		0,938	167	0,976	
48	0,280	0,366	0,448	0,399	108	0,682	0,854		0,944	168	0,979	
49	0,286	0,375	0,459	0,409	109	0,688	0,861		0,950	169	0,981	
50	0,293	0,383	0,471	0,419	110	0,695	0,867		0,956	170	0,984	

V § 5 ImmoWertV — Wald

Alter	Eiche	Buche	Fichte	Kiefer	Alter	Eiche	Buche	Fichte	Kiefer	Alter	Eiche	Buche
51	0,299	0,392	0,483	0,429	111	0,701	0,874		0,962	171	0,986	
52	0,306	0,401	0,495	0,439	112	0,707	0,880		0,968	172	0,988	
53	0,313	0,409	0,507	0,449	113	0,713	0,886		0,973	173	0,990	
54	0,320	0,418	0,519	0,459	114	0,719	0,892		0,978	174	0,992	
55	0,326	0,427	0,531	0,469	115	0,725	0,898		0,982	175	0,994	
56	0,333	0,436	0,543	0,478	116	0,731	0,904		0,986	176	0,996	
57	0,340	0,445	0,555	0,488	117	0,737	0,910		0,990	177	0,997	
58	0,347	0,453	0,567	0,498	118	0,743	0,916		0,994	178	0,998	
59	0,353	0,462	0,579	0,508	119	0,749	0,922		0,997	179	0,999	
60	0,360	0,471	0,591	0,518	120	0,755	0,927		1,000	180	1,000	

108 Das **Alter a ist das Kulturalter des Bestands.** Ist das Kulturalter eines Bestands nicht zu ermitteln, können vom festgestellten Pflanzenalter zur hilfsweisen Ermittlung des Kulturalters bei den einzelnen Baumartengruppen die nachstehend aufgeführten Jahre vom Pflanzenalter abgesetzt werden:

Eiche	3
Buche	3
Fichte	4
Kiefer	2

Bei deutlich abweichendem Wuchsverlauf ist das wirtschaftliche Alter anzusetzen.

109 Die **Zuordnung zu den Baumartengruppen** erfolgt im Regelfall wie folgt:

Eiche	alle Eichenarten
Buche	alles Laubholz, außer Eichenarten
Fichte	alle Nadelbaumarten, außer den bei der Baumartengruppe Kiefer aufgeführten
Kiefer	alle Kiefern- und Lärchenarten

110 Folgende **Umtriebszeiten** liegen den Alterswertfaktoren zu Grunde:

Eiche	180 Jahre
Buche	140 Jahre
Fichte	100 Jahre
Kiefer	120 Jahre

111 Bei **Abweichungen** von den vorstehenden Umtriebszeiten (höher und niedriger) ist zunächst ein Korrekturfaktor (k) aus der Umtriebszeit der Standardtabelle (U_S) dividiert durch die wirkliche Umtriebszeit (U_W) zu bilden. Durch Multiplikation des Alters (a) mit k ergibt sich ein verändertes Eingangsalter, mit dem der Alterswertfaktor (f) in der entsprechenden Baumartengruppe abgelesen wird.

112 *Beispiel:*
Für die Berechnung eines Bestandswerts nach dem Alterswertfaktorverfahren bei abweichender Umtriebszeit:
Wertermittlungsgrundlagen:
Esche 1,0 ha, Alter 80 Jahre, Bestockungsfaktor 0,9, Umtriebszeit 120 Jahre.

A_{120} = 11 000 €/ha   c = 3 000 €/ha

$k = U_S/U_W = 140/120 = 1,16$

Alter = 80 Jahre × 1,167 = 93,4 Jahre

Durch Verwendung der Standardtabelle für die Baumartengruppe Buche und Interpolation zwischen $f_{93} = 0{,}746$ und $f_{94} = 0{,}754$ ergibt sich $f = 0{,}749$

Rechengang:
$H_{80} = [(11\,000 - 3\,000) \times 0{,}749 + 3\,000] \times 0{,}9$
$H_{80} = [8\,000 \times 0{,}749 + 3\,000] \times 0{,}9$
$H_{80} = [5\,992 + 3\,000] \times 0{,}9$
$H_{80} = 8\,992 \times 0{,}9$
$H_{80} = 8\,093\ €$

Der nach dem Alterswertfaktorverfahren hergeleitete Bestandswert für eine noch nicht gesicherte Kultur ist um den Teilbetrag der nach Nr. 6.6.2 WaldR (vgl. Rn. 110) zu Grunde gelegten Kulturkosten zu kürzen, der bis zum Wertermittlungsstichtag noch nicht aufgewendet sein kann.

b) *Plenterwald und Mittelwald*

Für Waldbestände des Plenterwaldes und des Mittelwaldes ist zunächst der Abtriebswert (Rn. 95) des haubaren und annähernd haubaren Holzvorrats zu ermitteln. Sodann ist nach dem Alterswertfaktorverfahren (Rn. 101) der Wert des nicht hiebsreifen Unter- und Zwischenstands auf der ihm zuzurechnenden Anteilfläche (ideelle Teilfläche) zu ermitteln. Die **Summe aus dem Abtriebswert und dem Wert des nicht hiebsreifen Unter- und Zwischenstands ergibt den Bestandswert des Plenterwaldes bzw. Mittelwaldes.**

c) *Niederwald*

Für Waldbestände des Niederwaldes ist als **Bestandswert der Abtriebswert** (Rn. 100) zu ermitteln. An Stelle des Abtriebswerts können gegendübliche Erfahrungswerte angesetzt werden.

d) *Bauernwald*[60]

„Bauernwald" ist ein „bäuerlicher Waldbesitz" bis 200 ha Größe, der mit einem **landwirtschaftlichen Betriebsteil** zusammen als ein Betrieb durch die Person des Betriebsinhabers und seiner Familienangehörigen **bewirtschaftet wird**. In der historischen Entwicklung wurde dem bäuerlichen Waldbesitz eine Ausgleichsfunktion für ungünstige landwirtschaftliche Standorts- und damit Produktionsbedingungen zugewiesen. Waldbesitz sollte über seine verschiedenen Nutzungsmöglichkeiten – neben der Holznutzung auch als Waldweide, Streulieferant und als zeitweiliges Ackerland im Wald-Feldbaubetrieb – das Überleben von landwirtschaftlichen Betrieben in den zahlreichen Mittelgebirgslagen des Landes sichern.

Es handelt sich um wildwachsende Waldflächen mit Stockausschlag. Als **Stockausschlag** wird die natürliche Verjüngung eines Waldbestandes durch die Fähigkeit mancher Laubbaumarten (z. B. Eiche, Buche, Hainbuche, Linde, Birke, die verschiedenen Erlenarten, Weide) sowie weniger Nadelbaumarten (z. B. Eibe) zur vegetativen Vermehrung bezeichnet, insbesondere durch Ausschlagung der sogenannten schlafenden Augen des Stockes. Diese Erscheinung tritt besonders nach einer Winterfällung auf. Diese Art der Verjüngung wurde im heute forstwirtschaftlich nicht mehr aktuellen Niederwald ausgenutzt und als „auf den Stock setzen" bezeichnet. Da Bäume aus Stockausschlag aber meist nur minderwertige Stammqualität aufweisen, wird der Stockausschlag in der modernen Forstwirtschaft kaum noch genutzt. Die Rekultivierung der Flächen als landwirtschaftliche Flächen ist zumeist unrentierlich, so dass sie i.d.R. als landwirtschaftliche Flächen bewertet werden

▶ *Zur Verkehrswertermittlung von Waldgebieten mit Naherholungsfunktion vgl. Rn. 94 ff.*

2.2.7 Gestaute Wasserflächen, Fischteiche

Den land- und forstwirtschaftlichen Grundstücken sind auch entsprechend genutzte Wasserflächen zuzurechnen.

---

60 OLG Düsseldorf, Urt. vom 26.10.1976 – 4 U 41/65 –, EzGuG 2.15a.

V § 5 ImmoWertV   Besondere Flächen der Land- oder Forstwirtschaft

▶ *Zur Verkehrswertermittlung von Wasserflächen vgl. Rn. 5, 272, 435 ff.; Syst. Darst. des Vergleichswertverfahrens Rn. 401; § 6 ImmoWertV Rn 117 f.; Teil IX Rn. 329*

2.3 Besondere Flächen der Land- oder Forstwirtschaft

2.3.1 Allgemeines

▶ *Hierzu bereits allgemeine Hinweise bei Rn. 20 ff.; Teil VIII Rn. 185 ff.*

117 § 4 Abs. 1 Nr. 2 WertV 88/98 definierte die besonderen Flächen der Land- oder Forstwirtschaft als entsprechend genutzte oder nutzbare Flächen, die sich aufgrund

a) **besonderer Eigenschaften auch für außerland- und forstwirtschaftliche Nutzungen eignen und**

b) **für die** im gewöhnlichen Geschäftsverkehr **eine** dahingehende **Nachfrage besteht.**

118 Der **Wert dieser Flächen** wird im Unterschied zum innerlandwirtschaftlichen Verkehrswert **auch als außerlandwirtschaftlicher Verkehrswert bezeichnet**. Auch wurde in der Vergangenheit vom begünstigten Agrarland gesprochen; dieser von *Seele*[61] vorgeschlagene unscharfe Begriff hat sich aber nicht durchsetzen können.

Die ImmoWertV hat die Regelung ersatzlos gestrichen, obwohl die Existenz dieses Grundstücksteilmarktes und ihre Bedeutung alljährlich in den Grundstücksmarktberichten der Gutachterausschüsse für Grundstückswerte dokumentiert worden ist. Die Definition hat zu Missverständnissen Anlass gegeben, denn die in der Definition hervorgehobene „Eignung für außerland- und außerwirtschaftliche Nutzungen" wurde mit einer Bauerwartung gleichgesetzt, obwohl die Definition klarstellend darauf hinwies, dass eine **„Entwicklung zu einer Bauerwartung" nicht gegeben sein darf** (vgl. Rn. 20).

119 Dass die ImmoWertV die besonderen land- und forstwirtschaftlichen Flächen nicht mehr definiert, bedeutet nicht, dass dieser Grundstücksteilmarkt nicht existiert. Die Nachfolgeregelung schließt die besonderen Flächen der Land- oder Forstwirtschaft ein, ohne sie ausdrücklich hervorzuheben. Von daher ist in den einschlägigen Fällen die ersatzlos gestrichene Definition der WertV 88/98 weiterhin von Bedeutung. Als **besondere Flächen der Land- oder Forstwirtschaft** kommen – wie für die „reinen" land- und forstwirtschaftlichen Flächen – **nur** solche land- und forstwirtschaftlich nutzbaren **Flächen in Betracht, die** nach dem Stand der Bauleitplanung und der sonstigen Entwicklung des Gebiets **auf absehbare Zeit eine bauliche Nutzung nicht erwarten lassen.**

Bei der im alten Recht genannten Eignung für **„außerland- und außerforstwirtschaftliche Nutzungen"** muss es sich also um Nutzungen handeln, die nicht unter die Bestimmungen der §§ 30, 33 und 34 BauGB fallen (vgl. hierzu Rn. 129 ff.).

120 Die „Eignung für eine „außerland- und außerforstwirtschaftliche Nutzung" allein reicht nicht aus, um ein Grundstück als besondere land- und forstwirtschaftlichen Fläche zu qualifizieren. Es muss auch eine dem gewöhnlichen Geschäftsverkehr zurechenbare Nachfrage nach diesen Flächen im Belegenheitsgebiet bestehen. **Beide Voraussetzungen müssen kumulativ erfüllt sein** (vgl. Rn. 20 ff.).

---

61 BT-Drucks, 7/4739, § 135b, § 143b Abs. 3, S. 46, 53: Seele in VR 1974, 161; allein schon die begriffliche Beschränkung auf Agrarland stellt eine unzutreffende Einengung dar; in der Rechtsprechung ist auch von „höherwertigem Agrarland", „Bauhoffnungsland", „spekulativem Ackerland" und „stadtnahem Ackerland" gesprochen worden; vgl. BGH, Urt. vom 28.1.1974 – III ZR 11/72 –, EzGuG 8.42; BGH, Urt. vom 12.6 1975 – III ZR 25/73 –, EzGuG 4.44; OLG Koblenz, Urt. vom 28.8.1985 – 1 U 95/84 –, EzGuG 8.62; BayObLG, Urt. vom 18.5.1977 – 2 Z 108/76 –, EzGuG 8.51; OLG Köln, Urt. vom 21.11.1972 – 4 U 199/71 –, EzGuG 8.39; auch Gelzer in NJW Schriftenreihe Heft 2 Rn. 13.

Besondere Flächen der Land- oder Forstwirtschaft § 5 ImmoWertV V

Abb. 19: Fläche der Land- oder Forstwirtschaft

2.3.2 Sanierungsgebiete und Entwicklungsbereiche

▶ *Teil VIII Rn. 185 ff.*

Rechtshistorisch ist die **Definition der besonderen Flächen der Land- oder Forstwirtschaft aus dem städtebaulichen Entwicklungsmaßnahmenrecht** der §§ 165 ff. BauGB (vormals §§ 53 ff. StBauFG) **hervorgegangen**. Nach § 169 Abs. 4 BauGB (vormals § 57 Abs. 4 StBauFG) ist nämlich die entschädigungsrechtliche Reduktionsklausel des § 153 Abs. 1 BauGB (vormals § 23 StBauFG) in städtebaulichen Entwicklungsbereichen mit besonderer Maßgabe anzuwenden: **121**

a) Grundsätzlich bemessen sich auch in den städtebaulichen Entwicklungsbereichen die Ausgleichs- und Entschädigungsleistungen in entsprechender Anwendung des § 153 Abs. 1 BauGB; dies folgt aus § 169 Abs. 1 Nr. 6 BauGB (vgl. Parl. Anfrage vom 14.3.2006, BT-Drucks. 16/1043 = GuG 2007, 49). **122**

   § 153 Abs. 1 BauGB hat folgenden Wortlaut:

   „(1) Sind aufgrund von Maßnahmen, die der Vorbereitung oder Durchführung der Sanierung im förmlich festgelegten Sanierungsgebiet dienen, nach den Vorschriften dieses Gesetzbuchs Ausgleichs- und Entschädigungsleistungen zu gewähren, werden bei deren Bemessung Werterhöhungen, die lediglich durch die Aussicht auf die Sanierung, durch ihre Vorbereitung oder ihre Durchführung eingetreten sind, nur insoweit berücksichtigt, als der Betroffene diese Werterhöhung durch eigene Aufwendungen zulässigerweise bewirkt hat. Änderungen in den allgemeinen Wertverhältnissen auf dem Grundstücksmarkt sind zu berücksichtigen."

b) Ergänzend hierzu bestimmt **§ 169 Abs. 4 BauGB** für städtebauliche Entwicklungsbereiche: **123**

   „(4) Auf land- oder forstwirtschaftlich genutzte Grundstücke ist § 153 Abs. 1 mit der Maßgabe entsprechend anzuwenden, dass in den Gebieten, in denen sich kein von dem innerlandwirtschaftlichen Verkehrswert abweichender Verkehrswert gebildet hat, der Wert maßgebend ist, der in vergleichbaren Fällen im gewöhnlichen Geschäftsverkehr auf dem allgemeinen Grundstücksmarkt dort zu erzielen wäre, wo keine Entwicklungsmaßnahmen vorgesehen sind."

c) Hieraus folgt, dass **§ 169 Abs. 4 BauGB nur zur Anwendung kommt, wenn sich im städtebaulichen Entwicklungsbereich kein vom innerlandwirtschaftlichen Verkehrswert „abweichender Wert" gebildet hat.** Des Weiteren findet das Bewertungsprivileg nach dem ausdrücklichen Wortlaut des § 169 Abs. 4 BauGB **nur auf land- oder forstwirtschaftlich genutzte Grundstücke** Anwendung. **124**

V § 5 ImmoWertV Besondere Flächen der Land- oder Forstwirtschaft

125 Ein derartiger Fall ist allenfalls die **Ausnahme**, weil sich erfahrungsgemäß in den Städten, in denen die Durchführung städtebaulicher Entwicklungsmaßnahmen erforderlich wird, regelmäßig höhere Verkehrswerte gebildet haben, so dass dort bei einer entsprechenden Anwendung des § 153 Abs. 1 BauGB bereits ein Entwicklungszustand i.S. der besonderen land- oder forstwirtschaftlichen Flächen mit einem außerlandwirtschaftlichen Verkehrswert bzw. sogar ein „höherer" Entwicklungszustand maßgeblich ist[62].

126 Im Übrigen ist in der Rechtsprechung darauf hingewiesen worden, dass sich selbst die Preise „**rein**" **landwirtschaftlicher Grundstücke im Ausstrahlungsbereich von Großstädten ohnehin nicht mehr am Ertragswert orientieren** (vgl. Rn. 25)[63].

127 Obwohl bei dieser Sachlage die Regelungen des § 169 Abs. 4 BauGB weitgehend „leer" laufen, ist die Frage kontrovers behandelt worden, welcher Entwicklungszustand in den äußerst seltenen Anwendungsfällen des § 169 Abs. 4 BauGB zu entschädigen ist[64]. Ursächlich dafür ist letztlich die als politischer Kompromiss zu erklärende „unscharfe" gesetzliche Regelung des § 169 Abs. 4 BauGB (vormals § 57 Abs. 4 StBauFG)[65]. Nach dieser Vorschrift wird für die Bemessung der Mindestentschädigung nicht auf den Entwicklungszustand „Bauerwartung" abgehoben. Dies wurde im Verlauf des Gesetzgebungsverfahrens zwar mit Nachdruck gefordert, jedoch hat der Gesetzgeber diesen ansonsten gängigen Begriff vermieden und stattdessen auf den Wert abgehoben, der „auf dem allgemeinen Grundstücksmarkt dort zu erzielen wäre, wo keine Entwicklungsmaßnahme vorgesehen ist".

Zur Klarstellung ist aber noch einmal darauf hinzuweisen, dass dieses **Bewertungsprivileg** nur in den seltenen Fällen „greift", wo sich tatsächlich nur der innerlandwirtschaftliche Verkehrswert gebildet hat.

2.3.3 Qualifikationsmerkmale

128 Als besondere Flächen der Land- oder Forstwirtschaft sind zunächst nur solche Flächen einzustufen, die aufgrund objektiver Kriterien besondere Eigenschaften aufweisen. Die Vorschrift nennt

– die landschaftliche oder verkehrliche Lage,

– die Funktion der Flächen und

– ihre Nähe zu Siedlungsgebieten,

die eine **Eignung für außerlandwirtschaftliche oder außerforstwirtschaftliche Nutzungen** begründen. Der Verordnungsgeber hat es nicht vermocht, diese Nutzungen positiv zu definieren. Dies ergibt sich aus der Begründung[66]: In Betracht kommen vor allem Nutzungen

---

62 OVG Lüneburg, Urt. vom 15.12.1977 – 1 A 311/74 –, EzGuG 15.7.
63 BGH, Urt. vom 1.2.1982 – III ZR 100/80 –, EzGuG 14.70; BGH, Urt. vom 30.9.1976 – III ZR 149/75 –, EzGuG 20.64; BGH, Urt. vom 8.11.1962 – III ZR 86/61 –, EzGuG 8.5; BGH, Urt. vom 9.11.1959 – III ZR 149/58 –, EzGuG 14.12; BGH, Urt. vom 17.12.1964 – III ZR 96/63 –, EzGuG 11.47; BGH, Urt. vom 20.12.1963 – III ZR 60/63 –, EzGuG 14.17; BGH, Urt. vom 8.5.1967 – III ZR 148/65 –, EzGuG 14.28; BayObLG, Beschl. vom 23.11.1967 – XXV 2/66 –, EzGuG 8.23.
64 Giehl in BayVBl. 1973, 311; Heinemann in AgrarR 1973, 172; Seele in VR 1974, 161, und VR 1975, 53; Gaentzsch, Die Bodenwertabschöpfung in StBauFG, Siegburg 1975, S. 112; Janning, Bodenwert und Städtebaurecht, Berlin 1976, S. 276; Reisnecker in BayVBl. 1977, 655; Stich in DVBl. 1976, 139; Schlichter in BerlinerKomm. zum BauGB, § 169 Rn. 25 ff.
65 Rechtlich geht es dabei um die Frage, ob für eine bestimmte Gruppe von Enteignungsbetroffenen eine höhere Enteignungsentschädigung vorgesehen werden kann, als sonsthin gewährt wird (vgl. im Einzelnen Kleiber in Ernst/Zinkahn/Bielenberg, BauGB, Komm. zu § 4 WertV Rn. 21 ff.); vgl. BT-Drucks. VI/510, S. 66, 76; BT Drucks. VI/2204, S. 23; Prot. der 127. BT-Sitzung am 16.6.1971, S. 7328, 7339; BT-Ausschuss für Städtebau und Wohnungswesen, Sitzung am 26.4.1970, S. 148, am 23.4.1970, S. 106 und 116, am 29.4.1971, S. 22; BT Rechtsausschuss, Sitzung am 29.4.1971, S. 104.
66 BR-Drucks. 352/88, S. 37.

für Freizeit- und Erholungszwecke, als Ausflugsziel für Ausflügler[67], die Hobbypferdehaltung insbesondere aufgrund
- der Beschaffenheit des Grundstücks wie dessen Geländeform und Besonnung,
- der besonderen Anziehungskraft der Umgebung, insbesondere einer landschaftlich schönen Gegend,
- der Erreichbarkeit z. B. durch Erholungsuchende (auch aufgrund der Verkehrsverhältnisse) und der Nähe zu Ballungsgebieten.

Neben den genannten Nutzungen kommt auch die **Eignung für eine zulässige und befristete Nutzung** solcher Flächen **aus bestimmten Anlässen,** wie z. B. als Versammlungsfläche, für Jahrmärkte und Schützenfeste, Dorf- und Bürgerfeste, aber auch als befristete Park- und Abstellplätze in Betracht. Ausgeschlossen bleibt die Eignung der Fläche für eine unzulässige Nutzung. **129**

Liegen diese Voraussetzungen vor, so bildet sich in weiten Bereichen des Ausstrahlungsbereichs großer Ballungszentren für derartige Flächen regelmäßig ein höheres Bodenwertniveau selbst dort, wo eine Bauerwartung nicht besteht[68]. **130**

Allein die Eignung einer land- oder forstwirtschaftlichen Fläche auch für **außerlandwirtschaftliche oder außerforstwirtschaftliche Nutzungen** führt nicht automatisch zu deren Einstufung als besondere Fläche der Land- oder Forstwirtschaft. Es muss eine dahingehende **Nachfrage** hinzutreten, und zwar **im gewöhnlichen Geschäftsverkehr.** Einzelne Ankäufe zu diesen Zwecken reichen also nicht aus, wenn ansonsten der Grundstücksverkehr durch „rein" land- oder forstwirtschaftliche Nutzungsabsichten beherrscht wird. Dass der Verordnungsgeber allein bei der Definition der besonderen Flächen der Land- oder Forstwirtschaft neben objektiven Zustandsmerkmalen auch das Geschehen auf dem Grundstücksmarkt hier eingebunden hat, ist darin begründet, dass ansonsten jede landschaftlich schöne und verkehrsgünstig gelegene land- oder forstwirtschaftliche Fläche in diese Qualität einzuordnen wäre, auch wenn diese Vorteile nicht „marktgängig" sind. **131**

Die für die Qualifizierung einer Fläche als „besondere Fläche der Land- und Forstwirtschaft" **geforderte Nachfrage setzt nicht voraus, dass das Grundstück oder die in der Umgebung gelegenen Grundstücke auch tatsächlich Gegenstand des Grundstücksverkehrs waren.** Der Entwicklungszustand kann auch gegeben sein, wenn die übrigen Voraussetzungen vorliegen und in der weiteren Umgebung vergleichbare Grundstücke entsprechend gehandelt werden. Es genügt also die bloße Nachfrage in vergleichbaren Gebieten. Indessen können insbesondere naturbedingte oder sonstige Hindernisse, wie z. B. eine Autobahntrasse, Verhältnisse schaffen, die ansonsten vergleichbare land- oder forstwirtschaftliche Grundstücke von der Nachfrage abschneiden. Das Gleiche gilt für Grundstücke, die durch planerische Festsetzungen z. B. als Naturschutzgebiet ebenfalls von der Nachfrage abgeschnitten sind (vgl. Abb. 20). **132**

Grundstücke, die als **Landschafts- oder Naturschutzgebiet** festgesetzt sind, sind indessen nicht davon ausgenommen, dass für diese erhöhte Grundstückspreise im Hinblick auf eine außerland- oder außerforstwirtschaftliche Nutzung entrichtet werden[69].

---

[67] BR-Drucks. 352/88, S. 36 f.
[68] BGH, Urt. vom 28.4.1969 – III ZR 189/66 –, EzGuG 6.121a; vgl. auch 48. Sitzung des BT-Ausschusses für Raumordnung, Bauwesen und Städtebau vom 21.4.1975, S. 21 ff.
[69] BGH, Urt. vom 20.10.1967 – V ZR 78/65 –, EzGuG 4.27a.

V § 5 ImmoWertV   Besondere Flächen der Land- oder Forstwirtschaft

Abb. 20: Besondere land- oder forstwirtschaftliche Flächen

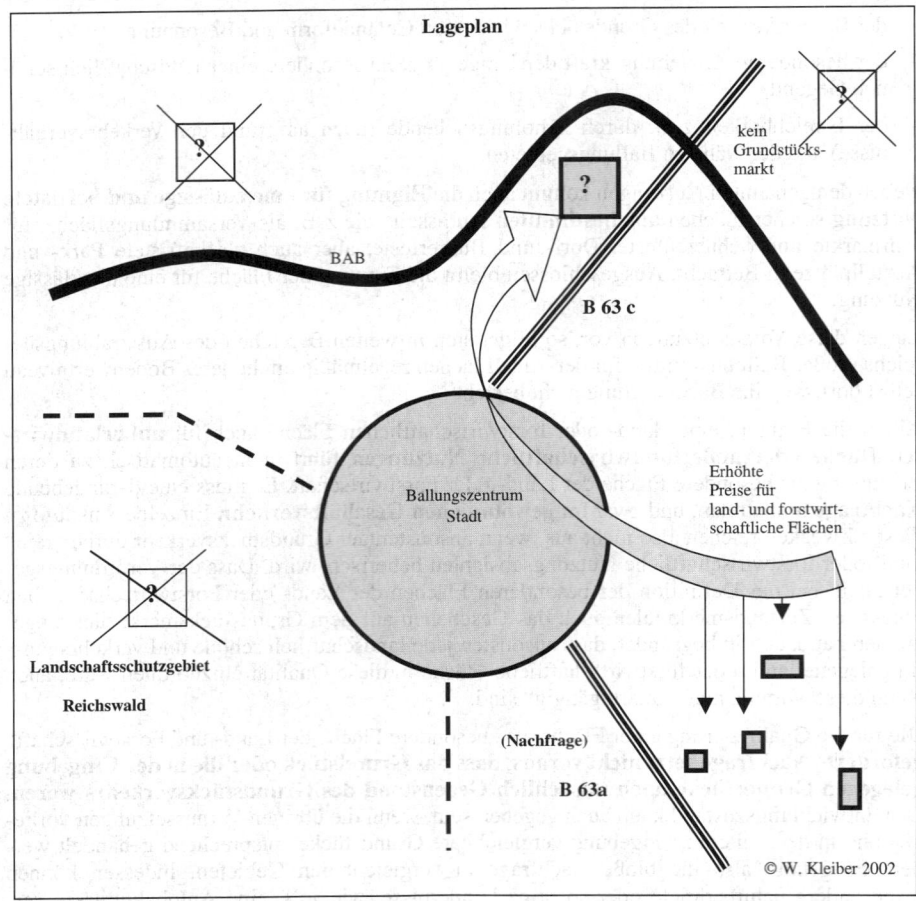

Auf der anderen Seite kann aber nicht davon ausgegangen werden, dass im **Umland großer Ballungszentren,** für außerland- und außerforstwirtschaftlich nutzbare Grundstücke auch eine entsprechende Nachfrage besteht und die Flächen stets und ausschließlich als besondere Flächen der Land- und Forstwirtschaft zu qualifizieren sind. Vielmehr können im Umland der Ballungszentren sowohl reine Flächen der Land- und Forstwirtschaft als auch besondere Flächen der Land- und Forstwirtschaft gelegen sein. Diesbezüglich können topografische und naturbedingte Hindernisse die Grenze ziehen (z. B. eine Autobahn- und Eisenbahntrasse)[70].

Der **Verkehrswert der besonderen land- oder forstwirtschaftlichen Flächen** (Wert des „begünstigten Agrarlands") weist nach den Erfahrungen der Gutachterausschüsse etwa den **zwei- bis dreifachen, mitunter auch vierfachen Betrag des Werts der reinen land- oder forstwirtschaftlichen Flächen** (innerlandwirtschaftlicher Verkehrswert) **auf.**

Im Unterschied zu den reinen land- oder forstwirtschaftlichen Flächen, deren Quadratmeterwert im Hinblick auf die land- oder forstwirtschaftliche Nutzung mit der Größe des Grundstücks leicht ansteigt, vermindert sich nach empirischen Untersuchungen der **auf den Quadratmeter bezogene Wert der besonderen land- oder forstwirtschaftlichen Flächen,**

---

70 LG Hannover, Urt. vom 5.8.1998 – 43 O 7/97 –, GuG 2000, 379; LG, Hannover, Urt. vom 14.10.1998 – 43 O 8 – 10/97 –.

je größer das Grundstück ist (vgl. Syst. Darst. des Vergleichswertverfahrens Rn. 306 ff., Abb. 21):

Abb. 21: Abhängigkeit des Quadratmeterwerts der besonderen Flächen der Land- oder Forstwirtschaft von der Grundstücksgröße

Quelle: Grundstücksmarktbericht Bergisch Gladbach 2009

2.4 Hofstelle, Hofanschlussflächen, hofnahe und -ferne Flächen

2.4.1 Allgemeines

▶ *Vgl. Rn. 210, 229, 245; § 6 ImmoWertV Rn. 68; § 16 ImmoWertV Rn. 120 sowie zur Ermittlung von Resthofschäden bei Enteignungen vgl. Teil VII Rn. 152 ff.*

Unter einer Hofstelle wird eine Einheit eines Grundstücks verstanden, das mindestens mit einem Wohnhaus und einem oder mehreren im ursprünglichen landwirtschaftlichen Betrieb genutzten Wirtschaftsgebäude bebaut ist. Sie können innerhalb der Ortslage, am Ortsrand oder in freier Feldflur liegen. Der wohl häufigste Fall ist die im Außenbereich gelegene **Hofstelle**. Es handelt sich hierbei lediglich um eine katasterrechtlich festgestellte Nutzungsart, die keinerlei Bedeutung für die baurechtliche Einordnung der Hofstelle hat (zum Begriff vgl. auch ErbStR 130 Abs. 4 und 5; zur Bedeutung Teil III Rn. 489). Flächenmäßig werden der Hofstelle die Gesamtheit der Gebäude- und Freiflächen (insbesondere der Wohn- und Wirtschaftsgebäude) zugeordnet, die einem land- oder forstwirtschaftlichen Betrieb zugeordnet sind und miteinander in einem engen funktionalen Zusammenhang stehen. Es empfiehlt sich, vor allem im Falle einer auseinandergerissenen Bebauung die Grenzen der Umgriffsfläche eng zu ziehen, ohne dass sich die Umgriffsfläche entsprechend dem verwirklichten Maß der Bebauung auf die entsprechende baurechtlich erforderliche Mindestfläche beschränken muss. Damit lassen sich entsprechende Abschläge vermeiden, die sonst bei der Bodenwertermittlung übergroßer Umgriffsflächen auf der Grundlage von Vergleichspreisen normal geschnittener Grundstücke entstehen.

133

Hofstelle[71] ist diejenige Stelle, von der aus land- und forstwirtschaftliche Flächen ordnungsgemäß nachhaltig bewirtschaftet werden. Umfang und Ausstattung der Hofstelle richten sich grundsätzlich nach den Erfordernissen und der Größe der von dieser Stelle aus bewirtschafteten Fläche. Eine Hofstelle umfasst die Wirtschaftsgebäude und die dazugehörigen Nebenflächen (ErbStR 130 Abs. 4 und 5). Hecken, Gräben, Grenzraine und dergleichen gehören nur dann zur Hofstelle, wenn sie in räumlicher Verbindung mit den Wirtschaftsgebäuden stehen.

Als **Hofstelle** i.S. des § 35 Abs. 4 Satz 1 Nr. 1e BauGB gelten **nur solche Gebäude, die einem landwirtschaftlichen Betrieb dienen**, wenn mindestens eines der Gebäude ein landwirtschaftliches Wohngebäude ist[72].

▶ *Zur Verkehrswertermittlung der Umgriffsflächen vgl. Rn. 245 ff.*

Eine **Resthoffläche** ist ein ehemaliger landwirtschaftlicher Betrieb, der i.d.R. ein Bauernhaus und landwirtschaftliche Nebengebäude mit einer ebenerdigen Nutzfläche von mindestens 100 m² aufweist, dessen Werthaltigkeit sich nach den Verwendungsmöglichkeiten z. B. für Hobby- und Freizeittierhalter oder Handwerker (Werkstatt, Lager) bemisst.

Nach § 23 BelWertV sind bei bebauten Grundstücke der Landwirtschaft, sofern sie in die „Bewertung einbezogen werden sollen, ... für diese jeweils der Ertragswert und der Sachwert zu ermitteln. Den Gebäuden kann ein eigenständiger Wert, der bei der Beleihungswertermittlung berücksichtigt werden kann, nur dann beigemessen werden, wenn sie selbständig und auch außerhalb des jeweiligen landwirtschaftlichen Betriebs genutzt werden können. § 4 Abs. 4 BelWertV ist entsprechend anzuwenden."

134 Bei der Verkehrswertermittlung von Hofflächen im Außenbereich ist zwischen zwei **Teilmärkten** zu unterscheiden:

a) dem Teilmarkt für Landwirte, für die der Hof eine landwirtschaftliche Fläche mit einer privilegierten Bebauung darstellt und dessen Verkehrswert sich nach landwirtschaftlichen Kriterien bemisst, und

b) dem Teilmarkt für Nichtlandwirte, für die sich der Verkehrswert nach den nichtlandwirtschaftlichen Nutzungsmöglichkeiten (Wohnen und Gewerbe) der Hofflächen bemisst.

Planungsrechtlich empfiehlt sich, neben dem Flächennutzungs- und Bebauungsplan auch in den Gebietsentwicklungsplan einzusehen, der die großräumige Entwicklung des Gebiets darstellt. Darüber hinaus ist zu prüfen, ob über die Privilegierung des § 35 BauGB hinaus andere Nutzungsmöglichkeiten im Rahmen des § 35 Abs. 4 und 6 BauGB möglich sind (§ 6 ImmoWertV Rn. 68); dabei ist insbesondere nach einer

– Nutzbarkeit für Wohnzwecke und
– gewerbliche Zwecke zu unterscheiden.

Bei **Hofflächen im Innenbereich** sind die Möglichkeit einer Teilung des Grundstücks und die dabei anfallenden Teilungskosten (ggf. auch Erschließungskosten) zu berücksichtigen.

2.4.2 Hofstelle

Schrifttum: *Fischer, R.*, Bewertung von landwirtschaftlichen Liegenschaften und Betrieben, in: Bienert, Bewertung von Spezialimmobilien; *Köhne M.*, landwirtschaftliche Taxationslehre, 3. Aufl. Berlin.

▶ *Vgl. Syst. Darst. des Vegleichswertverfahrens Rn. 306*

135 Der **Bodenwert landwirtschaftlicher Hofstellen** wird in der Praxis in Anlehnung an den Bodenwert bebauter Grundstücke im Außenbereich ermittelt (vgl. Rn. 229 ff.). Daneben wird der Bodenwert häufig auch mit dem zwei- bis vierfachen Bodenwert landwirtschaftlicher Flächen angesetzt. Je höher der landwirtschaftliche Bodenwert ist, desto kleiner ist dabei der Vervielfacher. Auch die Kombination beider Verfahren ist gebräuchlich.

---

71 § 157 Abs. 2 ErbStR.
72 BVerwG, Beschl. vom 14.3.2006 – 4 B 10/06 –, GuG 2006.

Der **Bodenwert landwirtschaftlicher Hofstellen** (i.d.R. > 3000 m²) im Außenbereich bestimmt sich in Abhängigkeit von

- der Größe des Grundstücks,
- der Lage im Innen- oder Außenbereich, wobei wiederum zwischen Ortsrandlage und freier Feldflur zu unterscheiden ist,
- der Entfernung zur nächsten Ortslage bzw. Stadt,
- der verkehrsmäßigen Anbindung und der vorhandenen Infrastruktur,
- der Beschaffenheit, u.a. dem Erschließungszustand (Wasser-, Elektro- und Kommunikationsanschlüsse),
- den (außerlandwirtschaftlichen) Nutzungsmöglichkeiten (Flächennutzungs- und Bebauungsplan, § 35 BauGB) und
- der Höhe des Bodenrichtwerts

nach einem Vomhundertsatz des nächstliegenden Bodenrichtwerts (ebf, jedoch ohne Berücksichtigung von Kanalbaubeiträgen) vergleichbarer Lage.

Als **Richtgrößen** können gelten:

30 %–40 % des Bodenrichtwerts des Dorfgebiets bei Lage im Außenbereich,

60 %–70 % des Bodenrichtwerts des Dorfgebiets bei Lage im Innenbereich.

Der Vomhundertsatz steigt allerdings deutlich mit geringer werdenden Bodenrichtwerten an.

Im Hinblick auf die vielfach vorgefundene Hofstellenfläche von 3000 bis 5000 m² sind Abschläge bis zu 50 % wegen Übergröße anzubringen. Darüber hinaus ist ein umso höherer Abschlag anzusetzen, je weiter das Grundstück von der Ortsbebauung entfernt liegt.

Vereinzelt werden von den Gutachterausschüssen für Grundstückswerte für den Teilmarkt „Hofstellen landwirtschaftlicher Betriebe" aus den Kaufpreissammlungen **durchschnittliche Bodenwerte** entsprechender Flächen abgeleitet und im Grundstücksmarktbericht jährlich veröffentlicht. So wird für die Stadt und den Landkreis *Osnabrück* beispielsweise angegeben:

Durchschnittliche Bodenwerte von Hofstellen landwirtschaftlicher Betriebe im Außenbereich der Stadt und des Landkreises Osnabrück (2007)			
Nordkreis und Bramsche	8 €/m²	bis	13 €/m²
Altkreis Wittlage und Meile	15 €/m²	bis	25 €/m²
Südkreis	15 €/m²	bis	23 €/m²
Stadtrandgemeinden	20 €/m²	bis	30 €/m²

Entsprechendes gilt für den Bodenwert **bebauter Wohngrundstücke.** Nach Untersuchungen des Gutachterausschusses von *Bergisch Gladbach* weist das „faktische Bauland" (§ 35 Abs. 2 BauGB) ein Wertniveau von rd. 45 bis 90 % des nächstgelegenen Bodenrichtwerts für baureifes Land (ebp) auf.

Folgende **Vergleichsfaktoren** sind für die *LK Aurich, Leer* und *Wittmund* sowie für die Stadt *Emden* abgeleitet worden (Abb. 22):

Abb. 22: Umrechnungskoeffizienten zur Ermittlung des Bodenwerts bebauter Wohngrundstücke sowie von landwirtschaftlichen Hofstellen im Außenbereich

Bodenrichtwert bebauter bzw. bebaubarer Grundstücke der benachbarten Ortslage – erschließungsbeitragsfrei – [€/m²]	Vergleichsfaktor	
	bebaute Wohngrundstücke	landwirtschaftliche Hofstelle
15,00	0,73	0,31
20,00	0,71	0,29
25,00	0,70	0,27
30,00	0,65	0,25
35,00	0,63	0,22
40,00	0,60	0,20
45,00	0,57	0,19
50,00	0,55	0,18
55,00	0,52	–
60,00	0,49	–
65,00	0,47	–

Quelle: Grundstücksmarktbericht Niedersachsen 2006 (LK Aurich, Leer und Wittmund, Stadt Emden) ohne Berücksichtigung der Kanalbaubeiträge

Im Landesgrundstücksmarktbericht 2006 werden für niedersächsische Gemeinden folgende **Richtzahlen** veröffentlicht:

Landkreis, kreisfreie Stadt, Region	Wohnnutzung	Landwirtschaftliche Hofstelle
Gutachterausschuss für Grundstückswerte Aurich		
Landkreis Aurich	47–73 % des Bodenrichtwerts der benachbarten Bodenrichtwertzone	18–31 % des Bodenrichtwerts der benachbarten Bodenrichtwertzone
Landkreis Wittmund	47–73 % des Bodenrichtwerts der benachbarten Bodenrichtwertzone	18–31 % des Bodenrichtwerts der benachbarten Bodenrichtwertzone
Stadt Emden	47–73 % des Bodenrichtwerts der benachbarten Bodenrichtwertzone	18–31 % des Bodenrichtwerts der benachbarten Bodenrichtwertzone
Gutachterausschuss für Grundstückswerte Cloppenburg		
Landkreis Cloppenburg auch in Splittersiedlungen	15–30 €/m²	
Landkreis Cloppenburg auch in Splittersiedlungen	15–25 €/m²	
Landkreis Cloppenburg auch in Splittersiedlungen	10–25 €/m²	
Landkreis Cloppenburg auch in Splittersiedlungen	25–36 €/m²	
Gutachterausschuss für Grundstückswerte Hameln		
Landkreis Hameln-Pyrmont	8–15 €/m²	

Landkreis, kreisfreie Stadt, Region	Wohnnutzung	Landwirtschaftliche Hofstelle
Landkreis Holzminden auch in Splittersiedlungen	30–70 % des Bodenrichtwerts der benachbarten Ortslage	
Gutachterausschuss für Grundstückswerte Hannover		
Region Hannover	50–70 % des Bodenrichtwerts für erschließungsbeitragsfreie Grundstücke	
Gutachterausschuss für Grundstückswerte Meppen		
Landkreis Grafschaft Bentheim	7,0–7,5 €/m²	7,0–7,5 €/m²
Gutachterausschuss für Grundstückswerte Northeim		
Landkreis Göttingen	40–60 % des Bodenrichtwerts der benachbarten Ortslage	
Landkreis Northeim	40–60 % des Bodenrichtwerts der benachbarten Ortslage	
Landkreis Osterode Harz	40–60 % des Bodenrichtwerts der benachbarten Ortslage	
Gutachterausschuss für Grundstückswerte Oldenburg		
Landkreis Ammerland auch in Splittersiedlungen	20 €/m²	10 €/m²
Landkreis Friesland	15–18 €/m²	6–7 €/m²
auch in Splittersiedlungen in den Gemeinden Wangerland, Nordost, Küstennähe		8–9 €/m²
Landkreis Wesermarsch auch in Splittersiedlungen	7,5–10 €/m²	4–6 €/m²
Stadt Oldenburg auch in Splittersiedlungen	40 €/m²	
Stadt Wilhelmshaven auch in Splittersiedlungen	18 €/m²	6 €/m²
Gutachterausschuss für Grundstückswerte Osnabrück		
Stadt- und Landkreis in Splittersiedlungen	13–100 €/m² (Stadtrandgemeinden)	8–30 €/m²
Gutachterausschuss für Grundstückswerte Sulingen		
Landkreis Diepholz		
Nördlicher Landkreis		40–60 % des Bodenrichtwerts für erschließungsbeitragsfreie Grundstücke in vergleichbarer Lage
Südlicher Landkreis in Splittersiedlungen		20–60 % des Bodenrichtwerts für erschließungsbeitragsfreie Grundstücke in vergleichbarer Lage
Nördlicher Landkreis	40–60 % des angrenzenden Bodenrichtwerts für erschließungsbeitragsfreie Grundstücke im Dorfgebiet	

Landkreis, kreisfreie Stadt, Region	Wohnnutzung	Landwirtschaftliche Hofstelle
Südlicher Landkreis	40–80 % des angrenzenden Bodenrichtwerts für erschließungsbeitragsfreie Grundstücke im Dorfgebiet	
Landkreis Nienburg/Weser in Splittersiedlungen	50–80 % des angrenzenden Bodenrichtwerts für erschließungsbeitragsfreie Grundstücke im Dorfgebiet	4,5–14 €/m²

Neben den Bodenrichtwerten bzw. Vergleichspreisen für baureifes Land angrenzender Baugebiete werden auch **Vergleichspreise angrenzender landwirtschaftlicher Flächen** herangezogen, die **mit einem Zuschlag von 100 bis 300 %** versehen werden, wobei der Zuschlag umso niedriger ist, je höher das Preisniveau der herangezogenen Vergleichspreise ist.

Für die unterschiedlichen Betriebstypen, Betriebsgrößen und Betriebsleitungen können regionale **Deckungsbeiträge** aus den Sammlungen aktueller Buchführungsergebnisse entnommen werden[73]. Die sich auf der Grundlage von Deckungsbeiträgen ergebenden wirtschaftlichen Nachteile sind dann mit Ausgleichs- und Entschädigungsleistungen zu verrechnen (vgl. Erläuterungen im Teil VII Rn. 163 ff.).

2.4.3 Hofanschlussfläche, hofnahe- und hofferne Fläche

136 Als ein wertbeeinflussendes Merkmal mit individueller Ausprägung gilt die **Lage einer landwirtschaftlichen Nutzfläche zur Hofstelle** und auch zur Ortslage. Man unterscheidet hier zwischen

– Hofanschlussflächen,

– hofnahen und

– hofferen Flächen.

Hofanschlussflächen sind solche, die einen unmittelbaren Anschluss an die Hofstelle haben und ohne Benutzung öffentlicher Wege über private Wirtschaftswege erreichbar sind. Eine landwirtschaftliche Fläche weist einen Hofanschluss auf, wenn die Fläche unmittelbar mit dem Hof verbunden ist; sie kann also ohne Benutzung von Flächen und Wegen, die im Eigentum anderer stehen, erreicht werden. Die Fläche ist insoweit nicht für jedermann wertvoller, wohl aber für den Eigentümer der Hofstelle.

Im Unterschied zu einer Hofanschlussfläche weist eine **hofnahe Fläche** keinen unmittelbaren Anschluss an den Hof auf; sie ist aber vom Hof aus auf kurzem Weg erreichbar. Auch solche Flächen sind nicht für jedermann deshalb wertvoller, wohl aber wiederum für den Eigentümer des Hofes. Im Falle des Entzugs hofnaher Flächen wird nach der Rechtsprechung des BGH ein **Hofnähezuschlag** nicht anerkannt[74]. Der betroffene Eigentümer hat nämlich keinen Rechtsanspruch auf Erhalt einer günstigen Wegeverbindung. Im Übrigen ist der Verlust der Hofnähe weitgehend mit der Inkaufnahme von Mehrwegen identisch.

Beckmann[75] nennt als **Vorteile**:

– Maschinenfahrten ohne Umrüstung auf die im Straßenverkehr zulässigen Breiten und Beförderungsarten,

– Lastfuhren ohne die im Straßenverkehr erforderlichen Lastensicherungen,

---

73 Z. B. Buchführungsergebnisse des Bay. Staatsministeriums für Ernährung, Landwirtschaft und Forsten; Riemann, A., Rechtliche Grundlagen und Berechnungsmethoden für den Ausgleich von wirtschaftlichen Nachteilen in Wasserschutzgebieten in Nordrhein-Westfalen, WF 1991, 62.
74 BGH, Urt. vom 6.3.1986 – III ZR 146/84 –, EzGuG 13.76; OLG Oldenburg, Urt. vom 30.4.1987; Köhne, Landwirtschaftliche Taxationslehre, 2. Aufl. 1993, S. 83 f.
75 AgrarR 1979, 73.

- keine Rückleuchtenmontagen an Feldmaschinen, die ihrer Bauart und Verwendungsart wegen keine festen Rückleuchten tragen,
- Traktorführen ohne Führerschein,
- keine Reinigung nach Fahrten mit verschmutzten Reifen,
- keine Wartezeiten an Kreuzungen bzw. Abbiegungen,
- in den Mittagspausen und Unterbrechungen verbleiben die Maschinen auf dem Feld,
- die Mitnahme von Abdeckplanen für das erdroschene Erntegut bei unbestimmter Witterung ist nicht erforderlich,
- gute Beobachtungsmöglichkeiten von der Hofstelle, wenn Kornwagen gefüllt und leere Wagen zum Feld gebracht werden müssen,
- Wegstreckenvorteile gegenüber entlegenen Parzellen,
- problemloser Eintrieb von Milchkühen und anderem Vieh,
- kurze Entfernung für die Verlegung von Versorgungsleitungen (Weidenzaunstrom, Tränkwasser, Beregnungswasser).

Der **Wegekostenvorteil der Hofanschlussflächen** kann analog zum Wegekostennachteil für hoffernere Flächen ermittelt werden, er kann bis zu 1,50 €/m² betragen und bemisst sich nach Nr. 3.1 ff. LandR 78 nach:

- Wegestrecke,
- der Größe der Fläche, die über diesen Weg zu erreichen ist,
- der Intensität und Art der Bewirtschaftung der Fläche und der sich hieraus ergebenden Arbeitskraft- und Maschinenkosten sowie aus
- evtl. Wartezeiten beim Überqueren und Einbiegen stark befahrener öffentlicher Straßen,
- im Weg vorhandenen Steigungen (vgl. Teil VII Rn. 347).

Der Wegekostenvorteil steigt mit größer werdender Fläche degressiv, weil umgekehrt der Wegekostennachteil für hofferne Flächen mit der Größe dieser Flächen abnimmt. Im Gutachten wird der Wegekostenvorteil gesondert als **Sonderwert für Hofanschlussflächen** ausgewiesen.

Folgende **Fallgestaltungen** haben eine rechtliche Klärung bei der Bemessung der Enteignungsentschädigung von Höfen erfahren:

a) Der **Gemeingebrauch eines öffentlichen Wegs, der eine günstige Verbindung zwischen zwei zu demselben landwirtschaftlichen Betrieb gehörenden Grundstücken gewährleistet,** begründet kein verfassungsrechtlich geschütztes Vertrauen darauf, dass seine solche dem Betrieb nützliche Linienführung erhalten bleibt. Geschützt ist dagegen die Zugänglichkeit eines Betriebs nach außen[76].

b) **Zusätzliche Straßenüberquerungen** eines Altwagenverschrottungsbetriebs infolge Zerschneidung des Grundstücks durch eine Straße[77].

---
76 BGH, Urt. vom 13.3.1975 – III ZR 152/72 –, EzGuG 4.43; BGH, Urt. vom 29.5.1967 – III ZR 126/66 –, EzGuG 18.35; BGH, Urt. vom 8.2.1971 – III ZR 33/68 –, EzGuG 18.54.
77 BGH, Urt. vom 9.11.1978 – III ZR 91/77 –, EzGuG 20.78.

3 Bauerwartungsland (§ 5 Abs. 2 ImmoWertV)

3.1 Materielle Definition

Schrifttum: *Burkhard,* Die Baulandqualität von Grundstücken und ihre Behandlung nach dem BauGB, BlGBW 1987, 87; *Hintzsche, M.,* Bauerwartungsland und Rohbauland als Wertbegriffe, NJW 1968, 1269; *Wilsing, H.,* Das Bauerwartungsland, das Bundesbaugesetz und das Grundstücksverkehrsgesetz, AVN 1964, 131.

137 **Bauerwartungsland**[78] sind nach § 5 Abs. 2 ImmoWertV **Flächen, die** nach ihren Grundstücksmerkmalen (§ 6 ImmoWertV), insbesondere dem Stand der Bauleitplanung und der sonstigen städtebaulichen Entwicklung des Gebiets, **eine bauliche Nutzung** (vgl. § 1 ImmoWertV Rn. 40 ff.) **aufgrund konkreter Tatsachen mit hinreichender Sicherheit erwarten lassen**. Die Vorschrift fordert für die Qualifizierung eines Grundstücks als Bauerwartungsland objektive und nachprüfbare Kriterien; auf eine „spekulative" Verkehrsauffassung soll es nicht ankommen (vgl. Rn. 10 ff.).

Im Bereich der **Beleihungswertermittlung** gibt es den Entwicklungszustand „Bauerwartungsland" nicht, da nach § 21 Satz 2 BelWertV nur ein „gesichertes Bebauungsrecht" bei der Beleihungswertermittlung berücksichtigt werden darf.

138 § 5 Abs. 2 ImmoWertV definiert das **Bauerwartungsland als Vorstufe zum Rohbauland**, das gemäß § 5 Abs. 3 ImmoWertV „nach den §§ 30, 33 und 34 des Baugesetzbuchs für eine bauliche Nutzung" bestimmt ist. Demzufolge handelt es sich um Flächen, die außerhalb

- eines Bebauungsplans nach § 30 BauGB,
- eines im Zusammenhang bebauten Ortsteils nach § 34 BauGB,
- eines Vorhaben- und Erschließungsplans und
- eines Gebiets liegen, für das ein Beschluss über die Aufstellung eines Bebauungsplans gefasst wurde (§ 33 BauGB).

Hieraus folgt, dass mit der Bezugnahme auf den Stand der Bauleitplanung in erster Linie der Flächennutzungsplanung angesprochen ist, d.h. auf eine Darstellung der Fläche im Flächennutzungsplan[79] als Bauland. Eine derartige Darstellung führt jedoch nur dann zu einer Bauerwartung, wenn **„eine bauliche Nutzung mit hinreichender Sicherheit" erwartet werden kann**. Nicht jede Darstellung einer baulichen Nutzung im Flächennutzungsplan bietet indessen die Gewähr einer baulichen Nutzung und vor allem nicht in absehbarer Zeit. Eine Darstellung, deren Realisierung nicht absehbar ist oder deren Realisierung nach der städtebaulichen Situation sogar eher Unwahrscheinlich ist, lässt eine Bauerwartung nicht aufkommen. Dementsprechend ist in entsprechender Anwendung des in § 2 Satz 2 ImmoWertV und § 4 Abs. 3 Nr. 1 BauGB normierten Grundsatzes, nach dem in Bezug auf künftige Entwicklungen die Wartezeit zu berücksichtigen ist, der Zeitfaktor zu berücksichtigen. Die mit § 5 Abs. 2 ImmoWertV geforderte „hinreichende Sicherheit" der Realisierbarkeit einer baulichen Nutzung ist bei einer **in absehbarer Zeit** nicht zu erwartenden baulichen Nutzung nicht gegeben. Insoweit war die Vorgängerregelung (§ 4 Abs. 2 WertV 88), die ausdrücklich die Erwartung einer baulichen Nutzung in „absehbarer Zeit" forderte, klarer (vgl. Rn. 26 ff.).

139 Neben einer entsprechenden Darstellung im Flächennutzungsplan kann sich eine Bauerwartung auch aus der **„sonstigen städtebaulichen Entwicklung des Gebiets"** ergeben; auf eine entsprechende Darstellung im Flächennutzungsplan kommt es mithin nicht ausschließlich an. Eine Bauerwartung kann sich jedoch auch in diesem Falle nur dann ergeben, wenn die „sons-

---

[78] Älteres Schrifttum zum Begriff: Jung in BB 1964, 112; Wilsing in AVN 1964, 131; Krüger in BuG 1971, 19; Hintzsche In NJW 1968, 1269; Burkhard in BGBW 1967, 87; Koenig in AVN 1966, 2 = Staats- und Kommunalverwaltung 1965, 141; Kröner, Die Eigentumsgarantie in der Rechtsprechung des BGH, 2. Aufl., Berlin 1969; Jonas, C., Der Ärger mit dem Bauerwartungsland, Der Städtetag 1988, 458, hierzu Hintzsche, M., ebenda.
[79] BFH, Urt. vom 27.1.1978 – III R 101/75 –, EzGuG 4.54 a.

tige städtebauliche Entwicklung des Gebiets" eine bauliche Nutzung aufgrund konkreter Tatsachen mit hinreichender Sicherheit in absehbarer Zeit erwarten lässt.

Die Vorschrift fordert **„konkrete Tatsachen"**, aus denen sich mit hinreichender Sicherheit die Erwartung einer baulichen Nutzung ergibt; auf bloße Einschätzungen soll es nicht ankommen. Dies entspricht einer Forderung, die bereits zu der Vorgängerregelung (§ 4 Abs. 2 WertV 88) erhoben wurde[80]. **140**

Wie das Rohbauland i.S. des § 5 Abs. 3 ImmoWertV weist auch das **Bauerwartungsland** innerhalb des Gemeindegebiets i.d.R. kein einheitliches Wertniveau auf; seine Wertigkeit bestimmt sich vielmehr entsprechend den jeweiligen Gegebenheiten rechtlicher und tatsächlicher Natur nach der zu erwartenden Wartezeit bis zur tatsächlichen baulichen Nutzbarkeit und den damit verbundenen Realisierungsrisiken (Wagnis, vgl. Rn. 16, 150 ff.; § 6 ImmoWertV Rn. 108; Syst. Darst. des Vergleichswertverfahrens Rn. 206, 425 ff.). **141**

Allgemein gilt, dass die preisdämpfende Wirkung des Risikos, das mit der Erwartung einer baulichen Nutzung in absehbarer Zeit verbunden ist, i.d.R. mit der Verkürzung der Wartezeit (einschließlich des damit verbundenen Wagnisses) möglicherweise bis auf ein „Restrisiko" schwindet. Die Wartezeit ist damit ein entscheidender Faktor für die Wertigkeit des Bauerwartungslandes, wobei unter „absehbarer Zeit" Zeiträume bis acht Jahre und auch mehr verstanden werden (vgl. Rn. 28, 158 ff.; Syst. Darst. des Vergleichswertverfahrens Rn. 206, 425 ff.). Das **Bauerwartungsland weist** demzufolge **eine breite Spanne der Wertigkeit auf.** **142**

Bei einer entsprechenden **Darstellung im Flächennutzungsplan** (§ 5 Abs. 2 Nr. 1 BauGB) besteht lediglich eine „Chance" (Rn. 153 ff.), dass die Fläche in „absehbarer Zeit" tatsächlich einer baulichen Nutzung zugeführt werden kann. Diese Chance kann sich mitunter „über Nacht" zerschlagen, ohne dass Entschädigungsansprüche für derartige „Herabzonungen" geltend gemacht werden können. **143**

Die Möglichkeit einer entschädigungslosen Änderung entsprechender Darstellungen in Flächennutzungsplänen wirkt sich im Geschäftsverkehr preisdämpfend aus. Es kommt hinzu, dass bei der Preisbildung für Bauerwartungsland berücksichtigt wird, dass für naturschutzrechtliche Ausgleichsmaßnahmen, Erschließungsmaßnahmen und sonstige Gemeinbedarfszwecke in erheblichem Umfang Flächen bereitgestellt werden müssen. Im Hinblick auf den gewachsenen Gemeinbedarf und – darüber hinaus – auf die naturschutzrechtliche Eingriffsregelung wird dabei die für Erschließungsumlegungen nach den §§ 45 ff. BauGB geltende Flächenbeitragsbegrenzung von 30 % als oft nicht mehr als ausreichend anzusehen sein. Neben der Wartezeit und dem Verwirklichungsrisiko wirkt sich auch dies preisdämpfend auf die Verkehrswertbildung für Bauerwartungsland aus. **144**

Umgekehrt kann sich der **Wert des Bauerwartungslands kurzfristig nicht unerheblich erhöhen,** wenn aufgrund unerwarteter Entwicklungen eine langfristig erwartete bauliche Nutzung in greifbare Nähe rückt, z. B. wenn aufgrund der Initiative eines Investors (*„developer"*) in Kooperation mit dem Planungsträger die bauliche Nutzbarkeit herbeigeführt wird. Dies gilt grundsätzlich auch dann, wenn der Investor (bzw. *„developer"*) im Rahmen städtebaulicher Verträge die damit verbundenen Kosten, die sonst der Gemeinde entstehen, in einem angemessenen und durch die Entwicklung bedingten Umfang übernimmt. Es entspricht den Usancen des Grundstücksmarktes, dass in derartig gelagerten Fällen die vom Investor (*„developer"*) initiierte Bodenwertsteigerung insoweit beim Grunderwerb – quasi kompensatorisch – unberücksichtigt bleibt. **145**

Im Kern kommt eine fundierte Wertermittlung von Bauerwartungsland nicht umhin, **Chancen, Risiken, die voraussichtliche Entwicklungszeit (Wartezeit) und die zu erwartenden Kosten** individuell **abzuschätzen**, um sich die notwendige Klarheit zu verschaffen, ob die vom Verordnungsgeber geforderte „hinreichende Sicherheit" einer zu erwartenden baulichen Nutzung tatsächlich gegeben ist. **146**

---

[80] BR-Drucks. 352/1/88, S. 2.

147 Für den Regelfall kann davon ausgegangen werden, dass der Grundstücksverkehr der in absehbarer Zeit erwarteten Einbeziehung einer Fläche in das eigentliche Bauland mit einer entsprechenden Ausweisung schon für die Gegenwart einen steigenden Einfluss auf Preisforderung und Preisbewilligung einräumt[81]. Voraussetzung ist allerdings, dass sie „so sicher unmittelbar bevorstehen, dass sie sich bereits als wertbildender Faktor auswirken, der allgemeine Grundstücksverkehr ihnen also schon Rechnung trägt"[82]. **Auf bloße Hoffnungen und Wünsche soll es für die Einstufung einer Fläche als Bauerwartungsland** schon nach dem Wortlaut der Vorschrift **nicht ankommen.**

148 Demgegenüber war in der Rechtsprechung anerkannt, dass bei der Wertermittlung (noch) landwirtschaftlich genutzter Grundstücke eine Bauerwartung zu berücksichtigen sei, „wenn die Verwirklichung der Bauabsicht in absehbarer Zeit, wenn auch nicht innerhalb eines genauen Zeitraums zu erhoffen ist, wobei das Vorwirkungsrisiko in Kauf genommen wird"[83]. Zumindest bei der Bemessung einer Enteignungsentschädigung stehen der Berücksichtigung von „Bauhoffnungen" nach Auffassung des OLG München[84] die zwischenzeitlich mit dem BBauG 76 geänderten Entschädigungsvorschriften entgegen. Die Auffassung wird mit dem Hinweis auf **§ 94 Abs. 2 Nr. 1 BBauG** (= BauGB) begründet, der folgenden Wortlaut hat:

„(2) Bei der Festsetzung der Entschädigung bleiben unberücksichtigt

1. Wertsteigerungen eines Grundstücks, die in der Aussicht auf eine Änderung der zulässigen Nutzung eingetreten sind, wenn die Änderung nicht in absehbarer Zeit zu erwarten ist;"

149 Wenn also auch durch konkrete Anhaltspunkte begründbare **Bauhoffnungen** schon nicht zu entschädigen sind, müssen sie auch bei der Klassifizierung einer Fläche nach den Maßstäben des § 5 ImmoWertV außer Betracht bleiben. Bei alledem gilt es in Abwandlung eines Schillerwortes für jeden Investor hier zu bedenken, dass mit des Marktes Mächten nicht immer ein edler Bund zu flechten ist.

150 Bauerwartungsland i.S. des § 5 Abs. 2 ImmoWertV stellt bei alledem eine **Zwischenstufe zwischen den sog. Flächen der Land- oder Forstwirtschaft** i.S. des § 5 Abs. 2 ImmoWertV **und dem Rohbauland** i.S. des § 5 Abs. 3 ImmoWertV dar. Es handelt sich um einen äußerst „labilen" und risikobehafteten Übergangsbereich, im untersten Bereich des „werdenden Baulands".

151 Wegen der Vielfalt der häufig nicht abschätzbaren Einflüsse und der unterschiedlichsten Situationsverhältnisse kann selbst im Wege einer individuellen Wertermittlung der Verkehrswert von **Bauerwartungsland nicht exakt „berechnet"** werden, und die ermittelten Verkehrswerte können sich schon im Hinblick auf die mit der Bauleitplanung und anderen Planungsgrundlagen verbundenen Unsicherheiten bereits nach kurzer Zeit „verflüchtigen" bzw. stark ansteigen. Bauerwartungsland stellt insofern trotz der vom Verordnungsgeber geforderten „hinreichenden Sicherheit" der Erwartung einer baulichen Nutzung einen „flüchtigen" Entwicklungszustand dar. Bei der Verkehrswertermittlung von Bauerwartungsland geht es deshalb in erster Linie darum, eine Vielzahl einzelner „Indizien", die für oder gegen die Erwartung einer baulichen Nutzung sprechen, zu aggregieren, um daraus den **Grad der Bauerwartung** und damit die Wertigkeit des Bauerwartungslands möglichst objektiv abzuleiten.

152 Zusammenfassend bleibt festzustellen, dass eine Bauerwartung gegeben ist, sobald eine **bauliche Nutzung** nach allen Umständen tatsächlicher und rechtlicher Art aufgrund konkreter Tatsachen mit hinreichender Sicherheit zu erwarten und **„greifbar"**[85] ist.

---

81 RG, Urt. vom 30.5.1911 – VII 368/10 –, EzGuG 20.10; BGH, Urt. vom 7.10.1976 – III ZR 60/73 –, EzGuG 6.188.
82 BGH, Urt. vom 9.1.1969 – III ZR 51/68 –, EzGuG 6.120.
83 BGH, Urt. vom 8.2.1971 – III ZR 200/69 –, EzGuG 6.130; BGH, Urt. vom 8.2.1971 – III ZR 65/70 –, EzGuG 6.133.
84 OLG München, Urt. vom 29.11.1979 – U 3/79 –, EzGuG 8.55.
85 So ausdrücklich die Begründung zu § 4 Abs. 2; BR-Drucks. 352/88, S. 37 in Anlehnung an BGH, Urt. vom 10.4.1997 – III ZR 111/96 –, EzGuG 6.284; BGH, Urt. vom 25.9.1958 – III ZR 82/57 –, EzGuG 6.35; BGH, Urt. vom 8.11.1962 – III ZR 86/6 1 –, EzGuG 8.5; BayObLG, Urt. vom 27.11.1969 – 1a Z 13/68 –, EzGuG 19.20; OLG Hamm, Urt. vom 25.3.1971 – 10 U 62/70 –, EzGuG 8.35; OLG Celle; Urt. vom 1.2.1963 – 4 U 211/60 –, EzGuG 8.6.

Bauerwartungsland	**§ 5 ImmoWertV V**

Nutzungsmöglichkeiten, deren Verwirklichung nicht in „greifbarer" Nähe liegen, beeinflussen nämlich nicht die Höhe des Verkehrswerts[86]. Der BGH hat den **Begriff der „greifbaren Nähe" im gleichen Sinne wie den Begriff der „absehbaren Zeit"** benutzt (so auch Begründung zu § 4 Abs. 2 WertV 88, a.a.O.), wobei in der Rechtsprechung nicht gefordert wird, dass die bauliche Nutzung „mit Sicherheit" erwartet werden kann. Der BGH[87] hat hierzu ausgeführt: „Es *(das RG im Urt. vom 30.5.1911 – VII568/10 – in Gruchot 55/1176 = EzGuG 20.10)* hat ausdrücklich hervorgehoben, dass die künftige Bebauung innerhalb einer absehbaren Zeit ‚nicht unumstößlich sicher feststehen müsse', es genüge vielmehr, dass ‚sie mit mehr oder weniger großer Wahrscheinlichkeit zu erwarten oder (sogar nur) zu erhoffen sei'. Es hat also die Übernahme eines gewissen Risikos, ob in Zukunft in der Tat eine Bebauung eintreten wird, bei Erwerb solchen Geländes zu höheren als Ackerlandpreisen als einem ‚gesunden Grundstücksverkehr' entsprechend angesehen; so bezeichnet es[88] solches werdendes Bauland sogar als ‚Spekulationsland', billigt ihm aber trotzdem eine höhere Qualität als reinem Ackerland zu. Auf die Sicherheit der künftigen Bebauung ist demnach nicht abzustellen. Eine Unsicherheit hinsichtlich der künftigen Bebauung braucht der Einbeziehung eines Grundstücks in die hier zur Erörterung stehende qualitätsmäßige Zwischenstufe nicht entgegenzustehen." Was als „absehbare Zeit" zu gelten hat, entzieht sich dabei einer Verallgemeinerung[89]. Im Unterschied zu dieser Rechtsprechung soll künftig die bauliche Nutzung mit „hinreichender Sicherheit" zu erwarten sein, um ein Grundstück als Bauerwartungsland zu qualifizieren. | 153 |

Die **absehbare Zeit** i.S.d. Rechtsprechung entspricht im Regelfall der Wartezeit i.S. des § 2 Satz 2 ImmoWertV, die von wesentlicher Bedeutung für den Wert des Bauerwartungslandes ist (vgl. Rn. 28, 187). Bei der Ermittlung des Verkehrswerts von Bauerwartungsland aus Vergleichspreisen für baureifes Land unter Abzug anfallender Kosten und unter Berücksichtigung der Wartezeit (Investitionsrechnung) wird in der Praxis mitunter noch ein **Wagnisabschlag** (von ca. 10 %) angebracht. Diesbezüglich muss vor einer schematischen Vorgehensweise gewarnt werden (vgl. Rn. 16, 144; Syst. Darst. des Vergleichswertverfahrens Rn. 206 ff., 425 ff.; § 6 ImmoWertV Rn. 108). | 154 |

Es kommt hinzu, dass die angesetzte **Wartezeit und** ein zusätzlich angesetzter **Risikoabschlag in Wechselbeziehung** zueinander stehen können. Die Wartezeit wird regelmäßig im Wege der Schätzung angesetzt und kann zu recht langen Zeithorizonten von 10 Jahren und sogar mehr führen. Grundsätzlich kann ein verbleibendes Wagnis z. B. derart, dass sich eine erwartete bauliche Nutzung aufgrund unvorhersehbarer Ereignisse verzögert – zumindest vom Ergebnis her –, bereits durch eine entsprechend „großzügig" bemessene Wartezeit berücksichtigt werden. Dies bedeutet, dass in solchen Fällen die Wartezeit umso enger zu bemessen ist, je höher der angesetzte Risikoabschlag eingeführt wird. Verfahrenstechnisch dürfte es jedoch praktikabler sein, mit einer entsprechend großzügig kalkulierten Wartezeit das Risiko uno actu zu subsumieren. Im Rahmen von Investitionsberechnungen wird damit zugleich der Gefahr begegnet, dass sich mit dem Ansatz einer Vielzahl von jeweils für sich kleinen Einzelpositionen diese zusammen zu einem Betrag aufsummieren, der dann zu unrealistischen Ergebnissen führt. | 155 |

▶ *Zur Verkehrswertermittlung warteständigen Baulandes mit Hilfe deduktiver Verfahren vgl. Syst. Darst. des Vergleichswertverfahrens Rn. 184 ff.*

Der **Entwicklungszustand Bauerwartungsland stellt für den Eigentümer des Grundstücks keine geschützte Rechtsposition** in dem Sinne **dar,** dass für die sich nicht erfüllenden Erwartungen eine Entschädigung beansprucht werden kann. Für wegfallende „Chancen" kann | 156 |

---

86 BGH, Urt. vom 6.12.1962 – III ZR 113/61 –, EzGuG 6.65; BGH; Urt. vom 28.10.1971 – III ZR 84/70 –, EzGuG 8.37.
87 BGH, Urt. vom 8.11.1962 – III ZR 86/61 –, EzGuG 8.5; BGH, Urt. vom 8.6.1959 – III ZR 66/58 –, EzGuG 6.41; BVerwG, Urt. vom 27.1.1967 – 4 C 33/65 –, EzGuG 8.20; BVerwG, Urt. vom 21.6.1955 – 1 C 173/54 –, EzGuG 17.2; BVerwG, Urt. vom 9.6.1959 – 1 CB 27/58 –, EzGuG 17.13; BVerwG, Urt. vom 16 9.1975 – 5 C 32/75 –, EzGuG 17.32 d; auch RG, Urt. vom 1.7.1931 – V 95/31 –, EzGuG 4.2 f.
88 Z. B. im Urt. vom 7.5.1909 – VII 358/08 –, PrVBl. 1910, 262.
89 BVerwG, Beschl. vom 23.7.1993 – 4 NB 26/93 –, EzGuG 17.76b; FG München, Urt. vom 20.11.2000 – I 3 K 2630/95 –, GuG-aktuell 2001, 31 (LS): 145 Jahre sind absehbar; FG Düsseldorf, Urt. vom 7.10.2004 – 11 K 757/02 –, EzGuG 4.189.

der Eigentümer nämlich nur dann einen Wertausgleich beanspruchen, wenn sein Grundstück unmittelbar dem enteignenden Zugriff ausgesetzt und damit der privaten Nutzung entzogen wird[90]. Art. 14 GG schützt nur konkrete Rechtspositionen und nicht bereits „Chancen". Dies gilt selbst in den Fällen, in denen „bloße" Erwartungen aufgrund von Maßnahmen der hohen Hand wegfallen[91].

3.2 Stand der Bauleitplanung

157 Ein Grundstück ist nach § 5 Abs. 2 ImmoWertV als Bauerwartungsland zu qualifizieren, wenn es insbesondere nach dem **„Stand der Bauleitplanung"** eine bauliche Nutzung „aufgrund konkreter Tatsachen mit hinreichender Sicherheit" erwarten lässt. Nach dem Wortlaut der Vorschrift stehen der „Stand der Bauleitplanung" und die Sicherheit verleihenden „konkreten Tatsachen" nebeneinander, d.h., der Stand der Bauleitplanung allein kann noch keine Bauerwartung begründen. Es müssen kumulativ weitere „konkrete" Anhaltspunkte hinzukommen, die die sichere Erwartung einer baulichen Nutzung rechtfertigen.

158 Mit der Bezugnahme auf den „Stand der Bauleitplanung" kann nur die **Darstellung der Fläche im Flächennutzungsplan** als Bauland[92] angesprochen sein, denn ein Planungsstand nach den §§ 30, 33 oder 34 BauGB führt nach § 5 Abs. 3 und 4 ImmoWertV zu einem höherwertigen Entwicklungszustand.

159 Allgemein wird angenommen, dass die **Darstellung einer Baufläche oder eines Baugebiets in einem Flächennutzungsplan** nach § 5 BauGB Bauerwartungslandqualität begründet. Tatsächlich kann dies aber keinesfalls als unumstößliche Regel gelten, und zwar sowohl was den Ausschluss einer Fläche von einer baulichen Nutzung als auch die Darstellung einer Fläche als Baugebiet oder Baufläche im Flächennutzungsplan anbelangt:

a) Eine die Bebauung ausschließende vorläufige oder endgültige Planung steht *nicht unbedingt* einer zu erwartenden Bebauung entgegen, weil Planungen auch geändert werden können[93].

b) Die Planung ist zwar erforderlich, um „ein gesundes, sicheres, ungestörtes Zusammenleben mit Rücksicht auf die Knappheit des Grund und Bodens zu ermöglichen"[94], und es liegt auch in der Natur der Sache, dass „planerische Festsetzungen auf Markt- und Erwerbschancen Einfluss nehmen"[95], jedoch wurde in der Rechtsprechung auch darauf hingewiesen, dass die Ausweisung eines Grundstücks als Bauland allein nicht genüge, um die Eigenschaft als Bauland zu bejahen. Es muss hinzukommen, dass aufgrund der tatsächlichen Entwicklung mit der Bebauung in absehbarer Zeit gerechnet werden kann[96].

c) Auch das Fehlen einer Bebauungsplanung sowie die Lage eines Grundstücks außerhalb eines im Zusammenhang bebauten Ortsteils nach § 34 BauGB schließen nicht aus, dass für ein Grundstück eine bauliche Nutzung in absehbarer Zeit erwartet werden kann[97].

---

90 BGH, Urt. vom 7.1.1982 – III ZR 114/80 –, EzGuG 6.213a; BGH, Urt. vom 10.3.1977 – III ZR 195/74 –, EzGuG 18.72; BGH, Urt. vom 29.3.1976 – III ZR 98/73 –, EzGuG 8.47; BGH, Urt. vom 12.6.1975 – III ZR 25/73 –, EzGuG 4.44; BGH, Urt. vom 25.11.1974 – III ZR 42/73 –, EzGuG 6.174; BGH, Urt. vom 28.1.1974 – III ZR 11/76 –, EzGuG 8.42; BGH, Urt. vom 14.12.1970 – III ZR 102/67 –, EzGuG 6.131; BGH, Urt. vom 4.5.1972 – III ZR 111/70 –, WM 1972, 890.
91 BGH, Urt. vom 29.3.1976 – III ZR 98/73 –, EzGuG 8.47; BGH, Urt. vom 28.1.1974 – III ZR 11/76 –, EzGuG 8.42; BGH, Urt. vom 12.6.1975 – III ZR 25/73 –, EzGuG 4.44; BGH, Urt. vom 7.10.1976 – III ZR 60/73 –, EzGuG 6.188.
92 BFH, Urt. vom 27.1.1978 – III R 101/75 –, EzGuG 4.54a.
93 BGH, Urt. vom 20.12.1963 – III ZR 60/63 –, EzGuG 14.17; OLG Bremen, Urt. vom 5.4.1967 – UB (c) 10/65 –, EzGuG 9.21a.
94 BGH, Urt. vom 28.4.1966 – III ZR 24/65 –, EzGuG 19.9; BGH, Urt. vom 25.6.1959 – III ZR 220/57 –, EzGuG 6.43.
95 BVerwG, Beschl. vom 9.11.1979 – 4 N 1/78, 4 N 2 – 4/79 –, BVerwGE 59,87 = NJW 1980, 1061 = BauR 1980, 36 = DVBl. 1980, 233.
96 BGH, Urt. vom 8.11.1962 – III ZR 86/81 –, EzGuG 8.5; BGH, Urt. vom 25.3.1975 – V ZR 92/74 –, BGH, Urt. vom 28.10.1971 – III ZR 84/70 –, EzGuG 8.37; BGH, Urt. vom 20.12.1963 – III ZR 60/63 –, EzGuG 14.13; BGH, Urt. vom 30.9.1963 – III ZR 59/61 –, EzGuG 8.9; BVerwG, Urt. vom 27.1.1967 – 4 C 33/65 –, EzGuG 8.20; OVG Lüneburg, Urt. vom 11.1.1962, AVN 1963, 274 = EzGuG 8.4.
97 BVerwG, Urt. vom 9.6.1959 – 1 C 27/58 –, EzGuG 17.13; BayObLG, Urt. vom 27.11.1969 – I a Z 13/68 –, EzGuG 19.20; OVG Greifswald, Urt. vom 4.7.1996 – 9 K 5/94 –, GuG 1997, 190 = EzGuG 4.166.

160 Ausschlaggebend sollen demnach die sich aus der **Situationsgebundenheit des Grundstücks** ergebenden tatsächlichen Eigenschaften sein, die nach der in der Rechtsprechung zum Ausdruck kommenden Auffassung zumindest in Ausnahmefällen einer Planung zuwiderlaufen können. Damit darf aber der kommunalen Bauleitplanung nicht die Steuerungsfunktion abgesprochen werden, die aus guten Gründen auch gegen den „Trend" gerichtet sein kann. Eine geordnete städtebauliche Entwicklung ist nämlich nicht denkbar, wenn mit ihr sich vermeintlich aufdrängende Entwicklungen nicht verhindern ließen. Immerhin ist auch vom Grundsatz anerkannt, dass die Darstellungen in Flächennutzungsplänen unter bestimmten Voraussetzungen zum Ausschluss von der konjunkturellen Weiterentwicklung führen können. Dennoch bleibt aber festzuhalten, dass allein die Darstellung einer baulichen Nutzung im Flächennutzungsplan i.d.R. nicht eine unumstößliche Sicherheit verleiht, dass die bauliche Nutzung auch „tatsächlich" zu erwarten ist[98].

161 Spätestens mit dem **Beschluss der Gemeinde, einen Bebauungsplan aufzustellen,** werden Umstände geschaffen, die mit mehr oder minder großer Wahrscheinlichkeit es erwarten oder erhoffen lassen, dass ein Grundstück einer Bebauung zugänglich gemacht wird, und es ist von daher gerechtfertigt, von Bauerwartungsland zu sprechen[99].

3.3 Städtebauliche Entwicklungen

162 Nach § 5 Abs. 2 ImmoWertV kann sich eine Bauerwartung auf „**sonstige städtebauliche Entwicklungen**" gründen. Diese kann sich in sog. informellen Planungen, z. B. Struktur- und Rahmenplänen, aber auch in einer Investitionsplanung konkretisieren. Schon im Hinblick auf die ausstehende formelle Bauleitplanung, verbunden mit einer Öffentlichkeits- und Behördenbeteiligung nach den §§ 34, 13 Abs. 2 und 3 sowie § 4a BauGB, wird sich eine Bauerwartung nicht auf einzelne Planungsvorstellungen gründen können. Zumindest ist zu fordern, dass eine informelle Planung vom Gemeinderat zustimmend zur Kenntnis genommen wurde und auch die tatsächlichen Verhältnisse eine Bauerwartung rechtfertigen.

163 Darüber hinaus soll sich eine Bauerwartung[100] auch auf „**weitere Grundstücksmerkmale**" i.S. des § 6 ImmoWertV gründen. Hieraus folgt, dass es bei der Klassifizierung einer Fläche als Bauerwartungsland maßgeblich auf die mit dem gegebenen Hinweis auf die „weiteren Grundstücksmerkmale" nach § 6 ImmoWertV angesprochenen tatsächlichen Zustandsmerkmale und nicht entscheidend auf formale Gesichtspunkte (Ortsplanung, Festsetzung von Fluchtlinien) ankommt. Von maßgeblicher Bedeutung sind die aus der Natur der Sache gegebenen Möglichkeiten der Benutzung und der wirtschaftlichen Ausnutzung, wie sie sich aus der örtlichen Lage des Grundstücks bei wirtschaftlicher Betrachtungsweise objektiv anbieten. Nach ständiger Rechtsprechung ist also die sog. **Situationsgebundenheit des Grundstücks** ausschlaggebend.[101]

Von Bedeutung ist in diesem Zusammenhang vor allem ein in einer Gemeinde bestehender **Siedlungsdruck** aufgrund von Wanderungen oder der Zunahme der Bevölkerung oder im gewerblich-industriellen Bereich und der sich daraus ergebende Baulandbedarf. Hinzu kommt die Nähe der Gemeindebesiedlungsgrenze[102] oder eine **günstige Lage innerhalb des Siedlungsgebiets** z. B. aufgrund vorhandener Infrastruktureinrichtungen einschließlich günstiger Verkehrsverhältnisse durch Straßen-, Eisenbahn-, Omnibus- oder Straßenbahnlinien. Umgekehrt stehen naturbedingte Hindernisse, ein Bevölkerungsrückgang sowie der Abzug von Industrie und Gewerbe einer Bauerwartung entgegen. Ökologische einer Bebauung entgegen-

---
[98] BGH, Urt. vom 25.11.1974 – III ZR 42/73 –, EzGuG 6.174.
[99] OLG Frankfurt am Main, Urt. vom 30.4.1998 – 15 U 65/97 –, EzGuG 4.171.
[100] BGH, Urt. vom 14.6.1984 – III ZR 41/83 –, EzGuG 8.61; BGH, Urt. vom 25.3.1977 – V ZR 92/74 –, EzGuG 4.50; BGH, Urt. vom 22.2.1965 – III ZR 126/63 –, EzGuG 8.14; BayObLG, Urt. vom 27.11.1969 – 1a Z – 13/68 –, EzGuG 19.20; BGH, Urt. vom 17.12.1964 – III ZR 96/63 –, EzGuG 11.47.
[101] BGH, Urt. vom 14.6.1984 – III ZR 41/83 –, EzGuG 8.61; BGH, Urt. vom 22.4.1982 – III ZR 131/80 –, EzGuG 17.44; BGH, Urt. vom 15.11.1979 – III ZR 78/78 –, EzGuG 17.36; BGH, Urt. vom 12.2.1976 – III ZR 184/73 –, EzGuG 19.28; BGH, Urt. vom 25.11.1974 – III ZR 42/73 –, EzGuG 6.174; BGH, Urt. vom 28.4.1966 – III ZR 24/65 –, EzGuG 19.9; BGH, Urt. vom 30.9.1963 – III ZR 59/61 –, EzGuG 8.9.
[102] LG Koblenz, Urt. vom 6.3.1989 – 4. O. 18/88 –, EzGuG 8.66.

stehende Belange haben manche Bauflächenausweisungen in Flächennutzungsplänen obsolet werden lassen. Es verbietet sich bei alledem, allein aus der **Großstadtnähe** „quasi naturgesetzlich" auf eine Bauerwartung zu schließen[103].

3.4 Einer Bauerwartung entgegenstehende Gegebenheiten

164 Die Ausweisung einer Fläche als Landschafts- oder Naturschutzgebiet sowie ihre Einbeziehung in den Geltungsbereich einer **Flora-Fauna-Habitat-Richtlinie**[104] (Natura 2000) bzw. der **Vogelschutzrichtlinie**[105] steht einer Bauerwartung grundsätzlich entgegen (vgl. Rn. 258 ff.).

4 Rohbauland (§ 5 Abs. 3 ImmoWertV)

4.1 Materielle Definition

165 § 5 Abs. 3 ImmoWertV definiert das Rohbauland als **Flächen, die nach** den **bauplanungsrechtlichen Bestimmungen** der §§ 30, 33 oder 34 BauGB **für eine bauliche Nutzung bestimmt sind,**

a) deren Erschließung aber noch nicht gesichert ist *oder*

b) die nach Lage, Form oder Größe für eine bauliche Nutzung (noch) unzureichend gestaltet sind.

166 Im Unterschied zur Definition des „baureifen Landes" (§ 5 Abs. 4 ImmoWertV) soll es auf die **(sofortige) Zulässigkeit einer baulichen Nutzung** nach sonstigen öffentlich-rechtlichen Vorschriften (vgl. Rn. 188 ff.) nicht ankommen. Auch sind privatrechtliche Hinderungsgründe, wie z. B. eine die Bebauung ausschließende Grunddienstbarkeit, oder tatsächliche Hindernisse außer Betracht zu lassen.

167 Die angeführten **§§ 30, 33 und 34 BauGB** sind im Teil I unter Fn. 2 zur ImmoWertV abgedruckt.

168 **Im Außenbereich gelegene Grundstücke** stehen nach einer geordneten städtebaulichen Entwicklung gemäß § 35 BauGB grundsätzlich nicht zur Bebauung an[106]. Indessen kann sich die Bebaubarkeit eines im Außenbereich gelegenen Grundstücks unter bestimmten Voraussetzungen aus § 35 Abs. 1 BauGB[107] ergeben, so dass im Einzelfall auch in diesen Fällen eine Fläche als Rohbauland einzustufen wäre, wenn entsprechend der Regelung des § 5 Abs. 3 ImmoWertV lediglich die „ausreichende" Erschließung nicht gesichert ist. Nach der Rechtsprechung des BGH und des BVerwG gewährt auch § 35 Abs. 2 BauGB trotz seines Wortlauts („können") einen Rechtsanspruch auf Zulassung eines Vorhabens, wenn öffentliche Belange nicht beeinträchtigt werden[108]. Gleichwohl handelt es sich nicht um Bauland im eigentlichen Sinne, da sie nicht im Rahmen einer „geordneten baulichen Entwicklung der Gemeinde" zur Bebauung anstehen (§ 133 Abs. 1 Satz 2 BauGB)[109].

169 ▶ *Weitere Hinweise bei Rn. 177, 210 ff.; 246 ff.; § 6 ImmoWertV Rn. 68 ff.*

170 Vorstehende die Zulässigkeit von Vorhaben regelnde Bestimmungen sind bei der Qualifizierung des Zustands eines Grundstücks nach Maßgabe des § 5 Abs. 3 ImnmoWertV zu berück-

---

103 OLG Frankfurt am Main, Urt. vom 8.3.1976 – 1 U 4/74 –, EzGuG 18.67a.
104 FFH-Richtlinie 92/43/EWG vom 21.5.1992.
105 Vogelschutz-Richtlinie 79/409/EWG vom 2.4.1979.
106 BVerwG, Urt. vom 25.6.1969 – 4 C 14/68 –, EzGuG 9.7.
107 Zum Rechtsanspruch auf Zulassung eines Vorhabens vgl. BGH, Urt. vom 26.10.1970 – III ZR 132/67 –, EzGuG 8.32; zur Bebaubarkeit nach § 35 Abs. 2 BauGB: BGH, Urt. vom 1.12.1977 – III ZR 130/75 –, EzGuG 18.78.
108 BGH, Urt. vom 5.2.1981 – III ZR 119/79 –, EzGuG 8.57; BGH, Urt. vom 12.2.1976 – III ZR 184/73 –, EzGuG 19.28; BVerwG, Urt. vom 29.4.1964 – 1 C 30/62 –, EzGuG 8.11; a. A. Gaentzsch im Berliner Komm. zu § 42 Rn. 9.
109 Driehaus, Erschließungs- und Straßenausbaubeitragsrecht in Aufsätzen, vhw-Verlag 2004 S. 145.

sichtigen, auch wenn § 5 Abs. 3 ImnmoWertV hierauf nicht expressis verbis verweist; dabei ist die **zeitliche Befristung** angemessen zu berücksichtigen.

Eine **Bebaubarkeit des Grundstücks nach § 35 BauGB** wird mit § 5 Abs. 3 ImmoWertV nicht expressis verbis genannt, weil Grundstücke im Außenbereich nur die in § 35 Abs. 1 BauGB enumerativ und abschließend aufgeführten „privilegierten Vorhaben" zulässig sind; für sonstige Vorhaben hat der Gesetzgeber ein grundsätzliches Bauverbot mit Ausnahmevorbehalt für bestimmte Vorhaben der Nutzungsänderung, der Ersatzbauten, des Wiederaufbaus und der Erweiterung sowie Änderung oder Nutzungsänderung erhaltenswerter Gebäude ausgesprochen (begünstigte Vorhaben nach § 35 Abs. 4 BauGB). Nur unter den engen Voraussetzungen des § 35 BauGB besteht mithin ein Rechtsanspruch auf Zulassung eines Vorhabens, so dass insoweit „baureifes Land" gegeben ist. § 5 Abs. 3 ImmoWertV lässt die Zulässigkeit einer baulichen Nutzung nach § 35 BauGB deshalb unerwähnt, weil sonst potenziell der Außenbereich in seiner Gesamtheit als Rohbauland einzuordnen wäre. Dies wäre missverständlich, denn nur für privilegierte Vorhaben ist eine bauliche Einstufung zulässig. **171**

Entsprechend dem Regelungsgehalt dieser Vorschrift kann auch nach § 5 Abs. 3 ImmoWertV im **Außenbereich** nur von baureifem Land gesprochen werden, wenn für ein privilegiertes Vorhaben die Zulassung eines Vorhabens unmittelbar ansteht oder **vorhandene bauliche Anlagen auf einem Grundstück rechtlich und wirtschaftlich weiterhin nutzbar sind** (vgl. Rn. 195, 244 sowie § 16 Abs. 2 ImmoWertV, dort Rn. 120). Von dahingehenden theoretischen Erwägungen zur Erlangung einer höheren Entschädigung auszugehen, wäre abwegig. Im Übrigen besagt die im Einzelfall gegebene Einstufung einer Außenbereichsfläche als „baureif" für ein privilegiertes Vorhaben noch nichts über die Höhe des Verkehrswerts. Im Hinblick auf die eingeschränkte Nutzbarkeit derartiger Flächen für privilegierte Vorhaben orientiert sich der Wert ohnehin nicht etwa an dem im Innenbereich gelegenen baureifen Land (vgl. Rn. 177, 210, 229, zur Bodenwertermittlung vgl. Rn 245 ff.; § 6 ImmoWertV Rn. 68 ff.; § 16 ImmoWertV Rn. 120). **172**

4.2 Brutto- und Nettorohbauland

Rohbauland stellt eine Zwischenstufe vom Bauerwartungsland zum baureifen Land dar. Dementsprechend lässt sich beim **Rohbauland begrifflich zwischen dem Brutto- und Nettorohbauland unterscheiden**[110]. Das Bruttorohbauland umfasst (noch) die für öffentliche Zwecke, insbesondere die Erschließung, benötigten Flächen des Plangebiets, während sich das Nettorohbauland auf die verbleibenden Baugrundstücke bezieht (Abb. 23): **173**

Abb. 23: Aufteilung des Rohbaulands in Brutto- und Nettorohbauland

---

[110] Zur Beziehung vgl. Hoenig, Der Städtebau 1920, 177.

4.3 Bauliche Nutzung

174 Voraussetzung für die Einstufung einer Fläche als Rohbauland ist nach dem vorher Gesagten, dass einerseits eine **bauliche Nutzung der Fläche** nach

– den Festsetzungen eines Bebauungsplans i.S. des § 30 BauGB oder
– den Festsetzungen eines Vorhaben- und Erschließungsplans i.S. des § 12 BauGB oder
– ihrer Lage innerhalb eines im Zusammenhang bebauten Ortsteils gemäß § 34 BauGB oder
– ihrer Lage innerhalb eines Gebiets, für das die Aufstellung eines Bebauungsplans beschlossen worden ist, nach Maßgabe des § 33 BauGB

zulässig ist, andererseits **jedoch** die **Erschließung nicht gesichert oder** das **Grundstück nach Lage, Form oder Größe** (noch) **unzureichend gestaltet ist.**

175 **Bebauungspläne, die wegen Funktionslosigkeit außer Kraft getreten sind,** müssen bei der Klassifizierung einer Fläche nach § 5 ImmoWertV außer Betracht bleiben[111]. Hierzu gehören nicht die Bebauungspläne, mit denen die Gemeinde das Ziel verfolgt, preisgünstiges Bauland für Einheimische bereitzustellen und zur Dämpfung der Bodenpreise beizutragen[112].

176 Zum **Begriff der baulichen Nutzung** vgl. § 1 ImmoWertV Rn. 40 ff.; § 5 ImmoWertV Rn. 28, 179.

177 Eine **gesicherte Erschließung** gehört nach § 30 Abs. 1 letzter Satz, § 33 Abs. 1 Nr. 4 und § 34 Abs. 1 Satz 1 BauGB zu den bauplanungsrechtlichen Voraussetzungen für die Zulässigkeit einer baulichen Nutzung[113]. Unter der Erschließung ist eine ordnungsgemäß benutzbare verkehrsmäßige Anbindung eines Baugrundstücks durch Straßen, Wege sowie Plätze sowie durch ordnungsgemäß benutzbare Ver- und Entsorgungsleitungen für Elektrizität, Wasser und Abwasser zu verstehen. „Erschlossen" ist ein Grundstück nach § 131 Abs. 1 BauGB, wenn der Eigentümer die Möglichkeit hat, von einer Erschließungsanlage aus eine Zufahrt bzw. einen Zugang zu einem Grundstück zu nehmen. Nach den bauordnungsrechtlichen Vorschriften der Länder ist die Erschließung „gesichert", wenn bis zum Beginn der Benutzung eines zur Errichtung anstehenden Gebäudes Zufahrtswege, Wasserversorgungs- und Abwasserbeseitigungsanlagen in dem erforderlichen Umfang benutzbar sind[114].

178 Liegen diese Voraussetzungen nicht vor, so ist die Fläche insoweit als Rohbauland einzustufen, selbst wenn das Grundstück im Übrigen nach Lage, Form und Größe „zureichend" gestaltet ist. Von daher kann es **im Einzelfall erforderlich** werden, **ein Grundstück entsprechend seiner nicht erschlossenen Teile einerseits und der erschlossenen bzw. erschließungsmäßig „gesicherten" Teile andererseits** für eine sachgerechte Wertermittlung

---

111 BVerwG, Urt. vom 3.8.1990 – 7 C 41 – 43/89 –, GuG 1991,105; BVerwG, Urt. vom 31.8.1989 – 4 B 161/88 –, UPR 1990, 27 = BayVBl 1990, 90; BVerwG, Urt. vom 21.11.1986 – 4 C 22/83 –, BBauBl. 1987, 245 = DVBl. 1987, 481; BVerwG, Urt. vom 21.11.1986 – 4 C 60/84 –, BayVBl 1987, 312; BVerwG, Beschl. vom 12.8.1985 – 4 B 115/85 –, AgrarR 1986, 90; BVerwG, Urt. vom 5.8.1983 – 4 C 96/79 –, BVerwGE 67, 334 = NJW 1984, 138 = MDR 1984, 428 = BRS Bd. 40 Nr. 6 = ZfBR 1983, 243 = JuS 1984, 488 = DVBl. 1984,143 = DÖV 1984, 295; BVerwG, Urt. vom 29.4.1977 – 4 C 39/75 –, BVerwGE 54, 5 = NJW 1977, 2325 = MDR 1977, 957 = BauR 1977, 248 = JuS 1978, 207 = BayVBl. 1977, 23 = DVBl. 1977, 768 = DÖV 1978, 142; BVerwG, Urt. vom 22.2.1974 – 4 C 6/73 –, BRS Bd. 28 Nr. 3 = BauR 1974, 181; BVerwG, Urt. vom 10.3.1967 – 4 C 87/65 –, BVerwGE 26, 282 = MDR 1967, 695; BGH, Urt. vom 28.6.1984 – III ZR 35/83 –, BRS Bd. 42 Nr. 5; BGH, Urt. vom 25.11.1982 – III ZR 55/81 –, BRS Bd. 39 Nr. 169 = BauR 1983, 231 = ZfBR 1983, 143 = UPR 1983, 195 = DWW 1983, 46; OVG Berlin, Urt. vom 20.2.1987 – 2 A 4/83 –, BauR 1987,419; BayVGH, Urt. vom 30.10.1986 – 2 B 86.011790 –, UPR 1987, 232; OVG Greifswald, Urt. vom 4.7.1996 – 9 K 5/94 –, GuG 1997, 190 = EzGuG 10.12.
112 OVG Lüneburg, Urt. vom 20.5.1987 – 1 C 23/86 –, MittDST vom 5.2.1988.
113 Für privilegierte Vorhaben nach § 35 BauGB ist hingegen eine „ausreichende" Erschließung erforderlich (hierzu: OVG Lüneburg, Urt. vom 29.8.1988 – I A 5/87 –, BRS Bd. 48 Nr. 79).
114 BVerwG, Urt. vom 8.5.2002 – 9 C 5/01 –, KStZ 2002, 232 = EzGuG 8.72; BVerwG, Urt. vom 17.6.1994 – 8 C 24/92 –, EzGuG 9.86a; BVerwG, Urt. vom 4.6.1993 – 8 C 33/91 –, EzGuG 9.86; BVerwG, Urt. vom 3.5.1988 – 4 C 54/85 –, BRS Bd. 48 Nr. 92 = EzGuG 9.65a; BVerwG, Urt. vom 25.1.1984 – 4 B 77/82 –, EzGuG 9.50; BVerwG, Beschl. vom 24.3.1982 – 8 B 94/81 –, EzGuG 8.58; BVerwG, Urt. vom 14.3.1975 – 4 C 44/72 –, EzGuG 9.23; BVerwG, Urt. vom 27.1.1967 – 4 C 33/65 –, EzGuG 8.68; OVG Münster, Urt. vom 31.1.1989 – 3 A 922/87 –, EzGuG 8.20; Art. 4 Abs. 1 Nr. 3 BayBauO.

aufzuteilen. Zur Trennlinie zwischen den jeweiligen Teilflächen vgl. Syst. Darst. des Vergleichswertverfahrens Rn. 265 und § 8 ImmoWertV Rn. 49 ff.

Bei der Wertermittlung von Rohbauland muss grundsätzlich auch der Fall berücksichtigt werden, dass sich im konkreten Einzelfall die allgemeine Erschließungspflicht der Gemeinde zu einem **Rechtsanspruch auf Erschließung** verdichtet hat, insbesondere wenn auf den Erschließungsbeitrag Vorleistungen erhoben worden sind[115]. **179**

Umgekehrt ist bei einer zumindest gesicherten Erschließung eine nach den §§ 30, 33 oder 34 BauGB für eine bauliche Nutzung bestimmte Fläche als „Rohbauland" einzustufen, wenn sie dafür nach ihrer **Lage, Form und Größe unzureichend gestaltet ist** (vgl. Rn. 192, 203). In diesem Fall bedarf es noch einer Bodenordnung. Die Definition des Rohbaulandes knüpft damit an bauordnungsrechtliche Bestimmungen an, nach denen Gebäude u.a. nur errichtet werden dürfen, wenn das „nach Lage, Form, Größe und Beschaffenheit für die beabsichtigte Bebauung geeignet ist"[116]. Auch diesbezüglich kann es erforderlich werden, die Gesamtfläche eines Grundstücks nach solchen Teilflächen aufzugliedern, die z.B. als baureif i.S. des § 5 Abs. 4 ImmoWertV und als Rohbauland einzustufen sind, soweit die Teilfläche noch einer Bodenordnung bedarf. **180**

4.4 Besonderheiten für Umlegungsgebiete

▶ *Weitere Ausführungen bei Rn. 8, 195; § 8 ImmoWertV Rn. 13 ff.; Teil VI Rn. 595; Teil VIII Rn. 537 ff., 619 ff.*

Für die in ein Umlegungsverfahren bzw. in ein Grenzregelungsverfahren nach den §§ 45 ff. und den §§ 80 ff. BauGB einbezogenen Grundstücke gelten eine Reihe von **Besonderheiten.** Grundsätzlich ist hier zwischen **181**

– dem Einwurfswert und
– dem Zuteilungswert

zu unterscheiden. Eine weitere Besonderheit besteht für Umlegungsverfahren in förmlich festgelegten Sanierungsgebieten, wo sich Einwurfs- und Zuteilungswerte nach Maßgabe des § 153 Abs. 5 BauGB bemessen.

Gemeinbedarfsflächen, die im Falle ihres Erwerbs unter Anwendung des Vorwirkungsgrundsatzes zu erwerben wären, werden im Rahmen von Umlegungsverfahren regelmäßig als Rohbauland qualifiziert. **182**

---

[115] BVerwG, Urt. vom 28.10.1981 – 8 C 4/81 –, EzGuG 9.42; BVerwG, Urt. vom 26.11.1976 – 4 C 79/74 –, EzGuG 9.30; BVerwG, Urt. vom 2.2.1978 – 4 B 122/77 –, EzGuG 9.33; BVerwG, Urt. vom 10.9.1976 – 4 C5/76 –, EzGuG 9.2; BVerwG, Urt. vom 4.10.1974 – 4 C 59/72 –, EzGuG 9.23; in der Umlegung nach den §§ 45 ff. BauGB: BVerwG, Urt. vom 4.2.1981 – 8 C 13/81 –, EzGuG 17.39; OVG Münster, Urt. vom 15.6.1988 – 7 A 675/87 –, BRS Bd. 48 Nr. 93.
[116] Art. 4 Abs. 1 BayBauO; zum Begriff vgl. auch § 45 Abs. 1 BauGB.

5 Baureifes Land (§ 5 Abs. 4 ImmoWertV)

5.1 Materielle Definition

5.1.1 Allgemeines

▶ *Zur Verkehrswertermittlung im Einzelnen vgl. Syst. Darst. des Vergleichswertverfahrens Rn. 11 ff.; § 6 ImmoWertV Rn. 7 ff.*

183 Als baureifes Land werden mit § 5 Abs. 4 ImmoWertV Flächen definiert, für die **nach der Gesamtheit der öffentlich-rechtlichen Vorschriften und den tatsächlichen Gegebenheiten ein Anspruch auf Zulassung einer baulichen Anlage** besteht (§ 29 BauGB)[117].

Zu den **tatsächlichen Gegebenheiten** gehören z. B. auch naturbedingte Hindernisse, die einer Baureife entgegenstehen. Bezüglich der „rechtlichen Gegebenheiten", die nach der Definition des § 194 BauGB von den „tatsächlichen Eigenschaften" zu unterscheiden sind, spricht die Vorschrift ausdrücklich nur „*öffentlich-rechtliche* Vorschriften" und nicht auch *privatrechtliche Rechtsverhältnisse* an. Wird die bauliche Nutzung eines Grundstücks z. B. durch ein Wege- oder Aussichtsrecht eingeschränkt, ist deshalb „formal" von baureifem Land auszugehen, dessen Marktwert sich indessen aufgrund dieser Einschränkung entsprechend vermindert.

184 Grundsätzlich wird die Zulässigkeit einer baulichen Anlage in einem **Baugenehmigungsverfahren** geprüft. In diesem Verfahren wird geprüft, ob das Bauvorhaben oder eine planungsrechtlich relevante Nutzungsänderung

– planungsrechtlichen und
– bauordnungsrechtlichen

Vorschriften entspricht. Das Baugenehmigungsverfahren ist antragsgebunden.

185 Zum **Begriff der baulichen Nutzung** vgl. § 1 ImmoWertV Rn. 40 ff.; § 5 ImmoWertV Rn. 28 ff., 179 ff.; § 5 ImmoWertV Rn. 3 ff.

186 Für Vorhaben, welche die **Errichtung, Änderung oder Nutzungsänderung** baulicher Anlagen zum Inhalt haben, gelten nach § 29 Abs. 1 BauGB die planungsrechtlichen Zulässigkeitsvorschriften der §§ 30 bis 37 BauGB[118]. Auf der Grundlage der mit dem BauROG geänderten Fassung des § 29 Abs. 1 BauGB steht es den Ländern frei, ob und in welchem Umfang sie die genannten Maßnahmen von einem präventiven Zulassungsverfahren abhängig machen. Grundsätzlich ist auch nach den Bauordnungen der Länder die Errichtung, Änderung oder Nutzungsänderung baulicher Anlagen genehmigungsbedürftig, jedoch ist für Vorhaben mit nicht wesentlicher städtebaulicher Bedeutung ein Anzeigeverfahren vorgesehen bzw. die Maßnahmen sind gänzlich von der Genehmigung freigestellt (Freistellungsregelung). Soweit weitere Genehmigungen und Zulassungen erforderlich sind, so bestimmt sich das Verhältnis der Baugenehmigung zu diesen fachgesetzlichen Genehmigungen und Zulassungen nach den jeweiligen Gesetzen, wobei die Baugenehmigung von diesen Genehmigungen grundsätzlich abhängig sein soll (Schlusspunkttheorie, siehe Abb. 24).

---

117 BVerwG, Urt. vom 14.1.1983 – 8 C 81/81 –, EzGuG 9.48; BVerwG, Urt. vom 27.1.1967 – 4 C 33/65 –, EzGuG 8.20; BVerwG, Urt. vom 12.12.1957 – 1 C 87/57 –, BVerwGE 6, 56 = DÖV 1958, 398; BVerwG, Urt. vom 27.6.1957 – 1 C 3/56 –, EzGuG 16.3; a. A. OLG Köln, Beschl. vom 25.6.1964 – 9 WI 1/64 –, AVN 1966, 101 = EzGuG 8.12; unter Hinweis auf RGZ 128, 18.

118 Die Zulässigkeit eines Vorhabens i.S.d. § 29 BauGB ergibt sich nach den im Teil I unter Fn. 2 zur ImmoWertV abgedruckten genannten Vorschriften (Abb. 25 bei Rn. 207).

Abb. 24: Genehmigungs-, Zustimmungs- und Anzeigeverfahren

Genehmigungs-, Zustimmungs- und Anzeigeverfahren				
genehmigungs-bedürftige Vorhaben	anzeige-bedürftige Vorhaben	genehmigungsfreie Vorhaben	zustimmungs-bedürftige Vorhaben von Bund und Ländern	spezialgesetzliche Verfahren
	Vorhaben von nicht wesentlicher städtebaulicher Bedeutung	Vorhaben von zumeist geringer städtebaulicher Bedeutung	Vorhaben des Bundes und der Länder, die keiner Genehmigung bedürfen	Vorhaben, die von Genehmigung ausgenommen, weil bereits in anderem Verfahren zugelassen, z. B. Planfest-stellungsverfahren

187 Nach bauordnungsrechtlichen Vorschriften ist Voraussetzung für die Zulassung eines Vorhabens jedoch, dass das **Grundstück „nach Lage, Form, Größe und Beschaffenheit für die beabsichtigte Bebauung geeignet** ist" (vgl. Rn. 192, 203). Insoweit kann es erforderlich werden, eine übergroße Grundstücksfläche in Teilflächen unterschiedlichen Entwicklungszustands für eine sachgerechte Wertermittlung (gedanklich) aufzuteilen (vgl. § 8 ImmoWertV Rn. 149 ff.).

188 Mit der Qualifizierung einer Fläche als „baureifes Land" wird lediglich der Entwicklungszustand bestimmt. Der Zustand muss für die Belange der Wertermittlung konkretisiert werden, insbesondere im Hinblick auf **Art und Maß der baulichen Nutzung** (vgl. hierzu § 6 Immo-WertV Rn. 3 ff.).

189 Zwischen „baureifem Land" und dem in § 196 Abs. 1 Satz 1 und 2 BauGB benutzten **Begriff des Baulandes** besteht Begriffsidentität. Der dort gebrauchte Begriff des Baulandes bezieht sich – wie hier – sowohl auf baureife Grundstücke als auch auf bebaute Grundstücke[119]. Wenn auch nicht mit gänzlich identischem Inhalt, lehnt sich der für die Belange der Wertermittlung definierte Begriff des „baureifen Landes" an den im Erschließungsbeitragsrecht gebrauchten Baulandbegriff an[120].

– Wie im Erschließungsbeitragsrecht[121] steht auch hier z.B. eine privatrechtliche, durch beschränkt persönliche Dienstbarkeit gesicherte Verpflichtung, ein Grundstück nicht zu bebauen, der Baureife nicht entgegen[122].

– Im Unterschied zum Erschließungsbeitragsrecht soll nach der Begründung zu § 4 Abs. 4 WertV 88 (entspricht § 5 Abs. 4 ImmoWertV) auch ein bebautes Grundstück, das am Wertermittlungsstichtag nicht mehr bebaut werden dürfte, für die Belange der Wertermittlung als baureif gelten[123].

---

[119] Kleiber in Ernst/Zinkahn/Bielenberg, BauGB, Komm. zu § 196, Rn. 72 ff.; nicht jedoch zu dem in § 89 Abs. 2 WoBauG gebrauchten Begriff.
[120] In der Rspr. ist der Baulandbegriff unterschiedlich, zumeist sogar im erweiterten Sinne unter Einbeziehung des werdenden Baulandes gebraucht worden; BVerwG, Urt. vom 27.6.1957 – 1 C 3/56 –, EzGuG 16.3; BVerwG, Urt. vom 27.1.1967 – 4 C 33/65 –, EzGuG 8.20; OLG Köln, Beschl. vom 25.6.1964 – 9 W I 1/64 –, EzGuG 8.12; vgl. Burkhardt in BlGBW 1967, 87; zum Baulandbegriff vgl. auch VGH Mannheim, Beschl. vom 4.7.2003 – 8 S 1251/03 –.
[121] BVerwG, Urt. vom 27.1.1967 – 4 C 33/65 –, EzGuG 8.20; BVerwG, Urt. vom 27.6.1957 – 1 C 3/56 –, EzGuG 16.3; BVerwG, Urt. vom 12.12.1957 – 1 C 87/57 –, BVerwGE 6, 56.
[122] BVerwG, Beschl. vom 24.3.1982 – 8 B 94/81 –, EzGuG 8.58; OVG Berlin, Urt. vom 5.2.1971 – 2 B 37/69 –, EzGuG 8.34.

- Ansonsten wird auch im Erschließungsbeitragsrecht auf das Merkmal der „Baureife" abgestellt.

190 **Gemeinbedarfsflächen** (vgl. § 8 ImmoWertV Rn. 131 ff., 187 ff.; Teil VI Rn. 596 ff.) werden üblicherweise nicht dem baureifen Land zugerechnet (vgl. Rn. 8 sowie § 73 Abs. 2 Satz 2 BewG).

5.1.2 Bebaute Grundstücke

191 **Bebaute Grundstücke** werden in § 5 ImmoWertV nicht als eigenständiger Entwicklungszustand definiert. Sie **sind grundsätzlich dem Entwicklungszustand „baureifes Land" zuzuordnen**. Bei übergroßen Grundstücken gilt dies allerdings zunächst nur für die der Bebauung zuzurechnende Grundstücksteilfläche. Der Entwicklungszustand der darüber hinausgehenden Teilfläche bestimmt sich dagegen nach allgemeinen Grundsätzen.

Im Einzelfall ist auch zu prüfen, ob nach den zum Wertermittlungsstichtag maßgebenden Umständen die bauliche Nutzung auf Dauer oder nur vorübergehend aufgrund des **Bestandsschutzes einer baulichen Anlage**[124] gewährleistet ist[125]. Dieser Bestandsschutz besteht allerdings nur für zulässigerweise errichtete Anlagen. Für die in einem Gebäude ausgeübte Nutzung endet der Bestandsschutz mit dem tatsächlichen Beginn einer andersartigen Nutzung, sofern diese nicht nur vorübergehend ausgeübt werden soll[126].

▶ *Zum Bestandsschutz vgl. Rn. 246 ff. sowie § 6 ImmoWertV Rn. 86 ff.*

192 Ist danach die Fortführung der bisherigen baulichen Nutzung „auf Dauer" gewährleistet, kommt ein Risikoabschlag im Hinblick auf einen unvorhersehbaren Unglücksfall entsprechend den Gepflogenheiten des gewöhnlichen Geschäftsverkehrs in Betracht. Im Übrigen ist – vom Planungsschadensersatz abgesehen – der **Fortfall von Baurechten** aufgrund des Bestandsschutzes gänzlich oder teilweise dadurch berücksichtigungsfähig, dass der Unterschied zwischen dem Bodenwert aufgrund der derzeitigen und der künftigen (d.h. der sich nach Abgang der baulichen Anlage ergebenden) Nutzbarkeit über die Restnutzungsdauer diskontiert wird (vgl. hierzu § 16 ImmoWertV Rn. 223)).

193 Im Unterschied zur ImmoWertV wurde in einigen zwischenzeitlich außer Kraft getretenen Gutachterausschussverordnungen der Länder zwischen dem baureifen Land und dem **bebauten Land** unterschieden, wobei dieses jedoch materiell nicht definiert wurde[127]. Eine Definition enthält § 74 BewG, nach der bebaute Grundstücke solche sind, auf denen sich benutzbare Gebäude befinden, sofern deren Zweckbestimmung und Wert gegenüber der Zweckbestimmung und dem Wert des Grund und Bodens nicht von untergeordneter Bedeutung sind (§ 72 Abs. 2 BewG) oder sich in dem Gebäude aufgrund von dessen Verfall keine auf Dauer benutzbaren Räume befinden (§ 72 Abs. 3 BewG).

---

123 BGH, Urt. vom 2.2.1978 – III ZR 90/76 –, EzGuG 18.81; BGH, Urt. vom 8.12.1977 – III ZR 163/75 –, EzGuG 18.82; BVerwG, Urt. vom 20.9.1974 – 4 C 70/72 –, EzGuG 9.20; abweichend: BVerwG, Urt. vom 12.11.1971 – 4 C 11/70 –, BRS Bd. 37 Nr. 316 = ZMR 1972, 156 = DÖV 1972, 503.
124 BVerwG, Urt. vom 24.5.1988 – 4 CB 12/88 –, BRS Bd. 48 Nr. 137; BVerwG, Urt. vom 17.1.1986 – 4 C 80/82 –, EzGuG 3.70; BVerwG, Urt. vom 24.10.1980 – 4 C 81/77 –, BRS Bd. 36 Nr. 99 = BauR 1981, 180; BVerwG, Urt. vom 23.1.1981 – 4 C 83/77 –, BRS Bd. 38 Nr. 89 = BauR 1981, 246; BVerwG, Beschl. vom 20.3.1981 – 4 B 195/80 –, BRS Bd. 38 Nr. 102; BVerwG, Urt. vom 18.10.1974 – 4 C 75/71 –, EzGuG 3.49; BVerwG, Urt. vom 22.9.1967 – 4 C 109/65 –, EzGuG 3.30; BVerwG, Urt. vom 19.10.1966 – 4 C 16/66 –, EzGuG 3.29; BGH, Urt. vom 28.6.1984 – III ZR 68/83 –, BRS Bd. 42 Nr. 5 = BauR 1985, 480.
125 BT-Drucks. 352/88, S. 35; vgl. zur Fortentwicklung Sarnighausen in DÖV 1993, 758.
126 BVerwG, Urt. vom 25.3.1988 – 4 C 21/85 –, EzGuG 3.27.
127 § 13 Abs. 1 rh.-pf. GutachterausschussVO; § 14 saarl. GutVO.

5.1.3 Baulücke

194 Baulücken sind ebenfalls dem baureifen Land zuzurechnen. Unter Baulücken im engeren Sinne werden nämlich „unbebaute Grundstücke" verstanden[128]. Ausschlaggebend ist, inwieweit die aufeinanderfolgende Bebauung trotz vorhandener Baulücken den **Eindruck der Geschlossenheit (Zusammengehörigkeit)** vermittelt, wofür letztlich die „Verkehrsauffassung" maßgebend ist[129]. Im Verhältnis zu dem weiträumig unbebauten baureifen Land weisen Baulücken i.d.R. jedoch eine höhere Wertigkeit auf, wenn durch die Nachbarschaftsbebauung eine geordnete städtebauliche Einbindung mit allen ihren Lagevorteilen einhergegangen ist.

5.1.4 Im Außenbereich gelegene bebaute Grundstücke

195 Bebaute im Außenbereich (§ 35 BauGB) gelegene Grundstücke sind aufgrund des Bestandschutzes und der Regelungen des § 35 BauGB über privilegierte bzw. begünstigte Vorhaben sog. „De-facto-Bauland". Diese Eigenschaft resultiert nach § 16 Abs. 2 ImmoWertV aus der vorhandenen Bebauung, wenn diese **zulässigerweise errichtet wurde und wirtschaftlich genutzt werden kann**. Entsprechend bebaute Flächen sind dem „baureifen Land" nach § 5 Abs. 4 ImmoWertV zuzurechnen; denn es handelt sich um „nach öffentlich-rechtlichen Vorschriften und den tatsächlichen Gegebenheiten baulich nutzbare" Flächen. Soweit mit dem Fortfall der baulichen Nutzung zu rechnen ist, muss dies allerdings nach Maßgabe des § 2 Satz 2 ImmoWertV berücksichtigt werden (vgl. Rn. 172, zur Bodenwertermittlung Rn. 244 ff. sowie § 16 ImmoWertV Rn. 120).

5.1.5 Steuerliche Bewertung

196 Für den Bereich der steuerlichen Bewertung definiert § 73 Abs. 2 BewG als „baureifes Grundstück" solche unbebauten Grundstücke, die in einem Bebauungsplan als Bauland festgesetzt sind, deren sofortige Bebauung möglich ist und die Bebauung innerhalb des Plangebiets in benachbarten Bereichen begonnen hat oder schon durchgeführt ist. Diese Definition ist aus steuerlichen Gründen zu einengend, da sie auf die „bauliche Akzeptanz" abstellt, die nicht für den maßgeblichen Entwicklungszustand, sondern allenfalls für die Wertigkeit steht.

Inhaltlich ist das in § 5 Abs. 4 ImmoWertV definierte „baureife Land" nicht identisch mit dem im Steuerrecht maßgeblichen Begriff des „baureifen Grundstücks" nach § 73 BewG, weil mit dieser Vorschrift allein die in Bebauungsplänen als Bauland festgesetzten Flächen und nicht auch das in „§-34er-Gebieten" gelegene „baureife Land" erfasst wird.

Das steuerliche Bewertungsrecht unterscheidet in § 75 BewG nach folgenden Grundstücksarten (vgl. § 6 ImmoWertV Rn. 113 ff.):

1. Mietwohngrundstücke,
2. Geschäftsgrundstücke,
3. gemischt genutzte Grundstücke,
4. Einfamilienhäuser,
5. Zweifamilienhäuser,
6. sonstige bebaute Grundstücke.

Mietwohngrundstücke sind Grundstücke, die zu mehr als achtzig vom Hundert, berechnet nach der Jahresrohmiete (§ 79 BewG), Wohnzwecken dienen mit Ausnahme der Einfamilienhäuser und Zweifamilienhäuser.

---

[128] BVerwG, Urt. vom 6.11.1968 – 4 C 2/66 –, EzGuG 8.27; BVerwG. Urt. vom 2.7.1963 – 1 C 110/62 –, DVBl. 1964, 184 = BRS Bd. 14, S. 51 = BBauBl. 1963, 605; OVG Lüneburg, Urt. vom 13.12.1963 – 1 A 150/62 –, DÖV 1964, 392 = BBauBl. 1964, 351; VGH Mannheim, Urt. vom 9.3.1950, DÖV 1950, 505.
[129] BVerwG, Urt. vom 6.12.1967 – 4 C 94/66 –, BVerwGE 28, 268 = DVBl. 1968, 521; BVerwG, Beschl. vom 12.2.1968 – 4 B 47/67 –; BVerwG, Urt. vom 14.4.1967 – 4 C 134/65 –, BRS Bd. 18, 28; BVerwG, Beschl. vom 25.5.1967 – 4 B 184/66 –; BVerwG, Urt. vom 10.5.1967 – 4 C 32/66 –.

Geschäftsgrundstücke sind Grundstücke, die zu mehr als achtzig vom Hundert, berechnet nach der Jahresrohmiete (§ 79 BewG), eigenen oder fremden gewerblichen oder öffentlichen Zwecken dienen.

Gemischt genutzte Grundstücke sind Grundstücke, die teils Wohnzwecken, teils eigenen oder fremden gewerblichen oder öffentlichen Zwecken dienen und nicht Mietwohngrundstücke, Geschäftsgrundstücke, Einfamilienhäuser oder Zweifamilienhäuser sind.

Einfamilienhäuser sind Wohngrundstücke, die nur eine Wohnung enthalten. Wohnungen des Hauspersonals (Pförtner, Heizer, Gärtner, Kraftwagenführer, Wächter usw.) sind nicht mitzurechnen. Eine zweite Wohnung steht, abgesehen von Satz 2, dem Begriff „Einfamilienhaus" entgegen, auch wenn sie von untergeordneter Bedeutung ist. Ein Grundstück gilt auch dann als Einfamilienhaus, wenn es zu gewerblichen oder öffentlichen Zwecken mitbenutzt wird und dadurch die Eigenart als Einfamilienhaus nicht wesentlich beeinträchtigt wird.

Zweifamilienhäuser sind Wohngrundstücke, die nur zwei Wohnungen enthalten.

Sonstige bebaute Grundstücke sind solche Grundstücke, die nicht unter die vorstehenden Definitionen fallen.

5.1.6 Beleihungswertermittlung

197 § 21 BelWertV, nach dem bei der Wertermittlung von Bauland „sowohl dessen Entwicklungszustand als auch der künftige Bedarf an Bauland" zu prüfen ist, lässt nicht erkennen, ob unter den Begriff „Bauland" nur das Bauland im engeren Sinne (baureifes Land) oder im erweiterten Sinne unter Einschluss des Bauerwartungslands und des Rohbaulands angesprochen ist. Nach Satz 2 dieser Vorschrift ist nur ein **„gesichertes Bebauungsrecht"** bei der Beleihungswertermittlung zu berücksichtigen; darüber hinaus darf bei der Bodenwertermittlung nach § 15 Abs. 2 Satz 2 BelWertV „keine höherwertige Nutzung als zulässig zugrunde gelegt werden".

5.2 Baureife begründende rechtliche Gegebenheiten

5.2.1 Bauplanungsrecht

198 Wesentliche **Merkmale der Baureife** aufgrund öffentlich-rechtlicher Vorschriften sind

a) der **nach den §§ 30, 33, 34 und 35 BauGB bestehende Anspruch auf Genehmigung eines baulichen Vorhabens** (§ 29 BauGB; zu § 35 BauGB vgl. Rn. 234 f.), das die Errichtung, Änderung oder Nutzungsänderung einer baulichen Anlage zum Inhalt hat. Grundsätzlich gehören hierzu auch die nach § 37 BauGB zulässigen baulichen Maßnahmen des Bundes und der Länder sowie solche baulichen Maßnahmen, deren Zulässigkeit nach § 38 BauGB von den §§ 29 ff. BauGB unberührt sind. Die Begründung zu § 4 Abs. 4 WertV 88 (entspricht § 5 Abs. 4 ImmoWertV) weist ausdrücklich darauf hin, dass als baureifes Land auch solche Flächen einzustufen sind, auf denen nur bestimmte Nutzungen, wie Sonderbauflächen (§§ 10 f. BauNVO), zulässig sind[130]. Des Weiteren kann sich zudem der Anspruch auf Genehmigung eines Vorhabens aus einem **Vorhaben- und Erschließungsplan** ergeben.

b) Im Allgemeinen liegt das baureife Land an endgültig oder vorläufig ausgebauten bzw. zum Ausbau vorgesehenen Straßen. Es genügt aber nach den §§ 30, 33, 34 und 35 BauGB, dass die **„Erschließung gesichert bzw. ausreichend"** ist (vgl. Rn. 182 ff., 209). Ob ein Erschließungsbeitrag bereits entstanden, durch Bescheid fällig gestellt oder bereits entrichtet wurde, ist für die Einstufung einer Fläche als baureifes Land grundsätzlich unerheblich. Nichtsdestoweniger ist der beitrags- und abgabenrechtliche Zustand des Grundstücks (§ 6 Abs. 3 ImmoWertV) bei der Verkehrswertermittlung zu berücksichtigen. Dies gilt im Übrigen auch für Umlegungsleistungen nach § 64 BauGB, Ausgleichsbeträge nach den

---
130 BR-Drucks. 352/88, S. 38.

Baureifes Land § 5 ImmoWertV V

§§ 154 f. BauGB sowie für KAG-Beiträge (vgl. Syst. Darst. des Vergleichswertverfahrens Rn. 321 ff.).

c) Der Zulassung einer baulichen Nutzung steht entgegen, wenn ein Grundstück oder ein Grundstücksteil nicht nach **Lage, Form, Größe und Beschaffenheit** „zureichend" gestaltet ist (vgl. Rn. 185, 192); diesbezüglich können die Vorschriften der BauO des Landes einer Bebauung entgegenstehen.

Bauplanungsrechtlich kommt es für die Einordnung einer Fläche als baureifes Land nicht darauf an, dass die **Fläche zum Zwecke der Bebauung katasteramtlich vermessen und im Grundbuch eingetragen** ist[131]. **199**

Nach § 29 Abs. 1 BauGB bestimmt sich die **Zulässigkeit von Vorhaben,** welche die Errichtung, Änderung oder Nutzungsänderung zum Inhalt haben, nach den §§ 30 bis 37 BauGB. Das BauGB unterscheidet dabei nach Vorhaben **200**

– im Geltungsbereich eines qualifizierten Bebauungsplans nach § 30 Abs. 1 BauGB,

– im unbeplanten Innenbereich nach § 34 BauGB und

– im Außenbereich nach § 35 BauGB.

Qualifiziert ist ein Bebauungsplan, der allein oder gemeinsam mit sonstigen baurechtlichen Vorschriften mindestens Festsetzungen über **201**

a) die Art und das Maß der baulichen Nutzung,

b) die überbaubaren Grundstücksflächen und

c) die örtlichen Verkehrsflächen

enthält.

Die Zulässigkeit kann sich nach § 30 Abs. 2 BauGB auch nach einem **vorhabenbezogenen Bebauungsplan** bestimmen, der auf der Grundlage eines Vorhaben- und Erschließungsplans und eines Durchführungsvertrags erlassen wurde.

Im **unbeplanten Innenbereich** ist ein Vorhaben nach § 34 Abs. 1 BauGB zulässig, wenn es sich **202**

– nach Art und Maß der baulichen Nutzung,

– der Bauweise und

– der Grundstücksfläche, die überbaut werden soll,

in die Eigenart der näheren Umgebung einfügt und die Erschließung gesichert ist. Für Vorhaben im Geltungsbereich eines einfachen Bebauungsplans ist § 34 BauGB ergänzend heranzuziehen (Abb. 25).

---

131 BVerwG, Beschl. vom 28.9.1988 – 4 B 175/88 –, EzGuG 8.65; BVerwG, Urt. vom 12.6.1970 – 4 C 77/68 –, EzGuG 16.12; BVerwG, Urt. vom 3.3.1972 – 4 C 4/69 –, EzGuG 8.38; BVerwG, Urt. vom 22.2.1963 – 4 C 249/61 –, EzGuG 8.7; vgl. auch BewR Gr vom 19.9.1966 (BAnz Nr. 183 Beil.= BStBl I 1966, 890, zu § 69 zu Nr. 2).

Abb. 25: Zulässigkeit von Vorhaben

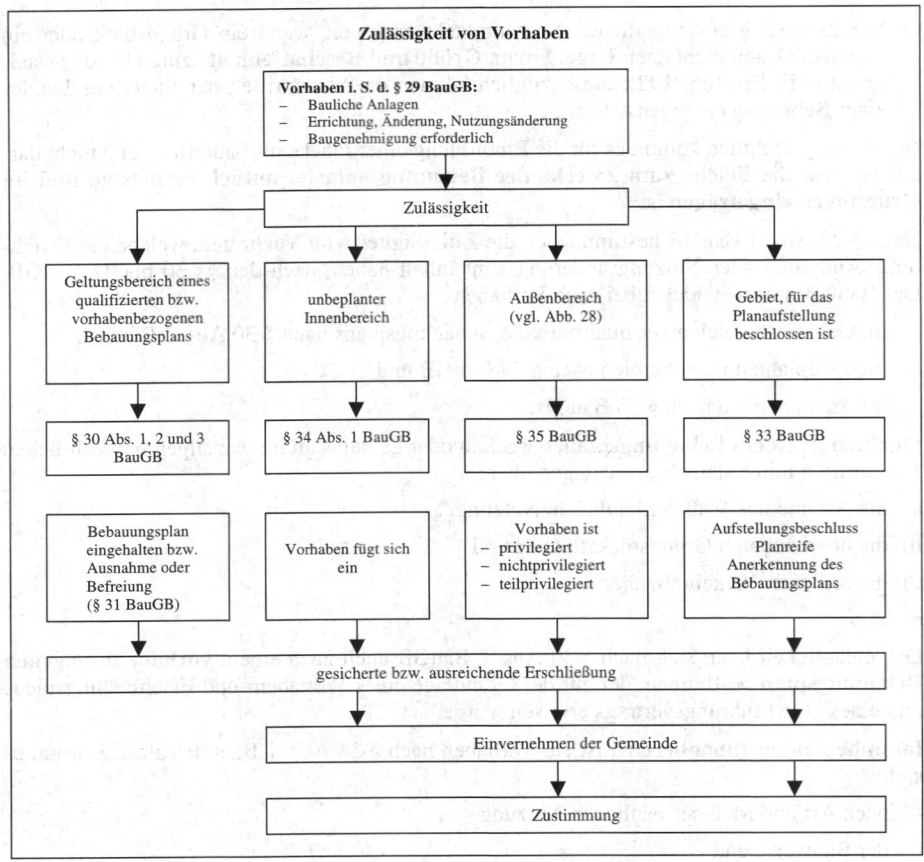

5.2.2 Zulässigkeit von Vorhaben im Geltungsbereich eines Bebauungsplans nach § 30 BauGB

▶ *Hierzu auch § 6 ImmoWertV Rn. 10 ff.*

203 Ein **Vorhaben** ist **nach § 30 Abs. 1 BauGB bauplanungsrechtlich zulässig, wenn es sämtlichen Festsetzungen eines qualifizierten Bebauungsplans entspricht und die Erschließung gesichert ist.** Nach § 31 BauGB können Ausnahmen und Befreiungen im Einvernehmen mit der Gemeinde gewährt werden (§ 36 BauGB).

204 Des Weiteren ist **nach § 30 Abs. 2 BauGB ein Vorhaben** bauplanungsrechtlich **zulässig, wenn es im Geltungsbereich eines vorhabenbezogenen Bebauungsplans liegt, ihm nicht widerspricht und die Erschließung gesichert ist.** Weitere Voraussetzung ist

- ein Vorhaben- und Erschließungsplan des Investors,
- ein Durchführungsvertrag zwischen Investor und Gemeinde sowie
- eine Satzung über den vorhabenbezogenen Bebauungsplan (Abb. 26).

Abb. 26: Verfahrensablauf eines Vorhaben- und Erschließungsplans

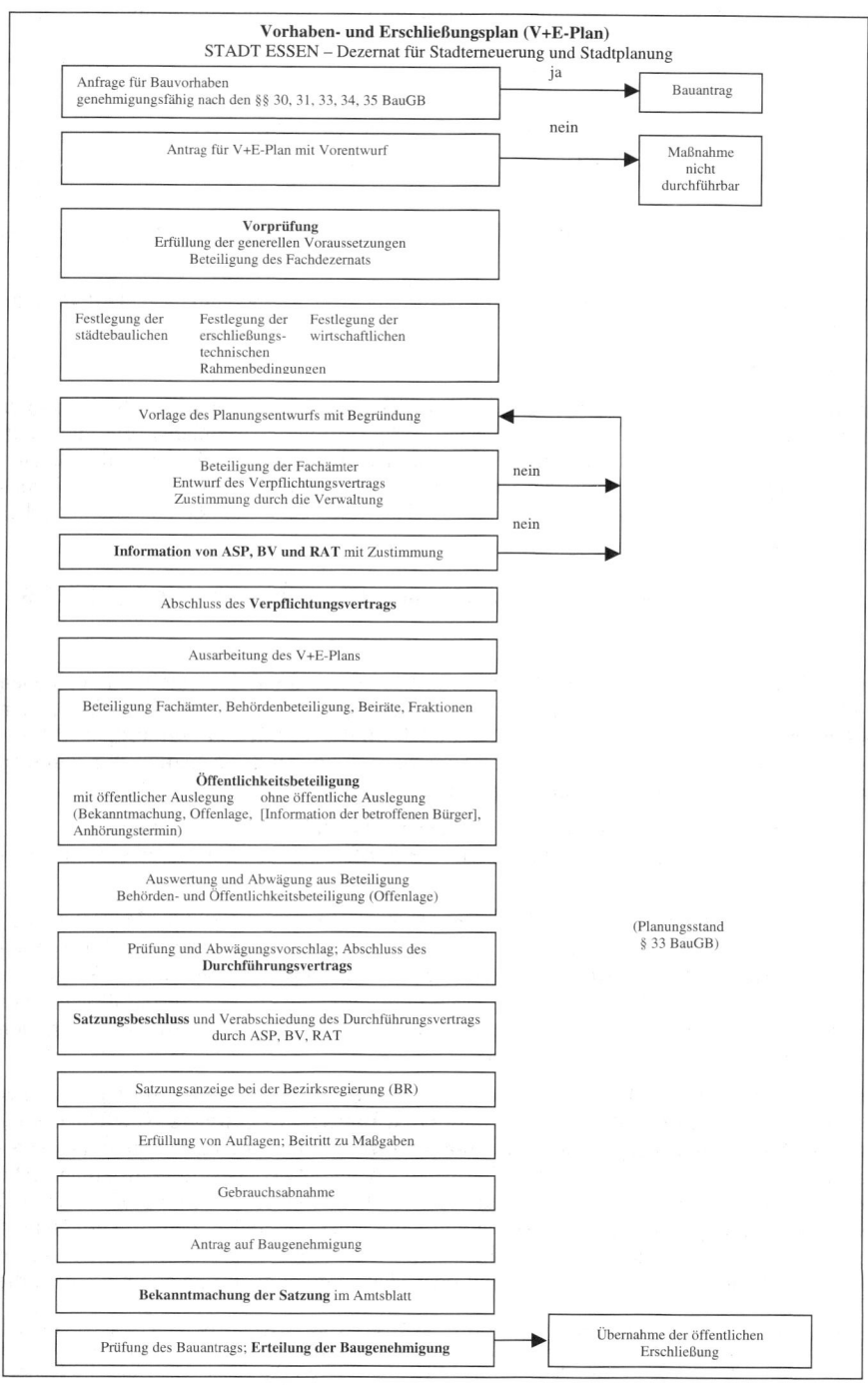

5.2.3 Zulässigkeit von Vorhaben bei Planreife nach § 33 BauGB

205 Während der Aufstellung eines Bebauungsplans ist ein Vorhaben zulässig, wenn die
- formelle Planreife i.S. des § 33 Abs. 1 BauGB oder
- materielle Planreife i.S. des § 33 Abs. 2 BauGB gegeben ist.

206 Die **formelle Planreife** ist nach § 33 Abs. 1 BauGB gegeben, wenn

1. die öffentliche Auslegung durchgeführt und die Träger öffentlicher Belange beteiligt worden sind,
2. anzunehmen ist, dass das Vorhaben den künftigen Festsetzungen des Bebauungsplans nicht entgegensteht,
3. der Antragsteller für sich und seine Rechtsnachfolger diese Festsetzungen schriftlich anerkennt und
4. die Erschließung gesichert ist.

207 Die **materielle Planreife** ist nach § 33 Abs. 2 BauGB gegeben, wenn vor Durchführung der öffentlichen Auslegung und der Beteiligung der Träger öffentlicher Belange die unter den Nrn. 2 bis 4 genannten Voraussetzungen erfüllt sind. Den betroffenen Bürgern und berührten Behörden (Träger öffentlicher Belange) ist jedoch vor Erteilung der Genehmigung Gelegenheit zur Stellungnahme innerhalb angemessener Frist zu geben, soweit sie dazu nicht vorher Gelegenheit hatten.

5.2.4 Zulässigkeit von Vorhaben im unbeplanten Innenbereich nach § 34 BauGB

▶ *Hierzu auch § 6 ImmoWertV Rn. 58 ff.*

208 In den im Zusammenhang bebauten Ortsteilen bestimmt sich die Zulässigkeit von Vorhaben nach § 34 BauGB. Es handelt sich um eine Planersatzvorschrift. Nach dieser Vorschrift ist ein **Vorhaben zulässig, wenn es sich nach Art und Maß der baulichen Nutzung, der Bauweise und der Grundstücksfläche,** die überbaut werden soll, **in die Eigenart der näheren Umgebung einfügt und die Erschließung gesichert ist.**

209 Der Gesetzgeber hat den „im Zusammenhang bebauten Ortsteil" nicht näher definiert. Erst im Lichte der Rechtsprechung erschließt sich der Begriff. Folgende Grundsätze sind dabei beachtlich:

a) Ein **„Bebauungszusammenhang"** ist durch eine „aufeinanderfolgende Bebauung" gekennzeichnet, die trotz vorhandener Baulücken den Eindruck der Geschlossenheit (Zusammengehörigkeit) vermittelt. Bei der Beurteilung der Geschlossenheit kommt es maßgebend auf die Verkehrsauffassung nach den Verhältnissen des Einzelfalls an. Dies gilt auch dafür, ob etwa eine Straße oder Geländehindernisse irgendwelcher Art den Bebauungszusammenhang unterbrechen[132].

b) Ein im Zusammenhang bebauter Ortsteil ist jeder Bebauungskomplex im Gebiet einer Gemeinde, der **nach der Zahl der vorhandenen Bauten ein gewisses Gewicht besitzt und Ausdruck einer organischen Siedlungsstruktur** ist. Die organische Siedlungsstruktur erfordert nicht, dass es sich um eine nach Art und Zweckbestimmung einheitliche Bebauung handeln müsse. Auch eine unterschiedliche, ja u.U. sogar eine in ihrer Art und Zweckbestimmung gegensätzliche Bebauung kann einen Ortsteil bilden[133]. Zum Bebauungszusammenhang gehört die tatsächlich vorhandene Bebauung unabhängig davon, ob die Baulichkeiten genehmigt worden sind oder aber in einer Weise geduldet werden, die

---

[132] BVerwG, Urt. vom 6.11.1968 – 4 C 2/66 –, BVerwGE 31, 20; BVerwG, Urt. vom 22.4.1966 – 4 C 34/65 –, BBauBl. 1967, 117; BVerwG, Urt. vom 25.5.1967 – 4 C 184/66 –; BVerwG, Urt. vom 12.2.1967 – 4 C 47/67 –; BVerwG, Urt. vom 10.3.1967 – 4 C 32/66 –; Buchholz 406, 11 § 35 BauGB Nr. 38 –; BVerwG, Urt. vom 14.4.1967 – 4 C 134/65 –, BRS Bd. 18 Nr. 28 –; BVerwG, Urt. vom 6.12.1967 – 4 C 94/66 –, BVerwGE 28, 268.

[133] BVerwG, Urt. vom 6.11.1968 – 4 C 31/66 –, BVerwGE 31, 22 –; BVerwG, Urt. vom 17.2.1984 – 4 C 56/79 –, NVwZ 1984, 434.

keinen Zweifel daran lässt, dass sich die zuständigen Behörden mit ihrem Vorhandensein abgefunden haben.

c) Ein Grundstück liegt nicht schon deshalb innerhalb eines Bebauungszusammenhangs, weil es von Bebauung umgeben ist. Erforderlich ist vielmehr weiter, dass das **Grundstück selbst einen Bestandteil des Zusammenhangs** bildet. **Eine nach § 34 BauGB bebaubare Baulücke** ist nicht gegeben, wenn die Fläche so groß ist, dass sie in den Möglichkeiten ihrer Bebauung von der bereits vorhandenen Bebauung nicht mehr geprägt wird[134].

d) **Ob eine bauliche Anlage einem im Zusammenhang bebauten Ortsteil zuzurechnen ist, hängt nicht davon ab, ob sie Bestandsschutz** genießt[135].

e) Ob ein Grundstück dem Innen- oder dem Außenbereich zugehört, kann nicht von der Art der auf ihm **beabsichtigten Nutzung** abhängig sein[136].

f) Ob ein Bebauungskomplex nach seinem Gewicht ein Ortskern oder eine (unerwünschte) Splittersiedlung ist, beurteilt sich nach der **Siedlungsstruktur in der jeweiligen Gemeinde**. Für die Beurteilung, ob eine zusammenhängende Bebauung ein Ortsteil i.S.d. § 34 Abs. 1 BauGB ist, ist nur auf die Bebauung im jeweiligen Gemeindegebiet abzustellen. Nur ein Bebauungszusammenhang, der auch Ortsteil ist, vermittelt ein Baurecht nach § 34 BauGB. Bei der Beurteilung der Bebauung kommt es auf die äußerlichen (mit dem Auge) wahrnehmbaren Gegebenheiten der vorhandenen Bebauung und der übrigen Geländeverhältnisse an[137].

g) Die Frage der überwiegenden Prägung durch gewerbliche Nutzungen i.S. des § 6 Abs. 2 Nr. 8 BauNVO ist nicht stets dann zu verneinen, wenn der prozentuale Anteil der jeweils grundstücksbezogen ermittelten gewerblich genutzten Geschossflächen gegenüber dem Anteil der der Wohnnutzung dienenden Geschossflächen rechnerisch kein Übergewicht hat. Die Beurteilung einer prägenden Wirkung erfordert eine Gesamtbetrachtung und dabei die Einbeziehung auch weiterer – gebietsprägender – Faktoren; dabei kann auch von Bedeutung sein, in welchem Maße die **Erdgeschossebene** gewerblich genutzt ist und inwieweit die gewerbliche Nutzung bis in die Obergeschosse reicht[138].

h) Ein im Zusammenhang bebauter Ortsteil i.S. des § 34 Abs. 1 BauGB kann sich auch über **Gemeindegrenzen** hinaus erstrecken[139].

i) Ein an einem im Zusammenhang bebauten Ortsteil angrenzendes Grundstück gehört nicht schon deshalb zu diesem Bebauungszusammenhang, weil es mit seiner anderen Seite an eine Gemeindegrenze reicht[140].

j) Bei der Entscheidung, ob i.S. des § 34 BauGB ein Bebauungszusammenhang gegeben ist, sind unbebaute Grundstücke nicht deshalb wie bebaute zu behandeln, weil ihre **Bebauung beabsichtigt und** auch schon **genehmig**t ist[141].

k) Dem Eindruck eines geschlossenen Bebauungszusammenhangs steht auch nicht entgegen, wenn die **Nutzungen sehr unterschiedlich** sind. Entsprechendes gilt z. B. auch, wenn ein

---

134 BVerwG, Urt. vom 1.12.1972 – 4 C 6/71 –, BVerwGE 41, 227 –; BVerwG, Beschl. vom 3.3.1972 – 4 C 4/69 –, DVBl. 1972, 684 –; BVerwG, Beschl. vom 8.11.1967 – 4 C 19/66 –, BRS Bd. 20 Nr. 67 –; BVerwG, Beschl. vom 16.2.1988 – 4 B 19/88 –, BauR 1988, 315 –; BVerwG, Beschl. vom 10.3.1994 – 4 B 50/94 –; Buchholz 406, 11 § 34 BauGB Nr. 165 –; BVerwG, Beschl. vom 4.1.1995 – 4 B 273/94 –, BRS Bd. 57 Nr. 93 –; BVerwG, Beschl. vom 1.4.1997 – 4 B 11/97 –, NVwZ 1997, 899.
135 BVerwG, Urt. vom 14.9.1992 – 4 C 15/90 –, NVwZ 1993, 985 –; BVerwG, Urt. vom 6.11.1968 – 4 C 31/66 –, EzGuG 8.27.
136 BVerwG, Urt. vom 12.12.1990 – 4 C 40/87 –, EzGuG 13.115.
137 BVerwG, Beschl. vom 3.12.1998 – 4 C 7/98 –, NVwZ 1999, 527 –; BVerwG, Urt. vom 14.9.1992 – 4 C 15/90 –, NVwZ 1993, 985.
138 BVerwG, Urt. vom 7.2.1994 – 4 B 179/93 –, DVBl. 1994, 711.
139 BayVGH, Urt. vom 18.12.1997 – 1 B 95.2014 –, DVBl. 1998, 601.
140 BVerwG, Beschl. vom 15.5.1997 – 4 B 74/97 –, BauR 1997, 805.
141 BVerwG, Urt. vom 26.11.1976 – 4 C 69/74 –, NJW 1977, 1978 –; BVerwG, Urt. vom 31.10.1975 – 4 C 16/73 –; BRS Bd. 29 Nr. 33 –; BVerwG, Urt. vom 29.11.1974 – 4 C 10/73 –, BRS Bd. 28 Nr. 28 –; BVerwG, Urt. vom 12.6.1970 – 4 C 77/68 –, BVerwGE 35, 256 –.

Baukörper zwar als Fremdkörper anzusehen ist, jedoch die übrige Bebauung den im Zusammenhang bebauten Ortsteil prägt.

Ein zum Zwecke der Wiederbebauung eines Innenbereichsgrundstücks beseitigter Altbestand verliert nicht dadurch seine die Innenbereichsqualität des Grundstücks wahrende und die „Eigenart der näheren Umgebung" mitprägende Wirkung, dass über die Art und Weise der Bebauung mit der Gemeinde und der Bauaufsichtsbehörde jahrelang erfolglos verhandelt wurde[142].

l) Bei der Ermittlung der Eigenart der näheren Umgebung i.S. von § 34 Abs. 1 und Abs. 2 BauGB sind **singuläre Anlagen,** die in einem auffälligen Kontrast zu der sie umgebenden im Wesentlichen homogenen Bebauung stehen, regelmäßig **als Fremdkörper unbeachtlich,** soweit sie nicht ausnahmsweise ihre Umgebung beherrschen oder mit ihr eine Einheit bilden (Unbeachtlichkeit singulärer Anlagen)[143].

m) Bei der Beurteilung eines geschlossenen Bebauungszusammenhangs wirkt auch eine bereits abgerissene und den im Zusammenhang bebauten Ortsteil bislang prägende Bebauung fort, wenn **Rückbau (Abriss) und Ersatzbau in einem engen zeitlichen Zusammenhang** stehen und nach der Verkehrsauffassung mit einer Wiederbebauung zu rechnen war, d.h., die Prägung durch eine aufgegebene Nutzung ist zu berücksichtigen. Indessen verliert eine tatsächliche und endgültig beendete bauliche Nutzung ihre die übrige Bebauung mitprägende Kraft. Die Beseitigung des letzten zum Bebauungszusammenhang gehörenden Gebäudes zum Zwecke der alsbaldigen Errichtung eines Ersatzbauwerks bewirkt nicht, dass das Grundstück seine Innenbereichsqualität einbüßt und zu einem Außenbereichsgrundstück wird[144].

n) Auch **unbebaute Flächen, die zwischen bebauten Grundstücken liegen,** können am Bebauungszusammenhang teilhaben, sofern durch sie der Eindruck der Zusammengehörigkeit und Geschlossenheit nicht verloren geht[145].

o) Selbst ein nicht als Bahnanlage zu qualifizierender **Schrottplatz auf ehemaligem Bahngelände,** der jahrzehntelang entsprechend einer (sogar) der Rechtslage widersprechenden Praxis sowohl von der Bahn als auch von der zuständigen Bauaufsichtsbehörde als legal angesehen wurde, prägt als vorhandene Bebauung auch nach der Entwidmung die Eigenart der näheren Umgebung i.S. von § 34 BauGB[146].

p) Ein Grundstück wird nur dann zum Bebauungszusammenhang, wenn es selbst einen Bestandteil des Zusammenhangs bildet und am **Eindruck der Geschlossenheit** teilnimmt; anderenfalls handelt es sich um ein Außenbereichsgrundstück[147].

q) Ob eine Überschreitung des Maßes der in der näheren Umgebung vorhandenen Bebauung den für die Frage des Einfügens (§ 34 Abs. 1 BauGB) erheblichen Rahmen sprengt, kann nicht allgemein an Hand eines **prozentualen Maßstabs** bestimmt werden[148].

r) Die **Ansammlung von nur vier Wohngebäuden** besitzt regelmäßig nicht das für einen im Zusammenhang bebauten Ortsteil i.S.d. § 34 BauGB erforderliche Gewicht[149].

s) Eine Gesamtheit von **Bauten, die kleingärtnerischen Zwecken dienen,** bildet keinen im Zusammenhang bebauten Ortsteil[150].

---

[142] BVerwG, Urt. vom 19.9.1986 – 4 C 15/94 –, BVerwGE 75, 34 = NJW 1987, 1656.
[143] BVerwG, Urt. vom 15.2.1990 – 4 C 23/86 –, BVerwGE 84, 322.
[144] BVerwG, Urt. vom 12.9.1980 – 4 C 75/77 –, BRS Bd. 36 Nr. 55 –; BVerwG, Urt. vom 15.1.1982 – 4 C 58/79 –, NVwZ 1982, 312 –; BVerwG, Urt. vom 3.2.1984 – 4 C 25/82 –, BVerwGE 68, 360 –; BVerwG, Urt. vom 19.9.1986 – 4 C 15/84 –, BVerwGE 75, 34.
[145] OVG Berlin, Beschl. vom 8.4.1994 – 2 S 29/93 –, NuR 1995, 41.
[146] OVG Münster, Urt. vom 27.4.1998 – 7 A 3814/96 –, BRS Bd. 60 Nr. 165.
[147] BVerwG, Urt. vom 1.12.1972 – 4 C 6/71 –, BVerwGE 41, 227 = NJW 1973, 1014.
[148] BVerwG, Beschl. vom 29.4.1997 – 4 B 67/97 –, NVwZ-RR 1998, 94.
[149] BVerwG, Beschl. vom 19.4.1994 – 4 B 77/94 –, BVerwGE 95, 167.
[150] OVG Greifswald, Urt. vom 16.12.1997 – 3 K 17/97 –, LKV 1999, 68.

t) Das **Erfordernis des Einfügens** schließt nicht aus, dass auch etwas verwirklicht werden kann, was in der Umgebung bisher nicht vorhanden ist, d. h., es **zwingt** also **nicht zur Uniformität**[151].

u) Eine Bebauung oder **bauliche Nutzung, die in früherer Zeit zwar genehmigt worden ist,** die in den tatsächlichen Gegebenheiten aber deshalb keinen Niederschlag mehr findet, weil sie später wieder beseitigt oder eingestellt worden ist, hat bei der Qualifizierung der „Eigenart der näheren Umgebung" grundsätzlich außer Betracht zu bleiben[152].

5.2.5 Abgrenzungsfragen

Da die **Abgrenzung des Innenbereichs vom Außenbereich** in der Praxis zu erheblichen Schwierigkeiten führen kann, hat der Gesetzgeber die Gemeinden mit § 34 Abs. 4 BauGB ermächtigt, verschiedene Innenbereichssatzungen zu erlassen. § 34 Abs. 4 unterscheidet zwischen

a) *Klarstellungssatzungen* (Nr. 1), mit denen die Gemeinde – deklaratorisch – die Grenzen für die im Zusammenhang bebauten Ortsteile oder Teile davon festlegen kann;

b) *Entwicklungssatzungen* (Nr. 2), mit denen bebaute Bereiche im Außenbereich festgelegt werden, wenn die Flächen im Flächennutzungsplan als Bauflächen dargestellt sind; mit der Satzung werden diese Flächen konstitutiv zum Innenbereich erklärt;

c) *Ergänzungssatzungen* (Nr. 3), mit denen einzelne Außenbereichsflächen in den im Zusammenhang bebauten Ortsteil einbezogen werden, wobei einzelne Festsetzungen nach § 9 Abs. 1, 2 und 4 BauGB getroffen werden können (Abb. 27).

Abb. 27: Innenbereichssatzungen

Ansonsten darf bei einer unregelmäßigen Bebauung des Ortsrandes die **Grenze zwischen Außen- und Innenbereich** keinesfalls entlang der am weitesten in den Außenbereich hineinragenden Gebäude gezogen werden. Vielmehr ist die Grenze entlang der einzelnen Gebäude gezogen, auch wenn sich dadurch ein unregelmäßiger Grenzverlauf ergibt. Im Übrigen lässt sich die Abgrenzung zwischen Innenbereich (§ 34 BauGB) und Außenbereich (§ 35 BauGB) nicht unter Anwendung geographisch-mathematischer Maßstäbe allgemein bestimmen. Zu einer sachgerechten Entscheidung führt nur eine die gesamten örtlichen Verhältnisse würdigende Betrachtung[153].

---

151 BVerwG, Urt. vom 26.5.1978 – 4 C 9/77 –, BVerwGE 55, 369.
152 BVerwG, Urt. vom 27.8.1998 – 4 C 5/98 –, NVwZ 1999, 523 –; BVerwG, Urt. vom 6.11.1968 – 4 C 2/66 –, BVerwGE 31, 20 –; BVerwG, Urt. vom 14.1.1993 – 4 C 19/90 –, NVwZ 1993, 1184.
153 BVerwG, Urt. vom 1.4.1997 – 4 B 11/97 –, NVwZ 1997, 899.

5.3 Der Baureife entgegenstehende rechtliche Gegebenheiten

5.3.1 Öffentlich-rechtliche Nutzungsbeschränkungen

215 An öffentlich-rechtlichen Nutzungsbeschränkungen sind insbesondere zu nennen

a) Festsetzungen von **Wasserschutz- und Überschwemmungsgebieten** nach den §§ 19 und 32 WHG i.V.m. dem Landesrecht (vgl. Rn. 277 ff.),

b) Festsetzungen von **Naturschutzgebieten, Landschaftsschutzgebieten, Nationalparks, Naturparks, Flora-Fauna-Habitat-Gebieten und geschützten Landschaftsbestandteilen** nach den §§ 12 ff. BNatschG i.V.m. dem Landesrecht (vgl. Rn. 274).

5.3.2 Sonstige rechtliche Gegebenheiten

216 Die **Erteilung einer Teilungsgenehmigung (Wohnsiedlungsgenehmigung)** wirkt nach Auffassung des BGH nicht „dinglich" i.d.S., dass sie einem Grundstück eine Qualität geben könnte, die es nicht hatte; die Rechtsprechung verwendet in diesem Zusammenhang den Begriff einer *„relativen Baulandqualität"* und verweist auf den Rechtsanspruch, dass die Bebauungsgenehmigung erteilt wird, sofern nicht besondere Gründe entgegenstehen[154]. Andernfalls war in Anwendung des mit dem BauROG aufgehobenen § 21 BauGB eine Entschädigung zu gewähren[155].

217 Zur **Ermittlung des Verkehrswerts eines unbeplanten Grundstücks, für das die Gemeinde die Haftung für dessen Bebaubarkeit privatrechtlich übernommen hat,** kann es zweckmäßig sein, von Vergleichspreisen für baureifes Land auszugehen und die Wartezeit durch Abschläge zu berücksichtigen. Dabei muss allerdings auch berücksichtigt werden, unter welchen Voraussetzungen die Gemeinde z. B. durch Zeitablauf und durch Veränderung der Planungskonzeption von der Haftung befreit werden kann. Nach den allgemeinen Auslegungskriterien von Treu und Glauben mit Rücksicht auf die Verkehrssitte hat der BGH[156] eine zeitlich unbeschränkte Haftung ohne Rücksicht auf die spätere Entwicklung der Marktverhältnisse ausgeschlossen.

218 Einer Bebauung können **Anbauverbote, Anbaubeschränkungen** sowie **Baubeschränkungen** nach

– Bundesnaturschutzgesetz (§§ 8a ff. BNatSchG),

– Bundes- und Landesstraßengesetzen,

– Wassergesetzen,

– Landschafts- und Naturschutzgesetzen,

– Luftverkehrs- und Schutzbereichsgesetzen,

– Immissionsschutz- und Gewerberecht,

– Abfallbeseitigungsrecht,

---

[154] BGH, Urt. vom 27.6.1968 – III ZR 93/65 –, EzGuG 8.7; BVerwG, Urt. vom 12.8.1977 – 4 C 48 u. 49/75 –, NJW 1978, 340 = BauR 1977, 405; BGH, Urt. vom 20.12.1973 – III ZR 85/70 –, NJW 1974, 638 = WM 1974,566 = DVBl. 1974, 432; auch: BVerwG, Urt. vom 14.7.1972 – 4 C 68/70 –, MDR 1978, 164.
[155] BGH, Urt. vom 12.1.1978 – III ZR 98/76 –, WM 1978, 990 = MDR 1978, 821.
[156] BGH, Urt. vom 11.5.1989 – III ZR 88/87 –, EzGuG 8.67; BGH, Urt. vom 9.12.1982 – III ZR 41/81 –, WM 1983, 622; BGH, Urt. vom 20.12.1973 – III ZR 85/70 –, NJW 1974, 638.

- Zivilschutz- und Atomrecht,
- Denkmalschutzrecht

entgegenstehen[157].

▶ *Weitere Ausführungen zu Bodenvorkommen (Abbauland) vgl. Rn. 306 ff.; Teil VI Rn. 225 ff.* **219**

a) *Anbauverbote nach Straßenrecht*

Als Beispiel sei hier auf das **Anbauverbot**[158] **nach § 9 FStrG** verwiesen. Abs. 1 und 2 der Vorschrift hat folgenden Wortlaut: **220**

„(1) Längs der Bundesfernstraßen dürfen nicht errichtet werden

1. Hochbauten jeder Art in einer Entfernung bis zu 40 m bei Bundesautobahnen und bis zu 20 m bei Bundesstraßen außerhalb der zur Erschließung der anliegenden Grundstücke bestimmten Teile der Ortsdurchfahrten, jeweils gemessen vom äußeren Rand der befestigten Fahrbahn,
2. bauliche Anlagen, die außerhalb der zur Erschließung der anliegenden Grundstücke bestimmten Teile der Ortsdurchfahrten über Zufahrten oder Zugänge an Bundesstraßen unmittelbar oder mittelbar angeschlossen werden sollen.

Satz 1 Nr. 1 gilt entsprechend für Aufschüttungen oder Abgrabungen größeren Umfangs. Weiter gehende bundes- oder landesrechtliche Vorschriften bleiben unberührt.

(2) Im Übrigen bedürfen Baugenehmigungen oder nach anderen Vorschriften notwendige Genehmigungen der Zustimmung der obersten Landesstraßenbaubehörde, wenn

1. bauliche Anlagen längs der Bundesautobahnen in einer Entfernung bis zu 100 m und längs der Bundesstraßen außerhalb der zur Erschließung der anliegenden Grundstücke bestimmten Teile der Ortsdurchfahrten bis zu 40 m, gemessen vom äußeren Rand der befestigten Fahrbahn, errichtet, erheblich geändert oder anders genutzt werden sollen,
2. bauliche Anlagen aufgrundstücken, die außerhalb der zur Erschließung der anliegenden Grundstücke bestimmten Teile der Ortsdurchfahrten über Zufahrten oder Zugänge an Bundesstraßen unmittelbar oder mittelbar angeschlossen sind, erheblich geändert oder anders genutzt werden sollen.

Die Zustimmungsbedürftigkeit nach Satz 1 gilt entsprechend für bauliche Anlagen, die nach Landesrecht anzeigepflichtig sind. Weiter gehende bundes- oder landesrechtliche Vorschriften bleiben unberührt."

b) *Veränderungssperre*

Vorübergehenden und entschädigungslos hinzunehmenden Baubeschränkungen wird man nicht die rechtliche Qualität beimessen können, die Veranlassung geben könnte, eine ansonsten baureife Fläche einem anderen Entwicklungszustand zuzuordnen. Zu erwähnen sind hier **221**

- die Zurückstellung eines Baugesuchs nach § 15 BauGB,
- die Veränderungssperre nach den §§ 16 ff., 51 oder 144 BauGB; vgl. auch § 86 WHG[159] (vgl. Rn. 274) sowie **§ 9a Abs. 2 FStrG,** der folgende Fassung hat:

„(2) Dauert die Veränderungssperre länger als vier Jahre, so können die Eigentümer für die dadurch entstandenen Vermögensnachteile vom Träger der Straßenbaulast eine angemessene Entschädigung in Geld verlangen. Sie können ferner die Übernahme der vom Plan betroffenen Flächen verlangen, wenn es ihnen mit Rücksicht auf die Veränderungssperre wirtschaftlich nicht zuzumuten ist, die Grundstücke in der bis-

---

157 Zur Frage der Vorwirkung und entschädigungsrechtlichen Ansprüchen vgl. u.a.: BVerwG, Urt. vom 27.6.1957 – 1 C 3/56 –, EzGuG 16.3; BVerwG, Beschl. vom 25.6.1968 – 4 B 181/67 –, EzGuG 16.9; BGH, Urt. vom 29.4.1968 – III ZR 177/65 –, EzGuG 16.8; BGH, Urt. vom 25.1.1973 – III ZR 113/70 –, EzGuG 4.39; BGH, Urt. vom 20.9.1971 – III ZR 18/70 –; BGH, Urt. vom 20.12.1971 – III ZR 83/69 –, EzGuG 16.17; BGH, Urt. vom 29.4.1968 – III ZR 141/65 –, EzGuG 16.7; BGH, Urt. vom 10.1.1972 – III ZR 61/68 –, EzGuG 16.18; BGH, Urt. vom 18.6.1973 – III ZR 122/72 –, EzGuG 16.20; BGH, Urt. vom 1.12.1977 – III ZR 130/75 –, EzGuG 18.78; BGH, Urt. vom 8.11.1962 – III ZR 86/61 –, EzGuG 8.5; BGH, Urt. vom 13.7.1978 – III ZR 28/76 –, EzGuG 4.59; BGH, Urt. vom 26.11.1981 – III ZR 49/80 –, EzGuG 14.16; OLG Köln, Urt. vom 21.11.1972 – 4 U 199/71 –, EzGuG 8.39; BVerwG, Beschl. vom 14.11.1975 – 4 C 2/74 –, EzGuG 16.21; BVerwG, Urt. vom 24.2.1978 – 4 C 12/76 –, EzGuG 16.32; BGH, Urt. vom 2.2.1978 – III ZR 15/76 –, EzGuG 16.22; BGH, Urt. vom 25.1.1973 – III ZR 118/70 –, EzGuG 16.19.
158 Zur Frage der Entschädigung bei einem Wiederaufbauverbot BGH, Urt. vom 13.7.1967 – III ZR 11/65 –, EzGuG 18.39.
159 BVerwG, Beschl. vom 28.3.1989 – 4 NB 39/88 –, EzGuG 6.244; im immissionsschutzrechtlichen Genehmigungsverfahren VGH Mannheim, Urt. vom 6.7.1989 – 10 S 2687/88 –, EzGuG 6.246.

herigen oder einer anderen zulässigen Art zu benutzen. Kommt keine Einigung über die Übernahme zustande, so können die Eigentümer die Entziehung des Eigentums an den Flächen verlangen. Im Übrigen gilt § 19 (Enteignung)."

c) *Die Genehmigungspflicht in Erhaltungsgebieten nach § 172 BauGB (vgl. § 172 Abs. 1 Satz 2 BauGB)*

222 Durch derartige **Bausperren betroffene Flächen** sind (zunächst nur vorübergehend) von einer Bebauung ausgeschlossen[160]. Die genannten Bestimmungen stehen nach dem Wortlaut des Abs. 4 zwar einer baulichen Nutzung entgegen, jedoch wird man zumindest so lange weiterhin von baureifem Land sprechen können, wie nicht als Vorwirkung der späteren Enteignung ein Entschädigungsanspruch auf der Grundlage des Ausschlusses von der konjunkturellen Weiterentwicklung ausgelöst wird (vgl. Teil VII Rn. 288 ff.)[161].

223 Nach § 17 BauGB tritt eine **Veränderungssperre** grundsätzlich nach Ablauf von zwei Jahren außer Kraft. Die Frist kann von der Gemeinde um ein Jahr verlängert werden. Wenn besondere Umstände es erfordern, kann die Gemeinde mit Zustimmung der nach Landesrecht zuständigen Behörde die Frist nochmals bis zu einem weiteren Jahr verlängern. Dauert die Veränderungssperre länger als vier Jahre über den Zeitpunkt ihres Beginns oder der ersten Zurückstellung eines Baugesuchs nach § 15 Abs. 1 BauGB hinaus, ist den Betroffenen nach § 18 BauGB für dadurch entstandene Vermögensnachteile eine angemessene Entschädigung nach Maßgabe der entschädigungsrechtlichen Bestimmungen des BauGB zu gewähren.

224 Dies schließt nicht aus, dass schon vorher von einer **Bausperre** betroffene Flächen im gewöhnlichen Geschäftsverkehr zu entsprechend verminderten Preisen gehandelt werden.

225 Dabei wird u. a. darauf abzuheben sein, welches Gewicht der **gesunde Grundstücksverkehr** im Rahmen einer sinnvollen Nutzung des Grundstücks den bestehenden Planungsvorstellungen der Gemeinde beimisst[162]. Nicht auszuschließen ist im Übrigen auch, dass eine höherwertige Nutzbarkeit erwartet wird, die sich ebenfalls auf die Preisgestaltung auswirken kann.

226 Fazit: **Entschädigungslos hinzunehmende Bausperren**[163] stehen zwar formell einer baulichen Nutzung entgegen; im Rahmen der Wertermittlung wird man davon betroffene Flächen dennoch als „baureifes Land" einstufen und ausgehend von entsprechenden Vergleichspreisen die (vorübergehenden) Einschränkungen wertmindernd im angemessenen Umfang berücksichtigen. Sofern sich in Erwartung einer höherwertigen Nutzbarkeit auch Werterhöhungen ergeben, sind sie mit den vorübergehenden Einschränkungen einer baulichen Nutzbarkeit zu „verrechnen". Erst bei länger als vier Jahre dauernden Veränderungssperren i.S. der §§ 16 ff. BauGB entsteht ein Entschädigungsanspruch für die dem Betroffenen entstandenen Vermögensnachteile (§ 96 BauGB). Dies setzt voraus, dass materiell dem Betroffenen ein ansonsten jederzeit durchsetzbarer Rechtsanspruch auf Bebauung gegeben war[164]. Im Übrigen bemisst sich die Entschädigung für eine Änderung oder Aufhebung einer zulässigen Nutzung nach den §§ 39 ff. BauGB.

---

160 BVerwG, Urt. vom 12.12.1969 – 4 C 100/68 –, NJW 1970, 417 = ZMR 1970, 141 = BauR 1970, 43 = DVBl. 1970, 417 = ID 1970, 109 = DÖV 1970, 425 = GemTg 1970, 75.
161 BGH, Urt. vom 20.3.1975 – III ZR 16/72 –, EzGuG 6.178.
162 BGH, Urt. vom 29.5.1972 – III ZR 188/70 –, EzGuG 6.152; BGH, Urt. vom 13.7.1978 – III ZR 166/76 –, EzGuG 18.84; BGH, Urt. vom 12.7.1973 – III ZR 111/71 –, EzGuG 6.160.
163 Zur Entschädigung bei rechtswidrigen faktischen Bausperren vgl. BGH, Urt. vom 15.12.1988 – III ZR 110/87 –, EzGuG 6.243; BGH, Urt. vom 1.12.1983 – III ZR 38/82 –, EzGuG 8.60.
164 BGH, Urt. vom 18.11.1982 – III ZR 24/82 –, EzGuG 6.217; BGH, Urt. vom 25.9.1980 – III ZR 18/79 –, EzGuG 6.208; BGH, Urt. vom 8.11.1979 – III ZR 51/78 –, EzGuG 6.203; BGH, Urt. vom 14.12.1978 – III ZR 77/76 –, EzGuG 6.202; BGH, Urt. vom 12.2.1976 – III ZR 184/73 –, EzGuG 19.28; BGH, Urt. vom 10.7.1975 – III ZR 161/72 –, EzGuG 6.180; BGH, Urt. vom 3.7.1972 – III ZR 134/71 –, EzGuG 6.152; BGH, Urt. vom 26.6.1972 – III ZR 203/68 –, EzGuG 6.155; BGH, Urt. vom 19.6.1972 – III ZR 106/70 –, EzGuG 6.154; BGH, Urt. vom 10.2.1972 – III ZR 188/69 –, EzGuG 6.149; BGH, Urt. vom 10.2.1972 – III ZR 139/70 –, EzGuG 6.148; BGH, Urt. vom 20.9.1971 – III ZR 18/70 –, EzGuG 16.15; BGH, Urt. vom 4.6.1962 – III ZR 163/61 –, EzGuG 6.57; auch BGH, Urt. vom 17.11.1988 – III ZR 210/87 –, EzGuG 18.109.

Außenbereich § 5 ImmoWertV V

d) Baulasten

Auch entsprechend ausgestaltete **Baulasten** können öffentlich-rechtliche Baubeschränkungen zum Inhalt haben. Unter Baulasten sind dabei freiwillig übernommene öffentlich-rechtliche Verpflichtungen zu verstehen, die den Eigentümer gegenüber der Baurechtsbehörde zu einem sein Grundstück betreffenden Tun, Dulden oder Unterlassen anhalten, das sich nicht schon aus öffentlich-rechtlichen Vorschriften ergibt. **227**

Die **Minderung des Verkehrswerts** aufgrund einer Eintragung einer Baulast[165] lässt sich auf der Grundlage

— der i.d.R. damit einhergehenden Einschränkungen der Nutzbarkeit nach Art und Umfang sowie
— der voraussichtlichen Dauer der Einschränkungen

ermitteln (vgl. Teil IX Rn. 30 ff.).

e) Wasserschutzgebiete

Eine Reihe von Besonderheiten gilt für ausgewiesene **Wasser- und Heilquellenschutzgebiete**. Die für diese Gebiete geltenden (Wasser-)Schutzauflagen beschränken die Grundstücksnutzung (vgl. Rn. 274). **228**

5.4 Außenbereich

5.4.1 Allgemeines

▶ *Näheres hierzu bei Rn. 135, 168, 172, 177, 195, 210 ff., 246 ff.; § 6 ImmoWertV Rn. 68 ff.; § 16 ImmoWertV Rn. 120*

Als **Außenbereich** definieren sich diejenigen **Gebiete, die weder innerhalb des räumlichen Geltungsbereichs eines (qualifizierten) Bebauungsplans** i.S. des § 30 Abs. 1 BauGB **noch innerhalb eines im Zusammenhang bebauten Ortsteils** i.S. des § 34 BauGB **gelegen sind**[166]. Problematisch kann die Grenzziehung zwischen Außen- und Innenbereich in den Fällen sein, in denen es sich um Außenbereichsflächen innerhalb eines unbeplanten Innenbereichs i.S. des § 34 BauGB handelt. **229**

Die im Außenbereich gelegenen Grundstücke sollen nach dem BauGB **grundsätzlich von einer Bebauung freigehalten** werden; insofern können dort gelegene Grundstücke nicht dem baureifen Land zugerechnet werden. § 35 BauGB enthält gleichwohl eine Reihe von Vorschriften, **230**

— die den Erhalt bestehender Gebäude,
— die Änderung und Nutzungsänderung bestehender Gebäude,
— die Neuerrichtung und Erweiterung bestehender Gebäude und
— die Neuerrichtung bestimmter baulicher Anlagen im Einzelfall

zulassen.

§ 35 BauGB hat folgende Fassung: **231**

„**§ 35 Bauen im Außenbereich**

(1) Im Außenbereich ist ein Vorhaben nur zulässig, wenn öffentliche Belange nicht entgegenstehen, die ausreichende Erschließung gesichert ist und wenn es

1. einem land- oder forstwirtschaftlichen Betrieb dient und nur einen untergeordneten Teil der Betriebsfläche einnimmt,
2. einem Betrieb der gartenbaulichen Erzeugung dient,

---
165 Meterkamp in Nachr. der nds. Kat.- und VermVw 1986, 36; Bodenstein in Nachr. der nds. Kat.- und VermVw.1987, 152.
166 BVerwG, Urt. vom 1.12.1972 – 4 C 6/71 –, BVerwGE 41, 227.

3. der öffentlichen Versorgung mit Elektrizität, Gas, Telekommunikationsdienstleistungen, Wärme und Wasser, der Abwasserwirtschaft oder einem ortsgebundenen gewerblichen Betrieb dient,
4. wegen seiner besonderen Anforderungen an die Umgebung, wegen seiner nachteiligen Wirkung auf die Umgebung oder wegen seiner besonderen Zweckbestimmung nur im Außenbereich ausgeführt werden soll,
5. der Erforschung, Entwicklung und Nutzung der Wind- und Wasserenergie dient,
6. der energetischen Nutzung von Biomasse im Rahmen eines Betriebs nach Nummer 1 oder 2 oder eines Betriebs nach Nummer 4, der Tierhaltung betreibt, sowie dem Anschluss solcher Anlagen an das öffentliche Versorgungsnetz dient, unter folgenden Voraussetzungen:
    a) das Vorhaben steht im räumlich-funktionalen Zusammenhang mit dem Betrieb,
    b) die Biomasse stammt überwiegend aus dem Betrieb oder überwiegend aus diesem und aus nahe gelegenen Betrieben nach den Nummern 1, 2 oder 4, soweit letzterer Tierhaltung betreibt,
    c) es wird je Hofstelle oder Betriebsstandort nur eine Anlage je Hofstelle betrieben und
    d) die installierte elektrische Leistung der Anlage überschreitet nicht 0,5 MW

oder

7. der Erforschung, Entwicklung oder Nutzung der Kernenergie zu friedlichen Zwecken oder der Entsorgung radioaktiver Abfälle dient.

(2) Sonstige Vorhaben können im Einzelfall zugelassen werden, wenn ihre Ausführung oder Benutzung öffentliche Belange nicht beeinträchtigt und die Erschließung gesichert ist.

(3) Eine Beeinträchtigung öffentlicher Belange liegt insbesondere vor, wenn das Vorhaben

1. den Darstellungen des Flächennutzungsplans widerspricht,
2. den Darstellungen eines Landschaftsplans oder sonstigen Plans insbesondere des Wasser-, Abfall- oder Immissionsschutzrechts widerspricht,
3. schädliche Umwelteinwirkungen hervorrufen kann oder ihnen ausgesetzt wird,
4. unwirtschaftliche Aufwendungen für Straßen und andere Verkehrseinrichtungen, für Anlagen der Versorgung oder Entsorgung, für die Sicherheit oder Gesundheit oder für sonstige Aufgaben erfordert,
5. Belange des Naturschutzes und der Landschaftspflege, des Bodenschutzes, des Denkmalschutzes oder die natürliche Eigenart der Landschaft und ihren Erholungswert beeinträchtigt oder das Orts- und Landschaftsbild verunstaltet,
6. Maßnahmen zur Verbesserung der Agrarstruktur beeinträchtigt oder die Wasserwirtschaft gefährdet,
7. die Entstehung, Verfestigung oder Erweiterung einer Splittersiedlung befürchten lässt oder
8. die Funktionsfähigkeit von Telekommunikations- und Radaranlagen stört.

Raumbedeutsame Vorhaben dürfen den Zielen der Raumordnung nicht widersprechen; öffentliche Belange stehen raumbedeutsamen Vorhaben nach Absatz 1 nicht entgegen, soweit die Belange bei der Darstellung dieser Vorhaben als Ziele der Raumordnung abgewogen worden sind. Öffentliche Belange stehen einem Vorhaben nach Absatz 1 Nr. 2 bis 6 in der Regel auch dann entgegen, soweit hierfür durch Darstellungen im Flächennutzungsplan eine Ausweisung an anderer Stelle erfolgt ist.

(4) Den nachfolgend bezeichneten sonstigen Vorhaben im Sinne des Absatzes 2 kann nicht entgegengehalten werden, dass sie Darstellungen des Flächennutzungsplans oder eines Landschaftsplans widersprechen, die natürliche Eigenart der Landschaft beeinträchtigen oder die Entstehung, Verfestigung oder Erweiterung einer Splittersiedlung befürchten lassen, soweit sie im Übrigen außenbereichsverträglich im Sinne des Absatzes 3 sind.

1. Die Änderung der bisherigen Nutzung eines Gebäudes im Sinne des Absatzes 1 Nr. 1 unter folgenden Voraussetzungen:
    a) das Vorhaben dient einer zweckmäßigen Verwendung erhaltenswerter Bausubstanz,
    b) die äußere Gestalt des Gebäudes bleibt im Wesentlichen gewahrt,
    c) die Aufgabe der bisherigen Nutzung liegt nicht länger als sieben Jahre zurück,
    d) das Gebäude ist vor mehr als sieben Jahren zulässigerweise errichtet worden,
    e) das Gebäude steht im räumlich-funktionalen Zusammenhang mit der Hofstelle des land- oder forstwirtschaftlichen Betriebs,

f) im Falle der Änderung zu Wohnzwecken entstehen neben den bisher nach Absatz 1 Nr. 1 zulässigen Wohnungen höchstens drei Wohnungen je Hofstelle und

g) es wird eine Verpflichtung übernommen, keine Neubebauung als Ersatz für die aufgegebene Nutzung vorzunehmen, es sei denn, die Neubebauung wird im Interesse der Entwicklung des Betriebs im Sinne des Absatzes 1 Nr. 1 erforderlich,

2. die Neuerrichtung eines gleichartigen Wohngebäudes an gleicher Stelle unter folgenden Voraussetzungen:

a) das vorhandene Gebäude ist zulässigerweise errichtet worden,

b) das vorhandene Gebäude weist Missstände oder Mängel auf,

c) das vorhandene Gebäude wird seit längerer Zeit vom Eigentümer selbst genutzt und

d) Tatsachen rechtfertigen die Annahme, dass das neu errichtete Gebäude für den Eigenbedarf des bisherigen Eigentümers oder seiner Familie genutzt wird; hat der Eigentümer das vorhandene Gebäude im Wege der Erbfolge von einem Voreigentümer erworben, der es seit längerer Zeit selbst genutzt hat, reicht es aus, wenn Tatsachen die Annahme rechtfertigen, dass das neu errichtete Gebäude für den Eigenbedarf des Eigentümers oder seiner Familie genutzt wird,

3. die alsbaldige Neuerrichtung eines zulässigerweise errichteten, durch Brand, Naturereignisse oder andere außergewöhnliche Ereignisse zerstörten, gleichartigen Gebäudes an gleicher Stelle,

4. die Änderung oder Nutzungsänderung von erhaltenswerten, das Bild der Kulturlandschaft prägenden Gebäuden, auch wenn sie aufgegeben sind, wenn das Vorhaben einer zweckmäßigen Verwendung der Gebäude und der Erhaltung des Gestaltwerts dient,

5. die Erweiterung eines Wohngebäudes auf bis zu höchstens zwei Wohnungen unter folgenden Voraussetzungen:

a) das Gebäude ist zulässigerweise errichtet worden,

b) die Erweiterung ist im Verhältnis zum vorhandenen Gebäude und unter Berücksichtigung der Wohnbedürfnisse angemessen und

c) bei der Errichtung einer weiteren Wohnung rechtfertigen Tatsachen die Annahme, dass das Gebäude vom bisherigen Eigentümer oder seiner Familie selbst genutzt wird,

6. die bauliche Erweiterung eines zulässigerweise errichteten gewerblichen Betriebs, wenn die Erweiterung im Verhältnis zum vorhandenen Gebäude und Betrieb angemessen ist.

In den Fällen des Satzes 1 Nr. 2 und 3 sind geringfügige Erweiterungen des neuen Gebäudes gegenüber dem beseitigten oder zerstörten Gebäude sowie geringfügige Abweichungen vom bisherigen Standort des Gebäudes zulässig.

(5) Die nach den Absätzen 1 bis 4 zulässigen Vorhaben sind in einer flächensparenden, die Bodenversiegelung auf das notwendige Maß begrenzenden und den Außenbereich schonenden Weise auszuführen. Für Vorhaben nach Absatz 1 Nr. 2 bis 6 ist als weitere Zulässigkeitsvoraussetzung eine Verpflichtungserklärung abzugeben, das Vorhaben nach dauerhafter Aufgabe der zulässigen Nutzung zurückzubauen und Bodenversiegelungen zu beseitigen; bei einer nach Absatz 1 Nr. 2 bis 6 zulässigen Nutzungsänderung ist die Rückbauverpflichtung zu übernehmen, bei einer nach Absatz 1 Nr. 1 oder Absatz 2 zulässigen Nutzungsänderung entfällt sie. Die Baugenehmigungsbehörde soll durch nach Landesrecht vorgesehene Baulast oder in anderer Weise die Einhaltung der Verpflichtung nach Satz 2 sowie nach Absatz 4 Satz 1 Buchstabe g sicherstellen. Im Übrigen soll sie in den Fällen des Absatzes 4 Satz 1 sicherstellen, dass die bauliche oder sonstige Anlage nach Durchführung des Vorhabens nur in der vorgesehenen Art genutzt wird.

(6) Die Gemeinde kann für bebaute Bereiche im Außenbereich, die nicht überwiegend landwirtschaftlich geprägt sind und in denen eine Wohnbebauung von einigem Gewicht vorhanden ist, durch Satzung bestimmen, dass Wohnzwecken dienenden Vorhaben im Sinne des Absatzes 2 nicht entgegengehalten werden kann, dass sie einer Darstellung im Flächennutzungsplan über Flächen für die Landwirtschaft oder Wald widersprechen oder die Entstehung oder Verfestigung einer Splittersiedlung befürchten lassen. Die Satzung kann auch auf Vorhaben erstreckt werden, die kleineren Handwerks- und Gewerbebetrieben dienen. In der Satzung können nähere Bestimmungen über die Zulässigkeit getroffen werden. Voraussetzung für die Aufstellung der Satzung ist, dass

1. sie mit einer geordneten städtebaulichen Entwicklung vereinbar ist,

2. die Zulässigkeit von Vorhaben, die einer Pflicht zur Durchführung einer Umweltverträglichkeitsprüfung nach Anlage 1 zum Gesetz über die Umweltverträglichkeitsprüfung oder nach Landesrecht unterliegen, nicht begründet wird und

3. keine Anhaltspunkte für eine Beeinträchtigung der in § 1 Abs. 6 Nr. 7 Buchstabe b genannten Schutzgüter bestehen.

Bei Aufstellung der Satzung sind die Vorschriften über die Öffentlichkeits- und Behördenbeteiligung nach § 13 Abs. 2 Nr. 2 und 3 entsprechend anzuwenden. § 10 Abs. 3 ist entsprechend anzuwenden. Von der Satzung bleibt die Anwendung des Absatzes 4 unberührt."

232 Die **Einordnung der Fläche als Außenbereichsfläche schließt nicht aus, dass es sich dennoch um warteständiges Bauland handeln kann,** insbesondere, wenn eine bauliche Nutzung aufgrund konkreter Tatsachen mit hinreichender Sicherheit erwartet werden kann. Dies kann z. B. durch eine entsprechende Darstellung im Flächennutzungsplan begründet sein. Daneben können es auch tatsächliche und sonstige Gegebenheiten sein, die eine Bauerwartung begründen. Auch § 5 Abs. 2 ImmoWertV fordert dafür nicht zwingend die entsprechende Darstellung in einem Flächennutzungsplan. Hier muss die Rechtsprechung des BGH zur allgemeinen Bauerwartung aufgrund eines Siedlungsdrucks, der Lage des Grundstücks innerhalb des Siedlungsgebiets, die vorhandene Infrastruktur einschließlich günstiger Verkehrsverhältnisse beachtet werden. Danach steht selbst eine die Bebauung (noch) ausschließende Planung einer Bauerwartung nicht entgegen, weil Planungen auch geändert[167] werden können (vgl. Rn. 141 ff.).

233 **Zum Außenbereich gehören auch abgrenzbare Militärflächen innerhalb im Zusammenhang bebauter Ortsteile,** die von ihrer Größenordnung eine zwanglose Fortsetzung der vorhandenen Bebauung nicht aufdrängen[168]. Sie stellen einen „Außenbereich im Innenbereich" dar, wobei solche Militärflächen auch am Ortsrand gelegen sein können. Sie haben grundsätzlich keinen Bestandsschutz, jedoch können an den Grenzrändern die vorerwähnten Probleme auftreten.

234 Im Außenbereich gelegene **Militärflächen,** die nicht das gemäß § 34 Abs. 1 BauGB erforderliche Bebauungsgewicht aufweisen (z. B. Flugplätze, Depots, Bunkeranlagen, Kasernenanlagen mit Übungsplätzen), bleiben demzufolge nach Aufgabe der militärischen Nutzung Außenbereich, wenn nicht ein Bebauungsplan mit ziviler Anschlussnutzung aufgestellt werden soll oder bereits aufgestellt ist. Ausnahmen stellen die bereits angesprochenen im Außenbereich gelegenen reinen Wohnanlagen dar, die für zivile Wohnzwecke eine Anschlussnutzung finden.

235 **Im Außenbereich kann eine Bebaubarkeit gegeben sein** für

a) die *privilegierten* Vorhaben nach § 35 Abs. 1 BauGB,

b) die „sonstigen" *nichtprivilegierten Vorhaben* nach § 35 Abs. 2 BauGB, die nach § 35 Abs. 3 BauGB regelmäßig unzulässig sind, und

c) die teilprivilegierten *begünstigten* Vorhaben nach § 35 Abs. 4 BauGB, bei denen entgegenstehende Belange überwunden werden können[169].

236 Darüber hinaus kann sich die Bebaubarkeit nach § 35 Abs. 6 BauGB aus der **Lage des Grundstücks im Geltungsbereich einer Außenbereichssatzung ergeben,** ohne dass damit die Fläche zum Innenbereich wird (Abb. 28):

---

167 BGH, Urt. vom 20.12.1963 – III ZR 60/63 –, EzGuG 14.17.
168 BVerwG, Urt. vom 6.11.1968 – 4 C 2/66 –, EzGuG 8.27.
169 Krautzberger in Battis/Krautzberger/Löhr § 35 Rn. 1 ff.; Brügelmann § 35 Rn. 1 ff.; Cholewa/David/Dyong/von der Heide § 35 Rn. 1 ff.; Dyong in Ernst/Zinkahn/Bielenberg § 35 BauGB Rn. 1 ff.; Gaentzsch § 35 Rn. 1 ff.; Schlichter/Stich BK § 35 Rn. 1 ff.; Schrödter § 35 Rn. 1 ff.; Schütz/Frohberg § 35 Rn. 1 ff.

Abb. 28: Außenbereich

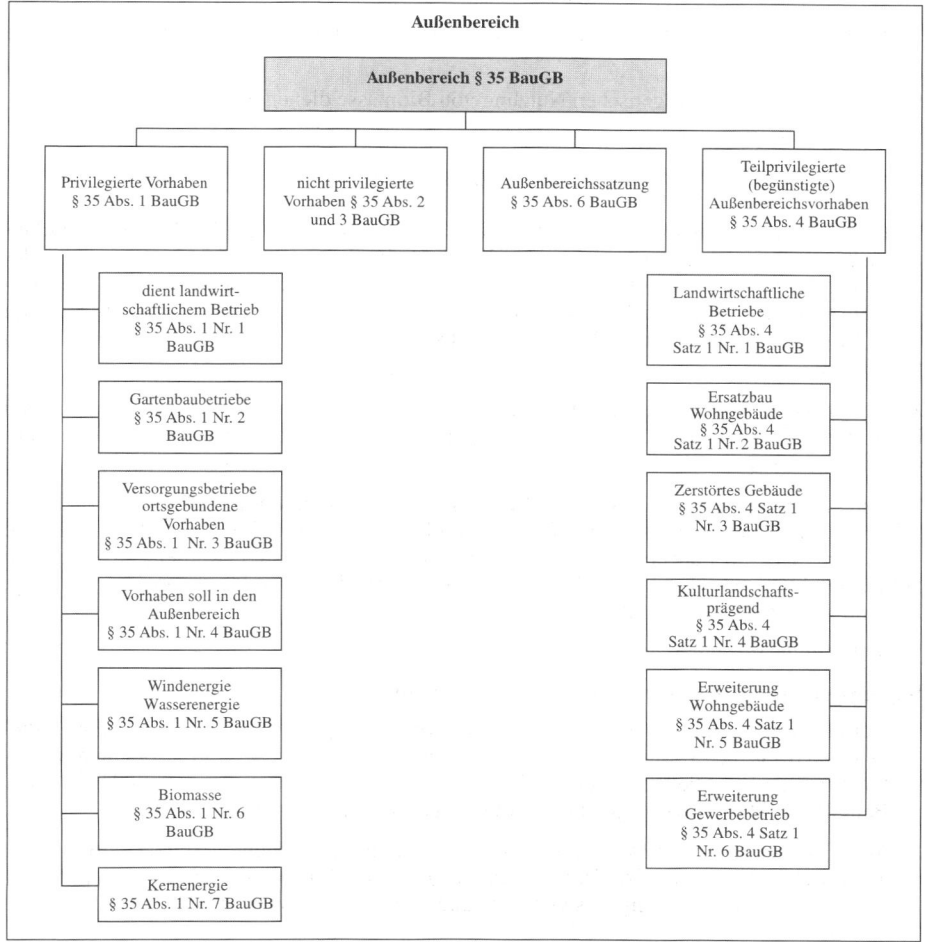

5.4.2 Zulässige Vorhaben

a) *Privilegierte Vorhaben*

Für privilegierte Vorhaben besteht ein Rechtsanspruch auf Zulassung des Vorhabens, sofern die in § 35 BauGB hervorgehobenen Voraussetzungen erfüllt sind. Insbesondere dürfen öffentliche Belange dem Vorhaben nicht entgegenstehen und es muss eine ausreichende Erschließung gesichert sein (§ 5 ImmoWertV Rn. 203). 237

Als **privilegierte Vorhaben** führt § 35 Abs. 1 BauGB auf: 238

1. Vorhaben, die einem land- oder forstwirtschaftlichen Betrieb dienen,

2. Vorhaben, die einem Betrieb der gartenbaulichen Erzeugung dienen,

3. Vorhaben, die einem Betrieb der Versorgung mit Elektrizität, Gas, Telekommunikationsdienstleistungen, Wärme und Wasser, der Abwasserwirtschaft oder einem ortsgebundenen gewerblichen Betrieb dienen,

4. Vorhaben, die wegen ihrer besonderen Anforderungen an ihre Umgebung und Zweckbestimmung nur im Außenbereich ausgeführt werden sollen,

5. Vorhaben, die der Erforschung, Entwicklung und Nutzung der Wind- und Wasserenergie dienen,

6. Vorhaben, die der energetischen Nutzung von Biomasse dienen, und

7. Vorhaben der Kernenergiewirtschaft.

▶ *Zum Begriff der Land- und Forstwirtschaft vgl. Rn. 24 f.*

239 Den privilegierten Vorhaben zuzurechnen sind auch **Altenteile eines landwirtschaftlichen Betriebs**; als Bestandteil der landwirtschaftlichen Hofstelle bestimmt sich der Bodenwert der davon betroffenen Grundstücksfläche nach dem der landwirtschaftlichen Hofstelle. **Wochenendhäuser** sind indessen nicht den privilegierten Vorhaben zuzurechnen, sondern sind den dafür ausgewiesenen Wochenendhausgebieten (Sondergebiet i.S. des § 10 Abs. 1 BauNVO) vorbehalten.

240 Zu den **ortsgebundenen Betrieben** i.S. der Nr. 3 gehören Anlagen der öffentlichen Ver- und Entsorgung (Umspannwerke, Wasserbehälter und Wassertürme), aber auch Anlagen zur Gewinnung von Bodenschätzen.

241 Zu den **Vorhaben mit nachteiliger Wirkung auf ihre Umgebung** zählen insbesondere Betriebe, durch deren Emissionen (Gase, Dämpfe, Staub, Lärm und Erschütterungen) die Menschen, Tiere, Pflanzen und Sachen der Umgebung belästigt werden, insbesondere Schweinemästereien, Gerbereien, Gaswerke, Raffinerien, Schlachthöfe, Intensivviehhaltung, Zementfabriken (vgl. § 4 BImSchG).

b) *Begünstigte Vorhaben*

242 Begünstigte Vorhaben sind nach § 35 Abs. 4 BauGB:

1. Vorhaben zur *Änderung eines bisher einem land- oder forstwirtschaftlichen Betrieb dienenden Grundstücks*, wenn es öffentliche Belange i.S. des § 35 Abs. 3 BauBG nicht beeinträchtigt, die Erschließung gesichert ist und es die Voraussetzungen des § 35 Abs. 4 Nr. 1 BauGB erfüllt (**Entprivilegierung landwirtschaftlicher Gebäude**),

2. *Neuerrichtung eines gleichartigen Gebäudes* an gleicher Stelle (**Neuerrichtung von Wohngebäuden**, Satz 1 Nr. 2), wenn es die genannten öffentlichen Belange nicht beeinträchtigt, die Erschließung gesichert ist und die Voraussetzung des § 35 Abs. 4 Nr. 2 erfüllt,

3. die alsbaldige Neuerrichtung eines zulässigerweise errichteten, durch Brand, Naturereignisse oder andere außergewöhnliche Ereignisse zerstörten gleichartigen Gebäudes an gleicher Stelle (**Wiederaufbau zerstörter Gebäude**, Satz 1 Nr. 3),

4. die *Änderung und Nutzungsänderung von erhaltenswerten Gebäuden* (Satz 1 Nr. 4),

5. die *Erweiterung eines Wohngebäudes* (Satz 1 Nr. 5) bis auf höchstens zwei Wohnungen unter den Voraussetzungen des § 35 Abs. 4 Nr. 5 BauGB,

6. die *Erweiterung gewerblicher Betriebe* (Satz 1 Nr. 6).

243 Es handelt sich vornehmlich um Vorhaben, die aus dem **Bestandsschutz der zulässigerweise errichteten baulichen Anlage** resultieren. Ihnen kann nicht der Flächennutzungs- oder Landschaftsplan, die natürliche Eigenart der Landschaft oder die Entstehung einer Splittersiedlung entgegengehalten werden. Es kommt entscheidend auf die materielle Legalität der baulichen Anlage an, die auch dann gegeben sein kann, wenn die Errichtung des Gebäudes nach Landesrecht genehmigungs- und anzeigenfrei war[170]. Weitere Voraussetzung ist, dass die zulässige Errichtung vor dem 27.8.1996 erfolgte.

---

170 BVerwG, Beschl. vom 27.7.1994 – 4 B 48/94 –; BVerwG, Urt. vom 12.3.1998 – 4 C 10/97 –.

c) *Sonstige Vorhaben*

Nicht nach § 35 Abs. 1 BauGB privilegierte Vorhaben können nach § 35 Abs. 2 BauGB im Einzelfall zugelassen werden, wenn ihre Ausführung oder Benutzung öffentliche Belange nicht beeinträchtigt und die Erschließung gesichert ist. Sie sind mithin bereits unzulässig, wenn sie öffentliche Belange beeinträchtigen, was regelmäßig der Fall ist, insbesondere wenn sie den Darstellungen des Flächennutzungsplans widersprechen (§ 6 ImmoWertV Rn. 7 ff., 68).

Nach § 35 Abs. 1 Nr. 6 BauGB ist die energetische Nutzung von Biomasse im Rahmen eines Betriebs nach § 35 Abs. 1 Nr. 1 oder 2 oder eines Betriebs nach Nr. 4, der Tierhaltung betreibt, künftig ein zusätzlicher Privilegierungstatbestand. Dabei ist zu beachten, dass insbesondere bei kleineren Betrieben zum rentablen Betrieb von **Biomassenanlagen** die Verwendung von Fremdstoffen zur Gaserzeugung erforderlich ist. Für die Privilegierung wird in diesem Zusammenhang gefordert, dass die Gaserzeugung im „räumlich-funktionalen Zusammenhang" mit der Hofstelle oder dem Betriebsstandort steht, wobei hier vor allem eine Kooperation mehrerer Betriebe im Vordergrund steht. Umgekehrt soll aus ökologischen Gründen ein solcher Zusammenhang nicht bestehen, wenn zum Betrieb der Anlage lange Transporte erforderlich sind.

Die Gemeinde kann nach § 35 Abs. 6 BauGB für bebaute Bereiche im Außenbereich, die nicht überwiegend landwirtschaftlich geprägt sind und eine Wohnbebauung von einigem Gewicht aufweisen, durch eine **Außenbereichssatzung** die Errichtung von **Wohnhäusern, kleinen Handwerks- und Gewerbebetrieben** ermöglichen.

5.4.3 Bodenwertermittlung

Schrifttum: *Bolin/Müller,* Bewertung des Grund und Bodens landwirtschaftlicher Hofstellen, HLBS-report 2002, 144. *Reinhardt, W.,* Die Fläche als wertrelevante Größe für individuelles Wohnbauland im ländlichen Bereichen, GuG 2008, 321.

▶ *Zu den Hofstellen vgl. Rn. 133 ff., 210, 229 sowie § 6 ImmoWertV Rn. 68; § 16 ImmoWertV Rn. 120; Syst. Darst. des Vergleichswertverfahrens Rn. 149 ff.*

Der **Bodenwert bebauter Außenbereichsgrundstücke** kann nach allgemeinen Grundsätzen im Wege des Vergleichswertverfahrens ermittelt werden, wobei hierbei stets die Eigentümlichkeiten des jeweiligen speziellen Teilmarktes berücksichtigt werden müssen.

Für die den **im Außenbereich zulässigerweise errichteten Gebäuden zurechenbaren Umgriffsflächen** kann von einer „Quasi-Baulandqualität" (faktisches Bauland) ausgegangen werden, wenn die bauliche Anlage zulässigerweise errichtet wurde und sie rechtlich und wirtschaftlich weiterhin nutzbar ist (§ 16 Abs. 2 ImmoWertV). Allerdings können die Flächen in ihrer Wertigkeit damit nicht unmittelbar dem Grundstücksmarkt für bebaute Grundstücke bzw. für baureife Grundstücke im Innenbereich gleichgesetzt werden. Allgemein kann hierzu gesagt werden, dass sich die Bodenwerte für bebaute Außenbereichsgrundstücke nach

– der Lage des Grundstücks zum nächsten Ort (Baugebiet),

– der äußeren und inneren Erschließung und

– der Verwendungsfähigkeit des Grundstücks im Rahmen der Zulässigkeitsregelung des § 35 BauGB und der Marktgängigkeit

bestimmt.

Im Schrifttum werden **Bodenpreise** angegeben, die zwischen dem 2- (bei hohen Preisen landwirtschaftlicher Grundstücke) bis 3fachen Ackerlandwert und bis zu 60 % des Bodenwerts für vergleichbare Grundstücke in Ortslage liegen, wobei dann schon die Bodenpreise des nächsten Ortsrandes heranzuziehen sind[171]. Dabei ist jeweils von Vergleichspreisen solcher Grundstücke auszugehen, die nach Art und Maß der künftigen Nutzung des Außenbereichsgrundstücks ent-

---

171 Gütter in HLBS-report 1998, 13.

sprechen. Ist z. B. im Rahmen des § 35 BauGB die Umnutzung eines bislang als Wirtschaftsgebäudes genutzten Gebäudes zulässig und kann auch davon ausgegangen werden, dass von dieser Möglichkeit üblicherweise Gebrauch gemacht wird, so ist die künftige Nutzung maßgebend. Damit verbundene Kosten der baulichen Umnutzung müssen dann zusätzlich – zweckmäßigerweise bei der Gebäudewertermittlung – berücksichtigt werden.

Nach Untersuchungen des Gutachterausschusses von *Bergisch Gladbach* weist das „**faktische Bauland**" (§ 35 Abs. 2 BauGB) ein Wertniveau von rd. 45 % bis 90 % des nächstgelegenen Bodenrichtwerts für baureifes Land (ebp) auf (Marktbericht 2008; Mittelwert für ein 800 m² großes Baugrundstück: 150 €/m²; darüber hinaus erworbenes hausnahes Gartenland dagegen 5 €/m²); der Gutachterausschuss von *Bielefeld* hat einen entsprechenden Prozentsatz von 65 % ermittelt[172]. Die Gutachterausschüsse von *Köln* und der linksrheinischen Gemeinden und Kreise gehen hingegen von einem Bodenwert aus, der nur 25 % des ansonsten vergleichbaren Baulands ausmacht.

Bei entsprechenden Vorhaben im Außenbereich kann diese Qualität im Hinblick auf den Ausnahmecharakter der Zulässigkeit allerdings nur den Flächen zugeordnet werden, für die mindestens ein **Bauvorbescheid** vorliegt. Andernfalls wäre der gesamte Außenbereich potenziell Bauland. Darüber hinaus wird vielfach eine Zerlegung der Hofstelle in Zonen unterschiedlicher Wertigkeiten sinnvoll sein.

5.4.4 Bodenwert von im Außenbereich baurechtswidrig bebauten Grundstücken

246 Nach § 16 Abs. 2 ImmoWertV sind bei der bodenwertermittlung eines im Außenbereich gelegenen bebauten Grundstücks, die vorhandenen baulichen Anlagen grundsätzlich zu berücksichtigen. Voraussetzung ist jedoch, dass die **baulichen Anlagen rechtlich und wirtschaftlich weiterhin nutzbar** sind (vgl. § 16 ImmoWertV Rn. 120).

Im Außenbereich baurechtswidrig errichtete Gebäude können mithin nicht eine Baulandqualität der betroffenen Fläche begründen. Eine **Abrissanordnung** für ein baurechtswidriges Gebäude wäre selbst dann generell nicht unzulässig, wenn das Gebäude lange Zeit geduldet worden ist oder weil der Eigentümer einen Antrag auf Genehmigung einer privilegierten Nutzung gestellt hat, über den noch nicht rechtskräftig entschieden worden ist[173].

247 Es handelt sich hierbei um Umstände, die im Rahmen der Ermessensausübung der Bauaufsichtsbehörde im Einzelfall eine Rolle spielen können. Diesbezüglich verlangt der Gleichheitssatz des Art. 3 Abs. 1 GG eine willkürfreie Ermessensausübung. Das BVerwG hat sich damit mehrfach befasst und folgende Grundsätze zum **Bestandsschutz** aufgestellt:

248 1. Eine **Beseitigungsanordnung** verstößt nur dann gegen den Gleichheitsgrundsatz, wenn sie angesichts vergleichbarer baurechtswidriger Bauten in dem betreffenden Gebiet willkürlich und systemlos ergangen ist. Das ist dann nicht der Fall, wenn die Verwaltungspraxis darin besteht, vor einem bestimmten Zeitpunkt errichtete Bauten zu dulden, soweit an ihnen keine Baumaßnahmen vorgenommen werden[174].

2. Gegen den Gleichheitssatz des Art. 3 Abs. 1 GG verstößt eine Beseitigungsanordnung nur dann, wenn sie angesichts vergleichbarer baurechtswidriger Bauten in dem betreffenden Gebiet willkürlich und systemlos ergangen ist. Im Hinblick auf die grundsätzliche bauordnungsrechtliche Befugnis der Behörden, gegen ungenehmigte Vorhaben mit dem Mittel der Beseitigungsanordnung vorzugehen, besteht ein Verstoß gegen Art. 3 Abs. 1 GG nur dann, wenn die Behörde – schreitet sie bei einem verbreiteten ordnungswidrigen Zustand nur gegen einen der Störer ein – nicht zu rechtfertigen vermag, weshalb sie gerade gegen diesen eingeschritten ist[175].

---

172 Grundstücksmarktbericht 2007.
173 BVerwG, Beschl. vom 15.5.1990 – 4 B 77/90 –, unveröffentlicht.
174 BVerwG, Beschl. vom 13.2.1989 – 4 B 16/89 –, unveröffentlicht.
175 BVerwG, Beschl. vom 22.12.1989 – 4 B 226/89 –, unveröffentlicht; BVerwG, Beschl. vom 19.7.1976 – 4 B 22/76 –, Buchholz 406.17 Bauordnungsrecht Nr. 5.

3. Verlangt die Behörde die Beseitigung eines ungesetzlichen Bauwerks, so liegt es i.d.R. nicht im Rahmen der Erforschungspflicht des Gerichts, die Möglichkeiten einer Abänderung des Bauwerks zur Behebung eines etwaigen Übermaßes von Amts wegen zu prüfen. Dem liegt die Erwägung zu Grunde, dass das öffentliche Baurecht rechtswidriges Bauen grundsätzlich missbilligt[176].

4. Ein Bestandsschutz, soweit damit eine eigenständige Anspruchsgrundlage gemeint sein soll, besteht nicht, wenn eine gesetzliche Regelung i.S. des Art. 14 Abs. 1 Satz 2 GG vorhanden ist[177].

5. Dem allgemeinen Willkürverbot lässt sich nicht in konkretisierender Weise entnehmen, in welcher Art und Weise eine Behörde gegen **Schwarzbauten** vorgehen darf[178].

6. Der Pflicht, die Ermessensausübung bei Erlass einer Beseitigungsanordnung i.S. fehlender Willkür zu rechtfertigen, genügt es, wenn die Behörde im Laufe eines etwaigen Verwaltungsstreitverfahrens darlegt, weshalb sie gerade gegen die Kläger vorgeht[179].

7. Der Gleichheitssatz gebietet nicht, dass von der Bauaufsichtsbehörde mit Beseitigungsverfügungen gegen unterschiedlich gelagerte Fälle in gleicher Weise vorgegangen werden muss, geschweige denn im gleichen Zeitpunkt. Geboten ist lediglich ein systemgerechtes Vorgehen. Dieses kann selbst dann bejaht werden, wenn eine Behörde gegen „Schwarzbauten" gleichsam Schritt für Schritt vorgeht[180].

8. Eine Baumaßnahme an einem Wohnhaus im Außenbereich, die mit wesentlichen Änderungen und einer nicht unerheblichen Erweiterung verbunden ist, kann nicht unter dem Gesichtspunkt des Bestandsschutzes genehmigt werden[181].

9. Der Bestandsschutz, den ein ursprünglich in Einklang mit dem materiellen Baurecht errichtetes Gebäude aufgrund des Art. 14 Abs. 1 GG genießt, berechtigt nicht nur dazu, die Anlage in ihrem Bestand zu erhalten und sie wie bisher zu nutzen, sondern auch dazu, die zur Erhaltung und zeitgemäßen Nutzung notwendigen Maßnahmen durchzuführen. Er deckt eine Erweiterung des Bestehenden, wenn hierdurch öffentlich-rechtliche Vorschriften nicht über das hinaus verletzt würden, was die Erhaltung des Bestands und seine weitere Nutzung bereits mit sich bringen[182].

---

[176] BVerwG, Urt. vom 8.2.1994 – 4 B 21/94 –, BVerwGE 95, 167; BVerwG, Beschl. vom 29.9.1965 – 4 B 214/65 –, DÖV 1966, 249.
[177] BVerwGE, Urt. vom 16.5.1991 – 4 C 17/90 –, BVerwGE 88, 191.
[178] BVerwG, Urt. vom 11.1.1994 – 4 B 231/93 –, Buchholz 407.4 § 19 FStrG Nr. 6.
[179] BVerwG, Beschl. vom 18.12.1991 – 4 B 208/91 –, unveröffentlicht; BVerwG, Beschl. vom 19.7.1976 – 4 B 22/76 –, Buchholz 406.17 Bauordnungsrecht Nr. 5.
[180] BVerwG, Beschl. vom 21.12.1990 – 4 B 184/90 –, unveröffentlicht.
[181] OVG Lüneburg, Urt. vom 10.1.1986 – 1 A 165/84 –, BRS Bd. 46 Nr. 71 und 150.
[182] BVerwG, Urt. vom 12.3.1998 – 4 C 10/97 –, BVerwGE 106, 228.

6 Sondernutzungen

6.1 Öd-, Un- und Geringstland

249 Der Entwicklungszustand von Ödland, Unland sowie Geringstland lässt sich auf der Grundlage des § 5 ImmoWertV nur qualifizieren, wenn eine **bauliche Nutzung** nach Maßgabe des § 5 Abs. 2 bis 4 ImmoWertV erwartet werden kann bzw. nach den §§ 30, 33 oder 34 BauGB zulässig ist. Die Flächen können indessen **nicht als Fläche der Land- oder Forstwirtschaft** eingestuft werden, da z. B. vom Ödland (Unland) ex definitionem nicht angenommen werden kann, dass es nach seinen Eigenschaften, der sonstigen Beschaffenheit und Lage, nach seinen Verwertungsmöglichkeiten oder den sonstigen Umständen i.S. des § 5 Abs. 1 ImmoWertV land- oder forstwirtschaftlich nutzbar ist.

250 Als **Unland** werden in § 45 BewG[183] Betriebsflächen definiert, die auch bei geordneter Wirtschaftsweise keinen Ertrag abwerfen können. In der steuerlichen Einheitsbewertung wird es deshalb nicht bewertet (vgl. auch § 1 Abs. 2 Satz 1 FlErwV)[184]. Es unterscheidet sich damit vom sog. **Geringstland**, das in § 44 BewG als Betriebsfläche „geringster Ertragsfähigkeit" definiert ist, für die nach dem Bodenschätzungsgesetz keine Wertzahlen festzustellen sind. Geringstland wird in der steuerlichen Bewertung mit einem Hektarwert von 25 € bewertet[185].

251 Zum **Unland** gehören ertraglose Böschungen, ausgebeutete und **stillgelegte Kiesgruben und dgl. sowie Steinbrüche,** soweit diese nicht kulturfähig sind.

6.2 Erbschaftsteuer-Richtlinien

252 In den Erbschaftsteuer-Richtlinien[186] (ErbStR) heißt es zum **Geringstland:**

„1Betriebsflächen geringster Ertragsfähigkeit (Geringstland) sind unkultivierte, jedoch kulturfähige Flächen, deren Ertragsfähigkeit so gering ist, dass sie in ihrem derzeitigen Zustand nicht regelmäßig land- und forstwirtschaftlich genutzt werden können; dazu gehören insbesondere unkultivierte Moor- und Heideflächen sowie die ehemals bodengeschätzten Flächen und die ehemaligen Weinbauflächen, deren Nutzungsart sich durch Verlust des Kulturzustands verändert hat. 2Der Verlust des Kulturzustands ist dann als gegeben anzusehen, wenn der kalkulierte Aufwand zur Wiederherstellung des Kulturzustands in einem Missverhältnis zu der Ertragsfähigkeit steht, die nach der Rekultivierung zu erwarten ist. 3Das ist regelmäßig dann der Fall, wenn der Aufwand den einer Neukultivierung übersteigen würde. 4Bei bodengeschätzten Flächen kann der nachhaltige Verlust des Kulturzustands insbesondere erst nach folgenden Ereignissen eintreten:

1. Ansiedlung von Gehölzen infolge Nichtnutzung bei Hutungen und Hackrainen,
2. Versteinung und Vernässung infolge Nichtnutzung, z. B. bei Hochalmen,
3. Ansiedlung von Gehölzen und Verschlechterung der Wasserverhältnisse infolge Nichtnutzung, z. B. bei Streuwiesen,
4. nachhaltige Verschlechterung des Pflanzenbestandes und der Wasserverhältnisse infolge zunehmender Überflutungsdauer und steigender Wasserverschmutzung bei Überschwemmungsgrünland oder Staunässe in Bodensenkungsgebieten,
5. Vergiftung und Vernichtung des Pflanzenbestandes infolge schädlicher Industrieemissionen.
6. Bei Weinbauflächen, insbesondere in Steilhanglagen, kann der Verlust des Kulturzustands durch Ansiedlung von Gehölzen, Bodenabtrag sowie Einsturz von Mauern und Treppen infolge Nichtnutzung eintreten."

---

183 § 13 Abs. 2 Ziff. 1 RBewG 1935 sowie § 15 Abs. 2 RBewG.
184 RdErl. des nordrh.-westf. IM vom 14.2.1979 (SMBl. NW 71342; § 17 BodSchätzÜbernErl).
185 BGBl. I 1994, 1089 = GuG 1994, 171; vgl. Rösch/Kurandt, Bodenschätzung und Liegenschaftskataster, Heymanns Verlag, Köln, Nachdruck 1968; vgl. auch Ergänzende Vorschriften II vom 28.3.1939 zum RdErl. des Rdl. zur Übernahme der Bodenschätzungsergebnisse in das Liegenschaftskataster (BodSchätzÜbernErl); RdErl. des Rdl. vom 27.1.1937 (Ziff. 3 Abschn. D BodSchätzTechnAnw. 11).
186 Erbschaftsteuer-Richtlinien – ErbStR – von BR-Drucks. 525/98.

Abb. 29: Heide, Moor, Ödland, Unland in Niedersachsen (2006)

Landkreis, kreisfreie Stadt, Region	Nutzung	Preise
Gutachterausschuss für Grundstückswerte Braunschweig		
Landkreis Goslar	Ödland und Unland	0,25–2,75 €/m² (Ø 1,10 €/m²)
Gutachterausschuss für Grundstückswerte Northeim		
Landkreis Göttingen	Unland	Ø 0,30 €/m²
Landkreis Northeim	Unland	Ø 0,30 €/m²
Landkreis Osterode am Harz	Unland	Ø 0,30 €/m²
Gutachterausschuss für Grundstückswerte Sulingen		
Landkreis Diepholz	Moor und Ödland	0,15–0,40 €/m² (Ø 0,25 €/m²)
Landkreis Nienburg/Weser	Moor und Ödland	0,10–0,50 €/m² (Ø 0,25 €/m²)
Gutachterausschuss für Grundstückswerte Verden		
Landkreis Rotenburg (Wümme)	Heide, Moor, Ödland und Unland	0,08–1,00 €/m² (Ø 0,35 €/m²)
Landkreis Soltau-Fallingbostel	Heide, Moor, Ödland und Unland	0,14–0,89 €/m² (Ø 0,41 €/m²)
Landkreis Verden	Heide, Moor, Ödland und Unland	0,10–1,31 €/m² (Ø 0,47 €/m²)

Quelle: Landesgrundstücksmarktbericht 2006

7 Schutzgebiete

7.1 Allgemeines

▶ *Vgl. Rn. 215*

In besonderen Schutzgebieten ist eine bauliche, aber auch land- und forstwirtschaftliche Nutzung besonderen Einschränkungen unterworfen, insbesondere aufgrund von **253**

a) Festsetzungen naturschutzrechtlicher Ausgleichsflächen und -maßnahmen (vgl. Rn. 254),

b) Festsetzungen von **Naturschutzgebieten, Landschaftsschutzgebieten, Nationalparks, Naturparks, Flora-Fauna-Habitat-Gebieten und geschützten Landschaftsbestandteilen** (vgl. Rn. 269 ff.),

c) Festsetzungen von **Wasserschutz- und Überschwemmungsgebieten** (vgl. Rn. 273 ff.),

d) Festsetzungen von **Lärmschutzbereichen** nach dem Gesetz gegen Fluglärm (Fluglärmgesetz) für Flugplätze (vgl. Teil VI Rn. 700 ff.).

Für den land- und forstwirtschaftlichen Bereich können sich insbesondere folgende **Beschränkungen** ergeben:

– Einschränkungen bezüglich des Pflanzenschutzes,

– Einschränkungen bezüglich Düngung,

– Gebot bestimmter Nutzungen,

– Verbot bestimmter Nutzungen,

– Verbot jeder Nutzung und dgl.

V § 5 ImmoWertV   **Naturschutzrechtl. Ausgleichsflächen**

Im Einzelnen ergeben sich die Beschränkungen aus den jeweiligen Gesetzen und Verordnungen.

Konkrete Nutzungsbeschränkungen, die über das allgemein übliche Maß hinausgehen, lösen i.d.R. eine Ausgleichs- und Entschädigungspflicht aus, mit der eine Minderung des Verkehrswerts aufgefangen wird, wenn damit auf Dauer zu rechnen ist. Ausgleich und Entschädigung sind landesrechtlich unterschiedlich geregelt. Eine Minderung des Verkehrswerts kann aber bereits durch ein **Verbot der Nutzungsänderung** eintreten, wenn dadurch eine Intensivierung der vorhandenen Nutzung bzw. eine Anpassung an ertragreichere Nutzung verhindert wird. Diese Wertminderung lässt sich im Wege des Vergleichswertverfahrens ermitteln.

Ansonsten lässt sich die Wertminderung mithilfe des Deckungsbeitrags ermitteln. Der **Deckungsbeitrag** (vgl. Rn. 38) bestimmt sich aus der Differenz zwischen

– dem Erlös aus den auf der Fläche gewonnenen Erzeugnissen und

– den dafür aufgebrachten Produktionskosten (spezialkostenfreier Rohertrag).

Einer Bebauung können **Anbauverbote, Anbaubeschränkungen** sowie **Baubeschränkungen** nach

– Bundesnaturschutzgesetz (§§ 8a ff. BNatSchG),

– Bundes- und Landesstraßengesetzen,

– Wassergesetzen,

– Landschafts- und Naturschutzgesetzen,

– Luftverkehrs- und Schutzbereichsgesetzen,

– Immissionsschutz- und Gewerberecht,

– Abfallbeseitigungsrecht,

– Zivilschutz- und Atomrecht,

– Denkmalschutzrecht

entgegenstehen[187].

7.2 Naturschutzrechtliche Ausgleichsflächen und -maßnahmen

7.2.1 Allgemeines

Schrifttum: *Jahn, F.,* Kaufpreisanalyse zu Ausgleichsflächen in Niedersachsen, Nachr. der nds. KatVermVw 2001/4 S. 4.

▶ *Zum Kostenerstattungsbetrag vgl. Syst. Darst. des Vergleichsverfahrens Rn. 359 ff.*

254 Naturschutzrechtliche Ausgleichs*flächen* sind Flächen, die zum Ausgleich für „Eingriffe in Natur und Landschaft" etwa in Gestalt von Grünflächen, Biotopen und extensiv genutzten (Streuobst-)Wiesen vorgehalten werden. Naturschutzrechtliche Ausgleichs*maßnahmen* sind entsprechende Bepflanzungen von Grundstücken. **Rechtsgrundlage für naturschutzrechtliche Ausgleichsflächen und -maßnahmen** sind u.a. § 1a BauGB und die §§ 135a ff. BauGB. Den Gemeinden ist danach vorgegeben, im Rahmen der Abwägung nach § 1 Abs. 6 BauGB

---

187 Zur Frage der Vorwirkung und entschädigungsrechtlichen Ansprüchen vgl. u.a.: BVerwG, Urt. vom 27.6.1957 – 1 C 3/56 –, EzGuG 16.3; BVerwG, Beschl. vom 25.6.1968 – 4 B 181/67 –, EzGuG 16.9; BGH, Urt. vom 29.4.1968 – III ZR 177/65 –, EzGuG 16.8; BGH, Urt. vom 25.1.1973 – III ZR 113/70 –, EzGuG 4.39; BGH, Urt. vom 20.9.1971 – III ZR 18/70 –; BGH, Urt. vom 20.12.1971 – III ZR 83/69 –, EzGuG 16.17; BGH, Urt. vom 29.4.1968 – III ZR 141/65 –, EzGuG 16.7; BGH, Urt. vom 10.1.1972 – III ZR 61/68 –, EzGuG 16.18; BGH, Urt. vom 18.6.1973 – III ZR 122/72 –, EzGuG 16.20; BGH, Urt. vom 1.12.1977 – III ZR 130/75 –, EzGuG 18.78; BGH, Urt. vom 8.11.1962 – III ZR 86/61 –, EzGuG 8.5; BGH, Urt. vom 13.7.1978 – III ZR 28/76 –, EzGuG 4.59; BGH, Urt. vom 26.11.1981 – III ZR 49/80 –, EzGuG 14.16; OLG Köln, Urt. vom 21.11.1972 – 4 U 199/71 –, EzGuG 8.39; BVerwG, Beschl. vom 14.11.1975 – 4 C 2/74 –, EzGuG 16.21; BVerwG, Urt. vom 24.2.1978 – 4 C 12/76 –, EzGuG 16.32; BGH, Urt. vom 2.2.1978 – III ZR 15/76 –, EzGuG 16.22; BGH, Urt. vom 25.1.1973 – III ZR 118/70 –, EzGuG 16.19.

im Bauleitplanverfahren dem damit verbundenen **Eingriff in Natur und Landschaft** durch entsprechende Festsetzungen von

- Ausgleichsflächen und
- Ausgleichsmaßnahmen

Rechnung zu tragen.

In den Bebauungsplänen kommen folgende **Festsetzungen nach § 9 Abs. 1 BauGB** in Betracht:

Nr. 15	die öffentlichen und privaten Grünflächen wie Parkanlagen, Dauerkleingärten, Sport-, Spiel-, Zelt- und Badeplätze, Friedhöfe;
Nr. 16	die Wasserflächen sowie die Flächen für die Wasserwirtschaft, für Hochwasserschutzanlagen und für die Regelung des Wasserabflusses;
Nr. 18	a) die Flächen für die Landwirtschaft und b) Wald;
Nr. 20	die Flächen oder Maßnahmen zum Schutz, zur Pflege und zur Entwicklung von Boden, Natur und Landschaft;
Nr. 22	die Flächen für Gemeinschaftsanlagen für bestimmte räumliche Bereiche wie Kinderspielplätze, Freizeiteinrichtungen, Stellplätze und Garagen;
Nr. 24	die von der Bebauung freizuhaltenden Schutzflächen und ihre Nutzung, die Flächen für besondere Anlagen und Vorkehrungen zum Schutz vor schädlichen Umwelteinwirkungen und sonstigen Gefahren im Sinne des Bundes-Immissionsschutzgesetzes sowie die zum Schutz vor solchen Einwirkungen oder zur Vermeidung oder Minderung solcher Einwirkungen zu treffenden baulichen und sonstigen technischen Vorkehrungen;
Nr. 25	für einzelne Flächen oder für ein Bebauungsplangebiet oder Teile davon sowie für Teile baulicher Anlagen mit Ausnahme der für landwirtschaftliche Nutzungen oder Wald festgesetzten Flächen a) das Anpflanzen von Bäumen, Sträuchern und sonstigen Bepflanzungen, b) Bindungen für Bepflanzungen und für die Erhaltung von Bäumen, Sträuchern und sonstigen Bepflanzungen sowie von Gewässern.

Die **Festsetzung von Grünflächen** in einem Bebauungsplan muss ihre – ggf. durch Auslegung zu ermittelnde – Qualifizierung als öffentlich oder privat enthalten. Die Abgrenzung von öffentlichen und privaten Grünflächen erfordert die Verwendung geeigneter Planzeichen[188].

Diese **Festsetzungen können**

a) auf den Eingriffsgrundstücken selbst oder auf den ihnen zugeordneten Flächen,

b) als *Einzelzuordnung* oder als *Sammelzuordnung,*

c) als *private oder öffentliche* Fläche den Eingriffsgrundstücken zugeordnet werden.

Die **Durchführung von Ausgleichsmaßnahmen und die Bereitstellung von Ausgleichsflächen** obliegt grundsätzlich dem Vorhabenträger (Eigentümer). Soweit Augleichsmaßnahmen und -flächen an anderer Stelle den (Eingriffs-)Grundstücken nach § 9 Abs. 1a BauGB zugeordnet sind, soll jedoch die Gemeinde diese an Stelle und auf Kosten der Eigentümer der Grundstücke, denen die Ausgleichsmaßnahmen und -flächen zugeordnet sind, durchführen.

Soweit die **Gemeinde an Stelle des Eigentümers bzw. Vorhabenträgers Ausgleichsflächen bereitstellt bzw. Ausgleichsmaßnahmen nach § 135a Abs. 2 BauGB durchführt,** sind die Kosten auf die zugeordneten Grundstücke unter Berücksichtigung der überbaubaren Grundstücksfläche, der zulässigen Grundfläche, der zu erwartenden Versiegelung oder der Schwere der zu erwartenden Beeinträchtigungen nach Maßgabe einer gemeindlichen Satzung zu verteilen. Die Kosten werden mit einem **Kostenerstattungsbetragsbescheid** geltend gemacht. Des Weiteren waren die Länder u. a. ermächtigt zu bestimmen, dass die Gemeinden bis zum

---

188 OVG Münster, Urt. vom 15.1.1991 – 11a NE 26/88 –, BRS Bd. 53 Nr. 22.

31.12.2000 nicht verpflichtet sind, § 1a Abs. 2 Nr. 2 und Abs. 3 BauGB (naturschutzrechtliche Eingriffsregelung) anzuwenden, soweit den Belangen des Naturschutzes und der Landschaftspflege auf andere Weise Rechnung getragen werden kann.

257   Festsetzungen zum Ausgleich für Eingriffe in Natur und Landschaft können nach dem vorher Gesagten zum Inhalt haben, dass der Eigentümer eines Grundstücks (Vorhabenträger als Verursacher) entweder

   a) mit seinem Baugrundstück die festgesetzten **Ausgleichsflächen** aufbringt und sich somit im Ergebnis die Grundstücksfläche entsprechend vergrößert oder

   b) auf seinem Baugrundstück die festgesetzten **Ausgleichsmaßnahmen** (Bepflanzungen) durchführt oder

   c) die dem Baugrundstück (ggf. als Sammelzuordnung) zugeordneten *privaten* Ausgleichsflächen aufbringt bzw. für die öffentlichen Ausgleichsflächen „über den Kostenerstattungsbetrag" aufkommt oder

   d) die dem Baugrundstück zugeordneten privaten Ausgleichsflächen e*inschließlich* der dafür festgesetzten Ausgleichsmaßnahmen (z. B. Bepflanzungen) aufbringt bzw. für die *öffentlichen* Ausgleichsflächen einschließlich der dafür festgesetzten Ausgleichsmaßnahmen aufkommt.

258   Daraus folgt, dass zwischen **Ausgleichsflächen und -maßnahmen, die am Eingriffsort** (bzw. im Eingriffsbereich) aufzubringen bzw. durchzuführen sind, und solchen Ausgleichsflächen und -maßnahmen zu unterscheiden ist, die aufgrund entsprechender Zuordnungsfestsetzungen an anderer Stelle durchzuführen sind.

259   Die naturschutzrechtliche Ausgleichsregelung bereitet der Wertermittlungspraxis noch immer große Schwierigkeiten. Generell muss man hierzu feststellen, dass unter der Herrschaft dieser Regelung bereits der **Verkehrswert des werdenden Baulands bis hin zum Bauerwartungsland gegenüber früheren Preisbildungsmechanismen in seiner Wertentwicklung gedämpft wird**. War nämlich früher davon auszugehen, dass i.d.R. bis zu 30 % der Bruttobaulandfläche für örtliche Verkehrs- und Grünflächen aufzubringen waren, so muss unter der Herrschaft der naturschutzrechtlichen Ausgleichsregelungen erwartet werden, dass nur eine entsprechend kleinere Nettofläche Baureife erlangt. Dieser Umstand wurde vielfach bei der Ableitung von Bodenrichtwerten ebenso vernachlässigt wie bei der Heranziehung von Vergleichspreisen für Bauerwartungsland, die auf dem Grundstücksmarkt erzielt wurden, als die Ausgleichsregelung (noch) nicht die Preisbildung beeinflussen konnte.

7.2.2   Grundstücksintegrierte Ausgleichsflächen und -maßnahmen

260   In den erstgenannten Fällen (**Fall a und b**) ist die Frage nach dem Verkehrswert noch verhältnismäßig leicht zu beantworten. Werden zur Wertermittlung Vergleichspreise von Grundstücken herangezogen, die hinsichtlich der naturschutzrechtlichen Ausgleichs- und Ersatzregelung „unbelastet" sind, kann davon ausgegangen werden, dass die demgegenüber für das Wertermittlungsobjekt bereitgestellte Ausgleichsfläche zu einer Vergrößerung der Grundstücksfläche führt. Dies wiederum führt im Ergebnis zu einer entsprechenden **Absenkung des Quadratmeterwerts**, denn es entspricht einem alten Erfahrungssatz, dass der Quadratmeterwert eines Grundstücks desto höher ausfällt, je kleiner die Grundstücksfläche ist, und umgekehrt. Ausgleichsmaßnahmen (Bepflanzungen) werden hingegen den Grundstückswert gegenüber kostenerstattungsbetragsfreien Vergleichspreisen nur dann „absenken", wenn sie ungewöhnlich hoch sind und das Maß dessen überschreiten, was der Grundeigentümer auch sonst an Anpflanzungen vornehmen würde. Soweit hier also eine Bodenwertminderung überhaupt erwartet werden kann, wäre sie an den zusätzlichen Kosten zu orientieren.

7.2.3   Zugeordnete Ausgleichsflächen und -maßnahmen

261   Problematisch sind die Fälle, in denen die Ausgleichsflächen und -maßnahmen einem Baugrundstück an anderer Stelle zugeordnet sind (**Fall c und d**) und sich nicht im Eigentum des-

sen befinden, der auf dem Eingriffsgrundstück ausgleichspflichtig wird. Hier stellt sich die Aufgabe, den Verkehrswert eigenständiger Ausgleichsflächen zu ermitteln.

Handelt es sich dabei um eine *öffentliche Ausgleichsfläche*, so bemisst sich der **Verkehrswert dieser Ausgleichsfläche** in Anwendung der entschädigungsrechtlichen Grundsätze der §§ 93 ff. BauGB, d.h. **nach dem Vorwirkungsgrundsatz**. 262

Der **Verkehrswert des Eingriffsgrundstücks vermindert** sich in analoger Anwendung der Grundsätze, die in der Wertermittlungspraxis zur Umrechnung erschließungsbeitragsfreier in erschließungsbeitragspflichtige Grundstücke zur Anwendung kommen, **um den zu erwartenden Kostenerstattungsbetrag**, wenn von Vergleichspreisen für kostenerstattungsbetragsfreie Grundstücke ausgegangen wird. Dies dürfte vorerst dem Regelfall entsprechen. Sobald sich ein Grundstücksmarkt gebildet hat, auf dem auch 263

– kostenerstattungsbetragspflichtige Grundstücke bzw.
– Grundstücke mit entsprechenden Festlegungen über naturschutzrechtliche Ausgleichsflächen und -maßnahmen

gehandelt werden, stehen entsprechende Vergleichspreise zur Verfügung. Bei der Verkehrswertermittlung von Grundstücken, die mit entsprechenden Ausgleichsflächen und -maßnahmen „belastet" sind, kann die „Belastung" dann **außer Betracht bleiben, wenn Kaufpreise vergleichbarer Grundstücke herangezogen werden, die** – unmittelbar vergleichbar – **gleichermaßen „belastet" sind**. Entsprechendes gilt für die Heranziehung von Bodenrichtwerten. Werden indessen Vergleichspreise oder Bodenrichtwerte „unbelasteter" Grundstücke herangezogen, muss die „Belastung" des zu wertenden Grundstücks in Anlehnung an den monetären Wert dieser „Belastung" zusätzlich berücksichtigt werden.

Wird im Bebauungsplan ein Grundstück als Ausgleichsfläche festgesetzt, das zuvor im Bebauungsplan für eine bauliche Nutzung ausgewiesen war, müssen bei der Verkehrswertermittlung die planungsschadensrechtlichen **Regelungen bezüglich fremdnütziger Nutzungen** und eines Übernahmeanspruchs beachtet werden (§§ 39 ff. BauGB, insbesondere § 40 BauGB)[189].

Die wohl größte Unsicherheit besteht bei der Verkehrswertermittlung von *privaten* **Ausgleichsflächen**, die Eingriffsgrundstücken an anderer Stelle zugeordnet sind, insbesondere für die **im Außenbereich** gelegenen Flächen, wenn sie in einem Gebiet liegen, für das nach allgemeinen Grundsätzen möglicherweise sogar aufgrund ihrer Lage (in der Nähe zum Siedlungsgebiet) eine allgemeine Bauerwartung bestand. Die Höhe des Verkehrswerts solcher Flächen wird letztlich vom Grundstücksmarkt bestimmt, an dem sich die Verkehrswertermittlung orientieren muss. Es besteht jedoch bislang wenig Erfahrung darüber, wie der Grundstücksmarkt diese Flächen wertmäßig behandelt, d.h., es stehen kaum Vergleichspreise dafür zur Verfügung. 264

Es zeichnet sich aber ab, dass in der heutigen Phase der Unsicherheit das künftige Marktgeschehen nicht unerheblich durch die Wertermittlungspraxis mitbestimmt wird. Eine erste Bilanz lässt erkennen, dass solche Flächen **zumeist mit dem Wert des begünstigten Agrarlands** (besondere Flächen der Land- oder Forstwirtschaft) „eingestuft" werden, zumindest dann, wenn die Flächen nicht zuvor eine allgemeine Bauerwartung aufwiesen. Sofern jedoch eine Bauerwartung bereits vorhanden war, dürfte von den Eigentümern aufgrund eines (wertmäßigen) „Besitzstandsdenkens" eine geringe Verkaufswilligkeit zum Preis des begünstigten Agrarlands erwartet werden können, was zu einer uneinheitlichen Preisgestaltung führen dürfte. Zudem besteht hier eine Konstellation, die kaum noch mit dem Verkehrswertprinzip lösbar ist, denn die Ausgleichsfläche ist im Falle ihrer Zuordnung zu einem bestimmten Baugrundstück dem gewöhnlichen Geschäftsverkehr weitgehend entzogen. Die Zuordnung schafft nämlich eine besondere Beziehung zu einem einzigen am Erwerb der Ausgleichsfläche interessierten oder auch nicht interessierten Erwerber. Einerseits kann also der Eigentümer der Ausgleichsfläche seine besondere Position „ausspielen", andererseits kann der 265

---

189 BGH, Urt. vom 9.10.1997 – III ZR 148/96 –, GuG 1998, 175 = EzGuG 4.170.

Eigentümer des **Eingriffsgrundstücks** den Eigentümer der Ausgleichsfläche „aushungern" lassen. Hier sind die Gemeinden gefordert, den bodenordnerischen Vollzug herbeizuführen, sofern nicht der Grundstückseigentümer aufgrund fremdnütziger Festsetzungen einen **Übernahmeanspruch** geltend macht (§ 40 Abs. 2 BauGB).

Stich[190] führt hierzu aus:

„Dabei werden die Gemeinden allerdings die Erfahrung machen müssen, dass die Eigentümer von (bisherigem) Acker-, Wiesen- oder Ödland nicht bereit sind, ihre Flächen zu dem Preis abzugeben, den solches Land – solange es vom baulichen Entwicklungsgeschehen unberührt ist –,im gewöhnlichen Geschäftsverkehr' (vgl. die Begriffsbestimmung des Verkehrswerts in § 194 BauGB) erbringt. Denn das Acker-, Wiesen- oder Ödland hat unter Umständen bereits durch die Darstellung als Flächen für eingriffsrechtliche Ausgleichs- und Ersatzmaßnahmen im Flächennutzungsplan, auf jeden Fall aber durch die entsprechende Festsetzung in einer rechtsverbindlichen städtebaulichen Planung in der Einschätzung des ‚gewöhnlichen Geschäftsverkehrs' eine zusätzliche Eigenschaft, nämlich die von ‚Bauvoraussetzungsland'[191] erhalten und ist daher nur noch zu einem höheren Preis als zu dem von ‚reinem' Acker-, Wiesen- oder Ödland zu erwerben. Die Sach- und Rechtslage ist mit derjenigen zu vergleichen, die für förmliche städtebauliche Entwicklungsnahmen in § 169 Abs. 4 BauGB geregelt ist und dort dazu führt, dass für bisher land- und forstwirtschaftlich genutzte Grundstücke der Wert von ‚begünstigtem Agrarland' zu vergüten ist (vgl. dazu auch § 26 Abs. 2 WertV)[192]. Die Kosten, die die Gemeinde für den Erwerb der Flächen für Ausgleichs- und Ersatzmaßnahmen aufwenden muss, kann sie aufgrund der nach § 8a Abs. 5 BNatSchG erlassenen Kostenerstattungssatzung in vollem Umfang von den Vorhabenträgern oder Grundstückseigentümern, denen die ‚zugeordneten' Ausgleichs -und Ersatzmaßnahmen zugute kommen, ersetzt verlangen."[193]

Stich gelangt zu dem Ergebnis, dass auch die Enteignung von Grundflächen, auf denen nach den Festsetzungen eines Bebauungsplans oder nach den Bestimmungen einer Satzung mit Vorhaben- und Erschließungsplan im „sonstigen Geltungsbereich" der Planung Ausgleichsmaßnahmen durchgeführt werden sollen, zulässig sein kann, wenn – im gegebenen Fall – „das **Wohl der Allgemeinheit** ... es ... erfordert". Die Bauleitplanung und damit die Schaffung von Bauland für Wohn-, Gewerbe-, Industrie- und sonstige Zwecke gehöre zu den wichtigsten Aufgaben, die die Gemeinden im Interesse der Allgemeinheit zu erfüllen haben. Sie haben die Bauleitpläne und anderen städtebaulichen Planungen nach § 1 Abs. 3 BauGB aufzustellen, zu ändern, zu ergänzen und aufzuheben, sobald und soweit es für die städtebauliche Entwicklung und Ordnung erforderlich ist. Sind rechtsverbindliche städtebauliche Planungen aufgestellt, ist es im Interesse der Allgemeinheit grundsätzlich geboten, dass ihre Festsetzungen und Bestimmungen verwirklicht werden (vgl. auch die städtebaulichen Gebote in den §§ 175 ff. BauGB). Die Enteignungsmöglichkeit sei – nach Stich – dabei zumindest für die Flächen zu bejahen, auf denen Anlagen hergestellt oder Maßnahmen durchgeführt werden sollen, von denen die geordnete städtebauliche Entwicklung im Baugebiet und in der Gemeinde abhängt. Im Ergebnis stellt auch die Ausweisung einer privat nutzbaren Fläche im Bebauungsplan als eine anderen (Eingriffs-)Grundstücken zugeordnete Ausgleichsfläche eine **fremdnützige Festsetzung i.S. des § 40 Abs. 1 BauGB** dar. Der Verkehrswert von Ausgleichsflächen, für die diese Voraussetzungen vorliegen, bemisst sich dann konsequenterweise wiederum nach den entschädigungsrechtlichen Vorschriften, die auch im Falle eines Übernahmeanspruchs zur Anwendung kommen.

Der BGH[194] hat in einer **fremdnützigen Ausweisung einer Fläche** (in einem Bebauungsplan) **als Grünfläche** i.S. einer naturschutzrechtlichen Ausgleichsfläche eine fühlbare und nicht unerhebliche „mithin bei vernünftiger wirtschaftlicher Betrachtung die enteignungs-

---

190 Stich in GuG 1997, 301.
191 So schon Stich in: Ber. Komm. zum BauGB, § 8a BNatSchG, Rn. 67; auch Dieterich, Baulandumlegung, 3. Aufl., München 1996, Rn. 176a; vgl. 5. Aufl. 2005, S. 128.
192 Kleiber, Die Auswirkungen der naturschutzrechtlichen Eingriffs- und Ausgleichsregelung auf die Bodenpreisbildung, in: Kormann (Hrsg.), Naturschutz und Bauleitplanung, UPR-Special Bd. 8, München 1995, S. 97 ff.
193 Porger in UPR-Special Bd. 8, München 1995 S. 81 ff.
194 BGH, Urt. vom 9.10.1997 – III ZR 148/96 –, GuG 1998, 175 = EzGuG 4.170 unter Hinweis auf BGH, Urt. vom 29.4.1968 – III ZR 80/67 –, EzGuG 6.114; BGH, Urt. vom 25.11.1974 – III ZR 42/73 –, EzGuG 6.174; BGH, Urt. vom 8.11.1990 – III ZR 364/89 –, EzGuG 6.257; BGH, Urt. vom 13.12.1984 – III ZR 175/83 –, EzGuG 6.227; BGH, Urt. vom 19.9.1985 – III ZR 162/84 –, BGHZ 97,1; BGH, Urt. vom 13.12.1984 – III ZR 175/83 –, EzGuG 6.227.

rechtliche Opferschwelle überschreitende" Festsetzung erblickt, wobei dabei auf die dadurch eintretenden Vermögensnachteile verwiesen wird. Der BGH hat aber auch herausgestellt, dass in dem zu entscheidenden Fall der Verkehrswert der davon betroffenen Fläche, die vorher eine Bauerwartungslandqualität aufwies, durch die „planerische Herabzonung ganz erheblich gesunken" sei; die bisher ausgeübte landwirtschaftliche Nutzung entfalle nämlich mit der Durchführung des Bebauungsplans, dem die Ausgleichsfläche zugeordnet war.

Darüber hinaus hat der BGH die **Anrechnung eines Vorteilsausgleichs bejaht, wenn ein funktioneller Zusammenhang zwischen dem Enteigungsunternehmen** (der Bereitstellung einer naturschutzrechtlichen Ausgleichsfläche) **und der Ausweisung der dahinter liegenden Fläche als Bauland zu sehen ist,** und zwar zumindest dann, wenn ein überschaubarer Kreis von Eigentümern mit den Planungsvorteilen zugleich Sondervorteile erfährt.

7.2.4 Ausgleichsflächen in Sanierungsgebieten und Entwicklungsbereichen

Unproblematisch im Hinblick auf den bodenordnerischen Vollzug und auch auf die Verkehrswertermittlung sind schließlich die Fälle, in denen Ausgleichsflächen in einem städtebaulichen Sanierungsgebiet oder Entwicklungsbereich gelegen sind. Hier bemisst sich der Verkehrswert, unabhängig davon, ob es sich um private oder öffentliche Ausgleichsflächen handelt, nach dem Verkehrswert, der sich in Anwendung des § 153 Abs. 1 BauGB ergibt; das ist der **sanierungs- bzw. entwicklungsunbeeinflusste Grundstückswert.**

266

▶ *Nähere Ausführungen vgl. Teil VIII Rn. 238 ff. sowie Rn. 386 ff.*

7.3 Landschafts- oder Naturschutzgebiete (Flora-Fauna-Habitat)

7.3.1 Allgemeines

Nach § 22 BNatSchG können die Länder bestimmen, dass Teile von Natur und Landschaft zum

267

1. Naturschutzgebiet, Nationalpark, Biosphärenreservat, Landschaftsschutzgebiet, Naturpark oder

2. Naturdenkmal oder geschützten Landschaftsbestandteil

erklärt werden können.

„§ 23 BNatSchG Naturschutzgebiete

(1) Naturschutzgebiete sind rechtsverbindlich festgesetzte Gebiete, in denen ein besonderer Schutz von Natur und Landschaft in ihrer Ganzheit oder in einzelnen Teilen

1. zur Erhaltung, Entwicklung oder Wiederherstellung von Biotopen oder Lebensgemeinschaften bestimmter wild lebender Tier- und Pflanzenarten,

2. aus wissenschaftlichen, naturgeschichtlichen oder landeskundlichen Gründen oder

3. wegen ihrer Seltenheit, besonderen Eigenart oder hervorragenden Schönheit

erforderlich ist.

(2) Alle Handlungen, die zu einer Zerstörung, Beschädigung oder Veränderung des Naturschutzgebiets oder seiner Bestandteile oder zu einer nachhaltigen Störung führen können, sind nach Maßgabe näherer Bestimmungen verboten. Soweit es der Schutzzweck erlaubt, können Naturschutzgebiete der Allgemeinheit zugänglich gemacht werden.

§ 24 BNatSchG Nationalparke

(1) Nationalparke sind rechtsverbindlich festgesetzte einheitlich zu schützende Gebiete, die

1. großräumig und von besonderer Eigenart sind,

2. in einem überwiegenden Teil ihres Gebiets die Voraussetzungen eines Naturschutzgebiets erfüllen und

3. sich in einem überwiegenden Teil ihres Gebiets in einem vom Menschen nicht oder wenig beeinflussten Zustand befinden oder geeignet sind, sich in einen Zustand zu entwickeln oder in einen Zustand

entwickelt zu werden, der einen möglichst ungestörten Ablauf der Naturvorgänge in ihrer natürlichen Dynamik gewährleistet.

(2) Nationalparke haben zum Ziel, im überwiegenden Teil ihres Gebiets den möglichst ungestörten Ablauf der Naturvorgänge in ihrer natürlichen Dynamik zu gewährleisten. Soweit es der Schutzzweck erlaubt, sollen Nationalparke auch der wissenschaftlichen Umweltbeobachtung, der naturkundlichen Bildung und dem Naturerlebnis der Bevölkerung dienen.

(3) Die Länder stellen sicher, dass Nationalparke unter Berücksichtigung ihres besonderen Schutzzwecks sowie der durch die Großräumigkeit und Besiedlung gebotenen Ausnahmen wie Naturschutzgebiete geschützt werden.

§ 25 BNatSchG Biosphärenreservate

(1) Biosphärenreservate sind rechtsverbindlich festgesetzte einheitlich zu schützende und zu entwickelnde Gebiete, die

1. großräumig und für bestimmte Landschaftstypen charakteristisch sind,
2. in wesentlichen Teilen ihres Gebiets die Voraussetzungen eines Naturschutzgebiets, im Übrigen überwiegend eines Landschaftsschutzgebiets erfüllen,
3. vornehmlich der Erhaltung, Entwicklung oder Wiederherstellung einer durch hergebrachte vielfältige Nutzung geprägten Landschaft und der darin historisch gewachsenen Arten- und Biotopvielfalt, einschließlich Wild- und früherer Kulturformen wirtschaftlich genutzter oder nutzbarer Tier- und Pflanzenarten, dienen und
4. beispielhaft der Entwicklung und Erprobung von die Naturgüter besonders schonenden Wirtschaftsweisen dienen.

(2) Die Länder stellen sicher, dass Biosphärenreservate unter Berücksichtigung der durch die Großräumigkeit und Besiedlung gebotenen Ausnahmen über Kernzonen, Pflegezonen und Entwicklungszonen entwickelt werden und wie Naturschutzgebiete oder Landschaftsschutzgebiete geschützt werden.

§ 26 BNatSchG Landschaftsschutzgebiete

(1) Landschaftsschutzgebiete sind rechtsverbindlich festgesetzte Gebiete, in denen ein besonderer Schutz von Natur und Landschaft

1. zur Erhaltung, Entwicklung oder Wiederherstellung der Leistungs- und Funktionsfähigkeit des Naturhaushalts oder der Regenerationsfähigkeit und nachhaltigen Nutzungsfähigkeit der Naturgüter,
2. wegen der Vielfalt, Eigenart und Schönheit oder der besonderen kulturhistorischen Bedeutung der Landschaft oder
3. wegen ihrer besonderen Bedeutung für die Erholung

erforderlich ist.

(2) In einem Landschaftsschutzgebiet sind unter besonderer Beachtung des § 5 Abs. 1 und nach Maßgabe näherer Bestimmungen alle Handlungen verboten, die den Charakter des Gebiets verändern oder dem besonderen Schutzzweck zuwiderlaufen.

§ 27 BNatSchG Naturparke

(1) Naturparke sind einheitlich zu entwickelnde und zu pflegende Gebiete, die

1. großräumig sind,
2. überwiegend Landschaftsschutzgebiete oder Naturschutzgebiete sind,
3. sich wegen ihrer landschaftlichen Voraussetzungen für die Erholung besonders eignen und in denen ein nachhaltiger Tourismus angestrebt wird,
4. nach den Erfordernissen der Raumordnung für die Erholung vorgesehen sind,
5. der Erhaltung, Entwicklung oder Wiederherstellung einer durch vielfältige Nutzung geprägten Landschaft und ihrer Arten- und Biotopvielfalt dienen und in denen zu diesem Zweck eine dauerhaft umweltgerechte Landnutzung angestrebt wird,
6. besonders dazu geeignet sind, eine nachhaltige Regionalentwicklung zu fördern.

(2) Naturparke sollen entsprechend ihren in Absatz 1 beschriebenen Zwecken unter Beachtung der Ziele und Grundsätze des Naturschutzes und der Landschaftspflege geplant, gegliedert, erschlossen und weiterentwickelt werden.

Landschafts- und Naturschutzgebiete § 5 ImmoWertV V

§ 28 BNatSchG Naturdenkmale

(1) Naturdenkmale sind rechtsverbindlich festgesetzte Einzelschöpfungen der Natur oder entsprechende Flächen bis fünf Hektar, deren besonderer Schutz

1. aus wissenschaftlichen, naturgeschichtlichen oder landeskundlichen Gründen oder
2. wegen ihrer Seltenheit, Eigenart oder Schönheit

erforderlich ist.

(2) Die Beseitigung des Naturdenkmals sowie alle Handlungen, die zu einer Zerstörung, Beschädigung oder Veränderung des Naturdenkmals führen können, sind nach Maßgabe näherer Bestimmungen verboten.

§ 29 BNatSchG Geschützte Landschaftsbestandteile

(1) Geschützte Landschaftsbestandteile sind rechtsverbindlich festgesetzte Teile von Natur und Landschaft, deren besonderer Schutz

1. zur Erhaltung, Entwicklung oder Wiederherstellung der Leistungs- und Funktionsfähigkeit des Naturhaushalts,
2. zur Belebung, Gliederung oder Pflege des Orts- oder Landschaftsbildes,
3. zur Abwehr schädlicher Einwirkungen oder
4. wegen ihrer Bedeutung als Lebensstätten bestimmter wild lebender Tier- und Pflanzenarten

erforderlich ist. Der Schutz kann sich in bestimmten Gebieten auf den gesamten Bestand an Alleen, einseitigen Baumreihen, Bäumen, Hecken oder anderen Landschaftsbestandteilen erstrecken.

(2) Die Beseitigung des geschützten Landschaftsbestandteils sowie alle Handlungen, die zu einer Zerstörung, Beschädigung oder Veränderung des geschützten Landschaftsbestandteils führen können, sind nach Maßgabe näherer Bestimmungen verboten. Ausnahmen von diesem Verbot sind nur zulässig, wenn sie aus zwingenden Gründen der Verkehrssicherheit durchgeführt werden und keine anderen Maßnahmen zur Erhöhung der Verkehrssicherheit erfolgreich durchgeführt werden konnten. Die Länder können für den Fall der Bestandsminderung die Verpflichtung zu angemessenen und zumutbaren Ersatzpflanzungen festlegen."

Die Ausweisung einer Fläche als **Naturschutzgebiet, Nationalpark, Biosphärenreservat, Landschaftsschutzgebiet, Naturpark, Naturdenkmal oder geschützter Landschaftsbestandteil** nach den §§ 12 ff. BNatSchG i.V.m. dem Landesrecht **Naturpark** sowie ihre Einbeziehung in den Geltungsbereich einer **Flora-Fauna-Habitat-Richtlinie**[195] (Natura 2000) bzw. der **Vogelschutzrichtlinie**[196] ist mit erheblichen Nutzungsbeschränkungen und ggf. Ausgleichs- bzw. Entschädigungsansprüchen[197] verbunden und steht einer Bauerwartung grundsätzlich entgegen. Soweit mit der Ausweisung in unzumutbarer Weise in bestehende

268

---

195 FFH-Richtlinie 92/43/EWG vom 21.5.1992 (ABl. EG Nr. L 206/7).
196 Vogelschutz-Richtlinie 79/409/EWG vom 2.4.1979 (ABl. EG Nr. L 103 vom 25.4.1979).
197 § 39 HessNatSchG (Sonstige entschädigungspflichtige Maßnahmen): „(1) Eine angemessene Entschädigung in Geld ist unter den Voraussetzungen des Art. 14 des Grundgesetzes zu leisten, wenn aufgrund des Gesetzes oder aufgrund einer auf diesem Gesetz beruhenden Rechtsverordnung dadurch schwer und unzumutbar betroffen wird, weil 1. eine rechtmäßig ausgeübte Nutzung nicht mehr fortgesetzt werden darf oder eingeschränkt wird und hierdurch die wirtschaftliche Nutzbarkeit eines Grundstückes erheblich beschränkt wird oder schutzwürdige Aufwendungen an Wert verlieren; 2. eine beabsichtigte Nutzung unmöglich gemacht wird, die sich nach Lage und Beschaffenheit des Grundstückes unmittelbar anbietet und die der Eigentümer sonst unbeschränkt ausgeübt hätte. Die Entschädigung wird auf schriftlichen Antrag des Eigentümers gezahlt. Der Antrag muss erkennen lassen, welche Grundstücke betroffen sind, welche Beschränkungen als entschädigungspflichtig angesehen werden und welcher Betrag für angemessen gehalten wird. Der Entschädigungsbetrag ist ab dem Zeitpunkt der Antragstellung mit zwei vom Hundert über dem Basiszinssatz nach § 1 des Diskontsatz-Überleitungsgesetzes vom 9. Juni 1998 (BGBl. I S. 1242), geändert durch Gesetz vom 27. Juni 2000 (BGBl. I S. 897), zu verzinsen. Die Entschädigung wird vom Land Hessen geschuldet. Zugunsten des Landes ist eine Nutzungseinschränkung nach Satz 1 durch die Eintragung einer beschränkten persönlichen Dienstbarkeit zu sichern. (2) Der Grundstückseigentümer kann anstelle einer Entschädigung die Übernahme des Grundstückes verlangen, soweit eine wirtschaftliche Nutzung des Grundstückes nicht mehr zumutbar ist. (3) Das Land kann nach Maßgabe des Haushaltsgesetzes natürlichen Personen, die nicht Eigentümer sind, insbesondere den Pächtern land- oder forstwirtschaftlich genutzter Grundstücke auf Antrag einen Härteausgleich für erhebliche und nicht nur vorübergehende wirtschaftliche Nachteile gewähren. Bei der Gewährung eines Härteausgleichs ist insbesondere zu berücksichtigen, ob in den Fällen, in denen der Eigentümer eine Entschädigung nach Abs. 1 erhalten hat, eine angemessene Pachtzinsanpassung stattgefunden hat."

Baurechte eingegriffen wird, können im Rahmen des Art. 14 GG zur Kompensation Ausgleichsleistungen beansprucht werden[198].

Die **Belegenheit eines Grundstücks in einem Naturschutz- bzw. Landschaftsschutzgebiet steht einer Einstufung der Fläche als besondere land- oder forstwirtschaftliche Fläche nicht entgegen** (vgl. Rn. 132).

Eine aus Gründen des Landschaftsschutzes ausgesprochene Versagung der Genehmigung zur Ausbeutung eines sand- und kieshaltigen Grundstücks kann der Situationsgebundenheit und damit der Sozialbindung des Eigentums entsprechen. Sie kann jedoch einen **entschädigungspflichtigen Eingriff** darstellen, wenn die eigentumskräftig verfestigte Anspruchsposition des Grundeigentümers angetastet wird[199].

7.3.2 Flora-Fauna-Habitat (FFH)-Richtlinie

Schrifttum: *Stüer,* Handbuch des Bau- und Fachplanungsrechts, 2. Aufl. München, S, 858.

269 Die Einbeziehung eines Grundstücks in die Schutzgebietskulisse eines **Flora-Fauna-Habitat-(FFH)** oder eines Vogelschutzgebiets (vgl. Rn. 168) durch Aufnahme in eine gemeinschaftliche Liste der EU schließt nicht die Einstufung einer Fläche als land- oder forstwirtschaftliche Fläche a priori aus. Die Mitgliedsstaaten sind in diesem Fall verpflichtet, diese Gebiete als besondere Schutzgebiete „so schnell wie möglich" auszuweisen. Mit der Unterschutzstellung besteht die Verpflichtung zu Maßnahmen, die einen günstigen Erhaltungszustand der natürlichen Lebensräume und der Populationen gewährt bzw. den natürlichen Lebensraum wiederhergestellt werden. Zur Abschätzung der Folgen für die betroffenen Flächen kann z. B. der „Managementplan" der Landesregierung herangezogen werden[200].

Generell gilt für solche Gebiete:

a) ein **Verschlechterungsverbot** (vgl. Art. 13c BayNatSchG), d.h., es sind in solchen Gebieten Veränderungen und Störungen verboten, mit denen die für die Erhaltungsziele maßgeblichen Bestandteile erheblich oder nachhaltig beeinträchtigt werden können. Nicht darunter fallen umgekehrt Maßnahmen der „ordnungsgemäßen land-, forst- und fischereiwirtschaftlichen Nutzung, soweit die Erhaltungsziele für das Gebiet berücksichtigt werden". Die bay. Bekanntmachung vom 4.8.2000[201] nennt hierzu beispielsweise privilegierte Vorhaben, den Wegebau, die Schnitthäufigkeit und den Schnittzeitpunkt von Grünland, Verjüngungsverfahren in der Waldbewirtschaftung sowie die Wiederaufnahme und Intensivierung der Düngung und des Pflanzenschutzes,

b) eine **Verträglichkeitsprüfung** für Pläne und Projekte, die zu einer Beeinträchtigung der gemeinschaftlichen Gebiete führen können.

Weitere Einschränkungen ergeben sich aus anderen EU-Rechtsnormen, die auf die FFH- und Vogelschutzgebiete Bezug nehmen (z. B. EU Wasserrahmenrichtlinie).

270 Für die Land- und Forstwirtschaft folgt aus der Unterschutzstellung, dass entsprechend Art. 3 der EU-Verordnung Nr. 1782/2003 der Bezug betrieblicher Prämien von der Einhaltung der FFH- bzw. Vogelschutzrichtlinie abhängig ist und ein Verstoß zur Prämienkürzung führt („*Cross Compliance*" – **Überkreuzverpflichtung**). Soweit die genannten Richtlinien nicht in bestehende Baurechte eingreifen und lediglich Bauerwartungen genommen werden, ist dies im Rahmen der Sozialpflichtigkeit des Grund und Bodens entschädigungslos hinzunehmen. Art. 2 Abs. 4 der FFH-Richtlinie stellt hierzu lapidar fest, dass die aufgrund dieser Richtlinie „getroffenen Maßnahmen ... den Anforderungen von Wirtschaft, Gesellschaft und Kultur

---

198 BVerfG, Beschl. vom 15.7.1981 – 1 BvL 77/78 –, BVerfGE 58, 137; BVerwG, Urt. vom 15.2.1990 – 4 C 47/90 –, BVerwGE 84, 361 = DVBl. 1990, 585; BVerwG, Urt. vom 24.6.1993 – 7 C 26/92 –, BVerwGE 94, 1 = NJW 1993, 2949.
199 BVerfG, Beschl. vom 15.7.1981 – 1 BvL 77/78 –, EzGuG 4.78; BGH, Urt. vom 22.5.1980 – III ZR 175/78 –, EzGuG 4.74.
200 Z. B. Bayern: Gem. Bekanntmachung Nr. 6.1 des Bay. Umweltministeriums vom 4.8.2000: http://www.umweltministerium.bayern.de.
201 Z. B. Bayern: Gem. Bekanntmachung Nr. 10 des Bay. Umweltministeriums vom 4.8.2000: http://www.umweltministerium.bayern.de.

sowie den regionalen und örtlichen Besonderheiten Rechnung" tragen. Die damit einhergehenden Beeinträchtigungen sowie sonstige Bewirtschaftungsauflagen führen gegenüber den nicht betroffenen Flächen zu einer Wertminderung.

Das **Verhältnis des Habitatschutzes zum Baurecht** ist in § 19d BNatSchR geregelt.

7.4 Wasserschutz-, Überschwemmungs- und Heilquellengebiet

7.4.1 Übersicht

Schrifttum: *Knopp, G.M./Schröder, F.*, Wasserrecht, Bay. Verwaltungsschule (Hrsg.) Bd. 30 München 2004; *Meinhardt, P.*, Auswirkungen von Gewässerschutzauflagen auf die Ertrags- und Vermögenslage landwirtschaftlicher Betriebe, Schriftenreihe des HLBS, St. Augustin 1991; *Stüer, B.*, Handbuch des Bau- und Fachplanungsrechts, 2. Aufl. München S. 749; TU München, Wertänderung von Grundstücken in Wasserschutzgebieten, Überschwemmungsgebieten sowie Vorrang- und Vorbehaltsgebieten für die öffentliche Wasserversorgung und den Hochwasserabfluss und -rückhalt, Endbericht 2005 Lehrstuhl für Wirtschaftslehre des Landbaus.

▶ *Zu Brunnenrechten Teil IX Rn. 329; zu Wasserflächen vgl. Rn. 228, 435; Syst. Darst. des Vergleichswertverfahrens Rn. 401 f.; § 6 ImmoWertV Rn. 117 ff.*

Die Festsetzung einer Fläche als **Wasserschutz- und Überschwemmungsgebiet (§ 51 WHG) sowie Heilquellenschutzgebiet (§ 53 WHG)** nach den §§ 19 und 32 WHG i.V.m. dem Landesrecht (z.B. Art. 35, 74, 85 und 87 BayWG) ist mit erheblichen Nutzungsbeschränkungen verbunden und steht einer Bauerwartung grundsätzlich entgegen. Die für diese Gebiete geltenden (Wasser-)Schutzauflagen beschränken die Grundstücksnutzung.

Die Einbeziehung eines Grundstücks in Wasserschutz-, Risiko- und festgesetztes Überschwemmungsgebiet ergibt sich aus dem Wasserbuch.

„§ 87 WHG Wasserbuch

(1) Über die Gewässer sind Wasserbücher zu führen.

(2) In das Wasserbuch sind insbesondere einzutragen:
1. nach diesem Gesetz erteilte Erlaubnisse, die nicht nur vorübergehenden Zwecken dienen, und Bewilligungen sowie alte Rechte und alte Befugnisse, Planfeststellungsbeschlüsse und Plangenehmigungen nach § 68,
2. Wasserschutzgebiete,
3. Risikogebiete und festgesetzte Überschwemmungsgebiete.

Von der Eintragung von Zulassungen nach Satz 1 Nummer 1 kann in Fällen von untergeordneter wasserwirtschaftlicher Bedeutung abgesehen werden.

(3) Unrichtige Eintragungen sind zu berichtigen. Unzulässige Eintragungen und Eintragungen zu nicht mehr bestehenden Rechtsverhältnissen sind zu löschen.

(4) Eintragungen im Wasserbuch haben keine rechtsbegründende oder rechtsändernde Wirkung.

7.4.2 Wasserschutzgebiet

Soweit es das Wohl der Allgemeinheit erfordert,
1. Gewässer im Interesse der derzeit bestehenden oder künftigen öffentlichen Wasserversorgung vor nachteiligen Einwirkungen zu schützen,
2. das Grundwasser anzureichern oder
3. das schädliche Abfließen von Niederschlagswasser sowie das Abschwemmen und den Eintrag von Bodenbestandteilen, Dünge- oder Pflanzenschutzmitteln in Gewässer zu vermeiden,

kann die Landesregierung nach § 51 Abs. 1 WHG durch Rechtsverordnung **Wasserschutzgebiete**[202] festsetzen. Die Ausweisung zielt darauf ab, das Einsickern von wassergefährdenden Stoffen in den Untergrund und damit in das Grundwasser zu verhindern.

Trinkwasserschutzgebiete sollen nach Maßgabe der allgemein anerkannten Regeln der Technik in Zonen mit unterschiedlichen Schutzbestimmungen unterteilt werden (§ 53 Abs. 2 WHG).

Die Wasserschutzgebiete gliedern sich in drei Bereiche:

– *Wasserschutzzone I* (rot), in der sich der Förderbrunnen befindet und die als besonders geschützter und eingezäunter Bereich nur von berechtigten Personen zur Wartung der Anlagen betreten werden darf.

– *Wasserschutzzone II* (grün), die von der Grenze der Wasserschutzzone I bis zu einer Linie reicht, von der das Grundwasser etwa 50 Tage braucht, bis es die Brunnen erreicht hat (hier steht der Schutz des Grundwassers vor gesundheitsgefährdenden Keimen im Vordergrund. Es darf beispielsweise keine Gülle ausgebracht werden), und

– *Wasserschutzzone IIIA* (gelb)/*IIIB* (braun), in der das Grundwasser vor weit reichenden Beeinträchtigungen geschützt werden soll (hierzu gehören insbesondere nicht oder nur schwer abbaubare chemische oder radioaktive Verunreinigungen und demzufolge gelten spezielle Regelungen für die Ansiedlung von Industrieunternehmen und die Lagerung wassergefährdender Stoffe).

Wasserschutzgebiete werden i.d.R. von der Unteren Wasserbehörde kontrolliert.

Die in dem **Wasserschutzgebiet** herrschenden Duldungs- und Handlungspflichten ergeben sich nach Maßgabe des § 52 WHG aus der Rechtsverordnung nach § 51 Abs. 1 WHG oder durch behördliche Entscheidung:

„**§ 52 WHG Besondere Anforderungen in Wasserschutzgebieten**

(1) In der Rechtsverordnung nach § 51 Absatz 1 oder durch behördliche Entscheidung können in Wasserschutzgebieten, soweit der Schutzzweck dies erfordert,

1. bestimmte Handlungen verboten oder für nur eingeschränkt zulässig erklärt werden,
2. die Eigentümer und Nutzungsberechtigten von Grundstücken verpflichtet werden,
    a) bestimmte auf das Grundstück bezogene Handlungen vorzunehmen, insbesondere die Grundstücke nur in bestimmter Weise zu nutzen,
    b) Aufzeichnungen über die Bewirtschaftung der Grundstücke anzufertigen, aufzubewahren und der zuständigen Behörde auf Verlangen vorzulegen,
    c) bestimmte Maßnahmen zu dulden, insbesondere die Beobachtung des Gewässers und des Bodens, die Überwachung von Schutzbestimmungen, die Errichtung von Zäunen sowie Kennzeichnungen, Bepflanzungen und Aufforstungen,
3. Begünstigte verpflichtet werden, die nach Nummer 2 Buchstabe c zu duldenden Maßnahmen vorzunehmen.

Die zuständige Behörde kann von Verboten, Beschränkungen sowie Duldungs- und Handlungspflichten nach Satz 1 eine Befreiung erteilen, wenn der Schutzzweck nicht gefährdet wird oder überwiegende Gründe des Wohls der Allgemeinheit dies erfordern. Sie hat eine Befreiung zu erteilen, soweit dies zur Vermeidung unzumutbarer Beschränkungen des Eigentums erforderlich ist und hierdurch der Schutzzweck nicht gefährdet wird.

(2) In einem als Wasserschutzgebiet vorgesehenen Gebiet können vorläufige Anordnungen nach Absatz 1 getroffen werden, wenn andernfalls der mit der Festsetzung des Wasserschutzgebiets verfolgte Zweck gefährdet wäre. Die vorläufige Anordnung tritt mit dem Inkrafttreten der Rechtsverordnung nach § 51 Absatz 1 außer Kraft, spätestens nach Ablauf von drei Jahren. Wenn besondere Umstände es erfordern, kann die Frist um höchstens ein weiteres Jahr verlängert werden. Die vorläufige Anordnung ist vor

---

202 Zur Frage der Ausweisung von Wasserschutzgebieten durch die Gemeinde: BVerwG, Beschl. vom 28.10.2008 – 7 BN 4/04 –; BVerwG, Urt. vom 9.2.2005 – 9 A 62/03 –, NVwZ 2005, 813; BVerwG, Urt. vom 15.12.2006 – 7 C 1/06 –, BVerwGE 127, 259; BVerwG, Urt. vom 15.5.2003 – 6 CN 9/01 –, BVerwGE 118, 181.

Ablauf der Frist nach Satz 2 oder Satz 3 außer Kraft zu setzen, sobald und soweit die Voraussetzungen für ihren Erlass weggefallen sind.

(3) Behördliche Entscheidungen nach Absatz 1 können auch außerhalb eines Wasserschutzgebiets getroffen werden, wenn andernfalls der mit der Festsetzung des Wasserschutzgebiets verfolgte Zweck gefährdet wäre.

(4) Soweit eine Anordnung nach Absatz 1 Satz 1 Nummer 1 oder Nummer 2, auch in Verbindung mit Absatz 2 oder Absatz 3, das Eigentum unzumutbar beschränkt und diese Beschränkung nicht durch eine Befreiung nach Absatz 1 Satz 3 oder andere Maßnahmen vermieden oder ausgeglichen werden kann, ist eine Entschädigung zu leisten.

(5) Setzt eine Anordnung nach Absatz 1 Satz 1 Nummer 1 oder Nummer 2, auch in Verbindung mit Absatz 2 oder Absatz 3, erhöhte Anforderungen fest, die die ordnungsgemäße land- oder forstwirtschaftliche Nutzung eines Grundstücks einschränken, so ist für die dadurch verursachten wirtschaftlichen Nachteile ein angemessener Ausgleich zu leisten, soweit nicht eine Entschädigungspflicht nach Absatz 4 besteht."

Zur Sicherung einer Planung für die räumliche und sachliche Festsetzung eines Wasserschutzgebiets ohne Veränderung einer Wassergewinnungsanlage kann auch eine **Veränderungssperre nach § 86 WHG** festgelegt werden[203].

„**§ 86 WHG Veränderungssperre zur Sicherung von Planungen**

(1) Zur Sicherung von Planungen für

1. dem Wohl der Allgemeinheit dienende Vorhaben der Wassergewinnung oder Wasserspeicherung, der Abwasserbeseitigung, der Wasseranreicherung, der Wasserkraftnutzung, der Bewässerung, des Hochwasserschutzes oder des Gewässerausbaus,
2. Vorhaben nach dem Maßnahmenprogramm nach § 82

kann die Landesregierung durch Rechtsverordnung Planungsgebiete festlegen, auf deren Flächen wesentlich wertsteigernde oder die Durchführung des geplanten Vorhabens erheblich erschwerende Veränderungen nicht vorgenommen werden dürfen (Veränderungssperre). Sie kann die Ermächtigung nach Satz 1 durch Rechtsverordnung auf andere Landesbehörden übertragen.

(2) Veränderungen, die in rechtlich zulässiger Weise vorher begonnen worden sind, Unterhaltungsarbeiten und die Fortführung einer bisher ausgeübten Nutzung werden von der Veränderungssperre nicht berührt.

(3) Die Veränderungssperre tritt drei Jahre nach ihrem Inkrafttreten außer Kraft, sofern die Rechtsverordnung nach Absatz 1 Satz 1 keinen früheren Zeitpunkt bestimmt. Die Frist von drei Jahren kann, wenn besondere Umstände es erfordern, durch Rechtsverordnung um höchstens ein Jahr verlängert werden. Die Veränderungssperre ist vor Ablauf der Frist nach Satz 1 oder Satz 2 außer Kraft zu setzen, sobald und soweit die Voraussetzungen für ihren Erlass weggefallen sind.

(4) Von der Veränderungssperre können Ausnahmen zugelassen werden, wenn dem keine überwiegenden öffentlichen Belange entgegenstehen."

Wasserschutzgebiete werden in verschiedene Zonen mit unterschiedlichen Schutzauflagen untergliedert (vgl. Abb. 30):

---

[203] BVerwG, Beschl. vom 26.8.1993 – 7 NB 1/93 –, EzGuG 4.153; BVerwG, Beschl. vom 28.3.1989 – 4 NB 39/98 –, EzGuG 6.244; BVerwG, Urt. vom 10.2.1978 – 4 C 71/75 –, EzGuG 4.55; OVG Lüneburg, Beschl. vom 8.11.1990 – 3 K 2/89 –, EzGuG 16.33; OLG Düsseldorf, Beschl. vom 25.8.1986 – 5 Ss 291/86 –, EzGuG 16.31; VGH Mannheim, Beschl. vom 24.3.1986 – 5 S 2831/84 –, EzGuG 16.29; OVG Koblenz, Urt. vom 2.12.1985 – 10 c 26/85 –, EzGuG 16.28; OLG Düsseldorf, Urt. vom 28.10.1979 – 18 U 78/79 –, EzGuG 16.24; BGH, Urt. vom 25.1.1973 – III ZR 118/70 –, EzGuG 16.19; BGH, Urt. vom 25.1.1973 – III ZR 113/70 –, EzGuG 4.39; OLG Köln, Urt. vom 16.8.1973 – 7 U 18/73 –, EzGuG 19.25a; LG Kiel, Urt. vom 3.11.1989 – 19 O 3/83 –, EzGuG 15.64.

Abb. 30: Wasserschutzzonen

Zone I	Zone II	Zone III A	Zone III B
Unmittelbare Brunnenanlage	Einzugsbereich des Wassers mit 50-tägiger Fließzeit zum Brunnen (durchschnittlich 250 000 m^3)	Bereich bis 2 km Radius um Brunnen	Bei größeren Wasserschutzgebieten: Bereich über 2 km Radius
Grundsätzlich eingezäunt			
Jedwede Benutzung ausgeschlossen			
Eigentum Wasserversorgungsunternehmen			

An **bodenbezogenen Wasserschutzauflagen** sind hier zu nennen:
- Gebot ganzjähriger Bodenbedeckung, soweit fruchtfolge- und witterungsbedingt möglich,
- Verbot landwirtschaftlicher Nutzung ab Gewässerrändern und um Brunnenanlage,
- Anbaubeschränkung für Ackerland,
- Verbot intensiver Grünlandnutzung,
- Verbot des Abbaus von Bodenschätzen (Kies, Sand, Torf u. a.),
- Umwandlungs- und Umbruchsverbot,
- Rückumwandlungsgebot für Ackerland,
- Erosionsschutzmaßnahmengebot,
- Ernterückständebeseitigungsgebot,
- Bodenuntersuchungsgebot bzw. Duldungspflicht,
- Abbauverbot für Bodenschätze (Kies, Torf usw.),
- Errichtungs- und Erweiterungsverbot für bauliche Anlagen,
- Verbot bzw. Beschränkung des Einsatzes von Produktionsmitteln (Gülle, Jauche, Pflanzenschutzmittel, Dünger, Klärschlamm, Biokompost, Grünabfall, Beregnung, Abwasserverregnung).

An **baulichen Schutzauflagen** sind hier zu nennen:
- Güllebehälter, Festmistlagerstätten, Gärfuttersilos,
- Lagerstätten für flüssige Brennstoffe, Dünge- und Pflanzenschutzmittel,
- Maschinenwaschplätze,
- Verbot von Feldmieten oder Zwischenlagerung von Festmist auf dem Feld,
- Erweiterung oder Erneuerung von Drainagen und Vorflutgräben,
- Viehställe, Viehpferche,
- Verbote oder besondere Vorschriften bei der Errichtung und Erweiterung baulicher Anlagen zur Pelztierhaltung (Viehtränken an oberirdischen Gewässern, Intensivnutzung von Tieren).

Die mit der Ausweisung von Wasserschutzgebieten verbundenen **Verbote sind entschädigungslos hinzunehmen, soweit sie sich im Rahmen der Sozialpflichtigkeit halten.**

Überschwemmungs- und Hochwassergebiet § 5 ImmoWertV V

Soweit eine Anordnung nach § 51 Abs. 1 Satz 1 Nr. 1 oder Nr. 2 WHG, auch i.V.m. § 51 Abs. 2 oder Abs. 3 WHG, § 51 Abs. 1 Satz 3 WHG oder andere Maßnahmen vermieden oder ausgeglichen werden kann, ist eine Entschädigung zu leisten[204].

Eine nach dem WHG zu leistende Entschädigung hat den eintretenden Vermögensschaden angemessen auszugleichen. Art und Umfang von Entschädigungspflichten bemessen sich nach den §§ 97 ff. WHG. Für den Ausgleich von Nutzungsbeschränkungen sind Kooperationsmodelle oder der Abschluss freiwilliger Vereinbarungen anzustreben; soweit diese nicht zustande kommen, ist ein einzelbetrieblicher Ausgleich zu leisten[205].

7.4.3 Überschwemmungsgebiet (Hochwassergebiet)

§ 76 WHG definiert das Überschwemmungsgebiet als ein **Gebiet zwischen oberirdischen Gewässern und Deichen oder Hochufern** sowie ein sonstiges Gebiet, das bei Hochwasser überschwemmt oder durchflossen oder das für Hochwasserentlastung oder Rückhaltung beansprucht wird (vgl. Art. 61 BayWG). § 76 WHG hat folgende Fassung:

276

„**§ 76 WHG Überschwemmungsgebiete**

(1) Überschwemmungsgebiete sind Gebiete zwischen oberirdischen Gewässern und Deichen oder Hochufern sowie sonstige Gebiete, die bei Hochwasser überschwemmt oder durchflossen oder die für Hochwasserentlastung oder Rückhaltung beansprucht werden. Dies gilt nicht für Gebiete, die überwiegend von den Gezeiten beeinflusst sind, soweit durch Landesrecht nichts anderes bestimmt ist.

(2) Die Landesregierung setzt durch Rechtsverordnung
1. innerhalb der Risikogebiete oder der nach § 73 Absatz 5 Satz 2 Nummer 1 zugeordneten Gebiete mindestens die Gebiete, in denen ein Hochwasserereignis statistisch einmal in 100 Jahren zu erwarten ist, und
2. die zur Hochwasserentlastung und Rückhaltung beanspruchten Gebiete

als Überschwemmungsgebiete fest. Gebiete nach Satz 1 Nummer 1 sind bis zum 22. Dezember 2013 festzusetzen. Die Festsetzungen sind an neue Erkenntnisse anzupassen. Die Landesregierung kann die Ermächtigung nach Satz 1 durch Rechtsverordnung auf andere Landesbehörden übertragen.

(3) Noch nicht nach Absatz 2 festgesetzte Überschwemmungsgebiete sind zu ermitteln, in Kartenform darzustellen und vorläufig zu sichern.

(4) Die Öffentlichkeit ist über die vorgesehene Festsetzung von Überschwemmungsgebieten zu informieren; ihr ist Gelegenheit zur Stellungnahme zu geben. Sie ist über die festgesetzten und vorläufig gesicherten Gebiete einschließlich der in ihnen geltenden Schutzbestimmungen sowie über die Maßnahmen zur Vermeidung von nachteiligen Hochwasserfolgen zu informieren."

Mit dem novellierten Wasserhaushaltsgesetz wurden neue städtebaulich bedeutsame **Gebietstypen** geschaffen, die zu einer weiteren Ergänzung der §§ 5 und 9 BauGB geführt haben[206]:

a) *Festgesetzte Überschwemmungsgebiete* nach § 76 Abs. 2 WHG,
b) *noch nicht festgesetzte Überschwemmungsgebiete* i.S. des § 76 Abs. 3 WHG und
c) *Risikogebiete* i.S. des § 73 Abs. 1 Satz 1 WHG.

Nach § 73 Abs. 1 Satz 1 i.V.m. § 74 Abs. 1 WHG bewerten die zuständigen Behörden das Hochwasserrisiko, bestimmen danach die Gebiete mit signifikantem Hochwasserrisiko (**Risikogebiete**) und erstellen für die Risikogebiete in den nach § 73 Abs. 3 WHG maßgebenden Bewirtschaftungseinheiten **Gefahrenkarten** und Risikokarten in dem Maßstab, der hierfür am besten geeignet ist. Die Gefahrenkarten erfassen nach § 74 Abs. 2 WHG die Gebiete, die bei folgenden Hochwasserereignissen überflutet werden:

---

204 BVerwG, Urt. vom 27.1.1967 – 4 C 228/65 –, BVerwGE 25, 131 = DVBl. 1967, 777; BVerwG, Urt. vom 15.2.1990 – 4 C 47/89 –, BVerwGE 84, 361 = DVBl. 1990, 586; BVerwG, Beschl. vom 30.9.1996 – 4 NB 45/92 –, NuR 1997, 240 = RdL 1997, 105.
205 Bayerische Staatsministerien für Landesentwicklung und Umweltfragen und für Ernährung, Landwirtschaft und Forsten: „Ausgleich für Landwirte und Waldbesitzer in Wasser- und Heilquellenschutzgebieten", Allg.ABl. 1997 Nr. 15; Knopp/ Schröder, Wasserrecht, Bayerische Verwaltungsschule (Hrsg.) Bd. 30 München 2004, 102 ff.
206 Zur Frage der Festsetzung von Überschwemmungsgebieten für im Zusammenhang bebaute Ortsteile nach § 34 BauGB: BVerwG, Urt. vom 22.7.2004 – 7 CN 1/04 –.

V § 5 ImmoWertV **Überschwemmungs- und Hochwassergebiet**

1. Hochwasser mit niedriger Wahrscheinlichkeit oder bei Extremereignissen,
2. Hochwasser mit mittlerer Wahrscheinlichkeit (voraussichtliches Wiederkehrintervall mindestens 100 Jahre),
3. soweit erforderlich, Hochwasser mit hoher Wahrscheinlichkeit.

Nach § 78 WHG dürfen grundsätzlich keine neuen Baugebiete für **förmlich festgesetzte Überschwemmungsgebiete** ausgewiesen werden. Ausnahmen sind unter bestimmten Voraussetzungen zulässig (§ 78 Abs. 2 und 3 WHG).

Bei bereits bestehenden *Baurechten nach den §§ 33 bis 35 BauGB* bedarf die **Errichtung und die Erweiterung einer baulichen Anlage in jedem Fall einer Genehmigung**. Die Genehmigung darf nach § 78 Abs. 3 WHG nur erteilt werden, wenn im Einzelfall das Vorhaben

1. die Hochwasserrückhaltung nicht oder nur unwesentlich beeinträchtigt und der Verlust von verloren gehendem Rückhalteraum zeitgleich ausgeglichen wird,
2. den Wasserstand und den Abfluss bei Hochwasser nicht nachteilig verändert,
3. den bestehenden Hochwasserschutz nicht beeinträchtigt und
4. hochwasserangepasst ausgeführt wird

oder wenn die nachteiligen Auswirkungen durch Nebenbestimmungen ausgeglichen werden können.

Festgesetzte Überschwemmungsgebiete i.S. des § 76 Abs. 2 WHG sollen nach § 5 Abs. 4a und § 9 Abs. 6a BauGB nachrichtlich in den Flächennutzungs- bzw. Bebauungsplan übernommen werden. Noch nicht festgesetzte Überschwemmungsgebiete i.S. des § 76 Abs. 3 WHG sowie als **Risikogebiete** i.S. des § 73 Abs. 1 Satz 1 WHG bestimmte Gebiete sollen im Flächennutzungs- bzw. Bebauungsplan vermerkt werden.

Der Lage eines Grundstücks im Überschwemmungsgebiet bzw. Risikogebiet kann durch Heranziehungen von Vergleichspreisen aus gleichartigen Gebieten Rechnung getragen werden. Wird von Vergleichspreisen aus Gebieten ausgegangen, kann der Überschwemmungsgefährdung durch einen **Wertabschlag** (wegen Hochwasser) Rechnung getragen werden, der sich an den zu erwartenden Kosten insbesondere hinsichtlich der Beseitigung von Hochwasserschäden, den Kosten für Sicherungsmaßnahmen, der Enträumung, Lagerung und Wiedereinrichtung des Hausrats sowie dem Mietausfallwagnis orientiert. Die im Einzelfall zu erwartenden Kosten fallen jährlich aber nur insoweit an, wie nach den im Einzelfall bestehenden Erfahrungen Hochwasser zu erwarten sind. Bei fünfmaligem Hochwasser in 20 Jahren sind dies z. B. 25 % (= 5 × 100/20 Jahre), d.h., jährlich fallen nur 25 % der im Überschwemmungsfall anfallenden Kosten an. Diese Kosten ergeben kapitalisiert über eine unendliche Restnutzungsdauer den Wertabschlag.

7.4.4 Vorranggebiet, Vorbehaltsgebiet, Eignungsgebiet

277 Nach § 7 Abs. 2 und 3 ROG sollen **Raumordnungspläne** Festlegungen zur Raumstruktur enthalten. Hierzu gehören auch Festlegungen über Freiräume zur Gewährleistung des vorbeugenden Hochwasserschutzes. Neben den Darstellungen in Fachplänen des Verkehrsrechts sowie des Wasser- und Immissionsschutzrechts gehören hierzu insbesondere die raumbedeutsamen Erfordernisse und Maßnahmen des vorbeugenden Hochwasserschutzes nach den Vorschriften des WHG.

Nach § 7 Abs. 4 ROG können die Festlegungen nach den Absätzen 2 und 3 auch Gebiete bezeichnen,

1. die für bestimmte, raumbedeutsame Funktionen oder Nutzungen vorgesehen sind und andere raumbedeutsame Nutzungen in diesem Gebiet ausschließen, soweit diese mit den vorrangigen Funktionen, Nutzungen oder Zielen der Raumordnung nicht vereinbar sind **(Vorranggebiete)**,

2. in denen bestimmten, raumbedeutsamen Funktionen oder Nutzungen bei der Abwägung mit konkurrierenden raumbedeutsamen Nutzungen besonderes Gewicht beigemessen werden soll (**Vorbehaltsgebiete**),

3. die für bestimmte, raumbedeutsame Maßnahmen geeignet sind, die städtebaulich nach § 35 BauGB zu beurteilen sind und an anderer Stelle im Planungsraum ausgeschlossen werden (**Eignungsgebiete**).

Es kann vorgesehen werden, dass Vorranggebiete für raumbedeutsame Nutzungen zugleich die Wirkung von Eignungsgebieten für raumbedeutsame Maßnahmen nach § 7 Abs. 4 Satz 1 Nr. 3 ROG haben können.

Die Festlegung von Vorranggebieten erfolgt im Rahmen der Regionalplanung zur Erhaltung bzw. Sicherung von Funktionen und Nutzungen. Sie wird u. a. zur Sicherung von Landschaftsräumen sowie des Abbaus oberflächennaher Bodenschätze, zur überörtlichen Steuerung von Siedlungsentwicklungen, zur Sicherung von Wasservorkommen und auch zur Sicherung von Gebieten für den vorbeugenden Hochwasserschutz eingesetzt. Auf dieser Rechtsgrundlage werden außerhalb der bestehenden Wasserschutzgebiete zur Sicherung bestehender Wassergewinnungsanlagen und künftig nutzbarer Grundwassergewinnungsgebiete Vorrang- und Vorbehaltsgebiete für die öffentliche Wasserversorgung (**Vorranggebiet Wasserversorgung**) und **Vorranggebiete für den Hochwasserabfluss und -rückhalt** ausgewiesen.

7.4.5 Wertminderung infolge Natur- und Wasserschutzauflagen

a) *Wasserschutzgebiet*

Generell kann davon ausgegangen werden, dass sich Natur- und Wasserschutzauflagen wertmindernd auswirken, wenngleich empirische Untersuchungen dafür nur bedingt den Nachweis erbringen konnten. Nach *Köhne*[207] haben Natur- und Wasserschutzauflagen keinen „sehr großen Einfluss auf die Bodenpreise". Nach einer Befragung von *Meinhardt*[208] halten die befragten Landwirte Vermögensverluste infolge von Verkehrswertminderungen der in Wasserschutzgebieten gelegenen Flächen und Betriebe „für möglich". Nach einer Untersuchung der *TU München*[209] aus dem Jahre 2005 wird lediglich für **Ackerflächen** in Wasserschutzgebieten im Schnitt 24 % weniger bezahlt als für Vergleichsflächen, und zwar in Abhängigkeit von der Ertragsminderung bzw. Aufwandserhöhung, während für **Grünlandflächen** die Wertminderung deutlich geringer ausfällt und teilweise auch höhere Preise erzielt wurden; Ausgleichszahlungen haben indessen keinen oder nur einen geringen wertstabilisierenden Einfluss. Eine Wertminderung geht allein schon durch die Ausweisung der Flächen selbst dann einher, wenn derzeit damit keine direkten Nachteile verbunden sind. Die rein planerische Kennzeichnung eines Überschwemmungsgebiets löst nach dieser Untersuchung, soweit diese nicht mit Nutzungsauflagen oder sonstigen Einschränkungen verbunden ist, allenfalls eine sehr geringe Wertminderung aus.

Des Weiteren kommt die vorstehende Untersuchung zu dem Ergebnis, dass sich die Pachtpreise landwirtschaftlicher Flächen in Wasserschutzgebieten nicht ändern, wenn Ausgleichszahlungen gewährt werden.

b) *Überschwemmungsgebiet*

Die formale Ausweisung eines Überschwemmungsgebiets lässt eine Wertminderung und auch eine Pachtpreisminderung erwarten, die bislang allerdings empirisch nicht bestätigt werden konnte.

---
207 Köhne, M., Landwirtschaftliche Taxationslehre, 3. Aufl. Berlin 2000, S. 59.
208 Meinhardt, P., Auswirkungen von Gewässerschutzauflagen auf die Ertrags- und Vermögenslage landwirtschaftlicher Betriebe, Schriftenreihe des HLBS Heft 1333, St. Augustin 1991.
209 TU München, Wertänderungen von Grundstücken in Wasserschutzgebieten, Überschwemmungsgebieten sowie Vorrang- und Vorbehaltsgebieten, 2005 (Lehrstuhl für Wirtschaftslehre des Landbaus).

7.5 Lärmschutzgebiet

279 ▶ *Näheres bei Rn. 494 und § 6 ImmoWertV Rn. 293*

8 Kleingartenland

8.1 Allgemeines

280 § 1 des BKleingG definiert als Kleingarten einen **Garten, der dem Nutzer (Kleingärtner) zur nicht erwerbsmäßigen gärtnerischen Nutzung,** insbesondere zur Gewinnung von Gartenbauerzeugnissen für den Eigenbedarf und zur Erholung dient sowie in einer Anlage liegt[210].

Ein **weiteres Wesensmerkmal des Kleingartens** ist die Nutzung fremden Landes, d.h., Kleingärten i.S. des BKleingG können nur Pachtgärten sein. Ein Kleingarten soll 400 m² Grundstücksfläche nicht überschreiten und darf mit einer Laube bis zu 24 m² bebaute Fläche (einschließlich überdachten Freisitzes; Terrasse) bebaut werden. Diese Laube darf weder von der Ausstattung noch von der Einrichtung her zum dauernden Wohnen geeignet sein (§ 3 Abs. 2 KleingG).

281 Bei Kleingärten ist grundsätzlich zwischen

a) Dauerkleingartenland und
b) Kleingartenland

zu unterscheiden.

Dauerkleingärten sind als Grünflächen im Flächennutzungsplan gemäß § 5 Abs. 2 Nr. 5 BauGB dargestellt bzw. im Bebauungsplan gemäß § 9 Abs. 1 Nr. 15 BauGB festgesetzt. **Kleingärten** sind dagegen in § 1 BKleingG als Gärten definiert, die

– dem Nutzer (Kleingärtner) zur nicht erwerbsmäßigen gärtnerischen Nutzung, insbesondere zur Gewinnung von Gartenerzeugnissen für den Eigenbedarf und zur Erholung dienen (kleingärtnerische Nutzung) und

– in einer Anlage liegen, in der mehrere Einzelgärten mit gemeinschaftlichen Einrichtungen, z.B. Wegen, Spielflächen und Vereinshäusern, zusammengefasst sind (Kleingartenanlage).

Vom Dauerkleingarten unterscheidet sich der **Kleingarten** dadurch, dass der Bebauungsplan für die Belegenheitsfläche nicht die Festsetzung „Dauerkleingarten" getroffen hat.

Des Weiteren sind Kleingärten von den sog. **Datschen** zu unterscheiden. Dies sind Nutzungsrechte an Grundstücken und Baulichkeiten für Erholungszwecke nach den §§ 312 bis 315 ZGB.

Abgesehen von der einvernehmlichen **Aufhebung des Pachtvertrags** kann ein Kleingartenpachtvertrag nur aus den im BKleingG ausdrücklich genannten Gründen durch die Verpächter gekündigt werden (§§ 8 bis 10 BKleingG). Kleingartenflächen, die nicht als solche in Bebauungsplänen festgesetzt sind, müssen stets dem Außenbereich zugerechnet werden. Sie stellen zumindest kein Baugebiet i.S. des § 1 Abs. 2 BauNVO dar[211]. Dabei ist grundsätzlich vom Bestandsschutz der errichteten Baulichkeiten auszugehen, wobei sich dieser an den Grundsätzen des Außenbereichs und nicht des Innenbereichs orientieren muss.

---

210 BGH, Urt. vom 17.6.2004 – III ZR 281/03 –, Bln GE 2004, 960 = EzGuG 3.135.
211 Vgl. Dienstbl. des Senats von Berlin, Teil I – Inneres, Finanzen, Justiz und Wirtschaft, Nr. 7 vom 20.10.1995.

8.2 Pacht

8.2.1 Allgemeines

Für die Ermittlung des **Verkehrswerts von Kleingärten sind** die **Pachtbeschränkungen zu beachten,** die mit § 5 BKleingG vorgegeben sind[212]. Die Vorschrift ist nachfolgend abgedruckt:

„**§ 5 BKleingG Pacht**

(1) Als Pacht darf höchstens der vierfache Betrag der ortsüblichen Pacht im erwerbsmäßigen Obst- und Gemüseanbau, bezogen auf die Gesamtfläche der Kleingartenanlage, verlangt werden. Die auf die gemeinschaftlichen Einrichtungen entfallenden Flächen werden bei der Ermittlung der Pacht für den einzelnen Kleingarten anteilig berücksichtigt. Liegen ortsübliche Pachtbeträge im erwerbsmäßigen Obst- und Gemüseanbau nicht vor, so ist die entsprechende Pacht in einer vergleichbaren Gemeinde als Bemessungsgrundlage zu Grunde zu legen. Ortsüblich im erwerbsmäßigen Obst- und Gemüseanbau ist die in der Gemeinde durchschnittlich gezahlte Pacht.

(2) Auf Antrag einer Vertragspartei hat der nach § 192 des Baugesetzbuchs eingerichtete Gutachterausschuss ein Gutachten über die ortsübliche Pacht im erwerbsmäßigen Obst- und Gemüseanbau zu erstatten. Die für die Anzeige von Landpachtverträgen zuständigen Behörden haben auf Verlangen des Gutachterausschusses Auskünfte über die ortsübliche Pacht im erwerbsmäßigen Obst- und Gemüseanbau zu erteilen. Liegen anonymisierbare Daten im Sinne des Bundesdatenschutzgesetzes nicht vor, ist ergänzend die Pacht im erwerbsmäßigen Obst- und Gemüseanbau in einer vergleichbaren Gemeinde als Bemessungsgrundlage heranzuziehen.

(3) Ist die vereinbarte Pacht niedriger oder höher als die sich nach den Absätzen 1 und 2 ergebende Höchstpacht, kann die jeweilige Vertragspartei der anderen Vertragspartei in Textform erklären, dass die Pacht bis zur Höhe der Höchstpacht herauf- oder herabgesetzt wird. aufgrund der Erklärung ist vom ersten Tage des auf die Erklärung folgenden Zahlungszeitraums an die höhere oder niedrigere Pacht zu zahlen. Die Vertragsparteien können die Anpassung frühestens nach Ablauf von drei Jahren seit Vertragsschluss oder der vorhergehenden Anpassung verlangen. Im Falle einer Erklärung des Verpächters über eine Pachterhöhung ist der Pächter berechtigt, das Pachtverhältnis spätestens am 15. Werktag des Zahlungszeitraums, vom dem an die Pacht erhöht werden soll, für den Ablauf des nächsten Kalendermonats zu kündigen. Kündigt der Pächter, so tritt eine Erhöhung der Pacht nicht ein.

(4) Der Verpächter kann für von ihm geleistete Aufwendungen für die Kleingartenanlage, insbesondere für Bodenverbesserungen, Wege, Einfriedungen und Parkplätze, vom Pächter Erstattung verlangen, soweit die Aufwendungen nicht durch Leistungen der Kleingärtner oder ihrer Organisationen oder durch Zuschüsse aus öffentlichen Haushalten gedeckt worden sind und soweit sie im Rahmen der kleingärtnerischen Nutzung üblich sind. Die Erstattungspflicht eines Kleingärtners ist auf den Teil der ersatzfähigen Aufwendungen beschränkt, der dem Flächenverhältnis zwischen seinem Kleingarten und der Kleingartenanlage entspricht; die auf die gemeinschaftlichen Einrichtungen entfallenden Flächen werden der Kleingartenfläche anteilig zugerechnet. Der Pächter ist berechtigt, den Erstattungsbetrag in Teilleistungen in Höhe der Pacht zugleich mit der Pacht zu entrichten.

(5) Der Verpächter kann vom Pächter Erstattung der öffentlich-rechtlichen Lasten verlangen, die auf dem Kleingartengrundstück ruhen. Absatz 4 Satz 2 ist entsprechend anzuwenden. Der Pächter ist berechtigt, den Erstattungsbetrag einer einmalig erhobenen Abgabe in Teilleistungen, höchstens in fünf Jahresleistungen, zu entrichten."

Die **Pacht** i.S. des § 5 Abs. 1 BKleingG **ist das Entgelt für die Überlassung (Bereitstellung) von Grund und Boden zur kleingärtnerischen Nutzung** (§ 546 BGB). Die Pacht umfasst nicht die sog. Nebenleistungen, zu denen der Pächter unter bestimmten Voraussetzungen neben der Pacht verpflichtet sein kann. Hierzu gehören insbesondere die Erstattung von bestimmten Aufwendungen des Verpächters, ferner die Verpflichtung – soweit sie der Pächter übernommen hat –, Lasten zu tragen, die auf dem Kleingartengrundstück ruhen, und schließlich die Entrichtung von Beiträgen zur Finanzierung des Verwaltungsaufwands des Zwischenpächters[213].

---

212 Mit dieser am 1.5.1994 in Kraft getretenen Neufassung hat der Gesetzgeber auf die Entscheidung des BVerfG vom 23.9.1992 (BVerfG, Beschl. vom 23.9.1995 – 1 BvL 15/85 –, GuG 1993, 120 = EzGuG 3.109) reagiert, in der die frühere Höchstpachtzinsregelung, nach der der doppelte Betrag des ortsüblichen Pachtpreises im erwerbsmäßigen Obst- und Gemüseanbau verlangt werden durfte, als unvereinbar mit Art. 14 Abs. 1 GG erkannt wurde.
213 Maincyk, KleingG. Komm. 7. Aufl., 1997, § 5 Rn. 26 f., 36 ff.; ders., GuG 1994, 193.

V § 5 ImmoWertV — Pacht

Nach § 5 Abs. 5 BKleingG besteht die Möglichkeit der Überwälzung öffentlich-rechtlicher Lasten, die auf dem Kleingartengrundstück ruhen, vom Verpächter auf den Pächter[214].

Der **Pachtpreis** beinhaltet dagegen die Pacht zuzüglich der i.d.R. vernachlässigbaren Objektkosten, zu denen die Grundsteuer, die Umlagen zur Landwirtschaftskammer sowie die Beiträge zu den Berufsgenossenschaften zählen. Die am Markt gezahlten Pachtpreise müssen ggf. daraufhin untersucht werden, welche Positionen vom Pächter bzw. Verpächter getragen werden[215].

Als Pacht darf nach § 5 Abs. 1 Satz 1 BKleingG[216] – wie bereits erläutert – höchstens der vierfache Betrag der sog. „**ortsüblichen Pacht** im erwerbsmäßigen Obst- und Gemüseanbau bezogen auf die Gesamtfläche der Kleingartenanlage" verlangt werden. Nach der Vorschrift wird von einer ortsüblichen Pacht für die Gemeinde insgesamt ausgegangen; eine Differenzierung der ortsüblichen Pacht innerhalb der Gemeinde nach räumlicher Lage soll nicht in Betracht kommen[217]. Kann *die* ortsübliche Pacht nicht unter Heranziehung von Vergleichspachten, die in der Belegenheitsgemeinde vereinbart worden sind, abgeleitet werden, so ist nach § 5 Abs. 1 Satz 3 BKleingG auf *die* ortsübliche Pacht einer vergleichbaren Gemeinde zurückzugreifen **(Pachtadaptionsregelung)**. Nach der Begründung zu dieser Adaptionsregelung kommen Gemeinden gleicher Größenordnung in vergleichbar strukturierter Region unter Berücksichtigung raumordnerischer und landesplanerischer Gesichtspunkte wie Wirtschaftsleistung, Einkommensverhältnisse, Branchenstruktur und Beschäftigungsverhältnisse in Betracht.

283 Die **Pachtadaptionsregelung** des § 5 Abs. 1 Satz 3 BKleingG **soll** nach Abs. 2 Satz 3 **auch gelten, wenn aus der Belegenheitsgemeinde** z. B. nur ein einziger oder **nur sehr wenige** (drei) **Vergleichspachten zur Ermittlung** der **ortsüblichen Pacht zur Verfügung stehen** und deshalb zu besorgen ist, dass mit der Ableitung datenschutzrechtliche Belange berührt sind, weil das Ergebnis der Ableitung *der* ortsüblichen Pacht damit einem oder wenigen Grundstücken konkret zugeordnet werden könnte. Deswegen bestimmt § 6 Abs. 2 Satz 3 BKleingG, dass auch in solchen Fällen zum Zwecke der Anonymisierung „ergänzend" Pachten aus vergleichbaren Gemeinden als Bemessungsgrundlage mit heranzuziehen sind. Dies ist letztlich vor allem auch wertermittlungstechnisch geboten und hätte eigentlich nicht der Klarstellung bedurft.

Unter der „**ortsüblichen**" Pacht ist

– ein repräsentativer Querschnitt der Pachtbeträge zu verstehen,

– die in der Gemeinde für Flächen mit vergleichbaren wertbestimmenden Merkmalen

– unter gewöhnlichen Umständen tatsächlich und üblicherweise

gezahlt werden; auf regionale oder bundesdurchschnittliche Pachten kommt es somit nicht an. Als vergleichbare wertbestimmende Merkmale können folgende Kriterien gelten: Wege- und Erschließungsbedingungen, Entfernungen zu den Absatzmärkten, werbe- und verkaufswirksame Lage, Entfernung zum Betrieb, Bewässerungsmöglichkeiten, Einfriedung, Bodenqualität, Klima, Pachtlandbedarf, Möglichkeiten der Unterglaskultur, Entfernung zu Ballungsräumen, Lage, Bodenbeschaffenheit, Größe und Grundstücksgestalt[218].

284 In einem Gutachten des Gutachterausschusses *Hamburg* wird hierzu zutreffenderweise ausgeführt:

„Hierzu ist zu bemerken, dass der Standort und die Bodenqualität die Pacht beeinflussen. Die Pacht in einem Obst- oder Gemüseanbaugebiet wird sehr wesentlich von dem Angebot und der Nachfrage nach Pachtflächen bestimmt. Mit entscheidend ist ferner die wirtschaftliche Situation der Betriebe. Darüber hinaus wird die Pacht zu einem wesentlichen Teil von den erzielbaren Erträgen und den sich daraus ergebenden Familieneinkommen bestimmt. Die ortsübliche Pacht ist daher auch von den lokal vorherrschenden Merkmalen der Pachtgrundstücke und den landwirtschaftlichen Ertragsbedingungen abhängig. Eine

---
214 § 135 Abs. 4 Satz 3 BauGB; vgl. BR-Drucks. 616/93.
215 Faßbender/Hötzel/Lukanow, Landpachtrecht, 2. Aufl. 1993 Aschendorff, S. 32.
216 BGH, Urt. vom 12.11.1998 – III ZR 87/98 –, GuG-aktuell 1999, 46 (LS).
217 BT-Drucks. 12/6154; BT-Drucks. 12/6782.
218 Vgl. Anl. 6.1 zur rh.-pf. RiWert vom 1.6.1988, a.a.O.

getrennte Ermittlung einer ortsüblichen Pacht im erwerbsmäßigen Obstanbau und einer ortsüblichen Pacht in erwerbsmäßigen Gemüseanbau und anschließende arithmetische Mittelung ist nur gerechtfertigt, wenn sich die Verpachtungen für den Obst- und Gemüseanbau die Waage halten. Überwiegt z. B. – wie in Hamburg – der Obstanbau, so ist dieser auch entsprechend stärker zu berücksichtigen."

Diese **Auslegung des Begriffes Ortsüblichkeit** ermöglicht eine sinnvolle Anwendung des BKleingG auch insofern, als dann auch für Gebiete, in denen zwar Kleingärten verpachtet werden, jedoch kein Obst- und Gemüseanbau auf Pachtland betrieben wird, dennoch eine ortsübliche Pacht ermittelt werden kann. Im Übrigen ist der Pachtbegriff i.S. des bürgerlichen Rechts zu verstehen, d. h. als Summe der Gegenleistungen, die der Pächter schuldet, auch wenn darin Nebenleistungen wie Abgaben usw. enthalten sind.

8.2.2 Ermittlung der ortsüblichen Pacht

Die ortsübliche Pacht ist nach § 5 Abs. 2 Satz 1 BKleingG **auf Antrag** einer Vertragspartei **vom Gutachterausschuss für Grundstückswerte gutachterlich zu ermitteln.** Es handelt sich hierbei um eine Pflichtaufgabe, die den Aufgabenkatalog des § 193 BauGB ergänzt.

Nach § 5 Abs. 2 Satz 2 BKleingG sind die für die Anzeige von Landpachtverträgen[219] zuständigen Behörden[220] (**Grundstücksverkehrsausschüsse**) im Wege der Amtshilfe **verpflichtet**, auf Verlangen des Gutachterausschusses für Grundstückswerte diesem **Auskünfte über die ortsüblichen Pachten im erwerbsmäßigen Obst- und Gemüseanbau zu erteilen**.

Für die Ermittlung der ortsüblichen Pacht kommen als **Datengrundlage** insbesondere in Betracht:

– Angaben der unteren Landwirtschaftsbehörde, denen nach § 2 des Landpachtverkehrsgesetzes i.V.m. dem Landesgesetz über die Anzeigenpflicht der Abschluss von Pachtverträgen anzuzeigen ist,
– Angaben der Bundesvermögens- und Liegenschaftsämter,
– Angaben des Bauernverbandes,
– Angaben freiberuflich tätiger Sachverständiger für Obst- und Gemüseanbau,
– Umfrageergebnisse bei Obst- und Gemüseanbaubetrieben sowie
– Angaben der Kirchen.

Es empfiehlt sich, die herangezogenen **Pachtpreise über die Fläche zu mitteln:**

$$\text{Ortsübliche Pacht (OP) pro m}^2 = \frac{\text{Summe der Pachten}}{\text{Summe der Pachtflächen}}$$

Sofern eine **Beziehung zwischen üblichen Ackerpreisen und den Pachtverhältnissen im erwerbsmäßigen Obst- und Gemüseanbau** als realistisch angesehen werden kann, soll auch diese Möglichkeit zur Bestimmung des Pachtpreises ausgeschöpft werden.

Pachtbeträge, bei denen anzunehmen ist, dass sie **nicht im gewöhnlichen Geschäftsverkehr zustande gekommen** oder durch ungewöhnliche oder persönliche Verhältnisse beeinflusst worden sind, dürfen zum Vergleich nur herangezogen werden, wenn diese Besonderheiten in ihrer Auswirkung auf die Pachthöhe erfasst werden können und beim Pachtvergleich unberücksichtigt bleiben.

Besonderheiten können insbesondere vorliegen, wenn

– die vereinbarte Pacht erheblich von den Pachtbeträgen vergleichbarer Fälle abweicht,
– ein außergewöhnliches Interesse des Pächters an der Anpachtung des Grundstücks bestand,

---

219 Gesetz über die Anzeige und Beanstandung von Landpachtverträgen (Landpachtverkehrsgesetz – LPachtVG) vom 8.11.1985 (BGBl. I 1985, 2075), zuletzt geändert durch Gesetz vom 29.7.1994 (BGBl. I 1994, 1890, 1942).
220 Diese ergeben sich aus den landesrechtlichen Durchführungsverordnungen zum Landpachtverkehrsgesetz (vgl. z. B. Nds. GVBl. 1987, 157).

- dringende Gründe für einen alsbaldigen Vertragsabschluss vorgelegen haben,
- besondere Bedingungen verwandtschaftlicher, wirtschaftlicher oder sonstiger Art zwischen den Vertragsparteien bestanden haben.

293 Zur Frage der Ermittelbarkeit von Pacht hat der Deutsche Städtetag 1986 umfassend Stellung genommen, die wegen ihrer grundsätzlichen Bedeutung auszugsweise wiedergegeben werden soll[221]. Danach komme als **Bemessungstatbestand für die Pacht nicht der Betrag in Betracht, der für Grundstücke** zu entrichten wäre (Wochenendhausgrundstücke), **die einem mit Kleingärten vergleichbaren Erholungszweck dienen.** Denn Wochenendhausgrundstücke weisen ganz andere Strukturen und Möglichkeiten als Kleingartenflächen auf (vgl. § 10 BauNVO). Grundsätzlich wird eine Bemessung der Pacht anhand von Verkehrswerten für möglich gehalten.

Die **Kaufpreise für die den Kleingärten vergleichbaren „Freizeitgärten" i.S. des § 1 Abs. 2 Nr. 1 BKleingG variieren in Abhängigkeit von ihren Standorten** zwischen etwa 6 bis 15 €/m² (*Bochum, Hannover*) und ca. 20 bis 40 €/m² (Berlin); für *Hagen* wird im Grundstücksmarktbericht 2004 ein Wert von 10 bis 15 €/m² (im Durchschnitt 10 €/m²) ausgewiesen. Zumeist werden jedoch Preise zwischen 15 und 25 €/m² verlangt. Legt man den Kaufpreis von 15 €/m² zugrunde, sind für den Erwerb eines Freizeitgartens 4500 € aufzuwenden; bei 25 €/m² müssten 7500 € gezahlt werden. Bei einer angemessenen Verzinsung dieses Grundstückswerts in Höhe von 6 % bedeutete dies für einen 300 m² großen Kleingarten eine Jahrespacht von 270 € bzw. 450 € im Jahr. Dagegen hätte der Kleingartenpächter, der die höchste bei unserer Umfrage ermittelte Nettojahrespacht von 0,21 €/m² im Jahr für einen 300 m² großen Kleingarten entrichtet, nur 63 € zu zahlen." (Abb. 31).

Abb. 31: Typische Pachten für Kleingärten[222]

Stadt	Ortsübliche Pacht in €/m² im Jahr
Aachen	0,10 €/m²
Berlin/West	0,35 €/m²
Bremen	0,18 €/m²
Chemnitz	0,035 €/m²
Dortmund	0,15 €/m²
Düsseldorf	0,24 €/m²
Duisburg	0,22 €/m²
Dresden	0,16 €/m²
Essen	0,23 €/m²
Frankfurt am Main	0,50 €/m²
Hagen	0,20 €/m²
Halle	0,07 €/m²
Hamburg	0,10 €/m²
Köln	0,26 €/m²
Leipzig (Grundstücksmarktbericht 2006, bei einem „fiktiven Bodenwert" von 3,00 €/m²)	0,12 €/m²
Mainz (Grundstücksmarktbericht 2008)	0,03 €/m²
München	0,40 €/m²
Nürnberg	0,36 €/m²
Schwerin	0,06 €/m²

Quellen: Pachtzins-Spiegel des Bundesverbandes Deutscher Gartenfreunde e.V.; Der Fachberater 1992, 20 f.; Aktuelle Grundstücksmarktberichte (z. B. Hagen); Grundstücksmarktbericht von Leipzig 2006 bei einem „fiktiven Bodenwert" von 3,00 €/m².

---

221 Deutscher Städtetag, Stellungnahme vom 24.9.1986 – 6/45 – 01-Z 5299 –; zur Verfassungsmäßigkeit: BVerfG, Beschl. vom 23.9.1992 – 1 BvL 15/85 –, GuG 1993, 121 = EzGuG 3.109.
222 Vgl. GuG 2000, 110.

Nach Angaben des Materialienbands zum Agrarbericht 1996 der BReg[223] liegen die Pachtpreise in den alten Ländern im Durchschnitt bei 0,045 €/m².

Zur **steuerlichen Zurechnung von Gartenlauben**[224] hat das FG Münster im rechtskräftigen Urt. vom 25.11.1982 – III 845/79 EW – entschieden, dass das Gartenhaus mit einem Einheitswert von 1250 €, das der Kleingärtner auf der ihm vom als gemeinnützig anerkannten Kleingärtnerverein zugewiesenen Kleingartenparzelle errichtete, dem Grundvermögen – Gebäude auf fremdem Grund und Boden – zuzuordnen ist. Entgegen der bisherigen Zurechnung derartiger Gartenlauben auf den Kleingärtner durch die Finanzämter hat das Finanzgericht jedoch entschieden, dass das wirtschaftliche Eigentum an der Gartenlaube aufgrund der in der Gartenordnung des Kleingärtnervereins enthaltenen Beschränkungen hinsichtlich der Vornahme von baulichen Veränderungen und des Abrisses der Gartenlaube sowie der Beschränkung in den Fällen der Mitgliedschaft nicht dem Kleingärtner zustehe.

294

Der Bundesfinanzhof[225] hat, obwohl die Zurechnung der Gartenlaube nicht unmittelbar Gegenstand des Verfahrens gewesen ist, in einem Urteil entschieden, dass der Kleingärtner als wirtschaftlicher Eigentümer der Gartenlaube angesehen werden muss und ihm dieses Gebäude daher zu Recht als selbständige wirtschaftliche Einheit zugerechnet worden ist. Obwohl das Finanzgericht Münster vom beklagten Finanzamt auf dieses Urt. aufmerksam gemacht worden ist, ist das Finanzamt in seiner Urteilsbegründung auf dieses BFH-Urteil nicht eingegangen.

Nach *Tipke/Kruse*, Tz. 32 zu § 39 AO, ist ein Gebäude auf fremdem Grund und Boden im Regelfall stets dem Erbauer zuzurechnen; auch *Rössler/Troll/Langner* kommen in den Textziffern 51 bis 55 zu § 70 BewG für die Frage der **Zurechnung eines Gebäudes auf fremdem Grund und Boden** zu dem Ergebnis, dass neben der Verfügungsbefugnis von der wirtschaftlichen Interessenlage der Beteiligten auszugehen ist. Es würde der bewertungs- und vermögensteuerrechtlichen Systematik widersprechen, wenn die Aufwendungen des Kleingärtners für die Errichtung einer Gartenlaube einerseits sein Vermögen schmälern, das mit diesen Aufwendungen geschaffene so genannte Einheitswert-Vermögen aber einem Anderen zugerechnet werden sollte.

Die Entscheidung des Finanzgerichts Münster ist hinsichtlich der Zurechnung als Einzelfallentscheidung zu behandeln und kann deshalb nicht allgemein angewendet werden. Anträge auf Zurechnungsfortschreibung oder Aufhebung der Einheitswerte sind mit rechtsbehelfsmäßigen Bescheiden abzulehnen und gegebenenfalls die Frage der Zurechnung in einem Musterprozess durch den Bundesfinanzhof entscheiden zu lassen.

Zur **Verkehrswertermittlung von Aufwuchs und Baulichkeiten** vgl. die Richtlinien des Landesverbandes Rheinland der Kleingärtner e.V.[226]

8.3 Kleingärten in den neuen Bundesländern

In den **neuen Bundesländern sowie im Ostteil Berlins**[227] beantwortet sich die Frage, ob und wie ein Kleingartennutzungsverhältnis Bestand hat, nach dem in das BKleingG eingefügten **§ 20a BKleingG.** Die Vorschrift hat folgende Fassung:

295

„§ 20a BKleingG
Überleitungsregelungen aus Anlass der Herstellung der Einheit Deutschlands

In dem in Artikel 3 des Einigungsvertrages genannten Gebiet ist dieses Gesetz mit folgenden Maßgaben anzuwenden:

1. Kleingartennutzungsverhältnisse, die vor dem Wirksamwerden des Beitritts begründet worden und nicht beendet sind, richten sich von diesem Zeitpunkt an nach diesem Gesetz.

---
223 BT-Drucks. 13/3681, S. 260, 256, 178.
224 Erl. des FM von Nordrhein-Westfalen vom 23.7.1984 – S 3199 – 1 – V A 4 –.
225 BFH, Urt. vom 19.1.1979 – III R 42/77 –, BStBl II 1979, 398.
226 Abgedruckt in der 3. Aufl. Kleiber/Simon/Weyers, Verkehrswertermittlung von Grundstücken, S. 2247.
227 Das BKleingG in den neuen Bundesländern, Schriftenreihe Bundesverband Deutscher Gartenfreunde, Heft 71, 1991.

2. Vor dem Wirksamwerden des Beitritts geschlossene Nutzungsverträge über Kleingärten sind wie Kleingartenpachtverträge über Dauerkleingärten zu behandeln, wenn die Gemeinde bei Wirksamwerden des Beitritts Eigentümerin der Grundstücke ist oder nach diesem Zeitpunkt das Eigentum an diesen Grundstücken erwirbt.

3. Bei Nutzungsverträgen über Kleingärten, die nicht im Eigentum der Gemeinde stehen, verbleibt es bei der vereinbarten Nutzungsdauer. Sind die Kleingärten im Bebauungsplan als Flächen für Dauerkleingärten festgesetzt worden, gilt der Vertrag als auf unbestimmte Zeit verlängert. Hat die Gemeinde vor Ablauf der vereinbarten Nutzungsdauer beschlossen, einen Bebauungsplan aufzustellen mit dem Ziel, die Fläche für Dauerkleingärten festzusetzen, und den Beschluss nach § 2 Abs. 1 Satz 2 des Baugesetzbuchs bekannt gemacht, verlängert sich der Vertrag vom Zeitpunkt der Bekanntmachung an um sechs Jahre. Vom Zeitpunkt der Rechtsverbindlichkeit des Bebauungsplans an sind die Vorschriften über Dauerkleingärten anzuwenden. Unter den in § 8 Abs. 4 Satz 1 des Baugesetzbuchs genannten Voraussetzungen kann ein vorzeitiger Bebauungsplan aufgestellt werden.

4. Die vor dem Wirksamwerden des Beitritts Kleingärtnerorganisationen verliehene Befugnis, Grundstücke zum Zwecke der Vergabe an Kleingärtner anzupachten, kann unter den für die Aberkennung der kleingärtnerischen Gemeinnützigkeit geltenden Voraussetzungen entzogen werden. Das Verfahren der Anerkennung und des Entzugs der kleingärtnerischen Gemeinnützigkeit regeln die Länder.

5. Anerkennungen der kleingärtnerischen Gemeinnützigkeit, die vor dem Wirksamwerden des Beitritts ausgesprochen worden sind, bleiben unberührt.

6. Die bei Inkrafttreten des Gesetzes zur Änderung des Bundeskleingartengesetzes zu leistende Pacht kann bis zur Höhe des nach § 5 Abs. 1 zulässigen Höchstpachtzinses in folgenden Schritten erhöht werden:

   1. ab 1. Mai 1994 auf das Doppelte,
   2. ab 1. Januar 1996 auf das Dreifache,
   3. ab 1. Januar 1998 auf das Vierfache

   der ortsüblichen Pacht im erwerbsmäßigen Obst- und Gemüseanbau. Liegt eine ortsübliche Pacht im erwerbsmäßigen Obst- und Gemüseanbau nicht vor, ist die entsprechende Pacht in einer vergleichbaren Gemeinde als Bemessungsgrundlage zu Grunde zu legen. Bis zum 1. Januar 1998 geltend gemachte Erstattungsbeträge gemäß § 5 Abs. 5 Satz 3 können vom Pächter in Teilleistungen, höchstens in acht Jahresleistungen, entrichtet werden.

   Vor dem Wirksamwerden des Beitritts rechtmäßig errichtete Gartenlauben, die die in § 3 Abs. 2 vorgesehene Größe überschreiten, oder andere der kleingärtnerischen Nutzung dienende bauliche Anlagen können unverändert genutzt werden. Die Kleintierhaltung in Kleingartenanlagen bleibt unberührt, soweit sie die Kleingärtnergemeinschaft nicht wesentlich stört und der kleingärtnerischen Nutzung nicht widerspricht.

7. Eine vor dem Wirksamwerden des Beitritts bestehende Befugnis des Kleingärtners, seine Laube dauernd zu Wohnzwecken zu nutzen, bleibt unberührt, soweit andere Vorschriften der Wohnnutzung nicht entgegenstehen. Für die dauernde Nutzung der Laube kann der Verpächter zusätzlich ein angemessenes Entgelt verlangen."

296 Zur rechtlichen **Einordnung von Nutzungsverträgen über die Nutzung land- oder forstwirtschaftlich nicht genutzten Bodens zu Erholungszwecken** nach den §§ 312 ff. i.V.m. § 296 ZGB muss zunächst geprüft werden, ob es sich bei den gepachteten Flächen im Einzelfall um einen Kleingarten oder um sog. Erholungsflächen (Freizeitgestaltung) handelt. Zur Beurteilung, ob es sich bei einem Pachtvertrag um einen Kleingartenpachtvertrag (Kleingartennutzungsvertrag) handelt, der durch den Einigungsvertrag als Kleingartenpachtvertrag i.S. des BKleingG übergeleitet wurde, oder um einen Nutzungsvertrag mit der Zweckbestimmung, die überlassene Fläche z. B. mit einem Wochenend- oder Ferienhaus bebauen zu dürfen, kommt es auf den Wortlaut des Pachtvertrags an. Hat ein Überlassungsvertrag eine Nutzung zum Inhalt, die nach den Vorschriften des BKleingG nicht mehr als kleingärtnerisch bezeichnet werden kann, kommt dieses Gesetz nicht zur Anwendung. Als kleingärtnerische Nutzung gilt nach § 1 Abs. 1 und 2 BKleingG eine nicht erwerbsmäßige gärtnerische Nutzung, insbesondere zur Gewinnung von Gartenbauerzeugnissen für den Eigenbedarf und die Erholungsnutzung.

297 **Kleingärtnerisch genutzte Flächen außerhalb einer Kleingartenanlage sind nach dem Gesetz keine Kleingärten.** Auf Verträge über die Nutzung solcher Grundstücke finden weiterhin die Vorschriften der §§ 312 bis 315 ZGB der DDR Anwendung (Anlage I, Kap. 3, Sachgebiet B: Bürgerliches Recht, Abschnitt II Nr. 1 des Einigungsvertrags vom 31.8.1990 i.V.m. Art. 1 des Gesetzes vom 23.9.1990 [BGBl. II 1990, 885, 944]). Das Gleiche gilt auch für die der Erholung dienenden und mit dieser Zweckbestimmung bebaubaren Flächen. **Für Freizeit- und Erholungsgrundstücke regelt die Nutzungsentgeltverordnung (NutzEV) die Höhe des Entgelts.**

Eine Besonderheit besteht für Überlassungsverträge, die eine Nutzung zum Inhalt haben, die nach den Vorschriften des BKleingG nicht mehr als kleingärtnerisch zu bezeichnen ist, d.h. für Nutzungen durch eine nicht erwerbsmäßige gärtnerische Nutzung, insbesondere zur Gewinnung von Gartenbauerzeugnissen für den Eigenbedarf und die Erholungsnutzung (**Kleingartenanlagen** i.S. des § 315 ZGB). Im Kleingarten selbst ist eine Gartenlaube zulässig, die – vorbehaltlich § 20a Nrn. 7 und 8 BKleingG – grundsätzlich nicht zum dauernden Wohnen geeignet sein darf. Weitere Voraussetzung für die Anwendung des BKleingG ist die Zusammenfassung von Einzelgärten zu einer Kleingartenanlage mit gemeinschaftlichen Einrichtungen. 298

Soweit **Nutzungsverhältnisse in Kleingartenanlagen** bestehen, gilt nach Art. 232 § 4 Abs. 3 EGBGB künftig das genannte BKleingG (vgl. Art. 8 des Einigungsvertrags vom 31.8.1990). Nach § 20a Nr. 1 BKleingG gilt, wie erläutert, der Pachtvertrag (Nutzungsvertrag) fort. Der Vertrag endet mit dem Ablauf der Zeit, für die er eingegangen ist. Nach Maßgabe der Vorschriften der §§ 8 ff. BKleingG kann der Pachtvertrag gekündigt werden. 299

§ 5 Abs. 1 BKleinG i.V.m. § 20a Nr. 6 bestimmt die daraus abzuleitende **Höchstpacht für Kleingärten**, die den Bestimmungen des BKleingG unterliegen, in folgenden Schritten 300

– ab 1. Januar 1996 auf das Dreifache,

– ab 1. Januar 1998 auf das Vierfache

der ortsüblichen Pacht im erwerbsmäßigen Obst- und Gemüseanbau.

Aus der zentralen Datensammlung über Pachten im erwerbsmäßigen Obst- und Gemüseanbau des *Landes Brandenburg* (Grundstücksmarktbericht) kann gefolgert werden: 301

– Im Durchschnitt aller Nutzungen liegt die Pacht in einer Wertspanne von 0,0075 bis 0,0250 €/m² und Jahr. Sie liegen im engeren Verflechtungsraum *Brandenburg – Berlin* im oberen Wertbereich von 0,015 und 0,025 €/m² und Jahr und sind jeweils von der Nutzung und Lage in der Höhe beeinflusst.

– In den ländlichen und kleinstädtischen Bereichen im äußeren Entwicklungsraum sind größtenteils Werte zwischen 0,0075 und 0,0125 €/m² und Jahr anzutreffen.

Eine Untersuchung verschiedener **Einflussgrößen** ergab:

– je größer die Fläche, desto geringer die Pacht,

– je länger die Vertragsdauer, desto höher die Pacht,

– je später das Vertragsjahr, desto geringer die Pacht,

– je geringer die Entfernung zur Vermarktung, desto höher die Pacht.

Zur **steuerlichen Bewertung** von Kleingartenland und von Kleingartenlauben in Kleingartenanlagen der neuen Bundesländer sind eine Reihe von Verwaltungsvorschriften erlassen worden[228]. Danach sind Kleingärten i.S. des BKleingG dem land- und forstwirtschaftlichen Vermögen zuzurechnen, wenn sie vorwiegend gärtnerisch genutzt werden. Dem Grundvermögen sind sie jedoch in folgenden Fällen zuzurechnen: 302

1. Kleingärten sind jedoch dem Grundvermögen zuzurechnen, wenn nach ihrer Lage und den sonstigen Verhältnissen, insbesondere mit Rücksicht auf die bestehenden Verwertungsmöglichkeiten, anzunehmen ist, dass sie in absehbarer Zeit anderen als land- und forstwirtschaftlichen Zwecken dienen

---

228 OFD Magdeburg, Vfg. vom 4.7.1995 – S 3191 – 1 St 336 V –.

werden, z. B. wenn sie hiernach als Bauland, Industrieland oder als Land für Verkehrszwecke anzusehen sind (§ 51 Abs. 2 BewG-DDR).

2. Kleingartenflächen, die mit Gebäuden mit einer bebauten Fläche von mehr als 24 m² (einschließlich überdachten Freisitzes) bebaut sind, sind ebenfalls dem Grundvermögen zuzurechnen. Diese Gebäude bilden gem. § 50 Abs. 3 BewG-DDR selbstständige wirtschaftliche Einheiten „Gebäude auf fremdem Grund und Boden" des Grundvermögens und sind der Grundstückshauptgruppe „Sonstige bebaute Grundstücke" zuzuordnen.

2.1 In Anlehnung an die Richtlinie zur Vereinfachung des Bewertungsverfahrens und zur Ermittlung der Einheitswerte des Grundvermögens vom 3.10.1975 – DDR sind in einfachster Bauausführung errichtete Gebäude (Bungalows) in Kleingartenanlagen im Sachwertverfahren mit einem Raummeterpreis von 17,00 DM/m² umbauten Raum zu bewerten.

2.2 In diesem Fall ist auch der Grund und Boden der gesamten Kleingartenanlage als eine wirtschaftliche Einheit des Eigentümers (ansonsten Zahl der Eigentümer = Zahl der wirtschaftlichen Einheiten) Grund und Boden mit aufstehenden fremden Gebäuden wie ein unbebautes Grundstück zu bewerten. Bei der Ermittlung des Bodenwerts ist von dem Wert auszugehen, der für die Fläche festzustellen gewesen wäre. Von diesem Wert ist unter Berücksichtigung der Beschränkungen, denen das Kleingartenland unterliegt, ein Abschlag in Höhe von 20 v.H. des „Ausgangswerts" vorzunehmen. Diese Regelung wurde vom Reichsfinanzhof[229] gebilligt.

Die **Bewertung von Kleingartenlauben, die vor dem 1.1.1991 errichtet wurden**, als Grundvermögen unterbleibt regelmäßig, wenn die auf volle Quadratmeter abgerundete bebaute Fläche einschließlich des überdachten Freisitzes nicht mehr als 25 m² beträgt.

Bei Überschreitung dieser Fläche ist nach Tz. III 2.1 des Erlasses zu verfahren. Gehörten zu diesen Kleingärten Nebengebäude oder Bedachungen, so sind die Werte für Garagen, Schuppen und Überdachungen gemäß Tz. 4.2.2.3 der gleich lautenden Erlasse zur Bewertung von Gewerbegrundstücken anzuwenden.

Enthalten in einer Kleingartenanlage belegene Gebäude eine Wohnung (Definition des Wohnungsbegriffs siehe Einfamilienhauserlass) und sind diese während des ganzen Jahres bewohnbar, so sind sie der Grundstückshauptgruppe Einfamilienhaus zuzurechnen und entsprechend zu bewerten. § 42 GrStG ist zu beachten. Der Umstand, dass diese in einem im Bebauungsplan ausgewiesenen Sondergebiet (Wochenendgebiet) liegen und somit baurechtlich nicht ständig bewohnt werden dürfen, steht der Beurteilung als Einfamilienhaus nicht entgegen.

Erwirbt der Eigentümer einer Kleingartenlaube den dazugehörigen Grund und Boden, so ist die gesamte wirtschaftliche Einheit (Grund und Boden und Gebäude) zu dem auf den Erwerb folgenden Feststellungszeitpunkt als wirtschaftliche Einheit des Grundvermögens zu erfassen. Hierbei ist es unbeachtlich, ob die bebaute Fläche des Gebäudes 25 m² übersteigt.

303 Für **Kleingartenlauben, die nach dem 1.1.1991 errichtet wurden,** gilt das BKleingG. Danach wird eine Genehmigung für die Errichtung einer Kleingartenlaube mit einer bebauten Fläche von mehr als 24 m² erteilt.

Zu den **Normalherstellungskosten für Lauben und Wochenendhäuser** in den neuen Bundesländern vgl. 3. Aufl. dieses Werks S. 2092; zum Aufwuchs S. 2247 ff.

Schrifttumshinweise

Bayern: Richtlinien des Landesverbandes bayerischer Kleingärtner e.V. für die Bewertung von Anpflanzungen und Anlagen nach § 11 Abs. 1 des Bundeskleingartengesetzes, Bewertungsrichtlinien (1984), (BayMABl. 1985, 53); hierzu Bekanntm. des Staatsministeriums des Innern vom 14.2.1985 – II C 4 – 4709.9 – 3 – (MABl. 1985, 52), vom 28.11.1986 (MABl. 1986, 579), vom 28.1.1991 (AllMBl. 1991, 105) und vom 8.6.1993 (AllMBl. 1993, 780).

Hamburg: Richtlinien für die gutachtliche Schätzung bei Räumung von Kleingärten vom 30.9.1983.

Hessen: Grundsätze und Richtlinien für die Wertermittlung von Aufwuchs, Baulichkeiten und sonstigen Einrichtungen in Kleingärten (1983) vom 10.11.1983 (StAnz 1983, 2318). Bewertung von Anpflanzungen und Anlagen gemäß § 11 Abs. 1 BKleingG vom 12.2.1993 (StAnz 1993, 767).

---

229 RFH, Urt. vom 23.2.1939 – III 82/38 –, RStBl. 1939, 574.

Mecklenburg-Vorpommern: Bekanntmachung des Landwirtschaftsministeriums über die Genehmigung der Richtlinien des Landesverbands über die Bewertung von Anpflanzungen und Anlagen (Schätzungsrichtlinie) vom 16.9.1992 (ABl. 1992, 988).

Saarland: Richtlinie über die Bewertung von Anpflanzungen und Anlagen nach § 11 Abs. 1 des BKleingG vom 1.1.1987 (GMBl. 1987, 31).

Sachsen-Anhalt: Erl. des FM vom 4.10.1991 – 45 – S 3191 – betr. Bewertung von Kleingartenland und von Kleingartenlauben in Kleingartenanlagen.

Schleswig-Holstein: Richtlinie über die Bewertung und Entschädigung von Anpflanzungen und Anlagen nach § 11 Abs. 1 des BKleingG vom 13.12.1985 (ABl. 1986, 13) i.d.F. der Bekanntmachung vom 11.7.1995 (ABl. 1995, 507).

Thüringen: VV des FM vom 14.12.1995 – 14 S 3106b A 2 201.5 – betr. Bewertung von Wochenendhäusern.

Bundesverband Deutscher Gartenfreunde e. V., Wertermittlung bei Pächterwechsel, GuG 2001, 42.

8.4 Sonstiges Gartenland

Für das sonstige Gartenland werden von den Gutachterausschüssen für Grundstückswerte nur vereinzelt Angaben gemacht. Allgemein ist festzustellen, dass das **Gartenland in den innerstädtischen Bereichen** deutlich höher als im städtischen Weichbild gehandelt wird. **304**

Das Preisniveau von **Gartenland** wird von vielen Gutachterausschüssen mit einem Wert von 25 % des nächstgelegenen Rohbaulands angegeben. Der Wert von **Hausgärten (Hinterland)** wird von anderen Gutachterausschüssen mit einem Wert von bis zu 20 % des angrenzenden Baulandwerts angegeben.

— Nach dem Grundstücksmarktbericht 2009 von *Bergisch Gladbach* bezieht sich der in den Bodenrichtwertkarten ausgewiesene Bodenrichtwert auf eine mittlere Grundstückstiefe von 35 m; Grundstücksflächen über 35 m werden mit 10 bis 40 % des Baulandwerts veranschlagt.

— Nach dem Grundstücksmarktbericht von *Mülheim an der Ruhr* ist das Gartenland mit 10 bis 15 % des umgebenden Baulandwerts in Abhängigkeit von der Gartengröße anzusetzen; zur Abhängigkeit des selbständigen Gartenlands von der Grundstücksgröße (vgl. Syst. Darst. des Vergleichswertverfahrens Rn. 247 ff., 261).

— Für Hausgärten bzw. nicht bebaubare Flächen wird im Grundstücksmarktbericht 2007 des *Landes Brandenburg* ein mittlerer Bodenwert von 3,03 €/m² und im Grundstücksmarktbericht *Potsdam Mittelmark* (2003) ein Bodenwert zwischen 10 und 20 % des Bodenrichtwerts für Wohnbauland angegeben.

— Für *Essen* wird ein mittlerer Wertansatz für Hausgärten mit Bezug zu einem Hausgrundstück bei einer Flächengröße von 400 m² von 20 % des speziellen Baulandlagewerts angegeben[230].

— Für *Frankfurt am Main* werden „Bodeneckwerte" für Dauerklein- und Freizeitgärten in einer Spanne von 17 €/m² (im Westen) über 20 €/m² (in der Mitte, im Osten und im Norden) bis 37 €/m² (im Süden) angegeben[231].

— Für Hausgärten bzw. nicht bebaubare Flächen wird im Grundstücksmarktbericht *Potsdam Mittelmark* (2003) ein Bodenwert zwischen 10 und 20 % des Bodenrichtwerts für Wohnbauland angegeben.

— Für *Hagen* wird als Kleingartenland im Grundstücksmarktbericht 2006 ein Wert von 10 bis 20 €/m² (im Durchschnitt 13 €/m²) ausgewiesen; für angrenzende Hausgärten im Zusammenhang mit einer Wohnnutzung dagegen 15 bis 35 €/m².

---
230 Grundstücksmarktbericht 2007.
231 Grundstücksmarktbericht 2008.

- In *Rheine*[232] wird der Wert des Hinterlandes in der 1. Wertstufe mit 50 % des beitragspflichtigen Bodenrichtwerts angesetzt, wobei unter der 1. Wertstufe die Fläche verstanden wird, die um 0 bis 25 % (ca. 1 bis 150 m²) vom jeweiligen Normgrundstück abweicht. Hinterland der 2. Wertstufe sind dagegen Flächen, die um 25 bis 100 % (ca. 150 bis 450 m²) vom jeweiligen Normgrundstück abweichen. Sie sind mit 30 % des beitragspflichtigen Bodenrichtwerts anzusetzen.

- Für *Leipzig* wird im Grundstücksmarktbericht 2006 der Wert von Gartenflächen ohne Bezug zum Bauland mit 10,00 €/m² (3,00 bis 18,00 €/m²) und mit Bezug zum Bauland (Arrondierung Hausgarten) mit 20,00 €/m² (4,00 €/m² bis 54,00 €/m²) angegeben.

Abb. 32: Gartenland

	Garten- und Erholungsflächen		
	(Inneres) Stadtgebiet	Äußeres Stadtgebiet Stadtrandlage	Bemerkungen
Bergisch Gladbach	5 €/m²		
Bremen 2000	11,00 bis 13,50 €/m²		
Landkreis Dahme-Spreewald	0,29 bis 40 €/m² (Durchschnitt 9,35 €/m²)		
Dresden 2000	17,50 bis 22,50 €/m²	2,50 bis 12,50 €/m²	Im Umland je nach Lage
Leipzig	7,50 bis 15,00 €/m²		
Potsdam 2003	15,00 bis 46,50 €/m²	3,50 bis 19,00 €/m²	

Vgl. auch die Übersicht bei Rn. 29 Abb. 4.

Der Landesgrundstücksmarktbericht 2005 *(Niedersachsen)* weist folgende Grundstückspreise aus (Abb. 33):

Abb. 33: Grundstückspreise für Gartenland

Landkreis, kreisfreie Stadt, Region	Nutzung und ggf. Lage	Preise
Gutachterausschuss für Grundstückswerte Braunschweig		
Landkreis Peine	Grabeland/Dauerkleingarten	Durchschnittlich 4,30 €/m² (1,50 bis 7,50 €/m²)
Stadt Braunschweig	Private Grünflächen Dauerkleingärten	15,00 bis 30,00 €/m² Durchschnitt 8,60 €/m² (6,00 bis 15,00 €/m²)
Stadt Salzgitter	Gartenland bzw. private Grünflächen je nach Lage im dörflichen oder städtischen Bereich	3,00 bis 17,00 €/m²
Gutachterausschuss für Grundstückswerte Cloppenburg		
Landkreis Cloppenburg	Hausgarten	Durchschnittlich 28 % des Wohnbaulandpreisniveaus in der Nachbarschaft

---

[232] Grundstücksmarktbericht 2007.

Landkreis, kreisfreie Stadt, Region	Nutzung und ggf. Lage	Preise
Landkreis Oldenburg	Hausgarten	Durchschnittlich 20 % des Wohnbaulandpreisniveaus in der Nachbarschaft
Landkreis Vechta	Hausgarten	Durchschnittlich 38 % des Wohnbaulandpreisniveaus in der Nachbarschaft
Stadt Delmenhorst	Hausgarten	Durchschnittlich 25 % des Wohnbaulandpreisniveaus in der Nachbarschaft
Gutachterausschuss für Grundstückswerte Hameln		
Landkreis Hameln-Pyrmont	Hausgarten/Grabeland oder Kleingartenanlage in Hameln	7,00 bis 10,00 €/m²
	im übrigen Landkreis	6,00 bis 8,00 €/m²
Landkreis Hildesheim	Hausgarten/Grabeland oder Kleingartenanlage	3,00 bis 8,70 €/m² (Ø 5,323 €/m²) abhängig vom Baulandrichtwert des nächstliegenden Wohngebiets
Landkreis Holzminden	Hausgarten/Grabeland oder Kleingartenanlage	
	in den Städten	2,00 bis 12,00 €/m²
	im übrigen Landkreis	1,40 bis 4,25 €/m²
Landkreis Nienburg/Weser	Hausgarten oder Dauerkleingarten oder private Sportanlage	Ø 9,00 €/m² oder 33 % des mittleren Baulandrichtwerts (ebp)
Landkreis Schaumburg	Hausgarten/Grabeland oder Kleingartenanlage	
	in ländlichen Gemarkungen	3,00 bis 8.00 €/m² (Ø 12 bis 30 % des Baulandrichtwerts (ebp)
	in den Stadtrandlagen	5,00 bis 15,00 €/m²
	in den Innenstädten	10,00 bis 18,00 €/m² Ø 8 bis 20 % des Baulandrichtwerts (ebp)
Gutachterausschuss für Grundstückswerte Hannover		
Region Hannover	**Eigentümergärten**	
	– in der Stadt Hannover und direkt angrenzende Ortsteile	15,00 bis 30,00 €/m²
	– stadtnahe Region und Zentren im Landkreis ländlich strukturierter Ortschaften	10,00 bis 20,00 €/m²
	– übrige Region	7,50 bis 12,50 €/m²

V § 5 ImmoWertV — Sonstiges Gartenland

Landkreis, kreisfreie Stadt, Region	Nutzung und ggf. Lage	Preise
	– sonstiges Gartenland in der Stadt Hannover und direkt angrenzende Ortsteile	6,00 bis 17,50 €/m²
	– stadtnahe Region und Zentren im Landkreis	5,00 bis 12,50 €/m²
	– Ortschaften in der übrigen Region	2,00 bis 8,00 €/m²
	Grabeland	
	– in der Stadt Hannover und direkt angrenzende Ortsteile	4,00 bis 9,00 €/m²
	– stadtnahe Region und Zentren im Landkreis	2,00 bis 7,00 €/m²
	– Ortschaften in der übrigen Region	0,70 bis 4,00 €/m²
	Kleingarten	5,00 bis 14,00 €/m²
Gutachterausschuss für Grundstückswerte Meppen		
LK Grafschaft Bentheim	Gartenland als Zukauf bei landwirtschaftlichen Hofstellen im Außenbereich	3,00 bis 5,00 €/m²
Gutachterausschuss für Grundstückswerte Northeim		
Landkreis Göttingen	Gartenland	
	in der Stadt Göttingen	Durchschnittlich 15,74 €/m²
	im Landkreis Göttingen	Durchschnittlich 4,16 €/m²
		Durchschnittlich 15 % des benachbarten Bodenrichtwerts für erschließungsbeitragsfreies Wohnbauland
Landkreis Northeim	Gartenland	Durchschnittlich 4,86 €/m²
		Durchschnittlich 15 % des benachbarten Bodenrichtwerts für erschließungsbeitragsfreies Wohnbauland
Landkreis Osterode am Harz	Gartenland	Durchschnittlich 3,45 €/m²
		Durchschnittlich 15 % des benachbarten Bodenrichtwerts für erschließungsbeitragsfreies Wohnbauland
Gutachterausschuss für Grundstückswerte Oldenburg		
LK Ammerland	Hausgarten	
	in bebauten Ortslagen	Ø 25 % des angrenzenden Baulandwerts

Sonstiges Gartenland

Landkreis, kreisfreie Stadt, Region	Nutzung und ggf. Lage	Preise
	private Grünanlagen im Außenbereich	2,50 bis 5,00 €/m²
Landkreis Wesermarsch	Gartenland	
	in bebauten Ortslagen	10 bis 20 % des Baulandwerts
	private Grünflächen im Außenbereich	2,50 bis 5,00 €/m²
Stadt Oldenburg	Hausgarten	
	in bebauten Ortslagen	Ø 25 % des angrenzenden Baulandwerts
	private Grünanlagen im Außenbereich	2,50 bis 5,00 €/m²
Gutachterausschuss für Grundstückswerte Osnabrück		
Landkreis Osnabrück	Gartenland als Zukauf bei landwirtschaftlichen Hofstellen im Außenbereich	2,50 bis 5,00 €/m²
Gutachterausschuss für Grundstückswerte Sulingen		
Landkreis Diepholz	Gartenland	
	im südlichen Bereich	15 bis 70 % (Ø 45 %) des Baulandpreises (inkl. Erschließungskosten)
	im nördlichen Bereich	10 bis 50 % (Ø 25 bis 30 %) des Baulandpreises (inkl. Erschließungskosten)
Landkreis Nienburg/Weser	Gartenland	Durchschnittlich 9,00 €/m² Durchschnittlich 33 % des mittleren erschließungsbeitragspflichtigen Baulandrichtwerts
Gutachterausschuss für Grundstückswerte Verden		
Landkreis Rotenburg (Wümme)	Gartenland	5,00 bis 30,00 €/m² (Ø 11,31 €/m²) durchschnittlich 25 % des jeweils angrenzenden Baulandrichtwerts
Landkreis Soltau-Fallingbostel	Gartenland	1,00 bis 30,00 €/m²
	bis 500 m²	(Ø 9,20 €/m²) durchschnittlich 12 % des jeweils angrenzenden Baulandrichtwerts
	500 bis 1 000 m²	(Ø 4,20 €/m²) durchschnittlich 10 % des jeweils angrenzenden Baulandrichtwerts
Landkreis Verden	Gartenland	1,00 bis 41,00 €/m² (Ø 11,15 €/m²) durchschnittlich 12 % des jeweils angrenzenden Baulandrichtwerts

305 Andere Gutachterausschüsse haben ein Preisniveau von Gartenland in Höhe von **25 % des nächstgelegenen Rohbaulands** angegeben. Für Hausgärten bzw. nicht bebaubare Flächen wird im Grundstücksmarktbericht Potsdam Mittelmark (2003) ein Bodenwert zwischen 10 und 20 % des Bodenrichtwerts für Wohnbauland angegeben.

Abb. 34: Durchschnittswerte für Gartenflächen in Brandenburg

Durchschnittswerte für Gartenflächen in Brandenburg		
Stadt/Gemeinde	Gemeinde/Ortsteil	Durchschnittlicher Bodenwert in €/m² in 2003
Stadt Beelitz	Ortsteil Beelitz	6
Lübben, Luckau		2,45
Stadt Werder	Ortsteil Werder Ortsteile	9 9
Gemeinde Groß Kreutz/Emster	Ortsteile	6
Gemeinde Nuthetal	Ortsteile	8
Gemeinde Schwielowsee	Ortsteile Caputh und Geltow	17
Gemeinde Seddiner See	Ortsteil Neuseddin	4
Gemeinde Stahnsdorf	Ortsteil Stahnsdorf	9
Gemeinde Kloster Lehnin	Ortsteile	5
Amt Beetzsee	Gemeinden/Ortsteile	3
Amt Wusterwitz	Gemeinde Wusterwitz	4
Gemeinde Wiesenburg/Mark	Ortsteile	1
Amt Niemegk	Gemeinden/Ortsteile	2

Quelle: Grundstücksmarktbericht Potsdam Mittelmark (2003)

Eine besondere Kategorie bildet das **Gartenbauland bzw. Gärtnereiflächen**. Verschiedene Gutachterausschüsse veröffentlichen für diese Kategorie Durchschnittswerte (Abb. 35).

Abb. 35: Durchschnittswerte für Gärtnereiflächen in Kleve

Quelle: Marktbericht des Gutachterausschusses in Kleve 2006

Des Weiteren wird als eigene Kategorie z. B. auch über Durchschnittspreise von **Obstbauland** berichtet, z. B. Grundstücksmarktbericht Potsdam Mittelmark (2003): 0,45 bis 1,30 €/m² (Mittel 0,75 €/m²).

9 Abbauland

9.1 Allgemeines

Schrifttum: *Balloff, H.,* Besonderheiten der Wertermittlung für die Begründung schadensersatzrechtlicher Forderungen in Bergbaugebieten, GuG 1999, 44; *Drisch/Schürken,* Bewertung von Bergschäden und Setzungsrissen von Gebäuden, 1995 Hannover; *Finke,* Bergschäden GuG 1999, 266; *Hoffmann, D.,* Wertermittlung von Abbauland, GuG 2004, 156; *Uherek, H.-W./Kölberl, D.,* Verkehrswert von Grundstücken über Kiesvorkommen in den neuen Bundesländern, Verlag Pflug und Feder, 1. Aufl. 1993.

▶ *Vgl. Teil VI Rn. 225 ff.*

Als Abbauland werden in § 43 BewG Betriebsflächen definiert, die **durch Abbau von Bodensubstanz überwiegend für den Betrieb nutzbar gemacht** werden; das Gesetz nennt Sand-, Kies-, Lehmgruben, Steinbrüche, Torfstiche und dgl.; z. B. Grauwacke, Bims, Basalt und Ton (vgl. Rn. 7). In der steuerlichen Bewertung wird das Abbauland gesondert mit dem Einzelertragswert bewertet. Das Abbauland ist grundsätzlich den Flächen der Land- oder Forstwirtschaft zuzurechnen, soweit es land- oder forstwirtschaftlich nutzbar ist. Größere Betriebe werden allerdings in der steuerlichen Bewertung i.d.R. nicht dem land- oder forstwirtschaftlichen Vermögen zugerechnet (Def. 17 des BodSchätzÜbernErl)[233]. 306

Bei Abgrabungsgrundstücken handelt es sich regelmäßig um (ehemals) landwirtschaftliche Nutzflächen, die **in regionalen Raumordnungsplänen als „Vorrangfläche für die Rohstoffgewinnung"** bzw. in Flächennutzungsplänen der Gemeinden als Fläche für Abgrabungen oder für die Gewinnung von Bodenschätzen, z. B. Kiesabbau, **dargestellt sind.** 307

Bei **Abgrabungsgrundstücken** handelt es sich häufig um 100 000 bis 300 000 m² große Grundstücke, die an der **Oberfläche im Tagebauverfahren** (Trockenabbau, Abbau unter der Wasseroberfläche) abgegraben oder ausgebeutet werden. Allgemein hat sich hierfür der Begriff „Abgrabungsgrundstücke" durchgesetzt. Gemeint ist nicht die Gewinnung von Bodenschätzen in größerer Tiefe (z. B. Kohle, Braunkohle im großflächigen Tagebau, Erze, Mineralien, Salze, Öl, Erdgas), insbesondere also nicht die förderbaren Vorkommen, die dem Bergrecht oder der Bergaufsicht durch das Bergamt unterliegen. Vorwiegend kommen für die Gewinnung im Tagebau folgende Bodensubstanzen/-schätze (Grundstoffe) in Betracht: 308

– Lehm, Ton, Sand[234], Quarzsand, Kies, Torf,
– Bims, Kalk, Gesteine, die in Brüchen abgebaut werden, Braunkohle.

Normalerweise erfolgt im Tagebau eine **Abgrabung bis zu einer Tiefe von 20 bis 40 m.** Es werden hauptsächlich Schaufelbagger, Schwimmbagger, Kräne, Brech- und Bohrmaschinen eingesetzt; hinzu kommt meist ein umfangreicher Fuhrpark, insbesondere von Schwer-Lkw und Spezialfahrzeugen. Bei großen Abbautiefen (möglich sind Tiefen bis zu 200 m, beispielsweise bei Quarzsandgruben) unterliegen diese Förderstätten der Aufsicht des zuständigen Bergamts. Hierfür ist eine Zulassung (Genehmigung) dieser Stelle u.a. für die Ausführung von Rahmenbetriebsplan (langfristige Abbauplanung) und Hauptbetriebsplan (mittelfristige Abbauplanung für 5 Jahre) erforderlich. 309

Die *oberirdische* **Gewinnung von Bodenschätzen** (Abgrabung) ist im Bundesberggesetz (BBergG) und in den Abgrabungsgesetzen der Länder geregelt (z. B. Gesetz zur Ordnung von Abgrabungen – Abgrabungsgesetz – in Nordrhein-Westfalen), soweit sie in der Verfügungsgewalt des Grundeigentümers steht. Bodenschätze sind insbesondere Kies, Sand, Ton, Lehm, Dolomit, sonstige Gesteine, Moorschlamm und Torf. Davon zu unterscheiden sind die zumeist *unterirdischen* Abgrabungen, die der Aufsicht der Bergbehörde unterliegen. 310

---

[233] RFH, Urt. vom 12.1.1939 – III 157/38 –, RStBl. 1939, 605; RFH, Urt. vom 20.3.1931 – III A 386 –, RStBl. 1932, 106; vgl. Erl. FM NW vom 6.1.1971 – S 3124 – 3 – VC 1.
[234] BGH, Urt. vom 25.11.1975 – III ZR 92/73 –, EzGuG 4.45.

V § 5 ImmoWertV **Abbauland**

311 Die **oberirdische Abgrabung bedarf** (ebenfalls) **der Genehmigung,** die zu erteilen ist, wenn
- ein vollständiger Abgrabungsplan vorliegt,
- die Ziele der Raumordnung und Landesplanung sowie die Belange der Bauleitplanung, des Naturhaushalts, der Landschaft und der Erholung beachtet sind und
- andere öffentliche Belange im Einzelfall nicht entgegenstehen.

Die Genehmigung berührt grundsätzlich nicht das Recht, dem Eigentümer bzw. dinglich Nutzungsberechtigten der Feldgrundstücke eine dem Gewinnungsberechtigten nachteilige Benutzung der Grundstücksoberfläche (z. B. Verlegung einer Leitung) zu verbieten[235].

312 In einigen Ländern gelten für die **Genehmigung** spezielle Gesetze, so z. B. in
- *Bayern:* Bay Abgrabungsgesetz vom 27.12.1999 (GVBl. 1999, 352), zuletzt geändert durch Gesetz vom 20.12.2007 (GVBl. 2007, 858),
- *Rheinland-Pfalz:* Landesgesetz über den Abbau und die Verwertung von Bimsvorkommen (Bimsgesetz) vom 13.4.1949 (GVBl. 1949, 143), zuletzt geändert durch Gesetz vom 6.2.2001 (GVBl. 2001, 29),
- *Niedersachsen:* Nds Naturschutzgesetz vom 11.4.1994 (GVBl. 1994, 155), zuletzt geändert durch Gesetz vom 23.6.2005 (GVBl. 2005, 210),
- *Nordrhein-Westfalen:* Gesetz zur Ordnung von Abgrabungen (Abgrabungsgesetz – AbgrG) i.d.F. der Bekanntmachung vom 23.11.1979 (GVBl. 1979, 922), zuletzt geändert durch Gesetz vom 9.5.2000 (GVBl. 2000, 439).

Nach dem Landesplanungsgesetz Nordrhein-Westfalen ist im **Braunkohlenplanverfahren** ein besonderes von dem dafür eingesetzten Braunkohlenausschuss (BKA) durchzuführen. Die von ihm aufzustellenden Braunkohlenpläne legen auf der Grundlage des Landesentwicklungsprogramms und von Landesentwicklungsplänen sowie in Abstimmung mit den Gebietsentwicklungsplänen im Braunkohlenplangebiet die Ziele der Raumordnung und Landesplanung fest. Dabei ist zwischen Braunkohlenplänen zu unterscheiden, die
- ein Abbauvorhaben,
- die Darstellung von Umsiedlungsorten

zum Gegenstand haben.

Nach dem BBergG hat ein Umsiedler Anspruch auf Entschädigung des Verkehrswerts und der Folgekosten, wobei Einflüsse aus dem bevorstehenden Braunkohletagebau unberücksichtigt bleiben. In der **Entschädigungspraxis** (z. B. der RWE Power) kommen dabei eine Reihe von Besonderheiten zur Anwendung:
- Entschädigung der Differenz zwischen Verkehrswert und festgestelltem Sachwert (Marktanpassung),
- Nichtabschreibung der Baunebenkosten sowie
- Entschädigung des Aufwuchses, ausgerichtet auf eine Neuanlage des alten Gartens in handelsüblicher Ausführung, ggf. unter Anrechnung der Aufwuchsentschädigung (vgl. Syst. Darst. des Sachwertverfahrens Rn. 219 ff.).

313 Die Gesetze stellen an die Betreiber von Abbauunternehmen **Rekultivierungsanforderungen.** Es wird auf die **Beseitigung der infolge der Abgrabungen verursachten Landschaftsschäden** durch eine sinnvolle Herrichtung des ausgebeuteten Geländes auf Kosten des Abbauunternehmens besonderer Wert gelegt. Hierzu werden Sicherheitsleistungen (Bargeld oder selbstschuldnerische unbefristete Bankbürgschaften) verlangt[236].

314 In den anderen Bundesländern finden sich zumeist in der **Bauordnung** besondere Vorschriften, die wie § 1 und § 2 AbgrG NW den Unternehmer und subsidiär den Eigentümer zur Her-

---
235 BGH, Urt. vom 23.11.2000 – III ZR 342/99 –, EzGuG 4.178.
236 Vgl. hierzu z. B. § 10 AbgG NW.

richtung des Geländes während und nach Abschluss der Abgrabungen verpflichten. In *Baden-Württemberg* war zusätzlich in der NaturschutzVO (nunmehr Naturschutzgesetz vom 29.3.1995) vom 6.6.1963[237] und in einem Erl. des Kulturministeriums über die Mitwirkung der staatlichen Forstämter bei Maßnahmen des Naturschutzes und der Landschaftspflege[238] die **Rekultivierung von ausgebeuteten Kies- und Sandgruben** besonders geregelt.

Zuständig für die Genehmigung der Abgrabung sind die in den Vorschriften für die einzelnen Bundesländer genannten Behörden, in *Nordrhein-Westfalen* ist dies der Regierungspräsident. Mit einer **Genehmigung von Abgrabung und Herrichtung (Rekultivierung)** kann im Allgemeinen gerechnet werden, wenn die unter Rn. 316 aufgeführten Unterlagen vorliegen. 315

Belange des Naturhaushalts und der Landschaft sind i.d.R. beachtet, wenn durch die Nutzung und Herrichtung des Abbau- und Betriebsgeländes 316

a) der Naturhaushalt durch Eingriffe in die Tier- und Pflanzenwelt, die Grundwasserverhältnisse, das Klima und den Boden nicht nachhaltig geschädigt wird,

b) eine Verunstaltung des Landschaftsbildes auf Dauer vermieden wird,

c) Landschaftsteile von besonderem Wert nicht zerstört werden und

d) den Entwicklungszielen und besonderen Festsetzungen eines aufgrund des Landschaftsgesetzes erlassenen rechtsverbindlichen Landschaftsplanes nicht nachhaltig und erheblich zuwidergehandelt wird.

9.2 Grundeigene und bergfreie Bodenschätze

9.2.1 Allgemeines

Bei der **Verkehrswertermittlung von Grundstücken mit Bodenschätzen** ist entsprechend dem BBergG zwischen 317

– bergfreien Bodenschätzen (§ 3 Abs. 3 BBergG) und

– grundeigenen Bodenschätzen (§ 3 Abs. 4 BBergG)

zu unterscheiden.

Grundeigene Bodenschätze stehen nach § 3 Abs. 2 Satz 1 BBergG im **Eigentum des Grundeigentümers.** Nach Satz 2 dieser Vorschrift erstreckt sich das Grundeigentum nicht auf die bergfreien Bodenschätze. Welche bergfreien Bodenschätze hierunter fallen, ergibt sich abschließend aus § 3 Abs. 3 BBergG. Die Aufsuchung von bergfreien Bodenschätzen setzt nach den §§ 3 ff. BBergG eine Erlaubnis voraus. Die Förderung bedarf zudem der Bewilligung oder des Bergwerkeigentums (Bergrecht). Es verleiht dem Bergbauberechtigten nicht das Eigentum am Grundstück, sondern ein eigentumsähnliches Aneignungsrecht im Umfang der Bewilligung und Verleihung unter Ausschluss des Grundeigentümers. Das Bergrecht geht also von dem Grundsatz aus, dass sich das Grundeigentum nicht auf die bergfreien Bodenschätze erstreckt und jeder, der solche Bergschätze aufsuchen will, einer Erlaubnis bedarf[239]. Bergrechtliche Duldungspflichten des Eigentümers können enteignenden Charakter haben[240]. 318

Die **Zuordnung von grundeigenen und bergfreien Bodenschätzen** ergibt sich aus **§ 3 Abs. 3 und 4 BBergG,** der folgende Fassung hat: 319

„§ 3 BBergG Bergfreie und grundeigene Bodenschätze

(1) Bodenschätze sind mit Ausnahme von Wasser alle mineralischen Rohstoffe in festem oder flüssigem Zustand und Gase, die in natürlichen Ablagerungen oder Ansammlungen (Lagerstätten) in oder auf der Erde, auf dem Meeresgrund, im Meeresuntergrund oder im Meerwasser vorkommen.

---
237 Naturschutzgesetz vom 29.3.1995 (GBl. 1995, 386), zuletzt geändert durch Gesetz vom 17.6.1997 (GBl. 1997, 278).
238 Erlass vom 15.1.1969.
239 § 97 EGBGB.
240 BVerfG, Beschl. vom 20.10.1987 – 1 BvR 1048/87 –, NJW 1988, 1076; Hoppe-Beckmann in DÖV 1988, 893; Leisner in DVBl. 1988, 555; Lange in DÖV 1988, 805.

(2) **Grundeigene Bodenschätze** stehen im Eigentum des Grundeigentümers. Auf bergfreie Bodenschätze erstreckt sich das Eigentum an einem Grundstück nicht.

(3) **Bergfreie Bodenschätze** sind, soweit sich aus aufrechterhaltenen alten Rechten (§§ 149 bis 159) oder aus Absatz 4 nichts anderes ergibt:

Actinium und die Actiniden, Aluminium, Antimon, Arsen, Beryllium, Blei, Bor, Caesium, Chrom, Eisen, Francium, Gallium, Germanium, Gold, Hafnium, Indium, Iridium, Kadmium, Kobalt, Kupfer, Lanthan und die Lanthaniden, Lithium, Mangan, Molybdän, Nickel, Niob, Osmium, Palladium, Phosphor, Platin, Polonium, Quecksilber, Radium, Rhenium, Rhodium, Rubidium, Ruthenium, Scandium, Schwefel, Selen, Silber, Strontium, Tantal, Tellur, Thallium, Titan, Vanadium, Wismut, Wolfram, Yttrium, Zink, Zinn, Zirkonium – gediegen und als Erze außer in Raseneisen, Alaun und Vitriolerzen –;

Kohlenwasserstoffe nebst den bei ihrer Gewinnung anfallenden Gasen;

Stein- und Braunkohle nebst den im Zusammenhang mit ihrer Gewinnung auftretenden Gasen; Graphit;

Stein-, Kali-, Magnesia- und Borsalze nebst den mit diesen Salzen in der gleichen Lagerstätte auftretenden Salzen; Sole;

Flussspat und Schwerspat.

Als **bergfreie Bodenschätze** gelten:

1. alle Bodenschätze im Bereich des Festlandsockels und,
2. soweit sich aus aufrechterhaltenen alten Rechten (§§ 149 bis 159) nichts anderes ergibt,
   a) alle Bodenschätze im Bereich der Küstengewässer sowie
   b) Erdwärme und die im Zusammenhang mit ihrer Gewinnung auftretenden anderen Energien (Erdwärme).

(4) **Grundeigene Bodenschätze** im Sinne dieses Gesetzes sind nur, soweit sich aus aufrechterhaltenen alten Rechten (§§ 149 bis 159) nichts anderes ergibt:

1. Basaltlava mit Ausnahme des Säulenbasaltes; Bauxit; Bentonit und andere montmorillonitreiche Tone; Dachschiefer; Feldspat; Kaolin; Pegmatitsand; Glimmer; Kieselgur; Quarz und Quarzit, soweit sie sich zur Herstellung von feuerfesten Erzeugnissen oder Ferrosilizium eignen; Speckstein, Talkum; Ton, soweit er sich zur Herstellung von feuerfesten, säurefesten oder nicht als Ziegeleierzeugnisse anzusehenden keramischen Erzeugnissen oder zur Herstellung von Aluminium eignet; Trass;
2. alle anderen nicht unter Absatz 3 oder Nummer 1 fallenden Bodenschätze, soweit sie untertägig aufgesucht oder gewonnen werden."

320 Während die grundeigenen Bodenschätze im Eigentum des Grundeigentümers stehen[241], sind die bergfreien Bodenschätze nicht Bestandteil des Eigentums. **Der Abbau grundeigener Bodenschätze bedarf der Genehmigung** (Erlaubnis, Bewilligung) nach verschiedenen bundes- und landesrechtlichen Vorschriften. Sie kann versagt werden, wenn dem das Wohl der Allgemeinheit entgegensteht.

Steuerrechtlich stellen Bodenschätze so lange ein vom Grund und Boden getrenntes Wirtschaftsgut nicht dar, wie

a) eine zum Abbau erforderliche behördliche Genehmigung nicht erteilt wird oder

b) die Ausweisungen im Flächennutzungs- bzw. Bebauungsplan einen Abbau nicht möglich machen[242].

---

[241] In den Ländergesetzen (vgl. das nordrh.-westf. Abgrabungsgesetz vom 21.11.1972) sind die Gewinnung der Bodenschätze, die Oberflächengestaltung und die Rekultivierung der Grundstücke geregelt; daneben sind das Wasserrecht, das Naturschutz- und Landschaftsschutzpflegegesetz sowie das Raumordnungs- und Landesplanungsrecht zu nennen (vgl. Dingethal/Jürging/Kaule/Weinzierl, Kiesgrube und Landschaft, 2. Aufl. Hamburg, Berlin 1985); zur ertragsteuerlichen Behandlung vgl. Schreiben des BMF vom 9.8.1993 – IV B 2 S 2134 – 208/93.
[242] BFH, Urt. vom 29.10.1993 – III R 36/93 –, EzGuG 4.154b.

9.2.2 Besonderheiten in den neuen Bundesländern

9.2.2.1 Rechtsentwicklung

In den Ländern *Brandenburg, Sachsen, Sachsen-Anhalt, Thüringen* sowie im *Ostteil Berlins* gilt mit bestimmten Maßgaben[243] das Berggesetz der DDR vom 12.5.1969 (GBl. DDR 1969, 29) fort. Das Bundesberggesetz[244] ist dort gleichzeitig mit Maßgaben in Kraft getreten. Dieses bestimmt zur **Einordnung von Bodenschätzen in bergfreie und grundeigene Bodenschätze** Folgendes:

„Mineralische Rohstoffe im Sinne des § 3 des Berggesetzes der Deutschen Demokratischen Republik vom 12. Mai 1969 (GBl. I Nr. 5 S. 29) und der zu dessen Durchführung erlassenen Vorschriften sind bergfreie Bodenschätze im Sinne des § 3 Abs. 3. Geologische Formationen und Gesteine der Erdkruste, die sich zur unterirdischen behälterlosen Speicherung eignen, gelten als bergfreie Bodenschätze im Sinne des § 3 Abs. 3. Die anderen mineralischen Rohstoffe im Sinne des § 2 des Berggesetzes der Deutschen Demokratischen Republik sind grundeigene Bodenschätze im Sinne des § 3 Abs. 4."

Die genannten **Vorschriften des Berggesetzes der DDR** haben folgende Fassung:

§ 2 BergG der DDR

(1) Mineralische Rohstoffe im Sinne dieses Gesetzes sind die festen, flüssigen und gasförmigen natürlichen Bestandteile der Erdkruste sowie die Bestandteile von Halden und Rückständen der Aufbereitung, soweit die Bestandteile gegenwärtig oder in Zukunft volkswirtschaftlich genutzt werden können. Ausgenommen ist der Boden als die belebte Verwitterungsrinde der Erdkruste.

(2) Lagerstätten sind räumlich begrenzte Abschnitte der Erdkruste, in denen natürliche Konzentrationen von mineralischen Rohstoffen (Lagerstättenvorräte) enthalten sind. Halden und Rückstände der Aufbereitung, die mineralische Rohstoffe enthalten, sind wie Lagerstätten zu behandeln.

§ 3 BergG der DDR

Mineralische Rohstoffe, deren Nutzung von volkswirtschaftlicher Bedeutung ist, sind Bodenschätze und – unabhängig vom Grundeigentum – Volkseigentum."

Das Gesetz gibt **keine klare Aufteilung der Bodenschätze** in

– „volkseigene" bergfreie mineralische Rohstoffe und

– „sonstige" (grundeigene) mineralische Rohstoffe;

es fehlt eine eindeutige enumerative Aufzählung[245].

Erst mit der Anl. zur Verordnung über die Verleihung von Bergwerkseigentum vom 15.8.1990 (GBl. DDR I 1990, 1071) ist eine eindeutige **Bestimmung der bergfreien Bodenschätze** für die jungen Bundesländer vorgenommen worden, die weit über das hinausgeht, was als bergfreie Bodenschätze nach dem BBergG gilt. Danach gelten u.a. Minerale und Gesteine, aus denen chemische Erzeugnisse oder ihre Verbindungen gewonnen werden können (Erze, Salze, Spate), als bergfrei[246].

Nach den genannten Vorschriften des Einigungsvertrages galten in den neuen Bundesländern sowie im Ostteil Berlins die in § 2 Abs. 1 des BergG der DDR definierten mineralischen Rohstoffe, die nach § 3 dieses Gesetzes im Volkseigentum standen, als bergfreie Bodenschätze i.S. des § 3 Abs. 3 BBergG. Das Gleiche galt für geologische Formationen und Gesteine der Erdkruste, die sich zur unterirdischen behälterlosen Speicherung eignen[247]. Die anderen mine-

---

243 Anl. II Kap. V Sachgeb. D Abschn. III Nr. 1b) des Einigungsvertrages (BGBl. II 1990, 1202); vgl. Boldt/Weller, BBergG, de Gruyter, Berlin 1992, S. 209 ff.
244 BBergG vom 23.8.1980 (BGBl. 1980, 1310), zuletzt geändert durch Gesetz vom 12.2.1990 (BGBl. I 1990, 215); vgl. Anl. I Kap. V Sachgeb. D Abschn. III Nr. 1 des Einigungsvertrages (BGBl. II 1990, 1003 ff.).
245 Auch in der hierzu erlassenen Dritten DVO zum BergG vom 12.8.1976 (GBl. DDR I 1976, 403) findet die Frage keine eindeutige Beantwortung. So wird dort im § 1 bei Mineralien und Gesteinen zwischen „hochwertigen" und „sonstigen" unterschieden, wobei „Hochwertigkeit" zugleich „Volkseigentum" bedeutete.
246 Boldt/Weller a.a.O., S. 214 ff.; die gegen die Regelung des Einigungsvertrages eingebrachte Klage wurde vom BVerfG mit dem Beschl. vom 24.6.1992 – 1 BvR 1028/91 –, EzGuG 14.114, abgewiesen; es wurde auf den Instanzenweg verwiesen; des Weiteren BGH, Urt. vom 17.5.2001 – III ZR 249/00 –, GuG 2001 – aktuell 2001, 47.
247 BezG Schwerin, Urt. vom 24.4.1991 – S 10/91 –, EzGuG 4.142.

ralischen Rohstoffe i.S.d. § 2 des BergG der DDR sind dagegen grundeigene Bodenschätze i.S. des § 3 Abs. 4 BBergG und standen im Eigentum des Grundeigentümers.

326 Des Weiteren blieben nach dem Einigungsvertrag **Untersuchungs-, Gewinnungs- und Speicherrechte des Staates** i.S. des § 5 Abs. 2 bis 4 des BergG der DDR, die Dritten zur Ausübung übertragen worden sind (sog. alte Rechte), bestehen. Dagegen erlosch das Untersuchungs-, Gewinnungs- und Speicherrecht des Staates i.S. des § 5 des BergG der DDR, soweit sich daraus nichts anderes ergibt.

327 Die genannte Bestimmung hat folgende Fassung:

„§ 5 BergG der DDR

(1) Das Recht zu Untersuchungsarbeiten (Untersuchungsrecht), zu Gewinnungsarbeiten (Gewinnungsrecht) und zur unterirdischen Speicherung (Speicherrecht) steht dem Staat zu.

(2) Das Untersuchungs-, Gewinnungs- und Speicherrecht wird grundsätzlich durch staatliche Organe oder volkseigene Betriebe ausgeübt. Untersuchungs- und Gewinnungsarbeiten sowie die unterirdische Speicherung dürfen nur im Rahmen der betrieblichen Pläne auf der Grundlage der staatlichen Plankennziffern durchgeführt werden. Vor Aufnahme der Untersuchungsarbeiten hat das staatliche Organ oder der ausübende volkseigene Betrieb die Abstimmung mit dem Rat des Bezirkes herbeizuführen.

(3) Die staatlichen Organe können das Gewinnungsrecht genossenschaftlichen oder anderen sozialistischen Einrichtungen übertragen.

(4) Das Gewinnungsrecht an mineralischen Rohstoffen, die nicht unter § 3 fallen, kann durch die staatlichen Organe auch an Betriebe mit staatlicher Beteiligung sowie an private Industrie- und Handwerksbetriebe übertragen werden."

328 Des Weiteren sieht der Einigungsvertrag für die neuen Bundesländer sowie den Ostteil Berlins folgende **Sonderregelungen über die Untersuchungs-, Gewinnungs- und Speicherrechte** vor:

„c) **Untersuchungsrechte** erlöschen zwölf Monate nach dem Tage des Wirksamwerdens des Beitritts. § 14 Abs. 1 ist für die Erteilung einer Erlaubnis und insoweit mit der Maßgabe entsprechend anzuwenden, dass an die Stelle des Inhabers einer Erlaubnis der durch ein Lagerstätteninteressengebiet Begünstigte tritt, das auf der Grundlage der Lagerstättenwirtschaftsanordnung vom 15. März 1971 (GBl. II Nr. 34 S. 279) festgelegt worden ist.

d) (1) **Gewinnungsrechte** an mineralischen Rohstoffen im Sinne des § 3 des Berggesetzes der Deutschen Demokratischen Republik kann der zur Ausübung Berechtigte innerhalb einer Frist von sechs Monaten nach dem Tage des Wirksamwerdens des Beitritts bei der für die Zulassung von Betriebsplänen zuständigen Behörde zur Bestätigung anmelden.

(2) Die **Bestätigung** ist zu erteilen, wenn

1. das Gewinnungsrecht

1.1. dem Antragsteller am 31. Dezember 1989 zur Ausübung nach § 5 des Berggesetzes der Deutschen Demokratischen Republik wirksam übertragen war oder

1.2. dem Antragsteller nach dem 31. Dezember 1989

– aufgrund der Vierten Durchführungsbestimmung zur Verordnung über die Gründung und Tätigkeit von Unternehmen mit ausländischer Beteiligung in der Deutschen Demokratischen Republik – Berechtigung zur Gewinnung mineralischer Rohstoffe – vom 14. März 1990 (GBl. I Nr. 21 S. 189)

– aufgrund der Verordnung über die Verleihung von Bergwerkseigentum vom 15. August 1990 (GBl. I Nr. 53 S. 1071) als Bergwerkseigentum oder

– sonst von der zuständigen Behörde übertragen wurde und

1.3. bis zum Tage des Wirksamwerdens des Beitritts nicht aufgehoben worden ist und

2. der Antragsteller das Vorliegen der Voraussetzungen nach Nummer 1 sowie den Umfang der aufgrund der Vorratsklassifikationsanordnung vom 28. August 1979 (Sonderdruck Nr. 1019 des Gesetzblattes), bei radioaktiven Bodenschätzen aufgrund einer entsprechenden methodischen Festlegung, bestätigten und prognostizierten Vorräte sowie

2.1. in den Fällen der Nummer 1.2. erster und dritter Anstrich das Vorliegen einer Bescheinigung der Staatlichen Vorratskommission über die ordnungsgemäße Übertragung des Gewinnungsrechts,

Grundeigene und bergfreie Bodenschätze § 5 ImmoWertV V

2.2. in den Fällen der Nummer 1.2. zweiter Anstrich die Eintragung des Bergwerkseigentums in das Bergwerksregister

mit den für die Bestätigung erforderlichen Unterlagen nachweist.

(3) Das **Gewinnungsrecht** ist im beantragten Umfang, höchstens im Umfang der bestätigten und prognostizierten Vorräte sowie

1. in den Fällen des Absatzes 2 Nr. 1.1. und 1.2. erster und dritter Anstrich für eine zur Durchführung der Gewinnung der Vorräte angemessene Frist, die 30 Jahre nicht überschreiten darf,
2. in den Fällen des Absatzes Nr. 1.2. zweiter Anstrich unbefristet in einer Form zu bestätigen, die den sich aus § 8 oder § 151 in Verbindung mit § 4 Abs. 7 ergebenden Anforderungen entspricht.

(4) Ein **bestätigtes Gewinnungsrecht** gilt für die Bodenschätze, die Zeit und den Bereich, für die es bestätigt wird,

1. in den Fällen des Absatzes 2 Nr. 1.1. und 1.2. erster und dritter Anstrich als Bewilligung im Sinne des § 8,
2. im Falle des Absatzes 2 Nr. 1.2. zweiter Anstrich als Bergwerkseigentum im Sinne des § 151.

(5) Die §§ 75 und 76 gelten für bestätigte alte Rechte sinngemäß.

(6) Nicht oder nicht fristgemäß angemeldete Rechte erlöschen mit Fristablauf, Rechte, denen die Bestätigung versagt wird, erlöschen mit dem Eintritt der Unanfechtbarkeit der Versagung.

(7) **Bergrechtliche Pflichten** aus einem bis zum Tage des Wirksamwerdens des Beitritts ausgeübten Gewinnungsrecht bleiben von einer das bisherige Gewinnungsrecht nicht voll umfassenden Bestätigung unberührt. Ist die Rechtsnachfolge in bergrechtlichen Pflichten strittig, stellt die für die Bestätigung zuständige Behörde die Verantwortung fest. Die Rechtsnachfolger sind verpflichtet, die dazu erforderlichen Auskünfte zu erteilen.

e) Für **Gewinnungsrechte** an anderen mineralischen Rohstoffen gilt Buchstabe d) entsprechend mit folgenden Maßgaben:

aa) Der Antragsteller muss zusätzlich nachweisen, dass er sich mit dem Grundeigentümer über eine angemessene Entschädigung für die Gewinnung der Bodenschätze ab dem Tage des Wirksamwerdens des Beitritts geeinigt hat. Ist eine Einigung trotz ernsthafter Bemühungen nicht zustande gekommen, kann der Antragsteller bei der für die Bestätigung zuständigen Behörde eine Entscheidung über die Entschädigung beantragen. Die Behörde entscheidet nach Anhörung des Grundeigentümers in entsprechender Anwendung der §§ 84 bis 90.

bb) Die Bestätigung setzt die Einigung oder die Unanfechtbarkeit der Entscheidung über die Entschädigung voraus.

cc) Die Übertragung der Bewilligung (§ 22) bedarf der Zustimmung des Grundeigentümers. Eine Verleihung von Bergwerkseigentum ist ausgeschlossen. § 31 findet keine Anwendung.

f) Für **Speicherrechte** gilt Buchstabe d) entsprechend mit der Maßgabe, dass an die Stelle der Gewinnung das Errichten und Betreiben eines Untertagespeichers und an die Stelle der bestätigten und prognostizierten Vorräte die vom Antragsteller nachzuweisende voraussichtlich größte Ausdehnung der in Anspruch genommenen geologischen Speicherformation oder des Kavernenfeldes treten. Auf Untersuchungen des Untergrundes und auf Untergrundspeicher findet § 126 mit der Maßgabe Anwendung, dass auch die Vorschriften der §§ 107 bis 125 entsprechende Anwendung finden."

Festgesetzte Bergbauschutzgebiete i.S. des § 11 BergG der DDR, bei denen nach Feststellung der für die Zulassung von Betriebsplänen zuständigen Behörde innerhalb der nächsten 15 Jahre eine bergbauliche Inanspruchnahme von Grundstücken zu erwarten ist, gelten nach dem Einigungsvertrag für den Bereich des Feldes, für das das Gewinnungsrecht bestätigt worden ist, als Baubeschränkungsgebiete nach §§ 107 bis 109 mit der Maßgabe, dass § 107 Abs. 4 unabhängig von den Voraussetzungen für die Festsetzung der Bergbauschutzgebiete gilt, aber erstmalig ab 1. Januar 1995 anzuwenden ist, es sei denn, dass der durch die Baubeschränkung begünstigte Unternehmer eine frühere Aufhebung beantragt. Im Übrigen gelten Bergbauschutzgebiete mit dem Tage des Wirksamwerdens des Beitritts als aufgehoben. Das Register der nach Satz 1 als Baubeschränkungsgebiete geltenden Bergbauschutzgebiete gilt als archivmäßige Sicherung nach § 107 Abs. 2 BergG.

V § 5 ImmoWertV — **Bergfreie Bodenschätze**

330 Der genannte **§ 11 des BergG der DDR** hat folgende Fassung:

„§ 11 BergG der DDR

(1) Zur Einordnung des Abbaus von mineralischen Rohstoffen in die gesellschaftliche und volkswirtschaftliche Entwicklung des Territoriums, zur langfristigen Koordinierung des Abbaus von mineralischen Rohstoffen in den betreffenden Bereichen sowie zur Abwendung gesellschaftlicher Nachteile, die sich durch gegenwärtige oder künftige bergbauliche Einwirkungen ergeben können, sind Bergbauschutzgebiete festzusetzen.

(2) Ein Bergbauschutzgebiet ist auch dann festzusetzen, wenn durch die unterirdische Speicherung keine Einwirkungen auf die Tagesoberfläche zu erwarten sind, jedoch der Schutz der speicherfähigen Gesteine vor Beeinträchtigung notwendig ist.

(3) Zur Abstimmung der für den Abbau von mineralischen Rohstoffen erforderlichen Maßnahmen mit den volkswirtschaftlichen und territorialen Erfordernissen in den Bereichen sind die Betriebe oder die ihnen übergeordneten wirtschaftsleitenden Organe verpflichtet, Bergbauschutzgebiete bei den Räten der Bezirke zu beantragen.

(4) Die Bezirkstage entscheiden über den Antrag und setzen die Bergbauschutzgebiete fest. Bergbauschutzgebiete von überbezirklicher Bedeutung werden durch den Ministerrat festgesetzt.

(5) Die Absätze 1 bis 4 gelten nicht für Lagerstätten medizinisch nutzbarer mineralischer Rohstoffe. Für diese Lagerstätten gelten die hierfür erlassenen Bestimmungen."

331 Die genannten **Sonderregelungen stehen unter** dem **Vorbehalt** der Ermächtigung des Bundesministeriums für Wirtschaft, durch Rechtsverordnung mit Zustimmung des Bundesrates Vorschriften zu erlassen über

a) eine andere Zuordnung der in Buchstabe a) erfassten mineralischen Rohstoffe, soweit dies die im Verhältnis zu § 3 Abs. 3 und 4 geltenden anderen oder unbestimmten Kriterien erfordern,

b) eine Verlängerung der in diesem Gesetz geforderten Fristen um höchstens sechs Monate, soweit das mit Rücksicht auf die erforderliche Anpassung geboten ist,

c) nähere Einzelheiten zur Aufrechterhaltung und Bestätigung alter Rechte i.S. des Buchstaben b) sowie für die nach Buchstabe b) als Baubeschränkungsgebiete geltenden Bergbauschutzgebiete und zu deren Aufhebung.

332 Bezüglich der Verfassungsmäßigkeit der Zuordnung von Bodenvorkommen in den neuen Bundesländern stand lange Zeit eine grundsätzliche Klärung noch aus. Das **BVerfG hat in** seinem **Beschluss vom 24.6.1992** eine Klage gegen die Bestimmungen des Einigungsvertrags hinsichtlich der Abgrabung von Bodenvorkommen mit Hinweis auf den Instanzenweg abgewiesen[248]. Mit Beschluss vom 24.9.1997 hat das BVerfG die Regelung des Einigungsvertrags, nach der Kiese und Kiessande im Beitrittsgebiet vom Grundeigentum abgespaltene bergfreie Bodenschätze sind, als verfassungskonform erkannt[249].

9.2.2.2 Bergrechtsvereinheitlichung

333 Mit dem Gesetz zur Vereinheitlichung der Rechtsverhältnisse bei Bodenschätzen, das am 23.4.1996 in Kraft getreten ist, wurde die **Fortgeltung des Berggesetzes der DDR nach den im Einigungsvertrag vorgegebenen Maßgaben aufgehoben**, jedoch bleiben bestehende Bergbauberechtigungen (Erlaubnis, Bewilligung, Bergwerkseigentum) auf Bodenschätze, die nicht in § 3 Abs. 3 BBergG (vgl. Rn. 324) aufgeführt sind, unberührt. Entsprechendes gilt für fristgemäß zur Bestätigung angemeldete Gewinnungs- und Speicherrechte, über deren Bestätigung noch nicht unanfechtbar entschieden worden ist.

334 Mit Verkündung des Gesetzes finden die Bestimmungen des § 3 BBergG über die Zuordnung von bergfreien und grundeigenen Bodenschätzen im gesamten Bundesgebiet Anwendung. Die in den neuen Bundesländern mit dem Einigungsvertrag zunächst als bergfreie Bodenschätze übergeleiteten „Steine-Erden-Rohstoffe" wurden damit dem Eigentum am Grund und

---

248 BVerfG, Beschl. vom 24.6.1992 – 1 BvR 1028/91 –, EzGuG 14.114.
249 BVerfG, Beschl. vom 24.9.1997 – 1 BvR 647/91 –, GuG 1998, 184.

Boden zugeordnet. Davon ausgenommen ist jedoch das **Eigentum an mineralischen Rohstoffen, an denen zum Zeitpunkt des Inkrafttretens des Gesetzes Bergbauberechtigungen bestanden (Bestandsschutz)**. Weiterhin bergfrei bleiben nach § 2 des Gesetzes vom 15.4.1996 Bodenschätze, auf die sich eine Bergbauberechtigung oder ein Gewinnungsrecht bezieht, für die Geltungsdauer einer bereits bestehenden Bergbauberechtigung. Der Eigentümer des Grund und Bodens hat insoweit weiterhin keine Rechte an diesen Bodenschätzen.

Der **Bestandsschutz** bezieht sich des Weiteren nach § 2 des Gesetzes vom 15.4.1996 auf **335**

a) das von der DDR der Treuhandanstalt verliehene Bergwerkseigentum, wenn es im Rahmen der Privatisierung auf Dritte übertragen wurde, sowie

b) auf neu nach dem 3.10.1990 verliehenes Bergwerkseigentum.

9.2.2.3 Bergfreie Bodenschätze

Schrifttum: *Linke, Ch.,* Teilmarkt Flächen über Lagerstätten von Kiesen und Sanden unter Bezug auf das Land Brandenburg, GuG 1997, 278; *Schröder, U.,* Abbauland in Brandenburg, GuG 1997, 278; GuG 2000, 352; *Töpfer, F.-R./Butler, J.,* Kein Teilmarkt für Grundstücke über Bodenschätzen in den neuen Bundesländern, GuG 2003, 65; *Uherek, H.-W./Kölbel, D.,* Bewertung von Grundstücken mit Kies und Kiessanden in den neuen Bundesländern, GuG 1993, 274; *Uherek, H.-W./Dittrich, F.,* Wertermittlung von Flächen über ausgewählten bergfreien Bodenschätzen in den neuen Bundesländern, GuG 1995, 297; *Uherek, H.-W./Dittrich, F.,* Die aktuelle bergrechtliche Situation in den neuen Bundesländern aus der Sicht des Grundstückssachverständigen, GuG 1997, 214; *Wienzek, K.,* Verkehrswertermittlung von Grundstücken über Bodenschätzen in den neuen Bundesländern, GuG 1999, 76; *Wiesner, T.,* Besonderheiten der Wertermittlung für die Begründung schadensersatzrechtlicher Forderungen in Bergbaugebieten, GuG 1999, 44.

Für die neuen Bundesländer folgt aus den vorstehenden Überleitungsregelungen die Erhebung einer **Feldes- und Förderabgabe** i.S. der §§ 30 bis 33 BBergG, weil z. B. Kiesvorkommen in der ehemaligen DDR auch nach dem Beitritt weiterhin wie Volkseigentum zu behandeln sind[250]. Nach § 31 Abs. 2 BBergG beträgt die Förderabgabe 10 v.H. des Marktwerts der Bodenschätze. **336**

Der Umstand, dass in den neuen Bundesländern (zunächst) fast alle nutzbaren Bodenschätze bergfrei waren, hat nach Beobachtungen des Bodenmarktes nicht dazu geführt, dass die Flächen im Grundstücksverkehr wertmäßig wie Flächen ohne Bergschätze gehandelt werden; d.h., die **Existenz von Bodenschätzen wirkt sich nicht wertneutral aus**. Es handelt sich hier um einen besonderen Teilmarkt, der dem gewöhnlichen Geschäftsverkehr zuzurechnen ist (vgl. § 194 BauGB Rn. 40 ff.). **337**

Uherek/Hennig/Kölbel[251] haben verwertbare Kaufpreise von landwirtschaftlichen Nutzflächen über Kiesen und Kiessanden in den Ländern *Sachsen, Sachsen-Anhalt* und *Thüringen* im Zeitraum 2. Hj. 1990 bis 2 Hj. 1992 untersucht. Die Kauffläche hat 697,2 ha betragen; etwa 53 % dieser Fläche wurde zu Preisen von 2,00 bis 2,50 €/m² gehandelt, das Vielfache der mittleren Preise für landwirtschaftliche Nutzflächen bewegte sich im Wesentlichen zwischen dem 2- und 6-Fachen. **338**

In einer Untersuchung[252] über Kies- und Kiessandvorkommen, bei der insgesamt 255 Kauffälle in 48 Gemarkungen mit einer Flächengröße von rd. 7 Mio. Quadratmetern untersucht wurden, ergaben sich Kaufpreise in einer Spanne von 0,50 bis 7,50 €/m². Der mittlere Kaufpreis betrug 2,30 €/m² bei einer Standardabweichung von 0,91 €/m². Mit zunehmender Größe der Fläche sinkt dabei der Kaufpreis, wobei Käufe von Flächen über 20 ha ein deutliches Absinken erkennen ließen (Abb. 36 f.). **339**

---

250 BezG Schwerin, Urt. vom 24.4.1991 – S. 10/91 –, EzGuG 4.143.
251 Uherek/Hennig/Kölbel, Bewertung von Grundstücken mit Kies und Kiessanden in den neuen Bundesländern, GuG 1993, 274 ff.; GuG 1995, 257 und GuG 1997, 214; hierzu LG Neuruppin, Urt. vom 9.4.1997 – 1a O658/96 –, GuG 1997, 253; LG Neuruppin, Urt. vom 12.3.1997 – 1a O 658/96 –, EzGuG 4.166a = EzGuG 19.44b; LG Potsdam, Urt. vom 21.8.1997 – 7 S 276/96 –, EzGuG 19.45; Schröder in GuG 1997, 20 ff., 258 ff.; GuG 1998, 266 ff.; Linke in GuG 1999, 226; Wienzek in GuG 1999, 76.
252 Diplomarbeit an der Universität Leipzig, Agrarwissenschaftliche Fakultät.

V § 5 ImmoWertV — Bergfreie Bodenschätze

▶ *Zum Grundsätzlichen der Verkehrswertermittlung vgl. Teil II Rn. 46 ff. (Teilmarkttheorie)*

Abb. 36: Auszug aus einer Kaufpreisuntersuchung über Abbauland mit Tonvorkommen in Thüringen (bergfreier Bodenschatz)

Kreis	Größe in m²	Bonität AZ/GZ	Kaufdatum	Kaufpreis €/m²	Bodenschatz
Mühlhausen	12 622	37	01.02.1992	2,50	Ton
Mühlhausen	9 930	37	01.02.1992	2,50	Ton
Mühlhausen	10 088	57	01.02.1992	2,50	Ton
Mühlhausen	5 023	37	01.02.1992	2,50	Ton
Mühlhausen	5 165	36	01.02.1992	2,50	Ton
Eisenberg	38 864	0	01.11.1990	10,00	Ton
Eisenberg	128 868	0	01.11.1990	10,00	Ton
Eisenberg	38 843	0	01.11.1990	10,00	Ton
Eisenberg	20 860	0	01.11.1990	10,00	Ton
Eisenberg	13 100	45	01.12.1991	1,25	Ton
Eisenberg	56 143	45	01.12.1991	1,25	Ton
Eisenberg	31 830	45	01.12.1991	0,40	Ton
Eisenberg	88 417	45	01.12.1991	0,29	Ton
Eisenberg	13 170	45	01.12.1991	1,25	Ton
Eisenberg	55 579	45	01.12.1991	1,25	Ton
Eisenberg	46 400	45	01.12.1991	1,25	Ton
Eisenberg	49 800	0	01.12.1991	1,00	Ton
Eisenberg	5 286	0	01.12.1991	1,00	Ton
Eisenberg	6 360	0	01.12.1991	1,00	Ton
Eisenberg	4 893	0	01.12.1991	1,00	Ton
Eisenberg	2 893	0	01.12.1991	1,00	Ton
Eisenberg	5 431	0	01.12.1991	1,00	Ton

Quelle: Uherek; AZ = Ackerzahl; GZ = Grünlandzahl

Abb. 37: Auszug aus einer Kaufpreisuntersuchung von Abbauland mit Tonvorkommen im Raum Dresden (bergfreier Bodenschatz)

Kategorie	Kreis	Datum	Fläche in m²	€/m²
Abbauland über bergfreiem Bodenschatz	Meißen	1993	9 810	2,50
Abbauland über bergfreiem Bodenschatz	Meißen	1993	2 343	2,15
Abbauland über bergfreiem Bodenschatz	Meißen	1993	13 690	2,28
Abbauland über bergfreiem Bodenschatz	Meißen	1993	4 798	2,22
Abbauland über bergfreiem Bodenschatz	Meißen	1993	780	5,88
Abbauland über bergfreiem Bodenschatz	Meißen	1994	6 402	2,50
Abbauland über bergfreiem Bodenschatz	Werdau	1994	21 000	3,24
Abbauland über bergfreiem Bodenschatz	Grumbach	1995	20 000	3,50

Quelle: Uherek

Abb. 38: Abbauflächen über Kies im Vergleich zu landwirtschaftlichen Flächen

Jahr	Landesdurchschnitt	
	Abbauflächen €/m²	Ackerpreis €/m²
1997	1,89	0,28
1998	1,94	0,22
1999	1,87	0,25
2000	1,12	0,31
2001	0,89	0,18

Quelle: Grundstücksmarktberichte Brandenburg 1997–2001

In *Brandenburg* lagen die Kaufpreise bei Flächenverkäufen zur Sand- und Kiesgewinnung im Jahre 2007 im Landesdurchschnitt bei 0,57 €/m², der abhängig von den Standorten eine Preisspanne von 0,08 €/m² bis 2,50 €/m² aufwies.

9.3 Verkehrswertermittlung

9.3.1 Allgemeines

Der Wert eines Abgrabungsgrundstücks richtet sich in erster Linie nach **Art, Qualität und Volumen des Abbaustoffs.** Hiervon ausgehend sollten sowohl der Ertrags- als auch der Sach- und Verkehrswert ermittelt werden. Bei noch „unverritzten" Grundstücken ist der Verkehrswert aus Kaufpreisen geeigneter Vergleichsgrundstücke abzuleiten, wobei auf Kaufpreise von landwirtschaftlichen Nutzflächen zurückgegriffen wird. **340**

Bei der Wertermittlung müssen die **Abgrabungsgenehmigung** und die in diesem Zusammenhang gemachten **Auflagen** (vgl. Rn. 317 ff.) ebenso beachtet werden wie auch Fragen der Verkehrsanbindung der Abgrabungsstätte, Absatzlage, Abgrabungs- und Rekultivierungskosten sowie die Preisentwicklung des Abbaustoffes. **341**

Maßgeblich für die Wertermittlung ist der **Abgrabungsplan,** aus dem Art und Umfang der abzubauenden Bodenschätze sowie die zeitliche Durchführung hervorgeht. Die Rechte aus einer genehmigten Abgrabung erlöschen, wenn nicht innerhalb von zumeist drei Jahren nach Erteilung der Genehmigung begonnen wurde. **342**

Abbauwürdige Bodenvorkommen gehören zur Beschaffenheit von Grundstücken; sie erhöhen den Verkehrswert des Grundstücks i.d.R. um den kapitalisierten Reinertrag. Dieser werterhöhende Faktor kann sich auch dann bilden, wenn die **Ausbeutung** zum Wertermittlungsstichtag zwar noch nicht begonnen hat, dies aber **in absehbarer Zeit geschehen kann**[253]. Bodenvorkommen können den Verkehrswert allerdings nur erhöhen, soweit der Abbau nach den örtlichen Verhältnissen wirtschaftlich rentabel ist, der Abbau zur geschützten Rechtsposition des Eigentümers gehört und die wasserrechtliche Genehmigung nicht versagt werden kann (vgl. Rn. 322 ff.). **343**

Nach der Grundsatzentscheidung des BVerfG[254] steht es nämlich mit dem Grundgesetz im Einklang, das unterirdische Wasser zur Sicherung einer funktionsfähigen Wasserwirtschaft mit dem Wasserhaushaltsgesetz – WHG – einer vom Grundstückseigentum getrennten öffentlich-rechtlichen Benutzungsordnung zu unterstellen. Die **Versagung der wasserrechtlichen Genehmigung** zur Vermeidung schädlicher Auswirkungen auf das Grundwasser stellt deshalb keinen zu entschädigenden Eingriff dar, auch wenn sich infolgedessen der Verkehrswert des Grundstücks mindert (vgl. Rn. 395). Nur wenn dem Vorhaben wasserwirtschaftliche **344**

---
253 BGH, Urt. vom 18.9.1986 – III ZR 83/85 –, EzGuG 4.111.
254 BVerfG, Beschl. vom 15.7.1981 – 1 BvL 77/78 –, EzGuG 4.78.

Gründe i.S. des § 6 WHG nicht entgegenstehen, fällt die Versagung einer wasserrechtlichen Genehmigung unter den Schutz des Art. 14 GG[255].

345 Nach *Köhne*[256] ist danach zu unterscheiden, ob mit dem **Abbau begonnen werden kann oder ob der Abbau bereits im Gange** ist.

- Im ersten Fall muss geprüft werden, ob eine entsprechende Genehmigung bereits erteilt worden ist bzw. aufgrund eines Rechtsanspruchs erteilt werden müsste. Liegt dies nicht vor, so hat die Behörde die Beweislast, dass die Genehmigung zu versagen (gewesen) wäre, wenn die Bodenschätze nicht entschädigt werden sollen[257]. Im Falle eines Entzugs solcher Flächen sind ggf. nur solche Bodenschätze zu entschädigen, denen der Rechtsverkehr am Wertermittlungsstichtag Rechnung getragen hätte; bloße Zukunftschancen ohne eine entsprechende Rechtsposition begründen hingegen keine Entschädigungspflicht.

- Im zweiten Fall muss zunächst geprüft werden, auf welche Teile des zu entziehenden Grundstücks sich eine erteilte Abbaugenehmigung bezieht. Für die nicht betroffenen Teile gelten die vorherigen Ausführungen. Für die betroffenen Teile sind der Verlust der Rechtsposition mit der Verkehrswertentschädigung sowie etwaige Folgeschäden zu entschädigen[258].

346 **Fazit:** Für die Verkehrswertermittlung von Abbauland kommen grundsätzlich das **Vergleichs- und das Ertragswertverfahren** in Betracht. Eine Berücksichtigung der Bodenschätze bei der Verkehrswertermittlung setzt – wie dargelegt – in jedem Falle voraus, dass mit der Abbaugenehmigung gerechnet werden kann und dies wirtschaftlich sinnvoll ist. Das setzt eine entsprechende rechtliche und physische Vorklärung über Umfang und Qualität der Bodenschätze voraus. Des Weiteren ist zu klären, ob und in welchem Umfang die in Betracht kommenden Vergleichspreise sich aufgrundstücke beziehen, die gleichermaßen zulässigerweise abbaubare Bodenschätze aufweisen. In diesem Fall kann direkt von diesen Vergleichspreisen ausgegangen werden, wobei allenfalls noch Unterschiede hinsichtlich Umfang und Qualität der Bodenschätze zu berücksichtigen sind (vgl. Rn. 364).

9.3.2 Vergleichswertverfahren

347 Bei Anwendung des Vergleichswertverfahrens werden der Einfluss vorhandener Mineralien und der Zustandsmerkmale der Oberfläche auf den Wert des Grundstücks in einem Zuge gemeinsam erfasst. Bei Grundstücksflächen, die eine über die für die wirtschaftliche Nutzung der Bodenschätze hinausgehende Flächengröße aufweisen, nimmt dabei erfahrungsgemäß der Quadratmeterwert mit der Größe des Grundstücks ab (vgl. Rn. 344, 355). Die **Preise** für Kies bzw. Sand **je m³ bzw. je t ab Grube/Kieswerk** orientieren sich an Korngröße und Materialbeschaffenheit (ungewaschen/gewaschen).

348 Bei **Heranziehung von Vergleichspreisen** land- oder forstwirtschaftlicher Flächen werden im Schrifttum für Sand- und Kiesgruben folgende Preisrelationen genannt (Abb. 39):

---

[255] Der „Differenzmethode" wird in der Rspr. gegenüber der „Proportionalmethode" (vgl. Köhne, Landwirtschaftliche Taxationslehre, 3. Aufl., S. 742) der Vorzug gegeben; vgl. BGH, Beschl. vom 27.9.1990 – III ZR 57/89 –, GuG 1991, 31 = EzGuG 4.134; a. A. BFH, Urt. vom 16.12.1981 – I R 131/78 –, EzGuG 4.80 m.w.N.; BGH, Urt. vom 2.2.1984 – III ZR 170/82 –, EzGuG 4.98; BGH. Urt. vom 26.1.1984 – III ZR 179/82 –, EzGuG 4.97; BGH, Urt. vom 26.1.1984 – III ZR 178/82 –, EzGuG 16.23a; BGH, Urt. vom 14.7.1983 – III ZR 215/82 –, EzGuG 4.92; BGH, Urt. vom 29.9.1983 – III ZR 170/82 –, EzGuG 18.94; BVerwG, Urt. vom 13.4.1983 – 4 C 21/79 –, EzGuG 4.91; BVerwG, Urt. vom 13.4.1983 – 4 C 76/80 –, EzGuG 8.59; BGH, Urt. vom 3.3.1983 – III ZR 93/81 –, EzGuG 4.89; BGH, Urt. vom 33.1983 – III ZR 94/81 –, EzGuG 4.90; BGH, Urt. vom 1.7.1982 – III ZR 10/81 –, EzGuG 4.86; BGH, Urt. vom 3.6.1982 – III ZR 28/76 –, EzGuG 4.82; BGH, Urt. vom 3.6.1982 – III ZR 98/79 –, EzGuG 4.83; BGH, Urt. vom 3.6.1982 – III ZR 197/78 –, EzGuG 4.85; BGH, Urt. vom 3.6.1982 – III ZR 170/77 –, EzGuG 4.84.
[256] Köhne, Landwirtschaftliche Taxationslehre, Hamburg/Berlin 3. Aufl. 2000, S. 324.
[257] Krohn/Löwisch, Eigentumsgarantie, Enteignung, Entschädigung, 3. Aufl. Köln 1984, Rn. 270.
[258] Aust/Jacobs, Die Enteignungsentschädigung, 4. Aufl. Berlin 1996, S. 185 ff.; Büchs, Grunderwerb und Entschädigung beim Straßenbau, 2. Aufl. Stuttgart 1980, Rn. 14.174 ff. Zur Berücksichtigung bei Erbauseinandersetzungen vgl. Köhne, a.a.O., S. 145.

Verkehrswertermittlung von Abbauland § 5 ImmoWertV V

Abb. 39: Preisrelation land- oder forstwirtschaftlicher Flächen zu Sand- und Kiesgruben

Region	land- oder forstwirtschaftliche Flächen	Sand- und Kiesgruben
Nordrhein-Westfalen*	100 %	300 %
Raum Hannover**	100 %	150–500 %

Quellen: * Vogels, a.a.O., S. 65; ** Kummer, Nachr. der nds. Kat.- und VermVw 1989, 90

Im Allgemeinen gilt, dass landwirtschaftliche Nutzflächen (LN), für die eine Abgrabungserlaubnis zu erwarten ist, zu einem **Vielfachen des Ackerlandpreises** gehandelt werden. In der Literatur wird hierfür der zwei- bis sechsfache Ackerlandpreis genannt, wobei gebietstypische Abbauverhältnisse wie Abbaubedingungen (trocken, nass), Abbaumenge, Materialqualität, Absatzwege und Konjunkturlage den Ausschlag geben.

Nach einer vom Oberen Gutachterausschuss für den **Regierungsbezirk Hannover** veröffentlichten Untersuchung sind auf der Grundlage von Kaufpreisen – bezogen auf den Jahresbeginn 1996 – die sich aus Abb. 40 ergebenden Faktoren für das Verhältnis

$$\frac{\text{Kaufpreis pro Quadratmeter}}{\text{Bodenrichtwert für landwirtschaftliche Flächen}}$$

abgeleitet worden.

Abb. 40: Faktoren für das Verhältnis Kaufpreis/Bodenrichtwert landwirtschaftlicher Flächen in der Region Hannover (Jahresbeginn 1996) bei Abbauflächen

Hinweis: a) Der ermittelte Faktor liegt bei Sandgruben um etwa 0,5 niedriger.
b) Die Faktoren beziehen sich auf eine Mächtigkeit von 10 m; bei größerer Mächtigkeit sind sie um 4 % pro Meter zu erhöhen und umgekehrt.

Quelle: Bericht des Oberen Gutachterausschusses für den Reg.-Bezirk Hannover 1996 (umgerechnet)

V § 5 ImmoWertV   **Verkehrswertermittlung von Abbauland**

351 *Beispiel:*

Gegeben ist der Bodenrichtwert für eine landwirtschaftliche Fläche im Bereich Weser/Süd von 2,00 €/m².
Gesucht ist der Verkehrswert pro Quadratmeter für eine Kiesgrube und eine Sandgrube.

Aus der Tabelle:	Faktor für Kiesgrube:	= 4,5
	Faktor für Sandgrube:	4,5 − 0,5 = 4,0
	Verkehrswert für Kiesgrube:	4,5 × 2,00 €/m² = 9,00 €/m²
	Verkehrswert für Sandgrube:	4,0 × 2,00 €/m² = 8,00 €/m²

Abb. 41: Preisspannen für Abbauland nach Bodenschätzen 2007 Hannover

Preisspannen für Abbauland nach Bodenschätzen							
Boden-schatz	Anzahl	Kaufpreis		Preisanteil			
				Bodenschatz		Bodenkrume	
		Min [€/m²]	Max [€/m²]	Min [€/m²]	Max [€/m²]	Min [€/m²]	Max [€/m²]
Sand	83	2,40	7,10	1,60	6,30	0,50	2,70
Kies	95	3,50	14,20	2,60	11,70	0,50	3,60

Quelle: Grundstücksmarktbericht 2007 des Gutachterausschusses für Grundstückswerte Hannover

Als Richtwerte für Abbauland für Kies- und Sandgruben (einschließlich Bodenschatz) in der **Region Hannover** werden angegeben (2007):

1. nördlich und nordwestlich von Hannover in den Gemeinden Neustadt und Wedemark (Nordwest)

   Mächtigkeit ca. 17 m   4,40 €/m² (15 %)

2. südlich von Hannover im Bereich der Leine in den Gemeinden Hemmingen, Pattensen und Laatzen (Süd)

   Mächtigkeit ca. 5 m   9,80 €/m² (40 %)

3. östlich von Hannover in den Gemeinden Lehrte, Burgdorf und Uetze

   Mächtigkeit ca. 15 m   5,10 €/m² (10 %).

Wesentlichen Einfluss auf den Bodenwert hat der Anteil der Körnung größer als 2 mm. Im Bereich unter 30 % Körnungsanteil größer als 2 mm werden je 10 % höherem Anteil 20 bis 30 % höhere Kaufpreise gezahlt. Für Grundstücke mit 30 bis 50 % Körnungsanteil über 2 mm werden je 10 % höherem Anteil etwa 15 % mehr gezahlt.

352 *Pohnert*[259] hat 1992 im **Raum Augsburg** bei einer Fläche von 230 992 m² einen Marktpreis von 9,50 €/m² ermittelt. 1996 bewegten sich die Marktpreise in diesem Raum zwischen 6,00 und 7,00 €/t.

Für *Niedersachsen* weist der Landesgrundstücksmarktbericht 2006 folgende Angaben aus (Abb. 42):

---
[259] Pohnert, Kreditwirtschaftliche Wertermittlungen, 5. erweiterte und aktualisierte Aufl. 1996, S. 303 f.

Abb. 42: Preise in Niedersachsen

Landkreis, kreisfreie Stadt, Region	Nutzung	Preise
Gutachterausschuss für Grundstückswerte Aurich		
Landkreis Aurich	Kies	2,53–4,04 €/m² (Ø 3,40 €/m²)
	Sand	0,68–6,74 €/m² (Ø 3,08 €/m²)
	Ton	1,02–6,62 €/m² (Ø 2,17 €/m²)
	Torf	0,56–1,53 €/m² (Ø 1,26 €/m²)
Landkreis Leer	Kies	0,27–6,39 €/m² (Ø 4,05 €/m²)
	Sand	0,57–5,42 €/m² (Ø 2,31 €/m²)
	Torf	0,40–0,81 €/m² (Ø 0,55 €/m²)
Landkreis Wittmund	Kies	0,82–4,05 €/m² (Ø 2,15 €/m²)
	Sand	1,18–4,19 €/m² (Ø 2,52 €/m²)
	Ton	0,39–11,56 €/m² (Ø 2,33 €/m²)
Gutachterausschuss für Grundstückswerte Braunschweig		
Landkreis Goslar	Kies	4,50–6,20 €/m²
	Kies/Sand	3,50–5,50 €/m² (Ø 4,50 €/m²)
Gutachterausschuss für Grundstückswerte Hameln		
Landkreis Hildesheim	Kies	4,60–10,48 €/m² (Ø 6,99 €/m²) abhängig vom Bodenrichtwert der umgebenden Ackerflächen 2,50–7,70 €/m² (Ø 5,50 €/m²)
Landkreis Holzminden	Kies	4,40–20,00 €/m²
Landkreis Schaumburg	Kies	Ø 8,00 €/m²
Gutachterausschuss für Grundstückswerte Hannover		
Region Hannover	Kies	3,50–14,20 €/m²
		im Mittel wird für die Bodenkrume 80 % des landwirtschaftlichen Bodenrichtwerts für Ackerland gezahlt
	Sand	2,40–7,10 €/m²
		im Mittel wird für die Bodenkrume 80 % des landwirtschaftlichen Bodenrichtwerts für Ackerland gezahlt (Streuung 50–130 %).
Gutachterausschuss für Grundstückswerte Meppen		
Landkreis Grafschaft Bentheim	Kies	1,60–1,80 €/m² ohne Abbau (Ø 1,70 €/m²)
Gutachterausschuss für Grundstückswerte Otterndorf		
Landkreis Cuxhaven	Sand/Kies	0,89–7,01 €/m² (Ø 2,96 €/m² einschließlich Abbaugut)
	Torf	0,45–1,01 €/m² (Ø 0,65 €/m² einschließlich Abbaugut)
Landkreis Osterholz	Sand	4,20–13,27 €/m² (Ø 7,08 €/m² einschließlich Abbaugut)
Landkreis Stade	Lehm/Ton	1,02–4,85 €/m² (Ø 2,86 €/m² einschließlich Abbaugut)
	Sand/Kies	2,50–6,90 €/m² (Ø 5,85 €/m² einschließlich Abbaugut)
	Torf	0,50–1,33 €/m² (Ø 1,01 €/m² einschließlich Abbaugut)

V § 5 ImmoWertV   Verkehrswertermittlung von Abbauland

Landkreis, kreisfreie Stadt, Region	Nutzung	Preise
Gutachterausschuss für Grundstückswerte Sulingen		
Landkreis Diepholz	Sand	1,75–8,10 €/m² (Ø 5,50 €/m², davon entfielen im Mittel 3,95 €/m² auf den Anteil des Abbaugutes)
	Torf	0,90–3,40 €/m² (Ø 1,65 €/m², davon entfielen im Mittel 1,20 €/m² auf den Anteil des Abbaugutes)
Landkreis Nienburg/ Weser	Kies	4,00–9,20 €/m² (Ø 7,00 €/m², davon entfielen im Mittel 1,70 €/m² auf den Anteil des Abbaugutes)
	Sand	2,00–6,00 €/m² (Ø 3,60 €/m²)
	Torf	0,20–1,50 €/m² (Ø 0,98 €/m²)
Gutachterausschuss für Grundstückswerte Verden		
Landkreis Rotenburg (Wümme)	Sand	Ø 4,80 €/m², davon entfielen im Mittel 4,80 €/m² auf den Anteil des Bodenschatzes
Landkreis Verden	Sand	Durchschnittlich 0,60 €/m² ohne Abbau

353 An der **Rheinschiene** werden für Abbauland 8,00 bis 13,00 €/m² bezahlt (2004); so z. B. *Goch/Weeze* rd. 7,90 €/m²; *Wachtendonk* rd. 12,0 €/m². Die Preise für „reines" **Ackerland** (Eigenschaften: Größe ein Hektar, Ackerzahl 60, regelmäßiger Zuschnitt) bewegen sich zwischen 3,25 und 4,50 €/m². Der Grundstücksmarktbericht 2006 von *Kleve* gibt ein durchschnittliches Preisniveau von 7,20 bis 12,50 €/m² an.

Abb. 43:   Durchschnittswerte für Abgrabungsflächen (Abbauland) im Kreis Kleve 2006

Quelle: Grundstücksmarktbericht Kleve 2006

354 **Ausgekieste Areale** im stadtnahen Bereich mit meist unterschiedlichen Anteilen an Flächen über und unter Grundwasserspiegel sowie Böschungsflächen werden mit 1,50 bis 2,50 €/m² gehandelt, wenn die Folgenutzung Naherholungszwecken dient.

355 Ist der Kies- und Sandgrubenbetreiber nicht auch Grundstückseigentümer, so erhält der Verpächter eine **Pacht,** die sich i.d.R. an der Entnahme orientiert.

356 Beispielhaft werden die **Pachtpreise von Gruben an Erft- und Rheinscholle** genannt. Die Preise verstehen sich ohne MwSt. und beziehen sich auf einen m³ Kies bzw. Sand in fester Masse.

– Erftscholle: 1,00 bis 1,50 €/m³
– Rheinscholle: 2,00 bis 3,00 €/m³

Bezogen auf **Gewicht in t** (bei einem spezifischen Gewicht von 1,8) sind dies: 357

- Erftscholle: 0,55 bis 0,85 €/t (gerundet)
- Rheinscholle: 1,10 bis 1,65 €/t (gerundet)

Abbauflächen über Braunkohle wurden im Land *Brandenburg* im Jahre 2007 durchschnittlich zu einem Bodenpreis von 0,84 €/m² (2006: 0,82 €/m²) bei einer Spanne von 0,25 bis 1,40 €/m² vorwiegend in den Landkreisen Spree-Neiße (ca. 149 Hektar) und Oberspree-Lausitz (ca. 35 Hektar) veräußert[260]. 358

9.3.3 Ertragswertverfahren

Neben dem Vergleichswertverfahren kommt für die Ermittlung des Verkehrswerts von Abbauland das Ertragswertverfahren[261] zur Anwendung (vgl. Rn. 351). Das **Verfahren ist sehr fehleranfällig,** da bereits geringfügige Differenzen in den Ansätzen zu recht erheblichen Unterschieden im Ertragswert führen; von daher ist der Anwendung des Vergleichswertverfahrens der Vorzug zu geben. 359

Das **Ertragswertverfahren** vollzieht sich wie folgt: 360

a) Es ist zunächst die **Abbaumenge** (förderbares Volumen) unter Berücksichtigung ihrer Schichtung, Bedeckung und Abbaubarkeit in technischer und zeitlicher Hinsicht festzustellen; insbesondere

- die Zulässigkeit des Abbaus,
- der Zeitpunkt des Beginns eines Abbaus,
- die Kosten des Abbaus,
- die Einnahmen aus dem Abbau.

Die sich daraus ergebenden Reinerträge können kontinuierlich in gleich bleibender Höhe oder in verschiedenen Perioden in unterschiedlicher Höhe „fließen". Dementsprechend ist bei der Ermittlung des kapitalisierten Reinertrags aus dem Abbaugut danach zu unterscheiden, ob

- er sich durch „einfache" Kapitalisierung über die Gesamtdauer des Abbaus oder
- jeweils durch Kapitalisierung des Reinertrags der zu unterscheidenden Perioden i ergibt, wobei dann der jeweilige kapitalisierte Reinertrag vom Beginn der Periode i auf den Wertermittlungsstichtag zu diskontieren ist und die diskontierten Reinerträge aufzusummieren sind (mehrperiodisches Ertragswertverfahren).

Das Wertermittlungsverfahren vereinfacht sich, wenn aufgrund der Gegebenheiten eine **gleich bleibende jährliche Fördermenge** zu erwarten ist; ansonsten finden also verfahrensmäßig die Grundsätze der allgemeinen Barwertmethode *(Discounted Cashflow Verfahren)* Anwendung. Hilfsweise sind hierzu

- die Fördermengen von Vergleichsbetrieben bzw.
- die Fördermenge desselben Betriebs heranzuziehen, der andernorts vergleichbar tätig ist.

b) Die **Reinerträge** lassen sich über Pachtgebühren (vgl. Rn. 355 ff.) oder aus der Bilanz ermitteln, wobei dann aber der Unternehmergewinn in Abzug zu bringen wäre. I.d.R. wird der sog. Grubenzins auf den Kubikmeter des geförderten Minerals bezogen. Soweit der bekannte Grubenzins auf eine Gewichtseinheit (z. B. t) bezogen wird, muss das Gewicht z. B. des auszubeutenden Minerals mit Hilfe seines *spezifischen Gewichts* auf den Kubikmeter umgerechnet werden:

---

260 Marktbericht 2007 des Oberen Gutachterausschusses für Grundstückswerte 2007, S. 53.
261 KG, Urt. vom 21.12.1965 – 6 U 1901/61 –, EzGuG 4.26a.

V § 5 ImmoWertV   Verkehrswertermittlung von Abbauland

$$\text{Spezifisches Gewicht} = \frac{\text{Gewicht}}{\text{Volumen } m^3} \qquad \frac{t}{m^3}$$

$$\text{Volumen} = \frac{\text{Gewicht}}{\text{Spezifisches Gewicht}}$$

1 t = 1000 kg

c) Der **wirtschaftlich absetzbare Jahresbedarf im Liefergebiet** ist für die Marktgängigkeit des Abbaugutes nach Angebot und Verbrauch entscheidend. Bei Sanden und Kiesen ist wegen der hohen Transportkosten von einem Liefergebiet im Radius von ca. 20 km auszugehen. Bei einem Jahresbedarf von ca. 8 t pro Einwohner (Bayern) für Sande und Kiese sowie einer bekannten Einwohnerzahl pro km² bemisst sich der **Jahresbedarf im Liefergebiet** nach:

$$\text{Jahresbedarf im Liefergebiet [t]} = r^2 \times \pi \times E \times 8 \text{ t/Jahr}$$

wobei   r =   Radius des Liefergebiets in km
         E =   Einwohner pro km²
         t =   Tonne

Bei bedarfsgerechter Förderung ergibt dies zugleich den **wirtschaftlichen Grenzwert des Jahresförderungsvolumens.** Ob dieses nach den vorhandenen Möglichkeiten des Grundstücks erreicht werden kann, bedarf weiterer Untersuchungen.

d) Zur Ermittlung des **abbaufähigen Förderungsvolumens** (insgesamt) sind Gutachten von Sonderfachleuten (Bohrunternehmen) erforderlich, die aufgrund von Bohrungen und Bodenuntersuchungen klären, in welcher Tiefe, in welcher Mächtigkeit und in welcher Qualität (Körnung) abbauwürdiges Material ansteht. Regelmäßig sind dem Sachverständigengutachten folgende Unterlagen beigefügt:

– Betriebsbeschreibung des Abbaubetriebs;

– Messtischblatt im Maßstab 1 : 25 000;

– Kataster-Flurkarte, Auszug aus dem Liegenschaftsbuch;

– Bohrprofile, Schichtverzeichnisse, Schnitte;

– Massenberechnung;

– Abgrabungsplan (z. B. gem. § 4 Abs. 2 AbgG NW) und Rekultivierungsplan im Maßstab 1 : 500.

Diese Unterlagen müssen dem Antrag auf Abbaugenehmigung, beispielsweise für Kies und Sand, beigefügt werden.

361   Bei der **Berechnung des Förderungsvolumens (Abbaumasse)** sind die Abstandsflächen zu den unbebauten Nachbargrundstücken und das notwendige Neigungsverhältnis der Böschungen zu berücksichtigen. Das Ergebnis in m³ fester Masse wird durch Anwendung des Auflockerungsfaktors in lose Abbaumasse umgerechnet (bei Kies z. B. Faktor 1,2) und sodann das Gewicht in Tonnen (t) durch Multiplizierung mit dem spezifischen Gewicht des Abbaumaterials (bei trockenem Kies 1,6 und bei nassem Kies 2,0) ermittelt. Bei der Umrechnung von fester Masse m³ in t ist das spezifische Gewicht mit 1,8 anzusetzen:

$$Y_{\text{(lose Masse)}} = V_{\text{(feste Masse)}} \times \text{Auflockerungsfaktor} \times \text{spezifisches Gewicht (g)}$$

e) Das Jahresfördervolumen ergibt multipliziert mit dem Grubenzins den **Jahreswert** z. B. **eines zur Ausbeutung anstehenden Minerals:**

$$\text{Jahreswert} = \text{Grubenzins} \times \text{Jahresfördervolumen}$$

Die Kapitalisierung des Jahreswerts hat zur Folge, dass der Wertzuwachs des abbaubaren Bodenvorkommens mit zunehmender Größe des Grundstücks abnimmt (gegen null tendiert), wenn sich damit auch die Förderzeit entsprechend verlängert. Dies ist finanzmathematisch darin begründet, dass sich der Barwert der Jahreseinnahmen mit zunehmender zeitlicher Ferne dieser Einnahmen vermindert.

Abb. 44: Spezifische Gewichte

Spezifisches Gewicht (Wichte) $\frac{g}{cm^3} = \frac{t}{m^3}$			
Alaun	1,7	Magnesia	3,2
Anthrazit	1,6 ± 0,1	Magneteisenstein	5,0
		Manganerz	3,8 ± 0,3
Basalt	3,0 ± 0,2	Marmor	2,7 ± 0,1
Bergkristall (rein)	2,6	Mauerwerk	
Bimsstein	0,6 ± 0,2	– Bruchstein	2,4
Braunkohle	1,4 ± 0,1	– Sandstein	2,1
Braunstein	4,2 ± 0,4	– Ziegel	1,5
		Mergel	2,4 ± 0,1
Calciumkarbit	2,3	Meteorstein	3,6
Chilesalpeter	2,3		
		Pech	1,1
Dolomit	2,9	Porphyr	2,8 ± 0,1
		Pottasche	2,3
Erde	1,7 ± 0,3		
		Quarz	2,6 ± 0,1
Feldspat	2,6		
Feldsteine	2,5 ± 0,3	Salpeter	2,1 ± 0,1
Feuerstein	2,7 ± 0,1	Sand	1,7 ± 0,3
		Sandstein	2,4 ± 0,1
Gips (ungebrannt)	2,2	Schamottestein	2,0
(gebrannt)	1,8	Schiefer	2,7
Glaubersalz	1,4	Schlacke (Hochofen)	2,8
Glimmer	2,9 ± 0,3	Schwefelkies	5,0
Gneis	2,6 ± 0,1	Serpentin	2,6 ± 0,1
Graphit	2,1 ± 0,2	Siedlungsabfall	1,2
Kalk (ungebrannt)	2,6 ± 0,1	Töpferton	2,0
(gebrannt)	1,4 ± 0,1	Torf (trocken)	0,6 ± 0,3
Kalksandstein	1,9	Trass (gemahlen)	0,9
Kaolin	2,2	Tuffstein	1,3
Kies	1,9 ± 0,1		
Kreide	2,2 ± 0,4	Zement	1,4 ± 0,5
		Ziegel (gewöhnlich)	1,5 ± 0,1
Lava (basaltisch)	2,9 ± 0,1	(Klinker)	1,8 ± 0,1
(trachytisch)	2,4 ± 0,3	Zinkblende	4,0
Lehm	1,6	Zinnstein	6,7 ± 0,3

f) Für die Kapitalisierung haben sich **Zinssätze von mindestens 10 %** und mehr als marktgängig erwiesen (vgl. Rn. 368)[262].

g) Neben den Einnahmen aus dem Abbaugut sind auch **Einnahmen aus Kippgebühren** für die Verfüllung zu berücksichtigen; sie fallen regelmäßig zu einem späteren Zeitpunkt an, wenn nämlich mit der Verfüllung[263] begonnen werden kann. Je nachdem, ob diese Einnahmen kontinuierlich in gleicher Höhe oder in unterschiedlichen Perioden in unterschiedlicher Höhe zu „fließen" beginnen, sind die Einnahmen auf den Wertermittlungsstichtag wiederum zu diskontieren.

h) Schließlich ist der sich nach der Ausbeutung und Verfüllung ergebende **Restwert unter Berücksichtigung der Folgenutzung** zu ermitteln. Dieser Restwert ist wiederum von dem Zeitpunkt, zu dem das Grundstück wieder disponibel ist, auf den Wertermittlungsstichtag zu diskontieren. Entsprechendes gilt auch für die dann anfallenden Rekultivierungskosten.

i) Die **Dauer der Abgrabung** (Restnutzungsdauer) ergibt sich aus der insgesamt vorhandenen Abbaumenge und der beabsichtigten Jahresentnahme, die sich i.d.R. am Jahresbedarf orientiert. Bei der Bestimmung der **Restnutzungsdauer** ist der nachhaltig erzielbare Marktanteil zu berücksichtigen; die jährlich erzielbaren Möglichkeiten der Ausbeute sind nicht allein entscheidend. Demzufolge kann die wirtschaftliche Restnutzungsdauer wie folgt ermittelt werden:

$$\text{Restnutzungsdauer} = (V \times g)/A$$

wobei

g = Spezifisches Gewicht des Rohstoffs in t/m^3

V = Abbaubares Nettovolumen in m^3

A = Nachhaltiger Marktanteil unter gewöhnlichen Verhältnissen in t/Jahr.

362 Die **vereinfachte Ermittlung des Bodenwerts von Abbauland** (€/m²) stellt sich damit in einer Formel wie folgt dar:

$$BW = \frac{t \times P}{a} \times V_1 + \frac{t \times KG}{b} \times V_2 \times q^{-a} - R \times q^{-(a+b)} + BW' \times q^{-(a+b)}$$

wobei

t	mittlere Abbautiefe unter Berücksichtigung der Böschungen in [m]
P	nachhaltig erzielbare Pacht in € pro m³
a	Dauer des Abbaues in Jahren
b	Dauer der Verfüllung in Jahren
V_1	Vervielfältiger für den Zeitraum des Abbaues a
V_2	Vervielfältiger für den Zeitraum der Verfüllung b
a + b	Zeitraum des Abbaues und der Verfüllung in Jahren (= n)
q	Zinsfaktor = 1 + p/100
p	Zinssatz
KG	nachhaltig erzielbare Kippgebühren in € pro m³
R	Rekultivierungskosten in €/m²
BW'	Bodenwert der rekultivierten Fläche in €/m²

Ein **Schema des Verfahrens** ist in Abb. 45 dargestellt.

---

[262] Simon/Kleiber, Schätzung und Ermittlung von Grundstückswerten, Neuwied, 8. Aufl. 2004, S. 139 ff.; Vogels, Grundstücks- und Gebäudebewertung marktgerecht, 5. Aufl. 1996, S. 68 ff.; Stannigel/Kremer/Weyers halten bei der Beleihung von speziellen Produktionsstätten 7,5 bis 9,0 % für angebracht; Köhne hält aus der Sicht der verpachtenden Landwirte eher einen Zinssatz für geboten, der langfristigen Finanzanlagen entspricht, beispielsweise 6 bis 8 % (GuG 1993, 268).

[263] KG, Urt. vom 21.12.1965 – 6 U 1901/61 –, EzGuG 4.26a.

Verkehrswertermittlung von Abbauland

363 Die Ermittlung des Ertragswerts nach dem vorgestellten Schema ist durch eine Reihe von Unwägbarkeiten bezüglich der anzusetzenden Größen bestimmt. Die Erfahrungen haben aber gezeigt, dass zur **Kapitalisierung** der Liegenschaftszinssatz hier ungeeignet ist, da es hier um eine vornehmlich ertragswirtschaftliche Nutzung geht und daher die **banküblichen Kapitalmarktzinsen** für die Investition ausschlaggebend sind (vgl. Rn. 366). Bezüglich der Kostenseite ist das vorgestellte Schema auch nicht vollständig, da z. B. Sicherungsmaßnahmen und dgl. ertragsmindernd in die Betrachtung einbezogen werden müssen.

Abb. 45: Schema für die Anwendung des Ertragswertverfahrens auf Abbauland

9.3.4 Beleihungsbeschränkung für Sparkassen

364 In früheren Beleihungsgrundsätzen für Sparkassen (i.d.F. von 1957 und früher) bestand bezüglich der Abgrabungsgrundstücke wegen der Gefahr der Wertminderung und der Ertragslosigkeit ein striktes Beleihungsverbot. Insoweit bedeutet die seit 1970 geltende Musterfassung des § 17 BelG, die für fast alle Länder gültig ist, eine vorsichtige aber vertretbare Erweiterung der Beleihungsmöglichkeiten. Hierbei findet die Tatsache Berücksichtigung, dass sogenannte Ausbeutegrundstücke durch die Abgrabung nicht in jedem Fall wertlos werden, sondern meistens nur in ihrer Nutzungsart einer zeitweisen – allerdings längeren – Veränderung unterliegen. Eine Beleihung wird daher für zulässig gehalten, wenn die durch **erlaubte Abgrabung** zu erwartende Wertminderung in der Höhe des Beleihungswerts und der Festlegung der Tilgungsdauer ausreichend berücksichtigt wird. Das soll durch **Wertabschläge nach § 18 Abs. 1 BelG,** durch die **Begrenzung der Darlehenshöhe nach § 19 BelG,** die **abnutzungs-** (abbau-) **konforme Tilgung** des Darlehens und durch Kreditkontrollen gewährleistet werden. Es handelt sich in solchen Fällen regelmäßig um Personalkredite.

365 Für Geschäftsbanken, **Hypothekenbanken und Versicherungen** gelten grundsätzlich ähnliche Regelungen, doch dürfen Hypotheken an Ausbeutegrundstücken nicht zur Deckung herangezogen werden[264].

366 Bei der Ertragswertermittlung dürfen als **Erlöse nur auf Dauer erzielbare durchschnittliche Produktpreise angesetzt** werden bzw. bei Verpachtung die vertraglich ausbedungenen (nachhaltig erzielbaren) Pachteinnahmen. Auch aus der Aufschüttung (Verfüllung) der Fördergrube nach Ausbeute können sich in Stadtnähe bei Freigabe des Geländes z. B. als Mülldeponie oder zur Nutzung als Freizeitgelände u.U. nicht unwesentliche Erträge ergeben, die, wenn sie längerfristig (zumindest für die Dauer der Beleihung) mit Sicherheit anfallen, in die Ertragsüberlegungen einbezogen werden können.

367 Die Kosten für Abgrabung, notwendige **Sicherungsmaßnahmen** wie Abstützungen, Umzäunungen und dergleichen, ferner für Rekultivierungsmaßnahmen sind – wie schon erwähnt wurde – bei der Wertermittlung zu berücksichtigen. Wenn mit der Rekultivierung noch nicht begonnen wurde, müssen zeit- oder wertanteilig ermittelte Beträge einer entsprechenden Rücklage oder Rückstellung zugeführt werden.

368 Der **Ertragswert** des als abbaufähig ermittelten losen Materialvorkommens ergibt sich aus folgenden Daten (Stand 1984; alte Bundesländer):

Grundlagen (Wertverhältnis 1984)	Beispieldaten
– abbaufähige Grundstücksfläche	140 000 m²
– Abbauvorkommen (z. B. Feinkies, Abgrabungstiefe etwa 20 m) 5 000 000 t (feste Masse 2 600 000 m² × 1,2 × 1,6)	
– Jahres-Abbauleistung (voraussichtlich)	500 000 t
– Dauer des Abbaues (restlich)	10 Jahre
– Betriebsgebäude: kleine massive Fuhrwerks-Waage mit Abfertigungsbüro, überdachter, betonierter Stellplatz für Kfz und Geräte	
– Lkw- und Abbaugeräte-Park	
– Ergebnisse der letzten drei Jahre	
– durchschnittlich erzielter Kies-Verkaufspreis o. MwSt. 3,25–3,75 €/t = i. M.	3,50 €/t (100 %)
– durchschnittliche Förderkosten einschließlich Rücklage für die Rekultivierung o. MwSt. 2,60–2,80 €/t = i. M.	2,70 €/t (77 %)
– Durchschnittsgewinn der letzten 3 Jahre (lt. Buchführung und Kostenstellenrechnung nur für diese Kiesgrube und vor Steuern)	0,80 €/t (23 %)
– Kapitalisierungszinssatz 8 v.H.	
– Vervielfältiger (Vervielfältigertabelle zur ImmoWertV)	6,71

---

[264] § 12 Abs. 3 Satz 2 HBG; § 54 Abs. 2 VAG.

- Ertragswert somit = 2 684 000 €
  (500 000 t × 0,80 €/t* = 400 000 € × 6,71)
- Verkehrswert (gerundet)   2 650 000 €
= je m² Grundstücksfläche   18,93 €

* Damit das Wertermittlungsergebnis nicht den Firmenwert der Kiesbaggerei verkörpert, ist zunächst ein Vergleich mit **gezahlten Pachtpreisen (Auskiesungszins)** der Region vorzunehmen. Diese bewegten sich 1984 zwischen 0,70 und 0,80 €/t. Mitte der 90er Jahre lagen die Auskiesungszinsen zwischen 1,25 und 1,40 €/m².

Anmerkung: Eine Abzinsung des Reinertrags ist erforderlich, weil die Nettoerlöse sukzessive im Verlaufe der nächsten zehn Jahre anfallen. Als Kapitalisierungszinssatz für diese spezielle gewerbliche Nutzung wurden 8 v.H. angenommen.

Das **Risiko der gewerblichen Beleihung ist durch einen angemessenen Abschlag** zu berücksichtigen. Auf der Grundlage der Buchführungsergebnisse des Unternehmens in den letzten Jahren werden im Hinblick auf die in den Jahren 1981 bis 1983 schwache Baukonjunktur mit 0,27 €/t ein Drittel aus dem Gewinn von 0,80 €/t als risikobedingte Minderung angenommen. Die verbleibenden 0,54 €/t multipliziert mit 500 000 t Jahresförderung und Ertragsfaktor 6,71 (vgl. oben) ergeben einen **Ertragswert von rd. 1 795 000 €.** Das entspricht einem m²-Preis für die abbaufähige Grundstücksfläche von **12,82 €**.   369

Für **Kiesböden** ähnlicher Qualität und vergleichbarer Verkehrsanbindung wurden 1982 in dieser Gegend 15 bis 17 €/m² gezahlt. Bei Zugrundelegung eines mittleren Preises von 16 €/m² (Sachwert) ergibt die Berechnung – nach Durchführung des Gewerbeabschlags um ein Drittel – einen m²-Satz von rund **10,50 €**. Da dieser Betrag niedriger ist als der aus der Ertragswertermittlung, erscheint es im Hinblick auf die Konjunkturlage (1984) ratsam, den **Beleihungswert** am niedrigeren **Sachwert** zu orientieren, wie die folgende Berechnung zeigt: 370

Fortführung des Beispiels   371

– 140 000 m² Boden mit Feinkiesvorkommen bei einem Marktpreis im Durchschnitt von 16 €/m² =	2 240 000 €
– Zeitwert der Waagenstation und des Stellplatzes	+ 35 000 €
	2 275 000 €
./. Gewerbeabschlag von einem Drittel	rd. 775 000 €
Sachwert (vor Beginn der Auskiesung)	1 500 000 €
(= 10,72 €/m²)	
Beleihungswertvorschlag:	**1 500 000 €**

Für **massive Lastwagen- und Gerätehallen sowie Bürogebäude mit Wiegevorrichtungen** kann der Zeitwert angesetzt werden, wenn die Gebäude baurechtlich genehmigt sind und eine weitere Nutzung nach Beendigung der Abgrabung möglich ist. Das regelmäßig wertmäßig nicht unbedeutende **Zubehör** des Abgrabungsbetriebs (z. B. Kies-, Förderungs- und Aufbereitungsanlagen, Fuhrwerkswaage usw.) ist nicht in die Sachwertermittlung einzubeziehen. Vor einer gesonderten Sicherungsübereignung ist zu prüfen, ob noch Eigentumsvorbehalte bestehen oder die Gegenstände geleast sind.   372

Wenn der **Kreditnehmer Eigentümer des Abgrabungsgrundstücks** ist und es zur Ausbeute an ein bonitätsmäßig einwandfreies Unternehmen verpachtet hat, lässt sich der **Ertragswert aus der Jahrespacht** abzüglich der vom Eigentümer zu tragenden Bewirtschaftungskosten und Abgaben ermitteln. Die Höhe der Pachtzahlung (Förderzins) richtet sich i.d.R. nach der tatsächlichen Förderleistung. Für die Ausbeutung von Kiesgruben wurden seinerzeit (1982/83) 0,50 bis 0,70 €/t, bei Quarzsandgruben 0,45 bis 0,60 €/t und bei Steinbrüchen 0,55 bis 0,65 €/t als Förderzins gezahlt. Häufig ist eine Mindestpacht vereinbart. Mitunter sehen Pachtverträge auch eine feste Jahrespacht vor. Teilweise sind in diesen Fällen bei langfristigen Vereinbarungen auch Wertsicherungsklauseln anzutreffen. Anhand eines Pachtvertrags mit einem Steinbruchbetrieb für Straßenbaustoffe soll dies illustriert werden.   373

V § 5 ImmoWertV   **Verkehrswertermittlung von Abbauland**

374   Der **Pachtvertrag** weise in dem Beispielfall die folgenden Kriterien auf:
- Pachtdauer restlich 15 Jahre
- Förderzins 0,60 €/t tatsächlicher Ausbeute (Preisbasis 1983)
- Mindestpacht = 150 000 € (das entspricht 250 000 t)
- Tatsächliche Ausbeute 1981: 310 000 t, daher erhaltene Jahrespacht 1981 186 000 €
- Wertsicherungsklausel: Veränderung des Förderzinses und der Mindestpachtsumme um 10 v.H., wenn Baukostenindex für Tiefbauarbeiten lt. Statistischem Bundesamt um 10 v.H. steigt oder fällt.

375   Bei Zugrundelegung nur der **Mindestpacht,** einer aufgrund von Garantien sicher zu erwartenden zehnprozentigen Anhebung nach fünf und zehn Jahren (Durchschnitt 165 000 €) sowie unter Berücksichtigung der ermittelten durchschnittlichen Ausgaben des Grundstückseigentümers pro Jahr von 22 % verbleibt ein

jährlicher Reinertrag (165 000 € abzüglich 22 %) von:	128 700 €
nach Abzug eines Risikoabschlags für die gewerbliche Nutzung (§ 18 Abs. 1a BelG) in Höhe von 20 %	rd. 25 700 €
ergibt sich ein Betrag von:	103 000 €
Unter Zugrundelegung eines Zinssatzes von 7,5 % und einer Restnutzungsdauer von 15 Jahren (Faktor 8,83) beläuft sich der Ertragswert nach BelG (103 000 € x 8,83) auf	rd. 910 000 €
Beleihungswertvorschlag:	**900 000 €**

Auch in diesem Falle sollten der Sachwert und/oder der Verkehrswert vor Festsetzung des Beleihungswerts als Vergleichswerte herangezogen und entsprechend berücksichtigt werden.

376   Die **nicht ausbeutbaren Teile eines Abgrabungsgrundstücks** sollten im Allgemeinen nicht in die Wertermittlung einbezogen werden, sofern sie im Wesentlichen aus Böschungen, Abstandsflächen und schon ausgebeutetem Grund und Boden bestehen. Denn ausgebeutete und wieder verfüllte Abgrabungsgrundstücke dürften – soweit Baurecht besteht – im Allgemeinen nicht vor Ablauf von 20 Jahren bebaut werden können. Hier gilt als Richtschnur für die Bebauung nach Abgrabung: 1 m Füllhöhe entspricht einem Jahr Wartezeit. Bei einer Auskiesung bis 20 m Tiefe besteht also eine Bebauungsmöglichkeit erst in 20 Jahren nach Abschluss der Verfüllung. Eine ausgebeutete Abgrabungsstätte hat daher zwar einen (ungewissen) Wert, aber wegen geringer Verkaufsmöglichkeiten und der unüberschaubaren Zeit bis zur neuen Verwendbarkeit zunächst selten einen Preis. Zu bedenken ist auch der Mehraufwand bei der Gründung für Gebäude gegenüber solcher auf gewachsenem Grund. Durch Altlasten (Ablagerungen) können Verfüllungsgrundstücke jedoch wertlos werden, wenn die Sanierungskosten den realen Grundstückswert übersteigen. Bei mit Hausmüll verfüllten Abgrabungsgrundstücken muss zudem mit Methanausbrüchen (ca. 30 Jahre) gerechnet werden. Je nach Menge können diese abgefackelt oder wirtschaftlich genutzt werden.

377   *Beispiel:*

Im folgenden *Beispiel* aus 1992 werden die Förderkosten einer Kiesbaggerei bei einer Jahresleistung (Verkauf) von 250 000 t und einem durchschnittlich erzielten Kiesverkaufspreis ohne MwSt. von 7,50 €/t ab Grube analysiert. Der Anteil der Korngrößen 2 bis 32 mm beträgt in diesem Fall rd. 45 %.

Verkehrswertermittlung von Abbauland § 5 ImmoWertV V

Kostenstelle	Anteile in v.H. am Verkaufspreis je t	Anteil €/t
– Personalkosten, Beiträge Berufsgenossenschaft	30	2,25
– Reparaturen, lfd. Unterhaltung, Energiekosten	6	0,45
– Zinsen Fremdkapital, Kosten Geldverkehr	5	0,37
– Versicherungsprämien, Rechtsberatung, Verwaltungskosten etc.	9	0,67
– Allgemeine Geschäftskosten, Rücklage Rekultivierung	30	2,25
– Abschreibung (bleibt unberücksichtigt, da im Vervielfältiger enthalten)		
– Betriebskosten insgesamt (Förderkosten):	80	6,00
Reinerlös (vor Steuern)	20	1,50*
	100	7,50

* Für die Ermittlung des Ertragswerts der Immobilie können jedoch nur die üblichen Pachtpreise der Region herangezogen werden.

Nach der **Musterfassung der Beleihungsgrundsätze** muss die **durch die Ausnutzung zu erwartende Wertminderung des Grundstücks** ausreichend berücksichtigt werden. Demzufolge ist die Tilgung so festzulegen, dass sie dem voraussichtlichen Aus- oder Abnutzungsgrad des Beleihungsgegenstandes entspricht. Die Verminderung des Kredits muss also (wertmäßig gesehen) mit der Abtragung der Bodenvorkommen in Einklang stehen. Wird mehr abgegraben als nach dem der Beleihung zu Grunde gelegten Plan, so muss die Tilgung entsprechend erhöht werden. 378

Zur **Kontrolle der Kreditsicherheit** ist die Kenntnis des Abbaustandes und der aktuelle Einblick in die wirtschaftlichen Verhältnisse des Kreditnehmers analog § 18 KWG erforderlich. Unerlässlich ist auch die Kontrolle über Bildung der notwendigen Rücklagen und Rückstellungen für die Rekultivierungsverpflichtungen im Verlaufe der Abbauzeit und die Beachtung der Auflagen der Genehmigungsbehörden. Grobe Verstöße können zur Einstellung der Abgrabung führen und erhebliche Haftungsansprüche zur Folge haben (Beispiele: vorzeitige oder unsachgemäße Ablagerung von Hausmüll, Deponierung von gefährlichem Industriemüll etc.). Eine Kopie der Genehmigung von Abgrabung und Herrichtung (Rekultivierung) gehört auf jeden Fall in die Kreditakte. 379

Eine sichere Aussage zum Abgrabungsstand und zur Beachtung der Auflagen ermöglicht die **jährliche Inspektion der Abbaustätte** durch einen öffentlich bestellten Vermessungsingenieur. Hat ein Kreditnehmer beispielsweise das Abgrabungsgrundstück an einen Dritten verpachtet, so erhält er i.d.R. monatliche Abschlagszahlungen auf den vereinbarten Förderzins. Das Entnahmeergebnis des Vermessungsingenieurs ist dann die Grundlage für die Berechnung des Jahresförderzinses. Erfolgt der Vertrieb ausschließlich über eine Fuhrwerkswaage, so kann dieses Ergebnis für die Einschätzung der jährlichen Wertminderung mit herangezogen werden. Zur Berücksichtigung der Rekultivierungsverpflichtungen im Jahresabschluss des Abbauunternehmens kann sich der mit der Prüfung beauftragte Wirtschaftsprüfer äußern[265]. 380

---

[265] Adler/Düring/Schmaltz, Rechnungslegung und Prüfung der Aktiengesellschaft, 4. Aufl. Stuttgart 1968, § 152 AktG, Tz. 151.

9.4 Bergschaden

9.4.1 Allgemeines

381 **Schrifttum:** *Balloff, H.,* Besonderheiten der Wertermittlung für die Begründung schadensersatzrechtlicher Forderungen in Bergbaugebieten, GuG 1999, 44; *Schürken/Finke,* Bewertung von Bergschäden, 3. Aufl. Hannover 2008; *Finke,* Bergschäden GuG 1999, 266; *Hoffmann, D.,* Wertermittlung von Abbauland, GuG 2004, 156; *Schürken, J.,* Technischer und merkantiler Minderwert bei Bergschäden, GuG 2003, 154.

▶ *Zum Beleihungswert vgl. Teil VIII Rn. 376 ff.*

382 Ein **Bergschaden** liegt nach § 114 Abs. 1 BBergG u.a. vor, wenn infolge der Ausübung einer bergbaulichen Tätigkeit oder durch eine bergbauliche Betriebseinrichtung eine Sache (oder Person) beschädigt wird. Voraussetzung ist ein adäquater Ursachenzusammenhang[266]. Ein Bergschaden wirkt sich sowohl auf den Verkehrswert als auch i.d.R. auf den Einheitswert[267] des Grundstücks aus.

Nicht zum Bergschaden gehören nach § 114 Abs. 2 BBergG

– Nachteile als Folge von Planungsentscheidungen, die mit Rücksicht auf Lagerstätten und den Bergbaubetrieb getroffen werden, und

– unerhebliche Nachteile bzw. Aufwendungen im Zusammenhang mit Anpassungsmaßnahmen i.S. des § 110 BBergG,

– ferner Vermögensschäden.

Diesbezüglich bemisst sich der Schadensersatzanspruch nach den §§ 849 ff. BGB i.V.m. § 117 Abs. 1 Satz 1 BBergG.

383 Zur Auslegung des Begriffs „Bergschaden" sind die **allgemeinen im Schadensersatzrecht geltenden Grundsätze der §§ 249 ff. BGB** anzuwenden[268]. Der schädigende Bergbaubetrieb schuldet demzufolge nach § 249 Satz 1 BGB grundsätzlich die „Wiederherstellung in Natur" bzw. nach § 249 Satz 2 BGB den zur Herstellung erforderlichen Geldbetrag. Dieser Geldbetrag bzw. der Zahlungsanspruch des Geschädigten stellt dabei lediglich eine besondere Form des Herstellungsanspruchs dar[269].

384 „**§ 114 BBergG Bergschaden**

(1) Wird infolge der Ausübung einer der in § 2 Abs. 1 Nr. 1 und 2 bezeichneten Tätigkeiten oder durch eine der in § 2 Abs. 1 Nr. 3 bezeichneten Einrichtungen (Bergbaubetrieb) ein Mensch getötet oder der Körper oder die Gesundheit eines Menschen verletzt oder eine Sache beschädigt (Bergschaden), so ist für den daraus entstehenden Schaden nach den §§ 115 bis 120 Ersatz zu leisten.

(2) Bergschaden im Sinne des Absatzes 1 ist nicht

1. ein Schaden, der an im Bergbaubetrieb beschäftigten Personen oder an im Bergbaubetrieb verwendeten Sachen entsteht,

2. ein Schaden, der an einem anderen Bergbaubetrieb oder an den dem Aufsuchungs- oder Gewinnungsrecht eines anderen unterliegenden Bodenschätzen entsteht,

3. ein Schaden, der durch Einwirkungen entsteht, die nach § 906 des Bürgerlichen Gesetzbuchs nicht verboten werden können,

4. ein Nachteil, der durch Planungsentscheidungen entsteht, die mit Rücksicht auf die Lagerstätte oder den Bergbaubetrieb getroffen werden, und

5. ein unerheblicher Nachteil oder eine unerhebliche Aufwendung im Zusammenhang mit Maßnahmen der Anpassung nach § 110."

---

[266] Boldt/Weller, BBergG. 1. Aufl. 1984, Rn. 10 ff. zu § 114 BBergG.
[267] OFD Düsseldorf, Erl. vom 25.6.1968 – S 3204/3210 A-St 211; OFD Münster, Erl. vom 9.7.1968 – S 3204 – 19-St 21 –; OFD Köln, Erl. vom 9.7.1968 – S 3204 – 2 St 211 –, alle abgedruckt StEK BewG 1965 § 82 Nr. 15.
[268] Boldt/Weller, § 114 BBergG Rn. 11; Finke in ZfB 1992, 170.
[269] Piens/Schulte/Vilzhum, § 117 BBergG Rn. 6.

Für den Bereich des untertägigen Bergbaus gilt nach § 120 BBergG die sog. **Bergschadensvermutung.**

Für Bergschäden haftet das bergbauberechtigte Unternehmen, wobei das BBergG zur Vermeidung von Bergschäden z. B. Bauherren zu vorbeugenden Maßnahmen verpflichtet, für deren Kosten der bergbauberechtigte Unternehmer aufkommt (§§ 110 ff. BBergG)[270]. Dabei ist die Duldungspflicht des Grundeigentümers „nur dann als sachgerecht und im Lichte des Art. 14 GG erträglich" erachtet worden, wenn die tiefgreifende Belastung des Grundeigentums zugunsten des – privaten und mit Gewinnstreben betriebenen – Bergbaus durch eine umfassende Entschädigung des Grundeigentümers ausgeglichen wird[271].

385

Die **Haftung** nach § 18 BBergG **setzt voraus, dass das in Anspruch genommene Unternehmen den Schaden durch eigene Tätigkeit herbeigeführt** oder zumindest mit verursacht hat, falls es nicht Rechtsnachfolger des ursprünglich verantwortlichen Betriebs ist. Gegenüber den gesetzlichen Vorschriften über den Ersatz von Bergschäden tritt der nachbarrechtliche Ausgleichsanspruch analog § 906 Abs. 2 Satz 2 BGB auch dann zurück, wenn der Bergwerkunternehmer im Einzelfall für den Schaden nicht verantwortlich ist[272].

„§ 115 BBergG Ersatzpflicht des Unternehmers

386

(1) Zum Ersatz eines Bergschadens ist der Unternehmer verpflichtet, der den Bergbaubetrieb zur Zeit der Verursachung des Bergschadens betrieben hat oder für eigene Rechnung hat betreiben lassen.

(2) Ist ein Bergschaden durch zwei oder mehrere Bergbaubetriebe verursacht, so haften die Unternehmer der beteiligten Bergbaubetriebe als Gesamtschuldner. Im Verhältnis der Gesamtschuldner zueinander hängt, soweit nichts anderes vereinbart ist, die Verpflichtung zum Ersatz sowie der Umfang des zu leistenden Ersatzes von den Umständen, insbesondere davon ab, inwieweit der Bergschaden vorwiegend von dem einen oder anderen Bergbaubetrieb verursacht worden ist; im Zweifel entfallen auf die beteiligten Bergbaubetriebe gleiche Anteile.

(3) Soweit in den Fällen des Absatzes 2 die Haftung des Unternehmers eines beteiligten Bergbaubetriebs gegenüber dem Geschädigten durch Rechtsgeschäft ausgeschlossen ist, sind bis zur Höhe des auf diesen Bergbaubetrieb nach Absatz 2 Satz 2 entfallenden Anteils die Unternehmer der anderen Bergbaubetriebe von der Haftung befreit.

(4) Wird ein Bergschaden durch ein und denselben Bergbaubetrieb innerhalb eines Zeitraums verursacht, in dem der Bergbaubetrieb durch zwei oder mehrere Unternehmer betrieben wurde, so gelten die Absätze 2 und 3 entsprechend.

§ 116 BBergG Ersatzpflicht des Bergbauberechtigten

(1) Neben dem nach § 115 Abs. 1 ersatzpflichtigen Unternehmer ist auch der Inhaber der dem Bergbaubetrieb zu Grunde liegenden Berechtigung zur Aufsuchung oder Gewinnung (Bergbauberechtigung) zum Ersatz des Bergschadens verpflichtet; dies gilt bei betriebsplanmäßig zugelassenem Bergbaubetrieb auch, wenn die Bergbauberechtigung bei Verursachung des Bergschadens bereits erloschen war oder wenn sie mit Rückwirkung aufgehoben worden ist. Der Unternehmer und der Inhaber der Bergbauberechtigung haften als Gesamtschuldner. Soweit die Haftung eines Gesamtschuldners gegenüber dem Geschädigten durch Rechtsgeschäft ausgeschlossen ist, ist auch der andere Gesamtschuldner von der Haftung befreit."

Eine **Bergschadensgefahr** liegt vor, wenn der Bergschaden zwar noch nicht eingetreten ist, jedoch aufgrund der Art und Weise des umgegangenen Bergbaus, der durchgeführten Sicherungsmaßnahmen, der Abbauteufe (Tiefe) und des Zeitpunkts die Gefahr eines Bergschadens besteht. Auch eine Bergschadensgefahr kann zu einer Wertminderung führen.

387

---

270 OLG Hamm, Urt. vom 14.7.1986 – 13 U 283/85 –; OVG Münster, Urt. vom 29.3.1984 – 12 A 2194/82 –, EzGuG 4.100; OVG Münster, Urt. vom 23.1.1984 – 10 A 23 66/79 –, EzGuG 4.95; BGH, Urt. vom 1.6.1978 – III ZR 158/75 –, EzGuG 20.75; BGH, Urt. vom 22.2.1973 – III ZR 28/71 –, EzGuG 20.54; BGH, Urt. vom 16.10.1972 – III ZR 176/70 –, EzGuG 4.37; BGH, Urt. vom 3.7.1972 – III ZR 192/70 –, EzGuG 4.36; BGH, Urt. vom 26.6.1972 – III ZR 114/70 –, EzGuG 4.35; VG Gelsenkirchen, Urt. vom 21.6.1978 – 5 K 2977/78 –, EzGuG 4.57 – Vorinstanz zu OVG Münster, Urt. vom 23.1.1984, a.a.O.; BGH, Urt. vom 15.6.1965 – V ZR 24/63 –, EzGuG 20.39; BGH, Urt. vom 18.3.1964 – V ZR 20/62 –; OLG Saarbrücken, Urt. vom 20.5.1960 – 3 U 45/9 5 –, EzGuG 4.14; OLG Hamm, Urt. vom 2.2.1960 – 7 U 244/58 –, EzGuG 4.12; weiterführende Schrifttum: Finkel in DWW 1978; 332; Lindner in DWW 1987, 310; Schürken in DWW 1987, 324, ders. in GuG 1997, 129 und GuG 1994, 324; MittDST 1985, 1185; Balloff, H./Wiesner, Th., in GuG 1999, 44; Dittrich/Böhlitz-Ehrenberg in GuG 1995, 257 und GuG 1997, 214; Finke in GuG 1999, 266.
271 BGH, Urt. vom 16.2.1970 – III ZR 136/68 –, EzGuG 4.30; BGH, Urt. vom 16.2.1970 – III ZR 169/68 –, ZfB 1970, 446.
272 BGH, Urt. vom 17.5.2002 – III ZR 249/00 –, EzGuG 4.182, abweichend von BGH, Urt. vom 20.11.1998 – V ZR 411/97 –, WM 1999, 554.

388 **Andere öffentliche Belange** stehen einer Abgrabung insbesondere entgegen, wenn

a) das Ortsbild auf Dauer verunstaltet und

b) der Nachweis ausreichender Ab- und Zufahrtswege nicht erbracht wird.

Gegenstand der Genehmigung sind die Abgrabung und die Herrichtung (Rekultivierung) auf den konkret mit Gemarkung, Flurstück- bzw. Parzellennummer zu bezeichnenden Grundstücken.

389 Im städtischen Nahbereich werden Genehmigungen zur **Abgrabung von Grundstoffvorkommen** inzwischen nur noch sehr zögernd erteilt. **Abbaugrundstoffe** in **Stadtnähe** verfügen jedoch über günstigere Absatzchancen, weil die Entfernung der Förderstätten von den Verwertungsstellen (Baustellen) kostenmäßig eine große Rolle spielt. Andererseits erweisen sich die in Stadtnähe notwendigen Umweltschutzerfordernisse kostenaufwendiger als in ländlichen Gebieten. Abgrabungsflächen in Stadtnähe werden nach Beendigung der Förderung häufig von Zweckverbänden zur Anlage von Erholungszentren übernommen.

390 Ob die Abgrabung außerdem gemäß § 7 WHG der **wasserrechtlichen Erlaubnis** der zuständigen Unteren Wasserbehörde bedarf, ist mit dieser abzustimmen. In dieser Erlaubnis können zusätzliche Bedingungen und Auflagen festgesetzt werden. So kann beispielsweise das Ausbaggern eines Grundstücks bis in den Grundwasserbereich untersagt werden (vgl. Rn. 349).

391 Die Behörden genehmigen die Abgrabung und die Rekultivierung im Allgemeinen für einen **Zeitraum von 10 bis 15 Jahren,** wobei für die Herrichtung meist ein Jahr angesetzt wird. I.d.R. geschieht dies unter Bedingungen (z. B. Sicherstellung der Rekultivierungsverpflichtung durch Bankbürgschaft; Absteckung und Markierung der Abgrabungsgrenzen durch einen öffentlich bestellten Vermessungsingenieur) und Auflagen (z. B. Schutzstreifen, Neigungsverhältnis der Böschungen, Vermeidung von unzumutbaren Lärmeinwirkungen durch die Wasch-, Sieb- und Silo-Anlagen, Schutz des Abgrabungsgrundstücks gegen das Einbringen von Industriemüll und grundwassergefährdenden Stoffen). Mit der Abgrabung darf vor Erfüllung der Bedingungen nicht begonnen werden. Die Bauerlaubnis für Gebäude, beispielsweise Büro-, Sozial-, Werkstatt-, Wiege- und Trafogebäude sowie Aufbereitungsanlagen auf dem Abgrabungsgrundstück, muss gesondert eingeholt werden.

392 Die **Rechte aus der Abgrabungsgenehmigung erlöschen** schließlich, **wenn nicht innerhalb einer bestimmten Frist** (in Nordrhein-Westfalen z. B. drei Jahre) **mit der Abgrabung begonnen wird.** Die Frist kann auf Antrag des Unternehmers verlängert werden.

393 Die Betreiber von Kiesgruben sind häufig nicht auch Grundstückseigentümer. Die notwendigen **Grundstücke** sind in solchen Fällen (meist langfristig) von Gemeinden und Privatpersonen (Landwirten) **gepachtet.** Notwendige Kiesförder- und Aufbereitungsanlagen sowie Fuhrwerks-, Waagen- und Wiegehäuser sind im Eigentum der Abbauunternehmer oder geleast. Zu würdigen sind demnach Wertermittlungsansätze sowohl aus Sicht der verpachtenden Grundstückseigentümer als auch der Abbauunternehmen[273]. In diesem Zusammenhang sind noch die land- und forstwirtschaftlichen Nebenbetriebe i.S. des § 42 BewG hervorzuheben, die dem land- und forstwirtschaftlichen Hauptbetrieb zu dienen bestimmt sind und nicht einen selbstständigen Gewerbebetrieb darstellen. Bei solchen Betrieben handelt es sich aber meist um Gewerbebetriebe. Steuerlich wird im Wesentlichen zwischen zwei Arten von Nebenbetrieben unterschieden:

– den Be- oder Verarbeitungsbetrieben (z. B. Brennereien, Keltereien, Sägewerke) und

– den Substanzbetrieben (z. B. Sandgruben, Kiesgruben, Torfstiche u.Ä.).

394 Da **Mineralienvorkommen im steuerlichen Sinne** nicht zum Grundstück gehören (§ 68 Abs. 2 BewG), muss hier eine Abgrenzung vorgenommen, d.h., es muss ein gesonderter Wert festgestellt werden (Wert des Mineraliengewinnungsrechts i.S. von § 100 BewG). Dieses Recht unterliegt der Gewerbesteuer und nicht der Grundsteuer[274].

---

273 Köhne in GuG 1993, 268 ff.
274 Simon/Cors/Troll, Handbuch der Grundstückswertermittlung, München, 3. Aufl. 1993, S. 715 ff.

Bergschaden § 5 ImmoWertV V

Für die **neuen Bundesländer** hat der BGH in seiner Rechtsprechung[275] herausgestellt:

a) Die Vorschriften des BBergG über die Haftung für Bergschäden gelten für Bergschäden im Beitrittsgebiet nach Anl. I Kap. V Sachgeb. D Abschn. III Nr. 1 lit k Sätze 2 und 3 des Einigungsvertrags nicht, wenn auch nur eine mitwirkende Ursache vor dem 3.10.1990 gesetzt worden ist. Ursache ist dabei die bergbauliche Betriebshandlung. Als mitwirkende Bedingung in diesem Sinn sind lediglich Umstände anzusehen, die konkret die Gefahr von Bergschäden erhöht haben.

b) Das Berggesetz der ehemaligen DDR gilt auch für Bergschäden, die vor einem Inkrafttreten verursacht worden sind, sofern der Schaden erst danach entstanden ist.

9.4.2 Bergschaden an Gebäuden und Außenanlagen

Schrifttum: *Baloff/Wiesner,* Besonderheiten der Wertermittlung für die Begründung schadensrechtlicher Forderungen in Bergbaugebieten, GuG 1999, 44; *Schürken, Finke,* Bewertung von Bergschäden, Hannover 2008.

9.4.2.1 Allgemeines

Bergschäden an Gebäuden und Außenanlagen sind Bauschäden. Es muss unterschieden werden zwischen nicht behebbaren und behebbaren Bauschäden sowie dem merkantilen Minderwert. Bergschäden sind nicht behebbar, wenn sie durch Ausbesserung auf Dauer nicht beseitigt werden können. Den nicht behebbaren Bergschäden gleichgestellt sind Bergschäden, die nur mit unverhältnismäßig hohen Kosten beseitigt werden können. **395**

I.d.R. lassen sich die Bergschäden nicht vollständig beheben, so dass **nicht behebbare und behebbare Bergschäden an einem Grundstück nebeneinander** vorliegen können. **396**

9.4.2.2 Bergschadensersatzanspruch

Zur Vermeidung bzw. Verringerung künftiger Bergschäden können nach den §§ 110 ff. BBergG unter bestimmten Voraussetzungen vom Bauherrn **Anpassungs- und Sicherungsmaßnahmen** verlangt werden. Der Bergschadensersatzanspruch kann sich in diesen Fällen vermindern bzw. sogar entfallen, wenn der Bauherr dem nicht nachkommt. Ansonsten hat die Bergwerksgesellschaft grundsätzlich die Kosten von Bergschadensvormaßnahmen zu tragen, so dass derartige zu erwartende Kosten nicht zu einer Wertminderung führen[276]. **397**

Ein **Bergschaden** liegt **nach § 114 BBergG** vor, wenn eine Sache oder eine Person durch eine bergbauliche Betriebstätigkeit beschädigt wird. Nicht zum Bergschaden gehören nach § 114 Abs. 2 BBergG **398**

– Nachteile als Folge von Planungsentscheidungen, die mit Rücksicht auf Lagerstätten und den Bergbaubetrieb getroffen werden, und

– unerhebliche Nachteile bzw. Aufwendungen im Zusammenhang mit Anpassungsmaßnahmen i.S.d. § 110 BBergG,

– ferner Vermögensschäden.

Diesbezüglich bemisst sich der Schadensersatzanspruch nach den §§ 849 ff. BGB i.V.m. § 117 Abs. 1 Satz 1 BBergG.

Rechtsgrundlage für Bergschadensersatzansprüche ist § 114 BBergG. In der Regulierungspraxis wird unterschieden zwischen **399**

a) behebbaren Schäden, wie Setzungsrisse einschließlich Folgeschäden, und

b) nicht behebbaren Dauerschäden, wie Schiefstellungen von Gebäuden, die zu Minderwerten führen.

---

275 BGH, Urt. vom 17.5.2001 – III ZR 249/00 –, EzGuG 4.182.
276 Schürken in GuG 1994, 324 ff.; Schürken in GuG 1997, 129 ff.; Baloff/Wiesner in GuG 1999, 2 ff.; Finke in GuG 1999, 266 ff.; Finke in ZfB Bd. 133, 1992, S. 170 ff.= DWW 1992, 259.

Darüber hinaus besteht ein Anspruch der vom Bergbau betroffenen Grundeigentümer gegenüber dem Bergbauunternehmer, die **Kosten für Anpassungs- und Sicherungsmaßnahmen** zu übernehmen, ausgenommen sind lediglich unerhebliche Nachteile und Aufwendungen. Aufwendungen und Nachteile sind unerheblich, wenn sie 1,5 % der Gesamtherstellungskosten einer baulichen Anlage nicht überschreiten. Hat der Grundstückseigentümer die geforderten Maßnahmen unterlassen, verwirkt er seinen Schadensersatzanspruch (§ 112 BBergG).

400 **Ein Bergschadensersatzanspruch steht grundsätzlich nur demjenigen zu, der zum Zeitpunkt des Eintritts eines Bergschadens Eigentümer war.** Ein Bergschaden, dem noch ein entsprechender Schadensersatzanspruch gegenübersteht, verliert insoweit seine Wertneutralität für Dritte. Ein Erwerber kann nur bei neuen Schäden Ersatzansprüche gegenüber dem Bergbauunternehmer geltend machen.

401 Nach der Rechtsprechung des BGH[277] kann ein Schadensersatzanspruch im Verkaufsfalle nicht mehr auf den Käufer übertragen werden, so dass ein bereits entstandener Wiederherstellungsanspruch mit dem Verkauf des Grundstücks untergeht. Für den Sachverständigen kann sich hieraus die Aufgabe ergeben, **alte und neue Schäden voneinander abzugrenzen** (vgl. § 6 ImmoWertV Rn. 299, § 8 ImmoWertV Rn. 137)[278].

402 In der **Gesamtschau** sind bei der Verkehrswertermittlung bergschadensbehafteter und bergschadensgefährdeter Grundstücke neben den Bergschäden an baulichen Anlagen Bodenwertminderungen, Bergschadensgefahren und Bergschadensverzichte zu berücksichtigen (Abb. 46).

403 **Der Bergschadensersatzanspruch verjährt** im Übrigen nach § 117 Abs. 2 BBergG **nach drei Jahren,** gerechnet vom Zeitpunkt, zu dem der Ersatzberechtigte vom Schaden und der Person des Ersatzpflichtigen Kenntnis erlangt hat. Der Schadensersatzanspruch verjährt dagegen kenntnisunabhängig in dreißig Jahren nach Schadensentstehung[279].

Abb. 46: Übersicht

9.4.3 Nicht behebbare Bergschäden (Minderwert)

9.4.3.1 Allgemeines

404 Ist die Behebung eines Bergschadens nicht oder nur zu einem Teil möglich (vgl. § 251 BGB), kann zur wertmäßigen Erfassung des Bergschadens nicht auf die Schadensbeseitigungskosten zurückgegriffen werden. In diesem Fall muss der **Minderwert** direkt ermittelt werden.

---

277 BGH, Urt. vom 2.10.1981 – V ZR 147/80 –, EzGuG 12.31a; BGH, Urt. vom 5.3.1993 – V ZR 87/91 –, EzGuG 12.115a.
278 Zum Bergschaden auf einem gepachteten Grundstück: BGH, Urt. vom 21.4.1993 – XII ZR 126/91 –, EzGuG 11.205a.
279 Finke, Die Verjährung von Bergschadensansprüchen, ZfB Bd. 137/1966, S. 197 ff.

Nicht behebbare oder nur mit unverhältnismäßig hohen Kosten zu beseitigende Bergschäden[280] sind insbesondere: **405**

Schieflage	=	eine durch ungleichmäßige Absenkung hervorgerufene Veränderung der Normallage eines Grundstücks, wobei aufstehende Gebäude diese Bewegung mitmachen;
Gefügelockerung	=	eine auch nach Ausführung von Reparaturarbeiten verbleibende Lockerung des Mauerwerkverbands;
Deformierung	=	Veränderung der ursprünglichen und baugerechten Lage von Bauwerkteilen (Verdrehung, Verdrillung, z. B. hervorgerufen durch unterschiedliche Absenkungen aus verschiedenen Richtungen und zu verschiedenen Zeiten);
Versumpfung	=	stauende Nässe, die die Nutzung des Grundstücks oder den Gebäudewert mindernd beeinträchtigt.

Zur Ermittlung des Minderwerts eines bergschadensbefangenen Grundstücks sind die **nicht behebbaren Bergschäden zu qualifizieren und ggf. messtechnisch zu erfassen.** Dies sind insbesondere   **406**

– eine Schieflage,
– eine Beeinträchtigung der Nutzbarkeit, einhergehend mit erhöhten Bewirtschaftungskosten und verminderten Erträgen,
– eine Beeinträchtigung der Beleihbarkeit und Verkäuflichkeit,
– eine verminderte Restnutzungsdauer sowie
– verbleibende Gefügelockerung trotz vollständiger Rissbeseitigung.

Einzelschadensnachweise sind allerdings häufig nicht möglich. In der Praxis wird in den Steinkohlenrevieren auf das Gesamt-Minderwertabkommen zurückgegriffen[281].

Grundsätzlich bestehen zwei **Möglichkeiten zur Verkehrswertermittlung eines Grundstücks, dessen Bebauung nicht behebbare Bergschäden aufweist:**   **407**

a) Ermittlung des fiktiven Verkehrswerts auf der Grundlage eines mangelfreien Gebäudes sowie die gesonderte Ermittlung des Minderwerts:

           Verkehrswert des mangelfreien Grundstücks
           – Minderwert
           = Verkehrswert des mangelbehafteten Grundstücks

b) Direkte Ermittlung des mangelbehafteten Grundstücks. Der Minderwert ergibt sich dann aus dem Unterschied zwischen dem Verkehrswert des (fiktiv) mangelfreien sowie des mangelbehafteten Grundstücks.

9.4.3.2   Ermittlung des Minderwerts (Minderwertregelung)

In der Regulierungspraxis der großen Bergsenkungsgebiete ist nach dem Minderungsabkommen die **isolierte Ermittlung des Minderwerts vorherrschend.** Der Verkehrswert des mangelbehafteten Grundstücks ergibt sich dann durch Abzug des Minderwerts von dem Verkehrswert, der für das fiktiv mangelfreie Grundstück ermittelt worden ist. Die Verkehrswertermittlung vollzieht sich demzufolge in drei Schritten (ohne Bodenwert):   **408**

– Ermittlung des Gebäudesachwerts eines (fiktiv) mangelfreien Gebäudes,
– Ermittlung des Bergschadens, z. B. einer Schieflage,
– Ermittlung des Minderwerts als Vomhundertsatz des Gebäudesachwerts entsprechend dem Schadensgrad.

---
280 RdVfg der OFD Düsseldorf vom 25.6.1968 (S 3204/3210 A St. 211).
281 Gesamt-Minderwertabkommen zwischen dem Verband bergbaugeschädigter Bau- und Grundeigentümer e.V. (VBHG) und der Ruhrkohle AG (RAG) vom 15./29.6.1987 i.d.F. vom 2.12.1984, ZfB 1995, 154; hierzu Finke in ZfB 1995, 154.

409 *Beispiel:*

a) Ermittlung der Schieflage

Das zu wertende Gebäude weise eine Schieflage auf.

Die Schieflage wird nach dem sog. **„Drei-Strahl-Verfahren"**[282] ermittelt.

Zur Ermittlung der Schieflage wird ausgehend von dem Höchstpunkt
- die Entfernung zu den übrigen drei Ecken in [m] und
- die Höhendifferenz der drei angemessenen Punkte in [mm] gegenüber dem Höchstpunkt gemessen (Abb. 47).

Abb. 47: Drei-Strahl-Verfahren

410 Die mittlere Schieflage ergibt sich dann aus dem arithmetischen Mittel der Quotienten aus der Höhendifferenz aller Strahlen zu ihrer jeweiligen Entfernung zum Höchstpunkt:

25 mm: 10,00 m =	2,50 mm/m		
60 mm: 22,36 m =	2,68 mm/m		
56 mm: 20,00 m =	2,80 mm/m		
Summe =	7,98 mm/m	: 3	= 2,66 mm/m

Die Schieflage wird in mm/m gemessen, d.h. in Promille angegeben. Will man zusätzlich noch eine etwaige Krümmung erfassen, muss mindestens ein vierter Punkt angemessen werden.

b) Ermittlung des Gebäudesachwerts (mangelfrei)

Der mangelfreie Gebäudesachwert sei mit 1 Mio. € ermittelt.

c) Ermittlung des Minderwerts

Der Minderwert wird mithilfe eines Vomhundertsatzes des Gebäudesachwerts ermittelt. Üblich ist

Mittlere Schieflage	Minderwertausgleich
bis 2 mm/m	Kein Minderwertausgleich
ab 2 mm/m bis 15 mm/m	je 2 mm/m 1 % des Sachwerts
ab 15 mm/m bis 25 mm/m	je 1 mm/m 1,75 % des Sachwerts
über 25 mm/m	Statt Minderung: Hebung

---

[282] Eine einheitliche Vorgehensweise ist anzustreben. Das OLG Saarbrücken hat im Urt. vom 20.5.1960 – 3 U 45/95 –, EzGuG 4.14. beklagt, dass Sachverständige bei unterschiedlicher Vorgehensweise zu unterschiedlichen Schieflagewerten kommen.

9.4.3.3 Steuerliche Bewertungspraxis

In der **steuerlichen Bewertungspraxis** (vgl. a.a.O.) sind folgende Abschläge üblich: **411**

a) Ein starker *nicht behebbarer Bergschaden* liegt vor bei einer Schieflage von 20 mm/m und mehr, bei starker Gefügelockerung, bei Deformierung von Bauwerkteilen sowie bei Versumpfung.

Die Wertminderung, die durch Annahme einer verkürzten Restnutzungsdauer und/oder durch Abschlag zu berücksichtigen ist, beträgt hier 15 bis 25 v.H., in besonders begründeten Fällen jedoch auch mehr als 25 v.H. Bei einer Schieflage von mehr als 440 mm/m kann davon ausgegangen werden, dass die Restnutzungsdauer nicht mehr als zehn Jahre betragen wird.

b) Ein mittlerer nicht behebbarer Bergschaden liegt vor bei einer Schieflage von 8 mm/m bis unter 20 mm/m.

Die Wertminderung, die durch Annahme einer verkürzten Restnutzungsdauer und/oder durch Abschlag zu berücksichtigen ist, beträgt hier 5 bis 15 v.H.

c) Ein leichter nicht behebbarer Bergschaden liegt bei einer Schieflage von 2 mm/m bis unter 8 mm/m vor.

Die Wertminderung, die durch Annahme einer verkürzten Restnutzungsdauer und/oder durch Abschlag zu berücksichtigen ist, beträgt hier bis zu 5 v.H.

d) Starke behebbare Bergschäden liegen vor, wenn Bauwerkteile erneuert und starke Risse ausgemauert oder nachträglich Sicherungen und Verankerungen eingebaut werden müssen, wenn Schwebedecken eingebaut werden müssen, weil Deckenrisse mit herkömmlichen Mitteln nicht zu beseitigen sind. Starke behebbare Schäden liegen außerdem vor, wenn Abstützmaßnahmen erforderlich sind und wenn die Standsicherheit gefährdet erscheint; wenn infolge Gefällestörungen die Entwässerung gestört ist; ferner, wenn sich Versumpfungserscheinungen zeigen, die beispielsweise das Mauerwerk durchfeuchten.

Der Abschlag kann 15 v.H. und mehr betragen.

e) Mittlere behebbare Bergschäden liegen vor, wenn Risse in Decken, Innen- und Außenwänden auftreten, die durch Ausfüllen mit Mörtel oder mit anderem Material abgedichtet werden müssen, aber noch nicht unter a) fallen.

Der Abschlag kann 5 bis 15 v.H. betragen.

f) Von leichten behebbaren Bergschäden kann gesprochen werden, wenn Risse lediglich in Innenräumen auftreten.

Der Abschlag darf höchstens 5 v.H. betragen.

9.4.4 Anpassungs- und Bergschadenssicherungsmaßnahmen

Maßnahmen zur Bergschadenssicherung sind bei Anwendung des Ertrags- und Sachwertverfahrens unterschiedlich zu berücksichtigen: **412**

– Bei Anwendung des *Ertragswertverfahrens* können Maßnahmen zur Bergschadenssicherung außer Betracht bleiben, da für den Gebäudeertragswert allein die künftige Rendite unabhängig von den aufgebrachten Kosten ist. Allenfalls bei Maßnahmen, die auf Dauer die Bebaubarkeit des Grundstücks sichern und dem Grund und Boden zuzurechnen sind, können solche Maßnahmen eine sonst dafür anzusetzende Bodenwertminderung ausgleichen. In diesem Fall kann von dem Bodenwert eines unbelasteten Grundstücks ausgegangen werden.

– Bei Anwendung des *Sachwertverfahrens* sind außergewöhnliche Gründungen durch besonderen Zuschlag zu erfassen. Deshalb ist im Einzelfall zu prüfen, ob vorhandene Bergschadenssicherungen als außergewöhnliche Gründungen anzusehen sind (vgl. auch Abschn. 39 Abs. 1 BewRGr.). Der Zuschlag für außergewöhnliche Gründungen (Bergschadenssicherungen) darf den Abschlag vom Bodenwert wegen Bergschäden und Bergschadensgefahren nicht übersteigen. Oftmals werden sich die Bergschäden und Bergschadensgefahren schon im durchschnittlichen Bodenwert (Bodenrichtwert) mindernd ausgewirkt haben. Dann kommt bei der Verkehrswertermittlung des Einzelgrundstücks ein besonderer Abschlag vom Bodenwert wegen des Bergschadens und der Bergschadensgefahr nicht in Betracht. In solchen Fällen ist der Zuschlag für außergewöhnliche Gründungen (Bergschadenssicherungen) auf den Betrag zu begrenzen, um den der Bodenwert des Einzelgrundstücks höher liegen würde, wenn Bergschäden und Bergschadensgefahren bei der Ermittlung durchschnittlicher Bodenwerte (Bodenrichtwerte) unberücksichtigt geblieben wären.

9.4.5 Behebbare Bergschäden

413 Behebbare Bergschäden werden zweckmäßigerweise durch einen entsprechenden **Abschlag vom Ertrags- oder Sachwert** berücksichtigt (vgl. § 82 Abs. 3 und § 87 BewG). Dies gilt bei Anwendung des Ertragswertverfahrens insbesondere dann, wenn der Bergschaden keinen Einfluss auf die Ertragsverhältnisse hat. Wertneutralität ist gegeben, wenn ein Anspruch auf Schadensbeseitigung gegenüber dem Bergwerksunternehmer besteht. Da dieser Anspruch dem Eigentümer ad personam zusteht, muss dies allerdings bei der Verkehrswertermittlung in aller Regel unbeachtlich bleiben.

9.4.6 Bodenwertermittlung in Bergschadensgebieten

414 Ein Bergschaden findet bei der Bodenwertermittlung nur dann eine besondere Berücksichtigung, wenn von **Vergleichspreisen bzw. Bodenrichtwerten ausgegangen** wurde, **die nicht durch Bergschäden beeinflusst sind.** Dies ist insbesondere bei Anwendung des Sachwertverfahrens von Bedeutung, weil bei Anwendung des Ertragswertverfahrens, wenn von der Anwendung dieses Verfahrens aufgrundstücke abgesehen wird, deren Bebauung nur noch eine kurze Restnutzungsdauer aufweisen, ohnehin die Bodenwertermittlung für das Gesamtergebnis von eher untergeordneter Bedeutung ist.

415 In der **steuerlichen Bewertung** werden Abschläge bis zu 10 v.H. an den Bodenwert eines unbelasteten Grundstücks angebracht.

416 Insbesondere im Hinblick darauf, dass in Gebieten, die allgemein bergbaulichen Einflüssen unterworfen sind, die herangezogenen Vergleichspreise etwaige Bodenwertminderungen bereits im allgemeinen Sinne „innehaben", hat die Rechtsprechung einen Anspruch gegenüber dem Gutachterausschuss für Grundstückswerte abgelehnt, die **Wertminderung in einem Gutachten gesondert „auszuwerfen"** oder darüber ein eigenständiges Gutachten zu erstatten[283].

9.4.7 Merkantiler Minderwert

▶ *Allgemeines zum merkantilen Minderwert vgl. Teil IV § 194 BauGB Rn. 143 ff.*

417 Nach den §§ 249 und 251 BGB ist ein merkantiler Minderwert ersatzfähig. Ein merkantiler Minderwert ist die **Minderung des Verkehrswerts,** die im Grundstücksverkehr trotz ordnungsgemäßer Instandsetzung eines behebbaren Bergschadens schon im Hinblick auf den Verdacht verborgen gebliebener Schäden eintritt.

418 Ein ersatzfähiger merkantiler Minderwert liegt also vor, wenn der Grundstücksverkehr ein Bauwerk im Hinblick auf die Einwirkungen des Bergbaus und seiner Folgen wertmäßig geringer einschätzt als vor dem Eingriff. Gemäß den §§ 114 und 117 BBergG ist deshalb neben dem Wiederherstellungsaufwand für die Beseitigung bergbaubedingter Substanzschä-

---

[283] OVG Münster, Urt. vom 23.1.1984 – 10a 23 66/79 –, EzGuG 4.95; Vorinstanz: VG Gelsenkirchen, Urt. vom 21.6.1978 – 5 K 29 77/78 –, EzGuG 4.57.

den an dem betroffenen Gebäude der **Minderwert** zu ersetzen, **der trotz ordnungsgemäßer Beseitigung der Schäden verbleibt**[284].

Ein merkantiler Minderwert setzt dabei allerdings nach Schadensart und Schadensumfang ein **schädigendes Ereignis von Gewicht** voraus, z. B. Eingriffe in die Tragwerkskonstruktion oder eine durch Unterfangen eines Gebäudes bzw. Hebung ausgeglichene Schieflage. Eingriffe in die Tragkonstruktion oder die Hebung des Gebäudes sind allerdings nicht Voraussetzung für einen merkantilen Minderwert[285]. **419**

Bei Bergschäden wird der merkantile Minderwert i.d.R. in einem Vomhundertsatz des Gebäudesachwerts ermittelt. Diese Praxis ist insbesondere bei Gebäuden, die in besonders hochwertiger Lage errichtet worden sind, nicht unproblematisch, da Gebäude und Boden in einer Schicksalsgemeinschaft stehen. In solchen Fällen ist deshalb die besondere Lagewertigkeit des Grund und Bodens zusätzlich zu berücksichtigen. **420**

Nach der Rechtsprechung des OLG Düsseldorf[286] ist ein merkantiler Minderwert zu gewähren, der der Höhe nach durch die in einem Zeitraum von ca. 5 bis 10 Jahren zu erwartenden Schädigungen geprägt ist. **421**

Das zwischen dem Verband bergbaugeschädigter Haus- und Grundeigentümer e. V. (VBHG) und der Ruhrkohle AG (RAG) ausgehandelte **Gesamt-Minderwertabkommen**[287] sieht zur Ermittlung des merkantilen Minderwerts von Bergschäden folgendes Verfahren vor: **422**

a) Bei Schieflagen unter 2 mm/m wird ein Minderwertausgleich grundsätzlich nicht geleistet.

b) Bei Schieflagen zwischen 2 mm/m und 15 mm/m beträgt der Minderwert je 2 mm/m Schieflage 1 % des im Wege des Sachwertverfahrens ermittelten Gebäudewerts.

c) Bei Schieflagen über 15 mm/m wird der Minderwert im Wege einer Einzelfallregelung vereinbart. Regelmäßig soll bei Schieflagen über 15 mm/m bis 25 mm/m der Minderwert je 1 mm/m Schieflage 1,75 % des im Wege des Sachwertverfahrens ermittelten Gebäudewerts betragen. Bei Schieflagen von 25 mm/m und mehr, bei denen eine Hebung nicht möglich oder der RAG nicht zumutbar ist, soll die Zunahme des Minderwerts je 1 mm/m Schieflage 2,75 % des im Wege des Sachwertverfahrens ermittelten Gebäudewerts betragen.

Sind bereits Minderwerte abgegolten worden, sind zusätzliche Minderwertausgleiche nur bei Zunahme der Schieflage ab 2 mm/m nach den Grundsätzen der lit b und c zu leisten; dabei werden bereits geleistete Minderwertausgleiche angerechnet.

Weiterhin gelten folgende **Anhaltswerte**, wenn eine Einigung nach vorstehenden Grundsätzen nicht erzielt werden kann:

– Bei *Schieflagen unter 5 mm/m* beträgt der Minderwert in Abhängigkeit von Gebäude- und Nutzungsart je 3–4 mm/m Schieflage 1 % des im Wege des Sachwertverfahrens ermittelten Gebäudewerts.

– Bei *Schieflagen ab 5 mm/m* beträgt der Minderwert in Abhängigkeit von Gebäude- und Nutzungsart je 3–4 mm/m Schieflage 1 % des im Wege des Sachwertverfahrens ermittelten Gebäudewerts.

– Sind bereits Minderwerte abgegolten worden, sind zusätzliche Minderwertausgleiche nur bei Zunahme der Schieflage ab 3–4 mm/m nach den vorstehenden Grundsätzen für die volle Schieflage vorzunehmen; dabei werden bereits geleistete Minderwertausgleiche (ausgedrückt in % des im Wege des Sachwertverfahrens ermittelten Gebäudewerts) angerechnet.

---

284 Boldt/Weller, § 144 BBergG Rn. 48; Piens/Schulte/Bilzhum, § 117 BBergG Rn. 8; Schürken in DWW 1987, 134 ff., OLG Saarbrücken, Beschl. vom 16.5.1994 – 4 W 174/94 –, GuG 1995, 314 = EzGuG 4.157; BGH, Urt. vom 2.4.1981 – III ZR 186/79 –, EzGuG 4.75; BGH, Urt. vom 19.9.1985 – VII ZR 158/84 –, BB 1986, 764.
285 OLG Düsseldorf, Urt. vom 4.2.2000 – 7 U 67/98 –, EzGuG 14.176a.
286 OLG Düsseldorf, Urt. vom 4.2.2000 – 7 U 67/98 –, EzGuG 14.176a.
287 Abkommen vom 12.12.2001, GuG 2002,176.

V § 5 ImmoWertV — Merkantiler Minderwert

Ein Anspruch auf Ersatz eines **bergbaubedingten merkantilen Minderwerts** kommt insbesondere in Betracht:

- nach einer Hebung des Gebäudes,
- nach einem sonstigen erheblichen Eingriff in die Tragwerkskonstruktion,
- bei anderweitigen erheblichen Substanzschäden, die einzeln oder kumuliert objektiv geeignet erscheinen, bei Dritten ernsthafte und nachvollziehbare Befürchtungen aufkommen zu lassen.

Der merkantile Minderwert – ausgedrückt in einem Vomhundertsatz des im Wege des Sachwertverfahrens ermittelten Gebäudewerts – ergibt sich aus dem Produkt der Faktoren A 1/A 2 (Reparaturaufwand und Verhältnis zum Gebäudewert), dem Faktor B (Art der Schadensbeseitigung) und dem Faktor C (Verkäuflichkeit des Gebäudes). Bei **Gebäuden mit einer Restnutzungsdauer von < 50 Jahren wird grundsätzlich kein merkantiler Minderwert** anerkannt (Abb. 48 f.).

Abb. 48: Faktor A 1 und A 2 zur Berechnung des merkantilen Minderwerts gem. Anlage des Gesamt-Minderwertabkommens VBHG/RAG

	Anlage zum Gesamt-Minderwertabkommen VBHG/RAG Berechnungstabelle „merkantiler Minderwert" zu Teil 2 Ziffer II des Abkommens				
	Faktor A 1 [%] Erheblicher Substanzschaden Reparaturaufwand		Faktor A 2 [%] Erheblicher Eingriff in die Tragwerkskonstruktion Reparaturaufwand		
	> 30 und < 50 % des GW oder 75 000 €	> 50 % des Gebäudewerts	> 10 und < 30 % des GW, mindestens 20 000 €	> 30 und < 60 % des GW, mindestens 30 000 €	< 60 % des Gebäudewerts, mindestens 40 000 €
RND in Jahren	Schadensgrad in % des GW		Schadensgrad in % des GW		
50–69	3	4	2	3	4
70–79	4	5	3	4	5
80–89	5	6	4	5	6
90–99	6	7	5	6	7

Abb. 49: Faktor B und C zur Berechnung des merkantilen Minderwerts gem. Anlage des Gesamt-Minderwertabkommens VBHG/RAG

	Anlage zum Gesamt-Minderwertabkommen VBHG/RAG Berechnungstabelle „merkantiler Minderwert" zu Teil 2 Ziffer II des Abkommens					
	Faktor B Art der Schadensbeseitigung Reparaturverfahren			Faktor C Verkäuflichkeit des Grundstücks Einordnung		
RND in Jahren	Standard	Hebung	Ausgleichselemente	gut	normal	schlecht
		unter Fundament	unter Decke			
	Korrekturfaktor			Korrekturfaktor		
50–69	1	1	1,2	1,3–1,5	0,8	1	1,1
70–79	1	1	1,2	1,3–1,5	0,8	1	1,1
80–89	1	1	1,2	1,3–1,6	0,8	1	1,1
90–99	1	1	1,2	1,3–1,6	0,8	1	1,1

9.4.8 Bergschadensgefahr und Bergschadensverzicht

Außer der Wertermäßigung wegen Bergschäden kann auch eine Wertermäßigung wegen **Bergschadensgefahr** (auch wegen der als Folge bereits eingetretener Bergschäden mit Sicherheit noch zu erwartenden weiteren Schäden) für Grundstücke in Gebieten in Betracht kommen, in denen Bergbau umgegangen war. 423

Bei der **Verkehrswertermittlung** unbebauter Grundstücke kommt eine Ermäßigung wegen Bergschadensgefahr nur dann in Betracht, wenn sich die Schadensgefahr nicht schon in den durchschnittlichen Bodenwerten (Bodenrichtwerte) mindernd ausgewirkt hat.

Für die **Bemessung der Ermäßigung** sind bedeutsam: 424

a) Art des Abbaus,

b) Ausmaß der Bergschadenssicherungen,

c) Bergschadensverzicht.

Beim oberflächennahen Abbau (bei einer Teufe bis ca. 100 m) **ist die Gefahr einer Schädigung zeitmäßig nicht zu begrenzen.** Die durch Bergbau geschaffenen Hohlräume brechen infolge des geringen Gebirgsdrucks häufig erst nach Jahrzehnten zusammen. In Einzelfällen sind Hohlräume selbst nach mehr als hundert Jahren festgestellt worden. Beim Abbau in mittlerer Teufe (von ca. 100 m bis ca. 400 m) oder in größerer Teufe (mehr als 400 m) wird wegen des zunehmenden Gebirgsdrucks der Zeitfaktor der Einwirkungen verkürzt. 425

Bei den **Bergschadenssicherungen** ist zu unterscheiden zwischen Vollsicherung und Teilsicherung. Vollsicherungen sind Maßnahmen, die grundsätzlich Schäden bergbaulicher Art verhindern sollen (Dreipunktlagerung). In Ausnahmefällen werden jedoch trotz Vollsicherung Schäden entstehen können (z. B. Versumpfung, Tagesbrüche). Bei Teilsicherungen wird die schädliche Einwirkung des Bergbaus gemindert, jedoch nicht verhindert. Teilsicherungen sind beispielsweise eine Betonplatte, Fundamentverstärkungen, Betonwannen, Ringverankerungen, Trennfugen. 426

Verschiedentlich verzichtet ein Grundstückseigentümer gegenüber dem Bergbau vertraglich auf Ersatz von Bergschaden (**Bergschadensverzicht**). Zu unterscheiden ist zwischen Vollverzicht und Teilverzicht sowie zwischen dinglich gesichertem und schuldrechtlich vereinbartem Verzicht. Die dingliche Sicherung erfolgt durch Begründung einer Grunddienstbarkeit am Grundstück zugunsten des Bergwerkseigentümers, die im Grundbuch eingetragen wird. Bei schuldrechtlich vereinbartem Verzicht gilt der Verzicht lediglich zwischen den Vertragsparteien. 427

Im Falle des dinglich gesicherten **Vollverzichts** besteht keinerlei Anspruch auf Bergschadensersatz. Im Falle des schuldrechtlich vereinbarten Vollverzichts kann ein Einzelrechtsnachfolger des Verzichtenden u.U. vom Eigentumserwerb an neue Schadensersatzansprüche geltend machen. Das gilt aber nur dann, wenn der Einzelrechtsnachfolger nicht an die schuldrechtliche Vereinbarung gebunden ist. 428

Der **Teilverzicht** ist i.d.R. beschränkt auf Ersatz in Höhe des infolge bergbaulicher Einwirkungen geminderten Verkehrswerts des Grundstücks (Teilverzicht i.d.R. bis 10 v.H.). Ein dinglich gesicherter Bergschadensverzicht beeinträchtigt den Wert eines Grundstücks. Das gilt auch für den schuldrechtlich vereinbarten Bergschadensverzicht mit Bindungswirkung für den Einzelrechtsnachfolger. Deshalb ist in den Fällen, in denen ein Abschlag wegen Bergschadensgefahr zu gewähren ist, dieser entsprechend höher. 429

Maßstab für den Bergschadensverzicht sind i.d.R. die Kosten der Bergschadenssicherungsmaßnahmen: 430

– Bei *Wohngebäuden* ist eine Beschränkung des Nichtersatzes von Bergschadenssicherungsmaßnahmen auf 3 % der Herstellungskosten üblich.

– Bei empfindlich auf Bodenbewegungen reagierenden *Gewerbe- und Industriegebäuden* ist ein Nichtersatz bis zu einer Höhe von 7,5 % der Herstellungskosten üblich[288].

431 In der **steuerlichen Bewertungspraxis**[289] werden folgende Abschläge angesetzt (Abb. 50.):

Abb. 50: Abschläge wegen Bergschadensgefahr

	bei oberflächen-nahem Abbau v.H.		bei Abbau in mittlerer Teufe v.H.*)		bei Abbau in größerer Teufe v.H. **)	
bei bebauten Grundstücken						
bei Vollsicherung	i.d.R.	0	i.d.R. 0 bis höchstens	5	i.d.R.	0
bei Teilsicherung	bis höchstens	7	bis höchstens	7	bis höchstens	3
ohne Bergschadenssicherung	bis höchstens	10	bis höchstens	7	bis höchstens	5
bei unbebauten Grundstücken	bis höchstens	10			bis höchstens	5

*) Wenn 10 Jahre lang nach Beendigung des Abbaus keine Bergschäden eingetreten sind, kommen im Allgemeinen Abschläge wegen Bergschadensgefahr nicht in Betracht.

**) Wenn 5 Jahre lang nach Beendigung des Abbaus keine Bergschäden eingetreten sind, kommen im Allgemeinen Abschläge wegen Bergschadensgefahr nicht in Betracht.

432 Beim Vorliegen eines **Teilverzichts** kann der Abschlag bis auf 10 v.H. erhöht werden (in Ausnahmefällen auch bei Vollsicherung). Beim Vorliegen eines **Vollverzichts** beträgt der Abschlag i.d.R. 10 v.H. (in Ausnahmefällen auch bei Vollsicherung). In besonders begründeten Einzelfällen kann der Abschlag jedoch noch höher bemessen werden.

433 **Bei unbebauten Grundstücken können** in besonders begründeten Einzelfällen **die Abschläge höher als 10, 7 oder 5 v.H. sein,** wenn nachgewiesen wird, dass bei einer Bebauung Sicherungsmaßnahmen erforderlich sein werden, deren Kosten die vorbezeichneten Abschläge bei weitem übersteigen werden.

434 Der Abschlag wegen Bergschadensgefahr ist auch dann zu gewähren, wenn eine Wertermäßigung wegen Bergschäden in Betracht kommt.

10 Wasserfläche

10.1 Allgemeines

Schrifttum: *Upmeyer, B.,* Wert einer Flutrinne (Wasserlauf), GuG 2002, 33.

▶ *Zur Verkehrswertermittlung von Ufergrundstücken vgl. Rn. 272 sowie Syst. Darst. des Vergleichswertverfahrens Rn. 401; § 6 ImmoWertV Rn. 117 ff.; zu Wasserschutz-, Überschwemmungs- und Heilquellengebieten vgl. Rn. 272; zu Brunnenrechten vgl. Teil IX Rn. 329*

435 Wasserflächen werden unter Nr. 5.3.1 WERTR als **von oberirdischen Gewässern ständig bedeckte Flächen** definiert. Hierzu gehören insbesondere Seen, Teiche, frei fließende und stauregelte Flüsse, Kanäle, Häfen, Talsperren und Meeresteile. Die Abgrenzung der Gewässer gegen ihre Ufer richtet sich nach den wasserrechtlichen Vorschriften. Der Verkehrswertermittlung ist i.d.R. die zuletzt ermittelte Uferlinie, bei stauregelten Flüssen und Kanälen die

---

288 Weiterführend Schürken in GuG 1997, 129; Mühlenbeck, Bewertung von Bergschadensverzichten, Das Markscheidenwesen, Verlag Glückauf Essen 1997, 2; Drisch/Schürken, Bewertung von Bergschäden und Setzungsschäden an Gebäuden, Hannover 1988.
289 Zur Verkehrswertermittlung und Einheitsbewertung vgl. Spraje in DWW 1992, 281.

Wasserlinie bei Normalstau zu Grunde zu legen. Auskunft über den Verlauf der Begrenzungslinien erteilen die zuständigen Stellen, z. B. die Wasserbehörden.

In den **WERTR** (Nr. 5.3.3) wird im Hinblick auf die Preisbildung für **Wasserflächen** ausgeführt: **436**

„Der Verkehrswert von Wasserflächen hängt vor allem ab von der rechtlich zulässigen Nutzungsmöglichkeit; ggf. ist der Herrichtungsaufwand zu berücksichtigen. Eine über den Gemeingebrauch bzw. Eigentümer- oder Anliegergebrauch hinausgehende Nutzungsmöglichkeit entsteht in der Regel durch öffentlich-rechtliche Erlaubnisse, Bewilligungen und Genehmigungen."

Zur Ermittlung des **Verkehrswerts aus benachbarten Landflächen** heißt es des Weiteren: **437**

„Vielfach besteht eine Abhängigkeit zwischen dem Verkehrswert einer Wasserfläche und dem Verkehrswert einer mit dieser Wasserfläche in unmittelbarem wirtschaftlichen Zusammenhang stehenden Landfläche. Diese liegt in aller Regel in dem der Wasserfläche benachbarten Uferbereich. Unmittelbare Nachbarschaft braucht nicht zu bestehen.

Im Normalfall wird der Verkehrswert der Wasserfläche niedriger sein als der Verkehrswert der Bezugsfläche an Land, weil die Nutzung der Wasserfläche durch die Natur der Gewässer eingeschränkt oder erschwert ist. Der Verkehrswert der Wasserfläche ist ein mit sachverständigem Ermessen ermittelter Vomhundertsatz des Verkehrswerts der Bezugsfläche an Land. Die Höhe dieses Vomhundertsatzes bestimmt sich insbesondere nach dem Grad des wirtschaftlichen Zusammenhangs der Wasserfläche mit der Bezugsfläche. In der Regel liegt der Verkehrswert der Wasserfläche bei 50 v.H. des Verkehrswerts der Bezugsfläche."

Dabei stehen insbesondere folgende **Nutzungen** im Vordergrund: **438**

– Umschlag, Industrie (z. B. Werften), Lagerei, Restaurants,
– Liegeplätze und Landeanlagen für Personenschifffahrt, Bootsverleih, Bootshäuser, Camping (privat) und dgl.,
– Gewinnung von Bodenschätzen, Bodenentnahmen, Bodenablagerungsflächen,
– Fischerei, Schilf-, Weidenanpflanzungen,
– Sonstige private Nutzungen (z. B. Triebkraft, Wasserentnahme, Gartenanlagen),
– Sport und Erholung (nicht gewerblich),
– Kreuzungen, wie Ein- und Durchleitungen (z. B. Ein- oder Auslassbauwerke) u.Ä.,
– Anlagen des öffentlichen Verkehrs sowie Hochwasserschutzanlagen.

Zur **Ermittlung des Verkehrswerts** aus Vergleichspreisen bzw. dem Ertrag sowie der baulichen Anlagen und von Rechten und Belastungen geben **Nr. 5.3.6 f. WERTR** folgende Hinweise: **439**

„Wenn kein wirtschaftlicher Zusammenhang zwischen den Wasser- und Landflächen besteht, bilden Vergleichspreise die Grundlage für die Ermittlung des Verkehrswerts der Wasserfläche.

Bei ertragsorientierten Nutzungen, wie z. B. Häfen und Fischteichen, kann der Verkehrswert der Wasserfläche aus dem daraus erzielten Ertrag ermittelt werden.

Für die Ermittlung des Werts von Anlagen, wie z. B. Uferbefestigungen und Dalben, kommt das Sachwertverfahren in Betracht. Aufwendungen des Gewässereigentümers für Ausbau und Unterhaltung bleiben im Regelfall außer Betracht.

Zu- und Abschläge sind vorzunehmen, wenn z. B. rechtliche Belastungen oder tatsächliche Nutzungserschwernisse einen wesentlichen Einfluss auf die rechtlich zulässige Nutzungsmöglichkeit haben.

Selbstständige Fischereirechte, Berechtigungen zur Gewinnung von Bodenschätzen u.Ä. sind gesondert zu werten, wenn sie mit dem Verkehrswert der Wasserfläche nicht abgegolten sind."

Des Weiteren ist beachtlich, dass über den Gemeingebrauch hinausgehende Nutzungsmöglichkeiten i.d.R. erst durch Erteilung einer **wasser- bzw. baurechtlichen Genehmigung** entstehen. **440**

Der unter Nr. 6.6.5 WERTR 96 für die Wasserfläche als Regelwert (noch) angegebene Verkehrswert von „etwa 25 v.H. des Werts der Landfläche (ebp)" ist in der Praxis der Wasser-

und Schifffahrtsämter schon seit langem überholt und wird in **Nr. 5.3.4 WERTR** mit 50 v.H. der Bezugsfläche angesetzt. Der BMV hatte schon gemäß RdErl. vom 4.6.1991 zur VV-WSV 2608 – Nutzungsentgelte – den Wertansatz auf „bis zu 50 v.H." erhöht. Zuvor hatte bereits der BMF mit Schreiben vom 22.2.1988 (VI C 1 P 3000 – 1/88) an die Oberfinanzdirektionen diesen Satz in den Fällen anzuhalten, in denen eine funktionelle Verknüpfung von Land- und Wasserflächen (z. B. bei Werftanlagen, gewerblich genutzten Yachtflächen) gegeben ist, wobei der Grad der funktionellen Verknüpfung als Anhaltspunkt „der Feineinordnung" dienen soll. Den seither auf dieser Grundlage allgemein vereinbarten Nutzungsentgelten entspricht seither ein Wasserflächenwert in Höhe des hälftigen Bodenwerts der zugeordneten Landfläche.

441 **Wirtschaftlich selbstständige Wasserflächen** sind insbesondere Fischgewässer sowie Flächen des Wassersports und des Badebetriebs. Ihr **Wert bestimmt sich** vornehmlich **nach der erzielbaren Pacht,** die regional stark streuen kann und bei etwa einem Drittel des Jahresrohertrags liegt (vgl. Rn. 75)[290].

Wirtschaftlich selbstständige, jedoch wirtschaftlich **nicht nutzbare Wasserflächen werden im Allgemeinen mit mindestens 10 % und höchstens dem hälftigen Bodenwert der angrenzenden Landfläche bewertet.**

442 **Vergleichspreise für Wasserflächen** treten sehr selten auf und streuen zumeist nicht unerheblich:

– Der Grundstücksmarktbericht 2005 des Gutachterausschusses in *Bergisch Gladbach* verzeichnet als Mittelwert aus 7 Kaufpreisen für Wasserflächen im Stadtgebiet 4,50 €/m² (Streubreite 2,90 bis 5,60 €/m²).

– Der Grundstücksmarktbericht 2008 des Gutachterausschusses im *Oberbergischen Kreis* weist für private Fischteiche einen Mittelwert von 2,60 €/m² (2700 m²) und für gewerbliche Fischteiche einen Mittelwert von 4,15 €/m² (7300 m²) aus, wobei die Höhe des Verkaufspreises mit der Größe des Fischteiches sinkt.

– Für Einzelparzellen mit Erholungsfunktion und der Möglichkeit einer **Wassersportnutzung** werden als Anhalt für *Berlin* (1999) im Bodenrichtwertatlas 150 bis 250 €/m² genannt.

– Für im Außenbereich gelegene Wasserflächen, deren Dauerhaftigkeit sicher ist, zahlen eingetragene Angelsportvereine 0,75 bis 1,50 €/m² (1996).

– Im Kreis *Kleve*: 0,50 €/m² für Wasserflächen ohne Freizeitwert (2006), d.h. für Gräben, Sumpfflächen und rekultivierte Abgrabungsflächen, für Flächen mit Freizeitwert vorwiegend an Badeseen mit rd. 90 % Wasser- und 10 % Uferanteil 3,00 bis 14,50 €/m².

– Für Fischereigewässer in *Brandenburg* gibt der Grundstücksmarktbericht Brandenburg 2009 Preise zwischen 0,13 und 0,50 €/m² (im Mittel 0,27 €/m²), für Wasserflächen für Freizeitnutzung zwischen 0,05 und 3,65 €/m² (im Mittel 0,90 €/m²) und für private Gräben zwischen 0,01 €/m² und 0,11 €/m² (im Mittel 0,06 €/m²) an.

– Im Landkreis *Dahme-Spreewald* wurden (im Jahre 2003) Gräben innerhalb von landwirtschaftlichen Nutzflächen in einer Preisspanne von 0,05 bis 0,26 €/m² bei einem Durchschnitt von 0,09 €/m² gehandelt. Teiche und Seen, die zum Teil auch bewirtschaftet werden, wurden in einer Preisspanne von 0,07 bis 1,02 €/m² gehandelt; das Mittel lag bei 0,39 €/m².

Für **Vorfluter und Gräben** werden – sofern sie nicht als fischbare Gewässer verpachtet werden können – 0,10 bis 0,25 €/m² in Abhängigkeit vom ortsüblichen Ackerlandwert bzw. rd. 10 v.H. des Gartenlandpreises angenommen.

---

[290] Jens, Die Bewertung der Fischgewässer, Verlag Paul Parey, Hamburg/Berlin 1969; Upmeyer, Der Wert einer Flutrinne, GuG 2001, 33; Ertragsverhältnisse von Yachthäfen in GuG 2001, 52.

Der Landesgrundstücksmarktbericht 2006 von *Niedersachsen* macht folgende Angaben (Abb. 51):

Abb. 51: Preise für Wasserflächen in Niedersachsen

Landkreis, kreisfreie Stadt, Region	Nutzung	Preise
Gutachterausschuss für Grundstückswerte Braunschweig		
Landkreis Goslar	Wasserflächen über 1000 m²	0,25–2,50 €/m²
Landkreis Peine	Wasserflächen	0,25–2,00 €/m²
Landkreis Braunschweig	Wasserflächen	0,50–5,00 €/m² (Ø 2,50 €/m²)
Gutachterausschuss für Grundstückswerte Hameln		
Landkreis Hildesheim	Wasserflächen, Fischerei usw.	0,20–2,38 €/m² (Ø 1,28 €/m²)
Gutachterausschuss für Grundstückswerte Otterndorf		
Landkreis Cuxhaven	Teichflächen ohne Fischbewirtschaftung	0,26–4,38 €/m² (Ø 1,25 €/m²)
Landkreis Osternholz	Teichflächen ohne Fischbewirtschaftung	2,20–4,95 €/m² (Ø 3,13 €/m²)
Landkreis Stade	Teichflächen ohne Fischbewirtschaftung	0,50–2,60 €/m² (Ø 1,23 €/m²)
Gutachterausschuss für Grundstückswerte Sulingen		
Landkreis Diepholz	Teiche	0,50–6,90 €/m² (Ø 2,60 €/m²)
LK Nienburg/Weser	Teiche/Seen über 2500 m²	Eine Abhängigkeit zwischen der Größe der Teichflächen sowie der Art der Anlagen und dem Preis wurde festgestellt.
Gutachterausschuss für Grundstückswerte Verden		
Landkreis Rotenburg (Wümme)	Teiche/Seen	0,6 –5,58 €/m² (Ø 1,96 €/m²) Eine Abhängigkeit zwischen der Größe der Teichflächen, der Lage sowie der Art der Außenanlagen und dem Preis wurde festgestellt.

Die Vergleichspreise sind insbesondere von
– der Lage,
– der Erschließung der Wasserfläche,
– dem Wasserzufluss und
– dem Verhältnis der Wasserfläche zur Umgebung

abhängig.

Die WERTR führen zu alledem aus:

„**5.3.5 Ermittlung des Verkehrswerts aus Vergleichspreisen:** Wenn kein wirtschaftlicher Zusammenhang zwischen den Wasser- und Landflächen besteht, bilden Vergleichspreise die Grundlage für die Ermittlung des Verkehrswerts der Wasserfläche.

5.3.6 Ermittlung des Verkehrswerts aus dem Ertrag: Bei renditeorientierten Nutzungen wie z. B. Häfen und Fischteichen kann der Verkehrswert der Wasserfläche aus dem daraus erzielten Ertrag ermittelt werden.

5.3.7 Wert vorhandener Anlagen: Die Wertermittlung für Anlagen wie z. B. Uferbefestigungen und Dalben erfolgt nach dem Sachwertverfahren. Aufwendungen des Gewässereigentümers für Ausbau und Unterhaltung bleiben im Regelfall außer Betracht.

5.3.8 Zu- und Abschläge: Zu- und Abschläge sind vorzunehmen, wenn z. B. rechtliche Belastungen oder sächliche Nutzungserschwernisse einen wesentlichen Einfluss auf die rechtlich zulässige Nutzungsmöglichkeit haben.

5.3.9 Bewertung von Rechten und Belastungen: Selbstständige Fischereirechte, Berechtigungen zur Gewinnung von Bodenschätzen u.Ä. sind gesondert zu bewerten, wenn sie mit dem Verkehrswert der Wasserfläche nicht abgegolten sind."

445 Soweit Vergleichspreise nicht zur Verfügung stehen, lässt sich der Verkehrswert selbstständig nutzbarer Wasserflächen auch im Wege der **Kapitalisierung nachhaltiger Pachteinnahmen und Nutzungsentgelte** ermitteln. Hilfsweise kann auch die Kapitalisierung der für Agrarland durchschnittlicher Beschaffenheit erzielbaren Pacht in Betracht kommen[291].

Zur Bemessung der Nutzungsentgelte vgl. die Verwaltungsvorschrift der Wasser- und Schifffahrtsverwaltung des Bundes (VV-WSV 2608 vom 16.1.1987, hrsg. vom Bundesministerium für Verkehr = http://www.bmvbw.bund.de).

446 **Wasserflächen, die keinen nachhaltigen Ertrag erwirtschaften können,** werden im Wege des Preisvergleichs mit landwirtschaftlich unrentablem Agrarland (auch Öd- und Unland) bewertet.

447 Die **Aufhebung der unmittelbaren Nachbarschaft eines Wasserlaufs** führt zwar zu einem Verlust des durch den Wasserlauf bedingten wirtschaftlichen Reizes und mag im Einzelfall auch die tatsächlichen Möglichkeiten des Grundstücksgebrauchs mindern, jedoch führt sie i.d.R. nicht zu Entschädigungsansprüchen, soweit – anders als bei einer Zufahrtsverschlechterung – die Benutzbarkeit des Grundstücks nicht beeinträchtigt wird. Insoweit ist der daraus resultierende Mehrwert nicht Bestandteil des Grundstücks, der zu entschädigen ist[292].

10.2 Hafen

448 Als **Nutzungsentgelt für Hafenflächen** sehen die Verwaltungsvorschriften des Bundes[293] 7 % des halben Bodenwerts des angrenzenden Ufergrundstücks vor.

Beispiel:

Das an eine Hafenfläche angrenzende Ufergrundstück wird als Gewerbe- und Industriefläche mit einem Verkehrswert von 15 €/m² genutzt.

Bei 7 % des hälftigen Werts als dem gedanklichen Wert der Wasserfläche ergibt sich ein jährliches Nutzungsentgelt von:

15 €/m² /2 × 7/108 = 0,52 €/m² p.a.

449 Soweit diese Grundsätze allgemein zur Anwendung kommen und das Geschehen auf dem „Grundstücksmarkt für Wasserflächen in Häfen" bestimmen, lässt sich umgekehrt bei bekannten Nutzungsentgelten der **Wert der Wasserfläche**[294] wie folgt bestimmen:

Wert der Wasserfläche$_{Hafen}$ = (Jahresnutzungsentgelt × 100)/7

450 Hinweise zur Ermittlung des Verkehrswerts von unbebauten See-Hafengrundstücken können den steuerlichen **Richtlinien** der OFD Hamburg **für die Bewertung der Hafengrundstücke in Seehäfen (BewRSh)** vom 9.2.1971[295] entnommen werden. Nach diesen Richtlinien gelten als Hafengrundstück nur Grundstücke, die dem Betrieb, der Erhaltung und der Verwaltung eines Hafens dienen und in räumlichem Zusammenhang mit den Hafenanlagen stehen; dient ein Grundstück auch anderen Zwecken und ist dieser Teil nicht räumlich abgrenzbar, so soll es auf die überwiegende Nutzung ankommen. Nach den Richtlinien ist der Bodenwert wiederum aus Bodenwerten benachbarter Industriegrundstücke abzuleiten und erst wenn geeignete Vergleichsflächen nicht zur Verfügung stehen, kann vom Verkehrswert baureifer Grundstücke

---

291 Hierzu GuG 2001, 52.
292 BGH, Urt. vom 20.10.1967 – V ZR 78/65 –, EzGuG 4.27.
293 BMV: VV Nutzungsentgelte VV-WSV 2608 (1987).
294 Klocke in GuG 1994, 222.
295 S 3014 – 4/70 – St 31, abgedruckt auf S. 2168 der 3. Aufl. dieses Werks.

anderer Nutzung ausgegangen werden, der dann durch Abschläge auf den Verkehrswert von Industrieland umzurechnen ist. Weitere Maßgaben dieser Richtlinien sind:

(a) Der Wert „der mit Wasser bedeckten Fläche des Hafens" erhöht sich in Abhängigkeit von der Ausbaggerung nach diesen Richtlinien durch folgende auf den Quadratmeter bezogene Zuschläge (Abb. 52):

Abb. 52: Zuschläge

Tiefe des Hafenbeckens bis	Zuschlag €/m² Stand 1971	Zuschlag €/m² Stand 1995
3,00 m	1,25	3,75
4,00 m	1,50	4,50
5,00 m	1,75	5,00
6,00 m	2,00	6,00
8,00 m	3,00	9,00
10,00 m	4,00	12,00
12,50 m	5,00	15,00
15,00 m	6,00	17,50
17,50 m	6,75	20,00
20,00 m und mehr	7,50	22,50

(b) Die **Zweckgebundenheit der mit Wasser bedeckten Fläche** des Hafens ist durch einen Abschlag von 40 v.H. von dem sich nach vorstehender Textziffer ergebenden Wert zu berücksichtigen. Bei öffentlichen Häfen erhöht sich der Abschlag auf 80 v.H. Der Abschlag ist auch auf den Wert der Grundflächen der Kaimauern sowie den Wert der Böschungen und der anderen Ufereinfassungen zu erstrecken. **451**

Beispiel: **452**

Für die Berechnung des Quadratmeterpreises der mit Wasser bedeckten Fläche eines öffentlichen Hafens: Durchschnittlicher Wert für benachbartes Industrieland 5,00 € pro m², Tiefe des Hafenbeckens 4 m.

Durchschnittlicher Wert für Industrieland pro m²	15,00 €
Abschlag wegen Größe, Zuschnitt, Gestaltung angenommen 30 v.H	− 4,50 €
	10,50 €+
Zuschlag wegen Tiefe des Hafenbeckens	4,50 €
	15,00 €
Abschlag wegen Zweckgebundenheit: 80 v.H.	12,00 €
Wert pro m² der mit Wasser bedeckten Fläche	**3,00 €**

Das Verfahren versagt, wenn ein ortsübliches Nutzungsentgelt nicht ermittelt werden kann, wie z. B. an den Bundeswasserstraßen, wo die Wasser- und Schifffahrtsverwaltung einziger Anbieter ist. In der Praxis wird hier von dem nächsten **Bodenrichtwert** für ein Grundstück vergleichbarer Nutzung ausgegangen. **453**

In der **steuerlichen Bewertung** werden **Boots- und Yachthäfen** sowie Häfen der See- und Binnenschifffahrt mit **454**

– 60 % des Werts der Ufergrundstücke bzw.

– 25 % des Werts des angrenzenden Baulands

bewertet[296].

---

296 Vgl. GuG 2001, 52; zu einer Steganlage vgl. BerlVerfGH, Urt. vom 23.3.2003 – VerfGH 60/01 –, GuG 2003, 250.

§ 6 ImmoWertV
Weitere Grundstücksmerkmale

(1) ₁Art und Maß der baulichen oder sonstigen Nutzung ergeben sich in der Regel aus den für die planungsrechliche Zulässigkeit von Vorhaben maßgeblichen §§ 30, 33 und 34 des Baugesetzbuchs und den sonstigen Vorschriften, die die Nutzbarkeit betreffen. ₂Wird vom Maß der baulichen Nutzung in der Umgebung regelmäßig abgewichen, ist die Nutzung maßgebend, die im gewöhnlichen Geschäftsverkehr zugrunde gelegt wird.

(2) Als wertbeeinflussende Rechte und Belastungen kommen insbesondere Dienstbarkeiten, Nutzungsrechte, Baulasten sowie wohnungs- und mietrechtliche Bindungen in Betracht.

(3) Für den abgabenrechtlichen Zustand des Grundstücks ist die Pflicht zur Entrichtung von nicht steuerlichen Abgaben maßgebend.

(4) Lagemerkmale von Grundstücken sind insbesondere die Verkehrsanbindung, die Nachbarschaft, die Wohn- und Geschäftslage sowie die Umwelteinflüsse.

(5) ₁Weitere Merkmale sind insbesondere die tatsächliche Nutzung, die Erträge, die Grundstücksgröße, der Grundstückszuschnitt und die Bodenbeschaffenheit wie beispielsweise Bodengüte, Eignung als Baugrund oder schädliche Bodenveränderungen. ₂Bei bebauten Grundstücken sind dies zusätzlich insbesondere die Gebäudeart, die Bauweise und Baugestaltung, die Größe, Ausstattung und Qualität, der bauliche Zustand, die energetischen Eigenschaften, das Baujahr und die Restnutzungsdauer.

(6) ₁Die Restnutzungsdauer ist die Zahl der Jahre, in denen die baulichen Anlagen bei ordnungsgemäßer Bewirtschaftung voraussichtlich noch wirtschaftlich genutzt werden können; durchgeführte Instandsetzungen oder Modernisierungen oder unterlassene Instandhaltungen oder andere Gegebenheiten können die Restnutzungsdauer verlängern oder verkürzen. ₂Modernisierungen sind beispielsweise Maßnahmen, die eine wesentliche Verbesserung der Wohn- oder sonstigen Nutzungsverhältnisse oder wesentliche Einsparungen von Energie oder Wasser bewirken.

Gliederungsübersicht | Rn.
1 Allgemeines 1
2 Art und Maß der baulichen Nutzung (§ 6 Abs. 1 ImmoWertV)
   2.1 Allgemeines (§ 6 Abs. 1 Satz 1 ImmoWertV) 3
   2.2 Rechtliche Gegebenheiten
      2.2.1 Übersicht 7
      2.2.2 Flächennutzungsplan 9
      2.2.3 Bebauungsplan
         2.2.3.1 Allgemeines 10
         2.2.3.2 Art der baulichen Nutzung 14
         2.2.3.3 Maß der baulichen Nutzung 35
         2.2.3.4 Besonderheiten für Berlin 57
      2.2.4 Im Zusammenhang bebaute Ortsteile nach § 34 BauGB 58
      2.2.5 Außenbereich nach § 35 BauGB 68
      2.2.6 Sanierungsgebiete und städtebauliche Entwicklungsbereiche ... 70
      2.2.7 Sonstige öffentlich-rechtliche und privatrechtliche Vorschriften ... 71
   2.3 Tatsächliche Gegebenheiten
      2.3.1 Übersicht 74
      2.3.2 Lagetypische Nutzung (§ 6 Abs. 1 Satz 2 ImmoWertV) 75
      2.3.3 Bestandsschutz 86
   2.4 Erhebliches Abweichen der tatsächlichen Nutzung von der zulässigen bzw. lagetypischen Nutzung 89

	2.5	Flächen, auf denen nach den Festsetzungen des Bebauungsplans nur bestimmte Wohngebäude errichtet werden dürfen		
		2.5.1	Übersicht..	91
		2.5.2	Soziale Wohnraumförderung (Sozialer Wohnungsbau).................	92
		2.5.3	Personengruppen mit besonderem Wohnbedarf............................	96
3	Wertbeeinflussende Rechte und Belastungen (§ 6 Abs. 2 ImmoWertV)			
	3.1	Allgemeines..		100
	3.2	Pfandrechte...		106
4	Abgabenrechtlicher Zustand (§ 6 Abs. 3 ImmoWertV)			107
5	Lage (§ 6 Abs. 4 ImmoWertV)			
	5.1	Allgemeines..		118
	5.2	Lagetypen...		123
	5.3	Beeinträchtigungen der Lageverhältnisse		
		5.3.1	Allgemeines..	124
		5.3.2	Baumaßnahmen..	127
		5.3.3	Standfestigkeit...	129
		5.3.4	Zugänglichkeit des Grundstücks	130
		5.3.5	Verkehrslage..	132
		5.3.6	Immissionslage..	137
6	Lärm			
	6.1	Allgemeines..		138
	6.2	Verkehrslärm (Straßen und Schienen)		
		6.2.1	Immissionsrichtwerte	141
		6.2.2	Verkehrswertermittlung...	151
		6.2.3	Wertminderung...	155
		6.2.4	Lärmvorsorge..	166
		6.2.5	Entschädigung für verbleibende Beeinträchtigungen	
			6.2.5.1 Entschädigung bei Neubau und Änderung von Verkehrswegen...	199
			6.2.5.2 Entschädigung bei Teilinanspruchnahme.................	213
			6.2.5.3 Entschädigung für Altanlagen.................................	221
	6.3	Gewerbelärm		225
	6.4	Fluglärm		
		6.4.1	Allgemeines und Entschädigungsgrundsätze	228
		6.4.2	Wertminderung wegen Fluglärms	238
		6.4.3	Steuerliche Bewertung...	242
	6.5	Spiel- und Sportlärm		243
	6.6	Manöver- und Schießlärm		256
	6.7	Baulärm		258
7	Geruchsimmission			261
8	Staubimmission...			264
9	Erschütterungen			267
10	Elektrosmog			
	10.1	Grenzwerte		273
	10.2	Mindestfläche		283
	10.3	Nutzungsentgelte		284
	10.4	Minderung der Nutzungsentgelte		287
	10.5	Rechtsprechung zum Mobilfunk		291
11	Beschaffenheit und tatsächliche Eigenschaften (§ 6 Abs. 5 ImmoWertV)			
	11.1	Allgemeines..		292
	11.2	Altlasten		
		11.2.1	Allgemeines..	298
		11.2.2	Belastete Flächen in der Bauleitplanung	
			11.2.2.1 Abwägungsgebot	302
			11.2.2.2 Kennzeichnungspflicht	304
			11.2.2.3 Schadensersatz bei Abwägungsmängeln in der Bauleitplanung ...	310
		11.2.3	Verkehrswertermittlung...	314
		11.2.4	Verifizierung von Ablagerungen	330
		11.2.5	Sanierungsmaßnahmen	344
		11.2.6	Sanierungslast..	345
		11.2.7	Berücksichtigung von Altlasten bei Grundstücksveräußerungen des Bundes	357
		11.2.8	Altlasten im Bewertungsrecht	363

V § 6 ImmoWertV Allgemeines

    11.3 Beschaffenheit der baulichen Anlage
        11.3.1 Gebäudemerkmale 364
        11.3.2 Energieeinsparverordnung (EnEV) 365
12 Gesamt- und Restnutzungsdauer (§ 6 Abs. 6 ImmoWertV)
    12.1 Begriffe
        12.1.1 Gesamt- und Restnutzungsdauer, Nutzungsdauer 370
        12.1.2 Gesamt- und Restlebensdauer 376
    12.2 Übliche Gesamtnutzungsdauer (Nutzungsdauer)
        12.2.1 Verkehrswertermittlung 378
        12.2.2 Beleihungswertermittlung 383
        12.2.3 Steuerliche Bewertung 384
    12.3 Übliche Restnutzungsdauer 385
    12.4 Abweichungen von der üblichen Restnutzungsdauer
        12.4.1 Allgemeines 389
        12.4.2 Unterlassene Instandhaltung 391
        12.4.3 Durchgeführte Instandsetzungen 393
        12.4.4 Modernisierung 396
        12.4.5 Andere Gegebenheiten 401
        12.4.6 Gesamtbetrachtung 403
    12.5 Verlängerung der Restnutzungsdauer durch Modernisierungen
        12.5.1 Verkehrswertermittlung
            12.5.1.1 Modernisierung 405
            12.5.1.2 Abschätzung der verlängerten Restnutzungsdauer nach
                  „Modernisierungsgraden" 407
            12.5.1.3 Ermittlung des fiktiven Baujahrs (Alters) und der verlängerten
                  Restnutzungsdauer nach Modernisisierungsanteilen 413
            12.5.1.4 Abschätzung der Restnutzungsdauer bei „verbrauchter"
                  Modernisierung 427
            12.5.1.5 Steuerliche Bewertung 431
    12.6 Abschätzung der Restnutzungsdauer bei Gebäudemix
        12.6.1 Verkehrswertermittlung 436
         12.6.2 Steuerliche Bewertung 446

1 Allgemeines

1   § 6 ImmoWertV enthält zusammen mit § 5 ImmoWertV ergänzende **Bestimmungen** zu dem mit § 4 Abs. 2 ImmoWertV vorgegebenen Katalog von **Grundstücksmerkmalen**. Im Einzelnen geht es um Regelungen

– zur Art und zu dem Maß der baulichen Nutzung (§ 6 Abs. 1 ImmoWertV, Rn. 3 ff.);

– zu den wertbeeinflussenden Rechten und Belastungen (§ 6 Abs. 2 ImmoWertV; vgl. § 1 ImmoWertV Rn. 63 ff. sowie Teil IX);

– zu den abgabenrechtlichen Verhältnissen, vor allem im Hinblick auf Pflichten zur Entrichtung von Erschließungsbeiträgen (§§ 127 ff. BauGB), Ausgleichsleistungen in der Umlegung (§ 64 BauGB), Ausgleichsbeträgen (§§ 154 f. BauGB sowie § 25 BodSchG), Kostenerstattungsbeträgen und KAG-Beiträgen (§ 6 Abs. 3 ImmoWertV, Rn. 111 ff.);

– zur Lage des Grundstücks (§ 6 Abs. 4 ImmoWertV , Rn. 119 ff.),

– zur Beschaffenheit und zu den tatsächlichen Eigenschaften des Grundstücks, wobei namentlich auch die Belastung mit Ablagerungen und die Umwelteinflüsse hervorgehoben werden (§ 6 Abs. 5 ImmoWertV; vgl. Rn. 365 ff.) sowie

– zur Restnutzungsdauer einer baulichen Anlage (§ 6 Abs. 6 ImmoWertV Rn. 370).

Art der baulichen Nutzung § 6 ImmoWertV V

Mit der Hervorhebung dieser Zustandsmerkmale enthält die Vorschrift **keine abschließende Aufzählung.** Dies macht schon die Überschrift des § 6 Abs. 1 ImmoWertV deutlich, in der von „weiteren" und nicht von „sonstigen" Zustandsmerkmalen gesprochen wird. Mit der namentlichen Hervorhebung hat der Verordnungsgeber praxisrelevante Hinweise geben wollen.

Zu den maßgeblichen Wertermittlungsgrundlagen wird unter **Nr. 2.2 WERTR** u.a. der Hinweis gegeben, die Planungsgrundlagen unter Einbeziehung künftiger Entwicklungen detailliert zu konkretisieren:

„Zur Feststellung und Beschreibung sind entsprechende Informationen bei den Planungs-, Bauaufsichts- und sonstigen kommunalen Ämtern einzuholen.

Die für die Verkehrswertermittlung maßgeblichen planerischen Grundlagen (Regional- und Landesplanung, Bebauungsplan, Flächennutzungsplan, Rahmenplan, Entwicklungsplan und dgl.) sind unter Angabe ihrer formellen Bezeichnung und des Zeitpunkts ihres Inkrafttretens chronologisch darzustellen. Bei laufenden Planverfahren ist der konkrete Planungsstand sowie der zu erwartende Abschluss des Planverfahrens darzulegen. Vorhandene Planungsunterlagen sind (ggf. im Entwurf) dem Gutachten in Kopie beizufügen.

Der Wertermittlung zugrunde gelegte mündliche Auskünfte sind hinsichtlich ihrer Verbindlichkeit zu konkretisieren; für Rückfragen sind die jeweiligen Ansprechpartner mit Angabe der Telefonnummer zu vermerken.

Sofern am Wertermittlungsstichtag eine Änderung der derzeitigen Nutzbarkeit in qualifizierbarer Weise absehbar ist, ist diese zusammen mit ihren Realisierungschancen eingehend darzulegen."

2 Art und Maß der baulichen Nutzung (§ 6 Abs. 1 ImmoWertV)

2.1 Allgemeines (§ 6 Abs. 1 Satz 1 ImmoWertV)

▶ *Zur Abweichung der tatsächlichen Nutzung von der zulässigen bzw. lagetypischen Nutzung vgl. § 8 ImmoWertV Rn. 345, 384; § 16 ImmoWertV Rn. 222 ff., 368; Teil VIII Rn. 275*

Art und Maß der baulichen Nutzung ergeben sich nach § 6 Abs. 1 Satz 1 ImmoWertV grundsätzlich aus dem Bebauungsplan bzw. Vorhaben- und Erschließungsplan nach § 30 BauGB (bei Planreife nach § 33 BauGB) und in den „im Zusammenhang bebauten Ortsteilen" (unbeplanter Innenbereich) nach § 34 BauGB, wobei

a) sonstige Vorschriften insbesondere öffentlich-rechtlicher Art

b) einschließlich privatrechtliche Vorschriften,

die die Nutzbarkeit betreffen und Art und Maß der baulichen Nutzung mitbestimmen, zu berücksichtigen sind.

Damit stellt die Verordnung deutlich heraus, dass i.d.R. die **baurechtlichen Vorgaben für sich allein nicht maßgebend** sind. In der Praxis wird vielfach nicht hinreichend beachtet, dass auch die sonstigen öffentlich-rechtlichen Vorschriften, wie z.B. die des Denkmalschutzes, und auch die privatrechtlichen Vorschriften, wie z.B. eine eingeschränkte Nutzbarkeit infolge eines Wege- oder Aussichtsrechts, aber auch ein Bestandsschutz beachtlich sind. Sie können für die Verkehrswertermittlung die Zugrundelegung

– einer höheren Art bzw. eines höheren Maßes der baulichen Nutzung oder

– einer minderen Art bzw. eines minderen Maßes der baulichen Nutzung erforderlich machen, als sich allein nach baurechtlichen Vorschriften ergibt. Besteht die Abweichung nur vorübergehend, z.B. im Hinblick auf den Bestandsschutz der baulichen Anlage, so kann der Wertunterschied gegenüber der (zum Zeitpunkt der Wertermittlung) dauerhaften Art oder dem Maß der baulichen Nutzung aufgrund des Baurechts durch Abzinsung des Wertunterschieds berücksichtigt werden.

5 Der BGH hat in seiner Rechtsprechung mit Recht wiederholt darauf hingewiesen, dass sich der **Verkehrswert maßgeblich nach der Nutzungsfähigkeit des Grund und Bodens bemisst**[1]. Der Verordnungsgeber hat deshalb mit § 6 Abs. 1 ImoWertV die Grundsätze zur Berücksichtigung von Art und Maß der baulichen Nutzung bei der Verkehrswertermittlung an den Anfang dieser Vorschrift gestellt.

6 Art und Maß der baulichen Nutzung bestimmen sich anknüpfend an die bauplanungsrechtlichen Vorschriften des BauGB i.V.m. den Vorschriften der **Baunutzungsverordnung – BauNVO**.

▶ *Zur Berücksichtigung von Art und Maß der baulichen Nutzung bei Anwendung des Vergleichswertverfahrens vgl. Syst. Darst. des Vergleichswertverfahrens Rn. 215 ff.*

2.2 Rechtliche Gegebenheiten

2.2.1 Übersicht

7 Der der Verkehrswertermittlung zugrunde zu legende Entwicklungszustand bestimmt sich in Anwendung des § 194 BauGB nach den rechtlichen *und* tatsächlichen Merkmalen (Situationsgebundenheit) des zu wertenden Grundstücks. Bauplanungsrechtlich ist dabei nach der Lage eines Grundstücks zu unterscheiden, nämlich

– im Geltungsbereich eines **Flächennutzungsplans nach § 5 BauGB**, der für das ganze Gemeindegebiet die beabsichtigte städtebauliche Entwicklung durch entsprechende *Darstellungen* ausweist,

– in einem **Bebauungsplangebiet nach § 30 BauGB**; der Bebauungsplan enthält entsprechende *Festsetzungen* über die Nutzbarkeit des Grundstücks, einschließlich der Voraussetzungen nach § 33 BauGB für die Zulässigkeit einer baulichen Nutzung (vgl. Rn. 10 ff. und § 5 ImmoWertV Rn. 203 ff.),

– in einem „**im Zusammenhang bebauten**" Ortsteil nach § 34 BauGB (vgl. Rn. 58 ff. und § 5 ImmoWertV Rn. 208 ff.),

– im unbeplanten **Außenbereich** nach § 35 BauGB (vgl. Rn. 68 ff. sowie § 5 ImmoWertV Rn. 215 ff. und 234),

– in einem **Sanierungsgebiet oder städtebaulichen Entwicklungsbereich** nach den §§ 136 und 165 BauGB (vgl. Teil VII).

Für die Preisbildung von Grundstücken und damit auch für die Verkehrswertermittlung nicht unbedeutend sind darüber hinaus auch sog. **informelle Planungen** (Bereichsplanung, Rahmenplanung, Gebietsentwicklungsplanung usw.), insbesondere wenn sie zur Vorbereitung der Bauleitplanung einen „qualifizierten" Stand beispielsweise in der Weise erlangt haben, dass sie von der Gemeinde zustimmend zur Kenntnis genommen wurden und die Verwaltung mit ihrer Umsetzung in eine Bebauungsplanung beauftragt wurde. Sog. Schubladenpläne sind dagegen in aller Regel unbedeutend.

---

1 BGH, Urt. vom 6.12.1962 – III ZR 113/61 –, EzGuG 6.65; LG Bremen, Urt. vom 5.11.1954 – 1 O 749/54 (B) –, EzGuG 6.10; BGH, Urt. vom 17.12.1964 – III ZR 96/63 –, EzGuG 11.47; BGH, Urt. vom 8.11.1962 – III ZR 86/61 –, EzGuG 8.5.

Art der baulichen Nutzung § 6 ImmoWertV V

Beispiel:

In Berlin werden beispielsweise **Bereichsentwicklungspläne (BEP)** aufgestellt. Gegenstand der Bereichsentwicklungsplanung (Nutzungskonzept) ist insbesondere die Ermittlung und räumliche Zuordnung der Flächenbedarfe für Einrichtungen der sozialen Infrastruktur, für Grün- und Erholungsflächen, für gewerbliche Betriebe, für den öffentlichen Raum und die verkehrliche Infrastruktur sowie für das Wohnen, ausgerichtet auf einen mittel- bis langfristigen Planungshorizont. Für unterschiedliche Lösungen können Alternativen dargestellt werden. Nicht konsensfähige Abweichungen von beschlossenen gesamtstädtischen Planungen werden als Dissensflächen dargestellt. Der BEP ist als eine textliche Erläuterung auf der Grundlage einer einheitlichen Legende im Maßstab 1:10000 zu erarbeiten.

Zuständig für die Bereichsentwicklungsplanung (BEP) sind seit Anfang der 90er Jahre die Bezirke. Die Aufgabe der Hauptverwaltung beschränkt sich auf die Regelung von Grundsatzangelegenheiten sowie auf die Einbringung gesamtstädtischer Ziele in den Planungsprozess. Die Ergebnisse der BEP sollen vom Bezirk beschlossen werden; sie sollen einer sonstigen städtebaulichen Planung (§ 1 Abs. 5 Nr. 10 BauGB) entsprechen, sind verwaltungsintern bindend und in der verbindlichen Bauleitplanung bei der Abwägung zu berücksichtigen (§ 4 Abs. 2 Satz 4 AGBauGB). Von der Planung betroffene Träger öffentlicher Belange sind zu beteiligen. Die BEPs benachbarter Bezirke sind aufeinander abzustimmen. Über die Inhalte der Bereichsentwicklungsplanung ist die Öffentlichkeit zu informieren. Vor Beschluss des Bezirksamtes ist die BEP der für die vorbereitende Planung zuständigen Hauptverwaltung zuzuleiten. Diese benennt mögliche Dissensflächen. Bezirkliche Beschlüsse zur BEP werden im Amtsblatt veröffentlicht. Die Bereichsentwicklungsplanung wird in Form eines Abschlussberichts (Text und Pläne) veröffentlicht sowie an beteiligte Verwaltungen und öffentliche Stellen verteilt.

Bei **Flächen,** die von dem Bedarfsträger auch **im Wege der Enteignung erworben werden können,** ist nach der gefestigten höchstrichterlichen Rechtsprechung zum Ausschluss von der konjunkturellen (besser: qualitativen) Weiterentwicklung (Vorwirkung) der Entwicklungszustand nach den rechtlichen Gegebenheiten zu ermitteln, wie sie rückblickend zum Qualitätsstichtag vorlagen, als mit hinreichender Sicherheit und Bestimmtheit erwartet werden konnte, dass die Flächen ggf. im Wege der Enteignung erworben werden können (vgl. Teil VII Rn. 223 ff.). Daneben gilt es für sog. **städtebauliche Veranstaltungsgebiete, insbesondere für Umlegungsgebiete** nach den §§ 45 ff. BauGB, eine Reihe von Besonderheiten zu beachten, auf die hier nicht näher eingegangen werden kann. 8

Als **Flächen, die nach dem BauGB enteignet werden können,** führt § 85 Abs. 1 BauGB auf:

„(1) Nach diesem Gesetzbuch kann nur enteignet werden, um

1. entsprechend den Festsetzungen des Bebauungsplans ein Grundstück zu nutzen oder eine solche Nutzung vorzubereiten,
2. unbebaute oder geringfügig bebaute Grundstücke, die nicht im Bereich eines Bebauungsplans, aber innerhalb im Zusammenhang bebauter Ortsteile liegen, insbesondere zur Schließung von Baulücken, entsprechend den baurechtlichen Vorschriften zu nutzen oder einer baulichen Nutzung zuzuführen,
3. Grundstücke für die Entschädigung in Land zu beschaffen,
4. durch Enteignung entzogene Rechte durch neue Rechte zu ersetzen,
5. Grundstücke einer baulichen Nutzung zuzuführen, wenn ein Eigentümer die Verpflichtung nach § 176 Abs. 1 oder 2 nicht erfüllt, oder
6. im Geltungsbereich einer Erhaltungssatzung eine bauliche Anlage aus den in § 172 Abs. 3 bis 5 bezeichneten Gründen zu erhalten."

2.2.2 Flächennutzungsplan

▶ *Hierzu auch § 5 ImmoWertV Rn. 208 ff. und Syst. Darst. des Vergleichswertverfahrens Rn. 199 ff.*

Im Flächennutzungsplan *(land use plan)* ist nach § 5 BauGB für das ganze Gemeindegebiet die sich aus der beabsichtigten städtebaulichen Entwicklung ergebende Art der Bodennutzung in ihren Grundzügen dargestellt. Die allgemeine Art der baulichen Nutzung wird als **„Baufläche",** ausgewiesen, die von der Ausweisung der besonderen Art der baulichen Nutzung als „Bau*gebiete*" in Bebauungsplänen zu unterscheiden ist. 9

Der Flächennutzungsplan enthält keine verbindlichen „Festsetzungen", sondern nur **„Darstellungen"**. Die Darstellungen sind insoweit behördenverbindlich, als der Bebauungsplan aus den Darstellungen zu entwickeln ist („vorbereitender Bebauungsplan"). Eine mittelbare Rechtswirkung kann gleichwohl vom Flächennutzungsplan ausgehen: So kann sich z.B. für privilegierte Vorhaben im Außenbereich aus dem Flächennutzungsplan eine Beeinträchtigung „öffentlicher Belange" nach § 35 Abs. 3 BauGB ergeben, nämlich dann, wenn das Vorhaben den Darstellungen des Flächennutzungsplans widerspricht (vgl. auch § 35 Abs. 4 BauGB).

Die Darstellung eines **Landschaftsschutzgebiets im Flächennutzungsplan** begründet dabei allerdings allein noch keine Darstellung als öffentlicher Belang i.S. des § 35 Abs. 3 BauGB[2], jedoch ist ein Vorhaben, das nach landesrechtlichem Natur- und Landschaftsschutzrecht nicht genehmigungsfähig ist, bereits nach § 29 Abs. 2 BauGB i.V.m. den jeweiligen landesrechtlichen Vorschriften nicht genehmigungsfähig.

2.2.3 Bebauungsplan

2.2.3.1 Allgemeines

▶ *Hierzu auch § 5 ImmoWertV Rn. 203 ff. und Syst. Darst. des Vergleichswertverfahrens § 14 WertV Rn. 47 ff.*

10 Der Verkehrswertermittlung ist grundsätzlich die in einem Bebauungsplan *(Detailed Local Development Plan)* festgesetzte und zu erwartende Nutzung zugrunde zu legen. Es kann sich dabei um **baureifes Land** handeln, wenn die Erschließung gesichert ist und die Grundstücke nach Lage, Form und Größe bauordnungsrechtlich ausreichend zugeschnitten sind. Sind die Grundstücke nach Lage, Form und Größe jedoch unzureichend gestaltet oder ist die Erschließung (noch) nicht gesichert, sind die Flächen nach § 5 Abs. 3 ImmoWertV als **Rohbauland** einzustufen. Dabei ist die Wartezeit nach § 2 Satz 2 ImmoWertV bis zur Baureife des Grundstücks zu berücksichtigen.

11 Nach § 30 BauGB wird zwischen vorhabenbezogenen, qualifizierten und einfachen Bebauungsplänen unterschieden (Abb. 1).

Ein **Bebauungsplan ist qualifiziert,** wenn er mindestens Festsetzungen trifft über

– die Art der baulichen Nutzung (Wohngebiet, Mischgebiet, Gewerbegebiet),
– das Maß der baulichen Nutzung (Zahl der zulässigen Vollgeschosse, Gebäudehöhe, Grund- und Geschossflächenzahl),
– die überbaubaren Grundstücksflächen (Baugrenzen und Baulinien),
– die örtlichen Verkehrsflächen (öffentliche Straßen).

Fehlen eine oder mehrere dieser Festsetzungen, handelt es sich nicht um einen qualifizierten, sondern um einen **einfachen Bebauungsplan** (§ 30 Abs. 2 BauGB), der nur im Zusammenhang mit § 34 BauGB planungsrechtliche Grundlage für Vorhaben sein kann; Abb. 1.

---

2 VGH Mannheim, Urt. vom 6.8.1986 – 5 S 2639/84 –, BRS Bd 44 Nr 90 = NVwZ 1986, 53 = RdL 1985, 267.

Abb. 1: Übersicht über Bebauungspläne

Aus dem Bebauungsplan ergeben sich **Art und Maß der baulichen Nutzung** sowie die einer öffentlichen Zweckbindung unterworfenen Flächen, die ggf. im Wege der Enteignung erworben werden können. Zur Qualifizierung der zuletzt genannten Grundstücke müssen die vorstehend bereits angesprochenen Besonderheiten beachtet werden.

Handelt es sich bei dem zu bewertenden Grundstück um ein bebautes Grundstück, das nach **Art und/oder Maß der auf dem Grundstück realisierten Bebauung Abweichungen gegenüber der bauplanungsrechtlichen Nutzbarkeit** aufweist, müssen die bei § 8 ImmoWertV Rn. 345, 384 sowie bei § 16 ImmoWertV unter Rn. 223 ff. angesprochenen Besonderheiten beachtet werden.

2.2.3.2 Art der baulichen Nutzung

▶ *Vgl. § 8 ImmoWertV Rn. 345, 384; § 16 ImmoWertV unter Rn. 223 ff.; zu den Besonderheiten in Berlin vgl. Rn. 57 ff.*

Nach der **allgemeinen Art der baulichen Nutzung** werden in § 1 Abs. 1 BauNVO folgende Bauflächen definiert und in *Flächennutzungsplänen* dargestellt:

1. Wohnbauflächen (W)
2. Gemischte Bauflächen (M)
3. Gewerbliche Bauflächen (G)
4. Sonderbauflächen (S)

Nach der **besonderen Art der baulichen Nutzung** werden in den §§ 2 bis 11 BauNVO folgende *Baugebiete* definiert und in *Bebauungsplänen* festgesetzt:

1. Kleinsiedlungsgebiete (WS)
2. Reine Wohngebiete (WR)
3. Allgemeine Wohngebiete (WA)
4. Besondere Wohngebiete (WB)
5. Dorfgebiete (MD)
6. Mischgebiete (MI)
7. Kerngebiete (MK)
8. Gewerbegebiete (GE)
9. Industriegebiete (GI)
10. Sondergebiete (SO)

Abb. 2: **Muster eines Bebauungsplans**
Auszug

16 Nachfolgend sind die einschlägigen **Bestimmungen der BauNVO** über die verschiedenen **Gebietstypen** abgedruckt (vgl. hierzu auch die Ausführungen in der Syst. Darst. des Vergleichswertverfahrens Rn. 199):

„**§ 2 BauNVO Kleinsiedlungsgebiete**

(1) Kleinsiedlungsgebiete dienen vorwiegend der Unterbringung von Kleinsiedlungen einschließlich Wohngebäuden mit entsprechenden Nutzgärten und landwirtschaftlichen Nebenerwerbsstellen.

(2) Zulässig sind

1. Kleinsiedlungen einschließlich Wohngebäude mit entsprechenden Nutzgärten, landwirtschaftliche Nebenerwerbsstellen und Gartenbaubetriebe,
2. die der Versorgung des Gebiets dienenden Läden, Schank- und Speisewirtschaften sowie nicht störenden Handwerksbetriebe.

(3) Ausnahmsweise können zugelassen werden

1. sonstige Wohngebäude mit nicht mehr als zwei Wohnungen,
2. Anlagen für kirchliche, kulturelle, soziale, gesundheitliche und sportliche Zwecke,
3. Tankstellen,
4. nicht störende Gewerbebetriebe.

§ 3 BauNVO Reine Wohngebiete

(1) Reine Wohngebiete dienen dem Wohnen.

(2) Zulässig sind Wohngebäude.

(3) Ausnahmsweise können zugelassen werden

1. Läden und nicht störende Handwerksbetriebe, die zur Deckung des täglichen Bedarfs für die Bewohner des Gebiets dienen, sowie kleine Betriebe des Beherbergungsgewerbes,

2. Anlagen für soziale Zwecke sowie den Bedürfnissen der Bewohner des Gebiets dienende Anlagen für kirchliche, kulturelle, gesundheitliche und sportliche Zwecke.

(4) Zu den nach Absatz 2 sowie den §§ 2, 4 bis 7 zulässigen Wohngebäuden gehören auch solche, die ganz oder teilweise der Betreuung und Pflege ihrer Bewohner dienen.

§ 4 BauNVO Allgemeine Wohngebiete

(1) Allgemeine Wohngebiete dienen vorwiegend dem Wohnen.

(2) Zulässig sind
1. Wohngebäude,
2. die der Versorgung des Gebiets dienenden Läden, Schank- und Speisewirtschaften sowie nicht störenden Handwerksbetriebe,
3. Anlagen für kirchliche, kulturelle, soziale, gesundheitliche und sportliche Zwecke.

(3) Ausnahmsweise können zugelassen werden
1. Betriebe des Beherbergungsgewerbes,
2. sonstige nicht störende Gewerbebetriebe,
3. Anlagen für Verwaltungen,
4. Gartenbaubetriebe,
5. Tankstellen.

§ 4a BauNVO Gebiete zur Erhaltung und Entwicklung der Wohnnutzung (besondere Wohngebiete)

(1) Besondere Wohngebiete sind überwiegend bebaute Gebiete, die auf Grund ausgeübter Wohnnutzung und vorhandener sonstiger in Absatz 2 genannter Anlagen eine besondere Eigenart aufweisen und in denen unter Berücksichtigung dieser Eigenart die Wohnnutzung erhalten und fortentwickelt werden soll. Besondere Wohngebiete dienen vorwiegend dem Wohnen; sie dienen auch der Unterbringung von Gewerbebetrieben und sonstigen Anlagen im Sinne der Absätze 2 und 3, soweit diese Betriebe und Anlagen nach der besonderen Eigenart des Gebiets mit der Wohnnutzung vereinbar sind.

(2) Zulässig sind
1. Wohngebäude,
2. Läden, Betriebe des Beherbergungsgewerbes, Schank- und Speisewirtschaften,
3. sonstige Gewerbebetriebe,
4. Geschäfts- und Bürogebäude,
5. Anlagen für kirchliche, kulturelle, soziale, gesundheitliche und sportliche Zwecke.

(3) Ausnahmsweise können zugelassen werden
1. Anlagen für zentrale Einrichtungen der Verwaltung,
2. Vergnügungsstätten, soweit sie nicht wegen ihrer Zweckbestimmung oder ihres Umfangs nur in Kerngebieten allgemein zulässig sind,
3. Tankstellen.

(4) Für besondere Wohngebiete oder Teile solcher Gebiete kann, wenn besondere städtebauliche Gründe dies rechtfertigen (§ 9 Abs. 3 des Baugesetzbuchs), festgesetzt werden, dass
1. oberhalb eines im Bebauungsplan bestimmten Geschosses nur Wohnungen zulässig sind oder
2. in Gebäuden ein im Bebauungsplan bestimmter Anteil der zulässigen Geschossfläche oder eine bestimmte Größe der Geschossfläche für Wohnungen zu verwenden ist.

§ 5 BauNVO Dorfgebiete

(1) Dorfgebiete dienen der Unterbringung der Wirtschaftsstellen land- und forstwirtschaftlicher Betriebe, dem Wohnen und der Unterbringung von nicht wesentlich störenden Gewerbebetrieben sowie der Versorgung der Bewohner des Gebiets dienenden Handwerksbetrieben. Auf die Belange der land- und forstwirtschaftlichen Betriebe einschließlich ihrer Entwicklungsmöglichkeiten ist vorrangig Rücksicht zu nehmen.

(2) Zulässig sind
1. Wirtschaftsstellen land- und forstwirtschaftlicher Betriebe und die dazugehörigen Wohnungen und Wohngebäude,
2. Kleinsiedlungen einschließlich Wohngebäuden mit entsprechenden Nutzgärten und landwirtschaftliche Nebenerwerbsstellen,
3. sonstige Wohngebäude,
4. Betriebe zur Be- und Verarbeitung und Sammlung land- und forstwirtschaftlicher Erzeugnisse,

5. Einzelhandelsbetriebe, Schank- und Speisewirtschaften sowie Betriebe des Beherbergungsgewerbes,
6. sonstige Gewerbebetriebe,
7. Anlagen für örtliche Verwaltungen sowie für kirchliche, kulturelle, soziale, gesundheitliche und sportliche Zwecke,
8. Gartenbaubetriebe,
9. Tankstellen.

(3) Ausnahmsweise können Vergnügungsstätten im Sinne des § 4a Abs. 3 Nr. 2 zugelassen werden.

§ 6 BauNVO Mischgebiete

(1) Mischgebiete dienen dem Wohnen und der Unterbringung von Gewerbebetrieben, die das Wohnen nicht wesentlich stören.

(2) Zulässig sind
1. Wohngebäude,
2. Geschäfts- und Bürogebäude,
3. Einzelhandelsbetriebe, Schank- und Speisewirtschaften sowie Betriebe des Beherbergungsgewerbes,
4. sonstige Gewerbebetriebe,
5. Anlagen für Verwaltungen sowie für kirchliche, kulturelle, soziale, gesundheitliche und sportliche Zwecke,
6. Gartenbaubetriebe,
7. Tankstellen,
8. Vergnügungsstätten im Sinne des § 4a Abs. 3 Nr. 2 in den Teilen des Gebiets, die überwiegend durch gewerbliche Nutzungen geprägt sind.

(3) Ausnahmsweise können Vergnügungsstätten im Sinne des § 4a Abs. 3 Nr. 2 außerhalb der in Absatz 2 Nr. 8 bezeichneten Teile des Gebiets zugelassen werden.

§ 7 BauNV Kerngebiete

(1) Kerngebiete dienen vorwiegend der Unterbringung von Handelsbetrieben sowie der zentralen Einrichtungen der Wirtschaft, der Verwaltung und der Kultur.

(2) Zulässig sind
1. Geschäfts-, Büro- und Verwaltungsgebäude,
2. Einzelhandelsbetriebe, Schank- und Speisewirtschaften, Betriebe des Beherbergungsgewerbes und Vergnügungsstätten,
3. sonstige nicht wesentlich störende Gewerbebetriebe,
4. Anlagen für kirchliche, kulturelle, soziale, gesundheitliche und sportliche Zwecke,
5. Tankstellen im Zusammenhang mit Parkhäusern und Großgaragen,
6. Wohnungen für Aufsichts- und Bereitschaftspersonen sowie für Betriebsinhaber und Betriebsleiter,
7. sonstige Wohnungen nach Maßgabe von Festsetzungen des Bebauungsplans.

(3) Ausnahmsweise können zugelassen werden
1. Tankstellen, die nicht unter Absatz 2 Nr. 5 fallen,
2. Wohnungen, die nicht unter Absatz 2 Nr. 6 und 7 fallen.

(4) Für Teile eines Kerngebiets kann, wenn besondere städtebauliche Gründe dies rechtfertigen (§ 9 Abs. 3 des Baugesetzbuchs), festgesetzt werden, dass
1. oberhalb eines im Bebauungsplan bestimmten Geschosses nur Wohnungen zulässig sind oder
2. in Gebäuden ein im Bebauungsplan bestimmter Anteil der zulässigen Geschossfläche oder eine bestimmte Größe der Geschossfläche für Wohnungen zu verwenden ist.

Dies gilt auch, wenn durch solche Festsetzungen dieser Teil des Kerngebiets nicht vorwiegend der Unterbringung von Handelsbetrieben sowie der zentralen Einrichtungen der Wirtschaft, der Verwaltung und der Kultur dient."

17 Bei der **bauplanungsrechtlichen Qualifizierung von Gewerbeflächen** gehört zu den wichtigsten Unterscheidungsmerkmalen die **Unterscheidung zwischen**

    a) **Gewerbegebieten** i.S. des § 8 BauNVO (GE) und

    b) **Industriegebieten** i.S. des § 9 BauNVO (GI),

die teilweise sich überschneidende Nutzungsmöglichkeiten aufweisen.

Die planungsrechtliche **Ausweisung von Gewerbe- und Industrieflächen** nach den Grundsätzen der BauNVO lässt **aus wirtschaftlicher Sicht recht unterschiedliche Nutzungen** zu. Dies reicht oftmals vom Schrottplatz bis zu einer hochwertigen Büronutzung (Abb. 3).

Abb. 3: Gewerbliche und industrielle Nutzung GE/GI nach BauNVO

„**§ 8 BauNVO Gewerbegebiete**
(1) Gewerbegebiete dienen vorwiegend der Unterbringung von nicht erheblich belästigenden Gewerbebetrieben.
(2) Zulässig sind
1. Gewerbebetriebe aller Art, Lagerhäuser, Lagerplätze und öffentliche Betriebe,
2. Geschäfts-, Büro- und Verwaltungsgebäude,
3. Tankstellen,
4. Anlagen für sportliche Zwecke.
(3) Ausnahmsweise können zugelassen werden
1. Wohnungen für Aufsichts- und Bereitschaftspersonen sowie für Betriebsinhaber und Betriebsleiter, die dem Gewerbebetrieb zugeordnet und ihm gegenüber in Grundfläche und Baumasse untergeordnet sind,
2. Anlagen für kirchliche, kulturelle, soziale, gesundheitliche und sportliche Zwecke,
3. Vergnügungsstätten.

§ 9 BauNVO Industriegebiete
(1) Industriegebiete dienen ausschließlich der Unterbringung von Gewerbebetrieben, und zwar vorwiegend solcher Betriebe, die in anderen Baugebieten unzulässig sind.
(2) Zulässig sind
1. Gewerbebetriebe aller Art, Lagerhäuser, Lagerplätze und öffentliche Betriebe,
2. Tankstellen.
(3) Ausnahmsweise können zugelassen werden
1. Wohnungen für Aufsichts- und Bereitschaftspersonen sowie für Betriebsinhaber und Betriebsleiter, die dem Gewerbebetrieb zugeordnet und ihm gegenüber in Grundfläche und Baumasse untergeordnet sind,
2. Anlagen für kirchliche, kulturelle, soziale, gesundheitliche und sportliche Zwecke."

Die bauplanungsrechtliche **Unterscheidung zwischen GE- und GI-Gebieten** i.S. der §§ 8 und 9 BauNVO **führt häufig bereits zu Wertunterschieden von 100%**, d.h., Industriegebiete weisen dann den hälftigen Wert von sonstigen Gewerbegebieten auf. Allein die Unterscheidung nach GE und GI beschreibt die im Einzelfall maßgeblichen Wertverhältnisse gleichwohl nur unzureichend, denn Gewerbebetriebe ohne erhebliche Störungen sind sowohl im GE- als auch im GI-Gebiet zulässig. In den GE-Gebieten sind darüber hinaus hochwertige Büronutzungen zulässig, so dass GE-Gebiete infolgedessen ebenfalls – je nach Nutzung – große Wertunterschiede aufweisen können. Das **geringste Bodenwertniveau weisen die mit hohem Störungsgrad** zumeist **produktiv genutzten GI-Gebiete** auf.

22 **Gewerbebetriebe** sind insgesamt zulässig in
- Besonderen Wohngebieten,
- Mischgebieten,
- Gewerbegebieten und
- Industriegebieten.

23 **Nicht störende Gewerbebetriebe** sind des Weiteren zulässig in
- Kerngebieten, *ausnahmsweise*
  - in Kleinsiedlungsgebieten,
  - im Allgemeinen Wohngebiet.

24 **Nicht störende Handwerksbetriebe** sind zulässig im
- Kleinsiedlungsgebiet,
- Allgemeinen Wohngebiet, *ausnahmsweise*
  - im Reinen Wohngebiet.

25 **Geschäfts-, Büro- und Verwaltungsgebäude** sind zulässig in
- Besonderen Wohngebieten,
- Mischgebieten,
- Kerngebieten und
- Gewerbegebieten.

26 **Tankstellen**[3] sind zulässig in
- Gewerbegebieten,
- Industriegebieten,
- Dorfgebieten, *ausnahmsweise*
  - in Kleinsiedlungsgebieten,
  - im Allgemeinen Wohngebiet,
  - im Besonderen Wohngebiet,
  - im Kerngebiet, ansonsten im Zusammenhang mit Parkhäusern und Garagen.

27 Unter die in GE-Gebieten zulässigen „Gewerbebetriebe aller Art" fallen im Übrigen auch **Einzelhandelsbetriebe**. Dagegen sind großflächige Einzelhandelsbetriebe mit mehr als 1 500 m² Geschossfläche in einem GI-Gebiet unzulässig[4].

28 Bei Heranziehung von Bodenrichtwerten und von Vergleichspreisen müssen Unterschiede in der gewerblichen Nutzung berücksichtigt werden, weil die **Wertunterschiede zwischen den genannten Lagen recht hoch** ausfallen können. Entsprechend den jeweiligen Nutzungsanteilen sind die Abweichungen im Wege der Interpolation berücksichtigungsfähig.

---

3 GuG 1995, 301 = Vermögensrecht (a.a.O.), II 7.3.11.
4 BVerwG, Urt. vom 3.2.1984 – 4 C 54/80 –, BVerwGE 68, 343 = NJW 1984, 1768 = BauR 1984, 380 = DVBl. 1984, 62 = ZfBR 1984, 135 = UPR 1984, 225 = DÖV 1984, 849 = BRS Bd. 42 Nr. 50 = BayVBl. 1984, 726.

Art der baulichen Nutzung § 6 ImmoWertV V

In der Verkehrswertermittlung werden **Gewerbeflächen** unter Berücksichtigung der Situationsgebundenheit, der allgemeinen Verkehrsauffassung und der lagetypischen Nutzung **wie folgt unterschieden:** 29

- *klassische Gewerbeflächen* für das produzierende Gewerbe, Großhandel, Lagerplätze, Speditionen, die zumeist ebenerdig bebaut sind und größere Freiflächen aufweisen (Büroflächenanteil i.d.R. < 30%); die Verkehrswerte weisen in diesen Gebieten zumeist eine geringe „Empfindlichkeit" gegenüber einem unterschiedlichen Maß der baulichen Nutzbarkeit von i.d.R. (GFZ) 0,4 bis 1,0 auf;
- *„verdichtetes klassisches Gewerbe"*, in zumeist mehrgeschossig bebauten älteren und nicht selten mit „Wohnen" durchmischten Baugebieten;
- *Büro- und Geschäftslage* mit i.d.R. mehrgeschossiger Bebaubarkeit (typische GFZ von 2,0); die Verkehrswerte weisen in diesen Gebieten häufig eine lineare Empfindlichkeit gegenüber der Geschossfläche (GF) auf;
- *„Shopping-Centers"* in zumeist peripher gelegener Lage, zumeist autogerecht mit einem breiten Parkangebot und mit sehr geringer baulicher Ausnutzung (GFZ 0,2 bis 0,6) ausgelegt, insbesondere für Gartencenter, Autohändler und den sog. „*(Fast-)Food*-Bereich";
- *Läden*, wobei zwischen „klassischen" Zentrumslagen und Einkaufszentren unterschieden wird (vgl. Teil VI Rn. 274 ff.).

▶ *Zur Qualifizierung von gewerblich-industriellen Flächen vgl. Syst. Darst. des Vergleichswertverfahrens Rn. 198 ff.; Teil VI Rn. 130 ff.*

Flächen, die in der Bauleitplanung als **Sonderbaufläche oder Sondergebiet** ausgewiesen sind, können entsprechend der Konkretisierung ihrer Nutzung erhebliche Wertunterschiede aufweisen. Dies ist darin begründet, dass das Spektrum der unter den Begriff des Sondergebiets fallenden Nutzungen durch die §§ 10 und 11 BauNVO sehr breit angelegt ist, angefangen bei den der Erholung dienenden Sondergebieten des § 10 BauNVO (Wochenendhausgebiete, Ferienhausgebiete und Campingplatzgebiete) über Fremdenverkehrsgebiete bis hin zu hochwertigen Ladengebieten und Einkaufszentren (sonstige Sondergebiete). Bei der **Qualifizierung von Sonderbauflächen,** sei es im Rahmen der Auswahl von Vergleichspreisen oder sei es bei der Qualifizierung des zu wertenden Grundstücks, muss zunächst unbedingt beachtet werden, dass es sich bei den Sondergebieten um privatwirtschaftlich nutzbare Flächen oder aufgrund eines entsprechenden Zusatzes um Gemeinbedarfsflächen handeln kann, die jedwedem privatem Gewinnstreben entzogen sind, ohne dass es dabei erforderlich ist, dass das SO-Gebiet einer „öffentlichen" Zweckbindung, etwa i.S. des § 37 Abs. 1 BauGB, dient. 30

„**§ 10 BauNVO Sondergebiete, die der Erholung dienen** 31
(1) Als Sondergebiete, die der Erholung dienen, kommen insbesondere in Betracht
1. Wochenendhausgebiete,
2. Ferienhausgebiete,
3. Campingplatzgebiete.
(2) Für Sondergebiete, die der Erholung dienen, sind die Zweckbestimmung und die Art der Nutzung darzustellen und festzusetzen. Im Bebauungsplan kann festgesetzt werden, dass bestimmte, der Eigenart des Gebiets entsprechende Anlagen und Einrichtungen zur Versorgung des Gebiets und für sportliche Zwecke allgemein zulässig sind oder ausnahmsweise zugelassen werden können.
(3) In Wochenendhausgebieten sind Wochenendhäuser als Einzelhäuser zulässig. Im Bebauungsplan kann festgesetzt werden, dass Wochenendhäuser nur als Hausgruppen zulässig sind oder ausnahmsweise als Hausgruppen zugelassen werden können. Die zulässige Grundfläche der Wochenendhäuser ist im Bebauungsplan, begrenzt nach der besonderen Eigenart des Gebiets, unter Berücksichtigung der landschaftlichen Gegebenheiten festzusetzen.
(4) In Ferienhausgebieten sind Ferienhäuser zulässig, die auf Grund ihrer Lage, Größe, Ausstattung, Erschließung und Versorgung für den Erholungsaufenthalt geeignet und dazu bestimmt sind, überwiegend und auf Dauer einem wechselnden Personenkreis zur Erholung zu dienen. Im Bebauungsplan kann die Grundfläche der Ferienhäuser, begrenzt nach der besonderen Eigenart des Gebiets, unter Berücksichtigung der landschaftlichen Gegebenheiten festgesetzt werden.

(5) In Campingplatzgebieten sind Campingplätze und Zeltplätze zulässig.

32 **§ 11 BauNVO Sonstige Sondergebiete**
(1) Als sonstige Sondergebiete sind solche Gebiete darzustellen und festzusetzen, die sich von den Baugebieten nach den §§ 2 bis 10 wesentlich unterscheiden.
(2) Für sonstige Sondergebiete sind die Zweckbestimmung und die Art der Nutzung darzustellen und festzusetzen. Als sonstige Sondergebiete kommen insbesondere in Betracht
1. Gebiete für den Fremdenverkehr, wie Kurgebiete und Gebiete für die Fremdenbeherbergung, Ladengebiete,
2. Gebiete für Einkaufszentren und großflächige Handelsbetriebe,
3. Gebiete für Messen, Ausstellungen und Kongresse,
4. Hochschulgebiete,
5. Klinikgebiete,
6. Hafengebiete,
7. Gebiete für Anlagen, die der Erforschung, Entwicklung oder Nutzung erneuerbarer Energien, wie Wind- und Sonnenenergie, dienen.

(3) 1. Einkaufszentren,
2. großflächige Einzelhandelsbetriebe, die sich nach Art, Lage oder Umfang auf die Verwirklichung der Ziele der Raumordnung und Landesplanung oder auf die städtebauliche Entwicklung und Ordnung nicht nur unwesentlich auswirken können,
3. sonstige großflächige Handelsbetriebe, die im Hinblick auf den Verkauf an letzte Verbraucher und auf die Auswirkungen den in Nummer 2 bezeichneten Einzelhandelsbetrieben vergleichbar sind,

sind außer in Kerngebieten nur in für sie festgesetzten Sondergebieten zulässig. Auswirkungen im Sinne des Satzes 1 Nr. 2 und 3 sind insbesondere schädliche Umwelteinwirkungen im Sinne des § 3 des Bundes-Immissionsschutzgesetzes sowie Auswirkungen auf die infrastrukturelle Ausstattung, auf den Verkehr, auf die Versorgung der Bevölkerung im Einzugsbereich der in Satz 1 bezeichneten Betriebe, auf die Entwicklung zentraler Versorgungsbereiche in der Gemeinde oder in anderen Gemeinden, auf das Orts- und Landschaftsbild und auf den Naturhaushalt. Auswirkungen im Sinne des Satzes 2 sind bei Betrieben nach Satz 1 Nr. 2 und 3 in der Regel anzunehmen, wenn die Geschossfläche 1 200 m² überschreitet. Die Regel des Satzes 3 gilt nicht, wenn Anhaltspunkte dafür bestehen, dass Auswirkungen bereits bei weniger als 1 200 m² Geschossfläche vorliegen oder bei mehr als 1 200 m² Geschossfläche nicht vorliegen; dabei sind in Bezug auf die in Satz 2 bezeichneten Auswirkungen insbesondere die Gliederung und Größe der Gemeinde und ihrer Ortsteile, die Sicherung der verbrauchernahen Versorgung der Bevölkerung und das Warenangebot des Betriebs zu berücksichtigen."

33 Die Frage, ob **ein Sondergebiet als Gemeinbedarfsfläche** einzustufen ist, beantwortet sich in erster Linie nach den Festsetzungen des Bebauungsplans. § 11 BauNVO stellt hierfür lediglich die Rahmenvorschrift dar und ermächtigt den Planungsträger, „die Zweckbindung und die Art der Nutzung" darzustellen und festzusetzen (vgl. § 10 Abs. 2 Satz 1 BauNVO, der insoweit wörtlich mit § 11 Abs. 2 Satz 1 BauNVO übereinstimmt). Auf dieser Grundlage kann die Festsetzung mit der gleichzeitigen Festsetzung von Flächen für den Gemeinbedarf verbunden werden[5]. Im Falle einer Festsetzung des Sondergebiets für Gemeinbedarfszwecke (z.B. **Kaserne**) sind die im Teil VI unter Rn. 605 ff. dargelegten Bewertungsgrundsätze maßgebend. Auf die tatsächliche Nutzung kommt es in diesem Fall nur noch in Bezug auf den Bestandsschutz und etwaige Planungsschadensansprüche an.

34 ▶ *Zur Qualifizierung der Art der baulichen Nutzung bei der Wertermittlung nach Maßgabe des § 6 Abs. 1 ImmoWertV vgl. Rn. 75 ff.*

2.2.3.3 Maß der baulichen Nutzung

Schrifttum: *Bister, H.-B.,* Modifizierte Geschossflächenzahl, VR 1978, 124; *Blum, A.,* Wirtschaftlichkeit von Wohngebäuden mit unterschiedlichen Geschosszahlen, BBauBl 1977, 260; *Böser, W./Schwaninger, B.,* Zur Ermittlung und Anwendung von Geschossflächenzahl (GFZ) – Umrechnungskoeffizienten in der Grundstücksbewertung, AVN 1984, 412; *Hildebrandt, H.,* Geschossflächenzahl und Grundstücksmarkt, ZfV 1995, 620; *Junge, V.,* Die Geschossflächenzahl (GFZ) als wertbeeinflussendes Merkmal, GuG 1996, 27; *Kellermann, F.;* Bodenwert und Baunutzbarkeit, ZfV 1962, 343; *Schulz, W.-E.,* Zur Abhängigkeit des

---
5 Zur erforderlichen Bestimmtheit vgl. Fickert/Fieseler, BauNVO 6. Aufl. Köln § 11 Rn. 8.

Bodenpreises von der beim Kauf erhofften Ausnutzbarkeit, VR 1977, 78; *Nuber, G.*, Geschossflächenzahl (GFZ) – Ermittlung in Berlin, GuG 2004, 75; *Tiemann, M.*, Zur Beziehung von Baunutzbarkeit und Bodenwert, Ermittlung von Umrechnungskoeffizienten, VR 1976, 365.

▶ *Zur Berücksichtigung des Maßes der baulichen Nutzung bei der Verkehrswertermittlung vgl. Syst. Darst. des Vergleichswertverfahrens Rn. 215 ff.*

Im **Flächennutzungsplan** wird nach § 5 Abs. 1 BauGB insbesondere die allgemeine Art der baulichen Nutzung (*Bauflächen*) dargestellt (vgl. Rn. 9). Soweit die *besondere* Art der baulichen Nutzung (*Baugebiete*) **dargestellt wird,** genügt es nach § 16 Abs. 1 BauNVO, **das allgemeine Maß** der baulichen Nutzung darzustellen durch Angabe 35

– der Geschossflächenzahl (Rn. 40),

– der Baumassenzahl (Rn. 47) oder

– der Höhe der baulichen Anlagen (Rn. 50).

Im Bebauungsplan kann das Maß der baulichen Nutzung bestimmt werden durch Festsetzung der 36

a) **Grundflächenzahl** (GRZ) *oder* der **Größe der Grundflächen der baulichen Anlagen** (GR); sie gibt an, wie viele Quadratmeter „Grundfläche" der baulichen Anlagen je Quadratmeter „Grundstücksfläche" zulässig sind. § 19 BauNVO definiert sie wie folgt: 37

„**§ 19 BauNVO Grundflächenzahl, zulässige Grundfläche**

(1) Die Grundflächenzahl gibt an, wie viele Quadratmeter Grundfläche je Quadratmeter Grundstücksfläche im Sinne des Absatzes 3 zulässig sind.

(2) Zulässige Grundfläche ist der nach Absatz 1 errechnete Anteil des Baugrundstücks, der von baulichen Anlagen überdeckt werden darf.

(3) Für die Ermittlung der zulässigen Grundfläche ist die Fläche des Baugrundstücks maßgebend, die im Bauland und hinter der im Bebauungsplan festgesetzten Straßenbegrenzungslinie liegt. Ist eine Straßenbegrenzungslinie nicht festgesetzt, so ist die Fläche des Baugrundstücks maßgebend, die hinter der tatsächlichen Straßengrenze liegt oder die im Bebauungsplan als maßgebend für die Ermittlung der zulässigen Grundfläche festgesetzt ist."

Die Grundflächenzahl bezieht sich nach § 19 Abs. 1 BauNVO auf das **„Baugrundstück".** Das Baugrundstück ist von dem grundbuchrechtlichen Grundstücksbegriff und ggf. auch von dem fiktiven Grundstück zu unterscheiden, das Gegenstand der Wertermittlung ist. Hieraus folgt, dass der Sachverständige ggf. in seinem Gutachten das Grundstück im baurechtlichen Sinne nach Bauland und Nichtbauland sondieren muss.

Der **Begriff des „Baulands"** (vgl. § 5 ImmoWertV Rn. 189) geht zurück auf § 9 Abs. 1 Nr. 1 BBauG in der bis zur BBauG-Novelle 1976 geltenden Fassung und wird in der Nachfolgeregelung nicht mehr gebraucht. Neben dem § 19 Abs. 3 Satz 1 BauNVO wird er noch in § 196 Abs. 1 Satz 1 und § 133 Abs. 1 Satz 2 BauGB gebraucht. Zum Bauland gehören auch die nicht überbaubaren Grundstücksflächen nach § 9 Abs. 1 Nr. 2 BauGB i.V.m. § 23 BauNVO (vgl. Rn. 56), denn die überbaubare Fläche wirkt nur der Standort von Anlagen und nicht die dem Bauland zurechenbare Fläche begrenzt[6]. Dies gilt selbst dann, wenn der Bebauungsplan für diese Flächen zusätzliche Festsetzungen wie Pflanzgebote oder Pflanzbindungen nach § 9 Abs. 1 Nr. 25 BauGB trifft. Das Gleiche gilt für bauliche Anlagen, soweit sie nach Landesrecht in den Abstandsflächen zulässig sind oder zugelassen werden können[7]. Zum Bauland gehören die Flächen, die nach ihrer Zweckbestimmung für eine Bebauung mit baulichen Anlagen im planungsrechtlichen Sinne vorgesehen sind. Dies sind in erster Linie die im Bebauungsplan als Baugebiet festgesetzten Flächen und entsprechende Flächen nach Maßgabe des § 34 BauGB. Nicht zum Bauland gehören hingegen die nicht für eine Bebauung vorgesehenen Fläche, wie private Grünflä-

---

6 Stock, BauNVO § 19 BauNVO Rn. 13a und § 23 BauNVO Rn. 10 ff.; OVG Bautzen, Beschl. vom 17.11.1998 – 1 S 669/98 –, BRS Bd 60 Nr 167 = SächsVBl 1999, 146.
7 VGH Mannheim, Beschl. vom 4.7.2003 – 8 S 1251/03 –.

chen,[8] und die der straßenmäßigen Erschließung (auch von Hinterliegergrundstücken) dienenden Flächen. Die dem Bauland zurechenbare Fläche wird zur Straße hin entweder von der festgesetzten Straßenbegrenzungslinie oder der tatsächlichen Straßengrenze begrenzt (§ 19 Abs. 3 BauNVO).

Die sich **aus der festgesetzten GRZ ergebende bauplanungsrechtlich zulässige Nutzbarkeit bezieht sich auf sämtliche bauliche Anlagen** und nicht nur auf Gebäude. Daraus folgt, dass zunächst auch die Grundflächen von

- Garagen und Stellplätzen mit ihren Zufahrten,
- Nebenanlagen i.S. des § 14 BauNVO und
- bauliche Anlagen unterhalb der Geländeoberfläche

mitzurechnen sind (§ 19 Abs. 4 Satz 1 BauNVO). Die zulässige GRZ kann diesbezüglich jedoch nach Maßgabe des § 19 Abs. 4 Satz 2 bis 4 BauNVO überschritten werden:

„**§ 19 Abs. 4 BauNVO**

(4) Bei der Ermittlung der Grundfläche sind die Grundflächen von

1. Garagen und Stellplätzen mit ihren Zufahrten,
2. Nebenanlagen im Sinne des § 14,
3. baulichen Anlagen unterhalb der Geländeoberfläche, durch die das Baugrundstück lediglich unterbaut wird,

mitzurechnen. Die zulässige Grundfläche darf durch die Grundflächen der in Satz 1 bezeichneten Anlagen bis zu 50 vom Hundert überschritten werden, höchstens jedoch bis zu einer Grundflächenzahl von 0,8; weitere Überschreitungen in geringfügigem Ausmaß können zugelassen werden. Im Bebauungsplan können von Satz 2 abweichende Bestimmungen getroffen werden. Soweit der Bebauungsplan nichts anderes festsetzt, kann im Einzelfall von der Einhaltung der sich aus Satz 2 ergebenden Grenzen abgesehen werden

1. bei Überschreitungen mit geringfügigen Auswirkungen auf die natürlichen Funktionen des Bodens oder
2. wenn die Einhaltung der Grenzen zu einer wesentlichen Erschwerung der zweckentsprechenden Grundstücksnutzung führen würde."

Abb. 4   Anrechenbare Baugrundstücksfläche (GRZ)

---

8   BVerwG, Beschl. vom 24.4.1991 – 4 NB 24/90 –, NVwZ 1991, 877 = BauR 1991, 426 = BRS Bd. 52 Nr. 19 = ZfBR 1991, 177.

Maß der baulichen Nutzung (GRZ) — § 6 ImmoWertV V

Die GRZ ist für die **Preisbildung von Grundstücken in den Innenstädten** von vielfach unterschätzter Bedeutung. Die hohen Mieterträge, die ebenerdig in einer Einzelhandelslage erzielt werden, machen nämlich ein Vielfaches von dem aus, was im Verhältnis zur GFZ in den oberen Stockwerken erzielbar ist[9]. 38

Nebenanlagen i.S. des § 14 BauNVO sind hierbei: 39

„**§ 14 BauNVO Nebenanlagen**

(1) Außer den in den §§ 2 bis 13 genannten Anlagen sind auch untergeordnete Nebenanlagen und Einrichtungen zulässig, die dem Nutzungszweck der in dem Baugebiet gelegenen Grundstücke oder des Baugebiets selbst dienen und die seiner Eigenart nicht widersprechen. Soweit nicht bereits in den Baugebieten nach dieser Verordnung Einrichtungen und Anlagen für die Tierhaltung zulässig sind, gehören zu den untergeordneten Nebenanlagen und Einrichtungen im Sinne des Satzes 1 auch solche für die Kleintierhaltung. Im Bebauungsplan kann die Zulässigkeit der Nebenanlagen und Einrichtungen eingeschränkt oder ausgeschlossen werden.

(2) Die der Versorgung der Baugebiete mit Elektrizität, Gas, Wärme und Wasser sowie zur Ableitung von Abwasser dienenden Nebenanlagen können in den Baugebieten als Ausnahme zugelassen werden, auch soweit für sie in dem Bebauungsplan keine besonderen Flächen festgesetzt sind. Dies gilt auch für fernmeldetechnische Nebenanlagen sowie für Anlagen für erneuerbare Energien, soweit nicht Absatz 1 Satz 1 Anwendung findet."

b) **Geschossflächenzahl** (GFZ) *oder* der **Größe der Geschossflächen** (GF) der baulichen Anlagen; sie gibt an, wie viele Quadratmeter Geschossfläche je Quadratmeter „Grundstücksfläche" zulässig sind (vgl. Teil III Rn. 502 ff.). Verallgemeinert handelt es sich hierbei um die Summe der Flächen in allen Vollgeschossen eines Gebäudes. Eine GFZ von 2,0 besagt also, dass auf der betreffenden Grundstücksfläche – verteilt auf alle Vollgeschosse – doppelt so viel Fläche realisiert werden darf, wie das gesamte Baugrundstück groß ist (**§ 20 Abs. 2 bis 4 BauNVO;** Abb. 5). 40

Abb. 5: Berechnungsbeispiel für die Grundflächenzahl (GRZ) und die Geschossflächenzahl (GFZ)

Für die Ermittlung der zulässigen Geschossfläche ist nach § 19 Abs. 3 Satz 1 BauNVO i.V.m. § 20 Abs. 2 BauNVO die Fläche des Baugrundstücks maßgebend, „die im Bauland und hinter der im Bebauungsplan festgesetzten Straßenbegrenzungslinie" liegt (vgl. Rn. 37).

Geschossflächenzahl (GFZ) und Geschossfläche (GF) werden in § 20 Abs. 2 bis 4 41

---

9 Eine geringe GRZ für Wohngegenden führt nach Untersuchungen der kanadischen University of British Columbia zur Fettleibigkeit der Bevölkerung.

BauNVO wie folgt definiert:

„(2) Die Geschossflächenzahl gibt an, wie viel Quadratmeter Geschossfläche je Quadratmeter Grundstücksfläche im Sinne des § 19 Abs. 3 zulässig sind.

(3) Die Geschossfläche ist nach den Außenmaßen der Gebäude in allen Vollgeschossen zu ermitteln. Im Bebauungsplan kann festgesetzt werden, dass die Flächen von Aufenthaltsräumen in anderen Geschossen einschließlich der zu ihnen gehörenden Treppenräume und einschließlich ihrer Umfassungswände ganz oder teilweise mitzurechnen oder ausnahmsweise nicht mitzurechnen sind."

Der GFZ entspricht im angelsächsischen Sprachraum die sog. *„plot ratio"*, die das Verhältnis zwischen der *Gross External Area* (GEA), die sich aus den Flächen aller Grundrissebenen gemessen nach Außenmaßen ergibt, und der Grundstücksgröße (*site area*) definiert.

42 Als **Vollgeschosse** definiert § 20 Abs. 1 BauNVO 90 Geschosse, die nach landesrechtlichen Vorschriften Vollgeschosse sind oder auf ihre Zahl angerechnet werden. Die **geltende BauNVO definiert damit die Geschossflächenzahl (GFZ) anders als noch die BauNVO**[10]. Danach definierte sich die Geschossfläche nach den Außenmaßen der Gebäude in allen Vollgeschossen *zuzüglich der Flächen von Aufenthaltsräumen in anderen Geschossen einschließlich der zu ihnen gehörenden Treppenräume und einschließlich ihrer Umfassungswände*. Nach der geltenden BauNVO 90 sind diese Flächen grundsätzlich nicht anzurechnen, jedoch kann im Bebauungsplan festgesetzt werden, dass diese Flächen

- ganz oder teilweise mitzurechnen sind oder
- ausnahmsweise nicht mitzurechnen sind[11].

Vollgeschosse sind beispielsweise wie folgt definiert (vgl. Teil III Rn. 500):

§ 2 Abs. 4 BO Bayern	§ 2 Abs. 4 BO Brandenburg	§ 2 Abs. 4 BO Berlin
„Als Vollgeschosse gelten Geschosse, die vollständig über der natürlichen oder festgelegten Geländeoberfläche liegen und über mindestens zwei Drittel ihrer Grundfläche eine Höhe von mindestens 2,3 m haben; als Vollgeschosse gelten im Übrigen auch Kellergeschosse, deren Deckenunterkante im Mittel mindestens 1,2 m höher liegt als die natürliche oder festgelegte Geländeoberfläche."	„(4) Vollgeschosse sind alle oberirdischen Geschosse, deren Deckenoberkante im Mittel mehr als 1,40 m über die Geländeoberkante hinausragt. Geschosse, die ausschließlich der Unterbringung technischer Gebäudeausrüstungen dienen (Installationsgeschosse) sowie Hohlräume zwischen der obersten Decke und der Bedachung, in denen Aufenthaltsräume nicht möglich sind, gelten nicht als Vollgeschosse."	„(4) Vollgeschosse sind Geschosse, deren Deckenoberkante im Mittel mehr als 1,40 m über die festgelegte Geländeoberfläche hinausragt und die über mindestens zwei Drittel ihrer Grundfläche eine lichte Höhe von mindestens 2,30 m haben. Ein gegenüber den Außenwänden des Gebäudes zurückgesetztes oberstes Geschoss (Staffelgeschoss) und Geschosse im Dachraum sind nur dann Vollgeschosse, wenn sie die lichte Höhe gemäß Satz 1 über mindestens zwei Drittel der Grundfläche des darunter liegenden Geschosses haben."

---

10 BauNVO i.d.F. der Bek. vom 15.9.1977 (BGBl. I 1977, 1763), geändert durch VO vom 19.12.1986 (BGBl. I 1986, 2665).
11 Das Benutzerhandbuch der AKS schreibt zur Ermittlung der Geschossfläche ohne Rücksicht auf diese Ausnahmeregelung vor, dass die Geschossfläche nach den Ausmaßen der Gebäude in allen Vollgeschossen zu ermitteln ist.

Maß der baulichen Nutzung (GRZ) § 6 ImmoWertV V

Der **Unterschied beider Berechnungsverfahren** wird in der folgenden Abb. 6 erläutert: **43**

Abb. 6: Unterschiedliche Geschossflächenzahlen (GFZ) nach BauNVO 90 und BauNVO 77/86

Für **vorhandene Geschosse, insbesondere wenn sie ausgebaute Dachräume** aufweisen, **44** ergibt sich nach der BauNVO 90 eine rechnerisch geringere Geschossflächenzahl gegenüber einer nach der BauNVO 77/86 berechneten Geschossflächenzahl. Umgekehrt ergibt sich bei identischer Geschossflächenzahl nach der BauNVO 90 eine höhere bauliche Ausnutzbarkeit, da das Kellergeschoss und der Dachraum nicht in die Berechnung eingehen. Die höhere Ausnutzbarkeit ist aber bei der Verkehrswertermittlung zu berücksichtigen. Dies ist insbesondere dann von Bedeutung, wenn zur Umrechnung von Vergleichspreisen Umrechnungskoeffizienten herangezogen werden, die auf der Grundlage der Definition der BauNVO 1977/86 abgeleitet wurden.

Sog. **Luftgeschosse** (z.B. ein allseits offenes Erdgeschoss zum Abstellen von Kraftfahrzeugen) gelten als Vollgeschosse[12].

Aufenthaltsräume[13] in anderen als den sog. Vollgeschossen **(Dachgeschosse)** werden **45** nach § 20 Abs. 3 BauNVO 90 – wie erläutert – auf die zulässige Geschossfläche grundsätzlich nicht angerechnet (vgl. Teil III Rn. 505). Wenn aber bei der Anwendung dieser Vorschrift städtebaulich nachteilige Auswirkungen, etwa wegen Überlastung von Infra-

---

[12] Absch. 39 Abs. 1 BewRGr sowie OFD Bremen, Erl. vom 10.7.1975, StEK § 85 BewG Nr. 57.
[13] Aufenthaltsräume sind Räume, die zum nicht nur vorübergehenden Aufenthalt von Menschen bestimmt oder nach Lage und Größe dazu geeignet sind (vgl. § 2 Abs. 5 BO Brandenburg). Des Weiteren stellt § 40 der BO Brandenburg folgende Anforderungen: „Aufenthaltsräume müssen eine für die Benutzung ausreichende Grundfläche und eine lichte Höhe von mindestens 2,40 m haben. Aufenthaltsräume im Dachraum müssen diese lichte Höhe über mindestens die Hälfte ihrer Grundfläche haben; Raumteile mit einer lichten Höhe unter 1,50 m bleiben dabei außer Betracht. Bei nachträglichem Ausbau von Dachräumen genügt eine lichte Höhe von 2,30 m. Aufenthaltsräume müssen ausreichend mit Tageslicht beleuchtet und belüftet werden können. Das Rohbaumaß der Belichtungsöffnungen muss mindestens ein Achtel der Grundfläche des Raumes einschließlich der Grundfläche verglaster Vorbauten oder Loggien betragen; die Grundfläche von Vorbauten, die die Beleuchtung des Raumes mit Tageslicht beeinträchtigen, ist mit einzubeziehen. Aufenthaltsräume, deren Nutzung eine Beleuchtung mit Tageslicht verbietet, sind ohne Belichtungsöffnungen zulässig. Aufenthaltsräume ohne Belichtungsöffnungen müssen durch technische Einrichtungen ausreichend beleuchtet und belüftet werden können." Zum **Aufenthaltsraum im Keller** vgl. OVG Berlin, Beschl. vom 14.11.2003 – 2 B 6/02 –, BlnGE 2004, 356.

struktureinrichtungen, zu erwarten sind, hat die Gemeinde die Möglichkeit, die Anrechnung von Aufenthaltsräumen in Dach- und Untergeschossen durch Festsetzung im Bebauungsplan im erforderlichen Umfang vorzusehen.

Auch für bereits bestehende Bebauungsplangebiete kann die Genehmigungsbehörde von der Ausnahmeregelung Gebrauch machen.

Beispiel:

Der Bebauungsplan setzt in zweigeschossiger Bauweise eine Geschossflächenzahl (GFZ) von 0,8 fest; auf einem 400 m² großen Grundstück bedeutet dies eine zulässige Geschossfläche (GF) von 320 m². Werden bereits in den beiden Vollgeschossen (Erdgeschoss und erster Stock) 300 m² Geschossfläche (GF) verwirklicht, kann das Dachgeschoss zu Wohnzwecken ausgebaut werden, auch wenn dadurch die zulässige Geschossfläche (GF) überschritten würde.

46 **Balkone, Loggien, Terrassen, Nebenanlagen** i.S. von § 14 BauNVO (vgl. Rn. 39) und nach Landesrecht in den Abstandsflächen zulässige bauliche Anlagen **bleiben bei der Ermittlung der Geschossfläche** nach § 20 Abs. 4 BauNVO unberücksichtigt:

„(4) Bei der Ermittlung der Geschossfläche bleiben Nebenanlagen im Sinne des § 14, Balkone, Loggien, Terrassen sowie bauliche Anlagen, soweit sie nach Landesrecht in den Abstandsflächen (seitlicher Grenzabstand und sonstige Abstandsflächen) zulässig sind oder zugelassen werden können, unberücksichtigt."

Nicht zu den Nebenanlagen gehören **Garagen und Stellplätze**. In Bezug auf Garagen ist zu unterscheiden zwischen

- (Einzel-)Garagen und
- Garagengeschossen (i.S. des § 12 Abs. 4 Satz 1 BauNVO).

Nach § 21a Abs. 4 BauNVO bleiben bei der Ermittlung der Geschossfläche oder der Baumasse unberücksichtigt die Flächen oder Baumassen von

1. *Garagengeschossen,* die nach den Festsetzungen des Bebauungsplans nicht auf die Zahl der zulässigen Vollgeschosse anzurechnen oder als Ausnahme vorgesehen sind,
2. *Stellplätzen und Garagen,*
   - deren Grundfläche die zulässige Grundfläche überschreiten, wenn die Regelungen des § 19 Abs. 4 BauNVO über die einzuhaltende GRZ dem nicht entgegenstehen oder eine weitergehende Überschreitung ausnahmsweise zugelassen worden ist,
   - in Vollgeschossen, wenn der Bebauungsplan dies festsetzt oder als Ausnahme vorsieht.

Nach § 21a Abs. 5 BauNVO ist die zulässige Geschossfläche oder die zulässige Baumasse um die Flächen oder Baumassen notwendiger **Garagen,** die **unter der Geländeoberfläche** hergestellt werden, insoweit zu erhöhen, als der Bebauungsplan dies festsetzt oder als Ausnahme vorsieht.

47 Bei **Verwendung von Umrechnungskoeffizienten GFZ : GFZ** (vgl. Syst. Darst. des Vergleichswertverfahrens Rn. 218 ff.), **die noch auf der Grundlage der BauNVO 77/86 abgeleitet wurden,** kann diesem Umstand dadurch Rechnung getragen werden, dass die GFZ, die sich für einen im Zusammenhang bebauten Ortsteil oder aus einem unter der Herrschaft der BauNVO 90 aufgestellten Bebauungsplan ergibt, nach den Berechnungsregeln der BauNVO 77/86 ermittelt wird, sofern nicht der Bebauungsplan ohnehin die Anrechnung von Aufenthaltsräumen in „anderen Geschossen" (Dachgeschoss) vorschreibt.

c) **Baumassenzahl** (BMZ) *oder* die Baumasse (BM): sie gibt an, wie viel Kubikmeter Baumasse je Quadratmeter Grundstücksfläche i.S. des § 19 Abs. 3 BauNVO zulässig sind (vgl. Teil III Rn. 567). **§ 21 BauNVO** hat folgende Fassung:

Maß der baulichen Nutzung (GRZ) § 6 ImmoWertV V

„**§ 21 BauNVO Baumassenzahl, Baumasse**

(1) Die Baumassenzahl gibt an, wie viel Kubikmeter Baumasse je Quadratmeter Grundstücksfläche im Sinne des § 19 Abs. 3 zulässig sind.

(2) Die Baumasse ist nach den Ausmaßen der Gebäude vom Fußboden des untersten Vollgeschosses bis zur Decke des obersten Vollgeschosses zu ermitteln. Die Baumassen von Aufenthaltsräumen in anderen Geschossen einschließlich der zu ihnen gehörenden Treppenräume und einschließlich ihrer Umfassungswände und Decken sind mitzurechnen. Bei baulichen Anlagen, bei denen eine Berechnung der Baumasse nach Satz 1 nicht möglich ist, ist die tatsächliche Baumasse zu ermitteln.

(3) Bauliche Anlagen und Gebäudeteile im Sinne des § 20 Abs. 4 bleiben bei der Ermittlung der Baumasse unberücksichtigt.

(4) Ist im Bebauungsplan die Höhe baulicher Anlagen oder die Baumassenzahl nicht festgesetzt, darf bei Gebäuden, die Geschosse von mehr als 3,50 m Höhe haben, eine Baumassenzahl, die das Dreieinhalbfache der zulässigen

(5) Geschossflächenzahl beträgt, nicht überschritten werden."

Abb. 7: Baumassenzahl und Geschossfläche

Es gibt **kein allgemein gültiges Umrechnungsverhältnis zwischen der GFZ und der BMZ**, insbesondere nicht für bereits errichtete Gebäude. Im Rahmen einer baurechtlich zulässigen BMZ können nämlich die unterschiedlichsten Geschosshöhen realisiert werden. Von daher verbietet es sich, eine planungsrechtlich ausgewiesene BMZ unter Hinweis auf die Regelung des § 21 Abs. 4 BauNVO auf eine GFZ in der Weise umzurechnen, dass die ausgewiesene BMZ durch den Faktor 3,5 geteilt wird.

Es handelt sich bei der Regelung des **§ 21 Abs. 4 BauNVO** um eine **gesetzliche „Kappungsgrenze"** für den Fall, dass eine Baumassenzahl nicht festgesetzt wurde und ein Vorhaben das städtebauliche Erscheinungsbild „sprengen" würde, wenn eine bauplanungs-

V § 6 ImmoWertV   **Maß der baulichen Nutzung (GRZ)**

rechtlich zulässige GFZ i.V.m. Geschosshöhen von über 3,5 m realisiert werden soll. § 21 Abs. 4 BauNVO begrenzt im Ergebnis die für ein Vollgeschoss anzurechnende maßgebliche Höhe mittelbar auf 3,5 m. Wird indessen mit dem Bebauungsplan eine Baumasse festgesetzt, so können in diesem Rahmen – in Abhängigkeit von der Geschosshöhe – unterschiedliche Geschossflächen realisiert werden. Ein 14 m hoher Baukörper kann bei einer Geschosshöhe von 2,80 beispielsweise fünf Geschosse haben. Derselbe Baukörper kann aber auch nur ein Geschoss mit einer Geschosshöhe von 14 m haben. Daraus folgt, dass es keinen Umrechnungsfaktor von 3,5 zur Umrechnung der BMZ in eine GFZ gibt. Der Faktor lässt sich vor allem nicht auf bestehende Gebäude anwenden und insbesondere dann nicht, wenn Geschosshöhen von 3,50 m nicht realisiert worden sind.

48   d) **Zahl der Vollgeschosse** (Z); nach § 20 Abs. 1 BauNVO gelten als Vollgeschosse solche Geschosse, die nach landesrechtlichen Vorschriften Vollgeschosse sind oder auf ihre Zahl angerechnet werden (vgl. Rn. 42). Die Fläche der Vollgeschosse ist auch zu berücksichtigen, wenn das Vollgeschoss nicht ausgebaut ist und dem Ausbau keine rechtlichen Hindernisse entgegenstehen[14].

49   Die **Zahl der Vollgeschosse kann** nach § 16 Abs. 4 Satz 2 BauNVO auch als **zwingend festgesetzt werden.**

Nach § 21a Abs. 1 BauNVO sind **Garagengeschosse** oder ihre Baumasse in sonst anders genutzten Gebäuden auf die Zahl der zulässigen Vollgeschosse oder auf die zulässige Baumasse nicht anzurechnen, wenn der Bebauungsplan dies festsetzt oder als Ausnahme vorsieht.

50   e) **Höhe der baulichen Anlagen,** wobei nach § 18 Abs. 1 BauNVO die erforderlichen Bezugspunkte zu bestimmen sind. Die Höhe der baulichen Anlage kann nach § 16 Abs. 4 Satz 2 BauNVO auch als zwingendes Maß festgesetzt werden.

51   Bei **Festsetzungen des Maßes der baulichen Nutzung im Bebauungsplan** ist gemäß § 16 Abs. 3 BauNVO festzusetzen:

1. stets die Grundflächenzahl oder die Größe der Grundflächen der baulichen Anlagen,
2. die Zahl der Vollgeschosse oder die Höhe baulicher Anlagen, wenn ohne ihre Festsetzung öffentliche Belange, insbesondere das Orts- und Landschaftsbild beeinträchtigt werden können.

52   **Für die Bestimmung des Maßes der baulichen Nutzung gelten** nach § 17 BauNVO die in Abb. 8 aufgeführten **Obergrenzen.** Die Obergrenzen sind auch einzuhalten, wenn eine Geschossflächenzahl oder eine Baumassenzahl nicht dargestellt oder festgesetzt wird.

53   Die in Abb. 8 aufgeführten **Obergrenzen** können nach § 17 Abs. 2 BauNVO **überschritten** werden, wenn

1. besondere städtebauliche Gründe dies erfordern,
2. die Überschreitungen durch Umstände ausgeglichen sind oder durch Maßnahmen ausgeglichen werden, durch die sichergestellt ist, dass die allgemeinen Anforderungen an gesunde Wohn- und Arbeitsverhältnisse nicht beeinträchtigt, nachteilige Auswirkungen auf die Umwelt vermieden, die Bedürfnisse des Verkehrs befriedigt werden, und
3. sonstige öffentliche Belange nicht entgegenstehen.

Dies gilt nicht für Wochenendhausgebiete und Ferienhausgebiete.

54   In **Gebieten, die am 1. August 1962 überwiegend bebaut waren,** können die in Abb. 8 aufgeführten Obergrenzen nach Maßgabe des § 17 Abs. 3 BauNVO überschritten werden, wenn städtebauliche Gründe dies erfordern und sonstige öffentliche Belange nicht entgegenstehen. Nach § 26a BauNVO richtet sich die Regelung für die Überschreitung von Obergrenzen im

---

14 OLG Brandenburg, Urt. vom 6.5.2003 – 6 U 74/00 –, GuG 2005, 121.

Maß der baulichen Nutzung (GRZ) § 6 ImmoWertV V

Bestand in den der Bundesrepublik Deutschland beigetretenen Gebieten nach den am 1. Juli 1990 bestehenden Verhältnissen.

Die **Stellung der Baukörper auf dem Grundstück** wird durch Festsetzungen über die sog. Bauweise und die überbaubare Grundstücksfläche nach Maßgabe der §§ 22 und 23 BauNVO vorgeschrieben (vgl. Syst. Darst. des Vergleichswertverfahrens Rn. 245). 55

Nach § 22 BauNVO (**Bauweise**) ist nach der

b) offenen Bauweise,

c) geschlossenen Bauweise und

d) abweichenden Bauweise

zu unterscheiden. Die genannte Vorschrift hat folgenden Inhalt:

„§ 22 BauNVO Bauweise
(1) Im Bebauungsplan kann die Bauweise als offene oder geschlossene Bauweise festgesetzt werden.
(2) In der offenen Bauweise werden die Gebäude mit seitlichem Grenzabstand als Einzelhäuser, Doppelhäuser oder Hausgruppen errichtet. Die Länge der in Satz 1 bezeichneten Hausformen darf höchstens 50 m betragen. Im Bebauungsplan können Flächen festgesetzt werden, auf denen nur Einzelhäuser, nur Doppelhäuser, nur Hausgruppen oder nur zwei dieser Hausformen zulässig sind.
(3) In der geschlossenen Bauweise werden die Gebäude ohne seitlichen Grenzabstand errichtet, es sei denn, dass die vorhandene Bebauung eine Abweichung erfordert.
(4) Im Bebauungsplan kann eine von Absatz 1 abweichende Bauweise festgesetzt werden. Dabei kann auch festgesetzt werden, inwieweit an die vorderen, rückwärtigen und seitlichen Grundstücksgrenzen herangebaut werden darf oder muss."

Abb. 8:   Obergrenzen für die Bestimmung des Maßes der baulichen Nutzung*

Art der baulichen Nutzung				Maß der baulichen Nutzung		
				Obergrenzen		
Bauflächen	Baugebiete		Charakteristik	GRZ*	GFZ*	BMZ*
Wohnbauflächen W	Kleinsiedlungsgebiete	WS	vorwiegend Kleinsiedlungen, landwirtschaftliche Nebenerwerbsstellen und Gartenbaubetriebe	0,2	0,4	–
	Reine Wohngebiete	WR	Wohngebäude ausnahmsweise: unter anderem Läden, nicht störende Betriebe	0,4	1,2	–
	Allgemeine Wohngebiete	WA	vorwiegend Wohngebäude: Läden, nicht störende Handwerksbetriebe	0,4	1,2	–
	Besondere Wohngebiete	WB	vorwiegend zum Wohnen: auch mit Wohnnutzung vereinbare Gewerbebetriebe	0,6	1,6	–
Gemischte Bauflächen M	Dorfgebiete	MD	Wirtschaftsstellen der Land- und Forstwirtschaft, nicht störende Betriebe, Wohnen	0,6	1,2	–
	Mischgebiete	MI	Wohnen und gewerbliche Betriebe, die das Wohnen nicht wesentlich stören	0,6	1,2	–
	Kerngebiete	MK	vorwiegend Handelsbetriebe, zentrale Einrichtungen der Wirtschaft, der Verwaltung	1,0	3,0	–

V § 6 ImmoWertV — Maß der baulichen Nutzung (GRZ)

Art der baulichen Nutzung				Maß der baulichen Nutzung		
				Obergrenzen		
Bauflächen	Baugebiete		Charakteristik	GRZ*	GFZ*	BMZ*
Gewerbliche Bauflächen G	Gewerbegebiete	GE	vorwiegend nicht erheblich belästigende Gewerbebetriebe	0,8	2,4	10,0
	Industriegebiete	GI	ausschließlich Gewerbebetriebe: vorwiegend solche, die in anderen Baugebieten unzulässig sind	0,8	2,4	10,0
Sonderbauflächen S	Sondergebiete	SO	insbesondere – Wochenendhausgebiete – Ferienhausgebiete – Campingplatzgebiete	0,2	0,2	–
				0,4	1,2	–
				Camping- und Zeltplätze		
	Sonstige Sondergebiete		insbesondere Kurgebiete, Ladengebiete, Gebiete für Einkaufszentren und großflächige Handelsbetriebe, Gebiete für Messen, Ausstellungen und Kongresse, Hochschulgebiete, Klinikgebiete, Hafengebiete	0,8	2,4	10,0

© W. Kleiber

* Erläuterung: GRZ = Grundflächenzahl; GFZ = Geschossflächenzahl; BMZ = Baumassenzahl

Abb. 9: Bauweise

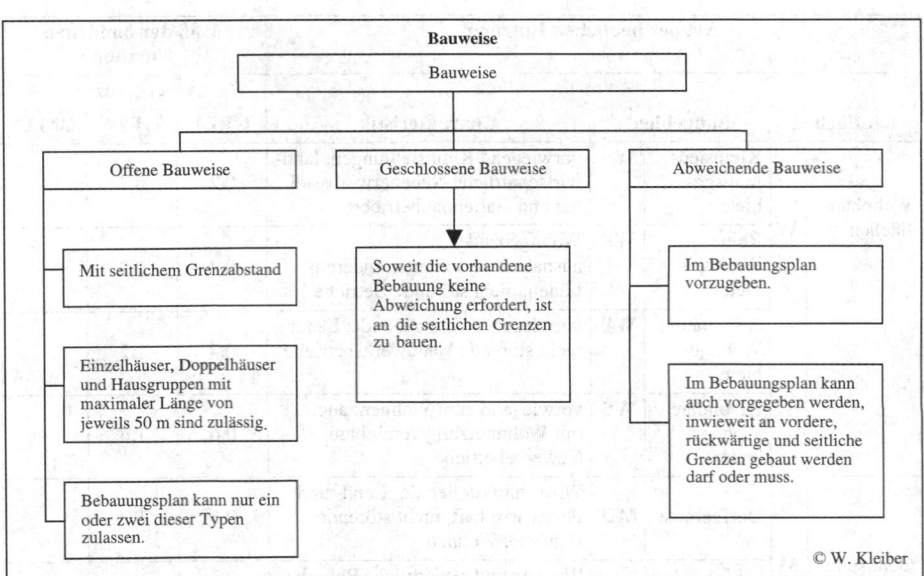

© W. Kleiber

56 Die **überbaubare Grundstücksfläche** kann nach § 23 BauGB festgesetzt werden durch

a) Baulinien,

b) Baugrenzen,

c) Bebauungstiefen und

d) außerhalb der überbaubaren Grundstücksflächen (Nebenanlagen).

Maß der baulichen Nutzung (GRZ) § 6 ImmoWertV V

„**§ 23 BauNVO Überbaubare Grundstücksfläche**

(1) Die überbaubaren Grundstücksflächen können durch die Festsetzung von Baulinien, Baugrenzen oder Bebauungstiefen bestimmt werden. § 16 Abs. 5 ist entsprechend anzuwenden.

(2) Ist eine Baulinie festgesetzt, so muss auf dieser Linie gebaut werden. Ein Vor- oder Zurücktreten von Gebäudeteilen in geringfügigem Ausmaß kann zugelassen werden. Im Bebauungsplan können weitere nach Art und Umfang bestimmte Ausnahmen vorgesehen werden.

(3) Ist eine Baugrenze festgesetzt, so dürfen Gebäude und Gebäudeteile diese nicht überschreiten. Ein Vortreten von Gebäudeteilen in geringfügigem Ausmaß kann zugelassen werden. Absatz 2 Satz 3 gilt entsprechend.

(4) Ist eine Bebauungstiefe festgesetzt, so gilt Absatz 3 entsprechend. Die Bebauungstiefe ist von der tatsächlichen Straßengrenze ab zu ermitteln, sofern im Bebauungsplan nichts anderes festgesetzt ist.

(5) Wenn im Bebauungsplan nichts anderes festgesetzt ist, können auf den nicht überbaubaren Grundstücksflächen Nebenanlagen im Sinne des § 14 zugelassen werden. Das Gleiche gilt für bauliche Anlagen, soweit sie nach Landesrecht in den Abstandsflächen zulässig sind oder zugelassen werden können."

Die „überbaubare Grundstücksfläche" gehört nach § 30 Abs. 1 BauGB zu den Mindestfestsetzungen eines qualifizierten Bebauungsplans. Sie ist zu unterscheiden von der zulässigerweise bebaubaren Grundfläche („zulässige Grundfläche" i.S. v. § 19 BauNVO), die sich nach der GRZ bemisst. Mit der „überbaubaren Grundstücksfläche" wird das sog. **„Baufenster"** vorgegeben, in dem das Grundstück mit der „zulässigen Baufläche" bebaubar ist (Abb. 10).

Abb. 10: Baufenster

2.2.3.4 Besonderheiten für Berlin

Für den „Westteil" von **Berlin** gilt die Besonderheit, dass die bei Inkrafttreten des BBauG vom 23.6.1960 bestehenden baurechtlichen Vorschriften und festgestellten städtebaulichen Pläne gemäß § 173 Abs. 3 Satz 1 BBauG 60 als Bebauungspläne fortgelten, soweit sie verbindliche Regelungen zu Art und Maß der baulichen Nutzung, Bauweise, überbaubare Grundstücksflächen (usw.) enthalten. Danach ist im Westteil auch der **Baunutzungsplan** vom 21.12.1958 (ABl. 1959, 50) i.d.F. der Bekanntmachung vom 22.6.1961 (ABl. 1961, 742) mit heranzuziehen:

– Rechtsgrundlage des Baunutzungsplans ist § 12 des Gesetzes über die städtebauliche Planung im Land Berlin (Planungsgesetz) i.d.F. vom 22.3.1956 (GVBl. 1956, 272). Der Baunutzungsplan ist danach Teil des Generalbebauungsplans[15].

---

15 Vgl. Bekanntmachung des Senators für Bau- und Wohnungswesen vom 21.12.1958 – BauWohn II C 7 –, ABl. 1959, 50; Bekanntmachung des Senators für Bau- und Wohnungswesen vom 22.6.1961 – BauWohn II B 1 –, ABl. 1961, 742.

V § 6 ImmoWertV — Maß der baulichen Nutzung (GRZ)

- Der **Generalbebauungsplan** zeigt nach § 12 Abs. 1 des Planungsgesetzes zur Vorbereitung aller Bebauungspläne und in Weiterführung des Flächennutzungsplans das Gesamtbild der Stadt, die Gliederung ihrer Masse und ihres Raumes sowie die Gliederung ihrer städtebautechnischen Einrichtungen und soll nach § 13 des Planungsgesetzes nach Bedarf u.a. Art und Maß der in Aussicht genommenen baulichen Nutzung darstellen.

Die Zulässigkeit eines Vorhabens bestimmt sich nach den Festsetzungen des Baunutzungsplans, wenn nach seiner Bekanntmachung kein rechtskräftiger oder zumindest planreifer Entwurf eines Bebauungsplans aufgestellt wurde und die Festsetzungen des Baunutzungsplans den Anforderungen an einen qualifizierten Bebauungsplans gemäß § 30 Abs. 1 BauGB entsprechen. In den übrigen Fällen bestimmt sich die Zulässigkeit eines Vorhabens nach § 34 BauGB.

Art und Maß der baulichen Nutzung einer im Baunutzungsplan ausgewiesenen Nutzung konkretisieren sich nach § 7 der Bauordnung von Berlin i.d.F. vom 21.11.1958 (GVBl. 1958, 1087, 1104 – BO 58 –).

Einschlägig sind folgende Bestimmungen des § 7 BauO (Grundbestimmungen für die **Art der baulichen Nutzung** der Grundstücke):

- Nach Nr. 2 gelten die Regelungen des § 7 BauO i.V.m. dem Baunutzungsplan, wenn der Bebauungsplan hinsichtlich der baulichen Nutzung nicht alle zur Entscheidung über den Baugenehmigungsantrag erforderlichen Festsetzungen enthält.

- Nach Nr. 3 gelten die Regelungen des § 7 BauO i.V.m. dem Baunutzungsplan, wenn ein Bebauungsplan noch nicht vorliegt und eine Ausnahmebewilligung nach § 18 Abs. 2 des Planungsgesetzes erteilt wird.

- Nach Nr. 4 werden die **Baugebiete** unterschieden nach

    a) *Dorfgebiete*;
    b) *Wohngebiete*, und zwar   aa) *reine Wohngebiete*,
                                  bb) *allgemeine Wohngebiete*;
    c) *gemischte Gebiete*;
    d) *Arbeitsgebiete*, und zwar: aa) *beschränkte Arbeitsgebiete*,
                                    bb) *reine Arbeitsgebiete*;
    e) *Kerngebiete*.

- Nach Nr. 5 sind in Baugebieten nur bauliche Anlagen, Betriebe und sonstige Einrichtungen zulässig, die der Bestimmung des betreffenden Baugebiets nach Art, Umfang und Zweck entsprechen und durch ihre Benutzung keine Nachteile oder Belästigungen verursachen können, die für die nähere Umgebung nicht zumutbar sind.

- Die in den Baugebieten zulässigen baulichen Anlagen, Betriebe und sonstige Einrichtungen werden in den Nrn. 6 bis 12 konkretisiert.

Das Maß der Nutzung in den Baugebieten ergibt sich nach § 7 Nr. 13 ff. BO aus der im Baunutzungsplan angegebenen **Baustufe**. Innerhalb der Baustufe bestimmt sich das Maß der baulichen Nutzung nach der bebaubaren Fläche des Baugrundstücks sowie der zulässigen Zahl der Vollgeschosse. In den beschränkten und reinen Arbeitsgebieten bestimmt sich das Maß der baulichen Nutzung jedoch nach der Baumassenzahl (m^3 umbauten Raumes je m^2 des Baugrundstücks); hiervon abweichend kann eine bauliche Nutzung jedoch im Rahmen der Geschossflächenzahl (m^2 der Summe der Flächen aller Vollgeschosse geteilt durch die Fläche des Baugrundstücks) zugelassen werden.

Maß der baulichen Nutzung (GRZ) § 6 ImmoWertV V

Das **Maß der baulichen Nutzung** beträgt **nach § 7 Nr. 15 Bln BO:**

Abb. 11: Maß der baulichen Nutzung nach § 7 Nr. 15 Bln BO

In Baustufen	Geschosszahl	Bebaubare Fläche	Geschossflächenzahl	Baumassenzahl
II/1	2	0,1	0,2	0,8
II/2	2	0,2	0,4	1,6
II/3	2	0,3	0,6	2,4
III/3	3	0,3	0,9	3,6
IV/3	4	0,3	1,2	4,8
V/3	5	0,3	1,5	6,0
6	–	0,6	–	8,4

In der *Baustufe V/3* ist eine bauliche Nutzung im Rahmen der Geschossflächenzahl 1,8 (Baumassenzahl 7,2) zulässig, wenn nur Gebäude errichtet werden, die Wohnungen nicht enthalten; Wohnungen für Aufsichts- und Bereitschaftspersonal bleiben außer Betracht. In besonderen Fällen kann unter den gleichen Voraussetzungen eine bauliche Nutzung bis zur Geschossflächenzahl 2,0 (Baumassenzahl 8,0) zugelassen werden.

Die *Baustufe 6* bleibt für reine und beschränkte Arbeitsgebiete vorbehalten. In den beschränkten und reinen Arbeitsgebieten der übrigen Baustufen darf die bebaubare Fläche

– in den Baustufen II/1, II/2 und II/3 höchstens 0,4,

– in den Baustufen III/3, IV/3 und V/3 höchstens 0,5

der Fläche des Baugrundstücks betragen.

Nach § 7 Nr. 16 BO gilt in den *Baustufen II/1 und II/2* die offene **Bauweise** und in den *Baustufen II/3 bis 6* die geschlossene Bauweise.

– Als **Baugrundstück** gilt nach § 7 Nr. 17 BO der hinter der Straßengrenze liegende Teil des Grundstücks. Soweit Vorgärten durch Straßenbegrenzungslinien oder Straßenfluchtlinien sowie durch zwingende Baulinien, Baugrenzen oder Bauchfluchtlinien festgelegt sind, werden sie bis zu einer Tiefe von 5 m – von der Straßenbegrenzungs- oder Straßenfluchtlinie an gemessen – abgezogen.

– Als **bebaute Fläche** gelten nach § 7 Nr. 18 BO die Grundstücksteile, die durch Baulichkeiten oder Bauteile jeder Art über der Erdoberfläche bebaut sind, ferner Licht- und Luftschächte bis 10 m² Größe. Dabei werden nicht berechnet: Gesimse und überhängende Dächer, die nicht über 1,15 m ausladen, Bedachungen von Aufzügen vor den Außenwänden, Grenzmauern, Grenzzäune, Notleitern nebst Podesten, unbedeckte Freitreppen und Terrassen bis 1,50 m Höhe über der Erdoberfläche, ferner bis zu 3 m² große Treppenvorbauten, Schutzdächer, Baulichkeiten zur Unterbringung von Kraftstoffen, Asche und Müll sowie Lauben und Bedürfnisanstalten.

– **Erker, Laubengänge und Balkone** werden nach § 7 Nr. 19 BO der bebauten Fläche zugerechnet, Erker jedoch nur mit dem Bruchteil aus der Anzahl der Geschosse (außer Kellergeschosse), in denen sie ausgeführt werden, und der zulässigen Anzahl der Vollgeschosse des Gebäudes selbst, Balkone nur mit der Hälfte dieses Bruchteils.

– **Baulichkeiten und Bauteile, die über die Straßengrenze vortreten,** werden nach § 7 Nr. 20 BO der bebauten Fläche zugerechnet.

– Der **Berechnung der Geschossflächenzahl** sind nach § 7 Nr. 21 BO die Flächen der Vollgeschosse in sinngemäßer Anwendung der vorstehenden Ausführungen zugrunde zu legen. Werden Aufenthaltsräume in Nebengeschossen zugelassen, so sind sie einschließlich der zu ihnen führenden Treppenhäuser und einschließlich ihrer Umfassungswände mitzurechnen. Geschosse ohne Umfassungswände – mit Ausnahme von Kolonnaden, deren Grundflächen dem öffentlichen Verkehr gewidmet sind – sind ebenfalls mitzurechnen.

Annex: Ausbaufähige Dachgeschosse[16] werden auf dem allgemeinen Berliner Grundstücksmarkt etwa mit 50 v.H. des Bodenwerts pro Quadratmeter Wohn- und Nutzfläche berücksichtigt: Bei einem Bodenwert von 700 000 €, einer Wohn- und Nutzfläche von rd. 1 400 m² und einem ausbaufähigen Dachgeschoss mit einer Nutzfläche von insgesamt rd. 260 m² ergibt sich beispielsweise:

700 000 €/1 400 m² = 500 €/m²
davon 50 v.H.: 250 €/m²

Dies ergibt bei einer Wohn- und Nutzfläche von 260 m² insgesamt einen Zuschlag von:
260 m² × 250 €/m² = 65 000 €

2.2.4 Im Zusammenhang bebaute Ortsteile nach § 34 BauGB

▶ *Hierzu auch § 5 ImmoWertV Rn. 208 ff.; Syst. Darst. des Vergleichswertverfahrens Rn. 199, 219 ff.*

58 In den „im Zusammenhang bebauten Ortsteilen" **(unbeplanter Innenbereich)** bestimmt sich die Nutzbarkeit eines Grundstücks (nach Art und Maß der baulichen Nutzung) nach **§ 34 BauGB**. Abs. 1 dieser Vorschrift lautet:

„(1) Innerhalb der im Zusammenhang bebauten Ortsteile ist ein Vorhaben zulässig, wenn es sich nach Art und Maß der baulichen Nutzung, der Bauweise und der Grundstücksfläche, die überbaut werden soll, in die Eigenart der näheren Umgebung einfügt und die Erschließung gesichert ist. Die Anforderungen an gesunde Wohn- und Arbeitsverhältnisse müssen gewahrt bleiben; das Ortsbild darf nicht beeinträchtigt werden."

Die Vorschrift stellt gewissermaßen einen Planersatz dar.

59 Die **vorhandene Bebauung** ersetzt zusammen mit den „Regeln" des § 34 BauGB die Festsetzungen eines Bebauungsplans über Art und Maß der baulichen Nutzung.

60 Ein **„im Zusammenhang bebauter Ortsteil"** i.S. des § 34 Abs. 1 BauGB (Innenbereich) ist nach der Rechtsprechung des BVerwG jeder **Bebauungskomplex** im Gebiet einer Gemeinde, **der nach der Zahl der vorhandenen Bauten ein gewisses Gewicht besitzt und Ausdruck einer organischen Siedlungsstruktur ist** (*Projects within continuously Built-Up-Areas*). Als Bebauungszusammenhang ist eine aufeinander folgende Bebauung anzusehen, die trotz vorhandener Baulücken den Eindruck der Geschlossenheit vermittelt[17].

Nach § 34 Abs. 3 BauGB dürfen von Vorhaben nach § 34 Abs. 1 oder 2 BauGB keine schädlichen Auswirkungen auf zentrale Versorgungsbereiche in der Gemeinde oder in anderen Gemeinden zu erwarten sein. Dies betrifft insbesondere **großflächige Einzelhandelsbetriebe**. Nach § 34 Abs. 3 BauGB sind die von einem großflächigen Einzelhandelsbetrieb ausgehenden Fernwirkungen z.B. auf Nachbargemeinden vor allem im Hinblick auf zentrale Versorgungsbereiche in der Gemeinde und in anderen Gemeinden ein maßgebliches Zulässigkeitskriterium.

---

16 Hierzu Bek. zum Ausbau von Dachräumen zu Wohnzwecken vom 2.11.1990 (ABl 1990, 2220).
17 BVerwG, Urt. vom 6.11.1968 – 4 C 2/66 –, EzGuG 8.27; BVerwG, Urt. vom 19.9.1986 – 4 C 15/84 –, BVerwGE 75, 34 = NJW 1987, 1656.

Beispiel:

Abb. 12:   Großflächiger Einzelhandel

Der geplante großflächige Einzelhandelsbetrieb fügt sich in die Umgebung zwar ein – hat aber „schädliche" Fernwirkungen auf Nachbargemeinde (zentrale Versorgungsfunktion) und ist deshalb nicht zulässig.

© W. Kleiber

Maßgeblich für Art und Maß der baulichen Nutzung ist nach Maßgabe des § 34 BauGB die **Umgebungsbebauung**. Folgendes Schema kann allerdings nur bedingt zur Ermittlung herangezogen werden (Abb. 13)[18].   **61**

Für den Fall der **Aufgabe einer militärischen Nutzung** folgt hieraus nicht „automatisch", dass an ihre Stelle ein „im Zusammenhang bebauter Ortsteil" mit Anspruch auf eine zivile Nachfolgenutzung entsteht. Die bisherige militärische Anlage kann zwar aufgrund ihres Quartiercharakters einen im Zusammenhang bebauten Ortsteil bilden, jedoch ist dieser dann regelmäßig durch die militärische Nutzung „geprägt", wenn die Fläche aus Werkstätten, Sportplätzen und dergleichen besteht (vgl. Teil VI Rn. 605 ff., 617).   **62**

Abb. 13:   Umgebungsanalyse zur Ermittlung des Einfügens nach § 34 Abs. 1 BauGB

Bauvorhaben: _____

Umgebungsbe-bauung/ Gebäude	Nut-zungs-art	Zahl der Vollge-schosse	Absolute Grund-fläche	GRZ	Absolute Geschoss-fläche	GFZ	Gebäudehöhe		Extrem-werte
							Trauf-höhe	Firsthöhe	
Rahmen		von ___ bis ___	von ___ bis ___	von ___ bis ___	von ___ bis ___	von ___ bis ___	von ___ bis ___	von ___ bis ___	✕
Vorhaben									✕
Überschreitung									✕

---

18 Hammer, Bauordnung im Bild, Weka Verlag.

Anmerkungen:
1. Erster Schritt der Prüfung des Einfügens eines Vorhabens ist die Festlegung des Umgebungsbereiches. Hier dürfen nicht nur Gebäude auf den angrenzenden Grundstücken einbezogen werden.
2. Extremwerte sind nicht repräsentativ und deshalb zu eliminieren.
3. Andere Beurteilungskriterien wie die Bauweise oder eine städtebaulich relevante Gliederung des Baukörpers sind bei der Gesamtwertung zu berücksichtigen.
4. Bei den in den Rahmen einzustellenden Gebäuden kommt es nicht darauf an, ob diese zulässigerweise errichtet wurden; ihre subjektive Prägung ist davon unabhängig. Andererseits dürfen genehmigte, aber noch nicht errichtete Gebäude nicht in den Rahmen eingestellt werden, da von ihnen noch keine Prägung ausgeht.

63 Ein **ziviler Nutzungsanspruch** kann allerdings dann bestehen, wenn die baulichen Anlagen der militärischen Nutzung ein Gebiet überwiegend in einer Weise geprägt haben, die zugleich auch einer zivilen Nutzung entspricht, z.B.

- eine **reine Wohnanlage außerhalb eines eigentlichen Kasernengeländes,** die bislang von Soldaten genutzt wurde und allgemeinen Wohnzwecken zugeführt wird. In diesem Fall wird die Nutzung „Wohnen" nicht geändert; i.d.R. bedarf es dann noch nicht einmal einer Baugenehmigung, da die Nutzung nicht geändert wird;
- eine außerhalb eines eigentlichen Kasernengeländes gelegene Anlage der **militärischen Verwaltung,** die künftig ohne Baugenehmigung zivilen Verwaltungszwecken dienen kann. Es handelt sich auch hier um die Aufnahme einer „gleichartigen" Nutzung[19]. Selbst wenn dabei allein wegen der Aufgabe der militärischen Nutzung eine Baugenehmigungspflicht besteht, steht dies dem nicht entgegen, wenn hierauf ein Anspruch besteht.

64 Das **Erfordernis des Einfügens** schließt nicht aus, dass auch etwas verwirklicht werden kann, was in der Umgebung bisher nicht vorhanden ist, d.h., es zwingt also nicht zur Uniformität[20]. Aus dem Gebot der Rücksichtnahme folgt ferner, dass nicht nur die nähere Umgebung, sondern auch das Umfeld beachtet werden muss.

65 Die **Art der Nutzung** bestimmt sich in Anlehnung an die im Ersten Abschnitt der BauNVO geregelten Nutzungsarten, d.h., zur Typisierung können grundsätzlich die Nutzungsarten der BauNVO herangezogen werden[21].

66 Bezüglich des **Maßes der baulichen Nutzung** kann ebenfalls auf die Begriffskategorien der BauNVO zurückgegriffen werden (§ 16 BauNVO), jedoch kommt es bei Anwendung des § 34 Abs. 1 BauGB auf die Grundstücksgrenzen und die Grundstücksgröße nicht an[22]. Maßstab, der zwangsläufig grob und ungenau sein muss, ist das tatsächlich Vorhandene[23].

67 Hieraus folgt, dass vorrangig die absoluten Größen von Grundfläche, Geschosszahl und Höhe baulicher Anlagen sowie bei offener Bauweise zusätzlich auch ihr Verhältnis zur umgebenden Freifläche zugrunde zu legen sind; Grundflächen- und Geschossflächenzahl müssen dagegen zurücktreten[24].

---

19 BVerwG, Urt. vom 3.2.1984 – 4 C 25/82 –, BVerwGE 68, 60 = NJW 1984, 1771.
20 BVerwG, Urt. vom 25.5.1978 – 4 C 9/77 –, BVerwGE 55, 369 = DVBl. 1978, 370 = BayVBl. 1979, 152 = BauR 1978, 278 = ZfBR 1978, 31 = BRS Bd. 33 Nr. 37.
21 BVerwG, Urt. vom 3.2.1984 – 4 C 25/82 –, BVerwG 68,360 = BRS Bd. 42 Nr. 52 = BauR 1984, 373 = NVwZ 1984, 582 = DVBl 1984, 634 = ZfBR 1984, 139; BVerwG, Urt. vom 19.9.1986 – 4 C 15/84 –, BVerwGE 75, 34 = DÖV 1987, 298 = BauR 1987, 44 = BRS Bd. 46 Nr. 62 = ZfBR 1987, 44 = DVBl 1987, 478; BVerwG, Urt. vom 3.4.1987 – 4 C 41/84 –, BauR 1987, 538 = ZfBR 1987, 260 = NVwZ 1987, 884 = DÖV 1988, 353 = DVBl. 1987, 903; BVerwG, Urt. vom 15.12.1994 – 4 C 13/93 –, ZfBR 1995, 100.
22 BVerwG, Urt. vom 12.6.1970 – 4 C 77/68 –, BVerwGE 35, 256 = BRS Bd. 23 Nr. 44 = DÖV 1970, 748; BVerwG, Beschl. vom 21.11.1980 – 4 B 142/80 –, BRS Bd. 36 Nr. 65 = BauR 1981, 170; BVerwG, Beschl. vom 28.9.1988 – 4 B 175/88 –, NVwZ 1989, 35 = BauR 1989, 60 = RdL 1989, 64 = UPR 1989, 78 = ZfBR 1989, 39 = DÖV 1990, 36 = NuR 1990, 403.
23 BVerwG, Urt. vom 23.3.1994 – 4 C 18/92 –, ZfBR 1994, 190.
24 BVerwG, Urt. vom 23.2.1994 – 4 C 18/92 –, ZfBR 1994, 190.

2.2.5 Außenbereich nach § 35 BauGB

Schrifttum: *Deventer,* Probleme der Zulässigkeit des Bauens im Außenbereich nach § 35 BauGB, JA 1986, 413.

Zum Außenbereich i.S. des § 35 BauGB gehören alle Grundstücke, die außerhalb des Geltungsbereichs eines *qualifizierten* Bebauungsplans und außerhalb der im Zusammenhang bebauten Ortsteile (§ 34 BauGB) liegen; *einfache* Bebauungspläne stehen einer Zurechnung eines Grundstücks zum Außenbereich nicht entgegen. Auch eine **Außenbereichssatzung** i.S. des § 35 Abs. 6 BauGB ändert an der Zuordnung eines Grundstücks zum Außenbereich nichts, wohl aber an der Zulässigkeit von Vorhaben. Für die Errichtung von Vorhaben im Außenbereich *(projects in outlying areas)* hat der Gesetzgeber eine generelle gesetzliche enumerative und abschließend geregelte Zulässigkeitsvorschrift mit § 35 BauGB vorgegeben. Sie ist darauf ausgerichtet, den Außenbereich grundsätzlich von einer Bebauung freizuhalten[25]. § 35 BauGB sieht **drei Kategorien von Vorhaben mit unterschiedlichen Zulässigkeitsvoraussetzungen** vor:

68

a) *privilegierte* Vorhaben nach § 35 Abs. 1 BauGB,

b) *begünstigte* Vorhaben nach § 35 Abs. 4 BauGB und

c) *sonstige* Vorhaben nach § 35 Abs. 2 BauGB.

▶ *Weiteres zum Außenbereich vgl. § 5 ImmoWertV Rn. 168, 177, 210 ff., 229 ff., 246 ff.*

69

2.2.6 Sanierungsgebiete und städtebauliche Entwicklungsbereiche

▶ *Näheres vgl. die Erläuterungen im Teil VIII, Rn. 78 ff. und Rn. 215 ff.*

In Sanierungsgebieten und städtebaulichen Entwicklungsbereichen wird als Verkehrswert der dort maßgebliche sanierungs- oder entwicklungsunbeeinflusste Grundstückswert ermittelt; d.h., der Entwicklungszustand bestimmt sich grundsätzlich nach dem **Zustand, den das Grundstück** (auch bei Aufgabe der militärischen Nutzung) **unter Ausschluss von Werterhöhungen aufgrund der Aussicht auf die Maßnahmen sowie der Vorbereitung und Durchführung der anstehenden Maßnahmen hätte.** Dabei können die vorstehenden Grundsätze zur Anwendung kommen, jedoch darf dabei allerdings insbesondere nicht die Werterhöhung aufgrund eines Sanierungs- oder Entwicklungsmaßnahmebebauungsplans in die Verkehrswertermittlung eingehen. Maßgebend ist also allein die rechtliche Qualität und der tatsächliche Zustand des Grundstücks (ggf. nach Aufgabe der militärischen Nutzung) zu dem Zeitpunkt, als eine Aussicht auf Vorbereitung und Durchführung der genannten städtebaulichen Veranstaltungen nicht bestehen konnte. Allgemeine Erwartungen und die allgemeinen Situationsverhältnisse, die auch ohne eine Sanierungs- bzw. Entwicklungsmaßnahme bestehen würden, sind hingegen zu berücksichtigen.

70

2.2.7 Sonstige öffentlich-rechtliche und privatrechtliche Vorschriften

Art und Maß der baulichen Nutzung bestimmen sich nicht nur nach den vorgestellten bauplanungsrechtlichen Vorschriften[26]. § 6 Abs. 1 ImmoWertV hebt ausdrücklich „die sonstigen Vorschriften" hervor und schließt damit auch privatrechtliche Vorschriften ein.

71

Dies können z.B. sein

72

– die Regelungen des **Denkmalschutzes,** die einem Rückbau der baulichen Anlage entgegenstehen, unabhängig davon, ob mit dem vorhandenen Gebäude das bauplanungsrechtlich zulässige Maß der baulichen Nutzung unter- oder überschritten wird,

– Regelungen über **Abstandsflächen** an Verkehrsstrassen sowie über Schutzzonen,

– **Zweckentfremdungsverbote** und vieles mehr.

---

25 BVerwGE 28, 128.
26 Zur Berücksichtigung obsoleter Bebauungspläne vgl. § 5 ImmoWertV Rn. 180.

73 Aus dem *privatrechtlichen Bereich* sind insbesondere hervorzuheben:
- bestehende Mietverhältnisse (wohnungs- und mietrechtliche Bindungen),
- Grunddienstbarkeiten, wie z.B. ein die Bebauung eines Grundstücks verhinderndes Aussichtsrecht, Leitungsrecht, Wegerecht und vieles mehr.

2.3 Tatsächliche Gegebenheiten

2.3.1 Übersicht

74 Abweichend von den maßgeblichen **bauplanungsrechtlichen Grundlagen für Art und Maß der baulichen Nutzung** kann es geboten sein, die besonderen Verhältnisse des Einzelfalls zu berücksichtigen. Dies ist insbesondere dann angezeigt, wenn
- die bauplanungsrechtliche Nutzbarkeit vom Geschehen auf dem Grundstücksmarkt gar nicht „angenommen" wird,
- naturbedingte Hindernisse einer Bebauung entgegenstehen oder
- die tatsächliche Nutzung von der bauplanungsrechtlichen Nutzbarkeit abweicht und z.B. unter Bestandsschutz fällt.

2.3.2 Lagetypische Nutzung (§ 6 Abs. 1 Satz 2 ImmoWertV)

75 Nach der Systematik des § 6 Abs. 1 ImmoWertV muss bei der Bestimmung des Maßes der baulichen Nutzung folgende **Unterscheidung** getroffen werden:

a) nach dem **rechtlich höchstzulässigen Maß der baulichen Nutzung**, wobei sich dieses nach den §§ 30, 33 und 34 BauGB i.V.m. den genannten Vorschriften der BauNVO sowie den

- sonstigen öffentlich-rechtlichen und
- privatrechtlichen

Bestimmungen ergibt, soweit sie das Maß der baulichen Nutzung „mitbestimmen" (vgl. § 6 Abs. 1 Satz 1 ImmoWertV Rn. 4);

b) nach dem **lageüblichen Maß der baulichen Nutzung**, wie es sich nach den Gepflogenheiten des gewöhnlichen Geschäftsverkehrs ergibt.

Dies ist beachtlich und zwar
- sowohl für das Wertermittlungsobjekt
- als auch für die Grundstücke, deren Kaufpreise zur Wertermittlung herangezogen werden.

Dabei sind bezüglich des Bewertungsobjektes die Verhältnisse am Wertermittlungsstichtag und bezüglich der Vergleichsobjekte die Verhältnisse zum Zeitpunkt des Vertragsabschlusses maßgebend.

Der Begriff der „lageüblichen" Nutzung kann dabei missverständlich sein, wenn die in der Umgebung des betreffenden Grundstücks tatsächlich realisierte Nutzung von der abweicht, die üblicherweise (im Neubaufalle) am Wertermittlungsstichtag oder in Bezug auf die Kaufpreise **vergleichbarer Grundstücke zum Zeitpunkt des Erwerbs verwirklicht werden würde**.

76 Es können sich folgende **Fälle** ergeben:

Lagetypische Nutzung ≥ bauplanungsrechtlich zulässige Nutzung

Lagetypische Nutzung ≤ bauplanungsrechtlich zulässige Nutzung

Beispiel 1:

Abb. 14: Einfamilienhausgebiet

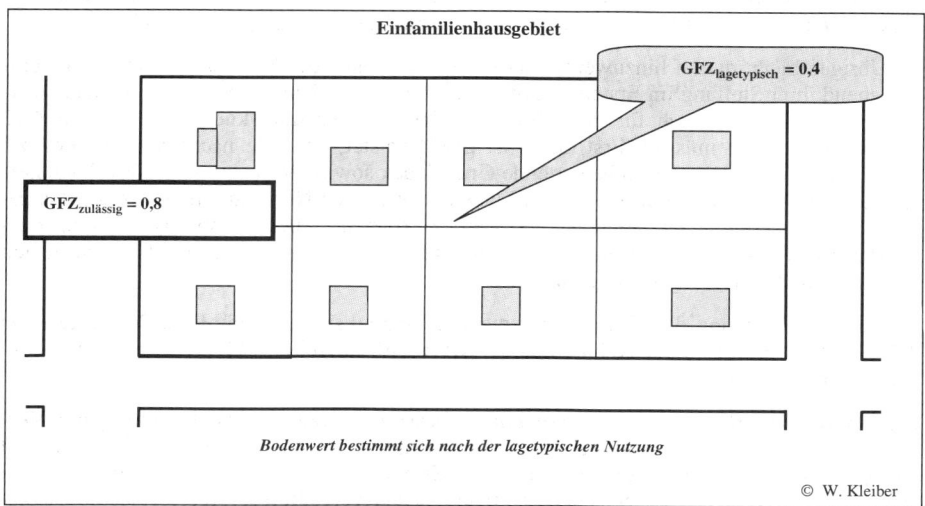

Der Bodenwert bestimmt sich im vorstehenden Fall nach der lageüblichen Nutzung (GFZ = 0,4). Es ist aber auch der umgekehrte Fall denkbar:

Beispiel 2

In einem reinen Wohngebiet ist die nach dem Bebauungsplan zulässige Nutzung einer GFZ von 0,8 regelmäßig unterschritten worden, weil es den Erwerbern stets nur um die Errichtung von Einfamilienhäusern auf großen Grundstücken mit einem hohen Freiflächenanteil ging. Aufgrund veränderter Marktverhältnisse werden die verbliebenen Baulücken nur noch zum Zwecke der Errichtung von kleineren Mehrfamilienhäusern mit Eigentumswohnungen erworben, wobei das zulässige Maß der baulichen Nutzung „voll" ausgeschöpft wird. Diese Erwerbsfälle sind mit höheren Preiszugeständnissen verbunden und haben „Schule gemacht", so dass das Marktgeschehen nicht mehr von der das Gebiet prägenden Einfamilienhausbebauung, sondern nur noch durch Erwerbsvorgänge zum Zwecke der Realisierung der höchst zulässigen Nutzung beherrscht wird.

Maßgeblich ist in diesem Fall die am Wertermittlungsstichtag das Marktgeschehen bestimmende höherwertige Nutzung und nicht die Nutzung, die aufgrund des zwischenzeitlich überholten Marktgeschehens in der Vergangenheit für das Gebiet noch lagebestimmend ist. Dies bedeutet für das vorstehende Beispiel, dass für die Bestimmung des nach § 6 Abs. 1 ImmoWertV maßgeblichen Maßes der baulichen Nutzung die tatsächlich (noch) lagebestimmende Nutzung als Einfamilienhausgebiet mit einem entsprechend geringeren Maß der baulichen Nutzung überholt ist. Insoweit kann auch der Hinweis in § 6 Abs. 1 Satz 2 ImmoWertV auf die in „der Umgebung regelmäßig" verwirklichte Nutzung missverständlich sein. Es kommt entscheidend auf die Verhältnisse am Wertermittlungsstichtag an, auf den die Vorschrift ausdrücklich abhebt.

Im Übrigen müssen diese Hinweise auch bei der **Ableitung von Bodenrichtwerten** in derartigen Gebieten beachtet werden. Den aus Kaufpreisen abgeleiteten Bodenrichtwerten ist bei ihrer Darstellung in Bodenrichtwertkarten das jeweils lagetypische Maß der baulichen Nutzung zuzuordnen; die Zuordnung der bauplanungsrechtlichen Nutzung wäre missverständlich.

Die Berücksichtigung einer **Überschreitung des höchstzulässigen Maßes der baulichen Nutzung** – wenn sie tatsächlich in einem Gebiet „regelmäßig" gegeben sein soll – ist im Übrigen nur bei der Qualifizierung der zur Wertermittlung herangezogenen Kaufpreise frei von Bedenken, und zwar auch nur dann, wenn der Erwerber ohne spekulative Erwartungen damit rechnen konnte. Bei dem zu bewertenden Grundstück darf ein höheres als das nach öffentlich rechtlichen Vorschriften zulässige Maß der baulichen Nutzung regelmäßig nur dann zugrunde gelegt werden, wenn mit hinreichender Bestimmtheit damit auch gerechnet werden kann. Auch auf Einzelfälle beschränkte Ausnahmen kann sich nämlich ein gewöhnlicher Geschäftsverkehr ohne konkrete Anhaltspunkte für eine abermalige Befreiung nicht gründen.[27]

81 Im Übrigen bleibt darauf hinzuweisen, dass die Regelungen des § 6 Abs. 1 ImmoWertV entsprechend ihrer Stellung im Ersten Abschnitt der ImmoWertV nicht nur für die Verkehrswertermittlung, sondern auch für die **Ableitung der Umrechnungskoeffizienten** nach § 12 ImmoWertV gelten müssen. Erst damit ist gewährleistet, dass die nach Maßgabe des § 6 Abs. 1 ImmoWertV für das zu bewertende Grundstück sowie für die zum Preisvergleich herangezogenen Grundstücke festgestellten Maße der baulichen Nutzung mittels Umrechnungskoeffizienten aufeinander umgerechnet werden können. Auch diesbezüglich gilt, dass innerhalb des Systems der ImmoWertV die maßgeblichen Grundsätze einheitlich und in sich schlüssig zur Anwendung kommen müssen.

82 Die in der Umgebung des Grundstücks regelmäßig **realisierte lageübliche Nutzung** kann dabei **nur so lange** einen Anhalt bieten, **wie nicht zwischenzeitliche Änderungen** im **Marktverhalten eingetreten** sind.

83 Die **Vorrangigkeit des das Marktverhalten bestimmenden Maßes der baulichen Nutzung** hat ihre Begründung darin, dass für den Kaufpreis einerseits und den Verkehrswert andererseits regelmäßig die Eigenschaften des Grundstücks maßgebend sind, die der Markt „annimmt". Abweichungen zwischen den planerischen Vorstellungen, die für das im Bebauungsplan festgesetzte Maß der baulichen Nutzung ausschlaggebend waren, und dem, was der Markt annimmt, sind keinesfalls Ausnahmefälle. Vor allem in Ein- und Zweifamilienhausgebieten ist dieser Fall nicht selten gegeben, weil es den Eigentümern dort nicht um die ertragreichste Nutzung, sondern um die Annehmlichkeit des ungestörten Wohnens in begrünter Umgebung geht[28].

84 Die Regelung des § 6 Abs. 1 Satz 2 ImmoWertV betrifft nicht nur die Fälle, in denen die zulässige Nutzung „nicht voll ausgeschöpft" wird. Auch wenn **regelmäßig „nach oben" abgewichen wurde,** d.h. ein über das höchstzulässige Maß der baulichen Nutzung hinausgehendes Bebauungsmaß realisiert wurde, soll dieses für die Wertermittlung maßgeblich sein. Die mit der Vorschrift geforderten Voraussetzungen dürften allerdings nur in Einzelfällen gegeben sein, denn der in der Rechtsnorm unterstellte Fall würde nämlich bedeuten, dass regelmäßig entsprechende Befreiungen erteilt worden sein müssen. Nach § 31 Abs. 2 BauGB ist dies indessen nur im Einzelfall zulässig (vgl. § 17 Abs. 5 BauNVO), so dass für ein „regelmäßiges" Abweichen eine Änderung des Bebauungsplans erforderlich wird.

85 **Fazit:** Grundsätzlich ist bei der Wertermittlung von Grundstücken von dem nach öffentlichrechtlichen sowie privatrechtlichen Vorschriften höchstzulässigen Maß der baulichen Nutzung auszugehen. Wird hiervon im gewöhnlichen Geschäftsverkehr regelmäßig abgewichen, so ist das Maß der baulichen Nutzung der Wertermittlung zugrunde zu legen, das den gewöhnlichen Geschäftsverkehr maßgeblich bestimmt, und zwar bei

– dem zu bewertenden Grundstück am Wertermittlungsstichtag,

– den zum Preisvergleich herangezogenen Grundstücken zum Zeitpunkt des Erwerbs dieser Grundstücke.

2.3.3 Bestandsschutz

86 **Schrifttum:** *Mampel,* D. Verkehrte Eigentumsordnung – Das Unwesen des verfassungsunmittelbaren Bestandsschutzes, ZfBR 2002, 327; *Sendler* in NVwZ 1990, 231.

---

27 BGH, Urt. vom 10.3.1977 – III ZR 195/74 –, EzGuG 18.72.
28 § 6 Abs. 2 Satz 2 ImmoWertV stellt insofern keine Ausnahmeregelung dar (so aber BR-Drucks. 352/88, S. 39).

▶ *Näheres hierzu bei § 5 ImmoWertV Rn. 196, 246 ff.; § 15 ImmoWertV Rn. 5 ff.; Teil X Rn. 523.*

Im Falle einer Abweichung der tatsächlichen Nutzung von der bauplanungsrechtlichen Nutzbarkeit ist es regelmäßig geboten, den Bestandsschutz bei der Verkehrswertermittlung zu berücksichtigen. **87**

Unter dem Bestandsschutz versteht man **Schutz einer in Übereinstimmung mit dem materiellen Recht errichteten baulichen Anlage bzw. einer baulichen Anlage, die nach ihrer Errichtung über einen wesentlichen Zeitraum dem materiellen Recht entsprochen hat** und demzufolge genehmigungsfähig war. Man unterscheidet zwischen

– dem einfachen bzw. *passiven* Bestandsschutz und
– dem erweiterten bzw. *aktiven* Bestandsschutz.

Der *einfache* Bestandsschutz berechtigt den Eigentümer, ein Bauwerk zu erhalten und weiterhin zu nutzen, auch wenn sich die Rechtslage zwischenzeitlich geändert hat und die Nutzung hiernach unzulässig ist. Der *erweiterte* Bestandsschutz berechtigt den Eigentümer, ein materiell in zulässiger Weise errichtetes Bauwerk instand zu halten, instand zu setzen und zu erweitern, selbst wenn die Maßnahmen einer baurechtlichen Genehmigung (Zulassung) bedürfen. **88**

2.4 Erhebliches Abweichen der tatsächlichen Nutzung von der zulässigen bzw. lagetypischen Nutzung

Weicht die auf einem Grundstück realisierte Nutzung nach Art oder Maß von der nach § 6 Abs. 1 ImmoWertV maßgeblichen zulässigen bzw. lagetypischen Nutzung ab, so ist dies bei der Verkehrswertermittlung zu berücksichtigen. **89**

▶ *Vgl. hierzu § 8 Abs. 3 ImmoWertV Rn. 345, 368 sowie § 16 ImmoWertV Rn. 223 ff.* **90**

2.5 Flächen, auf denen nach den Festsetzungen des Bebauungsplans nur bestimmte Wohngebäude errichtet werden dürfen

2.5.1 Übersicht

Die Regelungen des § 9 BauGB über die Möglichkeiten der Festsetzungen in den Bebauungsplänen sehen u.a. in **Abs. 1 Nr. 7 und 8** vor, dass im Bebauungsplan festgesetzt werden können: **91**

„7. die Flächen, auf denen ganz oder teilweise nur Wohngebäude, die mit Mitteln des sozialen Wohnungsbaus *(soziale Wohnraumförderung)* gefördert werden können, errichtet werden dürfen;
8. einzelne Flächen, auf denen ganz oder teilweise nur Wohngebäude errichtet werden dürfen, die für Personengruppen mit besonderem Wohnbedarf bestimmt sind; ..."

2.5.2 Soziale Wohnraumförderung (Sozialer Wohnungsbau)

▶ *Hierzu Allgemeines Teil VI Rn 871, Teil VIII Rn. 521 ff.* **92**

Die Vorschrift des § 9 Abs. 1 Nr. 7 BauGB stellt im Kern eine Vorschrift dar, die **lediglich Einschränkungen bezüglich Größe der Wohnungen, Grundrissgestaltung und Ausstattung** der Gebäude vorgibt, ohne dass damit ein Anspruch auf Gewährung öffentlicher Mittel oder eine Verpflichtung zur Inanspruchnahme solcher Mittel verbunden ist (vgl. §§ 2, 7, 9 bis 17, 39 bis 41 II. WoBauG). Aus der Festsetzung folgt weder eine Pflicht für den Eigentümer oder Bauherrn, solche Mittel in Anspruch zu nehmen, noch begründet sie den Anspruch auf Bereitstellung von Wohnungsbauförderungsmitteln[29]. Dies alles verbleibt in der Entscheidung des Bauherrn sowie der fördernden Stelle. Im Ergebnis wird mit dieser Festsetzung zunächst **93**

---
29 BVerwG, Beschl. vom 17.12.1992 – 4 N 2/91 –, GuG 1993, 184.

lediglich die bauliche Gestaltungsfreiheit eingeschränkt, die im Hinblick auf die künftigen Bewohner des Gebiets nicht nur baulich das „Milieu" des Gebiets mitbestimmt.

94 Werden solche Mittel in Anspruch genommen, so ist damit keineswegs eine für den Bodenwert bedeutsame Ertragseinbuße verbunden, denn der damit einhergehenden Mietpreisbegrenzung stehen in aller Regel **Zinsvorteile aus verbilligten Darlehen** gegenüber, die für den Eigentümer letztlich Erträge darstellen. Sind die Darlehensvorteile größer als die Nachteile aus der Mietpreisbegrenzung, so könnte daraus gefolgert werden, dass dies dann auch auf die Bodenpreisbildung „durchschlägt". Eine von vergleichbaren Gebieten (ohne Festsetzung nach § 9 Abs. 1 Nr. 7 BauGB) abweichende Bodenpreisbildung konnte bislang allerdings nicht nachgewiesen werden. Zwar ist der in der **Rechtsprechung zur KostO** herausgestellten Feststellung zuzustimmen, dass eine **Festsetzung für den sozialen Wohnungsbau** (soziale Wohnraumförderung) **zu einem „eingeschränkten Interessentenkreis" führt**, jedoch folgt hieraus auch nicht zwangsläufig, dass dies zu Wertminderungen oder aber Werterhöhungen führt. Es ist ein „anderer" Teilmarkt[30].

95 Jedes Grundstück ist entsprechend seiner Qualität einem besonderen **Teilmarkt** mit einem grundstücksspezifischen Käuferkreis zurechenbar. Es kommt bei alledem letztlich auf die mit der Festsetzung nach § 9 Abs. 1 Nr. 7 BauGB einhergehende Ertragsfähigkeit (insgesamt) an, um aus dieser Festsetzung eine wertmindernde oder werterhöhende Wirkung ableiten zu können.

2.5.3 Personengruppen mit besonderem Wohnbedarf

96 § 9 Abs. 1 Nr. 8 BauGB zielt – vergleichbar mit der Nr. 7 – auf eine bestimmte bauliche Gestaltung der in dem Gebiet zu errichtenden Gebäude ab:

– Geschossigkeit,

– Wohnungsgröße,

– Raumaufteilung,

– Außenanlagen,

– artspezifische Zugänglichkeit usw. **(Personenbezogene Flächen)**.

97 Es geht dabei i.d.R. um einen atypischen Wohnbedarf einer objektivierbaren bestimmten Personengruppe, z.B. nach Geschlecht, Alter, Einkommen sowie sozialen und soziologischen Gesichtspunkten (Behinderte, Studenten, Großfamilien)[31]. Ob sich aus einer Festsetzung nach § 9 Abs. 1 Nr. 8 BauGB ein gegenüber vergleichbaren Gebieten (ohne eine solche Festsetzung) geminderter oder erhöhter Wert ergibt, hängt von der Konkretisierung der Festsetzung und deren Auswirkungen auf die Ertragsfähigkeit ab. Erfahrungswerte liegen hierzu nicht vor.

98 Im Unterschied zu der Festsetzung i.S. des § 9 Abs. 1 Nr. 7 BauGB für den sozialen Wohnungsbau (soziale Wohnraumförderung) muss sich die **Festsetzung i.S. der Nr. 8 für Personengruppen mit besonderem Wohnbedarf** zur Vermeidung von Ghettobildungen auf einzelne Flächen beschränken. Dies entspricht dem Planungsgrundsatz des § 1 Abs. 5 Nr. 2 BauGB, nach dem einseitige Bevölkerungsstrukturen vermieden werden müssen. Personengruppen i.S. der Vorschrift sind insbesondere alte Menschen, Behinderte, Gastarbeiter, Studenten und Sanierungsverdrängte. Die Personengruppe muss in der Festsetzung genau bezeichnet werden.

99 Die Festsetzung i.S. des § 9 Abs. 1 Nr. 8 BauGB kann durch **Festlegung eines bestimmten Prozentsatzes des in Betracht kommenden Personenkreises** erfolgen, der im Rahmen der Baugenehmigung durch Auflagen oder aber durch Baulasten bzw. im Wege der Begründung von Dienstbarkeiten zur Durchsetzung gelangt.

---

30 LG München I, Beschl. vom 28.1.1999 – 13 T 10870/98 –, EzGuG 14.132.
31 BVerwG, Beschl. vom 17.12.1992 – 4 N 2/91 –, ZfBR 1993, 138; BVerwG, Urt. vom 11.2.1993 – 4 C 18/91 –, ZfBR 1993, 299.

3 Wertbeeinflussende Rechte und Belastungen (§ 6 Abs. 2 ImmoWertV)

3.1 Allgemeines

▶ *Zur Verkehrswertermittlung im Einzelnen vgl. die Erläuterungen im Teil IX sowie § 1 ImmoWertV Rn. 63 ff.* **100**

Die mit § 6 Abs. 2 ImmoWertV gegebenen Hinweise sind klarstellender Natur. Danach sind **101** „**wertbeeinflussende**" Rechte und Belastungen Zustandsmerkmale, die **bei der Verkehrswertermittlung grundsätzlich zu berücksichtigen** sind. Dieser ausdrückliche, aus sich selbst bereits hinreichend ergebende Hinweis ist eigentlich nur insoweit von Bedeutung, als nach bisherigem Recht (§ 4 Abs. 3 Nr. 6 WertV 72) wertbeeinflussende Rechte und Belastungen den ungewöhnlichen oder persönlichen Verhältnissen, die bei der Wertermittlung „auszuklammern" sind, zugeordnet waren (vgl. § 194 BauGB Rn. 23).

§ 6 Abs. 2 ImmoWertV spricht im Zusammenhang mit der Verkehrswertermittlung nur die **102** „wertbeeinflussenden" Rechte[32] und Belastungen an, denn solche, die den Verkehrswert nicht beeinflussen, können unbeachtlich bleiben. Der Verordnungsgeber hat es sich hier sehr leicht gemacht, denn diese Einschränkung gilt regelmäßig für die übrigen Grundstücksmerkmale gleichermaßen. Doch welche Rechte und Belastungen sind „wertbeeinflussend"?

Wie wertbeeinflussende Rechte und Belastungen berücksichtigt werden, wird in der **103** ImmoWertV an verschiedenen Stellen geregelt:

– Nach § 5 Abs. 4 ImmoWertV sind bei der Klassifizierung des „baureifen Landes" nur die öffentlich-rechtlichen Vorschriften und nicht auch solche privatrechtlicher Art zu berücksichtigen. Diese Maßgabe ist aber nur für die Qualifizierung des Entwicklungszustands zu beachten und bedeutet nicht, dass privatrechtliche Rechte und Belastungen bei der Verkehrswertermittlung unberücksichtigt bleiben.

– Bei Anwendung des *Vergleichswertverfahrens* müssen nach § 15 Abs. 1 Satz 4 ImmoWertV auch Abweichungen des Wertermittlungsobjekts von den Vergleichsgrundstücken (auch vom Bodenrichtwertgrundstück, § 16 Abs. 1 Satz 4 ImmoWertV) hinsichtlich wertbeeinflussender Rechte und Belastungen berücksichtigt werden (ggf. nach § 8 Abs. 3 ImmoWertV).

– Bei Anwendung des *Ertragswertverfahrens* werden wertbeeinflussende Rechte und Belastungen, soweit sie nicht bereits nach den §§ 17 bis 20 ImmoWertV erfasst wurden, nach § 8 Abs. 3 ImmoWertV berücksichtigt; die Vorschrift nennt in diesem Zusammenhang allerdings nur wohnungs- und mietrechtliche Bindungen.

– Bei Anwendung des *Sachwertverfahrens* werden wertbeeinflussende Rechte und Belastungen, soweit sie nicht bereits nach den §§ 21 bis 23 ImmoWertV erfasst wurden, wiederum nach § 8 Abs. 3 ImmoWertV berücksichtigt.

Nach § 6 Abs. 2 ImmoWertV[33] kann es sich bei den wertbeeinflussenden Rechten und Belas- **104** tungen um solche

– privatrechtlicher und
– öffentlich-rechtlicher Art

handeln. Die Vorschrift nennt beispielhaft **Dienstbarkeiten, Nutzungsrechte, Baulasten sowie wohnungs- und mietrechtliche Bindungen.** Es handelt sich dabei um keinen abschlie-

---

32 Im Unterschied zu § 4 Abs. 3 WertV 72 stellen wertbeeinflussende Rechte und Belastungen nicht mehr ungewöhnliche Verhältnisse dar; sie werden in § 6 Abs. 2 ImmoWertV ausdrücklich als ein Zustandsmerkmal hervorgehoben, das bei der Verkehrswertermittlung zu berücksichtigen ist (namentlich Dienstbarkeiten, Nutzungsrechte, Baulasten und sonstige dingliche Rechte und Lasten).
33 BT-Drucks. 7/4793, S. 28.

V § 6 ImmoWertV   Abgabenrechtlicher Zustand

ßenden Katalog. Die genannten Rechte und Belastungen sind bei § 1 ImmoWertV Rn. 63 und im Teil IX bei Rn. 30 ff. (Baulasten) erläutert.

105   Rechte und Belastungen können nach § 1 Abs. 2 ImmoWertV eigenständiger Gegenstand einer Wertermittlung sein (vgl. § 1 ImmoWertV Rn. 53); daneben sind sie als Zustandsmerkmal (§ 4 Abs. 2 ImmoWertV) des davon betroffenen Grundstücks bzw. der davon betroffenen Grundstücke zu berücksichtigen. Dies betrifft in erster Linie Grunddienstbarkeiten, die dem jeweiligen Eigentümer eines Grundstücks das Recht zur Benutzung eines anderen Grundstücks gewähren (§§ 1018 bis 1029 BGB). Dabei **muss zwischen dem aus der Grunddienstbarkeit resultierenden Vorteil für das herrschende Grundstück und dem Nachteil für das dienende Grundstück unterschieden werden.** Vor- und Nachteile können erfahrungsgemäß um ein Vielfaches auseinandergehen[34].

3.2 Pfandrechte

106   Dass die **in Abteilung III eingetragenen Pfandrechte** nicht „wertbeeinflussend" sind, dürfte für den Regelfall gelten. Allerdings entstehen hier mitunter Definitionsprobleme, wenn nämlich an einem Grundstück Pfandrechte „hängen", die langfristig wirksam von jedem Erwerber des Grundstücks zu übernehmen sind und ihn besonders günstig oder ungünstig stellen. Sie stellen dann Gegebenheiten i.S. der Verkehrswertdefinition des § 194 BauGB dar, die im gewöhnlichen Geschäftsverkehr auch berücksichtigt werden; umgekehrt müssten schon ungewöhnliche Verhältnisse unterstellt werden, wenn z.B. beim Erwerb eines Grundstücks langfristig wirksame Pfandrechte mit überhöhtem Zins übernommen werden müssten und der Erwerber dies nicht wertmindernd berücksichtigen würde[35].

▶ *Hierzu auch § 1 ImmoWertV Rn. 63 ff.*

4 Abgabenrechtlicher Zustand (§ 6 Abs. 3 ImmoWertV)

107   ▶ *Zur Berücksichtigung von Abgaben und Beiträgen vgl. Syst. Darst. des Vergleichswertverfahrens Rn. 318 ff.*

108   Für die Höhe des Verkehrswerts kommt es nicht allein auf die tatsächlichen Zustandsmerkmale des Grundstücks an. Daneben muss nach § 6 Abs. 3 ImmoWertV stets geprüft werden, ob und vor allem von wem grundstücksbezogene **öffentlich-rechtliche Beiträge und sonstige nichtsteuerliche Abgaben** noch zu entrichten sind.

109   **Beiträge** sind nichtsteuerliche Abgaben, die durch den Aufwandersatz für bestimmte Leistungen und die Vorteilsverschaffung für bestimmte Personen gekennzeichnet sind. Da unter *Abgaben* umfassend Steuern (§ 3 AO), Beiträge und Kosten als Oberbegriff für Gebühren und Auslagen verstanden werden, betrifft die Einbeziehung der „nichtsteuerlichen" Abgaben die genannten Gebühren und Auslagen. **Gebühren** sind nach § 3 Abs. 1 des Verwaltungskostengesetzes (VwKostG) des Bundes gesetzliche oder aufgrund eines Gesetzes festgelegte Entgelte für die Inanspruchnahme oder Leistung der öffentlichen Verwaltung; damit unterscheiden sie sich von den Steuern, die nicht im Zusammenhang mit einer konkreten Gegenleistung stehen[36]. **Auslagen** sind Aufwendungen, die eine Behörde im Interesse einer kostenpflichtigen Amts-

---

34   BGH, Beschl. vom 30.1.1957 – V ZR 263/56 –, EzGuG 14.5; KG Berlin, Urt. vom 10.7.1967 – 4 U 486/67 –, EzGuG 14.39.
35   BGH, Urt. vom 2.4.1954 – V ZR 135/52 –, EzGuG 19.3b; BGH, Beschl. vom 13.6.1958 – V ZR 268/56 –, EzGuG 14.8; OLG Köln, Beschl. vom 18.10.1958 – 9 W 20/58 –, EzGuG 20.23; OLG Köln, Beschl. vom 16.9.1960 – 4 U 152/59 –, EzGuG 20.27; OLG München, Beschl. vom 13.1.1981 – 5 W 2607/80 –; EzGuG 13.35c; LG Köln, Beschl. vom 21.7.1976 – 70 O 40/76 –, EzGuG 19.30; RFH, Urt. vom 8.10.1926 – II A 429/26 –, EzGuG 14.1a; BFH, Urt. vom 14.8.1953 – III 33/53 U –, EzGuG 20.16a; a. A. LG Köln, Beschl. vom 21.7.1976 – 70 0 40/76 –, EzGuG 19.30.
36   BVerfG, Urt. vom 16.1.2003 – 1 BvR 2222/02 –, NVwZ 2003, 858; BVerfG, Beschl. vom 11.10.1966 – 2 BvR 179, 476, 477/64 –, BVerfGE 20, 257 = BGBl. I 1966, 138.

handlung als Zahlung an Dritte zu leisten hat[37], wobei zur Vermeidung gesonderter Berechnungen der Auslagen die Kosten der Auslagen in die Gebühr einbezogen werden können.

Insbesondere folgende **nichtsteuerliche Abgaben** können für die Verkehrswertermittlung von Belang sein: 110

– Erschließungsbeiträge nach den §§ 123 ff. BauGB,
– Umlegungsausgleichsleistungen nach § 64 BauGB,
– Ausgleichsbeträge nach den §§ 154 ff. BauGB sowie § 24 Bundes-Bodenschutzgesetz,
– Abgaben nach den Kommunalabgabengesetzen (KAG) der Länder,
– Ablösebeiträge für Stellplatzverpflichtungen,
– Naturschutzrechtliche Ausgleichsabgaben (Kostenerstattungsbetrag nach § 135a BauGB),
– Versiegelungsabgaben,
– Sielbeiträge,
– Ablösungsbeträge nach Baumschutzsatzungen,
– Beiträge aufgrund von Satzungen der Wasser- und Bodenverbände.

Unter die Regelung des § 6 Abs. 3 ImmoWertV fallen indessen nicht die üblicherweise **beim Erwerb eines Grundstücks anfallenden Gebühren** (für Teilungsgenehmigungen, Grundbucheintragungen) sowie Notariats- und Vermessungskosten. Bei Anwendung des Vergleichswertverfahrens gehen derartige Gebühren und Kosten bereits in die Vergleichspreise ein; soweit es sich um besondere aus Anlass des Erwerbs oder der Veräußerung entstandene Entgelte handelt, die von den üblicherweise vertraglich vereinbarten Entgelten abweichen, gilt dieser Umstand nach § 7 ImmoWertV als „ungewöhnliche oder persönliche Verhältnisse", die grundsätzlich unberücksichtigt bleiben müssen (vgl. § 194 BauGB Rn. 90). 111

Ist von einem Gemeinwesen eine besondere grundstücksbezogene Leistung, z.B. die Erschließung eines Grundstücks i.S. der §§ 123 ff. BauGB oder die Sanierung eines Gebiets nach Maßgabe des besonderen Sanierungsrechts der §§ 136 bis 156 BauGB erbracht worden, so weist das Grundstück nach seinen tatsächlichen Zustandsmerkmalen eine entsprechend höherwertige Qualität auf. Eine entsprechende Werterhöhung tritt aber erst ein, wenn der dafür zu entrichtende Beitrag auch entrichtet worden ist. Das „erschlossene" Grundstück ist bis dahin erschließungsbeitragspflichtig (ebp) zu bewerten. Ausgehend von dem Wert eines erschließungsbeitragsfreien (ebf) Grundstücks lässt sich der **Verkehrswert** grundsätzlich durch Abzug des vom Eigentümer oder **im Falle der Veräußerung des Grundstücks vom Erwerber (noch) aufzubringenden Beitrags** ermitteln. Jeder vernünftige Erwerber muss nämlich bei der Kaufpreisbemessung den Betrag in Rechnung stellen, den er als künftiger Eigentümer (noch) zu entrichten hat, es sei denn, dies wird vom Veräußerer vertraglich übernommen oder die Beitragspflicht verbleibt nach den gesetzlichen Bestimmungen bei dem bisherigen Eigentümer. 112

Erst wenn der Beitragspflichtige nach Maßgabe der einschlägigen Bestimmungen feststeht, ist eine neue Situation gegeben: 113

a) Unproblematisch sind die Fälle, in denen der Beitragspflichtige einen fällig gestellten **Beitrag entrichtet** hat. In diesen Fällen kann von einem beitrags- und abgabenrechtlich freien Grundstückszustand ausgegangen werden (z.B. einem erschließungsbeitrags- bzw. ausgleichsbetragsfreien Zustand). Wertermittlungstechnisch kann also direkt von Vergleichsgrundstücken ausgegangen werden, die in ihren tatsächlichen Zustandsmerkmalen dem Wertermittlungsobjekt entsprechen und die selbst auch nicht beitragspflichtig sind. 114

b) Problematisch sind indessen die Fälle, in denen der Beitragspflichtige feststeht, dieser aber den **Beitrag noch zu entrichten** hat, sei es, dass der Beitrag noch nicht fällig gestellt 115

---
37 § 10 VwKostG, §§ 136ff., KostO, §§ 91ff. GKG.

V § 6 ImmoWertV   Lage

wurde, oder sei es, dass er in Zahlungsverzug steht. Hier sind folgende Überlegungen anzustellen:

- Befindet sich das Grundstück, für das der Beitrag noch zu entrichten ist, in der Hand des Eigentümers, so verkörpert sich für ihn in dem Grundstück ein entsprechend abgesenkter Wert. Dies muss insbesondere auch für Beleihungsinstitute gelten, denn ein noch nicht entrichteter Beitrag kann insoweit vermögensmäßig nicht dem Grundstückswert zugerechnet werden.

- Der Erwerber eines Grundstücks erwirbt indessen ein beitragsfreies Grundstück, wenn die Beitragspflicht den früheren Eigentümer trifft. Der Käufer übernimmt allerdings ein Risiko, wenn der Beitrag als öffentliche Last auf dem Grundstück ruht. Die Gemeinde kann z.B., wenn der Erschließungsbeitragspflichtige seiner Beitragspflicht möglicherweise nicht nachkommt, gegen den neuen Eigentümer zur Sicherung des Anspruchs einen entsprechenden Duldungs- oder Haftungsbescheid erlassen[38].

116 Damit ist die Frage aufgeworfen, ob in den Fällen, in denen der Beitragspflichtige nach Maßgabe der einschlägigen Rechtsgrundlage feststeht, als *Verkehrswert* des Grundstücks der des beitragsfreien oder der des beitragspflichtigen Grundstücks zu ermitteln ist. Zur Beantwortung dieser Frage wird in Erinnerung gerufen, dass der Verkehrswert als der Wert definiert ist, den die **Sache für jedermann und nicht nur für eine bestimmte Person** hat (vgl. § 194 BauGB Rn. 31 f.). Deshalb ist grundsätzlich als Verkehrswert der entsprechend höhere Wert zu ermitteln, wobei sich lediglich für das Grundstück in der Hand des beitragspflichtigen Eigentümers ein niedrigerer Wert (Preis) ergibt.

117 Wie sich diese Betrachtungsweise im Einzelnen bei den unterschiedlichen Beitragsarten auf die Verkehrswertermittlung auswirkt, wird in der Syst. Darst. des Vergleichswertverfahrens Rn. 318 ff. erläutert.

5   Lage (§ 6 Abs. 4 ImmoWertV)

5.1   Allgemeines

118 **Marktberichte:** *Allianz Dresdner Immobiliengruppe, DEGI:* Standortbezogene Marktreporte und spezielle Marktanalysen; *Müller International:* City reports; *Aengevelt:* City Report Investment; *Jones Lang Lasalle:* Investmentmarkt Deutschland, Überblick über Einzelhandel in Deutschland, Oscar, Büronebenkostenanalyse, Gewerbegebiet Report, City Profile, European Office Index; *Engels & Völkers:* Markt- und Frequenzberichte; *DTZ Zadelhoff Tie Leung:* Konjunkturbarometer.

▶ *Hierzu auch Syst. Darst. des Vergleichswertverfahrens Rn. 376 ff. sowie Teil VI Rn. 149 ff., 186 ff., 236 ff., 288 ff.*

119 Die Lage ist in der Verkehrswertermittlung der umfassendste und vielleicht aber auch der schillerndste Begriff. Gemeinhin wird hierzu die Auffassung vertreten, dass die Lage der eigentliche verkehrswertdominante Faktor ist. Dies kommt auch in der immer wieder angeführten lapidaren Feststellung zum Ausdruck, nach der der Verkehrswert lediglich durch drei Größen bestimmt werde: der Lage, der Lage und wiederum der Lage (*location, location, location*).

120 Eine **Vielzahl von Lagemerkmalen wird bei der Verkehrswertermittlung aber bereits dadurch berücksichtigt, dass man bei der Auswahl von Vergleichspreisen, Ertragsverhältnissen und Normalherstellungskosten** (nach Maßgabe der § 5 ImmoWertV, den übrigen Regelungen des § 6 ImmoWertV sowie der §§ 17 bis 23 ImmoWertV) grundsätzlich solche Vergleichsdaten heranzieht, die mit dem zu bewertenden Objekt lagemäßig vergleichbar sind,

---

38 BVerwG, Urt. vom 20.9.1974 – 4 C 32/72 –, EzGuG 9.19.

so dass es nur noch lagemäßige „Restunterschiede" zu berücksichtigen gilt. Dennoch kann der Beachtung der Lage nicht genug Aufmerksamkeit geschenkt werden.

Die individuellen Lagemerkmale eines Grundstücks werden weitgehend bereits nach den den übrigen Regelungen des § 6 ImmoWertV erfasst. Der Regelungsgehalt ergänzt diese Vorschriften durch Hinweise zur **Lagebeziehung eines Grundstücks zu seiner Umgebung.** Ausdrücklich genannt werden:

1. die Verkehrslage,
2. die Nachbarschaft,
3. die Wohn- und Geschäftslage sowie
4. die Umwelteinflüsse.

Es handelt sich hierbei nicht um einen abschließenden Katalog.

Zur Qualifizierung der wesentlichen **Lagemerkmale des Wertermittlungsobjekts und der Vergleichsgrundstücke** empfiehlt es sich, auf die wesentlichen, möglichst „messbaren" preisbestimmenden Eigenschaften der jeweiligen Grundstücksart abzustellen, um die Unterschiede angemessen berücksichtigen zu können. Im Einzelnen können dies sein:

a) Unterschiedliche *Wohnlagen,* wobei neben der Verkehrsanbindung und den Umwelteinflüssen vor allem die ein ruhiges und angenehmes Wohnen bestimmenden Faktoren (Nähe zu Freizeiteinrichtungen; Begrünung usw.) von Bedeutung sind.

b) Unterschiedliche *Geschäftslagen,* die sich in unterschiedlichen Ertragsverhältnissen ausdrücken können (vgl. Teil VI Rn. 255 ff., Passantenfrequenz[39], „Passantenqualität").

c) Unterschiedliche *Verkehrslagen,* z.B. aufgrund unterschiedlicher Entfernungen zum Zentrum oder auf Grund der Verkehrsanbindung durch Straßen und öffentliche Nahverkehrsmittel.

d) Unterschiedliche *Immissionslagen,* z.B. bezüglich Schadstoffen, Lärm, Geruch und Erschütterungen (vgl. Rn. 132 ff.).

5.2 Lagetypen

Bezüglich der Lage eines Grundstücks wird nach einer Vielzahl von Lagetypen ohne standardisierte Begriffe unterschieden. Allgemein kann zwischen der so genannten **Makro- und Mikrolage** unterschieden werden.

Ohne Anspruch auf Vollständigkeit werden nachfolgend eine Reihe häufig verwandter Lagetypen aufgeführt:

1. Wohn-, Gewerbe- und Geschäftslage,
2. Verkehrslage,
3. Emissionslage,
4. Nachbarschaftslage,
5. Süd-, West-, Nord- und Ostlage,
6. Hanglage,
7. Sonnenlage,
8. Passantenlage.

---

39 GuG 1995, 361; GuG 2001, 40.

5.3 Beeinträchtigungen der Lageverhältnisse

5.3.1 Allgemeines

124 **Beeinträchtigungen der Lageverhältnisse**, von wem sie auch ausgehen mögen, **mindern grundsätzlich den Verkehrswert eines Grundstücks**. Bei der Verkehrswertermittlung sind die Beeinträchtigungen in dem Maße zu berücksichtigen, wie dies im gewöhnlichen Geschäftsverkehr, d.h. im freien Spiel zwischen Angebot und Nachfrage, entspricht.

125 Eine weitere in diesem Zusammenhang auftretende Frage ist, ob und in welchem Umfang eine von dritter Seite bewirkte Beeinträchtigung der Lageverhältnisse zu Entschädigungsansprüchen führt[40]. Generell lässt sich hierzu feststellen, dass Entschädigungsansprüche in der Rechtsprechung bejaht werden, wenn einerseits bestehende Lageverhältnisse zur eigentumsrechtlich gesicherten Rechtsposition des Eigentümers eines Grundstücks gehören und diese andererseits in einem die Zumutbarkeitsschwelle überschreitenden Maße beeinträchtigt werden. In diesem Fall empfiehlt es sich, bei der Verkehrswertermittlung **neben dem geminderten Verkehrswert** auch auf ggf. **bestehende Entschädigungsansprüche** hinzuweisen. Dies gilt insbesondere dann, wenn im Falle der Veräußerung des Grundstücks der Entschädigungsanspruch auf den Erwerber übergeht. Denn es muss dem gewöhnlichen Geschäftsverkehr zugerechnet werden, dass ein derartiger Entschädigungsanspruch bei der Bemessung angemessen berücksichtigt wird.

126 Nachstehend wird deshalb auf die von der Rechtsprechung entwickelten **Grundsätze zur Entschädigung für Eingriffe in die Rechtsposition des Eigentümers** eingegangen:

5.3.2 Baumaßnahmen

127 Die Beeinträchtigungen eines Grundstücks durch die auf einem Nachbargrundstück stattfindenden Baumaßnahmen sind i.d.R. nur vorübergehend und können deshalb den Verkehrswert eines Grundstücks kaum nachhaltig mindern. Besonders betroffen sind diesbezüglich allerdings gewerblich genutzte Grundstücke, insbesondere wenn es sich um längerfristig hinzunehmende Baumaßnahmen handelt. Baumaßnahmen können die Zugänglichkeit des Grundstücks beeinträchtigen und es erheblichem Baulärm, Staub und Erschütterungen aussetzen.

128 Entsprechend der jeweiligen Branche kann damit ein gewerblich genutztes Grundstück vorübergehend, aber im Einzelfall auch auf Dauer in seiner Nutzbarkeit beeinträchtigt werden. Wird dabei die **Zumutbarkeitsgrenze** überschritten, kann der Ausgleichsanspruch geltend gemacht werden. Im Streitfalle ist es Aufgabe des Tatrichters, die Zumutbarkeitsgrenze unter Abwägung aller Umstände des Einzelfalls sowie unter Einbeziehung von Billigkeitsgesichtspunkten zu bestimmen[41]. Dabei ist es die Lage des Grundstücks, die die Grenze des entschädigungslos Zumutbaren mitbestimmt[42].

▶ *Zum Baulärm vgl. Rn. 258 ff.*

5.3.3 Standfestigkeit

129 Wird die Nutzbarkeit eines Grundstücks durch Vertiefungen auf dem Nachbargrundstück beeinträchtigt, so führt dies i.d.R. zu einer Minderung des Verkehrswerts. Die Maßnahmen können insbesondere dann einen **entschädigungspflichtigen Eingriff** darstellen, wenn dadurch die Standfestigkeit baulicher Anlagen beeinträchtigt wird (nachbarrechtlicher Ausgleichsanspruch nach § 906 BGB). Sie können auch einen entschädigungspflichtigen Eingriff darstellen, wenn beim Bau einer Erschließungsanlage das Straßengelände in der Weise ver-

---

40 Zum Verhältnis des sog. bürgerlich-rechtlichen Aufopferungsanspruchs (nachbarrechtlichen Ausgleichsanspruchs) zum öffentlich-rechtlichen Entschädigungsanspruch BGH, Urt. vom 15.6.1967 – III ZR 23/65 –, EzGuG 13.14; zum Ausgleichsanspruch bei mehreren Immittenten BGH, Urt. vom 13.2.1976 – V ZR 55/74 –, EzGuG 13.26.
41 BGH, Urt. vom 31.5.1974 – V ZR 114/72 –, EzGuG 13.22; BGH, Urt. vom 22.11.1967 – V ZR 11/67 –, BGHZ 49, 148.
42 BGH, Urt. vom 26.9.1975 – V ZR 204/73 –; zur Ortsüblichkeit BGH, Urt. vom 30.5.1962 – V ZR 121/60 –, EzGuG 13.3; VGH Mannheim, Urt. vom 7.6.1989 – 5 S 3040/87 –, EzGuG 13.106a; OLG Düsseldorf, Urt. vom 24.2.1994 – 18 U 135/93 –, EzGuG 13.129.

tieft wird, dass auf einem benachbarten Hausgrundstück eine senkrecht abfallende ungesicherte Böschung entsteht und der Boden die erforderliche Stütze verliert[43]. Auch die Beeinträchtigung der Standfestigkeit eines Hauses infolge der von einer gemeindlichen Kanalisationsanlage ausgehenden Dränagewirkung, verbunden mit der Austrocknung des Grundstücks, kann als unmittelbar enteignender Eingriff angesehen werden[44].

5.3.4 Zugänglichkeit des Grundstücks

Zum Eigentum von Grundstücken an öffentlichen Straßen gehört die **Verbindung mit der Straße** und damit die **Benutzbarkeit des Grundstücks** derart, dass der Eigentümer über die Grenzen seines Grundstücks auf die vorbeiführende Straße gelangen kann. Wird ein Zugang durch Straßenbaumaßnahmen und damit die bisherige Benutzbarkeit des Grundstücks verändert und infolgedessen sein Verkehrswert nicht unerheblich gemindert, kann darin ein entschädigungspflichtiger Eingriff liegen[45]. Voraussetzung ist, dass als Folge der Veränderung die Verbindung zur öffentlichen Straße bei wirtschaftlicher Betrachtung so beeinträchtigt wird, dass bereits eine Wertminderung des Grundstücks und damit ein Substanzverlust des Grundstücks selbst eingetreten ist[46]. Ein entschädigungspflichtiger enteignender Eingriff in ein Anliegergrundstück liegt auch vor, wenn dessen Zugänglichkeit (Zufahrt im weiteren Sinne) durch verkehrsregelnde Maßnahmen für dauernd wesentlich beeinträchtigt (erheblich erschwert) wird[47]. **130**

Ein Entschädigungsanspruch ist auch gegeben, wenn durch **Höherlegung einer Straße** die Zufahrt oder der Zugang von und zu einem anliegenden Grundstück wesentlich erschwert wird. Entscheidend für die Erheblichkeit des Eingriffs ist wiederum, dass die Benutzbarkeit des Grundstücks wesentlich beeinträchtigt und der Vermögenswert infolgedessen gemindert ist[48]. Die Entschädigung bemisst sich regelmäßig nach dem Aufwand, der erforderlich ist, um eine der bisherigen entsprechende Benutzbarkeit des Grundstücks wiederherzustellen[49]. Allein eine Minderung des Verkehrswerts dadurch, dass infolge der Höherlegung einer Straße verstärkt in ein Grundstück eingesehen werden kann und es optisch einen ungünstigeren Eindruck als vor Durchführung der Maßnahme erweckt, begründet für sich allein noch keine Enteignungsentschädigung[50]. **131**

▶ *Vgl. zu alledem § 8a FStrG*

5.3.5 Verkehrslage

Was im Einzelfall als eine gute oder schlechte Verkehrslage anzusehen ist, lässt sich nicht nach allgemein gültigen Kriterien bestimmen und hängt entscheidend von der jeweils im Einzelfall gegebenen Nutzung ab. **132**

– Eine überregionale Anbindung an (internationale) Verkehrsflughäfen, dem Intercitynetz und der Bundesautobahn ist insbesondere für eine gewerbliche Nutzung ein entscheidender Standortfaktor.

---

43 BGH, Urt. vom 7.2.1980 – III ZR 153/78 –, EzGuG 4.71; BGH, Urt. vom 26.10.1978 – III ZR 26/77 –, EzGuG 4.62.
44 BGH, Urt. vom 10.11.1977 – III ZR 121/75 –, EzGuG 4.54 in Ergänzung zu BGH, Urt. vom 20.12.1971 – III ZR 110/69 –, EzGuG 3.37a; weitere Rechtsprechung: BGH, Urt. vom 19.1.1979 – V ZR 105/76 –, EzGuG 7.64; BGH, Urt. vom 21.2.1980 – III ZR 185/78 –, EzGuG 4.94; BGH, Urt. vom 17.12.1987 – V ZR 223/85 –, EzGuG 4.119; zu eindringenden **Baumwurzeln:** BGH, Urt. vom 2.12.1988 – V ZR 26/88 –, EzGuG 4.123; BGH, Urt. vom 8.3.1990 – III ZR 141/88 –, NJW 1990, 3194 = MDR 1991; 228; BGH, Urt. vom 21.10.1994 – V ZR 12/94 –, AgrarR 1995, 341; BGH, Urt. vom 12.7.1996 – V ZR 280/94 –, BauR 1996, 877; BGH, Urt. vom 12.12.2003 – V ZR 98/03 –, BlnGE 2004, 418.
45 Vgl. § 8a FStrG.
46 BGH, Urt. vom 11.1.1979 – III ZR 120/77 –, EzGuG 18.85.
47 BayObLG, Urt. vom 21.10.1974 – 2 Z 180/73 –, EzGuG 18.61.
48 BGH, Urt. vom 2.7.1959 – III ZR 76/58 –, EzGuG 18.10; BGH, Urt. vom 2.7.1959 – III ZR 81/58 –, EzGuG 18.11.
49 BGH, Urt. vom 31.1.1963 – III ZR 88/62 –, EzGuG 18.19; BGH, Urt. vom 31.1.1963 – III ZR 94/62 –, EzGuG 18.20; LG Oldenburg, Urt. vom 18.10.1955 – 1 O 311/54 –, EzGuG 18.4; OLG Hamburg; Urt. vom 26.1.1965 – 1 U 91/63 –, EzGuG 18.26; OLG Nürnberg, Urt. vom 14.6.1967 – 4 U 34/67 –, EzGuG 18.37; LG Frankfurt am Main, Urt. vom 10.7.1969 – 2/4 O 147/68 –, EzGuG 18.44; BGH, Urt. vom 11.6.1970 – III ZR 74/67 –, EzGuG 18.52.
50 BGH, Urt. vom 11.10.1973 – III ZR 159/71 –, EzGuG 18.60.

V § 6 ImmoWertV — Verkehrslage

- Innerstädtisch bestimmt sich die Verkehrslage insbesondere durch das örtliche Straßenverkehrsnetz und dem öffentlichen Personennahverkehr (ÖPNV).
- Im Bereich des Wohnens steht die „gute" Verkehrsanbindung sowohl im Individualverkehr, als auch im öffentlichen Personennahverkehr (ÖPNV) bei gleichzeitig ruhiger Wohnlage im Vordergrund.
- Im gewerblichen Bereich und hier insbesondere im Bereich des Einzelhandels steht nach wie vor die Erreichbarkeit mit dem PKW im Vordergrund. Trotz großer Anstrengungen zur Verbesserung des ÖPNV gilt hier die Regel „No parking – no shopping" und aus dieser Regel ziehen die peripher gelegenen Einkaufszentren ihre Attraktivität („one-stop-parking").

133 Der Pkw dominiert als Verkehrsmittel des innerstädtischen Einzelhandels. Nur rd. ein Drittel der innerstädtischen Einzelhandelsbesucher greift auf öffentliche Verkehrsmittel zurück. Nur in wenigen Fällen wird bei der Einkaufsfahrt in die Innenstadt auf das *Park-Ride* zurückgegriffen. Die Mitnahme der Waren in öffentlichen Verkehrsmitteln und das Umladen in den Pkw wird als lästig empfunden. Die Pkw-Benutzer sind in der Gesamtbilanz des Einzelhandels mit rd. 44% vertreten, jedoch tätigten sie im Jahre 2000 nahezu 57% des Umsatzes. Einkäufe ab 130 € sind bei Pkw-Benutzern nahezu doppelt so häufig wie bei allen anderen Verkehrsteilnehmern. Der Anteil der ÖPNV-Benutzer hat sich zwischen 1996 und 2000 gerade einmal um ein halbes Prozent erhöht (Abb. 15).

Abb. 15: Umsatzanteile in %, aufgeteilt nach der Wahl des Verkehrsmittels:

	Anteil der Besucher in %	Anteil am Umsatz in %
Zu Fuß	16,0	11,1
Fahrrad	5,4	2,6
ÖPNV/ÖV	32,7	28,8
PKW	44,4	56,7
Sonstige	1,5	0,8

Quelle: Bundesarbeitsgemeinschaft der Mittel- und Großbetriebe des Einzelhandels e.V. (BAG), Friedrichstr. 60 in 10177 Berlin; Ergebnisse der Untersuchung Kundenverkehr 2000

134 **Je größer die Stadt ist, desto geringer ist der Anteil der Pkw-Benutzer.** In Städten unter 50 000 E sind die Pkw-Anteile sowie der Anteile für Fußgänger und Fahrradfahrer fast doppelt so hoch wie bei Städten über 500 000 E (Abb. 16).

Abb. 16: Verkehrsmittel nach Ortsgröße

Ortsgröße	zu Fuß/Fahrrad			Pkw			ÖPNV		
	1984	1988	2000	1984	1988	2000	1984	1988	2000
	Angaben in %			Angaben in %			Angaben in %		
unter 50 000 E	20,6	17,5	rd. 19	57,7	64,4	rd. 64	13,5	11,3	rd. 10
50 000 bis 100 000 E	18,4	15,8		53,6	59,6		20,8	18,5	
100 000 bis 250 000 E	16,2	14,9		50,1	54,8		27,5	24,6	
250 000 bis 500 000 E	16,0	14,3		47,0	51,4		31,2	28,5	
500 000 E und mehr	15,6	14,1	rd. 12	37,2	40,4	rd. 31	42,6	40,7	53,5
Zentrum	8,5	7,9		38,7	41,2		48,6	46,3	
Unterzentrum	30,2	25,9		37,4	43,4		25,6	24,8	

Quelle: Bundesarbeitsgemeinschaft der Mittel- und Großbetriebe des Einzelhandels e.V. (BAG), Friedrichstr. 60 in 10177 Berlin; Ergebnisse der Untersuchung Kundenverkehr 2000.

Abb. 17: Die Entwicklung des öffentlichen Nahverkehrs innerhalb der Verkehrsverbünde in der Bundesrepublik Deutschland

Verkehrsverbund	Beförderte Personen in Mio.			Veränderung 1980/99 in %
	1980	1990	1999	
Hamburg	436	436	489	+ 14,2
München	451	507	541	+ 20,0
Frankfurt am Main	212	226	575	+ 171,2
Stuttgart	182	208	287	+ 57,7
Rhein-Ruhr	901	849	1 058	+ 17,4
Rhein-Sieg	–	328	398	–
Hannover	158	163	173	+ 10,1
Berlin	572	705	–	–

Quelle: Bundesministerium für Verkehr, Bau- und Wohnungswesen, Verkehr in Zahlen, 29. Jahrgang

Für das **Fortbestehen von Vorteilen, die sich aus einer bestimmten Verkehrslage ergeben,** besteht grundsätzlich keine eigentumsrechtlich gesicherte Rechtsposition[51]. Eine Ausnahme besteht nur, wenn Licht, Luft und Wasser abgeschnitten werden. Auch in Bezug auf *landwirtschaftliche Betriebe* hat der BGH entschieden, dass eine durch einen öffentlichen Weg vermittelte günstige Verbindung zwischen zwei zu demselben landwirtschaftlichen Betrieb gehörenden Grundstücken nicht dem Eigentum an diesem Betrieb zugerechnet werden kann und ein Anspruch auf Erhalt dieses Vorteils nicht besteht[52].

Entschädigungsansprüche können sich **für Betriebe** im Zusammenhang mit der Entschädigung **für eine die Opfergrenze überschreitende Beeinträchtigung durch Baumaßnahmen ergeben**[53]. Wird die Verkehrsführung einer Straße im zeitlichen Anschluss an Baumaßnahmen zum Nachteil des Anliegers geändert, so wirkt sich dies auf den Entschädigungsanspruch

---
51 BGH, Urt. vom 23.5.1985 – III ZR 39/84 –, EzGuG 18.98; BGH, Urt. vom 29.5.1967 – III ZR 143/66 –, EzGuG 18.36; OLG Nürnberg, Urt. vom 28.6.1967 – 4 U 34/67 –, EzGuG 18.38; LG Frankfurt am Main, Urt. vom 28.10.1965 – 2/4 O 93/65 –, EzGuG 18.32; LG Dortmund, Urt. vom 27.2.1964 – 2 S 274/63 –, EzGuG 3.36; BGH, Urt. vom 15.3.1962 – III ZR 211/60 –, EzGuG 2.3; BGH, Urt. vom 4.2.1957 – III ZR 181/55 –, EzGuG 18.6; BGH, Urt. vom 22.12.1952 – III ZR 139/50 –, EzGuG 18.1.
52 BGH, Urt. vom 13.5.1975 – III ZR 152/72 –, EzGuG 4.43.
53 BGH, Urt. vom 11.3.1976 – III ZR 154/73 –, EzGuG 13.28; BGH, Urt. vom 30.4.1964 – III ZR 125/63 –, EzGuG 13.6.

des Betriebs bereits von dem Zeitpunkt an aus, in dem die neue Verkehrsführung aufgrund der unanfechtbaren Planaufstellung eingetreten wäre[54].

5.3.6 Immissionslage

137 Aufgrund des gestiegenen Umweltbewusstsein können schädliche auf ein Grundstück einwirkende Immissionen zu erheblichen Belästigungen und somit zu Wertminderungen führen. Unter **Immissionen** definiert § 3 Abs. 2 BImSchG auf Menschen, Tiere und Pflanzen, den Boden, das Wasser, die Atmosphäre sowie Kultur- und Sachgüter einwirkende Luftverunreinigungen, Geräusche, Erschütterungen, Licht, Wärme, Strahlen und ähnliche Umwelteinwirkungen. Emissionen sind dagegen die von einer Anlage ausgehenden Luftverunreinigungen, Geräusche, Erschütterungen, Licht, Wärme, Strahlen und ähnliche Erscheinungen (§ 3 Abs. 3 BImSchG).

6 Lärm

6.1 Allgemeines

138 Einwirkungen von Lärm auf ein Grundstück, häufig mit Rauch, Staub und Erschütterungen verbunden, wirken sich mehr oder mindernd auch auf den Verkehrswert des Grundstücks aus. Dies ist nicht nur eine Frage des **Ausmaßes solcher Immissionen,** sondern vielfach **auch eine Frage der** Lage und der Nutzung unter Berücksichtigung dessen, **was nach Lage und Nutzung ortsüblich ist.** Für eine Tankstelle an einer viel befahrenen Bundesstraße ist ein hoher Geräuschpegel ortsüblich und liegt geradezu in der Natur der Sache.

139 Die TA Lärm bezeichnet Lärm als **störenden Schall.** Er wird in Dezibel (dB) mit der Frequenzkurve A nach DIN 45 633 gemessen. Da das menschliche Ohr ein Geräusch ungefähr doppelt so laut empfindet, wenn sich die Schallstärke verzehnfacht, hat man den Schallpegel als das logarithmische Maß der Schallstärke definiert. Bei empfundener Verdoppelung der Lautstärke erhöht sich demnach der Schallpegel um 10 dB (A).

140 Als Schall gelten Schwingungen, die sich von einer Quelle wellenförmig ausbreiten; folgende **Definitionen** sind dabei gebräuchlich:

– *Schallemission* ist die **Schallabstrahlung** einer oder mehrerer Schallquellen.

– *Schallimmission* ist die **Schalleinwirkung** auf einen Punkt oder ein Gebiet („Immissionsort").

– Der *Schallleistungspegel* Lw kennzeichnet die Stärke der **Schallemission.** Es ist das logarithmische Maß für die abgestrahlte Schallleistung. Die A-Bewertung in dB (A) berücksichtigt die Frequenzempfindlichkeit des menschlichen Gehörs (vgl. DIN 45 633, Teil 1).

6.2 Verkehrslärm (Straßen und Schienen)

6.2.1 Immissionsrichtwerte

141 Die Berechnungs-Beurteilungsgrundlagen für die Erfüllung der gesetzlichen Anforderungen sind in den Gesetzeswerken und den darin genannten DIN-Normen und Richtlinien geregelt. Im Überblick sind dies

– DIN 18005 – 1 Schallschutz im Städtebau, Berechnungsverfahren,

– Verkehrslärmschutzverordnung (16. BImSchV),

---

54 BGH, Urt. vom 28.10.1982 – III ZR 71/81 –, EzGuG 13.58; BGH, Urt. vom 7.7.1980 – III ZR 32/79 –, EzGuG 13.54; BGH, Urt. vom 11.3.1976 – III ZR 154/73 –, EzGuG 13.28; BGH, Urt. vom 20.12.1971 – III ZR 79/69 –, EzGuG 13.19.

- Richtlinien für den Verkehrslärmschutz an Bundesfernstraßen in der Baulast des Bundes[55],
- Richtlinien für den Lärmschutz an Straßen[56],
- Richtlinie zur Berechnung der Schallimmissionen von Schienenwegen[57].

142 Bei der Feststellung der Belastung durch Verkehrsgeräusche wird i.d.R. von **Beurteilungspegeln** ausgegangen. Dieser ergibt sich aus dem Mittelpegel, an dem für besondere, i.d.R. durch Messung nicht erfassbare Geräuschsituationen entsprechende Zu- oder Abschläge anzubringen sind (vgl. DIN 45 641). Der Beurteilungspegel ist gemäß § 3 der 16. BImSchV i.V.m. Abschnitt 4,0 der **Richtlinien für den Lärmschutz an Straßen (RLS – 90)** zu berechnen[58]; das Berechnungsverfahren ist in der Anl. 1 zu § 3 der 16. BImSchV vorgegeben.

143 Als **Bewertungszeiträume** werden verwendet für den Tag 6 bis 22 Uhr (Tagwerte), für die Nacht 22 bis 6 Uhr (Nachtwerte).

- Die Schallemission von Flächenschallquellen (z.B. Industriegebiete) wird durch *flächenbezogene Schallleistungspegel* (Lw) in dB (A)/m² gekennzeichnet.
- Der *Mittelungspegel* (früher: äquivalenter Dauerschallpegel) Lm kennzeichnet die Stärke der Schalleinwirkung (Immission). Er wird ermittelt durch die Schallemission einer Schallquelle abzüglich der ausbreitungsbedingten Pegelminderung ΔL zum Immissionsort (Lm = Lw – ΔL); der Mittelungspegel dient der Beurteilung der Zumutbarkeit des Schallpegels.

144 Der **Grenzpegel**, von dem ab das menschliche Ohr überhaupt erst von Geräuschen bewusst Notiz nimmt, liegt bei etwa 50 dB (A).

Die ausbreitungsbedingte *Schallpegelminderung* ΔL setzt sich zusammen aus

- der Differenz zwischen dem Schallleistungspegel und den Mittelungspegel im Abstand von der Schallquelle bei ungehinderter Schallausbreitung unter Berücksichtigung der Luft- und Bodenabsorption (ΔLs),
- der Pegelminderung durch Schallhindernisse (ΔLz) und
- der Pegelminderung durch schallimmissionsmindernde Bepflanzung (ΔLG).

a) Immissionsrichtwerte nach TA Lärm und VDI   145

Für die Beurteilung von Lärmimmissionen können vor allem die in der **16. BImSchV** vom 12.6.1990 (BGBl. I 1990, 1036, zuletzt geändert durch Gesetz vom 25.9.1990 [BGBl. I 1990, 2106]) angegebenen Immissionsgrenzwerte herangezogen werden (vgl. Rn. 182). Bis zum Erlass dieser Verordnung waren vor allem die Immissionsrichtwerte der TA Lärm sowie der VDI 2058 und 2719 von Bedeutung. Diese Richtwerte sind nachstehend abgedruckt:

Immissionsrichtwerte nach TA Lärm   **146**

Technische Anleitung zum Schutz gegen Lärm – TA Lärm vom 16.7.1968 – Beil. zum BAnz. Nr. 137 vom 26.7.1968

(...)

2.32 Immissionsrichtwerte

2.321

Die Immissionsrichtwerte werden festgesetzt für

a) Gebiete, in denen nur gewerbliche oder industrielle Anlagen und Wohnungen für Inhaber und Leiter der Betriebe sowie für Aufsichts- und Bereitschaftspersonen untergebracht sind, auf   70 dB (A)
b) Gebiete, in denen vorwiegend gewerbliche Anlagen untergebracht sind, auf   tags 65 dB (A)
   nachts 50 dB (A)

---

[55] VLärmSchR 97; VkBl Amtlicher Teil Heft 12 1997, S. 434.
[56] RLS-90; erarbeitet von der „Forschungsgesellschaft für Straßen- und Verkehrswesen, Arbeitsausschuss Immissionsschutz an Straßen" Köln 1990.
[57] Schall 03 vom 19.3.1990, Information Akustik 03, Bundesbahnzentralamt München.
[58] BVerwG, Beschl. vom 6.2.1992 – 4 B 147/91 –, Buchholz 406.25 zu § 43 BImSchG Nr. 1.

c) Gebiete mit gewerblichen Anlagen und Wohnungen, in denen weder vorwiegend gewerbliche Anlagen noch vorwiegend Wohnungen untergebracht sind, auf
   tags 60 dB (A)
   nachts 45 dB (A)

d) Gebiete, in denen vorwiegend Wohnungen untergebracht sind, auf
   tags 55 dB (A)
   nachts 40 dB (A)

e) Gebiete, in denen ausschließlich Wohnungen untergebracht sind, auf
   tags 50 dB (A)
   nachts 35 dB (A)

f) Kurgebiete, Krankenhäuser und Pflegeanstalten auf
   tags 45 dB (A)
   nachts 35 dB (A)

g) Wohnungen, die mit der Anlage baulich verbunden sind, auf
   tags 40 dB (A)
   nachts 30 dB (A)

Die Nachtzeit beträgt acht Stunden; sie beginnt um 22 Uhr und endet um 6 Uhr.
(...)
(...)

147 **b) Immissionsrichtwerte nach VDI 2058** (VDI 2058, Blatt 1, Stand: Juni 1973)

Beurteilung von Arbeitslärm in der Nachbarschaft

2.323 Die Immissionsrichtwerte sind für den gesamten Einwirkungsbereich des von der Anlage ausgehenden Geräusches maßgebend (...).

3.3.1 Immissionsrichtwerte „Außen"

a) Für Einwirkungsorte[59], in deren Umgebung nur gewerbliche Anlagen und ggf. ausnahmsweise Wohnungen für Inhaber und Leiter der Betriebe sowie für Aufsichts- und Bereitschaftspersonen untergebracht sind (vgl. Industriegebiete § 9 BauNVO)[60]
   70 dB (A)

b) für Einwirkungsorte, in deren Umgebung vorwiegend gewerbliche Anlagen untergebracht sind (vgl. Gewerbegebiete § 8 BauNVO)
   tags 65 dB (A)
   nachts 50 dB (A)

c) für Einwirkungsorte, in deren Umgebung weder vorwiegend gewerbliche Anlagen noch vorwiegend Wohnungen untergebracht sind (vgl. Kerngebiete § 7 BauNVO, Mischgebiete § 6 BauNVO, Dorfgebiete § 5 BauNVO)
   tags 60 dB (A)
   nachts 45 dB (A)

d) für Einwirkungsorte, in deren Umgebung vorwiegend Wohnungen untergebracht sind (vgl. allgemeine Wohngebiete § 4 BauNVO, Kleinsiedlungsgebiete § 2 BauNVO)[61]
   tags 55 dB (A)
   nachts 40 dB (A)

e) für Einwirkungsorte, in deren Umgebung ausschließlich Wohnungen untergebracht sind (vgl. reines Wohngebiet § 3 BauNVO)
   tags 50 dB (A)
   nachts 35 dB (A)

f) für Kurgebiete, Krankenhäuser, Pflegeanstalten, soweit sie als solche durch Orts- oder Straßenbeschilderung ausgewiesen sind
   tags 45 dB (A)
   nachts 35 dB (A)

---

59 Während die baurechtliche Zulässigkeit baulicher und sonstiger Anlagen allein von der städtebaulichen Vereinbarkeit mit der Eigenart des umgebenden Baugebietes bestimmt wird, richtet sich die Beurteilung eines Anlagengeräusches hinsichtlich der von ihm ausgehenden Gefahren, wesentlichen Nachteile und wesentlichen Beeinträchtigungen nach dem Einwirkungsort, der auch in einem anderen Baugebiet als die Geräuschquelle liegen kann. Die Beurteilung des einwirkenden Anlagengeräusches muss sich im konkreten Fall in erster Linie daran orientieren, wie am Einwirkungsort gewohnt wird und in überschaubarer Zeit gewohnt werden wird. Die für diese Beurteilung maßgebliche bauliche Nutzung wird aber nicht allein durch die Summe der Baukörper erfasst, sondern auch durch alles mitbestimmt, was für ihren Charakter und ihre Funktion objektiv von Bedeutung ist, etwa die Lage zu größeren Verkehrsträgern (vgl. BVerwG, Urt. vom 23.4.1969 – 4 C 15/68 –, BRS Bd. 22 Nr. 37).

60 In Klammern sind jeweils die Gebiete der BauNVO – BGBl. I 1968, 1237/44 – angegeben, die in der Regel den Kennzeichnungen unter a) bis f) entsprechen. Eine schematische Gleichsetzung ist jedoch nicht möglich, da die Kennzeichnung unter a) bis f) ausschließlich nach dem Gesichtspunkt der Schutzbedürftigkeit gegen Lärmeinwirkungen vorgenommen ist, die Gebietseinteilung in der BauNVO aber auch anderen planerischen Erfordernissen Rechnung trägt (vgl. MBl. NW, 1968, 1557/8 – Einführungserlass zur TA-Lärm –).

61 Hierbei ist von der lautesten Nachtstunde zwischen 22 und 6 Uhr auszugehen; sie ist weitgehend von den örtlichen Gegebenheiten abhängig. Da in der lautesten Nachtstunde erfahrungsgemäß der Mittelungspegel um etwa 5 dB (A) unter dem am Tag herrschenden Wert liegt, sind die Anforderungen (Schallschutzklassen) für die Raumarten 1 und 2 gleich.

c) **Anhaltswerte für Innengeräuschpegel nach VDI 2719** (VDI 2719, Stand: Oktober 1973)   148

Schalldämmung von Fenstern

(...)

Tafel 5: Anhaltswerte für Innengeräuschpegel

(gilt nur für von außen in Aufenthaltsräume eindringenden Schall)

1	Schlafräume nachts	
1.1	in reinen und allgemeinen Wohngebieten, Krankenhaus- und Kurgebieten	25 bis 30 dB (A)
1.2	in allen übrigen Gebieten	30 bis 35 dB (A)
2	Wohnräume tagsüber	
2.1	in reinen und allgemeinen Wohngebieten, Krankenhaus- und Kurgebieten	30 bis 35 dB (A)
2.2	in allen übrigen Gebieten	35 bis 40 dB (A)
3	Kommunikations- und Arbeitsräume, tagsüber	
3.1	Unterrichtsräume, ruhebedürftige Einzelbüros, wissenschaftliche Arbeitsräume, Bibliotheken, Konferenz- und Vortragsräume, Arztpraxen, Operationsräume, Kirchen, Aulen	30 bis 40 dB (A)
3.2	Büros für mehrere Personen	35 bis 45 dB (A)
3.3	Großraumbüros, Gaststätten, Schalterräume, Läden	40 bis 50 dB (A)

Diese Richtwerte haben ihre Bedeutung aufgrund der in der BImSchV vorgegebenen Immissionsgrenzwerte verloren; auf diese Grenzwerte wird im Folgenden noch einzugehen sein.   149

Im **Bereich der städtebaulichen Planung** (Bauleitplanung) kommt die **DIN 18005 – 1** (Schallschutz im Städtebau) zur Anwendung. Die DIN 18005 enthält folgende schalltechnische Orientierungswerte (Abb. 18):   150

Abb. 18: Schalltechnische Orientierungswerte nach DIN 18005 (Werte in dB (A))

Nutzungen	Tag	Nacht
Reine Wohngebiete (WR)		
Wochenendhausgebiete, Ferienhausgebiete	50	40/35
Allgemeine Wohngebiete (WA)		
Kleinsiedlungsgebiete (WS)		
Campingplatzgebiete	55	45/40
Friedhöfe, Kleingärten- und Parkanlagen	55	55
Besondere Wohngebiete (WB)	60	45/40
Dorfgebiete (MD), Mischgebiete (MI)	60	50/45
Kerngebiete (MK), Gewerbegebiete (GE)	65	55/50
Sonstige Sondergebiete, soweit sie schutzbedürftig sind, je nach Nutzungsart	45–65	35/65

Für den **Bau oder wesentliche Änderungen von öffentlichen Straßen sowie von Schienenwegen** sind die Immissionsgrenzwerte der 16. BImSchV maßgebend (vgl. Rn. 244 ff.)

6.2.2 Verkehrswertermittlung

151 Verkehrsimmissionen, insbesondere Lärm, Abgase und Erschütterungen, wirken sich i.d.R. wertmindernd auf den Verkehrswert eines Grundstücks aus. Eine besondere Berücksichtigung bei der Verkehrswertermittlung wird allerdings erst immer dann in Betracht kommen, wenn diese Immissionen eine ungewöhnlich starke Beeinträchtigung darstellen, von der Bevölkerung nicht als „üblich" empfunden und hingenommen werden und vor allem die bestimmungsgemäße ortsübliche Nutzung des Grundstücks beeinträchtigen. Hierfür ist die **Situationsgebundenheit und die Ortsüblichkeit entscheidend:** So wird z.B. eine Wohnlage in sehr viel stärkerem Maße durch Verkehrsimmissionen beeinträchtigt als ein Gewerbegebiet; des Weiteren wird man in Großstädten Verkehrsimmissionen eher hinnehmen und als gegendüblich ansehen als in kleineren Gemeinden.

152 Dementsprechend hat der BFH die Einwirkung des Straßenverkehrslärms auf ein in einer Großstadt gelegenes Wohngrundstück, die sich innerhalb der üblichen Schwankungsbreite des Straßenverkehrslärms in Großstädten bewegt, nicht als eine „ungewöhnlich starke" Lärmimmission (i.S.d. § 82 Abs. 1 Satz 2 Nr. 1 BewG) angesehen[62]. Erst wenn die Bewohner gezwungen sind, z.B. bei einem Wohngrundstück ihre **Lebensgewohnheiten** bezüglich der Nutzung des Grundstücks in einer Weise einzuschränken, die bei einer **üblichen Benutzung** des Grundstücks in seiner konkreten Beschaffenheit **nicht mehr hingenommen würde,** liegt bewertungsrechtlich eine ungewöhnlich „erhebliche" Beeinträchtigung vor[63].

153 Als ein Königsweg zur Berücksichtigung von Lärmimmissionen bei der Verkehrswertermittlung gilt, wie bezüglich anderer wertbeeinflussender Umstände auch hier, möglichst **Vergleichspreise von Grundstücken** heranzuziehen, **die eine vergleichbare Lärmbelastung aufweisen.** Die Aufgabe, den Einfluss von Lärmimmissionen auf den Verkehrswert besonders zu erfassen, stellt sich erst,

1. wenn Vergleichspreise von Grundstücken herangezogen werden, die hinsichtlich der Lärmimmissionen im Verhältnis zum Wertermittlungsobjekt unterschiedlich sind, sowie
2. im Entschädigungsfall, wenn z.B. ein Grundstück aufgrund einer neuen Verkehrsführung einer zusätzlichen Lärmbelastung ausgesetzt wird.

Nur im zweiten Fall ist es auch für die Verkehrswertermittlung – genauer gesagt für die Ermittlung der Verkehrswertminderung – zwingend erforderlich, sich ein objektives Bild über Art und Ausmaß der Lärmbelastung zu machen und sie anhand objektiver Kriterien zu werten.

154 Ein Abschlag wegen ungewöhnlich starker Verkehrslärmbeeinträchtigung scheidet bei Anwendung des Vergleichs- oder des Ertragswertverfahrens von vornherein aus, wenn der **wertmindernde Umstand bereits mit den herangezogenen Vergleichspreisen oder dem angesetzten Reinertrag berücksichtigt** wurde; bei Anwendung des Sachwertverfahrens finden Verkehrslärmbeeinträchtigungen dagegen keinen unmittelbaren Eingang in das Wertermittlungsverfahren und müssen besonders berücksichtigt werden. Ansonsten richtet sich die Höhe eines verkehrslärmbedingten Abschlags vom Grundstückswert nach der spezifischen Nutzungsart des betroffenen Grundstücks sowie nach Intensität und Dauer der ungewöhnlich starken Beeinträchtigung, wobei in jedem Fall die Umstände des Einzelfalls berücksichtigt werden müssen.

▶ *Zum Baulärm vgl. Rn. 258*

6.2.3 Wertminderung

Schrifttum: *Bähr, O./Ollefs, F.,* Minderung des Verkehrswerts für ein Villengrundstück durch Autobahnlärm, GuG 1992, 9; *Borjans, R.,* Immobilienpreise als Indikatoren der Umweltbelastung durch den städtischen Kraftverkehr, Institut für Verkehrswissenschaft an der Universität Köln, Buchreihe Nr. 44, Düsseldorf 1983; *Borowski, A.,* Einfluss von Verkehrslärm auf den Bodenwert und auf den Verkehrswert

---
62 BFH, Urt. vom 23.9.1977 – III R 42/75 –, EzGuG 13.42.
63 BFH, Urt. vom 12.12.1990 – II R 97/87 –, EzGuG 4.136.

von Eigentumswohnungen, DS 2003, 55; *Glathe,* in AVN 1974, 376; *Krumbholz* in Nachr. der nds. Kat. und VermVw. 1989, 164; *Lichtner* in AVN 1975, 127; ders. in dng 1975, 39; *Struck, H.*, Ermittlung der Wertminderung von Grundstücken und Gebäuden durch Immissionen, AVN 1973, 104; *Scholland, R.*, Straßenverkehrsgeräusche in Wohngebieten, Dortmunder Beiträge zur Raumplanung 1988, S. 49; *Stege, J.*, Vortragsmanuskript zum Einfluss von Lärmimmissionen auf den Verkehrswert von Grundstücken vom 7.– 9.11.1990, Institut für Städtebau Berlin; *Täffner, B.*, Verkehrslärm und Kaufpreis von Eigentumswohnungen, DS 2003, 58.

Zur **bodenwertmindernden Wirkung von Straßenverkehrsgeräuschen** liegen bislang nur wenige und zugleich auch widersprüchliche Untersuchungen vor[64]. Grundsätzlich kann aber davon ausgegangen werden, dass die bodenwertmindernde Wirkung von Geräuschimmissionen nicht nur von der Lautstärke, sondern – wie ausgeführt – auch von der Art des Gebiets und seiner Vorbelastung abhängt, d.h., die Beeinträchtigungen sind bei reinen Wohngebieten (WR) größer als in allgemeinen Wohngebieten (WA), Mischgebieten (MI) oder gar in Gewerbe- und Industriegebieten (GE, GI). **155**

Da eine Verzehnfachung des objektiv messbaren Schallpegels als doppelt so laut wahrgenommen wird, muss des Weiteren davon ausgegangen werden, dass die Abhängigkeit des Bodenwerts von Änderungen des Schallpegels einer Exponentialfunktion folgt. Der Schallpegel ist als das logarithmische Maß der Schallstärke definiert. Deshalb liegt eine Verdoppelung der Schallstärke vor, wenn sich der Schallpegel um 10 Dezibel (dB) mit der Frequenzkurve A nach DIN 45 633 erhöht. Es kann schließlich erwartet werden, dass mit Hilfe einer dem Rechnung tragenden Regressionsanalyse auf der Grundlage ortsspezifischer Daten empirisch gesicherte Umrechnungskoeffizienten für die Abhängigkeit des Bodenwerts von Änderungen des Schallpegels gewonnen werden können. **156**

Aus der **Literatur** sind **folgende Angaben** bekannt: **157**

a) Für **Einfamilienhäuser** ergibt sich nach *Borjans* eine mittlere Wertminderung von 0,5% des Bodenwerts bei Zunahme des Schallpegels um 1 dB (A)[65].

b) Für **reine Wohngebiete** (WR) ergibt sich nach *Scholland* im Bereich eines Schallpegels von 40 bis 60 dB (A) eine mittlere Wertminderung von 1,7% des Bodenwerts bei Zunahme des Schallpegels um 1 dB (A); in allgemeinen Wohngebieten (WA) ist die Wertminderung etwa halb so groß. Entsprechend der funktionalen Abhängigkeit ist die prozentuale Bodenwertminderung im unteren Bereich kleiner als im oberen Bereich (vgl. Abb. 19).

Abb. 19: Umrechnungskoeffizienten für die prozentuale Bodenwertminderung durch Geräuschemissionen in Wohngebieten für einen Schallpegel von 40 dB (A) bis 60 dB (A) pro V1 dB (A) nach Scholland

Baugebietsart	Verdichtungsgrad		
	hochverdichtet	verdichtet	dünn besiedelt
WR	1,3	3,5	3,3
WA/WS	0,6	1,5	1,4

Quelle: Scholland in AVN 1988, 397

---

[64] Struck in AVN 1973, 104; Lichtner in AVN 1975, 127; ders. in dng 1975,39; Glathe in AVN 1974, 376; Krumbholz in Nachr. der nds. Kat. und VermVw. 1989, 164; Bähr in GuG 1992, 9; Ollefs in GuG 1992, 9.
[65] Borjans, Immobilienpreise als Indikatoren der Umweltbelastung durch den städtischen Kraftverkehr, Institut für Verkehrswissenschaft an der Universität Köln, Buchreihe Nr. 44, Düsseldorf 1983, der Untersuchung liegen Kölner Verhältnisse zugrunde.

V § 6 ImmoWertV — Verkehrslärm

158 *Beispiel:*

- Das Wertermittlungsobjekt liegt in einem verdichteten reinen Wohngebiet und weist einen Schallpegel von 58 dB (A) auf.
- Der Kaufpreis eines Vergleichsobjektes, das ebenfalls in einem reinen Wohngebiet gelegen ist und einen Schallpegel von 50 dB (A) aufweist, beträgt 400 €/m².

Umrechnung des Vergleichspreises:

–	Schallpegel des Wertermittlungsobjekts:	58 dB (A)	
./.	Schallpegel des Vergleichsobjekts:	50 dB (A)	
=	Unterschiedlicher Schallpegel:	8 dB (A)	
–	Prozentuale Wertminderung pro 1 dB (A) (lt. Tabelle):	3,5 v.H.	
–	Prozentuale Wertminderung insgesamt 8 dB (A) × 3,5:	28,0 v.H.	
–	Bodenwertminderung in € bei 400 €/m²:	112 €/m²	(= 400 €/m² × 28/100)
–	Umgerechneter Vergleichspreis 400 €/m² – 112 €/m²:	288 €/m²	

Anzumerken bleibt, dass die angegebene Tabelle stark vereinfachte Untersuchungsergebnisse wiedergibt und im Bereich eines Schallpegels von 50 dB (A) bis 60 dB (A) die zuverlässigsten Ergebnisse liefert; bei Schallpegeln über 60 dB (A) nehmen die Wertminderungen zu.

159 c) Eine weitere Untersuchung für **Wohngebiete** (ausgestattet mit Sammelheizung, Bad und Dusche) kommt zum Ergebnis, dass ein hoher Schallpegel an „stark frequentierten" Durchgangsstraßen zu Mietminderungen und damit zu einer Verkehrswertminderung führt, und zwar nur bis zu einem Straßenbegrenzungsabstand von 50 m; *Stege*[66] gibt dafür folgende Beziehung an:

$$RoE_{Minderung} = 0{,}13\left(1 - E/50\right) \times RoE$$

wobei RoE = Rohertrag
E = Abstand der Gebäudevorderwand zur Straßengrenze in Metern (m)

160 *Beispiel:*

Wohnfläche 177 m², Nettokaltmiete 4,50 €/m², E = 7 m, Grundstücksgröße 968 m²,

Liegenschaftszins	3,5%
Jahresrohertrag 4,50 €/m² × 177 m² × 12 Monate	= 9 558 €
Rohertragsminderung 0,13 (1 – 7/50) × 9 558 €	= 1 069 €

Die Bodenwertminderung ergibt sich dann unter Anwendung der im Teil VIII Rn. 413 ff. vorgestellten Differenzialformel des Ertragswertverfahrens:

Δ Bodenwert = Δ Jahresreinertrag$_{Boden}$/Liegenschaftszinssatz × 100

Δ Bodenwert = 1 069 € / 3,5 × 100 = 30 543 €

Bodenwertminderung pro Quadratmeter Grundstücksfläche:

Δ Bodenwert = 30 543 € / 968 **m²** = 31,55 **€/m²**

Kritisch anzumerken bleibt hier, dass die Höhe des Schallpegels nur über das **Kriterium stark frequentierte Durchgangsstraße** eingeht, was allerdings der Realität der Wertermittlungspraxis durchaus entspricht, denn erfahrungsgemäß werden Geräuschbelastungen durch eine Vielzahl anderer wertbeeinflussender Umstände überlagert; ihr Werteinfluss „verwischt" sich erfahrungsgemäß selbst in guten Wohnlagen.

---

[66] Stege, J., Vortragsmanuskript zum Einfluss von Lärmimmissionen auf den Verkehrswert von Grundstücken vom 7.–9.11.1990, Institut für Städtebau Berlin.

d) Im Rahmen der **Einheitsbewertung** von Grundstücken besteht die Regel, dass der Abschlag aufgrund von Verkehrslärm nicht über 5 v.H. des Grundstückswerts hinausgeht[67]. Der BFH hat für Beeinträchtigungen aufgrund von Verkehrslärm *in der für Großstädte typischen Schwankungsbreite* im Übrigen jedoch keine Grundlage für eine Herabsetzung des Einheitswerts gesehen[68]. **161**

e) Die **Beeinträchtigung durch Verkehrslärm** lässt sich auch **mit Hilfe von sog. Lästigkeitsfaktoren** ermitteln, d.h. durch die Differenz der Lästigkeitsfaktoren, bezogen auf die Verkehrsimmission und den Immissionsgrenzwert (IGW, vgl. Rn. 182 ff.). Grundlage hierfür sind folgende in Abb. 20 dargestellte Lästigkeitsfaktoren in Abhängigkeit vom Mittelungspegel der Verkehrsimmission: **162**

Abb. 20: Tabelle der Lästigkeitsfaktoren

Tabelle der Lästigkeitsfaktoren			
Beurteilungspegel $L_{r,T}$ [dB (A)]	Lästigkeitsfaktoren LSF	Beurteilungspegel $L_{r,T}$ [dB (A)]	Lästigkeitsfaktoren LSF
10 20 30 40 50	Bis 50 dB (A) wird kein Lästigkeitsfaktor berücksichtigt, da bei einem Beurteilungspegel von 50 dB (A) im Freien bei mittlerer Sprechweise noch eine ausreichende Sprachverständlichkeit bei mehr als 1 m Abstand erreicht wird. (vgl. Interdisziplinärer Arbeitskreis für Lärmwirkungsfragen beim Umweltbundesamt in Zeitschrift für Lärmbekämpfung 1985, 95 ff.)		
50	32,0	66	97,0
51	34,3	67	104,0
52	36,8	68	111,4
53	39,4	69	119,4
54	42,2	70	128,0
55	45,3	71	137,2
56	48,5	72	147,0
57	52,0	73	157,6
58	55,7	74	168,9
59	59,7	75	181,0
60	64,0	76	194,0
61	68,6	77	207,9
62	73,5	77	207,9
63	78,8	78	222,9
64	84,4	79	238,9
65	90,5	80	256,0
Formel für den Lästigkeitsfaktor LSF des Beurteilungspegels $L_{r,T}$ $LSF = 2^{0,1 \cdot L_{r,T}}$ Formel für den Lästigkeitsfaktor LSF des anzuwendenden Immissionsgrenzwerts IGW $LSF = 2^{0,1 \cdot IGW}$			

Quelle: VLärmSchR 97, VkBl. 1997, 434

f) *Borowski*[69] gibt auf der Grundlage von Bodenrichtwertvergleichen in Abhängigkeit von den Lästigkeitsfaktoren folgende Bodenwertminderungen an (Abb. 21):

---

[67] BFH, Urt. vom 18.12.1991 – II R 6/89 –, GuG 1991, 212 = EzGuG 18.115.
[68] BFH, Urt. vom 23.9.1977 – III R 42/75 –, EzGuG 13.42 (vgl. auch § 82e EStDVO zur steuerlichen Behandlung von Lärmschutzeinrichtungen).
[69] Borowski, A-K. in DS 2003, 55.

Abb. 21: Bodenwertminderung in %

Schallimmission an der Straßenrandbebauung dB (A)	Lästigkeitsfaktor nach VLärm-SchR 97	Bodenwertminderung in %
40–50	keine Verkehrslärmbelastung	0
50–55	40	2
55–60	55	2,75
60–65	80	4
65–70	110	5,5
70–75	150	7,5
75–80	200	10

g) *Täffner* stellt im Grundstücksmarktbericht 2002 für *Mainz* fest, dass der Verkehrswert von Eigentumswohnungen in Phasen des Angebotsüberhangs deutlich durch den Verkehrswert gemindert werde (im Jahre 2001 um etwa 27% gegenüber einer „leisen" Wohnung).

163 Der Beurteilungspegel der Verkehrsimmission kann durch Lärmmessung vor Ort festgestellt werden. Für Belange der Wertermittlung reicht es i.d.R. jedoch aus, den Beurteilungspegel zu berechnen. Das Berechnungsverfahren ist in der 16. DurchführungsVO zum BImSchG (vgl. Rn. 182) dargestellt. Sie enthält **Berechnungsverfahren für den Beurteilungspegel**[70] sowohl für Straßenverkehrslärm als auch für Schienenverkehrslärm; dabei ist jeweils zu unterscheiden nach

– Beurteilungspegel am Tag (6.00–22.00 Uhr) und
– Beurteilungspegel bei Nacht (22.00–6.00 Uhr).

164 Der **maßgebende Immissionsort** ist bei

– Balkonen und Loggien deren Außenfassade (Brüstung) in Höhe der Geschossdecke der betroffenen Wohnung,
– Terrassen und unbebauten Außenwohnbereichen jeweils deren Mittelpunkt in 2 m Höhe.

165 Zum **Außenwohnbereich** zählen

– baulich mit dem Wohngebäude verbundene Anlagen, wie z.B. Balkone, Loggien, Terrassen, sog. bebauter Außenwohnbereich,
– sonstige zum Wohnen im Freien geeignete und bestimmte Flächen des Grundstücks, sog. unbebauter Außenbereich. Hierzu zählen z.B. auch Gartenlauben, Grillplätze.

Ob **Flächen** tatsächlich **zum „Wohnen im Freien"** geeignet und bestimmt sind, ist jeweils im Einzelfall festzustellen. Nach der Rechtsprechung des BVerwG[71] sind Freiflächen gegenüber Verkehrslärm nicht allein deswegen schutzbedürftig, weil die gebietsspezifischen IGW überschritten sind. Vielmehr müssen sie darüber hinaus zum Wohnen im Freien geeignet und bestimmt sein.

Ein **Außenwohnbereich** liegt insbesondere nicht vor bei

– Vorgärten, die nicht dem regelmäßigen Aufenthalt dienen,
– Flächen, die nicht zum „Wohnen im Freien" benutzt werden dürfen,
– Balkonen, die nicht dem regelmäßigen Aufenthalt dienen. Beim Außenwohnbereich ist nur auf den IGW am Tage abzustellen.

---

70 Darstellung auch im Simon/Kleiber, a.a.O., S. 502 ff.
71 BVerwG, Urt. vom 11.11.1988 – 4 C 11/87 –, NVwZ 1989, 255.

6.2.4 Lärmvorsorge

Die Lärmvorsorge ist geregelt im **Bundes-Immissionsschutzgesetz** (BImSchG), in der Verkehrslärmschutzverordnung (16. BImSchV) und in der Verkehrswege-Schallschutzmaßnahmenverordnung (24. BImSchV):

– §§ 41 ff. BImSchG verpflichten den Träger der Straßenbaulast – unbeschadet des Gebots nach § 50 BImSchG – beim Bau oder der wesentlichen Änderung von Straßen den notwendigen Lärmschutz sicherzustellen.
– Die 16. BImSchV setzt die Immissionsgrenzwerte fest, nennt die Voraussetzungen der wesentlichen Änderung i.S. des § 41 BImSchG und regelt das Verfahren für die Berechnung des Beurteilungspegels.
– Die 24. BImSchV regelt Art und Umfang der notwendigen Schallschutzmaßnahmen für schutzbedürftige Räume in baulichen Anlagen.
– Aus § 42 Abs. 2 Satz 2 BImSchG i.V.m. § 74 Abs. 2 VwVfG (L) können sich weiter gehende Entschädigungsansprüche lärmbetroffener Eigentümer ergeben.
– Richtlinien für den Verkehrslärmschutz an Bundesfernstraßen in der Baulast des Bundes vom 2.7.1997 – StB 16/14.80.13 – 65/11 Vy 97 (VkBl. 1997, 434).

Den Berechnungen des Beurteilungspegels liegen die RLS-90 für Straßen bzw. die Schall 03 für Schienenwege zugrunde. Nach den Richtlinien für den Verkehrslärmschutz an Bundesfernstraßen in der Baulast des Bundes (VLärmSchR 97) kommen Maßnahmen zur Lärmsanierung in Betracht, wenn die nach RLS 90 berechneten Mittelungspegel einen der folgenden Immissionsgrenzwerte übersteigen (Abb. 22).

Abb. 22: Grenzwerte für Lärmsanierung an Straßen in der Baulast des Bundes (Werte in dB [A])

Nutzungen	Tag	Nacht
Krankenhäuser, Schulen, Kur- und Altenheime, Wohn- und Kleinsiedlungsgebiete	70	60
Kern-, Dorf- und Mischgebiete	72	62
Gewerbegebiete	75	65

Verkehrslärm soll bereits bei der **Planung von Verkehrswegen** vermieden werden. An erster Stelle ist hier das Trennungsgebot des § 50 BImSchG zu nennen[72]. Daneben steht die Verpflichtung, die Beeinträchtigung durch Verkehrslärm durch

a) aktiven Schallschutz, d.h. Vorkehrungen an der Verkehrsanlage, und
b) passiven Schallschutz, d.h. durch Maßnahmen am Objekt (z.B. Schallschutzfenster, lärmdämmende Fassaden)

zu mindern. Aktiver Schallschutz kann z.B. durch Lärmschutzwälle geleistet werden. Die **Kosten** betrugen im Jahre 2000 etwa 30 €/m³ **Lärmschutzwall**.

Beim Neubau und bei baulichen Änderungen von Verkehrswegen (Straßen [§ 17 Abs. 1 FStrG], Bundeswasserstraßen [§ 14 Abs. 1 WaStrG], Straßenbahnen [§ 28 PBefG] und Schienenwegen [§ 18 Abs. 1 AEG]) sind im Rahmen der **Abwägung** Lärmemissionen als „erheblicher Belang" zu berücksichtigen. Dies gilt auch für Lärmbelästigungen, die keinen Ausgleichsanspruch auslösen, weil sie noch zumutbar sind[73].

---

[72] Sommer, Die höchstrichterliche Rechtsprechung zur Bedeutung des Verkehrslärmschutzes für die Bauleitplanung und die Zulässigkeit von Bauvorhaben, ZfBR 1990, 54.
[73] BVerwG, Urt. vom 7.9.1979 – 4 C 7/77 –, BVerwGE 59, 87; BVerwG, Urt. vom 22.3.1985 – 4 C 63/80 –, EzGuG 13.72; Korbmacher in DÖV 1982, 517.

169 Dabei ist zu prüfen, ob und inwieweit ein **Ausgleichsanspruch**

- nach den planfeststellungsrechtlichen Schutzauflagevorschriften des § 74 Abs. 2 Satz 2 des Landesverwaltungsverfahrensgesetzes (bisher: § 17 Abs. 4 FStrG a. F.) für durch Plan festzustellende Straßen und

- nach § 42 BImschG für sonstige öffentliche Straßen

in Betracht kommt[74].

170 Nach den **planfeststellungsrechtlichen Schutzauflagevorschriften** haben nämlich die von der Planfeststellung Betroffenen einen Anspruch auf solche Maßnahmen, die geeignet sind, nachteilige Auswirkungen auf die Anliegergrundstücke zu vermeiden, soweit die Zumutbarkeitsschwelle überschritten wird[75].

171 Die entsprechende Bestimmung des **§ 74 Abs. 2 VwVfG** des Bundes lautet:

„(2) Im Planfeststellungsbeschluss entscheidet die Planfeststellungsbehörde über die Einwendungen, über die bei der Erörterung vor der Anhörungsbehörde keine Einigung erzielt worden ist. Sie hat dem Träger des Vorhabens Vorkehrungen oder die Errichtung und Unterhaltung von Anlagen aufzuerlegen, die zum Wohl der Allgemeinheit oder zur Vermeidung nachteiliger Wirkungen auf Rechte anderer erforderlich sind. Sind solche Vorkehrungen oder Anlagen untunlich oder mit dem Vorhaben unvereinbar, so hat der Betroffene Anspruch auf angemessene Entschädigung in Geld."

172 Die entsprechende **Bestimmung des Landesverwaltungsverfahrensgesetzes** ersetzt die bisher geltende Schutzauflagevorschrift des § 17 Abs. 4 FStrG a. F.[76] Im Einführungserlass des Bundesministeriums für Verkehr vom 27.8.1990 heißt es hierzu:

„Als Auflagenvorschrift ist § 17 Abs. 4 FStrG (a. F.) entfallen; Rechtsgrundlage für die Anordnung von Schutzauflagen ist nunmehr § 74 Abs. 2 Satz 2 der Verwaltungsverfahrensgesetze der Länder. Die genannten Vorschriften unterscheiden sich dadurch, dass § 17 Abs. 4 FStrG a. F. für die Anordnung von Auflagen, auf erhebliche Nachteile oder erhebliche Belästigungen' abstellte, während § 74 Abs. 2 der Verwaltungsverfahrensgesetze Auflagen verlangt, zur Vermeidung nachteiliger Wirkungen auf Rechte'. Mit der Anwendbarkeit dieser Vorschrift sind im Bereich der Bundesfernstraßenplanung entstandene Zweifel ausgeräumt, ob die Anordnung von Schutzauflagen bei Beeinträchtigung von Rechtspositionen vorgeschrieben ist oder ob erhebliche Nachteile für wirtschaftliche Interessen ausreichen. Anlass zu diesen Zweifeln hatte die Rechtsprechung des Bundesverwaltungsgerichts zu § 17 Abs. 4 FStrG a. F. gegeben (vgl. BVerwG, Urt. vom 18.12.1987 – 4 C 49/83 –, EzGuG 18.106 – Verschlechterung einer öffentlichen Wegeverbindung für einen landwirtschaftlichen Betrieb). Nach § 74 Abs. 2 Satz 2 der Verwaltungsverfahrensgesetze müssen Rechte nachteilig betroffen sein."

173 **Rechtsgrundlage ist § 19a FStrG,** der folgende Fassung hat:

„**§ 19a FStrG Entschädigungsverfahren**

Soweit der Träger der Straßenbaulast nach §§ 8a, 9 oder auf Grund eines Planfeststellungsbeschlusses (§ 17 Abs. 1) oder einer Plangenehmigung (§ 17 Abs. 1a) verpflichtet ist, eine Entschädigung in Geld zu leisten, und über die Höhe der Entschädigung keine Einigung zwischen dem Betroffenen und dem Träger der Straßenbaulast zustande kommt, entscheidet auf Antrag eines der Beteiligten die nach Landesrecht zuständige Behörde; für das Verfahren und den Rechtsweg gelten die Enteignungsgesetze der Länder entsprechend."

174 § 19a FStrG schließt für die Festsetzung einer Entschädigung bei erheblichen mittelbaren Beeinträchtigungen eine Lücke. Da die Verwaltungsverfahrensgesetze der Länder für das Planfeststellungsverfahren keine Regelung über die Festsetzung einer Entschädigung der Höhe nach enthalten, musste die Lücke im Fachgesetz geschlossen werden. Miteinbezogen wurden zugleich die Entschädigungsansprüche nach § 8a Abs. 4 und 7 und § 9 Abs. 9 FStrG, da auch hier ein Verfahren für die Entschädigungsfestsetzung fehlte. Insbesondere für die Planfeststellung bedeutet die Neuregelung, dass die Planfeststellungsbehörde über eine Entschädigung in Geld dem Grunde nach zu entscheiden hat, während die **Höhe der Entschädi-**

---

[74] BVerwG, Urt. vom 18.12.1987 – 4 C 49/83 –, EzGuG 18.106, BVerwG, Urt. vom 22.5.1987 – 4 C 17 – 19/84 –, EzGuG 13.96, BayVGH, Urt. vom 3.10.1989 – 8 B 86.3162 u.a. –, UPR 1990, 123 = BayVBl 1990, 148 = NVwZ 1990, 378.
[75] BVerwG, Urt. vom 11.11.1988 – 4 C 11/87 –, EzGuG 13.111.
[76] BT-Drucks. 11/4310, S. 94.

gung erst dann in einem besonderen Verfahren festzusetzen ist, wenn der Betroffene und der Träger der Straßenbaulast keine Einigung erreichen.

Die Regelung entspricht § 42 Abs. 3 BImSchG. Mit ihr wird gerade für Entschädigungen wegen Beeinträchtigungen durch Straßenverkehrslärm eine **einheitliche Zuständigkeitsregelung und Rechtswegzuweisung** bei Streitigkeiten über die Erstattung der Aufwendungen an einer baulichen Anlage (§ 42 Abs. 2 Satz 1 BImSchG) und über eine Entschädigung für den Außenwohnbereich als weitergehenden Anspruch i.S. von § 42 Abs. 2 Satz 2 BImSchG geschaffen. Dies dient der Verfahrenskonzentration. Die neue Regelung erleichtert es den Betroffenen, ihren Anspruch als einheitlichen geltend machen zu können und zwar auch dann, wenn es sich um keine Enteignungsentschädigung handelt. Soweit nach Enteignungsgesetzen der Länder die Kammern (Senate) für Baulandsachen für die gerichtliche Nachprüfung von Entschädigungsfestsetzungen zuständig sind, kann ihnen auf Grund § 232 BauGB auch die Entscheidung über Entschädigungsansprüche übertragen werden, die nicht auf einer Enteignung beruhen[77]. 175

Bei dem **Bau oder der wesentlichen Änderung öffentlicher Straßen sowie von Eisenbahnen und Straßenbahnen** ist nach § 41 BImschG sicherzustellen, dass durch diese keine schädlichen Umwelteinwirkungen durch Verkehrsgeräusche hervorgerufen werden können, die nach dem Stand der Technik vermeidbar sind. Diese rechtliche Verpflichtung gilt nach dem vorher Gesagten allerdings nicht, soweit die Kosten der Schutzmaßnahme außer Verhältnis zu dem angestrebten Schutzzweck stehen würden. Eine Änderung einer Straße oder eines Schienenweges der Eisenbahnen und Straßenbahnen ist nach § 1 Abs. 2 der 16. BImSchV „wesentlich", wenn 176

1. eine Straße um einen oder mehrere durchgehende Fahrstreifen für den Kraftfahrzeugverkehr oder ein Schienenweg um ein oder mehrere durchgehende Gleise baulich erweitert wird oder
2. durch einen erheblichen baulichen Eingriff der Beurteilungspegel des von dem zu ändernden Verkehrswegs ausgehenden Verkehrslärms
   – um mindestens 3 Dezibel (A) oder
   – auf mindestens 70 Dezibel (A) am Tage oder
   – mindestens 60 Dezibel (A) in der Nacht

erhöht wird.

Eine Änderung ist auch wesentlich, wenn der Beurteilungspegel des von dem zu ändernden Verkehrsweg ausgehenden Verkehrslärms von mindestens
– 70 Dezibel (A) am Tage oder
– 60 Dezibel (A) in der Nacht

durch einen erheblichen baulichen Eingriff erhöht wird, wobei dies nicht in Gewerbegebieten gilt.

Bei derartigen umfänglichen Baumaßnahmen bzw. bei so starken Belastungen durch Verkehrslärm ist es nach dem Willen des Verordnungsgebers gerechtfertigt, im Zusammenhang mit einem baulichen Eingriff Lärmschutz nach gleichen Kriterien wie beim Neubau zu treffen. **Keine wesentlichen Änderungen sind** nach alledem **Erhaltungs- und Unterhaltungsmaßnahmen sowie kleinere Baumaßnahmen.** Dazu gehört z.B. an Straßen das Versetzen von Bordsteinen, das Anlegen einer Verkehrsinsel und das Anbringen von verkehrsregelnden Einrichtungen, sowie an Schienenwegen das Versetzen von Signalanlagen, Auswechseln von Schwellen und der Einbau von Weichen. 177

Werden in den genannten Fällen die in der Rechtsverordnung festgelegten Immissionsgrenzwerte – IGW – überschritten, so ist dem **Eigentümer in Anwendung des § 42 BImSchG eine Entschädigung zu gewähren**[78]. § 42 BImSchG hat folgende Fassung: 178

---
77 BT-Drucks. 10/4630 sowie BT-Drucks. 11/4310, S. 100 ff.
78 Zum Entschädigungsberechtigten im Zwangsversteigerungsverfahren vgl. BGH, Urt. vom 10.7.2003 – III ZR 379/02 – GuG 2004, 123 = EzGuG 11.350b GuG 2004, 123 = EzGuG 11.350b GuG 2004, 123 = EzGuG 11.350b

„§ 42 Entschädigung für Schallschutzmaßnahmen

(1) ₁Werden im Fall des § 41 die in der Rechtsverordnung nach § 43 Abs. 1 Satz 1 Nr. 1 festgelegten Immissionsgrenzwerte überschritten, hat der Eigentümer einer betroffenen baulichen Anlage gegen den Träger der Baulast einen Anspruch auf angemessene Entschädigung in Geld, es sei denn, dass die Beeinträchtigung wegen der besonderen Benutzung der Anlage zumutbar ist. ₂Dies gilt auch bei baulichen Anlagen, die bei Auslegung der Pläne im Planfeststellungsverfahren oder bei Auslegung des Entwurfs der Bauleitpläne mit ausgewiesener Wegeplanung bauaufsichtlich genehmigt waren.

(2) Die Entschädigung ist zu leisten für Schallschutzmaßnahmen an den baulichen Anlagen in Höhe der erbrachten notwendigen Aufwendungen, soweit sich diese im Rahmen der Rechtsverordnung nach § 43 Abs. 1 Satz 1 Nr. 3 halten. Vorschriften, die weitergehende Entschädigungen gewähren, bleiben unberührt.

(3) Kommt zwischen dem Träger der Baulast und dem Betroffenen keine Einigung über die Entschädigung zustande, setzt die nach Landesrecht zuständige Behörde auf Antrag eines der Beteiligten die Entschädigung durch schriftlichen Bescheid fest. Im Übrigen gelten für das Verfahren die Enteignungsgesetze der Länder entsprechend."

179 In Anwendung des § 42 BImSchG bemisst sich der **Geldausgleich nach den Kosten der Schallschutzmaßnahmen** (vgl. 24. BImSchV) und erst dann nach dem Minderwert des Grundstücks, wenn Schallschutzeinrichtungen

– keine wirksame Abhilfe versprechen oder

– unverhältnismäßige Aufwendungen erfordern.

Zwar gewährt § 42 Abs. 2 Satz 1 BImSchG seinem Wortlaut nach keinen Anspruch auf Entschädigung für verbleibende Beeinträchtigungen der sog. Außenwohnbereiche (vgl. Rn. 174), jedoch sind zur Vermeidung unterschiedlicher Entschädigungsgrundsätze die planfeststellungsrechtlichen Schutzauflagevorschriften entsprechend anzuwenden.

180 **Es bestanden lange Zeit keine normativ festgesetzten Immissionsgrenzwerte – IGW –**, bei deren Überschreitung eine „schwere und unerträgliche Betroffenheit" i.S. einer enteignungsrechtlichen Zumutbarkeitsschwelle anzusetzen wäre[79]. Das BVerwG[80] hat solche normativen Festlegungen gefordert und betont, dass, solange derartige Bestimmungen fehlen, „die nach § 41 BImSchG zu beachtende Grenze des Zumutbaren von den Behörden und den Gerichten stets anhand einer umfassenden Würdigung aller Umstände des Einzelfalles ... zu bestimmen" sei.

181 Auch in der Rechtsprechung des BGH[81] ist darauf hingewiesen worden, dass die Zumutbarkeitsschwelle innerhalb eines Spektrums von Möglichkeiten unter Würdigung des Einzelfalls nach der jeweiligen Gebietsart unterschiedlich festzusetzen sei. So muss im Außenbereich dem Gebietscharakter entsprechend Straßenlärm in stärkerem Maße entschädigungslos hingenommen werden als in einem Wohngebiet. Des Weiteren ist nach der Rechtsprechung nicht allein an die Gebietsfestsetzung anzuknüpfen, sondern auch eine (nichtschwere und unerträgliche) **Geräuschvorbelastung** bzw. das Fehlen einer bereits gegebenen Lärmvorbelastung[82] zu berücksichtigen. Bei alledem beantwortet sich die Frage nach der Zumutbarkeit nach den

---

79 Zur einheitlichen Handhabung hat der BMV aber „Richtlinien für den Verkehrslärmschutz an Bundesstraßen in der Baulast des Bundes" erlassen (Richtl. vom 2.6.1997, VkBl. 1997, 434); vgl. auch BT-Drucks. 8/3730; es handelt sich hierbei um nicht bindende Orientierungshilfen; vgl. BGH, Urt. vom 23.10.1986 – III ZR 112/85 –, EzGuG 13.91; BGH, Urt. vom 29.6.1966 – V ZR 91/66 –, EzGuG 13.10.
80 BVerwG, Urt. vom 22.5.1987 – 4 C 33 – 35/83 –, EzGuG 13.97; BVerwG, Urt. vom 22.5.1987 – 4 C 17 – 19/84 –, EzGuG 13.96; weiterhin: Richtlinien für den Verkehrslärmschutz an Straßen des BMV – RLS-90 –, Ausg. 1990 sowie Richtlinie zur Berechnung der Schallimmissionen von Schienenwegen – Schall 03 –, Ausg. 1990.
81 BGH, Urt. vom 30.10.1970 – V ZR 150/67 –, EzGuG 13.17; BGH, Urt. vom 17.4.1986 – III ZR 202/84 –, EzGuG 13.87; BGH, Urt. vom 13.11 1977 – III ZR 6/75 –, EzGuG 13.33.
82 BVerwG, Urt. vom 14.12.1979 – 4 C 10/77 –, EzGuG 13.53; BVerwG, Urt. vom 7.7.1978 – 4 C 79/76 –, EzGuG 13.51; BVerwG, Urt. vom 11.2.1977 – 4 C 9/75 –, EzGuG 13.34; BVerwG, Urt. vom 22.3.1985 – 4 C 63/80 –, EzGuG 13.72; BVerwG, Urt. vom 22.5.1987 – 4 C 33 – 35/83 –, EzGuG 13.97; OVG Lüneburg, Urt. vom 6.5.1986 – 6 C 15/83 – u.a., DÖV 1987, 1121; OVG Berlin, Beschl. vom 18.4.1986 – 2 S 41/86 –, EzGuG 13.88; BayVGH, Urt. vom 6.5.1986 – 8 A 85 T.43 –, EzGuG 13.86; OVG Hamburg, Beschl. vom 2.2.1987 – Bs. II 38/86 –, EzGuG 13.94; OVG Saarland, Urt. vom 5.12.1980 – 2 R 15/79 –, EzGuG 3.56; OVG Lüneburg, Urt. vom 25.1.1983 – 5 A 23/82 –, EzGuG 13.62; VGH Mannheim, Urt. vom 19.1.1983 – 5 S 641/82 –, EzGuG 13.60.

Verhältnissen zu dem Zeitpunkt, zu dem das Grundstück von dem enteignenden oder sonst belastenden Eingriff betroffen wurde.

182 Die 16. DurchführungsVO zum BImSchG (VerkehrslärmschutzV, a.a.O.) sieht nunmehr zum Schutz der Nachbarschaft vor schädlichen Umwelteinwirkungen durch Verkehrsgeräusche beim Bau oder bei wesentlichen Änderungen öffentlicher Straßen in **§ 2 Abs. 1** in Abb. 23 zusammengestellte **Immissionsgrenzwerte – IGW –** vor.

Abb. 23: Tabelle der Immissionsgrenzwerte (IGW) für Verkehrslärm

Immissionsgrenzwerte (IGW) für Verkehrslärm		
	Tag (6.00–22.00 Uhr)	*Nacht (22.00–6.00 Uhr)*
1.	an Krankenhäusern, Schulen, Kurheimen und Altenheimen	
	57 Dezibel (A)	47 Dezibel (A)
2.	in reinen und allgemeinen Wohngebieten und Kleinsiedlungsgebieten	
	59 Dezibel (A)	49 Dezibel (A)
3.	in Kerngebieten, Dorfgebieten und Mischgebieten	
	64 Dezibel (A)	54 Dezibel (A)
4.	in Gewerbegebieten und Industriegebieten	
	69 Dezibel (A)	59 Dezibel (A)

© W. Kleiber 02

183 Bei den IGW, die zum Schutz der Nachbarschaft in § 2 der 16. BImSchV festgelegt sind, handelt es sich um **Grenzwerte und nicht um Orientierungswerte;** werden sie überschritten, sind Schutzmaßnahmen zu treffen. Bei der Bestimmung des Umfangs des Lärmschutzes müssen die Grenzwerte nicht voll ausgeschöpft, d.h., sie können nach Abwägung im Einzelfall unterschritten werden, wenn dies mit vertretbarem Aufwand, z.B. durch Verwendung von Überschussmaterial, erreicht werden kann.

184 **Grundsätzlich sind der Tagwert und der Nachtwert einzuhalten.** Jeweils nach der besonderen Nutzung der betroffenen Anlage oder des betroffenen Gebietes nur am Tag oder nur in der Nacht ist bei der Entscheidung über Lärmschutz der IGW für diesen Zeitraum heranzuziehen (§ 2 Abs. 3 der 16. BImSchV); nur auf den Tagwert kommt es an bei Gebäuden oder Anlagen, die bestimmungsgemäß ausschließlich am Tag genutzt werden; z.B. Kindergärten, Schulen oder Bürogebäude.

185 Die Gebietskategorien sind der BauNVO entnommen. Gebiete und Anlagen sowie Flächen, für die keine Festsetzungen vorgesehen sind, sollen entsprechend der Rechtsprechung des BVerwG[83] nach ihrer **Schutzbedürftigkeit** beurteilt werden. Dies sind insbesondere Krankenhäuser, Schulen, Kur- und Altenheime sowie Gebiete, die vorwiegend dem Wohnen dienen. Nicht in gleicher Weise schutzbedürftig sind dagegen Gebiete, in denen schon nach ihrer Zweckbestimmung i.d.R. eine deutlich merkbare Geräuschvorbelastung vorhanden ist. Dabei werden wiederum Kerngebiete, Dorfgebiete und Mischgebiete, in denen auch die Wohnnutzung eine nicht nur untergeordnete Rolle spielt, gegenüber Gewerbe- und Industriegebieten, in denen Wohnnutzung eine Ausnahme bildet, besser geschützt.

186 § 2 Abs. 2 Satz 1 der VerkehrslärmschutzV weist darauf hin, dass sich die Art der Anlagen und Gebiete aus den Festsetzungen in den Bebauungsplänen ergibt. Satz 2 bestimmt, dass die Schutzbedürftigkeit sonstiger Anlagen und Gebiete aus einem Vergleich mit den in Abs. 1 aufgezählten Anlagen und Gebieten zu ermitteln ist; entsprechend der ermittelten Schutzbedürftigkeit sind jeweils die in Abs. 1 festgelegten **Immissionsgrenzwerte** (vgl. Abb. 23) einzuhalten.

---

[83] BVerwG, Urt. vom 21.5.1976 – 4 C 80/74 –, EzGuG 13.30; BVerwG, Urt. vom 22.5.1987 – 4 C 33 – 35/83 –, EzGuG 13.97.

187 Danach sind der **3. Schutzkategorie** (Kern-, Dorf- und Mischgebiet) zuzuordnen:
- Wochenendhausgebiete (§ 10 BauNVO)[84],
- Ferienhausgebiete (§ 10 BauNVO),
- Dauer- und Reisecampingplatzgebiete (§ 10 BauNVO)[85],
- Kleingartengebiete i.S. des Kleingartenrechts (§ 1 Abs. 1 BKleingG, § 9 Abs. 1 Nr. 15 BauGB)[86]. Diese Gebietskategorie ist auch maßgebend, wenn bauliche Anlagen zulässigerweise nach § 20a BKleingG dauernd zu Wohnzwecken genutzt werden.

Der **4. Schutzkategorie** (Gewerbegebiet) sind zuzuordnen:
- Ladengebiete (§ 11 Abs. 2 BauNVO),
- Einkaufszentren,
- im Einzelfall schutzbedürftige Nutzungen in einem Industriegebiet (z.B. Wohnhaus mit Bestandsschutz).

188 Für **bauliche Anlagen im Außenbereich,** der grundsätzlich nicht für eine Bebauung bestimmt ist, gilt die besondere Regelung, dass solche nach Nr. 1, 3 und 4 der in Abb. 23 aufgestellten Tabelle entsprechend der Schutzbedürftigkeit zu beurteilen sind; im Übrigen entspricht dies der Rechtsprechung, die den Außenbereich in Bezug auf den Lärmschutz geringer einstuft als Wohngebiete, da gerade der Außenbereich dazu bestimmt ist, emissionsintensive Anlagen aufzunehmen.

189 Eine weitere Unterscheidung der in § 2 Abs. 1 der 16. BImSchV genannten Schutzkategorien nach **individuell gegebener Lärm-Vorbelastung** ist grundsätzlich nicht zulässig, jedoch ist § 42 Abs. 1 S. 1 2. Halbs. BImSchG zu beachten.

190 Die angegebenen Immissionsschutzgrenzwerte (IGW) sind jeweils für **Tag und Nacht** unterschiedlich angesetzt. **Der Unterschied beträgt jeweils 10 dB (A).** I. d. R. ist für den Lärmschutz der Nachtwert maßgebend, weil nachts die Lärmempfindlichkeit höher ist. Bei einem Bürogebäude, das in der Nacht leer steht, kann der Nachtwert dagegen keine Rolle spielen.

191 Erst wenn Maßnahmen zur Milderung schädlicher Auswirkungen mit dem Vorhaben unvereinbar sind oder ihre Kosten außer Verhältnis zum angestrebten Schutzzweck stehen, ist ein angemessener Ausgleich in Geld zu entrichten (§ 74 Abs. 2 Satz 3 VwVfG). Dieser **Ausgleich erstreckt sich auch auf unzumutbare Beeinträchtigungen der für das Wohnen im Freien geeigneten und bestimmten Flächen (sog. Außenwohnbereiche)**[87].

192 Der **Ausgleich bemisst sich** in erster Linie **nach den Schallschutzaufwendungen** auf dem betroffenen Grundstück (passiver Schallschutz)[88]; daneben sind unter bestimmten Voraussetzungen auch die Wertminderungen des Grundstücks zu entschädigen. Im Extremfall besteht ein Übernahmeanspruch[89].

193 Rechtsgrundlage für die Entschädigung im Rahmen von Planfeststellungsverfahren ist § 74 Abs. 2 Satz 3 VwVfG. Danach besteht ein Entschädigungsanspruch, wenn dem Betroffenen ein unzumutbarer und nicht mit verhältnismäßigen Mitteln behebbarer Nachteil verbleibt. **Gegenstand der Entschädigung ist** neben den passiven Schallschutzmaßnahmen **auch die verursachte Verkehrswertminderung oberhalb der Zumutbarkeitsgrenze**[90]. Die Zumutbarkeitsgrenze ist entsprechend der 16. BImSchVO zu bestimmen.

---

[84] VGH Kassel, Urt. vom 8.6.1993 – 2 A 198/89 –, UPR 1994, 160 – bestätigt durch BVerwG, Beschl. vom 20.10.1993 – 4 B 170/93 –, UPR 1994, 72 = DÖV 1994, 344.
[85] OVG Lüneburg, Urt. vom 15.4.1993 – 7 K 3383/92 –, NdsMinBl 1994, 115 = VkBl 1996, 543.
[86] BVerwG, Beschl. vom 17.3.1992 – 4 B 230/91 –, EzGuG 13.124.
[87] BVerwG, Urt. vom 16.9.1993 – 4 C 9/91 –, EzGuG 13.127; BVerwG, Urt. vom 21.5.1976 – 4 C 80/74 –, EzGuG 13.30.
[88] Boujong, Entschädigung für Verkehrslärmimmissionen, UPR 1987, 206.
[89] *BVerwG*, Urt. vom 26.8.1993 – 4 C 24/91 –, BVerwGE 94, 100; BVerwG, Urt. vom 5.12.1986 – 4 C 13/85 –, EzGuG 13.93.
[90] BVerwG, Urt. vom 16.9.1993 – 4 C 9/91 –, EzGuG 13.127.

Neben dem Fernstraßengesetz des Bundes und den Straßengesetzen der Länder können die planerischen Grundlagen für Straßen in einem Bebauungsplan festgesetzt werden (§ 17 Abs. 3 Satz 1 FStrG). Werden die **immissionsschutzrechtlichen Belange im Rahmen der Abwägung** ungenügend berücksichtigt, ist dieser nichtig[91].

Lassen sich im Rahmen der Bebauungsplanung Lärmbeeinträchtigungen nicht vermeiden, steht dem Eigentümer auch hier ein **Entschädigungsanspruch** zu, der allerdings dann sich nicht auf § 74 Abs. 2 Satz 3 VwVfG gründen lässt. Der Anspruch leitet sich aus dem allgemeinen Rechtsgrundsatz her, der das Nachbarschaftsverhältnis zwischen störender und gestörter Nutzung im Falle unangemessenen hohen Aufwands für Maßnahmen der Vermeidung oder Minderung von Immissionen auf ein zumutbares Maß beherrscht. Diesem öffentlich-rechtlich in § 74 Abs. 2 VwVfG und § 41 Abs. 2 BImSchG festgeschriebenen Grundsatz entspricht § 906 Abs. 2 Satz 2 BGB:

§ 906 BGB lautet:

„(1) Der Eigentümer eines Grundstücks kann die Zuführung von Gasen, Dämpfen, Gerüchen, Rauch, Ruß, Wärme, Geräusch, Erschütterungen und ähnliche von einem anderen Grundstück ausstehende Einwirkungen insoweit nicht verbieten, als die Einwirkung die Benutzung seines Grundstücks nicht oder nur unwesentlich beeinträchtigt.

(2) Das Gleiche gilt insoweit, als eine wesentliche Beeinträchtigung durch eine ortsübliche Benutzung des anderen Grundstücks herbeigeführt wird und nicht durch Maßnahmen verhindert werden kann, die Benutzern dieser Art wirtschaftlich zumutbar sind. Hat der Eigentümer hiernach eine Einwirkung zu dulden, so kann er von dem Benutzer des anderen Grundstücks einen angemessenen Ausgleich in Geld verlangen, wenn die Einwirkung eine ortsübliche Benutzung seines Grundstücks oder dessen Ertrag über das zumutbare Maß hinaus beeinträchtigt.

(3) Die Zuführung durch eine besondere Leitung ist unzulässig."

Nach der Rechtsprechung besteht ein **Entschädigungsanspruch, wenn sich für eine vorgegebene Grundstückssituation eine nachhaltige Veränderung ergibt,** die z.B. eine Wohnlage „schwer und unerträglich" beeinträchtigt[92].

Im Unterschied zur BGH-Rechtsprechung hat das BVerwG den Entschädigungsanspruch nicht auf die Verkehrswertminderung erstreckt, die sich durch **passiven Schallschutz** nicht auf ein zumutbares Maß reduzieren lässt.

6.2.5 Entschädigung für verbleibende Beeinträchtigungen

6.2.5.1 Entschädigung bei Neubau und Änderung von Verkehrswegen

Verbleibende Beeinträchtigungen sind Lärmeinwirkungen auf das Wohngebäude und das zuzurechnende Grundstück, für die bauliche Schutzmaßnahmen an der Straße oder an der baulichen Anlage keine oder keine ausreichende Abhilfe bringen.

Rechtsgrundlagen für Entschädigungen wegen verbleibender Beeinträchtigungen sind

– beim Neubau und bei der wesentlichen Änderung von Straßen (Lärmvorsorge) der Ausgleichsanspruch nach § 74 Abs. 2 Satz 3 VwVfG (L) i.V.m. § 42 Abs. 2 BImSchG,

– bei gleichzeitiger Inanspruchnahme von Teilflächen für den Straßenbau zusätzlich § 19 FStrG i.V.m. den Bestimmungen der Enteignungsgesetze der Länder über die Entschädigung der Wertminderung des Restgrundstücks (vgl. § 96 Abs. 1 Nr. 2 BauGB),

– bei bestehenden Straßen die Grundsätze der Aufopferung, soweit die Einwirkungen schwer und unerträglich, d.h. von enteignender Wirkung sind. In diesen Fällen ist die Entschädigung nach den Umständen des Einzelfalles zu ermitteln, wobei die nachfolgenden Grundsätze entsprechend angewendet werden können.

---

91 BVerwG, Urt. vom 9.2.1989 – 4 NB 1/89 –, NVwZ 1989, 653 = NJW 1990, 531 (LS)= DVBl 1989, 660.
92 BGH, Urt. vom 17 4.1986 – III ZR 202/84 –, EzGuG 13.87; BGH, Urt. vom 6.2.1986 – III ZR 96/84 –, EzGuG 18.100; BGH, Urt. vom 10.11.1977 – III ZR 166/75 –, EzGuG 13.43; BGH, Urt. vom 22.12.1967 – V ZR –, EzGuG 13.15; BGH, Urt. vom 30.10.1970 – V ZR 150/67 –, EzGuG 13.17; BGH, Urt. vom 20.3.1975 – III ZR 215/71 –, EzGuG 13.25.

V § 6 ImmoWertV   **Verkehrslärm**

200   Die VLärmSchR 97 geben für die **Bemessung der Entschädigung** folgende Grundsätze vor:

(1) Bei der Ermittlung der Entschädigung ist vom Wohngrundstück auszugehen; dieses besteht aus dem Wohngebäude und der diesem zuzurechnenden Grundstücksfläche.

(2) Der Gesamtwert eines Wohngrundstücks setzt sich aus verschiedenen Teilwerten zusammen, insbesondere aus den Werten für Wohngebäude, Garage, Gebäudegrundflächen, Außenwohnbereich (z.B. Balkon, Terrasse, Wohngarten), Zufahrt, Vor- und Nutzgarten.

(3) Eine entschädigungspflichtige Beeinträchtigung des Wohngrundstücks liegt nur vor, wenn schädigende Einwirkungen auf die zum Wohnen bestimmten und geeigneten Teile des Wohngrundstückes verbleiben. Keine auszugleichenden Beeinträchtigungen von baulichen Anlagen liegen vor, wenn diese den Anforderungen der 24. BImSchV genügen. Kann ein Fenster wegen Lärmbeeinträchtigungen nur vorübergehend geöffnet werden, ist dies zumutbar und stellt keinen ausgleichspflichtigen Minderwert dar.

(4) Eine verbleibende Beeinträchtigung des Wohngrundstücks durch Lärm ist grundsätzlich durch eine Geldentschädigung auszugleichen, die sich aus der Summe der Wertminderungen der zum Wohnen geeigneten und bestimmten Teilwerte zusammensetzt. Das Ergebnis ist einer Gesamtbetrachtung zu unterziehen, um die besondere Funktion der betroffenen Teilwerte für das Wohngrundstück zu berücksichtigen und gegebenenfalls durch Zu- oder Abschläge anzupassen. Soweit ausnahmsweise Schutzmaßnahmen für den Außenwohnbereich auf dem Wohngrundstück mit vertretbarem Aufwand möglich sind, ist dieser zu erstatten. Dabei ist zu prüfen, ob diese Einrichtungen nicht auch den Innenwohnbereich schützen und deshalb sonst erforderliche Schutzeinrichtungen am Wohngebäude ganz oder teilweise entbehrlich werden.

Als **Flächengröße für die Ermittlung der Entschädigung** ist bei Balkonen, Loggien sowie Terrassen, die baulich mit dem Wohnhaus verbunden sind, grundsätzlich von der halben Fläche (vgl. WFlV) auszugehen.

201   Die **Voraussetzungen der wesentlichen Änderung** sind in § 1 Abs. 2 der 16. BImSchV abschließend aufgeführt:

– die bauliche Erweiterung einer Straße um einen oder mehrere durchgehende Fahrstreifen für den Kraftfahrzeugverkehr (§ 1 Abs. 2 S. 1 Nr. 1 der 16. BImSchV). Diese bauliche Erweiterung muss zwischen zwei Verknüpfungen erfolgen; eine Steigerung des Verkehrslärms ist hingegen nicht erforderlich. Keine durchgehenden Fahrstreifen sind ineinander übergehende Ein- und Ausfädelungsstreifen;

– ein erheblicher baulicher Eingriff, wenn durch ihn der bisher vorhandene Beurteilungspegel am jeweiligen Immissionsort

- um mindestens 3 dB (A) erhöht wird (§ 1 Abs. 2 S. 1 Nr. 2 Alternative 1 der 16. BImSchV);
- auf mindestens 70 dB (A)/tags oder mindestens 60 dB (A)/nachts erhöht wird (§ 1 Abs. 2 S. 1 Nr. 2 Alternative 2 der 16. BImSchV);
- von mindestens 70 dB (A)/tags oder mindestens 60 dB (A)/nachts weiter erhöht wird – dies gilt nicht für Gewerbegebiete – (§ 1 Abs. 2 S. 2 der 16. BImSchV).

202   Kennzeichnend für einen „**erheblichen baulichen Eingriff**" sind solche Maßnahmen, die in die bauliche Substanz und in die Funktion der Straße als Verkehrsweg eingreifen. Der Eingriff muss auf eine Steigerung der verkehrlichen Leistungsfähigkeit der Straße abzielen[93]. Eine Einbeziehung von Maßnahmen, die nicht rein baulicher Art sind, die die Substanz der Straße als solche und die vorhandene Verkehrsfunktion unberührt lassen oder der Erhaltung (Unterhaltung, Instandsetzung, Erneuerung) dienen, ist durch § 43 Abs. 1 Satz 1 i.V.m. § 41 BImSchG nicht gedeckt.

203   **Beispiele für erhebliche bauliche Eingriffe:**

– Bau von Anschlussstellen,

– Bau von Ein- und Ausfädelungsstreifen sowie von Abbiegestreifen,

– Bau von Zusatzfahrstreifen oder Mehrzweckfahrstreifen,

---

[93] BVerwG Urt. vom 9.2.1995 – 4 C 26/93 –, BVerwGE 97, 367 = DÖV 1995, 775 = NVwZ 1995, 907.

- Bau von Standstreifen,
- Bau von Radwegen,
- Bau von Fahrstreifen für zusätzliche Fahrbeziehungen im Bereich planfreier Knotenpunkte,
- deutliche Fahrbahnverlegung durch bauliche Maßnahmen,
- deutliche Veränderung der Höhenlage einer Straße (z.B. kreuzungsfreier Umbau).

Beispiele für nicht erhebliche bauliche Eingriffe:
- Bau von Lichtsignalanlagen, Schilderbrücken, Verkehrsbeeinflussungsanlagen etc.,
- Ummarkierungen (z.B. zur Schaffung zusätzlicher Fahrstreifen),
- Grunderneuerung sowie Erneuerung der Fahrbahnoberfläche im Straßenquerschnitt,
- Bau von Verkehrsinseln,
- Bau von Haltebuchten,
- Bau von Lärmschutzwänden und -wällen,
- beim unbebauten Außenwohnbereich von der örtlich vorhandenen Fläche; ist eine konkrete Abgrenzung nicht möglich, von einer gegenüblichen Fläche.

Wegen der **jahreszeitlich eingeschränkten Nutzung** und einer noch verbleibenden Nutzungsmöglichkeit des Außenwohnbereiches ist zur Ermittlung der Entschädigung grundsätzlich die Hälfte des auf den Außenwohnbereich entfallenden Mietanteils bzw. des Verkehrswerts des Außenwohnbereichs anzusetzen. **204**

Zur **Ermittlung der Beeinträchtigung des Außenwohnbereichs** sind in der Tabelle (Anlage V LärmSchR 97) den jeweiligen Beurteilungspegeln am Tage ($L_{r,T}$) Lästigkeitsfaktoren zugeordnet. Diese sind keine Entschädigungsprozentsätze. Die Differenz zwischen den Lästigkeitsfaktoren des Beurteilungspegels und denen des IGW stellt die Bemessungsgröße der Entschädigung dar, den so genannten Entschädigungsprozentsatz. Lästigkeitsfaktoren für Beurteilungspegel unterhalb des jeweiligen IGW sind nur bei Teilinanspruchnahme zu berücksichtigen. **205**

Beispiel 1: **206**

Beurteilungspegel ($L_{r,T}$)	65 dB (A) Lästigkeitsfaktor	90,5
IGW	59 dB (A) Lästigkeitsfaktor	59,7
Differenz		30,8
Entschädigungsprozentsatz	30,8%	

Die Differenz zwischen den Lästigkeitsfaktoren des Beurteilungspegels und denen des IGW führt bei hohen Beurteilungspegeln zu Zahlen über 100. Diese bleiben unberücksichtigt; der Entschädigungsprozentsatz übersteigt 100 nicht.

Beispiel 2: **207**

Beurteilungspegel ($L_{r,T}$)	78 dB (A) Lästigkeitsfaktor	222,9
IGW	59 dB (A) Lästigkeitsfaktor	59,7
Differenz		163,2
Entschädigungsprozentsatz	100,0%	

Die Entschädigung für **ungeschützte Balkone, Loggien und Terrassen** wird nach dem auf diese Grundstücksteile entfallenden Mietanteil (ohne Nebenkosten) ermittelt. Bewohnt der Eigentümer das Wohnhaus selbst, sind Vergleichsmieten (Mietspiegel) heranzuziehen und auszuwerten. Bei vermieteten Häusern und Wohnungen lässt sich der Mietanteil über die tatsächlich gezahlte Miete berechnen. Diese ist mit (nur) 50% in die Ermittlung einzubeziehen und zu kapitalisieren. Der Vervielfältiger (Barwertfaktor) ergibt sich aus der jeweiligen Restnutzungsdauer des Hauses und dem Zinssatz für den Mietwert des Hauses. Der Zinssatz **208**

V § 6 ImmoWertV — Verkehrslärm

beträgt bei eigengenutzten Wohngebäuden 4%, bei vermieteten 5%, vgl. Nr. 3.5.4 WERTR. Der auf diese Weise errechnete Betrag ist jedoch noch nicht die Entschädigung für die Beeinträchtigung, sondern ein Zwischenwert. Die Multiplikation mit dem Entschädigungsprozentsatz (Differenz der Lästigkeitsfaktoren aus IGW und $L_{r,T}$) ergibt die Höhe der Entschädigung. Restnutzungsdauer (§ 6 Abs. 6 ImmoWertV) sowie der Vervielfältiger ergeben sich aus der Verordnung über die Grundsätze für die Ermittlung der Verkehrswerte von Grundstücken (ImmoWertV).

209 *Beispiel 3 (Abb. 24):*
Die neue Straße verläuft hinter einem Mietshaus an der Grundstücksgrenze entlang. Das Grundstück liegt im allgemeinen Wohngebiet. An der Hausseite zur neuen Straße hat jede Wohnung einen 10 m² großen Balkon.

Abb. 24: Beeinträchtigung eines bebauten Außenwohnbereichs

Beeinträchtigung eines Balkons

anrechenbare Fläche des betroffenen Balkons (10 m² : 2), vgl. Nr. 51.3	5 m²
Wohnfläche	100 m²
Monatsmiete/kalt nach Mietvertrag	880 €
Mietpreis je m² (880 € : 100 m²)	8,80 €/m²
Berücksichtigungsfähiger Betrag (50% von 8,80 €/m²), vgl. Nr. 51.4	4,40 €/m²
Jahresbetrag damit (4,40 €/m² × 5 m² × 12 Monate)	264 €
Der Vervielfältiger beträgt bei einer Verzinsung in Höhe von 5% (5%, da Vermietung) und Restnutzungsdauer (hier: 70 Jahre)	19,342677
Zwischenwert damit (264 € × 19,342677)	5 106,47 €
Beurteilungspegel am IO	68 dB (A)
IGW	59 dB (A)
$L_{r,T}$ zugeordneter Lästigkeitsfaktor	111,4
IGW zugeordneter Lästigkeitsfaktor	59,7%
Differenz = Entschädigungsprozentsatz	51,7%
Entschädigungsbetrag damit 51,7% des Zwischenwerts: (5106,47 € × 0,517)=	2 640,04 €

210 Maßgebend für den **Wert des unbebauten Außenwohnbereichs** ist der Bodenwert. Er wird i.d.R. durch Preisvergleich ermittelt.

Beispiel 4 (Abb. 25):

Abb. 25: Beeinträchtigung eines unbebauten Außenwohnbereichs

Beeinträchtigung des unbebauten Außenwohnbereichs	
Fläche des betroffenen Außenwohnbereichs	400 m²
Verkehrswert je m²	200 €/m²
Berücksichtigungsfähiger Betrag (50% von 200 €/m²)	100 €/m²
Zwischenwert damit (100 €/m² × 400 m²)	40 000 €
Beurteilungspegel am $IOL_{r,T}$	68 dB (A)
IGW	59 dB (A)
$L_{r,T}$ zugeordneter Lästigkeitsfaktor	111,4
IGW zugeordneter Lästigkeitsfaktor	59,7
Differenz = Entschädigungsprozentsatz	51,7%
Entschädigungsbetrag damit 51,7% des Zwischenwerts (40 000 € × 0,517)=	20 680 €

212 *Beispiel 5 (Abb. 26):*

Abb. 26: Zusammentreffen einer Beeinträchtigung des bebauten und des unbebauten Außenwohnbereichs

(1) Beeinträchtigung des bebauten Außenwohnbereichs

anrechenbare Fläche der betroffenen Terrasse (26 m² : 2)	13 m²
Wohnfläche	175 m²
Monatsmiete in €/m² kalt nach Vergleichsmiete (Eigennutzung)	9,14 €/m²
Berücksichtigungsfähiger Betrag (50% von 9,14 €/m²)	4,57 €/m²
Jahresbetrag damit (4,57 €/m² × 13 m² × 12)	712,92 €
Der Vervielfältiger beträgt bei einer Verzinsung in Höhe von 4% (4%, da Eigennutzung) und Restnutzungsdauer (hier: 70 Jahre)	23,394515
Zwischenwert damit (712,92 € × 23,394515)	16 678,42
Beurteilungspegel am IO Terrasse	67 dB (A)
IGW	64 dB (A)
$L_{r,T}$ zugeordneter Lästigkeitsfaktor	104,0
IGW zugeordneter Lästigkeitsfaktor	**84,4**
Differenz = Entschädigungsprozentsatz	19,6%
Entschädigungsbetrag damit 19,6% des Zwischenwerts (16 678,42 € × 0,196) =	3 268,97 €

(2) Beeinträchtigung des unbebauten Außenwohnbereichs

Fläche des betroffenen Außenwohnbereichs (ohne Terrasse 26 m²)	374 m²
Verkehrswert je m²	200 €/m²
Berücksichtigungsfähiger Betrag (50% von 200 €/m²)	100 €/m²
Zwischenwert damit (100 €/m² × 374 m²)	37 400 €
Beurteilungspegel am IO unbebauter Außenwohnbereich	
$L_{r,T}$	68 dB (A)
IGW	64 dB (A)
$L_{r,T}$ zugeordneter Lästigkeitsfaktor	111,4
IGW zugeordneter Lästigkeitsfaktor	**84,4**
Differenz = Entschädigungsprozentsatz	27,0%
Entschädigungsbetrag damit 27% des Zwischenwerts (37 400 € × 0,27) =	10 098 €

(3) Gesamtentschädigung

Terrasse	3 268,97 €
unbebauter Außenwohnbereich	10 098,00 €
Entschädigungsbetrag insgesamt	**13 366,97 €**

6.2.5.2 Entschädigung bei Teilinanspruchnahme

Bei Teilinanspruchnahme eines Grundstückes besteht neben dem Anspruch auf Entschädigung für den Substanzverlust und einer etwaigen Wertminderung des Gebäudes auch ein Anspruch auf Entschädigung wegen Lärmbeeinträchtigung des Außenwohnbereichs, wenn als Folge der Teilinanspruchnahme der Beurteilungspegel **213**

– 50 dB (A) am Tage überschreitet und
– gegenüber einer angenommenen Führung der Straße an der Grenze des zusammenhängenden Grundbesitzes[94] um mindestens 3 dB (A) erhöht wird. (Die Aufrundungsregel nach Abschnitt 4.0 der RLS-90 findet Anwendung.)

Verhältnis der Entschädigung bei Teilinanspruchnahme zum Ausgleichsanspruch nach § 74 Abs. 2 VwVfG **214**

Maßgebend für die Entschädigung ist der weitergehende Anspruch. Dieser gleicht die Lärmbeeinträchtigung insgesamt aus. Eine Doppelentschädigung ist unzulässig.

Die Entschädigung ist zu leisten nach den Grundsätzen der Lärmvorsorge, wenn der Beurteilungspegel nach Abzug der Schutzwirkung der abzugebenden Teilfläche den anzuwendenden IGW überschreitet (Beispiel 6).

Beispiel 6: **215**

IGW	59 dB (A)
Beurteilungspegel ($L_{r,T1}$)	66 dB (A)
entfallende Schutzwirkung	3 dB (A)
Lärmbelastung ohne Teilabtretung ($L_{r,T2}$)	63 dB (A)
Entschädigt wird die Differenz 66 dB (A)	– 59 dB (A)

Die Entschädigung ist zu leisten nach den Grundsätzen der Enteignungsentschädigung, wenn der Beurteilungspegel nach Abzug der Schutzwirkung der abzugebenden Teilfläche den anzuwendenden IGW nicht überschreitet.

Beispiel 7: **216**

IGW	59 dB (A)
Beurteilungspegel ($L_{r,T1}$)	66 dB (A
entfallende Schutzwirkung	10 dB (A)
Lärmbelastung ohne Teilabtretung ($L_{r,T2}$)	56 dB (A)
Entschädigt wird die Differenz 66 dB (A)	– 56 dB (A)

Überschreitet der Beurteilungspegel den anzuwendenden IGW nicht, ist die durch den Wegfall der Schutzwirkung der abzugebenden Teilfläche höhere Lärmbeeinträchtigung bei der Festsetzung der Enteignungsentschädigung zu berücksichtigen (Beispiel 8).

Beispiel 8: **217**

IGW	59 dB (A)
Beurteilungspegel ($L_{r,T1}$)	58 dB (A)
entfallende Schutzwirkung	4 dB (A)
Lärmbelastung ohne Teilabtretung ($L_{r,T2}$)	54 dB (A)
Entschädigt wird die Differenz 58 dB (A)	– 54 dB (A)

---

94 BGH, Urt. vom 6.8.1986 – III ZR 146/84 –, NJW 1986, 2424 = EzGuG 13.76.

218 Beispiele für die Berechnung der Entschädigung

Ein Teil des hinter einem Haus befindlichen Gartens wird für den Straßenbau in Anspruch genommen (Abb. 27).

Abb. 27: Beeinträchtigung eines bebauten und eines unbebauten Außenwohnbereichs bei gleichzeitiger Teilinanspruchnahme

219 *Beispiel 9 (Abb. 27):*

Beeinträchtigung der Terrasse	
anrechenbare Fläche der betroffenen Terrasse (26 m² : 2), vgl. Nr. 51.3	13 m²
Wohnfläche	175 m²
Vergleichsmiete	1 600 €
Mietpreis je m² (1 600 € : 175 m²)	9,14 €/m²
Berücksichtigungsfähiger Betrag (50% von 9,14 €/m²)	4,57 €/m²
Jahresbetrag damit (4,57 €/m² × 13 m² × 12 Monate)	712,92 €
Der Vervielfältiger beträgt bei einer Verzinsung in Höhe von 4%	
(4%, da Eigennutzung) und Restnutzungsdauer (hier: 70 Jahre)	23,394515
Zwischenwert damit (712,92 € × 23,394515)	16 678,42 €
Beurteilungspegel am IO Terrasse beim Bau der Straße mit Teilinanspruchnahme $L_{r,T1}$ =	65 dB (A)
Beurteilungspegel am IO Terrasse beim Bau der Straße	
an der ursprünglichen Grundstücksgrenze (fiktiv) $L_{r,T2}$ =	58 dB (A)
Differenz $L_{r,T1} - L_{r,T2}$ = 65 dB (A)	– 58 dB (A)
ist größer als 3 dB (A). Damit ist eine Schutzwirkung vorhanden.	
IGW:	59 dB (A)
$L_{r,T1}$ zugeordneter Lästigkeitsfaktor	90,5%
$L_{r,T2}$ zugeordneter Lästigkeitsfaktor	55,7%
Differenz = Entschädigungsprozentsatz	34,8%
Entschädigungsbetrag damit 34,8% des Zwischenwerts (16 678,42 € × 0,348) =	**5 804,09 €**

Beispiel 10: **220**

Beeinträchtigung des unbebauten Außenwohnbereichs	
Fläche des betroffenen Außenwohnbereichs (ohne Terrasse 26 m²)	374 m²
Verkehrswert je m²	200 €/m²
Berücksichtigungsfähiger Betrag (50% von 200 €/m²)	100 €/m²
Zwischenwert damit (100 €/m² × 374 m²)	37 400 €
Beurteilungspegel am IO unbebauter Außenwohnbereich beim Bau der Straße mit Teilinanspruchnahme	
$L_{r,T1}$	66 dB (A)
Beurteilungspegel am IO unbebauter Außenwohnbereich beim Bau der Straße an der ursprünglichen Grundstücksgrenze (fiktiv)	
$L_{r,T2}$	59 dB (A)
Differenz $L_{r,T1} - L_{r,T2}$ = 66 dB (A) – 59 dB (A)	
ist größer als 3 dB (A). Damit ist eine Schutzwirkung vorhanden.	
IGW	59 dB (A)
$L_{r,T1}$ zugeordneter Lästigkeitsfaktor	97,0%
$L_{r,T2}$ zugeordneter Lästigkeitsfaktor	59,7%
Differenz = Entschädigungsprozentsatz	37,3%
Entschädigungsbetrag damit 37,3% des Zwischenwerts (37 400 € × 0,373) =	**13 950,20 €**

6.2.5.3 Entschädigung für Altanlagen

Die vorstehenden Entschädigungsgrundsätze finden Anwendung bei der Neuanlage oder der Änderung bestehender Verkehrswege. Für sog. Altanlagen, die vor Inkrafttreten des BImSchG angelegt wurden und erst durch die Verkehrsentwicklung nachteilig betroffen sind, kommt eine Entschädigung nur nach der Rechtsfigur des „enteignenden Eingriffs" in Betracht. Ein **Entschädigungsanspruch für Beeinträchtigungen eines Grundstücks durch Verkehrslärm** besteht nur, wenn **221**

– die Zufügung der Emissionen nachbarrechtlich nicht untersagt werden kann;
– sie sich als ein unmittelbarer Eingriff in das nachbarliche Eigentum darstellt und
– die Grenze dessen überschritten wird, was der Nachbar nach § 906 BGB entschädigungslos hinnehmen muss[95].

Von einem unerträglichen Eigentumseingriff wird man dabei dann ausgehen können, wenn die **einfachrechtliche Zumutbarkeitsschwelle des Immissionsschutzrechtes überschritten** wird. Bei einem geräuschvorbelasteten Grundstück wird man aus Art. 14 GG Ausgleichsansprüche auch nur insoweit geltend machen können, als erst durch das Hinzutreten von Verkehrsbelastungen die Zumutbarkeitsschwelle überschritten wird. Ist das Grundstück zuvor erworben worden, so stellt der BGH für die Frage der Entschädigung und ihrer Höhe allein auf die seit dem Erwerb das Grundstücks eingetretenen Verhältnisse und den darauf beruhenden Wertminderungen ab, weil die zuvor bereits eingetretenen Wertminderungen im gewöhnlichen Geschäftsverkehr schon beim Erwerb des grundstückswertmindernd berücksichtigt wurden[96]. Demzufolge geht auch ein dem Voreigentümer entstandener Entschädigungsanspruch nicht ohne weiteres auf den Erwerber über. **222**

---

[95] BGH, Urt. vom 10.11.1987 – III ZR 204/86 –, EzGuG 13.89a; OVG Bremen, Urt. vom 19.1.1993 – 1 BA 11/92 –, NVwZ – RR 1993, 468 = UPR 1993, 358 (LS) = DÖV 1993, 833 (LS) = ZUR 1993, 183 (LS).
[96] BGH, Urt. vom 17.4.1986 – III ZR 202/84 –, EzGuG 13.87.

223 *Beispiel:*

Abb. 28: Ermittlung des Entschädigungsbetrags

Immissionsgrenzwert (IGW)   59 dB (A) (vgl. Rn. 182)
(für den Außenwohnbereich ist der IGW am Tage maßgebend)
Berechneter Mittelungspegel am Immissionsort IO   ($L_{m,T}$)
für Wohnhaus A (Immissionsort: Geschossdecke):   65 dB (A)
für Wohnhaus B (Immissionsort: Mittelpunkt der genutzten Fläche
in 2 m Höhe):   75 dB (A)

Ermittlung der Entschädigung:

– Zum Ausgleich der Beeinträchtigungen des Wohnhauses werden die Aufwendungen für Lärmschutz an der baulichen Anlage nach Maßgabe der VLärmSchR erstattet.

– Die Entschädigung (Ausgleich) für verbleibende Beeinträchtigungen des Außenbereichs erfolgt auf der Grundlage des hälftigen über die Restnutzungsdauer kapitalisierten Reinertrags (auf Grund der witterungsbedingten halbjährlichen Nutzung des Außenbereichs) bzw. des hälftigen Bodenwerts.

a) Ausgleich für Außenbereich (Balkon) des Wohnhauses A:

Reinertrag (RE) pro m² Wohnfläche:	120 €/m²
ergibt für 10 m² großen Balkon:	1 200 €
davon berücksichtigungsfähig 50 v.H.:	600 €
× Vervielfältiger 18.26 (p = 5%; n = 50 Jahre):	**10 956 €**

Lästigkeitsfaktor bei $L_{m,T}$	=	65 dB (A): 90,5%	(lt. Tab., Rn. 162)
Lästigkeitsfaktor bei $L_{m,T}$	=	59 dB (A): 59,4%	(lt. Tab., Rn. 162)
= Differenz = Entschädigungssatz:	31,1%		

Entschädigungsbetrag	31,1% des Zwischenwerts (10 956 €) = 3 170,96 €	
	10 956 € = 31,1/100 × **3 170 €**	

b) Ausgleich für unbebauten Außenbereich des Wohnhauses B:

Bodenwert (BW) des unbebauten Außenbereichs:	100 €/m²	
ergibt für 400 m² großen Außenwohnbereich:	40 000 €	
davon berücksichtigungsfähig 50 v.H.:	20 000 €	
Lästigkeitsfaktor bei $L_{m,T}$ = 75 dB (A):	181,0%	(lt. Tab., Rn. 162)
Lästigkeitsfaktor bei $L_{m,T}$ = 59 dB (A):	– 59,4%	(lt. Tab., Rn. 162)
= Differenz:	121,6%	
Entschädigungssatz:	100%	

Hinweis: Bei hohen Mittelungspegeln ergeben sich Differenzen von über 100; in diesen Fällen ist der Entschädigungssatz auf 100 v.H. begrenzt; stets gilt also:
Entschädigungssatz = 100%, wenn Differenz > 100

Entschädigungsbetrag 100% des Zwischenwerts (20 000 €): 100/100 × 20 000 € = **20 000 €**

Zur Ermittlung von Ausgleichs- und Entschädigungslasten bei zusätzlichen **Lärmbeeinträchtigungen infolge von Teilflächen (Vorgärten)** vgl. Teil VI Rn. 666f. Zu den **bergbaubedingten Erschütterungen** vgl. *Schürken* in VBHG informiert 2002. **224**

6.3 Gewerbelärm

Unter Gewerbelärm versteht man die durch gewerbliche und industrielle Lärmquellen verursachten Geräusche störenden Charakters. Gesetzliche Grundlagen insbesondere zur Vermeidung von Störungen sind **225**

– §§ 3, 22, 26, 50 BImSchG,
– 4. BImSchV; die Verordnung unterscheidet nach Anlagen, die einem förmlichen Genehmigungsverfahren unterliegen, und solchen Anlagen, für die ein vereinfachtes Genehmigungsverfahren genügt,
– BauNVO,
– DIN 18005-1,
– VDI-Richtlinie 2571 (Schallabstrahlung von Industriebauten),
– TA Lärm (Abb. 29).

Der **Betreiber einer genehmigungsbedürftigen Anlage** hat nach § 5 Abs. 1 BImSchG u.a. die Pflicht, seine Anlage so zu errichten und zu betreiben, dass keine schädlichen Umwelteinwirkungen und sonstige Gefahren, erhebliche Nachteile und erhebliche Belästigungen hervorgerufen werden können, sowie Vorsorge gegen schädliche Umwelteinwirkungen zu treffen, insbesondere durch die dem Stand der Technik entsprechenden Maßnahmen zur Emissionsbegrenzung. Mit § 22 BImSchG wird dem **Betreiber einer nicht genehmigungsbedürftigen Anlage** die Pflicht auferlegt, die Anlage so zu errichten und zu betreiben, dass schädliche Umwelteinwirkungen verhindert werden, die nach dem Stand der Technik vermeidbar sind. Des Weiteren sind die nach dem Stand der Technik unvermeidbaren Umwelteinwirkungen auf ein Mindestmaß zu beschränken. Gemäß § 26 BImSchG kann die zuständige Behörde anordnen, dass der Betreiber sowohl einer genehmigungsbedürftigen als auch einer nicht genehmigungsbedürftigen Anlage Art und Ausmaß der von der Anlage ausgehenden Emissionen sowie die Immissionen im Einwirkungsbereich der Anlage durch eine der vom Landesumweltamt bekannt gegebenen Stelle ermitteln lässt, wenn zu befürchten ist, dass durch die Anlage schädliche Umwelteinwirkungen hervorgerufen werden. **226**

V § 6 ImmoWertV Fluglärm

227 In der **steuerlichen Bewertung** kommen für den Feststellungszeitpunkt ab 1.1.1974 die nach der TA Lärm ermittelten Immissionsrichtwerte zur Anwendung[97]:

Abb. 29: Immissionsrichtwerte (nach 6.1 TA Lärm)

Gebiet nach der Baunutzungsverordnung	am Tage	bei Nacht von 22 bis 6 Uhr
a) Gebiete, in denen nur gewerbliche oder industrielle Anlagen und Wohnungen für Inhaber und Leiter der Betriebe sowie für Aufsichts- und Bereitschaftspersonen untergebracht sind (Industriegebiet § 9 BauNVO)	70 dB (A)	70 dB (A)
b) Gebiete, in denen vorwiegend gewerbliche Anlagen untergebracht sind (Gewerbegebiet § 8 BauNVO)	65 dB (A)	50 dB (A)
c) Gebiete mit gewerblichen Anlagen und Wohnungen, in denen weder vorwiegend gewerbliche Anlagen noch vorwiegend Wohnungen untergebracht sind (Kerngebiet, Mischgebiet, Dorfgebiet § 7, § 6, § 5)	60 dB (A)	45 dB (A)
d) Gebiete, in denen vorwiegend Wohnungen untergebracht sind (Allgemeines Wohngebiet, Kleinsiedlungsgebiet § 2, § 4 BauNVO)	55 dB (A)	40 dB (A)
e) Gebiete, in denen ausschließlich Wohnungen untergebracht sind (Reines Wohngebiet § 3 BauNVO) 50 dB (A), 35 dB (A)	50 dB (A)	35 dB (A)
f) Kurgebiete, Krankenhäuser und Pflegeanstalten (Kurgebiet, Klinikgebiet, § 11 BauNVO)	45 dB (A)	35 dB (A)*

*BGH, Beschl. vom 25.11.1993 – III ZR 2/93 –, EzGuG 13.130; Sägewerk: BGH, Urt. vom 14.3.1969 – V ZR 145/65 –, MDR 1969, 648.

6.4 Fluglärm

Schrifttum: *Bateman, I., Day, B., Lake I., Lovett, A.* The Effect of Road Traffic on Residential Property Values: A Literature Review and Hedonic Pricing Study, Studie für das Scottish Executive Development Department, Edinburgh; *Borowski, A.-K.,* Einfluss von Verkehrslärm auf den Bodenwert und den Verkehrswert von Eigentumswohnungen, DS 2003, 55; *Credit Suisse,* Financial Services, „Immobilien-Portfoliopolitik"; *DFS Deutsche Flugsicherung* GmbH, http://www.flugsicherung.de; *Dings, J.M.W., Wit, R.C.N., Leurs, B.A., Davidson, M.D.,* External Cost of Aviation, Research Report 299 96 106, UBA-FB 000411, im Auftrag des Umweltbundesamtes, Berlin; European Organisation for the Safety of Air Navigation, verfügbar: http://www.ecacnav.com/rvsm/default.htm. (Abruf 23.06.2005); *Faltermeier, K.,* Gutachten zur Ermittlung dr Höhe des Abschlags der Grundstückswerte wegen Fluglärms (flughafen München), *Fraport AG,* Fluglärmreport, Bericht über die Ergebnisse der Fluglärmüberwachung am Flughafen Frankfurt, Frankfurt; *Guski, R., Schönpflug, W.,* Soziale und ökonomische Auswirkungen, in: Fluglärm 2004, Stellungnahme des Interdisziplinären Arbeitskreises für Lärmwirkungsfragen beim Umweltbundesamt, S. 112 – 115; *Interdisziplinärer Arbeitskreis für Lärmwirkungsfragen beim Umweltbundesamt,* Fluglärm 2004, Stellungnahme des Interdisziplinären Arbeitskreises für Lärmwirkungsfragen beim Umweltbundesamt, Veröffentlichung des Umweltbundesamtes, Berlin; *Krebs, W., Bütikofer, R., Heutschi, K., Plüss, S., Thomann, G.,* „Gutachten – Fluglärmmonitoring Flughafen Frankfurt Main AP2: Akustik", Bericht Nr. 422'493 im Auftrag des Regionalen Dialogforums Flughafen Frankfurt, EMPA, Dübendorf; verfügbar: http://www.dialogforum-flughafen.de/htm/uploads/a325/-Be422293_Schlussbericht.pdf. (Abruf 23.06.2005); *Kampe, T.,* Auswirkungen durch die Erweiterung eines Großflughafens (Schönefeld) auf den regionalen Grundstücksmarkt (Dipl.-Arbeit an der TU Hannover 2002); *Müller, H.,* Die Kosten von Fluglärm, Diplomarbeit am Lehrstuhl für Finanzwirtschaft und Bankbetriebslehre, Technische Universität Chemnitz, Chemnitz; *Navrud, St.,* „The State-of-the-Art on Economic Valuation of Noise", Final Report to European Commission DG Environment; *Nelson, J. P.,* Meta-Analysis of Airport Noise and Hedonic Property Values: Problems and Prospects, Journal of Transports Economics and Policy, Vol. 38, No.1, S. 1–28; *Orszag, P. R., Orszag, J. M.,* Quantifying the Benefits of more stringent Aircraft Noise Regulations, commissioned by Northwest Airlines; Pressemitteilungen des Bundesministeriums für Umwelt,

---

97 RdVfg der OFD Düsseldorf vom 1.12.1975 – S 3204 A – St 212 – i.V.m. Abschn. 1.7. des GemRdErl. des Ministeriums für Gesundheit und Soziales NW – III B 2 – 88502 – (III – 4/75), des Ministeriums für Wirtschaft, Mittelstand und Verkehr NW – III/A 3 – 46 – 12 – und des Innenministeriums NW – V A 4 – 270.312 vom 3.2.1975 (MBl. NW 1975, 234).

Naturschutz und Reaktorsicherheit, verfügbar: *http://www.bmu.de/pressemitteilungen/pressemitteilungen_ ab01012005/pm/35538.php* (Abruf 23.06.2005); *Rat von Sachverständigen für Umweltfragen*, Umwelt und Gesundheit Risiken richtig einschätzen, Sondergutachten, Drucks. 14/2300; *Regionales Dialogforum* (o.J.), Fluglärmkonturen Frankfurt am Main, verfügbar: *http://www.noiserus.com/dialogforum/index.php* (Abruf 10.08.2005); *Rinderknecht, Th.*, Gutachten über die Wertbeeinflussung steuerlich maßgebender Vermögensteuer- und Eigenmietwerte in der Gemeinde Zumikon aufgrund der „Südanflugs"-Studie im Auftrag des Gemeinderates der Gemeinde Zumikon, Zürich; *Schipper, Y.J.J.*, On the Valuation of Aircraft Noise: A Meta-Analysis, European Regional Science Association, 36th European Congress, Zürich; *Spreng, M., Költzsch P.*, Mess- und Beurteilungsverfahren, in: Fluglärm 2004, Stellungnahme des Interdisziplinären Arbeitskreises für Lärmwirkungsfragen beim Umweltbundesamt; *Thießen, Schnorr*, Immobilien und Fluglärm, Technische Universität Chemnitz, WWDP 69/2005, ISSN 1618 – 1352; *Uherek, H.W.*, Gutachten zu Auswirkungen der Entwicklung des Flughafen Halle/Leipzig auf die Baulandpreise in der berührten Region, Leipzig 2001.

6.4.1 Allgemeines und Entschädigungsgrundsätze

Nach § 1 des Gesetzes zum Schutz gegen Fluglärm (FluglärmG) vom 31.10.2007 (BGBl. I 2007, 2550) werden zum Schutz der Allgemeinheit und der Nachbarschaft vor Gefahren, erheblichen Nachteilen und erheblichen Belästigungen durch Fluglärm für Verkehrsflughäfen, die dem Fluglinienverkehr angeschlossen sind, und für militärische Flugplätze, die dem Betrieb von Flugzeugen mit Strahltriebwerken zu dienen bestimmt sind, Lärmschutzbereiche festgesetzt. **Der Lärmschutz umfasst das Gebiet außerhalb des Flugplatzgeländes, in dem der durch Fluglärm hervorgerufene äquivalente Dauerschallpegel 67 dB (A) die nachstehenden Grenzwerte übersteigt.** Nach dem Maße der Lärmbelästigung wird der Lärmschutzbereich in zwei Schutzzonen für den Tag und eine Schutzzone für die Nacht gegliedert. Schutzzonen sind jeweils diejenigen Gebiete, in den der fluglärmbedingte „äquivalente Dauerschallpegel L_{Aeq} sowie bei der Nacht-Schutzzone auch der Fluglärmbedingte Maximalpegel L_{Amax} die nachfolgenden Grenzwerte übersteigt, wobei die Häufigkeit aus dem Mittelwert über die sechs verkehrsreichsten Monate des Prognosejahres bestimmt wird:

228

1. **Werte für neue oder wesentlich baulich erweiterte zivile Flugplätze i.S. des § 4 Abs. 1 Nr. 1 und 2 FlugLärmG**

    Tag-Schutzzone 1
        $L_{Aeq\,Tag}$ = 60 dB(A)

    Tag-Schutzzone 2
        $L_{Aeq\,Tag}$ = 55 dB(A)

    Nacht-Schutzzone
    a) bis zum 31. Dezember 2010
        $L_{Aeq\,Nacht}$ = 53 dB(A)
        L_{Amax} 6 mal 57 dB(A)

    b) ab dem 1. Januar 2011
        $L_{Aeq\,Nacht}$ = 50 dB(A)
        L_{Amax} 6 mal 53 dB(A)

2. **Werte für bestehende zivile Flugplätze i.S. des § 4 Abs. 1 Nr. 1 und 2 FlugLärmG**

    Tag-Schutzzone 1
        $L_{Aeq\,Tag}$ = 65 dB(A)

    Tag-Schutzzone 2
        $L_{Aeq\,Tag}$ = 60 dB(A)

    Nacht-Schutzzone
        $L_{Aeq\,Nacht}$ = 55 dB(A)
        L_{Amax} 6 mal 57 dB(A)

V § 6 ImmoWertV   **Fluglärm**

3. Werte für neue oder wesentlich baulich erweiterte militärische Flugplätze i.S. des § 4 Abs. 1 Nr. 3 und 4 FlugLärmG

    Tag-Schutzzone 1

                                   $L_{Aeq\,Tag}$ =   63 dB(A)

    Tag-Schutzzone 2

                                   $L_{Aeq\,Tag}$ =   58 dB(A)

    Nacht-Schutzzone

    a) bis zum 31. Dezember 2010

                                   $L_{Aeq\,Nacht}$ =   53 dB(A)

                                   L_{Amax} 6 mal 57 dB(A)

    b) ab dem 1. Januar 2011

                                   $L_{Aeq\,Nacht}$ =   50 dB(A)

                                   L_{Amax} 6 mal 53 dB(A)

4. Werte für bestehende militärische Flugplätze i.S. des § 4 Abs. 1 Nr. 3 und 4 FlugLärmG

    Tag-Schutzzone 1

                                   $L_{Aeq\,Tag}$ =   68 dB(A)

    Tag-Schutzzone 2

                                   $L_{Aeq\,Tag}$ =   63 dB(A)

    Nacht-Schutzzone

                                   $L_{Aeq\,Nacht}$ =   55 dB(A)

                                   L_{Amax} 6 mal 57 dB(A)

Gemäß § 4 Abs. 2 FluglärmG wird der jeweilige Lärmschutzbereich durch Rechtsverordnung der Landesregierung festgesetzt.

229   Nach § 5 Abs. 2 FluglärmG dürfen in der stärker verlärmten **Schutzzone 1** und in der Nacht-Schutzzone Wohnungen grundsätzlich nicht errichtet werden, in der **Schutzzone 2** nur dann, wenn die Anforderungen der raumumhüllenden Bauteile (z.B. Schallschutzfenster) nach der Schallschutzverordnung vom 5.4.1974 (BGBl. I 1974, 903) eingehalten werden. Im Lärmschutzbereich dürfen Krankenhäuser, Altenheime, Erholungsheime und ähnliche in gleichem Maße schutzbedürftige Einrichtungen nicht errichtet werden. In den Tag-Schutzzonen gilt Gleiches für Schulen, Kindergärten und ähnliche in gleichem Maße schutzbedürftige Einrichtungen.

230   **Die genannten Dauerschallpegel** (67 bzw. 75 dB [A]) **stellen damit das Ausmaß an Einwirkungen dar, was der Eigentümer im Rahmen der Inhaltsbestimmung des Eigentums entschädigungslos hinzunehmen hat.** Der äquivalente Dauerschallpegel wird nach der Anl. zu § 3 FluglärmG ermittelt. § 9 FluglärmG sieht darüber hinaus für die in der Schutzzone 1 gelegenen Grundstücke (als Ausgleichsmaßnahme) eine Erstattung von Aufwendungen für bauliche Schallschutzmaßnahmen vor.

231   Der von einem Militär- oder Zivilflughafen ausgehende **Fluglärm** kann entsprechend

    – seiner Intensität und Häufigkeit,

    – der Nutzung der davon betroffenen Grundstücke und ihrer Vorbelastung sowie

    – der Schutzwürdigkeit und Schutzbedürftigkeit zu einer mehr oder minder großen Verkehrswertminderung führen[98].

---

98 BGH, Urt. vom 25.3.1993 – III ZR 60/91 –, EzGuG 16.35; BGH, Urt. vom 16.3.1995 – III ZR 166/93 –, NJW 1995, 1823; OVG Hamburg, Beschl. vom 2.11.1998 – Bf III 43/96 –, NVwZ-RR 1999, 700; OVG Hamburg, Urt. vom 13.12.1994 – Bs III 376/93 –, DVBl 1995, 1026 (LS)= HbgJVBl 1995, 77; BVerwG, Urt. vom 7.7.1978 – 4 C 79/76 u.a. –, EzGuG 13.51, im Anschluss an BVerwG, Urt. vom 21.5.1976 – 4 C80/74 –, EzGuG 13.30; vgl. auch BVerwG, Urt. vom 5.12.1986 – 4 C 13/85 –, EzGuG 13.93; ferner: OLG Düsseldorf, Urt. vom 14.10.1974 – 9 U 47/74 –, KdL 1975, 168 = ZLW 1975, 148; OLG Düsseldorf, Urt. vom 8.5.1967 – 18 U 268/66 –, EzGuG 13.12; OLG Köln, Urt. vom 14.11.1994 – 2 U 76/93 –, EzGuG 13.133.

Voraussetzung für eine Entschädigung ist, dass 232

a) die zugelassene Nutzung des lärmemittierenden Grundstücks die vorgegebene Grundstückssituation nachhaltig verändert und dadurch das benachbarte Wohneigentum **schwer und unerträglich** trifft[99],

b) das Grundstück auf Grund seiner Lage und der damit verbundenen **Vorbelastung** zur Wohnbebauung geeignet war,

c) mit der Lärmbelästigung die **Zumutbarkeitsschwelle** überschritten wird[100].

Es kommt entscheidend auf die Veränderung der vorhandenen Grundstückssituation an. In diesem Sinne hat der BGH entschieden, dass derjenige, der in der Nähe eines Militärflugplatzes ein Wohngebäude an einer Stelle errichtet hat, die von Anfang an stark vom Fluglärm belastet war und nach den später in Kraft getretenen Vorschriften in die Lärmschutzzone (1) des für den Flugplatz festgesetzten Lärmschutzbereichs gefallen ist, keinen Anspruch auf Entschädigung aus enteignendem Eingriff hat[101].

Eine **Entschädigung für einen Minderwert** des Grundstücks kommt **erst in Betracht, wenn Schutzeinrichtungen keine wirksame Abhilfe versprechen oder unverhältnismäßige Aufwendungen erfordern**[102]. 233

Erfolgte der den Entschädigungsanspruch auslösende **Eingriff** auf ein unbebautes Grundstück **noch vor dem Erwerb des Grundstücks** und macht der neue Eigentümer (nach dem **Grundstückswechsel**), in dessen Person der Eingriff spürbar wird, den Entschädigungsanspruch geltend, muss er dartun, dass die vom Voreigentümer erlangte Rechtsposition auf ihn übergegangen ist. Ein solcher Rechtsübergang kann stillschweigend erfolgen und kann angenommen werden, wenn etwa der Kaufpreis dem (um den Wert des Entschädigungsanspruchs erhöhten) Wert des Grundstücks zur Zeit des enteignenden Eingriffs entspricht[103]. 234

Bei der **Bestimmung der Zumutbarkeitsschwelle** ist zu berücksichtigen, dass Fluglärm im Unterschied zum Straßenverkehrslärm durch kurzzeitige, verhältnismäßig hohe Schalldrücke sowie bestimmte Frequenzzusammensetzungen gekennzeichnet ist. Hieraus folgt, dass ein dem äquivalenten Dauerschallpegel entsprechender Zahlenwert nicht ohne weiteres als Grenze für die Zumutbarkeit gelten kann[104]. Für die Beurteilung der zivilrechtlichen Ansprüche des Eigentümers nach den §§ 906 und 1004 BGB[105] sind deshalb die in § 2 FluglärmschutzG zur Abgrenzung der Schutzzonen im Lärmschutzbereich des Flughafens festgelegten äquivalenten Dauerschallpegel weder als Grenz- noch als Richtwerte geeignet. Vielmehr muss der Spitzenpegel stärker berücksichtigt werden[106]. 235

Folgende **Grundsätze** hat das BVerwG[107] herausgestellt: 236

– Die Anwohner eines internationalen Großflughafens haben keinen Anspruch auf Festlegung eines absoluten Nachtflugverbots.

– Die Planfeststellungsbehörde kann unter Berücksichtigung der Umstände des Einzelfalls die Zumutbarkeitsgrenze in § 9 Abs. 2 LuftVG im Wege des Ausschlusses höherer flug-

---

99 BGH, Urt. vom 25.11.1991 – III ZR 7/91 –, EzGuG 13.120b; BGH, Urt. vom 10.12.1987 – III ZR 204/86 –, EzGuG 13.91.
100 BGH, Urt. vom 16.3.1995 – III ZR 166/93 –, EzGuG 13.134; BGH, Urt. vom 15.6.1977 – V ZR 44/74 –, EzGuG 13.40.
101 BGH, Beschl. vom 29.6.2006 – III ZR 253/05 –, EzGuG 13.1341; BGH, Urt. vom 16.3.1995 – III ZR 166/93 –, NJW 1995, 1823 = EzGuG 13.134.
102 BGH, Beschl. vom 30.1.1986 – III ZR 34/85 –, EzGuG 13.84; BGH, Urt. vom 25.11.1991 – III ZR 7/91 –, EzGuG 13.120b; BGH, Urt. vom 18.10.1979 – III ZR 177/77 –, EzGuG 13.52; BGH, Urt. vom 13.1.1977 – III ZR 6/75 –, EzGuG 13.33; BGH, Urt. vom 20.3.1975 – III ZR 215/71 –, EzGuG 13.25.
103 BGH, Urt. vom 16.3.1995 – III ZR 166/93 –, EzGuG 13.134; BGH, Urt. vom 13.7.1984 – III ZR 166/76 –, EzGuG 18.84; BGH, Urt. vom 2.2.1978 – III ZR 90/76 –, EzGuG 18.81; BGH, Urt. vom 13.12.1984 – III ZR 175/83 –, EzGuG 6.227; BGH, Urt. vom 6.2.1986 – III ZR 96/84 –, EzGuG 18.100; BGH, Urt. vom 17.4.1986 – III ZR 202/84 –, EzGuG 13.77.
104 BGH, Urt. vom 15.6.1977 – V ZR 44/74 –, EzGuG 13.40.
105 Zur Anwendung BGH, Urt. vom 10.11.1972 – V ZR 54/71 –, EzGuG 13.20; BGH, Urt. vom 10.6.1977 – V ZR 242/75 –, EzGuG 13.39.
106 BT-Drucks. 8/2254, Nr. 5.3; BGH, Urt. vom 26.11.1980 – V ZR 126/78 –, EzGuG 13.55; BGH, Urt. vom 16.3.1985 – III ZR 166/93 –, EzGuG 13.132; OLG Köln, Urt. vom 14.11.1994 – 2 U 76/93 –, EzGuG 13.131.
107 BVerwG, Urt. vom 29.1.1991 – 4 C 51/89 –, EzGuG 13.117.

- lärmbedingter Schallpegel als 55 dB (A) im Rauminnern bei geschlossenen Fenstern rechtsfehlerfrei festlegen.
- Der in der Rechtsprechung gebilligte Dauerschallpegel (Außenpegel) zur Bestimmung der äußerstenfalls zumutbaren Geräuscheinwirkung durch Straßenverkehr lässt Rückschlüsse auf die Festlegung der Zumutbarkeitsgrenze für Fluglärm nicht zu.
- Die lärmbedingte Verkehrswertminderung ist nicht identisch mit der Höhe der Entschädigung; sie ist allenfalls ein Indiz.
- Ein Entschädigungsanspruch wegen unzumutbarer Lärmeinwirkung auf den Außenbereich ist nicht von vornherein ausgeschlossen, wenn die Lärmbelastung des Innenwohnbereichs durch Schallschutzmaßnahmen auf ein zumutbares Maß gesenkt worden ist.
- Die Frage der Schutzwürdigkeit kann für den Innen- und Außenwohnbereich nicht einheitlich beantwortet werden; vielmehr ist eine Gesamtbetrachtung anzustellen.

237 Im Übrigen bleibt darauf hinzuweisen, dass die **Festlegung eines Bauschutzbereichs** i.S. des Luftverkehrsgesetzes das Grundstück i.d.R. **von der konjunkturellen Weiterentwicklung** (Vorwirkung, vgl. Teil VII Rn. 357 ff.) **ausschließt** und dies ggf. bei der Bemessung der Entschädigung zu berücksichtigen ist[108].

6.4.2 Wertminderung wegen Fluglärms

238 Allgemein wird angenommen, dass vom Fluglärm betroffene Grundstücke in Abhängigkeit von der Intensität gegenüber sonstigen Grundstücken in ihrem Wert gemindert sind; dies gilt insbesondere für Wohngrundstücke, während gewerbliche Grundstücke eher von der Flugplatznähe profitieren. Eine Wertminderung braucht bei der Bodenwertermittlung explizit nicht berücksichtigt zu werden, wenn von gleichartig betroffenen **Vergleichsgrundstücken bzw. dem jeweiligen Bodenrichtwert** ausgegangen wird.

239 Wird bei der Bodenwertermittlung von Vergleichsgrundstücken ausgegangen, die nicht vom Fluglärm betroffen sind, kann eine Wertminderung nicht zwangsläufig unterstellt werden, da umgekehrt auch mit der Nähe des Flughafens auch Werterhöhungen einhergehen können. Grundstücke in unmittelbarer Flughafennähe bilden einen eigenen **Teilmarkt**, der insbesondere für gewerbliche Nutzungen und auch für die dort Beschäftigten Standortvorteile aufweist. Deshalb darf nicht allein mit Blick auf die Lärmbelastung eine Wertminderung unterstellt werden, zumal vielfach z.B. mit der Erstellung einer neuen Landebahn und der öffentlichen Auseinandersetzung zwar kurzfristig Preisbrüche einhergehen und sich das Wertniveau aber längerfristig „erholt". Mit dem Flughafen verbessert sich nämlich die Attraktivität eines Gebiets als Wirtschaftsstandort. Dieser sich allerdings erst mit fortschreitender Zeit einstellende Effekt blieb in empirischen und stichtagsbezogenen Untersuchungen zumeist außer Betracht.

240 **Empirische Untersuchungen** zur Wertminderung infolge Fluglärms zeigen ein recht unterschiedliches Bild und haben auch keinen statistisch hinreichend zuverlässig ableitbaren Zusammenhang zwischen dem absoluten Grundstückswert und der prozentualen Wertminderung ergeben. Von Wertminderungen können insbesondere hochpreisige Marktsegmente betroffen sein[109].

241 Die Wertminderung wurde in einer Untersuchung des Arbeitskreises für Lärmwirkungsfragen beim Umweltbundesamt[110] mit Hilfe des **„Noise Sensitivity Depreciation Index" – NSDI –** ermittelt und ergab einen mittleren NSDI von 0,87 pro Dezibel (dB) Lärmbelastung, d.h., bei einer Zunahme um 10 dB ergäbe sich eine Wertminderung von 8,7%. In Einzelstudien haben

---

108 BGH, Urt. vom 29.4.1968 – III ZR 141/65 –, EzGuG 16.7; BGH, Urt. vom 29.4.1968 – III ZR 177/65 –, EzGuG 16.8.
109 Weigt, Universität Bonn: Hannover bei Kaufpreisen = 300 000 €: 3,5%; hochpreisige Immobilien in Hannover Langenhagen – 7,5%; Düsseldorf bei Kaufpreisen = 500 000 €: ohne Einfluss, hochpreisige Immobilien – 8%.
110 *Sondergutachten* des Rates von Sachverständigen für Umweltfragen (1999); Guski, R., Schönpflug, W., Soziale und ökonomische Auswirkungen, in: Fluglärm 2004, Stellungnahme des Interdisziplinären Arbeitskreises für Lärmwirkungsfragen beim Umweltbundesamt, S. 112 – 115.

sich aber auch Werterhöhungen eingestellt (NSDI bis 1,28; Manchester), so dass weder auf Länderebene noch global ein allgemeingültiger NSDI abgeleitet werden konnte. Für das Rhein-Main-Gebiet wurde ein NSDI von 0,3% festgestellt[111]. Die Ergebnisse beruhen allerdings lediglich auf einer Befragung ortsansässiger Makler, die erfahrungsgemäß nur bedingt aussagekräftig ist.

6.4.3 Steuerliche Bewertung

In der steuerlichen Bewertung sind folgende Wertminderungsabschläge wegen Fluglärms üblich[112] (Abb. 30): 242

Abb. 30: Abschläge nach § 82 Abs. 1 Nr. 1 BewG vom Grundstückswert in der Einheitsbewertung[113]

Art des Flugbetriebs	Lärmschutzzonen nach FluglG u.a.	§ 82 BewG	Höhe des Abschlags
kleiner Verkehrs-, Sport- oder Militärflugplatz		(–)	
großer Verkehrs- oder Militärflughafen ohne An- und Abflug von Düsenflugzeugen	Schutzzone Ia)	(+)	max. 5%
	Schutzzone IIb)	(+)	max. 3%

---

111 Thießen, Schnorr, Immobilien und Fluglärm, Technische Universität Chemnitz, WWDP 69/2005, ISSN 1618 – 1352.
112 Vgl. RdVfg der OFD Freiburg vom 23.5.1986 – S 3204 A.
113 **Rechtsprechungsübersicht zum Fluglärm:** BGH, Urt. vom 20.3.1975 – III ZR 215/71 –, BGHZ 64, 220 = NJW 1975, 1406 = MDR 1975, 826 = ZMR 1977, 77 = BBauBl. 1975, 420 = JZ 1975, 488 = BB 1975, 488 = BRS Bd. 34 Nr. 165 = EzGuG 13.25; BGH, Urt. vom 10.1.11.1977 – III ZR 166/75 –, MDR 1978, 296 = DVBl 1978, 110 = DÖV 1978, 213 = DB 1978, 488 = ZMR 1978, 173 = BauR 1978, 391 = BRS Bd. 34 Nr. 168 = ZMR1979, 200 = DVBl. 1979, 314 = ZMR 1980, 137 = BRS Bd. 34 Nr. 52; BGH, Urt. vom 18.10.1979 – III ZR 177/77 –, WM 1980, 680 = MDR 1980, 655 = HdL 58, 157; BGH, Urt. vom 30.1.1986 – III ZR 34/85 –, NJW-RR 1986, 1141 = NVwZ 1986, 961 = NJW 1986, 2423 = DWW 1986, 174 = BRS Bd. 53 Nr. 108 = VersR 1987, 379 = EzGuG 13.74; BGH, Urt. vom 30.1.1987 – III ZR 34/85 –, ZfSch 1987, 165; BGH, Urt. vom 25.11.1991 – III ZR 7/91 –, NVwZ 1992, 404 = VersR 1992, 322 = BRS Bd. 53 Nr. 155 = EzGuG 13.120b; BGH, Urt. vom 25.5.1993 – III ZR 59/92 –, NVwZ 1993, 2173 = MDR 1993, 737 = WiR 1993, 337 = UPR 1993,343 = ZfBR 1993, 253 = NJ 1993, 431 = VersR 1993, 1012 = NZV 1993, 430 = RdL 1995, 37 = ZfSch 1993, 366; BGH, Urt. vom 25.3.1993 – III ZR 60/91 –, BGHZ 122, 76 = WM 1993, 1481 = NJW 1993, 1700 = MDR1993, 1185 = NVwZ 1993, 811 = WiR 1993, 270 = GE 1993, 583 = UPR 1993, 297 = DVBl 1993, 1089 = RdL 1995, 45 = HdL 58, 187 = NJ 1993, 431 = EzGuG 16.35; BGH, Urt. vom 27.5.1993 – III ZR 59/92 –, BGHZ 12,363 = NJW 1993, 2173 = MDR 1993, 737 = WiR 1993, 337 = UPR 1993, 343 = ZfBR 1993, 253 = NJ 1993, 431 = VersR 1993, 1012 = NZV 1993, 430 = RdL 1995, 37 = ZfSch 1993, 366 = EzGuG 16.35a; BGH, Urt. vom 16.3.1995 – III ZR 166/93 –, BGHZ 129, 124 = WM 1995, 1037 = NJW 1995, 1823 = NVwZ 1995, 928 = MDR 1995, 477 = RdL 1995, 129 = ZfBR 1995, 207 = UPR 1995, 260 = DVBl 1995, 739 = HdL 58, 205, 639 = DÖV 1995, 733 = BauR 1995, 532 = AgrarR 1995, 342 = VersR 1996, 105 = JR 1996, 327 = HdL 58, 190 = IBR 1996, 163 = ZUR 1996, 46 und 155 = ZAP EN Nr. 359/95 = EzGuG 13.134; BGH, Urt. vom 29.10.1998 – III ZR 137/98 –, NJW-RR 1999, 362; OLG Bamberg, Urt. vom 11./12.5.1982 – 3 U 11/82 –, ZLW 1984, 81; KG Berlin, Urt. vom 22.12.1967 – 6 U 761/67 –; OLG Celle, Urt. vom 9.4.1992 – 5 U 200/90 –, VersR 1992, 1480 = NdsRpflege 1992, 176; OLG Hamm, Urt. vom 31.5.1983 – 9 U 294/82 –, AgrarR 1984, 137; OLG Koblenz, Urt. vom 6.5.1998 – 1 U 1568/93 –, OLGR Koblenz 1998, 267; BVerwG, Urt. vom 5.3.1979 – 11 A 25/95 –, BVerwGE 104, 123 = NVwZ 1998, 513 = UPR 1997, 295 = DVBl 1997, 831 = NuR 1997, 435 = ZUR 1997, 328; BVerwG, Urt. vom 25.6.1982 – 8 C 15/80 –, NJW 1983, 640 = MDR 1983, 80 = DÖV 1982, 902 = ZMR 1983, 268 = VR 1983, 297 = ZMR 1983, 373 = DST 1993, 469; BVerwG, Urt. vom 29.11.1991 – 4 C 51/89 –, BVerwGE 87, 332 = NVwZ-RR 1991, 601 = NVwZ 1992, 166 = DVBl 1991, 1143 = BayVBl. 1991, 666 = ZLW 1991, 429 = DVBl 1991, 885 = MDR 1991, 909 = DÖV 1991, 853 = NZV 1992, 45 = NuR 1992, 299 = DST 1991, 567 = EzGuG 13.117; BVerwG, Urt. vom 27.10.1998 – 11 A 1/97 –, BVerwGE 107, 313 = NVwZ 1999, 644 = DVBl.1999, 894 = UPR 1999, 266 = NuR 2000, 31 = ZfBR 1999, 174; BVerwG, Urt. vom 11.8.1999 – 11 B 21/98 –, NVwZ-RR 1999, 365 = UPR 1999, 226; BayVGH, Urt. vom 27.7.1989 – 20 B 81 D.I –, DVBl. 1990, 115 = BayVBl. 1990, 82 = UPR 1990, 39 = NuR 1991, 22; BayVGH, Urt. vom 5.5.1996 – 20 B 92.1055 –, NVwZ-RR 1997, 159 = DVBl 1996, 930 (LS)= VGHE BY 49, 77 = DÖV 1996, 1010 (LS)= ZUE 1997, 275; BayVGH, Urt. vom 4.1.1997 – 20 A 92.40134 –, BayVBl. 1998, 756 = ZLW 1999, 536 = UPR 1998, 160; OVG Hamburg, Urt. vom 13.2.1994 – Bs III 376/93 –, DVBl 1995, 1026 (LS)= HmbJVBl. 1995, 77; BFH, Urt. vom 12.121990 – II R 97/87 –, BFHE 163, 229 = BStBl. II 1991, 196 = BB 1991, 405 = DB 1991, 684 = DWW 1991, 86 = HFR 1991, 324 = DStR 1991, 414 = EzGuG 4.136; BFH, Urt. vom 21.1.1992 – VIII R 51/88 –, BFHE 168, 500 = BStBl II 1993, 3 = DB 1992, 2327 = HFR 1993, 57 = BB 1992, 2067 = WiR 1993 B 15.

Art des Flugbetriebs	Lärmschutzzonen nach FluglG u.a.	§ 82 BewG	Höhe des Abschlags
großer Verkehrs- oder Militärflughafen mit An- und Abflug von Düsenflugzeugen	Schutzzone I	(+)	max. 10%
	Schutzzone II	(+)	max. 5%
	Schutzzone „C"c)	(–)	
Tief(st)fluggebiete	75 – 150 m Flughöhe	(+)	ca. 5%
	150 – 400 m Flughöhe	(–)	

a) In der Schutzzone 1 dürfen grundsätzlich keine Wohnungen errichtet werden (§ 5 FluglärmG).

b) In der Schutzzone 2 nur, wenn sie über Schallschutzvorrichtungen verfügen (§ 6 FluglärmG). Schutzzone 1 und 2 sind Zonen mit extremer Fluglärmbelästigung (BFH, Urt. vom 4.8.1983 – III R 79, 141/81a –). Ansprüche auf Ersatz der Kosten der Schallschutzmaßnahmen gewährt § 9 FluglärmG für in Schutzzone 1 gelegene Grundstücke. Der Höhe nach ist der Betrag der Aufwendungserstattung auf 50,– € je Quadratmeter Wohnfläche begrenzt. Darüber hinaus muss sich die Art der Schutzvorrichtungen an die gem. § 7 FluglärmG für verbindlich zu erklärenden Anforderungen halten. Die Grundstückseigentümer in der Schutzzone 2 haben dagegen keinen Anspruch aus § 9 FluglärmG.

Als weitere Anspruchsgrundlage für die Kostenerstattung kommt im Einzelfall § 906 Abs. 2 S. 2 BGB (vgl. BGH, Urt. vom 26. 11. 1980 – V ZR 126/78 –, EzGuG 13.55; BGH, Urt. vom 15.6.1977 – V ZR 44/74 –, EzGuG 13.40) oder das Institut des enteignenden Eingriffs (vgl. BGH, Urt. vom 30.1.1986 – III ZR 34/85 –, EzGuG 13.84) in Betracht (vgl. Lorenz in DB 1973 Beil. 6).

c) In der sog. Lärmschutzzone C beträgt der äquivalente Dauerschallpegel zwischen 62 dB (A) und 67 dB (A).

BFH, Urt. vom 4.8.1983 – III R 79, 14 l/8 l –, EzGuG 13.63a; BFH, Urt. vom 12.12.1990 – II R 97/87 –, EzGuG 4.136; BFH, Urt. vom 21.1.1992 – VIII R 51/88 –, BFHE 168, 500 = BStBl. II 1993, 3 = DB 1992, 2327 = HFR 1993, 57 = BB 1992, 2067 = WiR 1993 B 15; BFH, Urt. vom 7.7.1993 – II R 69/90 –, EzGuG 13.128

Quelle: Günther/Günther in KStZ 1993, 81; vgl. Schlepp in DStZ 1993, 759 und Lück in DStZ 1994, 209

6.5 Spiel- und Sportlärm

243 Nach gegenwärtiger Rechtslage unterfallen nahezu alle Sportanlagen als nicht genehmigungsbedürftige Anlagen der Vorschrift des **§ 22 Bundes-Immissionsschutzgesetz** (BImSchG).

244 **Als Sportanlagen gelten** dabei ortsfeste Einrichtungen i.S. des § 3 Abs. 5 Nr. 1 BImSchG, die der Sportausübung dienen[114]. Diese sind dort wie folgt definiert:

„(5) Anlagen im Sinne dieses Gesetzes sind

1. Betriebsstätten und sonstige ortsfeste Einrichtungen,
2. Maschinen, Geräte und sonstige ortsveränderliche technische Einrichtungen sowie Fahrzeuge, soweit sie nicht der Vorschrift des § 38 unterliegen, und
3. Grundstücke, auf denen Stoffe gelagert oder abgelagert oder Arbeiten durchgeführt werden, die Emissionen verursachen können, ausgenommen öffentliche Verkehrswege."

245 Zur Sportanlage zählen auch **Einrichtungen, die mit der Sportanlage in einem engen räumlichen und betrieblichen Zusammenhang stehen.** Zur Nutzungsdauer der Sportanlagen gehören nach § 1 Abs. 3 der 18. BImSchV auch die Zeiten des An- und Abfahrverkehrs sowie des Zu- und Abgangs.

---

114 Sportanlagenschutzverordnung – 18. BImSchV vom 18.7.1991 (BGBl. I 1991, 1588, 1790); vgl. BR-Drucks.17/91; BR-Unterausschuss Umwelt Sitzungsprot. vom 26.2.1991; zur rechtlichen Bedeutung vgl. BVerwG, Urt. vom 12.8.1999 – 4 CN 4/98 –, GuG-aktuell 2000, 6 (LS); BVerwG, Beschl. vom 8.11.1994 – 7 B 73/94 –, EzGuG 13.132; **Tennisplatz:** OLG Zweibrücken, Urt. vom 4.2.1992 – 8 U 103/91 –, EzGuG 13.121; OVG Lüneburg, Beschl. vom 19.1.1988 – 1 B 74/87 –, EzGuG 13.92; LG Siegen, Urt. vom 7.11.1986 – 2 O216/85 –, EzGuG 13.82; BVerwG, Beschl. vom 7.8.1991 – 7 B 48/91 –, EzGuG 13.120; BVerwG, Urt. vom19.1.1989 – 7 C 77/87 –, EzGuG 13.104; BVerwG, Urt. vom 8.11.1994 – 7 B 73/94 –, EzGuG 13.132; OVG Berlin, Beschl. vom 16.9.1988 – 2 S 56/87 –, EzGuG 13.99.

Sportlärm § 6 ImmoWertV V

Sportanlagen sind so zu errichten und zu betreiben, dass die Immissionsrichtwerte des § 2 Abs. 2 der 18. BImSchV nicht überschritten werden (Abb. 31)[115]. Einzelne kurzzeitige Geräuschspitzen dürfen diese Werte tags nicht mehr als 30 dB und nachts um nicht mehr als 20 dB überschreiten. **246**

Abb. 31: Tabelle der Immissionsrichtwerte (IRW) für Sportanlagen

Immissionsrichtwerte (Sportanlagen) – IRW –			
	Tag *außerhalb der Ruhezeiten*	Tag *innerhalb der Ruhezeiten*	Nacht
1. in Gewerbegebieten	65 dB (A)	60 dB (A)	50 dB (A)
2. in Kerngebieten, Dorfgebieten und Mischgebieten	60 dB (A)	55 dB (A)	45 dB (A)
3. in allgemeinen Wohngebieten und Kleinsiedlungsgebieten	55 dB (A)	50 dB (A)	40 dB (A)
4. in reinen Wohngebieten	50 dB (A)	45 dB (A)	35 dB (A)
5. in Kurgebieten, für Krankenhäuser und Pflegeanstalten	45 dB (A)	45 dB (A)	35 dB (A)

Die 18. BImSchV schreibt des Weiteren in § 2 vor: **247**

„(3) Werden bei Geräuschübertragung innerhalb von Gebäuden in Aufenthaltsräumen von Wohnungen, die baulich, aber nicht betrieblich mit der Sportanlage verbunden sind, von der Sportanlage verursachte Geräuschimmissionen von mehr als 35 dB (A) tags oder 25 dB (A) nachts festgestellt, hat der Betreiber der Sportanlage Maßnahmen zu treffen, welche die Einhaltung der genannten Immissionsrichtwerte sicherstellen; dies gilt unabhängig von der Lage der Wohnung in einem der in Absatz 2 *(vgl. vorstehende Tabelle)* genannten Gebiete.

(4) Einzelne kurzzeitige Geräuschspitzen sollen die Immissionsrichtwerte nach Absatz 2 tags um nicht mehr als 30 dB (A) sowie nachts um nicht mehr als 20 dB (A) überschreiten; ferner sollen einzelne kurzzeitige Geräuschspitzen die Immissionsrichtwerte nach Absatz 3 um nicht mehr als 10 dB (A) überschreiten

(5) Die Immissionsrichtwerte beziehen sich auf folgende Zeiten:

1.	tags	an Werktagen	6.00 bis 22.00 Uhr,
		an Sonn- und Feiertagen	7.00 bis 22.00 Uhr,
2.	nachts	an Werktagen	0.00 bis 6.00 Uhr
		und	22.00 bis 24.00 Uhr,
		an Sonn- und Feiertagen	0.00 bis 7.00 Uhr
		und	22.00 bis 24.00 Uhr,
3.	Ruhezeit	an Werktagen	6.00 bis 8.00 Uhr
		und	20.00 bis 22.00 Uhr,
		an Sonn- und Feiertagen	7.00 bis 9.00 Uhr,
			13.00 bis 15.00 Uhr
		und	20.00 bis 22.00 Uhr.

Die Ruhezeit von 13.00 bis 15.00 Uhr an Sonn- und Feiertagen ist nur zu berücksichtigen, wenn die Nutzungsdauer der Sportanlage oder der Sportanlagen an Sonn- und Feiertagen in der Zeit von 9.00 bis 20.00 Uhr 4 Stunden oder mehr beträgt.

(6) Die Art der in Absatz 2 bezeichneten Gebiete *(vgl. vorstehende Tabelle)* und Anlagen ergibt sich aus den Festsetzungen in den Bebauungsplänen. Sonstige in Bebauungsplänen festgesetzte Flächen für Gebiete und Anlagen sowie Gebiete und Anlagen, für die keine Festsetzungen bestehen, sind nach Absatz 2 entsprechend der Schutzbedürftigkeit zu beurteilen. Weicht die tatsächliche bauliche Nutzung im Einwirkungsbereich der Anlage erheblich von der im Bebauungsplan festgesetzten baulichen Nutzung ab, ist von der tatsächlichen baulichen Nutzung unter Berücksichtigung der vorgesehenen baulichen Entwicklung des Gebietes auszugehen.

---

115 Brandenburg: Freizeitlärm-Richtlinie vom 12.8.1996 (ABl vom 4.9.1996, 878).

(7) Die von der Sportanlage oder den Sportanlagen verursachten Geräuschimmissionen sind nach dem Anhang zu dieser Verordnung *(hier nicht abgedruckt)* zu ermitteln und zu beurteilen."

248 Zur Erfüllung der Pflicht eines Betreibers einer Sportanlage gehört, diese so zu errichten und zu betreiben, dass die in der vorstehenden Tabelle (Abb. 31) genannten Immissionsrichtwerte unter **Einrechnung der Geräuschimmissionen anderer Sportanlagen** nicht überschritten werden. Dazu hat der Betreiber nach § 3 der 18. BImSchV insbesondere

„1. an Lautsprecheranlagen und ähnlichen Einrichtungen technische Maßnahmen, wie dezentrale Aufstellung von Lautsprechern und Einbau von Schallpegelbegrenzern, zu treffen,

3. technische und bauliche Schallschutzmaßnahmen, wie die Verwendung lärmgeminderter oder lärmmindernder Ballfangzäune, Bodenbeläge, Schallschutzwände und -wälle, zu treffen,

4. Vorkehrungen zu treffen, dass Zuschauer keine übermäßig lärmerzeugenden Instrumente wie pyrotechnische Gegenstände oder druckgasbetriebene Lärmfanfaren verwenden, und

5. An- und Abfahrtswege und Parkplätze durch Maßnahmen betrieblicher und organisatorischer Art so zu gestalten, dass schädliche Umwelteinwirkungen durch Geräusche auf ein Mindestmaß beschränkt werden."

249 **Weiterhin gelten** nach § 5 der 18. BImSchV im Einzelfall **folgende Nebenbestimmungen:**

„(1) Die zuständige Behörde soll von Nebenbestimmungen zu erforderlichen Zulassungsentscheidungen und Anordnungen zur Durchführung dieser Verordnung absehen, wenn die von der Sportanlage ausgehenden Geräusche durch ständig vorherrschende Fremdgeräusche nach Nummer 1.4 des Anhangs überlagert werden.

(2) Die zuständige Behörde kann zur Erfüllung der Pflichten nach § 2 Abs. 1 außer der Festsetzung von Nebenbestimmungen zu erforderlichen Zulassungsentscheidungen oder der Anordnung von Maßnahmen nach § 3 für Sportanlagen Betriebszeiten (ausgenommen für Freibäder von 7.00 Uhr bis 22.00 Uhr) festsetzen; hierbei sind der Schutz der Nachbarschaft und der Allgemeinheit sowie die Gewährleistung einer sinnvollen Sportausübung auf der Anlage gegeneinander abzuwägen.

(3) Die zuständige Behörde soll von einer Festsetzung von Betriebszeiten absehen, soweit der Betrieb einer Sportanlage dem Schulsport oder der Durchführung von Sportstudiengängen an Hochschulen dient. Dient die Anlage auch der allgemeinen Sportausübung, sind bei der Ermittlung der Geräuschimmissionen die dem Schulsport oder der Durchführung von Sportstudiengängen an Hochschulen zuzurechnenden Teilzeiten nach Nummer 1.3.2.3 des Anhangs außer Betracht zu lassen; die Beurteilungszeit wird um die dem Schulsport oder der Durchführung von Sportstudiengängen an Hochschulen tatsächlich zuzurechnenden Teilzeiten verringert. Die Sätze 1 und 2 gelten entsprechend für Sportanlagen, die der Sportausbildung im Rahmen der Landesverteidigung dienen.

(4) Bei Sportanlagen, die vor In-Kraft-Treten dieser Verordnung baurechtlich genehmigt oder – soweit eine Baugenehmigung nicht erforderlich war – errichtet waren, soll die zuständige Behörde von einer Festsetzung von Betriebszeiten absehen, wenn die Immissionsrichtwerte an den in § 2 Abs. 2 genannten Immissionsorten jeweils um weniger als 5 dB (A) überschritten werden; dies gilt nicht an den in § 2 Abs. 2 Nr. 5 genannten Immissionsorten.

(5) Die zuständige Behörde soll von einer Festsetzung von Betriebszeiten absehen, wenn infolge des Betriebs einer oder mehrerer Sportanlagen bei seltenen Ereignissen nach Nummer 1.5 des Anhangs Überschreitungen der Immissionsrichtwerte nach § 2 Abs. 2

1. die Geräuschimmissionen außerhalb von Gebäuden die Immissionsrichtwerte nach § 2 Abs. 2 um nicht mehr als 10 dB (A), keinesfalls aber die folgenden Höchstwerte überschreiten:

tags außerhalb der Ruhezeiten	70 dB (A),
tags innerhalb der Ruhezeiten	65 dB (A),
nachts	55 dB (A),

und

2. einzelne kurzzeitige Geräuschspitzen die nach Nummer 1 für seltene Ereignisse geltenden Immissionsrichtwerte tags um nicht mehr als 20 dB (A) und nachts um nicht mehr als 10 dB (A) überschreiten.

(6) In dem in Artikel 3 des Einigungsvertrages genannten Gebiet soll die zuständige Behörde für die Durchführung angeordneter Maßnahmen nach § 3 Nr. 1 und 2 eine Frist setzen, die bis zu zehn Jahre betragen kann.

(7) Im übrigen Geltungsbereich dieser Verordnung soll die zuständige Behörde bei Sportanlagen, die vor In-Kraft-Treten der Verordnung baurechtlich genehmigt oder – soweit eine Baugenehmigung nicht erforderlich war – errichtet waren, für die Durchführung angeordneter Maßnahmen nach § 3 Nr. 1 und 2 eine angemessene Frist gewähren."

Die Beurteilung der **Erheblichkeit von Belästigungen** der Nachbarschaft durch Geräusche (§ 3 Abs. 2 BImSchG) ist weitgehend eine Frage **tatrichterlicher Bewertung:** 250

– Nach Auffassung des BVerwG führt die Anwendung der TA-Lärm bei Sportgeräuschen zu keiner zutreffenden Beurteilung des Einzelfalls. Diese Aussage gilt auch für die VDI-Richtlinie 2058.

– Das BVerwG hat auch die von der Sport- und Umweltministerkonferenz gebilligten LAI-Hinweise i.d.F. vom 8.5.1987 aus Rechtsgründen nicht berücksichtigt; es misst ihnen keine normative, für das Gericht verbindliche Wirkung bei, sondern bewertet sie lediglich als Tatsachen.

Der Entwurf der Richtlinie VDI 3770 (E1999 – 8 Emissionskennwerte von Schallquellen, Sport- und Freizeitanlagen) enthält für eine Reihe von Sportstätten Emissionskennwerte.

Das BVerwG hat mit seinem Beschl. vom 8.11.1994[116] die bislang offene Frage, ob mit der 18. BImSchV (Sportanlagenverordnung) absolute Obergrenzen gesetzt werden oder die Verordnung Freiräume für eine richterliche Bewertung im Einzelfall ließe, dahingehend entschieden, dass im Interesse der Rechtssicherheit und Vorhersehbarkeit des Ausgangs gerichtlicher Verfahren nunmehr **normativ festgesetzte absolute Grenzen** bestehen. Die bisherige Rechtsprechung[117], die mangels gesetzlich bestimmter Mess- und Berechnungsverfahren für Lärmwerte zur Beurteilung der Erheblichkeit des von Sportanlagen ausgehenden Lärms auf die gesamten Umstände des Einzelfalls mit der Möglichkeit der Einbeziehung nicht normativer Hinweise[118] abstellte, ist damit insoweit überholt. 251

Ein **von Sportplätzen ausgehender** und mit dem Schutz der Wohnbevölkerung konfligierender **Lärm**[119] kann den Verkehrswert eines Grundstücks mindern. Dies gilt insbesondere für Wohngebiete und unabhängig davon, ob der Nachbar einen Abwehranspruch gegen den Betreiber hat[120]. 252

Die für den Abwehranspruch entscheidende Frage der Überschreitung der **Zumutbarkeitsgrenze** von Geräuschen beurteilt sich im öffentlich-rechtlichen Nachbarstreit nach den Maßstäben des § 3 Abs. 1 und des § 22 Abs. 1 BImSchG[121]. § 22 Abs. 1 Nr. 2 BImSchG fordert 253

---

116 BVerwG, Beschl. vom 8.11.1994 – 7 B 73/94 –, EzGuG 13.130; OVG Münster, Urt. vom 28.5.1993 – 21 A 1532/9O –, NVwZ 1994, 1018 = NWVBl. 1994, 18.
117 BVerwG, Urt. vom 19.1.1989 – 7 C 77/87 –, EzGuG 13.104; BVerwG, Urt. vom 24.4.1991 – 7 C 12/90 –, GuG 1991, 284 = EzGuG 13.128.
118 LAI-Hinweise „Hinweise zur Beurteilung der durch Freizeitanlagen verursachten Geräusche" (NVwZ 1988, 135); Entwurf einer VDI-Richtlinie 3724; „Hinweise zur Beurteilung der durch Freizeitanlagen verursachten Geräusche" des nds. Umweltministeriums vom 14.11.1988 (Nds. MBl. 1989, 23).
119 Zur Beurteilung der VDI-Richtlinie 3724 VGH Mannheim, Urt. vom 27.4.1990 – 8 S 1820/89 –, EzGuG 13.123.
120 BVerwG, Beschl. vom 8.11.1994 – 7 B 73/94 –, EzGuG 13.130; OLG Köln, Urt. vom 11.5.1988 – 13 U246/87 –, EzGuG 13.106; OVG Lüneburg, Beschl. vom 19.1.1988 – 1 B 74/87 –, EzGuG 13.102; VG Berlin, Beschl. vom 25.8.1987 – 13 A 157,87 –, EzGuG 13.99; BayVGH, Urt. vom 16.2.1987 – 14 B 85 A, 3090 –, EzGuG 13.95; LG Siegen, Urt. vom 7.11.1986 – 2 O 216/85 –, EzGuG 13.92.
121 BVerwG, Urt. vom 19.1.1989 – 7 C 77/87 –, EzGuG 13.114 mit Anm. von Battis in Jahrbuch des Umwelt- und Technikrechts UTR Rd. 12/1990; BVerwG, Beschl. vom 30.1.1990 – 7 B 162/89 –, EzGuG 13.121; **Grillplatz:** BGH, Urt. vom 5.2.1993 – V ZR 62/91 –, EzGuG 13.124, **Volksfest:** BGH, Urt. vom 23.3.1990 – V ZR 58/59 –, EzGuG 13.122; BVerwG, Urt. vom 29.4.1988 – 7 C 33/87 –, EzGuG 13.104; BVerwG, Urt. vom 22.3.1985 – 4 C 63/80 –, EzGuG 13.72; BVerwG, Urt. vom 26.6.1974 – 4 C 14/74 –, EzGuG 13.23; **Imbissstube:** BVerwG, Urt. vom 4.10.1984 – 1 C 72/86 –, EzGuG 13.100; **Tierlärm:** OLG Düsseldorf, Urt. vom 25.5.1966 – 9 U 206/64 – EzGuG 13.9; OLG Düsseldorf, Beschl. vom 11.4.1983 – 5 Ss 105/83 –, EzGuG 13.63; **Kirchturmuhr:** BVerwG, Urt. vom 30.4.1992 – 7 C 25/91 –, BVerwGE 90, 193 = NJW 1992, 2779 = DVBl. 1992, 1234; **Tankstelle:** BVerwG, Urt. vom 24.9.1992 – 7 C 6/92 –, NJW 1993, 342 = DVBl 1993,159; **Getränkemarkt:** BVerwG, Urt. vom 20.1.1989 – 4 B 116/88 –, EzGuG 13.115; **Feuerwehrsirene:** BVerwG, Urt. vom 29.4.1988 – 7 C 33/87 –, EzGuG 13.104; **Froschlärm:** BGH, Urt. vom 5.2.1993 – V ZR92/91 –, NJW 1993, 1656; BGH, Urt. vom 20.11.1992 – V ZR 82/91 –, BGHZ 120, 239 = VPR 1993, 97; **Biergarten:** OVG Lüneburg, Beschl. vom 7.11.1996 – 1 M 5501/96 –, UPR 1997, 157; **Bolzplatz:** VGH Kassel, Beschl. vom 24.11.1988 – 6 TG 4463/88 –, EzGuG 13.102; BayVGH, Urt. vom 16.2.1987 – 14 B 85 A3090 = EzGuG 13.85; **Zeltplatz:** BGH, Urt. vom 5.2.1993 – V ZR 62/91 –, EzGuG 13.126.

hierbei, dass nach dem Stand der Technik unvermeidbare schädliche Umwelteinwirkungen auf ein unter dem Gesichtspunkt des nachbarlichen Interessenausgleichs zumutbares Mindestmaß beschränkt werden. Beschränkungen, die der Minderung (nur) erheblicher Belästigungen dienen, dürfen nicht unverhältnismäßig sein.

254 Das BVerwG hat in dem Urteil vom 19.1.1989 ausdrücklich darauf hingewiesen, dass die Erheblichkeitsschwelle i.S. v. § 22 Abs. 1 BImSchG möglicherweise höher liegt, wenn Wohn- und Sportnutzung etwa gleichzeitig entstehen oder wenn gar ein **Wohngebiet an eine bereits bestehende Sportanlage heranrückt**. Dabei ist „die Lästigkeit von Geräuschen um so eher auf der Grundlage eines Mittelungspegels zu bewerten, je gleichmäßiger und gleichförmiger sie sind. Soweit aus dem allgemeinen Grundgeräusch herausragende Einzelgeräusche nivelliert werden, liege dies ‚in der Natur der Mitteilungsmethode' und sei ‚bis zu einem gewissen Grade unbedenklich'."

255 Als Zeiten besonderer **Ruhebedürfnisse außerhalb der Nachtzeit** (von 22.00 bis 6.00 Uhr) werden im Übrigen die Sonntage und die gesetzlichen Feiertage sowie die Werktage nach 19.00 Uhr angesehen, wobei unter Bezug auf die §§ 2 und 3 der 8. BImSchV für eine Gleichstellung des Samstagnachmittags „kein rechtlicher Grund" gesehen wird.

6.6 Manöver- und Schießlärm

256 Zur **Entschädigungspflicht für Manöverlärm** stellt der BGH maßgeblich auf das ab, was über die ortsüblichen Einwirkungen hinaus zu einer schweren und unerträglichen Beeinträchtigung führt, wobei im Unterschied zu den Beeinträchtigungen eines Grundstücks auf Grund von Verkehrsgeräuschen hierbei jedoch i.d.R. keine dauernde Lärmbelästigung gegeben ist[122]. Eine Wohnbebauung, die an eine lärmemittierende Schießanlage heranrückt, kann gegen das Gebot der Rücksichtnahme verstoßen, wenn sie sich unzumutbaren Lärmimmissionen aussetzt[123].

257 Bezüglich des in der Nähe von Truppenübungsplätzen auftretenden Manöver- und Schießlärms kann – je nach Entfernung – mit **Wertabschlägen bis zu 10 v.H. des Grundstückswerts** gerechnet werden. Entschädigungsansprüche bestehen jedoch nur insoweit, wie das Grundstück nicht vorbelastet ist. Der Eigentümer eines durch Schießlärm von einem Truppenübungsplatz vorbelasteten, aber zumindest für eine vorübergehende Wohnnutzung noch geeigneten und für diesen Zweck mit einem Landhaus bebauten Grundstücks braucht es jedoch nicht entschädigungslos hinzunehmen, dass die Lärmeinwirkung aufgrund von Änderungen des Truppenübungsplatzes oder einer Intensivierung des Übungsbetriebs auch eine vorübergehende Wohnnutzung ausschließt[124].

6.7 Baulärm

▶ *Vgl. § 18 ImmoWertV Rn. 190 ff., 223 ff.*

258 Tritt durch städtische Bauarbeiten eine zeitweilige Gebrauchsstörung eines Grundstücks ein, dann sind dadurch entstehende **Verluste an Mieteinnahmen** nach den Grundsätzen für die Entschädigung bei einem enteignungsgleichen Eingriff zu entschädigen. Bei „reinen" Miethäusern ist nach der Rechtsprechung darauf abzustellen, ob der Ertragswert gemindert ist.[125]

---

122 BGH, Urt. vom 24.11.1977 – III ZR 153/75 –, EzGuG 13.45; zu Kettenfahrzeugen: BVerwG, Urt. vom 11.11.1988 – 4 C 11/87 –, EzGuG 13.101; Schießlärm: BVerwG, Beschl. vom 6.8.1982 – 7 B 67/82 –, EzGuG 13.57a; zur Erstattungsfähigkeit von Belegungsschäden durch sowjetische Streitkräfte: BGH, Urt. vom 8.12.1994 – III ZR 105/93 –, AgrarR 1995, 338.
123 OVG Münster, Beschl. vom 4.9.2001 – 10 B 332/01 –, UPR 2002, 160 (LS).
124 BVerwG, Urt. vom 23.5.1991 – 7 C 19/90 –, EzGuG 13.118a; OVG Lüneburg, Urt. vom 9.12.1983 – 7 A13/82 –, EzGuG 13.65a.
125 OLG Düsseldorf, Urt. vom 24.2.1994 – 16 U 135/93 –, EzGuG 20.150b; BayObLG, Urt. vom 4.2.1987 – REMiet 2/86 –, EzGuG 12.84a.

Bei vorübergehender Beeinträchtigung der gewerblichen Nutzung kann unmittelbar der Ertragsverlust zur Bemessung des Ausgleichsanspruchs herangezogen werden[126]. Einem im großstädtischen Kerngebiet gelegenen Gewerbebetrieb (Hotel) hat der BGH einen mehrjährigen Ertragsverlust auch im Hinblick auf seine Lage nicht zumuten wollen[127]. Die **Opfergrenze** liegt dabei nicht erst dort, wo die Existenz des Betriebs gefährdet ist; vielmehr ist darauf abzustellen, ob die Folgen des Eingriffs für den Anlieger nach Dauer, Intensität und Auswirkung so erheblich sind, dass eine entschädigungslose Hinnahme nicht mehr zumutbar ist und der Betrieb durch die Baumaßnahme „fühlbar" so beeinträchtigt ist, dass das **Eigentumsrecht in seinem Wesensgehalt angetastet** wird[128].

259

Zur Beurteilung der Beeinträchtigung eines Gewerbebetriebs ist **von** den erlittenen **Gewinneinbußen auszugehen**, wobei zu berücksichtigen ist, dass „der Gewerbeanlieger einige Zeit Bauarbeiten und damit verbundene Umsatz-/Gewinnrückgänge hinzunehmen hat, ohne eine Entschädigung verlangen zu können; denn ein gesunder Betrieb muss solche Behinderungen vorher einkalkulieren"[129]. Des Weiteren bleibt grundsätzlich zu beachten, dass im Falle einer Entschädigung nur dasjenige entschädigt wird, was im Augenblick des Zugriffs vorhanden ist und genommen wird. Deshalb ist bei der Bemessung der Entschädigung immer nur der Substanzwert im Augenblick der Entziehung maßgebend. Die **hypothetische Weiterentwicklung darf** dagegen **nicht berücksichtigt werden.** Hierin unterscheidet sich die Enteignungsentschädigung vom Schadensersatz[130].

260

7 Geruchsimmission

Auch für Geruchsbelästigungen gilt, dass sie je nach Häufigkeit, Intensität und der Nutzung der davon betroffenen Grundstücke zu Wertminderungen führen. Nach § 906 Abs. 1 BGB müssen Geruchsimmissionen insoweit entschädigungslos hingenommen werden, als sie die Benutzung des Grundstücks nicht oder nur unwesentlich beeinträchtigen und nicht ortsüblich sind[131]. Bei Überschreitung der Zumutbarkeitsgrenze ist sowohl bei vorübergehenden als auch bei dauernden Nutzungsbeeinträchtigungen Entschädigung nach den für enteignende Eingriffe entwickelten Grundsätzen zu gewähren[132]; dies gilt insbesondere für **geruchsempfindliche Wohngebiete.** Umgekehrt kann sich auch der Erlass eines Bebauungsplans, der eine immissionsempfindliche Wohnbebauung vorsieht, auf einen außerhalb des Plangebiets gelegenen, geruchsintensiven landwirtschaftlichen Betrieb enteignungsgleich auswirken, wenn der Betrieb schwer und unerträglich betroffen wird, weil nunmehr zu seiner Erhaltung notwendige Modernisierungsmaßnahmen unterbleiben müssen[133].

261

– Wegen der Beeinträchtigungen, die von einer benachbarten Kläranlage an mehr als 50% der Tage ausgehen, hat das OLG Celle[134] als Entschädigung für den dadurch geminderten

---

126 BGH, Urt. vom 8.6.1988 – VZR 45/87 –, EzGuG 13.36; BGH, Urt. vom 31.5.1974 – V ZR 114/72 –, EzGuG13.22.
127 BGH, Urt. vom 3.3.1977 – III ZR 181/74 –, EzGuG 13.107.
128 BGH, Urt. vom 11.3.1976 – III ZR 154/73 –, EzGuG 13.28; BGH, Urt. vom 30.4.1964 – III ZR 125/63 –, EzGuG 13.6; zur Frage der Ortsüblichkeit von **Baulärm;** BGH, Urt. vom 30.5.1962 – V ZR 121/60 –, EzGuG 13.3; BGH, Urt. vom 18.6.1970 – III ZR 15/67 –, EzGuG 6.128; BGH, Urt. vom 28.4.1967 – V ZR 216/64 –, EzGuG 13.11.
129 BGH, Urt. vom 7.7.1980 – III ZR 32/79 –, EzGuG 13.54; BGH, Urt. vom 20.12.1971 – III ZR 79/69 –, EzGuG 13.19; BGH, Urt. vom 30.4.1964 – III ZR 125/63 –, EzGuG 13.6.
130 Zur Enteignungsentschädigung bei **Großbaustellen** BGH, Urt. vom 10.11.1977 – III ZR 157/75 –, EzGuG 13.44; bei **Untertunnelung** BGH, Urt. vom 28.10.1982 – III ZR 71/81 –, EzGuG 13.85; BGH, Urt. vom 5.7.1965 – III ZR 173/64 –, EzGuG 13.7.
131 BGH, Urt. vom 19.2.1976 – III ZR 13/74 –, EzGuG 13.27; Schrifttum: Gablenz in GuG 1997, 149.
132 BGH, Urt. vom 29.3.1984 – III ZR 11/83 –, EzGuG 13.78; BGH, Urt. vom 29.10.1954 – V ZR 53/53 –, EzGuG 13.1; BGH, Urt. vom 16.12.1963 – III ZR 158/62 –, EzGuG 13.5; BGH, Urt. vom 20.1.1966 – III ZR 109/64 –, EzGuG 13.8.
133 BGH, Urt. vom 28.6.1984 – III ZR 35/83 –, EzGuG 13.80; BVerwG, Urt. vom 11.1.1974 – 4 C 38/71 –, EzGuG 8.44; zur Entschädigungspflicht bei polizeibehördlicher Untersagung BGH, Urt. vom 20.1.1966 – III ZR 109/64 –, EzGuG 1.8; BVerwG, Urt. vom 25.2.1977 – 4 C 22/75 –, EzGuG 13.35; BVerwG, Urt. vom 30.9.1983 – 4 C 74/79 –, EzGuG 13.64; BVerwG, Urt. vom 17.2.1984 – 7 C 8/82 –, EzGuG 13.66.
134 OLG Celle, Urt. vom 8.4.1987 – 4 U 98/85 –, EzGuG 13.88.

V § 6 ImmoWertV — Staubimmission

Verkehrswert 30% des Verkehrswerts für die Wohnfläche und 10% für die zur Obstlagerung dienende Betriebsfläche anerkannt.

– Geruchsimmissionen eines Schweinemastbetriebs sind in Dorfgebieten dagegen in beschränktem Ausmaß als üblich und unvermeidbar entschädigungslos hinzunehmen[135].

262 Den in technischen Regelwerken vorgegebenen Richtwerten kommt zur **Beurteilung der Zumutbarkeit** nur die Bedeutung eines groben Anhalts zu[136]; dies gilt gleichermaßen auch für die Technische Anleitung zur Reinhaltung der Luft (TA-Luft).

263 Im Übrigen wird auf die entschädigungsrechtliche **Rechtsprechung** verwiesen (zu einem Schweinemastbetrieb[137]; teerölgetränkte Holzschwellen[138]).

8 Staubimmission

264 Ein Grundstück, das aufgrund seiner Nachbarschaftslage z.B. zu einem staubemittierenden Gewerbebetrieb Staubeinwirkungen ausgesetzt ist, wird entsprechend dem Umfang, der Dauer und der Beschaffenheit des Staubs zu einem geminderten Wert gehandelt.

265 Zur Frage eines Ausgleichs- und Entschädigungsanspruchs gegenüber dem Emittenten kommt es zunächst wiederum auf die **Ortsüblichkeit** und der Art des Gebiets an, in dem das Grundstück liegt. Zu den Voraussetzungen eines nachbarrechtlichen Ausgleichsanspruchs i.S.d. § 906 Abs. 2 Satz 2 BGB hat der BGH mehrfach Stellung genommen; hierauf wird verwiesen[139].

266 **Maßstab** für die Beurteilung der Beeinträchtigung **ist die TA-Luft**[140].

9 Erschütterungen

267 Als Erschütterungen werden mechanische Schwingungen fester Körper bezeichnet (DIN 4150). Art und Umfang der davon ausgehenden Beeinträchtigungen hängen insbesondere ab von

– der Schwingungsstärke (KB-Wert),
– der Einwirkungsdauer,
– der Häufigkeit des Auftretens,
– der Art der Erschütterungsquelle (Sichtkontakt, Hörkontakt),
– dem Wohlbefinden der Personen und
– dem Grad der Gewöhnung.

268 Bei dem KB-Wert handelt es sich um eine der menschlichen Wahrnehmung angepasste Größe für die Erschütterung.

---

[135] BayVGH, Urt. vom 14.9.1977 – 11 XV 73 –, EzGuG 13.41; VG Hannover, Urt. vom 4.10.1976 – 4 A 4/76 –, EzGuG 13.31; BVerwG, Beschl. vom 10.5.1990 – 7 B 57/90 –, EzGuG 13.114; OLG Oldenburg, Urt. vom 20.11.1975 – 1 U 165/74 –, RdL 1976, 66 = AgrarR 1976, 75; einen Abschlag von 30% hat der BFH im Urt. vom 30.1.1974 – IV R 105/72 –, EzGuG 3.42a anerkannt.
[136] BVerwG, Beschl. vom 8.7.1998 – 4 B 38/98 –; BVerwG, Beschl. vom 27.1.1994 – 4 B 16/94 –, NVwZ – RR 1995, 6 zur Rinderhaltung; BVerwG, Beschl. vom 15.2.1988 – 7 B 219/87 –, DVBl 1988, 539.
[137] VGH Mannheim, Urt. vom 12.10.1994 – 5 S 2609/94 –, RdL 1995, 55.
[138] OLG Hamburg, Urt. vom 2.8.1994 – 7 U 40/93 –, NJW-RR 1995, 536.
[139] BGH, Urt. vom 1.3.1974 – V ZR 82/72 –, EzGuG 13.21; BGH, Urt. vom 15.6.1967 – III ZR 23/65 –, EzGuG 13.14; BGH, Urt. vom 15.1.1971 – V ZR 110/68 –, EzGuG 13.18.
[140] BGH, Urt. vom 16.12.1977 – V ZR 91/75 –, EzGuG 13.47; BVerwG, Urt. vom 17.2.1978 – 1 C 102/76 –, EzGuG 13.48.

10 Elektrosmog

Schrifttum: *Bobka, G.*, Mobilfunk, Wertminderung für Immobilien durch Sendemasten? Informationsdienst für Sachverständige 2003, 5/11; *Deutscher Städtetag*, Umdruck 670 vom 5.5.1999 = GuG 2001, 104; *Dippold, R.*, Wertermittlung einer Eigentumswohnung mit Mobilfunkanlage, GuG 2008, 382; *Flintrop, H.*, Der Einfluss von Mobilfunkantennen auf den Verkehrswert von bebauten und unbebauten Grundstücken, GuG 2001, 321.

Die deutsche Strahlenkommission (SSK) wie auch die Weltgesundheitsorganisation (WHO) gehen davon aus, dass bei Einhaltung der geltenden Mobilfunkgrenzwerte keine gesundheitlichen Schäden durch den Mobilfunk bestehen. Danach darf die **Spezifische Absorptionsrate (SAR-Wert)** zwei Watt pro Kilogramm Körpergewebe nicht übersteigen. Die Grenzwerte ergeben sich aus der 26. BImSchV. 269

Über die Aufstellung von Mobilfunksendeanlagen entscheidet die Bundesnetzagentur für Elektrizität, Gas, Telekommunikation, Post und Eisenbahnen (Bundesnetzagentur; Regulierungsbehörde für Telekommunikation und Post). Für die Aufstellung von Mobilfunkanlagen bedarf es einer **Standortbescheinigung über die Einhaltung der Sicherheitsabstände und Grenzwertanforderungen.** Sie wird erteilt, wenn die Grenzwerte im öffentlich zugänglichen Bereich um die Antenne herum unterschritten werden. Ob für die Errichtung einer Mobilfunkanlage darüber hinaus eine **Baugenehmigung** erforderlich ist, bestimmt sich nach dem Bauordnungsrecht der Länder. In den meisten Ländern ist die Errichtung oder Änderung von Antennenanlagen bis zu einer Höhe von 10 m genehmigungsfrei; höhere Anlagen sind ausnahmslos genehmigungspflichtig. 270

Bauplanungsrechtlich ist eine Mobilfunkanlage zulässig 271

- im Außenbereich ein privilegiertes Vorhaben nach § 35 Abs. 1 BauGB[141],
- in reinen Wohngebieten weder allgemein noch ausnahmsweise,
- in allgemeinen Wohngebieten ausnahmsweise.

Die Aufstellung einer Mobilfunkanlage bedarf nicht der Zustimmung der Mieter, selbst dann nicht, wenn der Mieter einen Herzschrittmacher hat[142]. Nach der Rechtsprechung des BVerfG besteht auch kein **emissionsschutzrechtlich begründeter Abwehranspruch**, wenn die Grenzwerte der 26. BImSchV eingehalten werden[143]. Darüber hinaus werden mit der Aufstellung von Mobilfunkanlagen auch keine Eigentumsrechte im Hinblick auf eine Minderung des Verkehrswerts benachbarter Grundstücke verletzt, denn hoheitlich bewirkte Minderungen des Marktwerts eines Vermögensgegenstands berühren i.d.R. nicht den Schutzbereich des Eigentumsrechts[144]. 272

10.1 Grenzwerte

Bislang ist **wissenschaftlich ungeklärt geblieben, ob von elektrischen und magnetischen Feldern im Bereich von Hochspannungsleitungen und Trafostationen gesundheitliche Auswirkungen ausgehen.** Nach vorliegenden epidemiologischen Untersuchungen können allerdings im Einzelfall Feldstärken auftreten, die Herzschrittmacher stören. Allgemein wird gleichwohl empfohlen, im Rahmen der Abwägung bei der Planaufstellung präventiv eine Wohnbebauung sowie Kinderspielplätze nicht unmittelbar unter Hochspannungsleitungen zu planen. 273

Mit der **26. Verordnung zum Bundes-Immissionsschutzgesetz (26. BImSchV)** sind die derzeit gültigen Grenzwerte für hochfrequente elektromagnetische Felder festgelegt wor- 274

---
141 VGH Mannheim, Urt. vom 25.8.1997 – 8 S 1861/97 –, NVwZ-RR 1988, 715 = BRS Bd 59 Nr 88.
142 BGH, Urt. vom 15.3.2006 – VIII ZR 74/05 –GuG-aktuell 2006, 31 = WuM 2006, 304.
143 BVerfG, Beschl. vom 24.1.2007 – 1 BvR 382/05 –, GE 2007, 774; vgl. auch BVerfG, Urt. vom 28.2.2002 – 1 BvR 1676/01 –, NJW 2002, 1638 = EzGuG 3.126b.
144 BVerfG, Urt. vom 5.2.2002 –2 BvR 348/93 –, BVerfGE 105, 17; BVerwG, Urt. vom 16.3.2006 – 4 A 1001/04 –; BVerwG, Urt. vom 29.1.1991 – 4 C 51/89 –, BVerwGE 87, 331 = GuG 1991, 274 = EzGuG 13.117.

den[145]. Die maximale Sendeleistung der GSM-Basisstationen für das D-Netz ist auf 50 Watt (W), für das E-Netz auf 20 Watt (W) festgesetzt worden. Die Grenzwerte bemessen sich nach der speziellen Absorptionsrate (SAR), gemessen in Watt pro Kilogramm (W/kg) Körpergewicht. Für Handys, die ausschließlich den Kopf bestrahlen, gilt ein Teilkörpergrenzwert von 0,08 W/kg.

275 Bis zum Inkrafttreten dieser Verordnung wurden u.a. die **Empfehlungen der SSK „Elektrische und magnetische Felder im Alltag"** vom 18./19.4.1991 herangezogen. Dies entspricht auch der Anregung des Bundesamtes für Strahlenschutz. Diese Grenzwerte sind niedriger als die der DIN VDE 8048 Teil 4, Okt. 1989 Der BayVGH[146] hat in einer Entscheidung zu den 110-kV-Bahnstromleitungen auf diese Empfehlungen der Deutschen Strahlenschutzkommission zurückgegriffen.

276 Es besteht ein internationaler Konsens, dass bei den **IRPA-Grenzwerten zum Schutz der Bevölkerung** – elektrische Feldstärke 5 kV/m und magnetische Flussdichte 100µT – Gesundheitsbeeinträchtigungen nicht zu besorgen sind.

277 Dennoch empfiehlt es sich bei Neuplanungen, die Immissionen durch elektromagnetische Felder, denen die Bevölkerung ausgesetzt ist, grundsätzlich möglichst gering zu halten und auch die **IRPA-Grenzwerte nicht voll auszuschöpfen,** da wegen fehlender Kenntnisse die Möglichkeit nachteiliger Folgen für die Gesundheit auch unterhalb dieser international anerkannten Grenzwerte nicht ausgeschlossen werden kann (Belästigung besonders empfindlicher Personen durch das elektromagnetische Feld und indirekte Feldwirkungen, kein sicherer Schutz der Implantatsträger, keine Berücksichtigung möglicher krebserzeugender, krebsfördernder bzw. synergistischer Wirkungen).

278 Zum Schutz von Implantatträgern vor Energiefeldern sollte im **Aufenthaltsbereich das elektromagnetische Feld 2,5 kV/m und die magnetische Flussdichte 10µT nicht überschreiten.** Um den Ergebnissen der derzeit kontrovers diskutierten epidemiologischen Studien zum Krebsrisiko Rechnung zu tragen, wären zur Minimierung der Exposition Werte von nicht mehr als 0,5 kV/m und einigen µT anzustreben.

279 Für bestimmte Anlagen bestehen folgende **Grenzwerte:**

a) *Hochfrequenzsender:*

– 26. Verordnung zum Bundes-Immissionsschutzgesetz (26. BImSchV);

– Grenzwerte der DIN/VDE Normenentwurf 0848 Teil 2 (Stand 10/1991).[147]

b) *Hochspannungsleitungen:*

– Grenzwerte der DIN/VDE 0848 Teil 4 (Stand 10/1989) für Hochspannungsleitungen bis zu 400 KV;

– Grenzwerte der IRPA nach Empfehlung der Strahlenschutzkommission „Elektrische und magnetische Felder im Alltag", verabschiedet in der 103. Sitzung am 18./19.4.1991.

---

145 BR-Drucks. 12/4453; Parl. Anfrage vom 3.3.1993; vgl. Gesetz über die elektromagnetische Verträglichkeit von Geräten (EMVG) i.d.F. der Bekanntmachung vom 30.8.1995 (BGBl. I 1995, 1118); vgl. auch Verordnung über elektromagnetische Felder – 26. BImSchV – vom 16.12.1996 (BGBl. I 1996, 1966); zuletzt geändert durch Art. 1 Nr. 13 des Gesetzes vom 9.10.1996 (BGBl. I 1996, 1498); BT-Drucks. 14/5848; BVerfG, Urt. vom 17.2.1996 – 1 BvR 1658/96 –, NJW 1997, 2509 = UPR 1997, 186; Empfehlungen der Internationalen Strahlenschutzvereinigung (IRPA) und der Deutschen Strahlenschutzkommission (SSK). Verordnung über Beiträge nach dem Gesetz über die elektromagnetische Verträglichkeit von Geräten (EMVBeitrV) vom 12.8.2002 (BGBl. I 2002, 3359); Verordnung über das Nachweisverfahren zur Begrenzung elektromagnetischer Felder (BEMFV) vom 20.8.2002 (BGBl. I 2002, 3366).
146 VGH München, Urt. vom 27.1.1993 – 20 A 92 40093 –, NVwZ 1993, 1121; Eisenschmidt in WuR 1997, 21; VGH Mannheim, Urt. vom 14.5.1996 – 105 1/96 –, GuG-aktuell 1997, 22 = NJW 1997, 676 (LS); VGH Kassel, Urt. vom 22.3.1993 – 2 A 3300/89 –, NVwZ 1993, 291; VGH München, Urt. vom 27.1.1993 – 20 A 92 40093 –, NVwZ 1993, 1121; VGH Mannheim, Urt. vom 14.5.1996 – 10 S 1/96 –, NVwZ 1997, 90 = DÖV 1996, 1005.
147 BMFT, Vfg. 95/1992 (ABl. des BMFT Nr. 12 vom 1.7.1992, S. 275); ABl. – Vfg. 95/1992.

Elektrosmog § 6 ImmoWertV V

Die empfohlenen **Grenzwerte** sind nachfolgend abgedruckt (Abb. 32): **280**

Abb. 32: Grenzwerte

Nationale und internationale Grenzwerte für 0 Hz bis 30 kHz					
Land	Frequenz f (Hz)	Expositionsgrenzwerte			Bemerkungen
		V/m	A/m	mT	
IRPA (199/Ø)	50–60	10 000	400	0,5	Arbeitszeit bis 24 Stunden pro Tag
Beruflich beschäftigte Bevölkerung	50–60	5 000	80	0,1	
Nationale und internationale Grenzwerte für die Hochfrequenz					
Land	Frequenz f (MHz)	Expositionsgrenzwerte			Bemerkungen
		V/m	A/m	W/m^2	
International IRPA/IPNIRC 1988	0,1–1	614	1,6/f	–	Dauerexposition während der Arbeitszeit
	1–10	614/f	1,6/f	–	
	10–400	61	0,16	1	
Beruflich Beschäftigte	400–2 000	$3f^{1/2}$	$0,008f^{1/2}$	f/40	
	2 000–300 000	137	0,36	50	Dauerexposition
Bevölkerung	0,1–1	87	$0,23/f^{1/2}$	–	
	1–10	$87/f^{1/2}$	$0,23/f^{1/2}$	–	
	10–400	27,5	0,073	2	
	400–2 000	$1,375/f^{1/2}$	$0,004f^{1/2}$	f/200	
	2 000–300 000	61	0,16	10	

Zur Umrechnung häufig verwendeter Größen sind folgende Angaben oft hilfreich:
1 T (Tesla) = 10 000 G (Gauss);
1 G = 100µT
1 TV 0,796 = 10^6 A/m; 1 A/m V 1,27µT
1 mW/cm^2 = 10 W/m^2
1 mW/cm^2 = 0 dBm1µV/m = 0 dBµV/m
1 W/m^2 = 19,42 V/m = 0,052 A/m (unter Fernfeldbedingungen)

Größenordnungen:
Frequenz: 1 kHz = 10^3 Hz
1 MHz = 10^3 kHz = 10^6 Hz
1 GHz = 10^3 MHz = 10^6 kHz = 10^9 Hz
elektrisches Feld:
1 kV/m = 10^3 V/m

magnetisches Feld:
1 nT = 10^{-3} µT = 10^{-6} mT = 10^{-3} T
1 µT = 10^{-3} mT = 10^{-6} T
1 mT = 10^{-3} T

Bei der **Verkehrswertermittlung von Grundstücken im Bereich einer Mobilfunksendeantenne** **281**
(vgl. Teil VI Rn. 693 ff.) ist zunächst zu unterscheiden zwischen

a) Grundstücken, die mit einer Mobilfunksendeantenne „bestückt" sind, und

b) Grundstücken in der Umgebung von Mobilfunksendeantennen.

Dabei ist nicht allein auf die tatsächliche Möglichkeit einer Gesundheitsbeeinträchtigung **282**
abzustellen, da auch ästhetische und allgemeine auf dem Grundstücksmarkt vorherrschende
irrationale Gesichtspunkte zu einer Wertminderung führen können. Bei **Grundstücken, die
mit einer Mobilfunksendeantenne bestückt sind,** ist neben einer sich im Einzelfall erge-

benden Minderung der Mieteinnahmen der Barwert des Nutzungsentgelts werterhöhend zu berücksichtigen.

10.2 Mindestfläche

283 Die erforderliche Mindestfläche für Grundstücke mit Antennenträgern wird durch bauordnungs- und immissionsschutzrechtliche Anforderungen, aber auch durch andere gesetzliche Bestimmungen (z.B. FStrG) in Abhängigkeit von der Höhe (H) und dem Gebietscharakter vorgegeben. Es ergeben sich – je nach Bundesland – kreisförmige Flächen mit einem Radius von 0,4 H bis 1,0 H (Hamburg). Im Hinblick auf die im Erdreich verlegten Erdungsmaßnahmen ergibt sich jedoch bereits eine Mindestkreisfläche mit dem Radius der Masthöhe (vgl. Teil VI Rn. 693 ff.).

10.3 Nutzungsentgelte

284 ▶ *Vgl. § 8 ImmoWertV Rn. 283*

Durchschnittliche Nutzungsentgelte für Telekommunikationseinrichtungen

nach Angaben der Vodafone D2 GmbH:

1.	Betreiber errichtet eigenen Mast	1 500 bis 3 999 € p.a.
2	Mitbenutzung Fremdmast bei eigener Stellfläche	1 000 bis 2 000 € p.a.
3.	Mitbenutzung Fremdmast ohne eigene Stellfläche	0 bis 1 000 €/m² p.a.
4.	Gebäudestandorte durchschnittlich	3 000 bis 4 500 € p.a.
5.	über 5 000 € p.a. nur bei großen Sammlerstandorten oder städtischen Standorten mit besonders hohem Nutzungsvolumen	

285 Von anderen Unternehmen wurden auf der Grundlage von Rahmenverträgen für Maststandorte mit einer durchschnittlich betriebsnotwendigen Fläche von insgesamt 325 m² (250 m² zuzüglich eines 30%igen Reserveaufschlags) im Außenbereich Entgelte von bis zu rd. 4 000 € (p.a.), d.h. bis zu 16 €/m² vereinbart. Bei Nutzung des Standorts durch mehrere Betreiber werden zusätzlich 1 500 € (p.a.) pro Untervermietung entrichtet. Das Entgelt nimmt mit der Grundstücksgröße degressiv ab (Abb. 33):

Abb. 33: Jährliche Nutzungsentgelte für Antennengrundstücke

Elektrosmog § 6 ImmoWertV V

Die Kapitalisierung des Nutzungsentgelts (mit 5,5 bis 6%), das i.d.R. mit keinen Bewirtschaftungskosten verbunden ist, ist auf den voraussichtlichen Zeitraum des Bestands der Einrichtungen zu beschränken. Dabei ist die technische Entwicklung bezüglich des Umfangs und eines schädlichen Einflusses der emittierenden Anlage zu berücksichtigen, die möglicherweise sogar diese Einrichtungen eines Tages entbehrlich macht. **286**

10.4 Minderung der Nutzungsentgelte

Mobilfunkanlagen sind nach der Rechtsprechung kein Grund für Mietminderungen[148]. Eine im Einzelfall gegebene Minderung des Mietertrags infolge tatsächlichen bzw. vermuteten Elektrosmogs gegenüber „unbelasteten" Grundstücken kann indessen im Falle einer Neuvermietung durchaus hinzunehmen sein. Diese kann wertmäßig durch **Kapitalisierung des Minderertrags** berücksichtigt werden. Dies ist insbesondere dann in Betracht zu ziehen, wenn die Schwellenwerte der 26. BImSchV überschritten werden; jedoch ist die Kapitalisierung auf den Zeitraum zu beschränken, der durch eine Änderung der emittierenden Anlage vorgegeben ist. Die Besorgnis einzelner Personen, dass trotz Einhaltung der Grenzwerte für Mobilfunksendestationen Gesundheitsgefährdungen bestehen, stellt für sich allein noch keine Beeinträchtigung dar[149], jedoch kann ein Abschlag in Betracht kommen, wenn nach allgemeinem Marktverhalten mit einem Minderertrag auch weiterhin gerechnet werden muss[150]. Ist vom Mobilfunkbetreiber eine **einmalige Ablösesumme** zum Ausgleich der Mietminderung bereits entrichtet worden, so sind die künftigen Mindereinnahmen gleichwohl in die Wertermittlung einzustellen, da diese Ausgleichszahlung im Falle der Veräußerung des Grundstücks dem Veräußerer verbleibt. **287**

Bei **Grundstücken im Umfeld von Mobilfunksendeantennen** können sich im Einzelfall vor allem in Abhängigkeit von ihrer Nähe (bis zu 150 m) lediglich Minderungen der Mieteinnahmen ergeben, ohne dass ihnen zusätzliche Einnahmen gegenüberstehen. **288**

Daneben kommt auch eine **pauschale Berücksichtigung der Nähe einer Mobilfunksendeanlage** (im Umkreis von 150 m) in Betracht. Hierzu liegen unterschiedliche Angaben vor. Sie reichen in Abhängigkeit von der Auffälligkeit komplexer Antennenkonstruktionen von einer Wertminderung gegenüber „unbelasteten" Grundstücken in Höhe von bis zu 50% (in extremer Nähe zur Mobilfunksendeantenne) bis hin zu wenigen Prozentpunkten und nicht signifikantem Einfluss. Ein solcher Abschlag ist indessen nicht anzusetzen, wenn von Vergleichspreisen bzw. Bodenrichtwerten ausgegangen wird, die sich für Grundstücke ergeben haben, die ebenfalls im unmittelbaren Umkreis von Sendeanlagen liegen. Bei pauschaler Berücksichtigung sind die Mindereinnahmen i.d.R. nicht zusätzlich zum Abzug zu bringen, wenn dies zu einer Doppelberücksichtigung führt. **289**

In jedem Fall ist **im Gutachten auf eine Mobilfunksendeantenne und die Nähe einer Mobilfunksendeantenne hinzuweisen** (vgl. Datenbank der Regulierungsbehörde für Telekommunikation und Post [Reg TP]).[151] **290**

10.5 Rechtsprechung zum Mobilfunk

Gesundheitliche Aspekte: BVerfG, Urt. vom 28.2.2002 – 1 BvR 1676/01 –, NJW 2002, 1638 = NVwZ 2002, 572, 1104; BGH, Urt. vom 13.2.2004 – V ZR 217/12 –, EzGuG 13.148; BVerfG, Urt. vom 28.2.2002 – 1 BvR 1676/01 –, BVerfG, Beschl. vom 17.2.1997 – 1 BvR 1658/96 –, UPR 1997, 186; BVerwG, Beschl. vom 2.8.1994 – 1 VR 3/94 –, NVwZ 1994, 100: OVG Koblenz, Beschl. vom 20.8.2001 – 1 A 10382/01 –; Bay VGH, Beschl. vom 31.1.2001; VGH Kassel, Beschl. vom 29.7.1999 – 4 TG 2118/99 –, BauR 2000, 1162; BayVGH, Urt. vom 20.5.1998; OVG Lüneburg, Urt. vom 26.3.1998 – 1 L 1796/97 –; OVG Lüneburg, Beschl. vom 19.1.2001 – 1 O 2761/00 –; OVG Bautzen, Beschl. vom 17.12.1997 – 1 S 746/96 –; BayVGH, Urt. vom 8.7.1997 – 14 B 93.3102 –, NVwZ 1998, 419; VGH Mannheim, Beschl. vom 2.1.1997 **291**

---

148 LG Kempten, Urt. vom 14.1.2004 – 5 S 2572/02 –.
149 LG Saarbrücken, Urt. vom 15.2.2002 – 1 O 146/00 –, EzGuG 13.144.
150 So die Einschätzung von Medinger Immobilienbetreuungs GmbH, München aufgrund einer Befragung bei RdM-Maklern in Bayern und Baden-Württemberg (März 2002).
151 Mobilfunkstrahlung abrufbar unter http://www.izmf.de.

– 8 S 3396/96 –, NVwZ 1997, 704; BayVGH, Beschl. vom 25.10.1994 – 20 CS 93.3622 –, NVwZ 1995, 919; AG Köln, Urt. vom 22.9.1993 – 213 C 77/93 –, ZMR 1994, 369; AG München, Beschl. vom 30.3.1998 – 432 C 7381/95 –; LG Freiburg, Urt. vom 21.7.1996 – 3 S 294/95 –; AG Traunstein, Urt. vom 3.3.1999 – 310 C 2158/98 –; VG Schleswig, Urt. vom 22.8.1997 – 12 A 77/93 –, NVwZ 1998, 434; VG Hamburg, Beschl. vom 27.4.1997 – 13 VG 127/97 –.

Baurechtliche Aspekte: BVerwG, Beschl. vom 1.11.1999 – 4 B 3/99 –, BauR 2000, 703; BVerwG, Urt. vom 3.12.1992 – 4 C 27/91 –, BauR 1993, 315; VGH Kassel, Beschl. vom 19.12.2000 – 4 TG 3639/00 –, VGH Kassel, Beschl. vom 29.7.1999 – 4 TG 21118/99 –, NVwZ 2000, 694; Bay VGH, Beschl. vom 21.6.1999 – 20 CE 98.3374 –; VGH Mannheim, Urt. vom 26.10.1998 – 8 S 1848/98 –, BauR 2000, 712; OVG Bautzen, Beschl. vom 17.12.1997 – 1 S 746/96 –, BauR 1998, 1226; VGH Mannheim, Beschl. vom 25.8.1997 – 8 S 1861/97 –, BauR 1998, 313; Bay VGH, Beschl. vom 8,7,1997 – 14 B 93.3102; VGH Kassel, Beschl. vom 17.8.1995 – 3 TH 2275/94 –, NVwZ 1995, 1010; OVG Lüneburg, Urt. vom 13.7.1994 – 1 L 250/91 –, NVwZ 1995, 917; BayVGH, Beschl. vom 10.5.1993 – 25 Cs 92.1538 –; VGH Mannheim, Urt. vom 27.6.1990 – 3 S 2655/89 –, BauR 1990, 703; VG Düsseldorf, Beschl. vom 28.8.2001 – 9 L 1021/01 –; VG Gießen, Beschl. vom 28.3.2001 – 1 G 562/01 –; OVG Münster, Beschl. vom 25.2.2003 – 10 B 2417/02 –, NVwZ-RR 2003, 37; OLG Frankfurt am Main, Beschl. vom 6.2003 – 23 U 137/02 –, LG Berlin, Urt. vom 23.7.2002 – 63 S 366/01 –, GuG-aktuell 2003, 15.

11 Beschaffenheit und tatsächliche Eigenschaften (§ 6 Abs. 5 ImmoWertV)

11.1 Allgemeines

292 Die Beschaffenheit und die tatsächlichen Eigenschaften eines Grundstücks lassen sich nach solchen untergliedern, die

– einerseits den *Grund und Boden* (§ 6 Abs. 5 Satz 1 ImmoWertV) und

– andererseits die *baulichen und sonstigen Anlagen*, insbesondere ein vorhandenes Gebäude (§ 6 Abs. 5 Satz 2 ImmoWertV), betreffen.

293 Mit **§ 6 Abs. 5 Satz 1 ImmoWertV** werden ergänzend zu den in § 6 Abs. 1 bis ImmoWertV behandelten rechtlichen Eigenschaften eines Grundstücks **die tatsächlichen Eigenschaften des Grund und Bodens angesprochen.** Die Vorschrift nennt die Grundstücksgröße, den Grundstückszuschnitt und die Bodenbeschaffenheit wie beispielsweise die Bodengüte und die Eignung als Baugrund (Tragfähigkeit) sowie schädliche Bodenveränderungen. Darüber hinaus ist insbesondere auch auf abbauwürdige Bodenvorkommen (**Abbauland**) hinzuweisen.

294 Die **Abhängigkeit des Bodenwerts baulich nutzbarer Grundstücke (Bauland) von der Grundstücksgröße und dem Grundstückszuschnitt** wird im Zusammenhang mit der Bodenwertermittlung nach dem Vergleichswertverfahren in der Syst. Darst. des Vergleichswertverfahrens bei Rn. 247 ff. behandelt.

295 Die Abhängigkeit des Bodenwerts **land- und forstwirtschaftlich nutzbarer Grundstücke** von der Grundstücksgröße, dem Grundstückszuschnitt und der Bodengüte wird in § 5 ImmoWertV unter Rn. 88 ff. behandelt.

296 Die **Verkehrswertermittlung von Grundstücken mit Bodenschätzen (Abbauland)** wird ebenfalls in § 5 ImmoWertV unter Rn. 306 ff. behandelt (vgl. Beispielsfall der Bewertung einer Kiesgrube in Teil VI Rn. 225).

297 Nachfolgend wird insbesondere die Berücksichtigung schädliche Bodenveränderungen (Altlasten) behandelt.

11.2 Altlasten

11.2.1 Allgemeines

Schrifttum: *Grunewald, V.,* Die umweltfachliche Wertermittlung als Instrument einer marktorientierten Bewertung kontaminierter Grundstücke, GuG 2002, 44; *Grunewald, V.,* Altlasten und Verkehrswertermittlung, GuG 1995, 224; *Nolte, A.,* Der Einfluss von Altlasten auf die Wertermittlung, DS 2002, 135; *Kanngießer, E.,/Schuhr, W.,* Analyse der Altlastenproblematik in der Grundstückswertermittlung, GuG 1998, 332; *Möller,* Wertbeeinflussung eines Grundstücks durch Grundwasserverunreinigungen, GuG 2008, 201; *Möller, K.-W.,* Wertbeeinflussung eines Grundstücks durch Grundwasserverunreinigung, GuG 2008, 208; *Morgenstein, M./Messer, N.,* Zur Berücksichtigung von Altlasten im Zwangsversteigerungsverfahren, GuG 2007, 98; *Roller, G.,* Marktorientierte Bewertung kontaminierter Grundstücke: „Umweltfachliche Wertermittlung" als Lösung?, GuG 2002; *Roller, G.,* Grundstückswertminderungen als Schaden i.S.d. § 2 Abs. 3 BBodSchG, GuG 2002, 156; *Simon, S.,* Berücksichtigung von Umweltschadstoffen bei der Wertermittlung, GuG 2002, 257.

▶ *Vgl. § 8 ImmoWertV Rn. 402 ff.; Beispielsfall im Teil VI Rn. 229; zu den Besonderheiten bei der Beleihungswertermittlung vgl. Teil X Rn. 227*

Die landläufig vertretene These von der Unzerstörbarkeit des Grund und Bodens ist falsch. **298** Der Boden ist vielmehr ein ökologisch höchst anfälliges Gut, in dem sich Schadstoffeintragungen im Vergleich zu Luft und Wasser stärker ansammeln, da sich Schadstoffe hier weniger verteilen können. Bei einer beträchtlichen Belastung des Grund und Bodens spricht man von Altlasten. **§ 2 Abs. 3 BBodSchG definiert Altlasten wie folgt:**

„(3) Schädliche Bodenveränderungen im Sinne dieses Gesetzes sind Beeinträchtigungen der Bodenfunktionen, die geeignet sind, Gefahren, erhebliche Nachteile oder erhebliche Belästigungen für den Einzelnen oder die Allgemeinheit herbeizuführen."

...

„(5) Altlasten im Sinne dieses Gesetzes sind

1. stillgelegte Abfallentsorgungsanlagen sowie sonstige Grundstücke, auf denen Abfälle behandelt, gelagert oder abgelagert worden sind (Altablagerungen), und
2. Grundstücke stillgelegter Anlagen und sonstige Grundstücke, auf denen mit umweltgefährdenden Stoffen umgegangen worden ist, ausgenommen Anlagen, deren Stilllegung einer Genehmigung nach dem Atomgesetz bedarf,

durch die schädliche Bodenveränderungen oder sonstige Gefahren für den Einzelnen oder die Allgemeinheit hervorgerufen werden."

Altlasten führen schon aufgrund der Haftung des jeweiligen Eigentümers als Zustandsstörer **299** zu einer Wertminderung des Grund und Bodens gegenüber vergleichbaren unbelasteten Flächen, insbesondere, wenn die Kontaminierung erheblich ist[152]. In der Vergangenheit ist diesem Umstand allerdings nicht immer in angemessener Weise Rechnung getragen worden, weil selbst die öffentliche Hand beim Erwerb von kontaminierten Flächen nicht selten Preise bezahlt hat, die erheblich über dem Verkehrswert lagen[153]. Zurückzuführen ist dies auf die schwierigen rechtlichen und wertermittlungstechnischen Fragen und auf das Bestreben, zeitraubenden Verhandlungen aus dem Wege zu gehen. Nur so kann auch erklärt werden, dass nach den **Bewertungsvorgaben des Grundstücksfonds Ruhr** die Belastung eines kontaminierten Grundstücks wertmäßig nur mit „mindestens" den hälftigen Kosten der Aufbereitung, Sanierung und Baureifmachung der Gelände zu berücksichtigen ist.

Zur **Bewertung heißt es** dort[154]: **300**

„Die Grundlage für die Bewertung eines Grundstücks ist zunächst die rechtlich mögliche Nutzung auf Grund der bauplanungsrechtlichen Situation. Bei großflächigen Brachen ist diese regelmäßig nach §§ 34 oder 35 Baugesetzbuch definiert, da Bebauungspläne für die Brachflächen meistens nicht bestehen. Auf Grund der so gegebenen baurechtlichen Situation wird zunächst ein ,Bruttowert' auf der Grundlage von Richtwertkarten und Befragungen der Gutachterausschüsse ermittelt. Diesem Bruttowert werden die

---
152 Kleiber in ZfBR 1988, 168; ders. in WiVerw 1990, 198.
153 Dieterich/Schlag in AVN 1985, 402.
154 MSWV, Rechenschaftsbericht zum Grundstücksfonds Ruhr vom 31.12.1988, S. 19 f.

Kosten für Aufbereitung, Sanierung und Baureifmachung der Gelände gegenübergestellt. Diese Kosten werden mindestens in Höhe von 50% vom Bruttowert abgezogen. Für sonstige wertmindernde Faktoren wie z.B. mangelnde Erschließung, Grün- und Abstandsflächen, freizuhaltende Leitungstrassen usw. werden weitere Abschläge vorgenommen. So ermittelt sich der ‚Nettowert' als Maßstab für den vertretbaren Kaufpreis.

Auch die Bewertung von Gebäuden und Anlagen kann nicht nach den allgemein üblichen Normen vorgenommen werden. Es ist davon auszugehen, dass ein Gebäude, dessen ursprüngliche spezifische Funktion aufgegeben wurde, entweder keinen oder nur einen erheblich vom technischen Bauwert abweichenden Wert besitzt. Eine Bewertung erfolgt deswegen nur dann, wenn Gebäude und Anlagen

- auf Grund ihrer Bauweise und Ausstattung ohne wesentliche Investitionen für eine andere Nutzung geeignet sind,
- entsprechend den Planungsabsichten der Städte und Gemeinden weiterhin voll oder teilweise genutzt werden sollen oder
- wenn eine Nutzungsmöglichkeit durch vorhandene langfristige Mietverträge bestätigt ist.

Liegt eine dieser oder liegen mehrere Voraussetzungen vor, werden bei der Wertermittlung folgende wirtschaftliche Faktoren als Abschläge berücksichtigt:

- Investitionsaufwand zur Herrichtung für eine andere Nutzung,
- Ertragswertminderung durch geringere Einnahmen auf Grund anderer Nutzungen oder
- Abschlag für Verwertungsrisiken infolge ungünstiger konjunktureller Rahmenbedingungen."

Der Vorgehensweise kann nur im Grundsatz zugestimmt werden, denn der danach vorgesehene **hälftige Ansatz der Wiederinwertsetzungskosten hat mit einer Verkehrswertermittlung wenig zu tun,** denn ein vernünftiger Käufer (homo oeconomicus) wird die von ihm aufzubringenden Kosten in voller Höhe in seine Kalkulation einbringen.

301 Auch **Neulasten** sind bei der Verkehrswertermittlung zu berücksichtigen. Es handelt sich dabei um die *nach* Inkrafttreten des AbfG (1.6.1972) abgelagerten Abfälle; sie stehen unter den Regelungen des LAbfG, soweit es sich um Abfälle i.S. dieses Rechts handelt[155].

11.2.2 Belastete Flächen in der Bauleitplanung

11.2.2.1 Abwägungsgebot

302 **In der Bauleitplanung** sind nach dem Abwägungsgebot des § 1 Abs. 6 BauGB **Verunreinigungen des Grund und Bodens noch unterhalb der polizeirechtlichen Gefahrenschwelle beachtlich:**

- Eine dem Wohle der Allgemeinheit entsprechende sozialgerechte Bodennutzung,
- die Sicherung einer menschenwürdigen Umwelt,
- der Schutz der natürlichen Lebensgrundlagen,
- die allgemeinen Anforderungen an gesunde Wohn- und Arbeitsverhältnisse und die Sicherheit der Wohn- und Arbeitsbevölkerung,
- die Belange des Umweltschutzes, des Naturschutzes und der Landschaftspflege, insbesondere des Naturhaushalts, des Wassers, der Luft und des Bodens sowie des Klimas (§ 1 Abs. 5 Satz 1 und 2 Nr. 1 und 7 BauGB)

fordern, dass die Bauleitplanung die Bevölkerung vor unzumutbaren Nachteilen und Belästigungen auch noch unterhalb der polizeirechtlichen Gefahrenschwelle für öffentliche Sicherheit oder Ordnung schützt. Hieran muss sich die Abwägung orientieren.

303 Ein Verstoß gegen das Abwägungsgebot kann zur **Nichtigkeit eines Bebauungsplans** führen, wenn nämlich die Gefahr für Gesundheit und Sicherheit mehr als nur geringfügig ist und zum Zeitpunkt der Beschlussfassung die Möglichkeit einer Beeinträchtigung aufgrund von Verunreinigungen für die Gemeinde erkennbar war. Bekanntlich sind es aber gerade die Festsetzun-

---

155 Schink in DVBl. 1986, 181; Kothe in ZRP 1987, 399.

gen eines Bebauungsplans, die für die Höhe des Verkehrswerts eines Grundstücks von ausschlaggebender Bedeutung sind. Am Bauplanungsrecht lässt sich deshalb besonders eindrucksvoll nachweisen, dass auch Verunreinigungen des Grund und Bodens unterhalb der polizeirechtlichen Gefahrenschwelle von erheblicher Bedeutung für die Höhe des Verkehrswerts sein können[156].

11.2.2.2 Kennzeichnungspflicht

Nach § 5 Abs. 3 Nr. 3 und § 9 Abs. 5 Nr. 3 BauGB sind **Flächen, deren Böden „erheblich mit umweltgefährdenden Stoffen belastet sind", im Flächennutzungs- und Bebauungsplan zu kennzeichnen,** wobei sich diese Pflicht bei Flächennutzungsplänen auf die für eine bauliche Nutzung vorgesehenen Flächen beschränkt. **304**

Die vorstehende Kennzeichnungspflicht besteht allerdings nur für die unter der Herrschaft des BauGB aufgestellten Bauleitpläne, d.h. für die nach dem 1.7.1987 aufgestellten Bauleitpläne sowie für die nach Maßgabe des Gesetzbuchs geänderten Teile dieser Bauleitpläne. Überdies besteht die Kennzeichnungspflicht nur für Flächen, die (mit an Sicherheit grenzender Wahrscheinlichkeit) auch tatsächlich in „erheblichem Maße" mit umweltgefährdenden Stoffen belastet sind. Für bloße Verdachtsflächen werden die Gemeinden umgekehrt durch die genannten Vorschriften noch nicht einmal zu entsprechenden Nachforschungen verpflichtet[157], jedoch **müssen sie im Rahmen des Abwägungsgebots dem Verdacht einer Bodenbelastung nachgehen, wenn und soweit eine Beeinträchtigung der geplanten Nutzung zu erwarten ist.** Aus alledem folgt, dass für eine Fläche, die nicht im Bauleitplan gekennzeichnet ist, keine absolute Gewähr besteht, dass sie frei von erheblichen Belastungen mit umweltgefährdenden Stoffen ist. **305**

Ist eine Fläche im Flächennutzungsplan nach Maßgabe des § 5 Abs. 3 Nr. 3 oder des § 9 Abs. 5 Nr. 3 BauGB im Bebauungsplan gekennzeichnet, so kann i.d.R. hieraus geschlossen werden, dass eine erkannte Belastung des Grund und Bodens zwar „erheblich", aber grundsätzlich mit der im Bauleitplan ausgewiesenen Nutzung vereinbar ist. Denn die **Kennzeichnungspflicht lässt das Abwägungsgebot nach § 1 Abs. 6 BauGB unberührt.** In die Abwägung sind nämlich alle Belange einzubringen, die nach Lage der Dinge in die Abwägung eingestellt werden müssen[158]. Das sind alle Belange, für die bei der Entscheidung über den Plan mit hinreichender Wahrscheinlichkeit absehbar ist, dass die schutzwürdigen Interessen bestimmter Personen von dem Plan in mehr als geringfügiger Weise betroffen werden[159]. Denn grundsätzlich darf die Planung nicht Gefahrentatbestände i.S.d. allgemeinen Polizeirechts schaffen und muss die **Bevölkerung** in den einzelnen Gebieten auch unterhalb dieser Schwelle **vor unzumutbaren Nachteilen und Belästigungen schützen**[160]. Danach sind im Hinblick auf die in § 1 Abs. 5 und 6 BauGB genannten Belange auch Gefahrentatbestände unterhalb der polizeirechtlichen Gefahrenschwelle in die Abwägung einzubeziehen. Neben der Gefahrenabwehr ist es präventiv Aufgabe der Bauleitplanung, Gefahren vorzubeugen **(Gefahrenvorbeugung),** die Umwelt lebenswert zu gestalten und darüber hinaus vorhandene und zu erwartende Konflikte auszuräumen, zu vermeiden oder zumindest auf ein vertretbares Maß zu minimieren. **306**

Liegen hinreichend **Anhaltspunkte für eine abwägungsrelevante Verunreinigung des Grund und Bodens** vor **(Verdachtsflächen),** so muss die Gemeinde aus der Verpflichtung, das gesamte in die Abwägung einzubeziehende Material zu beschaffen, auf eigene Kosten die erforderlichen Ermittlungen über mögliche Verunreinigungen anstellen. Dies kann zu einer **307**

---

[156] Zur polizeilichen Anordnung zum Austausch kontaminierten Bodens: VGH Mannheim, Beschl. vom 14.12.1989 – I S 2719/89 –, EzGuG 4.129.
[157] RdErl. Min. f. SWV-Nordrh.-Westf. vom 6.7.1987, MinBl. 1987, 1276.
[158] BVerwG, Urt. vom 10.12.1969 – 4 C 105/65 –, DVBl 1970, 414 = BVerwGE 34, 301 = MDR 1970, 702 = BayVBl 1970, 180 = BauR 1970, 31 = BRS Bd. 22 Nr. 4 = DÖV 1970, 277.
[159] BVerwG. Beschl. vom 9.11.1979 – 4 N 1/87, 4 N 2 – 4/79 –, BVerwGE 59, 87 = NJW 1980, 1061 = BauR 1980, 36 = MDR 1980, 256 = DVBl 1980, 233 = DÖV 1980, 217 = BRS Bd. 35 Nr. 24 = JZ 1980, 95 = BBauBl. 1980, 251 = BayVBl 1980, 88 = ZfBR 1979, 255.
[160] LG Bielefeld, Urt. vom 17.9.1985 – 4 O 114/85 –, EzGuG 4.104 nicht rechtskräftig.

Verpflichtung der Gemeinde führen, ein Sachverständigengutachten einzuholen, wenn ohne eine sachverständige Stellungnahme keine hinreichende Grundlage für eine vom Rat zu treffende Entscheidung gegeben ist[161].

308 Nach dem Beschluss des BVerwG[162] umfasst die **Nachforschungspflicht** im Rahmen der Abwägung allerdings nicht das, „was die planende Stelle nicht sieht und was sie nach den gegebenen Umständen auch nicht zu sehen braucht".

309 Aus alledem folgt, dass die Festsetzungen eines Bebauungsplans auf Grund der Planungsgrundsätze und des Abwägungsgebots mit erkannten und im Bauleitplan gekennzeichneten Verunreinigungen des Grund und Bodens grundsätzlich vereinbar sein müssen. Darüber hinaus muss im Falle einer Kennzeichnung einer „erheblich mit umweltgefährdenden Stoffen belasteten Fläche" diesen Verunreinigungen im Rahmen der zulässigen Nutzung Rechnung getragen werden (können), insbesondere im Rahmen des Baugenehmigungsverfahrens[163]. Die **Kennzeichnung im Bauleitplan** darf deshalb keineswegs dazu verleiten, bei der Verkehrswertermittlung von nicht bebauungsplanmäßig nutzbaren Grundstück auszugehen. Anzumerken ist hier, dass das BauGB einerseits nicht die Möglichkeit eröffnet, die Sanierung einer Fläche festzuschreiben, und andererseits – zumindest nicht expressis verbis – auch nicht die Zulässigkeit einer festgesetzten Nutzung in Abhängigkeit von einer Bodensanierung zu stellen.

Die **Ausweisung von Baurechten auf kontaminierten Flächen** enthebt den Eigentümer nicht von der Gefahrenbeseitigungspflicht[164].

11.2.2.3 Schadensersatz bei Abwägungsmängeln in der Bauleitplanung

310 Nach der Grundsatzentscheidung des BGH[165] haben die **Amtsträger der Gemeinde die Pflicht, bei der Aufstellung von Bebauungsplänen Gesundheitsgefährdungen zu verhindern,** die den zukünftigen Bewohnern des Plangebiets aus dessen Bodenbeschaffenheit drohen. Den davon betroffenen Bewohnern wurde ein geldwerter Vermögensausgleich für Nachteile zugesprochen, die ihnen durch die Bebauung entstanden sind. Die **Amtspflicht besteht auch gegenüber demjenigen als „Drittem",** der ein nach der planerischen Ausweisung dem Wohnen dienendes Grundstück für ein noch zu errichtendes Wohnhaus **erwirbt.** Die Haftung wegen einer Verletzung dieser Amtspflicht umfasst auch Vermögensschäden, die die Erwerber dadurch erleiden, dass sie im Vertrauen auf eine ordnungsgemäße Planung Wohnungen errichten oder kaufen, die nicht bewohnbar sind.

311 Schon in der Vorinstanz ist erkannt worden, dass ein Verstoß gegen das Abwägungsgebot (§ 1 Abs. 6 BauGB) zur **Nichtigkeit des Bebauungsplans** führen kann, wenn nämlich die Gefahr für die Gesundheit und Sicherheit mehr als nur geringfügig ist und zum Zeitpunkt der Beschlussfassung die Möglichkeit einer Beeinträchtigung auf Grund von Verunreinigungen des Grund und Bodens für die Gemeinde erkennbar war[166]. Wird dennoch eine rechtswidrige Baugenehmigung erteilt, so wird darin eine schuldhafte Amtspflichtverletzung i.S.d. § 839 BGB i.V.m. Art. 34 GG gesehen[167]. Dies kann zu Schadensersatzansprüchen aus Amtshaftung (Bebauungsplan) und z.B. aus § 39 OBG Nordrh.-Westf. (Erteilung der Baugenehmigung),

---

161 OVG Lüneburg, Urt. vom 30.4.1986 – 1 C 4/86 –, BRS Bd. 46 Nr. 26 = BauR 1987, 176; OVG Lüneburg, Urt. vom 26.2.1981 – 4 C 4/80 –, BRS Bd. 38 Nr. 38 = BauR 1981, 454; zu den Untersuchungskosten bei **Verunreinigungen des Grundwassers:** VGH Mannheim, Urt. vom 8.9.1989 – 5 S 3099/88 –, EzGuG 4.127.
162 BVerwG. Beschl. vom 9.11.1979 – 4 N 1/78, 4 N 2 – 4/79 –, Zit. Fn. 23.
163 Altlasten im Städtebau, Kohlhammer-Verlag, Köln 1989, S. 2 ff.
164 OVG Lüneburg, Urt. vom 15.12.2004 – 7 LB 2481/02 –, EzGuG 4.192.
165 BGH, Urt. vom 26.1.1989 – III ZR 194/87 –, EzGuG 4.124; BGH, Urt. vom 6.7.1989 – III ZR 251/87 –, EzGuG 4.125; BGH, Urt. vom 21.12.1989 – III ZR 49/88 –, EzGuG 4.132; BGH, Urt. vom 21.12.1989 – III ZR 118/88 –, EzGuG 4.133; VGH Mannheim, Urt. vom 7.5.1999 – 3 S 1265/98 –.
166 LG Bielefeld, Urt. vom 17.9.1985 – 4 O 114/85 –, EzGuG 4.104; LG Bielefeld, Urt. vom 28.4.1987 – 4 O 652/85 –; LG Bielefeld, Urt. vom 4.8.1987 – 4 O 178/87 –; LG Dortmund, Urt. vom 19.12.1986 – 2 O 199/86 –, EzGuG 4.113; LG Dortmund, Urt. vom 19.12.1986 – 2 O 217/86 –; LG Dortmund, Urt. vom 19.12.1986 – 2 O 450/85 –, EzGuG 4.114.
167 BGH, Urt. vom 10.4.1986 – II ZR 209/84 –, EzGuG 11.152; OLG Hamm, Urt. vom 26.6.1987 – 11 U 346/85 –, EzGuG 4.116.

insbesondere für die im Vertrauen auf die Baugenehmigung getätigten Investitionen, führen[168].

312 Voraussetzung ist ein schuldhaftes Handeln des Amtswalters, wobei die Rechtsprechung hohe Anforderungen an die Sorgfaltspflicht auf die Entscheidungen der Vergangenheit projiziert hat. Der **Schadensersatz** ergibt sich ggf. nach den §§ 249 ff. BGB. Aufstellung und Vollzug eines unwirksamen Bebauungsplans stellen zudem einen rechtswidrigen Eingriff dar, der einen Entschädigungsanspruch nach den für den enteignungspflichtigen Eingriff entwickelten Grundsätzen auslösen kann[169].

313 Ersatz ist insbesondere zu gewähren für

- die im Vertrauen auf die planungsrechtlich zulässige Nutzung getätigten Aufwendungen (z.B. Kaufpreis und die Investitionen zur Vorbereitung einer Nutzung des Grundstücks, Errichtung eines nicht oder nur eingeschränkt nutzbaren Gebäudes);
- eine ursächlich auf die Bodenverunreinigung zurückzuführende Wertminderung des Grundstücks, wenn das Eigentum am Grundstück nicht aufgegeben wird; bei Aufgabe des Grundstücks der Verkehrswertanteil, der sich für ein im Vertrauen auf die zulässige Nutzbarkeit errichtetes Gebäude ergeben würde, wenn das Grundstück nicht verunreinigt wäre;
- Nutzungseinschränkungen (Mietausfälle) sowie Ausgleichsmaßnahmen;
- sonstige Folgekosten (entspricht § 95 BauGB).

11.2.3 Verkehrswertermittlung

Schrifttum: *Roller* in GuG 2001, 162 und GuG 2000, 336.

314 Bei der Ermittlung des Verkehrswerts kontaminierter Flächen gilt es zunächst, sich zu vergegenwärtigen, dass sich der **Verkehrswert**

- einerseits nach den rechtlichen Gegebenheiten und
- andererseits nach den tatsächlichen Eigenschaften

des Grundstücks bemisst (§ 194 BauGB). Zu den tatsächlichen Eigenschaften des Grundstücks gehört auch die Beschaffenheit des Grund und Bodens und mithin auch ggf. dessen Verunreinigung. § 6 Abs. 5 Satz 1 ImmoWertV stellt dies klar.

315 Der **Feststellung der rechtlichen Gegebenheiten** kommt bei der Ermittlung des Verkehrswerts kontaminierter Flächen insoweit eine maßgebliche Bedeutung zu, als sich danach die Frage beantwortet, wer für die Sanierung einer kontaminierten Fläche aufzukommen hat. Trifft die Sanierungslast nicht den Eigentümer des Grundstücks, sondern einen Dritten, z.B. die öffentliche Hand, so ergibt sich für das Grundstück eine Wertminderung gegenüber einem unbelasteten Grundstück nur insoweit, wie der Eigentümer bis zum Abschluss der Sanierungsmaßnahmen eine entschädigungslos hinzunehmende Nutzungseinschränkung zu tragen hat. Deshalb muss zu allererst geprüft werden, von wem die Kosten einer Sanierung der kontaminierten Fläche getragen werden müssen. Es kommt also entscheidend darauf an, ob die Sanierungskosten vom

- gegenwärtigen die Sachherrschaft über das Grundstück ausübenden Eigentümer (vgl. Rn. 349) oder
- einem Erwerber oder
- einem Dritten, insbesondere dem Verursacher (vgl. Rn. 350), dem Voreigentümer oder nach dem Gemeinlastprinzip von der Allgemeinheit,

---
168 OLG Hamm, Urt. vom 26.6.1987 – 11 U 346/85 –, EzGuG 4.116; einschränkend zur Frage der drittschützenden Wirkung noch OLG Oldenburg, Urt. vom 30.10.1987 – 6 U 18/87 –, EzGuG 4.117; LG Osnabrück, Urt. vom 27.10.1986 – 10 O 229/86 –; jedoch BGH, Urt. vom 6.7.1989 – III ZR 251/87 –, EzGuG 4.125.
169 BGH, Urt. vom 28.6.1984 – III ZR 68/83 –, BRS Bd. 42 Nr. 5 = BauR 1985, 480.

aufzubringen sind. Dabei müssen vertragliche Vereinbarungen beachtet werden, die z.B. beim Erwerb solcher Flächen im Hinblick auf die „Wiederinwertsetzung" getroffen wurden.

Sind nach alledem die Sanierungskosten vom Eigentümer oder dem Erwerber des Grundstücks nicht zu tragen, so werden **Wertminderungen** des Grundstücks auf Grund von Verunreinigungen weitgehend **durch die von einem (dritten) Sanierungspflichtigen zu tragenden Kosten aufgefangen;** eine Wertminderung kann sich in diesem Fall allerdings noch insoweit ergeben, wie das Grundstück vorübergehend einer Nutzung entzogen ist und dafür kein Entschädigungsanspruch besteht.

316 In den unterschiedlichen **Kostenanlastungsprinzipien** liegt also das eigentliche, oft schwer durchschaubare Problem bei der Verkehrswertermittlung kontaminierter Flächen. Von besonderer Bedeutung sind hier bei Gefahr für die öffentliche Sicherheit und Ordnung das Polizeirecht, das das Verhältnis zwischen Ordnungsbehörde und dem Herangezogenen regelt[170], und das Zivilrecht, das vor allem bei zwischenzeitlichen Grundstücksübertragungen in Bezug auf Gewährleistungsansprüche, ihre Verjährung sowie Haftungsausschlüsse schlechthin für vertragliche Ansprüche bedeutsam ist.

317 Die **Feststellung des Sanierungspflichtigen** wirft eine Reihe komplizierter juristischer Fragen auf, die von dem Sachverständigen für Grundstückswertermittlungen i.d.R. nicht geklärt werden können (vgl. Rn. 348 ff.). Sofern ihm die Frage des Sanierungspflichtigen nicht vorgegeben wird, sollte in Abstimmung mit dem Auftraggeber

– von bestimmten vorgegebenen Annahmen oder
– den Feststellungen eines hinzuzuziehenden Gutachters

ausgegangen werden. Im Gutachten ist dies deutlich zu machen.

318 Das zum 1.3.1999 in Kraft getretene BBodSchG regelt die Problematik der Finanzierung der **Sanierung bei nicht mehr greifbaren Verursachern.** Das Gesetz enthält in seinem § 25 Abs. 1 eine Regelung über den Wertausgleich beim Einsatz öffentlicher Mittel. Danach hat der zu Maßnahmen i.S. des § 4 BBodSchG verpflichtete Eigentümer im Falle der durch den Einsatz öffentlicher Mittel bedingten Verkehrswerterhöhung seines Grundstücks einen Wertausgleich an den öffentlichen Kostenträger zu leisten, wenn er die Kosten der Maßnahmen, in erster Linie Sanierungskosten, nicht oder nicht vollständig getragen hat. Der Ausgleichsbetrag ruht als öffentliche Last auf dem Grundstück[171].

▶ *Näheres Rn. 345 ff. und Syst. Darst. des Vergleichswertverfahrens Rn. 354 ff.*

319 Die Kontamination eines Grundstücks ist bei der Verkehrswertermittlung grundsätzlich zu berücksichtigen, wenn die **Sanierungslast vom jeweilige Eigentümer des Grundstücks getragen** werden muss und dafür kein Dritter einsteht. Dies wirft schwierige wertermittlungstechnische Fragen auf. Die Schwierigkeiten bestehen insbesondere darin, dass kaum jemals Vergleichspreise für gleichartig kontaminierte Flächen zur Verfügung stehen. Vergleichspreise liegen dagegen schon eher für vergleichbare nicht kontaminierte Flächen vor. Deshalb wird in der Praxis regelmäßig vom Verkehrswert eines nicht kontaminiert gedachten Grundstücks ausgegangen, der sich mit den Erfahrungen der gängigen Wertermittlungspraxis ermitteln lässt. Für den Regelfall, dass kein Grundstücksmarkt und somit keine Vergleichspreise für ein kontaminiertes Grundstück vorliegen und diesem Mangel auch nicht mit der Fiktion eines gewöhnlichen Geschäftsverkehrs für solche Grundstücke abgeholfen werden kann, wird bei dieser Konstellation von dem Modell ausgegangen, dass sich der Verkehrswert eines Grundstücks im kontaminierten und nicht kontaminierten Zustand grundsätzlich um die Kosten unterscheidet, die für die Beseitigung der Kontamination üblicherweise aufzubringen wären. Im Prinzip wird von diesem Modell in der Wertermittlungspraxis auch bei der Umrechnung des Verkehrswerts eines erschließungsbeitragspflichtigen und -freien Grundstücks ausgegangen (vgl. Abb. 34).

---

170 BGH, Urt. vom 11.6.1981 – III ZR 39/80 –, EzGuG 4.76.
171 Vgl. § 25 Abs. 6 BBodSchG i.V.m. der Verordnung über die Eintragung des Bodenschutzlastvermerks, BGBl. I 1999, 497.

Beschaffenheit und tatsächliche Eigenschaften § 6 ImmoWertV V

Abb. 34: Bodenwert eines kontaminierten Grundstücks

Auch im Rahmen der **Enteignungsentschädigung** ist entsprechend den vorstehenden Grundsätzen der Verkehrswert um die Höhe der Sanierungskosten (einschließlich Untersuchungs- und Sicherungskosten) zu reduzieren, wenn ein begründeter Verdacht besteht, dass – enteignungsrechtlich zu entschädigende – Baulichkeiten und Anlagen von Altlasten befallen sind[172]. **320**

▶ *Zur Ermittlung der Kosten der Erfassung, Gefährdungsabschätzung, Sanierungsmaßnahmen und Überwachung vgl. Rn. 337 ff.; zum merkantilen Minderwert vgl. Teil VI Rn. 230; § 194 BauGB Rn. 144 ff.*

Die Ermittlung des Verkehrswerts einer kontaminierten Fläche steht mitunter im Zusammenhang mit einer Änderung der rechtlichen Festsetzungen. Beispielsweise soll eine bisher gewerblich oder industriell genutzte Fläche künftig als höherwertiges Wohnbauland genutzt werden. In diesem Fall muss geprüft werden, ob bei der Ermittlung des fiktiven Bodenwerts des Grundstücks im dekontaminierten Zustand auch die **Werterhöhung aufgrund einer Planungsänderung** oder der Aussicht auf die Planungsänderung zu berücksichtigen ist. **321**

Angesichts der erfahrungsgemäß hohen Sanierungskosten muss das beschriebene Verfahren dazu führen, dass der Verkehrswert des Grundstücks selbst bei hohen Ausgangswerten häufig auf einen Anerkennungsbetrag „zusammenschrumpft". Dies selbst dann, wenn nach der Sanierung des Grundstücks aufgrund einer Neuplanung eine höherwertige Nutzung zulässig **322**

---
172 BGH, Urt. vom 4.11.2004 – III ZR 372/03 –, EzGuG 4.191.

wird. Tatsächlich ist auch bereits manch kontaminiertes Grundstück (unter Übernahme aller Haftungen) „verschenkt" worden; auch ist in einem Zwangsversteigerungsverfahren auf Grund der Bodenverunreinigungen der Verkehrswert für ein Erbbaurecht schon einmal mit „null" angesetzt worden[173]. Selbst dann, wenn ein entsprechender Handlungsbedarf noch nicht festgestellt worden ist, kann eine Altlastenverdachtsfläche bereits dermaßen stigmatisiert sein, dass sie praktisch nicht mehr gegen Entgelt veräußerbar ist (res extra commercium). Darüber hinaus stellt sich bei entsprechend hohem Handlungsbedarf die Frage, ob hier ein **Fall** gegeben ist, **der zu negativen Bodenwerten (Unwerten)** führt. Wird deshalb das Eigentum zivilrechtlich durch Verzichterklärung gegenüber dem Grundbuchamt aufgegeben (§ 959 BGB), kann sich die Ordnungsbehörde nach § 18 Abs. 3 OBG Nordrh.-Westf. an den bisherigen Eigentümer halten, für den das Eigentum am Grundstück zu einer finanziellen Last wird. Von daher ist es durchaus nicht abwegig, von einem negativen Grundstückswert zu sprechen.

323 Es kommt allerdings hinzu, dass im Rahmen des BBodSchG die **Zustandsverantwortung des Eigentümers** hinsichtlich des Ausmaßes dessen, was ihm zur Gefahrenabwehr abverlangt werden kann, **begrenzt ist.** Der Verkehrswert des Grundstücks nach Durchführung der Sanierung kann nach der Rechtsprechung des BVerfG[174] Anhaltspunkt für die dem Eigentümer zumutbaren Belastungen sein. Das BVerfG hat folgende Grundsätze aufgestellt:

a) Eine die Grenzen überschreitende Belastung kann insbesondere dann unzumutbar sein, wenn die vom Grundstück ausgehende Gefahr aus Naturereignissen, aus der Allgemeinheit zuzurechnenden Ursachen oder von nicht nutzungsberechtigten Dritten herrührt.

b) Die Belastung des Zustandsverantwortlichen mit Sanierungskosten bis zur Höhe des Verkehrswerts kann in den Fällen unzumutbar sein, in denen das sanierte Grundstück den wesentlichen Teil des Vermögens bildet und Grundlage der privaten Lebensführung des Pflichtigen und seiner Familie bildet.

c) Eine den Verkehrswert des sanierten Grundstücks übersteigende Kostenbelastung kann zumutbar sein, wenn der Eigentümer das Risiko bewusst in Kauf genommen hat oder die Augen in fahrlässiger Weise vor Risikoumständen verschlossen hat.

d) Ist eine Kostenbelastung über den Verkehrswert des sanierten Grundstücks hinaus zumutbar, kann sie nicht auf die gesamte Leistungsfähigkeit des Eigentümers bezogen werden.

324 Sofern mit dem Erwerb des Grundstücks auch eine Pflicht zur Sanierung der Flächen auf den Erwerber übergeht und die Kosten der Sanierung mit dem Verkehrswert des sanierten Grundstücks nicht gedeckt werden können, wird im gewöhnlichen Geschäftsverkehr die Bereitschaft zum Erwerb des kontaminierten Grundstücks nur gegeben sein, wenn der zur Sanierung verpflichtete bisherige Eigentümer bei der Veräußerung des Grundstücks den Differenzbetrag an den Erwerber entrichtet. Denn mit dem Eigentumsübergang würden auf den Erwerber lediglich finanzielle Verpflichtungen und keine Vermögensvorteile übergehen. Wirtschaftlich gesehen zeigt auch dies, dass in der Tat dann der Fall eines negativen Bodenwerts gegeben ist, wenn **mit dem Eigentum am Grundstück finanzielle Verpflichtungen verbunden** sind, denen auf Dauer keine gleichwertigen Vermögensvorteile gegenüberstehen; auch von daher wurden kontaminierte Grundstücke tatsächlich schon zum „Nullwert" mit der Forderung nach Übernahme aller Haftungen angeboten. Dass bei derartigen Konstellationen der Wert einer Immobilie in einen Unwert umschlagen kann, ist im Übrigen auch aus anderen Bereichen bekannt. Dies kann sich z.B. auch für Eigentumswohnungen in stark heruntergekommenen Großwohnanlagen mit extremen Leerständen ergeben, wenn der Eigentümer auf Grund des Gemeinschaftsverhältnisses außerordentlich hohen Belastungen ausgesetzt ist, denen keine angemessenen Einnahmen gegenüberstehen. In einer täglich Schlagzeilen ausgesetzten Großsiedlung sind deshalb auch schon Erwerber gesucht worden, denen eine Eigentumswohnung „geschenkt" werden sollte.

325 Sofern **Planungsgewinne** den Kosten der Dekontaminierung „gegengerechnet" werden können, muss zusätzlich geklärt werden, ob dieser Wertzuwachs dem Eigentümer kompensati-

---
173 AG Hannover, Beschl. vom 21.3.1986 – 731 K 114/85 – .
174 BVerfG, Urt. vom 16.2.2000 – 1 BvR 242, 315/99 –, GuG 2000, 311 = EzGuG 4.177.

onslos zufällt oder von demjenigen beansprucht werden kann, der die Kosten der Dekontamination trägt. Angesichts der regelmäßig hohen Sanierungskosten ist eine Abschöpfung des planungsbedingten Mehrwerts bei Sanierungsmaßnahmen durch die öffentliche Hand von besonderer Bedeutung.

Die **Inanspruchnahme planungsbedingter und sonstiger Mehrwerte zur Finanzierung der Sanierungskosten** kann häufig nicht verhindern, dass die Sanierungskosten den künftigen Bodenwert auch unter Berücksichtigung einer künftigen höherwertigen Nutzung überschreiten. Verbleibt jedoch auch nach Abzug der Sanierungskosten ein Wert, so ist wiederum zu prüfen, ob und in welchem Maße dieser Wert noch für die vorübergehende Nutzungsbeschränkung bis zum Zeitpunkt der wieder herbeigeführten Nutzbarkeit des Grundstücks zu vermindern ist. Auszuschließen wäre dies, wenn hierfür eine Entschädigung durch Dritte gewährt wird oder aber dem Eigentümer ein angemessenes Entgelt für die kontaminierende Nutzung des Grundstücks zufließt (z.B. Pachtzins eines entsprechenden Gewerbebetriebs). Bei entschädigungslos hinzunehmenden vorübergehenden Nutzungseinschränkungen lässt sich der Bodenwert durch Abzinsung des Unterschiedsbetrags zwischen dem Bodenwert im kontaminierten und dekontaminierten Zustand über die Dauer der Nutzungsbeschränkung (Abzinsungsfaktor $1/q^n$, tabelliert in Anl. 2 ImmoWertV) ermitteln. 326

Wertermittlungstechnisch wird man entsprechend verfahren können, wenn die Untersuchungs-, Sicherungs- und Sanierungskosten vom Eigentümer selbst zu tragen sind, die in diesem Fall zusätzlich zu berücksichtigen sind. Zur Anwendung können die in § 20 Abs. 1 normierten Grundsätze kommen; es handelt sich hierbei um das **Liquidationswertverfahren**. 327

Der Grund und Boden eines Grundstücks steht mit seinen Aufbauten bekanntlich in einer Schicksalsgemeinschaft. Soweit durch Bodenverunreinigungen die Nutzbarkeit eines Grundstücks beeinträchtigt ist, gilt dies i.d.R. auch für **vorhandene Aufbauten**. Entsprechend reduziert sich der Verkehrswertanteil eines vorhandenen Gebäudes. Selbst der Verkehrswertanteil eines Neubaus kann sich im Falle seiner Unbewohnbarkeit und Unbenutzbarkeit zu null reduzieren und sogar zu einer zusätzlichen Wertminderung führen, wenn für die Dekontaminierung des Grundstücks ein Gebäudeabtrag erforderlich wird und die Verwertung der Aufbauten (z.B. Schrottwert von Stahl- und Eisenkonstruktionen) nicht die Freilegungskosten auffängt. Umgekehrt führt die Dekontaminierung eines bebauten Grundstücks zu entsprechenden Gebäudewerterhöhungen, wenn damit das Gebäude wiedernutzbar wird; der Gebäudewert wird in diesem Fall „reaktiviert". Möglicherweise werden die Sanierungskosten erst damit wieder „aufgefangen". 328

In Anbetracht der dargestellten Problematik bei der Verkehrswertermittlung kontaminierter Grundstücke haben sich in der Praxis **drei unterschiedliche Verfahren** entwickelt: 329

a) Verkehrswertermittlung unter „Ausklammerung" einer vermuteten oder auch verifizierten Altlast mit Verweis auf eine vertragliche Regelung im Falle der Veräußerung des Grundstücks bzw. mit dem Hinweis auf die Notwendigkeit eines Sondergutachtens,

b) Berücksichtigung der Wertminderung infolge von Altlasten bemessen nach Sanierungskosten und

c) Berücksichtigung der Wertminderung infolge von Altlasten durch pauschale Wertabschläge.

11.2.4 Verifizierung von Ablagerungen

Ablagerungen gehören nach § 6 Abs. 5 ImmoWertV zu den Eigenschaften und zur sonstigen Beschaffenheit eines Grundstücks und müssen bei der Ermittlung des Verkehrswerts grundsätzlich berücksichtigt werden. Ein Gutachten ist fehlerhaft, wenn diese nicht berücksichtigt werden. Der Gutachter ist deshalb gut beraten, wenn er diesbezüglich seinen Sorgfaltspflichten besonders gewissenhaft nachkommt. Nach der Rechtsprechung müssen dabei auch der Sachverstand anderer Stellen und selbst populärwissenschaftliche Veröffentlichungen beachtet werden. Insbesondere bei vorsätzlichem und (grob) fahrlässigem Handeln ist damit die 330

Haftung des Gutachters für Nachteile angesprochen, **die aufgrund eines fehlerhaften Gutachtens entstehen.** Hieraus folgt, dass der Gutachter alle Erkenntnisquellen über etwaige Verunreinigungen nutzen und Verdachtsmomenten nachgehen muss. Es empfiehlt sich, nach den Umständen des Einzelfalls im Gutachten deutlich zu machen,

- ob etwaige Altablagerungen außer Betracht gelassen wurden,
- ob diesbezüglich Feststellungen vorgenommen wurden,
- ob ein Verdacht besteht und wie dem nachgegangen wurde,
- aufgrund welcher Anhaltspunkte ggf. von welchen Verunreinigungen bei der Verkehrswertermittlung ausgegangen wurde.

331 Bei bestimmten ehemaligen Nutzungen ist einem Grundstück der Altlastenverdacht gewissermaßen „auf die Stirn geschrieben". Dies sind: Gaswerke, Kokereien, Steinkohlenbergbau, NE-Metallerzbergbau, Eisen- und Stahlherstellung, Mineralölerzeugung und -lagerung, NE-Metallumschmelzwerke, Metallgießereien, Oberflächenveredelung/Härtung von Metallen, Batterien- und Akkumulatorenherstellung, Herstellung von anorganischen Grundstoffen, Chemikalien, Farben, Lacke, Kunststoffe, Pharmazeutika, Handelsdünger, Schädlingsbekämpfungsmittel, Munition, Explosivstoffe, Glas, Papier, Textilien, Schrottplätze, Bahnbetriebswerke, Flugplätze, Chemische Reinigungen, Betriebskläranlagen, Kfz-Reparaturwerkstätten sowie Verarbeitungsstätten von Holz, Gummi und Leder[175]. Hinweise auf derartige Nutzungen können sich bereits aus den Ortsbezeichnungen ergeben, z.B. Zechenweg, Industriestraße, An der Gerberau, u.s.w.

332 Auch im **Zwangsversteigerungsverfahren** ist das Vollstreckungsgericht verpflichtet, alle den Grundstückswert beeinflussenden Umstände tatsächlicher und rechtlicher Art sorgfältig zu ermitteln und zu berücksichtigen[176]. Kosten für ein Bodengutachten sind jedenfalls dann aufzuwenden, wenn sie in einem angemessenen Verhältnis zu den Auswirkungen stehen, die das Gutachten auch angesichts der Aussagekraft vorhandener Unterlagen auf den Verkehrswert haben kann.

333 Der Sachverständige für Grundstückswerte ist von seiner Ausbildung her i.d.R. überfordert,

- die Ablagerungen im Grund und Boden (Altlasten/Neulasten) sowie
- das Gefährdungspotenzial vorhandener Ablagerungen nach Art und räumlicher Verteilung

selbst festzustellen. Zwar sind mancherlei Verunreinigungen des Grund und Bodens selbst für den Laien schon an der Beschaffenheit der Oberfläche erkennbar, jedoch verbergen sich Verunreinigungen vielfach unter der Oberfläche; es sind unsichtbare (Alt-)Lasten. Selbst wenn der Sachverständige für Grundstückswerte das Vorhandensein verunreinigender Ablagerungen erkannt hat, reicht dies für eine sachgerechte Berücksichtigung bei der Verkehrswertermittlung nicht aus, denn ihm fehlt i.d.R. die Vorbildung für eine sachgerechte Einschätzung des davon ausgehenden Gefährdungspotenzials.

334 **Fazit:** Der Sachverständige für Grundstückswerte wird bei der Ermittlung des Verkehrswerts verunreinigter Flächen sein Gutachten auf „Hilfsquellen" stützen müssen, die er selbst kaum nachzuprüfen vermag, oder er wird einen weiteren Sachverständigen (Toxikologen) hinzuziehen müssen. In jedem Fall ist dies im Gutachten darzulegen und sollte mit dem Auftraggeber abgeklärt sein.

335 Zur **Feststellung über das Vorhandensein von Verunreinigungen** durch einen Sachverständigen für Grundstücke ist von folgenden **allgemeinen Erkenntnisquellen** auszugehen:

a) Nach den Erfahrungen der Praxis kann i.d.R. schon allein aus der *bisherigen Nutzung* auf Verunreinigungen geschlossen werden; zu nennen sind hier Mülldeponien, Gaswerke,

---

175 Vgl. hierzu den RdErl. des nordrh.-westf. MSV in MinBl. NW 1992, 876, abgedruckt in der 2. Aufl. S. 1389.
176 BGH, Urt. vom 18.5.2006 – V ZB 142/05 –, GuG 2006, 318 = EzGuG 4.196; Stöber, ZVG, 18. Aufl. § 74a Rn. 7.5, § 66 Rn. 6.2c.

Beschaffenheit und tatsächliche Eigenschaften   § 6 ImmoWertV V

Tankstellen, Kokereien, Zechengelände, Teerverarbeitungsbetriebe (vgl. Rn. 330)[177]. Um nach dem vorher Gesagten Verunreinigungen des Grund und Bodens bei der Verkehrswertermittlung angemessen berücksichtigen zu können, müssen diese nach Art und Umfang verifiziert werden. Dies ist Voraussetzung, um einerseits die davon ausgehende Gefährdung und andererseits den Handlungsbedarf abschätzen zu können.

b) Erkenntnisquellen sind im Veräußerungsfall die *Angaben des Verkäufers*. Dieser muss seine Kenntnisse über Verunreinigungen des Grund und Bodens einem Erwerbswilligen offenbaren (§§ 459 ff. BGB), wenn er nicht Gefahr laufen will, sich eines Betrugs nach § 263 StGB strafbar zu machen.

c) Zunehmend von Bedeutung sind die kommunalen *Altlastenkataster*. Auch bei Heranziehung solcher Erkenntnisquellen muss beachtet werden, was nach Art und Ausmaß des Gefährdungspotenzials Gegenstand dieser Kataster ist, d.h., Verunreinigungen unterhalb einer bestimmten dem Kataster zugrunde liegenden Gefahrenschwelle können demzufolge diesem Kataster nicht entnommen werden.

d) Weitere Erkenntnisquellen sind insbesondere
- Hinweise aus Bevölkerung und Verwaltung,
- Luftbilder,
- Akten und Aufzeichnungen,
- Sicherungsergebnisse.

e) Für *Hamburg* besteht die Besonderheit, dass der Senat nach § 81 Abs. 8 HBauO durch Rechtsverordnung Gebiete festlegen kann, in denen nach bisher vorliegenden Erkenntnissen mit Bodenverunreinigungen zu rechnen ist, die – wiederum „nur" polizeirechtlich – eine Gefahr für die öffentliche Sicherheit und Ordnung darstellen können.

Zur **Abschätzung des Gefährdungspotenzials (toxikologische Bewertung)** sollte sich, wie bereits erläutert, der Sachverständige für Grundstückswerte möglichst auf die Sachkunde der Spezialdisziplinen stützen. Entscheidende Bedeutung für die Beurteilung des Gefährdungspotenzials haben dabei die sog. Gefährdungspfade, d.h. die Kausalkette, auf denen Schadstoffe den menschlichen Organismus erreichen. Daneben sind aber auch Gefährdungen der Flora und Fauna und sonstiger Sachen hervorzuheben, wobei diesbezüglich noch differenziert werden kann. Gefährdungspfade sind das Grundwasser, das Oberflächenwasser, der Boden, die Luft (Bodengase) und der direkte Kontakt. Für eine Gefährdungsabschätzung bedarf es letztlich der (politischen) Vorgabe, welches Gut bis zu welchem Maße als schutzwürdig definiert wird; die Naturwissenschaften können hier nur Hilfestellungen geben. Dies alles ist damit also nicht nur eine naturwissenschaftlich unzureichend aufgearbeitete Materie, sondern eine letztlich auch politisch zu entscheidende Frage. Aus ihr ergibt sich der Handlungsbedarf und somit der Kostenbetrag der „Wiederinwertsetzung".   **336**

Die toxikologische Bewertung des Gefährdungspotenzials bereitet nach dem vorher Gesagten heute noch erhebliche Schwierigkeiten. Deshalb ist auch die Minderung des Verkehrswertes eines unbelasteten Grundstücks in Abhängigkeit von der toxikologischen Belastung kaum in den Griff zu bekommen. Auch deshalb kommt man nicht umhin, die Wertminderung aufgrund der Belastungen des Grund und Bodens nach den Kosten der Untersuchung, Sicherung und Sanierung der belasteten Fläche (Wiederinwertsetzungskosten) zu bemessen. Bei Anwendung des vorgestellten Modells (vgl. Rn. 321 f.) verlagert sich also das Problem der Verkehrswertermittlung kontaminierter Flächen in die Ermittlung der **Kosten der Wiederinwertsetzung**, denn mit der Sanierung des Grundstücks wird dessen Minderwert (Mangelschaden) beseitigt. Sie **setzen sich zusammen aus den Kosten** der   **337**

– Maßnahmen zur Verhütung und Beseitigung von Beeinträchtigungen durch die Verunreinigungen bis hin zur Wiedereingliederung der betroffenen Flächen in Natur und Landschaft oder eine städtebauliche Nutzung,

---

177 Altlasten im Städtebau, a.a.O., S. 16; Roller in GuG 2001, 240; Grunewald in GuG 1997, 291; Großmann/Grunewald/Weyers in GuG 1996, 154; Grunewald/Duken in GuG 1995, 224.

V § 6 ImmoWertV Beschaffenheit und tatsächliche Eigenschaften

- Maßnahmen zur Untersuchung von Art, Umfang und Ausmaß der Verunreinigungen, insbesondere den Kosten der Entnahme und Untersuchung von Luft-, Wasser- und Bodenproben einschließlich der Errichtung und des Betriebs von Kontrollstellen,
- erforderlichen Sicherungsmaßnahmen und
- Überwachung.

338 Die **Wiederinwertsetzungskosten** sind angesichts der unterschiedlichsten Arten und des unterschiedlichsten Maßes von Verunreinigungen sowie der sich noch in der Entwicklung befindlichen unterschiedlichen Sanierungstechniken schwer abschätzbar, jedoch liegen hierfür zunehmend **Erfahrungswerte** vor.

339 Auf der Grundlage von Kostenangaben verschiedener Quellen hat der Sachverständigenrat „Altlasten" die Größenordnung des Kostenrahmens (niedrigste und höchste Kosten) zusammengestellt (vgl. **Kostentabelle** in der 3. Aufl. zu diesem Werk); die Tabelle gibt allerdings nur allgemeine Hinweise, weil die Größenordnungen außerordentlich schwanken[178]. Im Einzelfall können zur Abschätzung der Sanierungskosten fallspezifisch Kostenvoranschläge eingeholt werden[179].

340 Wie bereits erläutert, sind neben den Sanierungskosten auch die **Untersuchungskosten** zu berücksichtigen; die Untersuchungen müssen auf Verdichtung oder Ausräumung eines bestehenden Verdachts der Bodenbelastungen ausgerichtet sein, wobei sie sich üblicherweise an der zu erwartenden Art der Belastungen orientieren müssen[180].

341 Es wird davon ausgegangen, dass die Behörde im Verdachtsfalle zunächst selbst festzustellen hat, ob überhaupt eine zu beseitigende Störung vorliegt; die Kosten sind i.d.R. von der Behörde zu tragen[181]. Etwas anderes kann nach Bauordnungsrecht gelten, wenn der Eigentümer z.B. eine Baugenehmigung begehrt. Die Untersuchung dem Eigentümer anzuordnen, wäre auch im Hinblick auf Gefahren für die öffentliche Sicherheit und Ordnung ordnungsrechtlich nicht gedeckt[182]. Steht dies fest oder besteht zumindest ein objektiv begründeter Verdacht, so kann allerdings der verantwortliche Eigentümer – als Bestandteil umfassender **Maßnahmen zur Gefahrenabwehr** – verpflichtet werden, Untersuchungen über

- die Bestimmung des Gefahrenherds und
- die Sicherungs- und Sanierungsmaßnahmen

anzustellen[183], auch dies sind deshalb wertmindernde rechtliche Gegebenheiten.

342 Rechtsgrundlage ist das Bundes-Bodenschutzgesetz i.V.m. der **Bundes-Bodenschutz- und Altlastenverordnung** (BBodSchV, vgl. Rn. 342 und Syst. Darst. des Vergleichswertverfahrens Rn. 354). Die Verordnung regelt

- die Anforderungen an die Untersuchung und Bewertung von Verdachtsflächen und altlastenverdächtigen Flächen (§§ 3 f. BBodschV);
- die Anforderungen an die Sanierung von schädlichen Bodenveränderungen und Altlasten (§ 5 BBodschV),

---

178 Vgl. auch Bracke, Leistungsbuch Altlastensanierung und Flächenentwicklung 1997/98, Arbeitshilfe, i.A. Landesumweltamt Nordrhein-Westfalen, Essen 1998.
179 Wegweiser für Altlasten- und Bodensanierung, Bundesumweltamt, Berlin 1988, mit Informationen (Adressen über Planer, Firmen und Gutachter).
180 BVerwG, Urt. vom 17.2.2005 – 7 C 14/04 –, EzGuG 4.191.
181 OVG Saarland, Beschl. vom 21.9.1983 – 2 W 1635/83 –, EzGuG 4.94; wonach aber der Ordnungspflichtige in Anspruch genommen werden kann. Bei sofortigen Abwehrmaßnahmen können die Aufwendungen nach dem Polizeirecht einiger Länder dem Verursacher aufgetragen werden (vgl. § 8 PolG Bad.-Württ.; § 9 Bay. PAG; § 6 PVG Rh.-Pf.).
182 § 14 Ordnungsbehördengesetz – OBG – Nordrh.-Westf.
183 VGH Mannheim, Urt. vom 13.2.1985 – 5 S 1380/83 –, EzGuG 4.103; OVG Hamburg, Beschl. vom 20.6.1986 – Bs II 22/86 –; OVG, Münster, Beschl. vom 10.1.1985 – 4 B 1434/85 –, EzGuG 4.102; OVG Münster, Beschl. vom 10.1.1985 – 4 B 1390/84 –; OVG Münster, Beschl. vom 27.9.1985 – 4 B 1621/85 –; vgl. auch im Hinblick auf eine bauordnungsrechtliche Baugenehmigung z.B. § 63 Abs. 3 Satz 1 BauO Nordrh.-Westf.

| Beschaffenheit und tatsächliche Eigenschaften | § 6 ImmoWertV V |

- Maßnahmen für die Gefahrenabwehr von schädlichen Bodenveränderungen aufgrund von Bodenerosion durch Wasser (§ 8 BBodschV) und
- Maßnahmen gegen das Entstehen schädlicher Bodenveränderungen (§§ 9 ff. BBodschV).

Des Weiteren enthält die Verordnung im Anhang **Regelungen** 343
- über die Anforderungen an die Probeentnahme, Analytik und Qualitätssicherung bei der Untersuchung,
- über Maßnahme-, Prüf- und Vorsorgewerte,
- über Anforderungen an Sanierungsuntersuchungen und den Sanierungsplan sowie
- über Anforderungen an die Untersuchung und Bewertung von Flächen, bei denen der Verdacht einer schädlichen Bodenveränderung aufgrund von Bodenerosion durch Wasser vorliegt (Abb. 35).

Abb. 35: Prüfwerte nach Anh. 2 BBodSchV für die direkte Aufnahme von Schadstoffen [mg/kg]

Stoff	Kinderspielflächen	Wohngebiete	Park- und Freizeitanlagen	Industrie- und Gewerbegrundstücke
Arsen	25	50	1,25	140
Blei	200	400	10 000	2 000
Cadmium	10*	20*	50	60
Cyanide	50	50	50	100
Chrom	200	400	1 000	1 000
Nickel	70	140	350	900
Quecksilber	10	20	50	80
Adrin	2	4	10	–
Benzu(a)pyren	2	4	10	12
DDT	40	80	200	–
Hexachlorbenzol	4	8	20	200

* In Haus- und Kleingärten, die sowohl als Aufenthaltsbereiche für Kinder als auch für den Anbau von Nahrungspflanzen genutzt werden, ist für Cadmium ein Wert von 2,0 mg/kg als Prüfwert anzuwenden.

Abb. 36: Prüfwerte für nichtflüchtige Stoffe, Vorschlag Ständiger Ausschuss Altlasten der Bund/Länder Arbeitsgemeinschaft (LABO) vom 9.2.2004

	Prüfwerte für nichtflüchtige Stoffe					
	Stoff Stoffgruppe	Chemical Abstracts Services-Nr.	Prüfwert-Vorschlag [mg/kg TM]			
			Kinderspielflächen	Wohngebiete	Park- und Freizeitanlagen	Industrie und Gewerbegrundstücke
1	Antimon und Verbindungen	7440 – 36 – 0 (Sb)	50	100	250	250
2	Beryllium und Verbindungen	7440 – 41 – 7 (Be)	250	500	500	500
3	Chrom (VI)	18540 – 29 – 9	130	250	250	250
4	Kobalt und Verbindungen	7440 – 48 – 4 (Co)	300	600	600	300
5	Thalium und Verbindungen	7440 – 28 – 0 (Ti)	5	10	25	keine Daten
6	Vanadium und Verbindungen	7440 – 62 – 2	280	560	1400	unpraktikabel hoch
7	PAK, gesamt	–	In Bearbeitung			
8	Dinitrotuluol 2,4- R	121 – 14 – 2	3	6	15	50
9	Dinitrotuluol 2,6- R	606 – 20 – 2	0,2	0,4	1	5
10	Diphenylamin	122 – 39 – 4	unpraktikabel hoch			
11	Hexogen	121 – 82 – 4	100	200	500	500
12	Hexantrodphenylamin (Hsxyl) R	131 – 73 – 7	150	300	750	1500
13	Nitropenta (PETN)	75 – 11 – 5	500	1000	2500	5000
14	Oktogen (HMX)	2691 – 41 – 0	unpraktikabel hoch			
15	Trinitrobenzol 1,3,5-	99 – 35 – 4	unpraktikabel hoch			
16	Trinitrotuluout, 2,4,6- R	116 – 96 – 7	20	40	100	200

Abb. 37: Prüfwerte für nichtflüchtige Stoffe, Vorschlag Ständiger Ausschuss Altlasten der Bund/Länder Arbeitsgemeinschaft (LABO) vom 9.2.2004

	Prüfwerte für nichtflüchtige Stoffe			
	Stoff Stoffgruppe	Chemical Abstracts Services Nr.	Orientierende Hinweise auf Prüfwerte [mg/kg TM]	
			Wohngebiete	Industrie- und Gewerbegrundstücke
17	Benzin	8006 – 61 – 9	–	–
18	Benzol	71 – 43 – 2	0,1	0,4
19	Ethylbenzol	100 – 41 – 4	3	30
20	Chlorbenzol	108 – 90 – 7	15	170
21	Chloroform	67 – 66 – 3	0,1	0,5
22	Dichlorbenzol:m-	541 – 73 – 1	50	unpraktikabel hoch
23	Dichlorbenzol:o-	95 – 50 – 1	50	unpraktikabel hoch
24	Dichlorbenzol: p-	106 – 46 – 7	50	unpraktikabel hoch
25	Dichlormenthan	75 – 00 – 2	0,1	2
26	Dichlorpropam: 1,2	78 – 87 – 5	1	5
27	Nitrobenzol	98 – 95 – 3	1	15
28	Phenol	79 – 34 – 5	50	unpraktikabel hoch
29	Tetrachlorethan: 1,1,2,2-	127 – 18 – 4	0,03	0,3

Prüfwerte für nichtflüchtige Stoffe				
	Stoff Stoffgruppe	Chemical Abstracts Services Nr.	Orientierende Hinweise auf Prüfwerte [mg/kg TM]	
			Wohngebiete	Industrie- und Gewerbegrundstücke
30	Tetrachlrethen (PER)	108 – 88 – 3	1,5	25
31	Toluol	120 – 82 – 1	10	120
32	Trichlorbenzol: 1,2,4-	71 – 55 – 6	25	300
33	Trichlorethen: 1,1,1-	79 – 01 – 6	15	180
34	Trichlorethen	108 – 67 – 8	0,3	5
35	Trimethylbenzol: 1,3,5- und andere TMB-Isomere	1330 – 20 – 7	200	2000
36	Xylole		10	100

Abb. 38: Behelfsmäßige Bodenorientierungswerte für Einzelfallprüfungen bei Rüstungsaltlasten, Vorschlag Ständiger Ausschuss Altlasten der Bund/Länder Arbeitsgemeinschaft (LABO) vom 9.2.2004

Behelfsmäßige Bodenorientierungswerte für Einzelfallprüfungen bei Rüstungsaltlasten						
	Stoff Stoffgruppe	Chemical Abstracts-Nr.	Behelfsmäßige Bodenorientierungswerte [mg/kh TM]			
			Kinderspielflächen	Wohngebiete	Park und Freizeitanlagen	Industrie und Gewerbegebiete
37	4-Amino.2,5-dinitrotoluoul	19406 – 51-D	20	40	100	200
38	2-Amino.2,5-dinitrotoluoul	35572 – 78 – 2	20	40	100	200
39	Dinitrodiphenylamin:2,4-	961 – 68 – 2	keine Daten			
40	Dinitrobenzol: 1,3-	99 – 65 – 0	15	30	75	150
41	Nitrodiphenylamin: 2-	110 – 75 – 5	keine Daten			
42	Nitrodiphenylamin: 4-	836 – 30 – 6	unpraktikabel hoch			
43	Nitrotoluol: 2-	66—72 – 2	0,2	O,4	1	5
44	Nitrotoluol: 3-	99 – 08 – 1	–	1 000	unpraktikabel hoch	
45	Nitrotoluol: 4-	99 – 99 – 0	–	250	–	3000
46	N-Methyl-N,2,4,6-tetranitroanilin (Tetryl)	479 – 45 – 8	200	400	1000	2000
47	Trintrophenol: 2,4,5- (Pikrinsäure)	86 – 89 – 1	8	15	40	80

Zu den **Kosten der Altlastensanierung** (Kostengruppe 213 DIN 276) vgl. 3. Aufl. 1998, S. 2137 ff.

11.2.5 Sanierungsmaßnahmen

Als Sanierungsmaßnahmen kommen in Betracht   344

– der Bodenaustausch (Auskofferung), oft bis zu mehreren Metern,
– die Abkapselung (Abdeckung), d.h. die Versiegelung von oben und seitlich, einschließlich einer auf Jahrzehnte angelegten Kontrolle auf Austritt von schädlichen Stoffen und Gasen,
– die Sanierung „vor Ort" durch „Bodenwäsche", d.h. durch chemische, physikalische, biologische, mechanische oder thermische Reinigung,

- besondere Gründungen,
- Dränagen,
- Gasringleitungen.

11.2.6 Sanierungslast

345 Nach dem vorher Gesagten gehören Verunreinigungen des Grund und Bodens zu den tatsächlichen Eigenschaften eines Grundstücks, die entsprechend Art und Ausmaß der Verunreinigung grundsätzlich bei der Verkehrswertermittlung zu berücksichtigen sind, soweit nicht die öffentliche Hand (nach dem Gemeinlastprinzip) oder ein Dritter (z.B. als Verursacher) für die Kosten der Wiederinwertsetzung aufkommt. Selbst wenn der **Eigentümer** die Verunreinigungen nicht verursacht hat, konnte er schon vor Erlass des BBodSchG nach dem Ordnungsrecht **als Zustandsstörer** bei Gefahr für die öffentliche Sicherheit und Ordnung herangezogen werden[184]. Nach § 18 Abs. 1 und 2 Satz 1 OBG Nordrh.-Westf. sind ordnungsrechtliche Maßnahmen deshalb gegen den Eigentümer zu richten. Darüber hinaus kann die Ordnungsbehörde ihre Maßnahmen auch gegen den „Inhaber[185] der tatsächlichen Gewalt" richten. Gerechtfertigt wird dies aus der Verfügungsgewalt des Eigentümers über den „Herd" der Gefahrenquelle, z.B. durch Vermietung zum Zwecke gefährlicher Ablagerungen[186]. Gerechtfertigt ist dies vor allem auch dann, wenn der Eigentümer wirtschaftlich den Nutzen aus der Überlassung des Eigentums an den Betreiber, z.B. in Form eines Pachtzinses, gezogen hat (vgl. § 10 Abs. 2 AbfG). In diesem Fall können die Grundsätze des unter Rn. 141 vorgestellten Modells zur Anwendung kommen, d.h., die vom Eigentümer zu tragenden Untersuchungs-, Sicherungs- und Sanierungskosten sind wertmindernd auf den fiktiven Bodenwert eines nicht kontaminiert gedachten Grundstücks anzurechnen.

346 Anders stellt sich die Situation allerdings dar, wenn

- ein Anspruch gegenüber dem **Verhaltensstörer** nach § 683 BGB (Geschäftsführung ohne Auftrag) besteht und noch nicht verjährt ist[187];
- schwer nachweisbare Gewährleistungsansprüche nach § 477 Abs. 1 BGB innerhalb eines Jahres geltend gemacht werden können, die allerdings schon im Hinblick auf die kurze Verjährungsfrist des § 477 BGB regelmäßig verjährt sind, oder Ansprüche eines Erwerbers aus positiver Vertragsverletzung bestehen[188],
- Haftungsausschlüsse im Grundstückskaufvertrag vereinbart wurden und wirksam werden[189].

347 Bezüglich der Sanierungspflicht wird im Umweltschutzrecht zwar grundsätzlich von der zentralen Maxime des **Verursacherprinzips** ausgegangen[190]. Danach hat derjenige als „Handlungsstörer" (vgl. § 17 OBG Nordrh.-Westf.) für die Kosten der Gefahrenbeseitigung aufzukommen, der die Umweltgefahr „gesetzt" hat[191]. Als Handlungsstörer steht er in Verantwortung. In Betracht kommen hierbei z.B.

- der Abfallproduzent oder dessen Rechtsnachfolger, soweit er unmittelbar konkret zur Gefahr für die öffentliche Sicherheit und Ordnung beigetragen hat und allein schon die Herstellung eine über das Normalmaß hinausgehende Gefahrentendenz aufweist,

---

184 A.A. Bauer in JZ 1964, 354, VGH Mannheim, Urt. vom 15.12.1987 – 10 S 240/86 –, DÖV 1988, 609; vgl. Schmidt in BB 1991, 1273.
185 Bay. VGH, Beschl. vom 13.5.1986 – 20 CS 86.00338 –, EzGuG 4.109; hierzu Rank, BayVBl 1988, 390, einschränkend; VGH Mannheim, Urt. vom 11.10.1985 – 5 S 1738/85 –, EzGuG 4.105.
186 Vgl. jedoch BGH, Urt. vom 18.9.1986 – III ZR 227/84 –, EzGuG 4.112 unter Hinweis auf die in dem zu entscheidenen Fall nach § 22 Abs. 2 WHG maßgebende kurze Verjährungsfrist des § 55 BGB; hierzu Diederichsen in BB 1988, 917.
187 Zu dieser Problematik Reuter in BB 1988, 497.
188 BGH, Urt. vom 14.10.1966 – V ZR 188/63 –, WM 1966, 1183 = NJW 1967, 32; BGH, Urt. vom 5.4.1979 – VII ZR 308/77 –, EzGuG 12.24; BGH, Urt. vom 4.5.1964 – III ZR 159/63 –, EzGuG 12.8a.
189 Deutscher Städtetag Reihe E Heft 19 Altlasten im Grundstücksverkehr.
190 Der Veräußerer eines Grundstücks ist Verursacher der Verunreinigung („Verhaltensstörer"), so VGH Kassel, Beschl. vom 20.3.1986 – 7 TH 455/86 –, EzGuG 4.107a.
191 Koch, Bodensanierung nach dem Verursacherprinzip, Heidelberg 1985; Kloepfer, NuR 1987, 7.

- der Abfallanlieferer,
- vor allem aber der Inhaber sowie ehemalige Inhaber oder dessen Rechtsnachfolger einer kontaminierenden Anlage, der für den ordnungsgemäßen Betrieb und die Sicherung der Anlage verantwortlich ist oder war[192], auch wenn ihm gewerbepolizeilich die störende Handlung explizit oder konkludent genehmigt worden ist[193],
- bei Abfallbeseitigungsanlagen, die zum Zeitpunkt des Inkrafttretens des Abfallbeseitigungsgesetzes (AbfG) in Betrieb waren, der Deponiebetreiber (§ 10 Abs. 2 AbfG); bei Anlagen, die zum Zeitpunkt des Inkrafttretens des Gesetzes (11. Juni 1972) bereits stillgelegt waren, kann der frühere Deponiebetreiber allerdings nur nach Maßgabe des Polizeirechts herangezogen werden, d.h. wenn Gefahren für die öffentliche Sicherheit oder Ordnung bestehen (vgl. z.B. § 14 OBG Nordrh.-Westf.). Nach der Neufassung des AbfG vom 27.8.1986 kann die zuständige Behörde aus Gründen des Wohles der Allgemeinheit die Überwachung auch auf stillgelegte Abfallentsorgungsanlagen und auf Grundstücke erstrecken, auf denen vor dem 11 Juni 1972 Abfälle angefallen, behandelt, gelagert oder abgelagert worden sind. Das Abfallgesetz ist jedoch nur auf den bundesrechtlich normierten Abfallbegriff i.S.d. § 1 Abs. 1 AbfG anzuwenden und nicht auf sonstige Altablagerungen und Altstandorte.
- Für ehemalige Zechengelände, Produktionsstätten von Kokereien, Teerverarbeitungsbetriebe sind dagegen § 53 Abs. 1 Satz 1 und § 55 Abs. 2 Satz 1 Nr. 1, 2 und 6, § 69 Abs. 1 und 2 BBergG einschlägig.
- Des Weiteren sind die §§ 3 und 5 Abs. 1 Nr. 3 BImSchG zu nennen.
- Soweit ein durch Ablagerungen oder sonstige Stoffe verunreinigter Grund und Boden eine Gefahr für Gewässer darstellt, finden die Vorschriften des Gesetzes zur Ordnung des Wasserhaushaltes (WHG) sowohl auf Verdachtsflächen als auch auf festgestellte Verunreinigungen Anwendung[194]. Vor Inkrafttreten des WHG (1.3.1980) erfolgte Ablagerungen fallen allerdings nicht hierunter[195].

Sieht man von den in den verschiedenen Rechtsmaterien aufgesplitterten spezialgesetzlichen Regelungen ab, so ist das **Verursacherprinzip** aber **nur in wenigen Einzelfällen in der Praxis durchsetzbar.** Vielfach ist der Verursacher überhaupt nicht bekannt oder nicht mehr „greifbar"; z.B. wenn er sich durch Aufgabe des Eigentums, z.B. durch Konkurs oder Firmenumgründung, seiner Verpflichtung entzieht. Das OVG München[196] hat die Rechtsnachfolge allerdings auch im Falle einer gesellschaftsrechtlichen Umwandlung bejaht. Auch ist die Heranziehung des Handlungsstörers nicht unumstritten, wenn 348

- sein Handeln genehmigt worden ist[197] oder
- der Grundeigentümer eine bestehende Verunreinigung beim Grundstückserwerb weder kannte noch kennen musste.

Darüber hinaus besteht die Ansicht, dass allein schon ein **jahrzehntelanges Dulden** eines ordnungswidrigen Zustands eine schutzwürdige Position entstehen lassen kann. 349

Unter den gesetzlichen Voraussetzungen der §§ 136 ff. BauGB können Verunreinigungen des Grund und Bodens – eingebunden in ein städtebauliches Konzept – auch im Rahmen von **städtebaulichen Sanierungsmaßnahmen** unter Einsatz öffentlicher Förderungsmittel beho- 350

---

192 BVerwG, Beschl. vom 14.4.1986 – 7 B 18/86 –, EzGuG 4.108.
193 VGH, Kassel, Beschl. vom 5.10.1989 – 3 TH 1174/89 – EzGuG 4.128; OVG Münster, Beschl. vom 29.3.1984 – 12 A 2194.82 –, EzGuG 4.100; OVG Münster, Beschl. vom 10.1.1985 – 4 B 1390/85 –, NVwZ 1985, 355 = UPR 1985, 250 = JuS 1986, 359 = DST 1985, 601; a. A. Papier in DVBl. 1985, 873; ders. in NVwZ 1986, 256 Folgte man dessen nicht abwegiger These, so kann diesem Verursacher die Verantwortung und damit die Kostentragung nicht zugeordnet werden; a. A. Kloepfer in NuR 1987, 13; Schink in DVBl 1986, 167.
194 Schink in DVBl. 1986, 161.
195 Näheres Scheier in ZfU 1984, 333; Reuter in BB 1988, 497; OVG Münster, Urt. vom 29.3.1984 – 12 A 2194/82 –, EzGuG 4.100.
196 BVerwG, Urt. vom 2.12.1977 – 4 C 75/75 –, EzGuG 13.46; dagegen OVG Münster, Beschl. vom 29.3.1984 – 12 A 2194/82 –, EzGuG 4.100; OVG Münster, Beschl. vom 10.1.1985 – 4 B 1434/84 –, EzGuG 4.102.
197 BVerwG, Urt. vom 10.2.1978 – 4 C 71/75 –, EzGuG 4.55.

ben werden[198]. Die Maßnahmen sind als Ordnungsmaßnahmen einzuordnen[199]. Nach dem dabei zur Anwendung kommenden Subsidiaritätsprinzip werden Förderungsmittel aber nur eingesetzt, soweit der Eigentümer, der Verursacher oder ein Dritter nicht herangezogen werden kann; im Übrigen folgt das Förderungsrecht dabei grundsätzlich dem Entschädigungsrecht[200]. Eine Privatisierung der durch Einsatz öffentlicher Mittel durchgeführten Dekontaminierung des Grund und Bodens und der dadurch bewirkten Werterhöhung kann dadurch vermieden werden, dass die Dekontaminierung im Rahmen einer Sanierungsmaßnahme unter Anwendung der besonderen sanierungsrechtlichen Vorschriften der §§ 152 bis 156 BauGB durchgeführt wird und die Werterhöhungen durch Erhebung von Ausgleichsbeträgen nach den §§ 154 f. BauGB „abgeschöpft" werden. Das Sanierungsrecht eröffnet hier den Gemeinden die Chance, in Anwendung des Gemeinlastprinzips Verunreinigungen des Grund und Bodens zu beseitigen und durch Erhebung von Ausgleichsbeträgen nach den §§ 154 f. BauGB die Eigentümer zumindest teilweise an den „Wiederinwertsetzungskosten" des Grund und Bodens zu beteiligen.

351 Entsprechendes gilt z.B. auch für **vor Inkrafttreten der abfallgesetzlichen Regelungen stillgelegten Abfallentsorgungsanlagen,** wenn nach dem Abfallgesetz der betroffene Grundstückseigentümer zum Wertausgleich für die durch Sanierungsmaßnahmen bewirkten Werterhöhungen des Grundstücks verpflichtet ist[201].

352 **In förmlich festgelegten Sanierungsgebieten und Entwicklungsbereichen finden nach § 25 Abs. 1 Satz 4 BBodSchG die Regelungen über einen Wertausgleich nach diesem Gesetz keine Anwendung.** Der bodenschutzrechtliche Ausgleichsbetrag wird durch den sanierungsrechtlichen Ausgleichsbetrag ersetzt.

353 **Kann neben dem Eigentümer als Zustandsstörer ein Verhaltensstörer oder der „Inhaber der tatsächlichen Gewalt" herangezogen werden, so steht es im pflichtgemäßen Ermessen der zuständigen Behörde, zwischen beiden zu wählen oder sie nebeneinander heranzuziehen,** um die Wiederinwertsetzungskosten anteilsmäßig geltend zu machen[202]. In diesem Fall kann der Gutachter bei der Verkehrswertermittlung nur nach Vorgabe oder nach vorgegebenen Voraussetzungen vorgehen.

354 Für die Wahl des „Adressaten" der Gefahrenabwehrmaßnahmen sind maßgeblich

- die sachliche und persönliche Nähe zum Gefahrenherd,
- die Verantwortungs- und Verhaltensbeziehung zur Gefahrenquelle[203],
- die finanzielle Leistungsfähigkeit des Störers,
- die gerechte Lastenverteilung,
- das Übermaßverbot,
- der Gleichbehandlungsgrundsatz und
- die wirksame und schnelle Abhilfe.

---

198 § 136 Abs. 4 Nr. 3 BauGB; BT-Drucks. 10/2039, S. 12.
199 § 147 Abs. 1 BauGB; BT-Drucks. 10/4630, zu § 144.
200 Nach den Bay. Städtebauförderungsrichtlinien vom 8.12.2006 – IIC5 – 4607-003/04) sind die Kosten für die Beseitigung von Bodenkontaminationen oder von Grundwasserverunreinigungen nicht förderfähig (vgl. Nr. 5.3.6).
201 Z.B. § 15 Abs. 2 AbfG Nordrh.-Westf.; § 13 Abs. 4 brem. Ausführungsgesetz zum AbfallbeseitigungsG; in Anlehnung an diese Regelung und unter Erweiterung auf alle altlastenverdächtigen Flächen sieht § 21 der Kabinettsvorlage des hess. Umweltministers zur (5.) Änderung des AbfG die Erhebung eines sich nach der Verkehrswerterhöhung bemessenden Ausgleichsbetrags vor.
202 BGH, Urt. vom 11.6.1981 – III ZR 39/80 –, EzGuG 4.76; BGH, Urt. vom 18.9.1986 – III ZR 227/84 –, EzGuG 4.112; des Weiteren OVG Saarland, Beschl. vom 21.9.1983 – 2 W 1635/83 –, EzGuG 4.94; den Eigentümer „bevorzugend": BayVGH, Beschl. vom 13.5.1986 – 20 CS 86.00338 –, EzGuG 4.109; OVG Lüneburg, Beschl. vom 27.1.1986 – 3 B 163/85 –, EzGuG 6.288 c; dagegen OVG Münster, Beschl. vom 10.1.1985 – 4 B 1390/85 –, EzGuG 4.102; VGH Kassel, Beschl. vom 5.10.1989 – 3 TH 1774/89 –, EzGuG 4.128; OVG Hamburg, Urt. vom 19.12.1989 – Bf. VI 48/86 –, EzGuG 4.130.
203 BGH, Urt. vom 15.12.1954 – II ZR 277/53 –, EzGuG 3.4; OVG Saarland, Beschl. vom 21.9.1983 – 2 W 1635/83 –, EzGuG 4.94.

Beschaffenheit und tatsächliche Eigenschaften § 6 ImmoWertV V

In der Rechtslehre herrscht diesbezüglich noch Unsicherheit[204]. Für den Fall einer **gemeinsamen Heranziehung von Zustands- und Verhaltensstörer als Gesamtschuldner** wird unter Hinweis auf das Urt. des BGH vom 18.9.1986[205] die Anwendung des § 426 BGB als aussichtslos angesehen, da der zivilrechtliche Ausgleichsgedanke im Polizeirecht keinen Niederschlag gefunden habe; nach diesem Urteil kann der Erwerber vom Veräußerer Ersatz der von ihm verauslagten Sanierungskosten verlangen[206]. 355

Soweit sich ein Grundstückseigentümer als Zustandsstörer einer Sanierungspflicht nicht entziehen kann, verbleibt zu prüfen, inwieweit ein interner Ausgleich zwischen Zustands- und Handlungsstörer z.B. nach zivilrechtlichen Vorschriften (§ 426 BGB; vgl. oben) durchsetzbar ist (**Rückgriff**). Des Weiteren sind als Beispiel 356

– unverjährte Gewährleistungsansprüche wegen Sachmängeln[207],
– die deliktische Haftung[208],
– Ansprüche aus Schadensersatz gemäß § 22 Abs. 1 und 2 WHG[209],
– Bereicherungsansprüche

zu nennen. Wegen dieser i.d.R. unklaren Rechtsverhältnisse und bestehender Unklarheiten über das „Vorhandensein" wird bei der Grundstücksveräußerung dazu übergegangen, Gewährleistungspflichten vertraglich auszuschließen. Auch werden im Hinblick auf verbleibende Risiken entsprechende Wertabschläge im Geschäftsverkehr angebracht. Dies gilt insbesondere bei der Beleihung des Grundstücks (Sicherheitsabschläge, vgl. Teil X).

11.2.7 Berücksichtigung von Altlasten bei Grundstücksveräußerungen des Bundes

Die **Erfassung, Bewertung und Sanierung von Altlasten ist nach der verfassungsrechtlichen Kompetenzverteilung des Grundgesetzes** (Art. 30, 83 GG Kriegsfolgelasten sowie AKG) **grundsätzlich Sache der Länder**[210]. Eine generelle Dekontaminierung altlastenbehafteter Böden auf ehemaligen militärischen Liegenschaften durch den Bund kommt deshalb nicht in Betracht, zumal sie seine Finanzkraft übersteigen würde. Gemäß Art. 120 GG trägt die Bundesrepublik Deutschland Aufwendungen für **Kriegsfolgelasten** nur nach näherer Bestimmung von Bundesgesetzen. Ein entsprechendes Gesetz zur Kostentragung für Rüstungsaltlasten besteht nicht. Insbesondere wurde ein vom Bundesrat beim Deutschen Bundestag eingebrachter Entwurf eines allgemeinen Gesetzes über die Finanzierung von Maßnahmen zur Sanierung von Rüstungsaltlasten vom Bundestag nicht als Gesetz verabschiedet[211]. Das Allgemeine Kriegsfolgengesetz[212] handelt von Ansprüchen gegen das ehemalige Deutsche Reich, erfasst aber nicht Schäden aus Rüstungsaltlasten. Nach ständiger Praxis trägt die Bundesrepublik nur die Kosten für die Beseitigung von Kampfmitteln auf bundeseigenen Grundstücken (Haftung als Zustandsstörer) und, soweit es sich um andere Grundstücke handelt, nur die Kosten für die Beseitigung ehemals reichseigener Kampfmittel (Haftung des Rechtsnachfolgers des Handlungsstörers). Im vorliegenden Fall handelt es sich vorwiegend um Chemikalien zur Herstellung von Kampfmitteln durch private Rüstungsfirmen, die noch 357

---
204 Koch, Bodensanierung nach dem Verursacherprinzip, Heidelberg 1985; Papier in NVwZ 1986, 256; Drews/Wacke/Vogel/Martens 1986, § 313; Brandt/Lange 1987, S. 14; Stampe in DVBl. 1988, 606.
205 BGH, Urt. vom 18.9.1986 – III ZR 227/84 –, EzGuG 4.112.
206 Reuter in BB 1988, 497; Rank in BayVBl. 1988, 390.
207 Auch BGB, Münchener Kommentar, Mertens 2. Aufl. 1986, § 1986, § 823 Rn. 78, nach der Rechtsprechung des BGH geht mit dem Verkauf eines mängelbehafteten Grundstücks keine Eigentumsverletzung einher (vgl. BGH, Urt. vom 18.9.1986 – III ZR 227/84 –, EzGuG 4.112), so dass Ansprüche aus § 1004 BGB bzw. auch aus § 823 BGB ausscheiden dürften; zur Haftung bei rechtswidriger und schuldhafter Handlung vgl. Diederichs, in BB 1973, 485; BB 1986, 1723 und BB 1988, 917; Merkisch in BB 1990, 223; vgl. die gesetzliche Gewährleistungspflicht von nur einem Jahr nach § 477 Abs. 1 BGB.
208 Sofern die tatbestandsmäßigen Voraussetzungen überhaupt vorliegen (§ 823 Abs. 1 BGB); vgl. Schmidt-Jortzig in DÖV 1991, 753.
209 Zur Verjährung: § 852 BGB.
210 BayVGH, Urt. vom 26.4.1995 – M 7 K 94.1795 –, GuG 1995, 381 = EzGuG 4.161, BayVGH, Urt. vom 14.5.1997 – 4 B 95.2874 –, GuG 1998, 126 = EzGuG 4.169.
211 BT-Drucks. 12/3257.
212 Allgemeines Kriegsfolgengesetz vom 5.11.1957 (BGBl. I 1957, 1747) mit weiteren Änderungen.

nicht in den Besitz des Reiches übergegangen waren und die zudem auch nicht auf Grundstücken der Bundesrepublik Deutschland lagern.

358 Der **Bund führt auf bundeseigenen Liegenschaften Altlastensanierungen dann durch,** wenn er zur Beseitigung **akuter Gefahrenstellen** auf Grund bestehender Rechtsvorschriften, wie z.B.

– der Abfallgesetze,

– des Wasserhaushaltsgesetzes oder

– des allgemeinen Polizei- und Ordnungsrechtes,

öffentlich-rechtlich verpflichtet ist.

359 Auch **Gefahrenerforschungsmaßnahmen** führt der Bund auf seine Kosten durch, wenn er für bereits **erkannte oder dem Anschein nach angenommene Gefahren polizeirechtlich verantwortlich ist** und weitere Untersuchungen erforderlich sind, um die richtigen Maßnahmen anzuordnen oder treffen zu können.

360 Außerhalb öffentlich-rechtlicher Verpflichtungen des Bundes werden Altlastenuntersuchungen und -sanierungen in **begründeten Einzelfällen** zur Herstellung der Verwertbarkeit von Liegenschaften bzw. aus besonderen liegenschaftsspezifischen Interessenlagen vorgenommen, wenn dies wirtschaftlich geboten und vertretbar ist.

361 Bei **Grundstücksveräußerungen** werden **Kontaminationen geringerer Art und Schwere** zugunsten des Erwerbers bereits im Rahmen der **Verkehrswertermittlung** angemessen berücksichtigt.

362 Bei **stärkeren Verunreinigungen** oder erheblicher Unsicherheit hierüber wird ggf.

– im Kaufvertrag eine Beteiligung des Bundes an den Kosten einer Sanierung bis max. zur Höhe des gezahlten Kaufpreises,

– bei einer Eigenbeteiligung des Käufers in Höhe von 10% an den Sanierungskosten

für den Fall vereinbart, dass das Kaufgrundstück **binnen 3 Jahren seit Kaufvertragsabschluss** für den vertraglich vorausgesetzten Gebrauch hergerichtet oder eine nachträglich festgestellte polizeirechtlich relevante Gefahr beseitigt werden muss[213].

11.2.8 Altlasten im Bewertungsrecht[214]

363 Zur Berücksichtigung von Bodenverunreinigungen in der steuerlichen Bewertung wird nachfolgender Steuererlass des Bad-Württ. FinMin abgedruckt[215].

1 Einheitsbewertung des Grundvermögens und der Betriebsgrundstücke

1.1 Berücksichtigung von Bodenverunreinigungen

Der Wert eines Grundstücks kann wegen Verunreinigungen mit toxischen Stoffen, insbesondere durch frühere oder fortdauernde industrielle oder gewerbliche Nutzung des belasteten oder eines anderen Grundstücks gemindert sein. Eine dem Rechnung tragende Ermäßigung des Grundstückswerts setzt voraus, dass Emissionen in einer Menschen, Tiere, Pflanzen oder Sachen schädigenden Weise in das Grundstück eindringen oder eingedrungen sind und – als Immissionen – die bestimmungsgemäße ortsübliche Nutzung des Grundstücks in erheblichem Maße beeinträchtigen[216].

Eine Ermäßigung ist deshalb grundsätzlich erst dann vorzunehmen, wenn die zuständigen Ordnungsbehörden eine Sanierung des Grundstücks, eine Stilllegung des Betriebs oder vergleichbare Maßnahmen angeordnet oder mit dem Grundstückseigentümer oder einem Dritten die Sanierung des Grundstücks vertraglich vereinbart haben. Erst zu diesem Zeitpunkt liegt eine bewertungs-

---

[213] Zur Gestaltung von Grundstückskaufverträgen bei Altlasten vgl. Leinemann in GuG 1991, 61, Schlemminger in BB 1991, 1433 sowie Leinemann, Altlasten im Grundstücksverkehr (Deutscher Städtetag Reihe DST-Beiträge E-19, 2. Aufl. Köln 1990), Reuter in BB 1989, 497.

[214] Zum Erlassentwurf der Bundesfinanzverwaltung vgl. die 2. Aufl. dieses Werks S. 420 sowie Stöckel in DStZ 1991, 109.

[215] Erl. des FM Bad.-Württ. vom 9.2.1998 – 3 S 3201(1) –, GuG 1998, 233.

[216] BFH, Urt. vom 12. 12.1990 – II R 97/87 –, GuG 1991, 212.

rechtlich zu berücksichtigende Änderung der tatsächlichen Verhältnisse vor; eine Berücksichtigung der Bodenverunreinigung auf bereits zurückliegende Feststellungszeitpunkte ist zulässig, wenn feststeht, dass die später festgestellten Bodenverunreinigungen, auf die die Maßnahmen zurückgehen, in gleichem Maß bestanden haben.

Haben die zuständigen Ordnungsbehörden eine Maßnahme zur Gefahrenabwehr (noch) nicht ergriffen, kommt eine Ermäßigung des Grundstückswerts nur in Betracht, wenn der Stpfl. die Bodenverunreinigungen und die damit verbundenen erheblichen Beeinträchtigungen durch ein Sachverständigengutachten nachweist und sich im Einzelfall mit einer Prüfung dieses Gutachtens durch die zuständige Ordnungsbehörde einverstanden erklärt.

1.2 Bewertung unbebauter und im Sachwertverfahren zu bewertender bebauter Grundstücke

1.2.1 Bei unbebauten und im Sachwertverfahren bewerteten bebauten Grundstücken ist die Wertminderung durch die Bodenverunreinigung durch einen Abschlag vom Bodenwert des Grundstücks entsprechend dem Verhältnis der Sanierungskosten zu dem geschätzten Verkehrswert des unbelasteten Grund und Bodens im Feststellungszeitpunkt zu berücksichtigen. Dies gilt unabhängig davon, ob der gesamte Grund und Boden oder nur eine Teilfläche verunreinigt ist.

Beispiel 1:

Grundstücksgröße 1 000 m^2, davon 600 m^2 verunreinigt

Sanierungskosten	165 000 €
Bodenwert 1.1.1964 (unbelasteter Zustand)	60 000 €
Geschätzter Bodenwert (unbelasteter Zustand) im Feststellungszeitpunkt	300 000 €

$$\frac{\text{Sanierungskosten} \times 100}{\text{Geschätzter Bodenwert (unbelasteter Zustand) im Feststellungszeitpunkt}} = \frac{165\,000\,€ \times 100}{300\,000\,€} = 55 \text{ v.H.}$$

Der Bodenwert am 1.1.1964 des teilverunreinigten Grundstücks beträgt somit 45 v.H. von 60 000 € = 27 000 €, dementsprechend beträgt der Bodenpreis 27 € je m^2.

1.2.2 Entsprechen die Sanierungskosten dem Wert des unbelasteten Grund und Bodens im Feststellungszeitpunkt oder liegen sie höher als dieser Wert, so ist der Bodenwert am 1.1.1964 des belasteten Grund und Bodens mit null € anzusetzen.

1.2.3 Wird durch eine Bodenverunreinigung auch die Nutzung aufstehender Gebäude und/oder von Außenanlagen in erheblichem Maße beeinträchtigt, so kann im Einzelfall auch eine Ermäßigung gem. § 88 BewG des Gebäudesachwerts und des Werts der Außenanlagen in Betracht kommen.

1.2.4 Nach durchgeführter Sanierung kommt ein Abschlag für einen evtl. verbleibenden Minderwert des Grundstücks nur in Betracht, wenn das Grundstück nicht dieselbe Nutzungs- und Bebauungsqualität wiedererlangt hat. Ergeben sich nach der Sanierung z.B. teurere Gründungsvoraussetzungen, so kann der Bodenwert im Einzelfall mit einem geringeren Wert anzusetzen sein.

1.3 Bewertung im Ertragswertverfahren zu bewertender Grundstücke.

Bei im Ertragswertverfahren bewerteten Grundstücken gilt in den Fällen, in denen sich eine Bodenverunreinigung nicht auf die Jahresrohmiete ausgewirkt hat, Abschn. 1.2 sinngemäß, soweit sich aus den nachfolgenden Ausführungen keine Besonderheiten ergeben.

Hierbei ist der Bodenwertanteil um einen Abschlag entsprechend dem Verhältnis der Sanierungskosten zu dem geschätzten Verkehrswert des unbelasteten Grund und Bodens im Feststellungszeitpunkt zu mindern.

Da der Abschlag vom Bodenwertanteil verfahrensmäßig nur durch eine Ermäßigung des gesamten Grundstückswerts berücksichtigt werden kann, ist der vom Bodenwertanteil vorzunehmende Abschlag wie folgt in eine Ermäßigung des gesamten Grundstückswerts umzurechnen.

$$\frac{\text{Abschlag vom Bodenwertanteil in v.H.} \times \text{Multiplikator für Bodenwertanteil}}{\text{Vervielfältiger}}$$

Bruchteilige Abschlagsbeträge sind zugunsten des Steuerpflichtigen nach der Umrechnung des Abschlags vom Bodenwertanteil in die Ermäßigung des Grundstückswerts zu runden. Die Ermäßigung des Grundstückswerts wegen Bodenverunreinigungen unterliegt nicht der Begrenzung des § 82 Abs. 3 BewG.

Beispiel 2:

Geschäftsgrundstück, Neubau (1930) in Massivbauweise mit Mauerwerk aus Ziegelsteinen, Gemeindegrößenklasse über 50 000 bis 100 000 Einwohner, Jahresrohmiete = 10 000 €, Vervielfältiger = 8, Multiplikator für Bodenwertanteil = 2,86.

Wertminderung des Grund und Bodens = 55 v.H. (berechnet wie in Beispiel 1):

Ermäßigung des Grundstückswerts

$$= \frac{\text{Abschlag vom Bodenwertanteil in v.H.} \times \text{Multiplikator für Bodenwertanteil}}{\text{Vervielfältiger}}$$

$= (55 \times 2,86) / 8 = 19,662$ v.H., gerundet 20 v.H.

1.4 Mindestwert

Ist bei der Bewertung bebauter Grundstücke ein Abschlag wegen Bodenverunreinigungen vom Wert das Grund und Bodens vorzunehmen, muss die Ermäßigung auch bei der Mindestbewertung (§ 77 BewG) und bei der Ermittlung des Zuschlags wegen übergroßer nicht bebauter Fläche im Ertragswertverfahren (§ 82 Abs. 2 Nr. 1 BewG) beachtet werden.

1.5 Nachweis

Der Nachweis der Höhe der Sanierungskosten obliegt dem Steuerpflichtigen.

2 Verfahrensfragen

2.1 Die Bewertungsstelle des Lage-FA und die Veranlagungsstelle des Betriebs-/Wohnsitz-FA haben sich wegen der Höhe der Sanierungskosten sowie der Schätzung der Verkehrswerte des sanierten Grundstücks und des zu sanierenden Grundstücks, jeweils nach den Wertverhältnissen am Bewertungsstichtag, in Verbindung zu setzen.

2.2 Hat der Steuerpflichtige oder ein Dritter gegen die Sanierungsanordnung Widerspruch eingelegt, so ist die Feststellung des Einheitswerts des Grundstücks gem. § 165 AOK vorläufig durchzuführen.

Berücksichtigung von Bodenverunreinigungen bei der Einheitsbewertung des Grundbesitzes und des Betriebsvermögens sowie der Vermögensteuer[217].

Da sich die Regelung zur Berücksichtigung von Bodenverunreinigungen im Ertragsteuerrecht weiter verzögert, ist hinsichtlich der Frage, in welcher Höhe Bodenverunreinigungen bei der Einheitsbewertung des Grundbesitzes und des Betriebsvermögens sowie bei der Vermögensteuer berücksichtigt werden können, vorläufig wie folgt zu verfahren:

2 Ermittlung des Gesamtvermögens

2.1 Bei der Ermittlung des der Vermögensteuer unterliegenden Gesamtvermögens kann der Sanierungsverpflichtete nach Ergehen einer ordnungsbehördlichen Sanierungsanordnung oder nach der mit der Ordnungsbehörde getroffenen Vereinbarung der Durchführung der Sanierungsmaßnahmen nach den Preisverhältnissen am Bewertungsstichtag eine Schuld in Höhe der noch ausstehenden tatsächlichen oder voraussichtlichen Sanierungskosten abziehen.

2.2 Trifft eine Sanierungsverpflichtung den Eigentümer des Grundstücks, ist die Schuld bei der Ermittlung des Gesamtvermögens nur insoweit abzugsfähig, als die Kosten der Sanierung nicht zugleich zu einer Wertsteigerung des zu sanierenden Grundstücks führen. Bei der Berechnung der Wertsteigerung des Grundstücks durch die Sanierung sind die Ausführungen in Nr. 1.2.4 entsprechend anzuwenden.

Beispiel 3:

Noch ausstehende Sanierungsaufwendungen nach den Verhältnissen am Bewertungsstichtag		100 000 €
Abzüglich geschätzte Wertsteigerung des Grundstücks durch die Sanierung:		
geschätzter Verkehrswert des sanierten Grundstücks	90 000 €	
./. geschätzter Verkehrswert des zu sanierenden Grundstücks am Bewertungsstichtag	– 10 000 €	– 80 000 €
Abzugsfähige Schuld		20 000 €

---

[217] VV des FM von Bad.-Württ. vom 5.4.1995 – S 3204 A 11/87 –; aufgehoben mit Erl. des FM Bad.-Württ. vom 9.2.1998 – 3 S 3201(1) –, GuG 1998, 233.

Beschaffenheit und tatsächliche Eigenschaften § 6 ImmoWertV V

2.3 Sanierungsaufwendungen sind nur dann abzuzinsen, wenn sie nicht innerhalb von 4 Jahren nach dem Bewertungsstichtag geleistet werden. Bei der Abzinsung ist aus Vereinfachungsgründen davon auszugehen, dass die in den einzelnen Jahren geleisteten Aufwendungen zu Beginn des jeweiligen Jahres fällig werden.

2.4 Ist statt des Eigentümers ein Dritter zur Sanierung verpflichtet oder ist dem Eigentümer des Grundstücks für die Sanierung ein Zuschuss zugesagt worden, so ist beim Grundstückseigentümer bei der Ermittlung des der Vermögensteuer unterliegenden Gesamtvermögens nach den Preisverhältnissen am Bewertungsstichtag ein Anspruch in Höhe der noch ausstehenden tatsächlichen oder voraussichtlichen Sanierungskosten bzw. des noch ausstehenden Zuschusses anzusetzen.

3 **Einheitsbewertung des Betriebsvermögens**

Bei bilanzierenden Steuerpflichtigen sind ab 1. Januar 1993 die auf der Passivseite der Steuerbilanz als Rückstellung ausgewiesenen Kosten für die Beseitigung von Bodenverunreinigungen vom Rohbetriebsvermögen abzuziehen.

Für nichtbilanzierende Gewerbetreibende und Freiberufler gelten für die Berücksichtigung einer Sanierungsverpflichtung bei der Einheitsbewertung des Betriebsvermögens die Grundsätze zu Tz. 2 entsprechend.

4 **Verfahrensfragen**

4.1 Die Bewertungsstelle des Lagefinanzamts und die Veranlagungsstelle des Betriebs-/Wohnsitzfinanzamts haben sich wegen der Höhe der Sanierungskosten sowie der Schätzung der Verkehrswerte des sanierten Grundstücks und des zu sanierenden Grundstücks, jeweils nach den Wertverhältnissen am Bewertungsstichtag, in Verbindung zu setzen. Betriebsvermögen bzw. die Festsetzung der Vermögensteuer sind gemäß § 165 AO vorläufig durchzuführen.

11.3 Beschaffenheit der baulichen Anlage

11.3.1 Gebäudemerkmale

§ 6 Abs. 5 ImmoWertV enthält in erster Linie Hinweise zur Berücksichtigung der tatsächlichen Eigenschaften des Grund und Bodens (§ 6 Abs. 5 Satz 1 ImmoWertV); die Bebauung eines Grundstücks wird mit § 6 Abs. 5 Satz 2 ImmoWertV angesprochen. Bezüglich der Arten und Merkmale baulicher Anlagen kann auf die **Untergliederungen** zurückgegriffen werden, wie sie sich in der Praxis der Gutachterausschüsse, aber auch der **Finanzverwaltungen** bei der Einheitsbewertung herausgebildet haben (vgl. § 5 ImmoWertV Rn. 202). **364**

11.3.2 Energieeinsparverordnung (EnEV)

Schrifttum: *Töllner, M.*, Auswirkungen der Einführung des Energieausweises auf den Marktwert, GuG 2007, 67.

Die Energieeinsparverordnung (EnEV), mit der die EU-Richtlinie 2002/91/EG über die „Gesamtenergieeffizienz von Gebäuden" in nationales Recht umgesetzt wurde, kann insbesondere für bestehende Altbauten bauliche Maßnahmen erforderlich machen, die im Einzelfall gesondert berücksichtigt werden müssen; die wichtigsten **Forderungen** lassen sich wie folgt zusammenfassen: **365**

1. Bei Änderungen an Außenwänden (einschließlich Fenster und Außentüren sowie Kellerwänden) und Dächern, die mehr als 20% der Bauteilfläche und davon beheizte Räume betreffen, sind die Maßnahmen so auszuführen, dass die Wärmedämmung den Anforderungen der Energieeinsparverordnung entspricht (ausgedrückt durch den Wärmedurchgangskoeffizienten).

2. Öl- und Gasheizkessel einschließlich Brenner, die vor dem 1.10.1978 errichtet wurden, sind (grundsätzlich) spätestens bis zum 31.12.2006 zu ersetzen.

3. Gemäß § 9 Abs. 3 der Energieeinsparverordnung (EnEV) müssen Eigentümer von Gebäuden mit normalen Innentemperaturen nicht begehbare, aber zugängliche oberste **Geschossdecken beheizter Räume** bis zum 31. Dezember 2006 so dämmen, dass der Wärmedurchgangskoeffizient der Geschossdecke 0,3 Watt/($m^2 \times K$) nicht überschreitet.

V § 6 ImmoWertV   **Beschaffenheit und tatsächliche Eigenschaften**

366 Als **Niedrigenergiehaus** (*low energy consumption house*) bezeichnet man Neubauten, aber auch *Gebäude*, die z.B. auf Grund einer erhöhten Wärmedämmung, Wärmeschutzverglasung sowie einer Abluft-Lüftungsanlage das jeweilige gesetzlich geforderte energietechnische Anforderungsniveau unterschreiten. Derzeit gilt in Deutschland das Anforderungsniveau der *Energieeinsparverordnung* (EnEV). Die EnEV i.d.F. vom 24.7.2007 begrenzt in Abhängigkeit vom Kompaktheitsgrad (*A/V-Verhältnis*) den spezifischen *Transmissionswärmeverlust* HT des Gebäudes und den *Primärenergiebedarf* (Tab. 1 der Anlage 1 der Verordnung). Im Unterschied zum *Passivhaus* benötigen Niedrigenergiehäuser noch eine konventionelle Heizanlage.

367 Ein **Passivhaus** benötigt nur 10 Prozent der Heizwärme eines konventionellen Gebäudes, es spart damit nicht nur Heizkosten, sondern belastet auch die Umwelt kaum noch. Gleichzeitig hat es einen spürbar verbesserten Wohnkomfort mit hoher Behaglichkeit. Das wird mit drei Komponenten erreicht

– eine extrem gut gedämmte Gebäudehülle,

– die Nutzung der Sonnenenergie durch bestmögliche Verglasungen (passive Sonnenenergie),

– hochwirksame Wärmerückgewinnung (Abluft).

Da die EU-Richtlinie bei Errichtung, Kauf oder Neuvermietung zwingend einen Energieausweis für ein Gebäude vorschreibt, wurde für die EnEV die Vornormenreihe DIN V 18599 „Energetische Bewertung von Gebäuden" erarbeitet; sie besteht aus zehn Teilen:

DIN V 18599-1: 2007-02 Teil 1:	Allgemeine Bilanzierungsverfahren, Begriffe, Zonierung und Bewertung der Energieträger
DIN V 18599-2: 2007-02 Teil 2:	Nutzenergiebedarf für Heizen und Kühlen von Gebäudezonen
DIN V 18599-3: 2007-02 Teil 3:	Nutzenergiebedarf für die energetische Luftaufbereitung
DIN V 18599-4: 2007-02 Teil 4:	Nutz- und Energiebedarf für Beleuchtung
DIN V 18599-5: 2007-02 Teil 5:	Endenergiebedarf für Heizungssysteme
DIN V 18599-6: 2007-02 Teil 6:	Endenergiebedarf für Wohnungslüftungsanlagen und Heizungsanlagen für den Wohnungsbau
DIN V 18599-7: 2007-02 Teil 7:	Endenergiebedarf für Raumlufttechnik- und Klimakältesystemen für den Nichtwohnungsbau
DIN V 18599-8: 2007-02 Teil 8:	Nutz- und Endenergiebedarf von Warmwasseraufbereitungssystemen
DIN V 18599-9: 2007-02 Teil 9:	End- und Primärenergiebedarf von Kraft-Wärme-Koppelungsanlagen
DIN V 18599-10: 2007-02 Teil 10:	Nutzungsrandbedingungen, Klimadaten

368 I.d.R. ist davon auszugehen, dass hieraus am Markt keine messbaren Auswirkungen in Form von Wertabschlägen für solche Objekte resultieren, die der Anpassung an die vorstehende Forderung bedürfen, wenn im Rahmen des Ertrags- und Sachwertverfahrens von Liegenschaftszinssätzen und Marktanpassungsab- und -zuschlägen ausgegangen wird, die aus Objekten abgeleitet wurden, die ebenfalls entsprechender Energie einsparender Maßnahmen bedürfen. Wertabschläge kommen deshalb allenfalls nur in den Fällen in Betracht, wo sich die Vergleichsparameter des angewandten Wertermittlungsverfahrens auf Objekte beziehen, die der EnEV genügen. Zur Bemessung der Abschläge für ein Ein- und Zweifamilienhaus können folgende Kosten herangezogen werden:

– Heizungserneuerung	4 300 €		jährliche Heizölersparnisse	500 l (rd. 10%)
– Keller- und Dachdämmung	12 000 €	30 €/m²	jährliche Heizölersparnisse	1 650 l (rd. 30%)
– Fassadendämmung	19 000 €	30 €/m²	jährliche Heizölersparnisse	1 350 l (rd. 24%)
– Summe	rd. 35 000 €		jährliche Heizölersparnisse	3 500 l (rd. 64%)

369 Bei größeren Gebäuden fallen für die Erneuerung der Heizkessel entsprechend höhere Kosten (bis 50 000 €) an[218].

---

218 Bentrup, H., Wie betrifft die Energieeinsparverordnung die Immobilienbewertung? Der Bausachverständige 2005, 46.

12 Gesamt- und Restnutzungsdauer (§ 6 Abs. 6 ImmoWertV)

12.1 Begriffe

12.1.1 Gesamt- und Restnutzungsdauer, Nutzungsdauer

Schrifttum: *Institut für Bauforschung e.V.*, Lebensdauer der Baustoffe und Bauteile zur Harmonisierung der wirtschaftlichen Nutzungsdauer im Wohnungsbau, Forschungsbericht F 815 Juni 2004 (Fraunhofer IRB Verlag; Stuttgart 2005); *Klöcker, H.*, Gesamt- und Restnutzungsdauer in der Grundstücksbewertung, GuG 1994, 217; *Lang, G.*, Neues Modell zur praktischen Ermittlung der Restnutzungsdauer von Gebäuden im Rahmen der Wertermittlungslehre, GuG 2009, 157; *Möckel, R.*, Zur Berechnung der Restnutzungsdauer aus dem Kaufpreis für ein Ertragsgrundstück, VR 1976, 91; *Rüffel, E.*, Verfahren zur Bestimmung der Wertminderung bei Gebäuden und die Beziehung zur Restnutzungsdauer, VR 1984, 326.

▸ *Hierzu Syst. Darst. des Ertragswertverfahrens Rn. 121 ff.; Syst. Darst. des Sachwertverfahrens Rn. 75 ff.*

Als **Restnutzungsdauer** (*remaining economic life*) **wird mit** § 6 Abs. 6 erster Halbsatz ImmoWertV **die prognostizierte Anzahl der Jahre definiert, in denen eine bauliche Anlage bei „ordnungsgemäßer Bewirtschaftung" nach den am Wertermittlungsstichtag gegebenen Verhältnissen voraussichtlich noch wirtschaftlich genutzt werden kann.** 370

Die ImmoWertV kennt daneben noch 371

– die *Nutzungsdauer* einer baulichen Anlage (§ 23 Satz 3 ImmoWertV) und
– die *Gesamtnutzungsdauer* einer baulichen Anlage (§ 23 ImmoWertV).

Als „Nutzungsdauer" wird im Zusammenhang mit der Regelung der Alterswertminderung (mit § 23 Satz 3 ImmoWertV) die bei „ordnungsgemäßer Bewirtschaftung übliche (durchschnittliche) wirtschaftliche Nutzungsdauer" definiert, die auch als „übliche" bzw. „durchschnittliche" Gesamtnutzungsdauer bezeichnet wird. In Anlehnung an § 6 Abs. 6 Satz 1 ImmoWertV ist darunter die prognostizierte Anzahl von Jahren zu verstehen, in denen eine neu errichtete bauliche Anlage bei ordnungsgemäßer Bewirtschaftung insgesamt voraussichtlich wirtschaftlich genutzt werden kann. Sie ist von Bauart, Bauweise und Nutzung abhängig. In ihr sind sowohl die technischen als auch die wirtschaftlichen Aspekte der Standdauer von Gebäuden berücksichtigt. Die übliche Gesamtnutzungsdauer wird nach empirisch ermittelten Erfahrungssätzen bemessen. Dies ist auch die Gesamtnutzungsdauer i.S. des § 23 Satz 1 ImmoWertV (vgl. Rn. 381).

Die im konkreten Fall gegebene (tatsächliche) Gesamtnutzung einer baulichen Anlage kann sich indessen aufgrund durchgeführter Instandsetzungen oder Modernisierungen oder unterlassener Instandhaltung oder anderer Gegebenheiten im Verhältnis zur üblichen (durchschnittlichen) Gesamtnutzungsdauer (Nutzungsdauer) verlängert oder vermindert haben. 372

Maßgeblich sind die jeweiligen Verhältnisse des Wertermittlungsstichtags. Der Prognose sind also die am Wertermittlungsstichtag herrschenden Erwartungen zugrunde zu legen; auf die Erwartungen, die zum Zeitpunkt der Erstellung eines Gebäudes bestanden haben, kommt es nicht an. 373

Im Rahmen der mit § 6 Abs. 6 Satz 1 ImmoWertV angesprochenen „ordnungsgemäßen Bewirtschaftung" ist die bauliche Anlage instand zu halten, wobei als **Instandhaltung** die Maßnahmen bezeichnet sind, die während der Nutzungsdauer zur Erhaltung des bestimmungsgemäßen Gebrauchs getätigt werden müssen, um die durch Abnutzung, Alterung und Witterungseinwirkung entstehenden baulichen und sonstigen Mängel ordnungsgemäß zu beseitigen (vgl. § 19 ImmoWertV Rn 105). **Allein die Instandhaltung kann die wirtschaftliche Nutzbarkeit einer baulichen Anlage nicht auf Dauer erhalten.** Will man den sich ständig wandelnder Anforderungen an bauliche Anlagen, insbesondere im Hinblick auf Baukonstruktion, Grundrisse und Ausstattung, Rechnung tragen, bedarf es einer Modernisierung 374 der baulichen Anlage (vgl. § 19 ImmoWertV Rn. 115). Mit dem ersten Halbsatz des § 6 Abs. 6 Satz 1 ImmoWertV ist die Gesamt- bzw. Restnutzungsdauer mithin als eine zeitlich begrenzte Nutzungsdauer definiert.

375 Auch **IAS 16 § 9** definiert die (Rest-)Nutzungsdauer als eine Prognose, nämlich als eine Prognose

(a) des Zeitraums, in dem ein Vermögenswert voraussichtlich von einem Unternehmen nutzbar ist; oder

(b) der voraussichtlich durch den Vermögenswert im Unternehmen zu erzielende Anzahl an Produktionseinheiten oder ähnlichen Maßgrößen.

Die IAS-Definition lässt dabei offen, ob im Rahmen der Prognose von einer Instandhaltung oder von weitergehenden Maßnahmen zum Erhalt der baulichen Anlage auszugehen ist. Gleichwohl besteht kein materieller Unterschied zur ImmoWertV, weil mit dem zweiten Halbsatz des § 6 Abs. 6 ImmoWertV die Restnutzungsdauer ggf. zu modifizieren ist.

12.1.2 Gesamt- und Restlebensdauer

376 In der WertV 72 wurde noch zwischen der „Restnutzungsdauer" und der „**Restlebensdauer**"[219] unterschieden. In § 17 Abs. 2 WertV 72 war die Restlebensdauer als die Anzahl der Jahre definiert, die die bauliche Anlage physisch Bestand hat. Da der physischen Existenz einer baulichen Anlage bei ordnungsgemäßer Instandhaltung kaum Grenzen[220] gesetzt sind und es auch bei Sachwertobjekten allein auf die wirtschaftliche Verwendbarkeit einer baulichen Anlage ankommt, wurde bereits mit der WertV 88 die Unterscheidung zwischen Restnutzungsdauer und Restlebensdauer aufgegeben[221]. Soweit eine technisch zwar noch langfristig verwendungsfähige bauliche Anlage wirtschaftlich verbraucht ist, kann bei vernünftiger wirtschaftlicher Betrachtungsweise eine Restnutzungsdauer nicht mehr angesetzt werden[222]. Umgekehrt ist eine wirtschaftliche Nutzung nur so lange möglich, wie es die technisch bedingte Lebensdauer der baulichen Anlage zulässt. Sowohl beim Ertragswertverfahren, als auch bei Anwendung des Sachwertverfahrens soll es allein auf die wirtschaftliche Restnutzungsdauer ankommen.

377 **Für die Ermittlung des Verkehrswertanteils baulicher Anlagen ist** nach alledem **allein die** an der wirtschaftlichen Nutzungsfähigkeit orientierte **wirtschaftliche Gesamtnutzungsdauer und nicht die technische Lebensdauer von Bedeutung.** Die mit der WERTR 02 ersetzte **WERTR 96** enthielt noch entsprechende Tabellen[223]

– Technische Lebensdauer[224] von baulichen Anlagen und Bauteilen (Anl. 5),

– Technische Lebensdauer von Außenanlagen (Anl. 7),

– Technische Lebensdauer von besonderen Betriebseinrichtungen und Gerät (Anl. 8).

Diese Tabellen geben deshalb allenfalls die technischen Grenzen der wirtschaftlichen Gesamtnutzungsdauer an, die in aller Regel bedeutungslos sind. Die **technische Gesamtle-**

---

219 Im RdErl. des BMBau vom 12.10.1993 werden hierzu die in der *Syst. Darst. des Ertragswertverfahrens* Rn. 126 abgedruckten Hinweise gegeben.
220 Treffend hat der Eigentümer des Hauses Gerberau 20 in Freiburg im Breisgau sein Haus mit der Inschrift versehen: „Wenn dieses Haus so lang besteht, bis in der Welt der Neid vergeht, dann wird es wohl so lang bestehen, bis dass die Welt wird untergehen."
221 BR-Drucks. 352/88, S. 63.
222 BR-Drucks. 265/72, S. 2.
223 Abgedruckt bei Kleiber, WERTR 76/96, 7. Aufl. S. 110.
224 Im RdErl. des BMBau vom 12.10.1993 (BAnz Nr. 199 von 1993, 9630 = GuG 1994, 42) wird hierzu ausgeführt:
„*1. Für die Ermittlung des Werts baulicher Anlagen ist* **allein die an der wirtschaftlichen Nutzungsfähigkeit orientierte wirtschaftliche Gesamtnutzungsdauer und nicht die technische Lebensdauer** *von Bedeutung. Die Tabellen der Anlagen 5, 7 und 8 der WERTR 96 geben lediglich die technische Lebensdauer an, die die oberste Grenze der wirtschaftlichen Gesamtnutzungsdauer darstellt.*
2. Von **denkmalgeschützten und erhaltenswerten Gebäuden** *abgesehen, hat sich die wirtschaftliche Gesamtnutzungsdauer baulicher Anlagen in den vergangenen Jahrzehnten auf Grund gewachsener Ansprüche deutlich vermindert; dies gilt auch für öffentlichen Zwecken dienende Gebäude. Im gewerblich-industriellen Bereich haben insbesondere die produktions- und betriebstechnischen Anforderungen (einschließlich der Umweltbelange) die Gesamtnutzungsdauer in nicht unerheblicher Weise verkürzt.*
3. Damit hat sich die Schere zwischen technischer Lebensdauer und wirtschaftlicher Gesamtnutzungsdauer weiter geöffnet. Die in den Anl. 5, 7 und 8 der WERTR 96 angegebene technische Lebensdauer hat von daher untergeordnete Bedeutung; insbesondere verbietet sich eine schematische Heranziehung der angegebenen Werte als wirtschaftliche Gesamtnutzungsdauer."

bensdauer kann auf den S. 1366 ff. der zweiten Auflage dieses Werks nachgelesen werden (vgl. Abb. 39).

Abb. 39: Lebensdauer (nicht Nutzungsdauer!) von Bauteilen und Materialien

Lebensdauer von Bauteilen und Materialien		
	Ausführung	Lebensdauer in Jahren
Konstruktion	einfache Ausführung	80
	städtische Ausführung	80
	bessere Ausführung	80
	monumentale Ausführung	80
	Leichtwände	40
Dachhaut	Ziegel, Schiefer	50
	Asbestzement	40
	Zinkblech	30
	Doppelte Pappe, Stahlblech	20
Dachstuhl	(Stahl und Holz)	80
Dachrinne	Kupferblech	40
	Zinkblech	30
	Stahl, verzinkt	20
Putz	Deckenputz auf Massivdecken	80
	Deckenputz auf Putzträger	50
	Deckenputz in Nassräumen	30
	Innenwandputz	50
	Außenwandputz	30
Fußböden	Estrich, Plattenbeläge in Mörtel	30
	Hartholz	50
	Weichholz	30
	Kunststoffbeläge	30
	Linoleum	30
	Textilbeläge	10
Treppenstufen	Hartholz, Stein	50
	Weichholz	30
Fenster	Hartholz	50
	Weichholz	30
	Fensterbänke	30
	Fensterläden	30
Türen	Innentüren	40
	Außentüren, Hartholz	50
	Außentüren, Weichholz	30

Quelle: Bund Deutscher Baumeister (BDB).

12.2 Übliche Gesamtnutzungsdauer (Nutzungsdauer)

12.2.1 Verkehrswertermittlung

Die auch heute noch gelegentlich vertretene **Anschauung einer im Regelfall 100-jährigen (wirtschaftlichen) Gesamtnutzungsdauer eines Gebäudes ist grundsätzlich überholt.** Die Anschauung orientierte sich in erster Linie an der technischen Lebensdauer. Wirtschaftlich ist eine bauliche Anlage aber nur so lange nutzbar, wie es den sich wandelnden Anforderungen an bauliche Anlagen, insbesondere im Hinblick auf Art, Konstruktion, Ausstattung und vie-

378

lem mehr entspricht. Die wirtschaftliche **Gesamtnutzungsdauer baulicher Anlagen hat sich in den vergangenen Jahrzehnten aufgrund gewachsener Ansprüche,** neuer Technologien, der sich wandelnden Anforderungen und des Konkurrenzdrucks **gegenüber früheren Einschätzungen deutlich vermindert.** Dies gilt für nahezu alle Immobilienarten einschließlich öffentlichen Zwecken dienenden Gebäude. Im gewerblich-industriellen Bereich haben insbesondere die produktions- und betriebstechnischen Anforderungen (einschließlich der Umweltbelange) die übliche (durchschnittliche) Gesamtnutzungsdauer (Nutzungsdauer) in nicht unerheblicher Weise verkürzt. Gewerbe- und Industriebauten, die für bestimmte Branchen und Produkte maßgeschneidert errichtet worden sind, entsprechen nicht mehr heutigen Bedürfnissen (**verschachtelten Fabrikhallen mit zu geringen Höhen** und engen Stützenabständen). Moderne Produktionsmethoden, etwa mit Hilfe von computergesteuerten Maschinen und Robotern, sind heute vornehmlich in erdgeschossigen Aufbauten üblich.

379   Entspricht eine bauliche Anlage nicht mehr den **allgemeinen Anforderungen an gesunde Wohn- und Arbeitsverhältnisse** oder den Anforderungen an die Sicherheit der auf dem betroffenen Grundstück wohnenden und arbeitenden Menschen, so mindert dies entsprechend die Restnutzungsdauer (vgl. § 16 Abs. 4 Satz 2 WertV 88, der in § 4 Abs. 3 Nr. 3 aufgegangen ist). Ein derartiger Fall liegt insbesondere dann vor, wenn ein städtebaulicher Missstand gegeben ist, z.B. in Bezug auf

a) die Belichtung, Besonnung und Belüftung der Wohnungen und Arbeitsstätten,

b) die bauliche Beschaffenheit von Gebäuden, Wohnungen und Arbeitsstätten,

c) die Zugänglichkeit der Grundstücke,

d) die Auswirkungen einer vorhandenen Mischung von Wohn- und Arbeitsstätten,

e) die Nutzung von bebauten und unbebauten Flächen nach Art, Maß und Zustand,

f) die Einwirkungen, die von Grundstücken, Betrieben, Einrichtungen oder Verkehrsanlagen ausgehen, insbesondere durch Lärm, Verunreinigungen und Erschütterungen,

g) die vorhandene Erschließung.

Die allgemeinen Anforderungen an gesunde Wohn- und Arbeitsverhältnisse unterliegen einem ständigen Wandel (vgl. Teil VIII; § 15 ImmoWertV Rn. 7; § 136 Abs. 3 Nr. 1 BauGB und § 43 Abs. 4 BauGB)[225].

380   Bei ordnungsgemäßer Bewirtschaftung der baulichen Anlage können allenfalls solide Ein- und Zweifamilienhäuser eine wirtschaftliche Gesamtnutzungsdauer von 100 Jahren erreichen. Ansonsten fällt die übliche wirtschaftliche Gesamtnutzungsdauer (Nutzungsdauer) weitaus geringer aus und beträgt mitunter – wie z.B. bei Tankstellen – wenige Dezennien. Nach Angaben der Deutschen Bundesbank belief sich 2002 die durchschnittliche Nutzungsdauer von Wohnimmobilien auf 74 Jahre und von Gewerbeimmobilien auf 52 Jahre[226]. *Isenhöfer/Väth*[227] geben für Bürogebäude einen Zeitraum von nur 30 bis 40 Jahren an und prognostizieren bereits 20 Jahre.

381   **Anhaltspunkte für die Abschätzung der Restnutzungsdauer** aus der üblichen wirtschaftlichen Gesamtnutzungsdauer (Nutzungsdauer) von Gebäuden enthalten die Tabellen der Normalherstellungskosten NHK 2000 sowie Anl. 4 zur WertR, die nachstehend zusammen mit den in der Anl. 2 zur BelWertV genannten Erfahrungssätzen mit einigen Ergänzungen abgedruckt sind (Abb. 40). Die übliche Gesamtnutzungsdauer (Nutzungsdauer) des zu bewertenden Objekts ist bei Heranziehung dieser Tabelle insbesondere unter Berücksichtigung der Lage des Objekts, seiner Eigenschaften und der wirtschaftlichen Verwertungsfähigkeit zu ermitteln[228].

---

225 BGH, Urt. vom 13.7.1967 – III ZR 1/65 –, EzGuG 6.104.
226 Deutsche Bundesbank, Bundesbankbericht Januar 2002 (Nr. 1/54), Der Wohnungsmarkt S. 30.
227 Isenhöfer/Väth, Immobilienökonomie I S. 143.
228 RdErl. des BMBau vom 12.10.1993 (BAnz Nr 199, 1993 S. 9630 = GuG 1994, 42); Weyers, G. Gesamtnutzungsdauer von Hotelgebäuden GuG 1993, 41.

Gesamtnutzungsdauer § 6 ImmoWertV V

Abb. 40: Übliche durchschnittliche wirtschaftliche Gesamtnutzungsdauer (GND)

Es handelt sich hierbei also um die übliche (durchschnittliche) wirtschaftliche Gesamtnutzungsdauer bei ordnungsgemäßer Instandhaltung (ohne Modernisierung) in Anlehnung an Anl. 4 WERTR, BelWertV und BewG.

Gebäudeart	Gesamtnutzungsdauer in Jahren			
	Empfehlung	nach WERTR	nach BelWertV	nach BewG (Anl. 22)
Ein- und Zweifamilienhäuser (entsprechend ihrer Qualität) einschließlich	60 bis 100	60 bis 100	–	80
– frei stehendes Einfamilienhaus (auch mit Einliegerwohnung),				
– Zwei- und Dreifamilienhaus,				
Reihenhaus (bei leichter Bauweise kürzer),	60 bis 80	60 bis 100	–	–
Fertighaus in Massivbauweise,	60 bis 70	60 bis 80	–	–
Fertighaus in Fachwerk- und Tafelbauweise,	60 bis 70	60 bis 80	–	–
Siedlungshaus; Schlichthaus (massiv)	50 bis 70	60 bis 70	–	–
Fertighaus in Holzbauweise	60	–	–	–
Schwimmhallen (je nach Ausstattung)	30 bis 50	–	–	–
Wintergarten (als Anbau je nach Ausstattung)	30 bis 60	–	–	–
Wohnhäuser (Mietwohngebäude)[1]				80
Mehrfamilienhaus (Mietwohngebäude), frei finanziert	60 bis 80	60 bis 80	25 bis 80	–
Gemischt genutzte Wohn- und Geschäftshäuser,	60 bis 80	60 bis 80	–	–
– mit einem gewerblichen Mietertragsanteil bis 80%	50 bis 70	50 bis 70	–	-
Geschäftsgebäude, gemischt genutzte Gebäude und sonstige Gebäude				
Gemischt genutzte Gebäude (mit Wohn- und Gewerbeflächen)	–	–	–	70
Verwaltungs- und Bürogebäude (Geschäftshäuser)			30 bis 60	
Verwaltungsgebäude, Bankgebäude,	50 bis 70	50 bis 80	–	60
Gerichtsgebäude	60 bis 70	60 bis 80	–	–
Gemeinde- und Veranstaltungsgebäude				
Vereinsheime (Jugendheime, Tagesstätten),	40 bis 70	40 bis 80	–	50
Gemeindezentren, Bürgerhäuser,	40 bis 70	40 bis 80	–	–
Saalbauten, Veranstaltungszentren,	60 bis 70	60 bis 80	–	70
Kindergärten (Kindertagesstätten),	40 bis 70	50 bis 70	–	60
Ausstellungsgebäude	30 bis 60	30 bis 60	–	50
Schulen				
Schulen, Berufsschulen,	40 bis 70	50 bis 80	–	50
Hochschulen, Universitäten	60 bis 70	60 bis 80	–	70
Wohnheime, Krankenhäuser, Hotels, Gaststätten				
Personal- und Schwesternwohnheime, Altenwohnheime,	40 bis 70	40 bis 80	–	60

V § 6 ImmoWertV — Gesamtnutzungsdauer

Gebäudeart	Gesamtnutzungsdauer in Jahren			
	Empfehlung	nach WERTR	nach BelWertV	nach BewG (Anl. 22)
Hotels[2] und Gaststätten,		40 bis 80	15 bis 40e	50
Sanatorien, Kliniken, Alten- und Pflegeheime,	40 bis 50	–	15 bis 40	
Reha-Einrichtungen	40 bis 50	–	–	–
Krankenhäuser	40 bis 60	40 bis 60	–	50
Sport- und Freizeitgebäude, Bäder			15 bis 30	
Tennishallen,	30 bis 50	30 bis 50	–	40
Sporthallen (Turnhallen)	50 bis 60	50 bis 70	–	60
Funktionsgebäude für Sportanlagen,	40 bis 60	40 bis 60	–	50
Hallenbäder,	40 bis 60	40 bis 70	–	50
Kur- und Heilbäder	60 bis 70	60 bis 80	–	70
Reitsporthalle	30	30	–	40
Kirchen, Stadt- und Dorfkirchen, Kapellen	60 bis 80	60 bis 80	–	–
Einkaufsmärkte, Großmärkte, Warenhäuser				
Einkaufsmärkte, Großmärkte (Fachmärkte, Verbrauchermärkte)	30 bis 40	30 bis 50	10 bis 30	40
Kauf- und Warenhäuser und Einkaufszentren[3]	20 bis 50	40 bis 60	15 bis 50	50
Industriegebäude, Werkstätten, Lagergebäude				
Gewerbe- und Industriegebäude (Werkstätten) ggf. mit und ohne Sozialtrakt	40 bis 60	40 bis 60	15 bis 40	50
Lagerhallen, Logistikimmobilien*,	20 bis 30	–	15 bis 40	
Warm- und Kaltlager, ggf. mit und ohne Sozialtrakt	–	–		50
Tanklager	20 bis 30	–	–	–
Windkraftwerke	15 bis 20	–	–	–
Garagen/Parkhäuser/Tiefgaragen				
Fertigteilreihengarage leichte Bauweise,	40 bis 50	–	–	–
Massivfertigteilreihengaragen,	80	–	–	–
Einzelgarage,	50 bis 60	–	–	–
Fertigteilgarage,	40 bis 50	–	–	–
Parkhäuser (offene Ausführung, Parkpaletten)	40	50	15 bis 40	50
Parkhäuser (geschlossene Ausführung)	40	50	15 bis 40	50
Tiefgaragen,	40	50	15 bis 40	50
Tankstelle	10 bis 20	10 bis 20	10 bis 30	–
Landwirtschaftlich genutzte Objekte			15 bis 40	
Scheune ohne Stallteil,	40 bis 60	40 bis 60	–	–
Landwirtschaftliche Mehrzweckhalle, Neuzeitliche Maschinenhallen,	40	40	–	–
Stallgebäude (allgemein),	15 bis 25	–	–	–
Neuzeitliche Ställe (Pferde-, Rinder-, Schweine-, Geflügelställe)	30	30	–	–

Gebäudeart	Gesamtnutzungsdauer in Jahren			
	Empfehlung	nach WERTR	nach BelWertV	nach BewG (Anl. 22)
Lauben, Wochenend- und Gartenhäuser	30 bis 60	–	–	–
Außenanlagen	40 bis 60	–	–	–
Außenmauern				
Außenwände, Stahlfachwerk mit Ziegelsteinen	50 bis 60	–	–	–
ausgefacht				–
Stahlkonstruktion mit ungeschützten Außenflächen	30 bis 40	–	–	–
Außenverkleidung mit Trapezblechen auf Stahlstielen	30 bis 40	–	–	–
und Riegeln				–
Außenverkleidung mit verzinktem Wellblech auf	25 bis 30	–	–	–
Stahlstielen und Riegeln	-	-	-	–
Gesamtnutzungsdauer im Vom-Hundert-Satz				
der technischen Lebensdauer für gewerbliche Gebäude				
– bei Gebäuden mit Stahlbetonskelettkonstruktion	etwa 65 bis 75 v. H	–	–	–
– bei mehrgeschossigen Stahlskelettgebäuden	etwa 65 bis 75 v. H	–	–	–
– bei eingeschossigen Stahlskelettgebäuden	etwa 70 bis 80 v. H	–	–	–
– bei Stahlfachwerkgebäuden und	etwa 80 bis 90 v. H	–	–	–
– bei Gebäuden in leichter Bauweise	etwa 90 bis 100 v. H	–	–	–

[1] Zur Restnutzungsdauer von Blockbaukarten und Plattenbauweisen vgl. Anh. 9.11 der 3. Aufl. zu diesem Werk; die angegebene Restnutzungsdauer hat sich als zu undifferenziert erwiesen.
[2] Weyers, G.; Gesamtnutzungsdauer von Hotelgebäuden, GuG 1993, 41; Ostermann in GuG 1999, 143 ff. und 1999, 282 ff.
[3] Bei bloßer Instandhaltung können sich auch kürzere Nutzungsdauern ergeben; vgl. BMF vom 16.3.1992 (BStBl I 1992, 230). Gleich lautender Erlass der neuen Bundesländer betr. Bewertung von Warenhausgrundstücken, Einkaufszentren sowie Groß-, SB- und Verbrauchermärkten und Messehallen im Beitrittsgebiet vom 25.6.1993 (BStBl I 1993, 528 = GuG 1993, 362).
* unter Berücksichtigung angemessener Modernisierungen.

Vorstehende Erfahrungssätze der Gesamtnutzungsdauer von baulichen Anlagen ergeben sich in erster Linie aus dem **Ausbau der baulichen Anlage.** Der *Rohbau der baulichen Anlage* kann dagegen eine quasi für die Belange der Verkehrswertermittlung unbegrenzte Restnutzungsdauer haben, vorausgesetzt dass er insbesondere auf Grund seiner Konstruktion und des Grundrisses auf Dauer wirtschaftlich genutzt werden kann. Vielfach unterliegen auch nur Teile des Rohbaus, wie z.B. der Grundriss, einer wirtschaftlichen Abnutzung.

12.2.2 Beleihungswertermittlung

Im Rahmen der Beleihungswertermittlung ist nach § 12 Abs. 2 Satz 3 BelWertV von den **in Anl. 2 zur BelWertV genannten Erfahrungssätze für die (Gesamt-)Nutzungsdauer baulicher Anlagen** auszugehen. Die dort angegebene Gesamtnutzungsdauer ist aus vorstehender Aufstellung ersichtlich und entspricht im Wesentlichen der bei der Verkehrswertermittlung üblicherweise angesetzten Gesamtnutzungsdauer.

12.2.3 Steuerliche Bewertung

384 Im Rahmen der erbschaftsteuerlichen Bewertung bestimmt sich die Gesamtnutzungsdauer nach § 190 Abs. 2 Nr. 1 BewG nach **Anl. 22 BewG**. Die dort angegebene Gesamtnutzungsdauer ist aus vorstehender Aufstellung ersichtlich.

Im *steuerlichen Bereich* wird gemäß § 7 Abs. 4 EStG seit dem 1.4.1985 eine Nutzungsdauer (für die Abschreibung) von i.d.R. 25 Jahren angegeben. Auch für **Investitionsrechnungen** werden **in der Landwirtschaft** Abschreibungszeiträume von 25 Jahren angegeben, die auch *Köhne* empfiehlt[229]. Bei einem zu wertenden Wirtschaftsgebäude, das einem Neubau funktionell gleichzusetzen ist, ist nach *Köhne* die wirtschaftliche Restnutzungsdauer dicht unterhalb der wirtschaftlichen Gesamtnutzungsdauer anzusetzen. Weicht das Gebäude jedoch funktionell stärker vom modernen Stand ab oder ist die wirtschaftliche Nutzung mit größeren Unsicherheiten verbunden, so ist die wirtschaftliche Restnutzungsdauer wesentlich geringer anzusetzen.

12.3 Übliche Restnutzungsdauer

385 Die **übliche Restnutzungsdauer – RND –** von ordnungsgemäß instand gehaltenen Gebäuden wird i.d.R. ermittelt[230], indem von einer für die Objektart üblichen Gesamtnutzungsdauer – GND – das Alter in Abzug gebracht wird:

$$\text{Restnutzungsdauer RND} = \text{Übliche Gesamtnutzungsdauer GND} - \text{Alter}$$

wobei: RND = Übliche Restnutzungsdauer
GND = Übliche Gesamtnutzungsdauer

386 Zur Bemessung der Restnutzungsdauer führt **Nr. 3.5.6.2 WERTR** aus:

„Als Restnutzungsdauer ist die Anzahl der Jahre anzusetzen, in denen die baulichen Anlagen bei ordnungsgemäßer Unterhaltung und Bewirtschaftung voraussichtlich noch wirtschaftlich genutzt werden können. Dabei ist zu berücksichtigen, dass durchgeführte Instandsetzungen oder Modernisierungen die Restnutzungsdauer verlängern, unterlassene Instandhaltung oder andere Gegebenheiten die Restnutzungsdauer verkürzen können (vgl. § 23 Abs. 2 WertV = § 6 Abs. 6 ImmoWertV).

Die Restnutzungsdauer bestimmt sich auf der Grundlage einer wirtschaftlichen Betrachtungsweise unter Berücksichtigung der Modernisierung bzw. Erneuerung von einzelnen Gebäuden bzw. Gebäudeteilen.

Bei der Bemessung der Restnutzungsdauer ist zu beachten, ob die baulichen Anlagen den allgemeinen Anforderungen an gesunde Wohn- und Arbeitsverhältnisse und an die Sicherheit der auf dem betroffenen Grundstück oder im umliegenden Gebiet wohnenden oder arbeitenden Menschen oder den künftigen wirtschaftlichen Anforderungen an Art und Ausstattung entsprechen.

Es ist die Restnutzungsdauer zu wählen, die die wirtschaftlich sinnvollste Nutzung des Grundstücks gewährleistet.

Mit abnehmender Restnutzungsdauer der baulichen Anlagen kommt der richtigen Einschätzung der Restnutzungsdauer eine zunehmende Bedeutung zu.

Zur Anwendung des Ertragswertverfahrens auf Objekte mit kurzer Restnutzungsdauer der baulichen Anlage vgl. Nr. 3.5.5.

Bei Grundstücken mit mehreren aufstehenden Gebäuden unterschiedlicher Restnutzungsdauer, die eine wirtschaftliche Einheit bilden, sowie bei Gebäuden mit Bauteilen, die eine deutlich voneinander abweichende Restnutzungsdauer aufweisen, bestimmt sich die maßgebliche Restnutzungsdauer nicht zwangsläufig nach dem Gebäude mit der kürzesten Restnutzungsdauer, sondern ist nach wirtschaftlichen Gesichtspunkten unter Einbeziehung der Möglichkeit der Modernisierung wirtschaftlich verbrauchter Gebäude und Bauteile zu bestimmen."

---

[229] Gütter, K., Bewertung landwirtschaftlicher Wirtschaftsgebäude, Schriftenreihe des HLBS, Heft 132, St. Augustin, 1991; Köhne, M., Landwirtschaftliche Taxationslehre, 2. Aufl. Hamburg und Berlin 1993, S. 196–220; Köhne, M. und K., Gütter, K., Modifizierung des Sachwertverfahrens für die Wertermittlung bei landwirtschaftlichen Wirtschaftsgebäuden, GuG 1996, 320–325, 199.

[230] BGH, Urt. vom 8.12.1975 – III ZR 93/73 –, EzGuG 20.58.

Bei dieser Vorgehensweise ist insbesondere vor einer schematischen „Berechnung" der Restnutzungsdauer unter Verwendung älteren Tabellenwerken über die Gesamtnutzungsdauer baulicher Anlagen zu warnen, denn diese weisen noch Nutzungsdauern auf, die aus heutiger Sicht nicht mehr realistisch sind. Es müssen vor allem die örtlichen und allgemeinen Wirtschaftsverhältnisse im Hinblick auf die **Verwendbarkeit der baulichen Anlagen** in die Betrachtung mit einbezogen werden.

Vor allem bei der Verkehrswertermittlung von Objekten, deren bauliche Anlage nur noch eine kurze Restnutzungsdauer aufweisen, wirkt sich eine **fehlerhafte Ermittlung der Restnutzungsdauer** spürbar auf das Ergebnis aus d.h. mit abnehmender Restnutzungsdauer kommt der richtigen Ermittlung der Restnutzungsdauer eine höhere Bedeutung zu. Bei langer Restnutzungsdauer wirken sich Fehler in der richtigen Einschätzung der Restnutzungsdauer nur marginal auf das Ergebnis der Verkehrswertermittlung aus. Dies zeigt sich auch an den Tafeldifferenzen der Vervielfältigertabelle (vgl. Anl. 1 zur ImmoWertV).

12.4 Abweichungen von der üblichen Restnutzungsdauer

12.4.1 Allgemeines

Nach dem zweiten Halbsatz des § 6 Abs. 6 Satz 1 ImmoWertV „können"

1. unterlassene Instandhaltung oder
2. durchgeführte Instandsetzungen oder
3. Modernisierungen oder
4. andere Gegebenheiten

die Restnutzungsdauer verlängern oder verkürzen.

Die Vorschrift ergänzt die Grundsatzregelung des ersten Halbsatzes, nach der die Restnutzungsdauer auf der Grundlage einer ordnungsgemäßen Bewirtschaftung, d.h. auf der Grundlage eines instand gehaltenen Gebäudes zu ermitteln ist.

12.4.2 Unterlassene Instandhaltungen

Unterlassene Instandhaltungen der Gebäudesubstanz führen regelmäßig zu einem Substanzverfall und damit zu einer **Verkürzung der Restnutzungsdauer,** zumindest dann, wenn das Gebäude über längere Zeit nicht mehr instand gehalten wird. Dies können z.B. auch durch höhere Gewalt entstandene Schäden sein, die nicht behoben worden sind. Bei unterlassenen Maßnahmen kann jedoch nicht schematisch eine Verkürzung der üblichen Restnutzungsdauer angenommen werden, denn nicht in jedem Fall wird die übliche Restnutzungsdauer durch unterlassene Instandsetzungsmaßnahmen verkürzt[231].

Von einer Verkürzung der üblichen Restnutzungsdauer ist i.d.R. bei **nicht behebbaren Baumängeln** (z.B. Gründungsmangel) auszugehen, d.h. bei Dauerschäden. Bei behebbaren Baumängeln und auch Bauschäden, die im Falle unterlassener Instandsetzungen zu einer Verkürzung der üblichen Restnutzungsdauer führen, kann damit zugleich eine entsprechende Minderung des Reinertrags einhergehen. Grundsätzlich sind beide Komponenten bei der Verkehrswertermittlung zu berücksichtigen, denn die wirtschaftliche Nutzungsfähigkeit des Grundstücks wird in der Tat in diesem Fall in beiderlei Beziehungen beeinträchtigt. Kann die daraus resultierende Wertminderung durch eine entsprechende Instandsetzung aufgefangen werden, so wäre dies in entsprechender Anwendung des § 8 Abs. 3 ImmoWertV gegenzurechnen, denn jeder vernünftig handelnde Eigentümer würde die entsprechenden Maßnahmen durchführen.

---

[231] BGH, Urt. vom 8.12.1975 – III ZR 93/73 –, EzGuG 20.58.

12.4.3 Durchgeführte Instandsetzungen

393 Instandsetzung ist die Behebung von baulichen Mängeln, insbesondere von Mängeln, die infolge von Abnutzung, Alterung, Witterungseinflüssen *oder Einwirkungen Dritter* entstanden sind (vgl. § 19 ImmoWertV Rn. 110). Es handelt sich mithin um Maßnahmen, die im Rahmen einer ordnungsgemäßen Bewirtschaftung als Instandhaltungsmaßnahmen durchgeführt worden sind. Wurde eine bauliche Anlage nicht instand gehalten und hat sich nach Maßgabe vorstehender Ausführungen die Restnutzungsdauer verkürzt, so wird **mit der Instandsetzung die Restnutzungsdauer** verlängert.

394 **Soweit mit der durchgeführten Instandsetzung der Zustand eines ordnungsgemäß instand gehaltenen Gebäudes wiederhergestellt worden ist, weist das Gebäude insoweit keine Mängel auf** und es sind entgegen dem Wortlaut der Regelung **keine Gründe gegeben, die sich für ein ordnungsgemäß instand gehaltenes Gebäude ergebende Restnutzungsdauer zu verlängern.** Von daher macht der Hinweis auf die (vor dem Wertermittlungsstichtag) durchgeführten Instandsetzungen keinen Sinn. Sie macht auch dann keinen Sinn, wenn mit den durchgeführten Instandsetzungen die auf Grund einer unterlassenen Instandhaltung eingetretenen Mängel nur zum Teil behoben worden sind. In diesem Fall liegt nämlich insoweit eine unterlassene Instandhaltung vor, der ggf. mit einer Verkürzung der Restnutzungsdauer Rechnung getragen werden kann.

395 Eine Verlängerung der Restnutzungsdauer aufgrund von Instandsetzungen kommt bei alledem nur in Betracht, wenn im Rahmen der Instandsetzung nicht nur Mängeln beseitigt wurden, die insbesondere durch Alterung, Abnutzung oder Witterungseinflüsse aufgetreten sind, sondern **weitere nutzungsverlängernde Maßnahmen** durchgeführt wurden.

12.4.4 Modernisierung

396 Unter der Modernisierung sind **Maßnahmen** zu verstehen, **die den Gebrauchswert des Wohnraums nachhaltig erhöhen, die allgemeinen Wohnverhältnisse auf Dauer verbessern oder nachhaltig Einsparungen von Energie und Wasser bewirken** (vgl. § 19 ImmoWertV Rn. 115). Mit Modernisierungs- und Umstrukturierungsmaßnahmen (*refurbishment*) lässt sich die wirtschaftliche Gebrauchsfähigkeit einer Immobilie den sich wandelnden Anforderungen quasi beliebig angleichen.

397 **Mit Modernisierungsmaßnahmen lässt sich die Restnutzungsdauer (theoretisch) beliebig verlängern**, so dass bei entsprechendem Modernisierungsaufwand von einer quasi unendlichen Restnutzungsdauer ausgegangen werden kann. Im Ergebnis wird die bauliche Anlage „auf Dauer" mit einer Restnutzungsdauer $\to \infty$ (100 Jahre) erhalten. Dem kann bei Anwendung des Ertragswertverfahrens dadurch Rechnung getragen werden, indem

– der Reinertrag unter Berücksichtigung periodisch anfallender Modernisierungskosten ermittelt wird oder

– ein entsprechender einmaliger Modernisierungsbetrag

komplementär zur Verlängerung der Restnutzungsdauer abgezogen wird.

398 Einer **Verlängerung der Restnutzungsdauer durch Modernisierungsmaßnahmen können allerdings auch Grenzen gesetzt sein**, nämlich

– wenn der Abriss und eine Neubebauung wirtschaftlich vernünftiger ist oder

– die bauliche Anlage aufgrund der Marktverhältnisse auch in einem modernisierten bzw. umstrukturierten Zustand keine wirtschaftliche Nutzung gewährleistet, insbesondere aufgrund der Marktverhältnisse, wie derzeit die Leerstandsproblematik zeigt (*oversupply in the market*).

399 Von der Möglichkeit einer Ertragswertermittlung auf der Grundlage einer durch Modernisierungs- bzw. Umstrukturierungsmaßnahmen verlängerten Restnutzungsdauer („Modernisierungsmodell") wird insbesondere bei der **Verkehrswertermittlung von Baudenkmälern** Gebrauch gemacht, weil diese Objekte „auf Dauer" zu erhalten sind.

Darüber hinaus wird von dieser Möglichkeit – quasi als „Kunstgriff" – Gebrauch gemacht, wenn keine gesicherten Erkenntnisse über die **Höhe des Bodenwerts** vorliegen, weil bei einer langen Restnutzungsdauer des Gebäudes das vereinfachte Ertragswertverfahren (ohne Bodenwert) zur Anwendung kommen kann. Schließlich muss von dieser Möglichkeit aber auch Gebrauch gemacht werden, wenn sich nach dem Grundsatz des *„highest and best use"* (vgl. § 194 BauGB Rn. 85) die Ertragskraft einer Immobilie durch Modernisierungs- und Umstrukturierungsmaßnahmen gesteigert werden kann. **400**

12.4.5 Andere Gegebenheiten

Die Restnutzungsdauer baulicher Anlagen wird nicht allein durch ihren Erhaltungszustand bestimmt. Sie wird darüber hinaus auch maßgeblich durch die **Lage auf dem Immobilienmarkt** bestimmt und setzt eine entsprechende Nachfrage für eine eigene Nutzung oder durch Dritte voraus. Wo die wirtschaftliche Verwendbarkeit durch eine „wegbrechende Nachfrage" nachhaltig gestört ist (*obsolescence*), kann sich selbst für neuwertige bauliche Anlagen die Restnutzungsdauer sogar erheblich vermindern und im Grenzfall gegen null laufen. **401**

Darüber hinaus kann es umgekehrt aufgrund rechtlicher Gegebenheiten (Denkmalschutz und sonstige Erhaltungspflichten einschließlich vertraglicher Bindungen) geboten sein, über die bloße Instandhaltung hinaus durch entsprechende Maßnahmen die Restnutzungsdauer zu verlängern. Auch aus wirtschaftlicher Sicht ist dies häufig aus Gründen des Werterhalts geboten. So bedürfen viele **Betreiberimmobilien** (z.B. Hotels, Logistikimmobilien) einer laufenden Modernisierung, weil sie sonst Gefahr laufen, bereits nach kurzer Zeit wirtschaftlich wegzubrechen. Die für Hotels üblicherweise angenommene Gesamtnutzungsdauer ist beispielsweise bei bloßer Instandhaltung unrealistisch. Dem wird im Rahmen des Ertragswertverfahrens durch Ansatz eines Modernisierungsrisikos – ergänzend zu den Bewirtschaftungskosten – Rechnung getragen. **402**

12.4.6 Gesamtbetrachtung

Die bei (bloßer) Instandhaltung der baulichen Anlage zeitlich begrenzte Restnutzungsdauer kann üblicherweise geschätzt werden, wobei etwaige Fehler nur geringfügig auf das Ergebnis durchschlagen, sofern nicht das Gebäude eine extrem kurze Restnutzungsdauer aufweist. Dabei muss **allein der Blick in die Zukunft maßgebend** sein, denn das, was in der Vergangenheit an Instandsetzungs- und Modernisierungsmaßnahmen durchgeführt worden ist (künstliche Verjüngung), hat seinen Niederschlag in dem Bestand gefunden, der sich dem Sachverständigen am Wertermittlungsstichtag präsentiert. **403**

Die Ermittlung der Restnutzungsdauer durch Abzug des Alters von der üblichen Gesamtnutzungsdauer (vgl. Rn. 386) wird den im Einzelfall gegebenen Verhältnissen oftmals nicht gerecht. Sachgerechter ist es daher, die **wirtschaftliche Restnutzungsdauer am Wertermittlungsstichtag unter Berücksichtigung des Bau- und Unterhaltungszustands sowie der wirtschaftlichen Verwendungsfähigkeit der baulichen Anlage zu schätzen.** **404**

12.5 Verlängerung der Restnutzungsdauer durch Modernisierungen

12.5.1 Verkehrswertermittlung

12.5.1.1 Modernisierung

▶ *Allgemeines vgl. § 19 ImmoWertV Rn. 115, 136 ff.; Syst. Darst. des Sachwertverfahrens Rn. 103 ff.*

Die übliche Restnutzungsdauer lässt sich nach den vorangegangenen Ausführungen insbesondere durch Modernisierungen verlängern. Als **Modernisierung** definiert § 6 Abs. 6 Satz 2 ImmoWertV beispielhaft „Maßnahmen, die eine wesentliche Verbesserung der Wohn- oder **405** sonstigen Nutzungsverhältnisse oder wesentliche Einsparungen von Energie und Wasser bewirken"(vgl. zum Begriff die Erläuterungen bei § 19 ImmoWertV Rn. 115).

406 Bei instandsetzungsbedürftigen Gebäuden kommt das Ertragswertverfahren vielfach auf der Grundlage einer (**kombinierten**) **Instandsetzung i.V.m. einer Modernisierung** zur Anwendung. § 16 Abs. 1 WertV lässt dies ausdrücklich zu.

12.5.1.2 Abschätzung der verlängerten Restnutzungsdauer nach „Modernisierungsgraden"

407 Dem Gutachter bereitet die **Abschätzung einer verlängerten Restnutzungsdauer** aufgrund durchgeführter Modernisierungen oftmals Schwierigkeiten. Zum Zwecke der Operationalisierung dieser Abschätzung hat die Arbeitsgemeinschaft der Vorsitzenden der Gutachterausschüsse für Grundstückswerte in *Nordrhein-Westfalen* ein Verfahren entwickelt, das nachfolgend vorgestellt wird.

– In einem ersten Schritt wird zunächst der Modernisierungsgrad ermittelt. Der Modernisierungsgrad wird in einer von 1 bis 5 reichenden Skala mit Hilfe eines Punktrasters bestimmt (Abb. 41).

Abb. 41: Modernisierungsgrad

Modernisierungs-grad	Bezeichnung	Punkte
1	nicht modernisiert	0 bis 1
2	kleine Modernisierungen im Rahmen der Instandhaltung	2 bis 5
3	mittlerer Modernisierungsgrad	6 bis 10
4	überwiegend modernisiert	11 bis 15
5	umfassend modernisiert	16 bis 22

Liegen die Maßnahmen zeitlich, z.B. 20 Jahre zurück, ist ggf. zu prüfen, ob nicht ein geringerer als der maximale Tabellenwert anzusetzen ist.

408 Die **Punkte zur Ermittlung des Modernisierungsgrads** werden für die sich aus Abb. 42 ergebenden Modernisierungselemente vergeben, wobei in erster Linie nur Maßnahmen innerhalb der letzten 20 Jahre berücksichtigt werden.

Abb. 42: Modernisierungselemente mit Punktraster für typische Fälle

Modernisierungselemente	max. Punkte	Punkte
Dacherneuerung	3	
Verbesserung der Fenster	2	
Verbesserung der Leitungssysteme (Strom, Gas, Wasser, Abwasser)	2	
Einbau einer Sammelheizung bzw. neuen Etagenheizung	2	
Wärmedämmung der Außenwände	2	
Modernisierung von Bädern	2	
Einbau von Bädern	3	
Modernisierung des Innenausbaus, z.B. Decken und Fußböden	3	
Wesentliche Änderung und Verbesserung der Grundrissgestaltung	3	
	Summe	

Maximal können in der Summe 22 Punkte vergeben werden.

| Restnutzungsdauer | § 6 ImmoWertV V |

Entsprechend der jeweils ermittelten Gesamtpunktzahl kann der **Modernisierungsgrad** wie folgt ermittelt werden: **409**

- Die sich in Abhängigkeit von dem festgesetzten Modernisierungsgrad ergebende modifizierte Restnutzungsdauer ist von dem jeweiligen Gebäudealter und der üblichen Gesamtnutzungsdauer abhängig. Sie ergibt sich aus Abb. 43. Das dieser Tabelle zugrunde liegende Modell geht davon aus, dass die Restnutzungsdauer ab einem Gebäudealter von 30 Jahren, abgestuft nach dem Grad der Modernisierung, gegenüber dem Betrag Gesamtnutzungsdauer/Alter auf maximal 50 Jahre gestreckt wird. Für die Streckung ist eine Kreisbogenfunktion unterstellt. Die **Rundung**, die im Bewertungsfall **nach sachverständigem Ermessen auf 5 Jahre** erfolgen sollte, **bleibt dem Anwender überlassen**.

Abb. 43: Modifizierte Restnutzungsdauer

Übliche Gesamtnutzungsdauer von 100 Jahren

	Modernisierungsgrad				
	0–1 Punkte	2–5 Punkte	6–10 Punkte	11–15 Punkte	16–22 Punkte
Gebäudealter	modifizierte Restnutzungsdauer *)				
100 Jahre	10	20	30	40	50
90 Jahre	14	23	32	41	51
80 Jahre	20	26	34	43	52
70 Jahre	30	32	38	46	54
60 Jahre	40	40	43	49	57
50 Jahre	50	50	50	54	60
40 Jahre	60	60	60	60	65
30 Jahre	70	70	70	70	70
20 Jahre	80	80	80	80	80
10 Jahre	90	90	90	90	90
0 Jahre	100	100	100	100	100

Übliche Gesamtnutzungsdauer von 90 Jahren

	Modernisierungsgrad				
	0–1 Punkte	2–5 Punkte	6–10 Punkte	11–15 Punkte	16–22 Punkte
Gebäudealter	modifizierte Restnutzungsdauer *)				
90 Jahre	9	18	27	36	45
80 Jahre	13	21	29	37	46
70 Jahre	20	25	32	39	47
60 Jahre	30	31	36	42	49
50 Jahre	40	40	41	46	52
40 Jahre	50	50	50	52	56
30 Jahre	60	60	60	60	61
20 Jahre	70	70	70	70	70
10 Jahre	80	80	80	80	80
0 Jahre	90	90	90	90	90

Übliche Gesamtnutzungsdauer von 80 Jahren

Gebäudealter	Modernisierungsgrad				
	0–1 Punkte	2–5 Punkte	6–10 Punkte	11–15 Punkte	16–22 Punkte
	modifizierte Restnutzungsdauer *)				
80 Jahre	8	16	24	32	40
70 Jahre	12	19	26	33	41
60 Jahre	20	23	29	35	42
50 Jahre	30	30	34	39	45
40 Jahre	40	40	40	43	48
30 Jahre	50	50	50	50	53
20 Jahre	60	60	60	60	60
10 Jahre	70	70	70	70	70
0 Jahre	80	80	80	80	80

Übliche Gesamtnutzungsdauer von 70 Jahren

Gebäudealter	Modernisierungsgrad				
	0–1 Punkte	2–5 Punkte	6–10 Punkte	11–15 Punkte	16–22 Punkte
	modifizierte Restnutzungsdauer *)				
70 Jahre	7	14	21	28	35
60 Jahre	11	17	23	29	36
50 Jahre	20	22	26	32	37
40 Jahre	30	30	32	35	40
30 Jahre	40	40	40	41	44
20 Jahre	50	50	50	50	50
10 Jahre	60	60	60	60	60
0 Jahre	70	70	70	70	70

Übliche Gesamtnutzungsdauer von 60 Jahren

Gebäudealter	Modernisierungsgrad				
	0–1 Punkte	2–5 Punkte	6–10 Punkte	11–15 Punkte	1–22 Punkte
	modifizierte Restnutzungsdauer *)				
60 Jahre	6	12	18	24	30
50 Jahre	11	15	20	25	31
40 Jahre	20	21	24	28	33
30 Jahre	30	30	30	32	36
20 Jahre	40	40	40	40	40
10 Jahre	50	50	50	50	50
0 Jahre	60	60	60	60	60

* Die Rundung muss im Einzelfall durch den Anwender erfolgen.

410 Die **Anwendung der Tabellen ist nicht unproblematisch.** Bei umfassendster Modernisierung entsprechend den angegebenen Modernisierungselementen ergibt sich nur eine hälftige Restnutzungsdauer. Im konkreten Einzelfall kann eine durchgreifende Modernisierung (quasi) zu einem „Neubau" führen, wenn die Rohbausubstanz „zeitlos" ist. Die Tabellen unterstellen nämlich

Restnutzungsdauer § 6 ImmoWertV V

a) eine gleichgewichtige Alterswertminderung von Roh- und Ausbau.

b) Tatsächlich muss aber zwischen der Alterswertminderung des Roh- und Ausbaus unterschieden werden.

c) Der Rohbau kann zumindest in Teilen eine weitaus längere wirtschaftliche Gesamtnutzungsdauer als der Ausbau haben; im Grenzfall kann er quasi zeitlos sein.

Der **Rohbauanteil eines Gebäudes ist nicht zwangsläufig in gleichem Maße wie sein Ausbauanteil** den sich wandelnden Anforderungen an Gebäude betroffen und i.d.R. einer weitaus geringeren wirtschaftlichen Wertminderung **unterworfen**. 411

Abb. 44: Wirtschaftliche Wertminderung nach Rohbau und Ausbaugewerken

Hieraus folgt, dass die **wirtschaftliche Gesamtnutzungsdauer im Wesentlichen von der wirtschaftlichen Gesamtnutzungsdauer der Ausbaugewerke** bestimmt wird. Bei einem Anteil der Ausbaugewerke von rd. 50% der Gesamtherstellungskosten sind es eben diese 50%, die im Wesentlichen für die in der WERTR und in anderen Veröffentlichungen angegebene Gesamtnutzungsdauer ausschlaggebend sind. 412

12.5.1.3 Ermittlung des fiktiven Baujahrs (Alters) und der verlängerten Restnutzungsdauer nach Modernisierungsanteilen

Ist das zu bewertende Objekt in der Vergangenheit modernisiert worden und soll die Restnutzungsdauer aus der Gesamtnutzungsdauer abzüglich Alter ermittelt werden, stellt sich die Frage nach dem angemessenen **fiktiven Baujahr** (*effective age*). 413

In der Praxis wird dazu auf folgende Formeln zurückgegriffen: 414

$$\text{Fiktives Baujahr} = \frac{\text{Baujahr (alt)} \times \text{BGF (alt)} + \text{Baujahr (neu)} \times \text{BGF (neu)}}{\text{BGF insgesamt}}$$

$$\text{Fiktives Baujahr} = \frac{\text{Baujahr (alt)} \times \text{WF (alt)} + \text{Baujahr (neu)} \times \text{WF (neu)}}{\text{WF insgesamt}}$$

$$\text{Fiktives Baujahr} = \frac{\text{Baujahr (alt)} \times \% \text{ alte Bausubstanz} + \text{Baujahr (neu)} \times \% \text{ neue Bausubstanz}}{100}$$

wobei BGF = Brutto-Grundfläche
       WF = Wohnfläche

Der prozentuale Anteil der neuen Bausubstanz wird bei vorangegangener Modernisierung zumeist auf der Grundlage der Wertanteilstabelle ermittelt. 415

416 *Beispiel 1 (auf der Grundlage der BGF):*

Wohngebäude Baujahr 1905,
BGF 1 500 m², davon im Jahre 1996 800 m² durchgreifend modernisiert:
Berechnung: [1905 × 700 m² + 1996 × 800 m²] / 1 500 m² = **1954 (fiktives Baujahr)**
Bei vollständiger Modernisierung des Ausbaus im Jahre 2008:
[1905 × 0 m² + 2008 × 1 500 m²] / 1 500 m² = 2008 (fiktives Baujahr) richtig, wenn
Nach NRW-Tabelle = 1958 (fiktives Baujahr)
Die Formel ist sachgerecht, wenn Rohbau „zeitlos" ist und nur der Ausbau einschließlich Keller- und Dachgeschoss einer wirtschaftlichen Wertminderung unterworfen ist.

417 *Beispiel 2 (auf der Grundlage der WF):*

Wohngebäude Baujahr	1905
WF	1 200 m²
davon im Jahre 2008	1 200 m² durchgreifend modernisiert:
Berechnung:	[1905 × 0 m² + 2008 × 1 200 m²] / 1 200 m² = 2008 (fiktives Baujahr)

Die Formel „ignoriert" sowohl die Rohbaugewerke als auch die Verkehrsflächen (Treppenhaus) sowie den Zustand der nicht ausgebauten Dach- und Kellergeschosse.

418 *Beispiel 3 (auf der Grundlage der Wertanteilstabelle):*

Wohngebäude Baujahr 1905, davon im Jahre 1996 durchgreifend modernisiert:

– Dach	7,20%	Anteil an Neubaukosten
– Haustechnik	19,80%	Anteil an Neubaukosten
gesamt	27,00%	

Berechnung: [(1905 × [100 – 27]) + 1996 × 27] / 100 = **1929,6 (fiktives Baujahr)**

Die Formel ist nur sachgerecht, wenn der *Roh- und Ausbau* einer gleichen wirtschaftlichen Wertminderung unterworfen ist.

419 Es handelt sich dabei um eine grobe Überschlagsformel, denn die zu berücksichtigenden Verhältnisse liegen tatsächlich komplizierter. Aus den Wertanteilstabellen ergibt sich der Wertanteil einzelner Bauteile (Gewerke) am Gesamtwert des Gebäudes, der sich in der Grobgliederung aus Rohbau- und Ausbaukosten zusammensetzt. **Roh- und Ausbau unterliegen indessen einem unterschiedlichen Wertverschleiß.** Ein Rohbau kann im „günstigsten" Fall sogar so errichtet worden sein, dass er eine für die Belange der Verkehrswertermittlung quasi unbegrenzte Nutzungsdauer aufweist. Wird der gesamte Ausbau modernisiert, kann in diesem Fall aus wertermittlungstechnischer Sicht von einem Neubau ausgegangen werden Das Gleiche gilt aber auch, wenn vom Rohbau lediglich das nicht wärmegedämmte Außenmauerwerk sowie die Grundrissgestaltung einem wirtschaftlichen Wertverfall unterlag und im Zuge der Modernisierung der Grundriss und das Außenmauerwerk modernisiert wurde.

420 Die Roh- und Ausbaukosten stehen nach den Wertanteilstabellen indessen in einem Verhältnis von etwa 50:50 zueinander. Ist der gesamte Ausbau eines Gebäudes erneuert worden und hat dies quasi zu einem Neubau geführt, würde sich nach der vorstehenden Formel infolgedessen nur eine hälftige Verjüngung ergeben, was aber den mit der Modernisierung herbeigeführten Gegebenheiten nicht entspräche. Deshalb erscheint es geboten, den **Wertanteil der modernisierten Bauteile entsprechend seiner Bedeutung für die Gesamtnutzungsdauer zu gewichten.**

421 *Beispiel 4:*

Roh- und Ausbau stehen in einem Verhältnis von 47,1% : 52,9% zueinander, der Rohbau sei so gut beschaffen, dass er praktisch keinem wirtschaftlichen Wertverzehr unterliegt.
Es wurde die gesamte Haustechnik mit einem Wertanteil von 19,8% am Gesamtwert erneuert. Der für die Berechnung der Verjüngung des Gebäudes maßgebliche Wertanteil ergibt sich mithin zu:

$$19{,}8\% \times 100 / (100 - 47{,}1) = 37{,}4\%$$

Wohngebäude Baujahr 1912, davon im Jahre 2006 durchgreifend modernisiert:

$$[(1912 \times [100 - 37{,}4]) + 2006 \times 37{,}4] / 100 = 1947 \text{ (fiktives Baujahr)}$$

Beispiel 5:

Unterliegen Teile des Rohbaus (z.B. Außenmauerwerk und Grundrisse mit einem Wertanteil von 24,1%) einem wirtschaftlichen Wertverfall, so unterliegen nur 23,0% des Bauwerks (= 47,1% – 24,1%) keinem Wertverzehr. Der für die Berechnung der Verjüngung des Gebäudes maßgebliche Wertanteil ergibt sich mithin zu:

$$19{,}8\% \times 100 / (100 - 23{,}0) = 25{,}7\%$$

Wohngebäude Baujahr 1912, davon im Jahre 2006 durchgreifend modernisiert:

$$[(1912 \times [100 - 25{,}7]) + 2006 \times 25{,}7] / 100 = 1936 \text{ (fiktives Baujahr)}$$

Beispiel 6:

Roh- und Ausbau stehen in einem Verhältnis von 47,1%:52,9% zueinander, der Rohbau sei so gut beschaffen, dass er praktisch keinem wirtschaftlichen Wertverzehr unterliegt.

Es wurde im Zuge einer durchgreifenden Gebäudesanierung der gesamte Ausbau mit einem Wertanteil von 52,9% am Gesamtwert umfassend erneuert. Der für die Berechnung der Verjüngung des Gebäudes maßgebliche Wertanteil ergibt sich mithin zu:

$$52{,}9\% \times 100 / (100 - 47{,}1) = 100{,}0\%$$

Wohngebäude Baujahr 1905, davon im Jahre 1996 durchgreifend modernisiert:

$$[(1912 \times [100 - 100]) + 2006 \times 100] / 100 = \textbf{2006 (fiktives Baujahr)}$$

Zu einem „Neubau" käme man auch, wenn die Teile des Rohbaus, die einem Wertverzehr unterliegen, im Zuge der Maßnahmen ebenfalls erneuert bzw. ergänzt worden wären.

Wenn sich bei dieser Berechnung ein „Neubau" ergibt, so handelt es sich nicht um einen „bautechnischen", sondern um einen **Neubau im wertermittlungstechnischen Sinne,** d.h. um eine bauliche Anlage, die eine wirtschaftliche Nutzung über die für diese bauliche Anlage übliche Gesamtnutzungsdauer erwarten lässt.

Dies entspricht im Übrigen nicht dem „Neubau", wie er nach dem Steuerrecht im Hinblick auf die **steuerliche Abschreibung** zur Förderung der Erneuerung des Gebäudebestands nach § 7 Abs. 5 EStG verlangt wird. Der nach dieser Vorschrift geforderte **„bautechnische Neubau"** setzt in Umbaufällen voraus, dass

– entweder die bisher vorhandene Gebäudesubstanz – mit Rücksicht auf die für die Nutzungsdauer bestimmenden Gebäudeteile (z.B. Fundamente, tragende Innen- und Außenmauern, Geschossdecken, Dachkonstruktion) – nicht mehr nutzbar waren (sog. Vollverschleiß[232]) oder

– sofern dies nicht gegeben ist, dass die neu eingefügten Gebäudeteile dem Gesamtgebäude in bautechnischer Hinsicht das Gepräge geben (sog. grundlegender Umbau) und die tragenden Gebäudeteile in zumindest überwiegendem Umfang ersetzt werden[233].

Steuerlich ist mithin auch nicht die Zweckbestimmung des Gebäudes, die bewertungsrechtliche Feststellung der Grundstücksart, die Höhe des insgesamt anfallenden Sanierungsaufwands oder die „Verlängerung der Gesamtnutzungsdauer"[234] ausschlaggebend. **Wenn steuerrechtlich die „Verlängerung der Gesamtnutzungsdauer" nicht ausschlaggebend sein soll, so ist damit nicht ausgeschlossen, dass im Rahmen der Verkehrswertermittlung die Gesamtnutzungsdauer zu verlängern ist** und zwar auch dann, wenn die tragenden Gebäude-

---

[232] BFH, Urt. vom 25.5.2004 – VIII R 6/01 –, BFHE 206, 266 = BStBl II 2004, 783; BFH, Urt. vom 3.12.2002 – IX R 64/99 –, BFHE 201, 148 = BStBl II 2003, 590 = EzGuG 3.127c; BFH, Urt. vom 15.10.1999 – IX B 109/99 –; BFH, Urt. vom 17.12.1997 – X R 54/96 –; BFH, Urt. vom 12.3.1996 – IX R 48/95 –, BFHE 180, 134 = BStBl II 1996, 514; BFH, Urt. vom 18.6.1996 – IX R 40/95 –, BFHE 181, 23 = BStBl II 1996, 645; BFH, Urt. vom 9.5.1995 – IX R 116/92 –; BFH, Urt. vom 24.10.1990 – II R 9/88 –; BFH, Urt. vom 28.11.1990 – II R 36/87 –, BFHE 162, 391 = BStBl II 1991, 209.
[233] BFH, Urt. vom 31.3.1992 – IX R 175/87 –, BFHE 168, 109 = BStBl II 1992, 808; BFH, Urt. vom 28.6.1977 – VIII R 115/73 –; BFH, Urt. vom 25.11.1993 – IV R 68/92 –, BFH/NV 1994, 705; BFH, Urt. vom 12.3.1996 – IX R 48/95 –, BFHE 180, 134 = BStBl II 1977, 725.
[234] BFH, Urt. vom 19.3.1991 – IX R 131/86 –, BFH/NV 1991, 670; BFH, Urt. vom 31.3.1992 – IX R 175/87 –, BFHE 168, 109 = BStBl II 1992, 808; BFH, Urt. vom 25.11.1993 – IV R 68/92 –, BFH/NV 1994, 705.

V § 6 ImmoWertV — Restnutzungsdauer

teile des Rohbaus „in zumindest überwiegendem Umfang" nicht ersetzt werden. Bei dieser Sachlage ist die zu den steuerrechtlichen Anforderungen an die Herstellung eines bautechnischen Neubaus ergangene Rechtsprechung nicht auf die Verkehrswertermittlung übertragbar.

12.5.1.4 Abschätzung der Restnutzungsdauer bei „verbrauchter" Modernisierung

427 Nicht immer führen Modernisierungsmaßnahmen zu einer Verlängerung der Gesamt- und Restnutzungsdauer, insbesondere dann nicht, wenn Bauteile modernisiert wurden, deren Nutzungsdauer kürzer als die Gesamtnutzungsdauer der baulichen Anlage (insgesamt) ist. Der Gutachterausschus von Aachen bedinet sich in solchen Fällen eines Verfahrens, bei dem die Nromalherstllungskosten entsprechend dem Wägungsanteil gewichtet aus verschiednnen Baujahresgruppen zum Ansatz kommen.

428 *Beispiel:*

Gebäudetype 1.11
Baujahr 1950, mittlere Ausstattung
Modernisierungsmaßnahmen:
– 1970 Einbau von Fenstern aus Kunststoff mit Isolierverglasung
– 1985 Erneuerung des Heizkessels; die übrige Heizungsanlage war 1950 bereits im gehobenen Ausstattungsstandard.

429 In dem *Beispiel* weist die Heizungsanlage mit einem Wägungsanteil von 8% im Unterschied zur mittleren Ausstattung des Gesamtobjekts eine gehobene Ausstattung auf. Davon wiederum wir dem Heizungskessel ein Wägungsanteil von 3% beigemessen. Dieser Heizungskessel wurde 1985 wiederum in gehobener Ausstattung erneuert. Zusammen mit dem gewichteten Anteil der im Jahre 1970 erneuerten Fenster ergeben sich die Normalherstellungsksoten zu rd. 565 €/m² BGF (Abb. 45).

Abb. 45: Berechnungsschema

	Normalherstellungskosten unter Berücksichtigung der Modernisierung							
Baujahr	1950		1950		1970		1985	
	Wert 1		Wert 2		Wert 3		Wert 4	
NHK-2000-Wert in €/m²	550		655		630		795	
Wägungsanteile:	in %	€/m²	in %	€/m²	in %	€/m²	in %	€/m²
Fassade: 4,0 %		4,0						
Fenster: 7,0 %		–			7,0	44,1		
Dächer: 10,0 %		10,0						
Sanitär: 6,0 %		6,0						
Bodenbeläge: 5,0 %		5,0						
Innentüren: 5,0 %		5,0						
Heizung: 8,0 %		–	5,0	32,8			3,0	21,0
Elektroinst.: 3,0 %		3,0						
Restanteil: 52,0 %		52,0						
Spaltensumme:	85,0	467,5	5,0	32,8	7,0	44,1	3,0	21,0
Gesamtsumme:	100,0	565,4						

Allgemein lässt sich bei teilmodernisierten Gebäuden das fiktive Baujahr ermitteln, 30
indem die modernisierten und nicht modernisierten Geschossflächen (Wohn- oder Nutzflächen) ins Verhältnis zueinander gesetzt werden.

Fiktives Baujahr = [(Nichtmodernisierte WF × Baujahr) + (Modernisierte WF × Modernisierungsjahr)] / Gesamte WF

Beispiel:

a) **Sachverhalt**

Wohngebäude	1960
Baujahr	1 000 m²
Modernisierung	1980
Modernisierte Wohnfläche	400 m²

b) **Fiktives Baujahr**

[(600 m² 1960) + (400 m² × 1980)] / 1 000 m² = 1968

12.5.1.5 Steuerliche Bewertung

Im steuerlichen Bereich wird nach den gleich lautenden Erlassen der obersten Finanzbehörden der Länder zur Umsetzung des Gesetzes zur Reform des Erbschaftsteuer- und Bewertungsrechts vom 5.5.2009 hieran anlehnend vorgegangen. Eine Verlängerung der Restnutzungsdauer ist jedoch nur anzunehmen, wenn in den letzten 10 Jahren durchgreifende Modernisierungen vorgenommen wurden, die nach dem Punktesystem der nachfolgenden Tabelle 1 eine überwiegende oder umfassende Modernisierung ergeben. Die verlängerte Restnutzungsdauer ergibt sich aus den nachfolgenden Tabellen 2 bis 6. Eine Interpolation soll nicht in Betracht kommen. 431

Tabelle 1 432

Modernisierungselemente	Punkte
Dacherneuerung inkl. Verbesserung der Wärmedämmung	3
Verbesserung der Fenster	2
Verbesserung der Leitungssysteme (Strom, Gas, Wasser, Abwasser)	2
Verbesserung der Heizungsanlage	2
Wärmedämmung der Außenwände	2
Modernisierung von Bädern	2
Einbau von Bädern	3
Modernisierung des Innenausbaus, z.B. Decken und Fußböden	3
Wesentliche Änderung und Verbesserung der Grundrissgestaltung	3

11–15 Punkte: überwiegend modernisiert
über 15 Punkte: umfassend modernisiert

Tabelle 2

Übliche Gesamtnutzungsdauer von 80 Jahren

	Modernisierungsgrad	
	11–15 Punkte	> 15 Punkte
Gebäudealter	neue Restnutzungsdauer	
80 Jahre	32	40
ab 70 Jahre	33	41
ab 60 Jahre	35	42
ab 50 Jahre	39	45
ab 40 Jahre	43	48
ab 30 Jahre	50	53
ab 20 Jahre	unverändert	60

Tabelle 3

Übliche Gesamtnutzungsdauer von 70 Jahren

Gebäudealter	Modernisierungsgrad	
	11–15 Punkte	> 15 Punkte
	neue Restnutzungsdauer	
70 Jahre	28	35
ab 60 Jahre	29	36
ab 50 Jahre	32	37
ab 40 Jahre	35	40
ab 30 Jahre	41	44
ab 20 Jahre	50	50

Tabelle 4

Übliche Gesamtnutzungsdauer von 60 Jahren

Gebäudealter	Modernisierungsgrad	
	11–15 Punkte	> 15 Punkte
	neue Restnutzungsdauer	
60 Jahre	24	30
ab 50 Jahre	25	31
ab 40 Jahre	28	33
ab 30 Jahre	32	36
ab 20 Jahre	40	40

Tabelle 5

Übliche Gesamtnutzungsdauer von 50 Jahren

Gebäudealter	Modernisierungsgrad	
	11–15 Punkte	> 15 Punkte
	neue Restnutzungsdauer	
50 Jahre	20	25
ab 40 Jahre	22	26
ab 30 Jahre	25	29
ab 20 Jahre	30	33
ab 10 Jahre	unverändert	40

Tabelle 6

Übliche Gesamtnutzungsdauer von 40 Jahren

Gebäudealter	Modernisierungsgrad	
	11–15 Punkte	> 15 Punkte
	neue Restnutzungsdauer	
40 Jahre	16	20
ab 30 Jahre	18	21
ab 20 Jahre	22	24
ab 10 Jahre	30	30

12.6 Abschätzung der Restnutzungsdauer bei Gebäudemix

12.6.1 Verkehrswertermittlung

Bei **Liegenschaften, die sich aus einer Vielzahl von Gebäuden mit unterschiedlicher Restnutzungsdauer** zusammensetzen, stellt sich die Frage, welche Restnutzungsdauer der Kapitalisierung des Reinertrags zugrunde zu legen ist. Viele Gutachter ermitteln in derartigen Fällen bei Anwendung des *Ertragswertverfahrens* zunächst die Summe aller Reinerträge der baulichen Anlagen und kapitalisieren diese mit einer gewogenen Restnutzungsdauer der baulichen Anlagen unter Anwendung folgender Formel

$$\text{RND}_{\text{Mittel}} = \frac{\Sigma(\text{RoE}_i \times \text{RND}_i)}{\Sigma \text{RoE}_i}$$

wobei:
RoE_i = Rohertrag des Gebäudes i (besser: Jahresnettokaltmiete/Grundmiete)
$\text{RND}_{\text{Mittel}}$ = Gewogene (mittlere) Restnutzungsdauer
RND_i = Restnutzungsdauer des Gebäudes i

Beispiel:
1. **Sachverhalt:**
Die Liegenschaft (wirtschaftliche Einheit) setzt sich aus drei Gebäuden zusammen
– Gebäude 1: Jahresnettokaltmiete 40 000 €: RND 40 Jahre
– Gebäude 2: Jahresnettokaltmiete 20 000 €: RND 20 Jahre
– Gebäude 3: Jahresnettokaltmiete 10 000 €: RND 10 Jahre

Ermittlung der mittleren Restnutzungsdauer:

Gebäude	RND [Jahre]	Jahresnettokaltmiete [€]	Jahresnettokaltmiete × RND_i [€ × Jahre]
1	40	40 000	1 600 000
2	20	20 000	400 000
3	10	10 000	100 000
	Jahresnettokaltmiete = 70 000		2 100 000 = Jahresnettokaltmiete × RND

2. **Mittlere Restnutzungsdauer**
$\text{RND}_{\text{Mittel}}$ = 2 100 000 € / 70 000 € = **30 Jahre**

3. **Ertragswertermittlung (mit mittlerer Restnutzungsdauer)**

	Jahresnettokaltmiete	70 000 €
./.	Bewirtschaftungskosten (25%)	- 17 500 €
=	Jahresreinertrag	52 500 €
-	Bodenwertverzinsung (500 000 € × 0,06)	- 30 000 €
	Bodenwertverzinsungsbetragsgeminderter RE	22 500 €
×	Vervielfältiger von 30 Jahren und 6% = 13,76:	309 600 €
+	Bodenwert	+ 500 000 €
=	Ertragswert	**809 600 €**

Vor einer schematischen Anwendung dieses Verfahrens muss gewarnt werden, insbesondere, wenn die Liegenschaft eine wirtschaftliche Einheit darstellt:
– Soweit die wirtschaftliche Nutzungsfähigkeit der Liegenschaft von der gleichzeitigen Nutzbarkeit mehrerer Gebäude abhängt, bestimmt zunächst das schwächste Glied die für diese Liegenschaft maßgebliche Restnutzungsdauer. Es muss darüber hinaus jedoch unter-

sucht werden, ob und inwieweit sich die Restnutzungsdauer des schwächsten Gebäudes verlängern lässt; möglicherweise muss auch ein parzieller Neubau in Betracht gezogen werden. Ansonsten teilen die Gebäude mit einer längeren Restnutzungsdauer das Schicksal der Gebäude mit kürzerer Restnutzungsdauer.

– Soweit eine Aufteilung der Liegenschaft in voneinander abspaltbare Nutzungen und damit auch einer unterschiedlichen Nutzungsdauer in Betracht kommt, ist eine differenzierte Vorgehensweise angezeigt.

439 In jedem Fall muss der Gutachter unter wirtschaftlicher Sichtweise eine den **besonderen Verhältnissen der Liegenschaft im Einzelfall** Rechnung tragende Restnutzungsdauer ansetzen.

440 *Beispiel:*

Im nachfolgenden *Beispiel* sollen häufig gemachte Fehler und die Auswirkungen der unterschiedlichen Vorgehensweisen dargestellt werden (Abb. 46).

Gesamtgrundstücksfläche	5 000 m²
Bodenrichtwert	100 €/m²
Bodenwert 100 €/m² × 5 000 m²	500 000 €
Liegenschaftszinssatz	6%
Bewirtschaftungskosten	25%

a) *die „hilflose" Methode (schematische Vorgehensweise)*

1. Sachverhalt

Die Liegenschaft (wirtschaftliche Einheit) setzt sich aus drei Gebäuden zusammen
– Gebäude 1: Jahresnettokaltmiete 40 000 €: RND 40 Jahre
– Gebäude 2: Jahresnettokaltmiete 20 000 €: RND 20 Jahre
– Gebäude 3: Jahresnettokaltmiete 10 000 €: RND 10 Jahre

Abb. 46:   Lageplan

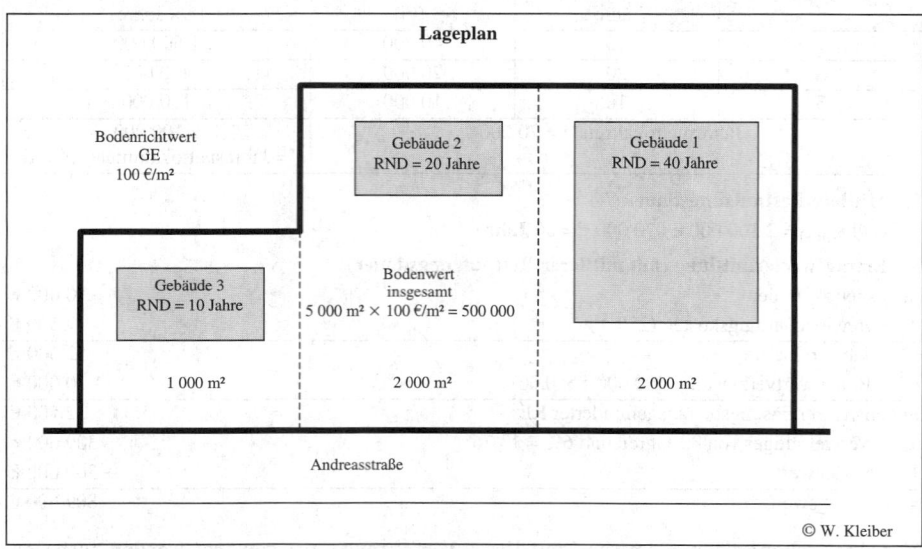

Restnutzungsdauer § 6 ImmoWertV V

Soweit aus der wirtschaftlichen Einheit die selbständig nutzbare Teilfläche von 1 000 m² heraustrennbar ist:

Verminderte Gesamtfläche 5 000 m² – 1 000 m²	=	4 000 m²
× Bodenrichtwert von 100 €/m²	=	400 000 €

a) Ertragswertermittlung (mit mittlerer Restnutzungsdauer)

Jahresnettokaltmiete	70 000 €
– Bewirtschaftungskosten (25%)	- 17 500 €
= Jahresreinertrag	52 500 €
– Bodenwertverzinsung (400 000 € × 0,06)	- 24 000 €
Bodenwertverzinsungsbetragsgeminderter RE	28 500 €
× Vervielfältiger von 30 Jahren und 6% = 13,76:	392 160 €
+ Bodenwert	+ 500 000 €
= Ertragswert	**892 160 €**

1. *Fehlerquelle:*

Abzug des Bodenwertverzinsungsbetrags für die Gesamtfläche einschließlich der selbständig nutzbaren Freiflächen, der den Reinertrag RE übermäßig „auffrisst".

2. *Fehlerquelle:*

Der Grundbesitz wird als wirtschaftliche Einheit angesehen. Demzufolge wird eine mittlere Restnutzungsdauer (RND) ermittelt.

Scheinwissenschaftlich wird die „gewogene" Restnutzungsdauer entsprechend vorstehender Vorgehensweise mit 30 Jahren ermittelt:

Ertragswert: $EW = RE \times V + BW \times q^{-n}$

Reinertrag (RE)	=	52 500 €		
× V (= 13,76)			=	722 400 €	(bei p = 6%)
Bodenwert (BW)	=	500 000 €		
× 1/q^{-n} (= 0,17411)			=	+ 87 055 €	(bei p = 6%)
Ertragswert (EW)			=	809 455 €
		EW	=	**810 000 €**

Diese Art der Verkehrswertermittlung ist das Ergebnis einer schematischen Denkweise. Ebenso schematisch wäre es, nach dem Grundsatz vorzugehen, dass das **schwächste Glied einer Kette** die Restnutzungsdauer der wirtschaftlichen Einheit bestimmt.

Richtige Vorgehensweise

Eine betriebliche Optimierungsbetrachtung der künftigen wirtschaftlichen Verwendung führt zu folgenden Überlegungen:

a) Gebäude 1 soll weitergenutzt werden; ihm wird eine Grundstücksteilfläche von 2 000 m² zugeordnet werden.

b) Gebäude 2 soll ebenfalls weitergenutzt werden; ihm wird eine Grundstücksteilfläche von 1 000 m² zugerechnet. Für die Betriebsfortführung wäre das Gebäude nicht erforderlich.

c) Gebäude 3 soll in zehn Jahren abgerissen werden (RND = 10 Jahre) Abbruchkosten 30 000 €. Soweit das Gebäude betriebsnotwendige Anlagen enthält, ist Neubau vorgesehen.

Gebäude	RND Jahre	Nettokalt- miete €	BewK €	RE €	V_i	RE × V_i	BW €	BW × q^{-n} €
Gebäude 1	40	40 000	10 000	30 000	15,05	451 500	200 000	19 444
Gebäude 2	20	20 000	5 000	15 000	11,47	+172 050	100 000	+31 180
		60 000				Summe = 623 550		Σ = 50 624
						+ 50 624 ←		
					$EW_1 + EW_2$ =	674 174		

Gebäude 3 muss voraussichtlich bereits in zehn Jahren abgebrochen oder durch Modernisierung in seiner Restnutzungsdauer verlängert werden. Im Falle des Abbruchs fallen auf Grund der kurzen Restnutzungsdauer die Freilegungskosten ins Gewicht und sollen deshalb im Wege des Liquidationswertverfahrens berücksichtigt werden:

Jahresnettokaltmiete$_{Gebäude\ 3}$	=	10 000 €	
./. Bewirtschaftungskosten	=	2 500 €	(= 25% der Jahresnettokaltmiete)
Differenz	=	7 500 €	× $V_{(p\ =\ 6\%;\ n\ =\ 10\ Jahre)}$ = 55 200 €
Bodenwert$_{(im\ freigelegten\ Zustand)}$	=	100 000 €	
./. Freilegungskosten	=	30 000 €	
= BW – FLK	=	70 000 €	

diskontiert über 10 Jahre mit einem Liegenschaftszinssatz von 6%

bei einem Diskontierungsfaktor von 0,55839: 70 000 € × 0,55839 =	+	39 088 €
= Liquidationswert von Gebäude 3 (EW_3)		94 288 €
+ „Überschüssiger" Bodenwert (= 1 000 m² × 100 €/m²)	+	100 000 €
+ Ertragswert von Gebäude 1 und 2	+	674 174 €
= Ertragswert (insgesamt)		868 462 €

Das vorgestellte *Beispiel* verdeutlicht, welche schwerwiegenden Fehler bei einer schematischen Vorgehensweise ohne Berücksichtigung der wirtschaftlichen und funktionalen Zusammenhänge der wirtschaftlichen Einheit auftreten können.

444 Ähnlich stellt sich die Frage nach der „richtigen" Restnutzungsdauer bei Gebäude, die sich aus Bauteilen unterschiedlicher Herstellungsjahre zusammensetzen (Abb. 47).

Abb. 47: Gebäude, das sich aus Bauteilen unterschiedlicher Herstellungsjahre zusammensetzt

Abzulehnen sind folgende häufig zur Anwendung kommende Methoden: 445

a) Gesonderte Ertragswertermittlung der einzelnen Gebäude bzw. Gebäudeteile und Saldierung der Ergebnisse.

b) Einheitliche Ertragswertermittlung auf der Grundlage des Gebäudes bzw. Gebäudeteils, mit der kürzesten Restnutzungsdauer (Prinzip des „schwächsten Glieds einer Kette").

c) Mittlere Restnutzungsdauer auf der Grundlage der Roh- bzw. Reinerträge nach der vorstehenden Formel.

12.6.2 Steuerliche Bewertung

Im steuerlichen Bereich wird nach den gleich lautenden Erlassen der obersten Finanzbehörden der Länder zur Umsetzung des Gesetzes zur Reform des Erbschaftsteuer- und Bewertungsrechts vom 5.5.2009 anlehnend an die Ausführungen unter Rn. 413 wie folgt vorgegangen. 446

Formel zur Ermittlung der gewogenen Restnutzungsdauer

$$\text{RND}_{\text{gewogen}} = \frac{\text{RoG}_1 \times \text{RND}_1 + \text{RoG}_n \times \text{RND}_n}{\text{RoG}_1 + \text{RoG}_n}$$

RND = Restnutzungsdauer

RoG = Rohertrag des Gebäudes/Gebäudeteils

Formel zur Ermittlung der gewichteten Restnutzungsdauer

$$\text{RND}_{\text{gewichtet}} = \frac{\text{WF/NF}_1 \times \text{RND}_1 + \text{WF/NF}_n \times \text{RND}_n}{\text{WF/NF}_1 + \text{WF/NF}_n}$$

RND = Restnutzungsdauer

WF/NF = Wohn- bzw. Nutzfläche des Gebäudes/Gebäudeteils

447 *Beispiel 1* (gewogene Restnutzungsdauer bei Gebäudemix):

1. Ermittlung der gewogenen Restnutzungsdauer:

Verwaltungsgebäude:	wirtschaftliche Gesamtnutzungsdauer (Anlage 22 BewG)	= 60 Jahre
	abzüglich Alter am Bewertungsstichtag	− 19 Jahre
	Restnutzungsdauer	= 41 Jahre
Industriegebäude:	wirtschaftliche Gesamtnutzungsdauer (Anlage 22 BewG)	= 50 Jahre
	abzüglich Alter am Bewertungsstichtag	− 19 Jahre
	Restnutzungsdauer	= 31 Jahre

(Mindest-Restnutzungsdauer nach § 185 Abs. 3 Satz 5 BewG jeweils überschritten)

$$RND_{gewogen} = \frac{RoG_1 \text{ (100.000 EUR)} \times RND_1 \text{ (41 Jahre)} + RoG_2 \text{ (40.000 EUR)} \times RND_2 \text{ (31 Jahre)}}{RoG_1 \text{ (100.000 EUR)} + RoG_2 \text{ (40.000 EUR)}}$$

$RND_{gewogen} = 38{,}14 = $ rd. 38 Jahre

448 *Beispiel 2* (gewichtete Restnutzungsdauer):

Das Geschäftsgrundstück nach Beispiel 1 wurde zu einem jährlichen Gesamtentgelt in Höhe von 140 000 EUR vermietet. Das Verwaltungsgebäude hat eine Nutzfläche von 1 000 m² und das Industriegebäude eine Nutzfläche von 800 m².

1. Ermittlung der gewichteten Restnutzungsdauer:

Verwaltungsgebäude:	wirtschaftliche Gesamtnutzungsdauer (Anlage 22 BewG)	= 60 Jahre
	abzüglich Alter am Bewertungsstichtag	− 19 Jahre
	Restnutzungsdauer	= 41 Jahre
Industriegebäude:	wirtschaftliche Gesamtnutzungsdauer (Anlage 22 BewG)	= 50 Jahre
	abzüglich Alter am Bewertungsstichtag	− 19 Jahre
	Restnutzungsdauer	= 31 Jahre

$$RND_{gewichtet} = \frac{NF_1 \text{ (1.000 m}^2\text{)} \times RND_1 \text{ (41 Jahre)} + NF_2 \text{ (800 m}^2\text{)} \times RND_2 \text{ (31 Jahre)}}{NF_1 \text{ (1.000 m}^2\text{)} + NF_2 \text{ (800 m}^2\text{)}}$$

$RND_{gewichtet} = 36{,}56 = $ rd. 37 Jahre

§ 7 ImmoWertV
Ungewöhnliche oder persönliche Verhältnisse

₁Zur Wertermittlung und zur Ableitung erforderlicher Daten für die Wertermittlung sind Kaufpreise und andere Daten wie Mieten und Bewirtschaftungskosten heranzuziehen, bei denen angenommen werden kann, dass sie nicht durch ungewöhnliche oder persönliche Verhältnisse beeinflusst worden sind. ₂Eine Beeinflussung durch ungewöhnliche oder persönliche Verhältnisse kann angenommen werden, wenn Kaufpreise und andere Daten erheblich von den Kaufpreisen und anderen Daten in vergleichbaren Fällen abweichen.

Gliederungsübersicht   Rn.

1 Übersicht 1
2 Allgemeiner Grundsatz (§ 7 Satz 1 ImmoWertV) 5
3 Identifizierung ungewöhnlicher oder persönlicher Verhältnisse (§ 7 Satz 2 ImmoWertV)
   3.1 Allgemeines 7
   3.2 Ausschluss „erheblich" abweichender Kaufpreise 13
4 Rechtsprechungsübersicht 21
5 Ungewöhnliche Aufwendungen bei der Bemessung von Kaufpreisen 23
6 Verrentung von Kaufpreisen; Leib- und Zeitrente
   6.1 Allgemeines 28
   6.2 Zeitrente
      6.2.1 Allgemeines 31
      6.2.2 End- und Barwert von Zeitrenten 34
   6.3 Leibrente
      6.3.1 Allgemeines 36
      6.3.2 Berechnung des Barwerts
         6.3.2.1 Allgemeines 40
         6.3.2.2 Barwert einer jährlich vorschüssig zahlbaren Leibrente 46
         6.3.2.3 Barwert einer monatlich vorschüssig zahlbaren Leibrente 49
         6.3.2.4 Barwert einer aufgeschobenen Leibrente 50
         6.3.2.5 Temporäre Leibrente 51
         6.3.2.6 Verbundene Leibrenten 52
   6.4 Zinssatz 54

1 Übersicht

Die Verwendung von Kaufpreisen und anderen **Daten, die durch ungewöhnliche oder persönliche Verhältnisse beeinflusst worden sind,** führt zu einer Verfälschung des Ergebnisses einer Wertermittlung. Deshalb muss jeder Sachverständige darauf bedacht sein, nur solche Daten in die Wertermittlung eingehen zu lassen, die der Höhe nach nicht durch Besonderheiten beeinflusst worden sind, die nicht repräsentativ für den gewöhnlichen Geschäftsverkehr i.S. des § 194 BauGB sind. Nach § 194 BauGB bestimmt sich nämlich der Verkehrswert (Marktwert) eines Grundstücks nach dem Preis, der (einerseits) im „gewöhnlichen Geschäftsverkehr und (andererseits) „ohne Rücksicht auf ungewöhnliche oder persönliche Verhältnisse" zu erzielen wäre (zur Frage der Tautologie bzw. Abgrenzung beider Kriterien vgl. § 194 Rn. 17 ff.)[1].

1

---

[1] Nach der WertV 72 ist das Nebeneinander beider Kriterien, nämlich das des „gewöhnlichen Geschäftsverkehrs" „ohne Rücksicht auf ungewöhnliche oder persönliche Verhältnisse" damit „verwischt" worden, dass zusammenfassend von „Besonderheiten" gesprochen wurde. Diesen in der Praxis auch gängigen Begriff hat die geltende ImmoWertV nicht übernommen.

2 § 7 ImmoWertV bestimmt deshalb, dass

a) zur Wertermittlung und zur Ableitung erforderlicher Daten für die Wertermittlung nur Kaufpreise und andere Daten (wie marktübliche Mieten und Bewirtschaftungskosten) heranzuziehen sind, bei denen angenommen werden kann, dass sie nicht durch ungewöhnliche oder persönliche Verhältnisse beeinflusst worden sind (Satz 1) und

b) gibt als Vermutungstatbestand vor, dass Kaufpreise und anderen Daten durch ungewöhnliche oder persönliche Verhältnisse beeinflusst sein können, wenn sie erheblich von den Kaufpreisen und anderen Daten in vergleichbaren Fällen abweichen.

3 Der **Identifizierung von Kaufpreisen und anderen Daten, die durch ungewöhnliche oder persönliche Verhältnisse beeinflusst sind,** kommt eine Schlüsselrolle zu. Bevor der Sachverständige in die Ermittlung des Verkehrswerts direkt einsteigt, muss er nach Maßgabe dieser Vorschrift sorgfältig prüfen, welche der ihm zur Verfügung stehenden Daten überhaupt verwendungsfähig sind. Dies kann sich sogar auf die Wahl des Wertermittlungsverfahrens auswirken, nämlich dann, wenn er feststellen muss, dass für ein bestimmtes Verfahren keine Daten zur Verfügung stehen, deren Heranziehung den Anforderungen des § 7 ImmoWertV genügen kann.

4 **Bevor die zur Wertermittlung zur Verfügung stehenden Daten Verwendung finden, ist daher eine sorgfältige Prüfung dieser Daten angezeigt.** Dies gilt grundsätzlich und generell für alle in Betracht kommenden Daten, insbesondere

– bei *Anwendung des Vergleichswertverfahrens* (einschließlich der Ermittlung von Bodenrichtwerten) für die Vergleichspreise,

– bei *Anwendung des Ertragswertverfahrens* für die anzusetzenden Mieten, Pachten und sonstige Nutzungsentgelte ebenso wie für die anzusetzenden Bewirtschaftungskosten (§ 19 ImmoWertV)[2],

– *Anwendung des Sachwertverfahrens* für die anzusetzenden gewöhnlichen Herstellungskosten, aber auch die Schadensbeseitigungskosten, wenn diese zur Ermittlung der Wertminderungen wegen Baumängeln und Bauschäden nach § 8 Abs. 3 ImmoWertV als Bemessungsgrundlage herangezogen werden,

– bei der Ableitung sonstiger erforderlicher Daten nach Abschnitt 2 der ImmoWertV, usw[3].

2 Allgemeiner Grundsatz (§ 7 Satz 1 ImmoWertV)

5 § 7 Satz 1 ImmoWertV befiehlt, dass **zur Wertermittlung (im allgemein verstandenen Sinne) und zur Ableitung erforderlicher Daten für die Wertermittlung nur Daten herangezogen werden, von denen anzunehmen ist, dass sie nicht durch ungewöhnliche oder persönliche Verhältnisse beeinflusst worden sind.** Der Grundsatz folgt der Rechtsprechung des BGH[4], nach der Kaufpreise, die durch ungewöhnliche oder persönliche Verhältnisse „wesentlich" bestimmt sind, nicht zum Preisvergleich herangezogen werden dürfen, d.h., sie müssen unberücksichtigt bleiben, denn es komme auf den Wert für „jedermann" an.

6 Im Unterschied zum bisherigen Recht des § 6 Abs. 1 Satz 2 WertV 88 wird nicht mehr ausdrücklich zugelassen, dass von derartigen Besonderheiten beeinflusste Kaufpreise und andere Daten ausnahmsweise Verwendung finden können, wenn die Auswirkungen der Besonderheiten auf die Kaufpreise und die anderen Daten „sicher erfasst werden können". Die ersatzlose Streichung dieser Regelung ist darauf zurückzuführen, dass die „sichere" Erfassung der Aus-

---

[2] §§ 17 und 19 ImmoWertV 88 sprechen deshalb von den marktüblichen Erträgen und der „ordnungsgemäßer Bewirtschaftung".

[3] § 22 ImmoWertV lässt nur den Ansatz „gewöhnlicher" Herstellungskosten gelten, zu denen nur die „üblicherweise entstehenden Baunebenkosten" gehören.

[4] BGH, Urt. vom 22.4.1982 – III ZR 131/80 –, EzGuG 17.44.

wirkung nur selten möglich ist. In den Ausnahmefällen, in denen eine „sichere" Erfassung der Auswirkungen möglich ist, bestehen keine durchgreifenden Bedenken, diese Kaufpreise bzw. andere Daten heranzuziehen[5].

3 Identifizierung ungewöhnlicher oder persönlicher Verhältnisse (§ 7 Satz 2 ImmoWertV)

3.1 Allgemeines

Nach vorstehenden Ausführungen müssen **die Kaufpreise und anderen Daten,** die zur Wertermittlung herangezogen werden sollen, zunächst daraufhin überprüft werden, ob sie durch ungewöhnliche oder persönliche Verhältnisse beeinflusst worden sind.

Allgemein ist davon auszugehen, dass Kaufpreise – unbeeinflusst von ungewöhnlichen oder persönlichen Verhältnissen – im **gewöhnlichen Geschäftsverkehr** zustande gekommen sind, **wenn keine konkreten Anhaltspunkte oder Verdachtsmomente für das Vorliegen von Besonderheiten gegeben sind.** „Für das Obwalten gemeingewöhnlicher Verhältnisse" spricht allein schon die Vermutung[6].

Konkrete Anhaltspunkte dafür, dass die Höhe eines in Betracht kommenden Vergleichspreises durch ungewöhnliche oder persönliche Verhältnisse beeinflusst sein könnte, können sich im Einzelfall aus der Kaufpreissammlung des Gutachterausschusses ergeben. **In den Kaufpreissammlungen der Gutachterausschüsse** waren nämlich nach § 143a Abs. 2 BBauG 76 die **Kaufpreise zu bezeichnen, von denen anzunehmen ist, dass ungewöhnliche oder persönliche Verhältnisse ihre Höhe beeinflusst haben.** Dabei waren auch entsprechende Hinweise auf die Verdachtsmomente zu registrieren. Diese Praxis war trügerisch, denn hieraus konnte nicht gefolgert werden, dass die ungekennzeichneten Kaufpreise von ungewöhnlichen oder persönlichen Verhältnissen nicht beeinflusst worden sind. Ob und in welcher Höhe ein zum Preisvergleich geeignet erscheinender Kaufpreis durch ungewöhnliche oder persönliche Verhältnisse beeinflusst worden ist, geht nämlich aus dem einzelnen, dem Gutachterausschuss übersandten Kaufvertrag vielfach nicht hervor, und die Vertragsparteien sind auch nicht immer bereit, entsprechende Angaben zu machen.

Für eine Beeinflussung eines Kaufpreises oder anderer Daten können allgemeine **Indizien** vorliegen. In § 6 Abs. 2 und 3 WertV 88 werden folgende Indizien genannt:

„(2) Kaufpreise und andere Daten können durch ungewöhnliche oder persönliche Verhältnisse beeinflusst werden, wenn
1. sie erheblich von den Kaufpreisen in vergleichbaren Fällen abweichen,
2. ein außergewöhnliches Interesse des Veräußerers oder des Erwerbers an dem Verkauf oder dem Erwerb des Grundstücks bestanden hat,
3. besondere Bindungen verwandtschaftlicher, wirtschaftlicher oder sonstiger Art zwischen den Vertragsparteien bestanden haben oder
4. Erträge, Bewirtschaftungs- und Herstellungskosten erheblich von denen in vergleichbaren Fällen abweichen.

(3) Eine Beeinflussung der Kaufpreise und der anderen Daten kann auch vorliegen, wenn diese durch Aufwendungen mitbestimmt worden sind, die aus Anlass des Erwerbs und der Veräußerung entstehen, wenn diese nicht zu den üblicherweise vertraglich vereinbarten Entgelten gehören, namentlich besondere Zahlungsbedingungen sowie die Kosten der bisherigen Vorhaltung, Abstandszahlungen, Ersatzleistungen, Zinsen, Steuern und Gebühren."

---

5   BR-Drucks. 265/72, S. 9; Danielsen/Rogge in AVN 1922, 188; vgl. auch Vfg. des Pr. FM vom 13.6.1919 (PrFMBl. 1919, 252).
6   Pr. OVG, Urt. vom 22.3.1904 – II 561 –, EzGuG 20.7; vgl. auch Pr. OVG, Urt. vom 21.9.1899 – IX 24/88 –, EzGuG 20.6.

V § 7 ImmoWertV   Ungewöhnliche oder persönliche Verhältnisse

11   In der Vorauflage wurde schon darauf hingewiesen, dass die vorstehende „Kann-Bestimmung" nicht schlüssig ist, denn während die in § 6 Abs. 2 Nr. 2 und 3 sowie in Abs. 3 WertV 88 genannten Indizien nur einen **konkreten Verdacht begründen**, dass die Kaufpreise oder andere Daten durch ungewöhnliche oder persönliche Verhältnisse beeinflusst worden ohne damit automatisch zu einem Ausscheiden solcher Kaufpreise oder anderer Daten zu führen, sind die in § 6 Abs. 2 Nr. 1 und 4 WertV 88 genannten Kriterien zwingender Natur und lassen erkennen, dass ungewöhnliche oder persönliche Verhältnisse vorgelegen haben müssen.

12   Das letztlich **entscheidende Kriterium für das tatsächliche Vorliegen einer Beeinflussung des Kaufpreises oder anderer Daten durch ungewöhnliche oder persönliche Verhältnisse** besteht also darin, dass Kaufpreise oder andere Daten, wie z.B. Erträge, Bewirtschaftungs- und Herstellungskosten, „erheblich" von denen in vergleichbaren Fällen abweichen. Gleichwohl wird aber auch in der Nachfolgeregelung (§ 7 Satz 2 ImmoWertV) als „Kann-Bestimmung" vorgegeben, dass „Kaufpreise und andere Daten ... durch ungewöhnliche oder persönliche Verhältnisse beeinflusst sein" können, „wenn sie erheblich von den Kaufpreisen und anderen Daten in vergleichbaren Fällen abweichen". Eine Beeinflussung „kann" also vorliegen, wenn

– ein Kaufpreis von den übrigen Vergleichspreisen bzw.

– eine Vergleichsmiete bzw. zum Vergleich herangezogene Bewirtschaftungskosten von den marktüblichen marktübliche Mieten und Bewirtschaftungskosten

erheblich abweicht.

3.2   Ausschluss „erheblich" abweichender Kaufpreise

▶ *Vgl. Syst. Darst. des Vergleichswertverfahrens Rn. 97 ff.*

13   Entscheidendes Kriterium dafür, dass ein Kaufpreis oder ein anderes Datum von ungewöhnlichen oder persönlichen Verhältnissen beeinflusst worden sein „*kann*", ist eine „erhebliche" Abweichung z.B. eines Kaufpreises von den Kaufpreisen in vergleichbaren Fällen, ohne dass ansonsten eine Ursache für das Vorliegen ungewöhnlicher oder persönlicher Verhältnisse bekannt ist. Mit der „*Kann-Bestimmung*" des § 7 Satz 2 ImmoWertV wird die schon nach altem Recht (vgl. Rn. 11) bestehende Unschärfe der Regelung nicht behoben, denn ein „erhebliches" Abweichen stellt schon ein zwingendes Indiz für die Beeinflussung eines Kaufpreises oder anderer Daten durch „ungewöhnliche oder persönliche Verhältnisse" dar und muss grundsätzlich und regelmäßig dazu führen, den Kaufpreis oder das sonstige Datum unberücksichtigt zu lassen. Dies entspricht dem aus der Statistik bekannten „Ausreißerprinzip", dem zumeist im Wege des „*cut off*"-Verfahrens Rechnung getragen wird, d.h. **beim Preisvergleich bleiben die sog. Ausreißer** als Vergleichspreise **unberücksichtigt.** Zur Lösung dieses sog. Ausreißerproblems bieten sich vor allem statistische Ausschlussverfahren an, wie sie im Schrifttum ausführlich beschrieben sind.

14   „**Erheblich" ist ein unbestimmter Rechtsbegriff**, der nach den Gegebenheiten des Einzelfalls auszulegen ist. Im gewöhnlichen Geschäftsverkehr streuen die für ein und dasselbe Grundstück ausgehandelten Preise regelmäßig innerhalb einer bestimmten Bandbreite. In Gebieten mit homogenen Wertverhältnissen, in denen für Käufer und Verkäufer überschaubare Verhältnisse bestehen, ist die Bandbreite der dem gewöhnlichen Geschäftsverkehr zurechenbaren Kaufpreise enger zu ziehen als in Gebieten mit unübersichtlichen Marktverhältnissen, sei es, dass die Unübersichtlichkeit auf fehlende Vergleichsfälle, oder auf die Unterschiedlichkeit der gehandelten Objekte zurückzuführen ist (vgl. Nr. 1.5.4 WERTR).

15   **Wann eine Abweichung „erheblich" i.S. des § 7 Satz 2 ImmoWertV ist,** beurteilt sich vor allem aus der Anzahl und der Streuung der zur Verfügung stehenden „vergleichbaren Fälle". In der Rechtsprechung werden Abweichungen von Kaufpreisen von 10% und mehr als üblich angesehen[7]. Des Weiteren ist in der Rechtsprechung auch anerkannt, bei der Würdigung von

---

[7]   BGH, Urt. vom 30.5.1963 – III ZR 230/61 –, EzGuG 8.8; von „maßlos übersetzten" Preisen spricht der BGH in seinem Urt. vom 28.5.1976 – V ZR 170/74 –, EzGuG 19.26; ferner LG Hamburg, Urt. vom 31.10.1960 – 10 O30/60 –, EzGuG 18.15.

Grundstücksverkäufen sowohl den niedrigsten als auch den höchsten Kaufpreis außer Acht zu lassen, „da Erlöse aus Grundstücksverkäufen, deren Höhe durch besondere Umstände nach oben oder unten beeinflusst werden, außer Betracht bleiben müssen"[8]. Bezüglich Mieten sind Abweichungen von 25% als unzulässige Überschreitung bezeichnet worden[9].

Die vorstehenden Vomhundertsätze können allerdings nicht unmittelbar auf die der Kaufpreissammlung entnommenen Vergleichspreise angewandt werden, denn diese beziehen sich regelmäßig auf Grundstücke mit voneinander abweichenden Grundstücksmerkmalen. Bevor man also die Vergleichspreise oder andere Daten auf „Ausreißer" untersucht, ist es erforderlich, die **Vergleichspreise (bzw. Daten) auf die maßgeblichen Grundstücksmerkmale des Bewertungsobjekts „umzurechnen"**, weil erst dann ein „erhebliches" Abweichen eines einzelnen Kaufpreises erkennbar wird. **16**

In der Praxis hat es zur Lösung dieses sog. „Ausreißerprinzips" Bemühungen gegeben, auf der Grundlage von Kaufpreisanalysen zu Erfahrungswerten zu kommen, mit denen die von ungewöhnlichen oder persönlichen Verhältnissen beeinflussten Kaufpreise identifiziert werden können. Genannt werden **Abweichungen bis zu ± 15% von Kaufpreisen völlig gleichartiger Objekte"**, ohne dass ungewöhnliche oder persönliche Verhältnisse vorgelegen haben. Derartigen Werten kann nur die **Bedeutung einer „Faustformel"** beigemessen werden, da es auf feste Prozentzahlen allein nicht ankommen kann, sondern die Homogenität bzw. Heterogenität des Grundstücksmarktes sowie das tatsächliche Marktgeschehen nicht außer Betracht gelassen werden darf. **17**

In der Praxis ist die sog **2-Sigma-Regel** durchaus ausreichend. Danach gelten bei Heranziehung einer ausreichenden Anzahl von Vergleichspreisen alle Einzelpreise, die im Bereich der 2fachen Standardabweichung liegen, als frei von „ungewöhnlichen oder persönlichen Verhältnissen" (vgl. Syst. Darst. des Vergleichswertverfahrens unter Rn. 120 ff., 151). **18**

Beispiel: **19**

- Als arithmetisches Mittel aller Vergleichspreise wurde ermittelt 170 €/m²
- Als Standardabweichung wurde ermittelt +/– 10 €/m²

Die Kaufpreise im Bereich von 150 €/m² bis 190 €/m² sind frei von ungewöhnlichen oder persönlichen Verhältnissen.

Liegt eine genügende Anzahl von Vergleichspreisen vor, ist dem statistischen Ausschlussverfahren auf der Grundlage statistischer Vertrauensgrenzen der Vorzug zu geben. Hierzu wird auf die **Standardabweichung** des sich aus den zur Verfügung stehenden Daten ergebenden Mittels zurückgegriffen. In dieser Standardabweichung kommen die jeweils vorherrschenden Marktverhältnisse (Überschaubarkeit usw.) zum Ausdruck, so dass mit diesem Verfahren den Verhältnissen des Einzelfalls Rechnung getragen werden kann. Das Verfahren wird in der Syst. Darst. des Vergleichswertverfahrens unter Rn. 120 ff., 151 erläutert. **20**

---

8 BGH, Beschl. vom 2.7.1968 – V BLw 10/68 –, EzGuG 19.14, vgl. auch BVerwG, Urt. vom 9.6.1959 – 1 C 27/58 –, EzGuG 17.13; LG Koblenz, Urt. vom 20.2.1978 – 4 O 49/77 –, EzGuG 20.72; BGH, Urt. vom 28.5.1976 – V ZR 170/74 –, EzGuG 19.299.
9 LG Mannheim, Urt. vom 5.9.1975 – 4 S 85/75 –, EzGuG 3.56a; von einem auffälligen Missverhältnis bei Überschreitung von 50% spricht das LG Darmstadt, Urt. vom 14.1.1972 – 2 KLS 2/71 –, EzGuG 3.38a.

4 Rechtsprechungsübersicht

21 In der Rechtsprechung wurden zur Frage des Vorliegens ungewöhnlicher oder persönlicher Verhältnisse **folgende Grundsätze** entwickelt:

1) Es gibt keinen Erfahrungssatz des Inhalts, dass die **unter dem Druck einer Enteignung ausgehandelten** Preise unangemessen sind[10].

2) **Überhöhte Angebote zum Zwecke des zügigen Erwerbs** und zur Vermeidung einer Enteignung stellen keine echten Vergleichspreise im freien Grundstücksverkehr dar[11].

3) Im Rahmen des Vergleichswertverfahrens können grundsätzlich auch Preise berücksichtigt werden, die von der öffentlichen Hand bezahlt worden sind[12]; a. A. zuvor die unteren Gerichte. So hat das OLG Frankfurt am Main noch 1980 entschieden, dass die Beteiligung der öffentlichen Hand an den zum Vergleich herangezogenen Grundstücksveräußerungsverträgen weder aus haushaltsrechtlichen noch aus sonstigen Gründen die Gewähr dafür biete, dass der Verkehrswert objektiv ermittelt und den Verträgen zu Grunde gelegt worden sei[13].

4) Vorzugspreise, die eine Gemeinde Erwerbern vergleichbarer Grundstücke aus ansiedlungspolitischen Gründen einräumt, sind nur zu berücksichtigen, wenn die Gemeinde dadurch nachhaltig über eine längere Zeit und mit etwa gleich bleibenden Beträgen in das Marktgeschehen eingreift[14]; in einer anderen Entscheidung heißt es dagegen apodiktisch, dass **massive Verkäufe von gemeindeeigenen Bauplätzen zum Selbstkostenpreis** bei der Wertermittlung voll zu berücksichtigen seien[15]. Eine Berücksichtigung von Kaufpreisen verbilligt auf den Markt „geworfener" Grundstücke ist im Hinblick auf die Verkehrswertdefinition nur dann zulässig, wenn diese vom Umfang her das Marktgeschehen dämpfend beeinflussen konnten.

5) Persönliche Verhältnisse liegen vor bei Kaufpreisen, die ein und derselbe Käufer für **Grundstücke** im freien Verkehr gezahlt hat, **von deren Ankauf andere Bewerber** aus tatsächlichen Gründen **ausgeschlossen waren**[16].

6) Ungewöhnliche Verhältnisse liegen vor, wenn die öffentliche Hand im Interesse der **Realisierung einer leistungsfähigen Infrastrukturmaßnahme** ein Grundstück unter Wert veräußert[17].

7) Schon wegen der **Beteiligung der öffentlichen Hand an Grundstücksverkäufen** bestehen Bedenken, ob die ausgewiesenen Preise das Ergebnis eines freien Grundstücksmarktes sind. Grundstücksveräußerungen dieser Art richten sich nicht immer nach dem Gesetz von Angebot und Nachfrage, sondern nach den jeweils zu erfüllenden öffentlichen Aufgaben und dem Verständnis des Partners für diese Aufgabe[18].

8) Es ist nicht zu beanstanden, wenn **Vergleichspreise** mit der Begründung unberücksichtigt bleiben, dass **in nahezu sämtlichen Fällen die Stadt als Käufer** aufgetreten und ein anderer Erwerber nicht in Betracht gekommen sei[19].

---

10 BGH, Urt. vom 28.4.1966 – III ZR 24/65 –, EzGuG 19.9; BGH, Urt. vom 12.10.1970 – III ZR 117/67 –, EzGuG 2.10; BGH, Urt. vom 1.7.1982 – III ZR 10/81 –, EzGuG 4.86; vgl. zu alledem auch BR-Drucks. 265/72, zu § 4 Abs. 3 c.
11 LG Koblenz, Urt. vom 5.11.1979 – 4 O 11/79 –, EzGuG 19.35b.
12 BGH, Urt. vom 1.7.1982 – III ZR 10/81 –, EzGuG 4.86; a. A. OLG Frankfurt am Main, Urt. vom 20.3.1980 – 1 U 198/77 –, EzGuG 19.3a; vgl. Frohberger, Nachr. der rh.-pf. Kat.- und VermVw. 1983, 96 ff. und 118 ff.
13 OLG Frankfurt am Main, Urt. vom 20.3.1980 – 1 U 198/77 –, EzGuG 19.35a; differenziert: OLG München, Urt. vom 26.6.1969 – U 1/66 –, EzGuG 19.18.
14 BFH, Urt. vom 8.9.1994 – IV R 16/94 –, GuG 1995, 313 = EzGuG 19.43; BGH, Urt. vom 24.3.1977 – III ZR 32/75 –, EzGuG 6.190.
15 OVG Münster, Urt. vom 26.3.1981 – 2 A 196/81 3 K –, EzGuG 19.37; zur Rolle der öffentlichen Hand am Bodenmarkt vgl. Schäfer/Roth/Stirnemann, Nationales Forschungsprogramm der Schweiz „Boden", Liebefeld-Bern 1990.
16 KG Berlin, Urt. vom 3.4.1956 – 9 U 2425/55 –, EzGuG 20.19.
17 BGH, Urt. vom 5.4.1973 – III ZR 74/72 –, EzGuG 2.12.
18 OLG Frankfurt am Main, Urt. vom 20.3.1980 – 1 U 198/77 –, EzGuG 19.35c.
19 BGH, Urt. vom 22.4.1982 – III ZR 131/80 –, EzGuG 17.44.

9) Bei der Ermittlung von Preisen, die beim Verkauf vergleichbarer Grundstücke erzielt worden sind, dürfen nicht ausschließlich Grundstücke herangezogen werden, die der **Enteignungsbegünstigte zur Durchführung eines größeren Bauvorhabens** gekauft hat, weil insofern eine Monopolstellung des Enteignungsbegünstigten besteht[20].

10) Ungewöhnliche Verhältnisse liegen nicht vor, wenn sowohl auf Verkäuferseite als auch auf Käuferseite ein **kleiner Kreis von Interessenten** (eingeschränkter Interessentenkreis) in Betracht kommt und damit nicht für jedermann überschaubare Verhältnisse gegeben sind[21].

11) Ungewöhnliche Verhältnisse liegen vor, wenn **auf politische Ereignisse zurückzuführende vorübergehende Preisveränderungen** eingetreten sind und die Auswirkungen der die Preise beeinflussenden Umstände bei nüchterner Beurteilung der Lage auf dem Grundstücksmarkt bereits im maßgeblichen Zeitpunkt als nur vorübergehend erkennbar waren[22].

12) Der Verkehrswert kann nicht aus (zeitnahen) **Verkaufsfällen für Teilflächen** abgeleitet werden, weil es sich insoweit nicht um einen Verkauf im gewöhnlichen Geschäftsverkehr handelt, denn bei der Veräußerung von Grundstücksteilflächen kommt nur ein eng begrenzter Personenkreis als Vertragspartner in Betracht[23].

13) Bei gelegentlichen **Verkäufen** unbebauter Teilflächen **zwischen Nachbarn** liegen „bereits im Kern" ungewöhnliche Verhältnisse vor, die beim Vergleich unberücksichtigt bleiben müssen[24].

14) Ungewöhnliche Verhältnisse liegen vor, wenn ein Grundstück in einem **Zwangsversteigerungsverfahren** erworben wird[25]. Erfahrungsgemäß spielen bei einer Versteigerung ungewöhnliche Wertkriterien eine Rolle und die erzielten Preise lassen keine Schlüsse auf den Verkehrswert zu[26].

15) Der bei einer **öffentlichen Versteigerung** erzielte Preis hat nach Auffassung des Pr. OVG die Vermutung für sich, dass er den gemeinen Wert (Verkehrswert) des Grundstücks darstellt[27].

16) Ungewöhnliche Verhältnisse liegen bei einem Erwerb des Grundstücks in einem **Konkursverfahren** (Insolvenz) vor[28].

17) „Ohne Rechtsirrtum hat das OLG bei der Würdigung der Grundstückskäufe sowohl den **niedrigsten** wie auch den **höchsten Kaufpreis** außer Acht gelassen, da Erlöse aus Grundstücksverkäufen, deren Höhe durch besondere Umstände nach oben oder unten beeinflusst wurde, außer Betracht bleiben müssen"[29].

---

20 KG Berlin, Urt. vom 3.4.1956 – 9 U 2425/55 –, EzGuG 20.19.
21 BFH, Urt. vom 23.2.1979 – III R 44/77 –, EzGuG 19.35; RFH, Urt. vom 13.9.1929 – I Ab 734 –, StuW 1930, 134.
22 BGH, Urt. vom 31.5.1965 – III ZR 214/63 –, EzGuG 19.8; vgl. auch OLG Köln, Beschl. vom 3.5.1962 – 4 W7/62 –, EzGuG 20.30; BGH, Urt. vom 1.4.1992 – XII ZR 142/91 –, EzGuG 20.139a; BGH, Urt. vom 23.10.1985 – IV b ZR 62/84 –, EzGuG 20.110b; BFH, Urt. vom 6.5.1977 – III R 17/75 –, EzGuG 19.32; BGH, Urt. vom 14.2.1975 – IV ZR 28/73 –, NJW 1975, 1123 = MDR 1975, 562.
23 BGH, Urt. vom 26.9.1980 – III ZR 21/78 –, EzGuG 20.86 – ; OLG Hamburg, Urt. vom 6.10.1965 – 1 U 197/64 –, EzGuG 18.31; OLG Hamburg, Urt. vom 24.4.1970 – 1 U 17/69 –, EzGuG 18.50.
24 BGH, Urt. vom 26.10.1972 – III ZR 78/71 –, EzGuG 18.57.
25 BGH, Urt. vom 19.3.1971 – V ZR 153/68 –, EzGuG 19.24; LG Koblenz, Urt. vom 1.10.1979 – 4 O 11/79 –, EzGuG 19.35b – ; hierzu Kleiber in Ernst/Zinkahn/Bielenberg, BauGB, Komm. zu § 195 Rn. 22 ff.; auch Wieting in Nachr. der nds. Kat.- und VermVw 1987, 195; RFH, Urt. vom 10.4.1930 – III A 567/30 –, RStBl. 1930, 298; RFH, Urt. vom 27.7.1938 – III 322/37 –, EzGuG 8.1c; BVerfG, Beschl. vom 7.12.1977 – 1 BvR 734/77 –, EzGuG 19.33.
26 LG Koblenz, Urt. vom 1.10.1979 – 4 O 11/79 –, EzGuG 19.35b.
27 LG Berlin, Beschl. vom 15.8.1995 – 86 T 77/95 –; Pr. OVG, Urt. vom 28.1.1887, EzGuG 20.1; PrOVG, Urt. vom 8.12.1899 – II 1479 –, PrVerwBl. 21, 599; PrOVG, Urt. vom 12.10.1900 – II 1334 –, PrVerwBl. 22, 265.
28 RFH, Urt. vom 17.4.1928 – II A 96 –, StuW 1928, 639; BayObLG, Beschl. vom 8.4.1998 – 3 Z BR 324/97 –, EzGuG 19.45a.
29 BGH, Urt. vom 2.7.1968 – V BLw 10/68 –, EzGuG 19.14; BGH, Urt. vom 13.7.1978 – III ZR 112/75 –, EzGuG 19.34.

18) **Schwarzmarktpreise** selbst in erheblichem Umfang gelten als durch ungewöhnliche Verhältnisse beeinflusst[30].

19) **Reine Spekulationskäufe**, „Liebhabereien" und Affektionsinteressen sind bei der Ermittlung von Verkehrswerten nicht berücksichtigungswürdig[31].

20) **Erhöhte Grundstückspreise**, die ein Apotheker gezahlt hatte, **um den Zuzug eines Konkurrenten zu verhindern** oder die von einem Industriebetrieb zur besseren Sicherung seines Wassergewinnungsrechts aufgewendet worden waren, dürfen nicht ohne weiteres als Vergleichspreise herangezogen werden[32].

21) Ungewöhnliche Verhältnisse liegen vor, wenn ein „Wassergewinnungsunternehmen" zur Vermeidung von Vorgängen, die der Wassergewinnung abträglich sein können, oder zur **Ausschaltung von Entschädigungsrisiken** überhöhte Kaufpreise entrichtet hat[33].

22) Die Bezahlung des vollen **Kaufpreises als Barzahlung** in Zeiten der Geldknappheit kann für die Ermittlung des Verkehrswerts nicht „entscheidend" sein[34].

23) **Besondere Zahlungsbedingungen** sind nicht zwangsläufig als ungewöhnliche Verhältnisse anzusehen; sie müssen bei dem Preisvergleich aber entsprechend berücksichtigt werden, z.B. durch Kapitalisierung von Ratenzahlungen[35]. Eine Kaufpreisbeeinflussung kann allerdings dann vorliegen, wenn die Zahlungsbedingungen von den üblicherweise vertraglich vereinbarten Entgelten abweichen (vgl. § 6 Abs. 3 WertV 88).

24) Ein **unter dem Zwang besonderer Umstände geschlossener langfristiger Miet- und Pachtvertrag** über ein unbebautes, als Bauland bewertetes Grundstück ist bei der Ermittlung des gemeinen Werts zu berücksichtigen, wenn seine Auswirkungen der Verwertung des Grundstücks als Baugelände hinderlich sind und dessen Veräußerungswert beeinträchtigen. Es handelt sich insoweit nicht um außergewöhnliche oder persönliche Verhältnisse i.S. des § 10 Abs. 2 letzter Satz BewG[36].

25) Der BFH hält an der Auffassung des RFH im Urt. vom 25.5.1938 – III – 9/38 –, fest, dass die **Verfügungsbeschränkungen des Heimstätters**, insbesondere seine preisliche Bindung bei Ausübung des Wiederkaufsrechts durch den Ausgeber der Heimstätte nach § 15 Abs. 1 RHeimstG, bei der Einheitsbewertung der Heimstätte als ungewöhnliche oder persönliche Verhältnisse i.S. des § 10 Abs. 2 Satz 3 BewG nicht zu berücksichtigen sind[37].

26) Unter **gesetzeswidriger Umgehung von Preisvorschriften** zustande gekommene Kaufpreise sind nicht dem gewöhnlichen Geschäftsverkehr zurechenbar[38].

22 Bei der Verkehrswertermittlung ist des Weiteren nicht zu berücksichtigen, dass ein Eigentümer zum **Vorsteuerabzug** berechtigt ist. Der BGH hat diese Berechtigung den ungewöhnlichen oder persönlichen Verhältnissen zugeordnet[39]. Weitere Grundsätze zur Berücksichtigung ungewöhnlicher oder persönlicher Verhältnisse sind in der **Rechtsprechung zur Kostenordnung** entwickelt worden, die allerdings nicht ohne weiteres auf die Verkehrswertermittlung übertragbar sind[40].

---

30 BFH, Urt. vom 3.4.1964 – III 293/61 –, EzGuG 19.7a.
31 BGH, Urt. vom 17.1982 – III ZR 10/81 –, EzGuG 4.86; BGH, Urt. vom 8.11.1962 – III ZR 86/61 –, EzGuG 8.5; BVerwG, Urt. vom 9.6.1959 – 1 CB 27/58 –, EzGuG 17.13; BFH, Urt. vom 14.12.1976 – VIII R 99/72 –, EzGuG 19.31; BGH, Urt. vom 28.5.1976 – V ZR 170/74 –, EzGuG 19.29.
32 BGH, Urt. vom 12.5.1975 – III ZR 187/72 –, EzGuG 19.27.
33 OLG Köln, Urt. vom 16.8.1973 – 7 U 18/73 –, EzGuG 119.25a.
34 RFH, Urt. vom 30.6.1932 – III A 173/32 –, StuW 1932 Teil II Nr. 939 mit Anm. von Seweloh in StuW 1932 Teil I S. 1250; RFH, Urt. vom 24.9.1930.
35 Dieterich in Ernst/Zinkahn/Bielenberg, BauGB § 194 Rn. 43; a. A. Gelzer/Busse, Der Umfang der Enteignungsentschädigung, München 1980, 2. Aufl. Rn. 98.
36 BFH, Urt. vom 14.8.1953 – III 33/53 U –, EzGuG 20.16a.
37 BFH, Urt. vom 28.10.1955 – III 92 und 106/55 S –, EzGuG 14.4.
38 BFH, Urt. vom 3.4.1964 – III 293/61 –, EzGuG 19.7a.
39 BGH, Urt. vom 10.7.1991 – XII ZR 109/90 –, EzGuG 20.134d.
40 BayObLG, Beschl. vom 9.7.1998 – 3 Z BR 8/98 –, GuG 1999, 119 = EzGuG 19.46 zu Verfügungsbeschränkungen.

5 Ungewöhnliche Aufwendungen bei der Bemessung von Kaufpreisen

Nach § 6 Abs. 3 WertV 88 kann eine Beeinflussung des Kaufpreises (oder eines anderen Datums) gelegen haben, wenn der Kaufpreis anlässlich des Grundstückserwerbs durch „Aufwendungen mitbestimmt worden ist, und ..... wenn diese nicht zu den üblicherweise vertraglich vereinbarten Entgelten gehören" (vgl. Rn. 10). Neben den **besonderen Zahlungsbedingungen** nennt die Vorschrift die Kosten der bisherigen Vorhaltung (des Grundstücks), Abstandszahlungen, Ersatzleistungen, Zinsen sowie Steuern und Gebühren. Die Begründung[41] zu dieser Vorschrift nennt darüber hinaus den Kapitaldienst für Fremdmittel und den entgangenen Gewinn für investierte Eigenmittel.

23

Die ImmoWertV hat auch diese „Kann-Bestimmung" ersatzlos gestrichen, weil in den genannten Fällen nicht per se von einer Beeinflussung des Kaufpreises durch ungewöhnliche oder persönliche Verhältnisse ausgegangen werden kann. Es entspricht vielmehr dem gewöhnlichen Geschäftsverkehr, dass sich **besondere Zahlungsbedingungen** auf den Kaufpreis auswirken[42]. Dies gilt insbesondere für den Fall der Verrentung eines Kaufpreises (Rn. 28 ff.). Als Vergleichspreis kann in derartigen Fällen allerdings i.d.R. nur der Kapitalwert der Rente herangezogen werden[43].

24

Eine Beeinflussung des Kaufpreises durch „ungewöhnliche und persönliche Verhältnisse" kann bei einem Grundstückserwerb mit besonderen Vertragsbedingungen vorstehender Art gegeben sein, wenn der Kapitalwert der besonderen Vertragsbedingungen im Gesamtergebnis zu einem Kaufpreis führt, der i.S. der mit § 7 Satz 2 ImmoWertV „erheblich" von Kaufpreisen und anderen Daten in vergleichbaren Fällen abweicht. Aus diesem Grund wird die Regelung des § 6 Abs. 3 WertV 88 von der Nachfolgeregelung erfasst.

25

Insbesondere die **Vorhaltekosten** (Kapitaldienst, ggf. auch ein entgangener Gewinn) beeinflussen im gewöhnlichen Geschäftsverkehr i.d.R. nicht die Höhe des Kaufpreises. Gelingt es im Einzelfall z.B. dem Verkäufer, diese Kosten zusätzlich auf den Erwerber zu überwälzen, so führt dies im Ergebnis dazu, dass dieser Kaufpreis von denen vergleichbarer Fälle abweicht.

26

Fazit: Die vorstehend genannten Fälle der Beeinflussung des Kaufpreises stellen nur dann „ungewöhnliche oder persönliche Verhältnisse" dar, wenn sie in einer nicht dem gewöhnlichen Geschäftsverkehr entsprechenden Höhe den Kaufpreis beeinflussen, d.h., die Kaufpreisbeeinflussung nicht marktorientiert ist.

27

▶ *Zur Berücksichtigung außergewöhnlicher Sicherungs- und Verwertungsrechte vgl. § 1 ImmoWertV Rn. 37 ff. und Teil IX Rn. 534 ff.*

---

[41] BR-Drucks. 352/88, S. 43.
[42] BFH, Urt. vom 29.10.1970 – IV R 141/67 –, EzGuG 19.22; BFH, Urt. vom 20.11.1969 – IV R 22/68 –, EzGuG 19.19.
[43] Zur Ermittlung vgl. Heubeck in DNotZ 1978, 643; vgl. auch BFH, Urt. vom 29.10.1970 – IV R 141/67 –, EzGuG 19.22; BFH, Urt. vom 24.4.1970 – III R 54/67 –, EzGuG 19.21; BFH, Urt. vom 20.11.1969 – IV R 22/68 –, EzGuG 19.19; BFH, Urt. vom 2.12.1971 – III R 14/66 –, BStBl. II 1970, 368; BFH, Urt. vom 3.10.1969 – III R 90/66 –, EzGuG 19.18a; BFH, Urt. vom 29.3.1962 – VI 105/61 U –, EzGuG 14.14a; RFH, Urt. vom 8.10.1936 – III A 131/36 –, RStBl. 1936, 1126; BGH, Urt. vom 12.1.1968 – V ZR 187/64 –, EzGuG 19.12; BGH, Urt. vom 19.6.1962 – VI ZR 100/61 –, EzGuG 19.7; BGH, Urt. vom 1.6.1990 – V ZR 84/89 –, EzGuG 19.40.

6 Verrentung von Kaufpreisen; Leib- und Zeitrente

6.1 Allgemeines

Schrifttum: *Bertz, U.,* Bewertung von beschränkt persönlichen Dienstbarkeiten und Nießbrauch – Leibrenten- oder Zeitrentenfaktoren? GuG 2003, 134, 239; *Steinkamp, Chr.,* Modifizierte Leibrentenbarwertfaktoren für die abgekürzte Sterbetafel 1998/2000, GuG 2003, 151.

28 Im Falle einer **Verrentung des Kaufpreises ist zu unterscheiden zwischen Zeitrenten und Leibrenten:**

- Bei einer nicht personengebundenen *Zeitrente* endet die Zahlung der Rente zu einem vertraglich genau festgelegten Zeitpunkt; dies gilt auch dann, wenn die berechtigte Person innerhalb des Zeitraums stirbt; rentenberechtigt ist ggf. der Erbe oder mehrere Erben (terminierte Laufzeit).

- Bei einer personengebundenen *Leibrente* endet die Zahlungsverpflichtung durch den Tod des oder der Berechtigten; über den Zeitpunkt lassen sich auf der Grundlage von Sterbetafeln nur Vermutungen anstellen, wobei Frauen i.d.R. eine höhere Lebenserwartung als Männer haben.

29 Leibrenten dürfen dabei nicht als Zeitrenten verstanden werden, bei denen die mittlere **Lebenserwartung** des Berechtigten zu Grunde zu legen ist. Vielmehr muss für jedes einzelne der künftigen Jahre, in denen die Leibrente anfällt, die Wahrscheinlichkeit berücksichtigt werden, mit der der Leibrentenberechtigte noch leben wird.

30 Bleiben solche Renten während der gesamten Laufzeit unverändert, spricht man von einer **„konstanten Rentenhöhe"**; häufig sind die Renten allerdings durch Wertsicherungsklauseln dynamisiert, wobei man zwischen genehmigungsfähigen, -pflichtigen und -freien Wertsicherungsklauseln unterscheidet[44].

6.2 Zeitrente

6.2.1 Allgemeines

31 Zeitrenten lassen sich nach unterschiedlichen **Zahlungsmodalitäten** unterscheiden (Abb. 1).

32 Bei der Rentenzahlung ist nach der **Zahlungsweise** zu unterscheiden, d.h. nach

1) Zahlungs*intervallen* (monatlich, viertel- und halbjährlich, jährlich);

2) Zahlungs*zeitpunkt* (innerhalb des Zahlungsintervalls), wobei wiederum zu unterscheiden ist zwischen der

- *vorschüssigen* (pränumerando), am Anfang eines Zahlungsintervalls, und der

- *nachschüssigen* (postnumerando), am Ende eines Zahlungsintervalls fälligen Zahlungspflicht.

33 Die **monatlich vorschüssige Zahlungsweise ist vorherrschend**; hierauf bauen die meisten Tabellenwerke auf.

---

[44] Schneider/Schlund/Haas, Kapitalisierungs- und Verrentungstabellen, 2. Aufl. S. 45.

Verrentung von Kaufpreisen § 7 ImmoWertV V

Abb. 1: Unterschiedliche Zahlungsmodalitäten bei Zeitrenten

6.2.2 End- und Barwert von Zeitrenten

Ermittlung des Endwerts von Zeitrenten

a) nachschüssig

A zahlt am Ende eines jeden Jahres 10 Jahre lang 2 000 €, die mit 5% verzinst werden, auf ein Konto. Wie hoch ist der gesparte Betrag?

n = 10
i = 5
r = 2 000

$$K_n = r \times \frac{q^n - 1}{q - 1}$$

$$K_n = 2\,000\,€ \times \frac{1{,}05^{10} - 1}{0{,}05} = 25\,156\,€$$

b) vorschüssig

Aufgabe wie vor, jedoch wird der Betrag von 2 000 € am Anfang jeden Jahres eingezahlt.

$$K_n = rq \times \frac{q^n - 1}{q - 1}$$

$$K_n = 2\,000\,€ \times 1{,}05 \times \frac{1{,}05^{10} - 1}{0{,}05} = 26\,414\,€$$

35 Ermittlung des Barwerts von Zeitrenten

a) nachschüssig

Wie hoch ist der Barwert einer nachschüssigen Rente von r = 2 000 €, die 5 Jahre lang gezahlt werden soll bei einem Zinssatz von 5 % ?

$$K_0 = r \times \frac{q^n - 1}{q^n(q - 1)}$$

$$K_0 = 2\,000\,\text{€} \times \frac{1{,}05^5 - 1}{1{,}05^5 \times 0{,}05} = 8\,660\,\text{€}$$

b) vorschüssig

Aufgabe wie vor, jedoch vorschüssige Einzahlung

$$K_0 = rq \times \frac{q^n - 1}{q^n(q - 1)}$$

$$K_0 = 2\,000\,\text{€} \times 1{,}05 \times \frac{1{,}05^5 - 1}{1{,}05^5 \times 0{,}05} = 9\,093\,\text{€}$$

6.3 Leibrente

6.3.1 Allgemeines

Schrifttum: Bertz, U., Bewertung von beschränkt persönlichen Dienstbarkeiten und Nießbrauch – Leibrenten- und Zeitrentenfaktor, GuG 2003; 134, 339; *Möckel, R.,* Aktuelle Probleme bei der Verwendung von Leibrentenfaktoren, GuG 2003, 343; *Möckel, R.,* Leibrentenfaktoren 2000/2002, GuG 2004, 340; *Schneider/Schlund/Haas,* Kapitalisierungs- und Verrentungstabellen, 2. Aufl, 1992; *Statistisches Bundesamt:* Kommutationszahlen und Versicherungsbarwerte für Leibrenten 2001/2003; *Steinkamp, Ch.,* Modifizierte Leibrentenbarwertfaktoren für die abgekürzte Sterbetafel 1998/2000, GuG 2003; 151.

36 Leibrenten sind **periodische Zahlungen** (z.B. monatlich oder jährlich), **die bis zum Lebensende des Empfängers** gezahlt werden. **Bei Leibrenten ist zu unterscheiden zwischen**

a) lebenslänglichen Leibrenten „auf das Leben" *einer* Person (Mann oder Frau),

b) lebenslänglichen Leibrenten „auf das Leben" *zweier* Personen (z.B. Ehepaar),

c) „aufgeschobenen" Leibrenten, d.h. lebenslänglichen Leibrenten auf das Leben einer oder mehrerer Personen, die erst zu einem späteren, vertraglich vereinbarten Zeitpunkt beginnen,

d) temporären Leibrenten, wobei eine zeitlich begrenzte (temporäre) Leibrente vereinbart wird; im Unterschied zur Zeitrente soll dabei die Zahlungsverpflichtung zusätzlich zu einem vertraglich vereinbarten Ende durch den Tod des Berechtigten innerhalb dieses Zeitraums beendet werden.

Kombinationen der verschiedenen Leibrentenformen sowie Kombinationen von Leib- und Zeitrenten sind möglich (Abb. 2):

Abb. 2: Leibrenten

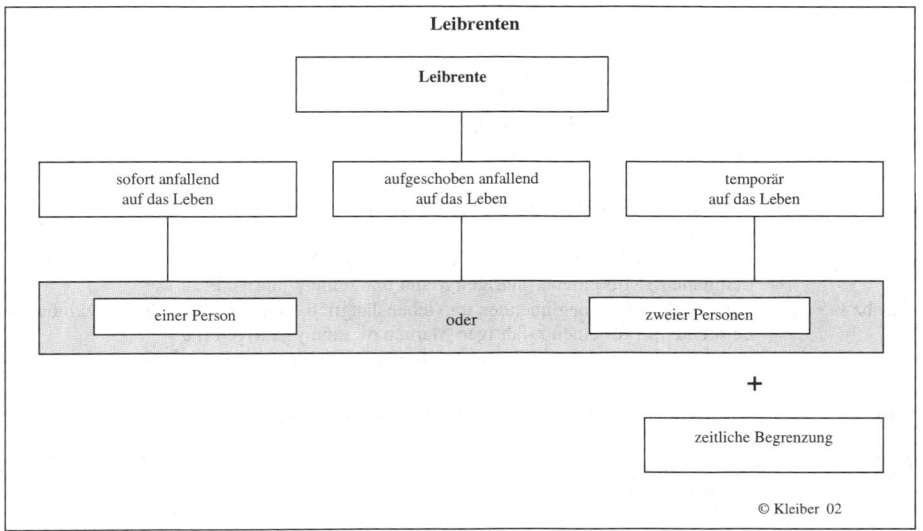

Als Kalkulationsgrundlage von Leibrenten dienen **Versicherungsbarwerte**, die auf der Grundlage der Sterblichkeitsverhältnisse einer Bevölkerung erstellt werden. Die Versicherungsbarwerte werden aus der Absterbeordnung einer Sterbetafel mit Hilfe der sogenannten **Kommutationszahlen** (D_x und N_x) in Abhängigkeit von dem Zinsfuß i abgeleitet:

Der Versicherungsbarwert $ä_x$ entspricht beispielsweise dem Wert einer sofort beginnenden und lebenslänglich, jährlich vorschüssig zahlbaren Leibrente vom Werte „1" für eine x-jährige Person. Sie können den vom Statistischen Bundesamt veröffentlichten Tabellen der Kommutationszahlen und Versicherungsbarwerten entnommen werden (zuletzt auf der Grundlage der Sterbetafel 2002/2004).

Bezieht sich die Leibrente auf zwei unabhängige Personen, z.B. Geschwister, so spricht man von „**unabhängigen Leibrenten**". Der Barwert ermittelt sich in diesen Fällen als Summe der Barwerte der Leibrenten für die einzelnen Personen. Sind die Leibrenten auf das Leben mehrerer Personen sowohl in ihrer Höhe als auch in der Laufzeit verbunden, spricht man von „verbundenen Leibrenten" (Verbindungsrente), wobei zu unterscheiden ist nach

a) Leibrente auf das kürzere Leben (Leibrente bis zum Tode des zuerst Versterbenden) und

b) Leibrente auf das längere Leben (Leibrente bis zum Tode des zuletzt Versterbenden).

Bei Anwendung der Kommutationszahlen des Statistischen Bundesamtes gilt folgende Notation:

x   vollendetes Alter des Mannes

y   vollendetes Alter der Frau

Für die Altersbestimmung ist das versicherungsmathematische Alter maßgebend.
Zur Ermittlung des versicherungsmathematischen Alters wird das auf den Berechnungsstichtag (Wertermittlungsstichtag) bis auf den Tag berechnete Lebensalter auf ganze Jahre auf- oder abgerundet, d.h. ein Lebensalter von x und weniger als sechs Monaten wird auf x Jahre abgerundet und ein Lebensalter von x und mehr als sechs Monaten auf x + 1 aufgerundet. Bei einem Lebensalter von x und sechs Monaten kann der Barwert als Mittelwert einer Berechnung von x sowie von x + 1 Jahren ermittelt werden.

l_x bzw. l_y — Lebende gemäß Sterbetafel (im Alter x)
D_x bzw. D_y — Diskontierte Zahl der Lebenden (im Alter x) = $v_x \times l_x$
v^x — Abzinsungsfaktor = $1/(1+i)^x$
i — Zinsfuß
N_x bzw. N_y — Erste Summe der diskontierten Zahl der Lebenden

$$= D_x + D_{x+1} + \ldots D_\omega = \sum_{a=x}^{\omega} D_a$$

w — höchstes in der Sterbetafel von den Überlebenden erreichbares Alter ($l_\omega \geq 0$, $l_{\omega+1} = 0$)

$ä_x$ bzw. $ä_y$ — Barwert der sofort beginnenden und lebenslänglich, jährlich vorschüssig zahlbaren Leibrente „1" für einen x-jährigen Mann bzw. eine y-jährige Frau

$^{(12)}ä_x$ bzw. $^{(12)}ä_y$ — Barwert der sofort beginnenden und lebenslänglich, monatlich vorschüssig zahlbaren Leibrente „1" für einen x-jährigen Mann bzw. eine y-jährige Frau

$^{(m)}k$ — Reduktionsfaktor für vorschüssige unterjährige Zahlungsweise (monatlich m = 12)

Abb. 3: Reduktionsfaktor für vorschüssig monatliche Zahlweise

Zinsfuß i %	$^{(m)}k$	Zinsfuß i %	$^{(m)}k$	Zinsfuß i %	$^{(m)}k$	Zinsfuß i %	$^{(m)}k$
1,00	0,45998	3,75	0,46442	6,50	0,46874	9,25	0,47293
1,25	0,46039	4,00	0,46482	6,75	0,46913	9,50	0,47331
1,50	0,46080	4,25	0,46522	7,00	0,46951	9,75	0,47368
1,75	0,46120	4,50	0,46561	7,25	0,46990	10,00	0,47406
2,00	0,46161	4,75	0,46601	7,50	0,47028	10,25	0,47443
2,25	0,46202	5,00	0,46640	7,75	0,47066	10,50	0,47480
2,50	0,46242	5,25	0,46679	8,00	0,47104	10,75	0,47517
2,75	0,46282	5,50	0,46719	8,25	0,47142	11,00	0,47554
3,00	0,46322	5,75	0,46758	8,50	0,47180	11,25	0,47591
3,25	0,46362	6,00	0,46797	8,75	0,47218	11,50	0,47627
3,50	0,46402	6,25	0,46835	9,00	0,47256	11,75	0,47664

6.3.2 Berechnung des Barwerts

6.3.2.1 Allgemeines

40 Um den Barwert einer Leibrente zu ermitteln, ist es nicht zulässig, die durchschnittliche Lebenserwartung (nach den Angaben der Sterbetafel) in eine Zeitrentenformel einzusetzen. Vielmehr muss zunächst die Höhe der Jahresrente mit der Wahrscheinlichkeit multipliziert werden, die aus der Sicht des Berechtigten im Jahr des Rentenbeginns bezüglich des Erlebensfalls besteht. Das Produkt aus Jahresrentenbetrag und Erlebenswahrscheinlichkeit ist auf den Zeitpunkt des Rentenbeginns zu diskontieren; rechentechnisch erfolgt dies unter Anwendung sog. **Leibrenten(barwert)faktoren**. Mit Leibrentenbarwertfaktoren lassen sich Leistungen, die an das Leben von Personen gebunden sind, kapitalisieren.

Die Geschäftsstelle des Gutachterausschusses in der Landeshauptstadt Kiel hat eine Rechenanwendung entwickelt, die Leibrentenbarwertfaktoren auf Basis der jeweils aktuellen Sterbetafel anzeigt; sie können im Internet über die Adresse „Gutachterausschuss Kiel" abgerufen werden. Liegen neue Veröffentlichungen des Statistischen Bundesamtes (Destatis) vor, werden diese eingepflegt. Entsprechendes gilt auch für Leibrentenfaktoren für verbundene Leben, bei denen Zahlungen „bis zum Tod der letztversterbenden Person" oder „bis zum Tod der erstversterbenden Person" (ab Version 2003–2005 eingepflegt) vereinbart sind. Die entwickelte Applikation berücksichtigt auch diese Möglichkeit, in dem Leibrentenbarwertfaktoren für zwei Berechtigte unter Berücksichtigung des Geschlechts ermittelt werden können. Angeboten werden folgende „Rechenmaschinen":

Rechenmaschine 2004–2006 (Grundlage: Absterbeordnung 2004–2006)

Rechenmaschine 2003–2005 (Grundlage: Absterbeordnung 2003–2005)

Rechenmaschine 2002–2004 (Grundlage: Absterbeordnung 2002–2004)

Rechenmaschine 2001–2003 (Grundlage: Absterbeordnung 2001–2003)

Rechenmaschine 2000–2002 (Grundlage: Absterbeordnung 2000–2002)

Die vorstehend erläuterte Vorgehensweise ist darin begründet, dass einerseits innerhalb der durchschnittlichen Lebenserwartung eine **mit zunehmendem Alter anwachsende Sterbewahrscheinlichkeit** besteht und andererseits über die durchschnittliche Lebenswahrscheinlichkeit noch eine nicht unbeträchtliche **Erlebenswahrscheinlichkeit** gegeben ist. Mit den Abfindungsfaktoren werden Sterbe- und Erlebenswahrscheinlichkeit mit berücksichtigt. Insoweit ist die Ermittlung des Barwerts von Leibrenten auf der Grundlage der Sterbetafel mithilfe der durchschnittlichen Lebenserwartung nicht sachgerecht.

41

Der **Barwert einer lebenslänglichen Leibrente** berechnet sich als Produkt aus der Jahresrente und dem Leibrentenfaktor $^{(m)}ä$, d.h. nach der Formel:

42

$B = R \times {}^{(m)}ä_x$ für Männer

$B = R \times {}^{(m)}ä_y$ für Frauen

$B = R \times {}^{(m)}ä_{xy}$ für „verbundene" Leben bis zum Tode des zuerst Versterbenden

wobei:

R = Jahresbetrag der Rente (bei Wohnrechten: Jahresmietertrag)

m = Anzahl der Zahlungen/Jahr, d.h. bei monatlicher Zahlung = 12

$^{(m)}ä_x$ = Leibrentenfaktor für Männer; vorschüssig

$^{(m)}ä_y$ = Leibrentenfaktor für Frauen; vorschüssig

$^{(m)}ä_{xy}$ = Leibrentenfaktor für „verbundene" Leben.

y = Alter der Frau

x = Alter des Mannes

Bei nachschüssiger Zahlweise werden die Leibrentenfaktoren mit $^{(m)}a_x$, $^{(m)}a_y$ bzw. $^{(m)}a_{xy}$ bezeichnet.

Die **Leibrentenfaktoren** sind einschlägigen Tabellenwerken zu entnehmen[45], die insbesondere Tabellen für Abfindungsfaktoren für eine monatlich vorschüssige Zahlungsweise enthalten, in die mit dem Jahresbetrag der Rente eingegangen wird, insbesondere

43

– Leibrentenfaktoren für *lebenslängliche* Zahlungen:

44

- $^{(12)}ä_x$ für Männer
- $^{(12)}ä_y$ für Frauen
- $^{(12)}ä_{xy}$ für verbundene Leben.

– Leibrentenfaktoren für *temporäre* Leibrenten:

- $^{(12)}ä_{x:n}$ für Männer
- $^{(12)}ä_{y:n}$ für Frauen

wobei n = zeitliche Begrenzung in Jahren.

---

[45] Kommutationszahlen des Statistischen Bundesamtes, Schneider/Schlund/Haas, Kapitalisierungs- und Verrentungstabellen, 2. Aufl. S. 45.

V § 7 ImmoWertV   **Verrentung von Kaufpreisen**

45   Auch **Wohn- und Nießbrauchrechte** sind im Übrigen nach den Methoden der Leibrentenberechnung und nicht nach Zeitrenten zu ermitteln.

6.3.2.2 Barwert einer jährlich vorschüssig zahlbaren Leibrente

46   Die Jahresrente ermittelt sich durch Umstellung der vorstehenden Formel für die Verrentung von Kapitalbeträgen:

$$\text{Jahresrente} = \frac{\text{Barwert}}{\ddot{a}_x \text{ bzw. } \ddot{a}_y}$$

47   *Beispiel A:*

Eine 70-jährige Frau verkauft ihr Grundstück für eine lebenslänglich, jährlich vorschüssig zu zahlende Rente. Der Wert des Grundstücks beträgt 200 000 €. Gesucht ist die Höhe der Leibrente bei einer Verzinsung des Kaufpreises von 5%.

Bei einem Zinssatz von 5,0% ergibt sich für eine 70-jährige Frau nach dem Tabellenwerk der Kommutationszahlen 2002/2004: $\ddot{a}_y$: 10,853

Rentenbetrag = Kaufpreis/$\ddot{a}_y$ = 200 000 € / 10,853 = 18 428,08 €

48   *Beispiel B:*

Eine 70-jährige Frau möchte eine lebenslänglich, jährlich vorschüssig zu zahlende Rente in Höhe von 24 000 € erhalten. Gesucht ist die Höhe des Kaufpreises bei einem Zinssatz von 5%.

Kaufpreis = Rentenbetrag × $\ddot{a}_y$ = 24 000 € × 10,853 = 260 472 €

6.3.2.3 Barwert einer monatlich vorschüssig zahlbaren Leibrente

49   *Beispiel:*

Eine 70-jährige Frau verkauft ihr Grundstück für eine lebenslänglich, monatlich vorschüssig zu zahlende Rente. Der Wert des Grundstücks beträgt 200 000 €. Gesucht ist die Höhe der Leibrente bei einer Verzinsung des Kaufpreises von 5%.

Bei einem Zinssatz von 5,0% ergibt sich für eine 70-jährige Frau nach dem Tabellenwerk der Kommutationszahlen 2002/2004:

$^{(m)}\ddot{a}_y$: 10,387, wobei $^{(m)}\ddot{a}_y = {}^{(12)}\ddot{a}_{70} = \ddot{a}_y - {}^{(m)}k = 10{,}853 - 0{,}4664$

Rentenbetrag = Kaufpreis/$^{(m)}\ddot{a}_{y\,m}$ = 200 000 € / 10,853 = 18 428,08 €

6.3.2.4 Barwert einer aufgeschobenen Leibrente

50   Eine 70-jährige Frau verkauft ihr Grundstück für eine lebenslänglich, jährlich vorschüssig zu zahlende Rente, beginnend ab dem 75. Lebensjahr. Der Wert des Grundstücks beträgt 200 000 €. Gesucht ist die Höhe der Leibrente bei einer Verzinsung des Kaufpreises von 5%.

Bei einem Zinssatz von 5,0% ergibt sich für eine 70-jährige Frau nach dem Tabellenwerk der Kommutationszahlen 2002/2004:

$_n\ddot{a}_y = (D_{y+n}/D_y) \times \ddot{a}_{y+n} = 6{,}445$

Rentenbetrag = Kaufpreis/$^{(m)}\ddot{a}_{y\,m}$ = 200 000 € / 6,445 = 31 031,81 €

6.3.2.5 Temporäre Leibrente

51   Eine 70-jährige Frau verkauft ihr Grundstück für eine lebenslänglich, jährlich vorschüssig zu zahlende Rente, die auf eine Laufzeit von 20 Jahren begrenzt sein soll. Der Wert des Grundstücks beträgt 200 000 €. Gesucht ist die Höhe der Leibrente bei einer Verzinsung des Kaufpreises von 5%.

Bei einem Zinssatz von 5,0% ergibt sich für eine 70-jährige Frau nach dem Tabellenwerk der Kommutationszahlen 2002/2004:

$\ddot{a}_{70:20}\ (N_y - N_{y+n})/D_y = (30\,674{,}151 - 1\,251{,}577) / 2\,826{,}290 = 10{,}410$

Rentenbetrag = Kaufpreis/$^{(m)}\ddot{a}_{y\,m}$ = 200 000 € / 10,410 = 19 212,30 €

6.3.2.6 Verbundene Leibrenten

Bei der Berechnung des Barwerts verbundener Leibrenten – auch **Verbindungsrente** genannt – sind zwei Besonderheiten zu beachten:

a) Der Abfindungsfaktor $^{(m)}ä_{xy}$ ist vom Altersunterschied z.B. des Ehepaares abhängig; insoweit muss auf die einschlägigen Tabellenwerke zurückgegriffen werden.

b) Der Altersunterschied ist dadurch zu ermitteln, dass zunächst beide Alter (genau) bezogen auf den Wertermittlungsstichtag zu ermitteln sind und anschließend die Differenz gebildet wird.

c) Es müssen besondere Bestimmungen beachtet werden, wenn beim Tode des einen Berechtigten die Höhe der Rente nur zum Teil auf den anderen Berechtigten übergeht. Dazu werden die Faktoren F eingeführt, die jeweils den prozentualen Übergang der Leibrentenhöhe kennzeichnen. Bei vollem Übergang ist F = 1, bei 50%igem Übergang ist F = 0,5 usw.:

Fx = Übergangsfaktor an den Mann

Fy = Übergangsfaktor an die Frau

Fxy = (Fx + Fy) − 1

Geht die Leibrente beim Tode eines Berechtigten jeweils voll auf den Überlebenden über, ist Fxy = 1 + 1 − 1 = 1

Der **Barwert für eine verbundene Leibrente** (monatlich und vorschüssig) berechnet sich dann nach folgender Formel:

$$B = R \times m \,(Fx \times {}^{(m)}ä_x + Fy \times {}^{(m)}ä_y - Fxy \times {}^{(m)}ä_{xy})$$

wobei m = 12 bei monatlicher Zahlweise

Beispiel:

Ein Ehepaar will eine monatlich vorschüssig zahlbare Leibrente in Höhe von 2 000 € erhalten.
Versicherungsmathematisches Alter des Mannes   55 Jahre
Versicherungsmathematisches Alter der Frau   50 Jahre
Verstirbt der Mann zuerst, dann sollen 70% der Leibrente an die Frau weitergezahlt werden.
Verstirbt die Frau zuerst, dann sollen 100% der Leibrente an den Mann weitergezahlt werden.
Gesucht ist der Barwert.

Mithin ist   Fx =   1,000
               Fy =   0,700
               Fxy =   (1,000 + 0,700) − 1 = 0,700

Barwert = Rentenbetrag × m × (Fx × $^{(12)}ä_x$ + Fy × $^{(12)}ä_y$ − Fxy × $^{(12)}ä_{xy}$)
Barwert = 2 000 € × 12 (1,000 × 13,366 + 0,700 × 15,828 − 0,700 × 12,590) = 375 182, 40 €

6.4 Zinssatz

Für die Kapitalisierung von Leibrenten wird üblicherweise ein Zinssatz von 5,5% (monatlich vorschüssig) angesetzt. Dieser Zinssatz ist allerdings nur deshalb praxisüblich, weil die entsprechenden Tabellen der Finanzverwaltung hierauf aufbauen. Tatsächlich kommt es aber maßgeblich auf den Zinssatz an, den die Vertragsparteien ausgehandelt haben. Dabei ist vor allem zu beachten, ob eine Wertsicherungsklausel vereinbart worden ist, die i.d.R. zu einem effektiv höheren Zinssatz führt.

§ 8 ImmoWertV
Ermittlung des Verkehrswerts

(1) Zur Wertermittlung sind das Vergleichswertverfahren (§ 15) einschließlich des Verfahrens zur Bodenwertermittlung (§ 16), das Ertragswertverfahren (§§ 17 bis 20), das Sachwertverfahren (§§ 21 bis 23) oder mehrere dieser Verfahren heranzuziehen. Die Verfahren sind nach der Art des Wertermittlungsobjekts unter Berücksichtigung der im gewöhnlichen Geschäftsverkehr bestehenden Gepflogenheiten und der sonstigen Umstände des Einzelfalls, insbesondere der zur Verfügung stehenden Daten, zu wählen; die Wahl ist zu begründen. Der Verkehrswert ist aus dem Ergebnis des oder der herangezogenen Verfahren unter Würdigung seines oder ihrer Aussagefähigkeit zu ermitteln.

(2) In den Wertermittlungsverfahren nach Absatz 1 sind in folgender Reihenfolge zu berücksichtigen:

1. die allgemeinen Wertverhältnisse auf dem Grundstücksmarkt (Marktanpassung),
2. die besonderen objektspezifischen Grundstücksmerkmale des zu bewertenden Grundstücks.

(3) Besondere objektspezifische Grundstücksmerkmale wie beispielsweise eine wirtschaftliche Überalterung, ein überdurchschnittlicher Erhaltungszustand, Baumängel oder Bauschäden sowie von den marktüblich erzielbaren Erträgen erheblich abweichende Erträge können, soweit dies dem gewöhnlichen Geschäftsverkehr entspricht, durch marktgerechte Zu- oder Abschläge oder in anderer geeigneter Weise berücksichtigt werden.

Gliederungsübersicht   Rn.

1 Allgemeine Übersicht
  1.1 Regelungsgehalt des § 8 ImmoWertV
    1.1.1 Zentrale Bedeutung des § 8 ImmoWertV 1
    1.1.2 Wertermittlungsverfahren der ImmoWertV 5
    1.1.3 Derivate der klassischen Wertermittlungsverfahren 11
  1.2 Verfahren zur Preisermittlung für Investitionen 15
  1.3 Internationale „Bewertungsverfahren" und Bewertungsstandards 16
2 Vergleichs-, Ertrags- und Sachwertverfahren (§ 8 Abs. 1 Satz 1 und 2 ImmoWertV)
  2.1 Übersicht 17
  2.2 Verfahrenswahl
    2.2.1 Allgemeine Grundsätze für die Ermittlung von Verkehrswerten (Marktwerte)
      2.2.1.1 Allgemeines 25
      2.2.1.2 Gepflogenheiten des gewöhnlichen Geschäftsverkehrs 39
      2.2.1.3 Sonstige Umstände des Einzelfalls 42
    2.2.2 Verfahrensvorgaben bei der Beleihungswertermittlung 43
  2.3 Vergleichswertverfahren
    2.3.1 Allgemeines 48
    2.3.2 Anwendungsbereich 50
    2.3.3 Bodenwertermittlung
      2.3.3.1 Allgemeines 53
      2.3.3.2 Unmittelbarer und mittelbarer Preisvergleich 55
      2.3.3.3 Bodenrichtwertverfahren 57
      2.3.3.4 Zielbaumverfahren 60
  2.4 Ertragswertverfahren
    2.4.1 Allgemeines 62
    2.4.2 Anwendungsbereich 63
    2.4.3 Pachtwertverfahren 68

	2.4.4 Prognoseverfahren (*Discounted Cashflow* Verfahren)..................	69
2.5	Sachwertverfahren	
	2.5.1 Allgemeines..	70
	2.5.2 Anwendungsbereich...	71
	2.5.3 Missverstandenes Eigennutzprinzip..	82
2.6	Liquidationswertverfahren	
	2.6.1 Allgemeines..	89
	2.6.2 Zerschlagungs- bzw. Zerlegungstaxe sowie Vereinigungswert.....	92
2.7	Kombinationsverfahren	
	2.7.1 Allgemeines..	99
	2.7.2 Extraktionsverfahren (Residualwertverfahren).........................	102
2.8	Monte-Carlo-Verfahren..	108
2.9	Massenbewertungsverfahren (Portfolio-Bewertung)	
	2.9.1 Allgemeines..	110
	2.9.2 Methoden...	111
	2.9.3 Paketab- und -zuschlag...	112

3 Problemfälle bei der Wahl des Wertermittlungsverfahrens
   3.1 Gewerbe- und Industriegrundstücke 113
   3.2 Unternehmensbewertung... 117
   3.3 Eigentumswohnung... 125
   3.4 Gemeinbedarfsfläche.. 130
   3.5 Teilfläche
       3.5.1 Allgemeines.. 136
       3.5.2 Differenzwertverfahren 139
       3.5.3 Pauschalierte Bruchteilsbewertung 143
       3.5.4 Proportionalverfahren... 144
   3.6 Warteständiges Bauland.. 146
   3.7 Grundstücke im Zustand der Bebauung
       3.7.1 Allgemeines.. 148
       3.7.2 Verkehrswertermittlung (ImmoWertV)..................................... 149
       3.7.3 Beleihungswertermittlung (BelWertV)..................................... 150
       3.7.4 Steuerliche Bewertung... 151

4 Verkehrswertableitung aus den Ergebnissen der Wertermittlungsverfahren
   (§ 8 Abs. 1 Satz 3 ImmoWertV)
   4.1 Übersicht 154
   4.2 Aussagefähigkeit der herangezogenen Verfahren................................ 155
   4.3 Berücksichtigung mehrerer Verfahrensergebnisse............................... 156
   4.4 Mittelwertmethode (Berliner Verfahren) 158

5 Marktanpassung (§ 8 Abs. 2 Nr. 1 ImmoWertV)
   5.1 Allgemeines.. 164
   5.2 Vergleichswertverfahren... 171
   5.3 Ertragswertverfahren.. 173
   5.4 Sachwertverfahren.. 175

6 Berücksichtigung besonderer objektspezifischer Grundstücksmerkmale
   (§ 8 Abs. 3 ImmoWertV)
   6.1 Allgemeines
       6.1.1 Verkehrswertermittlung (ImmoWertV)..................................... 178
       6.1.2 Beleihungswertermittlung (BelWertV)..................................... 188
   6.2 Baumängel und Bauschäden (Instandhaltungsrückstau)
       6.2.1 Begriffe
             6.2.1.1 Baumängel und Bauschäden 189
             6.2.1.2 Unterlassene Instandhaltung (Instandhaltungsrückstau)....... 195
             6.2.1.3 Instandsetzung.. 196
       6.2.2 Wertminderung wegen Baumängeln und Bauschäden
            (Instandhaltungsrückstau)
             6.2.2.1 Allgemeines... 198
             6.2.2.2 Deduktive Ermittlung der Wertminderung............... 215
       6.2.3 Instandsetzungskosten 229
       6.2.4 Ermittlung der „vollen" Schadensbeseitigungskosten.............. 238

	6.2.5	Baumängel und Bauschäden (Instandhaltungsrückstau) in der Beleihungswertermittlung	245
6.3		Wirtschaftliche Überalterung	
	6.3.1	Allgemeines	246
	6.3.2	Grundriss	249
	6.3.3	Geschosshöhe	250
	6.3.4	Struktur und Raumaufteilung	251
6.4		Überdurchschnittlicher Erhaltungszustand	252
6.5		Architektonische Gestaltung	254
6.6		Vom marktüblich erzielbaren Ertrag erheblich abweichender Ertrag	
	6.6.1	Allgemeines	
		6.6.1.1 Verkehrswertermittlung (ImmoWertV)	255
		6.6.1.2 Beleihungswertermittlung (BelWertV)	261
		6.6.1.3 Steuerliche Bewertung	262
	6.6.2	Über- und Untervermietung *(over- und underrent)*	
		6.6.2.1 Allgemeine Grundsätze der Verkehrswertermittlung nach ImmoWertV	263
		6.6.2.2 Allgemeine Grundsätze der BelWertV	274
		6.6.2.3 Allgemeine Grundsätze der erbschaftsteuerlichen Bewertung	277
		6.6.2.4 Auf- und Abschichtungsverfahren *(Top and Bottom Slicing)*	279
		6.6.2.5 Berücksichtigung der Bewirtschaftungskosten bei Auf- und Abschichtung	305
	6.6.3	Temporäre Abweichungen der Bewirtschaftungskosten von marktüblichen Bewirtschaftungskosten	
		6.6.3.1 Allgemeines	314
		6.6.3.2 Beispiel	318
	6.6.4	Abweichungen aufgrund eines vorübergehenden Leerstands	
		6.6.4.1 Allgemeines	319
		6.6.4.2 Berücksichtigung bei der Verkehrswertermittlung	334
	6.6.5	Abweichungen aufgrund atypischer Nutzungen (Fehlnutzungen)	361
	6.6.6	Temporäre Einnahmen aufgrund von Zwischennutzungen, Werbeflächen, Antennenanlagen und dgl.	374
	6.6.7	Sonstige besondere objektspezifische Grundstücksmerkmale	
		6.6.7.1 Übersicht	384
		6.6.7.2 Optionen	385
		6.6.7.3 Aufwendungen für einen bevorstehenden Abbruch	388
		6.6.7.4 Altlasten	389
		6.6.7.5 Aufwuchs und sonstige Außenanlagen	390
		6.6.7.6 Rechte am Grundstück	394
7	Anlagen		
	7.1	Kostengliederung nach Bauelementen und Gebäudejahresklassen	395
	7.2	Instandsetzungs- und Modernisierungskosten (einschließlich MwSt.)	401
	7.3	Pauschalsätze für Modernisierungskosten des IVD Berlin Brandenburg (2009/10)	402

Allgemeine Übersicht § 8 ImmoWertV V

1 Allgemeine Übersicht

1.1 Regelungsgehalt des § 8 ImmoWertV

1.1.1 Zentrale Bedeutung des § 8 ImmoWertV

§ 8 ImmoWertV ist eine Norm, die in der Systematik der ImmoWertV eine zentrale Stellung einnimmt. 1

Die Vorschrift ist eigentlich dem Abschnitt 3 (Wertermittlungsverfahren) zuzuordnen, denn sie regelt verfahrensübergreifend

a) in Abs. 1 die allgemeinen Grundsätze für die Wahl der in Abschnitt 3 geregelten Wertermittlungsverfahren (Vergleichs-, Ertrags- und Sachwertverfahren) und die Ableitung des Verkehrswerts (Marktwerts) aus dem Ergebnis des herangezogenen Verfahrens,

b) in Abs. 2 die Anpassung des nach den §§ 15 bis 23 ImmoWertV zu ermittelnden Vergleichs-, Ertrags- und Sachwerts an die allgemeinen Wertverhältnisse auf dem Grundstücksmarkt (sog. Marktanpassung) einschließlich ihrer wertermittlungstechnischen Abfolge, sowie

c) in Abs. 3 und 4 die ergänzende Berücksichtigung besonderer objektspezifischer Grundstücksmerkmale.

Die allgemeinen Grundsätze des § 8 Abs. 1 ImmoWertV für die „heranzuziehenden" Wertermittlungsverfahren (Vergleichs-, Ertrags- und Sachwertverfahren) gliedern sich wie folgt: 2

a) Nach § 8 Abs. 1 *Satz 1* ImmoWertV stehen zur Ermittlung des Verkehrswerts die **drei klassischen Wertermittlungsverfahren**, nämlich das Vergleichs-, das Ertrags- und das Sachwertverfahren, zur Verfügung. Es handelt sich dabei nicht um eine abschließende Aufzählung (vgl. Vorbem. zur ImmoWertV Rn. 31 ff.).

b) § 8 Abs. 1 *Satz 2* ImmoWertV enthält Grundsätze für die **Wahl des oder der zur Anwendung kommenden Wertermittlungsverfahren** und verpflichtet zur Begründung der Verfahrenswahl.

c) § 8 Abs. 1 *Satz 3* ImmoWertV enthält ergänzende Hinweise zur **Ableitung des Verkehrswerts aus** den Ergebnissen der **angewandten Wertermittlungsverfahren** (Vergleichs-, Ertrags- oder Sachwert).

§ 8 ImmoWertV ist damit eine „Rahmenvorschrift" für die im Abschnitt 3 geregelten Wertermittlungsverfahren. § 8 Abs. 1 Satz 3 bestimmt nämlich, dass der Verkehrswert aus dem Ergebnis des jeweils herangezogenen Verfahrens (Vergleichs-, Ertrags- oder Sachwert) unter Würdigung seiner Aussagefähigkeit abzuleiten ist. Sind mehrere Verfahren herangezogen worden, gilt dies entsprechend für die ermittelten Ergebnisse.

Die Stellung der Vorschrift verleitet zu der Annahme, dass die in § 8 Abs. 2 und 3 ImmoWertV genannten Komplexe nicht Bestandteil des Vergleichs-, Ertrags- und Sachwertverfahrens nach den §§ 15 bis 23 ImmoWertV sind und die allgemeinen Wertverhältnisse auf dem Grundstücksmarkt (sog. Marktanpassung) sowie die besonderen objektspezifischen Grundstücksmerkmale in der wertermittlungstechnischen Abfolge erst nachträglich zu berücksichtigen sind. Tatsächlich ist die mit § 8 Abs. 2 und 3 vorgeschriebene Berücksichtigung der allgemeinen Wertverhältnisse auf dem Grundstücksmarkt (sog. Marktanpassung) sowie der Berücksichtigung besonderer objektspezifischer Grundstücksmerkmale integraler Bestandteil des Vergleichs-, Ertrags- und Sachwertverfahrens nach Abschnitt 3. Dies ergibt sich aus § 8 Abs. 2 ImmoWertV, nach dem „in den Wertermittlungsverfahren nach Absatz 1" (Vergleichs-, Ertrags- und Sachwertverfahren) die sog. Marktanpassung sowie die besonderen objektspezifischen Grundstücksmerkmale zu berücksichtigen sind. Soweit diese nicht bereits nach den §§ 15 bis 23 ImmoWertV ihre Berücksichtigung gefunden haben, muss 3

a) bei Anwendung des Vergleichswertverfahrens nach den §§ 15 und 16 ImmoWertV

b) bei Anwendung des Ertragswertverfahrens nach den §§ 17 bis 20 ImmoWertV und

c) bei Anwendung des Sachwertverfahrens nach den §§ 21 bis 23 ImmoWertV

das Ergebnis jeweils um die mit § 8 Abs. 3 ImmoWertV vorgegebene Berücksichtigung der Marktanpassung sowie der besonderen objektspezifischen Grundstücksmerkmale ergänzt werden, um zum Vergleichs-, Ertrags- und Sachwert zu gelangen.

4   Hieraus folgt, dass die Regelungen des Abschnitts 3 über die Ermittlung des Vergleichs-, Ertrags- und Sachwerts erst i.V.m. § 8 Abs. 3 ImmoWertV zum Vergleichs-, Ertrags- und Sachwert führen. Dies ist begrifflich von nicht unerheblicher Bedeutung. Bedarf es nämlich einer ergänzenden Berücksichtigung der Marktanpassung sowie der besonderen objektspezifischen Grundstücksmerkmale ergibt sich nach den §§ 15 bis 23 ImmoWertV lediglich ein **„vorläufiger" Vergleichs-, Ertrags- und Sachwert**. Dies betrifft insbesondere das Ertrags- und Sachwertverfahren, denn i.d.R. weisen die Bewertungsobjekte besondere nach § 8 Abs. 3 ImmWertV ergänzend zu berücksichtigende objektspezifische Grundstücksmerkmale auf, deren Berücksichtigung allein bei Anwendung des Vergleichswertverfahrens mit § 15 Abs. 1 Satz 4 sowie § 16 Abs. 1 Satz 5 ImmoWertV ausdrücklich vorgeschrieben ist. § 8 Abs. 3 ImmoWertV ersetzt damit die §§ 19, 24 und 25 WertV 88/98, mit denen die Berücksichtigung der besonderen objektspezifischen Grundstücksmerkmale „innerhalb" der Regelungen zum Ertrags- und Sachwertverfahren vorgegeben war.

1.1.2 Wertermittlungsverfahren der ImmoWertV

5   Nach § 8 Abs. 1 Satz 1 ImmoWertV „sind" zur Verkehrswertermittlung (Marktwertermittlung)

a) das Vergleichswertverfahren *(comparison method oder sales comparison approach)*,

b) das Ertragswertverfahren *(income approach oder income capitalisation approach)*,

c) das Sachwertverfahren *(cost approach)*

oder mehrere dieser Verfahren heranzuziehen.

Bei den genannten Verfahren handelt es sich um die **klassischen und international gebräuchlichen Wertermittlungsverfahren** *(valuation methodology)*, die weltweit das methodische Gerüst der Verkehrswertermittlung mit allerdings unterschiedlichem Gewicht und unterschiedlicher Tradition bilden. Das Vergleichs-, Ertrags- und Sachwertverfahren können als die eigentlichen internationalen Verfahren bezeichnet werden[1].

6   **Im Kern können alle** diese **Verfahren als Vergleichswertverfahren angesehen werden**. Während nämlich bei Anwendung des Vergleichswertverfahrens die Verkehrswertermittlung im Wege des direkten Preisvergleichs gesucht wird, sind das Ertrags- und Sachwertverfahren darauf ausgerichtet, deduktiv über den Vergleich der Ertragsverhältnisse bzw. der Herstellungskosten zum Verkehrswert zu gelangen. Bei allen Verfahren geht es im Kern auch darum, objektspezifisch und authentisch die Markt- und Wettbewerbssituation (des gewöhnlichen Geschäftsverkehrs) zu simulieren.

Nr. 3.1.2.1 der WERTR stellt in diesem Sinne heraus, dass das Ertragswertverfahren bei sachgerechter Anwendung der grundstücksbezogenen Daten ein vergleichendes Verfahren ist. Dementsprechend würde eine Marktanpassung des Grundstücksertragswerts überflüssig werden, da mit marktkonformen Ansätzen insbesondere der Mieten und des Liegenschaftszinssatzes der Grundstücksertragswert weitgehend dem Verkehrswert entsprechen müsste.

7   Mit der Beschränkung auf die Regelung der drei sog. klassischen Wertermittlungsverfahren ist die **Anwendung anderer sachgerechter Verfahren nicht ausgeschlossen**, denn die ImmoWertV regelt die Verkehrswertermittlung ohnehin nur in ihren Grundzügen. Andere in Betracht zu ziehende Verfahren sind ohnehin Derivate der genannten Verfahren, die auch als

---

1   The Appraisal of Real Estate, 12. Aufl. 2001, S. 62.

deduktive Methoden bezeichnet werden, so z. B. die Zielbaummethode, das Extraktionsverfahren (Residualwertverfahren), die allgemeine Barwertmethode (mehrperiodisches Ertragswertverfahren), die als „Urform" des Ertragswertverfahrens angesehen werden kann, und viele mehr. Andere zur Verkehrswertermittlung herangezogene Methoden müssen aber geeignet sein und dürfen nicht das Wertbild verzerren. Dies wird u. a. mit **Nr. 1.5.5 WERTR** klargestellt:

„Der Verkehrswert ist mit Hilfe geeigneter Verfahren zu ermitteln. Neben den in § 7 WertV (entspricht § 8 ImmoWertV) genannten Verfahren (Vergleichs-, Ertrags- und Sachwertverfahren) können auch andere Wertermittlungsverfahren angewandt werden, wenn diese zu sachgerechten Ergebnissen führen und das Wertbild nicht verzerren."

Das BVerwG hat mit seiner Entscheidung vom 16.1.1996 den **klassischen Verfahren eine Priorität** eingeräumt und in diesem Zusammenhang darauf hingewiesen, dass auf andere geeignete Methoden erst ausgewichen werden kann, wenn eine in der ImmoWertV vorgesehene Methode nicht angewandt werden kann. Die ImmoWertV sei insoweit nicht abschließend[2].

Zur Kontrolle können auch **überschlägige Berechnungen** auf der Grundlage von Herstellungskosten, Feuerversicherungswerten, Beleihungswerten und „Maklerformeln". Überschlagsrechnungen (Faustformeln) haben den Vorteil, dass bei sachkundiger Anwendung mit ihrer Hilfe die Größenordnung des Verkehrswerts schnell abgeschätzt werden kann. Sie haben jedoch den Nachteil, dass die Wertermittlungsgrundlagen (Preis- oder Zinsansätze) nicht nachprüfbar sind. Damit genügen sie nicht den Anforderungen, die die Rechtsprechung an Gutachten stellt[3].

8

Die **Wertermittlungsverfahren stellen Hilfswege für die Ableitung** des sich am Geschehen auf dem Grundstücksmarkt orientierenden **Verkehrswerts** dar (§ 194 BauGB). In der Begründung zur WertV 61 war dies besonders für das Ertrags- und Sachwertverfahren herausgestellt. Dort hieß es, dass diese Verfahren „immer nur ein Hilfsmittel zur Bestimmung des Verkehrswerts" darstellen[4]. Dies gilt grundsätzlich für alle zur Ermittlung des Verkehrswerts herangezogenen Verfahren und damit auch für solche, die in der ImmoWertV nicht geregelt sind.

9

Zur Verkehrswertermittlung können entgegen einer weit verbreiteten Auffassung (vgl. Rn. 99) Elemente des Vergleichs-, Ertrags- und Sachwertverfahrens miteinander kombiniert werden (**Kombinationswertverfahren**). Dies ist bei Anwendung des Ertrags- und Sachwertverfahrens in der ImmoWertV ausdrücklich geregelt, denn bei Anwendung dieser Verfahren ist nach § 16 Abs. 2 und § 21 Abs. 1 ImmoWertV i.d.R. der nach dem Vergleichswertverfahren (§ 16 ImmoWertV) abgeleitete Bodenwert einzuführen.

10

Als weitere Beispiele für die Kombination von Elementen verschiedener Wertermittlungsverfahren können insbesondere die sog. deduktiven Verfahren gelten, namentlich

– das **Extraktionsverfahren** (Residualwertverfahren),
– die sog. **kalkulatorische Bodenwertermittlung** über die Ertragsfähigkeit des Grund und Bodens.

Wie noch näher ausgeführt wird (vgl. Rn. 99 ff.) muss allerdings gefordert werden, dass die zu kombinierenden Elemente verschiedener Wertermittlungsverfahren aufeinander „abgestimmt" sind und die Kombination nicht zu einer „Verzerrung des Wertbilds" führt.

1.1.3 Derivate der klassischen Wertermittlungsverfahren

In der Praxis der Wertermittlung von Grundstücken haben sich eine fast unüberschaubare Zahl von Wertermittlungsverfahren herausgebildet, die allesamt letztlich auf die klassischen Grundverfahren zurückgehen. **Die über die genannten Verfahren hinaus in der Praxis der**

11

---
2 BVerwG, Urt. vom 16.1.1998 – 4 B 69/95 –, GuG 1996, 111 = EzGuG 15.83.
3 BGH, Urt. vom 17.12.1964 – III ZR 96/63 –, EzGuG 11.47; BGH, Urt. vom 2.2.1977 – VII ZR 155/75 –, EzGuG 11.106.
4 BAnz Nr. 154 vom 12.8.1961.

Wertermittlung entwickelten sonstigen Verfahren stellen letztlich nur Derivate der klassischen Wertermittlungsverfahren dar. Sie haben sich aus den verschiedensten Gründen aus den klassischen Wertermittlungsverfahren herausgebildet, insbesondere im Hinblick auf

a) die mit der Wertermittlung verfolgte Zielsetzung, z. B. im Steuer-, Beleihungs-, Rechnungs- und Bilanz- oder Versicherungswesen,

b) die Lösung besonderer Problemstellungen, wie die Bemessung von Enteignungsentschädigungen, die Verkehrswertermittlung von Teilflächen und die Verkehrswertermittlung im Zusammenhang mit der Durchführung städtebaulicher Maßnahmen,

c) die im Einzelfall geforderte Genauigkeit oder

d) geeignete Rechentechniken.

Dabei werden die klassischen Verfahren in vielfältiger Weise modifiziert und auch kombiniert (Abb. 1).

Abb. 1: Übersicht über die internationalen Wertermittlungsverfahren

Schließlich haben sich in der Wertermittlungspraxis für besonders gelagerte Wertermittlungsaufgaben noch näher darzulegende Wertermittlungsverfahren entwickelt, für die die Praxis eigene Begriffe geprägt hat.

a) Im Rahmen der Verkehrswertermittlung von Teilflächen, die aus einem Stammgrundstück herausgetrennt werden, sind hier namentlich zu nennen:

- das **Differenzwertverfahren**, bei dessen Anwendung der Teilflächenwert aus dem Unterschied des Verkehrswerts eines Stammgrundstücks zum Restgrundstück ermittelt wird; ggf. unter Einbeziehung der Entschädigung für weitere Vermögensnachteile, die das Restgrundstück durch die Abtretung erfährt (vgl. Rn. 139 sowie Teil VI Rn. 669 ff.);
- die **pauschale Bruchteilsbewertung** (vgl. Rn. 143; Teil VI Rn. 638 ff., 674).

b) Bei der Bewertung sog. „Bleibender Gemeinbedarfsflächen", die mangels Verkehrswertfähigkeit begrifflich keinen Verkehrswert haben können (Rn. 138), bedient man sich gewisser Kunstgriffe, um zu einem Wert (nicht Verkehrswert) zu kommen, der letztlich nur zu einem gerechten Interessensausgleich führt. Als Kunstgriff bedient man sich hier gewisser Denkmodelle, insbesondere

- des aktualisierten Beschaffungswertprinzips (vgl. Teil VI Rn. 644 ff.),
- des Ersatzbeschaffungsprinzips (vgl. Teil VI Rn. 644 ff.)

Vor besonderen Herausforderungen steht der Sachverständige in diesem Zusammenhang in den Fällen, in denen es um die Verkehrswertermittlung von 12

– umnutzungsträchtigen Immobilien mit Entwicklungspotenzialen und

– größeren aus einer Vielzahl von Grundstücken bestehenden Immobilien (**wirtschaftliche Einheit**), z. B. eines gewerblichen oder land- oder forstwirtschaftlichen Betriebs,

geht. Hier stellt sich die grundsätzliche Frage, ob der Verkehrswert auf der Grundlage der ausgeübten Nutzung (ggf. des Gesamtbetriebs) oder auf der Grundlage einer sinnvollen Verwertung der Immobilie durch Umstrukturierungs- oder Modernisierungsmaßnahmen oder ggf. durch Zerschlagung (Zerlegung) des Betriebs ermittelt wird.

Bei einer sich aus einer Vielzahl von Einzelgrundstücken zusammensetzenden Immobilie (wie z. B. einem landwirtschaftlichen Betrieb) ist zunächst grundsätzlich festzustellen, dass der (Gesamtverkehrs-)Wert nicht zwangsläufig der Summe der Verkehrswerte aller eigenständig nutzbaren Einzelflächen entspricht, wie sie sich mosaikartig bilden ließen. Dies wäre eher sogar der Ausnahmefall. Generell kann sogar gesagt werden, dass die Summe der Verkehrswerte aller Mosaikflächen höher oder niedriger ist als der Verkehrswert des Gesamtgrundstücks. Die Ermittlung des Verkehrswerts des Gesamtgrundstücks im Wege des sog. **Mosaikverfahrens,** bei dem die Verkehrswerte der entsprechenden Teilflächen gesondert ermittelt und aufsummiert werden, ist daher nicht unproblematisch. Die Zusammenfassung verschiedener Einzelgrundstücke kann zu einer Erhöhung des Gesamtwerts führen (**Verschmelzungswert/***marriage value*), wenn sich damit die Nutzungsmöglichkeiten (Ertragsfähigkeit) der Immobilie verbessern. Umgekehrt kann gerade im Zuge der wirtschaftlichen Umstrukturierung eine „Zerschlagung" (Zerlegung) einer solchen Immobilie in selbständig verwertbare Einzelgrundstücke dazu führen, dass die Summe der Verkehrswerte dieser Einzelgrundstücke zu einem höheren Gesamtwert führt, als sich als Verkehrswert des Gesamtgrundstücks ergibt. Der dafür geprägte Begriff der Zerschlagungstaxe kommt letztlich dem Liquidationswert gleich. Während man bei der Unternehmensbewertung diesbezüglich auch vom **Liquidationswert** als dem Mindestwert des Unternehmens spricht, ist im land- und forstwirtschaftlichen Bereich der Begriff der **Zerschlagungstaxe** gängig. Unter den genannten Voraussetzungen ist die Verkehrswertermittlung verfahrensmäßig nicht auf der Grundlage der ausgeübten Nutzung vorzunehmen, sondern unter Anwendung des Liquidationswertverfahrens bzw. auf der Grundlage der Zerschlagungstaxe, denn die Fortsetzung einer unwirtschaftlichen Nutzung wäre begrifflich nicht mit der Verkehrswertdefinition vereinbar. 13

Entsprechendes gilt auch für bebaute (Einzel-)Grundstücke, die gegenüber der ausgeübten Nutzung ein **Entwicklungspotenzial** aufweisen, das eine ertragreichere Nutzung erwarten lässt. Dieses Entwicklungspotenzial kann durch eine durchgreifende Modernisierung, durch 14 eine Umstrukturierung oder (bei Objekten mit Instandhaltungsrückstau) durch eine durchgreifende Instandhaltung aktivierbar sein. Welche der Alternativen hier als sinnvollste gelten kann, ist im Einzelfall oftmals nur feststellbar, indem die jeweiligen Verkehrswerte auf der Grundlage der verschiedenen Alternativen mit dem jeweils dann sachgerechten Wertermittlungsverfahren ermittelt und miteinander verglichen werden. Als Verkehrswert und als das im Einzelfall angemessene Wertermittlungsverfahren kann in aller Regel das Ergebnis gelten, das zum höchsten Wert führt *(highest and best value)*.

Sowohl bei der Verkehrswertermittlung von *unbebauten* als auch von *bebauten* Grundstücken müssen Entwicklungspotenziale berücksichtigt werden. So kann der Verkehrswert z. B. von (unbebautem) Bauerwartungsland durch die Lage des Grundstücks oder eine vorbereitende Planung beeinflusst sein. Bei bebauten Grundstücken sind Entwicklungspotenziale insbesondere von Bedeutung, wenn das Grundstück eine „Fehlnutzung" aufweist oder eine strukturelle Umnutzung ansteht (z. B. aufgelassenes Gewerbegebiet, Bahngebiet oder Konversionsfläche). In **Nr. 3.1 WERTR** wird dieser Gesichtspunkt erstmals deutlich herausgestellt:

„Bei bebauten Grundstücken ist für die Wahl des Wertermittlungsverfahrens und für die grundlegenden Daten der Wertermittlung die künftige Nutzung des Grundstücks maßgebend, die im Rahmen der rechtlich zulässigen Nutzung unter wirtschaftlicher Betrachtungsweise, insbesondere unter vernünftiger Berücksichtigung der Eignung des vorhandenen Bestands, üblicherweise realisiert wird (vgl. Nr. 3.1.4.1 und Nr. 5.1.2).

Die künftige Nutzung ist möglichst auf der Grundlage der Bauleitplanung und anderer rechtlicher und tatsächlicher Gegebenheiten festzustellen, die ohne spekulative Erwartungen Anhaltspunkte für die künftige Nutzbarkeit geben (Bauvoranfragen, von der Gemeinde beschlossene sonstige Planungen, Investitionsplanungen, allgemeine städtebauliche Entwicklung, Siedlungsstruktur sowie mit der Gemeinde abgestimmte Nutzungskonzepte)."

Die Wahl des Wertermittlungsverfahrens bestimmt sich in diesen Fällen **nach der künftigen Nutzung** (vgl. § 2 Satz 2 ImmoWertV).

1.2 Verfahren zur Preisermittlung für Investitionen

15 In enger Anlehnung an die vorgestellten Verfahren zur Ermittlung des Verkehrswerts von Grundstücken haben sich auch eine Vielzahl von Verfahren entwickelt, die auf die Vorbereitung von Investitionsentscheidungen ausgerichtet sind. Sie unterscheiden sich von den Verfahren zur Verkehrswertermittlung im Wesentlichen darin, dass bei Anwendung dieser Verfahren von einzelfallspezifischen (projektbezogenen) Wertermittlungsparametern auch unter **Einbeziehung besonderer individueller Kosten (z. B. Finanzierungs-, Grundstückstransaktions- und Verwertungskosten)** ausgegangen wird. Dabei wird häufig einseitig auf die Belange eines Investors abgestellt (einschließlich seines Investitionsrisikos). Dementsprechend sind diese Verfahren im Vergleich zu den klassischen Wertermittlungsverfahren i.d.R. auch komplizierter ausgestaltet. Zu erwähnen sind in diesem Zusammenhang das vornehmlich für die Ableitung von Investitionswerten *(investment value)* zur Anwendung kommende *Discounted Cashflow* Verfahren, aber auch das auf die Belange des Investors ausgerichtete Extraktionsverfahren (Residualwertverfahren).

Insbesondere zur **Vorbereitung von Investitionsentscheidungen** sowie bei den bereits angesprochenen Immobilien mit Entwicklungspotenzialen, die einer anderen, insbesondere höherwertigen Nutzung zugeführt werden sollen (Umnutzungsfall), lässt sich deren Verkehrswert nicht immer mit den herkömmlichen Verfahren ermitteln und es wird zunehmend (hilfsweise) auf das **Extraktionsverfahren (Residualwertverfahren)** zurückgegriffen (vgl. Syst. Darst. des Vergleichswertverfahrens Rn. 447). Bei Anwendung dieses Verfahrens wird – vereinfacht ausgedrückt – der Verkehrswert des Grundstücks aus dem z. B. im Wege des Vergleichs- oder Ertragswertverfahrens ermittelten Verkehrswert, der sich fiktiv nach Durchführung einer beabsichtigten Entwicklung ergibt, unter Abzug der Entwicklungs- und ggf. Herstellungskosten abgeleitet. Der Differenzbetrag stellt das Residuum dar, aus dem der Verkehrswert erst noch abzuleiten ist.

Das Extraktionsverfahren (Residualwertverfahren) ist nur dann zur Verkehrswertermittlung geeignet, wenn sich die miteinander in Beziehung gesetzten Größen selbst am Verkehrswert orientieren, d. h. marktorientiert sind. Werden indessen in die Extraktion (das Residualwertverfahren) z. B. Kosten eingeführt, die nicht den gewöhnlichen Herstellungs- sowie sonstigen Kosten entsprechen, sondern sich an den besonderen Verhältnissen eines einzelnen Investors orientieren, so kann das Extraktionsverfahren (Residualwertverfahren) auch nur zu dem Preis führen, der den persönlichen Verhältnissen eines Investors entspricht (Investorenmethode). Im Übrigen ist das **Extraktionsverfahren (Residualwertverfahren)** trotz seiner hohen Überzeugungskraft äußerst **anfällig gegenüber fehlerhaften Ansätzen** und wird deshalb in der Praxis der Verkehrswertermittlung kritisch angesehen[5].

1.3 Internationale „Bewertungsverfahren" und Bewertungsstandards

Schrifttum: *Adair, A./Downie, M.L./McGreal, St./Vos, G.*, European Valuation Practice, Theory and Techniques, 1. Aufl. UK London E&FN Spon 1996; *Eisele, D.*, Verkehrswertnachweis durch internationale Bewertungsstandards, NWB Nr. 3 vom 15.1.2007; *Tegova*, Europäische Bewertungsstandards, Zweite deutsche Ausgabe 2003; *Kleiber, W.*, Was sind eigentlich internationale Bewertungsverfahren, GuG 2004, 193; *Kleiber, W.*, Die europäischen Bewertungsstandards des blauen Buchs, GuG 2000, 321; *Wyatt, P.*, Property Valuation in an economic context, UK Oxford Blackwell 2007.

▶ *Vgl. hierzu auch § 194 BauGB Rn. 207 ff.; Syst. Darst. des Ertragswertverfahrens Rn. 19 ff.*

In der deutschen Tagespresse wurde vielfach verallgemeinernd von internationalen Bewertungs*methoden* und internationalen Bewertungs*standards* gesprochen. Die Begriffe „internationale Bewertungs*standards*" und „internationale Bewertungs*verfahren*" dürfen nicht gleichgesetzt werden.

a) Unter **internationalen „Bewertungsstandards"** können verstanden werden:

- die *International Valuation Standards* (IVS) des *International Valuation Standards Committee* (IVSC)[6] und

- die *European Valuation Standards* (EVS) der *European Group of Valuers' Association* (TEGoVA)

und speziell für das Rechnungswesen

- die *International Financial Reporting Standards* (IFRS/IAS).

Diese Standards enthalten im Wesentlichen einen Verhaltenskodex für Gutachter und die Erstattung von Gutachten. **Die „internationalen Bewertungsstandards" bleiben in ihren Anforderungen zumeist hinter den deutschen Bewertungsstandards zurück.**

Die *European Valuation Standards* (EVS) der TEGoVA sind im sog. **Blauen Buch** *(Blue Book)* veröffentlicht und basieren auf den Bewertungsstandards des britischen RICS[7].

Die *International Valuation Standards* (IVS) des IVSC sind im **Weißen Buch** *(White Book)* veröffentlicht worden. Das IVSC ist ein aus einer Initiative britischer und nordamerikanischer Bewertungsorganisationen hervorgegangener privatrechtlicher Zusammenschluss von Bewertungsverbänden[8] mit dem Ziel der Erarbeitung weltweit anerkannter Bewertungsstandards, sog. *Generally Accepted Valuation Principles* (GAVP), vornehmlich für die externe Rechnungslegung. Die bislang veröffentlichten Bewertungsstandards beschränken sich auf allgemein gehaltene Definitionen, die sich materiell von nationalen Definitionen nicht unterscheiden:

---

5 OVG Lüneburg, Urt. vom 25.1.2001 – 1 L 5020/96 –, GuG 2002, 182 = EzGuG 15.99d.
6 Dorchester Vella, The Appraisal Journal, January 2000, S. 81.
7 Edge, Valuation Insights & Perspectives, 2nd Quarter 2000, S. 7.
8 http://www.ivsc.org.board.htm. Das IVSC ist u. a. Mitglied der Vereinten Nationen, der Weltbank sowie der OECD.

- IVS 1: Allgemeine Definition des Marktwerts *(Market Value Basis of Valuation)*.
- IVS 2: Allgemeine Definitionen sog. marktferner Bewertungsmaßstäbe *(Valuation Basis Other Than Market Value)*, so zum Nutzungswert *(value in use)*, Investitionswert *(investment value)*, Fortführungswert *(Going concern value)*, Versicherungswert *(insurable value)*, Steuerwert *(taxable value)*, zu fortgeführten Ersatzbeschaffungskosten *(depreciated replacement cost)*, zum Restwert *(salvage value)*, Liquidationswert *(liquidation or forced sale value)*, Sonderwert *(special value)* und Beleihungswert *(mortgage lending value)*.
- IVS 3: Formale und inhaltliche Anforderungen an den Bewertungsbericht.

Diese Standards werden durch Anwendungsrichtlinien, Anwendungshilfen und Anwendungspapiere ergänzt:

- *International Valuation Applications* (IVA),
- *Guidance Notes* (GN),
- *White Paper* (WP).

Als **nationale Bewertungsstandards** können gelten:

- Die Sachverständigenordnung (SVO) der Industrie- und Handelskammer, die für öffentlich bestellte und vereidigte Sachverständige weitaus höhere Anforderungen als die internationalen Bewertungsstandards stellt.
- Das sog. *Red Book* des *Royal Institution of Chartered Surveyors* (RICS), das sich inhaltlich der Buchführung und Berichterstattung über Wertermittlungen unter Verzicht auf Hinweise zu Wertermittlungsverfahren widmet.

Das *Red Book* kennt wie die ImmoWertV auch nur die drei international gebräuchlichen Wertermittlungsverfahren, nämlich die

- *Comparative Method* (Vergleichswertverfahren),
- *Investment Method* (Ertragswertverfahren) und
- *Depreciated Replacement Method* (Sachwertverfahren).

Die übrigen dort genannten Verfahren, das Residualwertverfahren (Extraktion), die *Profit Method* (Gewinnmethode) und das *Discounted Cashflow* Verfahren sind wiederum nur modifizierte Ausformungen der drei Grundverfahren.

- Die *Uniform Standards of Professional Practice* (USPAP) des *American Institute of Appraisers* Chicago.

Der nationale Verhaltenskodex wird über die nationalen Standards maßgeblich durch die nationale Rechtsprechung der Gerichte, z. B. zur Haftung des Gutachters, bestimmt, und da stellen deutsche Gerichte die wohl weltweit schärfsten Anforderungen.

b) Es mag internationale Bewertungs*standards* geben; jedoch gibt es keine **„internationalen Bewertungsverfahren"**, die sich von den auf nationalstaatlicher Ebene seit jeher zur Anwendung kommenden Wertermittlungsverfahren unterscheiden[9]. Weltweit kommen die klassischen Wertermittlungsverfahren (Vergleichs-, Ertrags- und Sachwertverfahren) mit unterschiedlicher Ausformung, Tradition und Bedeutung zur Anwendung; diese Verfahren können damit als die eigentlichen „internationalen Bewertungsverfahren" gelten. Deutsch-

---

[9] Robinson (Drivers Jonas) plädiert in AIZ 2006, 63 für „internationale Bewertungsverfahren", ohne sie definieren zu können. Er räumt vielmehr ein, dass die weltweit und auch in Deutschland zur Anwendung kommenden Varianten des Ertragswertverfahrens allesamt Ertragswertverfahren sind.

land kann dabei für sich in Anspruch nehmen, dass es im internationalen Vergleich moderne und ausgereifte Marktwertmethoden entwickelt hat[10].

Es gibt auch keine genuinen **„angelsächsischen Bewertungsverfahren"**[11], die fälschlicherweise mitunter als „internationale Bewertungsverfahren" bezeichnet werden. Wenn in diesem Zusammenhang spezielle Methoden genannt werden, handelt es sich regelmäßig um englische Bezeichnungen allgemein üblicher Rechenverfahren.

Beispiele:[12]

„Top and bottom slicing"	Auf- und Abschichtungsmethode
„Term and Reversion"	Vervielfältigerdifferenzenmethode

Es handelt sich hierbei nicht um Bewertungsverfahren, sondern lediglich um Rechentechniken zur Berücksichtigung sog. Anomalien im Rahmen der klassischen Wertermittlungsverfahren, wie sie auch in Deutschland seit jeher praktiziert werden. Ansonsten werden auch in Großbritannien die Klassischen Wertermittlungsverfahren praktiziert, und zwar in einer allerdings neuzeitlichen Ansprüchen nicht mehr genügenden Weise (sog. englische Mager- oder Kümmerbewertung).

c) Die Forderung nach einer internationalen **„Harmonisierung der Wertermittlungsverfahren"** läuft daher bei näherer Betrachtung leer. Es bedarf nicht einer „Harmonisierung der Verfahren", sondern allenfalls einer Harmonisierung der immobilienwirtschaftlichen Rahmenbedingungen.

Der Verkehrs- bzw. Marktwert wird nämlich entscheidend durch nationale Besonderheiten, insbesondere des Bau-, Umwelt-, Wirtschafts- und Steuerrechts sowie der Normen und Standards, bestimmt. So bestehen beispielsweise selbst innerhalb der Europäischen Gemeinschaft bereits erhebliche Unterschiede in der Berechnung der immobilienwirtschaftlich bedeutsamen Flächen (BGF, Wohn- und Nutzfläche, bauplanungsrechtliche Flächen). Noch größer sind die Unterschiede im Bau-, Miet-, Umwelt- und Steuerrecht. Die Verkehrs- bzw. Marktwertermittlung ist derzeit deshalb allenfalls in beschränktem Maße allgemein gültigen internationalen Standards zugänglich. Aus ebendiesem Grunde gehört die Verkehrs- bzw. Marktwertermittlung in der Europäischen Gemeinschaft auch zum sog. ungeregelten Bereich. Internationale Bewertungsstandards und Bewertungsmethoden kann es mithin allenfalls in Grundsätzen geben.

---

10 Im internationalen Vergleich zeichnet sich die deutsche Wertermittlung als besonders zuverlässig insbesondere im direkten Vergleich mit der englischen Bewertungspraxis aus (vgl. RICS/IPD-report: Valuation and Sale Price 2006, GuG 2007, 173).
11 In Großbritannien sind die weltweit und auch in Deutschland zur Anwendung kommenden Verfahren gebräuchlich, allerdings in einer „Kümmerform" (englische „Magerbewertung"); Kleiber, W., Was sind eigentlich internationale Bewertungsverfahren, GuG 2004, 193.
12 Wenn man diese Verfahren als „angelsächsische Bewertungsverfahren" bezeichnet, könnte man auch die Grundrechenarten zu angelsächsischen Verfahren erklären.

Abb. 2: Grenzen der Harmonisierung

Bei alledem können allenfalls die internationalen Rechnungslegungsstandards *(International Accounting Standards – IAS)* für sich in Anspruch nehmen, als internationale Bewertungs*standards* zu gelten, und zwar speziell für das **internationale Bilanz- und Rechnungswesen** (vgl. § 194 BauGB Rn. 207 ff.). Diese beschränken sich indessen auf wenige allgemeine Grundsätze über die in den internationalen Bilanzen auszuweisenden Werte und hier vor allem auf das Marktwertprinzip, wie es der deutschen Verkehrswertermittlungspraxis schon seit jeher innewohnt. Die internationalen Regelwerke zur Rechnungslegung enthalten dagegen keine methodischen Standards der Verkehrswert- bzw. Marktwertermittlung, die als internationale Bewertungsmethoden gelten können. Auch die von der TEGoVA unter der irreführenden Bezeichnung „Europäische Bewertungsstandards" herausgegebene zweite deutsche Auflage (2003) ist speziell auf die Rechnungslegung ausgerichtet und enthält überhaupt keine Verfahrenshinweise, die im allgemeinen Sinne als internationale Standards der Verkehrsbzw. Marktwertermittlung gelten können.

Das mit den *International Accounting Standards – IAS –* in das internationale Rechnungswesen eingeführte Verkehrs- bzw. Marktwertprinzip führt im Übrigen methodisch zu demselben Ergebnis wie das mit der Verkehrswertermittlung in Deutschland schon seit jeher beherrschende Marktwertprinzip. Die Hinwendung der *International Accounting Standards – IAS* – zum Marktwert (Verkehrswert) ist konsequenterweise mit der Anwendung marktorientierter Bewertungsmethoden verbunden, d.h., es müssen solche Verfahren zur Anwendung kommen, die den Gepflogenheiten des Geschäftsverkehrs (§ 8 Abs. 1 Satz 2 ImmoWertV) entsprechen. Deshalb wäre es mit den Zielen dieser Standards unvereinbar, wenn unter der Herrschaft des Marktwertprinzips die Anwendung des **investitionsorientierten Prognoseverfahrens** *(Discounted Cashflow)* an die Stelle des marktorientierten Ertragswertverfahrens gerückt wird. Wo es um die Ermittlung von Markt- und Verkehrswerten geht, kann das Prognoseverfahren *(Discounted Cashflow)* keineswegs für sich in Anspruch nehmen, ein allgemein gültiges „internationales Bewertungsverfahren" zu sein; international gesehen kommt im Rahmen der Marktwertermittlung eher das vereinfachte Ertragswertverfahren zur Anwendung, während sich die Bedeutung des Prognoseverfahrens *(Discounted Cashflow)* auf die Ermittlung von Investitionswerten beschränkt und allenfalls zur Verkehrswertermittlung weniger anlageorientierter Investitionsobjekte herangezogen wird (vgl. Rn. 69; § 194 BauGB Rn. 212 sowie Syst. Darst. des Ertragswertverfahrens Rn. 358 ff.).

Für den **steuerlichen Bereich** ist zutreffend festgestellt worden, dass der Verkehrswertermittlung nach den bewährten deutschen Vorschriften Vorrang einzuräumen ist, auch wenn die sog. internationalen Standards keinen grundsätzlichen Gegensatz erkennen lassen[13].

2 Vergleichs-, Ertrags- und Sachwertverfahren (§ 8 Abs. 1 Satz 1 und 2 ImmoWertV)

2.1 Übersicht

In ihren Grundzügen werden mit den klassischen in der ImmoWertV geregelten Wertermittlungsverfahren (Vergleichs-, Ertrags- und Sachwertverfahren) simulationsartig die **Preismechanismen** nachgespielt, die nach der Art des Grundstücks auf dem jeweiligen Grundstücksteilmarkt im gewöhnlichen Geschäftsverkehr preisbestimmend sind. Dies ist auch für die Wahl des Ermittlungsverfahrens von Bedeutung. Demzufolge findet

17

– das *Vergleichswertverfahren* Anwendung, wenn – wie bei unbebauten Grundstücken oder Eigentumswohnungen – sich der Grundstücksmarkt an Vergleichspreisen orientiert;

– das *Ertragswertverfahren* bei der Verkehrswertermittlung solcher Immobilien Anwendung, die üblicherweise zum Zwecke der Ertragserzielung (Renditeobjekte) gehandelt werden;

– das *Sachwertverfahren* in den wenigen Fällen Anwendung, in denen eine nicht auf Ertragserzielung gerichtete Eigennutzung (z. B. Einfamilienhaus) das Marktgeschehen bestimmt.

Die Anwendung der genannten Verfahren führt zum **Vergleichs-, Ertrags- und Sachwert**. Es handelt sich hierbei um **Zwischenwerte**, die nicht ohne weiteres mit dem Verkehrswert (Marktwert) identisch sein müssen. Die Verfahrensvorschriften der ImmoWertV sind jedoch prinzipiell darauf angelegt, dass der Vergleichs-, Ertrags- und Sachwert möglichst dem mit § 194 BauGB definierten Marktwert (Verkehrswert) entspricht. Dies kann allerdings nur erreicht werden, wenn alle in das Wertermittlungsverfahren eingehenden Ausgangsdaten (Parameter) vollständig und in einer den Verhältnissen des Grundstücksmarktes angemessenen Weise angesetzt werden. Dies kann am ehesten bei Anwendung des Vergleichswertverfahrens erreicht werden, denn mit der Heranziehung geeigneter Vergleichspreise kann der gewöhnliche Geschäftsverkehr unmittelbar in das Verfahren Eingang finden. Bei Anwendung des Sachwertverfahrens stößt die Einbeziehung des Grundstücksmarktes in der Praxis regelmäßig auf Schwierigkeiten, allein schon deshalb, weil dem Gutachter i.d.R. keine dem Wertermittlungsobjekt unmittelbar entsprechenden gewöhnlichen Herstellungskosten zur Verfügung stehen und darüber hinaus das Alter der baulichen Anlage, Baumängel, Bauschäden und sonstige besondere objektspezifische Grundstücksmerkmale marktkonform berücksichtigt werden müssen. Dennoch kann auch in solchen Fällen bei Anwendung des Sachwertverfahrens zumindest theoretisch der Sachwert so ermittelt werden, dass er dem Verkehrswert entspricht.

18

Mit § 8 Abs. 2 ImmoWertV ist die Anpassung des Vergleichs-, Ertrags- und Sachwerts an die allgemeinen Wertverhältnisse auf dem Grundstücksmarkt (Marktanpassung) in die jeweiligen Verfahren integriert worden. Bei Anwendung des Vergleichs- und Ertragswertverfahrens wurde die Lage auf dem Grundstücksmarkt schon bisher mit der Heranziehung aktueller Vergleichspreise, Vergleichsmieten und aus aktuellen Vergleichspreisen abgeleiteten Liegenschaftszinssätzen weitgehend berücksichtigt. Bei Anwendung des Sachwertverfahrens wird mit der Anwendung von Sachwertfaktoren nach § 14 Abs. 1 ImmoWertV der nach den §§ 21 bis 23 ImmoWertV ermittelte vorläufige Sachwert der Lage auf dem Grundstücksmarkt ange-

19

---

13 Eisele, D., in NWB Nr. 3 vom 15.1.2007.

passt („Justierung"). **Sachwert ist mithin künftig nicht mehr ein allein sich an den Herstellungskosten orientierender Sachwert.**

Vergleichs-, Ertrags- und Sachwerte bleiben gleichwohl Zwischenwerte, da nach § 8 Abs. 1 Satz 3 ImmoWertV hieraus der Verkehrswert abzuleiten ist. Diese „Auffangregelung" läuft aber leer, wenn danach keine abweichenden Erkenntnisse in die Wertermittlung einzustellen sind. Die nach dem 3. Abschnitt ermittelten Vergleichs-, Ertrags- und Sachwerte sind dann zugleich die jeweiligen Verkehrswerte.

20 Der **Begriff des Sachwerts wird** insbesondere **im Vermögensrecht** unter direkter oder indirekter Bezugnahme auf die Vorschriften der WertV a.F. (so z. B. in den amtlichen Begründungen) i.S. eines bloßen Herstellungswerts ohne Berücksichtigung der allgemeinen Wertverhältnisse auf dem Grundstücksmarkt (der **Lage auf dem Grundstücksmarkt**) gebraucht.

21 Jedes der klassischen Wertermittlungsverfahren muss darauf gerichtet sein, zu dem Wert zu gelangen, den der Grundstücksmarkt der Immobilie mit Blick in die Zukunft beimisst. Der Rückgriff in die Vergangenheit, z. B. auf die in der Vergangenheit erzielten Vergleichspreise, aufgebrachte Herstellungskosten oder für vergleichbare Objekte erzielte Erträge, muss bei sachverständiger Anwendung der Verfahren stets daraufhin überprüft werden, ob und inwieweit er sich auf die Verhältnisse am Wertermittlungsstichtag mit dem in diesem Zeitpunkt in die Zukunft gerichteten Blick übertragen lässt. Um diesbezüglich „Übertragungsfehler" gering zu halten, muss deshalb der Anwender der Verfahren bestrebt sein, möglichst **wertermittlungsstichtagsnahe Vergleichspreise, Erfahrungssätze über (Normal-)Herstellungskosten oder vergleichbare Erträge** heranzuziehen, um sie dann mit Blick auf die Zukunft möglicherweise noch „nachzukorrigieren". Dies gilt grundsätzlich für alle der genannten Verfahren, auch wenn dies in Bezug auf die Praxis des Sachwertverfahrens unter Heranziehung von 13er-Werten mitunter übersehen wurde. Der Rückgriff auf Vergleichsdaten der Vergangenheit, seien es Vergleichspreise, vergleichbare Herstellungskosten oder vergleichbare Einnahmen, ist also darauf gerichtet, verlässliche Grundlagen zu erlangen, die sich auf die Zukunft übertragen lassen.

22 Wenn also ein wesentlicher **Unterschied des Ertragswertverfahrens zum Sachwertverfahren** darin gesehen wird, dass nur bei diesem Verfahren die Zukunft Berücksichtigung findet, während sich der Sachwert aus den in der Vergangenheit aufgebrachten Herstellungskosten ableite und auf den Wertermittlungsstichtag projiziert werde, so ist dies nur bedingt richtig. Bei einer genaueren Analyse erweisen sich solche Überlegungen als irreführend.

a) Der Sachwert baulicher Anlagen wird zwar mit Hilfe von Normalherstellungskosten der Vergangenheit abgeleitet und viele Gutachter scheuen sich auch nicht, dabei bis auf das Jahr 1913 zurückzugehen, jedoch können diese Kosten im Rahmen der Verkehrswertermittlung **nur insoweit Bedeutung** haben, wie sie das abbilden, **was der Grundstückseigentümer heute (am Wertermittlungsstichtag) mit Blick auf die zukünftige Nutzung an eigenen Aufwendungen erspart** (vgl. § 194 BauGB Rn. 66).

Bei alledem geht es nicht um die „historischen Rekonstruktionskosten" nach den Verhältnissen zum Zeitpunkt der Errichtung des Gebäudes, sondern um die „Ersatzbeschaffungskosten" *(replacement costs)* nach den neuzeitlichen Verhältnissen des Wertermittlungsstichtags. Insoweit ist auch bei Anwendung des Sachwertverfahrens die Vergangenheit nur von begrenzter Bedeutung (vgl. Syst. Darst. des Sachwertverfahrens Rn. 6 ff.).

b) Auch der **Vergleichswert** wird zwar aus **möglichst gegenwartsnah** (in Bezug auf den Wertermittlungsstichtag) **zustande gekommenen Vergleichspreisen** abgeleitet; gleichwohl ist auch dieser Wert ein zukunftsorientierter Wert, denn die Vergleichspreise werden maßgeblich durch die Zukunftserwartungen der Käufer geprägt.

23 c) Bei Anwendung des **Ertragswertverfahrens** auf der Grundlage der am Wertermittlungsstichtag ortsüblich erzielbaren Erträge wird die nachhaltige Ertragssituation „eingefangen", wenn zur Kapitalisierung dieser Erträge der Liegenschaftszinssatz herangezogen wird. Mit dem Liegenschaftszinssatz werden diese Erträge „vernachhaltigt", denn sie werden aus Kaufpreisen abgeleitet, die mit Blick auf die künftige Entwicklung des Grundstücksmarktes einschließlich der erwarteten Ertragsentwicklung entrichtet wurden (vgl.

§ 14 ImmoWertV Rn. 107 ff.). Soweit am Wertermittlungsstichtag die tatsächlich erzielten Erträge insbesondere aufgrund vertraglicher Bindungen bzw. des geltenden Mietrechts von den marktüblich erzielbaren Erträgen der Höhe nach und über eine zeitliche Bindungsfrist abweichen, muss dem ergänzend Rechnung getragen werden (vgl. Rn. 264 ff. sowie Syst. Darst. des Ertragswertverfahrens Rn. 19, 103 ff.).

Alle Verfahren müssen grundsätzlich darauf gerichtet sein, dass sie möglichst direkt zum Verkehrswert führen. Aus dieser Sicht kann das Ertragswertverfahren im Verhältnis zum Sachwertverfahren in aller Regel die höhere Zuverlässigkeit und Überzeugungskraft für sich in Anspruch nehmen; darüber hinaus ist es am ehesten geeignet, zu zueinander „stimmigen" Werten zu kommen. Indessen ist die Anwendung von Verfahren, die zunächst zu Ergebnissen führen, aus denen der Verkehrswert erst über **Zu- oder Abschläge in einer zum Ergebnis erheblichen Größenordnung** abgeleitet werden muss, schon fast nur noch als Nachweis ihrer Ungeeignetheit zu werten. Dies kann allenfalls nur mitgetragen werden, wenn tatsächlich keine geeigneteren Verfahren zur Verfügung stehen. 24

2.2 Verfahrenswahl

2.2.1 Allgemeine Grundsätze für die Ermittlung von Verkehrswerten (Marktwerte)

2.2.1.1 Allgemeines

▶ *Allgemeines Teil III Rn. 445 ff.*

In § 8 Abs. 1 Satz 1 ImmoWertV werden die drei klassischen Verfahren zur Wertermittlung von Grundstücken „angeboten" (Vergleichs-, Ertrags- und Sachwertverfahren). Damit wird dem Umstand Rechnung getragen, dass es nicht möglich ist, für die Verkehrswertermittlung aller Grundstücksarten ein einheitliches Verfahren anzuwenden, denn die charakteristischen Merkmale, die den Wert eines Grundstücks bestimmen, sind bei den einzelnen Grundstücksarten verschieden[14]. 25

Die drei **Wertermittlungsverfahren sind grundsätzlich gleichrangig**[15]. 26

Die **Wahl der zur Anwendung kommenden Wertermittlungsverfahren** oder eines einzelnen Wertermittlungsverfahrens stellt eine entscheidende Weichenstellung für die Verkehrswertermittlung dar. Nach den in § 8 Abs. 1 Satz 2 ImmoWertV genannten Grundsätzen bestimmt sich das Wertermittlungsverfahren nach: 27

a) den *im gewöhnlichen Geschäftsverkehr bestehenden Gepflogenheiten*, d.h. nach den Überlegungen, die im Grundstücksverkehr nach Art des Grundstücks für die Preisbemessung maßgebend sind, sowie

b) den *sonstigen Umständen des Einzelfalls*, worunter in erster Linie die dem Sachverständigen für die Wertermittlung zur Verfügung stehenden Vergleichsdaten zu verstehen sind (Abb. 3).

Diese Grundsätze sind entsprechend auf andere in der ImmoWertV nicht geregelte Verfahren ebenfalls anzuwenden[16].

Auf die ausgeübte Nutzung kommt es bei der Wahl des Wertermittlungsverfahrens in aller Regel nicht an, wenn diese nicht der künftigen marktüblichen Nutzung entspricht. In diesem Sinne bestimmt auch § 75 Abs. 5 Satz 4 BewG, dass ein Einfamilienhaus weiterhin als Einfamilienhaus nach dem dafür einschlägigen Wertermittlungsverfahren zu bewerten ist, wenn es zu gewerblichen, freiberuflichen oder öffentlichen Zwecken mitbenutzt wird und dadurch seine Eigenart nicht wesentlich beeinträchtigt wird.

---
14 BVerfG, Beschl. vom 7.5.1968 – 1 BvR 420/54 –, EzGuG 20.43.
15 BGH, Urt. vom 15.6.1965 – V ZR 24/63 –, EzGuG 20.39; BFH, Urt. vom 2.2.1960 – III R 173/36 –, EzGuG 20.131; BGH, Urt. vom 13.7.1970 – VII ZR 189/68 –, EzGuG 20.49.
16 BVerwG, Beschl. vom 16.1.1996 – 4 B 69/95 –, GuG 1996, 111 = EzGuG 15.83.

Abb. 3: Wahl des Wertermittlungsverfahrens

28 Nach der Art des Gegenstands der Wertermittlung kann es beispielsweise angezeigt sein, das Vergleichswertverfahren anzuwenden. Stehen dem Sachverständigen aber **keine geeigneten Vergleichspreise** in ausreichender Zahl zur Verfügung, so sind dies Umstände, die ein Ausweichen auf weniger geeignete Verfahren rechtfertigen („*Escape*-Klausel").

29 Generell führt die Berücksichtigung der bestehenden **Gepflogenheiten des Geschäftsverkehrs** zu den sich aus Abb. 4 ergebenden Wertermittlungsverfahren.

Abb. 4: Wahl des Wertermittlungsverfahrens

30 Der Grundstückssachverständige ist grundsätzlich frei in der Wahl seines Schätzverfahrens[17]. Die Auswahl des Verfahrens liegt in seinem sachverständigen Ermessen. **Bei der Wahl des Wertermittlungsverfahrens muss sich der Gutachter aber der allgemeinen anerkannten Regeln der Wertermittlungslehre bedienen** und zu diesem Zweck alle ihm zugänglichen Erkenntnisquellen vollständig und sachgerecht auswerten und in nachvollziehbarer Weise dartun. Solche anerkannten Schätzpraktiken sind in den Regelwerken ImmoWertV und auch WertR veröffentlicht und in der BGH-Rechtsprechung anerkannt[18].

31 Welches Wertermittlungsverfahren dem Ziel der Verkehrswertermittlung möglichst wirklichkeitsnah und am besten gerecht wird, ist dabei eine Frage der Tatsachenfeststellung. Diese Feststellungen dürfen nicht auf einem Rechtsirrtum oder einem Verfahrensmangel beruhen. Den materiellen Rechtsfehlern stehen dabei Verstöße gegen die angewandte Schätzmethode, gegen Denkgesetze, allgemeine Denkgesetze und anerkannte Schätzungsgrundsätze gleich[19].

32 Im gerichtlichen Verfahren ist die Wahl des Wertermittlungsverfahrens in erster Linie eine Rechtsfrage[20]. Sie ist im Streitfalle Sache des Tatrichters[21]. Auch der Tatrichter ist bei der Auswahl der Wertermittlungsmethoden frei, jedoch muss die gewählte Wertermittlungsmethode geeignet sein, mit ihrer Hilfe den „vollen Gegenwert" für den dem Eigentümer genommenen Gegenstand zu erfassen. Eine **Wertermittlungsmethode, die das Wertbild verzerrt**, hat daher auszuscheiden[22]. Die angewandten Verfahren müssen in sich „schlüssig" sein[23].

33 **Grundsätzlich kann die Wertermittlung auch auf ein einziges Verfahren gestützt werden.** Dies ist insbesondere dann sachgerecht, wenn nach der Art des Objektes auch nur dieses Verfahren angezeigt ist. Die zusätzliche Anwendung weiterer Verfahren kann zur Absicherung nützlich sein, aber auch zu überflüssigen Auseinandersetzungen führen. Eine letztlich nur nachrichtlich mitgeschleppte Sachwertermittlung hat häufig schon dazu geführt, dass ein Sachverständiger im Streitfall an hierbei begangenen Fehlern „demontiert" wurde, obwohl seine Ertragswertermittlung, auf die es entscheidend ankam, durchaus sachgerecht war (vgl. Teil III Rn. 446). Von daher muss sich der Sachverständige fragen, ob eine zur (persönlichen) Absicherung durchgeführte Sachwertermittlung auch Bestandteil des Gutachtens sein muss.

34 Auch wenn es im Einzelfall angezeigt ist, die Wertermittlung auf ein einziges Verfahren zu stützen, kann es erforderlich werden, dieses mit unterschiedlichen „Variationen" anzuwenden (vgl. § 2 ImmoWertV Rn. 6; § 194 BauGB Rn. 63 ff.).

35 Es können auch mehrere der genannten Verfahren herangezogen werden, wobei der Verkehrswert dann unter Würdigung ihrer Aussagefähigkeit zu bemessen ist. Theoretisch muss jedes auf die Verkehrswertermittlung ausgerichtete Verfahren bei sachgerechter Anwendung zum Verkehrswert führen, jedoch ist je nach Einzelfall in aller Regel ein bestimmtes Verfahren unter Berücksichtigung der zur Verfügung stehenden Wertermittlungsgrundlagen besonders geeignet und deshalb von besonderem Gewicht. **Sind mehrere Verfahren herangezogen worden, so sind die jeweiligen Ergebnisse entsprechend ihres Gewichtes und ihrer Aussagekraft zu würdigen und angemessen zu berücksichtigen.** Dies kann auch dazu führen,

---

17 Die Gutachterausschüsse haben sich bei städtebaulichen Wertermittlungen an die Vorschriften der WertV zu halten. Die Finanzbauverwaltungen sind angewiesen, nach den Regeln der WertV zu arbeiten.
18 BGH, Urt. vom 27.4.1964 – III ZR 136/63 –, EzGuG 6.75. Die Behauptung von Robinson (Drivers Jonas) in AIZ 2006, 61, die WertV sei eine „Zwangsjacke", die das aktuelle Zeitgeschehen ignoriert werde, ist falsch.
19 BFH, Beschl. vom 4.7.1990 – GrS 2/88 –, BFHE 161, 290 = BStBl II 1990, 817; BFH, Urt. vom 18.12.1984 – VIII R 195/82 –, BFHE 142, 558 = EzGuG 20,108a; BFH; Urt. vom 10.10.1986 – VI R 12/83 –, BFH/NV 1987, 698; BFH, Urt. vom 24.11.1988 – IV R 150/86 –, BFH/NV 1989, 416.
20 BGH, Urt. vom 2.12.1971 – III ZR 165/69 –, EzGuG 20.51; BGH, Urt. vom 26.10.1972 – III ZR 78/71 –, EzGuG 18.57.
21 BGH, Urt. vom 8.11.1962 – III ZR 86/61 –, EzGuG 8.5; BGH, Urt. vom 2.12.1971 – III ZR 165/69 –, EzGuG 20.51; BGH, Urt. vom 26.10.1972 – III ZR 78/71 –, EzGuG 18.57; Kleiber in Ernst/Zinkahn/Bielenberg, BauGB, Komm. zu § 7 WertV Rn. 7 ff.; Kröner, Die Enteignungsentschädigung in der Rechtsprechung des Bundesgerichtshofs, 2. Aufl., S. 128; ders. in DRiZ 1961, 381; Gelzer/Busse, Der Umfang des Enteignungsentschädigungsanspruchs aus Enteignung und enteignungsgleichem Eingriff, 2. Aufl., S. 30.
22 BGH, Urt. vom 29.5.1967 – III ZR 126/66 –, EzGuG 18.35; BGH, Urt. vom 2.2.1971 – III ZR 165/69 –, EzGuG 20.51; BGH, Urt. vom 26.10.1972 – III ZR 78/71 –, EzGuG 18.57; BGH, Urt. vom 20.3.1975 – III ZR 153/72 –, EzGuG 18.64; BGH, Urt. vom 14.12.1978 – IV ZR 6/77 –, EzGuG 4.63; BGH, Urt. vom 23.6.1983 – III ZR 39/62 –, EzGuG 20.102; vgl. auch Maunz/Dürig/Herzog/Scholz, GG, Art. 14, S. 66.
23 BFH, Urt. vom 18.12.1984 – VIII R 195/82 –, EzGuG 20.108a.

dass ein ergänzend zum ermittelten Ertragswert abgeleiteter Sachwert in „angemessener" Weise überhaupt nicht berücksichtigt wird, nämlich immer dann, wenn er aus Vorsicht allein zur Kontrolle zusätzlich ermittelt wurde (vgl. Rn. 154 ff.).

36 Bei der **Verkehrswertermittlung eines in Teilen unterschiedlich genutzten Grundstücks** kann es geboten sein, den Verkehrswertanteil der verschieden genutzten Grundstücksteilflächen nach unterschiedlichen Wertermittlungsverfahren zu ermitteln (Mosaikmethode). Dabei muss gefordert werden, dass dies den Gepflogenheiten des gewöhnlichen Geschäftsverkehrs entspricht (vgl. Rn. 92)[24].

37 Die **Wahl des** geeigneten **Wertermittlungsverfahrens ist** in jedem Fall **zu begründen**[25].

38 ▶ *Zur Begründung des gewählten Wertermittlungsverfahrens vgl. Teil III Rn. 445 f.*

2.2.1.2 Gepflogenheiten des gewöhnlichen Geschäftsverkehrs

39 Mit der vorgeschriebenen Berücksichtigung der im gewöhnlichen Geschäftsverkehr bestehenden Gepflogenheiten schreibt die Verordnung vor, dass bei der Wahl des Wertermittlungsverfahrens **die Maßstäbe** zur Anwendung kommen sollen, **die der gewöhnliche Geschäftsverkehr anzuwenden pflegt**[26]. Wie ausgeführt ist dieses Kriterium gegenüber den weiterhin zu berücksichtigenden „sonstigen Umständen des Einzelfalls" i.d.R. vorrangig. Grundlage für die Verfahrenswahl ist nach den Gepflogenheiten des gewöhnlichen Geschäftsverkehrs die objektive Nutzbarkeit des Grundstücks; auf subjektive Nutzungsabsichten kann es nicht ankommen. Unter den Gepflogenheiten des gewöhnlichen Geschäftsverkehrs sind Vorgänge eines freien Marktes – auch eines Teilmarktes – zu verstehen, bei denen von einer Mehrzahl von Anbietern handelsfähige Grundstücke zum Verkauf gestellt werden, für die eine Mehrzahl von Nachfragern als Kaufinteressenten vorhanden sind.

40 Nach der Rechtsprechung des BFH[27] ist unter dem **gewöhnlichen Geschäftsverkehr** der Handel zu verstehen, der sich nach marktwirtschaftlichen Grundsätzen von Angebot und Nachfrage vollzieht und bei dem jeder Vertragspartner ohne Zwang und nicht aus Not, sondern freiwillig in Wahrung seiner eigenen Interessen zu handeln in der Lage ist (vgl. § 194 BauGB Rn. 11 ff.).

41 Bei der **Verkehrswertermittlung unbebauter Grundstücke** wird i.d.R. das Vergleichswertverfahren anzuwenden sein; dagegen wird bei der **Verkehrswertermittlung bebauter Grundstücke** üblicherweise auf das Ertrags- oder Sachwertverfahren zurückgegriffen (vgl. Syst. Darst. des Vergleichswertverfahrens Rn. 3 ff., 7 ff.)[28]. Diese Praxis ist darauf zurückzuführen, dass bebaute Grundstücke im Vergleich zu unbebauten Grundstücken üblicherweise eine große Individualität aufweisen und daher geeignete Vergleichspreise in ausreichender Zahl selten zur Verfügung stehen. Einhergehend mit einer Verlagerung des Grundstücksverkehrs in den Bestand und einer Verbesserung der Wertermittlungsmethodik bebauter Grundstücke (vgl. §§ 13, 15 Abs. 2 ImmoWertV) ist in der Wertermittlungspraxis unverkennbar eine stärkere Hinwendung zum Vergleichswertverfahren auch für bebaute Grundstücke festzustellen.

2.2.1.3 Sonstige Umstände des Einzelfalls

42 Als weiteres bei der Wahl des Wertermittlungsverfahrens zu berücksichtigendes Kriterium nennt § 8 Abs. 1 Satz 2 ImmoWertV die „sonstigen Umstände des Einzelfalls". In erster Linie sind dies die für die Wertermittlung **zur Verfügung stehenden Ausgangsdaten (Parameter)**[29]. Stehen dem Gutachter im Einzelfall für die Anwendung des unter Berücksichtigung der Gepflogenheiten des gewöhnlichen Geschäftsverkehrs anzuwendenden Wertermittlungsverfahrens z. B. keine hinreichenden Datengrundlagen zur Verfügung, so kann nach dieser

---

24 KG Berlin, Urt. vom 31.3.1970 – U 2199/68 –, EzGuG 20.47.
25 VG Augsburg, Urt. vom 10.2.1982 – 4 K 80 A 914 –, EzGuG 11.126.
26 OLG Köln, Urt. vom 28.8.1962 – 9 U 28/58 –, EzGuG 20.31; vgl. auch Begründung zur WertV 61 im BAnz Nr. 145 vom 12.8.1961 sowie zur WertV 72; BR-Drucks. 265/72, S. 7; Pagendarm, WM 1958, 1350.
27 BFH, Urt. vom 23.2.1979 – III R 44/74 –, EzGuG 19.35, auch BFH, Urt. vom 14.2.1969 – III 88/65 –, EzGuG 19.16.
28 LG Arnsberg, Beschl. vom 28.5.1985 – 5 T 180/85 –, EzGuG 5.19.
29 BFH, Urt. vom 17.8.1999 – IV B 116/98 –, GuG 2000, 236 = EzGuG 20.173.

Verfahrenswahl § 8 ImmoWertV V

Vorschrift auch auf andere Verfahren ausgewichen werden oder sie sind unterstützend heranzuziehen. Dies betrifft nicht nur die Anwendung des Vergleichswertverfahrens, dessen Anwendung eine „ausreichende Zahl" geeigneter Vergleichspreise voraussetzt, sondern auch das Ertrags- und Sachwertverfahren. Eine Sachwertermittlung kann z. B. nicht durchgeführt werden, wenn keine verlässlichen Angaben über Herstellungskosten von Objekten vergleichbarer Art vorliegen[30]. Auch der BGH hat es nicht beanstandet, dass im Einzelfall von der Anwendung des Ertragswertverfahrens in Ermangelung hinreichender tatsächlicher Anknüpfungspunkte abgesehen und auf das Sachwertverfahren ausgewichen wurde[31].

2.2.2 Verfahrensvorgaben bei der Beleihungswertermittlung

▶ *Vgl. im Einzelnen Teil IX*

Die in der Verkehrswertermittlung gebräuchlichen Wertermittlungsverfahren, nämlich das Vergleichs-, Ertrags- und Sachwertverfahren, kommen auch zur Ermittlung des Beleihungswerts nach den Grundsätzen der BelWertV zur Anwendung. Im Unterschied zur ImmoWertV nimmt die BelWertV dem Sachverständigen jedoch die freie sachverständige Entscheidung über die zur Ermittlung des Beleihungswerts anzuwendenden Verfahren weitgehend ab und verpflichtet ihn mit dem apodiktischen Befehl des § 4 Abs. 1 Satz 1 BelWertV, **kumulativ den Ertragswert** (§§ 8 bis 13 BelWertV) **und den Sachwert** (§§ 14 bis 19 BelWertV) „*getrennt*" zu ermitteln. **43**

Die besondere Hervorhebung der „getrennten" Ermittlung von Sach- und Ertragswert ist bedeutungslos, denn Sach- und Ertragswert werden durch unterschiedliche Parameter bestimmt, so dass sie in der Wertermittlungspraxis eigentlich stets voneinander getrennt ermittelt werden. Im Unterschied zur Verkehrswertermittlung nach der ImmoWertV muss nach der BelWertV das Sachwertverfahren stets und selbst bei „reinrassigen" Ertragsobjekten zur Anwendung kommen, auch wenn es für den Beleihungswert bedeutungslos ist:

„(1) ₁Zur Ermittlung des *Beleihungswerts* sind der Ertragswert (§§ 8 bis 13) und der Sachwert (§§ 14 bis 18) des Beleihungsobjekts getrennt zu ermitteln. ₂Der *Beleihungs*wert ist unter Berücksichtigung beider Werte nach Maßgabe der Absätze 2 bis 6 abzuleiten ..."

Nach § 4 Abs. 1 Satz 2 BelWertV ist der Beleihungswert unter „Berücksichtigung beider Werte" abzuleiten. Dieser Grundsatz entspricht weitgehend § 8 Abs. 1 Satz 3 ImmoWertV, jedoch wird die „Abstützung" einer Wertermittlung durch mehrere zur Anwendung kommende Wertermittlungsverfahren mit § 4 Abs. 3 Satz 1 BelWertV im Ergebnis mit der **apodiktischen Vorgabe ausgehöhlt, dass regelmäßig der Ertragswert maßgeblich** sein soll und dieser „nicht überschritten werden darf". Im krassen Widerspruch zu § 4 Abs. 1 Satz 2 BelWertV wird also gleich mit dem darauf folgenden Gesetzesbefehl die mit § 4 Abs. 1 Satz 2 BelWertV (nach Maßgabe des § 4 Abs. 2 bis 6 BelWertV) vorgegebene „Berücksichtigung" des Sachwerts inhaltlich auf ein bloßes „Mitschleppen" des Sachwerts allein zu Kontrollzwecken ausgehöhlt, d.h., die Bedeutung des Sachwerts reduziert sich – vorbehaltlich der Sonderregelung des § 4 Abs. 2 und 4 BelWertV für Ein- und Zweifamilienhäuser sowie für Eigentumswohnungen – auf die Funktion eines „Kontrollwerts"[32], ohne dass die BelWertV den Sachwert expressis verbis als solchen ausweist. **44**

Die verbindlich vorgeschriebene **Ableitung des Sachwerts als „Kontrollwert"**[33] hat nur eine Warnfunktion, denn nach § 4 Abs. 3 Satz 2 BelWertV bedarf es einer besonderen Überprüfung der Nachhaltigkeit der im Ertragswertverfahren zugrunde gelegten Erträge und ihrer **45**

---

[30] BR-Drucks. 352/88, S. 52.
[31] BGH, Urt. vom 15.6.1965 – V ZR 24/63 –, EzGuG 20.39.
[32] Für den Beleihungswert ist nach dem unmissverständlichen Befehl des § 4 Abs. 3 Satz 1 BelWertV nämlich regelmäßig der Ertragswert „maßgeblich". Widersprüchlich und ein sprachlicher „Eiertanz" ist der Hinweis des § 4 Abs. 1 Satz 2 BelWertV, nach dem der Beleihungswert „unter Berücksichtigung" des Ertrags- und Sachwerts abzuleiten ist, wenn dies nach Maßgabe der Absätze 2 bis 6 zu erfolgen hat und die Vorschrift den Ertragswert verbindlich vorgibt.
[33] Die BelWertV ist diesbezüglich inkonsequent: Bei der Bewertung von Wohnungs- und Teileigentum ist nach § 4 Abs. 2 BelWertV zusätzlich (als dritte Stufe) das Vergleichswertverfahren anzuwenden und der „Vergleichswert" wird dort mit derselben Maßgabe (Überprüfung des Ertragswerts und Begründung) als Kontrollwert ausgewiesen.

Kapitalisierung, wenn der Ertragswert den Sachwert um mehr als 20 Prozent überschreitet. Dies ist in der Praxis allenfalls bei einfachen Einfamilienhäusern (Reihenhäusern) der Fall, für die die Sonderregelung des § 4 Abs. 4 BelWertV gilt. I.d.R. überschreitet ansonsten umgekehrt der Sachwert den Ertragswert. Fällt der Ertragswert also im konkreten Ausnahmefall deutlich höher als der Sachwert aus, so soll es grundsätzlich bei der Ableitung des Beleihungswerts aus dem Ertragswert bleiben, jedoch „bedarf das Ergebnis der Überprüfung einer nachvollziehbaren Begründung, andernfalls ist der Ertragswert entsprechend zu mindern".

46 **Bei Ein- und Zweifamilienhäusern sowie Eigentumswohnungen** kann – abweichend von der Vorrangigkeit des Ertragswertverfahrens – der Beleihungswert nach § 4 Abs. 4 BelWertV **am Sachwert orientiert werden und eine Ertragswertermittlung entfallen,** wenn das zu bewertende Objekt nach Zuschnitt, Ausstattungsqualität und Lage zweifelsfrei zur Eigennutzung geeignet und bestimmt ist und bei gewöhnlicher Marktentwicklung nach den Umständen des Einzelfalls vorausgesetzt werden kann, dass das Objekt von potenziellen Erwerbern für die eigene Nutzung dauerhaft nachgefragt wird.

Das Kriterium der *„Eigennutzung"* ist allerdings für die Umstellung der Beleihungswertermittlung vom Ertragswertverfahren zum Sachwertverfahren ein völlig überholtes Kriterium, denn viele auf Ertragserzielung ausgerichtete (gewerbliche) Objekte sind eigengenutzt („Missverstandenes Eigennutzprinzip", vgl. Rn. 82 ff.)[34].

Abb. 5: Wertermittlungsverfahren der Beleihungswertermittlung

47 Die Regelungen der BelWertV führen zwar in einfach gelagerten Normalfällen zu derselben Verfahrenswahl wie bei der Ermittlung des Verkehrswerts nach den Grundsätzen der ImmoWertV; bei komplizierteren Fallgestaltungen müssen die rigiden Vorgaben aber zu erheblichen Spannungen bei der Verfahrenswahl und der Berücksichtigung der Ergebnisse unterschiedlicher Verfahren führen. Einfach gelagerte Normalfälle werden auf dem Immobi-

---

[34] Kleiber/Simon, Marktwertermittlung, 6. Aufl. 2004, S. 516.

lienmarkt aber immer seltener[35] und deshalb muss die Abweichung von den diesbezüglich weitaus flexibleren und bewährten Vorschriften der ImmoWertV über das oder die anzuwendenden Verfahren abgelehnt werden. Der richtigen Verfahrenswahl kommt in der Wertermittlung eine entscheidende Bedeutung zu und die Regelungen der BelWertV schränken den Sachverständigen dessen ungeachtet in abträglicher Weise in seiner sachverständigen Verfahrenswahl ein und zwingen ihn im Regelfall, den Beleihungswert allein auf den Ertragswert zu stützen. Eine gewisse eigene Entscheidung über die Wahl des geeigneten Wertermittlungsverfahrens lässt die BelWertV dem Sachverständigen nur für Ein- und Zweifamilienhäuser sowie für Wohnungs- und Teileigentum zu.

2.3 Vergleichswertverfahren

2.3.1 Allgemeines

▶ *Vgl. hierzu die Syst. Darst. des Vergleichswertverfahrens Rn. 1 ff.*

Das Vergleichswertverfahren *(comparison method)* basiert auf der Überlegung, den **Verkehrswert eines Wertermittlungsobjekts aus der Mittelung von zeitnahen Kaufpreisen vergleichbarer Grundstücke** festzustellen.

Obwohl die Verordnung das Vergleichswertverfahren gleichrangig mit den übrigen Wertermittlungsverfahren aufführt, wird dem Verfahren bei Vorhandensein geeigneter Vergleichspreise besondere Überzeugungskraft beigemessen, denn Vergleichspreise für im Wesentlichen gleichartige Grundstücke bieten den sichersten Anhalt für die Verkehrswertermittlung (vgl. Syst. Darst. des Vergleichswertverfahrens Rn. 3 ff.).

Das Verfahren führt im Allgemeinen direkt zum Verkehrswert und ist deshalb den übrigen Wertermittlungsverfahren, insbesondere dem Sachwertverfahren überlegen, bei dem der (vorläufige) Grundstückssachwert noch durch schwer nachweisbare Sachwertfaktoren zu korrigieren ist. Dieser Vorgang entfällt i.d.R. beim Vergleichswertverfahren, da sich die jeweilige Marktsituation bereits in den Kaufpreisen der Vergleichsobjekte widerspiegelt (vgl. Nr. 3.4 WERTR).

2.3.2 Anwendungsbereich

Das Vergleichswertverfahren kann grundsätzlich sowohl bei der Verkehrswertermittlung bebauter als auch unbebauter Grundstücke zur Anwendung kommen. Die **Verkehrswertermittlung bebauter Grundstücke im Wege des Vergleichswertverfahrens** ist im Hinblick auf die große Marktnähe dieses Verfahrens vielfach jedoch eine Wunschvorstellung, die zumeist an der hinreichenden Vergleichbarkeit der zur Verfügung stehenden Kaufpreise bzw. der Grundstücke scheitert, auf die sie sich beziehen. In der Praxis steht hier deshalb die Anwendung des Ertrags- und Sachwertverfahrens im Vordergrund (vgl. Syst. Darst. des Vergleichswertverfahrens Rn. 5 ff. und Rn. 136).

Für die **Anwendung des Vergleichswertverfahrens auf bebaute Grundstücke** muss nämlich ebenfalls eine ausreichende Anzahl von Kaufpreisen vergleichbarer Objekte vorliegen und die Grundstücke sollten mit dem Wertermittlungsobjekt möglichst direkt vergleichbar sein. Zudem müssen die Verkäufe zeitnah zum Wertermittlungsstichtag angefallen sein. Durch diese Vorgaben wird die Zahl der in Frage kommenden Vergleichsgrundstücke zwangsläufig stark reduziert, so dass das Verfahren allenfalls bei marktgängigen Immobilien wie **Eigentumswohnungen** oder **Einfamilienhausgrundstücken** angewendet werden kann.

Die freien Sachverständigen waren bislang wegen Datenmangels nur in Ausnahmefällen in der Lage, Verkehrswerte bebauter Grundstücke im Vergleichswertverfahren zu ermitteln. Werden die im Abschnitt 2 der ImmoWertV genannten Vergleichsfaktoren für bebaute Grund-

---
35 Z. B. bezüglich eines im Teileigentum stehenden Shopping-Centers; vgl. Stellungnahme des Zentralen Kreditausschusses vom 10.11.2005.

stücke von den Gutachterausschüssen abgeleitet und veröffentlicht, wird sich das Anwendungsspektrum des Vergleichswertverfahrens deutlich erhöhen. So werden auch die freien Sachverständigen Wertermittlungen über **Ertrags- oder Gebäudefaktoren** (vgl. § 13 ImmoWertV) durchführen können. Eine sichere Wertbeurteilung wird jedoch dadurch erschwert, dass den Sachverständigen zwar die Vergleichsfaktoren mitgeteilt werden, nicht aber die Grundstücke, aus denen sie abgeleitet werden.

2.3.3 Bodenwertermittlung

2.3.3.1 Allgemeines

▶ *Vgl. § 16 ImmoWertV; Syst. Darst. des Vergleichswertverfahrens Rn. 149 ff.*

53 Nach § 16 Abs. 1 ImmoWertV ist der Bodenwert vorrangig durch Preisvergleich[36] zu ermitteln (vgl. Nr. 1.5.5 WERTR). Dazu bieten sich zwei Verfahren an:
- der **unmittelbare Preisvergleich** mit Kaufpreisen von Vergleichsgrundstücken und
- der **mittelbare Preisvergleich** mit geeigneten Bodenrichtwerten.

54 Das **Vergleichswertverfahren** ist nach dem zuvor Gesagten **das Vorrangverfahren für die Ermittlung des Bodenwerts**. Dies gilt gleichermaßen für die Bodenwertermittlung unbebauter als auch bebauter Grundstücke (vgl. den Verweis auf § 16 in § 17 Abs. 2 und § 21 Abs. 2 ImmoWertV). Dazu können nach § 15 Abs. 1 Satz 1 ImmoWertV und § 16 Abs. 1 Satz 2 ImmoWertV Kaufpreise von **Vergleichsgrundstücken oder geeignete Bodenrichtwerte** herangezogen werden.

2.3.3.2 Unmittelbarer und mittelbarer Preisvergleich

▶ *Weitere Ausführungen hierzu in der Syst. Darst. des Vergleichswertverfahrens Rn. 19 ff.*

55 Beim *unmittelbaren* **Preisvergleich** ist der Bodenwert aus Preisen vergleichbarer Grundstücke abzuleiten. Der unmittelbare Preisvergleich ohne zusätzlich erforderliche Berücksichtigung von Besonderheiten ist eine theoretische Wunschvorstellung des Sachverständigen, denn in der Praxis stehen ihm kaum jemals genügend Vergleichspreise zur Verfügung, die unmittelbar herangezogen werden können (omne simile claudicat)[37]. Um zu einer sicheren Aussage zu kommen, bedarf es darüber hinaus einer ausreichenden Anzahl von Kaufpreisen unmittelbar vergleichbarer Grundstücke. Die Preise, die von ungewöhnlichen oder persönlichen Verhältnissen beeinflusst worden sind (vgl. § 7 ImmoWertV), dürfen nur dann mit einbezogen werden, wenn deren Auswirkungen auf diese sicher erfasst werden können.

56 Der *mittelbare* **Preisvergleich** erfolgt auf der Grundlage von Bodenrichtwerten, die jeweils nach ein oder zwei Jahren von den Gutachterausschüssen veröffentlicht werden.

2.3.3.3 Bodenrichtwertverfahren

▶ *Weitere Ausführungen hierzu in der Syst. Darst. des Vergleichswertverfahrens Rn. 152 ff.*

57 Nach § 16 Abs. 1 Satz 2 ImmoWertV können zur Ermittlung des Bodenwerts „auch" **geeignete Bodenrichtwerte** i.S. des § 196 BauGB herangezogen werden (vgl. Syst. Darst. des Vergleichswertverfahrens Rn. 155). Die Heranziehung von Bodenrichtwerten wird auch als mittelbarer Preisvergleich genannt.

58 Steht im Einzelfall kein Bodenrichtwert zur Verfügung und können auch keine Kaufpreise von Vergleichsgrundstücken herangezogen werden, muss auf andere, weniger gesicherte Verfahren zurückgegriffen werden. Das bekannteste Verfahren ist die **Bodenwertermittlung aus dem zu erwartenden Ertrag** (vgl. Syst. Darst. des Vergleichswertverfahrens Rn. 16 ff.)[38].

---

36 BGH, Urt. vom 23.6.1983 – III ZR 39/82 –, EzGuG 20.102; BFH, Urt. vom 26.9.1980 – III R 21/79 –, EzGuG 20.86.
37 Hierzu kritisch Kleiber in Ernst/Zinkahn/Bielenberg, BauGB § 7 WERTV Rn. 19.
38 Simon/Kleiber, Schätzung und Ermittlung von Grundstückswerten, 8. Aufl. Luchterhand Verlag Neuwied 2005.

Das Verfahren eignet sich bei der Bodenwertermittlung von ertragsorientierten Geschäftsgrundstücken. Es setzt voraus, dass der künftige Grundstücksrohertrag, die Bewirtschaftungskosten und die Gebäudeherstellungskosten unschwer ermittelt werden können. Das Verfahren ist deshalb sehr unsicher, gleichwohl hält es der BGH für zulässig[39].

Daneben werden in der Literatur für verschiedene spezielle Fälle Ermittlungsverfahren angeboten, deren Qualität schwer nachprüfbar ist (z. B. Bodenwertermittlung über die zu erwartende **Erdgeschossrohmiete**, vgl. Syst. Darst. des Vergleichswertverfahrens Rn. 360)[40]. **59**

2.3.3.4 Zielbaumverfahren

▶ *Näheres hierzu Syst. Darst. des Vergleichswertverfahrens Rn. 638, Teil VIII Rn. 455 ff.* **60**

Das Zielbaumverfahren (**Multifaktorenanalyse**) ist seiner Natur nach ein Vergleichswertverfahren, wobei Vergleichspreise aus benachbarten Gemeinden oder sogar aus „vergleichbaren" Gemeinden anderer Bundesländer herangezogen werden. Der überregionale Preisvergleich macht dabei die Berücksichtigung struktureller Lageunterschiede mit Zu- und Abschlägen in einer Größenordnung erforderlich, die sonst mit einer fundierten Verkehrswertermittlung als unvereinbar angesehen werden. Bei Anwendung des Zielbaumverfahrens ist man deshalb bestrebt, die Ermittlung der **Zu- und Abschläge methodisch zu operationalisieren**, was erfahrungsgemäß in der Praxis zu unbefriedigenden Ergebnissen führt, wenn allzu große Unterschiede überbrückt werden sollen[41]. **61**

2.4 Ertragswertverfahren

2.4.1 Allgemeines

▶ *Vgl. Syst. Darst. des Ertragswertverfahrens Rn. 1 ff.*

Das Ertragswertverfahren *(income approach)* eignet sich für die Verkehrswertermittlung von Grundstücken, die üblicherweise dem Nutzer zur Ertragserzielung dienen[42]. Der Sachwert wird bei Renditeobjekten erst in zweiter Linie interessieren, etwa wegen der Qualität der verwendeten Baustoffe und der daraus abzuleitenden Dauer der Erträge[43]. Auch das Ertragswertverfahren auf der Grundlage prognostizierter Erträge *(Discounted Cashflow)* ist seiner Natur nach ein Ertragswertverfahren. **62**

2.4.2 Anwendungsbereich

Vornehmlich auf den Ertragswert abzustellen ist sinnvoll und damit sachgerecht, wenn das zu bewertende Grundstück dazu bestimmt ist, nachhaltig Erträge zu erzielen, wie z. B. bei **Mietwohnhäusern, Geschäfts- und Gewerbegrundstücken**. Dem Käufer eines derartigen Grundstücks kommt es nämlich in erster Linie darauf an, welche Verzinsung ihm das investierte Kapital in Gestalt der durch die Vermietung oder Verpachtung erzielten Erträge erwirtschaftet[44]. **63**

---

39 BGH, Urt. vom 10.2.1958 – III ZR 168/56 –, EzGuG 4.8.
40 Paul in VR 1983, 141; hier § 13 WertV Rn. 124.
41 Kritisch hierzu Simon/Kleiber, Schätzung und Ermittlung von Grundstückswerten, 8. Aufl. 2004, S. 101 f.; FG Berlin, *Urt. vom 6.7.1998, EFG 1998, 1624.*
42 BGH, Urt. vom 13.7.1970 – VII ZR 189/68 –, EzGuG 20.49; BGH, Urt. vom 16.6.1977 – VII ZR 2/76 –, EzGuG 20.67a; BFH, Urt. vom 2.2.1990 – III R 173/86 –, EzGuG 20.131.
43 So bereits Smith, A., Der Wohlstand der Nationen 1789/1993 u.a. Nationalökonomen; vgl. auch Ricardo, D., Über die Grundsätze der politischen Ökonomie in der Besteuerung 1821/1994, S. 170 ff.
44 OLG Hamburg, Urt. vom 244. 1970 – I U 17/68 –, EzGuG 18.50; BGH, Urt. vom 27.4.1964 – III ZR 16 3/63 –, EzGuG 6.75; BGH, Urt. vom 13.7.1970 – VII ZR 189/68 –, EzGuG 20.49; BGH, Urt. vom 16.6.1977 – VII ZR 2/76 –, EzGuG 20.67a.

64 In der **Rechtsprechung des BGH**[45] ist dem Ertragswertverfahren eine maßgebliche Aussagekraft für die Ermittlung des Verkehrswerts beigemessen worden. Mehrfach hat das Gericht entschieden, dass für die Bemessung des Verkehrswerts eines bebauten Grundstücks i.d.R. und im Wesentlichen dessen Ertragsfähigkeit maßgebend ist.

65 Nach der **Rechtsprechung** kann das Ertragswertverfahren für folgende Grundstücke als sachgerechte Methode zur Ermittlung des Verkehrswerts angesehen werden:

- Mietwohngrundstücke[46],
- Hotelgrundstücke[47],
- gewerblich genutzte Grundstücke (vgl. Syst. Darst. des Vergleichswertverfahrens Rn. 3),
- Geschäftsgrundstücke[48],
- gemischt-genutzte Grundstücke (vgl. Syst. Darst. des Vergleichswertverfahrens Rn. 3),
- Fabrikgrundstücke[49],
- Kirchengebäude[50] und
- Garagengrundstücke.

Bei Mietwohngrundstücken im Privatvermögen wird in der steuerrechtlichen **Rechtsprechung des BFH** im Hinblick auf einen langfristigen steuerfreien Wertzuwachs unverständlicherweise vornehmlich dem Sachwertverfahren Vorrang eingeräumt[51].

66 **Des Weiteren** sind dem Ertragswertverfahren heute folgende Grundstücksarten zuzurechnen:

- Büro- und Verwaltungsgebäude,
- Schulen[52],
- Krankenhäuser,
- Lichtspielhäuser,
- Schlachthäuser[53],
- Mühlengrundstücke,
- Werkstätten und
- Lagerhausgrundstücke[54],
- Eigentumswohnungen[55] (vorbehaltlich der Anwendung des Vergleichswertverfahrens)[56].

---

45 BGH, Urt. vom 13.5.1955 – V ZR 36/54 –, EzGuG 3.5; BGH, Urt. vom 24.10.1955 – III ZR 121/54 –, EzGuG 6.16; BGH, Urt. vom 28.1.1957 – III ZR 141/55 –, BGHZ 23, 157; BGH, Urt. vom 18.9.1961 – VII ZR 118/60 –, EzGuG 3.17; BGH, Urt. vom 14.11.1962 – V ZR 183/60 –, EzGuG 3.21; OLG Köln, Urt. vom 2.3.1962 – 9 U 33/61 –, EzGuG 20.29.
46 BR-Drucks. 352/88, S. 56; BGH, Beschl. vom 18.10.1984 – III ZR 134/83 –, EzGuG 20.108; BFH, Urt. vom 17.8.1999 – IV B 116/98 –, GuG 2000, 236 = EzGuG 20.173; FG Rh.-Pf., Beschl. vom 4.8.1981 – 2 K 207/80 –, EzGuG 20.90; OLG Köln, Urt. vom 28.8.1962 – 9 U 28/58 –, EzGuG 20.31; BGH, Urt. vom 13.7.1970 – III ZR 189/69 –, EzGuG 20.49; LG Arnsberg, Beschl. vom 28.5.1985 – 5 T 120/85 –, EzGuG 5.19; BayObLG, Urt. vom 8.3.1979 – 3 Z 109/76 –, EzGuG 20.80; OLG Düsseldorf, Urt. vom 11.3.1988 – 7 U 4/86 –, EzGuG 20.124; OLG Koblenz, Urt. vom 13.1.1982 – 1 U 6/80 –, EzGuG 2.28.
47 BGH, Beschl. vom 11.3.1993 – III ZR 24/92 –, EzGuG 20.144b; BGH, Beschl. vom 18.10.1984 – III ZR 134/83 –, EzGuG 20.108; LG Kempen, Urt. vom 28.4.1998 – 4 T 2605/97 –, EzGuG 20.162b.
48 BGH, Urt. vom 15.10.1992 – III ZR 147/91 –, GuG 1993, 178 = EzGuG 14.115; BFH, Urt. vom 2.2.1990 – III R 173/86 –, EzGuG 20.131.
49 Simon/Cors/Troll, a.a.O., Rn. 11.
50 BVerwG, Urt. vom 30.6.1965 – 5 C 151/63 –, EzGuG 20.40; für Angelegenheiten der KostO: BayObLG, Urt. vom 23.9.1985 – BReg 3 Z 36/84 –, EzGuG 18.99b; VG Berlin, Urt. vom 25.10.1995 – 1 W 5012/12/94 –, EzGuG 18.116a.
51 BFH, Urt. vom 29.5.2008 – IX R 39/06 –; BFH, Urt. vom 23.6.2005 – IX R 46/04 –, BFH/NV 2006, 261 = HFR 2006, 316.
52 Erl. des BMBau vom 12.10.1993, BAnz Nr. 199, S. 9360.
53 BGH, Urt. vom 6.12.1965 – III ZR 172/64 –, EzGuG 6.83.
54 BGH, Urt. vom 16.6.1977 – VII ZR 2/76 –, EzGuG 20.67a.
55 Simon/Cors/Troll, a.a.O., Rn. 37; BGH, Urt. vom 27.4.1964 – III ZR 136/63 –, EzGuG 6.75; BayObLG, Urt. vom 8.3.1979 – 3 Z 109/76 –, EzGuG 20.80; LG Kempten, Urt. vom 28.4.1998 – 4 T 2605/97 –, Rpfleger 1998, 359 = KTS 1999, 84 = EzGuG 20.162b.
56 BFH, Urt. vom 24.2.1999 – IV B 73/89 –, GuG 2000, 186 = EzGuG 20.170; LG Göttingen, Urt. vom 8.9.1998 – 10 T 43/98 –, EzGuG 20.165 (im Zwangsversteigerungsverfahren).

▶ *Zu öffentlichen Zwecken vorbehaltenen Grundstücken vgl. Syst. Darst. des Sachwertverfahrens Rn. 3*

Das Ertragswertverfahren wird heute auch bei Grundstücken angewandt, die in der Praxis bisher „traditionell" als Sachwertobjekte galten. Es stellte sich heraus, dass die **Ertragswerte oft einen besseren Anhaltspunkt für die Beurteilung des Verkehrswerts bieten** als die entsprechenden Sachwerte. In diesen Fällen hat sich die Wertermittlungspraxis an die sich im Laufe der Zeit ändernden Marktgepflogenheiten angepasst. Beispielsweise wird ein Lagerhausgrundstück heute als reines Renditeobjekt angesehen. Das Gleiche gilt für sonstige Gewerbegrundstücke (Fabrikationen), die unter Berücksichtigung der Ertragsmöglichkeiten im freihändigen Verkauf nur mit Abschlägen (Nachlässen) zu veräußern sind, die bisweilen zwischen 30 v.H. und 50 v.H. des Sachwerts betragen. Solche Abschläge dokumentieren die Unwirtschaftlichkeit insbesondere alter Fabrikgebäude im Hinblick auf Gebäudeabmessung (Grundriss), Gebäudehöhen (Mehrgeschossigkeit) und Bauausführungen. Einen Käufer interessiert vorrangig, welche Miete er nachhaltig erzielen kann. Für ihn ist der Kaufpreis an dem gegenwärtigen Wert der künftigen Erträge zu messen, die sich aus dem Grundstück ergeben werden.

Bei Anwendung des Ertragswertverfahrens zur Ermittlung des Verkehrswerts von Grundstücken z. B. von Miethäusern braucht der auf dem Grundstück vorhandene **Aufwuchs** i.d.R. nicht zusätzlich bewertet zu werden, da er zur Ausstattung des Grundstücks gehört, die sich ggf. im Mietertrag niederschlägt (vgl. Rn. 403; § 19 ImmoWertV Rn. 4, 51; § 21 ImmoWertV Rn. 8, 23; Syst. Darst. des Ertragswertverfahrens Rn. 32, 84; Syst. Darst. des Sachwertverfahrens Rn. 199 ff.). 67

2.4.3 Pachtwertverfahren

▶ *Näheres hierzu in der Syst. Darst. des Ertragswertverfahrens Rn. 297 ff. und im Teil VI Rn. 393 ff.*

Das Pachtwertverfahren ist dem **Ertragswertverfahren** zuzurechnen. Bei Anwendung dieses Verfahrens wird der Reinertrag aus der ortsüblichen Pacht ggf. unter Heranziehung von Umsatzkennziffern oder der tatsächlichen Umsätze abgeleitet. 68

2.4.4 Prognoseverfahren (*Discounted Cashflow* Verfahren)

▶ *Näheres hierzu Rn. 16 sowie in der Syst. Darst. des Ertragswertverfahrens Rn. 358 ff.*

Bei dem *Discounted Cashflow* Verfahren handelt es sich um eine besondere Ausformung des Ertragswertverfahrens auf der Grundlage von prognostizierten Annahmen zur Ermittlung von Investitionswerten. 69

2.5 Sachwertverfahren

2.5.1 Allgemeines

▶ *Vgl. Syst. Darst. des Sachwertverfahrens Rn. 1 ff.*

70 Bei Anwendung des Sachwertverfahrens *(cost approach)* wird der Verkehrswert auf der Grundlage der gewöhnlichen Herstellungskosten aller auf dem Grundstück vorhandenen Anlagen unter Berücksichtigung ihrer Alterswertminderung, Baumängel und Bauschäden, der sonstigen besonderen objektspezifischen Grundstücksmerkmale und des Bodenwerts ermittelt. Da die bloßen **Kosten einer Sache nicht mit ihrem Wert identisch** sind und vielfach sogar nicht unerheblich davon abweichen, führt der „bloße" Sachwert insbesondere bei Renditeobjekten zu einem Wert, den die Sache gerade nicht wert ist. Dies lässt sich nur vermeiden, wenn in marktorientierter Weise wirtschaftliche Gesichtspunkte in das Sachwertverfahren integriert werden. Aus diesem Grunde ist die Berücksichtigung der allgemeinen Wertverhältnisse auf dem Grundstücksmarkt (Lage auf dem Grundstücksmarkt) mit § 8 Abs. 2 ImmoWertV integraler Bestandteil der Sachwertermittlung.

2.5.2 Anwendungsbereich

71 Das Sachwertverfahren eignet sich für die Verkehrswertermittlung von **Grundstücken**, die vornehmlich nach der Art ihrer Bebauung **nicht auf eine möglichst hohe Rendite im Verhältnis zu den aufgewandten Kosten ausgelegt sind.** Hier sind in erster Linie **Eigenheime** (Ein- und Zweifamilienhäuser und Villen) zu nennen, die üblicherweise zum Zwecke der Eigennutzung gebaut und gekauft werden.

Nr. 3.1.3 **WERTR** führt u. a. hierzu aus:

„Das Sachwertverfahren ist in der Regel bei Grundstücken anzuwenden, bei denen es für die Werteinschätzung am Markt nicht in erster Linie auf den Ertrag ankommt, sondern die Herstellungskosten im gewöhnlichen Geschäftsverkehr wertbestimmend sind.

Dies gilt überwiegend bei individuell gestalteten Ein- und Zweifamilienhausgrundstücken, besonders dann, wenn sie eigengenutzt sind.

Das Sachwertverfahren kann auch zur Abstützung der Wertermittlung von Neubauten, die als Ertragswertobjekte gelten, in Betracht kommen, da nicht zu erwarten ist, dass ein Investor Kosten aufbringt, die nicht durch die Rentierlichkeit des Objekts (Ertragswertverfahren) gedeckt werden.

Weiterhin kann das Sachwertverfahren auch bei älteren instandsetzungsbedürftigen Objekten, die eines hohen Kosteneinsatzes (Modernisierung, Instandsetzung bzw. Umstrukturierung) bedürfen, zur Anwendung kommen, wenn das Sachwertverfahren zu einem Restwert führt, um den sich die Aufwendungen für eine Neubebauung des Grundstücks vermindern.

In allen Fällen ist zu beachten, inwieweit die Gebäude und Einrichtungen wirtschaftlich überaltert sind, sie der technischen oder der strukturellen Entwicklung nicht mehr entsprechen und eine Nutzungsmöglichkeit und deshalb eine Nachfrage nicht mehr oder nur noch vermindert gegeben ist (vgl. Nr. 3.6.1.1.9.1)."

72 **Einfamilienhäuser** werden i.d.R. nämlich nicht vermietet, sondern von dem Hauseigentümer ganz oder zum überwiegenden Teil bewohnt. Für diesen steht die Annehmlichkeit im Vordergrund, ungestört nach seinem Geschmack und ohne Rücksicht auf andere Hausbewohner allein im Haus wohnen zu können. Hierfür ist er bereit, Mittel aufzuwenden, die, gemessen an dem im Falle einer Vermietung des Einfamilienhauses erzielbaren Nutzungsentgelt, eine deutlich **geringere Verzinsung des eingesetzten Kapitals „erarbeiten" als z. B. ein weniger aufwendig bebautes Mietwohngrundstück.**

73 **Der Eigentümer eines Ein- bzw. Zweifamilienhausgrundstücks rechnet nicht mit einer hohen Verzinsung des beim Kauf des Objekts investierten Kapitals, denn er betrachtet das Grundstück nicht als zinsabwerfende Kapitalanlage.** Hier stehen vielmehr persönliche Momente im Vordergrund. Er betrachtet es als ein Heim, das ihm die Annehmlichkeiten des ungestörten Wohnens verschafft. Ertragsgedanken sind deshalb beim Kauf von Einfamilienhausgrundstücken weitgehend ausgeschaltet. Diese immaterielle Wertschätzung hat *Antoine* *de Saint-Exupéry* in „Das Wunder des heimatlichen Hauses" mit folgenden Worten trefflich illustriert: „Das Wunder des heimatlichen Hauses besteht nicht darin, dass es uns schützt und wärmt, es besteht auch nicht im Stolz des Besitzers – seinen Wert erhält es dadurch, dass es in langer Zeit einen Vorrat von Beglückung aufspeichert, dass es tief im Herzen die dunkle Masse sammelt, aus der wie Quellen die Träume entspringen."

Die Anwendung des Sachwertverfahrens auf Einfamilienhäuser lässt sich auch damit begründen, dass ein Erwerber vor der Wahl steht, **selber zu bauen oder zu kaufen.** Ein Erwerber „schielt" also auf die Herstellungskosten und wägt diese mit dem Kaufpreis für ein „fertiges Objekt" ab, wobei als weitere Momente die Sicherheit vor Unannehmlichkeiten, unerwarteten Preissteigerungen und Kostenpositionen, unterschiedliche steuerliche Rahmenbedingungen sowie der Kauf des „fertigen" und sichtbaren Produktes an Stelle der Bauzeichnung hinzukommen. **74**

In der **Rechtsprechung** ist die Verkehrswertermittlung von Ein- und Zweifamilienhäusern im Wege des Sachwertverfahrens anerkannt worden[57], insbesondere bei aufwendig gebauten Villen[58]. Dagegen ist es in der Rechtsprechung nicht beanstandet worden, dass ein nicht nur eigengenutztes, sondern zum Teil auch vermietetes Einfamilienhaus nach dem Ertragswertverfahren bewertet wird (vgl. Rn. 71). **75**

Der BGH hat es auch als sachgerecht angesehen, wenn bei einem Einfamilienhaus oder einem **für den eigenen Betrieb des Eigentümers bestimmten Geschäftshaus** „allein" vom Sachwert ausgegangen wird[59]. In dieser apodiktischen Form ist diese Rechtsprechung korrigiert worden[60]. **76**

Bei einem Grundstück, dessen Verkehrswert nach seiner Nutzungsart üblicherweise nach dem Sachwertverfahren ermittelt wird, muss das Ertragswertverfahren Anwendung finden, wenn es **trotz verhältnismäßig geringwertiger Aufbauten erhebliche Nutzungserträge** abwirft[61]. **77**

Grundsätzlich können auch **Ein- und Zweifamilienhäuser im Wege des Ertragswertverfahrens bewertet werden**, wenn dafür marktorientierte Liegenschaftszinssätze zur Verfügung stehen. Da diese Objekte in der Praxis der Verkehrswertermittlung nahezu ausschließlich im Wege des Sachwertverfahrens gewertet werden, wurden Liegenschaftszinssätze bislang aber eher nur in Ausnahmefällen für Ein- und Zweifamilienhäuser abgeleitet. Entsprechend den vorherigen Ausführungen haben sich dabei für Einfamilienhäuser Liegenschaftszinssätze von 1,5 bis 3,0 % ergeben, die sich, was das gesamte Spektrum der Einfamilienhäuser anbelangt, aber nicht verallgemeinern lassen. Ein solides und kostensparend errichtetes **Reihenhaus** wirft eine höhere Verzinsung ab als eine aufwendig gebaute **Villa**, die möglicherweise sogar eine negative Verzinsung haben kann, wenn z. B. die (nicht umlegbaren) Bewirtschaftungskosten den Mieterlös nicht zu decken vermögen[62]. **78**

Dass der Erwerber eines Ein- und Zweifamilienhauses, um seine persönlichen Bedürfnisse nach angenehmem Wohnen zu erfüllen, auf eine sonst übliche Verzinsung seines Kapitals verzichtet, schließt nicht aus, dass auch er „rechnet". Zwar nimmt sich die ersparte Miete in einem selbst bewohnten Einfamilienhaus gegenüber einer sonst möglichen Verzinsung seines Kapitals gering aus, jedoch spielen auch weitere Beweggründe eine Rolle: Dies sind die **Erwartung einer Wertsteigerung, das Motiv einer krisensicheren Sachanlage**, finanzielle Förderungen und steuerliche Anreize einschließlich der sog. Konsumgutlösung. Eine direkte **79**

---

[57] OLG Hamm, Urt. vom 8.2.2007 – 16 U 19/05 -, EzGuG 6.296; OLG Celle, Urt. vom 13.9.1996 – 4 U 27/90 –, GuG 1991, 41 = EzGuG 2.50; OLG Koblenz, Urt. vom 17.9.1980 – 1 U 1092/79 –, EzGuG 20.85; BFH, Urt. vom 31.7.1981 – III R 123/79 –; BFH, Urt. vom 27. 4. 1978 – III R 6/77 –, EzGuG 20.73a; FG Rheinland-Pfalz, Urt. vom 26.1.1999 – 2 K 2975/98 –, EzGuG 20.168; OLG Köln, Urt. vom 28.8.1962 – 9 U 28/58 –, EzGuG 20.31.
[58] OLG Köln, Urt. vom 16 9.1960 – 4 U 152/59 –, EzGuG 20.27; BGH, Urt. vom 13.7.1970 – VII ZR 189/68 –, EzGuG 20.49; auch BFH, Urt. vom 12.2.1986 – II R 192/78 –, EzGuG 20.115; vgl. auch RFH, Urt. vom 28.8.1930 – III a 137/30 – und RFH, Urt. vom 18.1.1929 – I Ab 883/28 –, AVN 1931, 219; RFH, Urt. vom 11.3.1931 – VI A 1746/30 –, EzGuG 19.2h.
[59] BGH, Urt. vom 10.3.1956 – IV ZR 99/55 –, EzGuG 20.18a.
[60] BGH, Urt. vom 13.7.1970 – VII ZR 189/68 –, EzGuG 20.49.
[61] BGH, Urt. vom 19.12.1963 – III ZR 162/63 –, EzGuG 20.35.
[62] BGH, Urt. vom 16.6.1977 – VII ZR 2/76 –, EzGuG 20.67a.

und indirekte Förderung müsste bei Anwendung des Ertragswertverfahrens im Übrigen mit dem Liegenschaftszinssatz berücksichtigt werden, soweit sie objekttypisch ist.

80 Daneben kann der Wert von Einfamilienhäusern auch im Vergleichswertverfahren ermittelt werden. Das setzt allerdings voraus, dass auf eine **ausreichende Anzahl von Vergleichsgrundstücken** zurückgegriffen werden kann. Das Ertragswertverfahren ist in diesem Zusammenhang nur zur Feststellung der Renditefähigkeit von Bedeutung, also im Wesentlichen für Beleihungszwecke.

81 Die Auffassung des OVG Magdeburg[63], nach der das Sachwertverfahren herangezogen werden kann, wenn ein **nachhaltiger Ertrag, insbesondere mit Rücksicht auf die Bausubstanz, nicht mehr erzielt werden kann,** ist trügerisch. I.d.R. ist unter den genannten Voraussetzungen die Bausubstanz wirtschaftlich verbraucht, so dass dementsprechend auch bei Anwendung des Sachwertverfahrens infolge der Alterswertminderung aufgrund der verminderten Restnutzungsdauer der Sachwert allenfalls auf den Restwert zusammenschmilzt.

2.5.3 Missverstandenes Eigennutzprinzip

82 Die traditionelle, aber heute weitgehend aufzugebende Auffassung, den Verkehrswert gewerblicher und öffentlicher Grundstücke im Wege des Sachwertverfahrens zu ermitteln, wurde u. a. damit begründet, dass es sich dabei zumeist um **eigengenutzte Grundstücke** handele und diese, wie Ein- und Zweifamilienhäuser, quasi naturgesetzlich im Sachwertverfahren zu bewerten seien. Das Eigennutzprinzip war unter der Herrschaft der Stopp-Preisregelung vorgegeben und wirkt bis zum heutigen Tag fort (vgl. Vorbem. Teil II Rn. 63)[64].

83 Das **Kriterium der Eigennutzung** kann für sich allein nicht entscheidend für die Wahl des Sachwertverfahrens sein, da auch typische Renditeobjekte eigengenutzt werden. Es muss vor allem hinzukommen, dass es dem typischen Nutzer eines im Sachwertverfahren zu bewertenden Objekts nach der Lebenserfahrung nicht entscheidend auf die Rendite, sondern vornehmlich auf den „Besitz" mit möglicherweise nicht in Euro und Cent zu bemessenden Annehmlichkeiten ankommt. Im Vordergrund der Kaufüberlegungen eines solchen Erwerbers stehen dabei die **Kosten, die** von ihm oder **aus gleichen Überlegungen vom Voreigentümer dafür aufgebracht wurden** oder aufgebracht werden müssten.

84 Das Kriterium der „Eigennutzung" ist in der Vergangenheit missverstanden und infolgedessen überstrapaziert worden **(missverstandenes Eigennutzprinzip).** Es ist ein verhängnisvoller und lebensfremder Irrtum, wenn man einem „eigennützigen" Erwerber a priori vernünftiges wirtschaftliches Handeln absprechen wollte, und es empfiehlt sich, hier deutlich zwischen Objekten zu unterscheiden,

a) die sich ein Erwerber insoweit etwas kosten lässt, als er auf eine sonst übliche Verzinsung seiner Investition verzichtet (wie bei dem erwähnten Einfamilienhaus), oder

b) bei denen der Erwerber ein Objekt zum Zwecke der Gewinnerzielung z. B. unternehmerisch als Gewerbeobjekt „eigengenutzt" unterhält.

85 Bei **Gewerbegrundstücken** steht ein potenzieller Erwerber vor der Entscheidung, das gewünschte Objekt selbst zu errichten oder anzumieten. Von daher kann es sich empfehlen, sowohl das **Sach- als auch das Ertragswertverfahren** anzuwenden und die Ergebnisse kritisch miteinander zu vergleichen. Übersteigt z. B. im Falle einer neu errichteten Gewerbe-Immobilie der Sachwert den Ertragswert, stellt sich die Frage, warum das Objekt überhaupt errichtet wurde, wenn sich das investierte Kapital nicht angemessen verzinst. Daraus können wiederum Rückschlüsse auf die ertragswirtschaftliche Nutzung des Objekts gezogen werden, die dann offensichtlich dem nicht entspricht, was in den Vorstellungen des Investors lag. Ursache für die Disparität kann in solchen Fällen eine Fehlentscheidung des Investors oder eine ungenügende Ausschöpfung der Ertragsfähigkeit des Grundstücks durch den Nutzer sein, die dann möglicherweise im Ertragswertverfahren zu korrigieren ist. Bei älteren Gebäuden ist die Disparität vielfach darauf zurückzuführen, dass sich der in der Vergangenheit

---

63 OVG Magdeburg, Urt. vom 20.1.1999 – A 2 130/97 –, GuG-aktuell 1999, 46 (LS) = EzGuG 20.167.
64 Richtlinien für die Bewertung von bebauten Grundstücken vom 6.4.1942 – IX – 16 – 2508/42 – lit. B.

errichtete „Sachwert" aufgrund wirtschaftlicher und allgemeiner Umstrukturierungen nicht mehr angemessen „verzinst" (sog. wirtschaftliche Überalterung).

Was für (eigengenutzte) gewerbliche Grundstücke gilt, muss in gleicher Weise auch für **öffentlich genutzte Grundstücke** gelten. Auch hier stellt sich die Frage, warum die öffentliche Hand ein Gebäude mit hohen Herstellungskosten errichten sollte, wenn sie entsprechende Objekte anmieten könnte und der sich auf der Grundlage der ortsüblich erzielbaren Miete ergebende Ertragswert niedriger ausfällt als der Sachwert, in dem sich die Herstellungskosten widerspiegeln. Diese Erfahrung konnte auch bei der Veräußerung von Bundesliegenschaften gemacht werden, die im Zuge der Konversion für andere öffentliche Nutzungen veräußert wurden und wo seitens der Erwerber darauf verwiesen wurde, dass der Sachwert keine geeignete Grundlage darstellen könne, wenn vergleichbare Objekte zu einem Mietpreis angemietet werden könnten, der über die Restnutzungsdauer kapitalisiert zu niedrigeren Ertragswerten führt.

In **Nr. 3.1.2.2 WERTR** wird hierzu bemerkt:

„Auch bei Grundstücken, die öffentlichen Zwecken vorbehalten bleiben sollen (vgl. Nr. 5.1.1) ist das Ertragswertverfahren insbesondere geeignet, wenn für die öffentliche Hand alternativ eine Anmietung in Betracht kommen würde.

Dabei ist von der Ertragssituation vergleichbarer baulicher Anlagen auszugehen z. B.:

- *für Verwaltungsgebäude: Erträge einer Büronutzung vergleichbarer Qualität,*
- *für Kinderheime, Kindergärten, Freizeitzentren, Kindererholungsheime: vergleichbare privatwirtschaftliche Einrichtungen,*
- *für Schulen: Erträge aus vergleichbaren oder anderen dafür in Betracht kommenden gewerblich genutzten Objekten.*

Steht danach die Anwendung des Ertragswertverfahrens im Vordergrund, kann es gleichwohl geboten sein, das Sachwertverfahren unterstützend heranzuziehen. Dabei muss insbesondere eine eingeschränkte wirtschaftliche Nutzbarkeit der baulichen Anlage z. B. durch eine wirtschaftliche Überalterung nach § 25 WertV berücksichtigt werden; dies gilt insbesondere bei der Umnutzung ehemaliger Gemeinbedarfsanlagen, z. B. bei militärisch genutzten baulichen Anlagen für privatwirtschaftliche Zwecke (z. B. Wohnen, Gewerbe, Industrie; vgl. Nr. 5.1.2)".

▶ *Zur Bodenwertermittlung vgl. Rn. 53 ff.; zum Ansatz „gespaltener Bodenwerte" bei Anwendung des Ertragswertverfahrens vgl. Syst. Darst. des Ertragswertverfahrens Rn. 173 ff.*

2.6 Liquidationswertverfahren

2.6.1 Allgemeines

▶ *Näheres hierzu vgl. Rn. 401; Erläuterung zu § 16 ImmoWertV Rn. 123; Syst. Darst. des Ertragswertverfahrens Rn. 61 ff.; Teil VI Rn. 771*

Das Liquidationswertverfahren *(break down method)* wird in der ImmoWertV als ein Unterfall der Bodenwertermittlung in § 16 Abs. 3 ImmoWertV behandelt, ohne dass die Vorschrift diesen Begriff benutzt. Von einer „Liquidation" spricht man in den Fällen, in denen eine bauliche Anlage ihre wirtschaftliche Bedeutung verloren hat, die (Rest-)Bausubstanz keine wirtschaftliche Verwendung finden kann und der Erhalt der baulichen Anlage auch sonsthin (z. B. als Denkmal) nicht sinnvoll ist. Um das dadurch „belastete" Grundstück wieder wirtschaftlich zu nutzen, ist die Freilegung erforderlich. Die Bausubstanz hat in diesem Fall keinen Wert mehr bzw. im Hinblick auf etwaige Verwertungserlöse allenfalls einen Restwert und stellt ansonsten eine „Belastung" des Bodenwerts dar. Der Freilegung des Grundstücks muss deshalb im Rahmen der Bodenwertermittlung Rechnung getragen werden, wobei regelmäßig von Vergleichspreisen zw. Bodenrichtwerten unbebauter Grundstücke ausgegangen wird. Der sich daraus ergebende Vergleichswert ist nach Maßgabe des § 16 Abs. 3 ImmoWertV um die üblichen Freilegungskosten zu mindern, soweit sie im gewöhnlichen Geschäftsverkehr berücksichtigt werden. In diesem Zusammenhang wird von einem **Liquidationswertverfahren** bzw. von der **Zerschlagungs- bzw. Zerlegungstaxe** gesprochen.

90 Breite Anwendung findet das Verfahren deshalb auch insbesondere bei der **Unternehmensbewertung,** wenn wegen Unwirtschaftlichkeit eine Betriebsaufgabe angezeigt ist. So ist z. B. bei der Ermittlung der **Aufgabewerte nach § 16 Abs. 3 Satz 4 EStG** die Zerlegungstaxe vorgegeben, bei der dann – wie bereits dargelegt – die einzelnen Wirtschaftsgüter bzw. marktgängigen Einheiten (Grund und Boden zuzüglich Gebäuden) jeweils zu ihren Verkehrswerten ermittelt und ggf. Vermarktungskosten gegengerechnet werden.

91 ▸ *Zur besonderen Bedeutung der Zerlegungstaxe im land- und forstwirtschaftlichen Bereich vgl. Rn. 92 ff. und Teil VII*

2.6.2 Zerschlagungs- bzw. Zerlegungstaxe sowie Vereinigungswert

92 Der bei der Verkehrswertermittlung gebräuchliche Grundstücksbegriff muss weder mit dem Grundstücksbegriff des bürgerlichen Rechts noch mit dem steuerlichen Grundstücksbegriff (§ 70 Abs. 1 BewG) identisch sein. **Im Bereich der Verkehrswertermittlung wird** demgegenüber **der Grundstücksbegriff untechnisch** im allgemeinen Sinne **verwandt.** Das Grundstück, über das ein Sachverständiger entsprechend den Vorgaben seines Auftraggebers sein Gutachten erstattet, kann mithin aus einer Vielzahl von Grundstücken i.S. des bürgerlichen Rechts, aber auch aus Grundstücksteilen bestehen (vgl. § 1 ImmoWertV Rn. 23 ff.) Insbesondere im Bereich der Verkehrswertermittlung gewerblicher oder landwirtschaftlicher Betriebe kann sich die Verkehrswertermittlung auf eine Vielzahl auch unterschiedlich genutzter Flächen beziehen. Diese Flächen können (müssen aber nicht) eine wirtschaftliche Einheit i.S.d. Steuerrechts bilden (vgl. § 1 ImmoWertV Rn. 27).

93 Vorbehaltlich bestimmter Vorgaben, die dem Sachverständigen mit der Erteilung des Auftrags aufgegeben werden, ist bei der **Verkehrswertermittlung von Immobilien, die sich aus mehreren Grundstücken bzw. Flurstücken zusammensetzen,** von folgenden Grundsätzen auszugehen:

a) Es sind solche Einheiten zu bilden, die eine möglichst vorteilhafte Verwertung des Grundstücksbestands gewährleisten *(best use value).* Dieser Grundsatz gilt im Übrigen auch für die Unternehmensbewertung[65], soweit nicht vom *existing use value* auszugehen ist.

b) Soweit es sich im Einzelfall aber als vorteilhafter erweist, einzelne selbständig nutzbare Grundstücke – bzw. im Rahmen einer Unternehmensbewertung einzelne in sich geschlossene Betriebsteile – getrennt voneinander zu verwerten, sind die jeweiligen Verkehrswerte getrennt voneinander zu ermitteln. Im Rahmen der Unternehmensbewertung muss dabei wieder gewährleistet sein, dass das Unternehmen im Ganzen in seinem wirtschaftlichen Bestand nicht beeinträchtigt wird (Abb. 6).

94 *Beispiel:*

Abb. 6: Verkehrswertermittlung auf der Grundlage der Zerlegung

---

[65] OLG Düsseldorf, Beschl. vom 17.2.1984 – 19 W 1/81 –, EzGuG 20.104b; BGH, Urt. vom 30.3.1967 – II ZR 141/64 –, DB 1967, 854.

95 In dem *Beispiel* wird man den Verkehrswert des Grundstücks A in der Weise ermitteln, dass man die Gesamtfläche in die Teilflächen A' und A" aufteilt und den Verkehrswertanteil der Teilfläche A' wie ein selbständiges Grundstück ermittelt. Die Heranziehung von Umrechnungskoeffizienten, die zu einer Verminderung des Bodenwerts aufgrund einer Übergröße führen würde, wäre bei der Bodenwertermittlung des Grundstücks A falsch. Der Eigentümer kann nämlich die wirtschaftlich vernünftigste Verwertung des Grundstücks im Wege einer **gesonderten Veräußerung der Teilflächen** A' und A" erzielen *(best use value)*.

96 Umgekehrt kann es geboten sein, mehrere (benachbarte) Grundstücke eines Eigentümers **zu einem Wertermittlungsgrundstück zusammenzufassen,** wenn dies zu einem höheren Verkehrswert führt, als sich als Summe aus den Verkehrswerten der Einzelgrundstücke ergibt. Man spricht hier von einem **Vereinigungs- bzw. Verschmelzungswert** *(marriage value,* vgl. § 194 BauGB Rn. 37). So kann z. B. die Vereinigung eines „gefangenen" Grundstücks ohne Zugang zu einer öffentlichen Straße mit einem anderen die Zugänglichkeit herbeiführenden Grundstück den Verkehrswert gegenüber der Summe aus den jeweiligen Verkehrswerten der unvereinigten Grundstücke deutlich erhöhen. Der Verkehrswert z. B. eines gewerblichen Grundstücks kann sich ebenfalls durch den Zuerwerb von Flächen erhöhen, wenn sich damit z. B. Funktionsabläufe rationalisieren lassen und die Produktivität gesteigert werden kann.

97 Gewerbliche und landwirtschaftliche Betriebe können aber auch eine Grundstücksstruktur aufweisen, die in ihrer Zusammensetzung aus mehreren Grundstücken einen niedrigeren Verkehrswert aufweist, als im Falle einer **Zerlegung des Gesamtgrundstücks in Einzelgrundstücke** verbunden mit der Aufteilung in einzelne, in sich geschlossene Betriebsteile oder sogar deren Auflösung.

98 Der Gutachter ist gut beraten, auf solche Fallgestaltungen hinzuweisen, selbst wenn ihm vom **Auftraggeber Vorgaben gemacht werden,** die nicht zum *best use value* führen.

2.7 Kombinationsverfahren

2.7.1 Allgemeines

99 Die ImmoWertV, die ohnehin nur in Anspruch nimmt, die Wertermittlung in ihren Grundzügen zu regeln, ist offen für die Anwendung explizit nicht geregelter Verfahren, wie z. B. mathematisch statistischer Regressionsanalysen oder der sog. Zielbaummethode. Sie lässt auch die **Kombination verschiedener Methoden** zu, soweit dies sinnvoll ist. Im Schrifttum wurde allerdings wiederholt unter Berufung und Verkennung der Rechtsprechung des BGH die Kombination von verschiedenen Wertermittlungsverfahren für unzulässig befunden. Allzu unbedacht wird hierbei immer wieder das zumeist in den wesentlichen Aussagen unvollständig abgedruckte „Biebergassenurteil" des BGH zitiert[66], das diese verallgemeinerte Auslegung nicht zulässt. In dem zu entscheidenden Fall wurde der anhand von Vergleichspreisen abgeleitete Bodenwert eines bebauten Grundstücks mit dem Ertragswert des Grundstücks kombiniert, wobei dieser nach einer von den Grundsätzen der ImmoWertV völlig abweichenden gesamtheitlichen Methode für den Grund und Boden sowie das Gebäude ermittelt wurde.

100 Wörtlich heißt es in der Entscheidung:

„Es kann somit keine Rede davon sein, dass der Sachverständige seiner im ersten Gutachten allein auf der Ertragswertberechnung aufbauenden Wertermittlung des gesamten Hausgrundstücks einen bestimmten Bodenpreis ‚zu Grunde gelegt' habe, der deshalb für die Wertermittlung aufgrund der Vergleichspreise für das Trümmergrundstück ‚berichtigt' werden könnte. Vielmehr ist der Sachverständige in seinem ersten Gutachten bei seiner Wertermittlung für das gesamte Hausgrundstück von dem ‚Ertrag der nachhaltig erzielbaren Mieten' ausgegangen. Entscheidend ist vor allem, dass der Sachverständige in seinem Nachtragsgutachten vom 18. April 1955 für die getrennte Wertberechnung des Hausgrundstücks von einer anderen für das Trümmergrundstück angewandten Berechnungsmethode (auf der Grundlage von

---

[66] BGH, Beschl. vom 11.3.1993 – III ZR 24/92 –, EzGuG 20.144b; BGH, Urt. vom 19.6.1958 – III ZR 39/57 –, EzGuG 20.22; auch OLG Hamburg, Urt. vom 10.10.1969 – 1 U 61/68 –, EzGuG 6.126; BGH, Urt. vom 24.1.1963 – III ZR 149/61 –, EzGuG 20.34; Pohnert, a.a.O., 5. Aufl., S. 113.

Vergleichspreisen usw.) ausgegangen ist. Hiernach hat das Berufungsgericht in rechtlich zu beanstandender Weise bei seiner Wertermittlung zwei in ihren Grundlagen verschiedene Berechnungsmethoden nebeneinander gebraucht, indem es Elemente der Wertberechnung aufgrund von Vergleichspreisen usw. zur ‚Berichtigung' des auf der Grundlage der Ertragswertberechnung ermittelten Wertes des gesamten Hausgrundstücks herangezogen und seiner Entscheidung zugrunde gelegt hat."

101 Bei dieser Sachlage ist der Entscheidung zuzustimmen, dass im Falle nicht aufeinander abgestimmter Berechnungsmethoden einzelne Elemente nicht ungeprüft hätten miteinander „verquickt" werden dürfen. Anders sind aber die Fälle zu beurteilen, bei denen die in einem aufeinander abgestimmten System nach unterschiedlichen Wertermittlungsmethoden ermittelten Anteile sich gegeneinander ergänzen können. Soweit es – wie in der vorstehenden Entscheidung – um die Ausgrenzung des Bodenwertanteils geht, sind bei Anwendung der Grundsätze der ImmoWertV die Voraussetzungen dafür gegeben, wenn der Bodenwertanteil in allen Verfahren nach denselben Grundsätzen ermittelt wird. **Es kommt also entscheidend darauf an, dass bei einer „Verquickung" von Elementen verschiedener Wertermittlungsverfahren diese aufeinander abgestimmt sind.** So kann es durchaus sachgerecht sein, die Verkehrswertermittlung nach dem Sachwertverfahren durch einen nach Ertragswertgrundsätzen ermittelten Wertanteil für eine Reklamefläche zu kombinieren. Im Ergebnis ist für die Zulässigkeit einer Kombination verschiedener Wertermittlungsmethoden allein entscheidend, dass die Verfahren rechtsfehlerfrei verquickt werden können. In diesem Sinne hat der BGH die Kombination von Verfahren nicht grundsätzlich, sondern nur in den Fällen abgelehnt, wo dies nicht rechtsfehlerfrei geschieht und das „Wertbild verzerrt" wird[67].

2.7.2 Extraktionsverfahren (Residualwertverfahren)

▶ *Nähere Ausführungen vgl. Syst. Darst. des Vergleichswertverfahrens Rn. 447 ff.*

102 Insbesondere zur **Vorbereitung von Investitionsentscheidungen** sowie bei den bereits angesprochenen Immobilien, die einer anderen, insbesondere höherwertigen Nutzung zugeführt werden sollen (Umnutzungsfall), lässt sich deren Verkehrswert nicht immer mit den herkömmlichen Verfahren ermitteln, und es wird zunehmend (hilfsweise) auf das **Extraktionsverfahren** (Residualwertverfahren, *extraction*) zurückgegriffen. Bei Anwendung dieses Verfahrens wird – vereinfacht ausgedrückt – der Verkehrswert des Grundstücks aus dem z. B. im Wege des Vergleichs- oder Ertragswertverfahrens ermittelten Verkehrswert, der sich fiktiv nach Durchführung einer beabsichtigten Entwicklung ergibt, unter Abzug der Entwicklungs- und ggf. Herstellungskosten abgeleitet. Der Differenzbetrag stellt das Residuum dar.

103 Das Extraktionsverfahren (Residualwertverfahren) stellt in seinen Grundzügen ein kombiniertes Verfahren dar. Es werden dabei Elemente des Vergleichs- oder Ertragswertverfahrens, mit dem zunächst das fertige Produkt wertmäßig erfasst wird, mit künftigen Herstellungs- bzw. Entwicklungskosten (differenzmäßig) kombiniert. Das Residuum ergibt sich daraus als die Größe, die im Hinblick auf die zugrunde gelegte Verwertungskonzeption und die dafür erforderlichen Aufwendungen als wirtschaftlich sinnvoller Erwerbspreis verbleibt. Das Extraktionsverfahren (Residualwertverfahren) ist von diesem Ansatz her nicht darauf angelegt, zu einem bestimmten Residuum zu kommen, denn **unterschiedliche Verwertungskonzeptionen mit unterschiedlichen Gestehungskosten müssen zu unterschiedlichen Residuen führen.**

104 Als eine äußerst **problembehaftete Wertermittlungsmethode** ist das Extraktionsverfahren (Residualwertverfahren) allenfalls nur unter engen Voraussetzungen für die Verkehrswertermittlung geeignet:

a) Der *gewöhnliche Geschäftsverkehr* ist u.a. dadurch gekennzeichnet, dass weder Käufer noch Verkäufer unter Druck handeln, wobei die Käufer gegenüber dem Verkäufer mitein-

---

67 BGH, Urt. vom 20.3.1975 – III ZR 153/72 –, EzGuG 18.64; BGH, Urt. vom 23.6 1983 – III ZR 39/82 –, EzGuG 20.102; BGH, Urt. vom 26.10.1972 – III ZR 78/71 –, EzGuG 18.57; BGH, Urt. vom 29.5.1967 – III ZR 126/66 –, EzGuG 18.35; BGH, Urt. vom 2.12.1971 – III ZR 165/69 –, EzGuG 20.51; BGH, Urt. vom17.12.1978 – III ZR 6/77 –, EzGuG 4.63; vgl. auch Maunz/Dürig/Herzog/Scholz, GG, Art. 14, S. 66.

ander in Konkurrenz stehen. I.d.R. werden Immobilien letztlich an den Meistbietenden verkauft. Dies ist geradezu charakteristisch für den gewöhnlichen Geschäftsverkehr und muss bei Anwendung des Extraktionsverfahrens (Residualwertverfahrens) beachtet werden, wenn das Verfahren zu einem sich am gewöhnlichen Geschäftsverkehr orientierenden Verkehrswert führen soll (§ 194 BauGB).

105 Treten auf einem Grundstücksmarkt mehrere in Konkurrenz zueinander stehende Anbieter auf, so kommt bei dieser Sachlage regelmäßig derjenige Anbieter „zum Zuge", der i.S. einer Kosten-Nutzen-Analyse die effizienteste Nutzungskonzeption verfolgt und damit auch das höchste Residuum anzubieten vermag. Als Verfahren zur Ermittlung des Verkehrswerts wird das **Extraktionsverfahren** (Residualwertverfahren) dann **problematisch, wenn diese Konkurrenzsituation nicht gegeben** ist oder dadurch „ausgeschaltet" wird, dass eine bestimmte, das **wirtschaftliche Potenzial nicht ausnutzende Nutzungskonzeption** vorgegeben wird. In diesem Fall kann durch entsprechende Vorgaben jedes Ergebnis „vorprogrammiert" werden.

106 b) Das Extraktionsverfahren (Residualwertverfahren) ist darüber hinaus nur dann zur Verkehrswertermittlung geeignet, wenn sich die miteinander in Beziehung gesetzten Größen selbst am Verkehrswert orientieren, d.h. marktorientiert sind. Werden indessen in das Residualwertverfahren z.B. Kosten eingeführt, die nicht den gewöhnlichen Herstellungs- sowie sonstigen Kosten entsprechen, sondern sich an den besonderen Verhältnissen eines einzelnen Investors orientieren, so kann das Residualwertverfahren auch nur zu dem Preis führen, der den persönlichen Verhältnissen eines Investors entspricht (**Investorenmethode**).

107 Im Übrigen ist das **Extraktionsverfahren** (Residualwertverfahren) trotz seiner hohen Überzeugungskraft äußerst **anfällig gegenüber fehlerhaften Ansätzen** und wird deshalb in der Praxis der Verkehrswertermittlung nach vorherrschender Auffassung kritisch angesehen[68]. Die Rechtsprechung ist dem gefolgt[69].

2.8 Monte-Carlo-Verfahren

Schrifttum: *Evans, A./Werner-Ehrenfeucht, G.*, Das Monte-Carlo-Verfahren bei der Bewertung von Entwicklungsprojekten, GuG 1994, 257; *Janssen, O.;* Monte-Carlo-Simulationen verbessern die Bewertungsqualität von Immobilien, GuG 2002, 37; *Schneider, D.*, Einflusskurven im Disput zum Monte-Carlo-Verfahren bei der Ertragswertermittlung; *Schneider, D.-G.*, Vergleichswertverfahren, GuG 2002, 297; *Simon, Th.*, Verbessert die Monte-Carlo-Methode die Grundstückswertermittlung, GuG 2004, 93.

108 Eine gewisse Aufmerksamkeit in der Sachverständigenpraxis hat das erstmals 1987[70] publizierte Monte-Carlo-Verfahren gefunden. Das Verfahren – wohl mehr dem Bereich der *curiosity driven research* entsprungen – kann allenfalls **nur bedingt der anerkannten Wertermittlungslehre zugerechnet** werden. Es kann schon eher als eine „hilflose Methode" bezeichnet werden, um bei unklaren und unübersichtlichen Verhältnissen zu einer Aussage über künftige – in der Regel vertraglich „offene" – Entscheidungen insbesondere im Zusammenhang mit Mietverhältnissen zu gelangen. Es wurde z.B. in den Fällen zur Anwendung gebracht, in denen mietvertraglich Optionen vereinbart wurden, die sich je nach Gebrauch unterschiedlich auf den Ertragswert auswirken.

Unter dem Begriff Monte-Carlo-Verfahren verbirgt sich nichts anderes als die Anwendung eines elektronischen Zufallsgenerators i.V.m. statistischen Gesetzen über Zufallsereignisse, um so zu einer vermeintlich statistisch abgesicherten Entscheidung über die letztlich „offene" Frage zu gelangen, wie sich die Vertragsparteien zu dem jeweiligen Zeitpunkt (z.B. in fünf

---

[68] Pohnert, Kreditwirtschaftliche Wertermittlung, 5. Aufl., S. 113; Zimmermann, WertV 88, München 1998, S. 204; Kleiber in GuG 1996, 16; Möckel in GuG 1996, 274; Sotelo in GuG 1995, 91; Reck in GuG 1925, 234; Simon in GuG 1995, 229; Vogel in GuG 1994, 347.
[69] OVG Lüneburg, Urt. vom 25. 1 .2001 – 1 L 5010/96 –, EzGuG 20.177.
[70] Evans, Das Monte-Carlo-Verfahren bei der Bewertung von Entwicklungspotenzialen, GuG 1994, 94; zu Recht kritisch Zimmermann, WertV 88, München 1998, S. 207; Mollart, G., Monte Carlo Simulation using Lotus 1 – 2 – 3, Journal of Valuation 1987, 419 ff.; Werner-Ehrenfeucht in GuG 1994, 257.

oder zehn Jahren) nach den dann obwaltenden Verhältnissen entschieden werden. Wenngleich von dem Verfahren auf den „Verbraucher" des Gutachtens eine **scheinwissenschaftliche Wirkung** ausgeht, so muss man in solchen Fällen einer auf Erfahrung und Sachkunde beruhenden Abschätzung der künftigen Verhältnisse durch den Sachverständigen den Vorzug geben, als sie einem „Zufallsgenerator" zu überlassen. Die Methode stellt von daher mehr eine in den Bereich der Kuriositäten einzuordnende Randerscheinung der Wertermittlungslehre dar.

2.9 Massenbewertungsverfahren (Portfolio-Bewertung)

Schrifttum: *Gabler,* Wirtschaftslexikon, Stichwort „Pakethandel"; *Katte/Bagel/Freyer/Jäger/Langguth/ Roth/Zimmer,* Bewertungssysteme für große Immobilienbestände, GuG 2001, 1; *Münchehofen, M./Springer, U.,* Bewertung von Paketverkäufen, GuG 2006, 144; *Schneider, G.,* Paketbewertungen von Liegenschaften, GuG 2002, 91; *Trappmann, H.,* Bewertungsvereinfachungen für Grundstücke zulässig? DB 1996, 391.

▶ *Vgl. § 194 BauGB Rn. 48 ff.*

109 Im Zuge der Bilanzierung und Veräußerung großer Immobilienbestände (Immobilienpakete) sind Massenbewertungen unvermeidbar, insbesondere wenn eine Einzelbewertung in einem verträglichen Zeitrahmen nicht möglich ist und unverhältnismäßig hohe Kosten verursacht. Es kommt hinzu, dass eine Einzelbewertung auch nicht dem mit § 8 Abs. 1 Satz 2 ImmoWertV gegebenen Grundsatz entspricht, das Wertermittlungsverfahren anzuwenden, das den „im gewöhnlichen Geschäftsverkehr bestehenden Gepflogenheiten" entspricht. Der Marktwert eines „Immobilienpakets" entspricht nämlich nicht der Summe der Einzelwerte und nach den **Gepflogenheiten des Grundstücksverkehrs werden Immobilienpakete** eher nur in Ausnahmefällen **auf der Grundlage** von einzeln bewerteten Grundstücken gehandelt. Grundlage sind vielmehr die Ergebnisse **von Massenbewertungen,** z. B.

– Im Zuge der Bahnreform wurden die Liegenschaften, die zum 1.1.1994 auf die Deutsche Bahn AG (DB AG) übertragen wurden, auf der Grundlage des § 10 Abs. 3 und 4 DBGrG i.V.m. §§ 7 und 9 DMBilG und des Liegenschaftsnachweises der DB AG (System LINA) von der Wirtschaftsprüfergesellschaft KPMG bewertet (Erhebung und bilanzielle Bewertung aller Liegenschaften der DB AG – EBAL); die Bewertung wurde von der Wirtschaftsprüfergesellschaft C&L Deutsche Revision geprüft und durch ein Einzelgutachten der Wirtschaftsprüfergesellschaft Warth & Klein, Düsseldorf, begleitet.

– Im Zuge der Fusion zwischen der Hoesch AG und der Friedrich Krupp AG im Jahre 1992 sowie der Zusammenführung der Hoesch/Krupp AG mit der Thyssen AG zur Thyssen Krupp AG im Jahre 1999 wurde der nicht betriebsnotwendige Grundbesitz einer Neubewertung zur Klärung der Aktionärsbeteiligungen von den Abschlussprüfern C&L Deutsche Revision und KPMG (ca. 30 000 bis 40 000 Wohneinheiten pro Gesellschaft) auf der Grundlage von Bodenrichtwerten einer Bewertung unterzogen.

2.9.1 Allgemeines

110 Von einer **Massenbewertung** *(mass appraisal)* spricht man im Gegensatz zur Einzelbewertung, wenn der (Verkehrs-)Wert einer Vielzahl von Grundstücken kurzfristig und zumeist bezogen auf einen einheitlichen Stichtag ermittelt werden muss; z. B.

a) im steuerlichen Bereich bei der Einheits- bzw. Grundbesitzbewertung,

b) im Bereich der Wertermittlung großer Immobilienbestände z. B. von Unternehmen (Immobilienportfolio), z. B. bei

- dem Verkauf von Immobilienbeständen *(asset deal,* Portfoliotransaktionen) oder dem Verkauf von Anteilen eines Unternehmens mit Immobilien *(share deal),*

- der Finanzierung einer entsprechenden Grundstückstransaktion,
- einer Portfolioanalyse (zur Entwicklung einer Strategie der Verwertung von Bestandsimmobilien),
- einer Verbriefung (Beleihungswert, *sustainable net value*),

c) im Bereich der Bilanzierung einschließlich der handelsrechtlichen Eröffnungsbilanz und

d) im Rahmen städtebaulicher Maßnahmen, bei denen eine flächendeckende Verkehrswertermittlung von Grundstücken eines Veranstaltungsgebiets (Umlegungsgebiet, Sanierungsgebiet, städtebaulicher Entwicklungsbereich) erforderlich wird.

Von einem **Immobilienportfolio** und einer Portfoliobewertung wird in diesem Zusammenhang ab etwa 20 bis 30 Immobilien gesprochen; unterhalb dieser Grenze ist eine Einzelbewertung die Regel.

Unter einem **Massenbewertungsverfahren** versteht man umgangssprachlich

a) ein methodisch strukturiertes (vielfach auch vereinfachtes) Bewertungsverfahren (Ertrags-, Sach- oder Vergleichswertverfahren), das zumeist i.V.m.

b) pauschalisierenden Ansätzen (z. B. Umrechnungskoeffizienten, Rendite, Verzinsung usw.).

anstelle eines umfassenden, alle wertbeeinflussenden Grundstücksmerkmale berücksichtigenden Ertrags-, Sach- oder Vergleichswertverfahrens (z. B. im Sinne der ImmoWertV) zur Anwendung kommt.

Beipiele:

– Im **steuerlichen Bereich** werden mit dem BewG für bestimmte Grundstücksarten allgemein verbindliche Vorgaben z. B. bezüglich des anzusetzen Bodenwerts (Bodenrichtwert nach § 196 BauGB) oder des bei Anwendung des Ertragswertverfahrens maßgeblichen Vervielfältigers vorgegeben.

– Im Bereich der **Portfoliobewertung** werden die Bestände vornehmlich in der Weise bewertet, dass der Immobilienbestand auf der Grundlage einer Portfolioanalyse in homogene Untergruppen (Subportfolios, *Cluster*, Pakete) aufgeteilt und ausgehend von Einzelbewertungen (nach Ortsbesichtigung) repräsentativer Grundstücke auf den Gesamtwert geschlossen wird (vgl. Abb. 7). In ihrer einfachsten Form vollzieht sich die Massenbewertung ohne Ortsbesichtigung allein aufgrund des vorhandenen Datenbestands (sog. „*Desktop*-Bewertung") und der elektronischen Datenverarbeitung (*automated valuation models,* AVMs). Sie haben sich allerdings als unzuverlässig erwiesen[71].

– Für das **Handelsrecht** besteht der Grundsatz der Einzelbewertung (vgl. im Handelsrecht § 252 Abs. 1 Nr. 1 HGB; im Einkommensteuerrecht § 6 Abs. 1 EStG[72]). Gleichwohl sind Massenbewertungen selbst dort unvermeidlich, wo gesetzlich Einzelbewertungen gefordert sind. § 240 Abs. 4 HGB lässt eine Gruppenbewertung für „gleichartige Vermögensgegenstände des Vorratsvermögens" sowie andere gleichartige oder annähernd gleichwertige bewegliche Vermögensgegenstände zu und nimmt „unbewegliche Vermögensgegenstände des Vorratsvermögens" nicht ausdrücklich von dieser Regelung aus[73]. Im Falle einer Gruppenbewertung sind einzelne besonders wertvolle Objekte regelmäßig auch weiterhin einzeln zu bewerten[74].

Massenbewertungsverfahren werden mitunter als *quick and dirty* bezeichnet, insbesondere wenn sie methodisch auf eine überschlägige Wertermittlung angelegt sind (einfache Massenbewertungsverfahren). Ein **qualifiziertes Massenbewertungsverfahren** ist indessen metho-

---

[71] The Appraisal of Real Estate, 12. Aufl. Chicago, S. 648.
[72] Wöhe, G., Bilanzierung und Bilanzpolitik, 8. Aufl. München 1992, S. 350; vgl. Teil II Rn. 29 und § 194 BauGB Rn. 46.
[73] Nach Küting/Weber, Handbuch der Rechnungslegung, Kommentar zur Bilanzierung und Prüfung, zu § 240 Rn. 71 ist jedoch das Verfahren der Gruppenbewertung „auf bewegliche Vermögensgegenstände beschränkt".
[74] Vgl. Abschn. 36 Abs. 3 EStR 1984.

disch auf eine Verkehrswertermittlung angelegt, die im Gesamtergebnis durchaus den Anforderungen einer Einzelbewertung entspricht. Die Anwendung eines vereinfachten Bewertungsverfahrens i.V.m. pauschalisierenden Ansätzen und Gruppenbildungen steht dem nicht entgegen. Massenbewertungsverfahren kommen nämlich i.d.R. zur Anwendung, wenn es um die Bewertung großer Immobilienbestände (Immobilienportfolios) geht und damit ist zunächst die Frage nach dem speziell dafür „geeigneten" Verfahren der Verkehrswertermittlung aufgeworfen.

Nach dem allgemeinen Grundsatz des § 8 Abs. 1 Satz 2 ImmoWertV sind „die Verfahren ... nach der Art des Gegenstands der Wertermittlung unter Berücksichtigung der *im gewöhnlichen Geschäftsverkehr bestehenden Gepflogenheiten* und den sonstigen Umständen des Einzelfalls zu wählen". Die für die **Verkehrswertermittlung größerer Immobilienbestände (Immobilienportfolios) maßgeblichen „Gepflogenheiten" des gewöhnlichen Geschäftsverkehrs unterscheiden sich in vielerlei Hinsicht von den „Gepflogenheiten", die bei dem Erwerb eines einzelnen Grundstücks** zu beobachten sind. So finden beim Erwerb eines einzelnen Grundstücks dessen wertbestimmende Merkmale in weitaus umfassender Weise Beachtung als im Handel mit Immobilienportfolios. Dem muss das zur Anwendung kommende Wertermittlungsverfahren Rechnung tragen. Wird z. B. bei der Verkehrswertermittlung eines einzelnen Verwaltungsgebäudes ein vom übrigen Objekt abweichender Instandhaltungszustand, ein bestehendes Wegerecht oder andere Besonderheiten konkret berücksichtigt, finden solche Besonderheiten bei dem Erwerb der Immobilie als Bestandteil eines Immobilienportfolios im „gewöhnlichen Geschäftsverkehr" gar keine Beachtung und weichen einer generalisierenden Betrachtungsweise. Dies gilt sowohl für werterhöhende, als auch wertmindernde Besonderheiten des Immobilienbestands. Was also bei der Verkehrswertermittlung eines einzelnen Objekts im Grundstücksverkehr Beachtung findet, stellt sich bei der Verkehrswertermittlung eines Portfolios als ein unbeachtlich bleibendes Detail dar.

Wenn bei Anwendung von Massenbewertungsverfahren im Unterschied zu Einzelbewertungen derartigen Besonderheiten nicht Rechnung getragen wird, so geht damit keine den Verkehrswert verfälschende Vereinfachung einher, vielmehr ist diese Vorgehensweise sogar i.S. der Verkehrswertermittlung eines Immobilienportfolios sachgerecht und sogar geboten. Der gewöhnliche Geschäftsverkehr ist von einer generalisierenden Betrachtungsweise geprägt und von daher sind die **„Vereinfachungen" und „Pauschalierungen" eines Massenbewertungsverfahrens „verkehrswertimmanent"**, wenn es um den Verkehrswert des Gesamtpakets geht und sich die „Vereinfachungen" in dem Rahmen bewegen, der der generalisierenden Betrachtungsweise des „gewöhnlichen Geschäftsverkehrs" im Handel mit großen Immobilienbeständen entspricht. Der gewöhnliche Geschäftsverkehr mag sich hier auch von dem Gedanken leiten lassen, dass sich solche Besonderheiten in der Summe ausgleichen und ein qualifiziertes Massenbewertungsverfahren findet darin auch seine Begründung.

„Qualifizierte Massenbewertungsverfahren" kommen zumeist als „kontrollierte" Massenbewertungsverfahren zur Anwendung. Dabei werden die im Einzelfall vorgenommenen Pauschalierungen prozessbegleitend durch Stichproben kontrolliert, um sie ggf. graduell den im Einzelfall gestellten Anforderungen an die Genauigkeit und Zuverlässigkeit des Ergebnisses anzupassen. Damit lässt sich eine marktkonforme Pauschalierung gewährleisten.

2.9.2 Methoden

111 Am Anfang stehen:

– Analyse des Liegenschaftsvermögens nach verschiedenen Selektionskriterien (Nutzungsart, Makro- und Mikrolage, Eigentumsverhältnisse, Baualtersklasse, Gebäudegröße, Gebäudezustand usw.),

– Festlegung einer Wesentlichkeitsgrenze für „Großobjekte" im Einvernehmen mit dem Auftraggeber (z. B. auf Grundlage von Grundfläche, Grundstücksfläche usw.) zum Zwecke von Einzelbewertungen,

- Identifizierung der Großobjekte für Einzelbewertungen („Werttreiber"),
- Segmentierung des Liegenschaftsbestandes nach Gruppen *(Cluster)* entsprechend der Eignung (Gruppierungsfähigkeit); Bildung von Subportfolios durch Bildung von Gruppen gleichartiger Grundstücke *(Cluster)* und ggf. entsprechenden Untergruppen,
- Festlegung geeigneter Selektionskriterien zur Stichprobenziehung,
- Ziehung einer (vorläufigen) Stichprobe für einen noch festzulegenden Anteil an Innenbesichtigungen (in Ermangelung aktueller Daten zum Ausbaustandard kann ein erhöhter Anteil an Innenbesichtigungen erforderlich werden),
- Ziehung einer (vorläufigen) Stichprobe für einen festzulegenden Anteil an Außenbesichtigungen.

Im Rahmen einer sog. „*Desktop*-Bewertung" wird auf eine **Ortsbesichtigung** gänzlich verzichtet; bei einer sog „*Drive-by*-Bewertung" reduziert sich die Ortsbesichtigung auf eine äußerliche Inaugenscheinnahme.

Häufig beschränkt sich dem sog. „**Pareto-Prinzip**" folgend die Stichprobe auf 20 % des Gesamtbestands, denn das Prinzip geht davon aus, dass 20 % der Immobilien eines Portfolios 80 % seines Werts abbilden; dies kann aber keinesfalls als gesichert gelten, denn das Prinzip geht auf eine Untersuchung der Verteilung des Volksvermögens in Italien zurück und führte zum Ergebnis, dass in Italien ca. 20 % der Familien ca. 80 % des Vermögens besitzen. Dies wiederum lässt sich nicht ohne Weiteres auf Immobilienportfolios übertragen.

Am Anfang einer Massenbewertung steht deshalb eine Analyse des vorhandenen Datenbestands der Immobilien und ihrer „Werttreiber":

- Nutzungsart,
- Makro- und Mikrolage,
- Baujahr und Zustand usw.

und ihre Eignung, sie zu Gruppen *(Cluster)* zu bündeln (Gruppierungsfähigkeit).

Die Massenbewertung vollzieht sich sodann nach der in Abb. 7 dargestellten Vorgehensweise.

Abb. 7: Methodik der Massenbewertungen

2.9.3 Paketab- und -zuschlag

112 Größere Immobilienbestände (Immobilienpakete) wurden vielfach mit dem Ziel erworben, den Bestand innerhalb enger zeitlicher Grenzen einzeln weiterzuveräußern (z. B. zum Zwecke der Privatisierung eines kommunalen Wohnungsbestands). Das aus einer dahingehenden Verwertung resultierende **Überangebot von Grundstücken auf einem regional und sektoral begrenzten Markt** muss zu einem allgemeinen Preisverfall auf dem jeweiligen Grundstücksmarkt (konjunkturbedingter Wertverfall) führen, zumal sich eine zügige Verwertung des Immobilienbestandes nur mit „preisgünstigen" Immobilienangeboten realisieren lässt. Nicht zuletzt aus diesem Grunde entspricht es dem *gewöhnlichen Geschäftsverkehr*, wenn bei der Veräußerung eines größeren Immobilienbestandes, der aus einer Vielzahl von Einzelobjekten oder auch aus wenigen im Verhältnis zur Gemeindegröße bedeutsamen Großobjekten bestehen kann, Preise vereinbart werden, die regelmäßig unter der Summe der Einzelwerte liegen (d.h. auch der durch Einzelgutachten ermittelten Verkehrswerte). Die Differenz wird in der Immobilienbranche auch als **„Paketabschlag"** bezeichnet, der auch mit einem Mengenrabatt verglichen werden könnte. Solche Verhältnisse müssen dem gewöhnlichen Geschäftsverkehr zugerechnet werden[75].

Im Grundstückshandel mit größeren Immobilienbeständen (Paketverkäufe) können auch dahingehende Sonderentwicklungen beobachtet werden, dass (trotz vorstehender Konstellation) **Paketzuschläge** realisiert werden konnten. Von Paketzuschlägen wird gesprochen, wenn für Immobilienportfolios höhere Preise als für die Summe der Einzelwerte erzielt werden. Diese konnten zu Zeiten der „Hochfinanzierer" *(Hypes)* bei „billigen Finanzierungsmitteln" verbunden mit verhältnismäßig geringen Transaktionskosten im Vergleich zu Einzelkäufen auch in Deutschland beobachtet werden. Diese „Hochfinanzierer" haben sich aber nach kurzer Zeit wieder zurückgezogen. Ihr Verhalten wurde damit kommentiert, dass sie sich nicht mit dem deutschen Mietrecht befasst hätten.

Der **Paketabschlag ist** insbesondere **abhängig von**

– der Anzahl der Objekte und der (Mono-)Struktur des Pakets sowie dem darin enthaltenen Anteil minder- und höherwertiger Einzelobjekte;

– den Vermarktungskosten, die vom Verkäufer auf den Käufer übergehen;

– dem Vermarktungsrisiko, das insbesondere von der Anzahl der Objekte, dem Gesamtvolumen, dem „Objektmix" einschließlich des vom Käufer übernommenen Vermarktungsrisikos bei u.U. schwer und nicht verwertbaren Einzelliegenschaften abhängt;

– den Verwertungs- und Verwaltungskosten, insbesondere hinsichtlich Erschließungsbeiträgen, Instandhaltungskosten, Mietausfallwagnis, Bebauungs- und Personalkosten, sowie

– dem Marktsegment unter Berücksichtigung der Objektart und der vorhandenen Angebots- und Nachfragesituation.

Für den Verkäufer sind mit der Hinnahme des „Paketabschlags" **der Vorteil einer beschleunigten Liquidationszufuhr** durch sofortige Vergütung des Kaufpreises, eine Konzentration auf das Kerngeschäft, eine geringere Personalbindung, geringere Transaktionskosten und vor allem der Vorteil verbunden, dass keine unverkäuflichen Restbestände (*„Cherry-Picking*-Problem") übrig bleiben. Mit dem Paketabschlag wird der Nachteil der Vorhaltung kompensiert, der im Falle einer marktgerechten Verwertung der Liegenschaft zwangsläufig ist.

In der Praxis haben sich bei der Veräußerung größerer Immobilienbestände, wie sie insbesondere von der Treuhandliegenschaftsgesellschaft getätigt wurden, je nach Größenvolumen und Art des Objekts bzw. deren Verkehrsgängigkeit am Grundstücksmarkt Wertabschläge in einer **Spannbreite von 20 % bis 35 %** herausgebildet. Sie sind nur bedingt auf die Veräußerung von *Konversionsflächen* zu übertragen, die größenmäßig in aller Regel kleiner ausfallen.

Ein Paketab- oder -zuschlag ist nur zu berücksichtigen, soweit diesem besonderen Merkmal des Grundstücksverkehrs nicht bereits in anderer Weise Rechnung getragen werden konnte, insbesondere mit einem besonderen Liegenschaftszinssatz. Sofern spezielle **Liegenschaftszinssätze für den Paketverkauf** von Immobilien abgeleitet worden sind, bedarf es keiner Paketzu- oder -abschläge. Nach Feststellung des Gutachterausschusses von *Wuppertal* lag der Liegenschaftszinssatz im Jahre 2009 im „Pakethandel" von Mehrfamilienhäusern bei 5,2 bis 6,8 % (bei sonst 5,0 bis 6,4 %) und bei gemischt genutzten Gebäuden bei 6,2 bis 8,4 % (bei sonst 5,3 bis 7,7 %). Der Gutachterausschuss von Wuppertal hat auch besondere **Ertragsfaktoren für Paketverkäufe** abgeleitet. Diese beliefen sich im Jahre 2009 bei Mehrfamilienhäusern auf 9,1 bis 11,3 (bei sonst 9,8 bis 11,8) und bei gemischt genutzten Grundstücken auf 8,5 bis 10,5 (bei sonst 8,6 bis 12,2).

---

75 Gabler, Wirtschaftslexikon, Stichwort „Pakethandel"; BFH, Urt. vom 23.2.1979 – III R 44/74 –, EzGuG 19.35; Katte, u.a. in GuG 2001, 1.

3 Problemfälle bei der Wahl des Wertermittlungsverfahrens

3.1 Gewerbe- und Industriegrundstücke

Schrifttum: *Streich, J.,* Wertermittlung von Gewerbe- und Industriegrundstücken, RDM Informationsdienst für Sachverständige 1985, 11; *Simon, J./Cors/Halaczinsky,* Bewertung von Fabrikgrundstücken, München 2003.

▶ *Hierzu auch Syst. Darst. des Sachwertverfahrens Rn. 3 ff.*

113 Gewerbe- und Industriegrundstücke gelten nach heutiger Auffassung als „Ertragsobjekte", da sie nach den im gewöhnlichen Geschäftsverkehr bestehenden Gepflogenheiten i.S. des § 8 Abs. 1 Satz 2 ImmoWertV auf der Grundlage ihrer Ertragskraft gehandelt werden.

114 Das **Vergleichswertverfahren** kann bei der Wertermittlung von Gewerbe- und Industriegrundstücken selten angewendet werden. Bebauung, betriebliche Gestaltung und Ausstattung eventuell vorhandener Vergleichsgrundstücke unterscheiden sich so stark voneinander, dass sie nicht durch Korrekturfaktoren ausgeglichen werden können[76].

115 Vor Jahrzehnten kam bei Gewerbeobjekten und insbesondere bei Fabrikgrundstücken traditionell das **Sachwertverfahren** zur Anwendung. Die Anwendung des Sachwertverfahrens ist jedoch allenfalls zu rechtfertigen, wenn marktgerechte **Ertragsverhältnisse über das zu bewertende Objekt nicht bekannt sind.** Dies ist nicht selten der Fall, weil die tatsächlichen Ertragsverhältnisse solcher Objekte – wenn sie überhaupt offenbart werden – häufig schon aufgrund der Unternehmensstruktur und aus steuerlichen Gründen vom Gutachter nicht überblickt werden können.

116 Gleichwohl ist die Anwendung des Sachwertverfahrens für Grundstücke mit Industrie- oder Gewerbegebäuden aus grundsätzlichen Erwägungen nicht frei von Bedenken[77], denn gerade bei Grundstücken, die nur durch einen unternehmerisch tätigen Eigentümer nutzbar sind, muss der auf diesem Grundstück erzielbare Ertrag im gewöhnlichen Geschäftsverkehr von großer Bedeutung, wenn nicht gar dominant sein. Deshalb muss dem Ertragswertverfahren der Vorzug gegeben werden. Dabei ist vorab zu klären, ob der Verkehrswert unter Berücksichtigung der **Fortführung des Unternehmens** *(going concern)* ermittelt werden soll, oder ob der Verkehrswert losgelöst von der bestehenden Nutzung hinsichtlich der generellen Nutzbarkeit unter Einbeziehung des Planungsrechts *(best use value)* ermittelt werden soll.

3.2 Unternehmensbewertung

Schrifttum: *Copeland/Koller/Murrin,* Unternehmenswert, 3. Aufl. 2002; *Peemöller* (Hsg) Praxishandbuch der Unternehmensbewertung, 2. Aufl. 2002.

▶ *Vgl. unter Rn. 90 und Rn. 191; Teil III Rn. 399 sowie Syst. Darst. des Ertragswertverfahrens Rn. 351*

117 Bei der **Wertermittlung von Unternehmen** stehen primär folgende Fragestellungen im Vordergrund:

– nachhaltige Ertragskraft,

– Bonität des Unternehmens und

– Unternehmenszweck sowie Zukunftsaussichten.

Bei der Verkehrswertermittlung der zu einem Unternehmen gehörenden Liegenschaften ist deshalb zu unterscheiden zwischen

---

[76] Streich: Wertermittlung von Gewerbe- und Industriegrundstücken, RDM Informationsdienst für Sachverständige 1985, 11.

[77] BGH, Urt. vom 13.5.1955 – V ZR 36/54 –, EzGuG 3.5; sowie BGH, Urt. vom 19.12.1963 – III ZR 162/63 –, EzGuG 20.35; OLG Karlsruhe, Urt. vom 13.6.1958 – 7 U 1/58 –, EzGuG 20.20.

- **Unternehmensbewertung,** wenn Grundstücke zur Fortführung des Unternehmens in der gegebenen Zielsetzung genutzt werden sollen;
- **Verkehrswertermittlung,** wenn Grundstücke und vorhandene bauliche Anlagen hinsichtlich ihrer generellen Nutzbarkeit unter Einbeziehung des Planungsrechts künftig verwertet werden sollen.

Beide Vorgaben führen im Allgemeinen zu unterschiedlichen Wertansätzen und Wertermittlungsergebnissen. Ein Grundstückssachverständiger muss deshalb vor Erstellung des Gutachtens klar Stellung dazu beziehen, unter welcher Prämisse er den Wert ermittelt. **118**

Der Verkehrswert nach § 194 BauGB (Marktwert) wird entscheidend von der künftigen Nutzung der Immobilie geprägt. Deshalb müssen die Planungsabsichten des Auftraggebers (Investors) sowie die planungsrechtlichen Rahmenbedingungen vor der Wertermittlung bekannt sein. Ist die **künftige Nutzung des Unternehmens** innerhalb des planungsrechtlich zulässigen Rahmens **auf nur eine Branche begrenzt** und ist zudem der Wert der Liegenschaft unter Berücksichtigung der Betriebsfortführung zu ermitteln, kommen nur wenige potenzielle Erwerber in Betracht. Es handelt sich bei einer derartigen Wertermittlung im Kern um eine Unternehmensbewertung und nicht um eine Verkehrswertermittlung (vgl. Rn. 37). **119**

Der **Verkehrswert** eines Grundstücks, das in ein Unternehmen eingebunden ist, **wird üblicherweise bei freier Disponierbarkeit des Objekts am Grundstücksmarkt ermittelt.** Dabei wird in der Praxis zunächst als üblicher Kaufpreis der *best use value* (vgl. Rn. 37; § 194 BauGB Rn. 75 ff.) ermittelt, also ein Wert, der sich nach ertragswirtschaftlichen Grundsätzen rechnerisch bei optimaler Nutzung des Objekts ergeben würde. Freilegungs- und Umnutzungskosten werden dabei berücksichtigt, wenn es wirtschaftlich geboten erscheint, die bisherige Nutzung einzustellen. Damit ergibt sich – unabhängig vom wirtschaftlichen Schicksal des Unternehmens im Liquidationsfall – ein realisierbarer Veräußerungspreis. Beim Verkauf des Unternehmens unter Vorgabe der Unternehmensfortführung der bestehenden (zumeist minderwertigen) Nutzung ergibt sich ein entsprechend abgesenkter Wert *(existing use value)*. Es ist leicht erkennbar, dass beide Wertermittlungsergebnisse z. T. erheblich voneinander abweichen können. **120**

Liegt eine rechtlich gesicherte Einschränkung (z. B. Erhaltung von Arbeitsplätzen) der ansonsten möglichen höherwertigen Nutzung vor, sinkt die Verkäuflichkeit der Immobilie. Soll der **Wert unter Berücksichtigung der Unternehmensfortführung** *(going concern)* ermittelt werden, liegt keine Verkehrswertermittlung nach § 194 BauGB vor, da es hier an einer freien Verwertbarkeit des Grundstücks am Markt fehlt (z. B. überaltertes Fabrikgrundstück, dessen Betrieb weitergeführt werden soll). In diesem Fall muss die Wertermittlung von einem branchenkundigen Sachverständigen nach den Grundsätzen der Unternehmensbewertung erfolgen (Abb. 8): **121**

Abb. 8: Verkehrswert und Unternehmenswert

Verkehrswert und Unternehmenswert	
Ertragswertverfahren nach ImmoWertV	**Unternehmensbewertung**
Wert wird bei freier Disponierbarkeit des Objekts am Grundstücksmarkt von der Verzinsung des investierten Kapitals bestimmt.	Wert wird bei Fortführung der bestehenden Nutzung von den voraussichtlichen Gewinnen bestimmt.
Kapitalisierung des Grundstücksreinertrags unter Berücksichtigung des Liegenschaftszinssatzes und der voraussichtlichen Restnutzungsdauer des Objekts (Zeitrentenvervielfältiger)	Kapitalisierung der Einnahmenüberschüsse unter Berücksichtigung des aktuellen Kapitalmarktzinssatzes zuzüglich eines Risikozuschlags (Kapitalisierungsfaktor für 100 Jahre Laufzeit)
Normiertes Verfahren nach den §§ 17 bis 20 ImmoWertV	Keine Normung des Verfahrens

V § 8 ImmoWertV   **Eigentumswohnung**

122 Gerade bei der **Wertermittlung von Industrieobjekten** sind vor Anwendung eines Wertermittlungsverfahrens eine Reihe von Vorüberlegungen anzustellen, von deren Ergebnis letztlich die richtige Wahl des Verfahrens abhängt.

123 Bei den meisten Gewerbeobjekten und einem Großteil der **Industriegrundstücke** wird der **Ertragswert heute eine geeignete Grundlage für die Verkehrswertermittlung** bieten. Dies zeigt sich insbesondere in den neuen Bundesländern, wo die auf der Grundlage des Sachwertverfahrens ermittelten Verkehrswerte oft völlig am Marktgeschehen vorbeigehen. Diese Erkenntnis steht nicht im Einklang mit der zum Teil durch Änderung der wirtschaftlichen Verhältnisse überalterten BGH-Rechtsprechung über Anwendung der verschiedenen Wertermittlungsverfahren bei unterschiedlichen Nutzungsarten[78].

124 Ein besonderes Kapitel bildet auch die **Bewertung von Praxen**, z. B. Arztpraxen[79].

3.3 Eigentumswohnung

▶ *Näheres hierzu bei Teil VI Rn. 39 ff.*

125 Eigentumswohnungen gelten als langfristige zweckgebundene Kapitalanlage. Sie werden entweder zur **Eigennutzung** oder zur **Vermietung** erworben. Dabei sind in beiden Fällen wegen des zu erwartenden hohen Wiederverkaufswerts Objekte in guter Lage mit guter Sozialstruktur besonders gefragt. Problematisch können dagegen die in großen Wohnanlagen – früher im Bauherrenmodell – zum Zwecke der Vermietung von Kapitalanlegern errichteten Eigentumswohnungen sein.

---

78 BGH, Urt. vom 13.7.1970 – VII ZR 189/68 –, EzGuG 20.49; BGH, Urt. vom 16.6.1977 – VII ZR 2/76 –, EzGuG 20.67a.
79 *Behringer, S.*, Unternehmensbewertung der Mittel- und Kleinbetriebe, Erich Schmidt Verlag 1999; *Bicanski, V. (Hrsg.)*, Das Wirtschaftshandbuch des Arztes, Münster, Verlag IWP 1991; Deutsche Apotheker- und Ärztebank, Redaktion Hoffmann, R. *Caesar, G./Hessbrügge, R./Michels, W./Isringhaus, A. Schwarte*, Allein oder gemeinsam? 8. überarbeitete Aufl. 2000; *Englert, J.*, Die Bewertung von Wirtschaftsprüfer- und Steuerberaterpraxen, IDW-Verlag Düsseldorf 1996; *Gatzen, M.*, Bewertung von Arztpraxen, Bergisch Gladbach; Köln, Verlag Josef Eul 1992; zugleich Köln, Univ. Diss. 1991; *Helbling, C.*, Unternehmensbewertung und Steuern, 7. Aufl. 1993, IDW-Verlag Düsseldorf; IDW (Hrsg.), Steuerliche Probleme bei Praxisübertragungen von Angehörigen der wirtschaftsprüfenden und steuerberatenden Berufe, IDW-Verlag Düsseldorf 1995; *Lamers, W.M./Isringhaus, W.*, Kostenmanagement Kompakt für Ärzte, MD-Verlags-GmbH, München; *Merk, W.*, Wettbewerbsorientiertes Management von Arztpraxen, Gabler, 1999; zugl. München, Univ. Diss.1998; *Piltz, D.*, Die Unternehmensbewertung in der Rechtsprechung, IDW-Verlag Düsseldorf 1994; *Schlauß, H.-J. (Hrsg.)*, Betriebswirtschaftliche Praxisführung, Schriftenreihe des Hartmannbundes, 1997; *Sieben, G./Schildbach, T.*, Betriebswirtschaftliche Entscheidungstheorie, 3. Aufl., Düsseldorf, Werner-Verlag 1990; *Wöhe, G.*, Einführung in die allgemeine Betriebswirtschaftslehre, 20. Aufl., München, Verlag Franz Vahlen 2000; *Wollny, P.*, Unternehmens- und Praxisübertragungen, 5. Aufl., Herne/Berlin, Verlag Neue Wirtschafts-Briefe 2001; Wirtschaftsprüfer-Handbuch, 12. Aufl. Bd. II, 2002, Düsseldorf, IDW-Verlag; **Artikel und Aufsätze:** Deutsche Apotheker- und Ärztebank, Informationsreihe zu unternehmerischen Fragestellungen des Arzt- und Zahnarztberufes; *Erdlenbruch, K.*, Die Bewertung von Arztpraxen in gerichtlichen Verfahren, Arztrecht 10/1986; *IDZ*, Investitionen bei der Zahnärztlichen Existenzgründung 2002, Nr. 2/03, ISSN 0931 – 9816 (erscheint jährlich neu, etwa im Juni); *König/Zeidler*, Die Behandlung von Steuern bei der Unternehmensbewertung, StR 28/96, S.1098 ff.; *Kupsch, P.*, Gutachten zur Bewertung von Zahnarztpraxen, erstellt für die Zahnärztekammer Bayern, 1995; *Sieben/Kirchner*, Renaissance des Substanzwertes? DBW 1988, 54 ff.; **Zum Problem der latenten persönlichen Steuerlast auf den fiktiven Veräußerungsgewinn:** FamRZ 89, 1181, 1184; Statistische Daten; **KZBV – Jahrbuch 2003** – Statistische Basisdaten zur Vertragszahnärztlichen Versorgung, Kassenzahnärztliche Bundesvereinigung Köln, Dezember 2003; **Zahlenbericht 2002/2003 des Verbandes der Privaten Krankenversicherung e. V.**, Köln, ISSN 0503 – 8839; **Deutsche Bundesbank**, Monatsberichte, ISSN 0012 – 0006 (auch im Internet abrufbar); **Statistisches Bundesamt**, Unternehmen und Arbeitsstätten, Fachserie 2, Reihe 1.6.1. – Kostenstruktur bei Arzt-, Zahnarzt- und Tierarztpraxen 1995, Wiesbaden, Juli 1998, Verlag Metzler – Poeschel, Stuttgart (die Statistiken werden derzeit umgestellt und können beim Statistischen Bundesamt direkt abgerufen werden); Daten des Gesundheitswesens, Ausg. 2003, Schriftenreihe des Bundesministeriums für Gesundheit, Nomos Verlagsgesellschaft Baden-Baden; Richtlinien: **Deutsches Ärzteblatt – Ärztliche Mitteilungen –** Richtlinie zur Bewertung von Arztpraxen, 84 Jahrgang, Heft 14, S. 926–929 vom 2.4.1987; **IDW: Stellungnahme des Hauptfachausschusses 2/1983:** Grundsätze zur Durchführung von Unternehmensbewertungen, Düsseldorf, IDW-Verlag 1990; **IDW: Stellungnahme des Hauptfachausschusses 2/1995:** Zur Unternehmensbewertung im Familien- und Erbrecht, IDW-Verlag 1995; **IDW: Entwurf IDW-Standard IDW S 1:** Grundsätze zur Durchführung von Unternehmensbewertungen, Wpg Heft 9/2000; **Kassenzahnärztliche Vereinigung Nordrhein:** Praxisweitergabe in zulassungsbeschränkten Planungsbereichen, Rheinisches Zahnärzteblatt 1998, 30 ff.; **Zahnärztekammer Nordrhein:** Neue Bedarfsplanungsrichtlinien, Rheinisches Zahnärzteblatt, 19 ff.

Der Markt für Eigentumswohnungen lässt sich aufgliedern in solche, 126

a) die üblicherweise „bezugsfrei" gehandelt werden und somit dem Erwerber sofort zum Zwecke der Eigennutzung zur Verfügung stehen, und solche,

b) die vermietet sind und im vermieteten Zustand veräußert werden.

Dies hat eine **Spaltung des Marktes** zur Folge (vgl. Teil VI Rn. 51 ff.). 127

Darüber hinaus ist mitunter auch der **Bodenmarkt** insoweit diffus, als für einzelne Grundstücke, auf denen Eigentumswohnungen errichtet werden, höhere Preise zu beobachten sind als für Grundstücke des Mietwohnungsbaus. 128

Die **Wertermittlung von Eigentumswohnungen kann grundsätzlich nach dem Vergleichs-, Sach- oder Ertragswertverfahren erfolgen.** Allerdings müssen die vorstehenden Besonderheiten beachtet werden, die im Teil VI unter Rn. 39 ff. behandelt werden. 129

3.4 Gemeinbedarfsfläche

Schrifttum: *Dresen,* Nachr. der rh.-pf. Kat.- und VermVw. 1988, 180; *Kuscha,* Nachr. der nds. Kat.- und VermVw. 1974, 124 ff. und 133; *Uebelhoer,* Nachr. der nds. Kat.- und VermVw. 1974, 131.

▶ *Näheres hierzu auch Teil VI Rn. 94 und 100 ff., 595 ff.; Teil VII Rn. 111 ff.; Syst. Darst. des Ertragswertverfahrens Rn. 173 ff.* 130

Gemeinbedarfsflächen (im engeren Sinne) sind Flächen, die jedweder privatwirtschaftlichen Nutzung und privatwirtschaftlichem Gewinnstreben entzogen und einer öffentlichen Nutzung vorbehalten sind bzw. einer öffentlichen Nutzung zugeführt werden sollen. Gemeinbedarfsflächen im erweiterten Sinne sind im Zuge der Privatisierung öffentlicher Aufgaben nicht mehr nur einem einzigen Erwerber zugänglich und auch nicht mehr jedwedem Gewinnstreben entzogen. 131

Die am Wertermittlungsstichtag **auf einer als Gemeinbedarfsfläche tatsächlich ausgeübte Nutzung** kann sich dabei von der rechtlichen Zweckbindung unterscheiden. Beispielsweise kann eine privatwirtschaftlich (z. B. landwirtschaftlich) genutzte Fläche in einem Bebauungsplan als öffentliches Straßenland festgesetzt sein oder eine noch im Bebauungsplan als Straßenland festgesetzte und so auch genutzte Fläche steht zur Umnutzung (Rückbau) an. Solche Umnutzungsprozesse sind häufig auch Anlass einer Verkehrswertermittlung. 132

Vor diesem Hintergrund wird **bei der Bewertung von Gemeinbedarfsflächen** grundsätzlich zwischen drei Fallgestaltungen unterschieden **(vgl. Nr. 5.1 WERTR):** 133

a) *künftiger Gemeinbedarf:* Gemeinbedarfsflächen, die sich in dieser Eigenschaft (noch) nicht im Eigentum der öffentlichen Hand befinden und ggf. im Wege einer Enteignung erworben werden können;

b) *bleibender Gemeinbedarf:* Gemeinbedarfsflächen im Eigentum der öffentlichen Hand, die auf absehbare Zeit einer öffentlichen Zweckbindung vorbehalten bleiben;

c) *abgehender Gemeinbedarf:* Gemeinbedarfsflächen im Eigentum der öffentlichen Hand, deren öffentliche Zweckbindung aufgegeben wird.

Dieser Unterscheidung kommt auch für die Wahl des sachgerechten Wertermittlungsverfahrens eine entscheidende Bedeutung zu. 134

Zur **Ermittlung des Bodenwerts von Gemeinbedarfsflächen** wird auf die Ausführungen im *Teil VI Rn. 94 und 100 ff., 595 ff.; Teil VII Rn. 111 ff.* verwiesen. Da Gemeinbedarfsflächen extra commercium stehen, handelt es sich bei den dort beschriebenen Verfahren um besondere Verfahren, denen eine gedankliche Hilfskonstruktion zugrunde liegt. Soweit es um einen aufstehenden Gebäudewertanteil bzw. um bebaute Gemeinbedarfsflächen geht, sind die nachfolgenden Grundsätze mit heranzuziehen. 135

3.5 Teilfläche

3.5.1 Allgemeines

Schrifttum: *Fuhlendorf, H.*, Die Bewertung von Straßenverbreiterungsflächen bei der Feststellung der Enteignungsentschädigung, NJW 1966, 581; *Sasse, R.*, Bewertung von abzutretenden Vorlandflächen im Enteignungsverfahren bei Ertragsgrundstücken, HbgGE 1974, 326 sowie HbgGE 1973, 298.

▶ *Zum Mosaikverfahren vgl. Syst. Darst. des Vergleichswertverfahrens Rn. 256 ff.; zur Ermittlung des Entschädigungswerts von Teilflächen vgl. Teil VI Rn. 666 ff.; im Übrigen § 6 ImmoWertV Rn. 285 ff.*

136 Zur Ermittlung des Verkehrswerts von Grundstücksteilflächen bedient man sich grundsätzlich der bereits vorgestellten Wertermittlungsverfahren. Da es sich hierbei häufig um nicht vermarktungsfähige Grundstücksflächen handelt, die allenfalls einen **eingeschränkten Käuferkreis** (vielfach sogar nur einen einzigen Käufer) haben (extra commercium), stellt sich hier die Frage, ob für solche Flächen überhaupt ein gewöhnlicher Geschäftsverkehr besteht bzw. was als gewöhnlicher Geschäftsverkehr dafür (ersatzweise) gelten kann.

137 Die Praxis ist hier unterschiedliche Wege gegangen. Insbesondere im Zuge von **Straßenverbreiterungsmaßnahmen** ist vielerorts ein besonderer Grundstücksmarkt dadurch entstanden, dass z. B. für Vorgartengelände stets und ständig ein bestimmter Vomhundertsatz des jeweiligen Baugrundstücks das Marktgeschehen bestimmt. Diese Praxis läuft im Ergebnis auf die Anwendung des Vergleichswertverfahrens hinaus.

138 Darüber hinaus sind insbesondere
– das Differenzwertverfahren und
– die Proportionalmethode
hervorzuheben.

3.5.2 Differenzwertverfahren

▶ *Nähere Ausführungen im Teil VI Rn. 669 sowie im Teil VII Rn. 282 ff.*

139 Bei Anwendung des Differenzwertverfahrens bemisst sich der Verkehrswert einer Teilfläche nach der **Differenz** aus
– dem Verkehrswerts **vor** der Teilflächenabtretung **und**
– dem Verkehrswert **nach der Teilflächenabtretung.**

140 Das Differenzwertverfahren kommt insbesondere bei der Verkehrswertermittlung von **Vorgartenflächen** zur Anwendung, die im Zuge von Straßenverbreiterungsmaßnahmen abgetreten werden. Der Vorteil des Verfahrens besteht insbesondere darin, dass mit dem Wertunterschied zugleich Vermögensvor- und -nachteile des Restgrundstücks berücksichtigt werden.

141 Die Anwendung des Differenzwertverfahrens auf **bebaute Grundstücke** ist i.d.R. nur auf der Grundlage der Differenz von Verkehrswerten möglich, die im Wege des Vergleichs- oder Sachwertverfahrens ermittelt wurden. Das Differenzwertverfahren auf der Grundlage zweier Ertragswerte ist dagegen i.d.R. ungeeignet zur Ermittlung des Werts von Teilflächen.

142 Das Differenzwertverfahren ist im Übrigen auch ein anerkanntes Verfahren zur Ermittlung der Entschädigungen für **Durchschneidungsschäden.**

3.5.3 Pauschalierte Bruchteilsbewertung

▶ *Nähere Ausführungen im Teil VI Rn. 638, 674 ff.*

Zur Ermittlung des Werts von Vorgartenflächen, die z. B. zum Zwecke einer **Straßenverbreiterung** in Anspruch genommen werden sollen, bedient sich die Praxis der Bewertung nach einem Vomhundertsatz des Verkehrswerts der davon betroffenen Baulandflächen. 143

3.5.4 Proportionalverfahren

Unter dem Proportionalverfahren im weitesten Sinne versteht man die **Wertermittlung eines Grundstücksteils** (z. B. bei Teilabtretungen), eines Rechts an einem Grundstück, einer Wertminderung eines Grundstücks und dgl. **auf der Grundlage eines (proportionalen) Verhältnisses dieses „Teils" zum Gesamtwert.** Dieses Verfahren ist nur in sehr seltenen Fällen geeignet, und zwar nur dann, wenn tatsächlich ein proportionales Wertverhältnis besteht[80]. 144

Die Proportionalmethode findet im Übrigen auch Anwendung, wenn der **Abbau von Bodenschätzen durch einen Verkehrsweg abgeblockt** wird. 145

3.6 Warteständiges Bauland

▶ *Zur Verkehrswertermittlung vgl. Syst. Darst. des Vergleichswertverfahrens Rn. 425 ff.*

Der Verkehrswert warteständigen Baulands, worunter sowohl das sog. werdende Bauland (Bauerwartungsland und Rohbauland) als auch brach gefallenes baureifes Land verstanden wird, das ggf. einer rechtlichen und tatsächlichen Neuordnung bedarf (z. B. Gewerbebrache), wird **grundsätzlich** mithilfe des **Vergleichswertverfahrens** ermittelt. 146

In der Praxis stehen dafür jedoch häufig keine geeigneten oder eine ungenügende Anzahl geeigneter Vergleichspreise zur Verfügung. Hilfsweise weicht die Praxis in solchen Fällen auf 147

a) die sog. Zielbaummethode bzw.

b) das deduktive Verfahren (Extraktionsverfahren/Residualwertverfahren) aus.

3.7 Grundstücke im Zustand der Bebauung

3.7.1 Allgemeines

Als „Grundstücke im Zustand der Bebauung" lassen sich in Anlehnung an § 145 Abs. 1 Satz 4 BewG i.V.m. ErbStR 187 Abs. 1 Satz 1 und Abs. 4 Grundstücke definieren, bei denen mit den Abgrabearbeiten oder mit der Einbringung von Baustoffen zur planmäßigen Errichtung eines Gebäudes oder Gebäudeteils begonnen worden ist. Der vorherige Abbruch eines Gebäudes oder Gebäudeteils ist noch nicht als Beginn der Baumaßnahme anzusehen (ErbStR 187 Abs. 4). Des Weiteren fallen darunter Gebäude, die durch An-, Aus- oder Umbauten verändert werden. Der Zustand endet mit der **Bezugsfertigkeit** des Gebäudes oder des Gebäudeteils. Dies setzt voraus, dass alle wesentlichen Bauarbeiten abgeschlossen sind. 148

3.7.2 Verkehrswertermittlung (ImmoWertV)

Die ImmoWertV enthält keine Regelungen zur Verkehrswertermittlung von Grundstücken im Zustand der Bebauung. Es sind die allgemeinen Grundsätze anzuwenden. 149

---

[80] Zur Methode: BGH, Nichtannahmebeschl. vom 27.9.1990 – III ZR 57/89 –, EzGuG 4.134; OLG Hamm, Urt. vom 12.7.1963 – 9 U 138/57 –, EzGuG 14.15c.

3.7.3 Beleihungswertermittlung (BelWertV)

▶ *Näheres hierzu im Teil IX Rn. 184*

150 In § 4 Abs. 4 BelWertV ist der Beleihungswert eines „Grundstücks im Zustand der Bebauung" wie folgt geregelt:

„**§ 4 Abs. 4 BelWertV**

(4) Bei im Bau befindlichen Objekten ist der Beleihungswert der Zustandswert. Dieser ist die Summe aus dem Bodenwert (§ 15) und dem anteiligen Wert der baulichen Anlage. Der anteilige Wert der baulichen Anlagen errechnet sich aus dem Wert der baulichen Anlagen des fertig gestellten Objekts (§ 16) und dem erreichten Bautenstand. Der in Ansatz gebrachte Bautenstand ist von einer von der Pfandbriefbank ausgewählten fachkundigen, von Bauplanung und -ausführung unabhängigen Person festzustellen; § 7 Abs. 1 Satz 1 gilt entsprechend. In den Fällen, in denen der Ertragswert des planmäßig fertig gestellten Objekts unter dessen Sachwert liegt, darf der Zustandswert den anteiligen Ertragswert, der prozentual dem jeweiligen Bautenstand entspricht, nicht überschreiten."

3.7.4 Steuerliche Bewertung

Schrifttum: *Halaczinsky/Teß*, Grundbesitzbewertung für Erbfall und Schenkung, 2. Aufl., S. 72; *Horschitz/Groß/Schnur*, Bewertungsrecht, Grundsteuer, Erbschaft- und Schenkungsteuer, 15. Aufl. Schäffer/Pöschel 2001, S. 489; *Viskorf/Glier/Hübner/Knobel/Schuck*, Erbschaftsteuer- und Schenkungssteuer, Bewertungsgesetz, NWQ-Briefe, Herne Berlin 2001, S. 1555.

151 Grundstücke im Zustand der Bebauung können sowohl unbebaute als auch bebaute Grundstücke sein. Ein bebautes Grundstück liegt nur dann vor, wenn im Besteuerungszeitpunkt ein weiteres Gebäude (insgesamt) bezugsfertig war.

152 „**BewG § 149 Grundstücke im Zustand der Bebauung**

(1) Sind die Gebäude auf einem Grundstück noch nicht bezugsfertig, ist der Wert entsprechend § 146 unter Zugrundelegung der üblichen Miete zu ermitteln, die nach Bezugsfertigkeit des Gebäudes zu erzielen wäre. Von diesem Wert sind 80 vom Hundert als Gebäudewert anzusetzen. Dem Grundstückswert ohne Berücksichtigung der nicht bezugsfertigen Gebäude oder Gebäudeteile, ermittelt bei unbebauten Grundstücken nach § 145 Abs. 3 und bei bereits bebauten Grundstücken nach § 146, sind die nicht bezugsfertigen Gebäude oder Gebäudeteile mit dem Betrag als Gebäudewert hinzuzurechnen, der dem Verhältnis der bis zum Besteuerungszeitpunkt entstandenen Herstellungskosten zu den gesamten Herstellungskosten entspricht. Dieser Wert darf den Wert des Grundstücks, der nach Bezugsfertigkeit des Gebäudes anzusetzen wäre, nicht übersteigen.

(2) Ist die übliche Miete nicht zu ermitteln, ist der Wert entsprechend § 147 zu ermitteln."

153 Nach dem gleich lautenden Erlass der obersten Finanzbehörden der Länder[81] ist folgendermaßen vorzugehen:

„Bei Grundstücken mit Gebäuden im Zustand der Bebauung, die nach § 147 BewG zu bewerten sind, sind dem Wert vor Beginn der Baumaßnahme, ermittelt auf den Besteuerungszeitpunkt, die bis zum Besteuerungszeitpunkt für die im Bau befindlichen Gebäude oder Gebäudeteile nach ertragsteuerlichen Bewertungsvorschriften anzusetzenden **Herstellungskosten** hinzuzurechnen. Dabei bleiben Abbruchkosten außer Betracht, weil sie sich bereits im Wert des Grund und Bodens vor Beginn der Baumaßnahme ausgewirkt haben (> R 189 Abs. 1)."

---

81 Gleich lautende Erlasse der obersten Finanzbehörden der Länder zur Umsetzung des Jahressteuergesetzes 2007 vom 2.4.2007 (BStBl. I 2007, 341), nunmehr Erlass vom 5.5.2009 (GuG 2009, 225 ff.).

4 Verkehrswertableitung aus den Ergebnissen der Wertermittlungsverfahren (§ 8 Abs. 1 Satz 3 ImmoWertV)

4.1 Übersicht

▶ *Vgl. Rn. 35*

Nach § 8 Abs. 1 Satz 3 ImmoWertV ist **154**
a) der Verkehrswert „aus dem Ergebnis ... des oder der herangezogenen Verfahren"
b) unter Würdigung seiner oder ihrer Aussagefähigkeit
zu ermitteln (*final reconciliation*). „Ergebnis" des herangezogenen Verfahrens ist der **Vergleichs-, Ertrags- oder Sachwert des Grundstücks**, der nach den Vorschriften des Abschnitts 3 unter ergänzender Berücksichtigung der allgemeinen Wertverhältnisse auf dem Grundstücksmarkt sowie der besonderen objektspezifischen Grundstücksmerkmale nach Maßgabe des § 8 Abs. 2 und 3 ImmoWertV ermittelt wurde.

4.2 Aussagefähigkeit der herangezogenen Verfahren

Der vorgeschriebenen Würdigung der „Aussagefähigkeit" der herangezogenen Verfahren liegen i.d.R. die Kriterien zugrunde, die auch im Rahmen der „Wahl des Wertermittlungsverfahrens" nach § 8 Abs. 2 Satz 2 ImmoWertV zur Begründung der Eignung des jeweiligen Verfahrens maßgeblich sind. Dabei sind auch die „sonstigen Umstände des Einzelfalls", d.h. insbesondere die zur Verfügung stehenden Vergleichsdaten zu berücksichtigen. Das Ergebnis der Wertermittlung ist deshalb insbesondere im Hinblick auf die **Zuverlässigkeit der herangezogenen Vergleichsdaten** zu würdigen. **155**

4.3 Berücksichtigung mehrerer Verfahrensergebnisse

In den überwiegenden Fällen ist nach der Art des Wertermittlungsobjekts und den für die Wahl des Wertermittlungsverfahrens maßgeblichen Grundsätzen die Anwendung eines bestimmten Wertermittlungsverfahrens a priori angezeigt. Kommt es zur Anwendung dieses Verfahrens, ist der Verkehrswert aus dem Ergebnis allein unter Würdigung der Aussagefähigkeit des herangezogenen Verfahrens zu ermitteln. Gleichwohl werden vielfach die Ergebnisse anderer Verfahren „nachrichtlich" ermittelt und bleiben unberücksichtigt. Beispielsweise wird bei „reinrassigen" Ertragswertobjekten vielfach auch der Sachwert ermittelt, um diesen im Anschluss zu „verwerfen". Dies erscheint unlogisch, kann aber gleichwohl sinnvoll sein, denn aus den unterschiedlichen Verfahrensergebnissen und aus einzelnen Elementen des unterstützend herangezogenen Wertermittlungsverfahrens können sich mitunter Erkenntnisse für das allein anzuwendende Verfahren ergeben. Daher ist es seit jeher Praxis, die nach den verschiedenen Wertermittlungsmethoden gewonnenen Ergebnisse miteinander zu vergleichen und daraus Anhaltspunkte für die endgültige Abschätzung der Grundstückswerte zu gewinnen[82]. Der Hinzuziehung von Ergebnissen anderer Wertermittlungsverfahren kommt daher auch eine **Kontroll- sowie Ergänzungs- bzw. Unterstützungsfunktion** zu. **156**

Bei bestimmten Grundstücksarten können weder der Ertrags- noch der Sachwert als allein maßgeblicher Ausgangswert für den Verkehrswert angesehen werden[83] und schon von daher kommen Ertrags- und Sachwertverfahren zur Anwendung. Bei Anwendung mehrerer Verfahren sind mehr oder minder unterschiedliche Ergebnisse unvermeidbar[84]. Ergibt sich im konkreten Einzelfall, dass ein zu bewertendes **Objekt** seiner Natur nach **zum Teil als Sachwertobjekt und zum anderen Teil als Ertragswertobjekt** anzusehen ist, können Sach- und Ertragswerte entsprechend ihrer Gewichte oder auch in Addition eines angemessenen Vom- **157**

---
82 RG in Das Recht 1916, 515 und Pr. VBl. Bd. 29, S. 71.
83 BVerfG, Beschl. vom 16.10.1984 – 1 BvL 17/80 –, EzGuG 20.107b.
84 BVerwG, Urt. vom 17.7.1958 – 1 C 209/57 –, EzGuG 4.10.

hundertsatzes aggregiert werden, z. B. 70 v.H. des Ertragswerts zuzüglich 30 v.H. des Sachwerts[85].

4.4 Mittelwertmethode (Berliner Verfahren)

158 In der Vergangenheit war die sog. Berliner Methode verbreitet. Nach dieser Methode wird der Verkehrswert des Grundstücks aus dem **arithmetischen Mittel aus Ertrags- und Sachwert** ermittelt. Das Verfahren fand in der Rechtsprechung zunächst Anerkennung[86].

159 Die **Mittelwertmethode** hat ihre Herkunft vor allem **in der Unternehmensbewertung**[87], wo einerseits der längerfristige Substanzwert und andererseits konjunkturell schwankende Ertragsverhältnisse mit möglicherweise unsicheren Auswirkungen auf den Ertragswert zum Ausgleich gebracht werden sollen. Auch ist **bei neu errichteten Gewerbeobjekten davon auszugehen, dass der mit der Errichtung verkörperte Substanzwert bei sorgfältiger unternehmerischer Entscheidung im Einklang mit den künftigen Erträgen** und damit also mit dem Ertragswert **steht.** In der Verkehrswertermittlung wird, wie im Übrigen aber auch bei der Unternehmensbewertung, der Mittelwert spätestens seit dem letzten Weltkrieg abgelehnt.

160 Die **Mittelwertmethode** ist i.d.R. auch sachlich nicht begründbar und mit § 8 Abs. 1 Satz 3 ImmoWertV unvereinbar, denn nach dieser Vorschrift soll es auf die Aussagefähigkeit der verschiedenen Ergebnisse ankommen[88]. Dass das Ertrags- und Sachwertverfahren gleichrangige Wertermittlungsmethoden sind, bedeutet nicht, dass auch die Ergebnisse aus dem Ertrags- und Sachwertverfahren für die Verkehrswertermittlung eines einzelnen Objektes gleichgewichtig sind, um daraus das Mittel bilden zu können. Angesichts der Verschiedenartigkeit der Grundstücke wäre dies die Ausnahme, sodass **nur in dem** seltenen **Ausnahmefall, in dem** die Ergebnisse aus dem **Ertrags- und Sachwertverfahren** nach ihrer Aussagefähigkeit für die Verkehrswertermittlung **gleichrangig** sind, die Mittelwertmethode Anwendung finden kann. Dies hat seinen Niederschlag in der Rechtsprechung des BGH gefunden. Der BGH hat im Hinblick auf die zumeist einem bestimmten Wertermittlungsverfahren vorbehaltene Nutzung einer Immobilie ausgeführt: „In solchen Fällen lässt sich der Verkehrswert nur entweder nach dem Ertragswert oder nach dem Sachwert bestimmen, zumindest muss eine der Größen den Vorrang haben, während die anderen nur zur Wertkorrektur in beschränktem Rahmen herangezogen werden dürfen."[89]

161 Auch in der **steuerlichen Bewertung** wird es nicht als sachgerecht angesehen, den Verkehrswert schematisch durch Mittelung von Ertragswert und Sachwert zu bestimmen[90].

162 Wenn das BVerwG in einer Entscheidung zum **Vermögensrecht**[91] und in diesem Zusammenhang zur Frage der Überschuldung eines Grundstücks die Mittelwertmethode hat gelten lassen, so lag hier ein Sonderfall vor, weil das Gericht in diesem Fall die in der DDR maßgeblichen Bewertungsrichtlinien vom 4.5.1960[92] weiterhin zur Anwendung kommen lassen

---

85 BGH, Beschl. vom 11.3.1993 – III ZR 24/93 –, EzGuG 20.144b.
86 BGH, Urt. vom 10.7.1953 – V ZR 22/52 –, EzGuG 20.16; BGH, Urt. vom 13.5.1955 – V ZR 36/54 –, EzGuG 3.5; BGH, Urt. vom 18.9.1961 – VII ZR 118/60 –, EzGuG 3.17; BGH, Urt. vom 19.9.1962 – V ZR 138/61 –, EzGuG 3.19; BGH, Urt. vom 23.11.1962 – V ZR 148/60 –, EzGuG 20.32; OLG Köln, Beschl. vom 18.10.1958 – 9 W 20/58 –, EzGuG 20.23; OLG Köln, Urt. vom 16.9.1960 – 4 U 152/59 –, EzGuG 20.27; BFH, Urt. vom 28.3.1984 – IV R 224/81 –, EzGuG 20.106; ablehnend jedoch bereits Pr. OVG, Urt. vom 10.6.1920 – VII C 183/31 –, EzGuG 19.1; PrOVG Urt. vom 11.3.1897 – VIII a 66 –, EzGuG 19.2c; OLG Düsseldorf, Urt. vom 11.3.1988 – 7 U 4/86 –, EzGuG 20.12.
87 BGH, Urt. vom 30.9.1981 – IVa ZR 127/80 –, EzGuG 20.90a; BGH, Urt. vom 17.1.1973 – IV ZR 142/70 –, EzGuG 20.53a.
88 BR-Drucks. 265/72, S. 13.
89 BGH, Beschl. vom 11.3.1993 – III ZR 24/92 –, EzGuG 20.144a = GuG 1994, 116; BGH, Urt. vom 13.7.1970 – VII ZR 189/68 –, EzGuG 20.49; BFH, Urt. vom 28.3.1984 – IV R 224/81 –, EzGuG 20, 106; OLG Stuttgart, Urt. vom 18.1.1967 – 13/6 U 194/63 –, EzGuG 8.19; OLG Düsseldorf, Urt. vom 14.7.1988 – 6 (9) UF 151/86 –, EzGuG 20.125.
90 BFH, Urt. vom 3.12.2008 – II R 19/08 -, GuG 2009, 248.
91 BVerwG, Urt. vom 16.3.1995 – 7 C 39/93 –, GuG 1995, 246 = EzGuG 10.9; BVerwG, Urt. vom 7.6.1999 – 8 B 99/99 –, GuG 2000, 58.
92 GuG 1996, 228.

wollte. Diese Richtlinien sind nicht auf die Ermittlung von Verkehrswerten i.S. des § 194 BauGB ausgelegt.

Bei alledem ist nur bei besonderen Fallgestaltungen, wie z. B. bei **Schadensersatzermittlungen wegen Baukostenüberschreitung,** vom Mittelwert auszugehen[93].   163

5   Marktanpassung (§ 8 Abs. 2 Nr. 1 ImmoWertV)

5.1   Allgemeines

§ 8 Abs. 2 ImmoWertV schreibt **für alle zur Anwendung kommenden Wertermittlungsverfahren** vor, dass „*in* den Wertermittlungsverfahren" nach dem 3. Abschnitt (Vergleichs-, Ertrags- und Sachwertverfahren) noch vor der Berücksichtigung der besonderen objektspezifischen Grundstücksmerkmale die „allgemeinen Wertverhältnisse auf dem Grundstücksmarkt" zu berücksichtigen sind (Marktanpassung).   164

Zur Berücksichtigung der allgemeinen Wertverhältnisse auf dem Grundstücksmarkt (Marktanpassung) „sollen" nach § 14 Abs. 1 ImmoWertV   165

– bei *Anwendung des Sachwertverfahrens* die „Sachwertfaktoren" nach § 14 Abs. 2 ImmoWertV und

– bei *Anwendung des Ertragswertverfahrens* „Liegenschaftszinssätze" nach § 14 Abs. 3 ImmoWertV (vgl. auch § 17 Abs. 2 und 3 i.V.m. § 20 ImmoWertV)

herangezogen werden, d.h., die Verordnung verpflichtet den Anwender zur Heranziehung der von den Gutachterausschüssen für Grundstückswerte abgeleiteten und veröffentlichten Liegenschaftszinssätze und Sachwertfaktoren; die Heranziehung anderer Marktanpassungsfaktoren ist mithin grundsätzlich unzulässig.

Sowohl die Marktanpassung als auch die Berücksichtigung der besonderen objektspezifischen Grundstücksmerkmale ist integraler Bestandteil der im 3. Abschnitt geregelten Wertermittlungsverfahren. Dabei wird mit § 8 Abs. 2 ImmoWertV ausdrücklich vorgeschrieben, dass die **Marktanpassung** noch **vor der Berücksichtigung besonderer objektspezifischer Grundstücksmerkmale** vorzunehmen ist. Die vorgegebene Reihenfolge entspricht der in der Vorauflage[94] dargelegten Vorgehensweise und ist darin begründet, dass Marktanpassungsfaktoren i.d.R. aus Vergleichspreisen von Grundstücken abgeleitet werden, die keine besonderen Grundstücksmerkmale aufweisen und ordnungsgemäß bewirtschaftet worden sind („Normalfälle"). Sie beziehen sich mithin auf Objekte ohne Baumängel oder Bauschäden bzw. instandsetzungsrückstaufreie Objekte. Dies gilt für die nach § 14 Abs. 2 Nr. 1 ImmoWertV von den Gutachterausschüssen für Grundstückswerte abgeleiteten Sachwertfaktoren zur Anpassung des Sachwerts an den Verkehrswert gleichermaßen wie für andere Erfahrungssätze.   166

Entsprechend dem Grundsatz der Modellkonformität ist es geboten, die in einem Vomhundertsatz angegebenen Marktanpassungsfaktoren im ersten Schritt auf den Wert anzuwenden, der sich für das Objekt ohne **Berücksichtigung besonderer objektspezifischer Grundstücksmerkmale** ergibt. Diese werden dann erst im zweiten Schritt berücksichtigt. Im nachfolgenden Beispiel wird dies am Fall eines Grundstücks erläutert, dessen Bebauung einen nicht unbedeutsamen **Instandsetzungsrückstau** aufweist.   167

---

93 OLG Hamm, Urt. vom 22.4.1993 – 21 U 39/92 –, EzGuG 20.114.
94 Kleiber/Simon, Verkehrswertermittlung von Grundstücken, 5. Aufl., Syst. Darst. des Sachwertverfahrens, Rn. 314.

168 *Beispiel:*

Der Sachwert eines instandsetzungsfrei bebauten Grundstücks wurde ermittelt zu	1 000 000 €
Die Kosten der Beseitigung eines Instandsetzungsrückstaus belaufen sich auf den Betrag von	400 000 €
Der Marktanpassungsabschlag belaufe sich aufgrund von Erfahrungssätzen für den instandsetzungsfrei ermittelten Sachwert auf –30 %; Sachwertfaktor ist mithin	0,7

Verkehrswertermittlung:

FALSCH:		RICHTIG:	
Sachwert	1 000 000 €	Sachwert	1 000 000 €
– Instandsetzung	– 400 000 €	Marktanpassung	
= Sachwert (vermindert)	600 000 €	30 v.H. von 1 000 000 €	– 300 000 €
Marktanpassung 30 v. H. von 600 000 €	– 180 000 €	– Instandsetzung	– 400 000 €
Verkehrswert	= 420 000 €	Verkehrswert	= 300 000 €

Fehler: Δ 120 000 €
420 000 € – 300 000 € = 120 000 €

169 Das *Beispiel* macht deutlich, dass die Marktwertermittlung grob fehlerhaft wird, wenn die Sachwertfaktoren in falscher Reihenfolge erst auf den um die Instandsetzungskosten verminderten Sachwert zur Anwendung kommen.

170 **Die vorgeschriebene** Marktanpassung sowie die vorgegebene **Reihenfolge** der Berücksichtigung einer Marktanpassung und besonderer objektspezifischer Grundstücksmerkmale **ist auch zu beachten, wenn die objektspezifischen Grundstücksmerkmale direkt in die Vergleichs-, Ertrags- und Sachwertermittlung Eingang gefunden haben** (vgl. Rn. 3, 178).

Auch in diesem Falle müsste im vorstehenden Beispiel die Anwendung des Sachwertfaktors auf einen „direkt" ermittelten Sachwert von 600 000 € zu einem fehlerhaften Ergebnis führen.

Aus alledem folgt, dass der **Wertanteil der besonderen objektspezifischen Grundstücksmerkmale im Falle seiner „direkten" Berücksichtigung „in" dem zur Anwendung kommenden Wertermittlungsverfahren** wieder **„herausgerechnet" werden muss,** um die Marktanpassung in der durch § 8 Abs. 2 ImmoWertV vorgegebenen Reihenfolge berücksichtigen zu können. Eine „internalisierende" Berücksichtigung der besonderen objektspezifischen Grundstücksmerkmale in dem Verfahren selbst (vgl. Rn. 181) bietet von daher keine wertermittlungstechnischen Vorteile.

Der vorstehenden Auslegung entspricht auch der Wortlaut des § 8 Abs. 2 ImmoWertV. Die darin vorgegebene Reihenfolge ist unabhängig davon zu beachten, dass die besonderen objektspezifischen Grundstücksmerkmale bereits „in" dem herangezogenen Verfahren berücksichtigt worden sind oder erst nachträglich berücksichtigt werden. Nach dem RegEntw in seiner 1. Fassung (vgl. Vorbem. zur ImmoWertV Rn. 14) sollte dagegen die Reihenfolge eingeschränkt nur zu beachten sein, „soweit die besonderen objektspezifischen Grundstücksmerkmale bei der Anwendung der jeweils herangezogenen Verfahren ... noch nicht berücksichtigt sind"[95]. Dies ist aus den vorstehend dargelegten Gründen fachlich nicht vertretbar und ist aus gutem Grunde vom Bundesrat nicht mitgetragen worden[96]. Die in der Verordnung aufgenommene Regelung folgt einer entsprechenden Empfehlung des Bundesrates.

5.2 Vergleichswertverfahren

171 Ausgangspunkt des Vergleichswertverfahrens sind im gewöhnlichen Geschäftsverkehr frei ausgehandelte Kaufpreise hinreichend vergleichbarer Grundstücke. Der Vorteil dieses Verfah-

---
[95] BR-Drucks 296/09 vom 3.4.2009, S. 7.
[96] BR-Drucks 296/09 vom 15.5.2009, S. 1.

rens gegenüber dem Sachwert- oder Ertragswertverfahren besteht darin, dass es **im Allgemeinen direkt zum Verkehrswert** führt.

Bei Anwendung des **Vergleichswertverfahrens** findet die jeweilige Marktsituation bereits mit den auf den Wertermittlungsstichtag „umgerechneten" Kaufpreisen der Vergleichsgrundstücke Eingang in die Verkehrswertermittlung. Allerdings muss hierbei gewährleistet sein, dass die Markt- und Wertverhältnisse, unter denen die Vergleichskaufpreise zustande gekommen sind, noch mit den **am Wertermittlungsstichtag herrschenden allgemeinen Wertverhältnissen** auf dem Grundstücksmarkt übereinstimmen. Andernfalls muss auch beim Vergleichswertverfahren eine Marktanpassung vorgenommen werden.

5.3 Ertragswertverfahren

Bei Anwendung des Ertragswertverfahrens finden – wie bei Anwendung des Vergleichswertverfahrens – die **allgemeinen Wertverhältnisse auf dem Grundstücksmarkt direkt Eingang in die Wertermittlung,** nämlich

– einerseits durch den Ansatz marktüblich erzielbarer Erträge und

– andererseits durch deren Kapitalisierung mit dem Liegenschaftszinssatz, der wiederum aus Kaufpreisen abgeleitet wird, die die Lage auf dem Grundstücksmarkt repräsentieren.

Eine Marktanpassung kann bei Anwendung des Ertragswertverfahrens geboten sein, wenn sich die Lage auf dem Grundstücksmarkt gegenüber den Verhältnissen verändert hat, die den Vergleichspreisen zugrunde lagen, die zur Ableitung des Liegenschaftszinssatzes herangezogen wurden. In diesem Fall erscheint es aber zweckmäßiger, den Liegenschaftszinssatz entsprechend zu modifizieren.

5.4 Sachwertverfahren

▶ *Näheres in der Syst. Darst. des Sachwertverfahrens Rn. 235 ff.; § 14 ImmoWertV Rn. 1 ff. sowie Anh. zu § 14 ImmoWertV*

Die in § 8 Abs. 2 ImmoWertV angesprochene Marktanpassung sowie die vorgegebene Reihenfolge der Berücksichtigung einer Marktanpassung ist in erster Linie nur bei Anwendung des Sachwertverfahrens von Bedeutung. Während nämlich bei Anwendung des Vergleichs- und Ertragswertverfahrens die Lage auf dem Grundstücksmarkt mit den herangezogenen Vergleichspreisen bzw. mit dem aus Marktpreisen abgeleiteten Liegenschaftszinssatzes direkt in die Wertermittlung eingeht, wird bei Anwendung des Sachwertverfahrens der sich nach Maßgabe der §§ 21 bis 23 ImmoWertV vornehmlich **an Herstellungskosten orientierende (vorläufige) Sachwert erst mit dem Sachwertfaktor an die Lage auf dem Grundstücksmarkt „justiert"**.

So können z. B. bei der Verkehrswertermittlung **aufwendig gebauter Einfamilienhäuser (Villen)** im weiteren Umkreis der Stadtzentren, bei deren Verkauf die im Gebäude und den Außenanlagen verkörperten Herstellungskosten regelmäßig nicht realisiert werden können, erhebliche Marktabschläge erforderlich werden. Allgemein und insbesondere für Ein- und Zweifamilienhäuser, auf die sich die Bedeutung des Sachwertverfahrens im Wesentlichen beschränkt, gilt, dass der „bloße" (vorläufige) Sachwert (nach den §§ 21 bis 23 ImmoWertV)

– einerseits umso mehr hinter den Verkehrswert zurückfällt, je aufwendiger das Objekt bebaut ist, und

– andererseits wiederum umso mehr hinter den Verkehrswert zurückfällt, je größer das Missverhältnis zwischen der baulichen Qualität und der Lage ist; bei hochwertigen Ein- und Zweifamilienhäusern in schlechter einschließlich einer ungünstigen Entfernungslage öffnet sich die Schere zwischen Sach- und Verkehrswert.

Demgegenüber liegt bei besonders **kleinen Objekten** der Verkehrswert häufig über dem Sachwert.

177 **Sachwertfaktoren (bzw. Marktanpassungszu- oder -abschläge) müssen** deshalb gerade bei Anwendung des Sachwertverfahrens **begründet werden.** Sie sind begründet, wenn sie aus Vergleichspreisen empirisch abgeleitet worden sind (vgl. § 14 ImmoWertV).

6 Berücksichtigung besonderer objektspezifischer Grundstücksmerkmale (§ 8 Abs. 3 ImmoWertV)

6.1 Allgemeines

6.1.1 Verkehrswertermittlung (ImmoWertV)

178 § 8 Abs. 3 ImmoWertV ist eine Vorschrift von zentraler Bedeutung. Die Regelung führt ohne Anspruch auf Vollständigkeit eine Reihe „besonderer objektspezifischer Grundstücksmerkmale" auf, die im Anschluss an die Ermittlung des (vorläufigen) Vergleichs-, Ertrags- und Sachwerts nach dem 3. Abschnitt zu berücksichtigen sind. Die **Berücksichtigung der „besonderen objektspezifischen Grundstücksmerkmale" (Anomalien) ist** gleichwohl **integraler Bestandteil der Vergleichs-, Ertrags- und Sachwertermittlung nach dem 3. Abschnitt.** Dies ergibt sich aus § 8 Abs. 2 ImmoWertV, nach dem diese „in" dem Wertermittlungsverfahren zu berücksichtigen sind.

Die **besonderen objektspezifischen Grundstücksmerkmale müssen** nach § 8 Abs. 4 ImmoWertV **berücksichtigt werden,** soweit

– sie „in" dem Wertermittlungsverfahren noch keine Berücksichtigung gefunden haben (vgl. Rn. 3) und

– es sich um solche Merkmale handelt, die den Verkehrswert beeinflussen.

Mit der „Kann-Vorschrift" des § 8 Abs. 3 ImmoWertV wird es lediglich in das Ermessen des Anwenders gestellt, die besonderen objektspezifischen Grundstücksmerkmale durch Zu- oder Abschläge oder in anderer geeigneter Weise zu berücksichtigen. Darüber hinaus spricht § 8 Abs. 4 ImmoWertV in diesem Zusammenhang anknüpfend an die Vorgangsvorschriften (§§ 19, 25 WertV 88/98) klarstellend von „wertbeeinflussenden Umständen", besondere objektspezifische Grundstücksmerkmale, die den Verkehrswert nicht beeinflussen, bleiben mithin außer Betracht.

179 Als „**besondere objektspezifische Grundstücksmerkmale**" führt die Vorschrift in Anlehnung an die WertV 88/98 auf:

– eine wirtschaftliche Überalterung (früher § 25 WertV 88),

– einen überdurchschnittlichen Erhaltungszustand (früher § 25 WertV 88),

– Baumängel und Bauschäden (früher § 24 WertV 88) sowie

– von den marktüblich erzielbaren Erträgen erheblich abweichende Erträge *(over- und underrented)* aufgrund wohnungs-, miet- und sonstiger vertragsrechtlicher Bindungen (vgl. § 5 Abs. 2 ImmoWertV; früher § 19 WertV 88).

Die genannten objektspezifischen Grundstücksmerkmale waren in der WertV 88 jeweils unter der Überschrift „sonstige wertbeeinflussende Umstände" einerseits nur im Rahmen der Regelungen zum Ertragswertverfahren (§ 19 WertV 88) und andererseits nur im Rahmen des Sachwertverfahrens (§ 25 WertV) ausdrücklich hervorgehoben, obwohl derartige Grundstücksmerkmale sowohl bei Ertrags- als auch Sachwertobjekten und im Übrigen auch bei Vergleichsobjekten vorliegen können. Baumängel und Bauschäden waren in der WertV 88/98 nur im Rahmen des Sachwertverfahrens (§ 24 WertV 88) genannt, während in den Regelungen zum Ertragswertverfahren von „Abweichungen vom normalen baulichen Zustand" (§ 19 WertV 88) die Rede war.

Objektspezifische Grundstücksmerkmale § 8 ImmoWertV V

„Rechte und Belastungen" werden in § 8 Abs. 3 ImmoWertV **nicht als besondere objektspezifische Grundstücksmerkmale genannt**. Rechte und Belastungen finden dagegen in § 6 ImmoWertV Erwähnung, und zwar als „weitere Grundstücksmerkmale". Diese Vorschrift führt im Wesentlichen die Grundstücksmerkmale auf, die in die Bodenwertermittlung Eingang finden sollen. Diese Systematik ergibt sich aus dem Einleitungssatz zu § 6 Abs. 5 Satz 2 ImmoWertV („Bei bebauten Grundstücken ..."), mit dem der Regelungsgehalt dieser Vorschrift (zusammen mit den Bestimmungen des § 6 Abs. 6 ImmoWertV über die Restnutzungsdauer baulicher Anlagen) von den übrigen Regelungen des § 6 ImmoWertV abgegrenzt wird. Aus der Systematik der ImmoWertV könnte deshalb geschlossen werden, dass z. B. die Wertminderung aufgrund eines Wege- oder Aussichtsrechts in die Bodenwertermittlung eingeht und im Rahmen der Ertrags- und Sachwertermittlung bereits mit dem Bodenwert berücksichtigt wird.

180

Die Systematik der ImmoWertV ist allerdings dadurch „verschmutzt", dass in § 6 Abs. 2 ImmoWertV ergänzend die **„wohnungs- und mietrechtlichen Bindungen"** genannt werden, die i.d.R. keine Berücksichtigung bei der Bodenwertermittlung finden und als „besondere objektspezifische Grundstücksmerkmale i.S. des § 8 Abs. 3 ImmoWertV gelten müssen; dementsprechend werden in § 8 Abs. 3 ImmoWertV auch die Folgen der wohnungs- und mietrechtlichen Bindungen angesprochen.

Der daraus erkennbare Ausschluss der in § 6 Abs. 2 ImmoWertV genannten Rechte und Belastungen in § 8 Abs. 3 ImmoWertV ist nicht sachgerecht und steht im Widerspruch zu den mit § 8 Abs. 2 und 3 ImmoWertV verfolgten Zielen. Sachwertfaktoren werden nämlich in aller Regel aus Kaufpreisen von Grundstücken abgeleitet, die keine ungewöhnlichen Besonderheiten aufweisen (z. B. ein den Grundstückswert erheblich beeinträchtigendes Wege- oder Aussichtsrecht). Auch die **Berücksichtigung von Rechten und Belastungen muss von daher unter den Regelungsgehalt des § 8 Abs. 3 ImmoWertV fallen**. Entsprechendes gilt darüber hinaus auch für die Ableitung von Liegenschaftszinssätzen. Dies bedeutet, dass bei Anwendung des Ertragswertverfahrens Rechte und Belastungen grundsätzlich auch erst nachträglich Berücksichtigung finden dürfen.

Die besonderen objektspezifischen Grundstücksmerkmale sind jedoch **nur insoweit** (im Anschluss an die Marktanpassung) zu berücksichtigen, **wie sie nicht bereits mit dem jeweils zur Anwendung gekommenen Verfahren** (nach den §§ 15 bis 23 ImmoWertV) **berücksichtigt worden sind**. Dabei ist zu beachten, dass sich für die einzelnen Wertermittlungsverfahren (Vergleichs-, Ertrags- und Sachwertverfahren) unterschiedliche Wege eröffnen, die besonderen objektspezifischen Grundstücksmerkmale bereits direkt, d.h. „innerhalb" des zur Anwendung kommenden Wertermittlungsverfahrens Rechnung zu tragen und sie damit zu internalisieren, von denen aber nicht Gebrauch gemacht werden muss (vgl. Rn. 170, **internalisierende Berücksichtigung besonderer objektspezifischer Grundstücksmerkmale**):

181

– Bei *Anwendung des Vergleichswertverfahrens* können sich die herangezogenen **Vergleichspreise** auf Grundstücke beziehen, **die die gleichen** besonderen **objektspezifischen Grundstücksmerkmale, wie das Wertermittlungsobjekt aufweisen**. In diesem Fall dürfen die Grundstücksmerkmale nicht noch zusätzlich nach § 8 Abs. 3 ImmoWertV berücksichtigt werden. Davon kann aber regelmäßig nicht ausgegangen werden, denn die Vorschrift spricht ausdrücklich „besondere" und damit außergewöhnliche objektspezifische Grundstücksmerkmale an.

– Bei *Anwendung des Ertragswertverfahrens* können die objektspezifischen Grundstücksmerkmale bereits mit den **angesetzten Erträgen, Bewirtschaftungskosten, einer entsprechend verlängerten oder verkürzten Restnutzungsdauer der baulichen Anlage oder auch mit dem Liegenschaftszinssatz** berücksichtigt worden sein. Erheblich von den marktüblich erzielbaren Erträgen abweichende Erträge *(over- und underrented)* aufgrund wohnungs- und mietrechtlicher Bindungen können beispielsweise bei Anwendung des mehrperiodischen (mehrphasigen) Ertragswertverfahrens nach § 17 Abs. 3 ImmoWertV direkt berücksichtigt werden. Grundsätzlich kann auch einem Instandsetzungsrückstau (Baumängel und Bauschäden) durch entsprechend geminderte Erträge direkt Rechnung getragen werden.

– Bei *Anwendung des Sachwertverfahrens* können Baumängel und Bauschäden (Instandsetzungsrückstau), eine wirtschaftliche Überalterung sowie ein überdurchschnittlicher Unterhaltungszustand im Wesentlichen nur mit der Alterswertminderung auf der Grundlage einer entsprechend verlängerten oder verkürzten Restnutzungsdauer der baulichen Anlage „direkt" berücksichtigt werden.

182 Wird von den Möglichkeiten einer „internalisierenden" Berücksichtigung besonderer objektspezifischer Grundstücksmerkmale kein Gebrauch gemacht oder können diese nicht „innerhalb" des zur Anwendung kommenden Wertermittlungsverfahrens berücksichtigt werden, so müssen sie gemäß § 8 Abs. 2 bis 4 ImmoWertV zusätzlich berücksichtigt werden (**externalisierende Berücksichtigung besonderer objektspezifischer Grundstücksmerkmale**). In jedem Fall muss dies zur Vermeidung von Doppelberücksichtigungen im Einzelnen geprüft werden.

183 Darüber hinaus sind die **besonderen objektspezifischen Grundstücksmerkmale von der Marktanpassung abzugrenzen**, denn es kann nicht ausgeschlossen werden, dass auch mit der Marktanpassung (Sachwertfaktor und Liegenschaftszinssatz) objektspezifische Grundstücksmerkmale (teilweise) berücksichtigt werden, die dann nicht als „besondere objektspezifische Grundstücksmerkmale" gelten können. Werden beispielsweise Liegenschaftszinssätze und Sachwertfaktoren aus Vergleichspreisen von Grundstücken abgeleitet, die ortstypische Baumängel bzw. Bauschäden aufweisen (z. B. nicht isolierte Keller), so wird diesem Grundstücksmerkmal mit der Marktanpassung auf der Grundlage des herangezogenen Liegenschaftszinssatzes bzw. Sachwertfaktors Rechnung getragen. Die Abgrenzung ist einfach zu lösen: Alles, was nicht mit den vom Gutachterausschuss veröffentlichten Marktanpassungsfaktoren und im Übrigen nicht „innerhalb" des zur Anwendung gekommenen Wertermittlungsverfahrens berücksichtigt wurde, ist nach der Auffangvorschrift des § 8 Abs. 3 ImmoWertV zu berücksichtigen.

184 Was aus heutiger Sicht als Baumangel oder Bauschaden angesehen wird, muss im Übrigen zum Zeitpunkt der Errichtung des Bauwerks nicht als ein Baumangel angesehen werden. Demzufolge können Zustandsmerkmale, die aus heutiger Sicht Baumängel oder Bauschäden darstellen (insbesondere bei älteren Gebäuden), durchaus einen „normalen baulichen Zustand" darstellen. Sind Liegenschaftszinssätze und Sachwertfaktoren aus den dafür vereinbarten Kaufpreisen abgeleitet worden, werden diese „Baumängeln und Bauschäden" bereits mit deren Anwendung berücksichtigt.

185 Bei ergänzender Berücksichtigung besonderer objektspezifischer Grundstücksmerkmale (externalisierende Berücksichtigung besonderer objektspezifischer Grundstücksmerkmale) sind die sich daraus ergebenden **Werterhöhungen und Wertminderungen bei allen zur Anwendung kommenden Wertermittlungsverfahren gleich**.

186 Im Übrigen wird in § 8 Abs. 3 ImmoWertV zur **Berücksichtigung einer Wertminderung aufgrund von Baumängeln und Bauschäden bzw. eines Instandsetzungsrückstaus** im Unterschied zu dem bisherigen Recht (§ 24 WertV 88/98) nicht mehr ausdrücklich auf die „für die Beseitigung am Ermittlungsstichtag erforderlichen Kosten" (Schadensbeseitigungskosten) hingewiesen. Diese waren schon nach bisherigem Recht lediglich eine „Hilfsgröße", die nur als „Grundlage" heranzuziehen war. Es kommt vielmehr entscheidend darauf an, in welcher Höhe diese im Grundstücksverkehr tatsächlich berücksichtigt werden. Nach der generellen Regelung des § 8 Abs. 3 ImmoWertV ist eine Wertminderung nur insoweit anzusetzen, wie „dies dem gewöhnlichen Geschäftsverkehr entspricht".

Dieser Gedanke lag bereits der WertV 88/89 zugrunde. Wörtlich heißt es in der Begründung zur WertV 88/89: „Auch bei Anwendung des Sachwertverfahrens sind insbesondere die Herstellungskosten (§ 22 WertV 88), die Wertminderung wegen Alters (§ 23 WertV 88) sowie Baumängeln und Bauschäden (§ 24 WertV 88) unter Berücksichtigung der Lage auf dem Grundstücksmarkt zu ermitteln. Nur so wird vermieden, dass bei Anwendung des Sachwertverfahrens Werte ermittelt werden, die nicht im Entferntesten der Lage auf dem Grundstücksmarkt entsprechen."[97]

Nach der Grundsatzregelung des § 8 Abs. 3 ImmoWertV **sind sämtliche besonderen objektspezifischen Grundstücksmerkmale insoweit zu berücksichtigen, wie „dies dem gewöhnlichen Geschäftsverkehr entspricht".** Die damit vorgegebene marktkonforme Berücksichtigung besonderer objektspezifischer Grundstücksmerkmale bereitet der Praxis erhebliche Schwierigkeiten, da dafür keine oder allenfalls wenige Vergleichsdaten vorliegen und auf allgemeine Erfahrungssätze zurückgegriffen werden muss. Anhaltspunkte dafür können – unabhängig von dem zur Anwendung kommenden Wertermittlungsverfahren – sein: **187**

a) die **Kosten** z. B. **zur Beseitigung von Baumängeln und Bauschäden bzw. eines Instandsetzungsrückstaus** oder einer nicht zeitgemäßen Beschaffenheit (wirtschaftliche Überalterung) der baulichen Anlage *(sachwertbezogene Vorgehensweise)*,

b) die **ertragswirtschaftlichen Auswirkungen** der Behebung einer vom Üblichen abweichenden Beeinträchtigung bzw. eines überdurchschnittlichen Grundstückszustands *(ertragswertbezogene Vorgehensweise).*

Generell ist dabei der ertragswertbezogenen Vorgehensweise der Vorzug zu geben, insbesondere wenn die Kosten den Nutzen überschreiten, denn ein Eigentümer würde dann entsprechende Maßnahmen nicht ergreifen. Etwas anderes muss allerdings für unabweisbare (nicht disponible) Schadensbeseitigungskosten gelten, die aufgebracht werden müssen, um den Wert der Immobilie zu erhalten.

6.1.2 Beleihungswertermittlung (BelWertV)

§ 4 Abs. 5 BelWertV i.V.m. § 16 Abs. 1 BelWertV enthält eine von der Sachwertermittlung nach der ImmoWertV abweichende Regelung, beschränkt allerdings auf Baumängel und Bauschäden (bzw. Instandhaltungsrückstau) oder einen „sonstigen Aufwand". **Baumängel und Bauschäden (Instandhaltungsrückstau) werden in § 16 Abs. 1 BelWertV nicht als ein im Rahmen der Sachwertermittlung zu berücksichtigender „wertbeeinflussender Umstand" genannt.** Sie sind nach § 4 Abs. 5 BelWertV als „gesonderter Wertabschlag" zu berücksichtigen und der Beleihungswert ist „entsprechend anzupassen". **188**

§ 4 Abs. 5 BelWertV hat folgende Fassung:

„(5) Ein zum Zeitpunkt der Bewertung erkennbarer Instandhaltungsrückstau oder sonstiger baulicher Aufwand sowie Baumängel und Bauschäden sind als gesonderter Wertabschlag in Höhe der zu erwartenden Aufwendungen oder nach Erfahrungssätzen als gesonderter Wertabschlag zu berücksichtigen. Der Beleihungswert ist entsprechend anzupassen."

Die BelWertV lässt zur **Ermittlung dieses „gesonderten Wertabschlags"** damit grundsätzlich Abschläge nach Erfahrungssätzen sowie entsprechende Abschläge auf der Grundlage der Schadensbeseitigungskosten zu und schließt im Umkehrschluss unverständlicherweise eine Berücksichtigung durch eine entsprechend verminderte Restnutzungsdauer aus.

Nach § 18 BelWertV sind dagegen (in Anlehnung an § 25 WertV 88/98) „sonstige nach den §§ 16 und 17 (BelWertV) bisher noch nicht erfasste, den Wert beeinflussende Umstände, insbesondere eine **wirtschaftliche Überalterung, ein über- oder unterdurchschnittlicher Erhaltungszustand und ein erhebliches Abweichen der tatsächlichen von der vorgesehenen Nutzung** ... durch Zu- oder Abschläge oder in anderer geeigneter Weise zu berücksichtigen".

---

[97] BR-Drucks. 352/88, S.44.

6.2 Baumängel und Bauschäden (Instandhaltungsrückstau)

Schrifttum: *Auernhammer, H. E.*, Verfahren zur Bestimmung von Wertminderungen bei Baumängeln und Bauschäden, BauR 1978, 356; *Bachmann, S.*, Wertminderung einer mit Fogging belasteten Liegenschaft, GuG 2008, 346; *Oswald, R.*, Ausmaß und Schwerpunkte der Bauschäden an den Fertigteilwohnungsbauten der neuen Bundesländer, DAB 1993, 1511.

6.2.1 Begriffe

6.2.1.1 Baumängel und Bauschäden

189 Über die Begriffsdefinition „Bauschaden" und „Baumangel" bestehen unterschiedliche Auslegungen. Das hat zur Folge, dass beide Begriffe miteinander verwechselt werden. Das Baurecht kennt nur den Begriff **Baumangel**.

190 Unter einem **Baumangel** kann in Anlehnung an § 633 Abs. 1 und § 434 BGB[98] (vgl. auch § 13 Abs. 1 VOB/B) ein Fehler angesehen werden, der bei der Herstellung eines Bauwerks infolge **fehlerhafter Planung oder Bauausführung einschließlich der Verwendung mangelhafter Baustoffe** (z. B. Einbau ungenügender Wärmedämmung auf einer Stahlbetondachdecke) den Wert oder die Tauglichkeit zu dem gewöhnlichen (oder dem nach dem Vertrag voraussetzenden) Gebrauch einer baulichen Anlage aufhebt oder mindert[99]. Hierzu gehören insbesondere Mängel der Isolierung gegen Schall, Wärme und Feuchtigkeit, Mängel der Belichtung, Belüftung und der Statik (Belastbarkeit) sowie eine mangelhafte Bauausführung. Maßstab hierfür können die allgemein anerkannten Regeln der Technik, aber auch vertraglich zugesicherte Eigenschaften sein.

191 Als **Bauschäden** werden dagegen Beeinträchtigungen eines Bauwerks als Folge

– eines Baumangels (Mangelfolgeschäden) oder

– äußerer (gewaltsamer) Einwirkungen (wie z. B. durch Sturm, Regen oder Feuer) oder

– unterlassener oder nicht ordnungsgemäß ausgeführter Instandhaltung

definiert.

Hierzu gehören insbesondere Gründungsschäden (Setzrisse) sowie Schäden infolge mangelhafter (Dach-)Isolierung, Schubrisse, Schwammbefall[100], Putzschäden, Schäden an Dachrin-

---

98 „**BGB § 434 Sachmangel:** (1) Die Sache ist frei von Sachmängeln, wenn sie bei Gefahrübergang die vereinbarte Beschaffenheit hat. Soweit die Beschaffenheit nicht vereinbart ist, ist die Sache frei von Sachmängeln,
  1. wenn sie sich für die nach dem Vertrag vorausgesetzte Verwendung eignet, sonst
  2. wenn sie sich für die gewöhnliche Verwendung eignet und eine Beschaffenheit aufweist, die bei Sachen der gleichen Art üblich ist und die der Käufer nach der Art der Sache erwarten kann.

Zu der Beschaffenheit nach Satz 2 Nr. 2 gehören auch Eigenschaften, die der Käufer nach den öffentlichen Äußerungen des Verkäufers, des Herstellers (§ 4 Abs. 1 und 2 des Produkthaftungsgesetzes) oder seines Gehilfen insbesondere in der Werbung oder bei der Kennzeichnung über bestimmte Eigenschaften der Sache erwarten kann, es sei denn, dass der Verkäufer die Äußerung nicht kannte und auch nicht kennen musste, dass sie im Zeitpunkt des Vertragsschlusses in gleichwertiger Weise berichtigt war oder dass sie die Kaufentscheidung nicht beeinflussen konnte.

(2) Ein Sachmangel ist auch dann gegeben, wenn die vereinbarte Montage durch den Verkäufer oder dessen Erfüllungsgehilfen unsachgemäß durchgeführt worden ist. Ein Sachmangel liegt bei einer zur Montage bestimmten Sache ferner vor, wenn die Montageanleitung mangelhaft ist, es sei denn, die Sache ist fehlerfrei montiert worden.

(3) Einem Sachmangel steht es gleich, wenn der Verkäufer eine andere Sache oder eine zu geringe Menge liefert:

BGB § 633 Sach- und Rechtsmangel:
(1) Der Unternehmer hat dem Besteller das Werk frei von Sach- und Rechtsmängeln zu verschaffen.
(2) Das Werk ist frei von Sachmängeln, wenn es die vereinbarte Beschaffenheit hat. Soweit die Beschaffenheit nicht vereinbart ist, ist das Werk frei von Sachmängeln,
  1. wenn es sich für die nach dem Vertrag vorausgesetzte, sonst
  2. für die gewöhnliche Verwendung eignet und eine Beschaffenheit aufweist, die bei Werken der gleichen Art üblich ist und die der Besteller nach der Art des Werks erwarten kann. Einem Sachmangel steht es gleich, wenn der Unternehmer ein anderes als das bestellte Werk oder das Werk in zu geringer Menge herstellt.

(3) Das Werk ist frei von Rechtsmängeln, wenn Dritte in Bezug auf das Werk keine oder nur die im Vertrag übernommenen Rechte gegen den Besteller geltend machen können."

99 Daub/Eberstein, Komm zur VOL/B, 5. Aufl. 2003, S. 231.
100 BGH, Urt. vom 28.6.1961 – V ZR 201/60 –, EzGuG 19.6.

nen, Formveränderungen von Bauteilen, Schäden infolge von Holzerkrankungen (Mängel der Imprägnierung), Rauch-, Wasser-, Erschütterungs-, Bergbau-, Sturm- und Kriegsschäden.

Abb. 9: Erläuterung der Begriffe Baumangel und Bauschaden

Die kumulatorische Aufzählung der Baumängel *und* Bauschäden in § 8 Abs. 3 ImmoWertV ist im Übrigen bedeutungslos; auch bedarf es in der Praxis nicht der Abgrenzung der Baumängel von den Bauschäden. Der Verordnungsgeber benutzt beide Begriffe als Sammelbegriff, um sicherzustellen, dass Beeinträchtigungen des Bauwerks unabhängig davon berücksichtigt werden, ob sie bereits mit der Herstellung des Bauwerks entstanden (Baumängel) oder erst später (Bauschaden) hinzugekommen sind.

Die Auswirkung des **Baumangels wird als Mangelfolgeschaden** bezeichnet (z. B. Rissbildung im Bereich des Auflagers einer ungenügend wärmegedämmten Stahlbetondachdecke durch Wärmedehnungsspannungen).

Während der Bauschaden meistens durch Reparatur oder Ersatz des schadhaften Bauteils behoben werden kann, ist eine dauerhafte **Abhilfe von Mangelfolgeschäden erst nach Beseitigung des Baumangels** möglich (z. B. zunächst Verstärkung der Wärmedämmung der Stahlbetondachdecke als Mängelbeseitigung und anschließend Verschließen der Risse im Bereich der Auflager als Mangelfolgeschadenbeseitigung). Das wirkt sich auf die Höhe der Schadenbeseitigungskosten aus.

6.2.1.2 Unterlassene Instandhaltung (Instandhaltungsrückstau)

▶ *Vgl. § 19 ImmoWertV Rn. 105 ff.*

Zu einer ordnungsgemäßen Bewirtschaftung einer Immobilie gehört u. a. die Instandhaltung der Immobilie. Die „unterlassene Instandhaltung" bzw. eine nicht ordnungsgemäß ausgeführte Instandhaltung, auch als Instandhaltungsrückstau bezeichnet, führt zu Bauschäden. „Baumängel und Bauschäden" sowie „unterlassene Instandhaltung" (Instandhaltungsrückstau) sind von daher wesensgleich und können zumindest in der Verkehrswertermittlung ohne inhaltliche Unterscheidung berücksichtigt werden. Hieraus folgt, dass die in § 6 Abs. 6 ImmoWertV (Restnutzungsdauer) angesprochene „unterlassene Instandhaltung" wesensgleich mit den in § 8 Abs. 3 ImmoWertV angesprochenen „Baumängeln und Bauschäden" ist. Diese sind nur (noch) zu berücksichtigen, soweit sie noch nicht bei Anwendung des jeweils herangezogenen Verfahrens berücksichtigt worden sind. Ist also die Restnutzungsdauer gemäß § 6 Abs. 6 Satz 1 ImmoWertV aufgrund einer „unterlassenen Instandhaltung" gemindert, ist für *eine* Berücksichtigung von „Baumängeln und Bauschäden" nach § 8 Abs. 3 ImmoWertV kein Raum mehr.

6.2.1.3 Instandsetzung

▶ *Vgl. Rn. 229 ff. sowie § 19 ImmoWertV Rn. 122 ff.*

196 **Instandsetzung ist die Beseitigung vorhandener Baumängel, Bauschäden** und eines daraus resultierenden Instandhaltungsrückstaus. Die Instandsetzung kann zwingend geboten sein, aber auch im freien Ermessen des Eigentümers stehen. Deshalb ist es sachdienlich, zwischen

a) der unabweisbaren (nicht disponiblen) und sofort erforderlichen Instandsetzung (vgl. Rn. 236) sowie

b) der disponiblen Instandsetzung (vgl. Rn. 237)

zu unterscheiden. Dementsprechend ist zwischen unabweisbaren und disponiblen **Instandsetzungskosten** zu unterscheiden.

197 Eine entsprechende Unterscheidung kann man auch bezüglich der Modernisierungs- und Umnutzungskosten machen.

6.2.2 Wertminderung wegen Baumängeln und Bauschäden (Instandhaltungsrückstau)

6.2.2.1 Allgemeines

198 Besteht ein **Anspruch des Eigentümers gegenüber Dritten auf Behebung von Baumängeln oder Bauschäden** kann grundsätzlich davon abgesehen werden, eine Wertminderung zu berücksichtigen. Eine Wertminderung kann sich bei dieser Situation allenfalls im Veräußerungsfalle ergeben, wenn der Anspruch nicht auf den Erwerber übergeht, ein merkantiler Minderwert zu erwarten ist oder andere Ausfallrisiken zu befürchten sind.

199 Die Ermittlung der Wertminderung wegen Baumängeln oder Bauschäden nach den am Wertermittlungsstichtag dafür aufzubringenden Kosten ist eine von der Rechtsprechung grundsätzlich anerkannte Methode[101]. Die **Wertminderung wegen Baumängeln und Bauschäden darf gleichwohl nicht mit den Kosten für ihre Beseitigung (Schadensbeseitigungskosten) gleichgesetzt** werden. Diese Kosten können allenfalls einen Anhaltspunkt für die Wertminderung geben. Es kommt entscheidend darauf an, wie der allgemeine Grundstücksmarkt Baumängel und Bauschäden wertmindernd berücksichtigt. Dementsprechend finden die „Kosten der Beseitigung" – im Unterschied zu § 24 WertV 88/98 – in § 8 Abs. 3 ImmoWertV keine Erwähnung. Baumängel und Bauschäden sind nach dieser Vorschrift nur zu berücksichtigen, „soweit dies dem gewöhnlichen Geschäftsverkehr entspricht".

200 **Grundsätzlich muss bei der Verkehrswertermittlung zwischen Kosten und Wert unterschieden werden.** Bei Anwendung des Sachwertverfahrens wird dies deutlich, wenn ein erheblicher Marktanpassungsabschlag angebracht werden muss, um über den Sachwert zum Verkehrswert zu gelangen (vgl. Syst. Darst. des Sachwertverfahrens Rn. 7 ff.). Entsprechendes gilt mithin auch für die Bemessung der Wertminderung wegen Baumängeln und Bauschäden nach Instandsetzungs- bzw. Umnutzungskosten. Der BGH hat mehrfach in seiner Rechtsprechung auf die Problematik der damit einhergehenden Verknüpfung von Ertrags- und Sachwertermittlung hingewiesen. Ausgehend von der Erkenntnis, dass das Sachwertverfahren i.d.R. sehr hohe Marktanpassungsabschläge erfordert, um über den Sachwert zum Verkehrswert zu gelangen, hat der BGH[102] ausgeführt:

„Sind bereits die Herstellungskosten einer Sache nicht entscheidend für deren gemeinen Wert (Verkehrswert), ... so gilt das umso mehr für die Instandsetzungskosten. ... Der Verkehrswert einer beschädigten

---
[101] BGH, Urt. vom 28.6.1961 – V ZR 201/60 –, EzGuG 19.6.
[102] BGH, Urt. vom 24.1.1963 – III ZR 149/61 –, BGHZ 39/40 = EzGuG 20.34; des Weiteren BGH, Urt. vom 10.7.1953 – V ZR 22/52 –, BGHZ 10, 171 = NJW 1953, 1466 = EzGuG 20.16; BGH, Urt. vom 13.5.1955 – V ZR 36/54 –, BGHZ 17, 236 = EzGuG 3.5; BGH, Urt. vom 11.7.1958 – V ZR 36/5 –, OLG Köln, Urt. vom 2.3.1962 – 9 U 33/61 –, EzGuG 20.29.

Sache, z. B. eines Hauses, wird daher – oder kann mindestens – in vielen Fällen höher sein als der Verkehrswert des Hauses in unbeschädigtem Zustand abzüglich der Instandsetzungskosten."

Der Abzug der vollen Instandsetzungskosten würde im Ergebnis dazu führen, dass auch unrentierliche Instandsetzungs- bzw. Umnutzungskosten zum Abzug gelangen können, was sich insbesondere bei solchen Objekten verhängnisvoll auswirken kann, bei denen Sach- und Ertragswert auseinanderklaffen und bei denen man im Falle der Anwendung des Sachwertverfahrens hohe Marktanpassungsabschläge anbringen würde. Dies betrifft insbesondere Wohnobjekte, die zu Kostenmieten von 20 €/m² WF und mehr errichtet werden und tatsächlich aber nur unter der hälftigen Kostenmiete vermietbar sind. Diese Kosten-Nutzen-Spreizung verschärft sich bei hohem Instandhaltungsstau, weil die gewöhnlichen **Instandsetzungskosten bzw. Modernisierungskosten** wegen der Erschwernisse der baulichen Arbeiten **an einem bereits „stehenden" Gebäude** i.V.m. dem Ausbau erneuerungsbedürftiger Bauteile i.d.R. **weitaus höher ausfallen als die gewöhnlichen Herstellungskosten eines Neubaus**. In welcher Höhe die Instandsetzungskosten den Vergleichs-, Ertrags- und Sachwert mindern, lässt sich allerdings nicht durch empirische Untersuchungen beantworten. **201**

Nicht jeder Baumangel und Bauschaden (Instandhaltungsrückstau) ist so erheblich, dass daraus eine Wertminderung resultiert. Erfahrungsgemäß werden im allgemeinen Grundstücksverkehr bei älteren Gebäuden Baumängel und Bauschäden schon eher hingenommen als bei jüngeren Gebäuden, insbesondere wenn es sich um solche handelt, die erst aus heutiger Sicht einen Baumangel darstellen und die im Hinblick auf die verbleibende Restnutzungsdauer bei wirtschaftlicher Betrachtungsweise nicht behoben werden müssen. **202**

Baumängel und Bauschäden (Instandhaltungsrückstau) dürfen nur berücksichtigt werden, soweit sie noch nicht bei Anwendung des jeweils herangezogenen Verfahrens berücksichtigt worden sind. Dementsprechend kann zwischen **zwei Verfahrenswegen zur Berücksichtigung der Wertminderung wegen Baumängeln und Bauschäden** unterschieden werden: **203**

a) Bei der *internalisierenden Vorgehensweise* werden Baumängel und Bauschäden „direkt" bei dem im Einzelfall herangezogenen Verfahren berücksichtigt.

b) Bei der *externalisierenden Vorgehensweise* wird im ersten Schritt der (vorläufige) Vergleichs-, Ertrags- oder Sachwert für ein (fiktiv) ordnungsgemäß instand gehaltenes und mangelfreies Gebäude ermittelt und die Wertminderung wegen Baumängeln und Bauschäden im zweiten Schritt nachträglich in Abzug gebracht.

Bei der zuletzt genannten Vorgehensweise muss die **Wertminderung bei allen** der genannten **Verfahren gleich** sein. Dies gilt auch für das Sachwertverfahren, wobei der Sachwert zuvor gemäß § 8 Abs. 2 ImmoWertV mittels Sachwertfaktoren an die allgemeinen Wertverhältnisse auf dem Grundstücksmarkt angeglichen wurde.

a) Interne Berücksichtigung der Wertminderung

Baumängel und Bauschäden können bei dem im Einzelfall herangezogenen Verfahren in unterschiedlicher Weise „direkt" berücksichtigt werden (internalisierende Vorgehensweise, vgl. Rn. 3, 169 f., 178): **204**

a) Bei *Anwendung des Vergleichswertverfahrens* auf bebaute Grundstücke können vergleichbare Baumängel oder Bauschäden bei den zum Preisvergleich herangezogenen Grundstücken vorliegen, so dass eine entsprechende Wertminderung direkt in den Vergleichswert eingeht und nicht noch zusätzlich berücksichtigt werden darf.

b) Bei *Anwendung des Ertragswertverfahrens* besteht die Möglichkeit, Baumängeln und Bauschäden (unterlassene Instandhaltung) bereits dadurch Rechnung zu tragen, dass

- entsprechend geminderte Erträge, ggf. in Verbindung mit
- entsprechend höheren Bewirtschaftungskosten,

- einer entsprechend geminderten Restnutzungsdauer (§ 6 Abs. 6 Satz 1 ImmoWertV) und
- einem erhöhten Liegenschaftszinssatz

berücksichtigt werden. Grundsätzlich können alle genannten Parameter betroffen sein, ohne dass damit gegen das Verbot der Doppelberücksichtigung verstoßen wird, jedoch muss dies sorgsam zur Vermeidung von Doppelberücksichtigungen geprüft werden.

Darüber hinaus kann ein Baumangel bzw. Bauschaden bereits mit dem „üblichen" Liegenschaftszinssatz erfasst sein, nämlich dann, wenn dieser aus Kaufpreisen von Grundstücken abgeleitet worden ist, die ortsübliche Baumängel oder Bauschäden aufweisen (z. B. nicht isolierte Kriechkeller).

c) Bei *Anwendung des Sachwertverfahrens* besteht die Möglichkeit, Baumängeln und Bauschäden (unterlassene Instandhaltung) mit einer entsprechend geminderten Restnutzungsdauer (§ 6 Abs. 6 Satz 1 ImmoWertV) Rechnung zu tragen. Die theoretisch bestehende Möglichkeit, von entsprechend geminderten Herstellungskosten auszugehen, lässt § 22 Abs. 1 ImmoWertV nicht zu.

Darüber hinaus kann ein Baumangel bzw. Bauschaden wiederum bereits mit dem „üblichen" Sachwertfaktor erfasst sein, nämlich dann, wenn dieser – wie bei der Ableitung von Liegenschaftszinssätzen – aus Kaufpreisen von Grundstücken abgeleitet worden ist, die ortsübliche Baumängel oder Bauschäden aufweisen.

205 Die **direkte Berücksichtigung** von Baumängeln und Bauschäden (Instandhaltungsrückstau) mit dem jeweils herangezogenen Verfahren (internalisierende Vorgehensweise) ist **vielfach nicht möglich und problematisch**. Bei Anwendung des Vergleichswertverfahrens steht dafür zumeist keine ausreichende Zahl von Vergleichspreisen mit vergleichbaren Baumängeln und Bauschäden zur Verfügung. Bei Anwendung des Ertragswertverfahrens müssen entsprechende marktüblich erzielbare Mieten und Bewirtschaftungskosten von Objekten zur Verfügung stehen, die wiederum vergleichbare Baumängel und Bauschäden aufweisen; darüber hinaus ist auch schwer abschätzbar, in welchem Maße der sonst übliche Liegenschaftszinssatz davon beeinflusst wird. Darüber hinaus ist auch die daraus resultierende „Verkürzung" der Restnutzungsdauer (§ 6 Abs. 6 Satz 1 ImmoWertV) vielfach nur grob zu schätzen.

b) Externe Berücksichtigung der Wertminderung

206 In der gängigen Wertermittlungspraxis werden Baumängel und Bauschäden sowie sonstige Abweichungen vom normalen baulichen Zustand dadurch berücksichtigt, dass zunächst der (vorläufige) Vergleichs-, Ertrags- oder Sachwert unter Ausblendung der Baumängel und Bauschäden für ein (fiktiv) ordnungsgemäß instand gehaltenes und mangelfreies Gebäude ermittelt wird und dieser „vorläufige" Vergleichs-, Ertrags- oder Sachwert um die **aus dem Baumangel bzw. Bauschaden resultierende Wertminderung** abgesenkt wird (externalisierende Vorgehensweise). Dieser Verfahrensweg hat zunächst den großen Vorteil, dass

- der (vorläufige) Ertragswert auf der Grundlage von Vergleichsdaten über die marktüblich erzielbaren Erträge, den üblichen bei ordnungsgemäßer Bewirtschaftung anfallenden Bewirtschaftungskosten, aus dem Grundstücksmarktgeschehen abgeleiteten Liegenschaftszinssätzen und der üblichen Restnutzungsdauer mit vergleichsweise hoher Sicherheit abgeleitet werden kann;
- bei Anwendung des Sachwertverfahrens die Sachwertfaktoren direkt herangezogen werden können, denn in aller Regel beziehen sich die Sachwertfaktoren auf „Normalverhältnisse".

Problematisch ist bei dieser Vorgehensweise die **marktkonforme Ermittlung der Wertminderung**, denn dafür stehen in aller Regel keine Vergleichsdaten zur Verfügung, auf die sich der Sachverständige stützen kann. In der Praxis wird ersatzweise zurückgegriffen 207

a) auf allgemeine Erfahrungssätze und

b) auf deduktive analytische Verfahren; diese können sich orientieren an

- den Kosten der Beseitigung der Baumängel und Bauschäden i.V.m.
- der Rentierlichkeit der aufzubringenden Kosten.

c) *Verfahrenswahl*

Grundsätzlich steht es im Ermessen des Sachverständigen, den geeigneten Verfahrensweg zur Berücksichtigung der Wertminderung wegen Baumängeln und Bauschäden zu wählen, jedoch muss die Methode sachgerecht sein. Die Verfahrenswahl ist insbesondere auch von den zur Verfügung stehenden Vergleichsdaten abhängig. 208

– Die **direkte Berücksichtigung von Baumängeln und Bauschäden durch Ansatz einer verkürzten Restnutzungsdauer** erscheint auf den ersten Blick besonders praktikabel und sachgerecht zu sein.

- Bei **unbehebbaren Baumängeln oder Bauschäden** muss von der geminderten Restnutzungsdauer ausgegangen werden. Soweit damit den Beeinträchtigungen nicht hinreichend Rechnung getragen werden kann, müssen zusätzlich Abschläge nach Erfahrungssätzen angebracht werden.

- Der Ansatz einer verkürzten Restnutzungsdauer ist insbesondere bei älteren **Gebäuden mit einem unrentierlichen Instandsetzungsbedarf** angezeigt. Denn für ein Grundstück mit einer ohnehin in absehbarer Zeit abgängigen baulichen Anlage ist es zumeist kaum sinnvoll, zunächst den Ertragswert unter der Annahme eines fiktiven (instand gesetzten) Zustands zu ermitteln, um diesen Zwischenwert dann um Instandsetzungskosten zu vermindern, die der Eigentümer gar nicht aufzubringen gedenkt.

- Eine schematische Verkürzung der Restnutzungsdauer kann das Ergebnis im Einzelfall allerdings verfälschen, insbesondere wenn ein Baumangel oder Bauschaden die Restnutzungsdauer drastisch verkürzt, seine Behebung indessen nur geringe Kosten verursachen würde. Umgekehrt finden damit leichtere Schäden (Reparaturstau), die nicht zu einer Verkürzung der Restnutzungsdauer führen, keine Berücksichtigung.

- Bei Anwendung des Ertragswertverfahrens muss darüber hinaus geprüft werden, ob zusätzlich die Ertragsverhältnisse und der Liegenschaftszinssatz modifiziert werden müssen; dabei müssen Doppelberücksichtigungen vermieden werden.

– Bei Baumängeln und Bauschäden, deren Behebung aus rechtlichen oder sonstigen Gründen unabweisbar ist (**nicht disponible Schadensbeseitigungskosten**, vgl. Rn. 236), insbesondere wenn der Restwert des Gebäudes zu „verfallen" droht, wird man sich an den „vollen" Schadensbeseitigungskosten orientieren müssen. Fallen die Schadensbeseitigungskosten indessen höher als der Gebäudewert des instand gesetzten Gebäudes aus, ist im Ergebnis der Liquidationsfall gegeben, d.h., die Freilegung ist dann wirtschaftlicher als die Schadensbeseitigung. Insbesondere bei älteren Gebäuden mit einem entsprechend geringen Gebäudewert können die **Schadensbeseitigungskosten den (fiktiven) Gebäudewert deutlich überschreiten**. Dies führt häufig sogar dazu, dass der Bodenwert „angefressen" wird und mitunter würde der Abzug der Kosten sogar zu einem negativen (Un-) Wert führen. Diesem Ergebnis steht entgegen, dass die Wertminderung wegen Baumängeln oder Bauschäden grundsätzlich nicht höher sein kann als der Wertanteil des beschädigten Bauteils am Gebäudesachwert insgesamt. Die sofortige Liquidation muss allerdings in diesem Fall nicht angezeigt sein. Es müssen auch „Zwischenlösungen" in Betracht gezogen werden, bei denen nur die unabweislichen Baumängel und Bauschäden behoben werden und die Behebung „disponibler" Schäden zurückgestellt wird, wenn damit die Rentierlichkeit des Gebäudes gewahrt bleibt. Die aus den verbleibenden Baumängeln und Bauschäden resultierende Wertminderung beläuft sich in derartigen Fällen nur auf einen fiktiven Bruchteil der dafür aufzubringenden Schadensbeseitigungskosten.

– Bei **disponiblen Baumängeln und Bauschäden** (vgl. Rn. 237) ist zunächst zu prüfen, ob es wirtschaftlich sinnvoll und geboten ist, die Instandsetzung tatsächlich vorzunehmen, und ob diese ggf. mit einer Modernisierung und Umstrukturierung der baulichen Anlage zu verbinden ist, wenn sich damit die Rentierlichkeit der baulichen Anlage verbessern lässt. Darüber hinaus muss die Rentierlichkeit der Schadensbeseitigung geprüft werden, denn bei wirtschaftlicher Betrachtungsweise wird man den Baumangel und Bauschaden nur insoweit beheben, wie sich dies „rechnet". Umgekehrt kann sich eine Wertminderung aufgrund von bestehenden Baumängeln und Bauschäden nur in Höhe der daraus resultierenden kapitalisierten Mindereinnahmen ergeben.

209 Eine Rentierlichkeit der vollen Schadensbeseitigungskosten ist gegeben, wenn sich der Verkehrswert um die aufgebrachten bzw. aufzubringenden Schadensbeseitigungskosten erhöht. Dies ist aber insbesondere bei älteren Gebäuden mit kurzer Restnutzungsdauer selten gegeben, wenn die Instandsetzungsmaßnahmen die Restnutzungsdauer nicht in einem Maße verlängern, dass sie sich rentieren. Die im Zuge der Behebung von Baumängeln oder Bauschäden erneuerten Bauteile treten nämlich in eine **Schicksalsgemeinschaft mit dem Gebäude** und ein wirtschaftlich handelnder Eigentümer wird sich scheuen, die Fassade seines Hauses zu erneuern, wenn das Gebäude aufgrund seiner sonstigen Beschaffenheit nur noch eine kurze Restnutzungsdauer aufweist. Er wird allenfalls solche Bauteile erneuern, die sich über die verbleibende Restnutzungsdauer wirtschaftlich „auszahlen" oder nach Ablauf der Restnutzungsdauer Weiterverwendung finden können. Dies betrifft Bauteile, deren technische Lebensdauer kürzer als die Restnutzungsdauer des Gebäudes nach Beseitigung der Beeinträchtigungen ist (Abb. 10).

Abb. 10: Lebensdauer von Gewerken

Quelle: TU Braunschweig

210 In der Zusammenfassung ergeben sich folgende Verfahrenswege (Abb. 11):

Abb. 11: Berücksichtigung eines erheblichen Instandhaltungsstaus (Verfahrensweisen)

Welcher Verfahrensweg zur Berücksichtigung von Baumängeln oder Bauschäden sachgerecht ist, muss bei alledem unter Berücksichtigung des Einzelfalls und eines wirtschaftlich **vernünftig handelnden Eigentümers** beurteilt werden. Grundsätzlich ist nach dem Prinzip des „highest and best use" das Verfahren maßgebend, das zu dem höchsten Wert führt. Deshalb kann es geboten sein, die in Betracht kommenden Varianten allesamt daraufhin zu prüfen. Ein wirtschaftlich handelnder Eigentümer wird den für ihn vermögensmäßig günstigeren Weg beschreiten[103]. Für die im Einzelfall zur Anwendung kommenden Verfahrenswege sollte das maßgebend sein, was ein vernünftig handelnder Eigentümer machen würde.

Dies gilt vor allem auch in den Fällen, in denen darüber hinaus **Modernisierungs- und Umstrukturierungsmaßnahmen** in Betracht zu ziehen sind. In der Praxis werden in derartigen Fällen vielfach konkrete Vorstellungen eines potenziellen Erwerbers in die Verhandlungen eingebracht. Im Rahmen der Verkehrswertermittlung von Grundstücken dürfen solche Vorstellungen nicht als Diktat betrachtet werden, wenn dabei die Grundsätze einer Kosten-Nutzenoptimierung verletzt werden, da damit vielfach die Absicht einer Unterwälzung unrentierlicher Kosten in den Kaufpreis verbunden ist.

---

[103] BGH, Urt. vom 24.1.1963 – III ZR 149/61 –, EzGuG 20.34.

213 Im Rahmen einer Investitionsberechnung wird den Sachverständigen mitunter vorgegeben, welche Variante im Rahmen der sich anbietenden Möglichkeiten (Instandsetzung oder Instandsetzung in Kombination mit einer Modernisierung bzw. einer Umnutzung) er seiner Wertermittlung zugrunde legen soll. Dies muss nicht die rentierlichste aller sich anbietenden Möglichkeiten sein. Geht es hingegen um den Verkehrswert, wie er sich bei freier Disponierbarkeit einstellt, so muss der **Variante der Vorzug gegeben werden, die im Rahmen des rechtlich Zulässigen und der Usancen auf dem Grundstücksmarkt zum „optimierten Verkehrswert"** führt, denn es entspricht gerade bei Ertragswertobjekten den Preismechanismen des gewöhnlichen Geschäftsverkehrs, dass die Verwertungsmöglichkeiten einer Immobilie ausgeschöpft werden. Bei sich alternativ stellenden Verwertungsmöglichkeiten kann es daher erforderlich werden, dass der Sachverständige zunächst die in Betracht kommenden Möglichkeiten durchspielt, um sich dann zu entscheiden, welcher Vorgehensweise der Vorzug zu geben ist (vgl. § 194 BauGB Rn. 75 ff.).

214 Ist eine disponible und unrentierliche Instandsetzung durchgeführt worden, so kann zwar erwartet werden, dass sie zu einer Werterhöhung geführt hat, jedoch wird sich nur in Ausnahmefällen der Marktwert um die aufgebrachten Schadensbeseitigungskosten erhöhen. Wo der Eigentümer disponieren kann, wird er sich für den Weg entscheiden, der die höchste Rentierlichkeit verspricht. Von einer Instandsetzung wird er wie im Übrigen auch von einer Modernisierung oder Umnutzung Abstand nehmen, wenn sich dies nicht rechnet.

6.2.2.2 Deduktive Ermittlung der Wertminderung

Zur Bemessung der Wertminderung kommen folgende Methoden in Betracht:

a) Wertminderung nach kapitalisierten Minderertrag

215 Bei Anwendung deduktiver Verfahren bemisst sich die Wertminderung wegen disponibler Baumängel und Bauschäden nach dem kapitalisierten Minderertrag, der aus den Baumängeln und Bauschäden resultiert.

Beispiel:

– Der Jahresreinertrag von 55 000 € vermindert sich um 5 000 € p.a. aufgrund Baumängel und Bauschäden.
– Der Liegenschaftszinssatz erhöht sich von 6,0 % auf 6,5 % aufgrund Baumängel und Bauschäden.
– Die Restnutzungsdauer verkürzt sich von 50 auf 45 Jahre aufgrund Baumängel und Bauschäden.
– Der Bodenwert betrage 200 000 €.

Ertragswert *mit* Baumängel und Bauschäden			Ertragswert *ohne* Baumängel und Bauschäden		
RE	=	50 000 €	RE	=	55 000 €
– (BW × p)	=	– 13 000 €	– (BW × p)	=	– 12 000 €
= RE – (BW × p)	=	37 000 €	= RE – (BW × p)	=	38 000 €
× V (V = 14,48)	=	535 760 €	× V (V = 15,76)	=	598 880 €
bei p = 6,5%			bei p = 6,0		
n = 45 Jahre			n = 50 Jahre		
+ BW	=	+ 200 000 €	+ BW	=	+ 200 000 €
= EW	=	735 760 €	= EW	=	798 880 €

Der kapitalisierte Minderertrag beträgt 798 880 € – 735 760 € = **63 120 €** = **Wertminderung**

Bei dieser Vorgehensweise braucht man die Schadensbeseitigungskosten nur grob zu kennen, denn sie übersteigen in aller Regel den Minderertrag.

216 Vorstehende Methode ist grundsätzlich auch auf Grundstücke anwendbar, deren Verkehrswert üblicherweise unter Anwendung des Sachwertverfahrens ermittelt wird (Sachwertobjekte).

b) Wertminderung nach alterswertgeminderten Schadensbeseitigungskosten

Insbesondere bei Sachwertobjekten wird die Wertminderung wegen disponibler Baumängel und Bauschäden mit den alterswertgeminderten Schadensbeseitigungskosten angesetzt. Diese Methode lehnt sich an die Grundsätze des Sachwertverfahrens an, bei dem auch die aktuellen Herstellungskosten einer Alterswertminderung unterworfen werden, und wird damit begründet, dass die instand gesetzten Bauteile das Schicksal des Gebäudes teilen. Nr. 3.6.1.1.9 WERTR gibt diesbezüglich vor, dass die **Schadensbeseitigungskosten** regelmäßig derselben **Alterswertminderung** *(depreciation)* i.S. des § 23 ImmoWertV **zu unterwerfen sind, die für die Ermittlung des Gebäudesachwerts maßgeblich ist.** Dies entspricht auch der Methode, wie sie vom *American Institute of Appraisers* vertreten wird[104]. 217

Beispiel: 218
- Die vollen Schadensbeseitigungskosten belaufen sich auf 100 000 €.
- Mit der Behebung der Baumängel, Bauschäden und des damit einhergegangenen Instandhaltungsrückstaus verlängert sich die Restnutzungsdauer von 45 Jahren auf 50 Jahre.

Bei einer Gesamtnutzungsdauer von 80 Jahren und einer linearen Abschreibung beträgt die Alterswertminderung 38 %. Damit ergeben sich (ohne Marktanpassung) alterswertgeminderte Schadensbeseitigungskosten von 62 000 €.

Wertermittlungstechnisch kommen hierfür bei Anwendung des Sachwertverfahrens zwei Verfahrenswege in Betracht. 219

Beispiel:

Herstellungswert am Wertermittlungsstichtag	300 000 €
Schadensbeseitigungskosten zu diesem Zeitpunkt	75 000 €
Gesamtnutzungsdauer	100 Jahre
Restnutzungsdauer	75 Jahre
Alterswertminderung (§ 23 ImmoWertV)	19,5 v.H.

Alternative 1:

Herstellungswert	300 000 €	
− Alterswertminderung	− 58 500 €	(= 19,5 v.H.)
Zwischenwert	= 241 500 €	
Schadensbeseitigungskosten	75 000 €	
− Alterswertminderung (= 19,5 v. H.)	= − 14 625 €	
	= − 60 375 €	
Gebäudesachwert	**= 181 125 €**	

Alternative 2:

Herstellungswert		300 000 €
Schadensbeseitigungskosten		− 75 000 €
= Zwischenwert		= 225 000 €
− Alterswertminderung (= 19,5 v. H.)		= − 43 875 €
Gebäudesachwert		**= 181 125 €**

Zur Begründung wird darauf verwiesen, dass der **Wertminderungsbetrag im Allgemeinen nicht höher sein kann als der Wertanteil des betreffenden Bauteils am Gesamtwert des Baukörpers.** Der Abzug der Schadensbeseitigungskosten in voller Höhe kann nämlich bei einem älteren Gebäude dazu führen, dass die Schadensbeseitigungskosten den Gebäudewert übersteigen, obwohl das Objekt am Grundstücksmarkt durchaus noch über dem Wert des Grund und Bodens gehandelt wird. Gleichwohl handelt es sich hierbei um einen theoretisch begründeten Hilfsweg, der mit dem Mangel behaftet ist, dass damit eine „dem gewöhnlichen 220

---

[104] The Appraisal of Real Estate, 12. Aufl. Chicago 363; Akerson, The Appraiser`s Workbook, 2d ed. Chicago: Appraisal Institute 1996; Coggin, D., Let`s Not Abandon The Cost Approach, The Appraisal Institute Journal, January 1994; Marchitelli, R., Rethinking the Cost Approach, The Appraisal Journal, January 193; Ramsett, D., The Cost Approach: An Alternative View, The Appraisal Journal, April 1998; Oetzel, T., Some Thoughts on The Cost Approach, The Appraisal Journal, January 1993.

Geschäftsverkehr" (§ 8 Abs. 3 ImmoWertV) entsprechende Bemessung der Wertminderung nicht sicher gestellt ist, denn dazu müsste konsequenterweise auch eine Marktanpassung vorgenommen werden. Was nämlich für den Sachwert insgesamt gilt, **muss auch für Teilsachwerte** gelten, um die es sich hier letztlich handelt.

221 Anders stellt sich die Situation dar bei der **Erneuerung bzw. Modernisierung kurzlebiger Gewerke**, die über die verbleibende und ggf. verlängerte Restnutzungsdauer wirtschaftlich genutzt werden oder nach Ablauf der Restnutzungsdauer Weiterverwendung finden können.

222 Eine grundsätzlich andere Auffassung lässt sich dagegen rechtfertigen, wenn von einer **unbegrenzten Gesamtnutzungsdauer** ausgegangen wird, weil – zumindest theoretisch – jedes Gebäude auf Dauer erhalten werden kann[105]. Dann sind die Schadensbeseitigungskosten in voller Höhe wirtschaftlich „nutzbar" und können sich amortisieren. Diese Auffassung geht allerdings von einem anderen Wertermittlungsmodell aus, als es der ImmoWertV zugrunde liegt; es kann gleichwohl in Betracht kommen.

223 Sicherlich spricht für diese Anschauung die nicht zu bestreitende Tatsache, dass eine Vielzahl von Immobilien – ohne dass es sich hierbei um Denkmäler handeln muss – auf Dauer erhalten werden. Man denke hier nur an Gründerzeithäuser. Jedoch müsste dann das Wertermittlungsverfahren in seiner Gesamtheit, insbesondere was die ordnungsgemäße Instandhaltung anbelangt, dementsprechend ausgerichtet sein. Indessen darf bei der Ausrichtung des in der ImmoWertV geregelten Sachwertverfahrens auf eine endliche Restnutzungsdauer nicht unberücksichtigt bleiben, dass sich die „vollen" Schadensbeseitigungskosten nicht amortisieren, wenn die Restnutzungsdauer des Gebäudes „beschnitten" wird. Dieser Fall kann insbesondere bei älteren Gebäuden auftreten, deren Restnutzungsdauer durch die Maßnahmen der Schadensbeseitigung nicht oder allenfalls nur zum Teil verlängert wird. Ist dies der Fall, so müsste nach dem von *Vogels* vorgeschlagenen **Modell**, nach dem die „vollen" Schadensbeseitigungskosten anzusetzen sind, weil von **einer unbegrenzten Gesamtnutzungsdauer** ausgegangen wird, auch eine höhere Instandhaltung sowie ggf. eine zusätzliche Modernisierung zum Ansatz gebracht werden.

c) Sachwertorientiertes Restwertverfahren

224 Die Methode, Ertragswertobjekte mit sehr hohem Instandsetzungsbedarf auf der Grundlage eines ordnungsgemäß instand gehaltenen Objektzustands zu ermitteln, und das Ergebnis dann um die aufzubringenden Schadensbeseitigungskosten zu vermindern, schlägt bei sehr hohem Instandsetzungsbedarf in ihrem Kern in ein (verkapptes) Sachwertverfahren um (vgl. Syst. Darst. des Sachwertverfahrens Rn. 12 ff.). Von daher ist dann auch zu prüfen, ob nicht der konsequentere Weg darin zu suchen ist, den Verkehrswert unter **Anwendung einer sachwertorientierten Restwertmethode** zu ermitteln. Dies soll am nachstehenden Beispiel erläutert werden:

225 *Beispiel (vereinfacht):*

a) Sachverhalt

Es ist der Verkehrswert eines Bürogebäudes mit 2 000 m² Nutzfläche (NF) in „hochkarätiger" Innenstadtlage zu ermitteln.

– Grundstücksgröße = 1 000 m² bei einem Bodenwert von 6 000 €/m²; hieraus ergibt sich ein Bodenwert von insgesamt 6 Mio. €.

– Das Gebäude wurde 1928 in repräsentativer, gleichwohl „pflegeleichter" Bauweise, Ausstattung und moderner sowie funktionsgerechter Raumaufteilung errichtet. Es ist verhältnismäßig gut erhalten und steht unter Denkmalschutz.

– Die Instandsetzungs- und Modernisierungskosten belaufen sich gleichwohl auf ca. 1 800 €/m² NF, wobei eine repräsentative und nicht eine technische Luxusmodernisierung (mit Klimatisierung und dgl.) im Vordergrund steht.

---

[105] Vogels in GuG 1991, 132 ff.

Instandhaltungsrückstau § 8 ImmoWertV V

- Nach Instandsetzung und Modernisierung kann nachhaltig mit einer Nettokaltmiete von 20 €/m² NF und nicht umlagefähigen Bewirtschaftungskosten von 20 % gerechnet werden; trotz der erstklassigen Lage ist eine höhere Miete kaum erzielbar.
- Im Hinblick auf Größe und Ausstattung des Objektes muss mit einem eingeschränkten Käuferkreis gerechnet werden.

b) **Verkehrswertermittlung (fiktiver Ertragswert abzüglich Instandsetzung)**
Ermittlung des Reinertrags:

	2 000 m² NF × 20 €/m² NF × 12 Monate =		480 000 € p.a.
./.	Bewirtschaftungskosten (20 %) p.a. =	−	96 000 €
=	Reinertrag =		384 000 €
./.	Bodenwertverzinsungsbetrag (bei p = 6 %: 6 Mio. € × 0,06) × 0,06) =	−	360 000 €
=	bodenwertverzinsungsbetragsgeminderter RE =		24 000 €
×	Vervielfältiger (16,62 bei RND = 100 Jahre und p = 6 %) =		398 880 €
−	Instandsetzungs- und Modernisierungskosten: (2 000 m² NF × 1 800 €/m² NF)	−	3 600 000 €
=	Gebäudeertragswert (Gebäudeanteil) =	−	3 201 120 €
+	Bodenwert =	+	6 000 000 €
=	Ertragswert (Boden und Gebäude)	=	2 798 880 €

Tatsächlich stellt die vorgestellte Methode vornehmlich ein Sachwertverfahren dar, denn bei genauerer Betrachtung sind es die Modernisierungs- und Instandsetzungskosten in Höhe von 3,6 Mio. €, die entscheidend auf das Ergebnis „durchschlagen". Es handelt sich zudem um ein **Liquidationsobjekt,** denn bei Ansatz eines Reinertrags, der dem tatsächlich gegebenen instandsetzungs- und modernisierungsbedürftigen Zustand entspricht, ergäbe sich nach Abzug des Bodenwertverzinsungsbetrags ein „negativer" Reinertrag.

In der Wertermittlungspraxis werden solche **Liquidationsobjekte vielfach gar nicht erkannt, wenn schematisch vom fiktiven Ertragswert** unter Berücksichtigung der Instandhaltung ausgegangen wird. Geht man dagegen von einer hälftigen Miete von 10 €/m² NF für das instandsetzungsbedürftige Gebäude aus, so wird dies deutlich:

	2 000 m² NF × 10 €/m² NF × 12 Monate	=	240 000 € p.a.
−	Bewirtschaftungskosten (20 % von 480 000 €)	=	96 000 €
=	Reinertrag RE	=	144 000 €
−	Bodenwertverzinsungsbetrag	=	− 360 000 €
=	RE (bodenwertverzinsungsbetragsgemindert)	=	− 216 000 €

Als **Liquidationswert** ergäbe sich bei einem Bauvolumen von 7 000 m³ und Freilegungskosten von 40 €/m³:

	Bodenwert		= 6 000 000 €
−	Freilegungskosten (7 000 m² × 40 €/m²)	=	280 000 €
=	Liquidationswert	=	**5 720 000 €**

Da es sich um ein denkmalgeschütztes Gebäude handelt, könnte nach vorstehender Berechnung ein Übernahmeanspruch in Betracht kommen. Dies bleibt aber problematisch, wie nachfolgende Betrachtung zeigt. Zunächst muss man erkennen, dass die unter b) vorgestellte **Ertragswertermittlung auf der Grundlage der Erträge nach Instandsetzung und Modernisierung und nachträglichem Abzug der Instandsetzungs- und Modernisierungskosten im Prinzip eine Form des Extraktionsverfahrens (Residualwertverfahrens)** mit der damit verbundenen Problematik darstellt. Die dabei angesetzten Kosten müssen sich dabei nicht in einer entsprechenden Ertragswerterhöhung niederschlagen.

Darüber hinaus ist aber zu bedenken, dass der Erwerb eines **Objekts, der mit dem Einsatz erheblicher Instandsetzungs-, Modernisierungs- oder Umnutzungskosten verbunden** ist, dem Erwerb eines unbebauten Grundstücks gleichkommt, auf dem der Erwerber die Errichtung eines Quasi-Neubaus beabsichtigt. Unter dieser Prämisse muss auch folgende Betrachtung angestellt werden (vereinfachte Betrachtungsweise):

Kleiber

c) Verkehrswertermittlung (fiktiver Sachwert abzüglich Ersparnisse)

Herstellungskosten für den Neubau eines Gebäudes in der Art des vorhanden Gebäudes im instandgesetzten und modernisierten Zustand: 2 000 m² NF × 3 000 €/m² = 6 000 000 €

Ersparte Herstellungskosten: Von den Herstellungskosten verbleiben nur die Instandsetzungs- und Modernisierungskosten:

3 000 €/m² NF − 1 800 €/m² = 1 200 €/m² NF

	insgesamt: 2 000 m² NF × 1 200 €/m² NF	= 1 200 000 €
+	Bodenwert	= 6 000 000 €
=	Sachwert (ohne Marktanpassung)	= 7 200 000 €

Man wird sich für dieses Verfahren zumindest in den Fällen entscheiden können, wo es sich um ein Objekt handelt, bei dem sich dem Käufer **nur die Option „bauen oder kaufen"**, also die Option einer Anmietung, nicht stellt. Wo ersatzweise die Möglichkeit besteht, sich „einzumieten", kann dagegen erwartet werden, dass er sich am Ertragswert orientiert. Die Alternativberechnung kann im Gegensatz zu dem unter b) vorgestellten Verfahren als eine Sachwertermittlung qualifiziert werden, bei der der vorhandene instandsetzungs- und modernisierungsbedürftige Gebäudezustand gleichsam als ersparte Herstellungskosten behandelt wird.

Insoweit stellt die unter Buchstabe c) vorgestellte Berechnungsweise im Übrigen den konsequenteren Schritt zum Sachwertverfahren dar, wobei das Ergebnis in Anbetracht der Höhe des Sachwerts einer Marktanpassung bedarf. Das Ergebnis macht zudem deutlich, dass die Anwendung des Liquidationswertverfahrens hier nicht zu sachgerechten Ergebnissen führt.

d) Nutzwertanalytischer Lösungsansatz

226 In der Praxis wird hilfsweise auch auf die nutzwertanalytische Zielbaummethode zurückgegriffen, indem dem Verkehrswert des mangelfreien Objekts in Prozent (100 %iger Verkehrswert) der Verkehrswert des mangelbehafteten Objekts (x %) gegenübergestellt wird. Dazu muss je nach Art des Objekts

a) der Gesamtwert in entsprechende prozentuale Wertanteile aufgespalten werden, und

b) die Beeinträchtigungen der betroffenen Wertanteile schulnotenmäßig beurteilt werden.

Für die schulnotenmäßige Beurteilung bedarf es einer Notenskala (Wertminderungsfaktoren), die z. B. folgendes Bild haben kann:

Wertminderungsfaktor	Beeinträchtigung
0,00	Keine Beeinträchtigung im Sinne der Zielkriterien
0,25	Leichte Beeinträchtigung im Sinne der Zielkriterien
0,50	Mittlere Beeinträchtigung im Sinne der Zielkriterien
0,75	Schwere Beeinträchtigung im Sinne der Zielkriterien
1,00	Unbrauchbarkeit

Instandhaltungsrückstau § 8 ImmoWertV V

Nutzwertanalytischer Ansatz (Zielbaum)

	%		%		%	Wertminderungsfaktor	Teilwert
1	2	3	4	5	6	7	8 = 6 × 7
Gebrauchswert	80	Nutzfunktion	40	Nutzziel 1	10		
					10		
					10		
					10		
		Schutzfunktion	40	Sicherheit	10		
				Brandschutz	10		
				Wärmeschutz	10		
				Schallschutz	10		
Geltungswert	20	außen	10	Fassade	5		
				Architektur	5		
		innen	10	Grundriss	5		
				Ausstattung	5		
Summe	100		100		100	Wertminderung:	%

e) Erfahrungssätze

Nach § 4 Abs. 5 BelWertV kann eine aus Baumängeln, Bauschäden bzw. einem Instandhaltungsrückstau resultierende Wertminderung in Höhe der zu erwartenden Aufwendungen oder nach „**Erfahrungssätzen**" bemessen werden. Mit dieser Alternative sind „Erfahrungssätze" angesprochen, die darauf hinauslaufen, die Schadensbeseitigungskosten mit einem angemessenen Vomhundertsatz der „vollen" Schadensbeseitigungskosten anzusetzen. **227**

Für **landwirtschaftliche Wirtschaftsgebäude** liegen folgende Erfahrungswerte vor (Abb. 12): **228**

Abb. 12: Wertminderung für landwirtschaftliche Wirtschaftsgebäude bei Baumängeln und Bauschäden

	Erhaltungszustand	Reparaturaufwand Charakteristik	Wirtschaftliche Wertminderung des alterwertgeminderten Gebäudesachwerts
1	sehr gut	Keine Reparatur erforderlich	0 %
2	gut	Geringe Reparatur erforderlich	1 bis 5 %
3	befriedigend	Geringe bis mittlere Reparatur erforderlich	5 bis 15 %
4	ausreichend	Mittlere bis größere Reparatur erforderlich	15 bis 25 %
5	mangelhaft	Erhebliche Reparatur und Instandsetzung erforderlich	25 bis 50 %
6	ungenügend	Gravierende Reparatur und Instandsetzung erforderlich	50 bis 75 %

Quelle: Becker/Olejnizat/Schneider/Tepper, Ableitung von Marktanpassungsfaktoren für aufgegebene landwirtschaftliche Hofstellen, Nachr. der rh.-pf. Kat- und VermVw 1999, 32

6.2.3 Instandsetzungskosten

a) Allgemeines

229 Wie vorstehend erläutert können zur Bemessung der Wertminderung wegen Baumängeln und Bauschäden (Instandhaltungsrückstau) die Kosten ihrer Beseitigung (**Schadensbeseitigungskosten**) **als Anhaltspunkt** dienen.

230 Kostenschätzungen bei Instandsetzungen gelten wie im Übrigen Kostenschätzungen für Modernisierungen auch bei den „Spezialisten" im Vergleich zu der Ermittlung von Neubaukosten als besonders schwierig und unzuverlässig[106]. Akzeptable Ergebnisse können zumeist erst in der Phase der Detaillierung auf der Grundlage von Ausschreibungsergebnissen erwartet werden. Für eine fundierte Kostenschätzung bedarf es ggf. eines Sondergutachtens (z. B. auf der Grundlage der Bauteilmethode). **Im Rahmen der Gutachtenerstattung sollte deshalb in aller Regel stets nur von „Kostenschätzungen"** und nicht etwas von der „Ermittlung" der Kosten **gesprochen werden.**

231 Bei „Kostenschätzungen" müssen erhebliche Unsicherheiten hingenommen werden. Aufgrund vielfältiger Unwägbarkeiten sind **Kostenschätzungen nur mit einer relativ hohen Ungenauigkeit von +/– 25 % möglich**[107].

232 Die DIN 276 unterscheidet in den Abschnitten 2.3.1 bis 2.3.4 nach folgenden **Arten der Kostenermittlung:**

– *Kostenschätzung*, definiert als eine überschlägige Ermittlung der Kosten (Abschnitt 2.3.1),
– *Kostenberechnung*, definiert als eine angenäherte Ermittlung der Kosten (Abschnitt 2.3.2),
– *Kostenanschlag*, definiert als eine möglichst genaue Ermittlung der Kosten (Abschnitt 2.3.3),
– *Kostenfeststellung*, definiert als die Ermittlung der tatsächlich entstandenen Kosten (Abschnitt 2.3.4).

Im Rahmen der Verkehrswertermittlung von Grundstücken gehören zu den Schadensbeseitigungskosten auch die damit verbundenen Baunebenkosten einschließlich **Mietausfall** und die temporäre Erhöhung des Verwaltungsaufwands usw.

233 Für die Kostenschätzung bieten sich zwei Verfahrenswege an:

a) Ermittlung auf der Grundlage der Normalherstellungskosten entsprechend dem Wertanteil der instandsetzungsbedürftigen Gewerke am Gesamtwert,
b) Ermittlung nach den Kosten nach Vergleichswerten der Einzelgewerke (absolute Kostenkennwerte)[108].

234 Ein **Kostenkennwert** ist nach Abschnitt 2.6 der DIN 276 ein Wert, der das Verhältnis von Kosten zu einer Bezugseinheit (z. B. Grundflächen oder Rauminhalte nach DIN 277 Teil 1 und Teil 2) darstellt.

235 Im Rahmen der Wertermittlung von Grundstücken ist bei der Bemessung der Wertminderung wegen Baumängeln und Bauschäden (Instandhaltungsrückstau) eine **Unterscheidung nach disponiblen und nicht disponiblen Instandsetzungskosten** zweckmäßig (vgl. Rn. 208).

b) Nicht disponible Instandsetzungskosten

236 Unabweisliche (nicht disponible) Instandsetzungskosten sind die Kosten solcher **Maßnahmen, die aus rechtlichen oder wirtschaftlichen Gründen zwingend erforderlich** sind. Rechtlich ist dies beispielsweise bei denkmalgeschützte Anlagen geboten. Wirtschaftlich ist dies dagegen z. B. angezeigt, wenn ein Orkan das Dach eines Hauses abgetragen hat und das Dach zwecks Werterhalts erneuert werden muss.

---

[106] Schmitz/Krings/Dahlhaus/Meisel, Baukosten 2005/6, Verlag Wingen 18. Aufl. S.11.
[107] Schmitz/Krings/Dahlhaus/Meisel, Baukosten 2005/6, Verlag Wingen 18. Aufl., S.10.
[108] Schmitz/Krings/Dahlhaus/Meisel, Baukosten 2005/6, Verlag Wingen 18. Aufl. S.10, 43.

Beispiel:

Für ein zweigeschossiges Einfamilienhaus mit einer Restnutzungsdauer von 30 Jahren ergibt sich ohne Berücksichtigung von Baumängeln oder Bauschäden ein Gebäudesachwert von 200 000 €. Dachstuhl und Dachhaut weisen aber einen erheblichen Bauschaden auf, dessen Beseitigung 50 000 € kostet. Würde man diesen Schaden nicht beheben, wäre das Gebäude in wenigen Jahren unbenutzbar und abbruchreif. Ein wirtschaftlich vernünftiger Eigentümer muss im Interesse des Werterhalts des Gebäudes die Schadensbeseitigungskosten aufbringen; er hat keine andere Wahl.

c) Disponible Instandsetzungskosten

Disponible Instandsetzungskosten sind die Kosten solcher Maßnahmen, deren Durchführung auch unter dem Gebot der ordnungsmäßigen Bewirtschaftung nicht zwingend erforderlich ist, wie z. B. eine fehlende oder mangelhafte Kellerisolierung mit entsprechenden Mangelfolgeschäden für nicht benutzte Kellerräume. Dies gilt aber auch für andere Baumängel und Bauschäden, von denen keine spürbare Nutzungsbeeinträchtigung ausgeht. Wenn sich eine kostenintensive Kellerisolierung schon im Hinblick auf die begrenzte Restnutzungsdauer des Gebäudes nicht „rechnet" und diesem Mangel im gewöhnlichen Geschäftsverkehr gegenüber einem vergleichbaren isolierten Objekt mit einem Abschlag Rechnung getragen wird, der geringer als die Isolierungskosten ausfällt, verbietet es sich, die „vollen" Schadensbeseitigungskosten als „Abweichung vom normalen baulichen Zustand" gegenzurechnen.

6.2.4 Ermittlung der „vollen" Schadensbeseitigungskosten

a) Allgemeines

Die Wertminderung wegen Baumängeln und Bauschäden kann nach marktkonformen Erfahrungssätzen bestimmt werden, wobei man diese wiederum an die Höhe der Schadensbeseitigungskosten orientiert. Auch wenn § 8 Abs. 3 ImmoWert im Unterschied zur Vorgängerregelung (§ 24 WertV 88/98) die Kosten der Schadensbeseitigung nicht mehr direkt anspricht, sind sie als Bezugsgrundlage von Bedeutung. Zu ihrer Ermittlung kann

a) auf absolute Kostenkennwerte oder

b) auf prozentuale Wertanteile der Gesamtherstellungskosten

zurückgegriffen werden. Aus Praktikabilitätsgründen aber auch aus Gründen der Systemkonformität mit den angesetzten Normalherstellungskosten ist der Heranziehung von **Prozentsätzen der Gebäudeherstellungskosten** (prozentuale Wertanteile) der Vorzug zu geben. Dabei muss insbesondere auch beachtet werden, dass es sich bei den Normalherstellungskosten um die **Ersatzbeschaffungskosten eines Neubaus** handelt und der Neubau allemal preisgünstiger als die Instandsetzung ist.

Die **Instandsetzungskosten sind im Vergleich zu Neubaukosten deutlich höher**, da die Instandsetzung in aller Regel mit den Kosten eines vorherigen Ausbaus der instandsetzungsbedürftigen Gewerke verbunden ist. Bei Instandsetzungen sind deshalb die Normalherstellungskosten um die Mehrkosten der Instandsetzung, d.h., um einen Reparaturzuschlag zu erhöhen.

Abb. 13: Ermittlung der Instandsetzungskosten

240 *Schmitz/Krings/Dahlhaus/Meisel*[109] geben folgende **Vergleichswerte** an:
- 18 % der Baukosten bei größeren Projekten (= 1 Mio €) und ohne besondere Erschwernisse aufgrund der vorhandenen Bausubstanz (keine Sonderuntersuchungen) und ohne die Notwendigkeit von Mieterumsetzungen, Ausgleichswohnungen usw.
- 20 bis 22 % der Baukosten bei kleineren Projekten (= 1 Mio €) und besonderer Erschwernisse aufgrund der vorhandenen Bausubstanz bzw. aufgrund mieterbedingter Nebenkosten,
- 22 bis 25 % der Baukosten bei kleinen Projekten (= 500 000 €) und die Notwendigkeit von Sonderuntersuchungen, z. B. Sachverständigengutachten und mieterbedingte Nebenkosten.

241 Bei Heranziehung von Vergleichswerten für Kostenschätzungen ist auch zu beachten, dass entsprechende Veröffentlichungen zumeist nicht die Baunebenkosten einschließen. Bei der Instandsetzung und Modernisierung von Altbauten entstehende **höhere Baunebenkosten** sind im Wesentlichen darauf zurückzuführen, dass
- Architekten- und Ingenieurhonorare aufgrund der Umbauzuschläge sowie aufgrund besonderer Leistungen (Bestandsaufnahme usw.) höher ausfallen,
- bei Umbaumaßnahmen Baunebenkosten auftreten, die bei Neubauten nicht entstehen (Mieterentschädigung, Umzugskosten usw.).

242 Wenn vorhandene **Mieter während der Instandsetzung und Modernisierung „umgesetzt"** werden müssen, sind Kosten von 750 bis 1 000 € (ohne die Kosten für Entschädigungszahlungen für mietereigene Einbauten oder für die Zwischenlagerung von Möbeln usw.) ohne weiteres üblich.

b) Schadensbeseitigungskosten nach Wertanteilstabellen

243 Die „vollen" Schadensbeseitigungskosten werden bei Heranziehung von Wertanteilstabellen ermittelt in Abhängigkeit von
a) den ermittelten Normalherstellungskosten (NHK),
b) dem Beschädigungs- bzw. Instandsetzungsgrad (in v.H.),

---
109 Schmitz/Krings/Dahlhaus/Meisel, Baukosten 2005/6, Verlag Wingen 18. Aufl. S.10, 18, 43.

Schadensbeseitigungskosten § 8 ImmoWertV V

c) dem Wertanteil des instandsetzungsbedürftigen Bauteils am Gesamtwert des Bauwerks (in v.H.) gemäß Wertanteilstabelle,

d) dem Reparaturzuschlagsfaktor (Mehrkostenfaktor bei Instandsetzung im Verhältnis zum Neubau) und

Schadensbeseitigungskosten = NHK × Beschädigungsgrad$_{[\%]}$ × Wertanteil$_{[\%]}$ × Reparaturzuschlag

Beispiel:
Stahlbetonskelettgebäude in einfacher Ausstattung (ohne Wärmedämmung),

– Der Gebäudesachwert wurde auf der Grundlage der NHK zum Wertermittlungsstichtag
  ermittelt mit   500 000 €,

Durch äußere Einwirkungen sind zerstört worden
– Dacheindeckung   Beschädigungsgrad   40 v.H.
– Fassade   Beschädigungsgrad   20 v.H.

Wertanteil der
– Dachdeckung   16 v.H.
– Fassade   13 v.H.

Reparaturzuschlag
– Dachdeckung   25% Reparaturzuschlagsfaktor   1,25
– Fassade   20% Reparaturzuschlagsfaktor   1,20

Berechnung:
Schadensbeseitigungskosten
Anteil Dachdeckung   16 v.H. × 0,40 × 1,25 =   8,00 v.H.
Anteil Fassade i   13 v.H. × 0,20 × 1,20 =   3,12 v.H.
Anteil der schadhaften Bauteile am Gesamtgebäude   11,12 v.H.   × 500 000 € =   55 600 €

Der **Beschädigungsgrad** wird als Vomhundertsatz auf der Grundlage einer Bestandsaufnahme ermittelt.

Der **Wertanteil des beschädigten Bauteils** kann unter Berücksichtigung

– der Art der baulichen Anlage,

– des Baujahrs (ggf. fiktiven Baujahres) und

– der regionalen Lage der baulichen Anlage

einer geeigneten Wertanteilstabelle entnommen werden. Dabei kann wiederum zurückgegriffen werden auf

a) die Kostengruppen der DIN 276 oder

b) Richtwerte, insbesondere

  1. Richtzahlen für die Wertanteile in v.H. der Bauteile bei Geschossbauten gemäß Erl. des nordrh.-westf. Ministers für Wiederaufbau vom 24. 6. 1948 – IA/225, MinBl. 1948 Nr. 12 (abgedruckt in Kleiber/Simon/Weyers, 4. Aufl. Anl. 2 zu § 24 WertV 88[110]),

  2. Richtzahlen der Bundesfinanzverwaltung gemäß Verfügung der OFD Kiel (BStBl. I 1991, 969); abgedruckt in Anl. 1,

  3. Richtzahlen für die Wertanteile in v.H. der Bauteile bei Geschossbauten gemäß VO des Magistrats der Stadt Berlin (abgedruckt in Kleiber/Simon/Weyers, 4. Aufl. Anl. 3 zu § 24 § 24 WertV 88),

  4. Wertanteil-Tabelle zur Feststellung des Zerstörungsgrades an Gebäuden gemäß bay. Staatsministerium der Finanzen, ABl. 1950 Nr. 2 (abgedruckt in Kleiber/Simon/Weyers, 4. Aufl. Anl. 7 zu § 24 § 24 WertV 88),

---

110 Die Aufstellung ist auch Bestandteil des Erl. der FM der neuen Bundesländer betr. Bewertung von Einfamilienhäusern im Beitrittsgebiet (BStBl. I 1991, 968 = GuG 1992, 78).

V § 8 ImmoWertV — Schadensbeseitigungskosten

5. Tabelle zur Ermittlung des Beschädigungsgrades von Wohngebäuden des Bauausschusses des Deutschen Städtetages in der ehem. brit. Zone (abgedruckt in Kleiber/Simon/Weyers, 4. Aufl. Anl. 6 zu § 24 § 24 WertV 88),
6. Baukostenanteile bei Wohngebäuden und Kosteneinsparungen durch Eigenleistung nach Baier (abgedruckt in Kleiber/Simon/Weyers, 4. Aufl. Anl. 4 zu § 24 § 24 WertV 88).

c) Richtwerte zum Beschädigungsgrad bei Wohngebäuden
   – Richtlinien des Bauausschusses des Deutschen Städtetags in der ehemaligen britischen Zone (abgedruckt in Kleiber/Simon, 5. Aufl. S. 2017)

d) weitere Hinweise:
   Erlasse der obersten Finanzbehörden der neuen Länder
   – vom 21.7.1994 (BStBl. I 1994, 480 = Kleiber/Söfker Vermögensrecht Nr. 7.3.16)
   – vom 21.5.1993 (BStBl. I 1993, 467 = GuG 1994, 226),
   – vom 19.1.1993 (BStBl. I 1993, 173 = Kleiber/Söfker, Vermögensrecht Nr. 7.3.8 = Anh. 11.3 in der 2. Aufl. Kleiber/Simon/Weyers, Verkehrswertermittlung von Grundstücken).

Abb. 14: Kostengliederung nach DIN 276 (Mehrfamilienhaus, mittlere Ausstattung bis 6 WE)

Kostengliederung nach DIN 276 (Mehrfamilienhaus, mittlere Ausstattung bis 6 WE) Nach BKI Baukosten 2002 Kostenkennwerte für Gebäude (Verlag Rudolf Müller)					
Baukonstruktion	**82,8 %**	**100,0 %**	**Technische Anlagen** **17,2 %**		**100,0 %**
310	Baugrube	3,2	410	Abwasser, Wasser, Gas	40,2
320	Gründung	6,5	420	Wärmeversorgungsanlagen	37,6
330	Außenwände	33,2	430	Lufttechnische Anlagen	1,4
340	Innenwände	19,6	440	Starkstromanlagen	17,2
350	Decken	22,4	450	Fernmeldeanlagen	3,6
360	Dächer	11,3	460	Förderanlagen	0,0
370	Baukonstruktive Einbauten	0,6	470	Nutzungsspezifische Anlagen	0,0
			480	Gebäudeautomation	0,0
390	Sonstige Baukonstruktionen	3,2	490	Sonstige technische Anlagen	0,0

Schadensbeseitigungskosten § 8 ImmoWertV V

Abb. 15: Grobgliederung der Wertanteile für Roh- und Ausbau

	Vogels (S. 245)	Baier DBZ 1986, 645	Schmitz/ Gerlach/ Meisel	Architektenkammer NRW
Im Rohbau	in %		in %	in %
Erdarbeiten	-	2,2	-	5
Baustelleneinrichtung	-	1,8	-	-
Entwässerung, Drainagearbeiten	-	0,5	-	-
Maurer- und Betonarbeiten	-	41,0	-	35
Zimmerarbeiten	9,1	9,6	-	4
Dachdecker- und Klempnerarbeiten	-	3,4	-	4
Isolier- und Dämmarbeiten	-	1,4	-	-
Rohbau-Anteil	Σ = 47,1		Σ = 49,68	Σ = 48
Im Ausbau				
Putzarbeiten	8,	2,5	7,63	6
Estrich-, Bodenbelag-, Werkstein-, Fliesenarbeiten	3,6	2,3	4,70	7
Schreiner- und Glaserarbeiten	8,3	10,0	-	9
Sanitärarbeiten	8,7	8,0	7,27	8
Elektroarbeiten	3,6	7,5	2,85	3
Heizungsmontage	4,7	3,8	6,53	7
Treppenbau	-	-	-	4
Maler- und Anstricharbeiten	3,3	1,0	3,22	3
Dachdecker/Zimmermann/Klempner	-	3,4	10,49	-
Fenster	-	-	4,69	-
Türen	-	-	3,22	-
Sonstige (Schlosser u.a.)	3,3	0,7	-	5
Ausbau-Anteil	Σ = 52,9		Σ = 50,32	Σ = 52
zusammen:	100	100	100	100

Quelle: Architektenkammer Nordrhein-Westfalen, Schmitz/Gerlach/Meisel/Baier in DBZ 1986, 645

Für Neubauten kann auf aktuelle Tabellen der Wägungsanteile der Statistischen Landesämter zurückgegriffen werden. **Für Wohngebäude** sind z. B. vom Landesamt für Datenverarbeitung und Statistik NRW die in Abb. 16 genannten Wägungsanteile angegeben:

V § 8 ImmoWertV   Schadensbeseitigungskosten

Abb. 16: Wägungsanteile für Wohngebäude in Nordrhein-Westfalen

Rohbauarbeiten	479,66	
Erdarbeiten	35,12	–
Baugrube ausheben		13,46
Graben ausheben		5,29
Boden abfahren		5,80
Untergrundsverbesserung		6,02
Arbeitsraum verfüllen		4,55
Verbauarbeiten	0,47	0,47
Ramm-, Rüttel- und Pressarbeiten	0,58	0,58
Entwässerungskanalarbeiten	11,90	–
Beton- und Stahlbetonrohr		3,20
Steinzeugrohr		1,03
Kunststoffrohr		6,31
Mauerarbeiten	150,00	–
Mauerwerk aus großformatigen Steinen		60,34
Mauerwerk aus kleinformatigen Steinen		27,12
Nichttragende Trennwände		21,46
Porenbetonmauerwerke		4,76
Schornstein aus Formstücken		8,25
Zweischaliges Mauerwerk		25,11
Rollladenkasten		2,96
Beton- und Stahlbetonarbeiten	157,85	–
Stahlbetondecke		39,45
Beton der Wände und Schalung		28,10
Beton der Fundamente		23,80
Schalung der Fundamente		3,20
Betonstabstahl		13,96
Betonstahlmatten		18,57
Systemdecke		21,25
Systemtreppe		2,96
Zimmer- und Holzbauarbeiten	43,73	–
Dachverbandholz liefern		9,16
Dachverbandholz abbinden		11,50
Einläufige Wangentreppe		6,39
Wand- und Deckenschalung		13,21
Stahlbauarbeiten	3,73	3,73
Abdichtungsarbeiten	11,72	11,72
Dachdeckungs- und -abdichtungsarbeiten	39,28	–
Dachdeckung auf Lattung		21,41
Unterspannbahn		2,30
Dachabdichtung mit Bitumendachbahnen		2,44
Dachabdichtung auf Massivdecke		2,01
Dachflächenfenster		5,79
Gerüstarbeiten	7,45	7,45
Klempnerarbeiten	17,83	–
Dachrinne		5,30
Metalldachdeckung		4,25
Regenfallrohr		2,79
Gesimsabdeckung		2,47
Ausbauarbeiten	520,34	
Naturwerksteinarbeiten	12,23	–
Stufe aus Naturwerkstein		3,67
Bodenbelag aus Naturwerkstein		4,14

Fensterbank aus Naturwerkstein			3,47
Betonwerksteinarbeiten		5,04	–
Stufe aus Betonwerkstein			2,95
Bodenbelag aus Betonwerkstein			2,09
Putz- und Stuckarbeiten		68,99	–
Innenwandputz			32,08
Innenwanddeckenputz			4,14
Außenwandputz			18,54
Wärmedämmfassade			9,70
Trockenbauarbeiten		37,91	–
Deckenbekleidung			10,70
Wandtrockenputz			1,87
Nichttragende Montagewand			2,88
Fassadenarbeiten		3,08	–
Außenbekleidung aus Faserzementplatten			1,71
Fliesen- und Plattenarbeiten		32,20	–
Wandbelag aus keramischen Fliesen			16,31
Bodenbelag aus keramischen Fliesen			15,89
Estricharbeiten		22,14	22,14
Gussasphaltarbeiten		0,15	0,15
Tischlerarbeiten		79,17	–
Einfachfenster mit Isolierverglasung			42,40
Zimmertür			15,76
Parkettarbeiten		11,22	–
Stabparkett			4,87
Mosaik- oder Fertigparkett			6,35
Rollladenarbeiten		9,38	-
Rolllade			7,60
Metallbauarbeiten		37,04	–
Stahl-Umfassungszarge			2,83
Treppengeländer			13,77
Stahl-Feuerschutztür			1,43
Aluminiumfenster mit Isolierverglasung			1,93
Hauseingangstür aus Metall			1,85
Verglasungsarbeiten		2,51	2,51
Maler- und Lackierarbeiten		21,64	–
Dispersionsfarbe auf Innenputz			11,23
Lackfarbe auf Putz			1,75
Lackfarbe auf Holz			4,02
Dispersionsfarbe auf Außenwand			2,72
Lackfarbe auf Stahlflächen			1,92
Bodenbelagarbeiten		13,28	–
PVC-Belag			4,01
Textiler Belag			4,13
Tapezierarbeiten		6,44	6,44
Raumlufttechnische Anlagen		3,51	3,51
Heiz- und zentrale Wassererwärmungsanlage		60,88	–
Heizkessel für Gebläsebrenner			4,76
Warmwasserspeicher			4,56
Stahl-Plattenheizkörper			15,73
Gewinderohr			3,84
Ventile installieren			3,85
Heizöllagerbehälter aus Kunststoff			2,24
Warmwasser-Fußbodenflächenheizung			4,03
Kupferrohr mit Wärmedämmung			1,64

Leistungsart		
Gas-, Wasser- und Abwasserinstallationsarbeiten	46,21	–
Mittelschweres Gewinderohr		2,37
Guseisernes Abflussrohr		3,86
Einbau-Badewanne		2,84
Spülklosettanlage		4,14
Waschtisch		2,17
Abflussrohr		5,89
Kupferrohr		5,91
Wannen- und Brausearmatur		3,50
Brausewanne		2,43
Waschtischarmatur		2,17
Nieder- und Mittelspannungsanlagen	35,96	–
Beleuchtungsstromkreis		6,56
Schutzkontakt-Steckdose		6,96
Beleuchtungsstromkreis in feuchten Räumen		3,25
Installations-Kleinverteiler		7,24
Hauptleitung		3,29
Klingel- und Türöffneranlage		1,58
Türsprechanlage		1,68
Gebäudeautomation	1,69	1,69
Blitzschutzanlagen	1,89	1,89
Dämmarbeiten an technischen Anlagen	6,69	
Rohrdämmung		6,53
Förderanlagen	1,08	1,08
Bauleistungen am Bauwerk	1 000	

Abb. 17: Wägungsanteile für Wohngebäude in Nordrhein-Westfalen

Leistungsart	Wägungsanteil (Bezugsgröße Wohngebäude Insgesamt %)	Leistungsart	Wägungsanteil (Bezugsgröße Bauleistungen am Bauwerk %)
Wohngebäude	1 000,00	Bauleistungen am Bauwerk	1 000,00
Bauleistungen am Bauwerk	820,52		
Rohbauarbeiten	494,21	Rohbauarbeiten	602,30
Ausbauarbeiten	326,31	Ausbauarbeiten	397,70
Gerät	6,14		
Außenanlagen	45,69		
Baunebenleistungen	127,65		
Architektenleistung	73,91		
Ingenieurleistungen	28,01		
Verwaltungsleistungen	25,72		

Quelle: Landesamt für Datenverarbeitung und Statistik Nordrhein-Westfalen

Der **Reparaturzuschlag** bemisst sich nach den Mehrkosten einer Instandsetzung gegenüber den Neubaukosten und ist insbesondere von der Zugänglichkeit des Bauteils und den Mehrkosten abhängig, die sich aus dem Umfang der „Handarbeiten" ergeben.

Abb. 18: Reparaturzuschlag

Reparaturzuschlagsfaktoren			
Bauteil	Reparaturzu-schlag in v.H.	Wertanteil** in %	Reparatur-zuschlagsfaktor
Rohbau, Konstruktion und Treppe	0 %	4,69 %	1,0
Fenster	15 %	3,22 %	1,15
Türen	15 %	2,85 %	1,15
Elektroinstallation	20 %	10,49 %	1,2
Dachdecker, Zimmermann, Klempner	20 %	7,36 %	1,2
Putz, Trockenbau	30 %	3,22 %	1,3
Maler	30 %	4,70 %	1,3
Estrich, Bodenbelag	30 %	6,53 %	1,3
Heizung	30 %	7,27 %	1,3
Sanitär, Installation, Fliesen	100 %		2,0
Summe		100 %	

* nach Schmitz, Gerlach, Krings
** nach Vogels

c) Schadensbeseitigungskosten nach Kostenkennwerten der Einzelgewerke

Die absoluten **Kostenkennwerte** werden i.d.R. nach den auf den Wertermittlungsstichtag kalkulierten Schadensbeseitigungskosten ermittelt. *Schmitz/Krings/Dahlhaus/Meisel*[111] geben Vergleichswerte für einzelne Gewerke an, wobei auch diese Methode a priori ungenau bleiben muss, da die Gewerkebereiche regional, bürospezifisch und zeitlich unterschiedlich definiert werden.

---

111 Schmitz/Krings/Dahlhaus/Meisel, Baukosten 2005/6, Verlag Wingen 18. Aufl. S.10, 18, 43.

Abb. 19: Kostenwerte einzelner Gewerke in €/m² WF (Kostengruppe 200 bis 600) ohne Grundstücks- und Gebäuderestwert und ohne Baunebenkosten einschließlich 16 % Mehrwertsteuer für Fachwerkhäuser

Gewerk	Fachwerkhäuser in den Zuständen								
	schlecht			mittel			gut		
	von	mittel	bis	von	mittel	bis	von	mittel	bis
Abbruch-, Rohbauarbeiten	920	1 075	1 240	360	440	500	230	260	290
Zimmerarbeiten	420	550	640	265	295	320	175	195	215
Dachdeckerarbeiten	95	110	125	90	100	110	85	90	100
Putzarbeiten/Trockenbau	210	270	310	170	100	110	85	90	100
Fliesenarbeiten	35	40	50	32	40	48	35	40	50
Estricharbeiten	22	30	35	20	25	32	20	25	30
Schreinerarbeiten	130	155	175	95	110	125	58	65	70
Schlosserarbeiten	18	25	35	12	15	20	10	15	20
Fenster	110	130	155	105	120	135	100	110	120
Malerarbeiten	80	95	110	75	80	90	75	80	90
Bodenbelagsarbeiten	28	35	40	28	35	40	28	35	40
Heizungsinstallation	65	70	80	65	70	80	65	70	80
Sanitärinstallation	65	80	90	65	80	90	65	80	90
Elektroinstallation	38	45	55	38	45	55	38	45	55
Außenanlagen	10	45	60	10	35	60	10	35	60
Baukosten gesamt	2 750			1 700			1 300		

Kostenwerte einzelner Gewerke in €/m² WF (Kostengruppe 200 bis 600) ohne Grundstücks- und Gebäuderestwert
ohne Baunebenkosten einschließlich 16 % Mehrwertsteuer
Preisbasis: 2005/III

Quelle: Schmitz/Krings/Dahlhaus/Meisel, Baukosten 2005/6, Verlag Wingen 18. Aufl.

Beleihungswertermittlung § 8 ImmoWertV V

Abb. 20: Kostenwerte einzelner Gewerke in €/m² WF (Kostengruppe 200 bis 600) ohne Grundstücks- und Gebäuderestwert und ohne Baunebenkosten einschließlich 16 % Mehrwertsteuer für Wohnhäuser unterschiedlicher Baualtersstufen

Kostenwerte einzelner Gewerke in €/m² WF (Kostengruppe 200 bis 600) ohne Grundstücks- und Gebäuderestwert
ohne Baunebenkosten einschließlich 16 % Mehrwertsteuer
Preisbasis: 2005/III

Gewerk	Baualtersstufen								
	Gründerzeithäuser Städtische Gebäude			Bauten 1920 bis 1939			Bauten 1950 bis 1959		
	von	mittel	bis	von	mittel	bis	von	mittel	bis
Abbruch-, Rohbauarbeiten	48	70	82	40	50	60	42	50	60
Zimmerarbeiten	10	25	34	15	25	35	10	25	35
Dachdeckerarbeiten	58	65	80	50	60	70	55	60	65
Putzarbeiten/Trockenbau	100	135	150	118	130	145	120	145	160
Fliesenarbeiten	20	30	35	28	35	40	25	30	38
Estricharbeiten	18	25	35	10	20	35	12	20	30
Schreinerarbeiten	35	50	75	38	50	60	40	50	60
Schlosserarbeiten	10	15	18	17	20	25	20	25	30
Fenster	80	95	120	75	85	105	60	70	78
Malerarbeiten	80	95	110	60	65	72	70	75	80
Bodenbelagsarbeiten	18	25	40	18	25	35	25	30	40
Heizungsinstallation	50	60	70	45	55	65	40	50	60
Sanitärinstallation	72	75	80	73	75	80	74	75	80
Elektroinstallation	40	45	50	40	45	50	40	45	50
Außenanlagen	10	30	40	30	45	50	25	30	40
Baukosten gesamt	850			800			800		

Quelle: Schmitz/Krings/Dahlhaus/Meisel, Baukosten 2005/6, Verlag Wingen 18. Aufl.

6.2.5 Baumängel und Bauschäden (Instandhaltungsrückstau) in der Beleihungswertermittlung

▶ *Vgl. Rn. 188*

Im Rahmen der Beleihungswertermittlung sind gemäß § 4 Abs. 5 BelWertV „ein zum Zeitpunkt der Bewertung erkennbarer Instandhaltungsrückstau oder sonstiger baulicher Aufwand sowie Baumängel und Bauschäden ... als **gesonderter Wertabschlag in Höhe der zu erwartenden Aufwendungen oder nach Erfahrungssätzen** zu berücksichtigen." Die BelWertV lässt damit – wie die ImmoWertV – grundsätzlich Abschläge nach Erfahrungssätzen sowie entsprechende Abschläge auf der Grundlage der Schadensbeseitigungskosten zu und schließt im Umkehrschluss unverständlicherweise eine Berücksichtigung durch eine entsprechend verminderte Restnutzungsdauer aus.

6.3 Wirtschaftliche Überalterung

6.3.1 Allgemeines

246 Der in § 8 Abs. 3 ImmoWertV angeführte Begriffe der „**wirtschaftlichen Überalterung**" ist ein **Sammelbegriff**. Eine wirtschaftliche Überalterung liegt insbesondere vor, wenn ein Gebäude den am Wertermittlungsstichtag marktgängigen Anforderungen und insbesondere den **Anforderungen an gesunde Wohn- und Arbeitsverhältnisse** nicht mehr genügt[112]. Dies ist u.a. gegeben bei

a) einem zeitgemäßen Bedürfnissen nicht mehr entsprechenden und damit i.d.R. auch unwirtschaftlichem *Aufbau (Grundriss, Geschosshöhe, Raumtiefe, Konstruktion)*,

b) einer gewandelten Anforderungen nicht mehr entsprechenden *Baugestaltung und Funktionserfüllung (Struktur und Raumaufteilung)* sowie

c) einem *Zurückbleiben hinter dem technischen Fortschritt*[113].

Die vorgegebene Berücksichtigung einer „wirtschaftlichen Überalterung" stellt bei Anwendung des Sachwertverfahrens eine **die allgemeine Alterswertminderung (§ 23 ImmoWertV) ergänzende Sonderabschreibung** dar, die der international gebräuchlichen (wertermittlungstechnischen) Sonderabschreibung aufgrund

– technischer und funktionaler Überalterung (*functional obsolescence*),

– äußerer Einflüsse (*external obsolescence*) und

– Substanz- und Materialverschlechterung (*physical deterioration*)

entspricht.

Eine wirtschaftliche Überalterung tritt im **gewerblichen Bereich** vor allem dann ein, wenn Bauweise und Ausstattung einem schnellen Wandel unterworfen sind, Produktionsabläufe beeinträchtigt werden und die bauliche Anlage den geänderten Anforderungen nicht angepasst werden kann. Bei gewerblichen Geschossbauten sind hier unzureichende Ver- und Entsorgungsanlagen, mangelhafte Anfahrmöglichkeiten, überalterte Heizungs- und Lüftungsanlagen, eine unzureichende Belastungsfähigkeit der Decken, fehlende Möglichkeiten bei der Ausstattung mit telekommunikativen Einrichtungen sowie fehlende Fahrstuhlanlagen zu nennen. Auch landwirtschaftliche Betriebsgebäude sind wie andere Gebäude dem Strukturwandel ausgesetzt.

Die wirtschaftliche Überalterung kann erheblich sein und sogar auf die sofortige **Liquidation** hinauslaufen.

247 Für die **Bemessung der Wertminderung wegen wirtschaftlicher Überalterung** können die Grundsätze Anwendung finden, die für die Bemessung der Wertminderung wegen Baumängeln und Bauschäden dargelegt sind. Anhaltspunkte sind danach wiederum die kapitalisierten Mindererträge und die Kosten, die zur Behebung dieser Mängel aufgebracht werden müssten, wobei die Wertminderung im Ergebnis aber nur in der Höhe angesetzt werden darf, die dem gewöhnlichen Geschäftsverkehr entspricht.

248 Auch bei der Berücksichtigung der Wertminderung wegen wirtschaftlicher Überalterung geht es nur um solche **Gebäudemerkmale, die nicht** bereits **direkt mit dem herangezogenen Wertermittlungsverfahren berücksichtigt worden sind:**

– Bei *Anwendung des Vergleichswertverfahrens* können die herangezogenen Vergleichsgrundstücke eine vergleichbare wirtschaftliche Überalterung aufweisen; für eine weitere Berücksichtigung ist dann kein Raum mehr.

– Bei *Anwendung des Ertragswertverfahrens* können sich die marktüblich erzielbaren Erträge (unter Berücksichtigung des Baujahrs) ebenfalls auf Objekte beziehen, die wie-

---

112 BR-Drucks. 265/72, S.21f.
113 BFH, Urt. vom 27.3.2001 – R 42/99 –, EzGuG.

derum eine vergleichbare wirtschaftliche Überalterung aufweisen; für eine weitere Berücksichtigung ist auch dann kein Raum mehr. Des Weiteren kann eine wirtschaftliche Überalterung auch zu einer Erhöhung der sonst marktüblichen Bewirtschaftungskosten führen, die ebenfalls über § 18 ImmoWertV Eingang in die Verkehrswertermittlung finden kann. Schließlich kann einer wirtschaftlichen Überalterung auch mit einem „Risikozuschlag" zum sonst üblichen Liegenschaftszinssatz Rechnung getragen worden sein.

– Bei *Anwendung des Sachwertverfahrens* auf der Grundlage baujahrsspezifischer Normalherstellungskosten ist ebenfalls zu prüfen, ob nicht bereits mit den Normalherstellungskosten eine wirtschaftliche Überalterung erfasst ist.

Abschläge wegen einer wirtschaftlicher Überalterung können – unabhängig von dem zur Anwendung kommenden Wertermittlungsverfahren – nach kapitalisierten Mindereinnahmen und Umbaukosten bemessen werden. **Bei Anwendung des Sachwertverfahrens** kann die Höhe des Abschlags auch nach dem **Unterschied ermittelt werden, der sich für die Abschreibung der Herstellungskosten ergibt,** je nachdem, ob man die übliche oder die verkürzte Gesamtnutzungsdauer zugrunde legt. Dabei kann prinzipiell nach derselben Systematik verfahren werden wie bei der Verkürzung oder Verlängerung der Restnutzungsdauer (vgl. Abb. 21).

Abb. 21: Berechnung des Abschlags wegen wirtschaftlicher Überalterung

Beispiel A:

Übliche Gesamtnutzungsdauer	100 Jahre		
Alter im Feststellungszeitpunkt	50 Jahre		
Restnutzungsdauer	10 Jahre		
Verkürzte Gesamtnutzungsdauer	60 Jahre		
Berechnung:			
Abschreibung bei normaler Alterswertminderung:	50 Jahre × 100/100	=	50 v.H.
Abschreibung bei verkürzter Gesamtnutzungsdauer:	50 Jahre × 100/60	=	**83 v.H.**
Differenz:		=	33 v.H.

Der um die normale Alterswertminderung gekürzte Gebäudesachwert ist um 33 v.H. des Herstellungswerts zu kürzen.

Beispiel B:

Ein Produktionsgebäude einer alten Textilfabrik (übliche Gesamtnutzungsdauer 60 Jahre) ist wegen Veränderung der Produktionsmethoden wirtschaftlich überaltert (zu geringe Stützweiten, zu geringe Raumgrößen). Es hat nicht nur für den gegenwärtigen Betrieb, sondern auch für mögliche Folgenutzungen seine volle wirtschaftliche Verwendbarkeit verloren. Die Restnutzungsdauer wird mit noch 10 Jahren veranschlagt. Das Gebäude ist am Wertermittlungsstichtag 25 Jahre alt.

Übliche Gesamtnutzungsdauer	60 Jahre
Restnutzungsdauer ohne Berücksichtigung der wirtschaftlichen Überalterung	35 Jahre
Alterswertminderung (lineare AfA): 25 Jahre × 100/60	42 %
Verkürzung der Restnutzungsdauer am Wertermittlungsstichtag 25 Jahre + 10 Jahre = 35 Jahre	
25 × 100/35	71 %
Differenz = Abschlag wegen wirtschaftlicher Überalterung	29 %

6.3.2 Grundriss

249 Die **Raumaufteilung (Grundrisslösung)** beurteilt sich nach der wirtschaftlichen Gestaltung des Grundrisses, wobei i.d.R. eine verschachtelte und verwinkelte Raumaufteilung (ggf. mit gefangenen Zimmern, langen und dunklen Fluren und dgl.) zu Wertminderungen führt. Bei gewerblichen Objekten ist die Raumaufteilung u.a. nach ihrer Eignung für die Betriebsführung bzw. den Produktionsprozess zu beurteilen.

6.3.3 Geschosshöhe

▶ *Vgl. § 22 ImmoWertV Rn. 53; Syst. Darst. des Sachwertverfahrens Rn. 70, 111*

250 Überhohe Geschosshöhen können sich auf den Verkehrswert werterhöhend und wertmindernd auswirken. In einem **Gewerbebetrieb,** der in baulichen Anlagen **mit überhohen Geschosshöhen** eingerichtet ist, wirken sich diese i.d.R. wertmindernd aus, wenn sie wirtschaftlich nicht genutzt werden können und sich die Betriebskosten (z. B. durch erhöhte Heizkosten) erhöhen. Das Gleiche gilt für **Wohngebäude,** jedoch können hier überhohe Geschosshöhen auch den Wohnwert erhöhen. Dies gilt z. B. für alte Gründerzeithäuser mit hohem Ambiente.

Bei Anwendung des Sachwertverfahrens ist die Berücksichtigung überhoher Geschosshöhen wertermittlungstechnisch von der Bezugsgrundlage der Normalherstellungskosten abhängig. Sie lassen sich dadurch berücksichtigen, dass bei Verwendung von Normalherstellungskosten auf der Grundlage von Raummeterpreisen der **Umbaute Raum** (Rauminhalt) **fiktiv so ermittelt** wird, **wie er sich bei normalen Geschosshöhen ergeben würde.**

– Bei **Heranziehung von flächenbezogenen Normalherstellungskosten** (NHK 2000) gehen überhohe Geschosshöhen nicht in die Gebäudesachwertermittlung ein und brauchen nicht wertmindernd berücksichtigt zu werden. Stellen überhohe Geschosshöhen, wie indem vorstehend genannten Fall, einen werterhöhenden Umstand dar, müssen sie jedoch zusätzlich berücksichtigt werden.

– Bei **Heranziehung von volumenbezogenen Normalherstellungskosten** gehen überhohe Geschosshöhen indessen „über den Raum" in die Gebäudesachwertermittlung a priori ein. Sind in diesem Fall überhohe Geschosshöhen als wertmindernder Umstand anzusehen, so muss diesem Umstand nach § 8 Abs. 3 ImmoWertV Rechnung getragen werden, wenn dies nicht bereits nach den § 22 ImmoWertV berücksichtigt wurde, z.B. in dem der Rauminhalt fiktiv so ermittelt wurde, wie er sich bei normaler Geschosshöhe ergeben würde.

6.3.4 Struktur und Raumaufteilung

Als Kriterium der Wirtschaftlichkeit der Struktur und Raumaufteilung kann insbesondere gelten   251

- das **Ausbauverhältnis**; es definiert sich als

$$\text{Ausbauverhältnis [m]} = \frac{\text{Umbauter Raum bzw. Brutto-Rauminhalt [m}^3\text{]}}{\text{Wohn- bzw. Nutzfläche [m}^2\text{]}}$$

Bei voll unterkellerten Mehrfamilienhäusern hat sich das Ausbauverhältnis von rd. 6,0 im Jahre 1900 (ungünstig) auf etwa 4,2 im Jahre 1995 (günstig) reduziert (vgl. Teil III Rn. 584 ff.).

- der **Nutzflächenfaktor**; er definiert sich als

$$\text{Nutzflächenfaktor NFF [\%]} = \text{Nutzfläche/Geschossfläche}$$

Auch der Nutzflächenfaktor hat sich mit der Zeit für Gebäude jüngeren Baujahrs verbessert (Abb. 22).

Abb. 22: Nutzflächenfaktoren

Nutzflächenfaktoren NFF für			
Wohngebäude		Büro- und Verwaltungsgebäude	
ungünstig	0,70	0,65	Jahrhundertwende
günstig	0,80	0,80	heute

Je größer der Nutzflächenfaktor ausfällt, desto wirtschaftlicher ist die räumliche Baugestaltung.

- das **Verhältnis der Hauptnutzfläche (HNF) zur**
  - **Brutto-Grundfläche (BGF)** bzw.
  - **Nebennutzfläche (NNF)**

▶ *Zu den Begriffen vgl. Teil III Rn. 502 ff. und 589 ff.*

Je größer das Verhältnis (in %) ausfällt, desto wirtschaftlicher ist die räumliche Baugestaltung.

6.4 Überdurchschnittlicher Erhaltungszustand

Der Wertminderung wegen wirtschaftlicher Überalterung steht die Werterhöhung wegen eines   252
überdurchschnittlichen Erhaltungszustands gegenüber. Diese ist nach der Systematik der ImmoWertV **von der Modernisierung** (§ 5 Abs. 6 Satz 2 ImmoWertV) **abzugrenzen**, die nach § 6 Abs. 6 Satz 1 ImmoWertV unmittelbar durch eine entsprechende Verlängerung der Restnutzungsdauer Eingang in die Verkehrswertermittlung findet.

Ein überdurchschnittlicher Erhaltungszustand liegt bei besonders „gepflegten" Objekten vor, ohne dass sich dadurch die Restnutzungsdauer verlängern muss, insbesondere dann nicht, wenn sich die durchgeführten Arbeiten nicht auch auf wesentliche Bauteile erstrecken. Ein überdurchschnittlicher Erhaltungszustand kann nur angenommen werden, wenn das **Gebäude über den üblichen Instandhaltungszustand hinaus besonders umfassend und sorgfältig instand gehalten wurde.** Ohne dass durch wertverbessernde Maßnahmen (Modernisierungen) die Restnutzungsdauer des Gebäudes beeinflusst wird. Dieser Fall wird selten vorliegen, da es jeder wirtschaftlich denkende Eigentümer bei notwendigen Reparaturen oder erforderlichem Ersatz eines durch Verschleiß gealterten Bauteils vorzieht, es durch ein höherwertiges Bauteil zu ersetzen, anstatt das alte Bauteil zu oft nicht geringeren Kosten reparieren zu lassen. Durch die im Zeitablauf entstehende Summierung neuer (modernerer) Bauteile ergibt sich i.d.R. das Erscheinungsbild eines Gebäudes, welches sich jünger darstellt, als es seinem tatsächlichen Alter entspricht.

253 Eine Werterhöhung aufgrund eines überdurchschnittlichen Erhaltungszustands kommt wiederum nur in Betracht, wenn dieser nicht bereits entsprechend den Ausführungen unter Rn. 248 direkt mit dem herangezogenen Wertermittlungsverfahren Berücksichtigung gefunden hat.

Auch wenn sich ein überdurchschnittlicher Erhaltungszustand nicht direkt auf die Ertragsverhältnisse auswirkt, kann gleichwohl beobachtet werden, dass im gewöhnlichen Geschäftsverkehr Preiszugeständnisse gemacht werden, die allerdings sich nicht an den aufgebrachten Kosten orientieren.

6.5 Architektonische Gestaltung

254 Als werterhöhender bzw. wertmindernder Umstand kommt auch eine besondere architektonische Gestaltung der baulichen Anlage in Betracht, die sich nicht bereits im Reinertrag niederschlägt. Entsprechende Zu- und Abschläge dürfen jedoch nur insoweit angebracht werden, wie im gewöhnlichen Geschäftsverkehr derartige Umstände werterhöhend bzw. wertmindernd „angenommen" werden. Nicht jede als besonders künstlerisch geltende architektonische Gestaltung findet im gewöhnlichen Geschäftsverkehr entsprechende Resonanz und kann dort sogar auf Ablehnung stoßen. Soweit die architektonische Gestaltung nicht werterhöhend ist, könnte allenfalls ein nach § 194 BauGB nicht zu berücksichtigender Affektionswert angenommen werden.

6.6 Vom marktüblich erzielbaren Ertrag erheblich abweichender Ertrag

6.6.1 Allgemeines

6.6.1.1 Verkehrswertermittlung (ImmoWertV)

▶ *Vgl. auch § 17 ImmoWertV Rn. 19 ff.; Syst. Darst. des Ertragswertverfahrens Rn. 58, 64, 105 ff.*

255 Bei allen zur Anwendung kommenden Wertermittlungsverfahren ist ertragswirtschaftlichen Besonderheiten (Anomalien) Rechnung zu tragen, soweit sie (noch) nicht direkt mit dem zur Anwendung gekommenen Wertermittlungsverfahren berücksichtigt worden sind. **Dies gilt auch für das Vergleichs- und Sachwertverfahren.** Als Besonderheiten (Anomalien) stellt § 8 Abs. 3 ImmoWertV „von den marktüblich erzielbaren Erträgen erheblich abweichende Erträge" heraus. Von den marktüblich erzielbaren Erträgen erheblich abweichenden Erträgen muss bei **Anwendung des Ertragswertverfahrens** nach Maßgabe des § 8 Abs. 3 ImmoWertV nur Rechnung getragen werden, wenn das Ertragswertverfahren auf der Grundlage marktüblich erzielbarer Erträge gemäß § 17 Abs. 2 ImmoWertV (Standardverfahren) zur Anwendung kommt. Kommt hingegen das mehrperiodische (mehrphasige) Ertragswertverfahren nach § 17 Abs. 1 Satz 2 i.V.m. Abs. 3 ImmoWertV zur Anwendung, gehen die Abweichungen direkt in die Ertragswertermittlung ein und dürfen nicht zusätzlich berücksichtigt werden.

256 Von den marktüblich erzielbaren Erträgen erheblich abweichende Erträge sind i.d.R. zeitlich befristet. Demzufolge geht es um die **Berücksichtigung temporärer Mehr- oder Mindereinnahmen** *(over- und underrented)*.

257 Eine **„erhebliche Abweichung** der tatsächlich erzielten Erträge" liegt vor, wenn die Kapitalisierung dieser Abweichung zu einem Betrag führt, der sich auf das Ergebnis der Marktwertermittlung mehr als geringfügig auswirkt und im Rahmen der Auf- oder Abrundung des Ergebnisses der Wertermittlung zu einem anderen Ergebnis führt.

- Ob die tatsächlich erzielten Erträge von den marktüblichen Erträgen „erheblich" abweichen, ist nicht nur von dem Unterschied zwischen der tatsächlich erzielten und der marktüblich erzielbaren Miete abhängig, sondern auch von der **Dauer solcher Abweichungen**. Abweichungen von geringerer Höhe können, wenn sie längerfristig hinzunehmen sind, den Ertragswert genauso beeinflussen, wie Abweichungen von beträchtlicher Größenordnung, die nur von kurzer Dauer und von vorübergehender Natur sind.
- Darüber hinaus muss von derartigen Abweichungen auch nicht die gesamte Nutzfläche des Grundstücks betroffen sein, so dass auch eine **Abhängigkeit von der betroffenen Nutzfläche** besteht.

In der **Zusammenfassung** ist die Höhe der temporären Mehr- oder Mindereinnahmen abhängig von

- dem Unterschied der aufgrund wohnungs- und mietrechtlicher Bindungen am Wertermittlungsstichtag tatsächlich erzielten Mieten und den am Wertermittlungsstichtag marktüblich erzielbaren Mieten, die unter Anwendung des Liegenschaftszinssatzes langfristig erzielt werden können;
- dem Zeitraum, über den die wohnungs- und mietrechtlichen Bindungen bestehen, sowie
- der davon betroffenen Mietfläche.

Zur Feststellung dieser Abweichungen muss die mietrechtliche Situation unter Heranziehung der Mietverträge analysiert werden. Die Höhe der temporären Mehr- oder Mindereinnahmen kann dann ermittelt werden, indem die **jährliche Ertragsdifferenz der davon betroffenen Mietfläche mit Hilfe des Vervielfältigers über die zeitliche Bindungsfrist kapitalisiert wird.**

Beispiel: **258**
- Verkehrswert (geschätzt) 700 000 €
- Jährliche Ertragseinbußen gegenüber der ortsüblich erzielbaren Miete 6 000 €
- Zeitliche Bindung 5 Jahre
- Gesamte Mietfläche betroffen.

Bei einem Liegenschaftszinssatz von 5 % ergibt sich ein Barwert der Ertragseinbuße aus „Untervermietung"
Barwert $= 6\,000\,€ \times V = 6\,000\,€ \times 4{,}33 = 26\,000\,€$

Ergebnis: Ob die Untervermietung „erheblich" ist, beurteilt sich nach dem Gesamtergebnis der Ertragswertermittlung.

Von den marktüblich erzielbaren Erträgen erheblich abweichende Erträge können verschiedene **Ursachen** haben: **259**

1. Von Bedeutung sind in erster Linie die von marktüblich erzielbaren Erträgen aufgrund wohnungs-, miet- oder vertragsrechtlicher Bindungen (§ 6 Abs. 2 ImmoWertV) nach „oben" oder „unten" abweichenden Erträge (sog. *over- und underrented*); dazu rechnen auch Abweichungen, die aufgrund einer versäumten Anpassung der Miete nach den Vorschriften des bürgerlichen Rechts (insbesondere aufgrund der Kappungsgrenzen) nicht in einem Zuge nachholbar sind;
2. Entsprechendes gilt auch, wenn aufgrund wohnungs-, miet- oder vertragsrechtlicher Bindungen die Umlage der Bewirtschaftungskosten anders gestaltet ist, als es dem angesetzten marktüblich erzielbaren Erträgen entspricht (z. B. wenn der Mieter die Bewirtschaftungskosten oder der Vermieter die Betriebskosten ganz oder teilweise trägt);
3. Staffelmietvereinbarungen;
4. die Gewährung vorübergehender Mietfreiheit;
5. ein vorübergehender Leerstand, der mit dem langfristig angesetzten Mietausfallwagnis nicht erfasst wird;

6. Abweichungen der tatsächlich ausgeübten Nutzung von einer wirtschaftlich vernünftigen und üblicherweise auch ausgeübten Nutzung, insbesondere

- *atypische Fehlnutzung*, z. B. durch Vermietung des Erdgeschosses als Wohnung in einer Einzelhandelslage mit entsprechender Nachfrage nach Läden, oder
- aufgrund sich aufdrängender, aber unterlassener rentierlicher *Umnutzungs- bzw. Modernisierungsmaßnahmen*;

7. Baumängel und Bauschäden, eine unterlassene Instandhaltung, eine wirtschaftliche Überalterung, eine besonders gute oder eingeschränkte *Drittverwendungsmöglichkeit*, eine besonders ansprechende oder abweisende *architektonische Gestaltung* der baulichen Anlage, *Denkmalschutz* sowie besonders aufwendige Außenanlagen (einschließlich Aufwuchs), immissionsschutzrechtliche Einschränkungen und Altlasten, soweit dem nicht mit den angesetzten Erträgen und dem Liegenschaftszinssatz hinreichend Rechnung getragen wurde;

8. vorübergehende Mehrerträge z. B. aufgrund einer **zusätzlichen Nutzung des Grundstücks, z. B. für Werbezwecke, Antennenanlagen** oder **Zwischennutzungen** oder vorübergehende Mindererträge aufgrund temporärer Beeinträchtigungen (z. B. temporäre Baumaßnahmen am Gebäude bzw. in der unmittelbaren Umgebung des Grundstücks, wie z. B. ein U-Bahnbau);

9. Einschränkungen der Einnahmeerzielung aufgrund vertraglicher Bindungen, wie z. B. der gemeinnnützige Betrieb eines Kindergartens;

10. wohnungs- und mietrechtliche Bindungen aufgrund einer Förderung im Bereich der sozialen Wohnraumförderung;

11. Vorübergehende Einschränkungen der Einnahmeerzielung aufgrund gesetzlicher Regelungen des Erhaltungsrechts nach den §§ 172 ff. BauGB (z. B. Milieuschutzsatzungen) sowie Gestaltungssatzungen nach Landesrecht und dgl.

Die Ertragsverhältnisse können auch auf Dauer „gestört" sein, z. B. aufgrund denkmalschutzrechtlicher Bestimmungen, wobei **steuerliche Vergünstigungen** wieder temporär sind.

260 Sofern am Wertermittlungsstichtag die tatsächlich entrichtete Miete von der marktüblich erzielbaren Miete abweicht, weil es der Vermieter versäumt hat, die Miete an die ortsübliche Vergleichsmiete anzupassen, ist im Übrigen eine **zum Wertermittlungsstichtag zulässige Anpassung der Wertermittlung** zugrunde zu legen, d.h., ein von den marktüblich erzielbaren Erträgen erheblich abweichender Ertrag ergibt sich in diesem Fall nur dann, wenn der sich unter Berücksichtigung der zulässigen Mietanpassung ergebende Ertrag weiterhin von dem am Wertermittlungsstichtag marktüblich erzielbaren Ertrag erheblich abweicht.

Zu Gartenanlagen, Anpflanzungen und Parks vgl. Rn. 67 und Rn. 324, 385; § 1 ImmoWertV Rn. 48 ff.; § 19 ImmoWertV Rn. 4, 51; § 21 ImmoWertV Rn. 8, 23; Syst. Darst. des Vergleichswertverfahrens Rn. 113 ff.; Syst. Darst. des Ertragswertverfahrens Rn. 32, 84; Syst. Darst. des Sachwertverfahrens Rn. 199.

6.6.1.2 Beleihungswertermittlung (BelWertV)

261 Bezüglich der Berücksichtigung von Abweichungen vorstehender Art weicht die **BelWertV** von der ImmoWertV ab:

- Nach § 10 Abs. 1 BelWertV ist die vertraglich vereinbarte Miete anzusetzen, wenn sie unter der nachhaltigen Miete liegt.
- Nach § 10 Abs. 3 BelWertV ist bei einem strukturellen oder lang anhaltenden Leerstand zu prüfen, ob aufgrund der jeweiligen Marktlage eine Vermietung überhaupt oder zu den angesetzten Mietpreisen in absehbarer Zeit noch zu erwarten ist.

6.6.1.3 Steuerliche Bewertung

In der erbschaftsteuerlichen Bewertung bestimmen sich die Erträge nach den geltenden vertraglichen Vereinbarungen. Nach § 186 Abs. 1 BewG ist der Rohertrag mit dem Entgelt anzusetzen, das für die Benutzung des bebauten Grundstücks **nach den am Bewertungsstichtag geltenden vertraglichen Vereinbarungen für den Zeitraum von zwölf Monaten** zu zahlen ist; Umlagen, die zur Deckung der Betriebskosten gezahlt werden, sind nicht anzusetzen. Nach § 186 Abs. 2 BewG ist für Grundstücke oder Grundstücksteile, 262

1. die eigengenutzt, ungenutzt, zu vorübergehendem Gebrauch oder unentgeltlich überlassen sind,
2. die der Eigentümer dem Mieter zu einer um mehr als 20 Prozent von der üblichen Miete abweichenden tatsächlichen Miete überlassen hat,

die übliche Miete anzusetzen. Die übliche Miete ist in Anlehnung an die Miete zu schätzen, die für Räume gleicher oder ähnlicher Art, Lage und Ausstattung regelmäßig gezahlt wird. Betriebskosten sind nicht einzubeziehen.

Abweichung der Erträge brauchen bei dieser Rechtslage nicht gesondert berücksichtigt zu werden.

6.6.2 Über- und Untervermietung (*over- und underrent*)

6.6.2.1 Allgemeine Grundsätze der Verkehrswertermittlung nach ImmoWertV

Schrifttum: *Evans, A./Seifert, U.*, Staffelmietverträge und Verkehrswerte, GuG 1994, 147; *Güttler, H.*, Ertragswert bei Staffelmieten, Grundstücksmarkt und Grundstückswert 1991, 96; *Simon, J.*, Wertermittlung eines Mietwohngrundstücks mit Staffelmieten, GuG 1990, 31; *Simon, J.*, Ertragswert bei Staffelmieten, GuG 1991, 94.

Von den marktüblich erzielbaren Erträgen aufgrund wohnungs- und mietrechtlicher Bindungen erheblich abweichende Erträge beeinflussen den Marktwert (Verkehrswert) eines Grundstücks und sind grundsätzlich bei allen zur Anwendung kommenden Wertermittlungsverfahren zu berücksichtigen. 263

Ein zulässigerweise vertraglich vereinbartes Mietverhältnis kann – auch wenn es ungewöhnlich sein mag – als eine rechtliche Gegebenheit (i.S. der Verkehrswertdefinition des § 194 BauGB) bzw. Eigenschaft des Grundstücks von erheblicher Bedeutung für seinen Wert sein[114]. Zwar mögen sich solche Verhältnisse mitunter aufgrund persönlicher Beziehungen herausgebildet haben; die Mietverhältnisse müssen damit gleichwohl als eine objektive mit dem Grundstück verbundene Gegebenheit betrachtet werden, denn **„Kauf bricht nicht Miete"**. Dies gilt unabhängig davon, ob derartige Vertragsverhältnisse im Verhältnis zu dem marktüblich erzielbaren Reinertrag zu einem besonders hohen oder niedrigen Reinertrag führen. Wird bei der Verkehrswertermittlung ein sich nachhaltig auswirkendes Mietverhältnis nicht beachtet, so kann dem Gutachter der Vorwurf der Fahrlässigkeit gemacht werden[115]. 264

Abweichungen der tatsächlich erzielten Erträge von dem bei ordnungsgemäßer Bewirtschaftung am Wertermittlungsstichtag marktüblich erzielbaren Ertrag können resultieren aus (vgl. Rn. 259) 265

– mietvertraglichen Vereinbarungen,
– dem Mietrecht, das z.B. die sofortige Anpassung einer „Mindermiete" an die ortsübliche Vergleichsmiete im Hinblick auf die zu beachtenden Kappungsgrenzen nicht zulässt, oder
– einer nicht „artgerechten" Vermietung (Wohnung im Ladengeschoss).

---

114 BGH, Urt. vom 23.3.1990 – V ZR 16/89 –, EzGuG 12.56b; BGH, Urt. vom 9.7.1976 – V ZR 256/76 –, BGHZ 67, 134.
115 BGH, Urt. vom 2.11.1983 – IV ZR 20/82 –, EzGuG 20.103; Schopp in ZMR 1990, 361, BR-Drucks. 352/88, S.56.

Der tatsächlich erzielte Ertrag kann den marktüblich erzielbaren Ertrag über- oder unterschreiten („Über- bzw. Untervermietung") und man spricht von einem

- sog. *overrented Objekt* (bei einem die ortsüblichen Miete überschreitenden Ertrag) oder einem
- sog. *underrented Objekt* (bei einem die ortsübliche Miete unterschreitenden Ertrag).

Die daraus resultierende Werterhöhung bzw. Wertminderung muss gesondert ermittelt und berücksichtigt werden, soweit sie nicht bereits zuvor direkt mit dem herangezogenen Wertermittlungsverfahren Berücksichtigung gefunden hat[116].

266 Außer Betracht bleiben lediglich solche vertraglichen Mieten, die rechtlich unzulässig sind (**Wuchermieten**).

267 Eine direkte Berücksichtigung der von den marktüblich erzielbaren Erträgen abweichenden Erträge ist in aller Regel nur bei Anwendung des Ertragswertverfahrens möglich, nämlich bei Anwendung des in § 17 Abs. 1 Satz 2 i.V.m. Abs. 3 ImmoWertV geregelten mehrperiodischen (mehrphasigen) Ertragswertverfahrens. Bei Anwendung des allgemeinen Ertragswertverfahrens (Standardverfahren) nach § 17 Abs. 1 Satz 1 i.V.m. Abs. 2 ImmoWertV auf der Grundlage der am Wertermittlungsstichtag marktüblich erzielbaren Erträge ergibt sich indessen nur ein „vorläufiger Ertragswert", auf den dann die aus abweichenden Erträgen (*over-* und *underrent*) resultierenden Werterhöhungen bzw. Wertminderungen „aufgesattelt" werden müssen (Abb. 23).

Abb. 23: Temporärer Mehrertrag

268 **Änderungen der Ertragsverhältnisse, die vom Grundstücksmarkt im Hinblick auf allgemeine immobilienwirtschaftlich bedeutsame Marktveränderungen erwartet werden (allgemeine Ertragsentwicklung)** müssen dabei außer Betracht bleiben, denn diese werden bereits mit dem Liegenschaftszinssatz (*all over capitalization rate*) nach § 20 ImmoWertV berücksichtigt. Mit dem Liegenschaftszinssatz werden dabei die am Wertermittlungsstichtag „marktüblich erzielbaren Erträge" gewissermaßen „vernachlässigt". Dies ist das Grundprinzip der sog. *„all over capitalization method"*, wie sie international Anwendung findet. Von diesem internationalen Standardmodell geht im Übrigen auch das in den §§ 8 ff. BelWertV vorgegebene Ertragswertverfahren aus.

269 Abweichungen der tatsächlich erzielten Erträge von bei ordnungsgemäßer Bewirtschaftung am Wertermittlungsstichtag marktüblich erzielbaren Erträgen treten insbesondere im wohnungswirtschaftlichen Bereich auf, wenn von den Möglichkeiten einer Mietanpassung nicht Gebrauch gemacht wurde und die tatsächlichen Erträge so deutlich hinter der ortsüblichen Vergleichsmiete zurückbleiben, dass sie am Wertermittlungsstichtag auch nicht im Wege

---

116 OLG Karlsruhe, RE vom 13.11.1989 – 9 REMiet 1/89 –, EzGuG 3.78; LG Düsseldorf, Urt. vom 2.5.1990 – 24 S – 452/89 –, EzGuG 3.82; OLG Hamm, Beschl. vom 29.1.1993 – REMiet 2/92 –, EzGuG 3.111.

Abweichender Ertrag § 8 ImmoWertV V

eines Mieterhöhungsverlangens in voller Höhe an die marktüblich erzielbare Miete angepasst werden kann. § 558 Abs. 3 BGB lässt nämlich innerhalb von drei Jahren nur eine Mietanpassung von nicht mehr als 20 vom Hundert zu (vgl. § 18 ImmoWertV Rn. 84; **Kappungsgrenze**). Sofern in den vergangenen drei Jahren davon kein Gebrauch gemacht wurde, können im Hinblick auf diese Möglichkeit die tatsächlich erzielten Erträge (bereits zum Wertermittlungsstichtag) um 20 vom Hundert erhöht werden.

Abweichungen der tatsächlich erzielten Erträge von dem bei ordnungsgemäßer Bewirtschaftung am Wertermittlungsstichtag marktüblich erzielbaren Ertrag treten des Weiteren im Rahmen der **sozialen Wohnraumförderung** (vgl. Teil VIII Rn. 871 ff.) aufgrund der dafür bestehenden wohnungs- und mietrechtliche Bindungen, aufgrund von Staffel- und Indexmietverträgen (§ 18 ImmoWertV Rn. 75 ff.) und dgl. sowie im Geltungsbereich von Milieuschutzsatzungen auf. **270**

Nr. 3.5.8 WERTR führt zu alledem aus: **271**

„Soweit Erträge oder Kosten nach den vorstehenden Regelungen noch nicht berücksichtigt sind, wie Einnahmen aus besonderen Nutzungen von Gebäuden oder sonstigen Grundstücksflächen oder Kosten für eine unterlassene Instandhaltung (Instandhaltungsstau) sowie eine Beeinflussung des Ertrags durch besondere miet- oder wohnungsrechtliche Bindungen (z. B. über- bzw. unterausgenutzte Grundstücke), ist dies durch entsprechende Zu- oder Abschläge auf den ermittelten Wert zu berücksichtigen (vgl. Nr. 3.5.1). Weist ein Objekt Baumängel oder Bauschäden (vgl. Nr. 3.6.1.1.8) auf und soll der Verkehrswert unter Berücksichtigung der Kosten für deren Beseitigung sowie unter Berücksichtigung der erfolgten Modernisierung ermittelt werden, sind entsprechend dem geplanten Bauzustand eines mangelfreien und ggf. modernisierten Objekts:

– die nachhaltig erzielbaren Erträge (Nettokaltmieten),
– die nachhaltig anfallenden Bewirtschaftungskosten (insbesondere Höhe der laufenden Instandhaltungskosten) und
– die ggf. auf der Grundlage einer Modernisierung verlängerte Restnutzungsdauer

zu Grunde zu legen und das Ergebnis der Wertermittlung um die aufzuwendenden Kosten (getrennt nach Instandsetzungs- und Modernisierungsmaßnahmen) zu vermindern.

Nur in bestimmten Fällen sind die Instandsetzungskosten in voller Höhe wertmindernd zu berücksichtigen (z. B. bei zwingend erforderlichen Maßnahmen; vgl. auch Nr. 3.6.1.1.8 und 3.6.1.1.9).

Soweit eine Verpflichtung zum Erhalt der baulichen Anlage nicht besteht, ist bei überdurchschnittlichen Kosten zur Beseitigung der Baumängel und Bauschäden im Verhältnis zum Gebäudeertragswert des instand gesetzten Gebäudes zu prüfen, ob sachgerechte Ergebnisse unter Zugrundelegung des gegebenen Erhaltungszustands oder die eines sofortigen Rückbaus erzielt werden können."

Beispiel: **272**

Für eine Gewerbeimmobilie wird über einen Gesamtzeitraum von zehn Jahren ein Ertrag erzielt, der jährlich die für vergleichbare Objekte erzielbaren Erträge um 20 000 € unterschreitet (*underrented*); nach Ablauf des Mietvertrags kann wieder mit der marktüblichen Miete gerechnet werden. Der Verkehrswert des Grundstücks auf der Grundlage der ortsüblichen erzielbaren Miete ohne Berücksichtigung der vertraglichen Mietbindung wurde mit 800 000 € ermittelt.

Die Minderung beträgt bei
– einer jährlichen Mietminderung um 20 000 €,
– einer Mietbindungsdauer von 10 Jahren und
– einem Liegenschaftszinssatz von 6 %:

Ertragswertminderung = 20 000 € × Vervielfältiger

Als Vervielfältiger ergibt sich gemäß Anlage zur ImmoWertV bei einem Liegenschaftszinssatz von 6 % und einer Mietbindungsdauer von 10 Jahren: 7,36

Ertragswertminderung = 20 000 € × 7,36 = 147 200 €

Der Ertragswert unter Berücksichtigung der Mietbindung ergibt sich dann wie folgt:

Ertragswert ohne Berücksichtigung der Mietbindung:	800 000 €
Ertragswertminderung aufgrund Mietbindung	– 147 200 €
= **Ertragswert unter Berücksichtigung der Mietbindung:**	**652 800 €**

273 Zur **Ermittlung des Barwerts der jährlichen Ertragseinbußen** (im Beispiel 20 000 € p.a.) wurde der Vervielfältiger der Anl. zur ImmoWertV herangezogen. Entsprechend dem vorstehenden Beispiel ist auch vorzugehen bei sog. *overrented* Objekten, d.h. bei Objekten, für die aufgrund von Vertragsgestaltungen eine höherer als der ortsüblich erzielbare Ertrag erzielt wird.

6.6.2.2 Allgemeine Grundsätze der BelWertV

274 Im Rahmen der Beleihungswertermittlung sind Abweichungen in den Ertragsverhältnissen aufgrund wohnungs- und mietrechtlicher Bindungen anders als bei der Verkehrswertermittlung zu behandeln.

a) Liegt die „vertraglich vereinbarte Miete" über der „nachhaltigen Miete" (Fall des *„overrented"*) bleibt bei der Ermittlung von Beleihungswerten dieser Umstand unberücksichtigt. Die BelWertV sieht dafür zwar keine klarstellende Regelung[117] vor, jedoch spricht für diese Auslegung vor allem, dass die BelWertV keine zu § 8 Abs. 3 ImmoWertV spiegelbildliche Regelung enthält. Die Regelungslücke ist aber dahingehend auszulegen, dass im Falle des *„overrented"* die Mehreinnahmen nur vorübergehend erzielt werden und zudem noch risikobehaftet sind, denn ein Mietvertrag schützt nicht vor der Insolvenz des Mieters. Ihre Berücksichtigung wäre mit dem Vorsichtsprinzip unvereinbar.

b) Liegt die „vertraglich vereinbarte Miete" unter der marktüblich erzielbaren Miete (nachhaltige Miete, Fall des *„underrented"*) ist nach § 10 Abs. 1 Satz 2 BelWertV „im Regelfall die vertraglich vereinbarte Miete anzusetzen.".

275 Nach dem Wortlaut des § 10 Abs. 1 Satz 2 BelWertV ist in diesem Fall **regelmäßig die niedrigere Vertragsmiete als „nachhaltige" Miete auf Dauer anzusetzen**. Als „Regelfall" dürfte nur ein entsprechendes langfristiges Mietverhältnis gelten; läuft dagegen ein solches Mietverhältnis bereits in Kürze aus und ist mit einer Anhebung der Miete auf das „nachhaltige" Mietniveau sicher zu rechnen, so besteht kein Erfordernis, die niedrigere Vertragsmiete auf Dauer in die Ertragswertermittlung einzuführen. Entsprechendes gilt auch, wenn z.B die Kappungsgrenzen des BGB auslaufen (Abb. 24).

Abb. 24: Ertragswert nach Maßgabe eines temporären *„underrented"* Ertrags

276 *Beispiel:*

Gesamte Mietfläche	=	1 000 m²	
Nachhaltiger Reinertrag	=	15 €/m² im Monat	= 180 000 € p.a.
Vertraglicher Reinertrag	=	10 €/m² im Monat	= 120 000 € p.a.

---

117 Wenn im Umkehrschluss zu § 10 Abs. 1 Satz 2 BelWertV, was bei konsequenter Auslegung der Regelung nahe liegt, im Falle des „overrented" die Mehreinnahmen berücksichtigungsfähig sein sollten, liefe dies auf eine Perversion des Vorsichtsprinzips hinaus. Im Falle des *„overrented"* kann nämlich nicht erwartet werden, dass nach Auslaufen des Mietvertrags die höhere Miete weiter erzielt werden könnte, während im Falle des *„underrented"* durchaus erwartet werden kann, dass die tatsächlich erzielte Miete auf das Niveau der nachhaltigen Miete angehoben werden kann.

Abweichender Ertrag § 8 ImmoWertV V

Bei einer Restnutzungsdauer von 80 Jahren und
- einem Liegenschaftszinssatz i.S. der ImmoWertV von 6,0 % und (V = 16,51)
- einem Kapitalisierungszinssatz i.S. der BelWertV von 6,5 % (V = 15,28)

ergibt sich ein

a)	Beleihungswert:	**Ertragswert B:**	120 000 €	× 15,28 =	**1 833 600 €**
b)	Verkehrswert:	**Ertragswert:**	180 000 €	× 16,51 =	2 971 800 €
	abzüglich 1 000 m² × 5 €/m² × 12 Monate =		60 000 €	× 4,21 =	− 252 600 €
				=	**2 719 200 €**

6.6.2.3 Allgemeine Grundsätze der erbschaftsteuerlichen Bewertung

Im Rahmen der steuerlichen Bewertung bestimmt sich der Ertrag gemäß § 186 Abs. 1 BewG nach dem Entgelt, „das für die Benutzung des bebauten Grundstücks nach den am Bewertungsstichtag **geltenden vertraglichen Vereinbarungen** für den Zeitraum von zwölf Monaten zu zahlen ist. Umlagen, die zur Deckung der Betriebskosten gezahlt werden, sind nicht anzusetzen. Für Grundstücke oder Grundstücksteile, 277

1. die eigengenutzt, ungenutzt, zu vorübergehendem Gebrauch oder unentgeltlich überlassen sind,
2. die der Eigentümer dem **Mieter zu einer um mehr als 20 Prozent von der üblichen Miete abweichenden tatsächlichen Miete überlassen hat**,

ist nach § 186 Abs. 2 BewG die übliche Miete anzusetzen. Die übliche Miete ist in Anlehnung an die Miete zu schätzen, die für Räume gleicher oder ähnlicher Art, Lage und Ausstattung regelmäßig gezahlt wird. Betriebskosten sind nicht einzubeziehen.

Aus Vereinfachungsgründen werden die **Bewirtschaftungskosten nach Erfahrungssätzen** der Gutachterausschüssen angesetzt. Soweit örtliche Erfahrungssätze nicht zur Verfügung stehen, sind die pauschalierten Bewirtschaftungskosten nach der Anl. zum BewG zu übernehmen (vgl. Syst. Darst. des Ertragswertverfahrens Rn. 206). 278

6.6.2.4 Auf- und Abschichtungsverfahren (*Top and Bottom Slicing*)

Die Wertminderung bzw. Werterhöhung aufgrund von Abweichungen der tatsächlich erzielten Erträge von den bei ordnungsgemäßer Bewirtschaftung am Wertermittlungsstichtag marktüblich erzielbaren Erträgen bemisst sich nach dem kapitalisierten (auf den Wertermittlungsstichtag bezogenen) Minder- bzw. Mehrertrag. 279

Der Minder- oder Mehrertrag wird mit dem **Auf- und Abschichtungsverfahren** auch (*Top and Bottom Slicing Approach*) ermittelt; das Verfahren wird auch Zu- und Abschlagsverfahren genannt. Es handelt sich hierbei nicht um Wertermittlungsverfahren und schon gar nicht um ein angelsächsisches Wertermittlungsverfahren, sondern lediglich um ein einfaches Rechenverfahren zur Berücksichtigung von temporären Abweichungen der Mieten (und Pachten) von den marktüblich erzielbaren Mieten und Pachten. 280

a) Ermittlung der Wertminderung aufgrund eines temporären Minderertrags (Abschichtung):

Beispiel 1 (Abb. 25): 281

Büroobjekt
Das Objekt ist auf fünf Jahre untervermietet (underrented). Der Mieter wurde im Zuge der Neuerschließung eines Gebiets mit einer Lockmiete gewonnen.

Marktüblich erzielbares monatliches Nutzungsentgelt am Wertermittlungsstichtag	15 €/m² NF
Tatsächlich erzieltes monatliches Nutzungsentgelt aufgrund des Mietvertrags	20 €/m² NF
Ablauf des Mietvertrags	in 5 Jahren
Nutzfläche	3 000 m²
Restnutzungsdauer	30 Jahre
Bodenwert	500 000 €
Marktüblich erzielbarer Jahresreinertrag	540 000 €
Liegenschaftszinssatz	6 %

Abb. 25: *Underrented* Objekt

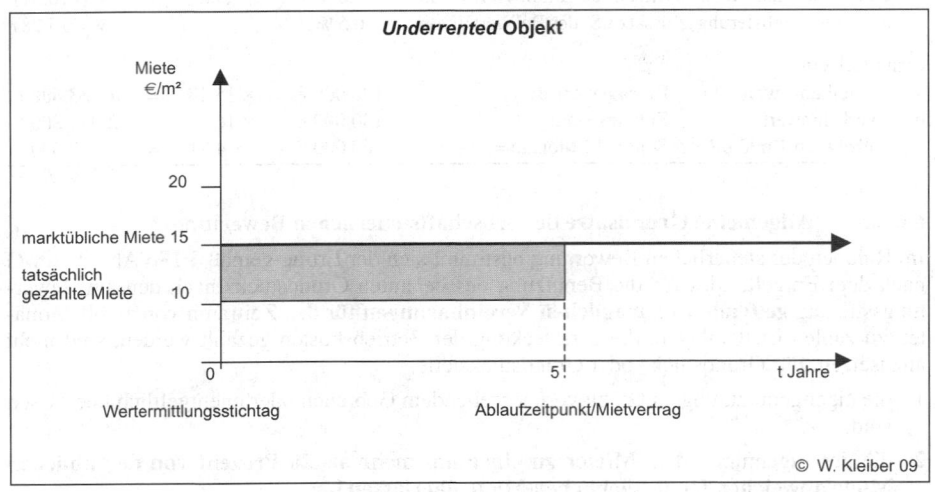

Berechnung

1. Monatlicher Minderertrag pro Quadratmeter Nutzfläche:
Marktüblich erzielbarer Reinertrag	15 €/m² NF
Tatsächlich erzielter monatlicher Reinertrag aufgrund Mietvertrag	– 10 €/m² NF
Monatlicher Minderertrag pro Quadratmeter Nutzfläche	5 €/m² NF
Jährlicher Minderertrag pro Quadratmeter Nutzfläche (x 12)	60 €/m² NF
2. Jährlicher Minderertrag bei 3 000 m² Nutzfläche (NF) — 180 000 €
3. Kapitalisiert über 5 Jahre und einem Liegenschaftszinssatz von 6 %
Vervielfältiger von 6 % und 5 Jahre:	× 4,21
Barwert (= Wertminderung aufgrund Untervermietung):	**757 800 €**

b) Ermittlung der Werterhöhung aufgrund eines temporären Mehrertrags (Aufschichtung):

282 Im Falle einer Übervermietung (*overrented*) vollzieht sich die Berechnung entsprechend und man erhält die Werterhöhung aufgrund eines temporären Mehrertrags.

c) Ermittlung der Werterhöhung bzw. Wertminderung aufgrund eines temporären Mehr- bzw. Minderertrags (bei zeitlich versetzter Über- bzw. Untervermietung):

283 Bei **zeitlich versetzt anfallenden Mehr- oder Mindererträgen** muss beachtet werden, dass die Anwendung des Vervielfältigers zu einem Barwert führt, der sich auf den Beginn der Über- bzw. Untervermietung bezieht. Aus diesem Grunde muss in diesen Fällen der Barwert auf den Wertermittlungsstichtag diskontiert werden.

284 *Beispiel 2 (Abb. 26):*

Büroobjekt wie im vorstehenden Beispiel 1. Das Objekt ist jedoch am Wertermittlungsstichtag zum marktüblich erzielbaren Nutzungsentgelt vermietet. Aufgrund des Mietvertrags kann in fünf Jahren mit einem überhöhten Nutzungsentgelt gerechnet werden. Die Übervermietung tritt damit – vom Wertermittlungsstichtag aus betrachtet – zeitlich versetzt ein.

Marktüblich erzielbares monatliches Nutzungsentgelt am Wertermittlungsstichtag	15 €/m² NF
Tatsächlich erzieltes monatliches Nutzungsentgelt ab dem 5. bis zum 11. Jahr aufgrund Mietvertrag	20 €/m² NF

Weitere Angaben wie im Beispiel 1

Abweichender Ertrag § 8 ImmoWertV V

Abb. 26: Zeitlich versetzter Mehrertrag

Berechnung

1. Monatlicher Mehrerertrag pro Quadratmeter Nutzfläche:

Tatsächlich erzielter monatlicher Reinertrag aufgrund Mietvertrag	20 €/m² NF
Marktüblich erzielbarer Reinertrag	− 15 €/m² NF
Monatlicher Mehrertrag pro Quadratmeter Nutzfläche	5 €/m² NF
Jährlicher Mehrertrag pro Quadratmeter Nutzfläche (x 12)	60 €/m² NF

2. Jährlicher Mehrertrag bei 3 000 m² Nutzfläche (NF) .... 180 000 €
3. Kapitalisiert über 5 Jahre und einem Liegenschaftszinssatz von 6 %
   Vervielfältiger von 6 % und 5 Jahre .... x 4,21
   Barwert (= Werterhöhung aufgrund Übervermietung) im Jahre 5: .... 757 800 €
4. Diskontiert über 5 Jahre mit 6 %
   Abzinsungsfaktor bei 6 % und 5 Jahre .... x 0,7473
   Barwert (= Werterhöhung aufgrund Übervermietung am Wertermittlungsstichtag): 566 304 €

Beispiel 3 (Abb. 27):

a) Sachverhalt

In einem neuerschlossenen „Büropark" ist der Verkehrswert eines vermieteten Bürogebäudes mit einer Nutzfläche von 1 000 m² zu ermitteln.

– Die am Wertermittlungsstichtag marktübliche erzielbare Nettokaltmiete beträgt 30 €/m² Nutzfläche bei 18 % nicht umlagefähiger Bewirtschaftungskosten.

– Es besteht ein langfristiger Mietvertrag:

  – Der in der Erschließungsphase geschlossene Mietvertrag räumt dem Mieter noch auf 8 Jahre eine „Lockmiete" von 15 €/m² NF ein.

  – Um seinen Standort langfristig zu sichern, hat der Mieter bei Nachverhandlungen erst kürzlich eine Fortsetzung des Mietverhältnisses auf weitere 10 Jahre ausgehandelt und dabei einer Nettokaltmiete von 40 €/m² NF zugestimmt.

– Die Restnutzungsdauer beträgt 60 Jahre

– Bodenwert: 1 Mio. €

Abb. 27: Mietentwicklung aufgrund Mietvertrag

b) **Wertermittlung**

1. **Verkehrswert ohne Berücksichtigung des Mietvertrags**

$$EW = (RE - p \times BW) \times V + BW = RE \times V + BW \times q^{-n}$$

- EW = Ertragswert
- RE = Jahresreinertrag
- BW = Bodenwert
- V = Vervielfältiger
- n = Restnutzungsbeitrag
- p = Liegenschaftszinssatz
- q = Zinsfaktor = 1 + p

Bei einem Liegenschaftszinssatz von	p = 6 %
nicht umlegbaren Bewirtschaftungskosten von	18 %
einer Nettokaltmiete von	30 €/m²
einer Restnutzungsdauer von	60 Jahre
ergibt sich	

RE = 30 €/m² NF × 1 000 m² NF × 12 Monate	= 360 000 €	p. a.
Bewirtschaftungskosten (18 %)	= − 64 800 €	p. a.
= 360 000 € × 0,82	= 295 200 €	
x Vervielfältiger bei p = 6 % und n = 60 Jahre	= 4 770 432 €	
+ Bodenwert 1 000 000 € × 1,06^{-60}	= + 30 314 €	
= **Ertragswert** (vorläufig)	= 4 800 746 €	

2. **Berücksichtigung der Untervermietung**
   Mindererrag: 30 €/m² − 15 €/m² = 15 €/m²
   Mindererrag im Jahr: 15 €/m² × 1 000 m² NF × 12 Monate = 180 000 €
   kapitalisiert über 8 Jahre bei einem Vervielfältiger von
   8 Jahren und p = 6,5 %: 6,09   − 1 096 200 €

3. **Berücksichtigung der Übervermietung**
   Mehrertrag 40 €/m² − 30 €/m² = 10 €/m²
   Mehrertrag im Jahr: 10 €/m² × 1 000 m² NF × 12 Monate = 120 000 €
   Kapitalisiert über 10 Jahre bei einem Vervielfältiger von
   10 Jahre und p = 6,5 %: 7,19   = 862 800 €
   diskontiert über 8 Jahre: 862 800 € × 1,065^{-8} = 0,6274   + 541 331 €

4. **Verkehrswert** (a − b + c)   = **245 877 €**

286 Soweit bei einer derartigen Ertragswertermittlung die marktüblichen **Bewirtschaftungskosten** (bei ordnungsgemäßer Unterhaltung) nicht mit absoluten Zahlen, sondern **in prozentueller Größenordnung** eingeführt werden, ist zu beachten, dass sich solche Erfahrungswerte i.d.R. auf Nettokaltmieten in der mnarktüblich erzielbaren Höhe beziehen und deshalb solche Prozentualsätze nur auf solche angewendet werden dürfen. Im Allgemeinen bleibt die Höhe der Bewirtschaftungskosten bei *overrented* oder *underrented* Objekten von dem sich dafür ergebenden Nutzungsentgelt unberührt, so dass es das Ergebnis verfälschen würde, wenn die Bewirtschaftungskosten in den unterschiedlichen Mietphasen durch Anwendung prozentualer Erfahrungssätze auf solche abgesenkten bzw. aufgestockten Mieten berücksichtigt würden.

287 Zu dem im *Beispiel* 3 vorgestellten Fall der Übervermietung wird noch darauf hingewiesen, dass der mit Hilfe des Vervielfältigers ermittelte Barwert (kapitalisiert über 10 Jahre) zunächst nur zu dem in 8 Jahren zur Verfügung stehenden Barwert führt und deshalb in einem gesonderten Rechenschritt (kursiv dargestellt) noch auf den Wertermittlungsstichtag diskontiert werden musste.

288 In der nachfolgenden Betrachtung werden zur Vertiefung Objekte behandelt, bei denen die tatsächlich erzielten Erträge von den marktüblich erzielbaren Erträgen abweichen. Die wertermittlungstechnische Behandlung dieser Problemfälle bereitet im Rahmen des Ertragswertverfahrens keine Schwierigkeiten. Bei der Wertermittlung derartiger Objekte ist auf Folgendes zu achten: Die Liegenschaftszinssätze werden in Deutschland aus getätigten Verkäufen abgeleitet. Insofern kommt in den durchschnittlichen Liegenschaftszinssätzen auch die jeweilige Markterwartung über künftige Marktentwicklungen der entsprechenden Nutzungsgruppe zum Ausdruck. Im Allgemeinen rechnet ein Käufer mit Mietpreissteigerungen, die mindestens mittelfristig über der Inflationsrate liegen. Diese Erwartung geht in die Bildung des Liegenschaftszinssatzes mit ein. Das bedeutet allerdings, dass die veröffentlichten Liegenschaftszinssätze nur dann ohne Korrekturen angewendet werden dürfen, wenn auch durchschnittliche (marktübliche) Ertragsverhältnisse vorliegen. Bei einem **Grundstück, bei dem die Erträge deutlich über den marktüblich erzielbaren Erträgen liegen,** rechnet der Käufer aber nicht mit der sonst üblichen Mietsteigerungsrate. Insofern dürfte der die marktüblichen Erträge übersteigende Mietertragsanteil nicht mit demselben Vervielfältiger kapitalisiert werden, der für die marktüblich erzielbare Miete angemessen ist.

289 *Beispiel 4:*

Normalverfahren bei Objekten mit marktüblich erzielbaren Erträgen

Geschäftsgrundstück

Nettokaltmiete/Grundmiete 120 000 €/Jahr. Die Miete ist über 8 Jahre vereinbart und über den Verbraucherpreisindex wertgesichert. Sie entspricht der marktüblich erzielbaren Miete am Wertermittlungsstichtag.[118]

Bewirtschaftungskosten	12 v.H.
Liegenschaftszinssatz	7 v.H.
Restnutzungsdauer des Gebäudes	35 Jahre
Bodenwert	400 000 €
Ertragswertermittlung	
Jahresnettokaltmiete	120 000 €
− Bewirtschaftungskosten	− 14 400 €
Jahresreinertrag	105 600 €
− Bodenwertverzinsungsbetrag 7 % von 400 000 €	− 28 000 €
Gebäudereinertrag	77 600 €
Vervielfältiger bei 35 Jahren und 7 % = 12,95	
Gebäudeertragswert 77 600 € × 12,95	1 004 920 €
+ Bodenwert	+ 400 000 €
Grundstücksertragswert	= 1 404 920 €
	rd. **1 400 000 €**

---

118 Miete wird über Index wertgesichert.

V § 8 ImmoWertV   **Abweichender Ertrag**

290 Im vorliegenden *Beispiel* wurde entsprechend der Risikoabschätzung des Objekts der marktübliche Liegenschaftszinssatz von 7 % zugrunde gelegt, da die erzielte Nettokaltmiete der marktüblich erzielbaren Miete entspricht. Weichen die tatsächlich erzielten Erträge von den marktüblich erzielbaren Erträgen ab, ist der die marktüblich erzielbaren Erträge übersteigende Mietertrag über die Laufzeit des Mietvertrags zu kapitalisieren. Da für den Käufer das **Risiko** größer ist, dass die vertraglich vereinbarten (überhöhten) Mieten auch über die Laufzeit des Mietvertrags tatsächlich gezahlt werden, muss bei der **Kapitalisierung des Mehrertrags demnach ein höherer Zinssatz angenommen werden,** denn wenn der Mieter insolvent werden würde, könnte der Vermieter bei der Folgevermietung allenfalls noch mit der marktüblich erzielbaren Miete rechnen (vgl. *Beispiel* 1).

291 *Beispiel 5:*

Sachverhalt wie vor, jedoch beträgt die vereinbarte Nettokaltmiete/Grundmiete 160 000 € lt. Mietvertrag über 8 Jahre. Würde der Gesamtertrag von 160 000 € über die Restnutzungsdauer des Objekts auf der Grundlage des Liegenschaftszinssatzes kapitalisiert werden, wäre die Berechnung angreifbar, da nach Ablauf des 8-jährigen Mietvertrags damit gerechnet werden muss, dass lediglich die marktüblich erzielbare Miete erzielt werden kann. Sie beträgt – diskontiert auf den Wertermittlungsstichtag – eben nur 120 000 €. Wenn sich innerhalb der nächsten 8 Jahre kein überproportionaler Realmietzuwachs ergeben würde, ergäbe sich somit eine Überbewertung des Objekts. Diese Überbewertung wirkt sich noch gravierender aus, wenn sich anstatt der am Markt erwarteten Realmietsteigerungen stagnierende oder sogar sinkende Mieten einstellen.

Vorläufiger Grundstücksertragswert aus Beispiel 2	1 404 920 €
Der Zuschlag würde also betragen:	
Mehrertrag	40 000 €
abzüglich Mietausfallwagnis von 4 %	1 600 €
	38 400 €
Vervielfältiger bei 10 % Zins[119] und 8 Jahren = 5,33	
Zuschlag: 38 400 € × 5,33	+ 204 672 €
	1 609 920 €
Grundstücksertragswert rd.	**1 610 000 €**
Das entspricht einem um rd. 14,6 % höheren Wert.	

292 Diese Berechnung ist plausibel und wird am Immobilienmarkt zumindest von den institutionellen Anlegern nachvollzogen. Eine Gefahr besteht allerdings in der Pseudo-Verwissenschaftlichung derartiger Betrachtungen. Durch Einbringen von zu vielen, möglicherweise wertrelevanten Parametern und einer Reihe mathematischer Operationen entsteht häufig der falsche Eindruck, der Verkehrswert sei auf den „Cent" berechenbar. Tatsächlich ist und bleibt der Verkehrswert ein Schätzwert und ist damit auch direkt abhängig von der Erfahrung des Sachverständigen, der ihn schätzt. Deshalb ist die einfachere, nachfolgend beschriebene Variante zur Lösung des vorstehenden Problems angemessen. Bei dieser Methode wird bei der Berechnung des Zuschlags vom (dynamischen) Liegenschaftszinssatz ausgegangen. Das höhere **Risiko wird durch einen individuell begründeten Abschlag berücksichtigt.**

293 *Beispiel* wie vor:

Jahresnettokaltmiete/Grundmiete	120 000 €
Bewirtschaftungskosten	− 14 400 €
Jahresreinertrag	105 600 €
Bodenwertverzinsungsbetrag 7 % von 400 000 €	− 28 000 €
Gebäudereinertrag	77 600 €
Vervielfältiger bei 35 Jahren und 7 % = 12,95	
Gebäudeertragswert 77 600 € × 12,95	1 004 920 €
+ Bodenwert	+ 400 000 €
Grundstücksertragswert	**1 404 920 €**
Mehrertrag über 8 Jahre p.a.	40 000 €

---

119 Kapitalmarktzins + Risikozuschlag.

Abweichender Ertrag §8 ImmoWertV V

abzüglich Mietausfallwagnis von 4 %	
Kapitalisierungsfaktor bei 7 % und 8 Jahren = 5,97	
Zuschlag 38 400 € × 5,97	+ 229 248 €
Grundstücksertragswert	**1 634 168 €**

Es ergeben sich zwei Eckwerte. Beim unteren Eckwert von 1 400 000 € wird der – zumindest am Wertermittlungsstichtag – fließende höhere Ertrag überhaupt nicht berücksichtigt. Es wird also der ungünstigste Fall unterstellt, dass der Mieter direkt nach dem Wertermittlungsstichtag insolvent und die höhere Miete ab sofort nicht mehr realisierbar sein wird. Beim oberen Eckwert von 1 630 000 € wird dagegen davon ausgegangen, dass der Mehrertrag gegebenenfalls unter Einbeziehung einer weiteren Mieterhöhung bis Mietvertragsende erzielt wird. Welcher Kaufpreis letztlich ausgehandelt werden wird, hängt von der Risikobereitschaft des Käufers ab. Sie lässt sich nicht exakt objektiv begründen. Hier hat der Sachverständige den Verkehrswert unter Berücksichtigung der beiden Eckwerte begründet abzuleiten, wobei die **Bonität des Mieters** sowie die absolute Miethöhe eine gewichtige Rolle spielen. Im Kern hat diese Ableitung den Charakter einer reinen Schätzung. **294**

Alternativ zu dem vorgestellten Vervielfältigerdifferenzenverfahren kann der Ertragswert ermittelt werden, indem zunächst der Ertragswert des „unbelasteten Grundstücks" ermittelt wird und hiervon die **Mindereinnahmen aus einer Untervermietung abgezogen bzw. die Mehreinnahmen aus der Übervermietung aufaddiert** werden. Dies vollzieht sich durch eine „horizontale" Aufspaltung der Ertragsströme (Auf- und Abschichtungsverfahren oder *Top and Bottom Slicing Approach*). **295**

Beispiel: **296**

a) Sachverhalt: Mietwohngrundstück mit Staffelmieten (vgl. vorstehendes Beispiel)
- Wohnfläche WF 480 m²
- Bodenwert BW 300 000 €
- Liegenschafszinssatz p 5,5 %
- Bodenwertverzinsungsbetrag 16 500 € (= 300 000 € × 5,5/100)
- Restnutzungsdauer 80 Jahre
- Jahresbewirtschaftungskosten (über gesamte Nutzungsdauer): 22 % von 49 536 €: 10 898 €
- Wertermittlungsstichtag 1. 1. 2002
- Staffelmiete (Nettokaltmiete/Grundmiete):

von 2002 bis Ende 2006:	6,00 €/m² × 480 m² × 12 Monate = 34 560 €
von 2007 bis Ende 2011:	7,20 €/m² × 480 m² × 12 Monate = 41 472 €
ab 2012:	8,60 €/m² × 480 m² × 12 Monate = 49 536 €

b) Lösungsweg:
Verkehrswert des unbelasteten Grundstücks
./. Minderung durch Belastung für 2002 bis Ende 2011
./. Zusätzliche Minderung durch Belastung für 2002 bis Ende 2006
= Verkehrswert des belasteten Grundstücks

c) Verkehrswertermittlung
- Ermittlung des Verkehrswerts des unbelasteten Grundstücks:

Jahresnettokaltmiete/Grundmiete:	
480 m² × 8,60 €/m² WF × 12	= 49 536 €
./. Bewirtschaftungskosten 22 %	= 10 898 €
= Jahresreinertrag des Grundstücks	= 38 638 €
./. Bodenwertverzinsungsbetrag 5,5 % × 300 000 €	= 16 500 €
= Jahresreinertrag der baulichen Anlage	= 22 138 €
× Vervielfältiger bei p = 5,5 % und Restnutzungsdauer 80 Jahre:	
17,93 = vorläufiger Ertragswert	= 396 934 €
Ermittlung der *Minderung* durch Belastung *für die Zeit von 2007 bis Ende 2011:* 8,60 €/m² – 7,20 €/m²	= 1,40 €/m²
Jahresrohertrag 480 m² × 1,40 €/m² × 12 Monate	= 8 064 €

× Vervielfältiger bei p = 5,5 % und Nutzungsdauer von 10 Jahren: 7,54	= – 60 803 €
– Ermittlung der *Minderung* durch Belastung für *die Zeit von 2002 bis Ende 2006*: 7,20 €/m² – 6,00 €/m²	= 1,20 €
Jahresrohertrag: 480 m² × 1,20 €/m² WF × 12 Monate	= 6 912 €
× Vervielfältiger bei 5 Jahren: 4,27	= – 29 514 €
= Ertragswert der baulichen Anlagen	= 306 617 €
+ Bodenwert	= 300 000 €
= Summe	= 606 617 €
= **Ertragswert**	= **rd. 610 000 €**

297 Die Bewirtschaftungskosten bleiben über die Phasen der Untervermietung unberücksichtigt, da diese sich infolge der Untervermietung grundsätzlich nicht vermindern. Allenfalls dem veränderten **Mietausfallwagnis** kann **durch** einen **um 0,5 Prozentpunkte erhöhten Kapitalisierungszinssatz** Rechnung getragen werden.

298 Wäre hingegen im vorstehenden Beispiel tatsächlich davon auszugehen, dass die **Bewirtschaftungskosten (in relativer Abhängigkeit von der Nettokaltmiete)** in den beiden Perioden bis Ende 2011 geringer als die in Abhängigkeit von 8,60 € pro Quadratmeter Wohnfläche (in dem *Beispiel*) angesetzten Bewirtschaftungskosten ausfallen, so erhöht sich der Reinertrag im vorstehenden Berechnungsbeispiel, und zwar wie folgt:
– von 2002 – 2011 um 0,31 €/m² Wohnfläche monatlich (= 22 % von 1,40 €).
– von 2002 – 2006 um weitere 0,26 €/m² Wohnfläche monatlich (= 22 % von 1,20 €).

Kapitalisiert ergibt dies eine Erhöhung des Verkehrswerts um:

0,31 €/m² × 480 m² × 12 Monate × 7,54	= + 13 463 € (bei V = 7,54)
+ 0,26 €/m² × 480 m² × 12 Monate × 4,27	= + 6 395 € (bei V = 4,25)
Insgesamt	= + 19 858 €

299 Das Ergebnis zeigt, dass die angemessene **Berücksichtigung der Bewirtschaftungskosten** eine überaus wichtige und deshalb **mit großer Sorgfalt zu klärende Tatfrage** ist. Bei entsprechend verminderten Bewirtschaftungskosten erhöht sich der Verkehrswert – wie das Beispiel zeigt – um rd. 20 000 €. Dies entspricht rd. 6,5 % des Werts der baulichen Anlage!

300 In dem vorgestellten *Beispiel* ist das sog. **Auf- und Abschichtungsverfahren** zur Anwendung gekommen, bei dem der Ertragswert zunächst auf der Grundlage der „Endmiete" ermittelt wird und hiervon „scheibchenweise" die kapitalisierten Mindererträge abgezogen werden. Rechentechnisch lässt sich dies noch vereinfachen (Abb. 28):

Abweichender Ertrag § 8 ImmoWertV V

Abb. 28: Ertragswert bei Staffelmietverträgen

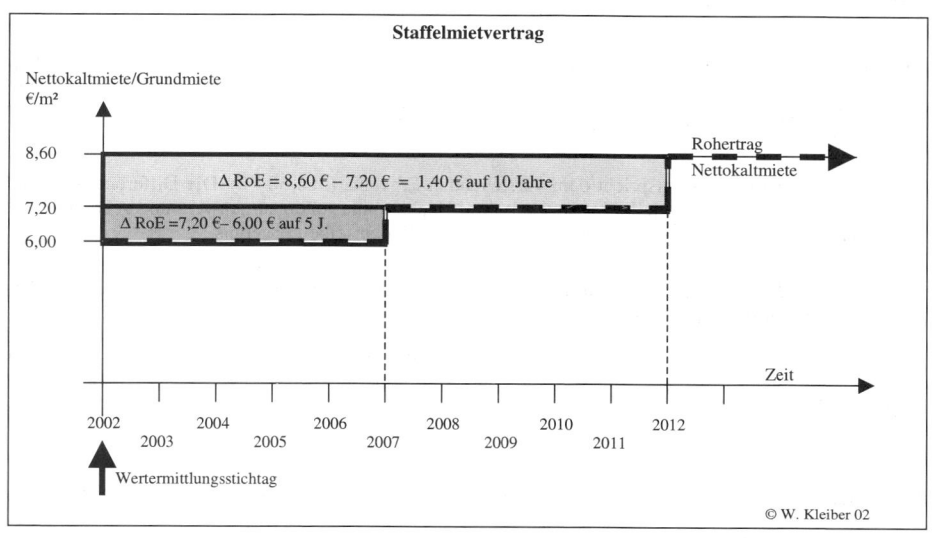

Beispiel: 301

a) **Sachverhalt: Mietwohngrundstück mit Staffelmiete**
vgl. vorstehendes Beispiel

b) **Verkehrswertermittlung**
Berechnung der kapitalisierten Nettokaltmiete

8,60 × 480 m² × 12 Monate = 49 536 € × 17,93*	= 888 181 €	
– 1,40 × 480 m² × 12 Monate = 8 064 € × 7,54**	= – 60 803 €	
– 1,20 × 480 m² × 12 Monate = 6 912 € × 4,27***	= – 29 514 €	
= Summe = kapitalisierte Roherträge	= 797 864 €	= 797 864 €

* = Vervielfältiger für p = 5,5 % und RND = 80 Jahre
** = Vervielfältiger für p = 5,5 % und RND = 10 Jahre
*** = Vervielfältiger für p = 5,5 % und RND = 5 Jahre

Berechnung der kapitalisierten Bewirtschaftungskosten

– 10 898 € p.a. × 17,93	= 195 401 €	= – 195 401 €

Berechnung des diskontierten Bodenwerts

+ 300 000 € × 1/1,055^{80}	= 4 139 €	= + 4 139 €
= **Ertragswert** = Summe		= **606 602 €**

Das Ergebnis entspricht – von Rechenunschärfen abgesehen – den Ergebnissen der vorstehenden Berechnungen; vgl. zu Staffelmieten in GuG 1994, 147 und Werth in GuG 1994, 279.

d) *Alternative Berechnungsweise (Vervielfältigerdifferenzenverfahren)*

Der auf den Wertermittlungsstichtags diskontierte jährlichen Mehrertrag lässt sich eleganter 302
mit Hilfe des **Vervielfältigerdifferenzenverfahrens** *(term and reversion)* ermitteln. Es handelt sich auch hierbei lediglich um eine Rechentechnik.

Bei Anwendung des Vervielfältigerdifferenzenverfahrens wird der vom 5. bis zum 11. Jahr, 303
d.h. über fünf Jahre erzielte jährliche Mehrertrag von insgesamt 180 000 € nicht über fünf

Jahre, sondern über den gesamten Zeitraum von 10 Jahren kapitalisiert und um den über fünf Jahre kapitalisierten Betrag vermindert:

Berechnung:
180 000 € × 7,36 (Vervielfältiger 2 bei 6 % und 10 Jahren)	1 324 800 €
180 000 € × 4,21 (Vervielfältiger 1 bei 6 % und 5 Jahren)	– 757 800 €
auf den Wertermittlungsstichtag bezogener Barwert des Mehrertrags aufgrund Übervermietung	**567 000 €**

Anmerkung: Das Ergebnis entspricht dem vorstehenden Ergebnis (566 304 €). Die Differenz ist darauf zurückzuführen, dass der Vervielfältiger nur mit zwei Nachkommastellen zur Anwendung gekommen ist. Die Berechnung mit allen Nachkommastellen führt zu exakt demselben Ergebnis.

304 Zum gleichen Ergebnis gelangt man, wenn man das Produkt aus dem Mehrertrag und der Vervielfältigerdifferenz bildet, denn

$$\Delta RE \times V_2 - \Delta RE \times V_1 = \Delta RE \times (V_2 - V_1)$$

Vereinfachte Berechnung

Vervielfältiger 2 bei 6 % und 10 Jahren	7,36
Vervielfältiger 1 bei 6 % und 5 Jahren	4,21
Vervielfältigerdifferenz	3,15 × 180 000 € = **567 000 €**

Abb. 29: Zeitlich versetzter Mehrertrag (Vervielfältigerdifferenzenverfahren)

6.6.2.5 Berücksichtigung der Bewirtschaftungskosten bei Auf- und Abschichtung

305 Die Wertminderung bzw. Werterhöhung aufgrund von den marktüblich erzielbaren Erträgen erheblich abweichenden Erträge ist vorstehend auf der Grundlage des Reinertrags nach § 18 ImmoWertV ermittelt worden. Dieser ergibt sich aus dem jährlichen Rohertrag abzüglich der Bewirtschaftungskosten nach § 19 ImmoWertV.

306 Die **Höhe der Bewirtschaftungskosten ist in aller Regel unabhängig davon, ob Mehr- oder Mindereinnahmen erzielt werden.** Grundsätzlich ist deshalb auch in diesen Fällen von marktüblichen bei ordnungsgemäßer Bewirtschaftung anfallenden Erfahrungssätzen auszugehen.

307 Werden die **Bewirtschaftungskosten in einem Vomhundertsatz z. B. der Nettokaltmiete angesetzt, so ist dieser Vomhundertsatz stets nur auf die marktüblich erzielbare Nettokaltmiete und nicht auf den Mehr- oder Minderertrag anzuwenden**, denn die Bewirtschaftungskosten vermindern sich nicht allein schon deshalb, weil die Mieteinnahmen weit hinter dem zurückbleiben, was sonst zu erzielen wäre. Umgekehrt beruhen die Vomhundertsätze der nicht umgelegten Bewirtschaftungskosten i.d.R. auf Erfahrungssätzen von Objekten, die zu marktüblichem Nutzungsentgelt vermietet sind.

308 Zur **Feststellung des Ausmaßes einer Über- oder Untervermietung** sind die Bewirtschaftungskosten auch nur einmal zum Ansatz zu bringen, nämlich bei der marktüblich erzielbaren Miete:

$$\text{Mehr- oder Minderertrag} = \text{Miete}_{\text{tatsächlich}} - (\text{Nettokaltmiete}_{\text{marktüblich}} - \text{BewK}_{\text{marktüblich}})$$

$\text{Miete}_{\text{tatsächlich}}$ = Tatsächlich anfallende Miete z. B. aufgrund Vertrag

$\text{BewK}_{\text{marktüblich}}$ = Marktübliche Bewirtschaftungskosten (nicht umlagefähig) bei ordnungsgemäßer Bewirtschaftung.

309 Wird zur Ermittlung des Reinertrags von der **Nettokaltmiete** ausgegangen, so ist diese **nur noch um die nicht umgelegten Bewirtschaftungskosten zu vermindern**. Dies sind z. B. bei Wohngrundstücken:

a) die Verwaltungskosten,

b) die Instandhaltungskosten,

c) das Mietausfallwagnis sowie

d) die nicht umgelegten Betriebskosten.

310 Wenn vorstehend ausgeführt wurde, dass sich diese Kosten in ihrer absoluten Höhe allein aufgrund von Mehr- oder Mindereinnahmen nicht ändern, so gilt dies für das **Mietausfallwagnis** nur im eingeschränkten Sinne.

– In der Phase eines Minderertrags besteht nämlich nur ein geringes oder überhaupt kein Mietausfallwagnis.

– In der Phase eines Mehrertrags besteht dagegen ein erhöhtes Mietausfallwagnis, denn allein der Mietvertrag kann den Eigentümer nicht vor einem abrupten Ende des Mietverhältnisses schützen. Für diesen Fall kann nur damit gerechnet werden, dass eine Neuvermietung zu dem ortsüblich nachhaltigen Ertrag möglich ist.

311 Hieraus folgt, dass während der Phase einer Mehr- oder Mindermiete dem geänderten Mietausfallwagnis Rechnung zu tragen ist. In welcher Höhe dem unterschiedlichen Mietausfallwagnis Rechnung zu tragen ist, hängt entscheidend von der **Bonität des Mieters** ab.

312 Rechentechnisch ist dem unterschiedlichen Mietausfallwagnis am einfachsten dadurch Rechnung zu tragen, dass der zur Kapitalisierung des Mehr- oder Minderertrags herangezogene **Vervielfältiger** gegenüber dem zur Ermittlung des Ertragswerts auf der Grundlage des marktüblich erzielbaren Reinertrags herangezogenen Vervielfältiger **um bis zu 0,5 % erhöht wird**. Der Vervielfältiger ist dabei – auch wenn dies auf dem ersten Blick paradox erscheint – sowohl im Falle eines Mehrertrags, als auch im Falle eines Minderertrags zu erhöhen.

313 Bezüglich des bei der **Kapitalisierung eines Minder- oder Mehrertrags anzusetzenden Zinssatzes** bestehen unterschiedliche Auffassungen, die zum Teil theoretisch allerdings allzu übersetzt dargestellt werden:

a) Einerseits besteht die Auffassung, dass auch hierfür der Liegenschaftszinssatz maßgeblich sein soll, weil solche Mehr- oder Minderlöse mit der Liegenschaft eng verbunden sind und ihr Schicksal teilen. Darüber hinaus lässt sich diese Auffassung auch damit begründen, dass Investitionen in Liegenschaften mit der Inkaufnahme einer – gegenüber bankenüblichen Zinssätzen – niedrigeren Verzinsung verbunden sind; von daher sei die Anwendung des Liegenschaftszinssatzes auch für die Kapitalisierung eines individuell vereinbarten Mehr- oder Minderlöses geboten.

Dieser Auffassung folgend ist es durchaus sachgerecht,

- zur **Kapitalisierung eines Mindererlöses** (Untervermietung) einen um ca. 0,5 Prozentpunkte gegenüber dem sonst angemessenen Liegenschaftszinssatz *erhöhten* Zinssatz heranzuziehen und gleichzeitig
- bei der **Kapitalisierung eines Mehrerlöses** (Übervermietung) den Liegenschaftszinssatz ebenfalls um 0,5 Prozentpunkte zu *erhöhen*. Damit wird dem erhöhten Risiko Rechnung getragen, denn auch ein langfristiges Mietverhältnis schützt den Vermieter nicht vor der Insolvenz des Mieters, die sonst im Übrigen durch Erhöhung des **Mietausfallwagnisses** berücksichtigt werden kann.

Diese auf den ersten Blick unlogische Verfahrensweise ist darin begründet, dass der kapitalisierte Mindererlös ein Abzugsbetrag ist. Da das Risiko des Käufers gering ist, nach Ablauf des Mietvertrags die ortsübliche Miete zu erzielen, muss folglich bei der Kapitalisierung des Minderertrags ein höherer Zinssatz als der sonst angemessene Liegenschaftszinssatz zu Grunde gelegt werden. Der Minderertrag vermindert sich nämlich aufgrund des geringeren Mietausfallwagnisses, so dass der Abzugsbetrag kleiner ausfallen muss.

b) Daneben besteht die Auffassung, Mehr- oder Mindererlöse durch **Ansatz banküblicher Zinsen** rein finanzmathematisch zu berücksichtigen, weil entsprechende Mietverträge eine individuelle und investitionsorientierte Besonderheit darstellen. Dies mag sich mitunter so verhalten, jedoch wird auch die sicherlich nicht freiwillige Inkaufnahme einer Untervermietung ebenso wie die Durchsetzbarkeit einer Übervermietung maßgeblich durch die Verhältnisse auf dem Grundstücksmarkt bestimmt. Es kommt hinzu, dass diese Vorgehensweise angesichts der erheblichen Schwankungen der banküblichen Zinsen fehleranfällig ist und überdies konsequenterweise auch mit der Berücksichtigung anderer bei finanzmathematischer Betrachtungsweise bedeutsamer Faktoren wie Inflation und Wertentwicklung verbunden wäre. Diese Vorgehensweise kann auf dem ersten Blick zu theoretisch fundierteren und im Ergebnis mit der unter a) vorgestellten Methode sogar übereinstimmenden Resultaten führen, die schon mit geringen unkontrollierbaren Änderungen des Zinsansatzes äußerst fehlerträchtig und manipulierbar sind. Große Rechenwerke führen eben nicht zwangsläufig zu einer Verbesserung des Ergebnisses, sondern auch schon zur Verschlechterung.

6.6.3 Temporäre Abweichungen der Bewirtschaftungskosten von marktüblichen Bewirtschaftungskosten

6.6.3.1 Allgemeines

314 Von den marktüblichen Bewirtschaftungskosten i.S. des § 19 ImmoWertV abweichende Bewirtschaftungskosten können den Verkehrswert (Marktwert) eines Grundstücks erhöhen oder vermindern. Sie können von den marktüblichen Bewirtschaftungskosten abweichen

- einerseits aufgrund der technischen Beschaffenheit der baulichen Anlage und
- andererseits aufgrund einer nicht üblichen (vertraglichen) Verteilung der Bewirtschaftungskosten auf Mieter und Vermieter.

315 Von den marktüblichen Bewirtschaftungskosten i.S. des § 19 ImmoWertV abweichende Bewirtschaftungskosten sind wiederum nur gesondert zu berücksichtigen, wenn sie nicht direkt Eingang in das herangezogene Wertermittlungsverfahren gefunden haben und die **Abweichung „erheblich" i.S. des § 8 Abs. 3 ImmoWertV** ist, insbesondere wenn sie sich „erheblich" auf die Ertragsverhältnisse auswirken. Sie sind nur in dem Maße werterhöhend oder wertmindernd zu berücksichtigen, wie dies dem gewöhnlichen Geschäftsverkehr entspricht.

316 Die Bewirtschaftungskosten können im Einzelfall aufgrund der **Beschaffenheit der technischen baulichen Anlage** über- oder unterdurchschnittlich sein. Dies betrifft insbesondere die Betriebskosten in Bezug auf die energetische Ausstattung (Wärmedämmung, Energie), den

Wasserverbrauch, usw. Soweit die sich auf die Bewirtschaftungskosten auswirkenden Merkmale der technischen Beschaffenheit nicht direkt mit dem herangezogenen Wertermittlungsverfahren berücksichtigt worden sind (bei Anwendung des Sachwertverfahrens z. B. durch den Ansatz verminderter oder erhöhter Herstellungskosten), können die ertragswirtschaftlichen Folgen dieser Beschaffenheitsmerkmale Bemessungsgrundlage der Wertminderung bzw. Werterhöhung sein.

Von den marktüblichen Bewirtschaftungskosten i.S. des § 19 ImmoWertV abweichende Bewirtschaftungskosten können sich insbesondere darüber hinaus ergeben, wenn eine **von der üblichen Vermietungspraxis abweichende Verteilung der Bewirtschaftungskosten vereinbart wurde**, z. B. **317**

a) **Betriebskosten**, die üblicherweise auf den Mieter umgelegt werden, werden vertraglich vom Eigentümer getragen.

b) Es wurden vom Üblichen abweichende mietvertragliche Regelungen bezüglich der **Verwaltungskosten** vereinbart.

c) Vom Eigentümer üblicherweise zu tragende **Instandhaltungskosten** wurden auf den Mieter „überwälzt".

d) Es besteht ein außergewöhnliches **Mietausfallwagnis**, weil das Mietobjekt mit besonders „problematischen" Mietern belegt ist oder langfristige Mietverhältnisse mit besonders solventen Mietern vereinbart wurden.

Die daraus resultierende Wertminderung bzw. Werterhöhung kann auf der Grundlage der Mehr- oder Mindereinnahmen nach den Grundsätzen ermittelt werden, die für Abweichungen von den marktüblich erzielbaren Erträgen vorgestellt worden sind. Im wirtschaftlichen Ergebnis sind auch dies Fälle des „*over*- bzw. *underrented*". Bei Anwendung des mehrperiodischen (mehrphasigen) Ertragswertverfahrens nach § 17 Abs. 1 Satz 2 i.V.m. § 17 Abs. 3 ImmoWertV werden temporär von den üblichen Bewirtschaftungskosten abweichende Bewirtschaftungskosten mit den sich daraus ergebenden Reinerträgen berücksichtigt.

6.6.3.2 Beispiel

Es ist der Verkehrswert eines Bürogebäudes mit einer in Bezug auf die Bewirtschaftungskosten ungewöhnlichen Mietvertragsgestaltung zu ermitteln **318**

a) Sachverhalt

Objektbeschreibung
– Bürogebäude innerhalb eines peripher gelegenen Gewerbeparks
– Stadt mit 253 495 Einwohnern in den neuen Bundesländern
– Anbindung an Autobahn und IC-Netz; das Stadtzentrum ist mit Bussen zu erreichen
– keine Immissionsbeeinträchtigung
– Leerstandsrate in der Region: ca.15 %

Boden
– Grundstücksgröße   6 102 m²
– Bodenrichtwert zum 1.3.2009 für ortsüblich erschlossenes
– Bauland bezogen auf Gewerbenutzung (G)   60 €/m²
– Bodenwert 6 102 m² × 60 €/m²   366 120 €
– nahezu rechteckige Grundstücksgestalt
– Auf dem Gelände befinden sich 66 Kfz-Außenstellplätze
– voll erschlossenes Grundstück (ebf)
– rechtskräftiger Flächennutzungsplan vom 24.10.2007: gewerbliche Baufläche. Bebauungsplan liegt nicht vor

Bebauung
– Baujahr 2005
– zweigeschossiger, ringförmiger Baukörper, der einen ebenfalls zweigeschossigen V-förmigen Baukörper umschließt.

V § 8 ImmoWertV — Abweichender Ertrag

- Das Gebäude ist nicht unterkellert
- Bauweise: Stahlbeton.
- Gesamtnutzungsdauer: 40 Jahre.
- geschätzte RND: 36 Jahre.
- Fassade: Metall-Glas-Fassade.
- Außenwände: Stahlbeton.
- Dach: Flachdach.
- Decken: Stahlbetondecken.
- Treppen: Stahltreppen mit Gitterrost (außenliegend)
- In dem Objekt befinden sich klein- und großteilige Büroräume, ein Casino, ein Salon, Küche und auf jeder Etage ausreichende Sanitäreinrichtungen.
- Grundrisse/Rastermaße/Raumtiefen
 Der Achsenabstand (Achsmaß) in der Ebene beläuft sich nach den Entwurfsplanungen auf rd. 1,20 m (Mittelwert) bei einer Raumtiefe von ca. 4,80 m an der Außenwand. Dies ermöglicht eine flexible Raumgestaltung. Darüber hinaus ist Statik und Raumgestaltung (insbesondere die Schulungs- und Tagungsräume) darauf ausgerichtet, die Räume durch flexible Raumteiler (verschiebbare Wände) bedarfsgerecht umzufunktionieren.
- Das Objekt weist keinen Instandhaltungsrückstau auf.
- Außenanlagen gärtnerisch angelegt; Hoffläche ist gepflastert

Flächen
- Brutto-Grundfläche (BGF) 1 783 m²
- Geschossfläche (GF) 1 783 m²
- Brutto-Rauminhalt (BRI) 7 050 m³
- Grundfläche 960 m²
- vermietete Nutzflächen (NF) gemäß Mietvertrag 1 743 m²
- Das Grundstück weist bei einer Geschossfläche von 1 783 m² und einer Grundstücksgröße von 6 102 m² eine rechnerische Geschossflächenzahl (GFZ) von 0,3 auf.
- Das Grundstück weist bei einer bebauten Grundfläche von 960 m² und einer Grundstücksgröße von 6 102 m² eine rechnerische Grundflächenzahl (GRZ) von 0,16 auf.
- Das Grundstück weist im Verhältnis zur realisierten Bebauung eine Übergröße auf. Diese ergibt sich insbesondere aus der flächenintensiven Zufahrt zum Grundstück. Diese Fläche kann allerdings nicht als „selbständig nutzbare Teilfläche" angesehen werden, da sie zur Erschließung des Grundstücks zwingend notwendig ist.

Die Ausnutzung entspricht der gegenüblichen Nutzung und braucht nicht besonders berücksichtigt werden.

Ertragsverhältnisse
- Liegenschaftszinssatz 7,0 %
- Marktüblich erzielbare Miete nach Grundstücksmarktbericht 2008: 5,46 €/m²
- (Mittelwert) bei einer Spanne von 2,45 bis 9,71 €/m²: angemessen pro Monat: 8,00 €/m²
- Vertragsmiete 16,31 €/m² pro Monat
  15,00 € pro Stellplatz im Monat
- Mietvertrag mit einer Laufzeit von 10 Jahren und einem Optionsrecht des Mieters von 3 × 5 Jahren. Das Mietverhältnis endet, wenn das Mietverhältnis nicht verlängert wird, am 31.3.2016, d.h. nach rd. 7 Jahren.
- Die Erhöhung des Mietzinses wurde in Form einer Wertsicherungsklausel (Verbraucherpreisindex Basis 1995 = 100,00 Erhöhung um mind. 10 Punkte) vereinbart.
- Nach dem vorliegenden Mietvertrag sind die Verwaltungskosten (4,5 % des Reinertrags) für die Zeit des Mietverhältnisses vom Mieter zu tragen.
- Nach dem vorliegenden Mietvertrag obliegen die Instandhaltungskosten für die Dauer des Mietverhältnisses dem Mieter; ausgenommen davon sind Instandsetzungen am Dach, Fassade, Fenster und Betonsanierungen.
- Nach dem vorliegenden Mietvertrag trägt der Mieter die Betriebskosten mit Ausnahme der Gebäudeversicherung in Höhe von 5 568 € p.a. Gleichwohl verbleiben immer gewisse Betriebskostenbelastungen beim Vermieter; diese werden mit 0,5 % der marktüblich erzielbaren Nettokaltmiete angesetzt.
- Mietausfallwagnis 6 % der nachhaltigen Nettokaltmiete

Abweichender Ertrag § 8 ImmoWertV V

Üblicherweise kann nicht ohne weiteres davon ausgegangen werden, dass bei einem erheblich über der ortsüblich erzielbaren Miete entrichteten Nutzungsentgelt der Mieter sein Optionsrecht ausübt. Es kommt hinzu, dass der Mieter auch die Bewirtschaftungskosten weitgehend trägt und damit das vertragliche Mietentgelt besonders deutlich von der ortsüblich erzielbaren Miete abweicht.

Bei dieser Sachlage wird unterstellt, dass keine Option ausgeübt wird und das Mietverhältnis am 31.3.2016 endet, so dass die tatsächliche Miete von 16,31 €/m², die 8,31 €/m² über der marktüblichen Miete liegt, für einen Zeitraum von insgesamt 7 Jahren erzielt wird.

Wertermittlungsstichtag 1.1.2009

b) Ermittlung des Ertragswerts

Jahresnettokaltmiete			
1 743 m² × 8,00 €/m² (einschließlich Stellplätze):	13 944 € × 12 Monate		= 167 328 €
nicht umgelegte marktübliche Bewirtschaftungskosten			
– Instandhaltungskosten: 1 743 m² × 8 €/m²	=	13 944 €	
zuzüglich 66 Stellplätze × 30 €	=	1 980 €	
– Verwaltungskosten: 4,5 % von 167 328 €	=	7 530 €	
– Mietausfallwagnis 6 % von 167 328 €	=	10 040 €	
– nicht umlegbare Betriebskosten: 0,5 % von 167 328	=	837 €	
zusammen	=	34 331 €	– 34 331 €
= Jahresreinertrag			132 997 €
./. Bodenwertverzinsungsbetrag: 7,0 % von 366 120 €			– 25 628 €
Gebäudeertragsanteil			107 369 €
× Vervielfältiger bei 7,0 % Liegenschaftszins und einer Restnutzungsdauer von 36 Jahren = 13,04			
Gebäudeertragswert			1 400 092 €
zuzüglich Bodenwert			+ 366 120 €
vorläufiger Ertragswert			1 766 212 €
Mehrertrag für insgesamt 7 Jahre			
für einen Zeitraum von 7 Jahren ergeben sich folgende Mehreinnahmen:			
Büro- und Schulungsräume 1 743 m² × 8,31 €/m² × 12 Monate	=	173 808 €	
Stellplätze: 66 Stück × 15,34 €/Stck. × 12 Monate	=	15 496 €	
zusammen:		185 952 €	
zuzüglich vom Mieter getragene Instandhaltung: 1 743 m² × 8 €/m²	=	+ 13 944 €	
66 Stellplätze × 30 € p.a.		+ 1 980 €	
zuzüglich vom Mieter getragene Verwaltungskosten: 4,5 % der Vertragsmiete			
Vertragsmiete:			
16,31 €/m² × 1 743 m² × 12 Monate	=	341 140 €	
+ Stellplätze	=	1 980 €	
= Vertragsmiete	=	343 120 €	
davon 4,5 %	=	+ 15 441 €	
abzüglich vom Vermieter getragene Versicherungskosten (umlagefähig):		– 5 568 €	
Gesamt:		211 749 €	
Kapitalisiert bei einem Vervielfältiger von V = 5,39 (bei 7 % und 7 Jahren)			+ 1 141 327 €
Ertragswert			**2 907 754 €**

6.6.4 Abweichungen aufgrund eines vorübergehenden Leerstands

6.6.4.1 Allgemeines

Schrifttum: *Dieterich, H./Koch, J.,* Stadtumbau – Wertermittlungsfragen, Ausgleichsbeträge, GuG 2002, 344; *Kleiber, W.,* Wertermittlung und Stadtumbau, vhw FW 2003, 304; *Simon, J.,* Berücksichtigung von Leerständen und sonstigen Umständen im Normalfall, GuG 2003, 273; BT-Drucks. 15/3613, *IDW RS WFA 1:* Berücksichtigung von strukturellem Leerstand bei zu Vermietung vorgesehenen Wohngebäuden (IDW Stellungnahme zur Rechnungslegung) GuG 2005, 101; *Scheffler, R.,* Marktanalysen zum Büroflächenleerstand und ihrer Bedeutung für Wertermittlungen, GuG 2004, 1; *Schneider, D.,* Leerstand führt zu schwierigen Entscheidungen, GuG 2004, 349; *Simon, J.,* Berücksichtigung von Leerständen und sonstigen Umständen im Normalfall, GuG 2003, 273; *Stanglmayr, M.,* Normative Lücke, Erfahrungen mit der BelWertV, GuG 2008, 334.

▶ Vgl. § 18 ImmoWertv Rn. 19 ff., 211 ff.; den Betriebskosten vgl. § 19 ImmoWertV Rn. 112, 167; Teil X Rn. 288; Syst. Darst. des Ertragswertverfahrens Rn. 213, 218

319 In der Gebäudewirtschaft versteht man unter dem Leerstand – im Gegensatz zu Fehlbeständen – die nutzbaren Flächen in baulichen Anlagen, die nicht selbst vom Eigentümer genutzt werden oder einem Mieter oder Pächter gegen Entgelt überlassen wurden. Die unentgeltliche Nutzung einer Fläche durch Mieter und Pächter (längerfristige Mietfreiheit) kommt zumindest wirtschaftlich dem Leerstand gleich. Demgemäß ist auch eine Vermietung unter **Gewährung einer längerfristigen Mietfreiheit**, wie dies bei konjunktureller Rezession z. B. bei Gewerbeobjekten eingeräumt wird, dem Leerstand zuzurechnen.

320 In der *Wohnungswirtschaft* spricht man erst von einem Leerstand von Wohnungen, wenn diese auf dem Wohnungsmarkt angeboten werden und nach **mindestens drei Monaten noch kein (neuer) Mieter** gefunden worden ist. Damit relativiert sich der Leerstandsbegriff im Hinblick auf die übliche Fluktuation, d. h. den Wechsel eines Mieters von einem zu einem anderen Mietobjekt. Zum Abbruch bestimmte und vom Umbau betroffene Wohnungen werden dabei nicht mitgerechnet.

321 Der Leerstand lässt sich durch die sog. **Leerstandsrate** beschreiben, die jeweils für bestimmte Grundstücksarten ermittelbar ist. Die Leerstandsrate definiert sich als

$$\text{Leerstandsrate} = \frac{\text{Leerstand in m}^2 \text{ oder Mieteinheiten}}{\text{Gesamtbestand in m}^2 \text{ oder Mieteinheiten}}$$

322 Die Leerstandsrate ist ein wichtiger **Marktindikator**, der die Marktverhältnisse widerspiegelt, und ist damit Entscheidungshilfe für den Abschluss von Mietverträgen, Bauinvestitionen und städtebauliche Maßnahmen.

323 Leerstandsraten lassen sich u. a. mit sog. **Verfügbarkeitsfaktoren** beurteilen. Diese ergeben sich als Quotient des vorhandenen Leerstands und der jährlichen Vermietungsleistung:

$$\text{Verfügbarkeitsfaktor} = \frac{\text{Leerstand + im Bau befindlicher Bestand − bereits vergebener Bestand}}{\text{Jährliche Vermietungsleistung}}$$

324 *Beispiel:*

– Leerstand (Wohn- oder Nutzfläche)	820 000 m²
Im Bau befindliche Wohn- oder Nutzfläche	1 560 000 m²
– Bereits vergebene Wohn- oder Nutzfläche	370 000 m²
– Jährliche Vermietungsleistung	300 000 m²

Verfügbarkeitsfaktor = 6,7

Beispiel: 325

Durch Vergleich des Flächenbedarfs auf der Grundlage der Zahl der Bürobeschäftigten und der Fläche je Beschäftigten mit dem Flächenbedarf ergibt sich am Beispiel von *Frankfurt am Main* folgende Leerstandsquote in %:

Abb. 30: Leerstandsquote im Bürosektor:

Leerstandsquote im Bürosektor						
Jahr	Zahl der Bürobeschäftigten	Fläche je Beschäftigten in m²	Bedarf m²	Flächenbestand m²	Flächenleerstand m²	Leerstandsquote %
1997	232 714	35,3	8 215 000	9 014 000	799 000	8,9
1998	236 935	35,8	8 490 000	9 120 000	630 000	6,9
1999	245 547	35,8	8 780 000	9 220 000	440 000	4,8
2000	257 428	36,6	9 417 000	9 720 000	303 000	3,1
2001	262 617	37,8	9 928 000	10 220 000	292 000	2,9
2002	261 411	37,3	9 750 000	10 700 000	950 000	8,9
2003	259 906	37,8	9 820 000	11 370 000	1 550 000	13,6
2004	261 655	38,1	9 966 000	11 694 000	1 728 888	14,8
2005	266 564	38,1	10 164 000	11 844 000	1 680 000	14,2
2006	271 895	38,2	10 378 000	11 958 000	1 580 000	13,2

Quelle: DB Research 2004; zur Entwicklung vgl. GuG-aktuell 2007, 4

Leerstand wird **in der Wohnungswirtschaft** nach § 29 II. BV **dem Mietausfallwagnis** 326
(begrifflich) **zugerechnet.** Nach Satz 1 dieser Vorschrift ist das Mietausfallwagnis dort als das Wagnis einer Ertragsminderung definiert, das u.a. durch Leerstehen von Raum entsteht, der zur Vermietung bestimmt ist. Dabei wird kein Unterschied gemacht zwischen

a) dem üblichen (fluktuationsbedingten und funktionalen) Leerstand und

b) einem zeitlich befristeten „vorübergehenden" Leerstand.

Darüber hinaus wird in der Wohnungswirtschaft unterschieden zwischen einem 327

– *fluktuationsbedingten Leerstand,* wenn eine Nutzfläche aufgrund eines Mieterwechsels kurzzeitig (weniger als drei Monate) leer steht (*frictional vacancy due to change of major tenants*)[120],

– *funktionalen Leerstand* (auch „durchführungsbedingter" Leerstand genannt), wenn eine Vermietung von leer stehenden Nutzflächen im Hinblick auf eine anstehende Renovierung, Modernisierung oder Umstrukturierung nicht vorgesehen ist (*vacancy due to functional change or obsolescense*); hierzu gehört auch der Leerstand bei Erstvermietung (*initial vacancy*, vgl. Rn. 320),

– *strukturellen Leerstand,* wenn Nutzflächen innerhalb von drei Monaten nicht vermietet werden können (*vacancy due to structural change*) und

– *konjunktureller Leerstand* (*vacancy due to cyclical change*).

Von einem **strukturellen Leerstand** ist insbesondere auszugehen, wenn ein „dauerhaftes 328
Überangebot" an baulichen Anlagen für bestimmte Nutzungen, namentlich für Wohnzwecke (aber auch für andere Nutzungen; Büroflächen) i.S. des § 171a BauGB besteht oder zu erwarten ist und dies zu „erheblichen städtebaulichen Funktionsverlusten" führen kann. Struktu-

---

[120] Ein Leerstand bis 3 % des Bestands gilt für einen funktionierenden Wohnungsmarkt als normal und ist als Fluktuationsreserve erforderlich.

relle Leerstände treten insbesondere auf längerfristig „übersättigten" Büromärkten und „übersättigten" Wohnungsmärkten auf, wie sie in den neuen Bundesländern vielerorts zu beobachten sind (auch in Stadtumbaugebiete nach § 171a BauGB).

329 Im Rahmen der Verkehrswertermittlung muss, wie schon in der Vorauflage herausgestellt wurde, **zwischen einem dauerhaften und vorübergehenden Leerstand unterschieden** werden. Während nämlich ein „vorübergehender" Leerstand nur temporär zu berücksichtigen ist, geht ein nicht vorübergehender Leerstand in den auf Dauer erzielbaren Reinertrag über ein erhöhtes Mietausfallwagnis „direkt" ein. Dem folgend wird in der ImmoWertV – im Unterschied zur WertV 88/98 und der Wohnungswirtschaft – das Mietausfallwagnis in § 19 Abs. 2 Nr. 3 ImmoWertV als das „Risiko von Ertragsminderungen definiert, die durch uneinbringliche Rückstände von Mieten, Pachten und sonstigen Einnahmen „oder *vorübergehenden* Leerstand von Raum" entstehen. Hieraus folgt, dass im Rahmen des § 8 Abs. 3 ImmoWertV grundsätzlich nur ein vorübergehender Leerstand Berücksichtigung findet.

330 Auf die Höhe des Leerstands kommt es bei dieser Unterscheidung nicht an. Ist davon auszugehen, dass eine hohe Leerstandsquote auf Dauer hoch bleiben wird, muss ein entsprechend hohes Mietausfallwagnis zum Ansatz kommen und das Objekt kann zu einem **Liquidationsobjekt** umschlagen. Bevor man jedoch das Liquidationswertverfahren anwendet, bedarf es zunächst einer sorgfältigen Analyse der Möglichkeiten, eine Rentierlichkeit der Immobilie wieder herbeizuführen (vgl. auch § 10 Abs. 3 BelWertV).

331 Ein **dauerhafter Leerstand** ist bei semantischer Auslegung und im Umkehrschluss zu § 19 Abs. 2 Nr. 3 ImmoWertV ein „nicht vorübergehender" dem Mietausfallwagnis zuzurechnender Leerstand, der mithin im Rahmen der anzusetzenden Bewirtschaftungskosten zu berücksichtigen ist.

332 Ein **struktureller Leerstand** darf nicht mit einem dauerhaften Leerstand im vorstehenden Sinne gleichgesetzt werden. Auch bei einem strukturellen Leerstand kommt es im Rahmen der Verkehrswertermittlung entscheidend darauf an, ob es sich

- um einem *strukturell dauerhaften, aber gleichwohl vorübergehen Leerstand handelt*, der sich durch geeignete Maßnahmen abbauen lässt oder auch ohne solche Maßnahmen allein aufgrund erkennbarer (städtebaulicher, demoskopischer und sonstiger) Entwicklungen „von selbst" abbaut, oder

- um einem *strukturell dauerhaften und in absehbarer Zeit nicht behebbaren Leerstand handelt*, von dem nicht zu erwarten ist, dass er sich aufgrund der Marktentwicklung abbaut und auch in absehbarer Zeit sich nicht durch geeignete Maßnahmen abbauen lässt.

333 Der **Beleihungswertermittlung** ist die mit der ImmoWertV vorgegebene klare Unterscheidung nach vorübergehendem und dauerhaftem (nicht vorübergehenden) Leerstand fremd. § 10 Abs. 3 BelWertV unterscheidet zwischen „strukturellen *oder* lang andauernden Leerständen" und schreibt vor, dass bei strukturellen oder lang andauernden Leerständen besonders zu prüfen ist, ob aufgrund der jeweiligen Marktlage eine Vermietung überhaupt oder zu den angesetzten Mietpreisen in absehbarer Zeit noch zu erwarten ist. Die Unterscheidung nach „strukturellen *oder* lang andauernden Leerständen" ist unschlüssig, denn ein lang andauernder Leerstand kann strukturelle Gründe haben. Darüber hinaus lässt die Vorschrift offen, wie dem jeweiligen Ergebnis der „Prüfung" Rechnung zu tragen ist.

6.6.4.2 Berücksichtigung bei der Verkehrswertermittlung

334 Dem allgemeinen (fluktuationsbedingten und funktionalen) Leerstand wird im Normalfall mit dem entsprechenden Mietausfallwagnis Rechnung getragen. Darüber findet der Leerstand auch mit dem Liegenschaftszinssatz in dem Maße Eingang in die Ertragswertermittlung, wie auch die Objekte, aus denen der Liegenschaftszinssatz abgeleitet wurde, von Leerstand betroffen sind. Einem erhöhten Leerstand in der Weise Rechnung zu tragen, dass der übliche Liegenschaftszinssatz um einen Risikozuschlag erhöht wird, ist grundsätzlich abzulehnen, da ein nicht nur vorübergehender Leerstand dem Mietausfallwagnis zuzurechnen ist und dementsprechend mit dem angesetzten Mietausfallwagnis zu berücksichtigen ist. Eine doppelte Berücksichtigung (Mietausfall und Liegenschaftszinssatz) ist nicht zulässig.

Dem Leerstand kann – wie sich aus der sich aus Abb. 31 ergebenden Übersicht ergibt – in unterschiedlicher Weise Rechnung getragen werden. 335

Abb. 31: Leerstand

a) Funktionaler Leerstand

Der unter Rn. 327 angesprochene **funktionale Leerstand ist i.d.R. ein vorübergehender Leerstand** und entsprechend bei der Verkehrswertermittlung zu berücksichtigen. 336

Beispiel 1: 337

Der Ertragswert eines Büroobjekts ist zum Stichtag 1.6.2009 zu ermitteln. Das Objekt ist zu marktüblich erzielbaren Mieten vermietet. Am Wertermittlungsstichtag ist sicher, dass Mieter A, der 40 % der Gesamtnutzfläche des Gebäudes (4 500 m²; monatliche Nettokaltmiete 160 000 €) angemietet hat, sein Mietverhältnis zum 1.3.2010 kündigt. Der Grundstückseigentümer steht bereits mit einem Nachmieter in Verhandlung, der die gesamte Nutzfläche von 4 500 m² ab 1.9.2010 zur Marktmiete anmieten wird.

In welcher Höhe ist der auf der Basis der Vollvermietung ermittelte Grundstücksertragswert zu mindern, wenn der Mietausfall vom 1.3. bis 1.9.2010 (6 Monate) als sicher anzunehmen ist?

Liegenschaftszinssatz 6,0 %

Nicht umlagefähige Bewirtschaftungskosten für den Leerstand zu Lasten des Vermieters 3 €/m² im Monat. Der vorliegende Sachverhalt wird durch das nachstehende Schaubild verdeutlicht:

Abb. 32: Vervielfältigerdifferenzverfahren

Der Jahreszinssatz beträgt 6 %,
der monatliche Zinssatz 6,0/12 = 0,5 %.

Der Vervielfältiger für (9 + 6 =) 15 Monate beträgt	14,41662
Der Vervielfältiger für 9 Monate beträgt	− 8,77906
Die Vervielfältigerdifferenz beträgt	= 5,63756

Minderbetrag bezogen auf den Wertermittlungsstichtag:
Monatliche Miete 160 000 € zuzüglich nicht umlagefähiger Bewirtschaftungskosten

3 €/m² × 4 500 m²	= 173 500 €
173 500 €/Monat × 5,63756	= 978 117 €

Der auf der Basis der Vollvermietung
ermittelte Grundstücksertragswert ist um rd. 980 000 € zu vermindern.

Alternativberechnung nach dem Diskontierungsmodell

Vervielfältiger bei 6,0 % Jahreszins für 6 Monate:	5,89638
Minderbetrag 173 500 €/Monat × 5,89638	1 023 022 €
Diskontierungsfaktor für 9 Monate bei 0,5 % Zins/Monat: 0,956105	
Auf den Wertermittlungsstichtag diskontierter Minderbetrag	
1 023 022 € × 0,956105	978 116 €

Der auf der Basis der Vollvermietung ermittelte Grundstücksertragswert ist um rd. 980 000 € zu vermindern.

b) Strukturell vorübergehender Leerstand

338 Bei einem **strukturell vorübergehenden (temporären) Leerstand**, dem mit dem üblicherweise und ggf. erhöht angesetzten Mietausfallwagnis (und Liegenschaftszinssatz) nicht hinreichend Rechnung getragen werden kann, vollzieht sich die Ertragswertermittlung unter Anwendung des Standardverfahrens nach § 17 Abs. 2 ImmoWertV in zwei Schritten:

– Zunächst werden der Verkehrswertermittlung gemäß § 17 Abs. 1 Satz 1 ImmoWertV die bei einer Vermietung und Verpachtung „marktüblich erzielbaren Erträge" zugrunde gelegt.

– Im zweiten Schritt werden die mit dem Leerstand einhergehenden gemäß § 8 Abs. 3 ImmoWertV nach den Rechenverfahren berücksichtigt werden, die auch bei Untervermietungen (*underrented*) nach den oben stehenden Ausführungen zur Anwendung kommen (vgl. Rn. 256 ff.).

Bei Anwendung des mehrperiodischen (mehrphasigen) Ertragswertverfahrens nach § 17 Abs. 1 Satz 2 i.V.m. Abs. 3 ImmoWertV werden die leerstandbedingten Ertragsausfälle, die vom Vermieter zu tragenden Betriebskosten und das erhöhte Mietausfallwagnis mit den sich daraus ergebenden jährlichen (geminderten) Reinerträgen erfasst.

339 Bei einem Leerstand muss – im Unterschied zu den üblichen Fällen der Untervermietung (*underrented*) – allerdings zusätzlich beachtet werden, dass vom Eigentümer auch die sonst auf den Mieter umgelegten Betriebskosten zu tragen sind und zwar insoweit, wie diese Betriebskosten unvermeidlich sind. Während des Leerstands fallen nämlich die Betriebskosten des Gesamtobjekts mit einem erheblichen Anteil weiter an. Außerdem entstehen dem Vermieter laufende **Kontrollkosten** (Türen, Fenster, Rohrleitungen), insbesondere auch zur Vermeidung von Vandalismus. Die Einnahmeausfälle erhöhen sich deshalb um die **unvermeidlichen Betriebskosten**. Bei leer stehenden Wohnungen belaufen sich diese auf etwa 60 bis 80 % der sonst üblichen Betriebskosten. Diesbezüglich muss unterschieden werden zwischen

- dem Leerstand, der begrifflich auch dann besteht, wenn die Immobile mietfrei überlassen wurde, und
- dem Leerstand im eigentlichen Sinne.

Im Falle einer mietfreien Überlassung wird nämlich vielfach vereinbart, dass vom Nutzer die Betriebskosten getragen werden, so dass in diesen Fällen nur die Nettokaltmiete ausfällt. Deshalb bedarf es der Klärung, ob zumindest die Betriebskosten vom Mieter getragen werden. Werden sie vom Mieter während der Phase der Mietfreiheit nicht getragen, so erhöhen sich die vom Vermieter zu tragenden Bewirtschaftungskosten wiederum um die üblicherweise auf den Mieter umgelegten Betriebskosten.

340 Nach § 556 Abs. 1 BGB sind im Bereich der Wohnraumbewirtschaftung die Betriebskosten umlagefähig und werden regelmäßig vom Mieter getragen. Deshalb können bei Anwendung des Ertragswertverfahrens auf voll vermietete Wohngebäude die Betriebskosten unbeachtlich bleiben, wenn der Reinertrag aus der Nettokaltmiete abgeleitet wird. Nach der Rechtsprechung des BGH sind leerstandsbedingte verbrauchsunabhängige Betriebskosten nach der gesamten Wohnfläche vom Vermieter zu tragen. Diese bestehen nämlich zu einem Großteil aus verbrauchsunabhängigen Fixkosten. Zur Einsparung kommen jedoch insbesondere die Kosten des reduzierten Wasser- und Energieverbrauchs[121]. Die für eine leer stehende Wohnung aufgewendeten Kosten können jedoch vom Vermieter steuerwirksam bei den Einkünften aus Vermietung abgesetzt werden, wenn er sich ernsthaft bemüht, die Räume wieder zu vermieten[122]. **Leerstandsbedingte Betriebskosten** können auf die übrigen Mieter nur auf der Grundlage einer entsprechenden Vereinbarung mit *allen* Mietern[123] abgewälzt werden.

341 Nach dem Beschl. des BVerwG vom 24.4.2007 – GmS OGB 1/07 – ist ein **Grundsteuererlass** bei Ertragsminderungen aufgrund eines strukturellen Leerstands zulässig. Als Anhaltspunkt für die Ermittlung der steuerlich relevanten Ertragsminderung hatte zuvor der BFH[124] vorgegeben, dass bei Objekten, die zu Beginn eines Kalenderjahres vermietet waren, die Rohertragsminderung auf der Basis der zu diesem Zeitpunkt vereinbarten Miete zu ermitteln ist, sofern diese nicht um mehr als 20 % von der üblichen Miete abweicht, und bei anderen Objekten auf der Grundlage der üblichen Miete zu ermitteln ist. Bei „eigengewerblich" genutzten Grundstücken ist weitere Voraussetzung, dass die Grundsteuererhebung nach den wirtschaftlichen Verhältnissen des Betriebs unbillig wäre. Dies ist nach Auffassung des BVerwG gegeben, wenn das steuerlich maßgebliche Betriebsergebnis negativ ist und die Grundsteuer einen nicht unwesentlichen Anteil (mehr als 1 %) an den gesamten Betriebsausgaben ausmacht.

---

121 Zur Zulässigkeit der Änderung des Abrechnungsmaßstabs für Heizkosten bei Leerstand von Mietwohnungen in einem Mehrfamilienhaus BGH, Urt. vom 21.1.2004 – VIII ZR 137/03 –, BlnGE 2004, 351; AG Zwickau, Urt. vom 20.10.2000 – 2 C 264/00 –, EzGuG 20.175a; AG Leipzig, Urt. vom 14.8.2003 – 11 C 4919/03 –, EzGuG 20.191.
122 FG München – 9 V 1082/04 –.
123 BGH, Urt. vom 31.5.2006 – VIII ZR 159/05 –. Der BGH hat mit Urt. vom 21.1.2004 – VIII ZR 137/03 –, NJW-RR 2004, 659 = EzGuG 3.133 entschieden, dass bei Leerstand der Vermieter die verbrauchsunabhängigen Betriebskosten anteilig (nach der gesamten Wohnfläche) übernehmen muss.
124 BFH, Beschl. vom 13.9.2006 – II R 5/05 –, BStBl II 2006, 921; BFH, Beschl. vom 26.2.2007 – II R 5/05 –, BFH/NV 2007, 1044; OFD Berlin, Vfg. vom 10.4.2003 – St 163 G 1163a 1/97 –.

342 *Beispiel 2: Zweijährige Mietfreiheit (einschließlich Betriebskosten)*

Nach der Lage auf dem Grundstücksmarkt muss für ein leer stehendes Bürogebäude erwartet werden, dass eine Vermietung nur unter Einräumung einer zweijährigen Mietfreiheit möglich ist bzw. es wird ein gleich langer Leerstand hingenommen, um dann aber ein langfristiges Mietverhältnis einzugehen, das einen Ertrag erwarten lässt, der über der derzeitigen „Flaute auf dem Immobilienmarkt" liegt.

Neben dem Ausfall der Nettokaltmiete hat der Grundstückseigentümer während dieser Zeit auch die umlagefähigen Bewirtschaftungskosten (Betriebskosten) während des Mietausfalls zu tragen. Der Renditeausfall setzt sich mithin zusammen aus
– dem Reinertrag zuzüglich der gesamten Bewirtschaftungskosten oder
– der Nettokaltmiete/Grundmiete zuzüglich der umlagefähigen Betriebskosten.

Die Nutzfläche betrage	1 000 m²
Die Nettokaltmiete betrage	20 €/m²
Die Betriebskosten betragen	1,50 €/m²
Der Liegenschaftszinssatz betrage	7 %

Bei einem zweijährigen Nutzungsausfall ergibt sich als Abzugsbetrag:
1 000 m² × (20 €/m² + 1,50 €/m²) × 12 × 1,81 = 466 980 €
V von p: 7 % und n = 2 Jahre = 1,81

343 *Beispiel 3: Mehrjährige Mietfreiheit mit Ausnahme der Betriebskosten*

Ein mit einem Bürogebäude (1 200 m² Nutzfläche) bebautes Grundstück ist zu bewerten. Die am Wertermittlungsstichtag marktüblich erzielbare Nettokaltmiete beträgt 25 €/m² NF. Vermieter und Mieter schließen folgenden Mietvertrag:

Laufzeit des Mietvertrags 10 Jahre. Das erste Jahr ist mietfrei mit Ausnahme umlagefähiger Bewirtschaftungskosten. Vom 2. bis einschließlich dem fünften Jahr beträgt die Miete 20 €/m² NF. Ab dem 6. bis einschließlich dem 10. Jahr werden 30 €/m² vereinbart.

Es ist der Grundstücksertragswert des Objekts unter Vernachlässigung des Bodenwerts zu ermitteln. Die Restnutzungsdauer des Gebäudes beträgt 60 Jahre, der Liegenschaftszinssatz 6 %, die Bewirtschaftungskosten betragen 15 % der Nettokaltmiete/Grundmiete (Abb. 33).

Abb. 33: Mietentwicklung

Abweichender Ertrag § 8 ImmoWertV V

1. Jahresrohertrag

1 200 m² × 25 €/m² × 12 Monate	360 000 €	
./. Bewirtschaftungskosten 15 %	− 54 000 €	
Grundstücksreinertrag	306 000 €	
Vervielfältiger bei 60 Jahren und 6 %	16,16	
Grundstücksertragswert	4 944 960 €	4 944 960 €

2. Berücksichtigung der mietfreien Zeit:

Vervielfältiger bei 1 Jahr und 6 %	0,94	
360 000 € × 0,94		− 338 400 €

3. Berücksichtigung des Minderertrags

5 €/m² × 1 200 m² × 12 Monate		72 000 €
Vervielfältiger bei 6 % und 5 Jahren:	4,21	
./. Vervielfältiger für 1 Jahr:	− 0,94	
Vervielfältigerdifferenz	3,27	
Minderwert 72 000 € × 3,27:		− 235 440 €

4. Berücksichtigung des Mehrertrags

5 €/m² × 1 200 m² × 12 Monate		72 000 €
Vervielfältiger bei 6 % und 10 Jahren:	7,36	
./. Vervielfältiger für 5 Jahre:	− 4,21	
Vervielfältigerdifferenz:	3,15	
Mehrwert: 72 000 € × 3,15		+ 226 800 €
Summe		4 597 920 €
Grundstücksertragswert		rd. 4 600 000 €

Die **Betriebskosten** sind bei Leerstand etwa mit 60 bis 80 % der sonst anfallenden Betriebskosten anzusetzen und erhöhen insoweit den Ertragsausfall. **344**

Beispiel:

Jährlicher Mietausfall infolge Leerstand 2 000 m² × 20 €/m² × 12 Monate	= 480 000 €	
zuzüglich üblicherweise umlagefähige Betriebskosten:		
2 000 m² × 2 €/m² × 12 Monate	= 48 000 €	
davon 80/100: 48 000 € × 80/100	= 38 400 € +	38 400 €
Gesamter Ertragsausfall		518 400 €

Bei einer erwarteten Leerstandszeit von 3 Jahren und einem Liegenschaftszinssatz ergibt sich ein Vervielfältiger von 2,67. Mithin bemisst sich der kapitalisierte Ertragsausfall auf

$$518\ 400\ € × 2{,}67 = \mathbf{1\ 384\ 128\ €}$$

Zur Ermittlung der **nicht umgelegten Betriebskosten für Wohngebäude**, die den Jahresreinertrag des Vermieters mindern, werden nachfolgende Erfahrungssätze angegeben: **345**

Abb. 34: Durchschnittliche Betriebskosten pro m² Wohnfläche in €

Betriebskostenart	pro Jahr	im Monat	umgelegt	nicht umgelegt
Wasserversorgung und -entsorgung	4,70	0,40		
Zentrale Warmwasserversorgung	1,50	0,12		
Verbundene Heizungs- und Warmwasserversorgungsanlagen	1,30	0,11		
Maschinell betriebener Personen- und Lastenaufzug	1,00	0,08		
Straßenreinigung und Müllbeseitigung (Schneebeseitigung)	4,00	0,33		
Gebäudereinigung und Ungezieferbekämpfung	1,10	0,09		
Gartenpflege	1,30	0,11		
Beleuchtung	0,40	0,03		
Schornsteinfegerreinigung	0,60	0,05		
Sach- und Haftpflichtversicherung	1,50	0,12		
Hauswart	1,70	0,14		
Gemeinschaftsantennenanlage	0,50	0,04		
Breitbandkabelnetzverteileranlage	1,00	0,08		
Wäschepflegeanlage	0,50	0,04		
Sonstiges (Dachrinnenreinigung)				
Grundsteuer	2,80	0,23		
		Verbleibt beim Vermieter:		

346 Zu den genannten Betriebskosten können insbesondere bei **Gewerbeimmobilien** weitere **Leerstandskosten** treten:

- anteilige Kosten der Instandhaltung,
- laufende Kontrollkosten,
- Kosten für Mietgarantien,
- Ggf. Umbaukosten und Kosten von Revitalisierungsmaßnahmen,
- Kosten des Imageverlustes,
- Kosten des Leerstandsmanagements,
- Opportunitätskosten (Vermietung zu einem niedrigeren Mietpreis).

Im Falle eines nur **zeitweise und in ungewöhnlicher Höhe auftretenden Leerstands**, z. B. in der Anlaufphase eines neu errichteten Bürokomplexes (Aquisitionszeitraum), belaufen sich die nicht umgelegten Betriebskosten auf etwa 2 €/m² NF.

347 Sind **Mietgarantien** gegeben worden, entstehen als weitere Verluste anstelle der entgangenen Miete die Auszahlungen in Höhe der Mindestgarantie.

c) Strukturell dauerhafter Leerstand

Schrifttum: IDW RS WFA 1: Berücksichtigung von strukturellem Leerstand bei zu Vermietung vorgesehenen Wohngebäuden (IDW Stellungnahme zur Rechnungslegung) GuG 2005, 101; *Kleiber, W.*, Wertermittlung und Stadtumbau, vhw FW 2003, 304.

348 Gebäude mit strukturellem hohem Leerstand sind grundsätzlich liquidationsverdächtig. Sie schlagen in Liquidationsobjekte umso eher um

- je höher der *Bodenwert* ist,
- je höher die *Leerstandquote* (d.h., je kleiner die vermietete Wohn- bzw. Nutzfläche) ist und
- je größer die dem Eigentümer verbleibenden (nicht umlegbaren) *Betriebskosten* sind.

Mit steigendem Leerstand erhöhen sich die zusätzlich zu tragenden Betriebskosten, während die Einnahmen sinken. Übersteigen die Betriebskosten die Jahresnettokaltmiete der vermieteten Wohn- und Nutzfläche – vermindert um die Verwaltungs- und Instandhaltungskosten, das Restmietausfallwagnis und den Bodenwertverzinsungsbetrag –, so schlägt das Objekt in ein **Liquidationsobjekt** um, weil der Fortbestand des Objekts zu Einbußen führt (Abb. 35).

Abb. 35: Entwicklung der Ertragsverhältnisse mit zunehmendem Leerstand

Maßgebliche Größe für das Umschlagen in den Liquidationsfall ist die dauerhafte **Leerstandsquote.** Untersuchungen in den neuen Bundesländern haben überschlägig ergeben, dass bei geringen Nettokaltmieten ein Leerstand ab einer Quote von 20 % kritisch wird! Diese Grenzrate der Leerstandsquote ist abhängig von dem allgemeinen Mietniveau und liegt etwa bei 30 % und in strukturschwachen Räumen sogar schon bei etwa 20 %.

Übersteigen zum Wertermittlungsstichtag die unvermeidlichen Betriebskosten die verbleibende Jahresnettokaltmiete der vermieteten Wohn- und Nutzfläche – vermindert um die Verwaltungs- und Instandhaltungskosten, das Restmietausfallwagnis und den Bodenwertverzinsungsbetrag – und kann ein Abbau des Leerstands in absehbarer Zeit nicht erwartet werden, so bestimmt sich der Verkehrswert nach dem **Liquidationswert** i.S. des § 16 Abs. 3 ImmoWertV (sofortige Liquidation):

Liquidationswert = Bodenwert (unbebaut) – Freilegungskosten

Als ein besonderes vornehmlich in den neuen Bundesländern auftretendes Problem kommt hinzu, dass in Gebieten mit niedrigem Bodenwert die **Freilegungskosten** häufig **den Bodenwert übersteigen.** In diesem Fall ist das Grundstück praktisch unverkäuflich.

Nach der bisherigen Rechtsprechung ist eine **Verwertungskündigung zum Zwecke des Abrisses** (Rückbau) nur zulässig, um das Grundstück neu zu bebauen oder es im beräumten Zustand zu verkaufen. Der ersatzlose Rückbau eines Gebäudes ist keine wirtschaftliche Verwertung i.S. des § 573 Abs. 2 Nr. 3 BGB: Eine zu diesem Zweck ausgesprochene Kündigung des Mietverhältnisses ist in den neuen Bundesländern nicht durch Art. 232 § 2 Abs. 2 EGBGB ausgeschlossen[125]. Rechtlich unklar ist, ob der Tatbestand einer Verwertungskündigung dann vorliegt, wenn mit dem Rückbau lediglich finanzielle Verluste beseitigt werden sollen, ohne dass anschließend das Grundstück neu bebaut oder anderweitig genutzt wird.

353 Verbleibt indessen zum Wertermittlungsstichtag noch eine positive Jahresnettokaltmiete und muss jedoch mit einem weiteren Anstieg der Leerstandquote gerechnet werden, so bestimmt sich die wirtschaftliche **Restnutzungsdauer** nach dem Zeitraum, in dem diese bei ordnungsgemäßer Unterhaltung und Bewirtschaftung voraussichtlich noch wirtschaftlich genutzt werden kann. Eine wirtschaftliche Nutzung ist spätestens von dem Zeitpunkt ab nicht mehr gegeben, zu dem die bauliche Anlage nach den vorstehenden Betrachtungen nur noch Verluste erwirtschaftet, d. h., mit der Zunahme der Leerstandsquote vermindert sich die Restnutzungsdauer; davon können selbst aufwendig modernisierte Gebäude betroffen sein, wenn schon aufgrund der demoskopischen Entwicklung mit einer wachsenden Leerstandsquote zu rechnen ist. Die verbleibende wirtschaftliche Restnutzungsdauer bestimmt sich in diesem Fall nach der verbleibenden Zeit, in der die Betriebskosten den um die Betriebskosten unverminderten Jahresreinertrag (noch) nicht „auffressen". Bei Anwendung des Ertragswertverfahrens ist jeweils der um die Freilegungskosten verminderte Bodenwert anzusetzen (alsbaldige Liquidation).

d) Grenzfälle

354 Insbesondere in den neuen Bundesländern[126] ist es häufig schwer abschätzbar, ob der strukturelle Leerstand, von dem insbesondere der Wohnungsbestand betroffen ist, durch bauliche und städtebauliche Maßnahmen in absehbarer Zeit abgebaut werden kann oder dauerhafter Natur ist. Ertragswirtschaftlich befinden sich diese von einem erheblichen Leerstand betroffenen Wohngebäude in einer „Grauzone" zwischen einem dauerhaften und vorübergehenden strukturellen Leerstand. Hier bedarf es zunächst einer sorgfältigen **Analyse aller Möglichkeiten, eine Rentierlichkeit der Immobilie wieder herbeizuführen.** Dazu gehört insbesondere die Prüfung der bautechnischen Anlagen, des Gebäudemanagements, der steuerlichen Rahmenbedingungen, der Altlastenproblematik, des Wohnungsmarktes und baulicher Maßnahmen zur Attraktivitätsverbesserung unter Berücksichtigung des Sanierungsaufwands sowie der städtebaulichen und demoskopischen Entwicklung.

355 Bei alledem ergeben sich für leerstandsbetroffene Gebäude „Überlebenschancen" auch durch den Rückbau anderer leerstandsbetroffener Gebäude, da damit die „Restmieter" wieder auf den Mietermarkt kommen. Aus dieser Situation ergibt sich die Chance, ein Gebäude, das infolge eines erheblichen Leerstands schon als Liquidationsobjekt eingestuft werden kann (z. B. weil vom Eigentümer zu tragende Betriebskosten den Reinertrag der „Restmieter" übersteigen), dadurch wieder einer eingeschränkten Rentierlichkeit zuzuführen, dass durch eine attraktive Absenkung der Mieten (ggf. in Verbindung mit Modernisierungsmaßnahmen) der Leerstand abgebaut wird. Bevor man leerstandsbetroffenen Gebäuden vorschnell einen Liquidationswert (Bodenwert abzüglich Freilegungskosten) zuordnet, muss geprüft werden, mit welchen Mietabsenkungen sich der Leerstand abbauen lässt. Liquidationsverdächtige Objekte können durchaus werthaltig sein, wenn auch **Mietsenkungen bei der Verkehrswertermittlung in Betracht** gezogen werden.

356 Kommt man zum Ergebnis, dass der im Einzelfall vorliegende Leerstand vorübergehender Natur ist, bedarf es einer prognostizierenden **Abschätzung der Intensität und der Dauer des Leerstands.** Der damit verbundenen Unsicherheit der Verkehrswertermittlung kann der Sachverständige häufig nur dadurch gerecht werden, indem er die bei nüchterner Betrachtungsweise in Betracht kommenden Szenarien in seinem Gutachten darlegt und seine Ver-

---

[125] BGH, Urt. vom 24.3.2004 – VIII ZR 188/03 –, GuG 2004, 317 = BlnGE 2004, 611.
[126] Fürl, L./Schwarz, M., Grundstücksmarkt und Wohnungsmarktsegmente unter Schrumpfungsbedingungen, GuG 2003, 313.

kehrswertermittlung unter den Vorbehalt der Richtigkeit seiner Prognose stellt, denn seine Prognosen kann er nicht gewährleisten.

Mitunter wird versucht, die Unrentierlichkeit einer Immobilie durch Hinausschieben der **Instandhaltung** zu vermeiden. Eine reduzierte bzw. unterlassene Instandhaltung entspricht jedoch nicht einer ordnungsgemäßen Bewirtschaftung und führt zwangsläufig zu einer Verkürzung der wirtschaftlichen Restnutzungsdauer, verbunden mit hohen Risiken. Unterlassene Instandhaltungen, auch wenn sie nicht in jedem Fall zu einer Verkürzung der üblichen Restnutzungsdauer führen, mögen zwar die Problematik eines hohen Leerstands zeitweise abfedern, der Sachverständige darf sich dadurch aber in der Beurteilung der Immobilie nicht täuschen lassen. 357

Abb. 36: Beispiel:

Es ist die Gesamtsituation in der Gemeinde unter Berücksichtigung der Gegebenheiten des Wertermittlungsobjekts zu analysieren.

Prüfraster 358

a) Lässt die Gesamtsituation in der Gemeinde aufgrund der gemeindlichen Leerstandquote unter Einbeziehung des Umlands den Abgang (Rückbau) von Wohnraum erwarten?

b) Ist das Wertermittlungsobjekt aufgrund seiner gebietlichen Lage und der Merkmale des Wertermittlungsobjekts davon betroffen (Prioritätenabschätzung)?

c) Ergeben sich Chancen für eine Revitalisierung des Objekts aufgrund von
- baulichen Maßnahmen zur Verbesserung und
- des Abgangs von Wohnraum an anderer Stelle mit einer erhöhten Nachfrage durch die dann umzusetzenden „Restmieter"? (Wer zuerst abreißt, hat schon verloren.)

d) Welche Gebiete und Gebäude sind nach den Vorstellungen der Gemeinde zum Rückbau bestimmt?

e) Welche Zeitschiene kann für den Rückbau erwartet werden?

f) Welches zusätzliche Mieterpotenzial ergibt sich infolge des Rückbaus leerstandsbetroffener Gebäude?

Bei alledem ergeben sich für leerstandsbetroffene Gebäude „Überlebenschancen" durch den Rückbau anderer leerstandsbetroffener Gebäude, da damit die „Restmieter" wieder auf den Mietermarkt kommen. 359

Als Ergebnis der Analyse ergibt sich ein Szenario zur Dauer und Intensität des vorübergehenden Leerstands sowie ggf. zu den baulichen Verbesserungsmaßnahmen, mit denen die Attraktivität der leerstandsbetroffenen Gebäude verbessert werden kann. Dementsprechend werden diese Erkenntnisse in die Wertermittlung eingestellt. Das Ergebnis der Wertermittlung steht dann unter dem Vorbehalt der richtigen Prognose.

360 Schema der Ertragswertermittlung:

Ertragswert bei nachhaltiger Vollvermietung

abzüglich kapitalisierter Einnahmeausfall infolge Leerstand

abzüglich kapitalisierte nicht umlagefähige Betriebskosten

abzüglich Barwert der Kosten einer Modernisierung bzw. Umstrukturierung

= Ertragswert eines Gebäudes entsprechend dem prognostizierten Leerstand

Abb. 37: Erheblicher, aber vorübergehender (temporärer) Leerstand

6.6.5 Abweichungen aufgrund atypischer Nutzungen (Fehlnutzungen)

361 Von einer atypischen Nutzung (Fehlnutzung) kann gesprochen werden, wenn ein Grundstück zwar zu den marktüblich erzielbaren Erträgen vermietet bzw. verpachtet ist, jedoch die ausgeübte Nutzung nicht der Lage des Objekts und seiner Nutzbarkeit entspricht. Es handelt sich um den Fall einer nicht objektadäquaten Nutzung des Grundstücks.

362 Ein derartiger Fall ist beispielsweise gegeben, wenn das Erdgeschoss eines in einer Geschäftszeile gelegenen Grundstücks am Wertermittlungsstichtag zu Wohnzwecken vermietet ist, obwohl eine höherwertige Nutzung für Büro- und Einzelhandelsnutzung nicht nur zulässig, sondern auch üblich ist. Auch wenn der Mieter die für eine Wohnnutzung marktüblich erzielbare Miete entrichtet, ist der Fall eines Abweichens von den marktüblich erzielbaren Erträgen gegeben, denn ein wirtschaftlich handelnder Eigentümer wird danach trachten, die Wohnung objektadäquat zu nutzen. Hieran kann er vorübergehend aufgrund vertraglicher Bindungen gehindert sein (Abb. 38).

Abb. 38: Vorübergehendes Nutzungsdefizit

Bei dieser Konstellation ist im wirtschaftlichen Ergebnis der Fall einer Unternutzung (*underrented*) gegeben. Die daraus resultierende Wertminderung bemisst sich wiederum nach der davon betroffenen Fläche und dem Zeitraum, über den der Eigentümer aufgrund wohnungs- und mietrechtlicher Bindungen gehindert ist, die höherwertige Nutzung zu realisieren. Dabei muss auch die Möglichkeit in Betracht gezogen werden, das Mietverhältnis durch **Abstandszahlungen** vorzeitig zu beenden. Des Weiteren sind die **Kosten einer Umnutzung** zu berücksichtigen.

Beispiel:

Ein in der Innenstadt (MK-Gebiet) gelegenes Wohn-/Geschäftshaus ist im Erdgeschoss für Wohnzwecke vermietet. Die erzielte Miete entspricht der marktüblichen für Wohnräume erzielbaren Miete. Der Mieter ist bereit, gegen eine Abstandszahlung von 20 000 € sein Mietverhältnis vorzeitig aufzulösen, um damit dem Eigentümer die Möglichkeit zu eröffnen, den Wohnraum für eine gebietsübliche Einzelhandelsnutzung herzurichten; rechtliche Gründe stehen dem auch nicht entgegen (Zweckentfremdungsverbot, Erhaltungssatzung i.S. des § 172 BauGB). Ein Nutzungsinteressent ist bereit, bei einem zehnjährigen Mietvertrag unter üblichen Konditionen den Umbau auf eigene Kosten vorzunehmen.

Lösung:

a) Im ersten Schritt ist die Angemessenheit der geforderten Abstandszahlung zu überprüfen. Die geforderte Abstandszahlung ist angemessen, wenn sie den Usancen der Immobilienwirtschaft entspricht und unter dem Barwert der erzielbaren Mehrbeträge für die derzeit für Wohnzwecke genutzten Räume liegt:

- Das Mietverhältnis lässt erwarten, dass die 100 m² große Wohnung in ca. 10 Jahren frei wird bzw. frei gemacht werden kann.
- Im Falle einer Einzelhandelsvermietung könnte die Miete von derzeit 6 €/m² WF auf 20 €/m² NF heraufgesetzt werden.

Potenzieller Mehrertrag:

(20 € − 6 €) × 100 m² × 12 Monate = 16 800 € p.a.

Barwert für 10 Jahre bei einem Zins von 5,5 % (V = 7,54)

16 800 € × 7,54 = 126 672 €

Die geforderte Abstandszahlung von 20 000 € unterschreitet den Barwert des potenziellen Mehrertrags deutlich.

b) Der Ertragswert wird auf der Grundlage einer Umnutzung des Erdgeschosses ermittelt und um die dabei üblicherweise anfallenden Umnutzungskosten einschließlich Abstandszahlung vermindert.

Erst wenn mit Abstandszahlungen oder in einer anderen geeigneten Weise das Mietverhältnis nicht aufgelöst werden kann, muss solchen Fällen unter Berücksichtigung der mietrechtlichen Bindungen dadurch Rechnung getragen werden, dass **für den Zeitraum des Kündigungsschutzes wertermittlungstechnisch von einer Untervermietung ausgegangen wird**.

Bei **gewerblichen Mietverhältnissen** stellt sich die Situation i.d.R. einfacher als für Wohnraum dar. Ist nämlich das Mietverhältnis für eine feste Vertragslaufzeit abgeschlossen worden, endet es grundsätzlich mit dem vertraglichen Ablauf (§ 542 BGB), ohne dass das Mietverhältnis gekündigt werden müsste.

367 Setzt der Mieter nach Ablauf der **vertraglichen Festmietzeit** das Mietverhältnis fort, tritt nach § 545 BGB eine stillschweigende Verlängerung des Mietverhältnisses auf unbestimmte Zeit ein, sofern nicht eine Vertragspartei ihren entgegenstehenden Willen innerhalb von zwei Wochen dem anderen Teil erklärt. Ansonsten kann das Mietverhältnis nach Maßgabe der §§ 568 ff. BGB von jeder Vertragspartei gekündigt werden; insoweit stellt sich bei einer **unwirtschaftlichen Nutzung des gewerblich genutzten Grundstücks** die Situation einfacher als bei einer Nutzung für Wohnzwecke dar.

368 Derartige Fallkonstellationen dürfen in der vorgestellten Weise nur auf der Grundlage einer sorgfältigen Analyse des Mietverhältnisses, seiner Kündbarkeit sowie einer **nüchternen Analyse der wirtschaftlich vernünftigen Verwertbarkeit der Immobilie** unter Berücksichtigung ihrer Nachbarschaft behandelt werden. Spekulative und einer ordnungsgemäßen Grundstücksbewirtschaftung nicht entsprechende Nutzungsmöglichkeiten müssen außer Betracht bleiben. Bei dieser Vorgehensweise geht es im Wesentlichen darum, ein Missverhältnis zwischen der tatsächlichen und der objektadäquaten Nutzung angemessen zu berücksichtigen.

369 Der vorgestellte Fall legt auch die **Grenzen der Verkehrswertermittlung** offen. Lässt man nämlich einmal die in dem Beispielsfall vorgegebene Abstandssumme von 20 000 € außer Betracht, weil der Mieter diesbezüglich erst noch in Verhandlung treten will, so wird deutlich, dass der Verkehrswert im Rahmen der Spanne des potenziellen Mehrerlöses schwankt. Welcher Anteil des potenziellen Mehrerlöses dem Verkehrswert zuzurechnen ist, wäre dann von dem Ergebnis der Ablöseverhandlungen abhängig. Mit dem potenziellen Mehrerlös wird lediglich der Verhandlungsspielraum des Eigentümers vorgegeben. In seinen Verhandlungen kann er – wirtschaftlich vernünftig handelnd – bis zu diesem Betrag gehen. Dies kann im Einzelfall, wie im Übrigen auch der Fall „Weinhaus Huth" in Berlin gezeigt hat, zu beträchtlichen Unterschieden führen.

370 Der vorgestellte Fall kann sich in einer noch „verschärfenden" Form für **Liquidationsobjekte** stellen, wenn die Ertragsverhältnisse in einem deutlichen Missverhältnis zum Bodenwert stehen, das Objekt aufgrund mietrechtlicher Bindungen nicht freigelegt werden kann und eine Auflösung des Mietverhältnisses (z. B. nach § 573 BGB oder nach den Vorschriften der §§ 182 ff. BauGB) nicht möglich ist.

371 Als ein weiteres *Beispiel* kann der Fall eines Objekts mit ungünstiger, aber leicht veränderbarer Raumaufteilung angeführt werden. So wird im Einzelhandel danach getrachtet, die *Verkaufsfläche* möglichst groß und die *Lagerfläche* möglichst klein zu halten. Ein **Verhältnis von 80 % zu 20 % deutet auf ungünstige und verbesserungsfähige Aufteilung** hin, insbesondere wenn sich dieses Verhältnis auf derselben Ebene ergibt.

372 Mitunter kann es angezeigt sein, die **Grundrissgestaltung** eines Ladens kritisch nach Optimierungsmöglichkeiten zu prüfen. So weisen Läden in den neuen Bundesländern oftmals ein ungünstiges Verhältnis zwischen Verkaufs- und Lagerflächen auf, das nicht unmittelbar der Verkehrswertermittlung zugrunde gelegt werden kann. Übergroße Lagerflächen werden bei moderner Anlieferungstechnik (*„just in time"*) mit einer Verlagerung der Lagerfläche auf die Straße nicht mehr benötigt. Kann z. B. durch Umbauten (z. B. den Versatz einer Trennwand) die Verkaufsfläche deutlich (zu Lasten der Lagerfläche) erhöht werden, so können damit zumindest die Voraussetzungen für eine Verbesserung der Ertragssituation geschaffen werden (Abb. 39).

Abb. 39: Supermarkt mit übergroßer Lagerfläche

Beispiele:

Übliche Nebenfläche eines	Verbrauchergroßmarktes	25–30 %
	Schuhfachgeschäft	bis 40 %
	Damenoberbekleidung	10–15 %

6.6.6 Temporäre Einnahmen aufgrund von Zwischennutzungen, Werbeflächen, Antennenanlagen und dgl.

Temporäre Mehrerträge z. B. aus einer Zwischennutzung, des Grundstücks, der vorübergehenden Vermietung von Werbeflächen und Lichtwerbeanlagen, der Aufstellung von Warenautomaten, Antennenanlagen und dgl., sind spiegelbildlich zu Mindereinnahmen aus vorübergehendem Leerstand und dgl. wertmindernd zu berücksichtigen. Dies gilt grundsätzlich für alle zur Anwendung kommenden Wertermittlungsverfahren, soweit dem nicht direkt mit dem herangezogenen Verfahren Rechnung getragen worden ist. Bei Anwendung des Ertragswertverfahrens nach Maßgabe des § 17 Abs. 1 Satz 1 i.V.m. Abs. 2 ImmoWertV (Standardverfahren) bleiben diese Erträge deshalb zunächst außer Betracht, wenn mit diesen Erträgen nicht über die gesamte Restnutzungsdauer der baulichen Anlage zu rechnen ist. Die zusätzlich aber nicht auf Dauer erzielbaren Erträge werden – kapitalisiert über die voraussichtliche Dauer – nach Maßgabe des § 8 Abs. 3 ImmoWertV berücksichtigt. Bei Anwendung des mehrperiodischen (mehrphasigen) Ertragswertverfahrens nach Maßgabe des § 17 Abs. 1 Satz 2 i.V.m. Abs. 3 ImmoWertV können die vorübergehenden Mehrerträge in den jeweiligen Phasen mitberücksichtigt werden. Dabei sind die aus vorstehenden Nutzungen resultierenden besonderen Bewirtschaftungskosten sowie besondere Zahlweisen (z. B. vierteljährliche Zahlungen) und dgl. zu berücksichtigen.

Beispiel:

Auf einem Grundstück befindet sich ein Gebäude mit freistehender Giebelwand, die als Werbefläche genutzt wird. Die Restnutzungsdauer des Gebäudes betrage 70 Jahre. Es muss erwartet werden, dass die Giebelwand nur noch 20 Jahre für Werbezwecke genutzt werden kann. Der daraus resultierende Reinertrag betrage 5 000 € pro Jahr. Bei einem Liegenschaftszinssatz von p = 5 % ergibt sich bei der Restnutzungsdauer von 20 Jahren ein Vervielfältiger von V = 12,46.
Der Ertragswert des Grundstücks erhöht sich damit um: 5 000 € × 12,46 = 62 300 €.

Bei der Ertragswertermittlung dürfen **nur solche Einnahmen aus Werbeflächen berücksichtigt werden, die zulässigerweise erzielt werden,** d.h., die Werbefläche muss zumindest bauaufsichtlich genehmigungsfähig sein[127]. So bedarf es z. B. in *Nordrhein-Westfalen* einer Genehmigung, wenn der Werbeträger an einem Gebäude die Werbefläche von 0,80 m² überschreiten möchte[128]. Die Genehmigung hat nach § 11 BauVorlVO der Hersteller der Werbeanlage zu beantragen. Auch sind **bauordnungsrechtliche Auflagen** zu berücksichtigen.

377 Die **Einnahmen aus der Vermietung von Reklameflächen** oder Stellflächen für Warenautomaten können als hinreichend gesichert angesehen werden, wenn die werbenden oder verkaufenden Firmen gute Bonität besitzen und die **Verträge** zur Überlassung der Flächen oder Vorrichtungen **für einen längeren Zeitraum** geschlossen werden. In der Praxis sind bei Pachtdauern zwischen 5 und 10 Jahren monatliche oder vierteljährliche Zahlungen üblich. Es gibt auch Fälle, in denen die Zahlung der Pacht oder Miete im Voraus für den gesamten Vertragszeitraum vereinbart wird. Da in diesem Fall bei späterer Veräußerung des Grundstücks das entsprechende Teilentgelt aus der Reklamenutzung meistens nicht auf den Käufer weitergegeben wird, scheidet eine Berücksichtigung der Einnahme für die Wertermittlung i.d.R. aus.

378 Die erzielbaren **Einnahmen** liegen **bei Zigarettenautomaten** zwischen 4 und 6 % des erzielten Umsatzes. Die Einnahmen der Nutzung des Grundstücks für Reklamezwecke sind bei der Wertermittlung wie folgt zu berücksichtigen: Der Jahresreinertrag aus der Verpachtung oder Vermietung der Flächen wird über die Restlaufzeit des bestehenden Vertrags mit einem entsprechenden marktüblichen Habenzinssatz kapitalisiert und dem Ertragswert der baulichen Anlagen zugeschlagen.

379 Wegen der kaum voraussehbaren und oft schnellen Wandelbarkeit der angebotenen Produkte und Leistungen ist zu empfehlen, den **Kapitalisierungszeitraum** bei vertraglich nicht genau festgelegter Laufzeit der Verträge auf **maximal 10 Jahre** zu begrenzen.

380 Soweit den Einnahmen aus Werbefläche **Bewirtschaftungskosten** gegenüberstehen, sind sie bei der Ermittlung des Reinertrags aus Werbeflächen zu berücksichtigen. Die häufig beachtlichen **Herstellungs-, Montage-, Energie- und Unterhaltungskosten** werden im Allgemeinen vom Pächter der Werbeflächen oder vom Automatenaufsteller getragen. Nach Ablauf der Pachtdauer ist der Pächter grundsätzlich auch zur Wiederherstellung des ursprünglichen Zustands verpflichtet.

381 *Beispiel:*

Eine giebelseitige Werbefläche ist für den Betrag von 10 000 € p.a. auf fünf Jahre vermietet. Nach Ablauf dieser Zeit ist die Bebauung des Nachbargrundstücks beabsichtigt. Bei einem Zinssatz von 6 % ergibt sich ein Vervielfältiger von 4,21. Der Ertragswert erhöht sich damit um

10 000 € × 4,21 = 42 000 €.

382 Einen Sonderfall bietet die Werbeflächennutzung in Zusammenhang mit der dinglichen **Bierbezugsverpflichtung** von Brauereien (vgl. Teil IX Rn. 417 ff.). Neben dem Recht des ausschließlichen Vertriebs ihrer Erzeugnisse auf dem Grundstück sichern sich Brauereien oft auch das Recht, Werbeanlagen anzubringen und Getränkeautomaten zu unterhalten. Da sie sich i.d.R. finanziell an den Kosten der Einrichtung und des Inventars beteiligen, werden besondere Vergütungen für das Recht, Werbeanlagen und Getränkeautomaten anzubringen oder aufzustellen, selten gezahlt.

383 Für **Antennenanlagen** des Mobilfunks auf Hausdächern, Türmen und Masten werden – abhängig vom Umfang der Anlage – Nutzungsentgelte in Höhe von 3 000 € bis 6 000 € p.a. und in besonderen Fällen bis 7 500 € bei einer Befristung bis höchstens 30 Jahre und bei Zahlung im Voraus vereinbart. Der Kapitalisierungszinssatz liegt zwischen 4 bis 6 %[129]. Das Nut-

---

127 BVerwG, Urt. vom 28.4.1972 – 4 C 11/68 –, EzGuG 3.41; BVerwG, Urt. vom 28.6.1955 – 1 C 146/53 –, EzGuG 3.6; BGH, Urt. vom 3.2.1978 – V ZR 79/75 –, EzGuG 3.60.
128 VGH Mannheim, Beschl. vom 15.12.1989 – 8 S 300 6/89 –, EzGuG 3.81; OVG Berlin, Urt. vom 14.10.1988 – 2 B 51/87 –, BRS Bd 48 Nr 121; OVG Berlin, Urt. vom 23.9.1988 – 2 B 39/87 –, BRS Bd 48 Nr 122; OVG Koblenz, Urt. vom 22.7.1987 – 1 A 128/85 –, BRS Bd 48 Nr 120; OVG Berlin, Urt. vom 14.10.1988 – 2 B 51/87 –, BRS Bd 48 Nr. 121; OVG Berlin, Urt. vom 23.9.1988 – 2 B 39/87 –, BRS Bd 48 Nr 122; OVG München, Urt. vom 3.6.1986 – 11 A 1091/84 –, NVwZ 1987, 67 = BauR 1986, 544 = VwR 1986, 354 = Städte- und Gemeinderat 1986, 362.
129 Vgl. DST Umdruck 670 vom 5.5.1999 = GuG 2001, 104; Flintrop, H., Der Einfluss von Mobilfunkantennen auf den Verkehrswert, GuG 2001, 321.

zungsentgelt für **Mobilfunkstationen** in **Straßentunnels** liegt – unabhängig von der Länge und Frequentierung des Tunnels – bei 2 500 € pro Station (vgl. § 6 ImmoWertV Rn. 284 ff.).

6.6.7 Sonstige besondere objektspezifische Grundstücksmerkmale

6.6.7.1 Übersicht

§ 8 Abs. 3 ImmoWertV enthält nur eine beispielhafte Aufzählung „besonderer objektspezifischer Grundstücksmerkmale". Neben den genannten Beispielen sind zu nennen: **384**

- Optionen,
- Altlasten,
- eine eingeschränkte Drittverwendungsmöglichkeit, verbunden mit einem Modernisierungsrisiko,
- Aufwendungen für einen bevorstehenden Abbruch von Teilen der baulichen Anlagen des Grundstücks,
- besondere Außenanlagen einschließlich Aufwuchs,
- Denkmalschutz,
- Aufwuchs und sonstige bauliche Außenanlagen sowie
- Rechte und Belastungen.

6.6.7.2 Optionen

Der Zeitraum, über den Abweichungen der bei ordnungsgemäßer Bewirtschaftung marktüblich erzielbaren Erträge (ortsübliche Vergleichsmiete) von den vertraglichen Erträgen zu berücksichtigen sind, bestimmt sich bei vereinbarten Optionen nach der für den Optionsberechtigten gegebenen Gesamtsituation. Allgemein gilt der **Grundsatz, dass Optionen in der Weise ausgeübt werden, wie es für den Optionsberechtigten wirtschaftlich vernünftig** ist. Bei einem Objekt, das „*overrented*" vermietet ist, kann z. B. erwartet werden, dass der optionsberechtigte Mieter sein Mietverhältnis zu den bestehenden Konditionen nur dann verlängert, wenn dafür wirtschaftliche Gründe gegeben sind. Sind dafür keine zwingenden Gründe gegeben, muss erwartet werden, dass das Mietverhältnis zu der dann ortsüblich erzielbaren Vergleichsmiete fortgesetzt wird. **385**

Beispiel: **386**

Mitte des Jahres 2001 erwirbt ein Investor ein Geschäftsgrundstück mit 3 Läden im Erdgeschoss und 6 Büros in den Obergeschossen. Die Mietverträge laufen zwischen dem 30.11.2001 und 30.11.2004 aus, so dass der Käufer damit rechnen konnte, die teilweise sehr niedrigen Mieten (Büromiete Büro A, D, E, F 14 €/m², Büromiete B 16 €/m² und Ladenmieten C, G, H 40 €/m²) alsbald auf das marktübliche Niveau (Büros auf 20 €/m², Ladenflächen auf 45 €/m² NF) anzuheben (in den Mietverträgen war lediglich die Werthaltigkeit der Mieten über eine Anpassung entsprechend der Veränderung der Lebenshaltungskosten gesichert). Die Möglichkeit schnell erfolgender Mieterhöhungen hatte auch die Kaufpreisbildung wesentlich beeinflusst. Nach dem Kauf stellte sich jedoch heraus, dass bei zwei Büros und einem Laden folgende Optionsrechte auf Verlängerung der Mietverträge bestanden:

Büro A: Mietfläche 175 m², Miete 14 €/m² nettokalt. Ablaufzeitpunkt des Mietvertrags 30.11.2001 (war dem Käufer bekannt), aber Option auf Verlängerung des Mietvertrags zu den gleichen bestehenden *Bedingungen vom 1.12.2001 bis 30.11.2003* (war dem Käufer nicht bekannt).

Büro B: Mietfläche 170 m², Miete 16 €/m² nettokalt. Ablaufzeitpunkt des Mietvertrags 30.11.2004 (war dem Käufer bekannt), aber Option auf Verlängerung des Mietvertrags zu den gleichen bestehenden Bedingungen vom 1.12.2004 bis 30.11.2017 (war dem Käufer nicht bekannt).

Laden C: Mietfläche 35 m², Miete 40 €/m² nettokalt. Ablaufzeitpunkt des Mietvertrags 30.11.2002 (war dem Käufer bekannt), aber Option auf Verlängerung des Mietvertrags zu den gleichen bestehenden Bedingungen vom 1.12.2002 bis 30.11.2027 (war dem Käufer nicht bekannt).

V § 8 ImmoWertV Abweichender Ertrag

Am Kaufzeitpunkt hatte noch keiner der drei Mieter das Optionsrecht ausgeübt. Trotzdem beeinflussten diese beim Kauf nicht mitgeteilten Optionsrechte die Renditekalkulation des Käufers erheblich, so dass er gegen den Veräußerer eine Klage auf Kaufpreisminderung anstrengte.

Frage 1: Wie hoch wäre der Kaufpreisminderungsbetrag rechnerisch anzusetzen, wenn davon ausgegangen wird, dass alle drei Mieter die Option ausüben werden?

Frage 2: Wie hoch ist die sich aus der rechnerischen Kaufpreisminderung ergebende tatsächliche Wertminderung anzusetzen, wenn man den Umständen Rechnung trägt, dass

– eine Option möglicherweise nicht ausgeübt wird und
– die Kalkulation einer Marktmiete von 20 €/m² bzw. 45 €/m² für Ende 2002 bzw. Ende 2004 mit Unsicherheiten behaftet ist?

Anzuwendender Zinssatz 6,0 v.H.

387 Lösung:

	Fläche (m² NF)	übliche Miete	tatsächlich gezahlte Miete	marktübliche Jahresmiete (€)	Tatsächliche Jahresmiete (€)	Verlust/Jahr (€)
Büro A	175	20	14	42 000	29 400	– 12 600
Büro B	170	20	16	40 800	32 600	– 8 160
Laden C	35	45	40	16 800	16 800	– 2 100
			zusammen:	99 600	78 800	– 22 860

Berechnung der Verluste

Verlust aus Miete für Büro A
Jahresverlust 12 600 €
Minderertrag vom 1.12.2001 bis 30.11.2003 = 2 Jahre
Vervielfältiger: 1,83
Verlust: 1,83 × 12 600 € 23 058 €

Verlust aus Miete für Büro B
Jahresverlust 8 160 €
Minderertrag vom 1.12.2004 bis 30.11.2017 = 13 Jahre
Vervielfältiger bei 16 Jahren 10,11
Vervielfältiger bei 3 Jahren – 2,67
Vervielfältigerdifferenz 7,44
Verlust B: 7,44 × 8 160 € 60 710 €

Verlust aus Miete für Laden C
Jahresverlust 2 100 €
Minderertrag vom 1.12.2004 bis 30.11.2027 = 25 Jahre
Vervielfältiger bei 26 Jahren 13,00
Vervielfältiger bei 1 Jahr – 0,94
Vervielfältigerdifferenz 12,06

Verlust aus C 12,06 × 2 100 € 25 326 €
Antwort Frage 1 109 094 €
Gesamtverlust (rechnerisch) rd. 110 000 €

Antwort Frage 2

Die Ertragsminderung aufgrund der dem Käufer nicht bekannten Optionsrechte beträgt rechnerisch nach finanzmathematischer Berechnung rd. 110 000 €, muss aber nicht notwendigerweise der Kaufpreisminderung in dieser Höhe entsprechen. Zum Kaufzeitpunkt hatte kein Mieter das Optionsrecht ausgeübt. Ob alle Mieter ihre Optionsrechte ausüben werden, ist nicht sicher vorhersehbar. Aus diesem Grunde und wegen der Unmöglichkeit der Renditeeinschätzung der Immobilie aus der Marktsituation 2001 für Zeitpunkte in 2002 und 2004, kann die rein rechnerisch festgestellte Minderung von 110 000 € nach Markterfahrung um rd. 20 v.H. gemindert werden. Die Wertminderung beträgt danach rd. 90 000 €.

6.6.7.3 Aufwendungen für einen bevorstehenden Abbruch

▶ *Vgl. Rn. 89; § 16 ImmoWertV Rn. 123 ff.; Syst. Darst. des Ertragswertverfahrens Rn. 61 ff.; Teil VI Rn. 771; Syst. Darst. des Sachwertverfahrens Rn. 192 ff.*

Aufwendungen für einen bevorstehenden Abbruch von baulichen und sonstigen Anlagen des Grundstücks (Freilegungskosten) sind gemäß § 16 Abs. 3 ImmoWertV bei der Ermittlung des Bodenwerts zu berücksichtigen. Nach dieser Vorschrift ist der **Bodenwert um die üblichen Freilegungskosten zu vermindern,** wenn „alsbald" mit dem Abriss von baulichen Anlagen zu rechnen ist. Aufwendungen für einen bevorstehenden Abbruch finden damit direkt bei der Bodenwertermittlung ihre Berücksichtigung und nicht nach § 8 Abs. 3 ImmoWertV. Dies gilt auch für die Verkehrswertermittlung bebauter Grundstücke unter Anwendung des Ertrags- und Sachwertverfahrens unter Heranziehung des nach § 16 ImmoWertV ermittelten Bodenwerts (vgl. § 17 Abs. 2 sowie § 21 Abs. 1 ImmoWertV). Lediglich bei Anwendung des Vergleichswertverfahren kann eine eigenständige Berücksichtigung erforderlich werden, soweit die herangezogenen Vergleichspreise bebauter Grundstücke von derartigen Aufwendungen nicht betroffen sind. 388

6.6.7.4 Altlasten

▶ *§ 6 ImmoWertV Rn. 298; Beispielsfall im Teil VI Rn. 229; zu den Besonderheiten bei der Beleihungswertermittlung vgl. Teil X Rn. 227*

Altlasten werden nach Maßgabe des § 6 Abs. 5 ImmoWertV grundsätzlich bei der Bodenwertermittlung berücksichtigt. **Bei bebauten Grundstücken können sich bodenbezogene Altlasten auch auf die baulichen Anlagen wertmindernd auswirken** und deren Nutzbarkeit bis hin zu deren Unbenutzbarkeit beeinträchtigen. Soweit dem nicht in sonstiger Weise, z. B. durch eine entsprechend verminderte Restnutzungsdauer Rechnung getragen worden ist, muss eine Beeinträchtigung der baulichen Anlage ergänzend berücksichtigt werden. Im Einzelfall muss dabei jedoch geprüft werden, ob eine sich nach den Gesamtkosten der Altlastenbeseitigung bemessene Bodenwertminderung ganz oder zumindest teilweise durch den aus der Bodensanierung folgenden 389

a) Wegfall einer Wertmidnerung der baulichen Anlage und

b) der Bodenwerterhöhung

auffangen lässt.

6.6.7.5 Aufwuchs und sonstige Außenanlagen

▶ *Vgl. Rn. 67, 324; § 1 ImmoWertV Rn. 28, 48; § 19 ImmoWertV Rn. 4,51; § 21 ImmoWertV Rn. 11; Syst. Darst. des Ertragswertverfahrens, Rn. 32, 84, 112; Syst. Darst. des Sachwertverfahrens Rn. 199 ff.*

In **besonderen Ausnahmefällen** kann eine ergänzende Berücksichtigung des Aufwuchses (Gartenanlagen, Anpflanzungen und Parks) und anderer Außenanlagen erforderlich werden. Eine ergänzende Berücksichtigung kommt nur in Betracht, soweit es sich um sich um außergewöhnlichen Aufwuchs handelt. 390

Bei **Anwendung des Sachwertverfahrens** wird der Aufwuchs ggf. nach Maßgabe des § 21 Abs. 3 ImmoWertV berücksichtigt. 391

Bei **Anwendung des Ertragswertverfahrens** ist auch ein außergewöhnlicher Aufwuchs „in der Regel ... nicht von Bedeutung". Dass deren Wertanteil grundsätzlich keiner besonderen Berücksichtigung bedarf, ist darauf zurückzuführen, dass **die aus der baulichen Anlage fließende Rendite zugleich ein Entgelt für die Annehmlichkeit des Grundstücks in seiner Gesamtheit darstellt** und mithin z. B. die Rendite aus einer parkähnlichen Gestaltung des 392

Grundstücks umfasst[130]. Dies entspricht dem erkennbaren Willen des Verordnungsgebers. In der Begründung zu § 15 Abs. 1WertV 88 heißt es hierzu: „... Dies trägt einmal der Tatsache Rechnung, dass die baulichen Anlagen auf dem Grundstück insgesamt gesehen werden müssen und ihnen nur noch die sonstigen Anlagen gegenüberstehen, die i.d.R. für das Ertragswertverfahren nicht von Bedeutung sind. Entsprechendes gilt auch für bauliche Außenanlagen."

393 In besonderen Ausnahmefällen können die sonstigen Anlagen einschließlich besonders aufwendiger baulicher Außenanlagen erforderlichenfalls über § 8 Abs. 3 ImmoWertV erfasst werden. Ein derartiger Ausnahmefall liegt vor, wenn besonders aufwendige Anpflanzungen vorliegen, die nicht bereits mit den zugrunde gelegten Ertragsverhältnissen berücksichtigt werden *und* ihnen im gewöhnlichen Geschäftsverkehr zusätzlich Rechnung getragen wird. Dabei darf nicht außer Acht gelassen werden, dass das Ertragswertverfahren i.d.R. nur bei Objekten zur Anwendung kommt, bei denen der erzielbare Ertrag, die Rendite, im Vordergrund steht. Die Berücksichtigung von Grundstücksmerkmalen, die keine Rendite erbringen, ist von der Natur der Sache heraus bei Ertragswertobjekten infolgedessen eher die Ausnahme.

6.6.7.6 Rechte am Grundstück

394 Als besondere objektspezifische Grundstücksmerkmale kommen auch die in § 6 Abs. 2 ImmoWertV genannten Rechte und Belastungen in Betracht, die die Nutzbarkeit des Grund und Bodens als auch der auf einem Grundstück vorhandenen baulichen Anlagen betreffen können (Aussichtsrechte, Wegerechte, Leitungsrechte, Nießbrauch, Wohnrechte usw.). Sie müssen ergänzend berücksichtigt werden, auch wenn sie in § 8 Abs. 3 ImmoWertV unerwähnt bleiben.

---

130 OLG Koblenz, Urt. vom 13.1.1982 – 1 U 6/80 –, EzGuG 2.28; so auch in der steuerlichen Bewertung (vgl. BewR Gr vom 19.9.1966, BAnz Nr. 183 Beil. = BStBl. I 1966, 890, zu § 79 BewG Nr. 21).

7 Anlagen

7.1 Kostengliederung nach Bauelementen und Gebäudejahresklassen

Anlage 1: Kostengliederung nach Bauelementen und Gebäudebaujahrsklassen am Beispiel des Typs 1.01

Kostengliederung nach Bauelementen und Gebäudebaujahrsklassen am Beispiel des Typs 1.01								
Bauteil	Anteil an Neubaukosten %	Mehraufwand gegenüber Neubau	Instandhaltungsaufwand %	Schadensgrad %	Betroffene Bereiche %	Möglicher Instandhaltungsaufwand %	Wahrscheinlichkeit %	Kalkulatorischer Instandhaltungsaufwand
1	2	3	4	5	6	7	8	9
			2 × 3			4 × 5 × 6		7 × 8
Gebäude								
1. Grundbau								
Baugrube	1,40	5,0-fach	7,00					
Fundamente/Sohle	2,40	5,0-fach	12,00					
Feuchtigkeitsschutz im Keller	0,30	4,0-fach	1,20					
2. Außenwände								
Tragwerk der Außenwände	9,00	2,5-fach	22,50					
Fassaden (Straße)	4,00	2,0-fach	8,00					
Fassaden (Hof)	3,00	2,0-fach	6,00					
Außenfenster/Außentüren	9,10	1,5-fach	13,65					
3. Innenwände								
Tragwerk der Innenwände	6,70	2,5-fach	16,75					
Nichttragende Innenwände	4,10	2,0-fach	8,20					
Wandbeläge	4,50	1,5-fach	6,75					
Innentüren	5,40	1,5-fach	8,10					
4. Decken								
Tragwerk der Decken	10,30	2,5-fach	25,75					
Deckenoberbeläge	4,30	1,5-fach	6,45					
Deckenunterbeläge	2,50	1,5-fach	3,75					
5. Treppen								
Gesamt	1,30	2,0-fach	2,60					
6. Dächer								
Dachtragwerk	3,30	2,0-fach	6,60					
Dachdeckung/-dichtung	3,30	1,5-fach	4,95					
Dachentwässerung	0,50	1,5-fach	0,75					
Dachaufbau/-öffnungen	0,10	2,0-fach	0,20					
7. Schornstein								
Insgesamt	1,50	3,0-fach	4,50					
8. Haustechnik								
Wasser-, Gasleitungen	1,60	1,5-fach	2,40					
Abwasserleitungen	2,90	1,5-fach	4,35					
Sanitärobjekte	1,60	1,3-fach	2,06					
Heizung	7,90	1,3-fach	10,27					
Warmwasserversorgung	1,20	1,5-fach	1,80					
Elektroinstallation	4,60	1,5-fach	6,90					
9. Sonstiges								
z. B. Küchenausstattung	0,10	1,1-fach	0,11					
Außenanlagen								
Ver- und Entsorgungsanschlüsse	2,50	1,2-fach	3,00					
Freianlagen	0,50	1,1-fach	0,56					
Summen	**100 %**		**197,16**					

Quelle: Mittag, Normalherstellungskosten, Bauklassentyp 105.31 (Kopfhaus)

396 Anlage 2: Kostengliederung nach Bauelementen und Gebäudebaujahrsklassen am Beispiel des Typs 1.01; *einfache Ausstattung*

Bauteil Kostengruppe DIN 276	Anteil an Neubaukosten % Baujahrsklasse							Mehraufwand gegenüber Neubau
	vor 1925	1925–1945	1946–1959	1960–1969	1970–1984	1985–1999	2000	
Gebäude								
310 Baugrube	**3,2**	**3,0**	**3,0**	**2,8**	**2,6**	**2,5**	**2,3**	
320 Gründung	**4,1**	**4,2**	**4,1**	**3,8**	**3,8**	**3,8**	**3,5**	
322 Flachgründung	3,2	3,0	3,0	2,8	2,6	2,5	2,3	5,0-fach
324 Unterboden, Bodenplatten	0,1	0,4	0,5	0,4	0,5	0,5	0,4	5,0-fach
325 Bodenbeläge auf Bodenplatten	0,5	0,4	0,3	0,3	0,4	0,5	0,5	5,0-fach
326 Bauwerksabdichtung	0,3	0,4	0,3	0,3	0,3	0,3	0,3	4,0-fach
329 Gründung, sonstiges	–	–	–	–	–	–	–	
330 Außenwände	**22,5**	**25,2**	**25,7**	**26,0**	**26,2**	**26,6**	**27,2**	
331 Tragende Außenwände	11,5	11,3	10,9	10,9	10,3	9,7	9,3	2,5-fach
332 Nichttragende Außenwände	–	–	–	–	–	–	–	2,0-fach
333 Außenstützen	–	–	–	–	–	–	–	2,0-fach
334 Außentüren, Außenfenster	5,2	5,8	6,8	6,7	7,4	8,4	9,5	1,5-fach
335 Außenwandbekleidungen, außen	4,3	6,7	6,6	6,8	7,0	7,0	7,0	1,5-fach
336 Außenwandbekleidungen, innen	1,5	1,4	1,4	1,6	1,5	1,5	1,4	2,0-fach
338 Sonnenschutz	–	–	–	–	–	–	–	
339 Außenwände, sonstiges	–	–	–	–	–	–	–	
340 Innenwände	**22,6**	**22,2**	**21,9**	**20,8**	**20,6**	**20,3**	**20,1**	
341 Tragende Innenwände	7,9	7,2	6,8	6,8	6,7	6,6	6,6	2,5-fach
342 Nichttragende Innenwände	4,3	4,8	4,8	2,9	3,9	3,9	3,8	2,0-fach
343 Innenstützen	–	–	–	–	–	–	–	
344 Innentüren, Innenfenster	5,4	5,4	5,5	5,4	5,3	5,1	4,9	2,5-fach
345 Innenwandbekleidung	5,0	4,8	4,8	4,7	4,7	4,6	4,7	1,5-fach
349 Innenwände, sonstiges	–	–	–	–	–	0,1	0,1	1,5-fach
350 Decken	**19,7**	**19,1**	**18,7**	**17,4**	**17,2**	**17,1**	**16,9**	
351 Deckenkonstruktion	13,4	13,0	12,7	11,8	11,1	10,6	9,9	2,5-fach
352 Deckenbeläge	3,6	3,4	3,2	3,0	3,4	3,7	4,2	1,5-fach
353 Deckenbekleidungen	2,7	2,7	2,7	2,5	2,5	2,5	2,5	1,5-fach
359 Decken, sonstiges	–	–	0,1	0,1	0,2	0,3	0,3	1,5-fach
360 Dächer	**12,4**	**11,9**	**11,6**	**11,0**	**10,7**	**10,5**	**10,3**	
361 Dachkonstruktionen	6,3	6,0	5,8	5,3	5,2	5,1	4,9	3,3-fach
362 Dachfenster, Dachöffnungen	0,6	0,6	0,6	0,6	0,6	0,6	0,6	1,5-fach
363 Dachbeläge	4,1	4,1	4,0	3,9	3,7	3,6	3,6	1,5-fach
364 Dachbekleidungen	1,4	1,2	1,2	1,2	1,2	1,2	1,1	1,5-fach
369 Dächer, sonstiges	–	–	–	–	–	–	0,1	1,5-fach
370 Baukonstruktive Einbauten	–	**0,8**	**0,8**	**0,8**	**0,8**	**0,8**	**0,9**	1,5-fach
390 Sonstige Maßnahmen für Baukonstruktion	**1,4**	**1,6**	**1,6**	**1,6**	**1,6**	**1,6**	**1,6**	1,5-fach
Summe 300 Bauwerk Baukonstruktion	**85,9**	**88,0**	**87,4**	**84,2**	**83,5**	**83,2**	**82,8**	
410 Abwasser-, Wasser-, Gasanlagen	**4,3**	**3,9**	**4,1**	**5,4**	**5,4**	**5,5**	**5,4**	
411 Abwasseranlagen	–	2,0	2,0	2,3	2,4	2,4	2,5	1,3-fach
412 Wasseranlagen	–	1,9	2,1	3,1	3,0	3,1	2,9	1,3-fach
413 Gasanlagen	–	–	–	–	–	–	–	
419 Abwasser, Wasser, sonstiges	–	–	–	–	–	–	–	
420 Wärmeversorgungsanlagen	**6,3**	**4,4**	**4,3**	**6,1**	**6,8**	**6,9**	**7,4**	
421 Wärmeerzeugungsanlagen	–	3,3	3,3	2,0	2,0	2,0	2,0	1,3-fach
422 Wärmeverteilungsnetze	–	0,5	0,4	2,1	2,7	2,6	2,7	1,3-fach
423 Raumheizflächen	–	0,6	0,6	2,0	2,1	2,3	2,7	1,3-fach
429 Wärmeversorgungsanlagen, sonstiges	–	–	–	–	–	–	–	
430 Lufttechnische Anlagen	–	–	–	–	–	–	–	
440 Starkstromanlagen	**3,5**	**3,7**	**3,8**	**3,9**	**3,9**	**4,0**	**4,0**	

Anlagen § 8 ImmoWertV V

Bauteil Kostengruppe DIN 276	Anteil an Neubaukosten % Baujahrsklasse							Mehraufwand gegenüber Neubau
	vor 1925	1925–1945	1946–1959	1960–1969	1970–1984	1985–1999	2000	
443–444 Niederspannungsanlagen	–	2,6	2,7	2,7	2,6	2,8	2,7	1,5-fach
445 Beleuchtungsanlagen	–	1,1	1,1	1,0	1,1	1,0	1,1	1,5-fach
446 Blitzschutz- und Erdungsanlagen	–	–	–	0,2	0,2	0,2	0,2	1,5-fach
449 Starkstromanlagen, sonstiges	–	–	–	–	–	–	–	–
450 Fernmelde- und informationstechn. Einricht.	–	–	0,4	0,4	0,4	0,4	0,4	
460 Förderanlagen	–	–	–	–	–	–	–	
470 Nutzungsspezifische Anlagen	–	–	–	–	–	–	–	
480 Gebäudeautomation	–	–	–	–	–	–	–	
490 Sonstige Maßnahmen der Techn. Anlage	–	–	–	–	–	–	–	
Summe 400 Bauwerk technische Anlagen	14,1	12,0	12,6	15,8	16,5	16,8	17,2	
Summe 300 + 400 Kosten Bauwerk	100	100	100	100	100	100	100	

Quelle: Mittag, Normalherstellungskosten

Anlage 3: Kostengliederung nach Bauelementen und Gebäudebaujahrsklassen am Beispiel des Typs 1.01; *mittlere Ausstattung*

Bauteil Kostengruppe DIN 276	Anteil an Neubaukosten % Baujahrsklasse							Mehraufwand gegenüber Neubau
	vor 1925	1925–1945	1946–1959	1960–1969	1970–1984	1985–1999	2000	
Gebäude								
310 Baugrube	2,8	2,7	2,6	2,4	2,3	2,2	2,0	
320 Gründung	4,0	4,0	4,0	3,8	3,7	3,7	3,4	
322 Flachgründung	2,8	2,7	2,6	2,4	2,3	2,2	2,0	5,0-fach
324 Unterboden, Bodenplatten	0,3	0,4	0,5	0,5	0,6	0,6	0,5	5,0-fach
325 Bodenbeläge auf Bodenplatten	0,5	0,5	0,4	0,4	0,4	0,5	0,5	5,0-fach
326 Bauwerksabdichtung	0,4	0,4	0,5	0,5	0,4	0,4	0,4	4,0-fach
329 Gründung, sonstiges	–	–	–	–	–	–	–	
330 Außenwände	23,0	23,4	24,0	26,0	26,4	26,6	27,2	
331 Tragende Außenwände	10,4	9,9	9,8	9,6	9,4	9,1	8,6	2,5-fach
332 Nichttragende Außenwände	–	–	–	–	–	–	–	–
333 Außenstützen	–	–	–	–	–	–	–	
334 Außentüren, Außenfenster	5,2	6,2	6,2	7,2	7,6	8,2	9,2	1,5-fach
335 Außenwandbekleidungen, außen	6,0	5,9	5,8	6,8	6,9	6,9	6,9	1,5-fach
336 Außenwandbekleidungen, innen	1,4	1,4	1,3	1,4	1,4	1,3	1,3	2,0-fach
338 Sonnenschutz	–	–	0,9	0,9	0,9	0,8	0,9	1,5-fach
339 Außenwände, sonstiges	–	–	–	0,1	0,2	0,3	0,3	2,0-fach
340 Innenwände	21,7	21,0	20,7	19,7	19,3	19,0	18,8	
341 Tragende Innenwände	7,2	6,7	6,6	6,5	6,0	5,9	5,9	2,5-fach
342 Nichttragende Innenwände	5,0	4,6	4,5	3,6	3,5	3,5	3,5	2,0-fach
343 Innenstützen	–	–	–	–	–	–	–	
344 Innentüren, Innenfenster	5,0	5,3	5,2	5,1	5,3	5,0	4,8	2,5-fach
345 Innenwandbekleidung	4,5	4,4	4,4	4,3	4,3	4,4	4,4	1,5-fach
349 Innenwände, sonstiges	–	–	–	0,2	0,2	0,2	0,2	1,5-fach
350 Decken	18,9	18,5	18,1	17,2	16,9	16,8	16,7	
351 Deckenkonstruktion	12,4	11,7	11,4	10,5	10,1	9,8	9,0	2,5-fach
352 Deckenbeläge	3,9	4,2	4,0	4,1	4,0	4,1	4,7	1,5-fach
353 Deckenbekleidungen	2,5	2,6	2,5	2,4	2,5	2,5	2,5	1,5-fach
359 Decken, sonstiges	0,1	0,1	0,2	0,2	0,3	0,4	0,5	1,5-fach

V § 8 ImmoWertV — Anlagen

Bauteil Kostengruppe DIN 276	Anteil an Neubaukosten % Baujahrsklasse							Mehraufwand gegenüber Neubau
	vor 1925	1925–1945	1946–1959	1960–1969	1970–1984	1985–1999	2000	
360 Dächer	**11,2**	**10,9**	**10,6**	**10,2**	**9,9**	**9,7**	**9,6**	2,0-fach
361 Dachkonstruktionen	5,7	5,3	5,1	4,8	4,8	4,7	4,4	3,3-fach
362 Dachfenster, Dachöffnungen	0,7	0,5	0,6	0,5	0,5	0,5	0,6	1,5-fach
363 Dachbeläge	3,6	3,8	3,7	3,7	3,5	3,3	3,3	1,5-fach
364 Dachbekleidungen	1,2	1,3	1,2	1,2	1,1	1,1	1,2	1,5-fach
369 Dächer, sonstiges	–	–	–	–	–	0,1	0,1	1,5-fach
370 Baukonstruktive Einbauten	**1,2**	**1,6**	**1,6**	**1,6**	**1,6**	**1,7**	**1,6**	1,5-fach
390 Sonstige Maßnahmen für Baukonstruktion	**1,8**	**2,1**	**2,1**	**2,0**	**2,1**	**2,2**	**2,1**	1,5-fach
Summe 300 Bauwerk Baukonstruktion	**84,6**	**84,2**	**83,7**	**82,9**	**82,2**	**81,9**	**81,4**	
410 Abwasser-, Wasser-, Gasanlagen	**5,1**	**5,3**	**5,3**	**5,5**	**5,5**	**5,5**	**5,4**	
411 Abwasseranlagen	–	2,4	2,4	2,4	2,5	2,5	2,5	1,3-fach
412 Wasseranlagen	–	2,9	2,9	3,1	3,0	3,0	2,9	1,3-fach
413 Gasanlagen	–	–	–	–	–	–	–	–
419 Abwasser, Wasser, sonstiges	–	–	–	–	–	–	–	
420 Wärmeversorgungsanlagen	**6,7**	**6,7**	**6,5**	**6,9**	**7,5**	**7,7**	**8,1**	
421 Wärmeerzeugungsanlagen	–	3,5	3,3	2,1	2,1	2,2	2,2	1,3-fach
422 Wärmeverteilungsnetze	–	0,8	0,8	2,5	2,6	2,8	3,1	1,3-fach
423 Raumheizflächen	–	2,4	2,4	2,3	2,8	2,7	2,8	1,3-fach
429 Wärmeversorgungsanlagen, sonstiges	–	–	–	–	–	–	–	
430 Lufttechnische Anlagen	–	–	–	–	–	–	–	
440 Starkstromanlagen	**3,6**	**3,8**	**3,9**	**4,0**	**4,1**	**4,2**	**4,3**	
443–444 Niederspannungsanlagen	–	2,4	2,5	2,4	2,6	2,7	2,7	1,5-fach
445 Beleuchtungsanlagen	–	1,2	1,2	1,2	1,2	1,2	1,3	1,5-fach
446 Blitzschutz- und Erdungsanlagen	–	0,2	0,2	0,4	0,3	0,3	0,3	1,5-fach
449 Starkstromanlagen, sonstiges	–	–	–	–	–	–	–	
450 Fernmelde- und informationstechn. Einricht.	–	–	0,4	0,4	0,4	0,4	0,4	
460 Förderanlagen	–	–	–	–	–	–	–	
470 Nutzungsspezifische Anlagen	–	–	0,2	0,3	0,3	0,3	0,4	
480 Gebäudeautomation	–	–	–	–	–	–	–	
490 Sonstige Maßnahmen der Techn. Anlage	–	–	–	–	–	–	–	
Summe 400 Bauwerk technische Anlagen	**15,4**	**15,8**	**16,3**	**17,1**	**17,8**	**18,1**	**18,6**	
Summe 300 + 400 Kosten Bauwerk	**100**	**100**	**100**	**100**	**100**	**100**	**100**	

Quelle: Mittag, Normalherstellungskosten

Anlagen § 8 ImmoWertV V

Anlage 4: Kostengliederung nach Bauelementen und Gebäudebaujahrsklassen am Beispiel des Typs 1.01; *gehobene Ausstattung*

Bauteil Kostengruppe DIN 276	Anteil an Neubaukosten % Baujahrsklasse							Mehraufwand gegenüber Neubau
	vor 1925	1925–1945	1946–1959	1960–1969	1970–1984	1985–1999	2000	
Gebäude								
310 Baugrube	2,4	2,3	2,3	2,1	1,9	1,9	1,7	
320 Gründung	3,8	3,8	3,8	3,5	3,5	3,4	3,2	
322 Flachgründung	2,4	2,3	2,3	2,1	1,9	1,9	1,7	5,0-fach
324 Unterboden, Bodenplatten	0,4	0,5	0,5	0,5	0,6	0,5	0,5	5,0-fach
325 Bodenbeläge auf Bodenplatten	0,6	0,5	0,6	0,5	0,6	0,6	0,6	5,0-fach
326 Bauwerksabdichtung	0,4	0,5	0,4	0,4	0,4	0,4	0,4	4,0-fach
329 Gründung, sonstiges	–	–	–	–	–	–	–	–
330 Außenwände	22,4	22,9	22,9	24,8	24,9	25,2	25,5	
331 Tragende Außenwände	9,4	9,2	8,9	8,7	8,3	8,1	7,7	2,5-fach
332 Nichttragende Außenwände	–	–	–	–	–	–	–	–
333 Außenstützen								
334 Außentüren, Außenfenster	5,1	6,1	6,4	7,1	7,4	8,0	8,8	1,5-fach
335 Außenwandbekleidungen, außen	5,4	5,4	5,3	6,4	6,5	6,5	6,4	1,5-fach
336 Außenwandbekleidungen, innen	1,3	1,3	1,3	1,4	1,4	1,4	1,3	2,0-fach
338 Sonnenschutz	1,2	0,9	1,0	1,0	1,0	0,9	0,9	1,5-fach
339 Außenwände, sonstiges	–	–	–	0,2	0,3	0,3	0,4	2,0-fach
340 Innenwände	19,8	19,2	19,0	18,3	18,0	17,8	17,7	
341 Tragende Innenwände	6,3	6,0	5,8	5,7	5,3	5,3	5,2	2,5-fach
342 Nichttragende Innenwände	4,4	4,0	3,8	3,2	3,2	3,2	3,2	2,0-fach
343 Innenstützen								
344 Innentüren, Innenfenster	4,8	4,8	5,0	4,9	5,1	4,8	4,7	2,5-fach
345 Innenwandbekleidung	4,3	4,4	4,4	4,3	4,2	4,3	4,3	1,5-fach
349 Innenwände, sonstiges	–	–	–	0,2	0,2	0,2	0,3	1,5-fach
350 Decken	18,9	18,4	18,0	17,2	16,9	16,8	16,5	
351 Deckenkonstruktion	11,0	10,4	10,1	9,3	8,8	8,5	7,9	2,5-fach
352 Deckenbeläge	5,0	5,2	5,1	5,0	5,1	5,2	5,7	1,5-fach
353 Deckenbekleidungen	2,7	2,6	2,6	2,6	2,6	2,6	2,6	1,5-fach
359 Decken, sonstiges	0,2	0,2	0,2	0,3	0,4	0,5	0,5	1,5-fach
360 Dächer	11,4	11,3	11,1	10,8	10,5	10,1	10,0	2,0-fach
361 Dachkonstruktionen	5,1	4,9	4,8	4,6	4,4	4,2	3,9	3,3-fach
362 Dachfenster, Dachöffnungen	0,7	0,6	0,6	0,6	0,7	0,7	0,8	1,5-fach
363 Dachbeläge	4,3	4,6	4,5	4,3	4,1	3,8	3,8	1,5-fach
364 Dachbekleidungen	1,3	1,2	1,2	1,2	1,2	1,2	1,3	1,5-fach
369 Dächer, sonstiges	–	–	–	0,1	0,1	0,2	0,2	1,5-fach
370 Baukonstruktive Einbauten	2,2	2,4	2,6	2,5	2,6	2,8	2,7	1,5-fach
390 Sonstige Maßnahmen für Baukonstruktion	2,3	2,5	2,5	2,5	2,7	2,7	2,6	1,5-fach
Summe 300 Bauwerk Baukonstruktion	83,2	82,8	82,2	81,7	81,0	80,7	80,1	
410 Abwasser-, Wasser-, Gasanlagen	5,7	5,6	5,8	5,9	5,9	5,9	5,8	
411 Abwasseranlagen	–	2,5	2,5	2,4	2,4	2,4	2,4	1,3-fach
412 Wasseranlagen	–	3,1	3,3	3,5	3,5	3,5	3,4	1,3-fach
413 Gasanlagen	–	–	–	–	–	–	–	–
419 Abwasser, Wasser, sonstiges	–	–	–	–	–	–	–	–
420 Wärmeversorgungsanlagen	7,4	7,1	6,9	7,1	7,6	7,7	8,2	
421 Wärmeerzeugungsanlagen	–	3,2	2,6	2,1	2,1	2,2	2,2	1,3-fach
422 Wärmeverteilungsnetze	–	2,0	2,0	2,8	3,0	2,9	3,1	1,3-fach
423 Raumheizflächen	–	1,9	2,3	2,2	2,5	2,6	2,9	1,3-fach
429 Wärmeversorgungsanlagen, sonstiges	–	–	–	–	–	–	–	–
430 Lufttechnische Anlagen	–	–	–	–	–	–	–	
440 Starkstromanlagen	3,7	4,0	4,2	4,4	4,5	4,6	4,7	

Bauteil Kostengruppe DIN 276	Anteil an Neubaukosten % Baujahrsklasse							Mehraufwand gegenüber Neubau
	vor 1925	1925–1945	1946–1959	1960–1969	1970–1984	1985–1999	2000	
443–444 Niederspannungsanlagen	–	2,4	2,5	2,6	2,6	2,7	2,6	1,5-fach
445 Beleuchtungsanlagen	–	1,3	1,4	1,4	1,5	1,6	1,8	1,5-fach
446 Blitzschutz- und Erdungsanlagen	–	0,3	0,3	0,4	0,4	0,3	0,3	1,5-fach
449 Starkstromanlagen, sonstiges	–	–	–	–	–	–	–	
450 Fernmelde- und informationstechn. Einricht.	–	0,3	0,6	0,6	0,6	0,6	0,7	
460 Förderanlagen	–	–	–	–	–	–	–	
470 Nutzungsspezifische Anlagen	–	0,2	0,3	0,3	0,4	0,5	0,5	
480 Gebäudeautomation	–	–	–	–	–	–	–	
490 Sonstige Maßnahmen der Techn. Anlage	–	–	–	–	–	–	–	
Summe 400 Bauwerk technische Anlagen	16,8	17,2	17,8	18,3	19,0	19,3	19,9	
Summe 300 + 400 Kosten Bauwerk	100	100	100	100	100	100	100	

Quelle: Mittag, Normalherstellungskosten

399 **Anlage 5:** Kostengliederung nach Bauelementen und Gebäudebaujahrsklassen am Beispiel des Typs 1.01; *stark gehobene Ausstattung*

Bauteil Kostengruppe DIN 276	Anteil an Neubaukosten % Baujahrsklasse							Mehraufwand gegenüber Neubau
	vor 1925	1925–1945	1946–1959	1960–1969	1970–1984	1985–1999	2000	
Gebäude								
310 Baugrube	1,8	1,7	1,7	1,6	1,5	1,4	1,3	
320 Gründung	3,0	3,2	3,1	3,0	2,9	2,9	2,7	
322 Flachgründung	1,8	1,7	1,7	1,6	1,5	1,4	1,4	5,0-fach
324 Unterboden, Bodenplatten	0,2	0,5	0,4	0,4	0,5	0,5	0,4	5,0-fach
325 Bodenbeläge auf Bodenplatten	0,6	0,5	0,6	0,6	0,5	0,5	0,5	5,0-fach
326 Bauwerksabdichtung	0,4	0,5	0,4	0,4	0,4	0,5	0,4	4,0-fach
329 Gründung, sonstiges	–	–	–	–	–	–	–	
330 Außenwände	23,1	22,7	22,4	23,5	23,0	22,9	23,0	
331 Tragende Außenwände	7,0	6,9	7,0	7,0	6,8	6,5	6,1	2,5-fach
332 Nichttragende Außenwände	–	–	–	–	–	–	–	
333 Außenstützen	–	–	–	–	–	–	–	
334 Außentüren, Außenfenster	8,3	8,2	7,8	8,3	7,8	8,2	8,7	1,5-fach
335 Außenwandbekleidungen, außen	5,7	5,6	5,7	5,8	5,8	5,7	5,7	1,5-fach
336 Außenwandbekleidungen, innen	1,1	1,1	1,0	1,1	1,2	1,1	1,1	2,0-fach
338 Sonnenschutz	1,1	0,9	0,9	1,0	1,1	1,0	1,0	1,5-fach
339 Außenwände, sonstiges	–	–	–	0,3	0,3	0,4	0,4	2,0-fach
340 Innenwände	16,3	16,2	16,0	15,3	15,0	14,8	14,7	
341 Tragende Innenwände	5,0	4,5	4,5	4,5	4,0	4,0	4,0	2,5-fach
342 Nichttragende Innenwände	3,0	3,2	3,2	2,6	2,6	2,7	2,7	2,0-fach
343 Innenstützen	–	–	–	–	–	–	–	
344 Innentüren, Innenfenster	4,6	4,6	4,3	4,2	4,3	3,9	3,8	2,5-fach
345 Innenwandbekleidung	3,7	3,9	3,9	3,8	3,8	3,9	3,8	1,5-fach
349 Innenwände, sonstiges	–	–	0,1-	0,2	0,3	0,3	0,3	1,5-fach
350 Decken	16,1	15,7	15,4	14,7	14,6	14,6	14,6	
351 Deckenkonstruktion	8,3	7,7	7,4	6,8	6,6	6,3	5,9	2,5-fach
352 Deckenbeläge	5,2	5,3	5,3	5,1	5,3	5,5	5,9	1,5-fach
353 Deckenbekleidungen	2,4	2,5	2,4	2,4	2,4	2,4	2,4	1,5-fach
359 Decken, sonstiges	0,2	0,2	0,3	0,4	0,3	0,4	0,4	1,5-fach

Anlagen § 8 ImmoWertV V

Bauteil Kostengruppe DIN 276	Anteil an Neubaukosten % Baujahrsklasse							Mehraufwand gegenüber Neubau
	vor 1925	1925–1945	1946–1959	1960–1969	1970–1984	1985–1999	2000	
360 Dächer	11,1	10,9	10,9	10,7	10,5	10,2	10,1	2,0-fach
361 Dachkonstruktionen	3,8	3,6	3,6	3,5	3,2	3,1	3,0	3,3-fach
362 Dachfenster, Dachöffnungen	0,8	0,7	0,7	0,7	0,9	1,0	1,2	1,5-fach
363 Dachbeläge	4,8	4,8	4,9	4,5	4,3	3,9	3,8	1,5-fach
364 Dachbekleidungen	1,6	1,7	1,6	1,8	1,9	1,9	1,8	1,5-fach
369 Dächer, sonstiges	0,1	0,1	0,1	0,2	0,2	0,3	0,3	1,5-fach
370 Baukonstruktive Einbauten	3,8	4,2	4,3	4,2	5,0	5,4	5,2	1,5-fach
390 Sonstige Maßnahmen für Baukonstruktion	2,0	2,1	2,1	2,2	2,1	2,0	2,0	1,5-fach
Summe 300 Bauwerk Baukonstruktion	**77,2**	**76,7**	**75,9**	**75,2**	**74,6**	**74,2**	**73,6**	
410 Abwasser-, Wasser-, Gasanlagen	6,8	6,7	6,6	6,8	6,8	6,7	6,5	
411 Abwasseranlagen	–	2,5	2,6	2,6	2,5	2,6	2,6	1,3-fach
412 Wasseranlagen	–	4,2	4,0	4,2	4,3	4,1	3,9	1,3-fach
413 Gasanlagen	–	–	–	–	–	–	–	
419 Abwasser, Wasser, sonstiges	–	–	–	–	–	–	–	–
420 Wärmeversorgungsanlagen	9,3	8,6	8,6	8,4	8,8	8,8	9,3	
421 Wärmeerzeugungsanlagen	–	2,5	2,5	2,1	2,4	2,5	2,4	1,3-fach
422 Wärmeverteilungsnetze	–	2,9	2,9	3,1	3,1	3,2	3,0	1,3-fach
423 Raumheizflächen	–	3,2	3,2	3,0	3,0	2,7	3,4	1,3-fach
429 Wärmeversorgungsanlagen, sonstiges	–	–	–	0,2	0,3	0,4	0,5	1,3-fach
430 Lufttechnische Anlagen	1,4	1,8	1,8	1,9	1,8	2,0	1,9	
440 Starkstromanlagen	4,5	5,2	5,2	5,4	5,6	5,7	5,9	
443–444 Niederspannungsanlagen	–	2,4	2,6	2,6	2,7	2,8	2,9	1,5-fach
445 Beleuchtungsanlagen	–	1,9	2,3	2,4	2,6	2,6	2,7	1,5-fach
446 Blitzschutz- und Erdungsanlagen	–	0,3	0,3	0,4	0,3	0,3	0,3	1,5-fach
449 Starkstromanlagen, sonstiges	–	–	–	–	–	–	–	–
450 Fernmelde- und informationstechn. Einricht.	0,5	0,7	1,3	1,7	1,7	1,9	2,0	
460 Förderanlagen	–	–	–	–	–	–	–	
470 Nutzungsspezifische Anlagen	0,3	0,4	0,6	0,6	0,7	0,7	0,8	
480 Gebäudeautomation	–	–	–	–	–	–	–	
490 Sonstige Maßnahmen der Techn. Anlage	–	–	–	–	–	–	–	
Summe 400 Bauwerk technische Anlagen	**22,8**	**23,3**	**24,1**	**24,8**	**25,4**	**25,8**	**26,4**	
Summe 300 + 400 Kosten Bauwerk	**100**	**100**	**100**	**100**	**100**	**100**	**100**	

Quelle: Mittag, Normalherstellungskosten

V § 8 ImmoWertV Anlagen

400 **Anlage 6:** Kostengliederung nach Bauelementen, Gebäudebaujahrsklassen und Ausstattung am Beispiel des Typs 1.01

Bauteil Kostengruppe DIN 276	Anteil an Neubaukosten % Baujahrsklasse						Mehraufwand gegenüber Neubau
	vor 1925	1925–1945	1946–1959	1960–1969	1970–1984	1985–1999	2000
Gebäude							
310 Baugrube							
Einfache Ausstattung	3,2	3,0	3,0	2,8	2,6	2,5	2,3
Mittlere Ausstattung	2,8	2,7	2,6	2,4	2,3	2,2	2,0
Gehobene Ausstattung	2,4	2,9	2,3	2,1	1,9	1,9	1,7
Stark gehobene Ausstattung	1,8	1,7	1,7	1,6	1,5	1,4	1,3
320 Gründung							
Einfache Ausstattung	4,1	4,2	4,1	3,8	3,8	3,8	3,5	4,5-fach
Mittlere Ausstattung	4,0	4,0	4,0	3,8	3,7	3,7	3,4
Gehobene Ausstattung	3,8	3,8	3,8	3,5	3,5	3,4	3,2
Stark gehobene Ausstattung	3,0	3,2	3,1	3,0	2,9	2,9	2,7
330 Außenwände							
Einfache Ausstattung	22,5	25,2	25,7	26,0	26,2	26,6	27,2	2,0-fach
Mittlere Ausstattung	23,0	23,4	24,0	26,0	26,4	26,6	27,2
Gehobene Ausstattung	22,4	22,9	22,9	24,8	24,9	25,2	25,5
Stark gehobene Ausstattung	23,1	22,7	22,4	23,5	23,0	22,9	23,0
340 Innenwände							
Einfache Ausstattung	22,6	22,2	21,9	20,8	20,6	20,3	20,1	2,0-fach
Mittlere Ausstattung	21,7	21,0	20,7	19,7	19,3	19,0	18,8
Gehobene Ausstattung	19,8	19,2	19,0	18,3	18,0	17,8	17,7
Stark gehobene Ausstattung	16,3	16,2	16,0	15,3	15,0	14,8	14,7
350 Decken							
Einfache Ausstattung	19,7	19,1	18,7	17,4	17,2	17,1	16,9	2,0-fach
Mittlere Ausstattung	18,9	18,5	18,1	17,2	16,9	16,8	16,7
Gehobene Ausstattung	18,9	18,4	18,0	17,2	16,9	16,8	16,7
Stark gehobene Ausstattung	16,1	15,7	15,4	14,7	14,6	14,6	14,6
360 Dächer							
Einfache Ausstattung	12,4	11,9	11,6	11,0	10,7	10,5	10,3	2,0-fach
Mittlere Ausstattung	11,2	10,9	10,6	10,2	9,9	9,7	9,6
Gehobene Ausstattung	11,4	11,3	11,1	10,8	10,5	10,1	10,0
Stark gehobene Ausstattung	11,1	10,9	10,9	10,7	10,5	10,2	10,1
370 Baukonstruktive Einbauten							
Einfache Ausstattung	–	0,8	0,8	0,8	0,8	0,8	0,9	1,5-fach
Mittlere Ausstattung	1,2	1,6	1,6	1,6	1,6	1,7	1,6
Gehobene Ausstattung	2,2	2,4	2,6	2,5	2,6	2,8	2,7
Stark gehobene Ausstattung	3,8	4,2	4,3	4,2	5,0	5,4	5,2
390 Sonstige Maßnahmen für Baukonstruktion							
Einfache Ausstattung	1,4	1,6	1,6	1,6	1,6	1,6	1,6	1,5-fach
Mittlere Ausstattung	1,8	2,1	2,1	2,0	2,1	2,2	2,1	1,5-fach
Gehobene Ausstattung	2,3	2,5	2,5	2,5	2,7	2,7	2,6	1,5-fach
Stark gehobene Ausstattung	2,0	2,1	2,1	2,2	2,1	2,0	2,0	1,5-fach
Summe 300 Bauwerk Baukonstruktion							
Einfache Ausstattung	85,9	88,0	87,4	84,2	83,5	83,2	82,8
Mittlere Ausstattung	84,6	84,2	83,7	82,9	82,2	81,9	81,4
Gehobene Ausstattung	83,2	82,8	82,2	81,7	81,0	80,7	80,1
Stark gehobene Ausstattung	77,2	76,7	75,9	75,2	74,6	74,2	73,6

Bauteil / Kostengruppe DIN 276	Anteil an Neubaukosten % Baujahrsklasse							Mehraufwand gegenüber Neubau
	vor 1925	1925–1945	1946–1959	1960–1969	1970–1984	1985–1999	2000	
410 Abwasser-, Wasser-, Gasanlagen								
Einfache Ausstattung	4,3	3,9	4,1	5,4	5,4	5,5	5,4	1,3-fach
Mittlere Ausstattung	5,1	5,3	5,3	5,5	5,5	5,5	5,4	
Gehobene Ausstattung	5,7	5,6	5,8	5,9	5,9	5,9	5,8	
Stark gehobene Ausstattung	6,8	6,7	6,6	6,8	6,8	6,7	6,5	
420 Wärmeversorgungsanlagen								
Einfache Ausstattung	6,3	4,4	4,3	6,1	6,8	6,9	7,4	1,3-fach
Mittlere Ausstattung	6,7	6,7	6,5	6,9	7,5	7,7	8,1	
Gehobene Ausstattung	7,4	7,1	6,9	7,1	7,6	7,7	8,2	
Stark gehobene Ausstattung	9,3	8,6	8,6	8,4	8,8	8,8	9,3	
430 Lufttechnische Anlagen								
Einfache Ausstattung	–	–	–	–	–	–	–	
Mittlere Ausstattung	–	–	–	–	–	–	–	
Gehobene Ausstattung	–	–	–	–	–	–	–	
Stark gehobene Ausstattung	1,4	1,8	1,8	1,9	1,8	2,0	1,9	
440 Starkstromanlagen								
Einfache Ausstattung	3,5	3,7	3,8	3,9	3,9	4,0	4,0	1,5-fach
Mittlere Ausstattung	3,6	3,8	3,9	4,0	4,1	4,2	4,3	
Gehobene Ausstattung	3,7	4,0	4,2	4,4	4,5	4,6	4,7	
Stark gehobene Ausstattung	4,5	5,2	5,2	5,4	5,6	5,7	5,9	
450 Fernmelde- und informationstechn. Einrichtung								
Einfache Ausstattung	–	–	0,4	0,4	0,4	0,4	0,4	
Mittlere Ausstattung	–	–	0,4	0,4	0,4	0,4	0,4	
Gehobene Ausstattung	–	0,3	0,6	0,6	0,6	0,6	0,7	
Stark gehobene Ausstattung	0,5	0,7	1,3	1,7	1,7	1,9	2,0	
460 Förderanlagen	–	–	–	–	–	–	–	
470 Nutzungsspezifische Anlagen								
Einfache Ausstattung	–	–	–	–	–	–	–	
Mittlere Ausstattung	–	–	0,2	0,3	0,3	0,3	0,4	
Gehobene Ausstattung	–	0,2	0,3	0,3	0,4	0,5	0,5	
Stark gehobene Ausstattung	0,3	0,4	0,6	0,6	0,7	0,7	0,8	
480 Gebäudeautomation	–	–	–	–	–	–	–	
490 Sonstige Maßnahmen der Techn. Anlage	–	–	–	–	–	–	–	
Summe 400 Bauwerk technische Anlagen								
Einfache Ausstattung	14,1	12,0	12,6	15,8	16,5	16,8	17,2	
Mittlere Ausstattung	15,4	15,8	16,3	17,1	17,8	18,1	18,6	
Gehobene Ausstattung	16,8	17,2	17,8	18,3	19,0	19,3	19,9	
Stark gehobene Ausstattung	22,8	23,3	24,1	24,8	25,4	25,8	26,4	
Summe 300 + 400 Kosten Bauwerk	100	100	100	100	100	100	100	

Quelle: Mittag, Normalherstellungskosten

V § 8 ImmoWertV Anlagen

7.2 Instandsetzungs- und Modernisierungskosten (einschließlich MwSt.)

401 **1. Konventionelle Bauweise**

Es handelt sich um überschlägige Kalkulationspreise einschließlich Materialkosten und aller Nebenkosten, auch soweit sie nicht detailliert beschrieben sind.[131]

Preisbasis 2005

Gewerk/Bauteil	Einheit	Preisspanne je Einheit in €
I Keller		
Vertikale Dichtung		
Horizontalsperre, Aufstemmen und Dichtungsbahn vermauern	lfdm	63
Blechverfahren	lfdm	42
Bohrlochverfahren (Verpressen)	lfdm	32
Senkrechtsperre (außen) mit Freischachten, Sperrputz 2-lagig	m²	21
Dichtungsschlämme 2-lagig	m²	21
Dichtungsbahn 1-lagig	m²	21
Senkrechte Sperre (innen), Ausgleichsputz/Bitumenanstriche	m²	32
Sperrputz 2-lagig/Spritzbewurf ohne Freischachtung	m²	32
Ausgleichsputz/Dichtungsschlämme 2-lagig	m²	32
Ausgleichsputz/Dichtungsbahnen 2-lagig	m²	32
Sohle		
Betonplatte/schwimmender Estrich	m²	21
Neue Sohle/Fußbodenheizung	m²	32
Drainage, Aushub erweitern, mittelschwerer Boden	lfdm	21
Tonrohr verlegen und verfüllen, Kiessickerschicht	lfdm	53
II Heizung		
Einbau einer kompletten zentralen Heizungsanlage einschließlich Heizkörper, Leitungen, Wärmeerzeuger und Regelung		
Heizkörper 1 000 Watt Heizleistung (Vorlauf 70 Grad und Rücklauf 55 Grad):	m² WF	95
– Stahlradiator 105 × 60 × 11 cm	Stück	115
– Gussradiator 99 × 58 × 11 cm	Stück	230
– Säulenradiator 117 × 60 × 64 cm	Stück	190
– Plattenheizkörper 180 × 60 × 1,6 cm	Stück	170
– Plattenheizkörper 75 × 60 × 10 cm, Stahl mit zwei Konvektorblechen	Stück	189
– Konvektor, Schachthöhe 60 cm, Länge 150 cm	Stück	189
Ölzentralheizung	m² WF	105
– Gasetagenheizung bis 50 m² WF	m² WF	126
– Gasetagenheizung bis 80 m² WF	m² WF	105
Thermostatventil für Heizkörper an Stelle Einheitsventil	Stück	73
Fußbodenheizung, Trockensystem	Stück	84
Heizkessel 19 bis 44 kW		
– Gaskessel	Stück	4 200
– Ölkessel	Stück	5 000
– Wechselbrand mit Warmwasser	Stück	6 700
Brenner erneuern	Stück	1 250
Heizungsregelung witterungsgeführt, nachträgliche Montage mit Zentralgerät und Außenfühler	Stück	950
Heizungsleitung, Kupfer für Zentralheizung		
– auf Putz	m² WF	21

[131] In Anlehnung an Simon/Kleiber, Schätzung und Ermittlung von Grundstückswerten, a.a.O., 7. Aufl., S.633; Schmitz/Böhning/Krings, Altbaumodernisierung im Detail, Konstruktionsempfehlungen (GuG 1994, 295); eigene Ermittlungen.

Gewerk/Bauteil	Einheit	Preisspanne je Einheit in €
– unter Putz	m² WF	32
Luftheizung, Wärmetauscher, Wärmerückgewinnung	m² WF	180
Warmwasser		
Warmwasser, Standboiler zentral 200 ltr		
– Öl	Stück	1 160
– Gas	Stück	715
Wärmezähler		
– mechanisch	Stück	475
– statisch	Stück	900
Öltank		
Öl-Erdtank doppelwandig		6 700
– 5 000 ltr	Stück	8 800
– 10 000 ltr	Stück	
III Gas-, Wasser-, Abwasser- und Sanitärinstallation		
Einbau sanitärer Installationen für ein Bad/WC einschließlich Vorarbeiten, anteiliger Abwasser- und Wasserleitungen, Sanitärobjekten und Armaturen		
– WC und Handwaschbecken, einfache Ausführung	Anlage	1 300
– Dusche, Badewanne, WC, Waschtisch, einfache Ausführung	Anlage	2 100–2 550
Warmwasserbereiter einschließlich Vorarbeiten, Anschlüsse und Energieversorgung		
– Durchlauferhitzer 21 kW, dezentrale Bereitung	Stück	390–450
– Elektro-Kochendwassergerät 51 kW	Stück	200–230
– Elektroboiler zentral	Stück	3 150
– Gasdurchlauferhitzer	Stück	980
– Ölboiler, dezentrale Bereitung	Stück	3 500
Badausstattung, einfache Ausführung, weiß		
– Waschbecken	Stück	250
– Handwaschbecken	Stück	180
– Standklosett, Spülkasten aufgesetzt	Stück	285
– Wandklosett, Spülkasten aufgesetzt	Stück	335
– Bidet	Stück	460
– Duschwanne	Stück	285
– Duschabtrennung	Stück	840
– Liegewanne	Stück	360
– Anschluss Waschmaschine komplett	Stück	170
– Badmodernisierung in gehobener Ausführung	m²	420
– Kompletterneuerung der Lüftungsanlage für die Bäder	WE	1 730
– Regelungstechnik (Thermostat- und Strangventile, Heizkostenvert.)	WE	315
Kanalisation		
Kanalisation im Haus		
– Kellerablauf mit Geruchs- und Rückstauverschluss, Nennweite 100 mm	Stück	230
– Heizölsperre mit doppeltem Rückstauverschluss, Nennweite 100 mm	Stück	550
– Kanalanschluss	Stück	1 100
– Abflussleitung PVC-hart, Nennweite 100 mm	lfdm	32
IV Elektroinstallationsarbeiten		
Stromversorgung einschließlich aller Installationen und zentralen Anlagen		
– Wohnungen bis 40 m² Wohnfläche	m²	95
– Wohnungen mit 40 bis 60 m² Wohnfläche	m²	75
Elektroinstallationen		
– Türklingel und Türöffner	Stück	100–120

V § 8 ImmoWertV — Anlagen

Gewerk/Bauteil	Einheit	Preisspanne je Einheit in €
– Türsprechanlage	Stück	370
– Antennenanlage mit Antennensteckdose und Leitungen montiert	Stück	1 260
– Verteilerkasten unter Putz, 2-reihig, 24 Einheiten, 12 Automaten	Stück	180
– Zählerschrank komplett, 2 Felder für Zähler und Tarifgerät, verdrahtet	Stück	550
– Kabelkanäle für Elektroleitungen, 30 × 40 mm Montage auf Putz	lfdm	11
– Elektronetz erneuern bei WF > 100 m²	m²	52
V Treppenarbeiten		
Instandsetzen alter Holztreppen bis 1,10 m Breite als Wangentreppe einschließlich Ausbauarbeiten, Schuttabtransport, Beiputz und Oberflächenbehandlung	Stufe	85–95
– Kiefernholztreppe, gerade	Stufe	250
– Wendeltreppe, Stahlkonstruktion	Stufe	285
– Verschrauben loser Stufen/Verdübeln, Schraubenköpfe zuspachteln	Stufe	16
– Anstriche abbeizen, 2-fach abziehen, Anstrich	Stufe	26
– Neue Setzstufe	Stufe	26
– Trittstufen ausbessern, Dellen mit Zementspachtel ebnen/Teppich auf Tritt- und Setzstufe	Stufe	48
– Tritt- und Setzstufen erneuern/Oberflächenbehandlung	Stufe	250
Geländerstäbe profilieren und einsetzen	Stab	52
Geländer aus Stahl mit Holzhandlauf		
– gerade	lfdm	180
– gewendelt	lfdm	210
Spindeltreppe, 75 cm breit		
– Holzstufe auf Stahlkonstruktion	Stufe	250
– Holzstufe, Holzstufenkonstruktion	Stufe	285
Betontreppe, 110 cm breit, gerade, mit Gitterrost-Auftritt	Stufe	180
Einschubtreppen, Geschosshöhe bis 3 m mit Rahmen/Klappe		
– aus Holz	Stück	450–575
– aus Aluminium	Stück	1 000
– aus Aluminium, feuerhemmend (F 30)	Stück	1 310
Beläge		
– Terrazzo-Beläge, Tritt- und Setzstufe	Stufe	140
– Natursteinbeläge, Trittstufe/Kantenschutz	Stufe	75
VI Tischlerarbeiten		
Fenster		
Einbau von Holzfenstern mit Isolierverglasung, Ausbau alter Fenster, Schuttabtransport, Verglasung, Beschläge, Beiputz, Oberflächenbehandlung mit Fugenabdichtung		
– einflügelig bis 0,50 m²	m²	600
– einflügelig 0,50 bis 1,00 m²	m²	440
– mehrflügelig 1,00 bis 1,75 m²	m²	410
– mehrflügelig 1,75 bis 2,50 m²	m²	375
Wie zuvor, jedoch Kunststoff-Fenster		
– einflügelig 0,50 bis 1,00 m²	m²	630
– mehrflügelig 1,00 bis 1,75 m²	m²	575
Wie zuvor, jedoch Aluminium-Fenster		
– einflügelig	m²	630
Verbundfenster, Holzsprossenverbundfenster	m²	840
Türen		
Wohnungsinnentür Holz/Kunststoff, einfache Ausführung	Stück	450
Hauseingangstür	Stück	450–3500
Wohnungseingangstür	Stück	750

Gewerk/Bauteil	Einheit	Preisspanne je Einheit in €
Kellertür Stahl, einfache Ausführung	Stück	285
Einbau einer Hauseingangstür, 2,00 bis 3,00 m² einschließlich Ausbau und Abtransport alter Tür, Beschläge, Oberflächenbehandlung, Fugenabdichtung und Beiputz		
– Holz, einfache Ausführung	Stück	1 360–1 680
– Aluminium, einfache Ausführung	Stück	1 370–1 830
Erneuern von Innentüren einschließlich Zarge	Stück	240–450
Sonstiges		
Holzvertäfelung, einfache Qualität	m²	105
VII Zimmerarbeiten		
Instandsetzen von Holzbalkendecken einschließlich Freilegung der Balken, Schuttabtransport, einem Spanplattenbelag, Beiputzen und Ergänzen der Fußleisten	m²	140–150
Anlaschen von Stahlschuhen und Balkenköpfen	Stück	375–400
Sanierung der Balkenköpfe mit Kunstharz	Stück	390–420
Holzbalkendecke feuerhemmend verkleiden (F 30)	m²	85
Bekleidung von Decke	m²	130
– Holzvertäfelung	m²	130
– Nut- und Federbretter für 20 €/m²	m²	75
– Abgehängte Decke	m²	53
VIII Estrich- und Bodenarbeiten		
Neue Massivdecke einschließlich Schalung und Einstemmen der Auflager	m²	105
Verlegen von Spanplatten auf Rohdecke oder vorhandener Unterkonstruktion einschließlich Vorarbeiten und Randabschlüsse bis 16 mm Dicke einschließlich Lagerhölzer und Dämmung	m²	32–37
Verlegen von Fußbodenbelägen auf Estrich oder vorhandener Unterkonstruktion einschließlich Vorarbeiten und Randabschlüsse		
– Parkett, einfache Ausführung	m²	32–42
– Teppichboden (Materialpreis 20 €/m²)	m²	42
– Bodenfliesen (Materialpreis 15 €/m²)	m²	63
– Fußbodenbelag		
Estrich auf Massivdecke	m²	63
– Zementestrich, schwimmend	m²	26
– Trockenestrich	m²	37
– Fließestrich	m²	32
Holzdielen reparieren	m²	32
Spanplatten auf Dämmung	m²	42
Sockelleisten, Holz, 6 cm hoch, glatt	lfdm	21
IX Maurer- und Putzarbeiten		
Mauerwerk, Bruchstein	m²	350
Mauerwerk, 11,5 cm		
– Ziegel für Putz vorbereiten	m²	52
– Ziegel Sichtmauerwerk	m²	125
– Kalksandstein	m²	52
Plattenwände massiv, innen		
– Vollgipsplatten	m²	73
– Gasbetonplatten	m²	68
– Bimsplatten	m²	52
Leichtbauwand		
– Holz, Gipskarton, 10 cm dick	m²	78
– Metall, Gipskarton, 10 cm dick	m²	90
Instandsetzung von Mauerwerkswänden; aufmauern und verfugen,		

V § 8 ImmoWertV — Anlagen

Gewerk/Bauteil	Einheit	Preisspanne je Einheit in €
Wanddicke 24,0 cm; Putzen zusätzlich 10 Prozent	m²	168–178
Herstellung horizontaler Abdichtung gegen aufsteigende Feuchtigkeit durch Bohrlochinjektionsverfahren oder Einschlagen von Edelstahlblechen in 36,5 cm dickes Mauerwerk	m²	137–178
Verkleidungskästen aus Gipskartonplatten, 12,5 cm mit Unterkonstruktion	m²	52
Brandschutz Unterkonstruktion vorhanden		
Gipskarton-Feuerschutzplatte, 15 mm dick	m²	42
Dämmung		
Mineralfaserplatte 50 mm, Gipsbauplatten 12,5 mm	m²	52
Heizkörpernische dämmen mit Verbundplatte	m²	126
Kellerdecke Unterseite, gewölbt	m²	37
Wärmedämmverbundsystem ohne Unterkonstruktion	m²	73
mit Unterkonstruktion	m²	105
Putzarbeiten		
Aufbringen von Glattputz auf altem Untergrund einschließlich Vorarbeiten (Kalkzementputz auf Mauerwerk)	m²	52
Herstellung einer Faserzement-Plattenverkleidung, einformatige Einfachdeckung einschließlich Unterkonstruktion, Wärmedämmung, Randabschluss und Fugenabdichtung	m²	95–105
Herstellung einer Thermohaut (Wärmedämmverbundsystem) auf 5 – 6 cm dicken Hartschaumplatten, armiert, mit Kunstharz oder Mineralputz einschließlich Randabschlussprofilen und Fugenabdichtung auf neuem Mauerwerk	m²	63–84
Reinigen alter Wandflächen, Dampf- oder Sandstrahl	m²	16–21
Kunststoffputz	m²	21
Trockenputz Gipsbauplatten, 12,5 mm in Ansetzerbinder	m²	32
Putzanstrich, einfache Qualität	m²	11
X Anstrich- und Tapezierarbeiten		
Anstrich und Beschichtung auf neuem Außenputz einschließlich Vorarbeiten, Abdeckung, Überspannung kleiner Risse	m²	11–27
Tapezieren von Wandflächen einschließlich Vorarbeiten, Abdeckung, Entfernen alter Anstriche oder Tapeten (ohne Putzausbesserung)		
– Raufasertapete mit Anstrich	m²	11–16
– Tapete (Rollenpreis 7,50 €)	m²	26–52
Beidseitiger Anstrich von Innentüren einschließlich Zarge	Stück	63–79
XI Loggia		
Erneuerung der Balkonbrüstung	Stück	1 160
Loggiakomplettsanierung einschl. Betoninstandsetzung	Stück	2 310
Herstellen eines Gefälles zur Entwässerung der Loggiadecke	Stück	265
Sanierung der Kragbalken	Stück	295
XII Fassadenarbeiten		
Gerüst	m²	6–11
Reinigen mit Gerüst		
Abwaschen	m²	21
Putz ausbessern mit Gerüst	m²	52
Putz anbringen mit Gerüst		
– Kalkzementreibeputz	m²	52
– Edel- oder Kunststoffputz	m²	52
– Dämmputz ohne Altputz abschlagen	m²	95
Sichtmauerwerk aus Ziegel		
– neu verfugen mit Gerüst	m²	42

Gewerk/Bauteil	Einheit	Preisspanne je Einheit in €
– Ausbessern der Ziegelflächen ohne Gerüst	m²	95
Fassadenbekleidung mit Gerüst		
– Holzschindeln/Dämmung	m²	210
– Profilbretter	m²	105
– Faserzementplatten/Dämmung	m²	126
Vormauerung aus Mauerziegel, Dämmung, Luftschicht	m²	210
Anstrich		
– mehrfarbig gegliedert mit Gerüst	m²	27
– 2 – 3-fach einfarbig mit Gerüst	m²	27
Betoninstandsetzung mit Oberflächenschutzsystem	m²	27
XIII Dachdeckungsarbeiten (ohne Entsorgung alter Ziegel)		
Eindeckung geneigter Dächer einschließlich Vorarbeiten, Aufnehmen und Abtransport alter Pfannen und der Unterkonstruktion, neuer Lattung, Unterspannbahn und Dachziegel sowie Formteile, Betondachsteine oder Tonziegel	m²	52–84
Instandsetzen von geneigten Dachdeckungen einschließlich Vorarbeiten, Umdeckung einschließlich neuer Lassung und Unterspannbahn	m²	47–60
Ziegeldach		
– reparieren	m²	21
– umdecken	m²	37
Umdeckung neuer Lattung/Folie	m²	52
– Neudeckung		
– Betondachsteine	m²	63
– Ziegelpfannen	m²	63
Wärmedämmung im Dach		
– zwischen Sparren/Gipskartonbekleidung	m²	84
– auf Sparren	m²	63
– unter Sparren/Sperrholzbekleidung	m²	94
Flachdachsanierung mit kompletter Dachhauterneuerung	m²	73
Verstärkung der Wärmedämmung oberste Geschossdecke,	m²	26
Schrägen bekleiden		
– Dämmung 12 cm Gipskarton, Feuerschutzplatten 15 mm (F 30)	m²	94
– Dämmung Feuerschutzplatten 2 × 20 mm (F 90)	m²	150
Pappdach überkleben/Kiesschicht	m²	37
Dachstuhl verstärken durch Bohlen	lfdm	150
Verstärkung der Pfetten	lfdm	210
Erneuern von Stützen und Streben	lfdm	168
Imprägnierung von Holzschutz	m²	26
Dachfenster und Dachgauben		
Dachflächenfenster Wohnräume	Stück	840
Innenjalousien für Dachflächenfenster	Stück	200
Dachfenster, 4-pannig	Stück	95
Dachgaube, einfache Höhe, bis 1,20 ohne Fenster	Stück	685
Klempnerarbeiten		
Herstellen von Dachanschlüssen an Traufen, Gesimsen und aufgehenden Wänden einschließlich Ausbau und Abtransport alter Anschlüsse (Material Zinkblech)	m²	37–48
Dachrinnen aus Zinkblech	lfdm	42
Fallrohr aus Zinkblech (Strang je Geschoss)	Stück	95
Dachrinne aus Zinkblech reparieren	lfdm	21
Dachrinnen aus Kupfer	lfdm	62

V § 8 ImmoWertV — Anlagen

Gewerk/Bauteil	Einheit	Preisspanne je Einheit in €
Schornsteinarbeiten		
Kaminkopf Höhe 0,75 m abtragen und erneuern	Zug	126
Auskleiden von Schornsteinen mit Edelstahlrohr	m²	220
Ausbessern eines zweizügigen Schornsteinkopfes	Stück	375–430

7.3 Pauschalsätze für Modernisierungskosten des IVD Berlin-Brandenburg e.V. (2009/2010)

Pauschalsätze für Modernisierungskosten des IVD Berlin-Brandenburg e.V. (2009/2010)	
Bauzustandsnoten	Durchschnittlicher Kostenaufwand in €/m² Wohnfläche
Sehr gut	Keiner
Gut	Bis ca. 125 €/m² Wohnfläche
Normal	Ca. 125 bis 500 €/m² Wohnfläche
Ausreichend	Ca. 500 bis ca. 1 000 €/m² Wohnfläche
Schlecht	Ca. 1 000 bis ca. 1 500 €/m² Wohnfläche
Sehr gut: Deutlich überdurchschnittlicher Unterhaltungszustand, neuwertig oder sehr geringe Abnutzung ohne erkennbare Schäden, kein Instandhaltungs- und Instandsetzungserfordernis, Zustand i.d.R. für Objekte nach durchgreifender Instandsetzung und Modernisierung bzw. bei Neubauobjekten.	
Gut: Überdurchschnittlicher baulicher Unterhaltungszustand, relativ neuwertig oder geringe Abnutzung, geringe Schäden, unbedeutender Instandhaltungs- und Instandsetzungsaufwand, Zustand i.d.R. für Objekte nach weiter zurückliegender durchgreifender Instandsetzung und Modernisierung bzw. bei älteren Neubauobjekten.	
Normal: Im Wesentlichen durchschnittlicher baulicher Unterhaltungszustand, normale (durchschnittliche) Verschleißerscheinungen, geringer oder mittlerer Instandhaltungs- und Instandsetzungsaufwand, Zustand i.d.R. ohne durchgreifende Instandsetzung und Modernisierung bei üblicher (normaler) Instandhaltung.	
Ausreichend: Teils mangelhafter, unterdurchschnittlicher baulicher Unterhaltungszustand, stärkere Verschleißerscheinung, erheblicher bis hoher Reparaturstau, größerer Instandsetzungs- und Instandhaltungsaufwand der Bausubstanz erforderlich, Zustand i.d.R. bei vernachlässigter (deutlich unterdurchschnittlicher) Instandhaltung, weitgehend ohne bzw. nur minimale Instandsetzung und Modernisierung.	
Schlecht: Ungenügender, deutlich unterdurchschnittlicher, weitgehend desolater, baulicher Unterhaltungszustand, sehr hohe Verschleißerscheinungen, umfangreicher bis sehr hoher Reparaturstau, umfassende Instandsetzung und Herrichtung der Bausubstanz erforderlich, Zustand i.d.R. für Objekte bei stark vernachlässigter bzw. nicht vorgenommener Instandhaltung, ohne Instandsetzung und Modernisierung, Abbruch wahrscheinlich/möglich/denkbar.	

Quelle Immobilienpreisservice 2009/2010 des IVD Berlin-Brandenburg e.V.

Abschnitt 2 ImmoWertV:
Bodenrichtwerte und sonstige erforderliche Daten

§ 9 ImmoWertV
Grundlagen der Ermittlung

(1) ¹Bodenrichtwerte (§ 10) und sonstige für die Wertermittlung erforderliche Daten sind insbesondere aus der Kaufpreissammlung (§ 193 Absatz 5 Satz 1 des Baugesetzbuchs) auf der Grundlage einer ausreichenden Zahl geeigneter Kaufpreise unter Berücksichtigung der allgemeinen Wertverhältnisse zu ermitteln. ²Zu sonstigen erforderlichen Daten gehören insbesondere Indexreihen (§ 11), Umrechnungskoeffizienten (§ 12), Vergleichsfaktoren für bebaute Grundstücke (§ 13) sowie Marktanpassungsfaktoren und Liegenschaftszinssätze (§ 14).

(2) Kaufpreise solcher Grundstücke, die in ihren Grundstücksmerkmalen voneinander abweichen, sind im Sinne des Absatzes 1 Satz 1 nur geeignet, wenn die Abweichungen

1. in ihren Auswirkungen auf die Preise sich ausgleichen,

2. durch Zu- oder Abschläge oder

3. durch andere geeignete Verfahren berücksichtigt werden können.

Gliederungsübersicht	Rn.
1 Ableitungspflicht der Gutachterausschüsse	1
2 Allgemeine Grundsätze der Ableitung	9
3 Fortschreibung	15
4 Veröffentlichung	16

1 Ableitungspflicht der Gutachterausschüsse

Nach § 193 Abs. 4 BauGB führt der nach den §§ 192 ff. BauGB eingerichtete **Gutachterausschuss für Grundstückswerte** eine Kaufpreissammlung und **ermittelt Bodenrichtwerte und „sonstige zur Wertermittlung erforderliche Daten"**. Zu den sonstigen für die Wertermittlung erforderlichen Daten gehören nach Satz 2 der Vorschrift insbesondere

1. Kapitalisierungszinssätze, mit denen die Verkehrswerte von Grundstücken im Durchschnitt marktüblich verzinst werden (*Liegenschaftszinssätze*), für die verschiedenen Grundstücksarten, insbesondere Mietwohngrundstücke, Geschäftsgrundstücke und gemischt genutzte Grundstücke,

2. Faktoren zur Anpassung der Sachwerte an die jeweilige Lage auf dem Grundstücksmarkt (*Sachwertfaktoren*), insbesondere für die Grundstücksarten Ein- und Zweifamilienhäuser,

3. *Umrechnungskoeffizienten* für das Wertverhältnis von sonst gleichartigen Grundstücken, z.B. bei unterschiedlichem Maß der baulichen Nutzung und

4. *Vergleichsfaktoren für bebaute Grundstücke*, insbesondere bezogen auf eine Raum- oder Flächeneinheit der baulichen Anlage (Gebäudefaktor) oder auf den marktüblich erzielbaren jährlichen Ertrag (Ertragsfaktor).

Es handelt sich hierbei nicht um eine abschließende Aufzählung. § 143a Abs. 3 BBauG 76 hat in diesem Zusammenhang auch noch die Bewirtschaftungsdaten benannt; hierzu gehören insbesondere die Mietübersichten (vgl. § 18 ImmoWertV Rn. 20 ff.).

2 § 9 Abs. 1 ImmoWertV enthält eine im Wesentlichen mit § 193 Abs. 4 BauGB deckungsgleiche Aufzählung der „sonstigen für die Wertermittlung erforderlichen Daten", ergänzt um Indexreihen[1]. Im Unterschied zum BauGB findet der im Gesetz an erster Stelle synonym zum Begriff des „Liegenschaftszinssatzes" eingeführte Begriff des „**Kapitalisierungszinssatzes**" in § 14 Abs. 3 der Verordnung nur noch sekundäre Erwähnung.

Die aus fachlicher Sicht **unpräzise Erwähnung eines Kapitalisierungszinssatzes** im BauGB, an den die Vorentwürfe des BMVBS zur ImmoWertV anknüpften, geht auf einen Vorschlag der vom Bundesministerium eingesetzten Arbeitsgruppe zurück. Hieran ist massiv Kritik geübt worden, denn bei Anwendung des Ertragswertverfahrens ist nicht irgendein Kapitalisierungszinssatz, sondern ein besonderer Kapitalisierungszinssatz maßgebend, nämlich der in § 14 Abs. 3 ImmoWertV definierte Liegenschaftszinssatz, der der international gebräuchlichen *„overall capitalization rate"* entspricht. Dieser Zinssatz dient im Übrigen nicht ausschließlich der Kapitalisierung, sondern auch der Diskontierung, so dass der Begriff insoweit auch falsch ist. Die ImmoWertV hält deshalb an dem bewährten Begriff des „Liegenschaftszinssatzes" fest und erwähnt den Kapitalisierungszinssatz nur noch als Klammerzusatz, um klarzustellen, dass dieser Zinssatz materiell dem im BauGB erwähnten Kapitalisierungszinssatz entspricht.

3 **Ableitung der „erforderlichen Daten der Wertermittlung"**, wie Bodenpreisindexreihen, Liegenschaftszinssätze, Umrechnungskoeffizienten, Marktanpassungsfaktoren und Vergleichsfaktoren für bebaute Grundstücke, **ist eine Pflichtaufgabe der Gutachterausschüsse**, für die die ImmoWertV verbindlich ist (vgl. § 1 ImmoWertV Rn. 1). Die den Gutachterausschüssen nach § 193 Abs. 4 BauGB obliegende Ableitung geht auf § 143a Abs. 3 BBauG 76 zurück[2]. Nach dieser Vorschrift waren nach Weisung der Gutachterausschüsse für die Wertermittlung wesentliche (= erforderliche) Daten abzuleiten, wobei der Wortlaut auch die Auslegung zuließ, dass die Ableitung grundsätzlich im Ermessen des Gutachterausschusses steht und die Geschäftsstelle zur Ableitung dieser Daten nur verpflichtet ist, wenn der Gutachterausschuss eine dahin gehende Weisung erteilt hat[3].

4 Die Verpflichtung zur Ableitung der für die Wertermittlung erforderlichen Daten steht im Einklang mit der **Verpflichtung, diese Daten auch zur Wertermittlung heranzuziehen.** Die ImmoWertV enthält hierzu ein aufeinander abgestimmtes System, das die Ableitung und den Gebrauch dieser Daten befiehlt:

– Nach § 11 Abs. 1 ImmoWertV „sollen" Änderungen der allgemeinen Wertverhältnisse auf dem Grundstücksmarkt mit Indexreihen erfasst werden.

---

1 Bezüglich der Anwendung des Sachwertverfahrens führte bereits die Begründung zu § 8 Abs. 1 Satz 1 WertV 88 Baupreisindizes auf.
2 Die Ableitung sog. erforderlicher Daten der Wertermittlung, die erstmals mit dem BBauG 76 expressis verbis angesprochen wurde, stellt keineswegs einen erst durch das BBauG 1976 eingeführten Bereich der Wertermittlung dar. Marktanalysen begannen auch nicht erst im letzten Jahrzehnt. Man war schon früher bestrebt, die Abhängigkeit der Grundstückswerte von qualitativen Zustandsmerkmalen der Grundstücke und konjunkturellen Einflüssen zu operationalisieren, um auf rationale Weise Wertermittlungen empirisch zu begründen. Von nur historischer Bedeutung sind in diesem Zusammenhang u.a. die Veröffentlichung von Schnabel, Das Taxen des Bodenwertes bebauter städtischer Grundstücke, Hamm 1913; vgl. Strinz in ZfV 1905, 201, 225 ff.; Möring in AVN 1898, 233 ff.; Groeger in ZfV 1921, 165 ff.; Buhr in AVN 1930, 151 ff.; Sarnetzky in AVN 1931, 753; Kirchesch in ZfV 1941, 330 ff.; Pinkwart in ZfV 1954, 44 ff.; Grabe in ZfV 1970, 305.
3 D.h., der Gutachterausschuss konnte nach § 143a Abs. 3 BBauG 76 angeben, in welchem Umfang die für die Wertermittlung wesentlichen Daten für seinen Bereich abgeleitet werden (vgl. Dieterich in VR 1976, 346 ff. [347]; 192. Sitzung des BR-Ausschusses für Städtebau und Wohnungswesen vom 26.3.1976). Der Gutachterausschuss wird seiner Geschäftsstelle allerdings nur die Ableitung der Daten auftragen, die er für erforderlich hält. Der Umfang des Notwendigen ist von Gutachterausschuss zu Gutachterausschuss verschieden. So werden in ländlichen Bereichen mit homogenen Grundstücksverhältnissen nicht alle in Betracht kommenden Daten benötigt; z.B. kann ein aus Bodenrichtwerten abgeleiteter Bodenpreisindex mitunter genügen. Anders ist es i.d.R. in den Ballungsräumen. Wegen des Gebots, Gutachten über marktkonforme Verkehrswerte zu erstatten und zu begründen, besteht dort oftmals eine sachliche Verpflichtung des Gutachterausschusses, entsprechende Weisungen zu erteilen, wenn er seine Wertermittlung auf empirisch belegbare Daten gründen und rechtsstaatlichen Anforderungen bei der Wertermittlung im städtebaulichen Bereich genügen will. In dem Maße, in dem die einschlägigen ausgewerteten Kaufpreise sachgerecht in die Wertermittlung Eingang finden, verbessern sich die bewertungstechnischen Grundlagen.

Erforderliche Daten § 9 ImmoWertV V

– Nach § 12 ImmoWertV „sollen" Wertunterschiede von Grundstücken, die sich aus Abweichungen bestimmter Grundstücksmerkmale sonst gleichartiger Grundstücke ergeben, mit Hilfe von Umrechnungskoeffizienten erfasst werden.
– Nach § 14 Abs. 1 ImmoWertV „sollen" die allgemeinen Wertverhältnisse mit Marktanpassungsfaktoren und Liegenschaftszinssätzen erfasst werden.
– Die nach § 14 Abs. 3 ImmoWertV vom Gutachterausschuss abgeleiteten Liegenschaftszinssätze sind nach § 20 ImmoWertV bei der Ertragswertermittlung heranzuziehen.

Nach § 16 Abs. 2 Satz 2 ist der nach § 11 abgeleitete Liegenschaftszinssatz bei Anwendung des Ertragswertverfahrens maßgebend.

Lediglich die nach § 13 ImmoWertV abgeleiteten **Vergleichsfaktoren bebauter Grundstücke** können nach § 15 Abs. 2 Satz 1 ImmoWertV neben oder anstelle von Vergleichspreisen bei Anwendung des Vergleichswertverfahrens herangezogen werden („**Kann-Bestimmung**"). 5

Von den erforderlichen Daten der Wertermittlung i.S.d. § 193 Abs. 3 i.V.m. § 199 Abs. 1 BauGB zu unterscheiden sind die **sonstigen Daten der Wertermittlung** i.S.d. § 199 Abs. 2 Nr. 4 BauGB (vgl. § 193 BauGB Rn. 95 ff.; § 199 BauGB Rn. 16, 38 ff.). Bundesrechtlich sind die Gutachterausschüsse nicht verpflichtet, die „sonstigen" Daten der Wertermittlung zu ermitteln. Das BauGB hat die Regelungskompetenz diesbezüglich in die Hände der Landesregierungen gelegt. Problematisch bleibt aber die Grenzziehung zwischen den unter die bundesrechtliche Regelungskompetenz fallenden „erforderlichen" Daten und den „sonstigen" Daten.

Jedermann, der den Verkehrswert nach den Grundsätzen der ImmoWertV ermitteln will, ist von daher auf die vom Gutachterausschuss abgeleiteten erforderlichen Daten der Wertermittlung angewiesen. 6

Da die Ableitung dieser Daten nicht Selbstzweck ist, findet die Verpflichtung begriffsnotwendigerweise mindestens dort ihre Grenzen, wo die Daten nicht „erforderlich" sind. Darüber hinaus kann sich die Verpflichtung nicht auf die Ableitung von Daten erstrecken, die z.B. mit den zur Verfügung stehenden „geeigneten" und „ausgewerteten" Kaufpreisen nicht ableitbar sind. 7

Kritik an der Leistungsfähigkeit der Gutachterausschüsse für Grundstückswerte, dieser Aufgabenzuweisung nachzukommen, äußert *Petersen*[4], nach dem mehr als die Hälfte der Gutachterausschüsse dieser Aufgabe nicht nachkommen können. 8

2 Allgemeine Grundsätze der Ableitung

Nach § 9 Abs. 1 Satz 1 ImmoWertV sind die erforderlichen Daten der Wertermittlung auf der Grundlage einer ausreichenden Zahl geeigneter Kaufpreise „unter Berücksichtigung der *„allgemeinen Wertverhältnisse*" (Lage auf dem Grundstücksmarkt) abzuleiten. Aus diesem Hinweis folgt, dass 9

a) die Daten marktkonform abzuleiten sind und
b) bei Änderung der Marktlage fortzuschreiben sind.

§ 9 ImmoWertV enthält **keine Regelungen, nach welchen Verfahren** *die erforderlichen Daten der Wertermittlung* **ermittelt werden;** die Vorschrift gibt lediglich den allgemeinen Hinweis, dass sie auf der Grundlage „einer ausreichenden Zahl geeigneter Kaufpreise" ermittelt werden[5]. 10

---

4 Petersen, Marktorientierte Immobilienbewertung, 5. Aufl., S. 51.
5 Die Vorschrift ist § 10 Abs. 1 Satz 2 WertV 88/89 entnommen.

11 **Geeignete Kaufpreise** sind solche, die

- die Lage auf dem Grundstücksmarkt in Bezug auf die jeweiligen Grundstücksmerkmale möglichst zutreffend repräsentieren und
- den allgemeinen Wertverhältnissen auf dem Grundstücksmarkt am Ermittlungsstichtag entsprechen.

Da jedoch nur in Ausnahmefällen eine „ausreichende Zahl" von Vergleichspreisen mit hinreichend übereinstimmenden Grundstücksmerkmalen zur Verfügung stehen, lässt die Regelung auch die Heranziehung von Vergleichspreisen solcher Grundstücke zu, die abweichende Grundstücksmerkmale aufweisen. Soweit die Grundstücke, deren Kaufpreis zur Ableitung der erforderlichen Daten der Wertermittlung herangezogen werden sollen, in ihren wertbeeinflussenden Grundstücksmerkmalen voneinander abweichen, sind solche **vergleichsstörenden Momente bei der Zusammensetzung des Datenmaterials** sowie durch dessen Bearbeitung zu eliminieren. Nur so ist gewährleistet, dass die erforderlichen Daten der Wertermittlung aus vergleichbaren und für die Lage auf dem Bodenmarkt repräsentativen Kauffällen abgeleitet werden.

12 Nach § 9 Abs. 2 ImmoWertV sollen deshalb auch Kaufpreise von Grundstücken mit abweichenden Grundstücksmerkmalen als geeignet gelten, wenn die vergleichsstörenden Abweichungen

- sich in ihren Auswirkungen auf die Preise ausgleichen,
- durch Zu- oder Abschläge oder
- durch andere geeignete Verfahren berücksichtigt werden können[6].

13 Die **1. Alternative** spricht das sog. Gesetz der großen Zahl an, nach dem sich Abweichungen der Zustandsmerkmale bei stochastischer Verteilung durch Aggregation der Kaufpreise – z.B. bei der Mittelwertbildung – wertmäßig ausgleichen, wenn nur eine hinreichende Anzahl von Kaufpreisen herangezogen worden ist. Andernfalls sind nach der **2. Alternative** Abweichungen der wertbeeinflussenden Zustandsmerkmale durch Zu- oder Abschläge oder aber durch „andere geeignete Verfahren" – z.B. mathematische Methoden – zu berücksichtigen (**3. Alternative**).

14 Darüber hinaus ist zu fordern, dass die zur Ableitung der erforderlichen Daten herangezogenen Vergleichspreise nicht nur hinsichtlich der Grundstücksmerkmale vergleichbar sind, sondern auch hinsichtlich der „*allgemeinen Wertverhältnisse*", d.h., es sind möglichst zeitnah angefallene Vergleichspreise heranzuziehen. Soweit sie von den „allgemeinen Wertverhältnissen" des Ermittlungsstichtags abweichen, sind sie in entsprechender Anwendung vorstehender Grundsätze geeignet. Vergleichspreise, die den allgemeinen Wertverhältnissen des Ermittlungsstichtags nicht entsprechen, sind mit geeigneten Indexreihen auf die allgemeinen Wertverhältnisse des Ermittlungsstichtags umzurechnen.

Die mit § 9 ImmoWertV vorgegebenen Grundsätze der Ableitung „erforderlicher Daten der Wertermittlung" gelten für alle der in den §§ 10 bis 14 ImmoWertV näher behandelten Daten, namentlich für die Ermittlung von Bodenrichtwerten, Indexreihen, Umrechnungskoeffizienten, Vergleichsfaktoren bebauter Grundstücke (Ertrags- und Gebäudefaktoren), Marktanpassungsfaktoren und Liegenschaftszinssätze, sowie für die nicht näher in der ImmoWertV behandelten sonstigen erforderlichen Daten der Wertermittlung.

---

6 Die Vorschrift ist § 9 Abs. 3 Satz 2 WertV 88/89 entnommen.

3 Fortschreibung

Eine Fortschreibung der von den Gutachterausschüssen abgeleiteten erforderlichen Daten der Wertermittlung ist in der Vorschrift nicht expressis verbis angesprochen. Die Vorschrift gibt jedoch vor, dass die erforderlichen Daten unter Berücksichtigung der allgemeinen Wertverhältnisse abzuleiten sind. Haben sich die allgemeinen Wertverhältnisse geändert, ergibt sich daraus die **Verpflichtung zur Fortschreibung der abgeleiteten Daten**. Dies bedeutet nicht, dass die Daten in bestimmten Zeitabständen stets neu abzuleiten sind. Eine periodische Überprüfung ist gleichwohl angezeigt, wobei eine Fortführung dann erforderlich wird, wenn sich Anhaltspunkte ergeben, dass sich die Lage auf dem Grundstücksmarkt geändert hat. Lediglich die Indexreihen sollten alljährlich ergänzt werden, selbst dann, wenn sich der Index nicht weiterentwickelt hat. 15

4 Veröffentlichung

Der mit der ImmoWertV vorgegebenen Verpflichtung zur Heranziehung der vom Gutachterausschuss für Grundstückswerte abgeleiteten erforderlichen Daten kann von den außerhalb der Gutachterausschüsse stehenden Sachverständigen nur nachgekommen werden, wenn der Gutachterausschuss die abgeleiteten Daten auch in einer Weise veröffentlicht, die eine sachgerechte Anwendung dieser Daten gewährleistet. 16

Die ImmoWertV enthält keine Regelungen zur **Veröffentlichung der Bodenrichtwerte und sonstiger Daten** der Wertermittlung weil dies nach § 199 Abs. 2 Nr. 4 BauGB unter die **Regelungskompetenz der Länder** fällt (vgl. § 199 BauGB). 17

An die Veröffentlichung sind hohe Ansprüche zu stellen, denn sie soll es den außerhalb der Gutachterausschüsse tätigen Sachverständigen ermöglichen, damit sachgerecht umzugehen. Dies bedeutet, dass die Veröffentlichung insbesondere Angaben über 18

– die Art der Grundstücke, für die die Daten abgeleitet wurden,
– die Methodik ihrer Ableitung,
– den Geltungsbereich,
– den zeitlichen Bezug,
– das herangezogene Datenmaterial und
– sonstige für die Aussagefähigkeit dieser Daten wesentliche Bezüge

enthalten muss und – sofern es geboten erscheint – mit Hilfe geeigneter Karten erläutert werden. Ebenso wie bei der Veröffentlichung der Bodenrichtwerte wäre der Gutachterausschuss jedoch überfordert, wenn er sämtliche und jedem Einzelfall genügende Bezüge der erforderlichen Daten der Wertermittlung offenzulegen hätte.

In diesem Sinne ist die Veröffentlichung von **Liegenschaftszinssätzen** und **Marktanpassungsfaktoren** mit der genauen Angabe zu versehen, auf welche Objekte (einschließlich deren Restnutzungsdauer und Lage) sie sich beziehen; des Weiteren ist im Hinblick auf ihre modellkonforme Anwendung die **Methodik ihrer Ableitung** offenzulegen. 19

§ 10 ImmoWertV
Bodenrichtwerte

(1) ₁Bodenrichtwerte (§ 196 des Baugesetzbuchs) sind vorrangig im Vergleichswertverfahren (§ 15) zu ermitteln. ₂Findet sich keine ausreichende Zahl von Vergleichspreisen, kann der Bodenrichtwert auch mit Hilfe deduktiver Verfahren oder in anderer geeigneter und nachvollziehbarer Weise ermittelt werden. ₃Die Bodenrichtwerte sind als ein Betrag in Euro pro Quadratmeter Grundstücksfläche darzustellen.

(2) ₁Von den wertbeeinflussenden Merkmalen des Bodenrichtwertgrundstücks sollen der Entwicklungszustand und die Art der Nutzung dargestellt werden. ₂Zusätzlich sollen dargestellt werden:

1. bei landwirtschaftlich genutzten Flächen gegebenenfalls die Bodengüte als Acker- oder Grünlandzahl,
2. bei baureifem Land der erschließungsbeitragsrechtliche Zustand sowie je nach Wertrelevanz das Maß der baulichen Nutzung, die Grundstücksgröße, -tiefe oder -breite und
3. bei förmlich festgelegten Sanierungsgebieten (§ 142 des Baugesetzbuchs) und förmlich festgelegten Entwicklungsbereichen (§ 165 des Baugesetzbuchs) der Grundstückszustand, auf den sich der Bodenrichtwert bezieht; dabei ist entweder der Grundstückszustand vor Beginn der Maßnahme oder nach Abschluss der Maßnahme darzustellen.

₃Deckt der Bodenrichtwert verschiedene Nutzungsarten oder verschiedene Nutzungsmaße ab, sollen diese ebenfalls dargestellt werden.

(3) Bodenrichtwerte sind in automatischer Form auf der Grundlage der amtlichen Geobasisdaten zu führen.

Gliederungsübersicht Rn.

1. Allgemeines
   1.1 Entstehungsgeschichte der Vorschrift 1
   1.2 Ziel und Zweck von Bodenrichtwerten
       1.2.1 Transparenz des Grundstücksmarktes 4
       1.2.2 Wertermittlungsgrundlage 7
   1.3 Typologie der Bodenrichtwerte
       1.3.1 Übersicht 12
       1.3.2 Allgemeine Bodenrichtwerte 14
       1.3.3 Besondere Bodenrichtwerte 17
       1.3.4 Bodenrichtwerte für steuerliche Bewertungen 23
2. Ableitung von Bodenrichtwerten (§ 10 Abs. 1 ImmoWertV)
   2.1 Allgemeines 31
   2.2 Bodenrichtwertableitung für Gebiete mit Grundstücksverkehr 33
   2.3 Bodenrichtwertableitung für Gebiete ohne Grundstücksverkehr
       2.3.1 Allgemeines 34
       2.3.2 Bodenrichtwerte für bebaute Gebiete 40
3. Darstellung von Bodenrichtwerten bei ihrer Veröffentlichung (§ 10 Abs. 2 ImmoWertV)
   3.1 Allgemeines 42
   3.2 Darstellung in Bodenrichtwertkarten und Bodenrichtwertlisten 44
   3.3 Zonale Bodenrichtwerte 55
   3.4 Attributierung des Bodenrichtwertgrundstücks 58
4. Automatisierte Form (§ 10 Abs. 3 ImmoWertV) 67
5. Ländererlasse zur Bodenrichtwertermittlung 68

6	Anlagen	
	Anlage 1: Erläuterungen der Bodenrichtwerte	70
	Anlage 2: Darstellung der Bodenrichtwerte	71

1. Allgemeines

1.1 Entstehungsgeschichte der Vorschrift

Schrifttum: *Bizer, K., Joeris, D.,* in GuG 1998, 132; *Dicke, M.,* Ermittlung von Bodenrichtwerten bei eingeschränkter Verfügbarkeit von Kaufpreisen, NÖV 1998, 57; *Küting/Trappmann/Kessler,* Die Eignung von Bodenrichtwerten zur Ausfüllung der bilanziellen Bewertungsmaßstäbe bei Grundstücken nach HGB und IFRS, DB 2006, 1853.

▶ *Allgemeines bei § 196 BauGB sowie bei § 16 ImmoWertV Rn. 2 ff.; Syst. Darst. des Vergleichswertverfahrens Rn. 155 ff.; Syst. Darst. des Ertragswertverfahrens Rn. 124 ff.*

§ 10 ImmoWertV regelt ergänzend zu § 193 Abs. 5 i.V.m. § 196 BauGB[1] die den Gutachterausschüssen für Grundstückswerte als Pflichtaufgabe obliegende **Ableitung von Bodenrichtwerten** *(land reference value).* Bodenrichtwerte sind nach Maßgabe des § 196 BauGB periodisch zu ermitteln und nach § 196 Abs. 3 BauGB zu veröffentlichen; jedermann kann von der Geschäftsstelle des Gutachterausschusses Auskunft über die Bodenrichtwerte verlangen (vgl. § 196 BauGB Rn. 3, 10 sowie § 193 Abs. 5 BauGB Rn. 3, 10 ff.). Hierzu enthält die Vorschrift bundesrechtliche Vorgaben für die Darstellung von Bodenrichtwerten bei deren Veröffentlichung. Darüber hinaus gehende Regelungen zur Veröffentlichung von Bodenrichtwerten können den aufgrund der Ermächtigung nach § 199 Abs. 2 Nr. 4 BauGB erlassenen Gutachterausschussverordnungen der Länder entnommen werden.

1

Die Vorschrift enthält, wie im Übrigen auch das BauGB, keine Definition des Bodenrichtwerts. Nach herrschender Auffassung werden **Bodenrichtwerte als durchschnittliche Lagewerte des Grund und Bodens pro Quadratmeter bebauter oder unbebauter Grundstücksfläche in Gebieten mit im Wesentlichen gleichen Lage- und Nutzungsverhältnissen** verstanden.

§ 10 ImmoWertV geht auf die im Zuge der Erbschaftsteuerreform[2] erweiterte **Ermächtigungsgrundlage** des § 199 Abs. 1 BauGB in der ab 1.7.2009 geltenden Fassung zurück. Im Hinblick auf die gewachsene Bedeutung der Bodenrichtwerte für die steuerliche Bewertung ist die bis dahin den Landesregierungen zugesprochene Ermächtigung, Rechtsvorschriften über die Ermittlung von Bodenrichtwerten zu erlassen, auf die Bundesregierung (BReg) übertragen worden. Der Erlass von entsprechenden Rechtsvorschriften durch die BReg bedarf jedoch der Zustimmung des Bundesrates.

2

Der in der 14. Legislaturperiode von der BReg am 1. April 2009 beschlossene **1. Regierungsentwurf**[3] (RegE) sah noch stringente Regelungen zur Ableitung und Darstellung von Bodenrichtwerten vor:

„**§ 10 ImmoWertV (Bodenrichtwerte) i.d.F. des 1. RegE**
(1) Bodenrichtwerte (§ 196 des Baugesetzbuchs) sind vorrangig im Vergleichswertverfahren (§ 15) zu ermitteln. Findet sich keine ausreichende Zahl von Vergleichspreisen, kann der Bodenrichtwert auch mit Hilfe deduktiver Verfahren oder in anderer geeigneter und nachvollziehbarer Weise ermittelt werden. Die Bodenrichtwerte sind als ein Betrag in Euro pro Quadratmeter Grundstücksfläche darzustellen.
(2) Von den wertbeeinflussenden Merkmalen des Bodenrichtwertgrundstücks sollen der Entwicklungszustand und die Art der Nutzung dargestellt werden. Zusätzlich sollen dargestellt werden:
1. bei landwirtschaftlich genutzten Flächen gegebenenfalls die Bodengüte als Acker- oder Grünlandzahl,

---
[1] Zur historischen Entwicklung vgl. Kleiber in Ernst/Zinkahn/Bielenberg, BauGB, § 196 BauGB Rn. 2.
[2] Erbschaftsteuerreformgesetz – ErbStRG – vom 24.12.2008, BGBl. I 2008, 3018.
[3] BR-Drucks. 298/09 vom 3.4.2009.

2. bei baureifem Land das Maß der baulichen Nutzung, der erschließungsbeitragsrechtliche Zustand sowie die Grundstücksgröße und

3. bei förmlich festgelegten Sanierungsgebieten (§ 142 des Baugesetzbuchs) und förmlich festgelegten Entwicklungsbereichen (§ 165 des Baugesetzbuchs) der Grundstückszustand, auf den sich der Bodenrichtwert bezieht; dabei ist entweder der Grundstückszustand vor Beginn der Maßnahme oder nach Abschluss der Maßnahme darzustellen.

Deckt der Bodenrichtwert verschiedene Nutzungsarten oder verschiedene Nutzungsmaße ab, sollen diese ebenfalls dargestellt werden.

(3) Die Richtwertzone soll so abgegrenzt werden, dass die auf den Quadratmeter umgerechneten Bodenwerte der einzelnen Grundstücke um nicht mehr als 20 Prozent nach oben oder unten vom Bodenrichtwert abweichen. Abweichungen, die sich aus nicht mit dem Bodenrichtwertgrundstück übereinstimmenden Grundstücksmerkmalen einzelner Grundstücke ergeben, sind nicht zu berücksichtigen."

Zur Begründung führt der 1. RegE vom 1. April 2009 aus:

„**Absatz 3** betrifft die Abgrenzung der Richtwertzonen (vgl. § 196 Absatz 1 Satz 5 BauGB). Die „Soll"-Vorschrift sieht für die Zwecke der Abgrenzung der Richtwertzone wie die „Musterrichtlinie" eine 20%ige Toleranz vor, innerhalb der der Wert der lagetypischen Grundstücke um den Bodenrichtwert schwanken darf. Auch das Bundesverfassungsgericht hat in seiner Entscheidung vom 7. November 2006 – I BvL 10/02 – betreffend die Grundstücksbewertung im Rahmen der Erbschaftsteuer eine 20%ige Streubreite zugrunde gelegt, innerhalb derer ein Verkehrswert als „noch vertretbar" angesehen wird. Insoweit sind indes, wie in **Satz 2** klargestellt wird, Grundstücke mit vom Richtwertgrundstück abweichenden wertbeeinflussenden Merkmalen nicht zu berücksichtigen."

Der Bundesrat wollte dieser Fassung nur mit der Maßgabe zustimmen, dass bei der Attributierung der Bodenrichtwerte „eine Wahlmöglichkeit zwischen dem Maß der baulichen Nutzung und der Grundstücksgröße" als an den angegebenen Bodenrichtwert „wertbestimmendes Merkmal" (fakultative Attributierung) besteht und die in § 10 Abs. 3 RegE vorgesehne **Abweichungsquote von 20 % auf 30 % erhöht** wird. Zur Begründung wurde darauf verwiesen, dass „eine Abweichung der Bodenwerte der einzelnen Grundstücke um maximal 20 Prozent ober- oder unterhalb des Bodenrichtwertes ... in der Gesamtheit unrealistisch" sei[4]. Nach dem Vorschlag des Bundesrates sollte § 10 Abs. 3 folgende Fassung haben:

„(3) Die Richtwertzone soll so abgegrenzt werden, dass die auf den Quadratmeter umgerechneten Bodenwerte der einzelnen Grundstücke um nicht mehr als 20 Prozent nach oben oder nach unten vom Bodenrichtwert abweichen. Abweichungen, die sich aus nicht mit dem Bodenrichtwertgrundstück übereinstimmenden Grundstücksmerkmalen einzelner Grundstücke ergeben, sind nicht zu berücksichtigen."

Der Bundesrat weist zur Begründung seines Beschlusses darauf hin, dass „eine Abweichung der Bodenrichtwerte der einzelnen Grundstücke um maximal 20 % ober- oder unterhalb des Bodenrichtwerts in der Gesamtheit unrealistisch" und die Grenze von 30 % bereits in den **Musterrichtlinien der ARGEBAU** über Bodenrichtwerte[5] enthalten sei. Er könne auch keinen „Zusammenhang zu dem in der vorstehenden Begründung genannten Erbschaftsteuerurteil und den dort gemachten Ausführungen zur Streubreite zum Verkehrswert" erkennen, da der Verkehrswert und der Bodenrichtwert keinen Zusammenhang haben und somit „eine Angleichung der Abweichungsquote willkürlich" sei. Weiterhin heißt es:

„Die Entscheidung, dass der aus der Wertermittlung für ein bestimmtes Objekt hervorgegangene Verkehrswert maximal um ± 20 Prozent vom Marktwert abweichen darf, ist nachvollziehbar. Allerdings kann diese Entscheidung nicht auf den Bodenrichtwert übertragen werden, denn hierbei handelt es sich um einen Wert, der für eine Mehrzahl von Grundstücken ermittelt wurde, die im Wesentlichen gleiche Nutzungs- und Wertverhältnisse haben."

3 Die BReg hat der vom Bundesrat vorgeschlagenen Heraufsetzung der Abweichungsquote nicht zustimmen wollen. Der 1. RegE vom 1. April 2009 war damit gescheitert. Zur Begründung wird darauf verwiesen, dass sie anders als der Bundesrat der Auffassung sei, dass eine 30%ige Toleranz bei der Abgrenzung der Bodenrichtwertzonen (vgl. BR-Drucks. 296/09, Nr. 3 – Beschluss) angesichts der Bedeutung der Bodenrichtwerte für die steuerliche Bewer-

---

4 BR-Drucks 296/09 (Beschluss) vom 15.5.2009.
5 Musterrichtlinien über Bodenrichtwerte der ARGEBAU, GuG 2001, 44.

tung nicht generell zugelassen werden könne. Die Bodenrichtwerte i.S. des § 196 des Baugesetzbuchs (BauGB) seien nach ständiger höchstrichterlicher Rechtsprechung für die im Steuerrechtsverhältnis Beteiligten verbindlich und einer gerichtlichen Überprüfung regelmäßig nicht zugänglich. Sie sind daher von den Finanzbehörden und -gerichten grundsätzlich ungeprüft ohne eigenen Beurteilungsspielraum unmittelbar der Bewertung zugrunde zu legen. Infolgedessen sind an die Qualität der Bodenrichtwerte, insbesondere unter Berücksichtigung der Grundsätze der **Entscheidung des BVerfG**[6] zur Verfassungsmäßigkeit der Erbschaftsteuer, erhöhte Anforderungen zu stellen.

Da zu dieser Frage mit den Ländern kein Einvernehmen erzielt werden konnte, wurde § 10 Abs. 3 i.d.F. des 1. RegE ersatzlos mit dem am 24.3.2010 beschlossenen 2. RegE[7] fallen gelassen[8]. Der 2. RegE hat die Zustimmung des Bundesrates gefunden[9].

1.2 Ziel und Zweck von Bodenrichtwerten

1.2.1 Transparenz des Grundstücksmarktes

Bodenrichtwerte und ihre Veröffentlichung sind ein Instrument zur Verbesserung der Transparenz des Grundstücksmarktes. Sie sollen ebenso wie die „sonstigen" nach § 199 Abs. 2 Nr. 4 BauGB zu veröffentlichenden Daten der Wertermittlung die Übersichtlichkeit des Bodenmarktes insbesondere für private Belange, für die Belange der Wirtschaft, des Rechtswesens und der Besteuerung verbessern und zu einer Beruhigung der Marktverhältnisse beitragen, ohne diese jedoch unmittelbar durch staatlich lenkende Eingriffe zu beeinflussen[10]. Zu diesem Zweck sind Bodenrichtwerte nach § 196 Abs. 1 Satz 5 BauGB periodisch zu ermitteln und nach § 196 Abs. 3 Satz 2 BauGB i.V.m. der Rechtsverordnung nach § 199 Abs. 2 Nr. 4 BauGB zu veröffentlichen; darüber hinaus hat nach § 196 Abs. 3 Satz 2 BauGB jedermann ein Recht auf Auskunft über die Bodenrichtwerte. Damit stellen Bodenrichtwerte einen wichtigen Baustein der hohen Transparenz des Grundstücksmarktes in Deutschland dar, die entgegen fragwürdiger Veröffentlichungen in kaum einem anderen Land besser ist[11]. 4

Die **Signalwirkung,** die von Bodenrichtwerten ausgeht, darf nicht dazu verleiten, bei der Bodenrichtwertermittlung zum Zwecke einer Dämpfung der Bodenwertentwicklung hinter den tatsächlichen allgemeinen Wertverhältnissen zurückzubleiben. Bodenrichtwerte sollen nach ihrer Definition ein der Wirklichkeit entsprechendes Abbild der Wertverhältnisse auf dem Bodenmarkt sein (Transparenz des Bodenmarktes). Mit ihnen soll nicht dirigistisch in die Preisbildung eingegriffen werden; insbesondere soll mit Bodenrichtwerten nicht vorgegeben werden, was der Grund und Boden wert sein darf[12]. Indem die Bodenrichtwerte die tatsächlichen Verhältnisse auf dem Bodenmarkt nachzeichnen, können sie die Bodenwertentwicklung allenfalls indirekt beeinflussen: sie können z.B. bei überhöhten Kaufpreisforderungen Signalwirkung entfalten. Umgekehrt hat es sich allerdings als nachteilig erwiesen, dass Bodenrichtwerte oftmals selbst dann als „behördlich garantierte Mindestpreise" angesehen werden, wenn die Qualität des angebotenen Grundstücks hinter den Eigenschaften des dem Bodenrichtwert zugrunde liegenden Bodenrichtwertgrundstücks zurückbleibt. Der sich hieraus ergebenden preistreibenden Wirkung kann durch ergänzende Informationen bei der Veröffentlichung der Bodenrichtwerte entgegengewirkt werden. 5

Dass der **Bedarf an Informationen** über die Wertverhältnisse auf dem Grundstücksmarkt groß ist, zeigen die zahlreichen von den Geschäftsstellen der Gutachterausschüsse erstatteten 6

---

6 BVerfG, Urt. vom 7.11.2006 – 1 BvL 10/02 –, BVerfGE 117, 1 = EzGuG 1.71a.
7 BR-Drucks. 171/10 vom 26.3.2010.
8 Vgl. hierzu GuG-aktuell 2009,1.
9 BR-Drucks. 171/10 (Beschluss).
10 Vgl. Schaar in GuG 1991, 256.
11 Abzulehnen der „Real Estate Transparency Index" (RETI) von Jones Lang Lasalle; hierzu Moll-Amrein, Der Liegenschaftszinssatz in der Immobilienbewertung, Wiesbaden 2009, S. 111 ff.
12 So aber der Antrag der Fraktion Bündnis 90/Die Grünen vom 3.12.1996, BT-Drucks. 13/6384, der im Deutschen Bundestag keine Mehrheit gefunden hat.

Bodenrichtwertauskünfte. Als eine besonders einfache Möglichkeit, fundierte und neutrale Auskünfte über die Wertverhältnisse des Grund und Bodens zu erlangen, sind sie ins allgemeine Bewusstsein gedrungen. Allerdings kann in diesem Zusammenhang nicht unbeachtlich bleiben, dass sich das Geschehen auf dem Grundstücksmarkt zunehmend in den Bestand verlagert, d.h. vom Handel mit unbebauten Grundstücken zum Immobilienhandel. Dies betrifft insbesondere die eigengenutzte Wohnimmobilie. Die Substitution des Marktes für unbebaute Wohngrundstücke durch den Kauf einer „Bestandsimmobilie" hängt damit zusammen, dass Stadtquartiere nicht zuletzt aufgrund von Erneuerungsmaßnahmen wieder „im Trend" sind. Neben den Vorteilen einer zentralen Lage spielt dabei vor allem die Möglichkeit eine Rolle, das Kaufobjekt als fertiges Produkt erwerben zu können. Im Hinblick auf den Preis fällt ins Gewicht, dass die Kaufpreise für ältere Immobilien z.T. erheblich unter dem Sachwert liegen.

1.2.2 Wertermittlungsgrundlage

▶ *Vgl. Syst. Darst. des Vergleichswertverfahrens Rn. 153 ff.; Syst. Darst. des Ertragswertverfahrens Rn. 124 ff.*

7 Bodenrichtwerte sind eine anerkannte Grundlage der Verkehrswertermittlung auch für steuerliche Zwecke. § 16 Abs. 1 Satz 2 ImmoWertV sieht ausdrücklich die Heranziehung **„geeigneter Bodenrichtwerte"** zur Ermittlung von Bodenwerten vor (Bodenrichtwertverfahren). Bodenrichtwerte sind nach § 16 Abs. 1 Satz 2 ImmoWertV „geeignet", wenn die Merkmale des zugrunde gelegten Bodenrichtwertgrundstücks hinreichend mit den Grundstücksmerkmalen des zu bewertenden Grundstücks übereinstimmen.

8 Nach § 16 Abs. 1 Satz 2 ImmoWertV können Bodenwerte „auch" auf der Grundlage geeigneter Bodenrichtwerte ermittelt werden. Der Verordnungsgeber hat damit die Zulässigkeit des Bodenrichtwertverfahrens gegenüber dem bisherigen Recht (§ 13 Abs. 2 Satz 1 WertV 88/98) unverständlicherweise herabstufen wollen (vgl. Syst. Darst. des Vergleichswertverfahrens Rn. 155 ff.). Im Schrifttum war die Verwendbarkeit von Bodenrichtwerten zwar trotz ihrer ausdrücklichen „Verankerung" als Hilfsmittel der Wertermittlung (so schon in § 5 WertV 72) lange Zeit nicht unumstritten[13]. Heute sind **Bodenrichtwerte als Grundlage der Wertermittlung** jedoch **anerkannt.** Das Bodenrichtwertverfahren ist eine bewährte Methode, die in der höchstrichterlichen Rechtsprechung nicht beanstandet worden ist[14].

9 **Die Wertermittlung durch unmittelbare Ableitung aus Kaufpreisen für vergleichbare Grundstücke hat grundsätzlich Vorrang vor der Wertermittlung auf der Grundlage von den als Durchschnittswerte definierten Bodenrichtwerten**[15]. Dies ist darin begründet, dass der **direkte Preisvergleich eine höhere Zuverlässigkeit** verspricht als ein Zurückgreifen auf die in nicht erkennbarer Weise aus Vergleichspreisen oder sonstwie abgeleiteten Bodenrichtwerte. Deshalb gilt es zunächst, stets den direkten Preisvergleich zu suchen. Da Bodenrichtwerte i.d.R. aus Vergleichspreisen abgeleitet werden, sollten insoweit auch die Vergleichspreise zur Verfügung stehen. Der Sachverständige muss auch diesbezüglich seine Feststellungen im Gutachten darlegen.

Der BGH[16] hat ein zum Zwecke der Ausübung eines Ankaufsrechts erstattetes Schiedsgutachten, in dem der Verkehrswert eines unbebauten Grundstücks ohne Berücksichtigung der Vergleichspreise aus der unmittelbaren Nachbarschaft des Kaufgrundstücks ermittelt wurde, als lückenhaft und deswegen grundsätzlich unrichtig bezeichnet.

---

13 Brachmann in AVN 1967, 478; Meissner in AVN 1967, 535; Hintzsche in AVN 1968, 111; Glaser in AVN 1969, 456; Frisch in AVN 1970, 445.
14 BGH, Urt. vom 4.3.1982 – III ZR 156/80 –, EzGuG 11.127; BGH, Urt. vom 10.3.1977 – III ZR 195/74 –, EzGuG 18.72; BFH, Urt. vom 15.1.1985 – IX R 81/83 –, EzGuG 20.109; a. A. RFH, Urt. vom 28.4.1938 – III 345/37 –, RStBl. 1938, 716.
15 BGH, Urt. vom 17.5.1991 – V ZR 104/90 –, BGHZ 117, 338 = EzGuG 11.183; BFH, Urt. vom 26.9.1980 – III R 21/78 –, BFHE 132, 101 = EzGuG 20.86; BFH, Urt. vom 29.4.1987 – X R 2/80 –, BFHE 150, 453 = EzGuG 19.39b; BFH, Urt. vom 8.9.1994 – IV R 16/94 –, GuG 1995, 313 = EzGuG 19.43; BFH, Urt. vom 21.7.1993 – II R 13/91 –, EzGuG 20.147a; *BFH, Urt. vom 21.5.1982* – II B 32/81 –; BFH, Urt. vom 26.9.1980 – III R 67/78 – BFHE 131, 524 = BStBl II 1981, 353.
16 BGH, Urt. vom 17.5.1991 – V ZR 104/90 – EzGuG 11.183.

Bodenrichtwerte § 10 ImmoWertV V

Die Notwendigkeit, bei Heranziehung von Bodenrichtwerten auf originäre Vergleichspreise zurückzugreifen, stellt sich vor allem dann, wenn **Zweifel an der Stimmigkeit der Bodenrichtwerte** aufkommen müssen[17]. Der sich aus § 195 Abs. 3 BauGB ergebende Rechtsanspruch auf Auskunft aus der Kaufpreissammlung besteht bei alledem generell und nicht erst bei aufkommenden Zweifeln. Etwas anderes kann allenfalls dann gelten, wenn nach den Umständen des Einzelfalls der Bodenrichtwert in erkennbarer Weise vertrauenswürdig ist und etwaige Schätzungsungenauigkeiten ohne Bedeutung sind. Dies kann bei Anwendung des Ertragswertverfahrens der Fall sein, denn bei Anwendung dieses Verfahrens schlagen Ungenauigkeiten der Bodenwertermittlung bei langer Restnutzungsdauer des Gebäudes nur marginal auf das Ergebnis durch.   10

Bei **Anwendung des Ertragswertverfahrens** können Bodenrichtwerte bedenkenfrei herangezogen werden, wenn die Bebauung eine lange Restnutzungsdauer aufweist. Der Bodenwert hat in diesen Fällen nur einen marginalen Einfluss auf das Gesamtergebnis, und selbst erhebliche Fehler bei der Bodenwertermittlung wirken sich nur geringfügig auf das Ergebnis aus.   11

1.3 Typologie der Bodenrichtwerte

1.3.1 Übersicht

Bei der Bodenrichtwertermittlung ist es zweckmäßig, zu unterscheiden zwischen der Ermittlung   12

a) **allgemeiner Bodenrichtwerte** i.S. des § 196 Abs. 1 Satz 1 bis 5 BauGB (vgl. Rn. 32 ff.),

b) **besonderer Bodenrichtwerte** i.S. des § 196 Abs. 1 Satz 7 BauGB (vgl. Rn. 33 ff.) und

c) **für Zwecke der Einheits- bzw. Grundbesitzbewertung** nach § 196 Abs. 1 Satz 6 und Abs. 2 BauGB **erforderlicher Bodenrichtwerte** (vgl. Rn. 40 ff.).

Die genannten Bodenrichtwerte unterscheiden sich im Wesentlichen dadurch, dass sie bezogen auf **unterschiedliche Wertermittlungsstichtage** (§ 3 Abs. 1 ImmoWertV) ermittelt werden, so dass sich für ein und dieselbe Bodenrichtwertzone grundsätzlich drei verschiedene, auf unterschiedliche Stichtage bezogene Bodenrichtwerte ergeben können.   13

Die von den Gutachterausschüssen abgeleiteten **Bodenrichtwerte sind** wie die Gutachten der Gutachterausschüsse im Übrigen **unverbindlich;** dies gilt grundsätzlich auch für die Finanzverwaltung (vgl. aber die Erläuterungen bei Rn. 42)[18].

1.3.2 Allgemeine Bodenrichtwerte

Die Gutachterausschüsse sind nach § 196 Abs. 1 Satz 4 BauGB in der seit dem 1.1.2009 geltenden Fassung grundsätzlich verpflichtet, „**jeweils zum Ende eines jeden zweiten Kalenderjahres**" allgemeine Bodenrichtwerte zu ermitteln und zu veröffentlichen, jedoch kann auch eine häufigere (jährliche) Ermittlung bestimmt werden. Die Länder sind auf der Grundlage des bisherigen Rechts im Hinblick auf die Verzahnung der Bodenrichtwertermittlung mit der steuerlichen Bewertung dazu übergegangen, als Bezugszeitpunkt der Bodenrichtwertermittlung den 1. Januar eines jeden Jahres vorzugeben[19].   14

Der **zweijährige Ermittlungsturnus** geht auf einen Vorschlag der Länder zurück[20], dem die BReg mit der Maßgabe zugestimmt hat, dass angesichts „größerer Volatilität in bestimmten Grundstücksmarktregionen" auch kürzere Intervalle möglich bleiben[21].   15

---

17 Zu den Zweifeln vgl. Rechtsprechung des OLG Düsseldorf in Bezug auf Kostenrecht: OLG Düsseldorf, Beschl. vom 2.6.1971 – 10 W 37/71 –, Rpfleger 1971, 372 = DNotZ 1972, 442 = JVBl. 1971, 190 = EzGuG 20.49b.
18 BT-Drucks. 7/4793, zu § 143b BBauG 76.
19 § 11 Abs. 1 bbg. GutachterausschussVO; § 21 Abs. 1 nds DVO-BauGB; § 11 Abs. 1 nordrh.-westf. GutachterausschussVO.
20 BR-Drucks. 16/8547, S. 10.
21 BT-Drucks. 16/8547, S. 13.

16 § 196 Abs. 1 Satz 5 BauGB lässt demgemäß zu, die **Ermittlung** von allgemeinen Bodenrichtwerten abweichend vom zweijährlichen Turnus auch **in häufigeren Intervallen** vorzunehmen. Voraussetzung dafür ist nach dem Wortlaut der Vorschrift eine entsprechende Bestimmung. Dies zu regeln sind die Landesregierungen mit § 199 Abs. 2 Nr. 4 BauGB ermächtigt.

1.3.3 Besondere Bodenrichtwerte

17 Unter den **besonderen Bodenrichtwerten** sind solche zu verstehen, die nach § 196 Abs. 1 Satz 7 BauGB auf Antrag der für den Vollzug des BauGB zuständigen Behörden

– für einzelne Gebiete

– bezogen auf einen von dem ansonsten vorgegebenen „abweichenden Zeitpunkt"

ermittelt werden. Bei dem „abweichenden" Zeitpunkt kann es sich um einen von dem ansonsten nach § 196 Abs. 1 Satz 3 BauGB maßgeblichen Zeitpunkt (Ende eines jeden Kalenderjahrs) abweichenden Zeitpunkt handeln. I.d.R. wird dieser Zeitpunkt von der beantragenden Behörde vorgegeben. Solche besonderen Bodenrichtwerte kommen insbesondere bei Sanierungs- und Entwicklungsmaßnahmen sowie für Umlegungsgebiete in Betracht[22]. Mit dieser Vorschrift werden die Regelungen der mit dem BauGB aufgehobenen AusgleichsbetragV über Grundwerte nach dem StBauFG ersetzt. Die ohnehin umstrittene Unterscheidung zwischen Grund- und Bodenrichtwerten einerseits sowie zwischen zonalen und lagetypischen Grundwerten (§§ 3 und 4 AusgleichsbetragV) andererseits wird damit aufgegeben[23].

18 Nach § 14 Nr. 1a der DVO-BauGB ist dem Gutachterausschuss in *Niedersachsen* als eine „weitere Aufgabe" i.S. des § 199 Abs. 2 Nr. 6 BauGB die Aufgabe übertragen worden, über Anträge „für den Vollzug" des Baugesetzbuchs hinaus auch auf Anträge anderer Behörden zur Erfüllung von deren Aufgaben besondere Bodenrichtwerte i.S. des § 196 Abs. 1 Satz 5 BauGB zu ermitteln (z.B. Straßenbauämter). Es handelt sich hierbei um eine „Kann-Bestimmung".

19 Die Ableitung besonderer Bodenrichtwerte hat allgemein für die Vorbereitung und Durchführung städtebaulicher Maßnahmen, z.B. für Bodenordnungsmaßnahmen (Ermittlung von Einwurfs- und Zuteilungswerten in der Umlegung nach den §§ 57 f. BauGB), Bedeutung. Der eigentliche gesetzgeberische Anlass war aber die **Ermittlung besonderer Bodenrichtwerte als Vorstufe für die Ermittlung von Ausgleichsbeträgen** zur Abschöpfung sanierungs- bzw. entwicklungsbedingter Bodenwerterhöhungen (vgl. Vorbem. Teil VIII Rn. 1 ff.) nach den §§ 154 f. BauGB. Soll der Ausgleichsbetrag auf der Grundlage von (besonderen) Bodenrichtwerten abgeleitet werden, so sind diese vom Gutachterausschuss entsprechend dem Antrag der für den Vollzug des Gesetzbuchs zuständigen Behörde

– für den Zustand des Grundstücks *ohne* Berücksichtigung von Werterhöhungen des Grundstücks infolge der Aussicht auf die Sanierung, ihre Vorbereitung und Durchführung (durchschnittlicher Lagewert des Grund und Bodens unter Berücksichtigung des Entwicklungszustands, der der Ermittlung des Anfangswerts i.S. des § 154 Abs. 2 BauGB zugrunde liegt – **Anfangs-Bodenrichtwert**) und

– für den Zustand des Grundstücks unter Berücksichtigung der rechtlichen und tatsächlichen Neuordnung des Sanierungsgebiets (durchschnittlicher Lagewert für den Grund und Boden unter Berücksichtigung des Entwicklungszustands, der der Ermittlung des Endwerts i.S. des § 154 Abs. 2 BauGB zugrunde liegt – **End-Bodenrichtwert**)

zu ermitteln. Diese Bodenrichtwerte werden für die Grundstücke desselben Sanierungsgebiets bzw. Entwicklungsbereichs ermittelt, um aus den daraus abgeleiteten Anfangs- und Endwerten die von den Eigentümern zu erhebenden Ausgleichsbeträge abzuleiten. Dazu müssen Abweichungen der zu bewertenden Grundstücke von diesen Bodenrichtwerten nach Maßgabe des § 16 Abs. 1 Satz 3 i.V.m. § 15 Abs. 1 Satz 4 ImmoWertV berücksichtigt werden. Die

---

22 MfFuE – Schl.-Hol. Erl. vom 9.10.1997 – VI 310 – S 3041 – 097 –, GuG 1998, 166, 305 = DStZ 1998, 144.
23 Kleiber in ZfBR 1986, 263, sowie bei Ernst/Zinkahn/Bielenberg, BauGB § 154 Rn. 58.

Ableitung allgemeiner Bodenrichtwerte macht in den Fällen, in denen die Gemeinde solche Bodenrichtwerte ermittelt und veröffentlicht, keinen Sinn.

Bei genauerer Betrachtung ist der **Begriff Anfangs- und Endwertbodenrichtwert für die bereits im Verlauf einer Sanierungs- und Entwicklungsmaßnahme ermittelten besonderen Bodenrichtwerte unzutreffend,** weil das Gesetzbuch den Begriff des „Anfangs- und Endwerts" in § 154 Abs. 2 BauGB nur für die Bodenwerte verwendet, die der Ermittlung des Ausgleichsbetrags (bezogen auf den Abschluss der Sanierungs- bzw. Entwicklungsmaßnahme) zugrunde zu legen sind. Tatsächlich handelt es sich im Vorstadium um 20

– die **sanierungs- bzw. entwicklungsunbeeinflussten Bodenwerte** sowie
– die **Bodenwerte unter Berücksichtigung der tatsächlichen und rechtlichen Neuordnung,**

sodass die Bezeichnung Anfangs- und Endwert-Bodenrichtwerte irreführend ist.

▶ *Zu den grundsätzlichen Unterschieden vgl. Teil VIII Rn. 4 ff., 54, 101 ff.*

Über die Regelungen des § 196 Abs. 1 Satz 5 BauGB hinaus gelten für **die besonderen Bodenrichtwerte** keine weiteren Besonderheiten; sie **sind** demzufolge gemäß § 196 Abs. 3 BauGB **zu veröffentlichen.** Im Zuge des Sanierungsverfahrens ist dies grundsätzlich auch sinnvoll, denn der Grundstücksmarkt benötigt diese Transparenz, da während des Sanierungsverfahrens alle Verkaufsfälle gemäß § 153 Abs. 2 BauGB einer **Preiskontrolle** unterworfen sind und damit die am Grundstücksmarkt Beteiligten sich über das informieren können, was zulässigerweise als Kaufpreis vereinbart wurde. Bei Grundstückskäufen können die Beteiligten ihr Verhalten entsprechend der Rechtsprechung des BVerwG[24] zur Preisprüfung darauf einstellen, was als Kaufpreis nach § 153 Abs. 2 BauGB genehmigt werden muss. Im Hinblick auf die Veräußerung gemeindeeigener Grundstücke zum Neuordnungswert nach § 153 Abs. 4 BauGB sowie auf die vorzeitige Ablösung des Ausgleichsbetrags nach § 154 Abs. 3 Satz 2 BauGB muss ebenfalls ein Interesse an der notwendigen Transparenz des Grundstücksmarktes im Sanierungsgebiet bestehen. Von daher kommt der Veröffentlichung von Bodenrichtwerten für Sanierungsgebiete sogar eine höhere Bedeutung als für die außerhalb dieser Veranstaltungsgebiete gelegenen Grundstücke zu. 21

Gegen die **Zugänglichkeit der besonderen Bodenrichtwerte für jedermann** gemäß § 196 Abs. 5 BauGB sind Bedenken erhoben worden, soweit sich daraus der vom einzelnen Eigentümer zu entrichtende Ausgleichsbetrag „ablesen" lässt, weil damit die Vermögensverhältnisse des Ausgleichsbetragspflichtigen offenbart werden, aber andererseits personenbezogene Daten verfassungsrechtlich geschützt sind. Diese Bedenken können nur dann durchgreifen, wenn die besonderen Bodenrichtwerte in einer Dichte ermittelt werden, dass es sich dabei bereits um weitgehend individuelle Grundstückswerte handelt; ansonsten besagen die für Sanierungsgebiete ermittelten Bodenrichtwerte nicht mehr als die für andere Teile des Gemeindegebiets veröffentlichten Bodenrichtwerte. Es entspricht zwar dem gesetzgeberischen Anliegen, dass die nach § 195 Abs. 1 Satz 5 BauGB abgeleiteten Bodenrichtwerte ihrem Verwendungszweck entsprechend im Vergleich zu den übrigen Bodenrichtwerten eine höhere Dichte aufweisen, jedoch ist schon begrifflich damit nicht die Ableitung individueller Grundstückswerte eingeschlossen. Bodenrichtwerte sind als *durchschnittliche* und nicht als individuelle Lagewerte des Grund und Bodens definiert. Im Übrigen gäbe die Ermittlung individueller, d.h. grundstücksbezogener Bodenrichtwerte wertermittlungstechnisch keinen Sinn, denn mit demselben Aufwand kann gleich direkt der Verkehrswert des einzelnen Grundstücks ermittelt werden. Es besteht sogar die Gefahr, dass die für die Bemessung des Ausgleichsbetrags maßgebenden Anfangs- und Endwerte ohne weitere Begründung vornehmlich auf derartige Bodenrichtwerte gestützt werden und der Begründungspflicht nicht hinreichend nachgekommen wird. 22

---

24 BVerwG, Urt. vom 24.11.1978 – 4 C 56/76 –, EzGuG 15.9; BVerwG, Urt. vom 21.8.1981 – 4 C 16/78 –, EzGuG 15.18.

1.3.4 Bodenrichtwerte für steuerliche Bewertungen

Schrifttum: *Birgel, K.,* Steuerliche Bewertung unbebauter Grundstücke, UM 2003, 57.

23 Bei den für steuerliche Zwecke abgeleiteten Bodenrichtwerten handelt es sich um solche, die bezogen
- auf den Hauptfeststellungszeitpunkt der Einheitsbewertung (1.1.1964),
- auf den Zeitpunkt der Bedarfsbewertung zur Feststellung des Grundbesitzwerts (1.1.1996) oder
- auf einen sonstigen steuerlich maßgeblichen Feststellungszeitpunkt

ermittelt werden (Abb. 1).

Abb. 1: Bodenrichtwertindex für die Grundbesitzbewertung nach BewG für Gebiete in offener Bauweise von Berlin[25]

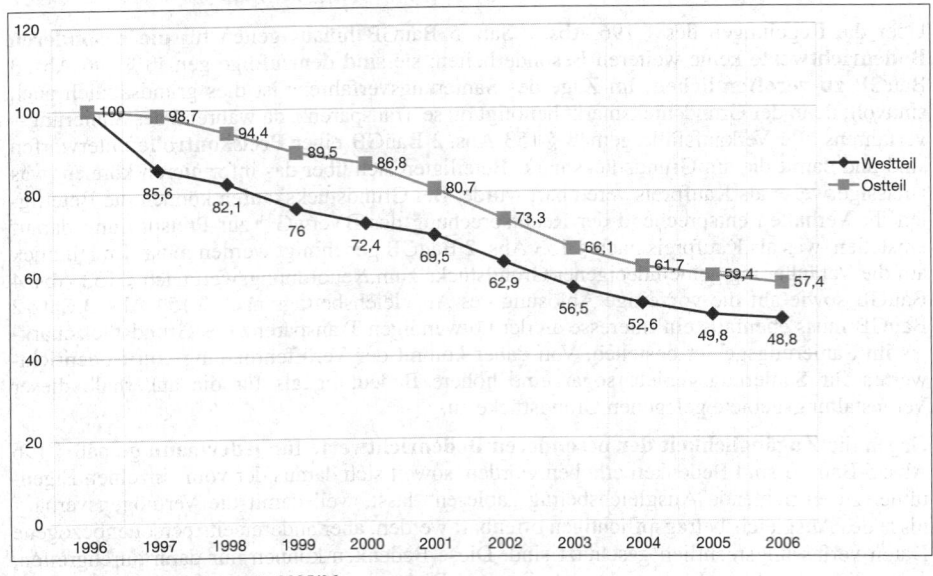

Quelle: Grundstücksmarktbericht 2005/06

24 Die Bodenrichtwertermittlung für steuerliche Zwecke hat insbesondere mit der Erbschaftsteuerreform 2008 erheblich an Bedeutung gewonnen. **Städtebauliche Wertermittlung und steuerliche Bewertung** sind deshalb eng verzahnt worden:
- Nach § 192 Abs. 3 Satz 2 BauGB ist für die Bodenrichtwertermittlung „ein Bediensteter der zuständigen Finanzbehörde mit Erfahrungen in der steuerlichen Bewertung von Grundstücken als Gutachter vorzusehen".
- Die Kaufpreissammlung des Gutachterausschusses darf nach § 195 Abs. 2 Satz 1 BauGB (nur) dem zuständigen Finanzamt für Zwecke der Besteuerung übermittelt werden.
- Für Zwecke der steuerlichen Bewertung des Grundbesitzes sind Bodenrichtwerte nach § 196 Abs. 1 Satz 6 BauGB auch zum jeweiligen Hauptfeststellungszeitpunkt oder sonstigen Feststellungszeitpunkt zu ermitteln. Diese mit dem BauGB hinzugekommene Pflichtaufgabe des Gutachterausschusses ist vor allem für künftige Hauptfeststellungen und für Bewertungen im Rahmen der Erbschaft- und Schenkungsteuer sowie der Grunderwerbsteuer von großer Bedeutung.

---

25 ABl. Berlin 2005, 2375.

- § 196 Abs. 2 Satz 1 BauGB verpflichtet den Gutachterausschuss zur Fortschreibung der auf den Hauptfeststellungszeitpunkt oder sonstigen Feststellungszeitpunkt bezogenen Bodenrichtwerte, wenn sich in dem Gebiet die Qualität durch den Bebauungsplan oder andere Maßnahmen geändert hat. Die Fortschreibung kann unterbleiben, wenn das zuständige Finanzamt darauf verzichtet (§ 196 Abs. 2 Satz 2 BauGB).

- Im Falle einer gebietlichen Änderung der Bodenqualität auf Grund eines Bebauungsplans oder anderer Maßnahmen sind die Gutachterausschüsse nach § 196 Abs. 2 Satz 2 BauGB verpflichtet, Bodenrichtwerte zum Zwecke einer Wertfortschreibung auch bezogen auf die Wertverhältnisse zum Zeitpunkt der letzten Hauptfeststellung oder dem letzten sonstigen Feststellungszeitpunkt zu ermitteln, wenn das zuständige Finanzamt hierauf nicht verzichtet hat.

- Den Belangen der steuerlichen Bewertung entspricht auch der in § 196 Abs. 1 Satz 2 BauGB normierte Grundsatz, in bebauten Gebieten Bodenrichtwerte mit dem Wert zu ermitteln, der sich ergeben würde, wenn die Grundstücke unbebaut wären.

- Schließlich sind die Bodenrichtwerte dem zuständigen Finanzamt nach § 196 Abs. 3 Satz 1 BauGB mitzuteilen; umgekehrt erteilt das Finanzamt dem Gutachterausschuss nach § 197 Abs. 2 Satz 2 BauGB Auskünfte über Grundstücke, soweit dies zur Ermittlung von Ausgleichsbeträgen und Enteignungsentschädigungen erforderlich ist.

Das Gesetz hat damit die Voraussetzungen geschaffen, Bodenrichtwerte im Bereich der steuerlichen Bewertung zu verwenden. Das BBauG gibt jedoch keine **Verbindlichkeit der Bodenrichtwerte für die Finanzverwaltung** vor[26], dies bleibt der Steuergesetzgebung vorbehalten (§ 145 Abs. 3, § 179 BewG)[27]. 25

- Nach dem Jahressteuergesetz 1997 (BGBl. I 1996, 2049) sind auch **Grundlage für die Ermittlung von Grundbesitzwerten**, soweit sie im Bedarfsfalle für die Erbschaft- und Schenkungsteuer (ab 1.1.1996 bis 31.12.2007) sowie für die Grunderwerbsteuer (ab 1.1.1997) erforderlich sind. Nach der mit dem Jahressteuergesetz 97 geänderten Fassung des Abs. 2 hat die Finanzverwaltung die Möglichkeit, dem Gutachterausschuss für diese Zwecke ergänzende Vorgaben zu machen. Für die Ermittlung der Grundbesitzwerte sind Bodenrichtwerte nach § 138 Abs. 1 Satz 2 BewG bezogen auf die (allgemeinen) Wertverhältnisse zum 1.1.1996 maßgebend[28]. Aus § 145 Abs. 3 Satz 1 und 2 BewG ergibt sich, dass das Finanzamt den vom Gutachterausschuss mitgeteilten Bodenrichtwert (regelmäßig ohne nähere Prüfung hinsichtlich seiner Höhe) anwendet[29].

- Nach der zum 1.1.2009 in Kraft getretenen Erbschaftsteuerreform sind die Vorschriften der §§ 138 ff., BewG (Vierter Abschnitt) nur noch für die Bewertung von Grundbesitz für die Grunderwerbsteuer ab 1.1.1997 maßgebend. Für die **Bewertung von Grundbesitz für die Erbschaftsteuer** sind **ab 1.1.2009** die Vorschriften der §§ 157 ff. (Sechster Abschnitt) anzuwenden. Diese sehen u.a. in § 179 BewG vor, dass sich der Wert unbebauter Grundstücke „regelmäßig" nach den Bodenrichtwerten bestimmt und bei Wertermittlungen „stets der Bodenrichtwert anzusetzen" ist, „der vom Gutachterausschuss zuletzt ermittelt war." Auch bei Anwendung des (steuerlichen) Ertrags- und Sachwertverfahrens ist (nach § 184 Abs. 2 und § 189 Abs. 2 BewG) der Bodenwertanteil entsprechend anzusetzen.

Damit haben auch die allgemeinen nach § 196 Abs. 1 Satz 5 BauGB periodisch von den Gutachterausschüssen abgeleiteten Bodenrichtwerte eine für die steuerliche Bewertung entscheidende Bedeutung erlangt.

Die von den Gutachterausschüssen abgeleiteten **Bodenrichtwerte werden in diesem Rahmen von der Finanzverwaltung ohne eigene Überprüfung der steuerlichen Bewertung zu Grunde gelegt.** Der Steuerpflichtige hat jedoch die Möglichkeit, den Nachweis zu erbringen, 26

---
26 BT-Drucks. 7/4793, zu § 143b BBauG 1976.
27 Bielenberg, Gutachten zum 49. Juristentag 1972 B 112 ff.
28 Vgl. BR-Drucks. 390/96, S. 90.
29 FG Nürnberg, Urt. vom 27.1.2000 – IV 261/99 –, GuG 2000, 252 = EzGuG 4.176.

dass der gemeine Wert (Verkehrswert/Marktwert) niedriger als die auf der Grundlage der Bodenrichtwerte vorgenommene Wertfeststellung ist (§ 145 Abs. 3 Satz 3 BewG; § 198 BewG).

27 Damit Bodenrichtwerte den Anforderungen der Finanzverwaltung entsprechen, sieht § 196 Abs. 1 Satz 6 BauGB vor, dass die Finanzverwaltung dem Gutachterausschuss **„ergänzende Vorgaben" für die Ermittlung (steuerlicher) Bodenrichtwerte** vorgeben kann. Diese Ergänzung betrifft insbesondere die auf den 1.1.1996[30] bezogenen Bodenrichtwerte für die Bedarfsbewertung, die im Hinblick auf ihre Anwendung auf die Grunderwerbsteuer im Bedarfsfalle benötigt werden, sowie die ab 1.1.2009 der Bewertung für die Erbschaftsteuer zugrunde zu legenden Bodenrichtwerte.

28 Mit dieser Vorschrift wird die Selbstständigkeit und Unabhängigkeit des Gutachterausschusses nicht eingeschränkt. Schon aus dem Wort **ergänzende Vorgaben** ergibt sich eindeutig, dass u.a. § 192 Abs. 1 BauGB (Selbstständigkeit und Unabhängigkeit der Gutachterausschüsse) unberührt bleibt. Mit dieser Vorschrift soll die Tätigkeit der Gutachterausschüsse vielmehr im Interesse der Verwaltungsökonomie auf das unabweisbar Notwendige begrenzt werden, d.h., Bodenrichtwerte sollen nur in dem Umfang und der Dichte ermittelt werden, wie es für steuerliche Zwecke erforderlich ist. Dies konnte bundeseinheitlich vom Gesetzgeber nicht vorgegeben werden. In erster Linie sind hier die nach § 192 Abs. 3 Satz 2 BauGB vorgesehenen Bediensteten der zuständigen Finanzbehörde aufgerufen, i.S. eines Antragsrechts nach den örtlichen Verhältnissen ergänzende Vorgaben über Umfang und Dichte der für steuerliche Zwecke benötigten Bodenrichtwerte zu machen.

29 Im Vorfeld der Verabschiedung des JStG wurden vom BMF folgende Hinweise gegeben:

a) Bodenrichtwerte sollen flächendeckend für das Bauland im gesamten Gemeindegebiet für bebaute und für unbebaute Grundstücke abgeleitet werden.

b) Gebiete, in denen kein Grundstücksverkehr stattgefunden hat, sollen grundsätzlich von der Ermittlung der Bodenrichtwerte nicht ausgenommen sein[31].

c) Die Bodenrichtwertzonen sollen räumlich abgegrenzt und insbesondere hinsichtlich Art und Maß der baulichen Nutzung homogen sein[32].

d) In bebauten Gebieten sollen die Bodenrichtwerte mit dem Wert abgeleitet werden, der sich für unbebaute Grundstücke ergibt.

▶ *Weitere Ausführungen zur Verwendung von Bodenrichtwerten in der Syst. Darst. des Vergleichswertverfahrens Rn. 151 ff.*[33]

30 So wie aus dem Antragsrecht nach § 193 Abs. 1 BauGB eine Gutachtenerstattungspflicht des Gutachterausschusses folgt, ohne dass jemals Zweifel an der Unabhängigkeit des Gutachterausschusses aufgekommen sind, wird bei richtiger Auslegung des Begriffs der „ergänzenden Vorgaben" die **Selbstständigkeit der Gutachterausschüsse nicht berührt.** Die vom Bundesrat dagegen vorgetragenen verfassungsrechtlichen Bedenken[34], denen sich der Vermittlungsausschuss nicht angeschlossen hat, gehen insoweit an der allein nur zulässigen Auslegung der Vorschrift vorbei. Im Übrigen geht die Vorschrift auf ein Begehren der Gutachterausschüsse für Grundstückswerte selbst zurück, die zur Vermeidung unnötiger Bodenrichtwertermittlungen im Vorfeld des Gesetzgebungsverfahrens eine Konkretisierung ihrer zusätzlichen Aufgaben anregten. Da die zusätzlichen Aufgaben mit dem Anspruch, nur das unabweislich Erforderliche vorzugeben, bundeseinheitlich nicht gesetzlich vorgegeben werden konnten, hat der Gesetzgeber dies auf die örtliche Ebene verlagert und der Finanzverwaltung aufgegeben.

---

30 BR-Drucks. 390/96, S. 901.
31 GuG-aktuell 1995, 41.
32 GuG-aktuell 1995, 41.
33 Zur Zusammenarbeit mit den Finanzämtern: Erl. des thür. IM vom 17. und 19.3.1992 – 740 – 9611 –, Erl. des rh.-pf. MF und MdIS vom 2.11.1987 (MinBl. 1987, 444 – 3314 A – 446 –) sowie VV des rh.-pf. IM und FM vom 10.11.1995 (MinBl. 1995, 535).
34 BR-Drucks. 390/1/96, S. 124.

Bodenrichtwerte § 10 ImmoWertV V

2 Ableitung von Bodenrichtwerten (§ 10 Abs. 1 ImmoWertV)

2.1 Allgemeines

▸ *Zu den allgemeinen Grundsätzen vgl. § 9 ImmoWertV Rn. 9*

Das BauGB schreibt ausdrücklich die Ermittlung von Bodenrich*twerten* vor. Dementsprechend gibt § 10 Abs. 1 Satz 3 ImmoWertV vor, dass die Bodenrichtwerte „als ein Betrag in Euro pro Quadratmeter Grundstücksfläche darzustellen" sind. Die **Ableitung von Bodenrichtwertspannen** (z.B. 200 bis 300 €/m²) ist danach unzulässig.

Die allgemeinen Grundsätze der Ableitung von Bodenrichtwerten sind in § 9 ImmoWertV geregelt. Die allgemeinen Grundsätze der Ableitung von Indexreihen sind in § 9 ImmoWertV geregelt.

Bei der Ableitung des Bodenrichtwerts ist der sich rechnerisch ergebende „Betrag" in sinnvoller Weise auf- bzw. abzurunden, d.h. es ist – wie bei der Ermittlung von Verkehrswerten – in Anlehnung an die Preisgestaltung des gewöhnlichen Geschäftsverkehrs ein **auf- oder abgerundeter Wert** anzugeben.

In der Praxis wird wie folgt auf- oder abgerundet (Abb. 2):

Abb. 2: Auf- oder Abrundungen von Bodenrichtwerten

Bodenrichtwert			Auf- oder Abrundungen	
über	5 Euro	bis 5 Euro	auf	0,1 Euro
über	20 Euro	bis 20 Euro	auf	0,5 Euro
über	50 Euro	bis 50 Euro	auf	1,0 Euro
über	100 Euro	bis 100 Euro	auf	5,0 Euro
über	1 000 Euro	bis 1 000 Euro	auf	10,0 Euro
			auf	100,0 Euro

© W. Kleiber 09

2.2 Bodenrichtwertableitung für Gebiete mit Grundstücksverkehr

§ 10 Abs. 1 Satz 1 ImmoWertV schreibt für die Bodenrichtwertermittlung einen **Anwendungsvorrang zugunsten des** in § 15 der Verordnung geregelten **Vergleichswertverfahrens** vor. Sofern eine ausreichende Anzahl von Vergleichspreisen zur Verfügung stehen, kommt ein anderes Verfahren auch nicht in Betracht, denn das Vergleichswertverfahren ist der „Königsweg" der Bodenwertermittlung.

2.3 Bodenrichtwertableitung für Gebiete ohne Grundstücksverkehr

2.3.1 Allgemeines

Die mit § 10 Abs. 1 Satz 1 ImmoWertV vorgegebene Anwendung des Vergleichswertverfahrens scheitert in Gebieten ohne Grundstücksverkehr oftmals an der Verfügbarkeit geeigneter Vergleichspreise. Darüber hinaus scheitert eine unmittelbare Anwendung des Vergleichswertverfahrens in bebauten Gebieten allein schon daran, dass in diesen Gebieten naturgemäß kaum Vergleichspreise für unbebaute Grundstücke zur Verfügung stehen. Mit § 10 Abs. 1 Satz 2 ImmoWertV wird deshalb für solche Fälle auf die Möglichkeit hingewiesen, Bodenrichtwerte mit Hilfe **deduktiver Verfahren** oder in anderer geeigneter und nachvollziehbarer Weise (z.B. Lagewertverfahren, Zielbaummethode) abzuleiten.

35 Die Vorschrift zielt im Wesentlichen darauf ab, die mit § 196 BauGB in der ab 1.7.2009 geltenden Fassung vorgegebene flächendeckende Ermittlung von Bodenrichtwerten zu gewährleisten, denn einige zu § 196 BauGB a.F. erlassene Verordnungen der Länder sahen ausdrücklich vor, dass von der Ableitung von Bodenrichtwerten abgesehen werden kann, wenn für die **Ermittlung von Bodenrichtwerten zu wenige Kaufpreise** vorliegen[35]. Darüber hinaus wird behauptet, dass ein Bodenrichtwert ohne Vergleichspreise schlichtweg nicht ermittelbar sei. Dahingehende Bestimmungen sind fachlich nicht begründbar und waren auch mit den Zielen und Zwecken der Regelung des § 196 BauGB a.F. unvereinbar.

- **So wie jedes Grundstück einen Verkehrswert hat**[36]**, so gibt es auch für jede Bodenrichtwertzone einen Bodenrichtwert,** der nach allgemeinen Wertermittlungsgrundsätzen ermittelbar ist, auch wenn keine unmittelbar heranziehbaren Vergleichspreise zur Verfügung stehen.

- Sachverständige stehen oft genug vor der Aufgabe, den Verkehrswert von Grundstücken in Gebieten zu ermitteln, in denen keine Vergleichspreise vorliegen, und haben die Erstattung eines Wertgutachtens mit dem Hinweis auf fehlende Vergleichspreise bei lukrativer Honorierung abgelehnt. Insoweit kann die Behauptung nicht zutreffen, dass ein Bodenrichtwert ohne Vergleichspreise schlichtweg nicht ermittelbar sei[37].

36 Die **Ableitung von Bodenrichtwerten für Gebiete ohne Grundstücksverkehr** ist nach denselben Methoden möglich, wie sie auch bei der Verkehrswertermittlung anerkannt sind. Dabei ist zwischen dem Fall zu unterscheiden, dass für eine Bodenrichtwertzone bereits ein Bodenrichtwert vorliegt und es lediglich im Zuge seiner Fortschreibung an aktuellen Vergleichspreisen im vorangegangenen Zeitraum mangelt[38]. Daneben kann sich die Aufgabe der Bodenrichtwertermittlung für eine (künftige) Bodenrichtwertzone stellen, für die bislang noch überhaupt kein Bodenrichtwert ermittelt wurde.

37 Neben den in § 10 Abs. 1 Satz 2 ImmoWertV genannten Verfahren besteht die Möglichkeit, einen vorhandenen **Bodenrichtwert des Vorjahres mittels** einer für das Gemeindegebiet fundiert abgeleiteten **Bodenpreisindexreihe fortzuschreiben,** wie man es bei der Verkehrswertermittlung praktiziert. Diese Vorgehensweise ist auch angezeigt, wenn gleich über mehrere Jahre keine neuen Verkaufsfälle angefallen sind. Die Grenze des zeitlichen Rückgriffs auf „alte" Bodenrichtwerte und ihre Indizierung ist dort zu ziehen, wo man sie allgemein bei der Ermittlung von Verkehrswerten mittels Kaufpreisen aus zurückliegender Zeit ziehen würde.

38 Verhängnisvoll und geradezu grob fahrlässig ist die mitunter zu beobachtende Praxis, einen **Bodenrichtwert des Vorjahres unverändert in die Bodenrichtwertkarten der nachfolgenden Jahre zu übernehmen,** wenn man sich mangels neuerer Vergleichspreise für die Bodenrichtwertzone nicht im Stande sieht, diesen Bodenrichtwert fortzuschreiben – gleichzeitig aber auf Grund der allgemeinen Entwicklung im Gemeindegebiet hätte erkennen müssen, dass dieser Bodenrichtwert an der allgemeinen Marktentwicklung „teilnimmt".

39 Darüber hinaus ist auch ein **Quervergleich mit Bodenpreisen bzw. Bodenrichtwerten aus vergleichbaren Gebieten** unter Berücksichtigung etwaiger Abweichungen möglich. Dies entspricht der Regelung des § 16 Abs. 1 Satz 2 und 3 ImmoWertV i.V.m. § 15 Abs. 1 Satz 3 und 4 ImmoWertV. Diese Vorgehensweise bietet sich für Bodenrichtwertzonen an, für die bislang ein Bodenrichtwert noch nicht abgeleitet wurde und aktuelle Verkaufsfälle nicht vorliegen. Diese Methode kann zudem unterstützend herangezogen werden, wenn Bodenrichtwerte der Vergangenheit mangels aktueller Verkaufsfälle gleich über mehrere Jahre hinweg hochindiziert werden müssen.

---

35 § 12 Bad-württ. GutachterausschussVO; § 12 Abs. 3 Bay. GutachterausschussVO; § 13 Abs. 5 Hess. DV BauGB.
36 RFH, Urt. vom 8.10.1926 – II A 429/26 –, EzGuG 14.1a.
37 Kleiber in Ernst/Zinkahn/Bielenberg, BauGB § 196 Rn. 114 ff.; § 11 Abs. 1 der nordrh.-westf GutachterausschussVO schreibt in diesem Sinne vor, dass in Bereichen, in denen eine ausreichende Anzahl von Kaufpreisen nicht vorliegt, Bodenrichtwerte mittels anderer geeigneter Verfahren abzuleiten oder fortzuschreiben sind.
38 Dicke, M. in NÖV 1998, 57.

2.3.2 Bodenrichtwerte für bebaute Gebiete

Von besonderer Problematik ist die Bodenrichtwertermittlung in bebauten Gebieten insbesondere in den **Innenstadtlagen,** wo ein Grundstücksverkehr mit dem „nackten Grund und Boden" allenfalls in Einzelfällen gegeben ist. Nach § 196 Abs. 1 Satz 2 BauGB sind in bebauten Gebieten Bodenrichtwerte mit dem Wert zu ermitteln, der sich ergeben würde, wenn der Boden unbebaut wäre. Unmittelbar heranziehbar sind Vergleichspreise, die für einzelne unbebaute Grundstücke auch in bebauten Gebieten vereinzelt anfallen. Darüber hinaus kann für solche Gebiete ein überraschend großer Grundstücksverkehr festgestellt werden, der letztlich auf den Bodenerwerb gerichtet ist. Es vollzieht sich nämlich in solchen Gebieten ein nicht unerheblicher Grundstücksverkehr, der auf den Abriss der vorhandenen Bebauung gerichtet ist. Wenn in solchen Fällen die vorhandene Bausubstanz keinen Restwert hat, ergibt sich der Bodenwert (des unbebaut gedachten Grundstücks) aus dem Kaufpreis zuzüglich der vom Erwerber einkalkulierten Freilegungskosten und abzüglich etwaiger Verwertungserlöse. Schließlich können auch die für sonstige bebaute Grundstücke vereinbarten Vergleichspreise herangezogen werden, wobei dann eine sinnvolle Aufteilung in einen Boden- und Gebäudewertanteil vorgenommen werden muss.

40

In bebauten Gebieten, in denen die tatsächlich realisierte Bebauung regelmäßig von der rechtlich zulässigen Bebaubarkeit abweicht und wo die **tatsächliche Bebauung als lagetypische Bebauung** anzusehen ist, müssen die dafür empirisch aus dem Geschehen des Grundstücksmarkts abgeleiteten Bodenrichtwerte ihrer Höhe nach als Bodenwerte angesehen werden, die sich für das tatsächliche lageübliche Maß der dort realisierten baulichen Nutzung ergeben, denn daran orientiert sich die Preisbildung auf diesem Grundstücksteilmarkt. Diesen empirisch ermittelten Bodenrichtwerten kann von daher nicht das höhere zulässige Maß der baulichen Nutzung zugeordnet werden. Wird einer solchen Bodenrichtwertzone ein Bodenrichtwert zugeordnet, der im Wege des Vergleichswertverfahrens aus Kaufpreisen anderer Gebiete erst noch abgeleitet werden muss, so müssen die entsprechenden Kaufpreise der Vergleichsgrundstücke auf das Maß der baulichen Nutzung ggf. mit Hilfe von Umrechnungskoeffizienten so umgerechnet werden, dass sie der lagetypischen und nicht der rechtlich zulässigen Nutzung der Bodenrichtwertzone entsprechen. Dies ergibt sich allein schon aus der Definition des Bodenrichtwerts als dem durchschnittlichen Lagewert, der sich mithin nach der lagetypischen Nutzung bestimmt (vgl. auch § 6 Abs. 1 Satz 2 ImmoWertV).

41

3 Darstellung von Bodenrichtwerten bei ihrer Veröffentlichung (§ 10 Abs. 2 ImmoWertV)

3.1 Allgemeines

Nach **§ 196 Abs. 3 Satz 1 BauGB** sind **Bodenrichtwerte** zu veröffentlichen. Das Nähere zu regeln obliegt nach § 199 Abs. 2 Nr. 4 BauGB den Landesregierungen. Die Länder haben von dieser Ermächtigung mit den von ihnen erlassenen **Gutachterausschussverordnungen** sowie durch **technische Anleitungen** Gebrauch gemacht[39].

42

Im Zuge der Erbschaftsteuerreform[40] wurde die Ermächtigung dahingehend modifiziert, dass der Erlass von Vorschriften über die „Ableitung von Bodenrichtwerten" auf den Bund übergegangen ist (§ 199 Abs. 1 BauGB). Auf der Grundlage dieser Ermächtigung werden mit § 10 Abs. 2 und 3 ImmoWertV bundesrechtliche Regelungen über die „Darstellung von Bodenrichtwerten" bei ihrer Veröffentlichung vorgegeben.

43

---

39 Z.B. RiWert Rh.-Pf. und RdErl. des nordrh.-westf. MI und MJ vom 12.2.1999 (Kaufpreissammlung-Richtlinien; MinBl. NW 1999, 424 ff.).
40 Erbschaftsteuerreformgesetz – ErbStRG – vom 24.12.2008, BGBl. I 2008, 3018.

3.2 Darstellung in Bodenrichtwertkarten und Bodenrichtwertlisten

Schrifttum: *Hansche, H.*, Anmerkungen zu den Veröffentlichungen der Gutachterausschüsse in den neuen Ländern, GuG 2002, 37.

▶ *Zu den Besonderheiten der Veröffentlichung von Bodenrichtwerten für Sanierungsgebiete und Entwicklungsbereiche, vgl. § 196 BauGB Rn. 17 ff.; Teil VIII Rn. 403 ff.*

44 Die allgemeine Form der Veröffentlichung von Bodenrichtwerten wird weder im BauGB noch in der ImmoWertV verbindlich vorgegeben. § 196 Abs. 1 Satz 3 BauGB in der ab 1.7.2009 geltenden Fassung schreibt lediglich vor, dass „**Richtwertzonen** zu bilden" sind, „die jeweils Gebiete umfassen, die nach Art und Maß der Nutzung weitgehend übereinstimmen".

45 Die Veröffentlichung von Bodenrichtwerten erfolgt in der Praxis durch

   a) **Bodenrichtwertkarten,** in die „jedermann" Einsicht nehmen kann und die i.d.R. auch käuflich erworben werden können. Daneben werden Bodenrichtwertkarten neuerdings auch im Internet angeboten;

   b) **Bodenrichtwertlisten.**

   In den Bodenrichtwertkarten können die Bodenrichtwertzonen besonders anschaulich dargestellt werden; bei Veröffentlichung von Bodenrichtwerten in Bodenrichtwertlisten müssen die Richtwertzonen eindeutig beschrieben werden.

46 Die **Praxis der Veröffentlichung von Bodenrichtwerten** in Karten und Listen **ist** leider **uneinheitlich,** was Umfang, Intensität und Darstellung anbelangt. Die Gutachterausschüsse für Grundstückswerte erklären dies mit wenig Überzeugungskraft mit den örtlichen Verhältnissen, die eine einheitliche Darstellung nicht zuließen. Tatsächlich hat es aber ernsthafte Bemühungen um eine Vereinheitlichung der Darstellung nicht gegeben, sodass es letztlich auf eine mangelnde Bereitschaft zurückgeführt werden muss, dass die Darstellung von Bodenrichtwerten in Karten und Listen nicht aneinander angeglichen wurde. Dies ist gleich aus mehreren Gründen anzustreben.

47 a) Zum einen richtet sich die Veröffentlichung von Bodenrichtwerten an „jedermann" und damit auch an den Laien. Angesichts der Mobilität der Bürger wäre von daher anzustreben, dass die Bodenrichtwerte nach einem einheitlichen oder zumindest allerorts ähnlichen **Schema** in den Karten dargestellt werden.

   b) Zum anderen sind die Bodenrichtwerte Bemessungsgrundlage für die Mindestbewertung im Rahmen der Erbschaft- und Schenkungsteuer. Sie stehen darüber hinaus als Bemessungsgrundlage für eine Bodenwertsteuer[41] oder zumindest für eine bodenwertorientierte Grundsteuer (an Stelle der bisherigen Grundsteuer) in Diskussion. Schließlich knüpft auch § 19 SachenRBerG an die Bodenrichtwerte an. Im Hinblick auf die genannten bundesrechtlichen Regelungen wäre eine einheitlichere Darstellung wünschenswert.

48 Insgesamt ist die **Zersplitterung des Gutachterausschusswesens** durch unterschiedliche Vorgehensweisen auch auf diesem Gebiet dem Gutachterausschusswesen abträglich und es bleibt zu hoffen, dass die Chance ergriffen wird, sein Ansehen durch mehr Gemeinsamkeiten zu verbessern.

49 Allgemein kann festgestellt werden, dass Bodenrichtwerte (für erschließungsbeitragspflichtige oder -freie Bauflächen) mit den maßgebenden Merkmalen/Eigenschaften (Art der baulichen Nutzung wie WA, WR, MI, MK; offene bzw. geschlossene Bauweise, Zahl der Vollgeschosse, GRZ, GFZ, Bodenbeschaffenheit, Grundstücksgestalt, insbesondere Grundstückstiefe) in Bodenrichtwertkarten nachgewiesen werden. Abweichungen des einzelnen Grundstücks in den wertbestimmenden Eigenschaften bewirken entsprechende **Abweichungen seines Bodenwerts vom Bodenrichtwert.** Soweit Bodenrichtwerte für gewerbliche Bau-

---

41 Bizer, K., Joeris, D., in GuG 1998, 132; Dicke, M., Ermittlung von Bodenrichtwerten bei eingeschränkter Verfügbarkeit von Kaufpreisen, NÖV 1998, 57.

Bodenrichtwerte § 10 ImmoWertV V

flächen (GE, GI) in €/m² ermittelt werden, sind diese regelmäßig ohne eventuell erforderliche außergewöhnliche Grundstückskosten zu verstehen.

Da unkundige Benutzer einer Bodenrichtwertkarte oftmals außer Acht lassen, dass Abweichungen der einzelnen Grundstücke von den durchschnittlichen Eigenschaften des Bodenrichtwertgrundstücks Wertabweichungen vom Bodenrichtwert bewirken können, sind die Gutachterausschüsse vielerorts dazu übergegangen, hierauf in der **Legende zur Bodenrichtwertkarte** besonders hinzuweisen. Die Musterrichtlinien ARGEBAU über Bodenrichtwerte[42] geben u.a. folgenden Hinweis:

„(2) Bodenrichtwert ist der durchschnittliche Lagewert des Bodens für eine Mehrheit von Grundstücken eines Gebietes, für die im Wesentlichen gleiche Nutzungs- und Wertverhältnisse vorliegen. Er ist bezogen auf den Quadratmeter Grundstücksfläche eines Grundstücks mit definiertem Grundstückszustand (Bodenrichtwertgrundstück). Bodenrichtwerte werden für baureifes und bebautes Land, gegebenenfalls auch für Rohbauland und Bauerwartungsland, sowie für landwirtschaftlich genutzte Flächen abgeleitet. Für sonstige Flächen können bei Bedarf weitere Bodenrichtwerte ermittelt werden. Bodenrichtwerte haben keine bindende Wirkung. Abweichungen des einzelnen Grundstücks von dem Bodenrichtwertgrundstück in den wertbeeinflussenden Merkmalen und Umständen – wie Erschließungszustand, spezielle Lage, Art und Maß der baulichen Nutzung, landwirtschaftliche Nutzungsart, Bodenbeschaffenheit und Grundstücksgestalt – bewirken in der Regel entsprechende Abweichungen seines Verkehrswerts von dem Bodenrichtwert."

Des Weiteren wird der Hinweis gegeben, dass **Altlasten** mit dem Bodenrichtwert nicht berücksichtigt worden sind.

Der Hinweis soll den Erwerber eines Grundstücks vor überhöhten Kaufpreisforderungen schützen, wenn diese Forderung mit dem Bodenrichtwert der entsprechenden Bodenrichtwertzone begründet wird und das zur Veräußerung anstehende Grundstück in seinen Zustandsmerkmalen qualitativ gegenüber denen des Bodenrichtwertgrundstücks abfällt (vgl. Anl. 1 zu § 10 ImmoWertV zu dieser Kommentierung).

Neben Bodenrichtwertkarten sind auch **Bodenrichtwertlisten** zur Veröffentlichung gebräuchlich.

Beispiel:

Auszug aus der Veröffentlichung der Bodenrichtwertliste für den Landkreis und die Stadt Eichstätt (Stand: 31.12.2001)[43]:

Erläuterungen (Auszug):

„2. Der Bodenrichtwert ist der durchschnittliche Lagewert des Bodens für eine Mehrheit von Grundstücken, für die im Wesentlichen gleiche Nutzungs- und Wertverhältnisse vorliegen. Er ist bezogen auf den Quadratmeter Grundstücksfläche eines Grundstücks mit definiertem Grundstückszustand (Bodenrichtwertgrundstück). Bodenrichtwerte werden für baureifes Land ermittelt. Die Bodenrichtwerte sind in bebauten Gebieten mit dem Wert ermittelt worden, der sich ergeben würde, wenn die Grundstücke unbebaut wären.

...

4. Die Bodenrichtwerte werden grundsätzlich altlastenfrei ausgewiesen.

5. Die Bodenrichtwerte berücksichtigen die flächenhaften Auswirkungen des Denkmalschutzes (z.B. Ensembles in historischen Altstädten), nicht aber das Merkmal Denkmalschutz eines Einzelgrundstücks.

...

11. In mehreren Gemeinden wurden Grundstücke für Wohnbauland im Rahmen von sog. „Einheimischenmodellen" an einen eingeschränkten Käuferkreis veräußert. Diese **„Einheimischenmodelle"** wurden mit einer Selbstbewohnungsverpflichtung bzw. einem Bauzwang belegt. Auf Grund des eingeschränkten Käuferkreises wurden Verkäufe nach dem „Einheimischenmodell" bei der Bodenrichtwertfestsetzung grundsätzlich nicht berücksichtigt. Die besonderen Vertragsinhalte der „Einheimischenmodelle" können bei den jeweiligen Gemeinden erfragt werden."

---

42 Musterrichtlinien über Bodenrichtwerte der ARGEBAU, GuG 2001, 44.
43 ABl. für den Landkreis und die Stadt Eichstätt 2002, 241.

V § 10 ImmoWertV — Bodenrichtwerte

Bodenrichtwerte

Gemeinde Ortsteil	Bodenrichtwerte für das Jahr 2001 im Landkreis und in der Stadt Eichstätt			
	Baureifes Land, einschließlich Erschließungsausbaukosten			
	Wohnbauflächen		Gewerbliche Flächen	
	€/m²	GFZ	€/m²	GFZ
Adelschlag				
Adelschlag	110		45	
Möckenlohe	100		40	
Ochsenfeld	100		40	
Pietenfeld	107		45	
Altmannstein				
Altmannstein	110		45	
Hagenhill	51		30	
Beilngries				
Ortskern	225	1,5 bis 2,5		
Eichstätt				
Altstadtbereich		2,5 bis 4,0		
Zone 1	670	3,0		
Altstadtbereich		2,5 bis 4,0		
Zone 1	565	3,0		
Altstadtbereich		2,5 bis 4,0		
Zone 2	410	3,0		

54 Ähnlich wie für Bauflächen werden – insbesondere in den land- oder forstwirtschaftlich genutzten Regionen – **für landwirtschaftliche Nutzflächen Bodenrichtwerte** (und Bodenpreisindexreihen) ermittelt und gegebenenfalls in Bodenrichtwertkarten mit Art der Nutzung (A, Gr) und durchschnittlicher Acker- oder Grünlandzahl veröffentlicht.

Bodenrichtwerte für landwirtschaftlich genutzte Flächen

31.12.1992

Stadt/Gemeinde	Preis/m²	durchschnittliche Bonität
Dormagen	6,50	A 53
Jüchen	7,50	A 87
Kaarst	10,00	A 69
Korschenbroich	8,00	A 80
Meerbusch	6,50	A 57
Rommerskirchen	7,50	A 80

3.3 Zonale Bodenrichtwerte

55 **Bodenrichtwerte wurden** bislang entweder als **lagetypische** (vgl. Abb. 3) **oder** als **zonale Bodenrichtwerte** (vgl. Abb. 4) ausgewiesen.

Abb. 3: Bodenrichtwertkarte mit lagetypischen Bodenrichtwerten

Quelle: Gutachterausschuss der Stadt Bonn 2006

Abb. 4: Bodenrichtwertkarte mit zonalen Bodenrichtwerten

Quelle: Gutachterausschuss von Berlin 2009

Die in Abb. 4 dargestellte Praxis der **Darstellung zonaler Bodenrichtwerte** erscheint zwar auf dem ersten Blick ansprechend, weil sie einen einfachen und unmittelbaren Zugriff auf den Bodenrichtwert erlaubt, jedoch ist schon an den unterschiedlichen Bodenrichtwerten benachbarter Bodenrichtwertzonen erkennbar, dass das Bodenwertniveau einer Zone keinesfalls so homogen ist, wie es die Zone mit ihren „scharfen" Grenzen suggeriert. Dieser Anschein wird bei der Darstellung von lagetypischen Bodenrichtwerten vermieden und zwingt einen verständigen Benutzer, die benachbarten Bodenrichtwerte in angemessener Weise zu berücksichtigen. Auch bei Heranziehung zonaler Bodenrichtwerte wird man bei alledem im Grenzbereich den Bodenrichtwert der benachbarten Bodenrichtwertzone berücksichtigen müssen, sofern nicht im Einzelfall tatsächlich von einem Wertsprung auszugehen ist. Solche Wertsprünge können insbesondere auftreten, wenn die Topografie, z.B. entlang einer die Stadt zerschneidenden Bahntrasse oder einer größeren Ausfallstraße, die gewachsene Bebauung auseinanderreißt. Bei Verwendung lagetypischer Bodenrichtwerte vermittelt sich dies aber bereits hinreichend aus der topografischen Darstellung der Bodenrichtwertkarte. Indessen macht das Beispiel der Abb. 4 deutlich, dass die Praxis selbst in zusammenhängenden Stadtstrukturen nicht davor zurückschreckt, die Grenzen der Bodenrichtwertzonen dort zu ziehen, wo die aus der Karte herauslesbaren Wertsprünge eigentlich nicht auftreten können.

57 Grundsätzlich ist bei alledem aus fachlicher Sicht der Ausweisung lagetypischer Bodenrichtwerte der Vorzug zu geben. Nach der ab 1.1.2009 geltenden Fassung des § 196 BauGB ist gleichwohl **bundesrechtlich die Ermittlung zonaler Bodenrichtwerte vorgeschrieben.** § 196 Abs. 1 Satz 3 BauGB schreibt nunmehr ausdrücklich vor, dass Bodenrichtwertzonen zu bilden sind, „die jeweils Gebiete umfassen, die nach Art und Maß der Nutzung weitgehend übereinstimmen". Diese Vorgabe geht auf die am 1.1.2009 in Kraft getretene Erbschaftsteuerreform zurück. Im Zuge dieser Reform wurde die für die steuerliche Bewertung unbebauter Grundstücke maßgebliche Vorschrift des § 179 BewG dahingehend gefasst, dass sich der Wert „regelmäßig nach den Bodenrichtwerten (§ 196 des Baugesetzbuchs)" bestimmen soll und bei der Wertermittlung „stets der Bodenrichtwert anzusetzen" ist, „der vom Gutachterausschuss zuletzt zu ermitteln war." Um hierfür der Finanzverwaltung einen eindeutigen Zugriff auf den Bodenrichtwert zu ermöglichen, wurde gleichzeitig die zonale Bodenrichtwertermittlung bundesrechtlich vorgeschrieben (Art. 4 des ErbStRG[44]). Hieraus folgt, dass die Gutachterausschüsse, die bislang lagetypische Bodenrichtwerte veröffentlicht haben, ihre Veröffentlichungspraxis auf zonale Bodenrichtwerte umstellen müssen. Darüber hinaus erscheint es auch angezeigt, eine Verdichtung der Bodenrichtwertzonen anzumahnen, denn es muss davon ausgegangen werden, dass von der Finanzverwaltung die Bodenrichtwerte allein nach der Lage des zu bewertenden Grundstücks ohne Berücksichtigung des Wertgefüges innerhalb der Zone und der benachbarten Bodenrichtwertzonen herangezogen werden und dies zu Fehlbewertungen führen kann, wenn nicht die vom Gesetzgeber geforderte Homogenität einer Bodenrichtwertzone gegeben ist.

Im Zuge der Behandlung des 1. RegE der ImmoWertV wurde vom Agrarausschuss des Bundesrates vorgeschlagen, dass in sog. Gebieten, in denen Grundstücke mit erheblich unterschiedlichen Grundstücksmerkmalen (sog. Gemeingelagen), in denen auf Grund der räumlichen Verteilung dieser Grundstücke keine eigenen Bodenrichtwertzonen gebildet werden können[45], auch „mehrere sich ganz oder teilweise überlagernde" Bodenrichtwertzonen mit jeweils unterschiedlichen Bodenrichtwertgrundstücken abgedeckt werden können. Diesen Vorschlag hat sich der Bundesrat nicht zu eigen gemacht.[46]

3.4 Attributierung des Bodenrichtwertgrundstücks

58 Bei der „Darstellung der Bodenrichtwerte" muss man sich vergegenwärtigen, dass sich der Bodenrichtwert als durchschnittlicher Lagewert des Grund und Bodens einer Bodenrichtwertzone definiert, der nicht identisch mit dem Verkehrswert irgendeines Grundstücks in der Bodenrichtwertzone ist. Er bezieht sich mithin auf ein fiktives Bodenrichtwertgrundstück. In den Bodenrichtwertkarten wird deshalb darauf hingewiesen, dass Unterschiede in den Zustandsmerkmalen des einzelnen in der Bodenrichtwertzone gelegenen Grundstücks gegenüber denen des Bodenrichtwertgrundstücks berücksichtigt werden müssen. Dies entspricht den Vorschriften des § 15 Abs. 1 Satz 4 ImmoWertV. Um die Aussagekraft eines Bodenricht-

---

44 BGBl. I 2008, 3018.
45 BR-Drucks. 296/1 S. 6
46 BR-Drucks. 296/9, Beschluss vom 15.5.2009.

Bodenrichtwerte — § 10 ImmoWertV

werts für die Werthaltigkeit eines einzelnen in der Bodenrichtwertzone gelegenen Grundstücks richtig würdigen zu können und angemessene Zu- und Abschläge bei Heranziehung dieses Bodenrichtwerts zur Ermittlung des Bodenwerts dieses Grundstücks anbringen zu können, müssen die **Grundstücksmerkmale eines dem Bodenrichtwert zuzuordnenden** (fiktiven) **Bodenrichtwertgrundstücks** bekannt sein. § 196 Abs. 1 Satz 4 BauGB in der seit dem 1.7.2009 geltenden Fassung gibt aus diesem Grunde ausdrücklich vor, dass die **wertbeeinflussenden Merkmale des Bodenrichtwertgrundstücks** (bei ihrer Veröffentlichung) **darzustellen** sind. Dies entspricht auch weitgehend der Praxis. In den Bodenrichtwertkarten werden unter Verwendung der nachfolgenden **Terminologie** folgende Angaben gemacht:

Den Bodenrichtwertausweisungen liegt folgende **Terminologie** zugrunde: 59

Bodenrichtwert in €/m² ebf bzw. ebp	Art der baulichen Nutzung; Bauweise
Maß der baulichen Nutzung	Größe des Bodenrichtwertgrundstücks
z.B.:	
360,00 ebp	WR-o-(E)
II – 0,7	750 m²

Hierin bedeuten im Einzelnen:

360,00	=	Bodenrichtwert in €/m² Grundstücksfläche erschließungsbeitragspflichtig
WR	=	reines Wohngebiet
o	=	offene Bauweise
(E)	=	Ein- und Zweifamilienhausgrundstück
II	=	Zahl der Vollgeschosse
0,7	=	Geschossflächenzahl (GFZ)
750 m²	=	Grundstücksfläche
ebp	=	erschließungsbeitragspflichtig

§ 10 Abs. 2 Satz 1 ImmoWertV behandelt den **Umfang der erforderlichen Darstellung**   60
bezüglich der wertbeeinflussenden Merkmale des Bodenrichtwertgrundstücks (vgl. § 196 Abs. 1 Satz 4 BauGB). Hierzu wird bestimmt, dass in jedem Fall der Entwicklungszustand und die Art der Nutzung dargestellt werden sollen, d.h. muss, es sei denn, die Darstellung ist ausnahmsweise nicht möglich. § 10 Satz 2 gibt hierzu folgende Ergänzungen vor:

– Nach § 10 Abs. 2 Satz 2 Nr. 1 ImmoWertV soll bei landwirtschaftlich genutzten Flächen „gegebenenfalls die Bodengüte als Acker- oder Grünlandzahl" zusätzlich dargestellt werden. Die Vorgabe beschränkt sich auf „landwirtschaftlich *genutzte* Flächen" und lässt landwirtschaftlich *nutzbare* Flächen unerwähnt.

– Nach § 10 Abs. 2 Satz 2 Nr. 2 ImmoWertV sollen bei baureifem Land ergänzende Angaben zum erschließungsbeitragsrechtlichen Zustand sowie „je nach Wertrelevanz" (fakultativ)
  • zum Maß der baulichen Nutzung,
  • zur Grundstücksgröße
  • zur Grundstücksbreite oder
  • zur Grundstückstiefe
  gemacht werden.

– Nach § 10 Abs. 2 Satz 2 Nr. 3 ImmoWertV ist in Sanierungsgebieten und Entwicklungsbereichen (vgl. Rn. 35) der Grundstückszustand darzustellen, auf den sich der Bodenrichtwert bezieht. In Betracht kommt
  • der Zustand der Grundstücke ohne Aussicht auf die Vorbereitung und Durchführung der Sanierungs- bzw. Entwicklungsmaßnahme (sanierungs- bzw. entwicklungsunbeeinflusster Zustand) oder
  • der Zustand der Grundstücke unter Berücksichtigung der rechtlichen und tatsächlichen Neuordnung des Sanierungsgebiets bzw. Entwicklungsbereichs (Neuordnungszustand).

61 Als **Maß der baulichen Nutzung** kommen die Geschossflächenzahl (GFZ), die Baumassenzahl (BMZ), die Grundflächenzahl (GRZ), die Zahl der Vollgeschosse (Z) und die Höhe der baulichen Anlage in Betracht (vgl. § 6 ImmoWertV Rn. 35).

62 Die Regelungen lehnen sich an den Mustererlass der Argebau[47] und an die dort vorgeschlagene **Legende zur Erläuterung und Darstellung von Bodenrichtwerten** in Bodenrichtwertkarten an (vgl. Anl. 1 und 2 zu dieser Vorschrift, Rn. 70 f.).

63 § 10 der geltenden Fassung der ImmoWertV sieht anders als der in der 14. Legislaturperiode von der BReg vorgelegte (1.) RegE[48] keine Regelungen vor, nach denen die Bodenrichtwertzonen so eng zu bilden sind, dass die Abweichungen der auf den Quadratmeter umgerechneten Bodenwerte der einzelnen in den Bodenrichtwertzonen gelegenen Grundstücke auf eine vorgegebene Grenze (Toleranzgrenze) begrenzt bleiben (vgl. Rn. 2 f.).

64 Der in der 14. Legislaturperiode gescheiterte 1. RegE[49] sieht dagegen eine *20%ige Toleranzgrenze* vor, innerhalb der die auf den Quadratmeter umgerechneten Bodenwerte der einzelnen in der Bodenrichtwertzone gelegenen Grundstücke nach oben oder unten vom Bodenrichtwert abweichen dürfen. Zur Begründung wurde auf die Entscheidung des BVerfG vom 7.11.2006 – I BvL 10/02 – (a.a.O.) verwiesen, nach der im Rahmen der Erbschaftsteuer eine 20%ige Streubreite der Grundstücksbewertung als „noch vertretbar" angesehen wird. Nach Auffassung des Bundesrates ist eine Abweichung der Bodenwerte der einzelnen Grundstücke um maximal 20 % ober- oder unterhalb des Bodenrichtwerts „in der Gesamtheit unrealistisch" und eine „Angleichung der Abweichungsquote (an die vorstehende Rechtsprechung des BVerfG) willkürlich", denn ein Zusammenhang zu dem in der Begründung des RegE genannten Erbschaftsteuer-Urteil und den dort gemachten Ausführungen zur Streubreite zum Verkehrswert sei nicht erkennbar[50]. Der Bundesrat hat dementsprechend eine Regelung vorgeschlagen, nach der „die Richtwertzone ... so abgegrenzt werden" sollte, dass „die auf den Quadratmeter umgerechneten Bodenwerte der einzelnen Grundstücke um nicht mehr als *30 Prozent nach oben oder nach unten vom Bodenrichtwert* abweichen." Abweichungen, die sich aus nicht mit dem Bodenrichtwertgrundstück übereinstimmenden Grundstücksmerkmalen einzelner Grundstücke ergeben, sollten darüber hinaus nicht berücksichtigt werden. Die BReg hat die vom Bundesrat beschlossene *30%ige Toleranzgrenze* nicht mittragen wollen und verweist auch in der Begründung zu dem in der 15. Legislaturperiode vorgelegten 2. RegE[51] auf die vorstehende Rechtsprechung des BVerfG. „Anders als der Bundesrat in seiner Stellungnahme gegenüber der Auffassung, eine 30%ige Toleranz bei der Abgrenzung der Bodenrichtwertzonen (vgl. BR-Drs. 296/09, Nr. 3 – Beschluss) angesichts der Bedeutung der Bodenrichtwerte für die steuerliche Bewertung nicht generell zugelassen werden kann. Die Bodenrichtwerte im Sinne des § 196 des Baugesetzbuchs (BauGB) sind nach ständiger höchstrichterlicher Rechtsprechung für die am Steuerrechtsverhältnis Beteiligten verbindlich und einer gerichtlichen Überprüfung regelmäßig nicht zugänglich. Sie sind daher von den Finanzbehörden und -gerichten grundsätzlich ungeprüft ohne eigenen Beurteilungsspielraum unmittelbar der Bewertung zugrunde zu legen. Infolgedessen sind an die Qualität der Bodenrichtwerte, insbesondere unter Berücksichtigung der Grundsätze der Entscheidung des Bundesverfassungsgerichts vom 7. November 2006 – 1 BvL 10/02 – zur Verfassungsmäßigkeit der Erbschaftsteuer, erhöhte Anforderungen zu stellen."

65 Trotz dieser Auffassung enthält sich der Wortlaut des von der BReg vorgelegten 2. RegE jedweder Vorgaben für die einzuhaltenden Toleranzgrenzen und bleibt damit hinter den vom Bundesrat zum 1. RegE empfohlenden Vorgaben zurück („Nulllösung"). Diese waren auch mit 30 % „eng" gesteckt, wenn man bedenkt, dass auch ein „spitz" ermittelter Bodenwert recht häufig mit einer Unsicherheitsmarge von bis zu ± 20 % (und mitunter auch mehr) behaftet ist.

66 Der von der BReg eingegangene „Kompromiss" ist fachlich zu bedauern, denn tatsächlich sind die in der genannten Entscheidung des BVerfG angesprochene Abweichungsmarge lediglich bei der Einzelbewertung zu beachten, ohne dass daraus eine direkte Vorgabe für die Ableitung von Bodenrichtwerten folgt. Die in der steuerlichen Bewertungspraxis herangezogenen Bodenrichtwerte mögen zwar einer gerichtlichen Überprüfung regelmäßig nicht zugänglich sein, gleichwohl sind sie modifizierbar, um die in der Entscheidung des BVerfG angesprochene Abweichungsmarge einzuhalten (vgl. Syst. Darst. des Vergleichswertverfahrens Rn. 167 ff.). Mit diesem „Kompromiss" hat man die Chance vergeben, zu einer deutlichen Verbesserung des Bodenrichtwertgefüges zu kommen, denn die konsequente Beachtung der

---

47 Vgl. GuG 2001, 44.
48 BR-Drucks. 298/09 vom 3.4.2009.
49 BR-Drucks. 296/09 vom 3.4.2009.
50 BR-Drucks 296/1/09, S. 4.
51 BR-Drucks. 171/10 vom 26.3.2010.

vom Bundesrat vorgeschlagenen Toleranzmarge von mindestens 30 Prozent hätte vielerorts zu einer Verdichtung des Bodenrichtwertgefüges und Intensivierung der Bodenrichtwertausweisung geführt.

4 Automatisierte Form (§ 10 Abs. 3 ImmoWertV)

Bodenrichtwerte sind nach § 10 Abs. 3 ImmoWertV in automatisierter Form auf der Grundlage der **amtlichen Geobasisdaten** zu führen. Die Vorschrift geht auf eine Empfehlung des Bundesrates zurück. Geobasisdaten sind nach einer Definition der Arbeitsgemeinschaft der Vermessungsverwaltungen der Länder der Bundesrepublik Deutschland (AdV, Plenumstagung am 28. und 29.9.2005 in Magdeburg) Daten des amtlichen Vermessungswesens, welche die Landschaft, die Liegenschaften und den einheitlichen geodätischen Raumbezug anwendungsneutral nachweisen und beschreiben. Sie sind Grundlage für Fachanwendungen mit Raumbezug. Speziell umfasst der Geobasisdatensatz die vorhandenen Daten aus der Automatisierten Liegenschaftskarte (ALK), dem Automatisierten Liegenschaftsbuch (ALB) und dem Amtlichen Topographischen Kartengrundlagen Informationssystem (ATKIS) sowie die bisher separat geführten Digitalen Geländemodelle (DGM) und die gescannten topographischen Kartenwerke. Daneben sind es Daten zu Bezugssystemen und die Grundlagennetze sowie Verwaltungsgrenzen auf nationaler, regionaler und lokaler (z.B. Flurstücks-)Ebene. Zukünftig zählen hierzu auch die Bilddaten wie Orthophotos, Luft- und Satellitenbilder. Der Zusatz amtlich verdeutlicht darüber hinaus, dass der Geobasisdatenbestand von öffentlichen Stellen als Auftrag erstellt wird.

67

Eine einheitliche Darstellung auf der Grundlage der Liegenschaftskarte ist entgegen ursprünglichen Absichten nicht vorgeschrieben; zur Begründung wurde ausgeführt, dass nur Bodenrichtwerte in automatisierter Form und in dem gleichen Raumbezugssystem wie die amtliche Liegenschaftskarte die wirtschaftliche, sachgerechte und eindeutige Zuordnung eines Grundstücks gewährleisten könne[52].

5 Ländererlasse zur Bodenrichtwertermittlung

Baden-Württemberg: Erl. des IM vom 7.6.1978 (GABl. 1968, 490) und vom 5.9.1979 (GABl. 1979, 990),

68

Berlin: Erl. des SenBauWohn vom 19.2.1999 – V A 3 6569/02/04 –, GuG 2001, 175; vgl. auch ABl. 2003, 2597.

Brandenburg: Verwaltungsvorschrift zur Umsetzung der Musterrichtlinie über Bodenrichtwerte im Land Brandenburg (Bodenrichtwertrichtlinie – BRW-RL)

Hessen: RdErl. des IM vom 11.12.1963 (StAnz 1964, 6),

Niedersachsen: GemRdErl. des IM, FM und SozM vom 7.9.1965 (MinBl. 1965, 1038); GemRdErl. des IM, FM und SozM vom 1.8.1979 (MinBl. 1979, 149),

Nordrhein-Westfalen: Bodenrichtwerterlass – BoRiWErl vom 2.3.2004 – 36 – 9210 – (MinBl NW 2004, 2315); RdErl des IM und JM betr. Richtlinien über die Gutachterausschüsse für Grundstückswerte (Kaufpreissammlung – Richtlinien KPS – Richtlinien) vom 12.2.1999 – III C 2 9210 (MinBl NW 1999, 424).

Rheinland-Pfalz: Richtlinien zur Ermittlung von Grundstückswerten nach dem Baugesetzbuch (RiWert) des IM und des Ministeriums für Sport vom 1.6.1988, zuletzt geändert durch RdSchr. vom 19.3.1998 – 356 4/648 – 15/0,

Sachsen-Anhalt: Bodenrichtwerterlass vom 22.1.1993 – 46 – 23520 (MBl. LSA 1993, 500), zuletzt geändert durch Erl. des MI vom 20.11.1997 (MinBl. LSA 1998, 143),

Schleswig-Holstein: RdErl. des IM vom 22.4.1975 (ABl. 1975, 601).

---
52 BR-Drucks. 296/09 (Beschluss).

V § 10 ImmoWertV — Bodenrichtwerte

69 Bodenrichtwerte im Internet:

Bodenrichtwerte	http://www.gutachterausschuesse.de
Bayern	http://www.gutachterausschuesse-bayern.de
Berlin	http://www.gutachterausschuss-berlin.de
Brandenburg	http://www.gutachterausschuss-bb.de
Niedersachsen	http://www.gutachterausschuesse-ni.de
Nordrhein-Westfalen	http://www.boris.nrw.de
Sachsen-Anhalt	http://www.geobasis.sachsen-anhalt.de

6 Anlagen

Anlage 1: Erläuterungen der Bodenrichtwerte

Musterrichtlinie der Argebau

Erläuterungen der Bodenrichtwerte

Bei der Veröffentlichung der Bodenrichtwerte sollen folgende Erläuterungen aufgenommen werden:

(1) Gemäß § 193 Abs. 3 des Baugesetzbuchs (BauGB) hat der Gutachterausschuss für Grundstückswerte .... (Bezeichnung des Gutachterausschusses einfügen) die in der Bodenrichtwertkarte/dem Auszug aus der Bodenrichtwertkarte angegebenen Bodenrichtwerte nach den Bestimmungen des Baugesetzbuchs und der .... (Titel der Rechtsverordnung für die Gutachterausschüsse – mit Fundstelle – einfügen) zum Stichtag .... (Stichtag der Bodenrichtwertermittlung einfügen) ermittelt.

(2) Der Bodenrichtwert ist der durchschnittliche Lagewert des Bodens für eine Mehrheit von Grundstücken, für die im Wesentlichen gleiche Nutzungs- und Wertverhältnisse vorliegen. Er ist bezogen auf den Quadratmeter Grundstücksfläche eines Grundstücks mit definiertem Grundstückszustand (Bodenrichtwertgrundstück). Bodenrichtwerte werden für baureifes und bebautes Land, gegebenenfalls auch für Rohbauland und Bauerwartungsland, sowie für landwirtschaftlich genutzte Flächen abgeleitet. Für sonstige Flächen können bei Bedarf weitere Bodenrichtwerte ermittelt werden. Bodenrichtwerte haben keine bindende Wirkung.

(3) Nach § 196 Abs. 1 BauGB sind Bodenrichtwerte in bebauten Gebieten mit dem Wert zu ermitteln, der sich ergeben würde, wenn die Grundstücke unbebaut wären.

(4) Abweichungen eines einzelnen Grundstücks von dem Bodenrichtwertgrundstück in den wertbeeinflussenden Merkmalen und Umständen – wie Erschließungszustand, spezielle Lage, Art und Maß der baulichen Nutzung, landwirtschaftliche Nutzungsart, Bodenbeschaffenheit, Grundstücksgestalt – bewirken in der Regel entsprechende Abweichungen seines Verkehrswerts von dem Bodenrichtwert. Bei Bedarf kann nach § 193 BauGB von den Antragsberechtigten ein Gutachten des Gutachterausschusses für Grundstückswerte über den Verkehrswert beantragt werden.

(5) Die Bodenrichtwerte werden grundsätzlich altlastenfrei ausgewiesen.

(6) Die Bodenrichtwerte berücksichtigen die flächenhaften Auswirkungen des Denkmalschutzes (z.B. Ensembles in historischen Altstädten), nicht aber das Merkmal Denkmalschutz eines Einzelgrundstücks.

(7) Ansprüche gegenüber den Trägern der Bauleitplanung, den Baugenehmigungs- oder den Landwirtschaftsbehörden können weder aus den Bodenrichtwerten, noch aus den Abgrenzungen der Bodenrichtwertzonen bei zonalen Bodenrichtwerten, noch aus den sie beschreibenden Attributen abgeleitet werden.

V § 10 ImmoWertV — Bodenrichtwerte

71 Anlage 2: Darstellung der Bodenrichtwerte

Musterrichtlinie der Argebau

Darstellung der Bodenrichtwerte

1 Bodenrichtwerte für Bauland, Rohbauland und Bauerwartungsland

Bodenrichtwerte sind in der Bodenrichtwertkarte wie folgt darzustellen und die Darstellung in der Legende ist wie folgt zu erläutern:

(1) Der Entwicklungszustand wird mit folgenden wertbeeinflussenden Merkmalen ausgewiesen.

    R = Rohbauland
    E = Bauerwartungsland

Bodenrichtwerte ohne Kennzeichnung gelten für baureifes Land.

(2) Die Art der baulichen Nutzung ist mindestens nach § 1 Abs. 1 Baunutzungsverordnung (BauNVO) zu bezeichnen:

    W = Wohnbauflächen   G = Gewerbliche Flächen
    M = Gemischte Bauflächen   S = Sonderbauflächen

Die Gutachterausschüsse sind frei, über die Unterscheidungen nach § 1 Abs. 1 BauNVO hinaus die maßgeblichen Arten der Grundstücksnutzung selbst zu bestimmen (z. B. Ein- und Zweifamilienhäuser/Geschosswohnungsbau, klassisches/höherwertiges Gewerbe), statt die weiteren Differenzierungen nach § 1 Abs. 2 BauNVO zu verwenden. Die gewählten Unterscheidungen sind in der Legende zu erläutern.

(3) Die Bauweise wird folgendermaßen dargestellt:

    o = offene Bauweise
    g = geschlossene Bauweise

(4) Das Maß der baulichen Nutzung nach der BauNVO wird beschrieben durch:

Geschosszahl	Geschossflächenzahl (GFZ)
(römische Zahl)	(Dezimalzahl)
z. B. II, zweigeschossige Bebauung	z. B. GFZ 0,7 Geschossfläche = 70 % der Grundstücksfläche
Grundflächenzahl (GRZ)	Baumassenzahl (BMZ)
(Dezimalzahl)	(Dezimalzahl)
z. B. GRZ 0,4 Grundfläche = 40 % der Grundstücksfläche	z. B. BMZ 8,0 = 8 m³ Baumasse je m² Baugrundstück

Die Gutachterausschüsse sind in der Berechnung der den Bodenrichtwerten zu Grunde liegenden GFZ nicht an die baurechtlichen Vorschriften gebunden; sie können insbesondere Flächen in anderen als Vollgeschossen mit einbeziehen. Auf die gewählte Berechnungsmethode ist in der Legende hinzuweisen.

(5) Ausmaß des Bodenrichtwertgrundstücks:

Grundstückstiefe,	Grundstücksfläche,
(arabische Zahl)	(arabische Zahl)
z. B. 30 m oder	z. B. 600 m²
Grundstückstiefe	Grundstücksfläche.

(6) Soweit Bodenrichtwertzonen verwendet werden, sind diese zu begrenzen. Die Bodenrichtwerte und ggf. verwendete Bodenrichtwertzonen sind mit innerhalb des Zuständigkeitsbereichs des Gutachterausschusses eindeutigen Ordnungsnummern zu versehen.

(7) Die Begrenzung förmlich festgelegter Gebiete ist zu kennzeichnen; auf den Verfahrensgrund ist durch folgenden Schriftzusatz hinzuweisen:

        San = Sanierungsgebiet
        Entw = Entwicklungsbereich

Der jeweils zu Grunde gelegte Verfahrensstand ist bei den Bodenrichtwertangaben durch die folgenden Buchstabenzusätze gekennzeichnet:

        A = sanierungs- bzw. entwicklungsunbeeinflusster Zustand (Anfangswert)
        N = Zustand unter Berücksichtigung der rechtlichen und tatsächlichen Neuordnung (Endwert)

(8) Bodenrichtwerte ohne Kennzeichnung beziehen sich auf ein baureifes Bodenrichtwertgrundstück, für das Erschließungsbeiträge und Abgaben nach dem Kommunalabgabengesetz sowie Kostenerstattungsbeträge für Ausgleichsflächen nach § 135a BauGB nicht mehr erhoben werden. Bodenrichtwerte mit hochgestelltem Stern (*) bezeichnen Bodenrichtwertgrundstücke, für die Erschließungsbeiträge noch nicht entrichtet sind.

(9) Die Bodenrichtwerte sind in folgender Form darzustellen:

$$\frac{\text{Bodenrichtwert in €/m}^2}{\text{Wertbeeinflussende Merkmale}}$$

Beispiele:

$$\frac{5\,€}{E}\quad,\quad \frac{8\,€}{R\text{-}W}\quad,\quad \frac{22\,€}{\text{W-o-II-0,7 GRZ – 30 m – 600 m}^2\,-}\quad,\quad \frac{12^*}{\text{W-o-II-0,7 GFZ – 30 m – 600 m}^2\,-}$$

(10) In den neuen Bundesländern ist – soweit erforderlich – in Gebieten mit niedrigem Bodenwertniveau auch die Qualität der Erschließungsanlagen anzugeben (z. B. + für sehr gute Erschließungsverhältnisse, – für schlechte Erschließungsverhältnisse).

2 Bodenrichtwerte für landwirtschaftlich genutzte Flächen

Bodenrichtwerte landwirtschaftlich genutzter Flächen sind in der Bodenrichtwertkarte wie folgt darzustellen und die Darstellung in der Legende ist wie folgt zu erläutern:

(1) Als wertbeeinflussende Merkmale wird die Nutzungsart folgendermaßen ausgewiesen:

        A   = Ackerland   So = Sonderkulturen
        GR = Grünland   H = Waldflächen
        WG = Weingarten

Die Gutachterausschüsse sind frei, über weitere Arten der Grundstücksnutzung selbst zu bestimmen (z. B. Gartenbau, Obstgarten). Die gewählten Unterscheidungen sind in der Legende zu erläutern.

(2) Bei den Nutzungsarten Acker- und Grünland wird nach der Angabe der Nutzung die Acker- bzw. Grünlandzahl, die der Mehrzahl der Grundstücke entspricht, ausgewiesen. Im Weiteren wird bei allen Nutzungen die gebietsspezifische Grundstücksgröße (in ha) als Dezimalzahl angegeben.

(3) Die Bodenrichtwerte sind in folgender Form darzustellen:

$$\frac{\text{Bodenrichtwert in €/m}^2}{\text{Wertbeeinflussende Merkmale/Umstände}}$$

Beispiele:

$$\frac{2{,}50\,€/\text{m}^2}{\text{A-55-0,5 ha}}\quad,\quad \frac{7{,}50\,€/\text{m}^{2*}}{\text{WG-0,1 ha}}$$

Die Bodenrichtwerte sind grundsätzlich entsprechend dem normalen Kulturzustand und ohne Aufwuchs zu ermitteln. Bei Ausnahmen ist dies durch einen Sternzusatz (*) gekennzeichnet.

§ 11 ImmoWertV
Indexreihen

(1) Änderungen der allgemeinen Wertverhältnisse auf dem Grundstücksmarkt sollen mit Indexreihen erfasst werden.

(2) ₁Indexreihen bestehen aus Indexzahlen, die sich aus dem durchschnittlichen Verhältnis der Preise eines Erhebungszeitraums zu den Preise eines Basiszeitraums mit der Indexzahl 100 ergeben. ₂Die Indexzahlen können auch auf bestimmte Zeitpunkte des Erhebungs- und Basiszeitraums bezogen werden.

(3) ₁Die Indexzahlen werden für Grundstücke mit vergleichbaren Lage- und Nutzungsverhältnissen abgeleitet. ₂Das Ergebnis eines Erhebungszeitraums kann in geeigneten Fällen durch Vergleich mit den Indexreihen anderer Bereiche und vorausgegangener Erhebungszeiträume geändert werden.

(4) Indexreihen können insbesondere abgeleitet werden für
1. Bodenpreise,
2. Preise für Eigentumswohnungen und
3. Preise für Einfamilienhäuser.

Gliederungsübersicht   Rn.

1   Anwendung von Indexreihen (§ 11 Abs. 1 ImmoWertV) 1
2   Indexreihe (§ 11 Abs. 2 und 3 ImmoWertV)
    2.1   Definition (§ 11 Abs. 2 ImmoWertV) 7
    2.2   Basiszeitraum und Basiszeitpunkt 10
    2.3   Ableitung (§ 11 Abs. 3 ImmoWertV) 12
3   Indexreihen (§ 11 Abs. 4 ImmoWertV)
    3.1   Bodenpreisindexreihen
       3.1.1   Teilmärkte 14
       3.1.2   Ableitung aus Kaufpreisen und Anwendung 21
       3.1.3   Ableitung aus Bodenrichtwerten 29
    3.2   Indexreihen für die Preise von Eigentumswohnungen 30
    3.3   Indexreihen für die Preise von Einfamilienhäusern 32
4   Kaufwertestatistiken 33
5   Immobilienindizes 36

1   Anwendung von Indexreihen (§ 11 Abs. 1 ImmoWertV)

1   § 11 ImmoWertV regelt die Anwendung von **Indexreihen, mit denen Änderungen der allgemeinen Wertverhältnisse des Grundstücksmarkts erfasst werden** können. Die Vorschrift betrifft – entsprechend ihrer Überschrift – damit nicht nur Bodenpreisindexreihen, sondern auch Indexreihen für bebaute Grundstücke einschließlich Eigentumswohnungen, insbesondere der in § 11 Abs. 4 ImmoWertV genannten Art. Die Ableitung von Bodenpreisindexreihen stellt jedoch den häufigsten Anwendungsfall dar.

2   Unter den Anwendungsbereich der Vorschrift fallen auch **Baupreisindexreihen,** die ebenfalls von großer Bedeutung für die Entwicklung des Grundstücksmarktes sind.

3   Nach dem Gesetzesbefehl des § 11 Abs. 1 ImmoWertV „sollen" bei Marktwertermittlungen nach den Grundsätzen der ImmoWertV die vom Gutachterausschuss für Grundstückswerte abgeleiteten Indexreihen zur Berücksichtigung von Abweichungen in den allgemeinen Wertverhältnissen auf dem Grundstücksmarkt i.S. des § 3 Abs. 2 ImmoWertV herangezogen werden (vgl. § 9 Rn. 4 ImmoWertV; § 15 Abs. 1 Satz 4 ImmoWertV). Von der Soll-Vorschrift darf nur in begründeten Ausnahmefällen abgewichen werden (vgl. auch § 12 ImmoWertV bezüglich der Anwendung von Marktanpassungsfaktoren und Liegenschaftszinssätzen).

Die **allgemeinen Wertverhältnisse auf dem örtlichen Grundstücksmarkt** bestimmen sich nach der Gesamtheit der am Wertermittlungsstichtag für die Preisbildung von Grundstücken im gewöhnlichen Geschäftsverkehr (marktüblich) maßgebenden Umstände, wie nach der allgemeinen Wirtschaftslage, den Verhältnissen am Kapitalmarkt sowie den wirtschaftlichen und demographischen Entwicklungen des Gebiets (§ 3 Abs. 2 ImmoWertV). Die nach Maßgabe dieser Vorschrift abgeleiteten Indexreihen geben (wie viele andere Indizes) nicht reale Wertänderungen wieder, sondern berücksichtigen auch inflations- und deflationsbedingte Wertänderungen. 4

Einzelne, die allgemeinen Wertverhältnisse auf dem Grundstücksmarkt beeinflussende Umstände, wie namentlich das Wirtschaftswachstum, die Bevölkerungsentwicklung, Änderungen im (konsumptiven) Verhalten der Marktteilnehmer und der Einkommensverhältnisse, die Entwicklung der Geldzinspolitik und der Kaufkraft, das Aufkommen und Abklingen einer Sachwertpsychose[1] sowie die Entwicklung der allgemeinen städtebaulichen und stadtwirtschaftlichen Verhältnisse, können dagegen i.d.R. für sich allein nicht als repräsentativ für die Entwicklung der allgemeinen Wertverhältnisse auf dem Grundstücksmarkt gelten. Infolge der Komplexität des Geschehens auf dem Grundstücksmarkt wird dieser vielmehr durch die Gesamtheit der für die Preisbildung maßgeblichen Umstände bestimmt, die mit fortschreitender Zeit bei gleich bleibendem Zustand des Grundstücks dessen Wert im gewöhnlichen Geschäftsverkehr mehr oder weniger beeinflussen. 5

Bodenpreisindexreihen, Indexreihen für Eigentumswohnungen und für sonstige bebaute Grundstücke werden in Zeiten schwankender Wertverhältnisse auf dem Grundstücksmarkt für den **intertemporalen Preisvergleich** benötigt, insbesondere, um Vergleichspreise auf die zum Wertermittlungsstichtag (§ 15 Abs. 1 Satz 4 ImmoWertV) vorherrschenden allgemeinen Wertverhältnisse auf den Grundstücksmarkt umzurechnen. 6

2 Indexreihe (§ 11 Abs. 2 und 3 ImmoWertV)

2.1 Definition (§ 11 Abs. 2 ImmoWertV)

Mit § 11 Abs. 2 Satz 1 ImmoWertV werden Indexreihen als **Reihen von Indexzahlen** definiert, die sich jeweils aus dem durchschnittlichen Verhältnis der Preise von Grundstücken mit vergleichbaren Lage- und Nutzungsverhältnissen der jeweiligen Erhebungszeiträume zu den Preisen eines Basiszeitraums mit der Indexzahl 100 ergeben. Nach § 11 Abs. 2 Satz 2 ImmoWertV können hierbei auch bestimmte Zeitpunkte des jeweiligen Erhebungs- und Basiszeitraums zugrunde gelegt werden. 7

Zur Ableitung der Indexzahlen werden die in der Vorschrift genannten „Preise" zu einem Durchschnittspreis aggregiert. Indexzahlen werden ermittelt, indem zunächst die **Durchschnittspreise** für die jeweils in Beziehung zu setzenden Zeiträume (Zeitpunkte) aus einer ausreichenden Zahl geeigneter Kaufpreise ermittelt werden und diese **ins Verhältnis zu dem entsprechenden Durchschnittspreis des Basiszeitraums** (Basiszeitpunkts) gesetzt werden. Die jährlichen Indexzahlen ergeben sich damit formelmäßig wie folgt: 8

$$\text{Indexzahl des Jahres i} = \frac{\text{Durchschnittspreis}_i}{\text{Durchschnittspreis}_0} \times 100$$

---
[1] Niehans, SZVS 1966, 195; sowie hierzu Sieber, ebenda S. 1; Sieber, Bodenpolitik und Bodenrecht, Bern 1970, S. 51 ff., 73 ff.

Vielfach ist es üblich, das Ergebnis eines Erhebungszeitraums zu berichtigen, wenn dies auf Grund der **unterstützend herangezogenen Werte anderer Bereiche und vorausgegangener Erhebungszeiträume** geboten erscheint. Dabei kann, sofern eine Sonderentwicklung auszuschließen ist, eine Glättung in Betracht kommen. § 11 Abs. 3 Satz 2 ImmoWertV lässt dies wie bislang § 9 Abs. 3 Satz 3 WertV 88/98 ausdrücklich zu. Das Verfahren ist allerdings mit Vorsicht anzuwenden, denn es gilt, die Entwicklung der allgemeinen Wertverhältnisse zeitgemäß zu erfassen. Kaufpreise der Vergangenheit sind nur bedingt für aktuelle Verhältnisse aussagekräftig.

2.2 Basiszeitraum und Basiszeitpunkt

10 Der **Wahl des Basiszeitraums (Basiszeitpunkts)** kommt bei der Bildung von Indexreihen „auf fester Basis" für das Aussehen der wiedergegebenen Entwicklung der Preisverhältnisse eine besondere Bedeutung zu. Weist nämlich der Basiszeitraum ein extrem niedriges Preisniveau auf, so wird die Steigerung in der Folgezeit übertrieben wiedergegeben. Umgekehrt führt ein außergewöhnlich überhöhtes Preisniveau im Basiszeitraum in der Folgezeit zu einer verhältnismäßig moderat erscheinenden Steigerung. Meist empfiehlt sich daher, als Basiszeitraum ein „Normaljahr" zu wählen, das innerhalb eines mehrjährigen Zeitraumes stabiler Bodenwertverhältnisse liegt.

11 Wird jeweils der Bezug auf ein **gleich bleibendes Basisjahr** hergestellt, so spricht man hierbei von Indexreihen „auf *fester* Basis". Die Bildung von Bodenpreisindexreihen „auf *gleitender* Basis" derart, dass der Durchschnittspreis eines Erhebungszeitraums jeweils ins Verhältnis zu dem des vorangegangenen Erhebungszeitraums gesetzt wird, ist im Bereich der Wertermittlung von Grundstücken i.d.R. ungeeignet, weil es hier häufig darum geht, den Einfluss der allgemeinen Wertverhältnisse auf dem Grundstücksmarkt über mehrere Jahre hinweg zu berücksichtigen.

$$\text{Indexzahl des Jahres i} = \frac{P_{i-1} + 2P_i + P_{i+1}}{4} \times \frac{100}{P_0}$$

P_i = Durchschnittspreis im Jahre i
P_0 = Durchschnittspreis im Basisjahr

2.3 Ableitung (§ 11 Abs. 3 ImmoWertV)

▶ *Zu den allgemeinen Grundsätzen vgl. § 9 ImmoWertV Rn. 9*

12 Die allgemeinen Grundsätze der Ableitung von Indexreihen sind in § 9 ImmoWertV geregelt. Danach sind Indexreihen auf der Grundlage einer ausreichenden Zahl **geeigneter Kaufpreise** der von den Gutachterausschüssen für Grundstückswerte geführten Kaufpreissammlung (§ 195 BauGB) abzuleiten. Soweit einzelne zur Ableitung herangezogene Kaufpreise in ihren Grundstücksmerkmalen von den für die Indexreihe maßgeblichen Grundstücksmerkmalen abweichen, ist dies nach Maßgabe des § 9 Abs. 2 ImmoWertV zu berücksichtigen. Dies ist insbesondere für die Ableitung von Indexreihen von Bedeutung, denn sie sollen sich auf Grundstücke mit vergleichbaren Lage- und Nutzungsverhältnissen beziehen und die **Wertentwicklung auf dem Grundstücksmarkt** beschreiben, die allein auf allgemeine konjunkturelle Änderungen zurückgeht. Qualitative Änderungen der Grundstücke insbesondere im Hinblick auf ihre Nutzbarkeit oder ihre Lage müssen dabei unberücksichtigt bleiben.

13 Damit die miteinander ins Verhältnis gesetzten durchschnittlichen Preise allein die Änderungen der allgemeinen Wertverhältnisse auf dem Grundstücksmarkt und nicht qualitative Wertunterschiede der zur Ableitung der Indexzahlen herangezogenen Grundstücke wiedergeben, ist es erforderlich, dass die Grundstücke einen **einheitlichen Warenkorb** abbilden. Dies bedeutet, dass qualitative Unterschiede der Grundstücke in ihrer Auswirkung auf die zugehörigen Kaufpreise zunächst eliminiert werden müssen.

3 Indexreihen (§ 11 Abs. 4 ImmoWertV)

3.1 Bodenpreisindexreihen

3.1.1 Teilmärkte

▶ *Zur Kaufwertestatistik der statistischen Ämter vgl. Rn. 33 sowie Syst. Darst. des Vergleichswertverfahrens Rn. 96; Teil II Rn. 69.*

Der Verkehrswert unbebauter Grundstücke (Bodenwertermittlung) aber auch der Bodenwert bebauter Grundstücke ist bei Anwendung des Ertrags- und Sachwertverfahrens (§ 17 Abs. 1 und § 21 Abs. 1 ImmoWertV) vorrangig im Vergleichswertverfahren zu ermitteln (§ 16 Abs. 1 ImmoWertV). Die dazu heranzuziehenden Vergleichspreise stammen i.d.R. aus der Vergangenheit und müssen im Hinblick auf zwischenzeitliche Änderungen der allgemeinen Wertverhältnisse auf den Wertermittlungsstichtag bezogen (umgerechnet) werden. Dazu „sollen" die nach Maßgabe des § 11 ImmoWertV abgeleiteten Bodenpreisindexreihen herangezogen werden. Bodenpreisindexreihen haben deshalb in der Wertermittlungspraxis eine überragende Bedeutung. **14**

Die **Bodenwertentwicklung von baureifem Land, Rohbauland sowie Bauerwartungsland ist** erfahrungsgemäß **unterschiedlich.** Deshalb müssen Bodenpreisindexreihen differenziert nach den verschiedenen Grundstücksarten i.S. des § 5 ImmoWertV (Teilmärkte) abgeleitet werden: **15**

– Flächen der Land- oder Forstwirtschaft (vgl. § 5 ImmoWertV Rn. 83),
– Rohbauland,
– Bauerwartungsland und
– baureifes Land.

Bei der **Ableitung von Bodenpreisindexreihen für werdendes Bauland,** insbesondere für Bauerwartungsland, besteht ein besonderes Problem dann, wenn die von Jahr zu Jahr anfallenden Kaufpreise sich auf Grundstücke mit unterschiedlicher Aufschließungsdauer (Wartezeit) beziehen. Dies sind vergleichsstörende Momente, die sich kaum eliminieren lassen. Die daraus abgeleiteten Bodenpreisindexreihen sind ggf. von konjunkturellen und im begrenzten Maße auch von qualitativen Wertänderungen bestimmt. Durch Herausnahme von Kaufpreisen für Grundstücke mit extrem kurzer oder langer Wartezeit lassen sich solche Verquickungen auf ein hinnehmbares Maß begrenzen, zumal Grundstücke mit einer Aufschließungsdauer von über fünf Jahren zunehmend weniger gehandelt werden. **16**

Auch die **Bodenwertentwicklung von baureifem Land ist uneinheitlich.** Bodenpreisindexreihen werden deshalb in erster Linie differenziert nach: **17**

– Ein- und Zweifamilienhausgrundstücke,
– Mehrfamilienhausgrundstücken,
– gemischt genutzte Grundstücke,
– Gewerbeflächen (GE) und
– Industrieflächen (GI).

Darüber hinaus hat es sich als erforderlich erwiesen, **Bodenpreisindexreihen nach unterschiedlichen Lagen** abzuleiten. **18**

Abb. 1: Wohnbauland in Brandenburg im engeren Verflechtungsraum von Berlin sowie im äußeren Entwicklungsraum

Quelle: Grundstücksmarktbericht Brandenburg 2009

19 Zwar können die **Märkte** als **korreliert** gelten, jedoch unterliegen sie unterschiedlichen Konjunktureinflüssen und unterschiedlichen Rahmenbedingungen. Das gilt in besonderer Weise für den **Gewerbebaulandmarkt** und seine Entwicklung. Dieser Markt ist zudem sehr häufig durch direkte und indirekte Subventionen gekennzeichnet. Mitunter wird diesem Markt auch die Eigenschaft eines „echten" Marktes abgesprochen (Abb. 2):

Abb. 2: Gewerbebauland in Brandenburg im engeren Verflechtungsraum von Berlin sowie im äußeren Entwicklungsraum

Quelle: Grundstücksmarktbericht Brandenburg 2009

20 Schließlich weisen auch noch die **Grundstücksmärkte für bebaute Objekte** eigene Wertentwicklungen auf, und zwar auch wieder je nach Art der Bebauung.

3.1.2 Ableitung aus Kaufpreisen und Anwendung

21 Bei der Ableitung von **Bodenpreisindexreihen** wird entsprechend den Erläuterungen unter Rn. 8 der durchschnittliche Bodenpreis pro Quadratmeter Grundstücksfläche bezogen auf das Basisjahr und die jeweiligen Indexjahre angesetzt und man erhält die jeweilige Bodenpreisindexreihe, mit der die Entwicklung der allgemeinen Wertverhältnisse auf dem Bodenmarkt in ihren prozentualen Veränderungen beschrieben wird.

$$\text{Bodenpreisindexzahl des Jahres } i = BW_i / BW_0 \times 100$$

wobei
BW_i = durchschnittlicher Bodenpreis/m² im Jahre i
BW_0 = durchschnittlicher Bodenpreis/m² im Basisjahr.

Indexreihen § 11 ImmoWertV V

Für die Ableitung von Bodenpreisindexreihen über die in § 9 ImmoWertV genannten Kriterien für die Eignung der zur Ableitung herangezogenen Kaufpreise sind nur Kaufpreise unbebauter Grundstücke geeignet. Darüber hinaus ist auch die Grundsatzregelung des § 16 Abs. 1 Satz 1 ImmoWertV, nach der sich der Bodenwert eines bebauten Grundstücks nach dem Bodenwert unbebauter Grundstücke bemisst. Als geeignete Kaufpreise können von daher in erster Linie nur Kaufpreise von unbebauten Grundstücken gelten, wie dies noch in der WertV 88/98 ausdrücklich geregelt war. 22

Für die Bildung von Bodenpreisindexreihen nach § 9 Abs. 3 ImmoWertV ist Voraussetzung, dass die Grundstücke, deren Kaufpreise herangezogen werden, **vergleichbare Lage- und Nutzungsverhältnisse** aufweisen. Im Hinblick auf unterschiedliche Preisentwicklungen für Grundstücksarten unterschiedlicher Qualität (Gewerbe- und Wohnbauland, Ein-, Zwei- und Mehrfamilienhäuser, Bauerwartungsland, Rohbauland usw.) ist es in aller Regel geboten, Bodenpreisindexreihen mit entsprechenden **Differenzierungen nach Grundstücksarten** abzuleiten. 23

Die Lage- und Nutzungsverhältnisse sind i.d.R. in kleineren Gemeinden über das gesamte Gemeindegebiet vergleichbar. In großen Städten kann es erforderlich werden die **Bodenpreisindexreihen** für die unterschiedlichen Grundstücksarten auch noch **nach der Lage im Gemeindegebiet zu differenzieren**[2]. 24

Beispiel A (Ableitung): 25

Als durchschnittliche Bodenwerte BW_i für baureifes Land (Ein- und Zweifamilienhausgrundstücke) in den Ortsteilen A- und Bdorf wurden ermittelt:

Jahr	BW_i €/m²	Bodenpreisindexzahl I_j bei 1999 = 100	
1999	300	**100,0**	(Basis)
2000	305	101,7	
2001	305	101,7	$I_j = BW_i/BW_0 \times 100$
2002	310	103,3	
2003	320	106,7	
2004	340	113,3	
2005	340	113,3	
2006	350	116,7	
2007	350	116,7	
2008	355	118,3	
2009	360	120,0	

Die um 100 verminderte Bodenpreisindexzahl I gibt die Prozentzahl an, um die sich der durchschnittliche Bodenwert BW_1 des Erhebungszeitraums i gegenüber dem durchschnittlichen Bodenwert BW_{1999} des Basiszeitraums verändert hat.

Beispiel: Der durchschnittliche Bodenwert im Jahr 2009 ist gegenüber dem durchschnittlichen Bodenwert im Basiszeitraum 1999 um 20,0 v.H. angestiegen.

Um mit Hilfe von **Bodenpreisindexreihen** einen **zum Vergleich herangezogenen Kaufpreis auf die allgemeinen Wertverhältnisse des Wertermittlungsstichtags umzurechnen,** ist dieser Vergleichspreis mit dem Quotienten aus den jeweiligen Bodenpreisindexzahlen des Wertermittlungsstichtages und des Kaufpreisstichtages des Vergleichsgrundstücks zu multiplizieren: 26

---

[2] Zur Abgrenzung von Indexbereichen sowie Näheres zur Ableitung von Indexreihen bei Kleiber in Ernst/Zinkahn/Bielenberg, BauGB, Komm. zu § 9 WERTV Rn. 8 ff.; weiterführendes Schrifttum: Vieli, Ein Regressionsindex der Bodenpreisveränderungen, Diss. Zürich 1967; Guth in Kyklos 1962, 279; Streich in VR 1981, 381; Bauer in VR 1982, 145; Bunjes in Nachr. der nds. Kat.- und VermVw 1982, 318; Freise in VR 1981, 373; Kertscher/Volle in Nachr. der nds. Kat.- und VermVw 1982, 136; Wirtz in VR 1976, 264; Krumbholz in Nachr. der nds. Kat.- und VermVw 1986, 388; Boldt in Nachr. der nds. Kat.- und VermVw 1986, 219.

$$BW = BW' \times I/I'$$

wobei
BW = Gesuchter Bodenwert zum Wertermittlungsstichtag
BW' = Bodenwert des Vergleichsgrundstücks zum Stichtag; Kaufzeitpunkt
I = Indexzahl des Wertermittlungsstichtags
I' = Indexzahl zum Stichtag „Kauf" des Vergleichsgrundstücks

27 *Beispiel B (Anwendung):*
Aus dem Jahr 2006 liegt ein Vergleichspreis in Höhe von 420 €/m² vor. Wertermittlungsstichtag sei 2009. Ausgehend von der nach vorangegangenem Beispiel abgeleiteten Bodenpreisindexreihe ergibt sich folgender Vergleichspreis:

$$BW_{2009} = BW_{2006} \times I_{2009} / I_{2006} = 420 \text{ €/m²} \times 120{,}0 / 116{,}7 = \text{rd. } 432 \text{ €/m²}$$

28 In der Praxis kann vielfach eine Interpolation bei der Heranziehung von Bodenpreisindexzahlen geboten sein, z.B., wenn **Wertermittlungsstichtag bzw. Verkaufsdatum des herangezogenen Vergleichsgrundstücks zeitlich am Jahresende** gelegen sind.

3.1.3 Ableitung aus Bodenrichtwerten

29 Insbesondere in kleineren Gemeinden, in denen die Lage- und Nutzungsverhältnisse weitgehend übereinstimmen und zudem oftmals so geringfügigen zeitlichen Veränderungen unterliegen, dass sie vernachlässigt werden können, lässt sich die **Ableitung der Bodenpreisindexreihen mit der Ermittlung von Bodenrichtwerten verbinden.** Dies gilt vor allem dann, wenn bei der Ermittlung der Bodenrichtwerte wie auch bei der Ermittlung der Bodenpreisindexzahlen die jeweiligen wertbeeinflussenden Umstände in gleicher Weise zu berücksichtigen sind.

Abb. 3: Zusammenstellung der Bodenpreisindices sowie der Entwicklung von Bodeneckwerten in Frankfurt am Main

Jahr	Wohn-bauflächen sachwertorientiert	Wohn-bauflächen ertragswertorientiert	Handel in Wohn- und Mischgebieten	Gewerbe ohne Einzelhandels- und Büroanlagen	Entwicklung des Bodeneckwertniveaus für Bürogrundstücke			
					City-West GFZ 5,0	City Rand GFZ 3,0	Subzentren GFZ 2,0	Sonstige Lagen GFZ 1,0
1964	8,4	–	9,7	16,1	–	–	–	–
1966	10,5	–	10,9	13,3	–	–	–	–
1968	13,2	–	12,2	21,0	–	–	–	–
1970	13,9	–	13,4	27,1	–	–	–	–
1972	16,9	–	16,7	31,8	–	–	–	–
1974	20,0	–	19,9	36,4	–	–	–	–
1976	21,8	–	15,2	40,3	–	–	–	–
1978	24,7	–	15,2	39,6	–	–	–	–
1980	31,8	–	24,5	44,9	–	–	–	–
1982	36,3	–	31,3	48,4	–	–	–	–
1984	39,2	–	36,0	55,1	–	–	–	–
1986	46,3	–	37,9	58,6	–	–	–	–
1988	55,2	–	46,6	66,9	–	–	–	–

Indexreihen § 11 ImmoWertV V

Jahr	Wohn-bauflächen sachwertorientiert	Wohn-bauflächen ertragswertorientiert	Handel in Wohn- und Mischgebieten	Gewerbe ohne Einzelhandels- und Büroanlagen	Entwicklung des Bodeneckwertniveaus für Bürogrundstücke			
					City-West GFZ 5,0	City Rand GFZ 3,0	Subzentren GFZ 2,0	Sonstige Lagen GFZ 1,0
1990	77,1	–	69,8	76,9	–	–	–	–
1992	89,4	–	109,0	80,1	–	–	–	–
1994	104,4	–	106,1	94,0	–	–	–	–
1996	100,0	100,0	100,0	100,0	100,0	100,0	100,0	100,0
1997	–	–	–	–	87,0	90,0	90,4	65,1
1998	99,7	93,9	102,4	116,5	87,0	80,0	90,4	85,1
1999	–	–	–	–	87,0	80,0	90,4	85,1
2000	98,6	90,8	91,5	121,3	87,0	80,0	90,4	85,1
2001	–	–	–	–	87,0	90,0	90,4	90,0
2002	99,8	90.8	98,1	115,0	93,5	93,0	93,1	97,8
2003	–	–	–	–	93,5	93,9	93,1	88.1
2004	98,9	82,5	93,8	100,9	80,4	78,2	83,8	78,3
2005	–	–	–	–	72,3	66,5	79,1	68,5
2006	99,0	84,3	85,7	99,6	68,0	66,5	74,5	68,5
2007	–	–	–	–	72,3	66,5	74,5	68,5
2008	99,7	103,3	85,7	96,7	72,3	66,5	60,6	62,6

Quelle: Gutachterausschuss für den Bereich Frankfurt am Main

3.2 Indexreihen für die Preise von Eigentumswohnungen

▶ *Vgl. Teil VI Rn. 94*

§ 11 Abs. 3 ImmoWertV hebt als weiteren Anwendungsfall **Indexreihen für die Preise von Eigentumswohnungen** hervor. Dabei muss insbesondere nach 30

– Erst- und Wiederverkäufen,
– Lagen,
– Baujahrsgruppen und
– Wohnungsgröße

unterschieden werden.

Die Preisentwicklung auf dem Grundstücksmarkt für **Eigentumswohnungen** weist ebenfalls eine eigenständige Entwicklung auf, wobei zudem noch zwischen den vorstehenden Marktsegmenten unterschieden wird (vgl. Teil VI Rn. 39 ff.). 31

3.3 Indexreihen für die Preise von Einfamilienhäusern

§ 11 Abs. 4 ImmoWertV führt neben den Indexreihen für Bodenpreise (Bodenpreisindexreihen) und Eigentumswohnungen schließlich noch Indexreihen für Einfamilienhäuser auf. Diesbezüglich sind Indexreihen nur von wenigen Gutachterausschüssen abgeleitet worden. 32

Abb. 4: Preisentwicklung von Reihenmittelhäusern im Ennepe-Ruhr Kreis

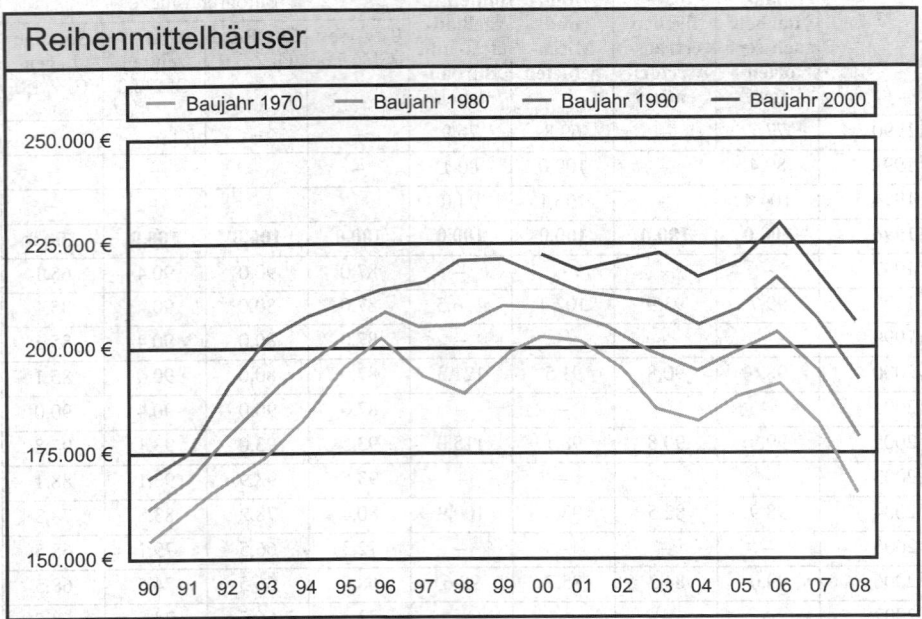

Quelle: Grundstücksmarktbericht 2009

4 Kaufwertestatistiken

33 Ungeeignet für die Belange der Wertermittlung sind i.d.R. die **von den Statistischen Landesämtern bzw. vom Statistischen Bundesamt veröffentlichten durchschnittlichen Kaufpreise der verschiedenen Baulandkategorien** (Fachserie M „Preise, Löhne, Wirtschaftsrechnungen, Reihe 5 II, Baulandpreise" des Statistischen Bundesamtes Wiesbaden) und die daraus errechneten Kaufwerte. Diese Kauffälle, die nach dem Gesetz über die Preisstatistik von den Finanzämtern dem zuständigen Statistischen Landesamt mitgeteilt werden, stellen lediglich Durchschnittswerte dar, die sich in jedem Erhebungszeitraum aus anders gearteten Einzelfällen ergeben, d.h., der diesen Durchschnittswerten zu Grunde liegende **„Warenkorb" ist inkonstant.** Die Eigenschaften der gehandelten Grundstücke sind insbesondere im Hinblick auf deren Lage, Art und Maß der tatsächlichen und zulässigen Nutzung sowie der Beschaffenheit von den Zufälligkeiten des Marktes im jeweiligen Erhebungszeitraum abhängig. Eine Bereinigung der Kaufpreise, wie sie von den Gutachterausschüssen im Rahmen ihrer Auswertung vorgenommen wird, erfolgt bei den übermittelnden Finanzämtern nicht und kann von den Statistischen Ämtern auch nicht vorgenommen werden. In den Veröffentlichungen des Statistischen Bundesamtes wird deshalb ausdrücklich darauf hingewiesen, dass die Statistik mehr den Charakter einer Grundeigentumswechselstatistik als den einer echten Preisstatistik habe; prozentuale Kaufpreisveränderungen werden aus dem gleichen Grund gar nicht erst veröffentlicht.

Dies schließt die **Anwendung dieser Indexreihen** unter bestimmten Voraussetzungen nicht aus[3].

Werden ausnahmsweise Indexreihen des Statistischen Amtes herangezogen, so ist denen der Statistischen Landesämter der Vorzug zu geben[4].

5 Immobilienindizes

Die zahlreichen von der Immobilienwirtschaft veröffentlichten Immobilienindizes sind für eine fundierte Marktwertermittlung ungeeignet und haben auch wenig gemeinsam. Die Mehrheit der veröffentlichten Indizes stellt die Wertentwicklung börsennotierter Immobiliengesellschaften dar, so

a) der Deutsche Immobilienaktienindex (DIMAX),

b) der Immobilienindex des Bankhauses Ellwanger & Geiger, der den Verlauf aller in Deutschland börsennotierten Unternehmen abbildet, die mindestens 75% ihrer Erträge im Immobiliengeschäft erwirtschaften,

- der EPIX bildet die Wertentwicklung der größten europäischen Immobilienaktien ab,
- der ERIUX zeigt hingegen den Verlauf der größten europäischen Real Estate Investment Trusts (REITs).

c) Der *Global Property Research Index* (GPR-Index) bildet die Marktkapitalisierung börsennotierter Immobilienunternehmen ab, und zwar die 250 größten Unternehmen der Welt (GRP 250) bzw. der 15 größten europäischen Unternehmen (GPR 15).

d) Der *FTSE EPRA/NAREIT Global Real Estate Index* der FTSE Gruppe (Financial Times und London Stock Exchange) bildet die weltweite Entwicklung börsennotierter Immobilienunternehmen ab.

e) Der *Deutsche Immobilien Index – DIX –* der Deutschen Immobiliendatenbank GmbH ist für eine fundierte Marktwertermittlung ungeeignet, bildet die Mietrendite und die Wertveränderung von deutschen Handels-, Büro- und Wohnimmobilien ab und wird vornehm-

---

[3] BGH, Urt. vom 23.6.1983 – III ZR 39/82 –, EzGuG 20.102; hierzu Kleiber in Ernst/Zinkahn/Bielenberg, BauGB, Komm. zu § 9 WertV Rn. 5.

[4] **Anschriften des Statistischen Bundesamtes und der Statistischen Landesämter: Statistisches Bundesamt:** Postfach 5528, Gustav-Stresemann-Ring 11, 65189 Wiesbaden, Tel. (06 21) 75 24 05, Fax (06 21) 72 40 00; Zweigstelle Berlin: Friedrichstr. 50$_S$ 10117 Berlin, Tel. (0 30) 1 86 44 94 27, Fax (0 30) 1 38 44 94 30; **Baden-Württemberg:** Statistisches Landesamt Baden-Württemberg, Postfach 106033, 70049 Stuttgart, Tel. (07 11) 6 41 24 64, Fax (07 11) 6 41 24 40; **Bayern:** Bayerisches Landesamt für Statistik und Datenverarbeitung, Postfach 20 03 03, 80331 München, Tel. (0 89) 2 11 92 55, Fax (0 89) 2 11 94 10; **Berlin:** Statistisches Landesamt Berlin, Alt-Friedrichsfelde 60, 10315 Berlin, Tel. (0 30) 90 21 - 34 34, Fax (0 30) 90 21 - 36 55, E Mail: info@statistik-berlin.de, Internet: http://www.statistik-berlin.de; **Brandenburg:** Amt für Statistik Berlin-Brandenburg, Dortustraße 46, 14467 Potsdam, Tel. (03 31) 39-405, Fax: (03 31) 39 -444; **Bremen:** Statistisches Landesamt Bremen, An der Weide 14 -16, 28195 Bremen, Tel. 0421 3612501, Fax 0421 361 4310; **Hamburg:** Statistisches Landesamt Hamburg, Steckelhörn 12, 20457 Hamburg, Tel. (0 40) 4 28 31 17 66, Fax (0 40) 4 27 96 43 30; **Hessen:** Hessisches Statistisches Landesamt:, Postfach 32 05, 65175 Wiesbaden, Tel. (0611) 38 02 - 802, Fax (0611) 3 80 28 90; **Mecklenburg-Vorpommern:** Landesamt für innere Verwaltung (Statistik), Lübecker Straße 287, 19059 Schwerin, Tel. (03 85) 4 80 1- 0 ;, Fax (03 85) 48 01 - 3090; **Niedersachsen:** Landesbetrieb für Statistik und Kommunikationstechnologie Niedersachsen, Göttinger Chaussee 76, 30453 Hannover, Tel. (05 11) 98 98 - 0, Fax (05 11) 9 89 8 41 32; **Nordrhein-Westfalen:** Information und Technik Nordrhein-Westfalen, Postfach 10 11 05, 40002 Düsseldorf, Tel. (02 11) 94 49 01, Fax (02 11) 44 20 06; **Rheinland-Pfalz:** Statistisches Landesamt Rheinland-Pfalz, Mainzer Str. 14 - 16, 56130 Bad Ems, Tel. (0 26 03) 7 10, Fax (0 26 03) 7 13 15 0; Saarland: Statistisches Amt Saarland, Postfach 10 30 44, 66030 Saarbrücken, Tel. (06 81)5 01 59 11, Fax (06 81)5 01 59 70; **Sachsen:** Statistisches Landesamt des Freistaates Sachsen, Macherstraße 63, 01917 Kamenz, Tel. (0 35 78) 33 19 10, Fax (0 35 78) 33 19 99; **Sachsen-Anhalt:** Statistisches Landesamt Sachsen-Anhalt, Merseburger Straße 2, 06112 Halle/Saale, Tel. (03 45)23 18-0, Fax (03 45) 2 31 89 01; **Schleswig-Holstein:** Statistisches Landesamt Schleswig-Holstein, Fröbelstraße 15 - 17, 24113 Kiel, Tel. (04 31) 68 95 - 0, Fax (04 31) 6 89 54 98; **Thüringen:** Thüringer Landesamt für Statistik, Europaplatz 3, 99091 Erfurt, Tel. (03 61) 3 78 46 42; Fax (03 61) 37 8 48 99.

lich aus Bestandsobjekten ausgewählter in offene Immobilienfonds (Versicherungen, Immobilien- und Pensionsfonds) einbezogener Grundstücke ermittelt.

f) Entsprechendes gilt für den *German Property* Index von BulwienGesa, abgeleitet aus Daten in 125 deutschen Städten.

g) Der Hypoport-Hauspreisindex (HPX) der Hypoport AG Berlin, abgeleitet aus einer eigenen Internetplattform, gibt die Entwicklung durchschnittlicher Kaufpreise von verschiedenen Wohnimmobilien wieder (neue und bestehende Ein- und Zweifamilienhäuser – HPX-newhome und HPX-existinghome – sowie Eigentumswohnungen – HPX-apartment –).

§ 12 ImmoWertV
Umrechnungskoeffizienten

(1) Wertunterschiede von Grundstücken, die sich aus Abweichungen bestimmter Grundstücksmerkmale sonst gleichartiger Grundstücke ergeben, insbesondere aus dem unterschiedlichen Maß der baulichen Nutzung oder der Grundstücksgröße und -tiefe, sollen mit Hilfe von Umrechnungskoeffizienten (§ 193 Absatz 5 Satz 2 Nummer 3 des Baugesetzbuchs) erfasst werden.

Gliederungsübersicht   Rn.
1. Anwendung von Umrechnungskoeffizienten 1
2. Ableitung von Umrechnungskoeffizienten 6
3. Fortschreibung von Umrechnungskoeffizienten 10

1 Anwendung von Umrechnungskoeffizienten

▶ *Vgl. Syst. Darst. des Vergleichswertverfahrens Rn. 215 ff.*

§ 12 ImmoWertV enthält den Befehl, Wertunterschiede von Grundstücken, die sich aus Abweichungen bestimmter Grundstücksmerkmale sonst gleichartiger Grundstücke ergeben, mit Hilfe der von den Gutachterausschüssen gemäß § 193 Abs. 5 Satz 2 Nr. 3 BauGB abgeleiteten Umrechnungskoeffizienten zu erfassen. Es handelt sich dabei um eine **Soll-Vorschrift,** von der nur in begründeten Ausnahmefällen abgewichen werden darf. Dementsprechend schreibt auch § 15 Abs. 1 Satz 4 ImmoWertV vor, dass entsprechende Abweichungen einzelner Grundstücksmerkmale „in der Regel" auf der Grundlage von Umrechnungskoeffizienten zu berücksichtigen „sind" (vgl. auch § 11 ImmoWertV bezüglich der Anwendung von Indexreihen und § 14 ImmoWertV bezüglich der Anwendung von Marktanpassungsfaktoren und Liegenschaftszinssätzen).   **1**

Die **Vorschrift enthält keine Definition des Umrechnungskoeffizienten** und keine besonderen über die in § 9 ImmoWertV gegebenen Hinweise hinausgehenden Anweisungen zu deren Ableitung. Die Vorschrift beschreibt lediglich den beschriebenen Anwendungszweck.   **2**

Umrechnungskoeffizienten kommen vor allem bei Heranziehung des Vergleichswertverfahrens zur Anwendung, um Vergleichspreise von Grundstücken mit bestimmten Zustandsmerkmalen der Höhe nach auf solche zurückzuführen, die mit dem Zustandsmerkmal des zu bewertenden Grundstücks übereinstimmen (**interqualitativer Preisvergleich**). In diesem Sinne stellen sich Umrechnungskoeffizienten als Faktoren dar, mit denen Wertunterschiede gleichartiger Grundstücke erfasst werden, die in ihrem Zustand hinsichtlich eines bestimmten Zustandsmerkmals voneinander abweichen. Die Vorschrift hebt als besonderen Anwendungsfall die Umrechnung des Bodenpreises eines Grundstücks mit einem bestimmten **Maß der baulichen Nutzung** (z.B. GFZ = 1,2) auf den Bodenpreis eines sonst gleichartigen Grundstücks mit einem davon abweichenden Maß der baulichen Nutzung (z.B. GFZ = 1,4) hervor; ergänzend werden Umrechnungskoeffizienten zur Berücksichtigung des Werteinflusses von Grundstücksgröße und -tiefe genannt. Daneben werden in der Praxis Umrechnungskoeffizienten insbesondere ermittelt, um den Einfluss der Art der baulichen Nutzung bei der Verkehrswertermittlung zu berücksichtigen[1].   **3**

---
1 Zum Einfluss der **Bauart:** Frenkler in Nachr. der nds. Kat.- und VermVw 1966, Heft 2; vgl. auch Kellermann in ZfV 1962, 343; zum Einfluss der **Grundstücksgröße:** Scharnhorst in Nachr. der nds. Kat.- und VermVw 1985, 273; zum Einfluss der **GFZ:** Böser/Schwanniger in AVN 1984, 412; Freise in VR 1976, 402; Hellemann/Hesse in AVN 1977, 165; Tiemann in VR 1976, 355; Udart in VR 1976, 291; Möckel in AVN 1977, 165; Biester in VR 1978, 124; Bauer in VR 1978, 138; Rüffel in Nachr. der rh.-pf. Kat.- und VermVw 1980, 26; Neisecke in AVN 1980, 468; Böser/Brill in AVN 1981, 349; Streich in VR 1981, 381; zur **GFZ:** Jäger in GuG 1995, 348; Junge in GuG 1996, 27; Debus in GuG 2000, 279.

4 Nach der vorgegebenen Zweckbestimmung lassen sich Umrechnungskoeffizienten als Verhältniszahlen definieren, die sich aus dem Wertverhältnis gleichartiger Grundstücke ergeben, deren Zustand nur hinsichtlich eines wertbeeinflussenden Merkmals voneinander abweicht. Sofern sich die Abweichungen unterschiedlich ausprägen, d.h. verschiedene Ausmaße annehmen können wie z.B. das Maß der baulichen Nutzung in Gestalt der Geschossflächenzahl (GFZ), ergeben sich Umrechnungskoeffizienten jeweils in Zuordnung zu einem bestimmten Maß des wertbeeinflussenden Merkmals.

5 Der mit der Soll-Vorschrift gegebenen **Verpflichtung, Wertunterschiede von Grundstücken**, die sich aus Abweichungen bestimmter Grundstücksmerkmale sonst gleichartiger Grundstücke ergeben, **mit Hilfe von Umrechnungskoeffizienten zu erfassen**, kann allerdings nur insoweit nachgekommen werden, wie Umrechnungskoeffizienten vom örtlichen Gutachterausschuss abgeleitet wurden und zur Verfügung stehen.

2 Ableitung von Umrechnungskoeffizienten

6 Die Ableitung von Umrechnungskoeffizienten ist nach § 9 ImmoWertV zwar eine **Pflichtaufgabe des Gutachterausschusses für Grundstückswerte**. Die Gutachterausschüsse kommen dieser Aufgabe allerdings zumindest nicht im vollen Umfang nach.

7 Nicht jeder Gutachterausschuss sieht sich in der Lage, Umrechnungskoeffizienten abzuleiten. Neben der oftmals unzureichenden Personalausstattung der Gutachterausschüsse ist dies darin begründet, dass

– als „erforderliche" Umrechnungskoeffizienten nur solche abzuleiten sind, für die im Hinblick auf die anfallenden Aufgaben auch tatsächlich ein Bedarf besteht und

– eine Reihe von wertbeeinflussenden Zustandsmerkmalen, wie z.B. Lagefaktoren, rechnerisch nur schwerlich „in den Griff zu bekommen" sind, weil ihre qualitative Einordnung besonders anfällig für das subjektive Empfinden eines Gutachters ist und deshalb Erfahrung und Sachkunde gefordert sind.

8 Insbesondere in kleineren Städten und auf dem Land ist die Ableitung von Umrechnungskoeffizienten für solche wertbeeinflussenden Merkmale oftmals schon aus Gründen der unzureichenden personellen und sachlichen Ausstattung nicht möglich. Ersatzweise greift man auf die Veröffentlichungen benachbarter Gutachterausschüsse oder auf das Schrifttum zurück. Dabei ist allerdings zu fordern, dass zumindest vorher Plausibilitätskontrollen durchgeführt werden.

9 Hat der örtliche Gutachterausschuss keine Umrechnungskoeffizienten ermittelt und kann auch nicht auf geeignete Umrechnungskoeffizienten benachbarter Gutachterausschüssen zurückgegriffen werden, können die in der **Anl. 11** zu Nr. 2.3.4.2 der **WERTR** für das Wertverhältnis von gleichartigen Grundstücken bei unterschiedlicher baulicher Nutzung (GFZ : GFZ) veröffentlichten Umrechnungskoeffizienten als Anhalt dienen (abgedruckt in der Syst. Darst. des Vergleichswertverfahrens unter Rn. 228 ff.).

3 Fortschreibung von Umrechnungskoeffizienten

10 **Umrechnungskoeffizienten** können sich im Laufe der Zeit unter dem Einfluss sich wandelnder Marktverhältnisse (z.B. Verknappung von Grundstücken in Ein- bzw. Zweifamilienhausgebieten) einschließlich sich wandelnder Präferenzen der Beteiligten am Grundstücksmarkt (z.B. verstärkte Nachfrage nach Zweifamilienhausgrundstücken) ändern; sie **stellen** mithin **zeitabhängige Größen** dar. Bei der Ableitung von Umrechnungskoeffizienten ist dies ebenso wie bei ihrer Anwendung zu berücksichtigen.

11 Umrechnungskoeffizienten sind nach Maßgabe des § 9 Abs. 1 ImmoWertV fortzuschreiben, wenn sie sich aufgrund geänderter Wertverhältnisse auf dem Grundstücksmarkt geändert haben.

Vergleichsfaktoren § 13 ImmoWertV V

§ 13 ImmoWertV
Vergleichsfaktoren für bebaute Grundstücke

₁Vergleichsfaktoren (§ 193 Absatz 5 Satz 2 Nummer 4 des Baugesetzbuchs) sollen der Ermittlung von Vergleichswerten für bebaute Grundstücke dienen. ₂Sie sind auf den marktüblich erzielbaren jährlichen Ertrag (Ertragsfaktor) oder auf eine sonstige geeignete Bezugseinheit, insbesondere auf eine Flächen- oder Raumeinheit der baulichen Anlage (Gebäudefaktor), zu beziehen.

Gliederungsübersicht Rn.
1 Anwendung von Vergleichsfaktoren (§ 13 Satz 1 ImmoWertV) 1
2 Ableitung von Vergleichsfaktoren (§ 13 Satz 2 ImmoWertV) 6
3 Ertragsfaktor
   3.1 Ableitung von Ertragsfaktoren 14
   3.2 Beispiele 20
   3.3 Ertragsfaktoren im Verhältnis zum finanzmathematischen Vervielfältiger (Barwertfaktor) 21
   3.4 Ertragsfaktoren im Verhältnis zu sonstigen immobilienwirtschaftlichen Multiplikatoren 26
   3.5 Anwendung von Ertragsfaktoren 27
4 Gebäudefaktor
   4.1 Ableitung von Gebäudefaktoren 33
   4.2 Beispiele 42
   4.3 Verhältnis von Gebäudefaktoren zu Normalherstellungskosten 44
   4.4 Anwendung von Gebäudefaktoren 45

1 Anwendung von Vergleichsfaktoren (§ 13 Satz 1 ImmoWertV)

§ 13 ImmoWertV regelt in zwei Sätzen den **Anwendungszweck von „Vergleichsfaktoren für bebaute Grundstücke"** und deren Bezugsgrundlage, ohne sie zu definieren. 1

– Nach Satz 1 „sollen" sie der Ermittlung des Vergleichswerts bebauter Grundstücke dienen.
– Nach Satz 2 sind sie
   • auf den marktüblich erzielbaren jährlichen Ertrag oder
   • auf eine sonstige geeignete Bezugseinheit, namentlich auf eine Flächen- oder Raumeinheit der baulichen Anlage
   zu beziehen.

Der Anwendungszweck ergibt sich des Weiteren aus § 15 Abs. 2 ImmoWertV. Nach dieser Vorschrift *können* zur Ermittlung des Vergleichswerts bebauter Grundstücke neben oder anstelle von Vergleichspreisen **„geeignete" Vergleichsfaktoren** herangezogen werden. Nach § 15 Abs. 2 Satz 3 ImmoWertV sind Vergleichsfaktoren „geeignet", wenn die Grundstücksmerkmale der ihnen zugrunde liegenden Grundstücke hinreichend mit denen des zu bewertenden Grundstücks übereinstimmen.

Nach § 15 Abs. 2 ImmoWertV soll sich bei Anwendung des Vergleichswertverfahrens auf bebaute Grundstücke der Vergleichswert durch Vervielfachung des jährlichen Ertrags oder der sonstigen Bezugseinheit des zu bewertenden Grundstücks mit dem Vergleichsfaktor ergeben. Vergleichsfaktoren für bebaute Grundstücke lassen sich mithin als **Multiplikatoren** (Vervielfältiger) definieren, deren Anwendung auf eine der genannten Bezugseinheiten des Wertermittlungsobjekts den Vergleichswert ergibt. 2

3 Die Anwendung des in den §§ 15f. ImmoWertV geregelten Vergleichswertverfahrens auf bebaute Grundstücke scheitert in der Praxis vielfach an allzu großen Disparitäten zwischen den Grundstücksmerkmalen der Vergleichsgrundstücke und des zu bewertenden Grundstücks, da es neben den unterschiedlichen Grundstücksmerkmalen des Grund und Bodens auch unterschiedliche Merkmale der Bebauung zu berücksichtigen gilt. Übersteigen die infolgedessen anzubringenden Zu- oder Abschläge eine Größenordnung von etwa 30 bis 40% des Ausgangswerts, ist nach der Rechtsprechung (vgl. Syst. Darst. des Vergleichswertverfahrens Rn. 10 ff.) die Eignung des Verfahrens in Frage gestellt. Um die Anwendbarkeit des Vergleichswertverfahrens auf bebaute Grundstücke zu verbessern, hat der Verordnungsgeber bereits mit der WertV 88 (§ 12 WertV 88/98) den Gutachterausschüssen für Grundstückswerte die Ableitung von Vergleichsfaktoren für bebaute Grundstücke aufgegeben.

4 Vergleichswertfaktoren für bebaute Grundstücke sind ein Hilfsmittel der Ermittlung des Verkehrswerts (Marktwertermittlung) bebauter Grundstücke im Wege des Vergleichswertverfahrens. Die Anwendung der Vergleichswertfaktoren führt indessen regelmäßig nicht direkt zum Verkehrswert (Marktwert), sondern lediglich zum **Vergleichswert.** Nach § 8 ImmoWertV ist der Verkehrswert aus dem Ergebnis des herangezogenen Verfahrens unter Würdigung seiner Aussagefähigkeit einschließlich der Ergebnisse der unterstützend herangezogenen Verfahren zu ermitteln. Von besonderer Bedeutung bei der Heranziehung von Vergleichsfaktoren sind die Regelungen des § 8 Abs. 2 und 3 ImmoWertV. Danach bedarf es insbesondere einer Berücksichtigung der „besonderen objektspezifischen Grundstücksmerkmale", soweit sie nicht direkt mit den herangezogenen Vergleichsfaktoren Berücksichtigung gefunden haben. Um die noch zu berücksichtigenden „besonderen objektspezifischen Grundstücksmerkmale" im konkreten Anwendungsfall qualifizieren zu können, ist es deshalb unabdingbar dass die Grundstücksmerkmale der den Vergleichsfaktoren zugrunde liegenden Grundstücken bei ihrer Veröffentlichung hinreichend dargelegt werden. Hieran mangelte es in der bisherigen Veröffentlichungspraxis.

5 Im Unterschied zum § 11 ImmoWertV (Indexreihen) ist die Heranziehung von „Vergleichsfaktoren für bebaute Grundstücke" weder mit § 13 ImmoWertV noch mit § 15 Abs. 2 ImmoWertV (als „Soll-Vorschrift) verbindlich vorgegeben. Ihre **Anwendung** ist in § 15 Abs. 2 ImmoWertV lediglich **als „Kann-Bestimmung"** zugelassen.

Die von den Gutachterausschüssen abgeleiteten Vergleichswertfaktoren bebauter Grundstücke finden nach Maßgabe des § 183 Abs. 2 BewG auch in der **steuerlichen Bewertung** Anwendung.

2 Ableitung von Vergleichsfaktoren (§ 13 Satz 2 ImmoWertV)

6 Die Ableitung von „Vergleichsfaktoren für bebaute Grundstücke" ist nach § 9 ImmoWertV eine **Pflichtaufgabe des Gutachterausschusses für Grundstückswerte.**

7 „Vergleichsfaktoren für bebaute Grundstücke" ist ein Oberbegriff für die in § 13 Satz 2 ImmoWertV definierten **Ertrags- und Gebäudefaktoren:**

– *Ertragsfaktoren* werden ermittelt, indem die Kaufpreise auf den marktüblich erzielbaren jährlichen Ertrag bezogen werden, wobei die Vorschrift sowohl die jährlichen Reinerträge als auch die jährlichen Roherträge als Bezugsgrundlage zulässt.

– *Gebäudefaktoren* werden ermittelt, indem die Kaufpreise auf eine „sonstige geeignete Bezugsgrundlage", insbesondere auf eine Raum- oder Flächeneinheit der baulichen Anlage, bezogen werden[1] (Abb. 1).

---

[1] Weiterführendes Schrifttum; Udart in VR 1976, 291; Schindler/Engelbert, Mathematische Statistik bei der Ermittlung von Grundstückswerten, Hannover, S. 101 ff.; Meissner in AVN 1968, 29; Bister in VR 1978, 124; Rüffel in Nachr. der rh.-pf. Kat.- und VermVw 1980, 26; Westhoff in NÖV 1988, 153.

Abb. 1: Übersicht über die Vergleichsfaktoren bebauter Grundstücke

Während der **Ertragsfaktor** vor allem dann in Betracht kommt, wenn für die Wertbeurteilung des Grundstücks üblicherweise der erzielbare Ertrag im Vordergrund steht, kommt der **Gebäudefaktor** vor allem dann in Betracht, wenn für die Wertermittlung des Grundstücks der in der baulichen Anlage verkörperte Sachwert von maßgebender Bedeutung ist (vgl. § 8 ImmoWertV Rn. 70).

Für unterschiedliche Arten von Grundstücken ergeben sich naturgemäß unterschiedliche „Vergleichsfaktoren für bebaute Grundstücke" (Ertrags- und Gebäudefaktoren). Darüber ergeben sich erfahrungsgemäß auch für unterschiedliche Lagen (z.B. City- und Randlage) unterschiedliche Vergleichsfaktoren. Deshalb ist es geboten, **Vergleichsfaktoren differenziert nach Grundstücksarten und Grundstückslagen** abzuleiten. Vergleichsfaktoren müssen deshalb aus Kaufpreisen von Grundstücken abgeleitet werden, die entsprechend der Regelung des § 11 Abs. 3 Satz 1 ImmoWertV vergleichbare, d.h. hinreichend übereinstimmende Lage- und Nutzungsverhältnisse aufweisen (vgl. § 11 ImmoWertV Rn. 16). Darüber hinaus müssen auch die jeweiligen baulichen Anlagen hinreichend vergleichbar sein.

Bei der Veröffentlichung von Vergleichsfaktoren bebauter Grundstücke müssen die durchschnittlichen Grundstücksmerkmale der empirischen Ableitung zugrundeliegenden Grundstücke sowie der Bezugsstichtag – vergleichbar mit den Angaben zum Bodenrichtwertgrundstück bei der Veröffentlichung von Bodenrichtwerten – detailliert dargelegt werden **(Normgrundstück der Vergleichsfaktoren bebauter Grundstücke und dessen Attribuierung)**. Nur so ist eine sachgerechte Anwendung dieser Faktoren und eine Berücksichtigung besonderer objektspezifischer Grundstücksmerkmale nach § 8 Abs. 2 und 3 ImmoWertV möglich.

Die allgemeinen Grundsätze der Ableitung von Vergleichsfaktoren sind in § 9 ImmoWertV geregelt. Danach sind **Vergleichsfaktoren auf der Grundlage einer ausreichenden Zahl geeigneter Kaufpreise** der von den Gutachterausschüssen für Grundstückswerte geführten Kaufpreissammlung (§ 195 BauGB) **abzuleiten**. Soweit einzelne zur Ableitung herangezogene Kaufpreise in ihren Grundstücksmerkmalen von den für den jeweiligen Vergleichsfaktor maßgeblichen Grundstücksmerkmalen abweichen, ist dies nach Maßgabe des § 9 Abs. 2 ImmoWertV zu berücksichtigen. Dies ist für die Ableitung von Vergleichsfaktoren nach den vorstehenden Ausführungen sowohl im Hinblick auf vergleichbare Lage- und Nutzungsverhältnisse (Art und Maß der baulichen Nutzung) als auch im Hinblick auf gleichartige bauliche Anlagen von Bedeutung.

11 Die **baulichen Anlagen** müssen vor allem hinsichtlich ihrer Art, Größe, Nutzung, Beschaffenheit, Ertragskraft und ihrer Restnutzungsdauer (bzw. ihres Alters) gleichartig sein.

Bei der Ableitung von Vergleichsfaktoren ist insbesondere das Alter der baulichen Anlage (Restnutzungsdauer) zu beachten. Sie sind nämlich hochgradig von der **Restnutzungsdauer** der Gebäude abhängig (vgl. Rn. 22 ff.). Aus diesem Grunde schrieb § 12 Abs. 1 WertV 88/98, aus der § 13 ImmoWertV hervorgegangen ist, ausdrücklich vor, dass die Vergleichsfaktoren für bebaute Grundstücke (Ertrags- und Gebäudefaktor) insbesondere unter Berücksichtigung des Alters der baulichen Anlage (Restnutzungsdauer) zu ermitteln sind. Dabei ist nicht das tatsächliche Alter der baulichen Anlage, sondern das unter Berücksichtigung einer unterlassenen Instandhaltung oder einer Modernisierung sich ergebende fiktive Alter maßgebend (vgl. § 6 Abs. 6 ImmoWertV).

12 Auch die **Größe des Grundstücks** kann von Bedeutung sein. § 12 Abs. 3 WertV 88/98, aus der § 13 ImmoWertV hervorgegangen ist, sah deshalb ausdrücklich vor, dass Vergleichsfaktoren auch auf der Grundlage der „auf das jeweilige Gebäude entfallenden Anteile der Kaufpreise gleichartiger bebauter und genutzter Grundstücke" ermittelt werden können (gebäudebezogene Vergleichsfaktoren). Die Nachfolgeregelung schließt dies weiterhin nicht aus. Sollen gebäudebezogene Vergleichsfaktoren abgeleitet werden, müssen die Kaufpreise um den jeweiligen Bodenwert des Grundstücks und den auf die Außenanlagen entfallenden Kaufpreisanteil vermindert werden (vgl. Abb. 2, äußere Stränge). Das Verfahren kommt vor allem dann in Betracht, wenn für die entsprechende Gruppe „gleichartiger Grundstücke"

– unterschiedliche Bodenwerte oder
– unterschiedliche Grundstücksgrößen

üblich sind und bei der Verkehrswertermittlung unter Heranziehung von Vergleichsfaktoren diesbezüglich Abweichungen berücksichtigt werden müssen.

Soweit **gebäudebezogene Vergleichswertfaktoren bebauter Grundstücke** abgeleitet worden sind, ist bei Heranziehung dieser Faktoren der Bodenwert gesondert zu berücksichtigen (vgl. auch § 183 Abs. 2 Satz 2 BewG).

13 Im **Überblick** vollzieht sich die Ableitung von Ertrags- und Gebäudefaktoren nach der in Abb. 2 dargestellten Vorgehensweise.

Vergleichsfaktoren § 13 ImmoWertV V

Abb. 2: Ableitung von Vergleichsfaktoren für bebaute Grundstücke

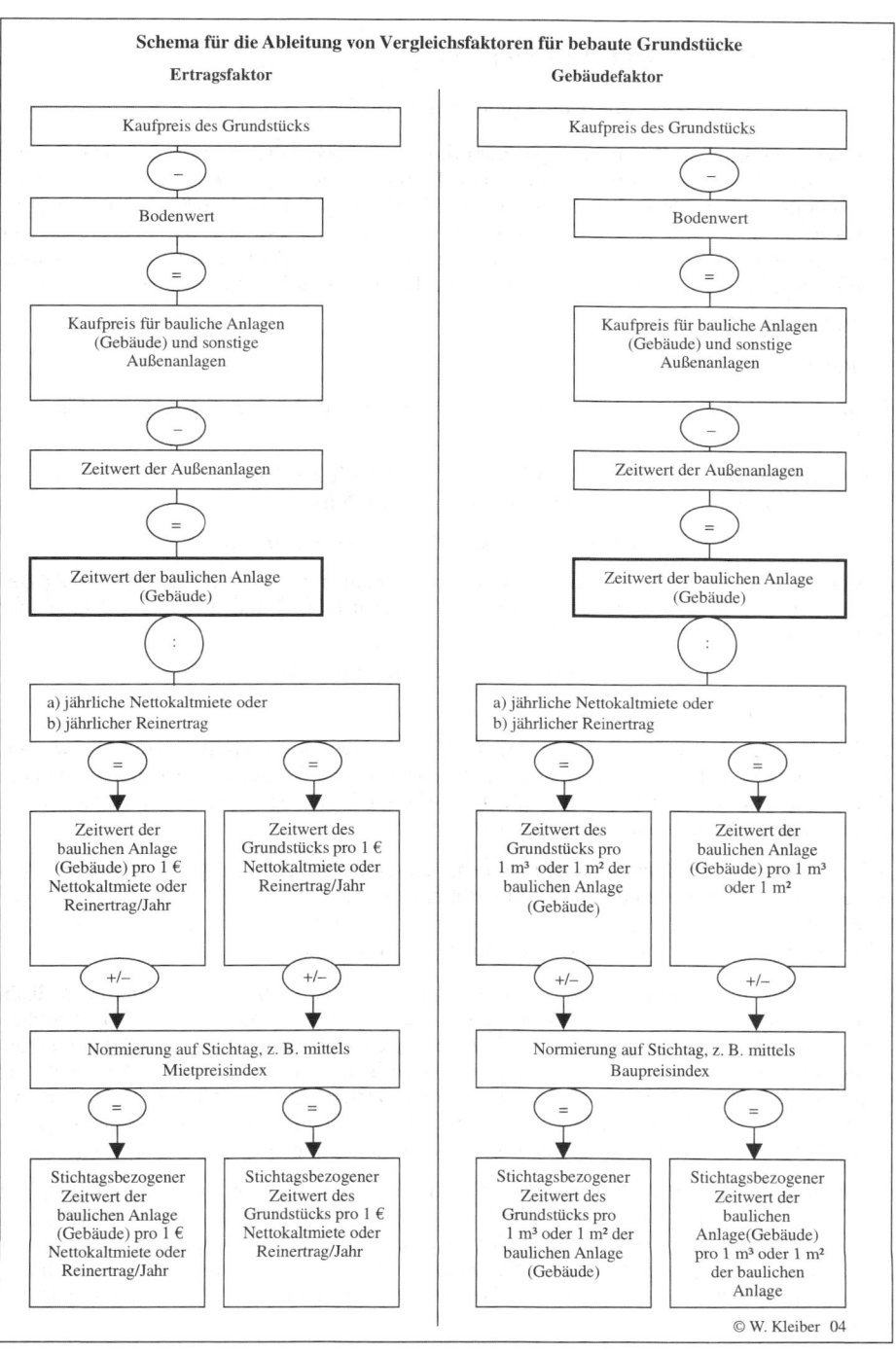

3 Ertragsfaktor

3.1 Ableitung von Ertragsfaktoren

▶ Vgl. Syst. Darst. des Ertragswertverfahrens Rn. 87 ff.

14 Der **Ertragsfaktor ergibt sich als Quotient aus Kaufpreisen gleichartig bebauter Grundstücke, die hinreichend übereinstimmende Lage- und Nutzungsverhältnisse aufweisen, und den diesen jeweils zuzuordnenden marktüblich erzielbaren Erträgen.** Die Vorschrift lässt sowohl die Ermittlung von Ertragsfaktoren aus dem Jahresreinertrag als auch aus dem Jahresrohertrag zu (§ 18 ImmoWertV). Darüber kann je nach Zweckmäßigkeit vom Gutachterausschuss befunden werden. Dementsprechend kann unterschieden zwischen

- Rohertragsfaktoren und
- Reinertragsfaktoren.

15 Es muss sich dabei aber in jedem Fall um die jeweils **marktüblich erzielbaren Erträge** handeln.

16 Der Ertragsfaktor ermittelt sich nach Maßgabe des § 13 ImmoWertV aus dem Verhältnis des Kaufpreises zu den jeweiligen marktüblich erzielbaren Rein- oder Roherträgen:

$$\text{Ertragsfaktor}_i = \text{Kaufpreis}_i / \text{Jahresrein- oder -rohertrag}$$

Das ausgewogene Mittel aus einer ausreichenden Zahl n nach vorstehenden Grundsätzen ermittelter Einzelergebnisse aus Kaufpreisen gleichartiger Grundstücke ergibt dann den Ertragsfaktor:

$$\text{Ertragsfaktor} = \Sigma \, \text{Ertragsfaktor}_i / n$$

wobei n = Anzahl der Einzelergebnisse

17 Sollen **Ertragsfaktoren** (allein) **bezogen auf den Gebäudewertanteil** ermittelt werden, muss in der vorstehenden Formel an Stelle des Kaufpreises der auf das Gebäude entfallende Kaufpreisanteil eingeführt werden, indem der Kaufpreis um den gesondert zu ermittelnden Bodenwert vermindert wird ($KP_i - BW_i$).

18 Sollen **Rohertragsfaktoren** ermittelt werden, müssen die **Kaufpreise jeweils ins Verhältnis zu den marktüblich erzielbaren Roherträgen** (Jahresnettokaltmiete) gesetzt werden. Vom Rohertrag (Nettokaltmiete) kann zur Vereinfachung ausgegangen werden, wenn die jeweilige Objektgruppe keine wesentlichen Unterschiede in den Bewirtschaftungskosten aufweist.

19 Sollen **Reinertragsfaktoren** ermittelt werden, müssen die **marktüblich erzielbaren Roherträge** (Jahresnettokaltmiete) **jeweils um die** nicht umgelegten marktüblichen Bewirtschaftungskosten (Betriebskosten) vermindert werden. Die sich so ergebenden marktüblich erzielbaren Reinerträge werden sodann wiederum ins Verhältnis zu den Kaufpreisen gesetzt. Auf diese Weise lässt sich die Genauigkeit der Verkehrswertermittlung unter Anwendung solcher Ertragsfaktoren regelmäßig steigern, denn vergleichsstörende Momente werden damit „ausgeschaltet". Der Ableitung von Reinertragsfaktoren ist daher regelmäßig Vorzug zu geben.

Zur Ermittlung von Ertragsfaktoren dürfen nach Maßgabe des § 9 ImmoWertV nur geeignete Kaufpreise herangezogen werden. Soweit Kaufpreise in ihren Grundstücksmerkmalen von den für die Ableitung des jeweiligen Ertragsfaktors maßgeblichen Grundstücksmerkmalen abweichen (vergleichsstörende Momente), sind sie nach § 9 Abs. 3 ImmoWertV zu „bereinigen". Darüber hinaus sind die Kaufpreise auf einen gemeinsamen Ermittlungsstichtag zu beziehen.

3.2 Beispiele

Der Gutachterausschuss für Grundstückswerte in der *Bundesstadt Bonn* hat z.B. aus dem **Verhältnis vom Kaufpreis zum Rohertrag** – ermittelt aus Nettokaltmieten – Ertragsfaktoren abgeleitet, wobei sich entsprechend der Abhängigkeit dieser Faktoren von der Restnutzungsdauer unterschiedliche Faktoren ergeben. Die Berücksichtigung der Restnutzungsdauer ist bei Objekten mit einer kurzen Restnutzungsdauer (RND < 50 Jahre) eine wesentliche Voraussetzung für eine sachgerechte Verkehrswertermittlung nach diesem Verfahren.

Abb. 3: Durchschnittliche Ertragsfaktoren für die Bundesstadt Bonn am Rhein

Ertragsfaktoren für die Bundesstadt Bonn

Objekt/Jahr	1995	1996	1997	1998	1999	2000	2001	2002	2003	2004	2005	2006	2007
Ein- und Zweifamilienhausgrundstücke													
a) Freistehende Einfamilienhäuser						26	26	24		25	24	23	
b) Einfamilienreihenhäuser und Doppelhaushälften	22	22	22	22	23	23	23	21		22	22	21	
c) Zweifamilienhäuser						21	21	18		19	20	18	
Dreifamilienhäuser											17	16	
Selbstgenutzte Eigentumswohnungen													
a) bis 10 Jahre alt											23	23	
b) 11 bis 35 Jahre alt											16	16	
c) über 35 Jahre alt											17	16	
Vermietete Eigentumswohnungen													
a) bis 10 Jahre alt					20	23	23	23	21		21	20	21
b) 11 bis 35 Jahre alt		18	18	18	18	18	18	18	17		17	17	16
c) über 35 Jahre alt												17	16
Mietwohngrundstücke Restnutzungsdauer RND von 30–45 Jahren		16	16	16	16	15	16	16	15		15	15	14
Gemischt genutzte Grundstücke													
a) Gebäude mit überwiegendem Wohnanteil		15	15	15	15	14	14	14	13		15	(15)	(15)
b) Gebäude mit geringem Wohnanteil		14	14	15	15	14	15	15	14		14	14	13
c) geschäftlich genutzte Gebäude in bevorzugten Lagen (Citylagen)		16	16	15	15	14	15	15	15		13	14	14
Bürogebäude												12	12
Gewerbe und Industrie												(10)	9

Quelle: Gutachterausschuss für Grundstückswerte in der Stadt Bonn 2006

V § 13 ImmoWertV   **Ertragsfaktor**

Abb. 4: Ertragsfaktoren für Mehrfamilienhäuser in Abhängigkeit von Monatsmiete und Wohnfläche in Offenbach a. M.

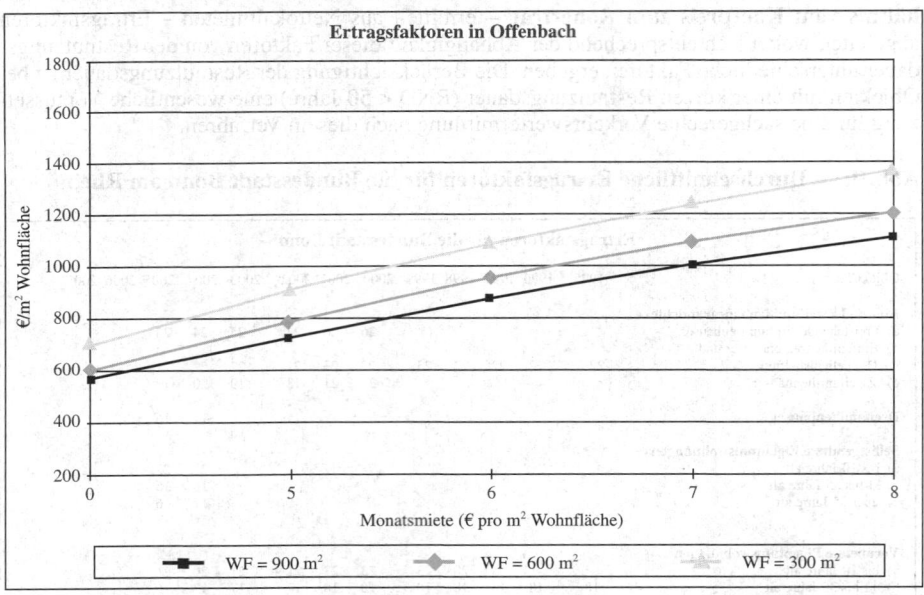

Quelle: Gutachterausschuss für Grundstückswerte für den Bereich der Stadt Offenbach a. M., Jahresbericht 2005

3.3 Ertragsfaktoren im Verhältnis zum finanzmathematischen Vervielfältiger (Barwertfaktor)

21   Die in vorstehender Weise abgeleiteten **Ertragsfaktoren stellen nichts anderes als empirische Vervielfältiger** (Barwertfaktoren) i.S. der Anl. zur ImmoWertV **dar.**

22   Bei gebührender Beachtung der theoretischen Zusammenhänge können derart empirisch abgeleitete Vervielfältiger zu zuverlässigen Ergebnissen nur führen, wenn bei ihrer Ableitung auch das jeweilige Alter der baulichen Anlage (Restnutzungsdauer) „feinmaschig" berücksichtigt wird, für die die Ertragsfaktoren und Multiplikatoren Geltung haben sollen. Ein Blick in die Vervielfältigertabelle der ImmoWertV macht deutlich, dass dies umso mehr zu beachten ist, je kürzer die Restnutzungsdauer ist (vgl. § 14 ImmoWertV Rn. 192 f., 203, 207 ff.). Es reicht nicht aus, wenn bei der Ableitung von Ertragsfaktoren lediglich zwischen „alten" und „neuen" Objekten unterschieden wird. Aus diesem Grunde schrieb § 12 Abs. 1 WertV 88/98, aus der § 13 ImmoWertV hervorgegangen ist, ausdrücklich vor, dass die Vergleichsfaktoren für bebaute Grundstücke (Ertrags- und Gebäudefaktor) insbesondere unter Berücksichtigung des Alters der baulichen Anlage (Restnutzungsdauer) zu ermitteln sind.

23   **Ertragsfaktoren sind** nämlich – wie Liegenschaftszinssätze bzw. finanzmathematische Vervielfältiger (vgl. Anl. zur ImmoWertV) – hochgradig **von der Restnutzungsdauer der Gebäude abhängig,** insbesondere, wenn diese eine kürzere Restnutzungsdauer als 50 Jahre aufweisen.

24   Der nach vorstehenden Grundsätzen empirisch abgeleitete Vervielfältiger unterscheidet sich aber noch in einer weiteren Beziehung zu dem finanzmathematisch abgeleiteten Vervielfältiger gemäß Anl. zur ImmoWertV. Das in den §§ 17 bis 20 ImmoWertV geregelte Ertragswertverfahren geht nämlich von einem getrennt zu ermittelnden Bodenwert und Gebäudeertragswert (Ertragswert der baulichen Anlagen) aus, wobei im Hinblick auf die Wertbeständigkeit des Grund und Bodens der Reinertrag des Grundstücks um den Verzinsungsbetrag des Bodenwerts vermindert wird (§ 17 Abs. 2 Nr. 1 ImmoWertV). Wird der Ertragsfaktor, wie in der

angelsächsischen Wertermittlungspraxis, ohne Unterscheidung zwischen Boden- und Gebäudewert bezogen auf das Gesamtobjekt ermittelt (vgl. Abb. 2, innere Stränge), so ergeben sich auch materielle Unterschiede zwischen den Vervielfältigern.

Auf einen weiteren Zusammenhang zwischen den – empirisch – für das Gesamtobjekt (einschließlich Grund und Boden) abgeleiteten Ertragsfaktoren (Multiplikatoren/Vervielfältiger) und dem Liegenschaftszinssatz soll hier hingewiesen werden. Bei Ableitung des Liegenschaftszinssatzes nach den Grundsätzen des § 14 Abs. 3 ImmoWertV muss bei systemkonformer Anwendung der ImmoWertV der Wertbeständigkeit des Grundes und Bodens Rechnung getragen werden. Dies erfolgt nach den unter § 14 ImmoWertV Rn. 192 ff. beschriebenen Verfahren. Werden Ertragsfaktoren, differenziert nach verschiedenen Objektgruppen und für bestimmte Altersklassen, ohne Abspaltung des Bodenwerts ermittelt, so ergibt der reziproke Ertragswertfaktor empirisch abgeleitete Liegenschaftszinssätze für die jeweiligen (Gesamt-) Objekte: 25

Beispiel:

Der Jahresreinertrag eines „neueren" Mietwohnobjekts beträgt 50 000 €. Bei einem Ertragswertfaktor von 12,0 ergibt sich zur Kontrolle als Grundstückswert:

Kontrollwert: 12,0 × 50 000 € = 600 000 €

d.h., die Summe der Jahresmieten von 12 Jahren „deckt" den Kaufpreis.

Daraus ergibt sich ein Liegenschaftszinsatz von: 100/12 = 8 %.

Der so ermittelte „Liegenschaftszinssatz" darf nicht dem bei systemkonformer Ableitung nach § 14 Abs. 3 ImmoWertV sich ergebenden Liegenschaftszinssatz gleich gesetzt werden. Nur bei einer sehr langen Restnutzungsdauer (von n > 50 Jahre) besteht Identität.

3.4 Ertragsfaktoren im Verhältnis zu sonstigen immobilienwirtschaftlichen Multiplikatoren

Der nach vorstehenden Grundsätzen abgeleitete Ertragsfaktor bebauter Grundstücke i.S. des § 13 ImmoWertV steht auch in Verwandtschaft mit 26

– der sog. „Nettoanfangsrendite" (vgl. § 194 BauGB Rn. 92), die auf der Grundlage der Gesamtinvestitionskosten unter Berücksichtigung der Grundstückstransaktionskosten abgeleitet wird, bzw.

– den von der Immobilienwirtschaft publizierten „Mietenmultiplikatoren" (sog. „Kaufpreise von Investments", vgl. Syst. Darst. des Ertragswertverfahrens Rn. 41 ff.).

Die Ertragswertfaktoren entsprechen dem im angelsächsischen Raum gebräuchlichen *Gross Income Multiplier (GIM)* bzw. dem *Years´ Purchase (YP)* sowie der in Deutschland gebräuchlichen „Maklerformel". Die Ertragsfaktoren stellen eine empirisch verfeinerte und konsequent marktwertbezogene Form der für die Verkehrswertermittlung (Marktwertermittlung) ungeeigneten *Gross Income Multiplier* dar, denn sie werden in fundierterer Weise auf der Grundlage einer ausgewerteten Kaufpreissammlung unter Berücksichtigung der jeweiligen Grundstücksmerkmale abgeleitet, wobei im Anwendungsfall zudem die besonderen objektspezifischen Grundstücksmerkmale nach Maßgabe des § 8 Abs. 3 ImmoWertV ergänzend Berücksichtigung finden. Dies ist geboten, denn die **Unterschiedlichkeit der Verkehrswerte** ist weitaus größer, als es in den Mietenmultiplikatoren zum Ausdruck kommt.

3.5 Anwendung von Ertragsfaktoren

Spiegelbildlich zu der in § 13 ImmoWertV geregelten Ableitung von Ertrags- und Gebäudefaktoren können die abgeleiteten Ertragsfaktoren zur Verkehrswertermittlung nach Maßgabe des § 15 Abs. 2 ImmoWertV herangezogen werden, wenn das zu bewertende Grundstück mit den Grundstücken vergleichbar ist, aus denen der entsprechenden Ertragsfaktor abgeleitet 27

V § 13 ImmoWertV   **Gebäudefaktor**

28   wurde. Das zu bewertende Objekt muss also die Eigenschaften aufweisen, die auch der Ableitung des Ertragswertfaktors zugrunde liegen.

28   Der Vergleichswert ergibt sich dann recht einfach durch Multiplikation des Jahresrein- oder -rohertrags des zu bewertenden Objekts mit dem einschlägigen Ertragswertfaktor:

Vergleichswert = Rein- oder Rohertrag × Ertragsfaktor

oder in Formeln:

$$EW = RE \times \text{Ertragsfaktor} = RE \times V_{emp}$$

wobei   RE   = Reinertrag
          V_{emp} = empirisch abgeleiteter Vervielfältiger, (vgl. § 14 ImmoWertV 192 sowie Syst. Darst. des Ertragswertverfahrens Rn. 87 ff.), der zugleich dem Ertragsfaktor entspricht.

29   Eine fundierte Marktwertermittlung lässt sich nach den vorstehenden Ausführungen darauf nur gründen, wenn die Ertragswertfaktoren feinmaschig und differenziert nach der Restnutzungsdauer abgeleitet worden sind und sämtliche Grundstücksmerkmale der den Ertragsfaktoren zugrunde liegenden Grundstücke bekannt sind. Dies betrifft nicht nur die Grundstücksart und Grundstückslage, sondern auch die der **baulichen Anlagen**, insbesondere hinsichtlich ihrer Art, Größe, Nutzung, Beschaffenheit, Ertragskraft und ihrer Restnutzungsdauer (bzw. ihres Alters), wobei die Ertragsfaktoren bezüglich der Restnutzungsdauer hinreichend differenziert sein müssen (vgl. Rn. 9 und 23).

30   Abweichungen des zu bewertenden Grundstücks in seinen besonderen objektspezifischen Grundstücksmerkmalen von den dem Ertragsfaktor zugrunde liegenden durchschnittlichen Grundstücksmerkmalen müssen nach Maßgabe des § 8 Abs. 3 ImmoWertV ergänzend berücksichtigt werden, um über den Vergleichswert zum **Verkehrswert** zu gelangen.

31   Steht allein ein Ertragsfaktor (Mietenmultiplikator) von z.B. 12,0 bezogen auf den Jahresreinertrag eines „neueren" Mietwohnhauses ohne nähere Angaben zur Verfügung, so lässt sich darauf keine fundierte Wertermittlung gründen. Dies kann allenfalls einer groben **Kontrolle der Ertragswertermittlung** dienen.

32   *Beispiel:*
Der Jahresreinertrag eines „neueren" Mietwohnobjekts betrug 50 000 €. Bei einem Ertragswertfaktor von 12,0 ergibt sich zur Kontrolle als Grundstückswert:
Kontrollwert: 12,0 × 50 000 € = 600 000 €
d.h., die Summe der Jahresmieten von 12 Jahren „deckt" den Kaufpreis.

4 Gebäudefaktor

4.1 Ableitung von Gebäudefaktoren

33   Der Gebäudefaktor ergibt sich als **Quotient aus Kaufpreisen von gleichartig bebauten Grundstücken**, die hinreichend übereinstimmende Lage- und Nutzungsverhältnisse aufweisen, **und dem Rauminhalt bzw. der Wohn- und Nutzfläche** der jeweils darauf befindlichen Gebäude (baulichen Anlagen). Gebäudefaktoren sind wie Ertragsfaktoren differenziert nach Grundstücksarten und Grundstückslagen sowie der Beschaffenheit der baulichen Anlagen vor allem hinsichtlich ihrer Art, Größe, Nutzung, Ertragskraft und ihrer Restnutzungsdauer (bzw. ihres fiktiven Alters). Der Differenzierung nach dem Alter (Restnutzungsdauer) ist besondere Beachtung zu schenken, denn die Alterswertminderung ist angesichts einer immer kürzer werdenden Gesamtnutzungsdauer baulicher Anlagen nicht unerheblich. Gebäudefaktoren sind wie Ertragsfaktoren hochgradig von der Restnutzungsdauer abhängig.

| Gebäudefaktor | **§ 13 ImmoWertV   V** |

Der Gebäudefaktor ermittelt sich nach Maßgabe des § 13 ImmoWertV mithin wie folgt: **34**

$$\text{Gebäudefaktor}_i = \frac{\text{Kaufpreis}_i}{\text{Rauminhalt}_i \text{ oder Wohn- bzw. Nutzfläche}_i}$$

$$\text{Gebäudefaktor} = \Sigma \, \text{Gebäudefaktor}_i / n$$

wobei n = Anzahl der Einzelergebnisse

Sollen **Gebäudefaktoren** (allein) **bezogen auf den Gebäudewertanteil** ermittelt werden, muss in der vorstehenden Formel an Stelle des Kaufpreises der auf das Gebäude entfallende Kaufpreisanteil eingeführt werden, indem der Kaufpreis um den gesondert zu ermittelnden Bodenwert vermindert wird ($KP_i - BW_i$).   **35**

Zur Ermittlung von Ertragsfaktoren dürfen nach Maßgabe des § 9 ImmoWertV nur geeignete Kaufpreise herangezogen werden. Soweit Kaufpreise in ihren Grundstücksmerkmalen von den für die Ableitung des jeweiligen Ertragsfaktors maßgeblichen Grundstücksmerkmalen abweichen (vergleichsstörende Momente), sind sie nach § 9 Abs. 3 ImmoWertV zu „bereinigen". Darüber hinaus sind die Kaufpreise auf einen gemeinsamen Ermittlungsstichtag zu beziehen.   **36**

Beispiel: **37**

Für ein Einfamilienhaus mit einer Restnutzungsdauer von 40 Jahren wurde im gewöhnlichen Geschäftsverkehr ein Veräußerungspreis von 350 000 € erzielt. Die Wohnfläche WF des Einfamilienhauses betrage 140 m².

Gebäudefaktor = 350 000 € : 140 m² = 2 500 €/m² WF

Für die Ableitung von Gebäudefaktoren lässt die Verordnung jede geeignete Bezugseinheit zu. Dies kann u.a. sein: **38**

a) die Brutto-Grundfläche nach der DIN 277/1987/2005,

b) der Rauminhalt nach der DIN 277/1987/2005,

c) der umbaute Raum nach der DIN 277 vom November 1950,

d) die Wohnfläche nach WoFlV,

e) die Wohnfläche nach der DIN 283,

f) die Geschossfläche nach § 20 Abs. 3 BauNVO.

Über die Wahl der geeigneten **Bezugseinheit für die Ableitung der Gebäudefaktoren** befindet der Gutachterausschuss nach eigenem Ermessen; sie hängt u.a. von der Auswertung der Kaufpreissammlung ab.

Um zu fundierten Gebäudefaktoren zu kommen, ist es erforderlich, durchschnittliche Gebäudefaktoren aus einer ausreichenden Zahl geeigneter und ausgewerteter Kaufpreise gleichartig bebauter und genutzter Grundstücke abzuleiten. Dazu müssen dafür Gruppen gleichartig bebauter und genutzter Grundstücke gebildet werden, die insbesondere nach   **39**

– der Lage des Grundstücks,

– Art und Maß der baulichen Anlagen,

– Gebäudebeschaffenheit und

– dem Alter der baulichen Anlagen

vergleichbar sind. Vergleichsstörende Momente müssen nach Maßgabe des § 9 Abs. 2 ImmoWertV eliminiert werden.

Gebäudefaktoren können zuverlässig nur aus Kaufpreisen von Grundstücken ermittelt werden, deren Grund und Boden bezüglich der Grundstücksfläche und des Bodenwerts (€/m²) gebäudetypisch ist; andernfalls müssen gebäudebezogen Gebäudefaktoren abgeleitet werden.   **40**

V § 13 ImmoWertV   Gebäudefaktor

41 Schließlich müssen die in die Ableitung eingehenden Kaufpreise auf einen gemeinsamen Stichtag bezogen sein, denn Gebäudefaktoren sind – wie Ertragsfaktoren – zeitabhängige Größen. Bei ihrer Veröffentlichung ist deshalb der Bezugsstichtag mit anzugeben. Dies ist der gemeinsame Zeitpunkt, auf den sich die Kaufpreise beziehen.

4.2 Beispiele

42 **Hauptanwendungsfall für die Ableitung von Gebäudefaktoren sind die** von den Gutachterausschüssen für Grundstückswerte abgeleiteten **durchschnittlichen Quadratmeterpreise für Eigentumswohnungen,** wobei in erster Linie bei deren Ableitung nach

– Erst- und Wiederverkäufen,

– der Wohnungsgröße,

– Baujahrgruppen,

– Ausstattung sowie

– Lage

unterschieden wird (vgl. Teil VI Rn. 67, 87 ff.).

43 Gebäudefaktoren werden aber auch für andere Grundstücksarten abgeleitet. Am *Beispiel* des Gutachterausschusses für Grundstücke in der Stadt *Wuppertal* (entnommen der Bodenmarktanalyse 2010) wird die **Auswertung der Kaufpreise für bebaute Grundstücke** (Mehrfamilienwohngebäude, Ein- und Zweifamilienhäuser, Reihenhäuser und Doppelhaushälften) aufgezeigt (siehe hierzu Abb. 5 ff.).

Abb. 5: Vergleichsfaktoren für bebaute Grundstücke (Gebäudefaktoren), Mehrfamilienwohngebäude und gemischt genutzte Gebäude

Baujahr	Ausstattung der Wohnungen	2006		2007		2008		2009	
		€/m²	n	€/m²	n	€/m²	n	€/m²	n
bis 1948	mit Heizung, Bad/WC	560	10	570	72	580	31	570	23
1949-1975	mit Heizung, Bad/WC	650	13	660	85	650	39	660	33
1949-1965	mit Heizung, Bad/WC	-	-	-	-	-	-	625	24
1966-1975	mit Heizung, Bad/WC	-	-	-	-	-	-	745	8

Quelle: Der Gutachterausschuss für Grundstückswerte in der Stadt Wuppertal 2010

Abb. 6: Vergleichsfaktoren für bebaute Grundstücke (Gebäudefaktoren einschl. Bodenwert) freistehende Ein- und Zweifamilienwohnhäuser, Reihenhäuser und Doppelhaushälften in Wuppertal

Alter	€/m² Wohnfläche (Mittelwerte)			
	2009	2009	2009	2009
	Freistehende Ein- und Zweifamilienhäuser*	Doppelhaushälfte**	Reihenmittelhaus**	Reihenendhaus**
5 bis 15 Jahre	2 130 €/m²	-	-	-
bis 10 Jahre	-	2 050 €/m²	1 910 €/m²	1 980 €/m²
16 bis 30 Jahre	1 890 €/m²	-	-	-
11 bis 20 Jahre	-	1 920 €/m²	1 790 €/m²	1 850 €/m²
21 bis 30 Jahre	-	1 830 €/m²	1 690 €/m²	1 760 €/m²
31 bis 40 Jahre	1 790 €/m²	1 710 €/m²	1 580 €/m²	1 640 €/m²
41 bis 50 Jahre	1 650 €/m²	-	-	-
41 bis 60 Jahre	-	1 560 €/m²	1 420 €/m²	1 490 €/m²
51 bis 60 Jahre	1 540 €/m²	-	-	-

Gebäudefaktor **§ 13 ImmoWertV V**

Alter	€/m² Wohnfläche (Mittelwerte)			
	2009	2009	2009	2009
	Freistehende Ein- und Zweifamilienhäuser*	Doppelhaushälfte**	Reihenmittelhaus**	Reihenendhaus**
Eigenschaften:				
* Lagewert (Bodenrichtwert) 240 €/m²; Wohnfläche 150 m²; Grundstücksfläche 750m²;				
** Lagewert (Bodenrichtwert) 240 €/m²; Wohnfläche 120 m²; Grundstücksfläche 300m²;				
zur Berücksichtigung der Abweichungen: www.wuppertal.de/gutachterausschuss				

Quelle: Der Gutachterausschuss für Grundstückswerte in der Stadt Wuppertal 2010

Für *Bergisch Gladbach* sind folgende Gebäudefaktoren ermittelt worden:

Abb. 7: Kaufpreise für wiederverkaufte Doppelhaushälften in Bergisch Gladbach in Abhängigkeit von der Grundstücksfläche, Lage, Ausstattung und Wohnfläche 2010

Ausstattung	m²	Grundstücksfläche			
		180 bis 400 m²		401 bis 800 m²	
		Mittlere Wohnlage	Gute Wohnlage	Mittlere Wohnlage	Gute Wohnlage
mittel	90-125	165 000 € bis 265 000 €	180 000 € bis 260 000 €	165 000 € bis 280 000 €	170 000 € bis 335 000 €
	126-175	185 000 € bis 320 000 €	210 000 € bis 300 000 €	190 000 € bis 290 000 €	250 000 € bis 355 000 €
gut	90-125	210 000 € bis 315 000 €	220 000 € bis 320 000 €	240 000 € bis 300 000 €	250 000 € bis 365 000 €
	126-175	220 000 € bis 350 000 €	270 000 € bis 395 000 €	265 000 € bis 380 000 €	275 000 € bis 430 000 €

Quelle: Grundstücksmarktbericht 2010

Abb. 8: Kaufpreise für wiederverkaufte freistehende Eigenheime in Bergisch Gladbach in Abhängigkeit von der Grundstücksfläche, Lage, Ausstattung und Wohnfläche 2010

Ausstattung	m²	Grundstücksfläche			
		300 bis 500 m²		501 bis 700 m²	
		Mittlere Wohnlage	Gute Wohnlage	Mittlere Wohnlage	Gute Wohnlage
mittel	90-125	160 000 € bis 260 000 €	210 000 € bis 320 000 €	180 000 € bis 300 000 €	200 000 € bis 355 000 €
	126-175	205 000 € bis 245 000 €	200 000 € bis 320 000 €	200 000 € bis 360 000 €	230 000 € bis 360 000 €
	176-230	-	-	270 000 € bis 355 000 €	330 000 € bis 410 000 €
gut	90-125	230 000 € bis 275 000 €	290 000 € bis 350 000 €	240 000 € bis 350 000 €	275 000 € bis 330 000 €
	126-175	285 000 € bis 330 000 €	325 000 € bis 465 000 €	320 000 € bis 365 000 €	310 000 € bis 520 000 €
	176-230	-	370 000 € bis 540 000 €	380 000 € bis 435 000 €	320 000 € bis 525 000 €
		701 bis 900 m²		über 900 m²	
mittel	90-125	210 000 € bis 320 000 €	240 000 € bis 365 000 €	205 000 € bis 320 000 €	230 000 € bis 350 000 €
	126-175	240 000 € bis 340 000 €	250 000 € bis 430 000 €	260 000 € bis 355 000 €	300 000 € bis 410 000 €
	176-230	285 000 € bis 335 000 €	310 000 € bis 400 000 €	365 000 € bis 475 000 €	350 000 € bis 490 000 €
gut	90-125	285 000 € bis 385 000 €	335 000 € bis 390 000 €	220 000 € bis 375 000 €	345 000 € bis 430 000 €
	126-175	270 000 € bis 380 000 €	330 000 € bis 555 000 €	280 000 € bis 360 000 €	350 000 € bis 530 000 €
	176-230	410 000 € bis 480 000 €	430 000 € bis 600 000 €	360 000 € bis 560 000 €	455 000 € bis 700 000 €

Quelle: Grundstücksmarktbericht 2009

4.3 Verhältnis von Gebäudefaktoren zu Normalherstellungskosten

Gebäudefaktoren stellen nichts anderes als **stichtagsbezogene, alterswertgeminderte und verkehrswertorientierte Normalherstellungskosten** für bestimmte Gebäudearten mit einer bestimmten Restnutzungsdauer dar, wobei diese sogar den Bodenwertanteil mit umfassen, sofern sie nicht allein aus dem Gebäudewertanteil abgeleitet worden sind (vgl. Rn. 12). Es handelt sich hierbei allerdings nicht um Normalherstellungskosten i.S. gewöhnlicher Herstel- 44 lungskosten, sondern um solche, die im Veräußerungsfall erzielbar sind, d.h., Marktanpassungsab- bzw. -zuschläge werden damit ebenso berücksichtigt wie die Alterswertminderung.

4.4 Anwendung von Gebäudefaktoren

45 Spiegelbildlich zu der in § 13 ImmoWertV geregelten Ableitung von Ertrags- und Gebäudefaktoren können die abgeleiteten Gebäudefaktoren zur Verkehrswertermittlung nach Maßgabe des § 15 Abs. 2 ImmoWertV herangezogen werden, wenn das zu wertende Grundstück mit den Grundstücken vergleichbar ist, aus denen der entsprechende Gebäudefaktor abgeleitet wurde. Das zu **bewertende Objekt muss also die Eigenschaften aufweisen, die auch der Ableitung des Gebäudefaktors zu Grunde liegen.**

46 Der Vergleichswert ergibt sich dann recht einfach durch Multiplikation der Flächen- oder Raumeinheit der baulichen Anlage des zu bewertenden Objekts mit dem einschlägigen Gebäudefaktor nach Maßgabe des § 15 Abs. 2 ImmoWertV. Dabei **muss dieselbe Bezugsgröße gewählt werden, die der Ableitung der Gebäudefaktoren zugrunde gelegt worden ist.** Deshalb muss bei der Veröffentlichung von Gebäudefaktoren angegeben werden, auf welche Bezugseinheiten sie sich beziehen. Anderseits wäre eine sachgerechte Anwendung dieser Faktoren nicht möglich.

47 Abweichungen des zu bewertenden Grundstücks in seinen besonderen objektspezifischen Grundstücksmerkmalen von den dem Ertragsfaktor zugrunde liegenden durchschnittlichen Grundstücksmerkmalen müssen nach Maßgabe des § 8 Abs. 3 ImmoWertV ergänzend berücksichtigt werden, um über den Vergleichswert zum **Verkehrswert** zu gelangen. Dafür müssen sämtliche Grundstücksmerkmale der den Gebäudefaktoren zugrunde liegenden Grundstücke bekannt sein. Dies betrifft nicht nur die Grundstücksart und Grundstückslage, sondern auch die der **baulichen Anlagen**, insbesondere hinsichtlich ihrer Art, Größe, Nutzung, Beschaffenheit, Ertragskraft und ihrer Restnutzungsdauer (bzw. ihres Alters), wobei auch die Gebäudefaktoren bezüglich der Restnutzungsdauer hinreichend differenziert sein müssen (vgl. Rn. 9 und 23).

48 Im Übrigen können auch zu den Vergleichsfaktoren bebauter Grundstücke Umrechnungskoeffizienten ermittelt werden, mit denen ihre Abhängigkeit von bestimmten wertbeeinflussenden Umständen erfasst wird[2].

---

2 Vgl. Rn. 10 und GuG 1997, 18.

Übersicht § 14 ImmoWertV V

§ 14 ImmoWertV
Marktanpassungsfaktoren, Liegenschaftszinssätze

(1) Mit Marktanpassungsfaktoren und Liegenschaftszinssätzen sollen die allgemeinen Wertverhältnisse auf dem Grundstücksmarkt erfasst werden, soweit diese nicht auf andere Weise zu berücksichtigen sind.

(2) Marktanpassungsfaktoren sind insbesondere
1. Faktoren zur Anpassung des Sachwerts, die aus dem Verhältnis geeigneter Kaufpreise zu entsprechenden Sachwerten abgeleitet werden (Sachwertfaktoren, § 193 Absatz 5 Satz 2 Nummer 2 des Baugesetzbuchs),
2. Faktoren zur Anpassung finanzmathematisch errechneter Werte von Erbbaurechten oder Erbbaugrundstücken, die aus dem Verhältnis geeigneter Kaufpreise zu den finanzmathematisch errechneten Werten von entsprechenden Erbbaurechten oder Erbbaugrundstücken abgeleitet werden (Erbbaurechts- oder Erbbaugrundstücksfaktoren).

(3) ₁Die Liegenschaftszinssätze (Kapitalisierungszinssätze, § 193 Absatz 5 Satz 2 Nummer 1 des Baugesetzbuchs) sind die Zinssätze, mit denen Verkehrswerte von Grundstücken je nach Grundstücksart im Durchschnitt marktüblich verzinst werden. ₂Sie sind auf der Grundlage geeigneter Kaufpreise und der ihnen entsprechenden Reinerträge für gleichartig bebaute und genutzte Grundstücke unter Berücksichtigung der Restnutzungsdauer der Gebäude nach den Grundsätzen des Ertragswertverfahrens (§§ 17 bis 20) abzuleiten.

Gliederungsübersicht   Rn.

1 Übersicht 1
2 Funktion der Marktanpassungsfaktoren und Liegenschaftszinssätze
   (§ 14 Abs. 1 ImmoWertV) 2
3 Marktanpassungsfaktoren (§ 14 Abs. 2 ImmoWertV) 10
4 Sachwertfaktoren (§ 14 Abs. 2 Nr. 1 ImmoWertV)
   4.1 Allgemeines
       4.1.1 ImmoWertV 12
       4.1.2 Beleihungswertermittlung (BelWertV) 19
       4.1.3 Steuerliche Bewertung 20
   4.2 Sachwertfaktoren
       4.2.1 Sachwertfaktoren nach ImmoWertV 21
           4.2.1.1 Definition 21
           4.2.1.2 Marktanpassungszu- und -abschläge 28
           4.2.1.3 Gebäudebezogene Sachwertfaktoren 32
       4.2.2 Ableitung von Sachwertfaktoren 34
   4.3 Sachwertfaktorenbestimmende Einflüsse
       4.3.1 Allgemeines 44
       4.3.2 Methodik der Sachwertermittlung
           4.3.2.1 Übersicht 46
           4.3.2.2 Bodenwert 48
           4.3.2.3 Normalherstellungskosten 52
           4.3.2.4 Alter und Alterswertminderung 58
           4.3.2.5 Gesamt- und Restnutzungsdauer 69
       4.3.3 Allgemeine Wertverhältnisse auf dem Grundstücksmarkt
           4.3.3.1 Übersicht 72
           4.3.3.2 Allgemeine Wirtschaftslage 73
           4.3.3.3 Lage auf dem örtlichen Grundstücksmarkt 77
           4.3.3.4 Grundstücksart 79

		4.3.3.5	Größe und Beschaffenheit der baulichen Anlage	80
		4.3.3.6	Lage auf dem Baumarkt	85
4.4	Darstellung und Veröffentlichung von Sachwertfaktoren			
	4.4.1	Darstellung		88
	4.4.2	Veröffentlichung		92
	4.4.3	Modellkonforme Anwendung von Sachwertfaktoren		94
	4.4.4	Sachwertfaktoren für besondere Teilmärkte		
		4.4.4.1	Gewerbe- und Industrieobjekt	99
		4.4.4.2	Eigentumswohnungen	101
		4.4.4.3	Resthofstellen	102

5 Erbbaurechts- und Erbbaugrundstücksfaktoren (§ 14 Abs. 2 Nr. 2 ImmoWertV) ... 103
6 Liegenschaftszinssätze (§ 14 Abs. 3 ImmoWertV)
  6.1 Überblick
    6.1.1 Liegenschaftszinssatz nach ImmoWertV ... 104
    6.1.2 Kapitalisierungszinssatz nach BelWertV ... 117
    6.1.3 Kapitalisierungszinssatz in der steuerlichen Bewertung ... 123
  6.2 Anwendungsbereich ... 124
  6.3 Allgemeines zum maßgeblichen Liegenschaftszinssatz ... 133
  6.4 Liegenschafts- und Kapitalmarktzinssatz ... 148
  6.5 Ableitung von Liegenschaftszinssätzen
    6.5.1 Allgemeines ... 176
    6.5.2 Finanzmathematische Grundlagen ... 190
    6.5.3 Ableitung bei langer Restnutzungsdauer ... 192
    6.5.4 Ableitung bei kurzer Restnutzungsdauer ... 207
    6.5.5 Ableitung bei gedämpften Bodenwerten ... 216

7 Anlagen:
  Anlage 1: Sachwertfaktoren (Marktanpassungsfaktoren)
  Anlage 1.1: Wertzahlen (Marktanpassungsfaktoren) nach § 181 BewG bei Anwendung des Sachwertverfahrens für die Bewertung für erbschaftsteuerliche Zwecke ... 224
  Anlage 1.2: Faktoren zur Anpassung des Sachwerts von Grundstücken mit Eigenheimen an die Lage auf dem Grundstücksmarkt im Ostteil Berlins ... 225
  Anlage 1.3: Faktoren zur Anpassung des Sachwerts von Grundstücken mit Eigenheimen an die Lage auf dem Grundstücksmarkt im Westteil Berlins ... 226
  Anlage 1.4: Sachwertfaktoren in verschiedenen Städten nach Grundstücksarten ... 227
  Anlage 1.5: Sachwertfaktoren in verschiedenen Regionen nach Grundstücksarten ... 228
  Anlage 2: Liegenschaftszinssätze für Mietwohnhäuser und Mietwohngeschäftshäuser in Berlin der Baujahre vor 1919 ... 229

Marktanpassungsfaktoren §14 ImmoWertV V

1 Übersicht

§ 14 ImmoWertV beschreibt die Funktion von Markanpassungsfaktoren und Liegenschaftszinssätzen (§ 14 Abs. 1 ImmoWertV), benennt die wesentlichen Marktanpassungsfaktoren (§ 14 Abs. 2 ImmoWertV) und enthält eine materielle Definition des Liegenschaftszinssatzes (§ 14 Abs. 3 ImmoWertV).

2 Funktion der Marktanpassungsfaktoren und Liegenschaftszinssätze (§ 14 Abs. 1 ImmoWertV)

Mit Marktanpassungsfaktoren und Liegenschaftszinssätzen sollen nach § 14 Abs. 1 ImmoWertV die in § 3 Abs. 2 ImmoWertV definierten „allgemeinen Wertverhältnisse auf dem Grundstücksmarkt" erfasst werden, soweit diese nicht in anderer Weise „zu berücksichtigen sind". Damit angesprochen ist die allgemeine **konjunkturelle Lage auf dem Grundstücksmarkt**.

Da sich der Verkehrswert (Marktwert) einer Immobilie nach dem Preis definiert, der zum Wertermittlungsstichtag (§ 3 Abs. 1 ImmoWertV) im gewöhnlichen Geschäftverkehr erzielt werden kann (§ 194 BauGB), sind nach den Vorschriften der ImmoWertV der Wertermittlung die „**allgemeinen Wertverhältnisse auf dem Grundstücksmarkt**" am Wertermittlungsstichtag zugrunde zu legen. Die Vorschriften der ImmoWertV sind deshalb darauf angelegt, die „allgemeinen Wertverhältnisse auf dem Grundstücksmarkt" (Lage auf dem Grundstücksmarkt) möglichst direkt im Rahmen des herangezogenen Wertermittlungsverfahrens zu berücksichtigen. Die empirisch aus Kaufpreisen und somit aus dem Marktgeschehen abgeleiteten Marktanpassungsfaktoren und Liegenschaftszinssätze können in besonderem Maße die Berücksichtigung der „allgemeinen Wertverhältnisse auf dem Grundstücksmarkt" funktional gewährleisten. Mit ihrer Anwendung wird eine Wertermittlung am Marktgeschehen gewissermaßen „justiert". Deshalb „sollen" nach den Vorgaben des § 14 Abs. 1 ImmoWertV die „allgemeinen Wertverhältnisse auf dem Grundstücksmarkt" (Lage auf dem Grundstücksmarkt) mit den vom Gutachterausschuss für Grundstückswerte abgeleiteten Marktanpassungsfaktoren und Liegenschaftszinssätzen berücksichtigt werden.

Nach der Vorgabe des § 14 Abs. 1 ImmoWertV „soll" die Lage auf dem Grundstücksmarkt mit Marktanpassungsfaktoren und Liegenschaftszinssätzen berücksichtigt werden, „*soweit diese nicht auf andere Weise zu berücksichtigen sind*". Damit sind vor allem die Regelungen der ImmoWertV angesprochen, nach denen die **in die Wertermittlung eingehenden Parameter so zu „dimensionieren" sind, dass sie den am Wertermittlungsstichtag herrschenden Marktverhältnissen des gewöhnlichen Geschäftsverkehrs entsprechen**:

– Bei Anwendung des *Vergleichswertverfahrens* gehen die dem gewöhnlichen Geschäftsverkehr entsprechenden Marktverhältnisse unmittelbar dadurch in die Wertermittlung ein, dass zum Preisvergleich möglicht wertermittlungsstichtagsnahe Kaufpreise hinreichend vergleichbarer Grundstücke herangezogen werden, die auf dem Grundstücksmarkt erzielt worden sind. Kaufpreise, die durch ungewöhnliche oder persönliche Verhältnisse beeinflusst worden sind, bleiben nach § 7 ImmoWertV außer Betracht und Kaufpreise, die nicht zum Wertermittlungsstichtag vereinbart worden sind, sollen mit Hilfe marktkonformer Indexreihen auf den Wertermittlungsstichtag umgerechnet werden (§ 11 ImmoWertV).

– Bei Anwendung des *Ertragswertverfahrens* gehen die dem gewöhnlichen Geschäftsverkehr entsprechenden Marktverhältnisse insbesondere dadurch in die Wertermittlung ein, dass von am Wertermittlungsstichtag marktüblich erzielbaren Erträgen, am Wertermittlungsstichtag marktüblich anfallenden Bewirtschaftungskosten sowie einer nach allgemeinen Erfahrungssätzen sich bemessenen Restnutzungsdauer der baulichen Anlage ausgegangen wird.

– Bei Anwendung des *Sachwertverfahrens* gehen die dem gewöhnlichen Geschäftsverkehr entsprechenden Marktverhältnisse insoweit in die Wertermittlung ein, als von den marktüblichen Kosten für die Neuerrichtung einer entsprechenden baulichen Anlage ausgegangen wird, diese marktüblichen Neuerrichtungskosten (eigentlich) in marktüblicher Weise „abzuschreiben" (Alterswertminderung) sind und die Alterswertminderung sich nach einer allgemeinen Erfahrungssätzen entsprechenden wirtschaftlichen Gesamt- und Restnutzungsdauer bemisst (vgl. hierzu auch die amtliche Begründung zu § 7 Abs. 2 WertV 88[1]).

Soweit bei Anwendung der genannten Verfahren besondere objektspezifische Grundstücksmerkmale ergänzend berücksichtigt werden müssen, sind sie nach § 8 Abs. 3 ImmoWertV durch marktkonforme Zu- oder Abschläge oder in anderer geeigneter Weise zu berücksichtigen, soweit dies dem gewöhnlichen Geschäftsverkehr entspricht.

5   Die allgemeinen Wertverhältnisse finden bei *Anwendung des Vergleichswertverfahrens* mit der Heranziehung von wertermittlungsstichtagsnahen bzw. auf den Wertermittlungsstichtag umgerechneten Vergleichspreisen unmittelbar Eingang in die Wertermittlung, und der damit ermittelte **Vergleichswert entspricht** zumindest weitgehend **dem Verkehrswert** (Marktwert). Eine Marktanpassung ist bei alledem nur in wenigen Fällen und dann auch in aller Regel nur in marginaler Höhe erforderlich.

6   Bei *Anwendung des Ertragswertverfahrens* auf der Grundlage der marktüblich erzielbaren Erträge gelangt man über den Ertragswert zum Verkehrswert (Marktwert), indem man diese Erträge mit einem Zinssatz kapitalisiert, der in marktkonformer Weise, sei es ökonomisch begründbar oder nicht, die vom Grundstücksmarkt erwartete Ertragsentwicklung und die vom Grundstücksmarkt erwartete Verzinsung des in die Immobilie investierten Kapitals reflektiert. Dies leistet der in § 14 Abs. 3 ImmowertV definierte und aus Marktpreisen abgeleitete **Liegenschaftszinssatz**. Der Liegenschaftszinssatz ist mithin ein Zinssatz, mit dem die Ertragswertermittlung an die allgemeinen Wertverhältnisse auf dem Grundstücksmarkt „justiert" wird, und zwar im Ertragswertverfahren selbst.

7   Bei *Anwendung des Sachwertverfahrens* wird der Sachwert zwar auf der Grundlage marktüblicher Kosten einer entsprechenden neuerrichteten baulichen Anlage ermittelt. Auch marktübliche Herstellungskosten können nun aber nicht mit dem im gewöhnlichen Geschäftsverkehr erzielbaren Preis gleichgesetzt werden. Der entscheidende Mangel des Sachwertverfahrens besteht aber darin, dass es bislang nicht gelungen ist, diese Kosten mit Hilfe der Alterswertminderung in marktüblicher Weise den allgemeinen Wertverhältnissen auf dem Grundstücksmarkt anzugleichen. Deshalb weist der nach den §§ 21 bis 23 ImmoWertV ermittelte (vorläufige) Sachwert im Verhältnis zu den übrigen Wertermittlungsverfahren die größten **Disparitäten zum Verkehrswert** (Marktwert) auf. Sachwert ist der Wert, den sie die Sache nicht wert ist, heißt es gemeinhin. Es bedarf deshalb einer Anpassung des Sachwerts an die allgemeinen Wertverhältnisse auf dem Grundstücksmarkt (Marktanpassung), um über den Sachwert zum Verkehrswert zu kommen. Dies soll der aus Marktpreisen nach § 14 Abs. 2 Nr. 1 ImmoWertV abgeleitete Marktanpassungsfaktor (Sachwertfaktor) – quasi kompensatorisch zu einer nicht marktkonformen Alterswertminderung – leisten.

8   Nach der „**Soll-Vorschrift**" sind die von den Gutachterausschüssen für Grundstückswerte gemäß § 193 Abs. 5 Nr. 1 und 2 BauGB abzuleitenden Liegenschaftszinssätze und Marktanpassungsfaktoren (Sachwertfaktoren) zur Berücksichtigung der allgemeinen Wertverhältnisse auf dem Grundstücksmarkt heranzuziehen, soweit diese nicht auf andere Weise „*zu berücksichtigen sind*" (vgl. Rn. 2 ff.). Der Verordnungsgeber lässt dabei offen, nach welchen Vorgaben sie in anderer Weise berücksichtigt werden müssen. Bei systemkonformer Auslegung der Verordnung sind damit in erster Linie die vorstehend erläuterten Regelungen der Verordnung angesprochen.

9   **Marktanpassungsfaktoren und Liegenschaftszinssätze sind** mit dem Wandel der Wertverhältnisse auf dem Grundstücksmarkt zeitlichen Veränderungen unterworfen. Als **zeitabhän-**

---

[1] BR-Drucks. 352/88, S. 47.

Sachwertfaktoren § 14 ImmoWertV V

gige **Größen** sind sie mithin von den Gutachterausschüssen fortzuschreiben, ohne dass die Verordnung dafür Vorgaben macht. Im Rahmen der Sach- und Ertragswertermittlung sind jeweils die Sachwertfaktoren bzw. Liegenschaftszinssätze heranzuziehen, die vom Gutachterausschuss nach den Wertverhältnissen des Wertermittlungsstichtags abgeleitet worden sind. Bei retrograder Wertermittlung kann es deshalb erforderlich sein, auf die zum jeweiligen Wertermittlungsstichtag geltenden Sachwertfaktoren und Liegenschaftszinssätze zurückzugreifen.

3 Marktanpassungsfaktoren (§ 14 Abs. 2 ImmoWertV)

§ 14 Abs. 2 ImmoWertV führt unter dem **Oberbegriff „Marktanpassungsfaktoren"** insgesamt drei besondere Marktanpassungsfaktoren auf, nämlich   10

– den *Sachwertfaktor*, mit dem der nach den §§ 21 bis 23 ImmoWertV ermittelte (vorläufige) Sachwert an den Verkehrswert (Marktwert) angepasst werden soll,

– den *Erbbaurechtsfaktor*, mit dem der finanzmathematisch errechnete Wert von Erbbaurechten an den Verkehrswert (Marktwert) angepasst werden soll, und

– den *Erbbaugrundstücksfaktor*, mit dem der finanzmathematische Wert von Erbbaugrundstücken an den Verkehrswert (Marktwert) angepasst werden soll.

Es handelt sich um eine nicht abschließende Aufzählung.

Die Vorschrift bestimmt des Weiteren, wie die Marktanpassungsfaktoren abzuleiten sind (vgl.   11
Rn. 34 ff.).

4 Sachwertfaktoren (§ 14 Abs. 2 Nr. 1 ImmoWertV)

4.1 Allgemeines

4.1.1 ImmoWertV

Sachwertfaktoren sind Faktoren, mit denen der nach den Vorschriften der §§ 21 bis 23   12
ImmoWertV abgeleitete (vorläufige) **Sachwert** an die allgemeinen Wertverhältnisse auf dem Grundstücksmarkt und somit **an den Verkehrswert** (Marktwert) **angeglichen werden soll** (Marktanpassung).

Sachwertfaktoren stellen zugleich einen Modell- bzw. Systemkorrekturfaktor dar, wenn   13
die angewandte Methodik der Sachwertermittlung mängelbehaftet ist (vgl. Rn. 94). Die Begriffe „Marktanpassungsfaktor", „Marktanpassungszu- und -abschlag" vermitteln dagegen den Eindruck, als ginge es nur darum, mithilfe dieser Größen die „Lage auf dem Grundstücksmarkt" in die Sachwertermittlung einzubringen. Da sie zugleich Korrekturfaktoren sind, mit denen auch System- oder Modellfehler der Sachwertermittlung ausgeglichen werden, ist der vom Gesetzgeber mit § 195 Abs. 4 Nr. 3 BauGB eingeführte und vom Verordnungsgeber übernommene Begriff des „Sachwertfaktors" vorzuziehen.

Mit Sachwertfaktoren wird auch ein Einfluss der bei Erwerb eines Grundstücks anfallenden   14
Grundstückstransaktionskosten erfasst, denn diese gehen in die zur Ermittlung der Sachwertfaktoren herangezogenen Vergleichspreise ein. Dementsprechend wird mit der Anwendung der so ermittelten Sachwertfaktoren ein Einfluss der Grundstückstransaktionskosten – wie groß er auch immer sein mag – indirekt berücksichtigt, ohne dass es dafür eines besonderen Rechenschritts bedarf.

Zur Marktanpassung „sollen" die vom örtlichen Gutachterausschuss für Grundstückswerte   15
aus der ausgewerteten Kaufpreissammlung abgeleiteten und (i.d.R.) in dessen Grundstücks-

Kleiber 1145

marktbericht veröffentlichen einschlägigen Sachwertfaktoren herangezogen werden; ersatzweise kann auf entsprechende für vergleichbare Gemeinden abgeleitete **Sachwertfaktoren** insbesondere **benachbarter Gutachterausschüsse** zurückgegriffen werden.

16 Der unter Berücksichtigung der Marktanpassung und der besonderen objektspezifischen Grundstücksmerkmale sich ergebende Sachwert ist der im Wege des Sachwertverfahrens ermittelte Verkehrswert, sofern sich nicht nach § 8 Abs. 1 Satz 3 ImmoWertV unter **Würdigung der Aussagefähigkeit des oder der Ergebnisse anderer herangezogener Wertmittlungsverfahren** etwas anderes ergibt.

17 Nr. 3.7 und 3.8 WERTR führen hierzu aus:

„Soweit mit den bei den einzelnen Wertermittlungsverfahren herangezogenen Daten die jeweilige Lage auf dem Grundstücksmarkt nicht hinreichend Berücksichtigung finden kann, ist die Angebots- und Nachfragesituation zu ergründen, darzulegen und ggf. durch entsprechende Zu- oder Abschläge auf die ermittelten Sach- bzw. Ertragswerte zu berücksichtigen. Die Mittelbildung des Sach- und Ertragswerts stellt in der Regel keine geeignete Methode zur Ableitung des Verkehrswerts dar.

Das Ergebnis der Sach- bzw. Ertragswertermittlung ist kritisch zu würdigen, je größer die beim Übergang vom Sach- bzw. Ertragswert zum Verkehrswert anzubringenden Marktkorrekturen ausfallen. Hohe Marktanpassungskorrekturen sprechen gegen die Eignung des jeweils angewandten Verfahrens.

Werterhöhende Investitionen Dritter sind gesondert zu bezeichnen, soweit sie nicht abgelöst oder durch verbilligte Miete verrechnet sind.

Es sind dabei in der Regel anzugeben:
– *Investitionskosten nach Baujahren getrennt mit Angabe der Art der baulichen Maßnahmen,*
– *Investitionsförderung,*
– *Investitionswert.*

Sofern vertragliche Regelungen nicht entgegenstehen, ist der Investitionswert gleich der Differenz zwischen dem Wert des Grundstücks mit Berücksichtigung der Investition und dem Wert desselben Grundstücks ohne Berücksichtigung der Investition am gleichen Wertermittlungsstichtag. Dies trifft sowohl für die Ermittlung der Verkehrswerte im Vergleichs-, Ertrags- als auch im Sachwertverfahren zu."

18 Stehen dem Sachverständigen keine vom Gutachterausschuss empirisch abgeleiteten Marktanpassungsfaktoren zur Verfügung, so kann er sich entsprechende **Erfahrungswerte durch vergleichbare Marktbeobachtungen** verschaffen, d.h. der Sachverständige ist gut beraten, wenn er die Angemessenheit seiner Marktanpassungsfaktoren ständig überprüft, indem er die auf der Grundlage der von ihm erstellten Gutachten getätigten Grundstückskäufe mit dem von ihm ermittelten „Sachwert" vergleicht.

4.1.2 Beleihungswertermittlung (BelWertV)

19 Im Unterschied zur Verkehrswertermittlung nach ImmoWertV kennt die Beleihungswertermittlung keine Anpassung des Sachwerts an die Lage auf dem Grundstücksmarkt (Marktanpassung). Der Wortlaut der Verordnung sieht dies zumindest nicht vor. Eine **Anpassung des auf der Grundlage der BelWertV ermittelten Sachwerts an die Lage auf dem Grundstücksmarkt würde im Ergebnis zum Verkehrswert (Marktwert) führen** und wäre insoweit mit den Zielen und Zwecken der BelWertV, nämlich den Sachwert zur Kontrolle des nach dem Vorsichtsprinzip abgeleiteten Vergleichs- bzw. Ertragswert zu ermitteln, nicht vereinbar.

4.1.3 Steuerliche Bewertung

20 Die von den Gutachterausschüssen abgeleiteten Sachwertfaktoren sind auch in der steuerlichen Bewertung nach § 191 Abs. 1 BewG heranzuziehen. Soweit von den Gutachterausschüssen keine geeigneten Sachwertfaktoren zur Verfügung stehen, sind die in der Anl. 25 zum BewG bestimmten **Wertzahlen** zu verwenden (vgl. Anl. 1.1 zu dieser Vorschrift).

4.2 Sachwertfaktoren

Schrifttum: *Habath, A.* Zur sachgerechten Anwendung von Sachwert-Marktanpassungsfaktoren (GuG 2006, 19); *Leutner, B./Wartenberg, J.*, Aktuelle Marktanpassungsfaktoren für das Sachwertverfahren, GuG 2009, 152; *Schmeck, J.*, Sachwertmodell zur Ableitung von Marktanpassungsfaktoren für Ein- und Zweifamilienhäuser, GuG 2005, 339.

4.2.1 Sachwertfaktoren nach ImmoWertV

4.2.1.1 Definition

§ 14 Abs. 2 Nr. 1 ImmoWertV definiert Sachwertfaktoren als **Faktoren, die sich aus dem Verhältnis geeigneter Kaufpreise bebauter Grundstücke zu den** dafür nach Maßgabe der §§ 21 bis 23 ImmoWertV **abgeleiteten Sachwerten ergeben:**

$$\text{Sachwertfaktor}_i = \frac{\text{Kaufpreis}_i}{\text{Sachwert}_i}$$

Das ausgewogene Mittel aus einer ausreichenden Zahl n nach vorstehenden Grundsätzen ermittelter Einzelergebnisse ergibt dann den **Sachwertfaktor**:

$$\text{Sachwertfaktor} = \frac{\text{Sachwertfaktor}_i}{\text{Anzahl der Einzelergebnisse}_i}$$

– Ein **Sachwertfaktor ≥ 1** stellt sich danach ein, wenn der auf dem Grundstücksmarkt erzielbare Kaufpreis den Bodenwert und die alterswertgeminderten Herstellungskosten der baulichen und sonstigen Anlagen übersteigt und das Objekt mit Gewinn verkauft worden ist.

– Ein **Sachwertfaktor ≤ 1** stellt sich dagegen ein, wenn der auf dem Grundstücksmarkt erzielbare Kaufpreis den Bodenwert und die alterswertgeminderten Herstellungskosten unterschreitet und das Objekt mit Verlust verkauft worden ist.

– Bei einem **Sachwertfaktor von 1,0** besteht Identität Sach- und Verkehrswert.

Die Nachkommastellen des Sachwertfaktors geben die **prozentuale Abweichung des Verkehrswerts (Marktwerts) vom Sachwert** wieder, wobei sie bei Marktanpassungsfaktoren = 1 von der Zahl 100 abzuziehen sind.

Beispiel:

– Es wurde ein Marktanpassungsfaktor von 0,88 ermittelt. Hieraus folgt, dass der ermittelte Sachwert um 12% (= 100 – 88) zu vermindern ist, um zum Verkehrswert zu kommen.

– Es wurde ein Marktanpassungsfaktor von 1,28 ermittelt. Hieraus folgt, dass der ermittelte Sachwert um 38% zu erhöhen ist, um zum Verkehrswert zu kommen.

Die so definierten Sachwertfaktoren entsprechen mithin dem vom Nobelpreisträger *James Tobin* entwickelten Erklärungsmodell für Investitionen in Realkapital. Maßgebliche Kengröße ist „**Tobins q**":

$$q = \frac{\text{Bestandspreis}}{\text{Reproduktionskosten}}$$

Nach diesem Erklärungsmodell lohnt sich eine Investition (z.B. die Herstellung eines Gebäudes), wenn der Bestandspreis eines Gutes (Verkehrswert/Marktwert) die Reproduktionskosten (Herstellungskosten i.S. des § 22 ImmoWertV) übersteigt. **Marktanpassungsfaktoren sind von daher „Tobins q".** Die Herstellung eines Gebäudes lohnt sich, wenn sich ein Sachwertfaktor von = 1 ergibt.

Mit Hilfe des für ein zu bewertendes bebautes Grundstücks einschlägigen Sachwertfaktors lässt sich dessen (vorläufiger) marktangepasster Sachwert ableiten:

$$\text{Marktangepasster Sachwert} = \text{Vorläufiger Sachwert (§§ 21 bis 23 ImmoWertV)} \times \text{Sachwertfaktor} \qquad (1)$$

27 Um zum Verkehrswert zu gelangen, müssen dann noch nach Maßgabe des § 8 Abs. 3 ImmoWertV die **besonderen objektspezifischen Grundstücksmerkmale** (Anomalien) in marktüblicher Höhe berücksichtigt werden.

4.2.1.2 Marktanpassungszu- und -abschläge

28 Mit den durch die ImmoWertV vorgegebenen Sachwertfaktoren ist eine Vereinheitlichung der Wertermittlungspraxis verbunden. In der Praxis wurde der Sachwert vielfach mit Hilfe von sog. „Marktanpassungszu- und -abschlägen" an den Verkehrswert angeglichen. Soweit es sich dabei um empirisch aus der Kaufpreissammlung abgeleitete Marktanpassungszu- und -abschläge handelt, entsprechen sie vollinhaltlich den vorstehend definierten Marktanpassungsfaktoren.

29 Entsprechend den vorstehenden Ausführungen lassen sich Marktanpassungszu- und -abschläge ermitteln indem die **Differenz aus geeigneter Kaufpreisen bebauter Grundstücke und den dafür** nach Maßgabe der §§ 21 bis 23 ImmoWertV **abgeleiteten Sachwerten** gebildet wird (vgl. Abb. 1).

$$\text{Marktanpassungszu- oder -abschlag}_i = \text{Kaufpreis} - \text{Sachwert}_i \qquad (2)$$

Abb. 1: Empirische Ermittlung von Marktanpassungszu- und -abschlägen

30 Während sich mit Sachwertfaktoren die Divergenz zwischen Verkehrs- und Sachwert in einem Vomhundertsatz bestimmt, ergibt sich mit Marktanpassungszu- und -abschlägen zunächst ein Absolutbetrag, aus dem sich dann die **Marktanpassung als Vomhundertsatz des Sachwerts** ableiten lässt, indem er ins Verhältnis zum Sachwert gesetzt wird.

Beispiel

– Es liegt ein Kaufpreis von 1 000 000 € vor. Der Sachwert des Grundstücks wurde mit 880 000 € ermittelt.
– Der sich daraus ergebende Marktanpassungsabschlag beträgt 120 000 € (1 000 000 € – 880 000 €).
– Marktanpassung als Vomhundertsatz des Sachwerts = 12 % (= 120 000 €/1 000 00 €)

31 Die Ableitung von Sachwertfaktoren stellt sich eleganter dar, weil sich damit auf direktem Wege *die Marktanpassung* (Berücksichtigung der allgemeinen Wertverhältnisse auf dem Grundstücksmarkt) ermitteln lässt.

Sachwertfaktoren § 14 ImmoWertV V

4.2.1.3 Gebäudebezogene Sachwertfaktoren

Sachwertfaktoren können auch bezogen auf Sachwert der baulichen Anlage (Gebäudesachwert) ermittelt werden. Dazu müssen zunächst die Kaufpreise bebauter Grundstücke um den jeweiligen Bodenwert vermindert werden, wobei der Bodenwert nach Maßgabe des § 16 Abs. 1 Satz 1 ImmoWertV zu ermitteln ist. Der gebäudebezogene Sachwertfaktor ergibt sich nach vorstehenden Grundsätzen aus dem **Verhältnis der um den Bodenwert verminderten Kaufpreise zu den** dafür nach Maßgabe der §§ 21 bis 23 ImmoWertV abgeleiteten **Gebäudesachwerten**. 32

$$\text{Sachwertfaktor}_{\text{Gebäude}} = \frac{\text{Kaufpreis}_i - \text{Bodenwert}}{\text{Gebäudesachwert}} \quad (3)$$

Derartige Marktanpassungsfaktoren sind in der Praxis nicht gebräuchlich und auch nicht zu empfehlen, weil mit der Abspaltung des Bodenwerts Verfälschungen einhergehen können. 33

4.2.2 Ableitung von Sachwertfaktoren

Die Sachwertfaktoren fallen für unterschiedliche Grundstücksarten und unterschiedliche Grundstückslagen unterschiedlich aus. Des Weiteren sind sie erfahrungsgemäß abhängig von der Größe, Beschaffenheit, Alter bzw. Restnutzungsdauer der baulichen Anlage, dem Bodenwert des Belegenheitsgebiets (Lage) und der Höhe des Sachwerts. Deswegen müssen **Sachwertfaktoren** – wie Umrechnungskoeffizienten, Ertrags- und Gebäudefaktoren – entsprechend **differenziert nach Grundstücksarten und Grundstückslagen sowie der Beschaffenheit der baulichen Anlagen** abgeleitet werden. 34

Auch überregional unterscheiden sich entsprechend differenziert abgeleitete Sachwertfaktoren, denn sie sind auch abhängig von der **überregionalen Lage**, der Gemeindegröße, der Entfernung zu Ballungszentren (Makrolage) und vor allem von der Wirtschaftskraft der Region. 35

Aus vorstehenden Gründen gibt es **keine allgemeingültigen Sachwertfaktoren**, mit denen die „allgemeinen Wertverhältnisse auf dem örtlichen Grundstücksmarkt" (Lage auf dem Grundstücksmarkt) berücksichtigt werden können. 36

Zur Ableitung von Sachwertfaktoren dürfen nach Maßgabe des § 9 ImmoWertV nur **geeignete Kaufpreise gleichartig bebauter Grundstücke** herangezogen werden, die der Grundstücksart und -lage sowie der Beschaffenheit der baulichen Anlagen der Grundstückskategorie entsprechen, für die der Sachwertfaktor gelten soll. Soweit Kaufpreise in ihren Grundstücksmerkmalen von den für die Ableitung des jeweiligen Sachwertfaktors maßgeblichen Grundstücksmerkmalen abweichen (vergleichsstörender Momente), sind sie nach § 9 Abs. 3 ImmoWertV zu „bereinigen". Auch müssen die in die Ableitung eingehenden Kaufpreise **auf einen gemeinsamen Stichtag bezogen** sein, denn Sachwertfaktoren sind wie Gebäude- und Ertragsfaktoren zeitabhängige Größen. Bei ihrer Veröffentlichung ist deshalb der Bezugsstichtag mit anzugeben. 37

Zur Ableitung von Sachwertfaktoren sind möglichst Kaufpreise von Grundstücken heranzuziehen, die keine „besonderen objektspezifischen Grundstücksmerkmale" i.S. des § 8 Abs. 3 ImmoWertV aufweisen, denn damit würde sich das Ergebnis verfälschen. Dies ist eine wesentliche Voraussetzung dafür, dass den ermittelten Sachwertfaktoren eine breite Allgemeingültigkeit beigemessen werden kann. Im Rahmen der Marktwertermittlung unter Anwendung des Sachwertverfahrens werden auch die „besonderen objektspezifischen Grundstücksmerkmale" des zu bewertenden Grundstücks nach Maßgabe des § 8 Abs. 2 ImmoWertV erst im Anschluss an die Marktanpassung zur Berücksichtigung der allgemeinen Wertverhältnisse auf dem Grundstücksmarkt berücksichtigt. Dementsprechend müssen sich die Sachwertfaktoren auf **marktübliche Grundstücksverhältnisse ohne besondere objektspezifische Grundstücksmerkmale (sachwertfaktorenbezogenes Normgrundstück)** beziehen. 38

Dabei ist zur Vereinfachung zu empfehlen, dass bei der Ermittlung der Sachwertfaktoren die **üblichen „c-Flächen" und üblichen besonderen „Bauteile, Einrichtungen und sonstige Vorrichtungen" nicht besonders berücksichtigt** werden; in diesem Fall gehen sie nämlich direkt in den Sachwertfaktor ein und der Anwender des Sachwertfaktors braucht diese Positionen auch nicht mehr zu berücksichtigen, soweit sie im üblichen Umfang gegeben sind.

39 Bei alledem kann jedoch nicht ausgeschlossen werden, dass bestimmte **objektspezifische Grundstücksmerkmale** der in § 8 Abs. 3 ImmoWertV genannten Art auf dem örtlichen Grundstücksmarkt üblich sind und in die Ableitung der Sachwertfaktoren eingehen.

40 Beispielsweise sind die mit einem Kriechkeller errichteten Gebäude in einer Gemeinde üblicherweise nicht isoliert. Werden die Sachwertfaktoren aus den dafür entrichteten Kaufpreisen abgeleitet, so findet dieser **„Baumangel" Eingang in den Sachwertfaktor** und bei Heranziehung dieses Sachwertfaktors Eingang in die Marktwertermittlung. Für eine ergänzende Berücksichtigung nach Maßgabe des § 8 Abs. 2 und 3 ImmoWertV ist dann kein Raum mehr.

41 Soweit es unvermeidlich ist, dass regional übliche „besondere objektspezifische Grundstücksmerkmale" i.S. des § 8 Abs. 3 ImmoWertV in die Ableitung der Sachwertfaktoren eingehen, muss dies bei der **Veröffentlichung der Sachwertfaktoren** dargelegt werden.

42 Da sich die allgemeinen Wertverhältnisse auf dem Grundstücksmarkt mit fortschreitender Zeit ändern, sind auch die **Sachwertfaktoren zeitlichen Änderungen unterworfen**. Sachwertfaktoren sind mithin nicht statisch und müssen fortgeschrieben werden, wenn sich die Lage auf dem Grundstücksmarkt verändert hat. Dies wird auch aus einer Untersuchung des Gutachterausschusses in *Rheine* deutlich (Abb. 2):

Abb. 2: Durchschnittliche Marktanpassungsabschläge in Rheine (Entwicklung in den Jahren 1992 bis 2006)

Quelle: Grundstücksmarktbericht Rheine 2007

43 Aus den vorstehenden Gründen ist bei der Veröffentlichung von Sachwertfaktoren der **Bezugszeitpunkt** anzugeben. Bei Heranziehung „älterer" Sachwertfaktoren muss zwischenzeitlich eingetretenen Änderungen der allgemeinen Wertverhältnisse auf dem Grundstücksmarkt Rechnung getragen werden.

4.3 Sachwertfaktorenbestimmende Einflüsse

4.3.1 Allgemeines

Die Höhe des Sachwertfaktors bestimmt sich nach **zwei Hauptgruppen von Einflussfaktoren** (Abb. 3), nämlich

a) nach der *Methodik des angewandten Sachwertverfahrens, der zur Ableitung der Sachwertfaktoren ermittelt wird* einschließlich dabei unterlaufener Fehler (!) und

b) nach den *„allgemeinen Wertverhältnissen auf dem Grundstücksmarkt"* (Lage auf dem Grundstücksmarkt) die im genuinen Sinne in die zur Ableitung der Sachwertfaktoren herangezogenen Kaufpreise eingehen.

Abb. 3: Einflussfaktoren

Dass sich der Sachwertfaktor nicht nur nach den „allgemeinen Wertverhältnissen auf dem Grundstücksmarkt" (Lage auf dem Grundstücksmarkt), sondern vor allem nach der **Methodik des angewandten Sachwertverfahrens** begründet, dass er sich aus dem Verhältnis der Kaufpreise von Grundstücken zu den dafür jeweils ermittelten Sachwerten ergibt.

4.3.2 Methodik der Sachwertermittlung

4.3.2.1 Übersicht

▶ *Syst. Darst. des Sachwertverfahrens Rn. 112 ff.*

Der zur Ableitung der Sachwertfaktoren zu ermittelnde Sachwert bestimmt sich nach den §§ 21 bis 23 ImmoWertV. Die danach **in die Sachwertermittlung eingehenden Parameter** sind insbesondere

– der Bodenwert,

- die zur Ermittlung des Herstellungswerts baulicher Anlagen herangezogenen Normalherstellungskosten einschließlich der angesetzten Baunebenkosten,
- die angesetzte Gesamt- und Restnutzungsdauer der baulichen Anlage,
- die zugrunde gelegte Alterswertminderung nach § 23 ImmoWertV,
- die Berücksichtigung sonstiger Anlagen,
- die Berücksichtigung besonderer objektspezifischer Grundstücksmerkmale, die grundsätzlich erst im Anschluss an die Sachwertermittlung nach den §§ 21 bis 23 ImmoWertV zu berücksichtigen sind (§ 8 Abs. 2 und 3 ImmoWertV).

Von besonderer Bedeutung ist vor allem

a) die **Berücksichtigung von Regional- und Ortsgrößenfaktoren** und

b) die **Berücksichtigung der sog. „c-Flächen" und besonderer „Bauteile, Einrichtungen und sonstiger Vorrichtungen"**

bei der Ableitung der Sachwertfaktoren zugrunde gelegten Sachwertermittlung. Es empfiehlt sich nämlich, bei der Sachwertermittlung unter Heranziehung der Normalherstellungskosten 96/2000 (NHK 95/2000) direkt von den ausgewiesenen Bundesmittelwerten der Normalherstellungskosten (ohne ihre Regionalisierung) auszugehen und auch die üblichen „Bauteile, Einrichtungen und sonstige Vorrichtungen" nicht zu berücksichtigen. Dies hat nämlich zur Folge, dass diese Positionen direkt in den Sachwertfaktor eingehen und bei Heranziehung dieser Sachwertfaktoren der Anwender

- direkt auf die veröffentlichten Normalherstellungskosten ohne Berücksichtigung des Regional- und Ortsgrößenfaktors zurückgreifen kann und
- „c-Flächen" und besondere „Bauteile, Einrichtungen und sonstige Vorrichtungen" allenfalls dann berücksichtigen muss, wenn sie erheblich von dem Üblichen abweichen, was aber selten gegeben ist.

Bei der Veröffentlichung muss dargelegt werden, ob und in welchem (üblichen) Umfang besondere Bauteile und „c-Flächen" direkt mit dem Sachwertverfahren erfasst werden (vgl. Rn. 56 sowie Syst. Darst. des Sachwertverfahrens Rn. 112).

47 **Unterschiedliche Ansätze** vorstehender Parameter der Sachwertermittlung **führen zu unterschiedlichen Sachwertfaktoren.** Darüber hinaus gehen methodische Fehler der Sachwertermittlung nicht nur in den Sachwert, sondern auch in die damit ermittelten Sachwertfaktoren ein.

4.3.2.2 Bodenwert

48 Der im Rahmen des Sachwertverfahrens gemäß § 21 Abs. 1 Satz 1 ImmoWertV anzusetzende **Bodenwert** ist nach § 16 Abs. 1 Satz 1 ImmoWertV **ohne Berücksichtigung der Bebauung** mit dem Wert eines unbebaut gedachten Grundstücks zu ermitteln.

49 Von einer Reihe „kleinerer" Gutachterausschüsse für Grundstückswerte wurde dagegen die These vertreten, der Bodenwert eines bebauten Grundstücks sei und müsse gedämpft werden (sog. „Dämpfung" des Bodenwerts"). Die nach § 16 Abs. 1 ImmoWertV unzulässige **Dämpfung der Bodenwerte** darf nicht verwechselt werden mit einer nicht durch Um- oder Anbauten korrigierbaren Abweichung der tatsächlichen Bebauung eines Grundstücks von der nach § 6 Abs. 1 ImmoWertV rechtlich zulässigen bzw. lagetypischen Bebauung. Diese ist nach Maßgabe des § 16 Abs. 4 ImmoWertV zu berücksichtigen.

50 **Dämpfung des Bodenwerts bedeutet eine Minderung des Bodenwerts** aufgrund der bloßen Tatsache, dass das Grundstück bebaut ist. Sie wird vielfach allein damit begründet, dass der Grund und Boden selbst bei baurechtkonformer Bebauung schlichtweg „verbraucht" und infolge der wegfallenden Disponierbarkeit im Wert gesunken sei.

Die **Bodenwertdämpfung,** soweit sie von einzelnen Gutachterausschüssen für Grundstückswerte postuliert wurde, **führt zwangsläufig zu einer Aufblähung, aber auch „Schrumpfung" des Sachwertfaktors,** und zwar entsprechend Art und Umfang der praktizierten Dämpfungsmethodik. Hieraus wiederum folgt, dass bei der Veröffentlichung solcher Schwertfaktoren für außenstehende Sachverständige die vom Gutachterausschuss praktizierte Dämpfungsmethodik bei der Veröffentlichung solcher Sachwertfaktoren bekannt gegeben werden muss.

4.3.2.3 Normalherstellungskosten

Nach § 22 Abs. 1 ImmoWertV sind die Herstellungskosten der baulichen Anlage unter Heranziehung gewöhnlicher Herstellungskosten (Normalherstellungskosten) zu ermitteln, wobei die Vorschrift keine speziellen Normalherstellungskosten vorgibt.

Unterschiedliche Normalherstellungskosten führen mithin nicht nur **zu unterschiedlichen Sachwerten** und damit zu unterschiedliche Sachwertfaktoren.

Beispiel:

Die Sachwertermittlung auf der Grundlage der Normalherstellungskosten 2000 (NHK 2000) führt erfahrungsgemäß zu einem geringeren Sachwert als im Falle der Sachwertermittlung auf der Grundlage der 13er-Werte. Demzufolge müssen auf der Grundlage der 13er-Werte empirisch abgeleitete

– Marktanpassungsabschläge höher (Abb. 4) und
– Marktanpassungszuschläge geringer (Abb. 5)

ausfallen als solche, die sich auf der Grundlage der NHK 2000 ergeben.

Abb. 4: Marktanpassungsabschläge bei unterschiedlichem Ansatz von Normalherstellungskosten

Abb. 5: **Marktanpassungszuschläge bei unterschiedlichem Ansatz von Normalherstellungskosten**

55 Die heute gebräuchlichen Sachwertfaktoren sind vorwiegend auf der Grundlage der in den WERTR veröffentlichten Normalherstellungskosten abgeleitet worden (**NHK 2000 bzw. NHK 95**). Die auf dieser Grundlage abgeleiteten Sachwertfaktoren sind nach Einführung neuer Normalherstellungskosten demzufolge nur auf darauf sich gründende Sachwertermittlungen anwendbar.

56 Die Höhe der Marktanpassungsfaktoren ist des Weiteren davon abhängig, ob und inwieweit man mit den ermittelten Herstellungswerten auch vom Grundstücksmarkt „nicht honorierte" **besonderen Bauteile** bzw. sog. **c-Flächen** und Bauweisen berücksichtigt. Soweit sie im Rahmen der Ableitung von Sachwertfaktoren nicht bei der Sachwertermittlung berücksichtigt worden sind, gehen sie in den Sachwertfaktor ein und werden auf diesem Wege bei der Verkehrswertermittlung marktkonform berücksichtigt (vgl. Rn. 46).

57 Die Höhe der Normalherstellungskosten ist von der Region und der Ortsgröße abhängig. Dem wurde bislang dadurch Rechnung getragen, dass die herangezogenen Normalherstellungskosten (NHK 2000 und NHK 95) mit entsprechenden **Ortsgrößen- und Regionalfaktoren** auf die Verhältnisse des Belegenheitsgebiets umgerechnet wurden. Die Regionalisierung kann aber auch in den Sachwertfaktor „verlagert" werden, indem die **Sachwertfaktoren auf der Grundlage nicht regionalisierter Sachwertermittlungen** abgeleitet werden. Die Regionalisierung erfolgt dann mit dem so ermittelten Sachwertfaktor. Mit einer Änderung des Systems ist eine Änderung der Sachwertfaktoren verbunden.

4.3.2.4 Alter und Alterswertminderung

58 Über den **Verlauf der marktgerechten Alterswertminderung** nach § 23 ImmoWertV gehen die Auffassungen weit auseinander. Diese reichen von der Annahme, dass der Gebäudesachwert mit der Errichtung der Bebauung – quasi wie im Falle der Weiterveräußerung eines Neuwagens – schlagartig absinke, über die lineare Wertminderung bis hin zur sog. Rosskur.

59 Die Verhältnisse verdeutlichen sich am nachfolgenden Kurvenvergleich (Abb. 6):

Sachwertfaktoren § 14 ImmoWertV V

Abb. 6: Abschreibungskurven und ihre Unterschiede

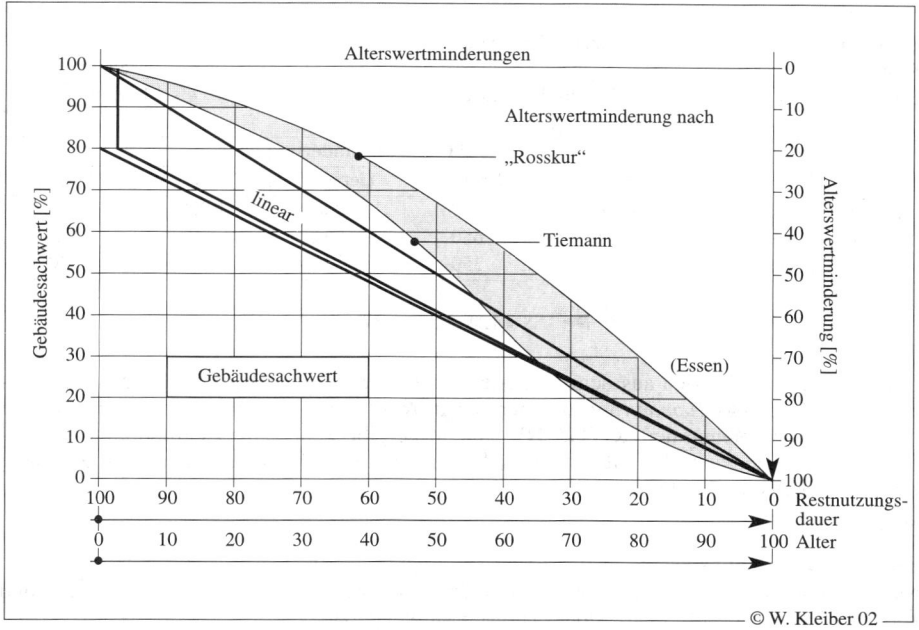

Abb. 7: Marktanpassungsabschläge bei Anwendung unterschiedlicher Alterswertabschreibungskurven

Die von den Gutachterausschüssen abgeleiteten Sachwertfaktoren sind aus den vorstehenden Gründen von der vom Gutachterausschuss bei seiner Sachwertermittlung angewandten Abschreibungsmethodik abhängig (Abb. 7).

60

61 Allein aus der Wahl der Alterswertabschreibungskurve können sich Unterschiede im ermittelten Gebäudesachwert von 20% und sogar mehr ergeben, d.h. in einer Größenordnung, die vielfach dem Sachwertfaktor entspricht.

62 *Beispiel:*

Sachwertobjekt mit einer Gesamtnutzungsdauer von 100 Jahren
Restnutzungsdauer von 35 Jahren
Ermittelter Herstellungswert zum Wertermittlungsstichtag 1 Mio. €

	Alterswertminderung nach				
	Ross	linear	Tiemann	TEGOVA	Vogels
Herstellungswert in T€	1 000	1 000	1 000	1 000	1 000
Alterswertminderung	540	650	664	507	611
Gebäudesachwert in T€	469	350	336	493	389

Δ = 124 000 €

63 Der Unterschied, der sich aus dem voranstehenden *Beispiel* zwischen der Alterswertminderung nach *Ross* und *Tiemann* (an die sich die in *Nordrhein-Westfalen* vielfach angewandte Alterswertabschreibung der AGVGA NW anlehnt) ergibt, kann seine Begründung darin finden, dass die Tiemannsche Alterswertminderung eine wirtschaftliche Alterswertminderung erklärtermaßen einschließt.

64 *Beispiel:*

Sachwertfaktoren in *Essen*:

Nach Untersuchungen des Gutachterausschusses für Grundstückswerte in Essen wurden für **Ein- und Zweifamilienhäuser** auf folgender Grundlage der Sachwertermittlung

- Normalherstellungskosten auf der Basis 1980 = 100,
- Baupreisindex für das Land Nordrhein-Westfalen für 1- und 2-Familienhäuser,
- Alterswertminderung nach *Tiemann*, die bereits Komponenten der wirtschaftlichen Wertminderung enthält,

folgende Marktanpassungsfaktoren abgeleitet (Abb. 8):

Abb. 8: Abweichung der Kaufpreise vom ermittelten Sachwert (Kaufpreisauswertung 1997) für Ein- und Zweifamilienhausgrundstücke in Essen

Sachwert in €	Zu-/Abschlag (v.H.)	Sachwert in €	Zu-/Abschlag (v.H.)
87 500	+ 16	200 000	− 5
100 000	+ 11	225 000	− 7
112 500	+ 8	250 000	− 8
125 000	+ 5	300 000	− 10
137 500	+ 2	350 000	− 12
150 000	0	400 000	− 13
175 000	− 3	450 000	− 14

Die Zu- bzw. Abschläge sind auf volle 250 € zu runden.
Interpolationen sind nicht erforderlich, Extrapolationen nicht zulässig.

Sachwert < 87 500 €:	ggf. nach gutachterlichem Ermessen höherer Zuschlag
Sachwert > 450 000 €:	Einzelfallbeurteilung hinsichtlich der Marktlage, da sich derartige Objekte deutlich vom Durchschnitt des Vergleichsmaterials unterscheiden (insbesondere Villen)

Grundlage der Auswertung:
Normalherstellungskosten auf der Basis 1980 = 100
Baupreisindex für das Land Nordrhein-Westfalen für 1- und 2-Familienhäuser
Alterswertminderung nach *Tiemann;* diese enthält bereits Komponenten der wirtschaftlichen Wertminderung,

Quelle: Gutachterausschuss für Grundstückswerte (Essen 1997/9, umgerechnet)

Die Abhängigkeit der Sachwertfaktoren von
- den herangezogenen Normalherstellungskosten und
- der Alterswertabschreibungsmethodik

wird deutlich, wenn man den Sachwert des Gebäudes auf der Grundlage der Normalherstellungskosten von *Thormälen* und der Alterswertminderungskurve von *Vogels* ermittelt. Man kommt dann selbst für hohe Sachwerte zu vergleichsweise geringen Marktanpassungsabschlägen, denn die Vogelsche Alterswertabschreibungskurve führt im Verhältnis zur „Rosskur" zu einer verhältnismäßig hohen Alterswertminderung. Des Weiteren fallen die Marktanpassungsabschläge umso geringer aus, je älter das Objekt ist. Dies entspricht der mit zunehmendem Alter anwachsenden Alterswertminderung nach *Vogels,* die den Marktanpassungsabschlag zusammenschmelzen lässt.

Während nach § 23 WertV 88/98 die Wahl der Abschreibungsmethodik (Wertminderung wegen Alters) noch ins Ermessen des Gutachterausschusses gestellt war, wird ihnen mit § 23 ImmoWertV aufgegeben, bei der Sachwertermittlung „in der Regel eine gleichmäßige Wertminderung", d.h. eine **lineare Alterswertminderung** zugrunde zu legen. Diese Vorgabe hat den Vorteil einer einheitlichen Handhabung, und die von verschiedenen Gutachterausschüssen abgeleiteten Sachwertfaktoren werden zumindest insoweit vergleichbar.

Bisher galt es, die **Alterswertminderungsmethode** anzuwenden, **die der Gutachterausschuss bei der Ableitung der Marktanpassungsfaktoren zugrunde gelegt hat**, wenn man seine Marktwertermittlung auf diese stützen wollte, und da galt es Acht zu geben, denn vielfach kamen auch exotische Abschreibungsmethoden zur Anwendung. Künftig wird man sich aufgrund der Vorgabe des § 23 ImmoWertV darauf verlassen können, dass den veröffentlichten Sachwertfaktoren eine Sachwertermittlung unter Heranziehung einer linearen Alterswertminderung zugrunde liegt. Die lineare Alterswertminderung ist die einfachste Form der Abschreibung, und die Vorgabe, sie „in der Regel" anzuwenden, ist allein schon deshalb ein Fortschritt, weil künftig alle dieselbe Methode anwenden. Damit werden nicht nur die von den Gutachterausschüssen abgeleiteten Sachwertfaktoren vergleichbarer, sondern auch die

Gutachten verschiedener Sachverständiger untereinander und somit unnötige Auseinandersetzungen vermieden.

68 Die mit Inkrafttreten der ImmoWertV auf der Grundlage einer anderen Alterswertminderung abgeleiteten Sachwertfaktoren können indessen (übergangsweise) nur noch zur Anwendung kommen, wenn man entgegen der Vorgabe des § 23 ImmoWertV die entsprechende Alterswertminderungsmethodik anwendet.

4.3.2.5 Gesamt- und Restnutzungsdauer

69 **Sachwertfaktoren fallen i.d.R. desto größer aus, je älter das Gebäude ist.** Dies wird deutlich aus den Untersuchungen verschiedener Landkreise in *Niedersachsen* (Abb. 9).

Abb. 9: Marktanpassungsabschläge in Abhängigkeit vom Gebäudealter

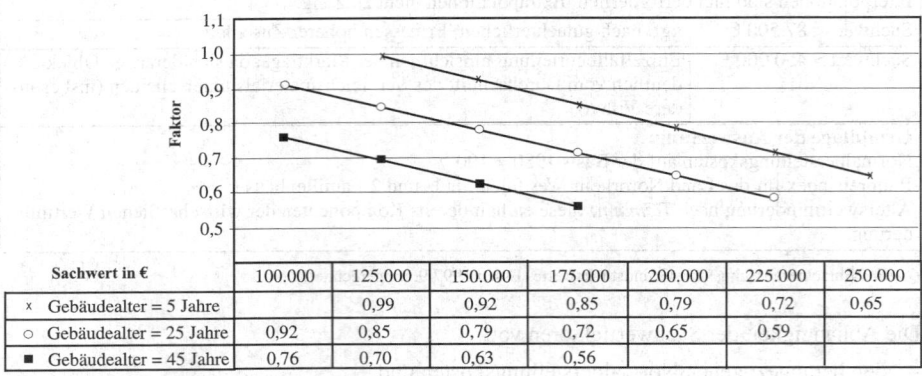

Sachwert in €	100.000	125.000	150.000	175.000	200.000	225.000	250.000
x Gebäudealter = 5 Jahre		0,99	0,92	0,85	0,79	0,72	0,65
o Gebäudealter = 25 Jahre	0,92	0,85	0,79	0,72	0,65	0,59	
■ Gebäudealter = 45 Jahre	0,76	0,70	0,63	0,56			

Quelle: Landesgrundstücksmarktbericht 2007

70 Der signifikante **Einfluss der Restnutzungsdauer**[2] (bzw. des Baualters) **auf die Höhe des Sachwertfaktors** kann im Übrigen als Beleg für eine unstimmige Alterswertabschreibung gelten.

71 Darüber hinaus wirkt sich auch die vom Gutachterausschuss im Rahmen der Ableitung von Sachwertfaktoren praktizierte Vorgehensweise bei der Ermittlung der **Gesamt- und Restnutzungsdauer** aus. Bei Heranziehung der einschlägigen Tabellenwerke über die übliche Gesamtnutzungsdauer baulicher Anlagen sind ihm erhebliche Spielräume gegeben. So weist Anl. 4 der WERTR 06 Ein- und Zweifamilienhäusern eine durchschnittliche Gesamtnutzungsdauer von 60 bis 100 Jahren zu. Die Alterswertminderung fällt umso geringer aus, je großzügiger von der Spannbreite Gebrauch gemacht wird. Auch dies geht in die abgeleiteten Alterswertfaktoren ein.

4.3.3 Allgemeine Wertverhältnisse auf dem Grundstücksmarkt

4.3.3.1 Übersicht

72 Die wesentlichen sachwertbezogenen allgemeinen Wertverhältnisse auf dem örtlichen Grundstücksmarkt sind abhängig von:

a) der allgemeinen regionalen und überregionalen Wirtschaftslage,

b) der Lage auf dem örtlichen Grundstücksmarkt,

c) der Grundstücksart,

---

2 Becker,W./Burkhard, H.-J./Müller, B., in Nachr. der rh.-pf. Kat- und VermVw 1991, 173.

d) Größe und Beschaffenheit des Gebäudes bzw. der damit korrelierenden Höhe des Grundstückswerts einschließlich Grunderwerbsnebenkosten und

e) der Lage auf dem Baumarkt (sofern nicht bereits mit den angesetzten Normalherstellungskosten berücksichtigt).

4.3.3.2 Allgemeine Wirtschaftslage

Im überregionalen Vergleich sind die Sachwertfaktoren von der Wirtschaftskraft der jeweiligen Region abhängig. Strukturschwache Räume mit geringer Wirtschafts- und Kaufkraft weisen bekanntlich geringere Immobilienpreise als die strukturstarken Räume auf. Die Herstellungskosten von baulichen Anlagen unterscheiden sich dagegen in weitaus geringerem Maße und sind sogar gleich, wenn man bei der Sachwertermittlung auf eine Regionalisierung der bei der Sachwertermittlung angesetzten Herstellungskosten verzichtet. Aus diesem Grunde ergeben sich – je **nach Strukturstärke des Raumes – unterschiedliche Verläufe der Sachwertfaktoren** (Abb. 10).

Abb. 10: Wertverhältnis Verkehrswert/Sachwert für Einfamilienhäuser in ausgewählten Gemeinden und Landkreisen 1999/2000

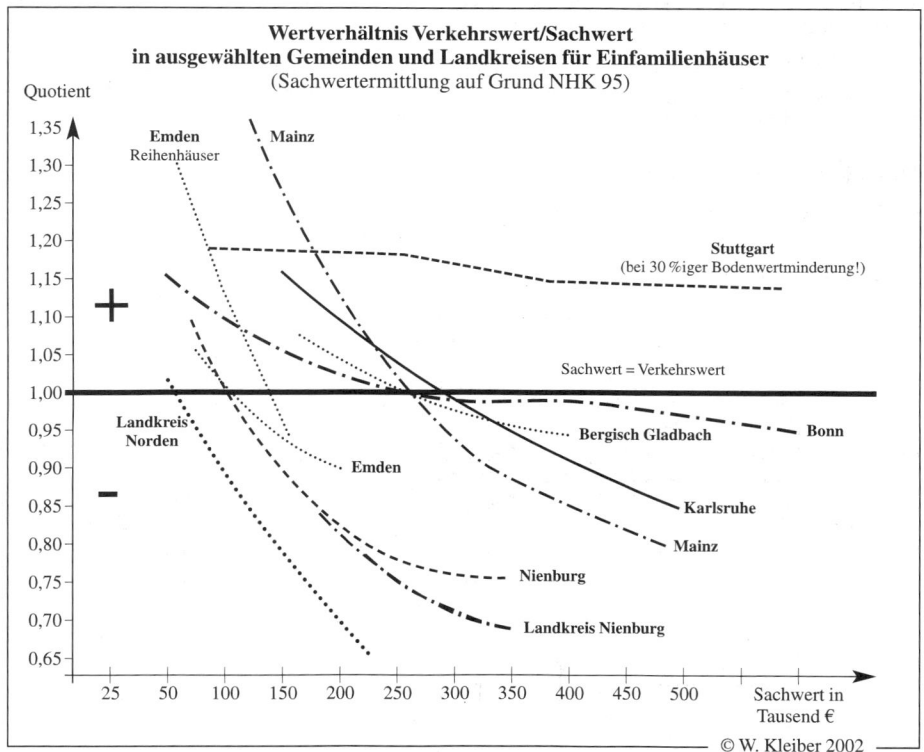

Quelle: Gutachterausschuss für Grundstückswerte in den genannten Städten und Landkreisen

Der Immobilienmarkt für Sachwertobjekte, insbesondere Ein- und Zweifamilienhäuser, weist eine große Spannbreite auf: Dies beginnt bei kosten- und flächensparend errichteten Reihenhäusern und mündet in luxuriösen Villen auf hochwertigem Grund. **Je hochwertiger das Sachwertobjekt ist, desto größer ist der Sachwertfaktor und umgekehrt.** In aller Regel ergeben sich ab etwa einer bestimmten Höhe des Sachwerts Marktanpassungsabschläge bzw.

Sachwertfaktoren ≤1 und darunter Marktanpassungszuschläge bzw. Sachwertfaktoren ≥1. Die Schnittstelle stellt den Isowert dar. Sachwert und Verkehrswert sind an dieser Stelle identisch. Der Sachwert mit dem Sachwertfaktor von 1,0 ist also der Sachwert, bei dem der Sachwert dem Verkehrswert entspricht und die Kurve des Sachwertfaktors bei grafischer Darstellung der Abhängigkeit des Verkehrswerts vom Sachwert (Abb. 11) die „Nulllinie" durchstößt.

75 Die Höhe des Isowerts ist wiederum von der **Wirtschaftskraft der Region** abhängig. Der Isowert (Sachwert = Verkehrswert) ist in strukturstarken Räumen weitaus höher als in strukturschwachen Räumen. Dies ist auch für die Bauwirtschaft von Bedeutung, denn wenn der Sachwert eines Bauvorhabens den Isowert überschreitet, kann nicht erwartet werden, dass die aufgebrachten Kosten mit dem Verkauf realisiert werden können.

– Bei *kleineren Sachwerten* (bis etwa 150 000 € bis 250 000 €) muss ein Marktanpassungszuschlag an den Sachwert angebracht werden, um zum Verkehrswert zu kommen.

– Bei *größeren Sachwerten* (ab etwa 150 000 € bis 250 000 €) muss ein Marktanpassungsabschlag an den Sachwert angebracht werden, um zum Verkehrswert zu kommen.

In strukturschwachen Gemeinden können sich Sachwertzuschläge schon bei geringerer Höhe des Sachwerts ergeben und umgekehrt. In hochwertigen Lagen verschieben sich die genannten Grenzen nach „oben". Die Höhe des Sachwerts mit dem Marktanpassungsfaktor 1,0 (Gleichgewichtswert) ist in erster Linie abhängig von der Wirtschafts- und Kaufkraft in der jeweiligen Region und damit nicht einheitlich.

76 Für den Sachverständigen ist es also wichtig, den örtlichen Gleichgewichtswert (Abb. 11) zu kennen, weil hiervon ausgehend die Marktzu- oder -abschläge entsprechend dem Kurvenverlauf und der Höhe des Sachwerts im Einzelfall anzubringen sind.

Abb. 11: Gleichgewichtswerte

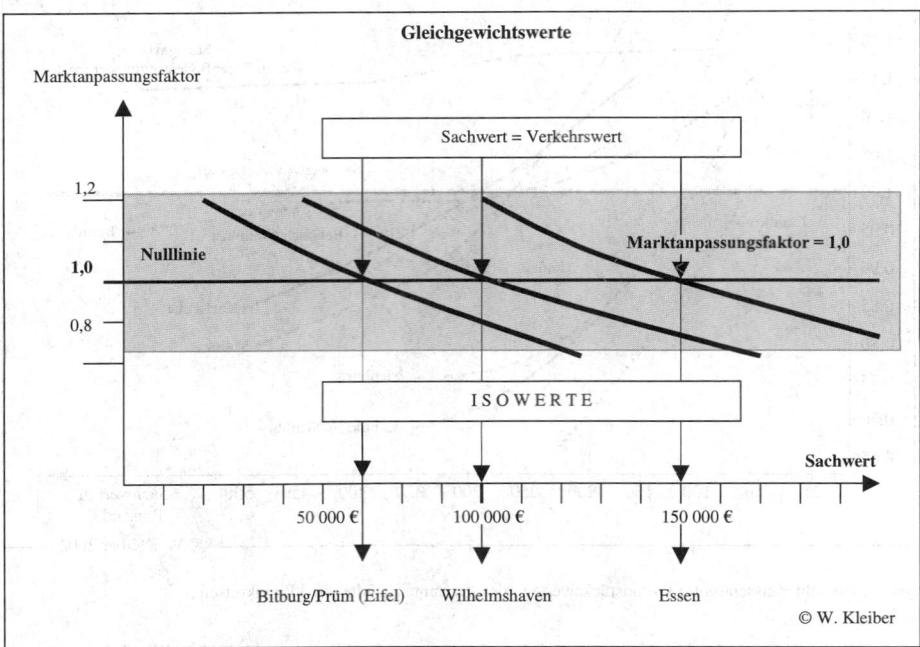

4.3.3.3 Lage auf dem örtlichen Grundstücksmarkt

77 Die örtliche Lagegunst, d.h. die Unterscheidung nach guten und schlechten Lagen, ist für die Höhe des Sachwertfaktors von erheblicher Bedeutung. Die Abhängigkeit des Sachwertfaktors

Sachwertfaktoren § 14 ImmoWertV V

von der Wertigkeit der Lage kann dadurch berücksichtigt werden, dass diese in **Abhängigkeit vom Bodenrichtwert** abgeleitet werden (vgl. *Beispiel* der Abb. 12 des Gutachterausschusses von *Karlsruhe*).

Abb. 12: Sachwertfaktoren in Abhängigkeit von der Lage (Bodenrichtwerte) in Karlsruhe

Sachwert	Sachwertfaktoren für Reihenhäuser		Sachwertfaktoren für mit Ein- und Zweifamilienhäusern bebaute Grundstücke		
	Bodenrichtwert		Bodenrichtwert		
	270 – 330 €/m²	332 – 430 €/m²	230 – 310 €/m²	311 – 390 €/m²	391 – 450 €/m²
100 000	–	–	–	–	–
125 000	1,34	1,40	–	–	–
150 000	1,27	1,32	1,17	–	–
175 000	1,20	1,25	–	–	–
200 000	1,14	1,19	1,11	–	–
225 000	1,09	1,13	–	–	–
250 000	1,04	1,08	1,05	1,20	–
275 000	0,99	1,02	–	–	–
300 000	0,94	0,98	1,00	1,09	–
325 000	0,90	0,93	–	–	–
350 000	0,86	0,89	0,95	1,01	1,15
375 000	–	–	–	–	–
400 000	–	–	0,91	0,96	1,08
450 000	–	–	0,88	0,92	1,03
500 000	–	–	0,84	0,88	0,98
550 000	–	–	0,81	0,85	0,93
600 000	–	–	–	0,83	0,89
650 000	–	–	–	0,81	0,86
700 000	–	–	–	0,79	0,83
750 000	–	–	–	–	0,80
800 000	–	–	–	–	0,78
850 000	–	–	–	–	0,76
900 000	–	–	–	–	0,74
950 000	–	–	–	–	0,72
1 000 000	–	–	–	–	0,70

Quelle: Grundstücksmarktbericht Karlsruhe 2006

Allgemein gilt, dass

– Marktanpassungszuschläge in guten Lagen höher und
– Marktanpassungsabschläge in guten Lagen geringer ausfallen

und umgekehrt. Dies betrifft insbesondere auch Objekte, was die Entfernungslage zum Zentrum anbelangt (die Villa, 10 km vom Ortsrand entfernt, hat einen höheren Marktanpassungsabschlag als die am Ortsrand).

4.3.3.4 Grundstücksart

79 Der Grundstücksmarkt zerfällt bekanntlich in verschiedene Teilmärkte mit unterschiedlichen allgemeinen Wertverhältnissen. Bei der Ableitung von Sachwertfaktoren wird deshalb – je nach örtlichen Notwendigkeiten – nach unterschiedlichen Grundstücksarten unterschieden (vgl. nachfolgende Abb. 13):

Abb. 13: Sachwertfaktoren in der Bundesstadt Bonn

Sachwertfaktoren in der Bundesstadt Bonn			
Sachwert in €	Freistehende Einfamilienhäuser der Baujahre 1935 bis 1999	Einfamilien-Reihenhäuser und Doppelhaushälften der Baujahre 1935 bis 1999	Grundstücke mit beidseitig angebauten „Gründerzeithäusern" der Baujahre 1890 bis 1936
150 000	–	1,04	–
200 000	0,95	1,01	0,97
250 000	0,95	0,98	-
300 000	0,96	0,96	**1,00**
350 000	0,96	0,95	–
400 000	0,96	0,93	1,03
450 000	0,98	–	–
500 000	0,98	–	1,05
550 000	0,96	–	–
600 000	0,98	–	1,07
700 000	–	–	1,08
800 000	–	–	1,09
900 000	–	–	1,10

Quelle: Grundstücksmarktbericht Bonn 2006

4.3.3.5 Größe und Beschaffenheit der baulichen Anlage

80 Von wesentlicher Bedeutung für den Sachwertfaktor und seinen Verlauf sind die Größe **(Wohn- oder Nutzfläche)** und **Beschaffenheit sowie das Alter der baulichen Anlage.** Damit korreliert ist die Höhe des Sachwerts, denn je größer und aufwendiger ein Gebäude errichtet worden ist, umso höher ist auch sein Sachwert. Damit korreliert ist aber auch die Lage des Grundstücks, denn der Sachwert schließt den Bodenwert ein.

81 In der Praxis werden deshalb die Sachwertfaktoren in Abhängigkeit von der Höhe des Sachwerts ermittelt. Damit wird eine gesonderte Erfassung der Größe und der Beschaffenheit entbehrlich (vgl. nachfolgende Sachwertfaktoren in Bergisch Gladbach Abb. 14).

Abb. 14: Sachwertfaktoren nach NHK 2000

Quelle: Grundstücksmarktbericht des Gutachterausschusses Bergisch Gladbach 2009

In einer Reihe von Grundstücksmarktberichten werden Sachwertfaktoren in Abhängigkeit vom **Kubikmeter Brutto-Rauminhalt (umbauten Raum)** angegeben, wobei die Sachwertfaktoren umso höher ausfallen, je größer der Kubikmeter Brutto-Rauminhalt (umbauter Raum) ist. Andere Gutachterausschüsse haben Sachwertfaktoren in Abhängigkeit von der Wohnfläche ermittelt[3]. Diese Art der Ableitung entspricht im Wesentlichen der Ableitung der Sachwertfaktoren in Abhängigkeit von der Höhe des Sachwerts, weil diese naturgemäß mit der Größe des Objekts anwächst.

Bezüglich der **Abhängigkeit des Sachwertfaktors vom Alter der baulichen Anlage** haben die Untersuchungsergebnisse gezeigt, dass der Marktanpassungsabschlag umso geringer ausfällt, je jünger das Gebäude ist.

Allgemein und insbesondere für **Ein- und Zweifamilienhäuser**, auf die sich die Bedeutung des Sachwertverfahrens im Wesentlichen beschränkt, gilt, dass der Sachwert um so mehr hinter den Verkehrswert zurückfällt,

– je aufwendiger das Objekt bebaut ist und
– je größer das Missverhältnis zwischen der baulichen Qualität und der Lage ist.

Bei hochwertigen Ein- und Zweifamilienhäusern in schlechter einschließlich einer ungünstigen Entfernungslage öffnet sich die Schere zwischen Sach- und Verkehrswert. Demgegenüber liegt bei besonders „kleinen" Objekten der Verkehrswert häufig über dem Sachwert.

4.3.3.6 Lage auf dem Baumarkt

Die Lage auf dem Baumarkt kann insbesondere berücksichtigt werden, indem die Normalherstellungskosten mit einem entsprechenden **Ortsgrößenfaktor** der örtlichen Lage angepasst

---

3 Beispiel aus Wolfenbüttel in Kleiber/Simon, Verkehrswertermittlung von Grundstücken, 5. Aufl. 2007, S. 1075.

wird. Dies wird deutlich, wenn man den für den *ostfriesischen Raum* (2007) ermittelten Ortsgrößenfaktor von 1,0 mit den Ortsfaktoren der ostfriesischen Inseln vergleicht:

Insel	Ortsfaktor	Insel	Ortsfaktor
Juist	1,9	Langeoog	1,6
Norderney	1,6	Spiekeroog	1,7
Baltrum	1,8		

86 Die Herstellungskosten für Gebäude auf den ostfriesischen Inseln liegen erheblich höher als die Herstellungskosten auf dem Festland. Dies ist bedingt durch deutlich höhere Aufwendungen für den Transport von Material und Gerät, durch höhere Personalkosten und durch Bausperren während der Saison. Aber auch die Wettbewerbssituation im Baugewerbe weicht auf den Inseln erheblich von der Situation auf dem Festland ab und ist auch zwischen den Inseln unterschiedlich.

87 Werden indessen im Rahmen der Sachwertermittlung **Normalherstellungskosten ohne Berücksichtigung des Regional- und Ortsgrößenfaktors** angesetzt, geht die jeweilige Lage auf dem Baumarkt in den Sachwertfaktor ein. Mit der Anwendung dieser Sachwertfaktoren wird die Lage auf dem Baumarkt entsprechend berücksichtigt.

4.4 Darstellung und Veröffentlichung von Sachwertfaktoren

4.4.1 Darstellung

88 Sachwertfaktoren werden zumeist in Tabellenform oder graphisch dargestellt (vgl. vorstehende Beispiele).

89 Für *Mainz* wurden folgende Marktanpassungsfaktoren in Abhängigkeit vom Sachwert nach der Formel ermittelt oder in Tabellenform (Abb. 15):

MF = $[1,3387 \times 10^{-23} \times (\text{vorläufiger Sachwert})^4] - [3,1805 \times 10^{-17} \times (\text{vorläufiger Sachwert})^3]$ + $[2,5725 \times 10^{-11} \times (\text{vorläufiger Sachwert})^2] - [0,96575 \times 10^{-5} \times (\text{vorläufiger Sachwert})]$ + 2,1523

Abb. 15: Wertetabelle (2007)

Wertetabelle					
ermittelter Wert	M-Faktor	ermittelter Wert	M-Faktor	ermittelter Wert	M-Faktor
75 000 €	1,57	225 000 €	1,00	375 000 €	0,88
100 000 €	1,42	250 000 €	0,96	400 000 €	0,87
125 000 €	1,30	275 000 €	0,93	425 000 €	0,87
150 000 €	1,20	300 000 €	0,91	450 000 €	0,87
175 000 €	1,12	325 000 €	0,89	475 000 €	0,87
200 000 €	1,06	350 000 €	0,89	500 000 €	0,84

90 Angewendet werden diese Faktoren, indem sie mit dem nach dem oben angegebenen Modell ermittelten Sachwert multipliziert werden:

Verkehrswert = Sachwert × Marktanpassungsfaktor

Sachwertfaktoren § 14 ImmoWertV V

Marktanpassungsfaktor für freistehende Ein- und Zweifamilienhäuser 91

in Berlin:	vgl. ABl. Bln. 2002, 199 = GuG 2002, 171; ABl. Bln. 1999, 5004 = GuG 2001, 171; ABl. Bln. 2005, 174 = GuG 2005, 224 (vgl. Rn. 226)
in Bielefeld	MF = 0,56 × (Sachwert × 10 – 6)$^{-0,33}$ Ein- und Zweifamilienhäuser
	MF = 0,53 × (Sachwert × 10 – 6)$^{-0,34}$ Altbau: DHH, Reihenend- und -mittelhäuser
	MF = 0,34 × (Sachwert × 10 – 6)$^{-0,66}$ Neubau: DHH, Reihenend- und -mittelhäuser
in Chemnitz	MF = 149 × Sachwert$^{-0,43}$
in Lübeck	MF = 3,816 × Sachwert$^{-0,249}$
in Mülheim an der Ruhr	MF = 394,11 – 30,414 × ln (×) für großzügige Einfamilienhäuser
	MF = 192,16 – 15,569 – 15,569 × ln (×) für übliche Einfamilienhäuser
in Rheine (2007)	MF = 0,77 + 0,0018 × Bodenrichtwert 2003[€/m²] – 0,0016 × Wohnfläche (m²).

4.4.2 Veröffentlichung

Die von den Gutachterausschüssen für Grundstückswerte empirisch abgeleiteten und veröffentlichten Sachwertfaktoren (Marktanpassungszu- und -abschläge) können nur dann verwendet werden, wenn bei deren Veröffentlichung detailliert offengelegt wird, auf welche **Objektgruppen** und welchen **Ermittlungszeitpunkt** sie sich beziehen und vor allem wie der in die Auswertung eingeführte Sachwert ermittelt wurde. Die Anwendung der Sachwertfaktoren steht nämlich unter dem Grundsatz der Modellkonformität. 92

Ein wesentliches Element der Veröffentlichung von Sachwertfaktoren ist/sind 93

a) die Darstellung der zur Anwendung gekommenen **Sachwertmethodik einschließlich der einschlägigen Parameter** (vgl. Rn. 94) und

b) die durchschnittlichen Eigenschaften der in die Auswertung eingegangenen Grundstücke nach Lage und Beschaffenheit der baulichen Anlage (**Normgrundstück**), vergleichbar mit der Beschreibung des Bodenrichtwertgrundstücks einer Bodenrichtwertzone.

4.4.3 Modellkonforme Anwendung von Sachwertfaktoren

Nach dem **Grundsatz der Modellkonformität** dürfen empirisch aus dem Grundstücksmarkt abgeleitete Marktanpassungsfaktoren nur in der Weise in die Wertermittlung eingeführt werden, wie sie abgeleitet wurden, d.h., es sind **dieselben Verfahrensgrundsätze anzuwenden, die ihrer Ableitung zugrunde lagen.** Dies gilt insbesondere auch für die vom Gutachterausschuss abgeleiteten Sachwertfaktoren. 94

Sachwertfaktoren werden nach vorstehenden Ausführungen aus dem Verhältnis geeigneter Kaufpreise bebauter Grundstücke zu den dafür nach Maßgabe der §§ 21 bis 23 ImmoWertV abgeleiteten Sachwerten abgeleitet. Sie haben mithin auch nur eine Geltung für eine **Sachwertermittlung, die sich im Einzelnen so vollzieht, wie sie bei der Ableitung zur Anwendung kam.** Will man diese Sachwertfaktoren heranziehen, muss man sich zwangsläufig derselben Methode der Sachwertermittlung einschließlich der maßgeblichen Parameter bedienen, insbesondere der zur Ableitung der Sachwertfaktoren zugrunde gelegten

– Grundstücksart

– herangezogenen Normalherstellungskosten und ihrem Bezugsjahr,

– Baunebenkosten,

– Alterswertminderungskurve,

– Gesamtnutzungsdauer,

– Baupreisindexreihe,

- Angaben zur Berücksichtigung bzw. Nichtberücksichtigung von Orts- und Regionalfaktoren und ggf. Angaben zur Höhe,
- Angaben zur Berücksichtigung bzw. Nichtberücksichtigung sog. c-Flächen und ggf. zu den besonders berücksichtigten Bauteilen,
- Berücksichtigung des Sachwertfaktors.

95 **Bei modellkonformer Anwendung der Sachwertfaktoren korrigieren sich auch etwaige Fehler und Mängel des angewandten Sachwertverfahrens.** Auch wenn die zur Ableitung der Sachwertfaktoren angewandte Methode falsch gewesen sein mag, so wird das daraus resultierende fehlerhafte Ergebnis mit dem Sachwertfaktor an den Verkehrswert „justiert":

96 *Beispiel:*

Verkehrswert	=	800 000 €
Sachwert (falsch)	=	1 100 000 €
Sachwert (richtig)	=	1 000 000 €

Aus falschen Sachwerten ermittelter Sachwertfaktor: 0,73 (= 800 000 € : 1 100 000 €)
Verkehrswert = 1 100 000 € × 0,73 = 800 000 €
Das Ergebnis entspricht dem Verkehrswert, wenn der Sachwert nach derselben mängelbehafteten Sachwertmethode ermittelt worden ist.

97 Was methodisch der „richtige" und der „falsche" Sachwert ist, kann – überspitzt formuliert – unbeantwortet bleiben, wenn man nur in demselben System bleibt (Grundsatz der Modell- bzw. Systemkonformität). Der Sachwertfaktor stellt von daher einen **Modell- bzw. Systemkorrekturfaktor** dar, wenn die angewandte Methodik der Sachwertermittlung mängelbehaftet ist.

98 Fehlerhaft ist in jedem Fall die Vorgehensweise, bei der eine bestimmte **Methodik der Sachwertermittlung mit Sachwertfaktoren kombiniert wird, die unter Heranziehung einer anderen Sachwertermittlungsmethodik abgeleitet wurden.**

4.4.4 Sachwertfaktoren für besondere Teilmärkte

4.4.4.1 Gewerbe- und Industrieobjekt

▶ *Vgl. hierzu Teil VI Rn. 130 ff.*

99 Der Verkehrswert von Gewerbe- und Industrieobjekten wird entgegen einer veralteten Auffassung heute nicht mehr im Sachwertverfahren, sondern **im Wege des Ertragswertverfahrens** ermittelt. Insoweit bedarf es hierfür keiner genaueren Kenntnisse von Sachwertfaktoren, die im Übrigen bei dieser Grundstücksart extrem hoch ausfallen können. Aktuelle Faktoren über das Verhältnis vom Sachwert zum Verkehrswert von Gewerbe- und Industrieobjekten sind auch nicht bekannt. *Streich*[4] untersuchte im Jahre 1985 das Verhältnis von Kaufpreisen zu Grundstückssachwerten von Gewerbe- und Industriegrundstücken auf dem Lübecker Grundstücksmarkt. Er kam zum Ergebnis, dass die **Verkehrswerte im Mittel etwa um 35 bis 40 v.H. unter ihren Grundstückssachwerten** lagen. Tendenziell stiegen die Abschläge vom Grundstückssachwert mit steigenden Sachwerten an. Zudem ist es geboten, nach dem Alter der Objekte zu differenzieren.

100 Bei Gewerbe- und Industriegrundstücken (ohne städtische Geschäftsgrundstücke) beträgt der durchschnittliche Marktanpassungsabschlag etwa 25 v.H. (± 10 v.H.) des Grundstückssachwerts. **Bei älteren Objekten kann sich der Marktanpassungsabschlag** bis auf 35 bis 65 v.H. (± 15 v.H.) **erhöhen**. Die recht hohen Abschläge deuten darauf hin, dass der Grundstückssachwert keine geeignete Grundlage für die Wertermittlung älterer Gewerbe- und Industriegrundstücke bietet[5].

---
4   Streich: Ableitung des Verkehrswerts aus dem Sachwert, VBN-Info 1987, 22.
5   Zu Marktanpassungsfaktoren für Betriebsleiterwohnungen vgl. Bottmeyer, M., in GuG 2006, 151 ff.

Sachwertfaktoren § 14 ImmoWertV V

4.4.4.2 Eigentumswohnungen

▶ *Vgl. hierzu Teil VI Rn. 39 ff.* **101**

4.4.4.3 Resthofstellen

Schrifttum: *Becker/Olejnizat/Schneider/Tepper,* Ableitung von Marktanpassungsfaktoren für aufgegebene landwirtschaftliche Hofstellen, Nachr. der rh.-pf. Kat.- und VermVw 1999, 28; *Müller,* Marktanpassungsfaktoren für landwirtschaftliche Hofstellen im Außenbereich, WFA 1998, 12; Gutachterausschuss Landkreis Nienburg/Weser, Grundstücksmarktbericht 2003.

▶ *Vgl. hierzu § 5 ImmoWertV Rn. 133 ff.*

Für Resthofstellen kommen **Sachwertfaktoren von 0,5 bis 0,8** zur Anwendung. Die Ergebnisse nachfolgender Untersuchungen des Gutachterausschusses in *Nienburg/Weser* (2003) basieren auf einer Sachwertermittlung auf der Grundlage: **102**

- Bodenwerte für Hofstellen im Innenbereich mit einem Abschlag von 40% auf den Bodenrichtwert (ebf) im MD-Gebiet,
- Normalherstellungskosten auch bei mehrgeschossigen Gebäuden bezogen auf die BGF der einfachen Gebäudegrundfläche,
- Ansatz von 250 €/m² BGF für alte massive Stallgebäude,
- Restnutzungsdauer von 15 Jahren, sofern keine Baufälligkeit vorliegt.

Der Abzug bezieht sich auf den ermittelten Herstellungswert und nicht auf den Gebäudezeitwert.

Abb. 16: Marktanpassungsfaktoren für Resthofstellen

Quelle: Grundstücksmarktbericht 2003 des Gutachterausschusses Nienburg

5 Erbbaurechts- und Erbbaugrundstücksfaktoren (§ 14 Abs. 2 Nr. 2 ImmoWertV)

▶ *Vgl. Teil IX Rn. 152 ff.*

103 **Empirisch abgeleitete Erbbaurechts- und Erbbaugrundstücksfaktoren** (§ 14 Abs. 2 Nr. 2 ImmoWertV) **sind bislang nur von wenigen Gutachterausschüssen für Grundstückswerte abgeleitet worden.** So sind im Grundstücksmarktbericht 2009 des Gutachterausschusses für Grundstückswerte in *Bergisch Gladbach* beispielsweise Erbbaugrundstücksfaktoren für folgende Teilmärkte veröffentlicht worden:

– Doppelhaushälfte- und Reihenhausbebauung sowie
– Freistehende Eigenheime (Abb. 17).

Abb. 17: Abweichungen der Kaufpreise vom Sachwert

Quelle: Grundstücksmarktbericht Bergisch Gladbach 2009

6 Liegenschaftszinssätze (§ 14 Abs. 3 ImmoWertV)

6.1 Überblick

6.1.1 Liegenschaftszinssatz nach ImmoWertV

Schrifttum: *Fischer, K.,* Der Liegenschaftszins in der Anwendung bei der Wertermittlung, GuG 2006, 164; *Friedrichs, J.-C.,* in: Zinssätze in Wertermittlungen, 1. Aufl., Verlag Pflug und Feder, Sankt Augustin, 2001, S. 104; *Münchhofen, M./Springer, U.,* Die Abbildung des wirtschaftlichen Risikos im Liegenschaftszins, GuG 2004, 7; *Plein, C.,* Sachgerechte Bewertung von Immobilienvermögen bei der Unternehmensbewertung, BB 1999, 463; *Sommer, G./Hausmann, A.,* Liegenschaftszinssätze aus einer empirischen Analyse, GuG 2006, 139; *Zeißler, M.,* Marktkonforme Liegenschaftszinssätze für Gewerbeimmobilien, GuG 2002, 269.

Der Ertragswert eines Grundstücks wird nach den allgemeinen Grundsätzen des Ertragswertverfahrens als der auf den Wertermittlungsstichtag bezogene Barwert aller künftigen Reinerträge ermittelt. Mit den §§ 17 ff. ImmoWertV wird – wie im Übrigen auch nach den §§ 8 ff. BelWertV – die Anwendung des Ertragswertverfahrens auf der Grundlage eines **Diskontierungs- und Kapitalisierungszinssatzes** vorgegeben, **mit dem die allgemein vom Grundstücksmarkt erwartete Entwicklung** der wertbestimmenden Parameter, insbesondere **der Ertragsverhältnisse berücksichtigt wird**. Der maßgebliche Diskontierungs- und Kapitalisierungssatz wird in der ImmoWertV als „Liegenschaftszinssatz" bezeichnet und empirisch aus geeigneten Vergleichspreisen abgeleitet (vgl. Rn. 165 ff.). **104**

Im Verlauf der Vorarbeiten für die im Jahre 2009 novellierte WertV ist vorgeschlagen worden, den eingeführten Begriff des Liegenschaftszinssatzes durch „Kapitalisierungszinssatz" zu ersetzen. Dies ist in Fachkreisen auf heftigen Widerstand gestoßen, denn der für die Ertragswertermittlung maßgebliche **Liegenschaftszinssatz ist ein Kapitalisierungszinssatz sui generis**, der im Übrigen auch zur Diskontierung herangezogen wird. Der Begriff des Kapitalisierungszinssatzes beschreibt deshalb nicht die Funktion des Liegenschaftszinssatzes und ist zudem eine „leere Hülse", denn darunter könnte jede Art von Kapitalisierungssätzen verstanden werden. Diese Absicht wurde nach massivem Widerstand der Fachwelt aufgegeben. **105**

Das in der ImmoWertV und BelWertV geregelte Ertragswertverfahren entspricht dem in den *Uniform Standards of Professional Practice* **(USPAP) des** *Appraisal Institute Chicago* **empfohlenen Ertragswertverfahren (dort als** *all over capitalization method* **bezeichnet) auf der Grundlage von marktorientierten Liegenschaftszinssätzen.** Der Liegenschaftszinssatz wird dort als *„overall capitalization rate"* (= *all risk yield* – ARY) bezeichnet und wird – wie in Deutschland – aus Vergleichspreisen bebauter Grundstücke *(comparable sales)* abgeleitet, die für das Geschehen auf dem Grundstückmarkt repräsentativ sind[6]. **106**

Der Liegenschaftszinssatz ist bei Anwendung des Ertragswertverfahrens nach den § 17 ff. ImmoWertV mithin von zentraler Bedeutung, insbesondere bestimmt sich bei Anwendung dieses Verfahrens der in der Anlage zur ImmoWertV tabellierte Vervielfältiger V (Barwertfaktor) nach dem Liegenschaftszinssatz p und der Restnutzungsdauer n: **107**

$$V = f(p, n)$$

Der Liegenschaftszinssatz wird mit § 14 Abs. 3 ImmoWertV definiert als der Zinssatz, mit dem der **Verkehrswert von Liegenschaften im Durchschnitt** marktüblich **verzinst wird**. Wie sich eine Liegenschaft verzinst, bestimmt zuallererst der Grundstücksmarkt selbst. Wird für eine Immobilie, die einen bestimmten Jahresreinertrag abwirft, ein überdurchschnittlicher Kaufpreis entrichtet, so begnügt sich der Erwerber dieser Immobilie mit einer entsprechend verminderten Rendite – und umgekehrt. Der Liegenschaftszinssatz wird deshalb aus Vergleichspreisen abgeleitet, die für das Geschehen auf dem Grundstücksmarkt repräsentativ sind. Mit dem so abgeleiteten Liegenschaftszinssatz werden gleichzeitig die vom Grundstücksmarkt zu erwartenden Entwicklungen der Ertrags- und Wertverhältnisse berücksichtigt, **108**

---

[6] The Appraisal of Real Estate, Chicago 12. Aufl. S. 530 ff.

V § 14 ImmoWertV **Liegenschaftszinssätze**

denn diese gehen in die Kaufpreise ein, aus denen der Liegenschaftszinssatz abgeleitet wurde[7]. Die künftige Entwicklung findet damit (indirekt) Eingang in das Ertragswertverfahren, und zwar nicht etwa nach der subjektiven Einschätzung des Sachverständigen, sondern nach der objektiven Einschätzung des Grundstücksmarktes. Wo es um die Ermittlung von Marktwerten (Verkehrswerten) geht, ist das Ertragswertverfahren nach den §§ 17 ff. ImmoWertV eine **marktkonforme und dynamische Wertermittlungsmethode** *(Growth implicit method, overall [capitalization method])*.

109 Gleichzeitig kommt dem Liegenschaftszinssatz die **Funktion**
– eines *Marktanpassungsfaktors* im Rahmen der Ertragswertermittlung und
– eines *Korrekturfaktors* hinsichtlich etwaiger Mängel des der Ertragswertermittlung zugrunde liegenden Ertragswertermittlungsmodells und seiner Generalisierung

zu. Darüber hinaus ist der Liegenschaftszinssatz eine wichtige, die **Rentierlichkeit einer Immobilieninvestition** beschreibende Maßzahl.

110 Als **Maßzahl der Rentierlichkeit von Immobilieninvestitionsentscheidungen** ist der Liegenschaftszinssatz allerdings nicht unmittelbar aussagekräftig. Dies ist darauf zurückzuführen, dass der Liegenschaftszinssatz zwar – wie noch näher ausgeführt wird – auf der Grundlage eines Reinertrags abgeleitet wird. Tatsächlich jedoch wird im praktischen Vollzug ein „Reinertrag" der Liegenschaftszinssatzableitung zugrunde gelegt, der auch die Erneuerungsrücklage (Abschreibung) umfasst und der Begriff des „Reinertrags" insoweit trügerisch ist (vgl. § 18 ImmoWertV Rn. 35).

111 § 14 Abs. 4 ImmoWertV definiert den **Liegenschaftszinssatz** – wie vorstehend bereits angesprochen – als den **„Zinssatz, mit dem der Verkehrswert von Liegenschaften im Durchschnitt marktüblich verzinst wird"**. Mit dieser schlichten Definition wird der Liegenschaftszinssatz gleichwohl eindeutig als der **Zinssatz** definiert, **mit dem sich das im Verkehrswert gebundene Kapital verzinst, wobei** – anders als bei Geldanlagen – sich **die Verzinsung** nicht nach einem vereinbarten Zinssatz, sondern **nach der aus der Liegenschaft marktüblicherweise erzielbaren Rendite** im Verhältnis zu dem Verkehrswert der Liegenschaft bemisst. Dafür bedarf es eingehender Untersuchungen über die Erträge von Liegenschaften, um zu solchen Liegenschaftszinssätzen zu kommen.

▶ *Näheres hierzu bei in der Syst. Darst. des Ertragswertverfahrens Rn. 22 ff., 288*

112 Im Übrigen sei vorab auf die wichtige Erkenntnis hingewiesen, dass eine **Verminderung des Liegenschaftszinssatzes zu einer Erhöhung des Ertragswerts führt und umgekehrt.** Dies lässt sich am Beispiel eines Wertpapiers erläutern, das einen bestimmten Renditebetrag abwirft und ansonsten Kursschwankungen unterworfen ist. Je höher der Kurswert des Wertpapiers ist, desto kleiner ist die in Prozentpunkten sich ergebende Rendite.

113 *Beispiel:*
a) **Wertermittlungsobjekt**
– Jahresreinertrag RE = 50 000 €
– Bodenwert BW = 200 000 €
– Restnutzungsdauer RND = 75 Jahre

---

[7] Bei sachgerechter Ermittlung des Liegenschaftszinssatzes entspricht er einem für die Art und Lage des Grundstücks repräsentativen *equivalent yield (growth yield)*.

Liegenschaftszinssätze § 14 ImmoWertV V

b) **Ermittlung des Ertragswerts** EW = (RE − p × BW) × V + BW

bei Liegenschaftszinssatz **p = 3,5 %**			bei Liegenschaftszinssatz **p = 4,0 %**		
RE	=	50 000 €	RE	=	50 000 €
./. p × BW	=	7 000 €	./. p × BW	=	8 000 €
= Gebäudeanteil	=	43 000 €	= Gebäudeanteil	=	42 000 €
× V (= **26,41**)	=	1 135 630 €	× V (= 23,68)	=	994 560 €
+ BW	=	200 000 €	+BW	=	200 000 €
= Ertragswert	=	**1 335 630 €**	= Ertragswert	=	**1 194 560 €**

Δ = 141 070 €
= rd. 10 %

c) **Ermittlung des Ertragswerts** EW bei Restnutzungsdauer RND von 100 Jahren

| Ertragswert | = | 1 389 380 € | Ertragswert | = | 1 229 000 € |

Δ = 160 380 €
= rd. 11,5 %

Das vorstehende Beispiel zeigt, dass **Unterschiede im Liegenschaftszinssatz in Höhe der Tafelgenauigkeit der Vervielfältigertabelle** (von 0,5%) **bei langer Restnutzungsdauer** den Ertragswert um rd. 10% und mehr verfälschen können! **114**

Die Höhe des Ertragswerts ist als Barwert aller künftigen Erträge **insbesondere bei langer Restnutzungsdauer** in extrem sensibler Weise **von der Höhe des Liegenschaftszinssatzes abhängig.** **115**

Im Rahmen der Verkehrswertermittlung ist eine **Genauigkeit** des zum Ansatz gelangenden Liegenschaftszinssatzes **von einem halben Prozentpunkt** anzustreben. Dies ist darin begründet, dass ein halber Prozentpunkt zu Abweichungen von 10% im Ergebnis der Ertragswertermittlung führt. **116**

6.1.2 Kapitalisierungszinssatz nach BelWertV

Das in den §§ 8 ff. BelWertV geregelte Ertragswertverfahren entspricht mit nahezu gleich lautenden Vorschriften dem in den §§ 17 ff. ImmoWertV geregelten Ertragswertverfahren und stellt ebenfalls eine *all over capitalization method* dar, d.h., die künftigen Erträge werden auch bei Anwendung der BelWertV mit Hilfe einer *all over capitalization rate* kapitalisiert. Es hätte von daher nahegelegen, dass sich die BelWertV für diese *all over capitalization rate* des dafür geprägten Begriffs (Liegenschaftszinssatz) und derselben Definition (§ 14 Abs. 3 ImmoWertV) bedient. **117**

§ 12 Abs. 3 BelWertV verwendet indessen statt des eingefahrenen Begriffs „Liegenschaftszinssatz" die unpräzise Bezeichnung **„Kapitalisierungszinssatz"** und definiert ihn als den „angenommenen Zinssatz, mit dem die künftig erzielbaren nachhaltigen Reinerträge eines Grundstücks auf den Zeitraum ihrer angenommenen Zahlung nach vorsichtiger Schätzung erfahrungsgemäß diskontiert werden". **118**

§ 14 Abs. 3 ImmoWertV Liegenschaftszinssätze	§ 12 Abs. 3 BelWertV Kapitalisierung der Reinerträge
(3) Die Liegenschaftszinssätze (Kapitalisierungszinssätze, § 193 Absatz 5 Satz 2 Nummer 1 des Baugesetzbuchs) sind die Zinssätze, mit denen Verkehrswerte von Grundstücken je nach Grundstücksart im Durchschnitt marktüblich verzinst werden. Sie sind auf der Grundlage geeigneter Kaufpreise und der ihnen entsprechenden Reinerträge für gleichartig bebaute und genutzte Grundstücke unter Berücksichtigung der Restnutzungsdauer der Gebäude nach den Grundsätzen des Ertragswertverfahrens (§§ 17 bis 20) abzuleiten.	(3)$_1$Der Kapitalisierungszinssatz entspricht dem angenommenen Zinssatz, mit dem die künftig erzielbaren nachhaltigen Reinerträge eines Grundstücks auf den Zeitraum ihrer angenommenen Zahlung nach vorsichtiger Schätzung erfahrungsgemäß diskontiert werden. $_2$Er muss aus der regional maßgeblichen langfristigen Marktentwicklung abgeleitet werden. $_3$Je höher das Ertrags- und Verkaufsrisiko der Immobilie einzustufen ist, umso höher muss auch der Kapitalisierungszinssatz gewählt werden. $_4$Verschiedene Nutzungsarten sind jeweils gesondert zu betrachten.

119 Die **Definition des Kapitalisierungszinssatzes (§ 12 Abs. 3 BelWertV) entspricht trotz ihres unterschiedlichen Wortlauts der Definition des Liegenschaftszinssatzes**. Nach dem Wortlaut des § 12 Abs. 3 Satz 2 BelWertV müssen die „Kapitalisierungszinssätze für die Beleihungswertermittlung ... aus der regional maßgeblichen langfristigen Marktentwicklung abgeleitet werden". Diese Forderung können die Beleihungsinstitute nicht oder allenfalls unzureichend erfüllen, weil nur den Gutachterausschüssen für Grundstückswerte sämtliche dafür erforderliche Grundstückstransaktionen zur Verfügung stehen, aus denen sich die „Marktentwicklung" ablesen lässt[8]. Die Beleihungsinstitute müssen sich von daher auf die vom Gutachterausschuss abgeleiteten Liegenschaftszinssätze stützen, die bereits von den Gutachterausschüssen entsprechend der Forderung des § 12 Abs. 3 Satz 4 BelWertV unter „gesonderter Betrachtung ... der verschiedenen Nutzungsarten" abgeleitet werden. Dass dabei entsprechend § 12 Abs. 3 Satz 3 BelWertV der Liegenschaftszinssatz *umso höher gewählt wird, je höher das Ertrags- und Verkaufsrisiko der Immobilie einzustufen ist*, entspricht den allgemeinen Grundsätzen der Verkehrswertermittlung und bedurfte keiner Erläuterung. Insoweit bestehen zwischen der Ableitung und Anwendung des Liegenschaftszinssatzes i.S. der ImmoWertV und des Kapitalisierungszinssatzes i.S. der BelWertV keine sich aus dem Wortlaut der Bestimmung ergebenden Unterschiede[9]. Der Liegenschaftszinssatz ist zudem ein Zinssatz, der auch das grundstücksspezifische Risiko abbildet, und bei Heranziehung des vom Gutachterausschuss abgeleiteten Liegenschaftszinssatzes wird dieses Risiko noch zusätzlich für den konkreten Fall berücksichtigt.

120 Nach der Zielsetzung der BelWertV soll allerdings mit dem Kapitalisierungszinssatz dem Vorsichtsprinzip der Beleihungswertermittlung Rechnung getragen werden, wobei das Risiko zweckmäßigerweise mit einem erhöhten Liegenschaftszinssatz berücksichtigt wird. Im Ergebnis kann also der Liegenschaftszinssatz der Gutachterausschüsse für Grundstückswerte herangezogen werden, der dann im Hinblick auf das Vorsichtsprinzip um einen der Definition des Beleihungswerts angemessenen **Risikozuschlag** „aufgestockt" wird. Eine dahingehende Regelung der BelWertV wäre verständlich, sie entspräche der Praxis und dem Gemeinten. Darüber hinaus könnte als Kapitalisierungszinssatz i.S. der BelWertV auch der aus einer Langzeitbeobachtung resultierende höchste Liegenschaftszinssatz herangezogen werden, denn auch damit würde man dem Vorsichtsprinzip Rechnung tragen.

121 Mit § 12 Abs. 4 BelWertV werden Mindestsätze und **Regelbandbreiten des Kapitalisierungszinssatzes** (Anl. 3 zur BelWertV) sowie Kriterien „erstklassiger Immobilien" vorgege-

---

8 Eine „Marktentwicklung" lässt sich nur aus tatsächlich vereinbarten Kaufpreisen ableiten.
9 Ein Unterschied lässt sich allenfalls im Wege einer mittelalterlichen Exegese aus § 12 Abs. 3 Satz 1 BelWertV herauslesen, und zwar aus dem dort postulierten Vorsichtsprinzip („... nach vorsichtiger Schätzung"). Dem soll dadurch Rechnung getragen werden, dass der Kapitalisierungszinssatz unter Berücksichtigung des „Zeitraums ... der angenommenen Zahlung" der „künftig erzielbaren nachhaltigen Reinerträge" angesetzt wird. „Künftig erzielbare nachhaltige Reinerträge" werden nun aber gar nicht (tatsächlich) gezahlt, sondern ergeben sich erst (rechnerisch) nach Abzug der Bewirtschaftungskosten einschließlich eines Modernisierungsrisikos.

ben[10]: Die in der Anlage 3 aufgeführten Regelbandbreiten für die Kapitalisierungszinssätze unterscheiden sich nun aber nicht wesentlich von den allgemein bei der Verkehrswertermittlung nach der ImmoWertV herangezogenen Regelbandbreiten für Liegenschaftszinssätze (vgl. Syst. Darst. des Ertragswertverfahrens Rn. 117); insofern hätte es dieser Vorgaben eigentlich nicht bedurft. Die angegebenen Regelbandbreiten sprechen eher für eine nicht gemeinte Identität von Liegenschafts- und Kapitalisierungszinssatz.

Regelbandbreiten für Liegenschaftszinssätze (Kapitalisierungszinssätze) nach Anlage 3 zu § 12 Abs. 4 BelWertV 122

A) Wohnwirtschaftliche Nutzung (in Deutschland belegene Objekte):
- Wohnhäuser: 5,0% bis 8,0%

B) Gewerbliche Nutzung (in Deutschland belegene Objekte):
- Geschäftshäuser: 6,0% bis 7,5%
- Bürohäuser: 6,0% bis 7,5%
- Warenhäuser: 6,5% bis 8,0%
- SB- und Fachmärkte: 6,5% bis 8,5%
- Hotels und Gaststätten: 6,5% bis 8,5%
- Kliniken, Reha-Einrichtungen: 6,5% bis 8,5%
- Alten- und Pflegeheime: 6,5% bis 8,5%
- landwirtschaftlich genutzte Objekte: 6,5% bis 8,5%
- Verbrauchermärkte, Einkaufszentren: 6,5% bis 9,0%
- Freizeitimmobilien (z.B. Sportanlagen): 6,5% bis 9,0%
- Parkhäuser, Tankstellen: 6,5% bis 9,0%
- Lagerhallen: 6,5% bis 9,0%
- Produktionsgebäude: 7,0% bis 9,0%

6.1.3 Kapitalisierungszinssatz in der steuerlichen Bewertung

§ 188 Abs. 1 BewG definiert den **Liegenschaftszinssatz in materieller Übereinstimmung mit § 14 Abs. 3 ImmoWertV** als den Zinssatz, mit dem der Verkehrswert von Grundstücken im Durchschnitt marktüblich verzinst wird. Nach § 188 Abs. 2 BewG sind auch in der steuerlichen Bewertung die von den Gutachterausschüssen i.S. der §§ 192 ff. des BauGB ermittelten örtlichen Liegenschaftszinssätze anzuwenden. Soweit von den Gutachterausschüssen keine geeigneten Liegenschaftszinssätze zur Verfügung stehen, gelten die folgenden Zinssätze: 123

1. 5 Prozent für Mietwohngrundstücke,
2. 5,5 Prozent für gemischt genutzte Grundstücke mit einem gewerblichen Anteil von bis zu 50 Prozent, berechnet nach der Wohn- und Nutzfläche,
3. 6 Prozent für gemischt genutzte Grundstücke mit einem gewerblichen Anteil von mehr als 50 Prozent, berechnet nach der Wohn- und Nutzfläche, und
4. 6,5 Prozent für Geschäftsgrundstücke.

6.2 Anwendungsbereich

Wie vorstehend dargelegt, finden Liegenschaftszinssätze bei der **Verkehrswertermittlung bebauter Grundstücke** im Wege des Ertragswertverfahrens Anwendung. In der Praxis werden Liegenschaftszinssätze auch nur für bebaute Grundstücke abgeleitet und dürfen im stren- 124

---

10 Die BelWertV berücksichtigt mit diesen Vorgaben nicht die orts- und marktspezifischen Gegebenheiten, die zudem zeitlichen Veränderungen unterworfen sind.

gen Sinne auch nur auf die Ertragswertermittlung solcher Grundstücke zur Anwendung kommen.

125 Nach dem Wortlaut des § 14 Abs. 3 ImmoWertV ist der **Begriff des Liegenschaftszinssatzes aber nicht auf bebaute Grundstücke beschränkt.** Tatsächlich ist der Begriff allerdings (zumindest bislang) einseitig mit der Ableitung von Liegenschaftszinssätzen für bebaute Grundstücke belegt. Dies ist in erster Linie darauf zurückzuführen, dass der Liegenschaftszinssatz im Rahmen der Ableitung des Ertragswerts (für bebaute Grundstücke) erforderlich wird. Zum anderen ist die Ableitung von Liegenschaftszinssätzen für bebaute Grundstücke noch verhältnismäßig einfach, weil der Liegenschaftszinssatz mit der hier fließenden Rendite (Reinertrag) „markiert" wird. Demgegenüber lässt sich die Rendite z.B. für eine ungenutzte Bauerwartungslandfläche, die ja auch eine Liegenschaft ist, nicht – zumindest nicht unmittelbar – „ablesen".

126 Da für **unbebaute Grundstücke** bislang keine Liegenschaftszinssätze abgeleitet wurden, hat dies zu der eigentlich abzulehnenden Praxis geführt, die für bebaute Grundstücke abgeleiteten Liegenschaftszinssätze über ihre eigentliche Bedeutung hinaus weitgehend universell, z.B. auch als allgemeinen Diskontierungszinssatz heranzuziehen. Es muss wohl überlegt sein, ob der Liegenschaftszinssatz dazu überhaupt geeignet ist. Grundsätzlich darf nämlich ein **für bestimmte Grundstücksarten abgeleiteter Liegenschaftszinssatz** auch **nur in systemimmanenter Weise für solche Liegenschaften und in der Weise zur Anwendung kommen, wie dies seiner Ableitung zugrunde lag** (Grundsatz der modellkonformen Anwendung, Rn. 94, 230 f.).

▶ *Zu diesen Fragen vgl. Syst. Darst. des Vergleichswertverfahrens Rn. 515 ff.*

127 In der Praxis findet der Liegenschaftszinssatz, wenn man von den mit dem Extraktionsverfahren (Residualwertverfahren) eng verwandten Investitionsrechnungen, der Unternehmensbewertung oder der Beleihungswertermittlung absieht, schon mangels eines empirisch abgeleiteten und zur Verfügung stehenden Diskontierungszinssatzes auch bei der Ableitung warteständigen Baulands aus Vergleichspreisen für baureifes Land breite Anwendung. Soweit die mit Hilfe von Liegenschaftszinssätzen abgeleiteten **Verkehrswerte für warteständiges Bauland** üblicherweise auch zu entsprechenden Kaufabschlüssen führen, können die Liegenschaftszinssätze auch als marktorientierte Diskontierungszinssätze gelten. Sie entsprechen dann insoweit – ob richtig oder falsch – den Preismechanismen des gewöhnlichen Geschäftsverkehrs.

128 Diese Praxis lässt sich auch durchaus mit einer Reihe von **Verwandtschaften** begründen, die **zwischen dem Liegenschafts- und Diskontierungszinssatz** bestehen:

a) Der klassische Liegenschaftszinssatz i.S. des § 14 Abs. 3 ImmoWertV ist ein Mischzinssatz, der sich sowohl auf die Kapitalisierung der Bebauung als auch auf die Verzinsung des reinen Bodenwerts bezieht (Bodenwertverzinsungsbetrag vgl. § 17 Abs. 2 Nr. 1 ImmoWertV).

b) Wie bei Investitionen in bebaute Grundstücke, bei denen der Grundstücksmarkt erwiesenermaßen nicht von einer bankenüblichen Verzinsung des investierten Kapitals ausgeht, ist auch bei Investitionen in warteständiges Bauland keineswegs zwangsläufig davon auszugehen, dass eine bankenübliche Verzinsung des investierten Kapitals erwartet wird. In beiden Fällen handelt es sich vielmehr um eine langfristig angelegte Investition, bei der der Investor einerseits mit der Investition in ein Sachgut auch eine geringere Verzinsung in Kauf nimmt und andererseits – komplementär zum Kapitaleinsatz – lang- und auch mittelfristig mit einer Wertentwicklung rechnet, die gegebenenfalls um die Inflation zu bereinigen ist. Etwas anderes mag bei hoch spekulativen Baulandentwicklungen gelten, bei denen ein Investor auf sich allein gestellt ist und nicht mit der Unterstützung der öffentlichen Hand rechnen kann.

c) Erwartungen hinsichtlich der künftigen Wertentwicklungen beschränken sich bei alldem nicht auf die Wartezeit des warteständigen Baulands, sondern können bereits auch die Wertentwicklung der sich anschließenden Baulandqualität mit einschließen.

d) Neben den erwarteten **Mietwertsteigerungen und Wertzuwächsen** der Immobilien wird der Liegenschaftszinssatz auch von den steuerlichen und sonstigen immobilienbezogenen Vorteilen „mitbestimmt"; auch solche steuerliche Förderungen tragen dazu bei, dass Liegenschaftszinssätze gegenüber bankenüblichen Zinssätzen niedriger ausfallen (Abschreibungsmodelle). Das Gleiche muss grundsätzlich gelten, wenn von bankenüblichen Zinsen ausgegangen wird, wobei neben **indirekten Subventionen** auch entsprechende objektspezifische **direkte Subventionen,** mit denen die Gemeinde oder ein Investor bei der Entwicklung neuer Baugebiete rechnen kann, einbezogen werden müssen (Urban, GRW-, KfW-Mittel und vieles mehr).

129 Der „bloße" **Rückgriff auf aktuelle bankenübliche Zinsen** ohne Berücksichtigung der sonstigen Parameter **würde** mit der Änderung des bankenüblichen Zinses **zu erheblichen Preissprüngen** bei der Wertermittlung **führen,** die sich nicht in der tatsächlichen Wertentwicklung auf dem Grundstücksmarkt widerspiegeln. Ein Vergleich der Wert- und Hypothekenzinsen über längere Zeiträume macht deutlich, dass sich z.B. Bauerwartungslandpreise in den 90er Jahren bei 9,7% Hypothekenzinsen nicht einschneidend vermindert haben (vgl. Abb. 28 bei Rn. 151 f.).

130 Bei alledem ist festzustellen, dass der bloße **Rückgriff auf bankenübliche Zinssätze,** um den Wert warteständigen Baulands aus dem Verkehrswert für baureifes Land abzuleiten, von dem Geschehen auf dem Grundstücksmarkt widerlegt wird. Auf der Grundlage von Marktbeobachtungen kann nämlich festgestellt werden, dass z.B. die Wertentwicklung von Bauerwartungsland verhältnismäßig stetig auch in den Phasen verlaufen ist, in denen die bankenüblichen Zinsen erhebliche Sprünge verzeichnen mussten.

131 Der Liegenschaftszinssatz findet in der Verkehrswertermittlung auch bei der Verkehrswertermittlung von Erbbaurechten und der Kapitalisierung bzw. Diskontierung von Erträgen Anwendung, die sich am Ertragswert und an der Ertragswerterhöhung orientieren. Bei der Kapitalisierung von Leibrenten (üblicherweise 5,5% monatlich vorschüssig) sowie bei **reinertragsorientierten Nießbrauchrechten und rohertragsorientierten Wohnrechten** orientiert sich der Zins (üblicherweise jährlich nachschüssig) für

– den Berechtigten am Leibrentenzins (vgl. § 7 ImmoWertV Rn. 36 ff.) und
– den Belasteten am Liegenschaftszinssatz.[11]

132 Darüber hinaus kann der **Liegenschaftszinssatz** auch **als ein Korrekturfaktor für** verbleibende, auf dem jeweiligen Grundstücksmarkt die Preisbildung beeinflussende, jedoch **nicht explizit erfasste bzw. erfassbare Werteinflüsse** angesehen werden.

6.3 Allgemeines zum maßgeblichen Liegenschaftszinssatz

133 **Die Höhe des Liegenschaftszinssatzes ist** zunächst **von der Grundstücksart** (Wohn-, Gewerbeimmobilie usw.), den sich mit der Zeit wandelnden immobilienwirtschaftlichen Rahmenbedingungen, aber auch von der Lage und Beschaffenheit der Liegenschaft **abhängig.** Von daher gibt es keinen für eine bestimmte Grundstücksart „festen" Liegenschaftszinssatz. Es handelt sich somit um eine „dynamische", sich mit der Zeit – wenn auch erfahrungsgemäß „undramatisch" – ändernde Größe.

134 Eine **Übersicht über typische Liegenschaftszinssätze** ergibt sich aus Abb. 36 bei Rn. 258 der Syst. Darst. des Ertragswertverfahrens.

---

11 So Peterson in RDM Info 1993/2.

V § 14 ImmoWertV   **Liegenschaftszinssätze**

135 Die Höhe des Liegenschaftszinssatzes konnte im Hinblick auf die Notwendigkeit der Marktkonformität des zum Ansatz kommenden Liegenschaftszinssatzes weder im BauGB noch in einer ImmoWertV festgelegt werden. Die Erfahrungen haben jedoch gezeigt, dass Liegenschaftszinssätze aufgrund freier Schätzungen immer wieder zu Fehlern bei der Ermittlung des Verkehrswerts nach dem Ertragswertverfahren geführt haben. Auch die **in der WERTR 02 bislang angegebenen Liegenschaftszinssätze können deshalb nur als Anhalt dienen,** wenn keine marktorientierten Liegenschaftszinssätze festgestellt worden sind.

136 Abb. 18: Tabelle der Regelliegenschaftszinssätze nach Nr. 3.5.4 der WERTR 02

Tabelle der Regelliegenschaftszinssätze nach Nr. 3.5.4 WERTR 02	
Objekt	
Mietwohngrundstücke	5,0 v.H.
Gemischt genutzte Grundstücke	
a) mit weniger als 50 v.H. gewerblichem Mietanteil	5,5 v.H.
b) mit mehr als 50 v.H. gewerblichem Mietanteil	6,0 v.H.
Geschäftsgrundstücke (WERTR)	6,5 v.H.

137 **Vorrang** vor derartigen Literaturempfehlungen **haben grundsätzlich die vom örtlichen Gutachterausschuss für Grundstückswerte** nach § 9 i.V.m. § 14 Abs. 3 ImmoWertV **abgeleiteten Liegenschaftszinssätze** (Abb. 20). Sie können den jeweiligen Grundstücksmarktberichten oder sonstigen Bekanntmachungen entnommen werden. Sie sind jedoch entsprechend den Verhältnissen des Einzelfalls zu modifizieren (vgl. Rn. 162 ff.).

138 Darüber hinaus kann der einzelne **Sachverständige hilfsweise auch selbst den Liegenschaftszinssatz ermitteln**, indem er dafür geeignete Vergleichspreise aus der Kaufpreissammlung der Gutachterausschüsse (§ 195 Abs. 3 BauGB) und daraus den Liegenschaftszinssatz ableitet. Dies entspricht der Verfahrensmethodik, die bei Anwendung des Vergleichswertverfahrens üblich ist. Von dieser Möglichkeit sollte bei besonderen Grundstücksarten und einer besonderen Lage des Grundstücks Gebrauch gemacht werden, für die der Gutachterausschuss keine Liegenschaftszinssätze abgeleitet hat und zu besorgen ist, dass die Modifikation der vorhandenen Liegenschaftszinssätze zu unsicher wird.

Abb. 19: Zusammenstellung von Liegenschaftszinssätzen in ausgewählten Städten (2009) und in der WERTR

Stadt/Kreis	Ein-/Zwei-familien-häuser	Drei-familien-häuser	Eigentumswohnung		Mehrfamilien-häuser		Gemischt genutzte Grundstücke		Geschäfts- und Bürogebäude		
			Erst-verkauf	Weiter-ver-kauf	Gewerbeanteil		Wohnanteil		City-Lage	Nicht City-Lage	Werk-stätten Fabriken
					< 20%	> 20%	> 50%	< 50%			
Aachen (Stadt)	–	4,3	–	–	4,9	5,2	5,9	–	–	–	–
LK Aachen	–	3,8	–	–	5,6	–	–	–	–	–	–
Aalen	3,0–3,5	–	–	–	3,5–4,0	–	4,5–5,5	–	5,5–6,5		
LK Ammerland	–	–	–	–	6,4	–	6,7	–	–	6,5–9,0	
Arnsberg	–	4,3	–	–	5,7	5,2	5,9	–	–	–	–
LK Aurich	4,0	–	–	–	6,4	–	6,8	–	6,2–7,0	–	
LK Bentheim	–	–	–	–	6,4	–	6,8	–	6,2–7,0	–	
Bad Salzgitter	–	–	–	–	7,4	–	–	–	–	–	7,0–8,0
Bergisch Gladbach	3,6	4,75	4,15–5,35	–	5,3–5,9		5,5–7,1		5,75		7,5
Berlin	Hierzu siehe GuG 2002, 174, GuG 2006, 111 sowie GuG-aktuell 2006, 28; GuG 2007, 352										
Bochum	2,5–4,0	3,7	–	–	5,4	6,1	6,0–8,0	5,0–8,0	–	–	
Bonn	3,4	4,3	4,1–5,9	–	4,9	5,9	5,7	6,1	6,0	6,5	7,4
LK Borken	3,2	4,0	3,7	–	5,5	6,5	–	–	6,7	–	6,0

Liegenschaftszinssätze — § 14 ImmoWertV V

Stadt/Kreis	Ein-/Zweifamilienhäuser	Dreifamilienhäuser	Eigentumswohnung		Mehrfamilienhäuser		Gemischt genutzte Grundstücke		Geschäfts- und Bürogebäude		
			Erstverkauf	Weiterverkauf	Gewerbeanteil		Wohnanteil		City-Lage	Nicht City-Lage	Werkstätten Fabriken
					< 20%	> 20%	> 50%	< 50%			
Brandenburg	–	–	–	–	–	–	–	–	–	–	–
Braunschweig	2,7–4,3	–	–	–	5,3–6,9	–	–	–	5,7–7,7	–	–
Barnim	–	–	–	–	–	–	–	–	–	–	–
Bottrop	3,5	5,0	3,6	–	6,2	7,1	–	–	–	–	–
Oberhavel	2,0–3,5	–	–	–	3,5–5,0	–	3,5–5,0	5,0–7,0	6,8–8,0	–	–
Oder-Spree	2,2–4,6	–	–	–	–	–	–	–	–	–	–
Uckermark	–	–	–	–	–	–	–	–	–	–	–
Braunschweig	–	–	–	–	4,3–5,7	–	–	–	4,2–7,8		6,8
LK Celle	–	–	–	–	6,4	–	6,0	6,0	–	–	–
LK Cloppenburg	–	–	–	–	6,8	–	5,5–6,5	–	–	–	–
Chemnitz	–	–	2,0	–	4,0	–	4,9	–	–	–	–
Coefeld	–	–	–	–	5,3	–	–	–	–	–	–
Cottbus	–	–	–	–	–	–	–	–	–	–	–
LK Cuxhaven	–	–	–	–	6,4	–	–	–	–	–	–
Darmstadt	–	–	–	–	4,00–4,75	–	5,75–6,00	–	6,50	6,0	–
Delmenhorst	–	–	–	–	6,5	–	6,0	–	–	–	–
LK Diepholz	–	–	–	–	6,1–6,4	–	6,6–6,8	–	6,2–7,0		5,5–9,5
Dinslaken	3,6	3,9	3,8	–	5,2	–	–	–	–	–	–
LK Dithmarschen	3,5	–	–	–	4,2–5,9	–	–	–	–	–	7,7
Dorsten/Marl	3,7	5,0	3,7	–	5,9	6,7	–	–	–	–	–
Dortmund	2,4	3,3	3,8	–	5,1	7,7	6,2	–	–	–	–
Dresden	2,9–3,1	–	1,5–2,6	4,4–5,7	4,9		5,4		6,2		6,5
Düren	3,5	–	4,0		5,5	–	5,5	–	–	–	7,0
Düsseldorf	3,0–3,5	4,1	4,0	4,0	6,0	6,5	6,9	–	6,0		7,0
Duisburg	3,3	4,4	–	–	5,9	7,5	7,1	–	–	–	–
Emden	4,0	–	–	–	6,4	–	6,8	–	6,2–7,0		–
LK Emsland	–	–	–	–	6,4	–	6,8	–	6,2–7,0		–
LK Ennepe-Ruhr	2,6–2,8 verm	4,0	4,1 verm.	–	6,1	6,8	–	–	–	8,2	8,2
Essen	3,2	4,6	2,6–5,6	3,1–7,1	6,5	7,5	6,3–9,9		4,1–8,3	–	8,6
Esslingen	2,2–3,3	–	2,0–4,0		–	–	2,5–4,0	4,0–7,0	5,7	–	7,0
LK Euskirchen	3,3	–	4,1		5,7	5,8	–	–	–	–	7,0
Frankfurt/Main	0,7–4,6	–	2,2–7,5	–	2,5–7,0	2,8–8,0	2,5–6,2		4,1		–
Frankfurt/Oder	3,5	–	–	–	4,5	–	5,5	5,5	6,0	6,75	6,75
LK Friesland	–	–	–	–	6,4	–	6,8	–	–	–	–
Gelsenkirchen	3,7	4,8	4,4	–	5,3	6,7	8,5	–	–	–	–
LK Gifhorn	3,5	–	–	–	6,4	–	–	–	–	–	–
Gladbeck	3,7	3,7	3,6	–	4,8	–	8,1	–	–	–	–
Göttingen (Stadt)	–	–	–	–	6,1	–	–	–	–	–	–
LK Göttingen	–	–	–	–	6,4	–	6,5–7,5		6,2–7,0		–
LK Goslar	–	–	–	–	6,0	–	–	–	–	–	–
Greifswald	2,7–3,5	–	–	–	5,1–5,7	–	6,1–6,9	–	–	–	–
Gütersloh (Stadt)	2,9	3,9	–	–	5,2	–	6,0		7,6	–	8,3
LK Gütersloh	3,2	4,1	3,0–4,5	–	5,6	6,0	4,5–6,0	5,0–6,5	5,5–7,5		6,0–8,5
Hagen	–	3,3	2,9 (eigengenutzt)		6,3	6,8	7,3	8,4	7,6		8,3
LK Hameln-Pyrmont	–	–	–	–	6,4	–	–	–	–	–	–
Hannover	3,0–5,5	–	5,4		6,0	–	7,0–8,5		4,0–5,0	5,0–7,5	–

V § 14 ImmoWertV — Liegenschaftszinssätze

Stadt/Kreis	Ein-/Zwei-familien-häuser	Drei-familien-häuser	Eigentumswohnung		Mehrfamilien-häuser		Gemischt genutzte Grundstücke		Geschäfts- und Bürogebäude		
			Erst-verkauf	Weiter-ver-kauf	Gewerbeanteil		Wohnanteil		City-Lage	Nicht City-Lage	Werk-stätten Fabriken
					< 20%	> 20%	> 50%	< 50%			
Region Hannover	4,0	–	5,3 (vermietet)		6,0	–	–	–	–	–	–
LK Harburg	–	–	–		6,7	–	6,8		–	–	–
LK Helmstedt	–	–	–		6,4	–	–	–	–	–	–
LK Heinsberg	3,8	–	3,2	4,3	5,3	–	–	–	–	–	–
Heppenheim	3,1–39	3,5–4,3	3,9–4,3		4,4–5,2		5,0	6,1	6,1–7,1	–	7,1
Herford	3,6	5,2	–	–	6,0	7,1	–	–	6,3	–	–
Herne	2,3	2,6	3,7	–	4,9	5,6	7,0		–	–	–
Herten	3,0–3,5	4,25	3,5		5,0	–	6,0	6,0	6,0	6,0	–
Hildesheim	–	–	–		4,6	–	–	–	–	–	–
LK Hildesheim	–	–	–	–	6,5	–	–	–	–	–	–
LK Hochsauerland	3,3	5,2	–	–	5,9	8,5	–	–	–	–	–
LK Höxter	3,3	4,5	3,8		6,5	6,3	6,3		6,5	–	8,0
LK Holzminden	–	–	–		6,4	–	–	–	–	–	–
Ilmenau	2,5–3,9	–	2,9–3,9		–	–	–	–	–	–	–
Iserlohn	3,1	4,5	3,5		5,2	6,3	6,0		–	–	–
Kaiserslautern	3,0–3,5	3,5–4,0	–	–	4,5–5,0	–	5,5–6,0		–	–	–
Karlsruhe	2,5–3,0		3,0–4,0		2,1–6,7	–	4,2–7,9		5,0–8,5		4,0–9,7
Kleve	3,2	–	3,5–4,0		6,0	–	5,5	6,0	–	–	–
Koblenz	3,5	3,75	–	–	4,75–5,75		5,5	6,0	6,25–7,50	6,25	–
Köln	–	4,3	–	–	5,4	6,0	6,3	6,5	6,6	7,0	8,0
Konstanz	2,5	–	3,0–5,5		5,0	–	4,0–6,0		–	–	7,0
Krefeld	–	–	–		6,5	7,5	–	–	–	–	–
Landshut	2,15	–	2,90 (vermietet)		3,75	–	–	4,50	5,4	–	–
Leipzig	2,5–3,0	3,0–4,5	0,9	5,0–5,3	6,6	5,6	4,5–6,5		5,5–7,0		4,5–7,5
LK Leer	4,0	–	–	–	6,4		6,8		6,2–7,0		–
Leverkusen	3,4	3,1	3,6	–	5,2	6,6	6,4		–	–	7,7
LK Lippe/Detmold	2,8	5,0	4,8	–	6,4	6,6	5,9		6,6		6,7
Lippstadt	2,9	3,2	–	–	4,4	–	4,6		–	–	–
LK Lüchow-Dannenberg	–	–	–	–	6,4	–	–	–	–	–	–
Lüdenscheid	3,1	4,0	3,1	–	4,8	5,7	5,5		–	–	–
LK Lüneburg	3,5	–	4,5	–	5,8	–	6,8		–	–	–
Lünen	3,1	3,2	4,8	–	5,5	–	–	–	–	–	–
Märkischer Kreis	3,0	4,3	–	–	5,3	4,6	5,5		–	–	–
Mainz	3,5	–	3,2–3,8		3,8–4,8		4,5–6,1		5,4–7,3		–
Marl	3,5	–	4,2		5,3	6,0	–	–	–	–	–
Minden	3,0	4,5	3,5		4,5		5,5		7,5		–
Mettmann	–	3,6	–		5,4	5,1	–	–	–	–	–
Moers	–	–	–		5,5	7,0	6,4		7,4		7,5
Mülheim a. d. Ruhr	–	3,9	–		5,6	7,4	6,6		7,0	–	–
München	2,2–3,5	–	2,8–3,4	–	–	–	3,9–5,7	3,5–5,5	5,0–6,2		4,7–6,3
Münster	2,5–4,0	2,6	3,0–4,0	–	4,7		5,7		5,0–7,0		–
Neuss	3,0	4,0	–	–	5,4	5,7	5,7		6,4		7,0
Nienburg	–	–	–		6,4	–	–	–	6,5	–	–
LK Nienburg	–	–	3,4–4,5		6,4		6,8		6,2–7,0		5,5–9,5

Liegenschaftszinssätze § 14 ImmoWertV V

Stadt/Kreis	Ein-/Zwei-familien-häuser	Drei-familien-häuser	Eigentumswohnung		Mehrfamilien-häuser		Gemischt genutzte Grundstücke		Geschäfts- und Bürogebäude		
			Erst-verkauf	Weiter-ver-kauf	Gewerbeanteil		Wohnanteil		City-Lage	Nicht City-Lage	Werk-stätten Fabriken
					< 20%	> 20%	> 50%	< 50%			
Norden	4,0–4,25	–	–	–	4,5v 5,5	–	–		6,0–7,0		6,5–7,0
LK Northeim	–	–	–	–	6,4	–	6,8		6,2–7,0		–
Nürnberg	3,0	3,5	–	–	6,5	6,0	6,0		4,4–8,2		5,3–8,7
Oberbergischer Kreis	3,5	6,1	3,3	–	6,8	6,2	–	–	7,9	–	8,4
Oberhausen	–	5,0	–	–	5,5	6,7	7,1		–	–	7,8
Offenbach	–	–	–	–	2,4–8,4		2,9–7,1		–	–	–
Offenburg	–	–	3,9	4,8	–	–	5,4		–	–	–
Oldenburg (Stadt)	–	–	–	–	5,9	–	6,0–6,7		–	–	6,5–9,0
LK Oldenburg	–	–	–	–	6,8	–	6,0		–	–	–
Osnabrück (Stadt)	–	–	–	–	5,0	–	5,5–6,0		6,5		
LK Osnabrück	–	–	–	–	6,3	–	7,0		–	–	–
LK Osterholz	–	–	–	–	6,4	–	–		–	–	–
LK Osterode am Harz	–	–	–	–	6,4	–	6,8		6,2–7,0		–
Paderborn	3,1	4,1	3,6–4,4	3,6–4,4	5,2	6,0	6,1		4,6	6,7	6,2
LK Peine	–	–	–	–	6,4	–	–		–	–	–
Ratingen	3,5	4,0	4,0	–	5,0	–	–		–	–	–
Recklinghausen	–	3,4	–	–	6,3	8,6	6,8		7,7		–
LK Recklinghausen	–	3,5	–	–	6,4	6,4	6,2		–	–	–
Remscheid	3,8	–	3,0	–	6,2	7,7	7,4		–	–	–
Rhein-Erft-Kreis	–	4,1	–	–	5,5	5,5	6,3	6,5	6,6		8,0
Rhein.-Berg. Kreis	–	3,9	–	–	5,9	6,5	6,4		–	–	6,1
Rheine	2,2–3,8	2,2–4,0	2,4–4,6		3,2–5,8		3,3–7,0		3,8–8,8	4,0–7,1	–
LK Rhein-Sieg	4,3	6,1	4,25	–	5,9	–	8,2		6,5	6,0	–
LK Rotenburg (Wüm)	–	–	–	–	6,4	–	6,8		6,2–7,0		–
Salzgitter	3,5–4,5	–	–	–	5,75	–	4,5–6,5		6,5–7,5		–
LK Schaumburg	–	–	–	–	6,4	–	–		–	–	–
Siegen	4,3	5,6	2,0–4,0		5,9	–	4,5–6,5		5,5–6,5		
LK Siegen Wittgenstein	3,6	4,8	–		6,2	6,1	–		–	–	–
LK Soest	3,4		3,9		6,2	–	–		6,2	–	5,9
Solingen	2,9	4,3	4,1		6,3	7,6	6,5		–	–	–
LK Soltau-Fallingbostel	–	–	–		6,4	–	6,8		6,2–7,0		–
LK Stade	–	–	–		6,4	–	–		–	–	–
Stuttgart	–	3,5	–	–	4,5		5,0–5,5	5,0–6,0	5,5	6,0	6,5
Schwerin	2,9–4,9	–	–	–	5,3		3,6–6,6		–		3,3–5,9
Trier	–	3,25–3,50	3,3	–	4,2–,0	–	5,0	5,5	6,0	6,0	7,0
LK Uelzen	–	–	–	–	6,4	–	–		–	–	–
Unna	3,1	4,1	–	–	5,1	5,7	5,7		–	–	–
LK Unna	3,6	4,4	3,7	–	5,8	8,0	–		–	–	–
LK Vechta	–	–	–	–	6,8	–	5,0–6,5		–	–	–
Velbert	4,1	4,0	3,7	–	6,5	6,7	5,6		6,4	–	6,0
LK Verden	–	–	–	–	6,4	–	–		6,2–7,0		9,5
LK Viersen	3,5	4,5	–	–	6,0	6,0	6,0		–	–	7,0

V § 14 ImmoWertV   Liegenschaftszinssätze

Stadt/Kreis	Ein-/ Zwei- familien- häuser	Drei- fami- lien- häuser	Eigentumswohnung		Mehrfamilien- häuser		Gemischt genutzte Grundstücke		Geschäfts- und Bürogebäude		
			Erst- verkauf	Weiter- ver- kauf	Gewerbeanteil		Wohnanteil		City- Lage	Nicht City- Lage	Werk- stätten Fabriken
					< 20%	> 20%	> 50%	< 50%			
LK Warendorf	2,7	–	4,0	–	–	–	–	–	–	–	–
LK Wesel	3,5	4,4	–	–	5,5	6,2	–	–	5,8	–	6,6
LK Wesermarsch	–	–	–	–	6,4	–	6,8	–	–	–	–
Wiesbaden	3,5	4,2	–	4,5	4,0–6,2	–	5,6	6,5	5,3–7,3	–	–
Wilhelmshaven	–	–	–	–	6,4	–	6,8	–	–	–	–
Witten	2,5	3,5	3,6	–	5,0	6,0	5,3	–	–	–	–
Wittmund	4,0	–	–	–	6,6	–	6,8	–	6,2–7,0	–	–
LK Wittmund	–	–	–	–	6,4	–	–	–	–	–	–
LK Wolfenbüttel	3,7	–	–	–	6,7	–	4,0–5,0	–	5,0–7,0	–	–
Wolfsburg	–	–	–	–	5,75	–	–	–	–	–	–
Wuppertal	1,4–3,8	3,4	1,5–7,3 eigeng.	2,2–6,9 verm.	5,0–6,4	–	5,3–7,7	–	–	–	–

Quelle: Marktberichte der jeweiligen Gutachterausschüsse für Grundstückswerte

139 Liegen für **gemischt genutzte Grundstücke** keine empirisch vom Gutachterausschuss für Grundstückswerte abgeleiteten Liegenschaftszinssätze vor, so kann für derartige Objekte ein Liegenschaftszinssatz im Wege der Interpolation aus den Liegenschaftszinssätzen für Miet- wohngrundstücke und gewerblichen Grundstücken nach Maßgabe des Verhältnisses der jeweiligen Anteile an der Jahresnettokaltmiete abgeleitet werden.

140 Wird auf empirisch abgeleitete Liegenschaftszinssätze zurückgegriffen, sind die Besonderhei- ten des Wertermittlungsobjekts zu berücksichtigen. Dabei können folgende **Grundsätze** Anwendung finden:

– Der Liegenschaftszinssatz ist um 0,5 bis 1,0 Prozentpunkte zu vermindern, wenn die **Lage des Objekts besonders gut** ist und seine Nutzung ein besonders geringes wirtschaftliches Risiko aufweist; umgekehrt ist der Liegenschaftszinssatz um 0,5 bis 1,0 Prozentpunkte zu erhöhen, wenn das Objekt in besonders schlechter Lage gelegen ist und ein erhöhtes wirt- schaftliches Risiko aufweist.

– **Ländliche Belegenheitsgebiete** weisen gegenüber Städten und Ballungszentren tendenzi- ell höhere Liegenschaftszinssätze auf; für Niedersachsen wurden (im Jahr 2004) aller- dings keine signifikanten Unterschiede festgestellt.

– **Aufwendig errichtete Immobilien** weisen dagegen geringere Liegenschaftszinssätze als modernisierungsbedürftige Gebäude auf.

– Bei **Eigentumswohnungen** fällt der Liegenschaftszinssatz bei besonders kleinen Woh- nungen (WF = 40 m²) auch besonders niedrig aus und umgekehrt (WF =100 m²); anders die Veröffentlichung des Gutachterausschusses von Esslingen (vgl. Teil VI Rn. 107 ff. Abb. 44); der Liegenschaftszinssatz fällt in in hochwertigen Lagen mit hohem Bodenricht- wertniveau kleiner als in geringerwertigeren Lagen aus.

– Bei **Ein- und Zweifamilienhäusern**, die fremdgenutzt sind, fällt der Liegenschaftszins- satz in Abhängigkeit von der Restnutzungsdauer höher aus, und zwar ansteigend[12]

  • von einer Restnutzungsdauer von 30 Jahren um + 0,25% bis

  • zu einer Restnutzungsdauer von 100 Jahren um + 1,75%.

– Bei „**Paketverkäufen**" ist ein höherer Liegenschaftszinssatz anzusetzen. Nach Feststel- lung des Gutachterausschusses von *Wuppertal* lag der Liegenschaftszinssatz im Jahre

---

12 Landesgrundstücksmarktbericht Rheinland-Pfalz 2007 S. 107.

Liegenschaftszinssätze § 14 ImmoWertV V

2009 bei Mehrfamilienhäusern bei 5,2 bis 6,8% (bei sonst 5,0 bis 6,4%) und bei gemischt genutzten Gebäuden bei 6,2 bis 8,4% (bei sonst 5,3 bis 7,7%).

Allgemein können für eine Verminderung bzw. Erhöhung der im Regelfall für qualitativ durchschnittliche Liegenschaften ermittelten Liegenschaftszinssätze die in der Syst. Darst. des Ertragswertverfahrens unter Rn. 259 (Abb. 37) aufgeführten **Regeln** zur Anwendung kommen: 141

Die **Abhängigkeit des Liegenschaftszinssatzes gemischt genutzter Objekte vom gewerblichen Anteil** wurde beispielsweise vom Gutachterausschuss der Stadt *Esslingen a. N.* im Jahre 2000 für Objekte mit Ladennutzung sowie im Gastronomiebereich wie folgt ermittelt: 142

Abb. 20: Liegenschaftszinssatz gemischt genutzter Grundstücke in Abhängigkeit vom gewerblichen Anteil

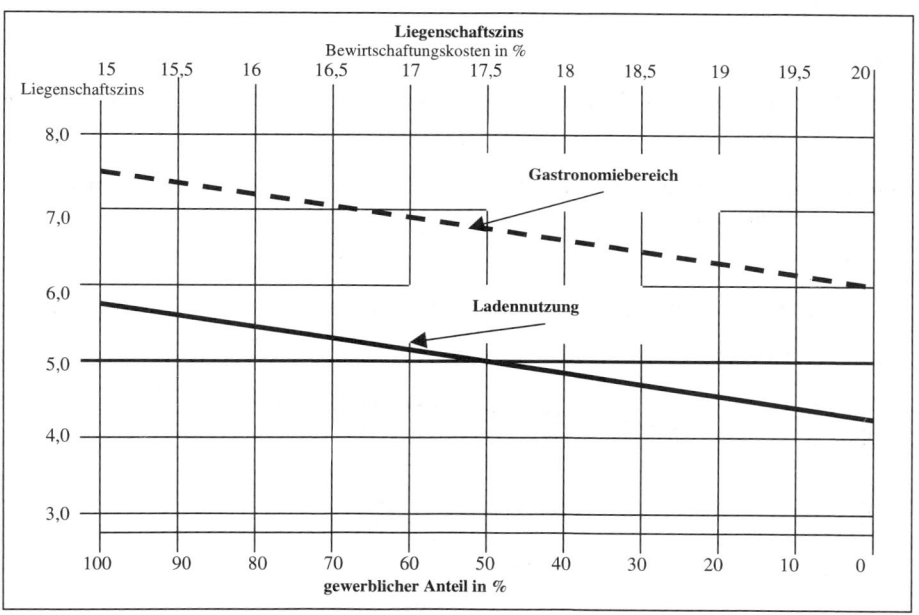

Quelle: Gutachterausschuss der Stadt Esslingen am Neckar, Grundstücksmarktbericht 2002

Die Abhängigkeit des Liegenschaftszinssatzes von der **Lage** ist vom Gutachterausschuss für Grundstückswerte 2007 in *Heppenheim* anknüpfend an das Bodenrichtwertniveau und differenziert nach Nutzungsarten mit folgenden Ergebnissen untersucht worden. 143

Abb. 21: Liegenschaftszinssatz in Abhängigkeit vom Bodenrichtwertniveau in Heppenheim

Liegenschaftszinssatz in Abhängigkeit vom Bodenrichtwertniveau in Heppenheim				
Bodenrichtwertniveau in €/m²	**100–199**	**200–299**	**300–399**	**über 400**
Einfamilienhäuser	3,9	3,7	3,3	3,1
Zweifamilienhäuser	4,3	4,0	3,7	3,5
Eigentumswohnungen	4,3	4,2	4,0	3,9
Mehrfamilienhäuser	5,2	4,9	4,6	4,4

Quelle: Grundstücksmarktbericht 2009

144 Die empirisch aus der Kaufpreissammlung abgeleiteten Liegenschaftszinssätze können aus dem Verständnis ihrer Ableitung nur zur Verkehrswertermittlung im Wege des Ertragswertverfahrens für solche Grundstücke und Marktverhältnisse herangezogen werden, die ihrer Ableitung zugrunde lagen. Verfahrensmäßig muss **zwischen Ableitung und Anwendung Identität bestehen** (Grundsatz der Modellkonformität, Rn. 94). Ein auf der Grundlage gedämpfter Bodenwerte abgeleiteter Liegenschaftszinssatz zwingt mithin zu einer Ertragswertermittlung, die ihrerseits auch mit gedämpften Bodenwerten „arbeitet" (Modellkonformität der Anwendung); hierzu Rn. 94 ff., 216.

145 Im Falle einer Korrektur des Liegenschaftszinssatzes muss eine **Doppelberücksichtigung** der maßgeblichen Gründe für die Liegenschaftszinssatzkorrektur vermieden werden. Dies betrifft insbesondere Korrekturen des Liegenschaftszinssatzes in Abhängigkeit von

– der Wohnfläche des Gesamtobjektes (große und kleine Wohnanlagen),

– der Nettokaltmiete und

– dem Boden(richt)wert.

Nach Untersuchungen des Oberen Gutachterausschusses für *Niedersachsen* bestehen folgende Abhängigkeiten:

Abb. 22: **Liegenschaftszinssatz in Abhängigkeit von der Gesamtwohnfläche der Wohnanlage**

Abb. 23: **Liegenschaftszinssatz in Abhängigkeit von der Nettokaltmiete**

Abb. 24: Liegenschaftszinssatz in Abhängigkeit vom Bodenrichtwert

Diese Abhängigkeiten werden mit einem erhöhten **Mietausfallrisiko für größere Wohnanlagen** sowie bei höheren Nettokaltmieten und umgekehrt mit einem geringeren Mietausfallrisiko bei guten Wohnanlagen erklärt. Wird diesen Faktoren bereits mit einem entsprechend veränderten Liegenschaftszinssatz Rechnung getragen, so ist für eine weitere Berücksichtigung dieser Umstände bei der Dimensionierung des Mietausfallwagnisses kein Raum mehr.

Zur **Abhängigkeit des Liegenschaftszinssatzes von der Restnutzungsdauer** der baulichen Anlage liegen die Untersuchungsergebnisse (2009) des Oberen Gutachterausschusses von *Rheinland Pfalz* vor:

Abb. 25: Liegenschaftszinssatz in Abhängigkeit von der Restnutzungsdauer

Liegenschaftszinssätze in Abhängigkeit von der Restnutzungsdauer (in Rheinland-Pfalz)					
Einfamilienhäuser			Zweifamilienhäuser	Mehrfamilienhäuser (bis 6 WE)	Lagerhallen
RND	bezugsfrei	vermietet			
20	-	-	3,1%	3,8	4,7
25	-	-	3,3%	4,1	5,1
30	2,3%	2,5%	3,4%	4,3	5,5
35	2,4%	2,6%	3,5%	4,5	5,7
40	2,5%	2,8%	3,6%	4,6	6,0
45	2,6%	2,9%	3,7%	4,8	6,2
50	2,7%	3,0%	3,8%	-	6,4
55	2,8%	3,1%	3,9%	-	-
60	2,8%	3,2%	3,9%	-	-
65	2,9%	3,3%	-	-	-
70	3,0%	3,4%	-	-	-
75	3,0%	3,5%	-	-	-
80	3,1%	3,5%	-	-	-
85	3,1%	3,6%	-	-	-
90	3,2%	3,7%	-	-	-
95	3,2%	3,7%	-	-	-
100	3,3%	3,8%	-	-	-

Quelle: Grundstücksmarktbericht 2009 des Oberen Gutachterausschusses von Rheinland-Pfalz

6.4 Liegenschafts- und Kapitalmarktzinssatz

▶ Vgl. Syst. Darst. des Ertragswertverfahrens Rn. 18, 116 ff.

148 Bei der Ermittlung des Ertragswerts als Barwert aller nachhaltig anfallenden Erträge kommt dem dabei zum Ansatz kommenden Zins – wie bereits erläutert wurde – eine maßgebliche Bedeutung zu. Investoren greifen hier häufig auf den bankenüblichen Zinssatz für langfristige Kapitalanlagen zurück, die sich aber gerade nicht auf Immobilien übertragen lassen. Der Verordnungsgeber hat aus diesem Grunde mit dem (mit § 14 Abs. 3 ImmoWertV eingeführten) Begriff des Liegenschaftszinssatzes verdeutlichen wollen, dass **für Liegenschaften ein besonderer, vom Kapitalmarkt regelmäßig abweichender Zinssatz maßgebend** ist (vgl. Teil II Rn. 98 ff.; Syst. Darst. des Vergleichswertverfahrens Rn. 157).

149 **Liegenschaften werfen im Verhältnis zu anderen Kapitalanlagen in aller Regel eine weitaus geringere Verzinsung ab.** Weil der Grund und Boden (Sachwert) gegenüber Geldvermögen als wertbeständiger angesehen wird, begnügen sich Immobilieneigentümer im Allgemeinen mit einer geringeren Verzinsung. **Liegenschaftszinssätze unterliegen** auch **weitaus geringeren Schwankungen als die Zinssätze auf dem deutschen Kapitalmarkt,** die von vielen inneren und äußeren Einflüssen (z.B. Inflationsrate, Konjunkturlage, Dollarkurs, den Herausforderungen der wirtschaftlichen Vereinigung Deutschlands und seit 1993 EU-Binnenmarkt) abhängig sind.

150 Gleichwohl ist die Frage einer **Abhängigkeit zwischen dem Liegenschaftszins- und Kapitalmarktzinssatz** stets Gegenstand analytischer und empirischer Betrachtungen. Der Liegenschaftszinssatz lässt sich auch als immobilienspezifischer Kapitalmarktzinssatz erklären, der ausgehend vom Kapitalmarktzinssatz die immobilienspezifischen Besonderheiten wie das mit der Immobilie verbundene Risiko, die zu erwartende Geldentwertung, aber auch die zu erwartende Entwicklung der Mieteinnahmen und der Immobilie in sich integriert. Dies wird aus dem Kalkulationsschema für den Liegenschaftszinssatz deutlich (Abb. 26). Bei Anwendung des Prognoseverfahrens (*Discounted Cashflow* Verfahren) kommt – ausgehend von einem Basiszinssatz langfristig staatsgarantierter Wertpapiere – ein entsprechend „konstruierter" Diskontierungszinssatz zur Anwendung (vgl. Syst. Darst. des Ertragswertverfahrens Rn. 388 ff.).

151 Die **Zinsentwicklung bei Hypothekarkrediten auf Wohngrundstücke** (durchschnittlicher Effektivzins in v.H. per annum) vollzieht sich im Vergleich zur Entwicklung des Liegenschaftszinssatzes geradezu turbulent, wie eine Untersuchung des Gutachterausschusses für Grundstückswerte in *Düsseldorf* erwiesen hat (Abb. 27).

Abb. 26: Kalkulationsschema für den Liegenschaftszinssatz

Abb. 27: Vergleich der Hypothekarkreditzinsen und Liegenschaftszinssätze

[1] Hypothekarkreditzinsen auf Wohngrundstücke, zu Gleitzinsen (Effektivverzinsung) *Quelle:* Deutsche Bundesbank
[2] Liegenschaftszinssätze, als durchschnittlicher Zinssatz abgeleitet aus Verkäufen von Mietwohnhäusern und gemischt genutzten Gebäuden.

Quelle: Grundstücksmarktbericht 2004

2005 lagen die Liegenschaftszinssätze über den Kapitalmarktzinsen. Dies kann in Anbetracht der rückläufigen Immobilienpreise auf die allgemeine Furcht vor weiteren Wertverlusten zurückgeführt werden. In den früheren Jahren lagen die Liegenschaftszinssätze dagegen unter den Kapitalmarktzinsen, weil allgemein Wertsteigerungen auf dem Immobilienmarkt erwartet wurden.

153 Die **Liegenschaftszinssätze weisen im Verhältnis zu Kapitalmarktzinsen eine geringe zeitliche Schwankungsbreite auf.** Längerfristig angelegte Untersuchungen haben ergeben, dass sich Liegenschaftszinssätze (zumindest in der Vergangenheit) gerade einmal in einem Korridor von einem Prozentpunkt bewegen (Abb. 28 f.).

Abb. 28: Entwicklung der Liegenschaftszinssätze im Ennepe-Ruhr-Kreis

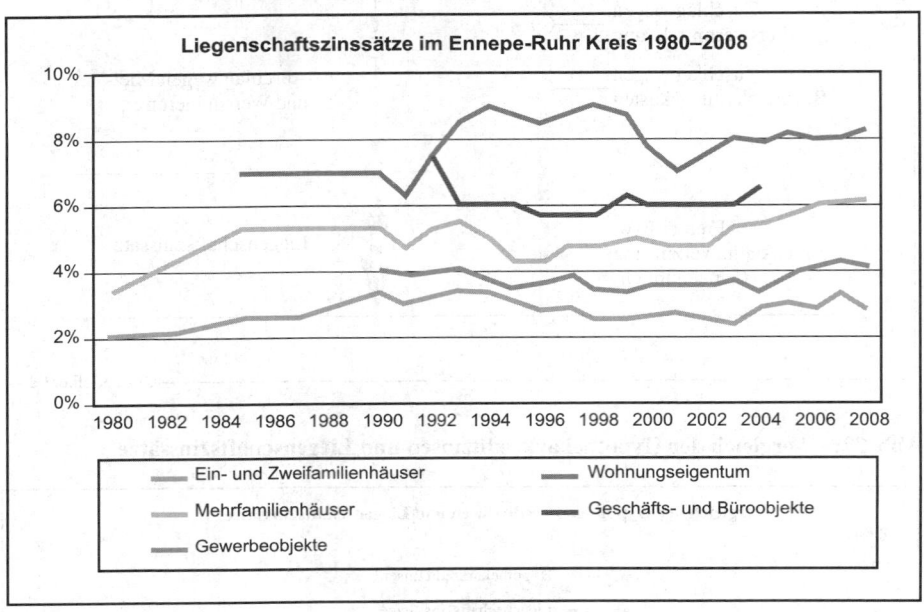

Quelle: Grundstücksmarktbericht 2009

154 Größere Schwankungen konnten erst Anfang 2000 beobachtet werden. Mit dem Rückgang des allgemeinen Wertniveaus stiegen die Liegenschaftszinssätze überdurchschnittlich an; etwa ab 2005 zeigten sich Tendenzen eines Rückgangs der Liegenschaftszinsen.

155 Der Liegenschaftszinssatz lässt sich damit als ein die **Dynamik der grundstücksbezogenen Entwicklung** integrierender Kapitalisierungszinssatz definieren. Über die **Zusammenhänge zwischen der Entwicklung der Hypotheken- und Liegenschaftszinssätze** liegen keine alle Fragen beantwortenden Untersuchungen vor. Ein Vergleich der Kurvenverläufe deutet darauf hin, dass sich im Bereich der Wendepunkte des Hypothekarzinses der Liegenschaftszinssatz tendenziell gegenläufig entwickelt; bei tendenziell steigenden Hypothekenzinsen steigen zeitversetzt mit einem *time lag* von zwei bis drei Jahren die Immobilienpreise, während der Liegenschaftszinssatz sinkt[13].

156 Bezüglich der **Zusammenhänge zwischen Liegenschaftszinssätzen und Hypothekenzinssätzen** kann aber auch umgekehrt davon ausgegangen werden, dass steigende Hypothekenzinssätze die Kaufkraft schwächen und sich tendenziell preisdämpfend auswirken. Andererseits sind steigende Hypothekenzinssätze i.d.R. mit inflationären Entwicklungen verbunden, die üblicherweise den „Drang in Sachwerte" mit einer verstärkten Nachfrage zur Folge haben. Im Ergebnis kann sich die Nachfrage damit kompensieren, d.h., steigende bzw.

---

[13] Zur Frage der Zusammenhänge vgl. Vogel in GuG 1996, 145 mit krit. Anmerkungen von Kolb in GuG 1996, 363.

fallende Hypothekenzinssätze neutralisieren sich in ihrer Auswirkung auf den Liegenschaftszinssatz. Dies mag auch die unterschiedlichen Auffassungen zu der Frage der Auswirkungen von Veränderungen des Hypothekenzinssatzes auf den Liegenschaftszinssatz erklären. Empirisch konnte eine Abhängigkeit jedenfalls nicht nachgewiesen werden.

▶ *Zu den Zusammenhängen vgl. Teil II Rn. 98*

Für eine marktkonforme Verkehrswertermittlung auf der Grundlage des Ertragswertverfahrens ist die Frage einer etwaigen **Korrelation von Liegenschaftszinssatz- und Hypothekenzinssatzentwicklung von nachrangiger Bedeutung.** Entscheidend ist zunächst, dass sich der Verkehrswert nicht im Wege eines sich am Hypothekenzinssatz allein orientierenden bankenüblichen Zinssatz ermitteln lässt, weil sich Liegenschaften nicht wie andere Kapitalanlagen verzinsen. 157

Gleichwohl werden vor allem im Rahmen von Investitionsberechnungen Ertragswertermittlungen unter dem Begriff der sog. *Discounted-Cashflow*-**Methode auf der Grundlage von bankenüblichen Finanzierungszinssätzen** praktiziert. Gleichzeitig werden bei derartigen Betrachtungen die erwartete Mietentwicklung, die erwartete Wertentwicklung, die Geldentwertungsrate, das Risiko *(risk premium)* und vieles mehr auf der Grundlage apokrypher Annahmen in die Ertragswertermittlung eingestellt. Dadurch kompensiert sich tendenziell der im Vergleich zum Liegenschaftszinssatz hohe Finanzierungszinssatz. 158

Diese Vorgehensweise ist nicht frei von **Bedenken:** 159

a) Zunächst aber ist festzustellen, dass es sich bei diesem Verfahren um nichts anderes handelt als um ein allgemeines Barwertverfahren und insofern auch das in den §§ 17 ff. ImmoWertV geregelte Verfahren den Begriff „*Discounted Cashflow*" für sich in Anspruch nehmen kann.

b) Die wohl schwerwiegendsten Bedenken müssen bei der vorgestellten Vorgehensweise den letztlich nur im Schätzwege unterstellten **Entwicklungen der Ertragsverhältnisse und der Wertentwicklung** begegnen. Angesichts der i.d.R. langen Restnutzungsdauer lässt sich nun einmal nicht abschätzen, wie sich diese Entwicklung über Jahrzehnte, über die kapitalisiert wird, tatsächlich vollziehen wird. Bedenkt man, dass die Finanzierungszinssätze in kurzen Zeitabständen erheblich schwanken können, führt diese Methode dazu, dass die „Zufälligkeit" des am Wertermittlungsstichtag anfallenden Finanzierungszinssatzes mit einer nicht absehbaren Entwicklung der Miet- und Preisverhältnisse kombiniert wird.

▶ *Näheres hierzu vgl. Syst. Darst. des Ertragswertverfahrens Rn. 16 ff.*

Zwischenfazit: Die Ertragswertermittlung auf der Grundlage marktkonformer Liegenschaftszinssätze hat sich bewährt. Die alternativ in Betracht kommende Methode, als **Ertragswert** den Barwert **auf der Grundlage einer** vom Sachverständigen letztlich immer subjektiv unterstellten **Ertrags- und Wertentwicklung** ggf. **unter Heranziehung eines** (ggf. sogar nach dynamisierten) **bankenüblichen Zinssatzes** zu ermitteln, ist dagegen als Verkehrswertermittlungsmethode äußerst fehleranfällig, wenn man allein schon die erhebliche Schwankungsbreite der bankenüblichen Zinsen betrachtet (Abb. 28). Kein Gutachter ist in der Lage, die Ertrags- und Wertentwicklung sowie die Entwicklung der bankenüblichen Zinsen über die lange Restnutzungsdauer einer baulichen Anlage abschätzen zu können. Dies liefe auf eine willkürliche „Kaffeesatzlesung" hinaus. In der Investitionsrechnung hat dagegen das allgemeine Barwertverfahren *(Discounted Cashflow)* seinen Platz. 160

Wie in der Syst. Darst. des Ertragswertverfahrens unter Rn. 13 ff. ausgeführt wird, besteht das Grundproblem in der „richtigen" Erfassung der künftigen Erträge und sonstiger zu erwartender Änderungen in den Ertragsverhältnissen bis hin zu der Wertentwicklung des Grundstücks. Dabei will man es vermeiden, sich auf unsichere Prognosen zu stützen. Es kommt hinzu, dass man sich im Rahmen einer am Grundstücksmarkt orientierten Verkehrswertermittlung auf die Prognosen des Grundstücksmarkts stützen muss, d.h., der Sachverständige muss insoweit 161 seine eigene Sicht zurückstellen. Von welchen Prognosen nun der allgemeine Grundstücksmarkt ausgeht, lässt sich am Geschehen auf dem Grundstücksmarkt „ablesen". Die Prognosen manifestieren sich nämlich in den gezahlten Kaufpreisen. Der Grundstückserwerber verfügt bei dem Kauf eines Grundstücks – wie der Sachverständige – lediglich über gesicherte Erkenntnisse der derzeit erzielbaren Miete. Auch er weiß – wie der Sachverständige –, dass sich diese verändern werden. Auch geht er davon aus, dass sich die steuerlichen Rahmenbedingungen und vieles mehr verändern werden. In seiner Einschätzung der von ihm erwarteten Gesamtentwicklung entrichtet er seinen Kaufpreis. Der Kaufpreis ist mithin das Ergebnis seiner Zukunftseinschätzung in ihrer Gesamtheit, und zwar ausgehend von dem Ertrag, der am Wertermittlungsstichtag erzielbar ist. Ein „Optimist" würde bei alledem einen höheren Kaufpreis entrichten als ein „Pessimist". Im Rahmen der Verkehrswertermittlung geht es aber um die durchschnittliche Erwartung, und deshalb wird der Liegenschaftszinssatz aus einer hinreichenden Anzahl von Vergleichsfällen abgeleitet. Die Höhe des Liegenschaftszinssatzes richtet sich maßgeblich nach dem Verhältnis des Reinertrags zum Kaufpreis einer Immobilie:

$$p = (RE \times 100)/KP$$

162 Mit „aus dem Markt" empirisch abgeleiteten Liegenschaftszinssätzen werden auch **Zukunftserwartungen** (Chancen und Risiken) **des Marktes einschließlich inflationärer Entwicklungen**[14] **der Investition** „eingefangen".

163 Zwar werden Liegenschaftszinssätze retrograd aus Kaufpreisen der (jüngsten) Vergangenheit abgeleitet, jedoch wird diese Ermittlung stets (jahrgangsweise) aktualisiert, und mit den in die Ableitung eingehenden Kaufpreisen gehen zugleich die Einschätzungen des Marktes bezüglich der künftig erwarteten Wert- und Ertragsentwicklung – einschließlich inflationärer Art – steuerliche Rahmenbedingungen, die erwartete Entwicklung der Bewirtschaftungskosten, Subventionen und dgl. ein. Chancen und Risiken, die mit der Investition in eine Immobilie verbunden sind, gleich welcher Art, berücksichtigen die Käufer bei der Bemessung ihrer Kaufpreise, aus denen dann die Liegenschaftszinssätze in marktkonformer Weise abgeleitet werden. Insoweit weist deshalb das in der ImmoWertV geregelte Ertragswertverfahren keine Mängel auf. Da mit dem so ermittelten Liegenschaftszinssatz auch das mit einer Immobilieninvestition verbundene **Risiko**[15] erfasst wird, bedarf es lediglich einer besonderen Erfassung des objektspezifischen Risikos.

164 **Mit dem** nach Maßgabe des § 14 Abs. 3 ImmoWertV ermittelten **Liegenschaftszinssatz wird die Dynamik einer Immobilie hinsichtlich der Entwicklung der Ertragsverhältnisse, der Wertentwicklung, aber auch sonstiger wertbeeinflussender Entwicklungen aufgefangen,** und zwar nicht nach der subjektiven Einschätzung des Sachverständigen, sondern nach der objektiven Betrachtung des Grundstücksmarktes.

165 Dies gewährleistet zugleich, dass der mithilfe des Liegenschaftszinssatzes ermittelte Ertragswert dem Verkehrswert gleichkommt. Dabei mag es dahinstehen, ob der Grundstücksmarkt die Zukunft „richtig" oder „falsch" eingeschätzt hat: Im Rahmen der Verkehrswertermittlung muss es gleichwohl auf die allgemeine Verkehrsauffassung ankommen. Nr. 3.5.4 WERTR stellt zu alledem fest:

„Mit dem Liegenschaftszinssatz werden die allgemein vom Grundstücksmarkt erwarteten künftigen Entwicklungen insbesondere der Ertrags- und Wertverhältnisse sowie der üblichen steuerlichen Rahmenbedingungen berücksichtigt. Besondere Ertragsverhältnisse aufgrund wohnungs- und mietrechtlicher Bindungen (z.B. über- oder untervermietete Objekte) bedürfen dagegen einer eigenständigen Berücksichtigung (vgl. Nr. 3.5.1, 3.5.8 und 4.3)."

166 Der so ermittelte Zinssatz darf nicht mit der im Rahmen einer Investitionsbetrachtung maßgeblichen **Nettoanfangsrendite** (*initial yield*) verwechselt werden. Hier sind die Grunderwerbskosten von Bedeutung, die die Anfangsrendite schmälern. Die Nettoanfangsrendite ergibt sich – bezogen auf den Zeitpunkt des Grundstückserwerbs – aus:

---

14 Lüftl, Ertragswert von Liegenschaften, Österreichische Immobilien-Zeitung 1975, 359; Engel, R./Bärwolf, Inflation und Verkehrswert, GuG 2004, 273.
15 Plein, C., Sachgerechte Bewertung von Immobilienvermögen bei der Unternehmensbewertung, BB 1999, 467.

Liegenschaftszinssätze § 14 ImmoWertV V

$$\text{Nettoanfangsrendite} = \frac{\text{Reinertrag (RE) gemäß Vertragsmiete}}{\text{Gesamtinvestitionskosten (einschließlich Grundstückstranskationskosten)}}$$

auf der Grundlage der einzelfallbezogenen Ertragssituation[16].

Reinertrag und Kaufpreis werden dabei in der Höhe in die Ableitung eingeführt, wie sie sich am Bezugsstichtag auf dem Markt darstellen. Bei der Kaufpreisbemessung geht der Markt von einer Dynamik der Entwicklung der Immobilienpreise, der Nutzungsentgelte, der Bewirtschaftungskosten und sonstiger immobilienwirtschaftlicher Rahmenbedingungen aus. Die Erwartung einer Änderung der Nutzungsentgelte und z.B. steuerlicher Vor- und Nachteile bestimmen also die Höhe des Kaufpreises. **167**

Beispiel: **168**

Ein Verkäufer bietet ein Mietwohnobjekt zum Kaufpreis von 1 000 000 € an; das Objekt hat einen nachhaltigen Jahresreinertrag von 50 000 €. Der Kaufpreis soll dabei repräsentativ für den durch das allgemeine Marktgeschehen bestimmten Verkehrswert (Marktwert) sein.

$$p = 50\,000\,€ / 1\,000\,000\,€ = 5\%$$

Dies entspricht einer Verzinsung von 5%. In der Praxis vollzieht dies sich in der Weise, dass die Liegenschaftszinssätze für die jeweiligen lokalen Märkte und gegliedert nach Objektarten aus einer Vielzahl vergleichbarer Kauffälle abgeleitet werden (vgl. Rn. 219 ff.).

Der Liegenschaftszinssatz berücksichtigt bereits die üblicherweise erwarteten Entwicklungen der Ertrags- und Wertverhältnisse (einschließlich der Chancen und Risiken sowie einer Inflation) sowie der üblichen steuerlichen Rahmenbedingungen, und zwar nach der verobjektivierten Anschauung des Grundstücksmarktes und nicht nach der subjektiven Einschätzung des Gutachters (vgl. Abb. 29)[17]. Insofern verbietet es sich, bei Heranziehung von solchen Liegenschaftszinssätzen allgemein erwartete Ertragsentwicklungen zusätzlich einzubringen. Etwas anderes gilt, wenn im Einzelfall ein sog. *overrented* oder *underrented* Objekt zu bewerten ist. **169**

Der aus dem Marktgeschehen abgeleitete Liegenschaftszinssatz berücksichtigt des Weiteren das objekt- und regionalspezifische Risiko, insbesondere was die Ertragsentwicklung anbelangt. **170**

▶ *Zur Berücksichtigung inflationärer Entwicklungen vgl. auch die Syst. Darst. des Ertragswertverfahrens*

Abb. 29: Aussagekraft des Liegenschaftszinssatzes

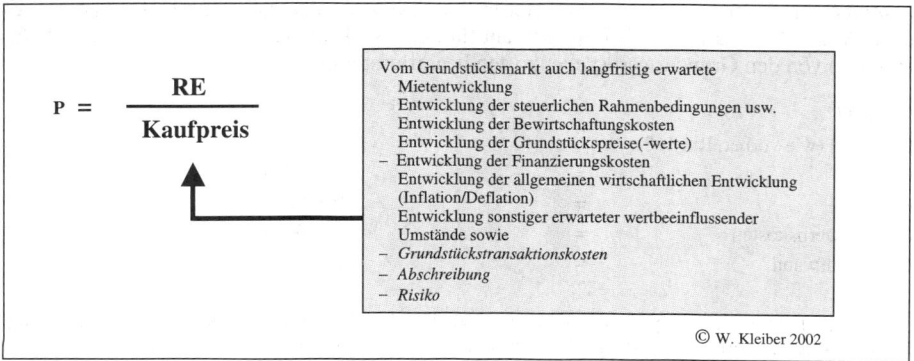

---

[16] GuG-aktuell 2009, 11.
[17] Abzulehnen hierzu die Auffassung von Petersen, H., Marktorientierte Immobilienbewertung, 3. Aufl. 1996 Stuttgart S. 21.

Abb. 30: Liegenschaftszinssatz- und Kaufpreisentwicklung

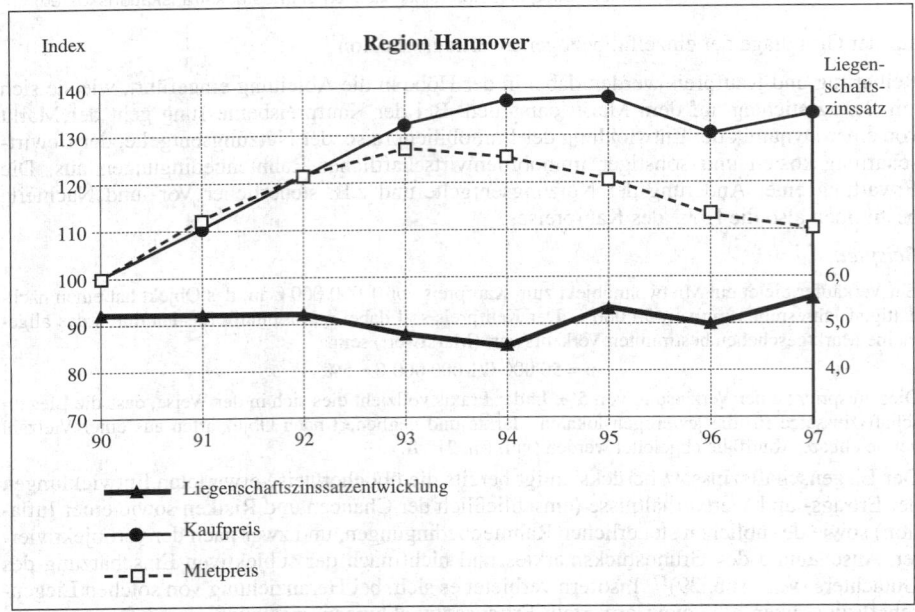

Quellen: Immobilienjahrbuch 1998 Bd. 3 der Südprojekt, München
Grundstücksmarktbericht 1997 für den RegBez. Hannover

171 Mit dem Liegenschaftszinssatz werden auch die gewöhnlichen **Grundstückstransaktionskosten (Grunderwerbsnebenkosten)** vgl. § 194 BauGB Rn. 85) berücksichtigt, soweit sie den Verkehrswert beeinflussen. Dies vollzieht sich mittelbar über die Kaufpreise, aus denen der Liegenschaftszinssatz abgeleitet wird. Soweit nämlich tatsächlich die Grunderwerbsnebenkosten den Verkehrswert beeinflussen, findet dies seinen Niederschlag in den vereinbarten Kaufpreisen, wobei dahingestellt sein mag, ob die Grunderwerbsnebenkosten in ihrer (im Einzelfall anfallenden) tatsächlichen Höhe den Kaufpreis beeinflusst haben mögen. Hierauf kommt es im Rahmen der Verkehrswertermittlung auch gar nicht an. Entscheidend ist, in welchem Maße der Kaufpreis (als Repräsentant für einen verkehrswertkonformen Liegenschaftszinssatz) von den Grunderwerbsnebenkosten beeinflusst wird.

172 *Beispiel:*

Grundfall (wie vorher, Rn. 168):

RE	=	50 000 €
KP	=	1 000 000 €
Grunderwerbskosten	=	100 000 €
Gesamtaufwand	=	1 100 000 €

Bei der Ableitung des Liegenschaftszinssatzes werden die Grunderwerbskosten zwar nicht explizit berücksichtigt. Die Ableitung erfolgt vielmehr nach dem tatsächlich vereinbarten Kaufpreis:

$$\text{Grundfall: } p = 50\,000\text{ €}/1\,000\,000\text{ €} = 5\%$$

Die Grunderwerbskosten werden indirekt dadurch berücksichtigt, dass sie bereits vom Käufer mit dem vereinbarten Kaufpreis in die Betrachtung eingehen. Dies soll an einem drastischen Beispiel demonstriert werden, in dem sich die Grunderwerbskosten auf 600 000 € versechsfachen (sic). Der Käufer würde für das Grundstück auch nicht mehr (insgesamt) 1 100 000 € entrichten können und für die Immobilie als Kaufpreis entrichten:

$$1\,100\,000\,€ - 600\,000\,€ = 500\,000\,€$$

Für die Ableitung des Liegenschaftszinssatzes folgt daraus:

$$p = 50\,000\,€ / 500\,000\,€ = 10\%$$

Das *Beispiel* soll demonstrieren, wie die Grundstückstransaktionskosten auf den Liegenschaftszinssatz „durchschlagen". Der aus empirischen Marktdaten ermittelte Liegenschaftszinssatz berücksichtigt somit auch die Grundstückstransaktionskosten. Dies ist im Hinblick auf den Vergleich mit dem Prognoseverfahren *(Discounted Cashflow)* bedeutsam, weil bei Anwendung dieses Verfahrens die Grundstückstransaktionskosten besondere Berücksichtigung finden müssen.

Etwas anderes mag lediglich in den Fällen gelten, in denen mit dem Erwerb eines Grundstücks **ungewöhnliche Grunderwerbskosten** einhergehen. Entsprechend der Vorgabe des § 7 ImmoWertV handelt es sich hierbei um „ungewöhnliche oder persönliche Verhältnisse", die i.d.R. dazu führen, dass solche Kaufpreise gar nicht erst in die Liegenschaftszinssatzermittlung eingehen, so dass im Ergebnis mit dem Liegenschaftszinssatz eine irgendwie geartete Beeinflussung des Verkehrswerts durch Grunderwerbskosten in dem Maße berücksichtigt wird, wie sie üblicherweise anfällt. Das Gleiche gilt im Übrigen bei Anwendung des Vergleichswertverfahrens, denn auch mit den Vergleichspreisen werden die üblicherweise anfallenden Grunderwerbsnebenkosten in verkehrswertkonformer Weise berücksichtigt.

Ungewöhnliche Grunderwerbskosten, die wiederum **bei dem zu bewertenden Objekt** im Einzelfall gegeben sein mögen, können im gleichen Sinne allenfalls zu einem vom Verkehrswert abweichenden Kaufpreis führen (so im Übrigen auch die Anl. 1 zur WERTR)[18].

6.5 Ableitung von Liegenschaftszinssätzen

6.5.1 Allgemeines

Die Ableitung von Liegenschaftszinssätzen ist eine Aufgabe, die auf der Grundlage der Daten der Kaufpreissammlung von den **Gutachterausschüssen für Grundstückswerte** anwendungsbezogen wahrzunehmen ist, d.h., es werden **Liegenschaftszinssätze** mit Hilfe von Vergleichsdaten **in der Weise abgeleitet, dass ihre Anwendung im Ertragswertverfahren möglichst direkt zum Verkehrswert führt.**

Die von den Gutachterausschüssen für Grundstückswerte auf örtlicher Ebene abgeleiteten Liegenschaftszinssätze sind in aller Regel den im Schrifttum und in der WERTR gegebenen Anhaltswerten vorzuziehen, da zu ihrer Ableitung die Kaufpreissammlung zur Verfügung stand und erwartet werden kann, dass sie dem örtlichen Marktgeschehen entsprechen. Die von den Gutachterausschüssen abgeleiteten Liegenschaftszinssätze können i.d.R. den jeweiligen Marktberichten entnommen werden.

Leider werden solche Liegenschaftszinssätze noch immer vornehmlich nur von den „größeren" Gutachterausschüssen abgeleitet und stehen nicht allerorts zur Verfügung. Darüber hinaus muss auch bedauert werden, dass die von den Gutachterausschüssen für Grundstückswerte abgeleiteten Liegenschaftszinssätze trotz einer Musterempfehlung zumindest für das Land Nordrhein-Westfalen unterschiedlich gegliedert sind und nur bedingt miteinander verglichen werden können. Es kommt hinzu, dass die **Ableitungsmethodik** vielfach **nicht hinreichend offen gelegt** wird.

Zieht man die von den Gutachterausschüssen für Grundstückswerte abgeleiteten Liegenschaftszinssätze heran, sind Abweichungen davon nicht nur zulässig, sondern in aller Regel sogar geboten. Es handelt sich nämlich um **durchschnittliche Liegenschaftszinssätze, die für durchschnittliche Eigenschaften der Grundstücke** der jeweils definierten Grundstücksart **abgeleitet wurden,** ohne dass nach der örtlichen Lage im Einzugsbereich des Gutachterausschusses oder nach der Restnutzungsdauer der baulichen Anlage unterschieden wird.

---

18 Zu alledem die Glosse in GuG-aktuell 2000, 9; Kleiber in GuG 2000, 321.

180 In der Abb. 19 sind Liegenschaftszinssätze einer Reihe ausgewählter Kreise und Gemeinden abgedruckt. Sie sind aufgrund unterschiedlicher Bezugsobjekte nicht unmittelbar vergleichbar. Es kommt hinzu, dass in Ausnahmefällen die Liegenschaftszinssätze auf der Grundlage **gedämpfter Bodenwerte** ermittelt wurden und nur systemkonform unter Ansatz gedämpfter Bodenwerte in die Ertragswertermittlung eingeführt werden dürfen (vgl. Rn. 233, § 15 ImmoWertV Rn. 87 ff.).

181 Die **Gutachterausschüsse für Grundstückswerte haben sich bislang nicht auf einen einheitlichen Rahmen für die Ableitung von Liegenschaftszinssätzen einigen können.** Dies mag zwar teilweise auf örtliche Besonderheiten zurückzuführen sein, dennoch erscheint eine stärkere Angleichung nicht nur möglich, sondern auch im Hinblick auf Transparenz und Vergleichbarkeit geboten. Von daher ist zu begrüßen, dass von der Arbeitsgemeinschaft der Vorsitzenden der Gutachterausschüsse für Grundstückswerte in Nordrhein-Westfalen ein einheitlicher Rahmen empfohlen wird. Im Abschlussbericht des Arbeitskreises „Erforderliche Daten" der Arbeitsgemeinschaft wird folgendes Schema vorgegeben (Abb. 31).

Abb. 31: Tabelle der Liegenschaftszinssätze (Muster)

Lfd. Nr.	Gebäudeart	Baujahrsgruppen bzw. Lage		
		bis 1949	1950 – 1974	1975 bis heute mit mod. Wärmedämmung
1	Wohnungseigentum			
2	Ein-/Zweifamilienhäuser			
3	Dreifamilienhäuser			
4	Mehrfamilienhäuser			
5	1975 bis heute mit mod. Wärmedämmung (bis 80%)			
		mäßige Lage	gute Lage	sehr gute Lage
6	Geschäfts- und Bürogebäude			
7	Reine Gewerbegebäude			

Hinweis: I.d.R. sind Objekte mit sehr geringem gewerblichem Anteil (< 20% gewerbliche Miete) unter der Rubrik Mehrfamilienhäuser einzuordnen. Alle geschätzten Zahlen sind in Klammern zu setzen. Der Liegenschaftszinssatz sollte im Rahmen der Genauigkeit auf +/– ¼ % angegeben werden. Spannweiten sind nicht sachgerecht.

182 Die vorstehende Tabelle sollte durch folgende **Angaben und statistische Kenngrößen** ergänzt werden:

– Mittelwerte der Liegenschaftszinssätze für die jeweilige Gebäudeart,

– Mittelwert der Baujahre,

– Mittelwert der gewerblichen Mietertragsanteile,

– Mittelwert der Anzahl der Wohneinheiten bei Mehrfamilienhäusern,

– Mittelwert der Restnutzungsdauer,

– Min.-/Max.-Werte für Liegenschaftszinssatz, Restnutzungsdauer,

– Mittlerer Fehler des arithmetischen Mittels des Liegenschaftszinssatzes,

– Korrelationskoeffizient, u.a. wesentliche Kenngrößen bei der Anwendung von einfachen oder multiplen Regressionsanalysen.

Liegenschaftszinssätze § 14 ImmoWertV V

Zur Ableitung des Liegenschaftszinssatzes schreibt § 14 Abs. 3 Satz 2 ImmoWertV vor, dass er auf der Grundlage **183**

– geeigneter Kaufpreise und
– ihnen entsprechender Reinerträge

für gleichartig bebaute und genutzte Grundstücke unter Berücksichtigung der Restnutzungsdauer der Gebäude „nach den Grundsätzen des Ertragswertverfahrens" zu ermitteln ist. Diese sibyllinische Vorgabe ist dahingehend auszulegen, dass er – ausgehend von dem Rechengang, der dem Ertragswertverfahren zugrunde liegt – durch **Umkehrung des Ertragswertverfahrens** abgeleitet wird, d.h., die für den Ertragswert maßgebliche Formel muss nach dem Liegenschaftszinssatz (p) aufgelöst werden.

Der **Ertragswert bestimmt sich** gemäß den §§ 17 ff. ImmoWertV **nach folgender Formel:** **184**

$$EW = (RE - p \times BW) \times V + BW = RE \times V + BW \times q^{-n}$$

wobei:
EW = Ertragswert
RE = Jährlicher Reinertrag (§ 18 ImmoWertV)
BW = Bodenwert

V = Vervielfältiger = $\dfrac{q^n - 1}{q^n (q - 1)} = \dfrac{EW - BW/q^n}{RE}$
q = Zinsfaktor = $1 + p$
p = Liegenschaftszinssatz/100 = $q - 1$
n = Restnutzungsdauer (§ 6 Abs. 6 ImmoWertV)

Für die Auswahl der **geeigneten Kaufpreise**, die zur Ableitung von Liegenschaftszinssätzen herangezogen werden, können folgende Grundsätze gelten: **185**

– Die Kaufpreise müssen einer Gruppe „gleichartig bebauter und genutzter" Grundstücke, für die der Liegenschaftszinssatz ermittelt werden soll, zuzuordnen sein.
– Die Kaufpreise und die Ertragsverhältnisse dürfen nicht durch ungewöhnliche oder persönliche Verhältnisse beeinflusst sein.
– Es muss sich um aktuelle und auf einen gemeinsamen Stichtag bezogene Kaufpreise handeln, da – wie ausgeführt – der Liegenschaftszinssatz eine zeitabhängige Größe ist.
– Neben dem Kaufpreis müssen die Grundstücke, die Reinerträge und die Restnutzungsdauer des Gebäudes bekannt sein, sofern es sich nicht um Objekte handelt, für die sich der Liegenschaftszinssatz allein aus Kaufpreis und Jahresreinertrag bestimmt.
– Die Grundstücke, deren Kaufpreise herangezogen werden, müssen eine nutzungstypische Grundstücksgröße aufweisen, insbesondere darf nicht der in § 17 Abs. 2 Satz 2 ImmoWertV geregelte Fall vorliegen. Andernfalls würde ein aufgrund der Grundstücksgröße besonders niedriger oder hoher Bodenwert das Ergebnis der Ableitung verfälschen.
– Die Grundstücke müssen nicht nur gleichartig bebaut, sondern auch gleichartig genutzt werden, wobei es sich jeweils um eine objekttypische Bebauung und Nutzung handeln muss. Auszuschließen sind damit Fälle, in denen die Nutzung von der objekttypischen Bebauung abweicht, weil eine atypische Nutzung sich regelmäßig auf die Ertragssituation auswirkt und damit das Ergebnis verfälschen würde.

Für die Ableitung des Liegenschaftszinssatzes sind im Übrigen möglichst nur **Kaufpreise von Grundstücken** heranzuziehen, **die keine besonderen objektspezifischen Grundstücksmerkmale i.S. des § 8 Abs. 3 ImmoWertV aufweisen.** Der Liegenschaftszinssatz soll nämlich Normalverhältnisse abbilden und nicht von besonderen objektspezifischen Grund- **186** stücksmerkmalen beeinflußt sein[19]. Sofern es unvermeidlich ist, Kaufpreise heranzuziehen, die durch besondere objektspezifische Grundstücksmerkmale beeinflusst worden sind, müssen die Kaufpreise nach Maßgabe des § 8 Abs. 3 ImmoWertV durch angemessene Zu- und Abschläge korrigiert werden.

187 Der **Liegenschaftszinssatz**, der sowohl in den Vervielfältiger als auch in den Bodenwertverzinsungsbetrag bzw. in den diskontierten Bodenwert eingeht, **wird u.a. durch die jeweilige Restnutzungsdauer** der baulichen Anlage **beeinflusst**. § 14 Abs. 2 Satz 2 ImmoWertV stellt dies zur Verdeutlichung heraus. Die Abhängigkeit des Liegenschaftszinssatzes von der Restnutzungsdauer ist umso größer, je kürzer die Restnutzungsdauer wird.

188 Eine Besonderheit des Ertragswertverfahrens besteht umgekehrt darin, dass der **Bodenwert bei langer Restnutzungsdauer der baulichen Anlage eine vernachlässigbare Größe** ist und nur der Bodenwert einer selbständig nutzbaren Teilfläche voll in den Ertragswert eingeht; hieraus ergeben sich Vereinfachungen bei der Ableitung des Liegenschaftszinssatzes.

189 Dies ist darauf zurückzuführen, dass der **Bodenwert in den Ertragswert nur in einer über die Restnutzungsdauer des Gebäudes diskontierten Größenordnung eingeht** und deshalb nur bei kurzer Restnutzungsdauer (RND 50 Jahre) beachtlich ist. In dem in der Syst. Darst. des Ertragswertverfahrens Rn. 165 dargestellten Beispiel beginnt der Bodenwertanteil am Ertragswert erst etwa ab einer Abnahme der Restnutzungsdauer von 50 Jahren, einen beachtenswerten Anteil am Ertragswert zu gewinnen.

6.5.2 Finanzmathematische Grundlagen

190 **Liegenschaftszinssätze werden empirisch aus den Kaufpreisen bebauter Grundstücke** abgeleitet, um mit ihrer Hilfe den Ertragswert eines Grundstücks **so zu ermitteln,** dass der **Ertragswert möglichst auch zugleich dem Verkehrswert entspricht.** Neben der Restnutzungsdauer[20] der baulichen Anlage bestimmt der Liegenschaftszinssatz die Höhe des Vervielfältigers V, mit dem sich der Barwert der Reinerträge ermitteln lässt. Des Weiteren wird bei Anwendung des Ertragswertverfahrens der Liegenschaftszinssatz zur Berechnung des Bodenwertverzinsungsbetrags benötigt:

$$EW = \left(RE - \underbrace{BW \times \frac{p}{100}}_{\text{Bodenwertverzinsungsbetrag}}\right) \times V + BW$$

Vervielfältiger = f (**p**, **n**)

wobei:

EW = Ertragswert
RE = Reinertrag
BW = Bodenwert
p = Liegenschaftszinssatz
n = Restnutzungsdauer
V = Vervielfältiger, abhängig von n und p

---
[19] Petersen, Marktorientierte Immobilienbewertung, 4. Aufl. S. 24 ff.
[20] Boser/Brill in AVN 1981, 349.

Entsprechendes gilt für die Ableitung des Ertragswerts nach folgender – mit der vorstehend aufgeführten **mathematisch identischen** – Formel: **191**

$$EW = \underbrace{(RE - V)}_{\text{Kapitalisierter Reinertrag}} + \underbrace{\frac{BW}{q^n}}_{\text{Diskontierter Bodenwert}} \quad \text{wobei } q = 1 + \frac{p}{100}$$

Zur Diskontierung des Bodenwerts (zweites Glied der Formel) wird wiederum der Liegenschaftszinssatz herangezogen.

6.5.3 Ableitung bei langer Restnutzungsdauer

Aus den vorstehenden Ausführungen ergibt sich, dass sich der Liegenschaftszinssatz für *Objekte mit langer Restnutzungsdauer* (RND > 50 Jahre) der darauf befindlichen Gebäude aus dem **Quotienten aus Reinertrag und Ertragswert** ergibt. Aus dieser Beziehung lässt sich der Liegenschaftszinssatz marktkonform ableiten, indem nun der jeweilige Reinertrag einer hinreichenden Anzahl von bebauten Grundstücken durch die dafür zur Verfügung stehenden „geeigneten" Kaufpreise (an Stelle der jeweiligen Ertragswerte) dividiert wird und die Einzelergebnisse z.B. durch Mittelbildung ausgeglichen werden.   **192**

Der **Ertragswert kann bei längerer Restnutzungsdauer (RND) nach dem vereinfachten Ertragswertverfahren** ermittelt werden: **193**

$$EW = RE \times V$$

EW = Ertragswert
RE = Reinertrag
V = Vervielfältiger (vgl. Anl. zur ImmoWertV oder empirisch abgeleitet)

Hieraus definiert sich der **Vervielfältiger für ein Gebäude mit langer Restnutzungsdauer** als Quotient aus Ertragswert zum Reinertrag.

$$V = EW/RE$$

Der **reziproke Quotient stellt** zugleich **den Liegenschaftszinssatz (Näherungsformel) dar:**   **194**

$$p = \frac{RE}{EW} = \frac{1}{V}$$

Die empirische Ableitung von Liegenschaftszinssätzen stellt sich in diesem Fall sehr einfach dar. Es brauchen dann nämlich für bestimmte Grundstücksarten, von denen eine hinreichende Anzahl von Kaufpreisen vorliegen, die nicht durch ungewöhnliche oder persönliche Verhältnisse beeinflusst sind, nur noch die jeweils ebenfalls **durch ungewöhnliche oder persönliche Verhältnisse unbeeinflussten Reinerträge** ermittelt zu werden. Diese Kaufpreise sind dann in die vorstehende Formel an Stelle des Ertragswerts EW einzuführen. Das gewogene Mittel der sich im Einzelfall jeweils ergebenden Liegenschaftszinssätze ergibt dann die durchschnittliche Verzinsung solcher Liegenschaften.   **195**

$$\text{Liegenschaftszinssatz } p = \frac{\sum \frac{RE_i}{KP_i}}{n} \text{ bei RND} \geq 50 \text{ Jahren}$$

wobei
RE = Reinertrag
KP = Kaufpreis
RND = Restnutzungsdauer
n = Anzahl der Fälle i

196 Die Ableitung erfolgt dabei jeweils für „gleichartig bebaute und genutzte Grundstücke."

197 Der **so abgeleitete Vervielfältiger ist identisch mit den nach § 13 ImmoWertV abgeleiteten Ertragsfaktoren** (vgl. § 13 ImmoWertV Rn. 8 ff.); die Ableitung steht somit im Einklang mit den Grundsätzen der ImmoWertV.

198 *Beispiel:*
Vorstehende Erläuterungen sollen an einem Zahlenbeispiel eines Einzelfalls verdeutlicht werden:

Reinertrag RE betrage	=	50 000 €
Kaufpreis KP betrage	=	1 000 000 €
p_i = 50 000/1 000 000 × 100	=	5%

Aus diesem Beispiel wird deutlich, dass der **Reinertrag** gewissermaßen **die als €-Betrag ausgeworfene Verzinsung des mit dem Kaufpreis in eine Immobilie investierten Kapitals** ist.

199 Der **Liegenschaftszinssatz** kann im Übrigen auch **aus Roherträgen (Jahresnettokaltmiete) abgeleitet** werden, und zwar nach folgender Beziehung:

$$\boxed{p = (1 - \text{BewK}\%) \frac{RoE}{KP}}$$

wobei

$\text{BewK}_\%$ = übliche (nicht umgelegte) Bewirtschaftungskosten in v.H.
RoE = Rohertrag (Jahresnettokaltmiete)

200 *Beispiel:*

Rohertrag RoE betrage	=	62 500 € (= Jahresnettokaltmiete) p.a.
Kaufpreis KP betrage	=	1 000 000 €
$\text{BewK}_\%$ betragen	=	20%

p_i = (1 − 20/100) × 62 500 €/1 000 000 € = 5%

nachrichtlich: RE = RoE − BewK
RE = 62 500 € − 20/100 × 62 500 €
RE = 50 000 €

Liegenschaftszinssätze **§ 14 ImmoWertV V**

Auch in der Begründung zur WertV 88 wird darauf hingewiesen, dass vorstehende Vorgehensweise allerdings nur für Gebäude mit langer Restnutzungsdauer (RND) gilt[21]. Die Begründung lässt offen, was als **lange Restnutzungsdauer** gilt. Aus der Ausgangsformel für den Liegenschaftszinssatz folgt, dass dies abhängig ist von der absoluten Höhe des Liegenschaftszinssatzes. Strebt man eine Genauigkeit des Liegenschaftszinssatzes von 0,5 Prozentpunkten an, so ist die Anwendung der Näherungsformel unbedenklich bei **201**

einem Liegenschaftszinssatz (p) von	einer Restnutzungsdauer (RND) von >
3%	65 Jahre
4%	55 Jahre
5%	49 Jahre
6%	45 Jahre
7%	40 Jahre
8%	36 Jahre

Auf der anderen Seite muss beachtet werden, dass der Liegenschaftszinssatz p umso genauer ermittelt werden muss, je länger die Restnutzungsdauer RND ist, denn **Fehler in der Liegenschaftszinssatzermittlung schlagen umso stärker auf den Vervielfältiger und damit auf den Ertragswert durch, je länger die Restnutzungsdauer (RND) ist**. Dies wird durch nachstehenden Auszug aus der Vervielfältigertabelle verdeutlicht (Abb. 32). **202**

Abb. 32: Auszug aus der Vervielfältigertabelle

Restnutzungsdauer RND (Jahre)	Auszug aus der Vervielfältigertabelle				
	Vervielfältiger bei einem Liegenschaftszinssatz p von				
	3,0	3,5	4,0	4,5	5,0
1	0,97	0,97	0,96	0,96	0,95
25	17,41	16,48	15,62	14,83	14,09
50	25,73	23,46	21,48	19,76	18,26
75	29,70	26,41	23,68	21,40	19,49
100	31,60	27,66	24,51	21,95	19,85

Bei sehr kurzer Restnutzungsdauer RND ist der Vervielfältiger V verhältnismäßig unempfindlich gegenüber der Höhe des Liegenschaftszinssatzes. Mit zunehmender Restnutzungsdauer nimmt die Empfindlichkeit zu. Unterscheiden sich die Vervielfältiger bei einer Restnutzungsdauer RND von 25 Jahren in Abhängigkeit von einem Liegenschaftszinssatz von 3,5% bzw. 4,0% noch um 0,86, so beträgt der Unterschied bei einer Restnutzungsdauer von RND = 100 Jahren bereits 3,15 (vgl. auch Rn. 214). **203**

Wie vorstehend erläutert wurde, schlagen bei langer Restnutzungsdauer RND **geringe Unterschiede in der Höhe des Liegenschaftszinssatzes p erheblich** auf die Höhe des Vervielfältigers V und damit **auf den Ertragswert EW durch**. **204**

Zur Erläuterung wird auf das unter Rn. 113 abgedruckte Beispiel hingewiesen. **205**

Der für Gebäude mit entsprechend „langer" Restnutzungsdauer auf der Grundlage der **Näherungsformel** abgeleitete Liegenschaftszinssatz darf im strengen Sinne auch nur zur Verkehrswertermittlung von Gebäuden mit entsprechend „langer" Restnutzungsdauer zur Anwendung **206**

---
21 BR-Drucks. 352/88, S. 51.

kommen. Andererseits entstünde ein Systembruch, denn die Höhe des Liegenschaftszinssatzes ist von der Restnutzungsdauer abhängig. Der Verordnungsgeber hat deshalb mit § 14 Abs. 3 ImmoWertV ausdrücklich die Berücksichtigung der Restnutzungsdauer vorgeschrieben.

6.5.4 Ableitung bei kurzer Restnutzungsdauer

207 Die vorgestellte vereinfachte Vorgehensweise zur empirischen Ableitung von Liegenschaftszinssätzen kann bei genauerer Betrachtung nur für Objekte mit langer Restnutzungsdauer der aufstehenden Gebäude Gültigkeit beanspruchen (RND > 50 Jahre). Zur Ableitung von Liegenschaftszinssätzen für Objekte mit kurzer Restnutzungsdauer ist es erforderlich, die **vollständige Formel des Liegenschaftszinssatzes** heranzuziehen. Sie hat folgende Form[22]:

wobei

p   = Liegenschaftszinssatz/100 = q – 1
q   = Zinsfaktor = 1 + p
n   = Restnutzungsdauer des Gebäudes
RE = Jahresreinertrag des Grundstücks
KP = Kaufpreis als „Repräsentant" für den Verkehrswert (Ertragswert)
BW = Bodenwert

208 Die Besonderheit dieser Formel besteht darin, dass sich der Liegenschaftszinssatz gegenüber seiner Ableitung nach der vereinfachten Vorgehensweise für Objekte mit einer langen Restnutzungsdauer der aufstehenden Gebäude um einen iterativ zu ermittelnden Minderungsbetrag reduziert. **Die Reduktion kann je nach Restnutzungsdauer der aufstehenden Gebäude erheblich sein.** Ob dies bei den von den Gutachterausschüssen für Grundstückswerte abgeleiteten Liegenschaftszinssätzen tatsächlich berücksichtigt wird, kann in den meisten Fällen den Veröffentlichungen nicht entnommen werden. Hier müssen Defizite konstatiert werden, die schon erheblich ins Gewicht fallen können, wenn man sich die Sensibilität der Abhängigkeit der Ertragswertermittlung von dem „richtigen" Liegenschaftszinssatz vergegenwärtigt.

209 Für Grundstücke mit Gebäuden, die eine *kurze Restnutzungsdauer* (RND < 50 Jahre) aufweisen, gestaltet sich die empirische Liegenschaftszinsermittlung somit weitaus komplizierter. Die vorstehend abgeleitete Formel für die Ermittlung des Liegenschaftszinssatzes für Objekte mit langer Restnutzungsdauer des aufstehenden Gebäudes stellt hier lediglich einen **Näherungswert** dar, an den eine Minderung anzubringen ist. Dieser Minderungsbetrag ergibt sich durch Umkehrung des dem Ertragswertverfahren zugrunde liegenden Rechenganges. In Abb. 34 ist die sich daraus ergebende Ausgangsformel für eine „spitze" Ermittlung des Liegenschaftszinssatzes dargestellt.

---

22 Rendig in VR 1978, 254; Möckel in VR 1975, 129; Möckel in VR 1976, 91; Rehwald/Gaebel in Nachr. der nds. Kat.- und VermVw 1985, 287; aus dem englischsprachigen Schrifttum vgl. Wincott, Terminal Capitalisation Rates and Reasonablines in The Appraisal Journal 1991, 253; Sommer/Kröll in GuG 1995, 290.

Abb. 33: Ableitung des Liegenschaftszinssatzes (Beispiel)

Ableitung des Liegenschaftszinssatzes bei kurzer Restnutzungsdauer (RND ≤ 50 Jahre)

$$p = \frac{RE \times 100}{KP} - \frac{100(q-1)}{q^n - 1} \times \frac{KP - BW}{KP}$$

(vgl. Abb. 15 bei Rn. 123 der Syst. Darst. des Ertragswertverfahrens)

- Näherungswert
- Korrekturfaktor (tabelliert vgl. Abb. 34)
- Gebäudewertanteil

Minderung

wobei
p = Liegenschaftszinssatz/100 = q − 1
q = Zinsfaktor = 1 + p
n = Restnutzungsdauer des Gebäudes
RE = Jahresreinertrag des Grundstücks
KP = Kaufpreis als „Repräsentant" für den Verkehrswert (Ertragswert)
BW = Bodenwert

Beispiel

a) **Ausgangsdaten**

Restnutzungsdauer des Gebäudes	30 Jahre
Jahresreinertrag des Grundstücks	30 000 €
Kaufpreis des bebauten Grundstücks	500 000 €
Gebäudewertanteil	300 000 €
Bodenwert	200 000 €

b) **Ermittlung des Näherungswerts**

$$p_{approx} = 30\,000\,€ \times 100/500\,000\,€ = 6\text{ v. H.}$$

c) **Ermittlung des Liegenschaftszinssatzes**

Lösung der Formel durch Iteration (auf der Grundlage des Näherungswerts)

1. Iteration

Korrekturfaktor (reziproker Rentenfaktor) bei Restnutzungsdauer n = 30 Jahre und p = 6 %

Korrekturfaktor = $\frac{100(q-1)}{q^n - 1}$ = 1,26   (aus Tabelle vgl. Abb. 34)

Liegenschaftszinssatz p = 6 % − 1,26 × (500 000 − 200 000)/500 000 = 5,24 %
(Minderung = 0,76 %)

2. Iteration

Korrekturfaktor (reziproker Rentenfaktor) bei Restnutzungsdauer n = 30 Jahre und p = 5,24 %
Korrekturfaktor = 1,46   (aus Tabelle vgl. Abb. 34)

Liegenschaftszinssatz p = 6 % − 1,46 × (500 000 − 200 000)/500 000 = 5,1 %   (Minderung = 0,9 v.H.)

© W. Kleiber 09

Abb. 34: Tabelle des Korrekturfaktors für die Ableitung des Liegenschaftszinssatzes

Bei einer Restnutzungsdauer von ... Jahren	Reziproker Rentenfaktor bei einem Näherungszinssatz in Höhe von									$\frac{100\,(q^{-1})}{q^{n-1}}$	
	3 %	3,5 %	4 %	4,5 %	5 %	5,5 %	6 %	6,5 %	7 %	7,5 %	8 %	8,5 %
20	3,72	3,54	3,36	3,19	3,02	2,87	2,72	2,58	2,44	2,31	2,19	2,07
21	3,49	3,30	3,12	2,96	2,80	2,65	2,50	2,36	2,23	2,10	1,98	1,87
22	3,27	3,09	2,92	2,75	2,60	2,45	2,30	2,17	2,04	1,92	1,80	1,69
23	3,08	2,90	2,73	2,57	2,41	2,27	2,13	2,00	1,87	1,75	1,64	1,54
24	2,90	2,73	2,56	2,40	2,25	2,10	1,97	1,84	1,72	1,61	1,50	1,40
25	2,74	2,57	2,40	2,24	2,10	1,95	1,82	1,70	1,58	1,47	1,37	1,27
26	2,59	2,42	2,26	2,10	1,96	1,82	1,69	1,57	1,46	1,35	1,25	1,16
27	2,46	2,29	2,12	1,97	1,83	1,70	1,57	1,45	1,34	1,24	1,14	1,06
28	2,33	2,16	2,00	1,85	1,71	1,58	1,46	1,35	1,24	1,14	1,05	0,96
29	2,21	2,04	1,89	1,74	1,60	1,48	1,36	1,25	1,14	1,05	0,96	0,88
30	2,10	1,94	1,78	1,64	1,51	1,38	1,26	1,16	1,06	0,97	0,88	0,81
31	2,00	1,84	1,69	1,54	1,41	1,29	1,18	1,08	0,98	0,89	0,81	0,74
32	1,90	1,74	1,59	1,46	1,33	1,21	1,10	1,00	0,91	0,82	0,75	0,67
33	1,82	1,66	1,51	1,37	1,25	1,13	1,03	0,93	0,84	0,76	0,69	0,62
34	1,73	1,58	1,43	1,30	1,18	1,06	0,96	0,87	0,78	0,70	0,63	0,57
35	1,65	1,50	1,36	1,23	1,11	1,00	0,90	0,81	0,72	0,65	0,58	0,52
36	1,58	1,43	1,29	1,16	1,04	0,94	0,84	0,75	0,67	0,60	0,53	0,48
37	1,51	1,36	1,22	1,10	0,98	0,88	0,79	0,70	0,62	0,55	0,49	0,44
38	1,45	1,30	1,16	1,04	0,93	0,83	0,74	0,65	0,58	0,51	0,45	0,40
39	1,38	1,24	1,11	0,99	0,88	0,78	0,69	0,61	0,54	0,48	0,42	0,37
40	1,33	1,18	1,05	0,93	0,83	0,73	0,65	0,57	0,50	0,44	0,39	0,34
41	1,27	1,13	1,00	0,89	0,78	0,69	0,61	0,53	0,47	0,41	0,36	0,31
42	1,22	1,08	0,95	0,84	0,74	0,65	0,57	0,50	0,43	0,38	0,33	0,29
43	1,17	1,03	0,91	0,80	0,70	0,61	0,53	0,46	0,40	0,35	0,30	0,26
44	1,12	0,99	0,87	0,76	0,66	0,58	0,50	0,43	0,38	0,32	0,28	0,24
45	1,08	0,95	0,83	0,72	0,63	0,54	0,47	0,41	0,35	0,30	0,26	0,22
46	1,04	0,91	0,79	0,68	0,59	0,51	0,44	0,38	0,33	0,28		
47	1,00	0,87	0,75	0,65	0,56	0,48	0,41	0,36	0,30	0,26		
48	0,96	0,83	0,72	0,62	0,53	0,46	0,39	0,33	0,28			
49	0,92	0,80	0,69	0,59	0,50	0,43	0,37	0,31	0,26			
50	0,89	0,76	0,66	0,56	0,48	0,41	0,34	0,29	0,25			
51	0,85	0,73	0,63	0,53	0,45	0,38	0,32	0,27				
52	0,82	0,70	0,60	0,51	0,43	0,36	0,30	0,26				
53	0,79	0,67	0,57	0,48	0,41	0,34	0,29					
54	0,76	0,65	0,55	0,46	0,39	0,32	0,27					
55	0,73	0,62	0,52	0,44	0,37	0,31	0,25					
56	0,71	0,60	0,50	0,42	0,35	0,29						
57	0,68	0,57	0,48	0,40	0,33	0,27						
58	0,66	0,55	0,46	0,38	0,31	0,26						
59	0,64	0,53	0,44	0,36	0,30	0,24						
60	0,61	0,51	0,42	0,35	0,28	0,23						
61	0,59	0,49	0,40	0,33	0,27							
62	0,57	0,47	0,39	0,31	0,26							
63	0,55	0,45	0,37	0,30	0,25							
64	0,53	0,44	0,35	0,29	0,24							
65	0,51	0,42	0,34	0,27	0,22							
70	0,43	0,35	0,27	0,22	0,17							
75	0,37	0,29	0,22	0,17	0,13							
80	0,31	0,24	0,18	0,14	0,10							
85	0,26	0,20	0,15	0,11	0,08							

Liegenschaftszinssätze §14 ImmoWertV V

210 Zum **Minderungsbetrag** wird auf Folgendes hingewiesen:

- Mit *längerer* Restnutzungsdauer und höherem Liegenschaftszinssatz verringert sich die an dem Näherungswert anzubringende Minderung, so dass sie bei entsprechend hoher Restnutzungsdauer und hohem Liegenschaftszinssatz bedeutungslos wird und vernachlässigt werden kann.

- Bei *kurzer* Restnutzungsdauer muss hingegen, wie erwähnt, der Näherungswert gemindert werden: Die amtliche Begründung zu § 11 WertV 88 spricht von der Einführung eines „Korrekturfaktors". Nach dem in Abb. 33 beschriebenen Verfahren ergibt sich die anzubringende Minderung aus dem Produkt des Gebäudewertanteils mit dem in Abb. 34 tabellierten Korrekturfaktor, der auch als reziproker Rentenfaktor bezeichnet werden kann.

211 Aufgrund der hier nicht näher zu erläuternden mathematischen Zusammenhänge ist die Minderung mit abnehmender Restnutzungsdauer im Wege der Iteration zu ermitteln. Das in Abb. 33 dargestellte *Beispiel* zeigt, dass sich der für ein Gebäude mit 30 Jahren Restnutzungsdauer näherungsweise mit 6% berechnete Liegenschaftszinssatz bereits um nahezu 1% vermindert! Berechnet man den Ertragswert auf der Grundlage der Ausgangsdaten des Beispiels und dem näherungsweise mit 6% (falsch) ermittelten Liegenschaftszinssatz, so ergibt sich aus

$$EW = (RE - p \times BW) \times V + BW$$

ein Ertragswert von

$$EW = (30\,000\,€ - 6 \times 200\,000\,€)/100 \times 13{,}76 + 200\,000\,€$$

EW = 447 680 € an Stelle von 500 000 €

Unterbleibt also die Minderung, so verfälscht sich das Ergebnis um über 10% des Verkehrswerts.

212 Die dargelegten Zusammenhänge sind darin begründet, dass der **Vervielfältiger** und damit der Ertragswert bei Objekten mit kurzer Restnutzungsdauer zunächst stark ansteigt und **erst bei längerer Restnutzungsdauer gegenüber Änderungen der Restnutzungsdauer RND unempfindlich** wird (vgl. Abb. 35).

Abb. 35: Abhängigkeit des Vervielfältigers von der Restnutzungsdauer und dem Liegenschaftszinssatz

213 Die Abbildung zeigt, dass der Vervielfältiger V und damit der **Ertragswert mit abnehmendem Liegenschaftszinssatz p anwächst.** Zum Verständnis dieses Zusammenhangs sei darauf hingewiesen, dass bei gleich bleibendem Reinertrag die Verzinsung einer Liegenschaft umso geringer ist, je größer der Verkehrswert eines Grundstücks und damit das in ihn investierte Kapital ist.

214 Die Abbildung zeigt auch, dass der Vervielfältiger und damit auch der **Ertragswert im Bereich einer kurzen Restnutzungsdauer bei gleich bleibendem Liegenschaftszinssatz stark ansteigt** und Fehler bei der „richtigen" Abschätzung der Restnutzungsdauer erheblich zu Buche schlagen; dies zeigt sich auch, wenn man die Tafeldifferenzen der Vervielfältigertabelle vergleicht (Abb. 36).

Abb. 36: Auszug aus der Vervielfältigertabelle

Restnutzungs-	Auszug aus der Vervielfältigertabelle				
	Vervielfältiger bei einem Liegenschaftszinssatz p von				
dauer RDN (Jahre)	3,0	3,5	4,0	4,5	5,0
1	0,97	0,97	0,96	0,96	0,95
2	1,91	1,90	1,89 }$\Delta = 0{,}93$	1,87	1,86
3	2,83	2,80	2,78	2,75	2,72
4	3,72	3,67	3,63	3,59	3,55
5	4,58	4,52	4,45	4,39	4,33
96	31,38	27,52	24,42	21,90	19,82
97	31,44	27,56	24,44	21,91	19,82
98	31,49	27,59	24,46	21,93	19,83
99	31,55	27,62	24,49	21,94	19,84
100	31,60	27,66	24,51 }$\Delta = 0{,}02$	21,95	19,85

Fazit: Bei Anwendung des Ertragswertverfahrens auf **Grundstücke, deren Bebauung eine kurze Restnutzungsdauer aufweist,** kommt es 215

- einerseits darauf an, die Restnutzungsdauer richtig abzuschätzen, weil kleine Fehler erheblich auf das Ergebnis durchschlagen, und
- andererseits darauf, den Liegenschaftszinssatz (ausgehend vom Näherungswert RE/KP) unter Berücksichtigung der Minderung abzuleiten.

Die Problematik der Ableitung von Liegenschaftszinssätzen für Objekte mit kurzer Restnutzungsdauer entschärft sich dadurch, dass zwar die richtige Höhe des Liegenschaftszinssatzes empfindlich gegenüber Änderungen der Restnutzungsdauer ist, jedoch der Vervielfältiger selbst dann wiederum unempfindlich gegenüber dem richtigen Liegenschaftszinssatz ist.

6.5.5 Ableitung bei gedämpften Bodenwerten

▶ *Allgemeines zu gedämpften Bodenwerten vgl. § 16 ImmoWertV Rn. 49 ff.; zur Anwendung des Sachwertverfahrens vgl. Syst. Darst. des Sachwertverfahrens Rn. 343 ff.*

Auf einen weiteren vernachlässigten Aspekt der Liegenschaftszinssatzableitung soll in Bezug auf jene Gutachterausschüsse für Grundstückswerte hingewiesen werden, die in ihrer **Praxis mit sog. gedämpften Bodenwerten** arbeiten. 216

Mit § 16 Abs. 1 Satz 1 ImmoWertV hat der Verordnungsgeber zwar erstmals verbindlich vorgegeben, dass der Bodenwert vorbehaltlich der Besonderheiten von Grundstücken im Außenbereich und von Liquidationsfällen (§ 16 Abs. 2 und 3 ImmoWertV) ohne Berücksichtigung der auf dem Grundstück vorhandenen baulichen Anlagen zu ermitteln und somit eine **Dämpfung des Bodenwerts unzulässig** ist, jedoch muss auch weiterhin damit gerechnet werden, dass mancherorts dies übersehen wird. Wenn bei einer solchen Praxis das Ertragswertverfahren auf der Grundlage gedämpfter Bodenwerte zur Anwendung kommt, muss unter dem **Grundsatz der Modellkonformität** auch bei der Ableitung von Liegenschaftszinssätzen von gedämpften Bodenwerten ausgegangen werden; andererseits würde hier ein systemwidriger Modellbruch vorliegen. Die Ableitung von Liegenschaftszinssätzen für Immobilien mit kurzer Restnutzungsdauer auf der Grundlage gedämpfter Bodenwerte führt zu einem niedrigeren Liegenschaftszinssatz als bei Ableitung auf der Grundlage ungedämpfter Bodenwerte. 217

Beispiel: 218

Kaufpreis KP für das bebaute Grundstück	500 000 €
Bodenwert BW (ungedämpft) für das unbebaute Grundstück	200 000 €
Bodenwert BW gedämpft	100 000 €
Reinertrag RE per annum	30 000 €
Restnutzungsdauer	30 Jahre

Die Ableitung des Liegenschaftszinssatzes für dieses Objekt führt nach der vorgestellten Formel auf der Grundlage

- des ungedämpften Bodenwerts zu p = 5,13%
- des gedämpften Bodenwerts zu p = 4,75%

Die **Praxis der Bodenwertdämpfung führt zu gedämpften Liegenschaftszinssätzen.** 219

Für das Ergebnis der Ertragswertermittlung ist die vorgenommene Bodenwertdämpfung belanglos, wenn man im System bleibt. Der Ertragswert auf der Grundlage der unterschiedlich angesetzten Bodenwerte, dem jeweils zuzuordnenden Liegenschaftszinssatz und dem sich dafür ergebenden Vervielfältiger muss in beiden Fällen identisch sein (vgl. § 16 ImmoWertV Rn. 78 ff.). 220

Ertragswert EW:

$$EW = (RE - p \times BW) \times V + BW$$

bei

$BW_{ungedämpft}$	=	200 000 €	$BW_{gedämpft}$	=	100 000 €
p_1	=	5,13 v. H.	p_2	=	4,75 v. H.
V_1	=	15,14725	V_2	=	15,82042
EW	=	500 000 € ⟵⟶ EW		=	500 000 €

221 Ein **unzulässiger Systembruch** wäre es dagegen, **wenn man den Liegenschaftszinssatz auf der Grundlage ungedämpfter Bodenwerte ableiten und** ansonsten **im Rahmen des Ertragswertverfahrens gedämpfte Bodenwerte fordern** würde. Ebenso unzulässig ist es auch, den Liegenschaftszinssatz auf der Grundlage gedämpfter Bodenwerte abzuleiten und dann ungedämpfte Bodenwerte in das Ertragswertverfahren einzuführen.

222 Im Falle einer Dämpfung der Bodenwerte ist es daher unverzichtbar, dies bei der Ableitung der Liegenschaftszinssätze unberücksichtigt zu lassen und bei der Veröffentlichung eindeutig darauf hinzuweisen. **Des Weiteren müsste dann** auch **offengelegt werden, wie die Bodenwertdämpfung vorgenommen wurde,** damit die Anwender dieser Liegenschaftszinssätze im Rahmen des Ertragswertverfahrens den Bodenwert nach demselben Maßstab „dämpfen", wie dies bei der Ableitung des Liegenschaftszinssatzes vorgenommen wurde. Beide Methoden führen dann zu ein und demselben Ergebnis. Die Dämpfung stellt damit letztlich einen zusätzlichen, aber für das Ergebnis belanglosen Rechenschritt dar.

223 In jedem Fall muss die **Modellkonformität bei der Ableitung und Anwendung des Liegenschaftszinssatzes** gewahrt werden. Im Übrigen ist aber bislang auch von den wenigen Gutachterausschüssen für Grundstückswerte, die sich der Bodenwertdämpfung verschrieben haben, bislang wohl noch nie eindeutig bei der Veröffentlichung ihrer empirisch abgeleiteten Liegenschaftszinssätze darauf hingewiesen worden, dass es sich um gedämpfte Liegenschaftszinssätze handelt. Dies legt den Verdacht eines systematischen Modellbruchs bei Anwendung des Ertragswertverfahrens nahe.

7 Anlagen

Anlage 1: Sachwertfaktoren (Marktanpassungsfaktoren)

Anlage 1.1: Wertzahlen (Marktanpassungsfaktoren) nach § 181 BewG bei Anwendung des Sachwertverfahrens für die Bewertung für erbschaftsteuerliche Zwecke

Nach § 189 Abs. 3 BewG ergibt sich aus dem Bodenwert (Wert des unbebauten Grundstücks nach § 179 BewG) und dem nach § 190 BewG zu ermittelnden Gebäudesachwert der vorläufige Sachwert des Grundstücks. Dieser ist zur Anpassung an den gemeinen Wert mit einer Wertzahl (Marktanpassungsfaktor) nach § 191 BewG zu multiplizieren. Als Wertzahlen sind grundsätzlich die Sachwertfaktoren anzuwenden, die von den Gutachterausschüssen für Grundstückswerte (§§ 192 ff. BauGB) für das Sachwertverfahren bei der Verkehrswertermittlung abgeleitet wurden. Soweit von den Gutachterausschüssen keine geeigneten Sachwertfaktoren zur Verfügung stehen, sind nach § 191 Abs. 2 BewG folgende Wertzahlen zu verwenden (Anl. 25 zu § 191 Abs. 2 BewG).

Wertzahlen für Grundstücke nach § 181 Abs. 1 Nr. 1 (Ein- und Zweifamilienhäuser) und 3 (Wohnungseigentum) BewG

Wertzahlen für Grundstücke nach § 181 Abs. 1 Nr. 1 (Ein- und Zweifamilienhäuser) und 3 (Wohnungseigentum) BewG						
Vorläufiger Sachwert § 189 Abs. 3 BewG		Bodenrichtwert bis				
		15 €/m²	30 €/m²	50 €/m²	100 €/m²	150 €/m²
bis	50 000 €	1,0	1,1	1,1	1,1	1,1
	100 000 €	0,9	1,0	1,0	1,1	1,1
	150 000 €	0,8	0,9	0,9	1,0	1,1
	200 000 €	0,7	0,8	0,8	0,9	1,0
	300 000 €	0,6	0,7	0,7	0,8	0,9
	400 000 €	0,5	0,6	0,6	0,7	0,8
	500 000 €	0,4	0,5	0,5	0,6	0,7
über	500 000 €	0,3	0,4	0,4	0,5	0,6

Vorläufiger Sachwert § 189 Abs. 3 BewG		Bodenrichtwert bis				
		200 €/m²	300 €/m²	400 €/m²	500 €/m²	über 500 €/m²
bis	50 000 €	1,2	1,2	1,3	1,3	1,4
	100 000 €	1,1	1,2	1,2	1,3	1,3
	150 000 €	1,1	1,1	1,1	1,2	1,3
	200 000 €	1,0	1,1	1,1	1,2	1,2
	300 000 €	0,9	1,0	1,0	1,1	1,2
	400 000 €	0,8	0,9	1,0	1,0	1,1
	500 000 €	0,7	0,8	0,9	0,9	1,0
über	500 000 €	0,6	0,7	0,8	0,8	0,9

V § 14 ImmoWertV — Sachwertfaktoren

Wertzahlen für Grundstücke nach § 181 Abs. 1 Nr. 3 (Teileigentum) und 4 bis 6 BewG (Geschäftsgrundstücke, gemischt genutzte Grundstücke und sonstige bebaute Grundstücke)

Wertzahlen für Grundstücke nach § 181 Abs. 1 Nr. 3 (Teileigentum) und 4 bis 6 BewG (Geschäftsgrundstücke, gemischt genutzte Grundstücke und sonstige bebaute Grundstücke)		
Vorläufiger Sachwert § 189 Abs. 3 BewG		
bis	500 000 €	0,9
	3 000 000 €	0,8
über	3 000 000 €	0,7

225 **Anlage 1.2: Faktoren zur Anpassung des Sachwerts von Grundstücken mit Eigenheimen an die Lage auf dem Grundstücksmarkt in Berlin**

Bekanntmachung der Senatsverwaltung für Stadtentwicklung vom 2.3.2010 – Stadt III E 23 – Telefon 9012-6833 oder 9012-0, intern 912 6833 – (ABl. Berlin 2006, 1376).

Die Geschäftsstelle des Gutachterausschusses für Grundstückswerte veröffentlicht aufgrund des § 193 Abs. 5 des Baugesetzbuchs (BauGB) i.d.F. der Bekanntmachung vom 23.9.2004 (BGBl. I 2004, 2414), das zuletzt durch Art. 41 des Gesetzes vom 31.7.2009 (BGBl. I 2009, 2585) geändert worden ist, i.V.m. § 21 der Verordnung zur Durchführung des Baugesetzbuchs (DVO BauGB) vom 5.11.1998 (GVBl. 1998, 331), die durch Art. I § 6 des Gesetzes vom 19.6.2006 (GVBl. 2006, 5573) geändert worden ist, nachstehend für die Wertermittlung erforderliche Daten gemäß § 8 der Wertermittlungsverordnung (WertV) vom 6.12.1988 (BGBl. I 1988, 2209), die durch Art. 3 des Gesetzes vom 18.8.1997 (BGBl. I 1997, 2081) geändert worden ist. Der Gutachterausschuss für Grundstückswerte in Berlin hat diese Daten abschließend am 15.2.2010 beschlossen.

Letzte Veröffentlichung:

– Bekanntmachung der Senatsverwaltung für Stadtentwicklung vom 7.3.2006 – Stadt III E GSt 22 (ABl. Berlin 2006, 13733 = GuG 2006, 352; vgl. Kleiber/Simon, Verkehrswertermittlung von Grundstücken, 5. Aufl. S. 1949),

– Bekanntmachung der Senatsverwaltung für Stadtentwicklung vom 18.11.2004 – Stadt III E GSt 23 – (ABl. Berlin 2005, 174 = GuG 2005, 224; vgl. auch Kleiber/Simon, Verkehrswertermittlung von Grundstücken, 5. Aufl. S. 1958).

– Bekanntmachung der Senatsverwaltung für Stadtentwicklung vom 18.12.2001 – Stadt III E GSt 21 (ABl. Berlin 2002, 199 = GuG 2002, 171 vgl. auch Kleiber/Simon, Marktwertermittlung 6. Aufl. 2004 S. 1531).

– Bekanntmachung der Senatsverwaltung für Stadtentwicklung (ABl. 1999, K 5004).

A Vorbemerkungen

1 Verwendete Daten

Bei der Verkehrswertermittlung nach dem Sachwertverfahren gemäß §§ 7 und 21 bis 25 WertV ist der Verkehrswert aus dem Ergebnis des Verfahrens unter Berücksichtigung der Lage auf dem Grundstücksmarkt zu bemessen. Diese Anpassung an die Marktlage wurde anhand aller ausgewerteten, in die Kaufpreissammlung aufgenommenen Verkäufe auf dem **Berliner Grundstücksmarkt** des Zeitraums von Januar 2006 bis Juli 2009 mit Hilfe mathematisch-statistischer Analysen in Form von Anpassungsfaktoren (Verhältnis Kaufpreis/Sachwert) abgeleitet.

2 Teilmarkt

Die Untersuchung erstreckt sich ausschließlich auf Einfamilienhäuser, Einfamilienhäuser mit Eigentumswohnungen und Zweifamilienhäuser beziehungsweise Villen/Landhäuser, die als Massiv- beziehungsweise Fertighaus errichtet worden sind. Kauffälle, wo die schlüsselfertige Errichtung durch den Erstverkäufer erfolgte, sind in der Analyse enthalten.

B Grundsätze der Kaufvertragsauswertung

Der Ableitung der Anpassungsfaktoren liegen folgende Annahmen zugrunde:

Es wurden nur „echte" Baujahre angesetzt. Es erfolgte keine Korrektur des Baujahres aufgrund von Modernisierung. Eine Innenbesichtigung der Objekte erfolgte nicht. Es hat keine Überprüfung stattgefunden, ob Grundstücke rechtlich teilbar sind.

1 Ermittlung der Sachwerte

– NHK 2000 und Baunebenkosten werden entsprechend des Bautyps (vgl. Richtlinien für die Ermittlung des Verkehrswerts von Grundstücken (Wertermittlungsrichtlinie 2006 – WERTR 06) i.d.F. der Bekanntmachung vom 10.6.2006 angesetzt, wobei für Gebäude in einfacher und mittlerer stadträumlicher Wohnlage ein mittlerer Ausstattungsstandard und für Gebäude in guter Wohnlage und sehr guter Wohnlage ein gehobener Ausstattungsstandard zu Grunde gelegt worden ist. Da in diesen Wohnlagen für **Reihenhäuser** nur die Ausstattungsstandards einfach und mittel nachgewiesen sind, sind abweichend von dem Vorstehenden folgende Ansätze gewählt worden: Für Gebäude in einfacher und mittlerer stadträumlicher Wohnlage wurde ein einfacher Ausstattungsstandard und für Gebäude in guter Wohnlage ein mittlerer Ausstattungsstandard zugrunde gelegt. Für **Fertighäuser** wurde entsprechend der Berlin-Auswertepraxis einheitlich für alle Baujahre ein Abschlag von 10 % von den NHK 2000 vorgenommen.

– **Regionalfaktor: Für eine grundsätzliche Anwendung der vorgelegten Faktoren auch für steuerliche Zwecke wurde – abweichend von früheren Veröffentlichungen – ein Regionalfaktor von 1,0 zugrunde gelegt.**

– Preisindex für Einfamiliengebäude in Berlin zum Kaufzeitpunkt (2005 = 100) veröffentlicht von den Statistischen Berichten des Statistischen Landesamtes für Berlin, umbasiert mit dem Faktor 0,985 auf das Jahr 2000.

– Berechnung der Brutto-Grundfläche nach DIN 277 i.d.F. von 1987.

– Gesamtnutzungsdauer i.d.R. 80 Jahre; sofern das Gebäudealter = 65 Jahre war, wurde die Restnutzungsdauer in Abhängigkeit vom Bauzustand wie folgt angesetzt

 – Guter Bauzustand: 20 Jahre
 – Normaler Bauzustand: 15 Jahre
 – Schlechter Bauzustand: 10 Jahre.

– Alterswertminderung: **Auch hier wird – abweichend von früheren Veröffentlichungen – zur grundsätzlichen Anwendbarkeit der Faktoren auch für steuerliche Zwecke sowie im Vorgriff auf entsprechende Regeln der unveröffentlichten ImmoWertV – die lineare Abschreibung für die Ermittlung der Wertminderung wegen Alters in Ansatz gebracht.**

2 Bodenwert

Für den Bodenwert wird der letzte vor dem jeweiligen Vertragsdatum des Kauffalls veröffentlichte sowie lagemäßig angepasste Bodenrichtwert angesetzt. Eine GFZ-Anpassung findet nicht statt.

3 Außenanlagen

Für Außenanlagen, die den üblichen Umfang nicht übersteigen, wurde entsprechend kein Wertansatz vorgenommen. Bauliche Nebenanlagen (Garagen, Geräteschuppen etc.) wurden mit dem Zeitwert berücksichtigt.

4 Erläuterungen

Fertighäuser sind in industrieller Vorfertigung errichtete Ein- oder Zweifamilienhäuser.

Villen beziehungsweise Landhäuser sind große, in offener Bauweise errichtete, nach heutigem Zeitgeschmack meist aufwändig und großzügig gestaltete Ein- und Zweifamilienhäuser mit ansprechender Fassade auf dem Grundstück mit Garten oder Park. Straßenseitige Fassade i.d.R. im Jugendstil beziehungsweise im Stil des Historismus ausgebildet, bei Landhäusern häufig nicht besonders betont und repräsentativ. Landhäusern fehlt oft das Souterrain; bei Villen ist es meistens als Tiefparterre ausgebildet.

5 Stadträumliche Wohnlagen

Eine Einflussgröße, insbesondere für den Wert von Bauland, Eigenheimen und Wohnungseigentum, ist die Lage im Stadtgebiet. Als ein Merkmal der unterschiedlichen Qualität des Wohnens in der Stadt fließt bei der Analyse des Kaufpreismaterials i.d.R. das Merkmal „Wohnlage" ein. Sie spiegelt die Lagequalität des Wohnumfeldes wider. Die Wohnlagenzuordnung orientiert sich am Berliner Mietspiegel 2009 (ABl. für Berlin vom 24.6.2009, ABl. 2009, 1409 ff.). Eine Orientierung bietet die zum Mietspiegel gehörende Wohnlagenkarte für Berlin (Druckschrift der Senatsverwaltung für Stadtentwicklung).

Der Differenzierung der Wohnlagen liegen folgende Kriterien zugrunde:

– *Einfache Wohnlage*

Gebiete des inneren Stadtbereichs mit überwiegend geschlossener, stark verdichteter Bebauung mit sehr wenigen Frei- und Grünflächen, überwiegend ungepflegtem Straßenbild und/oder schlechtem Gebäudezustand (zum Beispiel Fassadenschäden, unsanierte Wohngebiete), auch bei starker Beeinträchtigung durch Geräusch-, Geruchsbelästigungen von Industrie und Gewerbe.

In Stadtrandlagen Gebiete mit überwiegend offener Bauweise, oft schlechtem Gebäudezustand (zum Beispiel Fassadenschäden, unsanierte Wohngebiete) mit ungepflegtem Straßenbild (zum Beispiel unbefestigte Straßen), ungünstigen Verkehrsverbindungen und wenigen Einkaufsmöglichkeiten sowie Gebiete mit erheblich verdichteter Bauweise.

– *Mittlere Wohnlage*

Gebiete des inneren Stadtbereichs mit überwiegend geschlossener, stark verdichteter Bebauung mit normalem Straßenbild (nicht von Gebäudeschäden geprägt), gutem Gebäudezustand (zum Beispiel sanierte Wohngebiete, Neubaugebiete), mit wenigen Grün- und Freiflächen.

Gebiete mit überwiegend offener Bauweise, durchschnittlichen Einkaufsmöglichkeiten und normalem Verkehrsanschluss, ohne Beeinträchtigung durch Industrie und Gewerbe.

– *Gute Wohnlage*

Gebiete des inneren Stadtbereichs mit überwiegend geschlossener, stark verdichteter Bebauung, mit Frei- und Grünflächen, gepflegten Straßenbild (guter Gebäudezustand), mit sehr gutem Verkehrsanschluss und guten bis sehr guten Einkaufsmöglichkeiten und gutem Image.

Gebiete mit überwiegend offener Bauweise, starker Durchgrünung, gepflegtem Wohnumfeld und gutem Gebäudezustand und ruhiger Wohnsituation, mit normaler Verkehrsanbindung und normalen Einkaufsmöglichkeiten und gutem Image.

– *Sehr gute Wohnlage*

Untersuchungen belegen, dass sich das Preisbild von Immobilien verschiedener Grundstücksteilmärkte in besonders ansprechenden Ortslagen von der guten Wohnlage regelmäßig abhebt. Um hier differenzierte Aussagen über die Preissituation treffen zu können, unterteilt die Geschäftsstelle des Gutachterausschusses die gute Wohnlage des Mietspiegels und definiert zusätzlich sehr gute Wohnlagen.

Hierbei handelt es sich um Gebiete in exklusiver Lage mit sehr gepflegtem Wohnumfeld, einem hohen Anteil privater und öffentlicher Frei- und Grünflächen, sehr guter baulicher

Gebietsstruktur, einem sehr guten Image sowie einem daraus resultierenden höheren Preisniveau am Grundstücksmarkt. Als sehr gute Wohnlage definiert sind:

- die Gebiete im Westend zwischen Spandauer Damm. Ahornallee, Theodor-Heuss-Platz, Pommernallee, Ubierstraße, Wandalenallee und Fernbahntrasse,
- nördlich und südlich der Heerstraße im Ortsteil Charlottenburg das Gebiet zwischen S-Bahn, Heilsberger Allee, Heerstraße, Am Postfenn, nördliche Waldgrenze zum Teufelsberg und Teufelsseestraße,
- der Ortsteil Schmargendorf östlich bis zu den Straßenzügen Cunostraße, Friedrichshaller, Mecklenburgische und Zoppoter Straße,
- der Ortsteil Grunewald östlich der Fernbahntrasse und der Waldgrenze sowie
- das Gebiet Dahlem-Nord bis herunter zur Saargemünder Straße.

Im Ostteil Berlins wurden bislang noch keine sehr guten Wohnlagen ausgewiesen.

6 Baulicher Unterhaltungsaufwand

In dieser Veröffentlichung wird auf den baulichen Unterhaltungszustand der Immobilie Bezug genommen und wird mit gut, normal oder schlecht angegeben. Welche Kriterien sich hinter diesen Zustandnoten verbergen, wird nachfolgend erläutert.

gut

Guter, deutlich überdurchschnittlicher baulicher Unterhaltungszustand. Neuwertige oder sehr geringe Abnutzung, unbedeutender Instandhaltungs- und Reparaturaufwand. Zustand i.d.R. nach durchgreifender Sanierung oder Instandsetzung.

normal

Normaler, im Wesentlichen durchschnittlicher baulicher Unterhaltungszustand. Geringe oder normale Verschleißerscheinungen, geringer oder mittlerer Instandhaltungs- und Reparaturanstau (zum Beispiel regelmäßige Renovierung der Fassaden/Fenster, Klempnerarbeiten).

schlecht

Schlechter, weitgehend desolater baulicher Unterhaltungszustand. Stärkere bis sehr hohe Verschleißerscheinungen, hoher Reparaturanstau, umfangreichere Instandsetzung der Substanz notwendig (zum Beispiel an Fassaden, Dächern, Versorgungsanlagen, Mauerwerk).

7 Erläuterungen zu den folgenden Tabellen

Neben den Sachwertanpassungsfaktoren werden auch

- die Mittelwerte derjenigen Daten, die bei der Berechnung der Sachwertanpassungsfaktoren aus dem Kaufpreismaterial eingeflossen sind, und
- die 5 %- und 95 %-Perzentile für die Einzelwerte (d.h. 90 % aller verwendeten Daten lagen in diesem Bereich)

in den Tabellen 2 und 3 veröffentlicht.

Die Angaben dieser Datenbereiche soll dem Sachverständigen ermöglichen, bei Wertermittlungen, in denen Einzelansätze außerhalb des hier verwendeten Datenmaterials liegen, Risiken bei der Verwendung der Sachwertanpassungsfaktoren einzuschätzen.

Für die einzelnen Gebäudetypen gemäß Tabelle 1 wurden Anpassungsfaktoren (siehe Tabellen 4 und 5) ermittelt:

V § 14 ImmoWertV — Sachwertfaktoren

Tabelle 1

	Gebäudetyp
1	Freistehende Einzelhäuser, Doppelhaushälften, Reihenend- und Reihenhäuser für alle Baujahre, Massiv- und Fertighäuser für Gesamt Berlin
2	Villen/Landhäuser für die Bezirke Charlottenburg-Wilmersdorf und Steglitz-Zehlendorf

Diese Informationen sind auch im Internet unter der folgenden Adresse abzurufen: www.Gutachterausschuss-Berlin.de.

Tabelle 2: Darstellung der Mittelwerte inkl. der 5 % bzw. der 95 % Perzentile der Einzelwerte, d.h. 90 % aller verwendeten Daten liegen innerhalb dieses Bereichs Regionalfaktor 1,24

Gruppe	Anzahl	Kaufpreis/Sachwert			Grundstücksfläche (m²)			Brutto-Grundfläche (m²)			Angepasster Bodenrichtwert (1.1.2005) pro m² Fläche		
		× 5%-bzw. 95%-Perzentile der Einzelwerte	Min	Max	× 5%-bzw. 95%-Perzentile der Einzelwerte	Min	Max	× 5%-bzw. 95%-Perzentile der Einzelwerte	Min	Max	× 5%-bzw. 95%-Perzentile der Einzelwerte	Min	Max
1*	3993	1,074 0,728 - 1,525	0,50	1,85	542 182 - 1 047	102	1339	235 132 – 382	52	466	184 95 - 360	75	750
2*	96	1,448 0,848 - 2,135	0,65	2,63	1 250 769 - 2 500	671	3131	625 417 – 1 250	362	1482	494 320 - 720	300	750

* Nummerierung entspricht Tabelle 1

Tabelle 3: Darstellung der Mittelwerte inkl. der 5 % bzw. der 95 % Perzentile der Einzelwerte, d.h. 90 % aller verwendeten Daten liegen innerhalb dieses Bereichs Regionalfaktor 1,24

Gruppe	Anzahl	NHK 2000 einschließlich Baunebenkosten und Regionalfaktor			Sachwert des Grundstücks			tatsächliche GFZ			Bauzustand		Wohnlage	
		× 5%-bzw. 95%-Perzentile der Einzelwerte	Min	Max	× 5%-bzw. 95%-Perzentile der Einzelwerte	Min	Max	× 5%-bzw. 95%-Perzentile der Einzelwerte	Min	Max	gut schlecht	normal gut	einfach Anteil in %	mittel sehr gut Anteil in %
1*	3993	708 519 - 905	455	1218	210 409 94784-377838	41 967	782 697	0,33 0,11-0,79	0,05	1,51	43	53	34	50
												4	15	1
2*	96	693 623 - 751	519	751	704 892 361024-1617674	311 763	1 924 160	0,35 0,19-0,62	0,14	0,69	28	72	0	0
													62	38

* Nummerierung entspricht Tabelle 1

Zu 1 Bezirke:	Pankow	6 %;	Charlottenburg-Wilmersdorf	2 %;	Spandau:	10 %;
	Steglitz-Zehlendorf	17 %	Tempelhof-Schöneberg	10 %	Neukölln:	10 %
	Treptow-Köpenick	9 %	Marzahn-Hellersdorf	12 %	Lichtenberg:	5 %
	Reinickendorf:	18 %				
Zu 2 Bezirke:	Charlottenburg-Wilmersdorf	19 %	Steglitz-Zehlendorf	81 %		

Sachwertanpassungsfaktoren

Tabelle 4: Sachwertanpassungsfaktoren für Gesamt-Berlin

Sachwertanpassungsfaktoren für Gesamt-Berlin*						
Sachwert des Grundstücks (€)						
100 000	150 000	200 000	250 000	300 000	350 000	400 000
1,036	0,995	0,954	0,913	0,872	0,831	0,790

* 3 993 Kauffälle (ohne Villen/Landhäuser)

Stadträumliche Wohnlage
Abschlag für Gebäude in einfacher stadträumlicher Wohnlage — 0,045
Gebäude in mittlerer stadträumlicher Wohnlage — 0
Zuschlag für Gebäude in guter stadträumlicher Wohnlage — 0,086
Zuschlag für Gebäude in sehr guter stadträumlicher Wohnlage — 0,080

Bauzustand
Zuschlag für Gebäude in gutem Bauzustand — 0,104
Normaler Bauzustand — 0
Abschlag für Gebäude mit schlechtem Bauzustand — – 0,215

Gebäudestellung
Abschlag für die Gebäudestellung Einfamilienhaus — – 0,071
Gebäudestellung Doppelhaushälfte — 0
Gebäudestellung Reihenendhaus — 0
Gebäudestellung Reihenhaus — 0

Baujahrsgruppen
Zuschlag für die Baujahrsgruppen
kleiner 1925 — 0,356
1925 bis 1945 — 0,393
1946 bis 1959 — 0,153
1960 bis 1969 — 0,099
1970 bis 1984 — 0,103
1985 bis 1999 — 0,076
größer 1999 — 0

Tabelle 5: Sachwertanpassungsfaktoren für Villen/Landhäuser für die Baujahre bis einschließlich 1945 in den Bezirken Charlottenburg-Wilmersdorf und Steglitz-Wilmersdorf

Sachwertanpassungsfaktoren für Villen/Landhäuser für die Baujahre bis einschließlich 1945 in den Bezirken Charlottenburg-Wilmersdorf und Steglitz-Wilmersdorf*						
Sachwert des Grundstücks (€)						
400 000	500 000	750 000	1 000 000	1 250 000	1 500 000	1 700 000
1,980	1,872	1,676	1,536	1,428	1,340	1,279

* 96 Kauffälle

Eine Korrektur für die Bezirke und die stadträumlichen Wohnlagen ist statistisch nicht nachweisbar.

Stadträumliche Wohnlage
Gute stadträumliche Wohnlage — 0
Sehr gute stadträumliche Wohnlage — 0
Bauzustand
Guter Bauzustand — 0
Abschlag für Gebäude mit normalem Bauzustand — – 0,368

Für Gebäude mit schlechtem Bauzustand und Grundstücke in der einfachen und mittleren stadträumlichen Wohnlage und für die Baujahre größer 1945 sind keine Aussagen auf der Grundlage von Kaufverträgen möglich.

Anlage 1.3: Sachwertfaktoren in verschiedenen Städten nach Grundstücksarten

1.3.1 Sachwertfaktoren für Reihenhäuser

Sachwert	Bonn			Hagen		Karlsruhe		Wiesbaden	Wuppertal
	EFH	EF-RH DH	Gründerzeithaus	RH Mitte	RH (Ende) DH	BRW 270 – 330 €/m²	BRW 331 – 430 €/m²		
Baujahr	1935 – 1999	1935 – 1999	1890 – 1936						
100 000	–	–	–	1,37	1,15	–	–	–	–
125 000	–	–	–	1,28	1,12	1,34	1,40	–	–
150 000	–	1,04	–	1,19	1,08	1,27	1,32	–	1,08
160 000	–	–	–	–	–	–	–	1,18	–
170 000	–	–	–	–	–	–	–	–	–
175 000	–	–	–	1,10	1,05	1,20	1,25	–	1,01
180 000	–	–	–	–	–	–	–	1,16	–
190 000	–	–	–	–	–	–	–	–	–
200 000	0,95	1,01	0,97	1,02	1,02	1,14	1,19	1,13	0,95
210 000	–	–	–	–	–	–	–	–	–
220 000	–	–	–	–	–	–	–	1,09	–
225 000	–	–	–	0,93	0,99	1,09	1,13	–	0,90
230 000	–	–	–	–	–	–	–	–	–
240 000	–	–	–	–	–	–	–	1,06	–
250 000	0,95	0,98	–	0,84	0,95	1,04	1,08	–	0,85
260 000	–	–	–	–	–	–	–	1,04	–
270 000	–	–	–	–	–	–	–	–	–
275 000	–	–	–	0,92	0,99	1,02	–	0,80	
280 000	–	–	–	–	–	–	–	1,02	–
290 000	–	–	–	–	–	–	–	–	–
300 000	0,96	0,96	1,00	–	0,89	0,94	0,98	0,99	0,77
320 000	–	–	–	–	–	–	–	0,98	–
325 000	–	–	–	–	–	0,90	0,93	–	–
340 000	–	–	–	–	–	–	–	0,96	–
350 000	0,96	0,95	–	–	–	0,86	0,89	–	–
360 000	–	–	–	–	–	–	–	0,94	–
375 000	–	–	–	–	–	–	–	–	–
380 000	–	–	–	–	–	–	–	0,93	–
400 000	0,96	0,93	1,03	–	–	–	–	0,92	–
450 000	0,96	(0,91)	–	–	–	–	–	–	–
500 000	0,96	(0,89)	1,05	–	–	–	–	–	–
550 000	0,96	(0,88)	–	–	–	–	–	–	–
600 000	0,97	(0,87)	1,07	–	–	–	–	–	–
700 000	–	–	1,08	–	–	–	–	–	–
800 000	–	–	1,09	–	–	–	–	–	–
900 000	–	–	1,10	–	–	–	–	–	–
1 000 000	–	–	–	–	–	–	–	–	–

Quelle: Grundstücksmarktberichte, Bonn (2007), (Hagen 2006)

Sachwertfaktoren § 14 ImmoWertV V

1.3.2 Sachwertfaktoren für Doppelhaushälften

Sachwert	Bielefeld				Hagen	Wiesbaden	Wuppertal 2010
	Altbau			Neubau			
	Bodenwertniveau						
	100 €/m²	200 €/m²	400 €/m²	200 €/m²			
100 000	1,03	1,16	1,30	-	1,15	-	-
125 000	0,97	1,08	1,19	-	1,12	-	-
150 000	0,92	1,01	1,11	-	1,08	-	1,04
160 000	0,90	0,99	1,08	-	-	1,14	-
170 000	0,89	0,97	1,06	-	-	-	-
175 000	0,88	0,96	1,05	-	1,05	-	0,97
180 000	0,87	0,95	1,03	1,05	-	1,12	-
190 000	0,86	0,93	1,01	1,02	-	-	-
200 000	0,85	0,92	0,99	0,98	1,02	1,09	0,91
210 000	0,84	0,90	0,97	0,95	-	-	-
220 000	0,83	0,89	0,96	0,92	-	1,07	-
225 000	0,82	0,88	0,95	0,91	0,99	-	0,86
230 000	0,81	0,87	0,94	0,90	-	-	-
240 000	0,81	0,86	0,92	0,87	-	1,05	-
250 000	0,80	0,85	0,91	0,85	0,95	-	0,81
260 000	0,79	0,84	0,90	0,83	-	1,03	-
270 000	0,78	0,83	0,88	0,81	-	-	-
275 000	-	-	-	-	0,92	-	0,77
280 000	0,77	0,82	0,87	0,79	-	1,01	-
290 000	0,76	0,81	0,86	0,77	-	1,00	-
300 000	0,76	0,80	0,85	0,75	0,89	0,99	0,73
320 000	0,74	0,78	0,83	0,72	-	0,98	-
340 000	0,73	0,76	0,81	0,69	-	0,96	-
360 000	0,72	0,75	0,79	0,68	-	0,94	-
380 000	0,71	0,74	0,77	-	-	0,93	-
400 000	0,70	0,72	0,76	-	-	0,92	-
450 000	-	-	-	-	-	-	-
500 000	-	-	-	-	-	-	-
550 000	-	-	-	-	-	-	-
600 000	-	-	-	-	-	-	-
650 000	-	-	-	-	-	-	-
700 000	-	-	-	-	-	-	-

Quelle: Grundstücksmarktberichte

1.3.3 Sachwertfaktoren für Ein- und Zweifamilienhäuser

Sachwert	Sachwertfaktoren für Ein- und Zweifamilienhäuser		
	Bielefeld		
	EFH, ZFH (Altbau) Bodenwertniveau		
	100 €/m²	200 €/m²	400 €/m²
50 000	-	-	-
75 000	-	-	-
100 000	-	-	-
125 000	-	-	-
150 000	0,99	1,05	1,11
160 000	0,97	1,03	1,08
170 000	0,95	1,00	1,06
175 000	-	-	-
180 000	0,93	0,99	1,04
190 000	0,92	0,97	1,02
200 000	0,90	0,95	1,00
210 000	0,89	0,94	0,99
220 000	0,88	0,92	0,97
225 000	-	-	-
230 000	0,86	0,91	0,96
240 000	0,85	0,90	0,94
250 000	0,84	0,88	0,93
260 000	0,83	0,87	0,92
270 000	0,82	0,86	0,91
275 000	-	-	-
280 000	0,81	0,85	0,89
290 000	0,80	0,84	0,88
300 000	0,79	0,83	0,87
310 000	0,79	0,82	0,86
320 000	0,78	0,82	0,85
325 000	-	-	-
330 000	0,77	0,81	0,85
340 000	0,76	0,80	0,84
350 000	0,76	079	0,83
360 000	0,75	0,78	0,82
370 000	0,74	0,78	0,81
375 000	-	-	-
380 000	0,74	0,77	0,81
390 000	0,72	0,76	0,80
400 000	0,72	076	0,79
425 000	0,71	0,74	0,78
450 000	0,70	0,73	0,76
475 000	0,68	0,71	0,75
500 000	0,67	0,70	0,73
525 000	-	-	-
550 000	-	-	-
600 000	-	-	-
650 000	-	-	-
700 000	-	-	-
750 000	-	-	-
800 000	-	-	-
850 000	-	-	-
900 000	-	-	-
950 000	-	-	-
1 000 000	-	-	-
1 100 000	-	-	-
1 200 000	-	-	-

Quelle: Grundstücksmarktberichte

1.3.3 Sachwertfaktoren für Ein- und Zweifamilienhäuser

Sachwert	Essen	Duisburg			Hagen			Karlsruhe Bodenrichtwert			LK Heinsberg
					Ein-, Zweifamilienhaus		Dreifamilienhaus				
		Norden, Homberg, Rheinhausen	Mitte	Süden	Mittlere Lage	Gute Lage		240–330 €/m²	331–400 €/m²	401–530 €/m²	
50 000	-	-	-	-	-	-	-	-	-	-	1,11
75 000	-	-	-	-	-	-	-	-	-	-	1,03
100 000	1,10	0,99 – 1,10	0,90 – 0,99	0,94 – 1,04	1,08	-	-	-	-	-	0,97
125 000	1,04	0,94 – 1,04	0,88 – 0,97	0,93 – 1,03	-	-	-	-	-	-	0,93
150 000	1,00	0,90 – 0,99	0,87 – 0,96	0,92 – 1,02	1,04	1,16	0,87	-	-	-	0,89
160 000	-	-	-	-	-	-	-	-	-	-	-
170 000	0,98	-	-	-	-	-	-	-	-	-	-
175 000	-	0,86 – 0,95	0,86 – 0,95	0,91 – 1,01	-	-	-	-	-	-	0,86
180 000	-	-	-	-	-	-	-	-	-	-	-
190 000	-	-	-	-	-	-	-	-	-	-	-
200 000	0,95	0,83 – 0,92	0,85 – 0,94	0,91 – 1,00	0,99	1,04	0,86	1,06	-	-	0,83
210 000	-	-	-	-	-	-	-	-	-	-	-
220 000	0,93	-	-	-	-	-	-	-	-	-	-
225 000	-	0,81 – 0,89	0,84 – 0,93	0,90 – 1,00	-	-	-	-	-	-	0,81
230 000	0,93	-	-	-	-	-	-	-	-	-	-
240 000	-	-	-	-	-	-	-	-	-	-	-
250 000	0,92	0,78 – 0,86	0,83 – 0,92	0,90 – 0,99	0,94	0,98	0,86	0,97	1,10	-	0,79
260 000	-	-	-	-	-	-	-	-	-	-	-
270 000	-	-	-	-	-	-	-	-	-	-	-
275 000	-	0,76 – 0,84	0,82 – 0,91	0,90 – 0,99	-	-	-	-	-	-	0,77
280 000	-	-	-	-	-	-	-	-	-	-	-
290 000	-	-	-	-	-	-	-	-	-	-	-
300 000	0,90	0,74 – 0,82	0,82 – 0,90	0,89 – 0,99	0,89	0,94	0,85	0,92	0,98	-	0,75
320 000	-	-	-	-	-	-	-	-	-	-	-
325 000	-	0,72 – 0,80	0,81.0,90	0,89 – 0,98	-	-	-	-	-	-	0,74
340 000	-	-	-	-	-	-	-	-	-	-	-
350 000	0,89	0,71 – 0,78	0,81 – 0,89	0,89 – 0,98	0,84	0,92	0,85	0,87	0,91	0,96	0,72
360 000	-	-	-	-	-	-	-	-	-	-	-
375 000	-	-	0,80 – 0,89	0,88 – 0,98	-	-	-	-	-	-	0,71
380 000	-	-	-	-	-	-	-	-	-	-	-
400 000	0,88	-	0,80 – 0,88	0,88 – 0,97	0,80	0,90	0,84	0,82	0,85	0,93	0,70
425 000	-	-	0,79 – 0,88	0,88 – 0,97	-	-	–	-	-	-	0,68
450 000	0,87	-	0,79 – 0,87	0,88 – 0,97	0,75	0,89	-	0,77	0,81	0,91	0,67
475 000	-	-	0,79 – 0,87	0,87 – 0,97	-	-	-	-	-	-	0,66
500 000	-	-	0,78 – 0,87	0,87 – 0,96	0,70	0,88	-	0,72	0,77	0,89	0,65
525 000	-	-	0,78 – 0,86	0,87 – 0,96	-	-	-	-	-	-	0,64
550 000	-	-	0,78 – 0,86	0,87 – 0,96	-	-	-	-	0,74	0,87	-
600 000	-	-	-	0,86 – 0,96	-	-	-	-	0,72	0,85	-
650 000	-	-	-	0,86 – 0,95	-	-	-	-	0,70	0,83	-
700 000	-	-	-	0,86 – 0,95	-	-	-	-	0,68	0,82	-
750 000	-	-	-	-	-	-	-	-	-	0,81	-
800 000	-	-	-	-	-	-	-	-	-	0,79	-
850 000	-	-	-	-	-	-	-	-	-	0,78	-
900 000	-	-	-	-	-	-	-	-	-	0,77	-
950 000	-	-	-	-	-	-	-	-	-	0,76	-

Sachwertfaktoren für Ein- und Zweifamilienhäuser									
Sachwert	Essen	Duisburg			Hagen		Karlsruhe			LK Heinsberg
					Ein-, Zweifamilienhaus	Dreifamilienhaus	Bodenrichtwert			
		Norden, Homberg, Rheinhausen	Mitte	Süden	Mittlere Lage	Gute Lage	240–330 €/m²	331–400 €/m²	401–530 €/m²	
1 000 000	-	-	-	-	-	-	-	-	0,75	-
1 100 000	-	-	-	-	-	-	-	-	0,74	-
1 200 000	-	-	-	-	-	-	-	-	0,72	-

Quelle: Grundstücksmarktberichte Duisburg, Hagen, LK Heinsberg, Wiesbaden

1.3.3 Sachwertfaktoren für Ein- und Zweifamilienhäuser

Sachwertfaktoren für Ein- und Zweifamilienhäuser							
Sachwert	Mainz	Wiesbaden				Wuppertal	Bochum
		RH	RH, DH-hälfte	EFH/ZFH		EFH 2010	
				Einfach mittel	Gehoben Stark gehoben		
50 000	-	-	-	-	-	-	-
75 000	1,57	-	-	-	-	-	-
100 000	1,42	-	-	-	-	-	1,20
125 000	1,30	-	-	-	-	-	1,14
150 000	1,20	-	-	-	-	-	1,10
160 000	-	1,06	1,04	0,95	-	-	1,08
170 000	-	-	-	-	-	-	1,07
175 000	1,12	-	-	-	-	-	1,06
180 000	-	1,05	1,02	0,94	-	-	1,05
190 000	-	-	-	-	-	-	1,04
200 000	1,06	1,03	0,99	0,94	-	0,94	1,02
210 000	-	-	-	-	-	-	1,02
220 000	-	1,02	0,99	0,93	-	-	1,01
225 000	1,00	-	-	-	-	0,90	1,01
230 000	-	-	-	-	-	-	1,00
240 000	-	1,00	0,98	0,93	-	-	0,99
250 000	0,96	-	-	-	-	0,86	0,98
260 000	-	0,98	0,96	0,92	-	-	0,97
270 000	-	-	-	-	-	-	0,96
275 000	0,93	-	-	-	-	0,83	0,95
280 000	-	0,97	0,96	0,92	-	-	-
290 000	-	-	-	-	-	-	-
300 000	0,91	0,95	0,95	0,91	-	0,80	0,93
320 000	-	0,94	0,95	0,91	-	-	-
325 000	0,87	-	-	-	-	0,78	0,91
340 000	-	0,92	0,94	0,91	-	-	-
350 000	0,88	-	-	-	-	0,75	0,89
360 000	-	0,91	0,94	0,91	-	-	-
375 000	0,88	-	-	-	-	0,73	0,88
380 000	-	0,89	0,94	0,90	-	-	-
400 000	0,87	-	0,94	0,90	1,15	0,71	0,86
425 000	0,87	-	-	-	-	0,70	0,85
450 000	0,87	-	0,94	0,89	1,14	0,68	0,83

Sachwertfaktoren

Sachwert	Mainz	Wiesbaden				Wuppertal	Bochum
		RH	RH, DH-hälfte	EFH/ZFH		EFH 2010	
				Einfach mittel	Gehoben Stark gehoben		
475 000	0,87	-	-	-	-	0,67	0,82
500 000	0,87	-	-	0,88	1,14	-	0,81
550 000	-	-	-	0,88	1,14	-	-
600 000	-	-	-	0,88	1,13	-	-
650 000	-	-	-	0,88	1,12	-	-
700 000	-	-	-	0,87	1,11	-	-
750 000	-	-	-	-	-	-	-
800 000	-	-	-	0,86	1,10	-	-
850 000	-	-	-	-	-	-	-
900 000	-	-	-	-	-	-	-
950 000	-	-	-	-	-	-	-
1 000 000	-	-	-	0,92	1,08	-	-
1 500 000	-	-	-	0,90	1,02	-	-

1.3.4 Sachwertfaktoren Duisburg, Leipzig

Marktanpassungsfaktoren in Duisburg			
Gebäudegruppe	Vorkriegsbauten Baujahr bis 1947 (Ø 1925)	Nachkriegsbauten	
		Baujahr 1948 bis 1974 (Ø 1961)	Baujahr 1975 bis heute (Ø 1988)
Einfamilienreihenhäuser	1,20	1,20	1,00
Ein- und Zweifamilienhäuser Bauland = 800 m²	1,15	1,05	1,00
Ein- und Zweifamilienhäuser Bauland = 800 m²	1,00	0,95	0,95
Dreifamilienhäuser	1,10	1,05	-
Miethäuser Gewerblicher Anteil = 20%	0,90	0,85	0,90
Mietwohnhäuser Öffentlich gefördert	-	0,60	0,55
Gemischt genutzte Gebäude Gewerblicher Anteil = 20%	1,00	0,90	0,80
Büro-/Geschäftsgebäude	-	1,05	-
Marktanpassungsfaktoren in Leipzig 2006			
	Freistehendes EFH	Doppelhaushälfte	Reihenhaus
Sanierter Altbau	0,90	1,17	1,29
Teilsanierter Altbau	0,84	1,01	1,18

Anlage 1.4: Sachwertfaktoren in verschiedenen Regionen nach Grundstücksarten

1.4.1 Sachwertfaktoren für freistehende Ein- und Zweifamilienhäuser sowie Reihen- und Doppelhäuser in Südhessen

| Sachwert | Südhessen |||||||||
| | freistehende EFH und ZFH ||||| Reihen- und Doppelhäuser ||||
BRW	bis 99 €/m²	100-199 €/m²	200-299 €/m²	300-399 €/m²	über 400 €/m²	100-199 €/m²	220-299 €/m²	300-399 €/m²	über 400 €/m²
50 000	-	-	-	-	-	-	-	-	-
75 000	-	-	-	-	-	-	-	-	-
100 000	0,95	-	-	-	-	-	-	-	-
125 000	0,89	0,90	-	-	-	-	-	-	-
150 000	0,84	0,86	0,94	-	-	0,92	1,04	-	-
160 000	-	-	-	-	-	-	-	-	-
170 000	-	-	-	-	-	-	-	-	-
175 000	0,80	0,83	0,91	-	-	0,87	0,98	1,03	-
180 000	-	-	-	-	-	-	-	-	-
190 000	-	-	-	-	-	-	-	-	-
200 000	0,76	0,80	0,87	0,89	-	0,83	0,92	0,97	1,00
210 000	-	-	-	-	-	-	-	-	-
220 000	-	-	-	-	-	-	-	-	-
225 000	0,73	0,77	0,84	0,86	0,99	0,80	0,87	0,92	0,96
230 000	-	-	-	-	-	-	-	-	-
240 000	-	-	-	-	-	-	-	-	-
250 000	0,70	0,75	0,82	0,84	0,95	0,76	0,83	0,88	0,92
260 000	-	-	-	-	-	-	-	-	-
270 000	-	-	-	-	-	-	-	-	-
275 000	0,67	0,72	0,79	0,81	0,92	0,74	0,78	0,84	0,89
280 000	-	-	-	-	-	-	-	-	-
290 000	-	-	-	-	-	-	-	-	-
300 000	0,65	0,71	0,77	0,79	0,89	0,71	0,75	0,81	0,86
320 000	-	-	-	-	-	-	-	-	-
325 000	-	0,69	0,75	0,77	0,86	0,69	0,71	0,77	0,84
340 000	-	-	-	-	-	-	-	-	-
350 000	-	0,67	0,73	0,75	0,83	-	0,68	0,74	0,81
360 000	-	-	-	-	-	-	-	-	-
375 000	-	0,65	0,72	0,74	0,80	-	0,65	0,71	0,79
380 000	-	-	-	-	-	-	-	-	-
400 000	-	0,64	0,70	0,72	0,78	-	-	0,69	0,77
425 000	-	0,63	0,68	0,71	0,76	-	-	-	0,74
450 000	-	-	0,67	0,69	0,73	-	-	-	0,73
475 000	-	-	0,66	0,68	0,71	-	-	-	0,71
500 000	-	-	-	0,66	0,70	-	-	-	0,69
525 000	-	-	-	0,65	0,68	-	-	-	-
550 000	-	-	-	-	0,66	-	-	-	-
575 000	-	-	-	-	0,64	-	-	-	-
600 000	-	-	-	-	0,63	-	-	-	-

Quelle: Grundstücksmarktbericht 2008

1.4.2 Sachwertfaktoren für Ein- und Zweifamilienhäuser in Rheinland-Pfalz (Region Nord)

Sachwert	Sachwertsfaktoren für Ein- und Zweifamilienhäuser Rheinland Pfalz 2009									
	Rheinland Pfalz (unvermietet)						Region Nord			
	Bodenrichtwert						Bodenrichtwert			
	15 €/m²	30 €/m²	60 €/m²	120 €/m²	240 €/m²	480 €/m²	30 €/m²	60 €/m²	120 €/m²	240 €/m²
50 000	-	-	-	-	-	-	-	-	-	-
75 000	-	-	-	-	-	-	-	-	-	-
100 000	0,85	0,93	1,01	-	-	-	0,90	0,96	1,02	-
125 000	0,80	0,87	0,95	1,02	-	-	0,84	0,89	0,95	-
150 000	0,78	0,83	0,90	0,97	-	-	0,79	0,85	0,90	0,96
160 000	-	-	-	-	-	-	-	-	-	-
170 000	-	-	-	-	-	-	-	-	-	-
175 000	0,73	0,79	0,83	0,92	0,99	-	0,75	0,81	0,86	0,92
180 000	-	-	-	-	-	-	-	-	-	-
190 000	-	-	-	-	-	-	-	-	-	-
200 000	0,70	0,76	0,89	0,89	0,95	1,01	0,71	0,77	0,83	0,89
210 000	-	-	-	-	-	-	-	-	-	-
220 000	-	-	-	-	-	-	-	-	-	-
225 000	0,68	0,74	0,79	0,86	0,92	0,98	0,69	0,74	0,80	0,86
230 000	-	-	-	-	-	-	-	-	-	-
240 000	-	-	-	-	-	-	-	-	-	-
250 000	0,66	0,72	0,77	0,82	0,87	0,95	0,66	0,72	0,78	0,83
260 000	-	-	-	-	-	-	-	-	-	-
270 000	-	-	-	-	-	-	-	-	-	-
275 000	0,64	0,70	0,75	0,80	0,85	0,92	0,64	0,70	0,76	0,81
280 000	-	-	-	-	-	-	-	-	-	-
290 000	-	-	-	-	-	-	-	-	-	-
300 000	0,63	0,68	0,73	0,78	0,83	0,89	0,62	0,68	0,74	0,79
320 000	-	-	-	-	-	-	-	-	-	-
325 000	0,61	0,67	0,72	0,75	0,81	0,87	0,61	0,66	0,72	0,77
340 000	-	-	-	-	-	-	-	-	-	-
350 000	0,60	0,65	0,70	0,74	0,79	0,85	0,59	0,65	0,70	0,76
360 000	-	-	-	-	-	-	-	-	-	-
375 000	0,59	0,64	0,68	0,73	0,77	0,83	0,58	0,63	0,69	0,74
380 000	-	-	-	-	-	-	-	-	-	-
400 000	0,58	0,63	0,68	0,72	0,77	0,82	0,57	0,62	0,68	0,73
425 000	-	0,62	0,66	0,71	0,76	0,80	0,56	0,61	0,66	0,72
450 000	-	0,61	0,65	0,70	0,74	0,79	0,54	0,60	0,65	0,71
475 000	-	-	0,64	0,69	0,73	0,78	-	0,59	0,64	0,70
500 000	-	-	0,63	0,68	0,72	0,76	-	0,58	0,63	0,69
525 000	-	-	-	0,67	0,71	0,75	-	-	-	0,68
550 000	-	-	-	0,66	0,70	0,74	-	-	-	-
575 000	-	-	-	-	0,69	0,73	-	-	-	-
600 000	-	-	-	-	0,68	0,72	-	-	-	-
625 000	-	-	-	-	-	0,71	-	-	-	-
650 000	-	-	-	-	-	0,70	-	-	-	-
675 000	-	-	-	-	-	0,70	-	-	-	-

Quelle: Grundstücksmarktbericht 2009

V § 14 ImmoWertV — Sachwertfaktoren

1.4.3 Sachwertfaktoren für Ein- und Zweifamilienhäuser in Rheinland Pfalz (Region Südost, Region West, Konz, Saarburg, Trier)

Marktanpassungsfaktoren für Ein- und Zweifamilienhäuser Rheinland Pfalz 2009												
Sachwert	Region Südost				Region West					Konz, Saarburg, Trier		
	Bodenrichtwert				Bodenrichtwert					Bodenrichtwert		
	60 €/m²	120 €/m²	240 €/m²	480 €/m²	15 €/m²	30 €/m²	60 €/m²	120 €/m²	240 €/m²	60 €/m²	120 €/m²	240 €/m²
50 000	-	-	-	-	-	-	-	-	-	-	-	-
75 000	-	-	-	-	-	-	-	-	-	-	-	-
100 000	1,05	-	-	-	0,89	0,97	-	-	-	-	-	-
125 000	0,97	1,05	-	-	0,82	0,90	0,97	-	-	0,88	-	-
150 000	0,92	0,99	1,06	-	0,77	0,84	0,91	0,98	-	0,84	0,94	1,03
160 000	-	-	-	-	-	-	-	-	-	-	-	-
170 000	-	-	-	-	-	-	-	-	-	-	-	-
175 000	0,87	0,94	1,01	1,08	0,73	0,80	0,86	0,93	0,97	0,81	0,91	1,00
180 000	-	-	-	-	-	-	-	-	-	-	-	-
190 000	-	-	-	-	-	-	-	-	-	-	-	-
200 000	0,84	0,90	0,97	1,03	0,70	0,76	0,82	0,89	0,94	0,78	0,88	0,98
210 000	-	-	-	-	-	-	-	-	-	-	-	-
220 000	-	-	-	-	-	-	-	-	-	-	-	-
225 000	0,80	0,87	0,93	1,00	0,67	0,73	0,79	0,85	0,90	0,76	0,86	0,96
230 000	-	-	-	-	-	-	-	-	-	-	-	-
240 000	-	-	-	-	-	-	-	-	-	-	-	-
250 000	0,78	0,84	0,90	0,96	0,65	0,71	0,76	0,82	0,88	0,74	0,84	0,94
260 000	-	-	-	-	-	-	-	-	-	-	-	-
270 000	-	-	-	-	-	-	-	-	-	-	-	-
275 000	0,75	0,81	0,87	0,94	0,62	0,68	0,74	0,80	0,85	0,72	0,82	0,92
280 000	-	-	-	-	-	-	-	-	-	-	-	-
290 000	-	-	-	-	-	-	-	-	-	-	-	-
300 000	0,73	0,79	0,85	0,91	0,61	0,66	0,72	0,78	0,83	0,71	0,81	0,91
320 000	-	-	-	-	-	-	-	-	-	-	-	-
325 000	0,71	0,77	0,83	0,89	0,59	0,64	0,70	0,76	0,81	0,69	0,79	0,90
340 000	-	-	-	-	-	-	-	-	-	-	-	-
350 000	0,70	0,75	0,81	0,87	0,57	0,63	0,68	0,74	0,79	0,68	0,78	0,88
360 000	-	-	-	-	-	-	-	-	-	0,67	-	-
375 000	0,68	0,74	0,69	0,85	-	0,61	0,67	0,72	0,78	-	0,77	0,87
380 000	-	-	-	-	-	-	-	-	-	-	-	-
400 000	-	0,72	0,78	0,83	-	0,60	0,65	0,70	0,76	-	0,76	0,86
425 000	-	0,71	0,76	0,82	-	-	0,64	0,68	0,75	-	0,75	0,85
450 000	-	0,69	0,75	0,80	-	-	-	0,68	0,74	-	0,74	0,84
475 000	-	0,68	0,74	0,79	-	-	-	-	0,72	-	0,73	0,84
500 000	-	-	0,72	0,78	-	-	-	-	-	-	-	-
525 000	-	-	-	0,76	-	-	-	-	-	-	-	-
550 000	-	-	-	0,75	-	-	-	-	-	-	-	-

Quelle: Grundstücksmarktbericht 2009

Sachwertfaktoren § 14 ImmoWertV V

1.4.4 Sachwertfaktoren für Ein- und Zweifamilienhäuser in Rheinland-Pfalz (Region Trier, Rheinhessen-Nahe, Westpfalz)

Sachwert	Sachwertfaktoren für Ein- und Zweifamilienhäuser Rheinland Pfalz										
	Region Trier				Rheinhessen-Nahe					Westpfalz		
	Bodenrichtwert				Bodenrichtwert					Bodenrichtwert		
	15 €/m²	30 €/m²	60 €/m²	120 €/m²	30 €/m²	60 €/m²	120 €/m²	240 €/m²	480 €/m²	30 €/m²	60 €/m²	120 €/m²
50 000	-	-	-	-	-	-	-	-	-	-	-	-
75 000	-	-	-	-	-	-	-	-	-	-	-	-
100 000	0,84	0,90	-	-	1,02	1,13	-	-	-	1,07	1,07	1,07
125 000	0,80	0,85	0,90	-	0,93	-	1,12	-	-	0,95	0,96	0,97
150 000	0,77	0,82	0,86	-	0,87	-	1,04	1,13	-	0,88	0,90	0,92
160 000	-	-	-	-	-	-	-	-	-	-	-	-
170 000	-	-	-	-	-	-	-	-	-	-	-	-
175 000	0,75	0,79	0,83	0,88	0,81	-	0,97	1,05	1,13	0,83	0,86	0,89
180 000	-	-	-	-	-	-	-	-	-	-	-	-
190 000	-	-	-	-	-	-	-	-	-	-	-	-
200 000	0,72	0,77	0,81	0,85	0,77	0,99	0,92	0,99	1,07	0,79	0,83	0,86
210 000	-	-	-	-	-	-	-	-	-	-	-	-
220 000	-	–		-	-	-	-	-	-	-	-	-
225 000	0,71	0,75	0,78	0,82	0,73	0,96	0,87-	0,94	1,01	0,76	0,80	0,84
230 000	-	-	-	-	-	-	-	-	-	-	-	-
240 000	-	-	-	-	-	-	-	-	-	-	-	-
250 000	0,69	0,73	0,76	0,80	0,70	0,93	0,83	0,90	0,97	0,72	0,77	0,81
260 000	-	-	-	-	-	-	-	-	-	-	-	-
270 000	-	-	-	-	-	-	-	-	-	-	-	-
275 000	0,68	0,71	0,75	0,78	0,67	0,90	0,80	0,86	0,93	0,69	0,74	0,79
280 000	-	-	-	-	-	-	-	-	-	-	-	-
290 000	-	-	-	-	-	-	-	-	-	-	-	-
300 000	0,67	0,70	0,73	0,76	0,65	0,88	0,77	0,83	0,89	0,66	0,72	0,78
320 000	-	-	-	-	-	-	-	-	-	-	-	-
325 000	0,65	0,69	0,72	0,75	0,63	0,86	0,74	0,80	0,86	0,64	0,70	0,76
340 000	-	-	-	-	-	-	-	-	-	-	-	-
350 000	0,64	0,67	0,70	0,74	0,61	0,67	0,72	0,78	0,83	0,61	0,68	0,75
360 000	-	-	-	-	-	-	-	-	-	-	-	-
375 000	-	0,66	0,69	0,72	-	0,65	0,70	0,75	0,81	-	0,68	0,73
380 000	-	-	-	-	-	-	-	-	-	-	-	-
400 000	-	-	-	0,71	-	0,63	0,68	0,73	0,79	-	0,66	0,72
425 000	-	-	-	-	-	-	0,66	0,71	0,76	-	-	0,71
450 000	-	-	-	-	-	-	0,65	0,70	0,75	-	-	0,78
475 000	-	-	-	-	-	-	0,63	0,68	0,73	-	-	0,77
500 000	-	-	-	-	-	-	-	0,67	0,71	-	-	0,76
525 000	-	-	-	-	-	-	-	0,65	0,70	-	-	0,75
550 000	-	-	-	-	-	-	-	0,64	0,68	-	-	0,74
575 000	-	-	-	-	-	-	-	-	0,67	-	-	-
600 000	-	-	-	-	-	-	-	-	0,66	-	-	-

Quelle: Grundstücksmarktbericht

1.4.5 Sachwertfaktoren Rheinland-Pfalz

Sachwertfaktoren für bebaute Mehrfamilienhäuser, bebaute Geschäftsgrundstücke und Eigentumswohnungen							
Sachwert	Bebaute Mehrfamilienhäuser		Bebaute Geschäftshäuser		Eigentumswohnungen		
	120 €/m²	240 €/m²	120 €/m²	240 €/m²	60 €/m²	120 €/m²	240 €/m²
50 000	-	-	-	-	0,77	0,90	1,03
75 000	-	-	-	-	0,73	0,83	0,93
100 000	-	-	0,96	1,02	0,70	0,78	0,87
125 000	-	-	0,92	0,97	0,68	0,75	0,82
150 000	0,88	0,97	0,89	0,94	0,66	0,72	0,79
160 000	-	-	-	-	-	-	-
170 000	-	-	-	-	-	-	-
175 000	0,85	0,94	0,87	0,91	0,64	0,70	0,76
180 000	-	-	-	-	-	-	-
190 000	-	-	-	-	-	-	-
200 000	0,83	0,92	0,85	0,89	0,63	0,68	0,73
210 000	-	-	-	-	-	-	-
220 000	-	-	-	-	-	-	-
225 000	0,81	0,90	0,83	0,86	-	-	-
230 000	-	-	-	-	-	-	-
240 000	-	-	-	-	-	-	-
250 000	0,80	0,88	0,81	0,85	-	-	-
260 000	-	-	-	-	-	-	-
270 000	-	-	-	-	-	-	-
275 000	0,78	0,87	0,80	0,83	-	-	-
280 000	-	-	-	-	-	-	-
290 000	-	-	-	-	-	-	-
300 000	0,77	0,86	0,79	0,82	-	-	-
320 000	-	-	-	-	-	-	-
325 000	0,76	0,84	0,77	0,80	-	-	-
340 000	-	-	-	-	-	-	-
350 000	0,75	0,83	0,76	0,79	-	-	-
360 000	-	-	-	-	-	-	-
375 000	0,74	0,82	0,75	0,78	-	-	-
380 000	-	-	-	-	-	-	-
400 000	0,73	0,81	0,75	0,77	-	-	-
425 000	0,72	0,81	0,74	0,76	-	-	-
450 000	0,71	0,80	0,73	0,75	-	-	-
475 000	0,71	0,79	0,72	0,75	-	-	-
500 000	0,70	0,78	0,72	0,74	-	-	-
525 000	-	-	0,71	0,73	-	-	-
550 000	-	-	0,70	0,72	-	-	-
575 000	-	-	0,70	0,72	-	-	-
600 000	-	-	0,69	0,71	-	-	-
625 000	-	-	0,69	0,71	-	-	-
650 000	-	-	0,68	0,70	-	-	-
675 000	-	-	0,68	0,70	-	-	-
700 000	-	-	0,67	0,69	-	-	-

Quelle: Grundstücksmarktbericht 2009

Anlage 2: Liegenschaftszinssätze für Mietwohnhäuser und Mietwohngeschäftshäuser in Berlin der Baujahre vor 1919

Bekanntmachung der Senatsverwaltung für Stadtentwicklung vom 03.11.2005 – Stadt III E GSt 21 – (ABl. Berlin 2007, 1752, 2031 = GuG 2007, 352)

Die Geschäftsstelle des Gutachterausschusses für Grundstückswerte in Berlin veröffentlicht aufgrund des § 193 Abs. 3 des Baugesetzbuchs (BauGB) i.d.F. vom 23.9.2004 (BGBl. I 2004, 2414), zuletzt geändert durch Art. 1 des Gesetzes vom 21.12.2006 (BGBl. I 2006, 3316), i.V.m. § 21 der Verordnung zur Durchführung des Baugesetzbuchs (DVO-BauGB) vom 5.11.1998 (GVBl. 1998, 331), zuletzt geändert durch Nummer 36 der Anlage zum Gesetz vom 4.3.2005 (GVBl 2005, 125), nachstehend für die Wertermittlung erforderliche Daten gemäß § 8 der Wertermittlungsverordnung (WertV) vom 6.12.1988 (BGBl. I 1988, 2209), geändert durch Gesetz vom 18.08.1997 (BGBl. I 1997, 2081, 2110). Der Gutachterausschuss für Grundstückswerte in Berlin hat diese Daten abschließend am 3.11.2007 beschlossen.

Letzte Veröffentlichung: ABl. 2005, 4391 = GuG 2006, 111; ABl. 2000, 1064 bzw. ABl. 2002, 313; vgl. Kleiber/Simon Weyers, Verkehrswertermittlung, 4. Aufl. S. 1000.

A Vorbemerkung

1. Verwendete Daten

   Anhand der von der Geschäftsstelle des Gutachterausschusses für Grundstückswerte in Berlin geführten Kaufpreissammlung sind aus dem Kaufpreismaterial der Jahre 2005 bis Dezember 2006, bei dem anhand der Eigentümerangaben die Ertragssituation bekannt war, mit Hilfe mathematisch-statistischer Analysen gemäß § 11 WertV die nachstehend durchschnittlichen Liegenschaftszinssätze für Grundstücke mit Mietwohnhäusern und Mietwohngeschäftshäusern nach den Grundsätzen des Ertragswertverfahrens ermittelt worden.

2. Gültigkeit

   1. Der Liegenschaftszinssatz ist der Zinssatz, mit dem der Verkehrswert von Liegenschaften im Durchschnitt marktüblich verzinst wird (§ 11 Abs. 1 WertV). Der Verordnungsgeber spricht mit dieser Vorgabe den Zinssatz an, der im Ertragswertverfahren (§§ 15 bis 20 WertV) sowohl für die Verzinsung des Bodenwerts als auch zur Kapitalisierung des Gebäudeertrags einzusetzen ist. Der Liegenschaftszinssatz ist nicht identisch mit dem Zinssatz, der im vereinfachten Ertragswertverfahren (sogenannte Maklerformel) zur Kapitalisierung des Roh- oder Reinertrags im Sinne einer ewigen Rente ohne Trennung von Boden- und Gebäudeanteil eingesetzt wird. Der Liegenschaftszinssatz ist auch nicht identisch mit dem Zinssatz, der sich bei reiner betriebswirtschaftlicher Betrachtung oder bei reiner Risikoabschätzung von Ertragsgrundstücken als Kapitalanlage errechnet.

   2. Die Verwendung der ermittelten Liegenschaftszinssätze führt nur dann zu einem marktgerechten Ergebnis, wenn die wertbestimmenden Ansätze (grundstückswirtschaftliche Rahmenbedingungen) in der Ertragswertermittlung innerhalb des Modells bleiben, das von der Geschäftsstelle des Gutachterausschusses bei der Ableitung der Liegenschaftszinssätze aus den Kaufpreisen zugrunde gelegt wurde (Durchschnittsmieten, Bewirtschaftungskosten, Restnutzungsdauer).

   3. Die Verwendung der nachfolgenden Liegenschaftszinssätze ersetzt nicht automatisch die nach WertV erforderliche Marktanpassung ermittelter Ertragswerte. Eine Marktanpassung kann vor allem dann erforderlich werden, wenn nach dem Stichtag der letzten Ableitung der Liegenschaftszinssätze (hier: 1.1.2007) eine deutliche Entwicklung der Kaufprise von Ertragsgrundstücken stattgefunden hat.

   4. Werden renditeorientierte Wohnimmobilien im Pakte veräußert, können die nachfolgenden Zinssätze nicht verwandt werden. „Paketverkäufe" unterliegen nach Einschätzung des Gutachterausschusses besonderen Erwartungen und Kaufscheiden. Im Vergleich zu Einzelverkäufen, die das Marktgeschehen zahlenmäßig prägen, weichen Paketver-

käufe vom gewöhnlichen Geschäftsverkehr im Sinne des Marktwerts (§ 194 BauGB) ab. Wegen der investorenseitig unterstellten, über die eigentliche Renditeerwartung aus Vermietung hinausgehenden Verwertungspotentiale kann im Vergleich zu Einzelverkäufen mit einem abeichenden Zinssatz gerechnet werden. Derartige Paketverkäufe wurden in der vorliegenden Untersuchung nicht berücksichtigt.

5. Es wurden grundsätzlich nur Kauffälle aus Wohngebieten (Darstellung im Bodenrichtwertatlas typische Nutzungsart = W) berücksichtigt. Fälle in Gebieten M1, M2 und G (Gp) fanden keine Berücksichtigung. Darüber hinaus wurde die Recherche auf die gebietstypische GFZ 2,0 beschränkt.

6. Objekte, die zum Beispiel zur Vorbereitung von Sanierungsmaßnahmen teilentmietet waren, wurden bei der Analyse nicht berücksichtigt.

B Grundsätze der Kaufpreisauswertung

Die ermittelten Liegenschaftszinssätze wurden mit folgenden modellhaften Ansätzen abgeleitet, die nur zum Teil aus Marktuntersuchungen ermittelt wurden.

1 Bodenwert

Umgerechnete Bodenwerte zum Kaufzeitpunkt (= i.d.R. zeitlich angepasster Bodenrichtwerte mit Berücksichtigung der tatsächlichen Geschossflächenzahl – GFZ) unter Berücksichtigung werterhöhender/-mindernder Merkmale. Der Einfluss der tatsächlichen GFZ wurde mit Hilfe der von der Geschäftsstelle des Gutachterausschusses ermittelten GFZ-Umrechnungskoeffizienten berücksichtigt.

2 Rohertrag

Für Roherträge wurden die jährlichen Netto-Kaltmieten in Ansatz gebracht, so wie sie dem Gutachterausschuss für Grundstückswerte in Berlin vom Grundstückseigentümer zum jeweiligen Kaufvertragszeitpunkt nachgewiesen worden sind. Bei Objekten mit leer stehenden Wohneinheiten wurde die durchschnittliche Objektmiete für diese Wohneinheit in Ansatz gebracht. Bei diesem Leerstand handelt es sich nicht um einen strukturellen Leerstand.

3 Bewirtschaftungskosten (§ 18 WertV)

Der Ableitung der Reinerträge aus den Jahresrohertragen (netto) liegen folgende jährliche Ansätze für Bewirtschaftungskosten (§ 18 WertV) zugrunde, wobei die Verwaltungskosten, sofern sie vorlagen, auf tatsächliche Angaben der Erwerber beruhen, ansonsten hat der Gutachterausschuss für Grundstückswerte in Berlin nachfolgende Modellansätze gewählt:

3.1 Verwaltungskosten (§ 18 Abs. 2 WertV)

Die Verwaltungskosten wurden nach Angaben der Eigentümer angesetzt, sofern sie bekannt waren. In den Fällen, in denen sie unbekannt waren, wurden sie nach der Tabelle 1 angesetzt.

Tabelle 1: Jährliche Verwaltungskosten in % des Nettojahresrohertrags

Summe Wohn- und Nutzfläche in m²	Jährliche Verwaltungskosten in % des Nettojahresrohertrags							
	Nettokaltmiete in €/m²/Monat und gewerblicher Mietanteil = 0%							
	3,00	3,50	4,00	4,50	5,00	5,50	6,00	6,50
500	9,6	8,7	8,0	7,3	6,8	6,2	5,7	5,3
1 000	9,4	8,5	7,8	7,1	6,5	6,0	5,5	5,1
1 500	9,2	8,3	7,6	7,0	6,4	5,9	5,4	4,9
2 000	9,1	8,3	7,5	6,9	6,3	5,8	5,3	4,8
2 500	9,1	8,2	7,5	6,8	6,3	5,7	5,2	4,8
3 000	9,0	8,1	7,4	6,8	6,2	5,7	5,2	4,7
3 500	9,0	8,1	7,4	6,7	6,2	5,6	5,1	4,7

Liegenschaftszinssätze § 14 ImmoWertV V

Korrekturen:

Gewerblicher Mietanteil　　10% = − 0,2　　20% = − 0,4　　30% = − 0,6　　40% = − 0,7
　　　　　　　　　　　　　50% = − 0,9　　60% = − 1,1

3.2 Instandhaltungskosten (§ 18 Abs. 4 WertV)

Da sich der Preisindex für Instandhaltung gegenüber dem vorherigen Untersuchungszeitraum kaum verändert hat (Preisindex Berlin für Bauleistungen am Bauwerk, Instandhaltung von Mehrfamiliengebäuden ohne Schönheitsreparaturen), wurden die Instandhaltungskosten in unveränderter Höhe angesetzt:

Instandhaltungskostenpauschale in €/m²/Jahr gemäß der nachfolgenden Aufstellung (Tabelle 2):

Tabelle 2: Instandhaltungskostenpauschale in €/m²/Jahr

Instandhaltungskostenpauschale in €/m²/Jahr				
Baujahr	Instandhaltungskosten für		Zuschlag bei	
	Wohnflächen (€/m²)	**Nutzflächen** (€/m²)	**Zentral-heizung** (€/m²)	**Aufzug** (€/m²)
bis 1900	11,25	5,60	0,50	0,80
von 1901 bis 1948	10,20	5,10	0,50	0,80
Offene Wageneinstellplätze (je Platz) 32,00 €				
Garagen und gedeckte Stellplätze (je Platz) 64,00 €				

3.3 Mietausfallwagnis (§ 18 Abs. 5 WertV)

Mietausfallwagnis: 2% der jährlichen Netto-Kaltmiete für Wohnnutzung und 4% der jährlichen Netto-Kaltmiete für gewerbliche und sonstige Nutzung, entsprechend der Kaufvertragsauswertung

3.4 Restnutzungsdauer (§ 16 Abs. 4 WertV)

Tabelle 3: Altbauten (Baujahr bis 1918)

Restnutzungsdauer für Neubauten (Baujahr nach 1948)				
Baualter	Wirtschaftliche Restnutzungsdauer bei Zustandsnote			Ausstattung und Zu- und Abschläge
	1 gut	**2 normal**	**3 schlecht**	
85 – 89	35	30	25	**Altbauten**
90 – 99	30	25	20	**Normalausstattung:** OH, IT
100 – 119	25	20	15	**Zuschlag 5 Jahre:** EH/ZH (komplett) oder Bäder
120 – 139	20	15	10	**Zuschlag 10 Jahre:** EH/ZH (komplett) und Bäder
140 – 149	-	−10		**Abschlag 5 Jahre:** ausschließlich PT

Legende:

EH/ZH = Etagen-/Zentralheizung; OH = Ofenheizung; IT = Innentoilette; PT = Podesttoilette

Anmerkung: Modernisierung wurde durch Einordnung in entsprechende Zustandsnote, Baualter und Ausstattung berücksichtigt.

C Abgeleitete Liegenschaftszinssätze

Die Untersuchung des Gutachterausschusses für Grundstückswerte in Berlin hat gezeigt, dass sich dieser Teilmarkt derzeit inhomogener darstellt, als dies im Rahmen einer statistischen Untersuchung zum Ausdruck kommen kann. Die höchste Aussagekraft der ermittelten Liegenschaftszinssätze ist für die in der nachfolgenden Tabelle genannten Grundstücksmerkmale gegeben.

Je größer die Abweichungen der Merkmale beim Bewertungsobjekt von den typischen Merkmalen sind, umso ungenauer wird die Aussage für den Liegenschaftszinssatz.

Alle Liegenschaftszinssätze gelten für das 4. Quartal 2006. Eine Abhängigkeit des Liegenschaftszinssatzes von der Entwicklung der allgemeinen Wertverhältnisse (zeitliche Abhängigkeit) konnte festgestellt werden. Daher gibt der Gutachterausschuss für Grundstückswerte in Berlin Korrekturwerte für die einzelnen Quartale vom 1. Quartal 2005 bis 3. Quartal 2006 an.

Die nachstehend veröffentlichten Liegenschaftszinssätze sind nur auf Objekte anzuwenden, bei denen der gewerbliche Mietanteil geringer als 40% vom Nettojahresrohertrag ist.

In der Tabelle für die Liegenschaftszinssätze steht in der ersten Zeile der Mittelwert und in der zweiten Zeile die Wertspanne des 95%-Konfidenzbereichs für diesen jeweiligen Mittelwert.

Tabelle 4: Liegenschaftszinssätze für Altbauten (Baujahr vor 1918)

Liegenschaftszinssätze für Altbauten (Baujahr vor 1918)				
Objektmiete in €/m² Monat (Liegenschaftszinssätze sind für das 4. Quartal 2006 für Objekte im Westteil der Stadt, in einfacher stadträumlicher Wohnlage*, einem normalen baulichen Unterhaltungszustand, mit einer tatsächlichen Geschossflächenzahl – GFZ – von 3,0, ohne gewerblichen Mietanteil mit einem Baujahr vor 1900 berechnet)				
3,25	4,00	5,00	6,00	7,00
3,0	3,4	3,9	4,3	4,6
2,4 – 3,5	2,9 – 4,0	3,3 – 4,4	3,7 – 4,8	4,0 – 5,2

*Wohnlage entsprechend Mietspiegel

Korrekturen:

3. Quartal 2006	+ 0,4
2. Quartal 2006	+ 0,9
1. Quartal 2006	+ 0,4
1. Quartal 2005	+ 1,4
1. – 3. Quartal 2005	+ 2,4

Bei Abweichungen des Bewertungsobjekts von den durchschnittlichen (typischen) Eigenschaften ändert sich der Liegenschaftszinssatz. Hierfür hat der Gutachterausschuss für Grundstückswerte in Berlin für den Teilmarkt der Altbauten folgende Tendenzen festgestellt:

Tatsächliche GFZ (635 Kauffälle)

bei niedrigerer GFZ leichte Erhöhung des Liegenschaftszinssatzes	(bis zu + 0,2)
bei höherer GFZ leichte Absenkung des Liegenschaftszinssatzes	(bis zu – 0,7)

Baujahr ab 1900 (307 Kauffälle)

leichte Erhöhung des Liegenschaftszinssatzes	(bis zu + 0,6)

Lage im Ostteil Berlins (167 Kauffälle)

leichte Absenkung des Liegenschaftszinssatzes	(bis zu – 0,8)

Besserer baulicher Unterhaltungszustand (74 Kauffälle)
leichte Absenkung des Liegenschaftszinssatzes (bis zu – 0,5)
Mittlere stadträumliche Wohnlage (88 Kauffälle)
leichte Absenkung des Liegenschaftszinssatzes (bis zu – 0,5)
Gute stadträumliche Wohnlage (52 Kauffälle)
deutliche Absenkung des Liegenschaftszinssatzes (bis zu – 1,8)

D Statistische Angaben und Kartendarstellung zum verwendeten Datenmaterial

Tabelle 5: Mittelwerte (1. Zeile) und der 5%- bzw. 95%-Perzentile der Einzelwerte (kursiv in der 2. Zeile), das heißt 90% aller verwendeten Daten liegen innerhalb dieses Bereiches und des Minimum- und Maximumwerts (kursiv in der 3. Zeile). Diese Vorbemerkung gilt auch für Tabelle 6.

Tabelle 5:

	Altbauten (Baujahre vor 1919)							
Anzahl	Liegenschaftszins (%)	Nettoertragsanteil (%)	Kaufpreis pro Geschossfläche (€/m²)	Kaufpreis/ Nettojahresrohertrag	Durchschnittsmiete €/m² Monat	Gewerblicher Mietanteil in %	Leerstand in %	Verwaltungskosten % p.a.
635	4,9 *2,5–8,0* *1,0–9,2*	71,5 *60,8–80,1* *51,9–82,5*	526 *279–880* *168–1 193*	12,2 *8,3–16,5* *6,7–20.8*	4,90 *3,26–6,85* *2,64–8,48*	12,2 *0–41* *0–65*	2,1 *0–14* *0–20*	6,6 *4,5–8,8* *3,75–10,9*

Tabelle 6:

	Altbauten (Baujahre vor 1919)						Bauzustand Anteile in %			Stadträumliche Wohnlage Anteile in %		
Anzahl	Grundstücksfläche (m²)	Geschossfläche (m²)	Tatsächliche GFZ	Bodenwert €/m²	Alter der Objekte	Restnutzungsdauer	gut	schlecht	normal	einfach	gut	mittel
635	775 *310–1 300* *218–1 884*	2 495 *1 124–4 172* *792–5 700*	3,3 *1,9–4,4* *1,2–4,9*	483 *285–720* *179–1196*	107 *95–130* *88–136*	30 *20–35* *15–40*	12	4	84	78	8	11

Kaufpreiskarte (Darstellung der für die Ableitung der Liegenschaftszinssätze verwendeten Kaufpreise von Mietwohnhäusern und Mietwohngeschäftshäusern aus den Jahren 2005 und 2006 aus Gebieten der typischen GFZ = 2,0)

Abschnitt 3 ImmoWertV: Wertermittlungsverfahren

Unterabschnitt 1: Vergleichswertverfahren (§§ 15 und 16 ImmoWertV)

Systematische Darstellung des Vergleichswertverfahrens

Gliederungsübersicht — Rn.

1 Anwendungsbereich
  1.1 Verkehrswertermittlung nach ImmoWertV
    1.1.1 Besondere Stellung des Vergleichswertverfahrens 1
    1.1.2 Anwendungsvoraussetzung 8
  1.2 Steuerliche Bewertung 15
  1.3 Besonderheiten der BelWertV 18
2 Grundzüge des Vergleichswertverfahrens
  2.1 Allgemeines
    2.1.1 Mittelbarer und unmittelbarer Preisvergleich 19
    2.1.2 Verfahrensübersicht 24
  2.2 Heranziehung von Vergleichspreisen und Bodenrichtwerten
    2.2.1 Auswahlkriterien
      2.2.1.1 Allgemeines (§ 15 Abs. 1 Satz 2, Abs. 2 Satz 3 und § 16 Abs. 1 Satz 4 ImmoWertV) 42
      2.2.1.2 Hinreichend übereinstimmende Grundstücksmerkmale 43
      2.2.1.3 Wertermittlungsstichtagsnahe Vergleichspreise 46
      2.2.1.4 Ausreichende Zahl von Vergleichspreisen 50
    2.2.2 Vergleichspreise aus Vergleichsgebieten (§ 15 Abs. 1 Satz 3 ImmoWertV).. 59
    2.2.3 Vergleichspreise bei retrograder Verkehrswertermittlung 67
  2.3 Ersatzlösungen bei fehlenden Vergleichspreisen
    2.3.1 Allgemeines 69
    2.3.2 Angebotspreise 72
    2.3.3 Bieterverfahren (Ausschreibung) 73
    2.3.4 Vorhandene Gutachten 83
    2.3.5 Freie Schätzung 84
  2.4 Intertemporärer und qualitativer Abgleich (Berücksichtigung von Abweichungen)
    2.4.1 Allgemeines 86
    2.4.2 Qualitativer Abgleich 88
    2.4.3 Intertemporärer Abgleich 89
  2.5 Aggregation der Vergleichspreise zum Vergleichswert
    2.5.1 Vorbemerkung 97
    2.5.2 Aggregation der Vergleichspreise 99
    2.5.3 Genauigkeitsmaße des Vergleichswerts 110
  2.6 Identifizierung und Eliminierung von Ausreißern
    2.6.1 Zwei-Sigma-Regel 121
    2.6.2 Varianz 124
    2.6.3 Variationskoeffizient 125
    2.6.4 Vertrauensbereich 127
  2.7 Ableitung des Verkehrswerts aus dem Vergleichswert
    2.7.1 Allgemeines 130
    2.7.2 Subsidiäre Berücksichtigung der Lage auf dem Grundstücksmarkt und besonderer objektspezifischer Grundstücksmerkmale 131

V Syst. Darst. Vergleichswertverf.   Übersicht

	2.7.3	Ergänzende Berücksichtigung der Ergebnisse anderer Wertermittlungsverfahren		134
	2.8	Auf- oder Abrundung		135
3	Vergleichswertverfahren für bebaute Grundstücke (§ 15 Abs. 2 ImmoWertV)			
	3.1	Allgemeines		136
	3.2	Beispiel:		144
	3.3	Umrechnungskoeffizienten für bebaute Grundstücke		
		3.3.1	Allgemeines	145
		3.3.2	Abhängigkeit des Verkehrswerts von Lage und Baujahr	146
		3.3.3	Abhängigkeit des Verkehrswerts von Wohnfläche	147
		3.3.4	Abhängigkeit des Verkehrswerts von Grundstücksgröße	148
4	Bodenwertermittlung im Wege des Vergleichswertverfahrens			
	4.1	Bodenwert		149
	4.2	Bodenwertermittlung mittels Vergleichspreisen (Beispiel)		152
	4.3	Bodenrichtwertverfahren nach § 16 Abs. 1 Satz 4 ImmoWertV		
		4.3.1	Bodenrichtwert	153
		4.3.2	Zulässigkeit und Bedeutung des Bodenrichtwertverfahrens	
			4.3.2.1 Allgemeines	155
			4.3.2.2 Geeignete Bodenrichtwerte nach ImmoWertV	159
	4.4	Bodenrichtwerte in der steuerlichen Bewertung		167
	4.5	Beleihungswertermittlung		172
	4.6	KostO		173
5	Berücksichtigung von abweichenden Grundstücksmerkmalen			
	5.1	Allgemeines		174
	5.2	Hedonische Modelle, Regressionsanalysen		188
	5.3	Abweichende Grundstücksmerkmale		
		5.3.1	Entwicklungszustand	
			5.3.1.1 Allgemeines	199
			5.3.1.2 Wartezeit bis zu einer baulichen oder sonstigen Nutzung	206
			5.3.1.3 Entschädigungs- und Übernahmeanspruch	210
		5.3.2	Art und Maß der baulichen Nutzung	
			5.3.2.1 Art der baulichen Nutzung	215
			5.3.2.2 Maß der baulichen Nutzung	218
		5.3.3	Bauweise	245
		5.3.4	Grundstücksgröße, -tiefe und -zuschnitt	
			5.3.4.1 Allgemeines	247
			5.3.4.2 Mosaikverfahren (Vorder- und Hinterland)	264
			5.3.4.3 Grundstücksgröße	275
			5.3.4.4 Grundstückstiefe	288
			5.3.4.5 Grundstückszuschnitt	301
			5.3.4.6 Frontbreite	310
			5.3.5.7 Arrondierungsflächen	312
		5.3.6	Bodenbeschaffenheit (Baugrund)	314
		5.3.7	Abgabenrechtlicher Zustand	
			5.3.7.1 Allgemeines	318
			5.3.7.2 Erschließungsbeitrag nach den §§ 123 ff. BauGB	321
			5.3.7.3 Abgaben nach dem Kommunalabgabenrecht (KAG)	342
			5.3.7.4 Sielbaubeitrag	344
			5.3.7.5 Umlegungsausgleichsleistungen	350
			5.3.7.6 Ausgleichsbetrag nach den §§ 154 f. BauGB	352
			5.3.7.7 Bodenschutzrechtlicher Ausgleichsbetrag	354
			5.3.7.8 Ablösungsbeträge für Stellplatzverpflichtungen	356
			5.3.7.9 Naturschutzrechtliche Ausgleichszahlung	359
			5.3.7.10 Kostenerstattungsbetrag nach § 135a BauGB	361
			5.3.7.11 Ausgleichsabgaben nach Baumschutzverordnung	367
			5.3.7.12 Walderhaltungsabgabe nach Landeswaldgesetz	374
		5.3.8	Lagefaktoren	
			5.3.8.1 Allgemeines	376
			5.3.8.2 Berücksichtigung mit Hilfe von Bodenrichtwerten	382
			5.3.8.3 Wohnlage (Makrolage)	385

	5.3.8.4	Nachbarschaftslage	395
	5.3.8.5	Aussichts- und Besonnungslage	399
	5.3.8.6	Wasser- bzw. Ufergrundstück	401
	5.3.8.7	Kleinräumige Lagemerkmale	403

6 Deduktive Bodenwertermittlung
  6.1 Allgemeines ... 418
  6.2 Bodenwertermittlung bei warteständigem Bauland auf der Grundlage der Wartezeit
    6.2.1 Allgemeines ... 425
    6.2.2 Einfache Bruchteilsmethode ... 428
    6.2.3 Einfache Diskontierungsmethode ... 441
  6.3 Extraktionsverfahren (Residualwertverfahren) bei warteständigem Bauland
    6.3.1 Allgemeines ... 447
    6.3.2 Verfahrensgang
      6.3.2.1 Allgemeines ... 463
      6.3.2.2 Verfahrensüberblick ... 468
    6.3.3 Ausgangswert
      6.3.3.1 Maßgeblicher Grundstückszustand ... 473
      6.3.3.2 Ermittlung des Verkehrswerts ... 475
      6.3.3.3 Baulandproduktionskosten (Überblick) ... 476
    6.3.4 Erschließung ... 478
    6.3.5 Planungs-, Bodenordnungs- und Infrastrukturkosten
      6.3.5.1 Allgemeines ... 492
      6.3.5.2 Städtebauliche Verträge ... 500
      6.3.5.3 Umlegungsgebiete ... 507
    6.3.6 Wartezeit (Vorhaltekosten)
      6.3.6.1 Allgemeines ... 509
      6.3.6.2 Voraussichtliche Dauer der Entwicklung ... 513
      6.3.6.3 Abzinsungszinssatz ... 515
    6.3.7 Unentgeltliche Flächenbereitstellung
      6.3.7.1 Allgemeines ... 530
      6.3.7.2 Rechenschritte ... 535
    6.3.8 Nebenkosten (Grundstückstransaktionskosten, Unternehmergewinn und -wagnis)
      6.3.8.1 Grundstückstransaktionskosten ... 537
      6.3.8.2 Unternehmergewinn ... 540
      6.3.8.3 Unternehmerwagnis (Wagnisabschlag) ... 542
  6.4 Extraktionsverfahren (Residualwertverfahren) bei fertigem Bauland (baureifes Land)
    6.4.1 Allgemeines ... 547
    6.4.2 Kalkulatorische Bodenwertermittlung ... 553
    6.4.3 Extraktionsverfahren (Residualwertverfahren) bei baureifem Land
      6.4.3.1 Allgemeines ... 566
      6.4.3.2 Verfahrensgang ... 578
      6.4.3.3 Verfeinerter Verfahrensgang bei langfristiger Entwicklung ... 584
      6.4.3.4 Schwachstellen des Extraktionsverfahrens (Residualwertverfahrens) ... 589
  6.5 Bodenwertermittlung auf der Grundlage der Ertragsfähigkeit
    6.5.1 Abhängigkeit von Erdgeschossmieten ... 631
    6.5.2 Abhängigkeit vom Jahresrohertrag ... 636
  6.6 Zielbaumverfahren ... 638

V Syst. Darst. Vergleichswertverf.

1 Anwendungsbereich

1.1 Verkehrswertermittlung nach ImmoWertV

1.1.1 Besondere Stellung des Vergleichswertverfahrens

▶ *Allgemeines zur Verfahrenswahl vgl. § 8 ImmoWertV Rn. 25 ff., 48 ff.*

1 Zur **Entstehungsgeschichte und** zum **systematischen Aufbau der §§ 15 und 16 Immo-WertV** vgl. § 15 ImmoWertV Rn. 1 ff.

2 Das Vergleichswertverfahren *(Direct Comparison Approach/Comparative Method)* ist eine seit jeher anerkannte Schätzungsmethode[1] von besonderem Rang. § 8 Abs. 1 ImmoWertV führt gleichwohl das **Vergleichswertverfahren gleichrangig neben dem Ertrags- und Sachwertverfahren** auf[2]. Grundsätzlich wird damit keinem der genannten Verfahren ein Vorrang eingeräumt. Das oder die im Einzelfall zur Anwendung kommende(n) Verfahren ist/sind gemäß § 8 Abs. 2 ImmoWertV nach der Art des Gegenstands der Wertermittlung unter Berücksichtigung der im gewöhnlichen Geschäftsverkehr bestehenden Gepflogenheiten und „den sonstigen Umständen des Einzelfalls" zu wählen (vgl. § 8 ImmoWertV Rn. 44 ff.). Innerhalb dieses Rahmens liegt sie im Ermessen des Sachverständigen bzw. des Gutachterausschusses. Die Wahl muss begründet werden[3].

3 Auch wenn die ImmoWertV in § 8 Abs. 1 Satz 1 die drei klassischen Wertermittlungsverfahren gleichrangig aufführt, wird dem **Vergleichswertverfahren eine aus seiner Überzeugungskraft und Plausibilität resultierende Vorrangigkeit**[4] beigemessen.

4 Das Vergleichswertverfahren ist vor allem vorrangig auf **die Bodenwertermittlung** einschließlich der **Bodenwertermittlung bebauter Grundstücke**[5] anzuwenden (vgl. Rn. 149).

5 Dass das Vergleichswertverfahren eine dominante Stellung für die Bodenwertermittlung einnimmt, ist darauf zurückzuführen, dass dem **Vergleichswertverfahren** ohnehin die **höchste Überzeugungskraft** beizumessen ist und die übrigen Verfahren (Extraktions- und Ertragswertverfahren) bei der Ermittlung des Bodenwerts im höchsten Maße fehlerträchtig sind und vielfach versagen:

– „Den **sichersten Anhalt für die Ermittlung des gemeinen Werts** (= *Verkehrswert*) bieten die für das Grundstück oder die für wesentlich gleichartige Grundstücke in der letzten Zeit gezahlten Vergleichspreise", hat schon das Pr. OVG in einer Entscheidung aus dem Jahre 1910[6] ausgeführt, und tatsächlich ist das Vergleichswertverfahren nicht nur die einfachste, sondern auch die zuverlässigste Methode, wenn genügend Vergleichspreise vorliegen[7] (vgl. Rn. 457).

---

1 BGH, Urt. vom 18.9.1986 – III ZR 83/85 –, EzGuG 4.111; BGH, Urt. vom 6.11.1958 –, III ZR 147/57 –, EzGuG 11.15; BGH, Urt. vom 8.6.1959 – III ZR 66/58 –, EzGuG 6.41; BGH, Urt. vom 19.6.1958 – III ZR 32/57 –, EzGuG 20.21.
2 BGH, Urt. vom 15.6.1965 – V ZR 24/63 –, EzGuG 20.39; vgl. auch BR-Drucks. 265/72, S. 7.
3 BR-Drucks. 352/88, S. 43.
4 Für die Ermittlung des gemeinen Werts (Verkehrswert) sind Kaufpreise für gleichartige Grundstücke der „wichtigste Anhaltspunkt", vgl. BVerwG, Urt. vom 13.11.1964 – 7 C 20/64 –, EzGuG 20.38. Schon in der Enteignungsrechtsprechung des RG und des Pr. OVG ist eine Hinweisung vom Ertragswertverfahren zum Vergleichswertverfahren zu erkennen, wobei zwischen Vergleichs- und Ertragswert kein Unterschied erkannt wurde (vgl. Pr. OVG, Urt. vom 11.2.1897 –, EzGuG 20.3; Pr. OVG, Urt. vom 9.11.1897 – 1 C 129/96 –, EzGuG 20.4; Pr. OVG, Urt. vom 2.11.1896 –, EzGuG 20.2; Pr. OVG, Urt. vom 21.9.1899 – IX 24/99 –, EzGuG 20.6; Pr.OVG, Urt. vom 19.5.1911 – VIII C 315/10 –, EzGuG 20.9; RG in PrVBl. 29, 72; RG in JW 1907, 719; RG, Urt. vom 4.4.1911 – VII 273/10 –, JW 1911, 556; RG in PrVBl. 31, 162; im Urt. des Pr. OVG vom 10.6.1910 – VIII C 99/09 –, EzGuG 20.8 heißt es in aller Deutlichkeit: „Den sichersten Anhalt für die Ermittlung des gemeinen Werts bieten die für das Grundstück oder die für wesentlich gleichartige Grundstücke in der letzten Zeit gezahlten Vergleichspreise."
5 BR-Drucks. 265/72, S. 32.
6 Pr. OVG, Urt. vom 10.6.1910 – VIII C 99/09 –, EzGuG 20.8; so auch im amerikanischen Schrifttum: *The Appraisal of Real Estate*, 12 Aufl. 2002 S. 62: „*Of the various techniques that can be applied to estimate land value, sales comparison is usually the most reliable.*"
7 BGH, Urt. vom 12.7.1971 – III ZR 197/68 –, EzGuG 20.50.

– Den Verkehrswert des Grund und Bodens aus dem fiktiven Ertrag eines auf dem Grundstück errichtbaren Gebäudes zu ermitteln, ist dagegen nicht nur äußerst fehlerträchtig[8], sondern auch mit Erfahrungssätzen unvereinbar[9]. Nur wenn die Vergleichsmethode „aus irgendeinem Grund versagt", wird dem Verfahren in der Rechtsprechung eine Bedeutung beigemessen[10]. Es ist in diesem Fall allerdings nur dann „gangbar", wenn die Anwendung dieser Methode „sichere Anhaltspunkte" verspricht[11]. Dies ist im Übrigen auch darauf zurückzuführen, dass sich die Bodenpreise im Spiel von Angebot und Nachfrage vom Ertragswert weit entfernt haben, weil Grund und Boden nach der überwiegenden Verkehrsauffassung eine so sichere Kapitalanlage ist, dass auf eine mit anderen Anlagegütern vergleichbare Rendite weithin verzichtet wird (vgl. § 16 ImmoWertV Rn. 24 ff.).

Die Vorrangigkeit des Vergleichswertverfahrens ist bei **bebauten Grundstücken** i.d.R. nicht gegeben, weil diese zumindest bei individueller Bauweise eine im Verhältnis zu unbebauten Grundstücken geringere Vergleichbarkeit untereinander aufweisen. Dementsprechend müssen bei Anwendung des Vergleichswertverfahrens auf bebaute Grundstücke eine Vielzahl unterschiedlicher Grundstücksmerkmale mit erheblichen Zu- und Abschlägen berücksichtigt werden. Je höher diese Anpassungen ausfallen, desto geringer wird die Zuverlässigkeit des Ergebnisses und das Verfahren verliert seine Eignung. Darüber hinaus sind für bebaute Grundstücke nach der Natur der Sache geeignete Vergleichsobjekte weniger leicht zu finden als für unbebaute Grundstücke[12]. Diese „sonstigen Umstände des Einzelfalls" sind deshalb nach § 8 Abs. 1 Satz 2 ImmoWertV bei der Auswahl des Wertermittlungsverfahrens zu berücksichtigen. Im Ergebnis hat das Vergleichswertverfahren für bebaute Grundstücke eine eher nur untergeordnete Bedeutung, auch wenn man dies beklagen mag (vgl. Rn. 43, 136 ff. und § 8 ImmoWertV Rn. 50 ff.). **6**

In der **Begründung zur WertV 72** wird in Bezug auf die Verkehrswertermittlung bebauter Grundstücke einschränkend ausgeführt:

„In der Regel bietet das Vergleichswertverfahren keine ausreichenden Möglichkeiten zur Ermittlung des Verkehrswertes *bebauter* Grundstücke. Wenn diesem Verfahren ein **absoluter Vorrang** *auch* für die Wertermittlung solcher Grundstücke eingeräumt wird, kann daher ein falscher Eindruck entstehen. Durch die Änderung wird deshalb den verschiedenen Ermittlungsverfahren über den Vergleichswert, den Ertragswert oder den Sachwert gleicher Rang eingeräumt. Je nach den Verhältnissen des Einzelfalls soll das geeignetste Verfahren ausgewählt und das Ergebnis - soweit erforderlich - durch ergänzende Anwendung der anderen Verfahren kontrolliert und verbessert werden. Bei den einzelnen Verfahrensarten wird daher jeweils als letzter Schritt die Heranziehung der übrigen Verfahren und die Würdigung der verschiedenen Ergebnisse auf Grund sorgfältiger Marktbeobachtung vorgesehen. Lediglich für die Ermittlung des Bodenwerts, bei der andere Verfahren in aller Regel keine brauchbaren Ergebnisse erbringen können, muss der Vorrang des Vergleichswertverfahrens bestehen bleiben"[13].

An anderer Stelle heißt es dagegen:

„Wie bereits im allgemeinen Teil dargelegt ist, soll den Gutachtern bei der Auswahl der Verfahren die für die bestmögliche Erfüllung ihrer Aufgabe erforderliche Freiheit eingeräumt werden. Wenn ausreichende Vergleichsfälle zur Verfügung stehen, können sie den **Verkehrswert allein aufgrund von Vergleichspreisen** ermitteln. Sie können aber, wenn das Ergebnis nicht hinreichend gesichert erscheint, unterstützend auch den Ertragswert oder den Sachwert heranziehen. In solchen Fällen müssen die Werte kritisch gewürdigt werden, d.h. es darf nicht schematisch (etwa durch Mittelung oder Drittelung der zusammengefassten Ergebnisse) ein Mittelwert errechnet werden, sondern es ist nach der Lage auf dem örtlichen Grundstücksmarkt festzustellen, welcher Verkehrswert zutreffend ist"[14].

Gleichwohl war der Verordnungsgeber bestrebt, die Voraussetzungen für eine Anwendung des Vergleichswertverfahrens auf die Verkehrswertermittlung bebauter Grundstücke zu ver- **7**

---

[8] Ermert in AVN 1967, 213; Schahn in VR 1985, 173.
[9] KG Berlin, Urt. vom 20.5.1957 – 9 U 491/57 –, EzGuG 4.6.
[10] KG Berlin, Beschl. vom 23.5.1958 – 9 U 812/57 –, EzGuG 4.9.
[11] BGH, Urt. vom 27.11.1961 – III ZR 167/60 –, EzGuG 4.16; ohne Einschränkung noch BGH, Urt. vom 10.2.1958 – III ZR 168/56 –, EzGuG 4.8.
[12] BGH, Urt. vom 12.7.1971 – III ZR 197/68 –, EzGuG 20.50.
[13] BR-Drucks. 265/72, S. 8 f.
[14] BR-Drucks. 265/72, S. 12.

V Syst. Darst. Vergleichswertverf.   Anwendungsbereich

bessern[15], insbesondere mit der Ableitung und **Anwendung von Vergleichsfaktoren für bebaute Grundstücke** (Gebäude- und Ertragsfaktoren gemäß § 13 ImmoWertV). Die Verkehrswertermittlung unter Heranziehung geeigneter Vergleichsfaktoren nach § 15 Abs. 2 ImmoWertV ist dem Vergleichswertverfahren zuzurechnen.

1.1.2 Anwendungsvoraussetzung

8   **Voraussetzung für die Anwendung des Vergleichswertverfahrens** ist, dass eine ausreichende Zahl geeigneter Vergleichsgrundstücke zur Verfügung steht (§ 15 Abs. 1 Satz 1 ImmoWertV). Nur dann ist das Vergleichswertverfahren nicht nur die „einfachste", sondern auch die „zuverlässigste Methode". **Geeignete Vergleichsgrundstücke** sind solche, die mit dem zu bewertenden Grundstück hinreichend übereinstimmende Grundstücksmerkmale aufweisen[16].

9   Die **Zuverlässigkeit des Vergleichswertverfahrens verringert sich, je größer die Anpassung** ist, die aufgrund von Unterschieden in den wertbeeinflussenden Grundstücksmerkmalen der Vergleichsobjekte zu dem zu bewertenden Grundstück sowie aufgrund der zu berücksichtigenden Abweichungen in den allgemeinen Wertverhältnissen erforderlich wird[17].

10   Als **Maß der Übereinstimmung** können die Zu- und Abschläge gelten, die nach Maßgabe des § 15 Abs. 1 Satz 4 bzw. § 16 Abs. 1 Satz 5 ImmoWertV zur Berücksichtigung von Abweichungen anzubringen sind.

- Grundsätzlich muss man davon ausgehen, dass **Abweichungen von 10 %** auch in der Rechtsprechung als „üblich" angesehen werden, wobei auch diese Grenze eher zu niedrig angesetzt ist. Von maßgeblicher Bedeutung ist in diesem Zusammenhang die Erheblichkeitsschwelle, die zum Ausscheiden von Kaufpreisen nach § 7 ImmoWertV führt. Deshalb müssen auch Grundstücke als vergleichbar angesehen werden, bei denen zur Berücksichtigung von Abweichungen in den Zustandsmerkmalen und von Änderungen in den allgemeinen Wertverhältnissen auf dem Grundstücksmarkt höhere Zu- oder Abschläge angebracht werden müssen.

- Das **KG Berlin**[18] war des Weiteren der Auffassung, dass nicht alle Grundstücke mit Hilfe von Zu- und Abschlägen miteinander vergleichbar gemacht werden könnten, sondern nur die, bei denen verhältnismäßig geringfügige Differenzen zu überbrücken seien und bei denen die **Zu- oder Abschläge die Größenordnung von höchstens 30 % oder allenfalls 35 % nicht überstiegen.** Die Notwendigkeit von Korrekturen in Höhe von 40 % und mehr zeige dagegen, dass die angeblich vergleichbaren Grundstücke in Wahrheit nicht miteinander verglichen werden können. Des Weiteren weist das KG darauf hin, dass prozentuale Zu- und Abschläge in ihrer Höhe niemals nach einer vom Sachverstand geschaffenen Methode genau berechnet werden könnten, im Rahmen des dem Gericht nach § 287 ZPO zustehenden Ermessens zu schätzen seien und damit stets Raum für unterschiedliche Auffassungen böten. Einen Abzug von 30 % hat auch das VG Schleswig bejaht (vgl. § 6 ImmoWertV Rn. 17 ff.)[19].

- Das **LG Berlin**[20] hat anknüpfend an die genannte Rechtsprechung des KG unter Hinweis auf die mit der WertV in der seit 1988 geltenden Fassung geänderte Regelung des § 13 Abs. 1 Satz 1 die Grenzen des Maßes der Übereinstimmung marginal erweitert und unter bestimmten Umständen einen Lagezuschlag von 40 % zur Berücksichtigung solcher Abweichungen für zwar „nicht unbedenklich", aber nach Ansicht des erkennenden

---

15 BR-Drucks. 352/88, S. 52 f.
16 BGH, Urt. vom 19.12.1963 – III ZR 162/63 –, EzGuG 20.35; entsprechend auch der BFH, Urt. vom 26.9.1980 – III R 21/78 –, EzGuG 20.86; RFH, Urt. vom 31.3.1938 – III 228/37 –, EzGuG 4.4a.
17 Britton/Davies, Modern Method of Valuation of Land, Houses and Buildings, 8. Aufl. London 1989, S. 39 ff.
18 KG Berlin, Urt. vom 1.11.1969 – U 1449/68 –, EzGuG 20.46 = AVN 1970, 68; bereits das Pr. OVG hat sich mit dieser Problematik eingehend beschäftigt; vgl. Pr. OVG, Urt. vom 2.11.1896 –, EzGuG 20.2.
19 VG Schleswig, Urt. vom 25.9.1974 – 2 A 108/74 –, EzGuG 15.2
20 LG Berlin, Urt. vom 11.8.1998 – 29 O 371/97 –, GuG 1999, 250 = EzGuG 19.46a.

Gerichts „auf der Basis der §§ 13, 14 WertV 88 (= §§ 15, 16 ImmoWertV) noch vertretbar" befunden.

Die von der Rechtsprechung gezogenen Grenzen müssen differenziert betrachtet werden. Dabei ist insbesondere zwischen bebauten und unbebauten Grundstücken zu unterscheiden. Darüber hinaus wird man bei inhomogenen Marktverhältnissen größere Abweichungen als bei homogen Marktverhältnissen in Kauf nehmen müssen. Generell wird man bei besonders **individuell gestalteten und beschaffenen Grundstücken** größere Abweichungen der herangezogenen Vergleichsgrundstücke von dem Wertermittlungsobjekt hinnehmen müssen als bei marktüblicheren Objekten. 11

Zudem muss man berücksichtigen, dass bereits Kaufpreise völlig gleichartiger Grundstücke im gewöhnlichen Geschäftsverkehr in nicht unerheblichem Maße streuen. 12

Überschreiten die zur Berücksichtigung von Abweichungen zwischen den Grundstücksmerkmalen der Vergleichsgrundstücke und dem zu bewertenden Grundstück anzubringenden Zu- oder Abschläge die aufgezeigten Grenzen, sind die Voraussetzungen für die Anwendung des Vergleichswertverfahrens nicht mehr gegeben und das Verfahren ist im Ergebnis zur Verkehrswertermittlung ungeeignet. 13

In Ziff. 2.3.1 und 2.3.2 WERTR wird für die zu fordernde Übereinstimmung zwischen Vergleichsobjekt und dem zu bewertenden Grundstück gefordert, dass bei Anwendung des Extraktionsverfahrens (Residualwertverfahrens) und der Grundlage eines mit Hilfe von Vergleichspreisen ermittelten Ausgangswerts die Ab- oder Zuschläge nicht überproportional (**Proportionalitätserfordernis**) ausfallen, um ausgehend von diesem Ausgangswert zum Verkehrswert zu kommen; dies soll nur in besonderen Ausnahmefällen zulässig sein. Diese Vorgabe folgt der Erkenntnis, dass **bei überproportionalen Zu- und Abschlägen grundsätzlich Zweifel an der Eignung der Methode** aufkommen müssen und mit überproportionalen Zu- und Abschlägen auch zwangsläufig verbundene Fehlereinflüsse regelmäßig überproportional durchschlagen. 14

1.2 Steuerliche Bewertung

In der steuerlichen Bewertung wird dem **Vergleichswertverfahren** ausdrücklich ein **Vorrang** vor allen anderen Ermittlungsverfahren eingeräumt[21]. 15

Im Rahmen der steuerlichen Bewertung findet das Vergleichswertverfahren Anwendung bei der 16

– Bewertung unbebauter Grundstücke (§ 182 Abs. 1 BewG). Dies sind nach § 179 BewG Grundstücke, auf denen sich keine benutzbaren Gebäude[22] befinden (vgl. §§ 72 und 145 Abs. 1 und 2 BewG)

– Bewertung von Wohnungseigentum, Teileigentum sowie Ein- und Zweifamilienhäusern (§ 182 Abs. 2 BewG).

Das **Vergleichswertverfahren ist für die Belange der steuerlichen Bewertung** weitgehend identisch mit § 15 ImmoWertV in § 183 BewG geregelt; auch die Vergleichsfaktoren nach § 13 ImmoWertV sind als Bewertungsgrundlage heranzuziehen. Besonderheiten, insbesondere die den Wert beeinflussenden Belastungen privatrechtlicher und öffentlich-rechtlicher Art, werden allerdings nicht berücksichtigt (§ 183 Abs. 3 BewG). 17

„**§ 183 BewG Bewertung im Vergleichswertverfahren**
(1) Bei Anwendung des Vergleichswertverfahrens sind Kaufpreise von Grundstücken heranzuziehen, die hinsichtlich der ihren Wert beeinflussenden Merkmale mit dem zu bewertenden Grundstück hinreichend übereinstimmen (Vergleichsgrundstücke). Grundlage sind vorrangig die von den Gutachterausschüssen im Sinne der §§ 192 ff. des Baugesetzbuchs mitgeteilten Vergleichspreise.

---
21 BFH, Urt. vom 26.9.1980 – III R 21/78 –, BFHE 132, 101 = EzGuG 20.86; BFH, Beschl. vom 21.5.1982 – III B 32/81 –, BFHE 136, 141 = EzGuG 20.99.
22 Vgl. zum Gebäudebegriff: Gleich lautende Ländererlasse vom 15.3.2006 (BStBl I 2006, 314), 159 (1).

(2) Anstelle von Preisen für Vergleichsgrundstücke können von den Gutachterausschüssen für geeignete Bezugseinheiten, insbesondere Flächeneinheiten des Gebäudes, ermittelte und mitgeteilte Vergleichsfaktoren herangezogen werden. Bei Verwendung von Vergleichsfaktoren, die sich nur auf das Gebäude beziehen, ist der Bodenwert nach § 179 gesondert zu berücksichtigen.

(3) Besonderheiten, insbesondere die den Wert beeinflussenden Belastungen privatrechtlicher und öffentlich-rechtlicher Art, werden im Vergleichswertverfahren nach den Absätzen 1 und 2 nicht berücksichtigt."

1.3 Besonderheiten der BelWertV

18 Die Regelungen der BelWertV zum Vergleichswertverfahren entsprechen den Regelungen der §§ 15 f. ImmoWertV, jedoch ist nach § 19 Abs. 1 Satz 2 BelWertV zur Ermittlung des Beleihungswerts von dem ermittelten Vergleichswert ein **„Sicherheitsabschlag" von mindestens 10 %** in Abzug zu bringen.

2 Grundzüge des Vergleichswertverfahrens

2.1 Allgemeines

2.1.1 Mittelbarer und unmittelbarer Preisvergleich

▶ *§ 196 BauGB Rn. 5 ff.*

19 In seinen Grundzügen folgt das Vergleichswertverfahren dem Grundgedanken, dass eine Sache so viel wert ist, wie üblicherweise im gewöhnlichen Geschäftsverkehr dafür als Preis erzielt werden kann. Sich an den Preisen für vergleichbare Objekte zu orientieren, entspricht auch den auf dem Grundstücksmarkt vorherrschenden Gepflogenheiten. Die **Usancen des gewöhnlichen Geschäftsverkehrs**, d.h. die Maßstäbe, die der Verkehr bei Grundstücksverkäufen und -ankäufen anzuwenden pflegt, **sind auch ein wesentliches bei der Wahl des Wertermittlungsverfahrens zu berücksichtigendes Kriterium**[23].

20 Gemeinhin wird bei **Anwendung des Vergleichswertverfahrens** unterschieden zwischen

- dem *unmittelbaren* Preisvergleich, bei dem der Verkehrswert direkt aus Vergleichspreisen abgeleitet wird, die zeitgleich mit dem Wertermittlungsstichtag für Grundstücke vereinbart worden sind, die mit dem zu bewertenden Grundstück übereinstimmende Zustandsmerkmale aufweisen, sowie

- dem *mittelbaren* Preisvergleich, bei dem die Vergleichspreise bzw. Bodenrichtwerte zunächst auf den Wertermittlungsstichtag und/oder auf die Zustandsmerkmale des zu bewertenden Grundstücks umgerechnet werden müssen (vgl. § 8 ImmoWertV Rn. 53 ff.).

21 Beim **unmittelbaren Preisvergleich** soll der Bodenwert des Wertermittlungsobjekts aus Kaufpreisen vergleichbarer Grundstücke *(comparables)* abgeleitet werden (vgl. Rn. 48 und Abb. 1)[24].

---

23 OLG Köln, Urt. vom 28.8.1962 – 9 U 28/58 –, EzGuG 20.31; vgl. Begründung zur WertV 61 im BAnz Nr. 154 vom 12.8.1961 sowie zur WertV 72; BR-Drucks. 352/72, S. 7 f.; Pagendarm in WM 1958, 1350.
24 Abwegig die Behauptung von Robinson (Drivers Jonas) in AIZ 2006, 63, das Vergleichswertverfahren der (Immo-)WertV stütze sich nicht auf Vergleichstransaktionen.

Abb. 1: Unmittelbarer Preisvergleich

Beispiel:
Der Verkehrswert des Grundstücks F soll zum Wertermittlungsstichtag 1.5.2009 ermittelt werden. Es liegen folgende Kaufpreise vergleichbarer Grundstücke vor:

Grundstück	Verkaufszeitpunkt	Gesamtkaufpreis	Grund und Boden €/m²
E	2.3.2009	160 000 €	136 €/m²
D	19.3.2009	162 000 €	145 €/m²
G	4.4.2009	170 000 €	150 €/m²
		Mittel: $\bar{x}$ =	**144 €/m²**

Der Vergleichskaufpreis für das Grundstück F beträgt rd. 144 €/m². Der Verkehrswert des Grundstücks F beträgt rd. 184 300 € (1 280 m² x 144 €/m² = 184 320 €).

Der **unmittelbare Preisvergleich stellt** dabei **eine idealtypische Wunschvorstellung dar,** die praktisch kaum jemals Bedeutung erlangt (omne simile caludicat). Denn Grundstücke stellen Unikate mit individuellen Eigenschaften dar, die sich selbst bei unmittelbarer Nachbarschaft i.d.R. erheblich unterscheiden, so dass allenfalls in Ausnahmefällen zustandsgleiche Vergleichsgrundstücke dem Gutachter an die Hand gegeben sind. Dass dabei zudem der Vergleichspreis etwa zeitgleich zum Wertermittlungsstichtag vereinbart worden ist, um für einen „unmittelbaren" Preisvergleich geeignet zu sein, wäre dann schon ein Glücksfall, der sicherlich kaum jemals auch gleich für eine hinreichende Anzahl von Vergleichspreisen gegeben ist. Tatsächlich ist die Unterscheidung zwischen dem mittelbaren und unmittelbaren Preisvergleich deshalb „graue Theorie"; den unmittelbaren Preisvergleich gibt es demzufolge nicht.

2.1.2 Verfahrensübersicht

In seinem **Aufbau** folgt das in § 15 ImmoWertV geregelte **Vergleichswertverfahren** den beschriebenen Gepflogenheiten des gewöhnlichen Geschäftsverkehrs. Das Verfahren vollzieht sich in den nachstehend dargestellten Stufen.

In seiner **Grundstruktur** stellt sich das Vergleichswertverfahren in einer Übersicht wie folgt dar (Abb. 2):

V Syst. Darst. Vergleichswertverf. — Grundzüge

Abb. 2: Vergleichswertverfahren

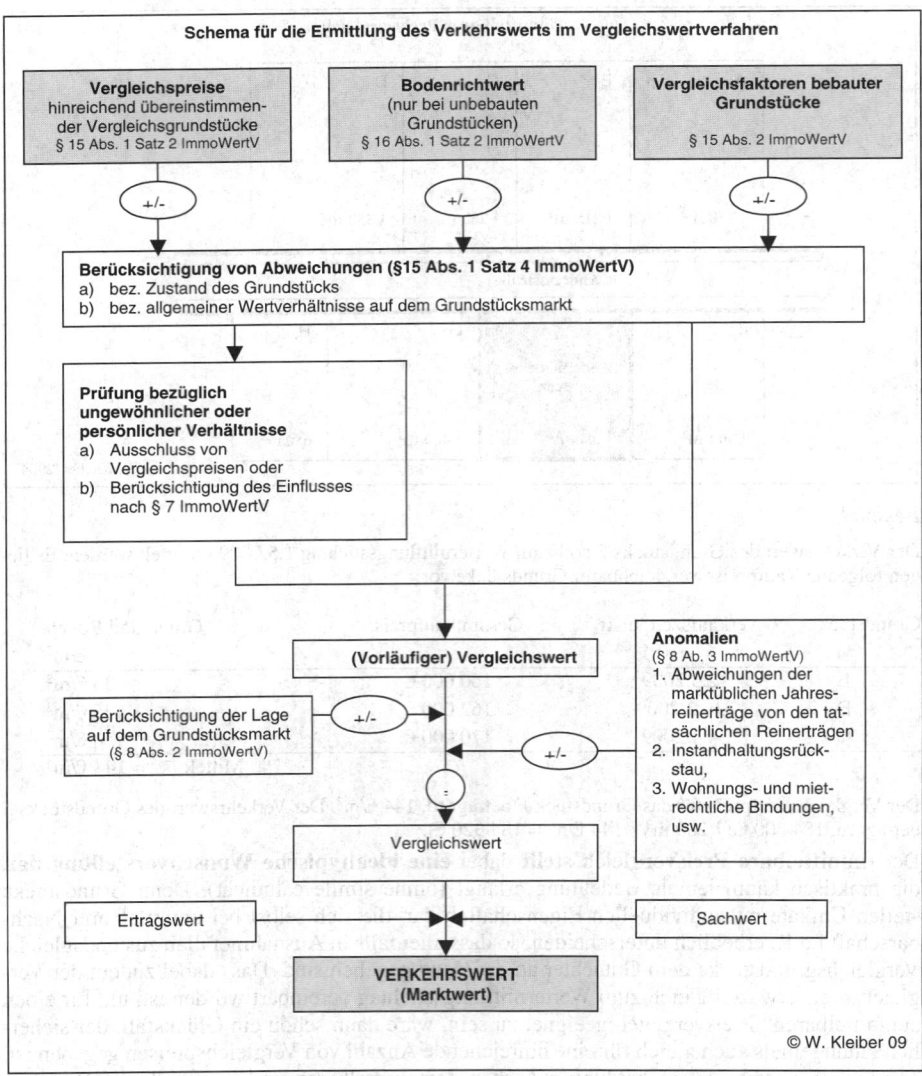

1. Qualifizierung des Zustands und allgemeine Wertverhältnisse

26 Wie bei jedem anderen Wertermittlungsverfahren ist **Ausgangspunkt** zunächst

a) die Qualifizierung des Zustands des (zu bewertenden) Grundstücks nach den Grundstücksmerkmalen des Qualitätsstichtags (§ 4 Abs. 1 ImmoWertV) sowie

b) die Feststellung des Wertermittlungsstichtags, d.h. des Zeitpunkts, auf den sich die Wertermittlung beziehen soll (§ 3 Abs. 1 ImmoWertV).

2. Heranziehung von Vergleichspreisen/Bodenrichtwerten/Vergleichsfaktoren bebauter Grundstücke

Entsprechend dem der Wertermittlung zugrunde zu legenden Grundstückszustand und dem maßgeblichen Wertermittlungsstichtag müssen entsprechende **Vergleichspreise** von Vergleichsgrundstücken herangezogen werden, die

a) einerseits hinsichtlich ihrer Grundstücksmerkmale mit denen des zu bewertenden Grundstücks möglichst hinreichend übereinstimmen (Rn. 28 ff.) und

b) andererseits zu einem Zeitpunkt vereinbart worden sind, der dem Wertermittlungsstichtag möglichst nahe liegt (Rn. 35 ff.).

Soweit es um die *Ermittlung des Bodenwerts* geht „kann der Bodenwert auch auf der Grundlage **geeigneter Bodenrichtwerte**" i.S. des § 10 ImmoWertV ermittelt werden (vgl. § 16 Abs. 1 Satz 2 ImmoWertV). Bodenrichtwerte sind nach § 16 Abs. 1 Satz 4 ImmoWertV „geeignet", wenn die Merkmale des jeweiligen Bodenrichtwertgrundstücks hinreichend mit den Grundstücksmerkmalen des zu bewertenden Grundstücks übereinstimmen. Grundsätzlich hat dabei jedoch die **Heranziehung von Vergleichspreisen Vorrang vor der Heranziehung von Bodenrichtwerten** (vgl. Rn. 183 ff.).

Soweit es um die *Ermittlung des Verkehrswerts bebauter Grundstücke* geht „können neben oder anstelle von Vergleichspreisen ... **geeignete Vergleichsfaktoren**" i.S. des § 13 ImmoWertV herangezogen werden. Vergleichsfaktoren (Ertrags- und Gebäudefaktoren) sind nach § 15 Abs. 2 Satz 3 ImmoWertV „geeignet" wenn die Grundstücksmerkmale der ihnen zugrunde liegenden Grundstücke wiederum hinreichend mit denen des zu bewertenden Grundstücks übereinstimmen.

3. *Interqualitativer und intertemporärer Abgleich (Berücksichtigung von Abweichungen)*

Eine Immobilie ist kein Fließbandprodukt wie Kühlschränke, Autos oder Streichholzschachteln. Schon aufgrund seines Standorts hat **jedes Grundstück eine eigene Individualität** und weist auch ansonsten mehr oder minder große Unterschiede in seinen Grundstücksmerkmalen gegenüber denen der in Betracht kommenden Vergleichsgrundstücke, Bodenrichtwerte bzw. Vergleichsfaktoren auf.

Neben diesen qualitativen Unterschieden im Zustand des zu bewertenden Grundstücks im Verhältnis zu den Vergleichsgrundstücken, Bodenrichtwerten und Vergleichsfaktoren bebauter Grundstücke gilt es zu berücksichtigen, dass die für die **Vergleichsgrundstücke** auf dem Markt ausgehandelten Preise regelmäßig zu einer Zeit vereinbart wurden, die gegenüber dem Wertermittlungsstichtag (vgl. § 3 Abs. 1 ImmoWertV) **von einem unterschiedlichen allgemeinen Preis- oder Wertniveau bestimmt** ist. Entsprechendes gilt auch für die vom Gutachterausschuss abgeleiteten Bodenrichtwerte und Vergleichsfaktoren bebauter Grundstücke. Die allgemeinen Wertverhältnisse auf dem Grundstücksmarkt sind nämlich insbesondere aufgrund von Veränderungen der allgemeinen wirtschaftlichen Verhältnisse i.d.R. stetigen Schwankungen unterworfen und nur selten und allenfalls kurzfristig konstant.

Da es kaum jemals gelingen wird, Vergleichspreise, Bodenrichtwerte bzw. Vergleichsfaktoren bebauter Grundstücke von Grundstücken heranzuziehen, deren Grundstücksmerkmale völlige Identität mit den Grundstücksmerkmalen des zu bewertenden Grundstücks aufweisen und zudem sich auch noch auf die allgemeinen Wertverhältnisse des Wertermittlungsstichtags beziehen, müssen die Vergleichspreise, Bodenrichtwerte bzw. Vergleichsfaktoren bebauter Grundstücke in einem **interqualitativen und intertemporären Preisvergleich** auf die Zustandsmerkmale des zu bewertenden Objekts und die allgemeinen Wertverhältnisse des maßgeblichen Wertermittlungsstichtags umgerechnet werden (§ 15 Abs. 1 Satz 4 bzw. § 16 Abs. 1 Satz 4 ImmoWertV):

1. *Unterschiede* der zum Preisvergleich herangezogenen Vergleichsgrundstücke, Bodenrichtwerte bzw. Vergleichsfaktoren bebauter Grundstücke *in ihren qualitativen Grundstücksmerkmalen* (vgl. §§ 4 bis 6 ImmoWertV) gegenüber denen des zu bewertenden

V Syst. Darst. Vergleichswertverf. — Grundzüge

Grundstücks (interqualitativer Preisvergleich) „sollen mit Hilfe von Umrechnungskoeffizienten ... erfasst werden" (§ 12 ImmoWertV).

2. *Unterschiede* in der konjunkturellen und somit die Höhe der Vergleichspreise, Bodenrichtwerte bzw. Vergleichsfaktoren bebauter Grundstücke mitbestimmenden *allgemeinen Wertentwicklung* auf dem Grundstücksmarkt gegenüber den am Wertermittlungsstichtag vorherrschenden Verhältnissen (intertemporärer Preisvergleich) „sollen mit Indexreihen erfasst werden" (§ 11 ImmoWertV).

33 Den genannten „**Soll-Vorschriften**" kann nur entsprochen werden, wenn entsprechende Umrechnungskoeffizienten und Indexreihen vom Gutachterausschuss für Grundstückswerte abgeleitet und veröffentlicht worden sind. Tatsächlich werden von den Gutachterausschüssen für Grundstückswerte auch eine Reihe von Umrechnungskoeffizienten und Indexreihen abgeleitet. Die Ableitung beschränkt sich vornehmlich auf Umrechnungskoeffizienten und Indexreihen zum Bodenwert. Für bebaute Grundstücke sind Umrechnungskoeffizienten und Indexreihen bislang nur vereinzelt abgeleitet und veröffentlicht worden, so dass der Soll-Vorschrift nicht entsprochen werden kann.

4. *Identifizierung und Eliminierung von Ausreißern*

34 Hat man die zum Preisvergleich herangezogenen Kaufpreise vergleichbarer Grundstücke hinsichtlich der jeweiligen Zustandsmerkmale und der allgemeinen Wertverhältnisse mit denen des zu bewertenden Grundstücks gleichnamig gemacht, so werden diese Kaufpreise noch immer in einem gewissen Umfang voneinander abweichen, ohne dass diese **Streuung der Kaufpreise** auf bestimmte Einflüsse zurückgeführt werden kann. Dies kann auf Zufälligkeiten zurückgeführt werden, die für den gewöhnlichen Geschäftsverkehr durchaus kennzeichnend sind. Denn auf einem freien Grundstücksmarkt spielen regelmäßig auch Zufälligkeiten z. B. in Bezug auf subjektive Anschauungen der Vertragsparteien und ihr Verhandlungsgeschick eine Rolle, selbst wenn ungewöhnliche oder persönliche Verhältnisse i.S. des § 7 ImmoWertV nicht zum Tragen gekommen sind.

35 Bevor eine Aggregation der regelmäßig „streuenden" Vergleichspreise vorgenommen werden kann, muss aber sorgsam geprüft werden, ob sich unter den **Vergleichspreisen** auch solche befinden, **die i.S. des § 7 ImmoWertV „erheblich" von vergleichbaren Kauffällen abweichen** und deshalb nicht dem gewöhnlichen Geschäftsverkehr zurechenbar sind (Ausreißer, vgl. Rn. 120 ff. sowie § 7 ImmoWertV Rn. 17 ff.). Da sich nach § 194 BauGB der Verkehrswert nach dem im gewöhnlichen Geschäftsverkehr ohne Rücksicht auf ungewöhnliche oder persönliche Verhältnisse erzielbaren Preis bemisst, dürfen die herangezogenen Vergleichspreise nämlich nicht durch ungewöhnliche oder persönliche Verhältnisse beeinflusst worden sein. Wird festgestellt, dass die Höhe eines Vergleichspreises durch **ungewöhnliche oder persönliche Verhältnisse** beeinflusst worden ist, so ist dieser Kaufpreis als Vergleichspreis grundsätzlich ungeeignet, es sei denn, die Auswirkungen der Besonderheiten auf den Kaufpreis können „sicher" erfasst werden. In diesem Fall kann der „berichtigte" oder „bereinigte" Kaufpreis in das Verfahren eingehen.

36 Bei **Heranziehung von Bodenrichtwerten** entfällt im Übrigen die Prüfung auf „Ausreißer", da in die Bodenrichtwertermittlung ohnehin schon keine Vergleichspreise eingehen dürfen, die durch ungewöhnliche oder persönliche Verhältnisse beeinflusst sind.

5. *Ermittlung des Vergleichswerts*

37 Nach Aussonderung von einzelnen Vergleichspreisen, die als „Ausreißer" identifiziert wurden und nicht dem gewöhnlichen Geschäftsverkehr zurechenbar sind, können die **verbleibenden Vergleichspreise** in geeigneter Weise **zum Vergleichswert aggregiert** werden. Dies erfolgt i.d.R. durch Bildung des arithmetischen Mittels (vgl. Rn. 102 ff.).

38 Bei Heranziehung von Bodenrichtwerten und Vergleichsfaktoren bebauter Grundstücke entfällt dieser Schritt, da man mit der „Umrechnung" der Zustandsmerkmale des Bodenricht-

wertgrundstücks bzw. der den Vergleichsfaktoren zugrunde liegenden Grundstücksmerkmale auf die Zustandsmerkmale des zu bewertenden Grundstücks und ggf. der Indizierung des Bodenrichtwerts bzw. des Vergleichsfaktors auf die allgemeinen Wertverhältnisse des Wertermittlungsstichtags unmittelbar zum Vergleichswert gelangt. Lediglich im Falle einer Heranziehung von mehreren Bodenrichtwerten bzw. Vergleichsfaktoren ist – wie im Falle der Heranziehung von Vergleichspreisen – eine Aggregation der jeweiligen Ergebnisse erforderlich.

6. *Ermittlung des Verkehrswerts*

▶ *Hierzu § 194 BauGB, § 15 ImmoWertV Rn. 1 ff.*

Der nach vorstehenden Grundsätzen ermittelte **Vergleichswert ist regelmäßig der Verkehrswert des Grundstücks, wenn alle objektspezifischen Grundstücksmerkmale sowie Änderungen in den allgemeinen Wertverhältnissen berücksichtigt worden sind.** Andernfalls handelt es sich nach der Systematik der ImmoWertV lediglich um den vorläufigen Vergleichswert. **39**

Nach der **Grundsatzregelung des § 8 Abs. 2 ImmoWertV** ist auch bei Anwendung des Vergleichswertverfahrens zu prüfen, ob mit dem nach Maßgabe der §§ 15 f. ImmoWertV ermittelten Vergleichswert **40**

1. die allgemeinen Wertverhältnisse auf dem Grundstücksmarkt und
2. alle (besonderen) objektspezifischen Grundstücksmerkmale

vollständig berücksichtigt wurden. Soweit dem nicht mit den herangezogenen Vergleichspreisen, Bodenrichtwerten bzw. Vergleichsfaktoren bebauter Grundstücke entsprochen wurde, ist der vorläufige Vergleichswert zu modifizieren. Sind beispielsweise **begründbare Anhaltspunkte** gegeben, nach denen die **Lage auf dem Grundstücksmarkt** noch nicht hinreichend Eingang in das Wertermittlungsverfahren gefunden hat, ist der Vergleichswert durch Zu- oder Abschläge aus dem nach den §§ 15 und 16 ImmoWertV ermittelten vorläufigen Vergleichswert abzuleiten.

Der so ermittelte Vergleichswert stellt i.d.R. den Verkehrswert dar. Sind jedoch noch andere Wertermittlungsverfahren zur Anwendung gekommen, ist nach § 8 Abs. 1 Satz 3 ImmoWertV die „Aussagefähigkeit" der Ergebnisse zu würdigen. Der **Verkehrswert** ist dann **unter „Würdigung ... der Aussagefähigkeit" der Ergebnisse aller herangezogenen Wertermittlungsverfahren zu ermitteln.** Dies ist in erster Linie von Bedeutung bei der Ermittlung des Vergleichswerts bebauter Grundstück, wenn gleichzeitig das Ertrags- und/oder Sachwertverfahren zur Anwendung gekommen ist oder der Bodenwert ergänzend auch im Wege des Extraktionsverfahrens ermittelt wurde. **41**

2.2 Heranziehung von Vergleichspreisen und Bodenrichtwerten

2.2.1 Auswahlkriterien

2.2.1.1 Allgemeines (§ 15 Abs. 1 Satz 2, Abs. 2 Satz 3 und § 16 Abs. 1 Satz 4 ImmoWertV)

Für die Auswahl der zum Preisvergleich „geeigneten" Vergleichspreise, Bodenrichtwerte und Vergleichsfaktoren bebauter Grundstücke gibt die ImmoWertV weitgehend übereinstimmende **Kriterien** vor: **42**

a) Zum Preisvergleich sollen Vergleichspreise, Bodenrichtwerte und Vergleichsfaktoren solcher bebauten Grundstücke herangezogen werden, die mit dem zu bewertenden Grundstück „hinreichend übereinstimmende Grundstücksmerkmale" (§§ 4 bis 6 ImmoWertV) aufweisen (§ 15 Abs. 1 Satz 2, § 15 Abs. 2 Satz 3 und § 16 Abs. 1 Satz 4 ImmoWertV).

b) Die Vergleichspreise sollen – ohne dass dies ausdrücklich geregelt ist – möglichst zu einem Zeitpunkt vereinbart worden sein, der dem Wertermittlungsstichtag nahe liegt; Entsprechendes gibt auch für den Bezugsstichtag der zum Preisvergleich herangezogenen Bodenrichtwerte und Vergleichsfaktoren bebauter Grundstücke.

c) Vergleichspreise sollen vorrangig aus dem Belegenheitsgebiet des zu bewertenden Grundstücks gewählt werden. Um den Vergleichswert aus einer „ausreichenden Zahl von Vergleichspreisen" ermitteln zu können, können auch Vergleichspreise aus anderen Gebieten herangezogen werden, wenn sich im Belegenheitsgebiet nicht „genügend" Vergleichspreise finden.

Nach Maßgabe des § 7 ImmoWertV sind solche Preise „herauszufiltern", die durch ungewöhnliche oder persönliche Verhältnisse beeinflusst worden sind, um diese – ersatzlos „fallen zu lassen" oder – zu „bereinigen", indem der Einfluss der ungewöhnlichen oder persönlichen Verhältnisse auf die Höhe des Vergleichspreises „sicher" ermittelt wird; dies wiederum wird nur in Ausnahmefällen möglich sein.

2.2.1.2 Hinreichend übereinstimmende Grundstücksmerkmale

▶ *Vgl. hierzu Rn. 6 und Rn. 136 ff.; § 8 ImmoWertV Rn. 50 ff.*

43 Zum Preisvergleich „geeignet" sind Vergleichspreise, Bodenrichtwerte und Vergleichsfaktoren, wenn die ihnen zugrundeliegenden Grundstücksmerkmale mit denen des zu bewertenden Grundstücks „hinreichend" übereinstimmen[25]. Eine hinreichende Übereinstimmung der Grundstücksmerkmale der zum Vergleich herangezogenen Grundstücke, Bodenrichtwerte bzw. Vergleichsfaktoren bebauter Grundstücke mit denen des zu bewertenden Grundstücks liegt in der Natur des Vergleichswertverfahrens. Im weiten Sinne kann (fast) alles miteinander verglichen werden (auch Äpfel mit Birnen!). Sinnvoll ist ein Preisvergleich aber nur, wenn Abweichungen ihrem Umfang nach in eine vergleichende Betrachtung eingebracht werden können und nicht das Maß dessen überschreiten, was auch im gewöhnlichen Geschäftsverkehr als abwegig angesehen wird. Nur dann liegt ein **geeigneter**[26] **Vergleichspreis** vor. An die „Eignung" der Vergleichspreise dürfen jedoch keine überzogenen Anforderungen gestellt werden. Es genügt, dass sich die Grundstücke ähneln[27]. Während nämlich nach früherem Recht die Vergleichsgrundstücke mit dem zu bewertenden Grundstück „so weit wie möglich übereinstimmen" sollten[28], fordert die geltende ImmoWertV statt dessen nur eine „hinreichende" Übereinstimmung, um so den engen Vergleichsrahmen des bisherigen Rechts zu erweitern[29].

44 Die Forderung nach einer hinreichenden **Übereinstimmung der Grundstücksmerkmale** der Vergleichsgrundstücke, Bodenrichtwerte bzw. Vergleichsfaktoren bebauter Grundstücke mit denen des zu bewertenden Grundstücks betrifft insbesondere die in § 6 ImmoWertV genannten Grundstücksmerkmale

– Lage,

– Art und Maß der baulichen Nutzung,

– Bodenbeschaffenheit,

– Größe,

– Grundstückszuschnitt,

– Erschließungszustand,

---

25 BGH, Urt. vom 19.12.1963 – III ZR 162/63 –, EzGuG 20.35; entsprechend auch der BFH, Urt. vom 26.9.1980 – III R 21/78 –, EzGuG 20.86; RFH, Urt. vom 31.3.1938 – III 228/37 –, EzGuG 4.4a.
26 BFH, Urt. vom 29.4.1987 – X R 2/80 –, BFHE 150, 453 = EzGuG 19.39b.
27 RFH, Urt. vom 27.4.1928 – II A 17/28 –, AVN 1928, 771.
28 § 4 Abs. 2 WertV 72.
29 Begründung zur WertV88: BR-Drucks. 352/88, S. 54.

sowie bei *baulichen Anlagen*

- Gebäudeart,
- Bauweise und Baugestaltung,
- Größe und Ausstattung,
- Restnutzungsdauer
- Bauzustand und
- Ertrag.

Die herangezogenen Vergleichspreise, Bodenrichtwerte und Vergleichsfaktoren bebauter Grundstücke (Gebäude- und Ertragsfaktoren) weisen in den ihnen zugrunde liegenden Grundstücksmerkmalen eine **hinreichende Übereinstimmung** mit denen des zu bewertenden Grundstücks auf, **wenn die zur Berücksichtigung von Abweichungen anzubringenden Zu- und Abschläge nicht** die unter Rn. 10 ff. erläuterte **Größenordnung von bis zu 40 % des Ausgangswerts überschreitet.** 45

2.2.1.3 Wertermittlungsstichtagsnahe Vergleichspreise

Entsprechend der bisherigen Rechtsprechung zu den „geeigneten Vergleichspreisen" muss auch gefordert werden, dass die Vergleichspreise, Bodenrichtwerte und Vergleichsfaktoren bebauter Grundstücke (Gebäude- und Ertragsfaktoren) nicht nur hinsichtlich der Grundstücksmerkmale mit dem zu bewertenden Grundstück hinreichend übereinstimmen, sondern auch, dass ihr **Bezugsstichtag mit dem Wertermittlungsstichtag hinreichend übereinstimmt**[30]. 46

Grundsätzlich lassen sich die **in der Vergangenheit entrichteten Kaufpreise** mittels Indexreihen – theoretisch auch über Jahrzehnte hinweg – umrechnen, jedoch muss dabei bedacht werden, dass damit zusätzliche Fehler in das Wertermittlungsverfahren Eingang finden können. Zudem wird man auch bei einer gut geführten Kaufpreissammlung den damaligen Grundstückszustand nicht mehr umfassend und vollständig erfassen können, sodass zwischenzeitliche Änderungen der Zustandsmerkmale das Bild verfälschen. 47

Bis zu welchem Zeitraum man bei der Auswahl von Kaufpreisen aus zurückliegender Zeit gehen kann, konnte der Verordnungsgeber wiederum nicht normativ vorgeben[31]. Auch hier kommt es auf die Umstände des Einzelfalls, vor allem auf das sonstige Kaufpreismaterial an. In der Praxis werden **Kaufpreise aus zurückliegender Zeit etwa bis zu 4 Jahren herangezogen,** wenngleich auch ein weiteres Zurückgehen sogar sinnvoll sein kann. Grundsätzlich gilt, was den zeitlichen „Rückgriff" anbelangt, dass die an den herangezogenen Vergleichspreisen anzubringenden Zu- und Abschläge für die zeitliche Fortschreibung des Vergleichswerts an die am Wertermittlungsstichtag herrschenden allgemeinen Wertverhältnisse auf dem Grundstücksmarkt zusammen mit den sonstigen Zu- und Abschlägen für qualitative Unterschiede **nicht überproportional** ausfallen dürfen. 48

In der Praxis treten auch Wertermittlungsfälle auf, in denen die Heranziehung von Vergleichspreisen aus weit zurückliegender Zeit gegenüber Kaufpreisen neueren Datums von Vorteil sein kann. So besteht z. B. bei der **Ermittlung des sanierungsunbeeinflussten Grundstückswerts** i.S. des § 153 Abs. 1 BauGB die Möglichkeit 49

- von Vergleichspreisen auszugehen, die noch vor Einleitung der Sanierung in dem Gebiet, in dem das zu bewertende Grundstück gelegen ist, bezahlt wurden, wobei diese Preise

---

30 BGH, Urt. vom 19.12.1963 – III ZR 162/63 –, EzGuG 20.35; BGH, Urt. vom 28.4.1966 – III ZR 24/65 –, EzGuG 19.9; BGH, Urt. vom 13.7.1978 – III ZR 112/75 –, EzGuG 19.34; BGH, Urt. vom 1.7.1982 – III ZR 10/81 –, EzGuG 4.86; BGH, Urt. vom 22.4.1982 – III ZR 131/80 –, EzGuG 17.44; BFH, Urt. vom 26.9.1980 – III R 21/78 –, EzGuG 20.86; das Pr. OVG hat sogar unter „neueren" Kaufpreisen noch solche bis zu 12 Jahren zurück betrachtet (vgl. St. Band VIII S. 344).
31 BFH, Urt. vom 21.7.1993 – II R 13/91 -, EzGuG 20.147a; BFH, Urt. vom 26.9.1980 – III R 67/78 –, BFHE 131, 524 = BStBl II 1981, 208.

dann allerdings über längere Zeiträume auf den Wertermittlungsstichtag „hochindiziert" werden müssen, oder
– von Vergleichspreisen auszugehen, die zu einem dem Wertermittlungsstichtag nahe kommenden Zeitpunkt in Gebieten bezahlt werden, die in ihrem Zustand aber dem Sanierungsgebiet vor Einleitung der Sanierungsmaßnahme entsprechen müssen. Mangelt es hier an geeigneten Vergleichsgebieten oder bestehen Unsicherheiten bezüglich der richtigen Qualifizierung des damaligen Zustands des Sanierungsgebiets, ist die Fehleranfälligkeit bei dieser Vorgehensweise möglicherweise größer als im ersten Fall.

2.2.1.4 Ausreichende Zahl von Vergleichspreisen

50 Die Forderung nach einer „ausreichenden Zahl"[32] geeigneter Vergleichspreise (§ 15 Abs. 1 Satz 1 ImmoWertV) ist identisch mit der bislang in § 13 Abs. 1 Satz 2 WertV 88/98 aufgestellten Forderung nach einer **„genügenden Zahl" geeigneter Vergleichspreise**[33]. Die Begriffe werden synonym verwandt (vgl. § 15 Abs. 1 Satz 3 ImmoWertV). Ungeachtet dessen handelt es sich auch hierbei um unbestimmte Rechtsbegriffe.

51 Häufig steht der Gutachter vor dem Problem, dass ihm aus der Nachbarschaft (des zu bewertenden Grundstücks) und selbst unter Einbeziehung von Vergleichsgebieten innerhalb oder außerhalb der Belegenheitsgemeinde nur wenige oder sogar keine „geeigneten" Vergleichspreise zur Verfügung stehen[34]. Dies wirft die Frage auf, was als **„ausreichende" Anzahl von Vergleichspreisen** anzusehen ist. Auch wenn Vergleichspreise statistisch nicht als „Stichproben" angesehen werden können, weil – zumindest im strengen Sinne – zumeist **die mit Blick auf statistische Anforderungen stochastischen Voraussetzungen unzureichend erfüllt** sind, ist man versucht, die Forderung nach mindestens fünf bis zehn Vergleichspreisen zu erheben. Dies würde aber für die Praxis in vielen Fällen bereits eine unüberwindbare Hürde darstellen, denn der Grundstücksmarkt gebiert (aus statistischer Sicht) eher nur in Ausnahmefällen genügend Transaktionen. Für den *„valuer"* ist der Grundstücksmarkt chronisch defizitär.

52 Betrachtet man die am Markt erzielten und zur Verkehrswertermittlung herangezogenen Kaufpreise als eine Stichprobe aus der Grundgesamtheit aller (zumindest denkbarer) Vergleichspreise, so lassen sich unter **Anwendung statistischer Methoden** Aussagen über die Genauigkeit der Verkehrswertermittlung z. B. durch Mittelbildung der zur Verfügung stehenden Vergleichspreise und Berechnung des mittleren Fehlers des Mittels treffen. Ob die Zahl der in das Mittel eingegangenen Vergleichspreise als „ausreichend" i.S. der ImmoWertV anzusehen ist, lässt sich dann nach statistischen (Genauigkeits-)Kriterien beurteilen (vgl. Rn. 110). Bei dieser Vorgehensweise versteht sich von selbst, dass zuvor

– die durch ungewöhnliche oder persönliche Verhältnisse beeinflussten Vergleichspreise ausgeschieden oder entsprechend „berichtigt" worden sind (vgl. § 7 ImmoWertV Rn. 4, 11) und

– die verbliebenen Vergleichspreise hinsichtlich Abweichungen in ihren Grundstücksmerkmalen und unterschiedlicher allgemeiner Wertverhältnisse umgerechnet worden sind.

53 Nach dem hier nicht näher zu erläuternden **Zentralen Grenzwertsatz der Statistik** erhöht sich – vereinfacht gesagt – mit einer wachsenden Zahl von Vergleichspreisen deren Repräsentativität für den daraus abgeleiteten Verkehrswert. Von daher könnte die Forderung begründet werden, dass mindestens 10 und in ungünstigen Fällen auch noch mehr Vergleichspreise für eine „sichere" Verkehrswertermittlung erforderlich sind. Steht eine derartige Anzahl von Vergleichspreisen zur Verfügung, wird man sie auch berücksichtigen (müssen). Es wäre jedoch eine Verkennung der in der Praxis bestehenden Möglichkeiten, wenn man allein mit den strengen Anforderungen der Statistik die Verkehrswertermittlung zu beherrschen trachtet. Die

---

32 BFH, Urt. vom 26.9.1980 – III R 21/78 –, EzGuG 20.86.
33 Die ImmoWertV fällt hier ohne materielle Bedeutung auf eine bereits in § 4 Abs. 1 WertV i.d.F. von 1972 gebrauchte *Formulierung* zurück.
34 Die Möglichkeit, zur Bodenwertermittlung auch „geeignete" Bodenrichtwerte heranzuziehen, soll bei den nachfolgenden Betrachtungen ausgeschlossen sein.

Praxis der Wertermittlung muss ebenso wie der Grundstücksverkehr damit leben, dass nur selten ein im statistischen Sinne ausreichendes Kaufpreismaterial zur Verfügung steht und der **Verkehrswert oft nur aus wenigen Vergleichspreisen abgeleitet** werden muss. Der dabei gleichwohl unter Heranziehung statistischer Methoden abgeleitete Verkehrswert kann immerhin in Anspruch nehmen, als der „wahrscheinlichste" Wert zu gelten.

Es kommt hinzu, dass auch wenige und sogar ein **einziger Kaufpreis,** wenn man ihn **als Stichprobe aus einer normal verteilten Grundgesamtheit** betrachtet, durchaus auch dem Wert entsprechen kann, der sich aus einer Vielzahl von Vergleichspreisen als wahrscheinlichster Wert ergibt. **54**

Mit überzogenen, an den strengen Kriterien der Statistik orientierten Anforderungen an die Zahl der „ausreichenden Vergleichspreise" befände sich die Verkehrswertermittlung mitunter sehr schnell in der Sackgasse. Die Verkehrswertermittlung muss sich regelmäßig mit weniger Vergleichspreisen begnügen, als es die strengen Kriterien der Statistik erfordern. Dabei kann eine absolute Zahl nicht vorgegeben werden, weil es auch hier auf die **Verhältnisse des Einzelfalls** ankommt. So kann die Aussagefähigkeit von wenigen zeitnahen und geringfügig streuenden Vergleichspreisen aus der unmittelbaren Nachbarschaft zum Wertermittlungsobjekt (z. B. in einem Reihenhausgebiet) durchaus größer sein als eine größere Anzahl divergierender Vergleichspreise von Grundstücken, die in ihren Eigenschaften vom Wertermittlungsobjekt stärker abweichen. **55**

Die „ausreichende" Zahl „geeigneter" Vergleichspreise hängt damit davon ab, was unter der Eignung der zur Verfügung stehenden Vergleichspreise verstanden wird, und letztlich von dem ab, „was der Markt hergibt". Von daher geht es für den Gutachter im Kern darum, unter Einbeziehung von Alternativlösungen, wie der Anwendung des Ertragswert- oder Sachwertverfahrens, sich umfassend zu bemühen, alle in Betracht kommenden Vergleichsdaten (Kaufpreise, Mieten, Bewirtschaftungskosten, Normalherstellungskosten usw.) aufzubereiten, ihre Aussagefähigkeit unter Abwägung der Ergebnisse alternativer Lösungswege zu würdigen und nach Maßgabe des § 8 ImmoWertV das Verfahren zu wählen, das die größte Gewähr für eine „richtige" Verkehrswertermittlung bietet. In der Rechtsprechung ist hierbei nicht ausgeschlossen worden, dass dabei sogar das **Vorhandensein von nur einem geeigneten Vergleichsgrundstück** die Anwendung des Vergleichswertverfahrens nicht ohne Weiteres ausschließt[35]. Die Rechtsprechung folgt dabei der statistischen Erkenntnis, nach der auch die kleinste Stichprobe für das Gesamtergebnis repräsentativ ist, wenn es nur die „richtige" ist. Schon das Pr. OVG hatte deshalb in seiner Rechtsprechung erkannt, dass der „Umstand, dass eine Besitzung als einziger Fall des Verkaufs eines gleichartigen Grundstücks ermittelt ist", diesen Verkaufspreis nicht ungeeignet als Vergleichsobjekt macht[36]. **56**

Fazit: Zusammenfassend ist also festzustellen, dass der Verordnungsgeber nicht vorgeben konnte, wie viele Vergleichspreise im Einzelfall mindestens heranzuziehen sind. Je stärker einzelne, auf denselben (Wertermittlungs-)Stichtag bezogene Vergleichspreise von Grundstücken gleichen Zustands voneinander abweichen, umso mehr Kaufpreise müssen herangezogen werden. Letztlich bleibt dies aber stets eine **Funktion der statistischen Sicherheit,** die im Einzelfall gefordert werden kann. Weisen wenige zur Verfügung stehende Vergleichspreise indessen eine geringe Streuung auf und kann auch nach den sonstigen Umständen des Einzelfalls gefolgert werden, dass sie ein hohes Maß an Eignung aufweisen, so kann der Verkehrswert den Umständen entsprechend auch aus wenigen Vergleichspreisen abgeleitet werden. Im Einzelfall kann sich dies sogar auf einen einzelnen Vergleichspreis beschränken. In diesem Fall müssen aber an die Eignung des Vergleichspreises hohe Anforderungen gestellt werden. **57**

Abschließend wird dem Sachverständigen empfohlen, in seinem Gutachten auch den **Nachweis seiner Bemühungen, genügend Vergleichspreise heranzuziehen,** darzulegen. Dies gilt **58**

---

35 BGH, Urt. vom 1.7.1982 – III ZR 10/81 –, EzGuG 4.86; so bereits Pr. OVG, Urt. vom 23.9.1898 – St. 8.311 – und – St. 8.315 –, EzGuG 20.5; auch RFH, Urt. vom 16.10.1930 – III A 306/30 –, EzGuG 8.1; a. A. LG Koblenz, Urt. vom 20.2.1978 – 4 O 49/77 –, EzGuG 20.72; RFH, Urt. vom 28.4.1938 – III 345/37 –, RStBl. 1938, 716; BFH, Urt. vom 22.11.1968 – III R 49/68 –, EzGuG 19.15a.
36 Pr. OVG, Urt. vom 23.9.1898 – St. 8.311 –, EzGuG 20.5.

umso mehr, je weniger Vergleichspreise ihm zur Verfügung gestanden haben. Dies gilt insbesondere, wenn ihm nur eine ungenügende Anzahl oder überhaupt keine Vergleichspreise zur Verfügung gestanden haben. Im Rahmen seiner Begründungspflicht hat er dann nämlich darzulegen, warum er auf Ersatzlösungen „ausweichen" musste.

▶ *Zur Genauigkeit der Verkehrswertermittlung vgl. § 194 BauGB Rn. 129 ff.*

2.2.2 Vergleichspreise aus Vergleichsgebieten (§ 15 Abs. 1 Satz 3 ImmoWertV)

59 § 15 Abs. 1 Satz 1 ImmoWertV geht von der Maxime aus, dass Vergleichspreise aus der unmittelbaren Nachbarschaft des zu bewertenden Grundstücks i.d.R. die höchste Gewähr für ihre Eignung bieten, weil die dort gelegenen Grundstücke in ihren Eigenschaften die höchste Übereinstimmung mit denen des zu bewertenden Grundstücks aufweisen. Erst wenn sich dort keine „ausreichende Zahl" von Vergleichspreisen auffinden lässt, können nach § 15 Abs. 1 Satz 3 ImmoWertV **Vergleichsgrundstücke aus vergleichbaren Gebieten** herangezogen werden[37].

60 Für die Praxis ist diese filigrane Abstufung des Verordnungsgebers bedeutungslos, denn die Forderung nach „genügend" Vergleichspreisen kann regelmäßig ohnehin nur unter Einbeziehung der weiteren Umgebung erfüllt werden. Insoweit stellt § 15 Abs. 1 Satz 3 ImmoWertV eine Klarstellung[38] dar, die den Gutachter aber auch ermutigen soll, bei der Suche nach „geeigneten" Vergleichspreisen schon einmal entferntere – gleichwohl vergleichbare – Gebiete oder Stadtteile einzubeziehen.

61 Die Grundregel, nach der auf Vergleichsgebiete auszuweichen ist, wenn in der näheren Umgebung nicht genügend Vergleichsobjekte vorhanden sind, entspricht auch den in der Rechtsprechung entwickelten Grundsätzen. Das KG Berlin hat hierzu festgestellt, dass auf **Kaufpreise von Grundstücken in anderen Lagen** zurückgegriffen werden kann, wenn in dem Gebiet selbst keine Kaufpreise für Grundstücke vorliegen, die hinsichtlich Lage und Nutzung mit dem zu bewertenden Grundstück vergleichbar sind[39]. Der BFH hat in seiner Rechtsprechung sogar weitergehend auf den überregionalen Markt abgestellt[40].

62 I. d. R. wird man bei Heranziehung von Vergleichspreisen aus anderen Lagen das Gemeindegebiet und seine Nachbarschaft nicht verlassen. Grundsätzlich können aber auch Vergleichspreise aus vergleichbaren Gemeinden herangezogen werden, wenn in der Belegenheitsgemeinde keine oder keine ausreichende Zahl von Vergleichspreisen vorliegt. Dies stellte in den neuen Bundesländern sogar zunächst die einzige Methode dar, um überhaupt das Vergleichswertverfahren anwenden zu können. Bei Anwendung dieser **Methode des interregionalen Preisvergleichs** wird man als Vergleichsgemeinden solche heranziehen, die im Hinblick auf Einwohnergröße und großräumige Lage (z. B. Nähe einer Großstadt) vergleichbar sind.

63 Zur Beurteilung der großräumigen Lage haben sich die von der BfLR (nunmehr BBR) abgeleiteten **siedlungsstrukturellen Kreistypen**[41] bewährt. Man wird daher bestrebt sein, solche Vergleichsgemeinden auszuwählen, die in einem mit der Belegenheitsgemeinde vergleichbaren siedlungsstrukturellen Kreistyp gelegen sind. Daneben ist vor allem noch zu beachten, dass die Gemeinden möglichst eine vergleichbare Wirtschaftskraft aufweisen. Die Vergleichskriterien Einwohnerzahl und siedlungsstruktureller Kreistyp haben sich als ungewöhnlich hoch korreliert mit dem allgemeinen Bodenwertniveau erwiesen. Dies hat sich allerdings auch schon in anderen ungewöhnlichen Untersuchungen bestätigt. Nach einer Untersuchung aus dem Jahre 1979 besteht eine hohe negative Korrelation zwischen der Gemeindegrößenklasse

---

37 OLG Celle, Urt. vom 21.8.1978 – 4 U 214/74 –, EzGuG 20.76.
38 BFH, Urt. vom 10.8.1972 – VIII R 82/71 –, EzGuG 20.53; KG Berlin, Urt. vom 1.11.1969 – U 144/68 –, EzGuG 20.46.
39 KG Berlin, Urt. vom 1.11.1969 – U 1449/68 –, EzGuG 20.46.
40 BFH, Urt. vom 10.8.1972 – VIII R 82/71 –, EzGuG 20.53.
41 Hüttenrauch/Jacobs/Kehlen in GuG 1992, 137; dort auch die abgedruckte Karte siedlungsstruktureller Kreistypen; vgl. Kleiber, Sammlung amtlicher Vorschriften zur Verkehrswertermittlung, a.a.O., 4. Aufl. 1992.

und den entsprechenden Geburtenziffern, d.h., die Geburtenzahl nimmt mit Ansteigen der Gemeindegröße steil und signifikant ab[42]; ein für Soziologen sehr interpretationsfähiges Nebenprodukt der Wertermittlungslehre!

In der Praxis treten vielfach auch Fälle auf, in denen **Vergleichspreise aus der unmittelbaren Nachbarschaft zu dem zu bewertenden Objekt** sogar **besonders ungeeignet sind.** So sind z. B. im Falle der Ermittlung des sanierungs- bzw. entwicklungsunbeeinflussten Grundstückswerts i.S. des § 153 Abs. 1 BauGB Vergleichspreise aus der unmittelbaren Nachbarschaft zum Satzungsgebiet besonders „verdächtig", von sanierungs- bzw. entwicklungsbedingten Werterhöhungen beeinflusst zu sein, die es aber gerade bei Wertermittlungen innerhalb des Satzungsgebiets (Veranstaltungsgebiet) „auszublenden" gilt[43]. Das OLG Frankfurt am Main[44] hat deshalb solchen Vergleichsgebieten eine „Eignung" abgesprochen:

64

Folgender Sachverhalt lag der o.a. Entscheidung des OLG Frankfurt am Main zugrunde:

65

In der Gemeinde A wurde eine Entwicklungsmaßnahme durchgeführt, von der die benachbarte Gemeinde B „profitierte", ohne dass dort eine Entwicklungsmaßnahme durchgeführt wurde. Die Bodenwerte stiegen unter dem Einfluss der Entwicklungsmaßnahme A in der Gemeinde B an.

Im Verlauf der Entwicklungsmaßnahme galt es, den entwicklungsunbeeinflussten Grundstückswert zwecks Ankaufs eines Grundstücks zu ermitteln. Dabei ging es im Kern um die Frage, ob die allgemeine Wertentwicklung in der Nachbargemeinde, in der zwar keine Entwicklungsmaßnahme durchgeführt worden ist, die aber gleichwohl unter dem Einfluss der Entwicklungsmaßnahme eine indirekte „Aufwertung" erfahren hatte, bei der Ermittlung des entwicklungsunbeeinflussten Bodenwerts zu berücksichtigen sei (Abb. 3).

Des Weiteren wurde von den entwicklungsbetroffenen Eigentümern vorgebracht, dass der für den Entwicklungsbereich aufgestellte Flächennutzungsplan(entwurf) „als eine von der bevorstehenden Anwendung des *Entwicklungsmaßnahmenrechts* ... unabhängige Ursache der Bauerwartung gewertet werden müsse, weil eine durch Bauland- und Wohnungsnachfrage verursachten Planungsbedarf und eine dadurch hervorgerufene Bauleitplanung auch in den ... umgebenden Städten und Gemeinden gegeben habe, wo keine förmliche Festlegung von städtebaulichen Entwicklungsbereichen beabsichtigt war und erfolgt ist", d.h., die Betroffenen argumentierten, dass auch ohne städtebauliche Entwicklungsmaßnahme eine Weiterentwicklung stattgefunden haben würde, die es bei der Ermittlung des entwicklungsunbeeinflussten Grundstückswerts zu berücksichtigen gelte.

---

42 Hetzold, in ifo-Schnelldienst Nr. 9 1979, Institut für Wirtschaftsforschung, München.
43 Das Recht der WertV 72 enthielt zur Wertermittlung für Sanierungsgebiete und Entwicklungsbereiche in § 21 Abs. 3 Satz 1 sowie § 22 Abs. 3 WertV 72 eine dementsprechende Vorschrift, die damit als allgemeiner Wertermittlungsgrundsatz in den geltenden § 13 Abs. 1 Satz 2 WertV aufgegangen ist.
44 BVerfG, Beschl. vom 9.3.1998 – 1 BvR 1041/92 –, GuG 1999, 244; BGH, Urt. vom 9.7.1992 – III ZR 167/91 – ; OLG Frankfurt am Main, Urt. vom 24.6.1991 – 1 U 2/90 –, GuG 1997, 54 = EzGuG 15.69a; LG Darmstadt, Urt. vom 31.7.1996 – 90 (B) 12/93 –, GuG 1997, 56 = EzGuG 15.84.

Abb. 3: Bodenwertentwicklung in der Entwicklungsgemeinde und in einer benachbarten Vergleichsgemeinde

66 Das OLG Frankfurt am Main hat dieser Auffassung ausdrücklich mit der Begründung widersprochen, dass damit die entwicklungsrechtlichen Vorschriften über den Ausschluss entwicklungsbedingter Werterhöhungen „praktisch unanwendbar" seien. Sinn und Zweck dieser Regelungen sei die „volle" Wertabschöpfung, die den Eigentümern von Grundstücken dort, wo keine förmlichen Entwicklungsmaßnahmen durchgeführt werden, anlässlich der Heraufstufung ihrer Grundstücke durch Baulandausweisung nicht auferlegt wird. Deshalb darf **die Tatsache, dass in beiden Arten von Gemeinden – denen mit und denen ohne förmlich festgesetzte Entwicklungsbereiche – Bauleitplanung betrieben wird, nicht dazu genutzt werden, den Tatbestand der Vorwirkung einer Entwicklungsmaßnahme zu verneinen.**

2.2.3 Vergleichspreise bei retrograder Verkehrswertermittlung

▶ *Vgl. § 194 BauGB Rn. 54, 68; § 3 ImmoWertV Rn. 4*

67 Bei einer auf einen zurückliegenden Wertermittlungsstichtag (ex post) bezogenen Verkehrswertermittlung (**retrograde bzw. retroperspektivische Ermittlung von Verkehrswerten,** *retrospective value opinion*) sind grundsätzlich die Verhältnisse maßgebend, die zu diesem Zeitpunkt den gewöhnlichen Geschäftsverkehr bestimmt haben und zum damaligen Zeitpunkt dem allgemeinen Grundstücksverkehr zugänglich waren (vgl. § 194 BauGB Rn. 54 und 69). Der Sachverständige hat sich in solchen Fällen in den Erkenntnisstand zu versetzen, den er am Wertermittlungsstichtag haben konnte, d.h., er darf in solchen Fällen seine Erkenntnisse über die Folgezeit nicht zur Grundlage der Verkehrswertermittlung auf einen zurückliegenden Zeitpunkt machen. Dies bedeutet, dass

– die sich in den „jüngeren" Preisvereinbarungen manifestierenden Preisentwicklungen, die für einen „durchschnittlich besonnenen, nüchternen Betrachter" am Wertermittlungsstichtag nicht erkennbar waren bzw. sein konnten, „ausgeblendet" werden müssen,

– Bodenrichtwerte und Vergleichsfaktoren bebauter Grundstücke, die zum Wertermittlungsstichtag nicht bekannt waren, und auch sonstige am Wertermittlungsstichtag nicht bekannten Tatsachen und Erkenntnisse außer Betracht bleiben müssen.

Nachträglich bekannt gewordene Tatsachen machen ein Verkehrswertgutachten nicht fehlerhaft, zumindest dann nicht, wenn die nachträglich bekannt gewordenen Tatsachen am Wertermittlungsstichtag nicht erkennbar waren[45]. — 68

2.3 Ersatzlösungen bei fehlenden Vergleichspreisen

2.3.1 Allgemeines

Stehen dem Sachverständigen im Einzelfall keine oder in nicht ausreichendem Umfang geeignete Vergleichspreise oder Bodenrichtwerte zur Verfügung, so kann dies ein Grund dafür sein, auf **andere Verfahren** auszuweichen (Sach- und Ertragswertverfahren). Das dem Gutachter zur Verfügung stehende Vergleichsmaterial ist ein „sonstiger Umstand des Einzelfalls" i.S. des § 8 Abs. 2 Satz 2 ImmoWertV, der bei der Verfahrenswahl zu berücksichtigen ist. Dies gilt auch dann, wenn nach der Art des Gegenstands der Wertermittlung das Vergleichswertverfahren eigentlich angezeigt ist (z. B. Bodenwertermittlung). — 69

Entscheidendes Kriterium ist dabei die zu erwartende Genauigkeit, die das in Betracht kommende Verfahren erwarten lässt. Es ist dann auf das Verfahren auszuweichen, das vergleichsweise das zuverlässigste Ergebnis erwarten lässt. — 70

Bevor man auf andere Verfahren ausweicht, wird man aber prüfen, ob nicht **Ersatzlösungen** zur Anwendung kommen, die ihrer Natur nach dem Vergleichswertverfahren zuzurechnen sind. Vor allem wird man zunächst nach Maßgabe des § 15 Abs. 1 Satz 3 ImmoWertV Vergleichspreise aus vergleichbaren Gebieten heranziehen. Darüber hinaus kommt insbesondere bei der Ermittlung von Bodenwerten eine Verkehrswertermittlung im Wege — 71

a) deduktiver Verfahren (vgl. Rn. 418 ff.) auch auf der Grundlage kalkulatorischer Betrachtungen und

b) residueller Verfahren (vgl. Rn. 447 ff.)

in Betracht. Daneben stellt sich auch die Frage der Verwertbarkeit von Angebotspreisen, Ausschreibungsergebnissen und vorhandenen Gutachten. Schließlich kann es auch unvermeidlich werden, den Verkehrswert im Wege einer freien Schätzung abzuleiten.

2.3.2 Angebotspreise

„Aus einer **bloßen Preisforderung**" kann ebenfalls nicht auf den Verkehrswert geschlossen werden[46]. Das KG Berlin hat dagegen die Heranziehung von 224 Zeitungsanzeigen über den Verkauf von Gaststätten anerkannt[47]. Die Lebenserfahrung zeigt jedoch, dass solche „Wunschpreise" allenfalls Einstieg in Verhandlungen sind und deshalb kein Abbild des tatsächlichen Geschehens auf dem Grundstücksmarkt darstellen können. Solche Anzeigen sind deshalb für die Verkehrswertermittlung grundsätzlich unbrauchbar[48]. — 72

---

45 Zu einem späteren Altlastenverdacht: BFH, Urt. vom 1.4.1998 – X R 150/95 –, GuG 1998, 373 = BStBl II 1998, 519 = EzGuG 19.45; LG Frankfurt am Main, Urt. vom 8.12.1982 – 3/3 AktE 104/79 –, BB 1983, 1244, 1432 = EzGuG 20.101b; BGH, Urt. vom 17.1.1973 – IV ZR 142/70 –, WM 1973, 306 = EzGuG 20.53a.
46 Pr. OVG, Urt. vom 15.4.1898 – III 81/97 –, EzGuG 20.4a.
47 KG Berlin, Urt. vom 16.7.1985 – U 6417/83 –, EzGuG 14.78.
48 So auch Petersen in Marktorientierte Immobilienbewertung, 4. Aufl. S. 43; a.A. Streich in RDM Informationsdienst 1999 Nr. 3 S. 17, der allen Erfahrungen zuwider, nach denen insbesondere bei Erstinseraten überhöhte Mietpreiserwartungen annonciert werden, solche gelten lassen will. Streich im Übrigen auch entgegen der Rechtsprechung des BVerfG gegen das Konkretisierungsgebot bei Mietwertgutachten ausgesprochen und rekurriert in geradezu extremer Weise auf Veröffentlichungen des IVD. Die Verwendung von RDM-Immobilienpreisspiegeln ist jedoch im Rahmen von Mieterhöhungsverlangen unzulässig. Hier ist verantwortungsbewussteres Handeln angezeigt, zumal Fehler sich direkt auf das Ergebnis auswirken.

2.3.3 Bieterverfahren (Ausschreibung)

Schrifttum: *Koenig,* EG-beihilferechtliche Bewertung des Vergleichspreissystems der BVVG zur Bestimmung des Verkehrswerts (Marktwerts) für Drittverkäufe und EALG-Verkäufe landwirtschaftlicher Flächen (Rechtsgutachten), NL-BzAR 10/2008.

▶ Vgl. § 192 BauGB Rn. 10

73 Eine noch recht junge Methode des Immobilienverkaufs ist das sog. Biet(er)verfahren. Beim Bietverfahren wird die Immobilie zunächst in Zeitungsanzeigen oder im Internet beworben, wobei aus der Anzeige hervorgehen muss, dass es sich um ein Bietverfahren handelt. Des Weiteren empfiehlt es sich, das besondere Prozedere darzustellen sowie eine Mindestpreisvorstellung und einen Besichtigungstermin zu benennen. Entsprechend der Preisangabenverordnung muss dabei deutlich gemacht werden, dass es sich bei diesem Mindestpreis lediglich um einen „Einstiegs-Preis" und nicht um den Verkaufspreis handelt. Dem wird nach Auffassung des IVD zum Beispiel durch den Hinweis **„Gegen Gebot"** oder **„Bieterverfahren"** Genüge getan.

74 Die innerhalb einer festgelegten Frist von den Interessenten beim Anbieter abgegebenen Gebote sind jedoch weder für den Anbieter noch für den Bieter verbindlich. Dem Anbieter beziehungsweise dem Auftraggeber bleibt die Entscheidung vorbehalten, ob das abgegebene Höchstgebot seiner Preisvorstellung entspricht. Nur bei Einigung zwischen Anbieter und Bieter kommt es zur Übertragung der Immobilie durch einen notariellen Vertrag. Der auf diesem Wege zustande gekommene Kaufabschluss ist als ein **Kaufpreis** anzusehen, **der dem gewöhnlichen Geschäftsverkehr zugerechnet werden muss** und entsprechend Eingang in die Kaufpreissammlung findet. Derartige Preise sind Teil des Grundstücksmarktes und können sogar einen besonderen Teilmarkt bilden.

75 Die **Verkehrswertermittlung auf der Grundlage von „bloßen" Angeboten,** die im Wege einer Ausschreibung ohne eine qualifizierte Beschreibung des Objekts „hereingeholt" werden, muss im Unterschied zu tatsächlich getätigten Kaufabschlüssen, die im Wege der Ausschreibung angebahnt wurden, bedenklich erscheinen, weil sie anfällig für Extremausschläge ist, die mit der Verkehrswertdefinition nicht vereinbar sind. Einerseits kann ein preistreibender „Versteigerungseffekt" eintreten, wenn es sich um besonders attraktive Objekte handelt; andererseits bleiben die Angebote bei „dürftigen" Ausschreibungsunterlagen erfahrungsgemäß unter dem Verkehrswert, insbesondere, wenn aus der Person des Verkäufers heraus schwierige und langwierige Verkaufsverhandlungen zu erwarten sind[49]. In diesen Fällen nützt es auch nichts, wenn die Anwendung des Ausschreibungsverfahrens von der Vorlage einer Mindestzahl – z. B. fünf – Angebote abhängig gemacht wird, weil hier auf Seiten der Anbieter eine kollektive Zurückhaltung erwartet werden muss. Darüber hinaus ist das Ausschreibungsverfahren im höchsten Maße für Preisabsprachen anfällig.

76 Aus all diesen Gründen hat es der BGH in seiner Rechtsprechung nicht beanstandet, dass **Preisangebote** bei der Verkehrswertermittlung unberücksichtigt gelassen werden, weil **„nicht angenommene Angebote von Verkäufern einen genügend sicheren Schluss auf den erzielbaren Preis" nicht zulassen**[50]. Bei einem „Angebot" handelt es sich lediglich um die Kundgabe eines allgemeinen Erwerbsinteresses; ein solches ist für die Wertermittlung jedoch nicht relevant[51].Gleichwohl kann, insbesondere bei besonders schwer verkäuflichen Immobilien, von einer breit angelegten und gut vorbereiteten Ausschreibung erwartet werden, dass die Ergebnisse durchaus „für den Verkehrswert" stehen, der bei schwer verkäuflichen Objekten i.d.R. auch nur unsicher ermittelt werden kann. Die Einbeziehung „ernster Preisangebote" hat der BGH deshalb in einer jüngeren Entscheidung bei „schwer zu bewertenden Grundstücken" zugelassen[52].

---

49 Die Bundesverwaltung geht bei Abweichungen zwischen einem Gutachten einerseits und dem Ergebnis einer Ausschreibung andererseits von einem vertretbaren Spielraum „von höchstens 20 v.H." aus (vgl. BT-Drucks. 13/160, S. 29).
50 BGH, Urt. vom 5.4.1973 – III ZR 74/72 –, EzGuG 2.12.
51 BGH, Urt. vom 23.6.2006 – V ZR 147/05 -. GuG 2008, 118.
52 BGH, Urt. vom 23.6.2006 – V ZR 147/05 -, GuG 2008, 118.

Wird deshalb der Verkehrswert auf der Grundlage von Ausschreibungsergebnissen abgeleitet, so muss geprüft werden, ob es sich hierbei um **ernste Preisangebote** handelt. Dies ist einer besonderen Prüfung zu unterziehen[53]. Des Weiteren muss bei Anwendung dieser Methode gefordert werden, dass die Ausschreibung hinreichend qualifiziert ist, d. h., für die Kaufinteressenten müssen die Eigenschaften des Objekts und hier insbesondere die rechtlichen und tatsächlichen Nutzungsmöglichkeiten völlig transparent sein. Sind dagegen z. B. die künftigen Nutzungsmöglichkeiten, insbesondere die Baurechte, nicht bekannt und gesichert, so sind spekulativ „hohe" oder besonders „vorsichtige" Preisangebote nicht auszuschließen. Vor allem sollte das Ausschreibungsverfahren dann auch – wie bei der Zwangsversteigerung – mit der Vorlage eines Verkehrswertgutachtens verbunden werden[54]. 77

Eine sinnvolle Einbindung einer Ausschreibung sahen die zur Umsetzung des Treuhandgesetzes (THG) erlassenen Richtlinien für die Durchführung der Verwertung und Verwaltung volkseigener land- und forstwirtschaftlicher Flächen in den neuen Bundesländern vor. 78

Nach diesen Richtlinien verkaufte und verpachtete die Bodenverwertungs- und -verwaltungsgesellschaft (BVVG) ihre Grundstücke[55]. Diese sahen vor, dass zur Gewährleistung größtmöglicher Transparenz und Objektivität beim Verkauf von Grundstücken ein Wettbewerb unter den möglichen Interessenten in allen geeigneten Fällen durch **Ausschreibung** herbeizuführen ist (vgl. Nr. 2.2). Dies wiederum sollte im Regelfall **auf der Grundlage einer gutachterlichen Wertermittlung** nach Maßgabe der ImmoWertV und der hierzu erlassenen Richtlinien erfolgen (vgl. Nr. 3.3, 5.2 und 6.2). Die BVVG hatte im Zeitraum vom 1.1.2007 bis zur Jahresmitte 2008 insgesamt rd. 1 300 Ausschreibungsverfahren mit einem Verkauf von insgesamt etwa 9 100 ha landwirtschaftlicher Flächen an den Höchstbieter beendet und verfügt über ein enges, aber nicht flächendeckendes Netz von eigenen Ausschreibungsergebnissen, ergänzt durch Höchstkaufgebote bei Ausschreibungen, die aufgrund einer hohen Bestandhaltungsrendite zu einem Pachtvertrag führten. Um eine stärker an aktuellen Marktentwicklungen orientierte Herleitung des Verkehrswerts zu ermöglichen, hat das BMF die BVVG mit Schreiben vom 10.7.2007 angewiesen, den Verkehrswert aus dem aktuellen Marktgeschehen unter Berücksichtigung der auf der Basis von Ausschreibungen oder bei Direktverkäufen erzielten Kaufpreise abzuleiten. Diese Weisung wurde durch Schreiben vom 14.3.2008 dahingehend präzisiert, dass auch Verkäufe durch Dritte, die unter Marktbedingungen erfolgten, zu berücksichtigen sind. 79

Die EU-Kommission hat mit der sog. **Grundstücksmitteilung** vom 10.7.1997 „betr. Elemente staatlicher Beihilfe bei Verkäufen von Bauten oder Grundstücken durch die öffentliche Hand"[56] ihre Anforderungen für die Ermittlung von Kaufpreisen bei Verkäufen von Grundstücken der öffentlichen Hand konkretisiert. Nach den dort aufgestellten Grundsätzen muss sich der Verkauf durch die öffentliche Hand (formell) 80

– auf ein **bedingungsfreies Bietverfahren** oder

– auf eine unabhängige Wertermittlung durch einen Sachverständigen

stützen. Damit wird alternativ zum Verkauf auf der Grundlage eines sachverständig ermittelten Verkehrswerts (Marktwerts) auch der Verkauf zu dem in einem „bedingungsfreien Bietverfahren" ermittelten Kaufpreis zugelassen, weil der so ermittelte Kaufpreis mit dem Verkehrswert (Marktwert) gleichgesetzt werden kann. Dabei sind allerdings eine Reihe von Anforderungen an das Bietverfahren gestellt, die als „bedingungsfreies Bietverfahren" folgendermaßen konkretisiert werden:

---

[53] BGH, Urt. vom 19.12.1963 – III ZR 162/63 –, EzGuG 20.35.
[54] BGH, Urt. vom 19.12.1963 – III ZR 162/63 –, EzGuG 20.35.
[55] GuG 1993, 165; weitere Grundsätze für die Ermittlung von Verkehrswerten durch Ausschreibungen sieht ein Erl. des BMF vom 6.5.1993 (GuG 1993, 353) und vom 19.8.1994 – VI A 1 – VV 2030 – 10 + 94 – vor. Abgedruckt bei Krautzberger, Städtebauförderungsrecht Bd. II 15 I; GuG 1994, 29.
[56] Mitteilung der Kommission Nr. 97/C 209/03 vom 10.7.1997 (ABl. EG Nr. C 209/3 vom 10.7.1997; GuG 1997, 363).

„1. Verkauf durch ein bedingungsfreies Bietverfahren

Der Verkauf von Bauten oder Grundstücken nach einem hinreichend publizierten, allgemeinen und bedingungsfreien Bietverfahren (ähnlich einer Versteigerung) und die darauf folgende Veräußerung an den Meistbietenden oder den einzigen Bieter stellt grundsätzlich einen Verkauf zum Marktwert dar und enthält damit keine staatliche Beihilfe. Es spielt keine Rolle, ob vor dem Bietverfahren eine andere Bewertung des Gebäudes oder des Grundstücks existierte, z. B. für Buchungszwecke oder um ein beabsichtigtes erstes Mindestangebot bereitzustellen.

a) Hinreichend publiziert ist ein Angebot, wenn es über einen längeren Zeitraum (zwei Monate und mehr) mehrfach in der nationalen Presse, Immobilienanzeigen oder sonstigen geeigneten Veröffentlichungen und durch Makler, die für eine große Anzahl potenzieller Käufer tätig sind, bekannt gemacht wurde und so allen potenziellen Käufern zur Kenntnis gelangen konnte.

Die Absicht, Bauten oder Areale zu verkaufen, die wegen ihres großen Werts oder wegen anderer Merkmale typischerweise für europaweit oder sogar international tätige Investoren von Interesse sein dürften, sollte in Publikationen bekannt gemacht werden, die regelmäßig international beachtet werden. Begleitend sollten derartige Angebote durch europaweit oder international tätige Makler verbreitet werden.

b) Bedingungsfrei ist eine Ausschreibung, wenn grundsätzlich jeder Käufer, unabhängig davon, ob und in welcher Branche er gewerblich tätig ist, das Gebäude oder Grundstück erwerben und für seinen wirtschaftlichen Zweck nutzen kann und darf. Einschränkungen aus Gründen des Nachbar- oder Umweltschutzes oder zur Vermeidung rein spekulativer Gebote sowie raumordnungsrechtliche Einschränkungen für den Eigentümer eines Grundstücks nach nationalem Recht beeinträchtigen nicht die Bedingungsfreiheiten eines Angebots."

81 Den Verkauf von Bauten oder Grundstücken durch die öffentliche Hand auf den in einem „qualifizierten" (bedingungsfreien) Bietverfahren ermittelten Kaufpreis – ersatzweise zu einer Verkehrswertermittlung durch einen Sachverständigen – zu stützen, ist grundsätzlich schon aus Gründen der Verwaltungsökonomie sachgerecht, wenn entsprechend den gegebenen Voraussetzungen ein „qualifiziertes Bietverfahren" durchgeführt worden ist, denn die Ergebnisse sind aktueller als die in der Kaufpreissammlung der Gutachterausschüsse registrierten Vergleichspreise und die von ihnen veröffentlichten Bodenrichtwerte und bilden mithin insbesondere bei volatilen Marktverhältnissen das aktuelle Marktgeschehen besser ab[57]. Dabei muss man sich allerdings i.d.R. auf das Bestgebot **(Höchstgebot) unter Ausschluss ungewöhnlicher oder persönlicher Verhältnisse** stützen, denn im gewöhnlichen Geschäftsverkehr kommt i.d.R. die höchste Zahlungsbereitschaft zum „Zuge".

82 Vor diesem Hintergrund muss es allgemein zulässig sein, im Rahmen des Vergleichswertverfahrens neben den in § 15 ImmoWertV genannten Vergleichpreisen auch die **Bestgebote eines Bietverfahrens**[58] heranzuziehen, wenn

– ein „qualifiziertes Bietverfahren" durchgeführt worden ist,

– ungewöhnliche oder persönliche Verhältnisse ausgeschlossen werden können (z. B. bei Vorliegen mehrerer Gebote in einer Spanne von ca. 20 %, ausgehend vom Bestgebot) und

– erwartet werden kann, dass der Verkauf auch tatsächlich zu dem Bestgebot getätigt werden kann.

Solche Bestgebote, die gemäß § 195 BauGB nach Verkauf ohnehin Eingang in die Kaufpreissammlung finden sollen, stellen im Vorgriff auf ihre Aufnahme in die Kaufpreissammlung sogar besonders aktuelle „Vergleichpreise" dar.

---

57 Nach Untersuchungen der BVVG wird das aktuelle Marktgeschehen unter Einbeziehung der Ausschreibungsergebnisse weitaus besser als durch die Kaufpreissammlungen der Gutachterausschüsse abgebildet. Im Kyffhäuserkreis lagen nach einer Untersuchung von Koenig (Universität Bonn, Rechtsgutachten) die durchschnittlichen Bodenrichtwerte für Ackerland bei 4 646 €/ha (im Jahre 2006) und bei 4 714 €/ha (im Jahre 2007), während die jeweiligen Sammlungen der BVVG einen Durchschnittswert von 6 415 €/ha bzw. 6 996 €/ha aufwiesen (HLBS Seminar am 10.6.2008).

58 Entsprechend dem Leitparadigma des „market economy vendor" (vgl. § 194 BauGB).

2.3.4 Vorhandene Gutachten

Die Verwendung bereits vorliegender Gutachten stellt im eigentlichen Sinne keine Ersatzlösung dar. Liegen Gutachten im Einzelfall bereits vor, muss geprüft werden, ob man sich diesen anschließt oder ggf. davon abweicht. Ergibt sich aus dieser Prüfung, dass auf ein **sachgemäß begründetes Gutachten eines zuverlässigen Sachverständigen** zurückgegriffen werden kann, so hat die Rechtsprechung dies nicht beanstandet, wenn es an Vergleichsdaten mangelt[59]. 83

2.3.5 Freie Schätzung

▶ *Hierzu auch § 194 BauGB Rn. 120 ff., 140*

Scheiden mangels geeigneter Vergleichspreise neben dem Vergleichswertverfahren auch das Ertragswert- und das Sachwertverfahren gänzlich aus, bleibt im Übrigen der Weg der freien Schätzung *(rule of thumb)*. **Die Befugnis, zu schätzen, setzt** – wie im Abgabenrecht – **das Scheitern aller Bemühungen um die Erhebung von wertrelevanten Indizien voraus**, aus denen sich deduktiv nach Plausibilität und Wahrscheinlichkeitsmethoden der Verkehrswert ableiten lässt[60]. 84

In der Einheitsbewertung ist anerkannt, dass der Wert eines Grundstücks mangels aussagekräftiger Vergleichspreise „notfalls" im Wege der **Schätzung nach § 162 Abs. 1 AO** zu ermitteln ist[61]. 85

2.4 Intertemporärer und qualitativer Abgleich (Berücksichtigung von Abweichungen)

2.4.1 Allgemeines

Der Vergleichswert kann in aller Regel nicht unmittelbar aus den Vergleichspreisen, Bodenrichtwerten bzw. Vergleichsfaktoren bebauter Grundstücke abgeleitet werden, weil 86

a) die Grundstücksmerkmale der Vergleichsgrundstücke, des Bodenrichtwertgrundstücks bzw. der den Vergleichsfaktoren zugrunde liegenden Grundstücke von den Eigenschaften des zu bewertenden Grundstücks abweichen und

b) die Vergleichspreise im Verhältnis zu den am Wertermittlungsstichtag vorherrschenden allgemeinen Wertverhältnissen auf dem Grundstücksmarkt einer Aktualisierung bedürfen; Entsprechendes gilt i.d.R. auch bezüglich der herangezogenen Bodenrichtwerte und Vergleichsfaktoren bebauter Grundstücke.

Bei **Anwendung des Vergleichswertverfahrens** müssen deshalb 87

a) *Unterschiede* der zum Preisvergleich herangezogenen Vergleichsgrundstücke *in ihren Zustandsmerkmalen* (vgl. §§ 4 und 5) gegenüber denen des zu bewertenden Grundstücks (interqualitativer Preisvergleich) *und*

b) *Unterschiede in der* konjunkturellen und somit die Höhe der Vergleichspreise mitbestimmenden *allgemeinen Wertentwicklung* auf dem Grundstücksmarkt gegenüber den am Wertermittlungsstichtag vorherrschenden Verhältnissen (intertemporärer Preisvergleich)

berücksichtigt werden. Die Berücksichtigung erfolgt nach Maßgabe des § 15 Abs. 1 Satz 4 ImmoWertV im Wege der Umrechnung der einzelnen Vergleichspreise, Bodenrichtwerte und

---

59 BGH, Urt. vom 26.9.1958 – VIII ZR 121/57 –, NJW 1958, 1967 = ZMR 1959, 270; BGH, Urt. vom 30.6.1959 – VIII ZR 81/58 –, EzGuG 20.24.
60 Gelzer-Busse, Umfang des Entschädigungsanspruchs, München 1980, 2. Aufl., Rn. 105 für den Fall eines Rechtsstreits unter Hinweis auf BGH, Urt. vom 8.11.1962 – III ZR 86/61 –, EzGuG 8.5; BGH, Urt. vom 20.12.1963 – III ZR 112/63 –, EzGuG 14.18; auch Mampel in DÖV 1992, 556 unter Hinweis auf § 162 Abs. 1 AO. So auch schon Pr. OVG, Urt. vom 27.4.1920 – VII C 5/19 –, EzGuG 14.1.
61 BFH, Urt. vom 29.4.1987 – X R 2/80 –, BFHE 150, 453 = BStBl. II 1987, 769; Viskorf/Glier/Knobel, BewG, 4. Aufl. 1998 § 9 Rn. 6 ff.

V Syst. Darst. Vergleichswertverf. Grundzüge

Vergleichsfaktoren bebauter Grundstücke. Dazu „sollen" Umrechnungskoeffizienten und Indexreihen herangezogen werden (§ 11 Abs. 1 und § 12 Abs. 1 ImmoWertV) herangezogen werden. Stehen diese nicht zur Verfügung, muss dies **in einer sonstigen geeigneten Weise** nach Maßgabe des § 9 Abs. 2 ImmoWertV vorgenommen werden.

2.4.2 Qualitativer Abgleich

▶ *Vgl. im Einzelnen Rn. 174 ff.*

88 Der **qualitative Abgleich** der Vergleichsgrundstücke, Bodenrichtwerte und Vergleichsfaktoren bebauter Grundstücke auf die Grundstücksmerkmale des zu bewertenden Grundstücks kann auf der Grundlage

– von Umrechnungskoeffizienten i.S. des § 12 ImmoWertV,

– von Zu- und Abschlägen,

– von Regressionsanalysen oder in einer sonstigen geeigneten Weise

erfolgen.

2.4.3 Intertemporärer Abgleich

89 Der Verkehrswert eines Grundstücks ist nur in den seltensten Fällen konstant und letztlich auch nur über einen begrenzten Zeitraum. Selbst bei gleich bleibendem Zustand ändern sich die Verkehrswerte von Grundstücken unter dem Einfluss der „allgemeinen Wertverhältnisse auf dem Grundstücksmarkt". Da die zum Preisvergleich herangezogenen Vergleichspreise zumeist aus der Vergangenheit stammen, müssen sie auf die zum Wertermittlungsstichtag maßgebenden allgemeinen Wertverhältnisse „umgerechnet" werden.

90 Die Umrechnung der i.d.R. auf den Zeitpunkt des Kaufpreisabschlusses bezogenen Vergleichspreise **(intertemporärer Abgleich)** auf die am Wertermittlungsstichtag herrschenden allgemeinen Wertverhältnisse auf dem Grundstücksmarkt erfolgt – soweit es um die Bodenwertermittlung geht – regelmäßig auf der Grundlage von das Geschehen auf dem örtlichen Grundstücksmarkt beschreibenden Indexreihen (§ 11 ImmoWertV Rn. 14 ff.). Nach § 11 Abs. 1 ImmoWertV sollen diese **Indexreihen zur Berücksichtigung von Änderungen der allgemeinen Wertverhältnisse auf dem Grundstücksmark**t herangezogen werden.

91 *Beispiel:*

a) Vergleichspreis: 280 €/m²
   Kaufpreisdatum: Juli 2006
   Bodenpreisindexzahl 2006: 185

b) Wertermittlungsstichtag: 15. 8. 2008
   Bodenpreisindexzahl 2008: 198

c) Umrechnung:
   280 €/m² × 198/185 = **300 €/m²**

92 Stehen Indexreihen nicht zur Verfügung, muss dies **in einer sonstigen geeigneten Weise** nach Maßgabe des § 9 Abs. 2 ImmoWertV vorgenommen werden.

93 Obwohl die in der Praxis abgeleiteten Bodenpreisindexreihen die Entwicklung auf dem Grundstücksmarkt mit einer vergleichsweise hohen Genauigkeit beschreiben, wird man in der Praxis davor zurückschrecken, **Vergleichspreise** heranzuziehen, **die z. B. 10 Jahre oder älter sind.** Solche Kaufpreise **gelten gemeinhin nicht als „geeignet";** vielmehr müssen möglichst zeitnahe Vergleichspreise gefordert werden.

94 Bei Heranziehung i.d.R. „jahrgangsweise" abgeleiteter Bodenpreisindexzahlen muss bedacht werden, auf welchen Zeit*raum* bzw. welchen Zeit*punkt* diese Indexzahlen ermittelt wurden. Wurde die Indexzahl aus dem Mittel aller geeigneten Kaufpreise eines Kalenderjahres ermittelt, so bezieht sich die Indexzahl in etwa auf die **Jahresmitte.** Entscheidend ist also der

Bezugszeitpunkt des in die Ableitung eingehenden Kaufpreismaterials. Grundsätzlich ist es aber auch möglich, die Indexzahlen, wie die Bodenrichtwerte, bezogen auf das **Ende eines Kalenderjahres** zu ermitteln. Um dafür gesicherte Ergebnisse gewinnen zu können, ist die Einbeziehung des Kaufpreismaterials des nachfolgenden (Halb-)Jahres ratsam.

In jedem Fall muss bei dem Gebrauch von Indexreihen der **Bezugszeitpunkt** bedacht werden, weil mit der Zeit die Aktualität einer ermittelten Indexzahl schwindet. Dies kann zusätzliche Korrekturen erforderlich machen, die nach den Entwicklungen der Vergleichspreise neueren Datums bemessen werden können. Problematisch wird es dann, wenn keine gesicherten neueren Erkenntnisse vorliegen. In diesem Fall kann sich der Gutachter dadurch helfen, dass er die Entwicklung aus vergleichbaren Gebieten oder Orten hilfsweise heranzieht oder aber die Entwicklung aufgrund anderer die allgemeinen Wertverhältnisse auf dem Grundstücksmarkt bestimmender Faktoren abschätzt. In Zweifelsfällen empfiehlt es sich, im Gutachten entsprechende Hinweise zu geben. 95

In Gebieten, für die marktorientierte Indexreihen nicht abgeleitet worden sind, wird mitunter auf die **Kaufwertestatistik der Statistischen Landesämter** zurückgegriffen (vgl. Teil II Rn. 69, § 11 ImmoWertV Rn. 33). Dieses Verfahren ist grundsätzlich abzulehnen, da es sich hierbei gerade nicht um eine auf einem gleichbleibenden „Warenkorb" aufbauende Statistik handelt. Der BGH[62] hat hierzu ausgeführt: „Es darf nicht übersehen werden, dass in dem genannten Zeitraum in Braunschweig (anders als im Bundesdurchschnitt) kein kontinuierlicher Preisanstieg stattgefunden hat und der für 1969 festgestellte Durchschnittspreis nur auf drei Verkaufsfällen basiert. Das rechtfertigt es aber nicht, diese statistischen Angaben über die örtlichen Verhältnisse aus der Beurteilung gänzlich auszuklammern. Dies gilt umso mehr, als auch die vom Statistischen Bundesamt für Gemeinden zwischen 200000 und 500000 Einwohnern (dazu zählt Braunschweig) ermittelten Durchschnittspreise für baureifes Land erheblich über den Zahlen liegen, auf die das OLG seine Umrechnung stützt. Es lässt sich nicht ausschließen, dass das OLG für das Jahr 1974 höhere Vergleichspreise und auch einen höheren Bodenpreis für das hier zu bewertende Grundstück errechnet hätte, wenn es bei der Wahl des Umrechnungsmaßstabs das statistische Material für Braunschweig mit in den Kreis seiner Erwägungen einbezogen hätte." Damit hat das Gericht die Verwendung dieser statistischen Angaben einschränkend gelten lassen. Es ist aber daran festzuhalten, dass von der Verwendung der Kaufwertestatistik nachdrücklich abzuraten ist. 96

2.5 Aggregation der Vergleichspreise zum Vergleichswert

2.5.1 Vorbemerkung

Die im Wege des interqualitativen und intertemporalen Abgleichs „gleichnamig" gemachten Vergleichspreise werden in aller Regel noch immer in einem gewissen Umfang voneinander abweichen, ohne dass diese **Streuung der Kaufpreise** auf bestimmte Einflüsse zurückgeführt werden kann. Dies lässt sich auf Zufälligkeiten zurückführen, die für den gewöhnlichen Geschäftsverkehr durchaus kennzeichnend sind. Denn auf einem freien Grundstücksmarkt spielen regelmäßig auch Zufälligkeiten z. B. in Bezug auf subjektive Anschauungen der Vertragsparteien und ihr Verhandlungsgeschick eine Rolle, selbst wenn ungewöhnliche oder persönliche Verhältnisse i.S. des § 7 ImmoWertV nicht zum Tragen gekommen sind. Nicht der höchste und auch nicht der niedrigste Preis innerhalb des verbleibenden Streuungsbereichs der Vergleichspreise kann Maßstab der Verkehrswertermittlung sein. Die Verkehrswertdefinition des § 194 BauGB lässt es auch nicht zu, eine Verkehrswertspanne zu ermitteln (vgl. § 194 BauGB Rn. 118 ff.). 97

Die im Wege des interqualitativen und intertemporären Abgleichs „gleichnamig" gemachten Vergleichspreise sind deshalb in geeigneter Weise zusammenzufassen (Aggregation der Vergleichspreise), um daraus den **am „wahrscheinlichsten" zu erzielenden Preis des Grund-** 98

---

[62] BGH, Urt. vom 23.6.1983 – III ZR 39/82 –, EzGuG 20.102.

V Syst. Darst. Vergleichswertverf. Grundzüge

stücks und damit den Vergleichs- bzw. den Verkehrswert abzuleiten[63]. Dabei müssen ungewöhnliche oder persönliche Verhältnisse unterstellt werden, wenn ein Vergleichspreis „erheblich" von den Kaufpreisen in vergleichbaren Fällen abweicht (vgl. § 7 ImmoWertV Rn. 13). Um dies festzustellen, bedient man sich u. a. statistischer Methoden. Die Identifizierung und Eliminierung von Ausreißern geht bei alledem mit der Ableitung des Verkehrswerts durch Aggregation der Vergleichspreise einher.

2.5.2 Aggregation der Vergleichspreise

99 Zur Aggregation der gleichnamig gemachten Vergleichspreise bedient sich die Praxis statistischer **Rechentechniken,** obwohl die statistischen Voraussetzungen der stochastischen Verteilung im strengen Sinne nur selten vorliegen. Dies ist gleichwohl nicht zu beanstanden, denn immerhin dient dies der Operationalisierung und Übersichtlichkeit des Verfahrens. Nachstehend sollen deshalb einige **statistische Begriffe und Verfahren** kurz erläutert werden:

100 Mit dem Zeichen Σ (Sigma) wird die **Summe von n Stichproben** x_i bezeichnet:

$$\sum_{x_i=1}^{n} = x_1 + x_2 + x_3 + \ldots\ldots\ldots x_n$$

101 *Beispiel:*

Als Vergleichspreise liegen sechs Kaufpreise KP_i vor: 160 €/m², 180 €/m², 170 €/m², 160 €/m², 160 €/m² und 180 €/m²:

Σ KP_i = 1 010 €/m²

102 Zur Ableitung eines ausgeglichenen Werts aus n Stichproben ist die Bildung des arithmetischen Mittels auch in der Wertermittlung weit verbreitet. Es definiert sich wie folgt:

Arithmetisches Mittel: $x = \Sigma x_i / n$

103 Das arithmetische Mittel ergibt den aus den Vergleichspreisen abgeleiteten **Vergleichswert.**

Beispiel:

Im vorstehenden Beispiel setzt sich die Summe der vorliegenden Vergleichspreise aus sechs „Stichproben" zusammen.

Arithmetisches Mittel: **KP** = 1 010 €/m²/6 = 168,3 €/m² = **170 €/m²**

104 Das arithmetische Mittel aus Stichproben, denen ein unterschiedliches Gewicht p_i zuzuordnen ist, errechnet sich nach der Formel:

Gewogenes arithmetisches Mittel: $x = \dfrac{\Sigma x_i \times p_i}{\Sigma p_i}$

Beispiel:

Den im vorstehenden Beispiel angegebenen Vergleichspreisen wurden entsprechend ihrer Aussagefähigkeit die aus der nachstehenden Tabelle ersichtlichen Gewichte beigeordnet:

---

63 BT-Drucks, 10/6166, S. 137 f.

Grundzüge — Syst. Darst. Vergleichswertverf. V

Nr.	KP_i	p_i	$KP_i\, p_i$	VW	v_i	$v_i v_i p_i$
1	160 €/m²	1	160	172,6	+ 12,6	158,76
2	180 €/m²	4	720	172,6	− 7,4	219,04
3	170 €/m²	3	510	172,6	+ 2,6	20,28
4	160 €/m²	2	320	172,6	+ 12,6	317,52
5	160 €/m²	1	160	172,6	+ 12,6	158,76
6	180 €/m²	4	720	172,6	− 7,4	219,04
	Summen =	Σ 15	Σ = 2 590		$\Sigma v_i v_i p_i$ =	1 093,40

wobei:

n = Anzahl der Vergleichspreise, hier = 6
v_i = Verbesserungen = Verkehrswert − KP_i
p_i = Gewicht des Vergleichspreises KP_i

$$\text{Verkehrswert} = \frac{\Sigma\, KP_i \times p_i}{\Sigma\, p_i} = \overline{KP} = 2\,590\ \text{€/m²}/15 = 172{,}6\ \text{€/m²} = \mathbf{173\ €/m²}$$

Wenn als Maß des Gewichts die Häufigkeit einer Beobachtungsgröße (hier Kaufpreise) gewählt wird, darf diese Größe auch nur einmal angesetzt werden. **105**

Im Beispiel:

KP: 160 €/m² Gewicht 3 (weil 3 x vertreten)
KP: 180 €/m² Gewicht 2 (weil 2 x vertreten)
KP: 170 €/m² Gewicht 1 (weil 1 x vertreten)

Nr.	KP_i	p_i	$KP_i \times p_i$
1	160 €/m²	3	480
2	180 €/m²	2	360
3	170 €/m²	1	170
	Summen	= 6	= 1 010

Gewogenes arithmetisches Mittel: $\overline{KP}$ = 1 010 €/m²/6 = 168,3 €/m² = **168 €/m²**

entspricht Kaufpreis Nr. 3 (170 €/m²), dem sich als arithmetisches Mittel aus allen Kaufpreisen ergebenden Verkehrswert in Höhe von 170 €/m².

Die Frage, ob die Anzahl der auftretenden Beobachtungsgrößen (z. B. Kaufpreise, Erträge und dgl.) oder andere Erkenntnisse das Gewicht einer Beobachtungsgröße bestimmen, ist am Einzelfall zu entscheiden. **106**

Als **Modalwert** wird der Wert bezeichnet, der mit seiner Anzahl am häufigsten vorkommt (häufigster Wert). **107**

Beispiel:

Im Beispiel tritt ein Kaufpreis von 160 €/m² am häufigsten auf, nämlich insgesamt dreimal.

Als **Median** bezeichnet man den Zentralwert, der sich als Mittelwert der aufgereihten Beobachtungsgrößen (hier Kaufpreise) ergibt: **108**

V Syst. Darst. Vergleichswertverf. — Grundzüge

Beispiel:

109 Als **Spannweite** bezeichnet man den Unterschied zwischen dem größten und kleinsten Wert.

2.5.3 Genauigkeitsmaße des Vergleichswerts

a) Mittlerer Fehler

110 Betrachtet man die am Markt erzielten und zur Verkehrswertermittlung herangezogenen Kaufpreise als eine Stichprobe aus der Grundgesamtheit aller (zumindest denkbarer) Vergleichspreise, so lassen sich unter Anwendung statistischer Methoden Aussagen über die **Genauigkeit der Verkehrswertermittlung auf der Grundlage** der Mittelbildung aus den zur Verfügung stehenden Vergleichspreisen und Berechnung des mittleren Fehlers des Mittels treffen. Ob die Zahl der in das Mittel eingegangenen Vergleichspreise als „ausreichend" i.S. der ImmoWertV anzusehen ist, lässt sich dann nach statistischen (Genauigkeits-)Kriterien beurteilen.

111 Hierfür sind zunächst die Differenzen aus dem arithmetischen Mittel x (aus n Stichproben) und den einzelnen Stichproben x_i zu ermitteln. Die Differenzen werden als Verbesserungen v_i bezeichnet:

Verbesserung: $\quad v_i = \bar{x} - x_i$

Dann sind:

Das Quadrat der einzelnen Verbesserungen:	$v_i v_i$
Die Summe der Quadrate aus $v_i v_i$:	$\Sigma\, v_i v_i$
Die Summe der gewichteten Quadrate aus $v_i v_i$:	$\Sigma\, v_i v_i\, p_i$

112 *Beispiel:*

Für das vorstehende Beispiel ergeben sich folgende Verbesserungen v_i, Quadrate der Verbesserungen v_i, gewichtete Quadrate der Verbesserungen $v_i v_i\, p_i$ und ihre Summen:

Nr.	ungewichtet				gewichtet				
	KP	KP_i	v_i	$v_i v_i$	KP	KP_i	v_i	p_i	$v_i v_i\, p_i$
1	168,3	160	+ 8,3	68,9	172,6	160	+ 12,6	1	158,76
2	168,3	180	− 11,7	136,9	172,6	180	− 7,4	4	219,04
3	168,3	170	− 1,7	2,9	172,6	170	+ 2,6	3	20,28
4	168,3	160	+ 8,3	68,9	172,6	160	+ 12,6	2	317,52
5	168,3	160	+ 8,3	68,9	172,6	160	+ 12,6	1	158,76
6	168,3	180	− 11,7	136,9	172,6	180	− 7,4	4	219,04
	Summen 1 010		0	483,4		1 010		15	1 093,40

Grundzüge — Syst. Darst. Vergleichswertverf. V

$n = 6$
$\Sigma v_i v_i = 483{,}4$
$\Sigma v_i v_i p_i = 1\,093{,}4$
$\Sigma p_i = 15{,}0$

Als Genauigkeitsmaß des (gewichteten) arithmetischen Mittels lässt sich der mittlere Fehler des arithmetischen Mittels m_x *(mean)* nach folgenden Formeln berechnen: **113**

Mittlerer Fehler des ungewichteten arithmetischen Mittels:
$$m_x = \sqrt{\frac{\Sigma v_i v_i}{n(n-1)}}$$

Mittlerer Fehler des gewichteten arithmetischen Mittels:
$$m_x = \sqrt{\frac{\Sigma v_i v_i p_i}{\Sigma p_i \times (n-1)}}$$

wobei n = Anzahl der Stichproben ist.

Der Ausdruck (n − 1) wird der **Freiheitsgrad** genannt. Das ist die Zahl der überschüssigen Stichproben gegenüber dem gesuchten Parameter (hier: das arithmetische Mittel). **114**

Beispiel: **115**

Nach
- Ausscheiden der Kaufpreise, die durch ungewöhnliche oder persönliche Verhältnisse beeinflusst worden sind (vgl. § 7 ImmoWertV), und
- Umrechnung der verbliebenen Kaufpreise auf den Wertermittlungsstichtag und die Zustandsmerkmale des zu wertenden Grundstücks

liegen folgende Vergleichspreise KP_i vor (vgl. Beispiel Rn. 101):

Nr.	KP_i	v_i	$v_i v_i$
1	160	− 8,3	68,9
2	180	+ 11,7	136,9
3	170	+ 1,7	2,9
5	160	− 8,3	68,9
6	160	− 8,3	68,9
7	180	+ 11,7	136,9
$\Sigma KP_i =$	1 010		$v_i v_i = 483{,}4$

wobei:

$n =$ Anzahl der Vergleichspreise, hier = 6
$v_i =$ Verbesserungen = Verkehrswert − KP_i

Verkehrswert = $\Sigma \overline{KP_i} / n$ = 168,3 €/m² = **170 €/m²**

Für das vorstehend berechnete (**ungewichtete**) arithmetische Mittel der Kaufpreise KP_i ergibt sich ein mittlerer Fehler von: **116**

Mittlerer Fehler des **ungewichteten** arithmetischen Mittels m_x:

$$m_x = \sqrt{\Sigma \frac{v_i v_i}{n(n-1)}} = \sqrt{\frac{483{,}4}{30}} = \pm\,4\ \text{€/m²}$$

Gesamtergebnis: $\overline{KP} = 168{,}3\ \text{€/m²} \pm 4{,}0\ \text{€/m²}$

V Syst. Darst. Vergleichswertverf.   Grundzüge

b)   *Vertrauensgrenzen*

117
$$\text{Vertrauensgrenzen} = \text{Verkehrswert} \pm m_x \times t_\alpha$$

wobei:

t_α = Quantile der t-Verteilung; (Student-Verteilung; vgl. Rn. 127 ff.) als Funktion der
- Freiheitsgrade n – 1
- statistischen Sicherheit

hier bei (n – 1) = 5 und 90 %iger Wahrscheinlichkeit: $t_{10\%} \approx 2$

Vertrauensgrenzen = 168 €/m² ± 8 €/m²

118 Für das vorstehend unter Rn. 110 ff. berechnete gewogene arithmetische Mittel der Kaufpreise KP_i ergibt sich ein **mittlerer Fehler** von:

$$m_x = \sqrt{\frac{1\,093{,}4}{15 \times 5}} = \pm 3{,}8\ \text{€/m}^2$$

Gesamtergebnis: KP = 172,6 €/m2 ± 3,8 €/m²

119 Als **Standardabweichung** *(confidence interval)*, d.h. als Maß für die durchschnittliche Abweichung aller Werte vom Mittelwert, gilt:

$$s_x = \sqrt{\sum \frac{v_i v_i}{n-1}}$$

Beispiel (vgl. Rn. 113)

$$s_x = \sqrt{\frac{483{,}4}{5}} = \pm 9{,}8\ \text{€/m}^2$$

2.6   Identifizierung und Eliminierung von Ausreißern

120 ▶ *Allgemeines bei § 7 ImmoWertV*

2.6.1   Zwei-Sigma-Regel

121 **Kaufpreise, die** i.S. des § 7 ImmoWertV „**erheblich**" **von den übrigen Vergleichspreisen abweichen,** indizieren das Vorliegen von ungewöhnlichen oder persönlichen Verhältnissen bei ihrem Zustandekommen. Ein solcher Kaufpreis darf nur berücksichtigt werden, wenn diese Besonderheiten durch entsprechende Korrekturen des Vergleichspreises sicher berücksichtigt werden können. Das wird jedoch in der Praxis kaum möglich sein.

122 Die **Prüfung auf Ausreißer** kann erst vorgenommen werden, wenn die Vergleichspreise der herangezogenen Vergleichsgrundstücke auf die Zustandsmerkmale des zu bewertenden Grundstücks umgerechnet worden sind und sich die Preise darüber hinaus auf einen gemeinsamen Stichtag beziehen, d.h. auf die allgemeinen Wertverhältnisse des Wertermittlungsstichtags umgerechnet worden sind.

123 Das wohl wichtigste Kriterium für die Identifizierung von Kaufpreisen, die durch ungewöhnliche oder persönliche Verhältnisse beeinflusst sind, stellt immer noch eine erhebliche Abweichung des einzelnen Kaufpreises gegenüber dem Mittel aller in Betracht kommenden Vergleichspreise dar. Als durch ungewöhnliche oder persönliche Verhältnisse beeinflusst gelten solche Kaufpreise, die mehr als ± 30 % vom (arithmetischen) Mittelwert abweichen. Breite Anwendung zur Identifizierung von Ausreißern findet auch die sog. **2-Sigma-Regel.** Nach dieser Regel gelten Kaufpreise als Ausreißer, die um die zweifache Standardabweichung vom arithmetischen Mittel abweichen.

2.6.2 Varianz

Das Quadrat der Standardabweichung (s_x^2) wird als **Varianz** bezeichnet.

2.6.3 Variationskoeffizient

Der Variationskoeffizient ergibt sich dann aus dem **Verhältnis der Standardabweichung zum arithmetischen Mittel** (Mittelwert):

$$\text{Variationskoeffizient} = \frac{s_x}{\overline{x}}$$

Beispiel:
- Standardabweichung s_x = ± 9,8 €/m²
- Arithmetisches Mittel = 168,3 €/m²
- Variationskoeffizient = 9,8 €/m² / 168,3 €/m² = **± 0,058**

2.6.4 Vertrauensbereich

Auf der Grundlage einer bestimmten vorgegebenen Wahrscheinlichkeit lassen sich hierzu die Vertrauensgrenzen eines **statistischen Vertrauensbereichs**[64] mit Hilfe der Quantile der Student- oder t-Verteilung und in Abhängigkeit vom Freiheitsgrad ermitteln. Der Vertrauensbereich, der sich ergänzend zu dem (gewogenen) Mittel aus den gleichnamig gemachten Kaufpreisen ermitteln lässt, ist abhängig von

– der verbleibenden Streuung der Kaufpreise untereinander,

– der Anzahl der Vergleichspreise und

– der statistischen Sicherheit, die man fordern kann.

$$\text{Vertrauensgrenzen} = \overline{VW} \pm \frac{m \times t_\alpha}{\sqrt{n}} = \overline{VW} \pm m_x \times t_\alpha$$

wobei

VW = Mittel aus n Vergleichspreisen = KP_i / n
KP = Vergleichspreis
n = Anzahl der Vergleichspreise
t_α = Quantile der t-Verteilung (Student-Verteilung)
   Tabelliert als Funktion der
   – n – 1 (Freiheitsgrade)
   – Statistischen Sicherheit

m = Standardabweichung = $\sqrt{\sum v_i v_i / n - 1}$

m_x = Standardabweichung des Mittels = $m/\sqrt{n}$

v_i = Verbesserung = $\overline{VW} - KP_i$

---

[64] Der Vertrauensbereich hat sich im Schrifttum zur Beurteilung als Genauigkeitsmaß weitgehend durchgesetzt (so auch Vogels, a.a.O., 4. Aufl., S. 28, 331). Zur Beurteilung der Genauigkeit von Regressionsfunktionen wird im Schrifttum vereinzelt auch der sog. Erwartungsbereich ermittelt, mit dem bei vorgegebener Sicherheit der Bereich ermittelt wird, in dem eine zukünftige Beobachtung erwartet wird (vgl. Brückner, Zusammengestellte Lehrbriefe zur Mathematischen Statistik bei der Ermittlung von Grundstückswerten, Nds. Landesverwaltungsamt, Hannover 1976, S. 181). Der Erwartungsbereich ist – da er sich auf die Einzelbeobachtung bezieht – im Verhältnis zum Vertrauensbereich breiter angelegt. Da es hier aber um die Genauigkeitsbetrachtung eines als Mittel aus n Vergleichspreisen abgeleiteten Verkehrswerts geht, ist die Ermittlung des Vertrauensbereichs auf der Grundlage der Standardabweichung des Mittels (= Standardabweichung/$\sqrt{n}$) vorzuziehen.

V Syst. Darst. Vergleichswertverf. Grundzüge

128 An die statistische Sicherheit[65] dürfen keine überspannten Anforderungen gestellt werden. Für eine 80 bis 95 %ige Wahrscheinlichkeit (= 5 bis 20 %ige Unsicherheit) ergeben sich die **Quantilen** (Streuungsmaß) aus nachstehender Abb. 4:

Abb. 4: Tabelle der t_α-Quantilen

Quantile bei Wahrscheinlichkeit	Freiheitsgrad (n – 1)									
	1	2	3	4	5	6	7	8	9	10
80 %ig	3,08	1,89	1,64	1,53	1,48	1,44	1,41	1,40	1,38	1,37
90 %ig	6,31	2,92	2,35	2,13	2,02	1,94	1,89	1,86	1,83	1,81
95 %ig	12,71	4,30	3,18	2,78	2,57	2,45	2,36	2,31	2,26	2,23

Beispiel zur Identifizierung und Eliminierung von Ausreißern:

	Vergleichspreise		
Nr.	KP_i	v_i	$v_i v_i$
1	160	– 12	144
2	180	+ 8	64
3	170	– 2	4
4	190	+ 18	324
5	160	– 12	144
6	160	– 12	144
7	180	+ 8	64
8	200	+ 28	784
9	190	+ 18	324
10	130	– 42	1 764
ΣKP_i	= 1 720	$\Sigma v_i^2 =$	3 760

$$\overline{VW} = \sum \frac{KP_i}{n} \qquad \overline{VW} = 1\,720\ \text{€/m}^2 / 10 = \mathbf{172\ \text{€/m}^2}$$

$$m_x = \sqrt{\sum \frac{v_i v_i}{n(n-1)}} \qquad m_x = \sqrt{\frac{3\,760}{10(10-1)}} = \pm\,\mathbf{6{,}46\ \text{€/m}^2}$$

Für $\alpha = 10\%$ Irrtumswahrscheinlichkeit $\hat{=}$ 90%ige Statistische Sicherheit:

$t_{10\%}\,9 = 1{,}83$

Vertrauensgrenzen = $\overline{VW} \pm m_x \times t_\alpha = \mathbf{172\ \text{€/m}^2 \pm 12\ \text{€/m}^2}$
 160 €/m² ≤ Vergleichspreise ≤ 184 €/m²
 Ausreißer: Kaufpreise Nr. 4, 8, 9, 10

---

65 Zur Beurteilung der statistischen Sicherheit kommt es entscheidend auf die in Prozentpunkten geforderte Wahrscheinlichkeit an (z. B. 80 %). Dass man es in der Wertermittlungspraxis diesbezüglich in aller Regel mit einem Vertrauensbereich zu tun hat, der sich um einen Mittelwert „nach oben und nach unten" erstreckt (zweiseitige Betrachtungsweise), *bedeutet zwar,* dass sich der Bereich der Irrtumswahrscheinlichkeit (Unsicherheit) gegenüber der einseitigen Betrachtungsweise je zur Hälfte auf zwei Seiten verteilt, jedoch bleibt davon das geforderte Maß der Wahrscheinlichkeit unberührt.

In dem vorgestellten Beispiel (vgl. Rn. 128) wurde eine 90 %ige statistische Sicherheit als ausreichend befunden. Die sich dafür in Abhängigkeit von den Freiheitsgraden ergebende sog. t-Quantile ergibt sich aus Abb. 4. **Freiheitsgrad** ist dabei die um die Zahl 1 verminderte Anzahl der Kaufpreise.

129

2.7 Ableitung des Verkehrswerts aus dem Vergleichswert

2.7.1 Allgemeines

Bei dem **Vergleichswert** handelt es sich um einen **Zwischenwert, der nicht identisch mit dem Verkehrswert sein muss.** Die Verfahrensvorschriften der ImmoWertV sind allerdings darauf angelegt, dass der Vergleichswert, wie im Übrigen auch der Ertrags- und Sachwert, möglichst dem Verkehrswert entsprechen soll. Dies kann allerdings nur erreicht werden, wenn alle in die Wertermittlung eingehenden Ausgangsdaten (Parameter) der Lage auf dem Grundstücksmarkt am Wertermittlungsstichtag idealtypisch entsprechen und vollständig in das Verfahren eingehen. Wenn Anhaltspunkte gegeben sind, nach denen die **Lage auf dem Grundstücksmarkt** noch nicht hinreichend Eingang in das Wertermittlungsverfahren gefunden hat, ist der Verkehrswert durch Zu- oder Abschläge aus dem Vergleichswert abzuleiten. Daneben kann eine Anpassung des Vergleichswerts an den Verkehrswert erforderlich werden, wenn neben dem Vergleichswertverfahren auch das Sach- und/oder Ertragswertverfahren mit abweichenden Ergebnissen zur Anwendung gekommen ist/sind und sachgerechte Gründe für eine Berücksichtigung des Ertrags- und/oder Sachwerts vorliegen.

130

2.7.2 Subsidiäre Berücksichtigung der Lage auf dem Grundstücksmarkt und besonderer objektspezifischer Grundstücksmerkmale

Nach der Grundsatzregelung des § 8 Abs. 2 ImmoWertV ist auch bei Anwendung des Vergleichswertverfahrens zu prüfen, ob mit dem nach Maßgabe der §§ 15 f. ImmoWertV ermittelten (vorläufigen) Vergleichswert

131

1. die allgemeinen Wertverhältnisse auf dem Grundstücksmarkt und

2. alle (besonderen) objektspezifischen Grundstücksmerkmale

vollständig Berücksichtigung gefunden haben.

Bei **Anwendung des Vergleichswertverfahrens auf bebaute Grundstücke** kann insbesondere die Berücksichtigung von

132

– Baumängeln und Bauschäden (Instandhaltungsrückstau),

– besonderen wohnungs- und mietrechtlichen Bindungen sowie

– sonstigen Rechten und Belastungen

in Betracht kommen (vgl. hierzu die Erläuterungen zu § 8 ImmoWertV Rn. 178 ff.)

Nr. 3.4 WERTR bemerkt hierzu:

133

„Der Vergleichswert ist in der Regel als Verkehrswert anzusehen. Zu- oder Abschläge können insbesondere wegen Baumängeln und Bauschäden sowie wegen besonderer Einrichtungen und Ausstattungen oder eines über- oder unterdurchschnittlichen Unterhaltungszustands erforderlich werden, wenn diese Kriterien den Verkehrswert beeinflussen und von den Gegebenheiten der Vergleichsobjekte abweichen."

2.7.3 Ergänzende Berücksichtigung der Ergebnisse anderer Wertermittlungsverfahren

Daneben kann nach § 8 Abs. 1 Satz 3 ImmoWertV eine Anpassung des (vorläufigen) Vergleichswerts an den Verkehrswert erforderlich werden, wenn neben dem Vergleichswertverfahren auch das Sachwertverfahren, Ertragswertverfahren oder andere Verfahren (Extraktionsverfahren, *Discounted Cashflow* Verfahren, usw.) mit abweichenden Ergebnissen zur

134

2.8 Auf- oder Abrundung

135 Im Übrigen verbleibt es bei **Auf- oder Abrundungen** (vgl. § 194 BauGB Rn. 141), nämlich bei einer Höhe des Verkehrswerts von

	bis	10 000 €	auf	volle Hunderter
10 000 €	bis	500 000 €	auf	volle Tausender
500 000 €	bis	1 000 000 €	auf	volle Zehntausender
	über	1 000 000 €	auf	volle Hunderttausender

3 Vergleichswertverfahren für bebaute Grundstücke (§ 15 Abs. 2 ImmoWertV)

3.1 Allgemeines

▶ *Allgemeines vgl. Rn. 6 ff.*

136 Grundsätzlich kann das Vergleichswertverfahren auch bei bebauten Grundstücken zur Anwendung kommen. In der Praxis hat dies allerdings keine große Bedeutung erlangen können, weil die **Grundstücke aufgrund der individuellen Bebauung regelmäßig nicht hinreichend vergleichbar sind.** Diese Voraussetzung kann aber in Einzelfällen durchaus vorliegen, z. B. in Reihenhausgebieten.

137 Um dem abzuhelfen, hat der Verordnungsgeber mit § 13 ImmoWertV ein von der Praxis entwickeltes Verfahren zur Verkehrswertermittlung bebauter Grundstücke im Wege des Preisvergleichs in die Verordnung aufgenommen. Es soll *„neben oder anstelle"* der Heranziehung von geeigneten Vergleichspreisen zur Anwendung kommen können (vgl. § 15 Abs. 2 ImmoWertV). Voraussetzung für die Anwendung dieser Vorschrift ist, dass

a) aus der ausgewerteten Kaufpreissammlung **Vergleichsfaktoren für bebaute Grundstücke** empirisch abgeleitet worden sind,

b) die Vergleichsfaktoren hinreichend qualifiziert sind, d.h. die durchschnittlichen Grundstücksmerkmale der ihnen zugrundeliegenden Grundstücke („Normgrundstück") bei der Veröffentlichung hinreichend genau dargelegt worden sind, und

c) der Bezugsstichtag der Vergleichsfaktoren angegeben wurde.

138 Die Ableitung der Vergleichsfaktoren ist eine Aufgabe der Gutachterausschüsse (vgl. § 193 Abs. 3 BauGB), der bislang noch nicht in einer der Praxis genügenden Weise nachgekommen wurde. Die **Anwendung des Vergleichswertverfahrens auf bebaute Grundstücke** unter Heranziehung der Vergleichsfaktoren scheiterte vielfach an hinreichend qualifizierten Vergleichsfaktoren, zumal im Falle der Heranziehung zur Berücksichtigung von Abweichungen des zu bewertenden Grundstücks von den Eigenschaften des „Normgrundstücks" Umrechnungskoeffizienten und Indexreihen herangezogen werden „sollen", die nur mancherorts abgeleitet werden (vgl. § 11 ImmoWertV). Vergleichsfaktoren sind dann allenfalls zur Plausibilisierung anderer Verfahrensergebnisse geeignet.

139 § 13 ImmoWertV unterscheidet in Anlehnung an die für die Anwendung des Ertrags- bzw. Sachwertverfahrens maßgeblichen Grundsätze zwischen **Ertrags- und Gebäudefaktoren.** Während der Ertragsfaktor vor allem dann in Betracht kommt, wenn für die Wertbeurteilung des Grundstücks üblicherweise der marktüblich erzielbare Ertrag im Vordergrund steht (wie bei nicht eigengenutzten Renditegrundstücken), kommt der Gebäudefaktor vor allem dann in

Betracht, wenn für die Wertermittlung des Grundstücks der in der baulichen Anlage verkörperte Sachwert von maßgebender Bedeutung ist.

Ertrags- bzw. Gebäudefaktor werden nach § 13 ImmoWertV dadurch ermittelt, dass die **Kaufpreise auf den marktüblich erzielbaren jährlichen Ertrag (Ertragsfaktor) oder auf eine sonstige geeignete Bezugseinheit,** insbesondere auf eine Raum- oder Flächeneinheit der baulichen Anlage (Gebäudefaktor) **bezogen werden.** Dabei sollen die Vergleichsfaktoren aus Kaufpreisen differenziert nach Lage, Art und Maß der baulichen Nutzung, Größe der Grundstücke und Restnutzungsdauer der baulichen Anlagen abgeleitet werden. Ist ein Grundstück wesentlich größer, als es einer der baulichen Anlage angemessenen Nutzung entspricht und ist eine zusätzliche Nutzung oder Verwertung einer Teilfläche zulässig und möglich, ist der auf die Teilfläche entfallende Kaufpreisanteil bei der Ableitung der Vergleichsfaktoren für bebaute Grundstücke entsprechend der Regelung des § 17 Abs. 2 Satz 2 ImmoWertV nicht zu berücksichtigen. **140**

Die **Vergleichsfaktoren für bebaute Grundstücke** können im Übrigen (allein) **bezogen auf das Gebäude** ermittelt werden. Die Ableitung dieser Faktoren vollzieht sich wie vorstehend, wobei allerdings vom Kaufpreis zunächst der Bodenwert des Grundstücks und der Wert der Außenanlagen abgezogen werden muss (Abb. 5). **141**

V Syst. Darst. Vergleichswertverf. — Bebaute Grundstücke

Abb. 5: Ableitung und Anwendung von Vergleichsfaktoren

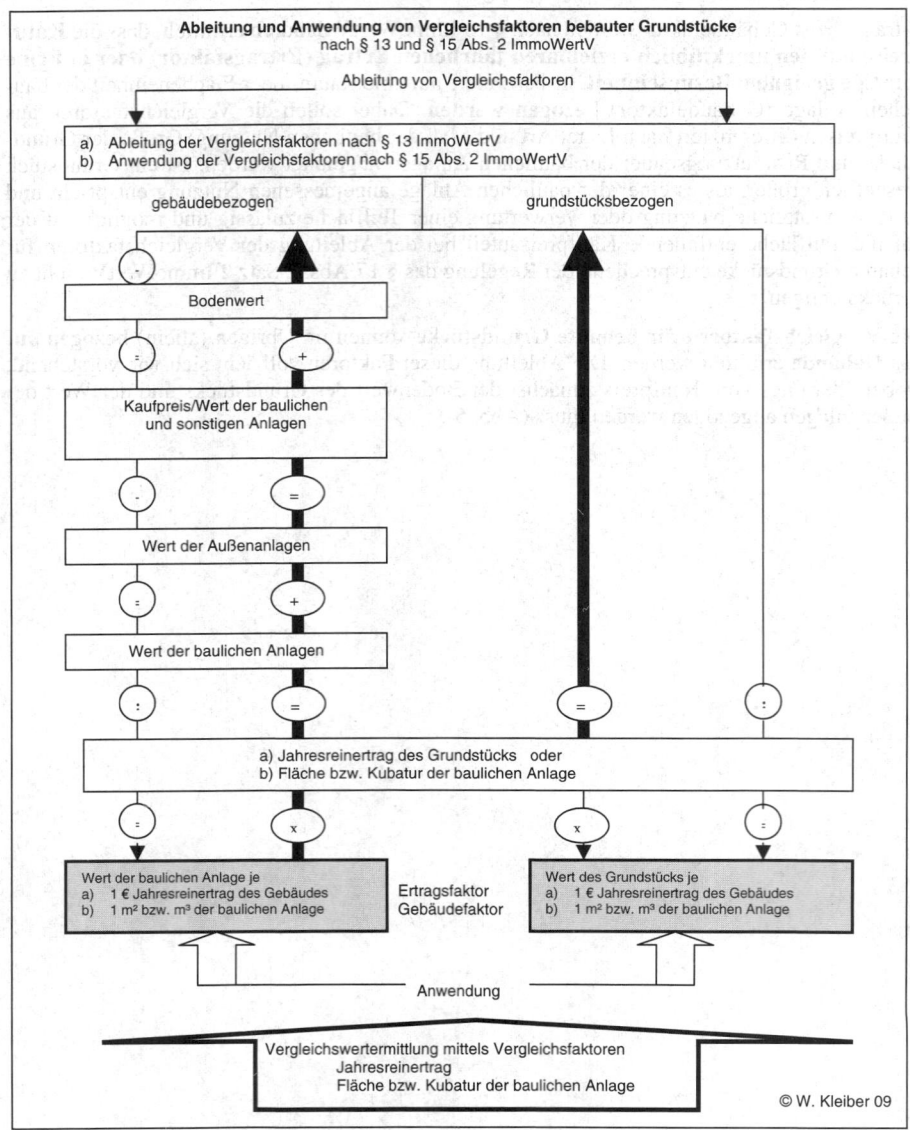

142 Bei **Anwendung von Vergleichsfaktoren** auf bebaute Grundstücke wird der Verkehrswert ermittelt, indem die einschlägigen Parameter des zu bewertenden Grundstücks, d. h.

- bei Anwendung von Ertragsfaktoren: der Rein- oder Rohertrag (bemessen in €/Jahr) oder
- bei Anwendung von Gebäudefaktoren: der Brutto-Rauminhalt des Gebäudes oder dessen Brutto-Grund-, -Geschoss-, -Nutz- oder -Wohnfläche (gemessen in Kubik- oder Quadratmetern),

mit dem auf dieselbe Bezugseinheit bezogenen Vergleichsfaktor multipliziert wird (§ 15 Abs. 2 ImmoWertV). Das Produkt ergibt unter Berücksichtigung von Abweichungen nach Maßgabe des § 15 Abs. 1 Satz 4 bzw. § 8 Abs. 3 ImmoWertV den Vergleichswert (Verkehrs-

Bebaute Grundstücke   **Syst. Darst. Vergleichswertverf. V**

wert). Wurden Vergleichsfaktoren herangezogen, die sich allein auf das Gebäude beziehen, müssen neben dem so ermittelten Gebäudewert zusätzlich der Bodenwert des Grundstücks und der Wert der Außenanlagen berücksichtigt werden.

Im Übrigen müssen auch bei der Ermittlung des Vergleichswerts bebauter Grundstücke unter Heranziehung von Vergleichsfaktoren berücksichtigt werden 143

– Abweichungen der qualitativen Grundstücksmerkmale der Grundstücke, die der Ermittlung des herangezogenen Vergleichsfaktors (Ertrags- oder Gebäudefaktor) zugrunde lagen, von den Grundstücksmerkmalen des zu bewertenden Grundstücks sowie

– Abweichungen der den Vergleichsfaktoren zugrunde liegenden allgemeinen Wertverhältnisse auf dem Grundstücksmarkt von denen des Wertermittlungsstichtags.

3.2 Beispiel

Der Grundstücksmarktbericht 2009 von *Wuppertal* gibt für frei stehende Ein- und Zweifamilienhäuser folgende Vergleichsfaktoren an: 144

Vergleichsfaktoren für frei stehende Ein- und Zweifamilienhäuser

Alter	Vergleichsfaktor €/m² WF
5 bis 15 Jahre	2 120
16 bis 30 Jahre	1 920
31 bis 40 Jahre	1 770
41 bis 50 Jahre	1 700
51 bis 60 Jahre	1 540

Die Vergleichsfaktoren beziehen sich auf ein freistehendes Ein- oder Zweifamilienhaus (Typisches Vergleichsobjekt) mit folgenden Eigenschaften

Lagewert (Bodenrichtwert)	240 €/m²
Wohnfläche	150 m²
Grundstücksfläche	750 m²

Anweichungen des Bewertungsobjekts von den typischen Eigenschaften werden nach den im Grundstücksmarktbericht angegebenen Anpassungsfaktoren ermittelt, die auch unter http://www.Wuppertal.de/gutachterausschuss/ga_wuppertal_immo_preis_agent.php abgerufen werden können.

Abb. 6:   **Anpassungsfaktoren für Abweichungen von der Wohnfläche (WF)**

V Syst. Darst. Vergleichswertverf.   Bebaute Grundstücke

Abb. 7:   Anpassungsfaktoren für Abweichungen von der Grundstücksfläche

Abb. 8:   Anpassungsfaktoren für Abweichungen von der Lage (Bodenrichtwert)

3.3 Umrechnungskoeffizienten für bebaute Grundstücke

3.3.1 Allgemeines

145   Untersuchungen haben ergeben, dass gleichartig bebaute Grundstücke in ihrem Verkehrswert von der Wohnfläche, dem Baujahr, der Lage (Bodenrichtwert), der Ausstattung und der Grundstücksgröße abhängig sind. Nachstehend werden Untersuchungsergebnisse über die Wertigkeit von **Ein- und Zweifamilienhäusern** des Gutachterausschusses der Stadt *Delmenhorst* abgedruckt:

3.3.2 Abhängigkeit des Verkehrswerts von Lage und Baujahr

Abb. 9: Umrechnungskoeffizienten bei abweichender Lage und abweichendem Baujahr   146

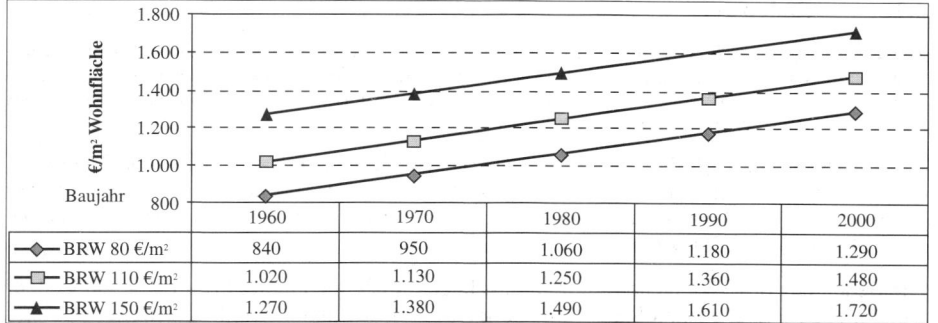

3.3.3 Abhängigkeit des Verkehrswerts von Wohnfläche

Abb. 10: Umrechnungskoeffizienten bei abweichender Wohnfläche   147

3.3.4 Abhängigkeit des Verkehrswerts von Grundstücksgröße

Abb. 11: Umrechnungskoeffizienten bei abweichender Grundstücksgröße   148

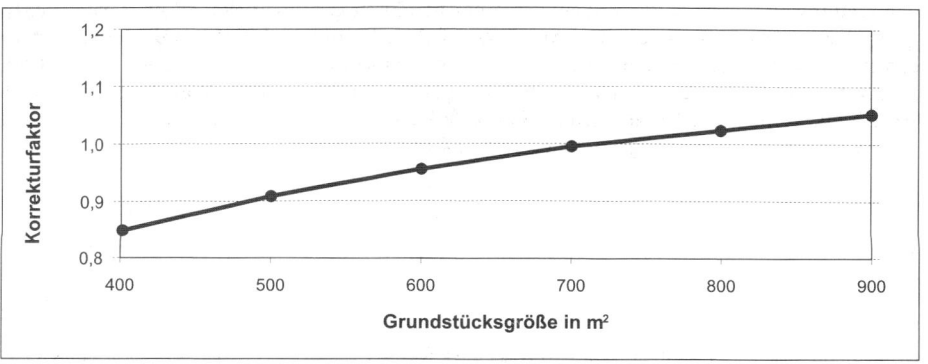

4 Bodenwertermittlung im Wege des Vergleichswertverfahrens

4.1 Bodenwert

Schrifttum: *Upmeyer, B.*, Bodenwertermittlung für ein Grundstück in einer Großstadt in den neuen Bundesländern, GuG 1999, 42; *Roth, C.*, Verkehrswertermittlung von Grundstücken in den neuen Bundesländern, GuG 1993, 206; *Vogel, R.*, Zur Ermittlung von Grundstückspreisen (Bodenpreisen) in der ehemaligen DDR, DS 1990, 200.

▶ *Grundsätzliches vgl. Rn. 1 ff.; zur Bodenwertermittlung in Gebieten, die durch Eigentumswohnungen geprägt sind, vgl. Teil VI Rn. 53 ff.; zu den besonderen Maßgaben bei der Ermittlung des Bodenwerts bebauter Grundstücks vgl. die ergänzenden Erläuterungen bei § 16 ImmoWertV Rn. 120 ff.*

149 Die Bedeutung des Vergleichswertverfahrens liegt vornehmlich in der Ermittlung von Bodenwerten, ohne dass die ImmoWertV eindeutig definiert, was unter dem **Bodenwert** zu verstehen ist. In Zweifelsfällen ist dies pragmatisch zu behandeln (vgl. hierzu § 16 ImmoWertV Rn. 10).

Das Vergleichswertverfahren ist das **Vorrangverfahren** (vgl. Rn. 4; § 16 ImmoWertV Rn. 1 ff.)

– sowohl für die Bodenwertermittlung unbebauter Grundstücke,
– als auch für die Bodenwertermittlung bebauter Grundstücke.

Liegt nach den vorstehenden Ausführungen eine ausreichende Zahl geeigneter Vergleichspreise vor, ist das Vergleichswertverfahren die einfachste und zugleich zuverlässigste Methode. Mit dieser Begründung hat der BGH dem **Vergleichswertverfahren** in seiner Rechtsprechung **Priorität** zugesprochen; das BVerwG und der BFH haben sich ebenfalls dahin gehend ausgesprochen[66].

150 Die Grundsätze der „Bodenwertermittlung" sind in § 15 ImmoWertV geregelt, auch wenn die Überschrift des § 16 ImmoWertV („Ermittlung der Bodenwerte") besondere verfahrensrechtliche Regelungen der Bodenwertermittlung erwarten lässt. **§ 16 ImmoWertV enthält** neben dem Hinweis auf die anzuwendenden Vorschriften über das Vergleichswertverfahren (§ 15 ImmoWertV) jedoch **keine eigenen verfahrensrechtlichen Regelungen der „Bodenwertermittlung".** Auch die nach § 16 Abs. 1 Satz 4 ImmoWertV ausdrücklich zugelassene Bodenwertermittlung unter Heranziehung von Bodenrichtwerten vollzieht sich verfahrensmäßig nach Maßgabe des § 15 ImmoWertV.

151 Gegenstand der Regelungen des § 16 ImmoWertV sind lediglich besondere Maßgaben für die Ermittlung des Bodenwerts bebauter Grundstücke. Die Vorschrift gibt in ihrem Kern dafür den **Grundsatz** vor, **dass der Bodenwert eines bebauten Grundstücks „ohne Berücksichtigung der vorhandenen baulichen Anlagen auf dem Grundstück", d.h. mit dem Wert zu ermitteln ist, der sich für ein vergleichbares unbebautes Grundstück ergeben würde** (vgl. § 16 ImmoWertV Rn. 29 ff.). Die Grundsatzregelung steht unter dem Vorbehalt der in § 16 Abs. 2 bis 4 ImmoWertV geregelten **Sonderfälle.** Ein weiterer Ausnahmefall wird in § 4 Abs. 3 Nr. 3 ImmoWertV angesprochen (vgl. § 4 ImmoWertV Rn. 25).

---

[66] BGH, Urt. vom 12.7.1971 – III ZR 197/68 –, EzGuG 20.51; BVerwG, Urt. vom 13.11.1964 – 7 C 20/64 –, BRS Bd. 26 Nr. 94 = EzGuG 20.38; Pr OVG, Urt. vom 18.1.1902 –, EzGuG 20.6a; BFH, Urt. vom 26. 9. 1980 – III R 21/78 –, EzGuG 20.38; BFH, Beschl. vom 21.5.1982 – III B 32/81 –, EzGuG 20.99.

4.2 Bodenwertermittlung mittels Vergleichspreisen (Beispiel)

Zur Erläuterung vorstehender Ausführungen wird nachfolgend ein *Beispiel* zur Ermittlung des Verkehrswerts eines Wohnbaugrundstücks (baureifes Land) vorgestellt.

a) Sachverhalt

Zustandsmerkmale des zu bewertenden Grundstücks:

Lage	gute Wohnlage
Planungsrecht	WA-Gebiet
	GFZ = 1,5
Beitragsrechtlicher Zustand	erschließungsbeitragsfrei (ebf)
Grundstücksgröße	500 m²

Es konnten drei baureife Vergleichsgrundstücke festgestellt werden. Alle Vergleichspreise stammen aus WA-Gebieten. Die Vergleichspreise unterscheiden sich von den Grundstücksmerkmalen des Bewertungsobjekts insbesondere bezüglich Grundstücksgröße, GFZ und des erschließungsbeitragsrechtlichen Zustands.

Im Einzelnen ergeben sich die Zustandsmerkmale aus Abb. 12.

Abb. 12: Beispiel Vergleichswertverfahren

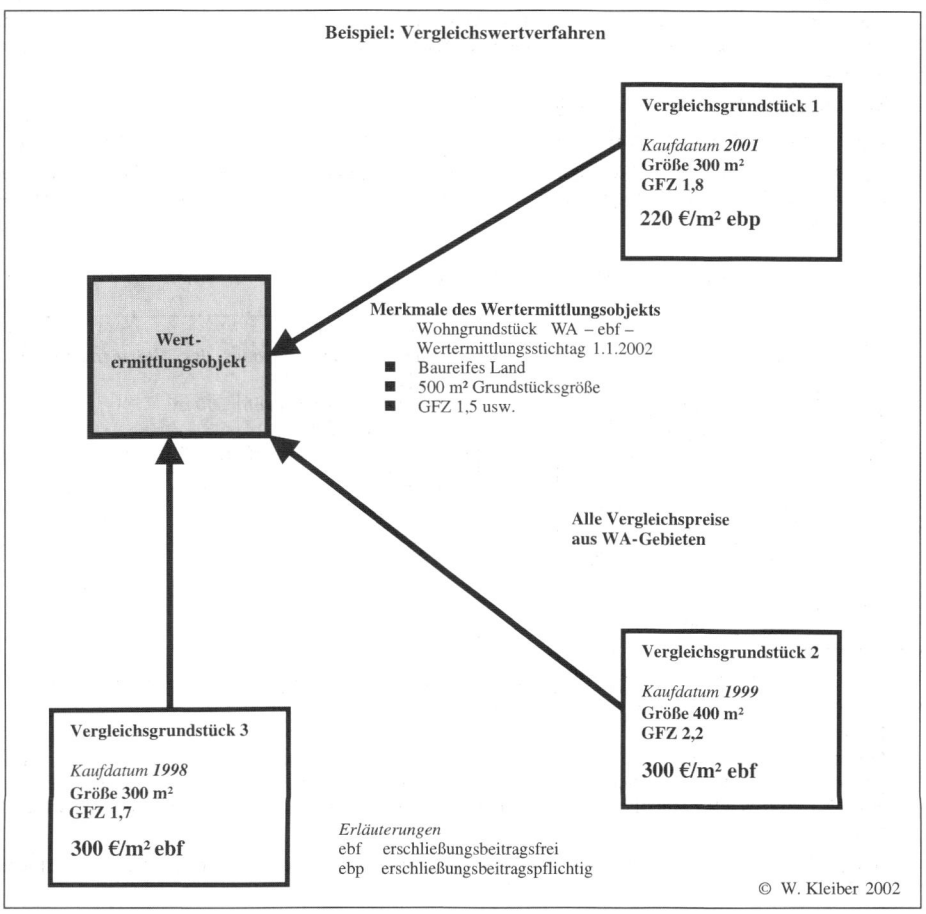

V Syst. Darst. Vergleichswertverf. — Bodenwertermittlung

b) Weitere Grundlagen:

Es liegen vom Gutachterausschuss Umrechnungskoeffizienten bezüglich der Abhängigkeit des Bodenwerts von der Grundstücksgröße und der Geschossflächenzahl (GFZ) sowie eine Bodenpreisindexreihe vor. Auszugsweise sind darin die aus Abb. 13 ersichtlichen Angaben verzeichnet.

Abb. 13: Umrechnungskoeffizienten und Bodenpreisindexreihe

Umrechnungskoeffizienten Grundstücksgröße		Umrechnungskoeffizienten GFZ		Bodenpreisindexreihe	
Fläche [m²]	UK	GFZ	UK	Jahr	Indexzahl
300	1,16	1,5	1,30	1990	100
400	1,07	...	...	...	...
500	1,00	1,7	1,44	1998	170
		1,8	1,50	1999	175
		...	...	2000	179
		2,2	1,86	2001	180

c) Lösung

– Umrechnung von Vergleichspreis 1 (220 €/m² – erschließungsbeitragspflichtig). Der Unterschied zwischen erschließungsbeitragspflichtigen und erschließungsbeitragsfreien Grundstücken betrage 30 €/m².

Vergleichspreis 1: 220 €/m² (ebp) + 30 €/m² = 250 €/m² (ebf)

Damit sind alle Vergleichspreise wie das Wertermittlungsobjekt erschließungsbeitragsfrei.

– Die Berücksichtigung der Abweichungen der Zustandsmerkmale der Vergleichsobjekte von dem zu bewertenden Grundstück erfolgt mit Hilfe der Umrechnungskoeffizienten und der Bodenpreisindexreihe (vgl. Abb. 14).

Abb. 14: Berücksichtigung der Abweichungen

Verkaufsfall	Kaufpreis	Verkaufsdatum	Größe	GFZ	Umrechnung auf a) Grundstücksmerkmale des Wertermittlungsobjekts – Grundstücksgröße 500 m² – GFZ = 1,5 b) Wertermittlungsstichtag 1.1.2002		
					F = 500 m²	GFZ = 1,5	1.1.2002
	€/m²		m²		€/m²	€/m²	
1	250	2001	300	1,8	215,52	186,78	186,78
2	300	1999	400	2,2	280,37	195,96	201,56
3	300	1998	300	1,7	258,62	233,48	247,21
						Summe =	635,53
				Arithmetisches Mittel aller drei Verkaufspreise 635,53 : 3 =			rd. 212 €/m²

– Eliminierung von Ausreißern (§ 7 ImmoWertV): Der auf die Eigenschaften des zu bewertenden Objekts umgerechnete Vergleichspreis weicht mit 247,21 €/m² deutlich von den übrigen Vergleichspreisen ab. Es bedarf daher der Prüfung, ob es sich dabei um einen Vergleichspreis handelt, der i.S. des § 7 ImmoWertV „erheblich" abweicht und deshalb als „Ausreißer" nicht herangezogen werden darf.

– Als Prüfmaßstab wird die sog. 2-Sigma-Regel herangezogen. Zu diesem Zweck wird der mittlere Fehler des arithmetischen Mittels festgestellt:

Bodenrichtwertverf. **Syst. Darst. Vergleichswertverf. V**

Nr.	Arithmetisches Mittel	Gleichnamig gemachter Kaufpreis	Abweichung v_i	Abweichungs-Quadrat $v_i \, v_i$
1	212 €/m²	187 €/m²	25 €/m²	625 €/m² × €/m²
2	212 €/m²	202 €/m²	10 €/m²	100 €/m² × €/m²
3	212 €/m²	247 €/m²	– 35 €/m²	1 225 €/m² × €/m²
		636 €/m²	0	1 950 €/m² × €/m²

v_i = Verbesserung

d) Ergebnisse: Vergleichswert = Verkehrswert = arithmetisches Mittel
Verkehrswert = Σ KP$_i$/n = 636 €/m²/3 = 212 €/m²
Mittlerer Fehler des Mittels $m_x = \sqrt{\Sigma v_i v_i / n \, (n-1)} = \pm\ 18$ €/m²

Alle Kaufpreise erfüllen die 2-Sigma-Regel; als genaueres Ausschlusskriterium käme noch der statistische Vertrauensbereich in Betracht.

4.3 Bodenrichtwertverfahren nach § 16 Abs. 1 Satz 4 ImmoWertV

4.3.1 Bodenrichtwert

Schrifttum: *Küting/Trappmann/Kessler,* Die Eignung von Bodenrichtwerten zur Ausfüllung der bilanziellen Bewertungsmaßstäbe bei Grundstücken nach HGB und IFRS, DB 2006, 1853; *Loose, D.,* Marktnähe von Bodenrichtwerten in mittleren und unterdurchschnittlichen Lagen, GuG 2009, 216.

▶ *Allgemeines bei § 196 BauGB; Teil VIII Rn. 403; § 10 ImmoWertV Rn. 7; § 16 ImmoWertV Rn. 2*

Bodenrichtwerte (*reference land values*) sind **durchschnittliche Lagewerte des Grund und Bodens** pro Quadratmeter bebauter oder unbebauter Grundstücksfläche **in einem Gebiet mit im Wesentlichen gleichen Lage- und Nutzungsverhältnissen**[67]. **153**

Bodenrichtwerte (vgl. Teil IV; § 196 BauGB Rn. 20) können unterschieden werden nach den **154**

– *allgemeinen* Bodenrichtwerten i.S. des § 196 Abs. 1 Satz 1 bis 3 BauGB,
– *besonderen* Bodenrichtwerten i.S. des § 196 Abs. 1 Satz 5 BauGB sowie
– auf zurückliegende Stichtage bezogenen *für steuerliche Zwecke abgeleiteten Bodenrichtwerte* i.S. des § 196 Abs. 1 Satz 4 und Abs. 2 BauGB.

Bei den **für steuerliche Zwecke abgeleiteten Bodenrichtwerten** handelt es sich um solche, die bezogen

– auf den Hauptfeststellungszeitpunkt der Einheitsbewertung (1.1.1964) bzw.
– auf den Zeitpunkt der Bedarfsbewertung zur Feststellung des Grundbesitzwerts (1.1.1996)

ermittelt werden.

---

[67] BGH, Urt. vom 17.5.1991 – V ZR 104/90 –, BGHZ 117, 338 = EzGuG 11.183; BFH, Urt. vom 26.9.1980 – III R 21/78 –, BFHE 132, 101 = EzGuG 20.86; BFH, Urt. vom 29.4.1987 – X R 2/80 –, BFHE 150, 453 = EzGuG 19.39b; BFH, Urt. vom 8.9.1994 – IV R 16/94 –, GuG 1995, 313 = EzGuG 19.43; BFH, Urt. vom 21.7.1993 – II R 13/91 -, EzGuG 20.147a; BFH, Urt. vom 21.5.1982 – III B 32/81 -; BFH, Urt. vom 26.9.1980 – III R 67/78 -, BFHE 131, 524 = BStBl II 1981, 353.

Abb. 15: Bodenrichtwertindex für die Grundbesitzbewertung nach BewG für Gebiete in offener Bauweise von Berlin

Quelle: Grundstücksmarktbericht 2005/06 (ABl. Berlin 2005, 2375)

4.3.2 Zulässigkeit und Bedeutung des Bodenrichtwertverfahrens

4.3.2.1 Allgemeines

155 Der **Bodenwert** „kann" nach dem Wortlaut des § 16 Abs. 1 Satz 4 ImmoWertV „**auch auf der Grundlage geeigneter Bodenrichtwerte ermittelt werden.**" Im Unterschied hierzu war in § 13 Abs. 2 Satz 1 WertV 88/98 geregelt, dass zur Ermittlung des Bodenwerts „*neben oder anstelle* von Preisen für Vergleichsgrundstücke" auch geeignete Bodenrichtwerte herangezogen werden können. Diese Formulierung („*neben oder anstelle*") verwendet die ImmoWertV nur noch im Zusammenhang mit der Heranziehung von Vergleichsfaktoren bebauter Grundstücke in § 16 Abs. 2 ImmoWertV. Daraus könnte geschlossen werden, dass das Bodenrichtwertverfahren nur noch ergänzend zu der Heranziehung von Vergleichspreisen („auch") und nicht mehr „*anstelle*" zugelassen sein soll.

156 Die „Herabstufung" des Bodenrichtwertverfahrens ist gleich aus mehreren Gründen fachlich abzulehnen und konterkariert die mit dem Erlass der ImmoWertV von der Bundesregierung verfolgten Ziele:

1. Auch wenn der Heranziehung von Vergleichspreisen der Vorrang vor dem Bodenrichtwertverfahren einzuräumen ist[68], stellt das Bodenrichtwertverfahren eine bewährte und in der höchstrichterlichen Rechtsprechung nicht beanstandete Methode der Bodenwertermittlung dar[69]. Nur im älteren Schrifttum wird ihre Eignung bezweifelt[70].

2. Mit der Verlagerung der Bundeskompetenz zum Erlass von Vorschriften über die Ableitung von Bodenrichtwerten (§ 199 BauGB in der ab 1.7.2009 geltenden Fassung) und der hierzu in die ImmoWertV aufgenommenen Regelung des § 10 ImmoWertV (Bodenrichtwerte) soll die Qualität der Bodenrichtwerte und ihre Eignung für die steuerliche Bewertung (§ 179 BewG) gestärkt werden. Wenn Bodenrichtwerte nach bisherigem Recht als

---

68 Der BGH hat im Urt. vom 17.5.1991 – V ZR 104/90 – EzGuG 11.183 ein zum Zwecke der Ausübung eines Ankaufsrechts erstattetes Schiedsgutachten, in dem der Verkehrswert eines unbebauten Grundstücks ohne Berücksichtigung der Vergleichspreise aus der unmittelbaren Nachbarschaft des Kaufgrundstücks ermittelt wurde, als lückenhaft und deswegen grundsätzlich unrichtig bezeichnet.
69 BGH, Urt. vom 4.3.1982 – III ZR 156/80 –, EzGuG 11.127; BGH, Urt. vom 10.3.1977 – III ZR 195/74 –, EzGuG 18.72; BFH, Urt. vom 15.1.1985 – IX R 81/83 –, EzGuG 20.109; a.A. RFH, Urt. vom 28.4.1938– III 345/37 –, RStBl. 1938, 716.
70 Brachmann in AVN 1967, 478; Meissner in AVN 1967, 535; Hintzsche in AVN 1968, 111; Glaser in AVN 1969, 456; Frisch in AVN 1970, 445.

Grundlage der Bodenwertermittlung „anstelle von Vergleichspreisen" geeignet waren, sind sie es künftig umso mehr.

3. Bodenrichtwerte weisen als Vergleichsgrundlage im Verhältnis zu den „Vergleichsfaktoren bebauter Grundstücke" eine sehr viel höhere Eignung als Wertermittlungsgrundlage auf, weil sie sich nur auf die Eigenschaften des Grund und Bodens beziehen; die Eignung der „Vergleichsfaktoren bebauter Grundstücke" ist dagegen aufgrund weiterer abweichender Eigenschaften der baulichen Anlage per se weitaus geringer. Es ist von daher fachlich nicht begründbar, die Vergleichsfaktoren *anstelle* von Vergleichspreisen und die Bodenrichtwerte lediglich *„auch"* als Wertermittlungsgrundlage zuzulassen.

4. Eine fundierte Verkehrswertermittlung kann sich gerade bei bebauten Grundstücken darauf beschränken, den Bodenwert auf der Grundlage von Bodenrichtwerten anzusetzen. Dies betrifft in erster Linie die Verkehrswertermittlung bebauter Grundstücke im Wege des Ertragswertverfahrens, wenn die bauliche Anlage eine hinreichend lange Restnutzungsdauer aufweist. Selbst gravierende Fehler der Bodenwertermittlung wirken sich dann nur im Nachkommabereich aus und die mit einem erheblichen Aufwand verbundene Heranziehung von Vergleichspreisen ist fachlich nicht geboten (vgl. Beispiel bei § 16 ImmoWertV Rn. 244). Die Praxis sieht in diesen Fällen auch von der Heranziehung von Vergleichspreisen aus guten Gründen ab. Dies würde im Ergebnis zu einer unnötigen „Verbürokratisierung" und „Verteuerung" der Gutachtenerstattung führen, was den erklärten Zielsetzungen der Bundesregierung, nämlich einer Verwaltungsvereinfachung, zuwiderliefe (vgl. Vorbem. zur ImmoWertV Rn. 13; Syst. Darst. des Ertragswertverfahrens Rn. 66, 72, 86, 288; § 8 ImmoWertV Rn. 384).

157 Bei **Anwendung des Ertragswertverfahrens** können Bodenrichtwerte bedenkenfrei herangezogen werden, wenn die Bebauung eine lange Restnutzungsdauer aufweist und keine selbständig nutzbaren Teilflächen i.S. des § 17 Abs. 2 Satz 2 ImmoWertV gesondert zu berücksichtigen sind.

158 Die Notwendigkeit, bei Heranziehung von Bodenrichtwerten auf originäre Vergleichspreise zurückzugreifen, stellt sich vor allem dann, wenn **Zweifel an der Stimmigkeit der Bodenrichtwerte** aufkommen müssen[71]. Der sich aus § 195 Abs. 3 BauGB ergebende Rechtsanspruch auf Auskunft aus der Kaufpreissammlung besteht bei alledem generell und nicht erst bei aufkommenden Zweifeln. Etwas anderes kann allenfalls dann gelten, wenn nach den Umständen des Einzelfalls der Bodenrichtwert in erkennbarer Weise vertrauenswürdig ist und etwaige Schätzungsungenauigkeiten ohne Bedeutung sind. Dies kann bei Anwendung des Ertragswertverfahrens der Fall sein, denn bei Anwendung dieses Verfahrens schlagen Ungenauigkeiten der Bodenwertermittlung bei langer Restnutzungsdauer des Gebäudes nur marginal auf das Ergebnis durch.

4.3.2.2 Geeignete Bodenrichtwerte nach ImmoWertV

159 **Voraussetzung für die Heranziehung von Bodenrichtwerten zur Wertermittlung** ist ihre Eignung (vgl. § 16 Abs. 1 Satz 4 ImmoWertV). Eine Eignung ist gegeben, wenn die Merkmale des zugrunde gelegten Bodenrichtwertgrundstücks hinreichend mit den Grundstücksmerkmalen des zu bewertenden Grundstücks übereinstimmen. Darüber kann nur befunden werden, wenn die Bodenrichtwerte

a) entsprechend den örtlichen Verhältnissen *hinreichend gegliedert* sind, und zwar nach
- Lage und
- Entwicklungszustand, und

---

71 Zu den Zweifeln vgl. Rechtsprechung des OLG Düsseldorf in Bezug auf Kostenrecht: OLG Düsseldorf, Beschl. vom 2.6.1971 – 10 W 37/71 –, Rpfleger 1971, 372 = DNotZ 1972, 442 = JVBl. 1971, 190 = EzGuG 20.49b.

b) hinreichend bestimmt sind, und zwar nach
- Art und Maß der baulichen Nutzung,
- Erschließungszustand sowie
- der jeweils vorherrschenden Grundstücksgestalt (vgl. § 10 ImmoWertV).

160 Die von den Gutachterausschüssen nach § 193 Abs. 3 BauGB zu ermittelnden und nach § 196 Abs. 3 BauGB zu veröffentlichenden Bodenrichtwerte weisen diese Voraussetzungen nicht allerorts auf. Bei alledem sind Zweifel aufgekommen, ob die nach § 196 BauGB flächendeckend für das gesamte Bundesgebiet abzuleitenden Bodenrichtwerte (für Bauland) tatsächlich für die Bodenwertermittlung allerorts geeignet sind[72]. Generell ist festzustellen, dass die **Eignung von Bodenrichtwerten für Wertermittlungen umso besser ist, je dichter die Bodenrichtwerte** abgeleitet worden sind und je konkreter die Eigenschaften der dem Bodenrichtwert zuzuordnenden Grundstücke bei der Ableitung berücksichtigt und in der Veröffentlichung angegeben worden sind. Vielfach beschränkt sich allerdings die Bodenrichtwertableitung auf wenige und dann auch noch unpräzisierte Angaben. Beispielsweise ist die Heranziehung von **Bodenrichtwerten für „ortsüblich erschlossene Grundstücke"** in der Rechtsprechung auf Kritik gestoßen, da § 196 Abs. 1 Satz 1 BauGB für baureifes Land nur die Veröffentlichung von erschließungsbeitragsfreien (ebf) oder erschließungsbeitragspflichtigen (ebp) Bodenrichtwerten vorsehe und aus diesen Angaben eine eventuelle Erschließungsbeitragspflichtigkeit nicht eindeutig hervorgehe[73].

161 Grundsätzlich ist der Bodenrichtwertermittlung dabei das Maß der baulichen Nutzung zugrunde zulegen, das sich für das Bodenrichtwertgrundstück nach Maßgabe des § 6 Abs. 1 ImmoWertV ergibt. Nach dieser Vorschrift ist das nach den bauplanungsrechtlichen Bestimmungen der §§ 30, 33 und 34 BauGB unter Berücksichtigung sonstiger die Nutzbarkeit betreffender Vorschriften höchstzulässige Maß der baulichen Nutzung maßgebend, es sei denn, im gewöhnlichen Geschäftsverkehr wird am Wertermittlungsstichtag üblicherweise ein davon abweichendes Maß der baulichen Nutzung zugrunde gelegt. Angewandt auf die Bodenrichtwertermittlung bedeutet dies, dass in diesen Fällen **der Bodenrichtwertermittlung das am Bezugsstichtag der Bodenrichtwertermittlung lageübliche Maß der baulichen Nutzung zugrunde zu legen ist,** denn in diesen Fällen orientieren sich die Kaufpreise, aus denen der Bodenrichtwert abgeleitet wird, am lagetypischen Maß der baulichen Nutzung. Es kann dabei auch nicht ausgeschlossen werden, dass das in der Vergangenheit tatsächlich realisierte Maß der baulichen Nutzung im Einzelfall von dem abweicht, was im Neubaufall am Wertermittlungsstichtag lageüblich wäre.

162 Vorstehenden Grundsätzen wird in der Praxis der Gutachterausschüsse nicht immer hinreichend Rechnung getragen. In dem nachfolgenden Beispiel (Abb. 16) wurde in verfänglicher Weise die bauplanungsrechtlich zulässige Nutzung mit einer GFZ von 1,5 dem Bodenrichtwert zugeordnet, obwohl in dem Gebiet eine durchschnittliche GFZ von 2,4 realisiert worden ist und auch im Neubaufall mit einem entsprechenden Dispens gerechnet werden kann. Hieran dürften sich auch die der Bodenrichtwertableitung zugrunde gelegten Vergleichspreise orientiert haben, so dass im Falle der Heranziehung des Bodenrichtwerts für ein Grundstück mit einer GFZ von 2,4 eine Umrechnung des angegebenen Bodenrichtwerts von einer GFZ = 1,5 auf eine GFZ von 2,4 falsch wäre. Umgekehrt entspräche es auch nicht den Vorgaben des § 196 BauGB, wenn der Gutachterausschuss dem Bodenrichtwert die bauplanungsrechtliche Nutzbarkeit zuordnet, obwohl die lagetypische Nutzung weit darüber liegt.

---

72 Vgl. hierzu Umfrage des Deutschen Landkreistages in GuG 2000, 164.
73 OVG Bautzen, Urt. vom 13.3.2000 – f 7 D 57/98 -, GuG 2001, 59 = EzGuG 4.174; OVG Magdeburg, Urt. vom 4.2.1999 – C 8 S 4/98 -, RdL 1999, 214.

Beispiel:

Abb. 16: Bodenrichtwertkarte

Mitunter sind die Verhältnisse noch undurchsichtiger, wenn die bauplanungsrechtlichen Festsetzungen zum Maß der baulichen Nutzung von dem dem Bodenrichtwert zugeordneten Maß der baulichen Nutzung und dem **lagetypischen Maß der baulichen Nutzung** abweichen:

Im nachfolgenden Beispiel liegt die tatsächlich in dem Gebiet realisierte lagetypische Nutzung bei einer GFZ von 3,0, die auch im Falle eines Neubaus üblicherweise genehmigt wird, obwohl der Bebauungsplan (von 1963) eine GFZ von 1,0 festsetzt. Dem Bodenrichtwert wird nun wiederum eine GFZ von 2,0 zugeordnet, und man ist da wohl gut beraten, diesen beim Gutachterausschuss für Grundstückswerte kritisch zu hinterfragen:

Beispiel:

Abb. 17: Bodenrichtwertkarte

4.4 Bodenrichtwerte in der steuerlichen Bewertung

167 In der steuerlichen Bewertung bestimmt sich der Wert unbebauter Grundstücke nach § 179 regelmäßig nach dem zuletzt vom Gutachterausschuss festgestellten Bodenrichtwert. § 179 BewG hat folgende Fassung:

„**§ 179 BewG Bewertung der unbebauten Grundstücke**

Der Wert unbebauter Grundstücke bestimmt sich regelmäßig nach ihrer Fläche und den Bodenrichtwerten (§ 196 des Baugesetzbuchs). Die Bodenrichtwerte sind von den Gutachterausschüssen nach dem Baugesetzbuch zu ermitteln und den Finanzämtern mitzuteilen. *Bei der Wertermittlung ist stets der Bodenrichtwert anzusetzen, der vom Gutachterausschuss zuletzt zu ermitteln war.* Lässt sich von den Gutachterausschüssen kein Bodenrichtwert nach § 196 des Baugesetzbuchs ermitteln, ist der Bodenwert aus den Werten vergleichbarer Flächen abzuleiten."

168 Der **zuletzt vom Gutachterausschuss festgestellte Bodenrichtwert** ist auch maßgebend, wenn der Gutachterausschuss Bodenrichtwerte im zweijährigen Turnus ermittelt, sowie bei Ermittlung des Grundbesitzwerts unter Anwendung des Ertrags- und Sachwertverfahrens.

169 Entgegen dem Wortlaut des § 179 BewG ist bei der Grundbesitzbewertung nicht unmittelbar der Bodenrichtwert anzusetzten. Der Bodenrichtwert ist lediglich Ausgangspunkt für die erbschaftsteuerliche Bewertung. Das Nähere ist im gleich lautenden **Erlass der obersten Finanzbehörden der Länder zur Umsetzung des Gesetzes zur Reform des Erbschaftsteuer- und Bewertungsrechts** vom 5.5.2009 unter Berücksichtigung der Rechtsprechung des BFH[74] geregelt.

---

[74] Vgl. GuG 2009, 225 ff.; Die Grundsätze sind vom BFH in drei Grundsatzentscheidungen entwickelt worden: **Erschließungsbeitragsrechtlicher Zustand des Grundstücks** (BFH, Urt. vom 18.8.2005 – II R 62/03 –, BStBl II 2006, 5 = EzGuG 4.195b); **Umrechnungskoeffizienten für Geschossflächenzahl** (BFH, Urt. vom 12.7.2006 – II R 1/04 -, GuG 2008, 249 = EzGuG 4.197a = BStBl II 2006, 742); Umrechnungskoeffizienten für Grundstücksgröße (BFH, Urt. vom 11.5.2005 – II R 21/02 –, GuG 2005, 376 = BStBl II 2005, 686 = EzGuG 4.195).

Abb. 18: Bodenrichtwertverfahren in der steuerlichen Bewertung

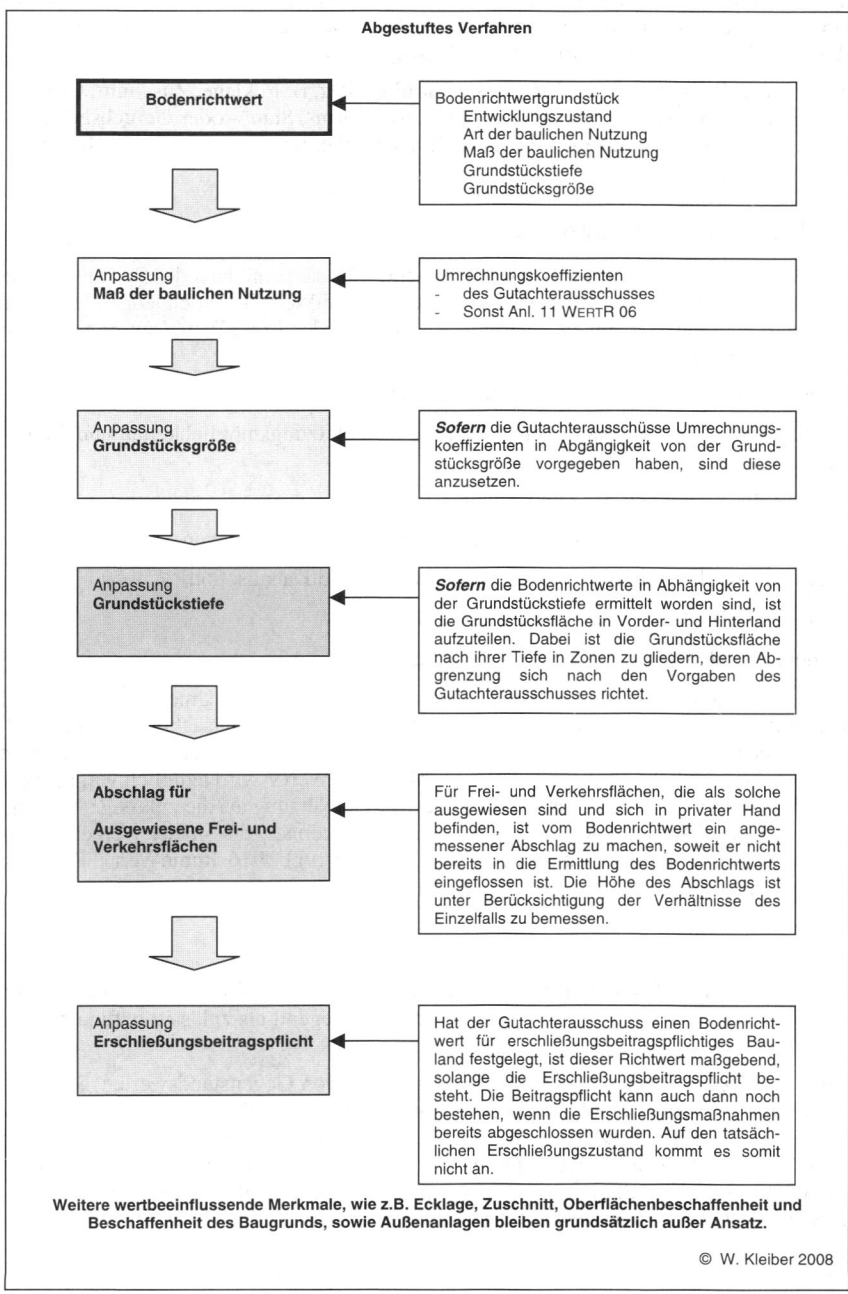

Bei der Berücksichtigung der Grundstücksgröße und der Grundstückstiefe muss eine Doppelberücksichtigung vermieden werden. Darüber hinaus ist die mit Abschnitt 6 (zu § 179 BewG) im vorstehenden Erl. der obersten Finanzbehörden der Länder vorgegebene Reihenfolge der Berücksichtigung des Maßes der baulichen Nutzung (nach den Abs. 2-4) unter Heranziehung der GFZ-Umrechnungstabellen der WERTR und der Vorgabe des Abs. 6, nach der es bei dem

170

erschließungsbeitragspflichtigen Zustand auch bleiben soll, wenn das Grundstück erschließungsbeitragspflichtig ist, einzuhalten. Die Umrechnungskoeffizienten der Anl. 11 zur WERTR 06 beziehen sich nämlich auf einen erschließungsbeitragsfreien Zustand, so dass die Anwendung der Koeffizienten das Ergebnis verfälschen muss.

171 **Weitere wertbeeinflussende Grundstücksmerkmale**, wie z. B. Ecklage, Zuschnitt, Oberflächenbeschaffenheit und Beschaffenheit des Baugrunds, Lärm-, Staub- oder Geruchsbelastungen, Altlasten sowie Außenanlagen bleiben im Übrigen unberücksichtigt (vgl. Abs. 8 des o.a. Erl.).

4.5 Beleihungswertermittlung

172 Die BelWertV hat keine verfahrensübergreifende Vorschrift für die Ermittlung des Bodenwerts. Im Rahmen der Regelungen des Sachwertverfahrens (§§ 14 ff. BelWertV) werden jedoch Hinweise gegeben, nach denen der Bodenwert nach den Regelungen der ImmoWertV zu ermitteln ist unter Berücksichtigung

1. der örtlichen Lage, der Größe und des Zuschnitt des Grundstücks,
2. der Art und des Maßes der baurechtlich festgesetzten Nutzungsmöglichkeiten und die tatsächliche Nutzung,
3. der Art und Beschaffenheit der Zuwegungen,
4. der wichtigsten wirtschaftlichen und verkehrstechnischen Verbindungen,
5. der Anschlussmöglichkeiten an Versorgungsleitungen und Kanalisation,
6. der noch anfallenden Erschließungsbeiträge und
7. vorhandener (Boden-)Richtwerte und Vergleichspreise.

Die Vorschrift lässt offen, wie der Bodenwert zu ermitteln ist, wenn ein Unterschied zwischen den „baurechtlich festgesetzten Nutzungsmöglichkeiten und der tatsächlichen Nutzung" besteht und berücksichtigt auch nicht den Fall eines Unterschiedes zwischen der lagetypischen Nutzung und der tatsächlichen Nutzung. Mit § 15 Abs. 2 BelWertV wird lediglich vorgegeben, dass bei der Ermittlung des Bodenwerts keine höherwertige Nutzung als die zulässige Nutzung zugrunde gelegt werden darf. Bei einer Unterschreitung können die in der Verkehrswertermittlung geltenden Grundsätze zur Anwendung kommen (vgl. § 16 ImmoWertV Rn. 233; § 5 ImmoWertV Rn. 89).

4.6 KostO

173 Die **Heranziehung von Bodenrichtwerten zur Ermittlung des Geschäftswerts i.S. der KostO** ist in der Rechtsprechung dem Grunde nach überwiegend als zulässig befunden worden.

Im Rahmen der Rechtsprechung zur KostO (Ermittlung von Gegenstandswerten) **ist anerkannt, vom** herangezogenen **Bodenrichtwert einen Sicherheitsabschlag von rd. 25 % vorzunehmen.** Dies entspricht der ständigen Entscheidungspraxis insbesondere des KG, das sich auf eine 1973 eingeholte Untersuchung beruft, nach der „die zu den Richtwerten zusammengefassten Bodenpreise eine Schwankungsbreite von 10 % bis zu 30 % unterhalb der Richtwerte" zeigen, „wobei das Hauptgewicht der Schwankungsbreite bei 20 % lag"[75].

5 Berücksichtigung von abweichenden Grundstücksmerkmalen

5.1 Allgemeines

Die den Vergleichspreisen, Bodenrichtwerten sowie Vergleichsfaktoren bebauter Grundstücke zugrunde liegenden Grundstücke werden nur selten in ihren Grundstücksmerkmalen mit denen des zu bewertenden Grundstücks übereinstimmen. Die Abweichungen stehen ihrer Heranziehung zum Preisvergleich gleichwohl nicht grundsätzlich entgegen. Prinzipiell lässt sich fast alles – selbst „Äpfel mit Birnen" – miteinander vergleichen. Es geht jeweils um die angemessene Berücksichtigung der Abweichungen, um einen sachgerechten Vergleich zu ermöglichen (*adjustment*)[76]. **174**

Neben den qualitativen Unterschieden müssen allerdings auch noch Abweichungen aufgrund von **Änderungen in den allgemeinen Wertverhältnissen** berücksichtigt werden, denn der Bezugsstichtag der Vergleichspreise, Bodenrichtwerte sowie Vergleichsfaktoren bebauter Grundstücke wird allenfalls mit dem Wertermittlungsstichtag übereinstimmen, so dass Änderungen in den allgemeinen Wertverhältnissen ebenfalls berücksichtigt werden müssen. Vergleichspreise, die häufig vor mehreren Jahren ausgehandelt wurden, müssen dann beispielsweise auf die allgemeinen Wertverhältnisse des Wertermittlungsstichtags umgerechnet werden. **175**

In der **Zusammenfassung** geht es bei der Heranziehung von Vergleichspreisen (auch von Bodenrichtwerten und Vergleichsfaktoren bebauter Grundstücke) um **176**

– einen qualitativen Preisabgleich und
– einen intertemporären Preisabgleich.

Wenn in der Rechtsprechung immer wieder betont wurde, dass der Verkehrswert keine mathematisch errechenbare Größe ist, so ist dies im besonderen Maße auch darin begründet, dass **Abweichungen in den Zustandsmerkmalen** häufig **nicht mathematisch exakt erfassbar** sind. Die ImmoWertV ist gleichwohl darauf angelegt, die **Berücksichtigung von Abweichungen** in den Zustandsmerkmalen dadurch **auf fundierte Grundlagen** zu stellen, dass sie **177**

– den **Gutachterausschüssen für Grundstückswerte** vorschreibt, die dafür erforderlichen Umrechnungskoeffizienten und Indexreihen i.S. der §§ 11 f. ImmoWertV **abzuleiten**

– dem Sachverständigen mit diesen Vorschriften (Soll-Vorschrift) zugleich aufgibt, die Umrechnungskoeffizienten und Indexreihen zur Berücksichtigung von Abweichungen im konkreten Bewertungsfall **anzuwenden.**

---

75 BayObLG, Beschl. vom 22.7.1971 – 2 Z 88/70 –, EzGuG 11.81; BayObLG, Beschl. vom 13.9.1972 – BReg 3 Z 40/70 –, BayObLGZ 72, 297 = Rpfleger 1972, 464 = MittBayNot 1972, 311 = JurBüro 1972, 1097; OLG Karlsruhe, Beschl. vom 6.7.1971 – 11 W 66/71 –, Rpfleger 1971, 371; LG München I, Beschl. vom 30.1.1970 – 16 T 40/69 –, Rpfleger 1970, 218; AG Göttingen, Beschl. vom 11.2.1970 – 9 IV 165/22 –, Rpfleger 1970, 256; KG, Beschl. vom 1.2.1972 – 1 W 12213/70 –, JVBl. 1972, 138; OLG Hamm, Beschl. vom 7.1.1971 – 15 W 441/70 –, JurBüro 1971, 346; a. A. OLG Düsseldorf, Beschl. vom 2.6.1971 – 10 W 37/71 –, Rpfleger 1971, 372 = DNotZ 1972, 442 = JVBl. 1971, 190; KG, Urt. vom 24.10.1997 – 25 W 5064/96 –, GuG-aktuell 1999, 47 (LS) = EzGuG 14.130; KG, Beschl. vom 9.10.1973 – 1 W 507/72 –, DNotZ 1974, 486 = EzGuG; KG, Beschl. vom 26.10.1994 – 1 W 5012/94 –, DNotZ 1996, 790 = EzGuG 18.116a; KG, Beschl. vom 8.3.1994 – 1 W 6606/94 –; KG, Beschl. vom 31.1.1995 – 19 W 6272/95 –, AnwBl.Bln. 1995, 416; BayObLG, Urt. vom 22.7.1971 – BReg 2 Z 88/70 –, EzGuG 11.81; BayObLG, Beschl. vom 13.9.1972 – BReg 3 Z 40/71 –, EzGuG 20.53a: 25 %; BayObLG, Urt. vom 5.1.1995 – 3 Z BR 291/94 –, EzGuG 19.44; OLG Köln, Urt. vom 15.1.1984 – 23 Wlw 21/83 –, EzGuG 20.104b: 25 %; Schalhorn in JurBüro 1970, 723; Weweder in Rohs/Weweder, KostO 2. Aufl., § 19 Erl. I a S. 254; Lauterbach, KostenG, 16. Aufl. § 19 KostO Rn. 3 B.

76 Entspricht IAS 40 § 40b.

V Syst. Darst. Vergleichswertverf. — Abw. Grundstücksmerkm.

Wenn dies nicht möglich ist, können Abweichungen nach Maßgabe des § 9 Abs. 2 ImmoWertV durch

1. „Zu- und Abschläge" oder
2. in „anderer geeigneter Weise"

berücksichtigt werden.

178 Wo letztlich keinerlei heranziehbaren Umrechnungskoeffizienten zur Verfügung stehen, muss man schließlich auf **allgemeine Erfahrungssätze** zurückgreifen und verbleibende Unterschiede in den wertbeeinflussenden Merkmalen zwischen den Vergleichsobjekten und dem zu bewertenden Grundstück durch Zu- oder Abschläge berücksichtigen.

179 Mit **angemessenen**[77] **Zu- und Abschlägen** können insbesondere Unterschiede bezüglich der besonderen Lageverhältnisse (innere und äußere Verkehrslage, Gesellschafts-, Geschäfts- und Wohnlage), der Nutzbarkeit, der Grundstücksgröße, der Grundstückstiefe und des Grundstückszuschnitts, der Bodenbeschaffeheit, des Erschließungs- und Entwicklungszustands, der Umwelteinflüsse sowie ggf. bezüglich Bau- und Nutzungsbeschränkungen berücksichtigt werden. Auf jeden Fall sollten die Zu- und Abschläge begründbar sein. Sich dabei nur auf seine Erfahrung zu berufen, stellt allerdings eine eher „hilflose Methode" dar.

180 Neben dem Rückgriff auf Erfahrungswerte zur Berücksichtigung bestehender Abweichungen der Vergleichsgrundstücke von dem zu bewertenden Grundstück besteht die einfachste Form der Umrechnung von Vergleichspreisen auf die wertbeeinflussenden Merkmale des Wertermittlungsgrundstücks darin, dass man das maßgebliche **wertbeeinflussende Merkmal,** in dem sich die Grundstücke unterscheiden, mit plausiblen Kenngrößen (Passantenfrequenz, Flächenproduktivität usw.) wertmäßig **ins Verhältnis setzt** und hieraus den gesuchten Wert des zu bewertenden Grundstücks ableitet:

181 *Gesucht:* Bodenwert/-preis des Wertermittlungsobjekts mit dem wertbeeinflussenden Merkmal A (gegeben)

Gegeben: Bodenpreis eines Vergleichsgrundstücks mit dem wertbeeinflussenden Merkmal B (messbar)

Dann ist:

$$\frac{Bodenpreis_{Merkmal_A}}{Bodenpreis_{Merkmal_B}} = \frac{Merkmal_A}{Merkmal_B}$$

Umgeformt:

$$Bodenpreis_{Merkmal_A} = Bodenpreis_{Merkmal_B} \times \frac{Merkmal_A}{Merkmal_B}$$

182 *Beispiel:*

- Es liegt ein Vergleichspreis in Höhe von 300 €/m² aus einem innerstädtischen Mischgebiet (bevorzugte Einkaufslage) vor. Das Vergleichsgrundstück hat eine Flächenproduktivität von 8 000 €/m² Verkaufsfläche. Die Nachbargrundstücke sind ähnlich geprägt.
- Gesucht ist der Bodenwert eines ebenfalls im innerstädtischen Mischgebiet gelegenen Grundstücks. Die Lage ist durch eine geringere Flächenproduktivität geprägt, die bei 6 000 €/m² Verkaufsfläche liegt.
- **Gesuchter Bodenpreis** = 300 €/m² × 6 000 : 8 000 = **225 €/m²**

▶ *Weitere Beispiele Teil VI Rn. 273*

---

[77] Die Zu- und Abschläge müssen „angemessen" sein, obwohl die Vorschrift im Unterschied zum früheren Recht (§ 6 WertV 72) dies nicht ausdrücklich hervorhebt.

Wie das KG Berlin[78] feststellte, können prozentuale Zu- und Abschläge in ihrer Höhe niemals nach einer vom Sachverstand geschaffenen Methode genau berechnet werden; in einem Rechtsstreit seien sie immer nur im Rahmen des dem Gericht nach § 287 ZPO zustehenden Ermessens zu schätzen und böten damit stets Raum für unterschiedliche Auffassungen. Wenn die **Zu- oder Abschläge die Größenordnung von höchstens 30 % oder allenfalls 35 % übersteigen,** zeige dies, dass die angeblich vergleichbaren Grundstücke in Wahrheit nicht miteinander verglichen werden können (vgl. Rn. 10 ff.).

183

I. d. R. unterscheiden sich die zum Preisvergleich heranziehbaren Grundstücke gleich in mehreren Grundstücksmerkmalen von denen des zu bewertenden Grundstücks. Dass ein Vergleichsgrundstück nur in einem einzigen Zustandsmerkmal Abweichungen aufweist, ist eher eine seltene Ausnahme. Muss also der Kaufpreis eines Vergleichsgrundstücks bezüglich mehrerer abweichender Grundstücksmerkmale auf die Eigenschaften des Wertermittlungsobjekts umgerechnet werden, so kann für das Ergebnis von Bedeutung sein, in welcher **Reihenfolge** die erforderlichen **Zu- oder Abschläge** an den Kaufpreis des Vergleichsgrundstücks angebracht werden (vgl. Nr. 2.3.4.1 WERTR). Dies betrifft die Fälle, in denen die Zu- oder Abschläge teils **mit Absolutbeträgen** und teils **mit Relativbeträgen** angebracht werden.

184

Beispiel:

185

a) Das Vergleichsgrundstück weist gegenüber dem Wertermittlungsobjekt (in mittlerer Geschäftslage mit einer GFZ von 1,2) Abweichungen bezüglich

– dem Maß der baulichen Nutzung (nämlich eine GFZ von 0,8) und

– der Geschäftslage (nämlich schlechte Geschäftslage)

auf. Der Vergleichspreis betrage 600 €/m².

b) Der unterschiedlichen Geschäftslage soll mit einem Zuschlag von 200 €/m² Rechnung getragen werden.

– Das unterschiedliche Maß der baulichen Nutzung soll entsprechend der Umrechnungskoeffizententabelle der Anl. 11 WERTR durch Anwendung des Faktors 1,22 (= 1,10/0,90) berücksichtigt werden.

1. Berechnung		*2. Berechnung*	
Vergleichspreis	600 €/m²	Vergleichspreis	600 €/m²
Berücksichtigung der Geschäftslage	+ 200 €/m²	Berücksichtigung der unterschiedlichen GFZ: 600 € × 1,22	
Zwischensumme	800 €/m²		732 €/m²
Berücksichtigung der unterschiedlichen GFZ: 800 € × 1,22	= 976 €/m²	Berücksichtigung der Geschäftslage	+ 200 €/m²
		Summe	932 €/m²

$\neq$

Bei höheren Zu- und Abschlägen, die mit einem Vomhundertsatz angebracht werden, können sich leicht Unterschiede von 10 % und mehr ergeben.

Bei einer **Berücksichtigung unterschiedlicher Zustandsmerkmale unter einheitlicher Verwendung von Zu- oder Abschlägen in absoluter Höhe oder bei einheitlicher Verwendung von Relativbeträgen** (prozentuale Zu- oder Abschläge) ist es dagegen für das Ergebnis unerheblich, in welcher Reihenfolge die Zu- oder Abschläge angebracht werden. Von daher ist dieser Methodik der Vorzug zu geben.

186

Ist es, wie in dem vorgestellten Beispiel, unvermeidlich, teils mit **Zu- oder Abschlägen in absoluter Höhe und teils mit Relativbeträgen** zu arbeiten, beantwortet sich die Frage nach der richtigen Reihenfolge der Vorgehensweise nach folgenden Überlegungen: Die zur Berücksichtigung eines unterschiedlichen Maßes der baulichen Nutzung abgeleiteten

187

---

[78] KG Berlin, Urt. vom 1.11.1969 – III 1449/68 –, EzGuG 20.46; einen Abzug von 30 % bejahend VG Schleswig, Urt. vom 25.9.1974 – 2 A 108/74 –, EzGuG 15.1; bereits das Pr. OVG hat sich mit dieser Problematik eingehend beschäftigt: Urt. vom 2.11.1896, EzGuG 20.2.

V Syst. Darst. Vergleichswertverf. — Regressionsanalysen

Umrechnungskoeffizienten werden aus Kaufpreisen „sonst gleichartiger" Grundstücke abgeleitet, die *nur* in dem einen bestimmten Zustandsmerkmal voneinander abweichen. Es handelt sich hierbei um die sog. „Ceteris-paribus-Bedingung", nach der die sonstigen wertbeeinflussenden Umstände gleich sein sollen. Insoweit ist es gerechtfertigt, vor Anwendung der Umrechnungskoeffizienten all die Zu- und Abschläge anzubringen, mit denen die Vergleichspreise auf die Grundstücksmerkmale umgerechnet werden, die ansonsten auch der Ableitung der Umrechnungskoeffizienten zugrunde lagen. Solchen Überlegungen kann aber, wie bereits erläutert wurde, von vorneherein aus dem Weg gegangen werden, wenn zur Berücksichtigung von Abweichungen einheitlich mit prozentualen Zu- oder Abschlägen gearbeitet wird.

5.2 Hedonische Modelle, Regressionsanalysen

188 Mit dem in § 9 Abs. 2 ImmoWertV enthaltenen Hinweis, nach dem **Abweichungen der wertbeeinflussenden Grundstückserkmale** der Vergleichsgrundstücke, Bodenrichtwerte bzw. Vergleichsfaktoren bebauter Grundstücke vom Zustand des zu bewertenden Grundstücks nicht nur durch Zu- oder Abschläge, sondern auch **in anderer geeigneter Weise berücksichtigt** werden können, soll den in der Praxis zur Anwendung kommenden mathematisch statistischen Methoden Rechnung getragen werden (Regressionsanalyse oder hedonische Modelle). Die Anwendung mathematisch-statistischer Methoden hat den Vorteil, dass auch Abweichungen mehrerer Zustandsmerkmale der Vergleichsgrundstücke von denen des Wertermittlungsobjekts in einem Rechengang berücksichtigt werden können. Die Methodik ist zudem darauf angelegt, die Verkehrswertermittlung optimal an den zum Preisvergleich herangezogenen Vergleichsgrundstücken zu orientieren. Zu diesem Zweck sucht man – wie in der Ökonometrie –, ein plausibles mathematisches Erklärungsmodell zur Verkehrswertbildung zu konstruieren. Die dabei als verkehrswertbestimmende Faktoren eingeführten Größen werden – ausgehend von denen der Vergleichsgrundstücke – mit Hilfe eines **ausgleichenden Algorithmus** bestimmt (vgl. Abb. 20 ff.). Bei nüchterner Betrachtung dürfen die Erwartungen an diese Methodik allerdings nicht überspannt werden, da die von der Statistik gestellten Anforderungen an derartige Modelle allenfalls näherungsweise erfüllt sind und Scheingenauigkeiten erreicht werden können.

189 Bei Anwendung multipler Regressionsanalysen muss vor allem eine **Plausibilität und Anschaulichkeit des Erklärungsmodells** gefordert werden. Linearen Erklärungsmodellen ist grundsätzlich der Vorzug zu geben, soweit kompliziertere Funktionen nicht begründbar sind:

a) Funktionsgleichung der **linearen Einfachregression:**

$$\text{Zielgröße } y = a + b \cdot x$$

Abb. 19: Lineare Einfachregression

wobei:
y = Zielgröße
x = Einflussfaktor
a = Achsabschnitt
b = $\tan_\alpha$

© W. Kleiber 04

b) Funktionsgleichung der **multiplen** (linearen) **Regression**

> Zielgröße
> $y = a + bx_1 + cx_2 + ...$
> a   Achsenabschnitt auf der Ordinate
> b, c   Regressionskoeffizienten
> x_i Einflussfaktoren

Zur funktionalen Erfassung des Zusammenhangs zwischen der Zielgröße (insbesondere dem Bodenwert) und den (für dessen Höhe) maßgeblichen Einflussfaktoren ist zwar möglichst die Funktion anzustreben, die der funktionalen Abhängigkeit am nächsten kommt, jedoch sollte der Anwender hier **nicht** der Versuchung unterliegen, **Scheingenauigkeiten unter Ansatz allzu komplizierter Funktionsformen** zu erzielen. Zwar mögen in Einzelfällen durch komplizierte mathematische Funktionen höhere Genauigkeitsparameter zu erzielen sein, jedoch kann nicht ohne Weiteres angenommen werden, dass das den Grundstücksmarkt prägende Verhalten der Marktteilnehmer einer übermäßig komplizierten Funktionsgleichung folgt. Ein noch so eindrucksvoller Rechenaufwand darf also den Blick nicht dafür verstellen, was angesichts der Beschaffenheit der zur Verfügung stehenden Daten und der Marktverhältnisse sinnvoll ist. Sonst geraten vom Ansatz her zweckmäßige Operationalisierungen der Wertermittlung durch statistische Methoden in Gefahr, zu bloßem Selbstzweck ohne Beweis- und Überzeugungskraft zu degenerieren.

190

Zur Demonstration des Verfahrens wird in Abb. 20 zunächst ein **Beispiel zur linearen Einfachregression** vorgestellt.

191

V Syst. Darst. Vergleichswertverf. Regressionsanalysen

Abb. 20: Beispiel zur linearen Einfachregression

Beispiel zur linearen Einfachregression

Lineares *Erklärungsmodell der Verkehrswertbildung* (mit sog. Niveaukonstante)

$$BW = a + bx$$

Bodenwert bzw. Verkehrswert bei Anwendung auf bebaute Grundstücke (Vergleichspreise)

Einflussfaktor (unabhängige Variable)

Regressionskoeffizient

Der (zu ermittelnde) Regressionskoeffizient gibt an, um welches Maß sich der Bodenwert bzw. Verkehrswert verändert, wenn sich die unabhängige Variable um eine Einheit ändert.

Beispiel

a) Es liegen *6 Vergleichspreise* (Kaufpreise unbebauter Grundstücke unterschiedlichen Maßes der baulichen Nutzung) vor; die Vergleichspreise sind bereits auf den Wertermittlungsstichtag mittels Bodenpreisindexreihen umgerechnet:

Nr.	BW (€/m²)	GFZ				
	y	x	x^2	y^2	xy	
1.	300	0,4	0,16	90 000	120	
2.	280	0,4	0,16	78 400	112	
3.	350	0,6	0,36	122 500	210	
4.	400	0,6	0,36	160 000	240	
5.	250	0,4	0,16	62 500	100	
6.	420	0,6	0,36	176 400	252	
	Σ = 2 000	3,0	1,56	689 800	1 034	

Arithmetisches Mittel der Vergleichspreise

BW = 2 000/6 = 333,3 €

Arithmetisches Mittel der GFZ

GFZ = 3,0/6 = 0,5

$Q_x = \Sigma x^2 - (\Sigma x)^2/n = 1{,}56 - 3{,}0^2/6 = 0{,}06$
$Q_y = \Sigma y^2 - (\Sigma y)^2/n = 689\,800 - 2\,000^2/6 = 23\,133$
$Q_{xy} = \Sigma xy - \Sigma x \, \Sigma y/n = 1\,034 - 3{,}0 \times 2\,000/6 = 34$

$\boxed{b = Q_{xy}/Q_x}$ = 34/0,06 = **566,7**; $\boxed{a = BW - b \times GFZ}$ = 333,3 − 566,7 × 0,5 = **50**

Lösungsgleichung $\boxed{BW = 50 + 567\, x_{GFZ}}$

b) **Gesucht:** Bodenwert des Wertermittlungsobjekts mit GFZ = 0,5

$$BW = 50 + 567 \times 0{,}5 = \mathbf{333\ €/m^2}$$

c) **Genauigkeitsuntersuchung:**

$$m_{GFZ\,=\,0{,}5} = m\sqrt{\frac{1}{n} \frac{(0{,}5 - GFZ)^2}{Q_x}} = \pm\,\mathbf{13\ €/m^2}$$

wobei $m = \sqrt{Q_{xy}/(n-2)}$ und $Q_{xy} = Q_y - b\,Q_{xy}$

© W. Kleiber

Regressionsanalysen — Syst. Darst. Vergleichswertverf. V

Zur Vermeidung von Fehlinterpretationen ist darauf hinzuweisen, dass die unter Anwendung der Regressionsanalyse gefundene **Regressionsgleichung** grundsätzlich **nur für den Bereich gilt, für den in die Ableitung „Beobachtungsgrößen" eingegangen** sind (Gültigkeitsbereich). Wurden also Kaufpreise für Grundstücke mit einer zwischen 0,6 und 1,6 variierenden GFZ in die Auswertung eingeführt, so steht der dafür ermittelte Regressionskoeffizient auch nur für diesen Bereich. Dies schließt nicht aus, dass bei Anwendung der abgeleiteten Regressionsfunktion in begrenztem Maße Extrapolationen hingenommen werden können. 192

Abb. 21 enthält ein Beispiel, bei dem sich die **Vergleichsgrundstücke von dem Wertermittlungsobjekt bezüglich mehrerer Zustandsmerkmale unterscheiden:** 193

– im Maß der baulichen Nutzung (gemessen nach der GFZ),
– in der Entfernung der Vergleichsgrundstücke vom Zentrum (gemessen in km) und
– dem Grundstückszuschnitt (gemessen als Quotient aus Grundstücksbreite zugrundstückstiefe, wobei das Ergebnis 1,0 einen quadratischen Grundstückszuschnitt beschreibt und der Wert bei Übertiefen gegen null tendiert).

Abb. 21: Anwendung mathematisch-statistischer Methoden in der Verkehrswertermittlung, dargestellt am Beispiel eines linearen Erklärungsmodells

---

Anwendung mathematisch-statistischer Methoden in der Verkehrswertermittlung
(Regressionsanalyse)
Lineares Erklärungsmodell der Bodenwertbildung (ohne sog. Niveaukonstante):

$$BW = a\,x_1 + b\,x_2 + c\,x_3 + \ldots\ldots\ldots r_i$$

Residuum
3. Einflussfaktor
2. Einflussfaktor
1. Einflussfaktor
Bodenwert (Kaufpreise von Vergleichsgrundstücken)

a, b, c, ... Regressionskoeffizienten (gesucht); sie geben an, um welches Maß sich der Bodenwert BW verändert, wenn sich die unabhängigen Variablen um eine Einheit ändern.

a) **Beispiel:**
– Es liegen 6 Vergleichspreise mit folgenden Zustandsmerkmalen vor (indiziert auf Wertermittlungsstichtag)

Vergleichspreis			Zustandsmerkmale des Grundstücks		
Nr.	€/m²	GFZ	Entfernung zum Zentrum (km)	Grundstückszuschnitt Breite : Tiefe	
		x_1	x_2	x_3	
1.	300	0,4	0,5	1,3	
2.	280	0,4	1,0	0,8	
3.	350	0,6	0,6	0,8	
4.	400	0,6	0,2	0,9	
5.	250	0,4	1,2	0,6	
6.	420	0,6	0,2	1,0	

– *Wertermittlungsobjekt:* GFZ 0,5; Entfernung zum Zentrum 0,8 km; Grundstücksbreite Tiefe 0,6
– *Gesucht:* Bodenwert

> **b) Rechengang:**
> Aufgrund des Erklärungsmodells ergibt sich mit den Daten der Vergleichsgrundstücke folgende *Gleichungsmatrix*
>
> $300 = a \times 0{,}4 + b \times 0{,}5 + c \times 1{,}3 + r_1$ $\qquad 400 = a \times 0{,}6 + b \times 0{,}2 + c \times 0{,}9 + r_4$
> $280 = a \times 0{,}4 + b \times 1{,}0 + c \times 0{,}8 + r_2$ $\qquad 250 = a \times 0{,}4 + b \times 1{,}2 + c \times 0{,}6 + r_5$
> $350 = a \times 0{,}6 + b \times 0{,}6 + c \times 0{,}8 + r_3$ $\qquad 420 = a \times 0{,}6 + b \times 0{,}2 + c \times 1{,}0 + r_6$
>
> Die Auflösung der Gleichungsmatrix unter der Bedingung einer Minimierung der Residuen $\Sigma r_i r_i$ führt zur Lösung
>
> $$BW = 561{,}3 \, x_{GFZ} - 13{,}7 \, x_{Entfernung} + 67{,}2 \, x_{Zuschnitt}$$
>
> **c)** **Ermittlung des Bodenwerts des Wertermittlungsobjekts** nach der gefundenen Lösungsgleichung
> $$BW = 561{,}3 \times 0{,}5 - 13{,}7 \times 0{,}8 + 67{,}2 \times 0{,}6 = \mathbf{310 \; €/m^2}$$
>
> © W. Kleiber

Als Erklärungsmodell wurde der Bodenwert als Funktion dieser Einflussfaktoren beschrieben, wobei wiederum von einer linearen Abhängigkeit ausgegangen wird.

194 Rein rechnerisch besteht das Problem lediglich in der **Auflösung einer Gleichungsmatrix mit mehreren Unbekannten.** Charakteristisch für dieses Gleichungssystem ist die Tatsache, dass das System mehr Gleichungen als Unbekannte aufweist; zudem handelt es sich – mathematisch gesprochen – um ein inhomogenes Gleichungssystem, d.h., die Gleichungen können sich widersprechen. Dies hat seine Ursache darin, dass sich die Vergleichspreise nicht als eine mathematisch exakte Funktion der verkehrswertbildenden Einflussfaktoren ergeben. Deshalb wird das Gleichungssystem um ein Residuum r_i ergänzt, um unerklärbare Restschwankungen „aufzufangen". Dies entspricht den Erfahrungen, denn auch im gewöhnlichen Geschäftsverkehr streuen die Kaufpreise selbst für völlig gleichartige Grundstücke. Da sich der Verkehrswert – statistisch betrachtet – als der wahrscheinlichste Wert definieren lässt (vgl. § 194 BauGB Rn. 8), wird das Gleichungssystem derart gelöst, dass sich die Lösungsfunktion „möglichst gut" den sich aus den Vergleichsgrundstücken ergebenden Parametern (im Beispiel sind dies die GFZ, die Entfernungslage und der Grundstückszuschnitt) anpasst. Dies erfolgt nach dem aus der Ausgleichungsrechnung bekannten Verfahren der Methode der kleinsten Quadrate, die im Ergebnis dazu führt, dass die Summe der Quadrate aller Residuen minimiert wird. Rechnerisch ist die Anwendung dieses Verfahrens, auf das hier nicht einzugehen ist, selbst bei Anwendung elektronischer Taschenrechner heute unproblematisch.

195 Das in Abb. 21 vorgestellte *Beispiel* führt zur folgenden (nur für den Beispielsfall geltenden) „Bodenwertformel":

$BW = 561{,}3 \, x_{GFZ} - 13{,}7 \, x_{Entfernung} + 67{,}2 \, x_{Zuschnitt}$

Dies bedeutet:

– der Bodenwert „wächst" mit ansteigender GFZ;

– der Bodenwert vermindert sich mit der Entfernung zum Zentrum;

– der Bodenwert „wächst", je vorteilhafter der Grundstückszuschnitt ist.

In welchem Maße die Abhängigkeit des Bodenwerts von den genannten Einflussfaktoren gegeben ist, beschreiben die ermittelten Regressionskoeffizienten.

196 Das Verfahren erlaubt auch Aussagen über die **Genauigkeit der als Erklärungsmodell der Bodenwertbildung gefundenen Lösungsgleichung.** Maßstab hierfür ist insbesondere die Summe aus den Quadraten der Residuen, dargestellt an dem in Abb. 22 vorgestellten *Beispiel*.

197 Hieraus lässt sich als einfachstes statistisches Prüfmaß für das Erklärungsmodell als Ganzes das sog. **Bestimmtheitsmaß R** ableiten, das auch als Korrelationsmaß oder Korrelationskoeffizient bezeichnet wird. Es kann als Prozentzahl aufgefasst werden, die anzeigt, welcher Anteil der zu erklärenden Varianz durch die Lösungsgleichung beschrieben wird. Bei sehr engem Zusammenhang zwischen dem hier zu ermittelnden Verkehrswert und den erklärenden Einflussfaktoren nähert es sich dem Wert Eins; bei nur geringen Zusammenhängen geht das Bestimmtheitsmaß gegen null. Vor einer falschen Auslegung des Bestimmtheitsmaßes, auf dessen Ermittlung hier nicht näher eingegangen werden soll, muss gewarnt werden. Seine Aussagekraft ist abhängig vom Umfang der Stichprobe, d.h. der Zahl der in die Auswertung eingehenden Vergleichspreise. Zudem lässt sich – gemessen am Bestimmtheitsmaß – eine Scheingenauigkeit erreichen durch Einführung weiterer, auch unplausibler Erklärungsgrößen in das Erklärungsmodell. Vor diesem Hintergrund muss ohnehin vor einer Überforderung der Regressionsanalyse gewarnt werden. Dies beginnt bereits bei der Konstruktion des Erklärungsmodells (Abb. 22).

Abb. 22: Summe der Quadrate der Residuen

Nr.	Vergleichspreise (€/m2)	Bodenwert nach Lösungsgleichung			r_i	$r_i r_i$
1.	300	–	310	=	– 10	100
2.	280	–	265	=	+ 15	225
3.	350	–	380	=	– 30	900
4.	400	–	394	=	+ 6	36
5.	250	–	247	=	+ 3	9
6.	420	–	401	=	+ 19	361
					$r_i r_i$=1 631	

Auf zwei von vielen weiteren **Anforderungen,** die hieran zu stellen sind, sei hingewiesen:

a) die angesetzten Erklärungsfaktoren müssen vollständig und ursächlich für die Höhe der Vergleichspreise sein;

b) die Erklärungsfaktoren sollen voneinander unabhängig und normal verteilt sein und nur eine einseitige kausale Beziehung zu den von ihnen erklärten Vergleichspreisen aufweisen.

Ein anschauliches Bild über die Verteilung erhält man durch Aufstellung entsprechender **Histogramme, bei der die Häufigkeit der einzelnen Klassen** in Form von aneinander gereihten Rechtecken dargestellt wird (Abb. 23).

Abb. 23: Histogramm

© W. Kleiber

5.3 Abweichende Grundstücksmerkmale

5.3.1 Entwicklungszustand

5.3.1.1 Allgemeines

▶ *Vgl. § 6 ImmoWertV Rn. 14 ff.*

199 Grundsätzlich sind Vergleichspreise von Grundstücken heranzuziehen, deren Entwicklungszustand (§ 5 ImmoWertV) weitgehend mit dem des zu bewertenden Grundstücks übereinstimmt; d.h., zur Verkehrswertermittlung von baureifem Land zieht man möglichst Vergleichspreise von „baureifem Land" und nicht etwa von Bauerwartungsland heran.

200 Im Einzelfall stehen allerdings nicht immer Vergleichspreise bzw. Bodenrichtwerte von Grundstücken in der Art der (baulichen) Nutzung zu Verfügung, die das zu bewertende Objekt aufweist. Sehr häufig stehen z. B. Vergleichspreise bzw. Bodenrichtwerte von Wohnbauflächen, nicht jedoch von Gewerbebauland zur Verfügung. In diesen Fällen stellt sich die Frage, wie sich die unterschiedliche Art der baulichen Nutzung auf den Bodenwert auswirkt. Zum **Wertverhältnis von Wohnbau- und Gewerbebauland** werden von den Gutachterausschüssen für Grundstückwerte nur wenige Untersuchungen vorgelegt (vgl. Abb. 24).

Abb. 24: Wertverhältnis von Wohnbau- und Gewerbebauland im Kreis Dithmarschen

Wertverhältnis von Wohnbau- und Gewerbebauland im Kreis Dithmarschen			
	Umrechnungskoeffizienten		
Gemarkung	von Wohnbauflächen in Gewerbebauflächen	von Wohnbauflächen in gemischte Bauflächen	von Gewerbebauflächen in gemischte Bauflächen
Brunsbüttel	0,56	1,08	1,93
Heide	0,61	1,76	2,87
Marne	0,36	1,24	3,44
Meldorf	0,52	0,52	2,64
Wesselburen	0,44	0,44	2,85

Quelle: Grundstücksmarktbericht des Kreises Dithmarschen 2002

201 Die Untersuchung macht deutlich, dass keinesfalls einheitliche Wertverhältnisse zu beobachten sind.

Auch die Unterscheidung zwischen GI und GE ist beachtlich. Die bauplanungsrechtliche **Unterscheidung zwischen GE- und GI-Gebieten** i.S. der §§ 8 und 9 BauNVO **führt häufig bereits zu Wertunterschieden von 100 %,** d.h., Industriegebiete weisen dann den hälftigen Wert von sonstigen Gewerbegebieten auf (vgl. § 6 ImmoWertV Rn. 21).

202 Insoweit brauchen Unterschiede zwischen dem Entwicklungszustand des Vergleichsgrundstücks und dem des zu bewertenden Grundstücks nicht berücksichtigt zu werden. Dabei muss allerdings bedacht werden, dass es für einen bestimmten in § 5 ImmoWertV definierten **Entwicklungszustand kein** bestimmtes **einheitliches Bodenwertniveau** gibt. Innerhalb eines bestimmten Entwicklungszustands kann es entsprechend den übrigen qualitativen Eigenschaften des Grundstücks auch im Hinblick auf eine Weiter- und Rückentwicklung des Entwicklungszustands erhebliche, sich im Bodenwertniveau niederschlagende Wertdifferenzen geben. Dies gilt insbesondere für das werdende Bauland (Bauerwartungs- und Rohbauland). Dementsprechend ist die in § 2 Satz 3 ImmoWertV definierte Wartezeit neben dem Entwicklungszustand als eigenständiges Grundstücksmerkmal genannt.

Die Heranziehung von Vergleichspreisen für Grundstücke eines mit dem zu bewertenden Grundstück identischen Entwicklungszustands ist geboten, weil es aufgrund vorstehender Ausführungen ein festes **Wertverhältnis zwischen den verschiedenen Entwicklungszustandsstufen** nicht geben kann. Wertmäßig gehen nämlich die verschiedenen Entwicklungszustandsstufen ineinander über (vgl. § 6 ImmoWertV Rn. 19 ff. und Rn. 428 ff.). Die im Schrifttum angegebenen Preisspannen zwischen verschiedenen Entwicklungszustandsstufen können deshalb keine Allgemeingültigkeit beanspruchen, sondern allenfalls für ganz spezifische ihrer Ableitung zugrunde gelegte Verhältnisse gelten. 203

Bei **warteständigem Bauland** können unterschiedliche Wertigkeiten ihre Ursache haben in: 204

a) unterschiedlichen Wartezeiten bis zur Baureife mit dem daraus resultierenden Zinsverlust,

b) unterschiedlichen Aufschließungskosten; so zur **kostenkalkulatorischen Ermittlung des Unterschieds zwischen Rohbauland und baureifem Land (ersparte Aufwendungen)**.

Folgende Positionen sind dabei von Bedeutung: 205

– Erschließungsvorteil,

– Freilegungs- und Freistellungsvorteile, soweit Nutzungseinrichtungen beseitigt und der Nutzung entgegenstehende Rechte aufgehoben werden müssen,

– Vorteile einer ggf. erforderlichen Bodenordnung, bemessen nach Vermessungskosten, Notar- und Gutachterkosten, Grunderwerbsteuer, Grundbuchgebühren usw.[79]

▶ *Zum Entwicklungszustand von Flächen, die für bestimmte Personengruppen festgesetzt sind, vgl. § 6 ImmoWertV Rn. 91, oder für die bestimmte Wohngebäude der sozialen Wohnraumförderung errichtet werden dürfen, vgl. § 6 ImmoWertV Rn. 87 ff.*

5.3.1.2 Wartezeit bis zu einer baulichen oder sonstigen Nutzung

▶ *Vgl. Rn. 425 ff.; § 2 ImmoWertV Rn. 10 ff.; § 5 ImmoWertV Rn. 141*

Es wurde schon darauf hingewiesen, dass insbesondere bei warteständigem Bauland die Wartezeit bis zu einer baulichen oder sonstigen Nutzung ein **wesentliches Zustandsmerkmal** ist. 206

Bei der Berücksichtigung der Wartezeit beim Preisvergleich muss sorgfältig **unterschieden werden zwischen:** 207

a) der Wartezeit, die für das zu bewertende Grundstück bis zum Eintritt der Voraussetzungen für die Zulässigkeit einer baulichen Nutzung besteht, und

b) der Wartezeit, die entsprechend für die zum Preisvergleich herangezogenen Grundstücke bis zum Eintritt der Zulässigkeit einer baulichen Nutzung bestand.

Wertmäßig können unterschiedliche **Wartezeiten** bei dem zu bewertenden Grundstück und den zum Preisvergleich herangezogenen Grundstücken **durch finanzmathematische Methoden** berücksichtigt werden. 208

Ergänzend wird darauf hingewiesen, dass die vorstehenden Ausführungen sinngemäß auch zur Berücksichtigung von **Wartezeiten** zur Anwendung kommen können, **die auf eine Änderung oder Aufhebung der rechtlichen und tatsächlichen Voraussetzungen für eine bauliche Nutzung** wie im Übrigen auch für eine *sonstige* Nutzung zur Anwendung kommen können. Denn keineswegs ist die Entwicklung stets nur im Hinblick auf eine höherwertige Nutzung gegeben. Die Zulässigkeit einer baulichen Nutzung kann einem Grundstück nämlich durch Änderung oder Aufhebung eines Bebauungsplans nach den §§ 39 ff. BauGB auch wieder entzogen werden. Geschieht dies innerhalb einer Frist von 7 Jahren ab Zulässigkeit einer baulichen Nutzung, bemisst sich die Entschädigung gemäß § 42 Abs. 2 BauGB nach dem Unterschied zwischen dem Wert des Grundstücks aufgrund der bisher zulässigen Nutzung und dem Wert, der sich infolge der Änderung oder Aufhebung ergibt. Bei längeren Fristen 209

---

79 Ernst/Zinkahn/Bielenberg, BauGB, Komm. zu § 58 Rn. 4; Dieterich, Baulandumlegung, Recht und Praxis, 5. Aufl. 2006, Rn. 190 ff., 210; vgl. BGH, Urt. vom 22.6.1978 – III ZR 92/75 –, EzGuG 17.35.

kann der Eigentümer nach § 42 Abs. 3 BauGB nur eine Entschädigung für Eingriffe in die ausgeübte Nutzung verlangen. Dies muss nach den Gepflogenheiten des gewöhnlichen Geschäftsverkehrs bei der Verkehrswertermittlung berücksichtigt werden, so dass auch diesbezüglich Erwartungen zu beachten sind.

▶ *Weitere Hinweise zur Wartezeit bei Rn. 425 ff. sowie bei § 5 ImmoWertV Rn. 108 ff., 144, 166; Teil VIII Rn. 243 ff.; § 16 ImmoWertV Rn. 233 ff.*

5.3.1.3 Entschädigungs- und Übernahmeanspruch

▶ *Vgl. Teil VII Rn. 171 ff., 219 ff.*

210 Als eine weitere bei der Verkehrswertermittlung zu beachtende rechtliche Gegebenheit i.S. des § 194 BauGB kommt ein mit dem Grundstück verbundener **Entschädigungs- oder Übernahmeanspruch** in Betracht. Dies können insbesondere Entschädigungs- und Übernahmeansprüche nach den planungsschadensrechtlichen Vorschriften der §§ 39 ff. BauGB, aber auch nach Fachplanungsgesetzen (auch Berggesetz) sein.

211 Derartige Entschädigungs- und Übernahmeansprüche werden vom Sachverständigen häufig gar nicht erst erkannt, wenn er sich darauf beschränkt, allein die zum Wertermittlungsstichtag maßgeblichen bauplanungsrechtlichen Festsetzungen festzustellen. Deshalb muss die **bauplanungsrechtliche Vergangenheit des zu bewertenden Grundstücks** mit in die Betrachtung einbezogen werden, insbesondere, wenn das Grundstück am Wertermittlungsstichtag von Festsetzungen für den Gemeinbedarf oder sonstige fremdnützige Nutzungen betroffen ist (§ 40 BauGB). Es kann aber auch ein Herabzonungsfall nach § 42 Abs. 2 BauGB vorliegen, ohne dass bislang ein Entschädigungsanspruch für die Wertminderung aufgrund der Änderung oder Aufhebung einer zulässigen Nutzung, die sich vor dem Wertermittlungsstichtag vollzogen hatte, geltend gemacht wurde.

212 Diese Fälle können sich in Bezug auf die Anspruchsgrundlage und Entschädigungshöhe rechtlich schwierig gestalten und überfordern vielfach den Gutachter. In jedem Fall muss der **Sachverständige** in seinem Gutachten **auf** diesen **Umstand hinweisen, wenn er nicht** eine **rechtliche Klärung herbeiführen kann.**

213 Dabei ist zu beachten, dass Entschädigungs- und Übernahmeansprüche nach den Vorschriften des BauGB regelmäßig nur dem betroffenen Eigentümer unmittelbar zustehen[80]. Ist das **Grundstück nach Entstehung des Anspruchs aber vor dem maßgeblichen Wertermittlungsstichtag veräußert** worden, kann der Rechtsnachfolger in die Rechtsposition des betroffenen vorherigen Eigentümers einrücken[81]. Grundsätzlich muss der Rechtsnachfolger dies nachweisen. Enthält der Veräußerungsvertrag eine entsprechende Bestimmung, so ist dies leicht nachweisbar. Der Nachweis kann aber auch in der Weise erfolgen, dass dargelegt wird, dass der Erwerbspreis dem damaligen Verkehrswert ohne den enteignenden Eingriff entsprach[82].

214 Hieraus ergibt sich die Möglichkeit, bei der Verkehrswertermittlung von **Grundstücken, für die ein planungsschadensrechtlicher Entschädigungsanspruch noch nicht geltend gemacht worden ist,** den Verkehrswert ohne oder mit Übertragung des Entschädigungsanspruchs im Gutachten auszuweisen.

---

80 Ernst/Zinkahn/Bielenberg, BauGB § 40 Rn. 53 ff.; § 42 Rn. 133; § 18 Rn. 41 ff.; BGH, Urt. vom 4.2.1957 – III ZR 181/55 –, EzGuG 18.6.
81 BGH, Urt. vom 2.2.1978 – III ZR 90/76 –, EzGuG 18.81.
82 BGH, Urt. vom 2.2.1978 – III ZR 90/76 –, EzGuG 18.81; BGH, Urt. vom 13.7.1978 – III ZR 166/76 –, EzGuG 18.84; BGH, Urt. vom 9.12.1968 – III ZR 114/66 –, EzGuG 4.28.

5.3.2 Art und Maß der baulichen Nutzung

5.3.2.1 Art der baulichen Nutzung

▶ *Hierzu Allgemeines § 6 ImmoWertV Rn. 7 ff., 10, 55 ff.*

Bezüglich der „Art der baulichen Nutzung" ist nach § 1 BauNVO zwischen der *allgemeinen und besonderen* Art **der baulichen Nutzung** zu unterscheiden. Für die Wertermittlung ist es erforderlich, die zum Preisvergleich herangezogenen Grundstücke ebenso wie das zu bewertende Grundstück diesen Gebieten zuzuordnen, damit die Vergleichbarkeit hergestellt wird. 215

- Im Flächennutzungsplan werden die für eine Bebauung vorgesehenen Flächen nach § 1 Abs. 1 und 2 BauNVO nach der *allgemeinen* Art (Bauflächen) und – soweit erforderlich – nach der *besonderen* Art ihrer baulichen Nutzung (Baugebiete) dargestellt.
- Im Bebauungsplan wird die Art der baulichen Nutzung nach § 1 Abs. 3 BauNVO durch Ausweisung von Baugebieten festgesetzt. Die §§ 2 bis 14 BauNVO werden durch diese Festsetzungen Bestandteil des Bebauungsplans, soweit nicht aufgrund des § 1 Abs. 4 bis 9 BauNVO etwas anderes bestimmt wird.
- In sog. *im Zusammenhang bebauten Ortsteilen* (für die ein Bebauungsplan nicht aufgestellt wurde) bestimmt sich die Art der baulichen Nutzung (wie im Übrigen auch das Maß der baulichen Nutzung) gemäß § 34 Abs. 1 BauGB grundsätzlich nach der Eigenart der näheren Umgebung.
- Im *Vorhaben- und Erschließungsplan* (§ 12 BauGB) erfolgt die Festsetzung entsprechend den Bestimmungen über Bebauungspläne.
- Soweit in einem *Rahmenplan* (informelle Planung) Art und Maß der baulichen Nutzung von den vorstehenden rechtlichen Ausweisungen abweichen, wird das damit bestehende Baurecht nicht geändert. Der Rahmenplan ist deshalb insoweit nur zu berücksichtigen, wie den Darstellungen Aussicht auf rechtliche Umsetzung innewohnt.

Grundsätzlich ist es geboten, zum Preisvergleich solche Grundstücke heranzuziehen, die in ihrer Art der baulichen Nutzung dem zu bewertenden Grundstück entsprechen. Bei der Qualifizierung ist nach Maßgabe des § 6 Abs. 1 ImmoWertV die Art der baulichen Nutzung nach den genannten **Vorschriften der BauNVO unter Berücksichtigung sonstiger öffentlich-rechtlicher und privatrechtlicher Vorschriften** zu bestimmen. Wird dabei am Wertermittlungsstichtag von der zulässigen Nutzungsart regelmäßig abgewichen, dann ist die Nutzungsart zugrunde zu legen, die im gewöhnlichen Geschäftsverkehr am Wertermittlungsstichtag zugrunde gelegt wird. Spekulative Momente müssen dabei außer Betracht bleiben. 216

Die Notwendigkeit, Abweichungen in der Art der baulichen Nutzung der Vergleichsgrundstücke von der des zu bewertenden Grundstücks zu berücksichtigen, muss der Gutachter dadurch zu vermeiden suchen, dass nur **Grundstücke gleicher Nutzungsart** zum Preisvergleich herangezogen werden. Denn ein Industriegrundstück lässt sich kaum mit einem Einfamilienhausgrundstück vergleichen. Im Einzelfall muss sogar innerhalb der durch die BauNVO vorgegebenen Kategorien nach den Gepflogenheiten des Geschäftsverkehrs zwischen unterschiedlichen Nutzungen unterschieden werden. So bilden sich z. B. in Wohngebieten unterschiedliche Grundstücksmärkte lagemäßig in der Weise heraus, dass in bestimmten Teilgebieten **Mietwohnungsbau** und in anderen Teilgebieten **Eigentumsmaßnahmen** (Eigentumswohnungen) durchgeführt werden. Dabei werden die Grundstücke in solchen Gebieten auf einem besonders hohen Bodenwertniveau gehandelt, die sich für Eigentumsmaßnahmen eignen, während die Grundstücke in Gebieten, die „nur" für den Mietwohnungsbau „angenommen" werden, ein vergleichsweise geringeres Bodenwertniveau aufweisen. Entsprechend den Usancen der Investoren muss der Sachverständige das Gebiet qualitätsmäßig analysieren. 217

5.3.2.2 Maß der baulichen Nutzung

a)   Geschossflächenzahl (GFZ)

Schrifttum: *Bister, H.-B.*, Modifizierte Geschossflächenzahl, VR 1978, 124; *Blum, A.*, Wirtschaftlichkeit von Wohngebäuden mit unterschiedlichen Geschosszahlen, BBauBl 1977, 260; *Böser, W./Schwaninger, B.*, Zur Ermittlung und Anwendung von Geschossflächenzahl (GFZ) – Umrechnungskoeffizienten in der Grundstücksbewertung, AVN 1984, 412; *Debus*, in GuG 2000, 279; *Hildebrandt, H.*, Geschossflächenzahl und Grundstücksmarkt, ZfV 1995, 620; *Junge, V.*, Die Geschossflächenzahl (GFZ) als wertbeeinflussendes Merkmal, GuG 1996, 27; *Kellermann, F.*, Bodenwert und Baunutzbarkeit, ZfV 1962, 343; *Schulz, W.-E.*, Zur Abhängigkeit des Bodenpreises von der beim Kauf erhofften Ausnutzbarkeit, VR 1977, 78; *Nuber, G.*, Geschossflächenzahl-(GFZ-)Ermittlung in Berlin, GuG 2004, 75; *Tiemann, M.*, Zur Beziehung von Baunutzbarkeit und Bodenwert, Ermittlung von Umrechnungskoeffizienten, VR 1976, 365.

▶ *Hierzu Allgemeines § 6 ImmoWertV Rn. 35 ff., 41 ff., 57 (auch zu den Besonderheiten im „Westteil" Berlins) und § 12 ImmoWertV Rn. 6; Teil VIII Rn. 615 ff.*

218   Das **Maß der baulichen Nutzung** bestimmt sich nach § 16 Abs. 2 BauNVO durch Festsetzung

- der Grundflächenzahl (GRZ) oder der Grundfläche der baulichen Anlagen (GR);
- der Geschossflächenzahl (GFZ) oder der Größe der Geschossfläche (GF);
- der Baumassenzahl (BMZ) oder der Baumasse (BM);
- der Zahl der Vollgeschosse (Z);
- der Höhe baulicher Anlagen.

Die Begriffe werden unter § 6 ImmoWertV Rn. 14 ff. erläutert.

219   Für die Belange der Wertermittlung wird das Maß der baulichen Nutzung wie folgt festgestellt:

a) Im **Flächennutzungsplan** kann das *allgemeine* Maß der baulichen Nutzung – soweit erforderlich – durch Angabe der Geschossflächenzahl (GFZ) bzw. der Baumassenzahl (BMZ) nach Maßgabe des § 16 Abs. 1 BauNVO dargestellt werden; auch die Begrenzung der Höhe einer baulichen Anlage kann dargestellt werden.

b) Im **Bebauungsplan** ist das Maß der baulichen Nutzung unter Einhaltung der Vorschriften des § 17 BauNVO festzusetzen (vgl. § 6 ImmoWertV Rn. 10 ff. und § 5 ImmoWertV Rn. 208 ff.).

c) In den sog. **im Zusammenhang bebauten Ortsteilen** bestimmt sich das Maß der baulichen Nutzung grundsätzlich wiederum gemäß § 34 Abs. 1 BauGB nach der Eigenart der Umgebung des Grundstücks (vgl. § 6 ImmoWertV Rn. 58 ff.; § 5 ImmoWertV Rn. 213 ff.).

220   Sowohl für das zu bewertende Grundstück als auch für die zum Preisvergleich herangezogenen Grundstücke bestimmt sich das Maß der baulichen Nutzung gemäß § 6 Abs. 1 ImmoWertV nach den genannten **bauplanungsrechtlichen Vorschriften unter Berücksichtigung sonstiger die Nutzbarkeit betreffender Vorschriften**.

221   Im Zusammenhang mit den Erläuterungen zu § 6 Abs. 1 ImmoWertV ist bereits darauf hingewiesen worden, dass von den vorstehenden Grundsätzen abzuweichen ist, wenn **im gewöhnlichen Geschäftsverkehr ein** davon **abweichendes Maß der baulichen Nutzung üblicherweise der Kaufpreisbemessung zugrunde gelegt** wird *(lagetypische Nutzung).* Dies gilt gleichermaßen für die Qualifizierung des zu bewertenden Grundstücks wie auch für die Qualifizierung der zum Preisvergleich herangezogenen Grundstücke. Maßgebend sind bei der Qualifizierung

- des zu bewertenden Grundstücks die Verhältnisse am Wertermittlungsstichtag und
- der zum Preisvergleich herangezogenen Grundstücke die Verhältnisse zum Zeitpunkt der Kaufpreisvereinbarung.

Nur wenn das jeweils preis- bzw. wertbestimmende Maß der baulichen Nutzung dem nach § 6 Abs. 1 Satz 1 ImmoWertV höchstzulässigen Maß der baulichen Nutzung entspricht, ist dies anzuhalten. Ansonsten ist das „**lageübliche**" **Maß der baulichen Nutzung** anzuhalten, wobei dieses nach den unter § 6 ImmoWertV Rn. 76 ff. gegebenen Erläuterungen nicht in jedem Fall mit dem in der Umgebung des Grundstücks realisierten Maß der baulichen Nutzung identisch sein muss. 222

Abweichungen zwischen dem nach vorstehenden Grundsätzen ermittelten Maß der baulichen Nutzung des zu bewertenden Grundstücks und den zum Preisvergleich herangezogenen Grundstücken (auch Bodenrichtwerten) sind durch Zu- oder Abschläge zu berücksichtigen. Nach § 12 ImmoWertV sollen dabei die von den Gutachterausschüssen für Grundstückswerte abgeleiteten **Umrechnungskoeffizienten Anwendung finden** (vgl. § 15 Abs. 1 Satz 4 ImmoWertV). 223

b) *Anlage 11 WertR*

In der Praxis sind schon vor Inkrafttreten der WertV 88 von verschiedenen Gutachterausschüssen für deren Zuständigkeitsbereich Umrechnungskoeffizienten zur Berücksichtigung eines unterschiedlichen Maßes der baulichen Nutzung ermittelt worden (GFZ : GFZ); vgl. § 12 ImmoWertV Rn. 6[83]. **Breiteste Anwendung finden** auch heute noch **die in Anl. 11 zur WertR und in Abb. 25 wiedergegebenen Umrechnungskoeffizienten.** Da die Umrechnungskoeffizienten den Verhältnissen des örtlichen Grundstücksmarktes entsprechen müssen, haben die in der WertR veröffentlichten Umrechnungskoeffizienten allerdings **keinen verbindlichen Charakter**. Ihre Anwendung setzt voraus, dass vorher geprüft werden muss, ob sie den örtlichen Verhältnissen entsprechen. Obwohl die genannten Umrechnungskoeffizienten nunmehr schon vor über zwei Jahrzehnten abgeleitet wurden, finden sie noch heute aufgrund entsprechender Überprüfungen breite Anwendung; bezüglich ihrer Gültigkeit kann sogar von einem Placebo-Effekt gesprochen werden. 224

Nr. 2.3.4.2 WertR gibt hierzu folgende Hinweise: 225

„Bei Abweichung des Maßes der zulässigen baulichen Nutzbarkeit des Vergleichsgrundstücks bzw. des Bodenrichtwertgrundstücks gegenüber dem zu wertenden Grundstück ist entsprechend der jeweiligen Marktlage der dadurch bedingte Wertunterschied möglichst mit Hilfe von Umrechnungskoeffizienten (§ 12 ImmoWertV) auf der Grundlage der zulässigen oder der realisierbaren Geschossflächenzahl festzustellen.

Hierzu kann auf die in Anlage 11 benannten Umrechnungskoeffizienten zurückgegriffen werden, wenn keine Umrechnungskoeffizienten des örtlichen Gutachterausschusses für Grundstückswerte vorliegen und auf brauchbare Umrechnungskoeffizienten aus vergleichbaren Gebieten nicht zurückgegriffen werden kann.

Die angegebenen Umrechnungskoeffizienten stellen Mittelwerte eines ausgewogenen Marktes dar und sind für **Wohnbauland** abgeleitet worden. Sie beziehen sich auf Grundstücke im erschließungsbeitragsfreien (ebf) Zustand. **Bei gewerblichen Grundstücken ist eine lineare Berücksichtigung erfahrungsgemäß sachgerecht.**

Bei einer höheren GFZ als 2,4 ist zu beachten, dass die Bodenwerterhöhung geringer ausfällt als die sich aus der **Tabelle** (bis zu einer GFZ 2,4) ergebende Bodenwerterhöhung.

In **Geschäftslagen** kann die Abhängigkeit des Bodenwerts von den höherwertig genutzten Flächen (ebenerdige Läden) erheblich größer sein als die Abhängigkeit von der GFZ. In diesen Fällen ist eine eingehende Prüfung hinsichtlich der den Bodenwert bestimmenden Wertmerkmale erforderlich.

Bei der Bemessung des Maßes der baulichen Nutzung ist insbesondere zu beachten:

---

[83] Bister in VR 1978, 124; Tiemann in VR 1976, 355, dessen Ableitungen der Anl. 11 zu den WertR zugrunde liegen; vgl. auch Müller, Bewertung von Baugrundstücken, Hannover 1968, S. 85; Hanach, GFZ-Umrechnungskoeffizienten für die Stadt Hannover, Nachr. der nds. Kat- und VermVw 2000, 27; Jäger, Ermittlung örtlicher Umrechnungskoeffizienten, in GuG 1995, 348; Debus in GuG 2000, 279.

a) Wird im gewöhnlichen Geschäftsverkehr bei der Kaufpreisbemessung üblicherweise ein vom höchstzulässigen Maß der baulichen Nutzung abweichendes Maß der baulichen Nutzung (lagetypische Nutzung) zugrunde gelegt, so ist dieses lageübliche Maß der baulichen Nutzung sowohl für die Qualifizierung des zu wertenden Grundstücks als auch für die Qualifizierung des Vergleichsgrundstücks zugrunde zu legen (§ 6 Abs. 1 ImmoWertV).

b) Soweit die tatsächlich ausgeübte Nutzung von der rechtlich zulässigen Nutzung abweicht und ihr weder durch An- noch durch Aufbauten angeglichen werden kann, ist dies unter Beachtung der Restnutzungsdauer angemessen zu berücksichtigen."

226 Bei Anwendung der Anl. 11 sind einige weitere **Besonderheiten** zu beachten:

a) Den **angegebenen Umrechnungskoeffizienten liegen erschließungsbeitragsfreie Grundstückspreise zugrunde;** erschließungsbeitragspflichtige Grundstücke müssen bei Anwendung dieser Umrechnungskoeffizienten ggf. vorab umgerechnet werden.

Beispiel:

Vergleichspreis:
- 100 €/m² erschließungsbeitragspflichtig (ebp)
- Geschossflächenzahl GFZ = 1,2 (UK = 1,10)

Wertermittlungsobjekt:
- Grundstücksgröße 1 000 m²
- Geschossflächenzahl GFZ 1,6 (UK = 1,28)
- erschließungsbeitragsfrei (ebf)

Erschließungsbeitrag = 40 €/m²

Richtig			*Falsch*		
1 000 m² × 100 €/m²	=	100 000 €	1 000 m² × 100 €/m²	=	100 000 €
+ 1 000 m² × 40 €/m²	=	40 000 €	GFZ:		
= zusammen		140 000 €	100 000 € × 1,28/1,10	=	116 364 €
GFZ:			+ 1 000 m² × 40 €/m²	=	40 000 €
140 000 € × 1,28/1,10	=	162 909 €	zusammen	=	156 364 €

b) Im Falle einer **Abweichung des lageüblichen Maßes der baulichen Nutzung von dem bauplanungsrechtlich zulässigen Maß der baulichen Nutzung** ist der Ableitung dieser Umrechnungskoeffizienten entsprechend den Vorgaben des § 6 Abs. 1 ImmoWertV die lageübliche Geschossflächenzahl (GFZ) zugrunde gelegt worden. Dies muss entsprechend bei ihrer Heranziehung und Anwendung berücksichtigt werden, wenn im Einzelfall dieser Fall vorliegt. Im Falle der Heranziehung von Bodenrichtwerten ist zu prüfen, ob sich die vom Gutachterausschuss ergänzend zum Bodenrichtwert angegebene GFZ auch tatsächlich auf die lageübliche Nutzung bezieht, wie man es bei einer sachgerechten Bodenrichtwertableitung erwarten sollte (§ 6 ImmoWertV Rn. 76 ff.; § 16 ImmoWertV Rn. 223).

c) Der Ableitung der Anl. 11, die auf *Tiemann* zurückgeht, lag das Kaufpreismaterial von **unbebauten Wohngrundstücken** in *Essen* zugrunde[84]; sie wurden erstmals im Amtsblatt der Stadt Essen vom 30.5.1980 veröffentlicht. Der Gutachterausschuss von *Essen*[85] weist in seinem Grundstücksmarktbericht darauf hin, dass sie immer noch angewendet werden können. Entsprechend dem der Ableitung zugrunde liegenden Kaufpreismaterial ist zu beachten, dass sich die Umrechnungskoeffizienten auf

- Wohngrundstücke sowie
- unbebaute Grundstücke

beziehen, d.h., auch diesbezüglich ist von einer Dämpfung der Bodenwerte unter dem Grundsatz der Modellkonformität Abstand zu nehmen.

---

[84] Tiemann in VR 1976, 355 (358).
[85] Jäger, H. in GuG 1996, 348.

d) In **Ein- und Zweifamilienhausgebieten** mit einer lagetypischen GFZ < 0,8 ist eine Abhängigkeit des Bodenwerts von der GFZ in aller Regel nicht nachweisbar. Das zulässige Maß der baulichen Nutzung bleibt bei größeren Grundstücken regelmäßig unausgeschöpft und eine Umrechnung des Bodenwerts in Abhängigkeit von der GFZ kann entfallen; im Einzelfall muss jedoch die Abhängigkeit des Bodenwerts von der Grundstücksgröße berücksichtigt werden.

e) Bezüglich **gewerblicher Grundstücke** müssen aufgrund regional weiterführender Untersuchungen weitere Besonderheiten beachtet werden:

- Der Gutachterausschuss in *Frankfurt am Main* stellt z. B. in seinem Grundstücksmarktbericht fest, dass sich für Bürogrundstücke in bester Citylage (1a-Lage) eine *lineare* Abhängigkeit des Bodenwerts von der Geschossflächenzahl (GFZ) am Markt durchgesetzt habe.

- Auch der Gutachterausschuss von *Berlin* hat für Dienstleistungsimmobilien eine „steilere" Abhängigkeit des Bodenwerts von der Geschossflächenzahl festgestellt.

Den veröffentlichten Umrechnungskoeffizienten liegt zumeist eine Berechnung der Geschossfläche nach den Bestimmungen der BauNVO 1968 zugrunde. Danach werden auch Flächen von Aufenthaltsräumen (einschließlich Umfassungswände) in Geschossen berücksichtigt, die nicht Vollgeschosse sind. Gebäudeflächen von untergeordneten Nebengebäuden wie Garagen bleiben indessen bei der Ermittlung der GFZ unberücksichtigt. Des Weiteren wird der Berechnung der GFZ das gesamte Baugrundstück einschließlich der dazugehörigen Nebenflächen (z. B. Garagenflächen und anteilige Wegeflächen) zugrunde gelegt.

Allgemein kann festgestellt werden, dass aufgrund neuerer Untersuchungen **für Bürogebäude eine starke Hinwendung zu einer linearen Berücksichtigung eines unterschiedlichen Maßes der baulichen Nutzung (GFZ) beobachtet werden kann.**

Abb. 25: Umrechnungskoeffizienten GFZ: GFZ gem. Anl. 11 WERTR

	GFZ des Wertermittlungsobjekts																				
		0,4	0,5	0,6	0,7	0,8	0,9	**1,0**	1,1	1,2	1,3	1,4	1,5	1,6	1,7	1,8	1,9	**2,0**	2,1	2,2	2,3	2,4
	0,4	**1,00**	1,09	1,18	1,27	1,36	1,44	1,52	1,59	1,67	1,73	1,80	1,88	1,94	2,00	2,06	2,14	2,20	2,26	2,32	2,38	2,44
	0,5	0,92	**1,00**	1,08	1,17	1,25	1,32	1,39	1,46	1,53	1,58	1,65	1,72	1,78	1,83	1,89	1,96	2,01	2,07	2,13	2,18	2,24
	0,6	0,85	0,92	**1,00**	1,08	1,15	1,22	1,28	1,35	1,41	1,46	1,53	1,59	1,64	1,69	1,74	1,81	1,86	1,91	1,96	2,01	2,06
	0,7	0,79	0,86	0,93	**1,00**	1,07	1,13	1,19	1,25	1,31	1,36	1,42	1,48	1,52	1,57	1,62	1,68	1,73	1,77	1,82	1,87	1,92
	0,8	0,73	0,80	0,87	0,93	**1,00**	1,06	1,11	1,17	1,22	1,27	1,32	1,38	1,42	1,47	1,51	1,57	1,61	1,66	1,70	1,74	1,79
	0,9	0,69	0,76	0,82	0,88	0,95	**1,00**	1,05	1,11	1,16	1,20	1,25	1,31	1,35	1,39	1,43	1,48	1,53	1,57	1,61	1,65	1,69
GFZ des Wertermittlungsobjekts	1,0	0,66	0,72	0,78	0,84	0,90	0,95	**1,00**	1,05	1,10	1,14	1,19	1,24	1,28	1,32	1,36	1,41	1,45	1,49	1,53	1,57	1,61
	1,1	0,63	0,69	0,74	0,80	0,86	0,90	0,95	**1,00**	1,05	1,09	1,13	1,18	1,22	1,26	1,30	1,34	1,38	1,43	1,46	1,50	1,53
	1,2	0,60	0,65	0,71	0,76	0,82	0,86	0,91	0,95	**1,00**	1,04	1,08	1,13	1,16	1,20	1,24	1,28	1,32	1,35	1,39	1,43	1,46
	1,3	0,58	0,63	0,68	0,74	0,79	0,83	0,88	0,92	0,96	**1,00**	1,04	1,09	1,12	1,16	1,19	1,24	1,27	1,31	1,34	1,38	1,41
	1,4	0,55	0,61	0,66	0,71	0,76	0,80	0,84	0,88	0,92	0,96	**1,00**	1,04	1,08	1,11	1,14	1,18	1,22	1,25	1,29	1,32	1,35
	1,5	0,53	0,58	0,63	0,68	0,73	0,77	0,81	0,85	0,89	0,92	0,96	**1,00**	1,03	1,06	1,10	1,14	1,17	1,20	1,23	1,27	1,30
	1,6	0,52	0,56	0,61	0,66	0,70	0,74	0,78	0,82	0,86	0,89	0,93	0,97	**1,00**	1,03	1,06	1,10	1,13	1,16	1,20	1,23	1,26
	1,7	0,50	0,55	0,59	0,64	0,68	0,72	0,76	0,80	0,83	0,86	0,90	0,94	0,97	**1,00**	1,03	1,07	1,10	1,13	1,16	1,19	1,22
	1,8	0,49	0,53	0,57	0,62	0,66	0,70	0,74	0,77	0,81	0,84	0,88	0,91	0,94	0,97	**1,00**	1,04	1,07	1,10	1,13	1,15	1,18
	1,9	0,47	0,51	0,55	0,60	0,64	0,67	0,71	0,74	0,78	0,81	0,84	0,88	0,91	0,94	0,96	**1,00**	1,03	1,06	1,09	1,11	1,14
	2,0	0,46	0,50	0,54	0,58	0,62	0,66	0,69	0,72	0,76	0,79	0,82	0,86	0,88	0,91	0,94	0,97	**1,00**	1,03	1,06	1,08	1,11
	2,1	0,44	0,48	0,52	0,56	0,60	0,64	0,67	0,70	0,74	0,77	0,80	0,83	0,86	0,89	0,91	0,95	0,97	**1,00**	1,03	1,05	1,08
	2,2	0,43	0,47	0,51	0,55	0,59	0,62	0,65	0,69	0,72	0,75	0,78	0,81	0,84	0,86	0,89	0,92	0,95	0,97	**1,00**	1,03	1,05
	2,3	0,42	0,46	0,50	0,54	0,57	0,61	0,64	0,67	0,70	0,73	0,76	0,79	0,82	0,84	0,87	0,90	0,92	0,95	0,97	**1,00**	1,03
	2,4	0,41	0,45	0,48	0,52	0,56	0,59	0,62	0,65	0,68	0,71	0,74	0,77	0,80	0,82	0,84	0,88	0,90	0,93	0,95	0,98	**1,00**

V Syst. Darst. Vergleichswertverf.   Art/Maß baul. Nutzung

Den angegebenen Umrechnungskoeffizienten liegen **erschließungsbeitragsfreie (ebf) Grundstückspreise für Wohnbauland** zugrunde.

229 Die in der Anl. 11 ausgewiesenen **Umrechnungskoeffizienten** sind **unter der Herrschaft der BauNVO 77/86** mit der von der geltenden BauNVO abweichenden Definition der Geschossfläche abgeleitet worden. Insoweit wird auf die Ausführungen zu § 6 ImmoWertV Rn. 43 ff. verwiesen. Dennoch dürfte keine Notwendigkeit bestehen, diesem Umstand besonders Rechnung tragen zu müssen, da der Gutachterausschuss für den Bereich der Stadt *Essen,* auf den diese Koeffizienten zurückgehen, auch bei neueren Veröffentlichungen hieran festgehalten hat und davon ausgegangen werden kann, dass die Werte überprüft wurden.

230 *Beispiel:*

Vergleichspreis	300 €/m²
Vergleichsgrundstück	GFZ = 1,5

Zu ermitteln ist der Bodenwert eines Grundstücks mit einer GFZ von 2,0

Aus Tabelle	1,17
Bodenwert	300 €/m² × 1,17 = 351 €/m²

231 Im **Rahmen der erbschaftsteuerlichen Ermittlung des gemeinen Werts** auf der Grundlage der von den Gutachterausschüssen für Grundstückswerte abgeleiteten Bodenrichtwerte ist nach Abschn. 6 (zu § 179 BewG) der gleich lautenden Erlasse der obersten Finanzbehörden der Länder zur Umsetzung des Gesetzes zur Reform des Erbschaftsteuer- und Bewertungsrechts vom 5.5.2009 (GuG 2009, 225) bei Grundstücken, deren Geschossflächenzahl von der des Bodenrichtwertgrundstücks abweicht, der Bodenwert auf der Grundlage der Umrechnungskoeffizienten der Anl. 11 WERTR 06 auf die Geschossflächenzahl des zu bewertenden Grundstücks umzurechnen, wenn vom örtlichen Gutachterausschuss keine entsprechenden Umrechnungskoeffizienten vorgegeben worden sind.

    c)   *Weitere Untersuchungen*

232 Von verschiedenen Gutachterausschüssen vornehmlich größerer Städte sind eigenständig Umrechnungskoeffizienten für das Verhältnis GFZ : GFZ abgeleitet worden, die teilweise **erheblich von denen der WERTR abweichen.** Sie sind in den Abb. 26 und 27 zusammengestellt.

Abb. 26: Zusammenstellung von Umrechnungskoeffizienten GFZ : GFZ für ausgewählte Großstädte

Umrechnungskoeffizienten lassen sich in mathematisch einfachster Weise mit Hilfe von Regressionsanalysen ermitteln[86]. Die dabei ermittelten **Funktionsgleichungen** sind nachfolgend aufgeführt:

WERTR	UK = $0{,}6 \times \sqrt{GFZ_{lag}} + 0{,}2 \times GFZ_{lag} + 0{,}2$	
Berlin	UK_{neu} = (662,86 + 527,98 × GFZ)/1190,84	
	UK = 0,217 x GFZ + 0,132	Dienstleistungs- und Büroimmobilien[87]
Chemnitz (2003)	UK = $GFZ^{0,5732}$	Mehrfamilienhäuser
Düsseldorf (2006)[88]	KP (€/m²) = 153 + 172 × GFZ + 15 × GFZ^2 − 2,55 × GFZ^3	
Frankfurt am Main (1996)	UK = $GFZ^{0,778}$	Ertragsobjekt mit Nutzungsschwerpunkt im Erdgeschoss
	UK = 0,557 + 0,443 × GFZ	Ertragsobjekt mit homogener Nutzung über alle Geschosse
	UK = $GFZ^{1,042}$	Bürogrundstück in bester (I a) Citylage
Hamburg[89]	UK = $GFZ^{0,7331}$ BauNVO = 86	Geschosswohnungsbau
Köln	UK = 0,692 × $1{,}445^{GFZ}$	Geschosswohnungsbau
Leipzig[90]	UK = $GFZ^{0,682}$	

---
86 Grundstücksmarktbericht Leipzig 2000.
87 ABl. Berlin 1993, 100 (Anteil der Büro- und Dienstleistung = 80 %); inzwischen abgelöst.
88 Grundstücksmarktbericht Düsseldorf 2006.
89 Grundstücksmarktbericht Hamburg 2001.
90 Grundstücksmarktbericht Leipzig 2000.

V Syst. Darst. Vergleichswertverf.   Art/Maß baul. Nutzung

München   UK = 0,845 × GFZ + 0,155   Individuelle Wohnbebauung
Stuttgart   UK = GFZ ^{0,673}

Abb. 27: Umrechnungskoeffizienten von Düsseldorf

Δ zur Bodenricht-wert – GFZ	Bodenrichtwert GFZ							Δ zur Bodenricht-wert – GFZ
	0,7 0,6–0,8	1,0 0,9–1,2	1,5 1,3–1,7	2,0 1,8–2,3	3,0 2,4–3,5	4,0 3,6–4,5	5,0 4,6–5,5	
+ 1,5	-	-	-	-	1,36	1,23	1,13	+ 1,5
+ 1,2	-	-	-	-	1,29	1,19	1,11	+ 1,2
+ 1,0	-	-	-	1,37	1,25	1,17	1,10	+ 1,0
+ 0,8	-	-	1,37	1,30	1,20	1,14	1,08	+ 0,8
+ 0,6	-	1,35	1,28	1,22	1,15	1,10	1,07	+ 0,6
+ 0,4	1,28	1,23	1,18	1,15	1,10	1,07	1,05	+ 0,4
+ 0,2	1,14	1,12	1,09	1,08	1,05	1,04	1,02	+ 0,2
+ 0,1	1,07	1,06	1,05	1,04	1,03	1,02	1,01	+ 0,1
0,0	1,00	1,00	1,00	1,00	1,00	1,00	1,00	0,0
- 0,1	0,93	0,94	0,95	0,96	0,97	0,98	0,99	- 0,1
- 0,2	0,87	0,89	0,91	0,92	0,95	0,96	0,97	- 0,2
- 0,4	0,74	0,77	0,82	0,85	0,89	0,92	0,95	- 0,4
- 0,6	-	0,66	0,73	0,78	0,84	0,88	0,92	- 0,6
- 0,8	-	-	0,64	0,70	0,78	0,84	0,89	- 0,8
- 1,0	-	-	-	0,63	0,73	0,80	0,86	- 1,0
- 1,2	-	-	-	-	0,68	0,76	0,83	- 1,2
- 1,5	-	-	-	-	0,59	0,69	0,78	- 1,5

Quelle: Marktbericht des Gutachterausschusses für Grundstückswerte

Abb. 28: Umrechnungskoeffizienten von Duisburg

GFZ	Frei stehende EFH, ZFH	Doppelhäuser	Reihenhäuser	Geschosswohnungsbau (Anlage 11 WERTR 06)	GFZ
0,20	0,94	-	-	-	0,20
0,25	0,97	-	-	-	0,25
0,30	1,00	-	-	-	0,30
0,35	1,03	0,91	-	-	0,35
0,40	1,06	0,94	-	-	0,40
0,45	-	0,97	-	-	0,45
0,50	-	1,00	-	-	0,50
0,55	-	1,03	0,91	-	0,55
0,60	-	1,05	0,94	-	0,60
0,65	-	1,08	0,97	-	0,65
0,70	-	-	1,00	-	0,70
0,75	-	-	1,03	-	0,75
0,80	-	-	1,06	0,90	0,80
0,85	-	-	1,09	-	0,85
0,90	-	-	-	0,95	0,90
0,95	-	-	-	-	0,95
1,00	-	-	-	1,00	0,81	1,00
1,10	-	-	-	1,05	-	1,10
1,20	-	-	-	1,10	-	1,20
1,25	-	-	-	-	0,91	1,25
1,30	-	-	-	1,14	-	1,30
1,40	-	-	-	1,19	-	1,40

Art/Maß baul. Nutzung — Syst. Darst. Vergleichswertverf. V

		Umrechnungskoeffizienten von Duisburg				
GFZ	Frei stehende EFH, ZFH	Doppelhäuser	Reihenhäuser	Geschosswohnungsbau (Anlage 11 WERTR 06)		GFZ
1,50	-	-	-	1,23	1,00	1,50
1,60	-	-	-	1,28	-	1,60
1,70	-	-	-	1,32	-	1,70
1,75	-	-	-	1,36	1,09	1,75
1,80	-	-	-	1,41	-	1,80
1,90	-	-	-	1,45	-	1,90
2,00	-	-	-	-	1,17	2,00
2,25	-	-	-	-	1,26	2,25
2,50	-	-	-	-	1,34	2,50
2,75	-	-	-	-	1,41	2,75
3,00	-	-	-	-	1,49	3,00

Quelle: Marktbericht des Gutachterausschusses für Grundstückswerte

Abb. 29: Umrechnungskoeffizienten von Essen

	Umrechnungskoeffizienten von Essen											
GFZ des zu beurteilenden Grundstücks	GFZ des Bodenrichtwertgrundstücks											
	0,20	0,30	0,35	0,50	0,60	0,75	0,90	1,00	1,20	1,50	3,00	2,50	3,00

GFZ	0,20	0,30	0,35	0,50	0,60	0,75	0,90	1,00	1,20	1,50	3,00	2,50	3,00	GFZ
0,20	1,00	0,86	0,81	-	-	-	-	-	-	-	-	-	-	0,20
0,22	1,03	0,89	0,84	-	-	-	-	-	-	-	-	-	-	0,22
0,24	1,07	0,92	0,87	0,75	-	-	-	-	-	-	-	-	-	0,24
0,26	1,10	0,95	0,89	0,77	-	-	-	-	-	-	-	-	-	0,26
0,28	1,13	0,97	0,92	0,79	-	-	-	-	-	-	-	-	-	0,28
0,30	1,16	1,00	0,94	0,81	0,75	-	-	-	-	-	-	-	-	0,30
0,32	1,19	1,03	0,97	0,83	0,77	-	-	-	-	-	-	-	-	0,32
0,35	1,23	1,06	1,00	0,86	0,80	-	-	-	-	-	-	-	-	0,35
0,38	1,27	1,10	1,03	0,89	0,82	-	-	-	-	-	-	-	-	0,38
0,40	1,30	1,12	1,06	0,91	0,84	0,76	-	-	-	-	-	-	-	0,40
0,45	-	1,18	1,11	0,96	0,88	0,80	-	-	-	-	-	-	-	0,45
0,50	-	1,23	1,16	1,00	0,92	0,83	0,76	-	-	-	-	-	-	0,50
0,55	-	1,28	1,21	1,04	0,96	0,87	0,80	0,75	-	-	-	-	-	0,55
0,60	-	1,33	1,26	1,08	1,00	0,90	0,83	0,78	-	-	-	-	-	0,60
0,65	-	-	1,30	1,12	1,04	0,94	0,86	0,81	0,74	-	-	-	-	0,65
0,70	-	-	1,35	1,16	1,07	0,97	0,89	0,84	0,77	-	-	-	-	0,70
0,75	-	-	-	1,20	1,11	1,00	0,92	0,87	0,79	-	-	-	-	0,75
0,80	-	-	-	1,24	1,14	1,03	0,94	0,90	0,82	-	-	-	-	0,80
0,85	-	-	-	1,27	1,18	1,06	0,97	0,92	0,84	0,75	-	-	-	0,85
0,90	-	-	-	1,31	1,21	1,09	1,00	0,95	0,87	0,77	-	-	-	0,90
0,95	-	-	-	1,35	1,24	1,12	1,03	0,97	0,89	0,79	-	-	-	0,95
1,00	-	-	-	-	1,27	1,15	1,05	1,00	0,91	0,81	-	-	-	1,00
1,10	-	-	-	-	1,34	1,21	1,11	1,05	0,96	0,85	-	-	-	1,10
1,20	-	-	-	-	-	1,26	1,16	1,10	1,00	0,89	0,76	-	-	1,20
1,30	-	-	-	-	-	1,32	1,21	1,14	1,04	0,93	0,79	-	-	1,30
1,40	-	-	-	-	-	-	1,25	1,19	1,08	0,96	0,82	-	-	1,40
1,50	-	-	-	-	-	-	1,30	1,23	1,13	1,00	0,85	0,75	-	1,50
1,60	-	-	-	-	-	-	1,35	1,28	1,17	1,04	0,88	0,78	-	1,60
1,70	-	-	-	-	-	-	-	1,32	1,21	1,07	0,91	0,80	-	1,70
1,80	-	-	-	-	-	-	-	-	1,24	1,11	0,94	0,83	0,74	1,80
1,90	-	-	-	-	-	-	-	-	1,28	1,14	0,97	0,85	0,77	1,90
2,00	-	-	-	-	-	-	-	-	1,32	1,17	1,00	0,88	0,79	2,00
2,50	-	-	-	-	-	-	-	-	1,34	1,14	1,00	0,90		2,50

V Syst. Darst. Vergleichswertverf. Art/Maß baul. Nutzung

GFZ des zu beurteilenden Grundstücks	Umrechnungskoeffizienten von Essen											
	GFZ des Bodenrichtwertgrundstücks											
	0,20	0,30	0,35	0,50	0,60	0,75	0,90	1,00	1,20	1,50	3,00	2,50	3,00
3,00	-	-	-	-	-	-	-	-	-	-	1,27	1,12	1,00	3,00
3,50	-	-	-	-	-	-	-	-	-	-	-	1,23	1,10	3,50
4,00	-	-	-	-	-	-	-	-	-	-	-	1,33	1,20	4,00
4,50	-	-	-	-	-	-	-	-	-	-	-	-	1,29	4,50

Abb. 30: Umrechnungskoeffizienten von Nürnberg

Fläche	GFUK = GFZ- und Flächen-Umrechnungskoeffizienten										
1 500	-	-	-	-	0,76	0,73	0,70	0,67	0,63	0,60
1 400	-	-	-	0,80	0,77	0,74	0,71	0,67	0,64	0,61
1 300	-	-	0,84	0,81	0,78	0,75	0,71	0,68	0,65	0,62
1 200	-	0,88	0,85	0,82	0,79	0,75	0,72	0,69	0,66	0,63
1 100	0,92	0,89	0,86	0,83	0,80	0,76	0,73	0,70	0,67	0,64
1 000	0,93	0,90	0,87	0,84	0,80	0,77	0,74	0,71	0,68	0,65
900	0,94	0,91	0,88	0,84	0,81	0,78	0,75	0,72	0,69	0,66
800	0,95	0,92	0,88	0,85	0,82	0,79	0,76	0,73	0,70	0,67
700	0,96	0,92	0,89	0,86	0,83	0,80	0,77	0,74	0,71	0,68
600	0,96	0,93	0,90	0,87	0,84	0,81	0,78	0,75	0,72	0,69
500	0,97	0,94	0,91	0,88	0,85	0,82	0,79	0,76	0,73	-
400	0,98	0,95	0,92	0,89	0,86	0,83	0,80	0,77	-	-
300	0,99	0,96	0,93	0,90	0,87	0,84	0,81	-	-	-
200	1,00	0,97	0,94	0,91	0,88	0,85	-	-	-	-
GFZ	1,0	0,9	0,8	0,7	0,6	0,5	0,4	0,3	0,2	0,1

GFZ = Geschossflächenzahl (Mittel aus Stichprobe 0,6)
Fläche = Grundstücksfläche (Mittel aus Stichprobe ca. 600 m²)
GFUK = GFZ- und Flächenumrechnungskoeffizient

Beispiel:

$$BW_{BO} = GFUK_{BO}/GFUK_{VO} \times BW_{VO}$$

BW_{BO}	=	Bodenwert des Wertermittlungsobjekts
BW_{VO}	=	Bodenwert des Vergleichsobjekts
$GFUK_{BO}$	=	GFZ- und Flächenumrechnungskoeffizient des Wertermittlungsobjekts
$GFUK_{VO}$	=	GFZ- und Flächenumrechnungskoeffizient des Vergleichsobjekts

GFZ_{BO}		0,3	$Fläche_{BO}$	=	1 100 m²	$GFUK_{BO}$	=	0,70
GFZ_{VO}	=	0,8	$Fläche_{VO}$	=	600 m²	$GFUK_{VO}$	=	0,90
BW_{VO}	=	300 €/m²						

$$BW_{BO} = 0,70/0,90 \times 300 \text{ €/m}^2 = 233 \text{ €/m}^2$$

Abb. 31: Umrechnungskoeffizienten GFZ : GFZ in ausgewählten Städten

GFZ	WertR Anl. 11	Berlin**		Braun-schweig	Chem-nitz	Darm-stadt Die-burg	Duis-burg EFH, ZFH, RH	Düssel-dorf EFH, DH, RH	Büro-lage	Frankfurt	
		Wohn-nutzung	Dienst-leistung							Wohn-, gemischt-genutzte Ertrags-objekte	Ge-schoss-woh-nungs-bau
0,2	-	-	-	-	-	0,45	-	-	-	-	-
0,3	-	-	-	-	-	0,52	-	-	-	-	-
0,4	0,66	-	-	0,72	-	0,59	0,84	0,84	-	-	-
0,5	0,72	-	-	0,78	0,67	0,66	0,89	0,89	0,50	-	-
0,6	0,78	-	-	0,84	0,75	0,72	0,94	0,94	0,60	-	-
0,7	0,84	-	-	0,88	0,82	0,75	1,00	1,00	0,70	0,888	0,77
0,8	0,90	0,7960	-	0,92	0,88	0,85	1,06	1,06	0,80	0,924	0,85
0,9	0,95	0,8990	-	0,96	0,94	0,93	-	0,94	0,90	0,961	0,93
1,0	1,00	1,0000	-	1,00	1,00	1,00	-	1,00	1,00	1,000	1,00
1,1	1,05	1,0993	-	1,03	1,06	1,07	-	1,06	1,10	1,040	1,07
1,2	1,10	1,1965	-	1,06	1,11	1,14	-	1,12	1,20	1,082	1,14
1,3	1,14	1,2918	-	1,09	1,16	-	-	1,17	1,30	1,125	1,21
1,4	1,19	1,3854	-	1,12	1,21	-	-	1,23	1,40	1,170	1,28
1,5	1,24	1,4769	-	1,14	1,26	-	-	1,29	1,50	1,217	1,35
1,6	1,28	1,5665	-	1,16	1,31	-	-	1,35	1,60	1,266	1,41
1,7	1,32	1,6544	-	1,19	1,36	-	-	1,40	1,70	1,316	1,48
1,8	1,36	1,7402	-	1,21	1,40	-	-	1,46	1,80	1,368	1,54
1,9	1,41	1,8242	-	1,23	1,44	-	-	1,52	1,90	1,423	1,60
2,0	1,45	1,9062	0,5906	1,25	1,49	-	-	1,59	2,00	1,479	1,66
2,1	1,49	1,9863	0,6111	1,27	1,53	-	-	1,62	2,10	1,538	1,72
2,2	1,53	2,0646	0,6316	1,29	1,57	-	-	1,71	2,20	1,598	1,78
2,3	1,57	2,1409	0,6520	1,30	1,61	-	-	1,77	2,30	1,662	1,84
2,4	1,61	2,2154	0,6725	1,32	1,65	-	-	1,83	2,40	1,727	1,90
2,5	1,65*	2,2880	0,6930	1,33	1,69	-	-	1,88	2,50	1,785	1,96
2,6	1,67*	2,3586	0,7134	1,35	-	-	-	1,94	2,60	1,866	2,01
2,7	1,72*	2,4274	0,7339	1,37	-	-	-	2,00	2,70	1,939	2,07
2,8	1,76*	2,4941	0,7544	1,38	-	-	-	2,07	2,80	2,015	2,13
2,9	1,80*	2,5591	0,7749	1,40	-	-	-	2,12	2,90	2,094	2,18
3,0	1,84*	2,6222	0,7953	1,41	-	-	-	2,18	3,00	2,176	2,24
3,1	-	2,6832	0,8158	-	-	-	-	2,24	3,10	-	-
3,2	-	2,7425	0,8363	-	-	-	-	2,29	3,20	-	-
3,3	-	2,7998	0,8567	-	-	-	-	2,34	3,30	-	-
3,4	-	2,8551	0,8772	-	-	-	-	2,40	3,40	-	-
3,5	-	2,9087	0,8977	-	-	-	-	2,45	3,50	-	-
3,6	-	2,9694	0,9181	-	-	-	-	2,50	3,60	-	-
3,7	-	3,0101	0,9386	-	-	-	-	2,56	3,70	-	-
3,8	-	3,0578	0,9591	-	-	-	-	2,62	3,80	-	-
3,9	-	3,1037	0,9795	-	-	-	-	2,67	3,90	-	-
4,0	-	3,1477	1,0000	-	-	-	-	2,72	4,00	-	-
4,1	-	3,1899	1,0205	-	-	-	-	2,77	4,10	-	-
4,2	-	3,2301	1,0409	-	-	-	-	2,83	4,20	-	-

Umrechnungskoeffizienten (2009) für das Wertverhältnis von gleichwertigen Grundstücken bei unterschiedlicher baulichen Nutzung (GFZ : GFZ)

V Syst. Darst. Vergleichswertverf. — Art/Maß baul. Nutzung

Umrechnungskoeffizienten (2009) für das Wertverhältnis von gleichwertigen Grundstücken bei unterschiedlicher baulichen Nutzung (GFZ : GFZ)

GFZ	WertR Anl. 11	Berlin** Wohnnutzung	Berlin** Dienstleistung	Braunschweig	Chemnitz	Darmstadt Dieburg	Duisburg EFH, ZFH, RH	Düsseldorf EFH, DH, RH	Frankfurt Bürolage	Frankfurt Wohn-, gemischtgenutzte Ertragsobjekte	Frankfurt Geschosswohnungsbau
4,3	-	3,2684	1,0614	-	-	-	-	2,87	4,30	-	-
4,4	-	3,3046	1,0819	-	-	-	-	2,91	4,40	-	-
4,5	-	3,3391	1,1023	-	-	-	-	2,96	4,50	-	3,04
4,6	-	3,3717	1,1228	-	-	-	-	3,02	4,60	-	-
4,7	-	3,4024	1,1433	-	-	-	-	3,06	4,70	-	-
4,8	-	3,4312	1,1637	-	-	-	-	3,10	4,80	-	-
4,9	-	3,4581	1,1842	-	-	-	-	3,14	4,90	-	-
5,0	-	3,4830	1,2047	-	-	-	-	3,18	5,00	-	-
5,1	-	-	1,2251	-	-	-	-	-	-	-	-
5,2	-	-	1,2456	-	-	-	-	-	-	-	-
5,3	-	-	1,2661	-	-	-	-	-	-	-	-
5,4	-	-	1,2866	-	-	-	-	-	-	-	-
5,5	-	-	1,3070	-	-	-	-	3,37	-	-	-
5,6	-	-	1,3275	-	-	-	-	-	-	-	-
5,7	-	-	1,3480	-	-	-	-	-	-	-	-
5,8	-	-	1,3684	-	-	-	-	-	-	-	-
5,9	-	-	1,3889	-	-	-	-	-	-	-	-
6,0	-	-	1,4094	-	-	-	-	3,50	-	-	-
6,1	-	-	1,4298	-	-	-	-	-	-	-	-
6,2	-	-	1,4503	-	-	-	-	-	-	-	-
6,3	-	-	1,4708	-	-	-	-	-	-	-	-
6,4	-	-	1,4912	-	-	-	-	-	-	-	-
6,5	-	-	1,5117	-	-	-	-	3,59	-	-	4,16
6,6	-	-	1,5322	-	-	-	-	-	-	-	-
6,7	-	-	1,5526	-	-	-	-	-	-	-	-
6,8	-	-	1,5731	-	-	-	-	-	-	-	-
6,9	-	-	1,5936	-	-	-	-	-	-	-	-
7,0	-	-	1,6140	-	-	-	-	-	-	-	-
10,0	-	-	-	-	-	-	-	-	-	-	-
15,0	-	-	-	-	-	-	-	-	-	-	-
20,0	-	-	-	-	-	-	-	-	-	-	-
25,0	-	-	-	-	-	-	-	-	-	-	-
30,0	-	-	-	-	-	-	-	-	-	-	-

[1] Entspricht den UK in Essen. Die mit * versehenen UK sind nicht in der WertR aufgenommen worden.
* Zu GFZ-Umrechnungskoeffizienten für Bürohochhäuser vgl. Debus, GuG 2000, 279;
** ABl. Berlin 2004 Nr. 12 S. 1101.

Quelle: Gutachterausschüsse für Grundstückswerte: Marktberichte.

Umrechnungskoeffizienten (2009) für das Wertverhältnis von gleichwertigen Grundstücken bei unterschiedlicher baulichen Nutzung (GFZ : GFZ)

GFZ	Göttingen		Hamburg			LK Hameln Pymont	Hannover	Hannover Münden Innenstadt
	Außer Innenstadt	Innenstadt	Wohnen	Büros	Läden			
0,2	-	-	0,307	0,519	0,5	-	-	-
0,3	0,64	-	0,414	0,564	0,5	-	-	-
0,4	0,68	-	0,511	0,612	0,5	-	-	-
0,5	0,73	-	0,602	0,664	0,5	0,84	-	-
0,6	0,77	-	0,688	0,721	0,6	0,88	0,84	-
0,7	0,82	-	0,770	0,782	0,7	0,92	0,88	-
0,8	0,88	-	0,849	0,849	0,8	0,95	0,92	-
0,9	0,94	-	0,926	0,921	0,9	0,97	0,96	-
1,0	**1,00**	**1,00**	**1,00**	**1,00**	**1,0**	**1,00**	**1,00**	**1,00**
1,1	1,07	-	1,07	1,09	1,1	1,03	1,05	-
1,2	1,14	1,09	1,14	1,18	1,2	1,04	1,10	1,23
1,3	1,21	-	1,21	1,27	1,3	1,07	1,14	-
1,4	1,30	1,16	1,28	1,36	1,4	-	1,19	1,44
1,5	-	-	1,35	1,45	1,5	-	1,24	-
1,6	-	1,26	1,41	1,54	1,6	-	1,28	1,65
1,7	-	-	1,48	1,63	1,7	-	1,30	-
1,8	-	1,37	1,54	1,71	1,8	-	1,34-	1,85
1,9	-	-	1,60	1,80	1,9	-	-	-
2,0	-	1,47	1,66	1,89	2,0	-	-	2,08
2,1	-	-	1,72	1,98	2,1	-	-	-
2,2	-	1,59	1,78	2,06	2,2	-	-	2,29
2,3	-	-	1,84	2,15	2,3	-	-	-
2,4	-	1,72	1,90	2,23	2,4	-	-	2,52
2,5	-	-	1,96	2,32	2,5	-	-	-
2,6	-	1,87	2,01	2,40	2,6	-	-	2,75
2,7	-	-	2,07	2,49	2,7	-	-	-
2,8	-	2,01	2,13	2,57	2,8	-	-	3,00
2,9	-	-	2,18	2,66	2,9	-	-	-
3,0	-	-	2,24	2,74	3,0	-	-	3,25
3,5	-	-	2,51	3,16	3,5	-	-	-
4,0	-	-	2,77	3,57	4,0	-	-	-
4,5	-	-	3,94	3,97	4,5	-	-	-
5,0	-	-	3,32	4,38	5,0	-	-	-
5,5	-	-	3,59	4,78	5,5	-	-	-
6,0	-	-	3,88	5,17	6,0	-	-	-
6,5	-	-	4,16	5,57	6,5	-	-	-

V Syst. Darst. Vergleichswertverf. — Art/Maß baul. Nutzung

GFZ	LK Wester-wald	LK Hildes-heim-	Karlsruhe Büro, usw.	Köln Geschoss-wohnungsbau	Konstanz Wohnen	Konstanz Gewerbe
0,3	0,55	-	-	-	0,60	-
0,4	0,66	0,81	0,71	-	0,66	-
0,5	0,74	0,83	0,76	-	0,72	-
0,6	0,81	0,85	0,81	-	0,78	-
0,7	0,87	0,88	0,86	-	0,84	-
0,8	0,92	0,91	0,90	0,93	0,90	-
0,9	-	0,95	0,95	0,96	0,95	-
1,0	1,00	1,00	1,00	1,00	1,00	1,00
1,1	-	1,05	1,05	1,04	1,05	-
1,2	-	1,11	1,10	1,08	1,10	-
1,3	-	-	1,14	1,12	1,14	-
1,4	-	-	1,19	1,16	1,19	-
1,5	-	-	1,24	1,20	1,24	-
1,6	-	-	1,29	1,25	1,28	-
1,7	-	-	1,34	1,29	1,32	-
1,8	-	-	1,39	1,34	1,36	-
1,9	-	-	1,43	1,39	1,41	-
2,0	-	-	1,48	1,44	1,45	1,25
2,1	-	-	1,53	1,50	1,49	-
2,2	-	-	1,58	1,56	1,53	-
2,3	-	-	1,63	1,61	1,57	-
2,4	-	-	1,68	1,67	1,61	-
2,5	-	-	-	1,74	1,65	-
2,6	-	-	-	1,80	1,69	-
2,7	-	-	-	1,87	1,73	-
2,8	-	-	-	1,94	1,76	-
2,9	-	-	-	2,01	1,80	-
3,0	-	-	-	2,09	1,85	1,50
3,1	-	-	-	2,17	-	-
3,2	-	-	-	2,25	-	-
3,3	-	-	-	2,33	-	-
3,4	-	-	-	2,42	-	-
3,5	-	-	-	2,51	-	-
3,6	-	-	-	2,61	-	-
3,8	-	-	-	(2,81)	-	-
4,0	-	-	-	(3,02)	2,05	-
4,2	-	-	-	(3,25)	-	-
4,4	-	-	-	(3,50)	-	-
4,6	-	-	-	(3,77)	-	-
4,8	-	-	-	(4,05)	-	-
5,0	-	-	-	(4,36)	2,15	-
6,0	-	-	-	-	2,20	-

Umrechnungskoeffizienten (2009) für das Wertverhältnis von gleichwertigen Grundstücken bei unterschiedlicher baulichen Nutzung (GFZ : GFZ)

Quelle: Gutachterausschüsse für Grundstückswerte: Marktberichte.

Art/Maß baul. Nutzung   **Syst. Darst. Vergleichswertverf. V**

| GFZ | Leipzig | München | | | Nürnberg Misch- und Wohn- nutzung*- | Offen- bach* Büro, Dienst- leist | Pader- born | Schwerin | Stuttgart Wohnhäuser | | Wupper- tal |
| | | Wohnbauland | | | | | | | | |
		EFH	Mehrge- schossig	Höher- wertiges Gewerbe					1–2 geschos- sig	Mehrge- schossig	Ge- schoss- woh- nungsbau
0,2	-	0,324	-	-	-	-	-	-	-	-	-
0,3	-	0,409	-	-	-	-	-	0,54	-	-	-
0,4	0,54	0,493	0,727	0,727	-	-	-	-	0,76	-	0,82
0,5	0,62	0,578	0,773	0,773	-	-	-	-	0,81	-	0,85
0,6	0,71	0,662	0,812	0,812	-	-	-	-	0,86	-	0,88
0,7	0,78	0,747	0,850	0,850	0,86	-	-	0,85	0,90	-	0,91
0,8	0,86	0,831	0,891	0,891	0,90	-	-	-	0,94	-	0,94
0,9	0,93	0,916	0,931	0,939	0,95	-	-	-	0,97	-	0,97
1,0	1,00	1,000	1,000	1,00	1,00	1,00	1,00	1,00	1,00	1,00	1,00
1,1	1,07	1,084	1,100	1,10	1,05	1,03	1,00	-	-	1,07	1,03
1,2	1,13	-	1,200	1,20	1,10	1,05	1,02	-	-	1,13	1,06
1,3	1,20	-	1,300	1,30	1,14	1,08	1,03	-	-	1,20	1,09
1,4	1,26	-	1,400	1,40	1,19	1,11	1,05	-	-	1,26	1,12
1,5	1,32	-	1,500	1,50	1,24	1,13	1,08	-	-	1,32	1,15
1,6	1,38	-	1,600	1,60	1,29	1,16	1,11	-	-	1,38	1,18
1,7	1,44	-	1,700	1,70	1,34	1,19	1,14	-	-	1,43	1,21
1,8	1,49	-	1,800	1,80	1,39	1,21	1,17	-	-	1,49	1,24
1,9	1,55	-	1,900	1,90	1,43	1,24	1,21	-	-	1,55	1,27
2,0	1,60	-	2,000	2,00	1,48	1,26	1,25	-	-	1,60	1,30
2,1	1,66	-	2,100	2,10	1,53	1,29	1,29	-	-	1,66	1,34
2,2	1,71	-	2,200	2,20	1,58	1,31	1,32	-	-	1,71	1,37
2,3	1,76	-	2,300	2,30	1,63	1,34	1,35	-	-	1,76	1,40
2,4	1,82	-	2,400	2,40	1,67	1,36	1,38	-	-	1,81	1,43
2,5	1,87	-	2,500	2,50	1,72	1,39	1,40	-	-	-	-
2,6	1,92	-	2,600	2,60	1,77	1,41	1,42	-	-	-	-
2,7	1,97	-	2,700	2,70	1,82	1,43	1,43	-	-	-	-
2,8	2,02	-	2,800	2,80	1,87	1,46	1,45	-	-	-	-
2,9	2,07	-	2,900	2,90	1,91	1,48	1,46	-	-	-	-
3,0	2,12	-	3,000	3,00	1,96	1,50	1,48	-	-	-	-
3,1	2,16	-	3,100	3,10	2,01	1,53	1,50	-	-	-	-
3,2	2,21	-	3,200	3,20	2,06	1,55	1,51	-	-	-	-
3,3	2,26	-	3,300	3,30	2,11	-	1,53	-	-	-	-
3,4	2,30	-	3,400	3,40	2,16	-	1,55	-	-	-	-
3,5	2,35	-	3,500	3,50	2,20	-	1,57	-	-	-	-
3,6	2,40	-	3,600	3,60	2,25	-	1,58	-	-	-	-
3,7	2,44	-	3,700	3,70	2,30	-	1,60	-	-	-	-
3,8	2,49	-	3,800	3,80	2,35	-	1,62	-	-	-	-
3,9	2,53	-	3,900	3,90	2,40	-	1,64	-	-	-	-
4,0	2,57	-	4,000	4,00	2,44	-	1,65	-	-	-	-
4,1	2,62	-	-	4,10	-	-	1,67	-	-	-	-
4,2	2,66	-	-	4,20	-	-	1,69	-	-	-	-
4,3	2,70	-	-	4,30	-	-	1,71	-	-	-	-
4,4	2,75	-	-	4,40	-	-	1,72	-	-	-	-
4,5	2,79	-	-	4,50	-	-	1,74	-	-	-	-
4,6	2,83	-	-	4,60	-	-	1,76	-	-	-	-
4,7	2,87	-	-	4,70	-	-	1,78	-	-	-	-
4,8	2,91	-	-	4,80	-	-	1,80	-	-	-	-
4,9	2,96	-	-	4,90	-	-	1,81	-	-	-	-
5,0	3,00	-	-	5,00	-	-	1,82	-	-	-	-
5,5	-	-	-	5,50	-	-	-	-	-	-	-
6,0	-	-	-	6,00	-	-	-	-	-	-	-
6,5	-	-	-	6,50	-	-	-	-	-	-	-

Umrechnungskoeffizienten (2009) für das Wertverhältnis von gleichwertigen Grundstücken bei unterschiedlicher baulichen Nutzung (GFZ : GFZ)

1 Entspricht den UK in Essen. Die mit * versehenen UK sind nicht in der WERTR aufgenommen worden.

Quelle: Gutachterausschüsse für Grundstückswerte: Marktberichte.

d) Ersatzmethoden

234 Wo keine empirischen Erkenntnisse über die Abhängigkeit des Bodenwerts vom Maß der baulichen Nutzung vorliegen, hat es sich auch als praktikabel erwiesen, die **Vergleichspreise** nicht in ihrer tatsächlich vereinbarten Höhe, sondern **umgerechnet auf den Geschossflächenpreis in den Preisvergleich einzubringen.** Der Geschossflächenpreis des Vergleichsgrundstücks berechnet sich nach der Formel

$$\text{Geschossflächenpreis} = \frac{\text{Bodenspreis}_{m^2}}{\text{GFZ}}$$

235 Der Bodenwert des zu wertenden Grundstücks ergibt sich mit Hilfe von Geschossflächenpreisen durch Multiplikation der Geschossflächenzahl des zu bewertenden Grundstücks mit dem **mittleren Geschossflächenpreis der Vergleichsgrundstücke.**

Beispiel:

– Bezogen auf den Wertermittlungsstichtag liegen folgende Vergleichspreise/m² vor:

Nr.	Preis [€/m²]	GFZ
1	310	1,00
2	380	1,50
3	220	0,85
4	320	1,25
5	230	0,95
	Σ 1 530	Σ 5,55

Mittlerer Vergleichspreis pro GFZ = 1,00:

1 530/5,55 = 275,7 €/m² bei GFZ = 1,00

Zu ermitteln ist der Verkehrswert eines Grundstücks mit einer GFZ von 1,1:

Verkehrswert = 275,7 €/m² × 1,1 = **303 €/m²**

▶ Weitere Ausführungen zur Ableitung und Anwendung von Umrechnungskoeffizienten zur Berücksichtigung eines unterschiedlichen Maßes der baulichen Nutzung vgl. § 9 ImmoWertV Rn. 1 ff.; § 12 ImmoWertV Rn. 1 ff. und § 16 ImmoWertV Rn. 233 ff.

236 Die Umrechnungskoeffiziententabelle verliert ihre Aussagekraft, wenn Grundstücke mit **erheblich voneinander abweichenden Geschossflächenzahlen** miteinander verglichen werden sollen, vor allem, wenn zudem die Mieten in den einzelnen Geschossen voneinander stark abweichen.

237 In der Praxis wird mitunter die **Abweichung der** auf dem zu bewertenden Grundstück **realisierbaren GFZ gegenüber der fiktiven GFZ** des Bodenrichtwertgrundstücks durch Umrechnung nach folgender Formel berücksichtigt:

$$\text{Bodenrichtwert} \times \frac{\text{GFZ}_{\text{realisiert}}}{\text{GFZ}_{\text{Bodenrichtwert}}}$$

238 *Beispiel:*

Dem Bodenrichtwert von 850 €/m² liegt eine GFZ von 2,0 zugrunde. Er soll zur Bodenwertermittlung eines Grundstücks mit einer GFZ von 2,2 zur Anwendung kommen

$$850\ \text{€/m}^2 \times 2{,}2/2{,}0 = \mathbf{935\ \text{€/m}^2}$$

Methodisch enthält die im Beispiel dargestellte Vorgehensweise eine Reihe von Vereinfachungen, da hier das Verhältnis 1:1 unterstellt wird.

a) Abweichungen im Maß der baulichen Nutzung zwischen dem Bodenrichtwertgrundstück und dem zu bewertenden Grundstück sollen nach § 12 ImmoWertV auf der Grundlage von Umrechnungskoeffizienten berücksichtigt werden. Dies ergäbe auf der Grundlage der Umrechnungskoeffizienten nach Anl. 11 zur WERTR (vgl. § 12 ImmoWertV Rn. 7):

$$850\ \text{€/m}^2 \times 1{,}35/1{,}45 = \mathbf{897\ \text{€/m}^2}$$

b) Kann aufgrund einer bestehenden Bebauung des Grundstücks mit einer GFZ von 2,0 die nach § 6 Abs. 1 ImmoWertV maßgebliche GFZ von 2,2 erst in n = 20 Jahren „ausgeschöpft" werden, so ergibt sich nach der unter § 16 ImmoWertV Rn. 235 ff. vorgestellten Formel bei einem Zinssatz von p = 5 %:

BW = BWreal. + (BWzul. − BWreal.) × $1/q^n$

BW = 850 €/m² + (920 €/m² − 850 €/m²) × $1/1{,}05^{20}$ = **876 €/m²**

e) *Grundflächenzahl (GRZ)*

▶ *Hierzu Allgemeines § 6 ImmoWertV Rn. 37 ff.*

239 In den Innenstädten wird der Bodenwert ausschlaggebend durch die Nutzung der unteren Geschosse und den dort erzielbaren Erträgen bestimmt. Neben der **erdgeschossigen Ladennutzung** haben das Keller- und das 1. Obergeschoss durch deren bauliche Einbeziehung an Bedeutung gewonnen. Die herausragende Bedeutung der erdgeschossigen Ladennutzung in den Innenstädten lässt es vielfach sogar sinnvoll erscheinen, die zum Preisvergleich herangezogenen Kaufpreise nach einem Frontmetermaßstab auf die Eigenschaften des zu bewertenden Grundstücks unter Vernachlässigung der i.d.R. ohnehin nicht allzu unterschiedlichen GFZ umzurechnen[91]. Deshalb besteht **in den Innenbereichen** die Besonderheit, dass der **GRZ als wertbeeinflussendem Faktor eine höhere Bedeutung zukommt**, da eine hohe GRZ eine entsprechend größere erdgeschossige Ladennutzung ermöglicht.

240 Der **besonderen Bedeutung der GRZ** und der vergleichsweise hohen Mieterträge im unteren Geschossbereich bei den in City-Lagen gelegenen Grundstücken kann mit dem sog. **Mietsäulenverfahren**[92] Rechnung getragen werden. In Abb. 32 wird dies an einem Extrembeispiel verdeutlicht, wobei der Wertunterschied in erster Linie aus der höheren GRZ resultiert, die zu einer erheblichen Ertragssteigerung in den unteren Geschossbereichen führt.

241 Der in Abb. 32 vorgenommenen Berechnungsweise liegt eine lineare Abhängigkeit des Bodenwerts vom Maß der baulichen Nutzung zugrunde, die kritisch hinterfragt werden muss, zumal insbesondere die empirischen Untersuchungen zur Abhängigkeit des Bodenwerts von der Erdgeschossmiete eher auf eine parabolische Abhängigkeit deuten. Auf der anderen Seite haben Untersuchungen zur Abhängigkeit des Bodenwerts von der GFZ ergeben, dass der **Bodenwert gerade in den Innenstadtlagen in linearer Abhängigkeit von der GFZ** steht, so dass der Benutzer dieser Methode hier nicht blind entsprechenden Hinweisen auf die parabolische Abhängigkeit folgen sollte, wenn dies nicht im Einzelfall konkret nachgewiesen werden kann.

---

91 So schon Großmann in ZfV 1951, 175; Buhr in AVN 1930, 151, in ZfV 1931, 764; Jahrbuch der Bodenreform, 52. Jahrgang Heft 1; Möhring in AVN 1898, 233.
92 BGH, Urt. vom 1.2.1982 – III ZR 93/80 –, EzGuG 14.69.

V Syst. Darst. Vergleichswertverf. — Art/Maß baul. Nutzung

Abb. 32: Umrechnung von Vergleichswerten mit Hilfe der Ertragsverhältnisse nach dem sog. Mietsäulenverfahren

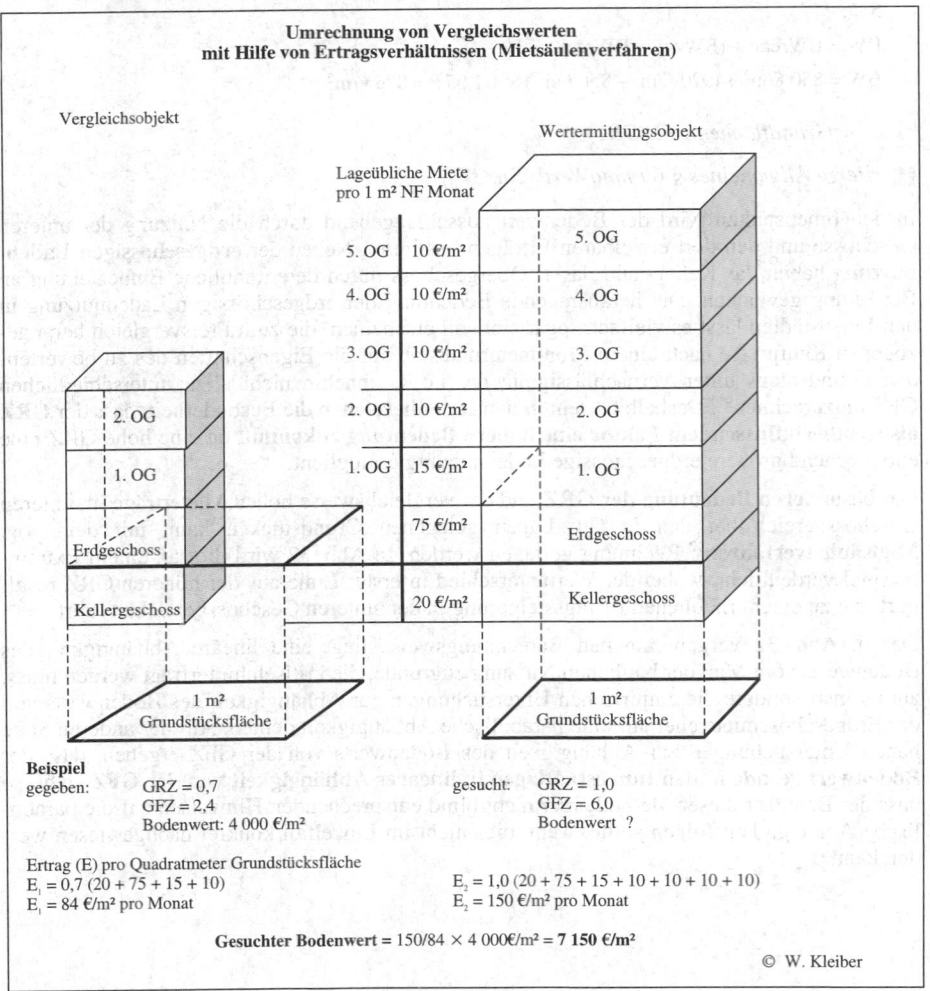

242 Die vorstehende Berechnungsweise lässt sich noch verfeinern:

– Da sich der in der vorstehenden Berechnung angesetzte monatliche Reinertrag auf den Quadratmeter Nutzfläche bezieht, können die Ansätze mit Hilfe des Nutzflächenfaktors (im Regelfall 0,8) reduziert werden.

– Darüberhinaus kann auch berücksichtigt werden, dass der angesetzte Reinertrag ein Nutzungsentgelt für Boden und Gebäude (Grundstück) ist und der Reinertrag deshalb um den Bodenwertverzinsungsbetrag gemindert wird.

Der um den Bodenwertverzinsungsbetrag verminderte Gesamtertrag der Mietsäule des Vergleichsgrundstück ergibt sich bei einem Bodenwert von 4 000 €/m², einer GRZ von 0,7, einem Nutzflächenfaktor (NFF) von 0,80 und einem Liegenschaftszinssatz von 6 % (mit dem im Übrigen sämtliche immobilienwirtschaftlich relevanten Umstände einschließlich steuerlicher Gegebenheiten berücksichtigt werden) zu:

$$RE_{\text{Gesamt (Vergleichsgrundstück)}} = \sum_{n=1}^{n} RE_{\text{Geschosse}} \times GRZ_{\text{Vergleichsgrundstück}} \times NFF - BW_{\text{Vergleichsgrundstück}} \times \frac{p}{100 \times 12 \text{ Monate}}$$

Im Beispiel:

Gesamtertrag des Vergleichsgrundstücks:	
(20 €/m² + 75 €/m² + 15 €/m² + 10 €/m²) x 0,7 x 0,8 =	67,20 €/m²
abzüglich	
monatlicher Bodenwertverzinsungsbetrag: 4 000 €/m² x 0,06/12 Monate =	20,00 €/m²
ergibt: monatlichen gebäudebezogen Gesamtertrag:	47,20 €/m²

Der vorstehend ermittelte monatliche gebäudebezogene Gesamtertrag sei zur Vereinfachung als $RE_{\text{reduziert}}$ bezeichnet.

Der gesuchte Bodenwert des zu bewertenden Grundstücks ergibt sich dann durch Auflösung des Verhältnisses der monatlichen gebäudebezogenen Gesamterträge des Bewertungsobjekts und des Vergleichsgrundstücks:

$$BW_{\text{gesucht}} = \frac{\sum_{n=1}^{n} RE_{\text{Geschosse (Bewertungsobjekt)}} \times GRZ \times NFF - BW_{\text{gesucht}} \times \frac{p}{100 \times 12 \text{ Monate}}}{RE_{\text{reduziert}}} \times BW_{\text{Vergleichsgrundstück}}$$

und aufgelöst nach dem gesuchten Bodenwert des Bewertungsobjekts:

$$BW_{\text{gesucht}} = \frac{\sum_{n=1}^{n} RE_{\text{Geschosse(Bewertungsobjekt)}} \times GRZ_{\text{Bewertungsobjekt}} \times NFF}{\frac{p}{100 \times 12 \text{ Monate}} + \frac{RE_{\text{reduziert}}}{BW_{\text{Vergleichsgrundstück}}}}$$

Im Beispiel:

$$BW_{\text{gesucht}} = \frac{150 \text{ €/m}^2 \times 1,00 \times 0,80}{6/1\,200 + (120 \text{ €/m}^2 \times 0,70 \times 0,80 - 4\,000 \text{ €/m}^2 \times 6/1\,200)/4\,000 \text{ €/m}^2} = 7\,142,86 \text{ €/m}^2$$

243 Das Ergebnis entspricht exakt dem der oben stehenden vereinfachten Berechnungsweise. Dies ist darauf zurückzuführen, dass sowohl der Nutzflächenfaktor als auch der Bodenwertverzinsungsbetrag den Reinertrag des Vergleichs- und Bewertungsobjekts gleichermaßen reduziert und das Wertverhältnis mithin nicht beeinflusst. Nur bei unterschiedlichen Nutzflächenfaktoren (NFF) ist die verfeinerte Berechnungsweise in Betracht zu ziehen.

244 Höchst problematisch ist auch die im bewertungstechnischen Vollzug umständliche und mit zusätzlichen Fehlerquellen behaftete Ermittlung des Bodenwertanteils am Reinertrag, indem der Reinertrag um die Verzinsung der gewöhnlichen Herstellungskosten des jeweiligen Geschosses (NHK pro Quadratmeter BGF x Liegenschaftszinssatz) reduziert wird. Bei einer homogenen Kostenstruktur ist auch diese Reduktion ohne Einfluss auf das Wertverhältnis und schon von daher abzulehnen. Von einer homogenen Kostenstruktur ist in aller Regel selbst bei unterschiedlichen Nutzungen der Geschossebenen auszugehen, denn auch in diesem Falle muss ein Investor von „gemischten" Herstellungskosten ausgehen und dementsprechend weisen die amtlichen Tabellenwerke über Normalherstellungskosten nur die Gesamtkosten der Gebäude ohne Untergliederung nach den Herstellungskosten einzelner Geschossebenen (KG, DG, EG usw.) vor.

5.3.3 Bauweise

245 Unter der Bauweise wird bauplanungsrechtlich die Stellung des Baukörpers auf dem Grundstück verstanden, wobei § 22 BauNVO zwischen der offenen und geschlossenen Bauweise unterscheidet (vgl. § 6 ImmoWertV Rn. 55). Vom Gutachterausschuss der Stadt *Solingen* wurden zur wertmäßigen Unterscheidung folgende **Umrechnungskoeffizienten** abgeleitet:

Offene Bauweise	**1,00**
Doppelhaus über 10 m Frontbreite	1,05
Doppelhaus unter 10 m Frontbreite	1,10
Reihenhaus	1,15

246 Bei alledem besteht eine Korrelation zur Abhängigkeit des Bodenwerts von der Grundstücksgröße. Das Reihenhaus weist i.d.R. gegenüber der offenen Bauweise eine kleinere Grundstücksfläche auf und dies darf nicht doppelt berücksichtigt werden.

5.3.4 Grundstücksgröße, -tiefe und -zuschnitt

5.3.4.1 Allgemeines

Schrifttum: *Reinhardt, W.,* Die Fläche als wertrelevante Größe für individuelles Wohnbauland in ländlichen Bereichen, GuG 2008, 321.

▶ Vgl. § 5 ImmoWertV Rn. 88 ff.

247 Erfahrungsgemäß ist der auf den Quadratmeter Grundstücksfläche bezogene Bodenwert sowohl von der Grundstücksgröße als auch von der Grundstückstiefe abhängig. Allgemein gelten folgende **Erfahrungssätze:**

a) Je größer die Gesamtfläche eines Grundstücks, desto kleiner ist der auf den Quadratmeter bezogene Bodenwert.

b) Ausgehend von der Vorderlandfläche eines Grundstücks nimmt der auf den Quadratmeter bezogene Bodenwert mit der Grundstückstiefe ab.

248 Um die Abhängigkeit des Bodenwerts von der Grundstücksgröße *(size)* oder Grundstückstiefe in marktkonformer Weise berücksichtigen zu können, werden von den Gutachterausschüssen für Grundstückswerte Umrechnungskoeffizienten in Abhängigkeit der Grundstückstiefe, aber auch Umrechnungskoeffizienten in Abhängigkeit von der Grundstücksfläche abgeleitet. **Grundstücksgröße und Grundstückstiefe** sind aber keine unabhängig voneinander stehenden Parameter, sondern **stehen in aller Regel in Beziehung** zueinander. Mit zunehmender Grundstückstiefe wächst nämlich i.d.R. auch die Grundstücksgröße. Aus diesem Grunde würde es auf eine Doppelberücksichtigung hinauslaufen, wenn im Zuge der Bodenwertermittlung übergroßer Grundstücke Umrechnungskoeffizienten in Abhängigkeit von der Grundstückstiefe und gleichzeitig Umrechnungskoeffizienten in Abhängigkeit von der Grundstücksfläche zur Anwendung kämen.

249 Das Verhältnis der (Front-)Breite und Tiefe eines Grundstücks bestimmt wiederum die **Grundstücksgestalt** *(shape),* den **Grundstückszuschnitt** bzw. die **Form des Grundstücks.** Grundstücksgröße und Grundstückstiefe stehen mithin auch wertmäßig in enger Beziehung zu der Grundstücksgestalt. Bei Abweichungen der Vergleichsgrundstücke bzw. des Bodenrichtwertgrundstücks von der Grundstücksgröße, -tiefe und -gestalt muss dieser Zusammenhang beachtet werden. Wenn die genannten Einflussfaktoren jedoch schrittweise (jeweils gesondert) z. B. durch Zu- oder Abschläge berücksichtigt werden, kann sich sehr schnell eine Doppel- bzw. Dreifachberücksichtigung einschleichen.

250 Aus diesem Grunde dürfen z. B. zur Berücksichtigung **einer Übergröße des zu bewertenden Grundstücks** auf der Grundlage von Umrechnungskoeffizienten in Abhängigkeit von der Grundstücksgröße diese nicht gleichzeitig in Kombination mit Umrechnungskoeffizienten in Abhängigkeit von der Grundstückstiefe zur Anwendung kommen. Dies verbietet sich ebenso wie eine zusätzliche wertmäßige **Abstufung nach Vorder- und Hinterland.**

251 Im Rahmen der **erbschaftsteuerlichen Ermittlung des gemeinen Werts** auf der Grundlage der von den Gutachterausschüssen für Grundstückswerte abgeleiteten Bodenrichtwerte sind nach Nr. 40 (R 161) der gleich lautenden Erlassen der obersten Finanzbehörden der Länder[93]

---

[93] Gleich lautende Erlasse der obersten Finanzbehörden der Länder zur Umsetzung des Gesetzes zur Reform des Erbschaftsteuer- und Bewertungsrechts vom 5. Mai 2009 (GuG 2009, 225).

vom Gutachterausschuss für Grundstückswerte abgeleitete Umrechnungskoeffizienten in heranzuziehen. Sofern die Bodenrichtwerte in Abhängigkeit von der Grundstückstiefe ermittelt worden sind, ist die Grundstücksfläche in Vorder- und Hinterland aufzuteilen. Dabei ist die Grundstücksfläche nach ihrer Tiefe in Zonen zu gliedern, deren Abgrenzung sich nach den Vorgaben des Gutachterausschusses richtet. Für Frei- und Verkehrsflächen, die als solche ausgewiesen sind und sich in privater Hand befinden, ist darüber hinaus vom Bodenrichtwert ein angemessener Abschlag zu machen, soweit er nicht bereits in die Ermittlung des Bodenrichtwerts eingeflossen ist. Die Höhe des Abschlags ist unter Berücksichtigung der Verhältnisse des Einzelfalls zu bemessen. Die dreistufige Berücksichtigung von Übergrößen impliziert die Gefahr einer doppelten bzw. dreifachen Berücksichtigung der Übergröße.

Die einem Sachverständigen mitunter gleichzeitig zur Verfügung stehenden Umrechnungskoeffizienten in Abhängigkeit von der Grundstücksgröße und von der Grundstückstiefe können bei alledem i.d.R. nur alternativ zur Anwendung kommen, wobei, wie noch näher dargelegt wird, die Methodenwahl nicht im freien Belieben des Sachverständigen steht. In der Regel führt die **alternative Anwendung** der zwei **genannten Methoden** nämlich **zu unterschiedlichen Ergebnissen**. Dies soll kurz am Beispiel eines übergroßen Einfamilienhausgrundstücks in Neuss demonstriert werden (Abb. 33, 38 und 42 f.):

Beispiel:

Abb. 33: Einfamilienhaus in Neuss

a) Bodenwertermittlung in Abhängigkeit von der Grundstückstiefe*

Bodenwert

bis 30 m Tiefe	600 m² ×	200 €/m²	× 1,00 =	120 000 €
30 bis 45 m Tiefe	300 m² ×	200 €/m²	× 0,95 =	57 000 €
45 bis 60 m Tiefe	300 m² ×	200 €/m²	× 0,90 =	54 000 €
Gesamtfläche	1 200 m²		Gesamtwert =	**231 000 €**

* Umrechnungskoeffizienten nach Neusser Tabellen (Abb. 46)

b) *Bodenwertermittlung in Abhängigkeit von der Grundstücksgröße*

$$BW_{1200m^2} = 200 \text{ €}/m^2 \times \frac{UK_{1200m^2}}{UK_{500m^2}} = 200 \text{ €}/m^2 \times \frac{0,901}{1,000} = 180,2 \text{ €}/m^2$$

Gesamtwert 1200 m² × 180,2 €/m² = 216 240 €

V Syst. Darst. Vergleichswertverf. — Grundstücksgröße

254 Der Sachverständige muss – wie das *Beispiel* zeigt – die dem konkreten Sachverhalt angemessene Vorgehensweise auswählen. Bevor diesbezüglich **das im konkreten Einzelfall sachgerechte Verfahren** ausgewählt wird, muss man jedoch zunächst die Grundstücksgröße feststellen, die

- im Falle der Heranziehung von Bodenrichtwerten dem jeweiligen Bodenrichtwertgrundstück zuzuordnen ist bzw.
- im Falle der Heranziehung von Vergleichspreisen den Vergleichsgrundstücken zugrunde liegt, sofern man die Vergleichspreise nicht bereits jeweils auf die Grundstücksgröße des zu bewertenden Grundstücks umgerechnet hat.

255 Daneben ist bei übergroßen Grundstücken ausgehend von der bauplanungsrechtlich erforderlichen Grundstücksfläche die überschießende Fläche

- nach **selbständig nutzbaren Teilflächen** (*excess land;* § 17 Abs. 2 Satz 2 ImmoWertV) und
- nach **nicht selbständig nutzbaren Teilflächen** (*surplus land*)

zu unterscheiden. Während sich der Wert der selbständig nutzbaren Teilflächen nach dem Grundsatz des *highest and best use* entsprechend ihrer Nutzungsfähigkeit bestimmt, sind die nicht selbständig nutzbaren Teilflächen gegenüber dem Bodenwert des „Stammgrundstücks" gemindert. Allerdings ist das Grundstück wertmäßig dann nicht allein auf der Grundlage der bauplanungsrechtlich erforderlichen Mindestfläche aufzugliedern, denn insbesondere Grundstücke, die ein geringes Maß der baulichen Nutzung aufweisen (Ein- und Zweifamilienhausgrundstücke), werden bis zu einer gewissen Übergröße zum „vollen" Baulandwert gehandelt. Diesbezüglich ist das Marktgeschehen regional und sektoral uneinheitlich. Als Anhalt für die jeweils „übliche" Grundstücksgröße können die örtliche Grundstücksstruktur und entsprechende dem jeweiligen Bodenrichtwert zugeordnete Flächenangaben dienen.

256 Erst wenn das **zu bewertende Grundstück wesentlich größer als das zum Vergleich herangezogene Bodenrichtwertgrundstück (bzw. die herangezogenen Vergleichsgrundstücke)** ist, muss nach einem geeigneten Weg zur Berücksichtigung dieser Abweichung gesucht werden. Handelt es sich um ein wesentlich größeres Grundstück, so muss zunächst geprüft werden, ob eine Zerlegung des Grundstücks in Flächen unterschiedlicher Qualitäten (Entwicklungszustandsstufen) – z. B. als Vorder- und Hinterland – in Betracht kommt. Dies wird auch als **Zerlegungs- bzw. Mosaikmethode** bezeichnet. Auch bei der Zerlegungsmethode muss die dem Bodenrichtwertgrundstück bzw. dem Vergleichsgrundstück zugrunde liegende Grundstücksgröße Beachtung finden. Handelt es sich nämlich z. B. um ein übergroßes Grundstück, das nur anteilig als baureifes Land einzustufen ist, und soll der Bodenwert dieser Teilfläche auf der Grundlage eines Bodenrichtwerts für baureifes Land abgeleitet werden, ist es in aller Regel angezeigt, der entsprechenden Teilfläche des zu bewertenden Grundstücks die Flächengröße zuzuordnen, die auch dem herangezogenen Bodenrichtwertgrundstück zugrunde liegt. Die dem Bodenrichtwert zugrunde liegende Grundstücksfläche wird deshalb vielfach in den Bodenrichtwertkarten in Quadratmetern angegeben; andernfalls muss sie aus der Grundstückssituation der jeweiligen Bodenrichtwertzone „abgelesen" werden.

257 Problematisch kann im Übrigen das mit dem Bodenrichtwert veröffentlichte Maß der baulichen Nutzung in solchen Gebieten sein, in denen **die tatsächlich realisierte Nutzung üblicherweise von dem rechtlich zulässigen Maß der baulichen Nutzung abweicht.** Der von Vergleichspreisen abgeleitete Bodenwert sollte sich dann auf die lageübliche Grundstücksgröße mit der Folge beziehen, dass das tatsächlich realisierte Maß der baulichen Nutzung hinter dem rechtlich zulässigen Maß der baulichen Nutzung zurückbleibt. Hat der Gutachterausschuss für Grundstückswerte gleichwohl das rechtlich zulässige (Höchst-)Maß der baulichen Nutzung dem Bodenrichtwert zugeordnet, so wäre es falsch, wenn der Anwender dieses Bodenrichtwerts diesen auch noch über die Umrechnungskoeffizientantabelle für unterschiedliche Maße der baulichen Nutzung (GFZ/GFZ) „heruntergerechnet".

In der **Zusammenfassung** bieten sich zur Berücksichtigung für die Übergröße eines Grundstücks also unterschiedliche Verfahrensweisen an, nämlich 258

a) Berücksichtigung auf der Grundlage von Vergleichspreisen/Bodenrichtwerten von vergleichbar übergroßen Grundstücken;

b) Zerlegung des Gesamtgrundstücks in Teilflächen unterschiedlicher Wertigkeiten, deren Bodenwert jeweils eigenständig ermittelt wird (Mosaik- bzw. Zerlegungsmethode; Aufteilung in Vorder- und Hinterland usw.);

c) Berücksichtigung der Übergröße eines zugleich übertiefen Grundstücks auf der Grundlage von Umrechnungskoeffizienten in Abhängigkeit von der Grundstückstiefe;

d) Berücksichtigung der Übergröße auf der Grundlage von Umrechnungskoeffizienten in Abhängigkeit von der Grundstücksfläche;

e) Berücksichtigung der Übergröße auf der Grundlage von Umrechnungskoeffizienten in Abhängigkeit von der Grundstücksgestalt (Verhältnis der Grundstücksbreite zur Grundstückstiefe).

Abb. 34: **Überblick über unterschiedliche Vorgehensweisen zur Berücksichtigung von Übergrößen**

Das im Einzelfall zur Anwendung kommende Verfahren ist nach sachlichen Kriterien auszuwählen und zu begründen. Dafür können die Grundsätze herangezogen werden, die allgemein für die **Wahl des Wertermittlungsverfahrens** gelten. § 8 Abs. 1 Satz 2 ImmoWertV schreibt hierfür vor, dass die Verfahren nach der Art des Gegenstands der Wertermittlung unter Berücksichtigung 259

– der Gepflogenheiten des Geschäftsverkehrs und

– den sonstigen Umständen des Einzelfalls

zu wählen sind.

Im Vordergrund für die Wahl des Verfahrens stehen danach also die Gepflogenheiten des Geschäftsverkehrs. Als **sonstige Umstände des Einzelfalls** können daneben vor allem auch die dem Sachverständigen zur Verfügung stehenden Möglichkeiten, insbesondere die ihm zur Verfügung stehenden marktkonformen Umrechnungskoeffizienten eine gewichtige Rolle spielen. Vielfach werden dem Sachverständigen nämlich nicht stets Umrechnungskoeffizien- 260 ten in Abhängigkeit von der Grundstücksfläche und Grundstückstiefe gleichzeitig zur Verfügung stehen.

261 Allgemein können entsprechend den **Marktgepflogenheiten** folgende Grundsätze aufgestellt werden:

a) Die Anwendung der **Zerlegungsmethode** (Mosaikmethode) ist insbesondere dann angezeigt, wenn die überschießende Fläche eine wirtschaftlich selbständig nutzbare Fläche darstellt, wobei es sich nicht stets um eine selbständige bauliche Nutzung handeln muss (§ 17 Abs. 2 Satz 2 ImmoWertV). Die Möglichkeit einer selbständigen baulichen Nutzung stellt hier sogar den krassesten Fall dar, der zu sachlich unsinnigen Ergebnissen führt, wenn in diesem Fall der Bodenwert eines übergroßen Grundstücks auf der Grundlage von Umrechnungskoeffizienten in Abhängigkeit von der Grundstücksfläche gemindert werden würde (vgl. die nachfolgende Abb. 35). In solchen Fällen muss also das Grundstück in Einzelgrundstücke zerlegt werden.

Abb. 35: Unterschiedliche Verfahren zur Berücksichtigung der Übergröße

b) Die darüber hinaus sich stellende Frage, ob der Bodenwert nach Maßgabe der **Grundstückstiefe** *oder* der **Grundstücksgröße** zu reduzieren ist, hängt maßgeblich von der Grundstücksform (Grundstückszuschnitt) ab.

Ein vorteilhaft zugeschnittenes Grundstück ist durch rechtwinklig zueinander stehende Grundstücksgrenzen und einem Verhältnis der Frontbreite zur Grundstückstiefe von etwa 1 : 2 gekennzeichnet[94]. Dabei kommt es vor allem auch darauf an, dass die baulich zulässige Nutzung auf dem Grundstück realisiert werden kann. Bei Einfamilienhäusern gilt ein Grundstück mit einer Frontbreite von 20 m und einer Grundstückstiefe von 35 m als ideal. Weist das Grundstück also bei einem organischen Verhältnis von Breite und Tiefe eine Übergröße auf, so wird man nach vorheriger „Ausschöpfung" der Möglichkeiten einer Zerlegung den Bodenwert unter Anwendung der Umrechnungskoeffizienten für unterschiedliche Grundstücksgrößen reduzieren. Umgekehrt kann sich auch durch Zusammenlegung zweier Teilflächen der Wert erhöhen (*assemblage*).

c) Die Heranziehung von Umrechnungskoeffizienten in Abhängigkeit von der **Grundstückstiefe** ist damit letztlich nur in den Fällen sachgerecht, wo das Grundstück auch tatsächlich eine lang gestreckte Übertiefe aufweist und das Verhältnis von Breite zu Tiefe überdurchschnittlich ist.

---

94 Dieterich, Baulandumlegung 5. Aufl., S. 142; Dieterich in Ernst/Zinkahn/Bielenberg, § 194 BauGB Rn. 102.

Die wertmäßige Aufteilung eines übertiefen Grundstücks mithilfe von Umrechnungskoeffizienten in Abhängigkeit von der Grundstückstiefe läuft auf eine wertmäßige Zonierung entsprechend der Grundstückstiefe hinaus und stellt insoweit eine Verfeinerung der Aufteilung in Vorder- und Hinterland dar. Dabei ist auch hier im Hinblick auf die Anwendung des Ertragswertverfahrens zu prüfen, ob das Hinterland eine selbstständig nutzbare Fläche i.S. des § 17 Abs. 2 Satz 2 ImmoWertV darstellt. **262**

Bei Anwendung des Ertragswertverfahrens darf nach § 17 Abs. 2 Satz 2 ImmoWertV nämlich für den Fall, dass ein Grundstück wesentlich größer ist, als es einer den baulichen Anlagen angemessenen Nutzung entspricht, und **eine zusätzliche Nutzung oder Verwertung einer Teilfläche** zulässig und möglich ist (Übergröße), **263**

– bei Anwendung des Ertragswertverfahrens nach § 17 Abs. 2 Nr. 1 ImmoWertV der Jahresreinertrag des Grundstücks nicht um den Bodenwertverzinsungsbetrag dieser Teilfläche vermindert werden, da er zur Erzielung des Reinertrags nicht erforderlich ist, und

– bei Anwendung des Ertragswertverfahrens nach § 17 Abs. 2 Nr. 2 ImmoWertV der Bodenwertanteil dieser Teilfläche nicht abgezinst werden, da die Teilfläche jederzeit nutzbar ist.

Im Ergebnis wird dieser Grundstücksteil als „angehängte" zusätzliche Teilfläche allein mit ihrem Bodenwert „mitgeschleppt".

5.3.4.2 Mosaikverfahren (Vorder- und Hinterland)

▶ *Grundsätzliches hierzu auch bei § 5 ImmoWertV Rn. 178; § 8 ImmoWertV Rn. 149 ff.*

Die Notwendigkeit einer Aufteilung übergroßer Grundstücke kann sich sowohl bei dem Wertermittlungsobjekt als auch bei den Vergleichsobjekten stellen. Unterließe man dies bei den Vergleichsobjekten, so wäre der daraus ermittelte durchschnittliche Quadratmeterwert verfälscht. Allenfalls in dem (wohl mehr theoretischen) Ausnahmefall, dass die Vergleichsobjekte die gleichen Anteile unterschiedlich wertiger Teilflächen aufweisen wie das Wertermittlungsobjekt, könnte die Aufteilung unterbleiben. **264**

Bei der Aufteilung übertiefer Grundstücke in Teilflächen unterschiedlichen Entwicklungszustands nach **Vorder- und Hinterland** stellt sich die Frage, wo die Grenze zu ziehen ist. Soweit es sich bei dem Vorderland um baureife Flächen handelt, orientiert sich die Trennlinie zwischen dem baureifen Vorderland und dem Hinterland grundsätzlich am Ende der Fläche, die nach öffentlich-rechtlichen Vorschriften baulich nutzbar ist, zuzüglich der Freifläche, die für die bauliche Nutzung erforderlich ist (Abb. 36)[95]. **265**

---

[95] BGH, Urt. vom 30.5.1983 – III ZR 22/82 –, EzGuG 18.93; BVerwG, Urt. vom 17.7.1958 – 1 C 209/57 –, EzGuG 4.10; VGH Mannheim, Urt. vom 27.10.2000 – 8 S 714/00 –, ESVGH 51, 61.

Abb. 36: Bestimmung der Grenzlinie zwischen Vorder- und Hinterland bei übertiefen Grundstücken

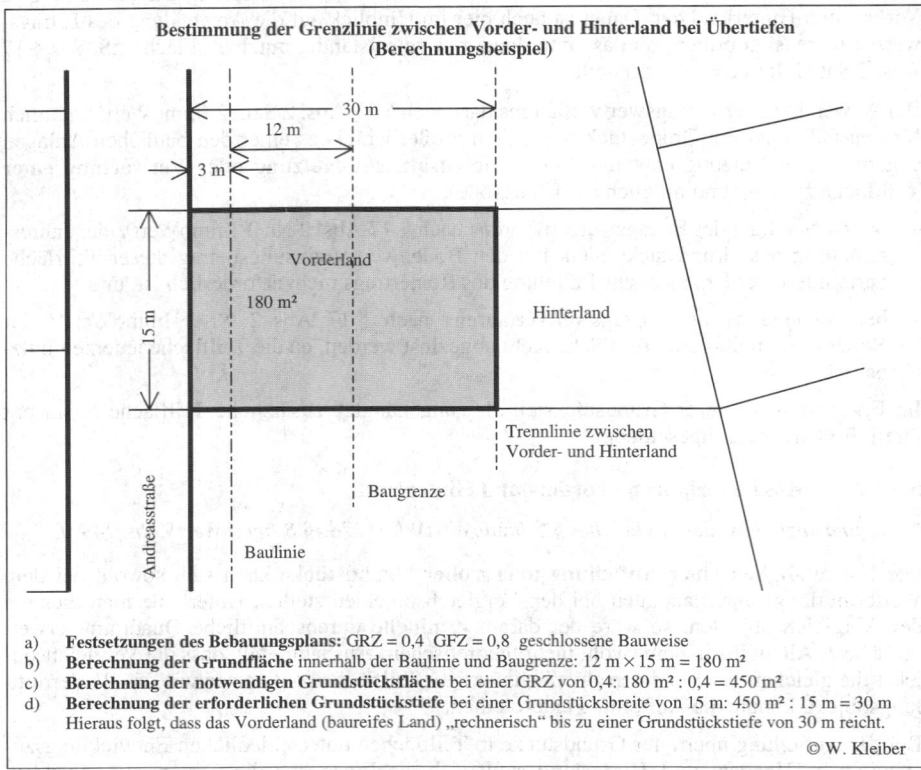

a) **Festsetzungen des Bebauungsplans:** GRZ = 0,4 GFZ = 0,8 geschlossene Bauweise
b) **Berechnung der Grundfläche** innerhalb der Baulinie und Baugrenze: 12 m × 15 m = 180 m²
c) **Berechnung der notwendigen Grundstücksfläche** bei einer GRZ von 0,4: 180 m² : 0,4 = 450 m²
d) **Berechnung der erforderlichen Grundstückstiefe** bei einer Grundstücksbreite von 15 m: 450 m² : 15 m = 30 m
Hieraus folgt, dass das Vorderland (baureifes Land) „rechnerisch" bis zu einer Grundstückstiefe von 30 m reicht.

© W. Kleiber

266 Die sich hieraus ergebende **Mindest-Grundstücksfläche** (Normfläche) **ist aber nur Ausgangsgröße für die Aufteilung in Vorder- und Hinterland**. Wo nach der Art der Grundstücksnutzung die darüber hinausgehende Fläche wertmäßig wie das Vorderland gehandelt wird, verschiebt sich die Trennlinie[96]. Es kommt entscheidend auf die Grundstückstiefe an, die den herangezogenen Vergleichsgrundstücken bzw. dem Bodenrichtwertgrundstück zugrunde liegt.

267 Die Trennlinie verschiebt sich, wenn Vorderland z. B. für Straßenverbreiterungsmaßnahmen abgetreten wird. Das bislang baulich nicht nutzbare Hinterland tritt dann insoweit an die Stelle des abgetretenen Vorderlandes (sog. **vorgeschobenes Hinterland**). Im Entschädigungsfall ist deshalb Bemessungsgrundlage für das abgetretene Vorderland der Wert, der sich für den Entwicklungszustand des Hinterlandes ergibt. Zu diesem Ergebnis kommt man auch bei Anwendung des sog. Differenzwertverfahrens. Hierbei wird der Verkehrswert des Gesamtgrundstücks vor und nach Abtretung der Teilfläche gegenübergestellt[97].

▶ *Vgl. Rn. 275; Näheres zum vorgeschobenen Hinterland bei Teil VI Rn. 667 ff.; § 8 Immo-WertV Rn. 149 ff.*

---

[96] BGH, Urt. vom 27.9.1990 – III ZR 97/89 –, GuG 1991, 38 = EzGuG 2.51.
[97] *BGH*, Urt. vom 29.1.1970 – III ZR 360/69 –, EzGuG 18.48; zum Wertverhältnis zwischen Vorder- und Hinterland vgl. auch OLG Hamburg, Urt. vom 24.4.1970 – 1 U 17/69 –, EzGuG 18.50; OLG Hamburg, Urt. vom 13.4.1973 – 1 U 13/71 –, EzGuG 4.40; vgl. auch Nr. 5.2 WERTR; ferner: OLG Hamburg, Urt. vom 12.5.1964 – 1 U 53/62 –, EzGuG 4.21.

Eine gesamtheitliche Betrachtung ist auch bei Anwendung der Mosaikmethode geboten. Entscheidend ist die **Verkehrsauffassung**. Selbst rechtliche Gegebenheiten müssen in ihrer Bedeutung zurücktreten, wie das nachfolgende Beispiel zeigt (Abb. 37):

Abb. 37: Lageplan

Lösungsvorschlag für die Ermittlung des Verkehrswerts:

Falsch			Richtig	
200 m² × 250 €/m²	= 50 000 €		500 m² × 193,80 €/m²	= 96 900 €
300 m² × 50 €/m²	= 15 000 €			
500 m² = Summe	= 65 000 €	← Differenz		**31 900 €**

Bodenwertermittlung in Abhängigkeit von der Grundstücksfläche (vgl. Abb. 41)

$$BW_{500m^2} = 250\ \text{€}/m^2 \times \frac{UK_{500m^2}}{UK_{200m^2}} = 250\ \text{€}/m^2 \times \frac{1,00}{1,29} = 193,80\ \text{€}/m^2$$

Den Verhältnissen auf dem Grundstücksmarkt würde man nicht gerecht werden, wenn man die der Landwirtschaft vorbehaltene Fläche mit dem Bodenwert (anteilig) ansetzen würde, der auf dem landwirtschaftlichen Grundstücksmarkt erzielt werden kann, wenn es sich faktisch um Bauland handelt.

Eine Besonderheit liegt bei übertiefen Grundstücken vor, die eine sog. Hinterlandbebauung zulassen und ein selbstständig nutzbares **Hinterliegergrundstück** – oftmals als sog. **„Pfeifengrundstück"** benannt – gebildet werden kann (Abb. 38). Es gibt nämlich keinen allgemein geltenden Grundsatz, dass eine Hinterlandbebauung städtebaulich unerwünscht ist[98].

---

98 BVerwG, Urt. vom 29.11.1974 – 4 C 10/73 –, BRS Bd. 28 Nr. 28; OVG Münster, Urt. vom 22.5.1992 – 11 A 1709/89 –, GuG 1993, 57 = EzGuG 8.71.

Abb. 38: Pfeifengrundstück

270 In einem im Zusammenhang bebauten Ortsteil kommt es aber bei der Frage, ob eine rückwärtige Bebauung eines Grundstücks zulässig ist, nach der überbaubaren Grundstücksfläche regelmäßig darauf an, in welchem Umfang die den **Maßstab bildenden umliegenden Grundstücke** eine rückwärtige Bebauung aufweisen. Diese Frage lässt sich nur anhand der konkreten Umstände des Einzelfalls beantworten[99].

271 Liegt der **Standort eines geplanten Wohngebäudes im hinteren Grundstücksbereich gänzlich außerhalb des Umgebungsrahmens** hinsichtlich der überbaubaren Grundstücksfläche, so ist das Vorhaben nach § 34 Abs. 1 BauGB nicht allein deshalb zulässig, weil eine sinnvolle straßenseitige Bebauung wegen des schmalen Zuschnitts des Grundstücks nicht möglich ist[100]. Auch kann die Frage, ob von einem den Umgebungsrahmen überschreitenden Vorhaben im unbeplanten Innenbereich eine Vorbildwirkung für Nachbargrundstücke ausgehen kann, nur nach dem jeweiligen Einzelfall beurteilt werden; sie ist keiner rechtsgrundsätzlichen Klärung zugänglich[101].

272 Als baureifes Land können hinterliegende Grundstücke bzw. Grundstücksteile, auch wenn für sie im Bebauungsplan eine bauliche Nutzung festgesetzt ist, nur eingestuft werden, wenn ein **Zugang zur Erschließungsanlage** ggf. über ein fremdes Grundstück gesichert ist. Nach höchstrichterlicher Rechtsprechung gehören Hinterliegergrundstücke nämlich nur dann zum Kreis der erschlossenen Grundstücke, wenn die rechtlichen Hindernisse, die der Zugänglichkeit entgegenstehen, in rechtlich gesicherter Weise und auf Dauer ausräumbar sind[102]. Nach der Rechtsprechung ist eine Erschließung i.S. des § 30 Abs. 1 BauGB nur dann gesichert, wenn damit zu rechnen ist, dass sie auf Dauer zur Verfügung stehen wird. Eine Zuwegung zu einem Hinterliegergrundstück, die nur auf einer auflösend bedingten Baulast beruht, kann dies nicht gewährleisten, wenn sich im maßgeblichen Zeitpunkt bereits konkret abzeichnet, dass die Baulast durch Eintritt einer Bedingung demnächst erlöschen wird[103]. In der Rechtsprechung ist

---

99 BVerwG, Urt. vom 6.11.1997 – 4 B 172/97 –, NVwZ-RR 1998, 539; BVerwG, Urt. vom 15.12.1994 – 4 C 19/93 –, BauR 1995, 506; BVerwG, Beschl. vom 28.9.1988 – 4 B 175/88 –, EzGuG 8.65; VGH Kassel, Urt. vom 25.9.1987 – 4 UE 40/87 –, BRS Bd. 47 Nr. 64.
100 VGH Mannheim, Urt. vom 7.2.1997 – 5 S 3442/95 –, VBlBW 1997, 268.
101 BVerwG, Beschl. vom 4.10.1995 – 4 B 68/95 –, NVwZ-RR 1996, 375 = BRS Bd 57 Nr. 95.
102 BayVGH, Urt. vom 2.4.1980 – 23 Cs – 670/79 –, EzGuG 8.56; BVerwG, Urt. vom 7.10.1977 – 4 C 103/74 –, EzGuG 9.31a.
103 BVerwG, Urt. vom 8.5.2002 – 9 C 5/01 –, KStZ 2002, 232 = EzGuG 8.72.

auch gefordert worden, dass die Zufahrt durch eine Grunddienstbarkeit gesichert ist[104], wenn eine dauerhafte Sicherung der Zuwegung durch eine Baulast nicht möglich ist.

Der VGH Mannheim[105] fordert in seiner Rechtsprechung, dass die **verkehrsmäßige Erreichbarkeit des Hinterliegergrundstücks** bauordnungsrechtlich durch eine öffentlich-rechtlich gesicherte Zufahrt gewährleistet ist. Dafür reiche es nicht aus, dass zugunsten dieses Grundstücks im Bebauungsplan ein Geh-, Fahr- und Leitungsrecht nach § 9 Abs. 1 Nr. 21 BauGB festgesetzt ist und die Überfahrt durch schuldrechtliche Vereinbarung mit dem Eigentümer des Vorderliegergrundstücks gesichert ist. Eine solche öffentlich-rechtliche Sicherheit der Zufahrt trete nur ein, wenn eine entsprechende **Baulast** bestellt werde und zugleich eine deckungsgleiche Grunddienstbarkeit bestehe. Eine nur unter auflösender Bedingung beruhende Baulast reicht allerdings nicht aus; sie löst jedenfalls auch keine Erschließungsbeitragspflicht aus[106]. 273

Der **für das grundsätzlich bebaubare Hinterland anzusetzende** Wert darf nicht nach den allgemeinen Wertansätzen für die Übertiefe bzw. Übergröße von Grundstücken angesetzt werden. Zur Ermittlung des Werts des Hinterlandes ist vielmehr vom Vorderlandwert („voller" Baulandwert vermindert um die Gestehungskosten der Erschließung ggf. im Wege des Extraktionsverfahrens [Residualwertverfahrens]) auszugehen. Dies sind insbesondere die Kosten der straßenmäßigen Erschließung. Dabei macht es keinen Unterschied, ob die Straße als private Erschließungsanlage oder als öffentliche Straße hergestellt wird. Im ersten Fall sind die Kosten vom Eigentümer selbst aufzubringen; im anderen Fall werden sie mit dem Erschließungsbeitrag geltend gemacht und sind deshalb entsprechend wertmindernd zu berücksichtigen. Liegt das zu bewertende Grundstück in einem förmlich festgelegten Sanierungsgebiet, das in einem umfassenden Verfahren saniert wird, wird die mit der Anlegung einer öffentlichen Straße bewirkte Werterhöhung bei der Ermittlung des End- bzw. Neuordnungswerts berücksichtigt und zusammen mit den sonstigen Bodenwerterhöhungen abgeschöpft. Die vom Eigentümer selbst hergestellte Straße wird dagegen nach Maßgabe des § 146 Abs. 3 i.V.m. § 155 Abs. 1 Nr. 2 oder 3 bzw. § 155 Abs. 6 BauGB als „eigene Aufwendung" berücksichtigt. Die Kosten der Herstellung einer Straße beliefen sich im Jahre 2003 auf ca 100 bis 120 €/m² Straßenfläche bzw. auf rd. 1 000 € je laufender Meter für eine etwa 8 m breite Straße (Abb. 39). 274

---

104 BayVGH, Urt. vom 22.2.1978 – 65 XV 75 –, EzGuG 18.32; anders OVG Münster, Urt. vom 31.1.1989 – 3 A 922/87 –, EzGuG 8.68.
105 BVerwG, Urt. vom 15.1.1988 – 8 C 111/86 –, EzGuG 9.62; VGH Mannheim, Urt. vom 13.12.1994 – 2 S 3003/93 –, VBlBW 1995, 358 VGH –, Mannheim Urt. vom 12.9.1996 – 8 S 1844/94 –, BGH, Urt. vom 3.2.1989 – V ZR 224/87 NJW 1989, 1607; BGH, Urt. vom 6.10.1989 – V ZR 227/88 –, NVwZ 1990, 192.
106 BVerwG, Urt. vom 8.5.2002 – 9 C 5/01 –, KStZ 2002, 232 = EzGuG 8.72.

V Syst. Darst. Vergleichswertverf. Grundstücksgröße

Abb. 39: Lageplan

5.3.4.3 Grundstücksgröße

275 Unterschiede in der Grundstücksgröße *(size)* zwischen dem zu bewertenden Grundstück und den zum Vergleich herangezogenen Grundstücken[107] werden grundsätzlich berücksichtigt, indem die **Vergleichspreise** – wie im Übrigen auch Bodenrichtwerte – **auf den Quadratmeter Grundstücksfläche bezogen werden** und auf dieser Grundlage die individuelle Grundstücksgröße des Wertermittlungsobjekts volle Berücksichtigung erfährt.

276 Erfahrungsgemäß ist jedoch der Quadratmeterwert **eines Baugrundstücks umso größer, je kleiner das Baugrundstück ist**. Dies ist zum einen darauf zurückzuführen, dass sich bei hohen Baulandpreisen der Käufer darauf beschränkt, die baurechtlich notwendige Fläche zu erwerben, und auf Freiflächen verzichtet. Auf der anderen Seite gelingt es den Verkäufern erfahrungsgemäß, höhere Quadratmeterpreise beim Verkauf kleinerer Grundstücke am Markt durchzusetzen.

---

107 Hierzu schon Groeger in ZfV 1921, 165.

Abb. 40: Abhängigkeit des Bodenwerts von der Grundstücksgröße

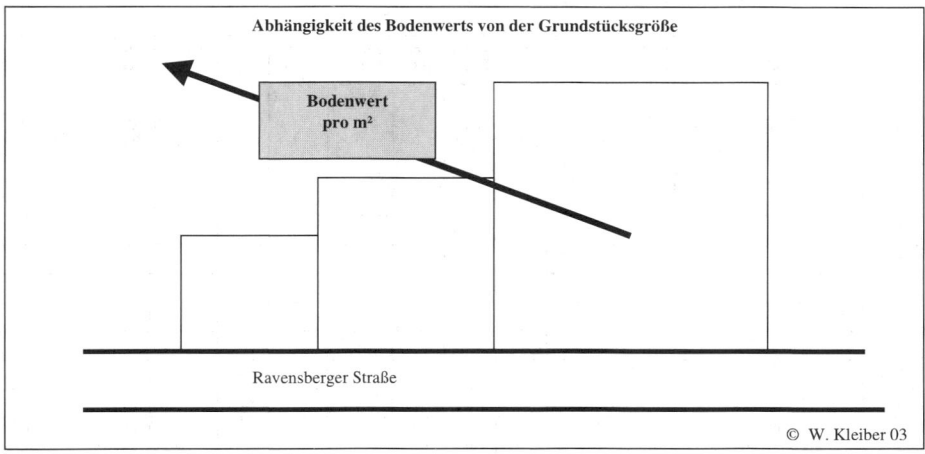

Für die **Abhängigkeit des auf den Quadratmeter Grundstücksfläche bezogenen Verkehrswerts von der Grundstücksfläche** sind von einigen Gutachterausschüssen für Grundstückswerte **Umrechnungskoeffizienten** ermittelt worden (Abb. 41), wobei zwischen

- Ein- und Zweifamilienhäusern,
- Reihenhäusern und
- Gewerbegrundstücken

zu unterscheiden ist.

Bezüglich Ein- und Zweifamilienhäuser sind diese i.d.R. auf eine durchschnittliche Grundstücksfläche von 500 m² mit einem Umrechnungskoeffizienten von 1,0 ermittelt worden. Bei kleineren Grundstücksflächen steigt der Quadratmeterwert verhältnismäßig steil an. Daher muss beim Preisvergleich zwischen **kleinen und großen Grundstücksflächen** unterschieden werden. Noch stärker als bei Ein- und Zweifamilienhäusern steigen die Quadratmeterwerte für Reihenhäuser an, insbesondere wenn die Grundstücksfläche bis auf ca. 150 m² zurückgeht.

In Abb. 41 sind **durchschnittliche Umrechnungskoeffizienten** für die Abhängigkeit des Quadratmeterwerts von der Grundstücksfläche angegeben, die als Anhalt dienen können, wenn keine örtlichen Umrechnungskoeffizienten zur Verfügung stehen.

V Syst. Darst. Vergleichswertverf. — Grundstücksgröße

Abb. 41: Bodenwert in Abhängigkeit von der Grundstücksgröße des individuellen Wohnungsbaus (Überblick) 2009

Fläche m²	Bad Doberan EFH	Bergisch Gladbach EFH	Berlin Quelle: IVD GuG 2008, 44 EFH/ZFH Freistehend einfach, mittel	Gut, sehr gut	DHH RH einfach, mittel	Gut, sehr gut	Bonn EFH/ZFH	Land Brandenburg EFH/ZFH	Chemnitz	Dahme-Spreewald Kreis	LK Ennepe Ruhr	Hamburg RH	Hamburg EFH	Hannover EFH/ZFH	LK Harburg Bodenrichtwert 50 €	250 €
125	-	-	-	-	-	-	-	-	-	-	-	-	-	-	-	-
150	1,41	-	-	-	1,18	1,14	1,42	-	-	-	-	1,93	-	-	-	-
175	-	-	-	-	-	-	-	-	-	-	-	1,78	-	-	-	-
200	1,29	-	-	-	1,12	1,08	1,29	-	-	-	1,12	1,63	-	1,11	1,11	1,06
225	-	-	-	-	-	-	-	-	-	-	-	1,54	-	-	-	-
250	-	-	-	-	1,06	1,04	-	-	1,31	-	-	1,47	-	1,08	1,08	-
275	-	-	-	-	-	-	-	-	1,26	-	-	1,39	-	-	-	-
300	1,16	1,09	-	-	1,02	1,02	1,16	1,32	1,22	-	1,08	1,32	1,21	1,06	1,06	1,03
325	-	-	-	-	-	-	-	-	1,18	-	-	-	1,18	-	-	-
350	-	1,07	-	-	1,00	1,00	-	-	1,15	1,09	-	1,22	1,15	1,04	-	-
375	-	-	-	-	-	-	-	-	1,12	-	-	1,16	1,11	-	-	-
400	1,07	1,06	1,12	1,08	0,97	0,98	1,07	1,30	1,09	1,05	1,04	1,13	1,09	1,02	1,02	1,01
425	-	-	-	-	-	-	-	-	1,07	-	-	1,09	1,06	-	-	-
450	-	1,01	-	-	-	-	-	-	1,04	1,03	-	1,06	1,04	1,01	-	-
475	-	-	-	-	-	-	-	-	1,02	-	-	1,03	1,02	-	-	-
500	1,00	1,00	1,07	1,05	0,93	0,95	1,00	1,00	1,00	1,00	1,00	1,00	1,00	1,00	1,00	1,00
525	-	-	-	-	-	-	-	-	0,98	-	-	-	0,98	-	-	-
550	-	0,98	-	-	-	-	-	-	0,96	0,97	-	-	0,96	0,99	-	-
575	-	-	-	-	-	-	-	-	0,95	-	-	-	0,94	-	-	-
600	0,94	0,96	1,04	1,03	0,90	0,94	0,95	0,87	0,93	0,95	0,97	-	0,93	0,98	0,97	0,98
625	-	-	-	-	-	-	-	-	0,92	-	-	-	0,92	-	-	-
650	-	0,94	-	-	-	-	-	-	0,90	0,92	-	-	0,90	0,97	-	-
675	-	-	-	-	-	-	-	-	0,89	-	-	-	0,89	-	-	-
700	0,90	0,93	1,00	1,00	0,87	0,91	0,91	0,77	0,88	0,91	0,93	-	0,88	0,97	0,95	0,97
725	-	-	-	-	-	-	-	-	0,87	-	-	-	0,87	-	-	-
750	-	0,91	-	-	-	-	-	-	0,85	0,89	-	-	0,85	0,96	-	-
775	-	-	-	-	-	-	-	-	0,84	-	-	-	0,84	-	-	-
800	0,86	0,89	0,96	0,98	0,83	0,89	0,87	0,68	0,83	0,88	0,91	-	0,83	0,96	0,94	0,96
825	-	-	-	-	-	-	-	-	0,82	-	-	-	0,82	-	-	-
850	-	0,88	-	-	-	-	-	-	0,81	0,86	-	-	0,81	0,95	-	-
875	-	-	-	-	-	-	-	-	0,80	-	-	-	0,81	-	-	-
900	0,83	0,87	0,94	0,97	-	-	0,85	0,59	0,80	0,85	0,89	-	0,80	0,95	0,93	0,95
925	-	-	-	-	-	-	-	-	0,79	-	-	-	0,79	-	-	-
950	-	0,85	-	-	-	-	-	-	0,78	0,83	-	-	0,78	0,94	-	-
975	-	-	-	-	-	-	-	-	0,77	-	-	-	0,77	-	-	-
1000	0,81	0,84	0,90	0,95	-	-	0,83	0,52	0,76	0,82	0,87	-	0,76	0,94	0,91	0,94
1050	-	0,83	-	-	-	-	-	-	0,81	-	-	-	0,75	0,93	-	-
1100	0,78	0,81	0,86	0,93	-	-	0,80	0,45	-	0,80	-	-	0,74	0,92	0,90	0,93
1150	-	0,79	-	-	-	-	-	-	0,79	-	-	-	0,72	0,91	-	-
1200	0,76	-	0,82	0,91	-	-	0,78	0,42	-	0,78	-	-	0,71	0,90	0,88	0,92
1250	-	-	-	-	-	-	-	-	0,76	-	-	-	0,70	0,88	-	-
1300	0,74	-	-	-	-	-	0,76	-	-	0,75	-	-	0,69	0,87	0,87	0,92

Grundstücksgröße — Syst. Darst. Vergleichswertverf. V

Fläche	Bad Dobe-ran	Ber-gisch Glad-bach	Berlin Quelle: IVD GuG 2008, 44				Bonn	Land Bran-den-burg	Chem-nitz	Dahme-Spree-wald Kreis	LK Ennepe Ruhr	Hamburg		Han-nover	LK Harburg Bodenrichtwert	
			EFH/ZFH Freistehend		DHH RH											
m²	EFH	EFH	ein-fach, mittel	Gut, sehr gut	ein-fach, mittel	Gut, sehr gut	EFH/ZFH	EFH/ZFH				RH	EFH	EFH/ZFH	50 €	250 €
1350	-	-	-	-	-	-	-	-	0,75	-	-	-	0,85	-	-	
1400	0,72	-	-	-	-	-	0,75	-	0,74	-	-	0,67	0,84	0,86	0,91	
1450	-	-	-	-	-	-	-	-	0,73	-	-	-	0,81	-	-	
1500	0,71	-	-	-	-	-	0,73	-	0,72	-	-	0,65	0,79	0,85	0,90	
1550	-	-	-	-	-	-	-	-	0,71	-	-	-	-	0,81	0,89	
1600	-	-	-	-	-	-	-	-	0,70	-	-	-	-	-	-	
1700	-	-	-	-	-	-	-	-	-	-	-	-	-	-	-	
1800	-	-	-	-	-	-	-	-	-	-	-	-	-	-	-	
1900	-	-	-	-	-	-	-	-	-	-	-	-	-	-	-	
2000	-	-	-	-	-	-	-	-	-	-	-	-	-	0,57	-	-
2500	-	-	-	-	-	-	-	-	-	-	-	-	-	0,54	-	-
3000	-	-	-	-	-	-	-	-	-	-	-	-	-	0,50	-	-
4000	-	-	-	-	-	-	-	-	-	-	-	-	-	0,45	-	-
4500	-	-	-	-	-	-	-	-	-	-	-	-	-	0,43	-	-
5000	-	-	-	-	-	-	-	-	-	-	-	-	-	0,41	-	-

Quelle: Gutachterausschussberichte der Städte

EFH = Einfamilienhaus, ZFH = Zweifamilienhaus, DH = Doppelhaushälfte, RH = Reihenhaus, o.B.= offene Bauweise,

Abb. 41: Bodenwert in Abhängigkeit von der Grundstücksgröße des individuellen Wohnungsbaus (Überblick) 2009

Fläche Individueller Wohnungsbau m²	Köln	LK Leer	Leipzig	Neuss EFH/DH	Neuss RH	Plön	Rotenburg an der Wümme	Schwerin	LK Hildesheim EFH	LK Stade	Teltow	Mülheim a.d.R.	LK Oberspreewald Lausitz	Wuppertal 1–2 gesch. o.B.
125	1,320	-	1,08	-	-	-	-	-	-	-	-	-	-	-
150	1,270	-	1,07	-	-	-	-	-	-	-	-	1,26	-	-
175	1,240	-	-	-	-	-	-	-	-	-	-	1,20	-	-
200	1,210	-	1,06	1,155	1,314	-	-	-	-	1,17	1,007	1,15	-	1,15
225	1,180	-	-	-	1,257	-	-	-	-	-	-	1,09	-	-
250	1,150	-	1,05	1,116	1,200	-	-	1,01	-	-	-	1,04	-	1,11
275	1,130	-	-	-	1,171	-	-	-	-	-	-	-	-	-
300	1,120	-	1,04	-	1,142	1,35	-	-	1,04	1,13	0,962	-	1,08	1,08
325	1,100	-	-	1,066	1,114	-	-	-	-	-	-	-	-	-
350	1,090	-	1,03	-	1,085	1,29	-	-	-	-	-	-	1,08	1,06
375	1,070	-	-	-	-	-	-	-	-	-	-	-	-	-
400	1,050	1,05	1,02	-	1,058	1,24	1,02	-	1,03	1,09	0,929	-	-	1,03
425	1,040	-	-	-	-	-	-	-	-	-	-	-	-	-
450	1,030	-	1,01	1,015	1,028	1,19	-	-	-	-	-	-	1,07	1,02
475	1,010	-	-	-	-	-	-	-	-	-	-	-	-	-
500	1,000	1,00	1,00	1,000	1,000	1,15	1,00	1,00	1,01	1,06	1,000	-	1,07	1,00
525	0,990	-	-	-	-	-	-	-	-	-	-	-	-	-
550	0,980	-	0,99	-	0,971	1,12	-	-	-	-	-	-	1,06	-
575	0,970	-	-	-	-	-	-	-	-	-	-	-	-	-
600	0,960	0,97	0,98	-	-	1,09	0,99	-	1,00	1,03	0,877	-	1,05	0,97
625	0,952	-	-	0,972	0,954	-	-	-	-	-	-	-	-	-
650	0,940	-	0,97	-	-	1,07	-	-	-	-	-	-	-	-
675	0,933	-	-	-	-	-	-	-	-	-	-	-	-	-
700	0,920	0,95	0,96	-	0,937	1,04	0,97	-	0,99	1,00	0,831	-	1,03	0,94
725	0,918	-	-	-	-	-	-	-	-	-	-	-	-	-
750	0,910	-	0,95	-	-	1,03	-	1,00	-	-	-	-	-	-
775	0,904	-	-	-	-	-	-	-	-	-	-	-	-	-
800	0,890	0,93	0,94	-	-	**1,00**	0,96	-	0,98	0,98	0,793	-	**1,00**	0,92
825	0,889	-	-	-	-	-	-	-	-	-	-	-	-	-
850	0,880	-	0,93	-	-	0,98	-	-	-	-	-	-	-	-
875	0,880	-	-	-	-	-	-	-	-	-	-	-	-	-
900	0,870	0,91	0,92	-	-	0,96	0,95	-	0,97	0,95	0,734	-	0,97	0,90
925	0,865	-	-	-	-	-	-	-	-	-	-	-	-	-
950	0,860	-	0,91	-	-	0,95	-	-	-	-	-	-	-	-
975	0,851	-	-	-	-	-	-	-	-	-	-	-	-	-
1000	0,850	0,89	0,90	-	-	0,93	0,94	0,99	0,96	0,93	0,734	-	0,93	0,89
1050	-	-	0,89	-	-	0,92	-	-	-	-	-	-	-	-
1100	-	0,87	0,87	-	-	0,91	0,93	-	0,95	0,91	0,701	0,913	0,88	0,87
1150	-	-	0,86	-	-	0,90	-	-	-	-	-	-	-	-
1200	-	0,85	0,85	-	-	0,88	0,92	-	-	0,89	0,670-	-	0,84	0,86
1250	-	-	0,84	-	-	0,87	-	0,99	-	-	-	-	-	-
1300	-	0,83	0,83	-	-	0,86	0,92-	-	-	0,88	0,637	-	0,79	-

Grundstücksgröße   Syst. Darst. Vergleichswertverf. V

Fläche	Köln Individueller Wohnungsbau	LK Leer	Leipzig	Neuss	Plön	Rotenburg an der Wümme	Schwerin	LK Hildesheim	LK Stade	Teltow	Mülheim a.d.R.	LK Oberspreewald Lausitz	Wuppertal
m²				EFH/DH	RH		EFH						1–2 gesch. o.B.
1350	-	-	0,82	-	-	0,85	-	-	-	-	-	-	-
1400	-	0,80	0,81	-	-	0,84	0,92	-	-	0,86	0,598	-	0,73
1450	-	-	0,80	-	-	0,83	-	-	-	-	-	-	-
1500	-	0,76	0,79	-	-	0,83	0,91	0,98	-	0,84	0,573	0,883	0,68
1600	-	0,73	-	-	-	0,82	-	-	-	-	-	-	0,62
1800	-	(0,70)	-	-	-	0,81	-	-	-	-	-	-	-
2000	-	(0,64)	0,69	-	-	-	0,81	-	-	-	0,532	-	-
2500	-	(0,55)	0,58	-	-	-	-	-	-	-	0,507	-	-
3000	-	(0,47)	-	-	-	-	-	-	-	-	0,468	-	-
4000	-	(0,38)	-	-	-	-	-	-	-	-	0,422	-	-
4500	-	-	-	-	-	-	-	-	-	-	-	-	-
5000	-	-	-	-	-	-	-	-	-	-	-	-	-

Quelle: Gutachterausschussberichte der Städte

EFH = Einfamilienhaus, ZFH = Zweifamilienhaus, DH = Doppelhaushälfte, RH = Reihenhaus, o.B.= offene Bauweise,

Für **Gewerbegrundstücke** hat der Gutachterausschuss für den Bereich der Stadt *Aachen* folgende Umrechnungskoeffizienten abgeleitet: **280**

Fläche [m²]	1000	2000	3000	4000	5000	6000	7000	8000	9000	10 000	11 000
UK	1,45	1,31	1,18	1,08	**1,00**	0,93	0,89	0,86	0,84	0,83	0,83

Für den Bereich des **individuellen Wohnungsbaus** ergeben sich die Umrechnungskoeffizienten nach folgender Formel: **281**

in Chemnitz	UK = $11{,}155 \times$ Grundstücksfläche $(m^2)^{-0{,}3881}$
in Köln	UK = $249{,}63 - 23{,}39 \times \ln$ Grundstücksfläche m^2
in Mülheim an der Ruhr	UK = $-0{,}002 \times$ Grundstücksfläche $+ 1{,}5853$
	(für Kleinstgrundstücke $< 250\ m^2$)
in Hamburg[108]	UK = $10{,}3633 \times$ Fläche$[m^2]^{-0{,}3385}$

Für *Nürnberg* wurden Umrechnungskoeffizienten ermittelt, die die Abhängigkeit des Bodenwerts von der GFZ, der Grundstücksgröße und Teilbarkeit beschreiben (Abb. 42 und 43): **282**

---

[108] Grundstücksmarktbericht 2001.

V Syst. Darst. Vergleichswertverf. Grundstücksgröße

Abb. 42: Umrechnungskoeffizienten in Abhängigkeit von der GFZ und der Grundstücksgröße

GuF Bauplatzgröße (m²)	GFZ und Flächen-Indizes (%)									
	1,0	0,9	0,8	0,7	0,6	0,5	0,4	0,3	0,2	0,1
150	100	97	94	–	–	–	–	–	–	–
180	100	97	94	91	89	–	–	–	–	–
200	100	97	94	91	88	–	–	–	–	–
220	100	97	94	91	88	–	–	–	–	–
250	100	97	94	91	88	84	–	–	–	–
300	99	96	93	90	87	84	81	–	–	–
350	99	96	93	90	87	84	80	76	–	–
400	99	96	93	90	87	83	80	76	–	–
450	98	95	92	89	86	83	80	76	–	–
500	98	95	92	89	86	83	79	75	–	–
600	97	94	91	88	85	82	79	75	69	–
700	97	94	91	88	–	–	–	74	68	–
800	96	93	–	–	–	–	–	73	68	–
900	–	–	–	–	–	–	–	73	67	–
1 000	–	–	–	–	–	–	–	72	66	–
1 100	–	–	–	–	–	–	–	71	66	58
1 200	–	–	–	–	–	–	–	71	65	57

Bei der Umrechnung nach der vorstehenden Tabelle ist unbedingt zu beachten, dass für die Bauplatzgröße nicht die Gesamtfläche des Wertermittlungs- bzw. Vergleichsobjekts, sondern die durchschnittliche Größe der auf dem Objekt realisierbaren Bauparzellen einzusetzen ist.

Die wahrscheinlichste Kombination ist schwarz hervorgehoben. Diese Kombination wurde auch für die Bodenrichtwerte als Bezugswert definiert. Deshalb sind bei Heranziehung von Bodenrichtwerten die schwarz hervorgehobenen Indexwerte zur Umrechnung zu verwenden.

Für den Fall, dass größere teilbare Grundstücke zu werten sind, sind folgende Umrechnungsindizes zu verwenden, wobei eine ortsübliche und sinnvolle Teilung zu unterstellen sind. Bei sehr großen Grundstücken (Grundstücke > als 15 Bauplätze) kann der Abschlag je nach erforderlicher innerer Erschließung deutlich größer (bei Rohbaulandcharakter) oder kleiner (bei bereits günstiger Lage an öffentlichen Verkehrsflächen) sein.

Abb. 43: Teilbarkeitindizes

Teilbarkeitindizes															
Anzahl der Bauplätze															
	1	2	3	4	5	6	7	8	9	10	11	12	13	14	15
T	100	98	97	95	94	93	91	90	89	88	87	87	86	85	85

Beispiel:

Gesucht ist der Bodenwert eines 1 000 m² großen Grundstücks, das mit vier Doppelhaushälften bei einer GFZ von 0,6 bebaut werden kann.

Als Bauplatzgröße ist 1 000 m²/4 = 250 m² anzusetzen.

Gegeben sei zum Vergleich ein Bodenrichtwert von 370 €/m² mit den Merkmalen GFZ = 0,8, Bezugsfläche = 220 m², Anzahl der Bauplätze = 1

Grundstücksgröße — Syst. Darst. Vergleichswertverf. V

$BW_B = GuF_B/GuF_V \times T_B/T_V \times BW_V$

wobei

BW_B	= Bodenwert des Bewertungsobjekts	= gesucht
BW_V	= Bodenwert des Vergleichsobjekts	= 370 €/m²
GuF_B	= GFZ- und Flächenindex des Bewertungsobjekts	= 88
$GuFV$	= GFZ- und Flächenindex des Vergleichspreises/-werts	= 94
T_B	= Teilbarkeitsindex des Bewertungsobjekts	= 95
T_V	= Teilbarkeitsindex des Bewertungsobjekts	= 100

$BW_B = 88/94 \times 95/100 \times 370 \text{ €/m}^2 = 329 \text{ €/m}^2$

Abb. 44: Bodenwert in Abhängigkeit von der Grundstücksgröße (Empfehlung)   283

Bodenwert in Abhängigkeit von der Grundstücksgröße (Empfehlung)

Aus zahlreichen Untersuchungen ist bekannt, dass der Bodenwert eines Grundstücks bei kleiner werdenden Grundstücken ab einer Grundstücksgröße von etwa 500 m² stark ansteigt, und zwar bei Reihenhäusern stärker als bei sonstigen Ein- und Mehrfamilienhäusern.

Bei größer werdenden Grundstücken geht die Minderung des Quadratmeterpreises zurück und vermindert sich ab etwa 2 500 m² nur noch marginal.

Folgende Umrechnungskoeffizienten sind, sofern vom örtlichen Grundstücksmarkt keine besseren Erkenntnisse vorliegen, für
- Reihenhäuser (RH) und
- Ein- und Zweifamilienhäuser (EFH) heranziehbar:

Ergänzender Hinweis: In Hochpreisregionen ist die Abhängigkeit der Bodenwerte von der Grundstücksgröße stärker als in mittleren und niedrigen Preisregionen ausgeprägt.

Umrechnungskoeffizienten

Fläche	150	200	250	300	350	400	450	**500**	550	600	700	800	900	1 000	1 500	2000
EFH	–	1,28	1,21	1,14	1,10	1,06	1,03	**1,00**	0,98	0,95	0,92	0,89	0,86	0,84	0,74	0,64
RH	1,57	1,41	1,29	1,21	1,12	1,05	1,03	**1,00**	0,98	–	–	–	–	–	–	–

Beispiel:
a) Es liegt ein Vergleichspreis für ein 250 m² großes Einfamilienhausgrundstück vor: 400 €/m²
b) Gesucht ist ein Vergleichspreis für ein 400 m² großes Einfamilienhausgrundstück (Wertermittlungsobjekt)

    Lösung: Umrechnungskoeffizient für 250 m² (EFH): 1,21 (lt. Tabelle)
                  Umrechnungskoeffizient für 400 m² (EFH): 1,06 (lt. Tabelle)
                  Vergleichspreis (EFH) 400 m² = 1,06/1,21 × 400 €/m² = **350 €/m²**

© W. Kleiber 04

284 Zur Abhängigkeit des Bodenwerts von der Grundstücksgröße bei **Gartenland** (vgl. § 5 ImmoWertV Rn. 304):

Abb. 45: Abhängigkeit des selbständigen Gartenlands von der Grundstücksgröße in Mülheim an der Ruhr

Quelle: Grundstücksmarktbericht Stadt Mülheim an der Ruhr 2005

285 Der **Bodenwert landwirtschaftlicher Hofstellen** wird in der Praxis in Anlehnung an den Bodenwert bebauter Grundstücke im Außenbereich ermittelt, wobei im Hinblick auf die vielfach vorgefundene Hofstellenfläche von 3 000 bis 5 000 m² Abschläge wegen Übergröße anzubringen sind (vgl. § 5 ImmoWertV Rn. 140 ff.).

286 Bei **land- oder forstwirtschaftlich genutzten Grundstücken** i.S.d. § 4 Abs. 1 Nr. 1 nimmt der Quadratmeterwert – anders als bei Bauland – mit der Grundstücksgröße nicht ab; vielmehr **steigt er sogar mit der Grundstücksfläche leicht** an (vgl. § 5 ImmoWertV Rn. 93). Der Quadratmeterwert der besonderen landwirtschaftlichen Flächen nimmt hingegen – wie bei Bauland – mit der Grundstücksfläche ab (vgl. § 5 ImmoWertV Rn. 43, 93 ff., 140; zum Wald)[109].

287 In der **steuerlichen Bewertung** ist ein Abschlag auf den Bodenrichtwert wegen der Größe des zu bewertenden Grundstücks nur vorzunehmen, wenn der Gutachterausschuss Umrechnungskoeffizienten für die Grundstücksgrößen vorgegeben hat (vgl. ErbStR 161 Abs. 3 sowie Rn. 298)[110].

5.3.4.4 Grundstückstiefe

a) Verkehrswertermittlung

288 Die Abhängigkeit des Bodenwerts von der Grundstückstiefe ist von einer Reihe von Gutachterausschüssen für Grundstückswerte mit dem Ergebnis analysiert worden, dass für eine sachgerechte Wertermittlung eine Aufteilung ab einer bestimmten Grundstückstiefe sinnvoll ist, da für übertiefe Grundstücksflächen im gewöhnlichen Geschäftsverkehr deutliche Preisabschläge im Verhältnis zum Wert des Vorderlandes gemacht werden und zwar auch – wenn auch vielleicht nicht in gleichem Maße – bei in offener Bauweise errichteten Ein- und Zweifa-

---

[109] Reinhardt, W., Die Fläche als wertrelevante Größe für individuelles Wohnbauland in ländlichen Bereichen, GuG 2008, 321.
[110] BFH, Urt. vom 11.5.2005 – II R 21/02 -, EzGuG 4.195; Gleich lautende Erlasse der obersten Finanzbehörden der Länder zur Umsetzung des Gesetzes zur Reform des Erbschaftsteuer- und Bewertungsrechts vom 5.5.2009 (GuG 2009, 225).

milienhäusern. Nach den vorliegenden Untersuchungen ist die Grenze überwiegend bei einer Grundstückstiefe von rd. 35 m zu ziehen. **In der Wertermittlungspraxis**[111] **werden Übertiefen** dadurch berücksichtigt, dass z. B. ab 35 m Grundstückstiefe die hieran anschließenden Grundstücksteilflächen – **gestaffelt nach Tiefenzonen – mit einem Wertabschlag zum Vorderlandwert angesetzt** werden. Des Weiteren haben die Untersuchungen zu dem Ergebnis geführt, dass der Wert des Hinterlandes bei etwa 10 bis 35 %[112] des Vorderlandwerts anzusetzen ist, wobei überwiegend ein Wertansatz von 15 % festgestellt wurde[113].

Das OVG Münster hat in einer älteren Entscheidung darauf hingewiesen, dass es ein festes Wertverhältnis zwischen Vorder- und Hinterland nicht gäbe[114]. **289**

Eine weitere Besonderheit ist bei übergroßen Grundstücken dann gegeben, wenn sie „in der Tiefe" aus unterschiedlich nutzbaren Grundstücksteilen bestehen. **290**

Bei Grundstücken, die aufgrund ihrer Übergröße aus **unterschiedlichen Grundstücksqualitäten** bestehen, ist es sachgerechter, **291**

a) Umrechnungskoeffizienten für die Abhängigkeit des Bodenwerts von der Grundstückstiefe empirisch abzuleiten (Abb. 46) oder

b) der Wertermittlung der einzelnen Teilflächen den ihnen jeweils zuzuordnenden Entwicklungszustand mit den entsprechenden Bodenwerten zuzuordnen (**Mosaikmethode**).

Die zuletzt genannte Methode ist insbesondere bei größeren Grundstücksflächen sachgerecht, wenn sich ein Grundstück nach der **Gesamtsituation** entsprechend aufteilen lässt. Die erstgenannte Methode wird insbesondere bei kleineren übertiefen Grundstücken angewandt, wobei die mit Umrechnungskoeffizienten belegte Staffelung der Wertigkeit u.a. auch ihre Begründung in dem geringerwertigen Entwicklungszustand finden kann. **292**

Soweit bei übertiefen Grundstücken keine unterschiedlichen Entwicklungszustandsstufen in die Wertermittlung eingehen, ist es dagegen seit jeher auch üblich, **Umrechnungskoeffizienten** i.S. des § 12 ImmoWertV **für den Bodenwert in Abhängigkeit von der Grundstückstiefe heranzuziehen** (vgl. Abb. 46): **293**

---

111 Die Abhängigkeit des Grundstückswerts von der Grundstückstiefe ist schon seit jeher Gegenstand empirischer Untersuchungen, vgl. Strinz, Der Städtebau 1929, 69; Pohlman-Hohenaspe im Jahrbuch der Bodenreform 1914, 103; Kirchesch in ZfV 1941, 330; Großmann in ZfV 1941, 175; Krämer, U., RDM-Informationsdienst 1997, 15.
112 Beispielsweise Grundstücksmarktbericht von Bergisch Gladbach 2009.
113 Beispielsweise Grundstücksmarktbericht der Kreise Heinsberg und Düren 2007.
114 OVG Münster, Urt. vom 25.9.1957 – 4 A 670/56 –, EzGuG 4.7.

V Syst. Darst. Vergleichswertverf. — Grundstückstiefe

Abb. 46: Bodenwert in Abhängigkeit von der Grundstückstiefe

Tiefe m²	Aachen	Bergisch Gladbach freistehende Eigenheime Tiefe 30m³	Bergisch Gladbach 35m	Bergisch Gladbach Doppelhausgrundstücke	Chemnitz	Düren	Essen 3–4 gesch.	Hagen	Neuss EFH, DH	Neuss RH	Offenbach	Solingen	Einheitsbewertung
15	–	1,10	1,12	–	–	–	–	–	–	–	–	–	–
18	–	–	–	–	–	–	–	–	1,10	–	–	–	–
20	1,200	1,07	1,09	1,11	1,25	–	1,240	1,25	–	1,10	1,09	–	–
22	–	–	–	–	1,19	–	1,180	–	1,05	–	–	–	–
24	–	–	–	–	1,13	–	1,120	–	–	–	–	–	–
25	1,090	1,03	1,05	1,07	1,10	–	1,100	1,10	–	1,05	1,04	1,09	–
28	–	–	–	–	1,03	–	1,040	–	–	–	–	–	–
30	1,000	1,00	1,03	1,03	1,00	1,00	1,000	1,00	1,00	1,00	1,00	1,00	–
32	–	–	–	–	0,98	–	0,970	–	–	–	–	–	–
35	0,925	1,00	1,00	1,00	0,92	–	0,925	0,988	–	–	0,96	0,92	–
38	–	–	–	–	0,87	–	0,890	–	–	–	–	0,88	–
40	0,871	0,93	0,97	0,95	0,85	–	0,870	0,958	0,95	0,95	0,91	0,83	–
45	0,806	0,90	0,94	0,90	0,80	–	0,820	0,917	–	–	0,87	0,79	–
50	0,758	0,87	0,91	0,85	0,74	0,94	0,780	0,867	–	–	0,82	–	–
55	0,716	0,84	0,88	–	–	–	0,750	–	0,90	0,90	0,78	–	–
60	0,679	–	–	–	–	–	0,88	0,720	–	–	0,73	–	0,50
65	–	–	–	–	–	–	–	–	–	–	0,69	–	–
70	0,616	–	–	–	–	–	0,82	–	–	–	0,64	–	–
75	–	–	–	–	–	–	–	–	–	–	0,60	–	–
80	0,564	–	–	–	–	–	0,76	–	0,85	0,84	0,55	–	–
85	–	–	–	–	–	–	–	–	–	–	0,51	–	–
90	0,520	–	–	–	–	–	0,70	–	–	–	–	–	–
100	0,500	–	–	–	–	–	0,64	–	–	–	–	–	–
													0,40 soweit baulich nutzbar, sonst = 0,40

* jeweils nur bezogen auf den Teilflächenwert im Verhältnis zur Hauptfläche.
Quelle: Grundstücksmarktbericht; vgl. Tiemann in AVN 1964, 19 und AVN 1970, 387

294 Es wurden folgende **Abhängigkeiten** festgestellt:

In *Chemnitz* UK = 0,8068 × Tiefe (m)$^{-0,566}$

295 Im Übrigen stehen Abschläge wegen Übertiefe im **Zusammenhang mit Abschlägen wegen Übergröße**, insbesondere wenn eine Übergröße bereits durch Abschläge für eine „innere Erschließung" angebracht worden ist. Insoweit dürfen Übergröße und Übertiefe nicht doppelt berücksichtigt werden.

296 Aus empirischen Untersuchungen ergibt sich, dass die **Abhängigkeit des Bodenwerts von der Grundstückstiefe im Bereich der Wohnbaugrundstücke bei Mehrfamilienhäusern**

deutlich ausgeprägter als bei **Ein- und Zweifamilienhäusern** ist. Dies findet seine logische Erklärung darin, dass Übertiefen keine oder allenfalls vernachlässigbare Auswirkungen auf die Mietverhältnisse haben, während bei Ein- und Zweifamilienhäusern die Annehmlichkeit eines größeren Gartens oder einer sonstigen Freifläche ihren wertmäßigen Niederschlag findet. Bei Reihenhäusern ist dies sogar noch ausgeprägter. Abb. 47 enthält zur Berücksichtigung der Abhängigkeit des Bodenwerts von der Grundstückstiefe Empfehlungen.

Abb. 47: Bodenwert in Abhängigkeit von der Grundstückstiefe (Empfehlung)

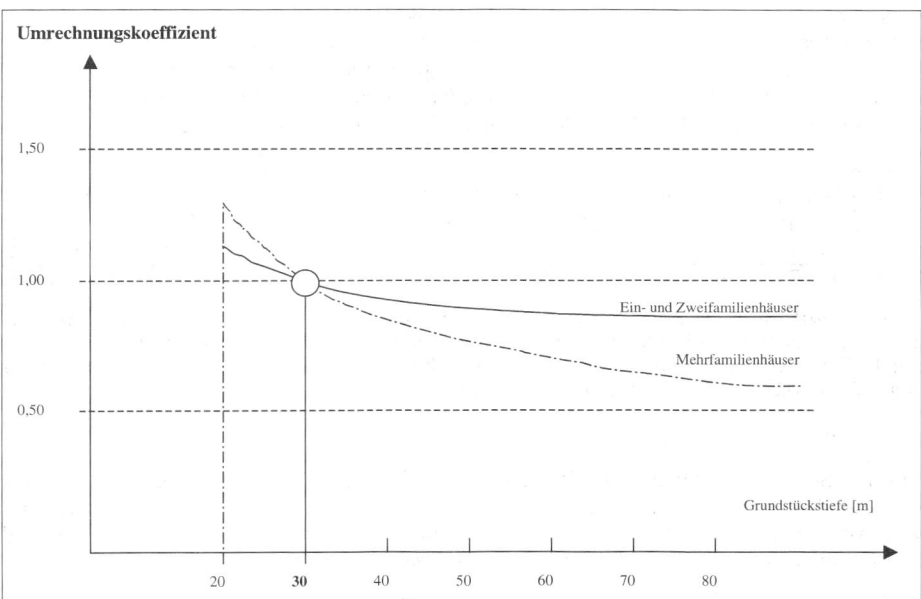

Aus zahlreichen Untersuchungen ist bekannt, dass der Bodenwert eines Grundstücks mit größer werdender Grundstückstiefe abfällt.

Bei Mehrfamilienhäusern ist die Abhängigkeit des Bodenwerts von der Grundstückstiefe ausgeprägter als bei Ein- und Zweifamilienhäusern.

Umrechnungskoeffizienten

Grundstücks-tiefe (m)	20	22	24	26	28	30	32	34	36	38	40	45	50	55	60	70	80
Ein- und Zwei-familienhaus	1,10	1,07	1,04	1,03	1,02	**1,00**	0,98	0,97	0,95	0,92	0,89	0,85	0,82	0,82	0,81	0,81	0,80
Mehrfamilien-haus	1,25	1,18	1,12	1,10	1,04	**1,00**	0,97	0,93	0,91	0,89	0,87	0,82	0,78	0,75	0,72	0,70	0,65

Anhand eines weiteren *Beispiels* wird aufgezeigt, wie die **Grundstückstiefe** berücksichtigt wird. Die Hinterlandfläche ist, gemäß den Festsetzungen des Bebauungsplans, als Gewerbegebiet nutzbar.

V Syst. Darst. Vergleichswertverf. — Grundstückstiefe

Beispiel:

(Wohn- und Geschäftshaus mit Hofbebauung, Baujahr 1970/72)

- Frontbreite 25 m
- Grundstückstiefe 80 m
- Fläche 2 000 m^2
- Zuschnitt Rechteck
- Art der baulichen Nutzung MI bzw. GE für das Hinterland
- Vollgeschosse VI (sechs Geschosse) bzw. II im GE-Gebiet
- Bauweise g (geschlossen)
- Maß der baulichen Nutzung GFZ = 2,1 (vorhanden bei Vorderlandfläche 1000 m^2)
  GFZ = 1,0 (vorhanden bei Hinterlandfläche 1000 m^2)
- Bodenrichtwert (Baufläche) 1 200 €/m^2 ebp bis zu einer Tiefe von 40 m
- Bodenrichtwert (gewerbliche Baufläche) 150 €/m^2 erschließungsbeitragspflichtig

Bodenwert:

1000 m^2 Vorderland (bis zu einer Tiefe von 40 m) je m^2 1 200 €	=	1 200 000 €
1000 m^2 Hinterland (GE-Gebiet) je m^2 150 € (= Abschlag vom Wert des Vorderlandes 87,5 v.H.)	=	150 000 €
2 000 m^2 (= 675 €/m^2 ebp i. D.)	=	**1 350 000 €**

Im Beispielsfall liegt der Anteil des Bodenwerts am Verkehrswert der Immobilie bei rd. 30 %, d.h., Bodenwert und Wert der baulichen Anlagen ergaben den Ertragswert (Verkehrswert) des Grundstücks mit 4 500 000 €. Andererseits war dies das 12-fache der Jahresnettokaltmiete; auf einen Quadratmeter Nutz-/Wohnfläche entfallen 1 815 € im Durchschnitt.

b) Steuerliche Bewertung

298 Für den Bereich der **steuerlichen Bewertung** wurde vom BFH[115] darauf hingewiesen, dass die Aufteilung in Vorder- und Hinterland nicht zwingend vorzunehmen sei, jedoch dann angezeigt ist, wenn sie ortsüblich oder durch behördliche Anordnung bedingt sei; für Ein- und Zweifamilienhäuser in Gegenden mit offener Bauweise sei sie nicht üblich.

299 In der steuerlichen Bewertung ist, wie auch sonst üblich, bei der Ermittlung des Bodenwerts eine Grundstücksfläche nur dann aufzuteilen, wenn dies auch zuvor bei der Ermittlung der jeweiligen Durchschnittswerte geschehen ist[116]. Eine Aufteilung muss dagegen unterbleiben, wenn sich der ermittelte Durchschnittswert auf die Gesamtfläche bezieht. Wird eine Grundstücksfläche in Vorder- und Hinterland aufgeteilt, so ist sie in der steuerlichen Bewertung nach ihrer Tiefe in Zonen zu gliedern, deren Abgrenzung sich grundsätzlich nach den örtlichen Verhältnissen richtet. Für den Fall, dass keine örtlichen Besonderheiten gelten, können Grundstücke nach den BewRGr[117] im Allgemeinen nach folgenden Tiefen mit der nachstehend angegebenen Wertrelation gegliedert werden (Abb. 48):

---

115 Der BFH hat zumindest für die in offener Bauweise mit Ein- und Zweifamilienhäusern bebauten Gebiete festgestellt, dass eine Aufteilung in Vorder- und Hinterland nicht üblich sei (vgl. BFH, Urt. vom 18.9.1970 – 3 B 21/70 –, EzGuG 4.31) unter Hinweis auf RFH, Urt. vom – III A 696, 697/31).
116 Die Aufteilung größerer unbebauter Grundstücksflächen in Vorder- und Hinterland ist nach ständiger Rspr. nicht zwingend vorzunehmen. Die Aufteilung hängt vielmehr davon ab, ob sie ortsüblich oder durch behördliche Anordnung bedingt ist (BFH, Urt. vom 18.9.1970 – III B 21/70 –, EzGuG 4.31).
117 BewR Gr vom 19.9.1966 (BAnz. Nr. 183 Beil.= BStBl. I 1966, 890; zu § 72 BewG Nr. 8).

Abb. 48: Bodenwert in Abhängigkeit von der Grundstückstiefe in der steuerlichen Bewertung

Vorder- und Hinterland (Zonen)	Grundstückstiefe	Bodenwert
Zone I **Vorderland**	bis 40 m Tiefe	100 %
Zone II **Hinterland**	40–80 m Tiefe	50 % des Vorderlands
Zone IIIa **Hinterland**	über 80 m Tiefe soweit baulich nutzbar	40 % des Vorderlands
Zone IIIb	über 80 m Tiefe soweit baulich nicht nutzbar	40 % des Vorderlands weniger als

Des Weiteren ist für die steuerliche Bewertung vorgeschrieben, dass die auf das Vorder- und Hinterland entfallenden Flächenanteile zu schätzen sind, wenn die Grundstücksfläche so geschnitten ist, dass eine **Aufteilung der Gesamtfläche in Vorder- und Hinterland** nach den vorstehenden Grundsätzen **nicht möglich** ist.

5.3.4.5 Grundstückszuschnitt

a) Bauland

Im Bereich des Baulands findet der **Grundstückszuschnitt** *(shape)* **bereits** ganz allgemein **bei der Klassifizierung des Entwicklungszustands** insoweit seine **Berücksichtigung**, als nach bauordnungsrechtlichen Vorschriften auf einem Grundstück Gebäude nur errichtet werden dürfen, wenn es nach Lage, *Form*, Größe und Beschaffenheit für die beabsichtigte Bebauung geeignet ist. Hieraus folgt, dass eine für die Bebauung unzureichende Grundstücksform (Grundstückszuschnitt) zur Einstufung dieser Fläche nach § 5 Abs. 3 ImmoWertVals „Rohbauland" führt, auch wenn die sonstigen Voraussetzungen für eine bauliche Nutzung gegeben sind. Insoweit kann der Grundstückszuschnitt bereits bei der Qualifizierung des Entwicklungszustands Eingang in die Wertermittlung finden.

Darüber hinaus wird der Erwerber eines Grundstücks regelmäßig bereit sein, für ein gut gestaltetes Grundstück einen höheren Kaufpreis als für ein ungünstig geschnittenes Grundstück zu zahlen. Deshalb müssen **Abweichungen des Grundstückszuschnitts** der zum Preisvergleich herangezogenen Grundstücke vom Wertermittlungsobjekt berücksichtigt werden.

Der diesbezüglich in § 6 Abs. 5 ImmoWertV gebrauchte Begriff des „Grundstückszuschnitts" ist inhaltlich identisch mit dem Begriff „Grundstücksgestalt" oder dem im Baurecht gebrauchten Begriff der „Form"[118] des Grundstücks. Entsprechend der Zweckbestimmung des Baulands ist der Grundstückszuschnitt desto höherwertiger, je günstiger das **Verhältnis zwischen der Frontbreite des Grundstücks und seiner Tiefe** entsprechend den bauplanungsrechtlichen Festsetzungen des Bebauungsplans ist. Der Quotient aus Frontbreite und Grundstückstiefe kann deshalb als Maßstab zur Berücksichtigung der Grundstücksgestalt gelten. Die wohl geschickteste Erfassung des Grundstückszuschnitts i.V.m. mit der Grundstücksfläche und -tiefe wird vom Gutachterausschuss in *Bergisch Gladbach* praktiziert (Abb. 49):

---

[118] § 45 Abs. 1 BauGB; entsprechend auch die BauOen Länder (vgl. Art. 4 Abs. 1 Nr. 1 Bay. LBauO); auch die Definition des Rohbaulands in § 5 Abs. 3 ImmoWertV schließt hieran an.

V Syst. Darst. Vergleichswertverf.   Grundstückszuschnitt

Abb. 49: Umrechnungskoeffizienten für Grundstücke unterschiedlicher Grundstücksbreite und -tiefe

	Umrechnungskoeffizienten für Grundstücke unterschiedlicher Grundstücksbreite und -tiefe Breite in (m)					
Tiefe in (m)	5,0–7,0	8,0–11,0	11,0–13,0	**13,1–17,0**	17,1–20,0	20,1–24,0
15,0–20,0	–	–	–	1,19	1,19	–
20,1–25,0	1,20	1,16	1,14	1,13	1,12	1,10
25,1–30,0	1,16	1,12	1,12	1,10	1,08	1,06
30,1–35,0	1,08	1,08	1,08	1,06	1,06	1,04
35,1–40,0	1,03	1,02	1,03	**1,00**	0,99	0,98
40,1–45,0	0,97	0,95	0,95	0,95	0,94	0,94
45,1–50,0	–	0,90	0,88	0,90	0,90	0,90
50,1–55,0	–	–	–	0,87	0,86	0,85
55,1–60,0	–	–	–	0,80	0,78	0,75

Quelle: Grundstücksmarktbericht 2006 von Bergisch Gladbach

304 Sog. **Schikanierzwickel** werden häufig zu Preisen gehandelt, die nicht dem gewöhnlichen Geschäftsverkehr zugerechnet werden. Unter solchen Flächen werden Grundstücke verstanden, die aufgrund ihres Zuschnitts und der Lage selbständig nicht baulich nutzbar sind und auch sonst kaum sinnvoll genutzt werden können, jedoch i.V.m. dem benachbarten Grundstück dessen bauliche oder sonstige Nutzung erst ermöglichen. In solchen Fällen ist der Eigentümer des „Schikanierzwickels" in einer „guten Verhandlungsposition" und kann Preise für solche Grundstücke durchsetzen, die sich mehr am Wertzuwachs des Grundstücks orientieren, dem der „Zwickel" nützlich ist, als sonst den „inneren Wert" der Fläche ausmachen (ungewöhnliche Verhältnisse i.S. des § 7 ImmoWertV; vgl. Vorbem. zur ImmoWertV Rn. 4 ff.).

305 Die „harmlosere" Form des Schikanierzwickels sind **Arrondierungsflächen**, unter denen gemeinhin selbständig nicht bebaubare Teilflächen verstanden werden, die zusammen mit einem angrenzenden Grundstück dessen bauliche Ausnutzbarkeit erhöhen oder einen ungünstigen Grenzverlauf verbessern (vgl. Rn. 312 ff.).

b) Land- oder forstwirtschaftliche Flächen

▶ *Vgl. § 5 ImmoWertV Rn. 88 ff.*

306 Bei land- oder forstwirtschaftlichen Grundstücken (vgl. § 5 ImmoWertV Rn. 37 ff.) steht die **Geschlossenheit (Arrondierung)** in Bezug auf die Bewirtschaftung und eine günstige Stellung des Landgutes bezüglich der Abwehr von Immissionen im Vordergrund[119].

307 Beeinträchtigungen treten bei **land- oder forstwirtschaftlichen Betrieben** häufig durch die Flächenabgabe für Verkehrswege oder durch Nutzungsbeschränkungen aufgrund von Leitungstrassen auf. Erfahrungsgemäß wirkt sich dies auf die Verkehrswerte dieser Grundstücke bzw. dieser Betriebe aus. Die Wertminderung ist insbesondere von der Betriebsgröße und Betriebsart, der sog. „Zerschneidungsgeometrie" und von sonstigen Umständen abhängig. Als Schadenselemente werden genannt:

– Umwege für Mensch, Material und Maschine,

– sonstige Erschwernisse des Betriebs,

---

[119] BVerfG, Beschl. vom 7.6.1977 – 1 BvL 105, 424/73, 226/74 –, EzGuG 4.52; BFH, Urt. vom 23.2.1979 – III R 44/74 –, EzGuG 19.35; BGH, Urt. vom 12.6.1975 – III ZR 25/73 –, EzGuG 4.44; BGH, Urt. vom 25.6.1981 – III ZR 12/80 –, EzGuG 4.77; Aust/Jacobs a.a.O., 4. Aufl., S. 179.

- Randschäden (Zuwachs- und Qualitätsverluste, einschließlich eines erhöhten Risikos in den Randzonen [Sturmanfälligkeit]),
- Minderauslastung vorhandener Kapazitäten,
- Störung der Nachhaltsstruktur.

Da die Geschlossenheit eines Grundstücks zur eigentumsmäßig geschützten Rechtsposition gehört, besteht ein Anspruch auf Entschädigung, wenn die **Durchschneidung eines geschlossenen** (arrondierten) **Landguts** zu einer Verkehrswertminderung führt[120]. Das Differenzwertverfahren (vgl. Teil VII Rn. 338 ff.) ist eine anerkannte Wertermittlungsmethodik zur Ermittlung der Entschädigung für Durchschneidungsschäden.[121]   **308**

Allgemein lässt sich feststellen, dass eine mittige Zerschneidung eines land- oder forstwirtschaftlichen Betriebs durch eine **Autobahn** den Verkehrswert des Betriebs am stärksten mindert, nämlich bis zu 75 %, **Leitungsdurchschneidungen** dagegen „nur" bis 40 % bei mittiger Durchschneidung und bis 30 % bei Randzerschneidungen. Im Entschädigungsfall muss die Wertermittlung in begründeter Weise nachgewiesen werden. Hierzu wird auf das weiterführende Schrifttum verwiesen[122].   **309**

▶ *Vgl. weitere Hinweise zum Leitungsrecht Teil IX Rn. 397 ff.*

5.3.4.6 Frontbreite

Die Höhe des Kaufpreises bei **Geschäftsgrundstücken in Geschäftslagen** hängt nicht nur von der Ausnutzung ab, sondern auch **von der Breite der Straßenfront** *(frontage)*. Die folgende Tabelle zeigt die Umrechnungsfaktoren für die verschiedenen Frontbreiten bei sonst gleichen wertrelevanten Faktoren, wie sie sich aufgrund einer Auswertung der Kaufpreissammlung des Gutachterausschusses für Grundstückswerte für den Bereich der Stadt *Konstanz* aus dem Jahre 2004 ergeben (Abb. 50).   **310**

Abb. 50: Umrechnungsfaktoren für Frontbreiten (2004) in Konstanz

Frontbreite	UK
5	0,75
6	0,80
7	0,85
8	0,90
9	0,95
10	**1,00**
11	1,05
12	1,10
13	1,15
14	1,20
15	1,25

Quelle: Gutachterausschuss für Grundstückswerte in Konstanz 2004

Abb. 51: Ideales Frontbreiten- und Ladengrößenverhältnis

Ladengröße m²	Frontbreite lfm
30	4–5
50	5–6
100	6–8
200	8–10
400	10–12
600	10–12
800	10–14
1000	15–15

Quelle: Müller Consult

---

[120] BGH, Urt. vom 28.9.1978 – III ZR 162/77 – ; BGH, Urt. vom 23.6.1975 – III ZR 55/73 –, WM 1975, 1059 = DÖV 1976, 208 = BRS Bd. 34 Nr. 30 (LS)= DB 1975, 2128; BGH, Urt. vom 25.6.1981 – III ZR 12/80 –, EzGuG 4.77; OLG Hamm, Urt. vom 20.9.1977 – 10 U 76/77 –, EzGuG 4.53.
[121] BGH, Urt. vom 6.3.1986 – III ZR 146/86 –, EzGuG 13.86; BGH, Urt. vom 14.6.1982 – III ZR 175/80 –, EzGuG 14,73; BGH, Urt. vom 3.12.1981 – III ZR 53/80 –, EzGuG 20.93; BGH, Urt. vom 8.10.1981 – III ZR 46/80 –, EzGuG 4.79; BGH, Urt. vom 23.6.1975 – III ZR 55/73 –, BRS Bd. 34 Nr. 30, BGH, Urt. vom 13.5.1975 – III ZR 152/72 –, WM 1975, 834 = MDR 1975, 913 = BRS Bd. 34 Nr. 127 = BauR 1975, 285 = AgrarR 1975, 285 = JR 1975, 840; BGH, Urt. vom 13.3.1975 – III ZR 152/72 –, EzGuG 4.43; OLG Köln, Urt. vom 21.11.1972 – 4 U 199/71 –, EzGuG 8.39; BGH, Urt. vom 30.9.1976 – III ZR 149/75 –, EzGuG 20.64.
[122] LandR, abgedruckt bei Kleiber, WERTR 06; 10. Aufl. Bundesanzeiger-Verlag Köln; Köhne, Landwirtschaftliche Taxationslehre, Hamburg 1987, S. 49 ff.; Beckmann in AgrarR 1976, 192 ff., ders. in AgrarR 1979, 93 ff., ders. in AgrarR 1980, 96 ff., ders. in AgrarR 1985, 286; Beckmann/Huth, Bestimmung der An- und Durchschneidungsschäden, Schriftenreihe des HLBS, 2. Aufl. Bonn Bad Godesberg.

311 Die Auswertung der Kaufpreise in Konstanz hat gezeigt, dass die Höhe des Kaufpreises bei Geschäftsgrundstücken in Geschäftslagen nicht nur von der Ausnutzung abhängt, sondern auch von der Breite der Straßenfront.

5.3.5.7 Arrondierungsflächen

312 Soweit es sich bei den nicht erforderlichen Freiflächen um sog. „Arrondierungsflächen" handelt, sind in einer aus den Jahren 1994 und 2005 stammenden Untersuchung des Gutachterausschusses für Grundstückswerte in der Stadt *Wuppertal* die sich aus Abb. 52 ergebenden **Preisrelationen zum jeweiligen Bodenrichtwert** ermittelt worden:

Abb. 52: Preisrelation von Arrondierungsflächen

Preisrelation von Arrondierungsflächen zum Bodenrichtwert			
	Preisspanne in % vom Bodenrichtwert	**Durchschnittswert in % vom Bodenrichtwert**	**Anzahl der Kauffälle**
Baulandteilflächen			
a) Flächen, die eine höhere oder sinnvolle bauliche Nutzung ermöglichen	40–110	75	52
b) Überbaubereinigung	65–135	100	4
c) Garagen- und Stellplatzflächen	30–90	60	32
Nicht erforderliche Freiflächen			
– Flächen, im hinteren Grundstücksbereich, Gartenland, u.Ä.	5–35	20	129

Quelle: Grundstücksmarktbericht 2009 des Gutachterausschusses für Grundstückswerte in der Stadt Wuppertal.

313 Allgemein lässt sich dieser Aufstellung entnehmen, dass solche **Arrondierungsflächen um so höher im Preis** gehandelt werden, **je gewichtiger der Erwerb für den Eigentümer des benachbarten Grundstücks ist.** Der Grundstücksmarktbericht von *Bergisch Gladbach* (2009) weist die sich aus Abb. 53 ergebenden Preisspannen aus:

Abb. 53: Zu- und Abschläge für Arrondierungsflächen in Bergisch Gladbach, Chemnitz, im Oberbergischen Kreis, Leipzig und Schwerin

	Art der unselbstständigen Teilfläche	Anz.	Durchschnittspreis bzw. Preisspanne in % des Baulandwerts	Beispiel
a)	Baurechtlich notwendige Flächen bzw. Flächen zur baulichen Erweiterung	13	Bergisch Gladbach **91%** 55–130%	
			Dahme Spreewald **87%** 20–142%	
		7	Oberbergischer Kreis **105%** 90–125%	
		20	Leipzig **91%** 66–110%	
		17	Schwerin **62%** 35–79%	
		29	Chemnitz 74%	
		23 59 9	LK Oberspreewald **80%** (F Ø 58 m²) **72%** (F Ø 276 m²) **49%** (F Ø 967 m²)	
b)	seitlich gelegene Flächen bzw. andere als Stellplatz geeignete Flächen	9	Bergisch Gladbach **44%** 32–60%	
			Dahme Spreewald **80%** 8–121%	
		10	Oberbergischer Kreis **55%** 35–80%	
		17	Leipzig **44%** 23–68%	
		44	Chemnitz 58%	
c)	Garten- und Hinterland in Innenbereichslagen	31	Bergisch Gladbach **28%** 10–40%	
			Dahme Spreewald **37%** 5–110%	
		15	Oberbergischer Kreis **35%** 10–60%	
		27	Leipzig **22%** 9–44%	
		71	Schwerin **55%** 18–117%	
		13	Chemnitz 37%	
		34 27	LK Oberspreewald **83%** (F Ø 40 m²) **54%** (F Ø 310 m²)	
d)	Arrondierung aus land- und forstwirtschaftlichen Flächen	15	Bergisch Gladbach **10%** 5–18%	

V Syst. Darst. Vergleichswertverf. — Arrondierungsfläche

Art der unselbstständigen Teilfläche	Anz.	Durchschnittspreis bzw. Preisspanne in % des Baulandwerts	Beispiel
e) Splitterflächen regel- oder unregelmäßig in unterschiedlichen Lagen	51	Schwerin **67%** 8–113%	
		EFH **55%** 19–22%	
		MFH **76%** 42–100%	
		Geschäftsgrundstück **79%** 44–113%	
		Gewerbegrundstück **67%** 31–144%	
2. Arrondierung zur Bildung bebaubarer Grundstücke			
Flächen, die die Bebaubarkeit eines Grundstücks wesentlich verbessern	13	Bergisch Gladbach **72%** 45–98%	
		Dahme Spreewald **70%** 25–150%	
	2	Oberbergischer Kreis **100%** 95–100%	
	26	Leipzig **88%** 43–138%	
	12	Chemnitz 62%	
3. Freihändiger Erwerb von Verkehrsflächen			
a) Ankauf Flächen, die zur Verbreiterung einer bestehenden Straße benötigt werden (geringer Eingriff)	20	Bergisch Gladbach **20%** 10–35%	
	22	Leipzig **46%** 27–65%	
	6	Schwerin **60%** 24–97%	
	142	Chemnitz 40–53%	
b) Ankauf, nachträglicher Erwerb einer bereits als Straße genutzten Fläche	37	Bergisch Gladbach **15%** 5–29%	
	18	Leipzig **16%** 8–24%	
	63	Chemnitz 18%	
c) Zufahrten		Schwerin **107%** 101–114%	

Den Auswertungen liegen 105 Kaufpreise aus dem Zeitraum 1992 bis Juni 1994 zugrunde.

Baugrund — Syst. Darst. Vergleichswertverf. V

Zu- und Abschläge für Arrondierungsflächen im Rheinisch-Bergischen Kreis

Art der unselbstständigen Teilfläche	Anz.	Durchschnittspreis bzw. Preisspanne in % des Baulandwerts	Beispiel
1. Zukäufe zu bereits bebauten Grundstücken			
a) Baurechtlich erforderliche Flächen bzw. Flächen zur baulichen Erweiterung	10	Rheinisch-Bergischer Kreis **105 %** 100–120 %	
b) Sogenanntes seitliches Hinterland zur Arrondierung und seitliche (größenabhängig) Stellplatzflächen	17	Rheinisch-Bergischer Kreis **35 %** 30–35 % größenabhängig	
c) Gartenland und Hinterlandzukäufe	23	Rheinisch-Bergischer Kreis **10 %** 5–10 % größenabhängig	
2. Arrondierungsflächen zur Schaffung von bebaubaren Grundstücksflächen			
	26	Rheinisch-Bergischer Kreis **95 %** 80–100 %	

5.3.6 Bodenbeschaffenheit (Baugrund)

▶ *Allgemeines vgl. § 6 ImmoWertV Rn. 117 ff.; § 5 ImmoWertV Rn 311 ff. sowie RBBau K1 (Februar 1995)*

Die topographischen und physischen Eigenschaften des Grund und Bodens, insbesondere seine Eignung als Baugrund, sind ein wesentliches wertbestimmendes Merkmal. Sie müssen bei der Verkehrswertermittlung von Bauland vor allem dann Beachtung finden, wenn sie zu erhöhten **Gründungskosten** führen. Hervorgehoben seien hier

– ein felsiger Untergrund,
– die Schichtenfolge, Beschaffenheit und Tragfähigkeit des Baugrunds,
– die baustoffschädigenden Bestandteile im Baugrund und Grundwasser,
– die Tal-, Hang- oder Höhenlage,
– die Grundwasserverhältnisse, z. B.
– ein hoher Grundwasserstand (z. B. in Flussnähe).

314

315 Der Sachverständige muss hierauf in seinem Gutachten insbesondere dann eingehen, wenn das zu bewertende Objekt besondere Boden- und Grundwasserverhältnisse aufweist. Bei der Verkehrswertermittlung im Wege des Vergleichswertverfahrens muss diesen Besonderheiten in aller Regel dann nicht Rechnung getragen werden, wenn die Grundstücke der zum Vergleich herangezogenen Kaufpreise die gleichen Verhältnisse aufweisen. In diesen Fällen werden derartige **Besonderheiten bereits mit den Vergleichspreisen berücksichtigt.** So kann z. B. in Gebieten, in denen der Bergbau herumgeht, davon ausgegangen werden, dass sich die Vergleichspreise unter Berücksichtigung dieses Umstands gebildet haben. Insoweit bestehen keine Abweichungen zwischen den Vergleichsgrundstücken und dem zu bewertenden Grundstück. Etwas anderes gilt in den Fällen, in denen nur Teile des Gebiets, aus dem Vergleichspreise herangezogen werden, davon betroffen sind. So können z. B. erhöhte Gründungskosten in Flussnähe auftreten, während andere Gebietsteile nicht davon betroffen sind.

316 Allgemein kann als Grundsatz gelten, dass bei **Heranziehung von Vergleichspreisen aus Gebieten, die keine besonderen Gründungskosten bedingen, und ihrer Übertragung auf ein Grundstück, das erhöhte Gründungskosten erfordert, der Vergleichspreis um die mutmaßlichen Gründungskosten zu vermindern ist**[123].

317 Umgekehrt braucht bei der **Verkehrswertermittlung eines bebauten Grundstücks, für das wegen schlechter Untergrundverhältnisse** (aufgefüllte Kiesgrube oder eines früher auf dem Grundstück vorhandenen, aber inzwischen verfüllten U-Bahnschachtes) **besondere** und aufwendige **Gründungsmaßnahmen** (Pfahlgründung oder Stahlbetonplatte) **durchgeführt werden mussten**, diesem Umstand nicht besonders Rechnung getragen werden, wenn zur Bodenwertermittlung Vergleichspreise unbebauter Grundstücke bzw. Bodenrichtwerte herangezogen werden, die normale Baugrundverhältnisse aufweisen. Sind dagegen zur Bodenwertermittlung Vergleichspreise unbebauter Grundstücke bzw. Bodenrichtwerte von Grundstücken herangezogen worden, für die ähnliche Kosten entstehen, sind die Vergleichspreise bzw. Bodenrichtwerte um die Gründungskosten „aufzustocken".

5.3.7 Abgabenrechtlicher Zustand

5.3.7.1 Allgemeines

Schrifttum: *Driehaus*, Erschließungs- und Straßenausbaubeitragsrecht in Aufsätzen, vhw-Verlag 2004.

▶ *Hierzu Näheres § 6 ImmoWertV Rn. 107 ff.; Teil VIII Rn. 133 ff., 296 ff, 383 ff.; Syst. Darst. des Ertragswertverfahrens Rn. 81, 149 ff.*

318 Für den abgabenrechtlichen Zustand eines Grundstücks ist nach § 6 Abs. 3 ImmoWertV die Pflicht zur Entrichtung von nicht steuerlichen Abgaben maßgebend. „Abgaben" ist der Oberbegriff für Steuern, Gebühren und Beiträge, jedoch sind Steuern (i.S. der Definition des § 3 Abs. 1 AO) ausdrücklich mit § 6 Abs. 3 ImmoWertV ausgenommen.

- **Beiträge** sind nichtsteuerliche Abgaben, die durch den Aufwandersatz für bestimmte Leistungen und die Vorteilsverschaffung für bestimmte Personen gekennzeichnet sind

- **Gebühren** sind nach § 3 Abs 1 des Verwaltungskostengesetzes (VwKostG) des Bundes gesetzliche oder aufgrund eines Gesetzes festgelegte Entgelte für die Inanspruchnahme oder Leistung der öffentlichen Verwaltung: damit unterscheiden sie sich von den Steuern, die nicht im Zusammenhang mit einer konkreten Gegenleistung stehen[124].

- **Auslagen** sind Aufwendungen die eine Behörde im Interesse einer kostenpflichtigen Amtshandlung als Zahlung an Dritte zu leisten hat[125], wobei zur Vermeidung gesonderter Berechnungen der Auslagen die Kosten der Auslagen in die Gebühr einbezogen werden können.

---
123 OVG Lüneburg, Urt. vom 17.1.1997 – 1 L 1218/95 –, EzGuG 15.87a.
124 BverfG, Urt. vom 16.1.2003 – 1 BvR 222/02 –, NVwZ 2003, 858; BVerfG, Beschl. vom 11.10.1966 – 2 BvR 179, 476, 477/64 –, BVerfGE 20, 257 = BGBl. I 1966, 138.
125 § 10 VwKostG, § 136 ff., KostO, § 91 ff. GKG.

Bei der Feststellung des „abgabenrechtlichen Zustands" geht es in erster Linie um die Feststellung des „erschließungsbeitragsrechtlichen" Zustands.

Unterscheiden sich die zum Preisvergleich herangezogenen Grundstücke in ihrem beitrags- und abgabenrechtlichen Zustand von dem des Wertermittlungsobjekts, muss dies berücksichtigt werden. Folgende **nichtsteuerlichen Abgaben bzw. Beiträge** sind hier zu erwähnen:

a) Erschließungsbeiträge nach den §§ 123 ff. BauGB (Rn. 321 ff.), **319**

b) Abgaben nach den Kommunalabgabengesetzen (KAG) der Länder (Rn. 342 f.),

c) Sielbaubeitrag (vgl. Rn. 344 f.),

d) Umlegungsausgleichsleistungen nach § 64 BauGB (vgl. Rn. 350, Teil VIII Rn. 619 ff.),

e) Ausgleichsbeträge nach den §§ 154 f. BauGB (Rn. 354 ff.) bzw. § 24 Bundes-Bodenschutzgesetz (vgl. Rn. 352),

f) Ablösungsbeträge für Stellplatzverpflichtungen (Rn. 356 ff.),

g) Beiträge aufgrund von Satzungen der Wasser- und Bodenverbände[126],

h) Naturschutzrechtliche Ausgleichszahlung (vgl. Rn. 359),

i) Naturschutzrechtliche Ausgleichsabgaben: Kostenerstattungsbetrag nach § 135a BauGB (§ 5 ImmoWertV Rn. 258 ff. sowie hier bei Rn. 361),

j) Ausgleichsabgaben nach Baumschutzverordnungen (vgl. Rn. 367[127]),

k) Walderhaltungsabgaben nach Landeswaldgesetz (vgl. Brandenburg Rn. 374 ff.)[128],

l) Versiegelungsabgaben.

Besondere Beachtung bei der Verkehrswertermittlung muss bei alledem der Frage **320** geschenkt werden,

a) wann die Beitragsschuld entstanden ist (Entstehungszeitpunkt),

b) wer Beitragsschuldner ist,

c) ob eine Vorauszahlung bzw. Vorausleistung erbracht worden ist und

d) ob die Beitragsschuld als öffentliche Last auf dem Grundstück ruht.

Vor allem bei einem **Wechsel des Eigentümers** können diese Fragen besondere Bedeutung erlangen; z. B. wenn ein Beitrag bzw. eine Abgabe noch erbracht werden muss, gilt es zu prüfen, wen die Beitragspflicht (den bisherigen Eigentümer oder den Erwerber) trifft.

5.3.7.2 Erschließungsbeitrag nach den §§ 123 ff. BauGB

Schrifttum: *Driehaus, H.-J.,* Erschließungs- und Straßenbaubeitragsrecht in Aufsätzen, vhw-Verlag 2005.

Nach allgemeiner Auffassung gehört zum Erschließungserfordernis die verkehrsmäßige **321** Anbindung des Baugrundstücks durch Straßen, Wege oder Plätze sowie die Ver- und Entsorgungsleitungen für Elektrizität, Wasser und Abwasser. **Erschlossen** ist ein Grundstück nach § 131 Abs. 1 BauGB, wenn der Eigentümer die tatsächliche und rechtliche Möglichkeit hat, von einer Erschließungsanlage aus eine Zufahrt bzw. einen Zugang zu dem Grundstück zu nehmen. Nach landesrechtlichen Vorschriften[129] ist die Erschließung eines Grundstücks gesichert, wenn bis zum Beginn der Benutzung des Gebäudes Zufahrtswege, Wasserversorgungs- und Abwasserbeseitigungsanlagen in dem erforderlichen Umfang benutzbar sind (Abb. 54):

---

126 BVerwG, Urt. vom 23.6.1972 – 4 C 105/68 –, EzGuG 1.110; BVerwG, Urt. vom 23.5.1973 – 4 C 21/70 –, EzGuG 1.110; OVG Münster, Urt. vom 5.3.976 – 11 A 685/74 –, RdL 1978, 220; VG Freiburg, Urt. vom 10.9.1976 – VS II 157/75 –, KStZ 1977, 97.

127 Beispielsweise BaumschutzVO von Brandenburg vom 28.5.1981 (GBl. DDR I Nr. 22), zuletzt geändert durch VO vom 17.6.1994 (GVBl. II 1994, 560).

128 Verordnung über die Walderhaltungsabgabe vom 21.9.1993 (GVBl. 1993, 649).

129 Art. 4 Abs. 1 Nr. 3 Bay. LBauO.

Abb. 54: Erschließung i.S. des Baugesetzbuchs

322 Bei der Wertermittlung von Grundstücken muss unterschieden werden zwischen der Erschließung, d.h. **dem Erschlossensein eines Grundstücks,** als tatsächlichem Zustandsmerkmal, **und dem erschließungsbeitragsrechtlichen Zustand des Grundstücks** (vgl. § 6 Abs. 3 ImmoWertV). Demzufolge wird zwischen erschließungsbeitragsfreiem (ebf) und erschließungsbeitragspflichtigem (ebp) baureifen Land unterschieden. Wechselt das Eigentum an einem noch erschließungsbeitragspflichtigen Grundstück, gilt es, die einschlägigen Rechtsvorschriften des Erschließungsbeitragsrechts zu beachten:

a) Nach § 133 Abs. 2 BauGB entsteht der Erschließungsbeitrag mit der endgültigen Herstellung der Erschließungsanlage. Im Unterschied zum kommunalen Beitragsrecht ist die **Person, die im Zeitpunkt der Entstehung der Beitragspflicht Eigentümerin des Grundstücks ist**, nicht erschließungsbeitragspflichtig, so dass auch nach Entstehung der Erschließungsbeitragspflicht jeder Erwerber damit rechnen muss, der Erschließungsbeitragspflicht selbst nachkommen zu müssen. Deshalb wird er bei der Bemessung des Kaufpreises die ausstehende Erschließungsbeitragspflicht „in Rechnung" stellen.

b) **Erschließungsbeitragspflichtig** mit konstitutiver Wirkung **ist** nach § 134 Abs. 1 BauGB **die Person, die im Zeitpunkt der Bekanntgabe des Erschließungsbeitragsbescheids Eigentümerin des Grundstücks ist**[130].

c) Ist das **Grundstück mit einem Erbbaurecht belastet**, so ist der Erbbauberechtigte anstelle des Eigentümers beitragspflichtig (§ 134 Abs. 1 Satz 2 BauGB); ist dagegen das Grundstück mit einem **dinglichen Nutzungsrecht** i.S. des Art. 233 des § 4 EGBGB belastet, ist der Inhaber dieses Rechts anstelle des Eigentümers beitragspflichtig (§ 134 Abs. 1 Satz 3 BauGB).

d) Der **Erschließungsbeitrag ruht nach § 134 Abs. 2 BauGB als öffentliche Last auf dem Grundstück.** Die öffentliche Last gewährt der Gemeinde zur Sicherung ihres Beitragsanspruchs einen Befriedigungsanspruch an dem „haftenden" Grundstück, wobei der Eigentümer ggf. die Zwangsvollstreckung zu dulden hat.

e) In einem **Erschließungsvertrag nach § 124 BauGB** kann die Erschließung auf einen Dritten übertragen werden; der Dritte kann sich hierin verpflichten, die nach Bundes- oder Landesrecht beitragsfähigen sowie nicht beitragsfähigen Erschließungsanlagen herzustellen und die Kosten ganz oder teilweise zu tragen. Die betroffenen Grundstücke sind insoweit erschließungsbeitragsfrei zu werten.

---

[130] BVerwG, Urt. vom 20.9.1974 – 4 C 32/72 –, EzGuG 9.19; BVerwG, Urt. vom 27.9.1982 – 8 C 145/81 –, EzGuG 9.47a; überholt und ohnehin nur für die steuerliche Bewertung: RFH, Urt. vom 27.3.1944 – III 17/41 –, RStBl. 1941, 461.

f) **Im Falle eines Grundstückswechsels** ist der Verkäufer – vorbehaltlich anderer Vereinbarungen – nach § 436 Abs. 1 BGB verpflichtet, Erschließungsbeiträge und sonstige Anliegerbeiträge für Maßnahmen zu tragen, die bis zum Tage des Vertragsschlusses bautechnisch begonnen sind, unabhängig vom Zeitpunkt des Entstehens der Beitragsschuld. Der Verkäufer haftet nach § 436 Abs. 2 BGB im Übrigen nicht für die Freiheit des Grundstücks von anderen öffentlichen Abgaben und von anderen öffentlichen Lasten, die zur Eintragung in das Grundbuch nicht geeignet sind. Hieraus ergibt sich im Falle einer vorangegangenen Veräußerung des Grundstücks, dass das Grundstück grundsätzlich erschließungsbeitragsfrei zu werten ist. Darüber hinaus muss von ihm aber auch geklärt werden, ob eine davon abweichende Vereinbarung getroffen worden ist.

In den **neuen Bundesländern** fallen keine Erschließungsbeiträge an, wenn das Grundstück zum 3.10.1990 *ortsüblich* erschlossen war. Dies gilt auch für Änderungen an einer bestehenden Straße durch Ausbau und Erweiterung[131].

Fazit: Frühestens mit dem Zeitpunkt der Bekanntgabe des Erschließungsbeitragsbescheids kann ein Grundstück als erschließungsbeitragsfrei gelten, wobei ein von dem jeweiligen Eigentümer noch nicht entrichteter Erschließungsbeitrag eine persönliche Schuld darstellt. Solange sich das Grundstück aber noch im Eigentum des Abgabepflichtigen befindet und die Abgabenschuld noch nicht erbracht wurde, muss diesem Umstand zumindest in Bezug auf die Beleihungsfähigkeit des Grundstücks Rechnung getragen werden (vgl. Abb. 55, § 6 ImmoWertV Rn. 100 ff.). Das Grundstück ist aber auch im Falle einer vorangegangenen Veräußerung erschließungsbeitragsfrei zu bewerten, soweit die Parteien nichts anderes vereinbart haben.

Der Vergleich zeigt, dass im Erschließungsbeitragsrecht der **Bekanntgabe des Erschließungsbeitragsbescheids** eine besondere Bedeutung auch für die Bodenwertbildung beikommt (Abb. 55):

---

131 BVerwG, Urt. vom 18.11.2002 – 9 C 2/02 -, NVwZ 2003, 1130.

Abb. 55: Schema der Bodenwertentwicklung in Abhängigkeit von der Erschließung und der Erhebung von Erschließungsbeiträgen

326 Besonderheiten können gegeben sein, wenn vom bisherigen Eigentümer **Vorauszahlungen nach § 133 Abs. 3 BauGB geleistet** worden sind und beim Erwerb eines beitragspflichtig gestellten Grundstücks die Übernahme der Zahlungspflicht vereinbart oder für ein erschließungsbeitragspflichtiges Grundstück die Erschließungsbeitragsfreiheit zugesichert wurde; in diesem Fall kommen Schadensersatzansprüche nach § 459 Abs. 2 i.V.m. § 463 BGB in Betracht.

327 Bezüglich **Vorausleistungen auf den Erschließungsbeitrag** hat das BauGB die Rechtslage dahingehend geändert, dass **Vorausleistungen auf den Erschließungsbeitrag mit der endgültigen Beitragsschuld** auch dann **zu verrechnen** sind, wenn der Vorausleistende nicht beitragspflichtig ist (vgl. § 133 Abs. 3 Satz 2 BauGB).

328 Mit der Erschließung eines Grundstücks ist i.d.R. eine Erhöhung des Bodenwerts[132] verbunden. Eine **vorhandene oder zumindest gesicherte Erschließung**[133] **ist** nämlich nach § 30 Abs. 1, § 33 Abs. 1 Nr. 4, § 34 Abs. 1 Satz 1 und § 35 Abs. 2 BauGB **Voraussetzung für die Klassifizierung einer Fläche als baureifes Land** (§ 5 Abs. 5 ImmoWertV) und findet auf diesem Wege ihre wertmäßige Berücksichtigung.

329 Der **Unterschied zwischen dem Verkehrswert eines erschließungsbeitragsfreien (ebf) und erschließungsbeitragspflichtigen (ebp) Grundstücks** wird nach dem am Wertermittlungsstichtag üblicherweise anfallenden und sich nach den durchschnittlichen Kosten der Erschließungsanlagen bemessendem Erschließungsbeitrag abgeleitet, wobei nach § 129 Abs. 1 Satz 3

---

[132] BFH, Urt. vom 20.5.1957 – VI 138/55 U –, BFHE 65, 285 = BStBl. III 1957, 343; BFH, Urt. vom 18.9.1964 – VI 100/63 S –, EzGuG 9.2; BFH, Urt. vom 24.11.1967 – VI R 302/66 –, EzGuG 9.3.
[133] § 35 Abs. 1 Satz 1 BauGB fordert dagegen eine „ausreichende" Erschließung.

BauGB die Gemeinde mindestens 10 v.H. des beitragsfähigen Erschließungsaufwands trägt, sofern nichts anderes nach § 124 BauGB vereinbart wurde.

Nr. 2.3.4.4 WERTR führt hierzu aus: **330**

„Für die Auswirkung des beitrags- und abgabenrechtlichen Zustands des Grundstücks gilt Folgendes (vgl. Nr. 2.2.4):

- Zu- oder Abschläge auf den Vergleichspreis bedarf es, wenn der Erschließungszustand oder die beitrags- und abgabenrechtliche Situation des Grundstücks von dem Zustand des Vergleichsgrundstücks abweicht.
- Die Zu- oder Abschläge werden in der Regel nach der Höhe des Beitrags bzw. der Abgabe (z. B. Erschließungsbeitrag), ggf. unter Berücksichtigung der Wartezeit, bemessen."

In der Rechtsprechung blieb diese Praxis weitgehend unbeanstandet[134], soweit es sich nicht um eine Zweiterschließung handelt. In diesem Fall kommt es weniger auf die Kosten, sondern auf die Vor-, aber auch Nachteile an, die sich nach der Lage des Grundstücks und seiner Nutzung ergeben. Das OLG Köln[135] hat hierzu ausgeführt, dass allein schon die **Lebenserfahrung dafür spreche,** dass eine Grundstückserschließung eine Verkehrswerterhöhung zur Folge habe und in aller Regel davon auszugehen sei, dass, „wenn ein Grundstück erstmals durch eine Straße erschlossen wird, die Erschließungsbeitragspflicht durch eine entsprechende Erhöhung des Verkehrswerts zumindest komplettiert wird." **331**

Eine **Zweiterschließung** führt i.d.R. erst dann zu einer Erhöhung des Bodenwerts, wenn dem Grundstück daraus aus objektiver Betrachtung ein zusätzlicher Erschließungsvorteil erwächst. Dies kann insbesondere der Fall sein, wenn aufgrund der zusätzlichen Zufahrt ein Grundstück wirtschaftlich besser genutzt werden kann oder ein unmittelbarer Zugang geschaffen wird. Dies kann insbesondere bei gewerblich genutzten Grundstücken der Fall sein, wenn dadurch ein Grundstück z. B. von einer Nebenstraße ungestört „angefahren" werden kann[136]. **332**

Auch die **Anlegung von Parkstreifen**, mit einer Trennung des ruhenden und fließenden Fahrzeugverkehrs und der damit verbesserten Erreichbarkeit der Grundstücke sowie verbesserten Parkmöglichkeiten erhöht den Wert eines Grundstücks[137]. **333**

Die **durchschnittlichen Erschließungskosten** betragen etwa **334**

bis 50 €/m² (Netto-)Baulandfläche bei Ein- und Zweifamilienhäusern
40 €/m² (Netto-)Baulandfläche bei Geschossbauten
30 €/m² (Netto-)Baulandfläche bei größeren Gewerbegrundstücken.

Nach einer Untersuchung des Oberen Gutachterausschusses von Nordrhein-Westfalen lagen die Erschließungsbeiträge im Jahre 2008[138] bei

- dem individuellen Wohnungsbau zwischen 12 und 60 €/m² (im Mittel bei 23 €/m² +/− 5 €/m²),
- dem Geschosswohnungsbau zwischen 15 und 45 €/m² (im Mittel bei 23 €/m² +/− 7 €/m²) und
- den gewerblichen Bauflächen zwischen 5 und 25 €/m² (im Mittel bei 11 €/m² +/− 2 €/m²).

Solche *Kosten* müssen nicht zwangsläufig in gleicher Höhe in die *Wert*bildung eingehen. Insbesondere wenn solche Kosten erst zu einem späteren Zeitpunkt anfallen, werden sie vom **335**

---

134 LG Koblenz, Urt. vom 1.9.1986 – 4 O 5/86 –, EzGuG 20.117; LG Kiel, Urt. vom 3.11.1989 – 19 O 4/83 –, GuG 1990, 103 = EzGuG 15.64 bez. entwicklungsbedingter Bodenwerterhöhungen. Vgl. hierzu Beitragsrecht für städtebauliche Aufschließungsmaßnahmen, Schriftenreihe des BMBau Nr. 03.011 Bonn 1973, S. 65, OLG Celle, Urt. vom 29.5.2008 – 8 U 239/07 -; GuG 2008, 252.
135 OLG Köln, Urt. vom 25.10.1984 – 7 U 4/84 –, EzGuG 9.53a.
136 BFH, Urt. vom 12.1.1995 – IV R 3/95 –, DB 1995, 1371; VG Arnsberg, – 14 K 28/03 –, 14 K 30/03 –.
137 OVG Münster, Urt. vom 25.5.1992 – 2 A 1646/90 –, KStZ 1992, 196 = NWVBl. 1992, 442 = KirchE 30, 238 = ZKF 1992, 256 = Gemeindehaushalt 1992, 442.
138 Grundstücksmarktbericht 2008.

Markt oftmals nur in gedämpfter Höhe rezipiert[139]. Auch müssen die angegebenen **Kostensätze im Verhältnis zum absoluten Grundstückswert** gesehen werden, wenn sie zur Umrechnung erschließungsbeitragsfreier in erschließungsbeitragspflichtige Grundstückswerte herangezogen werden. Dabei wird deutlich, dass in sog. Niedrigpreisgebieten die Verkehrswerte erschließungsbeitragsfreier Grundstücke (z. B. Industriegrundstücke) oftmals niedriger als die aktuellen Erschließungsbeiträge sind und eine Verrechnung nominaler Erschließungskosten zu Negativwerten führen würde. Deshalb sieht § 19 Abs. 3 des Sachenrechtsbereinigungsgesetzes – SachenRBerG – zur Berücksichtigung von Aufwendungen für die Erschließung, zur Vermessung und für andere Kosten der Baureifmachung weitaus niedrigere Anrechnungsbeträge vor:

12,50 €/m² in Gemeinden mit mehr als 100 000 Einwohnern,
7,50 €/m² in Gemeinden mit mehr als 10 000 bis 100 000 Einwohnern und
5,00 €/m² in Gemeinden bis zu 10 000 Einwohnern.

336 Des Weiteren werden die Erschließungskosten durch den Unterschied des Verkehrswerts für erschließungsbeitragsfreies Bauland und Rohbauland begrenzt (Kappungsgrenze nach § 19 Abs. 3 Satz 2 SachenRBerG).

337 Steht das **Eigentum am Grundstück mehreren Personen** zu, so ist zu prüfen, ob Gesamthandseigentum oder Miteigentum nach Bruchteilen und ggf. der jeweilige Anteil berücksichtigt werden muss. Dies kann im Einzelfall von Bedeutung sein[140].

338 **Keine Erschließungsbeiträge** fallen in den **förmlich festgelegten Entwicklungsbereichen** i.S. der §§ 165 ff. BauGB **und in den förmlich festgelegten Sanierungsgebieten an**, für die gemäß § 142 Abs. 4 BauGB in der Sanierungssatzung die Anwendung der besonderen sanierungsrechtlichen Vorschriften der §§ 152 bis 156a BauGB *nicht* ausgeschlossen wurde (vgl. Teil VIII Rn. 1 ff.). Dort werden gemäß § 154 Abs. 1 Satz 2 BauGB anstelle von Erschließungsbeiträgen und Kostenerstattungsbeträgen Ausgleichsbeträge nach den §§ 154 f. BauGB erhoben.

339 Bei den **in einem Umlegungsverfahren nach den §§ 45 ff. BauGB neu geordneten Grundstücken** muss darüber hinaus in Bezug auf den Erschließungsbeitrag zwischen der straßenlandbeitragsfreien und straßenlandbeitragspflichtigen Zuteilung unterschieden werden. Im Regelfall werden die neu geordneten Grundstücke entsprechend dem Wesen der Umlegung straßenlandbeitragsfrei zugeteilt, wobei der Wert der im Umlegungsverfahren ausgeschiedenen Flächen nach § 68 Abs. 1 Nr. 4 BauGB im Umlegungsverzeichnis aufgeführt wird, wenn in Ausnahmefällen insoweit erschließungsbeitragspflichtig zugeteilt wurde. Gemäß § 128 Abs. 1 Satz 3 BauGB zählt dieser Wert zu den erschließungsbeitragsrechtlichen Grunderwerbskosten. Im Übrigen werden für die sonstigen Kosten des Erschließungsaufwands auch für die in einem Bodenordnungsverfahren nach den §§ 45 ff. BauGB zugeteilten Grundstücke nach Maßgabe der §§ 123 ff. BauGB Erschließungsbeiträge erhoben.

340 Abschließend sei noch darauf hingewiesen, dass nach der Rechtsprechung des BVerwG[141] **Grundstückskaufverträge der Gemeinden, in denen Vereinbarungen über die Abgeltung von Erschließungsbeiträgen mit dem Kaufpreis getroffen wurden,** nichtig sind, da das Gericht hierin eine verdeckte Ablösung erblickt hat.

341 Auch wenn im Rahmen der Verkehrswertermittlung z. B. eines erschließungsbeitragsfreien Grundstücks von erschließungsbeitragsfreien Vergleichspreisen oder einem entsprechenden Bodenrichtwert ausgegangen worden ist, empfiehlt es sich, im Gutachten den beitrags- und abgabenrechtlichen Zustand des Grundstücks substanziell darzulegen. Im Rahmen seiner **Sorgfaltspflicht** sollte der Gutachter dann gleichwohl darlegen, aufgrund welcher Tatsachen

---

139 Im sachs.-anh. Bodenrichtwerterlass vom 22.1.1993 – 46 – 23520 – (MBl. LSA 1993, 500) wird richtigerweise darauf hingewiesen, dass „eine rein rechnerische Addition erschließungsbeitragspflichtiger Bodenwerte und der Erschließungsbeiträge in der Regel nicht sachgerecht" ist.
140 Kleiber in Ernst/Zinkahn/Bielenberg, BauGB, § 154 BauGB Rn. 31 ff.
141 Wittern in NVwZ 1991, 751.

ein grundsätzlich in Frage kommender Beitrag dann nicht mehr anfällt. Hier kann z. B. auf einen bereits entrichteten Erschließungsbeitrag, auf eine persönliche Beitragspflichtigkeit oder auf den Umstand hingewiesen werden, dass ein **Grundstück an einer historischen Straße** liegt. An die Begründungspflicht dürfen hierbei allerdings auch keine überspannten und eher formalen Anforderungen gestellt werden, jedoch sind immer dann erhöhte Anforderungen an die Begründungspflicht zu stellen, wenn nach den Gesamtumständen eine den jeweiligen Eigentümer des Grundstücks treffende Beitragspflichtigkeit nicht von vornherein auszuschließen ist. Der Nachweis, dass z. B. ein zu bewertendes Grundstück erschließungsbeitragsfrei ist, stellt nämlich letztlich die Begründung dafür dar, dass bei Heranziehung von erschließungsbeitragsfreien Vergleichspreisen bzw. eines entsprechenden Bodenrichtwerts Unterschiede in dem abgabenrechtlichen Zustand insoweit nicht berücksichtigt werden müssen.

5.3.7.3 Abgaben nach dem Kommunalabgabenrecht (KAG)

Die Gemeinden erheben nach landesrechtlichen Vorschriften (Kommunalabgabengesetze – KAG) Beiträge für die Erweiterung und Verbesserung von Erschließungsanlagen. **Die KAG-Beiträge bemessen sich nach dem wirtschaftlichen Vorteil des Grundstücks**, der sich auch im Verkehrswert des Grundstücks niederschlagen kann. Mit der Steigerung des Gebrauchswerts geht nämlich regelmäßig auch eine Steigerung des Verkehrswerts einher. Sie ist schon dann anzunehmen, wenn die Grundstücke wirtschaftlicher genutzt werden[142]. In förmlich festgelegten Sanierungsgebieten, für die die Anwendung der besonderen sanierungsrechtlichen Bestimmungen der §§ 152 ff. BauGB nicht ausgeschlossen wurde, werden Beiträge aufgrund landesrechtlicher Bestimmungen für die Herstellung, Verbesserung und Erweiterung von Erschließungsanlagen nicht erhoben[143]. 342

Im Übrigen gelten die Ausführungen zu den Erschließungsbeiträgen nach dem BauGB (Rn. 321 ff.) entsprechend. Im Unterschied hierzu kann nach dem kommunalen Beitragsrecht allerdings die Satzung bestimmen, dass **diejenige Person beitragspflichtig ist, die zum Zeitpunkt der Entstehung der Beitragsschuld Eigentümerin des Grundstücks ist.** Der Erbbauberechtigte ist anstelle des Eigentümers der Beitragsschuldner. 343

5.3.7.4 Sielbaubeitrag

In Küstenstädten werden nach landesrechtlichen Bestimmungen Beiträge für die Herstellung öffentlicher Sielanlagen erhoben, und zwar 344

a) als **Sielbaubeitrag**,

b) als **Sielanschlussbeitrag**.

Nach § 2 des hbg. Sielabgabengesetzes (i.d.F. vom 21.1.1986 [GVBl 1986, 7, 33], zuletzt geändert am 19.12.2000 [GVBl 2000, 414]) unterliegen der Sielbaubeitragspflicht Grundstücke, 345

1. die an Wegen oder Flächen mit einem zum Anschluss bestimmten Siel liegen, auch wenn die Grundstücke nicht an das Siel angeschlossen sind,

2. die nicht an besiedelten Wegen oder Flächen liegen, aber an öffentliche Sielanlagen angeschlossen sind.

Dies gilt auch für Grundstücke, die an öffentlichen Sielanlagen angeschlossen sind, sowie für Grundstücke mit einer festgesetzten Nutzung als Stellplatz, Garage oder sonstige Gemeinschafts- und Nebenanlage oder die nach öffentlich-rechtlichen Vorschriften für die bauliche Nutzung anderer Grundstücke erforderlich sind. 346

---

142 OVG Münster, Urt. vom 31.8.1978 – 2 A 222/76 –, EzGuG 9.34; OVG Münster, Urt. vom 21.4.1975 – 2 A 769/72 –, OVGE 31, 48 = KStZ 1975, 217; OVG Münster, Urt. vom 15.9.1975 – 2 A 1347/73 –, DVBl 1977, 393; OVG Münster, Urt. vom 27.7.1976 – 2 A 805/75 –, DWW 1977, 65 = VRspr. 28, 463 = JZ 1976, 176; OVG Münster, Urt. vom 25.10.1982 – 2 A 1817/80 –, EzGuG 9.47; BayVGH, Beschl. vom 7.8.1985 – 23 CS 84 A.3129 –, EzGuG 9.58; OVG Münster, Urt. vom 25.5.1992 – 2 A 1646/90 –, KStZ 1992, 196.
143 Kleiber in Ernst/Zinkahn/Bielenberg, BauGB, § 155 BauGB Rn. 24 f., § 154 BauGB Rn. 69 f.

347 **Beitragsfrei** sind unbebaute Grundstücke, für die im Bebauungsplan eine bauliche Nutzung nicht festgesetzt ist oder die nach öffentlich-rechtlichen Vorschriften nicht bebaut werden dürfen, unbebaute Grundstücke, die im Außenbereich oder in einem Gebiet liegen, das in einem Baustufenplan als Außenbereich gekennzeichnet ist und nicht einem im Zusammenhang bebauten Ortsteil zugehören, sowie kleingärtnerisch genutzte Grundstücke.

348 Der Beitragssatz bemisst sich nach der **Frontlänge des Grundstücks** und den im Gesetz über die Höhe der Sielbaubeiträge und der Sielanschlussbeiträge (i.d.F. vom 21.1.1980 [hbg. GVBl 1980, 14], zuletzt geändert am 10.12.1996 [GVBl 1996, 309]) festgelegten Beitragssätzen. Die Beitragspflicht entsteht mit der öffentlichen Bekanntmachung des zum Anschluss bestimmten Siels und wird durch Bescheid festgesetzt.

349 Sielbaubeiträge und Sielanschlussbeiträge sind erheblich und bei der Verkehrswertermittlung wie Erschließungsbeiträge zu berücksichtigen:

Der **Sielbaubeitrag** beträgt
a)	Schmutzwassersiele (Druck- und Gefällesiele)	595 DM	304,82 €
b)	Regenwassersiele	420 DM	214,74 €
c)	Doppel- und Mischwassersiele	720 DM	368,13 €

Der **Sielanschlussbeitrag** beträgt
a)	einfache Leitung	6 720 DM	3 435,88 €
b)	Doppelleitung (für Schmutz- und Regenwasser) in der Baugrube	7 760 DM	3 967,62 €

5.3.7.5 Umlegungsausgleichsleistungen

▶ *Umfassend zu Umlegungsverfahren vgl. Teil VIII Rn. 619 ff.*

350 Der umlegungsrechtliche Mehrwertausgleich, d.h. die Verpflichtung des Eigentümers eines im Umlegungsverfahren nach den §§ 45ff. BauGB neugeordneten Grundstücks oder des Erbbauberechtigten zu „Geldleistungen nach den §§ 57 bis 61" (vgl. § 64 Abs. 3 BauGB), gilt als Beitrag und ruht als öffentliche Last auf dem Grundstück oder dem Erbbaurecht. Die Geldleistung, deren Fälligkeit und Zahlungsart werden im Umlegungsverzeichnis aufgeführt (§ 68 BauGB).

351 Wird der **Verkehrswert eines in der Umlegung rechtskräftig zugeteilten Grundstücks** ermittelt, können die Geldleistungen grundsätzlich außer Betracht bleiben, selbst dann, wenn sie

– bei einer Minderzuteilung von der Gemeinde oder

– bei einer Mehrzuteilung vom Eigentümer oder Erbbauberechtigten

noch nicht erbracht worden sind. Es handelt sich hierbei nämlich lediglich um ein Schuldverhältnis zwischen der Gemeinde und dem Eigentümer bzw. Erbbauberechtigten. Im Veräußerungsfall bemisst sich der Verkehrswert deshalb allein nach dem Neuordnungszustand des Grundstücks, wenn man die dingliche Sicherung des Mehrwertausgleichs (öffentliche Last) außer Betracht lässt.

5.3.7.6 Ausgleichsbetrag nach den §§ 154 f. BauGB

▶ *Weitere Ausführungen zur Ausgleichsbetragserhebung bei Teil VIII Rn. 285 ff.*

352 In förmlich festgelegten Sanierungsgebieten, für die die Anwendung der besonderen sanierungsrechtlichen Vorschriften der §§ 152 ff. BauGB *nicht* ausgeschlossen wurde, sowie in städtebaulichen Entwicklungsbereichen wird nach § 154 Abs. 1 BauGB **anstelle eines Erschließungsbeitrags ein Ausgleichsbetrag** in Höhe der sanierungs- bzw. entwicklungsbedingten Bodenwerterhöhung erhoben. Ausgleichsbetragspflichtig ist der Eigentümer des *Grundstücks im Zeitpunkt der Entstehung des Ausgleichsbetrags.* Nach § 154 Abs. 3 Satz 1 BauGB entsteht der Ausgleichsbetrag mit Abschluss der Sanierung bzw. Entwicklung nach den §§ 162 f. BauGB. Der Zeitpunkt der Entstehung des Ausgleichsbetrags ist damit identisch mit dem Zeitpunkt, der auch der Ermittlung des Ausgleichsbetrags zugrunde zu legen ist. Der Eigentümer des Grundstücks in diesem Zeitpunkt ist im Übrigen auch dann ausgleichsbetragspflichtig, wenn das Grundstück mit einem Erbbaurecht belastet ist[144].

Der **Eigentümer des Grundstücks zum Zeitpunkt der Entstehung** bleibt auch dann **ausgleichsbetragspflichtig,** wenn er das Grundstück veräußert. Da der Ausgleichsbetrag nach § 154 Abs. 4 Satz 3 BauGB *nicht* als öffentliche Last auf dem Grundstück ruht, kann der Ausgleichsbetragsanspruch im Veräußerungsfalle auch nicht aus dem Grundstück befriedigt werden[145]. Wird ein Grundstück, für das der Ausgleichsbetrag zwar entstanden, aber noch nicht entrichtet worden ist, veräußert, kann deshalb vom Verkehrswert des Grundstücks unter Berücksichtigung der rechtlichen und tatsächlichen Neuordnung des Gebiets ausgegangen werden[146].

353

5.3.7.7 Bodenschutzrechtlicher Ausgleichsbetrag

Schrifttum[147]: *Albrecht,E.,* Die Wertausgleichsregulierung im Bundes-Bodenschutzgesetz, NVwZ 2001, 1120; *Erbguth* in DVBl 2001, 601; *Frenz, W.,* Bundes-Bodenschutz-Gesetz, München 2000, *Großmann/ Grunewald/Weyers,* Altlastenverdacht, GuG 1996, 154; *Grziwotz, H.,* Das neue Bundes-Bodenschutzgesetz und seine Konsequenzen für die zivilrechtliche Vertragsgestaltung. Grundstückskaufvertrag und Finanzierung, in Immobilienrecht 2000, RWS Verlag Köln 2000; *Heuer, u. a.,* Ermittlung des Wertausgleichs nach § 25 BBodSchG, AGVGA-NRW, 2. Aufl. Essen 2009; *Kanngieser/Schuhr,* Analyse der Altlastenproblematik in der Grundstückswertermittlung, GuG 1998, 332; *Knopp, L.,* Bundes-Bodenschutzgesetz, Katalog der Sanierungsverantwortlichen, ZUR 1999, 210; *Roller, G.,* Wertausgleich und Bodenschutzlast – Vollzugsregelungen im Freistaat Bayern, GuG 2002, 24; *Roller, G.,* Die Bedeutung des BBodSchG für die Wertermittlung für steuerliche Zwecke, GuG 2002, 162; 226; *Sandner* in NJW 2001, 2045; *Simon, St.,* Das Neue Bodenschutzgesetz – Konsequenzen für den Immobilienverkehr, GuG 2001, 162; *Vierhaus, H.-P.,* Das Bundes-Bodenschutzgesetz, NJW 1998, 1262; *Wilmowsky, P. v.,* Gesetzliche Sicherungsrechte für Altlastensanierungspflichtige?, JZ 1997, 817.

▶ *§ 6 ImmoWertV Rn. 341 ff.; Teil VI Rn. 229; Teil X Rn. 227*

Grundstücke, die unter Einsatz öffentlicher Mittel von Altlasten bereinigt (saniert) worden sind, sind nach Maßgabe des § 25 BodSchG einem (bodenschutzrechtlichen) Ausgleichsbetrag unterworfen, wenn durch die Maßnahmen zur Beseitigung der Altlasten der Verkehrswert des Grundstücks nicht nur unwesentlich erhöht wurde und der Eigentümer die Kosten nicht oder nur unvollständig getragen hat. Die **Höhe dieses bodenschutzrechtlichen Ausgleichsbetrags** bestimmt sich in Anlehnung an § 154 Abs. 1 und 2 BauGB nach § 25 Abs. 2 BodSchG aus dem „Unterschied zwischen dem Wert, der sich ergeben würde, wenn die Maßnahmen (zur Altlastensanierung) nicht durchgeführt worden wären (Anfangswert), und dem Verkehrswert, der sich für das Grundstück nach Durchführung der Erkundungs- und Sanierungsmaßnahmen ergibt (Endwert)". Die Höhe des (bodenschutzrechtlichen) Ausgleichsbetrags wird durch die Höhe der eingesetzten öffentlichen Mittel begrenzt (vgl. § 6 ImmoWertV Rn. 314).

354

Der bodenschutzrechtliche Ausgleichsbetrag ruht im Unterschied zu dem sanierungsrechtlichen Ausgleichsbetrag nach den §§ 154 f. BauGB als **öffentliche Last** auf dem Grundstück. Der bodenschutzrechtliche Ausgleichsbetrag wird nach § 93b GBV mit einem Bodenschutzvermerk in Abt. 2 des Grundbuchs eingetragen.

355

5.3.7.8 Ablösungsbeträge für Stellplatzverpflichtungen

Der Verpflichtung zur Herstellung von Stellplätzen oder Garagen kommt insbesondere im dicht bebauten Kernbereich der Städte eine auch bei der Verkehrswertermittlung zu berücksichtigende Bedeutung zu. Dabei muss grundsätzlich zwischen

356

---

144 Kleiber in Ernst/Zinkahn/Bielenberg, BauGB § 154 BauGB Rn. 58 ff., BVerwG, Urt. vom 1.12.1989 – 8 C 44/88 –, EzGuG 9.71.
145 Kleiber in Ernst/Zinkahn/Bielenberg, BauGB, § 194 Rn. 39.
146 Zur Verrechnung von Vorauszahlungen nach § 154 Abs. 6 BauGB; vgl. Kleiber in Ernst/Zinkahn/Bielenberg, BauGB, § 154 BauGB Rn. 282.
147 LG Frankenthal, Urt. vom 27.2.2002 – 5 = 208/01 -, ZMR 2002, 753.

a) der Herstellung von Stellplätzen oder Garagen im Neubaufall und

b) der nachträglichen Forderung nach Schaffung von Stellplätzen oder Garagen

unterschieden werden. Die Verpflichtung des Eigentümers zur Herstellung von Stellplätzen oder Garagen ergibt sich aus dem Bauordnungsrecht der Länder. So dürfen z. B. nach § 47 der nordrh.-westf. BauO bauliche Anlagen nur errichtet oder wesentlich geändert werden, wenn Stellplätze oder Garagen in ausreichender Größe sowie in geeigneter Beschaffenheit hergestellt werden[148]. Für bereits bestehende Anlagen können sie aufgrund einer Satzung auch noch nachträglich gefordert werden. Die **Stellplatzverpflichtung kann durch einen Geldbetrag (Ablösebetrag) abgelöst werden,** wenn der Stellplatzverpflichtung nur unter sehr großen Schwierigkeiten nachgekommen werden kann oder diese aufgrund einer Satzung untersagt bzw. eingeschränkt ist[149].

357 Die Möglichkeit, im Falle der Errichtung eines Neubaus auf einem Grundstück die Stellplatzverpflichtung ablösen zu können, ist für den Bauherrn grundsätzlich von Vorteil. Er kann nämlich von dieser Möglichkeit Gebrauch machen, wenn dies im Vergleich zur Schaffung von Garagen oder Stellplätzen auf eigenem Grund und Boden für ihn günstiger ist[150]. Bei bestehenden Gebäuden hat der Eigentümer diese Dispositionsfreiheit nicht mehr. Im Vergleich zu den Bodenwerten unbebauter Grundstücke kann deshalb ein Wertabschlag insoweit gerechtfertigt sein, wie der Ablösebetrag den wirtschaftlichen Vorteil übersteigt, der aus der Nutzung der Grundstücksflächen resultiert, die ansonsten für die Herstellung von Stellplätzen oder Garagen auf dem Grundstück hätten Verwendung finden können.

358 **Die Höhe des Ablösungsbetrags** (vgl. Abb. 56) **ergibt sich nach den landesrechtlichen Bestimmungen.** Allein in *Berlin* gibt es diesbezüglich keine landesrechtlichen Regelungen.

---

148 BGH, Urt. vom 26.2.1971 – V ZR 116/68 –, EzGuG 1.9 m.w.N.; vgl. Stellplatz-Ablöseverordnung für Berlin vom 29.10.1990, GVABl. 1990, 2232 = GuG 1991, 51; GuG 1993, 49.

149 Seiner Rechtsnatur nach ist der Ablösebetrag eine nichtsteuerliche Sonderabgabe (BVerwG, Urt. vom 30.8.1985 – 4 C 10/81 –, EzGuG 1.30); sie ist Surrogat für die Stellplatzverpflichtung (vgl. OVG Hamburg, Urt. vom 13.11.1980 – Bf. II 22/79 –, EzGuG 1.19a); im Übrigen kann die Ablösung auch Gegenstand eines öffentlich-rechtlichen Vertrags sein (vgl. OVG Münster, Urt. vom 25.1.1977 – 7 A 64/75 –, EzGuG 1.16); Schröer in NVwZ 1997, 140.

150 BVerwG, Urt. vom 4.2.1966 – 4 C 64/65 –, EzGuG 1.5 a; OVG Hamburg, Urt. vom 13.11.1980 – Bf. II 22/79 –, EzGuG 1.19a; zur steuerlichen Behandlung des Ablösungsbetrags vgl. BFH, Urt. vom 8.3.1984 – IX R 45/80 –, EzGuG 1.24.

Abb. 56: Beträge zur Ablösung der Stellplatzbaupflicht in ausgewählten Städten

Stadt	Einwohner Tsd.	Betrag in €	Ermittlung	Bemerkungen
Hamburg (1992)	1626	min. 7 500 max. 14 500	Festwerte	Innenstadt (o.Whg.) 14 500 €/Stpl. üb. Stadtgebiet u. Whg. 15 660 DM/Stpl.
Frankfurt (1979) geplant	635	min. 7 500 max. 12 500	Einzelfallberechnung	$A = 1\,500\,€ + (F \times V \times 0{,}45)\ F = 25\,m^2$ $A = 2\,000\,€ + (F \times V \times 0{,}60)\ F = 25\,m^2$
Düsseldorf (1980)	574	min. 5 000 max. 9 000	Festwerte	Innenstadt 9 000 €/Stpl. citynahe Gebiete 7 000 €/Stpl. übriges Stadtgebiet 5 000 €/Stpl.
Dresden (1991)	501	max. 7 500	Einzelfallberechnung	Formel: $A = (V + K) \times 0{,}6\,F$ $F = 25\,m^2,\ K = 75\,€$
Nürnberg (1990)	486	max. 7 500	Einzelfallberechnung	Formel: $A = (V + K) \times 0{,}5\,F$ F = nach Kfz-Flächenbedarf, K = 130 DM
Münster (1985)	253	min. 2 700 max. 12 600	Festwerte	Innenstadt 12 600 €/Stpl. citynahe Gebiete 7 500 €/Stpl. übriges Stadtgebiet 2 700 €/Stpl. Kernzonen in Außenstadtbezirken 9 500 DM/Stpl.
Kassel (1986)	192	min. 1 150 max. 6 800	Einzelfallberechnung	$A = 1\,000\,€ + BFW_1 \times 25\,m^2$ (900 – 10 000 €/Stpl.)

Abkürzungen: A = Ablösebetrag pro Stellplatz, F = Fläche des Stellplatzes, GFZ = Geschossflächenzahl, K = Baukosten, Stpl.= Stellplatz, V = Verkehrswert, Whg.= Wohnung, BFW = Bodenfestwert
Quellen: Stellplatzsatzungen der Gemeinden; Gesetz über die Höhe des Ausgleichsbetrages für Stellplätze und Garagen der Hansestadt Hamburg, Drs. 14/857, Dez. 1991; Stellplatz-Ablöseverordnung Berlin, Feb. 1992; Handbuch der kommunalen Verkehrsplanung, 1. Ergänzungs-Lieferung = GuG 1995, 49

Abb. 57: Richtwertzahlen

Richtzahlentabelle für den Stellplatzbedarf und den Bedarf an Abstellplätzen für Fahrräder (Quelle: Sächs. ABl. 1995 Sonderdr. Nr. 4 vom 8. 3. 1995)			
Nr.	Verkehrsquelle	Zahl der Stellplätze für Kraftfahrzeuge	Zahl der Abstellplätze für Fahrräder
1	Wohngebäude		
1.1	Einfamilienhäuser	1 bis 2 je Wohnung	
1.2	Mehrfamilienhäuser und sonstige Wohnungen	1 bis 1,5 je Wohnung	2 je Wohnung
1.3	Gebäude mit Altenwohnungen	1 je 6 Wohnungen	1 je 6 Wohnungen
1.4	Wochenend- und Ferienhäuser	1 je Wohneinheit	
1.5	Kinder- und Jugendwohnheime	1 je 10 bis 20 Betten, jedoch mindestens 2 Stellplätze	1 je 2 Betten
1.6	Studentenwohnheime	1 je 2 bis 3 Betten	1 je Bett
1.7	Schwesternwohnheime	1 je 3 bis 5 Betten, jedoch mindestens 3 Stellplätze	1 je 3 Betten
1.8	Arbeiterwohnheime	1 je 2 bis 4 Betten, jedoch mindestens 3 Stellplätze	1 je 4 Betten
1.9	Altenwohnheime	1 je 8 bis 15 Betten, jedoch mindestens 3 Stellplätze	1 je 10 Betten
2	Gebäude mit Büro-, Verwaltungs- und Praxisräumen		
2.1	Büro- und Verwaltungsräume allgemein	1 je 30 bis 40 m^2 Nutzungsfläche*)	1 je 40 bis 80 m^2 Nutzfläche*)
2.2	Räume mit erheblichem Besucherverkehr (Schalter-, Abfertigungs- oder Beratungsräume, Arztpraxen und dergleichen)	1 je 20 bis 30 m^2 Nutzfläche*)	1 je 30 bis 60 m^2 Nutzfläche*)

V Syst. Darst. Vergleichswertverf.   Abgabenrechtl. Zustand

Richtzahlentabelle für den Stellplatzbedarf und den Bedarf an Abstellplätzen für Fahrräder
(Quelle: Sächs. ABl. 1995 Sonderdr. Nr. 4 vom 8. 3. 1995)

Nr.	Verkehrsquelle	Zahl der Stellplätze für Kraftfahrzeuge	Zahl der Abstellplätze für Fahrräder
3	Verkaufsstätten		
3.1	Läden, Geschäftshäuser	1 je 30 bis 40 m² Verkaufsnutzfläche*), jedoch mindestens 2 Stellplätze je Laden	1 je 60 bis 80 m² Verkaufsnutzfläche*)
3.2	Geschäftshäuser mit geringem Besucherverkehr	1 je 50 m² Verkaufsnutzfläche*)	1 je 100 m² Verkaufsnutzfläche*), jedoch mindestens 1 je Laden oder Geschäftshaus
3.3	Großflächige Einzelhandelsbetriebe außerhalb von Kerngebieten	1 je 10 bis 20 m² Verkaufsnutzfläche*)	1 je 150 m² Verkaufsnutzfläche*)
4	Versammlungsstätten (außer Sportstätten), Kirchen		
4.1	Versammlungsstätten von überörtlicher Bedeutung (z. B. Theater, Konzerthäuser, Mehrzweckhallen)	1 je 5 Sitzplätze	1 je 10 bis 20 Sitzplätze
4.2	Sonstige Versammlungsstätten (z. B. Lichtspieltheater, Schulaulen, Vortragssäle)	1 je 5 bis 10 Sitzplätze	1 je 10 bis 20 Sitzplätze
4.3	Gemeindekirchen	1 je 40 Sitzplätze	1 je 30 Sitzplätze
4.4	Kirchen von überörtlicher Bedeutung	1 je 30 Sitzplätze	1 je 20 Sitzplätze
5	Sportstätten		
5.1	Sportstätten ohne Besucherplätze (z. B. Trainingsplätze)	1 je 400 m² Sportfläche	1 je 250 m² Sportfläche
5.2	Sportplätze und Sportstadien mit Besucherplätzen	1 je 15 Besucherplätze	1 je 20 Besucherplätze
5.3	Sporthallen ohne Besucherplätze	1 je 50 m² Hallenfläche	1 je 50 m² Hallenfläche
5.4	Sporthallen mit Besucherplätzen	1 je 15 Besucherplätze	1 je 15 Besucherplätze
5.5	Freibäder und Freiluftbäder	1 je 200 bis 300 m² Grundstücksfläche	1 je 200 bis 300 m² Grundstücksfläche
5.6	Hallenbäder ohne Besucherplätze	1 je 5 bis 10 Kleiderablagen	1 je 5 bis 10 Kleiderablagen
5.7	Hallenbäder mit Besucherplätzen	1 je 15 Besucherplätze	1 je 10 Besucherplätze
5.8	Tennisplätze ohne Besucherplätze	3 je Spielfeld	1 je Spielfeld
5.9	Tennisplätze mit Besucherplätzen	1 je 15 Besucherplätze	1 je 10 bis 15 Besucherplätze
5.10	Minigolfplätze	10 je Minigolfplatz	2 je Minigolfanlage
5.11	Kegel-, Bowlingbahnen	4 je Bahn	1 je Bahn
5.12	Bootshäuser und Bootsliegeplätze	1 je 2 bis 5 Boote	1 je 5 Boote
6	Gaststätten und Beherbergungsbetriebe		
6.1	Gaststätten von örtlicher Bedeutung	1 je 8 bis 12 Sitzplätze	1 je 8 bis 12 Sitzplätze
6.2	Gaststätten von überörtlicher Bedeutung	1 je 4 bis 8 Sitzplätze	1 je 8 bis 12 Sitzplätze
6.3	Hotels, Pensionen, Kurheime und andere Beherbergungsbetriebe	1 je 2 bis 6 Betten, für zugehörigen Restaurationsbetrieb Zuschlag nach Nummer 6.1 oder 6.2	1 je 20 bis 30 Betten
6.4	Jugendherbergen	1 je 10 Betten	1 je 10 Betten
7	Krankenanstalten		
7.1	Universitätskliniken	1 je 2 bis 3 Betten	1 je 25 Betten
7.2	Krankenhäuser von überörtlicher Bedeutung (z. B. Schwerpunktkrankenhäuser), Privatkliniken	1 je 2 bis 4 Betten	1 je 30 bis 50 Betten
7.3	Krankenhäuser von örtlicher Bedeutung	1 je 4 bis 6 Betten	1 je 25 Betten

	Richtzahlentabelle für den Stellplatzbedarf und den Bedarf an Abstellplätzen für Fahrräder (Quelle: Sächs. ABl. 1995 Sonderdr. Nr. 4 vom 8. 3. 1995)		
Nr.	Verkehrsquelle	Zahl der Stellplätze für Kraftfahrzeuge	Zahl der Abstellplätze für Fahrräder
7.4	Sanatorien, Kuranstalten, Anstalten für langfristig Kranke	1 je 2 bis 4 Betten	1 je 40 bis 60 Betten
7.5	Altenpflegeheime	1 je 6 bis 10 Betten	1 je 40 bis 60 Betten
8	Schulen, Einrichtungen der Jugendförderung		
8.1	Grundschulen	1 je 30 Schüler	1 je 5 Schüler
8.2	Sonstige allgemeinbildende Schulen, Berufsschulen, Berufsfachschulen	1 je 5 bis 10 Schüler über 18 Jahre	
8.3	Sonderschulen für Behinderte	1 je 15 Schüler	1 je 10 bis 15 Schüler
8.4	Fachschulen, Hochschulen	1 je 4 Studierende	1 je 4 bis 8 Studierende
8.5	Kindergärten, Kindertagesstätten und dergleichen	1 je 20 bis 30 Kinder, jedoch mindestens 2 Stellplätze	1 je 20 bis 30 Kinder
8.6	Jugendfreizeitheime und dergleichen	1 je 15 Besucherplätze	1 je 5 Besucherplätze
9	Gewerbliche Anlagen		
9.1	Handwerks- und Industriebetriebe	1 je 70 m^2 Nutzfläche oder je 3 Beschäftigte*	1 je 70 m^2 Nutzfläche oder je 3 Beschäftigte*)
9.2	Lagerräume, Lagerplätze, Ausstellungs- und Verkaufsplätze	1 je 100 m^2 Nutzfläche oder je 3 Beschäftigte*	1 je 100 m^2 Nutzfläche oder je 3 Beschäftigte*
9.3	Kraftfahrzeugwerkstätten	6 je Wartungs- oder Reparaturstand	1 je 5 Beschäftigte
9.4	Tankstellen mit Pflegeplätzen	10 je Pflegeplatz	
9.5	Autom. Kraftfahrzeugwaschstraßen	5 je Waschanlage*	
9.6	Kraftfahrzeugwaschplätze zur Selbstbedienung	3 je Waschplatz	
10	Verschiedenes		
10.1	Kleingartenanlagen	1 je 3 Kleingärten	
10.2	Friedhöfe	1 je 2 000 m^2 Grundstücksfläche, jedoch mindestens 10 Stellplätze	1 je 2 000 m^2 Grundstücksfläche
10.3	Spiel- und Automatenhallen	1 je 20 m^2 Spielhallenfläche, jedoch mindestens 3***	1 je 20 m^2 Spiel- oder Automatenhallenfläche, jedoch mindestens 3

*) Der Stellplatzbedarf ist in der Regel nach der Nutzfläche zu berechnen; ergibt sich dabei ein offensichtliches Missverhältnis zum tatsächlichen Stellplatzbedarf, so ist die Zahl der Beschäftigten zugrunde zu legen.

**) Zusätzlich muss ein Stauraum für mindestens 40 Kraftfahrzeuge vorhanden sein.

***) Bei der Berechnung der Spielhallennutzfläche bleiben Nebenräume außer Betracht.

5.3.7.9 Naturschutzrechtliche Ausgleichszahlung

Nach § 8 Abs. 2 und 3 des Bundesnaturschutzgesetzes (BNatSchG) ist der Verursacher für Eingriffe in Natur und Landschaft zu einem Ausgleich verpflichtet. Diese Verpflichtung trifft auch den Träger von Anlagen, deren Errichtung im öffentlichen Interesse liegt. Nach § 8 Abs. 9 können die Länder weitergehende Vorschriften erlassen, insbesondere über Ersatzmaßnahmen der Verursacher bei nicht ausgleichbaren, aber vorrangigen Eingriffen (z. B. § 2 Nr. 2c der rh.-pf. Landesverordnung über die **Ausgleichszahlung nach § 5a des Landespflegegesetz – LPflG-Rheinland Pfalz – AusgV**)[151]. Im Rahmen des Verhältnismäßigkeitsgrundsatzes, dem diese naturschutzrechtliche Ausgleichszahlung genügen muss, stellt § 5a Abs. 1 LPflG für die Bemessung der Ausgleichszahlung

359

---

[151] BVerwG, Beschl. vom 5.10.1990 – 4 B 249/89 –, NVwZ-RR 1991, 118 = VBlBW 1991, 171; BVerwG, Beschl. vom 5.4.2002 – 4 B 15/02 –. GuG 2003, 314.

- sowohl auf die „Dauer und Schwere des Eingriffs" als auch
- auf den „Wert oder Vorteil für den Verursacher" ab.

360 Die Höhe der naturschutzrechtlichen Ausgleichszahlung (§ 8 Abs. 9 BNatSchG) kann sich an der Höhe der Investitionskosten, aber auch an der Intensität des Eingriffs orientieren[152].

5.3.7.10 Kostenerstattungsbetrag nach § 135a BauGB

▶ *Grundsätzliches hierzu bei § 5 ImmoWertV Rn. 254 ff.*

361 Im Bebauungsplan festgesetzte naturschutzrechtliche Ausgleichsmaßnahmen i.S. des § 1a Abs. 3 BauGB hat nach § 135a Abs. 1 BauGB grundsätzlich der Vorhabenträger durchzuführen. Soweit diese Maßnahmen entsprechend den Festsetzungen auf dem Eingriffsgrundstück durchzuführen sind, kann sich der Wert des Grundstücks im Vergleich zu den Vergleichspreisen der Grundstücke bzw. zu dem herangezogenen Bodenrichtwert (eines Bodenrichtwertgrundstücks, für das entsprechende Maßnahmen nicht festgesetzt worden sind) entsprechend vermindern. Grundsätzlich kann zur **Ermittlung des Minderungsbetrags** von den Kosten ausgegangen werden, die üblicherweise dabei entstehen. Ein Kostenerstattungsbetrag entsteht für das Grundstück in diesen Fällen nicht.

362 Wie unter § 5 ImmoWertV bei Rn. 258 ff. erläutert wurde, kann es sich im Rahmen der naturschutzrechtlichen Ausgleichsregelung des § 1a BauGB um

- Festsetzungen über Ausgleichsflächen und
- um Festsetzungen über Ausgleichsmaßnahmen (z. B. eine Bepflanzung)

handeln.

363 Im Falle von Festsetzungen über Ausgleichsflächen ist dies bei der Verkehrswertermittlung durch die zusätzliche Fläche selbst zu berücksichtigen, d.h., bei einem Preisvergleich mit davon nicht betroffenen Grundstücken kann dies z. B. durch einen geminderten Quadratmeterwert des entsprechend größeren Grundstücks berücksichtigt werden. Im Falle von **Festsetzungen über Ausgleichsmaßnahmen (Bepflanzungen)** kommen die Kosten der Bepflanzungen als Ausgangsgröße in Betracht. Dabei sind allerdings nur die Pflanzkosten berücksichtigungsfähig, die über das hinausgehen, was auch sonst der Grundstückseigentümer an Bepflanzungen vorgenommen hätte.

364 Soweit **Maßnahmen an anderer Stelle den Eingriffsgrundstücken nach § 9 Abs. 1a BauGB zugeordnet** sind, soll nach § 135a Abs. 2 BauGB die Gemeinde diese anstelle und auf Kosten der Vorhabenträger oder Eigentümer durchführen und die hierfür erforderlichen Flächen bereitstellen. Die Gemeinde erhebt in diesen Fällen zur Deckung ihres Aufwands einschließlich der hierfür bereitgestellten Flächen vom Eigentümer einen Kostenerstattungsbetrag, der als öffentliche Last auf dem Grundstück ruht. Der Kostenerstattungsbetrag kann geltend gemacht werden, sobald die Grundstücke, auf denen der ausgleichspflichtige Eingriff zu erwarten ist, baulich oder gewerblich genutzt wird.

365 Die Erhebung von Kostenerstattungsbeträgen entfällt nach § 154 Abs. 1 Satz 3 ggf. i.V.m. § 169 Abs. 1 Nr. 7 BauGB in **städtebaulichen Sanierungsgebieten und Entwicklungsbereichen**. Dort wird anstelle des Kostenerstattungsbetrags ein Ausgleichsbetrag erhoben. Im Falle einer gemeindlichen Veräußerung der neugeordneten Grundstücke erfolgt die Veräußerung zum kostenerstattungsbetragsfreien Neuordnungswert.

366 Aufgrund der vorstehend erläuterten Regelung muss in den genannten Fällen **zwischen einem kostenerstattungsbetragsfreien und kostenerstattungsbetragspflichtigen Grundstückswert unterschieden** werden. Wie bei der entsprechenden Unterscheidung zwischen erschließungsbeitragspflichtigen (ebp) und erschließungsbeitragsfreien (ebf) Grundstückswerten bemisst sich der Unterschied nach der voraussichtlichen Höhe des Kostenerstattungsbetrags.

---

[152] BVerwG, Beschl. vom 5.4.2002 – 4 B 15/02 –, GuG 2003, 314.

5.3.7.11 Ausgleichsabgaben nach Baumschutzverordnung

Schrifttum: *Königer, D.*, Erhebung von Ausgleichsabgaben nach der Baumschutzsatzung 1982 unzulässig, BlnGE 2004, 401; *Königer, D.*, Die Erhebung von Ausgleichsabgaben nach der BaumSchVO ist rechtswidrig, BlnGE 2006, 495; Rechtsfragen zur Bedeutung der naturschutzrechtlichen Eingriffsregelung in der Bauleitplanung, BMBau 1996, S. 112 ff.

367 Auf Privatgrundstücken befindliche Bäume mit einem bestimmten Mindeststammumfang können aufgrund von Baumschutzsatzungen als **geschützte Landschaftsbestandteile** mit der Folge unter Schutz gestellt werden, deren Beseitigung zum Zwecke einer Realisierung eines Bauvorhabens einer vorherigen Genehmigung bedürfen. Wird die Genehmigung erteilt, so ist der Antragsteller zu standortgerechten Ersatzpflanzungen zu verpflichten oder, soweit Ersatzpflanzungen nicht möglich sind, zu einer Ausgleichsabgabe heranzuziehen.

368 Rechtsgrundlage für Baumschutzsatzungen und Baumschutzverordnungen[153] ist § 18 BNatSchG, der unter dem Begriff der geschützten Landschaftsbestandteile auch den Schutz von Bäumen einbezieht. Die Länder können in Ausfüllung von § 18 BNatSchG i.V.m. der Befreiungsregelung des § 31 BNatSchG ergänzende Regelungen insbesondere zu Ausgleichsverpflichtungen im Falle einer Befreiung von der Satzung bzw. Verordnung in ihren Landesnaturschutzgesetzen treffen. Möglich ist auch eine Befreiungsregelung unmittelbar in der Satzung bzw. Verordnung. Da § 18 BNatSchG eine gegenüber § 8a BNatSchG **eigenständige Regelung** trifft, ist diese zunächst **vorrangig** gegenüber der Ausgleichsverpflichtung nach § 8a BNatSchG[154]. Allerdings können in einem Bebauungsplan gleichwohl Festsetzungen zur Beseitigung von aufgrund von § 18 BNatSchG geschützten Bäumen getroffen werden. Es greift dann aber zuvor die Verpflichtung, eine Befreiung von der Baumschutzsatzung bzw. -verordnung einzuholen. Die in diesem Fall ggf. nach Landesrecht bzw. der Satzung oder Verordnung gebotene Ausgleichsverpflichtung aufgrund einer Befreiung von der Baumschutzsatzung bzw. -verordnung ist **nicht der bauleitplanerischen Abwägung** unterworfen.

369 Die **Unterschutzstellung von Bäumen** muss nach Auffassung des BVerwG **nur hinsichtlich des Bestandes an Bäumen** – nicht jedoch hinsichtlich eines jeden einzelnen Baumes erforderlich sein[155]. Baumschutzsatzungen, die hinsichtlich ihres Geltungsbereichs auf „die innerhalb der im Zusammenhang bebauten Ortsteile und den Geltungsbereich der Bebauungspläne" abstellen, sind nunmehr auch als BVerwG als uneingeschränkt rechtswirksam anerkannt worden[156].

370 Die naturschutzrechtliche Eingriffsregelung für das Bebauungsplanverfahren und die Baumschutzsatzungen bzw. -verordnungen sehen, wenn sie sich auf dasselbe Gebiet beziehen, unterschiedliche **Rechtsfolgen für das Beseitigen von Bäumen** vor. Da Baumschutzsatzungen und -verordnungen in unterschiedlicher Ausgestaltung möglich sind, ist jeweils im konkreten Einzelfall das Verhältnis zur naturschutzrechtlichen Eingriffsregelung zu bestimmen; dabei ist auch entscheidend, ob der Bebauungsplan nach § 1a BauGB oder die Regelung zum Baumschutz für das Gebiet zeitlich früher vorlag.

371 Liegt eine Baumschutzsatzung bzw. -verordnung für ein bislang nicht beplantes Gebiet bereits vor und soll danach das Gebiet durch einen Bebauungsplan überplant werden, ist im

---

153 Vgl. Baumschutzverordnung – BaumSchVO Bln vom 11.1.1982 (GVBl 1982, 250), zuletzt geändert durch Art. 1 der VO vom 4.3.2004 (GVBl 2004, 124)= BlnGE 2004, 536 Das OVG Berlin-Brandenburg hat wie das VG Berlin mit Urt. vom 26.1.2006 – 11 B 12/05 -, EzGuG 2.65 (wie zuvor VG Berlin mit Urt. vom 11.2.2004 – 1 A 230/01 -, BlnGE 2004, 429 = EzGuG 2.62) entschieden, dass die in der Verordnung von 1982 enthaltene Verpflichtung, eine Ausgleichszahlung zu leisten, wenn ein Baum gefällt wurde und eine Ersatzpflanzung nicht möglich ist, unzulässig ist (Berufung unter Aktenzeichen OVG 2 N 187/04 zugelassen); vgl. auch OVG Berlin, Urt. vom 17.10.2003 – 2 B 15/00 -, BlnGE 2004, 1099; OVG Berlin, Urt. vom 4.6.2004 – 2 B 2/02 -, BlnGE 2004, 1097.
154 Oldiges, Rechtsfragen zur Bedeutung der naturschutzrechtlichen Eingriffsregelung in der Bauleitplanung, BMBau 1996, S. 112 ff.
155 BVerwG, Beschl. vom 29.12.1988 – 4 C 19/86 -, NuR 1989, 179 = NVwZ 1989, 555; BVerwG, Beschl. vom 1.2.1996 – 4 B 303/95 –, NuR 1996, 403 = DWW 1996, 313 = Bln GE 1996, 871; OVG Berlin, Urt. vom 16.8.1996 – 2 B 26/93 –, NVwZ-RR 1997, 530; VG Berlin, Urt. vom 11.2.2004 – 1 A 230/01 –, BlnGE 2004, 429.
156 BGH, Beschl. vom 15.3.1996 – 3 StR 506/95 – ; Weitzel in NuR 1995, 16; Günther in NVwBl. 1995, 90; BVerwG, Urt. vom 16.6.1994 – 4 C 2/94 –, EzGuG 2.59; VGH Mannheim, Urt. vom 2.10.1996 – 5 S 831/95 –, GuG 1998, 58; OLG Düsseldorf, Beschl. vom 21.6.1995 – 2 Ss (OWi) 171/95 –, NuR 1996, 214.

Rahmen des Bebauungsplanverfahrens bei Anwendung des § 1a BauGB in Rechnung zu stellen, dass für die von der Planung erfassten Bäume bereits eine vorrangige Ausgleichsregelung besteht. Die Gemeinde darf daher den **Schutz der Bäume nicht in die nach § 8a BNatSchG geforderte Eingriffs-/Ausgleichsbetrachtung einbeziehen.** Eine Ausnahme gilt nur dann, wenn es sich um eine gemeindliche Baumschutz*satzung* handelt, da die Gemeinde als Satzungsgeberin diese Baumschutzsatzung für den Bereich des Bebauungsplans zeitgleich mit der Aufstellung des Bebauungsplans außer Kraft setzen kann. Die Außerkraftsetzung kann ausdrücklich, u.U. aber auch konkludent durch eine entsprechende Willensäußerung im Aufstellungsverfahren für den Bebauungsplan erfolgen. Für einen solchen Willen zur konkludenten Außerkraftsetzung der Baumschutzsatzung müssen aber im Aufstellungsverfahren für den Bebauungsplan deutliche Anhaltspunkte ersichtlich sein. Eine solche Lösungsmöglichkeit existiert für Baumschutz*verordnungen* nicht, da diese von der Gemeinde nicht aufgehoben werden können.

372 Liegt dagegen zunächst der **Bebauungsplan** vor und wird erst danach eine Baumschutzsatzung bzw. -verordnung aufgestellt, verdrängt die Baumschutzsatzung bzw. -Verordnung, soweit der Bebauungsplan noch nicht vollzogen ist, die insoweit zu den Bäumen getroffenen Ausgleichsverpflichtungen im Bebauungsplan. Im Baugenehmigungsverfahren, in welchem konkret über das Beseitigen der Bäume zu entscheiden ist, ist dann in Bezug auf die Bäume nicht mehr der insoweit gegenstandslos gewordene Bebauungsplan anzuwenden, sondern die nachträglich erlassene Baumschutzsatzung bzw. -verordnung. Auch hier ist allerdings zu prüfen, ob nicht Anhaltspunkte bei Aufstellung der Baumschutzsatzung vorliegen, dass diese sich nicht auf den zeitlich früheren Bebauungsplan erstrecken soll[157].

373 **Baumschutzsatzungen müssen** hinsichtlich ihrer Regelungen zur Bemessung der zu entrichtenden Ausgleichsabgabe **dem Bestimmtheitsgebot genügen**[158]:

a) Wird die **Fällung von Bäumen** z. B. **zum Zwecke der Bebauung eines Grundstücks erforderlich,** so sind i.d.R. zunächst Ersatzpflanzungen zu fordern. Soweit es sich hierbei nicht um eine Verpflichtung zu besonders aufwendigen Ersatzpflanzungen handelt, folgt hieraus in aller Regel keine besondere Wertminderung des Grundstücks. Zum einen sind die anfallenden Kosten im Vergleich zu den Grundstücks- und Baukosten von untergeordneter Bedeutung, zumal eine (ergänzende) Bepflanzung mit der Bebauung eines Grundstücks ohnehin verbunden ist. Dagegen können eher schon die Beseitigungskosten von Bäumen zu einer Wertminderung führen, wenn bei der Bodenwertermittlung von Vergleichspreisen für sofort bebaubare Grundstücke ausgegangen wurde.

b) Scheiden **Ersatzbepflanzungen** aus rechtlichen oder tatsächlichen Gründen aus, so können dem Eigentümer Ausgleichszahlungen auferlegt werden, wenn die Baumschutzsatzung bzw. das Naturschutzgesetz dies entsprechend vorsieht. In der Rechtsprechung sind Regelungen anerkannt, nach denen sich die Ausgleichszahlung nach der Art und dem konkreten Stammumfang eines entfernten Baumes bemisst[159]. Die Mehrzahl der in Nordrhein-Westfalen getroffenen Regelungen sehen darüber hinaus eine Pflanzkostenpauschale in Höhe von 30 % des Nettokaufpreises[160] und ggf. einer dreijährigen Anwachspflege einschließlich Mehrwertsteuer vor, wobei diese nur zum Ansatz kommen kann, wenn die Gemeinde den Pflanzauftrag an Privatunternehmen vergibt. Die Wertminderung eines Grundstücks im Vergleich zu dem Verkehrswert unmittelbar bebaubarer Grundstücke kann in solchen Fällen anhand der sich so bemessenen Ausgleichszahlung leicht mithilfe von entsprechenden Baumschulkatalogen ermittelt werden.

---

157 OVG Münster, Urt. vom 28.6.1995 – 7a D 44/94 NE –, NuR 1996, 419.
158 Ausgleichsabgaben nach § 6 Abs. 1 BaumSchVO 1982 Bln sind unwirksam, weil sie nicht hinreichend bestimmt und mit der gebotenen Normenklarheit unvereinbar sind (OVG Berlin-Brandenburg, Urt. vom 26.1.2006 – 11 B 12/05 -, BlnGE 2006, 515 = EzGuG 2.65; zur BaumSChVO 2002 von Berlin vgl. Köninger in BlnGE 2006, 495.
159 OVG Schleswig, Urt. vom 2.11.1994 – 1 L 21/94 –, NuR 1995, 377.
160 Musterbaumschutzsatzung des nordrh.-westf. Städtetages Umdruck Nr. 3811, abgedruckt bei Günther, Baumschutzrecht, Anl. 1.

c) Baumschutzsatzungen, die hinsichtlich der Bemessung von **Ausgleichszahlungen auf die Methode Koch abheben, werden** im Schrifttum dagegen mit dem Hinweis **abgelehnt,** dass diese Methode ökologischen Gesichtspunkten nicht Rechnung trage und dem Eigentümer Kosten auferlege, die er in der Vergangenheit bereits getragen habe[161]. In der Kritik an dieser Methode wird darauf hingewiesen, dass sich die Ausgleichszahlung und damit auch eine hieraus abgeleitete Wertminderung als unangemessen hoch erweise.

5.3.7.12 Walderhaltungsabgabe nach Landeswaldgesetz

Nach landesrechtlichen Vorschriften bedarf die **Umwandlung eines Waldes in eine andere Nutzungsart** der Genehmigung der unteren Forstbehörde (Umwandlungsgenehmigung, vgl. § 8 LWaldG Brandenburg). Zum Ausgleich nachteiliger Wirkungen seiner Umwandlung kann z. B. in *Brandenburg* die untere Forstbehörde insbesondere bestimmen, dass

1. als Ersatz eine **Erstaufforstung** geeigneter Grundstücke innerhalb einer bestimmten Frist vorzunehmen ist,
2. ein Wald mit Schutzstatus zu erhalten ist,
3. sonstige **Schutz- und Gestaltungsmaßnahmen** zu treffen sind.

Soweit die nachteiligen Wirkungen einer Waldumwandlung nicht ausgeglichen werden können, ist ein finanzieller Ausgleich zu leisten.

Zum Ausgleich der nicht durch Ersatzmaßnahmen ausgeglichenen nachteiligen Wirkung wird eine **Walderhaltungsabgabe** erhoben. Diese bemisst sich z. B. im Lande *Brandenburg* nach den „ausgeschiedenen Waldfunktionen des umzuwandelnden einschließlich des von der Umwandlung mittelbar betroffenen Waldes[162], der Größe und räumlichen Lage der umzuwandelnden Fläche und den zu erwartenden Auswirkungen auf den Naturhaushalt zum Zeitpunkt des Umwandlungsantrages" (vgl. auch § 15 Abs. 6 LWaldG M-V). Hierzu bestimmt § 3 der WalderhaltungsabgabenVO des Landes:

„§ 3 Rahmensätze
(1) Als Untergrenze für die Höhe der Walderhaltungsabgabe werden die Kosten für eine nach forstlichen Gesichtspunkten mit standortgerechten Baumarten zu begründende Kultur einschließlich ihrer Sicherung angesetzt. Bei Flächen mit Waldfunktionen höherer Wertigkeit ist höchstens ein Fünffaches dieser Kosten zugrunde zu legen. Bemessungskriterien sind der Verlust an Schutz- und Erholungsfunktion des betreffenden Waldgebietes, der örtliche Waldanteil, die ökologische Wertigkeit des umzuwandelnden Bestandes und sonstige negative Wirkungen auf die Natur.
(2) Als Obergrenze für die Höhe der Walderhaltungsabgabe werden die Kosten nach Absatz 1 zuzüglich durchschnittlicher Ankaufkosten aufforstungsfähiger Grundstücke gleicher Größe im selben Naturraum angesetzt."

5.3.8 Lagefaktoren

5.3.8.1 Allgemeines

Schrifttum: *Muncke, G.,* Standort- und Marktanalyse in der Immobilienwirtschaft, in Schulte, Handbuch der Projektentwicklung 1997.

Marktberichte: *Allianz Dresdner Immobiliengruppe, DEGI:* Standortbezogene Marktreporte und spezielle Marktanalysen; *Müller International* City reports; *Aengevelt* City Report Investement; *Jones Lang Lasalle:* Investmentmarkt Deutschland, Überblick über Einzelhandel in Deutschland, Oscar, Büronebenkostenanalyse, Gewerbegebiet Report, City Profile, European Office Index; *Engels & Völkers:* Markt- und Frequenzberichte, *DTZ Zadelhoff Tie Leung:* Konjunkturbarometer.

▶ *Allgemeines vgl. § 6 ImmoWertV Rn. 318 ff.; Teil VIII Rn. 413, 437 ff., 476, 162*

Von Gutachtern wird gelegentlich die nicht gerade geistreiche Auffassung vertreten, dass der Verkehrswert eines Grundstücks im Wesentlichen nur durch drei Faktoren bestimmt werde,

---
161 Günther in Jahrbuch der Baumpflege 1998, Braunschweig; Schulz, ebenda.
162 Verordnung über die Walderhaltungsabgabe vom 21.9.1993 (GVBl. Bbg 1993, 649).

nämlich nach der Lage des Grundstücks, der Lage und nochmals der Lage. Dieses Wortspiel mag durchaus charakteristisch für die Bedeutung dieses Faktors sein. Bei der Ermittlung des Verkehrswerts darf allerdings nicht übersehen werden, dass **die Lage ein äußerst komplexer Begriff** ist und hierunter alles verstanden werden könnte, was die Höhe des Verkehrswerts bestimmt. Dies fängt bei der kleinräumigen Lage mit den sie prägenden grundstücksspezifischen Eigenschaften, also Art und Maß der baulichen Nutzung, Grundstücks- und Geländeform und dgl. an und endet in der großräumigen Lage innerhalb der Stadt, des Landes und im Hinblick auf die wirtschaftlichen Verflechtungen sogar innerhalb von Europa. Wie bei der Standortanalyse wird im Übrigen auch bei der Lageanalyse zwischen „harten" und „weichen" Lagefaktoren unterschieden.

377 Praktisch geht es bei der Verkehrswertermittlung aber im Wesentlichen um die Berücksichtigung der kleinräumigen Lage (Mikrobereich), soweit die sie bestimmenden Faktoren nicht bereits durch die übrigen wertbeeinflussenden Umstände, wie Art und Maß der baulichen Nutzung usw., berücksichtigt sind, denn die **großräumige Lage** (Makrobereich) findet wertmäßig bereits mit den herangezogenen Vergleichspreisen oder dem Bodenrichtwert weitgehend ihre Berücksichtigung. § 6 Abs. 4 ImmoWertV hebt demzufolge als besondere Lagemerkmale

– die Verkehrslage (Verkehrsanbindung),

– die Nachbarschaftslage,

– die Wohn- und Geschäftslage sowie

– die Umwelteinflüsse (Immissionslage)

hervor. Dem **Standort des Wertermittlungsobjekts** in Bezug auf die durch derartige Lagefaktoren bestimmten Nachbarschaftsbeziehungen kommt insbesondere bei **Einzelhandelsobjekten** deshalb eine überragende Bedeutung zu, weil ein schlechter Standort durch eine noch so gute Konzeption kaum kompensiert werden kann.

378 Die Berücksichtigung von Abweichungen in den Lageverhältnissen zwischen dem Wertermittlungsobjekt und den zum Vergleich herangezogenen Grundstücken erfordert die ganze Erfahrung und Sachkunde eines Gutachters, denn anders als z. B. bezüglich eines unterschiedlichen Maßes der baulichen Nutzung lässt sich die Lagequalität nicht mit einer alles umfassenden Kenngröße „messen". In vielen Fällen mag es aber auch genügen, Lageunterschiede hilfsweise durch **bestimmte sie kennzeichnende Eigenschaften zu beschreiben und bei der Verkehrswertermittlung zu berücksichtigen.**

379 Es hat immer wieder letztlich aber gescheiterte Versuche gegeben, einzelne Lagefaktoren durch ein Punkte- und Gewichtssystem zu aggregieren, um die Berücksichtigung von Lageunterschieden zu operationalisieren[163]; die hierzu entwickelten Verfahren verleiten zu einem den Besonderheiten des Einzelfalls nicht hinreichend Rechnung tragenden Schematismus. Für den „Verbraucher" eines Gutachtens sind sie häufig nicht einsichtig und lassen die mehr oder minder subjektiven Gedankengänge des Gutachters nicht hinreichend erkennen. Interessant ist auch die Operationalisierung der Lageberücksichtigung nach der Lendenfeldschen Formel[164].

380 Zur Qualifizierung der wesentlichen **Lagemerkmale des Wertermittlungsobjektes und** der **Vergleichsgrundstücke** empfiehlt es sich, auf die wesentlichen, möglichst „messbaren" preisbestimmenden Eigenschaften der jeweiligen Grundstücksart abzustellen, um die Unterschiede angemessen berücksichtigen zu können. Im Einzelnen können dies sein:

---

[163] Z. B. das sog. Braunschweiger Verfahren; vgl. Müller, Die städtische Grundrente und die Bewegung von Baugrundstücken, Tübingen 1952, sowie Müller, Bewertung von Baugrundstücken, Hannover 1968; Kellermann in ZfV 1962, 343, 380, 427; Brachmann, Ermittlung des Bauwertes von Gebäuden und des Verkehrswertes von Grundstücken, Hannover 1969, S. 40.

[164] Die Ermittlung von Bodenwerten, Schriftenreihe der Forschungsgesellschaft für Wohnen, Bauen und Planen, Heft 38, Selbstverlag Wien.

a) unterschiedliche *Geschäftslagen*, die sich in unterschiedlichen Ertragsverhältnissen ausdrücken können (Passantenfrequenz[165], „Passantenqualität"),

b) unterschiedliche *Verkehrslagen*, z. B. aufgrund unterschiedlicher Entfernungen zum Zentrum oder aufgrund der Verkehrsanbindung durch Straßen und öffentliche Nahverkehrsmittel,

c) unterschiedliche *Immissionslagen,* z. B. bezüglich Schadstoffen, Lärm, Geruch und Erschütterungen,

d) unterschiedliche *Wohnlagen,* wobei neben der Verkehrsanbindung und den Umwelteinflüssen die ein ruhiges und angenehmes Wohnen bestimmenden Faktoren (Nähe zu Freizeiteinrichtungen; Begrünung usw.) von Bedeutung sind.

Zur Berücksichtigung von Lagefaktoren hat man seit jeher versucht, **Wertunterschiede auf der Grundlage einer vorgegebenen Lageklassifikation,** z. B. nach 381

– sehr günstiger Lage,

– günstiger Lage,

– mittlerer Lage,

– einfacher Lage und

– schlechter Lage,

dadurch in den Griff zu bekommen, dass man

– das Wertverhältnis zwischen diesen Lagen oder

– ein Punktesystem für unterschiedliche Lageverhältnisse

abgeleitet hat[166]. Allgemein anerkannte Werte konnten bislang dafür allerdings noch nicht entwickelt werden, da den orts- und marktspezifischen Gegebenheiten eine ausschlaggebende Bedeutung beizumessen ist.

5.3.8.2 Berücksichtigung mit Hilfe von Bodenrichtwerten

Unterschiede in den allgemeinen Lageverhältnissen der Vergleichsgrundstücke zu denen des Wertermittlungsobjekts können, sofern die Grundstücke in unterschiedlichen Bodenrichtwertzonen (§ 196 BauGB Rn. 17) gelegen sind und sich die jeweiligen Bodenrichtwerte auf identische Bodenrichtwertgrundstücke beziehen, mit Hilfe des **Wertverhältnisses dieser Bodenrichtwerte** berücksichtigt werden. Zu diesem Hilfsmittel wird man dann greifen, wenn man nicht direkt den Bodenrichtwert der Zone heranziehen will, in dem das Wertermittlungsobjekt gelegen ist. 382

Beispiel: 383

– Zu ermitteln ist der Bodenwert eines in der Bodenrichtwertzone A gelegenen Grundstücks; der Bodenrichtwert betrage 400 €/m².

– Ein Vergleichspreis eines in der Bodenrichtwertzone B gelegenen Grundstücks betrage 370 €/m². Auf Grund schlechterer Lageverhältnisse in der Bodenrichtwertzone B betrage der Bodenrichtwert dort 350 €/m² für ein ansonsten mit der Bodenrichtwertzone A identisches Bodenrichtwertgrundstück.

– Umrechnung des Vergleichspreises:
370 €/m² × 400 €/m²/350 €/m² = 423 €/m²

Anhaltspunkte lassen sich ceteris paribus aus dem Vergleich von Bodenrichtwerten gewinnen, wie dies z. B. aus einer dem Grundstücksmarktbericht für *Essen* (1997) entnommenen Darstellung deutlich wird: 384

---

165 GuG 1995 361; vgl. bei Rn. 169.
166 So schon Müller, Bewertung von Baugrundstücken, Hannover 1968, S. 85 ff.; Gerardy, Praxis der Grundstücksbewertung, 4. Aufl.; Klocke, Der Sachverständige und seine Auftraggeber, Wiesbaden 2. Aufl. 1987, S. 84; Bachman in Schw. Zeitschr. für Vermessung, Kulturtechnik und Photogrammetrie 1953, 281.

V Syst. Darst. Vergleichswertverf. Lagefaktoren

Bodenrichtwerte für Grundstücke mit 1- oder 2-geschossiger Bauweise (im Wesentlichen für Eigentumsmaßnahmen).

Alle Werte sind bezogen auf Grundstücke vom Typ W2 bei einer GFZ von 0,5.

LAGE	gut	mittel	mäßig
€/m²	335	210	150
UK	1,60	**1,0**	0,75

Bodenrichtwerte für Grundstücke mit 3- oder mehrgeschossiger Bauweise (Geschosswohnungsbau – im Wesentlichen für Eigentumsmaßnahmen)
Alle Werte sind bezogen auf Grundstücke vom Typ W3 bei einer GFZ von 1,0

LAGE	gut	mittel	mäßig
€/m²	290	265	190
UK	1,09	**1,00**	0,71

5.3.8.3 Wohnlage (Makrolage)

a) Allgemeines zu Wohnimmobilien

385 Bei Wohnimmobilien handelt es sich um Objekte, bei denen das **Wohnen im Vordergrund der Nutzung** steht, und zwar unabhängig davon, ob es sich um eine Eigennutzung handelt oder das Objekt vermietet ist.

386 Bezüglich des Bodenwertgefüges in Gebieten, die dem mehrgeschossigen Wohnungsbau vorbehalten sind, kann es angezeigt sein, zwischen Wohnlagen zu unterscheiden, die dem Mietwohnungsbau, und solchen, die der Errichtung von Eigentumswohnungen zuzuordnen sind, wobei sich i.d.R. in typischen **Eigentumswohnungsgebieten** ein um ca. 10 bis 40 % höheres Bodenwertgefüge ergibt (vgl. Teil VI Rn. 39 ff.).

387 Die Wohnlage beurteilt sich nach den Annehmlichkeiten in Bezug auf ungestörtes Wohnen mit möglichst guter Erreichbarkeit der Naherholungsgebiete und der Versorgungszentren, aber auch nach der in einer „**guten Adresse**" zum Ausdruck kommenden Anschauung des Grundstücksmarktes. *Tucholsky* lässt sein Gedicht „Das Ideal" mit folgender Beschreibung eines idealen Grundstücks beginnen:

„Ja, das möchste: Eine Villa im Grünen mit großer Terrasse, vorn die Ostsee, hinten die Friedrichstraße; mit schöner Aussicht, ländlich-mondän, vom Badezimmer ist die Zugspitze zu sehn – aber abends zum Kino hast dus nicht weit. Das Ganze schlicht, voller Bescheidenheit ..."

388 Eine **Wohnlage** lässt sich im Einzelnen durch folgende Parameter beschreiben:

- Erreichbarkeit der örtlichen Versorgungseinrichtungen,
- Erreichbarkeit der Naherholungsgebiete und Grünanteil der Umgebung,
- gesellschaftliches Ansehen der Lage (die „gute Adresse"),
- Immissionslage,
- das kleinräumige Straßenbild und die großräumige Quartierslage,
- Nutzungsdichte (Art und Maß der baulichen Nutzung),
- klein- und großräumige Verkehrsanbindung.

b) Wohnlagenklassifizierung

389 Die Wohnlage ist im Stuttgarter Mietspiegel wie folgt definiert:

Einfache Wohnlage: Gekennzeichnet durch eine kompakte Bauweise mit wenig Freiflächen und/oder starken Immissionen in nicht bevorzugten Wohngebieten: Hierzu gehört die Lage inmitten oder im Windschatten von Industrie, bei dichter Bebauung die Lage an Hauptverkehrsstraßen und Hinterhausbebauung bei unzureichender Besonnung und Durchgrünung.

Mittlere Wohnlage: Wohnlagen ohne besondere Vor- und Nachteile: Sie sind gekennzeichnet durch Freiflächen und mit durchschnittlicher Immissionsbelastung. Typisch dafür sind die Wohngebiete der Innenstadt und der alten Ortsteile in Vororten, soweit sie nicht an Hauptverkehrsstraßen liegen oder die Grundstücke genügend Freiflächen, jedoch keine besondere Freilage haben.

Gute Wohnlage: Ruhige Wohnviertel mit aufgelockerter, zumeist offener Bauweise und Vorgärten in Höhen- und Halbhöhenlagen ohne Immissionsbelastung. Dazu gehören auch Gebiete mit größeren Wohnobjekten mit starker Durchgrünung und Aussichtslage, geringen Immissionen, guter Infrastruktur und günstiger Verkehrsanbindung zur Innenstadt.

Bevorzugte Wohnlage: Absolut ruhige Wohnlagen in aufgelockerter, ein- bis dreigeschossiger Bauweise, meist Villen, bei völliger Durchgrünung des Wohngebiets, hinreichender Infrastrukturausstattung und günstiger Lage zur Innenstadt und zu Freizeiteinrichtungen, meist begleitet durch Höhen- und Aussichtslage.

Obwohl sich die Lageverhältnisse in ihrer Komplexität regelmäßig nicht durch bestimmte Kenngrößen „messen" lassen, können zur Berücksichtigung von Abweichungen in den Lageverhältnissen entsprechende Umrechnungskoeffizienten nach § 12 ImmoWertV abgeleitet werden. Hierzu müssen Kaufpreise bestimmter Lageklassen sortiert und miteinander ins Verhältnis gesetzt werden. Mit den für die Landeshauptstadt *Stuttgart* abgeleiteten **Umrechnungskoeffizienten für Bauplätze, Einfamilienhausgrundstücke, Zwei-/Dreifamilienhauswohngrundstücke sowie Mehrfamilienhausgrundstücke werden die Umrechnungskoeffizienten in Prozent des Gesamtwerts** gegliedert nach insgesamt neun unterschiedlichen Wohnlagen aufgeführt (Abb. 58).

Abb. 58: Umrechnungskoeffizienten für Gesamtwerte in % für unterschiedliche Wohnlagen in der Landeshauptstadt Stuttgart 2003

Bauplätze		nach Wohnlage ...							
		10	15	20	25	30	35	40	45	50
		bevorzugt		gut		mittel		ein-fach		ungünstig
von Wohnlage ...		%								
bevorzugt	10	–	–	–	–	–	–	–	–	–
	15	–	0	(–14)	(–24)	–	–	–	–	–
gut	20	–	(16)	0	–12	–21	–	–	–	–
	25	–	(31)	13	0	–11	–22	–	–	–
mittel	30	–	–	27	12	0	–12	(–25)	–	–
	35	–	–	–	28	14	0	(–14)	–	–
einfach	40	–	–	–	–	(33)	(16)	0	–	–
	45	–	–	–	–	–	–	–	–	–

Einfamilienhäuser
Abgeleitet aus 263 Kauffällen aus den Jahren 2000 und 2001 und durch neue Auswertungen bestätigt

		nach Wohnlage ...								
		10	15	20	25	30	35	40	45	50
		bevorzugt		gut		mittel		ein-fach		ungünstig
von Wohnlage ...		%								
bevorzugt	10	–	–	–	–	–	–	–	–	–
	15	–	0	(–11)	(–20)	–	–	–	–	–
gut	20	–	(12)	0	–10	–16	–	–	–	–
	25	–	(24)	11	0	–7	–10	–	–	–
mittel	30	–	–	19	7	0	–3	(–7)	–	–
	35	–	–	–	11	3	0	(–3)	–	–
einfach	40	–	–	–	–	(7)	(4)	0	–	–
	45	–	–	–	–	–	–	–	–	–

Zwei-, Dreifamilienhäuser
Abgeleitet aus 254 Kauffällen aus den Jahren 2000 und 2001 und durch neue Auswertungen bestätigt

		nach Wohnlage ...								
		10	15	20	25	30	35	40	45	50
		bevorzugt		gut		mittel		ein-fach		ungünstig
von Wohnlage ...		%								
bevorzugt	10	–	–	–	–	–	–	–	–	–
	15	–	0	(–11)	(–24)	–	–	–	–	–
gut	20	–	(12)	0	–14	–20	–	–	–	–
	25	–	(31)	17	0	–7	–13	–	–	–
mittel	30	–	–	25	7	0	–7	(–16)	–	–
	35	–	–	–	15	8	0	(–9)	–	–
einfach	40	–	–	–	–	(19)	(10)	0	–	–
	45	–	–	–	–	–	–	–	–	–

Mehrfamilienhäuser
Abgeleitet aus 97 Kauffällen aus den Jahren 2000 und 2001 und durch neue Auswertungen bestätigt

		nach Wohnlage ...								
		10	15	20	25	30	35	40	45	50
		bevorzugt		gut		mittel		ein-fach		ungünstig
von Wohnlage ...		%								
bevorzugt	10	–	–	–	–	–	–	–	–	–
	15	–	–	–	–	–	–	–	–	–
gut	20	–	–	0	(–9)	(–10)	–	–	–	–
	25	–	–	(9)	0	–2	–9	–	–	–
mittel	30	–	–	(11)	2	0	–7	–16	–	–
	35	–	–	–	10	8	0	–10	(–17)	–
einfach	40	–	–	–	–	20	11	0	(–8)	–
	45	–	–	–	–	–	(20)	(8)	0	–

Quelle: Gutachterausschuss für Grundstückswerte in Stuttgart; Jahresbericht 2003

Anwendungsbeispiel: 391

– Zu ermitteln ist der Verkehrswert unbebauten Wohnbaulandes in „guter bis mittlerer" Wohnlage.
– Zur Verfügung steht ein Vergleichspreis in Höhe von 650 €/m² eines Grundstücks in „mittlerer" Wohnlage.
– Umrechnungskoeffizient: +13 %
– Umrechnung des Vergleichspreises: 650 €/m² + (650 €/m² × 13/100) = **734 €/m²**

Der **Berliner Mietspiegel** unterscheidet lediglich nach einfachen, mittleren und guten Wohnlagen. In *München* wird dagegen nach einfachen, durchschnittlichen und gehobenen Lagen unterschieden, während der Mietspiegel von *Frankfurt am Main* lediglich zwischen einfachen und guten Lagen unterscheidet[167]. 392

Zur Qualifizierung insbesondere von Wohnlagen kann vielerorts auch auf die zu Mietspiegeln erarbeiteten Wohnwertkarten zurückgegriffen werden: 393

Abb. 59: Ausschnitt aus der Wohnwertkarte von Mülheim an der Ruhr

c)   Wohnparks

Neue Wohngebiete und Wohnparks bilden im Verhältnis zu gewachsenen Lagen einen besonderen Grundstücksteilmarkt mit einem i.d.R. höheren Bodenwertniveau. Der Grundstücksmarktbericht *Brandenburg* führt folgende Untersuchung an (Abb. 60): 394

---

[167] Senatsverwaltung für Bauen, Wohnen und Verkehr (Hrsg.): Berliner Mietspiegel; Magistrat der Stadt Frankfurt am Main (Hrsg.): Mietspiegel 1997.

Abb. 60: Bodenwerte in Wohnparks im Verhältnis zu allgemeinen Wohnlagen

[Diagramm: Streuungsdiagramm mit Regressionsgeraden; BRW Wohnparks = 2,323 + 0,619 x in BRW allgemeinen Wohngebiete; r = 0,89]

Bodenrichtwerte allgemeine Wohngebiete											
5,00	12,50	25,00	37,50	50,00	62,50	75,00	87,50	100,00	112,50	125,00	150,00	175,00
41,00	37,50	57,50	74,00	88,00	101,00	113,50	124,50	135,50	145,50	155,50	174,00	181,50
Bodenrichtwerte Wohnparks											

Quelle: Grundstücksmarktbericht Brandenburg 1997

5.3.8.4 Nachbarschaftslage

395 Dem Hause gibt der Nachbar seinen Wert, heißt es im Volksmund, und in der Tat wird z. B. die Wohnlage in werterhöhendem, aber auch in wertminderndem Sinne durch die unmittelbare Nähe – seien es Freiflächen, Wohn- oder Industriegebiete – mitbestimmt. **Wohnblockartige Siedlungsvorhaben** sind dabei geeignet, gute Wohngegenden ihres ruhigen Villencharakters zu entkleiden und den Wohnwert zu mindern[168]. Auch kann der Entzug von Licht und Luft durch die Bebauung der Nachbargrundstücke und deren Baugestaltung zu einer Wertminderung führen[169]. Die davon ausgehenden Situationsveränderungen sind jedoch so lange entschädigungslos hinzunehmen, wie sie nicht den Grad des schweren und unerträglichen Eingriffs erreichen.

396 Führt eine Baugenehmigung oder ihre Ausnutzung zu einer Wertminderung des Nachbargrundstücks, die das zumutbare Maß überschreitet, so kann darin nach Auffassung des BVerwG[170] ein **schwerer und unerträglicher Eingriff** in das Eigentum liegen (Gebot der Rücksichtnahme)[171]. Allerdings kommt der Wertminderung dabei keine selbstständige Bedeutung, sondern nur Indizbedeutung für die Schwere des Eingriffs zu[172]. So stellen die Auswirkungen, die die Errichtung von baulichen Anlagen in der Umgebung eines Grund-

---

[168] BGH, Urt. vom 25.3.1977 – V ZR 92/74 –, EzGuG 4.50; OVG Berlin, Beschl. vom 26.11.1963 – II S 7/63 –, EzGuG 4.18; Pr. OVG, Urt. vom 11.4.1933 – VI D 79/32 –, EzGuG 4.3; Pr. OVG, Urt. vom 10.6.1932 – VII C 183/31 –, EzGuG 14.2; zu **Hochhäusern** in der Nähe von Flachbauten vgl. Stadtbauwelt 1972, 142.
[169] LG Dortmund, Urt. vom 27.2.1964 – 2 S 274/63 –, EzGuG 3.36.
[170] BVerwG, Beschl. vom 9.2.1995 4 NB 17/94 –, EzGuG 4.158; BVerwG, Urt. vom 13.6.1969 – 4 C 80/67 -, EzGuG 4.29; BVerwG, Urt. vom 13.6.1969 – 4 C 234/65 –, EzGuG 8.2; BayVGH, Urt. vom 22.6.1990 – 20 B 90.402 -, EzGuG 14.93.
[171] BVerwG, Urt. vom 25.2.1977 – 4 C 22/75 –, EzGuG 13.35; BVerwG, Urt. vom 14.12.1973 – 4 C 71/71 –, EzGuG 8.41; BVerwG, Urt. vom 5.7.1974 – 4 C 50/72 –, EzGuG 8.43.
[172] BVerwG, Urt. vom 14.4.1978 – 4 C 97/76 –, EzGuG 8.52; vgl. auch BVerwG, Beschl. vom 8.5.1983 – 4 C 96/79 –.

stücks auf dessen Verkehrswert haben, für sich allein auch keine für die Abwägung des Bebauungsplans erheblichen Belange dar[173]. Bei **rechtswidrig erteilter Baugenehmigung** hat der betroffene Nachbar weder Anspruch auf Schadensersatz nach § 39 OBG noch nach Amtshaftungsgrundsätzen, wenn baurechtliche Vorschriften verletzt wurden, die keinen nachbarschützenden Charakter haben[174]. Im Übrigen gewähren die Vorschriften des BauGB über die Zulässigkeit von Vorhaben grundsätzlich nur dem Eigentümer benachbarter Grundstücke und nicht einem Mieter städtebaulichen Nachbarschutz[175].

Die **Wertminderung eines Wohngrundstücks, das sich infolge der Errichtung einiger Gewerbebauten** in ca. 300 m Entfernung **verschlechtert,** hat das BVerwG[176] mit etwa 10 % des Verkehrswerts bemessen. **397**

Des Weiteren können Grundstücke in unmittelbarer **Nachbarschaftslage zu Wäldern** (Waldnähe) im Hinblick auf die Gefahr umstürzender Bäume und der Einschränkungen bezüglich Feuerstätten in ihrem Wert gemindert sein[177]. **398**

5.3.8.5 Aussichts- und Besonnungslage

Der Annehmlichkeitswert eines Grundstücks, der bei objektiver Betrachtungsweise für jeden Benutzer besteht, wie z. B. eine **schöne Aussicht,** ist ein verkehrswertbildender Faktor (vgl. Teil VII Rn. 416). Das Verbauen einer schönen Aussicht kann deshalb zu einer Minderung des Verkehrswerts führen, auch wenn sie rechtlich nur bedingt verhindert werden kann[178]. Ist die Aufrechterhaltung einer schönen Aussicht nicht z. B. durch eine Grunddienstbarkeit gesichert, so folgt hieraus regelmäßig kein Ausgleichsanspruch. In das Eigentum wird nämlich damit so lange nicht eingegriffen, wie die Bebauung zulässig und „situationsberechtigt" ist und mit der Verbauung nicht über die Zumutbarkeitsschwelle hinausgegangen wird[179]. Auch dem **Entzug der Besonnung** eines Grundstücks ist grundsätzlich keine ausgleichspflichtige wertmindernde Wirkung zugesprochen worden[180]. **399**

Insbesondere für **Wohngrundstücke in reinen Wohngebieten** ist die Besonnungslage als wertbildender Faktor von Bedeutung: Die Gutachterausschüsse für den Bereich der Stadt *Mülheim an der Ruhr* und *Solingen* haben folgende Umrechnungskoeffizienten für diesen Bereich abgeleitet: **400**

Himmelsrichtung	Garten nach Osten	**1,00**
	Garten nach Westen	1,00
	Garten nach Süden	1,05
	Garten nach Norden	0,95

---

173 BVerwG, Beschl. vom 9.2.1995 – 4 NB 17/94 –, EzGuG 4.159; BVerwG, Urt. vom 14.4.1978 – 4 C 97/76 –, EzGuG 8.52; BVerwG, Beschl. vom 24.4.1992 – 4 B 60/92 –.
174 BGH, Urt. vom 27.1.1983 – III ZR 131/81 –, EzGuG 13.61 (Abgrenzung zu BGH, Urt. vom 12.10.1978 – III ZR 162/76 –, EzGuG 12.22).
175 BVerwG, Beschl. vom 11.7.1989 – 4 B 33/89 –, EzGuG 4.126.
176 BVerwG, Beschl. vom 9.2.1995 – 4 NB 17/94 –, EzGuG 4.159.
177 OVG Koblenz, Urt. vom 9.6.1993 – 8 A 10876/92 –, Nachr. der rh.-ph. Kat.- und VermVw 1996, 168.
178 BVerwG, Beschl. vom 9.2.1995 – 4 NB 17/94 –, EzGuG 4.159; VGH Mannheim, Normenkontrollbeschl. vom 14.3.1990 – 8 S 2599/89 – UPR 1990, 280 = VBlBW 1990, 428 = BRS Bd 50 Nr. 51 = ZfBR 1990, 106.
179 BVerwG, Urt. vom 13.6.1969 – 4 C 80/67 –, EzGuG 4.29; BVerwG, Urt. vom 13.6.1969 – 4 C 234/65 –, EzGuG 8.28; OLG Hamburg, Urt. vom 19.2.1960 – 1 U 163 (169)/59 –, EzGuG 4.13.
180 Pr. OVG, Urt. vom 11.4.1933 – VI D 79/32 –, EzGuG 4.3.

V Syst. Darst. Vergleichswertverf. — Lagefaktoren

Umrechnungskoeffizienten zur Berücksichtigung der Ausrichtung des Gartens nach Himmelsrichtungen

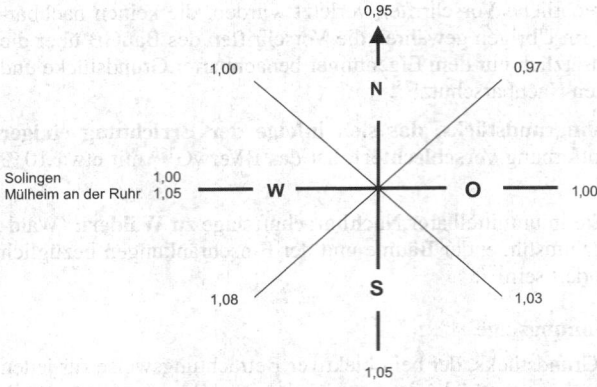

5.3.8.6 Wasser- bzw. Ufergrundstück

▶ *Zu den Wasserflächen vgl. § 5 ImmoWertV Rn. 272, 435 ff.; § 6 ImmoWertV Rn. 117 ff.; zur Wahl des Wertermittlungsverfahrens § 8 ImmoWertV Rn. 110 ff.; zu den Lagemerkmalen von Freizeitimmobilien vgl. Teil VI Rn. 528 ff.*

401 Die Lage eines Wohngrundstücks direkt am (oder in der Nähe vom) Ufer einer Wasserfläche (**Wassergrundstück**) ist i.d.R. ein werterhöhender Umstand[181]. Der brandenburgische Grundstücksmarktbericht 2007 gibt für Wohnbaugrundstücke direkt am Wasser (Grundstücke mit direktem Wasserzugang = Ufergrundstück) das 1,4fache des Bodenrichtwerts an.

402 Für **Grundstücke in Wassernähe** (getrennt durch Uferstreifen und mit einer Wassernähe von bis zu 300 m) hat die Kaufpreisanalyse indessen keinen werterhöhenden Einfluss ergeben.

5.3.8.7 Kleinräumige Lagemerkmale

a) Ecklage (Verkehrswertermittlung)

403 Unter **Eckgrundstücken** werden i.d.R. **Grundstücke am Schnittpunkt zweier Straßen** verstanden. Auf Grund der sich hieraus ergebenden Folgen für die Grundstücksnutzung können sich im Vergleich zu an einem Straßenzug gelegenen Grundstücken Vor- oder Nachteile ergeben. Die Ecklage *(corner influence)* kann sich aber auch wertneutral auswirken[182].

404 Allgemein lässt sich feststellen, dass **bebaute Eckgrundstücke i.d.R. eine höhere bauliche Ausnutzung** aufweisen, die vielfach nicht mit den baurechtlichen Vorschriften im Einklang steht, jedoch unter Bestandsschutz fällt bzw. im Falle einer Neubebauung aus städtebaulichen Gründen wieder genehmigt würde[183]. Wird die sich daraus ergebende Werterhöhung bereits nach Maßgabe des § 6 Abs. 1 ImmoWertV durch Ansatz eines entsprechend erhöhten Bodenwerts berücksichtigt, ist diesem Umstand insoweit bereits Rechnung getragen.

405 Darüber hinaus kann sich für **Eckgrundstücke in Geschäftslagen** eine höhere Wertigkeit ergeben, wenn sich dadurch die Ertragsfähigkeit, z. B. durch erhöhten Kundenzulauf, verbessert (Eckläden). Dieser Vorteil kann sich auch in Wohnlagen bei einer Nutzung der Ecklage für eine Gastwirtschaft einstellen. Auf der anderen Seite müssen bei erschließungsbeitragspflichtigen Eckgrundstücken erhöhte Erschließungskosten „gegengerechnet" werden. Des

---

[181] BGH, Urt. vom 20.10.1967 – V ZR 78/65 –, EzGuG 4.27.
[182] OVG Münster, Urt. vom 25.9.1957 – 4 A 670/56 –, EzGuG 4.7.
[183] VG Berlin, Beschl. vom 11.11.1998 – 19 A 86/98 –, EzGuG 15.93.

Lagefaktoren   **Syst. Darst. Vergleichswertverf. V**

Weiteren gilt es bei Anwendung des Ertragswertverfahrens auch, ggf. erhöhte Betriebskosten (z. B. Grundbesitzabgaben) wertmindernd zu berücksichtigen.

Beispiel: **406**

Ein Eigentümer beauftragt einen Sachverständigen mit der Verkehrswertermittlung seines selbst genutzten Einfamilienhausgrundstücks (Grundstück A, siehe Lageplan). Das Objekt liegt nahe dem Kernbereich einer Stadt im Mischgebiet. Ein Bebauungsplan besteht nicht. Die übliche bauliche Ausnutzung der benachbarten, überwiegend gemischt genutzten Grundstücke liegt bei etwa GFZ 1,2. Die Bodenrichtwertkarte weist einen Richtwert von 1 400 €/m² bei BMI und GFZ von 1,2 aus. Das Wertermittlungsgrundstück ist 1 000 m² groß und mit einem voll unterkellerten Einfamilienhaus in Massivbauweise bebaut (Abb. 61):

Abb. 61: Ausschnitt aus dem Lageplan

Objektdaten:

Bebaute Fläche	150 m²
Umbauter Raum (DIN 277, 1950)	850 m³
Raummeterpreis, einschl. Baunebenkosten	450 €/m³
Baujahr	1935
Gesamtnutzungsdauer	80 Jahre
Umrechnungsfaktoren	
bei GFZ 1,2 = 1,1	
bei GFZ 0,15 = 0,5	

A. Ermittlung des Verkehrswerts

Weitere Daten:

Liegenschaftszinssatz	3,5 %
Bewirtschaftungskosten	20 %

Das Grundstück ist mit einem dem Wert des Grund und Bodens nicht entsprechenden Gebäude bebaut. Der Verkehrswert ist deshalb aus dem Bodenwert bei zulässiger GFZ 1,2 abzüglich der Abbruchkosten zu ermitteln:

V Syst. Darst. Vergleichswertverf. — Lagefaktoren

Bodenwert: 1000 m² × 1400 €/m²	=	1 400 000 €
Abbruchkosten: 850 m³ × 30 €/m³	=	− 25 500 €
		1 374 500 €
Verkehrswert rd.		**1 375 000 €**

Kontrollrechnung:
Bodenwert bei tatsächlicher Nutzung

1400 €/m² × 0,5/1,1	=	636 €/m²	
1000 m² × 636 €/m²			636 000 €
Gebäudewert			
850 m³ × 450 €/m³	=	382 500 €	
Alterswertminderung bei 60 Jahren Alter			
und 80 Jahren Gesamtnutzungsdauer 66 %		− 252 450 €	
		130 050 €	
+ Außenanlagen 4 %		+ 5 202 €	
		135 252 €	+ 135 252 €
			771 252 €
			rd. 770 000 €

B. Welcher Verkehrswert würde sich ergeben, wenn dieses Einfamilienhaus über die nächsten 8 Jahre zu einer Nettokaltmiete von 1200 €/Monat vermietet wäre?

Barwert der Erträge auf 8 Jahre		
1 200 € × 12 − 20 %	11 520 €	
Vervielfältiger bei 8 Jahren und 3,5 %: 6,87		
11 520 € × 6,87		= 79 142 €
Bodenwert aus Aufgabenteil A	= 1 374 500 €	
diskontiert über 8 Jahre bei 3,5 %		
1 374 500 € × 0,7594		+ 1 043 795 €
		1 122 937 €
		rd. 1 120 000 €

407 Bei den in offener Bauweise bebaubaren **Eckgrundstücken** überwiegen i.d.R. die Nachteile, insbesondere wenn aufgrund festgesetzter Baulinien ein Grundstück einen überproportionalen Anteil an unbebaubarem Vorderland aufweist. Überdies kann die Ecklage mit höheren Erschließungsbeiträgen und Grundbesitzabgaben (Straßenreinigungsgebühren) sowie stärkerer Lärm- und Abgasbelastung belastet sein. Für den Eigentümer des Grundstücks bzw. dessen Nutzer bedeutet die Ecklage zudem, dass in das Grundstück mehr als sonst hineingesehen werden kann und im Winter eine größere Fläche von Schnee geräumt werden muss. Lediglich bei einer Reihenhausbebauung ergeben sich aus der Ecklage insoweit Vorteile, als das Grundstück im Verhältnis zur übrigen Bebauung zumindest nach einer Seite eine offene Bauweise aufweist; für die zusätzlich benötigte Fläche kann allerdings in diesem Fall nicht der „volle" Baulandwert angesetzt werden.

b)   Ecklage (Steuerliche Bewertung)

408 Nach den Bestimmungen der Richtlinien der Finanzverwaltung für die Bewertung des Grundvermögens[184] – BewR Gr – ergeben sich Werterhöhungen nur für das „engere Eckgrundstück". Es bestimmt sich in seiner Abmessung nach der ortsüblichen Vorderlandtiefe (Tiefe des Bodenrichtwertgrundstücks), die sich bis zu einem Höchstmaß von 30 m von der Ecke aus gerechnet als Straßenfronts ergibt. Alle über diese Abmessungen hinausgehenden Grundstücksteile sind dagegen wie Grundstücke mit nur einer Straßenfront zu werten (Abb. 62). Ein höherer Wert aufgrund der Ecklage ergibt sich nur für das engere Eckgrundstück.

---

[184] Richtlinien für die Bewertung des Grundvermögens vom 19.9.1966 (BAnz. Nr. 183 vom 29.9.1966).

Lagefaktoren — Syst. Darst. Vergleichswertverf. V

Abb. 62: Ermittlung des engeren Eckgrundstücks auf der Grundlage der ortsüblichen Vorderlandtiefe

Der erhöhte Wert kann durch einen **Zuschlag** ermittelt werden, der **an den Wert des Reihengrundstücks für die „wertvollere" Straße anzubringen** ist. Als Anhalt für die Zuschläge kommen die in Abb. 63 aufgeführten Rahmensätze in Betracht, die nur für Bereiche mit geschlossener Bauweise gelten; bei offener Bauweise sind die Rahmensätze entsprechend zu mindern.

Abb. 63: Rahmensätze für Zuschläge zum Wert der Reihengrundstücke der „wertvolleren" Straße zur Ermittlung des Werts des „engeren" Eckgrundstücks

Rahmensätze für Zuschläge zur Ermittlung des Werts engerer Eckgrundstücke nach BewR Gr	
örtliche Situation	Wertzuschlag
am Schnittpunkt a) von Wohnstraßen	5 bis 10 %
b) einer Geschäftsstraße mit einer Wohnstraße	15 bis 25 %
c) zweier Geschäftsstraßen	25 bis 45 %
Die *unteren* Rahmensätze sind anzuwenden, – wenn der durchschnittliche Wert für die weniger „wertvolle" Straße erheblich geringer als der Wert für die wertvolle Straße ist **oder** – wenn es sich um eine weniger bevorzugte Geschäftslage handelt. Die *oberen* Rahmensätze sind anzuwenden, – wenn die durchschnittlichen Werte für die Straßen annähernd gleich sind **und** – wenn es sich um eine besonders gute Geschäftslage handelt.	

V Syst. Darst. Vergleichswertverf. — Lagefaktoren

410 *Beispiel* zur Ermittlung des Werts des engeren Eckgrundstücks:

a) Fallbeispiel siehe Abb. 62
   - Bodenrichtwert der „wertvolleren" Straße: 400 €/m²
   - Bodenrichtwert der weniger „wertvollen" Straße: 200 €/m²
   - Schnittpunkt zweier Geschäftsstraßen
   - Größe des „engeren" Eckgrundstücks: 625 m²

b) Wert des „engeren" Eckgrundstücks pro Quadratmeter: 400 €/m² + 25/100 × 400 €/m² = 500 €/m²

c) **Gesamtwert des „engeren" Eckgrundstücks:**   625 m² × 500 €/m² = **312 500 €**

411 **Spitzwinklige Eckgrundstücke** haben einen geringeren Wert als rechtwinklige Eckgrundstücke, wenn sie von einer Wohnstraße *oder* von zwei Wohnstraßen begrenzt werden. Werden sie dagegen von zwei Geschäftsstraßen begrenzt, so hebt der Vorteil, dass die Gebäude größere Schaufensterfronten haben können, i.d.R. den Nachteil einer ungünstigen Grundrissgestaltung und einer geringeren Nutzfläche auf.

412 Gehen – wie im Beispiel der Abb. 62 – die **Abmessungen des Gesamtgrundstücks** an *beiden* Straßenfronten **über das engere Eckgrundstück hinaus, ist die restliche Fläche von den beiden Straßenfronten aus in zwei Teilflächen aufzuteilen.** Für jede der Teilflächen ist zunächst die Größe des Vorderlands zu berechnen. Das verbleibende Hinterland ist der Vorderlandteilfläche der höherwertigen Straße zuzurechnen. Die Berechnung eines Anteils zum „engeren" Eckgrundstück unterbleibt hingegen, weil dieses nur aus Vorderland besteht.

413 *Beispiel* zur Ermittlung des Werts eines Eckgrundstücks (Fallbeispiel siehe Abb. 62):

a) Wert des „engeren" Eckgrundstücks (vgl. vorheriges Beispiel) = 312 500 €
   - Vorderlandfläche I: 25 m × 25 m = 625 m²
   - Vorderlandfläche II: 25 m × 10 m = 250 m²
   - Hinterland 25 m × 10 m = 250 m²
   - Bodenrichtwert für Vorderland I = 400 €/m²
   - Bodenrichtwert für Vorderland II = 200 €/m²

b) Der Wert des Hinterlandes betrage 50 % des zugehörigen Vorderlandes.

c) Ermittlung des Gesamtwerts:
   - Wert des „engeren" Eckgrundstücks = 312 500 €
   - Wert der Vorderlandfläche I 625 m² × 400 €/m² = 250 000 €
   - Wert des anteiligen Hinterlands 250 m² × 400 €/m² = 50 000 €
   - Wert der Vorderlandfläche II* 250 m² × 200 €/m² = 50 000 €

   Gesamtwert = **662 500 €**

* mindestens der Wert des Hinterlands der höherwertigen Straße

414 Des Weiteren führt Abschn. 9 der BewR Gr **zur Wertigkeit von Eckgrundstücken** folgende Grundsätze auf:

„(1) Bei Eckgrundstücken ist i.d.R. von dem höheren der Werte auszugehen, die für die begrenzenden Straßen gelten.

(2) Eckgrundstücke können wertvoller, aber auch geringwertiger als Reihengrundstücke sein. Ein höherer Wert ist in erster Linie durch die größere bauliche Ausnutzbarkeit der Eckgrundstücke begründet. Bei Eckgrundstücken an Geschäftsstraßen wirkt außerdem eine höhere Ertragsfähigkeit werterhöhend (z. B. durch Eckläden).

(3) Eckgrundstücke an Geschäftsstraßen haben infolge der bevorzugten Geschäftslage und der entsprechend höheren Ertragsfähigkeit einen wesentlich höheren Wert als andere Grundstücke der Geschäftsstraßen. Dieser höhere Wert ist dadurch bedingt, dass gegenüber den Mehrerträgen, die infolge der bevorzugten Geschäftslage zu erwarten sind, die Bewirtschaftungskosten nicht in demselben Ausmaß steigen.

(4) Eckgrundstücke am Schnittpunkt von Wohnstraßen haben gegenüber Reihengrundstücken nur dann einen höheren Wert, wenn auf ihnen ein Gebäude mit gewerblich genutzten Räumen (vor allem mit Eck-

läden oder einer Gastwirtschaft) errichtet werden kann. Sind sie dagegen nur durch eine größere bauliche Ausnutzbarkeit bevorzugt, so ist ein höherer Wert im Allgemeinen nicht anzunehmen, weil dieser Vorteil durch die erhöhten Bewirtschaftungskosten aufgehoben wird."

c) Passage

Bei **Grundstücken mit Passagen** (überbaute oder mit einem Glasdach versehene Flächen, die dem öffentlichen Verkehr dienen) kann regelmäßig das **Hinterland ebenso genutzt werden wie das Vorderland**. Durch die bessere Ausnutzung der als Hinterland zu wertenden Flächen wird ein Minderwert des Grund und Bodens der dem Verkehr dienenden Passage ausgeglichen. Deshalb kommt ein Abschlag wegen geringer baulicher Ausnutzung durch den Passagebau i.d.R. nicht in Betracht. **415**

d) Arkade

Zunehmend von Bedeutung ist die **Berücksichtigung von Arkaden** bei Grundstücken, auf denen Arkaden aufgrund einer baubehördlichen Auflage erstellt wurden und deren Werteinfluss nicht bereits mit den herangezogenen Vergleichspreisen oder Bodenrichtwerten berücksichtigt wurde. **416**

Hier ist Folgendes zu beachten: **417**

a) Ist das Eigentum an der Gehfläche der Arkaden in privater Hand geblieben, so ist zu prüfen, ob und in welcher Höhe der Wert des Grund und Bodens wegen der **Ausnutzungsbeschränkung** des Grundstücks gemindert ist. Im Allgemeinen kann die Grundfläche der Arkaden vom Eigentümer nicht genutzt werden. Diese Minderausnutzung beeinträchtigt den Wert des Grund und Bodens und ist deshalb bei der Ermittlung des Bodenwerts für das Arkadengrundstück durch einen Abschlag zu berücksichtigen. Die Höhe des Abschlags ergibt sich aus dem Verhältnis des von den Arkaden umschlossenen Rauminhalts zum gesamten Rauminhalt des Gebäudes einschließlich der Arkaden. **Der Wertminderung** durch den Bau der Arkaden **können** aber **Werterhöhungen gegenüberstehen.** Oft wird der Arkadenraum durch das Aufstellen von Schaukästen, Vorführeinrichtungen, Vitrinen und dgl. genutzt. Soweit in solchen Fällen eine weitgehende Raumausnutzung besteht, kann der errechnete Abschlag wegfallen.

b) Gehört die Gehfläche der Arkaden der Gemeinde, so ist der Wert des Grund und Bodens wegen der **erhöhten baulichen Ausnutzung des restlichen Grund und Bodens** durch Über- und Unterbebauung der der Gemeinde gehörenden Grundstücksfläche zu erhöhen. Die Höhe des Mehrwerts ist zu berechnen nach dem Verhältnis des durch die Arkaden gewonnenen Rauminhalts zum Rauminhalt, der sich bei normaler Nutzung (ohne Arkaden) ergeben hätte. Hat der Grundstückseigentümer die Arkaden freiwillig errichtet, so kann eine Wertminderung i.d.R. nicht anerkannt werden[185].

---

185 Weiterführend BGH, Urt. vom 15.10.1992 – III ZR 147/91 –, GuG 1993, 178 = EzGuG 14.115.

6 Deduktive Bodenwertermittlung

6.1 Allgemeines

Schrifttum: *Dieterich, H./Koch, J.,* Vergleich deduktiver Bodenwertermittlungsmethoden, GuG 2003, 331; *Gesellschaft für immobilienwirtschaftliche Forschung,* Kalkulationsschema für werdendes Bauland, GuG 1998, 223.

418 Das Vergleichswertverfahren ist – wie ausgeführt – das Vorrangverfahren für die Ermittlung des Bodenwerts unbebauter und bebauter Grundstücke. Die Anwendung setzt aber voraus, dass geeignete Vergleichspreise in ausreichender Zahl zur Verfügung stehen. Während für die Verkehrswertermittlung von baureifem Land sowie für land- oder forstwirtschaftliche Flächen i.d.R. Vergleichspreise bzw. ein geeigneter Bodenrichtwert zur Verfügung stehen, sieht sich der Sachverständige häufig alleingelassen, wenn es um die **Verkehrswertermittlung von Bauerwartungsland oder Rohbauland** geht. Selbst wenn im Einzelfall dafür Vergleichspreise zur Verfügung stehen, so sind es in aller Regel nur wenige Preise, die dann zudem auch noch wenig aussagekräftig sind. Bauerwartungsland stellt nämlich nach den Ausführungen zu § 5 Abs. 2 ImmoWertV einen sehr labilen und flüchtigen Entwicklungszustand dar, dessen Wertigkeit je nach Wartezeit und Realisierungschance unterschiedlich ausfällt. Die Realisierungschance der Bauerwartung weist zudem eine erhebliche Wertspanne auf. Das Gleiche gilt für Rohbauland, insbesondere, wenn eine Bodenordnung unabweislich ist und die Finanzierung der Erschließungs- und sonstigen Infrastrukturmaßnahmen aussichtslos ist. Ähnliche Probleme stellen sich auch dann, wenn es um die Verkehrswertermittlung großflächiger Baulandflächen, aufgelassener Industrie-, Bahn- und Militärflächen (Konversionsflächen) geht, die einer Neuerschließung bedürfen.

419 Der BGH (a.a.O.) hat in seiner Rechtsprechung zum Vergleichswertverfahren auch **andere Methoden grundsätzlich zugelassen,** wenn das Vergleichswertverfahren am Fehlen geeigneter Vergleichspreise scheitert. Dies entspricht auch dem Grundsatz des § 8 Abs. 2 Satz 2 ImmoWertV, nach dem die Wahl des Wertermittlungsverfahrens auch nach den „Umständen des Einzelfalls" begründet werden kann. Das Fehlen geeigneter Vergleichspreise ist ein solcher „Umstand".

420 In der Wertermittlungspraxis bedient man sich so genannter deduktiver oder kalkulatorischer Wertermittlungsverfahren vornehmlich dann, wenn es an geeigneten Vergleichspreisen mangelt, die einen direkten Preisvergleich zulassen. Dies betrifft in erster Linie die Bodenwertermittlung von **Grundstücken, die sich in einem Übergangsstadium von der land- oder forstwirtschaftlichen Nutzung zur Baureife (baureifes Land) befinden,** aber auch vielfach die Bodenwertermittlung bereits bebauter Grundstücke vornehmlich in den bebauten Innenbereichen. Auch hier mangelt es häufig an geeigneten Vergleichspreisen für unbebaute Grundstücke.

421 Das klassische Vergleichswertverfahren ist (im erweiterten) Sinne ein „deduktives Verfahren", denn Unterschiede in den wertbeeinflussenden Merkmalen zwischen den Vergleichsgrundstücken und dem zu bewertenden Grundstück werden „deduktiv" mithilfe von Zu- und Abschlägen oder mittels anderer geeigneter Verfahren berücksichtigt (mittelbarer Preisvergleich). Nehmen die zu berücksichtigenden Wertunterschiede ein Ausmaß an, dass man den Vergleichspreisen ihre Eignung zum Preisvergleich absprechen muss, bedient man sich hilfsweise besonderer Parameter und Verfahren. In diesem Sinne werden im allgemeinen Sprachgebrauch unter dem **Begriff „deduktives Verfahren"** (im engeren Sinne) Verfahren verstanden, bei denen mangels einer hinreichenden Anzahl geeigneter Vergleichspreise der Bodenwert auf der Grundlage weiterer Vergleichsparameter, insbesondere der Ertragsverhältnisse, aber auch der Baulandproduktionskosten abgeleitet wird[186]. Im Einzelnen sind hier zu nennen:

---

[186] Vgl. Kleiber in Sandner/Weber, Lexikon der Immobilienwertermittlung, Bundesanzeiger 2003, S. 171.

a) die kalkulatorische Ableitung des Bodenwerts aus dem mutmaßlichen Ertrag des Grundstücks, der sich bei seiner bestimmungsgemäßen Nutzung, insbesondere Bebauung des Grundstücks ergibt;

b) die Ableitung des Bodenwerts auf der Grundlage (möglichst empirisch ermittelter und) an wertbestimmende Merkmale anknüpfender Erfahrungssätze; z. B. Bodenwertableitung aus erzielbaren Erdgeschossmieten;

c) die Ableitung des Bodenwerts aus Erfahrungssätzen für die auf dem Grundstück realisierbare Geschossfläche.

Darüber hinaus stellt auch die Bodenwertermittlung im Wege des **Extraktionsverfahrens (Residualwertverfahrens) auf der Grundlage der Baulandproduktionskosten** im Kern ein deduktives Verfahren dar. 422

Soweit es um die Ermittlung des Verkehrswerts des Grund und Bodens geht, sind die genannten **Verfahren** in aller Regel **höchst fehlerträchtig**, so dass es sich bei diesen Verfahren praktisch um Hilfs- bzw. Ersatzmethoden handelt, die dann in Betracht kommen können, wenn das Vergleichswertverfahren insbesondere mangels geeigneter Vergleichspreise versagt. 423

Nr. 2.3.1 WERTR führt hierzu aus: 424

„Eine Ermittlung des Bodenwerts für Bauerwartungs- und Rohbauland auf der Grundlage des Bodenwerts ansonsten vergleichbarer baureifer Grundstücke kann unter Abzug der kalkulierten Kosten der Baureifmachung und unter Berücksichtigung der Wartezeit dann ergänzend in Betracht kommen, wenn das Ergebnis nicht überproportional vom Ausgangswert abweicht."

Im Rahmen von Investitionsberechnungen können die Verfahren zur Ableitung eines im konkreten Einzelfall tragbaren Bodenwerts herangezogen werden.

6.2 Bodenwertermittlung bei warteständigem Bauland auf der Grundlage der Wartezeit

6.2.1 Allgemeines

▶ *Vgl. § 8 ImmoWertV Rn. 146*

Wo es um die Bodenwertermittlung sog. warteständigen Baulands, also um die Bodenwertermittlung von Bauerwartungs- und Rohbauland geht, bestimmt sich der Wert unabhängig von der Klassifizierung des Grundstücks als Bauerwartungsland, Brutto- oder Nettorohbauland vornehmlich nach der **Wartezeit** bis zu einer baulichen Nutzbarkeit. Auf die bloße Einordnung einer Fläche als Bauerwartungs- oder Rohbauland kommt es also nicht entscheidend an. Demzufolge misst der Grundstücksmarkt einer Fläche, die schon bald eine bauliche Nutzbarkeit erwarten lässt, einen höheren Wert bei als für Flächen, für die nach den Verhältnissen zum Wertermittlungsstichtag eine längere Wartezeit hingenommen werden muss. 425

Wo es an Vergleichspreisen für warteständiges Bauland mangelt, wird in der Praxis der Verkehrswertermittlung der Verkehrswert von Bauerwartungsland und Rohbauland (deduktiv) aus vorhandenen Vergleichspreisen für baureifes Land abgeleitet, indem die Wartezeit wertmäßig in Abschlag gebracht wird. Grundsätzlich stellt diese Methode einen äußerst problematischen Hilfsweg dar *(method of last resort)* und sollte nur im Notfall beschritten werden. Im Kern ist diese Methode eigentlich dem klassischen Vergleichswertverfahren zuzuordnen, bei dem größere Abweichungen gegenüber den herangezogenen Vergleichspreisen in Kauf genommen werden (müssen). Diese Abschläge können ein Vielfaches von dem betragen, was letztlich als Verkehrswert des warteständigen Baulands auf diesem Wege ermittelt wird. 426

In **Nr. 2.3.1 WERTR** (vgl. oben) ist diese Methode deshalb **nur ergänzend zugelassen worden, wenn das Ergebnis nicht überproportional vom Ausgangswert abweicht.** Dies gilt auch dann, wenn man den an die Ausgangspreise für baureifes Land anzubringenden „Abschlag" hilfsweise mit plausiblen Methoden zu begründen trachtet. 427

6.2.2 Einfache Bruchteilsmethode

428 Wie vorstehend ausgeführt, wird in der Praxis der Verkehrswertermittlung von der Möglichkeit Gebrauch gemacht, den **Verkehrswert warteständigen Baulands aus Vergleichspreisen von baureifem Land unter Berücksichtigung der Wartezeit abzuleiten.**

429 **Abzulehnen** ist die Praxis, den Verkehrswert von Bauerwartungsland und Rohbauland unter Heranziehung irgendwelcher Tabellenwerke zu ermitteln, in denen für Bauerwartungs- und Rohbauland (ggf. noch differenziert) Vomhundertsätze des baureifen Landes angegeben sind, um daraus den Verkehrswert abzuleiten (Abb. 64, vgl. § 5 ImmoWertV Rn. 19).

Abb. 64: Preisspannen in den Qualitätsstufen der Baulandpreisentwicklung (hilflose Methode)

Stufe	Merkmal	v.H. des Werts von baureifem Land
	Bauerwartungsland	
1	Bebauung nach der Verkehrsauffassung in absehbarer Zeit zu erwarten	15–40
2	Im Flächennutzungsplan als Baufläche dargestellt	25–50
3	Aufstellung eines Bebauungsplans beschlossen	35–60
4	Innerhalb der im Zusammenhang bebauten Ortsteile gelegen	50–70
5	Bebauungsplan aufgestellt. Je nach geschätzter Dauer bis zur Rechtskraft und zum Grad der Erschließungsgewissheit	50–70
	Rohbauland	
6	Bebauungsplan rechtskräftig, Bodenordnung erforderlich	60–80
7	Bebauungsplan rechtskräftig, Bodenordnung nicht erforderlich	70–85
8	Bebauungsplan rechtskräftig, Erschließung gesichert	85–95
	Baureifes Land	
9	Bebauungsplan rechtskräftig, Erschließung erfolgt oder bereits vorhanden	100

Quelle: Gerardy/Möckel, Praxis der Grundstücksbewertung (Stand 1994)

430 Diese Vorgehensweise (Pauschalansätze) kann als **hilflose Methode** bezeichnet werden, die aus mehreren Gründen Bedenken hervorrufen muss:

a) Zum einen handelt es sich bei den veröffentlichten **Pauschalsätzen** um Durchschnittssätze, die schon von daher nicht auf die örtlichen Marktverhältnisse übertragbar sind. Zum anderen sind sie mit großen Unsicherheiten behaftet, wie sich schon aus den veröffentlichten „Spannbreiten" ergibt. Dies ist u.a. darin begründet, dass im Einzelfall die Wartezeit bis zur Baureife sehr unterschiedlich ausfallen kann und der Anteil der erforderlichen Gemeinbedarfs- und naturschutzrechtlichen Ausgleichsflächen ebenfalls recht unterschiedlich sein kann[187].

b) Es kommt hinzu, dass bei Anwendung dieser Methode die prozentualen Abschläge von dem Ausgangswert des baureifen Landes sehr hoch – im Einzelfall bis zu 90 % (!) – ausfallen können und dies allein schon Bedenken hervorrufen muss. Abschläge in dieser Größenordnung sprechen gegen die Eignung des herangezogenen Ausgangswerts von baureifem Land. Das **KG Berlin** hat zu dieser Problematik festgestellt, dass Zu- und Abschläge „höchstens 30 % oder allenfalls 35 % nicht übersteigen" dürfen[188]. Ein höherer Abschlag spricht mithin gegen die Eignung des herangezogenen Vergleichspreises.

---

187 Ablehnend auch: auch BFH, Urt. vom 26.4.2006 – II R 58/04 -, EzGuG 20.201.
188 KG Berlin, Urt. vom 1.11.1969 – U 1449/68 –, AVN 1970, 438 = EzGuG 20.46; LG Berlin, Urt. vom 11.8.1998 – 29 O 371/97 –, GuG 1999, 250 = EzGuG 19.46a („nicht ohne Bedenken bis zu 40 %, aber u.U. noch vertretbar").

Bodenwertermittlung   **Syst. Darst. Vergleichswertverf. V**

Das Ausmaß der **Schwankungsbreiten** zeigt der Gutachterausschuss für den Bereich der Stadt *Bergisch Gladbach* auf, in dessen Marktbericht 2009 allein für Rohbauland ein Wertverhältnis von 0,35 bis 0,89 für das Wertverhältnis zwischen Rohbauland und baureifem Land (ebp) ausgewiesen wird.   **431**

Es ist zwar einzuräumen, dass Bauerwartungs- und Rohbauland ex definitionem tendenziell eine den angegebenen Vomhundertsätzen entsprechende Wartezeit und Wertigkeit aufweisen, jedoch ist auch genauso sicher, dass es **ein festes und vor allem für das gesamte Bundesgebiet gültiges Wertverhältnis zwischen Bauerwartungs- und Rohbauland und baureifem Land nicht gibt**. In empirischen Untersuchungen sind zudem deutlich voneinander abweichende, aber stets erhebliche Wertspannen für den Wertanteil des Bauerwartungs- und Rohbaulandes festgestellt worden (Abb. 65).   **432**

Abb. 65: Durchschnittlicher Wertanteil des Bauerwartungslandes und des Rohbaulandes am Wert des baureifen Landes (= 100 %)

Durchschnittlicher Wertanteil des Bauerwartungslandes und des Rohbaulandes am Wert des baureifen Landes (= 100 %)			
	Prozentualer Wertanteil		
Entwicklungszustand	nach Seele[189]	nach Vogels[190]	nach Gerardy/Möckel[191]
		theoretisch	
Baureifes Land	100 %	100 %	100 %
Rohbauland	50–80 %	60–100 %	36–91 %
Bauerwartungsland	25–60 %	30–80 %	15–50 %

Mit großem Vorbehalt können hierzu folgende **Erfahrungswerte** genannt werden (Abb. 66):   **433**

Abb. 66: Grobe Durchschnittsdauer für die Baulandentwicklung

Zeitraum für	Zeitspanne
Entwicklung des Rohbaulandes bis zur Baureife (baureifes Land)	insgesamt 5 Jahre
Entwicklung des Bauerwartungslandes bis zur Baureife (baureifes Land)	insgesamt 5 bis 10 Jahre
Bebauung eines durch eine Umlegung (§§ 45 ff. BauGB) neugeordneten Gebiets (Schließung von Baulücken)	insgesamt 5 Jahre

(vgl. auch § 6 ImmoWertV Rn. 108 f.)

Gesicherte Aussagen über einen bestimmten Wertanteil des Bauerwartungslandes oder des Rohbaulandes am Wert des baureifen Landes sind nicht möglich. Der relative Wertanteil ist zwar theoretisch in erster Linie von der Wartezeit bis zum Eintritt der Baureife abhängig, jedoch ist gerade die **Wartezeit** im Hinblick auf die häufig schwer abschätzbare städtebauliche Entwicklung, auf die kommunale Planungshoheit, einhergehend mit der Beteiligung der Öffentlichkeit und der Behörden (§§ 3 f. BauGB), und letztendlich auch im Hinblick auf die bodenrechtlichen und finanziellen Möglichkeiten der Gemeinde für die   **434**

---

189 Seele, Ausgleich maßnahmebedingter Bodenwerterhöhungen, Schriftenreihe des BMBau Bonn 1976, Nr. 03.047, S. 67; theoretische Berechnungen bei einer Aufschließungsdauer für Bauerwartungsland von 9 Jahren und für Rohbauland von 3 Jahren und einem Liegenschaftszinssatz von 5 %.
190 Vogels, Grundstücks- und Gebäudebewertung marktgerecht, 5. Aufl. Wiesbaden 1996, S. 66 ff.; theoretische Berechnungen unter Berücksichtigung inflationärer Entwicklungen bei einer erwarteten Wertsteigerung von 0–8 % p.a. und einer Aufschließungsdauer von 5 bis 10 Jahren für Bauerwartungsland und von 5 Jahren für Rohbauland.
191 Gerardy/Möckel, Praxis der Grundstücksbewertung, Landshut 1991, Losebl.-S. 3.1.2/8.

V Syst. Darst. Vergleichswertverf.   Bodenwertermittlung

Erschließung **schwer abschätzbar.** Was heute noch an Entwicklungsmöglichkeiten in weiter Ferne zu stehen scheint, kann sich morgen bereits konkretisieren; umgekehrt haben sich auch bereits bis ins Detail konkretisierte Entwicklungschancen nicht selten „über Nacht" verflüchtigt.

435 Die Literaturangaben über den relativen **Wertanteil des Bauerwartungslandes und des Rohbaulandes am Wert des baureifen Landes** (= 100 %) müssen von daher als Durchschnittswerte angesehen werden, denen i.d.R. zudem eine Reihe theoretischer Annahmen zugrunde liegen (Abb. 65). Sie sind nur mit höchster Vorsicht heranzuziehen. Einer den Gegebenheiten des konkreten Einzelfalls Rechnung tragenden Berücksichtigung der Wartezeit ist der Vorzug zu geben.

436 *Gerardy/Möckel* unterscheiden in ihrer Veröffentlichung zwischen fünf Stufen des Bauerwartungslandes mit einer Wertigkeit von 15 bis 70 % des Werts von baureifem Land (vgl. Abb. 64 oben bei Rn. 429). Es handelt sich hierbei um eine **äußerst fragwürdige Aufstellung,** deren Verbreitung weniger auf den gesunden Sachverstand als auf die Bequemlichkeit des Anwenders zurückgeführt werden kann:

– Das Kriterium der „absehbaren Zeit" in Stufe 1 ist völlig unbestimmt, weil hierunter Zeiträume von einem Jahr (und weniger) bis zu acht Jahren und mehr verstanden werden können.

– Das Kriterium der „Aufstellung des Bebauungsplans" i.S. des § 33 BauGB kann und wird sogar regelmäßig bereits eine Rohbaulandeinstufung erlauben!

– Das Kriterium „innerhalb der im Zusammenhang bebauten Ortsteile" wird ebenfalls mindestens zum Rohbauland führen, wenn damit nicht der sog. „Außenbereich im Innenbereich" gemeint sein soll, der wiederum jede Wertigkeit haben kann.

– Das Kriterium „Bebauungsplan aufgestellt" in Stufe 5 wird schließlich ebenfalls zur Rohbaulandeinstufung führen (vgl. § 5 Abs. 3 ImmoWertV).

437 Im Übrigen sind die **angegebenen Vomhundertsätze,** selbst wenn ihnen – gegliedert nach Stufen – vernünftige Kriterien zugrunde lägen, durch die **naturschutzrechtliche Eingriffs- und Ausgleichsregelung** des § 1a BauGB i.V.m. den §§ 135 ff. BauGB **überholt,** da diese allgemein zur Preisdämpfung in nicht unerheblichem Maße führen kann.

438 Die schematische Anwendung dieser Tabelle ist in der Praxis schon manchem Sachverständigen zum Verhängnis geworden, z. B. wenn es darum geht, für einen großflächigen städtebaulichen **Entwicklungsbereich die entwicklungsunbeeinflussten Grundstückswerte** für z. B. 30 ha festzulegen. Entwicklungsträger lehnen von daher diese Tabelle ab.

439 Aus diesen Gründen sind **deduktive Verfahren** vorzuziehen, mit denen die Besonderheiten des Einzelfalls berücksichtigt werden können. Bevor man zu solchen Verfahren greift, sollte aber gewissenhaft geprüft werden, ob nicht doch ein direkter Preisvergleich möglich ist. Dies gilt insbesondere für die Verkehrswertermittlung von warteständigem Bauland. Viele Sachverständige vernachlässigen dies mit dem pauschalen Hinweis auf nicht vorhandene Vergleichspreise. **Nr. 2.3.1 WERTR** schreibt für diesen Fall einschränkend ausdrücklich vor, dass ein Rückgriff auf den Bodenwert vergleichbarer baureifer Grundstücke unter Abzug der kalkulierten Kosten der Baureifmachung nur ergänzend in Betracht kommen kann, wenn das Ergebnis nicht überproportional vom Ausgangswert abweicht.

440 Die dargelegten Bedenken sind im Rahmen der **steuerlichen Bewertung** nicht von gleichem Gewicht, da diese ohnehin auf ein vereinfachtes Massenbewertungsverfahren angelegt ist. Abschnitt 5 (zu § 179 BewG) des gleich lautenden Erlasses der obersten Finanzbehörden der Länder vom 5.5.2009 (GuG 2009, 225) sieht folgende Wertansätze in Prozent des Bodenrichtwerts für vergleichbar erschließungsbeitragsfreies Bauland vor (Abb. 67):

Bodenwertermittlung — Syst. Darst. Vergleichswertverf. V

Abb. 67: Steuerliche Pauschalsätze

Entwicklungszustand	Bodenrichtwertansatz
Bauerwartungsland	25 v.H.
Bruttorohbauland	50 v.H.
Nettorohbauland	75 v. H

6.2.3 Einfache Diskontierungsmethode

Neben dem vorstehend beschriebenen Verfahren hat es zahlreiche Versuche gegeben, den Verkehrswert warteständigen Baulands auf der Grundlage von Vergleichspreisen für baureifes Land kalkulatorisch unter **Einbeziehung von Investitionskosten, Wertentwicklungen und dgl.** wiederum auf der Grundlage der Wartezeit abzuleiten. In der einfachsten Form wird dabei der im Wege des Preisvergleichs ermittelte **Verkehrswert für baureifes Land über die Wartezeit abgezinst.** 441

$$\text{Bodenwert}_{\text{warteständig}} = \frac{\text{Bodenwert}_{\text{baureifes Land}}}{q^n}$$

- q = 1 + p (Zinsfaktor)
- p = Diskontierungszinssatz
- n = Wartezeit

Bei Anwendung der einfachen Diskontierungsformel wird insbesondere die im Zuge der Aufschließung größerer Bauflächen von den Gemeinden (z. B. im Wege städtebaulicher Verträge) geltend gemachte Beteiligung des Grundeigentümers an den **Aufschließungskosten einschließlich einer ggf. unentgeltlichen Bereitstellung der Gemeinbedarfsflächen vernachlässigt.** Deshalb können auch die nachfolgend vorgestellten verfeinerten Kalkulationsmodelle unter Einbeziehung von Wertsteigerungen, Eigenkapitalverzinsungen eines Investors und Inflationsraten zu keiner durchgreifenden Verbesserung des Grundverfahrens führen: 442

a) *Kalkulationsmodell A* 443

Unter Einbeziehung

- einer jährlich erwarteten Wertsteigerung von w %,
- einer Eigenkapitalverzinsung für die Vorhaltekosten von k % und
- einer erwarteten Inflationsrate von i %

kommt man nach folgender Beziehung zum **Bodenwert des warteständigen Baulandes:**

$$\text{Bodenwert}_{\text{Warteständiges Bauland}} = \text{Bodenwert (ebp)}_{\text{Baureifes Land}} \times \frac{(1+w)^n}{(1+i)^n \times (1+k)^n}$$

$$\boxed{\text{Bodenwert}_{\text{Warteständiges Bauland}} = \text{Bodenwert (ebp)}_{\text{Baureifes Land}} \times \left(\frac{(1+w)^n}{(1+i) \times (1+k)}\right)}$$

wobei:

- i = erwartete Inflationsrate p.a. (%)
- w = erwartete Werterhöhung p.a. (%)
- k = Eigenkapitalverzinsung p.a. (%)
- n = Wartezeit bis zur Baureife (Jahre)

V Syst. Darst. Vergleichswertverf.   Bodenwertermittlung

Beispiel:

Gegeben: Bodenwert$_{\text{Baureifes Land}}$	=	300 €/m² ebp
Eigenkapitalverzinsung k	=	6 % p.a.
Erwartete Werterhöhung w	=	3 % p.a.
Erwartete Inflationsrate i	=	2 % p.a.

Gesucht: Bodenwert des warteständigen Baulands mit Wartezeit von 4 Jahren

$$\text{Bodenwert}_{\text{Warteständiges Bauland}} = 300 \text{ €/m}^2 \times \left(\frac{1+0{,}03^4}{(1+0{,}02) \times (1+0{,}06)} \right)$$

$$\text{Bodenwert}_{\text{Warteständiges Bauland}} = 247 \text{ €/m}^2$$

444 b) *Kalkulationsmodell B:*

Von *Vogels* (a.a.O., 5 Aufl., S. 71) ist ein Verfahren vorgeschlagen worden, den **Verkehrswert von Rohbauland** aus dem Verkehrswert für baureifes Land in verkürzter Weise unter Berücksichtigung der Wartezeit nach folgender Formel abzuleiten:

$$BW_{\text{Rohbauland}} = BW \text{ (ebp)}_{\text{Baureifes Land}} \times \frac{(1+w)^n}{(1+k)}$$

wobei

BW	=	Bodenwert
w	=	erwartete Werterhöhung vom werdenden baureifen Land p.a. (%)
k	=	Eigenkapitalverzinsung p.a. (%)
n	=	Wartezeit bis zur Baureife (Jahre)
ebp	=	erschließungsbeitragspflichtig

Mit der Werterhöhung w muss sowohl die Preisentwicklung als auch die Geldentwertung berücksichtigt werden. Bei kurzer Wartezeit und in Anbetracht der nicht vorhersehbaren Unregelmäßigkeiten in der Preisentwicklung können aber stabile Preisverhältnisse zugrunde gelegt werden (w = 0).

Beispiel:

Bodenwert BW (ebp)$_{\text{Baureifes Land}}$	=	300 €/m²
Eigenkapitalverzinsung k	=	6 %
Erwartete Werterhöhung w	=	3 %
$BW_{\text{Rohbauland}} = 300 \text{ €/m}^2 \times \dfrac{1{,}03^4}{1{,}06}$	=	267 €/m²

Für k wählt *Vogels*, ausgehend von einem **mittleren Zinssatz von 5,5 %**, einen Ansatz von insgesamt 11 %, der insgesamt doch recht hoch ausfällt.

Damit errechnet sich der Rohbaulandwert zu

$$BW_{\text{Rohbauland}} = BW \text{ (ebp)}_{\text{Baureifes Land}} \times 1/1{,}11^n$$

d.h. als der über die Wartezeit unter Würdigung des Risikos abgezinste erschließungsbeitragspflichtige – ebp – Baulandwert.

Beispiel:

Gegeben: Bodenwert (ebp)$_{\text{Baureifes Land}}$ = 300 €/m²
Erwartete Wartezeit = 4 Jahre
Bodenwert$_{\text{Rohbauland}}$ = 300 €/m² × 1/1,11⁴ = **198 €/m²**

Vogels weist mit Recht darauf hin, dass derartige Berechnungen nicht über Zeiträume von 5 bis 10 Jahren hinausgehen sollten, wobei nach der hier vertretenen Auffassung davon eher die untere Grenze eingehalten werden sollte. Des Weiteren ist darauf hinzuweisen, dass dieses finanzmathematische Modell an die Eigenkapitalverzinsung anknüpft, d.h. an den **Zinssatz, den ein Investor bei alternativer Geldanlage für sein Eigenkapital üblicherweise erwarten kann.** Dies ist darin begründet, dass ein Investor auf der anderen Seite auf die erwartete Werterhöhung „setzt". Theoretisch lässt sich das Modell noch als Investitionsmodell „verfeinern", in dem man von einem investorenseitig unterstellten Eigen-Fremdkapital-Verhältnis oder sogar von einem zu 100 % fremdkapitalfinanzierten Modell ausgeht, jedoch muss man dabei bedenken, dass man sich damit immer mehr von der Verkehrswertermittlung entfernt und damit letztlich mit insgesamt **vier völlig unsicheren Schätzgrößen** in ein solches Modell „hineingehen" würde, nämlich mit

– der erwarteten Wertsteigerung,
– der erwarteten Eigenkapitalverzinsung,
– der erwarteten Fremdkapitalverzinsung und
– der erwarteten Inflationsrate.

Damit würde man zwar eine eindrucksvolle „Rechnung" aufmachen, jedoch bliebe das Ergebnis höchst fragwürdig, und zwar umso fragwürdiger, je länger die erwartete Wartezeit (eine weitere höchst fehleranfällige Schätzgröße) ist.

Fazit: Die vorgestellten Kalkulationsmodelle (A und B) sind sowohl von ihrem Ansatz als auch von ihrer „Mathematik" her vornehmlich als Investitionsmodelle begründet. Sie können jedoch nicht gewährleisten, dass sie zum „richtigen" Ergebnis führen. Dies beginnt bereits bei den gewählten Zinsansätzen, die stets nur abgeschätzt werden können, denn wie sich der Bodenwert und die Finanzierungskosten entwickeln, lässt sich nur mit einer großen Unsicherheitsmarge abschätzen. In diesem nicht unerheblichen Unsicherheitsrahmen kann sich der Anwender der Verfahren nur insofern „sicher" fühlen, als der, der solche „Wertermittlungen" gegen sich gelten lassen muss, auch nur grob schätzen kann. **Somit kann – und dies zeigen die Erfahrungen – nahezu jedes Ergebnis „ermittelt" werden.** Entscheidend bleiben die „richtige" Wartezeit und der Diskontierungszinssatz einschließlich eines Verwirklichungsrisikos und vor allem das sorgfältige „Abtasten" der mit dem Baulandproduktionsprozess verbundenen rechtlichen und wirtschaftlichen Risiken. Auch beim Rohbauland handelt es sich noch um einen labilen Entwicklungszustand, wenn die Bodenordnung, die Erschließung, die zu lösenden Umwelt- und Finanzierungsprobleme risikobehaftet sind oder die Verhältnisse auf dem Grundstücksmarkt umschlagen. Es ist daher wichtig, dies analytisch richtig zu erfassen und zu begründen. Wieder einmal erweist sich gerade auch hier, dass der Verkehrswert keine mathematisch exakt ermittelbare Größe ist, während die vorgestellten Verfahren den Eindruck einer mathematisch exakten Ableitung aufdrängen.

6.3 Extraktionsverfahren (Residualwertverfahren) bei warteständigem Bauland

6.3.1 Allgemeines

▶ *Vgl. § 8 ImmoWertV Rn. 102 ff.*

Das Residualwertverfahren *(Residual Approach)* oder besser **Extraktionsverfahren** *(extraction)* geht in seinen **Grundzügen** davon aus, dass sich der Preis eines (unbebauten oder sonst wie erst noch zu entwickelnden) Grundstücks (Bodenpreis) auf der Grundlage eines Nutzungskonzepts (Projekts) ableiten lässt, indem

- der für das realisierte Projekt ermittelte fiktive (Gesamt-)Verkehrswert des Grundstücks um

- die dafür aufzubringenden Gesamtkosten (Bau-, Entwicklungs- und Vermarktungskosten)

vermindert wird. Der verbleibende Betrag (das Residuum) ergibt dann den „tragbaren" Preis des Grundstücks „vor" seiner Entwicklung (Bodenpreis). Im Falle der Anwendung des Extraktionsverfahrens (Residualwertverfahrens) auf die Verkehrswertermittlung warteständigen Baulands ist Ausgangswert der Verkehrswert des baureifen Landes, der dann um die **Baulandproduktions- und Vermarktungskosten** vermindert wird. Die Methode wird im amerikanischen Schrifttum zutreffender als Extraktionsverfahren (*extraction*) bezeichnet[192].

448 Die **Grundgleichung des Extraktionsverfahrens (Residualwertverfahrens)** stellt sich wie folgt dar (Abb. 68):

Abb. 68: **Bodenwertermittlung im Wege des Extraktionsverfahrens (Residualwertverfahrens)**

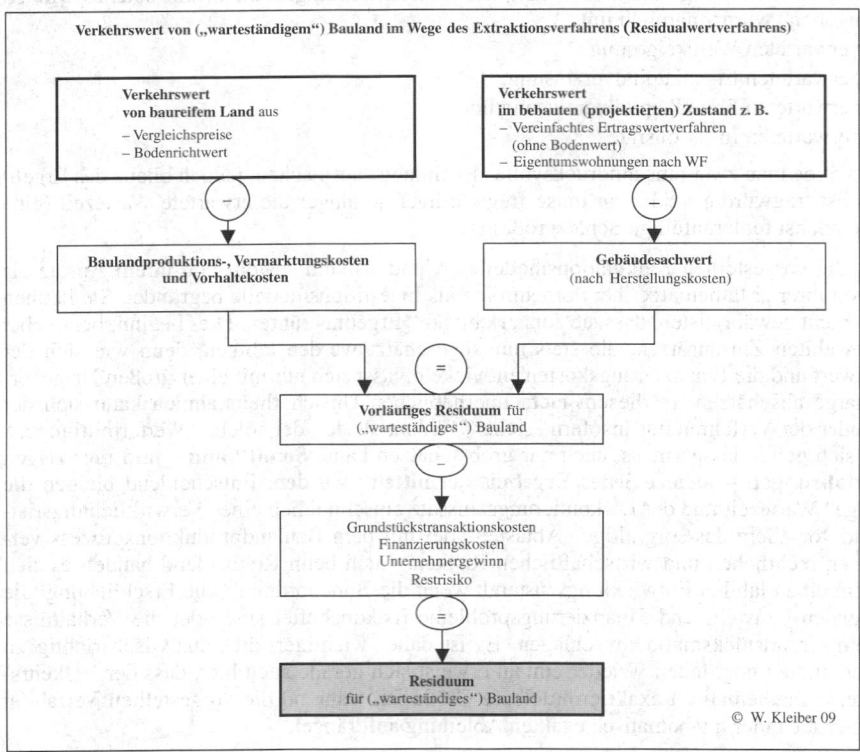

449 Das **Verfahren ist** nach den Grundgedanken **darauf angelegt, sämtliche für die Vorbereitung und Durchführung eines Projekts aufzubringenden Kosten rechnerisch dem Erwerbspreis zu „unterwälzen"** (Unterwälzungs- bzw. Rückrechnungsverfahren). Das Verfahren kann deshalb vom Ansatz her nur dann direkt zum Verkehrswert (Marktwert) i.S. des § 194 BauGB führen, wenn und soweit im gewöhnlichen Geschäftsverkehr eine Unterwälzung der dem Erwerber künftig entstehenden Kosten allgemein akzeptiert wird, d.h. nach den Preismechanismen des gewöhnlichen Geschäftsverkehrs diese Kosten auch tatsächlich „unterwälzbar" sind. Ansonsten ist das Verfahren auf die Ermittlung eines aus der Sicht des Käufers wirtschaftlich tragbaren Erwerbspreises (Residualpreises) angelegt.

---

[192] The Appraisal of Real Estate, 12. Aufl. Chicago, S. 334 ff.

450 Investoren werben für das Extraktionsverfahren (Residualwertverfahren) damit, dass es ein modernes und leistungsfähiges Wertermittlungsverfahren sei, und bemängeln, dass sich die deutsche Wertermittlungspraxis des Verfahrens nur ungenügend angenommen hätte. Dies trifft nicht zu. Seitens der Investoren wird das Verfahren vielmehr nur deshalb bevorzugt, weil mit dieser Methode besonders günstige Grunderwerbspreise „errechenbar" sind.

451 Bei dem Extraktionsverfahren (Residualwertverfahren) handelt es sich tatsächlich um eine sehr alte Wertermittlungsmethode. **Mit dieser Methode hat man sich in Deutschland schon im 19. Jahrhundert unter anderen Bezeichnungen intensiv auseinandergesetzt** (Rn. 453 ff.). Im sog. Pommernbankprozess war das Residualwertverfahren bereits Gegenstand gerichtlicher Auseinandersetzungen und wurde seinerzeit von einer vom Gericht bestellten Kommission als „ganz unzuverlässig" bezeichnet, um mit dieser Methode zum Handelswert (Verkehrswert) zu gelangen[193].

452 Im sog. Pommernbankprozess[194] standen sich zwei Werttheorien gegenüber:
a) Nach der von Geheimrat Dietrich vertretenen Auffassung sollte sich der Wert eines Grundstücks nicht nach dem bemessen, was der Grundstücksmarkt einem Grundstück tatsächlich beimisst (Verkehrswert; im Prozess wurde vom „Handelswert" gesprochen), sondern nach dem Residualwert, ermittelt aus dem (fiktiven) Ertragswert unter Abzug der Herstellungskosten und eines Risikoabschlags.
b) Die vom Gericht bestellte Kommission bekämpfte diese Methode als „ganz unzuverlässig" und wollte nur den Handelswert (Verkehrswert) gelten lassen.

Das Gericht hat letztendlich nur den Handelswert (Verkehrswert) gelten lassen.

453 Im deutschsprachigen Schrifttum blieb diese Methode lange Zeit aufgrund ihrer inhärenten Unschärfe unbeachtet oder wurde als „ältere" Methode abgetan, weil **das Ergebnis dieses Verfahrens** ein Produkt aus einer Vielzahl von Annahmen mit **hoher Fehlerträchtigkeit** (vgl. Rn. 473 ff.) sei und deshalb eine große Streuung aufweise. Vor- und Nachteile dieses Verfahrens müssen bei Anwendung des Extraktionsverfahrens (Residualwertverfahrens) in der Tat gewissenhaft beachtet werden, um das Ergebnis angemessen würdigen zu können.

454 Das Extraktionsverfahren (Residualwertverfahren) hat gleichwohl unter anderen Bezeichnungen seinen festen Platz in der deutschen Wertermittlungspraxis gefunden (Rest-durch-Abzug-Verfahren, deduktive Verkehrswertermittlung, Rückwärtsrechnung usw.). Es wurde aber stets darauf hingewiesen, dass das Verfahren nur **mit „größter Vorsicht" zur Anwendung** kommen sollte.

455 Der BGH hat in einer Entscheidung aus dem Jahre 1958 hierzu festgestellt, dass „die Methode der Ermittlung des Bodenwerts von unbebautem städtischem Bauland auf der Grundlage einer fiktiven Ertragsberechnung, indem unter Zugrundelegung eines nach der geltenden Bauordnung möglichen Bauprojektes der aus dem Grundstück zu erzielende Ertrag errechnet wird, ... von jeher für zulässig gehalten"[195] wurde.

456 Der BGH hat im Jahre 1961 diese Auffassung bestätigt. Einschränkend hat das Gericht aber diese Auffassung **nur in den Fällen** gelten lassen wollen, **in denen sich der Tatrichter „hiervon sichere Anhaltspunkte verspricht"**. Dabei wurde der Fall herausgestellt, dass die Ermittlung des Bodenwerts anhand von Vergleichspreisen „schwer oder gar nicht möglich erscheint"[196]. In der Rechtsprechung der unteren Gerichte ist die Anwendung des Extraktions-

---

[193] Weber, A., Über Bodenrente und Bodenspekulation in der modernen Stadt, Leipzig, S. 106 ff.; Eberstadt, R., Die Spekulation im neuzeitlichen Städtebau, Berlin 1907, S. 46; C. J. Fuchs, Über städtische Bodenrente und Bodenspekulation, Archiv für Sozialwissenschaft, Vol. XXII, XXIII, S. 720.
[194] Weil, Grundstücksschätzung, 3. Aufl., S. 11, 20 f., 31; Albert, Schätzung der Grund- und Gebäudewerte, 4. Aufl., S. 66 bis 82; Ehlers, Die Bewertung und Preisbildung bei Grundbesitz 1942, S. 61 ff.; Haider/Engel/Dürschke, Bewertungsgesetz und Bodenschätzungsgesetz, 3. Aufl., S. 239, 245; Naegeli, Handbuch des Liegenschaftsschätzers, Zürich 1975, S. 35.
[195] BGH, Urt. vom 10.2.1958 – III ZR 168/56 –, EzGuG 4.8.
[196] BGH, Urt. vom 27.11.1961 – III ZR 167/60 –, EzGuG 4.16.

verfahrens (Residualwertverfahrens) als **unvereinbar mit Erfahrungssätzen** und als ungeeignet bezeichnet worden, um zu brauchbaren Ergebnissen bei der Verkehrswertermittlung zu gelangen[197].

457 Umgekehrt ist in der höchstrichterlichen Rechtsprechung dem **Vergleichswertverfahren Priorität** zugesprochen worden, wenn es um die Ermittlung von Bodenwerten geht (vgl. Rn. 4 f.)[198]. Das Extraktionverfahren (Residualwertverfahren) hat in Anbetracht seiner hohen Fehlerträchtigkeit zunächst nur die Bedeutung einer Hilfsmethode erlangen können, die hilfsweise zur Anwendung kommt, wenn andere und sicherere Verfahren, z. B. mangels Vergleichspreisen, nicht zur Anwendung kommen können. Fehlertheoretisch wurden die Schwachstellen des Verfahrens insbesondere hinsichtlich der Ermittlung eines fiktiven Ertragswerts schon sehr früh untersucht[199].

458 Das Extraktionsverfahren (Residualwertverfahren) stand zeitweilig nicht zuletzt aufgrund öffentlichkeitswirksamer Verlautbarungen der Investoren in „Konjunktur" und dies allzu häufig auch dann, wenn der „klassische" Preisvergleich angezeigt ist. Bei der Verkehrswertermittlung von warteständigem Bauland wird zunehmend von Sachverständigen z. B. gar nicht mehr der intensive Versuch unternommen, geeignete Vergleichspreise heranzuziehen, was ja wohl noch immer die überzeugendste Methode darstellt. Vielmehr wird allzu häufig leichtfertig behauptet, Vergleichspreise lägen nicht vor und – wenn es z. B. um Bauerwartungsland gehe – seien „sowieso fragwürdig". Dann wird vom „grünen Tisch" der Bodenrichtwert für baureifes Land herangezogen, der sich „bequem" um pauschale, aus „schlauen" und zitierfähigen Büchern entnommene Tabellenabschläge vermindern lässt, oder es werden im „deduktiven Verfahren" von den sog. „Abschlagsgutachtern" imposante Abschlagsrechnungen aufgestellt. Schon oft genug ist dabei die peinliche Situation entstanden, dass die **Gegenkontrolle durch doch vorhandene Vergleichspreise** das Unheil offenbarte. Wenn z. B. unlängst ein Gutachterausschuss für Grundstückswerte für den Bereich einer Großstadt den Wert für begünstigtes Agrarland (besondere land- oder forstwirtschaftliche Flächen) mit 45 €/m² (hochoffiziell gegen eine Gebühr von 100 €) mitteilen konnte und der Sachverständige für Bauerwartungsland mit langer Aufschließungsdauer im Wege des Extraktionsverfahrens (Residualwertverfahrens) zuvor mit imposanten Rechnungen dagegen zu einem Bodenpreis von 20 €/m² gelangte, muss Nachdenklichkeit aufkommen. Das Extraktionswertverfahren wird heute als eine problematische Methode angesehen.

459 Dass sich der **Verkehrswert von Bauland nicht aus einer Addition der Baulandproduktionskosten** ergibt, ist inzwischen jedem Sachverständigen geläufig. Dass sich umgekehrt der Verkehrswert des werdenden Baulands, z. B. des Bauerwartungslands, nicht aus einer Subtraktion der Baulandproduktionskosten vom Baulandwert – vor allem nicht unmittelbar – ergeben kann, ist manchem Sachverständigen noch nicht bewusst geworden. Dass die für die Baulanderschließung aufgebrachten Kosten keinesfalls oder allenfalls nur sehr bedingt zu einer entsprechenden Bodenwerterhöhung führen, mag man sich am Versuch verdeutlichen, den Verkehrswert von werdendem Gewerbebauland aus dem Verkehrswert für „fertiges" Gewerbebauland z. B. in *Altwarp* (5 €/m²) unter Abzug der Erschließungskosten von 40 €/m² abzuleiten.

---

[197] KG, Urt. vom 20.5.1957 – 9 U 491/57 –, EzGuG 4.6; LG Hamburg, Urt. vom 5.8.1960 – 10 O 36/59 –, EzGuG 4.15; OVG Lüneburg, Urt. vom 25.1.2001 – 1 L 5010/96 –, EzGuG 20.177; a. A. OLG Köln, Urt. vom 19.2.2002 – 15 U 184/96 –, EzGuG 4.182a.

[198] BGH, Urt. vom 29.3.1971 – III ZR 98/69 –, EzGuG 6.137; BVerwG, Urt. vom 13.11.1964 – 7 C 20/64 –, EzGuG 20.38; BFH, Urt. vom 26.9.1980 – III R 21/78 –, BFHE 132, 101 = BStBl. II 1981, 153 = EzGuG 20.86; BFH, Urt. vom 21.5.1982 – III B 32/81 –, EzGuG 20.99.

[199] Ermert in AVN 1967, 213; Schahn in VR 1985, 173; Kremers in BlGBW 1969, 129; Hintzsche in BlGBW 1969, 233; Naegeli, Handbuch des Liegenschaftsschätzers, Zürich 1975, S. 36.

In der heutigen Wertermittlungsliteratur wird die **Anwendung des Extraktionsverfahrens (Residualwertverfahrens)** weitgehend abgelehnt bzw. allenfalls **als Hilfsmethode** anerkannt, wenn entsprechend der o.a. Rechtsprechung keine geeigneteren Verfahren zur Verfügung stehen (Residualwertverfahren „als letzter Ausweg")[200].   **460**

Das Extraktionsverfahren (Residualwertverfahren) gehört zu den nichtnormierten Verfahren. Es wird noch nicht einmal in der ImmoWertV ausdrücklich genannt, da es **keine allgemein anerkannten Verfahrensgrundsätze** gibt. Das **Verfahren** kommt in der Praxis **in recht unterschiedlicher Weise zur Anwendung**, insbesondere was Art und Umfang der in Abzug gebrachten Herstellungs- und Entwicklungskosten anbelangt. Im Allgemeinen beschränkt man sich bei Anwendung des Extraktionsverfahrens (Residualwertverfahrens) nicht auf die „bloßen" Herstellungskosten, sondern berücksichtigt auch   **461**

– Finanzierungskosten,

– Verwertungskosten,

– Vorhaltekosten,

– einen Unternehmergewinn und

– Grunderwerbsnebenkosten.

Umgekehrt werden zumindest seitens der Investoren die im Einzelfall in Anspruch genommenen **Förderungen** und Subventionen nicht berücksichtigt, was nur konsequent wäre.

Nach **Nr. 2.3.1 der WERTR** soll das Verfahren nur ergänzend zur Anwendung kommen können (vgl. Rn 8 ff., 14), wenn das Ergebnis nicht überproportional vom Ausgangswert abweicht.   **462**

6.3.2 Verfahrensgang

6.3.2.1 Allgemeines

Mit der früher üblichen Diskontierung des als Ausgangswert herangezogenen Vergleichswerts für erschließungsbeitragspflichtiges baureifes Land über die Wartezeit (vgl. Rn. 441 ff.) wird man vielfach den heutigen Verhältnissen auf dem Grundstücksmarkt und den dort herrschenden Preismechanismen nicht mehr gerecht. Dies gilt insbesondere dann, wenn es um die Verkehrswertermittlung großflächigen warteständigen Baulands (Bauerwartungsland bzw. Rohbauland) oder um die Umnutzung bzw. Neuordnung baureifen Landes (z. B. großflächige Industriebrachen) geht. In solchen Fällen kann es erforderlich werden, neben der Wartezeit und dem Erschließungsbeitrag (Erschließungsausbau- und Grunderwerbskosten) noch folgende wertbeeinflussende Merkmale zu berücksichtigen: **463**

a) einen **erhöhten öffentlichen Flächenbedarf für Infrastrukturmaßnahmen, naturschutzrechtliche Ausgleichsflächen und soziale Folgeeinrichtungen,**

b) eine **Überwälzung des 10%igen Eigenanteils** der Gemeinde am Erschließungsaufwand auf den Eigentümer (Erschließungsvertrag nach § 124 BauGB),

c) die **Abschöpfung umlegungsbedingter Bodenwerterhöhungen** im Rahmen amtlicher Bodenordnungsmaßnahmen nach den §§ 45 ff. BauGB sowie

d) die **Übernahme** der durch die Bauleitplanung verursachten **Bodenordnungs-, Erschließungs- und Folgekosten im Rahmen eines städtebaulichen Vertrags.**

---

[200] Vogels, H., Grundstücks- und Gebäudebewertung marktgerecht, 5. Aufl. Wiesbaden 1996, S. 28 f.; Pohnert, Kreditwirtschaftliche Wertermittlung, 5. Aufl. S. 113; Zimmermann, WERTV 88, München 1998, S. 204; Kleiber/Simon, WertV 98, 5. Aufl. 1999, S. 245; Simon in GuG 1995, 229; Sotelo in GuG 1995, 91; Simon/Kleiber, Schätzung und Ermittlung von Grundstückswerten, 7. Aufl. Neuwied 1996, S. 138; Kleiber in GuG 1996, 16; Möckel in GuG 1996, 274; Thomas/Leopoldsberger/Waldbröhl in Schulte, Immobilienökonomie Bd. I, München/Wien 1998, S. 444; zustimmend: Thomas in GuG 1995, 25, 82; Kremer in GuG 1995, 264; kritisch und mit Einschränkungen: Reck in GuG 1995, 234; Vogel in GuG 1994, 347.

464 Sofern nach der vorhandenen städtebaulichen Situation und dem Verhalten des Planungsträgers davon ausgegangen werden muss, dass maßnahmenbedingte Kosten (i.S. des § 11 BauGB) **üblicherweise auf die Eigentümer „überwälzt" werden** und davon die Preisbildung im gewöhnlichen Geschäftsverkehr mitbestimmt wird, muss dies bei der Verkehrswertermittlung im Wege deduktiver Verfahren mit berücksichtigt werden.

465 Wertermittlungstechnisch ist zu empfehlen, sich auf die **wesentlichen wertbestimmenden Parameter** und einen möglichst einfachen und übersichtlichen Verfahrensgang zu konzentrieren. „Überfrachtete Rechenverfahren" sind dagegen ungeeignet, auch wenn sie eine hohe Wissenschaftlichkeit und Scheingenauigkeit vortäuschen.

466 Bei dieser Vorgehensweise sind in der Gesamtschau die **wesentlichen Parameter:**

a) die Erschließungs*ausbau*kosten (Rn. 478 ff.),

b) die Kosten der Bodenordnung und der im Rahmen eines städtebaulichen Vertrags bereitzustellenden Infrastruktureinrichtungen (Folgekosten, Rn. 492 ff.),

c) der unentgeltlich bereitzustellende Flächenanteil, insbesondere, soweit er für Infrastruktur- und naturschutzrechtliche Ausgleichsmaßnahmen über die Erschließungsflächen aufgebracht werden muss,

d) die Wartezeit und das damit verbundene Wagnis (vgl. hierzu Rn. 507 ff., 513) sowie

e) der Diskontierungszinssatz (vgl. Rn. 515 ff.).

467 Dies macht es erforderlich, den in solchen Fällen **unentgeltlich bereitzustellenden Flächenanteil sowie die Folgekosten** möglichst sorgfältig abzuschätzen. Grundlage dafür ist der Bebauungsplan bzw. der städtebauliche Vertrag. Soweit diese noch nicht zur Verfügung stehen, muss sich der Sachverständige an der vorhandenen städtebaulichen Situation und dem Verhalten des Planungsträgers in der Weise orientieren, wie dadurch das Marktgeschehen mitbestimmt wird. Der Auftraggeber muss sich in dieser Phase bewusst sein, dass er bei diffusen Verhältnissen Unsicherheiten der Verkehrswertermittlung in Kauf nimmt. Dies kann dem Sachverständigen nicht angelastet werden[201].

Als ein universell und den Gegebenheiten des Einzelfalls anpassungsfähiges Wertermittlungsverfahren kann die nachfolgend vorgestellte Methode bei begrenzter Wartezeit zur Anwendung kommen.

6.3.2.2 Verfahrensüberblick

468 Verfahrensmäßig muss bei Anwendung des Extraktionsverfahrens (Residualwertverfahrens) auf die Verkehrswertermittlung warteständigen Baulands zwischen der **Brutto- und Nettofläche des Erschließungsgebiets** und dementsprechend zwischen dem Brutto- und Nettowert unterschieden werden. Der zu ermittelnde Bodenwert des warteständigen Baulands bezieht sich nämlich auf die Bruttofläche des zu entwickelnden Gebiets, während als Ausgangwert der auf den Quadratmeter Nettobaulandfläche bezogene Bodenwert herangezogen wird.

Deshalb empfiehlt es sich zunächst, die auf den Quadratmeter Nettobaulandfläche bezogenen Bodenwerte, die sich direkt aus Vergleichspreisen für baureifes Land (ebf) ableiten lassen, um die Kosten der Erschließung, Infrastrukturmaßnahmen und Bodenordnung zu vermindern. Auf diesem Wege gelangt man zu dem Bodenwert (pro Quadratmeter baureifes Land), der sich nach der Gebietsentwicklung unter Berücksichtigung der genannten Kosten realisieren lässt. Das Produkt aus dem Bodenwert und der entwickelten Baulandfläche (Nettofläche) ergibt dann den realisierbaren Veräußerungserlös für das zu entwickelnde Gebiet, der – diskontiert über die Entwicklungszeit (Wartezeit) – dem Bodenwert der gesamten Bruttobaulandfläche zum Wertermittlungsstichtag entspricht.

---

201 Kleiber in WiV 1967, 63.

Dieser Wert ist dann allerdings noch um die **Nebenkosten** zu vermindern, d.h. um

a) die Grundstückstransaktionskosten, die im Rahmen der Baulanderschließung erforderlich werden, und

b) um einen Unternehmergewinn (ggf. einschließlich Risikoabschlag),

und ergibt – geteilt durch die Bruttobaulandfläche – den Bodenwert pro Quadratmeter der Bruttofläche. Die Nebenkosten werden dabei in einen gesamtheitlichen Vomhundertsatz des um die Erschließungs-, Infrastruktur- und Bodenordnungskosten verminderten und auf den Wertermittlungsstichtag diskontierten Nettobaulandflächenwerts angesetzt. Rechentechnisch wird dieser mit einem Nebenkostenfaktor multipliziert:

$$\text{Nebenkostenfaktor} = 1 - \text{Nebenkosten}_{(\%\text{ des Nettobaulandflächenwerts})}$$

Beispiel:

Nebenkosten = 15 % des Nettobaulandflächenwerts
Nebenkostenfaktor = $(1 - 15/100) = 0{,}85$

Abb. 69: Brutto- und Nettorohbauland

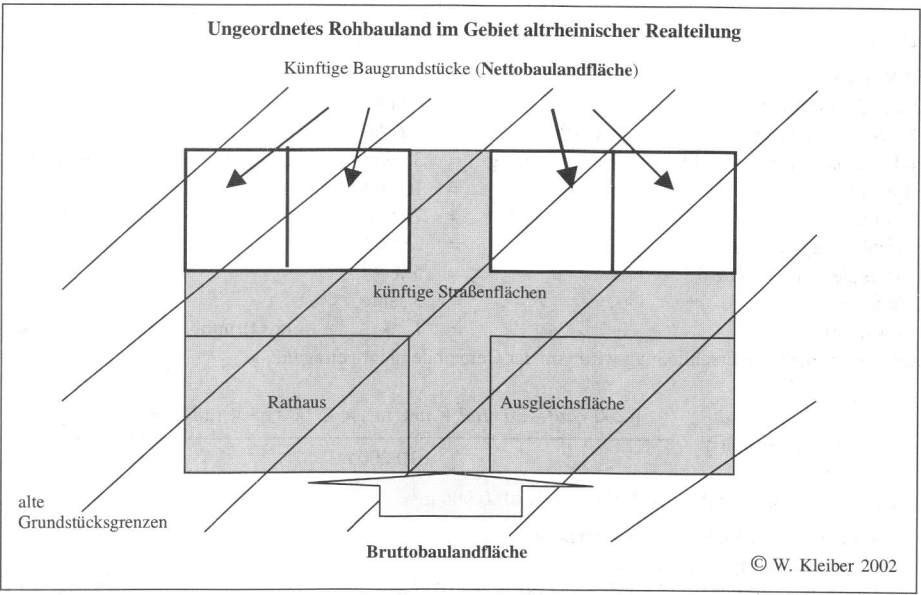

Bei dieser Vorgehensweise findet der **Anteil der unentgeltlich bereitzustellenden Flächen** für den Gemeinbedarf einschließlich sonstiger nach einem städtebaulichen Vertrag unentgeltlich bereitzustellender Flächen dadurch Eingang in die Wertermittlung, dass sich der Gesamtwert der Nettobaulandfläche aus dem Produkt des entsprechenden Bodenwerts pro Quadratmeter Nettobauland mit der möglichst genau der Planung zu entnehmenden (Bebauungsplan) Nettobaulandfläche ermittelt und dieser Gesamtwert durch die Bruttobaulandfläche geteilt wird.

470 Als **Formel:**

$$BW_{wartest\"andig} = \frac{[(BW(ebf) - EAB \times 0{,}9 - InfraK) \times \text{Nettobaulandfläche} \times q^{-n}] \times \text{Nebenkostenfaktor}}{\text{Bruttobaulandfläche}}$$

wobei:

$BW_{wartest\"andig}$	Bodenwert/m² des warteständigen Baulands (Bruttoflächenwert)
BW (ebf)	Bodenwert/m² des erschließungsbeitragsfreien baureifen Landes (Nettoflächenwert baureifes Land)
EAB	Erschließungs*ausbau*beitragsanteil
InfraK	Infrastrukturkosten (bei Umlegungen nach den §§ 45 ff. BauGB ersparte Grundbuch-, Vermessungs- und Notarkosten)
q^{-n}	Diskontierungsfaktor = $(1 + p/100)^{-n}$
p	Diskontierungszinssatz
n	Wartezeit
Nebenkostenfaktor	(1 – Nebenkosten%)
Nebenkosten	Grundstückstransaktionskosten, Unternehmergewinn und ggf. Wagnisabschlag als Vomhundertsatz des kostenverminderten Nettobaulandflächenwerts
0,9	Faktor zur Berücksichtigung eines 10%igen Gemeindeanteils

471 *Beispiel:*

BW (ebf)	=	200 €/m²
Erschließungsbeitrag	=	50 €/m²
Erschließungsausbaubeitragsanteil (EAB)	=	30 €/m²
Infrastrukturkosten einschließlich Bodenordnung	=	35 €/m² davon 15 €/m² Bodenordnung
Bruttofläche	=	100 000 m²
Nettofläche	=	75 000 m²
Erschließungsflächen	=	25 000 m²
Diskontierungszinssatz p	=	5 %
Wartezeit n	=	5 Jahre
Nebenkosten	=	15 % des Bruttobaulandflächenwerts

Der Eigenanteil der Erschließung wird von der Gemeinde nicht getragen.

$$BW_{wartest\"andig} = \frac{[(200\,€/m^2 - 30\,€/m^2 - 35\,€/m^2) \times 75\,000\,m^2 \times 1{,}05^{-5}] \times 0{,}85}{10\,000\,m^2}$$

$BW_{wartest\"andig}$ = (7 933 212 € – 1 189 982 €) / 100 000 m² = 67,43 €/m²

Nebenrechnung: Berechnung der Nebenkosten:

a) Bruttobaulandflächenwert:
   $(200\,€/m^2 - 30\,€/m^2 - 35\,€/m^2) \times 75\,000\,m^2 \times 1{,}05^{-5}$ =   7 933 212 €
b) Nebenkosten (Grundstückstransaktionskosten und Unternehmergewinn ggf.
   einschließlich Wagnis) 15 %   1 189 982 €

472 Das Verfahren stellt letztlich ein „**Kostenunterwälzungsmodell**" dar. Es findet seine Grenzen dort, wo die Verkäufer das Ergebnis nicht (mehr) akzeptieren bzw. akzeptieren können. Das Ergebnis ist jeweils abhängig von dem im Einzelfall unterstellten Baulanderschließungsmodell und dem Umfang der unentgeltlichen Flächenbereitstellung. Nachfolgend wird zur Demonstration der Wert des warteständigen Baulands nach drei verschiedenen Baulanderschließungsmodellen ermittelt:

a) konventionelle Baulanderschließung, bei der die Gemeinde ihren 10%igen Gemeindeanteil sowie die Kosten der Bodenordnung und Infrastruktur trägt (gemeindliche Baureifmachung),

b) Baulanderschließung im Wege der Umlegung nach den §§ 45 ff. BauGB, bei der die Bodenordnungskosten den Eigentümern im Wege des umlegungsbedingten Mehrwertausgleichs angelastet werden, und

c) Baulanderschließung im Wege eines städtebaulichen Vertrags, mit dem dem Eigentümer bzw. dem Entwickler der 10%ige Eigenanteil der Gemeinde und die gesamten Erschließungs-, Bodenordnungs- und Infrastrukturkosten angelastet werden (Abb. 70).

Abb. 70: Residualwert warteständigen Baulands bei unterschiedlichen Baulanderschließungsmodellen

Baulanderschließungsmodell	a Gemeindliche Baureifmachung	b Baureifmachung im Wege der Umlegung	c Baureifmachung im Wege eines städtebaulichen Vertrags
Ausgangswert BW (ebf)	200 €/m²	200 €/m²	200 €/m²
abzgl. Eigenanteil am Erschließungsausbau	− 27 €/m²	− 27 €/m²	
voller Erschließungsausbau			− 30 €/m²
abzgl. Infrastrukturkosten und Bodenordnung			− 35 €/m²
nur Bodenordnung		− 15 €/m²	
verbleibt	173 €/m²	158 €/m²	135 €/m²
× Nettobaulandfläche	75 000 m²	75 000 m²	75 000 m²
= Nettobaulandflächenwert in 5 Jahren	12 975 000 €	11 850 000 €	10 125 000 €
× Diskontierungsfaktor bei 5 %	× 0,78352	× 0,78352	× 0,78352
= Nettobaulandflächenwert zum Wertermittlungsstichtag (nebenkostenunvermindert)	10 166 264 €	9 284 796 €	7 933 212 €
× Nebenkostenfaktor			× 0,85
ergibt			6 743 230 €
Bruttobaulandfläche insgesamt	100 000 m²	100 000 m²	100 000 m²
= Bruttobaulandflächenwert/m²	**101,66 €/m²**	**92,85 €/m²**	**67,83 €/m²**

▶ *Zum Umlegungsmodell vgl. Teil VII Rn. 79 ff.*

Fordert die Gemeinde zusätzlich zu dem Erschließungsflächenanteil von 25 000 m² eine **weitere unentgeltliche Flächenbereitstellung von 25 000 m² für soziale Zwecke bzw. für naturschutzrechtliche Ausgleichsmaßnahmen,** so ergeben sich folgende Bruttobaulandflächenwerte (Abb. 71):

Abb. 71: Residualwert warteständigen Baulands (Städtebaulicher Vertrag) unter
Berücksichtigung von Flächenbereitstellungen

Baulanderschließungsmodell bei Inanspruchnahme naturschutzrechtlicher Ausgleichsflächen	c Baureifmachung im Wege eines städtebaulichen Vertrags
Kostenverminderter Ausgangswert (vgl. oben)	135 €/m²
× Nettobaulandfläche	50 000 m²
= Nettobaulandflächenwert in 5 Jahren	6 750 000 €
× Diskontierungsfaktor bei 5 %	× 0,78352
= Nettobaulandflächenwert zum Wertermittlungsstichtag	5 288 760 €
= Bruttobaulandflächenwert (nebenkostenunvermindert)	
× Nebenkostenfaktor	× 0,85
ergibt nebenkostenverminderten Bruttobaulandflächenwert	4 493 746 €
Bruttobaulandfläche insgesamt	100 000 m²
= Bruttobaulandflächenwert/m²	**44,94 €/m²**

Abb. 72: Deduktive Ableitung des Verkehrswerts warteständigen Baulandes

Deduktive Ableitung des Verkehrswerts warteständigen Baulandes

Bodenwert/m² der Nettobaulandfläche (ebf)

$-$

Erschließungsausbaubeitragsanteil (EAB)/m² $\times$ 0,9

$=$

Bodenwert/m² der Nettobaulandfläche (erschließungsausbaubeitragsfrei)

$-$

1. **Bei städtebaulichen Verträgen:**
   Infrastrukturkosten einschließlich Bodenordnungskosten (entsprechend Vertrag) pro Quadratmeter Nettobauland
2. **Bei Durchführung von Umlegungsverfahren nach §§ 45 ff. BauGB**
   – Grundbuchkosten
   – Vermessungskosten
   – Notarkosten
   entspricht umlegungsbedingten Ausgleichsleistungen
   (Zuteilung straßenlandbeitragspflichtig)
3. **Bei Erschließung durch die Gemeinde**
   (Grunderwerbs- und Freilegungskosten) $\times$ 0,9

$=$

Bodenwert/m² der Nettobaulandfläche (unter Berücksichtigung der Infrastruktur- und Bodenordnungskosten sowie Kosten der Flächenbereitstellung)

$\times$

Nettofläche

$=$

Bodenwert der Nettobaulandfläche – insgesamt – (*nach* der Entwicklung)

$\times$

Diskontierung über Wartezeit (Vorhaltekosten): $\times\ q^{-n}$

$=$

Bodenwert der Nettobaulandfläche – insgesamt – (*vor* der Entwicklung)
$=$
Bodenwert der Bruttobaulandfläche (insgesamt ohne Nebenkosten)

$-$

Grundstückstransaktionskosten, Unternehmergewinn, Wagnisabschlag

$=$

Bruttobaulandflächenwert (unter Berücksichtigung der Nebenkosten)

$:$

Bruttobaulandfläche (insgesamt)

$=$

Bodenwert/m² der Bruttobaulandfläche

© W. Kleiber

6.3.3 Ausgangswert

6.3.3.1 Maßgeblicher Grundstückszustand

473 Am Anfang des Verfahrens steht die **Marktwertermittlung des „fertigen Produktes" einer Baulanderschießung**. Die zur Verkehrswertermittlung des warteständigen Baulands heranziehbaren **Vergleichspreise** für baureifes Land sollen sich nach den allgemeinen Grundsätzen des § 15 ImmoWertV auf Grundstücke beziehen, die mit dem künftigen Zustand des zu bewertenden warteständigen Baulands möglichst übereinstimmende Grundstücksmerkmale aufweisen, insbesondere, was die Lage und künftige Nutzbarkeit anbelangt. Des Weiteren ist vor allem beachtlich, ob sich die Vergleichspreise auf erschließungsbeitragsfreies (ebf) oder erschließungsbeitragspflichtiges (ebp) baureifes Land beziehen.

474 Die Heranziehung der geeigneten Vergleichspreise setzt voraus, dass die **künftige Nutzung und Gestaltung des Erschließungsgebiets** eindeutig bekannt ist. Im Idealfall ist dafür ein Bebauungsplan zu fordern, jedoch wird der Sachverständige zumeist hierauf nicht zurückgreifen können, weil oftmals noch unklare Vorstellungen über die künftige Gestaltung des Gebiets herrschen. In diesen Fällen fehlt es eigentlich an den erforderlichen Grundlagen für die Anwendung des Extraktionsverfahrens (Residualwertverfahrens). Der Sachverständige kann sich dann auf unverbindliche Planungskonzeptionen (informelle Planungen) stützen. In diesem Fall steht das Ergebnis seiner Extraktion (Residualwertermittlung) unter dem Vorbehalt, dass diese Planungskonzeption tatsächlich realisiert wird. Stehen dem Sachverständigen keine oder nur unklare Planungskonzeptionen zur Verfügung, muss er seine Residualwertermittlung auf Annahmen über die künftige Nutzung und Gestaltung des Gebiets stützen, die zweckmäßigerweise mit dem Auftraggeber abzusprechen sind. In diesen Fällen empfiehlt es sich, in dem Gutachten deutlich herauszustellen, dass das Ergebnis seiner Residualwertermittlung unter der Prämisse der Annahme steht, weil bei anderen Vorgaben sich zwangsläufig auch ein anderer Residualwert ergeben würde.

6.3.3.2 Ermittlung des Verkehrswerts

475 Die zur Ermittlung des Ausgangswerts herangezogenen Vergleichspreise für baureifes Land sind – soweit erforderlich – auf die Lagemerkmale des zu bewertenden Baulands „umzurechnen". Dies gilt auch für etwaige Unterschiede im **Maß der baulichen Nutzung (GFZ)**. Dabei kann es von Bedeutung sein, welchen erschließungsbeitragsrechtlichen Zustand die den Vergleichspreisen zugrunde liegenden Grundstücke aufweisen. Die in der Praxis zur Anwendung kommenden Umrechnungskoeffizienten zur Berücksichtigung eines unterschiedlichen Maßes der baulichen Nutzung (GFZ) sind nämlich in aller Regel auf der Grundlage erschließungsbeitragsfreier (ebf) baureifer Grundstücke abgeleitet worden (so auch Anl. 11 der WERTR). Um „im System zu bleiben", müssen deshalb Vergleichspreise für erschließungsbeitragsfreies baureifes Land herangezogen werden, die dann auf das Maß der baulichen Nutzung umgerechnet werden, das für das zu bewertende warteständige Bauland maßgeblich ist. Vergleichspreise erschließungsbeitragspflichtiger Grundstücke müssen ggf. zuvor auf einen erschließungsbeitragsfreien Zustand umgerechnet werden.

6.3.3.3 Baulandproduktionskosten (Überblick)

476 Im Anschluss an diese vorab durchzuführende „Angleichung" der Vergleichspreise für baureifes Land gilt es sodann,

a) die sich aus der Flächenbereitstellung und den Erschließungsausbaumaßnahmen zusammensetzenden **Erschließungskosten** und ggf. auch **infrastrukturelle Aufschließungskosten** (Folgekosten) sowie

b) die **Vorhaltekosten** über die ausstehende Wartezeit bis zur Baureife und das damit verbundene Wagnis (Risiko)

zu berücksichtigen.

Dies macht es erforderlich, den in solchen Fällen **unentgeltlich bereitzustellenden Flächenanteil sowie die Folgekosten** möglichst sorgfältig abzuschätzen. Grundlage dafür ist der Bebauungsplan ggf. i.V.m. dem städtebaulichen Vertrag. Soweit diese Grundlagen noch nicht zur Verfügung stehen, muss sich der Sachverständige an der vorhandenen städtebaulichen Situation und dem Verhalten des Planungsträgers in der Weise orientieren, wie dadurch das Marktgeschehen mitbestimmt wird. Der Auftraggeber muss sich in dieser Phase bewusst sein, dass er bei diffusen Verhältnissen Unsicherheiten der Verkehrswertermittlung in Kauf nimmt. Dies kann dem Sachverständigen nicht angelastet werden[202].

6.3.4 Erschließung

Im *zweiten Schritt* gilt es zunächst, den Ausgangswert für erschließungsbeitragsfreies baureifes Land um die Kosten zu vermindern, die mit der örtlichen Erschließung verbunden sind. Dazu wird auf Kosten zurückgegriffen, die sonst nach dem Erschließungsbeitragsrecht der §§ 123 ff. BauGB geltend gemacht werden können. Nach § 127 BauGB erheben die Gemeinden zur Deckung ihres „anderweitig nicht gedeckten" Aufwands für Erschließungsanlagen einen Erschließungsbeitrag. Der Erschließungsbeitrag wird erhoben für

– den **Grunderwerb**,
– eine etwaige **Freilegung** sowie
– die **Herstellung der Erschließungsanlage.**

Die Gemeinde trägt dabei (grundsätzlich) 10 % des beitragsfähigen Erschließungsaufwands.

Bezüglich des durch die Erschließung ausgelösten **Flächenbedarfs** und der üblicherweise anfallenden **Erschließungsbeiträge** liegen folgende **Erfahrungswerte** vor:

– Die Erschließungsbeiträge belaufen sich in der Praxis je nach örtlichen Verhältnissen (Lage, Topografie) auf zwischen 15 €/m² und 50 €/m² erschlossenen Baulands.
– Der Flächenbedarf für die Erschließung beläuft sich auf etwa 20 bis 30 % der Bruttobaulandfläche; es kommt hier entscheidend darauf an, ob der Maßnahme eine flächensparende oder flächenintensive Erschließungskonzeption zugrunde liegt.

In den vorgenannten **Erfahrungswerten** über Erschließungsbeiträge **sind die Kosten des Grunderwerbs enthalten**, wobei – im Falle von Neuerschließungsmaßnahmen – der Grunderwerb regelmäßig nicht zu den Preisen des baureifen Landes getätigt wird. Zumindest bei Neuerschließungsmaßnahmen können die künftigen Erschließungsflächen unter Anwendung des Vorwirkungsgrundsatzes erworben werden. Bei der hier behandelten Vorgehensweise dürfen zunächst aber nur die Erschließungsausbaukosten (EAB) zum Ansatz kommen, denn die Höhe der Grunderwerbskosten ergibt sich erst aus dem Ergebnis der Wertermittlung.

Bei der (deduktiven) Ableitung des Verkehrswerts wartestäendigen Baulands aus Vergleichspreisen für erschließungsbeitragsfreies Bauland dürfen aus den vorstehenden Gründen nicht

– der Freilegungsanteil für die Erschließungsflächen (häufig **pauschal mit 30 % der Bruttobaulandfläche) und gleichzeitig**
– **der ortsübliche Erschließungsbeitrag** *in voller Höhe* bezogen auf die Bruttobaulandfläche zum Abzug gebracht werden. Dies würde zu einer Doppelberücksichtigung führen, denn im Erschließungsbeitrag ist der Grunderwerb enthalten. Dieser in der Wertermittlungspraxis oftmals begangene Fehler führt im Ergebnis dazu, dass bei der Ermittlung des Verkehrswerts wartestäendigen Baulands aus Vergleichspreisen baureifer erschließungsbeitragsfreier (ebf) Grundstücke der Flächenbeitrag für die künftige Erschließung
– einerseits mit dem Abzug eines prozentualen Flächenabzugs und

---

202 Kleiber in WiV 1967, 63.

V Syst. Darst. Vergleichswertverf. — Extraktionsverfahren

– andererseits mit dem Ansatz des „vollen" Erschließungsbeitrags, der die Grunderwerbskosten enthält,

doppelt zum Abzug gebracht wird.

482 Deswegen ist es geboten, im Rahmen der deduktiven Ableitung des Verkehrswerts warteständigen Baulands aus erschließungsbeitragsfreien (ebf) Vergleichspreisen (für baureifes Land) den grundsätzlich in Abzug zu bringenden Erschließungsbeitrag in

– eine Grunderwerbskomponente und

– eine Ausbaukomponente

aufzuspalten und zunächst **nur die Ausbaukomponente in Abzug zu bringen**. Entsprechende Regelungen enthält auch das Umlegungsrecht in § 57 Satz 4 i.V.m. § 68 Abs. 1 Nr. 4 BauGB für den Fall einer straßenlandbeitragsfreien, aber ansonsten erschließungsbeitragspflichtigen Zuteilung[203]. Dem entspricht auch die deduktive Ableitung von Rohbaulandwerten (aber auch generell die Ableitung des Verkehrswerts von „warteständigem Bauland"), wenn dabei von einem anteiligen (prozentualen) unentgeltlichen Flächenabzug für Erschließungsanlagen ausgegangen wird.

483 *Beispiel:*

Ausgangsdaten:

Vergleichswert für erschließungsbeitragsfreies (ebf) baureifes Land BW	200 €/m²
Erschließungsbeitrag pro Quadratmeter erschlossenen baureifen Landes	50 €/m²
davon Grunderwerbskosten	20 €/m²
Ausbaukosten	30 €/m²
Bruttobaulandfläche	100 000 m²
Erschließungsfläche	25 000 m²
Nettobaulandfläche	75 000 m²

Rechengang:

BW (ebf)	=	200 €/m²
– Erschließungsbeitragsanteil für Ausbau	=	– 30 €/m²
= BW (ebp)	=	**170 €/m²** (noch nicht diskontierter Zwischenwert)

Bodenwert des gesamten Baugrundstücks: 75 000 m² × 170 €/m² = **12,75 Mio. €** (Zwischenwert)

484 Zu beachten ist, dass sich der vorstehend ermittelte **Quadratmeterwert des erschließungsbeitragspflichtigen (ebp) baureifen Landes nur auf die künftige Nettobaulandfläche** bezieht, weil der Anteil der Grunderwerbskosten am Erschließungsbeitrag mit der unentgeltlichen Bereitstellung der dafür erforderlichen Flächen getätigt wird und diese Flächen damit einen „Nullwert" aufweisen.

485 Zur Erläuterung wird die **Gesamtberechnung** vorgestellt:

Rechengang:

Zu ermitteln ist der Verkehrswert der Nettobaulandfläche bei sofortiger unentgeltlicher Abgabe der Erschließungsflächen von 25 000 m², mithin 75 000 m²:

Erschlossen hat diese Fläche im erschließungsbeitragsfreien (ebf) Zustand einen Wert von:

75 000 m² × 200 €/m² = 15,000 Mio. €

Abzug des Erschließungsausbaubeitrags für die Nettobaulandfläche:

75 000 m² × 30 €/m² = – 2,250 Mio. €

Straßenausbaupflichtiges, aber ansonsten erschließungsbeitragsfreies Land mithin = 12,750 Mio. €

Der Bodenwert pro Quadratmeter Nettorohbauland ergibt sich mithin zu:

12,750 Mio. € : 75 000 m² = **170 €/m²** (wie oben)

---

[203] Ernst/Zinkahn/Bielenberg, Komm. zum BauGB, § 68 BauGB Rn. 6; § 57 BauGB Rn. 34.

Um zum aktuellen Nettobaulandwert zu kommen, ist vorstehend ermittelter Zwischenwert noch **über die Wartezeit** möglichst unter gleichzeitiger Berücksichtigung des damit verbundenen Wagnisses **abzuzinsen** (vgl. Rn. 509 ff.).   **486**

Abzulehnen ist dagegen eine Berechnungsweise, bei der – vom Bodenwert für erschließungsbeitragsfreies (ebf) Bauland (BW [ebf]) ausgehend –   **487**

– der Bodenwert um einen Flächenbeitrag für die künftigen Erschließungsflächen (z. B. um 30 %) vermindert,

– der „volle" Erschließungsbeitrag (einschließlich des Anteils für die Grunderwerbskosten) abgezogen und

– das Ergebnis darüber hinaus als Ausgangswert für die „volle" Bruttobaulandfläche herangezogen wird.

Beispiel (falsch):   **488**

Ausgangsdaten wie im vorstehenden Beispiel	
BW (ebf)	200 €/m²
– 25 % von 200 €/m²	– 50 €/m²
= Nettobaulandflächenwert	= 150 €/m²
– Erschließungsbeitrag	– 50 €/m²
= BW (ebp)	= 100 €/m²

Auch wenn dieser Wert nur auf die Nettorohbaulandfläche zur Anwendung käme, wäre das Ergebnis falsch:

75 000 m² × 100 €/m² = 7,5 Mio. € (falsch)

Bei dieser Berechnungsweise werden – wie vorstehend erläutert – die **Kosten des Grunderwerbs für die Erschließungsflächen** doppelt zum Ansatz gebracht, nämlich einmal mit dem „vollen" Erschließungsbeitrag und ein zweites Mal mit dem Flächenbeitrag. Tatsächlich müsste, wenn die Erschließungsbeiträge „voll" zum Ansatz gebracht werden, eine Entschädigung für die vom Eigentümer in Anspruch genommenen Erschließungsflächen berücksichtigt werden. Dieser Entschädigungsbetrag ist bei vorstehender Berechnungsweise aber unberücksichtigt geblieben.   **489**

Abzulehnen ist auch die vorstehende Berechnungsweise, wenn an Stelle des vollen Erschließungsbeitrags nur der Erschließungs*ausbau*beitrag zum Abzug gebracht wird, um insoweit eine Doppelberücksichtigung zu vermeiden: **490**

Beispiel (falsch):

Ausgangsdaten wie im vorstehenden Beispiel	
BW (ebf)	200 €/m²
– 25 % von 200 €/m²	– 50 €/m²
= Nettobaulandflächenwert	= 150 €/m²
– Erschließungsausbaubeitrag	– 30 €/m²
= BW (ebp)	= 120 €/m²

Der Gesamtwert der Nettorohbaulandfläche ergäbe sich damit zu:

75 000 m² × 120 €/m² = 9,0 Mio. € (falsch)

An dieser Berechnung ist zu bemängeln, dass sich der Grunderwerb für die Erschließungsflächen am Wert des baureifen Landes orientiert; tatsächlich wird der Grunderwerb jedoch nach dem Wert des warteständigen Baulands getätigt.

In den vorstehenden Berechnungsbeispielen wurden nicht, wie vielfach von Entwicklungsgesellschaften gefordert, **Entwicklungskosten** berücksichtigt. Dies ist nur in den Ausnahmefällen sachgerecht, wo der Grundstücksmarkt mit solchen Kostenbelastungen rechnen muss und dies auch im gewöhnlichen Geschäftsverkehr die Preisbildung beeinflusst. Grundsätzlich kann jedoch der Grundstücksmarkt damit rechnen, dass solche Entwicklungsmaßnahmen zu   **491** den ureigensten Aufgaben der Gemeinde gehören. Demzufolge trägt auch bei Bodenordnungsmaßnahmen nach den §§ 45 ff. BauGB die Gemeinde die Verfahrenskosten (§ 78 BauGB). Selbst bei Durchführung städtebaulicher Sanierungs- und Entwicklungsmaßnahmen sind die **gemeindlichen Verfahrenskosten** nicht förderfähig, wenn die Gemeinde die Maßnahme in eigener Regie durchführt; etwas anderes gilt nur im Falle der Beauftragung eines Trägers. Es kommt bei genauerer Betrachtung hinzu, dass die Gemeinde grundsätzlich 10 % der Erschließungskosten selber tragen muss.

6.3.5 Planungs-, Bodenordnungs- und Infrastrukturkosten

6.3.5.1 Allgemeines

492 Im *dritten Schritt* ist der Ausgangswert für erschließungsbeitragsfreies baureifes Land noch um die Kosten zu vermindern, die mit der maßnahmenbedingten Infrastruktur (Folgekosten) verbunden sind. Dies gilt allerdings nur unter besonderen Voraussetzungen:

493 Grundsätzlich kann die Gemeinde nur die Kosten der örtlichen Erschließungsanlagen nach den Vorschriften des Erschließungsbeitragsrechts geltend machen und hat darüber hinaus die Kosten der sonstigen Infrastrukturmaßnahmen und die Bodenordnungskosten (Folgekosten) zu tragen, wenn man von den Besonderheiten der städtebaulichen Sanierungs- und Entwicklungsmaßnahme (nach den §§ 136 ff. BauGB) und der amtlichen Umlegung (nach den §§ 45 ff. BauGB) absieht. Die Gemeinden sehen sich diesbezüglich insbesondere bei großflächigen Baulanderschließungen finanziell überfordert und sind bestrebt, diese Kosten auf die durch die Bauleitplanung begünstigten Eigentümer bzw. auf den Investor zu überwälzen[204]. Da umgekehrt für die Eigentümer bzw. den Investor mit der Planung und Erschließung der warteständigen Baulandflächen nicht unerhebliche Wertsteigerungen einhergehen, sind sie im Rahmen dieses Wertsteigerungspotenzials bereit, diese Kosten mitzutragen. Dies betrifft insbesondere die nachstehenden Folgekosten:

a) die Planungskosten,

b) die Kosten der Bodenordnung und

c) die Kosten der örtlichen Erschließung (anstelle ihrer Geltendmachung durch Erschließungsbeiträge unter Einbeziehung des 10 %igen Gemeindeanteils),

d) die Kosten der sonstigen Infrastrukturmaßnahmen.

494 Im Rahmen des Wertsteigerungspotenzials wird es von den Eigentümern bzw. von Investoren hingenommen, dass die mit der Planung und Entwicklung einhergehende Wertsteigerung durch unentgeltliche Bereitstellung von privat nutzbaren Flächen (z. B. für den Bereich der sozialen Wohnraumförderung) „abgeschöpft" wird.

495 Die Gemeinden legen vielfach ihre diesbezüglichen boden- und baulandpolitischen Strategien in Form von **„städtebaulichen Grundsatzbeschlüssen"** fest. Diese bilden auch die Grundlage für den Abschluss städtebaulicher Verträge, die mit gleicher Zielsetzung, aber auch ohne entsprechende städtebauliche Grundsatzbeschlüsse vereinbart werden können.

496 **Der Beteiligung der Eigentümer bzw. des Investors an** den Infrastruktur- und Bodenordnungskosten (einschließlich der unentgeltlichen Flächenbereitstellung) **sind Grenzen gesetzt:**

a) Der Eigentümer bzw. der Investor ist aus wirtschaftlichen Überlegungen zur Kostenübernahme nur in dem Umfang bereit, wie sich diese durch die mit der Entwicklung einhergehende Werterhöhung „rechnet".

b) Die Gemeinde darf die Kosten im Rahmen städtebaulicher Verträge dem Eigentümer bzw. dem Investor anlasten, wie sie auf Maßnahmen zurückführbar sind, die

---

[204] Zum Stand des kommunalpolitischen Flächenmanagements vgl. Schäfer, Baulandbereitstellung, Bundesministerium für Verkehr, Bau- und Wohnungswesen, Berlin 2001.

- in einem kausalen Zusammenhang mit der Baulandentwicklung stehen *(Ursächlichkeit)* und
- in ihrer Ausgestaltung angemessen sind *(Angemessenheit;* § 11 Abs. 2 BauGB).

Sofern nach der vorhandenen städtebaulichen Situation und dem Verhalten des Planungsträgers davon ausgegangen werden muss, dass die Überwälzung der Infrastruktur- und Bodenordnungskosten (einschließlich der unentgeltlichen Flächenbereitstellung) auf die Eigentümer üblich ist und davon die Preisbildung auf dem Grundstücksmarkt im gewöhnlichen Geschäftsverkehr mitbestimmt wird, muss dies bei der Verkehrswertermittlung im Wege deduktiver Verfahren mitberücksichtigt werden.

Dies macht es erforderlich, die Folgekosten und den in solchen Fällen unentgeltlich bereitzustellenden (zusätzlichen) Flächenanteil möglichst sorgfältig abzuschätzen. **Grundlage dafür ist der Bebauungsplan bzw. der städtebauliche Vertrag** (§§ 11 f. BauGB). Soweit diese noch nicht zur Verfügung stehen, muss sich der Sachverständige an der vorhandenen städtebaulichen Situation und dem Verhalten des Planungsträgers in der Weise orientieren, wie dadurch das Marktgeschehen mitbestimmt wird. Der Auftraggeber muss sich in dieser Phase bewusst sein, dass er bei „diffusen" Verhältnissen Unsicherheiten der Verkehrswertermittlung in Kauf nimmt. Dies kann dem Sachverständigen nicht angelastet werden[205].

Ob im Einzelfall bei der Verkehrswertermittlung einer warteständigen Baulandfläche davon auszugehen ist, dass deren Entwicklung tatsächlich vom Abschluss eines städtebaulichen Vertrags mit der Übernahme von Folgekosten abhängig ist, kann nur auf der Grundlage des **örtlichen Marktgeschehens und des** generellen **Verhaltens des Planungsträgers** beurteilt werden. Im Rahmen einer Verkehrswertermittlung verbietet es sich zunächst, stillschweigend entsprechenden Anweisungen des Auftraggebers zu folgen. Hier muss sich der Sachverständige zunächst selbst ein Bild darüber verschaffen, ob dies tatsächlich den Gepflogenheiten des Grundstücksmarktes entspricht und der Grundstücksmarkt auf ein entsprechendes Verhalten des Planungsträgers „reagiert". Wäre dies im Einzelfall zu verneinen und besteht der Auftraggeber dennoch darauf, ein solches Verhalten des Planungsträgers der Wertermittlung zugrunde zu legen, sollte der Gutachter seine Wertermittlung mit einem entsprechenden Hinweis versehen.

6.3.5.2 Städtebauliche Verträge

Als **Indiz dafür, dass die Baulandentwicklung** im Einzelfall **nur in Abhängigkeit vom Abschluss eines städtebaulichen Vertrags eine Chance hat,** gilt insbesondere die Größe des künftigen Baugebiets, weil i.d.R. nur große Baugebiete auch größere Infrastrukturmaßnahmen zur Folge haben, die der Planungsträger auf den Investor zu überwälzen trachtet. Daneben sind entsprechende städtebauliche Grundsatzbeschlüsse sowie die Eigentumsstruktur beachtlich, weil der Abschluss eines städtebaulichen Vertrags vor allem nur dann eine Chance hat, wenn sich nur ein oder zumindest wenige Investoren nach der vorgefundenen Eigentumsstruktur als Vertragspartner anbieten. Bezüglich der Größe des zu entwickelnden Gebiets kann für die Verhältnisse in *Berlin* die in der 4. Aufl. auf S. 1150 abgedruckte Aufstellung der „Vertragsgebiete" einen Anhalt bieten.

Im Übrigen wäre es nur konsequent, spiegelbildlich zu den überwälzten Infrastrukturkosten auch die zu erwartenden Förderungen der Maßnahme werterhöhend zu berücksichtigen. **Bodenbezogene Förderungen** führen nun einmal zu Bodenwerterhöhungen.

Die **Höhe der** unter den genannten Voraussetzungen **zum Abzug zu bringenden Folgekosten** (Infrastruktur- und Bodenordnungskosten einschließlich der unentgeltlichen Flächenbereitstellung) ist schwer kalkulierbar. Der Sachverständige sieht sich hier oftmals unübersichtlichen Kostenaufstellungen ausgesetzt. Die Höhe der Kosten ist insbesondere abhängig von

a) der Art des zu entwickelnden Gebiets, wobei die Entwicklung von Wohngebieten i.d.R. höhere Infrastrukturkosten erfordert als die Entwicklung von Gewerbegebieten,

---

205 Kleiber in Wirtschaft und Verwaltung 1967, 63.

b) der vorhandenen Topographie,

c) der „Qualität" und Quantität der vorgesehenen Infrastrukturmaßnahmen und

d) ggf. dem Umfang von Freilegungsmaßnahmen einschließlich Altlastenbeseitigung.

503 Nach **allgemeinen Erfahrungssätzen** liegen die Infrastrukturkosten oftmals in gleicher Höhe wie die Erschließungskosten[206]. Wenn im Einzelfall die vom Investor geltend gemachten Folgekosten den Betrag von 70 €/m² baureifen Landes (ebf) überschreiten, muss dies sehr kritisch hinterfragt werden und hat vielfach seine Ursache in einer allzu aufwendigen Planung. Dies kann zum Scheitern des Vorhabens führen, denn diese Kosten werden im Rahmen des Extraktionsverfahrens (Residualwertverfahrens) auf den Erwerbspreis „unterwälzt", d. h., sie führen zu einem Preis für die warteständigen Bauflächen, der dann von dem Veräußerer nicht mehr akzeptiert werden kann.

504 Im Rahmen der von der Landeshauptstadt *München* beschlossenen Grundsätze der „Sozialen Bodennutzung" (SoBoN)[207] und der hierzu erlassenen Richtlinie für die inhaltliche und verfahrensmäßige Umsetzung wird im Rahmen städtebaulicher Verträge neben

a) der unentgeltlichen Flächenbereitstellung,

b) den Herstellungskosten der Erschließungsanlagen und der Ausgleichsmaßnahmen,

c) ggf. den Wettbewerbskosten, Kosten für zusätzliche Öffentlichkeitsarbeiten, Honorare nach HOAI bei Vergabe von Leistungen an Dritte, Kosten für Gutachten, Umlegungskosten,

d) dem Verzicht auf Ansprüche z. B. wegen Eingriffs in den eingerichteten und ausgeübten Gewerbebetrieb

ein anteiliger **Infrastrukturkostenbeitrag in Höhe von 65 €/m² Geschossfläche „der Baurechtsmehrung"** ausbedungen; dieser soll in etwa die Hälfte der angesetzten ursächlichen sozialen Infrastrukturkosten abdecken. Er wird zum Zeitpunkt der Realisierungsmöglichkeit des neuen bzw. zusätzlichen Baurechts fällig. Andere Städte handeln ähnlich[208].

505 Es kommt hinzu, dass in **Gebieten mit niedrigem Bodenwertniveau** der Unterwälzung von Folgekosten enge Grenzen gesetzt sind. Wo z. B. erschlossenes Gewerbebauland zum Preis von 40 €/m² (ebf) auf dem Markt ist, wird man neben den Erschließungskosten wohl kaum noch die Folgekosten dem Eigentümer anlasten können. Folgekosten können dem Grundstückseigentümer letztlich nur in dem Maße angelastet werden, wie sie sich in entsprechenden Bodenwerterhöhungen niederschlagen.

506 **Anhaltspunkte für die Baulandproduktionskosten** ergeben sich aus Abb. 73.

---

206 Voß in GuG 1996, 343.
207 Gemeinsamer Beschluss des Ausschusses für Stadtplanung und Bauordnung, des Kommunalausschusses, des Finanzausschusses und des Ausschusses für Arbeit und Wirtschaft vom 3.12.1997 der Landeshauptstadt München.
208 Vgl. Globalrichtlinie der Freien und Hansestadt Hamburg (GuG 2004, 173).

Abb. 73: Baulandproduktionskosten (ohne Grunderwerb)

	Kostenarten	Umlegung nach §§ 45 ff. BauGB €	Städtebauliche Entwicklungsmaßnahmen §§ 165 ff. BauGB €
1.	**Vorbereitung**		
1.1	Flächennutzungsplan	0,32	0,32
1.2	Bebauungsplan	0,41	0,41
1.3	Grünordnungsplan	0,25	0,25
1.4	Verwaltungskosten	0,71	
1.5	Entwicklungsbetreuer		0,71
2.	**Kosten der Erschließung**		
2.1	Erschließung nach den §§ 127 ff. BauGB	30,00	30,00
2.1.1	Kosten Erhebung Ermittlung der Grundlagen Berechnungen, Erteilung, Beratung, Buchungsaufwand	**0,56**	
2.1.2	Zuschlag Risiko Widerspruchsverfahren (ohne Ansatz)		
2.2	**Kanalanlage**		
2.2.1	Kanalbau	6,40	6,40
2.2.2	Beitragserhebung	**0,56**	
2.3	**Wasserbau**		
2.3.1	Anlagenbau	2,72	2,72
2.3.2	Beitragserhebung	**0,56**	
2.4	**Sonstige Ordnungsmaßnahmen**		
2.4.1	Altlastenerkundung Grundbaulabor	0,25	0,25
2.4.2	Sonstige Gutachten	0,25	0,25
2.4.3	Vermessung	5,00	5,00
2.4.4	Sonstige Ordnungsmaßnahmen	5,00	5,00
2.4.5	Ausbau Ausgleichsflächen	5,00	5,00
3.	**Baumaßnahmen**		
3.1	Kindergarten	6,00	6,00
3.1.1	Kosten der Verwaltung	0,25	
3.2	Verwaltungsstelle	0,25	
4.	**Sonstige Kosten** Finanzierungskosten Kosten 77,86 Deckungsbeitrag Kosten 29,75 × 6 % × 3 Jahre Kosten 109,93 × 6 % × 3 Jahre	./. 48,12 **5,34**	19,78
5.	**Finanzierungsbeiträge/Deckungsbeiträge**		
5.1	Erhebung der Erschließungskosten 90 % von 3.1	27,00	
5.2	Erhebung von Beiträgen Ausgleichsmaßnahmen 90 % von 2.4, 2.5 und 3.4.5	16,53	
5.3	Einmalbeitrag Kanal 50 % von 3.2.1 Rest über lfd. Gebühren	3,20	
5.4	Einmalbeitrag Wasser 50 % von 3.3.1 Rest über lfd. Gebühren	1,38	

Anmerkungen:
1. Kostenpositionen ohne direkte Deckungsbeiträge = **Fettdruck**.
2. Bei Kosten der Verwaltung wurde von Gehalts- und Vergütungstabellen der öffentlichen Verwaltung, Zuschlägen für Lohnnebenkosten und Arbeitsplatzkosten ausgegangen.
3. Bei den Erschließungskosten wurde der gemeindliche Mindestanteil (= 10 v.H.) angesetzt. Mithin werden 90 v.H. der Kosten über Erschließungsbeiträge erhoben. Weiter wurde bei der Zinsrechnung (5.1 Finanzierungskosten) unterstellt, dass die Gemeinde gemäß § 133 Abs. 3 BauGB Vorauszahlungen erhebt. Zinsen wurden daher nicht angesetzt.
4. Bei den Gebühren für Wasser und Kanal wurde von einer Splittung der Kosten mit 50 v.H. für Einmalbetrag und 50 v.H. für Kostenanteil in verbrauchsabhängiger Rechnung (Abschreibungsanteil in Gebührenkalkulation) ausgegangen. Weiter wurde bei der Zinsrechnung unterstellt, dass die Gemeinde/VGV Vorausleistungen von den Eigentümern bis zur Höhe des Beitrags anfordert. Zinsen wurden daher nicht angesetzt. Die Satzungslage bzw. Entgeltsatzung ist bei einer genauen Satzungslage zu berücksichtigen.
5. Bei Baumaßnahmen wurden eventuell Landeszuschüsse (z. B. KIGA-Programm) nicht berücksichtigt, da diese in beiden Modellen anfallen. Sie würden somit zu einer analogen Reduzierung führen. Allerdings ist dabei zu berücksichtigen, dass grundsätzlich kein Förderungsanspruch besteht. Wegen der Haushaltslage ist eine Aussage zu Fördermöglichkeiten nur bedingt möglich.
6. Da gemäß § 170 BauGB bei Entwicklungsmaßnahmen grundsätzlich die Ausgaben aus den Einnahmen finanziert werden sollen, wurde ein Förderansatz nicht ausgewiesen. Eine Förderung würde im Ergebnis zu einer Kostenreduzierung und damit zu einem niedrigeren Kostenpreis für den Verkauf führen.
7. Ein Ansatz unter Position 2.1.2 wurde nicht vorgenommen, da dieser nur ungenau zu ermitteln ist. Allerdings zeigt die Unzahl von Verwaltungsgerichtsverfahren in Erschließungsbeitragsverfahren, dass hier relative Rechtsunsicherheit besteht. Als Merkposten wurde nur eine Textstelle eingesetzt.

Quelle: Heimstätte Rheinland-Pfalz GmbH; nach Toman, D.: Bundesverband der Landentwicklungsgesellschaften 1997/4 = GuG 1998, 110

6.3.5.3 Umlegungsgebiete

507 Eine Beteiligung der Eigentümer an den Kosten der Baulandentwicklung findet darüber hinaus in städtebaulichen Sanierungs- und Entwicklungsgebieten (vgl. Teil VIII, Rn. 619 ff.) und in Umlegungsgebieten statt. Bei Durchführung eines **amtlichen Umlegungsverfahrens nach den §§ 45 ff. BauGB** beschränkt sich die Beteiligung allerdings auf die umlegungsbedingte Bodenwerterhöhung. Die umlegungsbedingte Bodenwerterhöhung wird von der Gemeinde mit der Ausgleichsleistung nach § 64 BauGB auf der Grundlage des Umlegungsplans geltend gemacht. Bei residueller Ermittlung des Einwurfswerts in einem Umlegungsverfahren werden entsprechend den vorstehenden Ausführungen die Kosten der Bodenordnung (Vermessungs-, Notar- und Grundbuchkosten) in Abzug gebracht.

508 Die Bodenordnungskosten, die im Falle einer amtlichen Umlegung nach den §§ 45 ff. BauGB als Umlegungsvorteil „abschöpfungsfähig" sind, müssen auch im Falle der **privaten Bodenordnung** (freiwillige Umlegung) als eine den Eigentümer belastende Kostenposition in Abzug gebracht werden. Für den Eigentümer besteht insoweit kein wirtschaftlicher Unterschied. Freiwillige Umlegungsmaßnahmen werden in aller Regel im Zusammenwirken mit der Gemeinde, die zu diesem Zweck den Bebauungsplan beschließen muss, auf der Grundlage eines städtebaulichen Vertrags durchgeführt. Dabei werden den beteiligten Eigentümern vielfach zusätzliche Leistungen abverlangt, deren Kosten wiederum in Abzug gebracht werden müssen.

6.3.6 Wartezeit (Vorhaltekosten)

▶ Siehe hierzu § 6 ImmoWertV Rn. 108 ff.

6.3.6.1 Allgemeines

Im *vierten Schritt* sind die sog. Vorhaltekosten zu berücksichtigen. Darunter sind die Kosten zu verstehen, die dem Eigentümer für die Vorhaltung der Grundstücke über den Entwicklungszeitraum entstehen.

Der Verkehrswert des erschließungsbeitragsfreien baureifen Landes (Ausgangswert) unter Abzug der Kosten für die örtlichen Erschließungsanlagen (in Höhe des Erschließungsausbaubeitrags) sowie der vom Investor zu tragenden Kosten der Infrastruktur und Bodenordnung (ggf. entsprechend den Vereinbarungen des städtebaulichen Vertrags) garantiert dem Investor eine kostendeckende Entwicklung des Gebiets. Der Investor kann den zum Ansatz kommenden Verkehrswert allerdings erst nach der Entwicklung realisieren. Der Grunderwerb für die zu entwickelnden (Brutto-)Flächen steht dagegen am Anfang der Maßnahme. Zur Berücksichtigung der Vorhaltekosten wird der um die Erschließungs-, Infrastruktur- und Bodenordnungskosten verminderte Ausgangswert über die Dauer der Entwicklung abgezinst (vgl. Abb. 74).

Abb. 74: Abzinsung des Ausgangswerts

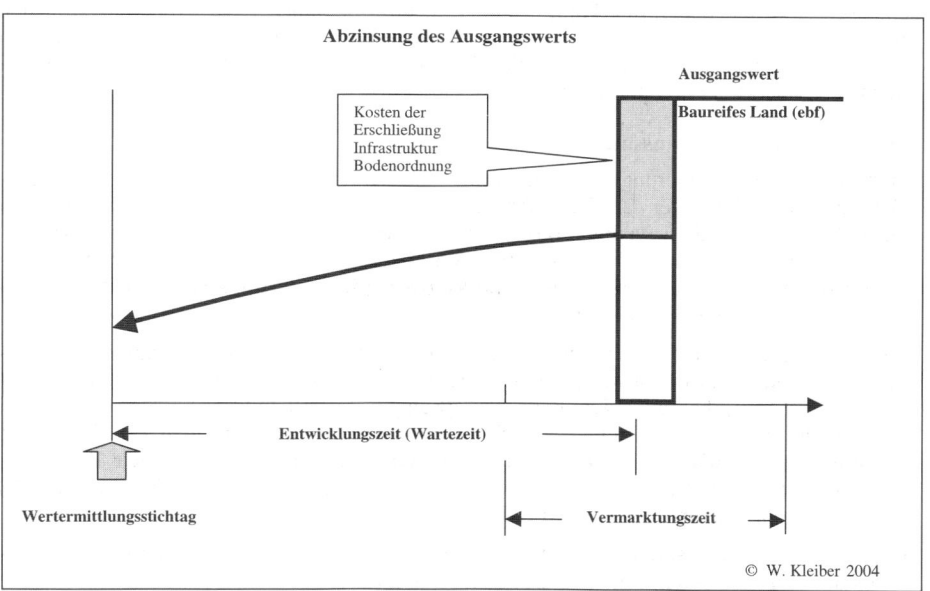

Zur Vereinfachung wird üblicherweise unterstellt, dass sich die nach den Preisverhältnissen des Wertermittlungsstichtags angesetzten Kosten der Erschließung, Infrastruktur und Bodenordnung über die Dauer der Maßnahme nicht ändern. Tatsächlich muss i.d.R. jedoch mit Kostensteigerungen gerechnet werde. Umgekehrt entstehen diese Kosten erst im Verlauf der Maßnahme, so dass sie nur in diskontierter Höhe zu berücksichtigen wären, sodass sich diese Einflüsse kompensieren und nicht berücksichtigt zu werden brauchen.

512 Der **Abzinsungsfaktor** $1/q^n = q^{-n}$ kann in Abhängigkeit vom Diskontierungszinssatz und der Wartezeit Tafelwerken entnommen werden oder auch leicht mit Taschenrechnern ermittelt werden (vgl. Rn. 515 ff. sowie Anh. 2 zur ImmoWertV).

6.3.6.2 Voraussichtliche Dauer der Entwicklung

513 Die **Abschätzung der Wartezeit bis zum Eintritt der für die Zulässigkeit einer baulichen Nutzung erforderlichen rechtlichen und tatsächlichen Voraussetzungen** erfordert vom Sachverständigen viel Einfühlungsvermögen in den „Baulandproduktionsprozess" und eingehende Kenntnisse der bodenrechtlichen Zusammenhänge, wobei spekulative Erwägungen keinen Eingang in die Betrachtung finden dürfen. Der „Baulandproduktionsprozess" ist – angefangen von den ersten Überlegungen, eine „grüne Wiese" oder Brachfläche für eine bauliche oder sonstige Nutzung aufzubereiten, über die Aufstellung des Bebauungsplans, die Erschließung und Bodenordnung bis hin zum Verkauf des fertigen Bauplatzes – häufig langwierig und scheitert auch schon einmal. Bei Baulanderschließungen auf der Grundlage städtebaulicher Verträge sind jedoch zeitlich enge Grenzen zu setzen, denn mit dem städtebaulichen Vertrag lässt sich auch eine zügige Bereitstellung gemeindlicher Vorleistungen, insbesondere der Bebauungsplan, ausbedingen.

514 Eine zusätzliche Berücksichtigung der **Vermarktungszeit der baureifen Grundstücke** bleibt dagegen problematisch, weil bereits vor Abschluss der Gesamtmaßnahme Teilflächen erschlossen sind und die Vermarktung schon frühzeitig beginnen kann. Andere Teilflächen mögen dagegen erst nach Abschluss der Entwicklung vermarktungsfähig sein, so dass sich wirtschaftliche Nachteile einer „nachhinkenden" Vermarktung mit den Vorteilen einer vorgezogenen Vermarktung kompensieren.

6.3.6.3 Abzinsungszinssatz

515 Ein bestimmter Diskontierungszinssatz, mit dem der Verkehrswert des erschließungsbeitragspflichtigen (ebp) baureifen Landes – Ausgangswert für die Ermittlung des warteständigen Baulandwerts – über die jeweilige Wartezeit abzuzinsen ist, kann mit dem Anspruch der Allgemeingültigkeit nicht vorgegeben werden. Aus theoretischer Sicht müsste der **Diskontierungszinssatz aus den jeweiligen Verhältnissen des örtlichen Grundstücksmarktes** und des Wertermittlungsobjektes abgeleitet werden.

516 Hierfür bedürfte es eingehender Analysen des Grundstücksmarktes, um aus dem Wertverhältnis von Vergleichspreisen für warteständiges Bauland zu Vergleichspreisen für erschließungsbeitragsfreies (ebf) baureifes Land die Verzinsung zu ermitteln. Solche Untersuchungen stehen zurzeit nicht zur Verfügung, jedoch könnte hilfsweise **aus einzelnen zur Verfügung stehenden Vergleichspreisen für werdendes Bauland finanzmathematisch der Diskontierungszinssatz ermittelt** werden. Dafür bedarf es der Kenntnis der Wartezeit (bis zur Baureife) der zum Vergleich herangezogenen Grundstücke.

517 Als Ertrag eines unbebauten Grundstücks könnte allenfalls der **Wertzuwachs eines Grundstücks** angesehen werden, der dem Grundstück realiter (inflationsbereinigt) zuwächst. Die Erfahrung lehrt, dass solche Wertzuwächse entgegen landläufigen Meinungen vielfach recht gering ausfallen, wenn man von Wertzuwächsen aufgrund von Qualitätsverbesserungen absieht. Bei warteständigem Bauland, um das es hier geht, ist ein solcher Wertzuwachs vielfach von der Wartezeit bis zur höherwertigen Nutzung abhängig, d.h., bei sehr langer Wartezeit wird regelmäßig ein geringer jährlicher Wertzuwachs und damit auch ein kleiner Diskontierungszinssatz zu verzeichnen sein; bei kurzer Wartezeit können sich höhere jährliche Wertzuwächse einstellen.

Extraktionsverfahren   **Syst. Darst. Vergleichswertverf. V**

Beispiel: **518**

- Es steht als Vergleichspreis für werdendes Bauland ein Vergleichsobjekt zur Verfügung, das eine Wartezeit von 7 Jahren bis zum Erreichen der Entwicklungsstufe „baureifes Land" aufweist   225 €/m²
- Der Vergleichspreis für baureifes Land erschließungsbeitragspflichtig (ebp) beläuft sich auf   300 €/m²

Die Wartezeit des zur Ableitung des Diskontierungszinssatzes herangezogenen Vergleichsgrundstücks bemisst sich nach dem Zeitraum, der

- einerseits vom Zeitpunkt des Kaufvertrags und
- andererseits durch den Zeitpunkt begrenzt wird, zu dem seinerzeit der Eintritt der rechtlichen und tatsächlichen Voraussetzungen für die Zulässigkeit der baulichen Nutzung erwartet wurde.

Ermittlung des Diskontierungszinssatzes p:

$$p_\% = 100 \sqrt[n]{\frac{\text{Bodenwert}_{\text{baureif/ebp}}}{\text{Bodenwert}_{\text{Wartezeit}}} - 1}$$

wobei n = Wartezeit

$$p_\% = 100 \left(\sqrt[7]{\frac{300}{225}} - 1 \right) = \mathbf{4{,}2\,\%}$$

Mit Hilfe solcher Diskontierungszinssätze lässt sich der **Bodenwert warteständigen Baulands** unter Berücksichtigung der jeweiligen Wartezeit nach folgender Formel ableiten: **519**

$$\text{Bodenwert}_{\text{Warteständiges Bauland}} = \text{Bodenwert}_{\text{baureif (ebp)}} \times q^{-n}$$

wobei
q = (1 + p/100)
p = Diskontierungszinssatz
n = Wartezeit

Beispiel: **520**

Es soll nunmehr der Verkehrswert einer Bruttobaulandfläche ermittelt werden, die eine Wartezeit von vier Jahren aufweist.

Als Vergleichswert wird wiederum der zur Verfügung stehende Vergleichspreis von 300 €/m² für erschließungsbeitragspflichtiges (ebp) baureifes Land herangezogen:

Wartezeit n	=	4 Jahre
Vergleichspreis (ebp)	=	300 €/m²
Diskontierungszinssatz	=	4 %
Bodenwert = 300 €/m² × (1 + 4/100)$^{-4}$	=	**256 €/m²**

In der Praxis scheitert die Ableitung eines empirischen Diskontierungszinssatzes in aller Regel bereits an geeigneten Vergleichspreisen. Die Praxis bedient sich ersatzweise des objektspezifischen örtlichen **Liegenschaftszinssatzes als Diskontierungszinssatz**[209]. Dies ist in einer Reihe von Verwandtschaften begründet, die der Liegenschaftszinssatz mit dem Diskontierungszinssatz aufweist: **521**

- Der Grundstücksmarkt geht bei einem Erwerb warteständigen Baulands in aller Regel von einem **Wertzuwachs** im Verlauf der Wartezeit aus. Des Weiteren wird wie bei einem bereits bebauten Objekt erwartet, dass – zeitlich versetzt – später auch die Mieterträge steigen werden.

---

[209] Gablenz, Grundstücks-Wertermittlung, Verlag Bauwesen Bln. 1999, S. 291.

V Syst. Darst. Vergleichswertverf.   Extraktionsverfahren

- Der Grundstücksmarkt betrachtet auch den Erwerb warteständigen Baulands als eine krisenfeste **Sachgutanlage,** die eine geringere als die bankenübliche Verzinsung des investierten Kapitals rechtfertigt. Inflationäre Entwicklungen wirken sich demzufolge gleichartig auf Liegenschafts- und Diskontierungszinssatz aus.

- Der Grundstücksmarkt kann in vielen Fällen – ersatzweise zu der bankenüblichen Verzinsung des eingesetzten Kapitals – auch mit direkten und indirekten Förderungen „rechnen". Dabei stehen nicht nur die i.d.R. erst mit der Bebauung gewährten steuerlichen Vorteile im Vordergrund, sondern häufig auch die mit der Baulanderschließung gewährten **Förderungen.** So wurden im Zeitraum von 1991 bis 1997 insgesamt rd. 16 Milliarden Euro im Rahmen der Gemeinschaftsaufgabe „Verbesserung der regionalen Wirtschaftsstruktur" (GA-Mittel) für infrastrukturelle Maßnahmen gewährt. Daneben bestehen zahlreiche Förderungsprogramme (KfW-Infrastrukturprogramm, Fördermittel der EU [EFRE], Konversionsprogramme, KONVERS- und URBAN-Programm und vieles mehr).

522 Die **alternative Heranziehung eines finanzüblichen Zinssatzes als Diskontierungszinssatz** schlägt im Übrigen nur unwesentlich auf das Ergebnis durch, ohne dass diesem eine höhere Überzeugungskraft beizumessen wäre. In diesem Fall müsste nämlich davon ausgegangen werden, dass der nach den Wertverhältnissen des Wertermittlungsstichtags angesetzte Ausgangswert des baureifen Landes (ebf) sich nach der Entwicklung unter dem Einfluss von Kaufkraftänderungen in der Entwicklungszeit ebenfalls fortentwickelt, wobei regelmäßig mit einem Anstieg zu rechnen ist. Demzufolge müsste zunächst der Ausgangswert unter Berücksichtigung der prognostizierten Wertentwicklung auf das bis zur Baureife eingetretene Wertniveau umgerechnet werden, um dann den fortgeschriebenen Ausgangswert mit dem finanzüblichen Diskontierungszinssatz auf den Wertermittlungsstichtag wieder zu diskontieren (vgl. Abb. 75).

Abb. 75: Verwendung finanzüblicher Diskontierungszinssätze

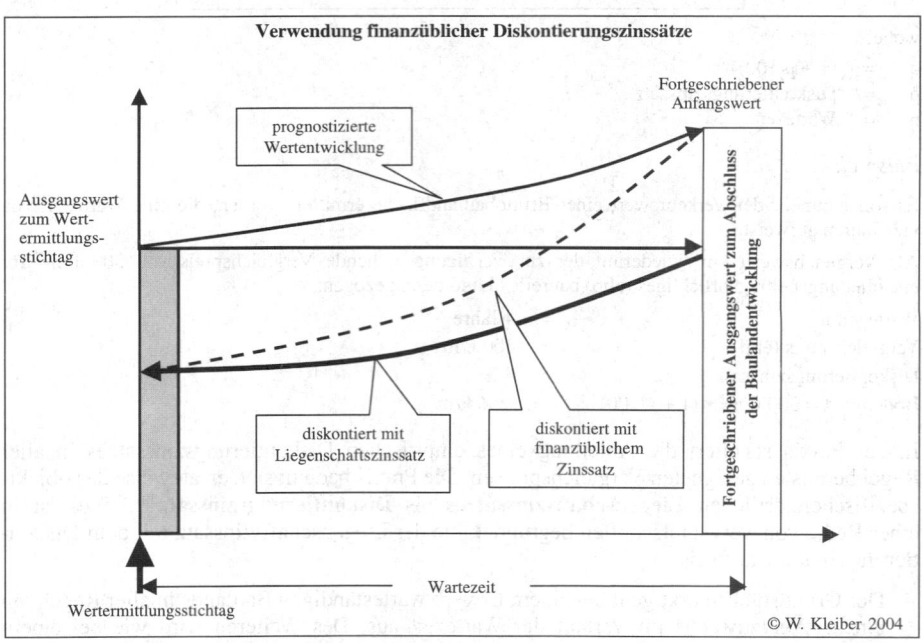

523 Bei alledem ist empirisch belegbar, dass im gewöhnlichen Geschäftsverkehr bei der Ableitung des Verkehrswerts warteständigen Baulands aus Vergleichspreisen baureifen Landes der Grundstücksmarkt nicht auf der Grundlage bankenüblicher Zinssätze kalkuliert, sondern sich an dem objektspezifischen örtlichen Liegenschaftszinssatz orientieren kann. Dies findet seinen empirischen Nachweis auch darin, dass die **Wertentwicklung warteständigen Baulands von der Entwicklung der Hypothekenzinsen** stets **weitgehend abgekoppelt** war (§ 14 Abs. 3 ImmoWertV). Die Heranziehung des Hypothekenzinssatzes als Diskontierungszinssatz würde deshalb zu Ergebnissen führen, die mit dem Geschehen auf dem Grundstücksmarkt unvereinbar sind. Umgekehrt führen Verkehrswertermittlungen auf der Grundlage des Liegenschaftszinssatzes (als Diskontierungszinssatz) regelmäßig zu Kaufabschlüssen (allein im Bereich des Bundes bei einem Veräußerungsvolumen von 50 Mio. € p.a.). Diese Praxis – ob sachlich begründet oder nicht – kann für sich mithin in Anspruch nehmen, der Lage auf dem Grundstücksmarkt zu entsprechen. Insoweit mag sich die Praxis der Verkehrswertermittlung von Grundstücken von der Praxis der Unternehmensbewertung und der Beleihungspraxis unterscheiden (vgl. Teil II Rn. 98 ff.).

Wenn nämlich bei alledem der Grundstücksmarkt in seinen **Preisbildungsmechanismen für warteständiges Bauland** (z.B. Bauerwartungsland) direkt mit der Entwicklung der Hypothekarzinsen korreliert wäre, müsste die Preisentwicklung z.B. für Bauerwartungsland dieser folgen. Es kann aber empirisch nachgewiesen werden, dass dem gerade nicht so ist (Abb. 76).

Abb. 76: Entwicklung der Liegenschafts- und Hypothekenzinsen im Vergleich zur Preisentwicklung von Bauerwartungsland in Düsseldorf

* Hypothekarkreditzinsen, als Gleitzinsen (Effektivverzinsung),
Quelle: Deutsche Bundesbank
** Liegenschaftszinssätze, als durchschnittlicher Zinssatz abgeleitet aus Verkäufen von Mietwohnhäusern und gemischt genutzten Gebäuden,
Quelle: Gutachterausschuss für Grundstückswerte in Düsseldorf; eigene statistische Auswertungen aus der Kaufpreissammlung

Vergleicht man nun einmal die Entwicklung der Hypothekenzinsen mit der des Liegenschaftszinssatzes, so stellt man zunächst fest, dass der **Liegenschaftszinssatz** selbst **in einem Zeitraum von 10 Jahren Änderungen ausgesetzt ist, die sich in einem Korridor von einem Prozentpunkt bewegen,** während sich die Hypothekenzinsen in wenigen Jahren verdoppeln bzw. halbieren, ohne dass z.B. der Wert des Bauerwartungslandes ungewöhnliche Preisentwicklungen vollzieht.

V Syst. Darst. Vergleichswertverf. — Extraktionsverfahren

526 Würde man nun an Stelle des Liegenschaftszinssatzes den jeweiligen **Hypothekenzinssatz** in die deduktive Ableitung des Bodenwerts einführen, so ergäbe sich für das *Beispiel* unter Rn. 518 als Bauerwartungslandwert

a) im Jahre 1982 bei einem Hypothekenzinssatz von rd. 11,6 % BW = rd. 75,00 €/m²

b) im Jahre 1987 bei einem Hypothekenzinssatz von rd. 6,0 % BW = rd. 88,50 €/m²

527 *Exkurs:*

Bei Heranziehung banküblicher Zinssätze wäre mindestens zu fordern, dass die Inflationsrate berücksichtigt wird. Näherungsweise könnte der Inflationsrate dadurch Rechnung getragen werden, dass der nominelle bankenübliche Zinssatz r_{nom} um die Inflationsrate i vermindert wird:

Faustformel: $\boxed{r_{real} = (r_{nom} - i)}$

Beispiel:

$r_{nom} = 7\%$
$i = 2\%$
$r_{real} = 5\%$ (approx.)

Die Faustformel ist nur im Falle niedriger Inflationsraten für die Umrechnung geeignet. Die exakte Umrechnungsformel lautet:

$$(1 + r_{nom}) = (1 + r_{real})(1 + i)$$

$\boxed{r_{real} = (r_{nom} - i) / (1 + i)}$

Beispiel:

$r_{real} = (7 - 2)/(1 + 0{,}02) = \mathbf{4{,}902}\%$ (exakt)

528 **Die Verwendung banküblicher Finanzierungszinssätze** ist bei alledem **abzulehnen**. Der Eigentümer z. B. einer Bauerwartungslandfläche erwartet gerade nicht die bankübliche Verzinsung. Vielmehr werden Grundstücke vielfach aus einer inneren Verbundenheit und als krisensicheres Sachgut unter Verzicht auf eine bankübliche Verzinsung des darin investierten Kapitals gehalten. Würde auf dem Grundstücksmarkt eine bankübliche Verzinsung in Form eines entsprechenden Wertzuwachses erwartet werden, so müssten im großen Umfange solche Flächen zum Verkauf gestellt werden, weil die Erlöse – banküblich angelegt – i.d.R. eine weitaus höhere Verzinsung erbringen und auch steuerliche Privilegien des Grundbesitzes dies nicht aufwiegen. Eine Abzinsung auf der Grundlage banküblicher Zinsen verbietet sich deshalb, wenn es um den Verkehrswert geht.

529 Etwas anderes kann im Rahmen von **Investitionsrechnungen** gelten, wenn es nicht um die Ermittlung des Verkehrswerts geht. Der **Ansatz banküblicher Finanzierungszinssätze** mit der Begründung, dass im Falle einer Fremdfinanzierung die Vorhaltung wartenständigen Baulands entsprechend finanziert werden müsse, kann auch nicht überzeugen. Dies **könnte** nämlich **gleichermaßen für den Fall des Erwerbs eines bebauten Ertragsobjekts geltend gemacht werden**, für den i.d.R. ebenfalls Fremdmittel aufgenommen werden. Gleichwohl ist im Rahmen der Verkehrswertermittlung nach den Grundsätzen des Ertragswertverfahrens hier nicht ernsthaft die Verwendung banküblicher Zinssätze gefordert worden.

6.3.7 Unentgeltliche Flächenbereitstellung

6.3.7.1 Allgemeines

530 Im *fünften Schritt* werden die Kosten berücksichtigt, die mit der unentgeltlichen Bereitstellung der erforderlichen Flächen für die örtlichen Erschließungsanlagen, die Infrastrukturmaßnahmen, die naturschutzrechtlichen Ausgleichsflächen und ggf. für sonstige unentgeltlich bereitzustellende Flächen (z. B. für Maßnahmen der sozialen Wohnraumförderung) verbunden sind. Der **Umfang der unentgeltlich bereitzustellenden Flächen** kann im Einzelfall recht unterschiedlich sein und ist möglichst auf der Grundlage von formellen Planungen (Bebauungsplan) und ggf. des städtebaulichen Vertrags zu ermitteln.

Kann der Umfang der unentgeltlich bereitzustellenden Flächen nach dem Stand der Maßnahme nicht genau ermittelt werden, so bleibt nur die **Schätzung mit den damit verbundenen Unsicherheiten**. Im Gutachten sollte darauf ausdrücklich hingewiesen werden. **531**

Als **Anhalt für die örtlichen Erschließungsflächen sowie die naturschutzrechtlichen Ausgleichsflächen** kann eine Umfrage des Deutschen Städtetags aus dem Jahre 1997[210] dienen. Danach beträgt der **durchschnittliche Flächenabzug in Umlegungsgebieten** (mit steigender Tendenz) in **532**

Wohngebieten	ohne naturschutzrechtliche Ausgleichsflächen	rd. 21,0 %
	mit naturschutzrechtlichen Ausgleichsflächen	rd. 28,0 %
Gewerbegebieten	ohne naturschutzrechtliche Ausgleichsflächen	rd. 17,5 %
	mit naturschutzrechtlichen Ausgleichsflächen	rd. 24,0 %

Der **naturschutzrechtliche Ausgleichsflächenbedarf,** der bezogen auf Umlegungsgebiete rd. 6 bis 7 % nach dieser Untersuchung ausmacht, dürfte aber tatsächlich höher ausfallen, weil wohl weitere Flächen außerhalb des Umlegungsgebiets bereitgestellt werden. **533**

Im Rahmen der von der Landeshauptstadt *München* beschlossenen Grundsätze der „Sozialen Bodennutzung" (SoBoN) und der hierzu erlassenen Richtlinie für die inhaltliche und verfahrensmäßige Umsetzung wird neben sonstigen Leistungen die unentgeltliche und kostenfreie Flächenabtretung für im Plangebiet vorgesehene Erschließungsanlagen (Grün- und Verkehrsflächen, Immissionsschutzanlagen und dgl.), für Gemeinbedarfsnutzungen und für den naturschutzrechtlich gebotenen Ausgleich verlangt, soweit diese Flächen nicht bei den Planungsbegünstigten verbleiben sollen; ggf. ist der Erwerbsaufwand zu erstatten. **534**

6.3.7.2 Rechenschritte

Rechnerisch erfolgt die Berücksichtigung der unentgeltlichen Flächenbereitstellung in einem komplexen Rechenschritt ohne Unterscheidung nach den Flächenarten, indem der sich für die Nettobaulandfläche ergebende Gesamtwert – bezogen auf die Wertverhältnisse des Wertermittlungsstichtags – auf die Bruttobaulandfläche verteilt wird. Der zuvor auf den Quadratmeter der Nettobaulandfläche ermittelte Bodenwert wird dazu mit der Nettobaulandfläche multipliziert. Das Produkt wird sodann um die mit der Baulanderschließung verbundenen Nebenkosten (Grundstückstransaktionskosten, Unternehmergewinn und -wagnis) vermindert und das Ergebnis durch die Bruttobaulandfläche geteilt. **535**

Schema: **536**

	BW/m^2 (ebf) baureifes Land
–	Erschließungsausbaubeitrag/m^2
–	Infrastrukturkosten/m^2
=	geminderter BW/m^2
×	Diskontierungsfaktor (q^{-n})
=	diskontierter BW/m^2
×	Nettobaulandfläche
=	Bodenwert der Nettobaulandfläche insgesamt
–	Nebenkosten (Grundstückstransaktionskosten, Unternehmergewinn)
=	$BW_{nebenkostenvermindert}$ der Nettobaulandfläche
=	$BW_{nebenkostenvermindert}$ der Bruttobaulandfläche
=	BW/m^2 der Bruttobaulandfläche

---

[210] Umdruck DST M 4801 vom 13.3.1997.

Rechnerisch vollzieht sich damit der Übergang von der Nettobaulandfläche auf die Bruttobaulandfläche.

6.3.8 Nebenkosten (Grundstückstransaktionskosten, Unternehmergewinn und -wagnis)

6.3.8.1 Grundstückstransaktionskosten

▶ Vgl. § 194 BauGB Rn. 85 ff.

537 Grundstückstransaktionskosten (vgl. Einleitung Teil II Rn. 90), die regelmäßig vom Käufer getragen werden, beeinflussen im Allgemeinen den Verkehrswert eines Grundstücks. **Bei Anwendung der klassischen Wertermittlungsverfahren (Vergleichs-, Ertrags- und Sachwertverfahren)** können die Grundstückstransaktionskosten gleichwohl **unbeachtlich** bleiben, weil ihr Einfluss bereits mit den in die Wertermittlung eingehenden Parametern erfasst wird.

538 Bei Anwendung des **Extraktionsverfahrens (Residualwertverfahrens)** finden die Grundstückstransaktionskosten zunächst bereits mit dem angesetzten Ausgangswert (Bodenwert des erschließungsbeitragsfreien Bauland) ihre Berücksichtigung. Dieser wird nämlich aus Vergleichspreisen abgeleitet und wurde bereits bei dem Grundstückserwerb vom Käufer mit dem gezahlten Kaufpreis (indirekt) berücksichtigt. Da das Extraktionsverfahren (Residualwertverfahren) in aller Regel in solchen Fällen zur Anwendung kommt, in denen im Zuge der Entwicklung des zu bewertenden Gebiets ein zusätzlicher Zwischenerwerb erforderlich wird, **stellen die** dabei anfallenden **Grunderwerbskosten,** die mit dem Verkauf der baureif gemachten Grundstücke erwirtschaftet werden müssen, **eine zusätzlich auftretende unvermeidliche Kostengröße** dar.

539 Die **Höhe der anzusetzenden Grunderwerbskosten** wird in erster Linie durch die Grunderwerbsteuer, die Vermessungs-, Notariats- und Grundbuchgebühren sowie ggf. die Maklerprovision bestimmt. Die Grundstückserwerbskosten belaufen sich – je nach Fallgestaltung – auf 5 bis 10 % des um

a) die Erschließungs-, Infrastruktur- und Bodenordnungskosten sowie

b) den Unternehmergewinn, ggf. einschließlich des Unternehmerwagnisses,

geminderten und auf den Wertermittlungsstichtag abgezinsten Ausgangswerts.

6.3.8.2 Unternehmergewinn

540 Als eine weitere Kostenposition der Baureifmachung sind schließlich die **Kosten des Entwicklungsträgers (Investors)** zu berücksichtigen. Diese auch als Unternehmergewinn bezeichnete Kostenposition wird in der Praxis mit 10 bis maximal 20 % des um die Erschließungs- und Infrastrukturkosten geminderten und auf den Wertermittlungsstichtag abgezinsten Ausgangswerts angesetzt. Allgemein ist der Vomhundertsatz umso höher anzusetzen, je größer die dem Entwickler (Investor) aufgebürdeten Leistungen sind. Denn der Wert des warteständigen Baulands vermindert sich in dem Umfang, wie die Kosten der Baureifmachung in den Residualwert „unterwälzt" werden, während die Leistungen des Entwicklers (Investors) gleichzeitig damit anwachsen.

541 Es empfiehlt sich, den **Unternehmergewinn (ggf. einschließlich Wagnisabschlag)** mit den **Grunderwerbskosten** bei der Residualwertermittlung **zusammenzufassen**, denn der Wert des warteständigen Baulands vermindert sich mit dem Abzug des Unternehmergewinns.

6.3.8.3 Unternehmerwagnis (Wagnisabschlag)

542 Unter einem Wagnis (Risiko) ist die aus Ungewissheit und Unsicherheit resultierende **Wahrscheinlichkeit zu verstehen, dass ein Ereignis nicht oder nicht in der erwarteten Ausprägung eintritt.** Im Zusammenhang mit der Verkehrswertermittlung warteständigen Baulandes steht dabei insbesondere die Erwartung im Vordergrund, dass

a) die Fläche tatsächlich die Baureife mit den erwarteten Nutzungsmöglichkeiten erlangt und
b) der Baulandproduktionsprozess sich in einem bestimmten Zeitraum vollzieht und bestimmte Kosten eingehalten werden können.

Einem Risiko stehen in aller Regel auch (Gewinn-)Potenziale gegenüber[211]. Diese können darin bestehen, dass sich der Baulandproduktionsprozess schneller als erwartet vollzieht, geringere Kosten verursacht und in einer höheren Nutzbarkeit mündet. In der Immobilienbewertung wird das Risiko in sachwidriger Weise auf negative Abweichungen von Erwartungswerten reduziert[212]. 543

Risiko und Gewinnpotenzial sind im Übrigen in aller Regel in nicht unerheblichem Maße subjektiv und nicht für jeden gleich. Für den Planungsträger oder denjenigen, der zu diesem eine besondere Nähe hat, ist z. B. das Risiko eines sich hinziehenden Planungsprozesses geringer als für denjenigen, der gegen den Planungsträger agiert. 544

Anders als bei der Unternehmensbewertung ist es in der Praxis der Verkehrswertermittlung von warteständigem Bauland nicht üblich, das mit der Baulandentwicklung verbundene Risiko durch einen zusätzlichen **Risikozuschlag am Diskontierungszinssatz** zu berücksichtigen. Die sog. „Ergebniszuschlagsmethode" (Sicherheitsäquivalenzmethode) ist im Vergleich zur „Zinszuschlagsmethode" (Risikozuschlagsmethode) klarer und deutlicher[213]. Es kommt hinzu, dass mit dem Rückgriff auf den Liegenschaftszinssatz ohnehin das objektspezifische Risiko in ortsüblicher Weise mitberücksichtigt wird. Diesbezüglich erscheint es vielmehr sachgerecht, ein noch verbleibendes, bestehendes Risiko mit einer entsprechend „dimensionierten" Wartezeit zu berücksichtigen. In diesem Fall ist es unzulässig, das Ergebnis der Verkehrswertermittlung mit einem zusätzlichen Risikoabschlag zu „belegen". Dies liefe auf eine **Doppelberücksichtigung** eines bestehenden Risikos hinaus. Wenn darüber hinaus dann noch der Diskontierungszinssatz um einen Risikozuschlag erhöht würde, wäre das Risiko sogar dreifach berücksichtigt. Zur Verdeutlichung wird auf die nachfolgende Abbildung verwiesen. Der unter lit a vorgestellten Vorgehensweise ist – wenn tatsächlich ein Wagnis bestehen sollte – der Vorzug zu geben (Abb. 77). 545

Bei alledem ist sorgsam zu prüfen, ob tatsächlich ein Wagnis besteht[214]. Muss das bejaht werden, kann dies wertermittlungstechnisch am sichersten durch Abschätzung der Zeitspanne erfasst werden, um die sich die Realisierung der Baulanderschließung verzögern kann (im *Beispiel:* 3 Jahre). Allgemein kann hierzu festgestellt werden, dass ein solches **Risiko umso geringer ist, je exponierter die Fläche ist,** da die planende Gemeinde ein umso höheres Interesse an der Baulandentwicklung hat, je größer der Entwicklungsdruck aufgrund der städtebaulichen Gesamtsituation ist. 546

---

211 Benthlin in FamRZ 1982, 338; Hildebrand, Systemorientierte Risikoanalyse in der Investitionsplanung, Berlin 1988; Ropeter, Investitionsanalyse für gewerbliche Immobilien, Rudolf Müller 1998, S. 61 ff.; Timm, Das Investitionsrisiko im investitionstheoretischen Ansatz, Berlin 1976; Teichmann, Die Investitionsentscheidung bei Unsicherheiten, Berlin 1970; Müller, Risiko und Ungewissheiten, in E. Wittmann (Hrsg.): HWB, 5. Aufl. Stuttgart 1993; Kupsch, Risikomanagement, in Corstn/Reiß (Hrsg.), Handbuch der Unternehmensführung, Wiesbaden 1995; Maier, K., Risikomanagement im Immobilien- und Finanzwesen, Frankfurt am Main 2004, S. 10 ff.
212 Siepe, Wpg 1998, 325.
213 Günther, R. in FB 2004, 204.
214 Ungewissheit erwächst aus der Unkenntnis zufälliger Entwicklungen, aber auch von Störimpulsen sowie aus der begrenzten Kenntnis tatsächlicher Wirkungszusammenhänge. Die mit Irrtumsgefahren behafteten prognostizierten Erwartungen können sich positiv oder negativ entwickeln. Der Risikobegriff umfasst deshalb sowohl die Möglichkeit des von der Prognose abweichenden Wertverlustes als auch des Wertgewinns.

Abb. 77: Berücksichtigung des Risikos bei der Abzinsung

6.4 Extraktionsverfahren (Residualwertverfahren) bei fertigem Bauland (baureifes Land)

6.4.1 Allgemeines

547 Das bereits im Zusammenhang mit der Verkehrswertermittlung von warteständigem Bauland vorgestellte Extraktionsverfahren (Residualwertverfahren) findet auch auf die Ermittlung von baureifem Land Anwendung. Dies betrifft insbesondere **Grundstücke, für die im Hinblick auf ihre besonderen Eigenschaften keine Vergleichspreise zur Verfügung stehen.** Es kann sich hierbei um besonders hochwertige Grundstücke in den Innenstadtlagen mit solitären Eigenschaften, aber auch um baureife Grundstücke handeln, deren wirtschaftlicher Gebrauch eine kostenintensive Umnutzung erfordert.

Wie bereits ausgeführt, handelt es sich um ein sehr altes und seit jeher problembehaftetes Verfahren, mit dem man sich gerade in Bezug auf seine Anwendung auf baureife Grundstücke kritisch auseinandergesetzt hat. **548**

Das Extraktionsverfahren (Residualwertverfahren) folgt in seiner **Grundform** wiederum der sich aus Abb. 68 (vgl. Rn. 448) ergebenden Gleichung. **549**

Ausgangswert ist in diesem Fall, wie aus Abb. 68 (vgl. Rn. 448) ersichtlich, **550**

– entweder der fiktive Ertragswert

– oder der fiktive Vergleichswert

auf der **Grundlage einer Nutzungskonzeption** für das Grundstück.

Der Ausgangswert wird dann im zweiten Schritt um die Bau-, Entwicklungs- und Vermarktungskosten einschließlich eines Unternehmergewinns vermindert. Der Abzug der Baukosten macht deutlich, dass das **Extraktionsverfahren** (Residualwertverfahren) **letztlich ein Kombinationsverfahren darstellt, bei dem der Ertrags- oder Vergleichswert mit dem Sachwert verquickt wird,** wenn man die Baukosten mit den Normalherstellungskosten zum Ansatz bringt. **551**

Das Extraktionsverfahren **(Residualwertverfahren) ist in Deutschland** unter der Bezeichnung „Kalkulatorische Bodenwertermittlung" bzw. „Rest-durch-Abzug-Verfahren" **schon seit altersher in Ausnahmefällen zur Anwendung gekommen,** wenn der direkte Preisvergleich (mangels Vergleichspreisen) versagte. **552**

6.4.2 Kalkulatorische Bodenwertermittlung

Wo für die Ermittlung des Bodenwerts unbebauter Grundstücke keine Vergleichspreise zur Verfügung stehen sowie zur Ermittlung des Bodenwerts eines bebauten Grundstücks wird gelegentlich auf die Methode zurückgegriffen, den **Bodenwert auf der Grundlage eines fiktiven Ertrags** abzuleiten. **553**

Formelmäßig ergibt sich der Bodenwert durch Auflösung der Formel für das Ertragswertverfahren (vgl. Syst. Darst. des Ertragswertverfahrens Abb. 23 bei Rn. 123) nach dem Bodenwert (vgl. Abb. 78): **554**

Abb. 78: Ermittlung des Bodenwerts eines Grundstücks auf der Grundlage des erwarteten Ertrags

Ermittlung des Bodenwerts eines Grundstücks auf der Grundlage des erwarteten Ertrags (kalkulatorischer Bodenwert)	
$BW = \dfrac{RE - \dfrac{G}{V}}{p}$	(1)
$BW = EW \times q^n - \dfrac{RE\,(q^n - 1)}{q - 1}$	(2)
$BW = (EW - RE \times V) \times q^n$	(3)
$BW = \dfrac{(EW - RE \times V)}{1 - p \times V}$	(4)
wobei	
BW = (kalkulatorischer) Bodenwert	
RE = Reinertrag	
EW = Ertragswert oder Kaufpreis	
V = Vervielfältiger	
G = Gebäudewertanteil nach den §§ 21 ff. ImmoWertV	
p = Liegenschaftszinssatz/100	
q = Zinssatz = 1 + p	
n = Restnutzungsdauer	
	© W. Kleiber 09

555 Am gebräuchlichsten ist die **Anwendung der in Abb. 78 unter (1) ausgewiesenen Formel;** die Bodenwertermittlung vollzieht sich ihr zufolge nach folgendem Schema (Abb. 79):

Abb. 79: Bodenwertermittlung über den mutmaßlichen Ertrag

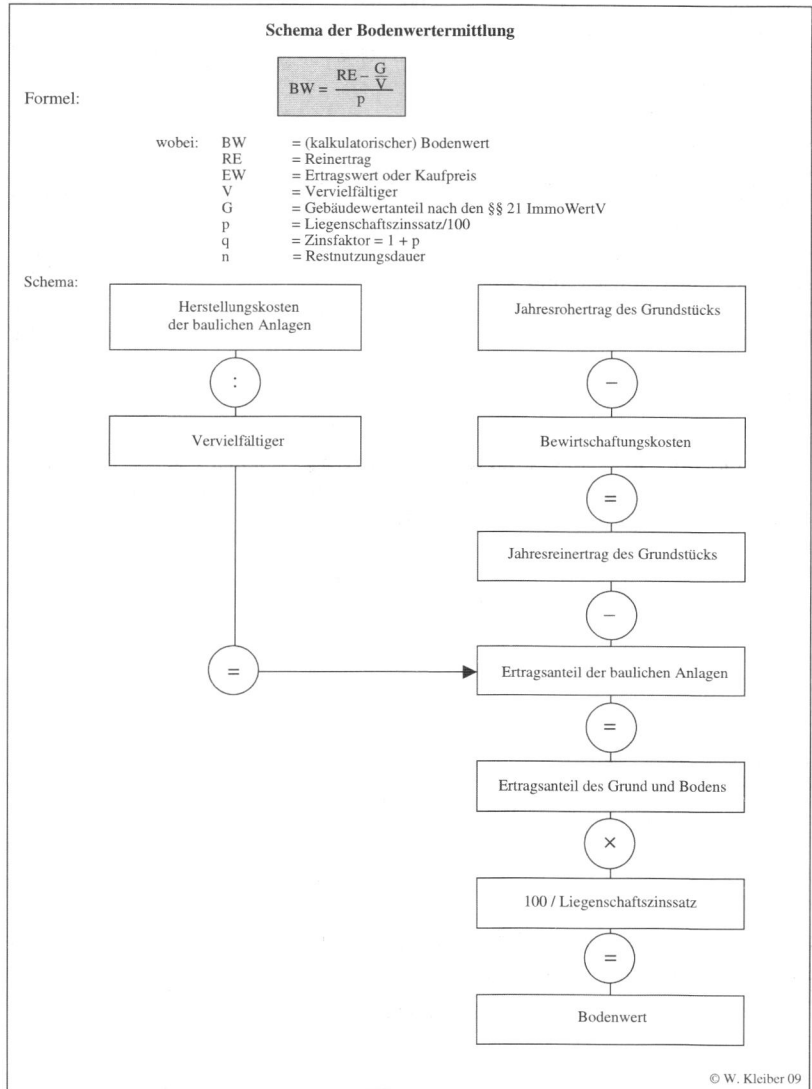

Bei Anwendung der Methode benötigt man neben den für die Ermittlung des fiktiven Ertragswerts erforderlichen Ausgangsdaten (Liegenschaftszinssatz, Reinertrag und Restnutzungsdauer) den nach den Grundsätzen des Sachwertverfahrens ermittelten **Wert der baulichen Anlage (Gebäudesachwert):**

V Syst. Darst. Vergleichswertverf. — Extraktionsverfahren

557 *Beispiel A:*

Geschätzte Neubaukosten des Gebäudes G:	1 600 000 €		
Zu erwartender Rohertrag aus der zukünftigen Nutzung per annum:	200 000 €		
Liegenschaftszinssatz: 7,0 v.H.1			
Vervielfältiger bei RND = 80 Jahre: 14,224			
Grundstücksrohertrag		200 000 €	
Bewirtschaftungskosten (30 v.H.):		./. 60 000 €	
Grundstücksreinertrag:	RE	140 000 €	= 140 000 €
Ertragsanteil der baulichen Anlage (unter Berücksichtigung der gewöhnlichen Gesamtnutzungsdauer von 80 Jahren) 1 600 000 €/14,224			– 112 500 €
Bodenertragsanteil am Grundstücksreinertrag:=			27 500 €
× (100 × 0,07) =			392 857 €
Bodenwert: **BW** =			**rd. 400 000 €**

(Kapitalisierungsfaktor für die „ewige Rente" bei Zinssatz von 7 v.H.)

558 Die **Bodenwertermittlung über den mutmaßlichen Ertrag** (kalkulatorischer Bodenwert) vereinfacht sich bei Objekten mit sehr langer Restnutzungsdauer, wie dies im Falle eines fiktiven Neubaus unterstellt werden kann. Aus Formel (1) in Abb. 78 folgt:

$$BW = \left(RE - \frac{G}{v}\right) \times \frac{1}{p} = \frac{RE}{p} - \frac{G \times q^n}{q^n - 1}$$

wobei:

- BW = kalkulatorischer Bodenwert
- RE = Reinertrag
- G = Gebäudewertanteil nach den §§ 21 ff. ImmoWertV
- p = Liegenschaftszinssatz/100
- q = Zinsfaktor = 1 + p
- n = Restnutzungsdauer

Bei p > 3 % und einer Restnutzungsdauer RND > etwa 50 Jahre ergibt sich hieraus der kalkulatorische Bodenwert BW näherungsweise aus:

$$BW \approx RE/p - G$$

559 *Beispiel B:*

Das vorstehende Beispiel der Ermittlung des kalkulatorischen Bodenwerts vereinfacht sich auf der Grundlage nachstehender Formel:

$$BW = \frac{RE \times 100}{p - G}$$

Reinertrag RE	=	140 000 €
Gebäudewertanteil G	=	1 600 000 €
Liegenschaftszinssatz p	=	7,0 %

BW ≈ (140 000 × 100)/7 – 1 600 000 €
BW ≈ 400 000 €

Extraktionsverfahren   **Syst. Darst. Vergleichswertverf. V**

Wie sich aus der im *Beispiel B* vorgestellten vereinfachten Bodenwertermittlung über den mutmaßlichen Ertrag ergibt, handelt es sich hierbei um das bekannte **Rest-durch-Abzug-Verfahren,** denn mit dem Glied (RE × 100)/p wurde im Wege des sog. vereinfachten Ertragswertverfahrens der Ertragswert ermittelt, der dann um den im Wege des Sachwertverfahrens ermittelten Gebäudesachwert G vermindert wurde:

560

$$BW = Ertragswert - Gebäudesachwert$$

Beispiel C:

561

Ermittlung des Bodenwerts

a) *Wertermittlungsobjekt:*
Innerstädtisches Objekt in Leipzig (als Bankobjekt geeignet)
Grundstücksgröße: 2 660 m²
GFZ (nach § 34 BauGB):   3,0
Beste Geschäftslage
Denkmalgeschütztes Objekt

b) *Ermittlung der Nutzfläche* bei GFZ von 3,0 (überschlägig)

660 m² × 3,0	=	7 980 m²
abzüglich 25 %	=	− 1 995 m²
= Nutzfläche (NF)	=	5 985 m²

c) *Ermittlung des Verkehrswerts* (insgesamt)
Jahresrohertrag bei banküblicher Miete in Spitzenlage von 20 €/m²

Jahresrohertrag 5 985 m² × 20 €/m² × 12	=	1 436 400 €
./. Bewirtschaftungskosten von 18 %	=	258 552 €
= Jahresreinertrag (RE)	=	1 177 848 €

d) *Verkehrswert bei denkmalgeschützter baulicher Anlage bei einem Liegenschaftszinssatz von 6 % (Vervielfältiger bei 100 Jahren = 16,62):*

Verkehrswert = 1 177 848 € × 16,62   =   **19 575 834 €**

e) *Ermittlung des Bauwerts:*

Geschossfläche (GF) = Grundstücksgröße × GFZ	=	7 980 m²	
Brutto-Grundfläche bei KG von 2 660 m²			
7 980 m² + 2 660 m²	=	10 640 m³	
Bauwert bei Herstellungskosten von 722 €/m² BGF			
Bauwert 722 €/m² × 10 640 m²	=	7 680 750 €	= − 7 680 750 €
Bodenwert = Verkehrswert − Bauwert		=	11 895 084 €
Bodenwert pro m² (11 895 084 € / 2 660 m²)		=	4 472 €/m²

Es handelt sich auch hier um ein Residualwertverfahren, bei dessen Anwendung beachtet werden muss, dass der **Sachwert eben nur unter Berücksichtigung erheblicher Marktanpassungsabschläge** (vgl. § 8 Abs. 2 ImmoWertV) **zum Verkehrswert führt** und infolgedessen der bloße Abzug des Sachwerts der baulichen Anlage dazu führen muss, dass der so ermittelte Bodenwert nicht auch dem Verkehrswert des Grund und Bodens entsprechen kann[215].

562

Das **Verfahren ist** darüber hinaus äußerst **fehleranfällig vor allem in Bezug auf den Liegenschaftszinssatz.** Kleinste und noch innerhalb der Ermittlungsgenauigkeit (des Liegenschaftszinssatzes) liegende Fehler können das Ergebnis bis zur Unkenntlichkeit verfälschen[216], d.h., jeder gewünschte Bodenwert ließe sich z.B. durch geringfügige Änderungen im Liegenschaftszinssatz ermitteln. Von daher kann das Verfahren i.d.R. nur eingeschränkt zu

563

---

215 GuG 1996, 16.
216 Zur Genauigkeit Kremers in BIGBW 1969, 129 und Hintzsche in BIGBW 1969, 233; Ermert in AVN 1967, 213; Schahn in VR 1985, 173; auch LG Hamburg, Urt. vom 5.8.1960 – 10 O 36/59 –, EzGuG 4.15; vgl. auch BGH, Urt. vom 24.1.1966 – III ZR 15/16 –, EzGuG 6.85; KG, Urt. vom 20.5.1957 – 9 U 491/57 –, EzGuG 4.6.

V Syst. Darst. Vergleichswertverf. — Extraktionsverfahren

brauchbaren Ergebnissen führen. Dies ist auch darauf zurückzuführen, dass mit zunehmender Restnutzungsdauer die Fehleranfälligkeit bezüglich der „richtig" angesetzten Restnutzungsdauer abnimmt, dafür aber die Fehleranfälligkeit bezüglich des „richtig" angesetzten Liegenschaftszinssatzes ansteigt (Abb. 80).

Abb. 80: Auszug aus der Vervielfältigertabelle

bei Restnutzungsdauer RND (Jahre)	Vervielfältiger gem. Anl. zur ImmoWertV bei Liegenschaftszinssatz p				
	5,0	6,0	6,5	7,0	8,0
		$\Delta V = 0{,}1710$			
10	7,72	7,36	7,19	7,02	6,71
50	18,26	15,76	14,72	13,80	12,23
60	18,93	16,16	15,03	14,04	12,38
70	19,34	16,38	15,20	14,16	12,44
80	19,60	16,51	15,28	14,22	12,47
90	19,75	16,58	15,33	14,25	12,49
100	19,85	16,62	15,36	14,27	12,49
		$\Delta V = 1{,}26$			

564 Das Verfahren kann auch beim **Erwerb eines Abbruchobjekts** zur Anwendung kommen. In diesem Fall sind zusätzlich noch die Freilegungskosten in Abzug zu bringen; auf der anderen Seite sind werterhöhend aber auch die über die Restnutzungsdauer anfallenden kapitalisierten Erträge sowie ggf. Erlöse aus der **Verwertung der abgehenden Bausubstanz** bzw. deren Wiederverwendungswert in die Rechnung einzubringen.

565 Das Verfahren findet z. B. auch bei der **Ermittlung von Bodenrichtwerten in bebauten Gebieten** Anwendung, wenn als Vergleichspreis ein Kaufpreis für das bebaute Grundstück zur Verfügung steht.

6.4.3 Extraktionsverfahren (Residualwertverfahren) bei baureifem Land

6.4.3.1 Allgemeines

566 Das Extraktionsverfahren (Residualwertverfahren) ist methodisch darauf angelegt, zu dem Preis des Grundstücks zu führen, bis zu dem ein Erwerber gehen kann, damit er bei anschließender Realisierung der bestimmungsgemäßen Nutzung auch noch einen angemessenen Unternehmergewinn erzielen kann. Nach der Philosophie des Verfahrens muss sich an derartigen Überlegungen jeder potenzielle Erwerber des Grundstücks orientieren. Die der Methode zugrunde liegenden operativen Verfahrensschritte der Marktmechanismen sollten dem gewöhnlichen Geschäftsverkehr entsprechen, wenn das Verfahren zum Verkehrswert führen soll. Es bleibt dennoch dabei, dass es sich bei dieser Methode um die **Ermittlung eines Grenzwerts** handelt, d.h. um die Ermittlung des Bodenwerts, bis zu dem **im Falle einer Verwertung des Grundstücks durch eine bestimmungsgemäße Bebauung unter Abzug der Bau- und sonstigen Entwicklungskosten der Investor gehen kann (Residuum)**[217].

567 Das Extraktionsverfahren (Residualwertverfahren, auch Restwertmethode) findet bei der Ermittlung des tragbaren Preises für unbebaute und bebaute Grundstücke einschließlich der zum Abriss oder zum Umbau anstehenden bebauten Grundstücke Anwendung. Das Verfahren beruht auf **Investitionsüberlegungen** und ist darauf gerichtet, als investitionsverträglichen Wert eines zur Entwicklung *(development)* anstehenden Grundstücks den Preis zu ermitteln, den ein Investor im Hinblick auf

---
[217] The Appraisal of Real Estate: American Institute of Real Estate Appraisers, 12. Aufl. Chicago 2002, S. 335 ff.

- eine angemessene Rendite oder

- einen erzielbaren Veräußerungserlös (Verkehrswert nach vollzogener Entwicklung des Grundstücks)

tragen kann[218]. Dies erfolgt auf der Grundlage einer fiktiven Bebauung des Grundstücks oder eines fiktiven Umbaus des vorhandenen Gebäudes sowie der dafür aufzubringenden Investitionskosten einschließlich eines angemessenen Unternehmergewinns.

Man hat das Verfahren deshalb auch als **Rückwärtsrechnung** bezeichnet; im angelsächsischen Sprachraum auch *Backdoor-Approach*[219]. 568

Umgekehrt kann ausgehend von der Prognose aller Entwicklungskosten einschließlich eines Unternehmergewinns und ggf. eines Wagniszuschlages **die erforderliche Monatsmiete** mit Hilfe des Verfahrens abgeleitet werden, um die wirtschaftliche Tragfähigkeit eines Projektes zu überprüfen (sog. *Frontdoor-Approach;* vgl. Syst. Darst. des Ertragswertverfahrens Rn. 291 ff.). 569

Das Verfahren zielt nach seinen Grundgedanken darauf ab, sämtliche mit der Realisierung einer Nutzungskonzeption (Projekt) verbundenen Kosten in den Erwerbspreis zu unterwälzen **(Unterwälzungsverfahren)**; die Entwicklungskosten werden quasi in das Residuum „durchgereicht". Das Verfahren kann deshalb auf direktem Wege zum Verkehrswert nur dann führen, wenn im gewöhnlichen Geschäftsverkehr eine Unterwälzung der dem Erwerber künftig entstehenden Entwicklungskosten allgemein akzeptiert wird. Ansonsten ist das Verfahren darauf angelegt, zu dem sich aus der Sicht eines Erwerbers ergebenden Residual*preis* zu führen. 570

Das Extraktionsverfahren (Residualwertverfahren) kommt insbesondere in folgenden Fällen zur **Anwendung:** 571

a) beim Grunderwerb zur Ermittlung des höchsten für einen Investor noch tragbaren Ankaufspreises *(maximum oder best use value);*

b) zur Berechnung der Rentabilität der Bebauung eines im Eigentum des Investors bereits befindlichen Grundstücks, wobei hierbei aber ein Grundstückswert (z. B. der Erwerbspreis) in das Verfahren eingeführt werden muss;

c) zur Berechnung der höchsten noch tragfähigen Baukosten, wenn sich das Grundstück bereits im Eigentum eines Investors befindet und die wirtschaftliche Verwertungsfähigkeit des Grundstücks nach seiner Bebauung bekannt ist[220].

Damit ist das Extraktionsverfahren (Residualwertverfahren) darauf angelegt, den höchsten für den Investor noch tragbaren Grundstückswert auf der Grundlage einer vorausschauenden Investitionsrechnung und Verkehrswertabschätzung abzuleiten. Fordert der Veräußerer einen höheren Kaufpreis, muss der erwerbswillige Investor „aussteigen" oder in Kauf nehmen, dass sich sein **Unternehmergewinn** entsprechend verringert oder ihm die Investition sogar Verluste einbringt. Gelingt es einem erwerbswilligen Investor, zu einem niedrigeren Kaufpreisabschluss zu kommen, erhöht sich dagegen sein Unternehmergewinn. 572

Mit dem Begriff Extraktionsverfahren (Residualwertverfahren) verbindet sich in erster Linie der für Investoren bedeutsame Fall der **Ermittlung von Ankaufpreisen** für die **vor einer baulichen Entwicklung** (Neubebauung oder Umnutzung einer bestehenden Bebauung) stehenden Immobilien. Der dafür nach dem Extraktionsverfahren (Residualwertverfahren) ermittelbare Ankaufpreis lässt sich dann als Residuum aus dem potenziellen Erlös bei anschließender Veräußerung der Immobilie und den investierten Kosten ermitteln. 573

Das vornehmlich als Grundlage für Investitionsentscheidungen entwickelte Modell des Extraktionsverfahrens (Residualwertverfahrens) kann für die Verkehrswertermittlung eine Aussagekraft allenfalls unter der **Prämisse** entwickeln, **dass bei Anwendung des Verfahrens** 574

---

218 Kleiber in: Der Städtetag 1989, 579.
219 Naegeli, Handbuch des Liegenschaftsschätzers, Zürich 1975, S. 35; Graaskamp, J. A., A rational approach to feasibility analysis, in Appraisal Journal 1972, 513 ff.
220 Darlow, Valuation and Development Appraisal, Estates Gazette 1982.

V Syst. Darst. Vergleichswertverf.   Extraktionsverfahren

vom Szenario einer harten Konkurrenz um den Erwerb eines Grundstücks ausgegangen wird und in die Wertermittlung mit „soliden" Parametern eingegangen wird, wobei stets eine Situation gegeben sein muss, die auf

- eine Maximierung des Erfolgs in Gestalt eines möglichst hohen Verkehrswerts nach Durchführung der Entwicklung und
- eine Minimierung der dafür investierten Kosten ausgerichtet ist.

575 Das Verfahren stellt insoweit ein **Instrument einer Kosten-Nutzen-Analyse** dar, wobei das höchste erzielbare Residuum die wirtschaftlich intelligenteste Lösung markiert. Als Verfahren zur Ermittlung des Verkehrswerts muss das **Extraktionsverfahren (Residualwertverfahren)** jedoch nach den ihm zugrunde liegenden Mechanismen **versagen, wenn ein solcher Wettbewerb fehlt** und erwerbsseitig die Position „Entwicklungskosten" diktiert werden kann. Durch entsprechend „anspruchsvolle" Vorgaben für das zur Entwicklung anstehende Objekt einerseits und ggf. durch Verzicht auf eine möglichst ertragreiche Nutzung kann unter Anwendung des Extraktionsverfahrens (Residualwertverfahrens) der Preis beliebig zu Lasten des Veräußerers „gedrückt" werden. Eine privilegierte Stellung nehmen dabei die Gemeinden aufgrund ihrer Planungshoheit ein. Diese Stellung lässt sich im Rahmen des Extraktionsverfahrens (Residualwertverfahrens) „instrumentalisieren"[221].

576 Anders stellt sich die Situation dar, wenn das Extraktionsverfahren (Residualwertverfahren) von miteinander konkurrierenden Erwerbern zur Anwendung kommt und ein jeder, im Bestreben, die höchste Kaufofferte unterbreiten zu können, **eine Optimierung des Kosten-Nutzen-Verhältnisses** der Residualwertermittlung zugrunde legt.

577 Die Tatsache, dass dann alle potenziellen Erwerber ihr Kaufangebot unter vorstehenden Gesichtspunkten bemessen, führt zwangsläufig zu dem Ergebnis, dass derjenige das **höchste Kaufangebot** abgibt, **der die wirtschaftlich „intelligenteste" Nutzung beabsichtigt** und deren preisgünstige Realisierung antizipiert. I.d.R. wird ein Veräußerer auf das entsprechende Kaufangebot eingehen mit der Folge, dass das höchste (tragbare) Kaufangebot das Geschehen auf dem Grundstücksmarkt bestimmt. Dies kann das Bild der Städte stärker beeinflussen als manche Wunschvorstellungen der Stadtplaner.

6.4.3.2   Verfahrensgang

578 **Ausgangspunkt** der Extraktion (Residualwertermittlung) ist nach dem vorher Gesagten zunächst die Ermittlung des Verkehrswerts bzw. des **Veräußerungserlöses nach vollendeter Bebauung** des Grundstücks. Dabei kann es sich um eine Neubebauung (ggf. nach vorherigem Abriss einer Altbebauung), aber auch um eine Modernisierung bzw. Umstrukturierung einer bestehenden Bebauung handeln. Dabei kommen in erster Linie die sog. klassischen Wertermittlungsverfahren, d.h. das Vergleichs- und Ertragswertverfahren, zur Anwendung, wobei dem Vergleichswertverfahren wiederum der Vorzug zu geben ist:

- Der Veräußerungserlös nach vollendeter Bebauung *(development)* kann insbesondere **im Wege des Vergleichswertverfahrens** auf der Grundlage von Kaufpreisen für vergleichbare neu erstellte Objekte abgeleitet werden. Beabsichtigt z. B. der Investor die Errichtung von Eigentumswohnungen, lässt sich der fiktive Veräußerungserlös unter Heranziehung von Vergleichswerten für neu erstellte Eigentumswohnungen (€/Quadratmeter Wohnfläche) ableiten, die nach Lage und Ausstattung der beabsichtigten Bebauung entsprechen. Die Ableitung erfolgt dabei auf der Grundlage der für das Wertermittlungsobjekt bestehenden Baurechte unter Berücksichtigung aller rechtlichen und tatsächlichen Eigenschaften des Grundstücks.

- Bei ertragswertorientierten Objekten kann neben oder an Stelle des nach Vergleichspreisen ermittelten und zu erwartenden Veräußerungserlöses der **Ertragswert** herangezogen werden. Hierauf wird man zurückgreifen, wenn Vergleichspreise nicht zur Verfügung ste-

---
[221] So auch AK „Wertermittlung" der FK „Kommunales Vermessungs- und Liegenschaftswesen" des Deutschen Städtetags am 17. und 18.10.1996 (L 5307).

hen. Da es hierbei um die Ermittlung des Ertragswerts nach erfolgter Neubebauung des Grundstücks geht, ergeben sich eine Reihe von Vereinfachungen:

- Als *Restnutzungsdauer* wird die Gesamtnutzungsdauer (GND) angesetzt.
- Der Bodenwert wird (bei normal geschnittenen Grundstücken) nicht benötigt, denn bei entsprechend langer Restnutzungsdauer ist der Bodenwert für die Ermittlung des Ertragswerts eine zu vernachlässigende Größe (vgl. Syst. Darst. des Ertragswertverfahrens Rn. 66, 72, 91 ff.). Das Problem der Bodenwertermittlung stellt sich mithin nicht:

$$\text{Ertragswert} = \frac{\text{Reinertrag}}{\text{Liegenschaftszinssatz}} \times 100 = \text{Reinertrag} \times V$$

wobei V = Vervielfältiger

Ausgehend vom Verkehrswert des „Endprodukts" wird im zweiten Schritt die **Gesamtheit der dafür aufzubringenden Kosten einschließlich der Finanzierungskosten und eines Unternehmergewinns „gegengerechnet":**

– Grunderwerbskosten einschließlich Grunderwerbsnebenkosten,
– Grundstücksaufbereitungskosten (Erschließungskosten, Dekontaminationskosten, Aufschließungskosten, Freilegungskosten usw.),
– Abstandszahlungen,
– Baukosten einschließlich Baunebenkosten,
– Projektmanagementkosten,
– Finanzierungskosten,
– Unternehmergewinn (Gewinnspanne des Projektentwicklers).

Beispiel (Grundfall):

1. Wertermittlungsobjekt

    Unbebautes Grundstück, baureifes Land: Gewerbegebiet mit einer GFZ = 0,6; Grundstücksgröße 2 833 m²

2. **Ermittlung des Bodenwerts nach dem sog. Residualwertverfahren** (residual valuation)

    a) Berechnung der Geschoss- und Nutzfläche

2 833 m² × 0,6	=	1 700 m²
./. 17/100 × 1 700 m²	=	289 m²
Nutzfläche	=	1 411 m²

    b) Berechnung des fiktiven Ertragswerts

    Bei einem jährlichen Reinertrag von   160 €/m²
    und einer Nutzfläche von 1 411 m² ergibt sich: 1 411 m² × 160 €/m² = 225 760 €
    Vervielfältiger *(Years Purchase)* bei p = 6,5 % und einer Restnutzungsdauer n von 100 Jahren (vgl. Anl. zur ImmoWertV) = 15,36
    Ertragswert im Falle eines Neubaus 15,36 × 225 760 € = rd. 3 468 000 €

    c) Berechnung der Bau- und Entwicklungskosten *(costs of development)*

    – Baukosten bei Normalherstellungskosten von
      1 500 €/m² Geschossfläche:
      1 411 m² × 1 500 €/m² = 2 116 000 €
    – Baunebenkosten: 10 % der Baukosten
      10/100 × 2 116 000 € = + 212 000 €
    Summe: = 2 328 000 € → 2 328 000 €
    Finanzierungskosten
    bei Zinsen von 0,5 × 13 % auf 6 Monate* rd. + 151 000 €
    Vermietungskosten + 10 000 €

V Syst. Darst. Vergleichswertverf. Extraktionsverfahren

Gebühren, Abgaben, Rechtsverfolgung	+ 10 000 €	
Verschiedenes	+ 30 000 €	
Unternehmergewinn** in Höhe von 20 % des Ertragswerts 0,20 × 3 468 000 €	694 000 €	
= Bau- und Entwicklungskosten	rd. 3 223 000 €	− 3 223 000 €
Residuum (vorläufig)		**rd. 245 000 €**

* Auf den Zinssatz wird deshalb der Faktor 0,5 angewandt.
** Üblicherweise wird mit einem Unternehmensgewinn von 10 bis 20 % gerechnet.

3. Berechnung des tragbaren Bodenwerts

Grundstücksfinanzierungskosten auf ein Jahr 13 %
Abzinsung des Residuums über die Finanzierungsdauer

$$\text{Bodenwert} = \frac{\text{Residuum}}{(1+p)^n} = \frac{245\,000\ €}{1{,}13^1} = 216\,814\ €$$

Abzüglich Grunderwerbsnebenkosten von 6 %	=	− 13 009 €
= Residuum	=	203 805 €

Entspricht **Bodenwert pro Quadratmeter** Grundstücksfläche 203 805 € : 2 833 m² = **72 €/m²**

581 Die unter Ziff. 3 des vorstehenden Beispiels vorgenommene **Berücksichtigung der Grundstücksfinanzierungskosten** und Rechtskosten (Notariats-, Anwaltskosten und dgl.) stellt eine Erweiterung der Grundgleichung des Extraktionsverfahrens (Residualwertverfahrens) dar, wie es heute üblicherweise praktiziert wird. Damit wird berücksichtigt, dass der als Residuum ermittelte tragbare Bodenwert vorgehalten werden muss. Finanzmathematisch erfolgt die Berücksichtigung der Finanzierungskosten also durch Abzinsung des Residuums über die Zeit der Vorhaltung:

$$\text{Bodenwert} = \text{Residuum}/q^n$$

n = Vorhaltezeit
q = 1 + Zinssatz/100
$1/q^n$ ist tabelliert im Anh. zur ImmoWertV.

582 Im Unterschied zu dem mitunter in der Bundesrepublik Deutschland unter anderer Bezeichnung praktizierten Extraktionsverfahren/Residualwertverfahren (hierzulande auch als **Rest-durch-Abzug-Verfahren** oder als kalkulatorische Grundstückswertermittlung bezeichnet) wird dieses Verfahren im Ausland zumeist auf der Grundlage konkreter Vorstellungen über die künftige Nutzung angewandt, d.h., es liegen zumeist sogar ausführungsreife Baupläne vor.

583 Sie erlauben es, einerseits den künftigen Verkaufswert und andererseits die konkret anfallenden **Bau-, Entwicklungs- und Vermarktungskosten** mit einer vergleichsweise hohen Zuverlässigkeit abzuschätzen. Dies muss man sogar als eine **wesentliche Voraussetzung für die Anwendung des Extraktionsverfahrens** (Residualwertverfahrens) fordern, weil sich sonst die unter Rn. 689 ff. angesprochene Fehlerträchtigkeit dieses Verfahrens nicht in Grenzen halten lässt. Der Investor ist damit zugleich in der Lage, einen zuverlässigen „Fahrplan" für die Realisierung der geplanten Maßnahme aufzustellen. Damit lassen sich die anfallenden Kosten mit einer höheren Genauigkeit abschätzen und in das Berechnungsverfahren einführen.

6.4.3.3 Verfeinerter Verfahrensgang bei langfristiger Entwicklung

584 Bei Anwendung des Extraktionsverfahrens (Residualwertverfahrens) auf Objekte, deren Entwicklung sich längerfristig hinzieht, wird seitens der Investoren der **Finanzierung** große Beachtung geschenkt.

585 Die **Finanzierung der Bebauung** hat dabei besonderes Gewicht, da die Bebauung bekanntlich weitaus höhere Kosten verursacht als die Bereitstellung des Grundstücks. Deshalb wird bei Anwendung des Extraktionsverfahrens (Residualwertverfahrens) zwischen der Finanzierung der eigentlichen Bebauung des Grundstücks und der Gesamtentwicklung *(development)* unterschieden. Während mit der Abzinsung des Residuums vor allem die Vorhaltung des Grundstücks erfasst wird und diese sich auf die gesamte Entwicklungsdauer erstreckt, fallen die höheren Finanzierungskosten der Bebauung erst in der Bauphase an. Um dies bei der Ermittlung des Residualwerts zu erfassen, stellt man einen Fahrplan für die Gesamtentwicklung auf und berücksichtigt die Finanzierung der Bebauung gesondert (Abb. 81).

Abb. 81: **Zeitlicher Ablauf der Entwicklung und Verwertung einer Baumaßnahme (Schema)**

Die **Finanzierungskosten** für die Bebauung des Grundstücks werden den Baukosten zugerechnet, die **Finanzierungskosten für die Gesamtentwicklung** hingegen, wie bereits ausgeführt, durch Diskontierung des Residuums. Damit ergibt sich als erweiterte Form des Extraktionsverfahrens (Residualwertverfahrens) folgendes Schema (Abb. 82):

V Syst. Darst. Vergleichswertverf. — Extraktionsverfahren

Abb. 82: Erweiterte Form des Extraktionsverfahrens (Residualwertverfahrens) bei unterschiedlicher Berücksichtigung der Baufinanzierung und der Finanzierung der Gesamtentwicklung

587 *Beispiel 1:*

Anwendung des Extraktionsverfahrens (Residualwertverfahrens) bei langer Entwicklungsdauer

1. **Wertermittlungsobjekt**
   a) Unbebautes Baugrundstück am Stadtrand
   b) Gewerbegebiet, zulässige Geschossfläche auf dem Grundstück 600 m²
   c) Erwartete Gesamtentwicklungszeit *(development)*: 3 Jahre
   d) Erwartete Bebauungszeit: 2 Jahre
   e) Erwarteter Jahresreinertrag nach Bebauung: 150 €/m² Nutzfläche

2. **Ermittlung des Bodenwerts nach dem Extraktionsverfahren/Residualwertverfahren** *(residual valuation)*

   a) Berechnung der Nutzfläche
   b) Geschossfläche: = 600 m²
      ./. 17/100 × 600 m² ≈ 100 m²
      Nutzfläche ≈ 500 m²

   c) Berechnung des fiktiven Ertragswerts
      Bei einem jährlichen Reinertrag von 150 €/m² Nutzfläche
      ergibt sich: 500 m² × 150 €/m²   = 75 000 €

      × Vervielfältiger *(Years Purchase)* bei p = 6,5 %
      und einer Restnutzungsdauer n von 100 Jahren
      (vgl. Anl. zur ImmoWertV)   = 15,36
      = Ertragswert im Falle eines Neubaus   rd. 1 155 000 €

   d) Berechnung der Bau- und Entwicklungskosten *(costs of development)*
      – *Baukosten* bei Normalherstellungskosten von

900 €/m² Geschossfläche (einschließlich Baunebenkosten):			
900 €/m² × 600 m²	=	540 000 €	
− Baufinanzierung bei Bauzeit von 2 Jahren und Zinssatz von 14 %:			
0,5* × 14 % auf 2 Jahre	=	rd. 75 000 €	
− Architekten- und Beratungskosten 12,5 % der Baukosten	=	67 500 €	
− Finanzierungskosten für Architekten und Beratungskosten auf 2 Jahre:			
0,5* × 14 % auf 2 Jahre	=	10 000 €	
− Vermietungskosten 10 % des erwarteten Jahresreinertrags	=	7 500 €	
− Verschiedenes	=	30 000 €	
− Unternehmergewinn in Höhe von 15 % des Ertragswerts	=	173 250 €	
= Bau- und Entwicklungskosten	=	903 250 € =	− 903 250 €
Residuum (vorläufig)		=	**251 750 €**

3. Berechnung des tragbaren Bodenwerts

− Grundstücksfinanzierungskosten für 3 Jahre bei einem Zinssatz von 14 %

Bodenwert = Residuum/$1{,}14^3$ = 251 750 €/0,67497	=	169 924 €
Abzüglich Grunderwerbsnebenkosten von 6 %	=	− 10 195 €
= Residuum		**159 729 €**

* Der Faktor 0,5 wird eingeführt, weil die Kosten erst im Verlauf der Maßnahme, d.h. nicht über die volle Bauphase, entstehen.

Hinweis: Die Grundstücksgröße geht in die Bodenwertermittlung des Grundstücks indirekt über die Geschossfläche ein; bei übergroßen Grundstücken müsste sie gesondert Berücksichtigung finden.

Beispiel 2: **588**

a) Es soll ein 10 000 m² großes Grundstück mit einer Geschossfläche von 12 000 m² erworben werden. Die Planung sieht folgende Nutzung vor:

− Bürofläche	5 000 m²	Nutzfläche (NF)
− Ladenfläche	2 000 m²	Nutzfläche (NF)
− Wohnfläche	2 000 m²	Nutzfläche (NF)
Insgesamt	9 000 m²	Nutzfläche (NF)
+ 25 % von 12 000 m² =	+ 3 000 m²	
Summe =	12 000 m²	Geschossfläche (GF)

b) Folgender „Fahrplan" besteht

	Vorlaufzeit	4 Jahre
	Bauzeit	+ 2 Jahre
	Insgesamt	= 6 Jahre

c) Folgende Finanzierungskosten sowie Wert- und Kostensteigerungen werden erwartet:

− Finanzierungskosten	10 % p.a.
− Baukostensteigerung	6 % p.a.
− Wertsteigerung	4 % p.a.

1. Ertragswert/Verkaufswert (nach Bauzeit)

Nutzung	NF (m²)	Preis (Verkauf)	Insgesamt
Büro	5 000	3 000 €/m²	15 000 000 €
Laden	2 000	4 000 €/m²	8 000 000 €
Wohnen	2 000	2 500 €/m²	5 000 000 €
		Summe	28 000 000 €

Ertragswert/Verkaufswert in 6 Jahren bei 4 % Wertsteigerung
28 000 000 € × $1{,}04^6$ (q^n = 1,26532) = 35 428 960 €

2. Aufzuwendende Kosten

a) Baukosten

Nutzung	NF (m^2)	Baukosten einschließlich Nebenkosten	Insgesamt
Büro	5 000	1 500 €/m^2	7 500 000 €
Laden	2 000	1 000 €/m^2	2 000 000 €
Wohnen	2 000	1 400 €/m^2	2 800 000 €
		Summe	12 300 000 €

b) Kosten in 5 Jahren bei 6 % Baukostensteigerung
  12 300 000 € × 1,06^5 (q^n= 1,33823)   = + 16 460 229 €
  4 Jahre Vorlaufzeit und bei zweijähriger Bauzeit (× 0,5)   =   5 Jahre
c) Finanzierungskosten (1 % von 16 460 229 €)
  1 Jahr bei zweijähriger Bauzeit   = + 164 602 €
d) Vermarktungskosten   = + 500 000 €
e) Abbruchkosten/Sonstiges   = + 2 500 000 €
  Summe   = 19 624 831 €
f) Unternehmergewinn/Wagnis
  (15 v.H. von 19 624 × 831 €)   = 2 943 725 €
  Ertragswert abzüglich Kosten   = 22 568 556 € = − 22 568 556 €
                                                                                                              = **12 860 404 €**

3. Bodenwertermittlung

Ertragswert (Verkaufswert) abzüglich Kosten	=	12 860 404 €
Diskontiert über 6 Jahre bei 10 % Finanzierungskosten 12 860 404 € × 0,56447 wobei 1/1,10^6= 0,56447	=	7 259 312 €
abzüglich Grunderwerbskosten (4 % von 7 259 312 €) Grunderwerbsteuer/Notar/Grundbuch	=	− 290 372 €
ergibt Bodenwert erschließungsbeitragsfrei (ebf)	=	6 968 940 €
Erschließungskosten 50 €/m^2 × 10 000 m^2	=	− 500 000 €
Ergibt Bodenwert erschließungsbeitragspflichtig (ebp)	=	6 468 940 €

Bodenwert = rd. 650 €/m^2 entspricht 540 m^2 BGF.

6.4.3.4 Schwachstellen des Extraktionsverfahrens (Residualwertverfahrens)

589 Die Schwächen des Extraktionsverfahrens (Residualwertverfahrens) müssen darin erblickt werden, dass es sich dabei um einen „konstruierten" Bodenwert handelt, dessen Höhe durch eine Reihe nur **unsicher kalkulierbarer Faktoren** direkt und mit einer äußerst verhängnisvollen Fehlerfortpflanzung bestimmt wird und insoweit auch beeinflussbar ist.

590 Nach dem Grundschema des Extraktionsverfahrens (Residualwertverfahrens) bestimmt sich der Residualwert als Differenzwert zweier nahezu gleich großer Einzelwerte (fiktiver Ertragswert abzüglich Bau-, Entwicklungs- und Vermarktungskosten). Zur Ermittlung des Bodenpreises wird dabei als Ausgangswert zunächst der Ertragswert des Grundstücks (Gebäude und Boden) abgeleitet, der dann um die Herstellungskosten des Gebäudes vermindert wird. Dies hat zur Folge, dass bereits relativ **kleine Fehler von wenigen Prozentpunkten bei der Ermittlung des Ertragswerts oder der Herstellungskosten des Gebäudes überproportional auf die absolute Höhe des Residuums durchschlagen.**

591 Durch kleine nicht mehr kontrollierbare Änderungen der Ausgangsdaten lässt sich nahezu jeder beliebige Bodenwert ermitteln; das Verfahren ist deshalb „in der überwiegenden Mehrzahl aller Fälle" unbrauchbar[222].

---

[222] Vogels, M., Grundstücks- und Gebäudebewertung marktgerecht, 5. Aufl. 1996, S. 28; Kleiber in GuG 1996, 16.

Beispiel: 592

Als (fiktiver) erzielbarer Veräußerungserlös sei im Wege des Vergleichs- oder Ertragswertverfahrens ermittelt	1 000 000 €
Die Bau-, Entwicklungs- und Vermarktungskosten (einschließlich Unternehmergewinn) seien ermittelt mit	– 900 000 €
Residuum	**= 100 000 €**

– Unterstellt, bei der Ermittlung des erzielbaren Veräußerungsgewinns sei ein um 10 % zu hoher Wert ermittelt worden, d.h., der „richtig" ermittelte Veräußerungspreis betrage nur 900 000 €, so ist das als tragbarer Bodenwert ermittelte Residuum um 100 % falsch.

– Unterstellt, die Bau-, Entwicklungs- und Vermarktungskosten seien „nur" um 10 % zu niedrig ermittelt worden, d.h., sie betrügen tatsächlich 990 000 €, so vermindert sich das Residuum gleich um 90 %.

Dass z.B. der unter Heranziehung des Ertragswertverfahrens ermittelte Veräußerungserlös um 10 % falsch berechnet wird, kann bei realistischer Betrachtung kaum ausgeschlossen werden. Überschreitungen von Baukostenvoranschlägen in nicht unerheblicher Höhe, wie sie fast tagtäglich Schlagzeilen machen, signalisieren hier eine weitere Schwachstelle. Fehler, die hier begangen werden, stellen – ebenso wie Fehler, die bei der Ermittlung des fiktiven Veräußerungserlöses nach vollendeter Bebauung auftreten – im Verhältnis zu dem Residuum eine große Wertkomponente dar und schlagen deshalb überproportional auf das Residuum durch. 593

Fehler bei den Ausgangswerten können sich dabei **kumulieren** und besonders verhängnisvoll auswirken: Wird beispielsweise der Ertragswert des Grundstücks (Boden und Gebäude) fehlerhafterweise zu niedrig ermittelt und werden gleichzeitig die Herstellungskosten zu hoch angesetzt, muss sich das Residuum „auffressen". Es kann sich dann auch sehr schnell ein negativer Residualwert *(nil value)* ergeben. 594

Charakteristisch für die Anwendungspraxis ist also, dass **das Residuum** i.d.R. **als Differenzbetrag zweier nahezu gleich großer Ausgangsgrößen abgeleitet wird.** Dies ist dann der Fall, wenn z.B. der Bodenwert als Residuum aus dem im Wege des (fiktiven) Ertragswertverfahrens abgeleiteten Verkehrswert abzüglich der Herstellungskosten und – in Erweiterung dieses Gedankens – abzüglich der gesamten Entwicklungskosten einschließlich eines Unternehmergewinns, der Finanzierungs- und Vermarktungskosten sowie eines Risikoabschlages für unvorhersehbare Kosten abgeleitet werden soll. Das Ergebnis der Ausgangsgrößen muss dabei naturgemäß fehlerbehaftet sein. 595

In der Kombination nimmt sich der Fehler, wenn man einen der wichtigsten Sätze der **Fehlerfortpflanzungslehre** heranzieht, noch harmlos aus. Danach ergibt sich der Fehler, gleichlautend mit dem pythagoräischen Satz der Geometrie, als Hypotenuse zu den Katheten: 596

$$m = +/- \sqrt{m_1^2 + m_2^2}$$

wobei für m_1 und m_2 jeweils der mittlere Fehler der Ausgangswerte anzusetzen ist.

In der praktischen Anwendung des Verfahrens nimmt sich der Fehler im Verhältnis zum Residuum jedoch schon gewaltig aus, wenn zwei nahezu gleich große Größen kombiniert werden. Die Fehleranfälligkeit wird erst erträglich, wenn eine der Größen, z.B. die Herstellungskosten, im Verhältnis zum künftigen Wert kleinere Größenordnungen einnimmt und damit das Residuum entsprechend anwächst. Der erstgenannte Fall tritt in der täglichen Praxis, z.B. bei Anwendung des Ertragswertverfahrens unter Berücksichtigung eines Instandsetzungsstaus, sogar sehr häufig auf.

Bei der Ableitung des Residuums aus nahezu gleich großen Größen kann es sogar leicht vorkommen, dass sich bei Ansatz fehlerhafter Ausgangsgrößen ein **negatives Residuum** ergibt. Verfechter des Verfahrens sind deshalb im Interesse ihrer Glaubwürdigkeit peinlichst darauf bedacht, diesen Fall nicht eintreten zu lassen. 597

V Syst. Darst. Vergleichswertverf. — Extraktionsverfahren

598 Aus dem einfachen *Beispiel* (Rn. 589) lässt sich folgendes **Fazit** ziehen:

- Die Fehlerträchtigkeit wird erst erträglich, wenn die Position, die vom Ausgangswert in Abzug gebracht wird (hier: Bau-, Entwicklungs- und Vermarktungskosten), den hälftigen Betrag der Ausgangsposition und weniger ausmacht. Dann sind die mit der Methode verbundenen Fehleranfälligkeiten noch hinnehmbar. Die Fehlerträchtigkeit ist indessen am größten, wenn der Differenzbetrag aus etwa gleich großen Positionen als Residuum ermittelt wird und es sich bei diesen Positionen zudem um absolut große Positionen handelt. Kleine relative Fehler können hier zu einer völligen Verfälschung des Ergebnisses führen.

- Bei Anwendung des bevorzugt vom Erwerber herangezogenen Extraktionsverfahrens (Residualwertverfahrens) ergeben sich i.d.R. auffällig „niedrige" Bodenwerte, die zudem damit begründet werden, dass sie für den Erwerber im Hinblick auf die Rentierlichkeit einer Immobilie gar nicht höher ausfallen dürften, weil sich die Immobilie sonst nicht „rechne". Dies mag zwar zutreffen, jedoch ist häufig dieselben Investoren, die gern darauf hinweisen, dass der Baulandkostenanteil zumindest bei Ein- und Zweifamilienhäusern bereits im Jahre 1990 in Baulandhochpreisregionen gut 30 v.H. und in einigen Kernstädten schon 50 v.H. und mehr ausmacht (Abb. 83)[223]. Dieser Widerspruch (**residuelles Paradoxon**) ist auffällig und findet seine Erklärung darin, dass bei Anwendung des Extraktionsverfahrens (Residualwertverfahrens) die Herstellungskosten und damit der Gebäudesachwert in voller Höhe eingeht, obwohl aus der Wertermittlungslehre bekannt ist, dass bei Sachwerten über rd. 150 000 € bereits erhebliche **Marktanpassungsabschläge** angebracht werden müssen und diese **bei Sachwerten von rd. 250 000 € bereits eine Größenordnung von 30 v.H. und mehr** erreichen (vgl. § 14 ImmoWertV Rn. 12 ff., 77 ff.). Will man also tatsächlich über das Residualwertverfahren zum Verkehrswert gelangen, dürften auch nur die entsprechend verminderten und nicht die tatsächlichen Herstellungskosten zum Ansatz kommen, d.h., das Residuum erhöht sich um den Marktanpassungsabschlag (vgl. auch die Rechtsprechung des BGH; Syst. Darst. des Sachwertverfahrens Rn. 7 ff.).

Abb. 83: Baulandkostenanteil

Quelle: Laufende Raumbeobachtung der BfLR

599 Bei Anwendung des Extraktionsverfahrens (Residualwertverfahrens) auf der Grundlage fiktiv ermittelter Ertragswerte unter Abzug der Herstellungskosten werden Elemente des Ertragswertverfahrens und des Sachwertverfahrens kombiniert (Verquickung von Wert und Kosten). Während mithilfe des Ertragswerts auf der Grundlage marktüblicher Liegenschaftszinssätze i.S. des § 14 Abs. 3 ImmoWertV der Verkehrswert noch verhältnismäßig sicher ermittelt wer-

---

[223] Bundesministerium für Raumordnung, Bauwesen und Städtebau, Baulandbericht 1993, Bonn 1993, S. 23.

den kann, handelt es sich bei den zum Abzug kommenden Herstellungskosten für das Gebäude um eine bloße Kostengröße, die sich in aller Regel erheblich vom Gebäudewert entfernt. Bei Anwendung des Sachwertverfahrens nach den §§ 21 ff. ImmoWertV werden deshalb in der Wertermittlungspraxis erhebliche Marktanpassungszu- oder -abschläge erforderlich, um mithilfe des Sachwerts zum Verkehrswert zu gelangen. Es besteht nämlich **keine Identität zwischen Kosten und Werten** (vgl. Syst. Darst. des Sachwertverfahrens Rn. 7 ff.). Hierauf hat die höchstrichterliche Rechtsprechung mehrfach hingewiesen[224]. In der Gesetzgebung wird diesbezüglich auch zwischen rentierlichen und unrentierlichen Kosten unterschieden (so z. B. § 177 Abs. 4 BauGB).

600 Es liegt nämlich in der inneren Logik der Extraktion (des Residualwertverfahrens), bei dem sich das Residuum aus der Differenz zweier Werte ergibt, dass sich **beide Werte (Ertrags- und Vergleichswert einerseits und Sachwert/Herstellungskosten andererseits) am Verkehrswert orientieren müssen, wenn das sich daraus ergebende Residuum ebenfalls verkehrswertorientiert sein soll.** Legt der Sachverständige bei Anwendung des Extraktionsverfahrens (Residualwertverfahrens) seinen aus der Anwendung des Sachwertverfahrens kommenden Erfahrungsschatz zugrunde, muss er sich folgerichtig fragen, ob er seinen Erfahrungsschatz über die dabei notwendig werdenden Marktanpassungszu- und -abschläge zum Ansatz bringen muss. Andererseits müsste sich das Residuum, z. B. im Falle von Objekten, bei denen im Falle der Ermittlung nach dem Sachwertverfahren hohe Marktanpassungsabschläge angebracht werden müssen, genau um die Höhe des Marktanpassungsabschlags vermindern; das Residuum kann sonst insoweit nicht mehr verkehrswertorientiert sein.

601 Das Extraktionsverfahren (Residualwertverfahren) ist damit ein Verfahren, mit dem die Schwachstellen des Sachwertverfahrens *(Cost Approach = „method of last resort")* unkorrigiert in der verhängnisvollsten Weise integriert werden, da die Herstellungskosten ohne Marktanpassung in das Verfahren eingehen. Der als Residuum ermittelte Bodenpreis kann schon deshalb i.d.R. nicht dem Verkehrswert des Grund und Bodens entsprechen[225]. Zimmermann[226] stellt deshalb fest, dass das Extraktionsverfahren (Residualwertverfahren) schon vom Denkansatz her mit der Ermittlung eines marktwirtschaftlich definierten Verkehrswerts unvereinbar ist.

602 Bei der Verkehrswertermittlung von Grundstücken kommen **Finanzierungskosten, Vermarktungskosten, Unternehmergewinne** und dgl. grundsätzlich nicht gesondert zum Ansatz. Bei Anwendung des Ertrags- und Sachwertverfahrens finden solche Positionen indirekt über den Liegenschaftszinssatz und den Marktanpassungsfaktor Eingang in das Wertermittlungsverfahren (vgl. § 194 BauGB Rn. 90 ff.). So wird z. B. ein Mietausfallwagnis im Rahmen der angesetzten Bewirtschaftungskosten berücksichtigt. Ein erhöhtes Risiko spiegelt sich in einem entsprechend erhöhten Liegenschaftszinssatz wider und umgekehrt. Finanzierungskosten sind in Bezug auf die Herstellung des Gebäudes üblicherweise in den Normalherstellungskosten enthalten.

603 „Finanzierungskosten" stellen eine Position dar, deren Berücksichtigung im Rahmen der Verkehrswertermittlung geradezu verpönt ist, weil unterschiedliche Finanzierungskosten zu unterschiedlichen Verkehrswerten führen würden. Der Ansatz von Finanzierungskosten im Rahmen des Extraktionsverfahrens (Residualwertverfahrens) muss deshalb das Residuum umso mehr vermindern, je höher diese Kosten im Einzelfall angesetzt werden.

604 Auch der Ansatz eines **Unternehmergewinns** von 10 bis 20 % oder der Vermarktungskosten ist der Sachwertermittlung fremd und muss zu einer Verringerung des Residuums führen.

605 Im Gegensatz zur Verkehrswertermittlung werden bei Anwendung des Extraktionsverfahrens (Residualwertverfahrens) die genannten Kostenpositionen neben weiteren dieser Art (häufig in Verbindung mit einem Unternehmergewinn) zum Abzug gebracht, so dass insoweit der

---

224 BGH, Urt. vom 24.1.1963 – III ZR 149/61 –, EzGuG 20.34; BGH, Urt. vom 13.5.1955 – V ZR 36/54 –, EzGuG 3.5; BGH, Urt. vom 10.7.1953 – V ZR 22/52 –, EzGuG 20.16; OLG Köln, Urt. vom 2.3.1962 – 9 U 33/61 –, EzGuG 20.29.
225 Scarett, D., Property Valuation: The five methods, London 1961.
226 Zimmermann, WertV 88, München 1998, S. 205.

Residualwert zusätzlich „gedrückt" wird. **Doppelberücksichtigung** ist dabei nicht auszuschließen.

606 Im Hinblick auf das mit jedem Kauf eines Grundstücks verbundene **Risiko** ist das Verfahren einseitig auf den Vorteil eines investierenden Käufers ausgerichtet. Dies wird besonders deutlich, wenn ein Risikoabschlag wertmindernd in Abzug gebracht wird, denn einem Risiko stehen in aller Regel auch Gewinnpotenziale gegenüber[227].

607 Eine weitere Schwäche des Extraktionsverfahrens (Residualwertverfahrens) liegt in seiner **Manipulierbarkeit.** Da sich der Residualwert – vereinfacht gesagt – als Differenzwert aus einem fiktiven Ertragswert und den aufzubringenden Herstellungskosten ergibt, muss sich der Residualwert

– *erhöhen,* wenn der Residualwertermittlung eine besonders ertragreiche Nutzung mit besonders niedrigen Herstellungskosten zugrunde gelegt wird, und umgekehrt

– *vermindern,* wenn der Residualwertermittlung eine besonders ertragarme Nutzung bei sehr hohen Herstellungskosten zugrunde gelegt wird.

608 Im Schrifttum wird deshalb herausgestellt, dass bei Anwendung des Extraktionsverfahrens (Residualwertverfahrens) die „Gefahr betrügerischer Manipulationen" besonders hoch ist. Die Summierung vieler kleiner Differenzen genüge, um extreme Resultate zu erzielen. „Diese an und für sich richtige Methode wird daher in der Hand des Kenners, der die Karten zu mischen versteht, zum Instrument, mit welchem sich ein Landwert in fast jeder gewünschten Höhe rechnerisch ausweisen lässt."[228]

609 Dabei ist allerdings zu fordern, dass vor dem Hintergrund einer gesunden Konkurrenzsituation auf dem Immobilienmarkt der Extraktion (Residualwertermittlung) ein Nutzungskonzept zugrunde gelegt wird, mit dem das Entwicklungspotenzial unter Berücksichtigung der rechtlichen und tatsächlichen Gegebenheiten ohne spekulative Elemente bei gleichzeitiger **Minimierung der dafür erforderlichen Kosten** optimal ausgeschöpft wird *(highest and best use).* Der Begriff des *highest and best use* wird hier i.S. einer optimalen Verwertungsstrategie gebraucht, ohne dass damit zwangsläufig ein optimistischer Verkaufspreis in dem Sinne verbunden ist, dass dieser „Optimismus" auf eine allgemeine konjunkturelle Verbesserung der Lage auf dem Immobilienmarkt oder gar auf einen Immobilienboom gerichtet ist.

610 Im Ansatz der Herstellungskosten, Vermarktungskosten, Finanzierungskosten usw. liegt neben der „dramatischen" Fehleranfälligkeit des Verfahrens mithin die zweite große Schwachstelle der Methode. Man muss sich daher vergegenwärtigen, dass das **Extraktionsverfahren (Residualwertverfahren) in seinem Kern eine Kombination aus Ertrags- und Sachwertverfahren bzw. aus Vergleichs- und Sachwertverfahren ist,** wobei die Anwender des Extraktionsverfahrens (Residualwertverfahrens) die Herstellungskosten in voller Höhe ansetzen, während bei Anwendung des „reinen" Sachwertverfahrens nicht unerhebliche Marktanpassungsabschläge als erforderlich angesehen werden, wenn das Sachwertverfahren zum Verkehrswert führen soll. Dies mag im Rahmen einer Investitionsberechnung sachgerecht sein; geht es dagegen um den Verkehrswert, darf die Erkenntnis nicht vergessen werden, dass **zwischen Kosten und Wert keine Identität** besteht[229].

611 Auf der anderen Seite besteht der Vorteil des Verfahrens darin, dass mit ihm allen **individuellen Eigenschaften** des Objekts Rechnung getragen werden kann. Rechtliche und tatsächliche Gegebenheiten (Baubeschränkungen, Gestaltungsvorschriften, Stellplatzfrage, Abstandszahlungen, Umweltauflagen, grundstücksbedingte Vor- und Nachteile usw.) gehen einerseits in

---

227 Benthlin in FamRZ 1982, 338; Hildebrandt, Systemorientierte Risikoanalyse in der Investitionsplanung, Berlin 1988; Rohpeter, Investitionsanalyse für gewerbliche Immobilien, Rudolf Müller 1998, S. 61 ff.; Timm, Das Investitionsrisiko im investitionstheoretischen Ansatz, Berlin 1976; Teichmann, Die Investitionsentscheidung bei Unsicherheiten, Berlin 1970; Müller, Risiko und Ungewissheiten, in E. Wittmann (Hrsg.); HWB, 5. Aufl. Stuttgart 1993; Kupsch, Risikomanagement, in Corsten/Reiß (Hrsg.), Handbuch der Unternehmensführung, Wiesbaden 1995.
228 Zimmermann, a.a.O., S. 206 f.; Naegeli, W., Die Wertberechnung des Baulands, Zürich, S. 9.
229 Pohnert, Kreditwirtschaftliche Wertermittlung 5. Aufl., S. 113; Kleiber in GuG 1996, 16; Groß in GuG 1996, 24; Vogel in GuG 1994, 347; Möckel in GuG 1996, 274; Reck in GuG 1995, 234; Simon in GuG 1985, 229; Zimmermann in WERTV 88 München 1998, S. 204; a. A.: Thomas, A., in GuG 1995, 25, 82; Krämer in GuG 1995, 264.

die Bau- und Entwicklungskosten und andererseits in den erwarteten Veräußerungserlös ein. Mit den ohnehin in den bebauten Ballungszentren kaum noch zur Verfügung stehenden Vergleichspreisen für unbebaute Grundstücke lassen sich die individuellen Eigenschaften allenfalls mit einem kaum noch zu leistenden Aufwand erfassen; ihre Heranziehung würde deshalb aufwendige Analysen erforderlich machen.

Fazit: Bei dem Extraktionsverfahren (Residualwertverfahren) handelt es sich, soweit es auf die Bodenwertermittlung zur Anwendung kommt, um nichts anderes als um das schon früher zur Anwendung gekommene Verfahren der kalkulatorischen Ermittlung eines (tragbaren) Bodenpreises. Allerdings wurden bei Anwendung des Extraktionsverfahrens (Residualwertverfahrens) in immer stärkerem Maße Kostenpositionen zur Geltung gebracht, die einem Investor hinsichtlich der Gesamtheit aller Entwicklungskosten auch einen Gewinn einschließlich der Finanzierungs- und Grunderwerbskosten eines Unternehmergewinns versprechen. Deren Berücksichtigung muss in der Wertermittlungslehre jedoch auf Bedenken stoßen, zumindest, wenn nicht gleichzeitig zu erwartende **Wertzuwächse und Subventionen** (z. B. GRW, Urban, Konvers, KfW-Mittel und dgl.) **einschließlich Steuervorteilen** berücksichtigt werden. Unternehmergewinne verstecken sich vielfach bereits in Einzelpositionen. Darüber hinaus sind direkte und indirekte Subventionen steuerlicher Art oftmals für die Preisbildung von erheblicher Bedeutung, so dass vor einer einseitigen Berücksichtigung eines Unternehmergewinns und vor übersetzten Ansätzen gewarnt werden muss. **612**

Je stärker die Investorenseite ihre Belange in die Wertermittlung eingebracht hat, desto größer ist in der Wertermittlungspraxis allerdings auch der Widerstand gegen solche Verfahren geworden[230]. Soweit es um die Verkehrswertermittlung geht, ist deshalb der **direkte Preisvergleich noch immer vorzuziehen;** dies scheitert allerdings oftmals an geeigneten Vergleichspreisen. **613**

Die Wertermittlungspraxis bewegt sich bei Anwendung des Extraktionsverfahrens (Residualwertverfahrens) immer dann in eine äußerst kritische Zone, wenn der danach ermittelte Wert im Verhältnis zu dem als Ausgangswert herangezogenen Vergleichswert/-preis in ein solches Missverhältnis gerät, dass man die **herangezogenen Ausgangspreise kaum noch als geeignete Vergleichspreise** i.S. des § 15 Abs. 1 ImmoWertV bezeichnen kann. In der Rechtsprechung ist jedenfalls das Maß der zu berücksichtigenden Abweichungen als ein Kriterium für die Beurteilung der Eignung der Vergleichsobjekte herangezogen worden. **614**

Nr. 2.3.1 der WERTR stellt hierzu ausdrücklich heraus, dass die **Ableitung des Bodenwerts von werdendem Bauland aus Vergleichspreisen und Bodenrichtwerten eines Entwicklungszustands höherer Qualität nur ergänzend in Betracht kommen kann, wenn der zu berücksichtigende Wertunterschied den als Ausgangswert herangezogenen Vergleichswert/-preis überproportional überschreitet.** Mit den Ergänzungen der WERTR[231] hat man damit der manchmal ausufernden Praxis sog. „Abschlagsgutachter" eine Warntafel gesetzt, wo man im alltäglichen Leben auch nicht zum Preisvergleich greift. Wer käme schon auf die Idee, sich beim Erwerb eines Ladas an den Preisen der S-Klasse zu orientieren. Im Rahmen des Extraktionsverfahrens (Residualwertverfahrens) – als dem klassischen Investorenverfahren – setzt man sich häufig recht unbekümmert darüber hinweg und geht zugleich wider alle Erfahrungssätze der Verkehrswertlehre von einer Identität der Kosten einer Maßnahme und des damit bewirkten Wertzuwachses aus. Hier ist deshalb nicht unberechtigt die Kritik hineingestoßen, wenn es um den Verkehrswert geht. **615**

Bei dem Extraktionsverfahren (Residualwertverfahren) handelt es sich somit um eine **höchst fehleranfällige Hilfsmethode**[232], die zur Ermittlung des Verkehrswerts eines Grundstücks nur dann zur Anwendung kommt, wenn andere Verfahren, die eine sichere Ableitung des Verkehrswerts ermöglichen, nicht zur Anwendung kommen können. Im Allgemeinen ist der Ermittlung des Bodenwerts auf der Grundlage von Vergleichspreisen der Vorzug zu geben. **616**

---

230 Pohnert Kreditwirtschaftliche Wertermittlungen, 5. Aufl. 1997, S. 113; Möckel in GuG 1996, 274; Kleiber in GuG 1996, 16; Schwarz in GuG 1994, 267.
231 Kleiber, WertR 02, 8. Aufl. 2002, Bundesanzeiger Verlag.
232 Schulte, Handbuch Immobilien-Projektentwicklung, Köln 1996, S. 60.

V Syst. Darst. Vergleichswertverf. — Extraktionsverfahren

617 Das Extraktionsverfahren (Residualwertverfahren) hat in der Wertermittlungspraxis vornehmlich nur in den Fällen eine Bedeutung erlangen können, wo eine Bodenwertermittlung auf der Grundlage von Vergleichspreisen nicht möglich war. Dies sind insbesondere **Immobilien, die i.d.R. nur von professionellen Projektentwicklern in einem aufwendigen Verfahren verwertet werden können und insofern auch nur einem begrenzten Marktsegment zuzurechnen sind.**

618 Aus Vergleichsrechnungen, die für Objekte durchgeführt worden sind, von denen der Bodenwert über den direkten Preisvergleich ermittelt werden konnte, ist bekannt, dass die Anwendung des Extraktionsverfahrens (Residualwertverfahrens) zumeist sehr schnell zu einem Preis führt, der den Verkehrswert des Grund und Bodens erheblich unterschreiten kann. Dies ist darin begründet, dass dabei in aller Regel die Herstellungskosten und auch sonstige Kosten in voller Höhe von dem fiktiven Ertragswert (Verkehrswert des Objektes nach seiner Entwicklung) in Abzug gebracht werden und keine **Identität zwischen Kosten und Wert** und dementsprechend auch keine Identität zwischen Kostendifferenzialen und Wertdifferenzialen besteht. Wegen des „Restwertcharakters" und der Abhängigkeit des Residualpreises von sämtlichen Entwicklungskosten sowie der in der Struktur des Verfahrens angelegten Fehlerträchtigkeit ist das Verfahren in erster Linie als Plausibilitätsprüfung von Bedeutung.

619 Unter der Zielsetzung, den Verkehrswert des Grundstücks zu ermitteln, muss bei Anwendung des Extraktionsverfahrens (Residualwertverfahrens) eine Konzeption zugrunde gelegt werden, die auf eine **Optimierung des Kosten-Nutzen-Verhältnisses** ausgerichtet ist.

620 Unter der Zielsetzung der Ermittlung eines investitionssicheren tragbaren Bodenpreises sind demgegenüber die individuellen Kosten möglichst vollständig und umfassend anzusetzen. Die Disparität zum Boden und zum Verkehrswert wird dabei umso größer, je umfassender das damit verbundene Risiko und die damit verbundenen Kosten in den Residualwert eingerechnet werden. Nach den Mechanismen des Verfahrens werden solche **Kosten preismindernd bis in das Residuum (Bodenwert) „durchgereicht".**

621 Folgt man dem Grundsatz, dass die Usancen des gewöhnlichen Geschäftsverkehrs das entscheidende Kriterium für die Wahl des Verfahrens zur Ermittlung des Verkehrswerts sind, kann das Extraktionsverfahren (Residualwertverfahren) unter vorstehenden Gesichtspunkten allenfalls für Grundstücke solcher Grundstücksmarktsegmente noch als geeignet angesehen werden, deren Preisbildung durch Investitionsüberlegungen i.S. des Extraktionsverfahrens (Residualwertverfahrens) beherrscht wird. Unter diesen Kautelen ist die **Wahl des Extraktionsverfahrens** (Residualwertverfahrens) auch mit dem Grundsatz des § 8 Abs. 1 ImmoWertV vereinbar.

622 In Betracht kommen hier insbesondere

a) der Grundstücksmarkt großflächig zu erschließender Baulandflächen, insbesondere, wenn in der Gemeinde kommunale Grundsatzbeschlüsse gefasst worden sind, nach denen ein Planungsrecht nur im Falle der Übernahme kommunaler Infrastrukturleistungen, z. B. im Wege städtebaulicher Verträge, gewährt wird;

b) Grundstücke, deren Nutzung vornehmlich nur durch professionelle Investoren herbeigeführt werden kann.

623 Selbst unter diesen Voraussetzungen ist die Anwendung des Extraktionsverfahrens (Residualwertverfahrens) vornehmlich nur i.S. einer **Investitionsentscheidung** und weniger als Verfahren der Verkehrswertermittlung geeignet. Der Verkäufer eines Grundstücks, dessen Bodenwert im Wege des Extraktionsverfahrens (Residualwertverfahrens) ermittelt werden soll, wird mindestens den aus Vergleichspreisen abgeleiteten Verkehrswert eines unbebauten Grundstücks abzüglich evtl. Abbruchkosten verlangen. Dies ist im Verhältnis zum Extraktionsverfahren (Residualwertverfahren) auch die einfachere und plausiblere Methode. Das Extraktionsverfahren (Residualwertverfahren) kann in diesem Fall als Entscheidungshilfe dafür herangezogen werden, ob auch ein höherer Preis wirtschaftlich tragfähig ist, wobei dann der höhere Preis auch über dem Verkehrswert liegen kann. Dem Liquidationswert muss ansonsten der Vorzug gegeben werden.

Die eigentliche Bedeutung des Extraktionsverfahrens (Residualwertverfahrens) liegt also in seiner **Funktion als Entscheidungsgrundlage für Investitionen.** Im Hinblick auf eine anstehende Bebauung eines Grundstücks bzw. einen Umbau eines bebauten Grundstücks kann mithilfe des Extraktionsverfahrens (Residualwertverfahrens) der wirtschaftlich tragbare Erwerbspreis ermittelt werden. Demzufolge wäre der Begriff Residual*preis*verfahren zutreffender. Wie bereits dargelegt, wird dieser Residualpreis maßgeblich von der seiner Ermittlung zugrunde gelegten **Nutzungskonzeption** bestimmt. Bei Anwendung des Extraktionsverfahrens (Residualwertverfahrens) müssen deshalb zwei voneinander abzugrenzende Ansätze unterschieden werden: 624

a) Ermittlung des Residualpreises auf der Grundlage einer bestimmten vorgegebenen Nutzungskonzeption. 625

b) Ermittlung des Residualpreises auf der Grundlage einer kosten- und nutzenoptimierten Konzeption *(highest and best use)*.

Die Ermittlung des Residualpreises auf der Grundlage einer bestimmten vorgegebenen Nutzungskonzeption führt in aller Regel zu den größten Disparitäten der Ergebnisse gegenüber dem Verkehrswert. Dies sind regelmäßig auch die Fälle, in denen das **Extraktionsverfahren (Residualwertverfahren) seitens der Käufer in Ankaufsverhandlungen instrumentalisiert** wird, indem Ertragspotenziale ebenso wie die Möglichkeiten einer Kostenminimierung unausgeschöpft bleiben. 626

Als Grundlage für die Ermittlung des Verkehrswerts ist das Residualwertverfahren deshalb allenfalls **nur** dann **geeignet, wenn bezüglich der Nutzungskonzeption eine Konkurrenzsituation zugrunde gelegt wird,** die dem Grundsatz des *highest and best use* bei gleichzeitiger Minimierung der Gesamtaufwendungen entspricht. Dies ist u.a. auch darin begründet, dass Grundstücke im gewöhnlichen Geschäftsverkehr, der nach Maßgabe des § 194 BauGB Maßstab für die Verkehrswertermittlung sein muss, in aller Regel an den Meistbietenden veräußert werden. Soweit die Grundgedanken des Extraktionsverfahrens (Residualwertverfahrens) das Preisgeschehen auf dem Grundstücksmarkt bestimmen, kommt mithin nur derjenige Käufer zum Zuge, der **im Sinne einer Kosten-Nutzen-Analyse aufgrund einer optimierten Verwertungsstrategie auch den höchsten Preis bieten kann.** 627

Gleichwohl führt das Extraktionsverfahren (Residualwertverfahren) auch unter diesen Prämissen aus den genannten Gründen i.d.R. nicht unmittelbar zum Verkehrswert (Abzug von nicht wertadäquaten Kostenpositionen). Das Extraktionsverfahren (Residualwertverfahren) in der von Investorenseite praktizierten Ausgestaltung stellt bei alledem ein **einseitig auf die Belange des Investors** ausgerichtetes Investorenverfahren zur Ermittlung des tragbaren Bodenpreises dar. 628

Die Ermittlung des Residualpreises auf der Grundlage einer Nutzungskonzeption, die dem Grundsatz des *highest and best use* folgt, kann im Übrigen aber auch zu einem Preis führen, der **über** dem im Wege des Preisvergleichs ermittelten Verkehrswert liegt. Dieser Fall kann bei optimalen Verwertungsstrategien eintreten. Im Konkurrenzkampf der Bewerber um ein Grundstück kommt der Anbieter zum Erfolg, der sein **Angebot auf der Grundlage des *highest and best use*** abgegeben hat[233]. 629

In der **Zusammenfassung** können als besonders fehlerträchtige und sensitive Parameter des Extraktionsverfahrens (Residualwertverfahrens) gelten: 630

a) Das „richtige" Nutzungskonzept, insbesondere bezüglich der wirtschaftlichsten Nutzung unter Minimierung der Bau-, Entwicklungs- und Vermarktungskosten.

---

[233] American Institute of Real Estate Appraisers: The Appraisal of Real Estate, 12. Aufl. Chicago 2002, S. 60 ff., 305 ff.

b) Die fiktive Ertragswertermittlung, insbesondere bezüglich
   - des angesetzten nachhaltigen Reinertrags,
   - der „richtigen" Nutzflächenermittlung und
   - des „richtigen" Liegenschaftszinssatzes.

c) Die Angemessenheit
   - der Baukosten (einschließlich Baunebenkosten und der Kosten für Außenanlagen), der Abbruch- und Erschließungskosten,
   - der Finanzierungskosten,
   - der Kosten der Vermarktung,
   - des Mietausfallwagnisses,
   - der Kosten für Unvorhergesehenes (Gewinn, Wagnis, Altlasten) und
   - ggf. der Abfindungsbeträge,

   wobei der Abzug von „bloßen" Kosten[234] insoweit vom Verkehrswert wegführt, wie die Kosten nicht werthaltig sind. Wie dargelegt, sind im Rahmen der Verkehrswertermittlung entsprechend den Preismechanismen im gewöhnlichen Geschäftsverkehr solche Kosten i.d.R. nicht überwälzbar. Es kommt hinzu, dass solche **Kosten** möglicherweise **doppelt zum Ansatz kommen** (Beispiel: Finanzierung der Baukosten ist bei Ansatz angemessener Herstellungskosten bereits in diesen Herstellungskosten enthalten). Umgekehrt werden in der Praxis der Investitionsberechnungen auf der Grundlage des Extraktionsverfahrens (Residualwertverfahrens) vielfach auch weitere Kosten zum Abzug gebracht (z. B. ein Unternehmergewinn in Höhe von 10 bis 15 % des Ertragswerts).

d) Werden die Baukosten in Höhe der gewöhnlichen Herstellungskosten als sog. Normalherstellungskosten in das Extraktionsverfahren (Residualwertverfahren) eingeführt, so wird damit die **Mehrwert-/Umsatzsteuer** berücksichtigt. Dies ist auch sachgerecht, wenn es um die Ermittlung des Verkehrswerts im Wege des Extraktionsverfahrens (Residualwertverfahrens) geht. Kommt das Extraktionsverfahren (Residualwertverfahren) mit der Zielsetzung zur Anwendung, den investitionsorientierten Erwerbspreis eines bestimmten Investors abzuleiten, kann zwischen optierenden und nicht optierenden Investoren unterschieden werden. Soweit demnach die Mehrwertsteuer „weitergereicht" werden kann, können die auf der Grundlage der Normalherstellungskosten, die die Mehrwertsteuer definitionsgemäß enthalten, angesetzten Baukosten um diese vermindert werden.

e) Bezüglich der Größenordnung der anzusetzenden Kosten bis zur Verwertung des Objekts (insbesondere Baukosten) besteht die Möglichkeit,
   - die **individuellen tatsächlich zu erwartenden Kosten im Sinne einer objektspezifischen Investitionsberechnung** anzusetzen, wobei dann ggf. auch überhöhte Herstellungskosten zum Ansatz kommen müssen, wenn das Projekt schnell durchgeführt werden soll (Feiertagszuschläge, Nachtarbeit usw.), oder
   - jeweils von **gewöhnlichen und nachhaltig entstehenden Kosten** auszugehen.

   Einheitliche Sätze, die für sämtliche Projekte und alle Gebäudearten Gültigkeit haben, gibt es nicht, und sie können auch nicht aus Vereinfachungsgründen angesetzt werden.

f) Die Schätzung der Preisentwicklung aller übrigen Kosten (Bau-, Finanzierungs-, Abrisskosten, Abfindungen, Genehmigungsgebühren usw.) ist mit zusätzlichen Fehlerquellen verbunden. Die freie **Schätzung der Entwicklung dieser Kosten ist** außerordentlich **problematisch**. Ihre Berücksichtigung stellt damit zwar theoretisch eine Verfeinerung dar; praktisch entstehen damit aber neue Fehlerquellen, die hier zu einer Scheingenauigkeit

---

[234] Selbst in der steuerlichen Bewertung, die sich vereinfachender Methoden bedient, ist dies mit aller Dringlichkeit vom BFH im Urt. vom 28.10.1998 – II R 37/97 –, GuG 1999, 184 = EzGuG 20.166, herausgestellt worden; dies muss insbesondere von den Beleihungsinstituten gewürdigt werden.

führen. Allenfalls bei sehr langer Entwicklungsdauer ist deshalb eine Dynamisierung sinnvoll[235].

Der schon aus grundsätzlichen Erwägungen problematische Abzug sonstiger anfallender Kosten einschließlich der Grunderwerbs- und Finanzierungskosten ist einseitig auf die Belange des Investors ausgerichtet. Entsprechendes gilt auch für den Abzug eines Unternehmergewinns und eines Risikoabschlags. Im Grundstücksverkehr allgemein und auch im Handel mit baureifen Grundstücken, deren Bebauung stets einer mehr oder minder langen Vorbereitungs-, Bau- und Vermarktungsphase bedarf, lassen sich nämlich die Verkäufer derartige Kosten sonst auch nicht wertmindernd in Rechnung stellen. Verkehrswert ist insoweit der „volle" Wert ohne Abzug der Grunderwerbskosten eines Käufers.

Der Verkäufer eines Grundstücks würde sich auf einen so ermittelten Residual*preis* nur dann einlassen, wenn dieser höher als der im Preisvergleich direkt ermittelte Bodenwert des unbebauten Grundstücks abzüglich der Abbruchkosten ausfällt. Der Grundstücksmarkt greift dabei in aller Regel auf die aus Vergleichspreisen abgeleiteten Bodenrichtwerte zurück, die nach § 196 BauGB für das Gemeindegebiet von der Gemeinde zu ermitteln sind. Der Verkehrswert des Grund und Bodens eines Abbruchobjektes kann in diesem Fall also vergleichsweise einfach und plausibel direkt aus diesen Bodenrichtwerten unter Abzug der Abbruchkosten abgeleitet werden (§ 16 Abs. 3 ImmoWertV).

6.5 Bodenwertermittlung auf der Grundlage der Ertragsfähigkeit

6.5.1 Abhängigkeit von Erdgeschossmieten

▶ *Vgl. Teil VIII Rn. 432*

Schrifttum: *Bister,* Modifizierte Geschossflächenzahl – Eine statistische Untersuchung der Kaufpreise von Ertragsgrundstücken unterschiedlicher Baunutzung, VR 1978, 124; *Paul,* Zur Korrelation von Geschäftsraummieten und Bodenwerten in Kernbereichen, DS 1985, 98; *Schmalgemeier,* Zur Ermittlung von Grundwerten für die Ermittlung von Ausgleichsbeträgen, VR 1978, 143; *Upmeyer, B.,* Bodenwertermittlung für ein Grundstück in einer Großstadt in den neuen Bundesländern, GuG 1999, 42.

Bodenwert und Ertragsfähigkeit eines Grundstücks stehen in einem engen Zusammenhang. Dies gilt zumindest für Grundstücke, die unter Renditegesichtspunkten gehandelt werden. Für die **Innenstadtlagen** ist eine **hohe Korrelation zwischen der Rohmiete pro Quadratmeter Nutzfläche des Geschäftsraums und dem Bodenwert** festgestellt worden, wobei sich erst bei höheren Mieten größere Abweichungen von den empirisch **abgeleiteten** funktionalen Zusammenhängen gezeigt haben. Auf der Grundlage von Auswertungen der Kaufpreise aus den 70er Jahren wurden folgende Beziehungen abgeleitet:[236]

Osnabrück:[236] $BW = 32{,}43 \times RoE^{0{,}9890}$
              $BW = 26{,}22 \times RoE^{1{,}0638}$ (1)

Offenbach:[237] $BW = 26{,}045 \times RoE^{1{,}0752}$ (2)

wobei

BW = Bodenwert in [€]
RoE = Rohertrag/Monat in [€]

Bei alledem wurde darauf hingewiesen, dass das **Maß der baulichen Nutzung (GFZ) und die Restnutzungsdauer** sich **unwesentlich auf den Bodenwert auswirken,** wobei die Restnutzungsdauer ohnehin allenfalls bei unter- oder übergenutzten Grundstücken unter bestimmten Voraussetzungen auf den Bodenwert durchschlägt.

---

235 Britton, W./Davies, K., Modern Methods of Valuation of Land, Houses and Buildings, 8. Aufl. London 1989.
236 Schmalgemeier in VR 1977, 422 für die Jahre 1966 bis 1977 und Nutzflächen von 30 bis 150 m².
237 Paul in VR 1983, 141.

633 Die Annahme von *Schmalgemeier*, die Relation von Roherträgen (Nettokaltmiete) und Bodenwerten sei zeitunabhängig, hat sich als unhaltbar erwiesen. Bereits nach wenigen Jahren (1985) musste vielmehr festgestellt werden, dass in Abhängigkeit von der Lagequalität die Bodenwerte in den Innenstadtlagen bereits das 35- bis 48fache der Geschäftsraummieten im Erdgeschoss ausmachen. Für den Bodenwert eines aus einer Sanierung „herauskommenden" Grundstücks wird von *Brandt-Wehner*[238] aufgrund von Kaufpreisen, die wiederum aus den 70er Jahren stammen, folgende Beziehung angegeben:

$$BW = \frac{1}{\left(\frac{0{,}3238}{RoE^{0{,}45}} + 0{,}0186\right)^{2{,}86}} \quad (3)$$

634 *Beispiel:*

Bei einem Rohertrag (Nettokaltmiete) von 20 €/m² NF und Monat ergeben sich nach

(1) BW = 26,22 × 20^{1,6038} = 635 €/m²
(2) BW = 26, 045 × 20^{1,0752} = 652 €/m²
(3) BW = 1/(0,3238/20^{0,45} + 0,01086)^{2,86} = 840 €/m²

Die doch erheblichen Unterschiede lassen erkennen, dass das Verfahren nicht ohne Weiteres übertragbar ist.

Bister hat entsprechende Umrechnungsverhältnisse für Büro- und Geschäftsgrundstücke in der Düsseldorfer Innenstadt abgeleitet[239]. Er kommt zu folgender Funktionsgleichung:

$$BW = 2{,}0643 \times RoE^{1{,}123}$$

wobei wiederum

BW = Bodenwert in [€]
RoE = Rohertrag pro Quadratmeter Grundstücksfläche in [€]

Die Ergebnisse stehen in Plausibilität zueinander. Die von *Bister* ermittelte Abhängigkeit zeigt einen steileren Kurvenverlauf, was auf die höhere Wertigkeit der Düsseldorfer Innenstadt gegenüber niedersächsischen Gemeindezentren zurückgeführt werden kann.

635 Trotzdem kommt man nicht um die Feststellung herum, dass alle **Versuche, den Bodenwert in Abhängigkeit von der Erdgeschossmiete durch empirisch abgeleitete Funktionsgleichungen mit hinreichender Sicherheit zu ermitteln, als gescheitert gelten müssen.** Es kommt hinzu, dass die vorgestellten Funktionsgleichungen schon nach ihrer Art bei dem „Verbraucher" kaum Vertrauen „ernten" können, zumal das ihnen zugrunde liegende Rechenwerk letztlich für Außenstehende nicht überprüfbar ist[240].

6.5.2 Abhängigkeit vom Jahresrohertrag

636 *Gerardy/Höpcke*[241] haben für die Zentren niedersächsischer Städte die sich aus Abb. 84 ergebende **Abhängigkeit des „mittleren Bodenwerts" vom Jahresrohertrag in € pro Quadratmeter Grundstücksfläche** festgestellt. Dem Jahresrohertrag haftet allerdings eine gewisse Unsicherheit an, die auf die jeweiligen Bewirtschaftungskosten zurückzuführen ist. Bei der Ableitung derartiger Tabellen auf der Grundlage von Reinerträgen können diese Unsicherheiten vermieden werden.

---

238 Brandt-Wehner in VR 1985, 413.
239 Bister *in VR 1978, 124.*
240 Ziegenbein in VR 1999, 383.
241 Gerardy in Nachr. der nds. Kat.- und VermVw 1964, 14, 125.

Abb. 84: Mittlerer Bodenwert in Abhängigkeit vom Jahresrohertrag pro m² Grundstücksfläche in niedersächsischen Zentren

Mittlerer Bodenwert			
Jahresrohertrag in € pro m² Grundstücksfläche	Mittlerer Bodenwert €/m²	Jahresrohertrag in € pro m² Grundstücksfläche	Mittlerer Bodenwert €/m²
5	16,00	80	228,50
10	22,50	85	246,00
15	39,50	90	264,00
20	51,50	95	282,00
25	64,00	100	300,50
30	77,00	110	339,00
35	90,00	120	379,00
40	104,00	130	420,50
45	118,00	140	463,50
50	132,50	150	508,00
55	147,75	160	559,00
60	163,00	170	601,50
65	179,00	180	650,50
70	195,00	190	701,00
75	211,50	200	735,50

Als **Funktionsgleichung** wurde von *Gerardy* **für Zentrumslagen** abgeleitet: **637**

$$BW = 1{,}8691 \times RoE^{1{,}0897}$$

wobei
BW = Bodenwert
RoE = Rohertrag (Nettokaltmiete) pro Quadratmeter Grundstücksfläche

6.6 Zielbaumverfahreng

▶ *Vgl. hierzu § 8 ImmoWertV Rn. 60; Teil VIII Rn. 455 ff.*

Das von *Aurnhammer*[242] entwickelte Zielbaumverfahren stellt ein **operatives Verfahren zur** **638**
Berücksichtigung von Abweichungen der Vergleichsgrundstücke mit den dafür herangezogenen Vergleichspreisen von den Merkmalen des zu bewertenden Grundstücks dar. Dabei werden die Abweichungen in Komponenten aufgegliedert, z. B.

- die regionale Lage,
- die Infrastruktur und
- subjektive Wertfaktoren,

die wiederum in Einzelkomponenten aufgegliedert werden. Die einzelnen Komponenten werden dann auf der Grundlage eines Punktesystems gewichtet und zu einem Ab- bzw. Zuschlag aggregiert (vgl. § 8 ImmoWertV Rn. 60).

Das **Verfahren** wird in Abb. 85 erläutert. **639**

---

[242] Aurnhammer in BauR 1978, 356 und BauR 1981, 139; hierzu OLG Stuttgart, Urt. vom 14.3.1989 – 12 U 29/88 –, EzGuG 11.170k; VG Berlin, Beschl. vom 11.11.1998 – 19 A 86/98 –, GuG 1999, 186 = EzGuG 15.93.

V Syst. Darst. Vergleichswertverf. Zielbaumverfahren

Abb. 85: Schema des Zielbaumverfahrens

§ 15 ImmoWertV
Ermittlung des Vergleichswerts

(1) ₁Im Vergleichswertverfahren wird der Vergleichswert aus einer ausreichenden Zahl von Vergleichspreisen ermittelt. ₂Für die Ableitung der Vergleichspreise sind die Kaufpreise solcher Grundstücke heranzuziehen, die mit dem zu bewertenden Grundstück hinreichend übereinstimmende Grundstücksmerkmale aufweisen. ₃Finden sich in dem Gebiet, in dem das Grundstück gelegen ist, nicht genügend Vergleichspreise, können auch Vergleichspreise aus anderen vergleichbaren Gebieten herangezogen werden. ₄Änderungen der allgemeinen Wertverhältnisse auf dem Grundstücksmarkt oder Abweichungen einzelner Grundstücksmerkmale sind in der Regel auf der Grundlage von Indexreihen oder Umrechnungskoeffizienten zu berücksichtigen.

(2) ₁Bei bebauten Grundstücken können neben oder anstelle von Vergleichspreisen zur Ermittlung des Vergleichswerts geeignete Vergleichsfaktoren herangezogen werden. ₂Der Vergleichswert ergibt sich dann durch Vervielfachung des jährlichen Ertrags oder der sonstigen Bezugseinheit des zu bewertenden Grundstücks mit dem Vergleichsfaktor. ₃Vergleichsfaktoren sind geeignet, wenn die Grundstücksmerkmale der ihnen zugrunde gelegten Grundstücke hinreichend mit denen des zu bewertenden Grundstücks übereinstimmen.

Gliederungsübersicht   Rn.
1   Überblick 1
2   Ermittlungsgrundlagen
    2.1   Übersicht 7
    2.2   Ausreichende Zahl von Vergleichspreisen (§ 15 Abs. 1 Satz 1 und 3 ImmoWertV) ... 10
    2.3   Hinreichend übereinstimmende Vergleichspreise (§ 15 Abs. 1 Satz 2 ImmoWertV) .. 14
    2.4   Identifizierung und Eliminierung ungeeigneter Kaufpreise (Ausreißen) 16
3   Berücksichtigung von Abweichungen (intertemporärer und qualitativer Abgleich)
    3.1   Übersicht 19
    3.2   Qualitativer Abgleich 23
    3.3   Intertemporärer Abgleich 24
4   Ableitung des Verkehrswerts
    4.1   Aggregation gleichnamig gemachter Vergleichspreise 25
    4.2   Ableitung des Verkehrswerts aus dem Vergleichswert (§ 8 ImmoWertV) 26

1 Überblick

▶ *Allgemeines vgl. Syst. Darst. des Vergleichswertverfahrens Rn. 18 ff.*

Unterabschnitt 1 des dritten Abschnitts der ImmoWertV regelt das Vergleichswertverfahren einschließlich der Bodenwertermittlung. Den Regelungen zugeordnet ist die Rahmen- bzw. Mantelvorschrift des § 8 ImmoWertV. Titel dieses Unterabschnitts und Vorschriftengliederung stellen zwar das **„Vergleichswertverfahren" (§ 15 ImmoWertV) und die „Bodenwertermittlung" (§ 16 ImmoWertV) begrifflich nebeneinander**, jedoch geht es auch in § 15 ImmoWertV um die Ermittlung des vorrangig im Vergleichswertverfahren zu ermittelnden Bodenwerts.   **1**

Die §§ 15 und 16 ImmoWertV sind aus den §§ 13 und 14 WertV 88/98 hervorgegangen. Der Verordnungsgeber war sichtlich bemüht, die Materie systematischer als bisher zu gliedern, insbesondere durch   **2**

V § 15 ImmoWertV   Überblick

- Zusammenfassung der die Bodenwertermittlung betreffenden Regelungen in eine eigenständigen Vorschrift über die Bodenwertermittlung; die bisherigen Regelungen des § 13 Abs. 2, des § 20 (Liquidationswertverfahren) und des § 28 Abs. 3 WertV 88 (mit verallgemeinertem Inhalt) werden in den neuen § 16 ImmoWertV überführt.

- ergänzende Regelungen zur Wertermittlung von Grundstücken, deren bauliche Anlagen „alsbald" zum Abriss (Rückbau) anstehen (Liquidationsobjekte). Es handelt sich um Regelungen, die in der WertV 88/98 den Regelungen des Ertragswertverfahrens zugeordnet waren (§ 20 WertV 88/98) und nun mehr dem Vergleichswertverfahren zugewiesen worden sind (§ 16 Abs. 3 ImmoWertV).

3 Das mit der Umstellung verfolgte Anliegen ist nur teilweise geglückt. Bodenwerte werden vorrangig im Vergleichswertverfahren ermittelt und deswegen ist **die Ermittlung von Bodenwerten materieller Bestandteil des in § 15 ImmoWertV geregelten Vergleichswertverfahrens**. Dementsprechend enthalten die Regelungen des § 16 ImmoWertV („Bodenwertermittlung") auch gar keine verfahrenstechnischen Hinweise zur Bodenwertermittlung, sondern stellen im Kern lediglich eine Regelung dar, wie die auf einem bebauten Grundstück vorhandenen baulichen Anlagen bei der Bodenwertermittlung zu berücksichtigen sind. Lediglich der Regelungsgehalt des § 16 Abs. 1 Satz 2 und 3 ImmoWertV stellt eine verfahrenstechnische Ergänzung des in § 15 ImmoWertV geregelten Vergleichswertverfahrens dar. Dort wird in Ergänzung zu § 15 Abs. 1 ImmoWertV und spiegelbildlich zur Regelung des § 15 Abs. 2 ImmoWertV über die Anwendung des Vergleichswertverfahrens auf bebaute Grundstücke geregelt, dass der Bodenwert „auch" auf der Grundlage geeigneter Bodenrichtwerte ermittelt werden kann. Im Unterschied zu § 15 Abs. 2 ImmoWertV wird das Bodenrichtwertverfahren nicht mehr „anstelle" der Heranziehung von Vergleichspreisen ausdrücklich zugelassen. Der Regelungsgehalt ist aus systematischer Sicht dem § 15 ImmoWertV (als Absatz 1a) zuzuordnen.

4 Gegenstand der Regelung des § 16 ImmoWertV ist im Kern lediglich der sich durch alle Wertermittlungsverfahren ziehende **Grundsatz, nach dem sich der Bodenwert eines bebauten Grundstücks nach dem Wert des unbebauten Grundstücks bemisst**.

5 § 16 Abs. 1 Satz 1 ImmoWertV gibt in diesem Sinne vor, dass der Bodenwert „ohne Berücksichtigung der vorhandenen baulichen Anlagen auf dem Grundstück" zu ermitteln ist. Mit dieser stringenten Vorgabe wird eine „Dämpfung des Bodenwerts" allein aufgrund der Bebauung (auch wenn das Grundstück planungskonform genutzt wird) als unzulässig erklärt. Die Bedeutung dieses in die ImmoWertV erstmals aufgenommenen stringenten Befehls ist nicht unerheblich, denn in der Vergangenheit ist von einzelnen Sachverständigen und auch von kleineren Gutachterausschüssen für Grundstückswerte der Bodenwert bebauter Grundstücke „gedämpft" worden (vgl. § 16 ImmoWertV Rn. 36 ff.).

6 Aus der Grundsatzregelung des § 16 Abs. 1 Satz 1 ImmoWertV folgt, dass der Bodenwert eines bebauten Grundstücks unabhängig von der auf dem Grundstück vorhandenen Bebauung nach Maßgabe des § 6 Abs. 1 ImmoWertV auf der Grundlage der auf dem Grundstück zulässigen bzw. lagetypischen Nutzung zu ermitteln ist.

§ 16 Abs. 2 bis 4 ImmoWertV sehen besondere **Ausnahmetatbestände (Sonderfälle) von der Grundsatzregelung** des § 16 Abs. 1 Satz 1 ImmoWertV vor:

- *Absatz 2* regelt den Sonderfall, in dem sich die Grundstücksbebauung ausnahmsweise auf den Bodenwert auswirkt. Er bestimmt, dass vorhandene bauliche Anlagen auf **im Außenbereich gelegenen Grundstücken** bei der Ermittlung des Bodenwerts zu berücksichtigen sind, wenn sie weiterhin nutzbar sind. Damit wird der Erfahrung Rechnung getragen, dass auf dem Grundstücksmarkt den im Außenbereich gelegenen bebauten Grundstücken aufgrund ihres Bestandsschutzes sowie der Regelungen des § 35 BauGB über privilegierte bzw. begünstigte Vorhaben regelmäßig eine andere (höhere) Qualität zugesprochen wird als diese Grundstücke im unbebauten Zustand hätten[1]. In der Praxis wird in diesem Zusammenhang von de-

---

[1] Vgl. BR-Drucks. 296/09.

facto Bauland gesprochen. Aus systematischer Sicht ist der Regelungsgehalt deshalb § 5 ImmoWertV zuzuordnen, denn bei den in der Begründung zu dieser Vorschrift angesprochenen Regelungen des § 35 BauGB handelt es sich um öffentlich-rechtliche Vorschriften, nach denen die Flächen „baulich nutzbar" sind. Die Vorschrift stellt insoweit eine entbehrliche oder allenfalls klarstellende Ergänzung zu § 5 Abs. 4 ImmoWertV dar.

- *Absatz 3* regelt den Sonderfall, in dem die Bebauung eines Grundstücks (im Verhältnis zu dem Verkehrswert eines vergleichbaren unbebauten Grundstücks) den Bodenwert mindert, weil alsbald mit ihrem Abriss (Rückbau) zu rechnen ist und im gewöhnlichen Geschäftsverkehr die künftigen Freilegungskosten berücksichtigt werden. Die Regelung entspricht dem in § 20 Abs. 1 und 2 WertV 88/98 geregelten **Liquidationswertverfahren**.

- *Absatz 4* enthält eine weitere Ausnahmeregelung für den Fall, dass die **auf einem Grundstück realisierte Nutzung „erheblich" von der nach § 6 Abs. 1 ImmoWertV maßgeblichen zulässigen bzw. lagetypischen Nutzung abweicht**. Die Vorschrift spricht in diesem Zusammenhang zwar nur eine „erhebliche Beeinträchtigung" der zulässigen bzw. lagetypischen Nutzung durch vorhandene bauliche Anlagen an, jedoch können die vorhandenen baulichen Anlagen die Nutzbarkeit auch erhöhen. Da sich der Bodenwert eines bebauten Grundstücks nach der Grundsatzregelung des § 16 Abs. 1 ImmoWertV nach dem Bodenwert eines unbebauten Grundstücks unter Berücksichtigung der zulässigen bzw. lagetypischen Nutzung bestimmt, müssen die genannten Abweichungen auch bei der Bodenwertermittlung ergänzend berücksichtigt werden, „soweit dies dem gewöhnlichen Geschäftsverkehr entspricht".

2 Ermittlungsgrundlagen

2.1 Übersicht

▶ *Allgemeines vgl. Syst. Darst. des Vergleichswertverfahrens Rn. 18 ff.; zur ersatzweisen Heranziehung von Bodenrichtwerten dort Rn. 153 ff. und zu deduktiven Verfahren Rn. 184 ff.*

Nach den Ausführungen der Vorbemerkungen zu § 15 und § 16 ImmoWertV stellt sich bei Anwendung des Vergleichswertverfahrens im Anschluss an die Qualifizierung des Wertermittlungsobjekts regelmäßig die Aufgabe,

a) eine ausreichende Zahl „geeigneter" Vergleichspreise auszuwählen, sofern nicht bei der Verkehrswertermittlung bebauter Grundstücke nach § 15 Abs. 2 ImmoWertV auf Vergleichsfaktoren bebauter Grundstücke i.S. des § 13 ImmoWertV oder bei der Bodenwertermittlung nach § 16 Abs. 1 Satz 2 und 3 ImmoWertV auf einen „geeigneten" Bodenrichtwert zurückgegriffen wird,

b) die Vergleichspreise, den Bodenrichtwert bzw. die Vergleichsfaktoren bebauter Grundstücke auf die Zustandsmerkmale des zu bewertenden Grundstücks nach Maßgabe des § 15 Abs. 1 Satz 4 bzw. § 16 Abs. 1 Satz 5 ImmoWertV „umzurechnen",

c) die „qualitativ gleichnamig gemachten" Vergleichspreise mittels Indexreihen wiederum nach Maßgabe vorstehender Vorschriften auf die allgemeinen Wertverhältnisse des Wertermittlungsstichtags „umzurechnen" und

d) solche Preise nach Maßgabe des § 7 ImmoWertV „herauszufiltern", die durch ungewöhnliche oder persönliche Verhältnisse beeinflusst worden sind, um diese

- ersatzlos „fallen zu lassen" oder
- zu „bereinigen",

7

indem der Einfluss der ungewöhnlichen oder persönlichen Verhältnisse auf die Höhe des Vergleichspreises „sicher" ermittelt wird; dies wiederum wird nur in Ausnahmefällen möglich sein.

8 Die verbleibenden auf den Wertermittlungsstichtag bezogenen und auf die Zustandsmerkmale des zu bewertenden Grundstücks „umgerechneten" **Vergleichspreise, Vergleichsfaktoren bebauter Grundstücke bzw. Bodenrichtwerte müssen** sodann **zum Vergleichswert aggregiert werden.** Dazu ist es erforderlich, jeden einzelnen Vergleichspreis hinsichtlich seiner Aussagefähigkeit sorgsam zu würdigen und ihm bei der Aggregation aller Vergleichspreise das angemessene Gewicht zu geben.

9 Hieran knüpft § 15 Abs. 1 Satz 1 ImmoWertV an, der die Heranziehung der Kaufpreise solcher Grundstücke vorschreibt, die mit dem zu bewertenden Grundstück hinreichend übereinstimmende Grundstücksmerkmale (§§ 5 und 6 ImmoWertV) aufweisen. Darüber hinaus kommt es entscheidend auf die Zusammensetzung der herangezogenen Vergleichspreise – auf ihre „Chemie" – an. Folgende Grundsätze sind deshalb zu beachten:

a) Die zum Preisvergleich heranzuziehenden Kaufpreise vergleichbarer Grundstücke müssen zu einem Zeitpunkt vereinbart worden sein, der dem Wertermittlungsstichtag möglichst nahe liegt (vgl. Syst. Darst. des Vergleichswertverfahrens Rn. 35 ff.).

b) Es müssen eine „ausreichende Zahl", d.h. genügend Vergleichspreise herangezogen werden.

2.2 Ausreichende Zahl von Vergleichspreisen (§ 15 Abs. 1 Satz 1 und 3 ImmoWertV)

▶ *Hierzu vgl. Syst. Darst. des Vergleichswertverfahrens Rn. 50 ff. sowie die Erläuterungen zu § 7 ImmoWertV*

10 Der Verordnungsgeber fordert mit § 15 Abs. 1 Satz 1 ImmoWertV die Heranziehung einer **„ausreichenden" Zahl von geeigneten Vergleichspreisen** ohne dafür konkrete Anhaltspunkte zu geben (vgl. Syst. Darst. des Vergleichswertverfahrens Rn. 41 ff., 50 ff.). Geeignet sind vor allem Vergleichspreise aus dem Belegenheitsgebiet des zu bewertenden Grundstücks. Da die Anwendung des Vergleichswertverfahrens „chronisch" unter dem Mangel an geeigneten Vergleichspreisen leidet, wird in § 15 Abs. 1 Satz 3 ImmoWertV der Rückgriff auf Vergleichspreise aus „anderen vergleichbaren Gebieten" zugelassen, wenn sich in dem Gebiet, in dem das zu bewertende Grundstück liegt, nicht „genügend" Kaufpreise finden lassen.

11 Aus dieser Vorschrift ergibt sich zugleich eine **Rangfolge für die Auswahl der Vergleichspreise**:

a) Vorrangig sind also Vergleichspreise aus dem Gebiet heranzuziehen, in dem das Grundstück liegt.

b) Erst wenn sich keine ausreichende Zahl von geeigneten Vergleichspreisen in dem Gebiet selbst finden lassen, ist auf Vergleichsgebiete auszuweichen.

12 Das **Kriterium der hinreichenden Übereinstimmung** stellt einen unbestimmten Rechtsbegriff dar. Dabei ist sowohl eine *qualitative* Übereinstimmung der zum Preisvergleich herangezogenen Vergleichsgrundstücke, Bodenrichtwerte und Vergleichsfaktoren bebauter Grundstücke, als auch eine *temporäre* Übereinstimmung zu fordern, d.h., der Bezugsstichtag der Vergleichsstücke, Bodenrichtwerte und Vergleichsfaktoren bebauter Grundstücke sollte mit dem Wertermittlungsstichtag hinreichend übereinstimmen.

2.3 Hinreichend übereinstimmende Vergleichspreise (§ 15 Abs. 1 Satz 2 ImmoWertV)

▶ *Hierzu vgl. Syst. Darst. des Vergleichswertverfahrens Rn. 101 ff. sowie die Erläuterungen zu § 7 ImmoWertV*

Grundsätzlich lassen sich die **in der Vergangenheit entrichteten Kaufpreise** (vgl. Syst. Darst. des Vergleichswertverfahrens Rn. 75) mittels Indexreihen – theoretisch auch über Jahrzehnte hinweg – umrechnen, jedoch muss dabei bedacht werden, dass damit zusätzliche Fehler in das Wertermittlungsverfahren Eingang finden können. Zudem wird man auch bei einer gut geführten Kaufpreissammlung den damaligen Grundstückszustand nicht mehr umfassend und vollständig erfassen können, so dass zwischenzeitliche Änderungen der Zustandsmerkmale das Bild verfälschen.

2.4 Identifizierung und Eliminierung ungeeigneter Kaufpreise (Ausreißer)

▶ *Hierzu vgl. Syst. Darst. des Vergleichswertverfahrens Rn. 101 ff. sowie die Erläuterungen zu § 7 ImmoWertV*

Nach § 7 Satz 1 ImmoWertV dürfen Kaufpreise und anderen Daten herangezogen werden, von denen angenommen werden kann, dass sie nicht durch „ungewöhnliche oder persönliche Verhältnisse" (Ausreißer) beeinflusst worden sind. Durch „ungewöhnliche oder persönliche Verhältnisse" beeinflusste Kaufpreise und andere Daten sind zum Preisvergleich nicht geeignet i.S. des § 15 Abs. 1 Satz 2 ImmoWertV.

Als „Ausreißer" gelten Kaufpreise und andere Daten, die **erheblich von den übrigen vergleichbaren Kaufpreisen und anderen Daten abweichen,** dass daraus erkannt werden muss, dass „ungewöhnliche oder persönliche Verhältnisse" vorgelegen haben müssen (§ 7 Satz 2 ImmoWertV).

Die **Identifizierung von „Ausreißern"** setzt bei Anwendung des Vergleichswertverfahrens voraus, dass die zur Vergleichswertermittlung in Betracht kommenden Vergleichspreise „vergleichbar" sind, d.h. sich auf

– Grundstücke mit übereinstimmenden Grundstücksmerkmalen und
– die Kaufpreise im Hinblick auf die „allgemeinen Wertverhältnisse auf dem Grundstücksmarkt" sich auf einen gemeinsamen Stichtag

beziehen. Soweit die in Betracht kommenden Vergleichspreise zu unterschiedlichen Zeitpunkten zustande gekommen sind und sich auf Grundstücke mit unterschiedlichen Grundstücksmerkmalen beziehen, kann ein „erhebliches" Abweichen erst auf der Grundlage der „gleichnamig" gemachten Kaufpreise festgestellt werden.

3 Berücksichtigung von Abweichungen (intertemporärer und qualitativer Abgleich)

▶ *Vgl. zur Leistungsfähigkeit und Genauigkeit einer Verkehrswertermittlung § 194 BauGB Rn. 129; Syst. Darst. des Vergleichswertverfahrens Rn. 24 f., 63 ff.*

3.1 Übersicht

Der **Vergleichswert lässt sich** nach Auswahl der Vergleichspreise in aller Regel **nicht unmittelbar aus den verbleibenden Vergleichspreisen ableiten.** Die den Vergleichspreisen zugrunde liegenden Vergleichsgrundstücke weisen nämlich i.d.R. keine in jeder Beziehung mit dem zu bewertenden Objekt unmittelbar vergleichbare Identität auf; sie unterscheiden sich von dem zu bewertenden Objekt insbesondere in ihren qualitativen Grundstücksmerkmalen. Darüber hinaus bezieht sich der Vergleichspreis i.d.R. auf einen vom Wertermittlungsstichtag abweichenden Zeitpunkt.

Entsprechendes gilt auch bei Heranziehung von Bodenrichtwerten, Vergleichsfaktoren bebauter Grundstücke sowie anderer Daten der Wertermittlung.

– *Bodenrichtwerte* werden nämlich als „durchschnittliche Lagewerte" ermittelt. Die den Bodenrichtwerten zugrunde liegenden qualitativen Grundstücksmerkmale werden mit dem den jeweiligen Bodenrichtwertgrundstücken zugeordneten Grundstücksmerkmalen beschrieben. Dem Bodenrichtwert liegen die „allgemeinen Wertverhältnisse auf dem Grundstücksmarkt" des Bezugsstichtags zugrunde.

– *Vergleichsfaktoren bebauter Grundstücke* liegen die qualitativen Grundstücksmerkmale des ihnen zugeordneten „Normgrundstücks" und die „allgemeinen Wertverhältnisse auf dem Grundstücksmarkt" des Bezugsstichtags zugrunde.

19 Unterschiede zwischen dem zu bewertenden Grundstück und den Vergleichspreisen, Bodenrichtwerten, Vergleichsfaktoren bebauter Grundstücke sowie andere Daten sind nach Maßgabe des **§ 15 Abs. 4** bzw. **§ 16 Abs. 1 Satz 5 ImmoWertV** zu berücksichtigen. Die entsprechende Umrechnung der Vergleichsdaten auf die Grundstücksmerkmale des zu bewertenden Grundstücks (interqualitativer Preisvergleich) und auf die am Wertermittlungsstichtag herrschenden allgemeinen Wertverhältnisse auf dem Grundstücksmarkt ist das Herzstück des Vergleichswertverfahrens.

20 Werden die Abweichungen gemäß § 15 Abs. 4 bzw. § 16 Abs. 1 Satz 5 ImmoWertV umfassend berücksichtigt, ist für die Anwendung des **§ 8 Abs. 3 ImmoWertV** kein Raum mehr. Nach dieser Vorschrift sind **„besondere objektspezifische Grundstücksmerkmale"** nur zu berücksichtigen, soweit sie nicht schon mit dem herangezogenen Wertermittlungsverfahren berücksichtigt worden sind.

3.2 Qualitativer Abgleich

21 Abweichungen der qualitativen Grundstücksmerkmale der Vergleichsgrundstücke, der Bodenrichtwertgrundstücke, der den Vergleichsfaktoren bebauter Grundstücke zugrunde liegenden Normgrundstücke sowie anderer Daten von den Grundstücksmerkmalen des zu bewertenden Grundstücks „sollen" möglichst auf der Grundlage von **Umrechnungskoeffizienten** nach § 12 ImmoWertV **oder in einer sonstigen geeigneten Weise** insbesondere nach Maßgabe des § 9 Abs. 2 ImmoWertV berücksichtigt werden (qualitativer Abgleich).

▶ *Hierzu umfassend die Erläuterungen in der Syst. Darst. des Vergleichswertverfahrens Rn. 174 ff.*

3.3 Intertemporärer Abgleich

22 Abweichungen des Bezugsstichtags der Vergleichspreise, Bodenrichtwerte, Vergleichsfaktoren bebauter Grundstücke sowie anderer Daten vom Wertermittlungsstichtag und die daraus resultierenden Abweichungen der allgemeinen Wertverhältnisse auf dem Grundstücksmarkt „sollen" möglichst auf der Grundlage von geeigneten **Indexreihen** nach § 11 ImmoWertV **oder in einer sonstigen geeigneten Weise** insbesondere nach Maßgabe des § 9 Abs. 2 ImmoWertV berücksichtigt werden (temporärer Abgleich).

4 Ableitung des Verkehrswerts

▶ *Vgl. Syst. Darst. des Vergleichswertverfahrens Rn. 77 ff.; zur Genauigkeit der Verkehrswertermittlung vgl. § 194 BauGB Rn. 129.*

4.1 Aggregation gleichnamig gemachter Vergleichspreise

23 Bei Anwendung des Vergleichswertverfahrens unter Heranziehung einer ausreichenden Zahl von Vergleichspreisen ist es i.d.R. erforderlich, die gleichnamig gemachten Vergleichspreise miteinander „abzugleichen". Die gleichnamig gemachten Vergleichspreise weisen nämlich auch nach dem Ausschluss von sog. Ausreißern in aller Regel eine nicht unerhebliche dem gewöhnlichen Geschäftsverkehr zurechenbare Streuung auf. Die (verbleibenden) gleichnamig gemachten Vergleichspreise müssen deshalb in geeigneter Weise zu einem Vergleichswert zusammengefasst (aggregiert) werden. Dies erfolgt regelmäßig durch ihre **Mittelung**, wobei neben der einfachen Mittelung ggf. auch eine Mittelung unter Gewichtung der einzelnen Kaufpreise in Betracht kommt. Daneben können auch andere Rechentechniken, wie z.B. eine Regressionsanalyse, zur Anwendung kommen.

4.2 Ableitung des Verkehrswerts aus dem Vergleichswert (§ 8 ImmoWertV)

§ 8 ImmoWertV ist eine Rahmenvorschrift, die grundsätzlich auf alle in der ImmoWertV geregelten Wertermittlungsverfahren zur Anwendung kommt und von daher auch bei Anwendung des Vergleichswertverfahrens zu beachten ist. **24**

Die Anwendung des Vergleichswertverfahrens nach den §§ 15 und 16 ImmoWertV führt danach zunächst zum **Vergleichswert**, aus dem nach § 8 Abs. 1 Satz 5 ImmoWertV der Verkehrswert unter Würdigung seiner Aussagefähigkeit abzuleiten ist. **25**

Sind weitere Wertermittlungsverfahren unterstützend herangezogen worden, sind nach Maßgabe des § 8 Abs. 1 Satz 5 ImmoWertV die Ergebnisse aller Verfahren zu würdigen, um daraus den Verkehrswert abzuleiten. **26**

Auch bei Anwendung des Vergleichswertverfahrens muss § 8 Abs. 2 und 3 ImmoWertV Beachtung finden. Danach sind **27**

1. zur Marktanpassung die allgemeinen Wertverhältnisse auf dem Grundstücksmarkt und
2. besondere objektspezifische Grundstücksmerkmale i.S. des § 8 Abs. 3 ImmoWertV

zu berücksichtigen, soweit sie nicht bei der Anwendung des Vergleichswertverfahrens bereits berücksichtigt worden sind.

Anders als bei Anwendung des Ertrags- und Sachwertverfahrens finden bei Anwendung des Vergleichswertverfahrens die allgemeinen Wertverhältnisse auf dem Grundstücksmarkt (Lage auf dem Grundstücksmarkt) in aller Regel bereits über die Vergleichspreise hinreichend Eingang in die Wertermittlung, sodass der **Vergleichswert zugleich** unmittelbar auch **der Verkehrswert** ist. Eine Angleichung des Vergleichswerts an den Verkehrswert kommt deshalb nur in solchen Ausnahmefällen in Betracht, in denen die allgemeinen Wertverhältnisse auf dem Grundstücksmarkt (Lage auf dem Grundstücksmarkt) mit den herangezogenen Vergleichspreisen, Bodenrichtwerten, Vergleichsfaktoren bebauter Grundstücke oder anderen Daten und ihrer Umrechnung gemäß § 15 Abs. 1 Satz 4 bzw. § 16 Abs. 1 Satz 5 ImmoWertV auf die Grundstücksmerkmale des Wertermittlungsobjekts und die allgemeinen Wertverhältnisse des Wertermittlungsstichtags noch nicht hinreichend berücksichtigt wurden. **28**

§ 16 ImmoWertV
Ermittlung des Bodenwerts

(1) ₁Der Wert des Bodens ist vorbehaltlich der Absätze 2 bis 4 ohne Berücksichtigung der vorhandenen baulichen Anlagen auf dem Grundstück vorrangig im Vergleichswertverfahren (§ 15) zu ermitteln. ₂Dabei kann der Bodenwert auch auf der Grundlage geeigneter Bodenrichtwerte ermittelt werden. ₃Bodenrichtwerte sind geeignet, wenn die Merkmale des zugrunde gelegten Richtwertgrundstücks hinreichend mit den Grundstücksmerkmalen des zu bewertenden Grundstücks übereinstimmen. ₄§ 15 Absatz 1 Satz 3 und 4 ist entsprechend anzuwenden.

(2) Vorhandene bauliche Anlagen auf einem Grundstück im Außenbereich (§ 35 des Baugesetzbuchs) sind bei der Ermittlung des Bodenwerts zu berücksichtigen, wenn sie rechtlich und wirtschaftlich weiterhin nutzbar sind.

(3) ₁Ist alsbald mit einem Abriss von baulichen Anlagen zu rechnen, ist der Bodenwert um die üblichen Freilegungskosten zu mindern, soweit sie im gewöhnlichen Geschäftsverkehr berücksichtigt werden. ₂Von einer alsbaldigen Freilegung kann ausgegangen werden, wenn

1. die baulichen Anlagen nicht mehr nutzbar sind oder
2. der nicht abgezinste Bodenwert ohne Berücksichtigung der Freilegungskosten den im Ertragswertverfahren (§§ 17 bis 20) ermittelten Ertragswert erreicht oder übersteigt.

(4) Ein erhebliches Abweichen der tatsächlichen von der nach § 6 Absatz 1 maßgeblichen Nutzung, wie insbesondere eine erhebliche Beeinträchtigung der Nutzbarkeit durch vorhandene bauliche Anlagen auf einem Grundstück, ist bei der Ermittlung des Bodenwerts zu berücksichtigen, soweit dies dem gewöhnlichen Geschäftsverkehr entspricht.

(5) Bei der Ermittlung der sanierungs- oder entwicklungsbedingten Bodenwerterhöhung zur Bemessung von Ausgleichsbeträgen nach § 154 Absatz 1 oder § 166 Absatz 3 Satz 4 des Baugesetzbuchs sind die Anfangs- und Endwerte auf denselben Zeitpunkt zu ermitteln.

Gliederungsübersicht   Rn.
1 Allgemeines
   1.1 Bodenwert bebauter Grundstücke 1
   1.2 Bodenwert
      1.2.1 ImmoWertV 10
      1.2.2 Steuerliche Bewertung 18
      1.2.3 Bilanzbewertung 23
      1.2.4 Rentierlicher Bodenwert 24
2 Bodenwertermittlung bebauter Grundstücke
   2.1 Grundsatzregelung zur Bodenwertermittlung bebauter Grundstücke
      (§ 16 Abs. 1 Satz 1 ImmoWertV) 29
   2.2 Verhältnis der Grundsatzregelung zu anderen Rechtsvorschriften 33
   2.3 Zur Theorie der Dämpfung des Bodenwerts bebauter Grundstücke
      2.3.1 Allgemeines 36
      2.3.2 Dämpfung von Bodenwerten 49
      2.3.3 Ertrags- und Sachwertverfahren unter Heranziehung gedämpfter Bodenwerte
          2.3.3.1 Allgemeines 66
          2.3.3.2 Dämpfung bei Anwendung des Ertragswertverfahrens 68
          2.3.3.3 Dämpfung bei Anwendung des Sachwertverfahrens 77
   2.4 Rechtsprechung 84
   2.5 Steuerliche Bewertung
      2.5.1 Allgemeines 88
      2.5.2 Restwertmethode 91
      2.5.3 Verkehrswertmethode 94
   2.6 Bilanzbewertung 103

	2.7	Schlussfolgerungen		104
3	Bodenwertanteil am Gesamtwert bebauter Grundstücke			108
4	Im Außenbereich gelegene bebaute Grundstücke (§ 16 Abs. 2 ImmoWertV)			120
5	Bodenwert von Grundstücken mit abbruchträchtiger Bausubstanz (§ 16 Abs. 3 ImmoWertV)			
	5.1	Vorbemerkungen		
		5.1.1 Allgemeiner Regelungsgehalt		123
		5.1.2 Rechtsänderungen		124
		5.1.3 Verfahrensübergreifende Bedeutung der Vorschrift		127
		5.1.4 Steuerrechtliche Bewertung		129
	5.2	Anwendungsvoraussetzung der Vorschrift		
		5.2.1 Allgemeine Anwendungsvoraussetzung		130
		5.2.2 Liquidationsfalle		131
		5.2.3 Indizierte Freilegung (§ 16 Abs. 3 Satz 2 ImmoWertV)		
			5.2.3.1 Allgemeines	136
			5.2.3.2 Nicht nutzbare bauliche Anlage (§ 16 Abs. 3 Satz 2 Nr. 1 ImmoWertV)	138
			5.2.3.3 Unwirtschaftlich nutzbare bauliche Anlage (§ 16 Abs. 3 Satz 2 Nr. 2 ImmoWertV)	139
			5.2.3.4 Wirtschaftlich (noch) nutzbare bauliche Anlage	144
			5.2.3.5 Wirtschaftlich indizierte, aber unzulässige Freilegung (Denkmalschutz)	145
		5.2.4 Alsbaldige Freilegung (Abriss/Rückbau)		
			5.2.4.1 Allgemeines	146
			5.2.4.2 Aufgeschobene Freilegung	152
		5.2.5 Freilegungskosten		
			5.2.5.1 Übliche Freilegungskosten	155
			5.2.5.2 Im „gewöhnlichen Geschäftsverkehr berücksichtigte" Freilegungskosten	166
		5.2.6 Bodenwertermittlung bei aufgeschobener (gestreckter) Freilegung		
			5.2.6.1 Allgemeines	170
			5.2.6.2 Aufgrund vertraglicher Bindungen aufgeschobene Freilegung	171
			5.2.6.3 Bodensondierung bei übergroßen Grundstücken	180
			5.2.6.4 Vorzeitige Beendigung vertraglicher Bindungen	182
		5.2.7 Disponierbare Freilegungskosten		190
		5.2.8 Beleihungswertermittlung		
			5.2.8.1 Überblick	198
			5.2.8.2 Beleihungswertermittlung bei sofortiger Freilegung (§ 13 Abs. 1 BelWertV)	201
			5.2.8.3 Ertragswertermittlung für Grundstücke, deren Bebauung eine Restnutzungsdauer von weniger als 30 Jahre aufweist (§ 13 Abs. 2 BelWertV)	202
			5.2.8.4 Ertragswertermittlung bei einem Bodenwertanteil von mehr als 50% des Ertragswerts (§ 13 Abs. 3 BelWertV)	215
			5.2.8.5 Zusammenfassung	217
		5.2.9 Steuerliche Bewertung		219
6	Abweichungen der realisierten Nutzung von der zulässigen bzw. lagetypischen Nutzung (§ 16 Abs. 4 ImmoWertV)			
	6.1	Allgemeines		222
	6.2	Anwendungsbereich		
		6.2.1 Abweichende Nutzungen		229
		6.2.2 „Erheblich" abweichende Nutzungen		234
	6.3	Ermittlung der Bodenwertminderung bzw. Bodenwerterhöhung		
		6.3.1 Allgemeines		238
		6.3.2 Maß der baulichen Nutzung		244
		6.3.3 Art der baulichen Nutzung		247
	6.4	Steuerliche Bewertung		249
	6.5	Ergänzende Regelungen für Sanierungsgebiete und Entwicklungsbereiche (§ 16 Abs. 5 ImmoWertV)		252

1 Allgemeines

Schrifttum: *Hanke, H.,* Der Produktionsfaktor Boden; Akademie für Raumforschung und Landesplanung, Hannover 1976, S. 60 ff.; *Niehans, J.,* Eine vernachlässigte Beziehung zwischen Bodenpreis, Wirtschaftswachstum und Kapitalzins, in: Schweizerische Zeitschrift für Volkswirtschaft und Statistik 1966, S. 195 ff.; dazu *Sieber, H.,* ebenda, 1967, Nr. 1; *Beutler, H.,* Das Problem der Grundrente und seine Lösungsversuche, Diss. Stuttgart 1962; vgl. auch *Brede, H., Dietrich, B., Kohaupt, B.,* Politische Ökonomie des Bodens und Wohnungsfrage, Frankfurt/M. 1976, und *Leimbrock, H.,* Zur Ursachenerklärung von Preissteigerungen beim städtischen Boden, Frankfurt/M. 1980; *Haman, U.,* Bodenwert und Stadtplanung, Stuttgart 1969, S. 12; *Upmeyer, B.,* Bodenwertermittlung für ein Grundstück in einer Großstadt in den neuen Bundesländern, GuG 1999, 42; *Roth, C.,* Verkehrswertermittlung von Grundstücken in den neuen Bundesländern, GuG 1993, 206; *Vogel, R.,* Zur Ermittlung von Grundstückspreisen (Bodenpreisen) in der ehemaligen DDR, DS 1990, 200.

1.1 Bodenwert bebauter Grundstücke

▶ Zur Entstehungsgeschichte der Regelungen zum Vergleichswertverfahren (§§ 15 und 16 ImmoWertV) vgl. § 15 ImmoWertV Rn. 1 ff.; § 10 ImmoWertV, zum Bodenrichtwertverfahren Rn. 155 ff.

1 Unter der Überschrift „Bodenwertermittlung" bestimmt § 16 Abs. 1 Satz 1 ImmoWertV, dass „der Wert des Bodens ... vorrangig im Vergleichswertverfahren" nach § 15 ImmoWertV zu ermitteln ist. Die Vorschrift macht damit gleich deutlich, dass die Vorschrift des § 16 ImmoWertV über die **„Bodenwertermittlung" nicht als eigenständiges Wertermittlungsverfahren neben dem „Vergleichswertverfahren"** steht, wie es Überschrift des 1. Unterabschnitts des 3. Abschnitts der ImmoWertV in unzutreffender Weise suggeriert.

2 § 16 ImmoWertV **enthält** neben dem Hinweis auf die vorrangig anzuwendenden Vorschriften über das Vergleichswertverfahren (§ 15 ImmoWertV) auch **keine eigenen verfahrensrechtlichen Regelungen der „Bodenwertermittlung"**, wenn man von den ergänzenden Hinweisen des § 16 Abs. 1 Satz 2 und 3 ImmoWertV absieht (Bodenrichtwertverfahren; hierzu Syst. Darst. des Vergleichswertverfahrens Rn. 153 ff.). § 16 ImmoWertV regelt lediglich, wie sich der Bodenwert eines bebauten Grundstücks ermittelt, und gibt als **Grundsatzregelung** vor, **dass der im Weg des Vergleichswertverfahrens nach § 15 ImmoWertV zu ermittelnde Bodenwert eines bebauten Grundstücks „ohne Berücksichtigung der vorhandenen baulichen Anlagen auf dem Grundstück", d.h. mit dem Wert zu ermitteln ist, der sich für ein vergleichbares unbebautes Grundstück ergeben würde.** Dieser Grundsatz ist das Herzstück der Vorschrift. Die Vorschrift regelt indessen nicht die „Bodenwertermittlung" im umfassenden Sinne, wie es in unzutreffender Weise die Überschrift der Vorschrift suggeriert. Überschrift des 1. Abschnitts und des § 16 ImmoWertV sind von daher schlecht gewählt.

3 Die Grundsatzregelung steht unter dem Vorbehalt der in § 16 Abs. 2 bis 4 ImmoWertV geregelten **Sonderfälle**. Ein weiterer Ausnahmefall wird in § 4 Abs. 3 Nr. 3 ImmoWertV angesprochen (vgl. § 4 ImmoWertV Rn. 25).

4 § 16 ImmoWertV enthält im Übrigen auch **keinerlei Regelungen über die Anwendung sonstiger Verfahren der Bodenwertermittlung**, wenn das vorrangig anzuwendende Vergleichswertverfahren nach § 15 ImmoWertV nicht zur Anwendung kommen kann (deduktive Verfahren, insbesondere Extraktionsverfahren, usw.).

5 Bei der Vorgabe des § 16 Abs. 1 Satz 1 ImmoWertV handelt es sich um eine **für die Anwendung des Ertrags- und Sachwertverfahrens bedeutsame wertermittlungstechnische Konvention**. Diese Verfahren kommen nämlich bei der Verkehrswertermittlung bebauter Grundstücke zur Anwendung und nur im Rahmen dieser Verfahren stellt sich die Aufgabe, den Bodenwert eines bebauten Grundstücks gesondert anzusetzen. § 16 ImmoWertV regelt von daher den nach § 17 Abs. 2 und § 21 Abs. 1 ImmoWertV im Rahmen der genannten Verfahren anzusetzenden Bodenwert eines bebauten Grundstücks. Die Bodenwertermittlung eines unbebauten Grundstücks fällt unter den Regelungsgehalt des § 15 ImmoWertV.

Mit der für die Verkehrswertermittlung bebauter Grundstücke vorgegeben Konvention, den **Bodenwert eines bebauten Grundstücks** „ohne Berücksichtigung der vorhandenen baulichen Anlagen auf dem Grundstück", d.h. **mit dem Bodenwert eines unbebauten Grundstücks anzusetzen**, folgt der Verordnungsgeber einer in diesem Werk seit der ersten Auflage vertretenen Auffassung, die sich in der Wertermittlungspraxis durchgesetzt hat. Lange Zeit wurde nämlich von einigen Sachverständigen und selbst von einigen Gutachterausschüssen größerer Städte (*München, Stuttgart, Bremen*) die These vertreten, der Bodenwert bebauter Grundstücke sei gegenüber dem Bodenwert eines vergleichbaren unbebauten Grundstücke „gedämpft". Der Nachweis dieser These konnte letztlich deshalb nicht erbracht werden, weil der Grund und Boden eines bebauten Grundstücks kein „im gewöhnlichen Geschäftsverkehr" eigenständig „handelbares Gut" ist und demzufolge keine „echten" Vergleichspreise über den Bodenwert eines bebauten Grundstücks zur Verfügung stehen. Wie nachfolgend noch erläutert wird, hat sich die Erkenntnis durchgesetzt, dass es im Rahmen der Verkehrswertermittlung bebauter Grundstücke nicht entscheidend auf die Beantwortung der Frage ankommt, ob und ggf. wie der Bodenwert eines bebauten Grundstücks aufgrund der vorhandenen baulichen Anlagen „gedämpft" wird oder sich umgekehrt erhöht, sondern auf eine bei Gesamtbetrachtung verfahrenstechnisch vernünftige Lösung. Denn eine „Dämpfung" des Bodenwerts kann sich ja nicht auf den Verkehrswert eines bebauten Grundstücks (in seiner Gesamtheit) auswirken und bedeutet lediglich eine Insichverschiebung des Boden- und Gebäudewertanteils.

Im Ergebnis handelt es sich um eine **Konvention, die die Vergleichbarkeit von Verkehrswertermittlungen bebauter Grundstücke gewährleisten soll**. Diese wäre beeinträchtigt, wenn einzelne Sachverständige den Bodenwert eines bebauten Grundstücks nach den unterschiedlichsten Methoden „dämpfen" würden. Die Konvention ist vor allem auch im Hinblick auf die Bodenwertermittlung bebauter Grundstücke im Rahmen städtebaulicher Maßnahmen[1] sowie der steuerlichen Bewertung sachgerecht. Sie entspricht auch internationalen Gepflogenheiten.

Gegenstand der Regelung des § 16 ImmoWertV ist nach den vorstehenden Ausführungen im Kern lediglich der sich durch alle Wertermittlungsverfahren ziehende Grundsatz, nach dem sich der Bodenwert eines bebauten Grundstücks nach dem Wert des unbebauten Grundstücks bemisst. Die übrigen Regelungen des § 16 ImmoWertV sehen besondere **Ausnahmetatbestände (Sonderfälle) von der Grundsatzregelung des § 16 Abs. 1 Satz 1 ImmoWertV** vor. Die dort geregelten Ausnahmetatbestände sind mit den übrigen Vorschriften der ImmoWertV unsystematisch verzahnt (vgl. § 15 ImmoWertV Rn. 5).

Von besonderer Bedeutung ist der in § 16 Abs. 4 ImmoWertV geregelte Sonderfall. Nach dieser Ausnahmeregelung sind **Beeinträchtigen der zulässigen bzw. lagetypischen Nutzbarkeit, die sich aus vorhandenen baulichen Anlagen auf dem Grundstück ergeben, zu berücksichtigen.** Die Ausnahmeregelung greift allerdings nur dann, wenn sich die nach § 6 Abs. 1 ImmoWertV maßgebliche Nutzung weder durch An- noch Aufbau realisieren lässt. Nur bei irreparablem Abweichen der realisierten von der zulässigen bzw. lagetypischen Nutzung sind „Beeinträchtigungen" i.S. dieser Vorschrift gegeben. Die Berücksichtigung derartiger Beeinträchtigungen stellt im Übrigen keine „Dämpfung" des Bodenwerts dar, wenngleich vielfach zur Begründung der Theorie von den gedämpften Bodenwerten unbedachterweise eben auf diesen Fall verwiesen wird. Wie unter Rn. 36ff. dargelegt, geht die „Theorie von den gedämpften Bodenwerten" in ihrem eigentlichen Kern von der Auffassung aus, dass von dem „Akt der Bebauung an" der Bodenwert des „verbrauchten" Grundstücks mit zunehmendem Alter der Bebauung gegenüber dem „unbebauten" Bodenwert absinke (gedämpft werde), um dann aber mit dem wirtschaftlichen „Abgang" des Gebäudes schlagartig wieder aufzuleben. Ursächlich dafür sei allein der Umstand, dass mit der Bebauung des Grund und Bodens über diesen nicht mehr disponiert werden könne. Diese „Dämpfung" berührt damit für sich nicht die Frage, ob das Grundstück nach der realisierten Art und dem realisierten Maß der baulichen Nutzung der rechtlich zulässigen Nutzbarkeit entspricht. Die „Bodenwertdämpfung" bebauter Grundstücke muss klar von diesem Sonderfall abgegrenzt werden.

---

[1] Vgl. Begründung zu § 16 Abs. 1 Satz 1 der Begründung, BR-Drucks 296/09.

1.2 Bodenwert

1.2.1 ImmoWertV

▶ *Vgl. Syst. Darst. des Vergleichswertverfahrens Rn. 149*

10 Der in der Verordnung an mehreren Stellen gebrauchte **Begriff des „Bodenwerts"** wird mit dem in § 16 Abs. 1 Satz 1 BauGB aufgestellten Grundsatz, den Bodenwert bebauter Grundstücke ohne Berücksichtigung der auf dem Grundstück vorhandenen baulichen Anlagen (insbesondere Gebäude und bauliche Außenanlagen; vgl. § 1 ImmoWertV Rn. 40) zu ermitteln, **nicht definiert**. Aus der Vorgabe, dass die auf dem Grundstück vorhandenen baulichen Anlagen bei der Bodenwertermittlung unberücksichtigt bleiben, kann im Umkehrschluss nicht geschlossen werden, dass die nicht baulichen Anlagen (insbesondere Aufwuchs) bei der Bodenwertermittlung zu berücksichtigen sind (vgl. Rn. 13). Der „Bodenwert" ist eine interpretationsfähige Größe.

11 Der Verordnungsgeber hat den „Bodenwert" aus guten vornehmlich pragmatischen Gründen nicht definieren wollen. Diesbezüglich muss sich der Anwender der Verordnung nach den Gegebenheiten des Einzelfalls selbst Klarheit verschaffen. Wie sich der Bodenwert im Einzelfall definiert ist dabei nicht nur von akademischer Bedeutung, sondern im Rahmen des Preisvergleichs auch von praktischer Bedeutung:

a) **Schädliche Bodenveränderungen** (Altlasten) wird man beispielsweise dem Boden zurechnen müssen. In der Wertermittlungspraxis bleiben sie bei der „Bodenwertermittlung" gleichwohl i.d.R. unberücksichtigt. Vielfach wird das Ergebnis der Verkehrswertermittlung ohne Berücksichtigung einer Altlast ausgewiesen bzw. die entsprechende Wertminderung nachträglich berücksichtigt.

b) Bei **Bodenschätzen** mag man zwischen bergfreien Bodenschätzen und grundeigenen Bodenschätzen (§ 3 Abs. 3 und 4 BBergG) unterscheiden (vgl. § 5 ImmoWertV Rn. 317), jedoch gilt es auch hier, sich im Einzelfall Klarheit darüber zu verschaffen, was mit dem Bodenwert erfasst wird.

c) In aller Regel werden die für die Nutzbarkeit des Bodens maßgeblichen öffentlich-rechtlichen Vorschriften bei der Bodenwertermittlung berücksichtigt. Darüber hinaus stellt sich die Frage, ob auch **die Nutzbarkeit des Bodens beeinflussende privatrechtliche Rechte und Lasten** (z.B. Wege- oder Aussichtsrecht) bei der „Bodenwertermittlung" oder gesondert zu berücksichtigen sind. Hiervon scheint insbesondere § 5 Abs. 4 ImmoWertV auszugehen, nach dem sich der Bodenwert des baureifen Landes sowohl nach öffentlich-rechtlichen Vorschriften als auch nach „tatsächlichen Gegebenheiten" bemisst, denen auch privatrechtliche Gegebenheiten zugerechnet werden können. § 4 Abs. 4 WertV 88/98 aus dem § 5 Abs. 4 ImmoWertV hervorgegangen ist, schloss dies noch aus.

12 Die Berücksichtigung vorstehender die Nutzbarkeit des Bodens beeinflussender privatrechtlicher Rechte und Lasten bei der Bodenwertermittlung ist indessen nicht unproblematisch. Wird nämlich z.B. der Bodenwert aufgrund eines **auf dem Grundstück lastenden Wegerechts** vermindert, so vermindert sich damit bei Anwendung des Ertragswertverfahrens auch der Bodenwertverzinsungsbetrag und dementsprechend erhöht sich der Gebäudeertragswert. Dies ließe sich zwar durchaus begründen; es kann aber im Einzelfall den Vergleich mit einem gleichzeitig ermittelten Gebäudesachwert erheblich beeinträchtigen.

13 **Mit dem im Wege des Preisvergleichs ermittelten Bodenwert wird auch der übliche Aufwuchs erfasst**, soweit bei der Auswertung der Kaufpreise vom Gutachterausschuss für Grundstückswerte die gesammelten Vergleichspreise nicht entsprechend „bereinigt" worden sind. Da ein ortsüblicher Aufwuchs, wie Befragungen nach dem Marktverhalten ergeben haben[2], bei den Kaufverhandlungen „keine Rolle" spielt, wird er bei der Führung der Kauf-

---

2 Gerardy/Möckel, Praxis der Grundstücksbewertung 4.4.4/2.

preissammlung von den Gutachterausschüssen (§ 195 BauGB) regelmäßig nicht besonders erfasst.

Nach § 21 Abs. 3 Satz 1 ImmoWertV ist in diesem Sinne der Sachwert von baulichen und sonstigen Außenanlagen nur gesondert zu berücksichtigen, „soweit sie nicht vom Bodenwert miterfasst werden" (vgl. Nr. 3.6.2 WERTR). Dies betrifft nach der Begründung zu § 21 Abs. 4 Satz 1 WertV 88/89, aus dem diese Vorschrift hervorgegangen ist, in erster Linie „die üblichen Zier- und Nutzgärten"[3]; weiter heißt es dort, dass diese „im gewöhnlichen Geschäftsverkehr vom Bodenwert mitumfasst werden und sich damit einer eigenen Wertermittlung entziehen".

Entsprechend werden vielfach auch **bauliche Außenanlagen mit dem Bodenwert erfasst**. Sind z.B. für eine wirtschaftliche Nutzung des Grundstücks aufwendige Stützmauern erforderlich und wurde der Bodenwert auf der Grundlage von Vergleichspreisen von Grundstücken ermittelt, die solcher Stützmauern nicht bedürfen, so wird der Wert dieser Stützmauern bereits mit dem Bodenwert erfasst. In solchen Fällen können eher noch Abschläge notwendig werden, wenn die **Stützmauer** Unterhaltungskosten verursacht. Entsprechendes gilt z.B. auch für eine **Klärgrube**, wenn von einem erschließungskostenfreien Bodenwert ausgegangen wurde.

Aus alldem folgt, dass **Aufwuchs** und kleinere bauliche (Außen-)anlagen von geringer (wertmäßiger) Bedeutung im Grundstücksverkehr zumeist mit dem Bodenwert erfasst werden, zumindest soweit diese wertmäßig unbedeutend und ortsüblich sind. Lediglich außergewöhnliche Anlagen, wie parkartige Gärten und besonders wertvolle Anpflanzungen, werden i.d.R. vom Bodenwert nicht erfasst. Dementsprechend hat der BGH in seiner Rechtsprechung unter Hinweis auf § 21 Abs. 4 WertV 88/98 ausdrücklich nur einen **„aus dem Rahmen der Bepflanzung normaler Wohngrundstücke fallenden, den Charakter des zu bewertenden Grundstücks als eines parkähnlichen Geländes maßgeblich prägenden Bewuchs"** als Außenanlage angesehen, die dann nicht von vornherein vom Bodenwert miterfasst wird[4].

Bei **Anwendung des Ertragswertverfahrens** ist die Frage, ob ein auf dem Grundstück vorhandener Aufwuchs vom Bodenwert miterfasst wird und welcher Wertanteil ihm zuzuordnen ist, von nachrangiger Bedeutung, da die im Rahmen dieses Verfahrens herangezogenen marktüblichen Erträge zugleich ein Nutzungsentgelt für den auf dem Grundstück vorhandenen Aufwuchs sind und dieser im Ergebnis in den Gebäudeertragswert eingeht.

1.2.2 Steuerliche Bewertung

§ 72 und § 178 BewG definieren als **unbebaute Grundstücke solche, auf denen sich keine benutzbaren Gebäude befinden**[5]. Analog dazu bestimmt auch § 16 Abs. 3 Satz 2 Nr. 1 ImmoWertV, dass mit einer alsbaldigen Freilegung gerechnet werden kann, wenn die baulichen Anlagen „nicht mehr nutzbar sind". Materiell besteht insoweit Übereinstimmung zwischen dem sich für ein unbebautes Grundstück i.S. der genannten Vorschriften ergebenden Bodenwert und dem Bodenwert nach der ImmoWertV. Eine Berücksichtigung der Freilegungskosten wird allerdings in § 178 BewG nicht vorgegeben.

Von einer **Unbenutzbarkeit** eines Gebäudes kann nach der steuerrechtlichen Rechtsprechung erst gesprochen werden, wenn eine baupolizeiliche Auflage zur sofortigen Räumung sämtlicher Räume wegen Baufälligkeit oder Verwahrlosung vorliegt oder zu erwarten ist[6]. Der BFH nimmt in seiner neueren Rechtsprechung Bezug auf § 16 Abs. 3 des Zweiten WoBauG.

---

3 BR-Drucks. 352/88, S. 61.
4 BGH, Urt. vom 2.7.1992 – III ZR 162/90 –, EzGuG 2.54; OLG Frankfurt am Main, Urt. vom 14.3.1983 – 1 U 6/81 –, EzGuG 2.31 unter Bezugnahme auf OLG Hamburg, Urt. vom 6.12.1978 – 5 U 237/77 –, EzGuG 2.22; das OLG Frankfurt am Main bestätigend: BGH, Beschl. vom 29.9.1983 – III ZR 66/83 –, EzGuG 2.34; BGH, Urt. vom 12.7.1965 – III ZR 214/64 –, EzGuG 2.8.
5 Zur Abgrenzung unbebauten Grundstücken vgl. den gleich lautenden Ländererlass vom 7.3.1995 (z.B. Erl. des thür. FM vom 3.3.1995 – S 3219 c A–Z–201.5).
6 BFH, Urt. vom 20.6.1975 – III R 87/74 –, BStBl. II 1975, 803; BFH, Urt. vom 24.10.1990 – II R 9/88 –, BFHE 162, 369 = BStBl. II 1991, 60; BFH, Urt. vom 23.1.1992 – II R 19/89 –, BFH/NV 1993, 84 – unter Bezugnahme auf § 16 Abs. 3 II. WoBauG.

Danach ist ein Raum auf Dauer nicht benutzbar, wenn ein zu seiner Benutzung erforderlicher Gebäudeteil zerstört ist oder wenn der Raum oder Gebäudeteil sich in einem Zustand befindet, der aus Gründen der Bau- und Gesundheitsaufsicht eine dauernde, der Zweckbestimmung entsprechende Benutzung des Raums nicht gestattet. Dabei sei es unerheblich, ob der Raum tatsächlich genutzt wird[7].

20 Die gleich lautenden Erlasse der obersten Finanzbehörden der Länder zur Umsetzung des Gesetzes zur Reform des Erbschaftsteuer- und Bewertungsrechts vom 5.5.2009[8] definieren die **Unbenutzbarkeit** im Übrigen wie folgt:

21 „(4) ₁Ein Gebäude ist **nicht mehr benutzbar**, wenn infolge des Verfalls des Gebäudes oder der Zerstörung keine **auf Dauer** benutzbaren Räume vorhanden sind (§ 178 Abs. 2 Satz 2 BewG). ₂Ein Gebäude ist dem Verfall preisgegeben, wenn der Verfall so weit fortgeschritten ist, dass das Gebäude nach objektiven Verhältnissen auf Dauer nicht mehr benutzt werden kann. ₃Die Verfallsmerkmale müssen an der Bausubstanz erkennbar sein und das gesamte Gebäude betreffen. ₄Von einem Verfall ist auszugehen, wenn erhebliche Schäden an konstruktiven Teilen des Gebäudes eingetreten sind und ein Zustand gegeben ist, der aus bauordnungsrechtlicher Sicht die sofortige Räumung nach sich ziehen würde. ₅Das ist stets der Fall, wenn eine Anordnung der Bauaufsichtsbehörde zur sofortigen Räumung des Grundstücks vorliegt; dabei ist gesondert zu prüfen, ob der Zustand von Dauer ist. ₆Hingegen wirken sich behebbare Baumängel und Bauschäden sowie aufgestauter Reparaturbedarf infolge von unterlassenen Instandsetzungs- und Reparaturarbeiten regelmäßig nur vorübergehend auf Art und Umfang der Gebäudenutzung aus und betreffen nicht unmittelbar die Konstruktion des Gebäudes. ₇Sie führen deshalb nicht dazu, ein Gebäude als dem Verfall preisgegeben anzusehen. ₈Befinden sich auf dem Grundstück Gebäude, die aufgrund von Umbauarbeiten vorübergehend nicht benutzbar sind, gilt das Grundstück als bebautes Grundstück. ₉Sofern bereits vorhandene Gebäude am Bewertungsstichtag wegen baulicher Mängel oder fehlender Ausstattungsmerkmale (z.B. Heizung, Wohnungstüren) vorübergehend nicht benutzbar sind, liegt kein unbebautes Grundstück vor. ₁₀Nicht zu erfassen sind jedoch Gebäude, die infolge Entkernung keine bestimmungsgemäß benutzbaren Räume mehr enthalten, auch wenn dies nur vorübergehend der Fall ist. ₁₁Ein Gebäude ist zerstört, wenn keine auf Dauer benutzbaren Räume vorhanden sind."

▶ *Vgl. hierzu die Ausführungen zur baulichen Nutzbarkeit nach § 16 Abs. 3 Satz 2 Nr. 1 ImmoWertV Rn. 138 ff.*

22 Unter dem **Grund und Boden** wird steuerrechtlich die „nackte" Grundstücksfläche ohne jegliche Auf- und Einbauten verstanden[9].

1.2.3 Bilanzbewertung

23 In der **Bilanzbewertung** ist der „Grundstückswert" als Wert des „nackten" Grund und Bodens zu ermitteln.

1.2.4 Rentierlicher Bodenwert

▶ *Syst. Darst. des Vergleichswertverfahrens Rn. 5; Syst. Darst. des Ertragswertverfahrens Rn. 128*

24 Im vorigen Jahrhundert war die „Theorie der Bodenwertbildung" noch von der ertragswirtschaftlichen Betrachtung beherrscht. Im Vordergrund stand dabei der landwirtschaftliche Grundstücksmarkt. Die **Lehre von der Grundrente** (Grundrententheorie) ging dabei von der auf ewig bestehenden Nutzungsfähigkeit des Grund und Bodens aus und leitete den Bodenwert aus der **Grundrentenformel**

$$\text{Bodenwert} = \frac{\text{Grundrente}}{\text{Zinssatz}}$$

---

[7] BFH, Urt. vom 14.5.2003 – II R 14/01 –.
[8] Vgl. gleich lautende Ländererlasse vom 15.3.2006 (BStBl. I 2006, 314) sowie vom 5.5.2009 (GuG 2009, 225).
[9] BFH, Urt. vom 14.3.1961 – I 17/60 S –, EzGuG 4.15b; BFH, Urt. vom 15.10.1965 – VI 181/65 U –, EzGuG 20.41.

ab, d.h., der Bodenwert wurde als der Barwert einer auf ewig fließenden Grundrente (Reinertrag) ermittelt[10].

Der **Bodenwert bestimmt sich** nach der Definition des Verkehrswerts (§ 194 BauGB) jedoch **nicht danach, was der Boden „kosten darf", sondern in erster Linie danach, welchen Wert der gewöhnliche Geschäftsverkehr dem Boden beimisst.** Dies kommt in Vergleichspreisen direkt zum Ausdruck. 25

Bodenwerte sind gleichwohl nicht völlig losgelöst von der künftigen Ertragsfähigkeit, denn diese bestimmt das Marktverhalten der Käufer. Wenn auch die Ertragsfähigkeit des Grund und Bodens ein wichtiger Parameter der Bodenwertbildung ist, so kann allerdings eine gewisse **Entkoppelung des Bodenwerts von der Ertragsfähigkeit des Grund und Bodens** beobachtet werden, die – je nach Grundstücksteilmarkt – unterschiedlich ausfällt: 26

a) Der **Verkehrswert land- und forstwirtschaftlich genutzter Flächen** hat sich (insbesondere im Ausstrahlungsbereich der Ballungszentren, aber auch sonst) zwar nicht vollständig, jedoch weitgehend von der landwirtschaftlichen Ertragsfähigkeit „abgekoppelt"[11]. Dem wird insbesondere mit den Regelungen über den Zugewinnausgleich bei Landwirten Rechnung getragen[12].

b) Der **Verkehrswert von Ein- und Zweifamilienhäusern** wird maßgeblich von dem im Gebäude verkörperten Sachwert und weniger vom Ertragswert bestimmt, was letztlich auch für die Wahl des Wertermittlungsverfahrens ausschlaggebend ist (vgl. § 8 ImmoWertV Rn. 72 ff.).

c) Selbst der **Verkehrswert von Mietwohnhäusern,** deren Herstellung zu Kostenmieten von 20 €/m^2 WF und mehr führt, die aber tatsächlich weitaus geringere Renditen abwerfen, entfernt sich nicht selten vom wirtschaftlichen Nutzen.

Die „Entkoppelung" (wenn auch nicht Abkoppelung) der Verkehrswerte von der („reinen" finanzmathematischen) Ertragsfähigkeit wird in der Wertermittlungspraxis in erster Linie mit Hilfe des Liegenschaftszinssatzes überbrückt, der regelmäßig weitaus niedriger ausfällt als der bankenübliche Zinssatz (vgl. § 14 ImmoWertV Rn. 148 ff.).

Bei Anwendung des Vergleichswertverfahrens als Regelverfahren für die Bodenwertermittlung unbebauter und bebauter Grundstücke (vgl. § 8 ImmoWertV Rn. 45 ff.) bleiben ertragswirtschaftliche Überlegungen außer Betracht bzw. finden nur insoweit Eingang in die Wertermittlung, wie sie sich in den Vergleichspreisen niederschlagen. Bei hilfsweiser Anwendung **deduktiver Methoden** wird indessen die Rentierlichkeit des Grund und Bodens berücksichtigt. 27

Im Zusammenhang mit der Verkehrswertermittlung bebauter Grundstücke wird mitunter auch von einem irgendwie gearteten **„rentierlichen Bodenwert"** gesprochen. Dieser schillernde Begriff ist der ImmoWertV aus gutem Grunde fremd und ließe sich begrifflich nur schwer definieren. Im Rahmen der Ertragswertermittlung schmälert nämlich der Bodenwert (mit dem in Abzug zu bringenden Bodenwertverzinsungsbetrag) die Rendite, und zwar desto mehr, je höher der Bodenwert ist. Die Ermittlung eines „rentierlichen Bodenwerts" auf der Grundlage eines theoretischen Modells und einer dem Boden ex cathedra zugewiesenen Rentierlichkeit 28

---

10 Hanke, H., Der Produktionsfaktor Boden; Akademie für Raumforschung und Landesplanung, Hannover 1976, S. 60 ff.; Niehans, J., Eine vernachlässigte Beziehung zwischen Bodenpreis, Wirtschaftswachstum und Kapitalzins, in: Schweizerische Zeitschrift für Volkswirtschaft und Statistik 1966, S. 195 ff.; dazu Sieber, H., ebenda, 1967, Nr. 1; Beutler, H., Das Problem der Grundrente und seine Lösungsversuche, Diss. Stuttgart 1962; vgl. auch Brede, H., Dietrich, B., Kohaupt, B., Politische Ökonomie des Bodens und Wohnungsfrage, Frankfurt/M. 1976, und Leimbrock, H., Zur Ursachenerklärung von Preissteigerungen beim städtischen Boden, Frankfurt/M. 1980; Haman, U., Bodenwert und Stadtplanung, Stuttgart 1969, S. 12.
11 BVerfG, Beschl. vom 16.10.1984 – 1 BvL 17/80 –, EzGuG 20.107b; BGH, Urt. vom 30.9.1976 – III ZR 149/75 –, EzGuG 20.64; BGH, Urt. vom 6.12.1973 – III ZR 143/71 –, EzGuG 8.40; BGH, Urt. vom 17.12.1964 – III ZR 96/63 –, EzGuG 11.47; BGH, Urt. vom 8.11.1962 – III ZR 86/81 –, EzGuG 8.5; BGH, Urt. vom 11.1959 – III ZR 149/58 –, EzGuG 14.12; OLG München, Beschl. vom 23.11.1967 – XXV 2/66 –, EzGuG 8.23; OLG Köln, Urt. vom 28.8.1962 – 9 U 28/58 –, EzGuG 20.31; OLG Hamm, Urt. vom 14.3.1961 – 10 U3/60 –, EzGuG 14.13c; OLG Hamm, Urt. vom 28.11.1983 – 22 U 23/83 –, EzGuG 14.75.
12 BGBl. I 1994, 2324.

ist deshalb mit einer marktorientierten Verkehrswertermittlung unvereinbar und soll hier nicht näher behandelt werden[13]. Als „rentierlicher Bodenwert" kann nach der Systematik der ImmoWertV allenfalls der Bodenwert verstanden werden, der unter Ausschluss einer selbständig nutzbaren Teilfläche des Grundstücks i.S. des § 17 Abs. 2 Satz 2 ImmoWertV der Bebauung als sog. Umgriffsfläche zuzurechnen ist.

2 Bodenwertermittlung bebauter Grundstücke

2.1 Grundsatzregelung zur Bodenwertermittlung bebauter Grundstücke (§ 16 Abs. 1 Satz 1 ImmoWertV)

Schrifttum: *Böser, W./Preuss, R.*, Aufspaltung des Gesamtkaufpreises in Bodenwert und Gebäudewert, AVN 1982, 449; *Frenkler*, Bauart und Bodenwert, Nachr. der nds. Kat- und VermVw 1966, 74; *Güttler, H.*, Zur Problematik der Ermittlung des Bodenwerts bebauter Grundstücke durch Anwendung eines kombinierten Sach- und Ertragswertverfahrens, VR 1981, 396; *Lucht, H.*, Zur Ermittlung von Bau- und Bodenwerten aus Kaufpreisen bebauter Grundstücke, VR 1977, 401 und 1978, 264; *Hannen, V.*, Zur Ermittlung von Bau- und Bodenwerten aus Kaufpreisen bebauter Grundstücke, VR 1978, 257; *Kleiber, W.*, Zur Harmonisierung der Bodenwerte, VR 1975, 329; *Schmidt, K.-J.*, Bodenwert bebauter Grundstücke in Bauverbotszonen, Nachr. der nds. Kat- und VermVw 1982, 348; *Sommer/Kröll*, Lehrbuch zur Grundstückswertermittlung, Luchterhand 2005, S. 208; *Vogel, R.*, Zur Verkehrswertermittlung von baulichen Anlagen auf fremdem Grund und Boden, GuG 1995, 268.

29 § 16 Abs. 1 Satz 1 ImmoWertV bestimmt, dass der Bodenwert „ohne Berücksichtigung der vorhandenen baulichen Anlagen auf dem Grundstück" mit dem Bodenwert eines vergleichbaren unbebauten Grundstücks zu ermitteln ist[14]. Es handelt sich hierbei um eine **Grundsatzregelung**, die insbesondere von Bedeutung ist

– im Rahmen der Anwendung des Ertrags- und Sachwertverfahrens (§ 17 Abs. 2 und § 21 Abs. 1 ImmoWertV) und

– bei Wertermittlungen im Rahmen städtebaulicher Maßnahmen, insbesondere bei Wertermittlungen nach dem BBauG (Bodenordnungsmaßnahmen nach den §§ 45 ff. und Sanierungs- und Entwicklungsmaßnahmen nach den §§ 136 ff. BauGB).

30 Bei der Grundsatzregelung handelt es sich – wie vorstehend erläutert – um eine **wertermittlungstechnische, aber auch bodenrechtlich bedeutsame Konvention**, denn Boden und Gebäude bilden – von besonderen Konstellationen in den neuen Bundesländern abgesehen – rechtlich und wirtschaftlich eine Einheit und auch tatsächlich eine Schicksalsgemeinschaft, so dass der Bodenwert eines bebauten Grundstücks nach den Maßstäben des § 194 BauGB letztlich nicht aus Marktpreisen ermittelbar ist und nur eine gesamtheitliche Betrachtung für die Verkehrswertermittlung ausschlaggebend sein kann. Gleichwohl stellt sich die Frage, mit welchem Wert der Bodenwert eines bebauten Grundstücks anzusetzen ist, denn die dafür einschlägigen Verfahren der ImmoWertV gehen von einer gesonderten Ermittlung des Bodenwerts einerseits und des Verkehrswertanteils der baulichen Anlage andererseits aus:

– Bei Anwendung des *Vergleichswertverfahrens* kann der Verkehrswert eines bebauten Grundstücks – ohne Aufspaltung in einen Boden- und Gebäudewertanteil – durch Heranziehung von Vergleichspreisen vergleichbar bebauter Grundstücke ermittelt werden. Bei Anwendung von Vergleichsfaktoren bebauter Grundstücke, die sich nur auf das Gebäude beziehen, besteht aber auch hier die Notwendigkeit, den Bodenwert gesondert zu berücksichtigen (vgl. § 13 ImmoWertV Rn. 12 ff.).

---

13 Vgl. hierzu GuG-aktuell 2003, 9.
14 Bereits in der amtlichen Begründung zur WertV 72 (BR-Drucks. 265/75, zu § 18d Abs. 24) wurde darauf hingewiesen, dass der Bodenwert bebauter Grundstücke „nur" durch Preisvergleich mit dem Bodenwert unbebauter Grundstücke ermittelt werden kann.

Bodenwert bebauter Grundstücke § 16 ImmoWertV **V**

- Bei Anwendung des *Ertragswertverfahrens* nach den §§ 17 ff. ImmoWertV ist der Wert der baulichen Anlagen getrennt von dem Bodenwert zu ermitteln (vgl. § 17 Abs. 2 Immo-WertV). Bei Anwendung des *vereinfachten Ertragswertverfahrens* kann unter bestimmten Voraussetzungen auf die Bodenwertermittlung verzichtet werden (vgl. Syst. Darst. des Ertragswertverfahrens Rn. 66 ff.).
- Bei Anwendung des *Sachwertverfahrens* ist der Sachwert der baulichen *und* sonstigen Anlagen getrennt vom Bodenwert zu ermitteln (vgl. § 21 Abs. 1 ImmoWertV).

Der Grundsatz ist vor allem auch im Zusammenhang mit der Ermittlung von Anfangs- und Endwerten des Grundstücks im Rahmen der **Ermittlung des Ausgleichsbetrags** nach § 154 BauGB zu beachten (Teil VIII Rn. 285 ff.). **31**

Nach § 16 Abs. 1 Satz 1 ImmoWertV ist der Bodenwert (bebauter und unbebauter Grundstücke) vorrangig im Vergleichswertverfahren zu ermitteln. Als Vergleichsgrundstücke für die Ermittlung des Bodenwerts eines bebauten Grundstücks kommen in erster Linie *Vergleichspreise unbebauter Grundstücke* in Betracht, denn der Grund und Boden eines bebauten Grundstücks ist allenfalls in Ausnahmefällen selbständiger Gegenstand des Grundstücksverkehrs. Mit der Vorgabe, dass die vorhandenen baulichen Anlagen auf dem Grundstück unberücksichtigt bleiben hat der Verordnungsgeber ausdrücklich bestimmt, dass der Bodenwert eines bebauten Grundstücks im Wege des Preisvergleichs mit unbebauten Grundstücken zu ermitteln ist. Gleichzeitig wird damit der **Grundsatz** aufgestellt, **dass als Bodenwert eines bebauten Grundstücks stets der Bodenwert eines (ansonsten gleichartigen) unbebauten Grundstücks maßgebend ist.** Die aus der Situationsgebundenheit des Grundstücks und den Beziehungen zu seiner Umgebung resultierenden tatsächlichen Gegebenheiten der Nachbarschaft und mithin auch deren Bebauung sind dabei als lagebestimmendes Faktum zu berücksichtigen. **32**

2.2 Verhältnis der Grundsatzregelung zu anderen Rechtsvorschriften

Die Grundsatzregelung des § 16 Abs. 1 Satz 1 ImmoWertV entspricht der herrschenden Meinung[15] und steht – wie noch ausgeführt wird – im Einklang mit dem BauGB und der vom Verordnungsgeber vorgegebenen Systematik der ImmoWertV sowie des Bewertungs- und Bilanzrechts (§ 84 BewG). **33**

- Nach § 196 Abs. 1 Satz 2 BauGB sind in bebauten Gebieten „Bodenrichtwerte mit dem Wert zu ermitteln, der sich ergeben würde, wenn der Boden unbebaut wäre". Werden neben oder an Stelle von Vergleichspreisen Bodenrichtwerte aus bebauten Gebieten herangezogen, so sind diese insoweit für Wertermittlungen nach den Grundsätzen der Immo-WertV geeignet. Die Grundsatzregelung der ImmoWertV ist damit in sich schlüssig und mit dem BauGB abgestimmt.
- Im gleichen Sinne schreibt auch § 19 Abs. 2 des Sachenrechtsbereinigungsgesetzes (SachenRBerG) für die **Ermittlung des Bodenwerts bebauter Grundstücke zum Zwecke der Zusammenführung von Boden- und Gebäudeeigentum in den jungen Bundesländern** – anknüpfend an die Regelung des § 196 Abs. 1 Satz 2 BauGB – vor, dass der Bodenwert mit dem Wert zu ermitteln ist, der sich ergeben würde, wenn das Grundstück unbebaut wäre.
- Der Grundsatz, den Bodenwert bebauter Grundstücke mit dem Wert anzusetzen, der sich für das unbebaute Grundstück ergeben würde, herrscht schließlich auch im **steuerlichen Bewertungsrecht (§ 84 BewG)**.

§ 84 BewG bestimmt, wie die ImmoWertV, zunächst, dass der Grund und Boden „mit dem Wert anzusetzen" ist, „der sich ergeben würde, wenn das Grundstück unbebaut wäre". Darüber hinaus **kennt** das Bewertungsrecht **eine irgendwie geartete Bodenwertdämpfung nicht.** Das steuerliche Bewertungsrecht begibt sich damit gar nicht erst auf das „Glatteis", sich dem **34**

---

15 Vgl. z.B. Gottschalk, Immobilienbewertung, 2. Aufl. 2003 München, *Sommer/Kröll*, Lehrbuch zur Grundstückswertermittlung, Luchterhand 2005, S. 208.

Streit auszusetzen, ob und ggf. in welchem Maße eine Dämpfung des Bodenwerts in Betracht kommt[16]. Im Hinblick auf die rechtliche Bedeutung der steuerlichen Bewertung und ihrer Rechtsmittelanfälligkeit hat man hier erkannt, dass man in Begründungsdefizite geraten muss. Des Weiteren ist auch richtigerweise erkannt worden, dass die Frage sehr viel eleganter im Rahmen des Marktanpassungsabschlags zu lösen ist, der an den (Gesamt-)Sachwert anzubringen ist (§ 90 BewG). Für das Ergebnis spielt es nämlich keine Rolle, ob der Boden- oder Gebäudewert gedämpft wird.

35 Die **Bodenwertermittlung bebauter Grundstücke nach dem Bodenwert eines (gleichartigen) unbebauten Grundstücks entspricht internationalen Bewertungsgrundsätzen.** *„The value of land is generally determined as though vacant"*, schreibt z.B. das *American Institute* seinen Mitgliedern vor[17]. In der internationalen Bilanzbewertung müssen nach IAS 17 (Leasingverhältnisse) bei der Bewertung bebauter Grundstücke der Wert des Grund und Bodens (Bodenwert) und der Gebäude dann getrennt werden, wenn der Grund und Boden einen wesentlichen Anteil am Gesamtkaufpreis des Objekts ausmacht. In Analogie zu den US-GAAP-Vorschriften wird bei einem Bodenwert > 25% der Gesamtkosten die Miete nach dem Verhältnis der Wertanteile auf Boden und Gebäude verteilt (vgl. Rn. 52).

2.3 Zur Theorie der Dämpfung des Bodenwerts bebauter Grundstücke

2.3.1 Allgemeines

36 Dem das Wertermittlungs- und Bewertungsrecht beherrschenden Grundsatz wurde die These entgegengehalten, der Bodenwert bzw. der Bodenwertanteil eines bebauten Grundstücks müsse gegenüber dem Bodenwert eines unbebauten Grundstücks gemindert (gedämpft) sein, weil mit der Bebauung eines Grundstücks die Dispositionsfähigkeit eingeschränkt werde und dies letztlich den Wert mindere. Fundamentalistische Vertreter dieser Theorie der Bodenwertdämpfung machen dabei auch keinen Unterschied, ob das Grundstück optimal bebaut wurde, die Bebaubarkeit nicht „ausgeschöpft" wurde oder über die bauplanungsrechtlich zulässige Bebauung hinausgegangen wurde. Vielmehr wird behauptet, dass selbst bei optimaler Bebauung allein schon **mit zunehmendem Alter der Bebauung eine wertmindernde Disparität zwischen der tatsächlichen Nutzung des Bodens und der im Neubaufall gegebenen Nutzbarkeit** bestehe.

37 **Die These einer Dämpfung des Bodenwerts eines bebauten Grundstücks ist** letztlich **nicht beweisfähig,** weil der Grund und Boden eines bebauten Grundstücks nicht eigenständiger Gegenstand des Grundstücksmarktes ist. Die bereits angesprochene Regelung des § 16 Abs. 1 Satz 1 ImmoWertV – wie auch des § 19 Abs. 2 Satz 2 SachenRBerG – ist von daher im Hinblick auf die Vermeidung von Rechtsstreitigkeiten erforderlich und sinnvoll. Sie ist darauf angelegt, einen gerechten Interessenausgleich zwischen dem Grundeigentümer und dem Nutzer des Gebäudes herbeizuführen.

38 Die Konvention, nach der der Bodenwert eines bebauten Grundstücks dem Bodenwert eines unbebauten Grundstücks entspricht, ist ebenfalls nicht beweisfähig, weil eine eindeutige verursachungsgerechte Aufteilung von Vergleichspreisen bebauter Grundstücke bzw. von im Wege des Ertrags- oder Sachwertverfahrens abgeleiteten Verkehrswerten bebauter Grundstücke in einen Boden- und Gebäudewertanteil nicht möglich ist. Dies wird als das **ungelöste Repartitionsproblem** bezeichnet. Entsprechende Versuche, das ungelöste Repartitionsproblem auf der Grundlage schon vom Ansatz her fragwürdiger Annahmen mit komplizierten mathematischen Modellen einer Lösung zuzuführen, müssen als gescheitert gelten, zumal die vorgestellten „Zahlenapparate" nicht überprüfbar dargestellt werden konnten.

39 In der täglichen Wertermittlungspraxis ist eine Lösung des Repartitionsproblems regelmäßig auch nicht erforderlich, denn die Wertermittlungspraxis zielt auf das Gesamtergebnis, näm-

---

[16] Die steuerliche Betrachtungsweise kann als der Königsweg zur Behandlung des unlösbaren Repartitionsproblems angesehen werden. Warum also im Himmelreich eine Lösung suchen, die der Wertermittlung zu Füßen liegt.
[17] The Appraisal of Real Estate, 12. Aufl. 2001, S. 309.

lich auf den Verkehrswert des bebauten Grundstücks ab. Selbst wenn man in Ausnahmefällen nicht umhinkommt, den Boden- bzw. Gebäudewertanteil ermitteln zu müssen, so besteht kein vernünftiger Grund, solche zumeist fragwürdigen Lösungswege in die tägliche Praxis der Verkehrswertermittlung bebauter Grundstücke zu übertragen:

– In den besonderen Ausnahmefällen, in denen der Bodenwertanteil bebauter Grundstücke erforderlich ist, muss der Lösungsweg ohnehin auf einen bestimmten zumeist gesetzgeberischen Zweck ausgerichtet sein.

– Ansonsten müssen die damit verbundenen (überflüssigen) Zwischenrechnungen mit all ihren Fehlermöglichkeiten abgelehnt werden, wenn auf direktem Wege ohne derartige zusätzliche Fehlerquellen das Gesamtergebnis mit einer zwangsläufig höheren Sicherheit ermittelbar ist[18].

Die tägliche Wertermittlungspraxis ist gut beraten, den Verkehrswert des (Gesamt-)Grundstücks möglichst direkt auf der Grundlage eines Wertermittlungsmodells abzuleiten, das nicht durch **zusätzliche Fehlerquellen** belastet ist.

Grundsätzlich ist von jedem Wertermittlungsverfahren zu fordern, dass man zum „richtigen" Verkehrswert gelangt. Die **Verkehrswertermittlung auf der Grundlage gedämpfter Bodenwerte muss von daher zu demselben Ergebnis wie die Verkehrswertermittlung auf der Grundlage ungedämpfter Bodenwerte führen.** Dies wiederum bedeutet, dass die Anwendung beider Methoden – „richtig" angewandt – lediglich zu einer Verschiebung des Boden- und Gebäudewertanteils führt (Abb. 1).

Abb. 1: Auswirkung einer Dämpfung des Bodenwerts auf die Wertanteile des Bodens und der baulichen Anlage am Verkehrswert eines bebauten Grundstücks

Während nun bei Anwendung des mit § 16 Abs. 1 Satz 1 ImmoWertV vorgeschriebenen Grundsatzes, den Bodenwert eines bebauten Grundstücks mit dem Bodenwert vergleichbarer

---

18 Eine sachgerechte Anwendung der Methode der Bodenwertdämpfung setzt nämlich die strikte Einhaltung der Modellkonformität im Hinblick einheitlicher und allseits transparenter Dämpfungsregularien bis hin zur modellkonformen Ableitung und Anwendung von Liegenschaftszinssätzen, Bodenpreisindexreihen, Normalherstellungskosten und Marktanpassungsfaktoren voraus, wobei dies dann zu keinem anderen Ergebnis führen kann als bei Ansatz ungedämpfter Bodenwerte. Wer aber kann im Interesse der Nachvollziehbarkeit und Durchsichtigkeit einer Wertermittlung dem freien Berufsstand dies schon aufbürden wollen?

unbebauter Grundstücke anzusetzen, der Bodenwert sich direkt aus Vergleichspreisen bzw. Bodenrichtwerten ableiten lässt, wird im Falle einer Dämpfung des Bodenwerts, ein **zusätzlicher Rechenschritt** – nämlich die Dämpfung – erforderlich. Für diese Dämpfung wiederum gibt es keine anerkannten Dämpfungsmethoden und die im Einzelfall angewandte Methode wird vielfach von den Vertretern dieser Methode bewusst verschwiegen.

43 Die Dämpfung des Bodenwerts führt, wie aus der Abbildung ersichtlich, zu einer **Aufblähung des Gebäudewerts um den Betrag, um den der Bodenwert gedämpft wurde**. Dies wiederum führt zwangsläufig zu einer modifizierten Gebäudeertragswert- bzw. -sachwertermittlung. Die herkömmlichen Wertermittlungsmethoden müssten also dementsprechend modifiziert werden, damit die Bodenwertdämpfung wieder „aufgefangen" wird. Dies wird nachfolgend noch näher erläutert. Als Zwischenergebnis kann aber schon jetzt festgestellt werden, dass die Bodenwertdämpfung eine Reihe zusätzlicher Rechenschritte mit zusätzlichen Fehlerquellen zur Folge hat, die für das Gesamtergebnis belanglos, d.h. ein **Nullsummenspiel** sind. Mit der Bodenwertdämpfung und der zwangsläufig damit verbundenen Modifikation der Gebäudeertragswert- bzw. -sachwertermittlung sind zusätzliche Fehlereinflüsse verbunden, so dass schon von daher die Bodenwertdämpfung abzulehnen ist (§ 14 ImmoWertV Rn. 216 ff.).

44 Trotz der vorstehend erläuterten klaren und sachgerechten Regelungen der ImmoWertV und des BauGB wurde lange Zeit in der behördlichen Wertermittlungspraxis einiger Städte *(Bremen, Darmstadt, Lübeck, München, Stuttgart)* an der Bodenwertdämpfung bebauter Grundstücke festgehalten[19]. Inzwischen sind aber auch diese Gutachterausschüsse von der Bodenwertdämpfung abgerückt:

45 Die Gutachterausschüsse von *München* und *Stuttgart* haben lange Zeit Bodenrichtwerte für bebaute Grundstücke in den Bodenrichtwertkarten ausgeworfen, die (in nicht nachvollziehbarer Weise) gegenüber dem Bodenwert unbebauter Grundstücke um einen bestimmten Vomhundertsatz vermindert waren (bis 40%). Davon ist der Gutachterausschuss in *München* wieder abgegangen, zumal gleichzeitig in den Grundstücksmarktberichten ausdrücklich darauf hingewiesen werden musste, dass die Heranziehung gedämpfter Bodenrichtwerte zur Ertragswertermittlung zwangsläufig die Heranziehung von gedämpften Liegenschaftszinssätzen mit dem Ergebnis bedingt, dass sich die Bodenrichtwertdämpfung im Gesamtergebnis wieder kompensiert (vgl. § 14 ImmoWertV Rn. 216 ff.). Für *Stuttgart* wiederum hat der Gutachterausschuss festgestellt, dass die Heranziehung gedämpfter Bodenrichtwerte bei der Verkehrswertermittlung im Wege des Sachwertverfahrens selbst bei Objekten in Millionenhöhe einen kompensatorischen Marktanpassungszuschlag erfordert. Eine Bodenwertdämpfung wird allenfalls noch von einigen kleineren Gutachterausschüssen in Baden-Württemberg unter der Bezeichnung **„Bebauungsabschlag"** praktiziert, jedoch rücken auch diese aufgrund von Marktbeobachtungen davon ab[20].

46 Bei näherer Betrachtung ist die vorstehende Praxis häufig darauf zurückzuführen, dass die Dämpfung von Bodenwerten (im eigentlichen Sinne) nicht hinreichend von besonderen Fallgestaltungen unterschieden wird, die in begründbarer Weise zu einer Verminderung (aber auch Erhöhung) des Bodenwerts eines bebauten Grundstücks führen müssen und nunmehr in § 16 Abs. 2 bis 4 ImmoWertV als besondere Ausnahmen geregelt sind. **Die in § 16 Abs. 2 bis 4 ImmoWertV geregelten Sonderfälle dürfen aber nicht mit der Bodenwertdämpfung gleichgesetzt werden.**

47 Unter der **Dämpfung von Bodenwerten** ist nach dem oben Gesagten nämlich eine Verminderung des Bodenwerts eines bebauten Grundstücks gegenüber dem Bodenwert eines unbebauten Grundstücks *allein* aufgrund der „bloßen" Tatsache der Bebauung zu verstehen, die – und hierauf kommt es entscheidend an – selbst dann angebracht wird, wenn die tatsächliche Bebauung der bauplanungsrechtlich zulässigen bzw. lagetypischen Nutzung entspricht.

48 Hiervon zu unterscheiden war stets schon der nunmehr in § 16 Abs. 4 ImmoWertV geregelte Sonderfall, in dem die auf einem Grundstück vorhandenen baulichen Anlagen von der nach § 6 Abs. 1 ImmoWertV maßgeblichen zulässigen (bzw. lagetypischen) Nutzbarkeit abwei-

---

19 Von Berlin wird berichtet, dass sich Möckel im Rahmen der Bewertung von Erbbaurechtsgrundstücken um den Nachweis einer *Bodenwertdämpfung* bemüht habe und der gewählte Modellansatz jedoch umstritten geblieben sei; das Berliner Modell fand keine umfassende Anwendung (Lindner in Bln GE 2003, 1475).
20 Vgl. Grundstücksmarktbericht 2007 der Stadt Aalen, S. 13.

Dämpfung des Bodenwerts § 16 ImmoWertV V

chen und es bei wirtschaftlicher Betrachtungsweise oder aus sonstigen Gründen geboten erscheint, die baulichen Anlagen weiter zu nutzen. Weicht die auf dem Grundstück realisierte Nutzung von der bauplanungsrechtlich zulässigen bzw. lagetypischen Nutzung ab, so ist diese bereits nach § 6 Abs. 1 Satz 2 ImmoWertV maßgebend. Diese und auch die übrigen in § 16 Abs. 2 und 3 ImmoWertV angesprochenen Sonderfälle stellen ein Aliud gegenüber der Dämpfung von Bodenwerten dar.

2.3.2 Dämpfung von Bodenwerten

Wie vorstehend ausgeführt ist im Schrifttum wiederholt darauf hingewiesen worden, dass der Bodenwert eines bebauten Grundstücks mit dem eines unbebauten Grundstücks nicht vergleichbar sei, weil dem Eigentümer mit der Bebauung des Grundstücks die **Dispositionsfreiheit** genommen sei, sein Grundstück nach eigenen Wünschen bedarfsgerecht zu nutzen. Art und Intensität der Nutzung seien mit dem Zeitpunkt der Bebauung festgelegt und könnten später nicht ohne weiteres geändert werden. 49

Welche Folgerungen sich hieraus ergeben, stellt eine im Schrifttum kontrovers und mitunter schon als „Glaubenskrieg" behandelte Streitfrage dar. Ausgangspunkt der **„Theorie von den gedämpften Bodenwerten bebauter Grundstücke"** ist die mit der Bebauung eines Grundstücks einhergehende Beeinträchtigung der freien Disposition über eine (optimale) Nutzung des Grundstücks. Dabei wird unterstellt, dass der Grund und Boden im Zeitpunkt seiner Bebauung i.d.R. einer optimalen Nutzung zugeführt wurde, sich jedoch die realisierte Bebauung mit zunehmendem Alter von der optimalen Nutzung des unbebaut gedachten Grundstücks entferne. 50

Es handelt sich hierbei um ein eigentümliches Problem deutscher Wertermittlungstheoretiker, das im angelsächsischen Raum auf Unverständnis stoßen muss. Zum einen hat man erkannt, dass der einer **baulichen Anlage** zurechenbare Bodenwert ohnehin für das Ergebnis zumindest bei **längerer Restnutzungsdauer** weitgehend bedeutungslos ist (vgl. Syst. Darst. des Ertragswertverfahrens Rn. 72, 86, 288; § 14 ImmoWertV Rn. 216 ff.), wenn das Ertragswertverfahren zur Anwendung kommt. Man hat sich deshalb dort auch nicht in diese ohnehin nicht zu beantwortende Frage verbissen; insbesondere hat man dort auch nicht den Versuch unternommen, die gängigen Verfahren in überflüssiger Weise zu verkomplizieren, weil die Frage in besonderen Ausnahmefällen eine Rolle spielen könnte, die dann aber pragmatisch und sachbezogen zu lösen sind (vgl. Rn. 66 ff.; vgl. auch Teil VIII Rn. 514 ff.). In den Fällen der Wertermittlung von Objekten mit kurzer Restnutzungsdauer eines aufstehenden Gebäudes, in denen der Bodenwert überhaupt erst Bedeutung erlangt, ist darüber hinaus die zur Rechtfertigung einer Dämpfung ins Feld geführte Begründung, nach der mit der Bebauung die freie Disposition verloren ginge und deshalb der Bodenwert zu mindern sei, in sich widersprüchlich, weil gerade in dieser Phase mit abnehmender Restnutzungsdauer die freie Disponierbarkeit immer näher rückt und gerade umgekehrt der volle Bodenwert wieder „aufblühen" müsste, so er tatsächlich gedämpft wurde. 51

Der Grundsatz der Bodenwertermittlung eines bebauten Grundstücks auf der Grundlage eines unbebaut gedachten Grundstücks gehört deshalb zu den **international gebräuchlichen Konventionen** (vgl. Rn. 35): Das *American Institute of Real Estate Appraisers* stellt als maßgeblichen Wertermittlungsgrundsatz heraus: *„The use of a property based on the assumption that the parcel of land is vacant by demolishing any improvements (Highest and best use of site as though vacant)"*[21]. 52

Begründet wird diese Auffassung dort, wie im Übrigen auch hier schon in der Vorauflage, nicht allein im Hinblick auf **praktische**, sondern **auch auf wirtschaftliche Erwägungen**[22]. 53

Bei alledem ist die Bodenwertdämpfung in der ausländischen Wertermittlungslehre „kein Thema". In Deutschland wiederum findet die Bodenwertdämpfung nur noch bei einigen wenigen Gutachterausschüssen für Grundstückswerte Zuspruch. Der Methode kommt dort die 54

---

[21] The Appraisal of Real Estate. American Institute of Real Estate Appraisers, 12. Aufl. Chicago 2001, S. 60, 305 ff.
[22] Johnson in The Appraisal Journal, Januar 1981; North, The Concept of Highest and Best Use, Winnipeg, Appraisal Institute Canada 1981; Reading in Highest and Best Analysis. American Institute of Real Estate Appraisers, Chicago 1981.

Bedeutung eines innerbehördlichen Katasterdirektorenverfahrens zu, das von außenstehenden Sachverständigen schon deshalb nicht nachvollzogen werden kann, weil diese Katasterdirektoren ihre Dämpfungsmechanismen nicht offen legen. Dies ist aber unverzichtbar, wenn solche gedämpften Bodenwerte unter Beachtung des **Grundsatzes der Modellkonformität** auch sachgerecht zur Anwendung kommen sollen. Gedämpfte Bodenwerte werden deshalb in der freien Sachverständigentätigkeit zu Recht weitgehend ignoriert[23]. Wenn von freien Sachverständigen in Einzelfällen gedämpften Bodenwerten „zugesprochen" wird, so geschieht dies im vorauseilenden Gehorsam allenfalls dann, wenn sie von solchen Katasterdirektoren mit der Gutachtenerstattung beauftragt werden[24]. Daneben bilden sich diesbezüglich allerdings auch böse Allianzen zu solchen Sachverständigen, die mit der Bodenwertdämpfung ihr Ergebnis „hinzutrimmen" trachten, ohne dass sie z.B. bei Anwendung des Ertragswertverfahrens erkennen, dass sie dann auch einen die Bodenwertdämpfung neutralisierenden gedämpften Liegenschaftszinssatz heranziehen müssten; solche Gutachten sind damit (grob) fehlerhaft.

55 Über die genannten Fälle hinaus findet die Bodenwertdämpfung in der deutschen **Praxis der freien Sachverständigen,** die immerhin rd. 90% aller Sachverständigentätigkeiten besorgen, kaum Anwendung[25].

56 Im Kern geht es bei dem aufgeworfenen Problem des „richtigen" Bodenwerts bebauter Grundstücke nicht um die Frage nach der tatsächlichen Höhe des Bodenwerts (i.S. der Definition des Verkehrswerts nach § 194 BauGB), denn der Grund und Boden ist für sich allein aufgrund der Schicksalsgemeinschaft von Boden und Bebauung im Allgemeinen nicht „verkehrsgängig" und ließe sich ohnehin nicht direkt aus dem Markt ableiten. Es muss vielmehr darum gehen, welcher Bodenwert aus Gründen der Praktikabilität und der mit der Wertermittlung verfolgten Zielsetzung anzusetzen ist. Dabei ist zunächst in Erinnerung zu rufen, dass es hier i.d.R. um die Ermittlung des *(Gesamt-)*Verkehrswerts eines bebauten Grundstücks nach dem durch die ImmoWertV vorgegebenen Wertermittlungsverfahren geht, wobei das Ertrags- und das Sachwertverfahren noch immer die Regelverfahren sind. Die „Theorie von den gedämpften Bodenwerten bebauter Grundstücke" stellt hierzu einen Bruch her, denn die verfahrensmäßige Ausgestaltung des **Ertragswertverfahrens geht von der Wertbeständigkeit des Grund und Bodens aus**[26]. In Abwandlung der ricardianischen Grundrententheorie soll nämlich mit der durch § 17 Abs. 2 Nr. 1 ImmoWertV vorgegebenen Aufteilung des Ertragswerts in einen Boden- und einen Gebäudewertanteil der Tatsache Rechnung getragen werden, dass der Grund und Boden wertbeständig ist, während der Wert der baulichen Anlagen infolge Alterung und Abnutzung gegen null läuft und zu einer „Belastung" des Grund und Bodens (Freilegungskosten) wird[27].

57 In der Praxis der „Bodenwertdämpfung" sind auf der Grundlage unterschiedlichster Theorien unterschiedlichste Rechenoperationen entwickelt worden, aus denen ein letztlich theoretischer Bodenwert eines bebauten Grundstücks konstruiert wird (vgl. § 196 BauGB Rn. 27;

---

23 Im Rahmen der Überprüfung von 100 000 Gutachten freier Sachverständiger durch die TLG ist nur in verschwindend seltenen Fällen der Bodenwert „gedämpft" worden und dann zumeist nur in solchen Fällen, wo mit dem „Joker Bodenwertdämpfung" das Ergebnis „hingetrimmt" werden sollte.
24 Zur Beschreibung der Situation kann auf eine im Auftrag der Treuhandanstalt durchgeführte Verkehrswertermittlung eines Berliner Sachverständigen verwiesen werden, der dabei wie selbstverständlich von „ungedämpften" Bodenwerten ausging. Als derselbe Sachverständige in derselben Angelegenheit dann im Auftrag der Senatsverwaltung nochmals tätig wurde, hat er dieselbe Verkehrswertermittlung im vorauseilenden Gehorsam (und in Erwartung weiterer Aufträge) auf der Grundlage gedämpfter Bodenwerte durchgeführt. Im Rahmen der von ihm zur Anwendung gekommenen Ertragswertverfahrens gelangte er im Übrigen insoweit in beiden Fällen zu demselben Ergebnis, denn der Bodenwert schlägt bei Anwendung dieses Verfahrens i.d.R. ohnehin nicht auf das Gesamtergebnis durch.
25 Der freie Sachverständige kann es sich im täglichen Geschäft zumeist auch gar nicht leisten, sich mit irgendwelchen „Dämpfungstheorien" zu befassen, die im Rahmen des vorherrschend zur Anwendung kommenden Ertragswertverfahrens in aller Regel für das Gesamtergebnis belanglos sind. Insoweit wird der „Theorienstreit" vornehmlich von einigen Katasterdirektoren betrieben.
26 Seit jeher nimmt der Boden eine besondere Stellung ein (superficies solo cedit). Gebäude sind vergänglich und der Fährnis unterworfen („Fährnis ist, was die Fackel verzehrt").
27 Umfassend hierzu Kleiber in Ernst/Zinkahn/Bielenberg, BauGB, Komm. zu § 15 WertV Rn. 5, zu § 16 WertV Rn. 3, 12, zu § 20 WertV Rn. 4; da das Ertragswertverfahren von dem Modell ausgeht, dass mit der Bebauung eines Grundstücks das in den Grund und Boden investierte Kapital für die Dauer der baulichen Nutzung „gebunden" ist und nicht anderweitig angelegt werden kann, ist der Ansatz des „vollen" Bodenwerts systemkonform.

Dämpfung des Bodenwerts

Teil III Rn. 443 ff.). Auch wenn derartige Vorgehensweisen unter Berufung auf Kaufpreisanalysen – jede für sich – mit dem Anspruch auf Richtigkeit entwickelt wurden, muss bedenklich stimmen, dass die unterschiedlichsten Verfahrensweisen zu unterschiedlich konstruierten Bodenwerten führen und von daher die **Gefahr der Manipulation** nicht auszuschließen ist.

58 Aus den vorstehenden Gründen wäre – wenn man schon den Bodenwert dämpfen wollte – der Praxis der Vorzug zu geben, die sich der Bodenwertdämpfung auf der Grundlage fester und für jedermann nachvollziehbarer (prozentualer) Abschläge bedient, selbst wenn diese Abschläge willkürlich gegriffen sind. Diese Praxis ist zumindest kontrollierbar, wenn die **Dämpfungsmechanismen offengelegt werden.** Begrifflich kann aber auch in diesem Fall von einer Dämpfung des Bodenwerts gesprochen werden. Auch bedeutet dies für die Praxis die Einschaltung eines zusätzlichen und (bei „richtiger Verkehrswertermittlung") für das Ergebnis bedeutungslosen Rechenschritts, der sich zwangsläufig auf die Ermittlung des Gebäudewertanteils auswirken muss (vgl. Rn. 75 ff.).

59 Von einer Reihe von Sachverständigen wird unbedacht der Bodenwert eines bebauten Grundstücks gegenüber dem vollen Bodenwert mit kürzer werdender Restnutzungsdauer der baulichen Anlage gegen „null gedämpft", wobei nach Ablauf der Restnutzungsdauer – spätestens mit Abbruch der baulichen Anlage – der volle Bodenwert des unbebaut gedachten Grundstücks – quasi schlagartig – wieder aufleben soll[28].

60 Dieser Einschätzung ist der **BGH** nicht gefolgt[29]. In einer **Entscheidung** heißt es hierzu wörtlich (vgl. Rn. 94):

„Ohne Erfolg wendet sich die Revision dagegen, dass das BG im Anschluss an den Sachverständigen bei einem mit Mietshäusern bebauten Grundstück davon ausgeht, mit zunehmendem Alter der Gebäude (bis 70 Jahre) sinke auch der reine Bodenwert kontinuierlich; dann nehme diese Bodenwertminderung wieder allmählich ab und entfalle beim Abbruch des Gebäudes nach einer (angenommenen) Gesamtnutzungsdauer des Gebäudes von 100 Jahren ganz."

61 Die in diesem Verfahren vom Sachverständigen vorgetragene „Erfahrung" ist einerseits fragwürdig und andererseits im Hinblick auf die für die Verkehrswertermittlung von Mietshäusern angezeigte Anwendung des Ertragswertverfahrens weitgehend unbedeutend:

a) Tatsächlich muss nämlich festgestellt werden, dass der **Verkehrswert bebauter Grundstücke sowohl an steigenden als auch fallenden Bodenwerten partizipiert**[30]. Die aufstehende Bebauung ist dagegen einer verbrauchsbedingten Wertminderung unterworfen, wobei die jährliche Wertminderung ohne durchgreifende Instandsetzungen und Modernisierungen umso größer ist, je kürzer die (wirtschaftliche) Gesamtnutzungsdauer des Gebäudes ist. Da die früher als üblich angesehene 100-jährige Gesamtnutzungsdauer eines Gebäudes ohne solche Maßnahmen schon seit langem nicht mehr gilt, herrschen bei vielen Grundeigentümern häufig falsche Vorstellungen über den Wertverfall ihres Gebäudes.

b) Zum anderen muss im Falle einer Dämpfung des Bodenwerts unter dem **Grundsatz der Modellkonformität** konsequenterweise ein **gedämpfter Liegenschaftszinssatz** zur Anwendung kommen (vgl. Rn. 82 ff.; § 14 ImmoWertV Rn. 160), der im Ergebnis die Bodenwertdämpfung vollständig kompensiert (Nullsummenspiel). Die Dämpfung des Bodenwerts ist bei Objekten mit langer Restnutzungsdauer für das Ergebnis selbst bei Verwendung „ungedämpfter" Liegenschaftszinssätze zudem belanglos, weil der Bodenwert mit länger werdender Restnutzungsdauer einen immer geringer werdenden Einfluss auf das Ergebnis hat und lediglich – wie dargestellt – zu einer Verschiebung des Boden- und Gebäudewertanteils führt. Gedämpfte Bodenwerte führen nämlich zu einer Verminderung des Bodenwertverzinsungsbetrags und damit zu einer Erhöhung des um den Bodenwertverzinsungsbetrag verminderten Reinertrags. Die damit einhergehende Erhöhung des Gebäudeertragswerts wird dann mit dem gedämpften Bodenwert im Gesamtergebnis wieder aufgefangen.

---

28 Brandau in VR 1977, 68 mit Replik von Kleiber in VR 1977, 74 und Güttler in VR 1981, 396; Böser/Preuss in AVN 1982, 138: Lucht in VR 1977, 264; Meissner in AVN 1975, 131; Streich in AVN 1974, 360 sowie in AVN 1975, 132.
29 BGH, Beschl. vom 28.6.1984 – III ZR 187/83 –, EzGuG 14.77.
30 So auch bereits Lütge, Wohnungswirtschaft, Stuttgart 1949, S. 382.

62 Eine andere als hilflos zu bezeichnende Praxis bedient sich **pauschaler Dämpfungsmethoden**, indem generell vom Bodenrichtwert (für unbebaute Grundstücke) ein Abschlag von z.B. 40% angebracht wird. Diese Vorgehensweise steht zwar im Widerspruch zu der „inneren" Begründung der Bodenwertdämpfung, nämlich der mit zunehmendem Alter der baulichen Anlage anwachsenden Disparität des „verbrauchten" Bodens zum Bodenwert eines unbebauten Grundstücks; sie hat aber immerhin den Vorteil der Eindeutigkeit für den „Verbraucher".

63 Das von **Naegeli**[31] vor sehr langer Zeit (1955–1957) entwickelte **Lageklassenverfahren**, nach dem sich ggf. der gedämpfte Anteil des Bodens am Gesamtwert eines bebauten Grundstücks „einzig und allein" nach den von ihm definierten Lageklassen bestimmt, mag seinerzeit für den von ihm untersuchten schweizerischen Grundstücksmarkt „stimmig" gewesen sein; für deutsche Verhältnisse ist dieses Verfahren sowohl von seinem Ansatz her als auch von den angegebenen Werten her unbrauchbar, auch wenn im deutschsprachigen Schrifttum hierauf schon einmal zurückgegriffen worden ist[32]. Von sachkundigen Gutachtern wird das Verfahren deshalb nicht angewandt.

64 Schließlich greifen andere Sachverständige zur Begründung ihrer Dämpfungspraxis auf Begründungen zurück, die mit einer verantwortungsbewussten Wertermittlungspraxis nicht vereinbar sind. Um nicht dem Grundeigentümer den Wertverzehr seines Gebäudes im Gutachten attestieren zu müssen, begründen eine Reihe von Sachverständigen die Bodenwertdämpfung gelegentlich auch damit, dass ein entsprechend **höherer Wert der baulichen Anlage „verbraucherfreundlicher"** sei. Dies kann allerdings wenig überzeugen, zumal anderenorts die Praxis ohne eine derartige Argumentation auskommt[33].

65 Ob der gesunde Grundstücksverkehr den Bodenwertanteil so beurteilt, wie er nach den unterschiedlichsten Theorien und Verfahrensweisen der Bodenwertdämpfung abgeleitet wird, muss bei alledem so lange fraglich bleiben, wie der Grund und Boden eines bebauten Grundstücks nicht selbstständig gehandelt wird. Nach der hier vertretenen Auffassung kann das sog. **Repartitionsproblem**, nämlich die verursachungsgerechte Aufteilung des (Gesamt-)Verkehrswerts eines Grundstücks auf Boden und Gebäude, letztlich **nicht eindeutig gelöst werden**[34]. Deshalb müssen **praktischen Bedürfnissen und rechtlichen Erfordernissen Rechnung tragende Lösungen** zur Anwendung kommen[35]. Von dieser Zielsetzung ist ersichtlich auch der Verordnungsgeber ausgegangen und hat die Ausnahmefälle in § 16 Abs. 2 bis 4 sowie in § 4 Abs. 3 Nr. 3 ImmoWertV geregelt[36].

2.3.3 Ertrags- und Sachwertverfahren unter Heranziehung gedämpfter Bodenwerte

2.3.3.1 Allgemeines

66 Mit § 16 Abs. 1 Satz 1 ImmoWertV wird nunmehr ausdrücklich bestimmt, dass der im Rahmen des Ertrags- und Sachwertverfahrens nach § 17 Abs. 2 bzw. § 21 Abs. 1 ImmoWertV anzusetzende Bodenwert im Wege des **Preisvergleichs auf der Grundlage unbebauter Vergleichsgrundstücke** und mithin als ungedämpfter Bodenwert zu ermitteln ist.

67 Wird dessen ungeachtet ein gedämpfter Bodenwert in die Ertrags- oder Sachwertermittlung eingeführt, so ist dies bei der gebotenen konsequenten Beachtung aller Verfahrensgrundsätze für das Gesamtergebnis unwirksam, denn dies muss dann zu einer entsprechenden Erhöhung

---

[31] Naegeli, Die Wertberechnung des Baulandes, Zürich 1965.
[32] Ross/Brachmann, Ermittlung des Bauwertes von Gebäuden und des Verkehrswerts von Grundstücken, 29. Aufl. 2005, S. 496 ff.
[33] Pohlmann/Hohenaspe, Die Trennung des Boden- und Bauwertes in der Praxis amerikanischer Gemeinden, in: Jahrbuch der Bodenreform 1914, S. 103.
[34] Kleiber in Ernst/Zinkahn/Bielenberg, BauGB, Komm. zu § 196 Rn. 47 f.; so im Übrigen auch Sieber, Bodenpreissteigerung und Grundstücksmarkt, WuR 1956, 29 ff. Fn. 25.
[35] Zustimmend Zimmermann, WertV 88, München 1998 S. 277.
[36] Rechtlich stellt sich die Notwendigkeit zur „Herausfilterung" des Bodenwerts eines bebauten Grundstücks dort, wo gesetzliche Regelungen an den Bodenwert anknüpfen, z.B. in der Umlegung, bei der Ausgleichsbetragsermittlung für sanierungsbedingte Bodenwerterhöhungen, der Entschädigung bei hoheitlichen Eingriffen in die ausgeübte Nutzung nach § 42 BauGB sowie im Falle der Einführung einer Bodenwertsteuer.

Dämpfung des Bodenwerts § 16 ImmoWertV V

des Gebäudeertrags- bzw. -sachwerts führen, d.h., die Bodenwertdämpfung führt lediglich zu einer Verschiebung des Gebäude- und des Bodenwertanteils am Gesamtwert.

2.3.3.2 Dämpfung bei Anwendung des Ertragswertverfahrens

Bei Anwendung des in § 17 ImmoWertV geregelten Standardverfahrens der Ertragswertermittlung bestimmt sich der **Ertragswert nach folgender Formel** (§ 17 Abs. 1 Nr. 1 WertV): 68

$$EW = (RE - p \times BW) \times V + BW$$

wobei
EW = Ertragswert
RE = Reinertrag
BW = Bodenwert
p = Liegenschaftszinssatz
V = Vervielfältiger

Der **Liegenschaftszinssatz bestimmt sich** gemäß den Ausführungen bei § 14 ImmoWertV Rn. 207 **nach folgender Beziehung:** 69

$$\text{Bodenwert} = \frac{RE \times 100}{KP} - \frac{100(q-1)}{q^{n-1}} \times \frac{KP - BW}{KP}$$

wobei
q = Zinsfaktor = p + 1
KP = Kaufpreis

Der aus am Markt erzielten Kaufpreisen abgeleitete Liegenschaftszinssatz führt nach diesem Modell zu einem am Markt erzielbaren Ertragswert, der dann zugleich Verkehrswert ist.

Wie aus den Formeln für den Ertragswert und den Liegenschaftszinssatz ersichtlich, geht der Bodenwert sowohl in die Ableitung des Liegenschaftszinssatzes als auch des Ertragswerts ein. **Soll der Bodenwert gedämpft werden, muss nach dem Grundsatz der Modellkonformität sowohl der Liegenschaftszinssatz als auch der Ertragswert auf der Grundlage gedämpfter Bodenwerte abgeleitet werden.** 70

Bei systemkonformer Anwendung des Ertragswertverfahrens schlägt die Dämpfung des Bodenwerts eines bebauten Grundstücks in erster Linie auf den Liegenschaftszinssatz durch, wenn dieser als logische Konsequenz (Modellkonformität) auf der Grundlage gedämpfter Bodenwerte abgeleitet wird (vgl. § 14 ImmoWertV Rn. 216 ff.). Da der Wertanteil der baulichen Anlage am Verkehrswert bei einer Dämpfung des Bodenwerts komplementär zunimmt, muss sich nämlich der Liegenschaftszinssatz entsprechend vermindern, denn bei gleichbleibendem Reinertrag, aber höherem Wert der baulichen Anlage stellt sich eine geringere Verzinsung der Liegenschaft ein. Dies zeigt auch das Berechnungsbeispiel in Abb. 2. 71

Hieraus müssen zwei wichtige **Schlussfolgerungen** gezogen werden, die in der Wertermittlungspraxis oft unbeachtet gelassen werden: 72

1. Die empirisch ermittelte Liegenschaftszinssätze der Gutachterausschüsse, die bei ihrer Ableitung von gedämpften Bodenwerten ausgingen (soweit erkennbar: *Darmstadt, Lübeck, Bremen* und *Stuttgart*), konnten nicht unmittelbar mit empirisch abgeleiteten Liegenschaftszinssätzen verglichen werden, bei deren Ableitung von „vollen" Bodenwerten ausgegangen wurde. *Darmstadt, Lübeck, München* und *Stuttgart* sind aus den hier dargestellten Gründen davon abgegangen.

2. Bei Anwendung der empirisch unter Berücksichtigung gedämpfter Bodenwerte abgeleiteter Liegenschaftszinssätze muss – um im System zu bleiben – auch ein gedämpfter Bodenwert in das Ertragswertverfahren eingeführt werden; vielfach wird dies schon deshalb nicht beachtet, weil die Dämpfer ihr Dämpfungssystem nicht hinreichend offenlegen.

Dies macht deutlich, dass die **Dämpfung der Bodenwerte zu einer im Ergebnis nutzlosen Verkomplizierung** führt, die der Nachvollziehbarkeit der Wertermittlung abträglich ist.

73 Eine **Dämpfung des Bodenwerts** ergäbe zumindest bei langer Restnutzungsdauer des Gebäudes aber auch sonst **keinen Sinn**. Das Ertragswertverfahren ist nämlich im Grunde genommen eine Berechnung von Einnahmen- und Ausgabenströmen über die gesamte Nutzungsdauer der Immobilie. So ist beispielsweise der Kauf des (unbebauten) Grundstücks, auf dem das ertragbringende Gebäude erst noch errichtet werden muss, finanzmathematisch gesehen der erste Ausgabenstrom der Gesamtinvestition. Beträgt der Kaufpreis für das unbebaute Grundstück 1 500 000 € und beträgt die Gesamtnutzungsdauer des noch zu erstellenden Gebäudes 80 Jahre, ist das beim Grundstückskauf investierte Kapital – finanzmathematisch gesehen – nur so viel wert, wie der Investor heute bei einer Bank anlegen müsste, um in 80 Jahren den Kaufpreis (1 500 000 €) zurückzuerhalten. Bei einem angenommenen Zinssatz von 5% beträgt dieses Kapital:

$$1\,500\,000\,€ \times 1/(1 + 5/100)^{80} = 30\,265\,€$$

Abb. 2: Vergleichende Betrachtung zur Ermittlung des Ertragswerts und des Liegenschaftszinssatzes bei unterschiedlich angesetzten Bodenwerten

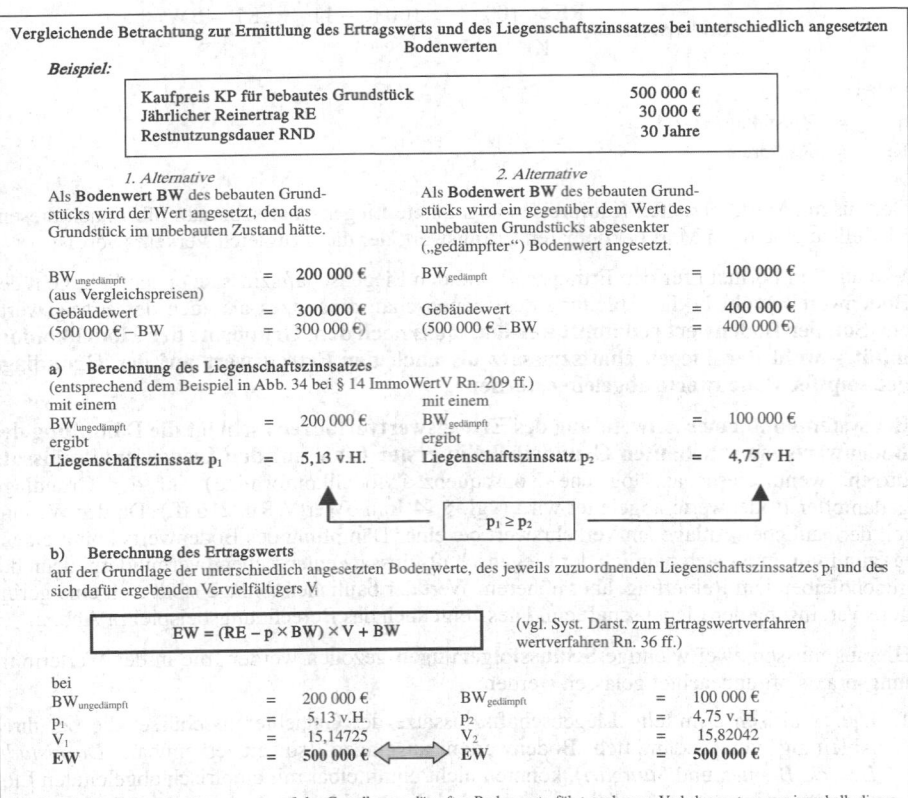

Dämpfung des Bodenwerts § 16 ImmoWertV V

Eine zu einem beliebigen Zeitpunkt im Laufe der Nutzungsdauer des aufstehenden Gebäudes vorgenommene **Verminderung des Bodenwerts wegen Bebauung verletzt** somit **die finanzmathematische Grundstruktur des Ertragswertverfahrens** und ist bereits aus diesem Grunde abzulehnen. **74**

Auf einen interessanten Aspekt zur „Theorie der Dämpfung des Bodenwerts bebauter Grundstücke" weist *Weil*[37] hin, mit dessen Verfahren sich bereits das BVerwG eingehend befasst hat[38]. Weil geht von folgenden **Grundprinzipien** aus: **75**

a) Der Bodenwert eines bebauten Grundstücks hängt von der zulässigen Bebauungsmöglichkeit und nicht von der tatsächlichen Bebauung ab.

b) Der für die Ermittlung des Verkehrswerts im Sach- und Ertragswertverfahren anzusetzende Bodenwert für dasselbe Grundstück ist identisch.

c) Eine von der zulässigen und lagetypischen Bebauung abweichende Bebauung ändert nicht den anzusetzenden Bodenwert, sondern lediglich die Bodenwertverzinsung.

Für diese Grundprinzipien spricht in der Tat, dass z.B. der Eigentümer eines untergenutzten Grundstücks gewollt (im Falle einer von ihm selbst zu verantwortenden Bebauung) oder ungewollt (im Falle einer nachträglichen „Heraufzonung") auf die „volle" Verzinsung des Bodenwerts verzichtet. Die Weilsche Auffassung hat vor allem für das Ertragswertverfahren eine besondere Bedeutung und lässt sich am folgenden Beispiel erläutern (Abb. 3):

Abb. 3: Unterschiedliche Bodenwertverzinsung nach Weil

Nach *Weil* soll die Bodenwertverzinsung eines unter- oder übergenutzten Grundstücks in dem Verhältnis von der Bodenwertverzinsung des planungsadäquat genutzten Grundstücks abweichen, wie dies dem jeweiligen Ertragsverhältnis entspricht. **76**

Der Nachteil dieses Verfahrensvorschlags ist darin zu sehen, dass man bei der Ertragswertermittlung zu unterschiedlichen Soll- und Habenzinssätzen kommt (eigener Zinssatz für die Ermittlung des Bodenwertverzinsungsbetrags). Des Weiteren ist dagegen anzuführen, dass das Verfahren die Restnutzungsdauer unberücksichtigt lässt. Diese ist aber von entscheidender Bedeutung, denn es macht einen Unterschied, ob der Grund und Boden nur noch wenige Jahre oder über eine sehr lange Zeitspanne untergenutzt bleibt.

---

[37] Weil, Grundstücksschätzung, 5. Aufl. Düsseldorf 1958, S. 20, 29 ff., 48 ff.
[38] BVerwG, Urt. vom 13.11.1964 – 7 C 20/64 –, EzGuG 20.38; auch BFH, Urt. vom 16.11.1979 – III R 76/77 –, EzGuG 20.81b.

2.3.3.3 Dämpfung bei Anwendung des Sachwertverfahrens

▶ *Vgl. Syst. Darst. des Sachwertverfahrens Rn. 21 ff.*

77 Nach dem zuvor Gesagten ist gemäß § 21 Abs. 1 ImmoWertV der **Bodenwert** auch bei Anwendung des Sachwertverfahrens im Wege des Preisvergleichs **mit dem Wert zu ermitteln, wie er sich für unbebaute Grundstücke ergibt.**

78 Auch bei Anwendung des Sachwertverfahrens würde eine Dämpfung des Bodenwerts bei richtiger Ermittlung des Verkehrswerts lediglich zu einer Insichverschiebung der Boden- und Gebäudewertanteile führen. Sieht man einmal von einem Wertanteil für sonstige Anlagen ab, muss die Bodenwertdämpfung zwangsläufig dazu führen, dass sich der Gebäudewertanteil erhöht, wenn die Summe aus Boden- und Gebäudeanteil den Verkehrswert ergeben. Abzulehnen wäre dabei der Ansatz entsprechend höherer Normalherstellungskosten, da dies zu einer weiteren Verzerrung des Systems, insbesondere im Verhältnis zu den ansonsten anzusetzenden Normalherstellungskosten führen würde.

79 Die **Dämpfung von Bodenwerten bei Anwendung des Sachwertverfahrens** müsste sich zwangsläufig auf die Marktanpassung nach § 8 Abs. 2 ImmoWertV und somit auf die Sachwertfaktoren i.S. des § 14 Abs. 2 Nr. 1 ImmoWertV auswirken. Im Verhältnis zu den auf der Grundlage des § 16 Abs. 1 Satz 1 ImmoWertV abgeleiteten Sachwertfaktoren müssten sich nach dem Grundsatz der Modellkonformität modifizierte Sachwertfaktoren ergeben bzw.

– entsprechend verminderte Marktanpassungsabschläge bzw.

– entsprechend erhöhte Marktanpassungszuschläge

erforderlich werden (vgl. Abb. 4).

Abb. 4: Marktanpassungsabschläge bei gedämpften und ungedämpften Bodenwerten

80 Der wohl augenfälligste Beleg dafür war die Praxis der Bodenwertdämpfung des Gutachterausschusses für Grundstückswerte für den Bereich *Stuttgart*. Dort wurde der Bodenwert von Grundstücken, die vor 1965 bebaut wurden, – unabhängig von irgendwelchen Kriterien gleichsam mit überstrapaziertem Ermessen – weitgehend pauschal um 30% vermindert. Als **Folge der Bodenwertdämpfung** hatte man dort selbst noch für Einfamilienhäuser (mit Einliegerwohnung) mit einem Sachwert von über 0,9 Mio. DM (~ 450 000 €) empirisch Marktanpassungs*zuschläge* abgeleitet, um aus dem Sachwert den Verkehrswert abzuleiten, während anderenorts ohne die Zwischenschaltung einer Bodenwertdämpfung üblicherweise bereits ab einem Sachwert von rd. 250 000 € Marktanpassungsabschläge ermittelt wurden.

Bei alledem ist es durchaus plausibel, dass der Sachwert bei Objekten dieser Größenordnung nur über einen Marktanpassungsabschlag zu dem Verkehrswert führt. Wenn nun aber der Bodenwert in *Stuttgart* zunächst gedämpft wurde und infolgedessen ein Marktanpassungszuschlag erforderlich wurde, um über den Sachwert zum Verkehrswert zu gelangen, so erscheint die **Dämpfung** nicht nur im Hinblick auf die zusätzliche Rechenoperation überflüssig, sondern auch **wenig realitätsnah**. 81

Fazit: Die Bodenwertdämpfung kann im Rahmen des Sachwertverfahrens zu einer „Aufblähung" aber auch „Schrumpfung" des vom Gutachterausschuss für Grundstückswerte ermittelten Marktanpassungsabschlags (Sachwertfaktor) führen, je nachdem, ob im Einzelfall ein Marktanpassungsab- oder -zuschlag erforderlich wird. Hieraus wiederum folgt, dass bei der **Veröffentlichung solcher Marktanpassungsfaktoren für außenstehende Sachverständige die Dämpfungsmethodik des Gutachterausschusses bekannt gemacht werden muss,** weil sonst die Veröffentlichungen solcher Marktanpassungsfaktoren für den Sachverständigen praktisch wertlos sind. Die Bodenwertdämpfung des Gutachterausschusses für Grundstückswerte, so er sie für unvermeidlich hält, muss dann also transparent gemacht werden, wenn sie schadlos bleiben soll. 82

Wenn also von einzelnen Gutachterausschüssen für Grundstückswerte Bodenwerte nach jeweils eigenen Theorien gedämpft und dementsprechend Sachwertfaktoren abgeleitet werden, so mögen sie dies sachlich für geboten erachten. Problematisch wird dies aber dann, wenn sie ihre Dämpfungsmethodik nicht offenlegen und die abgeleiteten **Sachwertfaktoren** auf ungedämpfte Bodenwerte zur Anwendung kommen. 83

2.4 Rechtsprechung

In der Rechtsprechung des BGH ist zu dem Problem des Bodenwerts bebauter Grundstücke bislang nur am Rande Stellung genommen worden (vgl. Rn. 60). Hierzu bestand wohl auch noch kein Anlass, denn in Entschädigungsfällen geht es um das Gesamtergebnis. 84

In der Enteignungsrechtsprechung des BGH[39] ist des Weiteren hervorgehoben worden, dass bei einem alten **Gebäude in bester Geschäftslage** allein der Bodenwert maßgebend sein kann, insbesondere wenn das Gebäude zum Abriss erworben wird. Dies kann sogar zu einer Minderung des Verkehrswerts führen: „... Deshalb kann die Bebauung in der Entschädigungshöhe nur berücksichtigt werden, wenn und soweit sie ein Faktor ist, der den gemeinen Wert der entzogenen Sachgemeinschaft mitbestimmt, wenn sich also der gemeine Wert wirklich aus der Summe des Werts der Bodenfläche und der aufstehenden Bauwerke ergibt. Ein Gebäude, das nur Abbruchswert hat, darf nicht mit seinem Bauwert eingesetzt werden ... Ebenso kann ein vorhandenes Gebäude den Wert mindern, wenn es die wirtschaftlich zweckmäßige Verwendung hindert oder erschwert. Es kann deshalb notwendig sein, ein vorhandenes Bauwerk wegzudenken, um zu dem richtigen gemeinen Wert zu gelangen."[40] 85

Bei der Verkehrswertermittlung von **Objekten mit abbruchreifen Gebäuden** oder solchen, die zumindest eine im Verhältnis zum Bodenwert unzulängliche Rendite abwerfen, ist der Bodenwert nach Maßgabe des § 16 Abs. 2 ImmoWertV zu ermitteln, wobei von dem Bodenwert auszugehen ist, den das Grundstück im unbebauten Zustand hätte[41]. 86

Sibyllinisch heißt es dagegen im BGH-Urt. vom 30.1.1957[42]: „Der Bodenwert ist nach den für bebauten Grund und Boden ermittelten Werten einzusetzen." 87

---

39 BGH, Urt. vom 2.4.1981 – III ZR 186/79 –, EzGuG 19.38.
40 BGH, Urt. vom 25.6.1964 – III ZR 111/64 –, EzGuG 20.37.
41 OLG Koblenz, Urt. vom 1.6.1977 – 1 U 9/76 –, EzGuG 20.67 – in der Entscheidung wird auf die Anwendung des § 12 WertV verwiesen, der dem geltenden § 16 Abs. 3 ImmoWertV entspricht; OLG Köln, Beschl. vom 3.5.1962 – 4 W 7/62 –, EzGuG 20.30; auch BFH, Urt. vom 6.11.1968 – I R 12/66 –, EzGuG 20.44; BFH, Urt. vom 28.3.1973 – I R 115/71 –, EzGuG 20.55; BFH, Urt. vom 2.6.1959 – I 74/58 F –, EzGuG 4.10a.
42 BGH, Urt. vom 30.1.1957 – V ZR 84/56 –, EzGuG 4.5; vgl. ferner Pr. OVG, Urt. vom 11.11.1898 – I 1863 –, EzGuG 4.26.

2.5 Steuerliche Bewertung

Schrifttum: *Birkenfeld*, FR 1983, 441; *Mayer-Wengelin* in Hartmann/Böttcher/Nissen/Bordewin, Komm. zum EStG, § 6 EStG Rn. 159; *Münchehofen/Springer*, Bewertung von Grund und Boden nach steuerlichen Maßgaben, GuG 2005, 65; *Schmidt/Glanegger*, EStG 18. Aufl. § 6 Rn. 118; Stöckel, DStZ 1988, 220, DStZ 1998, 795; *Winkeljohann* in Herrmann/Heuer/Raupach, Komm. zum EStG und Körperschaftsteuergesetz, § 6 Rn. 313; *Wichmann*, FR 1988, 513.

2.5.1 Allgemeines

88 Besondere Bedeutung findet die Frage der **Bodenwertermittlung bebauter Grundstücke** bei der Bewertung **für steuerliche Zwecke**. Eine Aufteilung des Grundstücks in „Grund und Boden" sowie Gebäude wird z.B. aufgrund der Regelung des § 6 Abs. 1 Nr. 1 und 2 EStG erforderlich (vgl. R 6.1, R 7.3 ff. EStR 05).

89 Nach **Abschn. 58 Abs. 4 EStR** sind die Anschaffungskosten für den Grund und Boden einerseits und für das Gebäude andererseits getrennt auszuweisen, weil die Anschaffungskosten des Gebäudes steuerwirksam abgeschrieben werden können, die Anschaffungskosten des Grund und Bodens dagegen nicht.

90 Für die Ermittlung von Grundstückswerten unter Anwendung des Sachwertverfahrens hat der Gesetzgeber mit § 84 BewG den Bewertungsgrundsatz aufgestellt, den **Grund und Boden „mit dem Wert anzusetzen, der sich ergeben würde, wenn das Grundstück unbebaut wäre"** (entsprechend § 189 i.V.m. § 179 BewG). Boden- und Gebäudewert sind (zusammen) unter Anwendung von Wertzahlen nach § 90 BewG (§ 189 Abs. 3 BewG) dem gemeinen Wert (Verkehrswert) anzupassen, ohne dass dabei entschieden werden muss, welchem Wertanteil diese Anpassung zuzuordnen ist. Dennoch stellt sich auch im steuerlichen Bereich die Aufgabe, den angemessenen Bodenwertanteil am Gesamtwert bzw. Gesamtkaufpreis „herauszufiltern", nämlich bei der Ermittlung der Bemessungsgrundlage für die nur auf das Gebäude mögliche Absetzung für Abnutzung (AfA) nach § 7 Abs. 4 EStG.[43]

2.5.2 Restwertmethode

91 Die ältere **Rechtsprechung des BFH** hatte dazu die so genannte Restwertmethode vertreten[44]:

Für die Verteilung des Kaufpreises in solchen Fällen hat der Reichsfinanzhof in seiner Entscheidung vom 19.11.1941 – VI 200/41 – (RStBl. 1942, 42) ausgeführt, die Bodenwerte für Grundstücke seien in gleicher Lage und bei gleicher Benutzungsmöglichkeit im Allgemeinen gleich, während die Werte der Gebäude nach Ausstattung, Alter, baulichem Zustand, nach Art und Umfang der Nutzung, dem Ertrag usw. schwankten; daher sei regelmäßig anzunehmen, dass von dem vereinbarten Gesamtkaufpreis auf den Boden so viel entfalle, als dieser am Anschaffungstag tatsächlich (objektiv) wert gewesen sei, während der darüber hinausgehende Betrag als Kaufpreis für das Gebäude anzusehen sei. Den Grundsätzen dieser Entscheidung des Reichsfinanzhofs kann man im Allgemeinen auch heute noch folgen.

92 Der **RFH** hatte zuvor schon im Urt. vom 26.1.1938[45] herausgestellt, dass ein **Anstieg des Bodenwerts (Grundwerts) z.B. aufgrund einer Verbesserung der Nutzbarkeit eines Grundstücks** den Gebäudewert entsprechend vermindert, wenn das Gebäude dieser Nutzungsverbesserung nicht angepasst werden kann.

„In der Regel ist anzunehmen, dass die eigentlichen Grundwerte im Allgemeinen die gleichen sind, gleichviel, ob das Grundstück bebaut ist oder nicht, wenn nicht etwa zwangswirtschaftliche Gesichtspunkte eingreifen. Steigt der Grundwert, ohne dass das darauf stehende Gebäude eine entsprechende Ausnutzung zulässt oder eine dem Steigen des Grundwerts entsprechende Änderung vorgenommen werden kann – wobei die Kosten der Änderung zu berücksichtigen wären –, so geht in der Regel der Gebäudewert um den Betrag zurück, um den der Grundwert steigt. Nebenher sei bemerkt, dass das eine Teilwertabschreibung auf das Gebäude nicht rechtfertigen würde, da das zu bewertende Wirtschaftsgut, nämlich das bebaute Grundstück, Gebäude und Grund und Boden umfasst. In der Regel ist ein wesentl-

---

[43] Stöckel in DStZ, 1988, 220.
[44] BFH, Urt. vom 15.10.1965 – VI 134/65 U –, EzGuG 4.26.
[45] RFH, Urt. vom 26.1.1938 – VI 619/37 –, EzGuG 4.4.

licher Gebäudewert nicht mehr vorhanden, wenn der Grundwert allein den Verkehrswert des Grundstücks mit darauf stehendem Gebäude erreicht. Das Steigen des Grundwerts kann also ein Absinken des Gebäudewerts zur Folge haben, und mit weiterem Steigen des Grundwerts kann schließlich der Gebäudewert völlig verschwinden. Das Abbrechen des Gebäudes besagt, dass ein Grundwert nicht mehr vorhanden ist. Siehe auch RFH, Entsch. vom 19.1.1938 – VI 533/36 –."[46]

Für die Aufteilung des Gesamtkaufpreises in einen Bodenwert- und einen Gebäudewertanteil wurde bis 1971 die so genannte **Restwertmethode**[47] angewendet. Bei Anwendung der Restwertmethode wird der Gebäudewertanteil am Gesamtkaufpreis ermittelt, indem dieser um das Produkt aus dem Bodenrichtwert und der Grundstücksfläche vermindert wird: **93**

$$\text{Gebäudewertanteil}_{\text{Restwertmethode}} = \text{Gesamtkaufpreis} - (\text{Bodenrichtwert} \times \text{Grundstücksfläche}_{m^2})$$

Beispiel:

Gesamtkaufpreis	=	350 000 €
Bodenrichtwert	=	200 €/m²
Grundstücksfläche	=	500 m²
Gebäudewertanteil	=	350 000 € – (200 €/m² × 500 m²) = 250 000 €

2.5.3 Verkehrswertmethode

Der Aufteilungsmodus nach der Restwertmethode ist mit Recht **verworfen** worden, da dabei alle das Gesamtgrundstück betreffenden negativen wertbeeinflussenden Umstände **einseitig auf den Gebäudewertanteil abgewälzt** wurden und das Verfahren damit insgesamt zu ungerechtfertigt hohen Bodenwertanteilen führte. 1971 rückte der BFH von seiner bisherigen Auffassung ab[48] und schrieb zur Aufteilung die sog. **Verkehrswertmethode**[49] vor, nach der der Gesamtkaufpreis nunmehr im Verhältnis der Teilwerte (d.h. Bodenwert wie unbebaut und Gebäudesachwert bzw. Gebäudeertragswert) aufzuteilen ist. Dies ist plausibel, weil alle den Kaufpreis beeinflussenden Umstände gleichermaßen auf die Wertanteile des Grund und Bodens und des Gebäudes verteilt werden. **94**

Etwas anderes kann gelten, wenn die Vertragsparteien eine sachgerechte Aufteilung vorgenommen haben, oder wenn das **Gebäude objektiv wertlos** war; im letzteren Fall entfällt der volle Kaufpreis auf den Grund und Boden[50]. **95**

Welches **Wertermittlungsverfahren** dabei im Einzelfall zur Anwendung kommt, bestimmt sich nach den allgemeinen Grundsätzen zur Wahl des geeigneten Wertermittlungsverfahrens, wobei sich die Finanzgerichtsrechtsprechung an den Grundsätzen orientiert, die nach § 8 ImmoWertV allgemein für die Marktwertermittlung gelten. **96**

– Zur Teilwertermittlung bei **Eigentumswohnungen** hat der BFH in diesem Zusammenhang die Ermittlung des Gebäudewertanteils nach dem Vergleichswertverfahren abgelehnt und dem Sachwertverfahren den Vorzug gegeben. Daraus ist aber keinesfalls eine Ablehnung des Vergleichswertverfahrens für die Verkehrswertermittlung von Eigentumswohnungen (insgesamt) ablesbar[51].

---

46 RFH, Urt. vom 19.1.1938 – VI 533/36 –, EzGuG 4.3a; RFH, Urt. vom 26.1.1938 – VI 619/37 –, EzGuG 4.4; vgl. auch RFH, Urt. vom 9.1.1931 – I A 246/30 –, EzGuG 20.13.
47 BFH, Urt. vom 3.6.1965 – IV 351/64U –, EzGuG 4.24; BFH, Urt. vom 15.10.1965 – VI 134/65 U –, EzGuG 4.26.
48 BFH, Urt. vom 21.1.1971 – IV 123/65 –, EzGuG 4.31a.
49 BFH, Urt. vom 19.12.1972 – VIII ZR 124/69 –, EzGuG 4.38a; BFH, Urt. vom 7.6.1994 – IX R 33,34/92 –; BFH, Urt. vom 27.6.1995 – IX R 130/90 –, BStBl II 1996, 215; BFH, Urt. vom 10.10.2000 – IX R 86/97 –, BStBl. II 2001, 183 = GuG 2001, 253 = EzGuG 4.177a; BFH, Urt. vom 31.7.2001 – IX R 15/98 –, BFH/NV 2002, 324; BFH, Urt. vom 11.2.2003 – IX R 13/00 –, GuG 2003, 316.
50 BFH, Urt. vom 15.2.1989 – X R 97/87 –; BFH, Urt. vom 12.6.1978 – GrS 1/77 –, EzGuG 4.56a.
51 BFH, Urt. vom 23.6.2005 – IX B 117/04 –, EzGuG 4.195a; BFH, Urt. vom 24.2.1999 – IV B 73/98 –, GuG 2000, 186 = EzGuG 20.170; BFH, Urt. vom 10.10.2000 – IX R 86/97 –, EzGuG 4.177a; BFH, Baden-Württemberg, Urt. vom 29.11.1990 – III K 412/84 –; FG Düsseldorf, Urt. vom 12.6.1997 – 14 K 6480/93 –, EFG 1997, 1302; FG Baden-Württemberg, Urt. vom 29.4.1998 – 12 K 351/92 –, EFG 1998, 1675; FG München, Urt. vom 26.10.1999 – 16 K 2935/98 –, EzGuG 4.175a; vgl. Schreiben des BMF vom 30.3.1990 – IV B 2 – S 2171 –, BStBl I 1990, 149; OFD Berlin, Vfg. Nr. 118/1985 –, EStG Kartei Berlin § 7 Fach 3 Nr. 1003.

- Auch zur Teilwertermittlung bei **Mietwohngrundstücken im Privatvermögen, mit einer nur geringen Zahl von Wohneinheiten** wurde dem Sachwertverfahren der Vorzug gegeben[52].
- Des Weiteren hält die Finanzgerichtsrechtsprechung auch bei der Teilwertermittlung von **Geschäftsgrundstücken (mit Ladengeschäften)** unverständlicherweise am Sachwertverfahren fest[53].

97 Bei Anwendung der Verkehrswertmethode wird demzufolge zunächst der Verkehrswert des Grundstücks im Wege des Ertrags- oder Sachwertverfahrens (einschließlich Marktanpassung und Berücksichtigung der besonderen objektspezifischen Grundstücksmerkmale nach § 8 Abs. 2 und 3 ImmoWertV) nach den Verfahren der ImmoWertV ermittelt. Dabei wird der Bodenwert gemäß der Grundsatzregelung des § 16 Abs. 1 Satz 1 ImmoWertV mit dem Wert ermittelt, wie er sich im unbebauten Zustand ergibt.

98 Der **Anteil des Bodenwerts** im Vomhundertsatz an dem im Wege des Ertrags- oder Sachwertverfahrens ermittelten Verkehrswert wird sodann auf den Kaufpreis angewandt und ergibt den Bodenwertanteil des Kaufpreises (Abb. 5).

Abb. 5: Wertanteile für den Grund und Boden in v.H. am Kaufpreis des Gesamtobjekts nach der Verkehrswertmethode

99 *Beispiel zur Verkehrswertaufteilung:*

Ein noch zu modernisierendes Gebäude wird für einen Gesamtkaufpreis von 800 000 € erworben. Als Verkehrswert wurde ein Betrag von 1 000 000 € ermittelt, der aufgeteilt auf die einzelnen Teilkomponenten ergibt:

---

52 BFH, Urt. vom 11.02.2003 – IX R 13/00 –, GuG 2003, 316 = EzGuG 4.186a; FG Hamburg, Urt. vom 9.9.2003 – III 268/03 –, EzGuG 4.187a; FG Hamburg, Urt. vom 10.8.2004 – I 241/02 –, EzGuG 4.188a

53 BFH, Urt. vom 23.6.2005 – III R 173/86 –, BFHE 159, 505 = EzGuG 20.131; FG Baden-Württemberg, Urt. vom 28.6.2006 – 5 K 604/03 –, EzGuG 4.197; a.A., FG Niedersachsen, Urt. vom 11.4.2000 – 6 K 611/93 –, EFG 2001, 157; FG Nürnberg, Urt. vom 1.4.2004 – IV 197/03 –, EFG 2004, 1194; FG Münster, Urt. vom 7.12.1995 – 9 K 4427/92 –, EFG 1996, 270.

- Grund und Boden ein Verkehrswert von	400 000 €	= 40%	(400 000 € × 100/1 000 000 €)
- Altbausubstanz	300 000 €	= 30%	(300 000 € × 100/1 000 000 €)
- Modernisierungsmaßnahmen	300 000 €	= 30%	(300 000 € × 100/1 000 000 €)
		100%	

Nach der Verkehrswertmethode entfallen auf den gezahlten Gesamtkaufpreis von 800 000 €
- auf den Grund und Boden   320 000 €   (= 40% von 800 000 €)
- auf den Altbau   240 000 €   (= 30% von 800 000 €)
- auf die Modernisierungsmaßnahmen   240 000 €   (= 30% von 800 000 €)

In der Folge hat das FG Köln[54] entschieden, dass bei der Ermittlung der Verkehrswertanteile des Bodens und des Gebäudes zum Zwecke der Aufteilung eines Gesamtkaufpreises der für unbebaute Grundstücke ermittelte Bodenrichtwert „nicht ohne weiteres der Bewertung des bebauten Grund und Bodens zugrunde gelegt werden" könne, weil der vom Gutachterausschuss ermittelte Bodenrichtwert für ein unbebautes Grundstück gelte und der Verkehrswert des bebauten Grund und Bodens insbesondere dann nicht dem Bodenrichtwert entspräche, „wenn das **Maß der baurechtlich zulässigen Nutzung nicht ausgeschöpft** worden ist". Diesen Hinweisen kann mit dem unter Rn. 233 ff. erläuterten Verfahren Rechnung getragen werden[55].   **100**

Das FG Hamburg[56] stellt für die Aufteilung eines Kaufpreises auf die jeweiligen Sachwerte ab („beim Grund und Boden im unbebauten Zustand = Verkehrswert"); einen **Bebauungsabschlag** lässt das Gericht nicht zu[57]. Das FG Baden-Württemberg hat im Urt. vom 29.4.1998[58] einen Bebauungsabschlag von 25% vom Bodenrichtwert (eines unbebaut gedachten Grundstücks), wie er z.B. in *Stuttgart* praktiziert wurde, nicht gelten lassen wollen.   **101**

Die **Absicht beim Erwerb eines Grundstücks, die Gebäude abzureißen,** rechtfertigt im Übrigen nach ständiger finanzgerichtlicher Rechtsprechung nicht, den für ein bebautes Grundstück bezahlten Überpreis im Wesentlichen dem Grund und Boden zuzuordnen[59].   **102**

2.6 Bilanzbewertung

In der Bilanzbewertung ist der **„Grund und Boden"** unabhängig von seiner zivilrechtlichen Behandlung, die den Grund und Boden, die baulichen Anlagen und sonstige wesentliche Bestandteile als Einheit betrachtet, als eigenständiger Vermögensgegenstand anzusehen[60], d.h., bei der Bilanzierung des Anlagevermögens sind der Grund und Boden sowie das Gebäude zwei Vermögensgegenstände. Kein Bestandteil des Grund und Bodens sind in diesem Bereich auch grundstücksgleiche Rechte, unternehmenseigene Bodenbefestigungen, Straßen, Be- und Entwässerungsanlagen sowie Betriebsvorrichtungen[61].   **103**

---

54 FG Köln, Urt. vom 14.1.1988 – 5 K 296/86 –, BayHausbesitzer Zeitung 1988, 307 = EzGuG 4.120; BFH, Urt. vom 20.9.1980 – III R 21/78 –, BFHE 132, 101 = BStBl. II 1981, 153 = EzGuG 20.86.
55 Entsprechend FG Düsseldorf, Urt. vom 5.5.1995 – 14 K 2917/91 E –, EzGuG 4.161a.
56 FG Hamburg, Beschl. vom 27.8.1973 – I 8/70 –, EzGuG 4.41; zur Aufteilung bei Grundstücken des öffentlich geförderten sozialen Wohnungsbaues vgl. FG Berlin, Urt. vom 10.3.1971 – VI 72/69 –, EzGuG 4.32.
57 FG Hamburg, Urt. vom 10.8.2004 – I 241/02 –, EzGuG 4.188a.
58 FG Baden-Württemberg, Urt. vom 29.4.1998 – 12 K 351/92 –, EFG 1998, 1191.
59 BFH, Urt. vom 16.12.1981 – I R 31/78 –, EzGuG 4.80.
60 In der internationalen Bilanzbewertung müssen nach IAS 17 (Leasingverhältnisse) bei der Bewertung bebauter Grundstücke der Wert des Grund und Bodens (Bodenwert) und des Gebäude dann getrennt werden, wenn der Grund und Boden einen wesentlichen Anteil am Gesamtkaufpreis des Objekts ausmacht. In Analogie zu den US-GAAP-Vorschriften wird bei einem Bodenwert > 25% der Gesamtkosten die Miete nach dem Verhältnis der Wertanteile auf Boden und Gebäude verteilt.
61 Spitz, H., Grundstücks- und Gebäudewerte in der Bilanz- und Steuerpraxis, Herne Berlin 1996 S. 2, 40.

2.7 Schlussfolgerungen

104 Sachverständige, die bei der Ermittlung des Bodenwerts bebauter Grundstücke mit generellen Bebauungsabschlägen arbeiten, begeben sich unnötig in Schwierigkeiten, denn

- die Höhe des gewährten Abschlags kann nicht schlüssig begründet werden, da die hierzu erforderlichen Grunddaten nicht ermittelbar sind;
- bei Anwendung geminderter (gedämpfter) Bodenwerte müssen die üblicherweise bei der Wertermittlung verwendeten Parameter (z.B. Liegenschaftszinssatz, Sachwertfaktoren) korrigiert werden, da sie unter anderem von der Ermittlungsmethodik des Bodenwerts abhängen.

105 Im Übrigen würden bei der generellen **Bodenwertdämpfung** alle Einflüsse, die auf den Wert des Grundstücks einwirken, einseitig auf den Bodenwert abgewälzt. Das Verfahren ist damit mit der vom BFH verworfenen Restwertmethode vergleichbar. Es wird empfohlen, die Bodenwerte so anzusetzen, als ob das Grundstück unbebaut wäre, und auf Bebauungsabschläge zu verzichten. Dazu können die von den Gutachterausschüssen ermittelten Bodenrichtwerte ohne weiteres herangezogen werden, denn die Bodenrichtwerte in bebauten Gebieten werden seit jeher[62] mit dem Wert ermittelt, der sich ergeben würde, wenn der Boden unbebaut wäre[63]. Etwaige in ihrer Höhe nicht exakt feststellbare Bodenwertminderungen infolge Bebauung können ohne Begründungsprobleme bei der Anpassung des Ausgangswerts (Grundstückssachwert, Grundstücksertragswert) an die Marktlage berücksichtigt werden.

106 Die **Heranziehung von gedämpften Bodenwerten setzt bei Anwendung des Ertragswertverfahrens unter dem Grundsatz der Modellkonformität zwangsläufig die Ableitung und Anwendung gedämpfter Liegenschaftszinssätze** und bei Anwendung des Sachwertverfahrens „gedämpfter", aber auch „aufgekochter" Sachwertfaktoren voraus. Bei der grundsätzlich zu beachtenden Modellkonformität führt die Heranziehung gedämpfter Bodenwerte stets (und nicht nur bei Grundstücken, deren Bebauung eine lange Restnutzungsdauer aufweist) zu demselben Ergebnis wie bei Anwendung des „vollen" Bodenwerts. Sie ist damit letztlich stets ein (unsinniges) Nullsummenspiel (vgl. § 14 ImmoWertV Rn. 216 ff.).

107 Die Ausführungen zeigen, dass

a) eine Bodenwertdämpfung zwar unschädlich ist, wenn in systemkonformer Weise auch die erforderlichen Daten der Wertermittlung (insbesondere die Liegenschaftszinssätze und Sachwertfaktoren) mit derselben „Dämpfungsmethodik" abgeleitet worden sind (Grundsatz der Modellkonformität);

b) eine systemkonforme Bodenwertdämpfung im vorstehenden Sinne lediglich zu einem zusätzlichen und für das Ergebnis bedeutungslosen Rechengang führt,

c) die Grundsatzregelung des § 16 Abs. 1 Satz 1 ImmoWertV aus vorstehenden Gründen sachgerecht ist und zudem anderen Rechtsmaterien entspricht.

---

[62] § 144 Abs. 1 Satz 2 BBauG 76.
[63] § 196 Abs. 1 Satz 2 BauGB 87.

Bodenwertanteil   § 16 ImmoWertV   V

3   Bodenwertanteil am Gesamtwert bebauter Grundstücke

▸ *Hierzu § 196 BauGB Rn. 22 ff.*

In bebauten Gebieten scheitert das nach § 16 Abs. 1 Satz 1 ImmoWertV vorrangig anzuwendende Vergleichswertverfahren an geeigneten Vergleichspreisen unbebauter Grundstücke. Dies betrifft insbesondere die **bebauten Innenstadtbereiche** der Großstädte (Einkaufsstraßen, Fußgängerbereiche). Als Vergleichspreise kommen allenfalls Kauffälle in Betracht, bei denen ein bebautes Objekt zum Zwecke der Freilegung erworben wurde. In diesen Fällen kann als Vergleichspreis für die Ermittlung des Bodenwerts eines unbebauten Grundstücks der Kaufpreis zuzüglich der vom Erwerber kalkulierten Freilegungskosten herangezogen werden.   108

Für **Innenstadtbereiche** werden deshalb häufig mangels eines Geschäftsverkehrs keine Bodenrichtwerte beschlossen. Vereinzelt wird mit **Bodenwertanteilen je Quadratmeter Wohn- oder Nutzfläche** gearbeitet, wobei im gewerblichen Bereich zwischen Büro-, Laden- und Nebenflächen unterschieden wird. Auch Bodenwertanteile je Pkw-Stellplatz auf dem Grundstück bzw. in der Sammelgarage auf dem Grundstück sind üblich.   109

Nach einer aus dem Jahre 1996 stammenden **Untersuchung** wurden **in westdeutschen Großstädten** folgende Bandbreiten beobachtet: 110

Wohnfläche (Mietwohnungen)	210 bis 425 €/m²	je Wohnfläche
	(Ausnahmen bis 450 €/m²	je Wohnfläche)
Bürofläche	700 bis 1 050 €/m²	je Nutzfläche
Ladenfläche (Handelsfläche)	1 050 bis 1 400 €/m²	je Nutzfläche
Nebenräume	350 bis 700 €/m²	je Nutzfläche
Pkw-Stell- bzw. -Einstellplätze	2 100 bis 7 000 €/Stück	Stell- bzw. Einstellplatz

In Großstädten sind **Grundstücke mit Büro- und Geschäftshäusern in sehr guten und guten Innenstadtlagen** sowie Grundstücke mit Bürogebäuden in Innenstadtrandlagen oder Nebenzentren eine Besonderheit. Maßgeblich für den Bodenwert sind auch hier der Standort (die Lage) der Immobilie und die wirtschaftlichen Nutzungsmöglichkeiten (Handels- und Büroflächen). Einflussfaktoren von untergeordneter Bedeutung sind dagegen Grundstücksgröße sowie Art und Maß der baulichen Nutzung. Wertunterschiede von bis zu 60% des Bodenwerts (€/m²) in sehr guten Innenstadtlagen ergeben sich meist für die Geschäftsgrundstücke in guten Innenstadtlagen. Ein nahezu ähnliches Verhältnis ist bei Grundstücken mit Bürogebäuden in Innenstadtrandlagen und Nebenzentren zu beobachten.   111

Großstädte (z.B. *Düsseldorf* und *Köln*) orientieren beim Verkauf eigener Grundstücke die Höhe des Verkaufspreises zunehmend nicht mehr an dem Bodenrichtwert i.V.m. der Katasterfläche, sondern bemessen den **Verkaufspreis nach der Größe der Laden-, Gewerbe- oder Wohnfläche,** die nach Maßgabe einer noch zu erteilenden Baugenehmigung auf der „Kauffläche" errichtet werden kann. Häufig bleiben dabei allgemeine Verkehrsflächen, wie Eingang, Foyer, Treppenhaus und Flur, und die Flächen für Pkw-Abstell- und -Einstellplätze unberücksichtigt.   112

Kaufverträge werden unter Zugrundelegung von i.d.R. noch nicht genehmigten Bauzeichnungen beurkundet. Nutzfläche und Höhe des Kaufpreises gelten als vorläufig, **Abrechnungsmaßstab sind die Flächen, für die eine Baugenehmigung erteilt wurde** und die mängelfrei errichtet und abgenommen worden sind (Zustandsbericht; Schluss- bzw. Gebrauchsabnahme).   113

Beispiel: 114

a) Ein 5 915 m² großes Grundstück liegt gemäß rechtskräftigem Bebauungsplan im MK-Gebiet (Kern-/Geschäftsgebiet); GRZ = 0,8; GFZ = 2,2; 4 Vollgeschosse; Satteldach.

V § 16 ImmoWertV — Bodenwertanteil

Zur Bestimmung des Grundstücksverkaufspreises im erschlossenen Zustand sind anzusetzen:

für Ladenfläche	450 €/m²
für Gewerbefläche	375 €/m²
für Wohnfläche	250 €/m²

Unberücksichtigt bleiben Verkehrsflächen, die Tiefgarage und die oberirdisch anzulegenden Stellplätze.

Mit Hilfe der Bauzahlen des Bauantrags vom 5.1.2001 ergibt sich der vorläufige Kaufpreis wie folgt:

Ladenfläche	3 052,20 m²	× 450 €/m² =	1 373 490 €
Gewerbefläche	831,67 m²	× 375 €/m² =	311 876 €
Wohnfläche	3 202,76 m²	× 250 €/m² =	800 690 €
	7 086,63 m²	× 350,80 €/m² =	2 486 056 €

Bei einer Grundstücksfläche von 5 915 m² sind dies   420,30 €/m²
                                                                                                   rd. 420 €/m²

b) Der nachhaltig erzielbare Jahresrohertrag wurde mit 0,9 Mio. € (= rd. 152 €/m² Grundstücksfläche) ermittelt.

c) *Anmerkung:* Ein in der Nachbarschaft zum 31.12.2000 ausgewiesener Bodenrichtwert (235 €/m² ebf. GFZ 1,5; Mischgebiet, 4 Vollgeschosse, Grundstückstiefe 40 m) war für die Ermittlung ungeeignet.

115 Aufgrund vorstehender Problematik wird ersatzweise auf „Erfahrungswerte" des **Bodenwertanteils bebauter Grundstücke zurückgegriffen** (Abb. 6):

Abb. 6: Bodenwertanteile in % der Verkehrswerte für Innenstadtlagen

	Bodenwertanteile in % der Verkehrswerte					
Baujahrsgruppen	Einfamilienhäuser	Zweifamilienhäuser	Wohnungs- und Teileigentum	Mietwohngrundstücke	Gemischt genutzte Grundstücke	Geschäftsgrundstücke
bis 1900	39,5	41,4	32,8	32,5	36,0	40,0
1901–1924	35,6	43,7	45,5	28,8	34,7	32,9
1925–1949	30,5	48,4	43,7	29,9	31,8	33,3
1950–1959	32,6	38,2	38,3	24,1	24,6	27,3
1960–1969	25,3	31,5	32,2	23,8	22,9	22,9
1970–1979	21,1	24,6	24,7	18,3	20,7	19,9
ab 1980	20,9	18,6	17,1	19,5	21,8	21,9
im Mittel	35,3	32,5	24,9	26,8	27,7	29,6

Quelle: Kleiber/Simon/Weyers, Verkehrswertermittlung von Grundstücken, 3. Aufl.

116 Aus neueren Projektbewertungen für **Geschäftsgrundstücke (Büro/Verwaltung) in hochwertiger Innenstadtlage** hat sich ein Bodenwertanteil von rd. 30% am Verkehrswert des Gesamtgrundstücks bestätigt, ohne dass dabei eine Abhängigkeit von der Höhe des Bodenrichtwerts erkennbar wurde (Abb. 7).

Bodenwertanteil § 16 ImmoWertV V

Abb. 7: Anteil des Bodenwerts am Verkehrswert bei Bürogebäuden in hochwertiger Innenstadtlage

Anteil des Bodenwerts am Verkehrswert bei Bürogebäuden in hochwertiger Innenstadtlage		
Standort	Bodenwert	Bodenwertanteil am Verkehrswert
Berlin	< 10 000 €	38,3%
Dortmund	> 5 000 €	26,8%
Düsseldorf	> 5 000 €	30,9%
Köln	< 10 000 €	36,3%
Stuttgart	< 10 000 €	28,6%
Mittel		29,2%

Quelle: Datenbank der Deutschen Immobilien Akademie Consulting AG Freiburg

Es muss aber angemerkt werden, dass es sich bei diesen Werten trotz ihrer Ausweisung mit einer Nachkommastelle um residuell abgeleitete Schätzwerte handelt, da es eben keine Möglichkeit gibt, den Bodenwertanteil aus einem Gesamtkaufpreis i.S. eines Verkehrswertanteils abzuleiten. Allgemein kann gelten, dass der **Bodenwertanteil** umso größer ist, je höher das allgemeine Bodenwertniveau, je größer das Grundstück, je geringer das Maß der baulichen Nutzung und je älter die Bebauung ist.

Für **Einfamilienhäuser** hat der IVD (im Frühjahr 2008) folgende Bodenwertanteile an Kaufpreisen festgestellt:

Abb. 8: Bodenwertanteil für Einfamilienhäuser in Städten

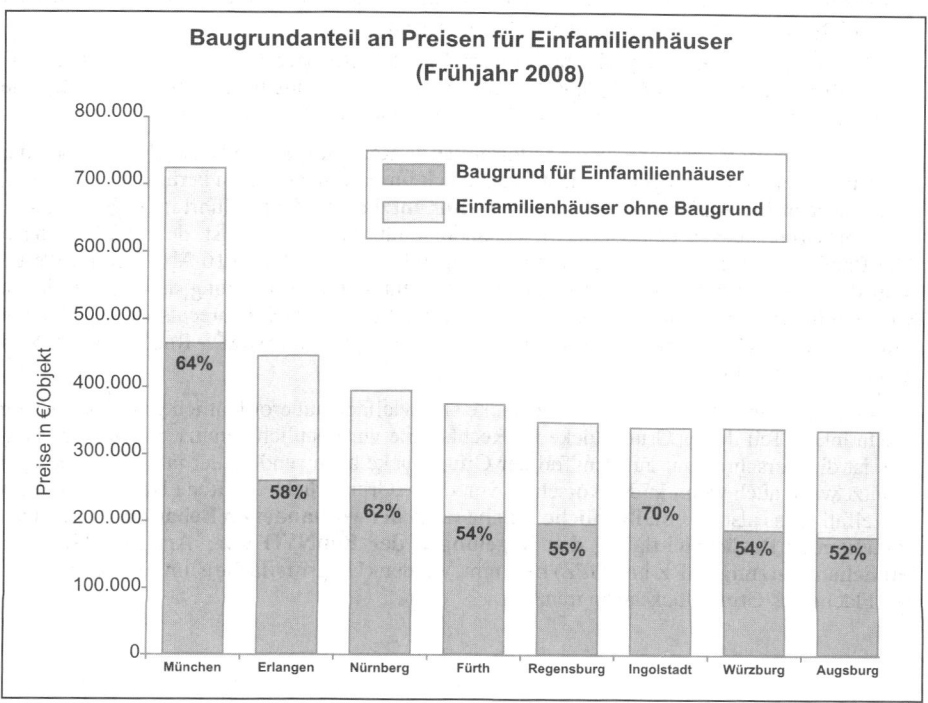

Quelle: IVD Professional Süd 4/08

119 Der Gutachterausschuss von *Aalen* hat in seinem Grundstücksmarktbericht 2007 **für Einfamilienhäuser** mit durchschnittlicher Wohnfläche zum Herstellungszeitpunkt und einer durchschnittlichen Bauplatzgröße von 500 bis 600 m² folgende Bodenwertanteile festgestellt:

2000 – 2006   ca. 25%
1970 – 1979   ca. 50%
1950 – 1960   ca. 62%
1900 – 1930   ca. 68%

4   Im Außenbereich gelegene bebaute Grundstücke (§ 16 Abs. 2 ImmoWertV)

▶ *Vgl. § 5 ImmoWertV Rn. 135, 170 ff., 210, 229; zur Bodenwertermittlung § 5 ImmoWertV Rn. 245 ff.; § 6 ImmoWertV Rn. 68; zum Bestandsschutz vgl. § 5 ImmoWertV Rn. 191, 243, 246; § 6 ImmoWertV Rn. 86 und § 13 ImmoWertV Rn. 66*

120 Mit der konsequenten Anwendung der Grundsatzregelung des § 16 Abs. 1 Satz 1 ImmoWertV, nach der sich der Bodenwert eines bebauten Grundstücks nach dem Bodenwert bemisst, der sich für das unbebaute Grundstück ergeben würde, ist die Frage aufgeworfen, wie **die im Außenbereich gelegenen bebauten Grundstücke** zu qualifizieren sind:

– Aus der mit § 16 Abs. 1 Satz 1 ImmoWertV gegebenen Vorgabe, die vorhandene Bebauung auf dem Grundstück nicht zu berücksichtigen, ist einerseits zu folgern, dass diese Grundstücke als land- oder forstwirtschaftliche Flächen i.S. des § 5 Abs. 1 ImmoWertV zu qualifizieren wären, denn eine bauliche Nutzung ist im Außenbereich nur für die in § 35 BauGB genannten privilegierten Vorhaben zulässig.

– Auf der anderen Seite sind die betroffenen Grundstücke nach öffentlich-rechtlichen Vorschriften, nämlich nach § 35 BauGB, aufgrund ihrer Bebauung baulich nutzbar, so dass sie insoweit als baureifes Land i.S. des § 5 Abs. 4 ImmoWertV zu qualifizieren wären.

121 § 16 Abs. 2 ImmoWertV enthält eine **klarstellende Regelung zu § 5 ImmoWertV**, nach der vorhandene bauliche Anlagen auf dem Grundstück im Außenbereich zu berücksichtigen sind, wenn sie **rechtlich und wirtschaftlich weiterhin nutzbar sind**. Dies führt im Ergebnis dazu, dass den Grundstücken eine De-facto-Baulandqualität zuzusprechen ist, denn sie sind nach § 35 BauGB unter den genannten Voraussetzungen baulich nutzbar. § 16 Abs. 2 ImmoWertV stellt damit eine § 5 ImmoWertV ergänzende Regelung zur Feststellung des maßgeblichen Entwicklungszustands dar. (Zum Bodenwert von im Außenbereich baurechtswidrig bebauten Grundstücken vgl. § 5 ImmoWertV Rn. 196, 246 ff.; § 6 ImmoWertV Rn. 87 sowie § 15 ImmoWertV Rn. 5 ff.).

122 Die im Außenbereich gelegenen Grundstücke sind vielfach außerordentlich groß und nur ein beschränkter Teil dieser Grundstücke im Rechtssinne wird baulich genutzt. Bei dieser Sachlage ist die Vorschrift nur auf den Teil der Grundstücke anzuwenden, der tatsächlich baulich genutzt wird, auch wenn in der Vorschrift von dem „Grundstück" die Rede ist. Im konkreten Einzelfall muss also die **maßgebliche Fläche nach der vorhandenen Bebauung unter entsprechender Berücksichtigung der Regelungen der BauNVO über Art und Maß der baulichen Nutzung** (GRZ und GFZ) bestimmt werden (Umgriffsfläche), um sie von der übrigen Fläche des Grundstücks abzugrenzen.

5 Bodenwert von Grundstücken mit abbruchträchtiger Bausubstanz (§ 16 Abs. 3 ImmoWertV)

5.1 Vorbemerkungen

5.1.1 Allgemeiner Regelungsgehalt

▶ *Vgl. § 8 ImmoWertV Rn. 89, 401; Syst. Darst. des Ertragswertverfahrens Rn. 61 ff.; Teil VI Rn. 771*

§ 16 Abs. 3 ImmoWertV regelt die Bodenwertermittlung von Grundstücken, bei denen mit einem alsbaldigen Abriss (Rückbau) der baulichen Anlagen zu rechnen ist. Nach der Grundsatzregelung des § 16 Abs. 1 Satz 1 ImmoWertV bestimmt sich der Bodenwert auch in diesem Fall nach dem **Bodenwert eines unbebauten Grundstücks**, jedoch ist dieser Wert **um die üblichen Freilegungskosten zu mindern**, soweit sie im gewöhnlichen Geschäftsverkehr berücksichtigt werden. Diese Vorgehensweise wird auch als Liquidationswertverfahren bezeichnet. Anders als in der steuerlichen Bewertung ist von diesem Grundsatz nicht erst auszugehen, wenn die baupolizeiliche Aufsichtbehörde die sofortige Räumung angeordnet hat. 123

5.1.2 Rechtsänderungen

Wie schon nach der Vorgängerregelung des § 20 Abs. 1 WertV ist eine alsbaldige Freilegung eines Grundstücks im Rahmen der Bodenwertermittlung zu berücksichtigen. Dies gilt **für alle zur Anwendung kommenden Wertermittlungsverfahren (Vergleichs-, Ertrags- und Sachwertverfahren)**. Die WertV wies diesbezüglich eine Lücke auf, weil sie die anstehende Freilegung eines Grundstücks in unsystematischer Weise nur im Zusammenhang mit dem Ertragswertverfahren regelte. 124

Anders als nach § 20 WertV wird in § 16 Abs. 3 ImmoWertV nicht mehr nach dem Fall einer sofortigen, alsbaldigen und längerfristig anstehenden Freilegung unterschieden. Die in § 20 Abs. 3 WertV geregelte Berücksichtigung einer längerfristig anstehenden Freilegung stellte – wie in der Vorauflage auf S. 1795 eingehend erläutert – eine fachlich unsinnige Regelung dar. Dem ist der Verordnungsgeber gefolgt und hat die Vorschrift ersatzlos fallen gelassen. Eine **längerfristig anstehende Freilegung kann außer Betracht bleiben, da die künftig anfallenden Freilegungskosten finanzmathematisch gegen null** gehen. 125

Ersatzlos gestrichen ist auch das bislang in § 20 Abs. 2 WertV geregelte Liquidationswertverfahren. Wie in der Vorauflage auf. S. 1784 ausführlich erläutert, handelt es sich bei dem dort geregelten Verfahren um kein eigenständiges Verfahren, sondern um das seit jeher angewandte und nunmehr in § 17 Abs. 2 Nr. 2 ImmoWertV geregelte Ertragswertverfahren. Inhaltlich bestimmte § 20 Abs. 2 WertV 88/98 ergänzend, dass sich der im Rahmen der Ertragswertermittlung anzusetzende Bodenwert bei alsbaldiger Freilegung nach dem um die Freilegungskosten verminderten Bodenwert bemisst. 126

5.1.3 Verfahrensübergreifende Bedeutung der Vorschrift

§ 16 Abs. 3 ImmoWertV ist keine Vorschrift, deren Anwendung sich auf Grundstücke beschränkt, deren Wert sich allein nach dem Bodenwert und den wertmindernd zu berücksichtigenden Freilegungskosten bemisst (Bodenwertermittlung). Dies wäre allenfalls bei sofortiger Freilegung der Fall. Die Bedeutung der Vorschrift geht über den Fall der sofortigen Freilegung hinaus, denn sie ist ausdrücklich anzuwenden, wenn zum Wertermittlungsstichtag zwar mit einer „alsbaldigen" Freilegung der baulichen Anlagen zu rechnen ist, die baulichen Anlagen aber noch wirtschaftlich genutzt werden oder eine unwirtschaftliche Nutzung aufgrund wohnungs- und mietrechtlicher Bindungen oder aus sonstigen Gründen möglicherweise sogar noch über eine längere Zeit nicht aufgegeben werden kann oder soll. In diesem 127

V § 16 ImmoWertV Grundstücke mit abbruchträchtiger Bausubstanz

Fall geht es um die **Verkehrswertermittlung eines bebauten Grundstücks**, wobei das Vergleichs-, Ertrags- oder Sachwertverfahren zur Anwendung kommen kann.

128 Bei Anwendung des Vergleichs-, Ertrags- und Sachwertverfahrens auf Grundstücke mit einer alsbald zum Abriss anstehenden Bausubstanz ist ebenfalls der Bodenwert nach Maßgabe des § 16 Abs. 3 um die Freilegungskosten zu mindern. Dies ergibt sich durch die Bezugnahme in § 17 Abs. 2 und § 21 Abs. 1 ImmoWertV auf § 16 ImmoWertV. § 16 Abs. 3 ImmoWertV hat damit verfahrensübergreifende Bedeutung. Wertermittlungstechnisch ergeben sich dabei allerdings unterschiedliche Verfahrensweisen (vgl. Rn. 171 ff.).

5.1.4 Steuerrechtliche Bewertung

129 **Grundstücke mit baufälligen nicht mehr benutzbaren Gebäuden** oder sonstiger dem Verfall preisgegebener Bausubstanz **gelten** in der steuerlichen Bewertung **als unbebaute Grundstücke** (§ 72 Abs. 3 BewG, § 179 BewG)[64]. Wertermittlungstechnisch kann es dahinstehen, wie derartige Grundstücke zu bezeichnen sind, in jedem Fall mindern die Baureste den Bodenwert. Wird zur Ermittlung des Bodenwerts von Vergleichspreisen unbebauter Grundstücke oder von Bodenrichtwerten ausgegangen, so sind deshalb die Freilegungskosten zum Abzug zu bringen (vgl. Abschn. 12 Abs. 2 BewR Gr).

5.2 Anwendungsvoraussetzung der Vorschrift

5.2.1 Allgemeine Anwendungsvoraussetzung

▶ *Vgl. hierzu auch die Syst. Darst. des Vergleichswertverfahrens Rn. 149 ff. und die Syst. Darst. des Ertragswertverfahrens Rn. 61 ff.*

130 Die mit § 16 Abs. 3 ImmoWertV vorgegebene Berücksichtigung eines anstehenden Abrisses bei der Bodenwertermittlung betrifft ganz allgemein die Fälle, in denen die **bauliche Nutzung in einem Missverhältnis zum Bodenwert** (i.S. der Grundsatzregelung des § 16 Abs. 1 Satz 1 ImmoWertV) steht, der sich für das unbebaute Grundstück ergibt. Dies kann verschiedene Ursachen haben, insbesondere wenn

a) die bauliche Anlage nicht mehr nutzbar ist,

b) die bauliche Anlage zwar nutzbar ist, jedoch das Grundstück nach der realisierten Art und dem Maß der baulichen Nutzung unwirtschaftlich genutzt wird, insbesondere wenn die nach § 6 Abs. 1 ImmoWertV maßgebliche zulässige bzw. lagetypische Nutzbarkeit nicht realisiert worden ist; dieser Fall ist auch gegeben, wenn die zulässige bzw. lagetypische Nutzbarkeit aufgrund der Stellung des Baukörpers auf dem Grundstück nicht realisiert wurde,

c) die bauliche Anlage zwar nutzbar ist und auch die zulässige bzw. lagetypische Nutzbarkeit realisiert wurde, jedoch eine wirtschaftliche Nutzung nicht möglich ist, z.B. aufgrund

– eines erheblichen und dauerhaften Leerstandes mit entsprechenden Ertragsausfällen oder

– eines Instandhaltungsrückstaus, der sich bei wirtschaftlicher Betrachtungsweise nicht mehr beheben lässt.

Darüber hinaus ist auch der Fall hervorzuheben, in dem eine bestehende Bebauung der Modernisierung bzw. Umstrukturierung bedarf und sich diese wiederum bei wirtschaftlicher Betrachtungsweise nicht realisieren lässt.

---

64 BFH, Urt. vom 20.6.1975 – III R 87/84 –, BStBl II 1975, 803.

Abb. 9: Untergenutzte Grundstücke

5.2.2 Liquidationsfalle

Nach dem Wortlaut des § 16 Abs. 3 ImmoWertV „kann" mit einer alsbaldigen Freilegung gerechnet werden, wenn **131**

- die baulichen Anlagen nicht mehr nutzbar sind (§ 16 Abs. 3 Satz 2 Nr. 1 ImmoWertV) *oder*
- nach Maßgabe des § 16 Abs. 3 Satz 2 Nr. 2 ImmoWertV der nicht abgezinste Bodenwert ohne Berücksichtigung der Freilegungskosten den Ertragswert z.B. aufgrund der unter Rn. 130 Buchstabe b) und c) genannten Gegebenheiten übersteigt.

Es *muss* jedoch nicht zwangsläufig mit einer Freilegung gerechnet werden. Die genannten **Tatbestände indizieren lediglich eine Freilegung und es muss im Einzelfall geprüft werden, ob** unter Berücksichtigung der sonstigen Gegebenheiten **tatsächlich mit einer „alsbaldigen" Freilegung gerechnet werden muss.**

In der Vorauflage zu diesem Werk wurde auf S. 1173 schon darauf hingewiesen, dass bei den vorstehenden Konstellationen der Sachverständige sich vor der sog. **Liquidationsfalle** hüten muss. Dem hat der Verordnungsgeber mit der „Kann-Bestimmung" Rechnung getragen. Im Rahmen dieser „Kann-Bestimmung" ist zu prüfen: **132**

1. Sind bauliche Anlagen nicht mehr nutzbar (§ 16 Abs. 3 Satz 2 Nr. 1 ImmoWertV), so ist immer dann eine Freilegung nicht angezeigt, wenn der „Restwert" der baulichen Anlagen im Rahmen der Realisierung einer neuen baulichen Nutzung Verwendung finden kann. Ist z.B. damit zu rechnen, dass die Rohbausubstanz eines heruntergekommenen wirtschaftlich nicht mehr nutzbaren Gründerzeithauses baulich genutzt werden kann, findet die Freilegungsregelung des § 16 Abs. 3 ImmoWertV keine Anwendung. Dies ergibt sich aus der Bestimmung selbst, denn in diesem Falle ist die bauliche Anlage „baulich nutzbar". Bauliche Anlagen sind nur dann „nicht mehr nutzbar", wenn die bisherige Nutzung aufgegeben werden musste und auch die verbleibende Bausubstanz keine Weiterverwendung finden kann (vgl. hierzu den steuerrechtlichen Begriff der Unbenutzbarkeit bei Rn. 20).

2. Dies gilt entsprechend, wenn auch nur Teile der alten Bausubstanz (z.B. das Kellergeschoss oder die Fundamente) Weiterverwendung finden können. In diesem Fall sind nur die anteiligen Freilegungskosten zu berücksichtigen.

3. Soweit es sich bei dem Objekt um eine **denkmalgeschützte Bausubstanz** handelt oder das Objekt im Geltungsbereich einer stadtgestalterischen Erhaltungssatzung i.S. des § 172 BauGB liegt, ist eine Freilegung nicht zulässig und i.S. des § 16 Abs. 3 Satz 1 ImmoWertV auch nicht „alsbald" zu erwarten. Dann muss geprüft werden, ob und ggf. in welchem Maße die Erhaltungspflicht für den Eigentümer unzumutbar ist. **Unterste Grenze**

V § 16 ImmoWertV   Grundstücke mit abbruchträchtiger Bausubstanz

des Verkehrswerts ist in solchen Fällen der Betrag, der im Falle einer Geltendmachung des Übernahmeanspruchs als Entschädigung zu gewähren wäre.

4. Übersteigt nach Maßgabe des § 16 Abs. 3 Satz 2 Nr. 2 ImmoWertV der nicht abgezinste Bodenwert ohne Berücksichtigung der Freilegungskosten den Ertragswert, weil die nach § 6 Abs. 1 ImmoWertV maßgebliche **zulässige bzw. lagetypische Nutzbarkeit nicht realisiert** wurde (vgl. den unter Rn. 130 Buchstabe b) genannten Fall), ist eine Freilegung des Grundstücks nicht angezeigt, wenn durch eine ergänzende Bebauung einschließlich An- und Aufbauten die zulässige bzw. lagetypische Nutzbarkeit realisiert werden könnte. Selbst wenn sich die zulässige bzw. lagetypische Nutzbarkeit durch eine ergänzende Bebauung einschließlich An- und Aufbauten nicht realisieren ließe, kann eine alsbaldige Freilegung nicht erwartet werden, wenn es bei wirtschaftlicher Betrachtungsweise oder aus sonstigen Gründen geboten erscheint, die bauliche Anlage weiter zu nutzen.

5. Übersteigt entsprechend der Regelung des § 16 Abs. 3 Satz 2 Nr. 2 ImmoWertV der nicht abgezinste Bodenwert ohne Berücksichtigung der Freilegungskosten den Ertragswert, weil aufgrund eines **erheblichen und dauerhaften Leerstandes, eines erheblichen Instandhaltungsrückstaus, einer gebotenen Modernisierung bzw. Umstrukturierung** oder aus sonstigen Gründen entsprechende Ertragsausfälle hingenommen werden müssen (vgl. den unter Rn. 130 Buchstabe b) genannten Fall), ist auch damit nicht zwangsläufig die Freilegung angezeigt. Mit einer alsbaldigen Freilegung ist in diesen Fällen nur dann zu rechnen, wenn eine wirtschaftliche Nutzung durch entsprechende Instandsetzungs-, Modernisierungs- oder Umstrukturierungsmaßnahmen nicht realisierbar ist bzw. der Abriss und die Neubebauung rentierlicher ist.

133 Entscheidendes Kriterium für die mit § 16 Abs. 3 vorgegebene Minderung des Bodenwerts um die Freilegungskosten ist bei alldem, dass bei einer Gesamtbetrachtung und unter Berücksichtigung der vorstehenden Möglichkeiten und Fallkonstellationen tatsächlich mit einer *alsbaldigen* Freilegung des Grundstücks zu rechnen ist. Liegen die in § 16 Abs. 3 Satz 2 ImmoWertV genannten Gegebenheiten vor, „kann", aber muss nicht zwangsläufig mit einer Freilegung gerechnet werden. Dies kann bedeuten, dass sich der Sachverständige entsprechend den Ausführungen bei § 194 BauGB (vgl. Einl. Teil II Rn. 75 ff. sowie § 8 ImmoWertV Rn. 41) mit verschiedenen Nutzungsalternativen befassen muss, um dann den sog. *best use value* seiner Verkehrswertermittlung zugrunde zu legen.

134 Darüber hinaus ist in diesem Zusammenhang ergänzend darauf hinzuweisen, dass man auch **durch** eine **unsachgemäße Anwendung des Ertragswertverfahrens in die Liquidationsfalle** geraten kann: Bei übergroßen Grundstücken, die selbständig nutzbare Teilflächen i.S. des § 16 Abs. 2 Satz 3 ImmoWertV aufweisen, sind diese bei der Ermittlung des Bodenwertverzinsungsbetrags nach § 17 Abs. 2 Nr. 1 ImmoWertV nicht zu berücksichtigen. Wird dies nicht beachtet, kann sich der Bodenwertverzinsungsbetrag dermaßen erhöhen, dass er den Reinertrag des Grundstücks übersteigt und der Ertragswert geringer als der nicht abgezinste und nicht um die Freilegungskosten verminderte Bodenwert ausfällt.

135 *Beispiel:*

Wertermittlungsobjekt:
- Bodenwert (BW) des Gesamtgrundstücks   500 000 €
  davon der Bebauung zurechenbar   300 000 €
  selbständig nutzbare Teilfläche i.S. des § 17 Abs. 2 Satz 2 ImmoWertV   200 000 €
- Reinertrag (RE)   25 000 €
- Liegenschaftszinssatz p   6%
- Restnutzungsdauer n   40 Jahre

Grundstücke mit abbruchträchtiger Bausubstanz § 16 ImmoWertV V

Ermittlung des Ertragswerts nach § 17 Abs. 2 Nr. 1 ImmoWertV

FALSCH			RICHTIG		
Reinertrag		25 000 €	Reinertrag		25 000 €
– Bodenwertverzinsungsbetrag			– Bodenwertverzinsungsbetrag:		
500 000 € × 6/100	=	– 30 000 €	300 000 € × 6/100	=	18 000 €
Differenz:	=	– 5 000 €	Differenz:	=	7 000 €
Kapitalisiert bei			Kapitalisiert bei		
p = 6% und n = 40 Jahre			p = 6% und n = 40 Jahre		
Vervielfältiger = 15,05	=	– 75 250 €	Vervielfältiger = 15,05	=	+ 105 350 €
+ Bodenwert	=	500 000 €	+ Bodenwert	=	500 000 €
Ertragswert:	=	*424 750 €*	Ertragswert:	=	*605 350 €*

Falsche Schlussfolgerung: Anwendung des § 16 Abs. 3 ImmoWertV weil 500 000 € ≥ *424 750 €*

5.2.3 Indizierte Freilegung (§ 16 Abs. 3 Satz 2 ImmoWertV)

5.2.3.1 Allgemeines

Die **Freilegung eines Grundstücks kann** nach § 16 Abs. 3 Satz 2 ImmoWertV **technisch** (Nr. 1) **und wirtschaftlich** (Nr. 2) **indiziert sein.** Liegt im konkreten Einzelfall einer der in dieser Vorschrift aufgeführten Tatbestände vor, so *„kann"* eine alsbaldige Freilegung angezeigt sein. In aller Regel werden beide Tatbestände gegeben sein, denn wenn eine bauliche Anlage technisch nicht mehr nutzbar ist, kann auch eine wirtschaftliche Nutzung nicht erwartet werden. Ob bei entsprechenden Feststellungen auch eine alsbaldige Freilegung erwartet werden *muss*, ist in einem zweiten Schritt entsprechend den vorangegangenen Ausführungen zu prüfen, weil nur dann der Bodenwert um die Freilegungskosten zu mindern ist.   **136**

Bei der „Kann-Bestimmung" handelt sich nicht um eine abschließende Aufzählung. Eine **Berücksichtigung der Freilegung kann** entgegen dem Wortlaut der Bestimmung auch **angezeigt sein**, wenn die baulichen Anlagen am Wertermittlungsstichtag baulich nutzbar sind und der **Ertragswert den Bodenwert übersteigt**, jedoch damit zu rechnen ist, dass in absehbarer Zeit nach Maßgabe der Vorschrift eine Freilegung indiziert ist (vgl. Rn. 144 ff.).   **137**

5.2.3.2 Nicht nutzbare bauliche Anlage (§ 16 Abs. 3 Satz 2 Nr. 1 ImmoWertV)

▶ *vgl. Rn. 19 ff.*

Technisch kann die Freilegung indiziert sein, wenn die bauliche Anlage nicht (mehr) nutzbar ist. In diesem Fall kann sich auch kein entsprechender Gebäudeertrags- oder Gebäudesachwert ergeben. Gleichwohl kann sich ein Restwert ergeben, nämlich insoweit, wie die vorhandene baulich nicht (mehr) nutzbare Anlage im Rahmen einer Neubebauung genutzt (revitalisiert) werden kann. Der **Restwert** lässt sich in Anlehnung an die damit ersparten Herstellungskosten eines Neubaus ermitteln.   **138**

5.2.3.3 Unwirtschaftlich nutzbare bauliche Anlage (§ 16 Abs. 3 Satz 2 Nr. 2 ImmoWertV)

Die Freilegung eines Grundstücks ist nach § 16 Abs. 3 Satz 2 Nr. 2 ImmoWertV indiziert, wenn die bauliche Anlage wirtschaftlich nicht genutzt werden kann. Als Kriterium einer wirtschaftlich nicht gegebenen Nutzbarkeit stellt die Vorschrift darauf ab, dass der nicht abgezinste und nicht um die Freilegungskosten verminderte Bodenwert den Ertragswert des Grundstücks (nach den §§ 17 bis 20 ImmoWertV) erreicht oder übersteigt. Die Verordnung knüpft damit an das entsprechende Kriterium des § 20 Abs. 1 WertV 88/98 an, nach dem eine Liquidation angezeigt war, wenn der Bodenwertverzinsungsbetrag (§ 17 Abs. 2 Nr. 1 ImmoWertV) den Reinertrag übersteigt.   **139**

V § 16 ImmoWertV Grundstücke mit abbruchträchtiger Bausubstanz

$$BW \times p > RE$$

wobei   p = Liegenschaftszinssatz
        RE = Reinertrag
        BW = Bodenwert

140 In diesem Fall verbleibt im Rahmen des Ertragswertverfahrens mit der Verminderung des Reinertrags um den Verzinsungsbetrag des Bodenwerts (Bodenwertverzinsungsbetrag) **kein (positiver) Betrag für die Ermittlung des Ertragswerts der baulichen Anlage.**

$$RE - (BW \times p) \leq 0$$

Beispiel:

Jahresreinertrag RE	= 10 000 €
Bodenwert BW	= 250 000 €
Liegenschaftszinssatz	= 5,0 %
Jahresreinertrag des Grundstücks	= 10 000 €
– 250 000 € × 5/100 (Bodenwertverzinsung)	= – 12 500 €
= Differenz	= – 2 500 € ≤ 0

141 In diesem Fall übersteigt der nicht verminderte „volle" Bodenwert zwangsläufig den Ertragswert.

Beispiel:

Der Ertragswert (EW) bestimmt sich nach § 17 Abs. 2 Nr. 1 ImmoWertV wie folgt:

$$EW = [(RE - (p \times BW)] \times V + BW$$

wobei
V = Vervielfältiger (Barwertfaktor)

Bei einer Restnutzungsdauer von 30 Jahren ergibt sich im vorstehenden Beispiel ein Vervielfältiger von 15,37 und ein Ertragswert von 211 575 € (= –2 500 € × 15,37 + 250 000 €). Der unverminderte Bodenwert von 250 000 € übersteigt mithin den Ertragswert.

Als Anwendungsvoraussetzung kann mithin gelten:

$$\boxed{RE - (BW \times p) \leq 0} \quad \text{oder} \quad \boxed{BW \geq 0}$$

142 Fällt der Ertragswert geringer als der Bodenwert aus, so ist die ausgeübte Nutzung unwirtschaftlich, denn **allein der Kapitalwert des Grund und Bodens wirft eine höhere Verzinsung** ab. Dies indiziert eine Freilegung des Grundstücks, wenn nicht – wie vorstehend ausgeführt – durch geeignete Maßnahmen eine Rentierlichkeit der baulichen Anlagen herbeigeführt werden kann.

143 Fällt der Ertragswert geringer als der Bodenwert aus, ist eine Freilegung unabhängig davon indiziert, ob der Verkehrswert im Wege des Vergleichs- Ertrags- oder Sachwertverfahrens ermittelt werden soll. Auch bei Anwendung des Sachwertverfahrens ist dies gegebenenfalls zu prüfen.

5.2.3.4 Wirtschaftlich (noch) nutzbare bauliche Anlage

144 Ist am Wertermittlungsstichtag eine bauliche Anlage (noch) nutzbar und übersteigt (in Umkehrung des in § 16 Abs. 2 Nr. 2 ImmoWertV gegebenen Grundsatzes) der Ertragswert den nicht um die Freilegungskosten verminderten Bodenwert, kann es entgegen dem Wortlaut der Bestimmung gleichwohl angezeigt sein, den Bodenwert entsprechend zu vermindern. Dies betrifft **Grundstücke, deren bauliche Anlage nur noch eine kurze Restnutzungsdauer hat (i.d.R. ≤ 10 Jahre)** aufweisen, denn auch in diesem Fall „kann" mit einer alsbaldigen Freilegung gerechnet werden. In diesem Fall muss wiederum nach der Gesamtsituation geprüft werden, ob tatsächlich mit einer alsbaldigen Freilegung des Grundstücks gerechnet werden muss.

5.2.3.5 Wirtschaftlich indizierte, aber unzulässige Freilegung (Denkmalschutz)

Der Bodenwert, vermindert um die Freilegungskosten, kann auch für ein **mit einem Baudenkmal bebautes Grundstück** von Bedeutung sein, auch wenn die Freilegung des Grundstücks unzulässig ist. Ist nämlich der Erhalt eines Baudenkmals wirtschaftlich unzumutbar, z.B. wenn das Baudenkmal einen dem Verfall preisgegebenen Zustand aufweist, so stellt der um die Freilegungskosten verminderte Bodenwert den Wert dar, der im Falle der Geltendmachung eines dann gegebenen **Übernahmeanspruchs** zu entschädigen wäre (vgl. Teil VI Rn. 730 ff.). — 145

5.2.4 Alsbaldige Freilegung (Abriss/Rückbau)

5.2.4.1 Allgemeines

Kann eine Freilegung aus (den in § 16 Abs. 3 Satz 2 ImmoWertV genannten) technischen oder wirtschaftlichen Gründen erwartet werden und ist (nach den sonstigen Gegebenheiten) auch tatsächlich mit einer „alsbaldigen" Freilegung zu rechnen, weil – wie vorstehend ausgeführt – eine Rentierlichkeit der baulichen Anlagen nicht durch geeignete Maßnahmen herbeigeführt werden kann, ist der Bodenwert um die Freilegungskosten zu mindern. Die „Liquidationsregelung" (*break-down-method*, die zum *default market value* führt) ist darin begründet, dass im gewöhnlichen Geschäftsverkehr der Bebauung grundsätzlich keine Bedeutung mehr beigemessen wird und der Verkehrswert allein durch den Bodenwert bestimmt wird. Dem ist auch die Rechtsprechung gefolgt[65]. Die Anwendung des Verfahrens ist im Übrigen auch bei Objekten mit verhältnismäßig geringwertigen Aufbauten als sachgerecht anerkannt worden, selbst wenn sich erhebliche Nutzungserträge ergeben und von der Anwendung des Sachwertverfahrens keine brauchbaren Ergebnisse zu erwarten sind[66]. — 146

Der vom Verordnungsgeber gebrauchte **Begriff der „alsbaldigen"**[67] **Freilegungskosten** ist der Vorgängerregelung (§ 20 Abs. 1 WertV 88/98) entlehnt und im Zusammenhang mit der bewertungstechnischen Maßgabe zu interpretieren, nach der die Freilegungskosten nur zu berücksichtigen sind, „soweit sie im gewöhnlichen Geschäftsverkehr berücksichtigt werden". Es geht um die Berücksichtigung *künftiger Kosten*, mit denen der Eigentümer eines Grundstücks rechnen muss. Dazu gehören auch Freilegungskosten, die möglicherweise sogar bereits am Wertermittlungsstichtag aufgebracht werden müssten, wenn eine rentierliche Nutzung verwirklicht werden soll. Der **Begriff der „alsbaldigen" Freilegungskosten schließt von daher auch die bereits am Wertermittlungsstichtag anstehenden Freilegungskosten einer sofortigen Liquidation** ein, wobei auch in diesem Falle nur die „im gewöhnlichen Geschäftsverkehr berücksichtigten" Freilegungskosten zum Abzug zu bringen sind. — 147

Künftig anfallende Kosten und somit auch künftig anfallende Freilegungskosten werden in erster Linie **in dem Maße vom Grundstücksverkehr berücksichtigt, wie sie nach** dem im Einzelfall dafür bestehenden **Zeithorizont absehbar sind**. Künftig anstehende Kosten werden in der Verkehrswertermittlung deshalb grundsätzlich in einer auf den Wertermittlungsstichtag finanzmathematisch mit Hilfe des in Anl. 2 zur ImmoWertV tabellierten Abzinsungsfaktors diskontierten Höhe berücksichtigt. — 148

Beispiel:
Es wird in 5 Jahren mit Freilegungskosten in Höhe von 100 000 € gerechnet. Der Barwert dieser Freilegungskosten beträgt dann bei einem Zinssatz von 5% rd. 78 350 € (= 100 000 € × 0,7835).

---

[65] RFH, Urt. vom 9.1.1931 – I A 346/30 –, EzGuG 20.13; OLG Koblenz, Urt. vom 1.6.1977 – 1 U 9/76 –, EzGuG 20.67; OLG Köln, Beschl. vom 3.5.1962 – 4 W 7/62 –, EzGuG 20.30.
[66] BGH, Urt. vom 19.12.1963 – III ZR 162/63 –, EzGuG 20.35.
[67] Zum Begriff „alsbald" im WoBauG, § 82 Abs. 5 Satz 1: BVerwG, Urt. vom 22.9.1966 – 7 C 22/64 –, WM 1967, 101 = BBauBl. 1967, 394 = FWW 1967, 294 und 396 = DWW 1967, 82 = ZMR 1967, 216.

149 Wie hoch die künftigen Freilegungskosten ausfallen werden, lässt sich bei alldem nicht voraussagen. Um jedwede spekulative Ansätze zu vermeiden, wird deshalb in der gängigen Wertermittlungspraxis von den **am Wertermittlungsstichtag üblichen Freilegungskosten** ausgegangen und zur Abzinsung auf den Liegenschaftszinssatz zurückgegriffen. Der Liegenschaftszinssatz ist nämlich ein Zinssatz, mit dem die vom Grundstücksmarkt erwarteten immobilienwirtschaftlich relevanten Wertänderungen implizit berücksichtigt werden.

150 Diesen Grundsätzen entspricht Nr. 3.1.4.2 der WertR 06:

„Wenn bei Verminderung des Reinertrags um den Verzinsungsbetrag des Bodenwerts (vgl. Nr. 3.5.5) kein Anteil für die Berechnung des Werts der baulichen Anlagen verbleibt, soll als Ertragswert des Grundstücks grundsätzlich nur der Bodenwert angesetzt werden.

Kann in derartigen Fällen das Objekt sofort freigelegt werden, bemisst sich der Verkehrswert nach dem Bodenwert abzüglich der gewöhnlichen Freilegungskosten ggf. unter Anrechnung von Verwertungserlösen (§ 20 Abs. 1 WertV).

Kann das Objekt erst in absehbarer Zeit freigelegt werden (§ 20 Abs. 2 WertV), so bemisst sich der Verkehrswert nach dem um die Freilegungskosten verminderten und über die Restnutzungsdauer der abgängigen Bausubstanz diskontierten Bodenwert zuzüglich des Barwerts der in dieser Zeit anfallenden Reinerträge."

151 Finanzmathematisch reduzieren sich bei dieser Vorgehensweise die **berücksichtigungsfähigen Freilegungskosten** mit zunehmender Zeit, wobei die abgezinsten Freilegungskosten in aller Regel **nach etwa 10 Jahren** eine im Rahmen der allgemeinen Unsicherheitsmarge der Verkehrswertermittlung und vor dem Hintergrund der Auf- oder Abrundung des Wertermittlungsergebnisses **eine zu vernachlässigende Größenordnung** einnehmen. Nach § 16 Abs. 3 ImmoWertV zu berücksichtigende Freilegungskosten sind mithin Freilegungskosten, mit denen i.d.R. innerhalb eines Zeitraums von bis zu 10 Jahren unter Berücksichtigung der Gesamtsituation zu rechnen ist. Dies entspricht auch dem, was im allgemeinen Grundstücksverkehr absehbar sein kann, und der gewöhnliche Geschäftsverkehr kann auch nur berücksichtigen, was absehbar ist.

5.2.4.2 Aufgeschobene Freilegung

152 Grundsätzlich steht es in der **freien Entscheidung des Eigentümers, ob und wann er unter Berücksichtigung der Gesamtsituation eine grundsätzlich angezeigte Freilegung des Grundstücks durchführt**, wenn man von den Fällen absieht, in denen er sich dazu verpflichtet hat oder in denen die Freilegung aus Gründen der Sicherheit bauordnungsrechtlich geboten ist. Zum Rückbau (Abriss) kann ein Grundstückseigentümer nämlich nur (nach dem Bauordnungsrecht der Länder) verpflichtet werden, wenn von dem Gebäude eine Gefahr für die Sicherheit und Ordnung ausgeht. Auch ein **Rückbaugebot** nach § 179 BauGB verpflichtet den Eigentümer nicht zum Rückbau. Nach § 179 Abs. 1 BauGB hat der Eigentümer lediglich die Beseitigung einer baulichen Anlage (ganz oder teilweise) zu dulden und die durch die Beseitigung entstehenden Vermögensnachteile sind nach § 179 Abs. 3 BauGB zu entschädigen.

153 Für den Eigentümer besteht damit die Möglichkeit, die Freilegung aufzuschieben (sog. **aufgeschobene oder gestreckte Liquidation**). Umgekehrt kann aber auch die Dispositionsfreiheit des Eigentümers aufgrund vertraglicher Bindungen eingeschränkt sein und er muss Ertragseinbußen hinnehmen, auch wenn eine nach der Gesamtsituation angezeigte sofortige Freilegung des Grundstücks zum Zwecke der Realisierung einer rentierlichen Nutzung angezeigt ist.

– Selbst wenn bereits am Wertermittlungsstichtag mit einer Freilegung des Grundstücks gerechnet werden kann, ist es dem Eigentümer und auch einem Erwerber freigestellt, die Freilegung zu einem späteren Zeitpunkt auch tatsächlich vorzunehmen (sog. aufgeschobene Liquidation). Dies mag verschiedene Gründe haben, die nicht nur persönlicher Art, sondern auch wirtschaftlich begründbarer Art sein können. So mag der Eigentümer den Abriss zurückstellen, weil eine bauliche Nutzung am Wertermittlungsstichtag aufgrund einer ungünstigen Konjunkturlage und Vermietbarkeit nicht erwartet werden kann. Von einer sofortigen Freilegung wird er insbesondere auch dann absehen, wenn eine untergeordnete Zwischennutzung der baulichen Anlage möglich ist, auch wenn der Bodenwert höher ausfällt, als der sich auf dieser Grundlage ergebende Ertragswert. Dies ist nämlich für ihn im wirtschaftlichen Ergebnis vorteilhafter als die sofortige kostenverursachende Freilegung. Wertermittlungstechnisch sind dies schwierige Fälle, die auf der Grundlage eines wirtschaftlich handelnden Eigentümers zu behandeln sind.

– Umgekehrt kann aber eine zum Wertermittlungsstichtag unter Berücksichtigung der Gesamtsituation angezeigte Freilegung insbesondere aufgrund vertraglicher Bindungen nicht möglich sein und die bisherige Nutzung muss vertragsgemäß fortgesetzt werden, auch wenn sie unwirtschaftlich ist und allein die Bodenwertverzinsung ertragreicher ist als der erzielte Ertrag (§ 16 Abs. 3 Satz 2 Nr. 2 ImmoWertV).

Dies gilt es nach den konkreten Verhältnissen des Einzelfalls bei der **Abschätzung des Zeitraums** zu berücksichtigen, **in dem mit der „alsbaldigen Freilegung" zu rechnen ist.**

Als **rechtliche Gründe**, die einer sofortigen Freilegung entgegenstehen können, kommen vor allem bestehende **Miet- und Pachtverträge** in Betracht. § 20 Abs. 2 WertV 88/98 nannte daneben noch „sonstige" einer sofortigen Freilegung entgegenstehende Gründe. Was darunter zu verstehen ist, lässt die Vorschrift offen. Es muss sich aber um solche Gründe handeln, die nach objektiven Maßstäben jeden Eigentümer veranlassen, die angezeigte Freilegung zurückzustellen, und nicht etwa um persönliche Gründe, z.B. ein freiwilliger Verzicht[68]. Hier ist in erster Linie der in § 16 Abs. 4 ImmoWertV genannte Sachverhalt hervorzuheben.

5.2.5 Freilegungskosten

5.2.5.1 Übliche Freilegungskosten

Schrifttum: *Stock, K.-D./Gütter, K.*, Abrisskosten und Entsorgungskosten bei der Bewertung von Gebäuden, Verlag Pflug und Feder, 1. Aufl. 2000.

Freilegungskosten bzw. die Kosten der Freimachung (vgl. Nr. 1.3 DIN 276), sind insbesondere die Abbruch- bzw. Abrisskosten einschließlich der damit einhergehenden **Nebenkosten**[69],

– Kosten der Genehmigungen (ggf. einschließlich Kampfmittelnachweis),
– Kosten der Umverlegung von Leitungen und Kabeln,
– Kosten der Entleerung und Entgasung von Öltanks,
– Kosten der Sperrmüllentsorgung,
– Kosten für Baustrom, Bauwasser sowie Bauleitung,

soweit sie nicht in den Kosten selbst enthalten sind. Die Kosten werden etwa mit 10% der Freilegungskosten anzusetzen sein.

Von besonderer Bedeutung ist die **Entsorgung von Sondermüll**, die erhebliche Kosten verursachen kann.

Nach § 16 Abs. 3 Satz 1 ImmoWertV ist – entsprechend dem Marktprinzip der Verkehrswertermittlung von den „üblichen" Freilegungskosten auszugehen. Aufgrund persönlicher Verhältnisse außergewöhnlich hohe oder niedrige Freilegungskosten müssen mithin außer Betracht bleiben.

Auch die üblicherweise gewährten **Förderungen** – direkt oder indirekt – sind zu berücksichtigen, wenn im gewöhnlichen Geschäftsverkehr damit gerechnet werden kann.

Zur *indirekten* Förderung gehört die steuerliche Absetzbarkeit der Abbruchkosten[70]. Lässt der Erwerber eines objektiv technisch oder wirtschaftlich noch nicht verbrauchten Gebäudes die-

---
68 Kleiber in Ernst/Zinkahn/Bielenberg, BauGB, Komm. zu § 20 WertV Rn. 11.
69 Zur steuerlichen Behandlung vgl. BFH, Urt. vom 6.11.1968 – I R 12/66 –, EzGuG 20.44.
70 BFH, Urt. vom 12.6.1978 – GrS 1/77 –, EzGuG 4.56a.

ses nach dem Erwerb abreißen, so kann er eine Absetzung für außergewöhnliche Abnutzung nach § 7 Abs. 1 Satz 4 i.V.m. Abs. 4 Satz 3 EStG vornehmen und die Abbruchkosten als Betriebsausgaben (Werbungskosten) abziehen. Hat er dagegen ein solches Gebäude in Abbruchabsicht angeschafft, so gehören der (Buch-)Wert und die Abbruchkosten, wenn der Abbruch des Gebäudes mit dem Herstellungsgut in einem engen wirtschaftlichen Zusammenhang steht, zu den Herstellungskosten dieses Wirtschaftsguts, sonst zu den Anschaffungskosten des Grund und Bodens[71].

160 Soweit zu erwarten ist, dass die Freilegung unternehmerseitig betrieben wird, muss eine Minderung der Freilegungskosten um die **Umsatzsteuer** (als durchlaufender Posten) in Betracht gezogen werden. Auch wenn die Freilegungskosten steuerrechtlich den Herstellungskosten zuzuordnen sind, steht diese Umsatzsteuer nämlich im engen Zusammenhang mit dem Grund und Boden und ist insoweit bei der Verkehrswertermittlung nach den Preisbildungsmechanismen bei den abzuziehenden Freilegungskosten kostenmindernd zu berücksichtigen (vgl. § 33a Abs. 5 Nr. 3 EStR).

161 Die **Berücksichtigung von steuerlichen Vorteilen** ist allerdings in der Wertermittlungspraxis nicht unumstritten und stellt eine gewisse „Grauzone" dar, da darin „persönliche Verhältnisse" gesehen werden, die nach der Definition des Verkehrswerts (§ 194 BauGB) nicht berücksichtigt werden dürfen. In diesem Zusammenhang wird auch darauf verwiesen, dass die steuerlichen sich nach den Einkommensverhältnissen des einzelnen Steuerpflichtigen ergebenden Vorteile für den Sachverständigen nicht erkennbar sind und entsprechend vorstehenden Ausführungen letztlich im Rahmen der steuerlichen Behandlung der Gebäudeherstellungskosten (und nicht des Grund und Bodens) berücksichtigt werden[72].

162 Zur *direkten* Förderung gehören Maßnahmen nach **§ 249h des Arbeitsförderungsgesetzes** (AFG). Aus dem umfangreichen Förderkatalog können die folgenden relevanten Schwerpunkte hervorgehoben werden:

– Sicherung und Sanierung von Gebäuden, Hallen und sonstigen Bauwerken,
– Aufräumarbeiten (Beräumung und Flächenregulierung),
– Demontage von Anlagen oder Anlagenteilen einschließlich Verschrottung,
– Abriss nicht mehr benötigter oder nicht sanierungsfähiger Bauwerke, Fundamente und Nebeneinrichtungen (inkl. Entsorgung von Bauschutt, Einbringen und Planieren von neuem Erdreich).

---

[71] BFH, Urt. vom 12.6.1978 – GrS 1/77 –, EzGuG 4.56a; wird mit dem Abbruch eines Gebäudes innerhalb von drei Jahren nach dem Erwerb begonnen, so spricht der Beweis des ersten Anscheins dafür, dass der Erwerber das Gebäude in der Absicht erworben hat, es abzureißen.

[72] Darüber hinaus wird die Auffassung vertreten, dass auf dem Grundstücksmarkt allgemein geltende Steuervor- und nachteile bereits mit dem Liegenschaftszinssatz erfasst werden und eine gesonderte Berücksichtigung zu einer unzulässigen *Doppelberücksichtigung* führt. Der Liegenschaftszinssatz (p) wird nämlich aus tatsächlich auf dem Grundstücksmarkt erzielten Kaufpreisen abgeleitet. Soweit sich steuerliche Vor- und Nachteile auf das Marktgeschehen auswirken, finden sie mithin Eingang in diese Kaufpreise und werden mit den daraus abgeleiteten Liegenschaftszinssätzen bereits erfasst.

Abb. 10: Erfassung von Abfallmengen

Formblatt zur Ermittlung von Abfallmengen								
Baustelle/Abfallerzeuger[1]:			Dokumentation zur:		Vorkalkulation[2] projektspezifischen Abfallbilanz[2] Abfallbilanz gemäß KrW-/AbfG			
Baumaßnahme(n)[1]:								
[1] je nach Art der Dokumentation / [2] Zutreffendes ankreuzen								
Abfallbezeichnung		Entsorgung (Verwertung bzw. Beseitigung)						
Abfallschlüssel	Bezeichnung	Menge in t	Menge in m³	Beseitigung	Verwertung	Begründung der Beseitigung	Angaben zur Entsorgungsanlage	Kosten	Kosten pro Einheit
17 02 19									
17 07 01	Gemischte Bau- und Abbruchabfälle	17		Ja			Bauabfallsortierung Mustermann	3 230,–	190,–
Beseitigung z. B.: BBD = Boden- und Bauschuttdeponie · HMD = Hausmülldeponie · SAV = Sonderabfallverbrennungsanlage · SAD = Sonderabfalldeponie · CPB = chemische/physikalische Behandlung									

▶ Zu den Gebühren: http://www.rhein-main-deponie.de

Abb. 11: Rückbau- und Entsorgungskosten in Berlin/Brandenburg 1993

Bauweise/Nutzung	Kosten für Rückbau (je m³)	Kosten für Entsorgung (je m³)	Summe
Massivbau/Studio	ca. 9,00 €	ca. 2,80 €	11,75 €
Baracke	ca. 7,00 €	ca. 3,85 €	10,75 €
Stahlskelett/Werkhalle	ca. 10,00 €	ca. 2,75 €	12,75 €
Stahlskelett/Büro	ca. 11,00 €	ca. 1,60 €	12,10 €
Fachwerk	ca. 14,00 €	ca. 7,00 €	21,00 €

Die Zahlen sind, mit Ausnahme des Büro- sowie des Fachwerkbaus, jeweils Mittelwerte mehrerer gleichartiger Gebäude.
Quelle: Berlin-Brandenburgische-Bauwirtschaft = GuG 1996, 228

Des Weiteren sind ggf. **Verwertungserlöse für wiederverwendbare Bauteile** gegenzurechnen, auch wenn der Wortlaut des § 16 Abs. 3 ImmoWertV hierauf keinen Bezug nimmt. Auch die Verkaufswerte müssen in der Höhe angesetzt werden, wie dies dem gewöhnlichen Geschäftsverkehr entspricht[73]. 163

Im Jahre 2009 beliefen sich die Freilegungskosten auf etwa 25 bis 30 €/m³ umbautem Raum (Raummeter) einschließlich Abfuhr der anfallenden Schuttmassen und aller Gebühren für die Entsorgung/Versorgung. Der Betrag kann sich deutlich erhöhen, soweit es sich um Sondermüll handelt, der bei der Entsorgung besonders behandelt werden muss, oder besondere Transport- und Sicherungskosten anfallen. Die Freilegungskosten vermindern sich deutlich mit dem Volumen der freizulegenden Bausubstanz, insbesondere dann, wenn es sich um großvolumige Hallen mit „viel Luft" handelt. Bei einem Verbleib von **vor Ort recycelfähigen Abbruchmassen** und ihrer Aufbereitung zu Recyclingschotter auf der Baustelle können sich 164

---
73 BGH, Urt. vom 25.6.1964 – III ZR 111/64 –, EzGuG 20.37.

V § 16 ImmoWertV   **Freilegungskosten**

darüber hinaus Einsparungen von 1,50 bis 2,00 €/m³ ergeben. Dies kommt aber nur bei entsprechend hohem Abbruchvolumen in Betracht und setzt voraus, dass durch einen hohen Mauerwerksanteil ein Recyclingschotter in ausreichender Qualität herzustellen ist, der für die nachfolgenden Bauarbeiten in dieser Menge benötigt wird oder sonst verwertbar ist.

165 Die Feststellung der üblichen Freilegungskosten, insbesondere wenn Sondermüll zu entsorgen ist, steht insbesondere bei aufwendigen baulichen Anlagen nicht in der Kompetenz des Sachverständigen für Grundstückswerte. I.d.R. wird er sich nur auf grobe Schätzungen stützen können, die **unter** dem **Vorbehalt einer Feststellung durch Spezialgutachter** stehen. Für eine verlässliche Abschätzung von Freilegungskosten wird deshalb – wie für die Feststellung von Baumängeln und Bauschäden und die Ermittlung von Schadensbeseitigungskosten – auf speziell ausgebildete Abrisskostengutachter zurückgegriffen. Liegen konkrete Kostenangebote für die Freilegungskosten vor, so gehören sie zu den Anknüpfungstatsachen der Gutachtenerstattung, die bezüglich Vollständigkeit und Angemessenheit einer Plausibilisierung zu unterziehen sind.

5.2.5.2 Im „gewöhnlichen Geschäftsverkehr berücksichtigte" Freilegungskosten

166 „Übliche Freilegungskosten" sind nicht mit den nach § 16 Abs. 3 Satz 1 ImmoWertV „im gewöhnlichen Geschäftsverkehr berücksichtigten" Freilegungskosten gleichzusetzen. **Die üblichen Freilegungskosten können aber einen Anhaltspunkt für die „im gewöhnlichen Geschäftsverkehr berücksichtigten" Freilegungskosten bieten.** Ausgehend von den üblichen Freilegungskosten und den üblichen Verwertungserlösen der freizulegenden Bausubstanz sind diese nur insoweit zu berücksichtigen, wie sie „im gewöhnlichen Geschäftsverkehr berücksichtigt" werden.

167 Generell kann davon ausgegangen werden, dass „im gewöhnlichen Geschäftsverkehr" die künftig anfallenden Freilegungskosten in umso geringerem Maße den Kaufpreis eines Grundstücks mit freizulegender Bausubstanz beeinflussen, je länger die Freilegung aussteht. Diesem aus dem „gewöhnlichen Geschäftsverkehr" resultierenden Erfahrungssatz wird man gerecht, wenn man die künftig – und möglicherweise erst in vielen Jahren – anfallenden **Kosten über den erwarteten Zeitraum diskontiert** werden. Die auf der Grundlage der allgemeinen Wertverhältnisse des Wertermittlungsstichtags geschätzten Freilegungskosten finden damit nur zu einem entsprechenden Bruchteil Eingang in die Bodenwertermittlung.

168 Ob darüber hinaus die künftig anfallenden Freilegungskosten im Verhältnis zu den üblichen Freilegungskosten im gewöhnlichen Geschäftsverkehr „über- oder untersetzt" berücksichtigt werden, ist i.d.R. eine nur schwer oder gar nicht zu beantwortende Frage, wenn im konkreten Einzelfall keine weiteren Erkenntnisse vorliegen.

- Soweit mit erheblichen Freilegungskosten zu rechnen ist und üblicherweise im Zuge der Kaufpreisverhandlungen Voranschläge eingeholt werden, kann davon ausgegangen werden, dass sie in plausibilisierter Höhe berücksichtigt werden und das Marktgeschehen bestimmen.

- Soweit nach der Beschaffenheit der abzureißenden Bausubstanz ein besonderes Risiko besteht, insbesondere wenn Sondermüll erkennbar oder nicht auszuschließen ist, ist ein „gewöhnlicher" Käufer geneigt, dieses Risiko wertmindernd (zusätzlich zu den allgemein erwarteten Freilegungskosten) zu berücksichtigen, denn Sondermüll kann die Freilegungskosten bei den heute gestellten Anforderungen in unkalkulierbarem Ausmaß drastisch erhöhen, zumal diesbezüglich eine hohe Sensibilisierung des Umweltschutzes besteht.

Bei alledem gibt es weder den Erfahrungssatz, dass künftige Freilegungskosten über die mit ihrer Abzinsung einhergehende Minderung hinaus per se nur zu einem Bruchteil „im gewöhnlichen Geschäftsverkehr" berücksichtigt werden, noch gibt es den Erfahrungssatz, dass sie im Hinblick auf ein allgemeines nicht konkretisierbares Risiko beispielsweise im Hinblick auf „Unvorhergesehenes" in übersetzter Höhe berücksichtigt werden.

169 Bei größeren Objekten treten vielfach Fälle auf, in denen die Kosten des Abrisses den Bodenwert „auffressen" würden, wenn dieser um die Freilegungskosten vermindert wird; es können

sich dann auch negative Werte (**Unwerte**; *Nil-value*)[74] ergeben, wenn allein das „bloße" Halten eines Grundstücks mit Kosten verbunden ist, z.B. wenn ein munitionshaltiges Grundstück bewacht werden muss.

5.2.6 Bodenwertermittlung bei aufgeschobener (gestreckter) Freilegung

5.2.6.1 Allgemeines

▶ *Vgl. Syst. Darst. des Ertragswertverfahrns Rn. 61 ff.*

Nach den vorstehenden Ausführungen kann eine bereits am Wertermittlungsstichtag unter Berücksichtigung der Gesamtsituation angezeigte Freilegung aufgrund vertraglicher oder sonstiger Gründe nicht möglich sein. Darüber hinaus kann eine entsprechende am Wertermittlungsstichtag angezeigte Freilegung zwar sofort realisierbar sein, gleichwohl jedoch nicht zu erwarten ist, dass das Grundstück tatsächlich freigelegt wird. Derartige Grundstücke werden in einem nicht unerheblichen Umfang gehandelt, ohne dass sie von den Erwerbern freigelegt werden. In diesem Zusammenhang wird von einer gestreckten (aufgeschobenen) Liquidation gesprochen. **170**

5.2.6.2 Aufgrund vertraglicher Bindungen aufgeschobene Freilegung

a) Allgemeines

Eine am Wertermittlungsstichtag unter Berücksichtigung der Gesamtsituation angezeigte, aber aufgrund vertraglicher Bindungen oder aus sonstigen Gründen am Wertermittlungsstichtag nicht mögliche und deshalb aufgeschobene Freilegung, wird „im gewöhnlichen Geschäftsverkehr" nicht mit den Freilegungskosten berücksichtigt, wie sie am Wertermittlungstichtag „üblich" sind, sondern in geringerer Höhe. Die Kosten werden in einem umso geringerem Maße wertmindernd berücksichtigt, je länger die Freilegung aufgeschoben ist. Deswegen werden die Freilegungskosten bei aufgeschobener Freilegung in der breiten Wertermittlungspraxis in der über den jeweiligen Zeitraum diskontierten Höhe berücksichtigt. **171**

$$\text{Freilegungskosten (aufgeschoben)} = \frac{\text{Freilegungskosten am Wertermittlungsstichtag}}{q^n}$$

Damit trägt man der Vorgabe des § 16 Abs. 3 Satz 1 ImmoWertV Rechnung, die Freilegungskosten nur insoweit zu berücksichtigen, wie sie im „gewöhnlichen Geschäftsverkehr" berücksichtigt werden. Bei aufgeschobener Freilegung ergibt sich der Bodenwert – ausgehend von dem Bodenwert (BW) eines unbebauten Grundstücks (nach Maßgabe der Grundsatzregelung des § 16 Abs. 1 ImmoWertV) – aus: **172**

$$BW_{\text{freilegungskostenvermindert}} = \text{Bodenwert}_{\text{unbebaut}} - \frac{\text{Freilegungskosten}}{q^n}$$

wobei
q = Zinsfaktor = $(1 + p/100)$
p = Liegenschaftszinssatz
n = Aufschiebungszeitraum (Wartezeit)

Wie schon unter Rn. 128 ausgeführt, hat § 16 ImmoWertV eine verfahrensübergreifende Bedeutung und der freilegungskostenverminderte Bodenwert ist alsbaldiger Freilegung entsprechend auch in das Ertrags- und Sachwertverfahren einzubringen. Dies ergibt sich durch die Bezugnahme in § 17 Abs. 2 und § 21 Abs. 1 ImmoWertV auf § 16 ImmoWertV. § 17 Abs. 2 ImmoWertV macht dabei keinen Unterschied bezüglich der Anwendung des *zweigleisigen* Ertragswertverfahrens nach § 17 Abs. 2 Nr. 1 ImmoWertV und des *eingleisigen* Ertragswertverfahrens nach § 17 Abs. 2. Nr. 2 ImmoWertV. Verfahrenstechnisch muss aber zwischen beiden Varianten des Ertragswertverfahrens unterschieden werden. **173**

---

[74] Statements of Valuation and Appraisal Practice and Guidance Notes des RICS, London 1996, VAS. 3.6.

V § 16 ImmoWertV — Aufgeschobene Freilegung

b) Eingleisiges Ertragswertverfahren nach § 17 Abs. 2 Nr. 2 ImmoWertV

174 Bei Anwendung des Ertragswertverfahrens *nach § 17 Abs. 2 Nr. 2 ImmoWertV* ist vorstehenden Ausführungen entgegen dem Wortlaut der Bestimmung nicht dadurch Rechnung zu tragen, dass man den freilegungskostenverminderten Bodenwert (nach § 16 Abs. 3 ImmoWertV) in die mit der Vorschrift gegebene Ertragswertberechnung einführt. Die Freilegungskosten müssen vielmehr in abgezinster Höhe zusätzlich berücksichtigt werden:

$$EW = RE \times V + \frac{BW_{unbebaut}}{q^n} \Rightarrow EW = RE \times V + \frac{BW_{unbebaut}}{q^n} - \frac{Freilegungskosten}{q^n}$$

wobei
BW = Bodenwert
FLK = Freilegungskosten
q = Zinsfaktor = (1+p/100)
p = Liegenschaftszinssatz
n = Restnutzungsdauer (Bindungszeitraum)

Statt der gesonderten Abzinsung des Bodenwerts und der Freilegungskosten kann gleich der um die Freilegungskosten verminderte Bodenwert diskontiert werden, denn

$$\frac{BW}{q^n} + \frac{FLK}{q^n} = (BW - FLK) \times \frac{1}{q^n}$$

und man erhält

$$EW = RE \times V + (BW - FLK)\frac{1}{q^n}$$

175 *Beispiel 1:*

a) Sachverhalt

Ein 2 000 m² großes Gewerbegrundstücks in hochwertiger Lage wird zu marktüblich erzielbaren Mieten genutzt. Das Mietverhältnis kann frühestens in 7 Jahren aufgelöst werden.
Zusätzliche Daten:

Bodenwert: 200 €/m², d.h. insgesamt 2000 m² × 200 €/m² =	400 000 €
umbauter Raum der aufstehenden Gebäude (DIN 277 [1950])	3 000 m³
Jahresnettokaltmiete	30 000 €
Bewirtschaftungskosten	30%
Restnutzungsdauer der Gebäude	ca. 30 Jahre
Liegenschaftszinssatz	6,5%

Bodenwertverzinsungsbetrag = 400 000 € × 0,065 = **26 000 €** > RE

b) Wertermittlung

Jahresnettokaltmiete	=	30 000 €	
Bewirtschaftungskosten 30%	=	– 9 000 €	
Reinertrag	=	21 000 €	
Barwert des Reinertrags bei p = 6,5% und Restlaufzeit von 7 Jahren			
21 000 € × 5,484520			= 115 175 €
Bodenwert 2 000 m² × 200 €/m²	=	400 000 €	
Freilegungskosten 3 000 m² × 15 €/m²	=	– 45 000 €	
	=	355 000 €	
Abzinsung bei 6,5% und 7 Jahren			
662 000 € × 0,6435062	=	228 445 €	+ 228 445 €
c) Ertragswert des Grundstücks			**rd. 343 620 €**

c) Zweigleisiges Ertragswertverfahren nach § 17 Abs. 2 Nr. 1 ImmoWertV

Zu demselben Ergebnis gelangt man bei Anwendung des in § 17 Abs. 2 Nr. 1 ImmoWertV geregelten **allgemeinen Ertragswertverfahrens**, wenn man dort als Bodenwert den um die Freilegungskosten verminderten Bodenwert einführt. Im Unterschied zum vereinfachten Ertragswertverfahrens bedarf es dabei nicht einer gesonderten Abzinsung der Freilegungskosten:

$$EW = (RE - p \times [BW - FLK]) \times V + (BW - FLK)$$

Beispiel 2:

RE	=	21 000 € wie im vorangegangenen Beispiel
BW	=	400 000 €
FLK	=	45 000 €
BW – FLK	=	355 000 €
p	=	6,5 %
n	=	7 Jahre
V	=	5,4845207

$$EW = (21\,000\,€ - 0{,}065 \times [400\,000\,€ - 45\,000\,€]) \times 5{,}4845207 + 355\,000\,€$$

$$EW = -(2\,075\,€ \times 5{,}4845207) + 355\,000 = \mathbf{343\,620\,€}$$

Fazit: Bei Anwendung des Ertragswertverfahrens ist in beiden der in § 17 Abs. 2 ImmoWertV aufgeführten Varianten der nach § 16 Abs. 3 ImmoWertV **um die Freilegungskosten verminderte Bodenwert in die Ertragswertermittlung** einzuführen, ohne dass die Freilegungskosten abzuzinsen sind.

Abb. 12: Vergleich des Ertragswertverfahrens nach § 17 Abs. 2 Nr. 1 und 2 ImmoWertV unter Berücksichtigung der Freilegungskosten und eines um die Bodenwertverzinsung verminderten negativen Reinertrags

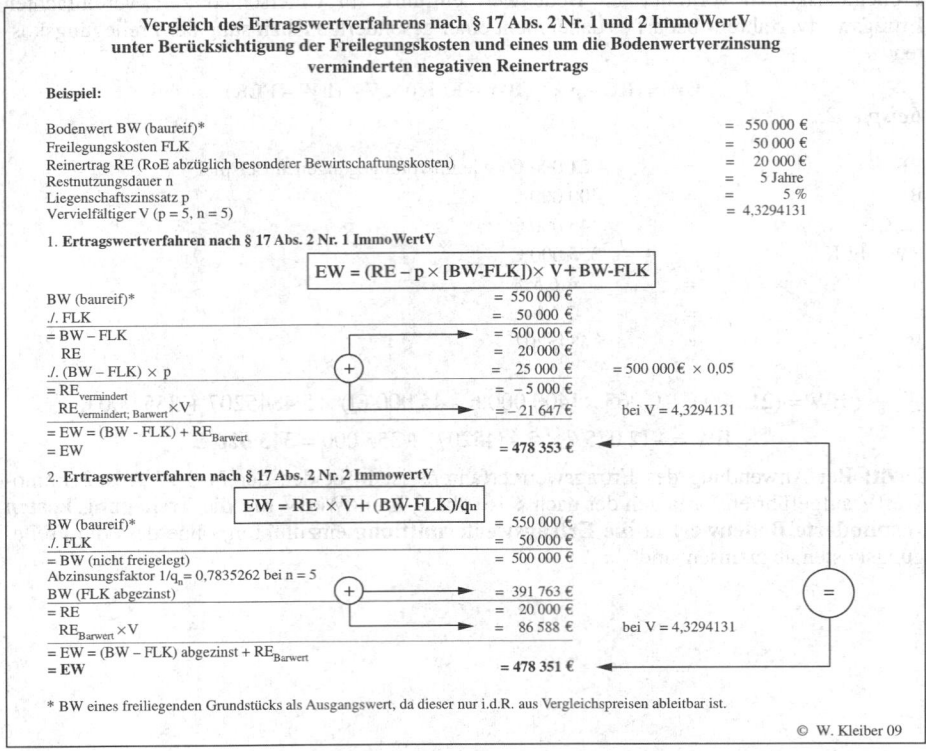

178 Ergänzend ist darauf hinzuweisen, dass bei Anwendung des Ertragswertverfahrens auf Objekte mit sehr kurzer Restnutzungsdauer als **Bewirtschaftungskosten nur solche** angesetzt werden, **die ein Eigentümer im Hinblick auf den bevorstehenden Abbruch notwendigerweise gerade noch aufbringt** (reduzierte Bewirtschaftungskosten).

d) Sachwertverfahren

179 Anders stellt sich die Situation bei **Anwendung des Sachwertverfahrens** dar. § 21 Abs. 1 ImmoWertV verweist bezüglich des maßgeblichen Bodenwerts – wie in § 17 Abs. 2 ImmoWertV – auf den gemäß § 16 ImmoWertV ermittelten Bodenwert. Im Falle einer indizierten aber aufgeschobenen Freilegung wäre die aufgrund der vertraglichen Bindungen aufgeschobene Freilegung in der Weise zu berücksichtigen, dass die Freilegungskosten nur in einer über den Bindungszeitraum diskontierten Höhe zum Abzug kommen.

5.2.6.3 Bodensondierung bei übergroßen Grundstücken

180 Bei bebauten Grundstücken, die selbständig nutzbare Teilflächen i.S. des § 17 Abs. 2 Satz 2 ImmoWertV aufweisen, sind die vorstehenden **Grundsätze nur auf die den baulichen Anlagen zurechenbare Umgriffsfläche anzuwenden**, denn nur auf diese Teilfläche entfallen Freilegungskosten. Darüber hinaus ist auch nur der auf diese Teilfläche entfallende „volle" Bodenwert über den Bindungszeitraum blockiert.

181 Dies muss bei Anwendung des Ertragswertverfahrens beachtet werden, denn nur die Umgriffsfläche ist bei der **Ermittlung des Bodenwertverzinsungsbetrags** maßgebend (§ 17

Abs. 2 Nr. 1 letzter Halbsatz ImmoWertV). Entsprechendes gilt bei Anwendung des Ertragswertverfahrens nach § 17 Abs. 2 Nr. 2 ImmoWertV bezüglich des abzuzinsenden Bodenwerts.

Abb. 13: Unterschiedliche Bodenwerte bei übergroßen Grundstücken

5.2.6.4 Vorzeitige Beendigung vertraglicher Bindungen

Eine am Wertermittlungsstichtag unter Berücksichtigung der Gesamtsituation angezeigte, aber aufgrund vertraglicher Bindungen oder aus sonstigen Gründen nicht mögliche Freilegung führt zwangsläufig zu einem **Ertragswert, der den „vollen" Bodenwert des Grundstücks unterschreitet**. Wenn nämlich schon allein das im Grund und Boden investierte Kapital eine höhere Rendite abwirft, als aus der baulichen Nutzung des Grundstücks erzielt wird, wird der „volle" Bodenwert umso mehr „aufgefressen", je länger die rechtlichen oder sonstigen Gründe eine Freilegung des Grundstücks verhindern und je ausgeprägter die Unternutzung ist.

Beispiel:

a) **Sachverhalt**

– Reinertrag RE		20 000 €
– Bodenwert BW (baureif)		550 000 €
– Freilegungskosten		50 000 €
– Liegenschaftszinssatz p		5 %
– Gebäudeertragswert		
Reinertrag		= 20 000 €
BW – FLK =	500 000 €	
abzüglich Bodenwertverzinsungsbetrag		
500 000 € × 0,05	=	– 25 000 €
= RE – p (BW – FLK)	=	– 5 000 € RE ≤ p × (BW – FLK)

V § 16 ImmoWertV — Aufgeschobene Freilegung

b) Wertermittlung

Als Ertragswerte ergeben sich bei Fortsetzung einer unwirtschaftlichen Bebauung entsprechend dem vorstehenden Beispiel bei einer Weiternutzung um

		5 Jahre	20 Jahre	80 Jahre
Bodenwert (BW – FLK)	=	500 000 €	500 000 €	500 000 €
Gebäudeertragswert:				
RE – p (BW – FLK) = – 5 000 €				
× V von 5% und 5 Jahren	= 4,33	– 21 650 €		
× V von 5% und 20 Jahren	= 12,46		– 62 300 €	
× V von 5% und 80 Jahren	= 19,60			– 98 000 €
= Ertragswert		**= 478 350 €**	**437 700 €**	**402 000 €**

Der Eigentümer wird demzufolge bestrebt sein, das Nutzungsverhältnis baldmöglichst aufzulösen (vgl. §§ 569 ff. BGB; §§ 182ff. BauGB).

184 Eine Aufhebung von Miet- und Pachtverhältnissen kann z.B. **in förmlich festgelegten Sanierungsgebieten und städtebaulichen Entwicklungsbereichen nach Maßgabe der §§ 182 ff. BauGB** in Betracht kommen. Des Weiteren kann ein Mietverhältnis über Wohnraum nach § 573 Abs. 2 BGB bei berechtigtem Interesse des Vermieters gekündigt werden, wobei nach Nr. 3 dieser Regelung ein berechtigtes Interesse vorliegt, wenn der Vermieter durch die Fortsetzung des Mietverhältnisses an einer angemessenen wirtschaftlichen Verwertung des Grundstücks gehindert und dadurch erhebliche Nachteile erleiden würde.

185 Bei **gewerblichen Mietverhältnissen** stellt sich die Situation i.d.R. einfacher als für Wohnraum dar. Ist nämlich das Mietverhältnis für eine feste Vertragslaufzeit abgeschlossen worden, endet es mit dem vertraglichen Ablauf (§ 542 BGB), ohne dass das Mietverhältnis gekündigt werden müsste. Setzt der Mieter nach Ablauf der vertraglichen Festmietzeit das Mietverhältnis fort und teilen sich weder Mieter noch Vermieter innerhalb von zwei Wochen gegenseitig mit, dass eine stillschweigende Verlängerung des Mietverhältnisses nicht gewollt sei, tritt nach Maßgabe § 545 BGB eine Verlängerung des Mietverhältnisses auf unbestimmte Zeit ein.

186 Ansonsten kann das Mietverhältnis nach § 542 Abs. 1 BGB von jeder Vertragspartei nach den gesetzlichen Vorschriften gekündigt werden (§§ 573 ff. BGB); insoweit ist bei einer **unwirtschaftlichen Nutzung des Grundstücks für gewerbliche Zwecke** die Situation einfacher als bei einer Nutzung für Wohnzwecke.

187 Wo der Vermieter keine rechtlichen Möglichkeiten zur Durchsetzung einer vorzeitigen Beendigung des Mietverhältnisses hat, kann diese im Verhandlungswege herbeigeführt werden, z.B. durch **Abstandszahlungen** (Abb. 14). Dabei können sich – rein rechnerisch – gewaltige Spielräume ergeben. Profitieren können dabei sowohl der Rechtsinhaber als auch der Grundstückseigentümer. Kommt es zu einer Einigung mit der Folge, dass das Grundstück sofort freilegbar wird, bemisst sich der Verkehrswert nach Maßgabe des § 16 Abs. 3 ImmoWertV unter ergänzender Berücksichtigung der Abstandszahlung.

Aufgeschobene Freilegung — § 16 ImmoWertV V

Abb. 14: Abstandszahlungen

Abstandszahlungen			
Eine 100-Quadratmeter-Wohnung in guter Lage ist seit fünf Jahren vermietet. Der Eigentümer will verkaufen. Wie viel muss er dem Mieter zahlen, damit dieser auszieht? Im Auftrag von Capital ermittelte die Maklergruppe Aufina 1993 Erfahrungswerte in deutschen Städten. Die Zahlungen fallen derzeit in den Großstädten deutlich höher aus. Angaben in €			
Berlin	5 000 bis 1 000	Kassel	5 000
Bochum	2 500 bis 7 500	Kiel	5 000 bis 7 500
Bonn	5 000	Köln	7 500 bis 12 500
Braunschweig	1 750 bis 5 000	Leipzig	10 000
Bremen	5 000	Ludwigshafen	2 500 bis 5 000
Darmstadt	10 000	Mainz	7 500 bis 25 000
Düsseldorf	5 000 bis 7 500	Mannheim	5 000 bis 7 500
Freiburg	2 500 bis 5 000	München	5 000 bis 10 000
Halle	2 500 bis 12 500	Nürnberg	2 500 bis 10 000
Hamburg	7 500 bis 20 000	Offenburg	5 000
Hildesheim	2 500	Rosenheim	3 500 bis 6 000
Karlsruhe	10 000	Stuttgart	7 500 bis 10 000

Quelle: Aufina, Capital 1993

Beispiel: **188**

a) Sachverhalt

Ein hochwertiges Baugrundstück in Berlin-Mitte ist mit einer eingeschossigen Stahlbetonhalle sowie im hinteren Teil mit einem kleinen fünfgeschossigen Altbauteil bebaut. Das Grundstück liegt in einem 34-er MK-Gebiet mit einer GFZ von 4,0. Der Bodenwert des insgesamt 1 792 m² großen Grundstücks wurde mit 16 Mio. € ermittelt, d.h. rd. 9 000 €/m².

Es besteht ein **langfristiges Mietverhältnis** an den Baulichkeiten bis zum 31.12.2016, das aufgrund einer Option des Mieters um 5 Jahre, also bis zum 31.12.2021, verlängert werden kann. Der Reinertrag beträgt danach 11 000 € mtl., d.h. 132 000 € p.a.

Die dem Reinertrag zugrunde liegende Miete ist für den Mieter außerordentlich günstig, da sich für das Grundstück, wie es steht und liegt, im Falle der Vereinbarung einer ortsüblichen Miete ein nachhaltiger jährlicher Reinertrag von 320 000 € p.a. ergeben würde.

Was immer den Eigentümer bewogen haben mag, ein derartiges Mietverhältnis eingegangen zu sein, er hat sich gleich doppelt bestraft: Neben dem Mietverzicht hat er sich über die Mietdauer der Möglichkeit beraubt, sein Grundstück „bodenwertgemäß" zu nutzen. Es ist erheblich untergenutzt und es wird so auch bleiben, wenn der Mieter auf Einhaltung des Mietvertrages „pocht"; eine vorzeitige Kündigung des Mietverhältnisses erscheint nicht möglich.

Der Eigentümer – inzwischen klüger geworden – möchte trotzdem aus dem Mietvertrag „aussteigen" – gefragt ist nach der **Höhe der Abstandszahlung**, Wertermittlungsstichtag 1.1.2009.

b) Lösungsansätze

1. Es handelt sich um ein Liquidationsobjekt, denn das Grundstück weist im Verhältnis zum Bodenwert eine deutliche Unternutzung aus:

    Bei einem Bodenwert von 16 Mio. € und einem Liegenschaftszinssatz von 6% ergibt sich ein Bodenwertverzinsungsbetrag von 960 000 €, dem ein Reinertrag von 132 000 € gegenübersteht: Der Verkehrswert würde sich bei einem sofort zulässigen Abriss aus dem Bodenwert abzüglich der Freilegungskosten – FLK – ergeben:

Bei einem umbauten Raum von 7 000 m³ und Freilegungskosten von 50 €/m³ ergibt sich:

Bodenwert (wenn unbebaut)	=	16 000 000 €
− FLK = 7 000 m³ × 50 €/m³	=	350 000 €
= **Verkehrswert (sofort freilegbar)**	=	**15 650 000 €**

2. Unter Berücksichtigung des langfristigen Mietvertrags, aus dem sich der Eigentümer erst zum 1.1.2022 lösen kann, ergibt sich der Liquidationswert wie folgt:

Bodenwert unter Berücksichtigung der FLK	=	15 650 000 €
abgezinst über 14 Jahre bei p = 6%	=	6 922 010 €
+ kapitalisierter Reinertrag von 132 000 € diskontiert mit 1,06^{-14}	=	1 227 600 €
= **Liquidationswert (= Verkehrswert/Marktwert)**	=	**8 149 610 €**

c) **Zwischenfazit**

Der Liquidationswert ist zugleich der Verkehrswert, wenn der Mieter auf Einhaltung des Mietvertrags besteht; stimmt er der sofortigen Auflösung zu, steigt der Verkehrswert auf den zuvor berechneten Verkehrswert von 15,65 Mio. €, d.h., es tritt eine Wertsteigerung von **7 500 390 €** ein!

Anders stellt sich die Situation für den Mieter dar: Als ortsübliche nachhaltige Miete für vergleichbaren Raum hätte er üblicherweise eine Jahresmiete (ohne Bewirtschaftungskosten) von 320 000 € aufzubringen (= Reinertrag zur Vereinfachung). Mit der sofortigen Auflösung des Mietvertrags würde er auf den Differenzbetrag gegenüber der vereinbarten Miete verzichten. Dies ergibt kapitalisiert:

Vermögensverlust des Mieters = (320 000 € − 132 000 €) × 9,30^{14} = **1 748 400 €**

Vervielfältiger für 14 Jahre bei p = 6% = 9,30

Umzugskosten und dgl. sollen hier vernachlässigt werden.

d) **Ergebnis**

Im Falle der sofortigen Auflösung des Mietverhältnisses ist der Nachteil für den Mieter weitaus geringer als der Vorteil für den Eigentümer. Beide Beträge setzen die Grenzen für den Verhandlungsspielraum der Parteien, wenn sie sich auf einen Ablösebetrag einigen wollen. Die ermittelte Spanne von

1 748 400 € bis 7 500 390 €

ist außerordentlich groß. Selbst eine Einigung auf den Mittelwert

(7 500 390 € − 1 748 400 €) : 2 = 2 875 995 €

wäre ein gutes Geschäft für den ohnehin schon günstig gestellten Mieter.

189 Dies macht die **Grenzen der Verkehrswertermittlung** deutlich. Es ist in solchen Fällen kaum möglich, vom Schreibtisch aus einen Verkehrswert zu ermitteln, denn die Höhe der Abstandszahlung hängt maßgeblich vom Verhandlungsgeschick der Parteien ab. Falsch wäre es jedenfalls, in einem solchen Fall schematisch den Liquidationswert ohne Beachtung dieser Zusammenhänge zu ermitteln und diesen als Verkehrswert unkommentiert im Gutachten auszuwerfen. Die finanziellen Verhandlungsspielräume des Eigentümers können je nach Lage des Einzelfalls sehr groß sein, so dass man eine einvernehmliche Lösung von vornherein nicht als aussichtslos einstufen darf.

5.2.7 Disponierbare Freilegungskosten

190 Eine am Wertermittlungsstichtag in entsprechender Anwendung des § 16 Abs. 3 ImmoWertV zwar angezeigte Freilegung gibt nicht stets Veranlassung, das Grundstück sofort freizulegen. Die Freilegung verursacht erhebliche Kosten, die wiederum nur dann rentierlich sind, wenn der volle Bodenwert durch Verkauf des Grundstücks oder durch eine dem Bodenwert angemessene Bebauung realisiert werden kann. Besonders problematisch sind die Fälle, in denen die **Freilegungskosten den Bodenwert überschreiten**. Diese Fälle treten insbesondere in

Regionen mit niedrigem Bodenwertniveau auf. Das Marktgeschehen kann in diesen Fällen auch durch eine „gestreckte" Liquidation geprägt sein:

Beispiel: **191**
Es liegen die sich aus Abb. 15 ergebenden Verhältnisse vor:

Abb. 15: Beispielsfall für den Bodenwert überschießende Freilegungskosten

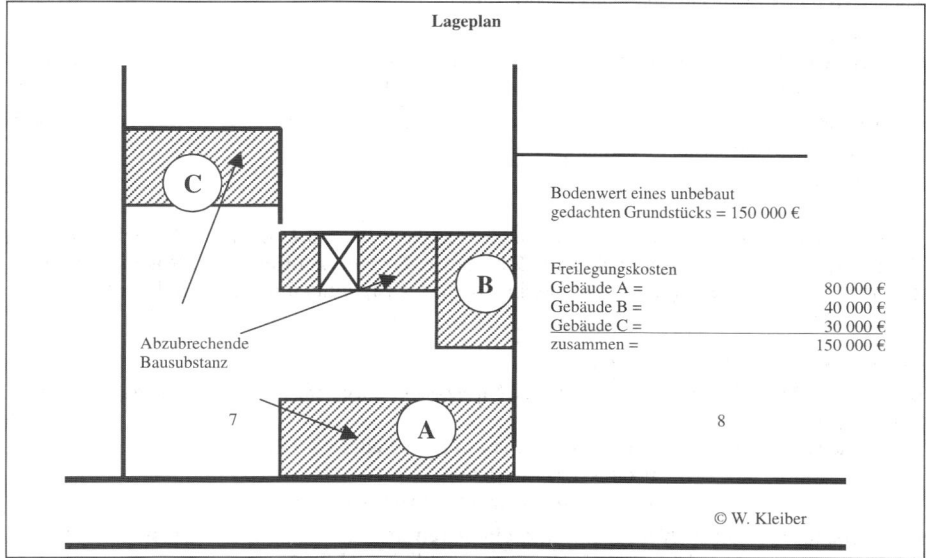

Ein Grundstückseigentümer bzw. ein potenzieller Erwerber wird in dem vorstehenden Fall einerseits danach trachten, die Möglichkeiten der ertragreichsten baulichen Nutzung des Grundstücks „auszuschöpfen" und gleichzeitig die unrentierlichen Kosten zu minimieren.

Er wird bezüglich der Freilegung nur die unabweisbaren Maßnahmen ergreifen. In dem Beispielsfall wird er, um den Bodenwert realisieren zu können, das Gebäude A abreißen müssen. Geht man also bei der Wertermittlung vom Bodenwert des unbebaut gedachten Grundstücks aus, so ist dieser mindestens um die Freilegungskosten des Gebäudes A zu vermindern.

– Bei den übrigen baulichen Anlagen, die nicht zwangsläufig abzureißen sind, muss kritisch die Notwendigkeit eines sofortigen oder baldigen Abrisses geprüft werden. Dabei ist auch in Erwägung zu ziehen, ob allein schon zur Kostenersparnis der **Abbruch** gedanklich **in die Zukunft verschoben** wird, wenn nicht die ästhetische Beeinträchtigung so stark ist, dass sie zu sofortigem Handeln zwingt. Auch muss eine „einfache" Zwischennutzung in Erwägung gezogen werden.

– Vielfach kann die **Notwendigkeit** des Abbruchs **am Wertermittlungsstichtag noch nicht beurteilt werden** und es wird bewusst im Hinblick auf sich möglicherweise noch ergebende Weiterverwendungsmöglichkeiten davon Abstand genommen. Auch diese Überlegungen können sich für die vorhandenen Gebäude B und C in dem vorgestellten Beispielsfall ergeben.

– Es kommt schließlich hinzu, dass eine substantiell abbruchreife Bausubstanz insoweit auch eine **werterhöhende Komponente** haben kann, als diese Bausubstanz im Hinblick auf ihren Bestandsschutz (zu Recht oder zu Unrecht) dem Eigentümer eine bauliche Nutzung dort sichert, wo ein Neubau nicht genehmigungsfähig wäre.

Soweit nach den Usancen des Grundstücksmarktes eine **Freilegung erst zu einem (sehr viel) 192 späteren Zeitpunkt üblicherweise verwirklicht** wird, ist es begründet, die Freilegungskosten nur zu einem Bruchteil anzusetzen. Dies entspricht auch der finanzmathematischen Betrachtungsweise, bei der die Freilegungskosten nur in Höhe der über den Zeitraum des Fortbestands der abgängigen Bausubstanz diskontierten Freilegungskosten unter Berücksichtigung eines Abschlags für eventuelle ästhetische Beeinträchtigungen berücksichtigt werden.

V § 16 ImmoWertV — Disponierbare Freilegungskosten

193 Es kann nicht beobachtet werden, dass in derartigen Fällen Grundstücke unentgeltlich abgegeben werden. Vielmehr werden für derartige Grundstücke durchaus „positive" Veräußerungserlöse erzielt.

194 Dies hat seine Begründung darin, dass Erwerber z.B. den Rückbau „strecken", d.h. erst zu einem späteren Zeitpunkt in Betracht ziehen, und Zwischennutzungen planen.

Beispiel: 1. Fall „gestreckter" Abriss

Bodenwert (eines unbebaut gedachten Grundstücks)		150 000 €
Freilegungskosten		
a)	des Gebäudes A, das sofort freigelegt werden soll	–80 000 €
b)	der Gebäude B und C in ca. 10 Jahren: 70 000 € × $1{,}05^{-10}$	–42 974 €
	Differenz	27 026 €
	– Abschlag/ästhetische Minderung	–2 026 €
	= Verkehrswert	**25 000 €**

195 Eine bauliche Weiterverwendung soll für die Gebäude B und C nicht in Betracht kommen. Kommt hingegen in dem betrachteten Zeitraum noch eine **rentierliche Zwischennutzung**, z.B. für Lagerzwecke und dgl. in Betracht, so ist das Ergebnis um die kapitalisierten Erträge aufzustocken:

196 *Beispiel: 2. Fall Zwischennutzung*

Die Gebäude B und C können noch für einfache Lagerzwecke mit einem jährlichen Reinertrag von 4 000 € zwischengenutzt werden.

Kapitalisierter Mehrertrag bei p = 5% und 10 Jahren (Vervielfältiger = 7,72):

$$4\,000\,€ \times 7{,}72 = 30\,880\,€$$

$$\text{Verkehrswert} = 25\,000\,€ + 30\,880\,€ = \mathbf{56\,000\,€}$$

Das Beispiel soll deutlich machen, dass ein **schematischer Abzug der Freilegungskosten** das Ergebnis und die wirtschaftliche Realität erheblich **verfälschen kann**.

197 *Beispiel 3:*

a) Sachverhalt

Technikgebäude in einem im Zusammenhang bebauten Ortsteil von Mittelstadt in Schleswig-Holstein

Abb. 16: Lageplan

Disponierbare Freilegungskosten § 16 ImmoWertV V

Wertermittlungsstichtag 1.1.2005
Boden:

Grundstücksgröße	1 000 m²
Bodenwert (Bodenrichtwert) pro m²	21 €
Gesamtwert 1 000 m² × 21 €/m² =	21 000 €

Das Grundstück ist belastet mit einem unentgeltlichen Wegerecht. Das Wegerecht führt zu einer Wertminderung des dienenden Grundstücks, die mit einem Betrag von bis zu 50% des Bodenwerts der betroffenen Fläche berücksichtigt wird.
Wertminderung mit 50% des Bodenwerts der betroffenen Teilflächen angesetzt: 2 500 €

Abb. 17: Grundstück

```
                    Gestrecke Liquidation
 Lageplan
                                        Wegerecht
          Bodenwert
          1 000 m² × 21 €/m² = 21 000 €   Wertminderung
                                          2 500 €

                                          Rückbaukosten:
                                          1 642 m³ BRI × 20 €/m³ = rd. 33 000 €

                                                     © W. Kleiber 2006
```

Gebäude:
Baujahr	1975
Übliche Gesamtnutzungsdauer	40 Jahre
Baualter	30 Jahre
Nutzfläche	275 m²
Nettokaltmiete als Technikfläche pro m² Nutzfläche im Monat im Soll-Zustand	6 €
Nettokaltmiete als Lager pro m² Nutzfläche im Monat im Ist-Zustand	2 €
Liegenschaftszinssatz	8%
Rückbaukosten pro m³	20 €
Gesamtrückbaukosten 1 642 m³ BRI × 20 €/m³	rd. 33 000 €
Instandhaltungsrückstand	rd. −15 000 €
Brutto-Rauminhalt (BRI)	1 642 m³
Gebäudetyp nach NHK 2000:	Typ 30.2
Ausstattungsstandard:	mittel
Baujahreseinstufung:	1970–1984
Basispreis pro m²:	172 €
Baunebenkosten:	14%
Regionaler Korrekturfaktor für Schleswig-Holstein:	0,95
Ortsgröße:	0,97
Baupreisindex I. Quartal 2004 (letzter veröffentlichter Stand)	
Stand: (Basis 2000 = 100) gewerbliche Betriebsgebäude:	101,1
Gesamtkosten pro m² inkl. aller Korrekturfaktoren:	rd. 183 €
Normalherstellungskosten 2005: 1 642 m³ × 183 €/m³=	300 486 €

b) Wertermittlung

Wenn die bisherige Nutzung fortgesetzt werden könnte, ergäbe sich folgender:

$$EW = RE - (p \times [BW - FLK]) + BW - FLK$$

Bei einer Restnutzungsdauer von 10 Jahren ist der Bodenwert um die Freilegungskosten zu vermindern.

1. Berechnung:

	Jahresnettokaltmiete (bei Soll-Zustand) 275 m² × 6 €/m² × 12 Monate	=	19 800 €
./.	Bewirtschaftungskosten (10%) : Jahresreinertrag = 19 000 € × 0,90	=	17 820 €
./.	Bodenwertverzinsungsbetrag (21 000 – 33 000 €) × 0,08	=	+ 960 €
=	$RE - (p \times BW)$	=	18 780 €
×	Vervielfältiger V = 6,71 bei p = 8% und 10 Jahren	=	126 014 €
+	BW – FLK	–	12 000 €
./.	Instandsetzungsrückstau	–	15 000 €
=	Ertragswert	=	99 014 €
./.	Wertminderung infolge Wegerecht	–	2 500 €
=	Ertragswert	rd.	96 514 €

2. Alternativberechnung

Der Bodenwert (BW– FLK) ist kleiner als die Wertminderung!

Der Bodenwert ist durch das Wegerecht gemindert. Infolgedessen sind die Vorhaltekosten für den Bodenwert gemindert, d.h., der Bodenwert ergibt sich aus:

– Bodenwert = Bodenwert (im unbebauten Zustand) – Wertminderung infolge Wegerecht – Freilegungskosten
– Bodenwert = 21 000 € – 2 500 € – 33 000 € = **–14 500 €**

$$EW = RE - (p \times [BW - FLK - WertM_{Wegerecht}]) + (BW - FLK - WertM_{Wegerecht})$$

	Jahresnettokaltmiete (bei Soll-Zustand) 275 m² × 6 €/m² × 12	=	19 800 €
./.	Bewirtschaftungskosten (10%) : Jahresreinertrag = 19 000 € × 0,90	=	17 820 €
./.	Bodenwertverzinsungsbetrag (–14 500 €) × 0,08	+	1 160 €
=	$RE - (p \times BW)$	=	18 980 €
×	Vervielfältiger V = 6,71 bei p = 8% und 10 Jahren	=	127 356 €
+	BW – Wertminderung infolge Wegerecht – FLK	–	14 500 €
./.	Instandsetzungsrückstau	–	15 000 €
=	Ertragswert	=	97 856 €

Die bisherige Nutzung wird auf dem Grundstücksmarkt jedoch nicht mehr nachgefragt. Das Gebäude ist damit wirtschaftlich verbraucht *(functional obsolesence)*. Die rein schematisch ermittelte Restnutzungsdauer:

Gesamtnutzungsdauer (40 Jahre) – Alter (30 Jahre) = 10 Jahre Restnutzungsdauer

gibt ein falsches Bild.

Bei sofortiger Liquidation ergibt sich ein negativer Bodenwert:

21 000 € – 2 500 € – 33 000 € = –14 500 €

Auf dem Grundstücksmarkt kann beobachtet werden, dass die Objekte dennoch Käufer finden, die gleichwohl noch einen (positiven) Preis bezahlen und sich dabei an dem Bodenwert (des unbebauten Grundstücks) orientieren:

Bodenwert (des unbebauten Grundstücks) einschließlich Wertminderung infolge Wegerechts
21 000 € – 2 500 € = 18 500 €

Dieses Käuferverhalten ist darin begründet, dass der Eigentümer nicht zum Rückbau der baulichen Anlage gezwungen werden kann, d.h., der Käufer verdrängt die Freilegung in die Zukunft und rechnet möglicherweise noch mit einer „Magerrendite" für „Kümmernutzungen", z.B. hier als Lagerfläche unter Zurückstellung des Instandhaltungsrückstaus.

Disponierbare Freilegungskosten   § 16 ImmoWertV V

Bei einer Vermietung des Objekts für Lagerzwecke und einer monatlichen Nettokaltmiete von 2 €/m², einer Nutzfläche von rd. 275 m² sowie Bewirtschaftungskosten von rd 10% ergibt sich:

Jahresnettokaltmiete: 275 m² × 2 €/m² × 12 Monate	=	6 600 €
./. Bewirtschaftungskosten (10%): Jahresreinertrag = 6 600 € × 0,90	=	5 940 €

c) Ertragswertermittlung bei „gestreckter Liquidation":

	Ertragswertermittlung bei „gestreckter Liquidation"			
	Restnutzungsdauer			
	5 Jahre		10 Jahre	
	Wertminderung durch Wegerecht		Wertminderung durch Wegerecht	
	ohne	mit	ohne	mit
Jahresreinertrag	5 940 €	5 940 €	5 940 €	5 940 €
BW – FLK (– WertM$_{Wegerecht}$)	– 12 000 €	– 14 500 €	– 12 000 €	– 14 500 €
./. Bodenwertverzinsungsbetrag bei 8%	+ 960 €	+ 1 160 €	+ 960 €	+ 1 160 €
= RE – [BW – FLK (– WertM$_{Wegerecht}$)]	6 900 €	7 100 €	6 900 €	7 100 €
Vervielfältiger bei 8% und 5 bzw. 10 Jahren	3,99	3,99	6,71	6,71
= RE – [BW – FLK (– WertM$_{Wegerecht}$)] × V	27 531 €	28 329 €	46 299 €	47 641 €
+ [BW – FLK (– WertM$_{Wegerecht}$)]	– 12 000 €	– 14 500 €	– 12 000 €	– 14 500 €
= Ertragswert (vorläufig)	15 531 €	13 829 €	34 299 €	33 141 €
./. Wertminderung wegen Wegerecht (– 2 500 €)				
Diskontierungsfaktor bei 8%	0,68058		0,46319	
./. Diskontierte WertM$_{Wegerecht}$	– 1 701 €		– 1 158 €	
= Ertragswert	**13 830 €**	**13 829 €**	**33 141 €**	**33 141 €**

Das Ergebnis zeigt, dass bei einer gestreckten Liquidation mit einer „Kümmernutzung" der Ertragswert in „beliebiger Höhe" ermittelbar ist. Bei dieser Betrachtung ist von geminderten Bewirtschaftungskosten ausgegangen worden, und auch der Instandhaltungsrückstau wurde nicht berücksichtigt.

Man wird die Liquidation nicht beliebig strecken, aber das *Beispiel* zeigt, dass sich bei einer zeitlichen „Streckung" der Liquidation um etwa 7 Jahre der Bodenwert ergibt.

d) Sachwertermittlung bei gestreckter Liquidation

	Sachwertermittlung		
	Restnutzungsdauer		
	5 Jahre	7 Jahre	10 Jahre
Normalherstellungskosten 2005	300 486 €	300 486 €	300 486 €
Baujahr	1975	1975	1975
Alter in Jahren zum Wertermittlungsstichtag	30	30	30
Gesamtnutzungsdauer	35	37	40
./. Alterswertminderung linear in %	85,714	81,081	75,000
Alterswertgeminderte Normalherstellungskosten 2005	42 927 €	56 849 €	75 122 €
./. Instandsetzungsrückstau	– 15 000 €	– 15 000 €	– 15 000 €
= Wert der baulichen Anlagen	27 927 €	41 849 €	60 122 €
+ [BW – FLK (– WertM$_{Wegerecht}$)]	– 14 500 €	– 14 500 €	– 14 500 €
= Sachwert	13 427 €	27 349 €	45 622 €
Ertragswert zum Vergleich	**13 830 €**	**21 490 €**	**33 141 €**

Die Differenz zwischen Sach- und Ertragswert spreizt sich mit der Zunahme des Liquidationszeitraumes. Dies ist darin begründet, dass

– der Sachwert mit der Verlängerung des Liquidationszeitraumes deutlich ansteigt, weil die Alterswertminderung erheblich abnimmt, und der Ertragswert im Hinblick auf die „Kümmernutzung" weitaus geringer ansteigt und die diskontierte Rendite mit der Zeit abnimmt.

5.2.8 Beleihungswertermittlung

5.2.8.1 Überblick

▶ *Hierzu auch Teil X Rn. 334 ff.*

198 Der in § 16 Abs 3 ImmoWertV geregelte Liquidationsfall ist in § 13 Abs. 1 BelWertV noch in Anlehnung an § 20 Abs. 1 WertV 88 geregelt. Insoweit besteht auch kein Unterschied zur ImmoWertV, denn § 16 Abs. 3 ImmoWertV entspricht materiell dem bisherigen § 20 Abs. 1 WertV; die Nachfolgeregelung geht aber über den bisher in § 20 Abs. 1 WertV geregelten Sachverhalt einer sofortigen Freilegung hinaus und ist auch für die Fälle einschlägig, in denen die Freilegung „alsbald" erwartet werden kann (gestreckte Liquidation).

199 § 13 Abs. 1 BelWertV enthält keine vergleichbare Regelung insbesondere für den Fall, dass aufgrund mietvertraglicher bzw. mietrechtlicher Regelungen die sofortige Freilegung (Abbruch) nicht möglich ist. Die BelWertV enthält stattdessen

a) Vorgaben für die Anwendung des Ertragswertverfahrens auf Grundstücke, deren bauliche Anlagen eine Restnutzungsdauer von weniger als 30 Jahren aufweisen (§ 13 Abs. 2 BelwertV), und

b) in einer weiteren Vorschrift (§ 13 Abs. 3 BelWertV) ergänzende Vorgaben für die Bodenwertermittlung bei Anwendung des Ertragswertverfahrens auf Grundstücke, bei denen der Bodenwert mehr als die Hälfte des Ertragswerts i.S. der BelWertV ausmacht.

§ 20 WertV 88/98 Ermittlung des Ertragswerts in besonderen Fällen	§ 13 BelWertV Ermittlung des Ertragswerts in besonderen Fällen
(1) Verbleibt bei der Minderung des Reinertrags um den Verzinsungsbetrag des Bodenwerts nach § 16 Abs. 2 kein Anteil für die Ermittlung des Ertragswerts der baulichen Anlagen, so ist als Ertragswert des Grundstücks nur der Bodenwert anzusetzen. Der Bodenwert ist in diesem Fall um die gewöhnlichen Kosten zu mindern, insbesondere Abbruchkosten, die aufzuwenden wären, damit das Grundstück vergleichbaren unbebauten Grundstücken entspricht, *soweit diese im gewöhnlichen Geschäftsverkehr berücksichtigt werden.*	(1) Verbleibt bei der Minderung des Reinertrags um den Verzinsungsbetrag des Bodenwerts nach § 9 Abs. 2 kein Anteil für die Ermittlung des Ertragswerts der baulichen Anlagen, so ist als Ertragswert des Beleihungsobjekts abweichend von § 8 Abs. 3 nur der Bodenwert anzusetzen. Der Bodenwert ist in diesem Fall um die gewöhnlichen Kosten zu mindern, die aufzuwenden wären, um das Grundstück vergleichbaren unbebauten Grundstücken anzugleichen. Gewöhnliche Kosten im Sinne des Satzes 2 sind insbesondere die Abbruchkosten für die baulichen Anlagen.
(2) Wenn das Grundstück aus rechtlichen oder sonstigen Gründen alsbald nicht freigelegt und deshalb eine dem Bodenwert angemessene Verzinsung nicht erzielt werden kann, ist dies bei dem nach Absatz 1 Satz 2 verminderten Bodenwert für die Dauer der Nutzungsbeschränkung zusätzlich angemessen zu berücksichtigen. Der so ermittelte Bodenwert zuzüglich des kapitalisierten, aus der Nutzung des Grundstücks nachhaltig erzielbaren Reinertrags ergeben den Ertragswert. Der für die Kapitalisierung des nachhaltig erzielbaren Reinertrags maßgebende Vervielfältiger bestimmt sich nach der Dauer der Nutzungsbeschränkung und dem der Grundstücksart entsprechenden Liegenschaftszinssatz.	*(2) Bei einer Restnutzungsdauer der baulichen Anlage von weniger als 30 Jahren ist auch der Anteil des Bodenwerts am Ertragswert des Grundstücks auf die Restnutzungsdauer des Gebäudes zu kapitalisieren oder es müssen die Abbruchkosten der baulichen Anlagen ermittelt, ausgewiesen und vom Ertragswert abgezogen werden.*

§ 20 WertV 88/98　Ermittlung des Ertragswerts in besonderen Fällen	§ 13 BelWertV　Ermittlung des Ertragswerts in besonderen Fällen
(3) Stehen dem Abriss der Gebäude längerfristig rechtliche oder andere Gründe entgegen und wird den Gebäuden nach den Verhältnissen des örtlichen Grundstücksmarkts noch ein Wert beigemessen, kann der Ertragswert nach den §§ 15 bis 19 mit einem Bodenwert ermittelt werden, der von dem Wert nach § 15 Abs. 2 abweicht. Bei der Bemessung dieses Bodenwerts ist die eingeschränkte Ertragsfähigkeit des Grundstücks sowohl der Dauer als auch der Höhe nach angemessen zu berücksichtigen.	*(3) In Fällen, in denen der Bodenwert mehr als die Hälfte des Ertragswerts ausmacht, sind im Gutachten die bei der Ermittlung des Bodenwerts zugrunde gelegten Annahmen im Einzelnen zu begründen und die Voraussetzungen für eine Ersatzbebauung und die dafür gegebenenfalls notwendigen Aufwendungen besonders darzulegen.*

200 Die **BelWertV** enthält keine Regelung zur Behandlung von anstehenden Freilegungen im Rahmen des Sachwertverfahrens. Bei Anwendung des Sachwertverfahrens „schlägt" der Bodenwert stets in voller Höhe auch auf den Sachwert (B) „durch". Die Vorgaben des § 13 Abs. 2 und 3 BelWertV müssten auch hier entsprechend gelten, zumal das **Sachwertverfahren** bei Ein- und Zweifamilienhäusern für sich allein zur Anwendung kommen kann.

5.2.8.2 Beleihungswertermittlung bei sofortiger Freilegung (§ 13 Abs. 1 BelWertV)

201 Verbleibt bei Anwendung des Ertragswertverfahrens bei der dafür vorgeschriebenen Minderung des Reinertrags um den Verzinsungsbetrag des Bodenwerts kein Anteil für die Ermittlung des Ertragswerts der baulichen Anlagen, soll „als Ertragswert" allein der um die Freilegungskosten verminderte Bodenwert ermittelt werden. Liegen die Anwendungsvoraussetzungen vor, übersteigt der (unverminderte) Bodenwert zwangsläufig den Ertragswert. Für den Fall einer sofort anstehenden Freilegung entspricht die Vorgabe der BelWertV materiell der ImmoWertV.

5.2.8.3 Ertragswertermittlung für Grundstücke, deren Bebauung eine Restnutzungsdauer von weniger als 30 Jahre aufweist (§ 13 Abs. 2 BelWertV)

a) Vorbemerkung

202 Das der Ertragswertermittlung nach den Grundsätzen der BelWertV zugrunde liegende mathematische Modell entspricht dem Standardverfahren nach § 17 Abs. 2 Nr. 1 ImmoWertV:

$$EW (B) = (RE - p \times BW) \times V + BW$$

wobei:

RE = Reinertrag
P = Liegenschaftszinssatz bzw. Kapitalisierungszinssatz
BW = Bodenwert
V = Vervielfältiger

203 Es handelt sich bei genauerer Betrachtung um eine vereinfachte mathematische Form, denn eigentlich ist der Bodenwert stets um die Freilegungskosten zu vermindern, die nach Ablauf der Restnutzungsdauer der baulichen Anlage anfallen (vgl. Syst. Darst. des Ertragswertverfahrens Rn. 8, 41)[75].

---

75 Mit der ImmoWertV wird die Anwendung der (eigentlich) vollständigen Formel indessen nicht vorgeschrieben, weil bei Anwendung dieser Formel auf ein Grundstück, dessen Bebauung eine lange Restnutzungsdauer aufweist, ein unnötiger Rechenaufwand betrieben würde, denn unter diesen Voraussetzungen ist – wie bereits erläutert – ein fehlerhafter Bodenwert für das Ergebnis bedeutungslos, so dass auf den Abzug der Freilegungskosten verzichtet werden kann. Es kommt hinzu, dass nicht in jedem Fall eine Freilegung absehbar ist.

204 Die vollständige Formel lautet mithin:

$$EW(B) = (RE - p \times [BW - FLK]) \times V + [BW - FLK]$$

wobei:
FLK = Freilegungskosten (Kosten des Abbruchs)

205 Im diametralen Unterschied zur ImmoWertV wird mit § 13 Abs. 2 BelWertV nicht vorgeschrieben, dass bei Anwendung des Ertrags- oder Sachwertverfahrens auf Objekte, die baulich noch genutzt werden, bei denen aber mit einer alsbaldigen Freilegung zu rechnen ist (sog. Liquidationsobjekte), der Bodenwert um die Freilegungskosten zu mindern ist. Dies ergab sich aus § 20 Abs. 2 WertV 88/98 und ergibt sich nunmehr aus § 16 Abs. 3 i.V.m. § 17 Abs. 2 bzw. § 21 Abs. 1 ImmoWertV. Nach dem Wortlaut des § 13 Abs. 2 BelWertV soll auch bei entsprechenden Objekten, deren Bebauung eine Restnutzungsdauer ≤ 30 Jahre aufweist, das Standardverfahren des § 17 Abs. 2 Nr. 1 ImmoWertV Anwendung finden. Eine mit der Vorgabe des § 16 Abs. 3 ImmoWertV vergleichbare Reduktion des Bodenwerts ist nicht vorgeschrieben.

206 Mit § 13 Abs. 2 BelWertV wird das allgemeine (zweigleisige) Ertragswertverfahren (nach den §§ 8 ff. BelWertV) für den Fall, dass die baulichen Anlagen des Grundstücks eine kurze Restnutzungsdauer aufweisen (RND < 30 Jahre), lediglich dahingehend modifiziert, dass

a) entweder „auch der Anteil des Bodenwerts am Ertragswert" nur auf die Restnutzungsdauer (der baulichen Anlagen) zu kapitalisieren ist oder (alternativ)

b) die Abbruchkosten der vorhandenen baulichen Anlagen ermittelt, ausgewiesen und vom Ertragswert abgezogen werden müssen.

207 Die unter b) genannte Alternative stellt eine Regelung dar, die generell zur Anwendung kommen kann, wenn die Restnutzungsdauer der baulichen Anlage ≤ als 30 Jahre ist, unabhängig davon, ob es sich um einen Liquidationsfall i.S. des § 13 Abs. 1 BelWertV handelt.

b) Alternative 1: Kapitalisierung des „Bodenertragsanteils" über die Restnutzungsdauer des Gebäudes

208 Bei Anwendung dieses Lösungswegs soll („alternativ" zum 2. Lösungsweg) der „Anteil des *Bodenwerts am Ertragswert*" nur über die Restnutzungsdauer des Gebäudes kapitalisiert werden. Was unter dem „Anteil des Bodenwerts am Ertragswert" zu verstehen ist, wird in der BelWertV nicht definiert. Bei semantischer Auslegung dürfte es sich um die „angemessene Verzinsung des Bodenwerts" i.S. des § 9 Abs. 2 Satz 1 BelWertV handeln, die in Satz 2 dieser Vorschrift auch als der „Verzinsungsbetrag" des Bodenwerts, mithin als der (jährliche) „Bodenwertverzinsbetrag" (p × BW) bezeichnet wird. Dieser Betrag wird bereits nach der allgemeinen Ertragswertformel (als ein vom Reinertrag abzuziehender Betrag) stets nur über die Restnutzungsdauer des Gebäudes kapitalisiert, so dass der Wortlaut dieser Vorschrift keinen Sinn ergibt.

209 Die **allgemeine Ertragswertformel** hat nämlich folgende mathematische Form:

$$EW = (RE - [p \times BW]) \times V + BW$$

V in Abhängigkeit von der Restnutzungsdauer

c) Alternative 2: Abzug der Abbruchkosten vom Ertragswert

210 Auch die mit § 13 Abs. 2 BelWertV alternativ zugelassene Regelung, nämlich der vorgeschriebene „Abzug" der Abbruchkosten (Freilegungskosten) vom Ertragswert, stellt eine wertermittlungstechnisch fragwürdige und zudem auch unklar formulierte Regelung dar.

Beleihungswertermittlung § 16 ImmoWertV V

Nach den §§ 8 bis 12[76] i.V.m dem mit § 13 Abs. 2 BelWertV vorgeschriebenen Abzug der Freilegungskosten (FLK) von dem Ertragswert ergibt sich folgende mathematische Form: **211**

$$EW_{Liquidation} = \underbrace{(RE - (BW - [p \times BW])) \times V + BW}_{\text{Ertragswert nach den §§ 8 bis 12 BelWertV}} - \boldsymbol{FLK}$$

Finanzmathematisch wäre dies eine falsche und durch die Besonderheiten der Beleihung nicht zu rechtfertigende Formel, da dann auch der Bodenwertverzinsungsbetrag unter Berücksichtigung des um die Freilegungskosten verminderten Bodenwerts zu ermitteln wäre. Wenn nämlich nur ein entsprechend verminderter Bodenwert zum Ansatz kommt, vermindert sich auch das in den Grund und Boden investierte Kapital entsprechend. **212**

Beispiel: **213**

Bodenwert BW (baureif, d.h. im unbebauten Zustand)	=	550 000 €
Freilegungskosten FLK	=	50 000 €
Reinertrag RE (RoE abzüglich besonderer Bewirtschaftungskosten)	=	20 000 €
Restnutzungsdauer n	=	5 Jahre
Liegenschaftszinssatz p	=	5,0 %
Kapitalisierungszinssatz p'	=	5,5 %
Vervielfältiger $V_{(p = 5,0; n = 5)}$	=	4,3294131

Zwecks direkten Vergleichs wird der Beleihungswert nach § 13 Abs. 2 BelWertV mit dem Liegenschaftszinssatz von 5 % berechnet. **214**

$EW = (RE - p \times [BW - FLK]) \times V + [BW^{-n} - FLK]$ § 17 Abs. 2 Nr. 1 ImmoWertV	$EW = RE \times V + (BW - FLK) / \times q^{-n}$ § 17 Abs. 2 Nr. 2 ImmoWertV	$EW = (RE - [p \times BW]) \times V + BW^{-n} - FLK$ § 13 Abs. 2 BelWertV
RE = 20 000 €	RE = 20 000 €	RE = 20 000 €
BW = 550 000 €		BW = 550 000 €
– FLK = 50 000 €		
$BW_{vermindert}$ = 500 000 €		
(BW – FLK) × p = – 25 000 €		BW × p = –27 500 €
RE – [(BW – FLK) × p] = – 5 000 €		RE – (BW × p) = – 7 500 €
(RE – [(BW – FLK) × p]) × V = – 21 647 €	RE × V = 86 588 €	(RE – [BW × p]) × V = – 32 471 €
BW = 550 000 €	BW = 550 000 €	+ BW = + 550 000 €
– FLK = 50 000 €	FLK = 50 000 €	– FLK = – 50 000 €
$BW_{vermindert}$ = 500 000 € = + 500 000 €	BW_{ve} = 500 000 €	EW = **467 529 €**
EW = **478 353 €**	× q⁵ (0,7835262) = 391 763 €	Falsch
	EW = **478 351 €**	

5.2.8.4 Ertragswertermittlung bei einem Bodenwertanteil von mehr als 50 % des Ertragswerts (§ 13 Abs. 3 BelWertV)

Nach § 13 Abs. 3 BelWertV sind (beschränkt) auf die Fälle, *„in denen der Bodenwert mehr als die Hälfte des Ertragswerts ausmacht, ... im Gutachten die bei der Ermittlung des Bodenwerts zugrunde gelegten Annahmen im Einzelnen zu begründen und die Voraussetzungen für eine Ersatzbebauung und die dafür gegebenenfalls notwendigen Aufwendungen besonders darzulegen".* **215**

Die Vorschrift ist einerseits darin begründet, dass ein fehlerhafter Bodenwert bei Anwendung des Ertragswertverfahrens auf Grundstücke, deren Bebauung eine lange Restnutzungsdauer aufweist, allenfalls marginal auf das Ergebnis der Ertragswertermittlung durchschlägt und ein hoher Bodenwertanteil (am Ertragswert) ein Indiz für eine unwirtschaftliche Grundstücksnutzung ist, die per se liquidationsverdächtig ist. Dies steht im Einklang mit der Regelung des **216**

---

[76] § 8 Abs. 3 BelWertV: „(3) Bodenwert und Ertragswert der baulichen Anlage ergeben vorbehaltlich § 13 den Ertragswert des Beleihungsobjekts.".

§ 13 Abs. 1 BelWertV, nach der „als Ertragswert" der um die Freilegungskosten verminderte Bodenwert anzusetzen ist, wenn der Bodenwertverzinsungsbetrag den Reinertrag überschreitet. Der Ertragswert wird dann also entscheidend durch den Bodenwert bestimmt und deshalb sollen nach Sinn und Zweck der Regelung des § 13 Abs. 3 BelWertV die *der Ermittlung des Bodenwerts zugrunde gelegten Annahmen im Einzelnen begründet werden.*

5.2.8.5 Zusammenfassung

217 Die Vorschriften der BelWertV sind fachlich und „handwerklich" völlig misslungen und geeignet, das Vertrauen in die Beleihungswertermittlung zu erschüttern.

218 Bei Anwendung des (allgemeinen) Ertragswertverfahrens auf ein Grundstück, dessen Bebauung eine kurze Restnutzungsdauer erwarten lässt (Liquidationsobjekte), liegen die Verhältnisse anders. Die Realisierung des vollen Bodenwerts und auch die Kosten der Freilegung des Grundstücks fallen schon in einer absehbaren Zeit an und ein fehlerhafter Bodenwert „schlägt" auf den Ertragswert, unabhängig davon durch, ob man das Ertragswertverfahren nach § 17 Abs. 2 Nr. 1 ImmoWertV, das die BelWertV übernommen hat, oder das Ertragswertverfahren nach § 17 Abs. 2 Nr. 2 ImmoWertV anwendet.

$$EW\ (B) = (RE - p \times [BW - FLK]) \times V + [BW - FLK] \qquad = RE \times V + (BW - FLK) \times q^{-n}$$

Ertragswertverfahren § 17 Abs. 2 Nr. 1 ImmoWertV   Ertragswertverfahren § 17 Abs. 2 Nr. 2 ImmoWertV

wobei:
n = Restnutzungsdauer

5.2.9 Steuerliche Bewertung

219 In der steuerlichen Einheitsbewertung wird Grundstücken, deren bauliche Anlagen baulich nicht nutzbar sind, mit der Regelung des § 77 BewG Rechnung getragen. Danach gilt für entsprechend bebaute Grundstücke der sog. **Mindestwert**. Die Vorschrift hat folgende Fassung:

> „Der für ein bebautes Grundstück anzusetzende Wert darf nicht geringer sein als der Wert, mit dem der Grund und Boden allein als unbebautes Grundstück zu bewerten wäre. Müssen Gebäude oder Gebäudeteile wegen ihres baulichen Zustands abgebrochen werden, so sind die Abbruchkosten zu berücksichtigen."

220 Nach Art. 7 des Steueränderungsgesetzes vom 18.8.1969 (BGBl. I 1969, 1211) ist die Vorschrift im **Hauptfeststellungszeitraum 1964** jedoch in folgender Fassung anzuwenden:

> „Der für ein bebautes Grundstück anzusetzende Wert darf nicht geringer sein als 50 vom Hundert des Werts, mit dem der Grund und Boden allein als unbebautes Grundstück zu bewerten wäre."

221 Eine entsprechende Regelung sieht auch § 146 Abs. 6 BewG für Zwecke der **Grundbesitzbewertung** (Erbschaft- und Schenkungsteuer) vor.

6 Abweichungen der realisierten Nutzung von der zulässigen bzw. lagetypischen Nutzung (§ 16 Abs. 4 ImmoWertV)

▶ Vgl. § 5 ImmoWertV Rn. 89; § 6 ImmoWertV Rn. 35 ff., 75 ff; § 8 ImmoWertV Rn. 368, 384; Teil VIII Rn. 275, 400, 514; Syst. Darst. des Ertragswertverfahrens Rn. 284 ff.

6.1 Allgemeines

Mit § 16 Abs. 4 ImmoWertV wird erstmals die in den Vorauflagen dieses Werks[77] stets vertretene Auffassung in die Verordnung aufgenommen, nach der Abweichungen der auf einem Grundstück realisierten Nutzung (Bebauung) von der zulässigen bzw. lagetypischen Nutzung bei der Bodenwertermittlung zu berücksichtigen sind. Dies war bislang nur in § 28 Abs. 3 WertV 88/98 für die Bemessung von Ausgleichsbeträgen nach § 154 BauGB in förmlich festgelegten Sanierungsgebieten bzw. Entwicklungsbereichen geregelt (vgl. Teil VIII Rn. 285 ff.).

Die mit § 16 Abs. 4 ImmoWertV vorgeschriebene Berücksichtigung von Abweichungen der auf einem Grundstück realisierten Nutzung (Bebauung) von der zulässigen bzw. lagetypischen Nutzung muss insbesondere auch bei der Ertrags- und Sachwertermittlung nach den §§ 17 ff. ImmoWertV zur Anwendung kommen; dies ergibt sich aus den entsprechenden Verweisen in § 17 Abs. 2 Satz 1 und § 21 Abs. 1 Satz 1 ImmoWertV auf § 16 ImmoWertV.

Die besonderen Maßgaben des § 16 Abs. 4 ImmoWertV sind in Folgendem begründet:

a) Nach der Grundsatzregelung des § 16 Abs. 1 ImmoWertV wird der **Bodenwert eines bebauten Grundstücks mit dem Bodenwert eines vergleichbaren unbebauten Grundstücks** ermittelt; die auf dem Grundstück vorhandene Bebauung bleibt mithin außer Betracht.

b) Darüber hinaus wird mit § 6 Abs. 1 ImmoWertV vorgegeben, dass der Bodenwertermittlung die Art und das Maß der baulichen Nutzung zugrunde zulegen ist, die sich insbesondere nach den planungsrechtlichen Vorschriften ergeben (§§ 30, 33 und 34 BauGB), d.h., Art und Maß der baulichen Nutzung bestimmen sich grundsätzlich nach der zulässigen Nutzung. Wird vom Maß der baulichen Nutzung in der Umgebung regelmäßig abgewichen, ist die *lagetypische* Nutzung maßgebend, die im gewöhnlichen Geschäftsverkehr zugrunde gelegt wird.

c) Aus alledem folgt, dass sich der **Bodenwert eines bebauten Grundstücks** – wie der Bodenwert eines unbebauten Grundstücks – **nach dem zulässigen bzw. lagetypischen Maß der baulichen Nutzung bestimmt,** das sich auf einem unbebauten Grundstück realisieren ließe.

d) **Weicht nun die auf einem Grundstück realisierte „tatsächliche" Nutzung erheblich von dem zulässigen bzw. lagetypischen Maß der baulichen Nutzung ab,** so ist dies nach § 16 Abs. 4 ImmoWertV insbesondere zu berücksichtigen, wenn durch die vorhandene Bebauung die Nutzbarkeit erheblich beeinträchtigt ist, weil die Bebauung einer Realisierung der zulässigen bzw. lagetypischen Nutzung entgegensteht.

Beispiel:

Auf einem Grundstück, für das bauplanungsrechtlich eine GFZ von 2,0 zulässig ist, ist ein Gebäude mit einer realisierten GFZ von 1,0 errichtet worden. Die Nutzbarkeit ist beeinträchtigt, wenn sich im konkreten Fall

– *die bauplanungsrechtlich zulässige Nutzung weder durch An- oder Aufbauten noch in sonstiger Weise realisieren lässt und*

– *eine Freilegung des Grundstücks zum Zwecke der Realisierung der bauplanungsrechtlich zulässigen Nutzung eine unwirtschaftliche „Vernichtung" der vorhandenen Bausubstanz*

---

[77] Kleiber/Simon, Verkehrswertermittlung von Grundstücken, 5. Aufl. 2007, S. 1262.

bedeuten würde, und es bei wirtschaftlicher Betrachtungsweise oder aus sonstigen Gründen geboten erscheint, die vorhandenen baulichen Anlagen weiter zu nutzen.

226 Als sonstige sich über eine wirtschaftliche Betrachtungsweise hinwegsetzende Gründe kommen vor allem rechtliche Gründe in Betracht, z.B. wenn eine bauliche Anlage aus Gründen des Denkmalschutzes oder nach den §§ 172 ff. BauGB auf Dauer oder nur vorübergehend zu erhalten ist. Umgekehrt findet die Vorschrift keine Anwendung, wenn eine **Freilegung des Grundstücks** nach Maßgabe des § 16 Abs. 3 ImmoWertV **angezeigt** ist, weil damit auch die Realisierung der zulässigen bzw. lagetypischen Nutzung möglich wird.

227 Aus Abweichungen der tatsächlichen Nutzung von der zulässigen bzw. lagetypischen Nutzung resultieren indessen nicht stets Beeinträchtigungen der Nutzbarkeit eines bebauten Grundstücks. Die **Abweichungen können** im konkreten Einzelfall **wertneutral** (z.B. bei unerheblichen Abweichungen), **wertmindernd und werterhöhend sein.** Der Bodenwert eines bebauten Grundstücks kann sich im Verhältnis zum Bodenwert eines unbebauten Grundstücks beispielsweise erhöhen, wenn auf dem Grundstück eine unter Bestandsschutz und möglicherweise auch unter Denkmalschutz fallende Bebauung realisiert wurde, die nach Art und Maß der baulichen Nutzung die sonst zulässige Nutzbarkeit deutlich überschreitet.

228 **Die Nutzbarkeit eines bebauten Grundstücks kann aufgrund der vorhandenen Bebauung im Verhältnis zu seinem unbebauten Zustand vorübergehend** (bis zum Abriss der baulichen Anlage), **aber auch auf Dauer** (bei den auf Dauer zu erhaltenden Denkmälern) **gemindert oder erhöht sein.**

6.2 Anwendungsbereich

6.2.1 Abweichende Nutzungen

229 Der Anwendungsbereich der Vorschrift erstreckt sich neben der sich aus den §§ 30, 33 und 34 BauGB und den sonstigen Vorschriften ergebenden

– **Art der baulichen Nutzung** und

– dem sich daraus ergebenden **Maß der baulichen Nutzung**

– auch auf **Art und Maß „sonstiger" Nutzungen.**

230 Zu den „**sonstigen nach § 6 Abs. 1 ImmoWertV maßgeblichen Vorschriften, die die bauliche Nutzbarkeit betreffen",** gehören beispielsweise

– die Erteilung eines Dispenses, der eine höhere als die in einem Bebauungsplan festgesetzte Nutzung zulässt,

– der Bestandsschutz einer zulässigerweise errichteten baulichen Anlage, die auf einem Grundstück steht, für das im Falle einer beabsichtigten Neuerrichtung der baulichen Anlage (z.B. nach vorheriger Bebauungsplanänderung) keine Baugenehmigung erteilt werden könnte (vgl. § 5 ImmoWertV Rn. 191, 243 ff.; § 6 ImmoWertV Rn. 86),

– die denkmalschutzrechtlichen Bestimmungen, die dem Abriss einer vorhandenen baulichen Anlage entgegenstehen, so dass eine Neubebauung entsprechend einer ansonsten zulässigen Nutzung nicht möglich ist (es ist jedoch möglich, dass der Bebauungsplan ein höheres, aber auch geringeres Maß der baulichen Nutzung vorsieht).

231 Dem angesprochenen Sonderfall einer Abweichung der realisierten von der zulässigen bzw. lagetypischen Nutzung gleichgesetzt wird der Fall einer mit zunehmendem Alter der baulichen Anlage gegenüber einem Neubau qualitativ abfallenden Baugestaltung und -ausstattung, weil auch in diesem Fall die Nutzung nicht in einem angemessenen Verhältnis zum Bodenwert eines unbebauten Grundstücks stünde. Die Berücksichtigung entsprechender Beeinträchtigungen mit einem irgendwie gearteten **„Bebauungsabschlag"** lässt § 16 Abs. 4 ImmoWertV nicht zu. Tatsächlich kann eine ältere Bebauung auch keinesfalls a priori als unwirtschaftlich gelten, denn auch die Altvorderen waren auf Wirtschaftlichkeit bedacht. Was

sich z.B. als unwirtschaftliche Raumhöhe in einem Gründerzeithaus aufdrängt, kann sogar zu höheren Mieterträgen führen. Darüber hinaus sind entsprechende Beeinträchtigungen i.d.R. reparabel.

Als Beispiel einer unwirtschaftlichen Bebauung kann z.B. ein **ungünstiges Verhältnis der Nutz- zur Geschossfläche, also ein** ungünstiger **Nutzflächenfaktor** bzw. ein ungünstiges **Ausbauverhältnis** gelten (vgl. Teil II Rn. 584 ff.). Untersuchungen zur zeitlichen Entwicklung des Nutzflächenfaktors haben z.B. für *München* ergeben, dass der Nutzflächenfaktor dort im Zeitraum von 1899 bis 1960 gerade einmal von 0,72 auf 0,77 gestiegen ist. 232

Ergeben sich im konkreten Fall aus der Baugestaltung und Ausstattung der baulichen Anlagen Beeinträchtigungen, sind sie nicht bei der Bodenwertermittlung, sondern als besondere objektspezifische Grundstücksmerkmale nach § 8 Abs. 3 ImmoWertV zu berücksichtigen. Dabei muss insbesondere bei Anwendung des Ertragswertverfahrens eine Doppelberücksichtigung vermieden werden, denn **bei systemkonformer Ableitung des Liegenschaftszinssatzes (unter Berücksichtigung der Restnutzungsdauer des Gebäudes) wird dem Baustandard älterer Gebäude bereits mit dem Liegenschaftszinssatz Rechnung getragen.** 233

6.2.2 „Erheblich" abweichende Nutzungen

Nach dem Wortlaut des § 16 Abs. 4 ImmoWertV ist nur ein „**erhebliches**" Abweichen der tatsächlichen Nutzung, von der nach § 6 Abs. 1 ImmoWertV maßgeblichen Nutzung zu berücksichtigen. Bei nicht erheblichen Abweichungen findet sie keine Anwendung. Die Verordnung konnte keine „festen" Grenzen vorgeben, denn eine Berücksichtigung ist nur insoweit geboten, wie 234

– es dem gewöhnlichen Geschäftsverkehr entspricht und
– sie auf das Ergebnis der Wertermittlung „durchschlägt".

Dies ist vor allem auch von dem zur Anwendung kommenden Wertermittlungsverfahren abhängig. Während bei Anwendung des Sachwertverfahrens der Bodenwert unmittelbar in das Ergebnis der Sachwertermittlung eingeht, kann bei *Anwendung des Ertragswertverfahrens* in aller Regel auf eine Korrektur des Bodenwerts unter- oder überausgenutzter Grundstücke verzichtet werden, wenn das Gebäude eine Restnutzungsdauer von ≥ 40 Jahren aufweist, d.h. eine Minderung bzw. Erhöhung des Bodenwerts aufgrund eines unter- bzw. übergenutzten Grundstücks ohnehin nur marginal auf das Gesamtergebnis auswirkt. Mit der Minderung bzw. Erhöhung des Bodenwerts geht nämlich komplementär eine Erhöhung bzw. Minderung des Gebäudeertragswerts einher, d.h., sie bewirkt lediglich eine für das Gesamtergebnis unbedeutende „Insichverschiebung" der Boden- und Gebäudeanteile. 235

Beispiel: 236

Wertermittlungsobjekt:
– Bodenwert (BW) i.S. des § 16 Abs. 1 ImmoWertV (= Bodenwert nach zulässiger bzw. lagetypischer Nutzung)   500 000 €
– Bodenwert unter Berücksichtigung der realisierten Nutzung   400 000 €
– Reinertrag (RE)   100 000 €
– Liegenschaftszinssatz p   6%
– Restnutzungsdauer n   40 Jahre

Ermittlung des Ertragswerts

Berechnung 1		*Berechnung 2*	
Bodenwert nach zulässiger bzw. lagetypischer Nutzung („*voller*" Bodenwert i.S. des § 16 Abs. 1 ImmoWertV)		Bodenwert unter Berücksichtigung der realisierten Nutzung	
Bodenwert =	500 000 €	Bodenwert =	400 000 €
Reinertrag	100 000 €	Reinertrag	100 000 €
./. Bodenwertverzinsungsbetrag 500 000 × 6/100 =	30 000 €	./. Bodenwertverzinsungsbetrag: 400 000 × 6/100 =	24 000 €
Differenz: =	70 000 €	Differenz: =	76 000 €
Kapitalisiert bei p = 6 % und n = 40 Jahre Vervielfältiger = 15,05 =	1 053 250 €	Kapitalisiert bei p = 6 % und n = 40 Jahre Vervielfältiger = 15,05 =	1 143 800 €
+ Bodenwert =	500 000 €	+ Bodenwert =	400 000 €
Ertragswert =	**1 553 500 €**	**Ertragswert** =	**1 543 800 €**

Δ 9 700 € ≈ 0,6 %!

237 Im vorstehenden *Beispiel* führt eine Minderung des „vollen" Bodenwerts um 20% im Gesamtergebnis gerade einmal zu einer Minderung des Ertragswerts um 0,6%. I.d.R. fallen die Bodenwertminderungen unter Anwendung der vorgestellten Methodik weitaus geringer aus und die einschlägigen Vorgaben des § 8 Abs. 3 ImmoWertV können bei Anwendung des Ertragswertverfahrens unbeachtlich bleiben.

6.3 Ermittlung der Bodenwertminderung bzw. Bodenwerterhöhung

6.3.1 Allgemeines

▶ *Vgl. Syst. Darst. des Vergleichswertverfahrens Rn. 218*

238 Ausgangspunkt der Bodenwertermittlung unter Berücksichtigung von einer erheblichen Abweichung der realisierten Nutzung von der zulässigen bzw. lagetypischen Nutzbarkeit eines Grundstücks ist der sich auf der Grundlage der auf dem Grundstück realisierten Nutzung ergebende Bodenwert (BW_{real}). Daneben muss der sich auf der Grundlage der zulässigen bzw. lagetypischen Nutzung ergebende Bodenwert ($BW_{zul/lag}$) ermittelt werden.

239 Die aus beiden Bodenwerten ergebende Bodenwertdifferenz ($BW_{zul/lag} - BW_{real}$) stellt jedoch noch nicht die Bodenwertminderung oder -erhöhung dar, denn die auf dem Grundstück vorhandene Bebauung blockiert die Realisierung der zulässigen bzw. lagetypischen Nutzung solange, wie die vorhandene bauliche Anlage noch genutzt wird. Die Bodenwertdifferenz muss deshalb über die am Wertermittlungsstichtag gegebene Restnutzungsdauer der baulichen Anlage abgezinst werden.

240 Zur Ermittlung des Bodenwerts eines bebauten Grundstücks unter Berücksichtigung von Abweichungen der tatsächlichen Nutzung von der zulässigen bzw. lagetypischen Nutzung wird deshalb der Bodenwert auf der Grundlage der realisierten Nutzung ermittelte Ausgangswert

– im Falle einer **Unternutzung** um die diskontierte Bodenwertdifferenz aufgestockt bzw.
– im Falle einer **Übernutzung** um die diskontierte Bodenwertdifferenz vermindert.

241 In Formeln:

$$BW = BW_{real} + (BW_{zul/lag} - BW_{real}) \times q^{-n}$$

wobei

BW_{real} = Bodenwert aufgrund realisierter Nutzung
$BW_{zul/lag}$ = Bodenwert aufgrund zulässiger bzw. lagetypischer Nutzung
q = Zinsfaktor = 1 + Zinssatz/100 = 1 + p
n = Restnutzungsdauer in Jahren

Abweichungen der Nutzung §16 ImmoWertV V

Die **Abzinsung** ist **über** die Dauer vorzunehmen, die die bauliche Anlage unter Berücksichtigung ihres Bestandsschutzes entsprechend ihrer **Restnutzungsdauer** voraussichtlich genutzt wird, sofern nicht aus anderen rechtlichen Gründen ein vorheriger Abbruch erwartet werden muss. **242**

Bei einer auf Dauer zu erhaltenden baulichen Anlage mit einer (zumindest theoretisch) gegen unendlich strebenden Restnutzungsdauer, wie z.B. bei **denkmalgeschützten Gebäuden**, führt diese Vorgehensweise dazu, dass das Korrekturglied in der Formel gegen null geht und der Bodenwertermittlung die tatsächlich mit dem Denkmal realisierte Nutzung zugrunde gelegt wird. Diese kann niedriger, aber auch höher als die nach den heute geltenden bauplanungsrechtlichen Vorschriften zulässige Nutzbarkeit sein. In der Praxis, so z.B. in *Hamburg*, werden deshalb zu Recht Abweichungen der realisierten von der rechtlich zulässigen und lagetypischen Nutzung nur besonders berücksichtigt, wenn die vorhandene Nutzung nach Art und Maß nicht nachhaltig ist, so z.B. wenn die vorhandene Bebauung eine wirtschaftliche Restnutzungsdauer von weniger als 30 Jahren hat.[78] **243**

6.3.2   Maß der baulichen Nutzung

Hauptanwendungsfall des § 16 Abs. 4 ImmoWertV sind Abweichungen des realisierten Maßes der baulichen Nutzung von dem zulässigen Maß der baulichen Nutzung. Die sich aus dem abweichenden Maß des baulichen Nutzung ergebende Bodenwertdifferenz lässt sich dabei unter Heranziehung der Umrechnungskoeffizienten für Grundstücke mit unterschiedlichem Maß der baulichen Nutzung (§ 12 ImmoWertV) ermitteln (vgl. Abb. 18) **244**

Abb. 18: Berücksichtigung von Abweichungen des Maßes der tatsächlichen Bebauung eines Grundstücks von dem rechtlich zulässigen bzw. lagetypischen Maß der baulichen Nutzung (i.S. des § 6 Abs. 1 ImmoWertV)

Berücksichtigung von Abweichungen des Maßes der tatsächlichen Bebauung eines Grundstücks von dem rechtlich zulässigen bzw. lagetypischen Maß der baulichen Nutzung (i.S. des § 6 Abs. 1 ImmoWertV) bei der Bodenwertermittlung

$$BW = BW_{real} + (BW_{zul/lag} - BW_{real}) \times 1/q^n$$

wobei:
BW_{real} = Bodenwert aufgrund realisierter Nutzung
$BW_{zul/lag}$ = Bodenwert aufgrund zulässiger bzw. lagetypischer Nutzung
q = Zinsfaktor = 1+Zinssatz/100 = 1 + p
n = Restnutzungsdauer

Beispiele:

a) bei **Unterschreitung der rechtlich zulässigen Nutzung**
BW_{real} bei GFZ von 0,8   = 244 €/m²
$BW_{zul/lag}$ bei GFZ von 1,2 = 300 €/m²
Liegenschaftszinssatz p   = 5 %
Restnutzungsdauer n   = 20 Jahre
$BW = 244\ €/m^2 + 56\ €/m^2 \times 1/1,05^{20} = 265\ €/m^2$

b) bei **Überschreitung der rechtlich zulässigen Nutzung**
BW_{real} bei GFZ von 1,2   = 300 €/m²
$BW_{zul/lag}$ bei GFZ von 0,8 = 244 €/m²
Liegenschaftszinssatz p   = 5
Restnutzungsdauer n   = 20 Jahre
$BW = 300\ €/m^2 - 56\ €/m^2 \times 1/1,05^{20} = 279\ €/m^2$

c) bei „auf Dauer" zu erhaltenden Gebäuden (Denkmäler)
$\lim_{n \to \infty} \frac{1}{q^n} = 0 \quad BW = BW_{real}$

© W. Kleiber 2009

---

[78] Vgl. AK Wertermittlung des Deutschen Städtetages, Vorbericht zu TOP 8 der Sitzung am 11.11.1991.

245 *Beispiel:*

a) Sachverhalt (Abb. 19)

- Der Bodenwert betrage bei einer zulässigen bzw. lagetypischen Nutzung mit einer GFZ von 1,0 = 400 €/m².
- Auf einem Grundstück sei eine GFZ von 0,6 realisiert worden.
- Die Restnutzungsdauer des Gebäudes liege bei 40 Jahren.

Abb. 19: Unternutzung

Kann dabei (im Falle der Unternutzung) die vorhandene Bebauung der bauplanungsrechtlich zulässigen bzw. lagetypischen Nutzung nicht durch An- oder Aufbauten angeglichen werden, kann sich daraus eine Bodenwertminderung ergeben. Im Falle der Übernutzung kann sich eine Bodenwerterhöhung ergeben.

Wertminderung und Werterhöhung lassen sich auf der Grundlage des Unterschieds der Bodenwerte ermitteln, die sich für das Grundstück auf der Grundlage

- der realisierten Geschossflächenzahl (GFZ) und
- der bauplanungsrechtlich zulässigen bzw. lagetypischen Geschossflächenzahl (GFZ)

ergeben.

Die Bodenwertunterschiede lassen sich mit Hilfe der Anl. 11 der WERTR ermitteln, sofern keine ortsüblichen Umrechnungskoeffizienten für das Verhältnis GFZ/GFZ vorliegen. Diese Bodenwertunterschiede sind sodann nach der vorstehend beschriebenen Methode zu berücksichtigen.

Ausgangspunkt für die **Ermittlung des gegenüber einem unbebauten Grundstück im Wert geminderten bzw. erhöhten Bodenwerts** ist zunächst der Bodenwert, der sich nach dem realisierten Maß der baulichen Nutzung (GFZ) ergibt. Dieser Bodenwert ist dann

- im Falle einer **Unternutzung** um die diskontierte Werterhöhung „aufzustocken", die nach Ablauf der Restnutzungsdauer im Hinblick auf die zulässige Nutzbarkeit bzw. lagetypische Nutzung dann realisiert werden kann bzw.
- im Falle einer **Übernutzung** um die diskontierte Wertminderung „abzusenken", die nach Ablauf der Restnutzungsdauer im Hinblick auf die zulässige Nutzbarkeit bzw. lagetypische Nutzung im Neubaufall realisierbar wäre.

Abweichungen der Nutzung § 16 ImmoWertV V

b) Wertermittlung

Bodenwert bei einer zulässigen bzw. lagetypischen Nutzung mit einer GFZ von 1,0 = 400 €/m² **246**
Ermittlung des Bodenwerts bei einer GFZ von 0,6 auf der Grundlage folgender:

Umrechnungskoeffizienten gemäß Anl. 11 WERTR bei einer
GFZ von 0,6 = 0,78
GFZ von 1,0 = 1,00

$$BW_{GFZ=0,6} = 400 \text{ €/m}^2 \times 0,78 = 1,00 \text{ €/m}^2 / 312 \text{ €/m}^2$$

$$\text{Bodenwertdifferenz } (BW_{zul/lag} - BW_{real}) = 400 \text{ €/m}^2 - 312 \text{ €/m}^2 = 88 \text{ €/m}^2$$

Bodenwert unter Berücksichtigung des realisierten Maßes der baulichen Nutzung:

$$BW = BW_{real} + (BW_{zul/lag} - BW_{real}) \times q^{-n}$$

$$BW = 312 \text{ €/m}^2 + 88 \text{ €/m}^2 \times 1,06^{-40} = 320 \text{ €/m}^2$$

bei einem Zinssatz von 6%

6.3.3 Art der baulichen Nutzung

Was in Abb. 18 bispielhaft für Abweichungen im Maß der baulichen Nutzung erläutert wird, gilt **247**
gleichermaßen für **Abweichungen der realisierten von der bauplanungsrechtlich zulässigen Nutzungsart.** Dies verlangt ausdrücklich auch § 6 Abs. 1 ImmoWertV. Als Beispielsfall kann die sich aus einer Zweckentfremdungsverordnung ergebende Erhaltspflicht einer Wohnnutzung gelten, wenn andererseits das Grundstück einer höherwertigen Büronutzung zugeführt würde (vgl. Nr. 2.3.4.2 WERTR).

Beispiel: **248**

a) Sachverhalt (Abb. 20)

– Das zu bewertende Grundstück liegt an einer großstädtischen Ausfallstraße (mit hohem Verkehrsaufkommen) in einem allgemeinen Wohngebiet (WA). Das Grundstück wird jedoch abweichend von der übrigen Bebauung mit einem gewerblich ausgelegten und genutzten Mehrzweckgebäude genutzt.
– Das Grundstück ist erschlossen, jedoch erschließungsbeitragspflichtig; es ist mit einem Erschließungsbeitrag in Höhe von 100 000 € zu rechnen.
– Das 6 469 m² große Grundstück weist in Bezug auf die vorhandene Bebauung eine Übergröße aus; die selbständig nutzbare Teilfläche i.S. des § 17 Abs. 2 Satz 2 beläuft sich auf rd. 580 m²; die der Bebauung zurechenbare Umgriffsfläche beläuft sich mithin auf 5 889 m².
– Der für das Belegenheitsgebiet ausgewiesene Bodenrichtwert beläuft sich auf 200 €/m² (ebf); dem Bodenrichtwert zugeordnet ist die im Belegenheitsgebiet zulässige WA-Nutzung sowie das dort zulässigen Maß der baulichen Nutzung, das auch realisiert wurde.
– Für die gegenüber der Ausfallstraße gelegene Bodenrichtwertzone wird ein Bodenrichtwert von 150 €/m² (ebf) ausgewiesen; dem Bodenrichtwert ist eine GE-Nutzung sowie das auch im WA Gebiet zulässige Maß der baulichen Nutzung zugeordnet.
– Die Restnutzungsdauer des Gebäudes liegt bei 14 Jahren.
– Die Freilegungskosten wurden mit 300 000 € ermittelt.
– Der am Wertermittlungsstichtag marktüblich erzielbare Jahresreinertrag wurde mit 60 000 € ermittelt.
– Der Liegenschaftszinssatz beläuft sich auf 6,5 %.

Abb. 20: Abweichende Art der baulichen Nutzung

b) **Wertermittlung**

Bodenwert bei einer zulässigen bzw. lagetypischen WA Nutzung	=	200 €/m²
Bodenwert bei einer zulässigen bzw. lagetypischen GE Nutzung	=	150 €/m²
Bodenwertdifferenz:	=	50 €/m²

Bodenwert unter Berücksichtigung der realisierten Art der baulichen Nutzung:
BW = 150 €/m² + 50 €/m² × $1{,}065^{-14}$ = rd. 170 €/m² (ebf)
bei einem Zinssatz von 6,5 %

Bodenwert des *Gesamtgrundstücks*: 6 469 m² × 170 €/m²	=	rd. 1 100 000 €	ebf
abzüglich Erschließungsbeitrag	=	– 100 000 €	
Bodenwert des Gesamtgrundstücks i.S. des § 16 Abs. 1 ImmoWertV	=	1 000 000 €	ebp
abzüglich Freilegungskosten	=	– 300 000 €	
Bodenwert des Gesamtgrundstücks i.S. des § 16 Abs. 3 ImmoWertV	=	**700 000 €**	

Bodenwert der *Umgriffsfläche* (6 469 m² – 580 m² = 5 889 m²)			
5 889 m² × 170 €/m² (erschließungsbeitragsfreie Bewertung)	=	rd. 1 000 000 €	
abzüglich Freilegungskosten	=	– 300 000 €	
Bodenwert der Umgriffsfläche i.S. des § 16 Abs. 3 ImmoWertV	=	**700 000 €**	ebf

Ertragswertermittlung nach § 17 Abs. 2 Nr. 1 ImmoWertV:

Jahresreinertrag	=	60 000 €
abzüglich Bodenwertverzinsungsbetrag: 700 000 €* × 0,065	=	45 000 €
Bodenwertverzinsungsbetragsverminderter Reinertrag	=	15 000 €
kapitalisiert mit Vervielfältiger bei RND von 14 Jahren und 6,5 %	=	135 150 € (V = 9,01)
zuzüglich Gesamtbodenwert (ebp und freilegungskostenvermindert)	=	700 000 €
= **Vorläufiger Ertragswert** (vorbehaltlich § 8 Abs. 3 ImmoWertV)	=	**rd. 835 000 €**

* Hinweis: Der Bodenwertverzinsungsbetrag wird für das erschließungsbeitragsfreie Grundstück jedoch abzüglich der Freilegungskosten ermittelt.

c) Nachbetrachtung

Tatsächlich handelt es sich jedoch um ein Liquidationsobjekt, denn bei sofortiger Freilegung des Grundstücks kann ein höherer Wert realisiert werden:

Bodenwert des Gesamtgrundstücks:		
6 469 m² × 200 €/m² (WA Nutzung)	=	1 293 800 €
abzüglich Erschließungsbeitrag	=	− 100 000 €
abzüglich Freilegungskosten	=	− 300 000 €
Liquidationswert	=	rd. 900 000 €

Die anstehende Freilegung ist auch nach den mit § 16 Abs. 2 Nr. 2 ImmoWertV gegebenen Kriterien erkennbar. Nach dieser Vorschrift kann von einer „alsbaldigen Freilegung" ausgegangen werden, wenn der nicht abgezinste Bodenwert ohne Berücksichtigung der Freilegungskosten den im Ertragswertverfahren (§§ 17 bis 20 ImmoWertV) ermittelten Ertragswert erreicht oder übersteigt:

Der nicht abgezinste Bodenwert (ohne Berücksichtigung der Freilegungskosten)	=	1 193 800 €	(= 1 293 800 € − 100 000 €)
übersteigt den Ertragswert (nach den §§ 17 bis 20)	=	835 000 €	deutlich.

6.4 Steuerliche Bewertung

In der **steuerlichen Grundbesitzbewertung** findet bei der Bewertung von bebauten Grundstücken im Ertragswertverfahren nach § 146 BewG bzw. § 184 BewG eine vereinfachende Betrachtungsweise Anwendung. Danach ist im Falle einer Abweichung der tatsächlichen Bebauung von der rechtlich zulässigen Bebauung des Bodenrichtwertgrundstücks das Maß der tatsächlichen Bebauung für die Bodenwertermittlung maßgebend, wenn rechtlich keine Möglichkeit besteht, das Maß der zulässigen baulichen Nutzung durch Erweiterung und Neubau auszuschöpfen[79]. **249**

Auf Antrag des Finanzausschusses des Bundesrates zu **Nr. 176 ErbStR**[80] ist im Rahmen der **Mindestbewertung** folgende Regelung in die ErbStR aufgenommen worden: **250**

„(2)₁Weicht die tatsächliche Bebauung von der rechtlich zulässigen Nutzung des Bodenrichtwertgrundstücks ab, ist dies bei der Wertermittlung nur dann wertmindernd zu berücksichtigen, wenn rechtlich keine Möglichkeit besteht, das Maß der zulässigen baulichen Nutzung durch Erweiterung oder Neubau auszuschöpfen. ₂Das gilt insbesondere für Grundstücke mit Baulasten, soweit sie sich auf das Maß der baulichen Nutzung auswirken, sowie für Grundstücke, die unter Denkmalschutz gestellt sind. ₃Zur Berücksichtigung der Wertminderung in den genannten Ausnahmefällen ist die Geschossflächenzahl nach den Außenmaßen des Gebäudes in allen Vollgeschossen zu ermitteln (§ 20 Abs. 3 Satz 1 BauNVO). ₄§ 20 Abs. 3 Satz 2 BauNVO i.d.F. vom 23. Januar 1990 ist nicht anzuwenden. ₅Die Geschossfläche ist durch die Grundstücksfläche zu teilen und ergibt die der tatsächlichen Nutzung entsprechende Geschossflächenzahl. ₆Die errechnete Geschossflächenzahl und die Geschossflächenzahl des Bodenrichtwertgrundstücks sind in Umrechnungskoeffizienten auszudrücken. ₇Der Bodenwert ist nach folgender Formel zu berechnen:

$$\text{Bodenwert} / m^2 = \frac{\text{Umrechnungskoeffizient für die Geschossflächenzahl des zu bewertenden Grundstücks} \times \text{Bodenrichtwert}}{\text{Umrechnungskoeffizient für die Geschossflächenzahl des Bodenrichtwertgrundstücks}}$$

Nach der Begründung zu dieser Regelung (a.a.O.) soll damit aber nur den Fällen Rechnung getragen werden, in denen die tatsächliche Bebauung *unterhalb* der gesetzlich zulässigen Bebauung bleibt und auch in *absoluten Ausnahmefällen* ausgeschlossen ist, die für ein Gebiet allgemein zulässige Bebauung auszuschöpfen. **251**

---

[79] ErbStR vom 17.3.2003; Erl. des Min. für Finanzen und Energie des Landes Schleswig-Holstein vom 9.10.1997 – VI 310 – S 3014 – 097 – (GuG 1998, 166 = DStZ 1998, 144 = DStR 1997, 1728) versus Erl. des bay. FM vom 15.10.1997 – 17/106 – 53 946 –, GuG 1998, 305; OFD Frankfurt am Main, Vfg. vom 31.10.1997 – S 3289 d A 1 St III 30 –, GuG 1998, 353.

[80] BR-Finanzausschuss (zu Punkt 3 der TO der 709. Sitzung am 25.6.1998), BR-Drucks. 525/1/98.

6.5 Ergänzende Regelungen für Sanierungsgebiete und Entwicklungsbereiche (§ 16 Abs. 4 ImmoWertV)

▶ Vgl. Teil VIII Rn. 285 ff.; § 8 ImmoWertV Rn. 387; § 15 ImmoWertV Rn. 5 ff.

252 Nach § 16 Abs. 5 Satz 5 ImmoWertV sind bei der Ermittlung der sanierungs- oder entwicklungsbedingten Bodenwerterhöhung zur Bemessung von Ausgleichsbeträgen nach § 154 Abs. 1 oder § 166 Abs. 3 Satz 4 BauBG die Anfangs- und Endwerte auf denselben Zeitpunkt zu ermitteln.

253 Die Vorschrift ist aus § 28 Abs. 2 Satz 1 WertV 88 hervorgegangen und stellt einen Fremdkörper innerhalb der Regelungen des § 16 ImmoWertV dar. Sie enthält keinerlei materiellen Regelungen zur Bodenwertermittlung und ist zudem überflüssig, weil sich der Regelungsinhalt bereits aus dem Ausgleichsbetragsrecht des BauGB ergibt (vgl. Teil VIII Rn. 295, 342).

254 Soweit im Rahmen der Ausgleichsbetragsermittlung Abweichungen zwischen der auf dem zu bewertenden Grundstück realisierten und der (nach § 6 Abs. 1 ImmoWertV maßgeblichen) zulässigen bzw. lagetypischen Nutzung bestehen, findet § 16 Abs. 4 ImmoWertV grundsätzlich Anwendung. Die Berücksichtigung von Beeinträchtigungen der zulässigen Nutzung kann allerdings bei der Ermittlung des Anfangswerts problematisch sein und ist i.d.R aus bodenrechtlichen Gründen abzulehnen. Dementsprechend sind auch nach der Rechtsprechung **Beeinträchtigungen der zulässigen bzw. lagetypischen Nutzung nur bei der Ermittlung des Endwerts zu berücksichtigen**[81].

255 In der **amtlichen Begründung** zu der Regelung des § 28 Abs. 2 Satz 2 WertV 88, aus der § 16 Abs. 4 ImmoWertV hervorgegangen ist, wurde im Sinne der vorstehenden Nachfolgeregelung klarstellend festgestellt, dass Satz 2 „nur den Endwert" betrifft, „denn als zulässige Nutzbarkeit im Sanierungs- und Entwicklungsgebiet kann nach dem Sinn der Bestimmung – Einschränkung der Nutzbarkeit durch bestehen bleibende Bebauung – nur der Zustand des Grundstücks nach Abschluss der Sanierungs- und Entwicklungsmaßnahme gemeint sein". Im Schrifttum ist hierzu bereits darauf hingewiesen worden, dass eine andere Auslegung zur Abschöpfung nicht sanierungsbedingter Bodenwerterhöhungen führen kann, die nach den ausgleichsbetragsrechtlichen Bestimmungen der §§ 153 ff. BauGB nicht zulässig wäre[82].

256 Eine **Minderung des Anfangswerts** aufgrund von Beeinträchtigungen der zulässigen bzw. **lagetypischen Nutzbarkeit ist bei städtebaulichen Sanierungs- und Entwicklungsmaßnahmen insbesondere aus rechtlichen Gründen abzulehnen**. Die besonderen sanierungs- und entwicklungsrechtlichen Vorschriften der §§ 152 ff. BauGB sind nämlich darauf angelegt, mit dem Ausgleichsbetrag Bodenwerterhöhungen „abzuschöpfen", die kausal auf die Aussicht auf die städtebauliche Maßnahme sowie ihre Vorbereitung und Durchführung zurückzuführen sind. Die sanierungs- bzw. entwicklungsbedingte Bodenwerterhöhung ermittelt sich deshalb aus dem Unterschied

– des Bodenwerts, der sich aufgrund der rechtlichen und tatsächlichen Neuordnung des Sanierungsgebiets bzw. Entwicklungsbereichs ergibt, und

– dem Bodenwert, der sich ohne Aussicht auf die Sanierung bzw. Entwicklung und ohne Berücksichtigung der mit der Vorbereitung und Durchführung einhergehenden Bodenwerterhöhung ergibt.

Die Bodenwerte sind dabei grundsätzlich ohne Berücksichtigung der Bebauung, d.h. mit dem Bodenwert eines unbebauten Grundstücks zu ermitteln (§ 16 Abs. 1 ImmoWertV).

257 Ist auf einem Grundstück bereits vor der Sanierungs- und Entwicklungsmaßnahme das seinerzeit zulässige bzw. lagetypische Maß der baulichen Nutzung mit einer GFZ von beispiels-

---
81 VGH Mannheim, Urt. vom 18.11.2005 - 8 S 496/05 -, EzGuG 15.115a.
82 Kleiber in Ernst/Zinkahn/Bielenberg, BauGB, Komm. zu § 28 WertV Rn. 91; gleicher Auffassung Tabbe in VR 1990, 4; vgl. auch Nds. RdErl. vom 2.5.1988 – 301 – 21013 –, Nds. MBl. 1988, 547, geändert durch RdErl. vom 6.3.1991 (nds. MBl. 1991, 470) Nr. 226.4.2; VG Berlin, Beschl. vom 11.11.1998 – 19 A 86/98 –, GE Bln1999, 51 = GuG 1999, 186 = EzGuG 15.93.

weise 2,0 nur mit einer GFZ von 1,0 realisiert worden, so wäre nach dem Wortlaut des § 16 Abs. 4 ImmoWertV der Anfangswert entsprechend zu vermindern:

258

Beispiel 1:

Anfangswert bei einer zulässigen GFZ von 2,0	= 400 €/m²
Anfangswert bei einer realisierten GFZ von 1,0	= 200 €/m² im Falle einer Reduktion
Endwert bei einer zulässigen GFZ von 2,0*	= 420 €/m² aufgrund von Sanierungsmaßnahmen
Sanierungsbedingte Bodenwerterhöhung	= 220 €/m²
Ausgleichsbetrag bei 1 000 m² Grundstücksfläche	**= 220 000 € = 1 000 m² × 220 €/m²**

* Das zulässige bzw. lagetypische Maß der baulichen Nutzung blieb im Zuge der Sanierung unverändert.

Tatsächlich beläuft sich die ursächlich auf die Sanierungsmaßnahme zurückführbare sanierungsbedingte Bodenwerterhöhung im vorstehenden Beispiel nur auf 20 000 €. Der Eigentümer eines vergleichbaren bebauten Grundstücks, auf dem eine GFZ von 2,0 realisiert worden ist, hätte dementsprechend auch nur einen Ausgleichsbetrag von 20 000 € zu entrichten.

259

Gegenstand der „Abschöpfung" dürfen jedoch nur die sanierungsbedingten Bodenwerterhöhungen sein. Die Minderung des Anfangswerts aufgrund eines bereits „vor" der Sanierung nicht realisierten zulässigen bzw. lagetypischen Maßes der baulichen Nutzung führt – wie das Beispiel zeigt – zu einer sanierungsrechtlich unzulässigen Bodenwertabschöpfung, die im Übrigen auch mit dem Gleichheitsgrundsatz (Art. 3 GG) unvereinbar ist.

260

Abb. 21: Erhöhung des Ausgleichsbetrags durch geminderten Anfangswert

Anders stellt sich die Situation bei der **Ermittlung des Endwerts** dar. Hier ist insbesondere auf den „klassischen Fall" hinzuweisen, in dem ein Grundstück vor Einleitung der Sanierungs- bzw. Entwicklungsmaßnahme planungskonform (z.B. mit einer GFZ von 1,0) genutzt wurde und das realisierte Maß der baulichen Nutzung dem zulässigen Maß der baulichen Nutzung entsprach. Wird nun im Zuge der Sanierungs- bzw. Entwicklungsmaßnahme das Maß der baulichen Nutzung (z.B. auf eine GFZ von 2,0) erhöht, kann nicht erwartet werden, dass das nunmehr zulässige Maß der baulichen Nutzung realisiert wird, wenn es bei wirtschaftlicher Betrachtungsweise geboten erscheint, das Grundstück (mit dem darauf realisierten Maß der baulichen Nutzung) weiter zu nutzen. Die Anwendung der Grundsatzregelung des § 16 Abs. 1 ImmoWertV würde aber dazu führen, dass sich der Ausgleichsbetrag zwar nach einer kausal auf die Sanierungs- bzw. Entwicklungsmaßnahme zurückführbaren Bodenwerterhö-

261

hung bemisst, diese jedoch bei wirtschaftlicher Betrachtungsweise nicht „realisiert" werden kann.

262 Beispiel 2:

		unverminderter Endwert	verminderter Endwert
Anfangswert	bei einer zulässigen GFZ von 1,0 „vor" Sanierung =	200 €/m² =	200 €/m²
Endwert	bei einer zulässigen GFZ von 2,0 „nach" Sanierung =	420 €/m²	
Endwert	bei einer realisierten GFZ von 1,0 „nach" Sanierung		= 220 €/m²
Sanierungsbedingte Bodenwerterhöhung		220 €/m² =	20 €/m²
Ausgleichsbetrag bei 1 000 m² Grundstücksfläche		220 000 €	20 000 €/m²

263 Die Reduktion des Endwerts nach Maßgabe des § 16 Abs. 4 ImmoWertV ist geboten, denn andererseits würden mit dem Ausgleichsbetrag Bodenwerterhöhungen zur „Abschöpfung" kommen, die der Eigentümer bei wirtschaftlicher Betrachtungsweise nicht „realisieren" kann.

264 Im Ergebnis bleibt festzustellen, dass die Reduktionsregel des § 16 Abs. 4 ImmoWertV im Rahmen der Ermittlung von Ausgleichsbeträgen nur auf die Ermittlung des Endwerts anzuwenden ist.

265 Abzulehnen ist deshalb der AusführungsErl des SenBauWohn *Berlin*[83], in dem apodiktisch auch eine Minderung des Anfangswerts sachwidrig angeordnet wird und willkürlich unterschiedliche Fallgruppen (vom Denkmalschutz bis zur Zweckentfremdungsverbotsverordnung) vermischt werden, obwohl gerade Letztere angesichts der Rspr. des BVerwG und des BVerfG mit Befreiungsvorbehalt ausgestaltet ist[84]. Diese kaum nachvollziehbaren Vorgaben können nicht dem Gebot der Entscheidungstransparenz genügen (§ 39 VwVfG) und den unabhängigen Gutachter auch nicht binden.

266 Abzulehnen ist auch die mitunter im Schrifttum dargestellte Auffassung, nach der pauschal und schematisch **die *gesamte* sanierungsbedingte Bodenwerterhöhung abzuzinsen** ist, nämlich

$$(\text{Endwert} - \text{Anfangswert}) \times q^{-n}$$

wobei
$q = 1 + p/100$

denn abweichend von dem vorgestellten Beispiel können auch sonstige sanierungsbedingte Bodenwerterhöhungen eingetreten sein, die sofort „realisierbar" sind. So kann z.B. eine allgemeine Lageverbesserung zu einer Erhöhung der Mieteinnahmen in dem bestehen bleibenden Gebäude führen. Deshalb muss der **Grundsatz** beachtet werden, **dass nur die nicht sofort realisierbaren Bodenwerterhöhungen zu einer Minderung des Endwerts führen. Eine generelle Abzinsung des Gesamtunterschiedes zwischen End- und Anfangswert ist dagegen schon vom Grundansatz her falsch.**

267 Beispiel 3:

Ein im Sanierungsgebiet belegenes Grundstück (Mietwohnungsbau) ist nach § 34 BauGB mit einer GFZ von 1,5 bebaut. Der Sanierungsbebauungsplan erlaubt nunmehr eine Bebauung mit einer GFZ von 2,4, die jedoch nicht realisierbar ist, weil das Gebäude nicht „aufstockbar" ist und auch nicht angebaut werden kann.

Das Gebäude weist eine Restnutzungsdauer von 20 Jahren auf. Als Endwert wurde für das Grundstück bei einer GFZ von 2,4 ein Bodenwert von 1 000 €/m² ermittelt.

---

83 Nr. 3 Abs. 2 der Ausführungsvorschriften a.F. zur Ermittlung der sanierungsbedingten Bodenwerterhöhung und zur Festsetzung von Ausgleichsbeträgen nach §§ 152 bis 155 des Baugesetzbuchs (AV Ausgleichsbeträge) des Senators für Bau- und Wohnungswesen von Berlin vom 26.5.1994 (IV C 33/V A 3) – ABl. 1994, 1964 –, zuletzt verlängert bis 31.12.1999 (ABl. Berlin 1999, 2); hierzu VG Berlin, Urt. vom 20.3.2002 – 19 A 32/99 –, GuG 2003, 114 = EzGuG 15.104a; vgl. Neufassung vom 12.11.2002 – SenStadt IV C 3/III E 2 – (ABl. 2003, 2597 = GuG 2003, 164, 219).
84 BVerwG, Urt. vom 17.10.1997 – 8 C 18/96 –, GuG aktuell 1998, 15 (LS) = ZfBR 1998, 55.

Abb. 22: Lageplan

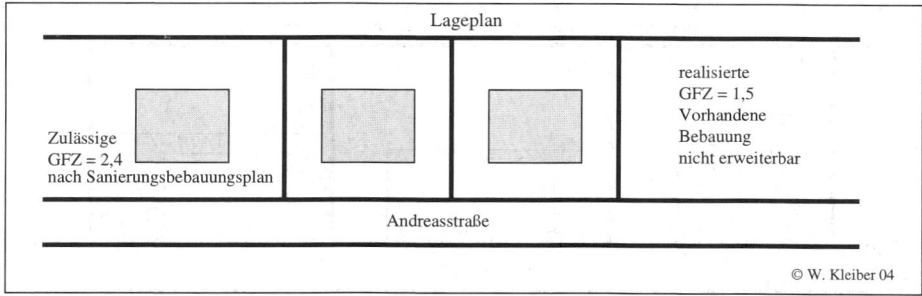

Als Ergebnis der Sanierung erhält der Grundstückseigentümer ein höheres Maß der baulichen Nutzung, das er allerdings infolge der Bebauung seines Grundstücks erst in 20 Jahren nach Ablauf der Restnutzungsdauer des Gebäudes realisieren kann. Die sanierungsbedingte Bodenwerterhöhung „schlummert" quasi auf seinem Grundstück.

Sie ergibt sich wie folgt:

Bodenwert$_{GFZ\,=\,1,5}$ = 1 000 €/m² × UK$_{GFZ\,=\,1,5}$/UK$_{GFZ\,=\,2,4}$ = 1 000 €/m² × 1,24/1,61 = 770 €/m²

wobei: aus Anl. 11 zur WERTR   UK$_{GFZ\,=\,1,5}$ = 1,24
                                UK$_{GFZ\,=\,2,4}$ = 1,61

Bodenwert$_{GFZ\,=\,2,4}$	= 1 000 €/m²
Bodenwert$_{GFZ\,=\,1,5}$	= 770 €/m²
= Bodenwertdifferenz	= 230 €/m²

Dem Eigentümer erwächst zusätzlich zu dem aufgrund der tatsächlichen Bebauung sich ergebenden Bodenwert von 770 €/m² ein Bodenwertzuwachs von 230 €/m², der ihm jedoch nur in einer über die Restnutzungsdauer abgezinsten Höhe zufällt (Diskontierungszinssatz = 5%).

Der Endwert ergibt sich mithin wie folgt:

Endwert = 770 €/m² + 230 €/m²/1,05^{-20} = **857 €/m²**

Abgezinst wurde in dem vorstehenden Beispiel nur die auf die nicht sofort realisierbare Erhöhung des Maßes der baulichen Nutzung zurückgehende Bodenwerterhöhung (230 €/m²).

Beispiel 4:

Ein förmliches Sanierungsverfahren wird in einem unbeplanten Innenbereich durchgeführt. Als zulässiges Maß der baulichen Nutzung ergibt sich nach Maßgabe des § 34 BauGB „vor der Sanierung" wiederum eine GFZ von 1,5.

Es soll die sanierungsbedingte Bodenwerterhöhung für drei atypisch bebaute Grundstücke ermittelt werden, wobei lediglich durch die Festsetzungen des Sanierungsbebauungsplans über das Maß der baulichen Nutzung sanierungsbedingte Bodenwerterhöhungen bewirkt werden. Der Sanierungsbebauungsplan sieht (künftig) eine GFZ von 2,0 vor.

V § 16 ImmoWertV Sanierungsgebiete und Entwicklungsbereiche

Abb. 23: Lageplan

Als **Anfangswert** wurde für ein unbebautes Grundstück der im Innenbereich gelegenen Grundstücke mit einer vor der Sanierung zulässigen Nutzung GFZ von 1,5 ein Bodenwert von 500 €/m² ermittelt.

Gesucht ist der Ausgleichsbetrag für die Grundstücke A, B und C, wobei eine sanierungsbedingte Bodenwerterhöhung allein aufgrund des Sanierungsbebauungsplans zu erwarten ist.

Die Abhängigkeit des Bodenwerts vom Maß der baulichen Nutzung (GFZ : GFZ) soll sich nach Anl. 11 der WERTR bestimmen.

Die Grundstücke der Eigentümer A, B und C sind alle mit Gebäuden bebaut, die eine 20-jährige Restnutzungsdauer aufweisen.

Der Diskontierungszinssatz ist mit 5% anzusetzen.

269 a) *Ausgleichsbetrag für Grundstück A*

Das **Grundstück A** wies bereits vor der Sanierung **eine Übernutzung** auf, die über die Restnutzungsdauer des Gebäudes Bestandsschutz genoss.

Bodenwert bei einer GFZ von 1,5	= 500 €/m²
Bodenwert bei einer GFZ von 2,0 (realisiert):	
$BW_{GFZ = 2,0} = 500$ €/m² × 1,45/1,24	= 585 €/m²
Bodenwertunterschied	= 85 €/m²

Bei der **Ermittlung des Anfangswerts** ist zu berücksichtigen, dass sich der Eigentümer zumindest über die verbleibende Restnutzungsdauer des Gebäudes einer GFZ von 2,0 aufgrund der realisierten Bebauung i.V.m. dem Bestandsschutz „erfreuen" konnte. Ohne Aussicht auf den Sanierungsbebauungsplan musste der Eigentümer davon ausgehen, dass er von dem realisierten Bodenwert in Höhe von 585 €/m² nach Ablauf der Restnutzungsdauer auf einen Bodenwert von 500 €/m² zurückfällt, mithin in 20 Jahren eines Betrags von 85 €/m² „verlustig" wird.

$$\text{Anfangswert} = 585 \text{ €/m}^2 - 85 \text{ €/m}^2 / 1{,}05^{-20} = 553 \text{ €/m}^2$$

Bei der **Ermittlung des Endwerts** unter Berücksichtigung des Sanierungsbebauungsplans mit einer künftigen GFZ von 2,0 findet § 16 Abs. 4 ImmoWertV keine Anwendung, da die vorhandene Bebauung die künftige Nutzung nicht beeinträchtigt.

$$\text{Ausgleichsbetrag} = \text{Endwert} - \text{Anfangswert}$$

Ausgleichsbetrag = 585 €/m² − 553 €/m² = **32 €/m²**

In diesem Fall ist der Anfangswert gegenüber dem nach § 34 BauGB im Gebiet vor der Sanierung zulässigen Maß der baulichen Nutzung nach § 6 Abs. 1 ImmoWertV zu erhöhen.

b) *Ausgleichsbetrag für Grundstück B*

Das **Grundstück B** war bereits *vor* der Sanierung im Verhältnis zu dem nach § 34 BauGB im Gebiet zulässigen Maß der baulichen Nutzung **untergenutzt**. Das Ausmaß der Unternutzung wird sich infolge der Sanierung mit der Heraufsetzung des zulässigen Maßes der baulichen Nutzung auf eine GFZ von 2,0 noch erhöhen.

Abweichungen der Nutzung § 16 ImmoWertV V

Anfangswert:
Bodenwert bei einer GFZ von 1,5   =   500 €/m²
Bodenwert bei einer GFZ von 1,0 (realisiert):
$BW_{GFZ = 1,0} = 500\ €/m^2 \times 1,00/1,24$ = – 403 €/m²
wobei aus Anl. 11 WERTR $UK_{GFZ = 1,5} = 1,24$
                               $UK_{GFZ = 1,0} = 1,00$

Bodenwertunterschied   =   97 €/m²

Der Eigentümer konnte aber schon vor der Sanierung damit rechnen, dass er nach Ablauf der Restnutzungsdauer des Gebäudes von 20 Jahren das in der Umgebung zulässige Maß der baulichen Nutzung in Höhe einer GFZ von 1,5 realisieren kann. Mithin „schlummerte" auf dem Grundstück ein Bodenwertzuwachs von 500 €/m² – 403 €/m² = 97 €/m². Auch wenn er diesen Bodenwertzuwachs aufgrund der vorhandenen Bebauung wirtschaftlich erst nach Ablauf der Restnutzungsdauer realisieren kann, muss von einem Anfangswert von 500 €/m² bei einer GFZ von 1,5 ausgegangen werden, denn der sich im Vergleich zur realisierten Nutzung ergebende **Bodenwertzuwachs ist nicht auf die Sanierung zurückführbar und damit nach § 154 Abs. 2 BauGB auch nicht abschöpfbar,** weder in voller noch in diskontierter Höhe.

Endwert:
Die vorhandene Bebauung „blockiert" zusätzlich zu der bereits mit dem Anfangswert in Höhe von 500 €/m² berücksichtigten und zulässigen GFZ von 1,5 vor der Sanierung die Realisierung der Bodenwerterhöhung infolge der zusätzlichen Erhöhung des Maßes der baulichen Nutzung mit einer GFZ von 1,5 auf eine GFZ von 2,0 Diese auf dem Grundstück „schlummernde" Bodenwerterhöhung beträgt 85 €/m² und ist in 20 Jahren „realisierbar":

Endwert   = $500\ €/m^2 + 85\ €/m^2 / 1,05^{-20} = 532\ €/m^2$
Ausgleichsbetrag =   Endwert – Anfangswert
                  =   532 €/m² – 500 €/m² = 32 €/m²

c) *Ausgleichsbetrag für Grundstück C*

Anfangswert   =   500 €/m²
Endwert   =   532 €/m² (vgl. Grundstück B)
Ausgleichsbetrag =   Endwert – Anfangswert
Ausgleichsbetrag =   532 €/m² – 500 €/m² = 32 €/m²

> *„Der Preis fürs Schwein ist oft nicht klein, weil Futtermais, nicht wahr, man weiß, auch wächst auf Land, von dem bekannt, dass oft es etwas hoch im Preis. Hast du bedacht, warum die Pacht so hoch? Sie ist nicht klein, weil man erhält von jenem Feld den teuren Mais, das teure Schwein."*
> (H. J. Davenport)

Unterabschnitt 2:
Ertragswertverfahren
(§§ 17 bis 20 ImmoWertV)

Systematische Darstellung des Ertragswertverfahrens

Gliederungsübersicht   Rn.

1 Anwendungsbereich
   1.1 Allgemeines 1
   1.2 Ertragswert als Zukunftserfolgswert 4
   1.3 Allgemeine Ertragswertformel
       1.3.1 Allgemeines 7
       1.3.2 Grundproblem der Ertragswertermittlung 12
       1.3.3 Lösungsalternativen
           1.3.3.1 Übersicht 17
           1.3.3.2 Berücksichtigung künftiger Erträge mittels prognostizierter Ertragsentwicklungen 19
           1.3.3.3 Berücksichtigung künftiger Erträge mittels Kapitalisierungszinssatz 22
   1.4 Verfahrensübersicht
       1.4.1 Allgemeines 32
       1.4.2 Ein- und zweigleisiges Ertragswertverfahren (Standardverfahren)
           1.4.2.1 Eingleisiges Ertragswertverfahren
(§ 17 Abs. 2 Nr. 2 ImmoWertV) 33
           1.4.2.2 Zweigleisiges Ertragswertverfahren
(§ 17 Abs. 2 Nr. 1 ImmoWertV) 36
           1.4.2.3 Mehrperiodisches Ertragswertverfahren
(§ 17 Abs. 1 Satz 2 i.V.m. Abs. 3 ImmoWertV) .. 41
       1.4.3 Besonderheiten bei Anwendung der Ertragswertverfahren
           1.4.3.1 Überblick 58
           1.4.3.2 Bodensondierung bei übergroßen Grundstücken ... 59
           1.4.3.3 Freilegungskostenverminderter Bodenwert 61
           1.4.3.4 Temporäre Mehr- oder Mindererträge und sonstige grundstücksspezifische Besonderheiten 64
       1.4.4 Vereinfachtes Ertragswertverfahren 66
       1.4.5 Vervielfältigerverfahren (Maklermethode) 87
       1.4.6 Instandhaltungs- und Modernisierungsmodell 97
2 Grundzüge der Ertragswertverfahren
   2.1 Übersicht
       2.1.1 Ertragswertverfahren nach ImmoWertV 103
       2.1.2 BelWertV 113
       2.1.3 Steuerliche Bewertung 117
   2.2 Grundzüge des allgemeinen Ertragswertverfahrens nach § 17 Abs. 2 Nr. 1 ImmoWertV (Standardverfahren) 119
   2.3 Ermittlung des vorläufigen Ertragswerts
       2.3.1 Bodenwert 124

V Syst. Darst. Ertragswertverf. — Übersicht

		2.3.1.1	Rechtsgrundlagen	124
		2.3.1.2	Bodensondierung	125
		2.3.1.3	Abweichungen der realisierten von der zulässigen bzw. lagetypischen Nutzung	139
		2.3.1.4	Berücksichtigung von Freilegungskosten	141
		2.3.1.5	Abgabenpflicht	149
		2.3.1.6	Gespaltene Bodenwerte	163
		2.3.1.7	Aufwuchs	178
	2.3.2	Reinertrag		
		2.3.2.1	Allgemeines	179
		2.3.2.2	Marktüblich erzielbarer Rein- bzw. Rohertrag nach ImmoWertV	187
		2.3.2.3	BelWertV	194
		2.3.2.4	Steuerliche Bewertung	196
	2.3.3	Bewirtschaftungskosten		
		2.3.3.1	Verkehrswertermittlung nach ImmoWertV	198
		2.3.3.2	Beleihungswertermittlung nach BelWertV	204
		2.3.3.3	Steuerliche Bewertung	206
		2.3.3.4	Betriebskosten	208
		2.3.3.5	Verwaltungsgskosten	214
		2.3.3.6	Mietausfallwagnis	216
		2.3.3.7	Instandhaltungskosten	220
		2.3.3.8	Modernisierungsrisiko	223
	2.3.4	Ertragswert der baulichen Anlage (Gebäudeertragswert)		
		2.3.4.1	Allgemeines	226
		2.3.4.2	Gebäudeertragswert bei Anwendung des zweigleisigen Ertragswertverfahrens	229
		2.3.4.3	Bodenverzinsungsbetrag	241
	2.3.5	Vervielfältiger (Barwertfaktor)		
		2.3.5.1	Allgemeines	244
		2.3.5.2	Vervielfältiger (Barwertfaktor) nach ImmoWertV, BelWertV und BewG	247
		2.3.5.3	Abweichende Vervielfältiger	248
	2.3.6	Liegenschaftszinssatz		
		2.3.6.1	Verkehrswertermittlung nach ImmoWertV	249
		2.3.6.2	Beleihungswertermittlung	260
		2.3.6.3	Steuerliche Bewertung	262
	2.3.7	Gesamt- und Restnutzungsdauer		
		2.3.7.1	ImmoWertV	263
		2.3.7.2	BelWertV	270
		2.3.7.3	Steuerliche Bewertung	271
	2.3.8	Betrachtungszeitraum und Restwert nach § 17 Abs. 3 ImmoWertV		
		2.3.8.1	Allgemeines	272
		2.3.8.2	Betrachtungszeitraum	273
		2.3.8.3	Restwert des Grundstücks	275
	2.3.9	Vorläufiger Ertragswert		276
2.4	Ertragswert und Verkehrswert			
	2.4.1	Subsidiäre Berücksichtigung besonderer objektspezifischer Grundstückmerkmale		278
	2.4.2	Verkehrswert (Marktwert)			282
2.5	Beispiel				
2.6	Allgemeine Fehlerbetrachtung				284
2.7	Ermittlung der Soll- bzw. Kostenmiete (Reinertrag) – *Frontdoor Approach*				
	2.7.1	Allgemeines			291
	2.7.2	Soll- bzw. Kostenmiete (Reinertrag) auf ertragswirtschaftlicher Grundlage			293
	2.7.3	Soll- bzw. Kostenmiete (Reinertrag) auf investiven Grundlagen			296
3 Modifiziertes Ertragswertverfahren					
3.1	Pachtwertverfahren				
	3.1.1	Übersicht			297
	3.1.2	Ertragskraftorientiertes Pachtwertverfahren (EOP-Methode)			303
3.2	Kapitalwertverfahren für Rentabilitätsanalysen				

	3.2.1	Allgemeines	322
	3.2.2	Kapitalwertverfahren (N.-P.-V.-Methode)	326
	3.2.3	Interne Zinsfuß-Methode (I.-R.-R.-Methode)	341
	3.2.4	Ellwood-Verfahren	346

4 *Discounted Cashflow* Verfahren – Prognoseverfahren *(prophecy valuation)*
 4.1 Allgemeines ... 348
 4.2 Restwertmethode (2-Phasen-Modell) ... 358
 4.3 Grundzüge des *Discounted Cashflow* Verfahrens (Prognoseverfahren)
  4.3.1 Verfahrensüberblick ... 367
  4.3.2 Ertragswertanteil des Betrachtungszeitraums
   4.3.2.1 Allgemeines ... 373
   4.3.2.2 Einnahmeentwicklung ... 374
   4.3.2.3 Entwicklung der Bewirtschaftungskosten ... 381
  4.3.3 Diskontierungszinssatz des Betrachtungszeitraums
   4.3.3.1 Allgemeines ... 382
   4.3.3.2 Basiszinssatz ... 389
   4.3.3.3 Risikozuschlag *(risk premium)* ... 395
   4.3.3.4 Inflationsabschlag ... 403
   4.3.3.5 Abschreibungszuschlag ... 405
   4.3.3.6 Grundstückstransaktionskosten ... 424
  4.3.4 Restwert ... 428
 4.4 Zusammenfassung ... 430
 4.5 Beispiel ... 440
5 Finanzmathematische Grundlagen
 5.1 Allgemeines ... 451
 5.2 Aufzinsung ... 455
 5.3 Abzinsung/Diskontierung ... 459
 5.4 Barwertermittlung einer jährlich wiederkehrenden Zahlung ... 465
 5.5 Endwertermittlung einer jährlich wiederkehrenden Zahlung oder Einnahme ... 470

1 Anwendungsbereich

1.1 Allgemeines

Schrifttum: *Dieterich/Kleiber*, Verkehrswertermittlung von Grundstücken, vhw-Verlag 4. Aufl.; *Dröge*, Handbuch der Mietpreisbewertung für Wohn- und Gewerberaum, 2. Aufl.; *Gottschalk, G.-J.*, Immobilienwertermittlung, 2. Aufl.; *Petersen, H.*, Marktorientierte Immobilienbewertung, 6. Aufl.; *Pohnert, F.* u. a., Kreditwirtschaftliche Wertermittlungen, 6. Aufl. Luchterhand 2005; *Popp, M.*, Simultan integrierte Unternehmensbewertung, DStR 1998, 542; *Schwetzler, B.*, Unternehmensbewertung und Risiko, DB 2002, 390; *Schwirley*, Mietwertermittlung, 2. Aufl.; *Simon/Kleiber*, Schätzung und Ermittlung von Grundstückswerten, 8. Aufl. Luchterhand 2004; *Simon/Cors/Halaczinsky/Teß*, Handbuch der Immobilienwertermittlung, 5. Aufl.; *Tiemann, M.*, Reformvorschläge zum Ertrags- und Sachwertverfahren, AVN 1970, 523; *Vogels, M.*, Grundstücksbewertung – marktgerecht, 5. Aufl.; *Zunft*, Der Ertragswert als maßgeblicher Faktor des Verkehrswerts von Grundstücken, MDR 1961, 550.

▶ *Zu den Anwendungsfällen vgl. § 8 ImmoWertV Rn. 62 ff.*

Das Ertragswertverfahrens ist für die Ermittlung des Verkehrswerts von Objekten geeignet, für die die **Verzinsung des investierten Kapitals** bei der Preisbildung im gewöhnlichen Geschäftsverkehr ausschlaggebend ist. Dies sind insbesondere Mietwohn- und Geschäftsgrundstücke, gemischt genutzte Grundstücke, Gewerbe- und Industriegrundstücke. Heute kommt dem Ertragswertverfahren eine allgemein gültige Bedeutung für die Verkehrswertermittlung bebauter Grundstücke zu, zumindest wenn man von Ein- und Zweifamilienhäusern (sog. Sachwertobjekte) und den Fällen absieht, wo das Vergleichswertverfahren gesichertere Ergebnisse erwarten lässt. **1**

Neben Mietwohngrundstücken werden gewerblich genutzte Grundstücke aller Art als „Ertragswertobjekte" angesehen. Dazu gehören **2**

V Syst. Darst. Ertragswertverf. — Anwendungsbereich

a) **Handelsimmobilien** einschließlich Einzelhandelsimmobilien,

b) **Büro- und Verwaltungs-, Sozialgebäude,**

c) **Fabrikgrundstücke** (deren Verkehrswert über Jahrzehnte traditionell aus dem Sachwert abgeleitet wurde), **Werkstätten, Logistikimmobilien** (Lagerhallen), **Speditionen, Garagengrundstücke** (Parkhäuser, Garagenhöfe, Tief- und Sammelgaragen, Kfz-Pflege- und Waschhallen) usw.,

d) **sonstige Sonderimmobilien, insbesondere** Betreiberimmobilien, wie **Hotels, Kliniken und Altenheimgrundstücke, Freizeit- und Dienstleistungsimmobilien,**

e) Öffentlich genutzte Gebäude (**Gemeinbedarfsgrundstück**), die auf Dauer einer **öffentlichen Zweckbindung** unterworfen sind (vgl. § 8 ImmoWertV Rn. 131 und § 5 ImmoWertV Rn. 475 ff., Syst. Darst. des Sachwertverfahrens Rn. 3). Dies ist darin begründet, dass auch die öffentliche Hand, wenn es um den Erwerb solcher Grundstücke geht, vor der Alternative steht, entsprechende Grundstücke anzumieten oder selber zu bauen (Sachwert). Bei Anwendung des Ertragswertverfahrens auf Gemeinbedarfsgrundstücke ist allerdings als Besonderheit zu beachten, dass bei der Ermittlung des Bodenwertverzinsungsbetrags ein mit der angesetzten Miete korrespondierender Bodenwert, ansonsten aber der tatsächliche Bodenwert zum Ansatz kommen muss.

3 Wie unter § 8 ImmoWertV Rn. 78 ausgeführt, kann das Ertragswertverfahren auch auf die Ermittlung des Verkehrswerts von **Ein- und Zweifamilienhäusern** Anwendung finden. Diese Objekte gelten zwar als typische Sachwertobjekte, denn im gewöhnlichen Geschäftsverkehr orientiert sich das Kaufverhalten maßgeblich an den Kosten, die für diese Objekte aufzubringen sind. Einem Käufer stellt sich hier die Frage „bauen oder kaufen?". Gleichwohl kann prinzipiell auch das Ertragswertverfahren Anwendung finden, wenn dafür geeignete Liegenschaftszinssätze zur Verfügung stehen. Daran scheitert es aber zumeist, zumal die Liegenschaftszinssätze je nach Lage und Ausstattung dieser Objekte erhebliche Unterschiede aufweisen können (auch negative Liegenschaftszinssätze!). Im Schrifttum ist der hierzu geführte Methodenstreit in völlig unangemessener Weise hochstilisiert worden[1].

1.2 Ertragswert als Zukunftserfolgswert

4 Der **Verkehrswert (Marktwert)** ist in § 194 BauGB zwar **als stichtagsbezogener,** gleichwohl **aber zukunftsorientierter Wert** definiert. Er bestimmt sich maßgeblich durch den Nutzen, den ein Grundstück seinem Eigentümer zukünftig gewährt (Zukunftserfolgswert), auch wenn der Eigentümer aus subjektiven Gründen darauf verzichten mag, diesen Nutzen aus dem Grundstück zu ziehen. Dies gilt insbesondere für bebaute Objekte, für deren Wertschätzung im gewöhnlichen Geschäftsverkehr der nachhaltig erzielbare Ertrag im Vordergrund steht. Der **Verkehrswert** dieser Grundstücke **bestimmt sich dann nach den auf den Wertermittlungsstichtag eskomptierten Erträgen.** Im Kern ist jedes Ertragswertverfahren darauf gerichtet, den **auf den Wertermittlungsstichtag bezogenen Barwert aller künftigen Erträge** zu ermitteln (*Income Approach*). Das Ertragswertverfahren ist deshalb – wie immer es im Einzelnen ausgestaltet ist – ein Barwertverfahren (*Discounted Cashflow* Verfahren). Dies gilt grundsätzlich auch für das in der ImmoWertV geregelte Ertragswertverfahren. Die in der Vergangenheit erzielten Erträge werden dabei hilfsweise als Indiz für die künftig erzielbaren Erträge herangezogen, und zwar auch nur insoweit, wie sie sich auf die künftige Nutzung projizieren lassen.

5 Die künftig erzielbaren Erträge sind dabei nicht nur ein wesentlicher wertbeeinflussender Faktor für den Wertanteil der baulichen Anlage. Auch der **Bodenwert(anteil)** wird durch die auf einem Grundstück erzielbaren Erträge bestimmt. Zur Verdeutlichung sei nur auf die Umrechnungskoeffiziententabelle zur Berücksichtigung eines unterschiedlichen Maßes der baulichen Nutzung verwiesen (vgl. Syst. Darst. des Vergleichswertverfahrens Rn. 218).

6 Grundsätzlich kann der Sachverständige darauf vertrauen, dass er mit den am Wertermittlungsstichtag marktüblich erzielbaren Ertragsverhältnissen die nachhaltige Ertragssituation

---

1 Zu dem letztlich fruchtlosen Methodenstreit vgl. Sailer in GuG 1999, 50; Möckel in GuG 1998, 270; Hiller in GuG 1999, 52 und Sommer in GuG 1998, 215.

"einfängt", wenn er zur Kapitalisierung dieser Erträge den (dynamischen) Liegenschaftszinssatz heranzieht, der auf dem Grundstücksmarkt im Hinblick auf die nachhaltige Entwicklung ermittelt wurde (vgl. § 14 ImmoWertV Rn. 148 ff.). Dies ist aber dann nicht der Fall, wenn eine Immobilie zur Umnutzung ansteht, die der Sachverständige erkennen muss, denn das **in einer Immobilie „schlummernde" Entwicklungspotenzial** ist Bestandteil der nachhaltigen Ertragsfähigkeit (vgl. § 194 BauGB Rn. 63 ff.). Das Gleiche gilt, wenn die am Wertermittlungsstichtag **tatsächlich gegebenen Ertragsverhältnisse** aufgrund vertraglicher Bindungen bzw. des geltenden Mietrechts von den nachhaltigen Erträgen **der Höhe nach und über eine zeitliche Bindungsfrist in einem Maße abweichen, dass sie sich nachhaltig auswirken** und für das Ergebnis der Ertragswertermittlung bedeutsam sind.

1.3 Allgemeine Ertragswertformel

1.3.1 Allgemeines

Wie bereits ausgeführt, geht es bei Anwendung des Ertragswertverfahrens im Kern stets darum, den Verkehrswert (Ertragswert) eines bebauten Grundstücks als den auf einen Wertermittlungsstichtag bezogenen **Barwert aller künftigen (d.h. ad infinitum) Erträge** zu ermitteln. Da mit der Unterhaltung von Immobilien in aller Regel Bewirtschaftungskosten verbunden sind, geht es konkret um die aus der Immobilie fließenden Reinerträge.

Betrachtet man einmal die sich jährlich ergebenden Reinerträge, setzt sich der **Ertragswert** aus

– der Summe der über die verbleibende wirtschaftliche Restnutzungsdauer der baulichen Anlage jährlich anfallenden Reinerträge, jeweils diskontiert auf den Wertermittlungsstichtag,

– zuzüglich des nach Ablauf der Restnutzungsdauer des Gebäudes verbleibenden diskontierten Restwerts

zusammen. Restwert ist nach Ablauf der wirtschaftlichen Restnutzungsdauer des Gebäudes der Bodenwert, denn nur dieser verbleibt als wertbeständiger „Rest". Geht man zur Ermittlung des verbleibenden Bodenwerts vom Bodenwert eines unbebauten Grundstücks aus, so muss dieser um die Freilegungskosten vermindert werden, denn die wirtschaftlich verbrauchte Bausubstanz stellt eine wertmindernde Belastung dar. Als **„Urmutter" aller Ertragswertverfahren** kann deshalb folgende Formel gelten:

$$EW = RE_1 \times q^{-1} + RE_2 \times q^{-2} + RE_3 \times q^{-3} + RE_4 \times q^{-4} + RE_n \times q^{-n} + (BW - FLK) \times q^{-n}$$

wobei
- EW Ertragswert
- REi Reinertrag des jeweiligen Jahres
- n Restnutzungsdauer der baulichen Anlage
- BW Bodenwert
- q Zinsfaktor = 1 + p/100
- p Diskontierungszinssatz
- FLK Freilegungskosten

V Syst. Darst. Ertragswertverf. Anwendungsbereich

Hinweis: Bei langer Restnutzungsdauer der baulichen Anlage kann auf die Verminderung des Bodenwerts um die Freilegungskosten zur Vereinfachung verzichtet werden, denn der Bodenwert reduziert sich mit seiner Abzinsung auf eine marginale Restgröße.

9 Der Jahresreinertrag und der verbleibende Restwert ist gewissermaßen der *cashflow*. Der Ertragswert ist mithin nichts anderes als ein *Discounted Cashflow* Wert, der sich aus den aufsummierten *discounted cashflows* ergibt. **Grundsätzlich ist daher jedes Ertragswertverfahren ein *Discounted Cashflow* Verfahren und umgekehrt.**

10 In etwas eleganterer Schreibweise stellt sich vorstehende Formel wie folgt dar:

$$\text{Ertragswertverfahren}$$
$$EW = \sum_{i}^{n} RE_i \times q_i^{-i} + (\text{Restwert}) \times q^{-n} \tag{1}$$

11 Bei dem Ertragswertverfahren handelt es sich nicht um ein bestimmtes streng definiertes Wertermittlungsverfahren, sondern um ein Verfahren, das in unterschiedlichen Variationen zur Anwendung kommen kann. Insofern kann von der **„Familie der Ertragswertverfahren"** gesprochen werden. Die ImmoWertV regelt davon drei Varianten, ohne damit die Anwendung anderer Verfahrensvarianten auszuschließen.

1.3.2 Grundproblem der Ertragswertermittlung

12 Das **Kardinalproblem jedweder Ertragswertermittlung** besteht stets **darin, die künftigen Erträge** sowie den Restwert „Bodenwert" (zum Zeitpunkt des wirtschaftlichen Abgangs der baulichen Anlage abzüglich der dann anfallenden Freilegungskosten) **richtig zu prognostizieren**, um sie in zutreffender Weise in die Ertragswertermittlung einzustellen (Abb. 1):

Abb. 1: Prognose der Jahresreinerträge

13 Bei einer langlebigen Immobilie kann dies bedeuten, dass die Erträge über einen Zeitraum von bis zu 100 Jahren und mehr prognostiziert werden müssen. Dieses schier unlösbare Problem vereinfacht sich ein wenig dadurch, dass sich die **künftigen Erträge mit fortschreitender Zeit** infolge ihrer Diskontierung vermindern und bei ∞ **zu einer vernachlässigbaren**

Größe werden. Eine 100-jährige Restnutzungsdauer kommt praktisch einer unendlichen Nutzungsdauer gleich (Abb. 2).

Abb. 2: Barwerte künftiger Erträge

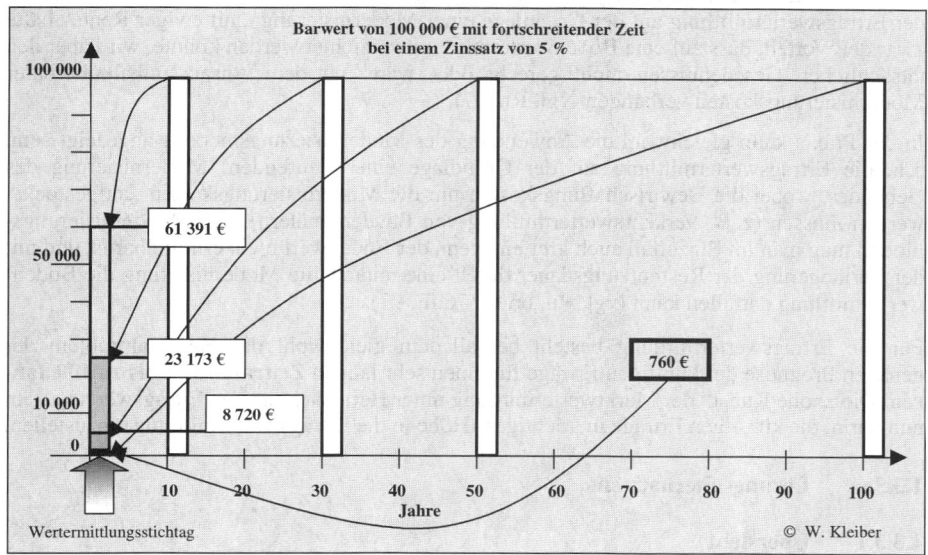

Darüber hinaus wird der zu betrachtende **Zeitraum durch die wirtschaftliche Nutzbarkeit der baulichen Anlage – die Restnutzungsdauer** (§ 6 Abs. 6 ImmoWertV) – **begrenzt**. Es kommt dabei auf die wirtschaftliche Nutzbarkeit der baulichen Anlage an, denn aus der bloßen physischen Existenz sind keine Erträge zu erzielen. Über welchen Zeitraum eine wirtschaftliche Nutzung gegeben ist, hängt neben den allgemeinen Marktverhältnissen vor allem davon ab, wie die bauliche Anlage unterhalten wird. Dabei kann unterschieden werden zwischen 14

a) einer laufenden Instandhaltung und

b) einer laufenden Instandhaltung i.V.m. einer Modernisierung

der baulichen Anlage. Im Falle einer bloßen Instandhaltung ist die wirtschaftliche Gesamt- bzw. Restnutzungsdauer einer baulichen Anlage zeitlich begrenzt, da sich die Anforderungen an die Nutzung baulicher Anlagen mit der Zeit erheblich wandeln und dem nicht mit der Instandhaltung entsprochen wird (vgl. Rn. 220, § 19 ImmoWertV Rn. 105). Als maximal erreichbare wirtschaftliche Gesamtnutzungsdauer bei ordnungsgemäßer Instandhaltung wird ein Zeitraum von wiederum 100 Jahren angesehen. Unter Einbeziehung der Modernisierung kann eine bauliche Anlage theoretisch auf ewig erhalten werden, jedoch wird auch in diesem Fall die Modernisierung i.d.R. irgendwann auch einmal unwirtschaftlich (vgl. Rn. 97 f.).

In der Wertermittlungspraxis wird bei der Ertragswertermittlung regelmäßig nur die **Instandhaltung** der baulichen Anlage mit der Folge unterstellt, dass der bei der Ertragswertermittlung zu betrachtende Zeitraum durch die daraus resultierende wirtschaftliche Gesamt- und Restnutzungsdauer begrenzt wird. Dem entspricht auch die ImmoWertV. Dem dort geregelten Ertragswertverfahren liegt das sog. **Instandhaltungsmodell** zugrunde, bei dem sich Gesamt- und Restnutzungsdauer nach der Anzahl von Jahren bestimmen, in denen die baulichen Anlagen *bei ordnungsgemäßer Bewirtschaftung* voraussichtlich wirtschaftlich genutzt werden können (§ 6 Abs. 5 und § 23 Satz 3 ImmoWertV); im Rahmen einer *ordnungsgemäßen Bewirtschaftung* ist das Gebäude lediglich instandzuhalten. Die Ertragswertermittlung unter Einbeziehung einer Modernisierung (**Modernisierungsmodell**) ist im Verhältnis zum Instand- 15 haltungsmodell fehlerträchtig, da dann die künftigen Modernisierungskosten in die Ertragswertermittlung eingestellt werden müssen, und diese sind nur mit großen Unsicherheiten abschätzbar. So sind z. B. die Anforderungen an den Grundriss (z. B. Achsabstandsmaß) und die Ausstattung eines Bürogebäudes in 40 Jahren heute nicht konkretisierbar; es kommt hinzu, dass ein Neubau vielfach wirtschaftlicher als eine Modernisierung wird. Das Modell der Ertragswertermittlung auf der Grundlage einer Modernisierung „mit ewiger Rente" hätte zwar den Vorteil, dass auf eine Bodenwertermittlung verzichtet werden könnte, wird aber den tatsächlichen Geschehnissen nicht gerecht oder wäre mit dem Ansatz unkalkulierbarer Modernisierungskosten verbunden (vgl. Rn. 97).

In der Praxis kann gleichwohl die Anwendung des Modernisierungsmodells angezeigt sein, d.h. die Ertragswertermittlung auf der Grundlage einer (laufenden) Modernisierung des Gebäudes, wobei die Bewirtschaftungskosten um die Modernisierungskosten „aufgestockt" werden müssen (z. B. Verkehrswertermittlung von Baudenkmälern). Zum Modernisierungsmodell mag man im Einzelfall auch greifen, wenn der Bodenwert nicht ermittelbar ist und mit der Verlängerung der Restnutzungsdauer durch eine unterstellte Modernisierung die Bodenwertermittlung entfallen kann (vgl. Rn. 66 ff., 76 ff., 97).

16 Für die Ertragswertermittlung besteht bei alledem gleichwohl das Kardinalproblem der genauen Prognose der künftigen Erträge für einen sehr langen **Zeitraum von bis zu 100 Jahren.** Die „hohe Kunst" der Marktwertermittlung unter Heranziehung des Ertragswerts besteht nun darin, die künftigen Erträge in „richtiger" Höhe in die Ertragswertermittlung einzustellen.

1.3.3 Lösungsalternativen

1.3.3.1 Übersicht

17 Zur Lösung des Kardinalproblems jedweder Ertragswertermittlung sind zwei Verfahren gebräuchlich, von denen die zweite Methode international[2] im Vordergrund steht.

a) Das **Prognoseverfahren,** bei dem die künftigen Einnahmen und Ausgaben auf der Grundlage einer Ertragsanalyse prognostiziert und mittels eines geeigneten Zinssatzes auf den Wertermittlungsstichtag diskontiert werden. Dieses Verfahren ist in erster Linie ein Investorenverfahren, das direkt zum *investment value* und nicht zum Verkehrswert *(market value)* führt. Für dieses Verfahren wird in irreführender Weise der Begriff „*Discounted Cashflow* Verfahren" vereinnahmt, obwohl sich auch bei Anwendung des dynamischen Ertragswertverfahrens (nach ImmoWertV) der Ertragswert aus den „*discounted cashflows*" ergibt. Dies gilt grundsätzlich auch dann, wenn der Ertragswert auf der Grundlage des dynamischen Liegenschaftszinssatzes und gleich bleibender nachhaltiger Jahresreinerträge mit Hilfe des Vervielfältigers ermittelt wird, denn auch hier ermittelt sich der Ertragswert aus den *discounted cashflows.*

Die Ertragswertermittlung auf der Grundlage von Prognosen ist im Hinblick auf die in der Regel sehr lange Restnutzungsdauer einer baulichen Anlage äußerst fehlerträchtig, zumal selbst nach 10 Jahren die diskontierten Reinerträge noch erheblich sind. Das Prognoseverfahren (*Discounted Cashflow* Verfahren) kommt deshalb in der Weise zur Anwendung, dass man die Prognosen auf einen Zeitraum von etwa 10 Jahren beschränkt und den dafür ermittelten Barwert mit einem zumeist nach dem (klassischen) Ertragswertverfahren ermittelten Restwert zusammenfasst.

b) Das andere ist das dynamische Ertragswertverfahren *(direct capitalization)*, bei dem der am Wertermittlungsstichtag marktüblich erzielbare Jahresreinertrag mit einem speziellen die vom Grundstücksmarkt erwartete immobilienwirtschaftliche Gesamtentwicklung (einschließlich der Ertragsentwicklung) berücksichtigenden Liegenschaftszinssatz (*all over capitalization rate*, vgl. § 14 Abs. 3 ImmoWertV) berücksichtigt wird (*growth implicit method*; *all over capitalization method*).

---

2 The Appraisal of Real Estate, 12. Aufl. Chicago, S. 493.

Der Vorteil dieser international gebräuchlichen Methode besteht darin, dass die künftigen Entwicklungen der Erträge nicht mit der subjektiven Einschätzung des Sachverständigen, sondern nach der objektiven Betrachtungsweise des Grundstücksmarktes berücksichtigt werden. Der dabei heranzuziehende Liegenschaftszinssatz wird nämlich aus auf dem Grundstücksmarkt getätigten Käufen und damit unter Berücksichtigung der Einschätzung der künftigen Entwicklung eben dieses Marktes abgeleitet (§ 20 ImmoWertV i.V.m. § 14 Abs. 3 ImmoWertV). Insoweit handelt es sich um ein Verfahren, das in besonderem Maße für sich in Anspruch nehmen kann, zu einem Marktwert (Verkehrswert) zu führen.

Abb. 3: Überblick zum Ertragswertverfahren

Die **ImmoWertV enthält keinerlei Regelungen über ein auf Prognosen gestütztes Ertragswertverfahren** (*Discounted Cashflow* Verfahren, vgl. hierzu ausführlich Vorbem zur ImmoWertV Rn. 13). Bei dem in den §§ 17 bis 20 ImmoWertV geregelten Ertragswertverfahren handelt es sich um ein sich auf das Marktgeschehen stützendes dynamisches Ertragswertverfahren im vorstehenden Sinne. § 17 ImmoWertV enthält im Einzelnen Regelungen zum

1. *zweigleisigen* Ertragswertverfahren unter Aufteilung des Ertragswerts in einen Boden- und Gebäudewertanteil (vgl. § 17 Abs. 2 Nr. 1 ImmoWertV),

2. *eingleisigen* Ertragswertverfahren ohne Aufteilung des Ertragswerts in einen Boden- und Gebäudewertanteil (vgl. § 17 Abs. 2 Nr. 2 ImmoWertV) und

3. *mehrperiodischen* Ertragswertverfahren auf der Grundlage alternierender Erträge (§ 17 Abs. 1 Satz 2 i.V.m. Abs. 3 ImmoWertV).

Die vorgegebenen drei **Verfahrensvarianten entsprechen internationalen Standards** (*growth implicit method; all over capitalization method*) und sind mathematisch identisch. Sie müssen deshalb allesamt zu ein- und demselben Ergebnis führen. Diese Überregulierung ist vor dem Hintergrund der erklärten Entbürokratisierungsbemühungen ungewöhnlich, zumal es sich bei allen Varianten um solche handelt, die schon seit jeher zum alltäglichen Handwerkszeug der gängigen Wertermittlungspraxis gehören und zudem schon vor Inkrafttreten der ImmoWertV in den WERTR verankert waren.

1.3.3.2 Berücksichtigung künftiger Erträge mittels prognostizierter Ertragsentwicklungen

19 Die Anwendung des Ertragswertverfahrens auf der Grundlage prognostizierter Erträge (*discounted cashflow*) nach der vorgestellten Ausgangsformel wird von inkompetenter Seite als **„internationale Bewertungsmethode"**[3] der Marktwertermittlung herausgestellt (vgl. Rn. 358 ff., § 8 ImmoWertV Rn. 16). Zu der Begriffsverwirrung haben vor allem international tätige Beratungsgesellschaften beigetragen, die ihre herkömmlichen Verfahren der Unternehmensbewertung auf die Verkehrswertermittlung (Marktwertermittlung) zu übertragen trachten. In der Unternehmensbewertung ist die Ertragswertermittlung auf der Grundlage prognostizierter Ertragsverhältnisse ein zentrales Element der Investitionsrechnung (Kapitalwertmethode; Interne Zinssatz-Methode, Annuitätsmethode).

20 Anders stellt sich die Situation dar, wenn es um die Ermittlung von Marktwerten (Verkehrswertermittlung) im genuinen Sinne geht. Das Prognoseverfahren (*Discounted Cashflow* Verfahren) stellt hier keinesfalls das allgemeingültige „internationale" Verfahren zur Verkehrswertermittlung (Marktwertermittlung)[4] dar; hier kommt das **Prognoseverfahren als Variante des Ertragswertverfahrens** nur in besonders gelagerten Fällen zur Anwendung. Eine uneingeschränkte Anwendung des Prognoseverfahren (*Discounted Cashflow* Verfahren) auf die Verkehrswertermittlung (Marktwertermittlung) muss bei genauerer Betrachtung sogar problematisch erscheinen. Dies gilt selbst für die internationale Bilanzierung, die ausdrücklich an den Marktwert (Verkehrswert) und nicht an einen Investitionswert anknüpft (vgl. § 194 BauGB Rn. 212) und von daher gerade besonders kritisch dem Prognoseverfahren gegenüberstehen muss.

21 Von daher ist es ein merkwürdiger Widerspruch, wenn die Verfechter des *Discounted Cashflow* Verfahrens (Prognoseverfahren) unter Hinweis auf die Herausstellung einer markt- und nicht investitionsorientierten Wertermittlung nach IAS 16 § 7 und 25, § 4 und § 30 (Marktwert = Verkehrswert) die uneingeschränkte Anwendung des *Discounted Cashflow* Verfahrens (Prognoseverfahren) gefordert haben. Eine *Ertragswertermittlung auf der Grundlage von Prognosen* ist danach nur zulässig, soweit sie auf verlässlichen Schätzungen von zukünftigen Cashflows – „gestützt durch die **Vertragsbedingungen bestehender Mietverhältnisse** und anderer Verträge sowie durch (wenn möglich) externe substanzielle Hinweise wie aktuelle Mieten für ähnliche Immobilien am gleichen Ort und im gleichen Zustand" (IAS 40 § 40c) – beruht. Die Berücksichtigung von „Prognosen", die auf Vertragsbedingungen gestützt werden, betrifft im eigentlichen Sinne keine Prognosen; die Berücksichtigung von Vertragsbedingungen ist auch dem Ertragswertverfahren (nach ImmoWertV) immanent (§ 4 Abs. 3, § 6 Abs. 2 und § 8 Abs. 3 ImmoWertV). Das Gleiche gilt für die Vorgaben der IAS-Regelung zum Abzinsungszinssatz. Zur Abzinsung gibt IAS 40 § 40c nämlich vor, dass solche Zinssätze zu verwenden sind, die die gegenwärtigen Bewertungen des Marktes hinsichtlich der Unsicherheit der Höhe und des zeitlichen Anfalls künftiger Cashflows widerspiegeln. Auch dies entspricht materiell den mit § 14 Abs. 3 ImmoWertV gegebenen Vorgaben zum Liegenschaftszinssatz.

1.3.3.3 Berücksichtigung künftiger Erträge mittels Kapitalisierungszinssatz

22 International bedient man sich zumindest im Rahmen der Verkehrswertermittlung (Marktwertermittlung) nicht des fehlerträchtigen Prognoseverfahrens (*discounted cashflow*), sondern des **dynamischen (klassischen) Ertragswertverfahrens**. Bei Anwendung des (klassischen) Ertragswertverfahrens bedient man sich zur Lösung der Prognoseproblematik eines „Kunst-

---

3 Vgl. Kleiber in GuG 2004, 193.
4 Vgl. Hök, G.-S., DCF-Verfahren in Frankreich, GuG 2002, 284.

griffs". Man geht im Grundsatz zur Ermittlung des Ertragswerts von dem Jahresreinertrag aus, der mit Blick auf die Zukunft zum Wertermittlungsstichtag (empirisch belegbar) bei ordnungsgemäßer Bewirtschaftung üblicherweise am Wertermittlungsstichtag erzielbar ist, und kapitalisiert diesen Jahresreinertrag mit einem besonderen, aus dem Marktgeschehen abgeleiteten Kapitalisierungszinssatz, der entsprechend den Erwartungen des allgemeinen Grundstücksmarktes die angesetzte Anfangsrendite dynamisiert. Dieser besondere Kapitalisierungszinssatz wird in der ImmoWertV als Liegenschaftszinssatz (vgl. die Erläuterungen zu § 14 Abs. 3 ImmoWertV) bezeichnet. Der Liegenschaftszinssatz ist eine aus repräsentativen Marktdaten ermittelte Wachstumsrendite, mit der ein Miet- und Kapitalwachstum und somit auch die Inflation berücksichtigt wird. Er entspricht dem in den *Uniform Standards of Professional Practice (Appraisal Institute Chicago)* als *„all over capitalization rate"* bezeichneten Kapitalisierungszinssatz, im englischsprachigen Schrifttum auch als *„all risks yield" „growth yield"* bzw. *„equivalent yield"* bezeichnet.

Bei dieser Vorgehensweise geht man rein rechnerisch von einem gleich bleibenden Jahresreinertrag aus (RE_i = Konstanz), und die vorgestellte allgemeine **Ertragswertformel vereinfacht sich mathematisch** zu:

$$EW = RE \times V + \frac{BW - FLK}{q^n} \qquad (2)$$

wobei:

V = Vervielfältiger (Barwertfaktor), abhängig von
p = dynamischem Liegenschaftszinssatz und
n = Restnutzungsdauer der baulichen Anlage
FLK = Freilegungskosten

Hinweis: Auf den Abzug der Freilegungskosten kann bei n ≤ 20 Jahre verzichtet werden, da die Freilegungskosten mit der Abzinsung zu einer marginalen Größe werden.

International bedient man sich zumindest im Rahmen der Verkehrswertermittlung (Marktwertermittlung) vornehmlich dieser Vorgehensweisen und zwar in einer noch vereinfachten Form. Bei langer Restnutzungsdauer des Gebäudes geht nämlich der Restwert (BW/q^n) gegen null und kann vernachlässigt werden. Die Formel vereinfacht sich damit zum sog. **Vereinfachten Ertragswertverfahren** (vgl. Rn. 35, 66).

$$EW = RE \times V \qquad (3)$$

Man erhält damit einen **Ertragswert für das Gesamtgrundstück,** d.h. für Boden und Gebäude (eingleisiges Verfahren). Weist das Grundstück eine selbständig nutzbare Freifläche i.S. des § 17 Abs. 2 Satz 2 ImmoWertV auf, muss diese allerdings mit ihrem „vollen" Bodenwert gesondert berücksichtigt werden.

Die Formel des vereinfachten Ertragswertverfahrens erlaubt eine weitere **Vereinfachung.** An Stelle des Ansatzes des mathematischen Barwertfaktors (Vervielfältiger – abhängig von der Restnutzungsdauer n und dem dynamischen Liegenschaftszinssatz p) bedient man sich ohne explizite Kenntnis des Liegenschaftszinssatzes eines aus dem Marktgeschehen abgeleiteten Vervielfältigers (*Years' Purchase*), mit dem man wiederum die künftige Entwicklung „einzufangen" trachtet. Dies entspricht dem Vervielfältigerverfahren auf der Grundlage von Ertragsfaktoren (vgl. § 13 ImmoWertV).

Der Einwand, dass dieses Verfahren „statisch" sei, weil (scheinbar) von einem konstant bleibenden Reinertrag ausgegangen werde und sich die Reinerträge schon aufgrund inflationärer oder sonstiger allgemeinwirtschaftlicher Veränderungen erhöhen oder vermindern bzw. aufgrund von Besonderheiten z.B. mietvertraglicher Art verändern, verkennt die Zusammenhänge. Diese Umstände werden sogar in einer besonders marktorientierten Weise berücksichtigt:

V Syst. Darst. Ertragswertverf. — Anwendungsbereich

- Allgemeine konjunkturelle Entwicklungen, wie z. B. Veränderungen der Mieteinnahmen oder der Wertverhältnisse und Risiken, werden, wie bereits angesprochen, mit dem Diskontierungszinssatz erfasst, indem zur Diskontierung der Reinerträge der empirisch-dynamische Liegenschaftszinssatz herangezogen wird (vgl. Rn. 118 ff. und § 14 Abs. 3 ImmoWertV),
- **Besonderheiten der Mietentwicklung**, z. B. mietvertraglicher Art (sog. Anomalien), **lassen sich dagegen durch ergänzende Rechenschritte berücksichtigen** (vgl. Rn. 130 ff.). Dies ist in § 8 Abs. 3 ImmoWertV ausdrücklich geregelt.

28 Bei Anwendung des dynamischen Liegenschaftszinssatzes geht die **künftige Entwicklung** nicht nach den subjektiven Vorstellungen des Sachverständigen **in die Ertragswertermittlung** ein, sondern **nach den objektiven Erwartungen des Grundstücksmarktes.** Das Ertragswertverfahren ist somit ein marktkonformes Verfahren. Der Liegenschaftszinssatz „justiert" gewissermaßen den Ertragswert an die Marktverhältnisse. Das Verfahren gewährleistet damit die Ermittlung von Marktwerten (Abb. 4).

Abb. 4: Ertragswertermittlung mittels dynamischer Liegenschaftszinssätze

29 Während bei Anwendung des dynamischen Ertragswertverfahrens die zentrale Problemstellung in dem Ansatz des dynamischen Liegenschaftszinssatzes liegt, müssen bei Anwendung des Prognoseverfahrens *(discounted cashflow)* eine **Vielzahl von Wertermittlungsparametern allein auf der Grundlage von Prognosen** zum Ansatz kommen (Abb. 5).

Abb. 5: Überblick über das Ertragswertverfahren und seine Varianten

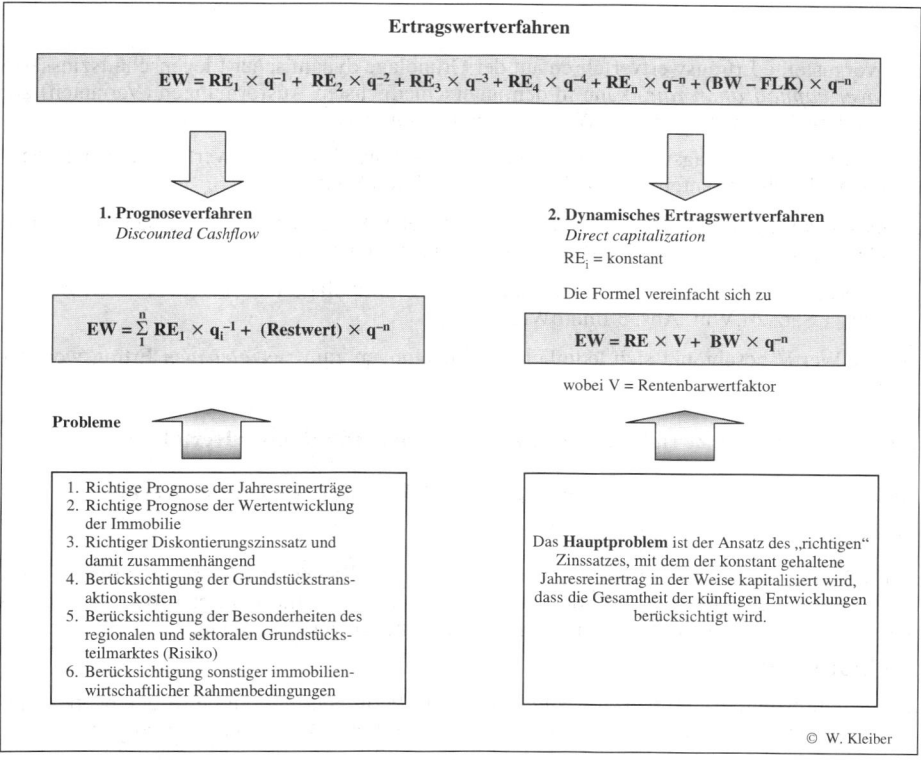

Die **ImmoWertV** beschränkt sich auf Regelungen zum 30
a) international gebräuchlichen (dynamischen) Ertragswertverfahren (§§ 17 bis 20 ImmoWertV) in drei Varianten und
b) Vervielfältigerverfahren (vgl. § 13 ImmoWertV Rn. 8).

Nicht geregelt in der ImmoWertV ist das Prognoseverfahren, d.h. **das Ertragswertverfahren auf der Grundlage prognostizierter Erträge** (*discounted cashflow*). Dies ist darin begründet, dass es für die Anwendung dieses Verfahrens keinerlei anerkannte Grundsätze gibt, wenn es um die Verkehrswertermittlung (Marktwertermittlung) geht. Lediglich im Rahmen von Investitionsberechnungen haben sich diesbezüglich in der Betriebswirtschaftslehre Standards herausgebildet (vgl. Rn. 331 ff.; hierzu auch Vorbem. zur ImmoWertV Rn. 13). Die Übertragung dieser Standards auf eine Verkehrswertermittlung (Marktwertermittlung) macht jedoch eine Reihe von weitergehenden Modifikationen erforderlich, für die die Praxis keine allgemein anerkannten Grundsätze entwickeln konnte. Die ImmoWertV schließt gleichwohl die Anwendung solcher Verfahren nicht aus und lässt grundsätzlich jedes geeignete Verfahren zu. 31

1.4 Verfahrensübersicht

1.4.1 Allgemeines

32 Das vorgestellte Ertragswertverfahren auf der Grundlage dynamischer Liegenschaftszinssätze *(all over capitalization rate)* kann in den unterschiedlichsten Ausformungen (Varianten) zur Anwendung kommen. § 17 ImmoWertV enthält enumerativ Regelungen zum

1. *zweigleisigen* Ertragswertverfahren unter Aufteilung des Ertragswerts in einen Boden- und Gebäudewertanteil (vgl. § 17 Abs. 2 Nr. 1 ImmoWertV),
2. *eingleisigen* Ertragswertverfahren ohne Aufteilung des Ertragswerts in einen Boden- und Gebäudewertanteil (vgl. § 17 Abs. 2 Nr. 2 ImmoWertV) und
3. *mehrperiodischen* Ertragswertverfahren auf der Grundlage alternierender Erträge (§ 17 Abs. 1 Satz 2 i.V.m. Abs. 3 ImmoWertV).

Die BelWertV beschränkt sich lediglich auf Regelungen zum *zweigleisigen* Ertragswertverfahren.

1.4.2 Ein- und zweigleisiges Ertragswertverfahren (Standardverfahren)

1.4.2.1 Eingleisiges Ertragswertverfahren (§ 17 Abs. 2 Nr. 2 ImmoWertV)

▶ *Vgl. § 17 ImmoWertV Rn. 45 ff.*

33 Mit § 17 Abs. 2 Nr. 2 ImmoWertV wird das aus der allgemeinen Ertragswertformel (vgl. Rn. 7) abgeleitete *ein*gleisige Ertragswertverfahren geregelt, mit dem sich der Gesamtwert des Grundstücks ohne Aufteilung in einen Boden- und Gebäudewertanteil ermitteln lässt.

Der Ertragswert wird ermittelt, indem

a) der Jahresreinertrag direkt, d.h. ohne vorherige Verminderung um den Bodenwertverzinsungsbetrag, mit Hilfe des Vervielfältigers (Barwertfaktor) kapitalisiert wird und

b) der Bodenwert in einer über die Restnutzungsdauer der baulichen Anlagen abgezinsten Größenordnung dem kapitalisierten Jahresreinertrag zugeschlagen wird.

$$EW = RE \times V + \frac{BW}{q^n} \qquad (2a)$$

wobei BW = Bodenwert
V = Vervielfältiger (Barwertfaktor), abhängig von
p = dynamischem Liegenschaftszinssatz und
n = Restnutzungsdauer der baulichen Anlage
q = Zinsfaktor = 1 + p/100.

▶ *Zur Ertragswertermittlung bei kurzer Restnutzungsdauer der baulichen Anlage vgl. Rn. 61 ff., 141 ff.*

34 § 17 Abs. 2 Nr. 2 ImmoWertV ordnet irreführenderweise dieser Variante des Ertragswertverfahrens den Begriff des „Vereinfachten Ertragswertverfahrens" zu. Tatsächlich handelt es sich nur um ein vereinfachbares Ertragswertverfahren (vgl. Rn. 103). Auf eine Minderung des Bodenwerts um die Freilegungskosten kann nämlich bei langer Restnutzungsdauer der baulichen Anlage (≥ 20 Jahre) verzichtet werden, und erst dann ergibt sich die unter Rn. 25 angegebene Formel des „Vereinfachten Ertragswertverfahrens" ($EW = RE \times V$).

Beispiel 1 zum *ein*gleisigen Ertragswertverfahren (§ 17 Abs. 2 Nr. 2 ImmoWertV): 35

Ausgangsdaten:
Mehrfamilienhaus im Jahre 1980 in massiver Bauweise erstellt: 8 abgeschlossene Wohnungen; Wohnfläche (WF) insgesamt 700 m^2; marktüblich erzielbare Nettokaltmiete 9,50 €/m^2 WF im Monat; Restnutzungsdauer 30 Jahre; Liegenschaftszinssatz 5 %; Bodenwert 200 000 €

Berechnung:

Ertragswert:

$$EW = RE \times V + BW \times q^{-n}$$

a) Ermittlung des Reinertrags

9,50 €/m^2 (Nettokaltmiete) × 700 m^2 × 12 Monate	=	79 800 €
abzüglich nicht umlagefähige Bewirtschaftungskosten		
– Verwaltungskosten: 8 × 230 €/WE	=	– 1 840 €
– Instandhaltungskosten: 11,50 €/m^2 × 700 m^2	=	– 8 050 €
– Mietausfallwagnis: 2% der Jahresnettokaltmiete	=	– 1 596 €
= Jahresreinertrag (RE)	=	68 314 €

b) Vervielfältiger bei
 – Restnutzungsdauer von 30 Jahren
 – Liegenschaftszinssatz von 5 %   15,372452

c) Kapitalisierte Reinerträge
 68 314 € × 15,372452   = 1 050 154 €

d) Diskontierungsfaktor bei
 – Restnutzungsdauer von 30 Jahren
 – Liegenschaftszinssatz von 5 %   0,2313774

e) abgezinster Bodenwert: 200 000 € × 0,2313774   = + 46 275 €
 = Ertragswert   = **1 096 429 €**

Bei langer Restnutzungsdauer des Gebäudes geht der Restwert (BW/q^n) gegen null und kann vernachlässigt werden. Die Formel vereinfacht sich damit zu dem bereits angesprochenen sog. **Vereinfachten Ertragswertverfahren** (vgl. Rn. 24, 66):

$$EW = RE \times V \qquad (3)$$

1.4.2.2 Zweigleisiges Ertragswertverfahren (§ 17 Abs. 2 Nr. 1 ImmoWertV)

▶ *Vgl. § 17 ImmoWertV Rn. 39*

Die Formel des *ein*gleisigen Ertragswertverfahrens lässt sich mathematisch in der Weise umformen, dass sich der **Ertragswert formelmäßig aus Boden- und Gebäudewertanteil zusammensetzt** (*zwei*gleisiges Standardverfahren). Auf eine Minderung des Bodenwerts um die Freilegungskosten kann bei langer Restnutzungsdauer der baulichen Anlage (≥ 20 Jahre) wiederum verzichtet werden (vgl. hierzu Rn. 63), und es ergibt sich die in § 17 Abs. 2 Nr. 1 ImmoWertV angegebene Formel:

36

$$EW = \underbrace{(RE - BW \times p)}_{\text{Gebäudewertanteil}} \times V + \underbrace{BW}_{\text{Bodenwertanteil}} \qquad (4)$$

V Syst. Darst. Ertragswertverf. Zweigleisiges Verfahren

37 Das Verhältnis zwischen Reinertrag und Bodenwertverzinsungsbetrag sowie der um den Bodenwertverzinsungsbetrag verminderte Reinertrag

$$(RE - p \times BW)$$

sind wichtige Kenngrößen, die über die Wirtschaftlichkeit der Grundstücksregelung Aufschluss geben (vgl. Rn. 241 ff.).

Abb. 6: Bodenwertverzinsungsbetrag

38 Geht der Reinertrag nämlich nach Abzug des Bodenwertverzinsungsbetrags gegen null oder ergibt sich sogar ein negativer Reinertrag, liegt ein **Missverhältnis zwischen Boden und Gebäude** vor, das die Notwendigkeit einer Umnutzung bzw. einer Liquidation des Gebäudes signalisiert. Das Verhältnis zwischen dem Reinertrag (vor Abzug des Bodenwertverzinsungsbetrags) und dem Bodenwertverzinsungsbetrag gibt dem Sachverständigen auch sonsthin unverzichtbare Aufschlüsse über die bodenwirtschaftlichen Verhältnisse des zu bewertenden Grundstücks. Ein atypisches Verhältnis signalisiert ihm eine unwirtschaftliche Bodennutzung, der er ggf. Rechnung tragen muss.

39 Wegen der mathematischen Identität führt das *zwei*gleisige Verfahren zu demselben Ergebnis, wie das eingleisige Ertragswertverfahren. **Das *zwei*gleisige Ertragswertverfahren** ist kein „anderes" Verfahren als die vornehmlich im Ausland zur Anwendung kommende eingleisige Variante (vgl. Rn. 237 ff.). Sie stellt die fachlich **ausgereifte „Luxusvariante"** dar, die universeller anwendbar und bei vielen Bewertungsaufgaben unverzichtbar ist. Sie ermöglicht eine gesonderte Ermittlung des Gebäudewertanteils (Gebäudeertragswert). Dieser wird benötigt im Rahmen

- der Marktwertermittlung von Erbbaurechten und erbbaurechtbelasteten Grundstücken,
- steuerlicher Bewertungen (für die Abschreibung des Gebäudewerts),
- der Marktwertermittlung nach dem Vermögensrecht sowie
- im Rahmen städtebaulicher Maßnahmen.

Diese Variante hat zudem den Vorzug, dass aus dem Verhältnis zwischen dem Reinertrag (RE) zum Bodenwertverzinsungsbetrag (BW × p) liquidationsverdächtige Grundstücksnutzungen erkennbar sind. ImmoWertV und BelWertV geben deshalb als Standardverfahren, das *zwei*gleisige Ertragswertverfahren vor.

Mehrperiodisches Verfahren   **Syst. Darst. Ertragswertverf. V**

Beispiel 2 zum *zwei*gleisigen Ertragswertverfahren (§ 17 Abs. 2 Nr. 1 ImmoWertV):   **40**

Ausgangsdaten
wie im vorstehenden Beispiel (Rn. 35)

Ertragswert: $EW = (RE - p \times BW) \times V + BW$

a) Ermittlung des Reinertrags

9,50 €/m² (Nettokaltmiete) × 700 m² × 12 Monate = Jahresnettokaltmiete	=	79 800 €
abzüglich nicht umlagefähige Bewirtschaftungskosten		
– Verwaltungskosten: 8 × 230 €/WE	=	– 1 840 €
– Instandhaltungskosten: 11,50 €/m² × 700 m²	=	– 8 050 €
– Mietausfallwagnis: 2% der Jahresnettokaltmiete	=	– 1 596 €
= Jahresreinertrag (RE)	=	68 314 €

b)
abzüglich Bodenwertverzinsungsbetrag: 200 000 € × 0,05	=	– 10 000 €
= **Reinertragsanteil der baulichen Anlage**	=	58 314 €

c) Ermittlung des Ertragswerts der baulichen Anlage
Vervielfältiger 15,372452		
= Ertragswert der baulichen Anlage 58 314 €/Jahr × 15,372452	=	896 429 €

d) Ermittlung des Ertragswerts
zuzüglich Bodenwert	=	+ 200 000 €
= **Ertragswert**		**1 096 429 €**

1.4.2.3 Mehrperiodisches Ertragswertverfahren (§ 17 Abs. 1 Satz 2 i.V.m. Abs. 3 ImmoWertV)

▶ *Vgl. auch § 17 ImmoWertV Rn. 48 ff. und die rechnerischen Hinweise dort bei Rn. 64 ff.*

a) Allgemeines

Bei dem in § 17 Abs. 1 Satz 2 i.V.m. Abs. 3 ImmoWertV geregelten *mehrperiodischen bzw. mehrphasigen* **Ertragswertverfahren** handelt es sich um nichts anderes als um die unter Rn. 7 bereits vorgestellte **allgemeine Ertragswertformel**. Auf eine Minderung des Bodenwerts um die Freilegungskosten kann bei langer Restnutzungsdauer der baulichen Anlage (≥ 20 Jahre) auch bei dieser Variante verzichtet werden.   **41**

$$EW = RE_1 \times q^{-1} + RE_2 \times q^{-2} + RE_3 \times q^{-3} + RE_4 \times q^{-4} + RE_n \times q^{-n} + (BW - FLK) \times q^{-n}$$

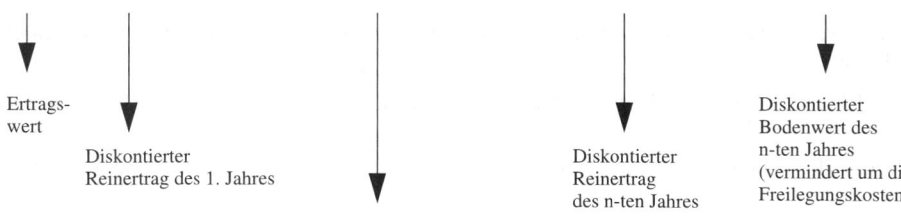

Ertragswert   Diskontierter Reinertrag des 1. Jahres   Diskontierter Reinertrag des 2. Jahres   Diskontierter Reinertrag des n-ten Jahres   Diskontierter Bodenwert des n-ten Jahres (vermindert um die Freilegungskosten)

wobei
	EW	Ertragswert
	REi	Reinertrag des jeweiligen Jahres
	n	Restnutzungsdauer der baulichen Anlage
	BW	Bodenwert
	q	Zinsfaktor = 1 + p/100
	p	Diskontierungszinssatz
	FLK	Freilegungskosten

Abb. 7: Mehrperiodisches Ertragswertverfahren bei gleichbleibendem Ertrag

42 Nach § 17 Abs. 1 Satz 2 ImmoWertV soll diese Variante Anwendung finden können, „soweit die Ertragsverhältnisse absehbar wesentlichen Veränderungen unterliegen oder wesentlich von den marktüblich erzielbaren Erträgen abweichen". Das ist falsch. Die **Variante kann auch Anwendung finden, wenn keine Änderungen der Ertragsverhältnisse absehbar sind** und auch keine von den marktüblich erzielbaren Erträgen abweichenden Erträge vorliegen. Die Variante hat den Vorteil, dass die jährlichen Ertragsflüsse „ausgeworfen" werden.

43 Die mathematische Form des mehrperiodischen bzw. mehrphasigen Ertragswertverfahrens ist mit der mathematischen Form des *Discounted Cashflow* Verfahrens identisch, jedoch darf es damit nicht verwechselt werden. Bei Heranziehung des dynamischen Liegenschaftszinssatzes stellt auch diese Vorgehensweise ein Ertragswertverfahren i.S. der ImmoWertV *(all over capitalization method)* und nicht etwa ein *Discounted Cashflow* Verfahren dar.

44 Der **wesentliche Unterschied des *Discounted Cashflow* Verfahrens zum marktorientierten Ertragswertverfahren** besteht nämlich darin, dass es an prognostizierte Erträge (i.V.m. einem kapitalmarktorientierten Diskontierungszinssatz) anknüpft, während das Ertragswertverfahren grundsätzlich von den zum Wertermittlungsstichtag marktüblich erzielbaren Reinerträgen ausgeht und deren künftige Entwicklung nach § 20 i.V.m. § 14 Abs. 3 ImmoWertV mit dem Liegenschaftszinssatz *(all over capitalization rate)* berücksichtigt wird. Soweit von den „marktüblich erzielbaren Erträgen" abweichende Erträge vorliegen, können sie auch direkt berücksichtigt werden (anstelle einer gesonderten Erfassung nach § 8 Abs. 3 ImmoWertV), aber auch nur dann, wenn es sich um **„gesicherte Daten ... periodisch erzielbarer Reinerträge"** handelt (§ 17 Abs. 3 Satz 1 ImmoWertV). Dies sind insbesondere aufgrund wohnungs- und mietrechtlicher Bindungen von den marktüblich erzielbaren Erträgen abweichende Jahresreinerträge.

▶ *Vgl. Rn. 272 sowie 358*

b) Blockmodell (Restwertmodell) unter Aufteilung in einen Betrachtungszeitraum und einen Restwert

45 Mit § 17 Abs. 3 ImmoWertV wird die allgemeine Ertragswertformel in zwei Phasen „aufgeblockt" und zwar in

- einen Betrachtungsraum (von etwa 10 Jahren), gerechnet ab dem Wertermittlungsstichtag und
- eine Restphase (bis zum Ablauf der Restnutzungsdauer der baulichen Anlage).

Das sog. „2-Phasen-Modell" entspricht der allgemeinen Wertermittlungspraxis und dient der Vermeidung unübersichtlicher Rechenwerke. Für den „Auswurf" der jährlichen Ertragsströme besteht nämlich nur ein zeitlich beschränktes Bedürfnis (i.d.R. nur für einen Betrachtungszeitraum von 10 Jahren), und deswegen kommt bei dieser Vorgehensweise die sog. Restwertmethode zur Anwendung (§ 17 Abs. 3 ImmoWertV). Dabei wird nur der sog. „Betrachtungszeitraum" jahrgangsweise mit seinen Ertragsströmen gesondert erfasst, die Ertragsströme der verbleibenden Restnutzungsdauer werden zu einem Restwert (Blockmodell) zusammengefasst:

Abb. 8: Mehrperiodisches Ertragswertverfahren mit Restwert

Wie sich der **Restwert** ermittelt, wird in der ImmoWertV nicht vorgegeben. Grundsätzlich kommen dafür alle Wertermittlungsverfahren in Betracht, jedoch wird hier regelmäßig das Ertragswertverfahren nach § 17 Abs. 2 ImmoWertV sachgerecht sein.

Beispiel 3 zum *mehrperiodischen* Ertragswertverfahren (§ 17 Abs. 1 Satz 2 i.V.m. Abs. 3 ImmoWertV):

1. Ausgangsdaten
wie im vorstehenden Beispiel (Rn. 35)

Ertragswert:

$$EW = \sum_1^b RE_b \times q^{-b} + \underbrace{RE_i \times (V_n - V_b) + Bodenwert \times q^{-n}}_{Restwert} \qquad (5)$$

wobei
n = Restnutzungsdauer
b = Betrachtungszeitraum
q = Zinsfaktor = 1 + p/100
p = Liegenschaftszinssatz
V = Barwertfaktor

2. Berechnung:

a) Barwerte des Betrachtungszeitraums von 10 Jahren

Jahr	RE		Abzinsungsfaktor		Barwerte der Reinerträge
1. Jahr	68 314 €	×	0,952380952	=	65 061 €
2. Jahr	68 314 €	×	0,907029478	=	61 963 €
3. Jahr	68 314 €	×	0,863837599	=	59 012 €
4. Jahr	68 314 €	×	0,822702475	=	56 202 €
5. Jahr	68 314 €	×	0,783526166	=	53 526 €
6. Jahr	68 314 €	×	0,746215397	=	50 977 €
7. Jahr	68 314 €	×	0,710681330	=	48 549 €
8. Jahr	68 314 €	×	0,676839362	=	46 238 €
9. Jahr	68 314 €	×	0,644608916	=	44 036 €
10. Jahr	68 314 €	×	0,613913254	=	41 939 €
Summe der Jahresreinerträge des Betrachtungszeitraums				=	**527 502 €**

V Syst. Darst. Ertragswertverf. — Mehrperiodisches Verfahren

b) Restwertermittlung

	RE	Barwertfaktor p = 5% n = 20%	RE × V		Abzinsungs-faktor		Barwerte der Reiner-träge
11.-30. Jahr	68 314 € ×	12,4622103 =	851 343,43 €	×	0,613913254	=	522 651 €
+ Bodenwert 200 000 €		abgezinst über 30 Jahre:	200 000 €	×	0,231377449	=	46 275 €
Restwert						=	568 927 €

c) Ertragswert

Ertragswert = Restwert + Summe der diskontierten Reinerträge des Betrachtungszeitraums = **1 096 429 €**

d) Alternativberechnung zur Restwertermittlung

Jahr	Barwertfaktor			
30. Jahr	15,37245100			
10. Jahr	7,72173493			
Δ Barwertfaktoren =	7,65071607	×	68 314 €	= 522 651 €

48 Auch die dritte (*mehrperiodische*) Variante des Ertragswertverfahrens führt zu exakt demselben Ergebnis wie das ein- und zweigleisige Standardverfahren. Der Unterschied besteht nur in der Darstellung der Ergebnisse. Weichen nämlich die tatsächlich erzielten Erträge von den marktüblich erzielbaren Erträgen z. B. aufgrund wohnungs- und mietrechtlicher Bindungen ab, so gehen die Abweichungen direkt in die bei Anwendung des *mehrperiodische* Ertragswertverfahrens anzusetzenden Jahresreinerträge ein. Bei Anwendung des ein- und zweiphasigen Ertragswertverfahrens müssen die Abweichungen (*over-* bzw. *underrented*) in einem zweiten Schritt auf den Ertragswert nach Maßgabe des § 8 Abs. 3 ImmoWertV „aufgesattelt" werden.

Abb. 9: Mehrperiodisches Ertragswertverfahren bei alternierenden Erträgen (mit Restwert)

49 Der **wesentliche Unterschied besteht** mithin **in der Darstellung der Ergebnisse** (vgl. Rn. 105 ff., 283):

1. Das *ein-* und *zwei*gleisige Ertragswertverfahren hat den Vorteil, dass die Erträge des *over-* bzw. *underrented* Ertragsanteils konkret „ausgeworfen" werden.

2. Das *mehrperiodische* Ertragswertverfahren hat den Vorteil, dass die jährlichen Erträge in ihrer Gesamtheit (ohne gesonderten Auswurf der *underrented* bzw. *overrented* Ertragsanteile) dargestellt werden.

c) Ein- und zweigleisiges Mehrperiodenmodell

Im Übrigen lässt sich auch das vorgestellte **mehrperiodische Ertragswertverfahren**

$$EW = \sum_{1}^{n} \frac{RE_i}{q^n} + \frac{BW - FLK}{q^n} \quad \text{bzw.*} \quad EW = \sum_{1}^{n} \frac{RE_i}{q^n} + \frac{BW}{q^n}$$

* bei langer Restnutzungsdauer

auch unter Aufteilung in einen Boden- und Gebäudewertanteil anwenden (zweigleisig und mehrperiodisch):

$$EW = \sum_{1}^{n} \frac{(RE_i - [BW \times p])}{q^n} + BW \tag{6}$$

bzw. als „Blockmodell" unter Aufteilung des Gesamtwerts in einen Teilwert des „Betrachtungszeitraums" und einen Restwert:

$$EW = \underbrace{\sum_{1}^{b} \frac{(RE_b - [BW \times p])}{q^b}}_{\text{Teilwert (Betrachtungszeitraum)}} + \underbrace{(RE_i - p \times BW) \times (V_n - V_b)}_{\text{Restwert}} + BW \tag{7}$$

wobei
n = Restnutzungsdauer
b = Betrachtungszeitraum
q = Zinsfaktor = 1 + p/100
p = Liegenschaftszinssatz
V = Barwertfaktor

Beispiel 4 zum *mehrperiodischen* (zweigleisigen) Ertragswertverfahren:
1. Ausgangsdaten
wie im vorstehenden Beispiel (Rn. 35)
2. Berechnung:
a) Barwerte des Betrachtungszeitraums von 10 Jahren

Jahr	RE	Bodenwertverzinsungsbetrag $p \times BW$		$RE - (p \times BW)$		Abzinsungsfaktor		Barwerte der Reinerträge
1. Jahr	68 314 €	–	10 000 €	=	58 314 €	×	0,952380952	=	55 537 €
2. Jahr	68 314 €	–	10 000 €	=	58 314 €	×	0,907029478	=	52 892 €
3. Jahr	68 314 €	–	10 000 €	=	58 314 €	×	0,863837599	=	50 373 €
4. Jahr	68 314 €	–	10 000 €	=	58 314 €	×	0,822702475	=	47 975 €
5. Jahr	68 314 €	–	10 000 €	=	58 314 €	×	0,783526166	=	45 691 €
6. Jahr	68 314 €	–	10 000 €	=	58 314 €	×	0,746215397	=	43 515 €
7. Jahr	68 314 €	–	10 000 €	=	58 314 €	×	0,710681330	=	41 443 €
8. Jahr	68 314 €	–	10 000 €	=	58 314 €	×	0,676839362	=	39 469 €
9. Jahr	68 314 €	–	10 000 €	=	58 314 €	×	0,644608916	=	37 590 €
10. Jahr	68 314 €	–	10 000 €	=	58 314 €	×	0,613913254	=	35 800 €
Summe der Jahresreinerträge des Betrachtungszeitaums								=	450 285 €

V Syst. Darst. Ertragswertverf. Mehrperiodisches Verfahren

b) Restwertermittlung

	RE – p × BW		A V$_{30}$ - V10 15,37245100 – 7,72173493	(RE–p × BW) × V		Barwerte der Reinerträge
11.-30. Jahr + Bodenwert	58 314 €	×	7,65071607	= 446 143,85 €	= =	446 144 € 200 000 €
Restwert					=	**646 144 €**

c) Ertragswert

Ertragswert = Restwert + Summe der diskontierten Reinerträge des Betrachtungszeitraums = **1 095 429 €**

d) Gesplittetes Mehrphasenmodell

51 Bei Immobilien, die über längere Phasen gleich bleibende Reinerträge erwarten lassen und aufgrund besonderer – insbesondere mietvertraglicher – Gründe erst in größeren Zeitabständen unterschiedliche Reinerträge erwarten lassen, kann diesem Umstand rechentechnisch dadurch Rechnung getragen werden, dass man die sich für die jeweiligen Phasen ergebenden Barwerte zusammenfasst. Das Ertragswertverfahren lässt sich in den Fällen phasenweise unterschiedlicher Ertragsströme beliebig aufsplitten (**Zwei- und Mehrphasen-Modell**; Abb. 10).

Abb. 10: Gesplittetes Ertragswertverfahren

52 Der Ertragswert setzt sich dann aus der Summe der Ertragswerte der einzelnen Phasen zusammen, wobei die Ertragswerte der Phasen 2 bis 4 jeweils auf den Wertermittlungsstichtag zu diskontieren sind.

$$EW = (RE_1 \times V_1) + \underbrace{(RE_2 \times V_2) \times q^{-n_1}}_{BW'} + \underbrace{(RE_3 \times V_3) \times q^{-(n_1+n_2)}}_{BW''} + \underbrace{(RE_4 \times V_4) \times q^{-(n_1+n_2+3)}}_{BW'''} + BW \times q^{-n}$$

(unter der Klammer: BW', BW'', BW''', BW'''')

53 Der **Ertragswert setzt sich** in diesem Fall **aus den jeweiligen Ertragswerten für die unterschiedlichen Phasen zusammen,** die jeweils auf den Wertermittlungsstichtag diskontiert werden müssen. Allein bei der sich unmittelbar an den Wertermittlungsstichtag anschließenden Phase bedarf es der Diskontierung nicht, weil sich der kapitalisierte Reinertrag unmittelbar als der sich auf den Wertermittlungsstichtag beziehende Barwert ergibt. Im *Beispiel:*

54 Der **Vervielfältiger V** (Barwertfaktor) bestimmt sich dabei nach dem Liegenschaftszinssatz und der Nutzungsdauer der jeweiligen Phase.

Anwendungsbereich   **Syst. Darst. Ertragswertverf. V**

Rechentechnisch lässt sich diese Vorgehensweise vereinfachen, indem man als Vervielfältiger den jeweils um den Vervielfältiger des vorangegangenen Zeitraums verminderten Vervielfältiger ansetzt (**Vervielfältigerdifferenzenverfahren**). Im *Beispiel* wird also zur Ermittlung von EW" als Vervielfältiger angesetzt: **55**

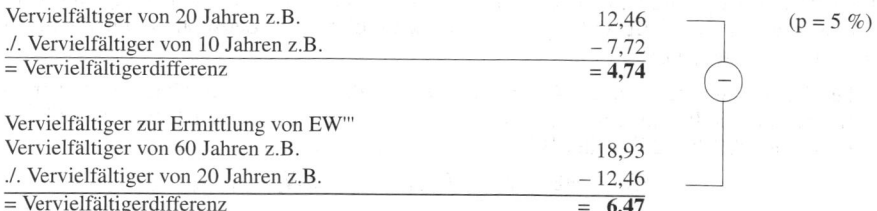

Der Differenzbetrag des Vervielfältigers (Vervielfältigerdifferenz) stellt gewissermaßen den diskontierten Vervielfältiger dar; eine Diskontierung der Ertragswerte E" und E'" entfällt damit. Die Berechnung des Ertragswerts vereinfacht sich damit zu: **56**

$$EW = \underbrace{RE_1 \times V}_{EW`} + \underbrace{RE_2 \times \Delta V(20-10)}_{EW``} + \underbrace{RE_3 \times \Delta V(60-20)}_{EW```} + \underbrace{RE_4 \times \Delta V(100-60)}_{EW````} + \underbrace{BW \times q^{-100}}_{Bodenwert}$$

Diese Vorgehensweise stellt die einfachste und **rechentechnisch eleganteste Methode** dar, die den anderen noch vorzustellenden Methoden überlegen ist. Auch sei darauf hingewiesen, dass mit der Kapitalisierung auf der Grundlage des Liegenschaftszinssatzes allgemeinwirtschaftliche Entwicklungen in den jeweiligen Phasen ebenfalls Berücksichtigung finden.   **57**

1.4.3 Besonderheiten bei Anwendung der Ertragswertverfahren

1.4.3.1 Überblick

Bei Anwendung der Ertragswertverfahren gilt es eine Reihe von besonderen Sachverhalten (**Besonderheiten**) zu beachten. Hervorzuheben sind folgende besondere Sachverhalte: **58**

1. Bei sog. **übergroßen Grundstücken** muss der Ertragswertermittlung eine Bodensondierung vorausgehen. Eine Übergröße liegt vor, wenn das Grundstück neben der der Bebauung zurechenbaren Grundstücksfläche (sog. Umgriffsfläche) selbständig nutzbare Teilflächen i.S. des § 17 Abs. 2 Satz 2 ImmoWertV umfasst (vgl. Rn. 59 ff. und 124 ff.).

2. Bei der Ertragswertermittlung von Grundstücken, deren **bauliche Anlage nur noch eine kurze Restnutzungsdauer** aufweist, müssen die „alsbald" anstehenden Freilegungskosten nach Maßgabe des § 16 Abs. 3 ImmoWertV berücksichtigt werden (vgl. Rn. 61 ff. und 141; § 16 ImmoWertV Rn. 123).

3. Temporäre Abweichungen der tatsächlich erzielten Reinerträge von den marktüblich erzielbaren Reinerträgen sowie sonstige **besondere objektspezifische Grundstücksmerkmale (Anomalien)**, insbesondere ein Instandhaltungsrückstau (Baumängel und Bauschäden), sind nach § 8 Abs. 3 ImmoWertV ergänzend zu berücksichtigen, sofern sie nicht direkt in die Ertragswertermittlung eingegangen sind (vgl. Rn. 64 ff., 105 ff., 276 sowie § 8 ImmoWertV Rn. 178 ff., 256 ff.).

1.4.3.2 Bodensondierung bei übergroßen Grundstücken

▶ *Vgl. Rn. 124 ff.*

Am Anfang einer Ertragswertermittlung steht eine eingehende Befassung mit dem Bodenwert des Grundstücks (§ 16 ImmoWertV). Weist das Grundstück neben der der Bebauung zurechenbaren Grundstücksfläche (Umgriffsfläche) selbständig nutzbare Teilflächen i.S. des § 17 Abs. 2 Satz 2 ImmoWertV auf, ist das Grundstück zu sondieren nach   **59**

- der Grundstücksfläche und dem entsprechenden Bodenwert, der der Bebauung zurechenbar ist (Bodenwert der Umgriffsfläche, $BW_{Umgriff}$) und
- den selbständig nutzbaren Teilflächen mit dem entsprechenden Bodenwert ($BW_{selbständig}$).

60 Diese Bodensondierung ist unabdingbar, denn die vorgestellten Formeln des Ertragswertverfahrens müssen unter **Beachtung der unterschiedlichen Bodenwertanteile** dahingehend modifiziert werden, dass

a) bei Anwendung des *ein*gleisigen Ertragswertverfahrens nur der Bodenwert der Umgriffsfläche über die Restnutzungsdauer abzuzinsen ist und der Bodenwertanteil der selbständig nutzbaren Teilfläche in voller Höhe berücksichtigt wird.

$$EW = RE \times V + BW_{Selbständig} + BW_{Umgriff} \times q^{-n}$$

b) bei Anwendung des *zwei*gleisigen Ertragswertverfahrens der Bodenwertverzinsungsbetrag ($p \times BW$) nur auf der Grundlage des Bodenwerts der Umgriffsfläche ermittelt wird und ansonsten der Bodenwert des Gesamtgrundstücks berücksichtigt wird.

$$EW = (RE - p \times BW_{Umgriff}) \times V + BW_{Gesamt}$$

c) bei Anwendung des *mehrperiodischen* (eingleisigen) Ertragswertverfahrens wiederum nur der Bodenwert der Umgriffsfläche über die Restnutzungsdauer abzuzinsen ist und der Bodenwertanteil der selbständig nutzbaren Teilfläche in voller Höhe berücksichtigt wird.

$$EW = \sum_{1}^{b} RE_i \times q_i^{-b} + RE_i \times (V_n - V_b) + BW_{Umgriff} \times q^{-n} + BW_{Selbständig}$$

Abb. 11: Unterschiedliche Bodenwerte bei übergroßen Grundstücken

1.4.3.3 Freilegungskostenverminderter Bodenwert

▶ *Vgl. Rn. 141 ff. sowie § 16 ImmoWertV Rn. 123, 170 ff.; § 8 ImmoWertV Rn. 384, 401*

Nach der Grundsatzregelung des § 16 Abs. 1 ImmoWertV bemisst sich der Bodenwert eines bebauten Grundstücks nach dem Bodenwert eines unbebauten Grundstücks. Für den Sonderfall, dass die auf dem Grundstück vorhandene bauliche Anlage aufgrund ihres Alters oder ihres Zustands unrentierlich ist oder sonstwie in einem Missverhältnis zu dem Bodenwert steht, sieht § 16 Abs. 3 ImmoWertV vor, dass der so ermittelte Bodenwert um die Freilegungskosten zu vermindern ist. Dies ist allerdings generell und mithin auch bei Anwendung des Ertragswertverfahrens geboten, wenn die bauliche Anlage eine kurze Restnutzungsdauer (i.d.R. ≤ 20 Jahre) aufweist. Allgemein gilt für die **Anwendung des Ertragswertverfahrens auf Grundstücke, deren bauliche Anlage eine geringere Restnutzungsdauer als 20 Jahre aufweist,** dass der Bodenwert stets um die Freilegungskosten zu vermindern ist, wenn 61

– der Bodenwert aus Vergleichspreisen unbebauter Grundstücke abgeleitet wurde und
– zu erwarten ist, dass das Grundstück alsbald freigelegt wird.

Ist bei Anwendung des Ertragswertverfahrens von einer Freilegung des Grundstücks innerhalb eines Zeitraums von 20 Jahren auszugehen, empfiehlt es sich, den Ertragswert nach dem in § 17 Abs. 2 Nr. 2 ImmoWertV angegebenen *eingleisigen* Ertragswertverfahren zu ermitteln, wobei der nach der Grundsatzregelung des § 16 Abs. 1 ImmoWertV (Bodenwert eines unbebauten Grundstücks) ermittelte Bodenwert um die Freilegungskosten vermindert werden muss (vgl. Rn. 33): 62

$$EW = RE \times V + \frac{BW - FLK}{q^n} \qquad (2)$$

wobei
V = Vervielfältiger (Barwertfaktor), abhängig von
p = dynamischen Liegenschaftszinssatz und
n = Restnutzungsdauer
FLK = Freilegungskosten

Das in § 17 Abs. 2 Nr. 1 ImmoWertV angegebene *zweigleisige* Ertragswertverfahren kann ebenfalls zur Anwendung kommen und führt zu demselben Ergebnis. Auch bei Anwendung dieses Ertragswertverfahrens muss als Bodenwert der um die Freilegungskosten verminderte Bodenwert nach § 16 Abs. 1 ImmoWertV (Bodenwert eines unbebauten Grundstücks) angesetzt werden (vgl. Rn. 36): 63

$$EW = (RE - p \times [BW - FLK]) \times V + BW - FLK \qquad (4a)$$

Entsprechendes gilt wiederum bei Anwendung des **mehrperiodischen bzw. mehrphasigen Ertragswertverfahrens:**

$$EW = \sum_1^b RE_b \times q^{-b} + RE_i \times (V_n - V_b) + (BW - FLK) \times q^{-n} \qquad (5a)$$

1.4.3.4 Temporäre Mehr- oder Mindererträge und sonstige grundstücksspezifische Besonderheiten

▶ *Vgl. Rn. 58 und Rn. 105 ff., 276 sowie § 8 ImmoWertV Rn. 178., 256 ff.*

Temporäre Abweichungen in den Ertragsverhältnissen aufgrund von miet-, wohnungs- und sonstiger vertragsrechtlicher Bindungen sowie sonstige **besondere objektspezifische Grundstücksmerkmale** müssen in den übrigen Fällen in einem zweiten Schritt besonders berücksichtigt werden (§ 8 Abs. 3 ImmoWertV). Zur Berücksichtigung temporärer Mehr- oder Mindererträge wird der Unterschied zwischen dem marktüblich am Wertermittlungsstichtag erzielbaren Reinertrag und dem aufgrund vertraglicher oder mietrechtlicher Bindungen tat- 64

V Syst. Darst. Ertragswertverf.   Vereinfachtes Verfahren

sächlich erzielten Reinertrag (Δ RE) über die jeweilige Dauer mit Hilfe des Vervielfältigers kapitalisiert und auf den Wertermittlungsstichtag abdiskontiert. Dies ergibt den temporäreren Ertragswertanteil.

$$\text{Barwert } \Delta RE_i = (RE_{\text{marktüblich}[\text{€}/m^2 NF]} - RE_{\text{tatsächlich}[\text{€}/m^2 NF]}) \times 12 \text{ Monate} \times NF[m^2] \times V_i$$

65 Der Ertragswert setzt sich dann aus dem nach § 17 Abs. 2 ImmoWertV abgeleiteten **vorläufigen Ertragswert** (langfristiger Ertragswertanteil) und dem Barwert der Mehr- oder Mindereinnahmen (temporärer Ertragswertanteil) zusammen:

$$EW = \text{Vorläufiger Ertragswert} +/- \sum_{1}^{m} \Delta RE_i \times V \times q^{-t}$$

wobei
V = Vervielfältiger (Barwertfaktor),
m = Dauer der Mehr- oder Mindererträge in Jahren,
t = Zeitraum zwischen Beginn der Mehr- oder Mindererträge und dem Wertermittlungsstichtag,
$RE_{\text{marktüblich}[\text{€}/m^2 NF]}$ = Marktüblich erzielbarer Reinertrag am Wertermittlungsstichtag,
$RE_{\text{tatsächlich}[\text{€}/m^2 NF]}$ = Reinertrag aufgrund wohnungs- und mietrechtlicher Bindungen,
ΔRE_i = $RE_{\text{marktüblich}[\text{€}/m^2 NF]} - RE_{\text{tatsächlich}[\text{€}/m^2 NF]}$
NF = Nutzfläche (Wohnfläche)

Die **temporären Mehr- oder Mindereinnahmen (temporärer Ertragswertanteil)** können auch jährlich berücksichtigt werden:

Abb. 12: Jährliche Berücksichtigung von Mehr- oder Mindereinnahmen

1.4.4 Vereinfachtes Ertragswertverfahren

▶ Vgl. Rn. 24, 35 sowie Syst. Darst. des Vergleichswertverfahrens Rn. 578

66 Wie unter Rn. 33 ff. ausgeführt, ist mit § 17 Abs. 2 ImmoWertV als Standardverfahren der Ertragswertermittlung die mathematisch identische ein- und zweigleisige Ertragswertermittlung vorgegeben:

$$\text{Ertragswert} = (RE - p \times BW) \times V + BW = RE \times V + BW \times q^{-n}$$

wobei
RE = jährlicher Reinertrag des Grundstücks (§ 18 ImmoWertV)
BW = Bodenwert (§ 16 ImmoWertV)
V = Vervielfältiger (lt. Anlage zur ImmoWertV)
q = Zinsfaktor = $1 + p/100$
p = Liegenschaftszinssatz/100 = $q - 1$
n = Restnutzungsdauer (§ 6 Abs. 6 ImmoWertV)

Vereinfachtes Verfahren   **Syst. Darst. Ertragswertverf. V**

Bei langer Restnutzungsdauer des Gebäudes kann der Ertragswert auch ohne Kenntnis des Bodenwerts abgeleitet werden. Dies ist leicht aus der Formel des so genannten eingleisigen Ertragswertverfahrens erkennbar: **67**

$$EW = RE \times V + BW/q^n \quad (2a)$$

↑

über die Restnutzungsdauer abgezinster Bodenwert

Bereits ab einer Restnutzungsdauer von 50 Jahren reduziert sich der Bodenwert zu einer vernachlässigbaren Größe, und die vollständige Formel des Ertragswertverfahrens lässt sich zum so genannten „**vereinfachten Ertragswertverfahren**" reduzieren

$$\boxed{EW = RE \times V} \quad (3)$$

Voraussetzung für die Anwendung des vereinfachten Ertragswertverfahrens ist mithin, dass die Restnutzungsdauer der baulichen Anlage ≥ 50 Jahre ist. Sofern das Grundstück eine selbständig nutzbare Teilfläche aufweist, muss bei Anwendung des vereinfachten Ertragswertverfahrens diese noch zusätzlich berücksichtigt werden (vgl. Rn. 59).   **68**

Das **vereinfachte Ertragswertverfahren versagt bei kurzer Restnutzungsdauer** des Gebäudes, wie nachfolgendes Beispiel verdeutlicht: **69**

Beispiel 4:   **70**

Beispiel wie vorher: Reinertrag (RE) = 28 000 €,: Bodenwert (BW) = 200 000 €, Liegenschaftszinssatz (p) = 6 %; **jedoch Restnutzungsdauer (n) = 20 Jahre;** Vervielfältiger (V) bei p = 6 % und n = 20 Jahre: 11,469923

$EW = RE \times V$		$EW = RE \times V + BW \times q^{-n}$		$EW = (RE - p \times BW) \times V + BW$	
Reinertrag (RE)	= 28 000 €	Reinertrag (RE)	= 28 000 €	Reinertrag (RE)	= 28 000 €
× Vervielfältiger		× Vervielfältiger V		− Bodenwert × 6/100	= − 12 000 €
bei n = 20 Jahren		bei n = 20 Jahren	= 321 158 €	= Reinertragsanteil	= 16 000 €
und p = 6 %	11,469923	+ abgezinster Bodenwert		× Vervielfältiger	= 183 519 €
		bei q^{-20} = 0,3118047	= + 62 361 €	+ Bodenwert	= + 200 000 €
= Ertragswert	= 321 158 €	= Ertragswert	= 383 519 €	= Ertragswert	= 383 519 €
Falsch!					

Dass das vereinfachte Ertragswertverfahren (EW = RE × V) bei kurzer Restnutzungsdauer versagt, ist darin begründet, dass der Bodenwert ein „Dauerwert" ist, der sich auf ∞ verzinst, während das Gebäude sich nur auf einen endlichen Zeitraum verzinst.   **71**

Diese Vereinfachung stellt sich ein, weil – wie bereits angesprochen – der **Bodenwert bei langer Restnutzungsdauer für das Ergebnis eine vernachlässigbare Größe** wird, da er ohnehin nur in der über die Restnutzungsdauer der baulichen Anlage diskontierten Höhe eingeht. Das gilt allerdings nur für die Grundstücksfläche, die der Bebauung zuzurechnen ist.   **72**

V Syst. Darst. Ertragswertverf. Vereinfachtes Verfahren

73 *Beispiel 5:*

Bodenwert	480 000 €
Restnutzungsdauer	60 Jahre
Liegenschaftszinssatz	5 %
BW × q^{-n} = 480 000 € × $1{,}05^{-60}$ =	25 697 €

74 Umgekehrt ist bei kurzer Restnutzungsdauer der Bodenwert nicht vernachlässigbar; er muss bei **sehr kurzer Restnutzungsdauer (RND = 20 Jahre)** dann sogar um die Freilegungskosten vermindert werden (vgl. Rn. 61):

$$EW = RE \times V \begin{cases} + BW \times q^{-n} & \text{bei } RND < 50 \text{ Jahre} \\ (+ BW \times q^{-n}) \quad \text{kann} & \text{bei } RND > 50 \text{ Jahre entfallen} \\ + (BW - FLK)\, q^{-n} & \text{bei } RND < 20 \text{ Jahre} \end{cases}$$

75 Die **Anwendung des „vereinfachten Ertragswertverfahrens"** wurde auch schon bisher in der WERTR ausdrücklich zugelassen. **Nr. 3.5 WERTR** bestimmt hierzu:

„Der Ertragswert kann ermittelt werden (vgl. Nr. 3.5.5):
a) unter Aufspaltung in einen Boden- und Gebäudewertanteil (umfassendes Ertragswertverfahren) nach Maßgabe der Anlage 2 oder
b) ohne Aufspaltung in einen Boden- und Gebäudewertanteil (vereinfachtes Ertragswertverfahren).

– Bei Anwendung des **umfassenden Ertragswertverfahrens** (vgl. a) ist der Ertragswert der baulichen Anlagen der um den Verzinsungsbetrag des Bodenwerts (Bodenwertverzinsungsbetrag; vgl. Nr. 3.5.5) verminderte und sodann unter Berücksichtigung der Restnutzungsdauer der baulichen Anlagen kapitalisierte, nachhaltig (nunmehr „marktüblich") erzielbare Reinertrag des Grundstücks (§ 18 ImmoWertV). Der Reinertrag ist der Rohertrag des Grundstücks (§ 18 ImmoWertV) abzüglich der Bewirtschaftungskosten für das Grundstück (§ 19 ImmoWertV). Bodenwert und Wert der baulichen und sonstigen Anlagen ergeben unter Berücksichtigung von Zu- und Abschlägen (§ 8 Abs. 3 ImmoWertV) den Ertragswert des Grundstücks.

– Bei Anwendung des **vereinfachten Verfahrens** (vgl. b) ermittelt sich der Ertragswert als Barwert der künftigen Reinerträge, die nicht um den Bodenwertverzinsungsbetrag vermindert werden, zuzüglich des über die Restnutzungsdauer der baulichen Anlagen diskontierten Bodenwerts. Bei einer Restnutzungsdauer der baulichen Anlagen von mindestens 50 Jahren kann der diskontierte Bodenwert in diesem Fall vernachlässigt werden. Der Bodenwert von selbstständig nutzbaren Teilflächen ist jedoch in voller Höhe zu berücksichtigen."

76 Die vorstehenden Ausführungen machen deutlich, dass die **Ermittlung des Ertragswerts von Objekten mit einer langen Restnutzungsdauer auch ohne Kenntnis des Bodenwerts erfolgen kann,** denn dessen Anteil am Ertragswert tendiert mit wachsender Restnutzungsdauer gegen eine zu vernachlässigende Größe. Dies gilt um so mehr, je höher der Liegenschaftszinssatz ist, so dass sich der Ertragswert von Objekten, die eine längere Restnutzungsdauer als 50 Jahre aufweisen, allein durch Kapitalisierung des nachhaltigen Reinertrags ermitteln lässt. Die ImmoWertV sieht dies zwar ausdrücklich nicht vor, jedoch zeugt es eher von Unkenntnis, wenn der Sachverständige bei Objekten mit sehr langer Restnutzungsdauer filigrane und wissenschaftlich anmutende Untersuchungen zur Ermittlung des „richtigen" Bodenwerts anstellt, die für das Ergebnis letztlich bedeutungslos sind (Abb. 13):

Abb. 13: Aufteilung des Ertragswerts in einen Boden- und Gebäudewertanteil in Abhängigkeit von der Restnutzungsdauer

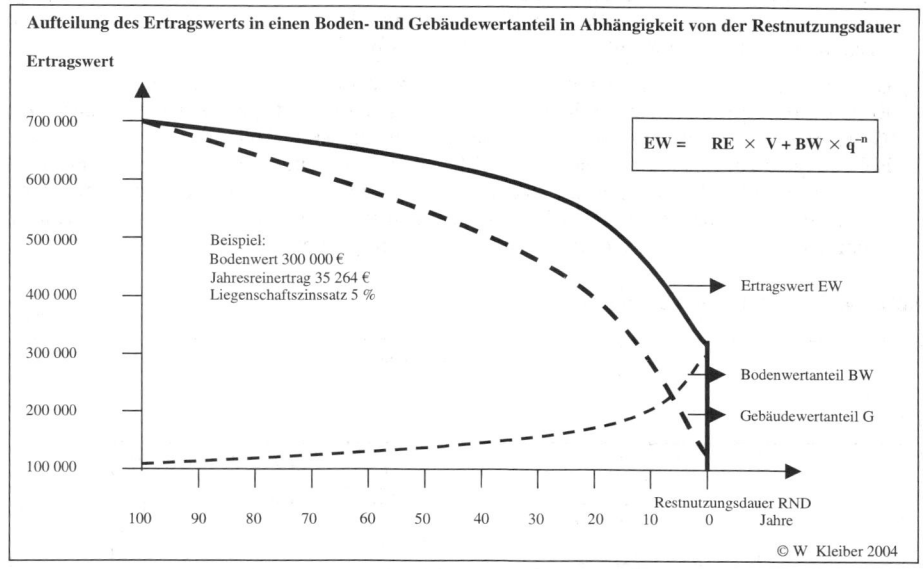

Einschränkend muss aber darauf hingewiesen werden, dass in **Extremfällen bei sehr hohen Bodenwerten** auch bei längerer Restnutzungsdauer der Bodenwert nicht vernachlässigt werden darf, wenn der diskontierte Bodenwert zu einem nicht vernachlässigbaren Bodenwertanteil führt. Darüber hinaus muss eine selbständig nutzbare Freifläche (§ 17 Abs. 2 Satz 2 ImmoWertV) gesondert ermittelt werden.

Beispiel:

Bodenwert = 10 000 €/m²
Grundstücksgröße = 2 000 m²
Bodenwert = 10 000 €/m² × 2 000 m² = 20 Mio. €

Bei einem Liegenschaftszinssatz von p = 5 % und einer Restnutzungsdauer von 50 Jahren ergibt der diskontierte Bodenwert immer noch:

Diskontierter Bodenwert = 20 Mio. € × $1{,}05^{-50}$ = 1,744 Mio. €

Dieser Betrag mag zwar im Verhältnis zum Gesamtwert gering sein, er sollte gleichwohl nicht vernachlässigt bleiben.

Des Weiteren wird darauf hingewiesen, dass das vereinfachte Ertragswertverfahren auch bei langer Restnutzungsdauer in den neuen Bundesländern nicht unbedachterweise zur Anwendung kommen darf, wenn dort nur der **Gebäudewert (ohne Grund und Boden)** ermittelt werden soll und für diesen Zweck nur das erste Glied der Formel des vereinfachten Ertragswertverfahrens zum Ansatz kommt:

$$EW = RE \times V$$

Mit dieser Formel wird nämlich stets zugleich **der zur Bebauung gehörende Bodenwertanteil** (Umgriffsfläche) miterfasst. Der Bodenwert findet hier Eingang in den angesetzten Reinertrag, der durch die Höhe des Nutzungsentgelts und die Nutzfläche bestimmt wird.

Das **vereinfachte Ertragswertverfahren ist** für den ungeübten Anwender jedoch **fehleranfälliger** bezüglich im Einzelfall zu beachtender Besonderheiten.

V Syst. Darst. Ertragswertverf.   Vereinfachtes Verfahren

- Der **Bodenwert wird** auch im Falle eines erschließungsbeitragspflichtigen (ebp) Zustands des Grund und Bodens **mit dem Wert des erschließungsbeitragsfreien (ebf) Baulands berücksichtigt.** Ist das Grundstück jedoch tatsächlich erschließungsbeitragspflichtig, müssen deshalb die auf den Wertermittlungsstichtag diskontierten Erschließungsbeiträge zusätzlich in Abzug gebracht werden (vgl. Näheres bei Rn. 149 ff.).

- Darüber hinaus kann bei Anwendung des vereinfachten Ertragswertverfahrens auf eine Bodenwertermittlung nicht verzichtet werden, wenn das Grundstück **selbständig nutzbare Teilflächen** aufweist. Mit dem vereinfachten Ertragswertverfahren wird nur die der Bebauung zuzuordnende Grundstücksteilfläche erfasst. Dies verdeutlicht die nachfolgende Abb. 14. Für die Grundstücke A und B ergeben sich nach dem vereinfachten Ertragswertverfahren identische Werte. Tatsächlich ist der Verkehrswert des Grundstücks B um den Bodenwert der selbständig nutzbaren Teilfläche wertvoller.

Abb. 14:   **Übergroßes Grundstück**

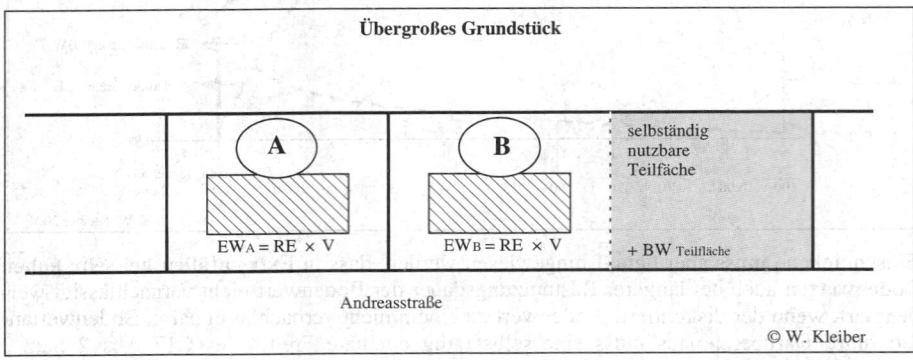

82   Bei der Ermittlung des **Ertragswerts von Objekten mit kurzer Restnutzungsdauer** sowie für den Teil eines bebauten Grundstücks, der eine zusätzliche Nutzung oder Verwertung zulässt, ist eine Bodenwertermittlung also unabweisbar. Dann muss der Bodenwert mit der höchstmöglichen Genauigkeit ermittelt werden.

83   Übersteigt der sich durch Multiplikation des Bodenwerts mit dem Liegenschaftszinssatz ergebende sog. Bodenwertverzinsungsbetrag (= BW × p) den Reinertrag des Grundstücks, so muss der Bodenwert nach § 16 Abs. 3 ImmoWertV darüber hinaus um die Freilegungskosten vermindert werden, wenn zur Ermittlung des Bodenwerts von Vergleichspreisen unbebauter Grundstücke ausgegangen wurde.

84   In diesem Fall ist der so ermittelte **Bodenwert zugleich der Ertragswert.** Auf die Ermittlung des Gebäudewertanteils kann dann verzichtet werden, da dieser auf eine zu vernachlässigende Größe zusammengeschrumpft und allein der Bodenwert im gewöhnlichen Geschäftsverkehr preisbildend ist.

85   Zusammenfassend kann also festgestellt werden, dass die Anwendung des vereinfachten Ertragswertverfahrens auf Grundstücke mit einer Bebauung, die eine längerfristige Restnutzungsdauer aufweisen, eine Reihe von Vorteilen hat, aber auch **Gefahrenmomente** aufweist. Wesentlicher Vorteil ist, dass der **Bodenwert** unter den vorstehenden Voraussetzungen gar **nicht erst ermittelt zu werden braucht,** da er – diskontiert über die Restnutzungsdauer – zu einer vernachlässigbaren Größe wird. Dies gilt allerdings nur insoweit, wie das Grundstück keine selbständig nutzbaren Flächen aufweist und größenmäßig der Bebauung entspricht.

86   Bei **ewiger Restnutzungsdauer** ist der Liegenschaftszinssatz reziprok zum Vervielfältiger (V = 1/p). Die Formel des vereinfachten Ertragswertverfahrens geht in die allgemeine Grundrentenformel über. Das vereinfachte Ertragswertverfahren kann dann auch direkt unter Heranziehung des Liegenschaftszinssatzes zur Anwendung kommen.

Vereinfachtes Verfahren   **Syst. Darst. Ertragswertverf. V**

$$EW = \frac{\text{Reinertrag (RE)}}{\text{(Liegenschafts-)Zinssatz}}$$

1.4.5 Vervielfältigerverfahren (Maklermethode)

▶ *Vgl. § 13 ImmoWertV Rn. 14 ff.*

Bei Anwendung des vereinfachten Ertragswertverfahrens wird als Vervielfältiger der finanzmathematische Vervielfältiger (Barwertfaktor) in Abhängigkeit von dem Liegenschaftszinssatz p und der Restnutzungsdauer n angesetzt. Der Vervielfältiger kann aber auch direkt aus geeigneten Verkaufsfällen empirisch abgeleitet werden. Diese Vorgehensweise entspricht der so genannten Maklermethode. Die Methode ist in § 13 ImmoWertV geregelt (vgl. § 13 ImmoWertV Rn. 8). Die Vorschrift spricht in diesem Zusammenhang nicht von Vervielfältigern bzw. Barwertfaktoren, sondern von Ertragsfaktoren. Sie werden auch Mietenmultiplikatoren genannt. 87

$$EW = RE \times V \qquad (4)$$

wobei
V = empirisch abgeleiteter Vervielfältiger (Ertragsfaktor)

Hiervon ausgehend kommt in der angelsächsischen „Magerbewertung"[5] das Ertragswertverfahren i.d.R. allein unter Heranziehung des aus dem Grundstück in seiner Gesamtheit fließenden Ertrags **ohne besondere Berücksichtigung des Bodenwerts** und der Restnutzungsdauer der baulichen Anlage als „vereinfachtes Ertragswertverfahren" entsprechend den Ausführungen unter Rn. 66 zur Anwendung (Abb. 15): 88

Abb. 15: Vergleich der unterschiedlichen Grundprinzipien der umfassenden und angelsächsischen Ertragswertmethode

Diese Methode ist für die Ertragswertermittlung von Grundstücken, deren Bebauung eine kurze Restnutzungsdauer aufweist, aus den unter Rn. 66 ff. dargestellten Gründen untauglich. 9

---

5 Auch Simon in GuG 1996, 134 und GuG 2000, 134.

V Syst. Darst. Ertragswertverf.   **Vereinfachtes Verfahren**

90 *Beispiel*

(für ein Wertermittlungsobjekt mit *kurzer* Restnutzungsdauer der baulichen Anlage):

a) Wertermittlungsobjekt:

- Jahresreinertrag RE   = 50 000 €
- Bodenwert BW   = 200 000 €
- Restnutzungsdauer n   = 20 Jahre
- Liegenschaftszinssatz p   = 5 %
- Vervielfältiger V   = 12,56   (lt. Anl. ImmoWertV)

b) Wertermittlung:

- nach § 17 Abs. 2 Nr. 1 ImmoWertV: EW = (RE – p × BW) × V + BW = **700 000 €**
- allein unter Verwendung des Vervielfältigers: EW = RE × V   = **628 000 €**

91 Mit **Verlängerung der Restnutzungsdauer** der baulichen Anlage vermindert sich der Anteil des Bodenwerts am Ertragswert des Grundstücks.

92 Die Ertragswertermittlung allein unter Anwendung des Vervielfältigers V der Anlage zur ImmoWertV ohne Berücksichtigung (der Besonderheiten) des Grund und Bodens muss bei kurzer Restnutzungsdauer des Gebäudes das Ergebnis verfälschen.

93 Dies gilt entsprechend bei Heranziehung von empirisch abgeleiteten Vervielfältigern, die im angelsächsischen Sprachraum als *„Years Purchase"* – abgekürzt Y.P. – bzw. *Gross Income Multiplier* – abgekürzt GIM – bezeichnet werden. Sie werden ermittelt als Quotient aus

$$\frac{\text{Kaufpreis KP}}{\text{Reinertrag RE}}$$

94 Diese Vorgehensweise entspricht der in Deutschland als **Maklermethode** bekannten Vorgehensweise, die auch den von verschiedenen Seiten veröffentlichten **„Kaufpreisen von Investments"** bzw. **„Mietenmultiplikatoren"** zugrunde liegt (Abb. 16):

Abb. 16: Kaufpreise von Investments (Stand: 2. Quartal 2008)

Standortkategorie		Größere Städte im Westen												Größere Städte im Osten				Mittelstädte	
Lage	Objektart	Berlin	Frankfurt	Hamburg	Köln	München	Stuttgart	Freiburg	Karlsruhe	Ludwigshafen*	Mannheim	Wiesbaden	Essen	Chemnitz	Dresden	Potsdam*	Rostock	Bad Homburg*	Heidelberg*	Neustadt/Weinstr.*	Konstanz*
Ia	Büro-/Geschäftshaus	19,5	19,0	20,0	19,5	20,0	19,5	20,0	17,0	16,5	12,5	16,5	18,0	15,5	14,0	16,5	15,0	16,5	13,0	16,5	13,6	15,0
Ib	Büro-/Geschäftshaus	16,5	16,0	18,5	14,5	18,0	16,5	15,5	14,5	12,0	13,5	15,5	14,0	12,0	15,5	13,0	12,0	15,0	15,0	12,0	13,5
IIer	Büro-/Geschäftshaus	14,0	14,0	14,0	13,0	16,5	15,0	14,5	13,0	10,0	12,0	13,5	13,0	12,0	14,0	11,5	10,0	13,5	13,5	11,0	12,0
	Wohn-/Geschäftshaus	13,5	14,0	16,0	14,0	18,5	14,0	15,0	13,0	12,0	12,5	14,0	12,5	12,0	13,5	11,0	12,0	14,0	14,5	11,5	13,0
Stadtteil	Büro-/Geschäftshaus	12,0	12,5	13,0	13,0	16,0	13,0	12,5	12,0	10,0	11,5	12,5	11,5	11,0	13,5	10,0	10,0	12,0	12,5	11,0	11,0
	Wohn-/Geschäftshaus	12,0	12,5	15,5	13,5	17,5	13,5	13,5	12,5	12,0	11,5	12,5	11,0	11,5	13,5	10,0	11,0	12,5	13,5	11,0	11,5
	Nahversorgungszentrum	12,0	12,0	12,5	12,0	12,5	12,0	12,0	11,5	10,0	11,5	11,5	10,5	12,0	11,5	11,5	11,0	11,5	11,0	11,0	11,5
	SB-Fachmarkt	12,0	12,0	11,5	12,0	12,0	11,5	12,0	12,0	9,0	11,0	11,5	10,5	13,0	12,0	12,0	11,0	11,0	11,0	11,0	11,0
Peripherie (Stadtrand Grüne Wiese Vororte)	Bürohaus	10,5	10,5	10,5	11,0	13,0	10,0	11,0	11,0	9,0	11,5	11,0	9,0	9,0	11,0	9,0	9,0	10,5	10,0	10,0	10,0
	Wohn-/Geschäftshaus	10,5	11,0	12,5	12,0	15,5	11,5	12,0	11,5	11,0	10,5	12,0	10,5	10,0	11,5	10,0	10,0	11,0	11,0	10,5	10,5
	Büro- und Gewerbe	10,0	10,0	10,0	10,5	11,5	10,0	10,0	9,5	9,5	12,0	8,5	9,5	9,0	9,5	8,0	9,5	9,0	9,0	9,0
	Gewerbe/Industrie/Hallen	10,0	9,5	9,5	9,0	10,0	10,0	9,0	9,0	9,5	9,0	8,5	8,5	7,0	8,5	8,0	8,0
	SB-Fachmarkt	11,5	11,5	11,0	12,0	11,5	12,0	11,5	11,0	9,0	11,0	12,5	11,0	10,5	11,0	9,5	9,5

Quelle: DB Immobilien, Stand: 2. Quartal 2008 Wertkaufpreis + Erwerbsnebenkosten/Jahresnettomiete an Standorten von DB Immobilien
* Angaben des Vorjahres

Abb. 17: Zeitliche Entwicklung der Kaufpreise von Investments (10-Jahres-Vergleich)

Lage	Objektart	1998	1999	2000	2001	2002	2003	2004	2005	2006	2007	2008
1a	Büro-/Geschäftshaus	19,0	18,8	19,2	19,6	19,3	18,8	18,2	17,9	18,5	19,2	19,6
1b	Büro-/Geschäftshaus	16,1	16,2	16,4	16,6	16,3	15,7	15,1	14,6	15,3	16,2	16,4
2er	Büro-/Geschäftshaus	14,1	14,1	14,2	14,3	14,2	13,4	12,8	12,6	13,2	13,9	14,0
	Wohn-/Geschäftshaus	14,6	14,5	14,5	14,3	14,0	13,2	12,5	12,1	12,9	13,9	14,3
Gute Stadtteillage	Büro-/Geschäftshaus	13,1	13,0	13,1	13,1	13,0	12,1	11,8	11,3	11,7	12,5	12,7
	Wohn-/Geschäftshaus	13,7	13,7	13,5	13,5	13,2	12,2	11,9	11,6	12,0	12,9	13,4
Vervielfältiger Durchschnitt		15,1	15,1	15,2	15,2	15,0	14,2	13,7	13,4	13,9	14,8	15,1

Quelle: DB Immobilien (Berlin, Hamburg, Köln, Frankfurt und Stuttgart)

Diese Multiplikatoren (Kaufpreise von *Investments*) mögen zwar durch ihre Einfachheit verblüffen, sind aber für eine fundierte Wertermittlung untauglich, denn es wird nicht hinreichend differenziert nach Gebäudearten, Lagen, Ausstattung und vor allem nicht nach der Restnutzungsdauer der Gebäude. Es wird auch nicht immer eindeutig klargestellt, ob es sich bei den veröffentlichten Vervielfältigern um „Rein- oder Rohertragsvervielfältiger" handelt.

Eine Verfeinerung des ihnen zugrundeliegenden Grundgedankens stellt die in § 13 ImmoWertV geregelte **Ableitung von Vergleichsfaktoren für bebaute Grundstücke** dar. Die danach abzuleitenden Ertragsfaktoren werden ebenfalls aus dem Verhältnis der Kaufpreise zum jeweiligen Reinertrag von den Gutachterausschüssen für Grundstückswerte abgeleitet, wobei nach § 13 ImmoWertV ausdrücklich die „marktüblich erzielbaren" und nicht die tatsächlich erzielten Reinerträge Grundlage sein sollen. Diesen Ertragsfaktoren ist der Vorzug zu geben, auch wenn bei ihrer Ableitung der jeweiligen Restnutzungsdauer bislang ebenfalls noch nicht hinreichend Rechnung getragen wurde (vgl. § 13 ImmoWertV Rn. 14 ff.).

1.4.6 Instandhaltungs- und Modernisierungsmodell

▶ *Vgl. Rn. 15 sowie Rn. 184, 223; § 19 ImmoWertV Rn. 115; § 17 ImmoWertV Rn. 17*

Ausgangspunkt der Ertragswertermittlung ist – wie vorstehend dargestellt – der Jahresreinertrag des Grundstücks (*cashflow*). Der Reinertrag ergibt sich wiederum aus dem Rohertrag abzüglich der aufzubringenden Bewirtschaftungskosten. Bewirtschaftungskosten sind die Verwaltungs-, Betriebs- und Instandhaltungskosten sowie die Abschreibung und das Mietausfallwagnis. Instandhaltungskosten sind nach § 28 Abs. 1 Satz 1 II. BV die Kosten, die während der Nutzungsdauer zur Erhaltung des bestimmungsmäßigen Gebrauchs aufgewendet werden müssen, um die durch Abnutzung, Alterung und Witterungseinwirkung entstehenden baulichen oder sonstigen Mängel ordnungsgemäß zu beseitigen. **Mit der bloßen Instandhaltung lässt sich eine bauliche Anlage zwar „physisch" auf Dauer erhalten, jedoch führt sie zu einer endlichen wirtschaftlichen Nutzungsdauer eines Gebäudes**, da das Gebäude selbst bei ordnungsgemäßer Instandhaltung infolge der sich wandelnden Anforderungen an Immobilien irgendwann nicht mehr den zeitgemäßen Ansprüchen entspricht. Das Gebäude ist dann aus wirtschaftlicher Sicht „tot", und der Zeitraum bis zu diesem Ableben wird als Restnutzungsdauer bezeichnet.

Grundsätzlich wird der Reinertrag (*cashflow*) und damit der Ertragswert unter Abzug eben dieser Instandhaltungskosten ermittelt. Daneben kann aber auch unterstellt werden, dass zusätzlich zur Instandhaltung die bauliche Anlage laufend modernisiert wird, was zu einem geringeren Reinertrag führt. Von daher kann nach dem

a) Instandhaltungsmodell und

b) Modernisierungsmodell

unterschieden werden. Mit der Modernisierung, die sich als Verbesserung des Gebrauchswerts definiert (z. B. durch Änderung des Grundrisses bzw. der Ausstattung), geht einerseits eine Verminderung des Reinertrags und andererseits eine beliebige Verlängerung der Restnutzungsdauer einher, vorausgesetzt die Modernisierung ist bautechnisch und wirtschaftlich sinnvoll und durch die Lage auf dem Immobilienmarkt gerechtfertigt.

99 In der Praxis kommt vorherrschend das **Instandhaltungsmodell** zur Anwendung, wie es auch in der ImmoWertV geregelt ist, ohne dass die Verordnung die Anwendung des Modernisierungsmodells ausschließt. Dies ist darin begründet, dass über die Höhe der während der Restnutzungsdauer anfallenden Instandhaltungskosten verlässliche empirische Untersuchungen vorliegen, auf die sich eine fundierte Ertragswertermittlung stützen kann. Bei Anwendung dieses „Instandhaltungsmodells" ergibt sich zwangsläufig eine begrenzte Restnutzungsdauer der baulichen Anlage, der entsprechend Rechnung zu tragen ist.

100 Bei Anwendung des **Modernisierungsmodells** wird der Ertragswert auf der Grundlage der um die Instandhaltungs- und Modernisierungskosten verminderten Reinerträge ermittelt. Dem verminderten Reinertrag steht dann eine entsprechende Verlängerung der Restnutzungsdauer gegenüber. Der damit einhergehende Vorteil des Modernisierungsmodells besteht nun darin, dass sich mit der Verlängerung der Restnutzungsdauer die Voraussetzungen für die Anwendung des vorgestellten vereinfachten Ertragswertverfahrens „künstlich" herbeiführen lassen, d. h., man kommt dann ohne den Bodenwert aus.

– Das Modernisierungsmodell hat umgekehrt den Nachteil, dass im Vergleich zu den Instandhaltungskosten keine verlässlichen und allgemein anerkannten Erfahrungssätze über die künftigen Modernisierungskosten zur Verfügung stehen und auch nicht zur Verfügung stehen können. Welche Anforderungen schon im Hinblick auf die technischen Entwicklungen an bauliche Anlagen gestellt werden müssen, kann nämlich nicht verlässlich prognostiziert werden.

– Die Anwendung des Modernisierungsmodells verbietet sich dann, wenn aufgrund der Verhältnisse auf dem Grundstücksmarkt auch mit der aufwendigsten Modernisierung bzw. Umstrukturierung eine Immobilie nicht marktgängig gemacht werden kann oder die Modernisierungkosten unwirtschaftlich sind. So sind z.B. in den neuen Bundesländern auch aufwendig modernisierte Wohngebäude von einem erheblichen strukturellen Leerstand betroffen und stehen zum Abriss an.

– Dass bei Anwendung des Modernisierungsmodells der Ansatz eines Bodenwerts entbehrlich ist, stellt zumindest in Deutschland im Übrigen keinen echten Vorteil dar, denn mit den Bodenrichtwerten stehen die Bodenwerte mit einer für die Ertragswertermittlung hinreichenden Genauigkeit flächendeckend und jederzeit zur Verfügung.

101 Grundsätzlich wird aus Gründen der Nachvollziehbarkeit und Genauigkeit dem Instandhaltungsmodell der Vorzug gegeben. Das Modernisierungsmodell kommt gleichwohl in vielen Einzelfällen, z. B. bei Denkmälern, bei residueller Verkehrswertermittlung (Extraktion) einer instandsetzungs- bzw. modernisierungs- oder umstrukturierungsbedürftigen Immobilie oder bei besonderen Schwierigkeiten der Bodenwertermittlung zur Anwendung. Zur Anwendung kommen auch „Zwittermodelle" (vgl. Rn. 223). So setzten beispielsweise die der Ertragswertermittlung von Lagerhallen und Hotels herangezogenen Nutzungsdauern bei genauerer Betrachtung zumindest eine Teilmodernisierung voraus.

102 Darüber hinaus kann im Hinblick auf das Prinzip des *„highest and best use"* die Anwendung des Modernisierungsmodells auch geboten sein, nämlich dann, wenn sich auf der Grundlage dieses Modells ein höherer Verkehrswert als bei bloßer Instandhaltung ergibt.

2 Grundzüge der Ertragswertverfahren

2.1 Übersicht

2.1.1 Ertragswertverfahren nach ImmoWertV

Das Ertragswertverfahren ist in §§ 17 bis 20 ImmoWertV geregelt. Es handelt sich hierbei um keine abschließende Regelung, denn nach § 8 Abs. 2 ImmoWertV sind subsidär „*in*" dem zur Anwendung kommenden Wertermittlungsverfahren zu berücksichtigen

– die Lage auf dem Grundstücksmarkt (Marktanpassung) und
– die „besonderen objektspezifischen Grundstücksmerkmale" i.S. des § 8 Abs. 3 ImmoWertV.

103

Grundsätzlich können auch alle objektspezifischen Grundstücksmerkmale „im Verfahren selbst" berücksichtigt werden, indem die Ertragsverhältnisse, die Restnutzungsdauer, der Liegenschaftszinssatz und der Bodenwert (vgl. Rn. 139) dem angepasst werden, jedoch ist dies eher in Ausnahmefällen praxisgerecht. Deshalb ergibt sich **nach den §§ 17 bis 20 ImmoWertV** eigentlich **nur der „vorläufige Ertragswert"**. Während die Lage auf dem Grundstücksmarkt i.d.R. direkt mit dem Liegenschaftszinssatz berücksichtigt wird, bedarf es einer ergänzenden Berücksichtigung *besonderer objektspezifischer Grundstücksmerkmale*, um zum Ertragswert zu kommen. Die Berücksichtigung besonderer objektspezifischer Grundstücksmerkmale war bislang in § 19 WertV 88/98 geregelt und ergibt sich nunmehr aus § 8 Abs. 3 ImmoWertV.

Wie in der Verfahrensübersicht bei Rn. 33 ff. erläutert, werden mit § 17 ImmoWertV drei Varianten ein- und desselben Ertragswertverfahrens angeboten:

1. Das als **„allgemeines Ertragswertverfahren"** bezeichnete *zweigleisige* Ertragswertverfahren unter Aufteilung des Ertragswerts in einen Boden- und Gebäudewertanteil (vgl. § 17 Abs. 2 Nr. 1 ImmoWertV),

2. das als **„vereinfachtes Ertragswertverfahren"** bezeichnete *eingleisige* Ertragswertverfahren *ohne* Aufteilung des Ertragswerts in einen Boden- und Gebäudewertanteil (vgl. § 17 Abs. 2 Nr. 2 ImmoWertV) und

3. das *mehrperiodische* **Ertragswertverfahren** auf der Grundlage periodisch konstanter oder alternierender Erträge (§ 17 Abs. 1 Satz 2 i.V.m. Abs. 3 ImmoWertV; vgl. Rn. 42).

Die Verfahren sind mathematisch identisch und müssen allesamt zu ein- und demselben Ertragswert führen.

Der in der Verordnung gebrauchte Begriff des „vereinfachten Ertragswertverfahrens" ist irreführend, da das Verfahren lediglich vereinfachungsfähig ist, nämlich im Falle seiner Anwendung auf Grundstücke, deren Bebauung eine lange Restnutzungsdauer aufweist und keine selbständig nutzbaren Teilflächen gegeben sind. Auf die Ermittlung des Bodenwerts kann dann verzichtet werden, da er nur in diskontierter Höhe in den Ertragswert eingeht und gegen null geht (vgl. Rn. 33, 72, 86 und Rn. 288). Nur in diesem Fall, wird – wie schon in den Vorauflagen dieses Werks – vom vereinfachten Ertragswertverfahren gesprochen.

Bei allen Verfahrensvarianten ist grundsätzlich von den **am Wertermittlungsstichtag marktüblich erzielbaren Roh- bzw. Reinerträgen** und den **bei ordnungsgemäßer Bewirtschaftung und zulässiger Nutzung marktüblich entstehenden Bewirtschaftungskosten** auszugehen. Die vom Grundstücksmarkt allgemein erwarteten Änderungen immobilienwirtschaftlich bedeutsamer Rahmenbedingungen, insbesondere die allgemeinen Ertragsentwicklungen, werden mit dem für alle Verfahren maßgeblichen Liegenschaftszinssatz nach § 14 Abs. 3 ImmoWertV berücksichtigt. Der Liegenschaftszinssatz „vernachlässigt" den als Ausgangsgröße herangezogenen (am Wertermittlungsstichtag) marktüblich erzielbaren Ertrag. Es handelt sich

104

mithin bei allen Verfahrensvarianten um die international gebräuchliche *all over capitalization method* auf der Grundlage der *all over capitalization rate*.

105 Das **ein- und zweigleisige Ertragswertverfahren** nach § 17 Abs. 2 ImmoWertV unterscheidet sich von dem mehrperiodischen Ertragswertverfahren nach § 17 Abs. 1 Satz 2 i.V.m. Abs. 3 ImmoWertV lediglich darin, dass

a) bei Anwendung des ein- und zweigleisigen Ertragswertverfahrens *temporäre Abweichungen der wohnungs-, miet- und vertragsrechtlich erzielten Erträge* und auch Abweichungen der tatsächlich entstehenden Bewirtschaftungskosten insbesondere aufgrund wohnungs-, miet- oder vertragsrechtlicher Bindungen („gesicherte Daten" i.S. des § 17 Abs. 3 ImmoWertV) von den marktüblich erzielbaren Erträgen bzw. marktüblich entstehenden Bewirtschaftungskosten *(over-* und *underrented)* in einem ergänzenden Rechenschritt zu ermitteln und zu berücksichtigen sind, während

b) bei Anwendung des mehrperiodischen bzw. mehrphasigen Ertragswertverfahrens entsprechende Abweichungen *(over-* und *underrented)* direkt berücksichtig werden, indem in den jeweiligen Jahren nicht von den marktüblich erzielbaren Erträgen bzw. den marktüblich entstehenden Bewirtschaftungskosten, sondern von den Erträgen bzw. Bewirtschaftungskosten ausgegangen wird, die aufgrund wohnungs-, miet- oder vertragsrechtlicher Bindungen „sicher" zu erwarten sind.

106 Das ein- und zweigleisige Ertragswertverfahren unterscheidet sich von dem mehrperiodischen Ertragswertverfahren dementsprechend in der Darstellung der Ergebnisse (vgl. Rn. 33 ff.). Während bei Anwendung des ein- und zweigleisigen Ertragswertverfahrens der Barwert von Mehr- oder Mindereinnahmen aufgrund wohnungs-, miet- oder vertragsrechtlicher Bindungen *(over-* und *underrented)* gesondert „ausgeworfen" wird, gehen bei Anwendung des mehrperiodischen Ertragswertverfahrens diese **Mehr- oder Mindereinnahmen in den** jeweiligen **jährlichen Ertragswertanteil** ein, d.h., die *jährlichen* Ertragsflüsse werden in ihrer Gesamtheit „ausgeworfen".

107 *Beispiel:*

a) Sachverhalt

Auf der Grundlage des am Wertermittlungsstichtag marktüblich erzielbaren Reinertrags von 104 400 € p.a. wurde im ersten Schritt ein vorläufiger Ertragswert von 1 620 822,89 € ermittelt.

Aufgrund mietvertraglicher Bindungen werden jährlich unterschiedliche Mehr- und Mindereinnahmen *(over-* und *underrented)* erzielt. Diese stellen sich im zeitlichen Verlauf wie folgt dar (Abb. 18):

Abb. 18: Zeitlicher Verlauf der Ertragsflüsse der Mehr- und Mindereinnahmen

Grundzüge Ertragswertverf.   **Syst. Darst. Ertragswertverf. V**

Aufgrund mietvertraglicher Bindungen stellt sich die Ertragsentwicklung wie folgt dar:

Ertragsentwicklung aufgrund Vertragslage, Wertermittlungsstichtag 31.6.2009				
Phase	ab	bis	Jahresreinertrag	Dauer in Jahren
1	ab 31.06.2009	bis 31.12.2011	93 600 €	2,5
2	ab 01.01.2012	bis 31.06.2014	96 300 €	2,5
3	ab 01.07.2014	bis 31.12.2016	99 900 €	2,5
4	ab 01.01.2017	bis 31.12.2021	108 900 €	5,0
5	ab 01.01.2022	bis 31.06.2059	104 400 €	37,5

b) **Ertragswertermittlung unter Anwendung des ein- und zweigleisigen Ertragswertverfahrens:**

Ermittlung des Ertragswerts unter Anwendung des ein- und zweigleisigen Ertragswertverfahrens und Berücksichtigung von vertraglichen Mehr- und Mindereinnahmen mit Hilfe des Auf- und Abschichtungsverfahrens:

	Vorläufiger Ertragswert					Auf- und Abschichtung *(top and bottom slicing)*				
		Marktüblicher		Vertraglicher						
		Reinertrag		Reinertrag		Mehr- und Mindererträge				
Nr. Lage	NF/WF m^2	€/m^2 NF Monat	€ p.a.	€ p.a.	€/m^2 NF Monat	ΔRE €/p.a.	Beginn	Ende	Δ Jahre	V	Mehr- bzw. Minderertrag
1 EG links	50	12	7 200	7 200	12,00	–					
2 EG mitte	150	10	18 000	9 000	5,00	–9 000	31.06.2009	31.12.2011	2,50	2,26	–20 334 €
Bemerkung	Staffelmietvertrag			13 500	7,50	4 500	01.01.2012	31.12.2016	7,50	5,90	
								Vervielfältigerdifferenz		3,64	–16 386 €
				22 500	12,50	4 500	01.01.2017	31.12.2021	12,50	8,82	
									7,50	–5,90	
								Vervielfältigerdifferenz		2,72	12 245 €
3 EG rechts	100	80	9 600	9 600	8,00						
4 OG links	50	120	7 200	7 200	12,00						
5 OG mitte	150	10	18 000	14 400	8,00	–3 600	31.06.2009	31.06.2014	5,00	4,21	–15 165 €
Bemerkung	Mietvertrag (underrented)										
6 OG rechts	100	8	9 600	9 600	8,00	–					
7 DG inks	50	12	7 200	7 200	12,00	–					
8 OG mitte	150	10	18 000	19 800	11,00	1 800	31.06.2009	31.12.2011	2,50	2,26	4 067 €
Bemerkung	Mietvertrag (overrented)										
9 DG rechts	100	8	9 600	9 600	8,00	–					
Summe	900		104 400	€							–35573 €

Ertragswertermittlung   **Wertermittlungsstichtag: 31.06.2009**

Bodenwert	200 000 €
Restnutzungsdauer	50 Jahre
Liegenschaftszinssatz	6,00 %

Gebäudeertragswert

1. *Ein*gleisiges Ertragswertverfahren   2. *Zwei*gleisiges Ertragswertverfahren

$EW = RE \times V + BW \times q^{-n}$ $EW = (RE - p \times BW) \times V + BW$

RE	=	104 400 €		RE	=	104 400 €
V	=	15,761861		BW	=	200 000 €
RE × V	=	1 645 538 €		BW × p	=	–12 000 €
BW	=	200 000 €		RE – (p × BW)	=	92 400 €
q^{-n}	=	0,054288		V		15,761861
BW × q^{-n}	=	10858 €		(RE – p × BW) × V	=	1 456 396 €
EW (vorläufig)	=	1 656 396 €		**BW**	**=**	**+ 200 000 €**
abzüglich *(underrented)*	=	– 35 573 €		EW (vorläufig)	=	1 656 396 €
EW	=	1 620 823 €		abzüglich *(underrented)*	=	– 35 573 €
				EW	=	1 620 823 €

V Syst. Darst. Ertragswertverf.   Grundzüge Ertragswertverf.

Der vorläufige Ertragswert ergibt sich damit zu **rd. 1 620 000 €**

Die Mehr oder Mindereinnahmen ergeben sich bezogen auf die einzelnen Mieteinheiten und in ihrer Gesamtheit aus der Aufstellung.

c) Ertragswertermittlung unter Anwendung des mehrperiodischen Ertragswertverfahrens:

Ermittlung des Ertragswerts unter Anwendung des mehrperiodischen Ertragswertverfahrens und direkter Berücksichtigung von vertraglichen Mehr- und Mindereinnahmen (Abb. 19)

Abb. 19: Ermittlung des Ertragswerts unter Offenlegung der jährlichen Ertragsflüsse

Jahr	Dauer von WST: 31.6.2009 bis	Periode	Differenz Jahre	V bei Zins 6,00 %	Reinertrag €/Jahr	RE × V = Cashflow
2009	31.12.2009	1	0,50	0,478568961	× 93 600 €	= 44 794 €
2010	31.12.2010	2	1,50	1,394876378		
	31.12.2009		− 0,50	− 0,478568961		
			= 1,00	0,916307417	× 93 600 €	= 85 766 €
2011	31.12.2011	3	2,50	2,259317338		
	31.12.2010		− 1,50	− 1,394876378		
			= 1,00	0,86444096	× 93 600 €	= 80 912 €
2012	31.12.2012	4	3,50	3,074827677		
	31.12.2011		− 2,50	− 2,25931734		
			= 1,00	0,81551034	× 96 300 €	= 78 534 €
2013	31.12.2013	5	4,50	3,844177054		
	31.12.2012		− 3,50	− 3,07482768		
			= 1,00	0,76934938	× 96 300 €	= 74 088 €
2014 1. Jahreshälfte	31.06.2014	6a	5,00	4,212363786		
	31.12.2013		− 4,50	− 3,84417705		
			= 0,50	0,36818673	× 96 300 €	= 35 456 €
2014 2. Jahreshälfte	31.12.2014	6b	5,50	4,569978353		
	31.06.2014		− 5,00	− 4,21236379		
			= 0,50	0,35761457	× 99 900 €	= 35 726 €
2015	31.12.2015	7	6,50	5,254696559		
	31.12.2014		−5,50	− 4,56997835		
			= 1,00	0,68471821	× 99 900 €	= 68 403,35 €
2016	31.12.2016	8	7,50	5,900657131		
	31.12.2015		− 6,50	− 5,25469656		
			= 1,00	0,64596057	× 99 900 €	= 64 531 €
2017	31.12.2017	9	8,50	6,51005390		
	31.12.2016		− 7,50	− 5,90065713		
			= 1,00	0,60939677	× 108 900 €	= 66 363 €
2018	31.12.2018	10	9,50	7,08495651		
	31.12.2017		− 8,50	− 6,51005390		
			= 1,00	0,57490261	× 108 900 €	= 62 607 €
2019	31.12.2019	11	10,50	7,62731746		
	31.12.2018		− 9,50	− 7,08495651		
			= 1,00	0,54236095	108 900 €	= 59 063 €
2020	31.12.2020	12	11,50	8,13897874		
	31.12.2019		− 10,50	− 7,62731746		
			= 1,00	0,51166128	108 900 €	= 55 720 €
2021	31.12.2021	13	12,50	8,62167805		
	31.12.2020		− 11,50	− 8,13897874		
			= 1,00	0,48269932	108 900 €	= 52 566 €
(Restwert) 2022–2059	31.06.2059	14	50,00	15,76186064		
	31.12.2021		− 12,50	− 8,62167805		
			= 37,50	7,14018258	104 400 €	= 745 435 €
Σ RE× V						1 609 965 €
+ Bodenwert	200 000 € diskontiert über 50 Jahre				+10 858 €	**1 620 823 €**

108 Bei Anwendung des mehrperiodischen Ertragswertverfahrens sind die Mehr oder Mindereinnahmen aufgrund wohnungs-, miet- oder vertragsrechtlicher Bindungen – im Unterschied zum ein- und zweigleisigen Ertragswertverfahren nicht mehr bezogen auf die einzelnen Mieteinheiten und in ihrer Gesamtheit erkennbar. Statt dessen sind aber die **jährlichen Gesamterträge unter Berücksichtigung Mehr- oder Mindereinnahmen** erkennbar.

109 **Bei dem nach den §§ 17 bis 20 ImmoWertV ermittelten Ertragswert handelt es sich i.d.R. um einen vorläufigen Ertragswert.** Nach der auf alle Wertermittlungsverfahren anzuwendenden „Rahmenvorschrift" des § 8 Abs. 2 und 3 ImmoWertV bedarf es noch

a) einer Marktanpassung an die allgemeinen Wertverhältnisse auf dem Grundstücksmarkt sowie

b) der Berücksichtigung sonstiger „besonderer objektspezifischer Grundstücksmerkmale",

soweit dem nicht direkt mit dem herangezogenen Wertermittlungsverfahren Rechnung getragen worden ist. Darüber hinaus ist nach § 8 Abs. 1 Satz 3 ImmoWertV das Ergebnis der Ertragswertermittlung unter Berücksichtigung der Ergebnisse anderer herangezogener Wertermittlungsverfahren zu würdigen.

110 Eine **Marktanpassung ist bei Anwendung des Ertragswertverfahrens** i.d.R. nicht erforderlich, wenn der herangezogene Liegenschaftszinssatz, die zugrunde gelegten Ertragsverhältnisse und auch die sonstigen Wertermittlungsparameter der Lage auf dem Grundstücksmarkt am Wertermittlungsstichtag entsprechen. Das Ertragswertverfahren kann als ein besonders marktkonformes Wertermittlungsverfahren gelten, denn die herangezogenen Ertragsverhältnisse und Liegenschaftszinssätze werden „aus dem Markt" abgeleitet und lassen sich gegebenenfalls direkt an die zum Wertermittlungsstichtag herrschenden allgemeinen Wertverhältnisse auf dem Grundstücksmarkt angleichen, wenn sie sich auf „überholte" Marktverhältnisse beziehen.

111 Neben den bereits nach § 17 ImmoWertV direkt berücksichtigten Abweichungen der marktüblich erzielbaren Erträge gilt es aber nach der „Auffangregelung" des § 8 Abs. 3 ImmoWertV noch die **sonstigen „besonderen objektspezifischen Grundstücksmerkmale"**, wie z. B. Baumängel und Bauschäden (Instandhaltungsrückstau), ein überdurchschnittlicher Erhaltungszustand, eine wirtschaftliche Überalterung, Rechte und Belastungen usw. (Anomalien), ergänzend zu berücksichtigen, soweit dem nicht mit den angesetzten Erträgen Rechnung getragen wurde. Auch bei Anwendung des mehrperiodischen Ertragswertverfahrens unter direkter Berücksichtigung temporärer Mehr- und Mindererträge ist der Auffangregelung des § 8 Abs. 3 ImmoWertV große Beachtung zu schenken (vgl. § 8 ImmoWertV Rn. 178 ff.).

112 Unter den bei Anwendung des Ertragswertverfahrens im Regelfall nicht gesondert zu berücksichtigenden „sonstigen" Anlagen versteht die Verordnung insbesondere **Gartenanlagen, Anpflanzungen und Parks**. Dass deren Wertanteil hier keiner gesonderten Wertermittlung bedarf, ist darauf zurückzuführen, dass die aus der baulichen Anlage fließende Rendite zugleich ein Entgelt für die Annehmlichkeit des Grundstücks in seiner Gesamtheit darstellt und mithin z. B. die Rendite aus einer parkähnlichen Gestaltung des Grundstücks umfasst[6]. Dies entspricht dem erkennbaren Willen des Verordnungsgebers. In der Begründung zu § 15 Abs. 1 WertV 88 heißt es hierzu: „ ... Dies trägt einmal der Tatsache Rechnung, dass die baulichen Anlagen auf dem Grundstück insgesamt gesehen werden müssen und ihnen nur noch die sonstigen Anlagen gegenüberstehen, die i.d.R. für das Ertragswertverfahren nicht von Bedeutung sind, aber erforderlichenfalls über § 19 *(WertV 88, nunmehr § 8 Abs. 3 ImmoWertV)* erfasst werden können"[7]. Soweit sich zusätzlich zum Wertanteil der baulichen Anlagen ein Wertanteil für die „sonstigen" Anlagen tatsächlich einmal ergibt, ist dies nach § 8 Abs. 3 ImmoWertV zu berücksichtigen; eine doppelte Berücksichtigung muss dabei in jedem Fall vermieden werden (vgl. Rn. 32, 84; Syst. Darst. des Vergleichswertverfahrens Rn. 113 ff.; Syst.

---
6 OLG Koblenz, Urt. vom 13.1.1982 – 1 U 6/80 –, EzGuG 2.28; so auch in der steuerlichen Bewertung (vgl. BewR Gr vom 19.9.1966, BAnz Nr. 183 Beil. = BStBl I 1966, 890, zu § 79 BewG Nr. 21).
7 BR-Drucks. 352/58, S. 55f.

V Syst. Darst. Ertragswertverf.   BelWertV

Darst. des Sachwertverfahrens Rn. 47, 202 ff., 219; § 1 ImmoWertV Rn. 48 ff.; § 8 ImmoWertV Rn. 67, 403; § 19 ImmoWertV Rn. 4, 51; § 21 ImmoWertV Rn. 8, 16).

Abb. 20: Systematik der ImmoWertV

2.1.2 BelWertV

113 Die §§ 8 bis 13 BelWertV regeln die Ermittlung des Beleihungswerts unter Anwendung des Ertragswertverfahrens weitgehend identisch mit dem in § 17 Abs. 2 Nr. 1 ImmoWertV geregelten zweigleisigen Ertragswertverfahren auf der Grundlage eines Kapitalisierungszinssatzes, der in materieller Übereinstimmung mit dem Liegenschaftszinssatz nach § 14 Abs. 3 ImmoWertV definiert ist. Die Ertragswertermittlung nach der BelWertV vollzieht sich mithin ebenfalls nach der *all over capitalization method*. Die BelWertV gibt diesbezüglich auch keine Hinweise, wie dem bei der Beleihungswertermittlung maßgeblichen Vorsichtsprinzip durch entsprechende Risikozuschläge zum Liegenschaftszinssatz Rechnung zu tragen ist.

114 Die Systematik der BelWertV weicht an einer nicht unbedeutenden Stelle von der Systematik der ImmoWertV ab. Im Unterschied zur Systematik des Ertragswertverfahrens nach der ImmoWertV und auch im Unterschied zur Systematik des Sachwertverfahrens nach der BelWertV regelt die BelWertV die **Berücksichtigung besonderer objektspezifischer Grundstücksmerkmale** (§ 8 Abs. 3 ImmoWertV) nicht in einer eigenständigen Auffangvorschrift. Hier besteht eine Lücke, denn erfahrungsgemäß gilt es eine Vielzahl besonderer wertbeeinflussender Umstände zu berücksichtigen. Die BelWertV sieht diesbezüglich lediglich zwei besonders zu berücksichtigende Tatbestände:

a) Ein erkennbarer *Instandhaltungsrückstau oder sonstiger baulicher Aufwand sowie Baumängel und Bauschäden;* sie sind als gesonderter Wertabschlag in Höhe der zu erwartenden Aufwendungen zu quantifizieren. Dieser Wertabschlag soll allerdings im Unterschied zur ImmoWertV aus nicht verständlichen Gründen nicht in den Ertragswert eingehen. Vielmehr soll nach § 4 Abs. 5 BelWertV der Beleihungswert entsprechend korrigiert werden.

b) Nach § 10 Abs. 1 Satz 2 BelWertV soll der Ertragswert auf der Grundlage der vertraglich vereinbarten Miete ermittelt werden, wenn sie unter der „nachhaltigen" Miete liegt. „Nachhaltig" ist die am Wertermittlungsstichtag marktüblich erzielbare Miete (§ 17 Abs. 1 Satz 1 ImmoWertV).

Mit diesen Regelungen wird der breite Fächer der sonstigen besonderen objektspezifischen Grundstücksmerkmale nur unzureichend berücksichtigt.

Darüber hinaus gibt die BelWertV für die Anwendung des Ertragswertverfahrens folgende Vorgaben: **115**

1. Die **Bewirtschaftungskosten** sind mindestens mit 15 % des Rohertrags anzusetzen (§ 11 Abs. 2 Satz 3 BelWertV); darüber hinaus haben sich die Einzelkostenansätze der Bewirtschaftungskosten innerhalb der nach Anl. 1 zur BelWertV zulässigen *Bandbreiten* zu bewegen, sofern nicht die besonderen Umstände des Einzelfalls einen höheren Ansatz erfordern (§ 11 Abs. 2 Satz 1 BelWertV).

2. Nach § 11 Abs. 1 Satz 2 BelWertV i.V.m. Abs. 7 ist „objektartenspezifisch ein **Modernisierungsrisiko** nach den Kosten für notwendige Anpassungsmaßnahmen als prozentualer Anteil an den Neubaukosten anzusetzen, die zusätzlich zu den Instandhaltungskosten zur Aufrechterhaltung der Marktgängigkeit und der dauerhaften Sicherung des Mietausgangsniveaus notwendig sind.

3. Der **Bodenwertverzinsungsbetrag** wird auf der Grundlage eines Kapitalisierungszinssatzes ermittelt, der materiell zwar als Liegenschaftszinssatz definiert wird, jedoch entsprechend dem mit der Immobilie verbundenen kreditwirtschaftlichem Risiko höher ausfällt. Dieser Kapitalisierungszinssatz wird auch zur Kapitalisierung der um den Bodenwertverzinsungsbetrag verminderten Reinerträge herangezogen.

4. Die mit der Anl. 2 zur BelWertV genannten Erfahrungssätze für die (Gesamt-)**Nutzungsdauer** sind zu berücksichtigen (§ 12 Abs. 2 Satz 3 BelWertV).

Schließlich ist nach § 10 Abs. 3 BelWertV für den Fall eines strukturellen oder lang anhaltenden **Leerstands** zu prüfen, ob aufgrund der jeweiligen Marktlage eine Vermietung überhaupt oder zu den angesetzten Mietpreisen in absehbarer Zeit noch zu erwarten ist. Dies stellt keine Besonderheit gegenüber der ImmoWertV, sondern eine Selbstverständlichkeit dar, denn dies gilt gleichermaßen für die Ermittlung des Verkehrswerts nach den Grundsätzen der ImmoWertV. **116**

2.1.3 Steuerliche Bewertung

Schrifttum: *Roscher, M.*, Bewertung eines Geschäftsgrundstücks nach dem Erbschaftssteuerreformgesetz, GuG 2009, 221.

Nach § 182 BewG sind **im Ertragswertverfahren** zu bewerten **117**
1. Mietwohngrundstücke,
2. Geschäftsgrundstücke und gemischt genutzte Grundstücke, für die sich auf dem örtlichen Grundstücksmarkt eine übliche Miete ermitteln lässt.

V Syst. Darst. Ertragswertverf.   Steuerliche Bewertung

118 Mit den §§ 184 bis 188 BewG ist ein **typisiertes** („abgespecktes") **Ertragswertverfahren** vorgegeben, und zwar in Anlehnung an das zweigleisige Ertragswertverfahren der ImmoWertV. Es gelten folgende Vereinfachungen:

a) Die *Restnutzungsdauer* wird grundsätzlich aus dem Unterschiedsbetrag zwischen einer mit Anlage 22 zum BewG vorgegebenen wirtschaftlichen Gesamtnutzungsdauer und dem Alter des Gebäudes am Bewertungsstichtag angesetzt.

- Sind nach Bezugsfertigkeit des Gebäudes Veränderungen eingetreten, die die wirtschaftliche Gesamtnutzungsdauer des Gebäudes verlängert oder verkürzt haben, ist von einer Verlängerung oder Verkürzung der entsprechenden Restnutzungsdauer auszugehen.
- Die Restnutzungsdauer eines noch nutzbaren Gebäudes beträgt regelmäßig mindestens 30 Prozent der wirtschaftlichen Gesamtnutzungsdauer.

b) Der *Rohertrag* ist nach den am Bewertungsstichtag *geltenden vertraglichen Vereinbarungen* anzusetzen.

- Nicht zur Jahresmiete gehören die Betriebskosten, die neben der Miete mit dem Mieter abgerechnet werden können (umlagefähige Bewirtschaftungskosten).
- Sind die Betriebskosten ganz oder teilweise in der vereinbarten Miete enthalten, sind sie herauszurechnen.
- Werden Betriebskosten pauschal erhoben und nicht mit dem Mieter abgerechnet, sind sie in der Jahresmiete zu erfassen. Die tatsächlich angefallenen Betriebskosten sind davon abzuziehen.

c) Die *(markt)übliche Miete* ist nur anzusetzen bei Grundstücken oder Grundstücksteilen,

1. die eigengenutzt,
2. ungenutzt,
3. zu vorübergehendem Gebrauch
4. unentgeltlich überlassen sind oder
5. wenn die tatsächliche Miete um mehr als 20 Prozent von der üblichen Miete abweicht.

d) Die *Bewirtschaftungskosten* sind nach den von den Gutachterausschüssen mitgeteilten Erfahrungssätzen anzusetzen, anderenfalls nach vorgegebenen Sätzen.

e) Der von den Gutachterausschüssen abgeleitete *Liegenschaftszinssatz* ist heranzuziehen; sofern diese nicht zur Verfügung stehen

1. 5 Prozent für Mietwohngrundstücke,
2. 5,5 Prozent für gemischt genutzte Grundstücke mit einem gewerblichen Anteil von bis zu 50 Prozent, berechnet nach der Wohn- und Nutzfläche,
3. 6 Prozent für gemischt genutzte Grundstücke mit einem gewerblichen Anteil von mehr als 50 Prozent, berechnet nach der Wohn- und Nutzfläche, und
4. 6,5 Prozent für Geschäftsgrundstücke.

f) *Besondere objektspezifische Grundstücksmerkmale* i.S. des § 8 Abs. 3 ImmoWertV bleiben unberücksichtigt, insbesondere auch Rechte am Grundstück, wie z. B. ein Nießbrauch und ein Wohnrecht, ein Wegerecht usw.

Steuerliche Bewertung — Syst. Darst. Ertragswertverf. V

Abb. 21: Übersicht über das erbschaftssteuerliche Ertragswertverfahren nach den §§ 184 bis 188 BewG

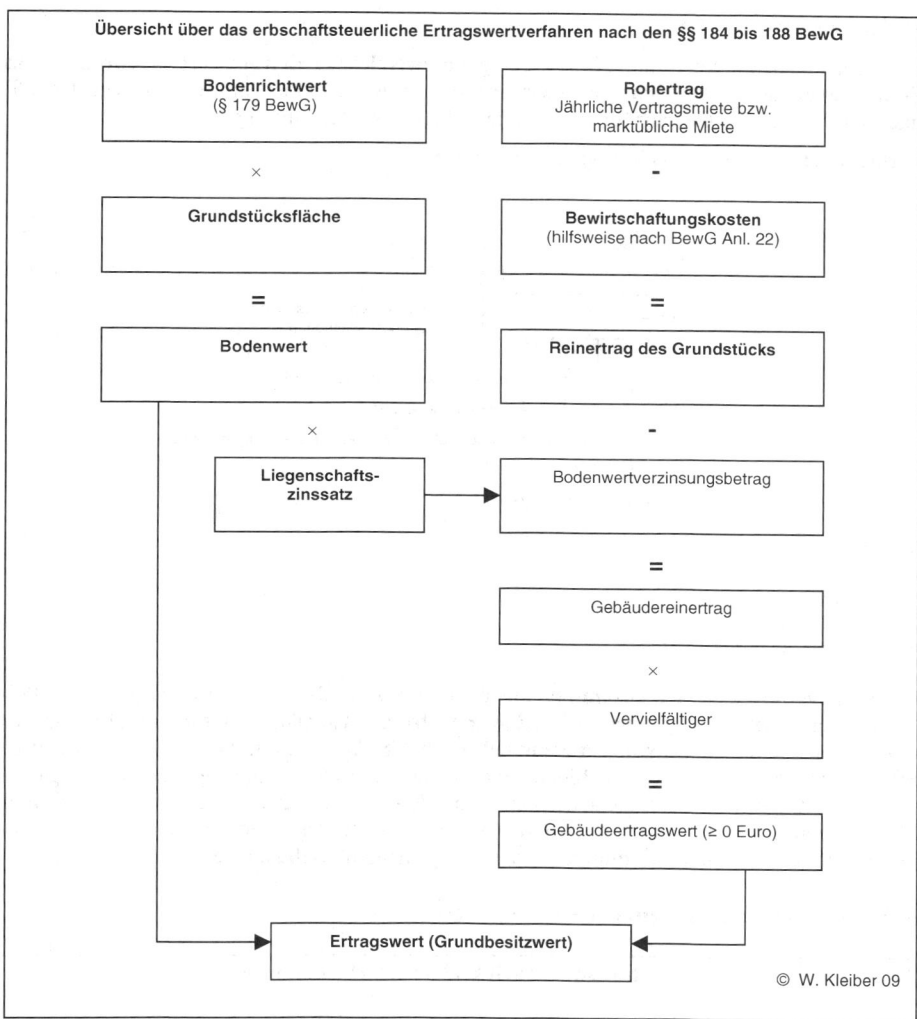

2.2 Grundzüge des allgemeinen Ertragswertverfahrens nach § 17 Abs. 2 Nr. 1 ImmoWertV (Standardverfahren)

▶ *Vgl. Rn. 36 ff., 60, 64*

119 Das in § 17 Abs. 2 Nr. 1 ImmoWertV geregelte **zweigleisige Ertragswertverfahren ist das Standardverfahren der Ertragswertermittlung**. Es ist universell anwendbar (vgl. Rn. 39) und bietet die größte Gewähr für eine fundierte Ertragswertermittlung.

120 Formelmäßig stellt sich das Verfahren wie folgt dar:

wobei
EW = Ertragswert
BW = Bodenwert
V = Vervielfältiger
p = Liegenschaftszinssatz

121 Der **Ertragswert setzt sich zusammen aus dem** nach § 17 Abs. 2 Nr. 1 ImmoWertV ermittelten „vorläufigen Ertragswert" und den Zu- bzw. Abschlägen aufgrund „besonderer objektspezifischer Grundstücksmerkmale" nach § 8 Abs. 3 ImmoWertV. Der „vorläufige Ertragswert" teilt sich in einen Boden- und Gebäudewertanteil auf. Als Gebäudewertanteil (Gebäudeertragswert) wird zunächst der Gebäudewert ohne Berücksichtigung temporärer Minder- oder Mehreinnahmen aufgrund wohnungs-, miet- oder vertragsrechtlicher Bindungen ermittelt; es handelt sich mithin um den „langfristigen" Gebäudewertanteil (Abb. 22).

Abb. 22: Zusammensetzung des Ertragswerts

122 Der **schematische Ablauf des Ertragswertverfahrens** ergibt sich aus Abb. 23. Die einzelnen Schritte der Ertragswertermittlung werden anschließend erläutert.

Abb. 23: Verfahrensgang des *zweigleisigen* Standardverfahrens

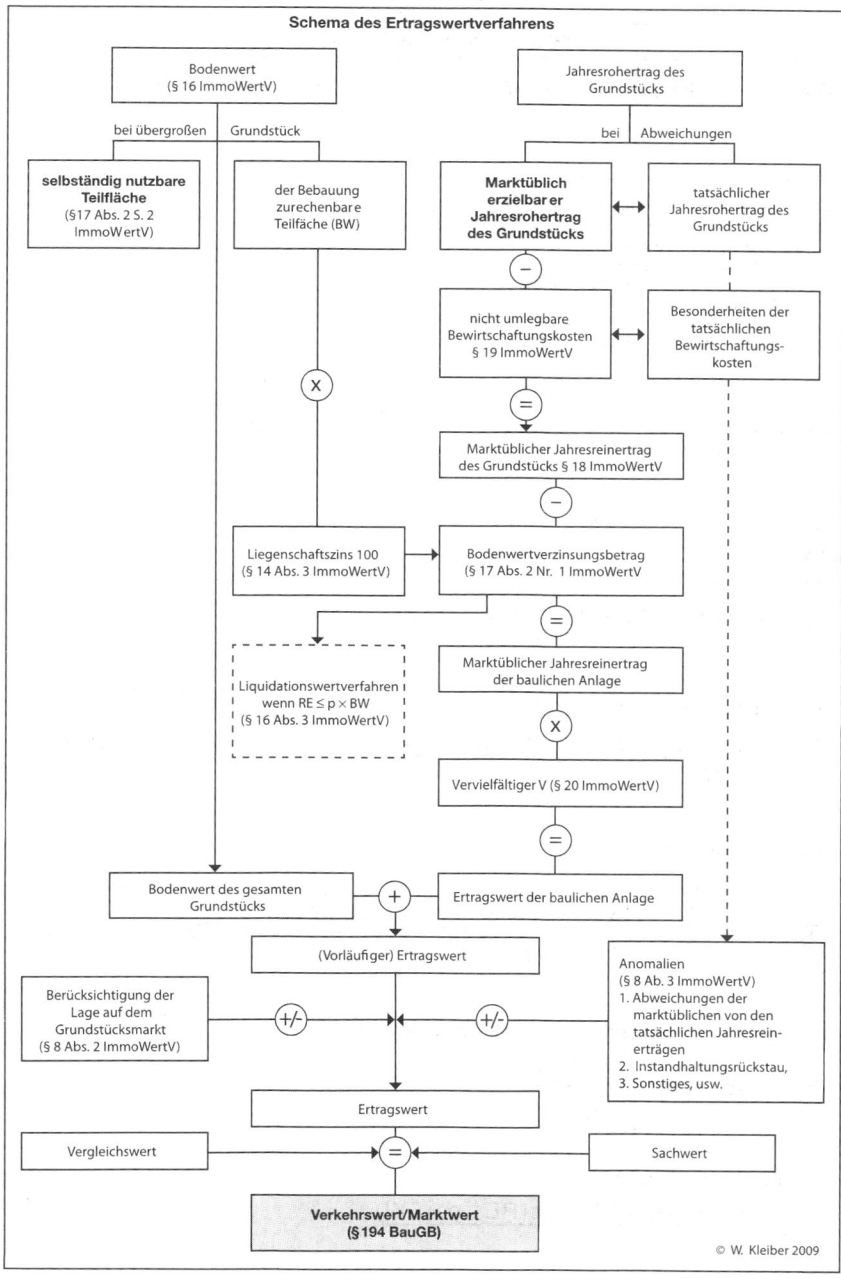

In der **Gesamtschau** stellt sich das Ertragswertverfahren nach den §§ 17 ff. ImmoWertV formelmäßig wie aus Abb. 24 ersichtlich dar. Die dort angegebenen Formeln für den Reinertrag RE, den Liegenschaftszinssatz p, den Bodenwert BW, den Gebäudezeitwert G sowie die Restnutzungsdauer n ergeben sich jeweils durch Auflösung der angegebenen Ausgangsformeln nach den gesuchten Größen.

Abb. 24: Das *zwei*gleisige Ertragswertverfahren in Formeln

Ertragswertverfahren in Formeln

$$EW = (RE - p \times BW) \frac{1}{\frac{q-1}{q^n-1} + p} + BW = (RE - p \times BW) \times V + BW = RE \times V + \frac{BW}{q^n}$$

EW = Ertragswert (§§ 17 bis 20 ImmoWertV)
RE = Jährlicher Reinertrag des Grundstücks (§ 18 ImmoWertV)
BW = Bodenwert (§ 16 ImmoWertV)
G = Gebäudezeitwert (= EW – BW)
p = Liegenschaftszinssatz/100 = q – 1
q = Zinsfaktor = 1 + p/100
n = Restnutzungsdauer (§ 6 Abs. 6 ImmoWertV)
BewK = Bewirtschaftungskosten
NF = Nutzfläche

$$V = \text{Vervielfältiger} = \frac{1}{(q-1)+p} = \frac{q^n - 1}{q^n(q-1)} = \frac{1-(1+p)^{-n}}{p} = \frac{EW - \frac{BW}{q^n}}{RE}$$

(vgl. hierzu Kleiber in DS 1983, 105).

aufgelöst:
a) **nach dem Reinertrag:**

$$RE = (EW \times q^n - BW) \times \frac{p}{q^n - 1} = BW \times p + \frac{G}{V}$$

b) **nach dem Liegenschaftszinssatz/100:**

$$p = \frac{RE \times 100}{EW} - \frac{(q-1)100}{q^n - 1} \times \frac{EW - BW}{EW} \qquad \text{hierzu § 14 Abs. 3 ImmoWertV}$$

c) **nach dem Bodenwert:**

$$BW = \frac{RE - \frac{G}{V}}{p} = \frac{EW - RE \times V}{1 - (p \times V)} = EW \times q^n - \frac{RE(q^n - 1)}{(q-1)} = (EW - RE \times V) \times q^n$$

d) **nach dem Gebäudezeitwert (bei Gebäudewert G = EW – BW):**

$$G = (RE - BW \times p) \frac{q^n - 1}{q^n \times p}$$

e) **nach der Restnutzungsdauer:**

$$n = \frac{\log(RE - p \times BW) - \log(RE - p \times EW)}{\log q}$$

f) nach der Monatsmiete (Nettokaltmiete):

$$\text{Monatsmiete}_{\text{Nettokalt}} = \frac{[G/V + BW \times p]/(1 - BewK_\%/100)}{(12 \times NF)}$$

wobei:
BewK = Bewirtschaftungskosten
NF = Nutzfläche

g) nach der Monatsmiete (Nettokaltmiete) auf der Grundlage einer erwarteten Verzinsung von i %:

$$\text{Monatsmiete}_{\text{Nettokalt}} = \frac{(RE \times i)/[(1 - BewK_\%/100)] + G/V}{(12 \times NF)}$$

© W. Kleiber 09

▶ *Zur Ermittlung der „Sollmiete" aus einem vorgegebenen Ertragswert bzw. Kaufpreis vgl. Rn. 300 ff.*

2.3 Ermittlung des vorläufigen Ertragswerts

2.3.1 Bodenwert

2.3.1.1 Rechtsgrundlagen

Am Anfang der Ertragswertermittlung steht die Ermittlung des Bodenwerts. Der Bodenwert ist nach Maßgabe des § 16 ImmoWertV zu ermitteln und bestimmt sich nach der Grundsatzregelung des § 16 Abs. 1 ImmoWertV nach dem Wert, der sich für das unbebaut gedachte Grundstück ergeben würde. Die Vorschrift bestimmt des Weiteren, dass der Bodenwert „vorrangig" aus Vergleichspreisen (§ 15 ImmoWertV) abzuleiten sei und lässt nachrangig auch die Ableitung auf der Grundlage geeigneter Bodenrichtwerte zu. Bei der Ertragswertermittlung von Grundstücken, deren Gebäude eine lange Restnutzungsdauer aufweisen, ist der von der ImmoWertV gestellte Anspruch praxisfremd, denn das **Bodenrichtwertverfahren erfüllt in aller Regel die zu stellenden Anforderungen** (vgl. Syst. Darst. des Vergleichswertverfahrens Rn. 155 ff.). Der Bodenwert braucht unter den genannten Voraussetzungen nämlich nicht mit übertriebener Genauigkeit ermittelt zu werden, weil selbst grobe Fehler sich nur marginal auf das Ergebnis der Ertragswertermittlung auswirken. **124**

2.3.1.2 Bodensondierung

▶ *Vgl. Rn. 58 ff., 231*

a) Bodensondierung nach Umgriffsfläche und selbständig nutzbarer Teilfläche

Bei sog. übergroßen Grundstücken ist eine Bodensondierung der Grundstücksfläche geboten und zwar nach **125**

a) der der Bebauung zurechenbaren Fläche (auch Umgriffsfläche) genannt und

b) den selbständig nutzbaren Teilflächen.

Eine **selbständig nutzbare Teilfläche ist** nach § 17 Abs. 2 Satz 2 ImmoWertV „**der Teil eines Grundstücks, der für die angemessene Nutzung nicht benötigt wird und selbständig genutzt oder verwertet werden kann.**"

Eine **Bodensondierung** nach Umgriffsflächen und selbständig nutzbare Teilflächen i.S. des § 17 Abs. 2 Satz 2 ImmoWertV ist bei Anwendung des Ertragswertverfahrens unabhängig von der zur Anwendung kommenden Verfahrensvariante, d.h. sie **ist auch bei Anwendung des eingleisigen (einschließlich vereinfachten Ertragswertverfahrens) und** mehrperiodi- **126**

V Syst. Darst. Ertragswertverf. — Bodenwert

schen Ertragswertverfahrens unverzichtbar, auch wenn die Teilflächen gleichwertig sind. I.d.R. weist die selbständig nutzbare Teilfläche eine von der Umgriffsfläche abweichende Wertigkeit auf, so dass auch von daher eine Bodensondierung bei Anwendung anderer Wertermittlungsverfahren geboten ist.

– Bei *Anwendung des zweigleisigen Ertragswertverfahrens* ist die Aufteilung der Grundstücksfläche in eine Umgriffsfläche und einen selbständig nutzbaren Grundstücksteil geboten, weil bei der Ermittlung des Ertragswerts der baulichen Anlage (Gebäudeertragswert) von dem aus dem Gebäude und aus dem zugehörigen Bodenanteil „fließenden" Ertrag ausgegangen und hieraus der auf die bauliche Anlage entfallende Reinertrag „abgespalten" werden muss. Verfahrenstechnisch vollzieht sich dies durch Verminderung des Reinertrags um den sog. Bodenwertverzinsungsbetrag. Der **Bodenwertverzinsungsbetrag stellt die Verzinsung des im Grund und Boden investierten Kapitals dar, und zwar nur insoweit, wie der Boden flächenmäßig dem Gebäude „dient".** Da dieses Kapital zum Zwecke der Ertragserzielung vorgehalten werden muss und nicht bankenüblich angelegt werden kann, ist dieser Betrag in Abzug zu bringen (Abb. 25):

Abb. 25: Isolierung des Reinertragsanteils der baulichen Anlagen

– Die eigenständige Behandlung der sog. selbständig nutzbaren Flächen ist aber auch bei Anwendung des eingleisigen und mehrperiodischen Ertragswertverfahrens (einschließlich des vereinfachten Ertragswertverfahren) geboten. Selbständig nutzbare Teilflächen gehen bei Anwendung dieser Verfahrensvarianten nämlich in „voller" und nicht in abgezinster Höhe in den Ertragswert ein, da sie für eine wirtschaftliche Nutzung sofort zur Verfügung stehen (Abb. 26).

Abb. 26: Beispiel

Bodenwert

Reinertrag =	50 000 €
Restnutzungsdauer =	80 Jahre
Liegenschaftszinssatz =	5 %
Vervielfältiger =	19,60
Ertragswert =	50 000 € × 19,60 = 980 000 € in allen Fällen!

Deshalb (Ertragswert für das Grundstück A):

Vereinfachtes Ertragswertverfahren	**Ertragswertverfahren nach**	
	§ 17 Abs. 2 Nr. 1 ImmoWertV	§ 17 Abs. 2 Nr. 2 ImmoWertV
EW = RE × V	EW = (RE − p × BW') × V + BW oder	EW = RE × V + BW' × q^{-n} + BW
EW = 980 000 €	RE = 50 000 €	RE = 50 000 €
+ BW' = + 100 000 €	− 5 % von 100 000 € = − 5 000 €	× V = 980 000 €
= EW = 1 080 000 €	(RE − p × BW')* = 45 000 €	+ BW' × $1{,}05^{-80}$ = + 2 018 €
	× V (= 19,60) = 882 000 €	+ BW' = + 100 000 €
	+ BW (insgesamt) = + 200 000 €	= EW = 1 082 018 €
	= EW = 1 082 000 €	

* Bodenwertverzinsungsbetrag von Teilflächen 100 000 €

Dem Bodenwert der der Bebauung zuzurechnenden „Umgriffsfläche" wird mitunter der eigentlich abzulehnende Begriff des **„rentierlichen Bodenwerts"** zugeordnet; der Bodenwert der übrigen selbständig nutzbaren Teilfläche wird als der „unrentierliche Bodenwert" bezeichnet (vgl. § 16 ImmoWertV Rn. 24 sowie Syst. Darst. des Vergleichswertverfahrens Rn. 5). **128**

b) Bodensondierung nach Teilflächen unterschiedlicher Wertigkeit

Eine **Bodensondierung** ist darüber hinaus – unabhängig von dem zur Anwendung kommenden Wertermittlungsverfahren – i.d.R. **auch geboten, wenn das Grundstück Teilflächen unterschiedlicher Wertigkeit aufweist.** Bei den selbständig nutzbaren Teilflächen kann es sich insbesondere um baulich nicht nutzbares Gartenland handeln, wobei diese Teilfläche im Einzelfall auch noch nach unterschiedlichen Wertigkeiten zu differenzieren ist. Bei einem übertiefen Grundstück mit straßenseitiger Bebauung kommt beispielsweise dem vorderen Grundstücksteil i.d.R. eine Baulandqualität (Baureifes Land i.S. des § 5 Abs. 4 ImmoWertV) zu, während das Hinterland einen anderen Entwicklungszustand aufweisen kann oder zumindest aufgrund der Grundstückstiefe im Wert gemindert ist. **129**

Im amerikanischen Schrifttum[8] wird ganz im vorstehenden Sinne unterschieden zwischen: **130**

- *Excess land:* In regard to an improved site, the land not needed to serve or support the existing improvement. In regard to a vacant site or a site considered as though vacant, the land not needed to accommodate the site's primary highest and best use. Such land may be separated from the larger site and have its own highest and best use, or it may allow for future expansion of the existing or anticipated improvement.
- *Surplus land:* Land not necessary to support the highest and best use of the existing improvement but, because of physical limitations, building placement, or neighbourhood norms, cannot be sold off seperatly. Such land may or may not contribute positively to value and may or may not accommodate future expansion of an existing or anticipated improvement.

c) Ermittlung der Umgriffsfläche und selbständig nutzbarer Teilflächen

Die **selbständig nutzbare Teilfläche** wird in § 17 Abs. 2 Satz 2 ImmoWertV als der Teil des Grundstücks definiert , *„der für die angemessene Nutzung nicht benötigt wird und selbständig genutzt oder verwertet werden kann."* Ein derartiger Fall kann z.B. gegeben sein, wenn sich ein Gewerbebetrieb im Hinblick auf späteres Wachstum Flächen für Erweiterungsbauten gesichert hat. Dabei kommt es allerdings nicht darauf an, dass die zusätzlich nutzbare Teilfläche **131**

---

8   The Appraisal of Real Estate, American Institute 12. Aufl. S. 198.

baulich nutzbar ist. Jede irgendwie geartete selbständige Nutzbarkeit (Gartenland, Lagerfläche, Abstellfläche und dgl.), die neben der baulichen Nutzung auf dem Grundstücksmarkt einen „Markt" hat, kommt in Betracht. Generell muss man fordern, dass die selbständig nutzbare Teilfläche zunächst hinreichend groß und so gestaltet ist, um eine entsprechende Nutzung zu ermöglichen. Eine gesonderte Zuwegung wird man dagegen nicht fordern können. Allgemein gültige Regeln zur Abtrennung selbständiger Teilflächen können also nicht vorgegeben werden; vielmehr muss man nach der im Einzelfall gegebenen Situation darüber befinden.

132 Die Notwendigkeit der Bodensondierung beschränkt sich entgegen den Ausführungen unter Nr. 3.5.5 WERTR 06 auch nicht auf die Fälle, in denen „nach rechtlichen Gegebenheiten eine *höherwertige* selbständige Nutzung der Mehrfläche zulässig und möglich" ist. Dass nur eine „höherwertige selbständige" Nutzung der überschüssigen Grundstücksfläche auszusondern und nicht in die Ermittlung des Bodenwertverzinsungsbetrags einzubeziehen ist, wird mit § 17 Abs. 2 Satz 2 ImmoWertV nicht vorgegeben und wäre fachlich falsch. Vielmehr ist auch eine **minderwertige selbständige Nutzung der übergroßen Fläche** auszusondern, wenn die Fläche schon aufgrund ihrer Größe selbständig nutzbar wäre. Sie ist wertmäßig gesondert zu berücksichtigen und bleibt insbesondere bei der Ermittlung des Bodenwertverzinsungsbetrags unberücksichtigt (Abb. 27).

Abb. 27: Selbständig und unselbständig nutzbare Teilfläche

133 Die Ermittlung der selbständig nutzbaren Teilflächen gestaltet sich insbesondere bei unregelmäßiger Grundstücksgestalt schwierig. I.d.R. dürfte sich zur Ermittlung der selbständig nutzbaren Teilflächen die **Restflächenmethode** empfehlen, bei der

a) zunächst die Umgriffsfläche ermittelt wird und

b) hieran anschließend die sich nach Abzug der Umgriffsfläche von der Gesamtfläche ergebende Restfläche daraufhin untersucht wird, ob sie als „selbständig nutzbare Teilfläche" die dafür erforderliche Größe und Nutzbarkeit aufweist.

134 Die „Umgriffsfläche bestimmt sich maßgeblich nach der Anschauung des Grundstücksmarktes, insbesondere nach den lagetypischen Umgriffsflächen. Die in den Bodenrichtwertkarten angegebene Größe des Bodenrichtwertgrundstücks kann dafür einen Anhalt geben. Es kommt also entscheidend auf die nach der **örtliche Situation übliche Umgriffsfläche an**[9]. Im ländlichen Bereich sind die Umgriffsflächen i.d.R. größer als die baurechtlich erforderliche Mindestfläche. Das Gleiche gilt für Ein- und Zweifamilienhäuser, sofern diese nicht in hochpreisigen Ballungsgebieten gelegen sind.

Die sich für die vorhandene Bebauung ergebende **baurechtlich erforderliche Mindestfläche** unter Berücksichtigung

– der gesetzlichen Abstandsflächen nach den Regeln der Bauordnung des Landes,

---

9 BGH, Urt. vom 27.9.1990 – III ZR 57/89 -, GuG 1991, 31 = EzGuG 4.134.

- der Mindestgrundstücksfläche auf der Grundlage der Geschossfläche nach § 20 i.V.m. § 19 BauNVO und
- der Mindestgrundstücksfläche auf der Grundlage der Grundfläche nach § 19 i.V.m. § 17 Abs. 1 BauNVO ggf. unter Berücksichtigung der notwendigen Kfz-Stellplätze[10] und der Richtgröße für Kinderspielflächen (3 m² je Wohneinheit)

stellt mith hin nur die unterste Grenze der Umgriffsfläche dar. Sie kann nach der örtlichen Lage im Einzelfall größer sein.

Wenn sich **nach Abzug der nach der örtlichen Situation üblichen Umgriffsflächen unzweckmäßig geformte Restflächen ergeben**, die nicht selbständig genutzt werden können (z. B. ein schmaler Randstreifen), müssen sie den Umgriffsflächen zugerechnet werden. Dies wird sich im Einzelfall nicht immer in eindeutiger Weise klären lassen.

Die Bodensondierung hat im Übrigen Auswirkungen auf den Gebäudeertragswert (Gebäudewertanteil), wie das nachfolgende *Beispiel* zeigt:

Beispiel:

Die in dem Lageplan eingetragenen Gebäude seien völlig gleichartig.
Wie im Beispiel 1 betrage

- der Reinertrag (RE) = 28 000 €
- der Liegenschaftszinssatz (p) = 6 %
- die Restnutzungsdauer(n) = 70 Jahre
- der Vervielfältiger (V) bei p = 6 % und n = 70 Jahre: 16,384544
- der Bodenwert 500 €/m²

Abb. 28: Lageplan

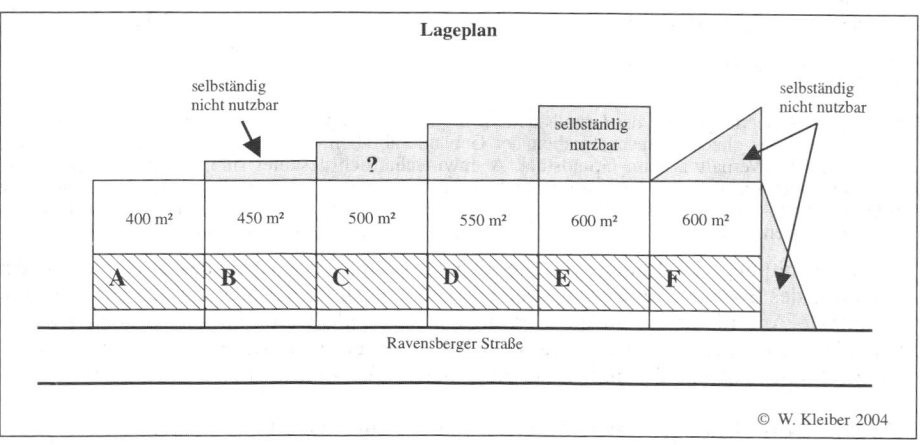

© W. Kleiber 2004

1. Ertragswert für das Grundstück A

Bodenwert = 400 m² × 500 €/m² =	200 000 €
Reinertrag (RE) =	28 000 €
− Bodenwertverzinsungsbetrag: 200 000 € × 6/100 =	− 12 000 €
= RE − p × BW	16 000 €
× Vervielfältiger (V = 16,384544) =	**262 153 €** = Gebäudewert A
+ Bodenwert =	+ 200 000 €
= Ertragswert	= **462 153 €**

---
10 Z. B. Sächsisches Amtsblatt, Sonderdruck 4 aus 1995 vom 8.3.1995; vgl. § 14 WertV Rn. 160.

V Syst. Darst. Ertragswertverf. Bodenwert

2. Ertragswert für das Grundstück B

Bodenwert = 450 m² × 500 €/m² =	225 000 €
Reinertrag (RE) =	28 000 €
– Bodenwertverzinsungsbetrag: 225 000 € × 6/100 =	– 13 500 €
= RE – p × BW	14 500 €
× Vervielfältiger (V = 16,384544) =	221 191 € = Gebäudewert B
+ Bodenwert =	+ 225 000 €
= Ertragswert	= 446 191 €

3. Ertragswert für das Grundstück E

Bodenwert = 600 m² × 500 €/m² =	300 000 €
Reinertrag (RE) =	28 000 €
– Bodenwertverzinsungsbetrag: 200 000 € × 6/100 =	– 12 000 €
= RE – p × BW	16 000 €
× Vervielfältiger (V = 16,384544) =	262 153 € = Gebäudewert E
+ Bodenwert =	+ 300 000 €
= Ertragswert	= 562 153 €

Für das Grundstück E ist die Teilfläche von 200 m² als selbständig nutzbare Teilfläche erachtet worden und es ergibt sich ein Gebäudeertragswert, wie im Falle des Grundstücks A.

4. Ertragswert für das Grundstück F

Bodenwert = 600 m² × 500 €/m² =	300 000 €
Reinertrag (RE) =	28 000 €
– Bodenwertverzinsungsbetrag: 300 000 € × 6/100 =	– 18 000 €
= RE – p × BW	10 000 €
× Vervielfältiger (V = 16,384544) =	163 845 € = Gebäudewert F
+ Bodenwert =	+ 300 000 €
= Ertragswert	= 463 945 €

Dass die Gebäudeertragswerte der Grundstücke B bis D und F gegenüber dem Gebäudewert des Grundstücks A trotz der gleichen Beschaffenheit der Gebäude abfallen, ist darauf zurückzuführen, dass die Grundstücke im Verhältnis zum Grundstück A unwirtschaftlich gestaltet sind. Es muss mehr in den Grund und Boden investiertes Kapital vorgehalten werden, um den gleichen Reinertrag zu erzielen, wie das Grundstück A erzielt. Dies mag im Hinblick auf die Gleichartigkeit der Gebäude zunächst als widersinnig erscheinen, ist aber bei Anwendung des Ertragswertverfahrens nur konsequent.

138 Bei der Ermittlung des **Bodenwerts der Umgriffsfläche** des Gebäudes – Grundlage der Ermittlung des Bodenwertverzinsungsbetrags – können aus fehlertheoretischen Gründen eingeschränkte Anforderungen an die Genauigkeit der Bodenwertermittlung gestellt werden, wenn die bauliche Anlage eine lange Restnutzungsdauer aufweist, denn Fehler der Bodenwertermittlung haben in diesem Fall nur einen marginalen Einfluss auf den Gesamtwert.

2.3.1.3 Abweichungen der realisierten von der zulässigen bzw. lagetypischen Nutzung

▶ Vgl. § 16 ImmoWertV Rn. 223, 368; Teil VIII Rn. 275

139 Im Rahmen der Bodensondierung sind auch festzustellen

a) die realisierte GRZ und

b) die realisierte GFZ.

140 Grundsätzlich bestimmt sich der Bodenwert nach Maßgabe des § 6 Abs. 1 ImmoWertV nämlich nach der nach den §§ 30, 33 und 34 zulässigen Nutzung. Soweit die bauplanungsrechtlich zulässige Nutzung auf dem örtlichen Teilmarkt am Wertermittlungsstichtag üblicherweise nicht ausgenutzt wird, ist die sog. lagetypische Nutzung maßgebend. I.d.R. kann davon ausgegangen werden, dass sich auch ein herangezogener Bodenrichtwert ggf. auf die lagetypische Nutzung bezieht. Im Einzelfall ergibt sich dies aus den zum Bodenrichtwert ausgewiesenen Angaben in der Bodenrichtwertkarte. Weicht die auf dem Grundstück vorhandene bauliche Anlage von der **zulässigen bzw. lagetypischen Nutzbarkeit ab** und ergeben sich daraus „irreparable" Beeinträchtigungen, sind diese nach §16 Abs. 4 ImmoWertV zu berücksichtigen, wenn es bei wirtschaftlicher Betrachtungsweise oder aus sonstigen Gründen geboten erscheint, die baulichen Anlagen weiter zu nutzen. „Irreparabel" ist eine die zulässige bzw. lagetypische Nutzung nicht „ausschöpfende" Bebauung dann, wenn sie nicht durch ergänzende An- und Aufbauten oder sonstwie der zulässigen bzw. lagetypischen Nutzung angeglichen werden kann. Bei einer denkmalgeschützten Bebauung kann im Übrigen gleich von Art und Maß der tatsächlichen Nutzung ausgegangen werden.

Abweichungen der realisierten Bebauung von der nach der nach § 6 Abs. 1 ImmoWertV maßgeblichen zulässigen bzw. lagetypischen Nutzung sind grundsätzlich im Rahmen der Bodenwertermittlung nach Maßgaben der bei § 16 ImmoWertV unter Rn. 222 ff. gegebenen Erläuterungen zu berücksichtigen.

2.3.1.4 Berücksichtigung von Freilegungskosten

▶ *Vgl. Rn. 61 ff.; § 8 ImmoWertV Rn. 401; § 16 ImmoWertV Rn. 123, 170 ff.;*

Bei Anwendung des Ertragswertverfahrens nach den §§ 17 bis 20 wird nach der Grundsatzregelung des § 16 Abs. 1 ImmoWertV der Bodenwert (eines unbebaut gedachten Grundstücks) ohne Berücksichtigung der Freilegungskosten angesetzt. Nach Abgang der baulichen Anlage muss jedoch das Grundstück freigelegt werden, um den „voll" angesetzten Bodenwert dann erneut „realisieren" zu können. **Deshalb müsste eigentlich im Ertragswertverfahren stets der um die Freilegungskosten verminderte Bodenwert angesetzt werden.** §§ 17 bis 20 ImmoWertV sehen das jedoch nicht ausdrücklich vor. Dies ist darin begründet, dass bei langer Restnutzungsdauer der baulichen Anlage die Höhe des Bodenwerts ohnehin nur einen geringen Einfluss auf das Gesamtergebnis hat und vernachlässigt werden kann. 141

Etwas anderes gilt, wenn die bauliche Anlage nur noch eine kurze Restnutzungsdauer aufweist. § 16 Abs. 3 ImmoWertV schreibt deshalb vor, dass der Bodenwert um die üblichen Freilegungskosten zu mindern ist, wenn „alsbald" mit einem Abriss der baulichen Anlagen zu rechnen ist. Hieraus folgt, dass bei einer kurzen Restnutzungsdauer der baulichen Anlagen (≤ 20 Jahre) der nach Maßgabe der Grundsatzregelung des § 16 Abs. 1 ImmoWertV als Wert des unbebauten Grundstücks ermittelte Bodenwert um die üblichen Freilegungskosten zu mindern ist. 142

$$BW = BW_{unbebaut} - Freilegungskosten$$

Auf den **Abzug der Freilegungskosten** kann bei einer Bebauung, die eine längere Restnutzungsdauer aufweist, verzichtet werden, da sie den Ertragswert unter den genannten Voraussetzungen nur marginal beeinflussen. Aus den gleichen Gründen sind auch keine übertriebenen Genauigkeitsanforderungen an die Ermittlung des Bodenwerts der der Bebauung zuzurechnenden Fläche zu stellen, wenn die bauliche Anlage eine Restnutzungsdauer ≥ 40 Jahre aufweist. 143

Bei einer kurzen Restnutzungsdauer der baulichen Anlage müssen nach dem vorher Gesagten alsbald anstehende **Freilegungskosten** allerdings **stets berücksichtigt werden**, und zwar sowohl 144

– bei der Ermittlung des Bodenwertverzinsungsbetrags als auch
– bei dem gesondert anzusetzenden Bodenwert.

Dies gilt grundsätzlich und nicht nur in den in § 16 Abs. 3 ImmoWertV vorgegebenen Fällen, in denen der Bodenwertverzinsungsbetrag den Reinertrag des Grundstücks „auffrisst". 145

V Syst. Darst. Ertragswertverf. Bodenwert

Beispiel:

a) Anwendung des Ertragswertverfahrens nach § 17 Abs. 2 Nr. 1 ImmoWertV:

Wertermittlungsobjekt: Verwaltungsgebäude, Freilegung voraussichtlich in 5 Jahren

Bodenwert (BW) eines vergleichbaren unbebauten Grundstücks	= 550 000 €
./. Freilegungskosten	= 50 000 €
= Verminderter BW	**= 500 000 €**
Zwischennutzung 5 Jahre	
Liegenschaftszinssatz p = 5 %	
Vervielfältiger V = 4,329377	
Reinertrag (RE)	= 40 000 €
./. Bodenverzinsungsbetrag (5/100 × *500 000 €*)	= 25 000 €
= Anteil der baulichen Anlage am Reinertrag	= 15 000 €
Wert der baulichen Anlage (RE – p × BW) × V	= 64 942 €
+ Verminderter BW	= 500 000 €
= Ertragswert	= 564 942 €
Ertragswert rd.	**= 565 000 €**

b) Anwendung des Ertragswertverfahrens nach § 17 Abs. 2 Nr. 2 ImmoWertV:

Bodenwert (BW) eines vergleichbaren unbebauten Grundstücks	= 550 000 €
./. Freilegungskosten	= 50 000 €
= Verminderter BW	= 500 000 €
Zwischennutzung 5 Jahre	
Liegenschaftszinssatz p = 5 %	
Vervielfältiger V = 4,329377	
Reinertrag (RE)	= 40 000 €
Wert der baulichen Anlagen (RE × V)	= 173 179 €
+ Diskontierter BW (500 000 € × 0,783526)	= 391 763 €
= Ertragswert	= 564 942 €
Ertragswert rd.	**= 565 000 €**

146 In derartigen Fällen wird häufig der Fehler begangen, dass die Freilegungskosten generell erst am Schluss der Ertragswertermittlung zum Abzug gebracht werden, wobei die Kosten bei „aufgeschobener" (alsbaldiger) Freilegung zudem auf den Wertermittlungsstichtag abgezinst werden.

a) Nur bei Anwendung des *ein*gleisigen Ertragswertverfahrens nach § 17 Abs. 2 Nr. 2 ImmoWertV kann entsprechend verfahren werden, wobei die **Diskontierung der Freilegungskosten** mit der Diskontierung des Bodenwerts (hier 500 000 €) zusammengefasst werden kann, denn es gilt:

$$BW \times q^{-n} - FLK \times q^{-n} = (BW - FLK) \times q^{-n}$$

b) Bei Anwendung des *zwei*gleisigen Ertragswertverfahrens nach § 17 Abs. 2 Nr. 1 ImmoWertV sind indessen die Freilegungskosten – wie der Bodenwert – in voller Höhe zu berücksichtigen, indem man sowohl bei der Ermittlung des Bodenwertverzinsungsbetrags als auch bei dem gesondert anzusetzenden Bodenwert jeweils den um die Freilegungskosten verminderten Bodenwert ansetzt (vgl. Beispiel a). Man erhält auf diesem Weg das Ergebnis des Beispiels b). Deshalb würde man einen groben Fehler begehen, wenn man im Beispiel a) die Freilegungskosten zusätzlich in diskontierter Höhe zum Abzug bringen würde!

148 Im Übrigen bleibt zu prüfen, ob im Falle der Freilegung des Grundstücks **Restwerte** werterhöhend gegenzurechnen sind. In diesem Fall ist als Bodenwert jeweils einzuführen:

$$BW - FLK + Restwert$$

2.3.1.5 Abgabenpflicht

▶ *Vgl. hierzu Rn. 81; Syst. Darst. des Vergleichswertverfahrens Rn. 318 ff.; § 6 ImmoWertV Rn. 107 ff.*

Der **Grund und Boden eines bebauten Grundstücks kann am maßgeblichen Wertermittlungsstichtag erschließungsbeitragspflichtig** sein, und dem erschließungsbeitragspflichtigen Zustand des Grundstücks wird im Rahmen des Ertragswertverfahrens nicht allein damit Rechnung getragen, dass man den erschießungsbeitragspflichtigen Bodenwert in die Berechnung einführt. 149

Der erschließungsbeitragspflichtige Bodenwert (BW – ebp –) wird üblicherweise aus dem Bodenwert erschließungsbeitragsfreier Grundstücke (BW – ebf –) abgeleitet, indem dieser um den üblicherweise zu erwartenden Erschließungsbeitrag vermindert wird. 150

Beispiel: 151

Bodenwert (erschließungsbeitragsfrei – ebf –)	200 €/m²
Erschließungsbeitrag	– 50 €/m²
Bodenwert (erschließungsbeitragspflichtig – ebp –)	150 €/m²

Ist der Grund und Boden eines bebauten Grundstücks am maßgeblichen Wertermittlungsstichtag erschließungsbeitrags*pflichtig,* wird diesem Sachverhalt bei Anwendung des Ertragswertverfahrens unzureichend Rechnung getragen, wenn der erschließungsbeitragspflichtige Bodenwert in die Ertragswertermittlung eingeführt wird. Vielmehr muss bei allen Ertragswertverfahren berücksichtigt werden, dass **eine am Wertermittlungsstichtag absehbare Beitragspflicht** vom Eigentümer zu tragen ist, ohne dass sich damit sein Reinertrag erhöht. Die marktüblich erzielbare Miete erhöht sich nämlich in aller Regel nicht dadurch, dass der Eigentümer die Abgabe entrichtet und sich sein Bodenwert dadurch erhöht. 152

a) Anwendung des zweigleisigen Ertragswertverfahrens

Bei Anwendung des zweigleisigen Ertragswertverfahrens auf ein am Wertermittlungsstichtag erschließungsbeitragspflichtiges Grundstück bemisst sich der Gesamtwert des Grund und Bodens nach dem erschließungsbeitragspflichtigen Zustand, jedoch ist **der Ermittlung des Bodenwertverzinsungsbetrags ein erschließungsbeitragsfreier Bodenwert zugrunde zu legen** (gespaltene Bodenwerte). 153

Beispiel: 154

Reinertrag (RE)	60 844 €	p.a.
Grundstücksfläche	1 000 m²	
Bodenwert (erschließungsbeitragsfrei – ebf –)	200 €/m²	(= 200 000 €)
Bodenwert (erschließungsbeitragspflichtig – ebp –)	150 €/m²	(= 150 000 €)
Restnutzungsdauer n: 80 Jahre Liegenschaftszinssatz p	5 %	
Vervielfältiger V	19,5964605	

$$EW = (RE - BW \times p) \times V + BW'$$

Das Grundstück ist erschließungsbeitragspflichtig.

V Syst. Darst. Ertragswertverf. — Bodenwert

Richtig:			Falsch:		
RE	=	60 844 €	RE	=	60 844 €
BW	=	200 000 €	BW'	=	150 000 €
BW × 0,05	=	10 000 €	BW × 0,05	=	7 500 €
RE – p × BW	=	50 844 €	RE – p × BW	=	53 344 €
× V (= 19,5964605)	=	996 362 €	× V (= 18,26)	=	1 045 354 €
+ BW'	=	150 000 €	+ BW'	=	150 000 €
= EW	=	1 146 362 €	= EW	=	1 195 354 €

Δ EW = 48 992 €

Der Unterschied fällt umso deutlicher aus, je länger die Restnutzungsdauer ist. Bei Restnutzungsdauer → ∞ entspricht er exakt dem Erschließungsbeitrag (50 000 €). Bei Ermittlung des Bodenwertverzinsungsbetrags auf der Grundlage des erschließungsbeitragsfreien Bodenwerts *„korrespondiert"* der Bodenwert mit dem Reinertrag in der Weise, wie dies vergleichbaren Grundstücken (mit erschließungsbeitragsfreiem Bodenwert) entspricht, und man erhält denselben Gebäudeertragswert.

155 Die als „richtig" vorgestellte Berechnungsweise ist darin begründet, dass langfristig der erschließungsbeitragsfreie Bodenwert vorgehalten werden muss und die Ermittlung des Bodenwertverzinsungsbetrags auf der Grundlage des am Wertermittlungsstichtag noch erschließungsbeitragspflichtigen Bodenwerts das Ergebnis verfälschen muss. Dies würde nämlich dazu führen, dass sich der um den Bodenwertverzinsungsbetrag verminderte Reinertrag im Verhältnis zu einem erschließungsbeitragsfreien Grundstück erhöht und sich ein entsprechend höherer Gebäudeertragswert ergibt. Diese Verhältnisse können allenfalls nur kurzfristig unterstellt werden, denn es muss erwartet werden, dass der **Erschließungsbeitrag schon bald aufzubringen ist, ohne dass sich dadurch der Reinertrag erhöht**.

Abb. 29: **Langfristiger Bodenwertverzinsungsbetrag bei erschließungsbeitragspflichtigem Bodenwert**

156 Ist im Einzelfall davon auszugehen, dass der **Erschließungsbeitrag längerfristig nicht erhoben** wird, kann dies zu einer Verfälschung des Ergebnisses führen. Dies lässt sich korrigieren, indem der Ertragswert um den Zinsertrag „aufgestockt" wird, der sich für den kapitalmäßig angelegten Erschließungsbeitrag ergibt. I.d.R. kann dies aber im Rahmen der allgemeinen Ungenauigkeit einer Verkehrswertermittlung vernachlässigt werden.

Bodenwert **Syst. Darst. Ertragswertverf. V**

b) Anwendung des eingleisigen Ertragswertverfahrens

Bei Anwendung des eingleisigen Ertragswertverfahrens scheint sich die vorgestellte Problematik nicht zu stellen, denn der Bodenwert geht ohnehin nur in abgezinster Höhe in den Ertragswert ein. Die Ertragswertermittlung auf der Grundlage eines erschließungsbeitragspflichtigen oder erschließungsbeitragsfreien Bodenwerts unterscheidet sich mithin geringfügig. 157

Beispiel: 158

$$EW = RE \times V + BW \times q^{-n}$$

Reinertrag (RE)	60 844 € p.a.
Grundstücksfläche	1 000 m²
Bodenwert (erschließungsbeitragsfrei – ebf –)	200 €/m² (= 200 000 €)
Bodenwert (erschließungsbeitragspflichtig – ebp –)	150 €/m² (= 150 000 €)
Restnutzungsdauer n: 50 Jahre, Liegenschaftszinssatz p	5 %
Vervielfältiger V	19,5964605

Das Grundstück ist erschließungsbeitragspflichtig.

Bodenwert erschließungsbeitragfrei			Bodenwert erschließungsbeitragspflichtig		
RE	= 60 844 €		RE	= 60 844 €	
× V (= 19,5964605)	=	1 192 327 €	× V (=19,5964605)	=	1 192 327 €
BW	= 200 000 €		BW'	= 150 000 €	
+ BW abgezinst (q = 0,0201769)	=	4 035 €	+ BW abgezinst (q = 0,0201769)	=	3 026 €
= EW	=	1 196 362 €	= EW	=	1 195 353 €

Nach der hier vertretenen Auffassung sind aber **beide Ergebnisse falsch.** Bei Anwendung des *ein*gleisigen Ertragswertverfahrens ohne Unterscheidung nach dem Boden- und Gebäudewertanteil ist nämlich der Bodenwertanteil im Wesentlichen bereits in dem kapitalisierten Reinertrag enthalten, und zwar mit dem „langfristigen" Bodenwert, d.h. mit dem Bodenwert eines erschließungsbeitragsfreien Grundstücks. Da jedoch das Grundstück zum Wertermittlungsstichtag erschließungsbeitragspflichtig ist, muss der noch zu entrichtende Erschließungsbeitrag abgezogen werden. Bei der Ermittlung des abgezinsten Bodenwerts ist wiederum vom **Bodenwert des erschließungsbeitragsfreien Grundstücks auszugehen,** denn mit Ablauf der Restnutzungsdauer ist das Grundstück erschließungsbeitragsfrei. 159

Richtige Berechnungsweisen: 160

Das Grundstück ist erschließungsbeitragspflichtig.

RE	= 60 844 €		
× V (= 19,5964605)		=	1 192 327 €
BW erschließungsbeitragsfrei	= 200 000 €		
+ BW abgezinst (q = 0,0201769)		=	4 035 €
= EW (vorläufig)		=	1 196 362 €
– Erschließungsbeitrag		=	50 000 €
= Ertragswert		=	**1 146 362 €**

161 *c) Anwendung des vereinfachten Ertragswertverfahrens*

Im Übrigen ist auch bei **Anwendung des vereinfachten Ertragswertverfahrens** (EW = RE × V) der Erschließungsbeitrag zum Abzug zu bringen:

162 *Beispiel:*

RE	= 60 844 €
× V (= 19,5964605)	= 1 192 327 €
– Erschließungsbeitrag	– 50 000 €
= Ertragswert	= 1 142 327 €

2.3.1.6 Gespaltene Bodenwerte

▶ *Vgl. auch § 18 ImmoWertV Rn. 165*

a) Nutzungsrechtsbefangenes Grundstück

163 Auf dem Gebiet der neuen Bundesländer stellt sich häufig die Aufgabe, den Verkehrswert eines Gebäudes (ohne Grund und Boden) zu ermitteln. Nach dem **Teilungsmodell des Sachenrechtsbereinigungsgesetzes (SachenRBerG)** ist dabei der hälftige Bodenwert dem Nutzungsberechtigten und der verbleibende hälftige Bodenwert dem Eigentümer des Grundstücks zuzurechnen. Soll der Gebäudewertanteil im Wege des Ertragswertverfahrens ermittelt werden, so scheidet die Anwendung des vereinfachten Ertragswertverfahrens

$$EW = RE \times V$$

auch bei Objekten mit langer Restnutzungsdauer von vornherein aus, weil damit der Wert des dem Gebäude zuzuordnenden Bodens miterfasst wird. Bei der hier angezeigten Anwendung des zweigleisigen Ertragswertverfahrens nach § 17 Abs. 2 Nr. 1 ImmoWertV ermittelt sich der Ertragswert wiederum nach der Formel

$$EW = (RE - BW \times p) \times V + BW$$

wobei der erste Term den Gebäudewertanteil ergibt. Bei Anwendung dieser Ertragswertformel ist es unzulässig, den Bodenwertverzinsungsbetrag überhaupt nicht anzusetzen oder allenfalls auf der Grundlage des hälftigen Bodenwerts zu ermitteln.

164 Diese **Vorgehensweise wäre abzulehnen,** weil sie zu übersetzten Gebäudeertragswerten führen muss, denn der unverminderte Reinertrag muss – kapitalisiert – den Gebäudeertragswert „hochschrauben". Dies wäre sachlich falsch, denn allein der Umstand, dass der hälftige Bodenwert nach den Vorschriften des SachenRBerG dem Nutzungsberechtigten unentgeltlich zukommt, ändert nichts daran, dass vermögensmäßig die übrige Hälfte vom Nutzungsberechtigten zur Erzielung des Reinertrags vorgehalten werden muss, sei es durch Kauf oder durch einen entsprechenden Erbbauzins. Es spielt grundsätzlich keine Rolle, wie der Gebäudeeigentümer zu seinem Eigentum am Grund und Boden gekommen ist; im Ergebnis hält er den Bodenwert (kapitalmäßig) auch dann vor, wenn er den Boden geschenkt bekommen hat.

165 **Zur Ermittlung des Gebäudewerts (Gebäudeertragswert) muss in jedem Fall also der volle Bodenwert der Ermittlung des Bodenwertverzinsungsbetrags zugrunde gelegt werden,** denn selbst für den dem Eigentümer des Grundstücks zuzurechnenden hälftigen Bodenwert muss der Nutzungsberechtigte in Ausübung seines Wahlrechts für den Erwerb bezahlen bzw. Erbbauzinsen aufbringen[11].

b) Sanierungsgebiete und Entwicklungsbereiche

▶ *Weitere Hinweise für Sanierungsgebiete und Entwicklungsbereiche vgl. Teil VIII Rn. 194, 206, 498 ff.*

166 In förmlich festgelegten Sanierungsgebieten, die nicht im vereinfachten Sanierungsverfahren saniert werden, sowie in städtebaulichen Entwicklungsbereichen bleiben während des Verfah-

---

11 Weiteres Beispiel: Kleiber in GuG 1993, 351.

rens bei der Bodenwertermittlung grundsätzlich die sanierungs- bzw. entwicklungsbedingten Bodenwerterhöhungen außer Betracht. Maßgeblicher Bodenwert ist hier der sog. sanierungs- bzw. entwicklungsunbeeinflusste Bodenwert (vgl. § 153 BauGB; hierzu Teil VIII). Die **Entwicklung der Mieten** kann sich dagegen der tatsächlichen Neuordnung schon während des Verfahrens angleichen, d.h., mit Fortschreiten der Sanierung bzw. Entwicklung kann eine Disparität zwischen Ertrag und dem bodenrechtlich maßgeblichen Bodenwert eintreten.

167 Solange die sanierungs- bzw. entwicklungsbedingten Bodenwerterhöhungen vom Eigentümer z. B. im Wege der Ablösung nach § 154 Abs. 2 BauGB oder durch Erwerb des Grundstücks zum Neuordnungswert nach § 153 Abs. 4 BauGB noch nicht erbracht worden sind, muss die **Mietentwicklung bei der Ermittlung des Verkehrswerts eines bebauten Grundstücks im Wege des Ertragswertverfahrens** unberücksichtigt bleiben. Anderseits läuft der Sachverständige Gefahr, überhöhte Ertragswerte zu ermitteln, wenn er gleichzeitig bei der Ermittlung des Bodenwertverzinsungsbetrags vom sanierungs- bzw. entwicklungsunbeeinflussten Bodenwert ausgeht.

Beispiel:

168

a) **Sachverhalt**

– Sanierungs- bzw. entwicklungsunbeeinflusster Bodenwert	= 100 000 €
– Wohnfläche	= 500 m²
– Reinertrag unter Sanierungs- bzw. Entwicklungseinfluss vor der Sanierung bzw. Entwicklung	= 3,50 €/m²
	= 4,00 €/m

Der Unterschied im Reinertrag ergebe sich ausschließlich aufgrund einer Lageverbesserung im Zuge der bereits durchgeführten Sanierungs- bzw. Entwicklungsmaßnahmen.

– Liegenschaftszinssatz p	= 5 %
– Restnutzungsdauer n	= 40 Jahre
– Vervielfältiger V	= 17,16

b) **Ertragswertermittlung**

RICHTIG:			FALSCH:		
RE = 500 m² × 3,50 €/m² × 12	=	21 000 €	RE = 500 m² × 4,00 €/m² × 12	=	24 000 €
– Bodenwertverzinsungsbetrag			– Bodenwertverzinsungsbetrag		
100 000 € × 0,05	=	– 5 000 €	*100 000 € × 0,05*	=	– 5 000 €
= RE – BW × p	=	16 000 €	= RE – BW × p	=	19 000 €
(RE – BW × p) × V	=	274 560 €	(RE – BW × p) × V	=	326 040 €
+ BW	=	100 000 €	+ BW	=	100 000 €
= EW	=	**374 560 €**	= EW	=	**426 040 €**

169 Der Fehler ist erheblich, weil hier die bereits infolge der Durchführung von Sanierungs- bzw. Entwicklungsmaßnahmen gestiegenen Reinerträge mit dem sanierungs- bzw. entwicklungsunbeeinflussten Bodenwert unzulässigerweise kombiniert wurden. **Der sanierungs- bzw. entwicklungsunbeeinflusste Bodenwert korrespondiert nicht mit dem angesetzten Reinertrag.** In solchen Fällen kann nicht mit gespaltenen Bodenwerten gearbeitet werden; vielmehr ist der sanierungs- bzw. entwicklungsunbeeinflusste Bodenwert sowohl der Ermittlung des Bodenverzinsungsbetrags als auch dem Bodenwert selbst zugrunde zu legen, wenn von sanierungs- bzw. entwicklungsunbeeinflussten Erträgen ausgegangen wird:

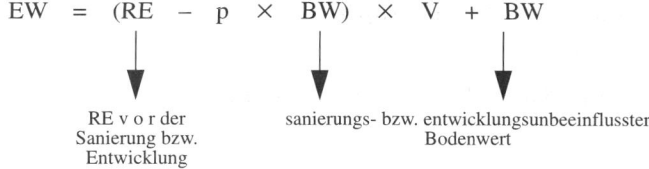

EW = (RE – p × BW) × V + BW

↓ RE v o r der Sanierung bzw. Entwicklung

↓ sanierungs- bzw. entwicklungsunbeeinflusster Bodenwert

V Syst. Darst. Ertragswertverf. — Bodenwert

170 Geht man indessen vom **Reinertrag** aus, der sich bereits unter Berücksichtigung der durchgeführten Sanierungs- bzw. Entwicklungsmaßnahmen ergibt (hier: 4,00 €/m² WF), muss zur Ermittlung des Bodenwertverzinsungsbetrags der Bodenwert angesetzt werden, der sich korrespondierend zu der Ertragsentwicklung ergibt, d.h., es ist die Bodenwerterhöhung bereits zu berücksichtigen, die sich kausal auf die durchgeführten Sanierungs- bzw. Entwicklungsmaßnahmen zurückführen lässt und den erhöhten Mieteinnahmen entspricht:

$$EW = (RE - BW \times p) \times V + BW$$

- BW (erste): Bodenwert unter Berücksichtigung des Sanierungs- bzw. Entwicklungseinflusses
- BW (zweite): sanierungs- bzw. entwicklungsunbeeinflusster Bodenwert
- RE: Reinertrag unter Berücksichtigung des Sanierungs- bzw. Entwicklungseinflusses

c) Verbilligte Abgabe von Grundstücken

171 Bei einer verbilligten Abgabe des Grund und Bodens, wie dies beispielsweise unter besonderen haushaltsrechtlichen Voraussetzungen vom Bund, den Ländern und Gemeinden praktiziert wird, ist der **Bodenwertverzinsungsbetrag auf der Grundlage des „vollen" Bodenwerts** zu ermitteln (vgl. Nr. 3.5.5 lit. c WERTR 06). Die gewährte Verbilligung würde andernfalls zu einer Verminderung des Bodenwertverzinsungsbetrags und damit zu einer Erhöhung des Gebäudeertragswerts führen. Im Ergebnis würde damit die Verbilligung gar nicht „durchschlagen".

172 *Beispiel:*

1. Sachverhalt

„Voller" Bodenwert (BW) eines unbebauten Grundstücks	= 400 000 €
Verbilligung der Abgabe	= 50 %
Reduzierter Bodenwert 400 000 € × 0,5	= 200 000 €
Liegenschaftszinssatz p	= 6 %
Jahresreinertrag RE	= 100 000 €
Restnutzungsdauer n	= 50 Jahre
Vervielfältiger V	= 15,761863

2. Ertragswertermittlung eines bebauten Grundstücks bei verbilligter Abgabe des Grund und Bodens

RICHTIG			FALSCH		
RE	=	100 000 €	RE	=	100 000 €
− Bodenwertverzinsungsbetrag *400 000 € × 0,06*	=	− 24 000	− Bodenwertverzinsungsbetrag *200 000 € × 0,06*	=	− 12 000 €
= RE − (BW × p)	=	76 000 €	= RE − (BW × p)	=	88 000 €
× V	=	1 197 902 €	× V	=	1 387 044 €
+ BW	=	+ 200 000 €	+ BW	=	+ 200 000 €
= EW	=	**1 397 902 €**	= EW	=	1 587 044 €

Zur Klarstellung sei darauf hingewiesen, dass der ausgeworfene Ertragswert von 1 397 902 € nicht auf die Ermittlung des Verkehrswerts, sondern auf die Ermittlung eines Kaufpreises unter Berücksichtigung einer Verbilligung abzielt.

d) Gemeinbedarfsflächen

▶ *Näheres hierzu auch § 5 ImmoWertV Rn. 182, 190 und 470 ff.; § 8 ImmoWertV Rn. 130 ff. sowie Teil VI Rn. 596 ff.*

Das Ertragswertverfahren ist auch eine geeignete Methode zur Ermittlung des (Verkehrs-)Werts **173**
bebauter Grundstücke, die einer öffentlichen Zweckbindung vorbehalten bleiben sollen
(Gemeinbedarfsflächen). Dies gibt Nr. 3.1.2.2 WERTR 06 insbesondere für die Fälle vor, in
denen für die öffentliche Hand alternativ eine Anmietung in Betracht kommt. Dabei macht es
keinen Unterschied, ob die am Wertermittlungsstichtag gegebene öffentliche Zweckbindung
erhalten bleibt oder einer anderen öffentlichen Zweckbindung zugeführt werden soll (ein aufgegebenes
Kasernengebäude des Bundes soll in eine landeseigene Polizeischule umgenutzt
werden).

Nr. **3.1.2.2** WERTR führt hierzu aus: **174**

„Auch bei Grundstücken, die öffentlichen Zwecken vorbehalten bleiben sollen (vgl. Nr. 5.1.1), ist das
Ertragswertverfahren insbesondere geeignet, wenn für die öffentliche Hand alternativ eine Anmietung in
Betracht kommen würde.
Dabei ist von der Ertragssituation vergleichbarer baulicher Anlagen auszugehen, z. B.:
– für Verwaltungsgebäude: Erträge einer Büronutzung vergleichbarer Qualität,
– für Kinderheime, Kindergärten, Freizeitzentren, Kindererholungsheime: vergleichbare privatwirtschaftliche
Einrichtungen,
– für Schulen: Erträge aus vergleichbaren oder anderen dafür in Betracht kommenden gewerblich
genutzten Objekten.
Steht danach die Anwendung des Ertragswertverfahrens im Vordergrund, kann es gleichwohl geboten
sein, das Sachwertverfahren unterstützend heranzuziehen. Dabei muss insbesondere eine eingeschränkte
wirtschaftliche Nutzbarkeit der baulichen Anlage z. B. durch eine wirtschaftliche Überalterung nach § 25
WertV (nunmehr § 8 Abs. 3 ImmoWertV) berücksichtigt werden; dies gilt insbesondere bei der Umnutzung
ehemaliger Gemeinbedarfsanlagen, z. B. bei militärisch genutzten baulichen Anlagen für privatwirtschaftliche
Zwecke (z. B. Wohnen, Gewerbe, Industrie; vgl. Nr. 5.1.2)."

Der **Bodenwert** wiederum bestimmt sich für derartige Grundstücke nach dem sog. aktuali- **175**
sierten Beschaffungswertprinzip, d.h. nach dem Entwicklungszustand, der sich vor dem *neu*
festgesetzten Gemeinbedarfszweck nach den vorhandenen Situationsmerkmalen ohne
Berücksichtigung der tatsächlichen Bebauung bei erstmaliger Beschaffung (auch entschädigungsrechtlich)
ergeben würde (Teil VI Rn. 645).

Die empfohlene **Anwendung des Ertragswertverfahrens für Gemeinbedarfsgrundstücke** **176**
auf der Grundlage von Erträgen, die im privatwirtschaftlichen Bereich üblich sind und die
Vorhaltung hochwertigen Baulands erfordern, verbietet es, den Bodenwertverzinsungsbetrag
auf der Grundlage eines – unter Anwendung des Beschaffungswertprinzips – vergleichsweise
niedrigen Bodenwerts abzuleiten. Wird z. B. der Wert des Grund und Bodens einer im Außenbereich
gelegenen Kaserne als Bauerwartungsland bewertet (vgl. Teil VI, auch Teil VIII
Rn. 213 ff.), ist der Bodenwertverzinsungsbetrag wiederum auf der Grundlage des „vollen"
Bodenwerts abzuleiten, wenn gleichzeitig von Erträgen ausgegangen wird, die auf privatwirtschaftlich
nutzbaren Grundstücken erzielt werden. Auch in diesem Fall müssen Bodenwert
und Ertragsverhältnisse korrespondieren, d.h., der Ermittlung des Bodenwertverzinsungsbetrags
ist ein (fiktiver) sich an eine privatwirtschaftliche Nutzung orientierender Bodenwert zu
Grunde zu legen, während ansonsten der nach dem aktualisierten Beschaffungswertprinzip
ermittelte Bodenwert maßgeblich ist (gespaltene Bodenwerte).

Abzulehnen ist auch die Praxis, den Ertragswert z. B. einer **Schule** auf der Grundlage der pri- **177**
vatwirtschaftlich üblichen Erträge unter Abzug eines Bodenwertverzinsungsbetrags zu ermitteln,
bei dem der Bodenwert mit einem „Wert", beispielsweise mit 50 v.H. des
Bodenrichtwerts der umliegenden Grundstücke, angesetzt wird. Dies muss wiederum zu übersetzten
und fehlerhaften Gebäudeertragswerten führen.

2.3.1.7 Aufwuchs

▶ *Vgl. Rn. 32, 84; § 1 ImmoWertV Rn. 48 ff.; § 8 ImmoWertV Rn. 28, 67, 324, 384; § 18*
ImmoWertV Rn. 27; § 19 ImmoWertV Rn. 4, 51; § 21 ImmoWertV Rn. 8, 23; Syst. Darst.
des Sachwertverfahrens Rn. 202 ff.

178 Dem Aufwuchs braucht bei Anwendung des Ertragswertverfahrens in aller Regel keine besondere Beachtung geschenkt zu werden. Ein ortsüblicher **Aufwuchs findet zum einen bereits mit dem Bodenwert Eingang in die Wertermittlung.** Zum anderen wird, soweit tatsächlich ein werterhöhender Aufwuchs vorhanden ist, dem Aufwuchs mit den angesetzten Erträgen hinreichend Rechnung getragen. Nur in besonderen Ausnahmefällen kann eine ergänzende Berücksichtigung nach § 8 Abs. 3 ImmoWertV in Betracht kommen.

2.3.2 Reinertrag

2.3.2.1 Allgemeines

Schrifttum: *Engels, R.,* Das Problem der Unschärfe in der Wertermittlung, GuG 2008, 269; *Kleiber,* Nachhaltige Einnahmen und Ausgaben, GuG 2006, 25.

▶ *Vgl. Erläuterungen zu § 18 ImmoWertV Rn. 1 ff., 20*

179 Der in die Ertragswertermittlung eingeführte **Reinertrag** stellt **neben dem** zur Anwendung kommenden Kapitalisierungszinssatz (**Liegenschaftszinssatz**) **und der** angesetzten **Wohn- oder Nutzfläche die wichtigste wertbeeinflussende Eingangsgröße** dar. Dies gilt für alle zur Anwendung kommenden Ertragswertverfahren und ist insbesondere aus der Ertragswertformel des vereinfachten Ertragswertverfahrens ersichtlich:

$$EW = RE \times V$$

180 Jede **prozentuale Änderung des Reinertrags wirkt sich mit dem gleichen Prozentsatz auf die Höhe des Ertragswerts** aus. Darüber hinaus wirkt sich auch jeder **Fehler in der Flächenermittlung** in gleicher Weise direkt auf den Ertragswert aus, denn der angesetzte Jahresreinertrag ist das Produkt aus dem jährlichen Reinertrag pro Quadratmeter Wohn- oder Nutzfläche und der gesamten Wohn- oder Nutzfläche.

181 **Der Reinertrag definiert sich** nach § 18 ImmoWertV als

$$\text{Reinertrag} = \text{Rohertrag} - \text{Bewirtschaftungskosten}$$

182 **In aller Regel** geht man bei der Ertragswertermittlung zur Vereinfachung von den jährlichen Reinerträgen aus; d.h. die monatlichen Reinerträge werden zu Jahresreinerträgen zusammengefasst. Wenn vom Reinertrag die Rede ist, ist mithin grundsätzlich der **Jahresreinertrag** gemeint; diesbezüglich spricht nur § 19 Abs. 1 ImmoWertV von den „jährlichen" Aufwendungen. Der mit der Zusammenfassung der monatlichen Erträge zu einem Jahresreinertrag einhergehende Fehler wird dadurch kompensiert, dass man die Jahresreinerträge „nachschüssig" kapitalisiert bzw. bei Anwendung des mehrperiodischen Ertragswertverfahrens diskontiert (vgl. hierzu § 20 ImmoWertV Rn. 12 ff.).

183 Grundsätzlich ist zu unterscheiden zwischen

a) dem Reinertrag, der bei Anwendung des *ein- und zweigleisigen* Ertragswertverfahrens nach § 17 Abs. 2 ImmoWertV

b) dem Reinertrag, der bei Anwendung des *mehrperiodischen* Ertragswertverfahrens nach § 17 Abs. 1 Satz 2 i.V.m. Abs. 3 ImmoWertV

die Ausgangsgröße der Ertragswertermittlung ist.

184 Bei **Anwendung des ein- und zweigleisigen Ertragswertverfahrens** bestimmen sich sowohl Roh- als auch Reinertrag nach den „bei ordnungsgemäßer Bewirtschaftung und zulässiger Nutzung (am Wertermittlungsstichtag) marktüblich erzielbaren Erträgen" (§ 17 Abs. 1 Satz 1 und § 18 Abs. 2 Satz 1 ImmoWertV), wobei auch die Bewirtschaftungskosten in Höhe der „bei ordnungsgemäßer Bewirtschaftung und zulässiger Nutzung marktüblich entstehenden" Aufwendungen zum Abzug kommen. (Temporäre) Abweichungen der aufgrund wohnungs-, miet- oder vertraglicher Bindungen tatsächlich erzielten Erträge von dem marktüblich erzielbaren Ertrag bleiben zunächst unberücksichtigt und werden gegebenenfalls nach § 8 Abs. 3 ImmoWertV in einem weiteren Rechenschritt berücksichtigt. Dies bedeutet:

- Es ist zunächst von den **marktüblich erzielbaren Erträgen** auszugehen, und zwar solchen, die der zulässigen Nutzung entsprechen; die bei unzulässiger Nutzung marktüblichen Erträge müssen außer Betracht bleiben.
- Bei der Ermittlung des Reinertrags sind **grundsätzlich die bei „ordnungsgemäßer Bewirtschaftung" aufzubringenden Bewirtschaftungskosten in Abzug zu bringen.** Dazu gehören insbesondere die Instandhaltungskosten und nicht Kosten einer Modernisierung. Dem Standardverfahren der ImmoWertV liegt damit das sog. „Instandhaltungsmodell" der Ertragswertermittlung zugrunde (vgl. Rn. 97).

Die vorhergeschriebene Ertragswertermittlung auf der Grundlage der marktüblich erzielbaren Reinerträge bedeutet, dass dieser Reinertrag **unabhängig von den tatsächlichen Verhältnissen auch bei**

- **eigen genutzten Gebäuden** bzw. Gebäudeteilen
- **leerstehenden Gebäuden** bzw. Gebäudeteilen **und**
- **Vermietung zu „von den marktüblich erzielbaren Erträgen erheblich abweichenden Erträgen der Ertragswertermittlung" zugrunde zu legen ist.**

Die am Wertermittlungsstichtag „marktüblich erzielbaren Erträge" werden über die Restnutzungsdauer kapitalisiert. Künftige Änderungen dieser Erträge, insbesondere aufgrund inflationärer Entwicklungen, des Wertverzehrs der baulichen Anlage und sonstiger allgemein vom Grundstücksmarkt erwartete Ertragsänderungen werden mit dem Liegenschaftszinssatz nach § 14 Abs. 3 ImmoWertV berücksichtigt (*all over capitalization method*). Dieser bestimmt sich nämlich (näherungsweise) aus den Quotienten der unter gewöhnlichen Verhältnissen tatsächlich erzielbaren Reinerträgen und den diesen zugeordneten im gewöhnlichen Geschäftsverkehr tatsächlich erzielten Kaufpreisen. In diese Kaufpreise gehen die Zukunftserwartungen in umfassender Weise ein, d.h., in die Kaufpreise gehen die vom Markt erwartete inflationäre Entwicklung ebenso wie die allgemeine Entwicklung der Mieten und Pachten ein. Mit der Ableitung des Liegenschaftszinssatzes aus diesen Kaufpreisen wird infolgedessen die Zukunft in der Weise „eingefangen", wie sie vom allgemeinen Geschäftsverkehr eingeschätzt wird. **Mit dem Liegenschaftszinssatz werden die am Wertermittlungsstichtag marktüblich erzielbaren Erträge gewissermaßen vernachaltigt.** Das Ertragswertverfahren stellt insoweit kein „statisches" Verfahren dar.

185

Bei **Anwendung des *mehrperiodischen* Ertragswertverfahrens** bestimmen sich sowohl Roh- als auch Reinertrag nach den aufgrund wohnungs-, miet- oder vertraglicher Bindungen in den jeweiligen Phasen tatsächlich erzielten Erträgen, d.h. (temporäre) Abweichungen von den marktüblich erzielbaren Erträgen sind zunächst bei der Ermittlung des Rein- und Rohertrags zu berücksichtigen. Daneben können beispielsweise aufgrund vertraglicher Bindungen auch Abweichungen im Verhältnis zu den nach § 19 Abs. 1 ImmoWertV in Abzug zu bringenden marktüblich entstehenden Aufwendungen bestehen. Anders als bezüglich des Rein- bzw. Rohertrags (§ 18 Abs. 2 Satz 2 ImmoWertV) hat es der Verordnungsgeber versäumt, die direkte Berücksichtigung derartiger (temporärer) Abweichungen bei der Ermittlung des Reinertrags zu berücksichtigen; § 19 ImmoWertV sieht keine entsprechende Abweichungsklausel vor. Dessen ungeachtet muss auch dies zulässig sein. Im Übrigen kann das mehrperiodische Ertragswertverfahren entgegen dem Wortlaut des § 17 Abs. 1 Satz 2 ImmoWertV auch dann zur Anwendung kommen, wenn keine von den marktüblich erzielbaren Erträgen abweichende Ertragsverhältnisse absehbar sind.

186

2.3.2.2 Marktüblich erzielbarer Rein- bzw. Rohertrag nach ImmoWertV

▶ *§ 17 ImmoWertV Rn. 13 ff.; § 18 ImmoWertV Rn. 20 ff.*

Zur Ermittlung des „marktüblich erzielbaren Reinertrags" ist auf entsprechende **Vergleichsmieten** zurückzugreifen, die für hinreichend vergleichbare Objekte in hinreichend vergleichbarer Lage zum jeweiligen Wertermittlungsstichtag üblicherweise entrichtet werden. Zur

187

V Syst. Darst. Ertragswertverf.   Reinertrag

Ermittlung der marktüblich erzielbaren Erträge empfiehlt es sich, auch auf entsprechende Erhebungen und Veröffentlichungen (Mietwertübersichten) zurückzugreifen.

a) Wohnraum

188 Bei Wohnraum können **Mietspiegel** nach den §§ 558c und d BGB herangezogen werden (vgl. § 18 ImmoWertV Rn. 174). Wird von Mietspiegeln ausgegangen, so muss beachtet werden, welche Mietentgelte (Nettokaltmiete, Mietnebenkosten) der Auswertung zugrunde gelegt und mit den Zahlenwerten wiedergegeben werden. Soweit erforderlich, muss die ausgewiesene Miete auf den Wertermittlungsstichtag umgerechnet werden. Ausgewiesen ist die **ortsübliche Vergleichsmiete,** die nach § 558 Abs. 2 BGB „aus den üblichen Entgelten ... gebildet wird, die in der Gemeinde oder einer vergleichbaren Gemeinde für Wohnraum vergleichbarer Art, Größe, Ausstattung, Beschaffenheit und Lage in den letzten vier Jahren vereinbart" wurde[12]. Diese aus Mietvereinbarungen der Vergangenheit abgeleitete ortsübliche Vergleichsmiete kann gleichwohl auch zum aktuellen Wertermittlungsstichtag herangezogen werden, weil sie Bemessungsgrundlage für ein Mieterhöhungsverlangen ist. Wird tatsächlich eine geringere Miete entrichtet und kann diese Miete unter Berücksichtigung der mietrechtlichen Regelungen zur sog. Kappungsgrenze (vgl. § 18 ImmoWertV Rn. 64 ff., 102) an die ortsübliche Vergleichsmiete angeglichen werden, kann diese Abweichung außer Betracht bleiben und muss auch nach § 8 Abs. 3 ImmoWertV unberücksichtigt bleiben.

189 I.d.R. handelt es sich bei den im Mietspiegel ausgewiesenen ortsüblichen Vergleichsmieten um sog. Nettokaltmieten (vgl. § 18 ImmoWertV Rn. 13), d.h. neben der Nettokaltmiete werden vom Mieter die Betriebskosten entrichtet. Die **Nettokaltmiete stellt** dann **den Rohertrag dar** und braucht nur noch um die nicht umgelegten Bewirtschaftungskosten vermindert zu werden, um zum Reinertrag zu kommen (§ 19 Abs. 1 ImmoWertV).

190 Von der ortsüblichem Vergleichsmiete zu unterscheiden ist die **Marktmiete,** die im Falle einer Neuvermietung unter Berücksichtigung von Angebot und Nachfrage erzielt werden kann; im Falle einer Neuvermietung kann der Vermieter diese Marktmiete verlangen; er ist nicht an die ortsübliche Vergleichsmiete gebunden. Diese Marktmiete ist dann heranzuziehen, wenn es um die Marktwertermittlung eines zur Vermietung anstehenden Gebäudes geht (vgl. § 18 ImmoWertV Rn. 26 ff.).

b) Gewerberaum

▶ *Vgl. § 18 ImmoWertV Rn. 33, 106 ff.*

191 Bei gewerblich genutzten Grundstücken ist der Rückgriff auf entsprechende Vergleichsmieten von hinreichend vergleichbaren Objekte in hinreichend vergleichbarer Lage ungleich schwieriger als bei Wohnobjekten, weil aufgrund der weitgehenden Vertragsfreiheit die **Gewerberaummietverträge** in ihrer Ausgestaltung sehr unterschiedlich sind. Grundsätzlich ist zulässig die Umlage von

– Betriebskosten[13],

– Verwaltungskosten[14],

– Instandhaltungskosten (ganz oder teilweise, z. B. „Dach und Fach") und selbst ein

– Mietausfallwagnis.

192 Darüber hinaus sind auch die den gewerblichen Mietverträgen zugrundeliegenden **Flächenberechnungen** sehr unterschiedlich. Sie können sich auf die im Wohnungswesen üblichen Berechnungsnormen (§§ 42–44 II. BV, WflVO, DIN 283), aber auch auf eine BGF oder gif-

---

12 § 558c Mietspiegel: (1) Ein Mietspiegel ist eine Übersicht über die ortsübliche Vergleichsmiete, soweit die Übersicht von der Gemeinde oder von Interessenvertretern der Vermieter und der Mieter gemeinsam erstellt oder anerkannt worden ist.
13 OLG Rostock, Urt. vom 10.4.2006 – 3 U 156/06 -.
14 OLG Frankfurt am Main, Urt. vom 1.11.1984 – 3 U 143/83 -, WuM 1985, 91; OLG Nürnberg, Urt. vom 21.3.1995 – 3 U 3727/94 -, WuM 1995, 306; KG, Urt. vom 2.10.2003 – 8 U 25/03 -, GE 2004, 234.

Fläche beziehen und nach Haupt- und Nebennutzflächen differenziert sein. Wird nicht nach Haupt- und Nebennutzflächen unterschieden, können die Mieten den jeweiligen Anteilen entsprechend unterschiedlich ausfallen. Darüber hinaus werden Optionen und zahlreiche nutzungsspezifische Sonderregelungen vereinbart.

Die zur Verfügung stehenden Vergleichsmieten lassen nur selten alle vorstehenden vertragsspezifischen Besonderheiten erkennen, sodass die **„marktüblich erzielbare Miete" eines gewerblichen Objektes zwangsläufig eine unsicherheitsbehaftete Größe** sein muss. 193

2.3.2.3 BelWertV

▶ *Vgl. weiterführend Teil X Rn. 145 ff.*

Nach § 8 BelWertV ist bei der Ermittlung des Ertragswerts der baulichen Anlagen vom „nachhaltig" erzielbaren jährlichen Reinertrag auszugehen. Bei dem „nachhaltig" erzielbaren Reinertrag handelt es sich tatsächlich um den „marktüblich erzielbaren" Reinertrag. Der Begriff des „nachhaltigen" Reinertrags ist irreführend und wurde aus gutem Grunde mit der ImmoWertV durch den Begriff des „marktüblich erzielbaren" Reinertrags ersetzt. 194

Das in der BelWertV vorgegebene Ertragswertverfahren entspricht in seinen Grundzügen im Übrigen dem zweigleisigen Ertragswertverfahren nach § 17 Abs. 2 Nr. 1 ImmoWertV, wobei abweichend 195

– im Regelfall die vertraglich vereinbarte Miete anzusetzen ist, wenn die nachhaltige (marktüblich erzielbare) Miete über der vertraglich vereinbarten Miete liegt und
– **besondere objektspezifische Grundstücksmerkmale i.S. des § 8 Abs. 3 ImmoWertV weitgehend unberücksichtigt bleiben.**

2.3.2.4 Steuerliche Bewertung

Im Rahmen der **erbschaftsteuerlichen Bewertung** ist nach § 186 BewG von dem Entgelt (Rohertrag) auszugehen, das für die Benutzung des bebauten Grundstücks nach den am Bewertungsstichtag geltenden vertraglichen Vereinbarungen für den Zeitraum von zwölf Monaten zu zahlen ist. Umlagen, die zur Deckung der Betriebskosten gezahlt werden, sind nicht anzusetzen. Für Grundstücke oder Grundstücksteile, 196

1. die eigengenutzt, ungenutzt, zu vorübergehendem Gebrauch oder unentgeltlich überlassen sind,
2. die der Eigentümer dem Mieter zu einer um mehr als 20 Prozent von der üblichen Miete abweichenden tatsächlichen Miete überlassen hat,

ist die übliche Miete anzusetzen. Die übliche Miete ist in Anlehnung an die Miete zu schätzen, die für Räume gleicher oder ähnlicher Art, Lage und Ausstattung regelmäßig gezahlt wird. Betriebskosten sind nicht einzubeziehen.

Der **Reinertrag des Grundstücks** ergibt sich nach § 188 BewG aus dem Rohertrag des Grundstücks (§ 186 BewG) abzüglich der Bewirtschaftungskosten (§ 187 BewG) und ist um den Betrag zu vermindern, der sich durch eine angemessene Verzinsung des Bodenwerts ergibt. Der Verzinsung des Bodenwerts ist der Liegenschaftszinssatz (§ 188 BewG) zugrunde zu legen. Ist das Grundstück wesentlich größer, als es einer den Gebäuden angemessenen Nutzung entspricht, und ist eine zusätzliche Nutzung oder Verwertung einer Teilfläche zulässig und möglich, ist bei der Berechnung des Verzinsungsbetrags der Bodenwert dieser Teilfläche nicht zu berücksichtigen. 197

2.3.3 Bewirtschaftungskosten

2.3.3.1 Verkehrswertermittlung nach ImmoWertV

▶ *Zu den Bewirtschaftungskosten im Einzelnen vgl. die Kommentierung zu § 19 ImmoWertV Rn. 24 ff.*

V Syst. Darst. Ertragswertverf. — Bewirtschaftungskosten

198 Der Jahresreinertrag ergibt sich nach vorstehenden Ausführungen aus dem **Jahresrohertrag abzüglich der Bewirtschaftungskosten** (*outgoings, maintenance*).

199 Die **Bewirtschaftungskosten sind** in der Grundsatzregelung des § 19 Abs. 1 ImmoWertV als **die bei ordnungsgemäßer Bewirtschaftung marktüblich entstehenden jährlichen Aufwendungen** definiert, die nicht durch Umlagen oder sonstige Kostenübernahmen gedeckt sind. Dabei sind nur die in § 19 Abs. 2 ImmoWertV aufgeführten Bewirtschaftungskostenarten berücksichtigungsfähig:

1. Verwaltungskosten,
2. Instandhaltungskosten,
3. Mietausfallwagnis und
4. Betriebskosten (Abb. 30).

Abb. 30: Bewirtschaftungskosten (§ 19 ImmoWertV, § 2 BetrKV)

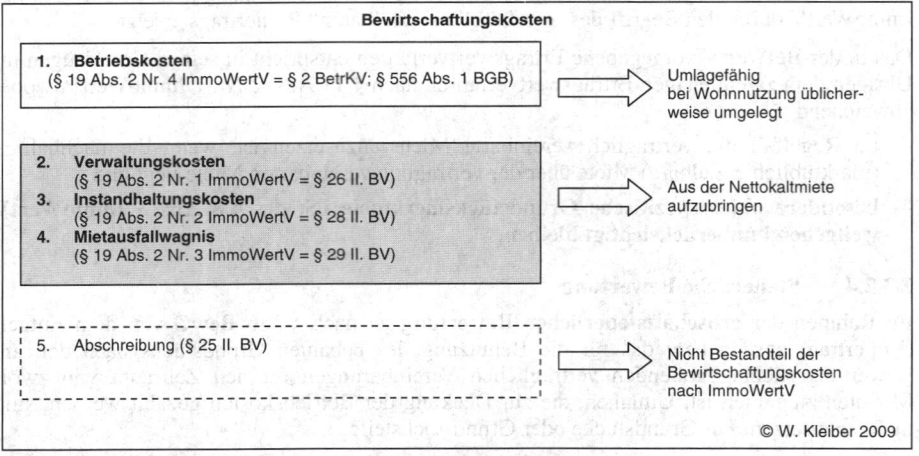

200 Nicht zu den (berücksichtigungsfähigen) Bewirtschaftungskosten gehören

1. **die Abschreibung, und zwar generell.**

   Unter der Abschreibung ist die mit dem Gebrauch des Gebäudes einhergehende Wertminderung (vgl. § 19 ImmoWertV Rn. 33) zu verstehen, die in der Immobilienwirtschaft den Bewirtschaftungskosten zugerechnet wird. Die davon abweichende Regelung der ImmoWertV ist darin begründet, dass bei Anwendung des Ertragswertverfahrens die Abschreibung mit dem Liegenschaftszinssatz berücksichtig wird (vgl. § 19 ImmoWertV Rn. 44), der nach Maßgabe des § 20 ImmoWertV der Ertragswertermittlung zugrunde gelegt werden muss. Etwas anderes muss gelten bei Anwendung des *Discounted Cashflow* Verfahrens auf der Grundlage prognostizierter Erträge und ihrer Kapitalisierung mit einem sich an alternativen Kapitalanlagen orientierendem besonderen Zinssatz.

2. **die Aufwendungen, die durch Umlage oder sonstige Kostenübernahmen gedeckt werden** (§ 19 Abs. 1 ImmoWertV).

   Die vom Rohertrag abzuziehenden Bewirtschaftungskosten definieren sich damit fallbezogen, d.h. es sind nur die Bewirtschaftungskosten vom Rohertrag abzuziehen, die im jeweiligen Einzelfall nicht durch Umlage oder sonstige Kostenübernahmen gedeckt werden. Durch Umlagen gedeckte Bewirtschaftungskosten bleiben damit von vornherein außer Betracht.

3. die aufgrund vertraglicher Bindungen, persönlicher Verhältnisse oder aufgrund anderer Gegebenheiten temporär von den marktüblichen Bewirtschaftungskosten abweichende Bewirtschaftungskosten.

Die Verordnung stellt mit der Grundsatzregelung des § 19 Abs. 1 ImmoWertV vielmehr ausdrücklich auf die bei ordnungsgemäßer Bewirtschaftung „marktüblich" entstehenden Aufwendungen ab.

In diesem Zusammenhang wird mit § 19 Abs. 2 Nr. 3 ImmoWertV **nur ein *„vorübergehender Leerstand"* dem „Mietausfallwagnis" zugerechnet.** Der Verordnungsgeber hat damit eine auf die Belange der Verkehrswertermittlung ausgerichtete Definition geben wollen, jedoch ist die gegebene Einschränkung nicht sachgerecht (vgl. § 19 ImmoWertV Rn. 166).

Der Verordnungsgeber hat mit dem „vorübergehenden Leerstand" wohl nur den üblichen fluktuationsbedingten und funktionalen Leerstand (vgl. § 8 ImmoWertV Rn. 327) ansprechen wollen, wie er üblicherweise auf Dauer (d.h. über die gesamte Restnutzungsdauer der baulichen Anlage) immer wieder zu erwarten ist. Zum „vorübergehenden Leerstand" kann aber auch z.B. ein einmaliger struktureller Leerstand gehören (vgl. § 8 ImmoWertV Rn. 328). Nach dem Wortlaut des § 19 Abs. 2 Nr. 3 ImmoWertV wäre auch dieser Leerstand dem Mietausfallwagnis zuzurechnen, während ein dauerhafter Leerstand unberücksichtigt bliebe, auch wenn er üblich ist. Dem kann nicht gefolgt werden:

- Bei **Anwendung des ein- und zweigleisigen Ertragswertverfahrens** nach § 17 Abs. 2 ImmoWertV ist es sachgerecht, nur den auf Dauer üblichen Leerstand mit dem Mietausfallwagnis zu berücksichtigen und temporäre vom Üblichen abweichende Leerstände (auch wenn sie „vorübergehend" sind) abweichend von den Vorgaben der ImmoWertV subsidiär in einem besonderen Rechenschritt nach Maßgabe des § 8 Abs. 3 ImmoWertV zu berücksichtigen (vgl. Beispiel bei § 8 ImmoWertV Rn. 338). Dies gilt entsprechend für sonstige von den marktüblichen abweichende Bewirtschaftungskosten (vgl. § 17 ImmoWertV Rn. 9).

- Bei **Anwendung des mehrperiodischen Ertragswertverfahrens** nach § 17 Abs. 1 Satz 2 i.V.m. Abs. 3 ImmoWertV ist es sachgerecht, temporäre Abweichungen der Bewirtschaftungskosten ebenso wie temporäre Abweichungen der Erträge von den sonst marktüblichen Erträgen und Bewirtschaftungskosten in der jeweiligen Periode direkt zu berücksichtigen.

201 Zur Ermittlung des Reinertrags sind die **nicht durch Umlagen (oder sonstige Kostenübernahmen) nicht gedeckten Bewirtschaftungskosten vom Rohertrag abzuziehen, und zwar nicht als Gesamtpauschale, sondern möglichst untergliedert nach den Kostenarten.**

Nr. 3.5.2 WERTR schreibt zum Ansatz der Bewirtschaftungskosten vor:

„Grundsätzlich sind die üblichen, dem Objekt angemessenen Bewirtschaftungskosten unter Berücksichtigung der Restnutzungsdauer nach Erfahrungssätzen zu Grunde zu legen. Soweit Abweichungen der tatsächlichen von den üblichen Bewirtschaftungskosten die Ertragsfähigkeit des Objektes beeinflussen, sind sie bei der Wertermittlung zusätzlich zu berücksichtigen.
Zinsen für Hypothekendarlehen und Grundschulden oder sonstige Zahlungen für auf dem Grundstück lastende privatrechtliche Verpflichtungen sind bei den Bewirtschaftungskosten nicht zu berücksichtigen. Die *Bewirtschaftungskosten sind möglichst in ihren einzelnen Positionen* anzusetzen (Nr. 0.8.2 des Vordrucks)."

202 Nach § 19 Abs. 2 Satz 2 ImmoWertV können die Bewirtschaftungskosten nach Erfahrungssätzen angesetzt werden, soweit sie sich in ihrer marktüblichen Höhe nicht ermitteln lassen. Im Bereich von Wohnimmobilien wird in der breiten Wertermittlungspraxis auf die **Bewirtschaftungskosten der II. BV** zurückgegriffen. Dabei wird nicht zwischen dem freifinanzierten und dem öffentlich geförderten Wohnraum unterschieden (Abb. 31):

V Syst. Darst. Ertragswertverf. — Bewirtschaftungskosten

Abb. 31: Durchschnittliche Bewirtschaftungskosten für Verwaltung, Instandhaltung sowie Mietausfallwagnis für Mietwohnungen nach Zweiter Berechnungsverordnung – II. BV – (Anl. 3 WERTR i.d.F. vom 1.3.2006; aktualisiert auf den 1.1.2008)

I Verwaltungskosten zu Nr. 3.5.2.3 WERTR nach § 26 Abs. 2 und 3 sowie § 41 Abs. 2 II. BV, aktualisiert auf den 1.1.2008

bis 254,79 € jährlich je *Wohnung, bei Eigenheimen, Kaufeigenheimen und Kleinsiedlungen je Wohngebäude,*

bis 304,64 € jährlich *je Eigentumswohnung, Kaufeigentumswohnung und Wohnung in der Rechtsform eines eigentumsähnlichen Dauerwohnrechts,*

bis 33,23 € jährlich für *Garagen oder ähnliche Einstellplätze.*

Die nach § 26 Abs. 4 II. BV vorgesehene Anpassung zum 1.1.2008 ist berücksichtigt. Die genannten Beträge verändern sich am 1. Januar eines jeden darauf folgenden dritten Jahres um den Prozentsatz, um den sich der vom Statistischen Bundesamt festgestellte Verbraucherpreisindex für Deutschland für den der Veränderung vorausgehenden Monat Oktober gegenüber dem Verbraucherpreisindex für Deutschland für den der letzten Veränderung vorausgehenden Monat Oktober erhöht oder verringert hat.

II Instandhaltungskosten zu Nr. 3.5.2.4 WERTR nach § 28 Abs. 2 und Abs. 5 II. BV, aktualisiert auf den 1.1.2008:

bis 7,87 €/m² Wohnfläche je Jahr für Wohnungen, deren Bezugsfertigkeit am Ende des Kalenderjahres weniger als 22 Jahre zurückliegt,

bis 9,97 €/m² Wohnfläche je Jahr für Wohnungen, deren Bezugsfertigkeit am Ende des Kalenderjahres mindestens 22 Jahre zurückliegt,

bis 12,74 €/m² Wohnfläche je Jahr für Wohnungen, deren Bezugsfertigkeit am Ende des Kalenderjahres mindestens 33 Jahre zurückliegt,

bis 75,33 € je Garagen- oder Einstellplatz im Jahr einschließlich der Kosten für die Schönheitsreparatur.

*Im Falle einer **Modernisierung** der baulichen Anlage, die zu einer Verlängerung der Restnutzungsdauer geführt hat, ist im Rahmen der Verkehrswertermittlung von einem entsprechenden fiktiven Baujahr (Bezugsfertigkeit) auszugehen.*

Zu- und Abschläge:

abzüglich 0,22 € jährlich je Quadratmeter Wohnung, bei eigenständig gewerblicher Leistung von Wärme i. S. des § 1 Abs. 2 Nr. 2 der Heizkosten,

abzüglich 1,17 € jährlich je Quadratmeter Wohnung, wenn der Mieter die Kosten der kleinen Instandhaltung (i. S. des § 28 Abs. 3 Satz 2 II. BV) trägt,

zuzüglich 1,11 € jährlich je Quadratmeter Wohnung, wenn ein maschinell betriebener Aufzug vorhanden ist,

zuzüglich bis 9,41 € jährlich je Quadratmeter Wohnung, wenn der Vermieter die Kosten der Schönheitsreparaturen (i. S. des § 28 Abs. 4 Satz 2 II. BV) trägt.

Die nach § 26 Abs. 4 II. BV erstmals vorgesehene Anpassung zum 1.1.2008 ist berücksichtigt. Die genannten Beträge verändern sich am 1. Januar eines jeden darauffolgenden dritten Jahres nach Maßgabe des vorstehenden für die Verwaltungskosten maßgeblichen Grundsatzes.

III Mietausfallwagnis zu Nr. 3.5.2.5 WERTR u. a. nach § 29 Abs. 2 II. BV
Als Erfahrungssätze können angesetzt werden
2 vom Hundert der Nettokaltmiete bei Mietwohn- und gemischt genutzten Grundstücken
4 vom Hundert der Nettokaltmiete bei Geschäftsgrundstücken.

© W. Kleiber 2009

203 Die **Bewirtschaftungskosten sind in der am Wertermittlungsstichtag marktüblichen Höhe** anzusetzen. Ist der Verkehrswert bezogen auf einen zurückliegenden Wertermittlungsstichtag zu erstatten, so sind die zu diesem Zeitpunkt marktüblichen Bewirtschaftungskosten anzusetzen.

2.3.3.2 Beleihungswertermittlung nach BelWertV

Bei der Beleihungswertermittlung sind die Bewirtschaftungskosten nach § 11 Abs. 2 Satz 3 BelWertV insgesamt in einer Mindesthöhe von 15 % des Jahresrohertrags (besser Jahresnettokaltmiete), jedoch differenziert nach Einzelpositionen anzusetzen. Darüber hinaus haben sich Einzelkostenansätze innerhalb der nach Anl. 1 zur BelWertV zulässigen Bandbreiten zu bewegen, sofern nicht die besonderen Umstände des Einzelfalls einen höheren Ansatz erfordern (Abb. 32).

204

Abb. 32: Bandbreiten der Bewirtschaftungskosten nach Anl. 1 zur BelWertV

Bewirtschaftungskosten-Einzelansätze nach Anl. 1 BelWertV

Verwaltungskosten

a) Wohnungsbau
   Bandbreiten der Kosten, kalkuliert auf Basis der Einheiten:
   – Wohnungen: 200,00 bis 275,00 Euro
   – Garagen: 25,00 bis 50,00 Euro
b) Gewerbliche Objekte
   Bandbreite: 1 bis 3% des Jahresrohertrags

In jedem Einzelfall ist darauf zu achten, dass der ausgewiesene absolute Betrag unzweifelhaft für eine ordnungsgemäße Verwaltung angemessen ist.

Instandhaltungskosten

Kalkulationsbasis: Herstellungskosten pro m² Wohn- oder Nutzfläche (ohne Baunebenkosten und Außenanlagen). Die untere Grenze der Bandbreite ist in der Regel für neue, die obere Grenze für ältere Objekte angemessen. Objektzustand, Ausstattungsgrad und Alter sind bei der Bemessung der Instandhaltungskosten zu berücksichtigen.

a) z.B. Lager und Produktionshallen mit Herstellungskosten von 250,00 bis 500,00 Euro/m²:
   0,8% – 1,2%, absolute Untergrenze: 2,50 Euro/m²
b) z.B. gewerbliche Objekte einfachen Standards und SB-Verbrauchermärkte mit Herstellungskosten
   von mehr als 500,00 Euro/m²: 0,8% – 1,2%, absolute Untergrenze: 5,00 Euro/m²
c) z.B. Wohngebäude und gewerbliche Gebäude mit mittlerem Standard und Herstellungskosten
   von mehr als 1 000,00 Euro/m²: 0,5% – 1%, absolute Untergrenze: 7,50 Euro/m²
d) z.B. hochwertige Büro- und Handels- und andere gewerbliche Objekte mit Herstellungskosten
   von mehr als 2 000,00 Euro/m²: 0,4% – 1%, absolute Untergrenze: 9,00 Euro/m²
e) Garagen und Tiefgaragenstellplätze: 30,00 bis 80,00 Euro je Stellplatz

Mietausfallwagnis

a) Wohnungsbau: 2% oder mehr
b) Gewerbliche Objekte: 4% oder mehr

Des Weiteren ist auch ein Modernisierungs- bzw. Revitalisierungsrisiko zu berücksichtigen. Berechnungsbasis für das **Modernisierungsrisiko** sind nach Anl. 1 zu § 11 BelWertV die Neubauherstellungskosten (ohne Baunebenkosten und Außenanlagen); dort werden folgende Regelansätze vorgegeben[15]:

205

a) Kein Modernisierungsrisiko
   (z. B. normale Wohnhäuser, kleinere Wohn- und Geschäftshäuser, kleine und mittlere Bürogebäude,
   Lager und Produktionshallen): 0 % bis 0,3 %
b) geringes Modernisierungsrisiko
   (z. B. größere Bürogebäude, Wohn-, Büro- und Geschäftshäuser mit besonderen Ausstattungsmerkmalen, Einzelhandel mit einfachem Standard): 0,2 % bis 1,2 %
c) höheres Modernisierungsrisiko
   (z. B. innerstädtische Hotels, Einzelhandel mit höherem Standard,
   Freizeitimmobilien mit einfachem Standard): 0,5 % bis 2 %
d) sehr hohes Modernisierungsrisiko
   (z. B. Sanatorien, Kliniken, Freizeitimmobilien mit höherem Standard, Hotels
   und Einzelhandelsobjekte mit besonders hohem Standard): 0,75 % bis 3 %

---

15 Die Ansätze sind aus den vom Verband Deutscher Hypothekenbanken *(VdH)* empfohlenen exemplarischen Bandbreiten der Bewirtschaftungskosten in Abhängigkeit von dem Gebäudezustand und den Investitionskosten abgeleitet worden (vgl. Abb. 21 der 5. Aufl.).

2.3.3.3 Steuerliche Bewertung

206 Nach § 187 BewG sind im Rahmen von Bewertungen für erbschaftsteuerliche Zwecke als Bewirtschaftungskosten die bei gewöhnlicher Bewirtschaftung nachhaltig entstehenden Verwaltungskosten, Betriebskosten, Instandhaltungskosten und das Mietausfallwagnis mit Ausnahme der durch Umlagen gedeckten Betriebskosten zu berücksichtigen. Die Bewirtschaftungskosten sind nach Erfahrungssätzen anzusetzen. Soweit von den Gutachterausschüssen i.S. der §§ 192 ff. BauGB keine geeigneten Erfahrungssätze zur Verfügung stehen, ist von den nachstehend abgedruckten pauschalierten Bewirtschaftungskosten nach Anlage 23 auszugehen.

207 Pauschalierte Bewirtschaftungskosten für Verwaltung, Instandhaltung und Mietausfallwagnis in Prozent der Jahresmiete/üblichen Miete (ohne Betriebskosten)

Restnutzungs-dauer	Grundstücksart			
	1	2	3	4
	Mietwohn-grundstück	gemischt genutztes Grundstück mit einen gewerblichen Anteil von bis zu 50 % (berechnet nach der Wohn- bzw. Nutzfläche)	gemischt genutztes Grundstück mit einen gewerblichen Anteil von mehr als 50 % (berechnet nach der Wohn- bzw. Nutzfläche)	Geschäfts-grundstück
> 60 Jahre	21	21		18
40 bis 59 Jahre	23	22		20
20 bis 39 Jahre	27	24		22
< 20 Jahre	29	26		23

2.3.3.4 Betriebskosten

▶ *Vgl. § 19 ImmoWertV Rn. 74 ff.; Betriebskosten für Büroimmobilien vgl. Teil VI Rn. 157 ff.*

208 Die Betriebskosten (*operating expense*) werden i.d.R. umgelegt und zählen in diesem Fall nicht zu den abzugsfähigen Bewirtschaftungskosten. Die ImmoWertV führt die Betriebskosten deshalb als Bestandteil der Bewirtschaftungskosten nur auf ohne sie zu konkretisieren. Betriebskosten sind nach § 556 Abs. 1 Satz 2 BGB die **Kosten, die dem Eigentümer oder Erbbauberechtigten durch das Eigentum oder das Erbbaurecht am Grundstück oder durch den bestimmungsgemäßen Gebrauch des Gebäudes, der Nebengebäude, Anlagen, Einrichtungen und des Grundstücks laufend entstehen.**

209 Betriebskosten sind nach der Betriebskostenverordnung[16]
- laufende öffentliche Lasten wie zum Beispiel Grundsteuer; bei grundsteuerbefreiten Objekten ist zu prüfen, inwieweit fiktive Beträge für die Grundsteuer in Ansatz zu bringen sind (vgl. WertR Nr. 3.5.2.2);
- die Kosten der Wasserversorgung;
- die Kosten der Entwässerung;
- die Kosten des Betriebs einer zentralen Heizungsanlage einschließlich der Abgasanlage oder der zentralen Brennstoffversorgungsanlage oder der eigenständig gewerblichen Lieferung von Wärme und der Reinigung und Wartung von Etagenheizungen;
- die Kosten des Betriebs der zentralen Warmwasserversorgungsanlage, der eigenständig gewerblichen Lieferung von Warmwasser oder der Reinigung und Wartung von Warmwassergeräten;
- die Kosten verbundener Heizungs- und Warmwasserversorgungsanlagen;
- die Kosten des Betriebs des maschinellen Personen- und Lastenaufzugs;
- die Kosten der Straßenreinigung und Müllbeseitigung;

---
16 Betriebskostenverordnung vom 25.11.2003 (BGBl. I 2003, 2346, 2347).

- die Kosten der Gebäudereinigung und Ungezieferbekämpfung;
- die Kosten der Gartenpflege;
- die Kosten der Beleuchtung;
- die Kosten der Schornsteinreinigung;
- die Kosten der Sach- und Haftpflichtversicherung;
- die Kosten für den Hauswart;
- die Kosten des Betriebs der Gemeinschafts-Antennenanlage oder des Betriebs einer Breitbandkabelnetzverteileranlage;
- die Kosten des Betriebs der Einrichtungen für die maschinelle Wäschepflege und
- sonstige Kosten, die dem Eigentümer oder Erbbauberechtigten durch das Eigentum oder Erbbaurecht oder durch den bestimmungsmäßen Gebrauchs des Gebäudes, der Nebengebäude, Anlagen, Einrichtungen und des Grundstücks laufend entstehen (z. B. Kosten der Dachrinnenreinigung).

Bezüglich **gewerblicher Immobilien** ist der Katalog der Betriebskosten der BetrKV unvollständig; ergänzend sind beispielsweise zu nennen die laufenden Kosten von Klimaanlagen, eines Wachdienstes usw. Die Betriebskosten werden wie im Wohnungsbereich üblicherweise vertraglich umgelegt. Dabei treten häufig Zweifelsfragen bezüglich der vertraglichen Umlage einzelner Positionen auf. Aus diesem Grunde ist es üblich, in die Wertermittlung einen Betrag von 0,5 % der vereinbarten Miete als nicht umgelegte Betriebskosten anzusetzen.

Im **Bereich des Wohnungswesens** können die Vertragsparteien gemäß § 556 Abs. 1 Satz 1 BGB vereinbaren, dass der Mieter die Betriebskosten trägt. Dies entspricht auch der üblichen Vermietungspraxis; die bei einer entsprechenden Vereinbarung zu zahlende Miete wird als **Nettokaltmiete** bezeichnet. Geht man von dieser Miete als Rohertrag aus, so sind nur noch die Verwaltungs- und Instandhaltungskosten sowie das Mietausfallwagnis abzuziehen, um zum Reinertrag zu gelangen (Abb. 33):

Abb. 33: Nettokaltmiete

V Syst. Darst. Ertragswertverf. Bewirtschaftungskosten

Schematisch vollzieht sich die Berechnung nach der aus nachfolgendem Schema ersichtlichen **Vorgehensweise:**

Schema zur Ermittlung des Reinertrags des Grundstücks

Nettokaltmiete/Grundmiete (um umlagefähige Betriebskosten verminderter Rohertrag)

./. Verwaltungskosten (§ 19 Abs. 2 Nr. 1 ImmoWertV, § 26 II BV)

./. Instandhaltungskosten (§ 19 Abs. 2 Nr. 2 ImmoWertV, § 28 II BV)

./. Mietausfallwagnis (§ 19 Abs. 2 Nr. 3 ImmoWertV, § 29 II BV)

= **Reinertrag des Grundstücks** (§ 18 ImmoWertV)

© W. Kleiber 09

---

212 Bei **Leerstand** sind die Betriebskosten nicht umlegbar, und die üblicherweise auf den Mieter umgelegten Betriebskosten muss der Eigentümer selbst tragen. Diese bestehen nämlich zu einem Großteil aus verbrauchsunabhängigen Fixkosten. Zur Einsparung kommen jedoch insbesondere die Kosten des reduzierten Wasser- und Energieverbrauchs, und die Betriebskosten reduzieren sich auf etwa 40 bis 80 % der sonst anfallenden Betriebskosten. Die vom Eigentümer getragenen Betriebskosten sind begrifflich dem Mietausfallwagnis zuzurechnen und werden grundsätzlich mit dem Mietausfallwagnis berücksichtigt (vgl. § 19 ImmoWertV Rn. 112, 167 ff.; § 18 ImmoWertV Rn. 19, 211).

213 Etwas anderes gilt, wenn es sich um einen **vorübergehenden Leerstand** handelt, der nach § 19 Abs. 2 Nr. 3 ImmoWertV nicht unter das Mietausfallwagnis fällt und mithin auch nicht mit dem Mietausfallwagnis berücksichtigt wird. In diesem Fall sind die Betriebskosten neben der insoweit nicht erzielten Nettokaltmiete nach § 8 Abs. 3 ImmoWertV als „besonderes objektspezifisches Grundstücksmerkmal" zu berücksichtigen (vgl. hierzu Rn. 218 ff. sowie § 8 ImmoWertV Rn. 303, 328 ff.).

Abb. 34: Ermittlung des Reinertrags

2.3.3.5 Verwaltungskosten

▶ *Weiterführend § 19 ImmoWertV Rn. 57 ff.*

Verwaltungskosten (*overhead management*) **sind die Kosten der zur Verwaltung des Grundstücks einschließlich seiner baulichen Anlagen erforderlichen Arbeitskräfte und Einrichtungen, die Kosten der Aufsicht sowie die Kosten der Geschäftsführung.** Die Höhe der Verwaltungskosten ist insbesondere von der Anzahl der Mieteinheiten eines Objekts und weniger von der Nutzfläche bzw. dem Rohertrag abhängig. 214

Die **Verwaltungskosten sind nach der Generalklausel des § 19 Abs. 1 ImmoWertV in der bei „ordnungsgemäßer Bewirtschaftung marktüblichen" Höhe** anzusetzen. 215

2.3.3.6 Mietausfallwagnis

▶ *Vgl. Rn. 200; weiterführend § 19 ImmoWertV Rn. 119 ff.; § 8 ImmoWertV Rn. 365*

Mietausfallwagnis (*vacancy & collection loss*) **ist** nach § 29 II. BV **das Risiko „einer Ertragsminderung, die durch uneinbringliche Rückstände von Mieten, Pachten, Vergütungen und Zuschlägen oder durch Leerstehen von Raum, der zur Vermietung bestimmt ist, entsteht".** Die nach § 19 Abs. 2 Nr. 3 ImmoWertV gegebene Definition weicht hiervon im Wesentlichen darin ab, dass nur ein **vorübergehender Leerstand dem Mietausfallwagnis** zuzurechnen ist. 216

Das **Mietausfallwagnis ist nach der Generalklausel des § 19 Abs. 1 ImmoWertV in der bei „ordnungsgemäßer Bewirtschaftung marktüblichen" Höhe** anzusetzen. 217

Mit der Beschränkung auf den **vorübergehenden Leerstand** hat der Verordnungsgeber den üblichen fluktuationsbedingten und funktionalen Leerstand ansprechen wollen (vgl. Rn. 200), wie er für die Restnutzungsdauer repräsentativ ist. Indessen ist es nicht sachgerecht, einen Leerstand „in das Mietausfallwagnis einzubeziehen, der zwar vorübergehend", aber nicht repräsentativ für die Restnutzungsdauer ist. 218

Bei **Anwendung des ein- und zweigleisigen Ertragswertverfahrens** nach § 17 Abs. 2 ImmoWertV werden temporäre Abweichungen von den marktüblich erzielbaren Erträgen und mithin auch für die Restnutzungsdauer nicht repräsentative, vorübergehende Leerstände in einem besonderen Rechenschritt nach § 8 Abs. 3 ImmoWertV berücksichtigt (vgl. Rn. 200, 212 f. sowie § 8 ImmoWertV Rn. 319, 338). 219

Bei **Anwendung des mehrperiodischen Ertragswertverfahrens** nach § 17 Abs. 1 Satz 2 i.V.m. Abs. 3 ImmoWertV gehen temporäre Abweichungen der Bewirtschaftungskosten und mithin auch des Mietausfallwagnisses ebenso wie temporäre Abweichungen der Erträge von den marktüblich erzielbaren Erträgen in den zu kapitalisierenden Reinertrag direkt ein (vgl. Rn. 200).

2.3.3.7 Instandhaltungskosten

▶ *Weiterführend § 19 ImmoWertV Rn. 105 ff.*

Instandhaltungskosten sind die Kosten, die während der Nutzungsdauer zur Erhaltung des bestimmungsgemäßen Gebrauchs aufgewendet werden müssen, um die durch Abnutzung, Alterung und Witterungseinwirkungen entstehenden baulichen oder sonstigen Mängel ordnungsgemäß zu beseitigen. In den Instandhaltungskosten sind auch die Kosten von Instandsetzungen enthalten[17]. Nach der gesetzlichen Regelung des § 536 BGB ist nämlich der Vermieter zur **Instandhaltung,** erforderlichenfalls bei vernachlässigter Instandhaltung zur **Instandsetzung** verpflichtet, wobei jedoch regelmäßig die Schönheitsreparaturen auf den Mieter durch eine ausdrückliche Vereinbarung überwälzt werden. Aus einer vernachlässigten Instandhaltungspflicht kann sich dementsprechend eine Schadensersatzpflicht zur Instandsetzung ergeben. 220

---

17 Bub/Treier, Handbuch der Geschäfts- und Wohnraummiete, II Rn. 88; III A Rn. 1062.

221 Die **Instandhaltungskosten sind** nach der Generalklausel des § 19 Abs. 1 ImmoWertV **in der bei „ordnungsgemäßer Bewirtschaftung marktüblichen" Höhe** anzusetzen.

222 In der breiten Wertermittlungspraxis kommen wieder die Instandhaltungssätze der II. BV zur Anwendung (vgl. Rn. 202). **In den** dort angegebenen **Instandhaltungskosten sind die Kosten für Schönheitsreparaturen nicht enthalten.** Die Instandhaltungskosten, einschließlich Schönheitsreparaturen, für Garagen oder ähnliche Einstellplätze betragen zum 1.1.2008 bis 75,33 € je Garagen- oder Einstellplatz im Jahr. Trägt der Vermieter die Schönheitsreparaturen zum 1.1.2008, erhöhen sich die angegebenen Pauschalen um bis zu 9,41 €/m².

2.3.3.8 Modernisierungsrisiko

▶ *Vgl. Rn. 97; § 19 ImmoWertV Rn. 115; zur Beleihungswertermittlung vgl. Rn. 205*

223 Als Bewirtschaftungskosten sind nach der Grundsatzregelung des § 19 Abs. 1 ImmoWertV nur die bei „ordnungsgemäßer Bewirtschaftung" anzusetzenden Bewirtschaftungskosten berücksichtigungsfähig. Dazu gehört die Instandhaltung, jedoch nicht die Modernisierung (vgl. § 19 ImmoWertV Rn. 115). Die **Modernisierung fällt auch sonsthin nicht unter den Begriff der „ordnungsgemäßen Bewirtschaftung".**

224 In der Gebäudebewirtschaftung sind aber vielfach auch laufende oder periodische Modernisierungen bzw. Teilmodernisierungen üblich, um die wirtschaftliche Nutzbarkeit von baulichen Anlagen zu erhalten. Dies betrifft insbesondere zahlreiche Sonderimmobilien wie Hotels, Kliniken, Sanatorien, Freizeitimmobilien und andere Betreiberimmobilien Logistikimmobilien usw. Die im Schrifttum für die Immobilien angegebene **Gesamtnutzungsdauer bei ordnungsgemäßer Bewirtschaftung auf der Grundlage einer laufenden Instandhaltung jedoch ohne Modernisierung, sind bei genauerer Betrachtung nur realistisch,** wenn die Immobilie zumindest partiell laufend modernisiert wird (z. B. durch Erneuerung der Nasszellen eines Hotels). Es kommt hinzu, dass die laufende Instandhaltung häufig mit einer Modernisierung verbunden wird. Aus diesem Grunde ist es in der Wertermittlungspraxis üblich, abweichend von den Regelungen der ImmoWertV neben der Instandhaltung auch eine Modernisierung als Bewirtschaftungskosten zu berücksichtigen. Diese Position wird als Modernisierungsrisiko bezeichnet. Das jährliche Modernisierungsrisiko ist von den Herstellungskosten der baulichen Anlage abhängig und kann sich bei besonders hohem Standard auf bis zu 3 % der Herstellungskosten belaufen.

225 Eine Modernisierung muss auch berücksichtigt werden, wenn man im Rahmen der **Verkehrswertermittlung eines denkmalgeschützten Objekts** im Hinblick auf die auf Dauer angelegte Erhaltungspflicht von einer unendlichen Restnutzungsdauer des Objekts ausgeht (vgl. Teil VI Rn. 824 ff.). Das Modernisierungsrisiko ist hier insbesondere von den sich an den Rekonstruktionskosten orientierenden Herstellungskosten der baulichen Anlage abhängig.

2.3.4 Ertragswert der baulichen Anlage (Gebäudeertragswert)

2.3.4.1 Allgemeines

226 Die Ermittlung des Verkehrswerts (Marktwerts) eines bebauten Grundstücks unter Anwendung des Ertragswertverfahrens erfordert nicht zwangsläufig die Ermittlung des Gebäudewerts, denn es geht letztlich um den Gesamtwert der Immobilie.

227 In der Wertermittlungspraxis sind gleichwohl zahlreiche **Anlässe für die gesonderte Ermittlung des Gebäudewerts** gegeben, z.B.

- bei der Bewertung von Erbbaurechten,
- für steuerliche Zwecke (vgl. § 16 ImmoWertV Rn. 88),
- für Bilanzierungszwecke (vgl. § 16 ImmoWertV Rn. 103; § 194 BauGB Rn. 206 ff.; § 17 ImmoWertV Rn. 39),

- bei Bewertungen nach dem Vermögensrecht sowie
- bei städtebaulichen Maßnahmen (vgl. Teil VII und VIII).

228 Der **Gebäudewertanteil** lässt sich bei allen zur Anwendung kommenden Ertragswertverfahren ermitteln, indem der Ertragswert um den Bodenwert vermindert wird:

$$\text{Gebäudewertanteil} = \text{Ertragswert} - \text{Bodenwert}$$

2.3.4.2 Gebäudeertragswert bei Anwendung des zweigleisigen Ertragswertverfahrens

229 Das in § 17 Abs. 2 Nr. 1 ImmoWertV geregelte zweigleisige Ertragswertverfahren ist, im Unterschied zu den übrigen Varianten des Ertragswertverfahrens darauf ausgerichtet, den Boden- und Gebäudewertanteil eines bebauten Grundstücks getrennt zu ermitteln. Der Anteil des Gebäudewerts am Gesamtwert lässt sich ermitteln, indem der allein auf das Gebäude bezogene Reinertrag kapitalisiert wird. Der nach Maßgabe des § 17 ff. ImmoWertV ermittelte Reinertrag (RE) stellt aus wirtschaftlicher Sicht ein Nutzungsentgelt für das Grundstück in seiner Gesamtheit (Gebäude *und* Boden) dar, auch wenn sich der Mietvertrag z.B. nur auf eine bestimmte Wohn- oder Gewerbefläche des Gebäudes beziehen mag und sich Mieter, Pächter und Eigentümer im Allgemeinen keine Gedanken darüber machen, wie sich der Gesamtertrag auf Boden und Gebäude aufteilt.

230 Um ausgehend von dem für die Nutzung des Gebäudes *und* der dafür erforderlichen Grundstücksfläche marktüblich erzielbaren Jahresreinertrag (RE) zu dem allein auf das Gebäude entfallenden Jahresreinertrag zu kommen, wird der Jahresreinertrag um den Verzinsungsbetrag des Bodenwerts (= p × BW) vermindert.

231 Verzinsungsbetrag des Bodenwerts ist das Produkt aus Bodenwert und Liegenschaftszinssatz, das auch als **Bodenwertverzinsungsbetrag** (vgl. Rn. 125) bezeichnet wird:

$$\boxed{\text{Bodenwertverzinsungsbetrag} = \text{Bodenwert} \times p/100}$$

wobei

p = Liegenschaftszinssatz

232 Der Bodenwertverzinsungsbetrag stellt den jährlichen Ertragsausfall für das **im Grund und Boden investierte Kapital** dar, weil das Kapital nicht anderweitig zu banküblichen Zinsen anlegt werden kann. Erst der um den Bodenwertverzinsungsbetrag verminderte Reinertrag ergibt – kapitalisiert über die Restnutzungsdauer – den allein auf Gebäude bezogenen Wertanteil, den Gebäudeertragswert.

233 **Während der Bodenwertverzinsungsbetrag sich im Hinblick auf die Unzerstörbarkeit des Grund und Bodens als ewige Rente darstellt, stellt** der nach Abzug des Bodenwertverzinsungsbetrag sich ergebende Reinertragsanteil der baulichen Anlagen dagegen eine Zeitrente dar, die nur über die Dauer der voraussichtlichen wirtschaftlichen Restnutzungsdauer des Gebäudes erzielt werden kann.

234 Die Aufteilung des Ertragswerts in einen Boden- und Gebäudeanteil ist eine Besonderheit des zweigleisigen Ertragswertverfahrens:

V Syst. Darst. Ertragswertverf. Gebäudeertragswert

wobei BW = Bodenwert
RE = Reinertrag
V = Barwertfaktor (Vervielfältiger)
p = Liegenschaftszinssatz/100
n = Restnutzungsdauer
q = Zinsfaktor = 1 + p/100

235 Der **Gebäudeertragswert**

$$\text{Gebäudeertragswert} = (RE - p \times BW) \times V$$

wird dabei als der Barwert aller (allein) aus dem Gebäude fließenden Reinerträge ermittelt. Es handelt sich bei genauerer Betrachtung allerdings nur um den vorläufigen Gebäudeertragswert, denn es müssen subsidiär die *besonderen objektspezifischen Grundstücksmerkmale* i.S. des § 8 Abs. 3 ImmoWertV berücksichtigt werden, wobei allerdings nur die gebäudebezogenen Grundstücksmerkmale dem Gebäudewertanteil zugerechnet werden können.

236 **Bodenwert und Wert der baulichen Anlagen ergeben zusammen den (vorläufigen) Ertragswert des Grundstücks.**

237 An dem zweigleisigen Ertragswertverfahren unter Aufspaltung in einen Boden- und Gebäudewertanteil (durch Verminderung des Reinertrags um den Bodenwertverzinsungsbetrag) ist bemängelt worden, dass es nicht „internationalen Standards" entspräche. Dies ist abwegig, da es **finanzmathematisch mit dem eingleisigen (vereinfachten) Ertragswertverfahren (ohne Aufteilung in einen Boden- und Gebäudewertanteil) identisch** ist und es nicht nur Fachleuten vermittelbar ist (vgl. Rn. 39). Auch die getrennte Ermittlung eines Boden- und Gebäudeanteils stellt keine deutsche Besonderheit dar (*estimation distinct*)[18].

238 Das zweigleisige Ertragswertverfahren ist auch unverzichtbar, da es zahlreiche Fallgestaltungen gibt, die einer gesonderten Ermittlung des Gebäudewertanteils bedürfen (vgl. Rn. 226). Dies ist nicht nur für steuerliche Zwecke, bei Bodenordnungsmaßnahmen oder bei der Ermittlung des Werts von Erbbaurechten erforderlich, sondern gerade auch in den Fällen, die von den Kritikern angeführt werden. So wird in der Bilanzbewertung der „Grund und Boden" unabhängig von seiner zivilrechtlichen Behandlung, die den Grund und Boden, die baulichen Anlagen und sonstige wesentliche Bestandteile als Einheit betrachtet, als eigenständiger Vermögensgegenstand angesehen (vgl. § 240 HGB). Kein Bestandteil des Grund und Bodens sind in diesem Bereich auch grundstücksgleiche Rechte, unternehmenseigene Bodenbefestigungen, Straßen, Be- und Entwässerungsanlagen sowie Betriebsvorrichtungen[19].

239 Die **Anwendung des *zwei*gleisigen Ertragswertverfahrens empfiehlt sich auch in den Fällen, in denen eine gesonderte Ermittlung des Gebäudeertragswerts nicht erforderlich ist.** Das Verhältnis des Bodenwertanteils (Bodenwertverzinsungsbetrag) am Gesamtertrag des Grundstücks gibt dem Anwender des Verfahrens nämlich wichtige Hinweise zur Ökonomie der Grundstücksnutzung.

Abzug des Bodenwertverzinsungsbetrags vom Reinertrag des Grundstücks						
	1	2	3	4	5	6
Reinertrag	100 000 €	100 000 €	100 000 €	100 000 €	100 000 €	100 000 €
− Bodenwertverzinsungsbetrag	20 000 €	40 000 €	60 000 €	80 000 €	100 000 €	120 000 €
= RE − p × BW	80 000 €	60 000 €	40 000 €	20 000 €	0 €	− 20 000 €

---

[18] The Appraisal of Real Estate, Chicago 12. Aufl. S. 493 ff.
[19] Spitz, H., Grundstücks- und Gebäudewerte in der Bilanz- und Steuerpraxis, Herne Berlin 1996 S. 2, 40.

Reduziert sich der Reinertrag des Grundstück mit dem Abzug des Bodenwertverzinsungsbetrags gegen null oder ergibt sich sogar ein negativer Reinertrag, so signalisiert dies dem Anwender die angezeigte „**Liquidation**" der baulichen Anlage (Spalte 5 und 6). In diesem Fall ist der Bodenwert um die Freilegungskosten zu vermindern (§ 16 Abs. 3 ImmoWertV). Bereits ein erheblicher Anteil des Bodenwertverzinsungsbetrags am Reinertrag (Spalte 3 und 4) gibt Anlass, die ausgeübte Nutzung kritisch (z. B. auf Abweichungen vom zulässigen Maß der baulichen Nutzung – § 16 Abs. 4 ImmoWertV – usw.) zu analysieren und gegebenenfalls die Ertragswertermittlung zu modifizieren. Der sonst übliche Anteil des Bodenwertverzinsungsbetrags am Gesamtertrag (Spalte 1 und 2) ist insbesondere von der Art der Grundstücksnutzung und der Lage abhängig. Bei Ein- und Zweifamilienhäusern sowie bei der Lage des Objekts in hochpreisigen Gebieten ist der **Anteil des Bodenwertverzinsungsbetrags am Gesamtertrag** höher als in einer geringerwertigen Lage bei höherem realisierten Maß der baulichen Nutzung. **240**

2.3.4.3 Bodenverzinsungsbetrag

▶ *Vgl. Rn. 36 ff.; § 17 ImmoWertV Rn. 41*

Das Verhältnis zwischen Bodenwertverzinsungsbetrag und Reinertrag bzw. der um den Bodenwertverzinsungsbetrag verminderte Reinertrag sind wichtige Kenngrößen, die Aufschluss über die „**Ökonomie der Grundstücksnutzung**" gibt (vgl. hierzu vorstehende Ausführungen bei Rn. 239 f. und Rn. 36 ff.). **241**

Bei **der Ermittlung des Bodenwertverzinsungsbetrags** wird davon ausgegangen, dass **242**

– der Grund und Boden ein unzerstörbares Gut ist, das auf ewig eine Bodenrente abwirft; dementsprechend wird der **Verzinsungsbetrag des Bodenwerts auf ewig kapitalisiert** und ergibt den Bodenertragswert (= Bodenwert);

– der Ermittlung des Bodenwertverzinsungsbetrags der **Liegenschaftszinssatz nach § 14 Abs. 3 ImmoWertV** zugrunde zu legen ist (§ 17 Abs. 2 Nr. 1 ImmoWertV); dieser Zinssatz ist auch für die Kapitalisierung des verbleibenden Reinertragsanteils maßgebend (vgl. § 20 ImmoWertV)[20]. Finanzwirtschaftlich kann dies auch als der Schuldzins angesehen werden, der für das im Grund und Boden gebundene Kapital aufgebracht werden muss. Im Falle der **Beleihungswertermittlung** tritt an die Stelle des Liegenschaftszinssatzes der Kapitalisierungszinssatz nach § 12 Abs. 3 BelWertV;

– nur der Teil des Grundstücks der Ermittlung des Bodenwertverzinsungsbetrags zugrunde zu legen ist, der der Bebauung zuzurechnen ist (**Umgriffsfläche**); bei sog. übergroßen Grundstücken bleiben mithin selbständig nutzbare Teilflächen bei der Ermittlung des Bodenwertverzinsungsbetrags außer Betracht (vgl. Rn. 125);

– der Bodenwert grundsätzlich mit dem **Wert des erschließungsbeitragsfreien Grund und Bodens** anzusetzen ist, auch wenn das Grundstück am Wertermittlungsstichtag erschließungsbeitragspflichtig ist (vgl. Rn. 149) und

– der Bodenwert nach der Grundsatzregelung des § 16 Abs. 1 ImmoWertV grundsätzlich mit dem Bodenwert eines unbebauten Grundstücks ermittelt wird, jedoch bei kurzer Restnutzungsdauer des Gebäudes um die **Freilegungskosten** zu vermindern ist (vgl. Rn. 161 sowie § 16 Abs. 3 ImmoWertV).

Der **Bodenwertverzinsungsbetrag** lässt sich im Übrigen auch aus der Ertragswertformel (durch Umformung) ableiten: **243**

$$\text{Bodenwertverzinsungsbetrag} = BW \times p = RE - G/V$$

---

[20] Die ImmoWertV geht diesbezüglich von einer Ableitung des Liegenschaftszinssatzes als „Mischzinssatz" (Soll- und Habenzins) aus. Bei kurzer Restnutzungsdauer kann eine Unterscheidung nach Soll- und Habenzinssatz sinnvoll sein, da für die im Reinertrag (theoretisch) enthaltene Abschreibung Habenzinsen anfallen.

wobei
BW = Bodenwert
RE = Reinertrag
G = Gebäudewert (§ 22 ImmoWertV)
V = Vervielfältiger
p = Liegenschaftszinssatz/100
n = Restnutzungsdauer
q = Zinsfaktor = 1 + p/100

2.3.5 Vervielfältiger (Barwertfaktor)

2.3.5.1 Allgemeines

▶ *Vgl. § 20 ImmoWertV Rn. 12 ff.*

244 Zur **Kapitalisierung der Reinerträge** ist bei allen in der ImmoWertV geregelten Varianten des Ertragswertverfahrens gemäß § 20 ImmoWertV der sich aus Anl. 1 zur ImmoWertV ergebende (nachschüssige) Barwertfaktor (Vervielfältiger) in Abhängigkeit von

- dem jeweiligen Liegenschaftszinssatz p (§ 14 Abs. 3 ImmoWertV) und
- der Restnutzungsdauer n (§ 6 Abs. 6 ImmoWertV)

heranzuziehen. Dies entspricht internationalen Standards (*direct capitalization* auf der Grundlage einer *overall capitalization rate*)[21]. Auch die getrennte Ermittlung eines Boden- und Gebäudeanteils stellt keine deutsche Besonderheit dar (*estimation distinct*).

245 Der sich **nach dem Liegenschaftszinssatz bemessende Vervielfältiger** ist für alle in der ImmoWertV vorgegebenen Varianten des Ertragswertverfahrens maßgebend:

a) für das *zwei*gleisige Ertragswertverfahren nach § 17 Abs. 2 Nr. 2 ImmoWertV:

$$EW = (RE - p \times BW) \times V + BW$$

b) für das *ein*gleisige Ertragswertfahren nach § 17 Abs. 2 Nr. 2 ImmoWertV:

$$EW = RE \times V + BW \times q^{-n}$$

c) für das *mehrperiodische* Ertragswertverfahren nach § 17 Abs. 1 Satz 2 i.V.m. Abs. 3 ImmoWertV:

$$EW = \sum_{1}^{b} RE_b \times q^{-b} + RE \times (V_n - V_b) + \text{Bodenwert} \times q^{-n}$$

246 Das mehrperiodische bzw. mehrphasige Ertragswertverfahren unter Anwendung des Liegenschaftszinssatzes ist mithin kein *Discounted Cashflow* Verfahren, bei dem von prognostizierten Erträgen ausgegangen wird, die dann mit einem vom Liegenschaftszinssatz abweichenden besonderen Zinssatz diskontiert werden.

2.3.5.2 Vervielfältiger (Barwertfaktor) nach ImmoWertV, BelWertV und BewG

▶ *Weiterführend die Erläuterungen zu § 20 ImmoWertV*

247 Der **Vervielfältiger** ist in der Anlage zum Text der ImmoWertV am Anfang dieses Werks abgedruckt. Es handelt sich um einen *nachschüssigen* Barwertfaktor (Vervielfältiger) für jährlich fließende Nutzungsentgelte, der nach den zu § 20 ImmoWertV unter Rn. 12 ff. gegebenen Erläuterungen **nur einschlägig ist, wenn die Erträge monatlich vorschüssig anfallen und die monatlichen Erträge zu einem Jahresreinertrag zusammengefasst werden.**

---

[21] The Appraisal of Real Estate, Chicago 12. Aufl. S. 493 ff.

Liegenschaftszinssatz | **Syst. Darst. Ertragswertverf. V**

Die in der Anl. zur BelWertV sowie in Anl. 21 zu § 185 Abs. 3 Satz 1, § 193 Abs. 3 Satz 2, § 194 Abs. 3 Satz 3 und § 195 Abs. 2 Satz 2 und Abs. 3 Satz 3 BewG veröffentlichten Vervielfältiger sind mit den Vervielfältigern der ImmoWertV identisch.

2.3.5.3 Abweichende Vervielfältiger

Abweichend vom Wortlaut des § 20 ImmoWertV ist der in der ImmoWertV tabellierte Vervielfältiger nach den zu § 20 ImmoWertV gegebenen Erläuterungen zu modifizieren, wenn die genannten Voraussetzungen nicht erfüllt sind und die Erträge beispielsweise viertel- oder halbjährlich erzielt werden. **248**

2.3.6 Liegenschaftszinssatz

2.3.6.1 Verkehrswertermittlung nach ImmoWertV

▶ *Zu den örtlichen von den Gutachterausschüssen für Grundstückswerte abgeleiteten Liegenschaftszinssätzen vgl. § 14 ImmoWertV Rn. 122, 148 ff.; § 17 ImmoWertV Rn. 7*

Nach § 20 ImmoWertV bestimmt sich der **Barwertfaktor (Vervielfältiger) nach dem Liegenschaftszinssatz** *(all over capitalization rate)* i.S. des § 14 Abs. 3 ImmoWertV. Mit den von den Gutachterausschüssen für Grundstückswerte abgeleiteten Liegenschaftszinssätzen „sollen" die allgemeinen Wertverhältnisse auf dem Grundstücksmarkt erfasst werden (§ 14 Abs. 1 ImmoWertV). Die in den Marktberichten der Gutachterausschüsse veröffentlichten Liegenschaftszinssätze sind deshalb heranzuziehen. **249**

Der Liegenschaftszinssatz ist des Weiteren einschlägig **250**

a) bei *Anwendung des zweigleisigen Ertragswertverfahrens* nach § 17 Abs. 2 Nr. 1 ImmoWertV zur Ermittlung des Bodenwertverzinsungsbetrags und

a) bei *Anwendung des mehrperiodischen Ertragswertverfahrens* nach § 17 Abs. 1 Satz 2 i.V.m. Abs. 3 ImmoWertV zur Abzinsung der sich im Betrachtungszeitraum ergebenden Reinerträge (§ 20 ImmoWertV).

Bei dem zur Anwendung kommenden **Liegenschaftszinssatz** handelt es sich um einen Zinssatz, **der aufgrund der Methodik seiner empirischen Ableitung allgemein zu erwartende Änderungen der Erträge** (Mietwertsteigerungen aber auch Mietwertminderungen), erwartete Veränderungen der allgemeinen Wertverhältnisse auf dem Grundstücksmarkt, **erwartete Änderungen in der Entwicklung der Bewirtschaftungskosten sowie der steuerrechtlichen Rahmenbedingungen** bereits berücksichtigt[22]. **251**

Nr. 3.5.4 WERTR führt zu alledem aus: **252**

„Mit dem Liegenschaftszinssatz werden die allgemein vom Grundstücksmarkt erwarteten künftigen Entwicklungen insbesondere der Ertrags- und Wertverhältnisse sowie der üblichen steuerlichen Rahmenbedingungen berücksichtigt. Besondere Ertragsverhältnisse aufgrund wohnungs- und mietrechtlicher Bindungen bedürfen dagegen einer eigenständigen Berücksichtigung (vgl. Nr. 3.5.1, 3.5.8 und 4.3)."

Diese Methode wird auch im angelsächsischen Raum unter der Bezeichnung *all over capitalization method* bzw. *Growth Implicit Model* praktiziert. Die deutsche Wertermittlungslehre entspricht damit durchaus internationalen Verfahren und ist ihnen sogar überlegen, weil der Liegenschaftszinssatz aufgrund der umfassenden Kaufpreissammlung der Gutachterausschüsse von diesen präziser als in anderen Ländern abgeleitet wird. **253**

Bei alledem werden **temporäre Abweichungen der Erträge vom marktüblich erzielbaren Reinertrag** auch bei Anwendung des ein- und zweigleisigen Ertragswertverfahrens (Über- und Untervermietungen; *underrented property* und *overrented property*) nach Maßgabe des § 8 Abs. 3 ImmoWertV ergänzend berücksichtigt. Die dabei zur Anwendung kommenden Rechentechniken (Auf- und Abschichtungsverfahren bzw. Vervielfältigerdifferenzenverfah- **254**

---

[22] Es trifft deshalb auch nicht die Kritik (von Thomas/Leopoldsberger/Walbröhl, Immobilienökonomie Bd. 1 S. 438 f.) zu, antizipierte Mieterhöhungen würden nach der deutschen Wertermittlungslehre nicht berücksichtigt werden.

ren) sind im Übrigen schon seit jeher in Deutschland praktiziert worden (vgl. im Einzelnen § 8 ImmoWertV Rn. 26 ff.; § 17 ImmoWertV Rn. 19 ff.). Diese bekannten **Rechentechniken** sind unter ihrer englischen Bezeichnung (*Top and bottom slicing* bzw. *Term and Reversion*) fälschlicherweise als internationale Bewertungsverfahren bzw. als angelsächsische Bewertungsverfahren bezeichnet worden. Tatsächlich handelt es sich aber noch nicht einmal um eigenständige Wertermittlungsverfahren, sondern lediglich um einfache Rechentechniken zur ergänzenden Berücksichtigung temporärer Besonderheiten im Rahmen eines umfassenden Ertragswertverfahrens.

255 Wie vorstehend ausgeführt sind **grundsätzlich die vom örtlichen Gutachterausschuss für Grundstückswerte abgeleiteten Liegenschaftszinssätze** bei allen Varianten des Ertragswertverfahrens heranzuziehen (vgl. Nr. 3.5.4 WERTR). Die Verwendung von Angaben des Schrifttums bzw. der WERTR ist nur ersatzweise zu empfehlen, wenn dem Sachverständigen eigene Erfahrungssätze oder örtliche Marktdaten nicht zur Verfügung stehen (Abb. 35):

256 Abb. 35: **Weitergehende Empfehlungen für anzuwendende Liegenschaftszinssätze und „Kapitalisierungszinssätze" (Liegenschaftszinssätze) nach Anl. 3 BelWertV**

Vorschlag für anzuwendende Liegenschaftszinssätze			
Grundstücksart	Liegenschaftszinssatz		nach BelWertV Bandbreiten
	in ländlichen Gemeinden	in den übrigen Gemeinden	
Wohngrundstücke			
Einfamilienhausgrundstücke*	2,5 bis 3,5 %	2,0 bis 3,0 %	–
Zweifamilienhausgrundstücke	3,5 bis 4,0 %	3,5 %	–
Mietwohngrundstücke	4,5 bis 6,0 %	4,0 bis 5,0 %	5,0 bis 8,0 %
Eigentumswohnungen		3,5 %	–
Gemischt genutzte Grundstücke			
Gemischt genutzte Grundstücke mit einem gewerblichen Anteil der Jahresnettokaltmiete bis zu 50 %	5,0 %	4,5 %	
Gemischt genutzte Grundstücke mit einem gewerblichen Anteil der Jahresnettokaltmiete über 50 %	5,5 %	5,0 %	–
Gewerbliche Grundstücke			
Büro- und Geschäftshäuser		6,0 bis 7,0 %	6,0 bis 7,5 %
Gewerbeparks		6,0 bis 8,0 %	–
Verbrauchermärkte und Einkaufszentren		6,5 bis 8,5 %	6,5 bis 9,0 %
Selbstbedienungs- und Fachmärkte,		6,5 bis 7,5 %	6,5 bis 8,5 %
Warenhäuser		6,5 bis 7,5 %	6,5 bis 8,0 %
Hotels und Gaststätten		6,5 bis 8,5 %	6,5 bis 8,5 %
Freizeiteinrichtungen, Sportanlagen (Tennishallen, Multiplexkinos)		7,5 bis 9,5 %	6,5 bis 9,0 %
Sozialimmobilien (z. B. Kliniken und Altenpflegeheime, Reha-Einrichtungen)		6,5 bis 8,5 %	6,5 bis 8,5 %
Parkhäuser, Sammelgaragen		6,0 bis 9,0 %	6,5 bis 9,0 %
Tankstellen		7,0 bis 8,5 %	6,5 bis 8,5 %
Landwirtschaftlich genutzte Objekte		6,5 bis 8,5 %	6,5 bis 8,5 %
Logistikimmobilien		6,5 bis 8,5 %	–
Lagerhallen (Speditionsbetriebe)		6,0 bis 8,0 %	6,5 bis 9,0 %
Fabrikhallen		6,0 bis 8,0 %	–
Fabriken und ähnliche spezielle Produktionsstätten		7,5 bis 9,0 %	7,0 bis 9,0 %

* Bei Anmietung von Einfamilienhäusern liegen die Liegenschaftszinssätze darüber (+ 30 % bei freistehenden Einfamilienhäusern; + 20 % bei Reihenhäusern).

257 Die **Liegenschaftszinssätze** sind insbesondere **von der Grundstücksart abhängig.** Geht man von einem typischen Liegenschaftszinssatz von 5 % für ein typisches Renditeobjekt,

nämlich dem Mehrfamilienhaus aus, so ergibt sich allgemein folgendes typisches Bodenrichtwertgefüge:
- Der Liegenschaftszinssatz ist umso höher, je größer der gewerbliche Anteil ist und je mehr man in den industriell-produzierenden Bereich kommt.
- Der Liegenschaftszinssatz ist umso geringer, je „feiner" und „aufwendiger" die Wohnnutzung ist.

Eine **Übersicht über typische Liegenschaftszinssätze** ergibt sich aus Abb. 36.

Abb. 36: Typische Liegenschaftszinssätze

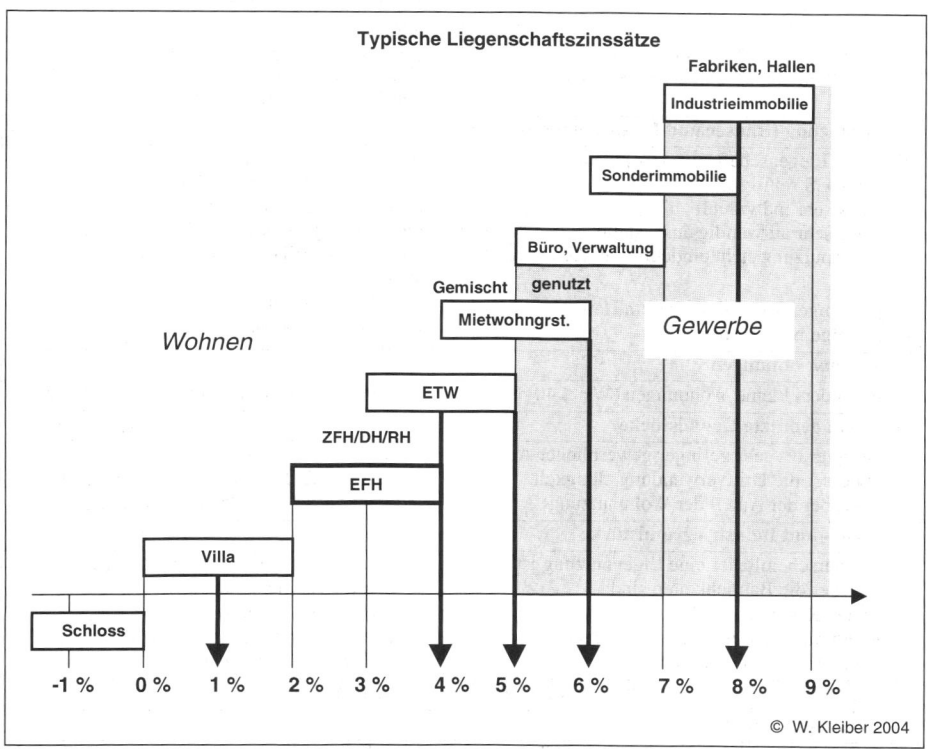

Den von den Gutachterausschüssen für Grundstückswerte in ihren Grundstücksmarktberichten veröffentlichten Liegenschaftszinssätzen liegen die nicht immer im Einzelnen nach Lage und Beschaffenheit und Restnutzungsdauer der baulichen Anlagen konkretisierten Eigenschaften der Objekte zugrunde, aus denen sie abgeleitet worden sind. Nach Maßgabe der Ausführungen zu § 14 Abs. 3 ImmoWertV sind Zu- oder Abschläge zu den veröffentlichten Liegenschaftszinssätzen nicht nur zulässig, sondern nach Lage des Einzelfalls auch sachgerecht (vgl. § 14 ImmoWertV Rn. 139 ff.). Das Gleiche gilt auch für entsprechende Empfehlungen (vgl. Abb. 37):

V Syst. Darst. Ertragswertverf. — Liegenschaftszinssatz

Abb. 37: Zu- und Abschläge bei der Festsetzung des Liegenschaftszinssatzes

Abschlag vom Liegenschaftszinssatz − 0,5 % bis −1,0 %	Zuschlag zum Liegenschaftszinssatz + 0,5 % bis 1,0 %
LAGEBEZOGENE KRITERIEN	
Lagekriterien	
− gute bis sehr gute Lage (hoher Bodenwert) − geringes bis besonders geringes wirtschaftliches Risiko des Objekts − Orts- bis Zentrumsnähe − städtisches Gebiet − große Nachfrage − wachsende Bevölkerung − zunehmendes Wirtschaftswachstum	− schlechte bis sehr schlechte Lage (niedriger Bodenwert) − erhöhtes bis besonders hohes wirtschaftliches Risiko des Objekts − Randlage bis Umlandlage − ländliches Gebiet − geringe Nachfrage − abnehmende Bevölkerung − abnehmendes Wirtschaftswachstum
Wohnnutzung (Häuser und Eigentumswohnungen)	
niedriger Liegenschaftszins (LZ) wenn: − Haus/GS sehr groß − Haus sehr individuell − Haus sehr aufwendig ausgestattet − Eigennutzung steht eindeutig im Vordergrund − je weniger Wohneinheiten im Haus − niedrige Nettokaltmiete	höherer Liegenschaftszins (LZ) wenn: − langfristiger Mietvertrag besteht − Modernisierungsbedarf besteht − die Wohnlage eher mäßig ist − die Kapital-Anlage eindeutig im Vordergrund steht − je mehr Wohneinheiten im Haus − hohe Nettokaltmiete
Eigentumswohnungen	
− besonders kleine Wohnungen (WF ≤ 40 m²)	− besonders große Wohnungen (WF ≥ 100 m²)
Gemischt genutzte Grundstücke	
− geringer bis sehr geringer gewerblicher Anteil − je besser die Drittverwendungsfähigkeit − je größer der Anteil der Wohnnutzung	− hoher bis sehr hoher gewerblicher Anteil − je geringer die Drittverwendungsfähigkeit − je kleiner der Anteil der Wohnnutzung
Gewerbe- und Industriegrundstücke	
− je wahrscheinlicher eine Eigennutzung ist − je neuer die Baulichkeiten sind (lange Restnutzungsdauer) − je funktionaler die Baulichkeiten sind − je kleiner die Immobilie ist	− je wahrscheinlicher die Kapitalanlage ist − je älter die Baulichkeiten sind (kurze Restnutzungsdauer) − je individueller die Baulichkeiten sind − je größer die Immobilie ist
OBJEKTBEZOGENE KRITERIEN	
Vermietungssituation	
− bei besonders geringem Leerstandsrisiko	− bei erhöhtem Leerstand
Wohn- und Nutzfläche	
− besonders klein	− besonders groß
Restnutzungsdauer	
− besonders kurz	− besonders lang
Nettokaltmiete	
− besonders niedrig − gesicherte Nachhaltigkeit der Einnahmen − überdurchschnittlicher Mieterwechsel − regelmäßige Mietzahlungen − überdurchschnittliche Instandhaltungskosten − gute Vermietbarkeit	− besonders hoch − nicht gesicherte Nachhaltigkeit der Einnahmen − unterdurchschnittlicher Mieterwechsel − unregelmäßige Mietzahlungen − unterdurchschnittliche Instandhaltungskosten − schlechte Vermietbarkeit

(vgl. auch Kaup in GuG 1997, 303)

2.3.6.2 Beleihungswertermittlung

▶ *Hierzu Teil X*

Im Rahmen der Beleihungswertermittlung ist als Liegenschaftszinssatz der Kapitalisierungszinssatz maßgebend, der nach den Vorgaben der BelWertV weitgehend den in der Verkehrswertermittlung üblichen Liegenschaftszinssätzen entspricht. Die Definition des Kapitalisierungszinssatzes der BelWertV entspricht der Definition des Liegenschaftszinssatzes. Darüber hinaus entsprechen die in Anl. 3 zu § 12 Abs. 4 BelWertV angegebenen Regelbandbreiten auch den üblicherweise in der Verkehrswertermittlung zur Anwendung kommenden Liegenschaftszinssätzen. Damit wird dem Vorsichtsprinzip der Beleihungswertermittlung nur unzureichend Rechnung getragen. Um dem konkreten Einzelfall sachgerecht Rechnung zu tragen, empfiehlt es sich auch **in der Beleihungswertermittlung, direkt von den vom Gutachterausschuss für Grundstückswerte ermittelten Liegenschaftszinssätzen auszugehen und sie mit einem dem Objekt angemessenen Risikozuschlag** zu versehen. Die Regelwerke zur Beleihungswertermittlung lassen dies unverständicherweise nicht zu. **260**

Regelbandbreiten für Liegenschaftszinssätze (Kapitalisierungszinssätze) nach Anlage 3 zu § 12 Abs. 4 BelWertV

A) Wohnwirtschaftliche Nutzung (in Deutschland belegene Objekte):

– Wohnhäuser: 5,0 % bis 8,0 %

B) Gewerbliche Nutzung (in Deutschland belegene Objekte):

– Geschäftshäuser: 6,0 % bis 7,5 %
– Bürohäuser: 6,0 % bis 7,5 %
– Warenhäuser: 6,5 % bis 8,0 %
– SB- und Fachmärkte: 6,5 % bis 8,5 %
– Hotels und Gaststätten: 6,5 % bis 8,5 %
– Kliniken, Reha-Einrichtungen: 6,5 % bis 8,5 %
– Alten- und Pflegeheime: 6,5 % bis 8,5 %
– landwirtschaftlich genutzte Objekte: 6,5 % bis 8,5 %
– Verbrauchermärkte, Einkaufszentren: 6,5 % bis 9,0 %
– Freizeitimmobilien (z. B. Sportanlagen): 6,5 % bis 9,0 %
– Parkhäuser, Tankstellen: 6,5 % bis 9,0 %
– Lagerhallen: 6,5 % bis 9,0 %
– Produktionsgebäude: 7,0 % bis 9,0 %

Bei **wohnwirtschaftlicher Nutzung** dürfen nach § 12 Abs. 4 BelWertV Kapitalisierungszinssätze nicht unter 5 %, bei gewerblicher Nutzung nicht unter 6 % in Ansatz gebracht werden (Mindestsätze). Die in Anlage 3 zur BelWertV genannten Bandbreiten für einzelne Nutzungsarten sind zugrunde zu legen. Die untere Grenze der jeweiligen Bandbreite darf bei gewerblich genutzten Objekten um höchstens 0,5 % unterschritten werden, wenn es sich um erstklassige Immobilien handelt. Dies ist dann der Fall, wenn mindestens folgende Kriterien erfüllt sind: **261**

1. eine sehr gute Lage im Verdichtungsraum,

2. ein entsprechend der jeweiligen Objektart bevorzugter Standort,

3. eine gute Infrastruktur,

4. eine gute Konzeption,

5. eine hochwertige Ausstattung,

6. eine hochwertige Bauweise,

7. eine besonders hohe Marktgängigkeit,

8. die Beschränkung auf die Nutzungsarten Handel, Büro und Geschäfte,
9. ein sehr guter Objektzustand und
10. die gegebene Möglichkeit anderweitiger Nutzungen.

2.3.6.3 Steuerliche Bewertung

262 Im Rahmen der **erbschaftsteuerlichen Bewertung** ist nach § 188 BewG von den Gutachterausschüssen i.S. der §§ 192 ff. BauGB ermittelten örtlichen Liegenschaftszinssätzen heranzuziehen. Soweit von den Gutachterausschüssen keine geeigneten Liegenschaftszinssätze zur Verfügung stehen, gelten die folgenden Zinssätze:

1. 5 Prozent für Mietwohngrundstücke,
2. 5,5 Prozent für gemischt genutzte Grundstücke mit einem gewerblichen Anteil von bis zu 50 Prozent, berechnet nach der Wohn- und Nutzfläche,
3. 6 Prozent für gemischt genutzte Grundstücke mit einem gewerblichen Anteil von mehr als 50 Prozent, berechnet nach der Wohn- und Nutzfläche, und
4. 6,5 Prozent für Geschäftsgrundstücke.

2.3.7 Gesamt- und Restnutzungsdauer

Schrifttum: *Klöckner, H.-G.*, Gesamt- und Restnutzungsdauern in der Grundstücksbewertung, GuG 1994, 217; *Lang, G.* Der Einfluss der Nutzungsdauer auf den Verkehrswert einer Immobilie, Diss. Miskolc 2007.

2.3.7.1 ImmoWertV

▶ *Näheres vgl. § 6 ImmoWertV Rn. 370 ff., 385*

263 Im Rahmen der Ertragswertermittlung kann die Gesamtnutzungsdauer der baulichen Anlage außer Betracht bleiben, denn zur Kapitalisierung des Reinertrags muss lediglich die Restnutzungsdauer (*remaining economic life*) abgeschätzt werden. Diese bestimmt sich nach der Grundsatzregelung des ersten Halbsatzes des § 6 Abs. 6 ImmoWertV nach der **prognostizierten Anzahl der Jahre, in denen die baulichen Anlagen bei „ordnungsgemäßer Bewirtschaftung" voraussichtlich noch wirtschaftlich genutzt werden können.**

264 In der Praxis bedient man sich zur Abschätzung der Restnutzungsdauer einer Hilfsmethode, indem man die Restnutzungsdauer aus der Differenz zwischen der üblichen Gesamtnutzungsdauer (GND)[23] und dem Alter der baulichen Anlage ableitet:

Restnutzungsdauer (RND) = Übliche Gesamtnutzungsdauer (GND) – Alter

265 Die **übliche Gesamtnutzungsdauer** (*economic life*) fällt je nach Objektart unterschiedlich aus. Anhaltspunkte für die wirtschaftliche Gesamtnutzungsdauer von Gebäuden enthalten die Tabellen der Normalherstellungskosten NHK 2000 sowie **Anl. 4 zur WERTR**, die bei § 6 ImmoWertV unter Rn. 381 zusammen mit den in der Anlage 2 zur BelWertV genannten Erfahrungssätzen mit einigen Ergänzungen abgedruckt sind.

a) Verlängerung der Restnutzungsdauer

▶ *Vgl. § 6 ImmoWertV Rn. 405 ff.*

266 Ist die bauliche Anlage in der Vergangenheit modernisiert worden, ist nach dem zweiten Halbsatz des § 6 ImmoWertV von einer entsprechend verlängerten Restnutzungsdauer auszugehen. In diesem Fall kann es sinnvoll sein, das **fiktive Baujahr nach Maßgabe des sog. Verjüngungsprinzips auf der Grundlage der „bei ordnungsgemäßer Bewirtschaftung üblichen wirtschaftlichen Nutzungsdauer"** (§ 23 Satz 3 ImmoWertV) zu ermitteln:

Fiktives Alter = Übliche Gesamtnutzungsdauer (GND) – Restnutzungsdauer (RND)

---

23 In der BelWertV als „Nutzungsdauer" bezeichnet.

267 Das fiktive Alter bzw. das **fiktive Baujahr** ist im Rahmen des Ertragswertverfahrens von Interesse, da sowohl die **marktüblich erzielbaren Erträge** als auch die Bewirtschaftungskosten (Instandhaltungskosten) vom Alter der baulichen Anlage abhängig sind.

b) Verkürzung der Restnutzungsdauer

268 Weist die bauliche Anlage **Baumängel oder Bauschäden auf, insbesondere aufgrund einer** unterlassenen Instandhaltung (Instandhaltungsrückstau), kann sich die Restnutzungsdauer verkürzt haben. Ob tatsächlich eine Verkürzung der Restnutzungsdauer damit einhergeht, muss zuvor allerdings geprüft werden. Werden die Reinerträge über die entsprechend verkürzte Restnutzungsdauer kapitalisiert bzw. abgezinst, so ist diesen besonderen objektspezifischen Besonderheiten damit Rechnung getragen. Dabei müssen allerdings auch entsprechend verminderte Reinerträge in einer dem Instandhaltungsrückstau angemessenen (marktüblichen) Weise angesetzt werden; des Weiteren ist zu prüfen, ob auch der Liegenschaftszinssatz zu modifizieren ist, wobei Doppelberücksichtigungen vermieden werden müssen. Dies gestaltet sich oftmals schwierig, und daher wird auch bei unterlassener Instandhaltung der Ertragswert auf der Grundlage eines (fiktiv) instandgehaltenen Gebäudes ermittelt und der Instandhaltungsrückstau nach Maßgabe des § 8 Abs. 3 ImmoWertV wertmindernd berücksichtigt.

269 Bei **unbehebbaren Baumängeln und Bauschäden** muss indessen von einer verkürzten Restnutzungsdauer ausgegangen werden. Das Gleiche gilt, wenn die Instandsetzung bei wirtschaftlicher Betrachtungsweise nicht angezeigt ist und eine Verkürzung der Restnutzungsdauer hinzunehmen ist.

Im Übrigen können auch andere Gegebenheiten wie z.B. eine **„wegbrechende" Nachfrage** zu einer Verkürzung der Restnutzungsdauer führen (vgl. § 6 ImmoWertV Rn. 401).

2.3.7.2 BelWertV

270 Nach § 12 Abs. 2 BelWertV ist bei der Bemessung der Restnutzungsdauer auf den Zeitraum abzustellen, in dem die bauliche Anlage bei ordnungsgemäßer Unterhaltung und Bewirtschaftung noch wirtschaftlich betrieben werden kann. Die wirtschaftliche Restnutzungsdauer ist unter Berücksichtigung der sich in zunehmend kürzer werdenden zeitlichen Abständen wandelnden Nutzeranforderungen objektspezifisch anhand der Fragestellung, wie lange die Vermietbarkeit des Beleihungsobjekts zu den angenommenen Erträgen gesichert erscheint, einzuschätzen. Die in Anl. 2 zur BelWertV genannten und in den Erläuterungen zu § 6 ImmoWertV unter Rn. 381 aufgeführten Erfahrungssätze für die Nutzungsdauer baulicher Anlagen sind zu berücksichtigen.

2.3.7.3 Steuerliche Bewertung

271 Die Restnutzungsdauer bestimmt sich nach § 185 Abs. 3 Satz 3 BewG „grundsätzlich aus dem Unterschiedsbetrag zwischen der wirtschaftlichen Gesamtnutzungsdauer, die sich aus Anlage 22 zum BewG (abgedruckt in den Erläuterungen zu § 6 ImmoWertV unter Rn. 381) ergibt, und dem Alter des Gebäudes am Bewertungsstichtag". Sind nach Bezugsfertigkeit des Gebäudes Veränderungen eingetreten, die die wirtschaftliche Gesamtnutzungsdauer des Gebäudes verlängert oder verkürzt haben, ist von einer der Verlängerung oder Verkürzung entsprechenden Restnutzungsdauer auszugehen. Die Restnutzungsdauer eines noch nutzbaren Gebäudes beträgt regelmäßig mindestens 30 Prozent der wirtschaftlichen Gesamtnutzungsdauer.

2.3.8 Betrachtungszeitraum und Restwert nach § 17 Abs. 3 ImmoWertV

2.3.8.1 Allgemeines

▶ Vgl. Rn. 358 sowie § 17 ImmoWertV Rn. 56, 61

272 Bei Anwendung des mehrperiodischen Ertragswertverfahren setzt sich der (vorläufige) Ertragswert aus dem Teilwert des Betrachtungszeitraums und dem Restwert zusammen.

$$EW = \underbrace{\sum_{1}^{b} RE_b \times q^{-b}}_{\text{Teilwert des Betrachtungszeitraums}} + \underbrace{RE \times (V_n - V_b) + \text{Bodenwert} \times q^{-n}}_{\text{Restwert}}$$

wobei

RE_b = Reinertrag des Betrachtungszeitraums
RE = Marktüblich am Wertermittlungsstichtag erzielbarer Reinertrag
V_n = Vervielfältiger für Restnutzungsdauer n
V_b = Vervielfältiger für Betrachtungszeitraum b (z. B. 10 Jahre)
p = Liegenschaftszinssatz/100
n = Restnutzungsdauer
q = Zinsfaktor = $1 + p/100$
b = Betrachtungszeitraum (z. B. 10 Jahre)
n = Restnutzungsdauer am Wertermittlungsstichtag

2.3.8.2 Betrachtungszeitraum

▶ Vgl. § 17 ImmoWertV Rn. 56, 60

273 Betrachtungszeitraum i.S. des § 17 Abs. 3 ImmoWertV ist der **Zeitraum, über den die jährlichen Reinerträge jeweils partiell mit Hilfe des Liegenschaftszinssatzes abgezinst und aufsummiert werden.** Entgegen dem Wortlaut des § 17 Abs. 1 Satz 2 ImmoWertV ist es nicht erforderlich, dass es sich dabei um alternierende Erträge handeln muss.

274 Der Betrachtungszeitraum bemisst sich zweckmäßigerweise mindestens nach der **Zeitspanne, in der periodisch vom marktüblich erzielbaren Reinertrag abweichende Reinerträge** erzielt werden; ansonsten kann er frei gewählt werden. Bei entsprechender Bemessung des Betrachtungszeitraums kann davon ausgegangen werden, dass der Reinertrag im Anschluss auf den marktüblich erzielbaren Reinertrag zurückfällt. Dabei ist von dem am Wertermittlungsstichtag marktüblich erzielbaren Reinertrag auszugehen, der dann wiederum mit dem Liegenschaftszinssatz über die verbleibende Restnutzungsdauer kapitalisiert und auf den Wertermittlungsstichtag abgezinst wird. Dadurch werden – wie bei Anwendung des Ertragswertverfahrens nach § 17 Abs. 2 ImmoWertV – die vom Grundstücksmarkt allgemein erwarteten Änderungen der allgemeinen Wertverhältnisse implizit berücksichtigt.

2.3.8.3 Restwert des Grundstücks

▶ Vgl. Rn. 358, 428; § 17 ImmoWertV Rn. 56, 61

275 Der **Restwert kann nach den allgemeinen Grundsätzen des** in § 17 Abs. 2 ImmoWertV geregelten **Ertragswertverfahrens ermittelt werden**. Er setzt sich zusammen aus

– den kapitalisierten Reinerträgen der Restperiode, die auf den Wertermittlungsstichtag zu diskontieren sind, zuzüglich

– dem auf den Wertermittlungsstichtag abgezinsten Bodenwert.

2.3.9 Vorläufiger Ertragswert

▶ *Vgl. Rn. 103*

Der sich **nach den §§ 17 bis 20 ImmoWertV ergebende Ertragswert stellt im Regelfall lediglich den vorläufigen Ertragswert dar,** denn die Vorschriften gewährleisten nicht, dass alle den Marktwert beeinflussenden Grundstücksmerkmale berücksichtigt werden. § 8 Abs. 2 und 3 ImmoWertV schreibt deshalb ergänzend die Berücksichtigung

a) der allgemeinen Wertverhältnisse auf dem Grundstücksmarkt (Marktanpassung) und

b) der besonderen objektspezifischen Grundstücksmerkmale des zu bewertenden Grundstücks

vor.

Während die „allgemeinen Wertverhältnisse auf dem Grundstücksmarkt" (Lage auf dem Grundstücksmarkt) bei Anwendung des Ertragswertverfahrens in aller Regel vollständig insbesondere mit marktkonform angesetzten Ertragsverhältnissen und der Anwendung marktkonformer Liegenschaftszinssätze berücksichtigt werden können, sind im konkreten Einzelfall „besondere objektspezifische Grundstücksmerkmale", wie z.B. Baumängel und Bauschäden, Rechte und Belastungen am Grundstück, ein überdurchschnittlicher Erhaltungszustand (Anomalien) ergänzend zu berücksichtigen. § 8 Abs. 2 und 3 ImmoWertV stellt von daher eine Auffangvorschrift dar, nach der ergänzend zu den §§ 17 bis 20 ImmoWertV die besonderen objektspezifischen Grundstücksmerkmale zu berücksichtigen sind. Mit dem in § 8 Abs. 2 ImmoWertV gegebenen Hinweis, dass die besonderen objektspezifischen Grundstücksmerkmale „in" dem jeweils zur Anwendung kommenden Wertermittlungsverfahren zu berücksichtigen sind, wird vom Verordnungsgeber zudem klar gestellt, dass sich der **Ertragswert** (wie im Übrigen auch der Sach- und Vergleichswert) **unter Einbeziehung aller objektspezifischen Grundstücksmerkmale definiert.**

2.4 Ertragswert und Verkehrswert

2.4.1 Subsidiäre Berücksichtigung besonderer objektspezifischer Grundstückmerkmale

▶ *Vgl. Rn. 103 sowie § 8 ImmoWertV Rn. 178 ff.*

Nach den vorstehenden Ausführungen kann in aller Regel erwartet werden, dass mit dem nach Maßgabe der §§ 17 bis 20 ImmoWertV abgeleiteten Ertragswert die allgemeinen Wertverhältnisse auf dem Grundstücksmarkt (Marktanpassung) jedoch noch nicht die besonderen objektspezifischen Grundstücksmerkmale (Anomalien) vollständig erfasst werden. In diesem Fall ist der Ertragswert aus dem nach den §§ 17 bis 20 ImmoWertV ermittelten „vorläufigen Ertragswert" abzuleiten.

Abb. 38: Vorläufiger Ertragswert und Ertragswert

V Syst. Darst. Ertragswertverf. — Ertragswert/Verkehrswert

279 Als „**besondere objektspezifische Grundstücksmerkmale**" führt § 8 Abs. 3 ImmoWertV beispielhaft und ohne Anspruch auf Vollständigkeit auf:

a) eine wirtschaftliche Überalterung,

b) ein überdurchschnittlicher Erhaltungszustand,

c) Baumängel oder Bauschäden (Instandhaltungsrückstau) und

d) von den marktüblich erzielbaren Erträgen erheblich abweichende Erträge.

Die beispielhaft genannten Grundstücksmerkmale (a bis d) können bei Anwendung des Ertragswertverfahrens bereits „im Verfahren selbst" berücksichtigt werden, indem z.B. die Ertragsverhältnisse, die Restnutzungsdauer, der Liegenschaftszinssatz und der Bodenwert (vgl. Rn. 139) diesen Besonderheiten entsprechend angepasst werden. Dies ist theoretisch auch bei sonstigen in § 8 Abs. 3 ImmoWertV nicht genannten objektspezifischen Grundstücksmerkmalen, wie z.B. Rechte und Belastungen am Grundstück, möglich, jedoch nicht immer praxisgerecht. Insbesondere Grundstücksmerkmale von temporärer Bedeutung (vorübergehender Leerstand und sonstige Beeinträchtigungen und dgl.) sind zweckmäßigerweise eigenständig zu berücksichtigen. Bei Anwendung des Ertragswertverfahrens ist deshalb abschließend zu prüfen, welche besonderen objektspezifischen Grundstücksmerkmale subsidiär zu berücksichtigen sind.

280 In der Gesamtschau setzt sich der **Ertragswert** zusammen aus dem vorläufigen Ertragswert und den Zu- und Abschlägen für besondere objektspezifische Grundstücksmerkmale:

a) **bei Anwendung des zweigleisigen Ertragswertverfahrens**

$$EW = \underbrace{(RE - p \times BW) \times V + BW}_{\text{Vorläufiger Ertragswert}} +/- \text{ Zu- und Abschläge}$$

wobei

EW = Ertragswert
BW = Bodenwert
p = Liegenschaftszinssatz

b) **bei Anwendung des eingleisigen Ertragswertverfahrens**

$$EW = RE \times V + BW \times q^{-n} +/- \text{ Zu- und Abschläge}$$

c) **bei Anwendung des mehrperiodichen Ertragswertverfahrens**

$$EW = \sum_{1}^{b} RE_b \times q^{-b} + RE \times (V_n - V_b) + \text{Bodenwert} \times q^{-n} +/- \text{ Zu- und Abschläge}$$

281 Als besondere objektspezifische Grundstücksmerkmale führt § 8 Abs. 3 ImmoWertV u.a. „**erheblich von den marktüblich erzielbaren Erträgen abweichende Erträge**" auf, die insbesondere aus wohnungs-, miet- oder vertragsrechtlichen Bindungen aber auch aus einem vorübergehenden Leerstand resultieren können. Diese sind bei Anwendung des *ein- oder zweigleisigen* Ertragswertverfahrens nach § 17 Abs. 2 ImmoWertV stets zu berücksichtigen, denn nach § 17 Abs. 1 Satz 1 ImmoWertV wird der Ertragswert auf der Grundlage marktüblich erzielbarer Erträge ermittelt. Bei Anwendung des *mehrperiodischen* Ertragswertverfahrens werden dagegen entsprechende Abweichungen direkt mit dem angesetzten Reinertrag berücksichtigt und es bedarf insoweit keiner subsidiären Berücksichtigung nach § 8 Abs. 3 ImmoWertV. Ansonsten muss auch bei Anwendung des mehrperiodischen Ertragswertverfahrens geprüft werden, ob es einer subsidiären Berücksichtigung besonderer objektspezifischer Grundstücksmerkmale, wie z.B. eines Instandhaltungsrückstaus (Baumängel und Bauschäden) bedarf.

| Beispiel | Syst. Darst. Ertragswertverf. V |

Zur Berücksichtigung der „besonderen objektspezifischen Grundstücksmerkmale" i.S. des § 8 Abs. 3 ImmoWertV wird auf die Erläuterungen bei § 8 ImmoWertV verwiesen.

2.4.2 Verkehrswert (Marktwert)

Der Ertragswert unter Berücksichtigung der Lage auf dem Grundstücksmarkt und unter subsidiärer Berücksichtigung **der besonderen objektspezifischen Grundstücksmerkmale ist zugleich der Verkehrswert (Marktwert),** soweit sich nicht unter Würdigung der Ergebnisse anderer zur Anwendung gekommenen Wertermittlungsverfahren nach § 8 Abs. 1 Satz 3 ImmoWertV etwas anderes ergibt. **282**

Im Übrigen verbleibt es bei **Auf- oder Abrundungen** (vgl. § 194 BauGB Rn. 141) nämlich bei einer Höhe des Verkehrswerts von

	bis	10 000 €	auf	volle Hunderter
10 000 €	bis	500 000 €	auf	volle Tausender
500 000 €	bis	1 000 000 €	auf	volle Zehntausender
	über	1 000 000 €	auf	volle Hunderttausender

2.5 Beispiel zum Ertragswertverfahren

▶ *Weitere Beispiele im Teil VI bei Rn. 26 ff.*

a) Sachverhalt: **283**

Fiktives Baujahr:	1968
Gesamtnutzungsdauer:	80 Jahre
Restnutzungsdauer:	40 Jahre
Liegenschaftszinssatz:	4,75 %
Vervielfältiger:	17,763

b) Ertragswertermittlung nach § 17 Abs. 2 Nr. 1 ImmoWertV

Ohne Berücksichtigung temporärer Besonderheiten ergibt sich als vorläufiger Ertragswert:

Jahresnettokaltmiete		
Wohnen	rd.	1 183 839 €
Stellplätze	rd.	1 440 €
zusammen	rd.	1 185 279 €
./. Bewirtschaftungskosten		
Wohnen	rd.	− 273 982 €
Stellplätze (20 %)	rd.	− 288 €
Zusammen	rd.	− 274 270 €
Reinertrag	rd.	911 009 €
./. Bodenwertverzinsungsbetrag: 4,75 % von 12 559 820 €		− 596 591 €
Gebäudeertragsanteil	rd.	314 418 €
Vervielfältiger bei 4,75 % Liegenschaftszins und einer Restnutzungsdauer von 40 Jahren = 17,763		
Gebäudeertragswert	rd.	5 585 007 €
+ Bodenwert		+ 12 559 820 €
Vorläufiger Ertragswert gerundet	rd.	18 144 827 €

c) Berücksichtigung der temporären mietrechtliche Situation nach § 8 Abs. 3 ImmoWertV

Die derzeit vertraglichen Mieten weichen von dem marktüblich erzielbaren Ertrag ab. Der Barwert der unter Berücksichtigung der Kappungsgrenzen in einem Anpassungszeitraum von bis zu sechs Jahren abschmelzbaren Mindererträge wird im Wege der Auf- bzw. Abschichtungsmethode („top and bottom slicing") ermittelt. Da die letzte Mietanpassung nach § 558 BGB bei den bestehenden Mietverhältnissen zuletzt am ... (und mithin vor drei Jahren) vorgenommen wurde, wird bei der Ermittlung des Barwerts

V Syst. Darst. Ertragswertverf. — Beispiel

der temporären Mindererträge die derzeit entrichteten Miete um bis zu 20 % (jedoch nur bis zur ortsüblichen Vergleichsmiete) „aufgestockt".

In der Summe ergeben sich durch die Vertragssituation temporäre Mietausfälle, die aufgrund der gesetzlichen Kappungsgrenzen in Einzelfällen erst über einen Zeitraum von bis zu sechs Jahren abgebaut werden können. Diese wurden ermittelt mit insgesamt: rd. 56 224 € (vgl. Beispielsberechnung) und bezogen auf die einzelne Mieteinheit mit folgenden Barwerten.

$$\text{Barwert } \Delta RE_i = (RE_{\text{marktüblich}[€/m^2NF]} - RE_{\text{tatsächlich}[€/m^2NF]}) \times 12 \text{ Monate} \times NF[m^2] \times V_i$$

Darüber hinaus ist der Mietausfall für die in den Dachgeschossen in Errichtung befindlichen Wohnungen zu berücksichtigen. Es ergibt sich ein Mietausfall für sieben Monate von rd. 120 052 € (Ermittlung nicht abgedruckt).

							Nettokaltmiete				Temporäre Abweichungen		
							Vertraglich am WST		Marktüblich erzielbar		Δ Ertrag	voraussichtliche Dauer	Barwert Zins 5,00
Haus	Mieteinheit	Strasse	Nr.	Lage	Wohnfläche	Letzte Mieterhöhung	Monat		Monat		p.a.		
					m²	zum	€	€/m²	€/m²	€	€	Jahre	%
1	2	3	4	5	6	7	8	9	10	11	12	13	14
1	1	C..str.	82	ER	110,13	01.04.2005	410,58	3,73	5,53	609,02	–1 395,87	5	–6 043
1	2	C..str.	82	EL	81,09	01.04.2005	343,82	4,24	5,39	437,08	–293,89	3	–800
1	3	C..str.	82	1L	125,80	01.04.2005	575,82	4,58	5,72	719,58	–343,10	3	–797
1	4	C..str.	82	1R	83,32	01.04.2005	313,28	3,76	5,58	464,93	–1 067,88	5	–4 623
...													
22	144	T.. Str.	9	2R	107,91	16.11.2007	849,37	7,87	6,50	701,42	1 775,46	3	4 835
23	145	K.. Str.	20	EM	125,22	01.04.2005	496,67	3,97	5,53	692,47	–1 157,55	3	–3 152
23	146	K.. Str.	20	1M	130,21	01.04.2005	578,13	4,44	5,72	744,80	–612,54	3	–1 668
23	147	K.. Str.	20	2M	118,45	01.05.2008	501,04	4,23	6,50	769,93	–2 024,12	5	–8 763
24	148	K.. Str.	21	EM	116,61	01.11.2007	913,27	7,83	6,31	735,81	2 129,53	3	5 799
24	149	K.. Str.	21	1M	129,39	01.04.2005	583,43	4,51	5,72	740,11	–479,94	3	–1 307
24	150	K.. Str.	21	2M	126,79	01.04.2005	475,36	3,75	5,72	725,24	–1 857,68	5	–8 043
					Σ = 13 693,67	m²			Σ	78 436	Monat	Σ	–56 224

Unter Berücksichtigung temporärer Besonderheiten ergeben sich folgende Ertragswerte:

Vorläufiger Ertragswert	rd.	18 144 827 €
abzüglich temporäre Mindererlöse *(underrented)*	rd.	– 56 224 €
abzüglich temporäre Mindererlöse Dachgeschosse		– 120 052 €
Ertragswert	rd.	17 968 551 €

Die temporären Mehr- oder Mindereinnahmen werden ergänzend zum vorläufigen Ertragswert ausgeworfen und nach Maßgabe des § 8 Abs. 3 ImmoWertV gesondert berücksichtigt. Dem „Verbraucher" dieser Darstellung wird in anschaulicher Weise erläutert, bei welchen Wohneinheiten Abweichungen der Vertragsmieten gegenüber den marktüblich erzielbaren Erträgen auftreten.

d) Ertragswertermittlung nach § 17 Abs. 1 Satz 2 i.V.m. Abs. 3 ImmoWertV

Die Berechnung ergibt sich aus nachfolgender Berechnung wiederum entsprechend vorstehendem Ergebnis mit rd. 18 000 000 €.

Bei dieser Darstellung werden die aus Abweichungen der Vertragsmiete gegenüber den ortsüblich erzielbaren Erträgen resultierenden Mehr- und Mindererträge in ihrer Gesamtheit jahrgangsweise berücksichtigt.

Fehlerbetrachtung — Syst. Darst. Ertragswertverf. V

Abb. 39: Ertragswertverfahren

Lfd. Jahr	Jahr	Nutzungsart	Marktüblich erzielbarer Mietertrag	Temporärer Mehr- bzw. Minderertrag (ohne Leerstand)	Erzielter Mietertrag Ist	Instandhaltung	Verwaltung	Mietausfallwagnis	Betriebskosten	insgesamt in €	insgesamt in % des erzielbaren Mietertrags	Erzielter Reinertrag €	Dauer (Jahr)	Liegenschaftszinssatz	Auf WST diskontierter Cashflow €
1. Jahr*	2008	WF	549 051	−465	548 587	72 691	14 583	7 844	1 961	97 078	17,68	451 508	0,58	4,75	435 193
2. Jahr	2009	WF	1 183 839	−797	1 183 042	204 885	39 500	23 677	5 919	273 981	23,14	909 061	1,00	4,75	844 662
3. Jahr	2010	WF	1 183 839	−797	1 183 042	204 885	39 500	23 677	5 919	273 981	23,14	909 061	1,00	4,75	806 359
4. Jahr	2011	WF	1 183 839	−5226	1 178 613	204 885	39 500	23 677	5 919	273 981	23,14	904 632	1,00	4,75	766 043
5. Jahr	2012	WF	1 183 839	−8390	1 175 449	204 885	39 500	23 677	5 919	273 981	23,14	901 468	1,00	4,75	728 749
6. Jahr	2013	WF	1 183 839	0	1 183 839	204 885	39 500	23 677	5 919	273 981	23,14	909 858	1,00	4,75	702 178
7. Jahr	2014	WF	1 183 839	0	1 183 839	204 885	39 500	23 677	5 919	273 981	23,14	909 858	1,00	4,75	670 337
8. Jahr	2015	WF	1 183 839	0	1 183 839	204 885	39 500	23 677	5 919	273 981	23,14	909 858	1,00	4,75	639 940
9. Jahr	2016	WF	1 183 839	0	1 183 839	204 885	39 500	23 677	5 919	273 981	23,14	909 858	1,00	4,75	610 921
10. Jahr	2017	WF	1 183 839	0	1 183 839	204 885	39 500	23 677	5 919	273 981	23,14	909 858	1,00	4,75	583 218

* Juni – Dezember bis 2017 Σ 6 787 600 €

Exit 2017 bis 2057   **Restwert:**
WF 1 183 839   273 981   23,14   909 858   30,42 Jahre   9 285 192 €
zzgl. Bodenwert 12 559 820 € diskontiert 1 962 556 €
zzgl. STPL 20 463 €
Ertragswert 18 055 811 €

2.6 Allgemeine Fehlerbetrachtung

Ein Beispiel der Ermittlung des Ertragswerts eines Mietwohngrundstücks mit einer Restnutzungsdauer von 50 Jahren bei einer Gesamtnutzungsdauer von 80 Jahren ist in Abb. 40 dargestellt. An diesem *Beispiel* wird zugleich aufgezeigt, dass der Gutachter die fehlertheoretischen Zusammenhänge des Ertragswertverfahrens beherrschen muss, um das Ergebnis des Ertragswertverfahrens sachgerecht würdigen zu können. Zu beachten sind hierbei insbesondere die **Auswirkungen, die sich aus einem fehlerhaften Ansatz der in das Ertragswertverfahren eingehenden Parameter auf die Höhe des Ertragswerts ergeben.**

Dies sind:
- die (Größe der) Wohn- bzw. Nutzfläche,
- der marktüblich erzielbare Jahresrohertrag (Nettokaltmiete),
- die Höhe des Liegenschaftszinssatzes,
- die geschätzte Restnutzungsdauer,
- die Höhe der Bewirtschaftungskosten,
- der Bodenwert.

V Syst. Darst. Ertragswertverf. Fehlerbetrachtung

Abb. 40: Ermittlung des Ertragswerts; Fehlerbetrachtung

I Ermittlung des Ertragswerts

1. Wertermittlungsobjekt: Mietwohngrundstück

– Bodenwert (BW)	=	420 000 €
– Wohnfläche (WF)	=	1 000 m²
– Monatliche Nettokaltmiete	=	8 €/m²
– Nicht umlagefähige Bewirtschaftungskosten	=	22 %
– Restnutzungsdauer (n)	=	50 Jahre
– Liegenschaftszinssatz (p)	=	5 %
– Vervielfältiger V bei n = 50 Jahre und p = 5 %	=	18,26

2. Ermittlung des Ertragswerts:

Jahresnettokaltmiete (8,00 €/m² × 1 000 m² × 12 Monate)	=	96 000 €
– Bewirtschaftungskosten (= 22 %)	=	– 21 120 €
= Jahresreinertrag (RE)	=	74 880 €
– Bodenwertverzinsungsbetrag (420 000 € × 5/100)	=	– 21 000 €
= Ertragswert der baulichen Anlage bei V = 18,26	=	983 849 €
+ Bodenwert (BW)	=	420 000 €
= Ertragswert (EW)	=	1 403 849 €

II Auswirkung fehlerhafter Ansätze auf den Ertragswert

Die in *kursiv* gesetzten Ansätze sind gegenüber vorstehendem Beispiel jeweils um 10. v. H. zu niedrig angesetzt.

	A*	B	C
Wohnfläche	⇨ *900* m²	1 000 m²	1 000 m²
Jahresnettokaltmiete	86 400 €	⇨ *86 400 €*	96 000 €
Liegenschaftszinssatz	5 %	5 %	⇨ *4,5 %*
Restnutzungsdauer	50 Jahre	50 Jahre	50 Jahre
Bewirtschaftungskosten	22 %	22 %	22 %
Bodenwert	420 000 €	420 000 €	420 000 €
Ertragswert (fehlerhaft)	1 267 118 €	1 267 118 €	1 526 165 €
Unterschied zu I in €	136 731 €	136 731 €	+ 122 316 €
in %	= – 9,7 %	= – 9,7 %	= + 8,7 %

	D	E	F
Wohnfläche	1 000 m²	1 000 m²	1 000 m²
Jahresnettokaltmiete	96 000 €	96 000 €	96 000 €
Liegenschaftszinssatz	5 %	5 %	5 %
Restnutzungsdauer	⇨ *45 Jahre*	50 Jahre	50 Jahre
Bewirtschaftungskosten	22 %	⇨ *19,8 %*	22 %
Bodenwert	420 000 €	420 000 €	⇨ *378 000 €*
Ertragswert (fehlerhaft)	1 377 448 €	1 442 414 €	1 400 195 €
Unterschied zu I in €	– 26 401 €	+ 38 565 €	3 654 €
in %	= – 1,9 %	= + 2,7 %	= – 0,3 %

* Dieser Fall ist im Ergebnis mit Fall B identisch.

286 Welche Auswirkungen diese Parameter auf das Ergebnis – den Ertragswert – haben, wenn sie (fehlerhaft) im Beispiel um 10 % zu niedrig gegenüber der „wahren" Höhe angesetzt wurden, wird in diesem Beispiel ergänzend dargestellt. **Neuralgische Größen sind** dabei insbesondere der **Rein- bzw. Rohertrag** (Nettokaltmiete) **sowie der Liegenschaftszinssatz**. Fehlerhafte Ansätze können dabei nicht nur bezüglich der „richtigen" Ermittlung des Ertrags pro Quadratmeter Wohn- oder Nutzfläche, sondern bereits bei der zutreffenden Ermittlung der Wohn- bzw. Nutzfläche auftreten.

287 Zur Vermeidung von Missverständnissen muss aber darauf hingewiesen werden, dass die in dem Beispiel ausgeworfenen Auswirkungen – relativ und absolut – insbesondere in Abhängigkeit von

– der Höhe des Liegenschaftszinssatzes und
– der Restnutzungsdauer

unterschiedlich ausfallen.

Zu den **Auswirkungen fehlerhafter Ansätze bei der Ermittlung des Ertragswerts** wird bemerkt:

a) **Fehler bei der Ermittlung der Wohnfläche** wirken sich direkt auf den Roh- bzw. Reinertrag aus. Insoweit gelten die unter Buchst. b) gemachten Ausführungen. Bezüglich der Flächenermittlung sollte dabei nicht unterstellt werden, dass Fehler nicht nur aufgrund falscher Berechnungen und Vermessungen auftreten; es kommt auch hier auf die Berechnungsmodalitäten an[24]. Vielfach werden auch ungeprüft fehlerhafte Angaben, z. B. des Auftraggebers, übernommen.

b) Ein **Fehler bei der Ermittlung des Roh- bzw. Reinertrags** „schlägt" auf den Ertragswert besonders stark durch. Im vorstehenden Beispiel (Abb. 40) führt ein fehlerhafter Ansatz von 7,20 €/m² statt 8,00 €/m² (= 10 v.H.) zu einem nahezu um ebenfalls 10 % zu niedrigen Ertragswert. Fehler schlagen umso stärker durch, je länger die Restnutzungsdauer ist.

c) Ein **Fehler bei dem angesetzten Liegenschaftszinssatz** wirkt sich – wie ein Blick in die Vervielfältigertabelle zeigt – umso stärker auf das Ergebnis der Ertragswertermittlung aus, je länger die Restnutzungsdauer und je kleiner der Liegenschaftszinssatz in seiner absoluten Höhe ist. Als „Faustformel" kann gelten, dass ein Fehler von 0,5 % im liegenschaftszinssatz den Ertragswert gleich um 10 % verändert (vgl. § 14 ImmoWertV Rn. 112). Bei Objekten mit sehr langer Restnutzungsdauer und absolut niedrigen Liegenschaftszinssätzen sind eigentlich sogar Genauigkeiten von einer Dezimalstelle bei dem angesetzten Liegenschaftszinssatz anzustreben.

d) Ein **Fehler bei der geschätzten Restnutzungsdauer** wirkt sich – wie wiederum ein Blick in die Vervielfältigertabelle zeigt – umso stärker auf das Ergebnis der Ertragswertermittlung aus, je kürzer die Restnutzungsdauer und je kleiner der Liegenschaftszinssatz in seiner absoluten Höhe ist. Dies kommt im Beispiel der Abb. 40 unzureichend zum Ausdruck, da es sich hierbei um ein Beispiel handelt, das ein Objekt mit verhältnismäßig langer Restnutzungsdauer zum Gegenstand hat. Deshalb sei ausdrücklich darauf hingewiesen, dass das Ertragswertverfahren – angewandt auf Objekte mit kurzer Restnutzungsdauer – diesbezüglich besonders fehlerträchtig ist.

e) Ein **Fehler bei den angesetzten Bewirtschaftungskosten** schlägt direkt auf die Höhe des Reinertrags durch; insoweit gelten die zu Buchst. b) gemachten Ausführungen. Dass sich im Beispiel der Abb. 40 ein 10 %iger Fehler bei den angesetzten Bewirtschaftungskosten verhältnismäßig geringfügig auf das Ergebnis der Ertragswertermittlung auswirkt, täuscht, denn beim Ansatz der Bewirtschaftungskosten können leicht größere Fehler gemacht werden. Deshalb muss auch auf die „richtige" Ermittlung der Bewirtschaftungskosten große Sorgfalt aufgebracht werden (vgl. Abb. 40).

f) Ein **Fehler bei der Ermittlung des Bodenwerts** wirkt sich bei Objekten mit langer Restnutzungsdauer des Gebäudes in einer i.d.R. zu vernachlässigenden Größenordnung aus. Nur bei Objekten, deren Bebauung eine kurze Restnutzungsdauer aufweist, muss der Bodenwert besonders sorgfältig ermittelt werden. Bei Objekten mit sehr langer Restnutzungsdauer kann der Ertragswert unter Vernachlässigung des Bodenwerts allein durch Kapitalisierung des Reinertrags im sog. vereinfachten Ertragswertverfahren ermittelt werden (vgl. Rn. 72, 86; Beispiel bei § 16 ImmoWertV Rn. 244).

Bei **Anwendung des vereinfachten Ertragswertverfahrens** nach der unter Rn. 24, 35 und 66 ff. vorgestellten Formel erhält man für das in Abb. 40 behandelte Beispiel:

$$EW = 74\,880\ € \times 18{,}255886 = \mathbf{1\,367\,000\ €}$$

wobei V bei n = 50 Jahre und p = 5 %: 18,233886

---

[24] Simon in: Praxishandbuch Sachverständigenrecht, München 1996, § 47 Rn. 60.

290 Das Ergebnis zeigt, dass sich fehlerhafte Ansätze bei Anwendung des klassischen Ertragswertverfahrens weitaus verhängnisvoller auswirken können als bei Übergang zum vereinfachten Ertragswertverfahren (Abb. 41).

Abb. 41: Abhängigkeit des Grundstücksertragswerts von der Höhe der Miete

Wesentliche Einflussfaktoren auf den Gebäudeertragswert		
Miete in €/m² WF	Bewirtschaftungskosten in v.H.	Gebäudeertragswert in €
7,00	20,0	568 000
7,00	25,0	526 000
7,00	30,0	484 000
7,00	35,0	443 000
7,00	25,0	526 000
6,50	25,0	481 000
6,00	25,0	437 000
5,50	25,0	391 000
Berechnungsbasis	Gebäude mit 500 m² Wohnfläche Bodenwert 100 000 € Zinssatz 5 %	

2.7 Ermittlung der Soll- bzw. Kostenmiete (Reinertrag) – *Frontdoor Approach*

2.7.1 Allgemeines

▶ *Vgl. Syst. Darst. des Vergleichswertverfahrens Rn. 553 ff., 566 ff.*

291 Im Rahmen von Kaufpreisverhandlungen oder Investitionsüberlegungen stellt sich oftmals die Aufgabe, die „Sollmiete" zu ermitteln, die

a) auf der Grundlage einer vorgegebenen Verzinsung des investierten Kapitals bei einem geforderten Kaufpreis (Verkehrswert) oder

b) auf der Grundlage vorgegebener Investitionskosten (Herstellungskosten im umfassenden Sinne)

erzielt werden muss. Die Anwendung des Verfahrens unter Berücksichtigung der Finanzierungskosten wird in nicht gerade zutreffender Weise als *Frontdoor Approach* bezeichnet. Die mit dieser Methode ermittelte „Sollmiete" oder Kostenmiete ist von der erzielbaren Marktmiete zu unterscheiden. Das Verfahren kann aber im Vergleich zu der erzielbaren Marktmiete gleichwohl wichtige Hinweise auf die Rentabilität einer Investition liefern.

292 Die **Ableitung des Kaufpreises aus der erzielbaren Monatsmiete** wiederum unter Berücksichtigung der Finanzierungskosten und sämtlicher Investitionskosten wird dagegen als *Backdoor Approach* bezeichnet. Bei dieser Vorgehensweise handelt es sich letztlich um nichts anderes als um ein Extraktionsverfahren (Residualwertverfahren; vgl. Syst. Darst. des Vergleichswertverfahrens Rn. 553 ff., 566.). Der so ermittelte Preis ist von dem Verkehrswert (Marktwert) zu unterscheiden und kann gleichwohl wichtige Hinweise zu der Rentabilität einer Kaufpreisforderung liefern.

2.7.2 Soll- bzw. Kostenmiete (Reinertrag) auf ertragswirtschaftlicher Grundlage

293 Die sich auf ertragswirtschaftlicher Grundlage ergebende **„Sollmiete" (Kostenmiete) kann durch Umkehrung des Verfahrensgangs** ermittelt werden, der der Ertragswertermittlung zugrunde liegt (vgl. Abb. 24 bei Rn. 123). Damit lässt sich die Angemessenheit eines Kaufpreises im Hinblick auf eine vom Investor gewünschte (vorgegebene) Verzinsung prüfen. Zu diesem Zweck geht man in die Rechnung ein mit

– der gewünschten Verzinsung an Stelle des Liegenschaftszinssatzes und
– dem Kaufpreis (Kaufofferte) an Stelle des Verkehrswerts.

Man kann dann die monatliche Nettokaltmiete (Grundmiete) ermitteln, die man erzielen muss, um die gewünschte Verzinsung zu erhalten. In der Abb. 42 wird das Schema dieses Verfahrens ohne Berücksichtigung der Finanzierungskosten dargestellt.

Abb. 42: Ermittlung der Nettokaltmiete

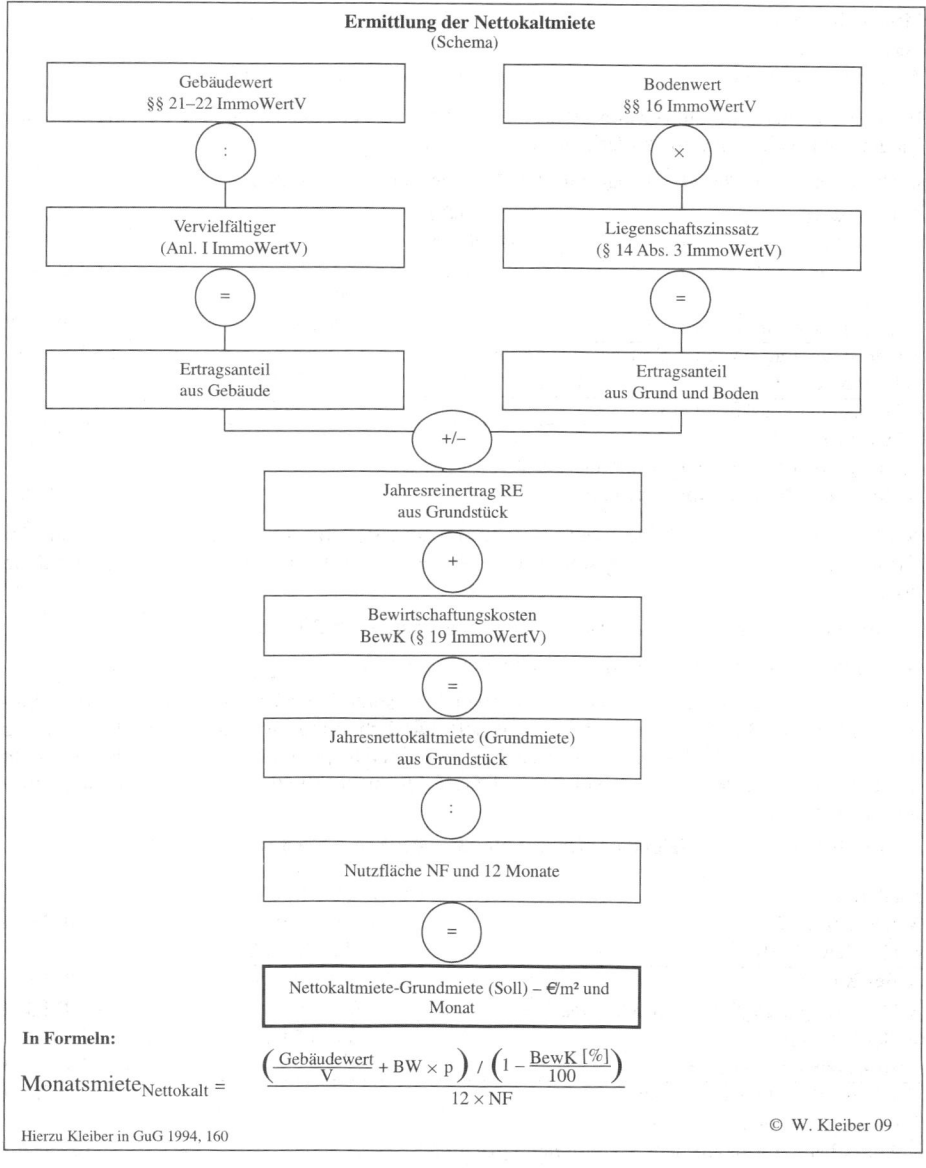

V Syst. Darst. Ertragswertverf. — Kostenmiete

294 *Beispiel:*

a) Sachverhalt

Verkehrswert	1 000 000 €
Bodenwert	300 000 €
Gebäudewert	700 000 €
Nutzfläche NF	500 m²
Restnutzungsdauer	50 Jahre
Bewirtschaftungskosten	15 %
Liegenschaftszinssatz	5 %
Vervielfältiger	18,255929
Abschreibungsdivisor	209,348

Es ist die Nettokaltmiete (Grundmiete) zu ermitteln, die auf der Grundlage des angegebenen Liegenschaftszinssatzes dem Verkehrswert entspricht.

b) Ermittlung (auf der Grundlage der in Abb. 42 angegebenen Formel)

Gebäudewert:	700 000,00 €		
Vervielfältiger:	18,255929		
Gebäudewert	38 343,71 €	=	38 343,71 €
Bodenwert	300 000,00 €		
× Liegenschaftszinssatz (= 0,05)	15 000,00 €	+	15 000,00 €
= Jahresreinertrag zuzüglich Bodenwertverzinsungsbetrag		=	53 343,71 €
: (1 − BewK/100)	62 757,30 €		
+ Bewirtschaftungskosten (15 %)	= 9 413,59 €	+	9 413,59 €
= Jahresnettokaltmiete		=	62 757,30 €
: 6 000 m² (bei 500 m² NF und 12 Monaten)			
= **Monatliche Nettokaltmiete pro m² NF**			**= 10,45 €/m²**

295 Nachfolgend wird hierzu eine **zweite Berechnungsweise** vorgestellt, bei der zunächst auf der Grundlage der erwarteten Verzinsung (hier 5 %) der Jahreszinsertrag ermittelt wird, der dann noch

- um die nicht umlagefähigen Bewirtschaftungskosten (15 %) und
- um den Abschreibungsbetrag des Gebäudes

erhöht werden muss, um zu der erforderlichen Jahresnettokaltmiete (Grundmiete) zu gelangen (vgl. Abb. 43 mit der angegebenen Formel). Die Erhöhung um den Abschreibungsbetrag des Gebäudes ist erforderlich, da – anders als bei einer Kapitalanlage – das Gebäude einem Wertverzehr unterworfen ist. Ansonsten entspricht das nachfolgende Beispiel dem vorgestellten Sachverhalt.

c) Ermittlung (auf der Grundlage der in Abb. 43 angegebenen Formel)

Kaufpreis	= 1 000 000,00 €		
Verzinsung bei 5 %	= 50 000,00 €		50 000,00 €
: (1 − BewK/100)	= 58 823,53 €		
× BewK (15 %)	= 8 823,53 €	+	8 823,53 €
= Verzinsung zuzüglich Bewirtschaftungskosten		=	58 823,53 €
= Gebäudewert	= 700 000,00 €		
: Abschreibungsdivisor (= 209,348)		+	3 343,71 €
= Jahresnettokaltmiete (Grundmiete)		=	62 167,24 €
: 6 000 m² (bei 500 m² NF und 12 Monaten)			
= **Monatliche Nettokaltmiete (Grundmiete) pro m² NF**		=	**10,36 €/m²**

Abb. 43: Ermittlung der Nettokaltmiete bei vorgegebener Verzinsung eines Kaufpreises

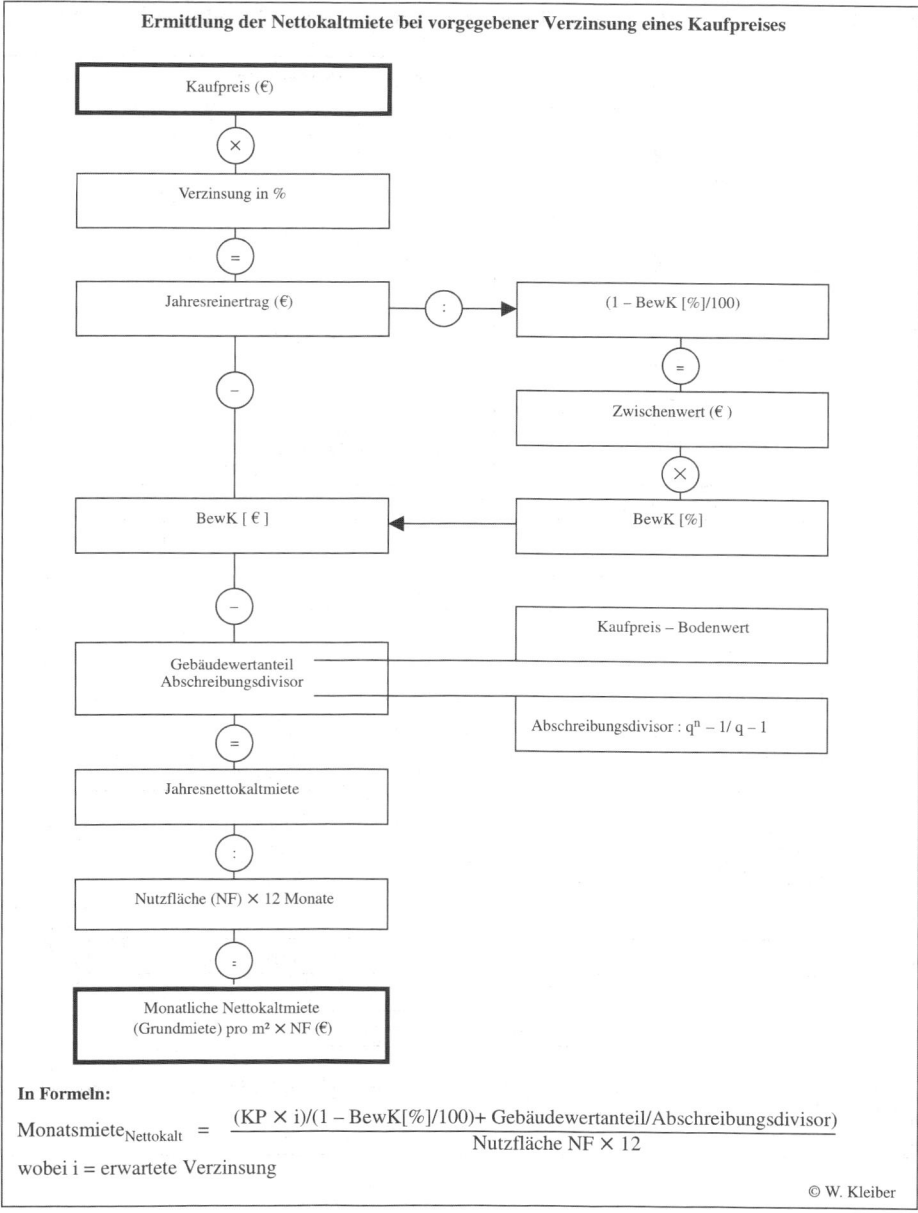

In Formeln:

$$\text{Monatsmiete}_{\text{Nettokalt}} = \frac{(KP \times i)/(1 - BewK[\%]/100) + \text{Gebäudewertanteil}/\text{Abschreibungsdivisor}}{\text{Nutzfläche NF} \times 12}$$

wobei i = erwartete Verzinsung

© W. Kleiber

2.7.3 Soll- bzw. Kostenmiete (Reinertrag) auf investiven Grundlagen

Die sich auf investiver Grundlage ergebende „**Sollmiete**" (Kostenmiete) kann durch Umkehrung des Verfahrensgangs ermittelt werden, der der Sachwertermittlung zugrunde liegt (vgl. Abb. 42). Im Unterschied zum klassischen Sachwertverfahren muss dabei jedoch der Sub-

296

stanzwert auf der Grundlage sämtlicher Investitionskosten einschließlich Grundstückstransaktions- und Finanzierungskosten ermittelt werden.

Abb. 44:   Soll- bzw. Kostenmiete (Reinertrag) auf investiven Grundlagen

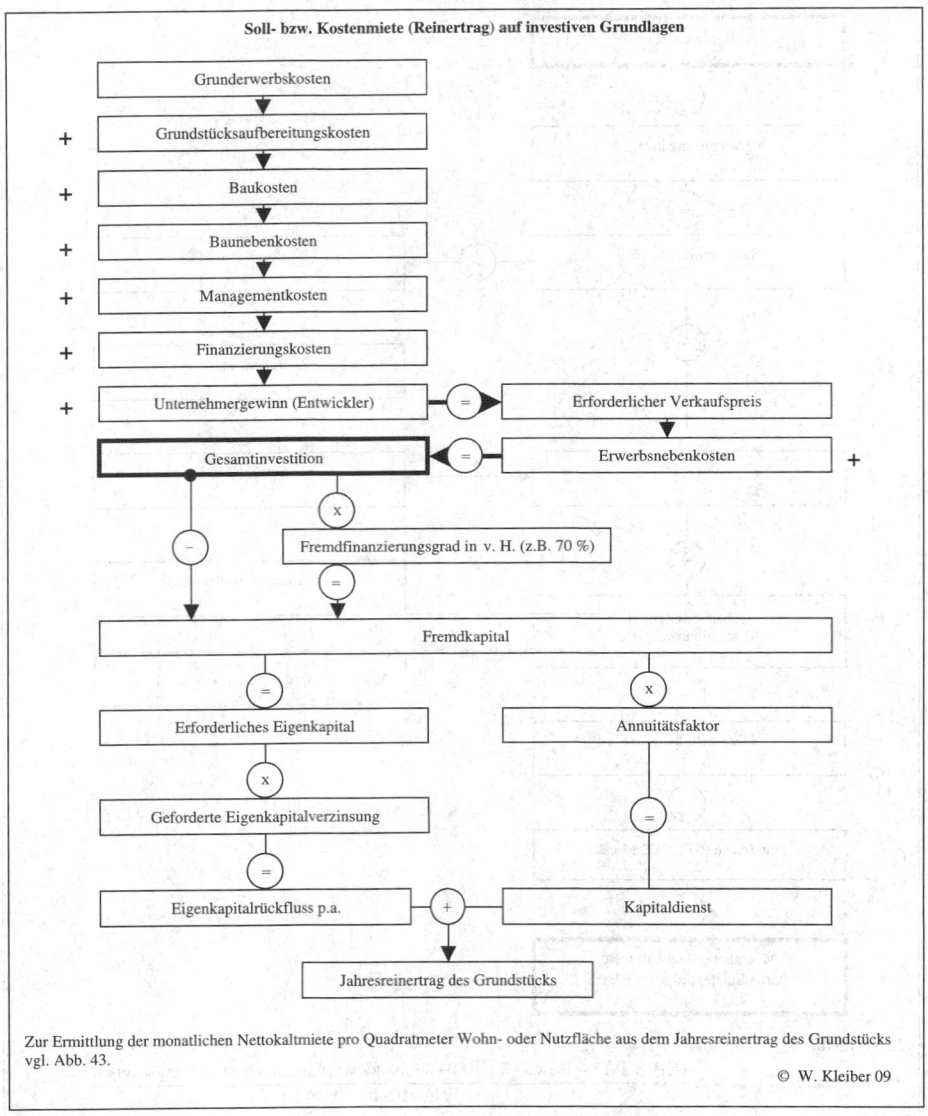

3 Modifiziertes Ertragswertverfahren

3.1 Pachtwertverfahren

Schrifttum: *Bub,W.-R.*, Die auf – nach der EOP-Methode festgestellter – Pachtzinsüberhöhung beruhende Sittenwidrigkeit von Gaststätten-Pachtverträgen, ZMR 1995, 509; ders. In Bub/Treier, Handbuch der Geschäftsraum- und Wohnraummiete, 3. Aufl. 1999 II Rn. 716: *Eckert, H.-G.*, Wucherähnliche Immobilienverträge, ZfIR 2001, 884; *Loew/Riedel/Bruss*, Miet- und Pachtverträge im Gastgewerbe unter wirtschaftlicher Betrachtung, hsg. Gastgewerbliche Schriftenreihe (Dehoga), Bonn 1993 Nr. 57; *Loew, H.*, Die Pachtwertfindung für gastgewerbliche Objekte, GuG 1997, 209; *Loew, H.*, Zur Miet-/Pachtfindung gastgewerblicher Bewertungsobjekte mit Hilfe des Vergleichswertverfahrens, GuG 2002, 14; *Loew, H.*, Zur Eignung von Ladenmieten als Maßstab für die Bestimmung von Gaststättenmieten, GuG 2001, 142; *Loew, H.*, Pachtwertmethode und EOP-Methode, GuG 2002, 292; *Loew, H.*, Ladenmieten taugen – im Sinne anderer Erfahrungswerte – nicht zur Bestimmung einer gastgewerblichen Miete/Pacht, GuG 2004, 339; *Michalski, L.*, Die Sittenwidrigkeit von Miet-Pachtzinsen für Gewerberäume, ZMR 1996, 1; *Seitter, O.*, Sittenwidrigkeit von Gaststättenverträgen wegen Pachtzinsüberhöhung, ZMR 1996, 587; *Usinger, W.*, Abschied von der Marktmiete, in NZM 1998, 641; *Smolibowski, G.*, Ist die Ertragskraft eines Pachtobjekts bei der Verkehrswertermittlung zu berücksichtigen, GuG 2006, 136; *Walterspiel, K.*, Die Kostenmiete im Gastgewerbe? Nochmals zur Anwendung der EOP-Methode, ZMR 1996,468; *Walterspiel, K.*, Die Ermittlung des objektiven Werts, NZM 2000, 75; ders. ZMR 1996, 468, NZM 2001, 795; *Warstatt, W.*, Pacht im Gastgewerbe, GuG 2002, 199.

3.1.1 Übersicht

Bei Anwendung des Pachtwertverfahrens wird zur Ermittlung des Ertragswerts an Stelle von marktüblich erzielbaren Mieterlösen von **marktüblich erzielbaren Pachterträgen** ausgegangen. Diese Unterform des Ertragswertverfahrens kommt insbesondere bei gewerblichen Grundstücken zur Anwendung, die üblicherweise verpachtet werden (§§ 581 bis 597 BGB) bzw. verpachtet werden können. Das Verfahren kann deshalb auch bei eigengenutzten gewerblichen Objekten Anwendung finden und findet im Wirtschaftsleben einschließlich der Praxis der Beleihungsinstitute Anerkennung. **297**

Wie bei der Anwendung des auf Mieterträge zurückgreifenden Ertragswertverfahrens ist von dem **marktüblich erzielbaren Jahrespachterlös** auszugehen, **der,** als Jahresrohertrag ermittelt, **um die bei ordungsgemäßer Bewirtschaftung marktüblich entstehenden Bewirtschaftungskosten zu vermindern ist.** **298**

Der nachhaltig erzielbare Pachterlös lässt sich aus **branchenspezifischen Durchschnittspachten** ableiten, wie sie von Handelsforschungsinstituten veröffentlicht werden (Abb. 43). Die marktspezifischen örtlichen Gegebenheiten sind dabei zu berücksichtigen. Die marktüblich erzielbaren Durchschnittspachten werden üblicherweise in einem Vomhundertsatz des üblicherweise erzielbaren branchenspezifischen Umsatzes (z. B. in € pro m² Verkaufsfläche bzw. pro m² Geschäftsraum) angegeben. **299**

$$\text{Jahresrohertrag}_{\text{€}/m^2} = \text{Jahresumsatz}_{\text{€}/m^2} \times \text{Pachtzins}_{\%}$$

Abb. 45: Durchschnittliche Pachtsätze in v.H. des Umsatzes nach Branchen* – Stand 1999: vgl. Teil VI Rn. 281

Branche/Gewerbe	Durchschnittliche Pachtsätze in v. H. des Umsatzes	Geschäftsraum je Betrieb in m²
Möbel	5,3	14 407
Glas/Porzellan/Keramik	6,6	755
Drogerien/Parfümerien	4,4	244
Spielwaren	4,0 bis 5,0	–
Sportartikel	5,4	589
Schuhe	6,2	642
Textilien	6,2	788
Discounter	3,0	–
Lederwaren	8,3	431
Lebensmittel	3,0	601
Reformhaus	5,9	120
Elektro	3,8	442
Supermärkte	1,5 bis 2,0	–
Radio/Fernsehen	3,2	–
Photo	2,0 bis 3,0	–
Uhren/Juwelen/Gold- und Silberwaren	4,6	154
Tabakwaren	3,7	78
Eisenwaren/Hartwaren	3,0	2 093
Bürowirtschaftlicher Fachhandel	3,5	702
Buchhandel	3,8	486
Verbrauchermärkte/Großmärkte	2,0 bis 2,5	–
Warenhäuser	–	–
SB-Warenhäuser	1,5 bis 2,0	–
Baumärkte	–	–
Hotel/Restaurant		
– Beherbergung	15 bis 20	–
– Gastronomie	6 bis 10	–
– Getränke	8 bis 10	–
– Sonstiges	10 bis 15	–
– Gesamtumsatz	15 bis 18	–
– in Sonderfällen maximal bis zu	20	–
Hotel garni		
– Beherbergung	18 bis 22	–
– Speisen/Getränke	8 bis 12	–
– Gesamtumsatz	20 bis 22	–
– in Sonderfällen maximal bis	25	–
ansonsten	8 bis 10	–
– Normalausstattung	11	–
– Gehobene Ausstattung	12	–
– First-Class	15	–
– Kur- und Ferienhotel	14	–
Speiserestaurant	6 bis 8	–
Weinstuben	8 bis 10	–
Bierkneipe	10	–
Altenheime**	5 bis 15	–
Fachkliniken	15 bis 20	–
Kurkliniken	15 bis 20	–
Sanatorien	15 bis 20	–
Pflegeheime	15 bis 20	–
Großdiskotheken	10 bis 12	–

* Aktuelle Angaben: Institut für Handelsforschung an der Universität Köln; Verlag Otto Schwartz und Co, Annastr. 7 in 37075 Göttingen; Einzelhandelsinstitut e.V., Spichernstr. 55 in 50672 Köln; abrufbar: http://www.ifhkoeln.de; Deutsches Wirtschaftswissenschaftliches Institut für Fremdenverkehr an der Universität München 1995
** Vom Umsatz sind die Arztkosten abzuziehen.

Der sich nach **Abzug der Bewirtschaftungskosten** des Verpächters ergebende Grundstücksreinertrag wird – wie bei dem normalen Ertragswertverfahren – mit dem **marktüblichen Liegenschaftszinssatz** über die verbleibende Restnutzungsdauer kapitalisiert. 300

Wie im Falle einer Vermietung des Grundstücks kann 301

– der marktüblich erzielbare Pachterlös
– von dem tatsächlich erzielten Pachterlös

abweichen.

Sofern sich der tatsächlich erzielte Pachterlös aufgrund vertraglicher Vereinbarungen nicht an den marktüblich erzielbaren Pachterlös angleichen lässt und die Abweichungen nach Höhe und zeitlicher Bindung so erheblich sind, dass sie das Ergebnis über die allgemeine Schätzgenauigkeit beeinflussen, sind solche vertraglichen Bindungen eine die Nachhaltigkeit beeinflussende rechtliche Gegebenheit. Solche Abweichungen müssen dann zusätzlich berücksichtigt werden. Dies erfolgt nach den Verfahren, die auch zur Berücksichtigung von Unter- bzw. Übervermietungen gebräuchlich sind. Sofern ein umsatzabhängiger Pachtzins (zumeist i.V.m. einem Mindestumsatz) vereinbart worden ist, ist der Sachverständige auf Angaben der Vertragsparteien angewiesen. Hier ist größte Vorsicht insbesondere bei Vereinbarung eines Mindestumsatzes angezeigt, denn erfahrungsgemäß wird in solchen Fällen der Mindestumsatz auffälligerweise allenfalls geringfügig überschritten. 302

▶ *Zur Anwendung des Pachtwertverfahrens bei Hotelbewertungen vgl. Teil VI Rn. 414 ff.; § 8 ImmoWertV Rn. 68*

3.1.2 Ertragskraftorientiertes Pachtwertverfahren (EOP-Methode)

Das von *Loew/Riedel/Bruss*[25] unter der Bezeichnung „Ertragskraftorientierte Pachtwertmethode" publizierte Verfahren zur Ermittlung von Pachtzinsen vornehmlich im gastwirtschaftlichen Bereich stellt nichts anderes als eine besondere **Ausformung des üblichen Pachtwertverfahrens** dar. Die besondere Ausformung zielt in ihrem Kern – wie noch näher dargelegt wird – auf die **Berücksichtigung objekt- und vertragsspezifischer Besonderheiten** ab. 303

Das Verfahren fand zunächst in der Rechtsprechung etlicher Oberlandesgerichte seine Bestätigung. Gleichwohl war es im Schrifttum nie unumstritten[26]. Der BGH hat das Verfahren schließlich als ungeeignet zur Feststellung einer Sittenwidrigkeit von Miet- und Pachtverträ- 304

---

25 Loew/Riedel/Bruss, Miet- und Pachtverträge im Gastgewerbe unter wirtschaftlicher Betrachtung, hsg. Gastgewerbliche Schriftenreihe (Dehoga), Bonn 1993 Nr. 57.
26 BGH, Urt. vom 14.7.2004 – XII ZR 352/00 –, EzGuG 20.193 –; BGH, Urt. vom 13.6.2001 – XII ZR 49/99 –, GuU 2001, 302 = EzGuG 20.178; BGH, Urt. vom 28.4.1999 – XII ZR 150/97 – BGHZ 141, 257 = GuG 2000, 54; OLG Stuttgart, Beschl. vom 19.6.2001 – 5 U 121/00 –, GuG 2001, 313; OLG Stuttgart, Urt. vom 6.8.1998 – 13 U 262/97 –, OLGR-Stuttgart 1998, 389; OLG Karlsruhe, Urt. vom 9.6.1998 – 19 U 203/97 –; OLG München, Urt. vom 21.11.1997 – 14 U 140/97 –, NZM 1991, 224; OLG Nürnberg, Beschl. vom 8.10.1997 – 5 W 3283/97 –; OLG Stuttgart, Urt. vom 4.9.1997 – 13 U 96/97 –; OLG Stuttgart, Urt. vom 26.5.1997 – 5 U 155/95 –, OLGR-Stuttgart 1997, 18; OLG München, Urt. vom 18.4.1997 – 21 U 5900/9 –; OLG München 1998, 20; OLG Karlsruhe, Urt. vom 6.2.1997 – 12 U 92/96 –, EzGuG 20.160 a; OLG Nürnberg, Urt. vom 26.9.1996 – 2 U 3060/92 –; OLG Hamm, Beschl. vom 17.9.1996 – 2 W 22/96 –; OLG Stuttgart, Urt. vom 26.6.1995 – 5 U 189/94 –, EzGuG 20.161b; OLG München, Urt. vom 24.2 1995 – 23 U 4255/94 –; OLG München, Urt. vom 27.5.1994 – 21 U 2236/92 –, OLGR-München 1996, 163; OLG Stuttgart, Urt. vom 17.5.1993 – 5 U 107/92 –; OLG Stuttgart, Urt. vom 1.2.1993 – 5 U 138/91 –, NJW-RR 1993, 654; OLG Stuttgart, Urt. vom 13.7.1992 – 5 U 2/92 –, EzGuG 20.142; OLG Karlsruhe, Urt. vom 6 2.1997 – 12 U 92/72 –, EzGuG 20.160 b; OLG Stuttgart, Urt. vom 26.5.1997 – 5 U 155/95 –, EzGuG 20.161b; OLG München, Urt. vom 21.11.1997 – 14 U 140/97 –, EzGuG 20.162; OLG München, Urt. vom 25.9.1998 – 23 U 2624/98 –, EzGuG 20.165 a; OLG München, Urt. vom 27.4.1999 – 25 U 7/98 –, MDR 1999, 1131 = NZM 1999, 617 = OLGR-München 1999, 186; OLG Nürnberg, Urt. vom 16.7.1998 – 8 U 197/98 –, EzGuG 20.163 a; LG Konstanz, Urt. vom 21.8.1998 – 3 O 586/96 –, EzGuG 20.164 c; OLG München, Urt. vom 4.9.2000 – 17 U 5278/96 –, EzGuG 20.175 OLG Stuttgart, Beschl. vom 19.6.2001 – 5 U 121/00 –, GuG 2001, 313 = EzGuG 20.179; BGH, Urt. vom 13.6.2001 – XII ZR 49/99 –, EzGuG 20.178 = GuG 2001, 303.

gen aufgrund eines Missverhältnisses von Leistung und Gegenleistung erkannt[27]. Es kann insoweit auch **nicht** – zumindest nicht direkt – als **geeignet zur Ermittlung von Verkehrswerten** angesehen werden. Der BGH hat es im Übrigen offen gelassen, ob das Verfahren für Investitions- und Beleihungszwecke geeignet ist.

305 Bei der **EOP-Methode** handelt es sich – wie bereits herausgestellt – um eine **besondere Ausformung der allgemeinen Pachtwertmethode.** Ausgehend von der tatsächlichen Nutzung eines Objektes (z. B. Gaststätte) wird in einem ersten Schritt der jährliche Pachtzins auf der Grundlage des branchenüblichen (Basis-) Umsatzes in € und des branchenüblichen Pachtzinses in % ermittelt. In einem zweiten Schritt werden dann die objektspezifischen Besonderheiten durch

306 a) einen entsprechend modifizierten Umsatz in €,

b) einen entsprechend modifizierten Pachtzins in % und

sonstige Zu- und Abschläge in € berücksichtigt. Bezüglich der objektspezifischen Besonderheiten wird dabei nach

– objektimmanenten Besonderheiten,

– offenen vertragsbedingten Besonderheiten und

– verdeckten vertragsbedingten Besonderheiten

unterschieden. Mit den unter a bis c genannten „Korrekturen" sollen die sich auf den Normalfall beziehenden branchenüblichen Umsätze und Pachtzinsen an die Objektmerkmale angepasst werden (Abb. 46).

---

27 BGH, Urt. vom 13.6.2001 – XII ZR 49/99 –, GuG 2001, 302 = EzGuG 20.178; BGH, Urt. vom 28.4.1999 – XII ZR 150/97 –, BGHZ 141, 257 = GuG 2000, 54 historisch: RFH, Urt. vom 15.12.1938 – III 18/38 –, RStBl. 1939, 708.

Abb. 46: Verfahrensablauf der EOP-Methode

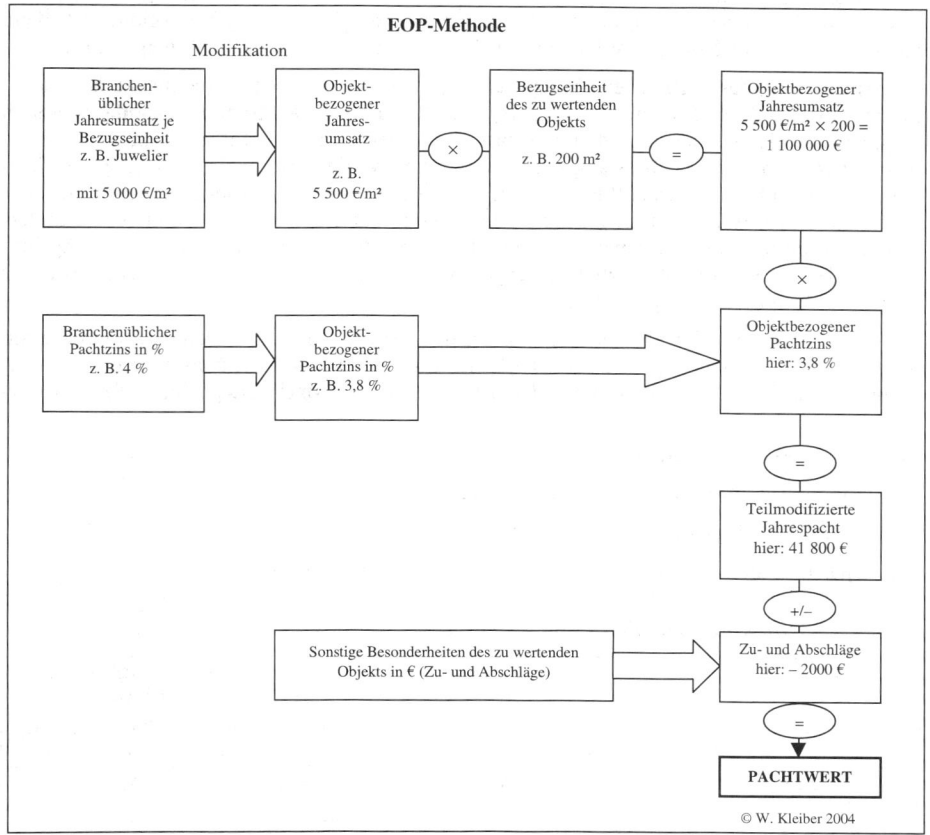

Der unter **Berücksichtigung der objekt- einschließlich vertragsspezifischen Besonderheiten** angepasste branchenübliche (Basis-)Umsatz und der (Basis-)Pachtzins stellen dann die Grundlage für die Anwendung des Pachtwertverfahrens dar. 307

Die Berücksichtigung objektspezifischer einschließlich der am Objekt (als rechtliche Gegebenheiten i.S. der Verkehrswertdefinition des § 194 BauGB) „hängenden" vertragsspezifischen Besonderheiten entspricht zunächst der Vorgehensweise bei Anwendung des klassischen Ertragswertverfahrens; auch bei Anwendung des Ertragswertverfahrens müssen objektspezifische Besonderheiten, z. B. bezüglich des Ansatzes der Reinerträge, Bewirtschaftungskosten und des Liegenschaftszinses, berücksichtigt werden. Darüber hinaus sind die insoweit nicht berücksichtigten Besonderheiten ggf. nach § 8 Abs. 3 ImmoWertV durch Zu- und Abschläge zu berücksichtigen. Insoweit lehnt sich die EOP-Methode verfahrensmäßig an das klassische Ertragswertverfahren an. 308

Es ist bei Anwendung des klassischen Ertragswertverfahrens auf gewerbliche Grundstücke auch durchaus üblich, das Ergebnis mit Hilfe branchenüblicher Umsatzzahlen und Pachtzinsen, wie sie vom Handelsinstitut in Köln veröffentlicht werden, auf Plausibilität zu überprüfen. Insoweit stellt sich die EOP-Methode im Kern als das klassische Ertragswertverfahren dar, bei dem man den marktüblich erzielbaren Reinertrag nicht mehr direkt aus Mieten und dgl. ableitet, sondern von branchenspezifischen Umsatzzahlen und Pachtzinsen ausgeht und diese im zweiten Schritt den **objekt- und vertragsspezifischen Besonderheiten** auf der Grundlage der tatsächlichen Nutzung angleicht; damit nimmt das Verfahren den Charakter 309 einer Unternehmensbewertung an. Die Bezeichnung des Verfahrens als „Ertragskraftorientierte Pachtwertmethode" (EOP) mag bei alledem sehr werbewirksam sein, jedoch ist auch das klassische Ertragswertverfahren mit gleichem Anspruch „ertragskraftorientiert", denn auch bei diesem Verfahren ermittelt sich der Ertragswert nach den nachhaltigen Erträgen.

310 Bei Anwendung des klassischen Ertragswertverfahrens werden **objektspezifische Besonderheiten** einschließlich der am Objekt „klebenden" **vertragsspezifischen Besonderheiten** in geeigneter Weise berücksichtigt, ohne dass die ImmoWertV hierfür bestimmte Vorgaben macht. Dies kann – wie bereits angesprochen – durch Modifikation der herangezogenen Vergleichsmieten und Bewirtschaftungskosten, durch Modifikation des Liegenschaftszinses oder durch Zu- und Abschläge nach § 8 Abs. 3 ImmoWertV erfolgen. Vertragsbedingte Besonderheiten, die insbesondere zu einer zeitlich i.d.R. begrenzten Unter- oder Übervermietung führen, werden i.d.R. durch Zusatzberechnungen berücksichtigt, bzw. es kommt das *Discounted Cashflow* Verfahren zur Anwendung.

311 Bei Anwendung der EOP-Methode geschieht die Berücksichtigung solcher Besonderheiten gegenüber den branchenüblichen (Basis-)Umsätzen und (Basis-)Pachtzinsen in einer operationalisierten Weise, indem die **Besonderheiten** zunächst **in drei Kategorien aufgeteilt** werden:

312 a) objektimmanente Besonderheiten,

b) offene vertragsbedingte Besonderheiten und

c) verdeckte vertragsbedingte Besonderheiten.

313 Als **objektimmanente Besonderheiten** werden angesehen (Abb. 47):

Abb. 47: Objektimmanente Besonderheiten

Lfd. Nr.	Kriterium	Wirkung		Berücksichtigung durch Modifikation		
		erhöhend	senkend	Umsatz	Pachtzins	Zu- oder Abschlag
1.	Betriebsart	mit ertragsstarken Umsatzarten	mit ertragsschwachen Umsatzarten		×	
2.	Größe	zu groß	zu klein	×		
3.	Betriebszeit	ohne Sperrstunde	längere Sperrzeit	×		
4.	Standort	Großstadt	Dorf	×		
		kaum Konkurrenz	viel Konkurrenz	×		
		starke Nachfrage	geringe Nachfrage	×		
		bekannte Lage	unbekannte Lage	×		
		gut erreichbar	abseits	×		
		positives Umfeld	negatives Umfeld	×		
		viele Parkplätze	wenig Parkplätze	×		
5.	Erscheinungsbild	ansprechend	abstoßend	×		
6.	Ausstattungsstandard	gut schlecht	gut schlecht	×		
7.	Funktionalität	optimal	schlecht	×		
8.	Voraussichtliche – Warenkosten – Personalkosten – Energiekosten	günstig	überhöht		× × ×	
9.	Voraussichtliche Kosten Instandhaltung, Schönheitsreparaturen	gering	hoch			×
10.	Abschreibungsbedarf	gering	hoch			×
11.	Betriebskosten	günstig	ungünstig		×	

Als **offene vertragsbedingte Besonderheiten** werden angesehen (Abb. 48): 314

Abb. 48: Offene vertragsbedingte Besonderheiten

Lfd. Nr.	Kriterium	Wirkung		Berücksichtigung durch Modifikation		
		erhöhend	senkend	Umsatz	Pachtzins	Zu- oder Abschlag
1.	Einflussnahme Leistungspolitik		ja		×	×
2.	Preispolitik		ja	×	×	
3.	Werbepolitik		ja			×
4.	Konkurrenzklausel		nein		×	
5.	Verteilung – Energiekosten – Steuern, Versicherungen – Instandhaltung/ Schönheitsreparaturen	einseitig einseitig	einseitig verpächterfreundlich			× × ×

Als **verdeckte vertragsbedingte Besonderheiten** werden angesehen (Abb. 49): 315

Abb. 49: Verdeckte vertragsbedingte Besonderheiten

Lfd. Nr.	Kriterium	Wirkung		Berücksichtigung durch Modifikation		
		erhöhend	senkend	Umsatz	Pachtzins	Zu- oder Abschlag
1.	Lieferverträge/Mindestabnahme		ja			×
2.	Automatenverträge		ja			×
3.	Ablösung für – hohes Warenlager – Großinventar – Goodwill		ja ja ja			×
4.	Baukostenzuschuss		ja			×
5.	Vereinbarungen zu – Umbauten – Objektrückgabe	pächterfreundlich	verpächterfreundlich			×
6.	Übernahme von Arbeitsverhältnissen nach § 613 a BGB		ja bzw. zu viele			×
7.	Kautionsvereinbarung		Barkaution ohne Verzinsung			×
8.	Vertragslaufzeit		sehr kurz			×
9.	Einseitige Option auf Pachtverlängerung	wenn beim Pächter liegend	wenn beim Verpächter liegend			×
10.	Wertsicherung	nein				×
11.	Unterverpachtungsrecht	ja				×
12.	Einschränkung Schadenersatz-/Minderungsrecht		ja			×

Die in den vorstehenden Tabellen empfohlene Berücksichtigung objekt- einschließlich vertragsbedingter Besonderheiten durch Modifikation des (Basis-)Umsatzes bzw. des (Basis-) 316

Pachtzinses einerseits und durch Zu- oder Abschläge andererseits ist nicht immer sachgerecht. Allgemein gilt hier die Regel, dass solche

- *Besonderheiten, die den Pachtwert über die gesamte Nutzungsdauer* (d.h. den gesamten Kapitalisierungszeitraum) *beeinflussen,* durch eine angemessene Modifizierung des Umsatzes und des Pachtzinses berücksichtigt werden, während
- *Besonderheiten, die sich nur temporär oder sogar nur einmalig auf den Pachtwert auswirken,* durch Zu- oder Abschläge (in €) berücksichtigt werden.

317 Ein besonderes Problem bei Anwendung der Pachtwertmethode wie im Übrigen aber auch bei Anwendung des klassischen Ertragswertverfahrens stellt die Frage dar, von welcher gewerblichen Branche auszugehen ist. Wie bereits ein flüchtiger Blick in die Einkaufsstraßen zeigt, ergibt sich ein **breites Marktspektrum für die Nutzung von Einzelhandelsflächen mit völlig unterschiedlichen Umsatzpotenzialen** einerseits und unterschiedlichen Umsatzmieten. Hierauf ist zurückzuführen, dass ertragsstarke Nutzungen ertragsschwächere Nutzungen verdrängen. Auf der anderen Seite ist es der Branchenmix, von dem letztlich alle Nutzungen „leben". Nicht jede Nutzung verträgt aber jede Miete.

318 Ein umsichtiges Citymanagement wird deshalb darauf bedacht sein, gleichwertige Flächen verschiedenen Branchen in einem ausgewogenen Mix zu unterschiedlichen Mieten zur Verfügung zu stellen. I.d.R. wird sich jede Ladenfläche grundsätzlich für jede Nutzung eignen, zumal Läden oftmals im „gehobenen Rohbau" zur Vermietung gelangen und der Nutzer den branchenspezifischen Ausbau übernimmt; allein die Ladengröße ist ein Indikator für bestimmte Nutzungen.

319 Bei alledem stellt sich die Frage, ob im Einzelfall die **Zufälligkeit der tatsächlichen Nutzung** zugleich Grundlage der Verkehrswertermittlung sein darf. Im vorstehenden Beispiel (Abb. 44) stellt sich konkret die Frage, ob die tatsächliche Nutzung als Juwelier- oder Tabakladen mit hohem Jahresumsatz zum Ausgang der Ertragswertermittlung gemacht werden kann. Dieselbe Frage stellt sich aber auch bei Anwendung des Pachtwertverfahrens.

Abb. 50: Lageplan der Einkaufsstraße

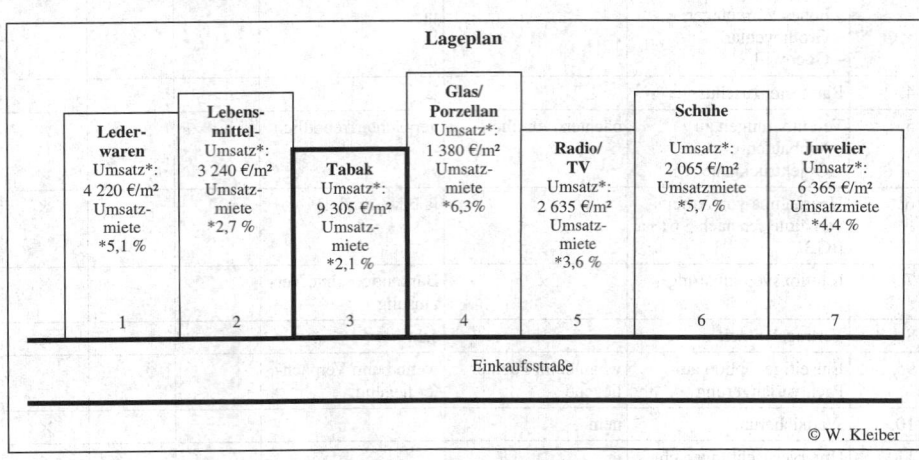

* Branchenübliche Umsätze und Pachten nach Untersuchungen des Instituts für Handelsforschung an der Universität zu Köln (Stand: 1995)

320 Zu alledem wird hier die Auffassung vertreten, dass eine bestimmte Nutzung in den seltenen Ausnahmefällen zum Ausgangspunkt der Pacht- bzw. Ertragswertermittlung gemacht werden kann, wenn das Objekt auch für andere Nutzungen nach seiner objektiven Beschaffenheit geeignet ist und die allgemeine Situation diese Nutzung auch verträgt. Ansonsten kann weder

die ertragskräftigste noch die ertragsschwächste Nutzung – unabhängig von der tatsächlichen Nutzung – zum Ausgangspunkt der Pacht- und Ertragswertermittlung gemacht werden, wenn es um den Verkehrswert geht. **Unter dem Gesichtspunkt der Verkehrswertermittlung empfiehlt es sich, auf die durchschnittliche Nutzung zurückzufallen,** und zwar selbst dann, wenn z. B. der Branchenmix ein Defizit bezüglich ertragsstarker Nutzungen aufweist. Man muss sich hier vergegenwärtigen, dass sich die zum Wertermittlungsstichtag vorgefundene Situation sehr schnell wandeln kann, während mit dem Rückgriff auf eine bestimmte Nutzung und der sich hieraus ergebenden Barwertermittlung unterstellt wird, dass diese Nutzungsverhältnisse über die gesamte Restnutzungsdauer Bestand haben. Auf der anderen Seite wird man eine von der durchschnittlichen Nutzbarkeit abweichende tatsächliche Nutzung auch nicht gänzlich unberücksichtigt bleiben lassen, sei es, dass es sich um eine Unter- oder Übernutzung handelt. In solchen Fällen muss man mit feinem Marktgefühl unter Berücksichtigung vertraglicher Gegebenheiten den Zeitraum abschätzen, über den sich eine ertragsschwächere bzw. ertragsstärkere Nutzung „hält", um den Barwert der Mehr- oder Mindereinnahmen aus der tatsächlichen Nutzung zusätzlich in Ansatz bzw. zum Abzug zu bringen.

Lösungsvorschlag in der Zusammenfassung: 321

a) Bei Anwendung des klassischen Ertragswertverfahrens verbietet es sich in Einzelhandelslagen immer dann, von der tatsächlichen Nutzung als der marktüblichen Nutzung auszugehen, wenn

- sie sich nicht aus der vorhandenen Bausubstanz aufdrängt oder
- von der durchschnittlichen Nutzung abweicht.

In solchen Fällen ist im Rahmen einer vorsichtigen und risikoorientierten Verkehrswertermittlung die durchschnittliche Ertragsfähigkeit und nicht etwa der *highest and best price* der Ertragswertermittlung zugrunde zu legen. Ergeben sich aus der „Unter- oder Übernutzung" Abweichungen gegenüber der durchschnittlichen Ertragsfähigkeit, so sind diese nach den dafür gängigen Verfahren zusätzlich zu berücksichtigen.

b) Dasselbe gilt auch bei Anwendung des Pachtwertverfahrens. Die zur Anwendung kommende EOP (Ertragsorientierte Pachtwertmethode) führt dagegen nicht zum Verkehrswert, wenn von der „Zufälligkeit" der tatsächlich vorhandenen Branche ausgegangen wird.

3.2 Kapitalwertverfahren für Rentabilitätsanalysen

Schrifttum: *Friedrichs, J.-Ch.*, Einige Anmerkungen zum Kapitalmarktzinssatz, GuG 2002, 65; *Jandura, I./Rehkugler, H.*, Anwendung der MPT auf Immobilienportfolios, GuG 2002, 129, 147; *Janssen, O.*, Simulation für Investitionsentscheidungen leicht gemacht: Das Discounted Cashflow Verfahren, GuG 2002, 193; *Nelles, M./Treptow, G./Storck, B./Wlazik, L.-H.*, Asset Allocation mit Immobilieninvestments, GuG 2002, 8; *Vogels, M.*, Investitions- und Verkehrswertanalysen, GuG 2004, 355.

3.2.1 Allgemeines

Seine eigentliche Bedeutung entwickelt das gesplittete Ertragswertverfahren (Restwertmethode) im Rahmen von **Rentabilitätsanalysen für Immobilienprojekte**. Im Vordergrund steht dabei in aller Regel die Frage, ob sich eine Investition in eine Immobilie ggf. im Vergleich zu alternativen Anlagen lohnt, d.h., wie sich der Kauf einer Immobilie ggf. in Verbindung mit weiteren investiven Maßnahmen verzinst. Konkret wird dabei die Frage nach der Verzinsung der Investition vor dem Hintergrund eines bestimmten Zeitraums gestellt. 322

Die dafür zur Anwendung kommende sog. **Kapitalwertmethode lehnt sich an das Ertragswertverfahren** der ImmoWertV an: 323

V Syst. Darst. Ertragswertverf. — Kapitalwertverfahren

$$EW = RE \times V + Restwert / q^n \quad \text{bei gleich bleibenden Erträgen}$$

oder

$$EW = \sum_{t=1}^{n} RE_t \times q^{-1} V + Restwert / q^n \quad \text{bei jährlich unterschiedlichen Reinerträgen}$$

wobei

n	=	den Zeitraum der ersten Periode darstellt, d.h. des im Vordergrund der Rentabilitätsanalyse stehenden Investitionszeitraums
t	=	laufende Jahre dieses Betrachtungszeitraums bzw. Investitionszeitraums $q = (1 + i)$
i	=	Diskontierungszinssatz

324 Bezüglich des dabei anzusetzenden **Diskontierungszinssatzes** bestehen nun – je nach Zielsetzung – verschiedene Möglichkeiten:

a) Zum einen könnte auch hier der *Liegenschaftszinssatz p* herangezogen werden, wie er sich für vergleichbare Objekte ermitteln lässt; im Ergebnis führt die Anwendung der Formel dann wieder zum Verkehrswert, wenn darüber hinaus auch die marktüblich erzielbaren Reinerträge als Einnahmeüberschuss aus der Grundstücksnutzung zum Ansatz gelangen.

b) Im Rahmen einer individuellen Rentabilitätsanalyse können aber auch **bankübliche Zinsen** (ggf. unter Einbeziehung einer Eigenkapitalverzinsung) eingeführt werden. Wenn darüber hinaus als Reinertrag auch noch der objektspezifische Einnahmeüberschuss aus der Grundstücksnutzung $Ü_t$ zum Ansatz gelangt, erhält man den **individuellen Kapitalwert**. Diese Vorgehensweise wird als Kapitalwert-Methode oder in Anlehnung an den sich damit ergebenden *Netto Present Value* auch als **N.-P.-V.-Methode** bezeichnet.

c) Des Weiteren besteht die Möglichkeit, den Wert der Immobilie mit einem durch eigene Zielvorgaben gewünschten Zinssatz und auf der Grundlage des objektspezifischen Einnahmeüberschusses $Ü_t$ (an Stelle des nachhaltigen Reinertrags) zu ermitteln, d.h. zu dem Zinssatz, zu dem ein Investor unter Berücksichtigung der von ihm gewünschten Verzinsung seines eingesetzten Kapitals zum Erwerb der Immobilie bereit ist (**zielorientierter Zinssatz**).

d) Schließlich lässt sich die vorgestellte Formel auch noch auf der Grundlage der abschätzbaren Einnahmeüberschüsse $Ü_t$ und bekannten Investitionskosten (Kaufpreis einschließlich Erwerbsnebenkosten sowie ggf. weiterer Investitionskosten) auflösen. Man erhält dann den *objektspezifischen internen Zinssatz*. Dieser gibt an, wie sich das investierte Kapital verzinst. Der **interne Zinssatz** entspricht dem Liegenschaftszinssatz, wenn

- die Einnahmeüberschüsse $Ü_t$ dem **marktüblich** erzielbaren Reinertrag und
- die Investitionskosten dem Verkehrswert

entsprechen (und im Übrigen Finanzierungs- und Grunderwerbskosten unberücksichtigt bleiben). Diese Methode wird auch als „I.-R.-R.-Methode" in Anlehnung an den internen Zinssatz *(Internal Rate of Return)* bezeichnet.

325 In der Hauptsache wird also nach

- der *Internal-Rate-of-Return*-**Methode** (I.-R.-R.-Methode) und
- der *Netto-Present-Value*-**Methode** (N.-P.-V.-Methode oder Kapitalwertmethode)

unterschieden (Abb. 51):

Abb. 51: Kapitalwertmethoden

3.2.2 Kapitalwertverfahren (N.-P.-V.-Methode)

Schrifttum: *Baum, A./Crosby, N.*, Property Investment Appraisal, London 1995; *White,D./Turner, J./ Jenyon, B./Lincoln, N.*, Internationale Bewertungsverfahren, Wiesbaden 1999; *Scaret, D.* Property Valuation, The Five Methods, London 1995; *Volhard, R./Weber, D./Usinger, W.*, Real Property in Germany, Frankfurt am Main 1998.

Bei der Kapitalwert-Methode[28] führt man nun an Stelle des marktüblich erzielbaren Reinertrags die objektspezifisch erwarteten tatsächlichen **jährlichen Überschüsse aus der Grundstücksnutzung ($Ü_t$)** (auf der Grundlage von Prognosen) und an Stelle des Liegenschaftszinssatzes einen Kalkulationszinssatz ein.

Der Vergleich des sich daraus ergebenden Barwerts mit den erforderlichen Anschaffungskosten (Investitionsausgabe) a_o lässt dann eine Aussage zur Frage zu, ob sich die Investition lohnt:

$$C_o = \sum_{t=1}^{n} Ü_t \frac{1}{(1+i)^t} + \frac{R_n}{(1+i)^n} - a_o$$

- Kapitalwert
- Barwert der Einnahme-Überschüsse
- diskontierter Restwert
- Investitionskosten

entspricht individuellem Grundstücksertragswert

---

[28] Schulte/Ropeter, Rentabilitätsanalyse für Immobilienprojekte im Handbuch Immobilienprojektentwicklung, Köln 1996, S. 165.

wobei

$Ü_t$ die laufenden Einzahlungs- und Auszahlungsüberschüsse = $e_t - a_t$ (in der Verkehrswertermittlung der Reinertrag)

a_t die laufenden Auszahlungen, untergliedert nach
- *periodischen Kosten:* Versicherungen,
  Verwaltungskosten,
  Instandhaltungskosten,
  Betriebskosten usw.
- *aperiodischen Kosten:* Instandhaltungskosten,
  Modernisierungskosten,
  Freilegungskosten usw.

ohne Einbeziehung von Zins- und Tilgungszahlungen sowie Abschreibung (in der Verkehrswertermittlung die laufenden Bewirtschaftungskosten)

e_t die laufenden Einzahlungen
Mieteinnahmen: Grundmiete,
  Nebenkostenanteil,
  evt. zusätzliche Einnahmen gemäß Mietvertrag
Sonstige Periodenerlöse: Werbeflächen,
  Park- oder sonstige Stellflächen

a_0 Investitionskosten (Investitionszahlungen)
= Anschaffungs- bzw. Herstellungskosten
+ Grunderwerbsnebenkosten:
  – Maklergebühren
  – Grundbuchgebühren
  – Notarkosten
  – Grunderwerbsteuer
  – Bankengebühren
  – Gutachterkosten usw.

R_n Veräußerungserlös am Ende der Nutzungsdauer, ggf. getrennte Prognose der Wertentwicklung des
  – Anteils der baulichen Anlagen
  – Anteils des Grund und Bodens.

329 Ist der Kapitalwert $C_0 = 0$, liegt eine sog. **Entscheidungsindifferenz** vor. Ist der Kapitalwert C_0 positiv, so verspricht die Sachinvestition Gewinn. Bestehen mehrere Möglichkeiten alternativer Sachinvestitionen, so ist jene am vorteilhaftesten, die den höchsten Kapitalwert aufweist.

330 Der **Kalkulationszinsfuß i stellt die Verzinsungsuntergrenze für das eingesetzte Kapital** dar. Die individuelle Finanzierung kann – im Unterschied zu den Methoden der Verkehrswertermittlung – dabei eingestellt werden[29]. Grundsätzlich besteht die Möglichkeit, den Kalkulationszinssatz zu orientieren an:

- vergleichbaren banküblichen Zinsen (Leitzinsen),
- Opportunitätskosten alternativer Anlageformen oder
- eigenen Zielvorgaben (die gewünschte Verzinsung einer Investition).

Mit der Verminderung des Kalkulationszinssatzes erhöht sich der Kapitalwert und umgekehrt.

331 Durch Auflösung der Ausgleichsgleichung lässt sich der sog. **kritische Zinssatz** (i_{krit}) ermitteln, mit dem die Verzinsung der Investitionsauszahlung zum gleichen Endwert führt.

---

[29] Der Ansatz von Finanzierungskosten ist in der Verkehrswertlehre verpönt, weil sich dabei – je nach Finanzierung des Objekts – unterschiedliche Werte ergeben würden. Gleichwohl gehen auch über den Liegenschaftszinssatz Finanzierungskosten in die Verkehrswertermittlung ein und zwar in der marktüblichen Höhe.

Kapitalwertverfahren — Syst. Darst. Ertragswertverf. V

$$i_{krit} = (1+i)^n \sqrt{\frac{\sum_{t=1}^{n} \frac{Ü_t}{(1+i)^t}}{a_o} + 1} - 1$$

Dabei kann eine **Finanzierung durch Fremd- und Eigenkapital** individuell berücksichtigt werden.

Bei einer Finanzierung

– durch Fremdkapital (FK) mit dem Sollzinssatz i_S und
– durch Eigenkapital (EK) mit dem Habenzinssatz i_H

ergibt sich als Mischzinssatz:

$$i_{S/H} = \frac{EK \times i_H + FK \times i_S}{EK + FK}$$

Ein auf dieser Grundlage ermittelter positiver Kapitalwert C_0 zeigt an, dass die Sachinvestition mehr erbringt, als für die Verzinsung und Tilgung des Kredits benötigt wird.

Als weitere **Prämisse** ist bei alledem zu berücksichtigen, dass Einzahlungsüberschüsse (Auszahlungsüberschüsse) der Sachinvestition zum Kalkulationszinssatz angelegt werden.

Schwachpunkt des Verfahrens bleibt, wie vorstehend dargelegt wurde, **die Ermittlung des Restwerts,** d.h. des Werts, der sich nach Ablauf des betrachteten Investitionszeitraums ggf. durch Verkauf der Immobilie dann realisieren lässt, und der Kalkulationszinssatz.

Darüber hinaus basieren die Einnahmen e_t und laufenden Auszahlungen a_t auf **Prognosen, deren Ungenauigkeitsgrad mit wachsender zeitlicher Entfernung vom Ermittlungszeitpunkt zunimmt.** Die Prognoseschwierigkeiten lassen sich durch sorgfältige Informationsbeschaffung zwar einengen, bleiben aber erheblich. Hierauf sind auch die Zusammenbrüche in der Immobilienbranche zurückzuführen:

So wurde z. B. für ein Hotelprojekt in Zwickau der LWS für ein 36,5 Mio. € teures Investitionsvorhaben mit einer 10%igen Rendite gerechnet, das jedoch aufgrund von Fehlprognosen allein in den ersten Jahren Verluste von rd. 2,25 Mio. € erwirtschaftete (SZ vom 17.8.1999).

Derartige Investitionsrechnungen wirken zwar auf den unbefangenen „Verbraucher" durchdacht und herkömmlichen Verfahren der Verkehrswertermittlung überlegen. Tatsächlich können aber durch eine Vielzahl von fehlerträchtigen Schätzgrößen die Ergebnisse erheblich und unkontrollierbar verfälscht werden. Es handelt sich eben um ein **Prognoseverfahren** (vgl. Erläuterungen zum *Discounted Cashflow* Verfahren), und Prognoseverfahren sind stets äußerst problematisch. Klassische und modern angewandte Verfahren der Wertermittlung haben sich gegenüber solchen Kalkulationsmodellen immer noch als überlegen erwiesen, wenn es um die Ermittlung des Verkehrswerts ging. Dies ist letztlich darauf zurückzuführen, dass sie sich auf empirisch abgeleitete und handhabbare Liegenschaftszinssätze und nicht auf bloße und leicht manipulierbare Prognosen stützen. Der „Verbraucher" hüte sich deshalb, sich von gewaltigen Rechenwerken blenden zu lassen[30].

---

[30] Renditeversprechen in Fondsprospekten auf Basis der Internen-Zinsfuß-Methode (IRR-Methode) stellen gemäß einer Meldung in DIE WELT vom 10.2.2005 nach Ansicht des Stuttgarter Oberstaatsanwalts Hans Richter den „objektiven Tatbestand des Kapitalanlagebetrugs" dar, da das IRR-System vielfältige Möglichkeiten biete, die Renditeprognosen zu schönen ... „Ein Fondsinitiator, der sich auf der sicheren Seite wissen will, wendet die Methode überhaupt nicht mehr an – oder erklärt in seinem Prospekt sehr deutlich, dass die so prognostizierten Renditen eine Mutmaßung sind und die letztlich erzielten Erträge auch deutlich geringer ausfallen können." Zudem biete die IRR-Methode durch eine „ganze Reihe von Stellschrauben sehr weitgehende Spielräume bei der Gestaltung der Renditeprognose" und lasse sehr optimistische Annahmen über die Situation auf dem Grundstücksmarkt in 20 und mehr Jahren zu. „Jeder Initiator kann sich die Erträge von späteren Nachvermietungen und einem Verkauf des Objekts in zwei Jahrzehnten schönrechnen." Tatsächlich verlässliche Prognosen können jedoch nur zum Ende des derzeit laufenden Mietvertrags abgegeben werden. „Alle Renditeberechnungen, die über diesen Zeitpunkt hinausgehen, sind Wunschdenken."

3.2.3 Interne Zinsfuß-Methode (I.-R.-R.-Methode)

Schrifttum: *Friedrichs, J.-Ch.*, Einige Anmerkungen zum Kapitalmarktzinssatz, GuG 2002, 65; *Jandura, I./Rehkugler, H.*, Anwendung der MPT auf Immobilienportfolios, GuG 2002, 129 147; *Janssen, O.*, Simulation für Investitionsentscheidungen leicht gemacht: Das Discounted Cash Flow Verfahren, GuG 2002, 193; *Nelles, M./Treptow, G./Storck, B./Wlazik, L.-H.*, Asset Allocation mit Immobilieninvestments, GuG 2002, 8.

341 Wie vorstehend bereits angesprochen, liegt eine **Entscheidungsindifferenz** vor, wenn der Kapitalwert $C_0 = 0$ ist. In diesem Fall entspricht der individuelle Grundstücksertragswert den Investitionskosten a_0. Für diesen Fall kann die **Verzinsung des mit den Investitionskosten a_0 gebundenen Kapitals** ermittelt werden, indem die verbleibende Gleichung nach dem Zinssatz aufgelöst wird:

342
$$O = \sum_{t=1}^{n} \ddot{U}_t \frac{1}{(1+i)^t} + R_n \frac{1}{(1+i)^n} - a_0$$

wobei a_0 = Investitionskosten

343 Der sich ergebende Zinssatz wird **interner Zinssatz** r **(Internal Rate of Return)** genannt. Der interne Zinssatz (Rendite oder Rentabilität) gibt die Verzinsung des durchschnittlich gebundenen Kapitals an. Eine Sachinvestition ist

– vorteilhaft, wenn der interne Zinssatz r den Kalkulationszinssatz i übersteigt,

– unvorteilhaft, wenn der interne Zinssatz r den Kalkulationszinssatz i unterschreitet, und

– indifferent, wenn der interne Zinssatz r dem Kalkulationszinssatz i entspricht.

344 **Der interne Zinssatz wird im Wege der Iteration ermittelt.** Die Verwendung interner Zinsfüße wird im Schrifttum kontrovers diskutiert.

345 ▶ *Zum Discounted Cashflow Verfahren (Prognoseverfahren – prophecy valuation)* vgl. Rn. 348 ff.

3.2.4 Ellwood-Verfahren

346 **Schrifttum:** *Simon, Internationale Bewertungsstandards, GuG 2006, 270.*

347 Das Ellwood-Verfahren ist eine spezifische Variante der Kapitalwertmethode, mit der sich der Kaufpreis (Investitionswert) aus den implizit gewogenen Kapitalkosten und deren Komponenten sowie der Ertragsveränderung ermitteln lässt. Es ist mithin kein Verfahren der Verkehrswertermittlung, sondern ein Verfahren, mit dem ein Kreditinstitut die Finanzierungsfähigkeit eines Immobilienerwerbs prüfen kann.

4 *Discounted Cashflow* Verfahren – Prognoseverfahren *(prophecy valuation)*

4.1 Allgemeines

Schrifttum: *Brand, E.*, Verfahrenskritik zum Discounted Cashflow Verfahren in der Grundstücksbewertung, GuG 2000, 210; *Engel, R.*, Das Aus für die DCF-Methode, GuG 2002, 321; *Engel, R.*, Ertragswertverfahren und DCF-Verfahren im Überblick, GuG 2003, 350; *Eves/Wills*, in Sailer/Kippes/Rehkugler, Handbuch für Immobilienmakler und Immobilienberater, Beck Verlag 2003, S. 576; *Hinrichs, K./Schultz, E.*, Das Discounted Cashflow Verfahren in der Praxis, GuG 2003, 265; *Hök, G.-S.*, DCF-Verfahren in Frankreich, GuG 2002, 284; IDW ES 1: Grundsätze zur Durchführung von Unternehmensbewertungen, WPg 1999, 200; *Janssen, O.*, Simulation für Investitionsentscheidungen leicht gemacht: Das Discounted Cashflow Verfahren, GuG 2002, 193; *Jenyon, B.* Valuation Methods for Investment Properties in the United Kingdom, Der langfristige Kredit 1995, 73; *Jenyon, B., Janzen, S.*, Die Bewertung eines Bürogebäudes auf der Basis des Offenen Marktwerts, GuG 1998, 294; *Kleiber, W.*, Immobilienbewertung in der Bundesrepublik Deutschland *(discounted cashflow)*, in Francke/Rehkugler, Immobilienmärkte und

Discounted Cashflow Verfahren **Syst. Darst. Ertragswertverf. V**

Immobilienbewertung, Vahlen Verlag München 2005; *Kleiber, W.,* Die „europäischen Bewertungsstandards" des Blauen Buchs, GuG 2000, 292; *Kleiber, W.,* Was sind eigentlich die internationalen Bewertungsverfahren, GuG 2004, 193, *Mandl, G./Rabel, K.,* Unternehmensbewertung, Ueberreuter; *Petersen, H.,* DCF-Prognoseverfahren oder Verkehrswertermittlungsmethode, GuG 2006, 142; *Simon, J.,* Quo vadis – Deutsche Verfahren der Grundstückswertermittlung auf dem Prüfstand, GuG 1996, 134; *Simon, J.,* Europäische Standards der Immobilienbewertung, GuG 2000, 134; *Sommer, G.,* Zur Ableitung des Kalkulationszinssatzes im Discounted Cashflow Verfahren, DS 2001, 244; *Sotelo, R.,* Die WertV ist tot, es lebe die WertV, GuG 1995, 91; *Sotelo, R.,* Fehlverhalten bei der Beleihungswertermittlung und Immobilienfinanzierung, Der langfristige Kredit 1995, 650; *Thomas, M.,* Income Approach versus Ertragswertverfahren, GuG 1991, 307; *Vogel, R.,* Angelsächsische Investitionsverfahren und marktorientierte Verkehrswertermittlung in Deutschland, GuG 2000, 202; *Wöhle, C.* Moderne Immobilienbewertung mit Hilfe der Discounted Cashflow Verfahren, in Francke/Rehkugler, Immobilienmärkte und Immobilienbewertung, München 2005.

▶ Vgl. *Allgemeines bei Rn. 13 ff.; Vorbem zur ImmoWertV Rn. 13; § 8 ImmoWertV Rn. 69; § 194 BauGB Rn. 207 ff.*

Der Ertragswert eines Grundstücks definiert sich in seiner allgemeinsten Form als die Summe aller auf den Wertermittlungsstichtag diskontierten Reinerträge (vgl. Rn. 10 ff.). 348

Als Formel:

Ertragswert

$$EW = \sum_{1}^{n} RE_i \times q_i^{-1} \times (\text{Restwert}) \times q^{-n} \qquad (1)$$

Grundsätzlich ist jedes Ertragswertverfahren ein *Discounted Cashflow* **Verfahren und umgekehrt.** 349

In der Praxis wird jedoch der Begriff des „*Discounted Cashflow* Verfahrens" für die Ertragswertermittlung auf der Grundlage prognostizierter Erträge in Anspruch genommen *(prophecy valuation)*[31]. Des Weiteren wird für die Ertragswertermittlung auf der Grundlage prognostizierter Erträge *(Discounted Cashflow* Verfahren) fälschlicherweise der Anspruch erhoben, es sei die international dominierende Methode der Ertragswertermittlung und stelle mithin die „internationale Bewertungsmethode" dar. Tatsächlich dominiert aber international das vereinfachte Ertragswertverfahren (*Gross Income Multiplier* = Ertragsfaktoren; vgl. Rn. 24, 35 und 66) und die Methode findet selbst im *Red Book 2003* der *Royal Institution of Chartered Surveyors* nur am Rande im Zusammenhang mit der Verkehrswertermittlung von Objekten des staatlich geförderten Wohnungsbaus Erwähnung. Das *American Institute* lässt diese Methode nur als nachrangige Methode und lediglich als Investorenmethode für die Fälle zu, in denen es bei gegebenem Kaufpreis oder vorgegebenen Erträgen um die Ermittlung der individuellen Verzinsung der Investition geht *(investment analysis)*[32]. Im Vordergrund der amerikanischen Praxis der Verkehrswertermittlung steht dagegen die Ertragswertermittlung auf der Grundlage sog. „*overall capitalization rates*", die – wie in Deutschland – aus Marktpreisen abgeleitet werden. Das *Discounted Cashflow* Verfahren kann bei alledem keineswegs als internationales Standardverfahren zur Verkehrswertermittlung und auch nicht als Standardverfahren der Bilanzbewertung (vgl. § 194 BauGB Rn. 212) bezeichnet werden. 350

Das *Discounted Cashflow* Verfahren, hat seinen Ursprung in den **Investitionsrechnungen der Betriebswirtschaftslehre, der Rechnungslegung und Bilanzierung** und dort auch seine berechtigte Stellung. Ein weiterer Anwendungsbereich ist die **Unternehmensbewertung**[33]. Die vorbehaltslose Übertragbarkeit auf die Verkehrswertermittlung mit dem Anspruch der 351

---
31 So auch die Definition des American Institute of Appraisers: Cash Flow Analysis is a study of the anticipation movement of cash into or out of an investment (The Appraisal of Real Estate 12. Aufl. 2002 S. 654); *Wöhle, C.,* Moderne Immobilienbewertung in Immobilienmärkte und Immobilienbewertung, München 2005.
32 The Appraisal of Real Estate, 12. Aufl. (Chicago 2001), S. 570 ff.
33 IDW ES 1: Grundsätze zur Durchführung von Unternehmensbewertungen, WPg 1999, 200.

"besseren" Methode ist nicht vertretbar. Nach anfänglicher Euphorie sind auch viele Institutionen wieder zur klassischen Ertragswertermittlung zurückgekehrt.

352 Das Prognoseverfahren kommt auch als ein Hilfsverfahren *(method of last resort)* für Objekte zur Anwendung, für die **keine Liegenschaftszinssätze zur Verfügung stehen.** Die Bedeutung geht aber weiter. Die Anwendung des Prognoseverfahrens *(Discounted Cashflow* Verfahren) ist vielfach auch nach den Grundsätzen des § 8 Abs. 1 ImmoWertV angezeigt, nämlich für die Ertragswertermittlung solcher Objekte, die im gewöhnlichen Geschäftsverkehr unter investitionsanalytischen Aspekten gehandelt werden.

– Das Prognoseverfahren hat seine **Stärken,** wenn es darum geht, aus der Sicht eines Investors den Wert einer Immobilie im Vergleich mit anderen Kapitalanlagen auf der Grundlage vorgegebener Ertragsverhältnisse und Zinserwartungen zu ermitteln. Das Prognoseverfahren kann und muss sogar zur Ermittlung von Marktwerten (Verkehrswerten) der Immobilien (mit) herangezogen werden, deren Preisbildung auf dem Grundstücksmarkt sich nach den Anschauungen von Investoren vollzieht (Investitionsorientierte Ertragsobjekte).

– Das Prognoseverfahren hat hingegen seine **Schwächen,** wenn es darum geht, den Marktwert (Verkehrswert) zu ermitteln. Prognoseverfahren *(Discounted Cashflow* Verfahren) statt (dynamisches) Ertragswertverfahren ist deshalb eine falsche Forderung[34], vielmehr geht es um die Frage, wann die Anwendung des Prognoseverfahrens *(Discounted Cashflow Verfahren)* und wann die Anwendung des dynamischen Ertragswertverfahrens angezeigt ist. Beide Verfahren haben ihren festen Platz in der Wertermittlungspraxis. Der Sachverständige muss sich mit den Methoden des Prognoseverfahrens befassen, seine Stärken und Schwächen erkennen können.

353 Im Rahmen der **Beleihungswertermittlung** ist das Prognoseverfahren *(discounted cashflow)* nicht zulässig. Die letztlich stets spekulative Einrechnung von Ertragssteigerungen ist unvereinbar mit dem in der Beleihungswertermittlung herrschenden Vorsichtsprinzip[35].

354 **Das *Discounted Cashflow* Verfahren wird auch in den der IAS-Bestimmungen nicht zugelassen.** IAS 40 (§ 40c) lässt zwar eine Ertragswertermittlung auf der Grundlage von „Prognosen" zu; schränkt dies aber gleichzeitig auf „verlässliche Schätzungen von zukünftigen *Cashflows*" ein, die sich auf „Vertragsbedingungen bestehender Mietverhältnisse und anderer Verträge sowie durch (wenn möglich) externe substanzielle Hinweise, wie aktuelle Mieten für ähnliche Immobilien am gleichen Ort und im gleichen Zustand" stützen sollen (vgl. § 194 BauGB Rn. 212). „Prognosen", die auf Vertragsbedingungen gestützt werden, sind im eigentlichen Sinne keine Prognosen, sondern rechtliche Gegebenheiten, die bei jeder Ertragswertermittlung zu berücksichtigen sind (§ 4 Abs. 3, § 6 Abs. 2 und § 8 Abs. 3 ImmoWertV). Zur Abzinsung gibt IAS 40 (§ 40c) vor, dass solche Zinssätze zu verwenden sind, die die gegenwärtigen Bewertungen des Marktes hinsichtlich der Unsicherheit der Höhe und des zeitlichen Anfalls künftiger *Cashflows* widerspiegeln. Dies entspricht dem Liegenschaftszinssatz i.S. des § 14 Abs. 3 ImmoWertV. Die ImmoWertV ist mit diesen Regelungen materiell identisch.

355 Bei alledem ist ein *Discounted Cashflow* Verfahren auch **nicht in die ImmoWertV aufgenommen** worden (vgl. Vorbem. zur ImmoWertV Rn. 13); die ImmoWertV schließt die Anwendung der Methode aber auch nicht aus (vgl. § 8 ImmoWertV Rn. 4 f.). Die Einbeziehung des Verfahrens ist unter Hinzuziehung von Sachverständigen umfassend geprüft worden und wurde abgelehnt. Dafür war entscheidend, dass es derzeit kein *Discounted Cashflow* Verfahren gibt, das eine breite fachliche Anerkennung finden konnte. Auch die vom BIIS und der gif vorgelegten Vorschläge können die zu stellenden Anforderungen nicht erfüllen.

---

34 „Ertragswertverfahren versus *discounted cashflow*" ist nicht nur inhaltlich eine sonderbare Feststellung, da beide Verfahren Ertragswertverfahren sind, sondern auch hinsichtlich ihrer Anwendungsbereiche. So stellt Maier (Risikomanagement im Immobilien- und Finanzwesen, 2. Aufl. Frankfurt am Main) zutreffend heraus, dass das Ertragswertverfahren auf der Grundlage empirischer Liegenschaftszinssätze eine marktorientierte Verkehrswertermittlung ermögliche, während das Ertragswertverfahren auf der Grundlage prognostizierter Erträge *(discounted cashflow)* zu einem subjektiven Immobilienwert (Kalkulationswert) für Investitionsentscheidungen führe. Wenn dieser aber nicht gefordert ist, kann sich auch kein Gegensatz ergeben.

35 Rüchardt, Studienbriefe der HypZert 2001, S. 44.

356 Das Prognoseverfahren kommt in der Praxis (*Discounted Cashflow* Verfahren) in den unterschiedlichsten Ausgestaltungen zur Anwendung. **Es gibt für das Prognoseverfahren (*Discounted Cashflow* Verfahren) keine allgemein anerkannten Verfahrensregeln, soweit es um die Verkehrswertermittlung (Marktwertermittlung) geht.** Dies betrifft insbesondere das Zinsproblem und die Prognosen selbst. Die Anwender des Verfahrens geben selten Einblick in ihre Prognosetechnik und verweisen lapidar auf den „wissenschaftlichen Unterbau" ihrer Methode (*Black-Box-Methode*)[36].

357 Da jeder Prognose enge zeitliche Grenzen gesetzt sind, kommt das Prognoseverfahren in aller Regel als Restwertverfahren zur Anwendung.

4.2 Restwertmethode (2-Phasen-Modell)

▶ *Vgl. hierzu Rn. 45, 272; § 17 ImmoWertV Rn. 61*

358 Da die künftige immobilienwirtschaftliche Entwicklung einer Immobilie nicht über die Restnutzungsdauer (von mitunter 100 Jahren) vorausgesagt werden kann und Prognosen mit zunehmendem Zeithorizont unsicherer und risikoträchtiger werden[37], bedient man sich der sog. Restwertmethode, d.h., man bricht die Prognose i.d.R. nach **10 Jahren** ab. Dies wird damit begründet, dass ein Investor vornehmlich die **Ertragssituation eines überschaubaren Zeitraums** – des sog. **Betrachtungszeitraums** (vgl. § 17 Abs. 3 ImmoWertV; *holding period*, *projection period*) – in seine Investitionsüberlegungen einstellt. Ein privater Investor wird dabei mit der 10-jährigen Spekulationsfrist nach § 23 EStG und zudem bei kurzen Haltefristen mit dem Problem des gewerblichen Grundstückshandels konfrontiert. Zudem ist der Immobilienerwerb mit verhältnismäßig hohen Transaktionskosten verbunden, die erst erwirtschaftet werden müssen. Die bauliche Anlage ist nach Ablauf des Betrachtungszeitraums (*projection period*) i.d.R. allerdings wirtschaftlich (noch) nicht verbraucht; bei dieser Vorgehensweise ergibt sich deshalb als Restwert der im Jahre 10 im gewöhnlichen Geschäftsverkehr erzielbare Verkehrswert des Gesamtgrundstücks (Boden und Gebäude) und nicht nur der Bodenwert abzüglich Freilegungskosten (Abb. 52).

$$EW = \sum_{1}^{10} RE_i \times q_i^{-i} + (Restwert) \times q^{-10}$$

---

[36] So z. B. Rau in Immobilien Zeitung vom 31.7.2003 unter Vermengung von Verkehrs- und Investitionswert.
[37] Mark Twain: „Man hüte sich vor Voraussagen, besonders über die Zukunft"; Olaf Storbeck im Handelsblatt vom 5.2.2002: „Bei den Prognosen ist einiges an Kaffeesatz im Spiel". „Alle Prognosen über Mieteinnahmen oder Immobilienpreise in 15 oder 20 Jahren sind reine Kaffeesatzleserei" (Scheffler, R., Aengevelt Research in DIE WELT vom 10.2.2005), der damit – was den Zeitraum anbelangt – als ausgeprägter Optimist gelten kann.

Abb. 52: Restwertmethode

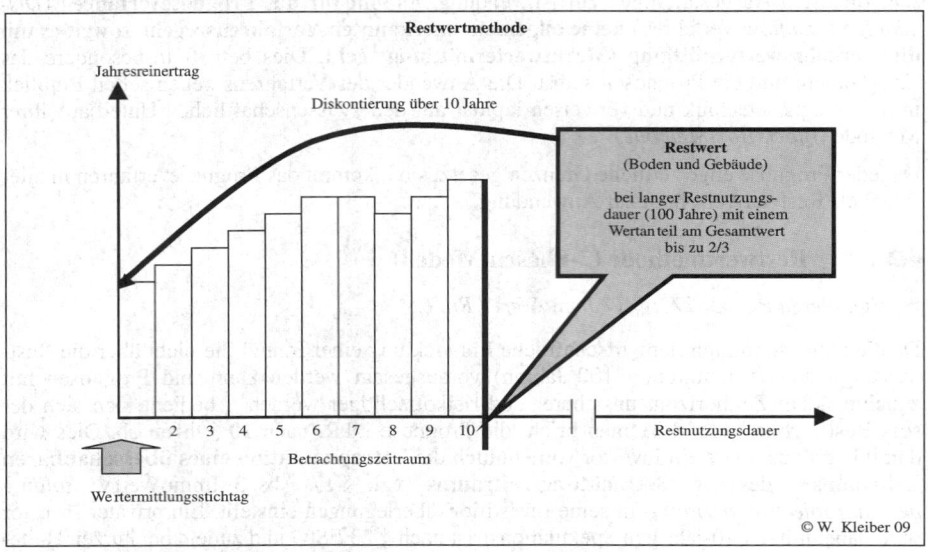

359 Der **Restwert des Grundstücks im 10. Jahr** kann geschätzt werden oder konventionell nach den Methoden des Ertragswerts ermittelt werden. Dabei stellt sich wiederum die Frage des geeigneten Diskontierungszinssatzes, denn der Jahresreinertrag des 11. Jahres wird, wie bei Anwendung des klassischen Ertragswertverfahrens, über die verbleibende Restnutzungsdauer nunmehr konstant gehalten. Die Restwertmethode kann das Kardinalproblem der Ertragswertermittlung, nämlich die „richtige" Prognose der künftigen Erträge, i.d.R. nicht lösen. Die Restwertmethode ist vielmehr Ausdruck des Unvermögens der Prognostizierbarkeit.

360 Für die **Ermittlung des Restwerts** kommen insgesamt drei Methoden in Betracht (Abb. 53):

a) Schätzung des Restwerts,

b) Ertragswertermittlung auf der Grundlage des dynamischen Ertragswertverfahrens nach den §§ 17 ff. ImmoWertV,

c) Ertragswertermittlung auf der Grundlage der einfachen Maklerformel mit Hilfe eines empirischen Vervielfältigers (vgl. Rn. 87, Mietenmultiplikator).

Abb. 53: Restwertermittlung

Eine **bloße Schätzung des Restwerts oder** seine Abschätzung **mit Hilfe der Maklerformel** steht allerdings in diametralem Widerspruch zu dem Anspruch auf eine „genauere" Ermittlung des Ertragswertanteils der ersten zehn Jahre, der von den Verfechtern des Prognoseverfahrens (*Discounted Cashflow* Verfahren) mit dieser Methode verbunden wird. 361

Bei dieser Vorgehensweise wird mitunter zwischen einem statischen und einem dynamischen Teil des *Discounted Cashflow* Werts unterschieden (Abb. 54): 362

Abb. 54: Zusammensetzung des *Discounted Cashflow* Werts bei der Investitionsanalyse

Bezüglich des **maßgeblichen Diskontierungszinssatzes** wird also unterschieden nach: 363

Zinssatz der ersten 10 Jahre *(Betrachtungszeitraum/holding period/projection period)*
$i_{equated}$ = „gleichgesetzter" Zinssatz
langfristiger Zinssatz für langfristige Staatsanleihen zuzüglich Risikozuschlag
Zinssatz der Restwertermittlung *(exit caprate)*
$i_{equivalent}$ = „gleichwertiger" Zinssatz (Durchschnittsrendite)
entspricht internem Zinsfuß ohne Berücksichtigung der Inflation, aber einschließlich Mietveränderungspotenzial durch Abzug der erwarteten Wertsteigerungsrate.

Diese Zinssätze können nur aufgrund von analytischen Betrachtungen zum Ansatz kommen und bergen deshalb i.d.R. ein erhebliches Fehlerpotenzial.

364 Bei Heranziehung des *„equivalent"*-Zinses im Rahmen des Prognoseverfahrens (*Discounted Cashflow* Verfahren) gelangt man letztlich zu einem vorgegebenen Investitionswert. Führt man statt dessen zur Ermittlung des Markt- bzw. Verkehrswerts den Liegenschaftszinssatz in die Methode ein, um insbesondere die Inflation, das Risiko und den erwarteten Wertzuwachs zu berücksichtigen, läuft die Restwertermittlung auf die Anwendung des (dynamischen) Ertragswertverfahrens nach den §§ 17 ff. ImmoWertV hinaus. Dabei wird allerdings der **Restwert** auf der Grundlage des in 10 Jahren prognostizierten Jahresreinertrags mit allen seinen Prognosefehlern – als „statischer" (gleichbleibender) Jahresreinertrag – mit einer *„exit cap(italization) rate"* über die dann noch verbleibende Restnutzungsdauer kapitalisiert[38]. Für die Kapitalisierung der zweiten Phase wird als Kapitalisierungszinssatz des Ausgangs (exit) i.d.R. der dynamische Liegenschaftszinssatz herangezogen.

365 Bei der Ermittlung des Restwerts auf der Grundlage der prognostizierten Jahresreinerträge für das 11. und die folgenden Jahre kann es nicht ausbleiben, dass **Prognosefehler** im Betrachtungszeitraum (*holding period*, *projection period*) **in den Restwert eingehen** und die Fehler entsprechend vervielfältigt werden (**Leitereffekt**, Abb. 55).

Abb. 55: Fehlerfortpflanzung

---

38 Hier wird die fragwürdige Argumentation der uneingeschränkten Befürworter des *Discounted Cashflow* Verfahrens deutlich, die in dem Methodenstreit (*discounted cashflow* versus dynamisches Ertragswertverfahren) das dynamische Ertragswertverfahren einerseits als überholt diskriminieren und sich andererseits bei der Ermittlung des Restwerts eines dynamischen (Liegenschafts-)Zinssatzes bedienen. Die Argumentation ist zudem unredlich, wenn man dabei bedenkt, dass bei der Prognose des Jahresreinertrags im 10. Jahr Prognosefehler unvermeidlich sind und man im Ergebnis sich des dynamischen Ertragswertverfahrens auf der Grundlage eines fehlerhaft prognostizierten Jahresreinertrags (im 10. Jahr) bedient. Prognosefehler sind schon von Beginn an unvermeidlich und mit jeder neuen Prognose, die auf die Prognose des Vorjahrs „aufgesattelt" wird, muss sich zunehmend das Ergebnis verfälschen (Leitereffekt). Da der Anteil des Restwerts am Ertragswert bei langer Restnutzungsdauer bis zu dem Dreifachen des Ertragswertanteils ausmachen kann, werden die Fehler über den Restwert verdreifacht! Die Fachwelt wird mit der Argumentation, dass das Prognoseverfahren dem Ertragswertverfahren überlegen sei, weil es dynamisch und das Ertragswertverfahren statisch sei, getäuscht.

Bei alledem verdreifacht sich die **Fehlerfortpflanzung bei Anwendung des Prognoseverfahrens** *(discounted cashflow)* gegenüber der des klassischen Ertragswertverfahrens[39]. 366

4.3 Grundzüge des *Discounted Cashflow* Verfahrens (Prognoseverfahren)

4.3.1 Verfahrensüberblick

In der Zusammenfassung ermittelt sich der Prognosewert (*Discounted Cashflow* Wert) nach den sich aus Abb. 57 ergebenden Verfahrensschritten, wobei folgende Modifikationen zu beachten sind: 367

a) **Einnahmen** (Nettokaltmiete) und Ausgaben (Bewirtschaftungskosten) kommen jahrgangsweise und jeweils **aufgrund einer Prognose** *(forecasting)* in der erwarteten Höhe, d. h. fortgeschrieben, zum Ansatz.

b) Der jährliche Reinertrag *(Cashflow)* wird sodann auf der Grundlage des **hilfsweise herangezogenen Zinssatzes langfristiger Staatsanleihen** (als Basiszinssatz), **erhöht um einen objektbezogenen Risikozuschlag und vermindert um einen Inflationsabschlag**, auf den Wertermittlungsstichtag diskontiert. Dieser Zinssatz tritt an die Stelle des sonst üblichen umfassenden Liegenschaftszinssatzes. Mit der Modifikation des Basiszinssatzes sollen die objektbezogenen regionalen und sektoralen Besonderheiten (Risikozuschlag) und die allgemein zu erwartenden Änderungen der konjunkturellen Verhältnisse (Inflationsabschlag) berücksichtigt werden. Dies entspricht insoweit dem Grundgedanken des Liegenschaftszinssatzes, der empirisch unter Berücksichtigung der genannten Einflüsse direkt aus dem Grundstücksmarkt abgeleitet wird (vgl. Erläuterungen zu § 14 Abs. 3 ImmoWertV).

c) Der sich aus der Nettokaltmiete abzüglich der Bewirtschaftungskosten (Verwaltungs- und Instandhaltungskosten sowie Mietausfallwagnis) ergebende jährliche „Reinertrag" *(Cashflow)* entspricht bei genauerer Betrachtung nicht dem tatsächlichen „Reinertrag", der dem Eigentümer verbleibt. Die **Bebauung unterliegt** nämlich **einer verbrauchsbedingten Abnutzung,** die den zunächst ermittelten „Reinertrag" mindert. Dem kann dadurch Rechnung getragen werden, dass der vorstehende Diskontierungszinssatz noch um einen Abschreibungszuschlag erhöht wird oder der zunächst ermittelte „Reinertrag" um den jährlichen Abschreibungsbetrag der baulichen Anlage (AfA) vermindert wird.

Die Praxis bedient sich i.d.R. eines dritten Lösungswegs, indem sie zum Ausgleich der Wertminderung wegen Alters (AfA) – quasi kompensatorisch – nach Ablauf des Betrachtungszeitraums *(holding period, projection period)* eine **Modernisierung der baulichen Anlage** nach den dann anfallenden Kosten – diskontiert auf den Wertermittlungsstichtag – in der Ertragswertermittlung berücksichtigt. Gleichzeitig wird damit aber auch die Restnutzungsdauer des Gebäudes verlängert, so dass der Ermittlung des Restwerts eine bauliche Anlage zugrunde gelegt werden muss, die dieselbe Restnutzungsdauer aufweist, wie sie am Wertermittlungsstichtag gegeben war.

d) Die diskontierten und aufsummierten Reinerträge ergeben zusammen mit den diskontierten Modernisierungskosten und dem diskontierten Restwert zunächst nur einen vorläufigen Ertragswert, der um die **Grundstückstransaktionskosten** zu vermindern ist.

---

[39] Renditeversprechen von Fondsprospekten auf Basis der Internen-Zinsfuß-Methode (IRR-Methode) stellen gemäß einer Meldung in DIE WELT vom 10.2.2005 nach Ansicht des Stuttgarter Oberstaatsanwalts Hans Richter den „objektiven Tatbestand des Kapitalanlagebetrugs" dar, da das IRR-System vielfältige Möglichkeiten biete, die Renditeprognosen zu schönen ... „Ein Fondsinitiator, der sich auf der sicheren Seite wissen will, wendet die Methode überhaupt nicht mehr an – oder erklärt in seinem Prospekt sehr deutlich, dass die so prognostizierten Renditen eine Mutmaßung sind und die letztlich erzielten Erträge auch deutlich geringer ausfallen können." Zudem biete die IRR-Methode *(discounted cashflow)* durch eine „ganze Reihe von Stellschrauben sehr weitgehende Spielräume bei der Gestaltung der Renditeprognose" und lasse sehr optimistische Annahmen über die Situation auf dem Grundstücksmarkt in 20 und mehr Jahren zu. „Jeder Initiator kann sich die Erträge von späteren Nachvermietungen und einem Verkauf des Objekts in zwei Jahrzehnten schönrechnen." Tatsächlich verlässliche Prognosen können jedoch nur zum Ende des derzeit laufenden Mietvertrags abgegeben werden. „Alle Renditeberechnungen, die über diesen Zeitpunkt hinausgehen, sind Wunschdenken."

368 **Folgende Ansätze müssen prognostiziert werden** (Abb. 56):

1. Ertragsentwicklung (Mieten, Pachten), wobei zu unterscheiden ist zwischen

    a) vertraglichen bzw. mietrechtlichen Ertragsentwicklungen und

    b) allgemeinen konjunkturbedingten Ertragsentwicklungen.

    Unsicherheiten in der Prognose betreffen in erster Linie die konjunkturbedingten Ertragsentwicklungen.

2. Entwicklung der Bewirtschaftungskosten.
3. Entwicklung der steuerrechtlichen Rahmenbedingungen in der Immobilienwirtschaft.
4. Entwicklung der mietrechtlichen Rahmenbedingungen.
5. Entwicklung der maßgeblichen Diskontierungszinssätze und zwar sowohl in Bezug auf den Betrachtungszeitraum, als auch in Bezug auf den Restwert (exit).
6. Darüber hinaus können Instandsetzungs-, Modernisierungs- und Umstrukturierungskosten in prognostizierter Höhe in die Ertragswertermittlung eingestellt werden.

Abb. 56: Prognosen

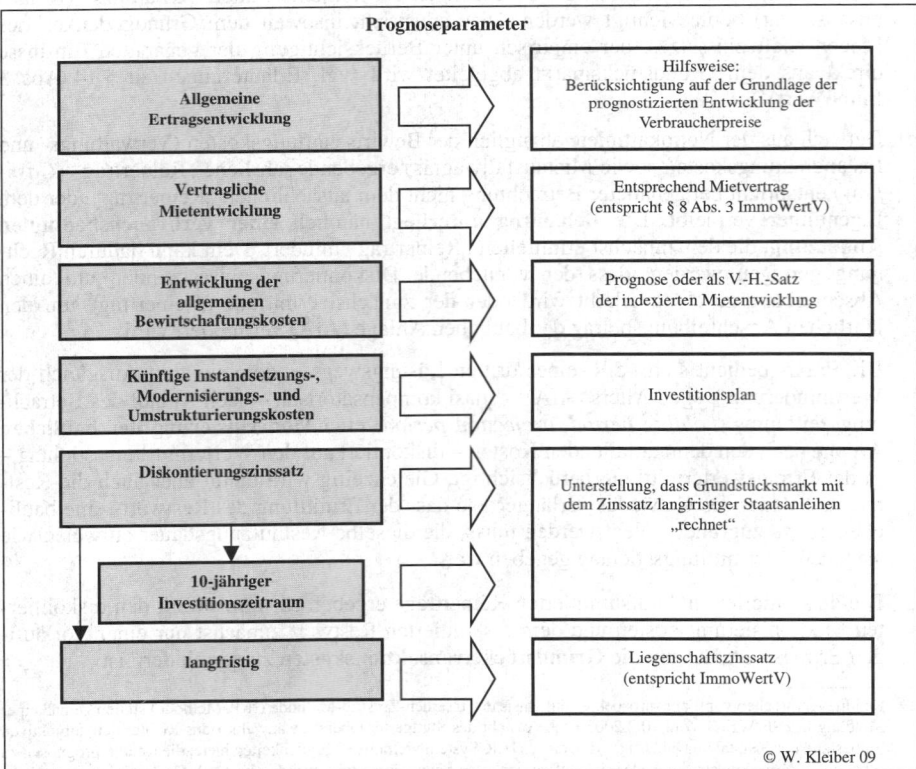

© W. Kleiber 09

369 **Für die Prognosen bedient man sich der analytischen „Simulation" und ökonometrischer Verfahren.** Dabei werden die zu prognostizierenden Zielgrößen (z. B. Miet-, Wert-, Inflationsentwicklung usw.) auf der Grundlage von Modellvorstellungen über die Kausalbeziehung von Einflussgrößen über Regressionsverfahren und andere ökonometrische Modelle abgeleitet. Hierfür müssen wiederum Annahmen über den Verlauf der maßgeblichen exogenen Größen getroffen werden, die dann in aller Regel schon nach wenigen Jahren überholt sind. Ökonometrische Modelle müssen als Prognoseinstrument angesichts der langfristigen Nutzungsdauer von Immobilien scheitern[40], zumal sich Erfahrungssätze der Vergangenheit bei sich stetig und häufig aber auch abrupt verändernden Rahmenbedingungen nicht in die Zukunft projizieren lassen. Ökonometrische Modelle können bei Heranziehung einer Vielzahl von Erklärungsfaktoren bekanntlich ein statistisch scheinbar (mit einem hohen Bestimmtheitsmaß) abgesichertes Ergebnis liefern, ohne dass sie die tatsächlichen Kausalzusammenhänge richtig beschreiben. Nicht die Masse der Erklärungsfaktoren, sondern nur einige wenige und dafür „richtige" Einflussgrößen ergeben ein gutes ökonometrisches Modell.

Derzeit und wohl auch noch auf absehbare Zeit ist die Wertentwicklung von Immobilien längerfristig nicht mit hinreichender Vertrauenswürdigkeit prognostizierbar. Dies ist u.a. schon darin begründet, dass die Wertentwicklung von Immobilien aufgrund von Langzeituntersuchungen zu etwa 60 % nicht von der Immobilie selbst, sondern von der allgemeinen wirtschaftlichen Entwicklung bestimmt wird und Konjunkturprognosen von den großen seriösen Wirtschaftsinstituten auch nur für einen Zeitraum von ein bis zwei Jahren abgegeben werden. Die Immobilienbranche wird sich in ihren prophetischen Gaben kaum besser einschätzen können. Man mag sich nur erinnern, dass sich das Bundesministerium der Finanzen vor der letzten Bundestagswahl in seiner Prognose zum wirtschaftlichen Wachstum des laufenden Jahres innerhalb weniger Wochen gleich um einen guten Prozentpunkt korrigieren musste. **370**

Werden hingegen die Zukunftsvorstellungen eines Investors zum Maßstab der Ertragswertermittlung gemacht, so bewegt man sich von der Verkehrswertermittlung weg. **371**

Nachfolgend wird ein **Verfahrensüberblick** gegeben (Abb. 57): **372**

---

[40] Schon vor über 25 Jahren ist das Battelle-Institut (Frankfurt am Main) in einer groß angelegten Forschungsarbeit hieran gescheitert (Entwicklung eines EDV-gestützten Verfahrens zur Bestimmung von Grundstückswerten, Stufe I und II, Frankfurt am Main 1977).

V Syst. Darst. Ertragswertverf. Discounted Cashflow

Abb. 57: *Discounted Cashflow* Verfahren

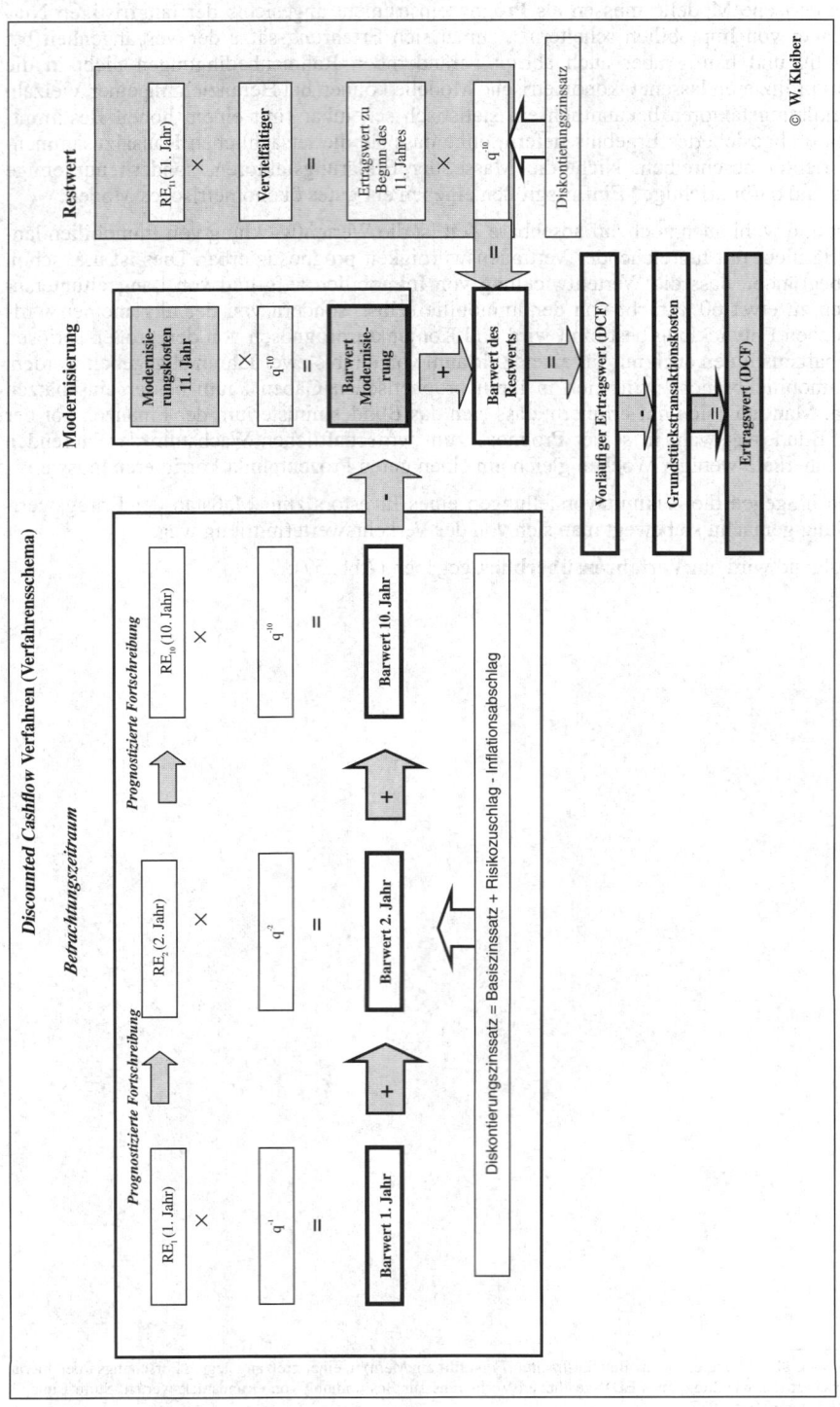

4.3.2 Ertragswertanteil des Betrachtungszeitraums

4.3.2.1 Allgemeines

Die **Ermittlung des Ertragswertanteils** des Betrachtungszeitraums (*holding period*; *projection period*) **vollzieht sich** bei Anwendung des Prognoseverfahrens (*Discounted Cashflow* Verfahren) **auf der Grundlage prognostizierter Annahmen.** Diese erweisen sich trotz der Hinweise auf ihre Wissenschaftlichkeit im Nachhinein mit fortschreitender Zeit meist als unzutreffend[41].

373

4.3.2.2 Einnahmeentwicklung

Die **Entwicklung der Jahresreinerträge bestimmt sich im Wesentlichen durch**

374

– die im Einzelfall gegebenen Vertragsverhältnisse (Abweichungen von der ortsüblich erzielbaren Miete; Steigerungsvereinbarungen) und die gesetzlichen Rahmenbedingungen (z. B. Kappungsgrenzen),
– einen im Einzelfall gegebenen Leerstand,
– die allgemeine objektspezifische Mietentwicklung sowie
– die allgemein zu erwartende Entwicklung der objektspezifischen Bewirtschaftungskosten.

Während sich die **Entwicklung der vertragsbedingten Mietentwicklung** unter Berücksichtigung der Bonität der Mieter verhältnismäßig sicher abschätzen lässt, können die allgemein zu erwartende Mietentwicklung und die Entwicklung der Bewirtschaftungskosten nur mit großer Unsicherheit prognostiziert werden.

375

Zur **Abschätzung der allgemein zu erwartenden Mietentwicklung** wird die Mietentwicklung der Vergangenheit unter Berücksichtigung der regional- und nutzungsartenspezifischen Zukunftsindikatoren in die Zukunft extrapoliert bzw. prognostiziert. Als Indikatoren kommen solche Vergleichsparameter in Betracht, die mit der Mietentwicklung korreliert sind. **Indikatoren** sind

376

– die sozioökonomischen Daten, wie Bevölkerungsentwicklung, Arbeitslosenquote, Kaufkraftkennziffern, Einkommensentwicklung usw.,
– die aktuelle Marktsituation (Bestandsflächen, Leerstandsrate, Neuvermietung, Mietspannen, Nettoanfangsrendite usw.) sowie
– in Planung und Bau befindliche Projekte.

Als Vergleichsparameter zur Abschätzung der Mietentwicklung im **Wohnungssektor** wird insbesondere auf den langfristigen **Verbraucherpreisindex** (**Lebenshaltungskostenindex**) zurückgegriffen (Abb. 58). Auf den **Büromärkten** ist die Entwicklung zumindest der Spitzenmieten auf den fünf großen deutschen Büromärkten mit der Entwicklung des Diskontsatzes der Bundesbank (bis 1998) und dem Basiszinssatz der Europäischen Zentralbank (EZB) mit einem ca. einjährigen Nachlauf korreliert.

377

---

41 Olaf Storbeck, „Irren ist menschlich", Handelsblatt 5.2.2002; Würfelspiel Prognosen: Zwischen Punktlandung und „voll daneben", Immobilien Zeitung vom 16.9.2004.

Abb. 58: Lebenshaltungskostenindex (langfristig)

Lebenshaltungskostenindex					
Jahr	Lebenshaltungskostenindex aller privaten Haushalte	Veränderungen in v. H. gegenüber dem Vorjahr	Jahr	Lebenshaltungskostenindex aller privaten Haushalte	Veränderungen in v. H. gegenüber dem Vorjahr
1962	33,0		1986	80,1	0,12
1963	24,0	3,03	1987	80,3	0,25
1964	34,8	2,35	1988	81,3	1,25
1965	35,9	3,16	1989	83,6	2,83
1966	37,1	3,34	1990	85,8	2,63
1967	37,8	1,89	1991	89,0	3,73
1968	38,4	1,59	1992	92,5	3,94
1969	39,1	1,82	1992	95,8	3,57
1970	40,5	3,58	1993	98,4	2,71
1971	42,6	5,19	1994	100,0	1,62
1972	44,9	5,40	1995	101,3	1,30
1973	48,1	7,13	1996	103,2	1,88
1974	51,4	6,86	1997	104,1	0,87
1975	54,5	6,03	1998	104,8	0,67
1976	56,8	4,22	1999	106,9	2,00
1977	58,9	3,70	2000	109,6	3,46
1978	60,5	2,72	2001		
1979	63,0	4,13	2002		
1980	66,4	5,40	2003		
1981	70,6	6,33	2004		
1982	74,2	5,24	2005		
1983	76,7	3,23	2006		
1984	78,6	2,48	2007		
1985	80,2	2,04	2008		

378 Wie aus Abb. 58 ersichtlich, weist der Lebenshaltungskostenindex (heute Verbraucherindex) langfristig zwar eine zurückgehende Tendenz auf:
– für den Zeitraum 1962 bis 2000   + 3,2 %
– für den Zeitraum 1990 bis 2000   + 2,5 %
– im Jahre 2000 jedoch bereits wieder   + 3,5 %
Mittlere Steigerung p.a. der letzten 10 Jahre   2,9 %
Mittlere Steigerung p.a. der letzten 5 Jahre   1,8 %

379 Die **Abschätzung der künftigen Entwicklung** auf der Grundlage der Entwicklung der Lebenshaltungskosten bzw. der Verbraucherpreise erweist sich angesichts der erheblichen Schwankungen als **problematisch und fehlerträchtig**.

380 **Schwachpunkte der Prognose** auf der Grundlage der erwarteten Entwicklung der Verbraucherpreise sind:

1. Der Verbraucherpreisindex (Lebenshaltungskostenindex) zeichnet sich – bezogen auf den Betrachtungszeitraum (10 Jahre) – durch eine erhebliche Schwankungsbreite aus.
2. Die Übertragbarkeit ist zweifelhaft, da die Mietentwicklung mit dem Verbraucherpreisindex zwar korreliert, gleichwohl unterschiedlich ist.
3. Bei Investitionsobjekten ist – im Unterschied zu Mietobjekten – die Korrelation besonders schwach ausgeprägt. Investitionsobjekte haben einen besonderen Renditezyklus (Immobilienbarometer).
4. Prognose über 10 Jahre besonders fehlerträchtig[42].

---

[42] Auch hier wird in dem Methodenstreit (*discounted cashflow* versus dynamisches Ertragswertverfahren) die widersprüchliche Argumentation der Befürworter des *Discounted Cashflow* Verfahrens deutlich, wenn darauf verwiesen wird, dass man bei Anwendung des dynamischen Ertragswertverfahrens auf Daten der Vergangenheit zurückgreife. Auch im Rahmen des Prognoseverfahrens stützt man sich auf Daten der Vergangenheit. Der Unterschied besteht lediglich darin, dass man diese Daten hier in die Zukunft prognostiziert, während man sie bei Anwendung des dynamischen Ertragswertverfahrens mit Hilfe des Liegenschaftszinssatzes dynamisiert.

4.3.2.3 Entwicklung der Bewirtschaftungskosten

Bewirtschaftungskosten entwickeln sich im Verhältnis zu den Einnahmen grundsätzlich eigenständig, da sie von einer Vielzahl besonderer Parameter abhängig sind. Erfahrungsgemäß ist ihre Entwicklung mit der Entwicklung der Einnahmen jedoch korreliert. Zur Vereinfachung wird die Entwicklung der **Bewirtschaftungskosten** in der Weise (indirekt) berücksichtigt, dass sie mit **dem üblichen Vomhundertsatz der Nettokaltmiete** zum Ansatz kommen, und zwar von der Nettokaltmiete, die üblicherweise am Wertermittlungsstichtag erzielbar ist. Auch im Falle einer sog. Übervermietung *(overrented)*, einer Untervermietung *(underrented)* oder im Falle einer Festmiete sind die Bewirtschaftungskosten ebenfalls als Vomhundertsatz der im jeweiligen Bemessungszeitraum *üblicherweise* anfallenden (fortgeschriebenen) Nettokaltmiete anzusetzen, denn die Höhe der tatsächlich anfallenden Bewirtschaftungskosten ist davon unabhängig. 381

4.3.3 Diskontierungszinssatz des Betrachtungszeitraums

4.3.3.1 Allgemeines

Eines der Hauptprobleme des Ertragswertverfahrens auf der Grundlage prognostizierter Erträge *(Discounted Cashflow* Verfahren) ist der Ansatz eines geeigneten Diskontierungs- und Kapitalisierungszinssatzes. Der **Diskontierungs- und Kapitalisierungszinssatz ist** – wie bei dem Ertragswertverfahren unter Heranziehung eines dynamischen Liegenschaftszinssatzes – **die für das Ergebnis sensibelste Größe.** Kleinste Zinsdifferenzen wirken sich erheblich auf das Ergebnis aus. Dabei gilt auch hier, dass das Ergebnis umso höher ausfällt, je kleiner der Diskontierungszinssatz ist. 382

Wie in der Unternehmensbewertung, auf die das Prognoseverfahren zurückgeht, weisen die in der Praxis zur Anwendung kommenden **Diskontierungszinssätze eine erhebliche Spanne** auf. Zur Anwendung kommen Zinssätze zwischen 5 bis 15 %[43]. 383

Keine Schwierigkeiten bereitet das Prognoseverfahren *(Discounted Cashflow* Verfahren) diesbezüglich, wenn es um die Ermittlung eines Investitionswerts auf der Grundlage eines vom Investor vorgegebenen Kalkulationszinssatzes geht. Hier liegt die Stärke und das eigentliche Anwendungsfeld des *Discounted Cashflow* Verfahrens als eines Kapitalwertverfahrens für Rentabilitätsanalysen. Das Prognoseverfahren *(Discounted Cashflow* Verfahren) ist deshalb in erster Linie nur bei **investorenorientierten Immobilien** anwendbar, während es für die übrigen Immobilienbewertungen unterlegen ist, zumal es durch eine verhängnisvolle Fehlerfortpflanzung gekennzeichnet ist. Die angebliche Überlegenheit des Prognoseverfahrens *(Discounted Cashflow* Verfahrens) gehört zu den populären (publizierten) Irrtümern. 384

Wird das Prognoseverfahren *(**Discounted Cashflow** Verfahren)* dagegen **zur Ermittlung von Verkehrswerten (Marktwerten)** herangezogen, so liegt in der „richtigen" Dimensionierung des Diskontierungszinssatzes ein Hauptproblem, denn von dem Diskontierungszinssatz ist zu fordern, dass er auch tatsächlich in marktkonformer Weise zum Verkehrswert (Marktwert) führt. 385

Als Diskontierungs- und Kapitalisierungszinssatz wird hilfsweise ein kapitalmarkttheoretischer Zinssatz herangezogen, für dessen Konstruktion sich noch keine allgemeingültige Praxis herausgebildet hat *(Black Box)*. Ausgangspunkt ist ein (risikoloser) Basiszinssatz (vgl. § 203 Abs. 1 BewG), der nicht mit dem Basiszinssatz i.S. des § 247 BGB verwechselt werden darf. 386

– Als risikoloser Basiszinssatz wird hilfsweise der *Zinssatz langfristiger (staatsgarantierter) Bundesanleihen,* Bundesschatzbriefe herangezogen (Landeszinsfuß). Dies findet seine Begründung im finanzmathematischen Vergleich einer Immobilieninvestition mit anderen Anlageformen.

---

[43] Jonas in ZfB 1954, 488; WP-Handbuch; IdW Verlag Düsseldorf Bd II: Korth: Unternehmensbewertung im Spannungsfeld zwischen betriebswirtschaftlicher Unternehmenswertermittlung, Marktpreisabgeltung und Rechtsprechung; Beil 19 zu BB 1992, S. 93.

- Da es sich nun aber bei diesem Basiszinssatz um einen Zinssatz handelt, der für Deutschland einheitlich gilt, und sich auf der anderen Seite die Wertigkeit von (physisch gleichen) Immobilien regional und sektoral unterschiedlich darstellt, bedarf es einer Modifikation dieses Basiszinssatzes. Entsprechend der Grundstücksart und der Lage des Grundstücks wird der Basiszinssatz um einen **Risikozuschlag** *(risk premium)* erhöht, der eine regionale und sektorale Komponente enthält.

- Darüber hinaus wird der Zinssatz zum Ausgleich der Geldentwertung um einen **Inflationsabschlag** vermindert.

- Schließlich kann der Wertverlust (Alterswertminderung; Abschreibung) durch einen **Abschreibungszuschlag** berücksichtigt werden, wenn diese nicht durch eine entsprechende Minderung der Jahresreinerträge oder durch den Ansatz von Modernisierungskosten aufgefangen wird.

387 Der **Diskontierungszinssatz** setzt sich damit **im Überblick** wie folgt zusammen (Abb. 59):

Abb. 59: Diskontierungszinssatz

* Sofern nicht durch Ansatz von Modernisierungskosten berücksichtigt.
© W. Kleiber

388 **Man kann den so konstruierten Diskontierungszinssatz auch als theoretischen Liegenschaftszinssatz bezeichnen,** denn letztlich setzen sich die theoretisch an den risikolosen Basiszinssatz angebrachten Zu- und Abschläge aus Elementen zusammen, wie sie auch in den Liegenschaftszinssatz eingehen. Der eigentliche Unterschied besteht darin, dass mit der empirischen Ableitung des Liegenschaftszinssatzes die Risikoprämien, Inflationserwartungen usw. nach den Anschauungen des Grundstücksmarktes darin uno actu eingehen, diese Faktoren bei der Konstruktion des Diskontierungszinssatzes dagegen mehr oder minder theoretisch und analytisch berücksichtigt werden müssen.

4.3.3.2 Basiszinssatz

389 Zur Bemessung des risikolosen Basiszinssatzes (nicht zu verwechseln mit dem Basiszinssatz i.S. des BGB) orientiert man sich am **Zinssatz vergleichbarer alternativer (Geld-)Anlagen (Kapitalmarktanlagen).** Eckpunkte sind dabei:

a) Wie bei einer Geldanlage in Immobilien soll es sich um einen *langfristigen Zinssatz* handeln, d.h., es muss ein laufzeitadäquater Zinssatz sein (entsprechend der Restnutzungsdauer der baulichen Anlage).

b) Es soll sich um einen Zinssatz handeln, der eine mit der Geldanlage in Immobilien *vergleichbare Sicherheit* garantiert.

c) Schließlich soll zeitliche Koinzidenz bestehen, d.h., es soll der Kapitalmarktzinssatz maßgebend sein, der sich am Wertermittlungsstichtag auf dem Kapitalmarkt ergibt (Stichtagszinssatz).

Das Stichtagsprinzip des Kapitalmarktzinssatzes ist ebenso umstritten, wie die Methode der Ableitung eines Prognosezinssatzes[44]. Die Rechtsprechung hat sich im Rahmen der Unternehmensbewertung aber an der Vergangenheit orientiert[45].

Mit dem **Basiszinssatz** soll eine alternativen Investitionen vergleichbare Kapitalisierung bewirkt werden[46]. Nach vorherrschender Auffassung orientiert er sich am landesüblichen Zinssatz[47]. Dieser Begriff ist insofern auslegungsfähig, weil es unterschiedliche Zinssätze für unterschiedliche Anlageformen gibt. In jedem Fall soll sich der Basiszinssatz an langfristig festverzinslichen Wertpapieren orientieren[48]. In der Rechtsprechung ist auch die übliche Effektivverzinsung inländischer öffentlicher Anleihen mit der Begründung nicht beanstandet worden, dass dieser Zinssatz leicht ermittelbar sei und die herrschenden Kapitalmarktverhältnisse zuverlässig wiedergebe[49]. 390

Die Bewertungspraxis orientiert sich entsprechend diesen Eckpunkten am (nicht definierten) sog. landesüblichen Zinssatz und zieht als Basiszinssatz hilfsweise den **Zinssatz langfristiger (staatsgarantierter) Bundesanleihen, Bundesschatzbriefe** heran. Konkret greift man auf die von der Deutschen Bundesbank veröffentlichte **„Umlaufrendite börsennotierter Wertpapiere"** (Abb. 60) zurück[50]. Da es Durchschnittsrenditen von Wertpapieren mit ewiger Laufzeit nicht gibt, werden die Zinssätze für Laufzeiten mit mindestens 10 Jahren herangezogen. Der Zugriff auf die Zinssätze kann erfolgen über: 391

http://www.bundesbank.de

– Statistik

– Zeitreihen; Information

– Zinssätze

– Soll- und Habenzins

– Hypotheken

Abb. 60: Ableitung des Basiszinssatzes

Jahr	Umlaufrendite	Gewichtung	Gewichteter Wert
1993	6,50 %	0,5	3,25 %
1994	6,90 %	1,0	6,90 %
1995	6,90 %	1,0	6,90 %
1996	6,20 %	1,0	6,20 %
1997	5,60 %	1,0	5,60 %
1998	4,60 %	1,0	4,60 %
1999	4,50 %	1,0	4,50 %
2000	5,30 %	1,0	5,30 %
2001	4,80 %	1,0	4,80 %
2002	4,80 %	1,0	4,80 %
2003	4,02 %	0,5	2,01 %
Risikoloser Basiszins = **5,49 %**			

Quelle: Monatsbericht der Deutschen Bundesbank Juli 2003

---

44 Ahrens, Die rationale Erwartungshypothese der Zinsstruktur, WiSt 1999, 313.
45 OLG Celle, Urt. vom 4.4.1979 – 9 Wx 2/77 –, EzGuG 20.80a = LG Düsseldorf, Urt. vom 4.4.1988 – 19 W 32/86 –, EzGuG 20.124a; OLG Düsseldorf, Urt. vom 11.1.1990 – 19 W 6/86 –; OLG Düsseldorf, Urt. vom 7.6.1990 – 19 W 13/86 –, DB 1990, 1394 = EzGuG 20.132a; BGH, Urt. vom 30.9.1981 –, EzGuG 20.90b.
46 Piltz, Die Unternehmensbewertung in der Rechtsprechung, 2. Aufl. 1989, S. 26.
47 Veröffentlicht in den Monatsbriefen der Deutschen Bundesbank: Rendite der im Umlauf befindlichen festverzinslichen Wertpapiere (Pfandbriefe, Kommunalobligationen, Industrieobligationen, Anleihen der öffentlichen Hand); vgl. Ränsch in AG 1984, 2120; vgl. im Übrigen BFH, Urt. vom 28.3.1984 – IV R 224/81 –, EzGuG 20.106.
48 OLG Hamm, Urt. vom 23.1.1963 – 8 AR 1/60 –, EzGuG 20.33a; OLG Düsseldorf, Urt. vom 11.4.1988 – 19 W 32/86 –, EzGuG 20.124a.
49 BGH, Urt. vom 30.9.1981 – IV A ZR 127/80 –, EzGuG 20.90a; auf den landesüblichen Zinssatz abstellend: LG Hannover, Urt. vom 6.2.1979 – 26/22 AktE 2/72 –, AG 1979, 234; LG Frankfurt am Main, Urt. vom 8.12.1982 – 3/3 AktE 104/79 –, EzGuG 20.101a.
50 Deutsche Bundesbank, Kapitalmarktstatistik, Statistisches Beiheft zum Monatsbericht (http://www.bundesbank.de).

In der **steuerlichen Unternehmensbewertung** ist der Basiszinssatz „aus der langfristig erzielbaren Rendite öffentlicher Anleihen abzuleiten. Dabei ist auf den Zinssatz abzustellen, den die Deutsche Bundesbank anhand der Zinsstrukturdaten jeweils auf den ersten Börsentag des Jahres errechnet" (§ 203 Abs. 2 BewG). Das BMF hat diesen Zinssatz für den 2.1.2009 mit 3,61 % angegeben[51]. An diesem Zinssatz kann man sich auch in der Marktwertermittlung orientieren.

392 Der Rückgriff auf den Zinssatz langfristiger (staatsgarantierter) Bundesanleihen, Bundesschatzbriefe findet seine Begründung im finanzmathematischen Vergleich einer Immobilieninvestition mit anderen Anlageformen.

393 Die Heranziehung des Zinssatzes für langfristige (staatsgarantierte) Bundesanleihen (Bundesschatzbriefe) zieht eine Reihe weiterer Problemstellungen nach sich:

a) Der **Zinssatz für langfristige (staatsgarantierte) Bundesanleihen (Bundesschatzbriefe) ist für das gesamte Bundesgebiet gleich und berücksichtigt nicht**

- die regionalen Besonderheiten des örtlichen Grundstücksmarktes und
- die sektoralen Risiken des jeweiligen Grundstücksteilmarktes (Wohnimmobilie, Büroimmobilie, Freizeitimmobilie, Dienstleistungsimmobilie).

b) Zinseinnahmen aus langfristigen (staatsgarantierten) Bundesanleihen (Bundesschatzbriefen) sind effektiv nicht mit **Zinseinnahmen aus Immobilien** vergleichbar, da diese Kapitalanlage im Unterschied zur Kapitalanlage **mit hohen Transaktionskosten verbunden** ist (Grunderwerbsteuer, Maklergebühren, Notariats- und Grundbuchkosten usw.).

c) Während der Anleger in Immobilien zusätzlich zu den Einnahmen aus der Immobilie mit Wertzuwächsen „rechnet", vermindern sich die Zinseinnahmen aus Kapitalanlagen durch **inflationären „Kapitalfraß"**.

d) Während dem Kapitalanleger z. B. nach zehnjähriger Kapitalanlage der eingesetzte Betrag in nomineller Höhe (ggf. inflationsgemindert) wieder zufließt, muss der Anleger in Immobilien einen Wertverlust der Immobilien aufgrund der altersbedingten Wertminderung hinnehmen. Der **Jahresreinertrag einer Immobilie vermindert sich demzufolge um den immobilienwirtschaftlichen Abschreibungsbetrag**.

394 Aus diesen Gründen bedarf es bei hilfsweisem Ansatz des Zinssatzes langfristiger (staatsgarantierter) Bundesanleihen (Bundesschatzbriefe) **weiterer Rechenschritte,** um mit Hilfe des Prognoseverfahrens (*Discounted Cashflow* Verfahren) zum Verkehrswert (Marktwert) zu gelangen.

4.3.3.3 Risikozuschlag *(risk premium)*

395 Wie in der Unternehmensbewertung wird der risikolose Basiszinssatz mit einem Risikozuschlag versehen, um sowohl dem sektoralen **Risiko des jeweiligen Grundstücksteilmarktes,** als auch dem **regionalen Risiko** Rechnung zu tragen.

396 Entsprechend dem Risiko, das mit der jeweiligen Immobilienart verbunden ist, kann die Notwendigkeit bestehen, den **Basiszinssatz um bis zu 1 bis 5 %** (ggf. bis um weitere 50 % des Basiszinssatzes) **zu erhöhen**[52]. Als **Gründe** dafür gelten

- allgemeine Unsicherheiten der Immobilie, da eine Geldanlage in einer (unternehmenswirtschaftlichen) Immobilie weniger Sicherheit bietet als eine langfristige Anlage in Staatsanleihen[53],

---

51 BMF: Schreiben vom 7.1.2009 – IV C 2 – S 3102/07/0001 -, vgl. GuG 2009, 118.
52 BGH, Urt. vom 30.9.1978 – II ZR 142/76 –, EzGuG 20.72a; BGH, Urt. vom 9.5.1968 – IX ZR 190/66 –, EzGuG 20.43a; LG Frankfurt am Main, Urt. vom 16.5.1984 – 3/3 AktE 144/80 –, AG 1985, 58; a.A. OLG Celle, Urt. vom 4.4.1979 – 9 Wx 2/77 –, EzGuG 20.80a; OLG München, Urt. vom 15.12.1964 – AllgReg 11/38 und 40/60 –, DB 1965, 179.
53 BGH, Urt. vom 30.9.1981 – IVa ZR 127/80 –, EzGuG 20.90a; OLG Karlsruhe, Urt. vom 16.12.1983 – 15 U 99/82 –, EzGuG 20.103a; LG Frankfurt am Main, Urt. vom 16.5.1984 – 3/3 AktE 144/80 –, AG 1985, 58; OLG Frankfurt am Main, Urt. vom 24.1.1989 – 20 W 477/86 –, EzGuG 20.125b.

- unvorhersehbare Ergebnisschwankungen,
- Haftungsrisiken,
- sich verschlechternde Wiederverkaufsbedingungen sowie
- das Risiko eines möglichen erhöhten persönlichen Engagements des Investors.

Der Risikozuschlag ermittelt sich in der **Unternehmensbewertung** als Produkt aus
- dem allgemeinen Marktrisiko und
- den branchenspezifischen Faktoren (Beta-Faktoren vgl. Abb. 61).

Damit sollen nicht abschätzbare Risiken erfasst werden, denen keine Gewinnchancen gegenüberstehen. Der **Risikozuschlag ist in der Unternehmensbewertung Zielscheibe der Kritik an der traditionellen Lehre vom langfristigen Kapitalmarktzinssatz**[54].

Abb. 61: Beta-Faktoren

	Beta-Faktoren (Durchschnitt)	Risikozuschlag
Immobilien AGs	0,61	3,1 %
Bestandsgeschäft Gewerbe	0,48	2,4 %
Bestandsgeschäft Wohnen	0,46	2,3 %
Mischgesellschaften	0,69	3,5 %

Quelle: Bloomberg KPMG

Die sog. **Beta-Faktoren** lassen sich allerdings nicht direkt auf die Verkehrswertermittlung übertragen. Es handelt sich bei den Beta-Faktoren um Kennzahlen, die den Zusammenhang zwischen dem Gesamtmarkt und Einzelwerten angeben. Damit handelt es sich praktisch um Multiplikatoren, um die sich die Rendite einer Anlage bei einer Änderung der Rendite eines Indexes ändert. Für einen Aktienfonds mit einem Beta von 1,5 zum Dax folgt daraus, dass der Fonds im Schnitt um 1,5 % steigt, wenn der Dax um 1 % steigt. Mit den Beta-Faktoren wird ähnlich dem Grundgedanken des Liegenschaftszinssatzes den örtlichen und sektoralen Gegebenheiten der Immobilie Rechnung getragen, indem ausgehend vom Basiszinssatz den Besonderheiten der Lage des Objektes und der Objektart Rechnung getragen wird.

In der Praxis der **allgemeinen Grundstückswertermittlung** wird der Risikozuschlag nach den Grundsätzen des *Capital Asset Pricing* Models (CAPM) aus den Differenzen der Anfangsrenditen *(net initial yield)* und dem jeweiligen risikolosen Basiszinssatz ermittelt.

Beispiel:

	1999	2000	2001	2002	2003
Durchschnittlicher – Kaufpreis – Jahresreinertrag	... ...	... ...	... ...	... ...	... ...
Anfangsrendite = RE/KP	6,00 %	6,00 %	6,50 %	6,50 %	6,00 %
– Basiszinssatz	3,50 %	4,30 %	3,80 %	3,80 %	3,02 %
= Risikozuschlag	2,50 %	1,70 %	2,70 %	2,70 %	2,98 %
Durchschnittlicher Risikozuschlag rd. + 2,50 %					

Die Anfangsrendite wird aus Veröffentlichungen der Maklerverbände/Maklerhäuser und aus eigenen Beständen ermittelt und miteinander abgeglichen. **Im Prinzip kommen bei dieser Methode dieselben Grundgedanken zur Anwendung, die bei der Ermittlung des Liegenschaftszinssatzes zur Anwendung kommen.** An Stelle der zuverlässigeren Daten der Gutachterausschüsse werden lediglich die verhältnismäßig unscharfen Marktdaten der

---

54 Zimmerer, C., Ertragswertgutachten – Eine Polemik, Die Betriebswirtschaft 1988, 417; Schwetzler, B. in DB 2002, 390.

Maklerverbände oder eigene Datenbestände herangezogen, um aus der Differenz der Nettoanfangsrendite zum risikolosen Basiszinssatz den regionalen und objektadäquaten Risikozuschlag abzuleiten.

401 Der so ermittelte Risikozuschlag wird darüber hinaus, wie bei der **Anpassung** des Liegenschaftszinssatzes **an die Besonderheiten des Einzelfalls,** den besonderen Gegebenheiten angepasst, insbesondere

- der Mikrolage,
- der Bonität der Mieter sowie
- dem Alter, dem Zustand und der Ausstattung des Objekts.

402 Darüber hinaus kann ein „**Fungibilitätszuschlag**" in Betracht kommen, wenn bei dem Erwerb wertmäßig großer Objekte auf dem Grundstücksmarkt Preisabschläge (**Paketabschläge**) üblich sind.

4.3.3.4 Inflationsabschlag

403 Im Unterschied zum klassischen Ertragswertverfahren auf der Grundlage von Liegenschaftszinssätzen, die „aus dem Markt" unter Berücksichtigung inflationärer Entwicklungen abgeleitet werden, stellt sich bei Heranziehung eines „konstruierten" Diskontierungszinssatzes die Frage, ob die Geldentwertung zusätzlich berücksichtigt werden muss. In der Betriebswirtschaftslehre ist strittig, ob die Geldentwertungsrate bei der Bemessung des Diskontierungszinssatzes durch einen entsprechenden Inflationsabschlag vom Basiszinssatz besonders berücksichtigt werden muss. Das OLG Düsseldorf[55] hat einen solchen Abschlag dem Grunde nach für zulässig befunden, im konkreten Fall indessen vor dem Hintergrund einer 2%igen Inflationsrate abgelehnt. Ansonsten haben sich die Gerichte für Abschläge von 1 bis 3 % ausgesprochen[56]. Im Schrifttum blieb ein **Inflationsabschlag** gleichwohl **strittig**[57]. Dies ist insbesondere darin begründet, dass der aus langfristigen (staatsgarantierten) Bundesanleihen abgeleitete Basiszinssatz bereits mit der allgemeinen Geldentwertungsrate korreliert ist.

404 Der in der Praxis zum Ansatz kommende Inflationsabschlag wird auf der Grundlage der bisherigen und künftig erwarteten Entwicklung unter Heranziehung des **Verbraucherpreisindexes** abgeleitet:

---

[55] OLG Düsseldorf, Urt. vom 27.11.1962 – 19 W 21/57 –.
[56] BGH, Urt. vom 13.3.1978 – II ZR 142/76 –, EzGuG 20.72a: OLG Celle, Urt. vom 4.4.1979 – 9 Wx 2/77 –, EzGuG 20.80a; LG Berlin, Urt. vom 24.11.1982 – 98 AktE 3/80 –, AG 1983, 135 = BB 1983, 1432.
[57] Großfeld, Unternehmens- und Anteilsbewertung im Gesellschaftsrecht, 2. Aufl. 1988; ders in JZ 1981, 641; Ränsch, Die Bewertung von Unternehmen in der Rechtswissenschaft, AG 1984, 210 ff.; Piltz, Die Unternehmensbewertung in der Rechtsprechung, 2. Aufl. 1989 S. 162; Meilicke, Rechtsgrundsätze der Unternehmensbewertung, DB 1980, 2121 Fn. 128.

Abb. 62: Verbraucherpreisindex

Jahr	Gesamt-index	Ver-änderung gegenüber Vorjahr	Wohnungs-miete einschließlich Mietwert von Eigentums-wohnungen	zusammen	Netto-kaltmiete	Altbau-wohnung	Neubau-wohnung	Wohn-neben-kosten
						davon		
COICOP-VPI Nr.			041					
2000	100,0	–	100,0	100,0	100,0	100,0	100,0	100,0
2001	102,0	+ 2,0 %	101,1	101,2	101,2	101,7	101,0	101,8
2002	103,4	+ 1,4 %	102,5	102,6	102,6	103,5	102,3	103,2
2003	104,5	+ 1,1 %	103,8	103,6	104,7	104,7	103,4	104,9
2004			104,8	104,5		105,8	104,2	107,3
2005			105,9	105,4		107,1	105,1	108,9
2006			107,0	106,5		108,4	106,1	110,5
2007				107,6		109,5	107,2	112,1
2008								

Quelle: Statistisches Bundesamt: Fachserie 17 Reihe 7 (vgl. Anh. 3.4).

4.3.3.5 Abschreibungszuschlag

a) *Allgemeines zur Abschreibung*

Als Abschreibung ist der auf jedes Jahr der Nutzung entfallende „Anteil der verbrauchs-bedingten Wertminderung der Gebäude, Anlagen und Einrichtungen" zu verstehen. Der Abschreibungsbetrag wird nach der mutmaßlichen Nutzungsdauer errechnet. **405**

Die Abschreibung braucht bei Anwendung des (dynamischen) Ertragswertverfahrens auf der Grundlage des Liegenschaftszinssatzes nicht besonders berücksichtigt zu werden (vgl. § 19 ImmoWertV Rn. 44 ff.). **406**

Demgegenüber findet die **Abschreibung bei Anwendung des Prognoseverfahrens (*Discounted Cashflow* Verfahrens)** auf der Grundlage des Zinssatzes langfristiger (staatsga-rantierter) Bundesanleihen (Bundesschatzbriefe) **keine Berücksichtigung**. **407**

Mit der hilfsweisen Heranziehung des Zinssatzes langfristiger staatsgarantierter Bundesanlei-hen (landesüblicher Zinsfuß als risikofreier Basiszinssatz) wird ein Zinssatz in die Wert-ermittlung eingeführt, der sich auf eine Anlage bezieht, bei der sich das Anlagegut – von der allgemeinen Geldentwertung abgesehen – innerhalb des Anlagezeitraums wertmäßig nicht vermindert. Demgegenüber verliert die **Immobilie als Anlagegut** auch bei ordnungsgemäßer Bewirtschaftung altersbedingt an Wert. **408**

Der Alterswertminderung (Abschreibung) kann bei Anwendung des *Discounted Cashflow* Verfahrens (Prognoseverfahren) in unterschiedlicher Weise Rechnung getragen werden (Abb. 63), durch **409**

1. **Verminderung des Jahresreinertrags um die jährliche Abschreibung,**

2. **Einrechnung in den Diskontierungszinssatz** (Abschreibungszuschlag) oder

3. **Ansatz von Modernisierungskosten,** mit denen die Alterswertminderung kompensiert wird (z. B. nach dem Betrachtungszeitraum).

Abb. 63: Berücksichtigung der Alterswertminderung bei Anwendung des *Discounted Cashflow* Verfahrens (Prognoseverfahren)

b) *Verminderung des Jahresreinertrags um die jährliche Abschreibung*

410 Wie vorstehend dargestellt müssen die gegebenen Jahresreinerträge des Betrachtungszeitraums *(projection period)* um die jeweiligen Abschreibungsbeträge vermindert werden, wenn ihr Barwert statt mit dem Liegenschaftszinssatz mit Hilfe des Zinssatzes langfristiger (staatsgarantierter) Bundesanleihen (Bundesschatzbriefe) ermittelt wird (Abb. 64).

Abb. 64: **Effektiver Reinertrag**

411 Die **Höhe des Abschreibungsbetrags,** der im Reinertrag enthalten ist, lässt sich nach dem dem Ertragswertverfahren zugrunde liegenden Modell aus dem jeweiligen Gebäudewert ableiten. Der Abschreibungsbetrag ergibt sich dann aus:

$$\text{Abschreibungsbetrag des Gebäudes} = G \times \frac{q-1}{q^n - 1}$$

wobei   G   Gebäudewert
        q   Zinsfaktor = 1 + Abschreibungszinssatz/100

412 Um den Abschreibungsbetrag ermitteln zu können, muss der **Gebäudewert** bekannt sein. Nun ist im Rahmen der Ermittlung aber noch nicht einmal der Gesamtwert des Grundstücks bekannt, so dass streng genommen der Gebäudewert allenfalls im Wege der Iteration ermittelt werden könnte. Im Rahmen der allgemein eingeschränkten Genauigkeit jeder Verkehrswertermittlung wird man aber mit einem näherungsweise ermittelten Gebäudeertragswert auskommen, der hier mit dem klassischen Ertragswertverfahren ermittelt wird:

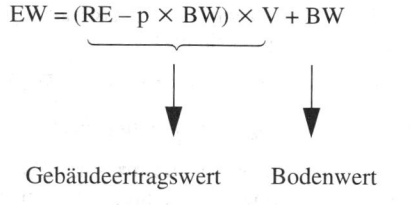

$$EW = (RE - p \times BW) \times V + BW$$

Gebäudeertragswert   Bodenwert

$$\text{Gebäudeertragswert} = EW - BW = (RE - p \times BW) \times V$$

Beispiel:

Jahresreinertrag	1 040 400 €
Liegenschaftszinssatz	6 %
Bodenwert	2 000 000 €
Restnutzungsdauer	60 Jahre
Wertermittlungsstichtag	1.1.2000
RE − BW × p (= 1 040 000 € − 2 000 000 € × 0,06)	920 400 €

Der **jährliche Abschreibungsbetrag** kann ermittelt werden, indem der Gebäudeertragswert am Wertermittlungsstichtag durch den Abschreibungsdivisor $(q^n - 1)/(q - 1)$ geteilt wird.

Die jährlichen Abschreibungsbeträge für die ersten 10 Jahre des Betrachtungszeitraums ergeben sich dann nach der Ausgangsformel wie aus Abb. 65 ersichtlich (Abschreibungsdivisor = $(q^n - 1)/(q - 1)$).

Abb. 65:   Jährliche Abschreibungsbeträge

Ermittlung der jährlichen Abschreibungsbeträge						
RND Jahre	V	RE − (p × BW) in €	Gebäude in €	AbschrDiv	AbschrBetrag in €	Jahr
60	16,1614277	920 400	14 874 978	533,128181	27 901,32	**2000**
59	16,1311134	920 400	14 847 077	502,007718	29 575,40	**2001**
58	16,0989802	920 400	14 817 501	472,648790	31 349,92	**2002**
57	16,0649190	920 400	14 786 151	444,951689	33 230,91	**2003**
56	16,0288141	920 400	14 752 920	418,822348	35 224,77	**2004**
55	15,9905430	920 400	14 717 696	394,172027	37 338,26	**2005**
54	15,9499755	920 400	14 680 357	370,917006	39 578,55	**2006**
53	15,9069741	920 400	14 640 779	348,978308	41 953,26	**2007**
52	15,8613925	920 400	14 598 826	328,281422	44 470,46	**2008**
51	15,8130761	920 400	14 554 355	308,756059	47 138,69	**2009**
50	15,7618607	920 400	14 507 217	290,335905	49 967,01	**2010**

Dem Ansatz eines Abschreibungsbetrags steht auf der anderen Seite die steuerliche Abschreibung gegenüber, d.h., der Gesetzgeber kompensiert bei Immobilien, die nicht der sog. Konsumgutlösung unterliegen, den Wertverlust steuerlich dadurch, dass der Anleger einen bestimmten Prozentsatz der Herstellungskosten oder des Kaufpreises (ohne Grund und Boden) steuersparend geltend machen kann.

Auch diese im Ergebnis einnahmeerhöhenden steuerlichen Rahmenbedingungen müssten in die Berechnung eingeführt werden, da sie den alterungsbedingten Wertverlust kompensieren. Die Jahresreinerträge sind demzufolge um die jährlichen steuerlichen Vorteile zu erhöhen. Im Falle einer Verminderung der jährlichen Reinerträge um den jährlichen Abschreibungsbetrag sind quasi im Gegenzug die steuerlichen Vorteile einer steuerlichen Abschreibung gegenzurechnen. Mit der Heranziehung des Liegenschaftszinssatzes werden dagegen die üblichen Steuervor- und -nachteile implizit berücksichtigt.

▶ *Näheres hierzu bei § 19 ImmoWertV Rn. 44 sowie § 14 ImmoWertV Rn. 170*

c) *Berücksichtigung der Abschreibung im Diskontierungszinssatz*

419 Der Alterswertminderung kann des Weiteren durch Erhöhung des Diskontierungszinssatzes um einen **Abschreibungszuschlag**[58] Rechnung getragen werden. Mit einem Abschreibungszuschlag von rd. 2 % trägt man in dem vorstehenden Beispiel der dort ermittelten Alterswertminderung Rechnung.

420 *Beispiel:*

Für das 1. Jahr wurde bei einem Zinssatz von 6 % ein Barwert ermittelt von	1 094 707 €
Bei einem Zinssatz von 8 % (6 % + 2 %) ergibt sich ein Barwert von	1 064 444 €
Differenz	30 263 €
Zum Vergleich: In dem Beispiel wurde die Alterswertminderung wegen des 1. Jahres ermittelt mit	27 901 €

d) *Ansatz von Modernisierungskosten*

421 Die in der Praxis vornehmlich zur Anwendung kommende Methode besteht aber darin, dass zum Ausgleich der Alterswertminderung **Modernisierungskosten** zum Ansatz kommen, die so bemessen sein müssen, dass die altersbedingte Wertminderung ausgeglichen wird. Dabei tritt das Problem auf, dass der Modernisierungsbedarf nach den Kosten zu schätzen ist, die unter Berücksichtigung der allgemeinen Preisentwicklung in 10 Jahren anfallen. Dies führt zu weiteren Unsicherheiten und Fehlerquellen.

422 Mit dem Ansatz von Modernisierungskosten ist eine **Verlängerung der Restnutzungsdauer** verbunden. I.d.R. verlängert sich die Restnutzungsdauer um den Zeitraum, der sonst mit der Alterswertminderung kompensiert werden soll (Abb. 66).

Abb. 66: Verlängerung der Restnutzungsdauer

Die **Modernisierung kann angesetzt werden**

a) **mit einem Einmalbetrag** z. B. nach Ablauf des Betrachtungszeitraums oder

b) **mit einem alljährlich zum Ansatz kommenden Pauschalbetrag** (etwa in Höhe von 2 % des Herstellungswerts), der dann direkt vom Reinertrag abgezogen wird und gleichzeitig die Restnutzungsdauer verlängert (Ertragswertverfahren nach dem Modernisierungsmodell).

423 Über die **Höhe des angemessenen jährlichen Modernisierungsansatzes** liegen derzeit keine allgemein anerkannten Erfahrungssätze vor, generell ist aber darauf hinzuweisen, dass

---

[58] Hinrichs/Schultz, Das Discounted Cashflow Verfahren in der Praxis, GuG 2003, 265.

der Modernisierungsansatz umso höher ausfallen muss, je kürzer die (Gesamt-)Nutzungsdauer des Gebäudes bei bloßer Instandhaltung ist. Wählt man dieses Modell, so vermindert sich also der jährliche Reinertrag und das Ertragswertverfahren kommt als „Modernisierungsmodell" mit quasi ewiger Nutzungsdauer an. Der Bodenwert kann bei Anwendung dieses Modells vernachlässigt werden, sofern das Grundstück keine selbständig nutzbaren Freiflächen aufweist.

4.3.3.6 Grundstückstransaktionskosten

▸ *Vgl. § 194 BauGB Rn. 85; Syst. Darst. des Vergleichswertverfahrens Rn. 537*

Grundstückstransaktionskosten sind die in der **DIN 276/1993** unter Ziff. 4.3 aufgeführten Grunderwerbsnebenkosten bzw. Grundstücksnebenkosten (vgl. § 194 BauGB Rn. 86). **424**

Bei der Verkehrswertermittlung im Wege des Ertragswertverfahrens auf der Grundlage des Liegenschaftszinssatzes werden die **Grunderwerbskosten mit dem Liegenschaftszinssatz** berücksichtigt. Der Liegenschaftszinssatz wird nämlich aus dem Kaufpreis gleichartiger Grundstücke abgeleitet, und die vom Erwerber aufzubringenden Grunderwerbskosten werden folglich indirekt mit dem aus diesen Kaufpreisen abgeleiteten Liegenschaftszinssatz berücksichtigt. **425**

Der **Zinssatz langfristiger (staatsgarantierter) Bundesanleihen** (Bundesschatzbriefe) **lässt sich nicht unmittelbar als Diskontierungszinssatz für Immobilieninvestitionen übertragen**, da hier die Verzinsung durch erhebliche Grundstückstransaktionskosten vermindert wird. Die Grunderwerbskosten können sich schon leicht auf 10 % des Kaufpreises aufaddieren, jedoch fallen sie deutlich niedriger aus, wenn keine Maklerprovision anfällt. Der Investor, der sich an der Verzinsung von alternativen Geldanlagen orientiert, muss die Grunderwerbskosten als verlorene Kosten betrachten, um die sich seine Verzinsung vermindert. Im Unterschied zur Anwendung des Ertragswertverfahrens auf der Grundlage des Liegenschaftszinssatzes müssen bei Anwendung des Prognoseverfahrens auch die Grundstückstransaktionskosten besonders berücksichtigt werden. **426**

Bei Anwendung des Prognoseverfahrens *(discounted cashflow)* erhält man bei alledem zunächst nur einen **vorläufigen Ertragswert, der um die Grundstückstransaktionskosten zu vermindern ist** (Abb. 67). **427**

Abb. 67: Vorläufiger Ertragswert

Da in Deutschland die **Grunderwerbskosten** vom Käufer mit dem Erwerb des Grundstücks aufgebracht werden, sind die Grunderwerbskosten nach den Wertverhältnissen des Wertermittlungsstichtags anzusetzen, z. B. als Vomhundertsatz des ermittelten Werts (Kaufpreis).

V Syst. Darst. Ertragswertverf. — Zusammenfassung

4.3.4 Restwert

▶ Vgl. Rn. 272, 358 sowie § 17 ImmoWertV Rn. 56, 61

428 Der **Restwert** wird bei Anwendung des Prognoseverfahrens (*Discounted Cashflow* Verfahren) **praktisch nach den Grundsätzen des Ertragswertverfahrens unter Heranziehung des Liegenschaftszinssatzes** als *„exit cap rate"* **ermittelt.** Soweit zum Ausgleich der Wertminderung wegen Alters Modernisierungskosten angesetzt worden sind, muss die verlängerte Restnutzungsdauer beachtet werden. Da es sich bei dem Restwert um den sich erst nach Ablauf des Betrachtungszeitraums ergebenden Ertragswert handelt, muss dieser noch auf den Wertermittlungsstichtag diskontiert werden.

429 Der Restwert kann ermittelt werden, indem der prognostizierte Reinertrag des 11. Jahres (im Anschluss an den Betrachtungszeitraum) über die sich dann ergebende (ggf. durch Modernisierungsmaßnahmen verlängerte) Restnutzungsdauer kapitalisiert und der Barwert auf den Wertermittlungsstichtag diskontiert wird. Damit gehen allerdings alle bei der Prognose der Ertragsentwicklung unterlaufenden Fehler in entsprechend vervielfachter Größenordnung in den Restwert ein. Dies lässt sich vermeiden, indem man den am Wertermittlungsstichtag marktüblich erzielbaren Ertrag unter Heranziehung des Liegenschaftszinssatzes mit der Vervielfältigerdifferenz kapitalisiert, d.h., mit der Differenz aus dem Vervielfältiger, der sich für die gesamte (verlängerte) Restnutzungsdauer ergibt abzüglich des sich für den Betrachtungszeitraum ergebenden Vervielfältigers.

4.4 Zusammenfassung

430 Das Ertragswertverfahren auf der Grundlage von Prognosen (***Discounted Cashflow* Verfahren) stellt kein aliud gegenüber dem klassischen Ertragswertverfahren** auf der Grundlage des dynamischen Liegenschaftszinssatzes **dar.** Es besteht kein grundlegender Gegensatz zwischen beiden Verfahren; sie ergänzen sich vielmehr. Der wesentliche Unterschied besteht darin, dass bei Anwendung des Prognoseverfahrens von prognostizierten Reinerträgen und einem analytisch abgeleiteten Diskontierungszinssatz ausgegangen wird, mit dem analytisch und nicht empirisch das regionale und sektorale Risikopotenzial der Immobilie, die allgemeine Geldentwertung neben der besonderen Berücksichtigung der Grundstückstransaktionskosten und der Alterswertminderung berücksichtigt wird. Bezüglich der Ermittlung des Restwerts besteht sogar eine weitgehende Übereinstimmung beider Verfahren.

431 Als **Vorteil des Prognoseverfahrens** *(discounted cashflow)* gilt, dass die Anomalien (hier: Mietverträge) integrativ (uno actu) berücksichtigt werden und nicht mittels Zu- und Abschlägen *(Top and Bottom Slicing)* oder Vervielfältigerdifferenzen *(Term and Reversion)* „aufgesattelt" werden müssen. Dies ist allerdings ein nicht ins Gewicht fallender rechentechnischer Vorteil, denn dies leistet auch das mehrperiodische Ertragswertverfahren nach § 17 Abs. 1 Satz 2 i.V.m. Abs. 3 ImmoWertV.

432 Die Anwendung des Prognoseverfahrens (*Discounted Cashflow* Verfahren) führt zwangsläufig zu imposanten Rechenwerken, die aber letztlich bei näherer Betrachtung nicht beeindrucken können und besonders fehleranfällig sind. Diese Rechenwerke sind zudem leicht manipulierbar, weil die unterstellten Entwicklungen nicht widerlegt werden können, wenn sie nur mit „gedrechselten Worten" begründet sind. Sie erweisen sich i.d.R. nachträglich als falsch, weil sie nicht vorhersehbar sind. Das Ertragswertverfahren ist das „ehrlichere" Verfahren. Statt fragwürdiger Prognosen wird in einem Zuge mit dem marktorientierten Liegenschaftszinssatz das Wertermittlungsverfahren am Verkehrswert orientiert. Soweit es um die Ermittlung des Verkehrswerts (Marktwert) geht, ist das klassische Ertragswertverfahren auch das Verfahren, das in besonderer Weise die tatsächlichen Marktverhältnisse berücksichtigt. Es stützt sich nicht auf die subjektiven Anschauungen des Anwenders, sondern auf die objektiven Verhältnisse des Grundstücksmarkts. **Das klassische Ertragswertverfahren ist mithin im Unterschied zum *Discounted Cashflow* Verfahren ein genuines Marktwertverfahren.**

Bei Anwendung des *Discounted Cashflow* **Verfahrens als Restwertverfahren** kommt es entgegen weit verbreiteter Auffassung entscheidend auf den **Restwert** an, der vielfach nur geschätzt wird. Der Restwert ist in Abhängigkeit von der Restnutzungsdauer häufig etwa doppelt so groß wie der Wertanteil der ersten 10 Jahre. Bei langer Restnutzungsdauer ist der Restwert etwa dreimal so groß wie der Wertanteil der ersten 10 Jahre! 433

Prognoseverfahren (*Discounted Cashflow* **Verfahren**) **und Ertragswertverfahren ergänzen sich.** Wo es an marktorientierten Liegenschaftszinssätzen fehlt, kann hilfsweise auf das Prognoseverfahren (*Discounted Cashflow* Verfahren) zurückgegriffen werden. Darüber hinaus hat das Prognoseverfahren (*discounted cashflow*) insbesondere bei „komplizierten" und investitionsorientierten Immobilien seinen festen Platz 434

a) als **Instrument investitionsanalytischer Betrachtungen**[59] (Kapitalwertmethode, Interner Zinssatz-Methode, Annuitätsverfahren vgl. Rn. 322 ff.) und

b) als **Verkehrswertmethode (Marktwertermittlung) von Objekten, die im gewöhnlichen Geschäftsverkehr nach investitionsanalytischen Betrachtungen gehandelt** werden. Aus diesem Grunde muss sich der Verkehrswertermittler auch mit dieser Methode befassen und sie beherrschen.

Das Prognoseverfahren (*Discounted Cashflow* **Verfahren) ist im Verhältnis zum klassischen Ertragswertverfahren besonders fehlerträchtig.** Fehler bei der Prognose der Ertragsentwicklung der ersten 10 Jahre vervielfachen sich in verhängnisvoller Weise, wenn sie zur Grundlage der Ermittlung des Restwerts gemacht werden. Daneben besteht eine große Fehlerabhängigkeit bezüglich des angesetzten Diskontierungszinssatzes. Die Fehler können sich aufaddieren. Die Fehlerfortpflanzung beträgt etwa das 2,5-Fache der Fehlerfortpflanzung des klassischen Ertragswertverfahrens. Die **ungünstige Fehlerfortpflanzung** des *Discounted Cashflow* Verfahrens hat ihre Ursache darin, dass 435

a) sich Fehler in der prognostizierten Entwicklung der Reinerträge von Jahr zu Jahr fortpflanzen („Leitereffekt" vgl. Rn. 365) und

b) sich die aufsummierten Fehler mit der Kapitalisierung des Jahresreinertrags des 10. Jahres zur Ermittlung des Restwerts (entsprechend der verbleibenden Restnutzungsdauer) vervielfachen.

Allgemein besteht gleichwohl die Erfahrung, dass das *Discounted Cashflow* Verfahren (Prognoseverfahren) regelmäßig zu höheren Ergebnissen als das klassische Ertragswertverfahren führt. Dies mag vielfach im Interesse des Anwenders der *Discounted Cashflow* Methode stehen oder auf eine allgemeine optimistische Grundhaltung bei der Analyse der künftigen Immobilienentwicklung zurückzuführen sein, wie man sie auch vom Aktienmarkt kennt. Dies führt dann über die Immobilienbewertung zu selbst initiierten Preissteigerungen (*bubbles*), die dann irgendwann von der Realität wieder eingeholt werden. Investitionsorientierte Immobilien weisen im Gegensatz zu Wohnimmobilien in der Tat auch höhere Wertschwankungen auf. 436

Als *Beispiel* sei auf eine im Jahre 1994 von *Evans* aufgestellte Ertragswertermittlung auf der Grundlage von Finanzierungszinssätzen i.V.m. einer hypothetisch unterstellten Entwicklung der Mieteinnahmen hingewiesen, die bereits in der 3. Aufl. dieses Werks auf S. 1436 vorgestellt wurde (Abb. 68). Die Berechnung vollzog sich unter der Annahme eines Finanzierungszinssatzes von 9 % und einer jährlichen Mietsteigerung von 5 %. *Evans* hat mit diesem Beispiel auf die hohe Fehlerträchtigkeit des Verfahrens hinweisen wollen und ist von der Entwicklung bestätigt worden. 437

---

[59] *Eves/Wills*, in Sailer/Kippes/Rehkugler, Handbuch für Immobilienmakler und Immobilienberater, Beck Verlag 2003, S. 576.

V Syst. Darst. Ertragswertverf. Zusammenfassung

Abb. 68: Beispiel (vorgestellt von Evans auf einem IRR-Seminar 1994):

Jahr 31.12. d. J.	Mietsteigerung %	Nettokaltmiete DM	Bewirtschaftungskosten (DM)	Reinertrag DM	Cashflow DM	Abzinsungsfaktor 9 %	Barwert DM
1994		630 315		600 300	600 300	0,91743	550 734
	+ 5 %		?				
1995		661 831		636 858	636 858	0,84168	536 031
	+ 5 %		?				
1996		694 922		636 858	636 858	0,77218	491 771
	+ 5 %		?				
1997		729 668		675 643	675 643	0,70843	478 642
	+ 5 %		?				
1998		766 152		675 643	675 643	0,64993	439 122
	+ 5 %		?				
1999		804 459		716 790	716 790	0,59627	427 398
	+ 5 %		?				
2000		844 682		716 790	716 790	0,54703	392 109
	+ 5 %		?				
2001		886 917		760 442	760 442	0,50187	381 640
	+ 5 %		?				
2002		931 262		760 442	760 442	0,46043	350 129
	+ 5 %		?				
2003		977 825		977 825	977 825		Σ = 4 047 576
Zuzüglich Restwert: Reinertrag (Cashflow) im Jahre 2003 kapitalisiert mit Barwertfaktor V bei 5 % und Restnutzungsdauer rd. 58 Jahre 18,80 : 977 825 DM × 18,80 = 18 383 118						0,42241	+7 765 213 11 812 798

Abzüglich 10 % Transaktionskosten vom Ertragsanteil des Betrachtungszeitraums ergibt sich als Ertragswert:

(7 765 213 DM + 4 047 576 DM)/110 = 11 444 827 DM.

Gegenrechnung mit dem klassischen Ertragswertverfahren

RE am Wertermittlungsstichtag 600 300 DM
Restnutzungsdauer 67 Jahre
Typischer Liegenschaftszinssatz 6 %
Vereinfachtes Ertragswertverfahren EW = RE × V = 600 300 DM × 16,33 = **9 802 899 DM**

Wie das Beispiel zeigt, treten unvermeidliche oder schwer widerlegbare Fehler der Analyse und Prognose der Ertragsentwicklung i.d.R. schon nach wenigen Jahren zu Tage.

Das klassische Ertragswertverfahren erscheint ehrlicher und realistischer! Zwar ist das Ergebnis der *Discounted Cashflow* Berechnung noch um die Modernisierungskosten zu vermindern. Gleichwohl fällt es im Verhältnis zur klassischen Ertragswertermittlung recht hoch aus. Dies mag darauf zurückzuführen sein, dass die Prognose der Mieten zu hoch ausgefallen ist, denn tatsächlich sind die Mieten in den ersten vier Jahren um 16 % gesunken!

438 Langzeitbeobachtungen von Wertermittlungen im Wege des *Discounted Cashflow* Verfahrens machen seine Schwächen deutlich.

– Weniger als 50 % aller Analysen haben sich als richtig erwiesen.

– Prognosen sind immer problematisch, selbst über 10 Jahre.

439 Die Überprüfung von Verkehrswertermittlungen unter Heranziehung des *Discounted Cashflow* Verfahrens hat schon nach wenigen Jahren offenbart, dass auch der sorgfältigste Anwender des Verfahrens die künftigen Entwicklungen nicht vorsehen kann. Die *Discounted Cashflow* Methode ist nun einmal ein **Prognoseverfahren,** und Prognosen treffen tatsächlich in den seltensten Fällen ein. Hierüber dürfen auch die aufwendigsten Rechenwerke nicht hinwegtäuschen.

4.5 Beispiel zum *Discounted Cashflow* Verfahren

Verkehrswertermittlung eines neu errichteten Büroobjekts

a) Sachverhalt

Gesamtnutzfläche	6 800 m² Nutzfläche
Ortsüblich erzielbare Miete	15 €/m² Monat (Nettokaltmiete)
Bewirtschaftungskosten	15 % der Nettokaltmiete
Vermietungssituation	– 1 800 m² vermietet auf 3 Jahre bis 2002 einschließlich); (indexierte Miete (Lebenshaltungskostenindex))
	– 3 000 m² Festmiete auf 5 Jahre bis 2004 (einschließlich) zu 15 €/m² Monat (ortsüblich am Wertermittlungsstichtag)
	– 2 000 m² vermietet auf 2 Jahre bis 2001 (einschließlich) zu 20 €/m² gemäß Mietvertrag (Übervermietung); anschließend frei verhandelbar
Restnutzungsdauer	60 Jahre
Liegenschaftszinssatz	6 %
Bodenwert	1 000 000 €

Das Grundstück weist keine Übergröße auf, so dass angesichts der langen Restnutzungsdauer der baulichen Anlage auch das vereinfachte Ertragswertverfahren unter Vernachlässigung des Bodenwerts zur Anwendung kommen kann.

Abb. 69: Mietentwicklung

Das Grundstück weist keine selbständig nutzbaren Freiflächen auf und ist bauplanungskonform bebaut. Auf die Berücksichtigung des Bodenwerts bei der Verkehrswertermittlung kann im Hinblick auf die lange Restnutzungsdauer von 60 Jahren des Gebäudes verzichtet werden.

V Syst. Darst. Ertragswertverf. Beispiel

441 b) **Ertragswertermittlung mittels Prognoseverfahren** *(discounted cashflow)*
Ermittlung des Diskontierungszinssatzes

Der Basiszinssatz wurde ermittelt (vgl. Rn. 389) zu	5,5 %
Der Risikozuschlag wurde ermittelt (vgl. Rn. 395) zu	+ 2,5 %
Der Inflationsabschlag (vgl. Rn. 403) wurde prognostiziert mit	– 2,0 %
= Diskontierungszinssatz	6,0 %

– Es wird eine allgemeine *Mietwertsteigerung* von 2 % p.a. erwartet.

– Es wird erwartet, dass die Alterswertminderung mit einem Modernisierungsaufwand von 1 500 000 € im 11. Jahr aufgefangen wird. Alternativ kommt ein Abschreibungszuschlag zum Diskontierungszinssatz in Höhe von 2 % in Betracht (vgl. Rn. 405 ff.).

Abb. 70: **Ermittlung des vorläufigen Prognosewerts (*Discounted Cashflow* Werts)**

					discounted cashflow						
Zeitraum	Nutzflächen m²	Bemerkung: Über- oder Untervermietung	Nettokaltmiete monatl. €/m²	Änderung per annum in v. H.	Nettokaltmiete per annum €/m²	Bewirtschaftungskosten in v. H.	Bewirtschaftungskosten per annum in €	Jahresreinertrag (*Cashflow*) in €	Diskontierungszinssatz in v. H.	Abzinsungsfaktor	Barwert
2000	3 000	Festmiete ortsüblich	15,00		540 000	15	81 000,00	459 000,00	6	0,9434	433 018,87
	1 800	indexiert	15,00		324 000	15	48 600,00	275 400,00	6	0,9434	259 811,32
	2 000	Übervermietung	20,00		480 000	15	54 000,00	426 000,00	6	0,9434	401 886,79
				2							
2001	3 000	Festmiete ortsüblich	15,00		540 000	15	82 620,00	457 380,00	6	0,8900	407 066,57
	1 800	indexiert	15,30		330 480	15	49 572,00	280 908,00	6	0,8900	250 007,12
	2 000	Übervermietung	20,00		480 000	15	55 080,00	424 920,00	6	0,8900	378 177,29
				2							
2002	3 000	Festmiete ortsüblich	15,00		540 000	15	84 294,00	455 706,00	6	0,8396	382 610,76
	1 800	indexiert	15,61		337 176	15	50 576,40	286 599,60	6	0,8396	240 629,02
	2 000	Neuvermietung	15,61		374 640	15	56 196,00	318 444,00	6	0,8396	267 365,58
				2							
2003	3 000	Festmiete ortsüblich	15,00		540 000	15	85 968,00	454 032,00	6	0,7921	359 639,75
	3 800	indexiert	15,92		725 952	15	108 892,8	517 059,20	6	0,7921	488 772,59
				2							
2004	3 000	Festmiete	15,00		540 000	15	87 696,00	452 304,00	6	0,7473	338 006,78
	3 800	indexiert	16,24		740 544	15	111 081,6	629 462,40	6	0,7473	470 397,25
				2							
2005	6 800	indexiert Lebenshaltungskosten	16,56		1 351 296	15	202 694,4	1 148 601,6	6	0,7050	809 764,13
				2							
2006	6 800	wie zuvor	16,89		1 378 224	15	206 733,6	1 171 490,4	6	0,6650	779 041,12
				2							
2007	6 800	wie zuvor	17,32		1 413 312	15	211 996,8	1 201 315,2	6	0,6274	753 705,16
				2							
2008	6 800	wie zuvor	17,67		1 441 872	15	216 280,8	1 225 591,2	6	0,5919	725 427,43
				2							
2009	6 800	wie zuvor	18,02		1 470 432	15	220 564,8	1 249 867,2	6	0,5584	697 925,84
				2						Summe	8 443 253
2009		Modernisierung des Gebäudes			1 500 0000				6 %	0,5584	– 837 600
	Restwert 2010 bis 2070 Restnutzungsdauer verlängert um 10 auf 60 Jahre										
	6 800	wie zuvor	18,38	=	1 499 808	15	224 971,2	1 274 836,8	6		
						Vervielfältiger		16,16			
		Prognosen				Kapitalisiert		20 601 3630			
						Diskontiert über 10 Jahre			6	0,55839	11 503 595
						Vorläufiger Ertragswert *(discounted cashflow)*					19 109 248

| Beispiel | Syst. Darst. Ertragswertverf. V |

In dem **Berechnungsbeispiel** wurde zunächst ein vorläufiger Ertragswert *(Discounted Cashflow* Wert) von 19 109 248 € ermittelt. Dabei wurden die Barwerte der prognostizierten Jahresreinerträge des Betrachtungszeitraums mittels des Diskontierungszinssatzes in Höhe von 6 % auf den Wertermittlungsstichtag diskontiert. Der Jahresreinertrag des 11. Jahres wurde dagegen über die verbleibende Restnutzungsdauer mittels des Liegenschaftszinssatzes (ebenfalls in Höhe von 6 %) kapitalisiert. **442**

Der vorläufige Ertragswert berücksichtigt mit den im 10. Jahr eingesetzten Modernisierungskosten bereits die **Alterswertminderung (Abschreibung)**. Gleichzeitig wurde damit die Restnutzungsdauer des 11. Jahres auf dieselbe Restnutzungsdauer angehoben, die sich zum Wertermittlungsstichtag für das Objekt ergibt. Die weiterhin anfallende Abschreibung wird dagegen mit dem Liegenschaftsatz berücksichtigt, der der Kapitalisierung der nachfolgend anfallenden Jahresreinerträge noch nicht der Ertragswertminderung zugrunde liegt. **443**

Alternativ zu dieser Vorgehensweise können **444**

– die gegebenen **Jahresreinerträge** des Betrachtungszeitraums *(projection period)* **um die jeweiligen Abschreibungsbeträge vermindert** werden (vgl. Rn. 410) oder

– der Diskontierungszinssatz wird um 2 Prozentpunkte erhöht (vgl. Rn. 419).

Das Berechnungsbeispiel führt ohne Berücksichtigung der Modernisierung bzw. Abschreibung zu folgendem **Zwischenergebnis:** **445**

Ertragswertanteil der ersten 10 Jahre	rd. 8 400 000 €
Restwert	rd. 11 500 000 €
Ertragswert insgesamt	rd. 19 900 000 €
Ertragswert unter Berücksichtigung der Alterswertminderung	rd. 19 000 000 €

Abb. 71: Aufteilung des Ertragswerts

In dem Beispiel nimmt der auf der Grundlage des Ertragswertverfahrens unter Heranziehung des Liegenschaftszinssatzes ermittelte **Restwert einen Anteil von rd. 59 % am Ertragswert** insgesamt ein. Von daher ist das *Discounted Cashfow* Verfahren zu seinem überwiegenden Anteil ein klassisches Ertragswertverfahren. Dieser Restwert bestimmt sich maßgeblich auch bei Anwendung des Prognoseverfahrens *(discounted cashflow)* nach der Restnutzungsdauer. Deshalb ist auch die Behauptung[60] abwegig, dass das klassische Ertragswertverfahren auf der Grundlage der Restnutzungsdauer überholt sei. Es wäre einem Investor gegenüber verantwortungslos, wenn dem Restwert nicht sogar die entscheidende Bedeutung beigemessen wird, **446**

---

60 So aber Brühl, M., auf dem Immobilienkongress am 3.11.2003 in Geislingen auf der Steige.

V Syst. Darst. Ertragswertverf. — Beispiel

denn dieser ist bei langer Restnutzungsdauer – wie das Beispiel zeigt – werthaltiger als der Barwert des Betrachtungszeitraums. Für den Investor, der auch den Verkaufswert nach Ablauf des Betrachtungszeitraums in seine Investitionsüberlegungen einstellt, muss es sonst ein böses Erwachen geben[61].

447 Um vom vorläufigen Ertragswert zum Ertragswert zu gelangen, bedarf es noch einer **Minderung des Ergebnisses um die Grundstückstransaktionskosten.** Dies ist darin begründet, dass sich der hilfsweise als Diskontierungszinssatz herangezogene Basiszinssatz auf eine alternative Geldanlage bezieht und diese weitgehend frei von Erwerbskosten ist. So können beispielsweise Bundesschatzbriefe gebührenfrei erworben werden. Demgegenüber ist der Immobilienerwerb mit hohen Transaktionskosten verbunden, die die Rendite mindern. Deshalb müssen bei Heranziehung des sog. landesüblichen Zinssatzes (Zinssatz der von der Deutschen Bundesbank veröffentlichten „Umlaufsrendite börsennotierter Wertpapiere") die mit einer Investition in Immobilien vergleichsweise sehr hoch anfallenden Grunderwerbskosten ertragsmindernd berücksichtigt werden. Sie schmälern nämlich die mit dem landesüblichen Zinssatz zugrunde gelegte Rendite. Dem kann dadurch Rechnung getragen werden, dass das vorläufige Ergebnis des *Discounted Cashflow* Verfahrens um die Grundstückstransaktionskosten vermindert wird.

448 Abzulehnen ist die Praxis, das Gesamtergebnis – wie vorstehend dargestellt – pauschal **um einen Vomhundertsatz (z. B. 10 %)** zu mindern.

449 *Fortführung des Beispiels:*

Im Beispiel wurde als Ertragswert *(discounted cashflow)* ermittelt	rd. 18 800 000 €
Ertragswert abzüglich Grunderwerbsnebenkosten (z. B. 10 %) = 18 800 000 € × 100/110	17 090 900 € (falsch!)

Bei genauerer Betrachtung werden mit dieser Vorgehensweise in fehlerhafter Weise die Grunderwerbskosten vom Gesamtwert in Abzug gebracht, obwohl nur der Ertragswertanteil des Betrachtungszeitraums auf der Grundlage des landsüblichen Zinsfußes ermittelt wurde, während der Restwert nach den Grundsätzen des klassischen Ertragswertverfahrens mittels des Liegenschaftszinssatzes ermittelt wurde. Bei der Verkehrswertermittlung im Wege des Ertragswertverfahrens auf der Grundlage des Liegenschaftszinssatzes werden jedoch – wie bei § 14 ImmoWertV unter Rn. 166 dargestellt – die Grundstückstransaktionskosten bereits mit diesem berücksichtigt *(all risks yield)*. Demzufolge werden die Grunderwerbskosten bei einer Verminderung des Gesamtwerts um den genannten Vomhundertsatz insoweit doppelt zum Abzug gebracht.

Richtige Berechnung (im Beispielsfall):

Ertragswertanteil der ersten zehn Jahre	8 443 253 €
Ertragswertanteil abzüglich Grunderwerbskosten für die ersten 10 Jahre: 8 443 253 € × 100/110 =	7 675 684 €
+ Ertragswertanteil des Restwerts (unvermindert)	11 503 595 €
Ertragswert:	rd. 18 179 239 €

Als **Gesamtergebnis** ergibt sich für das vorstehende Beispiel ein Ertragswert von **rd. 18 Mio €.**

Nachrichtlich: Ertragswert bei Minderung des Gesamtwerts	17 090 900 €
Die Differenz beläuft sich auf (!)	rd. 1 000 000 €

---

[61] „Nur für 22 % der heimischen Immobilieninvestoren ist die kurzfristige maximale Rendite ausschlaggebend"; vielmehr stehen die langfristige solide Performance (78 % der Befragten), die Sicherheit des Investments (69 %), die Vermeidung von Risiken und Performanceverlusten (67b %) sowie die Sicherheit der Wettbewerbsfähigkeit gegenüber vergleichbaren Kapitalanlagen (56 %) im Vordergrund (Difa-Vorstand Ingo Hartlief auf der ExpoReal 2005 unter Hinweis auf: Investmentkultur in Europa 2005; Roland Berger Market Research).

Beispiel   **Syst. Darst. Ertragswertverf. V**

c) **Ertragswertermittlung nach dem Ertragswertverfahren gemäß ImmoWertV**   **450**
    (Zu- und Abschlag)

Mit dem (dynamischen) Liegenschaftszinssatz wird die allgemeine Miet- und Wertentwicklung der Immobilie einschließlich der allgemeinen steuerlichen Rahmenbedingungen sowie der Grundstückstransaktionskosten berücksichtigt. Es müssen jedoch die vertraglichen Besonderheiten (hier: Teilvermietung mit Festmiete und Übervermietung) zusätzlich berücksichtigt werden. Dies erfolgt nach dem Auf- und Abschichtungsverfahren *(Top and Bottom Slicing)*.

Ermittlung des vorläufigen Ertragswerts aufgrund marktüblich erzielbarer Erträge

Marktüblich erzielbare Nettokaltmiete am Wertermittlungsstichtag 15,00 €/m² im Monat	
Gesamtnutzfläche (aller vermieteten Teilflächen)	6 800 m²
Jahresnettokaltmiete: 6 800 m² × 15 €/m² im Monat × 12 Monate =	1 224 000 €
abzüglich Bewirtschaftungskosten von 15 % = 1 224 000 € × 0,15 =	−183 600 €
ergibt Jahresreinertrag	1 040 400 €
× Vervielfältiger von p = 6 % und RND von 60 Jahren 16,16144277 =	16 814 364 €
Vorläufiger Ertragswert	16 814 365 €

– **Berücksichtigung der Übervermietung**

   Auf- und Abschichtungsverfahren *(Top and Bottom Slicing)*

Vertragliche Mehreinnahmen für 2 Jahre:		
2 000 m² × 5,00 €/m² × 12 (im Jahr)	= 120 000 €	
× Vervielfältiger bei p = 6 % und 2 Jahren	× 1,83339267 =	+ 220 007 €
ergibt Ertragswert		17 034 371 €

– **Vertragliche Mindereinnahme für 5 Jahre (Festmiete)**

3 000 m² × 15 €/m² × 12 (im Jahr)	540 000 €	
× Vervielfältiger bei p = 6 % und 5 Jahren	× 4,21236379 = 2 274 676 €	
× Vervielfältiger bei p = 7 % und 5 Jahren	× 4,10019744 = 2 214 107 €	
= Differenz	60 569 €	− 60 569 €
Ertragswert		**16 973 802 €**

Abb. 72:   **Aus- und Abschichtung** *(Top and Bottom Slicing)*

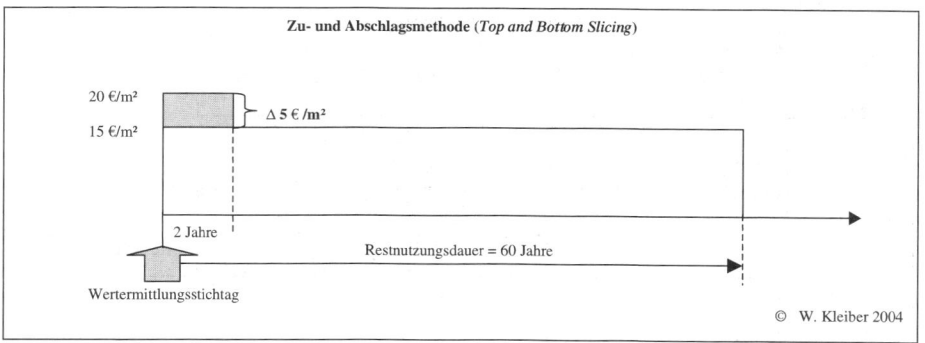

V Syst. Darst. Ertragswertverf. Beispiel

d) **Alternative Ertragswertermittlung nach dem Allgemeinen Ertragswertverfahren gemäß ImmoWertV (Vervielfältigerdifferenzenverfahren –** *Term and Reversion***)**

Zeitraum 2000 und 2001 Jahresnettokaltmiete	4 800 m² × 15 €/m² × 12 Monate =	864 400 €
	2 000 m² × 20 €/m² × 12 Monate =	480 000 €
zusammen	=	1 344 000 €
abzüglich Bewirtschaftungskosten 15 % von 1 224 000 € (= 6 800 m² × 15 €/m² ×12 Monate)		– 183 600 €
ergibt		1 160 400 €
× Vervielfältiger bei p = 6 % und 2 Jahren 1,83339267		2 127 469 €
Zeitraum 2002 bis 2060 Jahresnettokaltmiete 6 800 m² × 15 €/m² × 12 Monate	=	1 224 000 €
Abzüglich Bewirtschaftungskosten (wie vorher)	=	– 183 600 €
ergibt		1 040 400 €
× Vervielfältiger bei p = 6 % und 60 Jahren:	16,1614277	
abzüglich Vervielfältiger von 2000 und 2002	– 1,8333927	
× Vervielfältigerdifferenz	14,3280350	14 906 888 €
zusammen		17 034 357 €
Vertragliche Mindereinnahme für 5 Jahre (Festmiete) 3 000 m² × 15 €/m² × 12 (im Jahr)	540 000 €	
× Vervielfältiger bei p = 6 % und 5 Jahren × 4,21236379 =		= 2 274 676 €
× Vervielfältiger bei p = 7 % und 5 Jahren × 4,10019744 =		– 2 214 107 €
= Differenz		60 569 € = – 60 569 €
Ertragswert		16 973 788 €

Das Ergebnis entspricht dem Ergebnis des ersten Rechenverfahrens.

Abb. 73: Vervielfältigerdifferenzenverfahren *(Term and Reversion)*

e) **Ergebnisvergleich (zur Verkehrswertermittlung unter Anwendung des Prognoseverfahrens** (vgl. Rn. 441)

Die Ertragswertermittlung ergab

a) im Wege des *discounted cashflow* aufgrund prognostizierter Mieten	18,0 Mio €
b) im Wege des Ertragswertverfahrens	17,0 Mio €

Der Unterschied von nur rd. 5 % ist in Anbetracht der allgemeinen Schätzungenauigkeit gering, jedoch können leicht veränderte Ansätze bei dem Prognoseverfahren zu einem erheblich abweichenden Ergebnis führen.

5 Finanzmathematische Grundlagen

5.1 Allgemeines

Schrifttum: *Harboth,T./Müller,M.*, Ertragswertermittlung auf statistischer Grundlage, DS 2002, 29.

Bei der Ertragswertermittlung wird der am Wertermittlungsstichtag erzielbare, nachhaltige **Grundstücksreinertrag wie eine jährlich wiederkehrende Rente** angesehen, die jedes Jahr in gleicher Höhe bis zum Ende der Nutzungsdauer des Gebäudes anfällt. Diese Rente wird als jährlich nachschüssige Zahlung angesehen, d.h. es wird unterstellt, dass der Jahresreinertrag erst am Ende eines jeweiligen Jahres in einer Summe dem Eigentümer zufließt. Aus dem Jahresreinertrag wird nach den Regeln der Rentenrechnung der Grundstücksertragswert ermittelt. **451**

Zum Verständnis der finanzmathematischen Operationen beim Ertragswertverfahren sind **Grundkenntnisse der Zinseszins- und Rentenberechnung** erforderlich. Es sind im Allgemeinen folgende Rechenoperationen vorzunehmen: **452**

– die Aufzinsung einer einmaligen Zahlung oder Einnahme,
– die Abzinsung einer einmaligen Zahlung oder Einnahme,
– die Barwertermittlung einer (jährlich) wiederkehrenden Zahlung oder Einnahme,
– die Endwertermittlung einer (jährlich) wiederkehrenden Zahlung oder Einnahme.

Für ausgeliehenes Kapital wird im Allgemeinen als Gegenleistung ein Entgelt verlangt. Dieses Entgelt ist der Preis für das geliehene Kapital und wird als **Zins** bezeichnet. Hat man Zinsen zu bezahlen, spricht man von **Sollzinsen**. Werden Zinsen eingenommen, werden diese als **Habenzinsen** bezeichnet. Die Höhe der Zinsen bestimmen sich wie jeder Preis nach Angebot und Nachfrage. Auf dem Grundstücksmarkt fördern niedrige Zinsen und hemmen hohe Zinsen die Investitionsbereitschaft. Die jeweilige Zinshöhe wird außerdem entscheidend vom jeweiligen Basiszinssatz[62] beeinflusst. Bei finanzmathematischen Berechnungen wird der Zinssatz meistens in Dezimalschreibweise angegeben (Zinssatz i = Zinsfuß/100, also für einen Zinsfuß von 6 % schreibt man i = 0,06). **453**

Die Zeitdauer, für die das Kapital ausgeliehen wird, nennt man **Laufzeit**. Sie wird meistens in Jahren angegeben; n gibt die Anzahl der Perioden/Jahre an. **454**

Es bedeuten:

K_0 = Anfangskapital am Anfang des 1. Jahres (heutiger Wert des Kapitals/Gelds)
K_1 = Kapital am Ende des 1. Jahres
K_n = Endkapital (Kapital am Ende des n-ten Jahres)
i = Zinssatz in Dezimalform (5 % Zins, also 0,05)
n = Anzahl der Perioden (Jahre).

Im Wirtschaftsleben werden unterschiedliche Zinsbegriffe verwendet, die zum Teil identische Bedeutung haben. Nachfolgend werden die wichtigsten Begriffe erläutert (Abb. 74):

---

[62] Zinssatz, zu dem die Banken Geld leihen.

V Syst. Darst. Ertragswertverf. Finanzmathematische Grundlagen

Abb. 74: Begriffsdefinitionen

Zins	
Preis für die leihweise Überlassung von Kapital	
Geldzins, Marktzins Zins für die Inanpruchnahme eines Kredits, der sich am Markt einstellt	**Originärer Zins,** **natürlicher Zins,** **Güterzins** Nettorendite aus einer Investition
Bruttozins Nettozins zuzüglich Risikoprämie und Verwaltungskosten (des Kreditinstituts)	**Nettozins** reines Entgelt für für das geliehene Kapital
Nominalzins der auf den Nennwert von Wertpapieren bezogene Zins	**Effektivzins** der sich aus dem Verhältnis zwischen Zinserträgen und Kapital (von Wertpapieren) ergebende Zins
Eigenkapitalzins Habenzins für Geldanlagen	**Fremdkapitalzins** Sollzins für geliehenes Geld
Realzins Zinsertrag abzüglich der Inflationsrate	**Zinsspanne** Differenz zwischen Soll- und Habenzins

© Simon 01

5.2 Aufzinsung

455 Unter der **Aufzinsung** (einer einmaligen Zahlung) versteht man die **Ermittlung eines Endkapitals K_n, das sich für ein Anfangskapital K_0** (zu einem bestimmten Zeitpunkt t_0) **nach n Jahren ergibt,** wenn das Anfangskapital K_0 über die Laufzeit n mit i Prozent verzinst wird (Abb. 75):

Abb. 75: Aufzinsung:

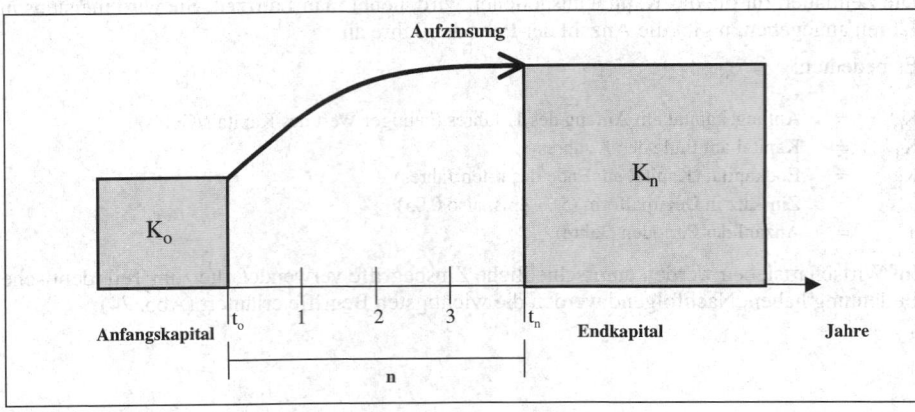

456 Die **Aufzinsungsformel** lautet $\qquad K_n = K_0 \times (1 + i)^n$

oder vereinfacht wenn $(1 + i) = q$ $\qquad K_n = K_0 \times q^n$

$q = (1 + i)$ wird auch als **Zinsfaktor** bezeichnet.

457 q^n wird als **Aufzinsungsfaktor** bezeichnet und ist in Abhängigkeit vom Zinssatz und der Laufzeit tabelliert (vgl. Anh. 5.2).

Finanzmathematische Grundlagen   Syst. Darst. Ertragswertverf. V

Beispiel: **458**

A legt auf der Bank die Summe von 10 000 € für 5 Jahre zu 6 % Zinsen p.a. an. Wie hoch ist sein Kapital nach 5 Jahren?
Lösung:

K_n = 10 000 € × $1{,}06^5$
K_n = 10 000 € × 1,338226
K_n = 13 382,26 €

Nach Ablauf von 5 Jahren ist das Kapital von 10 000 € auf 13 382,26 € angewachsen.

Würde nicht der Aufzinsungsfaktor aus der Aufzinsungstabelle (q^n) verwendet werden, müsste wesentlich aufwendiger gerechnet werden:

Der Aufzinsungsfaktor (q^n) bei einem Jahr betrage 1,06:

Zeit	Anfangskapital	Zinsfaktor	Aufgezinstes Kapital (Endkapital)	Zinsanteil
1. Jahr	10 000,00 € ×	1,06	10 600,00 €	600,00 €
2. Jahr	10 600,00 € ×	1,06	11 236,00 €	636,00 €
3. Jahr	11 236,00 € ×	1,06	11 910,16 €	674,16 €
4. Jahr	11 910,16 € ×	1,06	12 624,77 €	714,61 €
5. Jahr	12 624,77 € ×	1,06	13 382,26 €	757,49 €
Summe				3 382,26 €

An Zinsen sind 3 382,26 € angefallen. Das Anfangskapital von 10 000 € ist folglich auf 13 382,26 € angewachsen. Das gleiche Ergebnis wird erzielt, wenn das Anfangskapital von 10 000 € mit dem Aufzinsungsfaktor 1,3382 (bei n = 5 und i = 0,06) multipliziert wird.

5.3   Abzinsung/Diskontierung

Unter einer **einfachen Abzinsung (einer einmaligen Zahlung)** versteht man die **Ermittlung**   **459**
eines Anfangskapitals K_0, das sich für ein bekanntes Endkapital K_n (zu einem bestimmten Zeitpunkt t_n) ergibt, wenn dieses Anfangskapital über die Laufzeit n mit i Prozent verzinst wird. Die Abzinsung wird auch als Diskontierung bezeichnet (Abb. 76).

Abb. 76:   Abzinsung

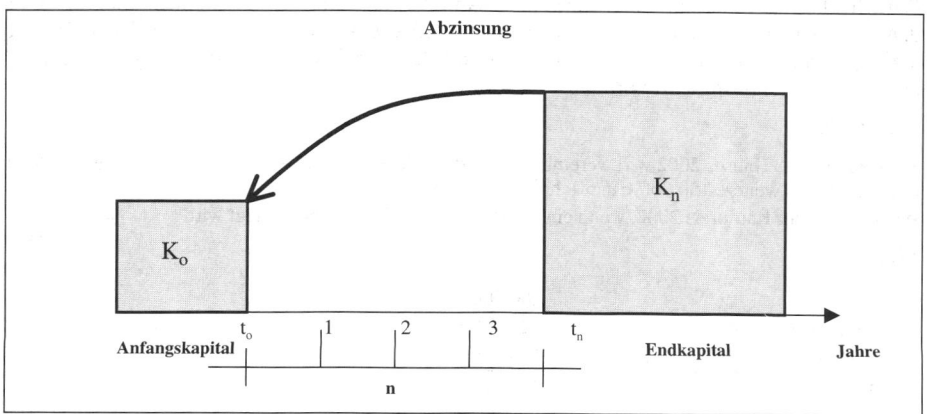

V Syst. Darst. Ertragswertverf. Finanzmathematische Grundlagen

460 Die **Abzinsungsformel** (Diskontierungsformel) lautet:

$$K_0 = K_n \frac{1}{(1+i)^n}$$

oder vereinfacht

$$K_0 = K_n \times \frac{1}{q^n} = K_n \times q^{-n}$$

Der **Abzinsungsfaktor (Diskontierungsfaktor)** $1/q^n$ ist mithin der Reziprokwert des Aufzinsungsfaktors. Er lässt sich mathematisch auch q^{-n} schreiben und ist wiederum in Abhängigkeit von Zinssatz und Laufzeit in Anl. 2 zur ImmoWertV tabelliert.

461 *Beispiel 1:*
A kann in 4 Jahren ein Grundstück zu einem vereinbarten Kaufpreis von 100 000 € kaufen. Welchen Anteil dieser Summe muss er heute zurücklegen, um in 4 Jahren den Kaufpreis von 100 000 € bezahlen zu können, wenn ihm die Bank einen Zinssatz von 6,5 % einräumt?

Lösung:

K_0 = 100 000 € × 1/1,065^4
K_0 = 100 000 € × 0,777323
K_0 = 77 732 €

A muss demnach heute 77 732 € bei der Bank einzahlen, damit er in 4 Jahren mit dem dann auf 100 000 € angewachsenen Kapital das Grundstück kaufen kann.

462 Auch hier kann man die aufwendigere Einzelberechnung vornehmen. Der Abzinsungsfaktor ($1/q^n$) bei einem Jahr beträgt 0,938967.

Zeit	Endkapital	Zinsfaktor	Abgezinstes Kapital (Anfangskapital)	Zinsanteil
1. Jahr	100 000,00 € ×	0,938967	93 896,70 €	6 103,30 €
2. Jahr	93 896,70 € ×	0,938967	88 165,90 €	5 730,98 €
3. Jahr	88 165,90 € ×	0,938967	82 784,87 €	5 381,03 €
4. Jahr	82 784,87 € ×	0,938967	77 732,26 €	5 052,61 €
Summe				22 267,92 €

Der Zins beträgt innerhalb der 4 Jahre insgesamt 22 268,00 €. A muss demnach bei der Bank den Betrag von (100 000 € – 22 268 € =) 77 732 € einzahlen. Das gleiche Ergebnis wird erzielt, wenn das Endkapital von 100 000 € mit dem Abzinsungsfaktor 0,777323 (bei n = 4 und i = 0,065) multipliziert wird.

463 *Beispiel 2:*

Beim Kauf eines Hauses 2002 wird vereinbart, dass der Käufer 200 000 € sofort in bar, weitere 100 000 € in 2 Jahren und weitere 150 000 € in 5 Jahren zu zahlen hat.
Wie hoch ist der Kaufpreis 2002, wenn ein Zinssatz von 7,5 % zugrunde gelegt wird?

Lösung:

K_1	=	200 000 €
K_2 = 100 000 € × 0,8653	=	86 530 €
K_3 = 150 000 € × 0,6066	=	104 490 €
Summe	=	391 020 €

Es wurde über eine Summe von insgesamt 450 000 € verhandelt, die in unterschiedlich hohen Teilbeträgen über einen fünfjährigen Zeitraum zu zahlen ist. Bezogen auf 2002 ist die Summe jedoch nur 391 020 € „wert", denn dem Verkäufer entgehen die Zinsen für 100 000 € über 2 Jahre und die Zinsen von 150 000 € für 5 Jahre.

Finanzmathematische Grundlagen Syst. Darst. Ertragswertverf. V

Auf der Grundlage eines Kapitalbetrags von 10 000 € zum gegenwärtigen Zeitpunkt t_0 wird zur Veranschaulichung in Abb. 77 der Barwert dargestellt, der sich für diesen Betrag bei einem Zinssatz von 5 % in den vorherigen und nachfolgenden Jahren ergibt. **464**

Abb. 77: **Auf- und Abzinsung**

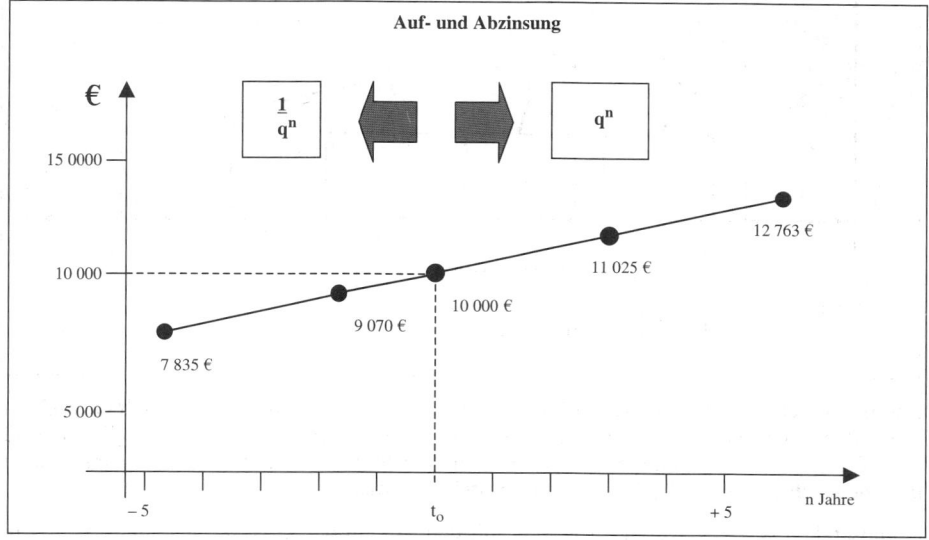

5.4 Barwertermittlung einer jährlich wiederkehrenden Zahlung

Erfolgen **gleich bleibende Zahlungen** (Einnahmen) **in gleichen wiederkehrenden Zeitabständen,** spricht man von einer **Rente.** Fundamentaler Teil der Ertragswertermittlung ist es, den Gesamtwert regelmäßiger Einnahmen (Jahresreinerträge) auf einen vorgegebenen Zeitpunkt hin (Wertermittlungsstichtag) abzuzinsen, d.h. zu diskontieren und aufzusummieren (Abb. 78). **465**

Abb. 78: Barwertermittlung

Bei der Verkehrswertermittlung wird definitionsgemäß grundsätzlich von jährlich nachschüssigen Zahlungen oder Einnahmen ausgegangen, obwohl die (Miet-)Erträge üblicherweise monatlich vorschüssig anfallen. Die in diesem Abschnitt behandelten Berechnungsformeln **beziehen sich** deshalb **auf jährlich nachschüssige Renten.**

466 Grundsätzlich ist diese Aufgabenstellung mit den Mitteln der Zinseszinsrechnung zu lösen. Die Verfahrensweise ist jedoch sehr umständlich, da eine Zusammenfassung mehrerer Diskontierungen in einem Rechengang nicht möglich ist.

467 Die **Barwertformel** lautet:

$$K_0 = k \times \frac{1}{q^n} \times \frac{q^n - 1}{q - 1}$$

wobei

$$\text{Rentenbarwertfaktor} = \frac{1}{q^n} \times \frac{q^n - 1}{q - 1} = \frac{(1 + i)^{n-1}}{i(1 + i)^n}$$

k = jährliche Rate mit der Besonderheit, dass der Rentenbarwertfaktor bei $n \to \infty$ zu $1/i$ wird.

468 Die sich in Abhängigkeit von n (Restnutzungsdauer, Anzahl der Zahlungstermine) und dem jeweiligen Liegenschaftszinssatz ergebenden Barwertfaktoren werden auch als **Vervielfältiger** oder Kapitalisierungsfaktoren bezeichnet und können aus Tabellen entnommen werden (z. B. Anl. zur ImmoWertV).

▶ *Grundsätzliches hierzu bei Rn. 107 ff.*

469 *Beispiel:*

Wie hoch ist der Barwert im Jahre 2000, wenn von 2000 an bis zum Jahr 2006 jährlich eine Einnahme von 10 000 € erzielt wird, die mit 6 % verzinst wird?

K_0 = 10 000 € × $1/1{,}06^6$ × $(1{,}06^6 - 1)/(1{,}06 - 1)$
K_0 = 10 000 € × 0,70486 × (1,41852 – 1)/0,06
K_0 = 49 173 €

Die Rechnung vereinfacht sich durch Anwendung der Vervielfältigertabelle.

Finanzmathematische Grundlagen   Syst. Darst. Ertragswertverf. V

Nach dieser Tabelle beträgt bei n = 6 Jahre und p = 6 % (i = 0,06) der Barwertfaktor (Vervielfältiger) 4,91832.

$$10\,000\,€ \times 4{,}91732 = 49\,173\,€$$

Auch in diesem Fall kann aufwendiger nach der Zinseszinsrechnung gerechnet werden:

n	Einnahmen €	Einnahmen auf das erste Jahr (diskontiert)
1. Jahr	10 000	9 433,96 €
2. Jahr	10 000	8 899,96 €
3. Jahr	10 000	8 396,19 €
4. Jahr	10 000	7 920,94 €
5. Jahr	10 000	7 472,58 €
6. Jahr	10 000	7 049,61 €
Summe der auf das erste Jahr diskontierten Einnahmen		49 173,00 €

5.5 Endwertermittlung einer jährlich wiederkehrenden Zahlung oder Einnahme

Der Endwert K_n einer Zahlungsreihe von n gleich großen Raten k bei einem Zinssatz von i bestimmt sich unter der Voraussetzung, dass die Zahlungen und die **Zinszuschläge jeweils am Jahresende** erfolgen, als Produkt der Rate k und dem sog. Rentenendwertfaktor:

$$K_n = k \times \frac{q^n - 1}{q - 1}$$

wobei:

Rentenwertfaktor $= \dfrac{q^n - 1}{q - 1} = \dfrac{(1 + i)^n - 1}{i}$

k = jährliche Rate

Der **Rentenendwertfaktor** ist also das Gegenstück zum Rentenbarwertfaktor.

Beispiel:

Ein Bausparer schließt einen Vertrag ab, in dem er sich verpflichtet, nach der ersten Zahlung von 2 000 € in Jahresabständen am Ende jeden Jahres 6 Jahre lang je 1 000 € zu zahlen. Wie hoch ist die Bausparsumme 10 Jahre nach Vertragsabschluss, wenn der Zinseszins 6 % beträgt (Abb. 79)?

Abb. 79: Endwert einer wiederkehrenden Zahlung

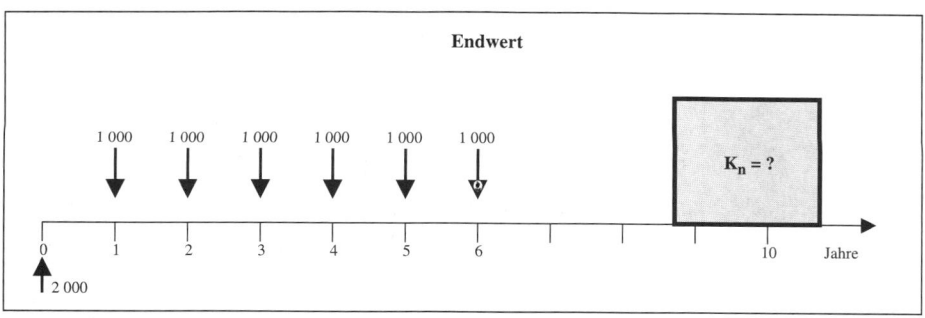

V Syst. Darst. Ertragswertverf.   Finanzmathematische Grundlagen

Lösung:

$$(2000 \times q^{10}) + \left(1000 \,€ \times \frac{q^6 - 1}{q - 1}\right) q^4$$

$$= (2000 \times 1{,}06^{10}) + \left(1000 \,€ \times \frac{1{,}06^6 - 1}{1{,}06 - 1}\right) 1{,}06^4$$

$$\begin{aligned}
&= 3\,581{,}70\,€ + (1\,000\,€ \times 6{,}9753)\,1{,}2625 \\
&= 3\,581{,}70\,€ + 8.806{,}32 \\
&= 12\,388{,}02\,€
\end{aligned}$$

Die einmalige Zahlung von 2 000 € verzinst sich bis Ende des zehnten Jahres auf 3 581,70 €. Der Kapitalwert der jährlichen Einzahlungen beträgt am Ende des sechsten Jahres 6 975,30 €. Diese Summe steht weitere 4 Jahre auf Zinseszins, so dass sich (10 Jahre nach Vertragsabschluss) insgesamt ein Kapitalwert von 12 388,02 € ergibt.

§ 17 ImmoWertV
Ermittlung des Ertragswerts

(1)₁Im Ertragswertverfahren wird der Ertragswert auf der Grundlage marktüblich erzielbarer Erträge ermittelt. ₂Soweit die Ertragsverhältnisse absehbar wesentlichen Veränderungen unterliegen oder wesentlich von den marktüblich erzielbaren Erträgen abweichen, kann der Ertragswert auch auf der Grundlage periodisch unterschiedlicher Erträge ermittelt werden.

(2)₁Im Ertragswertverfahren auf der Grundlage marktüblich erzielbarer Erträge wird der Ertragswert ermittelt

1. aus dem nach § 16 ermittelten Bodenwert und dem um den Betrag der angemessenen Verzinsung des Bodenwerts verminderten und sodann kapitalisierten Reinertrag (§ 18 Absatz 1); der Ermittlung des Bodenwertverzinsungsbetrags ist der für die Kapitalisierung nach § 20 maßgebliche Liegenschaftszinssatz zugrunde zu legen; bei der Ermittlung des Bodenwertverzinsungsbetrags sind selbständig nutzbare Teilflächen nicht zu berücksichtigen (allgemeines Ertragswertverfahren), oder

2. aus dem nach § 20 kapitalisierten Reinertrag (§ 18 Absatz 1) und dem nach § 16 ermittelten Bodenwert, der mit Ausnahme des Werts von selbständig nutzbaren Teilflächen auf den Wertermittlungsstichtag nach § 20 abzuzinsen ist (vereinfachtes Ertragswertverfahren).

₂Eine selbständig nutzbare Teilfläche ist der Teil eines Grundstücks, der für die angemessene Nutzung der baulichen Anlagen nicht benötigt wird und selbständig genutzt oder verwertet werden kann.

(3)₁Im Ertragswertverfahren auf der Grundlage periodisch unterschiedlicher Erträge wird der Ertragswert aus den durch gesicherte Daten abgeleiteten periodisch erzielbaren Reinerträgen (§ 18 Absatz 1) innerhalb eines Betrachtungszeitraums und dem Restwert des Grundstücks am Ende des Betrachtungszeitraums ermittelt. ₂Die periodischen Reinerträge sowie der Restwert des Grundstücks sind jeweils auf den Wertermittlungsstichtag nach § 20 abzuzinsen.

Gliederungsübersicht	Rn.
1 Grundlagen des Ertragswertverfahrens (§ 17 Abs. 1 ImmoWertV)
1.1 Übersicht	1
1.2 Ertrag
1.2.1 Allgemeines	10
1.2.2 Marktüblich erzielbarer Ertrag	13
1.2.3 Berücksichtigung besonderer Ertragsentwicklungen
1.2.3.1 Allgemeines	19
1.2.3.2 Temporäre Abweichungen vom marktüblich erzielbaren Ertrag	25
1.2.3.3 Absehbare wesentliche Veränderungen	32
2 Allgemeines Ertragswertverfahren (Standardverfahren nach § 17 Abs. 2 ImmoWertV)
2.1 Übersicht	37
2.2 Allgemeines (zweigleisiges) Ertragswertverfahren nach § 17 Abs. 2 Nr. 1 ImmoWertV	39
2.3 Allgemeines (eingleisiges) Ertragswertverfahren nach § 17 Abs. 2 Nr. 2 ImmoWertV	45
3 Mehrperiodisches Ertragswertverfahren
3.1 Allgemeines	48
3.2 Mehrperiodisches Ertragswertverfahren nach § 17 Abs. 3 ImmoWertV
3.2.1 Allgemeines	56
3.2.2 Reinerträge	59
3.2.3 Betrachtungszeitraum	60

3.2.4	Restwert des Grundstücks	61
3.2.5	Rechentechnische Hinweise	64
4	Ertragswertermittlung nach Runge	69

1 Grundlagen des Ertragswertverfahrens (§ 17 Abs. 1 ImmoWertV)

1.1 Übersicht

Schrifttum: *Kleiber*, Nachhaltige Einnahmen und Ausgaben, GuG 2006, 25.

▶ *Weiterführend Syst. Darst. des Ertragswertverfahrens Rn. 1 ff.; zur Verfahrenswahl § 8 ImmoWertV Rn. 62 ff.*

1 Mit § 17 ImmoWertV werden aus der großen „Familie" der Ertragswertverfahren insgesamt drei Varianten des Ertragswertverfahrens geregelt:

1. das als *„allgemeines* **Ertragswertverfahren"** bezeichnete *zweigleisige* Ertragswertverfahren (vgl. § 17 Abs. 2 Nr. 1 ImmoWertV) unter Aufteilung des Ertragswerts in einen Boden- und Gebäudewertanteil,

2. das als *„vereinfachtes* **Ertragswertverfahren"** (zum Begriff Rn. 38, 47 sowie Syst. Darst. des Ertragswertverfahrens Rn. 33, 72, 86, 103 und 288) bezeichnete *eingleisige* Ertragswertverfahren ohne Aufteilung des Ertragswerts in einen Boden- und Gebäudewertanteil (vgl. § 17 Abs. 2 Nr. 2 ImmoWertV) und

3. das *mehrperiodische* **Ertragswertverfahren** unter Aufteilung des Ertragswerts in Ertragswertanteile einzelner Perioden – i.d.R. einzelner Jahre – eines „Betrachtungszeitraum" und in einen Restwert (§ 17 Abs. 1 Satz 2 i.V.m. Abs. 3 ImmoWertV).

Es handelt sich dabei nicht um eine abschließende Aufzählung; andere in § 17 ImmoWertV nicht genannte Verfahrensvarianten sind grundsätzlich zulässig (vgl. § 8 ImmoWertV Rn. 5).

2 Bei den drei dort geregelten Verfahren handelt es sich um mathematisch identische Verfahren, die zu ein und demselben Ergebnis führen müssen. Das in § 17 Abs. 2 ImmoWertV geregelte *„allgemeine"* und *„vereinfachte" Ertragswertverfahren (ein- und zweigleisige Ertragswertverfahren)* auf der Grundlage marktüblich erzielbarer Erträge steht dabei allerdings im engen Kontext zu der Regelung des § 8 Abs. 3 ImmoWertV, nach dem u. a. **„von den marktüblich erzielbaren Erträgen erheblich abweichende Erträge"** in einem ergänzenden Rechenschritt zu berücksichtigen sind. Bei Anwendung des *mehrperiodischen (mehrphasigen) Ertragswertverfahrens* nach § 17 Abs. 1 Satz 2 i.V.m. Abs. 3 ImmoWertV werden diese Abweichungen direkt in der jeweiligen Periode mit dem jährlichen Gesamtertrag berücksichtigt.

3 Die **Verfahren unterscheiden sich im Wesentlichen in der Darstellung des Ergebnisses:**

– Während bei Anwendung des *allgemeinen und vereinfachten Ertragswertverfahrens* (ein- und zweigleisige Ertragswertverfahren – Standardverfahren –) in einem ersten Schritt der vorläufige Ertragswert auf der Grundlage der „langfristigen" Ertragssituation ermittelt wird und die i.d.R. temporären Abweichungen von den marktüblich erzielbaren Erträgen gesondert ausgewiesen und differentiell berücksichtigt werden,

– werden bei Anwendung des *mehrperiodischen (mehrphasigen) Ertragswertverfahrens* die in den jeweiligen Perioden des „Betrachtungszeitraums" unter Einbeziehung von Mehr- oder Mindererträgen insbesondere aufgrund wohnungs-, miet- und vertragsrechtlicher Bindungen erwarteten Gesamterträge (i.d.R. jährlich) ausgewiesen.

Grundlagen des Ertragswertverfahrens § 17 ImmoWertV V

Darüber hinaus müssen bei allen in § 17 ImmoWertV geregelten Ertragswertverfahren nach § 8 Abs. 2 ImmoWertV **4**

a) die allgemeinen Wertverhältnisse auf dem Grundstücksmarkt und

b) die *sonstigen* in § 8 Abs. 3 ImmoWertV genannten „besonderen objektspezifischen Grundstücksmerkmale", insbesondere Baumängel und Bauschäden (Instandhaltungsrückstau) und dgl.

ergänzend berücksichtigt werden, um zum Ertragswert zu kommen. Während die „allgemeinen Wertverhältnisse" i.d.R. bereits mit dem Liegenschaftszinssatz umfassend berücksichtigt werden, nimmt die Berücksichtigung der „besonderen" mit dem Verfahren (noch) nicht direkt berücksichtigter „objektspezifischen Grundstücksmerkmale" (Anomalien) häufig einen breiten Raum ein und stellt damit eine wesentliche Ergänzung der Ertragswertermittlung dar (vgl. Syst. Darst. des Ertragswertverfahrens Rn. 35 ff.).

Der **Verkehrswert** ist abschließend **aus dem Ergebnis der Ertragswertermittlung** gegebenenfalls unter Heranziehung der Ergebnisse anderer herangezogener Wertermittlungsverfahren nach Maßgabe des § 8 Abs. 1 Satz 3 ImmoWertV abzuleiten. **5**

§ 17 ImmoWertV gebraucht die Begriffe „Ertragswert" und „Ertragswertverfahren" materiell widersprüchlich: **6**

– So bestimmt sich nach § 17 Abs. 1 Satz 1 i.V.m. Abs. 2 ImmoWertV der Ertragswert allein auf der Grundlage der *„marktüblich erzielbaren Erträge"*. Von einer Berücksichtigung der besonderen objektspezifischen Grundstücksmerkmale i.S. des § 8 Abs. 3 ImmoWertV, wie z. B. der Berücksichtigung von Baumängeln und Bauschäden und insbesondere von der Berücksichtigung abweichender Mieten und Pachten, ist in § 17 ImmoWertV keine Rede; es wird noch nicht einmal darauf hingewiesen (so noch § 15 Abs. 1 WertV 88/98 mit dem Hinweis auf § 19 WertV). Daraus könnte geschlossen werden, dass sich der „Ertragswert" unter Ausschluss der „besonderen objektspezifischen Grundstücksmerkmale" i.S. des § 8 Abs. 3 ImmoWertV ergeben soll. Mit § 17 Abs. 1 Satz 2 i.V.m. Abs. 3 ImmoWertV sollen indessen vom marktüblich erzielbaren Ertrag abweichende Mieten und Pachten bei der Ertragswertermittlung direkt berücksichtig werden und es ergibt sich ein Ertragswert unter Einbeziehung abweichender Mieten und Pachten.

– Auch **Baumängel und Bauschäden** sowie andere in § 8 Abs. 3 ImmoWertV genannten „besonderen objektspezifischen Grundstücksmerkmale" lassen sich bei Anwendung des Ertragswertverfahrens direkt insbesondere durch entsprechend geminderte oder erhöhte „marktüblich erzielbare Erträge", durch eine geänderte Restnutzungsdauer oder durch einen modifizierten Liegenschaftszinssatz berücksichtigen und sind dann Bestandteil des „Ertragswerts". In der Wertermittlungspraxis wird der Ertragswert bei vorhandenen Baumängeln und Bauschäden (Instandhaltungsrückstau) zumeist jedoch unter der Fiktion eines ordnungsgemäß instand gehaltenen Gebäudes als vorläufiger Ertragswert ermittelt, der dann in einem zweiten Schritt entsprechend gemindert wird (vgl. Rn. 16).

Bei alledem empfiehlt es sich, die Berücksichtigung der „besonderen objektspezifischen Grundstücksmerkmale" i.S. des § 8 Abs. 3 ImmoWertV grundsätzlich als Bestandteil der Ertragswertermittlung zu betrachten. Dass die Berücksichtigung der „besonderen objektspezifischen Grundstücksmerkmale" integraler Bestandteil der Ertragswertermittlung ist, wurde in der ImmoWertV erst auf Empfehlung des Bundesrates klar gestellt. Auf Vorschlag des Bundesrates[1] ist in § 8 Abs. 2 ImmoWertV klar gestellt worden, dass sowohl die Marktanpassung, als auch die besonderen objektspezifischen Grundstücksmerkmale „in" dem Ertragswertverfahren zu berücksichtigen sind.

Allen Verfahren gemeinsam ist die Kapitalisierung bzw. Abzinsung der Erträge mit Hilfe des Liegenschaftszinssatzes nach § 14 Abs. 3 ImmoWertV. Dies gilt auch für das mehrperiodische (mehrphasige) Ertragswertverfahren (§ 20 ImmoWertV). Es handelt sich mithin bei allen Verfahren um die international gebräuchliche Form der Ertragswertermittlung (*all over* **7**

---

[1] BR-Drucks. 296/9 (Beschluss) S. 1.

V § 17 ImmoWertV **Grundlagen des Ertragswertverfahrens**

capitalization method[2]) auf der Grundlage der *all over capitalization rate* (Liegenschaftszinssatz). Es handelt sich indessen auch bei Anwendung des mehrperiodischen (mehrphasigen) Ertragswertverfahren nicht um ein *Discounted Cashflow* Verfahren, denn dieses basiert auf prognostizierten Erträgen, die mit einem speziellen sich am Kapitalmarkt orientierten Zinssatz diskontiert werden (vgl. Vorbem. zur ImmoWertV Rn. 13; Syst. Darst. des Ertragswertverfahrens Rn. 249; § 14 ImmoWertV Rn. 148 ff.).

8   Darüber hinaus ist auch bei allen Verfahren der **Bodenwert** nach Maßgabe der Grundsatzregelung des § 16 Abs. 1 ImmoWertV mit dem Bodenwert eines unbebauten Grundstücks anzusetzen. Dieser Bodenwert ist bei allen Ertragswertverfahren

– nach § 16 Abs. 3 ImmoWertV um die **Freilegungskosten** zu vermindern, wenn „alsbald" (in einem Zeitraum von bis zu 20 Jahren) mit dem Abriss der Gebäude zu rechnen ist (vgl. Syst. Darst. des Ertragswertverfahrens Rn. 61),

– nach § 16 Abs. 4 ImmoWertV zu modifizieren, wenn die auf dem zu bewertenden Grundstück realisierte „Bebauung erheblich" von der nach § 6 Abs. 1 ImmoWertV zulässigen bzw. lagetypischen Nutzung abweicht. Bei einer langen Restnutzungsdauer des Gebäudes kann hierauf allerdings regelmäßig verzichtet werden, da der Bodenwert den Ertragswert nur marginal beeinflusst (vgl. § 16 ImmoWertV Rn. 222; Syst. Darst. des Ertragswertverfahrens Rn. 284 ff.).

9   Bei allen in § 17 ImmoWertV geregelten Ertragswertverfahren bestimmt sich der zu kapitalisierenden bzw. abzuzinsende Ertrag nach dem Rohertrag abzüglich der Bewirtschaftungskosten nach § 19 ImmoWertV. Nach dieser Vorschrift sind stets alle bei ordnungsgemäßer Bewirtschaftung und zulässiger Nutzung **„marktüblich" entstehenden jährlichen Bewirtschaftungskosten** vom Rohertrag in Abzug zu bringen. Dies gilt auch bei Anwendung des mehrperiodischen Ertragswertverfahrens auf der Grundlage von Erträgen, die von dem marktüblich erzielbaren Ertrag aufgrund wohnungs- und mietrechtlicher Bindungen abweichen. Ist dabei die Entrichtung von Bewirtschaftungskosten vereinbart worden, die von den marktüblich entstehenden Bewirtschaftungskosten abweichen, so erhöht bzw. vermindert sich der Rohertrag entsprechend. Um zum Reinertrag zu gelangen, dürfen gleichwohl nur die **„marktüblich" entstehenden jährlichen Bewirtschaftungskosten** vom Rohertrag in Abzug gebracht werden (vgl. Syst. Darst. des Ertragswertverfahrens Rn. 200; § 19 ImmoWertV Rn. 23, 55, 73, 99, 155).

1.2 Ertrag

1.2.1 Allgemeines

Schrifttum: *Adolf, W.,* Der nachhaltige Ertrag ein veralteter Begriff, GuG 2005, 193: *Kleiber, W.,* Nachhaltige Einnahmen und Ausgaben, GuG 2006, 25.

▶ *Umfassend hierzu Syst. Darst. des Ertragswertverfahrens Rn. 187 ff. sowie § 18 ImmoWertV Rn. 1 ff. und § 19 ImmoWertV Rn. 1 ff.*

10   **Ausgangspunkt der Ertragswertermittlung sind die künftig über die Restnutzungsdauer zu erwartenden Erträge der zu bewertenden Immobilie.** § 17 Abs. 1 ImmoWertV spricht zwar nur allgemein von den „Erträgen", jedoch werden diese Erträge mit § 17 Abs. 2 und 3 ImmoWertV als „Reinerträge" konkretisiert. Der Reinertrag ergibt sich gemäß § 18 Abs. 1 ImmoWertV aus dem jährlichen Rohertrag abzüglich der marktüblich entstehenden Bewirtschaftungskosten nach § 19 ImmoWertV.

11   Die „richtige" Erfassung der zu erwartenden künftigen Erträge ist das **Kardinalproblem jeder Ertragswertermittlung** (vgl. Syst. Darst. des Ertragswertverfahrens Rn. 12). Dabei kommt es im Kern nicht darauf an, die künftigen Erträge in ihrer tatsächlichen Höhe, ihrer wirtschaftlich gerechtfertigten Höhe oder ihrer nach wirtschaftlichen Kriterien prognostizier-

---

2   Uniform Standards of Professional Practice – USPAP – (Appraisal Institute Chicago).

ten Höhe „richtig" zu erfassen. Im Rahmen der Marktwertermittlung müssen die künftigen Erträge vielmehr in der Weise erfasst werden, wie sie im „gewöhnlichen Geschäftsverkehr" vom allgemeinen Grundstücksmarkt eingeschätzt werden.

Dem Grundstücksmarkt und speziell dem Erwerber einer Immobilie sind diesbezüglich nur *die am Wertermittlungsstichtag marktüblich erzielbaren Erträge* (vgl. Rn. 13) und im Falle davon abweichender Erträge aufgrund wohnungs-, miet- oder vertraglicher Bindungen die sich daraus ergebende (zumeist temporär beschränkte) konkrete Ertragsentwicklung des jeweiligen Grundstücks bekannt. Alles andere unterliegt der Einschätzung des Grundstücksmarktes. Die allgemeine Zukunftserwartung des Grundstücksmarktes manifestiert sich in den Kaufpreisen, die auf dem allgemeinen Grundstücksmarkt in Kenntnis der aktuellen marktüblich erzielbaren Erträge entrichtet werden. Der aus Marktpreisen nach Maßgabe des § 14 Abs. 3 ImmoWertV abgeleitete **Liegenschaftszinssatz** berücksichtigt mithin die allgemein vom Grundstücksmarkt erwartete Entwicklung, und zwar nicht nur in Bezug auf die Entwicklung der Mieten oder Pachten, sondern in Bezug auf alle immobilienwirtschaftlich relevanten und den Marktwert beeinflussenden Perspektiven (vgl. § 14 ImmoWertV Rn. 161 ff.). Mit diesem Liegenschaftszinssatz werden deshalb bei allen in § 17 ImmoWertV geregelten Ertragswertverfahren die allgemein vom Grundstücksmarkt erwarteten Entwicklungen in umfassender Weise erfasst, wobei die vom Grundstücksmarkt erwartete jährliche Miet- und Pachtentwicklung im Verborgenen bleibt (Abb. 1). Dies gilt auch für das in § 17 Abs. 1 Satz 2 i.V.m. § 17 Abs. 3 ImmoWertV geregelte mehrperiodische (mehrphasige) Ertragswertverfahren, bei dem dieser Liegenschaftszinssatz ebenfalls heranzuziehen ist (§ 20 ImmoWertV).

Abb. 1: Liegenschaftszinssatz *(all over capitalization rate)*

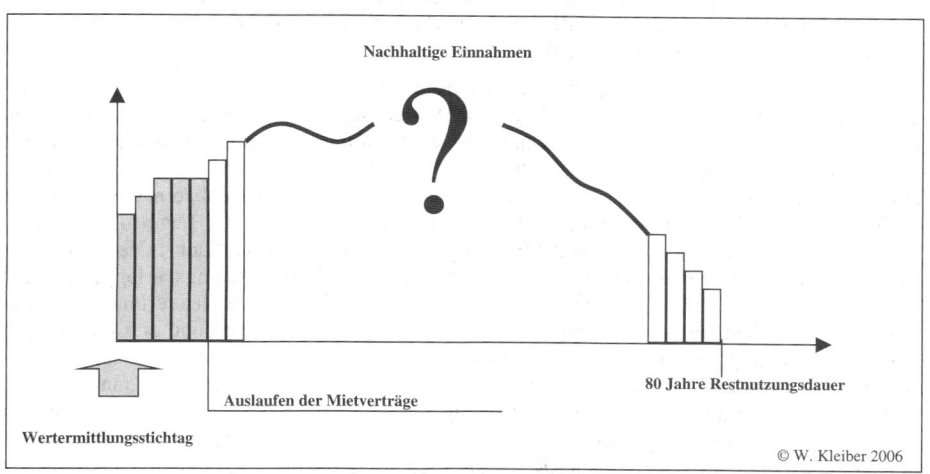

Temporär von den marktüblich erzielbaren Erträgen insbesondere aufgrund wohnungs-, miet- oder vertragsrechtlicher Bindungen (Anomalien) abweichenden Erträgen muss bei allen zur Anwendung kommenden Verfahren Rechnung getragen werden. Dies erfolgt 12

– bei Anwendung des *allgemeinen und vereinfachten Ertragswertverfahrens* (ein- und zweigleisiges Ertragswertverfahren) nach § 17 Abs. 2 ImmoWertV durch eine ergänzende Berücksichtigung nach § 8 Abs. 3 ImmoWertV und

– bei Anwendung des *mehrperiodischen bzw. mehrphasigen Ertragswertverfahrens* nach § 17 Abs. 1 Satz 2 i.V.m. § 17 Abs. 3 ImmoWertV unmittelbar mit dem in der jeweiligen Periode angesetzten erhöhten oder geminderten Ertrag.

Dementsprechend bestimmt sich der jeweils maßgebliche Ertrag nach dem angewandten Ertragswertverfahren.

1.2.2 Marktüblich erzielbarer Ertrag

▶ *Vgl. Syst. Darst. des Ertragswertverfahrens Rn. 179 ff.; § 18 ImmoWertV Rn. 20 ff.*

13 Nach § 17 Abs. 1 Satz 1 ImmoWertV ist der Ertragswert auf der Grundlage des **bei Fremdnutzung** (ohne die Zahlungen für Mobilien) **„marktüblich erzielbaren"** Ertrags zu ermitteln. Die vorgeschriebene Ertragswertermittlung auf der Grundlage der **marktüblich erzielbaren Reinerträge** bedeutet, dass dieser Reinertrag **unabhängig von den tatsächlichen Verhältnissen auch bei**

- **eigen genutzten Gebäuden** bzw. Gebäudeteilen,
- **leerstehenden Gebäuden** bzw. Gebäudeteilen **und**
- **Vermietung zu „von den marktüblich erzielbaren Erträgen erheblich abweichenden Erträgen"**

der Ertragswertermittlung, zugrunde zu legen ist. Ein vom marktüblich erzielbarer Ertrag, insbesondere **aufgrund wohnungs-, miet- oder vertragsrechtlicher Bindungen abweichender Ertrag**, bleibt zunächst außer Betracht. Diese Vorgabe betrifft die in § 17 Abs. 2 ImmoWertV geregelten Standardverfahren der Ertragswertermittlung (ein- und zweigleisiges Ertragswertverfahren). Die Ertragswertermittlung auf der Grundlage des am Wertermittlungsstichtag „marktüblich erzielbaren" Ertrags (*initial rent*) führt – kapitalisiert mit dem Barwertfaktor (Vervielfältiger) – zum vorläufigen Ertragswert.

14 Rein formal wird damit ein konstanter Einnahmefluss kapitalisiert. Der am Wertermittlungsstichtag „marktüblich erzielbare" Ertrags bildet tatsächlich aber nur den Ausgangspunkt der Ertragswertermittlung, denn die vom Grundstücksmarkt antizipierte Miet- und Pachtentwicklung wird – wie dargelegt – mit dem Liegenschaftszinssatz (*all over capitalization rate*) erfasst. **Das Verfahren ist** damit **nicht „statisch".**

15 Als „marktüblich erzielbarer" Ertrag ist grundsätzlich der Ertrag anzusetzen, der für vergleichbare Objekte in vergleichbarer Lage am Wertermittlungsstichtag üblicherweise erzielt werden kann. Bei der Marktwertermittlung von Wohnimmobilien kann von der **ortsüblichen Vergleichsmiete** ausgegangen werden, die nach § 558 Abs. 2 BGB „aus den üblichen Entgelten ... gebildet wird" und „die in der Gemeinde oder einer vergleichbaren Gemeinde für Wohnraum vergleichbarer Art, Größe, Ausstattung, Beschaffenheit und Lage in den letzten vier Jahren vereinbart" wird und dem Mietspiegel entnommen werden kann[3]. Die ortsübliche Vergleichsmiete markiert zugleich die Grenze, bis zu der ein Mieterhöhungsverlangen gestellt werden kann (vgl. § 18 ImmoWertV Rn. 20, 26, 174 ff.). Im Falle einer Neuvermietung ist der Vermieter allerdings nicht an die ortsübliche Vergleichsmiete gebunden und er kann die sich unter Berücksichtigung von Angebot und Nachfrage erzielbare **Marktmiete** vereinbaren. Insbesondere bei einem zur Vermietung anstehendes Gebäude könnte deshalb die „marktübliche Marktmiete" als „marktüblich erzielbarer Ertrag" i.S. des § 17 Abs. 1 Satz 1 ImmoWertV in Betracht gezogen werden, jedoch wird man auch in diesem Fall der ortsüblichen Vergleichsmiete den Vorzug geben, weil in aller Regel die Liegenschaftszinssätze auf der Grundlage von sog. Bestandsimmobilien abgeleitet werden und die ortsübliche Vergleichsmiete den „langfristig" bedeutsamen Grundstücksertrag darstellt.

16 Die Verordnung fordert nicht, dass stets die „bei ordnungsgemäßer Bewirtschaftung" marktüblich erzielbaren Erträge Grundlage der Ertragswertermittlung sind; lediglich als Bewirtschaftungskosten sind die „bei ordnungsgemäßer Bewirtschaftung" marktüblich entstehenden jährlichen Aufwendungen anzusetzen (§ 19 Abs. 1 ImmoWertV). Weist ein Objekt aufgrund einer unterlassenen Instandhaltung **Baumängel und Bauschäden** auf und fallen deshalb die marktüblich erzielbaren Erträge entsprechend geringer als bei einem ordnungsgemäß instand gehaltenen Gebäude aus, so kann der Ertragswert auf der Grundlage entsprechender marktüblich erzielbarer Erträge ermittelt werden. Dies kann insbesondere bei unbehebbaren

---

[3] § 558c Mietspiegel: „(1) Ein Mietspiegel ist eine Übersicht über die ortsübliche Vergleichsmiete, soweit die Übersicht von der Gemeinde oder von Interessenvertretern der Vermieter und der Mieter gemeinsam erstellt oder anerkannt worden ist."

Baumängeln und Bauschäden geboten sein oder wirtschaftlich sinnvoll sein, wenn bei einer wirtschaftlichen Betrachtungsweise von einer Behebung der Baumängel und Bauschäden abgesehen wird.

Der Ertragswert lässt sich auch dann auf der Grundlage der „marktüblich erzielbaren Erträge" ermitteln, wenn diese aufgrund der Beschaffenheit der baulichen Anlage nicht marktüblich erzielbar sind. Dies betrifft nicht nur die vorstehend angesprochenen Baumängel und Bauschäden. Auch der nach Realisierung einer anstehenden **Modernisierung und Umstrukturierung** (*refurbishment*) sich ergebende marktüblich erzielbare Ertrag kann Grundlage der Ertragswertermittlung sein, wobei auch dann (fiktiv) von dem am Wertermittlungsstichtag bereits unterstellter Modernisierung marktüblich erzielbaren Ertrag auszugehen ist. Die mit der Realisierung einhergehenden Ertragsausfälle und Kosten der Maßnahme sind dann in marktkonformer Weise wertmindernd zu berücksichtigen, sofern nicht als Ertragswert ein sog. „Würde-wenn-Wert" ausgeworfen wird (vgl. Syst. Darst. des Ertragswertverfahrens Rn. 15, 97 und 223; § 19 ImmoWertV Rn. 115).

Allgemein ist von den „**marktüblich erzielbaren Erträgen**" auszugehen, die auf Dauer den **Ertragswert bestimmen.** Weichen die am Wertermittlungsstichtag marktüblich erzielbaren Erträge (temporär) davon ab, sind die Abweichungen nach § 8 Abs. 3 ImmoWertV ergänzend zu berücksichtigen. Die (künftigen) marktüblich erzielbaren Erträge sind auch in diesen Fällen nach den am Wertermittlungsstichtag herrschenden Marktverhältnissen unter Berücksichtigung der künftigen qualitativen Eigenschaften anzusetzen (Abb. 2). Damit werden im Übrigen keine Marktentwicklungen i.S. des *Discounted Cashflow* Verfahrens prognostiziert, es wird lediglich eine absehbare qualitative Eigenschaft antizipiert.

Abb. 2: **Marktüblich erzielbarer Ertrag bei temporären Abweichungen**

1.2.3 Berücksichtigung besonderer Ertragsentwicklungen

1.2.3.1 Allgemeines

Auch wenn nach dem Wortlaut des § 17 Abs. 1 Satz 1 ImmoWertV der Ertragswert auf der Grundlage der marktüblich erzielbaren Erträge ermittelt wird, sind besondere Ertragsentwicklungen der in § 17 Abs. 2 Satz 2 ImmoWertV angesprochenen Art auch bei Anwendung des allgemeinen und vereinfachbaren Ertragswertverfahrens (ein- und zweigleisigen Ertragswertverfahren) nach § 17 Abs. 2 ImmoWertV zu berücksichtigen (vgl. Rn. 6 ff.). Die Vorschrift nennt namentlich

a) absehbare wesentliche Veränderungen der Ertragsverhältnisse (vgl. Rn. 32) oder

b) wesentlich von den marktüblich erzielbaren Erträgen abweichende Ertragsverhältnisse (vgl. Rn. 25).

Dass die ImmoWertV derartige besondere Ertragsverhältnisse nur im Zusammenhang mit der Anwendung des mehrperiodischen (mehrphasigen) Ertragswertverfahrens ausdrücklich erwähnt, bedeutet nicht im Umkehrschluss, dass sie bei Anwendung des allgemeinen und vereinfachbaren Standardverfahrens (ein- oder zweigleisigen Ertragswertverfahren) nach § 17 Abs. 2 ImmoWertV unberücksichtigt bleiben.

20 Bei jeder Verkehrswertermittlung und selbst bei Anwendung des Vergleichs- und Sachwertverfahrens ist es unabdingbar, das zu bewertende Grundstück im Hinblick auf besondere Ertragsentwicklungen zu analysieren und die daraus gewonnenen Erkenntnisse in die Verkehrswertermittlung einzustellen.

– Mit den *„absehbaren wesentlichen Veränderungen"* der Ertragsverhältnisse sind in erster Linie Veränderungen der Ertragsverhältnisse aufgrund von Veränderungen der qualitativen Eigenschaften des zu bewertenden Grundstücks angesprochen und nicht absehbare Veränderungen der Ertragsverhältnisse aufgrund von Veränderungen der allgemein erwarteten Entwicklung der Miet- und Pachtverhältnisse (vgl. Rn. 32). Dies ergibt sich allein schon daraus, dass zur Kapitalisierung bzw. Diskontierung der angesetzten der Liegenschaftszinssatz herangezogen werden muss (§ 20 ImmoWertV) und mit dem Liegenschaftszinssatz die vom Grundstücksmarkt allgemein erwartete Entwicklung der Miet- und Pachtverhältnisse berücksichtigt werden. Für eine weitere Berücksichtigung ist dann kein Raum mehr und würde zu einer Doppelberücksichtigung führen.

– Mit den *„wesentlich von den marktüblich erzielbaren Erträgen"* abweichenden Ertragsverhältnissen sind insbesondere Abweichungen aufgrund wohnungs-, miet- oder vertragsrechtlicher Bindungen angesprochen (vgl. Rn. 25).

21 Nur die *„wesentlichen"* absehbaren Veränderungen der Ertragsverhältnisse und nur *„wesentlich"* von den „marktüblich erzielbaren Erträgen" abweichende Erträge sind zu berücksichtigen. Dies ist nicht allein von der Höhe der abweichenden Erträge (pro Quadratmeter Nutz- oder Wohnfläche) abhängig, sondern auch von der davon betroffenen Nutzfläche und dem Zeitraum. Eine absehbare Veränderungen und Abweichung ist „wesentlich", wenn der sich daraus ergebende Barwert im Verhältnis zum Gesamtwert eine Größenordnung einnimmt, die im Rahmen der Auf- oder Abrundung des Gesamtergebnisses zu berücksichtigen ist (vgl. Syst. Darst. des Ertragswertverfahrens Rn. 283).

22 Um derartige Abweichungen berücksichtigen zu können, müssen **bei jeder Verkehrswertermittlung sämtliche Miet- und Pachtverträge** herangezogen und **ausgewertet werden.** Darüber hinaus ist festzustellen,

– ob und inwieweit die sich daraus ergebenden Möglichkeiten der Mietanpassung „ausgeschöpft" worden sind,

– welche Mieten und Pachten nach Maßgabe der vertraglichen Vereinbarungen und unter Berücksichtigung gesetzlicher Regelungen, insbesondere der Regelung zu den Kappungsgrenzen nach § 558 Abs. 3 BGB (vgl. § 18 ImmoWertV Rn. 102 ff.; zur Wucher- und Wesentlichkeitsgrenze vgl. § 18 ImmoWertV Rn. 90 ff.) am Wertermittlungsstichtag tatsächlich erzielt werden können, und

– in welchem Zeitraum bei festgestellten Abweichungen zum marktüblich erzielbaren Ertrag der am Wertermittlungsstichtag tatsächlich erzielbare Ertrag an den marktüblich erzielbaren Ertrag angepasst werden kann.

23 Darüber hinaus muss auch die **Solvenz des Mieters** in die Betrachtung einbezogen werden, denn bei vertraglichen Mehreinnahmen ist die Rechtsposition des Grundstückseigentümers nur so viel wert, wie der Mieter in der Lage ist, seinen Vertrag erfüllen

Grundlagen des Ertragswertverfahrens § 17 ImmoWertV V

Ergeben sich aus der **Analyse der Miet- und Pachtverhältnisse** nach Maßgabe der vertraglichen Vereinbarungen und unter Berücksichtigung gesetzlicher Regelungen temporäre Abweichungen gegenüber dem marktüblich erzielbaren Ertrag, müssen diese Abweichungen bei der Ertragswertermittlung, wie im Übrigen auch bei der Verkehrswertermittlung, unter Anwendung des Vergleichs- oder Sachwertverfahrens berücksichtigt werden. Bei Anwendung des Ertragswertverfahrens können die Abweichungen   24

a) differentiell, d.h. es werden die kapitalisierten Mehr- oder Mindererträge ergänzend zu dem unter Anwendung des *ein- oder zweigleisigen Ertragswertverfahrens* nach § 17 Abs. 2 ImmoWertV ermittelten vorläufigen Ertragswerts berücksichtigt, oder

b) direkt unter Ansatz der entsprechend periodisch unterschiedlichen Erträge bei Anwendung des mehrperiodischen (*mehrphasigen*) *Ertragswertverfahrens* berücksichtigt werden.

Die **differentielle Berücksichtigung** erfolgt mit Hilfe der Auf- und Abschichtungsmethode (*Top and bottom Slicing*) bzw. des Vervielfältigerdifferenzenverfahrens (*Term and Reversion*) (vgl. § 8 ImmoWertV Rn. 256 ff.). Dabei muss sich in beiden Fällen dasselbe Ergebnis ergeben (Abb. 3).

Abb. 3: Direkte und differentielle Berücksichtigung von temporär „abweichenden" Ertragsverhältnissen

1.2.3.2 Temporäre Abweichungen vom marktüblich erzielbaren Ertrag

Nach den vorstehenden Ausführungen sind von dem marktüblich erzielbaren Ertrag insbesondere aufgrund wohnungs-, miet- oder vertraglicher Bindungen[4] **temporär abweichende Erträge** gesondert zu erfassen und zu berücksichtigen. Entsprechendes gilt auch für temporäre Mehr- oder Mindereinnahmen z. B. aufgrund von nur vorübergehend bereitstellbaren Werbeflächen, Abstellplätzen, einem vorübergehenden Leerstand, einer vorübergehend nicht „artgerechten" Nutzung (Wohnung im Ladengeschoss), vorübergehenden Ertragseinbußen aufgrund von Baumaßnahmen, temporären Steuervor- und Nachteilen und dgl.   25

Aufgrund wohnungs-, miet- oder vertraglicher Bindungen vom marktüblich erzielbaren Ertrag abweichende Erträge können i.d.R. als **„gesicherte" Daten i.S. des § 17 Abs. 3 Satz 1 ImmoWertV** gelten. Soweit ein Miet- oder Pachtverhältnis mit einem „gefährdeten" Mieter besteht, kann dem Rechnung getragen werden (vgl. Rn. 30).   26

Ein **zulässigerweise vertraglich vereinbartes Mietverhältnis** ist – auch wenn es ungewöhnlich sein mag – als rechtliche Gegebenheit zu berücksichtigen[5]. Dies gilt unabhängig davon, ob derartige Vertragsverhältnisse im Verhältnis zu dem marktüblich erzielbaren Reinertrag zu einem besonders hohen oder niedrigen Reinertrag führen. Wird bei der Verkehrswertermitt-   27

---
4 OLG Karlsruhe, RE vom 13.11.1989 – 9 REMiet 1/89 –, EzGuG 3.78; LG Düsseldorf, Urt. vom 2.5.1990 – 24 S – 452/89 –, EzGuG 3.82; OLG Hamm, Beschl. vom 29.1.1993 – REMiet 2/92 –, EzGuG 3.111.
5 BR-Drucks. 352/88, S. 56.

lung ein sich nachhaltig auswirkendes Mietverhältnis nicht beachtet, so kann dem Gutachter der Vorwurf der Fahrlässigkeit gemacht werden[6].

28 *Beispiel:*

a) Ertragswertverfahren auf der Grundlage des marktüblich erzielbaren Ertrags (Standardverfahren nach § 17 Abs. 2 Nr. 1 ImmoWertV)

Geschäftsgrundstück

Marktüblich erzielbare und tatsächlich erzielte Nettokaltmiete 120 000 €/Jahr. Die Miete ist über 8 Jahre vereinbart und über den Verbraucherpreisindex wertgesichert.

Bewirtschaftungskosten	12 v.H.
Liegenschaftszinssatz	7 v.H.
Restnutzungsdauer des Gebäudes	35 Jahre
Bodenwert	400 000 €
Ertragswertermittlung	
Jahresnettokaltmiete	120 000 €
– Bewirtschaftungskosten	– 14 400 €
Jahresreinertrag	105 600 €
– Bodenwertverzinsungsbetrag 7 % von 400 000 €	– 28 000 €
Gebäudereinertrag	77 600 €
Barwertfaktor bei 35 Jahren und 7 % = 12,95	
Gebäudeertragswert 77 600 € × 12,95	1 004 920 €
+ Bodenwert	+ 400 000 €
Ertragswert	= 1 404 920 €

29 Temporäre Mehr- oder Mindereinnahmen aufgrund vertraglicher Bindungen können mit Hilfe des **Auf- und Abschichtungsverfahrens** (*Top and Bottom Slicing Approach*) berücksichtigt werden:

b) Ertragswertverfahren bei abweichenden Mietverhältnissen

vorläufiger Grundstücksertragswert aus a)		1 404 920 €
Mehrertrag 160 000 € – 120 000 € (über 8 Jahre) p.a.	40 000 €	
Barwertfaktor (Vervielfältiger) bei 7 % und 8 Jahren =	5,97	
Kapitalisierter Mehrerlös: 40 000 € × 5,97		+ 238 800 €
Grundstücksertragswert		**1 643 720 €**

30 Bei der Ermittlung des Ertragswerts unter Berücksichtigung der vertraglichen Mehrertrags wurden die **Bewirtschaftungskosten in gleicher Höhe wie bei Vermietung in marktüblicher Höhe** berücksichtigt. Dies ist grundsätzlich darin begründet, dass die Bewirtschaftungskosten sich durch ein besonders günstiges oder ungünstiges Mietverhältnis nicht ändern. In Bezug auf die Mehreinnahmen besteht allerdings ein erhöhtes **Mietausfallwagnis**, denn ein bestehendes Mietverhältnis schützt nicht vor einem Mietausfall (bei Insolvenz) und es kann nicht damit gerechnet werden, dass zu den gleichen Konditionen das Objekt neu vermietet werden kann. Dem kann damit Rechnung getragen werden, dass der Mehrertrag mit einem Liegenschaftszinssatz kapitalisiert wird, der um einen Risikozuschlag „aufgestockt" wird.

31 **c) Ertragswertverfahren bei abweichenden Mietverhältnissen**

Nach Ablauf des 8-jährigen Mietvertrags muss damit gerechnet werden, dass lediglich die marktüblich erzielbare Miete erzielt werden kann. Sie beträgt nur 120 000 €.

vorläufiger Grundstücksertragswert aus a)		1 404 920 €
Mehrertrag 160 000 € – 120 000 € (über 8 Jahre) p.a.	40 000 €	
Barwertfaktor (Vervielfältiger) bei 10 % und 8 Jahren =	5,33	
Kapitalisierter Mehrerlös: 40 000 € × 5,33		213 200 €
Grundstücksertragswert		**1 618 120 €**

---

6 BGH, Urt. vom 2.11.1983 – IV ZR 20/82 –, EzGuG 20.103; Schopp in ZMR 1990, 361.

1.2.3.3 Absehbare wesentliche Veränderungen

Neben den „wesentlich von den marktüblich erzielbaren Erträgen" abweichenden Ertragsverhältnissen sind auch sonstige „absehbare wesentliche Veränderungen" der Ertragsverhältnisse zu berücksichtigen, die nicht mit dem angesetzten Liegenschaftszinssatz bereits berücksichtigt werden (vgl. Rn. 16). Es handelt sich dabei insbesondere um Änderungen der Ertragsverhältnisse aufgrund **absehbarer qualitativer Änderungen der baulichen Anlage und der Lage des Grundstücks**, die eine Erhöhung oder Minderung des Reinertrags gegenüber dem am Wertermittlungsstichtag marktüblich erzielbaren Reinertrag erwarten lassen.

In Betracht kommt z. B.
- eine absehbare Lageverbesserung durch städtebauliche Maßnahmen,
- die Errichtung eines großflächigen Einkaufszentrums in Konkurrenz zur Ortslage,
- die Verlegung einer Durchgangsstraße,
- die absehbare Fertigstellung einer U-Bahn, eines Flughafens, eines IC-Anschlusses,
- absehbare Verbesserungen der Nutzung des Gebäudes z. B. durch Ausbau des Dachgeschosses, Grundrissänderungen, auslaufende Belegungsrechte, den absehbaren Auslauf sog. Fehlnutzungen usw.

Nach der Generalklausel des § 2 Satz 2 ImmoWertV sind nur solche absehbaren „Veränderungen" zu berücksichtigen, **die mit „hinreichender Sicherheit aufgrund konkreter Tatsachen" zu erwarten sind.** § 17 Abs. 3 Satz 1 ImmoWertV fordert darüber hinaus, dass die daraus resultierenden Ertragsänderungen auf „gesicherten Daten" basieren sollen. Spekulative Erwartungen müssen deshalb unberücksichtigt bleiben.

Auch wenn die „absehbaren" Änderungen in der Zukunft liegen, sind die daraus resultierenden **Änderungen der Ertragsverhältnisse nach der am Wertermittlungsstichtag dafür marktüblich erzielbaren Ertragsdifferenz** bzw. den am Wertermittlungsstichtag dafür marktüblich erzielbaren (fiktiven) Ertrag zu berücksichtigen, denn auch insoweit wird die allgemeine Ertragsentwicklung mit dem Liegenschaftszinssatz berücksichtigt.

Soweit die **absehbaren Änderungen der Ertragsverhältnisse nicht nur temporär, sondern auf Dauer** zu erwarten sind, ist der Ertragswert auf der Grundlage der künftig marktüblich erzielbaren Erträge zu ermitteln. Die Abweichungen gegenüber den zum Wertermittlungsstichtag marktüblich erzielbaren Erträge ist in diesem Fall als temporäre Mehr- oder Mindereinnahme gesondert zu berücksichtigen (vgl. Rn. 18).

2 Allgemeines Ertragswertverfahren (Standardverfahren nach § 17 Abs. 2 ImmoWertV)

2.1 Übersicht

▶ *Weiterführend Syst. Darst. des Ertragswertverfahrens Rn. 36, 103*

Die Ermittlung des Ertragswerts auf der Grundlage des marktüblich erzielbaren Ertrags nach § 17 Abs. 1 Satz 1 ImmoWertV wird in § 17 Abs. 2 Satz 1 ImmoWertV in zwei mathematisch identische Varianten geregelt, und zwar in folgender Reihenfolge:

1. als *zweigleisiges* Ertragswertverfahren („allgemeines" Standardverfahren) unter Aufteilung des Ertragswerts in einen Boden- und Gebäudewertanteil (vgl. § 17 Abs. 2 Nr. 1 ImmoWertV) und

2. als *eingleisiges* Ertragswertverfahren ohne Aufteilung des Ertragswerts in einen Boden- und Gebäudewertanteil (vgl. § 17 Abs. 2 Nr. 2 ImmoWertV).

38 Die in § 17 Abs. 2 Nr. 2 ImmoWertV genannte Variante wird als „vereinfachtes" Ertragswertverfahren bezeichnet. Tatsächlich handelt es sich dabei nur um die „Vorstufe" des vereinfachten Ertragswertverfahrens, denn nur bei einer langen Restnutzungsdauer der baulichen Anlage kann sich diese Form des Ertragswertverfahrens vereinfachen (vgl. Rn. 1, 47 sowie Syst. Darst. des Ertragswertverfahrens Rn. 33, 72, 86 und 288).

Darüber hinaus wird mit § 17 Abs. 2 Satz 2 ImmoWertV der Begriff der **„selbständig nutzbaren Teilfläche"** definiert (vgl. Syst. Darst. des Ertragswertverfahrens Rn. 131).

2.2 Allgemeines (zweigleisiges) Ertragswertverfahren nach § 17 Abs. 2 Nr. 1 ImmoWertV

▶ *Weiterführend Syst. Darst. des Ertragswertverfahrens Rn. 33, 103 ff.*

39 Das an erster Stelle genannte allgemeine Ertragswertverfahren entspricht dem bereits in der WertV 88/98 geregelten umfassend anwendbaren zweigleisigen Ertragswertverfahren, das eine gesonderte Ermittlung des Gebäudewertanteils (Gebäudeertragswert) ermöglicht. Dieser wird benötigt im Rahmen

– der Marktwertermittlung von Erbbaurechten und erbbaurechtbelasteten Grundstücken,

– steuerlicher Bewertungen (für die Abschreibung des Gebäudewerts),

– der Marktwertermittlung nach dem Vermögensrecht sowie

– im Rahmen städtebaulicher Maßnahmen.

Auch in der **Bilanzbewertung** wird der „Grund und Boden" unabhängig von seiner zivilrechtlichen Behandlung, die den Grund und Boden, die baulichen Anlagen und sonstige wesentliche Bestandteile als Einheit betrachtet, als eigenständiger Vermögensgegenstand angesehen (vgl. § 240 HGB). Kein Bestandteil des Grund und Bodens sind in diesem Bereich auch grundstücksgleiche Rechte, unternehmenseigene Bodenbefestigungen, Straßen, Be- und Entwässerungsanlagen sowie Betriebsvorrichtungen[7].

40 Das **allgemeine Ertragswertverfahren (zweigleisiges Standardverfahren)** hat folgende mathematische Form:

$$EW = (RE - p \times BW^*) \times V + BW$$

wobei

EW	= Ertragswert
RE	= Jährlicher Reinertrag = Rohertrag abzüglich nicht durch Umlagen gedeckter Bewirtschaftungskosten nach § 19 ImmoWertV
BW	= Bodenwert nach § 16 ImmoWertV des gesamten Grundstücks
BW*	= Bodenwertanteil der Umgriffsfläche bei übergroßen Grundstücken (ansonsten BW)
V	= Vervielfältiger (Barwertfaktor) gemäß Anlage zur ImmoWertV in Abhängigkeit von dem Liegenschaftszinssatz p und der Restnutzungsdauer n (§ 20 ImmoWertV)
p	= Liegenschaftszinssatz nach § 14 Abs. 3 ImmoWertV
BW* × p	= Bodenwertverzinsungsbetrag
n	= Restnutzungsdauer nach § 6 Abs. 6 ImmoWertV

41 Bei einem **übergroßen Grundstück**, d.h. bei einem Grundstück, **das selbständig nutzbare Teilflächen** i.S. des § 17 Abs. 2 Satz 2 ImmoWertV **aufweist**, bestimmt sich der Bodenwertverzinsungsbetrag nach dem Bodenwertanteil der Umgriffsfläche (BW* × p anstelle BW × p). Bei kurzer Restnutzungsdauer der baulichen Anlage (n ≤ 20 Jahre) ist der Bodenwert BW nach § 16 Abs. 3 ImmoWertV jeweils um die Freilegungskosten zu vermindern; dies gilt bei übergroßen Grundstücken für den Bodenwertanteil der Umgriffsfläche BW* entsprechend.

---

7   Spitz, H., Grundstücks- und Gebäudewerte in der Bilanz- und Steuerpraxis, Herne Berlin 1996 S. 2, 40.

Allgemeines Ertragswertverfahren **§ 17 ImmoWertV V**

Im Übrigen wird auf die umfassenden Erläuterungen in der Syst. Darst. des Ertragswertverfahrens bei den Rn. 103 ff., 119 ff., 241 verwiesen.

Bei Anwendung des allgemeinen Ertragswertverfahrens wird der Reinertrag des Grundstücks in die Verzinsungsanteile des Bodens und der baulichen Anlagen aufgespaltet. Das allgemeine Ertragswertverfahren wird deshalb auch als gespaltenes bzw. zweigleisiges Verfahren bezeichnet. Der **Bodenwert wird dabei unter Heranziehung des** objektspezifischen Liegenschaftszinssatzes **auf ewig kapitalisiert** und ergibt den Bodenwertverzinsungsbetrag (Bodenertragswert), während der Ertragswertanteil der baulichen Anlagen als Zeitrente über die Dauer der voraussichtlichen wirtschaftlichen Nutzungsmöglichkeit (Restnutzungsdauer) zu sehen ist. Sein Barwert ist der Ertragswertanteil der baulichen Anlagen. 42

Sowohl der Ermittlung des Bodenwertverzinsungsbetrags als auch der Kapitalisierung des Reinertragsanteils der baulichen Anlage ist der Liegenschaftszinssatz zugrunde zu legen. Eine theoretisch begründbare **Unterscheidung nach einem Soll- und Habenzins** schließt die ImmoWertV ausdrücklich aus. Eine Unterscheidung würde nämlich zu einem überflüssigen Rechenschritt führen, denn dann müsste auch bei der Ableitung des Liegenschaftszinssatzes nach § 14 Abs. 3 ImmoWertV nach einem Soll- und Habenzinssatz unterschieden werden. Auch dies sieht die ImmoWertV nicht vor[8]. Der Liegenschaftszinssatz stellt insoweit einen „gemischten Zinssatz" dar, der bei der Ertragswertermittlung auch als „gemischter" Liegenschaftszinssatz zur Anwendung kommt, so dass die theoretische Unterscheidung außer Betracht bleiben kann. 43

Die **Summe aus dem Bodenwert des Grundstücks und dem Ertragswert der baulichen Anlagen ergibt den Ertragswert.** Dabei handelt es sich allerdings um den vorläufigen Ertragswert, wenn nach Maßgabe des § 8 Abs. 3 ImmoWertV „besondere objektspezifische Grundstücksmerkmale" (Anomalien) berücksichtigt werden müssen, die noch nicht direkt mit dem vorläufigen Ertragswert berücksichtigt worden sind. 44

2.3 Allgemeines (eingleisiges) Ertragswertverfahren nach § 17 Abs. 2 Nr. 2 ImmoWertV

▶ *Weiterführend vgl. Syst. Darst. des Ertragswertverfahrens Rn. 33, 103 ff.*

Das an zweiter Stelle genannte vereinfachte (*ein*gleisige) Ertragswertverfahren hat folgende mathematische Form 45

$$EW = RE \times V + BW^* \times q^{-n} + BW^{**}$$

wobei

EW	= Ertragswert
RE	= Jährlicher Reinertrag = Rohertrag abzüglich nicht durch Umlagen gedeckter Bewirtschaftungskosten nach § 19 ImmoWertV
BW^*	= Bodenwertanteil der Umgriffsfläche bei übergroßen Grundstücken (ansonsten BW)
BW^{**}	= Bodenwertanteil der selbständig nutzbaren Teilfläche, sofern vorhanden
$BW^* + BW^{**}$	= Bodenwert des Gesamtgrundstücks (BW)
V	= Vervielfältiger (Barwertfaktor) gemäß Anlage zur ImmoWertV in Abhängigkeit von dem Liegenschaftszinssatz p und der Restnutzungsdauer n (§ 20 ImmoWertV)
p	= Liegenschaftszinssatz nach § 14 Abs. 3 ImmoWertV
n	= Restnutzungsdauer nach § 6 Abs. 6 ImmoWertV
q	= Zinsfaktor = 1 + p/100 (Anlage 2 zur ImmoWertV)

Bei **kurzer Restnutzungsdauer der baulichen Anlage** ($n \leq 20$ Jahre) ist der Bodenwert der Umgriffsfläche BW^* nach § 16 Abs. 3 ImmoWertV wiederum um die Freilegungskosten zu vermindern. Im Übrigen wird wiederum auf die umfassenden Erläuterungen in der Syst. Darst. des Ertragswertverfahrens bei den Rn. 103 ff., 119 ff. verwiesen. 46

---

8 Die ImmoWertV geht diesbezüglich von einer Ableitung des Liegenschaftszinssatzes als „Mischzinssatz" (Soll- und Habenzins) aus. Bei kurzer Restnutzungsdauer kann eine Unterscheidung nach Soll- und Habenzinssatz sinnvoll sein, da für die im Reinertrag (theoretisch) enthaltene Abschreibung Habenzinsen anfallen.

47 Bei **sehr langer Restnutzungsdauer der baulichen Anlage** (n ≥ 50 Jahre) kann auf den Ansatz des abgezinsten Bodenwerts (BW* × q⁻ⁿ) verzichtet werden, da der Bodenwert mit seiner Abzinsung gegen null geht. Weist das Grundstück zudem keine selbständig nutzbaren Freiflächen auf, so reduziert sich die mathematische Form auf

$$EW = RE \times V$$

Nur bei dieser Konstellation kann im eigentlichen Sinne von einem **vereinfachten Ertragswertverfahren** gesprochen werden (vgl. Rn. 37).

3 Mehrperiodisches Ertragswertverfahren

3.1 Allgemeines

▶ *Vgl. Syst. Darst. des Ertragswertverfahrens Rn. 41 ff., 103 ff.*

48 Nach § 17 Abs. 1 Satz 2 ImmoWertV „kann" das in § 17 Abs. 3 ImmoWertV geregelte mehrperiodische (mehrphasige) Ertragswertverfahren zur Anwendung kommen, „soweit

– die Ertragsverhältnisse absehbar wesentlichen Veränderungen unterliegen oder
– wesentlich von den marktüblichen Erträgen" abweichende Ertragsverhältnisse vorliegen.

49 Es handelt sich um eine **„Kann-Bestimmung"**, d.h. das mehrperiodische (mehrphasige) Ertragswertverfahren muss nicht unter den genannten Voraussetzungen zur Anwendung kommen. Umgekehrt kann das mehrperiodische Ertragswertverfahren entgegen dem Wortlaut der Bestimmung auch zur Anwendung kommen, wenn die genannten Voraussetzungen nicht gegeben sind, d.h. keine Veränderungen der Ertragsverhältnisse absehbar sind und auch keine wesentlich von den „marktüblichen Erträgen" abweichende Ertragsverhältnisse vorliegen.

50 Bei Anwendung des mehrperiodischen (mehrphasigen) Ertragswertverfahrens soll sich der Ertragswert nach dem Wortlaut des § 17 Abs. 1 Satz 2 ImmoWertV nicht auf der Grundlage der marktüblich erzielbaren Erträge gemäß § 17 Abs. 1 Satz 1 ImmoWertV ermitteln, sondern auf der „Grundlage periodisch unterschiedlicher Erträge". **Soweit** im Einzelfall nach den vorstehenden Ausführungen der marktüblich erzielbare Ertrag i.S. des § 17 Abs. 1 ImmoWertV erwirtschaftet wird und **keine Änderungen der Ertragsverhältnisse zu erwarten sind,** d.h. keine periodisch unterschiedlichen Erträge anfallen, **kann das mehrperiodischen Ertragswertverfahren entgegen dem Wortlaut der Bestimmung ebenfalls zur Anwendung kommen.** In diesem Fall sind die marktüblich erzielbaren Erträge zugrunde zu legen (vgl. Syst. Darst. des Ertragswertverfahrens Rn. 41 ff.). Die jährlich unterschiedlichen oder jährlich gleich bleibenden Erträge werden mit Hilfe des Abzinsungsfaktors partiell auf den Wertermittlungsstichtag diskontiert und aufsummiert.

51 Das **mehrperiodische (mehrphasige) Ertragswertverfahren führt zu demselben Ergebnis, wie die Anwendung des ein- oder zweigleisigen Ertragswertverfahrens nach** § 17 Abs. 2 ImmoWertV i.V.m. der Berücksichtigung von „erheblich von dem marktüblich erzielbaren Ertrag abweichenden Erträge nach § 8 Abs. 3 ImmoWertV (vgl. Syst. Darst. des Ertragswertverfahrens Rn. 103 ff.). Sprachlich wird in diesem Zusammenhang in § 17 Abs. 1 Satz 2 ImmoWertV von *„wesentlich"* von den marktüblich erzielbaren Erträgen abweichenden Erträgen gesprochen, während § 8 Abs. 3 ImmoWertV auf *„erheblich"* von marktüblich erzielbaren Erträgen abweichende Erträge abstellt, jedoch ist diese sprachliche Unterscheidung als redaktionelles und materiell bedeutungsloses Versehen zu werten.

52 Das mehrperiodische (mehrphasige) Ertragswertverfahren hat folgende (allgemeine) mathematische Form:

Mehrperiodisches Ertragswertverfahren § 17 ImmoWertV V

$$EW = \sum_{n=1}^{n} RE \times q^{-n} + BW^* \times q^{-n} + BW^{**}$$

wobei

EW	= Ertragswert
RE_i	= Jährliche Reinerträge in der Periode i = Rohertrag abzüglich nicht durch Umlagen gedeckter Bewirtschaftungskosten nach § 19 ImmoWertV
BW*	= Bodenwertanteil der Umgriffsfläche bei übergroßen Grundstücken (ansonsten BW)
BW**	= Bodenwertanteil der selbständig nutzbaren Teilfläche sofern vorhanden
BW* + BW**	= Bodenwert des Gesamtgrundstücks (BW)
p	= Liegenschaftszinssatz nach § 14 Abs. 3 ImmoWertV
n	= Restnutzungsdauer nach § 6 Abs. 6 ImmoWertV
q	= Zinsfaktor = 1 + p/100 (Anlage 2 zur ImmoWertV)

Bei **kurzer Restnutzungsdauer der baulichen Anlage** (n ≤ 20 Jahre) ist der Bodenwert der Umgriffsfläche BW* nach § 16 Abs. 3 ImmoWertV wiederum um die Freilegungskosten zu vermindern. Im Übrigen wird wiederum auf die umfassenden Erläuterungen in der Syst. Darst. des Ertragswertverfahrens bei den Rn. 103 ff., 119 ff. verwiesen. **53**

Die vorstehende **Formel des mehrperiodischen Ertragswertverfahrens ist nichts anderes als die allgemeinste Form des Ertragswertverfahrens (allgemeine Barwertformel)**, quasi die „Urmutter" aller Ertragswertverfahren, bei der die jährlichen Reinerträge einzeln (partiell) diskontiert und die Barwerte aufsummiert werden (vgl. Syst. Darst. des Ertragswertverfahrens Rn. 8 ff.). **54**

Die Anwendung des mehrperiodischen (mehrphasigen) Ertragswertverfahrens ist immer dann sinnvoll, wenn der „Verbraucher" eines Gutachtens sich einen Überblick über die jährlich anfallenden Ertragsströme verschaffen will. **Im Unterschied zum ein- und zweigleisigen Ertragswertverfahren nach § 17 Abs. 2 ImmoWertV können zu diesem Zweck die jährlichen Ertragsströme sowohl in ihrer nominellen, als auch in ihrer auf den Wertermittlungsstichtag abgezinsten Höhe tabellarisch dargestellt werden** (vgl. Syst. Darst. des Ertragswertverfahrens Rn. 107). Mehr- oder Mindererträge insbesondere aufgrund wohnungs-, miet- oder vertragsrechtlicher Bindungen werden indessen nicht gesondert „ausgeworfen", da diese Mehr- oder Mindereinnahmen bereits mit dem daraus resultierenden jährlichen Gesamtertrag in das mehrperiodische Ertragswertverfahren direkt eingehen. Das mehrperiodische (mehrphasige) Ertragswertverfahren unterscheidet sich vom ein- oder zweigleisigen Ertragswertverfahren im Wesentlichen lediglich in der Darstellung der Zwischenergebnisse. **55**

3.2 Mehrperiodisches Ertragswertverfahren nach § 17 Abs. 3 ImmoWertV

3.2.1 Allgemeines

▶ *Weiterführend vgl. Syst. Darst. des Ertragswertverfahrens Rn. 41, 103*

Die Anwendung des mehrperiodischen Ertragswertverfahrens in der vorgestellten allgemeinen Form gestaltet sich in Anbetracht der verhältnismäßig langen Restnutzungsdauer baulicher Anlagen unübersichtlich, da sich der Ertragswert aus einer entsprechenden Vielzahl abdiskontierter Jahreserträge ergibt. Praktisch besteht auch kein Bedürfnis, die jährlichen Ertragsflüsse einzeln über längere Zeiträume darzustellen, zumal bei alternierenden Erträgen aufgrund wohnungs-, miet- und vertragsrechtlicher Bindungen damit gerechnet werden muss, dass die entsprechenden Bindungen über kurz oder lang auslaufen und dann mit den marktüblich erzielbaren Erträgen gerechnet werden kann. Aus diesem Grunde soll das mehrperiodische Ertragswertverfahren nach § 17 Abs. 3 Satz 1 ImmoWertV als sog. **Restwertmethode** zur Anwendung kommen. **56**

57 Bei Anwendung der Restwertmethode wird der Ertragswert in den Ertragswertanteil eines bestimmten Betrachtungszeitraum und einen Ertragswertanteil des Restwerts aufgeteilt. Dies vollzieht sich in mehreren Schritten:

- Im ersten Schritt werden zunächst nur die Reinerträge eines zu bestimmenden Zeitraums – in der ImmoWertV als **„Betrachtungszeitraum"** bezeichnet – einzeln (i.d.R. jährlich) erfasst und jeweils mit Hilfe des Liegenschaftszinssatzes auf den Wertermittlungsstichtag abgezinst; die aufsummierten Barwerte der einzeln (partiell) erfassten jährlichen Erträge ergeben den Ertragswertanteil des Betrachtungszeitraums.

- Im zweiten Schritt wird der sich am Ende des Betrachtungszeitraums ergebende Grundstückswert – in der ImmoWertV als **„Restwert"** bezeichnet – ermittelt und auf den Wertermittlungsstichtag abgezinst; der abgezinste Restwert ist der Ertragswertanteil des Restwerts.

Die periodischen Reinerträge sowie der Restwert des Grundstücks sind nach § 17 Abs. 3 Satz 2 ImmoWertV jeweils mit Hilfe des Liegenschaftszinssatzes abzuzinsen (§ 20 ImmoWertV).

58 Das in § 17 Abs. 3 ImmoWertV geregelte mehrperiodische Ertragswertverfahren hat folgende (allgemeine) mathematische Form

$$EW = \sum_{b=1}^{b} RE_b \times q^{-b} + Restwert \times q^{-b}$$

Ertragswertanteil des Restwerts
Ertragswertanteil des Betrachtungszeitraums

wobei
EW = Ertragswert
RE_b = Reinerträge des Betrachtungszeitraums
b = Betrachtungszeitraum in Jahren
q = Zinsfaktor = 1 + p/100
p = Liegenschaftszinssatz

3.2.2 Reinerträge

59 Im Unterschied zum allgemeinen und vereinfachten Ertragswertverfahren sind mit den periodisch anfallenden Reinerträgen die im Betrachtungszeitraum zu erwartenden Reinerträge unter Berücksichtigung „absehbarer wesentlicher Veränderungen" und „wesentlich von den marktüblich erzielbaren Erträgen" abweichenden Erträge anzusetzen. Dies betrifft insbesondere die aufgrund wohnungs-, miet- und vertragsrechtlicher Bindungen **von den marktüblich erzielbaren Erträgen abweichenden Reinerträge.** Nicht zu berücksichtigen sind indessen allgemein vom Grundstücksmarkt erwartete Entwicklungen der Mieten und Pachten, die bereits mit dem Liegenschaftszinssatz erfasst werden (vgl. Rn. 25 ff.).

3.2.3 Betrachtungszeitraum

▶ *Vgl. Syst. Darst. des Ertragswertverfahrens Rn. 272*

60 Als Betrachtungszeitraum wird üblicherweise ein Zeitraum von 10 Jahren gewählt, ohne dass die ImmoWertV dafür Vorgaben macht. Bei periodisch unterschiedlichen Erträgen ist entsprechend dem Ziel und Zweck des mehrperiodischen (mehrphasigen) Ertragswertverfahrens mindestens ein Zeitraum zu wählen, in dem vom marktüblich erzielbaren Ertrag abweichende Erträge anfallen.

3.2.4 Restwert des Grundstücks

▶ Vgl. Syst. Darst. des Ertragswertverfahrens Rn. 275, 358 und 428

Restwert des Grundstücks ist der am Ende des Betrachtungszeitraums sich ergebende Grundstückswert. Wie sich dieser Grundstückswert ermittelt, wird in der ImmoWertV nicht vorgegeben, jedoch müssen die allgemeinen mit der ImmoWertV vorgegebenen Grundsätze der Marktwertermittlung zur Anwendung kommen. In aller Regel ist demzufolge der Restwert wie der Ertragswertanteil des Betrachtungszeitraums im Wege des Ertragswertverfahrens zu ermitteln, wenn zu erwarten ist, dass das Grundstück am Ende des Betrachtungszeitraums (exit) weiterhin ertragswirtschaftlich genutzt wird. Dabei sind periodisch unterschiedliche Erträge nicht mehr zu erwarten, denn der Betrachtungszeitraum wurde derart dimensioniert, dass periodisch unterschiedliche Erträge mit dem Ertragswertanteil des Betrachtungszeitraums berücksichtigt werden. Der **Restwert ist** mithin **unter Anwendung des allgemeinen oder vereinfachten Ertragswertverfahrens** (nach § 17 Abs. 2 ImmoWertV) **auf der Grundlage**

– des marktüblich erzielbaren Ertrags und
– einer um die Anzahl der Jahre des Betrachtungszeitraums verminderten Restnutzungsdauer

zu ermitteln.

Der nach vorstehenden Grundsätzen ermittelte Restwert ist mit Hilfe des Liegenschaftszinssatzes auf den Wertermittlungsstichtag abzuzinsen.

Beispiel:

a) Sachverhalt
Ertragswertermittlung eines Geschäftshauses

– Ertragswertanteil des Betrachtungszeitraums unter Berücksichtigung alternierender Reinerträge	900 000 €
– Marktüblich am Wertermittlungsstichtag erzielbarer Jahresreinertrag	100 000 €
– Bodenwert	200 000 €
– Liegenschaftszinssatz	6 %
– Betrachtungszeitraum	10 Jahre
– Restnutzungsdauer am Wertermittlungsstichtag	50 Jahre
– Restnutzungsdauer am Ende des Betrachtungszeitraums (50 Jahre – 10 Jahre)	40 Jahre

b) Ermittlung des Restwerts unter Anwendung des vereinfachten Ertragswertverfahrens

Marktüblich erzielbarer Jahresreinertrag	100 000 €	
Barwertfaktor (Vervielfältiger) bei		
– Liegenschaftszinssatz von 6 %		
Restnutzungsdauer von 40 Jahren	15,04630	
Kapitalisierter Jahresreinertrag (100 000 € × 15,04630)		1 504 630 €
+ Bodenwert 200 000 € × 0,0972 (Restnutzungsdauer 40 Jahre)		19 444 €
Restwert (= Ertragswert)		1 524 074 €

c) Ertragswert unter Anwendung des mehrperiodischen Ertragswertverfahrens

– Ertragswertanteil des Betrachtungszeitraums		900 000 €
– Restwert	1 524 074 €	
– abgezinst auf den Wertermittlungsstichtag:		
1 524 074 € × 0,5583947		851 035 €
= Ertragswert		**1 751 035 €**

3.2.5 Rechentechnische Hinweise

Rechentechnisch lässt sich die mit § 17 Abs. 3 ImmoWertV vorgegebene Berechnungsweise dadurch vereinfachen, dass die über die Restwertperiode anfallenden marktüblich erzielbaren

Erträge mit der Vervielfältigerdifferenz kapitalisiert werden; dies ersetzt die Abzinsung des Restwerts. Der Restwert wird dabei allerdings nicht „ausgeworfen".

$$EW = \sum_{b=1}^{b} RE_b \times q^{-b} + RE_i \times (V_n - V_b) + \text{Bodenwert} \times q^{-n}$$

wobei
- EW = Ertragswert
- BW = Bodenwert
- RE_b = Reinerträge des Betrachtungszeitraums
- RE_i = Reinertrag der Restwertperiode
- b = Betrachtungszeitraum in Jahren
- n = Restnutzungsdauer der baulichen Anlage in Jahren
- q = Zinsfaktor = 1 + p/100
- p = Liegenschaftszinssatz

Als **Reinertrag der Restwertperiode** ist der am Wertermittlungsstichtag marktüblich erzielbare Reinertrag anzusetzen und nicht etwa ein prognostizierter Reinertrag, denn es werden die allgemein vom Grundstücksmarkt erwarteten ertragswirtschaftlichen Entwicklungen mit dem Liegenschaftszinssatz erfasst.

65 Bei *langer Restnutzungsdauer der baulichen Anlage* (n ≥ 50 Jahre) kann wiederum auf den Ansatz des abgezinsten Bodenwerts (BW × q^{-n}) verzichtet werden, da der Bodenwert mit seiner Abzinsung gegen null geht.

66 *Fortsetzung des Beispiels*

   d) **Ertragswert unter Anwendung des mehrperiodischen Ertragswertverfahrens**

Ertragswertanteil des Betrachtungszeitraums	900 000 €
Marktüblich erzielbarer Jahresreinertrag	100 000 €
Barwertfaktor (Vervielfältiger) bei Liegenschaftszinssatz von 6 % und	
Restnutzungsdauer von 50 Jahren	15,76186
Restnutzungsdauer von 10 Jahren	− 7,36009
Vervielfältigerdifferenz	8,40177
Multipliziert mit marktüblich erzielbarem Jahresreinertrag von 100 000 €	+ 840 177 €
+ Bodenwert 200 000 € × 0,0543 (Restnutzungsdauer 50 Jahre)	+ 10 858 €
= Ertragswert	**1 751 035 €**

Abb. 4: **Mehrperiodisches (mehrphasiges) Ertragswertverfahren**

Mehrperiodisches Ertragswertverfahren § 17 ImmoWertV V

Das **mehrperiodische** (mehrphasige) **Ertragswertverfahren entspricht rechentechnisch dem bekannten Vervielfältigerdifferenzverfahren,** denn auch die jeweiligen Barwerte der im Betrachtungszeitraum anfallenden Reinerträge lassen sich mit Hilfe von Vervielfältigerdifferenzen ermitteln (vgl. nachstehendes Beispiel eines Staffelmietvertrags). 67

Beispiel (Abb. 5): 68

Abb. 5: Einfluss von Staffelmieten auf die Ertragsverhältnisse und den Ertragswert der baulichen Anlagen

a) **Sachverhalt: Mietwohngrundstück mit Staffelmieten**
– Wohnfläche WF 480 m²
– Bodenwert BW 300 000 €
– Restnutzungsdauer 80 Jahre
– Liegenschaftszinssatz p 5,5 %
– Bodenwertverzinsungsbetrag 16 500 € (= 300 000 € × 5,5/100)
– Jahresbewirtschaftungskosten über gesamte Nutzungsdauer
  (außer umgelegte Betriebskosten): 10 898 € (= 49 536 € × 22/100)
  22 % der Nettokaltmiete/Grundmiete 6,00 €/m² Wohnfläche
– Staffelmiete: 2010 bis Ende 2014: 7,20 €/m² Wohnfläche
  (Nettokaltmiete): 2015 bis Ende 2019: 8,60 €/m² Wohnfläche
  ab 2020 übliche Marktmiete
– Wertermittlungsstichtag 1.1.2010

b) **Hinweis:**
Die Bewirtschaftungskosten und der Bodenwertverzinsungsbetrag entstehen in voller Höhe nur bei der Ermittlung des Verkehrswerts des unbelasteten Grundstücks; es ist ein fester (absoluter) Betrag, der sich durch abgesenkte Mieten nicht vermindert.

c) Verkehrswertermittlung

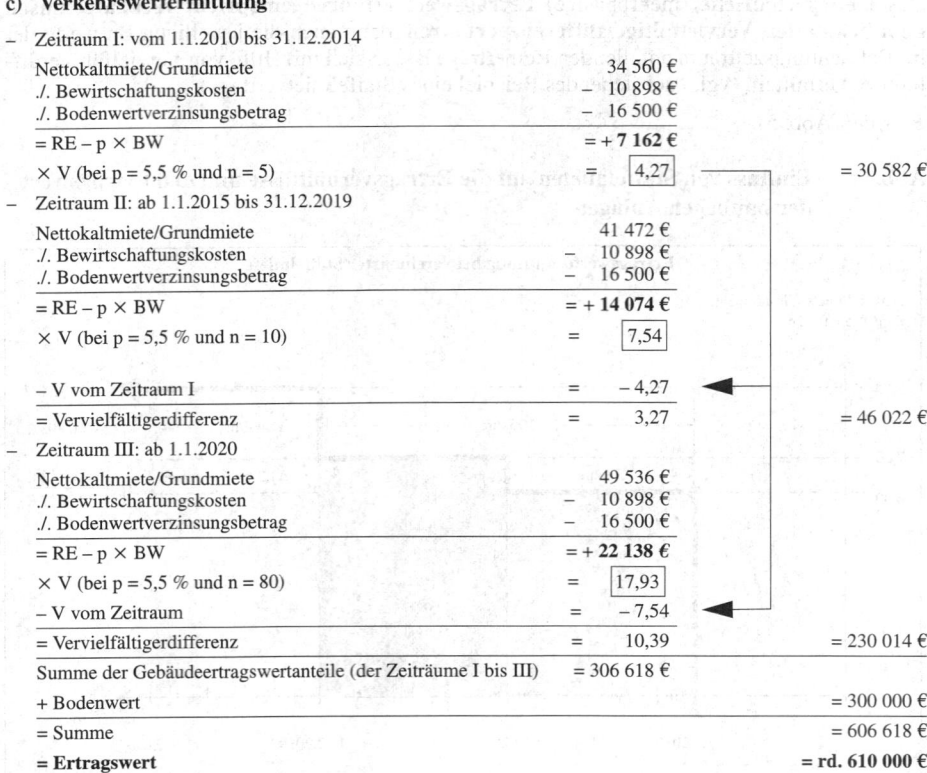

– Zeitraum I: vom 1.1.2010 bis 31.12.2014		
Nettokaltmiete/Grundmiete	34 560 €	
./. Bewirtschaftungskosten	− 10 898 €	
./. Bodenwertverzinsungsbetrag	− 16 500 €	
= RE − p × BW	= + 7 162 €	
× V (bei p = 5,5 % und n = 5)	= 4,27	= 30 582 €
– Zeitraum II: ab 1.1.2015 bis 31.12.2019		
Nettokaltmiete/Grundmiete	41 472 €	
./. Bewirtschaftungskosten	− 10 898 €	
./. Bodenwertverzinsungsbetrag	− 16 500 €	
= RE − p × BW	= + 14 074 €	
× V (bei p = 5,5 % und n = 10)	= 7,54	
− V vom Zeitraum I	= − 4,27	
= Vervielfältigerdifferenz	3,27	= 46 022 €
– Zeitraum III: ab 1.1.2020		
Nettokaltmiete/Grundmiete	49 536 €	
./. Bewirtschaftungskosten	− 10 898 €	
./. Bodenwertverzinsungsbetrag	− 16 500 €	
= RE − p × BW	= + 22 138 €	
× V (bei p = 5,5 % und n = 80)	= 17,93	
− V vom Zeitraum	= − 7,54	
= Vervielfältigerdifferenz	10,39	= 230 014 €
Summe der Gebäudeertragswertanteile (der Zeiträume I bis III)	= 306 618 €	
+ Bodenwert		= 300 000 €
= Summe		= 606 618 €
= Ertragswert		**= rd. 610 000 €**

Das Ergebnis entspricht dem Ertragswert der im nachstehenden Beispiel angewandten Methode.

4 Ertragswertermittlung nach Runge

69 Vor Inkrafttreten der WertV von 1961 und ihrer Vorläuferin (WERTR 1955) war die Ertragswertermittlung nach dem sog. Runge-Verfahren[9] weit verbreitet. Das Verfahren wird heute nicht mehr den anerkannten Wertermittlungsmethoden zugerechnet. Gleichwohl scheut sich auch heute noch mancher Gutachter nicht vor seiner Anwendung. Es soll deshalb kurz mit seinen **Mängeln** vorgestellt werden:

70 *Runge* hatte zunächst richtigerweise erkannt, dass der Grund und Boden im Gegensatz zum Gebäude grundsätzlich keiner Alterswertminderung unterworfen ist und deshalb der auf das Gebäude bezogene Reinertrag nicht als ewige Rente angesehen und berücksichtigt werden darf. Hiervon ausgehend hat *Runge* einen Weg gesucht, den aus einem bebauten Grundstück fließenden **Reinertrag auf das Gebäude und den Boden** nach einem sachgerechten Schlüssel **aufzuteilen**. Als Schlüssel dient *Runge* das Verhältnis aus Bodenwert zu Gebäudesachwert. Nach diesem Verhältnis wird der Reinertrag in einen Boden- und Gebäudeanteil aufgeteilt. Der auf ewig kapitalisierte Reinertragsanteil des Bodens ergibt dann zusammen mit dem über die Restnutzungsdauer kapitalisierten Reinertragsanteil des Gebäudes den Ertragswert:

---

9 Runge, Grundstücksbewertung, 3. Aufl. 1955, S. 157, 184 ff.; hierzu Erxleben in VR 1976, 381.

Ertragswertermittlung nach Runge § 17 ImmoWertV V

Beispiel: **71**

a) **Wertermittlungsobjekt**
   – Der Sachwert eines Mehrfamilienhauses sei mit 800 000 € ermittelt.
   – Der Bodenwert (BW) betrage 200 000 €.
   – Der Reinertrag (RE) betrage 48 000 €.
   – Die Restnutzungsdauer betrage 30 Jahre.
   – Der Liegenschaftszinssatz betrage 5 %.

b) **Verkehrswertermittlung**
Reinertragsquotient = Bodenwert/Gebäudesachwert = 200 000 €/600 000 € = 1/3 = 0,333
wobei Gebäudesachwert = 800 000 € – 200 000 € = 600 000 €

Bei einem Reinertrag (RE) des Grundstückes von 48 000 € entfallen somit
a) auf den Boden: 48 000 € : 3   = 16 000 €
b) auf das Gebäude: 48 000 € – 16 000 €   = 32 000 €
zusammen   = 48 000 €

Runge-Verfahren		**Verfahren nach ImmoWertV**	
Reinertrag (RE)	= 48 000 €	Reinertrag (RE)	= 48 000 €
a) Bodenanteil	– 16 000 €	./. Bodenwertverzinsungsbetrag	
b) Gebäudeanteil	= 32 000 €	200 000 € × 0,05	= – 10 000 €
Ertragswert aus		= Verminderter RE	= 38 000 €
a) Bodenanteil*	= 320 000 €	× Vervielfältiger	= 584 060 €
b) Gebäudeanteil	= + 491 840 €	(Vervielfältiger = 15,37)	
(Vervielfältiger = 15,37)		+ Bodenwert BW	= 200 000 €
= Ertragswert (EW)	= 784 060 €	Ertragswert	= 811 840 €
* 16 000 €/0,05 = 320 000 €			

Das sog. Runge-Verfahren stellte zwar einen Fortschritt dar gegenüber der bis dahin vielfach **72** praktizierten Methode, den Ertragswert im Wege eines auf ewig kapitalisierten Reinertrags zu ermitteln

$$\text{Ertragswert} = 48\,000\,€ \times 100/5 = 960\,000\,€\;(!)$$

jedoch trägt die Methode nicht der wirtschaftlichen Erkenntnis Rechnung, dass das **im Grund und Boden investierte Kapital** nicht mehr eine bankübliche Verzinsung erbringt und insoweit der Reinertrag aus dem Grundstück um den Bodenwertverzinsungsbetrag vermindert werden muss. Deswegen ergeben sich bei Anwendung des Runge-Verfahrens übersetzte Werte.

Bessere Ergebnisse als nach *Runge* erhält man durch **Berücksichtigung einer Alterswertminderung** bei der Ermittlung des Ertragswerts eines Gebäudes durch **Anwendung des Vervielfältigerquotienten-Verfahrens**. Ausgehend von einem Ertragswert, der sich ohne Beachtung der Restnutzungsdauer allein durch „ewige" Kapitalisierung des Reinertrags (im *Beispiel* 48 000 €) ergibt, wird dabei der auf das Gebäude entfallende Anteil um die Alterswertminderung reduziert. Diese soll sich aus dem Vervielfältigerquotienten ergeben, der sich wie folgt ermittelt: **73**

$$\text{Vervielfältigerquotient} = \frac{\text{Vervielfältiger}_{RND}}{\text{Vervielfältiger}_{GND}} \times 100$$

wobei   RND = Restnutzungsdauer
        GND = Übliche Gesamtnutzungsdauer

Die **Alterswertminderung (W_{min}) des Gebäudeanteils** beträgt dann:

$$W_{min}[\%] = 100 - \text{Vervielfältigerquotient}$$

Bei einem neu erstellten Gebäude (RND = GND) ergibt sich eine Alterswertminderung von null; bei einem abgenutzten Gebäude (RND = 0) ergibt sich eine Alterswertminderung von 100 %.

74 *Beispiel:*

Als Ertragswert (EW) des vorstehenden Beispiels ergibt sich bei einer „ewigen" Verrentung des Reinertrags (RE) von 48 000 € und einem Liegenschaftszinssatz p von 5 %:

$$\text{Ertragswert} = \frac{\text{Reinertrag} \times 100}{\text{Kapitalisierungszinssatz}}$$

Gebäudewertanteil (960 000 € − 200 000 €) = 760 000 €
Vervielfältigerquotient = 100 × 15,37/19,85 = 77,43

Vervielfältiger bei p = 5 % und RND =	30 Jahre:	15,37
Vervielfältiger bei p = 5 % und GND =	100 Jahre:	19,85
Alterswertminderung		= 22,57 % (= 100 % − 77,43 %)

Ertragswert:
Gebäudewertanteil	= 760 000 €	
./. Alterswertminderung	= 171 532 €	(= 760 000 € × 22,57/100)
= Differenz	= 588 468 €	
+ Bodenwert	= 200 000 €	
= Ertragswert	= 788 468 €	

§ 18 ImmoWertV
Reinertrag, Rohertrag

(1) Der Reinertrag ergibt sich aus dem jährlichen Rohertrag abzüglich der Bewirtschaftungskosten (§ 19).

(2) ₁Der Rohertrag ergibt sich aus den bei ordnungsgemäßer Bewirtschaftung und zulässiger Nutzung marktüblich erzielbaren Erträgen. ₂Bei Anwendung des Ertragswertverfahrens auf der Grundlage periodisch unterschiedlicher Erträge ergibt sich der Rohertrag insbesondere aus den vertraglichen Vereinbarungen.

Gliederungsübersicht   Rn.

1   Reinertrag und Rohertrag
   1.1   Reinertrag (§ 18 Abs. 1 ImmoWertV) 1
   1.2   Rohertrag (§ 18 Abs. 2 ImmoWertV)
     1.2.1   Allgemeines 9
     1.2.2   Umlageverminderter Rohertrag 13
2   Marktüblich erzielbarer Reinertrag
   2.1   Allgemeines 20
   2.2   Allgemeines zur Wohn- und Gewerberaummiete
     2.2.1   Abgrenzung Wohn- und Gewerberaum 33
     2.2.2   Miet und Pacht 38
     2.2.3   Schriftform 42
   2.3   Wohnraummiete
     2.3.1   Allgemeines 46
     2.3.2   Mietpreisgestaltung 48
     2.3.3   Mieterhöhungsverlangen
       2.3.3.1   Allgemeines 61
       2.3.3.2   Anpassung an die örtliche Vergleichsmiete 64
       2.3.3.3   Mieterhöhung nach Durchführung von Modernisierungsmaßnahmen ... 78
       2.3.3.4   Mieterhöhung wegen Änderung der Darlehenszinsen ... 80
       2.2.3.5   Mietanpassung bei Index- oder Staffelmietverträgen ... 82
     2.3.4   Allgemeine Schranken der Mieterhöhung
       2.3.4.1   Wesentlichkeitsgrenze 90
       2.3.4.2   Wuchergrenze 97
       2.3.4.3   Kappungsgrenze 102
   2.4   Gewerberaummiete
     2.4.1   Allgemeines 106
     2.4.2   Mietpreisgestaltung 119
     2.4.3   Konkurrenz- und Sortimentsschutzklausel 121
   2.5   Mietpreisbestimmende Merkmale
     2.5.1   Wohnraum
       2.5.1.1   Allgemeines 125
       2.5.1.2   Art (der Wohnung) 128
       2.5.1.3   Beschaffenheit (der Wohnung) 131
       2.5.1.4   Wohnung, Wohnraum, Wohnungsgröße und Wohnfläche ... 133
       2.5.1.5   Ausstattung (der Wohnung) 150
       2.5.1.6   Lage 154
     2.5.2   Gewerberaum
       2.5.2.1   Allgemeines 158
       2.5.2.2   Mietfläche von Gewerberäumen 159
       2.5.2.3   Lage und Beschaffenheit gewerblicher Immobilien ... 160
     2.5.3   Gemeinbedarfsnutzung 165
     2.5.4   Landwirtschaftliche Gebäude 170
   2.6   Mieterhöhungsverlangen
     2.6.1   Allgemeines 171

	2.6.2 Mietspiegel	
	2.6.2.1 Allgemeines	174
	2.6.2.2 Beispiel eines Mietspiegels	197
2.6.3	Sachverständigengutachten	198
2.6.4	Vergleichsobjekte	
	2.6.4.1 Allgemeines	208
	2.6.4.2 Mischungsverhältnis	212
	2.6.4.3 Offenbarungspflicht von Vergleichsobjekten	214
2.6.5	Mietdatenbank	218
2.7 Mietminderung		
2.7.1	Allgemeines	222
2.7.2	Ermittlung der Mietminderung	224
2.8 Mietwertgutachten (Beispiel)		236

1 Reinertrag und Rohertrag

1.1 Reinertrag (§ 18 Abs. 1 ImmoWertV)

Schrifttum: *Adolf, W.,* Der nachhaltige Ertrag ein veralteter Begriff, GuG 2005, 183; *Kleiber,* W., Nachhaltige Einnahmen und Ausgaben, GuG 2006, 25; *Streich, J.-W.,* Die ortsübliche Vergleichsmiete, GuG 2003, 1; *Streich. J.-W.,* Abhängigkeit der Quadratmetermiete von der Wohnungsgröße, DWW 1980, 188.

1 Der Ertragswert wird nach § 17 Abs. 1 ImmoWertV auf der Grundlage des *„Ertrags"* ermittelt, und zwar auf der Grundlage des *„Reinertrags"*. Dies ergibt sich aus § 17 Abs. 2 und 3 ImmoWertV; dort wird ausdrücklich auf den **Reinertrag** Bezug genommen.

2 Der **Reinertrag** wird in § 18 Abs. 1 ImmoWertV als der **Rohertrag abzüglich der bei ordnungsgemäßer Bewirtschaftung** „marktüblich" **entstehenden jährlichen Aufwendungen** i.S. des § 19 ImmoWertV (Bewirtschaftungskosten) definiert:

Reinertrag = Rohertrag – Bewirtschaftungskosten$_{marktüblich\ bei\ „ordnungsgemäßer\ Bewirtschaftung"}$

3 Zu den **Erträgen** gehören insbesondere

- die marktüblich erzielbaren Mieten und Pachten und sonstigen Nutzungsentgelte einschließlich besonderer Vergütungen (z. B. Garage, Einstellplatz);

- die marktüblich erzielbaren Vergütungen (§ 27 NMV), für eine Nutzung von Grundstücksteilen für Werbezwecke,

- eine anteilige Miete für Grundstücksfreiflächen (Gartennutzung);

- Entgelte für die Nutzung von Bestandteilen des Grundstücks (Einrichtungs- und Ausstattungsgegenstände) und des Zubehörs (Möblierungszuschlag), soweit diese zugleich Bestandteil oder Zubehör des Wertermittlungsobjekts sind;

- von den marktüblich erzielbaren Erträgen aufgrund wohnungs- und mietrechtlicher Bindungen abweichende Erträge (*over- und underrented*);

- vom Mieter übernommene Schönheitsreparaturen, zu denen ansonsten nach § 535 BGB der Vermieter verpflichtet ist;

- besondere Leistungen aufgrund von Gestaltungsverträgen;

- Zuschläge für die Benutzung von Wohnraum zu anderen als Wohnzwecken (§ 26 Abs. 2 NMV);

- Zuschläge für die Untervermietung von Wohnraum (Untermietzuschlag; § 26 Abs. 3 NMV);

- Zuschläge wegen Ausgleichszahlungen nach § 7 des Wohnungsbindungsgesetzes (§ 26 Abs. 4 NMV);

- Zuschläge zur Deckung erhöhter laufender Aufwendungen, die nur für einen Teil der Wohnung des Gebäudes oder der Wirtschaftseinheit entstehen (§ 26 Abs. 5 NMV);
- Zuschläge für Nebenleistungen des Vermieters, die nicht allgemein üblich sind oder nur einzelnen Mietern zugute kommen (§ 26 Abs. 6 NMV);
- Zuschläge für Wohnungen, die durch Ausbau von Zubehörraum neu geschaffen wurden (§ 26 Abs. 7 NMV).

Die genannten Erträge sind der Ermittlung des Reinertrags nach Maßgabe des § 17 Abs. 1 Satz 1 ImmoWertV nur insoweit zugrunde zu legen, wie sie nicht als „besondere objektspezifische Grundstücksmerkmale" i.S. des § 8 Abs. 3 ImmoWertV nach Maßgabe dieser Vorschrift gesondert berücksichtigt werden. **4**

Temporären (vorübergehenden) Erträgen, insbesondere **von den marktüblich erzielbaren Erträgen** aufgrund wohnungs-, miet- und vertragsrechtlicher Bindungen **abweichenden Mehr oder Mindererträgen** (*over*- und *underrented*) ist bei alledem in besonderer Weise Rechnung zu tragen: **5**

a) Bei Anwendung des *ein- und zweigleisigen Standardverfahrens* nach § 17 Abs. 2 ImmoWertV ist der vorläufige Ertragswert ohne Berücksichtigung der temporär anfallenden Mehr- oder Mindererträge zu ermitteln; sie sind ergänzend nach Maßgabe des § 8 Abs. 3 ImmoWertV zu berücksichtigen.

b) Bei Anwendung des *mehrperiodischen (mehrphasigen) Ertragswertverfahrens* nach § 17 Abs. 1 Satz 2 i.V.m. Abs. 3 ImmoWertV können von marktüblich erzielbaren Erträgen abweichende Erträge direkt Berücksichtigung finden, soweit sie innerhalb des Betrachtungszeitraums nach § 17 Abs. 3 ImmoWertV anfallen.

In der Rechtsprechung ist – wenn auch nicht einheitlich – als **Möblierungszuschlag** ein Prozentsatz von 2 % des Zeitwerts pro Monat allgemein anerkannt (vgl. Rn. 136)[1]. **6**

Bezüglich des Rein- und Rohertrags ist zu unterscheiden: **7**

1. Bei Anwendung des in § 17 Abs. 2 ImmoWertV geregelten *(ein- bzw. zweigleisigen)* Ertragswertverfahrens ist von dem bei „ordnungsgemäßer Bewirtschaftung" und zulässiger Nutzung „*marktüblich erzielbaren*" Rohertrag auszugehen. Mit dem Abzug der marktüblich bei „ordnungsgemäßer Bewirtschaftung" anfallenden Bewirtschaftungskosten ergibt sich mithin der marktüblich erzielbare Reinertrag.

2. Bei Anwendung des *mehrperiodischen* Ertragswertverfahrens nach § 17 Abs. 1 Satz 2 ImmoWertV i.V.m. § 17 Abs. 3 ImmoWertV ist von dem *Rohertrag* auszugehen, *der sich insbesondere aus den vertraglichen Vereinbarungen ergibt*. Dieser ist wiederum um die bei ordnungsgemäßer Bewirtschaftung marktüblich entstehenden jährlichen Bewirtschaftungskosten i.S. des § 19 ImmoWertV zu vermindern.

Bei allen zur Anwendung kommenden Varianten des **Ertragswertverfahrens sind** mithin **die bei ordnungsgemäßer Bewirtschaftung „marktüblich entstehenden"** jährlichen **Bewirtschaftungskosten** i.S. des § 19 ImmoWertV **zum Abzug zu bringen.** **8**

1.2 Rohertrag (§ 18 Abs. 2 ImmoWertV)

1.2.1 Allgemeines

Der **Begriff des Rohertrags** wird in § 18 Abs. 2 Satz 1 ImmoWertV mit der Bezugnahme auf die „marktüblich erzielbaren Erträge" bzw. auf die sich aus vertraglichen Vereinbarungen ergebenden Erträge (Satz 2) unscharf definiert. Die Vorschrift lässt offen, ob es sich dabei um „Erträge" handelt, die auch die üblicherweise umgelegten Bewirtschaftungskosten umfassen, oder um Erträge unter Ausschluss der üblicherweise umgelegten Bewirtschaftungskosten **9**

---

[1] LG Berlin, Urt. vom 21.3.2003 – 63 S 365/01 –, BlnGE 2003, 954; Verfahren: Barthelmess § 2 MHG Rn. 34a; Sternel, Mietrecht III Rn. 39; Dröge, Handbuch der Mietpreisbewertung für Wohn- und Gewerberaum, 3. Aufl. S. 659 ff.

(vgl. aber § 19 Abs. 1 ImmoWertV). Der unter Einbeziehung *aller* erzielbaren Grundstückserträge definierte **Rohertrag schließt auch die Kosten der Bewirtschaftung als Einnahmen ein,** die der Vermieter als Grundstückseigentümer nach Maßgabe des Mietvertrags in Form einer Umlage i.V.m. einer Abrechnung nach Ablauf des Wirtschaftsjahres geltend macht. Grundsätzlich kann die Umlage jedoch auch als Pauschale vereinbart werden; es können auch Vorauszahlungen in angemessener Höhe vereinbart werden (§§ 556 und 556a BGB). Bezüglich der besonderen mietvertraglichen Regelungen über die Umlage wird auch von der „zweiten Miete" gesprochen.

10 **Nicht zum Rohertrag** gehört bei gewerblicher Vermietung im Übrigen die anfallende Mehrwertsteuer.

11 Eine **Vorsteuerabzugsberechtigung** bleibt grundsätzlich unberücksichtigt, da dies den ungewöhnlichen oder persönlichen Verhältnissen zuzurechnen ist[2]. Dies gilt auch für Gewerbemietraum, denn soweit dies allgemein üblich ist, wird dem bereits mit den dafür angesetzten Mieterträgen i.V.m. den dafür abgeleiteten Liegenschaftszinssätzen Rechnung getragen.

12 Zur **Ermittlung des Rohertrags in der steuerlichen Bewertung** wird auf die hierzu ergangene Rechtsprechung verwiesen[3].

1.2.2 Umlageverminderter Rohertrag

13 Im Regelfall ist schon aus pragmatischen Gründen von einem Rohertrag unter Ausschluss der üblicherweise umgelegten Bewirtschaftungskosten auszugehen. Diese Bewirtschaftungskosten können außer Betracht bleiben, denn sie müssten nach Maßgabe des § 18 Abs. 1 ImmoWertV ohnehin wieder zum Abzug gebracht werden:

– **Bei Wohnraum werden heute die Betriebskosten** mit der Folge **umgelegt** („sog. „zweite Miete", vgl. § 556 Abs. 1 BGB), dass der Vermieter aus der vereinbarten „ersten" Miete nur noch die Verwaltungs- und Instandhaltungskosten sowie das Mietausfallwagnis aufzubringen hat. Diese Miete wird Nettokaltmiete genannt, und von dieser Nettokaltmiete kann bei der Ertragswertermittlung direkt ausgegangen werden. Ein als Gesamtheit aller Erträge definierter Rohertrag würde damit eine nicht praxisrelevante Größe darstellen.

– Entsprechendes gilt auch für **Gewerberaum.** Im Unterschied zum Wohnraum bestehen dabei jedoch keine gesetzlichen Schranken, auch die übrigen Bewirtschaftungskosten umzulegen. Hier ist ein deutlicher Trend zu erkennen, möglichst alle Bewirtschaftungskostengruppen umzulegen (sog. *double- und triple-net*-Mieten). Im konkreten Einzelfall kommt es auf die übliche mietvertragliche Gestaltung an, die den herangezogenen Vergleichsmieten zugrunde liegt.

Auch die sog. **kleine Instandhaltung ist** nach § 28 Abs. 3 Satz 2 II. BV in Form der sog. zweiten Miete **umlagefähig.**

14 Bei alledem ist es stets **zwingend geboten, in den Miet- bzw. Pachtvertrag Einblick zu nehmen,** um sich darüber Klarheit zu verschaffen.

---

[2] BGH, Urt. vom 10.7.1991 – XII ZR 109/90 –, EzGuG 20.134d.
[3] Zur Schätzung des Rohmietwerts in der **steuerlichen Bewertung** vgl. BFH, Urt. vom 21.1.1986 – IX R 7/79 –, EzGuG 20.113; BFH, Urt. vom 20.10.1965 – VI 292/64 U –, EzGuG 20.42; BFH, Urt. vom 11.10.1977 – VIII R 20/75 –, EzGuG *20.68; BFH, Urt. vom* 17.10.1969 – VI R 17/67 –, EzGuG 20.45; BFH, Urt. vom 10.8.1984 – III R 41/75 –, EzGuG 20.107; BFH, Urt. vom 25.6.1984 – GrS 4/82 –, BFHE 141, 405 = BStBl II 1984, 751 = NJW 1985, 93; ferner BFH, Urt. vom 14.12.1976 – VII R 99/72 –, EzGuG 19.31.

Abb. 1: Nettokaltmiete als Ausgangsmiete zur Ermittlung des Reinertrags

Beispiel:
Ermittlung des Grundstücksreinertrags

Mietwohngrundstück in einer Großstadt, Baujahr 1986, 7 Wohnungen, Gesamtwohnfläche 600 m², marktüblich erzielbare Nettokaltmiete 56 000 €

Es wird von der marktüblich erzielbaren Nettokaltmiete ausgegangen. Die Betriebskosten werden umgelegt. Alle anderen mit der ordnungsgemäßen Bewirtschaftung des Grundstücks verbundenen Kosten (Verwaltungs-, Instandhaltungskosten und das Mietausfallwagnis) werden vom Eigentümer getragen.

Marktüblich erzielbare Jahresnettokaltmiete (entspricht einer durchschnittlichen Miete von 7,78 €/m² WF)		56 000 €
Nicht umgelegte Bewirtschaftungskosten		
Verwaltungskosten: 230 €/Wohnung × 7 Wohnungen	1 960 €	
Instandhaltungskosten (600 m² × 10 €/m² WF)	6 000 €	
Mietausfallwagnis (in Anlehnung an § 29 Satz 2 II BV) 2 v.H. der Nettokaltmiete: 2 v.H. von 56 000 €	1 120 €	
	9 080 €	− 9 080 €
Jahresreinertrag		**46 920 €**

Die Bewirtschaftungskosten betragen real 16,2 v.H. der Nettokaltmiete.

Nach den Vorschriften der ImmoWertV ist von dem umlageverminderten Rohertrag auszugehen. Dies ergibt sich aus § 19 Abs. 1 ImmoWertV, nach dem sich die bei ordnungsgemäßer Bewirtschaftung anfallenden **Bewirtschaftungskosten nach den marktüblich entstehenden jährlichen Aufwendungen bemessen**, „die nicht durch Umlagen oder sonstige Kostenübernahmen gedeckt sind.".

Rechtsgrundlage für die Umlage der Betriebskosten sind die **§§ 556 und 556a BGB,** die folgende Fassung haben:

„§ 556 BGB Vereinbarungen über Betriebskosten

(1) Die Vertragsparteien können vereinbaren, dass der Mieter Betriebskosten trägt. Betriebskosten sind die Kosten, die dem Eigentümer oder Erbbauberechtigten durch das Eigentum oder das Erbbaurecht am Grundstück oder durch den bestimmungsgemäßen Gebrauch des Gebäudes, der Nebengebäude, Anlagen, Einrichtungen und des Grundstücks laufend entstehen. Für die Aufstellung der Betriebskosten gilt die Betriebskostenverordnung vom 25. November 2003 (BGBl. I S. 2346, 2347) fort. Die Bundesregierung

wird ermächtigt, durch Rechtsverordnung ohne Zustimmung des Bundesrates Vorschriften über die Aufstellung der Betriebskosten zu erlassen.

(2) Die Vertragsparteien können vorbehaltlich anderweitiger Vorschriften vereinbaren, dass Betriebskosten als Pauschale oder als Vorauszahlung ausgewiesen werden. Vorauszahlungen für Betriebskosten dürfen nur in angemessener Höhe vereinbart werden.

(3) Über die Vorauszahlungen für Betriebskosten ist jährlich abzurechnen; dabei ist der Grundsatz der Wirtschaftlichkeit zu beachten. Die Abrechnung ist dem Mieter spätestens bis zum Ablauf des zwölften Monats nach Ende des Abrechnungszeitraums mitzuteilen. Nach Ablauf dieser Frist ist die Geltendmachung einer Nachforderung durch den Vermieter ausgeschlossen, es sei denn, der Vermieter hat die verspätete Geltendmachung nicht zu vertreten. Der Vermieter ist zu Teilabrechnungen nicht verpflichtet. Einwendungen gegen die Abrechnung hat der Mieter dem Vermieter spätestens bis zum Ablauf des zwölften Monats nach Zugang der Abrechnung mitzuteilen. Nach Ablauf dieser Frist kann der Mieter Einwendungen nicht mehr geltend machen, es sei denn, der Mieter hat die verspätete Geltendmachung nicht zu vertreten.

(4) Eine zum Nachteil des Mieters von Absatz 1, Absatz 2 Satz 2 oder Absatz 3 abweichende Vereinbarung ist unwirksam.

§ 556a Abrechnungsmaßstab für Betriebskosten

(1) Haben die Vertragsparteien nichts anderes vereinbart, sind die Betriebskosten vorbehaltlich anderweitiger Vorschriften nach dem Anteil der Wohnfläche umzulegen. Betriebskosten, die von einem erfassten Verbrauch oder einer erfassten Verursachung durch die Mieter abhängen, sind nach einem Maßstab umzulegen, der dem unterschiedlichen Verbrauch oder der unterschiedlichen Verursachung Rechnung trägt.

(2) Haben die Vertragsparteien etwas anderes vereinbart, kann der Vermieter durch Erklärung in Textform bestimmen, dass die Betriebskosten zukünftig abweichend von der getroffenen Vereinbarung ganz oder teilweise nach einem Maßstab umgelegt werden dürfen, der dem erfassten unterschiedlichen Verbrauch oder der erfassten unterschiedlichen Verursachung Rechnung trägt. Die Erklärung ist nur vor Beginn eines Abrechnungszeitraumes zulässig. Sind die Kosten bislang in der Miete enthalten, so ist diese entsprechend herabzusetzen.

(3) Eine zum Nachteil des Mieters von Absatz 2 abweichende Vereinbarung ist unwirksam."

18 Die **Betriebskosten** (§ 2 BetrKV) werden in den Syst. Darst. des Ertragswertverfahrens unter Rn. 208 ff. und bei § 19 ImmoWertV Rn. 74 ff. erläutert.

19 Bei **Gebäuden, die von einem strukturellen (dauerhaften) Leerstand betroffen sind,** müssen die **sonst auf die Mieter umgelegten Betriebskosten** vom Eigentümer getragen werden. Dies betrifft den Betriebskostenanteil, der als „fixe Kosten" unabhängig von der Vermietung anfällt (ca 40 bis 80 % der sonst üblichen Betriebskosten).

2 Marktüblich erzielbarer Reinertrag

2.1 Allgemeines

▶ *Vgl. Syst. Darst. des Ertragswertverfahrens Rn. 179*

20 Der am Wertermittlungsstichtag **marktüblich erzielbare Reinertrag ist die Grundlage des** in § 17 Abs. 1 Satz 1 i.V.m. Abs. 2 ImmoWertV geregelten **ein- oder zweigleisigen Ertragswertverfahrens (Standardverfahren)**. Es kann zwar nicht erwartet werden, dass die am Wertermittlungsstichtag marktüblich erzielbaren Reinerträge über die Restnutzungsdauer unverändert bleiben, jedoch werden bei Anwendung des Ertragswertverfahrens unter Heranziehung des Liegenschaftszinssatzes nach § 14 Abs. 3 ImmoWertV die vom Grundstücksmarkt erwarteten Ertragsänderungen sowie sonstige erwartete Änderungen der immobilienwirtschaftlich bedeutsamen Rahmenbedingungen mit diesem Liegenschaftszinssatz „vernachlässigt" *(all over capitalization method)*.

Von den marktüblich erzielbaren Erträgen abweichend erzielte Reinerträge, insbesondere aufgrund wohnungs- und mietrechtlicher Bindungen, sind in jedem Falle festzustellen, da sie als temporäre Einnahmen in Ergänzung zu dem sich nach Maßgabe des § 17 Abs. 2 ImmoWertV ermittelten vorläufigen Ertragswert in einem zweiten Schritt berücksichtigt werden müssen (§ 8 Abs. 3 ImmoWertV). Lediglich bei Anwendung des mehrperiodischen (mehrphasigen) Ertragswertverfahrens nach § 17 Abs. 1 Satz 2 i.V.m. Abs. 3 ImmoWertV ist innerhalb des Betrachtungszeitraums i.S. des § 17 Abs. 3 ImmoWertV vom gesamten Reinertrag (einschließlich der vom marktüblich erzielbaren Reinertrag abweichender Mehr- oder Mindererträge) auszugehen (vgl. Rn. 7).

21

Eine **Störung des marktüblich erzielbaren Ertrags** eines Grundstücks kann auch **durch die Art der vorgefundenen tatsächlichen Nutzung** gegeben sein, so z. B., wenn in einer Einkaufsstraße das Erdgeschoss zu Wohnzwecken genutzt wird und es der Eigentümer bisher versäumt hat oder daran gehindert war, hier eine ertragsreichere Ladennutzung einzurichten. Zwar mögen dann hier die ortsüblich erzielbaren Wohnungsmieten dem Eigentümer zufließen, jedoch bestimmt sich der marktüblich erzielbare Ertrag nach den erzielbaren Ladenmieten.

22

Soweit der tatsächlich erzielte Reinertrag nur deshalb hinter dem marktüblich erzielbaren Reinertrag zurückbleibt, weil die **rechtlich bestehenden Möglichkeiten der Mietanpassung nicht ausgeschöpft** wurden, ist von dem marktüblich erzielbaren Reinertrag auszugehen, d. h., eine Mietanpassung ist zu unterstellen. Es muss insbesondere unbeachtlich bleiben, wenn der Eigentümer aus subjektiven Gründen (z. B. aus wirtschaftlichem Unvermögen oder aus persönlichen Bindungen heraus) darauf verzichtet hat, das Nutzungsentgelt in zulässiger Weise anzuheben. Entsprechendes gilt auch bei unentgeltlicher Überlassung einer Wohnung z. B. aus persönlichen Gründen.

23

Des Weiteren muss unbeachtlich bleiben, soweit der **tatsächlich erzielte Reinertrag den marktüblich erzielbaren Reinertrag in unzulässiger Weise überschreitet** (z. B. unter Verstoß gegen die Wesentlichkeits- bzw. Wuchergrenze). Dementsprechend ist bei Verkehrswertermittlungen in Sanierungsgebieten auch nicht von einer vermeintlich hohen Rendite auszugehen, wenn diese durch Vermietung an Gastarbeiter erzielt wird, aber wegen ungesunder Wohnverhältnisse (vgl. § 43 Abs. 4 BauGB) nicht gerechtfertigt ist[4].

24

Aus vorstehenden Gründen ist es unerlässlich, die **Mietverhältnisse mietrechtlich zu analysieren.** Die rechtlichen Grundlagen der Mietpreisgestaltung und der Mietpreiserhöhung werden deshalb unter Rn. 25 ff. dargestellt.

25

Zur **Ermittlung des „marktüblich erzielbaren Reinertrags"** kommen in Betracht

26

    a) die **ortsübliche Vergleichsmiete,** die nach § 558 Abs. 2 BGB „aus den üblichen Entgelten" ... gebildet wird, die in der Gemeinde oder einer vergleichbaren Gemeinde für Wohnraum vergleichbarer Art, Größe, Ausstattung, Beschaffenheit und Lage in den letzten vier Jahren vereinbart" wird und dem Mietspiegel entnommen werden kann[5], oder

    b) die **Marktmiete,** die im Falle einer Neuvermietung unter Berücksichtigung von Angebot und Nachfrage erzielt werden kann; im Falle einer Neuvermietung kann der Vermieter diese Marktmiete verlangen; er ist nicht an die ortsübliche Vergleichsmiete gebunden.

Diese Miete stellt im Übrigen **auch das Entgelt für die auf dem Grundstück befindlichen sonstigen Anlagen** (z. B. parkähnliche Bepflanzungen) dar. So findet z. B. die Annehmlichkeit des „guten" Wohnens in einer begrünten Wohnanlage ihre Berücksichtigung in der Miete[6]. In Ausnahmefällen wäre dies nach § 8 Abs. 3 ImmoWertV besonders zu berücksichtigen (vgl. Syst. Darst. des Ertragswertverfahrens Rn. 190).

27

---

4 BT-Drucks. VI/510, S. 39, sowie BR-Drucks. 265/75, S. 15; vgl. hierzu BGH, Urt. vom 2.12.1971 – III ZR 165/69 –, EzGuG 20.51.
5 § 558c Mietspiegel: „(1) Ein Mietspiegel ist eine Übersicht über die ortsübliche Vergleichsmiete, soweit die Übersicht von der Gemeinde oder von Interessenvertretern der Vermieter und der Mieter gemeinsam erstellt oder anerkannt worden ist."
6 OLG Koblenz, Urt. vom 13.1.1982 – 1 U 6/80 –, EzGuG 2.28.

28 Für die **ortsübliche Vergleichsmiete** gelten im Verhältnis zur Marktmiete eine Reihe von **Besonderheiten:**

- Bei der Ermittlung der ortsüblichen Vergleichsmiete werden **Neuabschlüsse bzw. Vertragsänderungen während der letzten vier Jahre** berücksichtigt. Es darf sich dabei nicht um eine Zufallsstichprobe handeln.

- Das **Verhältnis Alt- und Neumieten** soll ausgewogen sein und nicht durch Willkürlichkeiten, etwa durch ausschließliche Berücksichtigung von Neumieten beeinflusst sein. Dafür bedarf es einer Sichtung des Vergleichsmaterials und ggf. dessen Gewichtung, um die Daten der einzelnen Jahre gleichrangig zu berücksichtigen[7]. Ein Mischungsverhältnis von 50 % zu 50 % der „Bestandsmieten" und „Abschlussmieten" in allen Jahrgängen ist angemessen[8].

- „Ein **„ausgewogenes" Verhältnis zwischen Alt- (Bestands-) und Neumieten** ist dann am besten und einfachsten gewährleistet, wenn beide mit ihrem tatsächlichen Bestand und damit gemäß ihrer Üblichkeit in der jeweiligen Gemeinde repräsentativ berücksichtigt werden und so an der Bildung der ortsüblichen Vergleichsmiete angemessen teilnehmen"[9]. Von den herangezogenen Bestandsmieten ist zu fordern, dass sie während der Vertragslaufzeit angepasst wurden.

29 Bei dieser Konstellation könnte bezüglich der Frage, ob von der „ortsüblichen Vergleichsmiete" oder der „Marktmiete" auszugehen ist, darauf abzustellen sein, ob es sich im konkreten Einzelfall um **Gebäude im vermieteten Zustand (ortsübliche Vergleichsmiete) oder um ein zur Vermietung anstehendes Gebäude handelt (Marktmiete).** Letztlich ist aber stets der Mietansatz entscheidend, der der Ableitung des Liegenschaftszinssatzes zu Grunde lag.

30 Zur **Ermittlung der marktüblich erzielbaren Erträge** empfiehlt es sich auch, auf entsprechende Erhebungen und Veröffentlichungen der Gutachterausschüsse (Mietwerkübersichten) zurückzugreifen. Des Weiteren sind in diesem Zusammenhang die einfachen oder qualifizierten **Mietspiegel** nach den §§ 558c und 558d BGB zu nennen. Wird von Mietspiegeln ausgegangen, so muss beachtet werden, welche Mietentgelte (Nettokaltmiete, Mietnebenkosten) der Auswertung zugrunde gelegt und mit den Zahlenwerten wiedergegeben werden. Soweit erforderlich, muss die stichtagsbezogene Miete auf den Wertermittlungsstichtag umgerechnet werden. Dafür kann auf die vom Statistischen Bundesamt in der Reihe 7 der Fachserie 17 veröffentlichten „Preise und Preisindizes für die Lebenshaltung in Deutschland" zurückgegriffen werden. Des Weiteren ist zu beachten, dass es sich hierbei um Mieten handelt, die aus Bestands- und Neubaumieten der letzten vier Jahre abgeleitet wurden.

31 Bei Verwendung von Mietspiegeln ist i.d.R. das **fiktive Baujahr** (Bezugsfertigkeit) maßgebend, wenn die Wohnung modernisiert wurde und sich dadurch die Restnutzungsdauer entsprechend verlängert. Die Mietspiegel sind zur Ermittlung der ortsüblichen Vergleichsmiete von Ein- und Zweifamilienhäusern nicht geeignet, da die einschlägigen Mieten i.d.R. höher ausfallen[10].

32 Zur **Ermittlung marktüblich erzielbaren Mieten/Pachten** können darüber hinaus folgende Quellen benutzt werden:

- Internet-Portale
- z. B. Berlin http://www.stadtentwicklung.berlin.de/wohnen/mietspiegel/de,
- z. B. Bonn http://www.bonn.de/gutachterausschuss/welcome.html (Suchbegriff: Mietspiegel),

---

7 Köhler, Handbuch der Wohnraummiete, 3. Aufl. 1988, S. 63.
8 Bub/Treier, a.a.O., Rn. 482 ff.; a.A. Isenmann in DWW 1995, 71; BayObLG, Urt. vom 19.3.1981 – 1 ZS 7/81 –, EzGuG 19.36; BayObLG, RE vom 23.7.1987 – REMiet 2/87 –, EzGuG 20.121; vgl. BayObLG, Urt. vom 9.2.1982 – AllgReg 105/81 –, EzGuG 20.93b; zu alledem vgl. Dröge, a.a.O., S. 146.
9 Huber in ZMR 1992, 475; Wullkopf in ZMR 1992, 327; weiterführend zur Gewichtung von Bestands- und Neumieten: Dröge, Handbuch der Mietpreisbewertung für Wohn- und Gewerberaum, 2. Aufl., Neuwied 1999, S. 179 ff.
10 LG Berlin, Urt. vom 22.5.2002 – 64 S 159/01 –, NJ 2001, 488.

Marktüblich erzielbarer Reinertrag   § 18 ImmoWertV   V

- z. B. Darmstadt: http://www.portal-darmstadt.de/files/mietspiegel/mietspiegel2003.pdf
- Mietspiegel für nicht öffentlich geförderte Wohnungen mit Bandbreiten für Nettokaltmieten je m² Wohnfläche, gegliedert nach Baujahresgruppen, Lagequalität, Wohnungsgröße und Ausstattungsmerkmalen, zusammengestellt von den örtlichen Verbänden der Wohnungswirtschaft, Behörden, Haus-, Wohnungs- und Grundbesitzerverbänden, Mietervereinen und Maklern;
- Mieten im Bereich der sozialen Wohnraumförderung, die sich aus Wirtschaftlichkeitsberechnungen ergeben (berücksichtigt werden müssen das Wohnungsbindungsgesetz, die Neubaumietenverordnung und die II. Berechnungsverordnung);
- der alle zwei Jahre jeweils zum 31. März erscheinende Wohngeld- und Mietenbericht der Bundesregierung als Spiegelbild der Situation auf dem Wohnungsmarkt (Bundesministerium für Verkehr, Bau und Stadtentwicklung);
- aus der eigenen langjährigen Erfahrung des Sachverständigen sind Mieten vergleichbarer Objekte in ausreichendem Maße bekannt;
- die Auswertung des Angebots an Immobilien, insbesondere von Miet- und Pachtgrundstücken, in der örtlichen und überörtlichen Presse, und Immobilienspiegel von Tochterunternehmen der Banken und Sparkassen vermitteln eine aktuelle Marktübersicht;
- der IVD, der RdM und viele örtliche Immobilienbörsen veröffentlichen Preisspiegel für Mieten von Geschäfts-, Büro- und Lagerräumen, Stellplätze in Großgaragen (Parkhaus, Tiefgaragen) sowie für befestigte und unbefestigte Freiflächen;
- die jährlichen Mietkosten der Einzelhandelsfachgeschäfte nach Branchen, Ortsgrößenklassen und Geschäftslagen durch das Institut für Handelsforschung an der Universität zu Köln;
- die zuständigen Fachverbände des Handels und des Handwerks erteilen Auskünfte;
- Mietrichtwertkarten für Ladenräume (z. B. in Wuppertal für die Bereiche City-Elberfeld, City-Barmen und Oberbarmen sowie Nebenzentren);
- Mietwertübersichten in den Jahres-Grundstücksmarktberichten der Gutachterausschüsse für Grundstückswerte für Ladenräume, Büro- und Praxisräume, PKW-Stellplätze und Einfamilienhausmieten als Orientierungshilfe;
- Auswertungen zum Wohngeldbezug;
- Mietwerte für Ladenlokale, Büroräume und Gewerbeflächen im Kammerbezirk der IHKs mit Kaufkraftkennziffern je Einwohner der GfK Marktforschung GmbH & Co. KG, Nürnberg;
- Geschäftsberichte und statistische Berichte zum geförderten Wohnungsbau der Wohnungsbauförderungsanstalten der Länder;
- Mietwertübersichten in den Grundstücksmarktberichten der Gutachterausschüsse für Grundstückswerte;
- Jahres-Zahlenspiegel der Industrie- und Handelskammern mit Fläche in km², Einwohnerzahlen, Kammermitgliedern, verarbeitendem Gewerbe, Handel und Gastgewerbe, Fremdenverkehr, Gewerbeanzeigen (An-, Ab- und Ummeldungen), Realsteuerhebesätzen etc;
- Monatszeitschriften der Industrie- und Handelskammern;
- Branchenprognosen von Bank- und Wirtschaftsinstituten, Verbänden;
- Jahresberichte renommierter Finanzberatungsgesellschaften;
- Fachserien zu Gewerbeimmobilien der Wirtschaftspresse;
- Wirtschaftsbriefe;
- Marktberichte international tätiger Immobiliengesellschaften;
- Top-Shop der Brockhoff & Zadelhoff Immobilien GmbH (Atlas der 1-A-Läden mit Straße, Haus-Nr., Schaufensterfrontlänge, Eck- bzw. Reihenhauslage, Differenzstufen im Eingangsbereich, Name des Nutzers);
- Strukturatlas der Hauptgemeinschaft des Deutschen Einzelhandels (HDE); u.a. mit Verkaufsflächenentwicklung, Umsätzen je Quadratmeter Verkaufsfläche, Mietpreisentwicklung; Karten ausgewählter Bürostandorte;
- Handelsatlanten der Industrie- und Handelskammern mit den Standorten großflächiger Einzelhandelsbetriebe, Strukturatlanten mit den Gewerbestandorten im Kammerbezirk;

- Berichte der Hauptgemeinschaft des Deutschen Einzelhandels (HDE) über Umsatzentwicklungen im Einzelhandel in der Bundesrepublik Deutschland;
- Wirtschafts- und Arbeitsmarktberichte der Großstädte (Ämter für Wirtschaftsförderung) über Stand, Entwicklung und Perspektiven der lokalen Wirtschaft und des Arbeitsmarktes;
- Studien zu den wirtschaftlichen Auswirkungen des EG-Binnenmarktes (ab 1993) auf Sektoren und Regionen der Bundesrepublik Deutschland;
- Standortanalysen verschiedener Institute zu Investitionsentscheidungen über größere Gewerbeimmobilien;
- Veröffentlichungen der Landesämter für Datenverarbeitung und Statistik (z. B. in Nordrhein-Westfalen; „Statistische Rundschau").

2.2 Allgemeines zur Wohn- und Gewerberaummiete

2.2.1 Abgrenzung Wohn- und Gewerberaum

33 Das Miet- und Pachtrecht ist im Titel 5 des BGB (§§ 335 bis 606 BGB) geregelt. Nach § 549 BGB gelten für Mietverhältnisse über Wohnraum die §§ 535 bis 548 BGB, soweit sich nicht aus den §§ 549 bis 577a BGB etwas anderes ergibt (vgl. Rn. 106).

34 Im Bereich des Mietrechts bedarf es deshalb einer sorgfältigen **Abgrenzung der Wohnraummiete von der Gewerberaummiete** *(commercial leases)*. Maßgebend für die Einordnung ist vor allem die Zweckbestimmung der Räume, die von den Parteien im Mietvertrag vereinbart wurde[11]. Ein Geschäftsraummietvertrag liegt vor, wenn die Fläche oder ein Gebäude aufgrund eines schuldrechtlichen Vertrags gegen Entgelt (unbefristet oder auf Zeit) zu anderen als Wohnzwecken überlassen wurde. Es kommt also auf die zwischen den Parteien vereinbarte Zweckbestimmung an, wobei eine ausdrückliche Festlegung entbehrlich ist, wenn die angemieteten Flächen eindeutig nur für gewerbliche oder geschäftliche Zwecke geeignet sind. Soweit im Mietvertrag keine eindeutige Zweckbestimmung vereinbart worden ist, richtet sich die Zweckbestimmung nach der objektiven Beschaffenheit der Räume. Wo nach den bestehenden Verhältnissen ein „Mischverhältnis" besteht, richtet sich die Zuordnung nach der sog. „Übergewichtstheorie"[12], wobei der Parteienwille und der Vertragszweck ausschlaggebend sind. Nach Vertragsabschluss wird durch eine ohne Abstimmung mit dem Vermieter vom Mieter vorgenommene Änderung der Nutzungsart an der rechtlichen Einordnung nichts geändert.

---

11 LG Hamburg, Urt. vom 9.10.1984 – 16 S 168/84 –, EzGuG 3.68a.
12 BGH, Urt. vom 15.11.1978 – VIII ZR 14/78 –, EzGuG 3.61a; BGH, Urt. vom 16.4.1986 – VIII ZR 60/85 –, EzGuG 7.96b.

Abb. 2: Mietrecht

Der **wesentliche Unterschied zwischen der Wohnraum- und Geschäftsraummiete** besteht in der Gestaltung des Mietzinses.

- Für *Mietverhältnisse über Wohnraum* finden insbesondere die Regelungen des Bürgerlichen Gesetzbuchs – BGB – Anwendung; des Weiteren sind die Regelungen über den sog. Rechtsentscheid (§ 541 ZPO) zu nennen.
- Für *Mietverhältnisse im gewerblichen Bereich* kann die Miete weitgehend frei vereinbart werden (Grundsatz der Vertragsfreiheit)[13]. Selbst die Kündigung des Mietverhältnisses mit dem Ziel einer Heraufsetzung des Mietzinses gilt nicht als sittenwidrig. Bei Geschäftsraummieten darf die Vereinbarung allerdings nicht gegen § 138 Abs. 2 BGB verstoßen.

Von einem gewerblichen Mietverhältnis ist auszugehen, wenn Wohnraum zum Zwecke der **Weitervermietung** an einen Dritten (sog. Endmieter) angemietet wird. Bei Beendigung des Zwischenmietverhältnisses tritt der Vermieter an Stelle des gewerblichen Zwischenmieters in das Weitermietverhältnis mit dem Endmieter ein. Der Endmieter kann dann nach § 565 BGB die Kündigungsschutzbestimmungen (§§ 566a bis 556e, § 574 BGB) für sich in Anspruch nehmen.

Das **Immobilienleasing** wird in der Rechtsprechung als Miete mit Einzelelementen des Kaufes und der Darlehensgewährung qualifiziert[14].

2.2.2 Miete und Pacht

Unter der **Miete ist die entgeltliche Überlassung einer Sache zum Gebrauch** an einen Dritten zu verstehen (§ 535 BGB). Die Miete setzt sich nach § 556 Abs. 1 BGB zusammen aus der Grundmiete (Netto- oder Kaltmiete) und den Betriebskosten als Teil der Mietnebenkosten, mit denen die laufend anfallenden Gemeinkosten der baulichen Anlage abgedeckt werden sollen. Die Grundmiete/Nettokaltmiete enthält damit weder die Umlagen noch die nicht als „Umlagen erhobenen Betriebskosten" und auch nicht die Abschreibung.

---

[13] Fritz, Gewerberaummietrecht, München 1991; Bub/Treier, Handbuch der Geschäfts- und Wohnraummiete, 2. Aufl., München 1993.
[14] BGH, Urt. vom 25.1.1989 – III ZR 302/87 –, BGHZ 106, 304; BGH, Urt. vom 9.10.1985 – VIII ZR 217/84 –, BGHZ 96, 103.

39 Die in den §§ 535 bis 580a BGB geregelte **Miete ist von der Pacht zu unterscheiden**, die in den §§ 581 bis 597 BGB geregelt ist. Während die Miete ein Nutzungsentgelt für den Gebrauch des vermieteten Gegenstands ist, wird mit der Pacht vom Verpächter dem Pächter zugleich auch das Recht zum „Genuss der Früchte" gewährt. Dies bedingt i.d.R. die Überlassung einer betriebsbereiten Einrichtung, wie z. B. im Falle einer eingerichteten Gaststätte oder einer sonstigen Immobilie. Auf Pachtverhältnisse finden die mietrechtlichen Vorschriften weitgehend Anwendung, jedoch sind im Einzelfall Besonderheiten bezüglich der Kündigungsfristen und Instandhaltungspflichten zu beachten.

40 Die **Höhe der Miete können Mieter und Vermieter** bei Abschluss des Mietvertrags **bis zur Grenze der Mietpreisüberhöhung** (§ 5 WiStrG, § 302a StGB) **grundsätzlich frei vereinbaren**. Eine Ausnahme stellt – wie bereits erwähnt – die Miete im Bereich der sozialen Wohnraumförderung dar. Dass hierbei den allgemeinen Anforderungen an gesunde Wohn- und Arbeitsverhältnisse Rechnung zu tragen ist, bedarf nicht der Klarstellung. Im Übrigen muss aber bei der anzusetzenden Miete auf die rechtlich zulässige Nutzung abgestellt werden, weil nur diese nachhaltig ausgeübt werden kann[15].

41 Im Rahmen des Mietvertrags können die Vertragsparteien auch eine Änderung der Miete während der Vertragsdauer vereinbaren. Es muss jedoch grundsätzlich zwischen **Wohnraum- und Geschäftsraummietverträgen** unterschieden werden.

2.2.3 Schriftform

42 **Mietverhältnisse, die für einen längeren Zeitraum** als ein Jahr, gerechnet vom Beginn des Mietverhältnisses, **geschlossen werden, bedürfen** nach § 550 BGB grundsätzlich **der Schriftform**. Ein nicht schriftlich geschlossener Mietvertrag für länger als ein Jahr gilt für unbestimmte Zeit. Er kann unter Beachtung der gesetzlichen Kündigungsfristen frühestens zum Ablauf eines Jahres nach Überlassung des Wohnraums gekündigt werden. Die Anforderungen an die Schriftform ergeben sich aus den §§ 126 ff. BGB:

- Unter einem **Vorvertrag** versteht man eine gegenseitige Verpflichtung der Vertragsparteien, einen Mietvertrag zu schließen. Er ist nur wirksam, wenn er den Inhalt des Mietvertrags hinreichend in dem Maße konkretisiert, dass ein Gericht den Vertragsinhalt durch Urteil bestimmen kann.

- Unter einem **Vormietrecht** versteht man analog zum Vorkaufsrecht das Recht eines dadurch Begünstigten, in ein Mietverhältnis vorrangig zu den Bedingungen einzutreten, die der Vermieter mit einem Dritten ausgehandelt hat. Der Begünstigte kann innerhalb einer Frist von zwei Monaten in den mit einem Dritten abgeschlossenen Mietvertrag eintreten. Der Vermieter ist analog zu § 510 BGB verpflichtet, dem Begünstigten unter Vorlage des mit einem Dritten geschlossenen Mietvertrags den Vertragsabschluss mitzuteilen.

- Unter einem **Anmietrecht** versteht man die vertraglich eingeräumte Verpflichtung des Vermieters, dem Begünstigten ein Mietobjekt anzubieten, bevor es an einen Dritten vermietet wird.

- Unter einer **Option** versteht man die Befugnis des Mieters, durch einseitige Erklärung ein bestehendes Mietverhältnis um eine bestimmte Zeit zu verlängern. Hierzu soll im Vertrag die Optionsfrist geregelt sein.

43 Im Übrigen tritt im **Falle des Todes des Mieters** oder des Vermieters sein Erbe als Gesamtrechtsnachfolgerin in die Rechte und Pflichten des Mietvertrags ein (§§ 1922, 1967 ff. BGB). Die §§ 563 ff. BGB lassen abweichend vom Prinzip der Gesamtrechtsnachfolge unter bestimmten Voraussetzungen eine Sonderrechtsnachfolge für bestimmte Personen in das Mietverhältnis über Wohnraum zu. Findet die Sonderrechtsnachfolge nicht statt, so bleibt es bei dem allgemeinen Erbrechtsprinzip der Gesamtrechtsnachfolge und das Mietverhältnis wird mit dem Erben fortgesetzt. Im Todesfall haben jedoch Mieter und Vermieter gemäß §§ 563 f. BGB das Recht zur außerordentlichen Kündigung des Mietverhältnisses unter Wah-

---

15 BR-Drucks. 352/88, S. 57.

rung der gesetzlichen Kündigungsfristen. Der Vermieter kann das Mietverhältnis mit den Erben des verstorbenen Wohnungsmieters grundsätzlich nur dann kündigen, wenn in der Person des Eingetretenen ein wichtiger Grund liegt, selbst wenn der Erbe zu Lebzeiten des Mieters nicht in der Wohnung gelebt hat[16].

Die Miete wird bei Wohnimmobilien typischerweise als monatlicher Festbetrag vereinbart. Bei der Vermietung von Geschäftsraum, insbesondere bei Einzelhandelsflächen, wird häufig eine zusätzliche **umsatzabhängige Miete** vereinbart, wobei solche Verträge i.d.R. eine Betriebspflicht des Mieters vorsehen. 44

Der **Anstieg der Wohnungsmieten** ist in den letzten Jahren (in fast allen großen Städten der Bundesrepublik Deutschland) recht unterschiedlich gewesen. 45

2.3 Wohnraummiete

Schrifttum: *Beuermann/Blümmel*, Das neue Mietrecht 1. Aufl. 2001; *Bub/Treier*, Handbuch der Geschäfts- und Wohnraummiete, 2. Aufl. 1993; *Dröge, F.*, Handbuch der Mietpreisbewertung für Wohn- und Gewerberaum, Wolters & Kluwer, 2. Aufl. 1999; *Kühne-Büning/Nordalm/Steveling (Hrsg)*, Grundlagen der Wohnungs- und Immobilienwirtschaft, 4. Aufl., Hammonia 2004; *Sternel*, Mietrecht aktuell, 3. Aufl. 1996.

2.3.1 Allgemeines

Im **frei finanzierten Wohnungsbau** kann der Vermieter mit den nachfolgend behandelten Einschränkungen zumindest im Falle der Neuvermietung die Miete mit dem Mieter frei vereinbaren. 46

Im Bereich des **öffentlich geförderten Wohnungsbaus** oder der sozialen Wohnraumförderung steht dem Vermieter lediglich die nach den §§ 8a und 8b WoBindG ermittelte **Kostenmiete** zu. Die Kostenmiete umfasst die laufenden Aufwendungen für die Wohnung. Sie wird im Rahmen einer Wirtschaftlichkeitsberechnung aufgrund der Kapital- und Bewirtschaftungskosten errechnet. Die sich aus den **Wirtschaftlichkeitsberechnungen** ergebenden Kostenmieten bei Sozialwohnungen sind für die Vertragsparteien verbindlich. 47

2.3.2 Mietpreisgestaltung

Als Miete kann aufgrund der Vertragsfreiheit bei nicht preisgebundenem Wohnraum für die eigentliche Überlassung des Wohnraums und alle sonstigen Verpflichtungen **ein Pauschalbetrag vereinbart** werden. Wurde eine pauschale Miete vereinbart und keine Regelung über Nebenkosten getroffen, so sind mit der Miete alle Entgelte des Mieters abgegolten. Es ist auch der freien Vereinbarung überlassen, ob und in welchem Umfang der Mieter bestimmte Mietnebenkosten neben der eigentlichen Miete trägt. Die unterschiedliche Vertragsgestaltung hat nach den §§ 558 ff., 560 BGB ein **unterschiedlich ausgestaltetes Mieterhöhungsrecht** des Vermieters zur Folge. 48

Ausgehend vom Grundsatz, dass der Vermieter die auf der vermieteten Sache ruhenden Lasten zu tragen hat (§ 535 BGB), können dabei, soweit im Mietvertrag nichts anderes geregelt ist, von den Nebenkosten nur die Erhöhungsbeträge auf die Mieter umgelegt werden (§ 556 BGB; abgedruckt bei Rn. 17). 49

Dies betrifft ab 1.1.2004 die in § 2 BetrKV aufgeführten **Betriebskosten.** Alle übrigen Mietnebenkosten dürfen nur unter den erschwerten Voraussetzungen des § 558 BGB erhöht werden (vgl. Syst. Darst. des Ertragswertverfahrens Rn. 198 ff.; § 19 ImmoWertV Rn. 74). 50

Nach den §§ 556 ff. BGB kann in den **Fällen, in denen im Mietvertrag nur die Nettokaltmiete/Grundmiete vereinbart wurde** und die Betriebskosten gesondert ausgewiesen werden, auch nur die Nettokaltmiete/Grundmiete erhöht werden, während die Betriebskostenanteile nur über § 560 BGB verändert werden können. 51

---

16 BGH, Beschl. vom 12.3.1997 – VIII ARZ 3/96 –, BGHZ 135, 86.

52 Neben dem Preis für die bloße Gebrauchsüberlassung einer Wohnung kann mit dem Mieter also die Übernahme insbesondere von **Neben- und Betriebskosten** vereinbart werden. Im Einzelnen wird zwischen folgenden Kostengruppen unterschieden:

a) *Nutzungsabhängige Kosten:* Dies sind z. B. die Kosten für den Wasserverbrauch, die Heizung, die Müllabfuhr sowie für Energie und Strom.

b) *Existenzabhängige Kosten:* Dies sind insbesondere die Grundsteuer, Versicherungskosten sowie Straßenreinigungsgebühren.

c) *Anschaffungs- und herstellungsbedingte Kosten:* Dies sind insbesondere die Finanzierungskosten sowie die Eigenkapitalverzinsung.

53 Für die Abwälzung solcher Nebenkosten gilt das **Enumerationsprinzip,** nach dem auf den Mieter nur die Kosten übergehen, die im Mietvertrag besonders vereinbart sind. Soweit auf Anl. 3 der II. BV oder § 2 BetrKV Bezug genommen wird, sollte diese als Anlage zum Mietvertrag genommen werden. Sie erfasst aber nicht die Kosten der Hausverwaltung, deren Überwälzung auch bei kleineren Gewerbeimmobilien schon üblich ist.

54 Für die Neben- und Betriebskosten können **Vorauszahlungen** mit anschließender Abrechnung,[17] aber auch Pauschalzahlungen vereinbart werden. Dies ergibt sich im Einzelnen aus dem Mietvertrag[18]. Daneben kann auch die Übernahme von **Schönheitsreparaturen** vereinbart werden, die **grundsätzlich vom Vermieter zu tragen** sind (§ 535 BGB)[19].

55 Eine gesetzliche Definition der **Mietnebenkosten** besteht nicht. Neben den Bewirtschaftungskosten gehören hierzu insbesondere die Kapitalkosten.

56 Der unter Ausschluss der umlagefähigen Betriebskosten sich ergebende Rohertrag stellt die **Nettokaltmiete (= Grundmiete)** dar, wie sie für Wohnraum heute regelmäßig vereinbart wird. Was nachhaltig erzielbar ist, kann deshalb auf dieser Grundlage aufgrund örtlicher Vergleichsmieten einschließlich eines örtlichen Mietspiegels am zuverlässigsten ermittelt werden.

57 Im Überblick sind auch andere Vertragsgestaltungen möglich:

Bruttokaltmiete: Miete einschließlich sämtlicher Bewirtschaftungskosten (einschließlich Betriebskosten), jedoch *ohne Heizung und Warmwasser* (und ohne Mehrwertsteuer),

Bruttowarmmiete: Miete einschließlich sämtlicher Bewirtschaftungskosten einschließlich Betriebskosten *einschließlich Heizung und Warmwasser* (und ohne Mehrwertsteuer); vielfach wird auch von Inklusivmiete, Pauschalmiete oder Festmiete gesprochen.

Teilinklusivmiete Miete einschließlich bestimmter Betriebskosten.

58 Ist eine **Bruttowarmmiete** vereinbart worden, so ist sie um die aktuellen warmen und kalten Betriebskosten zu vermindern, um eine Vergleichbarkeit mit der Nettokaltmiete herzustellen[20].

59 Bei der **Gestaltung der Wohnraummiete** sind neben den Preisvorschriften drei weitere allgemeine Schranken der Mietzinserhöhung zu beachten, wobei ein Verstoß – entgegen § 139

---

17 Zur Verjährung: Der Anspruch des Vermieters gegen den Mieter auf Nachzahlung von Betriebskosten verjährt in vier Jahren. Die Verjährungsfrist beginnt jeweils am Ende des Jahres, in dem der Anspruch entstanden ist. Unklar ist bisher, ob die Frist für die Verjährung einer Nachforderung des Vermieters gegen seinen Mieter bereits mit dem Ende des Jahres zu laufen beginnt, innerhalb dessen die Abrechnungsperiode endet, oder erst mit dem Ende desjenigen Jahres, in welchem dem Mieter die Abrechnung zugeht. Bei der Abrechnung von Heizkosten hat der BGH in einem Rechtsentscheid (vom 19.12.1990 – VIII ARZ 5/90 –, BGHZ 113, 188) festgestellt, dass derjenige Zeitpunkt maßgebend ist, zu dem dem Mieter die Abrechnung über die Heizkosten zugeht.

18 Zur Umlagefähigkeit vgl. BGH, Urt. vom 20.1.1993 – VIII ZR 10/92 –, GuG 1994, 127 (LS) = WuM 1993, 109 = DWW 1993, 74 = MDR 1993, 339 = WM 1993, 660 = ZMR 1993, 359.

19 Hierzu Schildt in WuM 1994, 237; Gather in ZAPF 4 S. 339 ff.

20 BGH, Urt. vom 19.7.2006 – VIII ZR 215/05 –, GE 2006, 1094.

Wohnraummiete § 18 ImmoWertV V

BGB – nicht den Bestand des Mietverhältnisses, sondern lediglich die Mietzinsvereinbarung berührt[21]. Dies sind

a) die Wesentlichkeitsgrenze (vgl. Rn. 90 ff.),

b) die Wuchergrenze (vgl. Rn. 97 ff.) und

c) die Kappungsgrenze (vgl. Rn. 101 ff.).

Bei Verwendung von **Formularmietverträgen** können sich jedoch Einschränkungen insbesondere bezüglich der Übernahme von Pflichten und Kosten auf den Mieter ergeben. **60**

2.3.3 Mieterhöhungsverlangen

2.3.3.1 Allgemeines

▶ *Näheres hierzu Rn. 171 ff.*

Die Mietparteien können eine Mieterhöhung während des Mietverhältnisses nach Maßgabe des § 557 Abs. 1 und 2 BGB vereinbaren, und zwar in Form von Staffel- und Indexmieten nach den §§ 557a und 557b BGB. Im Übrigen kann der Vermieter **Mieterhöhungen nur nach Maßgabe des** **61**

– **§ 558 BGB,** d.h. eine Mieterhöhung bis zur ortsüblichen Vergleichsmiete,

– **§ 559 BGB,** d.h. eine Mieterhöhung um elf vom Hundert der für die Wohnung aufgewendeten Modernisierungskosten, sowie

– **§ 560 BGB,** d.h. eine Mieterhöhung bei Veränderung der Betriebskosten,

soweit nicht eine Erhöhung durch Vereinbarung ausgeschlossen ist oder sich der Ausschluss aus den Umständen ergibt, vornehmen. Eine zum Nachteil des Mieters abweichende Vereinbarung ist unwirksam.

In der **Gesamtschau** ergeben sich also folgende Möglichkeiten der Mieterhöhung: **62**

a) Anpassung der Miete an die ortsübliche Vergleichsmiete nach § 558 BGB,

b) Erhöhung der Miete nach Durchführung von Modernisierungsmaßnahmen gemäß § 559 BGB,

c) Anpassung der Miete aufgrund einer vertraglichen Vereinbarung einer Indexmiete (Koppelung an den Verbraucherpreisindex bzw. an die Entwicklung der Lebenshaltungskosten aller privaten Haushalte in Deutschland nach § 557b BGB) und

d) Anpassung der Miete aufgrund einer Staffelmietvereinbarung nach § 557a BGB bzw. einer Indexmiete nach § 557b BGB.

Das Mieterhöhungsverlangen muss begründet werden und die Angabe der Wohnfläche in m² sowie die verlangte Miete in €/m² angeben[22]. **63**

▶ *Zur Wohnfläche vgl. Rn. 133 sowie Teil III Rn. 513 ff.*

2.3.3.2 Anpassung an die örtliche Vergleichsmiete

Nach § 558 BGB hat der Vermieter unter bestimmten Voraussetzungen einen Anspruch gegen den Mieter auf Zustimmung zu einem begründeten Mieterhöhungsverlangen (sog. Zustimmungsverfahren) bis zur ortsüblichen Vergleichsmiete *(rent review)*. Mit § 558 Abs. 2 BGB ist die **ortsübliche Vergleichsmiete als das übliche Entgelt** definiert, das in der Gemeinde oder einer vergleichbaren Gemeinde für Wohnraum vergleichbarer Art, Größe, Ausstattung, Beschaffenheit und Lage gezahlt wird. Der Gesetzgeber hat dafür einen **Zeit- 64**

---

21 BGH, Urt. vom 11.1.1984 – VIII ARZ 13/83 –, EzGuG 20.104a.
22 LG Darmstadt, Urt. vom 15.8.1990 – 21 S 70/90 –, WuM 1991, 49; AG Wiesbaden, Urt. vom 10.8.1972 – 51 b C 429/72 –, ZMR 1973. 217.

raum von vier Jahren vorgegeben. Dabei ist grundsätzlich zwischen zwei grundverschiedenen Tatbeständen zu unterscheiden:

- Nach den §§ 556 f. BGB besteht ein *Zahlungsanspruch* bei der Umlegung von Modernisierungskosten (§ 559 BGB) und der Umlegung von Betriebskostenerhöhungen (§ 556 f. BGB).
- Nach § 558 BGB kann die Mieterhöhung bis zur ortsüblichen Vergleichsmiete nur im Wege eines *Zustimmungsanspruchs* geltend gemacht werden.

Abb. 3: Möglichkeiten der Mieterhöhung bei laufenden Mietverhältnissen

```
┌───────────────────────────────────────────────────────────────────────┐
│              Möglichkeiten der Mieterhöhung bei laufenden Mietverhältnissen          │
│                                                                       │
│         ┌───────────────────────────────────────────────────┐         │
│         │  Möglichkeiten der Mieterhöhung bei laufenden Mietverhältnissen │         │
│         └───────────────────────────────────────────────────┘         │
│                                                                       │
│  ┌──────────────────────────────┐   ┌──────────────────────────────┐  │
│  │ Staffelmietvereinbarung      │   │ Indexmietvereinbarung        │  │
│  │ (§ 557a BGB)                 │   │ (§ 557b BGB)                 │  │
│  │ Erhöhung höchstens jedes     │   │ Kopplung an Verbraucherpreis-│  │
│  │ Jahr; betragsmäßige          │   │ index nach Angaben des       │  │
│  │ Ausweisung der               │   │ Statistischen Bundesamtes    │  │
│  │ Erhöhungsbeträge             │   │ (Erhöhung höchstens jedes    │  │
│  │                              │   │  Jahr)                       │  │
│  └──────────────────────────────┘   └──────────────────────────────┘  │
│                                                                       │
│  ┌──────────────────────────────┐   ┌──────────────────────────────┐  │
│  │ Erhöhung nach § 558 BGB      │   │ Erhöhung nach § 559 BGB      │  │
│  │ durch Anpassung an die       │   │ nach Durchführung von        │  │
│  │ ortsübliche Vergleichsmiete, │   │ Modernisierungen; Erhöhung   │  │
│  │ allerdings nur, wenn die     │   │ der Miete um bis zu 11 %     │  │
│  │ letzte Erhöhung ein Jahr     │   │ der aufgewandten Kosten      │  │
│  │ zurückliegt und sich der     │   │                              │  │
│  │ Mietzins innerhalb von drei  │   │                              │  │
│  │ Jahren nicht um mehr als     │   │                              │  │
│  │ 20 % erhöht                  │   │                              │  │
│  └──────────────────────────────┘   └──────────────────────────────┘  │
│                                                        ©W. Kleiber 04 │
└───────────────────────────────────────────────────────────────────────┘
```

65 Die vorstehend angesprochenen Vorschriften haben folgende Fassung[23]:

„§ 558 Mieterhöhung bis zur ortsüblichen Vergleichsmiete

(1) Der Vermieter kann die Zustimmung zu einer Erhöhung der Miete bis zur ortsüblichen Vergleichsmiete verlangen, wenn die Miete in dem Zeitpunkt, zu dem die Erhöhung eintreten soll, seit 15 Monaten unverändert ist. Das Mieterhöhungsverlangen kann frühestens ein Jahr nach der letzten Mieterhöhung geltend gemacht werden. Erhöhungen nach den §§ 559 bis 560 werden nicht berücksichtigt.

(2) Die ortsübliche Vergleichsmiete wird gebildet aus den üblichen Entgelten, die in der Gemeinde oder einer vergleichbaren Gemeinde für Wohnraum vergleichbarer Art, Größe, Ausstattung, Beschaffenheit und Lage in den letzten vier Jahren vereinbart oder, von Erhöhungen nach § 560 abgesehen, geändert worden sind. Ausgenommen ist Wohnraum, bei dem die Miethöhe durch Gesetz oder im Zusammenhang mit einer Förderzusage festgelegt worden ist.

(3) Bei Erhöhungen nach Absatz 1 darf sich die Miete innerhalb von drei Jahren, von Erhöhungen nach den §§ 559 bis 560 abgesehen, nicht um mehr als 20 vom Hundert erhöhen (Kappungsgrenze).

(4) Die Kappungsgrenze gilt nicht,

1. wenn eine Verpflichtung des Mieters zur Ausgleichszahlung nach den Vorschriften über den Abbau der Fehlsubventionierung im Wohnungswesen wegen des Wegfalls der öffentlichen Bindung erloschen ist und
2. soweit die Erhöhung den Betrag der zuletzt zu entrichtenden Ausgleichszahlung nicht übersteigt.

---
23 BT-Drucks. 14/4553, S. 53 ff.

Der Vermieter kann vom Mieter frühestens vier Monate vor dem Wegfall der öffentlichen Bindung verlangen, ihm innerhalb eines Monats über die Verpflichtung zur Ausgleichszahlung und über deren Höhe Auskunft zu erteilen. Satz 1 gilt entsprechend, wenn die Verpflichtung des Mieters zur Leistung einer Ausgleichszahlung nach den §§ 34 bis 37 des Wohnraumförderungsgesetzes und den hierzu ergangenen landesrechtlichen Vorschriften wegen Wegfalls der Mietbindung erloschen ist.

(5) Von dem Jahresbetrag, der sich bei einer Erhöhung auf die ortsübliche Vergleichsmiete ergäbe, sind Drittmittel im Sinne des § 559a abzuziehen, im Falle des § 559a Abs. 1 mit 11 vom Hundert des Zuschusses.

(6) Eine zum Nachteil des Mieters abweichende Vereinbarung ist unwirksam.

§ 558a Form und Begründung der Mieterhöhung

(1) Das Mieterhöhungsverlangen nach § 558 ist dem Mieter in Textform zu erklären und zu begründen.

(2) Zur Begründung kann insbesondere Bezug genommen werden auf

1. einen Mietspiegel (§§ 558c, 558d),
2. eine Auskunft aus einer Mietdatenbank (§ 558e),
3. ein mit Gründen versehenes Gutachten eines öffentlich bestellten und vereidigten Sachverständigen,
4. entsprechende Entgelte für einzelne vergleichbare Wohnungen; hierbei genügt die Benennung von drei Wohnungen.

(3) Enthält ein qualifizierter Mietspiegel (§ 558d Abs. 1), bei dem die Vorschrift des § 558d Abs. 2 eingehalten ist, Angaben für die Wohnung, so hat der Vermieter in seinem Mieterhöhungsverlangen diese Angaben auch dann mitzuteilen, wenn er die Mieterhöhung auf ein anderes Begründungsmittel nach Absatz 2 stützt.

(4) Bei der Bezugnahme auf einen Mietspiegel, der Spannen enthält, reicht es aus, wenn die verlangte Miete innerhalb der Spanne liegt. Ist in dem Zeitpunkt, in dem der Vermieter seine Erklärung abgibt, kein Mietspiegel vorhanden, bei dem § 558c Abs. 3 oder § 558d Abs. 2 eingehalten ist, so kann auch ein anderer, insbesondere ein veralteter Mietspiegel oder ein Mietspiegel einer vergleichbaren Gemeinde, verwendet werden.

(5) Eine zum Nachteil des Mieters abweichende Vereinbarung ist unwirksam.

§ 558b Zustimmung zur Mieterhöhung

(1) Soweit der Mieter der Mieterhöhung zustimmt, schuldet er die erhöhte Miete mit Beginn des dritten Kalendermonats nach dem Zugang des Erhöhungsverlangens.

(2) Soweit der Mieter der Mieterhöhung nicht bis zum Ablauf des zweiten Kalendermonats nach dem Zugang des Verlangens zustimmt, so kann der Vermieter auf Erteilung der Zustimmung klagen. Die Klage muss innerhalb von drei weiteren Monaten erhoben werden.

(3) Ist der Klage ein Erhöhungsverlangen vorausgegangen, das den Anforderungen des § 558a nicht entspricht, so kann es der Vermieter im Rechtsstreit nachholen oder die Mängel des Erhöhungsverlangens beheben. Dem Mieter steht auch in diesem Fall die Zustimmungsfrist nach Absatz 2 Satz 1 zu.

(4) Eine zum Nachteil des Mieters abweichende Vereinbarung ist unwirksam."

Für die Durchsetzung des Zustimmungsanspruchs hat das BVerfG wiederholt klargestellt, dass dabei **keine überhöhten formalen Anforderungen** gestellt werden dürfen[24].

Übliches Entgelt i.S. der Vorschrift **ist die so genannte ortsübliche Vergleichsmiete**[25]. Dieser in § 5 WiStrG gebrauchte Begriff entspricht dem des § 558 Abs. 2 BGB. Eine ordnungswidrige Mietpreisüberhöhung lässt sich demzufolge auf der Grundlage von Mietspiegeln feststellen[26].

---

24 BVerfG, Beschl. vom 10.10.1978 – 1 BvR 180/77 –, EzGuG 3.60a; BVerfG, Beschl. vom 12.3.1980 – 1 BvR 759/77 –, EzGuG 20.82; BVerfG, Beschl. vom 14.5.1985 – 1 BvR 494/85 –, NJW 1987, 313 = ZMR 1986, 272 = WuM 1986, 237 = DWW 1986, 173.
25 Frantzioch in Fischer/Dieskau/Pergande, Wohnungsbaurecht, § 1 MHRG Rn. 2.
26 AG Dortmund, Urt. vom 20.5.1991 – 125 C 11518/90 –, EzGuG 11.184; LG Dortmund, Urt. vom 24.7.1991 – 21 S 73/91 –, WuM 1991, 559.

68 Die **ortsübliche Vergleichsmiete stellt bei Mieterhöhungen die Obergrenze dar.** Aufschläge (Erhöhungen) wegen Modernisierung und höheren Betriebs- oder Kapitalkosten (soweit diese mietvertraglich vereinbart sind) bleiben bei der Bemessung der Kappungsgrenze unberücksichtigt. Dies gilt ebenso für den Fall der Mieterhöhung, wenn die Miete mindestens ein Jahr unverändert ist.

69 Von der ortsüblichen Vergleichsmiete zu unterscheiden ist die **Marktmiete,** die im Falle einer Neuvermietung unter Berücksichtigung von Angebot und Nachfrage erzielt werden kann. Im Falle einer Neuvermietung kann der Vermieter diese Marktmiete verlangen; er ist nicht an die ortsübliche Vergleichsmiete gebunden.

70 **Die ortsübliche Vergleichsmiete ist auf den Zugang des Erhöhungsverlangens zu beziehen.** Dies ist im Übrigen bei Stellung eines Mieterhöhungsverlangens beachtlich. Soweit ein Sachverständiger mit der Ermittlung der ortsüblichen Vergleichsmiete beauftragt ist, wird i.d.R. die ortsübliche Vergleichsmiete auf den im Auftrag angegebenen Zeitpunkt bezogen.

71 Im Rahmen der allgemeinen Schranken kann der Vermieter von Wohnraum eine Mietpreiserhöhung verlangen, wenn der Mietzins seit einem Jahr unverändert geblieben ist und der verlangte Mietzins die **üblichen Entgelte** nicht übersteigt. Als übliches Entgelt ist die **ortsübliche Vergleichsmiete zu verstehen,** die aus einem repräsentativen Querschnitt der in den letzten vier Jahren geänderten Bestandsmieten bzw. neu vereinbarten Mieten für nicht preisgebundenen Wohnraum vergleichbarer Art, Größe, Ausstattung, Beschaffenheit und Lage abzuleiten ist.

72 **Bei der Ermittlung der ortsüblichen Vergleichsmiete sind nur Neuabschlüsse bzw. Vertragsänderungen während der letzten vier Jahre zu berücksichtigen.** Es darf sich dabei nicht um eine Zufallsstichprobe handeln.

73 Das **Verhältnis Alt- und Neumieten** soll ausgewogen sein und nicht durch Willkürlichkeiten, etwa durch ausschließliche Berücksichtigung von Neumieten, beeinflusst sein. Dafür bedarf es einer Sichtung des Vergleichsmaterials und ggf. dessen Gewichtung, um die Daten der einzelnen Jahre gleichrangig zu berücksichtigen[27]. Ein Mischungsverhältnis von 50 % zu 50 % der „Bestandsmieten" und „Abschlussmieten" in allen Jahrgängen ist angemessen[28].

74 „Ein ‚ausgewogenes' Verhältnis zwischen Alt- (Bestands-) und Neumieten ist dann am besten und einfachsten gewährleistet, wenn beide mit ihrem tatsächlichen Bestand und damit gemäß ihrer Üblichkeit in der jeweiligen Gemeinde repräsentativ berücksichtigt werden und so an der Bildung der ortsüblichen Vergleichsmiete angemessen teilnehmen"[29]. Von den herangezogenen Bestandsmieten ist zu fordern, dass sie während der Vertragslaufzeit angepasst wurden.

75 Daneben gilt es noch, eine Reihe von **Besonderheiten** zu beachten:

– Maßgeblich ist die ortsübliche Vergleichsmiete in Bezug auf bestimmte Wohnungen, die selbst innerhalb eines Hauses sehr unterschiedlich sein können[30].

– Nach § 558 Abs. 2 BGB soll die ortsübliche Vergleichsmiete auf Wohnraum vergleichbarer Art, Größe, Ausstattung, Beschaffenheit und Lage abstellen, d.h., die Wohnwertmerkmale sind das entscheidende Kriterium.

– Ausreißer, insbesondere Liebhabermieten und Gefälligkeitsmieten, müssen nach dem Kriterium der Üblichkeit unberücksichtigt bleiben.

---

[27] Köhler, Handbuch der Wohnraummiete, 3. Aufl. 1988, S. 63.
[28] Bub/Treier, a.a.O., Rn. 482 ff.; a. A. Isenmann in DWW 1995, 71; BayObLG, Urt. vom 19.3.1981 – 1 ZS 7/81 –, EzGuG 19.36; BayObLG, RE vom 23.7.1987 – REMiet 2/87 –, EzGuG 20.121; vgl. BayObLG, Urt. vom 9.2.1982 – AllgReg 105/81 –, EzGuG 20.93b; zu alledem vgl. Dröge, a.a.O., S. 146.
[29] Huber in ZMR 1992, 475; Wullkopf in WuM 1985, 4; Voelskow in ZMR 1992, 327; weiterführend zur Gewichtung von Bestands- und Neumieten: Dröge, Handbuch der Mietpreisbewertung für Wohn- und Gewerberaum, 2. Aufl., Neuwied 1999, S. 179 ff.
[30] BayObLG, RE vom 27.10.1992 – REMiet 3/92 –, EzGuG 20.143a.

Die angeführten Regelungen schließen nicht die **Gültigkeit individueller und einvernehmlicher Vereinbarungen über eine Mieterhöhung aus,** die auch über der ortsüblichen Vergleichsmiete liegen kann (vgl. § 557 Abs. 1 BGB). Sofern dies nicht möglich ist, stellt das Mieterhöhungsverlangen nach § 558a BGB einen besonderen formalisierten Antrag i.S. des § 145 BGB auf Zustimmung des Mieters zu einer Mieterhöhung dar. 76

Eine Erhöhung der **Miete für frei finanzierte Wohnungen** ist nach alledem nur unter Beachtung der gesetzlichen Bestimmungen zulässig. Der Vermieter kann verlangen, dass der Mieter einer Mieterhöhung (Anpassung) zustimmt, wenn 77

- die Miete seit 15 Monaten unverändert war; nach einer erfolgten Mieterhöhung kann ein erneutes Erhöhungsverlangen nicht schon nach zwölf Monaten zugestellt werden; es ist unwirksam[31],
- die neue Miete die üblichen Entgelte nicht übersteigt, die für nicht preisgebundenen Wohnraum vergleichbarer Art, Größe, Ausstattung, Beschaffenheit und Lage in den letzten vier Jahren vereinbart worden sind, und
- der Mietzins sich innerhalb eines Zeitraums von drei Jahren nicht um mehr als 20 v.H. erhöht (Kappungsgrenze).

2.3.3.3 Mieterhöhung nach Durchführung von Modernisierungsmaßnahmen

Nach § 559 BGB kann der Vermieter eine **Erhöhung der jährlichen Miete** um elf vom Hundert der für die Wohnung für Maßnahmen aufgewendeten Kosten verlangen, wenn dadurch 78

- der Gebrauchswert der Mietsache nachhaltig erhöht wird,
- die allgemeinen Wohnverhältnisse auf Dauer verbessert werden,
- oder nachhaltige Einsparungen von Energie oder Wasser bewirkt werden (Modernisierung).

§§ 559 ff. BGB haben folgenden Wortlaut: 79

„**§ 559 Mieterhöhung bei Modernisierung**

(1) Hat der Vermieter bauliche Maßnahmen durchgeführt, die den Gebrauchswert der Mietsache nachhaltig erhöhen, die allgemeinen Wohnverhältnisse auf Dauer verbessern oder nachhaltig Einsparungen von Energie oder Wasser bewirken (Modernisierung), oder hat er andere bauliche Maßnahmen aufgrund von Umständen durchgeführt, die er nicht zu vertreten hat, so kann er die jährliche Miete um 11 vom Hundert der für die Wohnung aufgewendeten Kosten erhöhen.

(2) Sind die baulichen Maßnahmen für mehrere Wohnungen durchgeführt worden, so sind die Kosten angemessen auf die einzelnen Wohnungen aufzuteilen.

(3) Eine zum Nachteil des Mieters abweichende Vereinbarung ist unwirksam.

§ 559a Anrechnung von Drittmitteln

(1) Kosten, die vom Mieter oder für diesen von einem Dritten übernommen oder die mit Zuschüssen aus öffentlichen Haushalten gedeckt werden, gehören nicht zu den aufgewendeten Kosten im Sinne des § 559.

(2) Werden die Kosten für die baulichen Maßnahmen ganz oder teilweise durch zinsverbilligte oder zinslose Darlehen aus öffentlichen Haushalten gedeckt, so verringert sich der Erhöhungsbetrag nach § 559 um den Jahresbetrag der Zinsermäßigung. Dieser wird errechnet aus dem Unterschied zwischen dem ermäßigten Zinssatz und dem marktüblichen Zinssatz für den Ursprungsbetrag des Darlehens. Maßgebend ist der marktübliche Zinssatz für erstrangige Hypotheken zum Zeitpunkt der Beendigung der Maßnahmen. Werden Zuschüsse oder Darlehen zur Deckung von laufenden Aufwendungen gewährt, so verringert sich der Erhöhungsbetrag um den Jahresbetrag des Zuschusses oder Darlehens.

(3) Ein Mieterdarlehen, eine Mietvorauszahlung oder eine von einem Dritten für den Mieter erbrachte Leistung für die baulichen Maßnahmen stehen einem Darlehen aus öffentlichen Haushalten gleich. Mittel der Finanzierungsinstitute des Bundes oder eines Landes gelten als Mittel aus öffentlichen Haushalten.

---

31 BGH, Urt. vom 16.6.1993 – VIII ARZ 2/93 –, EzGuG 3.112.

(4) Kann nicht festgestellt werden, in welcher Höhe Zuschüsse oder Darlehen für die einzelnen Wohnungen gewährt worden sind, so sind sie nach dem Verhältnis der für die einzelnen Wohnungen aufgewendeten Kosten aufzuteilen.

(5) Eine zum Nachteil des Mieters abweichende Vereinbarung ist unwirksam.

§ 559b Geltendmachung der Erhöhung, Wirkung der Erhöhungserklärung

(1) Die Mieterhöhung nach § 559 ist dem Mieter in Textform zu erklären. Die Erklärung ist nur wirksam, wenn in ihr die Erhöhung aufgrund der entstandenen Kosten berechnet und entsprechend den Voraussetzungen der §§ 559 und 559a erläutert wird.

(2) Der Mieter schuldet die erhöhte Miete mit Beginn des dritten Monats nach dem Zugang der Erklärung. Die Frist verlängert sich um sechs Monate, wenn der Vermieter dem Mieter die zu erwartende Erhöhung der Miete nicht nach § 554 Abs. 3 Satz 1 mitgeteilt hat oder wenn die tatsächliche Mieterhöhung mehr als 10 vom Hundert höher ist als die mitgeteilte.

(3) Eine zum Nachteil des Mieters abweichende Vereinbarung ist unwirksam."

2.3.3.4 Mieterhöhung wegen Änderung der Darlehenszinsen

80 Nach § 5 MHG war der Vermieter berechtigt, unter bestimmten Voraussetzungen **Erhöhungen der Kapitalkosten** infolge einer Erhöhung des Zinssatzes aus einem dinglich gesicherten Darlehen auf den Mieter umzulegen.

81 § 5 MHG ist mit dem Mietrechtsreformgesetz aufgehoben worden[32].

2.2.3.5 Mietanpassung bei Index- oder Staffelmietverträgen

Schrifttum: *Evans, A./Seifert, U.*, Staffelmietverträge und Verkehrswerte, GuG 1994, 147; *Güttler, H.*, Ertragswert bei Staffelmieten, GuG 1991, 96; *Simon, J.*, Wertermittlung eines Mietwohngrundstücks mit Staffelmieten, GuG 1990, 31; *Simon, J.*, Ertragswert bei Staffelmieten, GuG 1991, 94; *Vogels, M.*, Staffelmieten und Instandhaltungsrückstellungen, GuG 2004, 157.

a) Staffelmiete

82 Das BGB schränkt für Mietverträge über Wohnraum die Möglichkeiten einer vertraglichen Mieterhöhung durch § 557 Abs. 1 und 2 BGB auf Index- und Staffelmietverträge nach den §§ 557a und 557b BGB ein. Zum Nachteil des Mieters davon abweichende Vereinbarungen sind unwirksam (§ 557a Abs. 4 und § 557b Abs. 4 BGB)[33].

83 Nach § 557a BGB kann für bestimmte Zeiträume die Miete in unterschiedlicher Höhe schriftlich vereinbart werden **(Staffelmiete)**, wobei

– der jeweilige Mietzins oder die Erhöhung betragsmäßig ausgeworfen sein muss und

– der jeweilige Mietzins mindestens ein Jahr unverändert bleiben muss und

– der Mietzins absolut durch § 5 WiStrG und § 302a StGB begrenzt bleibt.

Nach Ablauf der Staffelmietvereinbarung gelten im Übrigen wieder die Regelungen der §§ 558 ff. BGB; § 557a BGB lautet:

„**§ 557a Staffelmiete**

(1) Die Miete kann für bestimmte Zeiträume in unterschiedlicher Höhe schriftlich vereinbart werden; in der Vereinbarung ist die jeweilige Miete oder die jeweilige Erhöhung in einem Geldbetrag auszuweisen (Staffelmiete).

(2) Die Miete muss jeweils mindestens ein Jahr unverändert bleiben. Während der Laufzeit einer Staffelmiete ist eine Erhöhung nach den §§ 558 bis 559b ausgeschlossen.

(3) Das Kündigungsrecht des Mieters kann für höchstens vier Jahre seit Abschluss der Staffelmietvereinbarung ausgeschlossen werden. Die Kündigung ist frühestens zum Ablauf dieses Zeitraumes zulässig.

(4) Eine zum Nachteil des Mieters abweichende Vereinbarung ist unwirksam."

---
32 Vgl. BT-Drucks.14/4553, S. 37.
33 Staffelmietverträge bei Mischmietverhältnissen: LG Berlin, Urt. vom 18.12.2003 – 67 S 343/03 –, BlnGE 2004, 425 = EzGuG 3.132.

Der Ertragswert eines Mietwohngrundstücks mit Staffelmieten kann besonders einfach unter Anwendung des **Vervielfältigerdifferenzverfahrens** ermittelt werden, wobei sich die Phasen unterschiedlicher Ertragsverhältnisse besonders eindrucksvoll nachvollziehen lassen. Die Anwendung des Verfahrens kann dadurch vereinfacht werden, dass das Ertragswertverfahren als ein sog. einsträngiges Verfahren ohne besondere Behandlung des Bodenwerts zur Anwendung kommt (vgl. hierzu das Beispiel bei § 17 ImmoWertV Rn. 68). 84

b) Indexmiete

Nach § 557b BGB kann schriftlich vereinbart werden, dass die Miete durch den vom Statistischen Bundesamt ermittelten Preisindex für die Lebenshaltung aller privaten Haushalte in Deutschland bestimmt wird **(Indexmiete)**, wobei 85

– von Erhöhungen für durchgeführte Modernisierungen nach § 559 BGB und Veränderungen der Betriebskosten nach § 560 BGB abgesehen, die Miete mindestens ein Jahr unverändert bleiben muss,

– Mieterhöhungen nach § 558 BGB (ortsübliche Vergleichsmiete) ausgeschlossen sind,

– die Mietänderung in Textform unter Angabe der eingetretenen Änderung des Preisindexes sowie die jeweilige Miete oder die Erhöhung in einem Geldbetrag anzugeben sind.

§ 557b BGB hat folgende Fassung: 86

„§ 557b Indexmiete

(1) Die Vertragsparteien können schriftlich vereinbaren, dass die Miete durch den vom Statistischen Bundesamt ermittelten Preisindex für die Lebenshaltung aller privaten Haushalte in Deutschland bestimmt wird (Indexmiete).

(2) Während der Geltung einer Indexmiete muss die Miete, von Erhöhungen nach den §§ 559 bis 560 abgesehen, jeweils mindestens ein Jahr unverändert bleiben. Eine Erhöhung nach § 559 kann nur verlangt werden, soweit der Vermieter bauliche Maßnahmen aufgrund von Umständen durchgeführt hat, die er nicht zu vertreten hat. Eine Erhöhung nach § 558 ist ausgeschlossen.

(3) Eine Änderung der Miete nach Absatz 1 muss durch Erklärung in Textform geltend gemacht werden. Dabei sind die eingetretene Änderung des Preisindexes sowie die jeweilige Miete oder die Erhöhung in einem Geldbetrag anzugeben. Die geänderte Miete ist mit Beginn des übernächsten Monats nach dem Zugang der Erklärung zu entrichten.

(4) Eine zum Nachteil des Mieters abweichende Vereinbarung ist unwirksam."

Die Vorschrift lehnt sich an § 10a MHG (aufgehoben) mit folgenden Änderungen an: 87

a. Maßgeblich ist künftig der ab dem Basisjahr 2000 nur noch für Deutschland ausgewiesene Lebenshaltungskostenindex (Verbraucherpreisindex) maßgebend.

b. Eine Mindestlaufzeit für Indexmieten gibt es nicht mehr. Mit Wegfall des Genehmigungserfordernisses einer Indexmietvereinbarung aufgrund des Euroeinführungsgesetzes konnte die Festlegung einer Mindestlaufzeit entfallen.

Eine **Genehmigungspflicht** besteht nicht mehr (§ 4 Abs. 2 PreisklauselVO). 88

Ab Inkrafttreten des Mietrechtsreformgesetzes (1. Juli 2001) gilt das neue Recht. Es ist grundsätzlich auch auf **Miet- und Pachtverträge** anzuwenden, **die bereits vor Inkrafttreten abgeschlossen worden sind.** Artikel 229 § 3 EGBGB sieht bestimmte Ausnahmen (Übergangsregelungen) insbesondere bezüglich der Kündigungsregelungen, bestehender Mietspiegel und der Betriebskostenabrechnung vor. Von den außer Kraft getretenen Vorschriften ist insbesondere das Gesetz zur Regelung der Miethöhe (MHG) zu nennen. 89

2.3.4 Allgemeine Schranken der Mieterhöhung

2.3.4.1 Wesentlichkeitsgrenze

Schrifttum: *Eckert, H.-G.*, Wucherähnliche Immobilienverträge, ZfIR 2001, 884; *Mersson, G.*, Der neue alte § 5 WiStrG, seine Voraussetzungen und die Darlegungslast im Mietrückforderungsprozess, DWW 2002, 220.

90 Eine **ordnungswidrige Mietpreiserhöhung** liegt nach § 5 des Wirtschaftsstrafgesetzes (WiStrG) vor, wenn für die Vermietung von Räumen zum Wohnen oder damit verbundene Nebenleistungen unangemessen hohe Entgelte gefordert werden. Hierunter versteht das Gesetz solche, die infolge der Ausnutzung eines geringen Angebots an vergleichbaren Räumen **die üblichen Entgelte (örtliche Vergleichsmiete)**[34] um mehr als 20 v.H. übersteigen, die in der Gemeinde oder in vergleichbaren Gemeinden für die Vermietung von Räumen vergleichbarer Art, Größe, Ausstattung, Beschaffenheit und Lage oder damit verbundene Nebenleistungen in den letzten vier Jahren vereinbart wurden[35].

91 § 5 WiStrG hat folgende Fassung:

„**§ 5 WiStrG Mietpreisüberhöhung**

(1) Ordnungswidrig handelt, wer vorsätzlich oder leichtfertig für die Vermietung von Räumen zum Wohnen oder damit verbundene Nebenleistungen unangemessen hohe Entgelte fordert, sich versprechen lässt oder annimmt.

(2) Unangemessen hoch sind Entgelte, die infolge der Ausnutzung eines geringen Angebots an vergleichbaren Räumen die üblichen Entgelte um mehr als 20 vom Hundert übersteigen, die in der Gemeinde oder in vergleichbaren Gemeinden für die Vermietung von Räumen vergleichbarer Art, Größe, Ausstattung, Beschaffenheit und Lage oder damit verbundene Nebenleistungen in den letzten vier Jahren vereinbart oder, von Erhöhungen der Betriebskosten abgesehen, geändert worden sind. Nicht unangemessen hoch sind Entgelte, die zur Deckung der laufenden Aufwendungen des Vermieters erforderlich sind, sofern sie unter Zugrundelegung der nach Satz 1 maßgeblichen Entgelte nicht in einem auffälligen Missverhältnis zu der Leistung des Mieters stehen.

(3) Die Ordnungswidrigkeit kann mit einer Geldbuße bis zu fünfzigtausend Euro geahndet werden."

92 Nach der Überleitungsregelung des § 3 Abs. 11 Satz 1 des Art. 229 EGBGB sind nicht unangemessen hoch i.S. des § 5 WiStrG Entgelte für Wohnraum i.S. des § 11 Abs. 2 MHG in der bis zum 31. 8. 2001 geltenden Fassung, die

1. bis zum 31.12.1997 nach § 3 oder § 13 MHG in der bis zum 31.8.2001 geltenden Fassung geändert oder nach § 13 i.V.m. § 17 jenes Gesetzes in der bis zum 31.8.2001 geltenden Fassung vereinbart oder

2. bei der Wiedervermietung in einer der Nr. 1 entsprechenden Höhe vereinbart

worden sind. Für Zwecke des Satzes 1 bleiben die hier genannten Bestimmungen weiterhin anwendbar.

93 **Die Wesentlichkeitsgrenze von 20 % darf grundsätzlich nicht überschritten werden,** d.h., die geforderte Miete darf die üblichen Entgelte für vergleichbare Räume nicht unwesentlich überschreiten. „Wesentlich" ist eine Überschreitung der ortsüblichen Vergleichsmiete um mehr als 20 %[36]. Liegt eine Mietpreisüberhöhung nach § 5 WiStrG vor, so ist die Vereinbarung nichtig, soweit die Miete die ortsübliche Vergleichsmiete überschreitet.

94 Als Voraussetzung wird dafür keine generelle Wohnraummangellage, sondern lediglich gefordert, dass die **Nachfrage höher als das Angebot** ist[37]. Maßstab ist die Nettokaltmiete/Grundmiete zuzüglich der Entgelte für Nebenleistungen[38].

---

34 OLG Hamburg, RE vom 15.11.1982 – 4 U 181/81 –, EzGuG 3.64d.
35 Mersson, G. in DWW 2002, 220; vgl. hierzu BGH, Urt. vom 28.1.2004 – VIII ZR 190/03 –, NJW 2004, 1740.
36 OLG Stuttgart, RE vom 7.7.1981 – 8 REMiet 1/81 –, EzGuG 20.89d.
37 OLG Hamm, RE vom 24.7.1986 – 4 REMiet 1/86 –, EzGuG 20.11c.
38 OLG Stuttgart, RE vom 26.2.1982 – 8 REMiet 5/81 –, EzGuG 20.93b; BayObLG, RE vom 26.6.1972 – RReg 4 St 504/72 OWi –, ZMR 1972, 381 = WuM 1972.

Bei der Auswahl ortsüblicher **Vergleichsmieten** zur Ermittlung des üblichen Entgelts müssen solche außer Betracht bleiben, **die aus einem verknappten Wohnungsangebot für benachteiligte Mietergruppen als überhöht gelten müssen**[39]. Allgemeine Änderungen der ortsüblichen Miete sind aber zu berücksichtigen[40]. 95

Die Wesentlichkeitsgrenze darf ausnahmsweise überschritten werden, wenn dies zur **Deckung der laufenden Aufwendungen des Vermieters erforderlich** ist (§ 5 Abs. 1 Satz 3 WiStrG). Dies darf allerdings nicht in einem auffälligen Missverhältnis zu den Leistungen des Vermieters stehen. 96

2.3.4.2 Wuchergrenze

Ein auffälliges Missverhältnis kann angenommen werden, wenn der Mietzins die ortsübliche Vergleichsmiete um mehr als 50 % überschreitet (**Wuchergrenze**). Bei einer Überschreitung der ortsüblichen Vergleichsmiete um mehr als 50 % aufgrund laufender Aufwendungen des Vermieters bleibt die Mietvereinbarung bis zu einer Höhe von 150 % der ortsüblichen Vergleichsmiete wirksam[41]. Zum Wucher bestimmt § 138 BGB: 97

„§ 138 BGB Sittenwidriges Rechtsgeschäft, Wucher

(4) Ein Rechtsgeschäft, das gegen die guten Sitten verstößt, ist nichtig.

(5) Nichtig ist insbesondere ein Rechtsgeschäft, durch das jemand unter Ausbeutung der Zwangslage, der Unerfahrenheit, des Mangels an Urteilsvermögen oder der erheblichen Willensschwäche eines anderen sich oder einem Dritten für eine Leistung Vermögensvorteile versprechen oder gewähren lässt, die in einem auffälligen Missverhältnis zu der Leistung stehen."

Bei preisfreiem Wohnraum ist dabei unter den „laufenden Entgelten" die Kostenmiete i.S. des § 8 WoBindG zu verstehen.

Eine weitere Begrenzung eines Mieterhöhungsverlangens ergibt sich aus dem Strafgesetzbuch (StGB). So liegt nach § 291 StGB der Straftatbestand des Wuchers vor, wenn ein **auffälliges Missverhältnis zwischen der Miete und der Leistung des Vermieters** besteht; § 291 StGB hat folgende Fassung: 98

„§ 291 StGB Wucher

(1) Wer die Zwangslage, die Unerfahrenheit, den Mangel an Urteilsvermögen oder die erhebliche Willensschwäche eines anderen dadurch ausbeutet, dass er sich oder einem Dritten,

1. für die Vermietung von Räumen zum Wohnen oder damit verbundene Nebenleistungen,
2. für die Gewährung eines Kredits,
3. für eine sonstige Leistung oder
4. für die Vermittlung einer der vorbezeichneten Leistungen

Vermögensvorteile versprechen oder gewähren lässt, die in einem auffälligen Missverhältnis zu der Leistung oder deren Vermittlung stehen, wird mit Freiheitsstrafe bis zu drei Jahren oder mit Geldstrafe bestraft. Wirken mehrere Personen als Leistende, Vermittler oder in anderer Weise mit und ergibt sich dadurch ein auffälliges Missverhältnis zwischen sämtlichen Vermögensvorteilen und sämtlichen Gegenleistungen, so gilt Satz 1 für jeden, der die Zwangslage oder sonstige Schwäche des anderen für sich oder einen Dritten zur Erzielung eines übermäßigen Vermögensvorteils ausnutzt.

(2) In besonders schweren Fällen ist die Strafe Freiheitsstrafe von sechs Monaten bis zu zehn Jahren. Ein besonders schwerer Fall liegt in der Regel vor, wenn der Täter

1. durch die Tat den anderen in wirtschaftliche Not bringt,
2. die Tat gewerbsmäßig begeht,
3. sich durch Wechsel wucherische Vermögensvorteile versprechen lässt."

---

39 OLG Hamburg, RE vom 15.11.1982 – 4 U 181/81 –, EzGuG 3.64d; OLG Stuttgart, RE vom 7.7.1981 – 8 REMiet 1/81 –, EzGuG 20.89d; KG, RE vom 16.7.1992 – 8 REMiet 3166/92 –, ZMR 1992, 486 = WuM 1992, 514.
40 OLG Frankfurt am Main, RE vom 4.4.1985 – 20 REMiet 3/85 –, EzGuG 20.109a.
41 BGH; Urt. vom 8.12.1981 – 1 StR 416/81 –, BGHSt 30, 280 = NJW 1982, 896; BGH, Urt. vom 23.4.1997 – VIII ZR 212/96 –, NJW 1997, 1845 = ZfIR 1997, 328.

99 Die Miete darf danach nicht in einem auffälligen Missverhältnis zur Leistung des Vermieters stehen (§ 302a Abs. 2 StGB). Auffällig ist nach einer Entscheidung des BGH das Missverhältnis, wenn die ortsübliche Vergleichsmiete um 50 v.H. und mehr überschritten wird. In diesem Fall ist die Rede von **Mietwucher;** so u.a. auch das OLG Köln[42]. Unterhalb des Mietwuchers gibt es durch § 5 WiStrG eine weitere Begrenzung des Mietpreisanstiegs. Hiernach darf die Miete nicht um mehr als 20 v.H. über der ortsüblichen Vergleichsmiete liegen. Nach § 5 Abs. 2 WiStrG sind nunmehr Entgelte unangemessen hoch, die die üblichen Entgelte um mehr als 20 v.H. übersteigen, die in der Gemeinde oder in vergleichbaren Gemeinden für die Vermietung von Wohnräumen vergleichbarer Art, Größe, Ausstattung, **Beschaffenheit und Lage in den letzten vier Jahren vereinbart worden** sind. Nicht unangemessen hoch sind Entgelte, die für Räume entrichtet werden, die nach dem 1.1.1991 fertig gestellt wurden oder für die das Entgelt vor dem 1.9.1993 über der bezeichneten Grenze von 20 v.H. liegen durfte (§ 5 Abs. 2 Nr. 2 WiStrG). Die Ordnungswidrigkeit kann mit einer Geldbuße bis zu 50 000 € geahndet werden.

100 Die **Wuchergrenze** des § 291 Abs. 1 Ziff. 1 StGB **bezieht sich wie die Wesentlichkeitsgrenze des § 5 WiStrG nur auf die Vermietung von Räumen zum Wohnen,** worunter im Übrigen auch Nebenräume fallen, die eigentlich nicht zum Wohnen vermietet werden. Jedoch dürfen nach § 138 Abs. 2 BGB auch Mietvereinbarungen über Geschäftsräume nicht in einem auffälligen Missverhältnis zu der Leistung stehen. I.d.R. liegt ein solches Missverhältnis auch hier vor, wenn die vereinbarte Miete die angemessene marktübliche Miete um mehr als 50 % übersteigt[43].

101 Die Wesentlichkeitsgrenze (Rn. 90) darf ausnahmsweise überschritten werden, wenn dies zur **Deckung der laufenden Aufwendungen des Vermieters** erforderlich ist (§ 5 Abs. 1 Satz 3 WiStrG); dies darf allerdings nicht in einem auffälligen Missverhältnis zu den Leistungen des Vermieters stehen. Ein auffälliges Missverhältnis kann angenommen werden, wenn die Miete die ortsübliche Vergleichsmiete um mehr als 50 % überschreitet (**Wuchergrenze**). Bei einer Überschreitung der ortsüblichen Vergleichsmiete um mehr als 50 % aufgrund laufender Aufwendungen des Vermieters bleibt die Mietzinsvereinbarung bis zu einer Höhe von 150 % der ortsüblichen Vergleichsmiete wirksam[44]. Bei preisfreiem Wohnraum ist dabei unter den „laufenden Entgelten" die Kostenmiete i.S.d. § 8 WoBindG zu verstehen.

Darüber hinaus handelt nach **§ 26 WoBindG** ordnungswidrig, wer im Bereich der sozialen Wohnraumförderung für die Überlassung einer Wohnung ein höheres Entgelt fordert, sich versprechen lässt oder annimmt, als nach §§ 8 bis 9 WoBindG zulässig ist (Kostenmiete).

2.3.4.3 Kappungsgrenze

102 Bei bestehenden Mietverhältnissen sind im frei finanzierten Wohnungsbau Mieterhöhungen (-anpassungen) möglich, wenn die bisherige Grundmiete (Nettokaltmiete) seit einem Jahr unverändert ist. Eine **neue Mietforderung** ist dem Mieter gegenüber zu begründen.

103 Zur **Begründung** kann nach § 558a BGB insbesondere Bezug genommen werden auf

1. einen Mietspiegel (§§ 558c, 558d BGB),

2. eine Auskunft aus einer Mietdatenbank (§ 558e BGB),

3. ein mit Gründen versehenes Gutachten eines öffentlich bestellten und vereidigten Sachverständigen,

4. entsprechende Entgelte für einzelne vergleichbare Wohnungen; hierbei genügt die Benennung von drei Wohnungen.

---

[42] OLG Köln, Urt. vom 22.8.1978 – 1 Ss 391/78 –, EzGuG 20.77.
[43] LG Darmstadt, Urt. vom 14.1.1972 – 2 KLS 2/71 –, EzGuG 3.38a.
[44] Bub/Treier, Handbuch der Wohnraummiete, a.a.O., III A Rn. 266 unter Bezugnahme auf OLG Hamburg, RE vom 5.8.1992 – 4 U 22/92 –, EzGuG 3.109a.

Zur Begründung kann auf eine Mietdatenbank oder auf einen qualifizierten Mietspiegel zurückgegriffen werden.

Die Mietsteigerung darf nach § 558 Abs. 3 BGB in drei Jahren nicht mehr als 20 v.H. betragen (Kappungsgrenze). Erreicht der Vermieter vom Mieter indessen die Zustimmung für eine höhere (angemessene) Grundmiete, so hat der Mieter in aller Regel kein Recht zum Widerruf i.S.d. Gesetzes über den Widerruf von Haustürgeschäften. Die Kappungsgrenze bemisst sich nach der vereinbarten Mietstruktur, d. h., ist eine Bruttomiete vereinbart (Inklusivmiete), ist diese maßgebend[45]. **104**

Der Umfang der möglichen Mieterhöhung wird dabei von der jeweils niedrigeren Grenze bestimmt, d. h., eine **Angleichung der Miete an die ortsübliche Vergleichsmiete ist im Rahmen der Kappungsgrenze nur bis zur ortsüblichen Vergleichsmiete möglich**.

§ 558 Abs. 3 und 4 BGB lautet (vgl. Rn. 65): **105**

„(3) Bei Erhöhungen nach (§ 558) Absatz 1 (BGB n.F.; ortsübliche Vergleichsmiete) darf sich die Miete innerhalb von drei Jahren, von Erhöhungen nach den §§ 559 bis 560 (BGB n.F.; Mieterhöhung bei Modernisierung und Veränderung der Betriebskosten) abgesehen, nicht um mehr als 20 vom Hundert erhöhen (Kappungsgrenze).

(4) Die Kappungsgrenze gilt nicht,

1. wenn eine Verpflichtung des Mieters zur Ausgleichszahlung nach den Vorschriften über den Abbau der Fehlsubventionierung im Wohnungswesen wegen des Wegfalls der öffentlichen Bindung erloschen ist und

2. soweit die Erhöhung den Betrag der zuletzt zu entrichtenden Ausgleichszahlung nicht übersteigt."

2.4 Gewerberaummiete

2.4.1 Allgemeines

▶ *Allgemeine Hinweise vgl. Rn. 33 und § 19 ImmoWertV Rn. 70 ff.*

Das Miet- und Pachtrecht ist im Titel 5 des BGB (§§ 335 bis 606 BGB) geregelt. Nach § 549 BGB gelten für Mietverhältnisse über Wohnraum die §§ 535 bis 548 BGB, soweit sich nicht aus den §§ 549 bis 577a BGB etwas anderes ergibt. Nach § 578 Abs. 1 BGB (Mietverhältnis über Grundstücke und Räume) sind auf Mietverhältnisse über Grundstücke die Vorschriften der §§ 550, 562 bis 562d, 566 bis 567b sowie 570 entsprechend anzuwenden. Nach Abs. 2 dieser Vorschrift sind auf **Mietverhältnisse über Räume, die keine Wohnräume** sind, die in Abs. 1 genannten Vorschriften sowie § 552 Abs. 1, § 554 Abs. 1 bis 4 und § 569 Abs. 2 BGB entsprechend anzuwenden. Sind die Räume zum Aufenthalt von Menschen bestimmt, so gilt außerdem § 569 Abs. 1 BGB entsprechend. **106**

Bei alledem bedarf es einer sorgfältigen **Abgrenzung der Wohnraummiete von der Gewerberaummiete** *(commercial leases)*. Maßgebend für die Abgrenzung ist vor allem die Zweckbestimmung der Räume, die von den Parteien im Mietvertrag vereinbart wurde (vgl. Rn. 34 ff.). **107**

Der **wesentliche Unterschied zwischen der Wohnraum- und Geschäftsraummiete** besteht darin, dass bei der **Gestaltung von Geschäfts- und Gewerberaummieten** weitgehend Vertragsfreiheit gegeben ist; jedoch sind Vereinbarungen unwirksam, wenn sie sittenwidrig oder wucherisch sind oder gegen gesetzliche Vorschriften verstoßen (§§ 134, 138 BGB). **108**

Sollen bei Gewerberaummietverträgen **Betriebskosten** umgelegt werden, so genügt i.d.R. ihre schlagwortartige Bezeichnung. Inhaltlich sind dann die in § 3 Nr. 1 bis 16 BetrKV definierten Betriebskosten angesprochen, es sei denn, diese werden im allgemeinen Sprachge- **109**

---

[45] BGH, Urt. vom 19.11.2003 – VIII ZR 160/03 –, BlnGE 2004, 349.

brauch anders verwendet. Es kann auch eine Höchstgrenze der Umlagefähigkeit vereinbart werden[46].

110 Bei Gewerberaummietverträgen ist grundsätzlich auch eine Umlage der **Verwaltungskosten** zulässig[47]. Einer Umlegung von Verwaltungskosten stehen keine zwingenden Vorschriften entgegen. Sowohl Fremd- als auch Eigenkosten können umgelegt werden. Dafür bedarf es einer wirksamen ausdrücklichen Vereinbarung[48]. Diese muss bei Formularmietverträgen dem Transparenzgebot des § 307 Abs. 1 Satz 2 BGB entsprechen. Allein dem Begriff „Verwaltungskosten" kann nach allgemeinem Sprachgebrauch kein hinreichend bestimmter Inhalt beigemessen werden[49]. Eine unmittelbare Anwendung des § 1 Abs. 2 Nr. 1 BetrKV scheidet aus, denn die Vorschrift findet mangels einer entsprechenden Verweisung in § 578 BGB keine Anwendung. Der in § 26 II. BV bzw. § 1 Abs. 2 Nr. 1 BetrKV für die Wohnraummiete definierte Begriff der Verwaltungskosten kann nicht unmittelbar auf Gewerberaummietverträge übertragen werden, weil die dort erforderliche Verwaltung einen darüber hinausgehenden Umfang hat[50]. Auch ein Rückgriff auf § 27 WEG verbietet sich. Bei Gewerberaummietverträgen können, anders als bei Wohnraummietverhältnissen, insbesondere Aufgaben im Zusammenhang mit der technischen Verwaltung, Kosten für Leitungs- und Organisationsaufgaben, Managementaufgaben und Unwägbarkeiten zu den Verwaltungskosten gehören[51].

111 Wird eine **Pauschale** vereinbart, bleibt es bei dem Betrag, wenn nichts anderes ausbedungen wurde.

112 **Instandhaltungs- und Instandsetzungsmaßnahmen** können im Rahmen von Individualverträgen über Gewerberäume – wie andere Bewirtschaftungskosten – auf den Mieter überwälzt werden.

113 Der bei Mietwohnobjekten übliche pauschalierte Abzug der nicht umlagefähigen Bewirtschaftungskosten (Verwaltungs- und Instandhaltungskosten sowie Mietausfallwagnis) vom Rohertrag/Nettokaltmiete ist bei hochwertigen Gewerbeimmobilien nicht statthaft und kann zu katastrophalen Fehlbewertungen führen.

114 Es bestehen **keine Einschränkungen für den Abschluss von Staffelmietverträgen.** Es kann dabei im Vorhinein festgelegt werden, in welchem Umfang der Mietzins zu bestimmten Zeitpunkten erhöht wird. Es kann ein bestimmter Prozentsatz oder ein fester Betrag vereinbart werden. Von der Möglichkeit wird man insbesondere Gebrauch machen, wenn dem Mieter bei Geschäftsbeginn eine Anlaufzeit gewährt werden soll und andererseits der Vermieter am Gedeihen des Geschäfts partizipieren will.

115 Zulässig sind auch **Wertsicherungsklauseln**[52] *(stable value clauses)*. Sofern in einer Wertsicherungsklausel eine automatische Anpassung des Mietzinses ohne Ermessensspielraum für die Parteien geregelt ist und sofern als Wertmesser keine gleichartige oder vergleichbare, sondern eine andere Leistung geregelt ist, handelt es sich um eine genehmigungsbedürftige Gleitklausel. Typischer Fall ist eine automatische Anpassung des Mietzinses an Veränderungen des Verbraucherpreisindexes. Entsprechendes gilt für eine Anpassung des Mietzinses an die Entwicklung der Hypothekenzinsen, der Beamtengehälter und an die Entwicklung des Grundstückswerts[53].

---

46 OLG Rostock, Urt. vom 10.4.2006 – 3 U 156/06 -.
47 OLG Frankfurt am Main, Urt. vom 1.11.1984 – 3 U 143/83 –, WuM 1985, 91; OLG Nürnberg, Urt. vom 21.3.1995 – 3 U 3727/94 –, WuM 1995, 306; KG, Urt. vom 2.10.2003 – 8 U 25/03 –, GE 2004, 234.
48 BGH, Urt. vom 6.4.2005 – XII ZR 158/01 –, NZM 2005, 851.
49 KG, Urt. vom 8.10.2001 – 8 U 6267/90 –, NZM 2002, 954; a.A. OLG Hamburg, Urt. vom 6.2.2002 – 4 U 32/00 –, NZM 2002, 388.
50 OLG Köln, Urt. vom 4.7.2006 – 22 U 40/06 –, NZM 2006, 701.
51 KG, Urt. vom 2.10.2003 – 8 U 25/03 –, GE 2004, 234; OLG Hamburg, Urt. vom 6.2.2002 – 4 U 32/00 –, NZM 2002, 388.
52 BGH, Urt. vom 2.2.1977 – VIII ZR 271/75 –, EzGuG 3.58a.
53 BGH, Urt. vom 27.6.1973 – VIII ZR 98/72 –, WM 1973, 905 = NJW 1973, 1498 = WuM 1974, 42 = ZMR 1973, 298 = BB 1973, 998; BGH, Urt. vom 23.2.1979 – V ZR 106/76 –, EzGuG 7.65.

Nach § 4 Abs. 1 PreisklauselVO gelten Anpassungsklauseln als genehmigt und bedürfen damit keiner Einzelgenehmigung, wenn   116
- der Vermieter für 10 Jahre auf sein Kündigungsrecht verzichtet oder
- der Mieter das Recht hat, die Vertragsdauer auf mindestens 10 Jahre zu verlängern und der Vertrag zulässige Bezugsgrößen verwendet.

Zulässig sind die Verbraucherpreisindices des Statistischen Bundesamtes, eines Statistischen Landesamtes oder des Statistischen Amtes der Europäischen Gemeinschaft. Für Mietanpassungsvereinbarungen in Verträgen über Wohnraum gilt § 557 BGB (§ 4 Abs. 2 PreisklauselVO). Daneben können Preisklauseln genehmigt werden, wenn besondere Gründe des nationalen oder internationalen Wettbewerbs dies rechtfertigen (§ 5).

Genehmigungsfrei sind Umsatz- und Gewinnbeteiligungsklauseln.

Nicht zum Rohertrag gehört bei gewerblicher Vermietung im Übrigen die anfallende Mehrwertsteuer.

Entscheidend bei der Vermietung von Gewerbe- und Geschäftsräumen sind die **Vereinbarungen im Mietvertrag,** der deshalb vom Sachverständigen eingesehen werden sollte. So kann beispielsweise das langfristig vereinbarte Mietverhältnis von dem Betreiber eines *Selbstbedienungsmarktes* durch einseitige Erklärung unter Beachtung einer Kündigungsfrist (i.d.R. 6 bis 12 Monate) vorzeitig beendet werden, wenn eine nicht von ihm zu vertretende geschäftliche Entwicklung eintritt und zu einem nachhaltig unwirtschaftlichen Ergebnis führt, so dass die Weiterführung im Hinblick auf hohe Verluste ihm nicht zugemutet werden kann. In solchen Fällen wird der Nachweis der Unwirtschaftlichkeit durch Vorlage der Geschäftsbücher erbracht und meist eine Abstandszahlung bis zu einer Jahrespacht geleistet, beziehungsweise es wird eine um bis zu einem Drittel reduzierte Miete bis zum Vertragsende als Ausgleichszahlung vereinbart.   117

Mietsicherheiten in Form einer Barkaution und einer Bankbürgschaft sind im gewerblichen Bereich zu verzinsen, soweit hierüber eine Vereinbarung im Mietvertrag getroffen wurde.   118

2.4.2 Mietpreisgestaltung

Wichtige Punkte bei Mietverträgen für Gewerbeimmobilien sind   119

1. **Bezeichnung der Vertragsparteien**
   - Genaue Angaben des Vertragspartners, ggf. unter Beachtung der Gesellschaftsform.
2. **Beschreibung des Vertragsgegenstandes**
   - Lage, Größe der Flächen, Definition der Mietflächen (WoFlV, DIN 277),
   - Darstellung im Lageplan (wesentlicher Bestandteil des Vertrags),
   - Nutzungsfestschreibung,
   - Konkurrenzschutz,
   - Schlüsselverzeichnis als Anlage.
3. **Miete**
   - Miete pro m²,
   - Umsatzmiete,
   - Staffelmiete,
   - Mehrwertsteuer,
   - Fälligkeit der Miete,
   - Wertgleitklausel auf Index-Basis bei Verträgen ab 10 Jahre Laufzeit,
   - Verzug, Verzugsschaden,
   - Ausschluss von Aufrechnung sowie Minderungs- oder Zurückhaltungsrechten.
4. **Mietbeginn und Mietdauer**
   - Festmietzeit,
   - Fortsetzung nach Ablauf der Mietzeit,

- Kündigungsfrist,
- Ausschluss § 545 BGB (Stillschweigende Verlängerung),
- Duldung von Vermietungsplakaten.

5. **Kündigung aus wichtigem Grunde**
   - Vorbehaltserklärung,
   - Beispielhafte Benennung von Kündigungsgründen.

6. **Bewirtschaftungskosten**
   - Betriebskosten (inkl. Hausverwaltung) gemäß Anlage (= § 2 BetrKV),
   - Verwaltungskosten *(overhead)*,
   - Vorauszahlungen,
   - Umlageschlüssel,
   - Abrechnungszeitraum,
   - Änderung der Vorauszahlungen.

7. **Sammelheizung und Warmwasserversorgung**
   - Heizperiode,
   - Haftungsausschluss bei Betriebsstörungen,
   - Haftungsbegrenzung auf Drittgaftung,
   - Änderung der Beheizungsart.

8. **Benutzung der Gemeinschaftsanlagen**
   - Aufzug,
   - Tiefgarage usw.

9. **Haftung für den Zustand des Mietobjekts**
   9.1 Haftung des Vermieters
   - Instandhaltung und Instandsetzung durch den Vermieter,
   - Ausschluss von Mietminderung oder Schadenersatzansprüchen bei vom Vermieter nicht zu vertretenden Störungen,
   - Versicherungsangelegenheiten.

   9.2 Haftung des Mieters
   - Umgang mit der Mietsache,
   - Schönheitsreparaturen,
   - Kleinreparaturen,
   - Anzeigepflicht des Mieters.

120 Von besonderer Bedeutung für die Nutzung ist die **Raumkonfiguration und ihre Flexibilität** für die jeweils nachgefragte Büroform (vgl. Rn. 163).

2.4.3 Konkurrenz- und Sortimentsschutzklausel

▶ *Zu den wettbewerbsbeschränkenden Dienstbarkeiten vgl. Teil IX Rn. 417 ff.*

121 **Vereinbarungen von Wettbewerbsverboten** zugunsten des Mieters und *Mieterbetriebsverpflichtungen* sind bei der Verkehrswertermittlung zu berücksichtigen. Hingewiesen wird in diesem Zusammenhang auf ein Urteil des OLG Celle[54], nach dem der Warenhauskonzern ein Warenhaus in Hameln 1988 nicht schließen durfte, weil die Stadt Hameln im Jahre 1977 dem Warenhausneubau im Altstadtkern nur unter der Voraussetzung zugestimmt hatte, dass das neue Haus auch über 20 Jahre hinweg als Vollwarenhaus zu betreiben ist.

122 In Mietverträgen für Gewerberäume sind mitunter auch **Konkurrenz- und Sortimentsschutzklauseln** sowie Werbeverbote hinsichtlich des Vertriebs bestimmter Artikel vereinbart. Obschon der Vermieter gewerblicher Räume grundsätzlich die Pflicht hat, den Mieter vor Konkurrenz im eigenen Haus zu schützen, hat er bei innerstädtischen Immobilien ein beson-

---

54 OLG Celle, Urt. vom 16.6.1987 – 20 U 10/87 –, rechtskräftig.

deres Interesse daran, den Konkurrenzschutz generell auszuschließen. Hierdurch bleiben die Vermietungschancen besser gewahrt, und neue interessante Mieter müssen aus Rücksicht auf bestehende Schutzpflichten nicht abgewiesen werden.

Hingewiesen in diesem Zusammenhang wird auf ein Urteil des BGH[55]. Der Vermieter hatte im Mietvertrag mit einem **Drogisten** vereinbart, dass keine Konkurrenzbranchen bezüglich der im gleichen Gebäudekomplex vorhandenen anderen Mieter betrieben werden dürfen. Der Drogist verkaufte nun neben Babynahrung, Kinderpflegemitteln und Windeln auch nicht apothekenpflichtige Arzneimittel. Eine auf dem gleichen Grundstück befindliche Apotheke hatte einen Umsatzanteil von 8 % für diese Artikel. Unter Berufung auf die vereinbarte Konkurrenzschutzklausel verlangte der Apotheker die Aufgabe des Ladens, zumindest aber die Einstellung des Verkaufs der nicht apothekenpflichtigen Arzneimittel.

123

Der BGH hielt eine **Unterlassungspflicht in Form von Werbebeschränkungen** bei teilweiser Sortimentsüberschneidung durch die Vereinbarungen im Mietvertrag für nicht erfasst; nur das Betreiben einer weiteren Apotheke auf demselben Grundstück sei ausgeschlossen.

124

2.5 Mietpreisbestimmende Merkmale

2.5.1 Wohnraum

2.5.1.1 Allgemeines

Bei der Verkehrswertermittlung im Wege des Ertragswertverfahrens sowie der Erstattung von Mietwertgutachten sind als geeignete Vergleichsmieten solche heranzuziehen, die für hinreichend vergleichbare Wohnungen vereinbart worden sind. Entsprechend der Regelung des § 558 Abs. 2 BGB sind **Vergleichskriterien Art, Größe (Wohnfläche), Ausstattung und Beschaffenheit (Wohnwertmerkmale) der Wohnung.** Unterschiede der Vergleichswohnungen zu den zu bewertenden Wohnungen sind durch Zu- und Abschläge zu berücksichtigen[56].

125

Des Weiteren sind **folgende Merkmale von Belang:**

126

- Trennung von Bad und WC,
- Kochnische oder Küche,
- Vorhandensein eines Balkons, einer Terrasse oder einer Loggia, soweit diese Umstände nicht der Beschaffenheit zugeordnet werden,
- Gesamteindruck, Fassadengestaltung.

---

55 BGH, Urt. vom 9.7.1987 – I ZR 140/85 –, EzGuG 14.81a.
56 Kaupmann in Nachr. der nds. Kat.- und VermVw 1989, 144; auf Ablehnung im Schrifttum stößt die sog. Grenzwertmethode von Töllner in DS 1990, 307; Dröge, a.a.O., S. 170 ff.

Abb. 4: Wichtigste Ausstattungsmerkmale

Quelle: PtanetHome AC Immobilwn-Trendstudie

127 Die genannten vier **Wohnwertmerkmale** (Art, Größe, Ausstattung und Beschaffenheit) sind nicht gleichwertig. Folgende **Gewichtungen** werden den wohnwertbestimmenden Merkmalen zugeordnet (Abb. 5).

Abb. 5: Merkmale

Merkmal	Bewertungsanteil %	
	1	2
Art (Hochhaus usw.)	20	5
Beschaffenheit	20	10
Größe	30	10
Ausstattung	10	15
Lage (Wohnlage)	40	60

1 Isenmann in DWW 1994, 178.
2 Oberhofer in WM 1993, 10; vgl. auch Dröge, 1. Aufl. a.a.O., S. 172 f., vgl. auch Isenmann in DWW 1992, 234 und DWW 1994, 178.

Abb. 6: Art und Beschaffenheit

Objekt	Wertigkeit
Wintergarten	2,00
Freisitz ebenerdig	
beidseitig gedeckt	1,25
einseitig gedeckt	1,00
nicht gedeckt	0,75
Freisitz Dachgeschoss	
beidseitig gedeckt	1,75
einseitig gedeckt	1,50
nicht gedeckt	1,25
Loggia	1,25
Veranda	1,25
Balkon	1,00
Überdachung	Wertigkeit
Nicht überdacht	0,60
Teilüberdachung	
Dachüberstand	0,70

Mietpreisbestimmende Merkmale § 18 ImmoWertV V

weniger als 1,0 m	0,80
1,0 m bis 1,5 m	1,00
1,5 m bis 2,0 m	1,10
mehr als 2 m	1,20
Vollüberdachung	
undurchsichtig	1,50
teilweise durchsichtig	1,75
Glasüberdachung	2,00
Brüstung und Deckung	**Wertigkeit**
durchsichtige Brüstung	0,25
teilweise undurchsichtige Brüstung	0,50
undurchsichtige Brüstung	1,00
Brüstungshöhe	
unter 1 m	0,50
1,00 m bis 1,25 m	1,00
1,25 m bis 1,50 m	1,25
über 1,50 m	0,50
für Bepflanzung geeignet	0,50
Pflanztrog o.Ä. vorhanden	0,75
Sichtschutz	
einseitig	0,75
zweiseitig	1,50
zusätzlich bepflanzt	0,25
Windschutz	
einseitig	0,60
zweiseitig	1,20
zusätzlich bepflanzt	0,25
Brüstung und Sichtschutz	
einseitig	1,25
zweiseitig	1,90
Brüstung und Windschutz	
einseitig	1,10
zweiseitig	1,75
Oberflächenbeschaffenheit	**Wertigkeit**
bindiges Material	0,25
Betonplatte ohne Glattstrich	0,40
Betonplatte mit Glattstrich	0,60
Verbundsteine o.Ä.	1,10
raue Bodenplatten	0,75
glatte Bodenplatten	1,00
Bodenfliesen	1,25
Entwässerung	**Wertigkeit**
Ohne	0
Innenentwässerung	0,75
Außenentwässerung	
Wasser tropft ab	1,00
Wasserspeier	1,10
Wasserrinne	1,25

2.5.1.2 Art (der Wohnung)

128 Unter der Art i.S. des § 558 Abs. 2 BGB ist in erster Linie die **Struktur des Hauses und des Wohnraums** zu verstehen, beispielsweise

- Einfamilienhaus,
- Penthauswohnung,
- Reihenhaus,
- Hochhaus.

129 So stellen die **Wohnungen in Hochhäusern** einen Markt sui generis dar, der nicht in einen Topf mit dem Wohnraum in Ein- und Zweifamilienhäusern geworfen werden kann[57]. Die Wohnung in einem Ein- und Zweifamilienhaus lässt sich selbst nur bedingt mit einer Wohnung in einem einfachen Mehrfamilienhaus vergleichen, weil dort das Wohnen in ruhiger und gepflegter Vorortlage im Vordergrund steht.

130 Bei **Anmietung von Einfamilienhäusern** liegt die marktübliche Miete erheblich über der Miete im Geschosswohnungsbau. Nach einer älteren Untersuchung des Gutachterausschusses von *Mainz* (Gutachterausschussbericht 1997) ist mit folgenden Zuschlägen zu rechnen:

Freistehende Einfamilienhäuser	+ 30 v.H.
Reihenhäuser	+ 20 v.H.

2.5.1.3 Beschaffenheit (der Wohnung)

131 Unter der Beschaffenheit wird insbesondere der **Zuschnitt der Wohnung** einschließlich der **mitvermieteten Hausteile sowie Art und Gestaltung der Umgebung** verstanden. Behebbare Mängel sind dagegen bedeutungslos, da der Mieter seine Gewährleistungsansprüche (§§ 536 ff. BGB) geltend machen kann (Minderungsrechte)[58].

132 Unter der **Beschaffenheit ist des Weiteren zu verstehen**
- die architektonische Gestaltung der Wohnung,
- die Baualtersklasse (vgl. Mietspiegel),
- die Raumeinteilung (Schnitt),
- das Vorhandensein von Balkon und Nebenräumen,
- der bauliche Zustand der Wohnung und der mitzubenutzenden Hausteile,
- die Aussicht,
- die Besonnungslage,
- der Garten und Grünanlagen,
- die Abgeschlossenheit der Wohnung,
- der Modernisierungsgrad,
- die Wärmedämmung.

---

57 A.A. LG Lübeck, Urt. vom 11.10.1994 – 6 S 256/93 –, WuM 1995, 189; Beuermann, Miete und Mieterhöhung, 2. Aufl. Berlin 1994, § 2 Rn. 29.
58 OLG Stuttgart, Urt. vom 7.7.1981 – 8 REMiet 1/81 –, EzGuG 20.89a; LG Braunschweig, Urt. vom 21.11.1988 – 13 BS 145/88 –, WuM 1989, 578; LG Hamburg, Urt. vom 10.10.1989 – 11 S 99/89 –, WuM 1991, 593.

2.5.1.4 Wohnung, Wohnraum, Wohnungsgröße und Wohnfläche

Schrifttum: *Schul, A./Wichert, J.*, Berechnung und Bedeutung der Mietfläche von Gewerberäumen, ZMR 2002, 633.

▶ *Hierzu Teil III Rn. 511 ff.*

a) *Allgemeines*

Für die Prüfung, ob die vorliegende Ertragssituation dem entspricht, was nachhaltig und rechtlich erzielbar ist, kann auf Vergleichsmieten und insbesondere auch auf Mietspiegel zurückgegriffen werden. Dabei muss die Wohnungsgröße berücksichtigt werden, denn erfahrungsgemäß fallen die **Mieten pro Quadratmeter Wohnfläche umso geringer aus, je größer die Wohnfläche** insgesamt ist[59]. In den sog. „Adressenlagen" (am Englischen Garten in München) kann es sich jedoch umgekehrt verhalten; dort sind große repräsentative Wohnungen teurer als kleinere Wohnungen. **133**

Unter der **Größe des Mietobjekts** wird vielfach nicht nur die Quadratmeterzahl der Wohnung, sondern auch die Zahl der Zimmer einer Wohnung verstanden. I.d.R. bestimmt sich die Größe des Wohnobjektes jedoch nach der Wohnfläche. **134**

Der Wohnflächenberechnung der zu untersuchenden Wohnung und der Vergleichswohnungen sind miteinander identische Berechnungsweisen zugrunde zu legen, weil sonst die Höhe der zum Ansatz gebrachten Mieterträge verfälscht würde. Dies konnte insbesondere die Berechnungsvorschrift der WoFlV bzw. der §§ 42 bis 45 II. BV[60] sein, obwohl diese nur für die Ermittlung der Wohnfläche im Bereich der sozialen Wohnraumförderung gilt[61], und die der DIN 283 (März 1951)[62] sein. Auch nach In-Kraft-Treten der neuen Wohnflächenverordnung kann es zunächst weiterhin erforderlich werden, die Wohnfläche nach der DIN 283 oder den §§ 42 bis 45 II. BV zu ermitteln, wenn Vergleichsmieten herangezogen werden, die sich auf Wohnraum beziehen, dessen Fläche nach den entsprechenden Berechnungsvorschriften ermittelt wurde. **135**

Der wesentliche **Unterschied zwischen der Wohnflächenberechnung** nach der WoFlV, der DIN 283 (1951) und den §§ 42 bis 44 II. BV liegt bei der Ermittlung der Flächen für **Balkone, Loggien, Dachgärten oder „gedeckte" Freisitze.** Nach der WoFlV und der DIN 283 (1951) sind die diesbezüglichen Flächen zu *einem Viertel* anzurechnen. Nach § 44 Abs. 2 II. BV konnten dagegen deren Grundflächen zur Ermittlung der Wohnfläche (WF) bis *zur Hälfte* angerechnet werden. Folglich hat sich die Praxis – auch bei gewerblich genutzten Räumen – weitgehend an den Vorgaben der II. BV mit dem Ergebnis größerer Wohn-/Nutzflächen orientiert. Von Interesse ist in diesem Zusammenhang, welche Berechnungsnorm den Mietspiegeln zu Grunde liegt, denn Wohn- bzw. Nutzflächen sind für die Ermittlung der Nettokaltmiete und als Umlagemaßstab von Betriebskosten von wesentlicher Bedeutung. **136**

▶ *Zu den Kellergeschossen vgl. Teil III Rn. 519*

---

[59] Schnoor in RDM Informationsdienst 1/1994; Streich in RDM Informationsdienst 1994 Nr. 1 S. 3.
[60] Der Anwendungsbereich der II. BV ergab sich aus § 1 II. BV; die Vorschrift lautet: „§ 1 Anwendungsbereich der Verordnung. (1) Diese Verordnung ist anzuwenden, wenn
 1. die Wirtschaftlichkeit, Belastung, Wohnfläche oder der angemessene Kaufpreis für öffentlich geförderten Wohnraum bei Anwendung des Zweiten Wohnungsbaugesetzes oder des Wohnungsbindungsgesetzes,
 2. die Wirtschaftlichkeit, Belastung oder Wohnfläche für steuerbegünstigten oder frei finanzierten Wohnraum bei Anwendung des Zweiten Wohnungsbaugesetzes,
 3. die Wirtschaftlichkeit, Wohnfläche oder der angemessene Kaufpreis bei Anwendung der Verordnung zur Durchführung des Wohnungsgemeinnützigkeitsgesetzes zu berechnen ist.
 (2) Diese Verordnung ist ferner anzuwenden, wenn in anderen Rechtsvorschriften die Anwendung vorgeschrieben oder vorausgesetzt ist. Das Gleiche gilt, wenn in anderen Rechtsvorschriften die Anwendung der Ersten Berechnungsverordnung vorgeschrieben oder vorausgesetzt ist." (Pohnert in GuG 1991, 150)
[61] Die Wohnflächenverordnung ist im Übrigen nicht die einzige Möglichkeit zur Bestimmung der Wohnungsgröße. Nach § 27 Abs. 4 WoFG kann die Wohnungsgröße bei Erteilung des Wohnberechtigungsscheins auch mit der Raumzahl angegeben werden.
[62] Der Normungsausschuss des Deutschen Instituts für Normung e.V. hat die DIN 283 aus dem Jahre 1951 – Berechnung von Wohnflächen und Nutzflächen – mit Teil 1 am 8.3.1983 und mit Teil 2 am 1.6.1989 ersatzlos zurückgezogen (abgedruckt im Anhang 11); vgl. Kremer, Zur Berechnung der Wohnflächen im BBauBl. 1990, 367.

b) *Wohnfläche nach WoFlV*

137 Zur **Berechnung der Wohnfläche** sind die nach § 2 WoFlV zur Wohnfläche gehörenden Grundflächen zu ermitteln und nach § 4 WoFlV auf die Wohnfläche anzurechnen (§ 1 Abs. 2 WoFlV).

138 Zur Ermittlung der Wohnfläche nach der WoFlV vgl. die Ausführungen in Teil III unter Rn. 513 ff. Die §§ der WoFlV sind dort in der Anlage 4 zum Teil III unter Rn. 591 abgedruckt.

c) *Wohnfläche nach den §§ 42 bis 44 der II. Berechnungsverordnung*

139 Zur Ermittlung der Wohnfläche vgl. die Ausführungen in Teil III unter Rn. 513 ff. Die §§ 42 bis 44 der II. BV sind dort in der Anlage 5 zum Teil III unter Rn. 592 abgedruckt.

d) *Wohnfläche nach DIN 283*

140 Zur Ermittlung der Wohnfläche vgl. die Ausführungen in Teil III unter Rn. 513 ff. Die DIN 283/1951 ist in der Anlage 6 zum Teil III unter Rn. 593 abgedruckt.

e) *Außenflächen (Balkone, Dachgärten, Terrassen)*

▶ *Hierzu Teil III Rn. 513 ff.*

141 Für gute bzw. schlechte **Balkon- oder Terrassenlagen** sind in Anlehnung an die Regelungen des § 4 Nr. 4 WoFlV, nach denen die diesbezüglichen Flächen in der Regel zu einem Viertel, höchstens jedoch zur Hälfte in die Wohnfläche eingehen (nach der DIN 283 ebenfalls zu einem Viertel und nur nach den §§ 42 ff. II. BV zur Hälfte), Zu- oder Abschläge in einer maximalen Größenordnung von 50 % angemessen[63].

142 Bei der Ermittlung des Mietwerts müssen die sog. Außenflächen, worunter im Gegensatz zur eigentlichen allseits umschlossenen Innenfläche Balkone, Dach- und Wintergärten, Terrassen, Veranden, Loggien und Freisitze (nunmehr Terrasse) zu verstehen sind, besonders beachtet werden. Für die anzusetzende Fläche gibt es, abgesehen von der Regelung der WoFlV für den mietpreisgebundenen Wohnraum, keine verbindlichen Berechnungsregeln, nachdem die DIN 283 bereits im August 1983 zurückgezogen wurde (vgl. Teil III Rn. 516 ff.) Das BayObLG[64] hat hierzu ausgeführt, dass bei einem Mieterhöhungsverlangen nach den Umständen des Einzelfalls der **Flächenanteil je nach seinem Wohnwert überhaupt nicht oder in guten Lagen bis zu 1/4 und in Ausnahmefällen bei sehr guter Lage bis zu 1/2 zu berücksichtigen** ist.

f) *Flächenabweichung*

143 In **Mietverträgen für gewerblich genutzte Räume** wird die Nutzfläche im Allgemeinen durch Angabe der Quadratmeterzahl beschrieben. Bei Neubauten (Erstbezug) ist meist das gemeinsame Aufmaß Grundlage für die Bemessung der Kaltmiete und den Umlageschlüssel. Die Kaltmiete wird dann in einem Preis je m² Gesamtnutzfläche (ohne Kellerräume, Tiefgarage etc.) angegeben. Für Haupt- und Nebenflächen in Büro-, Verwaltungsgebäuden sowie für Verkaufs-, Büro-, Lager-, Sozial- und Werkstatträume werden oft auch differenzierte Mietansätze entsprechend der Wertigkeit dieser Räumlichkeiten vereinbart. Bei *Selbstbedienungsmärkten* (SB-Märkte) umfasst der Durchschnittssatz pro Quadratmeter Nutzfläche (m² NF) meist auch das Nutzungsrecht an den Pkw-Parkplätzen auf der Freifläche des Grundstücks.

144 In **Wohnungsmietverträgen** wird die Wohnfläche meist mit Zirka-Quadratmetern[65] vereinbart. Ergibt sich durch ein späteres Aufmaß eine geringere als die vereinbarte Wohnfläche, so ist eine Reduzierung der Miete nicht möglich.

---

[63] BayObLG, RE vom 20.7.1983 – REMiet 6/82 –, EzGuG 20.102a; BayObLG, Beschl. vom 7.3.1996 – 2 Z BR 136/95 –, NJW 1996, 2106 = GuG 1996, 381.
[64] BayObLG, Urt. vom 20.7.1983 – REMiet 6/82 –, EzGuG 20.102a.
[65] LG Berlin, Urt. vom 8.9.2003 – 67 S 92/03 –, EzGuG 3.129.

Zur Begründung führte der BGH[66] in einer Entscheidung an, dass der Verkäufer gewusst hat, dass der Käufer von der im Prospekt genannten Wohnfläche von 78 m² ausging. Hatte der Verkäufer eine andere Vorstellung über die tatsächliche Größe, so wäre diese für die Bestimmung des Vertrags nur dann von Bedeutung, wenn der Käufer das erkannt und in dieser Kenntnis den Vertrag abgeschlossen hätte. Des Weiteren mache der verwendete **Zusatz „ca."** die Angabe nur dann unverbindlich, wenn die Abweichung geringfügig gewesen wäre, „nicht aber für einen Unterschied von mehr als 10 %". 145

Auch beim **Erwerb noch zu errichtender Eigentumswohnungen** führen Flächenabweichungen häufig zum Streit. Im Kern geht es dabei um die zugesicherten Eigenschaften des Kaufgegenstands. Ist z. B. einem Erwerber vom Bauträger eine bestimmte Wohnfläche zugesichert worden, die z. B. aufgrund eines Nachbareinspruchs (wenn die Bauerlaubnis unbeschadet von Rechten Dritter erteilt wurde) mit der Folge einer Planungsänderung und einer damit verbundenen Reduzierung der Wohnfläche nicht realisiert werden konnte, so wird dem Erwerber in der Rechtsprechung[67] eine Kaufpreisminderung zugestanden. 146

g) Umrechnungskoeffizient Wohnungsgröße

Bezüglich der Wohnungsgröße haben sich bislang keine anerkannten Klasseneinteilungen feststellen lassen. Die Mietspiegel weisen hier unterschiedliche **Klasseneinteilungen** auf (Abb. 7). 147

Abb. 7: Wohnungsgrößenklassen nach ausgewählten Mietspiegeln

Wohnungsgrößenklassen						
Berlin	Düsseldorf	Frankfurt am Main	Hamburg	Köln	München	Stuttgart
< 40	Keine Wohnungsgrößenklassen, Zuschläge für Appartements zwischen 20 m² und 45 m². Abschläge für Wohnungen ≥ 100 m².	Basismieten stehen für Wohnflächen zwischen 15 m² und 150 m² in 5-m²-Schritten für sechs Altersklassen zur Verfügung.	25–41	um 40	Basismieten stehen für Wohnflächen zwischen 22 m² und 160 m² für jeden Quadratmeter zur Verfügung. Prozentuale Zuschläge für die Zimmeranzahl und neun Gebäudealtersklassen.	40–60
40–60			41–65	um 60		
60–90			66–90	um 80		61–90
> 90			≥ 91	um 100		> 90
				um 120		

Quelle: Mietspiegel/Leopoldsberger; alle Angaben in m²

Von den Gutachterausschüssen für Grundstückswerte sowie aus Kreisen der Sachverständigen wurden zu diesem Zweck **Umrechnungskoeffizienten für das Verhältnis von Wohnfläche zur Miethöhe für Neubauwohnungen in mittlerer Wohnlage mit mittlerer Ausstattung** ermittelt (vgl. Abb. 8). Bezüglich der Abhängigkeit der Miete von der sich nach der Zahl der Zimmer bestimmenden Wohnungsgröße sind nach vorliegenden Erfahrungen geringe Abweichungen hinnehmbar, und zwar umso eher, je größer die Wohnung (Haus) ist, d. h. ab 4 Zimmer; ansonsten ist die Gewichtung im Schrifttum sehr strittig. 148

---

66 BGH, Urt. vom 11.7.1997 – V ZR 246/96 –, NJW 1997, 2874.
67 LG Ravensburg, Urt. vom 21.12.1990 – 2 O 1745/90 –, EzGuG 12.79a.

Abb. 8: Umrechnungskoeffizienten für das Verhältnis der Wohnfläche zur Miethöhe

Wohnfläche (WF) m²	Umrechnungskoeffizient					
	München (Englert)*	Bonn, Essen	Mainz	Heppenheim		Streich*
				Wohnungen	Häuser	
10	–	–	1,67	–	–	–
20	1,70	–	1,40	–	–	–
30	1,31	1,38	1,26	1,25	–	1,17
40	1,16	1,35	1,18	1,16	–	1,14
50	1,10	1,15	1,11	1,10	–	1,08
60	1,05	1,08	1,06	1,05	–	1,05
70	1,02	1,02	1,02	1,02	–	1,02
75	**1,00**	**1,00**	**1,00**	**1,00**	–	**1,00**
80	0,98	0,98	0,98	0,98	–	0,99
90	0,96	0,94	0,95	0,96	1,09	0,96
100	0,93	0,90	0,93	0,93	1,07	0,94
110	0,92	0,87	0,91	0,91	1,05	0,92
120	0,90	0,85	0,88	0,89	1,04	0,91
130	0,88	0,82	0,87	0,88	1,02	0,90
140	0,86	0,80	0,85	–	1,01	0,89
150	0,85	0,78	0,84	–	1,00	0,88
160	–	–	–	–	0,99	0,87
170	–	–	–	–	0,98	0,86
180	–	–	–	–	0,97	–
190	–	–	–	–	0,96	–
200	–	–	–	–	0,95	–
210	–	–	–	–	0,95	–
220	–	–	–	–	0,94	–
230	–	–	–	–	0,93	–
240	–	–	–	–	0,93	–
250	–	–	–	–	0,92	–

* Streich in VR 1981, 381; ders. in VR 1982, 147 und in DWW 1984, 90; DWW 1980,188; Englert in Immobilien-Wirtschaft heute, Nr. 17/92; Gutachterausschuss für Grundstückswerte in Heppenheim

Beispiel:

- Gegeben: Vergleichsmiete von 3,00 €/m² für 50 m² große Wohnung in Bonn
- Gesucht: Miete für 80 m² große Wohnung
- Aus Abb. 9: Umrechnungskoeffizient für 50 m² = 1,15
  Umrechnungskoeffizient für 80 m² = 0,98

Gesuchte Miete = 0,98/1,15 × 3,00 €/m² = **2,56 €/m²**

149 Daneben liegen eine Reihe (meist älterer) Untersuchungen vor, die in Abb. 9 zusammengestellt sind (vgl. die Abhängigkeit bei Eigentumswohnungen Teil VI Rn. 81).

Abb. 9: Umrechnungskoeffizient für das Verhältnis von Wohnfläche zur Miethöhe in Essen, Mainz und Bonn

© W. Kleiber 02

Als **ausgeglichene Umrechnungskoeffizienten** ergeben sich (Abb. 10):

Abb. 10: Umrechnungskoeffizienten für das Verhältnis der Wohnfläche (WF) zur Miethöhe

Wohnfläche (WF) m²	Umrechnungskoeffizient		
	von	Mittel	bis
10	1,50	1,60	1,70
20	1,34	1,40	1,46
30	1,23	1,29	1,35
40	1,16	1,20	1,24
50	1,09	1,13	1,17
60	1,03	1,07	1,11
70	0,98	1,02	1,06
75	–	1,00	–
80	0,94	0,98	1,02
90	0,92	0,96	1,00
100	0,90	0,94	0,98
110	0,87	0,91	0,95
120	0,83	0,88	0,93
130	0,70	0,85	0,90
140	0,76	0,82	0,88
150	0,73	0,79	0,85
160	0,70	0,76	0,82

© W. Kleiber 02

2.5.1.5 Ausstattung (der Wohnung)

Unter der Ausstattung werden **alle räumlichen und sonstigen Ausstattungsmerkmale** verstanden, die der Vermieter dem Mieter zur Verfügung gestellt hat. Hilfsweise kann hier auf die DIN 283 Teil I Ziff. 3 (vgl. Rn. 124; Teil III Rn. 546 ff.) zurückgegriffen werden, die allerdings auch keine vollständige Aufzählung enthält.

151 Der Ausstattung kommt von den unter Rn. 134 ff. genannten wohnwertbestimmenden Merkmalen das höchste Gewicht zu; innerhalb der Merkmale bedient sich die Praxis eines **Schulnotensystems**; z. B.

- gehobene Ausstattung,
- übliche Ausstattung und
- einfache Ausstattung.

152 **Ausstattungsmerkmale** sind alle im leeren Wohnraum eingebauten oder eingerichteten Teile, insbesondere

- sanitäre Einrichtungen,
- Heizung/Warmwasser,
- Kücheneinrichtungen,
- Heizungseinrichtungen,
- Fußböden,
- Fenster und Türen,
- besondere Isolierungen,
- Gemeinschaftsantennen,
- Gemeinschaftseinrichtungen,
- Decken und Wände (Holz, Stuck, Tapete),
- Keller- und Speicherräume,
- Gemeinschaftsräume,
- Wandschränke/Garderoben/offener Kamin.

153 **Einrichtungen des Mieters** (zum Möblierungszuschlag vgl. Rn. 6) sind hingegen nicht zu berücksichtigen[68].

2.5.1.6 Lage

154 **Lagemerkmale sind insbesondere**[69]:

- Baudichte,
- baulicher Zustand,
- Frei- und Grünflächen,
- landschaftlicher Charakter, Beeinträchtigungen durch Lärm, Staub, Geruch,
- Ortslage: Lage des Wohnquartiers innerhalb des Stadtgebietes (Zentralität),
- Verkehrsanbindung zur Innenstadt oder zu Bezirkszentren,
- Parkmöglichkeiten,
- Versorgung mit Läden, Schulen und sonstigen Infrastruktureinrichtungen,
- Infrastruktur (öffentliche Einrichtungen wie Verkehrsanbindung, Schulen, Krankenhäuser, Spielplatz, Grünflächen, Kindergärten usw.),
- Lage im Haus (Geschosslage – auch abhängig vom Vorhandensein eines Fahrstuhls – und Ausrichtung nach der Himmelsrichtung[70] sowie Lage innerhalb des Komplexes (Vorderhaus – Rückgebäude).

155 Im Hinblick auf die hohe Streitbefangenheit, die mit der **Einordnung von Lagemerkmalen** verbunden ist, hat *Börstinghaus*[71] einen **Kriterienkatalog** (Abb. 11) mit nachstehend abgedruckten Erläuterungen vorgegeben:

Erläuterungen zur Lageklassentabelle

Spalte 1: Enthält beispielhaft die wichtigsten Lagekriterien. Selbstverständlich können Sie noch andere Kriterien, die für den Einzelfall zutreffen, hinzufügen und/oder andere Kriterien weglassen.

---

[68] LG Baden-Baden, Urt. vom 8.5.1992 – 1 S 98/91 –, EzGuG 11.193a; BayObLG, Urt. vom 14.7.1981– AllgReg 32/81 –, WuM 1981, 201; a.A. Walterscheidt, Typische Fehler in einem Vergleichsmietzinsgutachten, Hannover 1999, S. 45.
[69] Hinweise des BMJ in WM 1980, 189 = ZMR 1980; weiterführend Niederberger in WuM 1980, 173; Isenmann in DS 1992, 153.
[70] LG Köln, Urt. vom 16.2.1994 – 10 S 407/93 –, WuM 1994, 691.
[71] Börstinghaus, U., Mieterhöhungen bei Wohnraummietverträgen, 2. Aufl. 1995, S. 322.

Spalte 2: Hier sollten Sie Noten eintragen, wobei Sie sinnvollerweise eine Notenskala verwenden sollten, die Ihrem Mietspiegel entspricht (hat der Mietspiegel vier Lageklassen, sollte man die Noten Eins bis Vier vergeben). Auf diese Weise wird die Eingruppierung in die Lageklasse für beide Vertragsparteien nachvollziehbarer und überprüfbarer. Wenn Sie die Gesamtnotenzahl durch die Anzahl der vergebenen Noten dividieren, erhalten Sie einen Wert, der zunächst eine Aussage über die Eingruppierung in eine Lageklasse erlaubt, und zum anderen kann man unter Umständen an dem entsprechenden Dezimalwert auch schon ablesen, ob die Benotung im oberen, mittleren oder unteren Bereich der Notenskala liegt, was dann ggf. ein Anhaltspunkt dafür sein kann, aus welchem Bereich der Mietpreisspanne die konkrete Vergleichsmiete zu entnehmen ist. Maßstab für die Benotung muss aber auf jeden Fall ein objektiver sein. Wie oben bereits festgestellt, kann für den einen Mieter ein fehlender U-Bahnanschluss bedeutungslos sein und für den anderen von sehr großer Bedeutung. Objektiv ist ein solcher Anschluss aber immer vorteilhaft. Wichtig ist in diesem Zusammenhang aber der Hinweis, dass manche Mietspiegel bestimmte Bedingungen an die Eingruppierung in eine bestimmte Lageklasse knüpfen. In diesem Fall muss zusätzlich überprüft werden, ob diese Bedingungen erfüllt sind.

Abb. 11: Tabelle zur Ermittlung der Lageklasse

Tabelle zur Ermittlung der Lageklasse	
Lagemerkmal	**Beurteilung**
Lage	
Im Stadtgebiet	
Im Stadtbezirk	
Wohnberuhigung	
Bebauung	
Offene/geschlossene Bauweise	
Bebauungsdichte	
Wohnbeeinträchtigungen	
Straßenlärm	
Bahn- oder Fluglärm	
Industrielärm	
Sonstiger Lärm	
Geruchs- u. Staubimmissionen	
Verkehrsanbindung	
Auto	
Bahn/Bus	
U-Bahn	
Radwege	
Fußwege	
Schulweg	
Einkauf	
Für den täglichen Einkauf	
Andere Dinge	
Freizeiteinrichtungen	
Kinderspielplätze	
Naherholungsgebiete	
Sportplätze, -hallen	
Sonstige Einrichtungen	

Tabelle zur Ermittlung der Lageklasse	
Lagemerkmal	**Beurteilung**
Medizinische Versorgung	
Schulen	
Kindergärten	
Öffentliche Einrichtungen	
Sonstige Lagevor- und -nachteile	

156 Es handelt sich bei dem vorstehenden Kriterienkatalog um die sog. Makrolage. Umstritten ist dagegen, ob die sog. Mikrolage, d.h. die **Lage der Wohnung innerhalb des Hauses,** unter den Begriff der Lage i.S. des § 558 Abs. 2 BGB fällt, da diese möglicherweise bereits mit der „Beschaffenheit" erfasst werden kann. Entscheidend ist bei alledem, dass diese Mikrolage nicht doppelt berücksichtigt wird.

157 Die Aufnahme des zum Vermietungszeitpunkt aktuellen Vermietungszustands eines Einkaufszentrums in der Präambel zu einem Mietvertrag stellt keine Zusicherung der Vollvermietung dar, die weder zu einer außerordentlichen Kündigung noch zu einer Mietreduzierung aufgrund eines Leerstand berechtigt[72].

2.5.2 Gewerberaum

2.5.2.1 Allgemeines

▶ *Allgemeines zu den Lagemerkmalen von Gewerbeimmobilien vgl. Teil VI Rn. 7, 149 ff.; GuG 2003, 108, 175, 243*

158 Gewerbeimmobilien weisen eine große Spannbreite unterschiedlicher Nutzungen auf. Die **mietpreisbestimmenden Merkmale sind** deshalb **nutzungsabhängig.**

2.5.2.2 Mietfläche von Gewerberäumen

159 Die **Mietfläche** ist insoweit problematisch, als es hierfür an einheitlichen mietvertraglichen Berechnungsnormen mangelt.

▶ *Näheres hierzu in Teil III Rn. 513 ff.*

2.5.2.3 Lage und Beschaffenheit gewerblicher Immobilien

160 Zu den Lage- und Beschaffenheitsmerkmalen von **Büroimmobilien** vgl. *Teil VI Rn. 149 ff.*

161 Neben den allgemeinen **Lagemerkmalen, die die Rangfolge der wertbeeinflussenden Merkmale von Büroimmobilien anführen, sind** vor allem die **Ausstattungsmerkmale von** hoher **Bedeutung.** Gute Lagemerkmale mit guter Ausstattung des Gebäudes sind Voraussetzung für Spitzenmieten. Daneben sind auch die Größe, die **Flexibilität** der Nutzbarkeit, ihre Teilbarkeit und das Alter von Bedeutung.

162 Zu den Lage und Beschaffenheitsmerkmalen von **Handelsimmobilien** (auch **Läden**) vgl. Teil VI Rn. 236 ff.

163 Zu den Lage- und Beschaffenheitsmerkmalen im **industriell-produzierenden Bereich** (einschließlich **Lager- und Logistikimmobilien** sowie **Gewerbeparks**) vgl. Teil VI Rn. 176 ff.

164 Zu den Lage- und Beschaffenheitsmerkmalen von **Sonderimmobilien** einschließlich **Freizeitimmobilien** vgl. Teil VI Rn. 313 ff., 499 ff.

---

72 BGH, Urt. Vom 26.5.2004 – XII ZR 149/02 –.

Bei **speziellen Immobilien,** deren Mietwert bzw. Miete üblicherweise nicht über die m²-Nutzfläche ermittelt wird, sind zusätzliche Objektangaben erforderlich:

- Bei **Hotels** bedarf es für die Bereiche Logis, Gastronomie und Sonstiges (Tagungsräume, Verkauf, Schwimmbad usw.) einschlägiger Angaben über den mehrjährigen Umsatz (netto ohne MwSt.) sowie der Zimmerauslastung (vgl. Teil VI Rn. 334 ff.).
- Bei **Tennis-, Badminton-, Squash- und Reithallen** bedarf es der Angaben über den Umsatz sowie der Auslastung in der Sommer- und Wintersaison (vgl. Teil VI Rn. 576 ff., 604).

2.5.3 Gemeinbedarfsnutzung

▶ *Vgl. Syst. Darst. des Ertragswertverfahrens Rn. 163 ff.*

Das Ertragswertverfahren kann grundsätzlich auch zur Ermittlung des Verkehrswerts von baulich für Gemeinbedarfszwecke genutzte Grundstücke zur Anwendung kommen. Dabei gilt es insbesondere zwei Besonderheiten zu beachten: **165**

a) Als Erträge sind solche anzusetzen, die von der öffentlichen Hand im Falle einer Anmietung der Räumlichkeiten für vergleichbare Objekte auf dem privatwirtschaftlichen Grundstücksmarkt aufgebracht werden müssten.

b) Als Bodenwert ist in solchen Fällen bei der Ermittlung des Bodenwertverzinsungsbetrags der mit diesen Ertragsverhältnissen **korrespondierende Bodenwert** vergleichbarer privatwirtschaftlich nutzbarer Grundstücke anzusetzen, während es ansonsten bei dem Bodenwert der Gemeinbedarfsfläche verbleibt (gespaltene Bodenwerte).

Dies ist in dem Modell der Ertragswertermittlung begründet:

wobei EW Ertragswert
       BW Bodenwert
       V   Vervielfältiger
       p   Liegenschaftszinssatz

Würde man nämlich den Bodenwertverzinsungsbetrag auf der Grundlage der Gemeinbedarfsnutzung ermitteln, so würde der um den Bodenwertverzinsungsbetrag verminderte Reinertrag (RE – p × BW) unangemessen „hochschnellen", denn der **Bodenwert einer Gemeinbedarfsnutzung ist in aller Regel niedriger** als der einer vergleichbaren privatwirtschaftlich nutzbaren Fläche (Prinzip korrespondierender Bodenwerte). **166**

Bezüglich der für Gemeinbedarfsnutzungen anzusetzenden Erträge gilt der bereits angesprochene **Grundsatz, nach dem solche Erträge anzusetzen sind, die für vergleichbare privatwirtschaftlich nutzbare bauliche Anlagen ortsüblich und nachhaltig sind.** Dies ist in vielen Fällen unproblematisch, bereitet mitunter aber auch Schwierigkeiten: **167**

- Bei öffentlichen *Verwaltungsgebäuden* bereitet der Ansatz in aller Regel keine Schwierigkeiten, weil hier auf vergleichbare Büronutzungen zurückgegriffen werden kann.
- Bei anderen Gemeinbedarfsnutzungen, wie *Schulen, Kindergärten und öffentlichen Versammlungsstätten,* stellt sich die Situation schon komplizierter dar, jedoch gibt es auch für dieses Segment durchaus einen (kleinen) Mietmarkt.

168 In der Wertermittlungspraxis kann hier vielfach auf die **Benutzungs- und Entgeltverordnung** der jeweiligen Städte zurückgegriffen werden.

169 So sieht z. B. die **Benutzungs- und Entgeltverordnung** der Stadt *Kiel* vom 8.12.1995, geändert am 18.9.1996, für die Benutzung von Schulräumen und Sporthallen folgende Entgelte vor[73]:

		im Sommerhalbjahr (1. 5. – 30. 9.)	im Winterhalbjahr (1. 10. – 30. 4.)
A.	Allgemeine Räume		
1.	Klassenraum	6,00 € je angef. Stunde	7,50 €
2.	Zeichen- und Musiksaal, Großraum o.Ä.	10,00 € je angef. Stunde	12,50 €
B.	Berträume		
1.	Gymnastiksaal Krafttrainingsraum	10,00 € je angef. Stunde	15,00 €
2.	Normalturnhalle	15,00 € je angef. Stunde	20,00 €
3.	Großturnhalle Sporthalle	25,00 € je angef. Stunde	30,00 €
4.	Lehrschwimmbecken Max-Planck-Schule	20,00 € je angef. Stunde	20,00 €
5.	Bewegungsbad Bildungszentrum Mettenhof	15,00 € je angef. Stunde	20,00 €
C.	Aulen, Mensen u.ä. Räume mit einem Fassungsvermögen		
	– bis 200 Personen	50,00 € je Tag	65,00 €/Tag
	– über 200 bis 500 Personen	63,00 € je Tag	75,00 €/Tag
	– über 500 Personen	75,00 € je Tag	90,00 €/Tag
D.	Fachräume, Werkstätten, Labors u.Ä.	150,00 € je Tag	175,00 €/Tag
1.	Werkstatt, Labor	25,00 € je Stunde	30,00 €/Std
	Fachraum	300,00 € je Tag	325,00 €/Tag
2.	Fachraum für CAD-Technik	40,00 € je Stunde	45,00 €/Std.
3.	Meisterkurs Hauswirtschaft Für die Überlassung von Schulraum für die Durchführung des Kurses zur Vorbereitung auf die Meisterprüfung in der Hauswirtschaft je Teilnehmer/ Teilnehmerin und Semester	75 €	90 €
4.	Geräteüberlassung Für die gleichzeitige Überlassung		
a)	eines Klaviers	15,00 € je Tag	
b)	eines Flügels	25,00 € je Tag	
c)	von sonstigen Lehrmitteln und Musikinstrumenten	nach Vereinbarung	

a. Bei der Erhebung eines Eintrittsgeldes von mehr als 3,75 € für den teuersten Platz sowie bei gewerblichen Nutzungen ist das Fünffache der aufgeführten Entgelte zu zahlen.

b. Werden Räume für Privatunterricht genutzt, der nicht im schulischen Interesse liegt, wird das Dreifache der Entgelte festgesetzt.

(4) Übernachtungen in Schulräumen und Sporthallen werden nur bei Großveranstaltungen genehmigt, wenn eine andere Unterbringung, z. B. in Jugendherbergen, nicht möglich ist. Es wird ein Entgelt von 2,50 € je Person und Nacht erhoben.

(5) Die Kosten für die Heizung, für Beleuchtung, Reinigung und Wartung sind in den Entgelten enthalten. Bei erhöhter Verschmutzung sind notwendige zusätzliche Reinigungskosten von dem Nutzer/der Nutzerin zu übernehmen.

(6) Für die Nutzung von Schulräumen und Sporthallen wird für Personalkosten des Schulhausmeisters ein Zuschlag

| an Sonn- und Feiertagen in Höhe von | 15,00 € |
| an Werktagen außerhalb der Arbeitszeit in Höhe von | 7,50 € je Stunde erhoben. |

---

73 Zu Krankenhäusern vgl. Gödecke in Nachr. der nds. Kat- und VermVw 2001, 15.

„§ 6 Entgelte

(1) Übernachtungen in Schulräumen und Sporthallen werden Personen, die einem Turn- und Sportverein oder einer Sportgruppe, die dem Sportverband Kiel, dem Landessportverband Schleswig-Holstein oder einer Nebenorganisation des Deutschen Sportbundes angeschlossen sind, genehmigt und im Übrigen nur einer Teilnehmerinnen/Teilnehmern von Großveranstaltungen, wenn eine andere Unterbringung, z. B. in Jugendherbergen, nicht möglich ist. Es wird ein Entgelt von *2,50 €* je Person und Nacht erhoben. Wer gegen die Regelungen der Benutzungs- und Entgeltordnung oder der Haus- bzw. Hallenordnung verstößt, kann von weiteren Nutzungen ausgeschlossen werden. Die Verwaltung ist berechtigt, Kautionen hinterlegen zu lassen."

2.5.4 Landwirtschaftliche Gebäude

Bei der Vermietung von landwirtschaftlichen Wirtschaftsgebäuden (z. B. Lagernutzung, Getränkeverkauf) lassen sich nur geringe unterhalb der Kostenmiete liegende Einnahmen erzielen, die i.d.R. zwischen monatlich 0,25 und 1,00 €/m² liegen (in Ballungsgebieten mitunter bis zu 3,50 €/m² für z. B. eine gute Maschinenhalle). Stellplatzflächen für z. B. Wohnwagen können monatliche Mietpreise von 10 bis 25 €/m² bei einem durchschnittlichen Flächenbedarf von 30 m² einschließlich Rangierflächen erzielen. **170**

2.6 Mieterhöhungsverlangen

2.6.1 Allgemeines

▶ *Vgl. hierzu Rn. 61 ff.*

Ein Mieterhöhungsverlangen muss begründet werden. Das Gesetz sieht hierfür verschiedene **Begründungsmittel** vor (§ 558a BGB): **171**

1. Mietspiegel (§§ 558c und d BGB),
2. eine Auskunft aus einer Mietdatenbank (§ 558e BGB),
3. Gutachten eines öffentlich bestellten und vereidigten Sachverständigen,
4. Hinweis auf Entgelte für mindestens drei vergleichbare Wohnungen.

Streitig ist bei alledem, ob auch ein Sachverständigengutachten eines nicht öffentlich bestellten Sachverständigen zulässig ist[74].

Der Vermieter ist in der Wahl seines Begründungsmittels frei. Der **Heranziehung von Mietspiegeln räumt das Gesetz keine Priorität bei.** Soll sich das Mieterhöhungsverlangen auf ein Gutachten eines Sachverständigen stützen, so muss es sich dabei um „ein mit Gründen versehenes Gutachten eines öffentlich bestellten und vereidigten Sachverständigen" handeln. Insoweit gelten nicht die unmittelbaren Regelungen der ZPO. An ein vorprozessuales Gutachten sind keine minderen Ansprüche zu stellen als an ein gerichtliches Gutachten[75]. **172**

Wertermittlungsstichtag ist der **Zeitpunkt des Zugangs des Mieterhöhungsverlangens**[76]. **173**

2.6.2 Mietspiegel

2.6.2.1 Allgemeines

▶ *Vgl. Rn. 28*

Unter einem Mietspiegel ist eine **Übersicht über die ortsüblichen Vergleichsmieten** zu verstehen. Das BGB kennt zwei Arten von Mietspiegeln, **174**

---

74 Bub/Treier (Schulz) § 2 MHG IIIa Rn. 242.
75 OLG Karlsruhe, Beschl. vom 20.7.1982 – 3 REMiet 2/82 –, EzGuG 11.132c.
76 BayObLG, Beschl. vom 27.10.1992 – REMiet 3/92 –, EzGuG 20.143a; OLG Stuttgart, Urt. vom 15.12.1993 – 8 REMiet 4/93 –, WuM 1994, 58 = NJW-RR 1994, 334 = ZMR 1994, 109 = DWW 1994, 47.

a) den *(einfachen)* Mietspiegel nach § 558c BGB und

b) den *qualifizierten* Mietspiegel nach § 558 d BGB.

175 Für beide Arten von Mietspiegeln fordert das Gesetzbuch, dass sie von der Gemeinde oder von Interessenvertretern der Vermieter und der Mieter gemeinsam erstellt oder anerkannt worden sind[77]. Für den qualifizierten Mietspiegel wird darüber hinaus gefordert, dass er nach „anerkannten wissenschaftlichen Grundsätzen" erstellt worden ist.

176 **§§ 558c und 558d BGB** haben folgende Fassung

„§ 558c BGB Mietspiegel

(1) Ein Mietspiegel ist eine Übersicht über die ortsübliche Vergleichsmiete, soweit die Übersicht von der Gemeinde oder von Interessenvertretern der Vermieter und der Mieter gemeinsam erstellt oder anerkannt worden ist.

(2) Mietspiegel können für das Gebiet einer Gemeinde oder mehrerer Gemeinden oder für Teile von Gemeinden erstellt werden.

(3) Mietspiegel sollen im Abstand von zwei Jahren der Marktentwicklung angepasst werden.

(4) Gemeinden sollen Mietspiegel erstellen, wenn hierfür ein Bedürfnis besteht und dies mit einem vertretbaren Aufwand möglich ist. Die Mietspiegel und ihre Änderungen sollen veröffentlicht werden.

(5) Die Bundesregierung wird ermächtigt, durch Rechtsverordnung mit Zustimmung des Bundesrates Vorschriften über den näheren Inhalt und das Verfahren zur Aufstellung und Anpassung von Mietspiegeln zu erlassen.

§ 558d BGB Qualifizierter Mietspiegel

(1) Ein qualifizierter Mietspiegel ist ein Mietspiegel, der nach anerkannten wissenschaftlichen Grundsätzen erstellt und von der Gemeinde oder von Interessenvertretern der Vermieter und der Mieter anerkannt worden ist.

(2) Der qualifizierte Mietspiegel ist im Abstand von zwei Jahren der Marktentwicklung anzupassen. Dabei kann eine Stichprobe oder die Entwicklung des vom Statistischen Bundesamt ermittelten Preisindexes für die Lebenshaltung aller privaten Haushalte in Deutschland zu Grunde gelegt werden. Nach vier Jahren ist der qualifizierte Mietspiegel neu zu erstellen.

(3) Ist die Vorschrift des Absatzes 2 eingehalten, so wird vermutet, dass die im qualifizierten Mietspiegel bezeichneten Entgelte die ortsübliche Vergleichsmiete wiedergeben."

177 Das Gesetz verzichtet hier auf Vorgaben bestimmter wissenschaftlicher Methoden (Tabellenmethode oder Regressionsanalyse) und eine Verpflichtung der Gemeinde zur Erstellung eines qualifizierten Mietspiegels. Im Unterschied zum einfachen Mietspiegel soll dem qualifizierten Mietspiegel wegen der erforderlichen wissenschaftlichen Qualität eine **prozessuale (gleichwohl widerlegbare Richtigkeits-)Vermutung** im gerichtlichen Mieterhöhungsrechtsstreit zukommen. Der wesentliche Unterschied besteht also in den Rechtsfolgen.

178 Wenn der Vermieter der Auffassung ist, dass die ortsübliche Vergleichsmiete höher ist als im qualifizierten Mietspiegel angegeben, kann er sich ebenso wie im Falle des Vorliegens eines einfachen Mietspiegels auf drei Vergleichsmieten oder ein **Gutachten eines öffentlich bestellten und vereidigten Sachverständigen** berufen[78], d.h., den Parteien bleibt gemäß § 292 ZPO die Möglichkeit des Gegenbeweises. In jedem Fall muss der Sachverständige nach § 558a Abs. 3 BGB auf einen qualifizierten Mietspiegel Bezug nehmen.

179 Der Mietspiegel hat sich bei außergerichtlichen Mieterhöhungserklärungen bewährt[79]. Im Rechtsstreit kommt dem **Mietspiegel** die **Bedeutung eines Parteigutachtens** bei. Sofern ein

---

[77] OLG Hamm, Urt. vom 11.10.1991 – 30 REMiet 4/90 –, WuM 1990, 538 = ZMR 1991, 22.
[78] LG Berlin, Urt. vom 8.12.2003 – 67 S 288/03 –, BlnGE 2004, 180 = GuG 2004, 187 = EzGuG 3.131; LG Berlin, Urt. vom 3.6.2003 – 65 S 17/03 –, EzGuG 3.128; AG Charlottenburg, Urt. vom 5.11.2003 – 207 C 234/03 –, EzGuG 3.130.
[79] OLG Stuttgart, RE vom 2.2.1982 – 8 REMiet 4/81 –, EzGuG 3.64b; AG Frankfurt am Main, Urt. vom 20.10.1988 – 33 C 4916/87 – 29 –, EzGuG 3.74; AG Köln, Urt. vom 15.1.2001 – 207 C 338/00 –, EzGuG 20.176a.

Mietspiegel vorliegt, hat sich der Sachverständige damit auseinanderzusetzen[80.] Für die Zeit zwischen der Datenerhebung zum Mietspiegel und dem Zugang des Mieterhöhungsverlangens (sog. Stichtagsdifferenz) kann ein Zu- bzw. Abschlag zu dem für die Wohnung betreffenden Mietspiegelwert gemacht werden, der sich nach der ermittelten Steigerung der ortsüblichen Vergleichsmieten bemisst[81].

Nach § 558c Abs. 3 und § 558 d Abs. 2 BGB sollen die einfachen Mietspiegel und die qualifizierten Mietspiegel alle zwei Jahre der Entwicklung angepasst werden. Von der Ermächtigung des § 558c Abs. 5 BGB, durch Rechtsverordnung Vorschriften über den näheren Inhalt und das Verfahren zur Aufstellung und Anpassung von Mietspiegeln zu erlassen, hat die Bundesregierung bislang keinen Gebrauch gemacht. Stattdessen sind aber **„Hinweise für die Aufstellung von Mietspiegeln"** veröffentlicht worden[82]. Auf derartige Mietspiegel kann also Bezug genommen werden, wenn der Mietspiegel von der Gemeinde oder vom Interessenvertreter der Vermieter und der Mieter gemeinsam erstellt oder anerkannt worden ist. **180**

Ein Mieterhöhungsverlangen kann im Übrigen auch auf **Mietspiegel vergleichbarer Nachbargemeinden** gestützt werden. Davon wird man nur Gebrauch machen, wenn ein Mietspiegel der Belegenheitsgemeinde nicht zur Verfügung steht. An die Erstellung des Mietspiegels sind folgende **Anforderungen** zu stellen: **181**

- Der Mietspiegel soll einen repräsentativen Querschnitt der ortsüblichen Entgelte vergleichbarer Wohnungen enthalten.
- In den Mietspiegel sollen ortsübliche Entgelte eingehen, die in den letzten vier Jahren vereinbart oder geändert wurden.
- In den Mietspiegel dürfen preisgebundene Mieten nicht eingehen.
- Der Mietspiegel soll eine Einordnung der Wohnungen nach Art, Größe, Ausstattung, Beschaffenheit und Lage zulassen; dabei empfiehlt es sich, das Baualter anzugeben.

Die **Verwendung des IVD-Immobilienpreisspiegels** oder der Mietpreisübersichten der Finanzämter **ist bei einem Mieterhöhungsverlangen unzulässig.** Dies spricht gegen ihre Heranziehung zur Verkehrswertermittlung. Die Verwendung von Mietspiegeln zur Begründung der ortsüblichen Vergleichsmiete ist im Übrigen für **Zweifamilienhäuser** in der Rechtsprechung abgelehnt worden[83]. **182**

Bei der Verwendung von Mietspiegeln ist zu beachten, dass die meisten Mietspiegel die sog. **Grundmiete** ausweisen. Unter dem Begriff **Grundmiete** ist das **Entgelt für die Gebrauchsüberlassung einer Wohnung o h n e Betriebskosten** zu verstehen (Nettomiete). **183**

Um die Vergleichbarkeit der ausgewiesenen Grundmiete mit der tatsächlich entrichteten Miete herzustellen, bedarf es insbesondere bei älteren Mietverträgen, mit denen nicht die gesamten umlagefähigen Betriebskosten umgelegt werden, der Umrechnung. Im Einzelnen kann zwischen folgenden Vertragstypen unterschieden werden: **184**

1. Mietverträge, mit denen alle umlagefähigen Betriebskosten umgelegt werden;

2. Mietverträge, mit denen nicht alle umlagefähigen Betriebskosten umgelegt werden und stattdessen pauschal ein Teilbetrag vom Mieter vertraglich übernommen wird und damit auch die an sich umlagefähigen Betriebskosten abgegolten sind **(Teilinklusivmiete);**

---

80 LG Berlin, Urt. vom 9.11.1992 – 66 S 84/92 –,GE 1993, 749; LG Köln, Urt. vom 19.9.1991 – 1 S 108/90 –, WuM 1992, 256; LG Wiesbaden, Urt. vom 19.9.1991 – 1 S 108/90 –, WuM 1992, 256; AG Dortmund, Urt. vom 9.12.1991 – 114 C 14266/90 –, WuM 1992, 138.
81 OLG Stuttgart, Beschl. vom 15.12.1993 – 8 REMiet 4/93 – ; EzGuG 3.113a.
82 BBauBl. 1980, 357 = WuM 1980, 165; Zur Methodik vgl. Klein, Th./Martin, F., in WuM 1994, 513; Voelskow, R. in ZMR 1992, 326; Aigner, K./Oberhofer, W./Schmidt, B. in WuM 1993, 10, 16; Gaede, K.-W./Kredler, C. in WuM 1992, 577; Krämer in WuM 1992, 172; Leutner, B. in WuM 1992, 652; BMBau: Hinweise zur Erstellung von Mietspiegeln, Bonn 1997.
83 LG Berlin, Urt. vom 22.5.2002 – 64 S 159/01 –, EzGuG 3.126b.

3. Mietverträge, die eine Warm-, Inklusiv- oder Bruttomiete vorsehen, mit der die Betriebskosten als abgegolten gelten, d.h. die vereinbarte Miete enthält auch den gesamten Betriebskostenanteil.

185 Der **Vergleich der vertraglich vereinbarten Miete mit den im Mietspiegel ausgewiesenen Mietwerten** erfolgt regelmäßig in der Weise, dass – je nach mietvertraglicher Behandlung der umlagefähigen Betriebskosten bzw. überwälzungsfähigen Schönheitsreparaturen – die im Mietspiegel ausgewiesene Grundmiete „aufgestockt" wird.

186 Im 2. *Fall* (Teilinklusivmiete) muss, um eine Vergleichbarkeit herzustellen, unter Heranziehung des Mietvertrags der **vom Mieter bezahlte Betriebskostenanteil** zunächst herausgerechnet werden. Einfacher ist es, wenn der Mieter seinen Betriebskostenanteil durch eine Nebenkostenpauschale entrichtet. Die mietvertraglich vereinbarte Miete kann dann direkt mit der im Mietspiegel ausgewiesenen Grundmiete verglichen werden[84].

187 Sieht der **Mietvertrag** indessen eine **Warm-, Inklusiv- oder Bruttomiete** vor (*Fall 3*), müssen die in der Miete enthaltenen Betriebskosten zunächst im Wege einer fiktiven Umlage herausgerechnet werden. Zu diesem Zweck werden

a) die jährlich anfallenden Betriebskosten des Gesamtobjekts ermittelt,

b) anschließend wird der auf den Mieter entfallende Anteil pro Quadratmeter Wohnfläche in der Weise ermittelt, indem der Gesamtbetrag der jährlichen Betriebskosten durch die gesamte Wohnfläche des Mietobjekts geteilt wird;

c) schließlich wird der auf den Quadratmeter Wohnfläche bezogene Betriebskostenanteil auf den Monatswert umgerechnet, indem das vorstehende Ergebnis durch 12 geteilt wird.

188 Bei Berufung auf den Mietspiegel hat der Sachverständige die Bewertungsmerkmale (Rasterfeld) des Mietspiegels eindeutig anzugeben[85]. Zur Frage, ob und welche **Zu- und Abschläge an die im Mietspiegel ausgewiesenen Werte** anzubringen sind, ist zunächst auf den Mietspiegel selbst hinzuweisen, soweit dieser ausdrücklich für bestimmte Merkmale Zu- oder Abschläge vorsieht (vgl. nachfolgendes Beispiel). Weitere Zu- und Abschläge für bestimmte Beschaffenheitsmerkmale verbieten sich, wenn solche Merkmale bereits in das statistische Material, das der Ableitung zu Grunde gelegt wurde, bereits eingegangen sind. Unzulässig sind Zu- und Abschläge für Teilmärkte, wie z. B. für Wohnungen bestimmter Bevölkerungsgruppen (Studenten, Stationierungskräfte, Ausländer, Wohngemeinschaften). Selbst errechnete Zuschläge, z. B. für eine im Mietspiegel nicht berücksichtige Gartennutzung des Mieters oder wegen des Alters des Mietspiegels, sind nach Auffassung einiger Gerichte unzulässig[86]. Als zulässig werden Zu- und Abschläge angesehen, um die Vergleichbarkeit hinsichtlich der Mietstruktur oder hinsichtlich der Abwälzbarkeit der Schönheitsreparaturen herzustellen[87].

---

[84] Hannemann in NZM 1998, 612 ff.; OLG Hamburg, Urt. vom 3.11.1983 – 4 U 79/83 –, WuM 1984, 24; OLG Stuttgart, Urt. vom 13.7.1983 – 8 REMiet 2/83 –, WuM 1983, 285; LG Nürnberg-Fürth, Urt. vom 22.3.1996 – 7 S 9637/95 –, WuM 1996, 344.

[85] LG Darmstadt, Urt. vom 12.8.1982 – 2 C 248/82 –, WuM 1982, 307.

[86] AG Dortmund, Urt. vom 16.2.1999 – 125 C 14138/98 –, NZM 1999, 415; LG Düsseldorf, Urt. vom 13.7.1993 – 24 S 614/92 – ; a. A. OLG Hamm Beschl. vom 30.8.1996 – 30 REMiet 1/96 –, WuM 1996, 610; LG Wiesbaden, Urt. vom 11.7.1994 – 1 S 205/92 –, WuM 1996, 420.

[87] OLG Koblenz, Urt. vom 8.11.1984 – 4 W RE 571/84 –, NJW 1985, 333; AG Dortmund, Urt. vom 16.2.1999 – 125 C 14138/98 –, NZM 1999, 415.

Mieterhöhungsverlangen (Mietspiegel) § 18 ImmoWertV V

Beispiel: **189**
Monatliche Zu- und Abschläge zur Basis-Nettokaltmiete in Darmstadt

Monatliche Zu- und Abschläge zur Basis-Nettokaltmiete	
Zuschläge (Wohnungsmerkmale)	
Gehobene Badezimmerausstattung (Badewanne und Dusche vorhanden, Fliesen)	+ 0,84 €/m^2
Hochwertiger Fußboden	
Marmor, hochwertiger Parkett- oder Kachelboden in *bis* zur Hälfte der Räume	+ 0,60 €/m^2
Marmor, hochwertiger Parkett- oder Kachelboden in *über* zur Hälfte der Räume	+ 0,77 €/m^2
2-Zimmer-Wohnung (oder mehr) mit einem Zimmer von mindestens 25 m^2	+ 0,40 €/m^2
Zweites Badezimmer innerhalb der Wohnung vorhanden	+ 0,49 €/m^2
Zweite Toilette innerhalb der Wohnung vorhanden	+ 0,37 €/m^2
3-Zimmer-Wohnung mit integrierter Küche	+ 1,46 €/m^2
4-Zimmer-Wohnung	+ 0,63 €/m^2
5-Zimmer-Wohnung (oder mehr)	
bis 100 m^2	+ 0,09 €/m^2
über 100 m^2	+ 0,93 €/m^2
Dachwohnung mit Balkon/Dachterrasse, Mindesttiefe 1,50 m	+ 0,64 €/m^2
Balkon, (Dach-)Terrasse, Wintergarten oder Loggia, Mindesttiefe 2,50 m	+ 0,63 €/m^2
Zuschläge (Gebäudemerkmale)	
Aufzug in Gebäuden mit bis zu 4 Geschossen (einschließlich Erdgeschoss)	+ 0,66 €/m^2
Fahrradkeller, -abstellraum nutzbar	+ 0,23 €/m^2
Repräsentativer Altbau	+ 0,37 €/m^2
Gute wärmetechnische Beschaffenheit (Primärenergiekennwert unter 175 kWh/m$^2_{AN}$a)	+ 0,37 €/m^2
Zuschläge (Weitere Merkmale)	
Gute Wohnlage (in separater Wohnlage kartiert)	+ 0,64 €/m^2
Besonders hervorragende Wohnlage (Bereich Mathildenhöhe, Seitersweg, Römfeldweg, Zeyherweg, Hölderlinweg, Claudiusweg, Fichtestraße)	+ 1,91 €/m^2
Alleine nutzbarer Garten ist 50 m^2 oder größer	+ 0,99 €/m^2
Abschläge (Wohnungsmerkmale)	
2-Zimmer-Wohnung	− 0,41 €/m^2
Einfach ausgestatteter Altbau (kleine Toilette im Badezimmer, Türschwellen in den Türrahmen, tlw. Einfachverglasung, tlw. unbeheizbare Räume	− 0,51 €/m^2
Mindestens ein Zimmer mit Installationen über Putz	− 0,20 €/m^2
Untergeschoss- bzw. Souterrainwohnung	− 0,78 €/m^2
Mindestens ein unbeheizbares Zimmer	− 0,70 €/m^2
Ohne Zentralheizung	− 1,01 €/m^2
Ohne Warmwasserversorgung	− 0,50 €/m^2
Ohne Badezimmer	− 0,46 €/m^2
Abschläge (Weitere Merkmale)	
Nicht modernisierter Altbau (Speicher-, Dachbodenanteil nutzbar, tlw. unbeheizbare Räume, freistehend aufgestellte Geräte zur Warmwasserbereitung, aus Zentralheizung und Einzelöfen gemischte Heizungsart	− 0,64 €/m^2
Einfache Wohnlage (in separater Wohnlagenkarte markiert)	− 0,53 €/m^2
Lage in Industrie- oder Gewerbegebiet	− 0,68 €/m^2

Quelle: Wissenschaftsstadt Darmstadt, Mietspiegel 2003; http://www.portal-darmstadt.de/files/mietspiegel/mietspiegel2003.pdf

Bezüglich der **Immissionslage** und einem hierauf sich gründenden Abschlag bei großer **190** Lärmimmission in der Innenstadt kann ein solcher Abschlag nur in Betracht kommen, wenn die Lärmbelastung nicht lageüblich ist[88] (Lärmvorbelastung). Im konkreten Einzelfall ist ent-

---

88 AG Mainz, Urt. vom 12.3.1998 – 86 C 197/97 –, EzGuG 13.137.

scheidend darauf abzustellen, ob die zum Vergleich herangezogenen Vergleichsmieten sich auf Objekte beziehen, die gleichartig „vorbelastet" sind (vgl. § 6 ImmoWertV Rn. 137 ff.).

191 Das OLG Hamm[89] hatte zu entscheiden, ob eine Mietminderung auch möglich ist, wenn der **Boden (Untergrund) eines Wohngrundstücks durch giftige Chemikalien verseucht** ist. Die Richter kamen zwar zu keinem abschließenden Urteil, gaben aber wichtige Hinweise. So hängt eine Mietminderung nicht davon ab, dass die Mieter infolge der Gifte bereits Schäden erlitten haben. Schon die Sorge um mögliche Schäden kann zur Minderung der Miete oder sogar zur fristlosen Kündigung berechtigen. Maßgeblich für den Ernst der Lage ist die Zusammensetzung und Konzentration der Schadstoffe, das Urteil von Sachverständigen, die Möglichkeit von Sanierungsmaßnahmen, der Kreis der gefährdeten Personen, die Dauer der Mietzeit usw.[90].

192 Auch **Baulärm**, der von einem Nachbargrundstück ausgeht, kann zu einer Mietkürzung führen (vgl. § 6 ImmoWertV Rn. 258 ff.)[91].

193 Weist ein Mietspiegel **Leerstellen** auf, ist **eine Interpolation unzulässig**[92].

194 Soweit **Schönheitsreparaturen** vom Vermieter getragen werden, sind diese den im Mietspiegel ausgewiesenen Werten zuzuschlagen[93]. In Anlehnung an § 28 Abs. 4 II. BV n.F. kommt ein Höchstzuschlag von 8,50 € je Quadratmeter Wohnfläche im Jahr in Betracht, wobei sich dieser Satz für Wohnungen nach der alten Fassung der II. BV verringerte,

- die überwiegend nicht tapeziert sind, um 0,68 €
- die ohne Heizkörper ausgestattet sind, um 0,63 € und
- die überwiegend nicht mit Doppelfenster oder Verbundfenster ausgestattet sind: um 0,55 €.

195 Diese **Abzugsbeträge sind** nach der seit dem 1.1.2002 geltenden Fassung der II. BV **gestrichen worden**, weil – so die Begründung – diese Fälle „heute kaum noch gegeben" sind.

196 Bei Verwendung von Mietspiegeln kann ein **Zuschlag wegen zwischenzeitlich eingetretener Erhöhung der ortsüblichen Vergleichsmiete** verlangt werden, wenn die eingetretene Erhöhung begründbar ist. Maßstab hierfür ist die Entwicklung der ortsüblichen Vergleichsmiete.

2.6.2.2 Beispiel eines Mietspiegels

197 **Mietspiegel für nicht öffentlich geförderte Wohnungen (Stadtgebiet Köln)**

Stand 1.7.2004

zusammengestellt bei der Rheinischen Immobilienbörse durch
- Kölner Haus- und Grundbesitzerverein 1888,
- Verband der privaten Wohnungswirtschaft im Regierungsbezirk Köln,
- Mieterverein Köln e.V.,
- Rheinische Immobilienbörse,
- Stadt Köln, Amt für Wohnungswesen,
- Vereinigung von Haus-, Wohnungs- und Grundeigentümern Köln e.V.,

unter Mitarbeit von
- Arbeitsgemeinschaft gemeinnütziger Kölner Wohnungsunternehmen,
- Geschäftsstelle des Gutachterausschusses für Grundstückswerte in Köln,
- Ring Deutscher Makler,
- Verband der Immobilienberufe und Hausverwalter e.V.

---

89 OLG Hamm, Urt. vom 25.5.1987 – 30 REMiet 1/86 –, EzGuG 3.71b.
90 Thieler/Montasser, Mietminderungsliste, 6. Aufl. Bayerisch Gmain.
91 BayOLG, Urt. vom 4.2.1987 – REMiet 2/86 –, EzGuG 12.84a.
92 LG Berlin, Urt. vom 1.2.1990 – 61 S 353/89 –, WuM 1990, 158.
93 OLG Koblenz, Urt. vom 8.11.1984 – 4 W RE 571/84 –, NJW 1985, 333 = WuM 1985, 15; LG Wiesbaden, Urt. vom 9.2.1987 – 1 S 104/86 –, WuM 1987, 127.

Mieterhöhungsverlangen (Mietspiegel)

Allgemeine Erläuterungen

Der „Mietspiegel für freifinanzierte Wohnungen" dient als Richtlinie zur Ermittlung ortsüblicher Vergleichsmieten. Er bietet den Mietpartnern eine Orientierungsmöglichkeit, um in eigener Verantwortung die Miethöhe je nach Lage (Grundstück, Wohnung), Ausstattung, Zustand der Wohnung und des Gebäudes zu vereinbaren. Die in der Tabelle aufgeführten Spannen, die den Schwerpunkt des Marktes darstellen, geben den unterschiedlichen Wohnwert wieder. In innerstädtischen Wohnlagen liegen die Mieten überwiegend im oberen Bereich. Höhere und niedrigere Mieten werden nicht ausgeschlossen. In Randlagen können sich niedrigere Mieten ergeben. Höhere Mieten können sich insbesondere bei Appartements, Maisonette- und Penthousewohnungen sowie bei außergewöhnlich gestalteten und gepflegten Wohnhäusern ergeben. Kleinappartements und Einfamilienhäuser sind nicht erfasst.

Es handelt sich um die „Nettomiete" je m² Wohnfläche.

Betriebskosten können gesondert erhoben werden, soweit der Mietvertrag entsprechende Regelungen enthält. Abrechnung und Umlage der Betriebskosten richten sich nach den mietvertraglichen Vereinbarungen.

Zusätzliche Kosten können anfallen für
- Grundsteuer,
- Schornsteinfeger,
- Entwässerung,
- Hauswart,
- Betrieb des Aufzugs,
- Müllbeseitigung,
- Straßenreinigung,
- Hausreinigung,
- Gartenpflege,
- Allgemeinbeleuchtung,
- Wasserversorgung,
- Betriebskosten der Heizung und Warmwasserversorgung,
- Gebäude- und Haftpflichtversicherung,
- Kosten des Betriebs einer maschinellen Wascheinrichtung,
- Kosten des Betriebs einer Gemeinschaftsantenne/Kabelanschluss,
- laufende Kosten des Betriebs von Sonderanlagen und -einrichtungen, die durch die Art des Gebäudes erforderlich sind,
- **sowie für Schönheitsreparaturen.**

Sofern die Parteien Kosten für die hier aufgeführten Betriebskosten insgesamt oder teilweise in den Mietpreis einberechnet haben, sind diese für die Feststellung der Vergleichsmiete zunächst abzusetzen und später wieder hinzuzurechnen.

Besondere Erläuterungen

Die im Mietspiegel verwandten Begriffe werden wie folgt erläutert:

1. **Größe der Wohnung**

   Die Berechnung der Wohnungsgröße für diesen Mietspiegel erfolgt nach der 2. Berechnungsverordnung, wobei die Balkon- und die gedeckte Terrassenfläche zu 1/4 angerechnet werden.

2. **Baualtersgruppe 1**

   Bei den Wohnungen der Gruppe 1 handelt es sich um Wohnungen in Häusern, die bis zum 31.12.1960 erstellt und bezugsfertig wurden und die im Rahmen der laufenden Instandhaltung einen Normalstandard erhalten haben bzw. bei denen einzelne Anpassungen an den Standard heutiger Wohnvorstellungen erfolgt sind (Teilmodernisierung). Soweit bei Wohnungen aus der Gruppe 1 die Altsubstanz weitgehend unverändert geblieben ist, bewegen sich die Mieten ca. 10 % unterhalb der angegebenen Spannen.

3. **Lage der Wohnung**

   – **Einfache Wohnlagen**

   Eine einfache Wohnlage ist gegeben, wenn das Wohnen durch Geräusch- und Geruchsbelästigung oder aufgrund anderer Kriterien kontinuierlich erheblich beeinträchtigt und dadurch der Wohnwert gemindert wird.

– **Mittlere Wohnlagen**

a) Standard

Bei der mittleren Wohnlage handelt es sich um normale Wohnlagen ohne besondere Vor- und Nachteile. Die überwiegende Zahl der Wohnungen innerhalb des Stadtgebiets liegt in diesen Wohngegenden. Solche Wohngebiete sind zumeist dicht bebaut und weisen keine kontinuierlich beeinträchtigenden Belastungen durch Geräusch oder Geruch auf.

b) gut

Die gute Wohnlage ist gekennzeichnet durch lockere Bebauung, Baumbepflanzung an der Straße oder Garten, fehlenden Durchgangsverkehr, gute Einkaufsmöglichkeiten, nicht beeinträchtigende Einrichtungen und günstige Verkehrsverbindungen auch mit öffentlichen Verkehrsmitteln zum Zentrum. Bei dieser Untergruppierung ist die Miete zwischen den Werten der mittleren und sehr guten Wohnlage einzuordnen.

– **Sehr gute Wohnlage**

Die sehr guten Wohnlagen sind durch aufgelockerte, in der Regel zweigeschossige, in Villenlagen bis zu viergeschossige Bebauung in ruhiger und verkehrsgünstiger Grünlage gekennzeichnet.

4. **Ausstattung der Wohnungen**

a) Heizung

Bei Warmluftheizungen, die die Beheizung der Wohnung überwiegend zulassen, ist die Einordnung in der Gruppe mit Heizung, jedoch an der unteren Grenze der Mietpreisspanne, angemessen.

b) besondere Ausstattung

Eine besondere Ausstattung von Wohnungen liegt vor, wenn

– die Gesamtanlage vom Gruppenstandard erheblich abweicht,
– wärme- und schalldämmende Verglasung (dies gilt für die Gruppen I bis III),
– ein außergewöhnlicher Fußboden (Parkett, Marmor, Solnhofener Platten und Keramik),
– ein separates WC und ein separates Zweitbad oder Dusche,
– Einbauschränke gehobener Qualität,
– eine Einbauküche oder
– ein großer Balkon, Terrasse, Loggia, Garten vorhanden sind.

Es ist erforderlich, dass mehrere Merkmale vorliegen.

5. **Modernisierung**

Von einer modernisierten Wohnung kann gesprochen werden, wenn sie durch umfassende Wertverbesserung neuzeitlichen Wohnansprüchen gerecht wird. Hierfür müssen folgende Tatbestände vorliegen:

– Die Sanitäreinrichtungen müssen erneuert sein (neue Fliesen und Porzellan).
– Die Erweiterung der Elektroinstallation auf neuzeitlichen Standard muss vorgenommen worden sein.
– Es muss eine Zentralheizung bzw. eine Gas-Etagenheizung vorhanden sein.

In einem solchen Fall orientieren sich die Mietwerte an denen der Gruppe 3. Bei umfassend sanierten Gebäuden (grundlegende Veränderung des Ursprungszustands) wird für die Eingruppierung in die entsprechende Baualtersklasse auf das Jahr der Fertigstellung der Sanierung abgestellt; Entsprechendes gilt für durch Ausbau neu geschaffenen Wohnraum.

6. **Appartements**

Unter einem Appartement ist eine abgeschlossene Einzimmerwohnung mit eingerichteter Küche oder Kochnische, separatem Bad oder Dusche sowie WC zu verstehen.

Mieterhöhungsverlangen (Mietspiegel) § 18 ImmoWertV V

Gruppe 1: Wohnungen in Gebäuden, die bis 1960 bezugsfertig wurden

		in einfacher Wohnlage €/m²	in mittlerer Wohnlage €/m²	in sehr guter Wohnlage €/m²
A Wohnungen um 40 m² Größe	1	**3,55–4,90**	**4,00–5,40**	–
	2	5,00–6,40	5,40–7,00	5,95–7,45
B Wohnungen um 60 m² Größe	1	**3,40–4,85**	**3,90–5,30**	–
	2	4,90–6,40	5,20–6,90	5,80–7,40
C Wohnungen um 80 m² Größe	1	**3,50–4,80**	**3,90–5,20**	–
	2	4,65–6,15	5,10–6,60	5,70–7,00
D Wohnungen um 100 m² Größe	1	**3,25–4,55**	**3,60–4,90**	–
	2	4,50–5,75	4,90–6,60	5,50–6,50
E Wohnungen um 120 m² Größe	1	**3,20–4,15**	**3,60–4,80**	–
	2	4,30–5,40	4,80–6,10	5,25–6,40

Gruppe 2: Wohnungen in Gebäuden, die von 1961 bis 1975 bezugsfertig wurden

		in einfacher Wohnlage €/m²	in mittlerer Wohnlage €/m²	in sehr guter Wohnlage €/m²
A Wohnungen um 40 m² Größe	2	**5,75–7,60**	**6,40–8,30**	**7,10–8,80**
	3	6,25–8,15	7,10–9,00	7,80–9,60
B Wohnungen um 60 m² Größe	2	**5,40–7,40**	**6,10–8,20**	**6,70–8,50**
	3	5,90–7,80	6,70–8,70	7,30–9,25
C Wohnungen um 80 m² Größe	2	**5,30–6,85**	**5,70–7,60**	**6,20–8,00**
	3	5,70–7,70	6,25–8,30	7,00–8,80
D Wohnungen um 100 m² Größe	2	**4,95–6,75**	**5,50–7,10**	**5,95–7,45**
	3	5,25–7,20	5,80–7,75	6,50–8,30
E Wohnungen um 120 m² Größe	2	**4,70–6,50**	**5,30–7,00**	**5,95–7,35**
	3	–	5,80–7,60	6,60–8,30

Gruppe 3: Wohnungen in Gebäuden, die von 1976 bis 1989 bezugsfertig wurden

		in einfacher Wohnlage €/m²	in mittlerer Wohnlage €/m²	in sehr guter Wohnlage €/m²
A Wohnungen um 40 m² Größe	2	–	**6,70–8,60**	**7,70–9,50**
	3	–	7,80–9,60	9,10–10,90
B Wohnungen um 60 m² Größe	2	–	**6,30–8,40**	**7,30–9,20**
	3	–	7,40–9,20	8,40–10,50
C Wohnungen um 80 m² Größe	2	–	**5,90–8,20**	**6,90–8,80**
	3	–	6,90–8,60	8,00–9,80
D Wohnungen um 100 m² Größe	2	–	**5,60–7,80**	**6,60–8,50**
	3	–	6,45–8,25	7,45–9,20
E Wohnungen um 120 m² Größe	2	–	**5,50–7,50**	**6,50–8,20**
	3	–	6,20–8,00	7,25–9,00

Gruppe 4: Wohnungen in Gebäuden, die von 1990 bis 2004 bezugsfertig wurden

		in einfacher Wohnlage €/m²	in mittlerer Wohnlage €/m²	in sehr guter Wohnlage €/m²
A Wohnungen um 40 m² Größe	2	–	7,90–10,00	9,20–10,40
	3	–	8,40–10,50	9,75–11,40
B Wohnungen um 60 m² Größe	2	–	7,90–9,70	8,50–10,40
	3	–	8,40–10,10	9,30–11,00
C Wohnungen um 80 m² Größe	2	–	7,80–9,60	8,70–10,20
	3	–	8,40–10,10	9,10–10,80
D Wohnungen um 100 m² Größe	2	–	7,40–9,40	8,30–10,20
	3	–	7,90–9,90	8,80–10,50
E Wohnungen um 120 m² Größe	2	–	7,00–9,30	7,90–10,00
	3	–	7,70–9,70	8,50–10,50

1 ohne Heizung,
2 mit Heizung, Bad/WC
3 gehobene Ausstattung

Weitere Beispiele: http://www.bonn.de/gutachterausschuss/welcome.html

2.6.3 Sachverständigengutachten

▶ *Zum Beweis durch Sachverständigengutachten vgl. Teil III Rn. 287 ff.*

198 Neben dem Mietspiegel nennt § 558 a Abs. 2 Nr. 3 BGB ein mit Gründen versehenes Gutachten eines öffentlich bestellten und vereidigten Sachverständigen als Grundlage eines Mieterhöhungsverlangens. Dem Gutachten kommt im Streitfall lediglich die Bedeutung eines Parteigutachtens bei[94]. Der Sachverständige muss nicht speziell für das Gebiet des Mietpreisrechts öffentlich bestellt und vereidigt sein. Auch Sachverständige für Grundstückswerte kommen in Betracht[95]. Es muss sich aber um einen **Sachverständigen** handeln, **der von der Industrie- und Handelskammer der Belegenheitsgemeinde der Wohnung bestellt worden ist.** Dabei ist es unerheblich, von welcher IHK der Sachverständige öffentlich bestellt und vereidigt worden ist[96]. Der Sachverständige muss auch nicht zwingend Kenntnisse des örtlichen Wohnungsmarktes haben[97] oder über eigene Daten verfügen. Da ein Mieterhöhungsverlangen auch „auf sonstige Weise" begründet werden kann, kommen auch andere Gutachter und wissenschaftliche Institute in Betracht, jedoch wird man erhöhte Anforderungen an deren Qualifikation stellen müssen. Nicht öffentlich bestellte und vereidigte Sachverständige können herangezogen werden, wenn es in dem entsprechenden Bezirk keine von der IHK bestellten und vereidigten Sachverständigen gibt[98].

199 Nach Auffassung von *Fischer*[99] bieten Mietspiegel und, wenn im Streitfall nötig, deren Handhabung und Begründung durch Sachverständige die „richtigste" Lösung zur Ermittlung der ortsüblichen Vergleichsmiete.

200 Wie andere Gutachten müssen auch **Mietwertgutachten verständlich und in nachvollziehbarer Weise erstattet** werden. Es genügt auch hier nicht, wenn sich der Gutachter allein auf

---

94 BayObLG, Urt. vom 23.7.1987 – REMiet 2/87 –, NJW-RR 1987, 1302.
95 BGH, Urt. vom 21.4.1982 – VIII ARZ 2/82 –, EzGuG 20.97.
96 BayObLG, Urt. vom 23.7.1987 – REMiet 2/87 –, NJW-RR 1987, 1302.
97 BayObLG, Urt. vom 23.7.1987 – REMiet 2/87 –, NJW-RR 1987, 1302.
98 OLG Hamburg, Beschl. vom 30.12.1983 – 4 U 8/83 –, NJW 1984, 930.
99 *Fischer, Der Sachverständige im Spannungsfeld zwischen Mietspiegel und Mietprozess*, WuM 1996, 604 ff., BayObLG, RE vom 23.7.1987 – REMiet 2/87 –, EzGuG 20.121; OLG Oldenburg, Beschl. vom 22.12.1980 – 5 UH 13/80 –, EzGuG 11.120o; WuM 1996, 604 ff.

Mieterhöhungsverlangen (Gutachten) § 18 ImmoWertV V

seine Sachkunde beruft[100]. Die Gutachten dürfen sich auch nicht in „Allgemeinplätzen" verlieren[101].

201 Grundsätzlich muss der Sachverständige zur Beurteilung der Wohnlage die herangezogenen Vergleichswohnungen besichtigt haben[102]; ausnahmsweise genügt die Besichtigung einer Wohnung gleichen Typs[103].

202 Der Vermieter hat gegenüber dem Mieter einen durchsetzbaren Anspruch auf Besichtigung der Wohnung durch den Sachverständigen[104].

203 **Grundsätzlich muss der Vermieter dem Mieterhöhungsverlangen das schriftliche Sachverständigengutachten im vollen Wortlaut beifügen**[105]. Dies gilt auch dann, wenn das Gutachten im Rahmen eines Vorprozesses dem Mieter bereits zugegangen war[106]. Das Anerbieten einer Einsichtnahme reicht nicht aus. Im Sachverständigengutachten ist der zugrunde gelegte **Mietbegriff darzulegen,** damit eine Vergleichbarkeit zum Mietzinserhöhungsverlangen hergestellt werden kann.

204 **Ein Gutachten, in dem zur Ermittlung der ortsüblichen Miete keine konkreten Vergleichsobjekte angeführt sind, ist nicht hineichend begründet,** wenn daraus nicht wenigstens zu erkennen ist, dass dem Sachverständigen Vergleichswohnungen in ausreichender Zahl und deren Mietpreisgestaltung bekannt sind und dass er die zu beurteilende Wohnung in vergleichender Abwägung in das Mietpreisgefüge der Vergleichswohnungen eingeordnet hat[107]. Das Gutachten muss sich auch auf repräsentatives Datenmaterial stützen[108] (vgl. hierzu Rn. 212 ff.).

205 Die Wirksamkeit eines Mieterhöhungsverlangens mit Hinweisen auf entsprechende Vergleichsmieten für einzelne vergleichbare Wohnungen ist nicht davon abhängig, dass die angegebenen Vergleichswohnungen eine mit der zu bewertenden Wohnung **vergleichbare Größe** haben[109].

206 **Der Vermieter muss grundsätzlich dem Mieterhöhungsverlangen das schriftliche Sachverständigengutachten im vollen Wortlaut beifügen**[110]. Dies gilt auch dann, wenn das Gutachten im Rahmen eines Vorprozesses dem Mieter bereits zugegangen war[111]. Das Anerbieten einer Einsichtnahme reicht nicht aus. Im Sachverständigengutachten ist der zugrunde gelegte **Mietbegriff darzulegen,** damit eine Vergleichbarkeit zum Mietzinserhöhungsverlangen hergestellt werden kann.

---

100 OLG Karlsruhe, RE vom 20.7.1982 – 3 REMiet 2/82 –, EzGuG 11.132c; LG Baden-Baden, Beschl. vom 30.12.1992 – 1 S 52/93 –, WuM 1993, 357.
101 Schopp in ZMR 1977, 259; OLG Stuttgart, Beschl. vom 15. 12. 1993 – 8 REMiet 4/93 –, WuM 1994, 58 = EzGuG 3.113a, LG Köln, Urt. vom 28.8.1993 – 1 S 45/93 –, WuM 1995, 114; LG Mannheim, Urt. vom 18.1.1978 – 4 S 155/77 –, EzGuG 20.70a.
102 OLG Oldenburg, Beschl. vom 19.12.1980 – 5 UH 13/80 –, WuM 1981, 150; LG Koblenz, Urt. vom 9.7.1990 – 12 S 24/90 –, DWW 1991, 22.
103 OLG Oldenburg, Urt. vom 2.1.1981 – 5 UH 4/80 –, EzGuG 11.120o; OLG Celle, Urt. vom 27.4.1982 – 2 UH 1/81 –, EzGuG 20.98; LG Nürnberg-Fürth, Urt. vom 20.7.1990 – 7 S 9789/89 –, NJW-RR 1991, 13; LG Koblenz, Urt. vom 9.7.1990 – 12 S 74/90 –, EzGuG 11.179.
104 Franke in DWW 1998, 299; AG Rosenheim, Urt. vom 28.1.1981 – 13 C 575/80 –, WuM 1982, 83.
105 OLG Braunschweig, Urt. Vom 19.4.1982 – 1 UH 1/82 –, WuM 1982, 272 = EzGuG 3.64c; LG Berlin, Beschl. vom 18.5.1987 – 61 T 27/87 –, WuM 1987, 265.
106 AG Bonn, Urt. vom 28.4.1999 – 5 C 27/99 –, WuM 1999, 341 = EzGuG 20.170b.
107 OLG Karlsruhe, RE vom 29.12.1982 – 9 REMiet 2/82 –, EzGuG 3.64 f.
108 Bub/Treier (Schulz) III A Rn. 508; LG München, Urt. vom 21.1.1991 – 12 S 334/90 –, ZMR 1986, 169; LG Köln, Urt. vom 19. 9. 1991 – 1 S 108/90 –, WuM 1992, 256 = EzGuG 20.134e.
109 OLG Schleswig, RE vom 3.10.1986 – 6 REMiet 1/86 –, EzGuG 3.70b; BayObLG, Beschl. vom 1.4.1982 – Allg. Reg. 68/81 – WuM 1982, 154 = EzGuG 20.95. .
110 OLG Braunschweig, Urt. vom 19.4.1982 – 1 UH 1/82 –, WuM 1982, 272 = EzGuG 3.64c; LG Berlin, Beschl. vom 18.5.1987 – 61 T 27/87 –, WuM 1987, 265.
111 AG Bonn, Urt. vom 28.4.1999 – 5 C 27/99 –, WuM 1999, 341 = EzGuG 20.170b.

207 Das Gutachten muss zum Zeitpunkt der Begründung des Mieterhöhungsverlangens aktuell sein. Zur **Konsistenz eines Mietwertgutachtens** hat das LG Berlin[112] festgestellt, dass der in § 2 Abs. 5 Satz 3 MHG (§ 558 Abs. 3 BGB) festgelegte Maßstab an Aktualität fordere, dass Sachverständigengutachten nicht mehr verwertet werden können, wenn sie älter als zwei Jahre sind. Nach Ablauf eines Zeitraums von über zwei Jahren können sich nämlich die tatsächlichen Verhältnisse so verändert haben, dass sie von einem so alten Gutachten nicht mehr belegt werden können.

2.6.4 Vergleichsobjekte

2.6.4.1 Allgemeines

208 Ein Mieterhöhungsverlangen kann schließlich auch durch Hinweise auf **Entgelte vergleichbarer Wohnungen** begründet werden. Dabei können vom Vermieter auch eigene Vergleichswohnungen benannt werden, auch solche, die im selben Haus liegen[113].

209 Nach § 558a Abs. 2 Nr. 4 BGB genügt die **Benennung von drei Vergleichswohnungen**[114]. Die Vergleichswohnungen können aus dem eigenen Bestand des Vermieters herangezogen werden und sich in demselben Haus befinden, in dem der vom Mieterhöhungsverlangen betroffene Mieter wohnt[115]. Dies erfordert bei einem Mehrfamilienhaus mit mehreren Wohnungen auf demselben Geschoss weitere Erläuterungen wie etwa die genaue Lage der Wohnung, die Angabe einer nach außen erkennbaren Wohnungsnummer oder des Namens des derzeitigen Mieters[116]. Nur in besonders gelagerten Ausnahmefällen können zwei Vergleichswohnungen ausreichend sein[117]. In jedem Fall müssen die Vergleichswohnungen konkret beschrieben werden, so dass sie identifizierbar sind. Dabei muss der Quadratmeterpreis angegeben werden bzw. die Wohnfläche und die Miete. Wenn die angegebene Miete dem Mietbegriff entspricht[118], der dem Mieterhöhungsverlangen zugrunde liegt, müssen die Betriebskosten nicht zusätzlich angegeben werden. Unterschiedliche Mietbegriffe müssen ggf. erläutert werden. Im Übrigen müssen die Vergleichswohnungen mit der Wohnung, für die ein Mieterhöhungsverlangen gestellt wird, nur ungefähr vergleichbar und nicht identisch sein.

210 Vergleichbar sind Wohnungen, die insbesondere nach **Lage, Ausstattung und Alter** in ihren wesentlichen Merkmalen mit dem Objekt übereinstimmen. Bezüglich der Größe der Wohnung werden geringere Anforderungen gestellt, sofern es sich nicht um einen gänzlich anderen Wohnungsmarkt handelt, wie es etwa bei nur halb so großen Wohnungen der Fall ist[119]. Unterschiede sind, wie bei einem Sachverständigengutachten, zu berücksichtigen. Beim Vergleich mit Wohnungen aus benachbarten oder vergleichbaren Gemeinden sind erhöhte Anforderungen an die Vergleichbarkeit zu stellen.

211 Im Anschluss an die Berücksichtigung von Abweichungen des Vergleichs- vom Wertermittlungsobjekt ermittelt sich die ortsübliche **Vergleichsmiete aus dem arithmetischen Mittel**, wobei vorher Ausreißer ausgesondert werden müssen. Als Maß für die Aussagekraft der Spanne gilt der sog. Variationskoeffizient (vgl. Syst. Darst. des Vergleichswertverfahrens Rn. 125).

---

112 LG Berlin, Urt. vom 3.2.1998 – 63 S 364/97 –, EzGuG 11.262; AG Rheinbach, Urt. vom 7.10.1997 – 3 C 460/96 –, ZMR 1998, 638: 36 Monate; LG Hannover. Urt. vom 29.1.1986 – 11 S 374/84 –,WuM 1987, 125: 23 Monate; AG Bonn, Urt. vom 31.8.1993 – REMiet 2/93 –, in WuM 1993, 660: 21 Monate.
113 OLG Frankfurt am Main, Urt. vom 5.10.1981 – 20 REMiet 2/81 –, EzGuG 20.91; OLG Karlsruhe, RE vom 20.7.1982 – 3 REMiet 2/82 –, EzGuG 11.132 d; LG Dessau – 7 S 50/03 –.
114 Zur Angabe evon Vergleichsmieten aus einem vorher abgelehnten Gutachten LG Berlin, Urt. vom 29.4.1982 – 61 S 62/82 –, EzGuG 11.128a.
115 OLG Karlsruhe, RE vom 7.5.1984 – 3 REMiet 1/84 –, EzGuG 3.65b.
116 BGH, Urt. vom 18.12.2002 – VIII ZR 72/02 – ; BGH, Urt. vom 18.12.2002 – VIII ZR 141/02 –.
117 BayObLG, Urt. vom 23.7.1987 – REMiet 2/87 –, EzGuG 20.121.
118 OLG Frankfurt am Main; RE vom 20.3.1984 – REMiet 2/84 –, EzGuG 20.104b; BVerfG, Beschl. vom 12.5.1993 – 1 BvR 442/93 –, NJW 1993, 2039 = WuM 1994, 139 = ZMR 1994, 139.
119 BVerfG, Beschl. vom 12.3.1980 – 1 BvR 759/77 –, EzGuG 20.82.

2.6.4.2 Mischungsverhältnis

I.d.R. können nur annähernd vergleichbare Wohnungen zum Mietvergleich herangezogen werden, wobei die **Daten der letzten vier Jahre** in ausgewogener Weise **möglichst gleichrangig heranzuziehen** sind. Des Weiteren ist auf ein gleichrangiges Mischungsverhältnis zwischen Neuabschlussmieten und Bestandsmieten Wert zu legen, weil sonst eine vom Gesetz nicht gewollte Verfälschung eintreten würde. Schließlich empfiehlt sich, den Vergleich auf der Grundlage der Nettokaltmiete/Grundmiete vorzunehmen und die zur Verfügung stehenden Mieten darauf zu überprüfen, ob Teilinklusivmieten vereinbart wurden. 212

Das **Mischungsverhältnis ist durch Offenlegung der Befundtatsachen transparent zu machen.** Hierzu hat der Sachverständige insbesondere die Herkunft der Vergleichsmieten darzulegen und ein für den Mietmarkt repräsentatives Verhältnis zwischen Bestands- und Neuvermietungsmieten zugrunde zu legen[120]. 213

2.6.4.3 Offenbarungspflicht von Vergleichsobjekten

▶ *Vgl. hierzu Teil III Rn. 387 ff., 398 ff.*

Zur Frage, ob zur Begründung eines Mieterhöhungsverlangens die herangezogenen Vergleichswohnungen zu offenbaren sind, fordert das BVerfG, dass die Geheimhaltungspflicht des Sachverständigen und das Rechtsschutzbedürfnis des durch ein Mieterhöhungsverlangen betroffenen Mieters gegeneinander abzuwägen sind. „**Auf eine Offenlegung von Mietpreis und Adressen der Vergleichswohnungen** oder sonstiger Angaben über deren Beschaffenheit **kann ... in aller Regel nicht verzichtet werden, soweit deren Kenntnis für eine Überprüfung des Gutachtens praktisch unentbehrlich ist**", heißt es unmissverständlich im Beschl. des BVerfG vom 11.10.1994[121]. 214

Diese Rechtsprechung hat jedoch nur einen vorläufigen Schlusspunkt unter eine Rechtsprechung gesetzt, die dies überwiegend schon vorher gefordert hatte. Teilweise wurde in der Vergangenheit aber auch auf eine sachlich unangreifbare Berücksichtigung der Vergleichspreise vertraut und kein Bedürfnis für eine Überprüfung des Sachverständigen gesehen. Der Geheimhaltungspflicht des Gutachters sowie dem Schutzbedürfnis des Vermieters und des Mieters der Vergleichswohnungen, deren Mietpreise nunmehr im Gutachten konkret zu offenbaren sind, wurde dabei ein höherer Rang eingeräumt. Für die jüngere Rechtsprechung war entscheidend, dass aus dem Gutachten, mit dem ein Mieterhöhungsverlangen begründet und hieraus eine finanzielle Belastung des Mieters abgeleitet wird, nach dem **Rechtsstaatsprinzip** einer Überprüfung zugänglich sein muss (vgl. Teil III Rn. 393 ff.). 215

Für **Schiedsgutachten hat der BGH**[122] die Offenbarungspflicht im Übrigen dahingehend **eingeschränkt,** dass im Hinblick auf das grundsätzliche Einvernehmen der Parteien, sich dem Schiedsgutachter zu unterwerfen, genügen soll, wenn der Sachverständige die Vergleichsobjekte lediglich mit der Anschrift (Straßenbezeichnung), den individuellen Beschaffenheitsmerkmalen und den Mietpreisen, jedoch ohne genaue Angabe über die Lage des Hauses und der Wohnung sowie Namen und Anschrift von Vermieter und Mieter benennt (vgl. Teil III Rn. 312 ff.). 216

Auf der Grundlage solcher Nutzungsentgelte und der sich nach der jeweiligen Marktlage ergebenden Belegung lässt sich der **ortsübliche Mietwert pro Quadratmeter Nutzfläche** ableiten. 217

---

120 Bub/Treier (Schulz) III A Rn. 482 ff.; Osmer in ZMR 1995, 1 ff.
121 BVerfG, Beschl. vom 11.10.1994 – 1 BvR 1398/93 –, GuG 1995, 51 = EzGuG 11.217b.
122 BGH, Beschl. vom 21.6.1995 – XII ZR 167/94 –, GuG 1996, 113 = EzGuG 20.157.

2.6.5 Mietdatenbank

Schrifttum: *Szameitat, R.,* WuM 2002, 63; *Stover, B.,* WuM 2002, 65.

218 Seit dem 1.9.2001 kann ein Mieterhöhungsverlangen nach § 558a Abs. 2 Nr. 2 BGB auch auf eine Auskunft aus einer Mietdatenbank gestützt werden.

219 Eine **Mietdatenbank** ist nach § 558e BGB n.F. eine zur Ermittlung der ortsüblichen Vergleichsmiete fortlaufend geführte Sammlung von Mieten, die von der Gemeinde oder von Interessenvertretern der Vermieter und der Mieter gemeinsam geführt oder anerkannt wird und aus der Auskünfte gegeben werden, die für einzelne Wohnungen einen Schluss auf ortsübliche Vergleichsmieten zulassen (z. B. die Mietdatenbank in Hannover des „Verein zur Ermittlung und Auskunftserteilung über die ortsüblichen Vergleichsmieten e. V. [MEA]").

220 § 558e BGB hat folgende Fassung

„**§ 558e Mietdatenbank**

Eine Mietdatenbank ist eine zur Ermittlung der ortsüblichen Vergleichsmiete fortlaufend geführte Sammlung von Mieten, die von der Gemeinde oder von Interessenvertretern der Vermieter und der Mieter gemeinsam geführt oder anerkannt wird und aus der Auskünfte gegeben werden, die für einzelne Wohnungen einen Schluss auf die ortsübliche Vergleichsmiete zulassen."

221 Im Umgang mit der Mietdatenbank dürften sich eine Reihe **datenschutzrechtlicher Fragen** stellen, und der Gesetzgeber hat es sich in der Begründung vorbehalten, das Instrument der Mietdatenbank mit weiter reichenden Rechtsfolgen auszustatten, wenn die notwendigen praktischen Erfahrungen vorliegen.

2.7 Mietminderung

2.7.1 Allgemeines

Schrifttum: *Dröge,* Handbuch der Mietpreisbewertung, Luchterhand, 3. Aufl. Neuwied 2005; *Kamphausen,* in DS 1982; 230 = WuM 1982, 3; *Kamphausen,* in DS 1993; 7; *Schwirley,* Bewertung von Mieten bei Miet- und Verkehrswertgutachten, 2. Aufl. 2006; *Sternel,* Mietrecht, Dr. O. Schmidt KG.

222 Grundsätzlich ist bei Mieterhöhungen nach § 558 BGB von einem vertragsmäßigen Zustand der Mietsache auszugehen, d.h. behebbare Mängel bleiben unberücksichtigt. Nach § 536 Abs. 1 BGB

– ist der Mieter von der Entrichtung der Miete befreit, wenn die Mietsache zur Zeit der Überlassung an den Mieter einen Mangel aufweist, der ihre Tauglichkeit zum vertragsmäßen Gebrauch aufhebt; Entsprechendes gilt auch, wenn während der Mietzeit ein solcher Mangel entsteht;

– ist der Mieter für die Zeit, während der die Tauglichkeit gemindert ist, nur verpflichtet, eine angemessen herabgesetzte Miete zu entrichten; d.h. er kann eine Mietminderung geltend machen.

223 „**§ 536 BGB Mietminderung bei Sach- und Rechtsmängeln**

(1) Hat die Mietsache zur Zeit der Überlassung an den Mieter einen Mangel, der ihre Tauglichkeit zum vertragsmäßen Gebrauch aufhebt, oder entsteht während der Mietzeit ein solcher Mangel, so ist der Mieter für die Zeit, in der die Tauglichkeit aufgehoben ist, von der Entrichtung der Miete befreit. Für die Zeit, während der die Tauglichkeit gemindert ist, hat er nur eine angemessen herabgesetzte Miete zu entrichten. Eine unerhebliche Minderung der Tauglichkeit bleibt außer Betracht.

(2) Absatz 1 Satz 1 und 2 gilt auch, wenn eine zugesicherte Eigenschaft fehlt oder später wegfällt.

(3) Wird dem Mieter der vertragsgemäße Gebrauch der Mietsache durch das Recht eines Dritten ganz oder zum Teil entzogen, so gelten die Absätze 1 und 2 entsprechend.

(4) Bei einem Mietverhältnis über Wohnraum ist eine zum Nachteil des Mieters abweichende Vereinbarung unwirksam."

2.7.2 Ermittlung der Mietminderung

Die Ermittlung der Mietminderung auf der Grundlage pauschaler Abschlagssätze trägt nur unzureichend den Gegebenheiten des Einzelfalls Rechnung. Die in der Rechtsprechung genannten Minderungssätze können allenfalls nur als Anhalt dienen (vgl. Abb. 12).

Abb. 12: Mietminderungstabelle (Orientierungshilfe)

Mietminderungstabelle		
Kurzbeschreibung des Mangels	Gericht	Minderung der Monatsmiete
Der Balkon ist wegen Baufälligkeit unbenutzbar	AG Bonn[123]	3 % – 15 %
Die Gegensprechanlage ist defekt		3 %
Die Hauseingangstüre ist defekt		3 %
Verunreinigungen durch am Haus nistende Tauben		5 %
Im Kellerraum tritt Feuchtigkeit auf		5 %
Die Waschküche kann nicht benutzt werden		5 %
Der Küchenherd ist defekt		5 %
Abblätternde Farbe und sich lösender Putz im Treppenhaus	LG Köln[124]	5 %
Lärmbelästigung durch Waschsalon im Hause	AG Hamburg[125]	7 %
Lärmbelästigung durch Einwerfen von Flaschen in Sammelcontainer	AG Rudolfstadt[126]	10 %
Feuchtigkeit in mehreren Räumen, außerdem Schimmel- und Algenbefall		10 %
Blindwerden eines Doppelfensters durch Feuchtigkeit		10 %
Bei teilweisem Ausfall der Warmwasserversorgung	AG Münster WuM 1981, 22	10 %
Vertraglich vorgesehener Stellplatz steht nicht zur Verfügung	AG Köln[127]	10 %
Bleibelastung im Trinkwasser zwischen 126 und 176 mg/ltr		10 %
Fenster sind luftdurchlässig und lassen sich nur schwer schließen		10 %
Die Nutzungsmöglichkeit des Kellers entfällt	OLG Düsseldorf[128]	10 %
Mäuse und Kakerlaken befinden sich über Monate hinweg in der Wohnung		10 %
Gesundheitsgefährdender Nitratgehalt des Trinkwassers		10 %
Das Trinkwasser ist rostig und bräunlich verfärbt		10 %
Bei schlechtem Fernsehempfang	AG Schöneberg[129]	10 %
Bei vermeidbarem Kinderlärm innerhalb der allgemeinen Ruhezeiten	AG Neuss[130]	10 %

---

123 AG Bonn, Beschl. vom 27.11.1985 – 5 C 175/85 – WuM 1986, 212.
124 LG Köln, Beschl. vom 7.9.1989 – 1 S 11789 –, WuM 1990, 17.
125 AG Hamburg, Urt. vom 24.1.1975 – 43 C 268/74 –, WuM 1976, 151.
126 AG Rudolfstadt, Beschl. vom 20.5.1999 – 1 C 914/98 –, WuM 2000, 19.
127 AG Köln, Beschl. vom 9.1.1989 – 213 C 295/86 –, WuM 1990, 146.
128 OLG Düsseldorf, Urt. vom 3.9.1980 – 15 U 39/80 –, WuM 1981, 19.
129 AG Schöneberg, Beschl. vom 8.7.1987 – 12 C 354/87 –, BinGE 1988, 361.
130 AG Neuss, Urt. vom 1.7.1988 – 36 C 232/88 –, WuM 1988, 264.

Mietminderungstabelle

Kurzbeschreibung des Mangels	Gericht	Minderung der Monatsmiete
Bei Entziehung der Nutzung von Waschküche und Trockenraum	AG Osnabrück[131] AG Brühl[132]	10 %
Bei Einrüstung und Verhängung des Hauses im Zuge von Bauarbeiten am Haus	AG Hamburg[133]	15 %
Bei schlechter Heizleistung	AG Köln[134]	15 %
Bei fehlender Wohnungseingangstür	LG Düsseldorf[135]	15 %
Die Wohnung ist empfindlich feucht	AG Köln[136]	20 %
Bei Ruhestörung nach 22:00 Uhr durch Tanzschule	AG Köln[137]	20 %
Unbenutzbarkeit der Badewanne		20 %
Erheblicher Schwimmbefall im Wohn- und Schlafzimmer sowie im Bad		20 &
Die Heizung fällt im Oktober aus	LG Hannover[138]	20 %
Bei nächtlichem Lärm durch Garagentor	AG Main[139] WuM 2003, 87	20 %
Bei mangelhaftem Schallschutz	AG Gelsenkirchen[140]	20 %
Feuchtigkeitsschäden wirken sich auf den Funktionswert aller Räume aus	AG Köln[141]	20 %
Taubenhaltung Dritter	AG Dortmund[142]	25 %
Im Haus wird ein Bordell betrieben	LG Berlin, MM 1996, 449; MM 1995, 534	10 bis 30 %
Erhebliche Lärmstörungen wegen Bauarbeiten im Haus		30 %
Bei einer Durchschnittstemperatur von 15 ° im Wohnzimmer	LG Düsseldorf[143]	30 %
Im Wohnzimmer droht Deckeneinsturz durch Wasserschaden, Unbenutzbarkeit des Wohnzimmers	AG Bochum[144]	30 %
Bei erheblicher Belästigung durch eine nahe Großbaustelle	LG Hamburg[145]	35 %
Erheblicher Gaststättenlärm bis 1:00 Uhr nachts		37 %
Nächtlicher Musiklärm durch eine Wohngemeinschaft im Haus	AG Braunschweig[146]	50 %
Erhebliche Feuchtigkeitsschäden, Tropfwasser an der Decke und Durchfeuchtung des Teppichbodens	AG Leverkusen[147]	50 %

---

[131] AG Osnabrück, Urt. vom 6.5.1988 – 44 C 57/88 –, WuM 1990, 147.
[132] AG Brühl, Urt. vom 25.7.1975 – 2 C 38/73 –, WuM 1975, 145.
[133] AG Hamburg, Urt. vom 24.8.1995 – 38 C 483/95 –, WuM 1996, 30.
[134] AG Köln, Urt. vom 4.11.1974 – 153a C 587/73 –, WuM 1975, 69.
[135] LG Düsseldorf, Urt. vom 17.5.1973 – 12 S 282/73 –, WuM 1973, 187.
[136] AG Köln, Urt. vom 23.5.1973 – 152 C 195/73 –, WuM 1974, 241.
[137] AG Köln, Urt. vom 28.9.1987 – 222 C 407/87 –, WuM 1988, 56.
[138] LG Hannover, Urt. vom 19.12.1979 – 11 S 296/79 –, WuM 1980, 130.
[139] AG Main, Urt. vom 13.11.2002 – 81 C 230/01 –, WuM 2003, 87.
[140] AG Gelsenkirchen, Urt. vom 22.12.1975 – 3 C 29/75 –, WuM 1978, 66.
[141] AG Köln, Urt. vom 23.5.1973 – 152 C 195/73 –, WuM 1974, 241.
[142] AG Dortmund, Urt. vom 14.9.1979 – 121 C 151/79 –, WuM 1980, 6.
[143] LG Düsseldorf, Urt. vom 17.5.1973 – 12 S 382/73 –, WuM 1973, 187.
[144] AG Bochum, Urt. vom 28.11.1978 – 5 C 668/78 –, WuM 1979, 74.
[145] LG Hamburg, Urt. vom 5.7.2001 – 333 S 13/01 –, WuM 2001, 444.
[146] AG Braunschweig, Urt. vom 3.8.1989 – 113 C 168/89 –, WuM 1990, 147.
[147] AG Leverkusen, Urt. vom 18.4.1979 – 23 C 141/76 –, WuM 1980, 163.

Mietminderung § 18 ImmoWertV V

Mietminderungstabelle		
Kurzbeschreibung des Mangels	Gericht	Minderung der Monatsmiete
Alle Fenster sind undicht	AG Leverkusen WuM 1981, 9	50 %
Formaldehydbelastung in der Wohnung zwischen 0,13 und 0,21 ppm, asbesthaltige Elektronachtspeicheröfen	LG Dortmund[148]	50 %
Schimmelpilzbefall in allen Räumen einer Neubauwohnung	LG Köln[149]	75 %
Die Wohnung ist wegen Durchfeuchtung, Versandung und unerträglichem Gestank infolge Überschwemmung für 2 bis 3 Wochen unbewohnbar	AG Friedberg[150]	80 %
Bei vollständigem Ausfall der Elektrik für Warmwasser, Licht, Küche usw.	AG Neukölln MM 1988, 151	100 %
Die Heizung fällt während der Wintermonate aus	LG Berlin[151] LG Hamburg[152]	
Wohnung ist unbewohnbar	AG Köln[153] LG Wiesbaden[154]	100 %

Quelle: GuG 1994, 364; vgl. auch Thieler/Huber, Deutscher Mieterbund Köln, Sonderheft 94/I, 1995; Hannemann/Wiek, Handbuch des Mietrechts, 2. Aufl. 2003; Der Immobilien Berater 1993 Altenkirchen.

Für die Höhe der Mietminderung kommt es entscheidend auf die Intensität des Mangels und den Umgang der betroffenen Räume und die sich daraus ergebende eingeschränkte Gebrauchstauglichkeit an. Von daher ist eine differenzierende Betrachtungsweise angezeigt. Es gibt auch keine allgemein gültigen Kriterien. Nach der von *Sternel* angegebenen Formel soll die **Mietminderung nach einem** aus der „vollen" Gebrauchstauglichkeit (Soll-Beschaffenheit) im Verhältnis zur eingeschränkten Gebrauchstauglichkeit (Ist-Beschaffenheit) sich ergebenden **Vomhundertsatz** bestimmt werden. 225

$$\text{Mietminderung} = \text{Vereinbarte Miete} \ \frac{\text{Gebrauchstauglichkeit der mangelhaften Sache (Ist-Beschaffenheit)}}{\text{Gebrauchstauglichkeit der mangelhaften Sache (Soll-Beschaffenheit)}}$$

Zur **Ermittlung der Minderung** wird unterschieden zwischen 226

– dem Funktionswert,

– dem Geltungswert und

– der Wertigkeit des mangelbehafteten Raums.

Der **Funktionswert** bezieht sich auf die Gebrauchs- und Betriebsfähigkeit eines Wohnraums, der wesentlich durch den Zuschnitt, die Belichtung und Belüftung, den Schallschutz, den Wärmeschutz, die technische Ver- und Entsorgung (Energie- und Wasserversorgung und Entwässerung, Beheizung und Kochmöglichkeiten), die Funktionsabläufe in der Wohnung und die Sicherheit der Wohnung vor Diebstahl und Gewalt bestimmt wird. 227

---

148 LG Dortmund, Urt. vom 16.2.1994 – 11 S 197/93 –, WuM 1996, 141.
149 LG Köln, Urt. vom 15.11.2000 – 9 S 25/00 –, WuM 2001, 604.
150 AG Friedberg, Urt. vom 6.7.1983 – C 389/82 –, WuM 1984, 198.
151 LG Berlin, Beschl. vom 10.1.1992 – 64 S 219/91 –, BinGE 1993, 263.
152 LG Hamburg, Urt. vom 15.5.1975 – O 80/75 –, WuM 1976, 10.
153 AG Köln, Urt. vom 25.2.1976 – 54 C 596/74 –, ZMR 1980, 87.
154 LG Wiesbaden, Urt. vom 4.7.1977 – 1 S 426/76 –, WuM 1980, 17.

228 Der **Geltungswert** bezieht sich auf den räumlich-optischen Eindruck (Repräsentation), der wesentlich durch die Raumaufteilung, die Qualität des Materials und die Farbgebung bestimmt wird.

229 Die **Wertigkeit** des Raums wird in Form einer Wertzahl bestimmt, ausgehend vom Wohnzimmer, Esszimmer, der Wohndiele sowie dem Bad/WC mit der höchsten Wertzahl von 100. Ausgehend von dieser muss der Anteil des Funktions- bzw. Gebrauchswerts der einzelnen Flächen bestimmt werden.

230 Die **Feststellung der Gebrauchstauglichkeit** vollzieht sich dann in folgenden Schritten:

Im *ersten Schritt* gilt es

a) die Wertigkeit der einzelnen Flächen durch Wertzahlen (W) sowie

b) die einzelnen Anteile des Funktions- und Gebrauchswerts der einzelnen Flächen

festzulegen, beispielsweise:

Abb. 13: Wertigkeit der einzelnen Flächen einer Wohnung

Wertigkeit der einzelnen Flächen einer Wohnung				
Flächen	Wertzahl (W)	Anteil in % des		zusammen in v.H.
		Funktions-werts	Gebrauchs-werts	
Wohnzimmer/Esszimmer/Wohndiele	100	60	40	100
Bad/WC	100	80	20	100
Schlafzimmer	90	70	30	100
Kinder- und Gästezimmer	95	70	30	100
Küche	70	80	20	100
Flur/Diele	20 bis 60	50 bis 70	30 bis 50	100
Balkon, Terrasse/Loggia	10 bis 20	80	20	100
Abstellraum, sonstige Nebenräume	10	95	5	100

Quelle: Dröge a.a.O., anders Schwirley a.a.O. S. 613

231 Wie sich aus vorstehendem Beispiel ergibt, weisen Küchen üblicherweise einen hohen Funktionswert und einen geringeren Gebrauchswert auf, während das Wohnzimmer einen höheren Gebrauchswert und einen geringeren Funktionswert aufweist. Funktions- und Gebrauchswert ergeben zusammen jeweils einen 100 %igen Anteil. Die Wertzahl ist sodann in einen Funktions- und Geltungswert aufzuteilen.

232 Zu diesem Zweck ist in einem *zweiten Schritt* auf der Grundlage der in Quadratmeter angegebenen Fläche der einzelnen Räume (Flächen) einer Wohnung

a) der mangelfrei Soll-, Funktions- und Gebrauchswert der einzelnen Räume (Flächen) und

b) der mangelbehaftete Gebrauchswert der einzelnen Räume (Flächen)

festzustellen, und zwar

  Soll-Funktionswert = Größe[m²] × Wertzahl (W) × Funktionswert[%]
  Soll-Gebrauchswert = Größe[m²] × Wertzahl (W) × Gebrauchswert[%]

Das Produkt aus der Größe des jeweiligen Raums (Wohnfläche) und der Wertzahl (W) wird als der **Wohnwertanteil** bzw. dessen **Wertigkeit** bezeichnet.

  Ist-Funktionswert = Soll-Funktionswert × (1 – Abschlagsfaktor)
  Ist-Gebrauchswert = Soll-Gebrauchswert × (1 – Abschlagsfaktor)

233 Der **Abschlagsfaktor** bemisst sich nach einem die Beeinträchtigung aufgrund des vorhandenen Mangels darstellenden Vomhundersatz. Der Abschlag wird im Dezimalsystem in Stufen von 0,10 ermittelt, denen Kamphausen folgende Begriffe zugeordnet hat:

Abb. 14: Abschlagsfaktoren

Abschlagsfaktoren	
Faktor	Beschreibung
0,00	Keine bzw. unerhebliche Beeinträchtigung
0,10	Fast keine Beeinträchtigung
0,20	Noch leichte, geringe Beeinträchtigung
0,30	Mäßige Beeinträchtigung
0,40	Deutliche, schon etwas stärkere Beeinträchtigung
0,50	Starke Beeinträchtigung
0,60	Sehr starke Beeinträchtigung
0,70	Schwere Beeinträchtigung
0,80	Sehr schwere Beeinträchtigung
0,90	Massive Beeinträchtigung
1,00	Vollständige Beeinträchtigung, die zur völligen Gebrauchsuntauglichkeit führt

Der **Grad der Minderung** ist abhängig von   234
– Art und Umfang von Funktionseinbußen für die Nutzung,
– Dauer und Häufigkeit der Beeinträchtigung,
– Gesteigerte Qualitätsansprüche des Nutzers im Hinblick auf den Kaufpreis,
– Absinken auf den Mindeststandard oder sogar dessen Unterschreitung,
– Berücksichtigung von Jahreszeiten (z. B. Heizung) und Wohngegend (Geltungsbereich),
– Optische Auffälligkeit des Mangels für den Geltungswert; Ausmaß der Folgebeeinträchtigung.

Beispiel: 235

Es ist die Wertminderung einer im 1. Obergeschoss gelegenen Wohnung durch den Betrieb einer Klimaanlage im Erdgeschoss des Hauses zu ermitteln:

Abb. 15: Ermittlung der prozentualen Wertminderung

Ermittlung der prozentualen Wertminderung										
	Größe und Wertzahl			Funktionswert (FW)			Geltungswert (GW)			
Raum	Größe	Wertzahl	Wertigkeit	Anteil	Soll	Abschlag	Ist	Anteil	Soll	Abschlag	Ist
1	2	3	4	5	6	7	8	9	10	11	12
	m²	W	2 × 3	%	4 × 5	%		%		%	
Wohnen	21,17	100	2 117	60	1 270	10	1 143	40	847	0	847
Schlafen	11,18	90	1 006	70	704	20	563	30	302	0	302
Kind	12,58	85	1 069	70	749	0	749	30	321	0	321
Küche	11,29	70	790	80	632	0	632	20	158	0	158
Bad	4,26	50	213	80	170	0	170	20	43	0	43
WC	1,23	50	62	80	49	0	49	20	12	0	12
Diele	10,06	40	402	60	241	0	241	40	161	0	161
Balkon	2,60	20	52	80	42	20	33	20	10	0	10
Summe	74,37		5 712		3 858		3 582		1 854		1 854
Summe: Ist-Funktionswert + Ist-Gebrauchswert = 3 582 + 1 854 =											5 436

Im *dritten Schritt* wird die prozentuale Mietminderung nach folgender Formel ermittelt:

$$\text{Mietminderung}_{[\%]} = 100 - \frac{|\text{Ist-Funktionswert} + \text{Ist-Gebrauchswert}|}{\text{Größe} \times \text{Wertzahl}} \times 100$$

Im Beispiel:

$$\text{Mietminderung}_{[\%]} = 100 - (5\,436/5\,712) \times 100 = 4{,}84\,\%$$

2.8 Mietwertgutachten (Beispiel)

1. Aufbau

1. Allgemeines
   - Allgemeine Angaben über die Wohnung und ihre Lage innerhalb des Gebäudes und der Gemeinde,
   - Wertermittlungsstichtag,
   - Zweck des Gutachtens,
   - Auftraggeber,
   - Grundlagen (Vergleichsmieten; Mietspiegel; Unterlagen),
   - Ortsbesichtigung,
   - Gutachter.

2. Beschreibung des Mietobjekts
   - Lagebeschreibung (Stadt, Einwohner, Verkehrsverhältnisse, Immissionen, Nachbarschaftslage, Geschäfts- und Wohnlage; Entfernungslage),
   - Beschreibung der Bebauung des Objekts und der Umgebung,
   - Bauweise und Ausstattung (Hausanschlüsse, Himmelsrichtung, Anzahl der Wohneinheiten, Stockwerk, Gemeinschaftsflächen; Baujahr und Unterhaltungszustand; Nebenräume; Zuschnitt; Raumhöhe usw.).

3. Ermittlung der Miethöhe
   - Vergleichsobjekte; Berücksichtigung von Abweichungen; Mietspiegel usw.

4. Anlagen
   - Fotos; Lagepläne; Grundrisse; Aufrisse.

2. Beispiel

Das Liegenschaftsamt der Stadt hat mit Schreiben vom 30.10.2001 beantragt, ein Gutachten zu erstatten über den Mietwert der im I. Obergeschoss gartenseitig links gelegenen Wohnung im Hause ... Stadt, Straße, Hausnummer.

Das Gutachten soll als Begründung eines Mieterhöhungsbegehrens Anwendung finden.

Der Gutachterausschuss ermittelt die ortsübliche Vergleichsmiete i.S.d. § 558 Abs. 2 BGB als Nettokaltmiete ohne Berücksichtigung von Nebenkosten.

Die ortsübliche Vergleichsmiete ist nach § 558 Abs. 2 BGB definiert als „das übliche Entgelt, das in der Gemeinde oder in vergleichbaren Gemeinden für nicht preisgebundenen Wohnraum vergleichbarer Art, Größe, Ausstattung, Beschaffenheit und Lage **in den letzten vier Jahren** vereinbart oder ... geändert worden ist".

Der Gutachterausschuss in der Besetzung ... erstattet aufgrund der Ortsbesichtigung und der Beratung am 10.10.2001 das folgende

Mietwertgutachten

Zeitpunkt der Mietwertermittlung: 10.10.2001.

Lage des Grundstücks

Das Grundstück liegt südlich des Zentrums an der Nordostseite der P-Straße zwischen K-Straße und L-Straße gegenüber dem Elisabethkrankenhaus. Es gehört zum bevorzugten Wohngebiet der Südstadt.

Die P-Straße ist in diesem Bereich vorwiegend eine Wohnstraße mit einzelner Büro- und Geschäftsnutzung. Die Straße weist mittleren Verkehr auf. Es herrscht eine geschlossene Bebauung mit 3- bis 4-geschossigen Gebäuden, die um die Jahrhundertwende errichtet wurden.

Die P-Straße ist voll ausgebaut und sowohl mit Parkmöglichkeiten als auch mit Bürgersteigen versehen (vor dem Haus Nr. 65 insgesamt rd. 3,2 m breit).

Hinsichtlich Wohnumfeld/Wohnqualität ist die P-Straße in diesem Bereich eine gute, bevorzugte Wohnlage. Negativ beeinflusst wird die Wohnlage jedoch durch die hinter dem Grundstück vorbeiführende Bundesbahntrasse.

Haltestellen öffentlicher Verkehrsmittel sowie Geschäfte für den täglichen Bedarf befinden sich in der Nähe.

Zum Zentrum beträgt die Entfernung rd. 800 m. Trotz der vorhandenen Parkbuchten sind die öffentlichen Parkmöglichkeiten auf der P-Straße als nicht ausreichend zu bezeichnen. Private Parkmöglichkeiten auf dem Grundstück selbst bestehen nicht.

Beschreibung des Gebäudes

Die zu begutachtende Wohnung liegt in einem massiven Gebäude, das um die Jahrhundertwende errichtet wurde. Das Gebäude ist beidseitig eingebaut und besteht aus Keller-, Erd-, einem Ober- sowie ausgebautem Dachgeschoss. Es wird von sechs Mietparteien fast ausschließlich (ein Büroraum) zu Wohnzwecken genutzt.

Inmitten eines gepflegten Umfelds ist das äußere Erscheinungsbild des Gebäudes als gut zu bezeichnen (Erdgeschoss: gegliederter Putz, gestrichen; darüber Klinkerfassade, tlw. mit Stuckornamenten).

Das Gebäude steht unter Denkmalschutz.

Das Treppenhaus des Gebäudes ist großzügig zugeschnitten und gepflegt. Der Fußboden ist im Erdgeschoss mit Ornamentfliesen belegt, Decken und Wände tlw. mit Stuckornamenten versehen. In den Obergeschossen sind die Flure mit PVC belegt. Die Naturholztreppe mit Holzgeländer und Holzhandlauf rundet den guten Gesamteindruck des Treppenhauses ab.

Das Gebäude verfügt über eine Türöffnungsgegensprechanlage.

Im Kellergeschoss befinden sich die Mieterkeller sowie eine Waschküche mit Waschmaschinenanschlüssen und Trockengelegenheit. Bei der Ortsbesichtigung des Gutachterausschusses waren Feuchtigkeitsschäden an den Kellerinnenwänden sichtbar.

Das Gebäude steht auf einem 1 020 m² großen Grundstück.

Beschreibung der Wohnung

Die zu begutachtende Wohnung ist abgeschlossen und im I. Obergeschoss straßenseitig gelegen. Es handelt sich hierbei um ein 1-Zimmer-Appartement mit Kochnische, Bad und Diele. Die Raumaufteilung ist als nicht ganz zweckmäßig anzusehen und entspricht nicht voll den heutigen Anforderungen an eine Wohnung. So beträgt der Flächenanteil der Diele rd. 28 % der Gesamtwohnfläche. Die Diele ist darüber hinaus schlecht nutzbar (lang und schmal, für Garderobe wenig Raum).

Die zu begutachtende Wohnung wurde im Jahre 1990 von Seiten des Liegenschaftsamtes der Stadt aufgemessen und die Wohnungsgröße neu ermittelt. Die Wohnfläche ist unstreitig und wird somit nachfolgend angehalten.

Die Wohnung ist wie folgt aufgeteilt:

– Wohn-/Schlafzimmer (gartenseitig)	19,0 m²
davon Kochnische	3,0 m²
– Diele (innen liegend, über Decke belichtet)	9,8 m²
– Bad (innen liegend)	3,5 m²

Die Gesamtwohnfläche beträgt somit 35,3 m², die Raumhöhe tlw. rd. 2,70 m, tlw. rd. 3,20 m.

Die zu wertende Wohnung wurde durch Umbau nachträglich geschaffen. Neu errichtete Wände wurden hierbei tlw. in Leichtbauweise errichtet.

Zur Wohnung gehört ein rd. 4 m² großer Kellerraum. Er ist durch eine Dachlattenkonstruktion abgetrennt und aufgrund der im Kellergeschoss vorhandenen Feuchtigkeit nicht voll nutzbar.

Eine Garage bzw. ein PKW-Abstellplatz gehört nicht zur Wohnung.

Ausstattung der Wohnung

Der Gutachterausschuss wertet die Wohnung in dem Zustand, den er bei der Ortsbesichtigung vorgefunden hat. Er unterstellt den Normalfall einer Wohnungsvermietung, d.h., dass die für eine Vermietung notwendige Ausstattung vom Vermieter gestellt wird und die Schönheitsreparaturen vom Mieter getragen werden.

Die Wohnung ist insgesamt gut ausgestattet.

So werden alle Räume über eine Gasetagenheizung mittels Stahlradiatoren (mit Thermostatventilen) erwärmt. Die Warmwasserversorgung erfolgt ebenfalls über die Heizung. Die Fenster (innen: Holzfensterbänke mit Kunststoffüberzug) sind isolierverglast und tlw. mit Oberlichtern versehen. Die Fenster sind mit Kunststoffrollläden ausgestattet.

Alle Leitungen sind unter Putz verlegt.

Der Fußboden ist in allen Räumen mit Hart-PVC-Platten (verschweißt) belegt und mieterseits tlw. mit Teppichboden.

Die Holztüren (tlw. mit Oberlichtern) sind glatt abgesperrt und befinden sich in Holzzargen. Bei der Ortsbesichtigung waren Risse in den neu errichteten Wänden sowie ein (kaschierter) Feuchtigkeitsschaden im Decken-/Wandbereich von Bad/Diele sichtbar. Die Wände sind überwiegend mit Raufaser verkleidet.

Im Dielenbereich ist die Decke überwiegend aus armiertem Glas erstellt. Bad und Kochnische sind darüber hinaus wie folgt ausgestattet:

Bad: rd. 2 m hoch gefliest (Dekorfliesen), weißes Sanitär, Dusche mit Trennwand, WC mit Spülkasten, Waschbecken K- + W-Wasser, Fußboden mit Kunststoffbelag

Kochnische: rd. 1,5 m hoch gefliest, Nirosta-Spüle.

Die mieterseits herbeigeführte Ausstattung wird nachfolgend nicht berücksichtigt.

Wertermittlung der Wohnung

Für den Stadtbereich liegt ein allseits anerkannter Mietpreisspiegel nicht vor. Der Gutachterausschuss hat jedoch für interne Wertermittlungszwecke eine Mietwertübersicht erstellt. Hierfür wurden rd. 2 200 Einzelmieten aus den Jahren 1997 bis 1999 i.S. des BGB ausgewertet.

Eine Fortschreibung dieser Werte im Oktober 2001 zeigte – bei gleicher Vorgehensweise – eine spürbare Steigerung gegenüber der Auswertung von 1999.

Unter Berücksichtigung dieser Mietpreissteigerung in 2001 wird der o.g. Mietwertübersicht für eine rd. 35 m² große Wohnung mit guter Ausstattung in guter Wohnlage eine Mietwertspanne von

$$6,00 - 6,95 \text{ €/m}^2 \text{ Wohnfläche}$$

entnommen.

Mietwertgutachten § 18 ImmoWertV V

Diese Mietspanne kann für die nachfolgende Mietwertfindung nur eine Orientierung sein. Vielmehr soll die Mietwertermittlung über elf Vergleichswohnungen aus gleicher bzw. gleichwertiger Lage erfolgen. Die Merkmale dieser Wohnungen sind mit der zu begutachtenden Wohnung hinreichend vergleichbar. Die Vergleichswohnungen sind abgeschlossen und in Mehrfamilienhäusern bzw. in gemischt genutzten Gebäuden mit geringem gewerblichem Anteil gelegen, die um die Jahrhundertwende errichtet, jedoch zwischenzeitlich vollmodernisiert wurden, d.h., dass alle Vergleichswohnungen gut ausgestattet sind.

Die nachfolgenden Vergleichsmieten sind aktuell und werden für Wohnungen gezahlt, für die Mietverträge in den letzten vier Jahren abgeschlossen wurden bzw. für die der Mietzins in den letzten vier Jahren angepasst wurde. Die Vergleichswohnungen sind frei finanziert; als Mietpreise werden die Nettokaltmieten ohne Nebenkosten angegeben.

1. C-Straße; Mehrfamilienhaus, 7 Wohneinheiten;
   a) I. OG   – 32 m² × 6,10 €/m²   Zu:
   b) II. OG – 32 m² × 6,10 €/m²   a) und b): 2 Zimmer, Diele, Bad
   c) III. OG – 30 m² × 6,00 €/m²   c) 1 Zimmer, Diele, Bad

2. K-Straße; Mehrfamilienhaus, 8 Wohneinheiten
   a) EG   – 42 m² × 6,18 €/m²
   b) I. OG – 44 m² × 6,03 €/m²   Zu:
   c) II. OG – 44 m² × 6,25 €/m²   a) bis c): 2 Zimmer, Diele, Bad

3. W-Straße; Mehrfamilienhaus, 6 Wohneinheiten
   a) EG   – 30 m² × 7,00 €/m²   Zu:
   b) I. OG – 30 m² × 7,00 €/m²   a) und b): 1 Zimmer, Diele, Bad

4. L-Straße; Mehrfamilienhaus, 6 Wohneinheiten
   OG   – 32 m² × 5,50 €/m²   1 Zimmer, Diele, Bad

5. P-Straße: gemischt genutztes Gebäude, 10 Einheiten
   a) EG   – 28 m² × 6,49 €/m²   Zu: a): 1 Zimmer, Diele, Bad
   b) II. OG – 40 m² × 5,61 €/m²   b): 2 Zimmer, Diele, Bad

Anpassung der Vergleichswohnungen an die Merkmale der zu begutachtenden Wohnung

Der Gutachterausschuss hält die nachfolgenden Zu- bzw. Abschläge zu/von den angegebenen Vergleichsmieten aufgrund von Urteilen, eigenen Auswertungen sowie seinen Erfahrungen für angemessen, um die aufgeführten Vergleichswohnungen den Merkmalen der zu begutachtenden Wohnung anzupassen.

Zu 1a) und 1b):	
· bessere, ruhigere Wohnlage	– 10 %
· besserer Wohnungszuschnitt	– 10 %
	– 20 %
Zu 1 c):	
· bessere, ruhigere Wohnlage	– 10 %
· etwas besserer Wohnungszuschnitt	– 5 %
· Lage im III. OG	+ 2 %
	– 13 %
Zu 2 a) und 2 b):	
· bessere, ruhigere Wohnlage	– 10 %

· besserer Wohnungszuschnitt	−10 %
· größere Wohnfläche	+3 %
	−17 %

Zu 2c):
· bessere, ruhigere Wohnlage	−10 %
· besserer Wohnungszuschnitt	−10 %
· vorhandener Balkon	−3 %
· größere Wohnfläche	+3 %
	−20 %

Zu 3a) und 3b):
· schlechtere Wohnlage, weniger Lärmimmissionen	± 0 %
· besserer Wohnungszuschnitt	−10 %
· bessere Ausstattung (u.a. hochwertige Fußbodenbeläge)	−10 %
	−20 %

Zu 4):
· etwas ruhigere Wohnlage	−5 %
· etwas besserer Wohnungszuschnitt	−5 %
	−10 %

Zu 5a):
· schlechtere Wohnlage, weniger Lärmimmissionen	± 0 %
· besserer Wohnungszuschnitt	−10 %
· etwas bessere Ausstattung (u.a. höherwertige Fußbodenbeläge)	−5 %
· geringere Wohnfläche	−3 %
	−18 %

Zu 5b):
· schlechtere Wohnlage, weniger Lärmimmissionen	± 0 %
· besserer Wohnungszuschnitt	−10 %
· etwas größere Wohnfläche	+2 %
	−8 %

Mietwertermittlung der Wohnung

Entsprechend der derzeit gültigen Rechtsprechung zum Mietpreisrecht im freifinanzierten Wohnungsbau ist der Vermieter zur Begründung seines Mietpreis-Erhöhungsbegehrens berechtigt, sich auf drei Vergleichsmieten aus seinem eigenen Gebäude zu beziehen.

Der Gutachterausschuss folgert hieraus, dass auch bei Mietwertgutachten mehrere in einem Gebäude gelegene Wohnungen selbständig zum Vergleich herangezogen werden können.

Bei der nachfolgenden Mietwertermittlung erfolgt keine Gewichtung nach der Anzahl der Wohnungen innerhalb der Vergleichsobjekte (Gebäude). Es kommt somit das arithmetische Mittel aller auf die Merkmale des Wertermittlungsobjekts abgestellten Vergleichsmieten zum Zuge.

Mietwertgutachten § 18 ImmoWertV V

Ausgehend von den v. g. Vergleichswohnungen ergibt sich unter Berücksichtigung der beschriebenen Anpassungen folgender Mietwert:

Vergleichsobjekt Nr.	Tatsächlicher Mietpreis (€/m²)	Anpassung an Wertermittlungsobjekt (%)	Vergleichsmiete (€/m²)
1a	6,10	− 20	4,88
1b	6,10	− 20	4,88
1c	6,00	− 13	5,22
2a	6,18	− 17	5,13
2b	6,03	− 17	5,00
2c	6,25	− 20	5,00
3a	7,00	− 20	5,60
3b	7,00	− 20	5,60
4	5,50	− 10	4,95
5a	6,49	− 18	5,32
5b	5,61	− 8	5,16
			56,74 : 11

Mittelwert: 5,16 €/m² Wohnfläche

Der Gutachterausschuss ermittelt die ortsübliche Vergleichsmiete der zu begutachtenden Wohnung im Hause P-Straße 65, I. Obergeschoss, gartenseitig links mit

5,16 €/m² Wohnfläche.

Bei der Ermittlung der ortsüblichen Vergleichsmiete wurde Größe, Lage, Art, Ausstattung und Beschaffenheit sowohl der zu wertenden Wohnung als auch der Vergleichswohnung berücksichtigt.

gez.: Vorsitzender

§ 19 ImmoWertV
Bewirtschaftungskosten

(1) ₁Als Bewirtschaftungskosten sind die für eine ordnungsgemäße Bewirtschaftung und zulässige Nutzung marktüblich entstehenden jährlichen Aufwendungen zu berücksichtigen, die nicht durch Umlagen oder sonstige Kostenübernahmen gedeckt sind.

(2) ₁Nach Absatz 1 berücksichtigungsfähige Bewirtschaftungskosten sind

1. die Verwaltungskosten; sie umfassen die Kosten der zur Verwaltung des Grundstücks erforderlichen Arbeitskräfte und Einrichtungen, die Kosten der Aufsicht, den Wert der vom Eigentümer persönlich geleisteten Verwaltungsarbeit sowie die Kosten der Geschäftsführung;
2. die Instandhaltungskosten; sie umfassen die Kosten, die infolge Abnutzung oder Alterung zur Erhaltung des der Wertermittlung zugrunde gelegten Ertragsniveaus der baulichen Anlage während ihrer Restnutzungsdauer aufgewendet werden müssen;
3. das Mietausfallwagnis; es umfasst das Risiko von Ertragsminderungen, die durch uneinbringliche Rückstände von Mieten, Pachten und sonstigen Einnahmen oder vorübergehenden Leerstand von Raum entstehen, der zur Vermietung, Verpachtung oder sonstigen Nutzung bestimmt ist; es umfasst auch das Risiko von uneinbringlichen Kosten einer Rechtsverfolgung auf Zahlung, Aufhebung eines Mietverhältnisses oder Räumung;
4. die Betriebskosten.

₂Soweit sich die Betriebskosten nicht ermitteln lassen, ist von Erfahrungssätzen auszugehen.

Gliederungsübersicht Rn.

1	Allgemeines	1
2	Marktübliche Bewirtschaftungskosten (§ 19 Abs. 1 ImmoWertV)	
	2.1 Marktüblichkeit	14
	2.2 Bezugsstichtag	16
	2.3 Abweichungen der tatsächlichen von den marktüblichen Bewirtschaftungskosten	21
3	Gesamtpauschale der Bewirtschaftungskosten	
	3.1 Allgemeines	24
	3.2 Wohnraum	25
	3.3 Gewerberaum	27
4	Einzelpauschalen der Bewirtschaftungskosten	
	4.1 Allgemeines	29
	4.2 Abschreibung – AfA –	
	4.2.1 Begriff	33
	4.2.2 Berücksichtigung der Abschreibung	44
	4.2.3 Besonderheiten (Anomalien)	55
	4.3 Verwaltungskosten (§ 19 Abs. 2 Nr. 1 ImmoWertV)	
	4.3.1 Begriff	57
	4.3.2 Wohnraum	64
	4.3.3 Gewerberaum	70
	4.3.4 Landwirtschaftliche Wirtschaftsgebäude	72
	4.3.5 Besonderheiten (Anomalien)	73
	4.4 Betriebskosten (§ 19 Abs. 2 Nr. 4 ImmoWertV)	
	4.4.1 Begriff	74
	4.4.2 Wohnraum	86
	4.4.3 Gewerberaum	94
	4.4.4 Land- und Forstwirtschaft	98
	4.4.5 Besonderheiten (Anomalien)	99
	4.5 Instandhaltungs- und Modernisierungskosten (§ 19 Abs. 2 Nr. 2 ImmoWertV)	

	4.5.1	Begriffe..		105
	4.5.2	Instandhaltungskosten		
		4.5.2.1	Instandhaltungskosten nach II. BV..	122
		4.5.2.2	Instandhaltungskosten nach § 19 Abs. 2 Nr. 2 ImmoWertV.........	129
	4.5.3	Höhe der Instandhaltungskosten..		133
	4.5.4	Kostenentwicklung...		136
	4.5.5	Wohnraum		139
	4.5.6	Gewerberaum		151
	4.5.7	Landwirtschaftliche Wirtschaftsgebäude		154
	4.5.8	Besonderheiten (Anomalien)..		155
4.6	Modernisierungs- und Revitalisierungsrisiko			
	4.6.1	Allgemeines..		156
	4.6.2	Höhe des Modernisierungs- und Revitalisierungsrisikos		158
4.7	Mietausfallwagnis (§ 19 Abs. 2 Nr. 3 ImmoWertV)			
	4.7.1	Begriffe		
		4.7.1.1	Mietausfallwagnis nach II. BV	164
		4.7.1.2	Mietausfallwagnis nach ImmoWertV	165
	4.7.2	Wohnraum		182
	4.7.3	Gewerberaum		184
	4.7.4	Landwirtschaftliche Wirtschaftsgebäude		192
5	Bonität der Mietverhältnisse *(Scoring)*...			193
6	Anlage: Bewirtschaftungskostentabelle des Gutachterausschusses in Berlin			200

1 Allgemeines

Schrifttum: *Jones Lang Wootton,* Oscar 2000 – Büronebenkostenanalyse Office Service Charge Analysis Report, Düsseldorf 2000; *Verband Deutscher Hypothekenbanken*, Wesentliche Aspekte der Beleihungswertermittlung, Bonn Bad Godesberg 1998.

▶ *Allgemeines vgl. Syst. Darst. des Ertragswertverfahrens Rn. 198 ff.*

Nach § 17 Abs. 1 ImmoWertV ist bei der Ermittlung des Ertragswerts der baulichen Anlagen grundsätzlich von dem marktüblich erzielbaren Ertrag auszugehen. Der **Reinertrag ergibt sich aus dem Rohertrag** (Grund- bzw. Nettokaltmiete; § 18 ImmoWertV) **abzüglich der** bei ordnungsgemäßer Bewirtschaftung marktüblich anfallenden **Bewirtschaftungskosten**. **1**

Die gemäß § 19 Abs. 2 ImmoWertV „berücksichtigungsfähigen" **Bewirtschaftungskosten** setzen sich zusammen aus **2**

– den Verwaltungskosten,

– den Instandhaltungskosten,

– dem Mietausfallwagnis und

– den Betriebskosten.

Zu den Bewirtschaftungskosten gehört auch die **Abschreibung** (vgl. Rn. 33). Da die Abschreibung aber mit dem Liegenschaftszinssatz berücksichtigt wird, führt die ImmoWertV sie als „berücksichtigungsfähige" Bewirtschaftungskosten nicht auf. Dies gilt allerdings nicht bei Anwendung des Ertragswertverfahrens auf der Grundlage prognostizierter Erträge *(Discounted Cashflow* Verfahren) und eines besonderen Diskontierungszinssatzes. **3**

Im weiteren Sinne gehört auch ein **Modernisierungsrisiko** zu den Bewirtschaftungskosten, das allerdings in der II. BV nicht ausdrücklich genannt wird. Das Modernisierungsrisiko steht in einem unmittelbaren Zusammenhang mit der üblichen Gesamtnutzungsdauer bzw. der im Einzelfall angesetzten Restnutzungsdauer. Insbesondere bei Bürogebäuden und sog. Managementimmobilien (Hotels, Einkaufszentren, Warenhäuser, Freizeitimmobilien, Sanatorien und Kliniken) ist die üblicherweise erwartete Restnutzungsdauer nur zu erreichen, wenn über die **4**

Instandhaltung hinaus der Gebrauchswert des Gebäudes in zeitlichen Abständen den geänderten Anforderungen durch Modernisierungs- bzw. Revitalisierungsmaßnahmen angeglichen wird.

5   Die vorgenannten **Kostengruppen der Bewirtschaftungskosten werden** in Anlehnung an die entsprechenden Regelungen der §§ 24 bis 30 II. BV sowie der BetrKVO **mit § 19 Abs. 2 ImmoWertV definiert**[1].

6   Welche von den verbleibenden Kostengruppen der Bewirtschaftungskosten (Verwaltungs-, Betriebs- und Instandhaltungskosten sowie Mietausfallwagnis) zur Ermittlung des Reinertrags in Abzug zu bringen sind, hängt im Einzelnen von den zum Vergleich herangezogenen marktüblich erzielbaren Erträgen und den dabei umgelegten Bewirtschaftungskosten (der Ausgangsmiete) ab.

7   Grundsätzlich ist dabei vom „Rohertrag" auszugehen, der in § 18 Abs. 2 ImmoWertV als der bei ordnungsgemäßer Bewirtschaftung und zulässiger Nutzung marktüblich erzielbare Ertrag definiert ist. Dabei kann von dem marktüblich erzielbaren **Ertrag unter Ausschluss von Bewirtschaftungskosten ausgegangen werden, die durch Umlagen oder sonstige Kostenübernahmen gedeckt** sind. Dies ergibt sich aus § 19 Abs. 1 (letzter Halbsatz) ImmoWertV, nach dem zu den berücksichtigungsfähigen Bewirtschaftungskosten nur die Aufwendungen gehören, die nicht durch Umlagen oder sonstige Kostenübernahmen gedeckt sind. Sie können im Ergebnis sowohl beim Rohertrag, als auch bei den berücksichtigungsfähigen Bewirtschaftungskosten als „durchlaufende Position" außer Betracht bleiben.

8   Dies betrifft insbesondere Wohnbaugrundstücke, für die Betriebskosten regelmäßig umgelegt werden. In diesen Fällen ist es bei der Ermittlung des Ertragswerts angezeigt, direkt von der **Nettokaltmiete/Grundmiete** auszugehen und als Bewirtschaftungskosten nur noch die Verwaltungs- und Instandhaltungskosten sowie das Mietausfallwagnis in Abzug zu bringen, um den Reinertrag zu ermitteln. § 19 Abs. 1 (letzter Halbsatz) ImmoWertV bestimmt deshalb, dass durch Umlagen gedeckte Betriebskosten unberücksichtigt bleiben.

9   Im Falle eines **erheblichen Leerstands** kann allerdings auch der Ansatz der dann nicht umlagefähigen Betriebskosten erforderlich werden.

10 Neben **Schönheitsreparaturen** (vgl. Rn. 125) **kann auch die sog. kleine Instandhaltung** (vgl. Rn. 124) mietvertraglich auf den Mieter umgelegt werden und bräuchte insoweit bei der Ermittlung des Reinertrags nicht mehr in Abzug gebracht zu werden. Allerdings stehen dafür i.d.R. keine zum Vergleich geeigneten marktüblich erzielbaren Erträge zur Verfügung, so dass derartige Vereinbarungen als „besondere objektspezifische Grundstücksmerkmale" differentiell oder durch entsprechend höhere Reinerträge berücksichtigt werden.

11 Auch andere Bewirtschaftungskosten, namentlich die Verwaltungskosten, die Instandhaltungskosten und das Mietausfallwagnis, bleiben sowohl bei der Ermittlung des Rohertrags als auch bei den davon abzuziehenden Bewirtschaftungskosten unberücksichtigt, soweit die **Umlage dieser Kosten in der Vermietungspraxis üblich** ist und von entsprechenden Roherträgen ausgegangen wird.

12 Wie bei Betriebskosten – auf die i.d.R. Vorauszahlungen geleistet werden – bleibt im Übrigen auch die in der Gesamtzahlung u.U. enthaltene **Mehrwertsteuer** unberücksichtigt.

13 Nach der **Generalklausel des § 19 Abs. 1 ImmoWertV** sind die Bewirtschaftungskosten anzusetzen in Höhe der

   a) bei ordnungsgemäßer Bewirtschaftung marktüblich entstehenden jährlichen Aufwendungen,

   b) jedoch nur insoweit, wie sie nicht – komplementär zu den angesetzten Roherträgen – durch Umlagen oder sonstige Kostenübernahmen gedeckt sind.

---

1   Mit der seit dem 1.1.2002 geltenden Fassung der II. BV i.V.m. Art. 3 der Verordnung vom 25.11.2003 (BGBl. I 2003, 2345, 2347) sind die §§ 8, 26, 28 und 41 sowie die Anl. 3 geändert und die Verwaltungs- und Instandhaltungskosten mit Wirkung ab 1.1.2005 indiziert worden.

2 Marktübliche Bewirtschaftungskosten (§ 19 Abs. 1 ImmoWertV)

2.1 Marktüblichkeit

Die Generalklausel des § 19 Abs. 1 ImmoWertV, nach der von marktüblichen Bewirtschaftungskosten bei „ordnungsgemäßer Bewirtschaftung" auszugehen ist, entspricht § 24 Abs. 2 II. BV. Danach sind Bewirtschaftungskosten in der Höhe anzusetzen, **wie sie bei normalen, die Art der Nutzung berücksichtigenden Verhältnissen mit fremdem Personal für ein unverschuldetes Grundstück laufend entstehen.** Finanzierungskosten (Zinsen, Agien) und Steuern sind mit Ausnahme der Grundsteuer und Grundbesitzabgaben nicht eingeschlossen. Unberücksichtigt bleiben ebenso überdurchschnittliche, unnötige und unwirtschaftliche Ausgaben, die auf einer aufwendigen Wirtschaftsführung beruhen, und einmalige oder zufällige Kosten (z.B. die Kosten von größeren Reparatur-, Instandsetzungs- oder Modernisierungsmaßnahmen). Die Bewirtschaftungskosten müssen sich auf die erforderlichen Kosten beschränken[2]. 14

Es sind grundsätzlich die **marktüblichen Bewirtschaftungskosten** maßgebend, die für die jeweilige Gebäudeart und Beschaffenheit angemessen sind; so muss z.B. der Umstand berücksichtigt werden, dass eine bauliche Anlage aufgrund ihrer Konstruktion und Nutzbarkeit besonders hohe oder niedrige Verwaltungs-, Betriebs- oder Instandhaltungskosten verursacht (z.B. erhöhte Betriebs- und Instandhaltungskosten für denkmalgeschützte Gebäude). Soweit dem nicht direkt Rechnung getragen werden kann, muss dies nach § 8 Abs. 3 ImmoWertV als ein besonderes objektspezifisches Grundstücksmerkmal ergänzend berücksichtigt werden. 15

2.2 Bezugsstichtag

Spiegelbildlich zu den bei Anwendung des Ertragswertverfahrens anzusetzenden marktüblich erzielbaren Erträgen (§ 17 Abs. 1 Satz 1 ImmoWertV) sind auch die **„marktüblich entstehenden" Bewirtschaftungskosten nach den Verhältnissen des Wertermittlungsstichtags** anzusetzen. Wie auch bezüglich der Erträge kann aber nicht erwartet werden, dass z.B. das Mietausfallwagnis oder die Verwaltungskosten über die gesamte Restnutzungsdauer konstant bleiben. Vielmehr ist davon auszugehen, dass sich auch die Bewirtschaftungskosten einer baulichen Anlage mit fortschreitender Zeit ändern. Änderungen sind nicht nur im Hinblick auf allgemeine konjunkturelle Entwicklungen (sog. allgemeine Wertverhältnisse), sondern auch im Hinblick auf das zunehmende Alter der baulichen Anlage zu erwarten. So fallen z.B. bei älteren Objekten höhere Verwaltungskosten an und auch das Mietausfallwagnis muss bei einem Gebäude, das nicht mehr den zeitgemäßen Anforderungen entspricht, höher als bei einem Neubau eingeschätzt werden. Besonders augenfällig ist dies bei der Instandhaltung eines Gebäudes. Während bei einem Neubau (noch) verhältnismäßig geringe Instandhaltungskosten anfallen, sind in schwer kalkulierbaren zeitlichen Abständen sog. größere Instandhaltungen unvermeidbar (Abb. 1). 16

---

[2] KG Berlin, Urt. vom 26.4.1976 – 8 U 1871/74 –, MDR 1976, 756 = FWW 1977, 52 = ZMR 1976, 204.

Abb. 1: Instandhaltungskosten

17 Spiegelbildlich zu der Problematik, die sich bezüglich der Ertragsentwicklung stellt, muss auch die **Entwicklung der Bewirtschaftungskosten** berücksichtigt werden. Zwei Lösungsalternativen kommen in Betracht:

a) Bei Anwendung des Ertragswertverfahrens auf der Grundlage prognostizierter Erträge (*Discounted Cashflow* Verfahren) müssen die künftig anfallenden Bewirtschaftungskosten prognostiziert werden. Dies wiederum trachtet man dadurch zu vermeiden, dass man die Bewirtschaftungskosten in einem Vomhundertsatz der (prognostizierten) Einnahmen ansetzt. Gleichwohl bleiben die so zum Ansatz kommenden Bewirtschaftungskosten damit eine fehlerbehaftete Größe, denn die unvermeidlichen Fehler der Einnahmenprognosen werden damit zwangsläufig auf die Bewirtschaftungskosten übertragen.

b) In der internationalen Praxis der Verkehrswertermittlung (Marktwertermittlung) nach der sog. *overall capitalization method*, wie sie auch in dem Ertragswertverfahren nach den §§ 17 ff. ImmoWertV zur Anwendung kommt, ermittelt sich der Reinertrag unter Abzug der am Wertermittlungsstichtag anfallenden „üblichen" Bewirtschaftungskosten. Vom Grundstücksmarkt erwartete Änderungen dieser Bewirtschaftungskosten werden zusammen mit den erwarteten Änderungen der Erträge wiederum mit dem Liegenschaftszinssatz *(all over capitalization rate)* berücksichtigt. Der Liegenschaftszinssatz wird unter Berücksichtigung der Restnutzungsdauer ermittelt, so dass altersspezifische Bewirtschaftungskosten damit berücksichtigt werden.

18 Diese Vorgehensweise ist darin begründet, dass sich die Bewirtschaftungskosten bei realistischer Betrachtungsweise nicht prognostizieren lassen. So wie der Sachverständige steht nämlich auch der Käufer eines Grundstücks vor dem Problem, die künftigen Bewirtschaftungskosten abzuschätzen. Auch er ist sich bewusst, dass die zum Zeitpunkt des Ankaufs eines Grundstücks (wie auch zum Zeitpunkt der Wertermittlung) anfallenden Bewirtschaftungskosten nicht konstant bleiben, sondern muss erwarten, dass sie sich mit zunehmendem Alter der baulichen Anlage eher erhöhen und auch von der allgemeinen wirtschaftlichen Entwicklung nicht verschont bleiben. Wie auch die Einschätzung der künftigen Ertragsentwicklung findet die Einschätzung der künftigen Bewirtschaftungskosten ihren Ausdruck in dem Kaufpreis, den er für das Grundstück entrichtet. Mit der Ableitung des Liegenschaftszinssatzes aus Kaufpreisen wird mithin die vom Grundstücksmarkt erwartete Entwicklung der Bewirtschaftungskosten in marktkonformer Weise berücksichtigt. Aus diesem Grunde kann bei Anwendung des dynamischen Ertragswertverfahrens *(direct capitalization)* nach den §§ 17 ff. ImmoWertV von den **„üblichen Bewirtschaftungskosten** ausgegangen werden, wie sie bei ordnungsgemäßer Bewirtschaftung **am Wertermittlungsstichtag** anfallen.

19 Die im Einzelfall zur Ermittlung des Reinertrags von der als Rohertrag herangezogenen Ausgangsmiete abzusetzenden Bewirtschaftungskosten werden in der Wertermittlungspraxis

Bewirtschaftungskosten § 19 ImmoWertV V

a) als **Gesamtpauschalabschlag** in einem Vomhundertsatz der Ausgangsmiete (z.B. Nettokaltmiete) oder

b) **gegliedert nach den abzusetzenden Bewirtschaftungskostengruppen (Verwaltungs- und Instandhaltungskosten sowie dem Mietausfallwagnis)** in ihrer jeweils marktüblichen Höhe einzeln

angesetzt. Der zuletzt genannten Vorgehensweise ist grundsätzlich der Vorzug zu geben. Dementsprechend schreibt Nr. 3.5.2 WERTR vor, dass die Bewirtschaftungskosten „möglichst in ihren einzelnen Positionen (Einzelansätze) anzusetzen sind".

Beispiel: **20**

a) Sachverhalt
Büroobjekt

Nutzfläche	1 500 m²
Liegenschaftszinssatz	6%
Nettokaltmiete/Grundmiete	15 €/m²
Bodenwert	500 000 €
Restnutzungsdauer	40 Jahre

Der Vermieter trägt laut Mietvertrag nur die Reparaturen an Dach und Fach.
Der Mieter übernimmt lt. Mietvertrag sämtliche Bewirtschaftungskosten, also sowohl die gesamten Instandhaltungskosten als auch die Verwaltungskosten.

Variante A
b) Fehlerhafter Ansatz pauschalierter Bewirtschaftungskosten

Jahresnettokaltmiete/Grundmiete: 15 €/m² × 1 500 m² NF × 12 Monate			270 000 €
./. Bewirtschaftungskosten 30% pauschal		–	81 000 €
			189 000 €
– Bodenwertverzinsungsbetrag 6% von 500 000 €		–	30 000 €
Reinertrag – (p × BW)		=	159 000 €
Gebäudeertragswert 159 000 € × 15,05		=	2 392 950 €
Bodenwert		+	500 000 €
Ertragswert		=	2 892 950 €
Verkehrswert			**2 895 000 €**

Variante B
c) Fehlerhafter Ansatz (Einzelansätze) des Wohnungsbaus

Jahresnettokaltmiete/Grundmiete: 15 €/m²× 1 500 m² NF × 12 Monate			270 000 €
Bewirtschaftungskosten			
Verwaltungskosten 4%	10 800 €		
Instandhaltungskosten 1 500 m² × 8 €/m²	12 000 €		
Mietausfallwagnis 3%	8 100 €		
	30 900 €	–	30 900 €
		=	239 100 €
– Bodenwertverzinsungsbetrag 6% von 500 000 €		–	30 000 €
Reinertrag – (p × BW)		=	209 100 €
Gebäudeertragswert 209 100 € × 15,05			3 146 955 €
+ Bodenwert		+	500 000 €
Ertragswert		=	3 646 955 €
Verkehrswert			**3 645 000 €**

Variante C

Jahresnettokaltmiete/Grundmiete:	
15 €/m² × 1 500 m² NF × 12 Monate	270 000 €
Bewirtschaftungskosten	
Verwaltungskosten (zur Sicherheit 0,5%)	1 350 €
Instandhaltungskosten	– €
Mietausfallwagnis 3%	8 100 €
	9 450 € – 9 450 €
	= 260 550 €
– Bodenwertverzinsungsbetrag 6% von 500 000 €	– 30 000 €
Reinertrag – (p × BW)	= 230 550 €
Gebäudeertragswert 230 550 € × 15,05 bei V von 40 Jahren und p = 6%	= 3 469 778 €
+ Bodenwert	+ 500 000 €
Ertragswert	3 969 778 €
Verkehrswert	**3 970 000 €**

Hier wäre zu empfehlen, die Wertberechnung mit den üblichen Bewirtschaftungskosten vorzunehmen (also etwa 11 bis 12 v.H.) und den sich aufgrund des günstigen Mietvertrags ergebenden Mehrertrag lediglich über die Restlaufzeit des Mietvertrags zu kapitalisieren und zuzuschlagen.

Parameter	A	B	C
Bewirtschaftungskostenansatz	30%	11,44%	3,5%
	81 000 €	30 900 €	9 450 €
Verkehrswert	2 895 000 €	3 645 000 €	3 970 000 €
	= 100%	= 125,91%	= 137,12%

2.3 Abweichungen der tatsächlichen von den marktüblichen Bewirtschaftungskosten

▶ *Vgl. § 8 ImmoWertV Rn. 298; Syst. Darst. des Ertragswertverfahrens Rn. 200; § 17 ImmoWertV Rn. 9*

21 Mit dem Liegenschaftszinssatz werden die allgemein erwarteten Entwicklungen der Bewirtschaftungskosten, nicht jedoch Bewirtschaftungskosten erfasst, die aufgrund besonderer vertraglicher Bindungen ungewöhnlich sind. **Ungewöhnliche Bewirtschaftungskosten** liegen insbesondere vor, wenn die vom Vermieter bzw. dem Mieter zu tragenden Bewirtschaftungskosten von den üblichen Bewirtschaftungskosten aufgrund besonderer Vertragsgestaltungen oder aus sonstigen Gründen dem Grunde oder der Höhe nach nicht nur geringfügig abweichen. Bei geringen Abweichungen wird man solche Besonderheiten vernachlässigen können. Größere Abweichungen müssen indessen berücksichtigt werden, insbesondere wenn sie längerfristig hinzunehmen sind.

22 **Ungewöhnliche Bewirtschaftungskosten** können beispielsweise vorliegen, wenn

a) der Vermieter die Betriebskosten nicht oder nur teilweise auf den Mieter umgelegt hat,

b) der Vermieter (vertraglich) die Schönheitsreparaturen trägt oder der Mieter die Kosten der „kleinen Instandhaltung",

c) ein langfristiges Mietverhältnis mit einem solventen Mieter besteht und deshalb das Mietausfallwagnis zum Wertermittlungsstichtag (im Vergleich zur Gesamtnutzungsdauer) vorübergehend gering ist,

d) abweichend von den üblichen Vertragsgestaltungen vom Mieter bzw. Vermieter vertraglich bestimmte Bewirtschaftungskosten getragen werden,

e) ungewöhnlich hohe oder niedrige Bewirtschaftungskosten vertraglich umgelegt werden,

f) der Vermieter die Betriebskosten überhaupt nicht umgelegt hat oder die Grundsteuer im Rahmen der Umlage der Betriebskosten nicht umgelegt hat,

g) der Vermieter (einer gewerblichen Immobilie) ungewöhnlich hohe oder niedrige Bewirtschaftungskosten vertraglich umgelegt hat.

Solche **vertragliche Besonderheiten müssen** als Anomalien gelten und wie eine Unter- bzw. Übervermietung (*over-* und *underrented*) wiederum **nach § 8 Abs. 3 ImmoWertV gesondert berücksichtigt werden**, da sie nicht nachhaltig sind. Der aus den Besonderheiten resultierende Vor- oder Nachteil ist zu diesem Zweck über den jeweiligen Zeitraum zu kapitalisieren und erhöht bzw. mindert den Verkehrswert. Bei Anwendung des mehrperiodischen Ertragswertverfahrens nach § 17 Abs. 1 Satz 2 i.V.m. Abs. 3 ImmoWertV können solche Besonderheiten auch mit dem sich daraus ergebenden Reinertrag berücksichtigt werden. **23**

3 Gesamtpauschale der Bewirtschaftungskosten

3.1 Allgemeines

▶ *Zu den Bewirtschaftungskosten im steuerlichen Bereich vgl. Syst. Darst. des Ertragswertverfahrens Rn. 206*

Grundsätzlich besteht die Möglichkeit, die im Einzelfall nicht umgelegten Bewirtschaftungskosten(gruppen) mit einer Gesamtpauschale oder im Wege von Einzelansätzen in Abzug zu bringen. **Allgemein ist** jedoch **Einzelansätzen** schon deshalb **der Vorzug zu geben, weil damit Besonderheiten des Einzelfalls präziser erfasst werden können**, während der Ansatz von Pauschalansätzen nur dann zufriedenstellende Ergebnisse erwarten lässt, wenn das zu bewertende Objekt durchschnittliche Verhältnisse aufweist, wie sie der Ableitung von Pauschalen für die nicht umlagefähigen Bewirtschaftungskosten zugrunde lagen. Nr. 3.5.2 der WERTR und auch die Grundsätze der Beleihungswertermittlung fordern deshalb, dass die Bewirtschaftungskosten möglichst differenziert nach den einzelnen Positionen anzusetzen sind. **24**

3.2 Wohnraum

Die Spannbreite der Bewirtschaftungskosten von Wohngebäuden ist äußerst groß und beträgt je nach Ausstattung, Alter und Miethöhe zwischen 10 und 40% (bei Altbauten bis Baujahr 1948) der Nettokaltmiete. Für Mietwohnobjekte enthielt Anl. 3 WERTR 96 eine **Tabelle für die Gesamtpauschale der nicht umlagefähigen Bewirtschaftungskosten**, d.h. für die Verwaltungs- und Instandhaltungskosten sowie das Mietausfallwagnis. Im Hinblick auf die Abhängigkeit der Verwaltungskosten von der Anzahl der Untereinheiten war ihre Anwendung auf Objekte mit drei bis acht Wohnungen beschränkt (Abb. 2). Von den Gutachterausschüssen werden Gesamtpauschalen der Bewirtschaftungskosten nur noch vereinzelt ermittelt. **25**

Abb. 2: **Durchschnittliche pauschalierte Bewirtschaftungskosten im freifinanzierten Wohnungsbau für Verwaltung, Instandhaltung und Mietausfallwagnis in v.H. der Nettokaltmiete**

Baujahr	Wohnungsausstattung			
	ohne Bad oder ohne Zentralheizung v.H.:		mit Bad oder mit Zentralheizung v.H.:	
	Anl. 3: WERTR 96	Bonn	Anl. 3: WERTR 96	Bonn
bis 1948	35–40	27–25	29–33	24–21
1949–1965	31–28	24–20	26–23	23–20
1966–1977	29–22		22–15	20–17
ab 1978	22		15	17–13

Quelle: Grundstücksmarktbericht 2004

V § 19 ImmoWertV — Bewirtschaftungskosten

26 Anl. 3 WERTR 96 bezog sich auf die wirtschaftlichen Verhältnisse von 1977/78 und wurde deshalb mit der WERTR 2002 durch eine nach Verwaltungs- und Instandhaltungskosten sowie dem Mietausfallwagnis differenzierende Tabelle ersetzt.[3]

3.3 Gewerberaum

Schrifttum: *Zeißler, M.*, Bewirtschaftungskosten für Gewerbeimmobilien, GuG 2002, 197.

27 Der bei Mietwohnobjekten (früher) übliche pauschalierte Abzug der Bewirtschaftungskosten vom Rohertrag (i.d.R. Jahresnettokaltmiete) kann insbesondere bei hochwertigen **Gewerbeimmobilien** zu Fehlbewertungen führen. Diesbezüglich muss in die Gewerbemietverträge eingesehen werden, denn bei Gewerbeobjekten besteht im Gegensatz zu Mietwohngrundstücken **Gestaltungsfreiheit hinsichtlich der vom Mieter zu tragenden Bewirtschaftungskosten.** Dies ist frei aushandelbar und selbst innerhalb eines Objektes können je nach Abschlusszeitpunkt der Mietverträge entweder mieter- oder vermieterfreundliche Vereinbarungen mit erheblichen Auswirkungen auf die jeweiligen Reinerträge getroffen worden sein. Insbesondere bei Ansatz der **Instandhaltungskosten** werden häufig schwere Fehler gemacht. So werden hier in der Praxis Instandhaltungskosten zum Teil (Vermieter trägt nur die Instandhaltungskosten an Dach und Fach) oder vollständig den Mietern auferlegt. Im ersten Fall werden dann bei neueren Objekten etwa 5 €/m² Nutzfläche pro Jahr angesetzt, im letzteren Fall kann unter Umständen ein Ansatz für Instandhaltung gänzlich entfallen. Generell liegen die Bewirtschaftungskosten bei Gewerbeobjekten höchstens bei 15 bis 18 v.H. des Jahresrohertrags. Bei Spitzenobjekten liegen sie häufig sogar unter 10 v.H. Es ist leicht vorstellbar, dass ein Sachverständiger, der die bei Mietwohnobjekten üblichen Bewirtschaftungskostensätze (ab 25% aufwärts !) auf derartige Gewerbeobjekte überträgt, zu eklatant falschen Wertermittlungsergebnissen kommt.

28 Die Spannbreite der Bewirtschaftungskosten von gewerblichen Objekten ist wie bei Wohngebäuden äußerst groß und beträgt je nach Ausstattung, Alter und Miethöhe zwischen 10 und 30% der Nettokaltmiete. Für gewerbliche Objekte[4] sind **Pauschalsätze** deshalb **kaum angebbar.** Allgemein gilt, dass sie i.d.R. deutlich niedriger als für Wohnraum ausfallen. Es kommt hinzu, dass bei gewerblichen Objekten neben den Betriebskosten auch die übrigen Bewirtschaftungskosten umgelegt werden können, so dass Marktbeobachtungen ggf. nicht unmittelbar vergleichbar sind. Bei Heranziehung von Vergleichsmieten zur Verkehrswertermittlung von **gewerblichen Objekten** dürfen deshalb nur die Bewirtschaftungskosten zum Abzug gebracht werden, die in dem Vergleichsfall nicht umgelegt wurden. Von daher muss bei der Verkehrswertermittlung sorgfältig zwischen Mietwohn- und gewerblichen Objekten unterschieden werden.

4 Einzelpauschalen der Bewirtschaftungskosten

4.1 Allgemeines

29 Grundsätzlich sind bei der Ertragswertermittlung die Bewirtschaftungskosten im Einzelnen gegliedert nach den Kostenarten parziell anzusetzen. Dies wird unter **Nr. 3.5.2 WERTR** ausdrücklich vorgegeben (vgl. Rn. 19). Dort heißt es: „Die Bewirtschaftungskosten sind möglichst in ihren einzelnen Positionen anzusetzen (Nr. 0.8.2 des Vordrucks)."

30 Dies gilt auch für die **Ermittlung des Beleihungswerts** und entspricht den Vorgaben der BaFin zur Ermittlung von Beleihungswerten.

---

3   Zu den Bewirtschaftungskosten für Block- und Plattenbauweisen in den neuen Bundesländern im Jahre 1999 vgl. GuG aktuell 1994, 42; Rundschreiben Nr. 185/1994 des Ostdeutschen Sparkassen- und Giroverbandes vom 6.10.1994; 3. Aufl. zu diesem Werk S. 2158.
4   Für gemischt genutzte Grundstücke liegt ferner eine ältere Untersuchung der Gewos (1981) über pauschalierte Bewirtschaftungskosten vor (abgedruckt auf den S. 2146 ff. der 3. Aufl. zu diesem Werk).

Bei **größeren Objekten** sollte schon im Hinblick auf ein sicheres Ergebnis einer individuellen Berücksichtigung der Bewirtschaftungskosten der Vorrang eingeräumt werden. **31**

Bei **individueller Berücksichtigung der Bewirtschaftungskosten** ist es im Allgemeinen ausreichend, Verwaltungskosten, Instandhaltungskosten(rücklage) und Mietausfallwagnis nach Erfahrungssätzen zu berücksichtigen. Für Verwaltungs- und Instandhaltungskosten bieten die in der II. BV genannten Sätze eine Orientierungshilfe. **32**

4.2 Abschreibung – AfA –

4.2.1 Begriff

Schrifttum: *Bauer/Bauer*, Steuerratgeber, Vermietung, Verpachtung, Selbstnutzung, 5. Aufl. Boorberg 2004.

Als **Abschreibung (AfA)** definiert § 25 Abs. 1 II. BV für die Belange der sozialen Wohnraumförderung **den auf jedes Jahr der Nutzung fallenden „Anteil der verbrauchsbedingten Wertminderung der Gebäude, Anlagen und Einrichtungen".** Der Abschreibungsbetrag soll nach der mutmaßlichen Nutzungsdauer errechnet werden. **33**

Die **DIN 31 051** (Januar 1985) verwendet an Stelle des Begriffs der Abschreibung den technischen Begriff der Abnutzung und definiert diese wie folgt: **34**

„Im Sinne der Instandhaltung Abbau des Abnutzungsvorganges (Nr. 4.1) infolge physikalischer und/oder chemischer Einwirkungen.

Anmerkung: Abnutzung i.S. der Instandhaltung sind z.B. Verschleiß, Alterung, Korrosion und auch plötzlich auftretende Istzustandsveränderungen wie z.B. ein Bruch (Abnutzung in kaufmännischer Bewertung ist die Abschreibung)."

Mit § 25 Abs. 2 und 3 II. BV werden folgende Abschreibungssätze empfohlen: **35**

„(2) Die Abschreibung soll bei Gebäuden 1 vom Hundert der Baukosten, bei Erbbaurechten 1 vom Hundert der Gesamtkosten nicht übersteigen, sofern nicht besondere Umstände eine Überschreitung rechtfertigen.

(3) Als besondere Abschreibung für Anlagen und Einrichtungen dürfen zusätzlich angesetzt werden von den Kosten

1. der Öfen und Herde 3 vom Hundert,
2. der Einbaumöbel 3 vom Hundert,
3. der Anlagen und der Geräte zur Versorgung mit Warmwasser, sofern sie nicht mit einer Sammelheizung verbunden sind, 4 vom Hundert,
4. der Sammelheizung einschließlich einer damit verbundenen Anlage zur Versorgung mit Warmwasser 3 vom Hundert,
5. der Fernheizung 0,5 vom Hundert und einer damit verbundenen Anlage zur Versorgung mit Warmwasser 4 vom Hundert,
6. des Aufzugs 2 vom Hundert,
7. der Gemeinschaftsantenne 9 vom Hundert,
8. der maschinellen Wascheinrichtung 9 vom Hundert."

Der **Begriff der „Abschreibung"** bleibt gleichwohl interpretationsbedürftig. Es stellt sich insbesondere die Frage, ob die Abschreibung auch die Wertminderung aufgrund des technologischen Wandels einschließlich marktbedingter Wertminderungen umfasst. Hiervon ist nach internationaler Betrachtungsweise auszugehen (vgl. IAS 16 §§ 50 ff.). Die Tegova definiert die Abschreibung als das Maß der Absetzung für Abnutzung, Verbrauch oder anderweitigen Wertverlust einer Sachanlage durch Gebrauch, Zeitablauf oder aufgrund einer Minderung durch technologische oder marktbedingte Änderungen[5]. **36**

---

5 Tegova, Europäische Bewertungsstandards, 2. Aufl.

37 Begrifflich steht die so definierte Abschreibung in enger Verwandtschaft mit der **Alterswertminderung nach § 23 ImmoWertV** (Syst. Darst. des Sachwertverfahrens Rn. 149 ff.). Im Rahmen des *Ertragswertverfahrens* stellt die Abschreibung jedoch nicht die verbrauchsbedingte Wertminderung, sondern die dieser Wertminderung entsprechende **Erneuerungsrücklage für den verbrauchsbedingten Wertverzehr der baulichen Anlagen** dar. Diese Erneuerungsrücklage wäre aus dem Reinertrag aufzubringen, wobei es dahingestellt sein mag, ob der Eigentümer diesen Bestandteil des Reinertrags „verfrühstückt" oder tatsächlich auf Zins und Zinseszins anlegt, um am Ende der Restnutzungsdauer den Ertragswert der baulichen Anlagen wieder angesammelt zu haben. Von daher braucht der Abschreibung (= Erneuerungsrücklage) in der Tat keine Beachtung geschenkt zu werden. Das Modell des in der ImmoWertV geregelten Ertragswertverfahrens und der mit § 18 ImmoWertV definierte Reinertrag sind aber gleichwohl irreführend, weil hierin eben die Erneuerungsrücklage enthalten ist. Kein Kapitalanleger würde den Kapitalrückfluss als *Rein*ertrag ansehen, wenn am Ende der Investitionsdauer das angelegte Kapital „verfrühstückt" wäre. Der eigentliche Reinertrag ist von daher der um die Erneuerungsrücklage verminderte Reinertrag i.S. der ImmoWertV.

38 In diesem Zusammenhang ist allerdings darauf hinzuweisen, dass bei Immobilien, die nicht der sog. Konsumgutlösung unterliegen, der Gesetzgeber den Wertverlust steuerlich dadurch kompensiert, dass der Anleger einen bestimmten Prozentsatz der Herstellungskosten oder des Kaufpreises (ohne Grund und Boden) steuersparend geltend machen kann. Die prozentuale Höhe hängt vom Alter des Gebäudes ab:

39 Nach der Neuregelung des § 7 Abs. 5 EStG beläuft sich die degressive Gebäudeabschreibung für Gebäude, die

- nicht zu einem Betriebsvermögen gehören,
- Wohnzwecken dienen und
- die aufgrund eines Bauantrags errichtet worden sind, der nach dem 31.12.2003 gestellt wurde, bzw. in Erwerbsfällen, in denen der Notarvertrag nach dem 31.12.2003 rechtswirksam abgeschlossen wurde,

auf folgende Sätze:

Abb. 3: Degressive Gebäudeabschreibung nach § 7 Abs. 5 EStG (ab 1.1.2004)

Degressive Gebäudeabschreibung nach § 7 Abs. 5 EStG (ab 1.1.2004)		
Anzahl der Jahre	AfA-Satz	Gesamt
10 Jahre	4,00%	40%
8 Jahre	2,50%	20%
32 Jahre	1,25%	40%
50 Jahre (gesamt)		100%

▶ *Zur erhöhten Abschreibung in Sanierungsgebieten vgl. Teil VIII Rn. 53 ff.; für Baudenkmale Teil VI Rn. 730 ff.*

40 Bei neu errichteten Wohnobjekten ist die AfA deutlich höher und degressiv, d.h., der Abschreibungsbetrag fällt mit der Zeit.

- Für Gebäude, die nach dem 31.12.1995 errichtet wurden:

    1. bis 8. Jahr   je 5%
    9. bis 14. Jahr   je 2,5%
    15. bis 50. Jahr   je 1,25%

- Bei Wohnobjekten aus zweiter Hand (gebrauchte Wohnobjekte) gilt die sog. lineare AfA, d.h., der Abschreibungsbetrag ist über 40 oder 50 Jahre konstant:

  Fertigstellung nach dem 31.12.1924   jeweils 2,0% jährlich
  Fertigstellung vor dem 1.1.1925   jeweils 2,5% jährlich

Wer ein *neues Gebäude* zu Wohnzwecken errichtet, darf in den ersten 10 Jahren 45% des Gebäudewerts über die AfA abschreiben; bei *gebrauchten Wohnobjekten* im gleichen Zeitraum lediglich 20 bis 25%. Bei *gewerblich genutzten Objekten* sieht das Einkommensteuergesetz andere AfA-Sätze vor, wobei noch danach unterschieden wird, ob sich das Objekt im Betriebs- oder Privatvermögen befindet.   **41**

Die steuerlichen Abschreibungssätze können aber schon insofern nicht der tatsächlichen wirtschaftlichen Abschreibung entsprechen, weil sie an Kosten der Vergangenheit anknüpfen. Wirtschaftlich muss aber von der Abschreibung erwartet werden, dass sie – als Erneuerungsrücklage auf Zinseszins angelegt – mit Ablauf der Restnutzungsdauer einen Kapitalbetrag ergibt, mit dem das Gebäude unter Berücksichtigung zwischenzeitlich eingetretener Preissteigerungen ersetzt werden kann.   **42**

Darüber hinaus können bei steuerpflichtigen **Einkünften aus Vermietung und Verpachtung Werbungskosten** geltend gemacht werden, wie z.B.   **43**

- Instandhaltungsaufwand,
- Saalmiete für Eigentümerversammlung,
- Kontoführungsgebühren,
- Rechts- und Gerichtskosten,
- Verwaltergebühr,
- Fahrtkosten zum Besuch des Eigentums,
- Zeitungsannoncen bei Neuvermietung und
- Kosten für Fotokopien, Telefon und Büromaterial.

Zu den betragsmäßig dominierenden Ausgaben zählen vor allem die Zinsen für Hypothekendarlehen.

4.2.2 Berücksichtigung der Abschreibung

Die als **Erneuerungsrücklage für den verbrauchsbedingten Wertverzehr der baulichen Anlage** definierte Abschreibung ist nach vorstehenden Ausführungen im Reinertrag enthalten, und es wird bei der Anwendung des Vervielfältigers auf den ermittelten Reinertrag nicht zwischen der Kapitalisierung der darin enthaltenen Abschreibung und des eigentlichen Reinertrags unterschieden. Mit dem aus Kaufpreisen von Grundstücken und ihren jeweiligen Reinerträgen (einschließlich der darin enthaltenen Erneuerungsrücklage) abgeleiteten Liegenschaftszinssatz wird die Abschreibung mit dem zur Anwendung kommenden Liegenschaftszinssatz berücksichtigt. Dies gilt gleichermaßen für die steuerlichen Abschreibungen.   **44**

Das **Ertragswertverfahren auf der Grundlage dynamischer Liegenschaftszinssätze** *(all over capitalization method)* **ist gleichwohl in sich schlüssig**, da auch der Liegenschaftszinssatz aus einem abschreibungsunverminderten Reinertrag abgeleitet wird und man in demselben System bleibt.   **45**

46 Dies soll an nachfolgendem *Beispiel* (RND = 100 Jahre) verdeutlicht werden:

a) Ableitung des Liegenschaftszinssatzes (bei n = 8)

ohne Berücksichtigung der Abschreibung			*mit* Berücksichtigung der Abschreibung		
RE	=	50 000 €	RE	=	50 000 €
Abschreibung	=	0 €	Abschreibung	=	– 5 000 €
$RE_{unvermindert}$	=	50 000 €	$RE_{vermindert}$	=	45 000 €
Kaufpreis = Verkehrswert	=	1 000 000 €	Kaufpreis = Verkehrswert	=	1 000 000 €
p = RE × 100/KP	=	5%	p = RE × 100/KP	=	4,5%

b) Verkehrswertermittlung: Verkehrswert = RE × 100/p (bei n = 8)

RE	=	50 000 €	RE	=	50 000 €
Abschreibung	=	0 €	Abschreibung	=	– 5 000 €
$RE_{unvermindert}$	=	50 000 €	$RE_{vermindert}$	=	45 000 €
p	=	5%	p	=	4,5%
VW = RE × 100/p	=	**1 000 000 €**	VW = RE × 100/p	=	**1 000 000 €**

47 Aus dem Beispiel wird deutlich, dass man zu demselben Ergebnis gelangt, wenn man jeweils in demselben System bleibt. Das Verfahren der ImmoWertV, die Abschreibung außer Betracht zu lassen, hat damit den Vorteil, dass man sich über die Höhe der angemessenen Abschreibung keine Gedanken zu machen braucht, und zwar weder bei der Ableitung des Liegenschaftszinssatzes noch bei Anwendung des Ertragswertverfahrens. Festzuhalten bleibt aber, dass das, was als **Reinertrag nach § 17 Abs. 1 ImmoWertV** in die Wertermittlung eingeführt wird, **nicht der „wahre" Reinertrag** ist und diesen Ausdruck aus immobilienwirtschaftlicher Sicht nicht verdient. Auch die üblichen steuerlichen Abschreibungsmöglichkeiten gehen im Übrigen in den Liegenschaftszinssatz ein.

48 Entsprechendes gilt für den **Liegenschaftszinssatz**. Das Beispiel zeigt, dass sich Liegenschaften unter Berücksichtigung der Abschreibung zu einem geringeren Zinssatz verzinsen, als der angesetzte Liegenschaftszinssatz vorgibt.

49 Bei Anwendung des Ertragswertverfahrens auf der Grundlage prognostizierter Erträge (*Discounted Cashflow* Verfahren) muss im Gegensatz zum klassischen Ertragswertverfahren die Abschreibung besonders berücksichtigt werden.

50 Das in den §§ 21 ff. ImmoWertV geregelte **Sachwertverfahren** schenkt der Frage der Rücklage der sog. Abschreibung im Übrigen keine Beachtung. Dies ist in dem grundlegenden Wesensunterschied zwischen Ertrags- und Sachwertverfahren begründet und bei Anwendung des Sachwertverfahrens auch systemgerecht. Mit der in § 23 ImmoWertV definierten **Alterswertminderung**, die auch als Abschreibung (für Abnutzungen – AfA –) bezeichnet wird, soll die Wertminderung des Objekts im Hinblick auf die sich mit zunehmendem Alter verkürzende Restnutzungsdauer gegenüber dem als Neubauwert ermittelten Herstellungswert erfasst werden. Diese Wertminderung wächst von null im Jahr der Gebäudeerrichtung bis zum vollen Herstellungswert im Jahre des wirtschaftlichen Abgangs des Gebäudes an, ohne dass dabei gefordert wird, dass die Wiederanlage eines der alljährlich anfallenden Wertminderung entsprechenden Betrags auf Zins und Zinseszins den „Wert der baulichen Anlagen" reproduziert.

51 Die Höhe des **Abschreibungsbetrags, der im Reinertrag enthalten ist,** lässt sich nach dem dem Ertragswertverfahren zugrunde liegenden Modell aus dem jeweiligen Gebäudewert ableiten. Der Abschreibungsbetrag ergibt sich dann nach den Ausführungen bei § 20 ImmoWertV Rn. 7 aus dem:

$$\text{Abschreibungsbetrag des Gebäudes} = G \times (q-1)/(q^n-1)$$

wobei G Gebäudewert
 q Zinsfaktor = 1 + Abschreibungszinssatz/100

Als **Abschreibungszinssatz** ist nach den Ausführungen unter § 20 ImmoWertV Rn. 7 ff. der Liegenschaftszinssatz maßgebend.

Der jährliche Abschreibungsbetrag kann ermittelt werden, indem der Gebäudeertragswert am Wertermittlungsstichtag durch den nachhaltigen **Abschreibungsdivisor,** tabelliert im Anh. 5.2 (vgl. Anl. 9b WERTR), geteilt wird:

$$\text{Abschreibungsdivisor} = (q^n - 1)/(q - 1)$$

geteilt wird.

Beispiel:

Gebäudewert	500 000 €
Abschreibungszinssatz	5%
Restnutzungsdauer	50 Jahre
Abschreibungsbetrag =	500 000 €/209,348 = 2 388 €

4.2.3 Besonderheiten (Anomalien)

Bei Anwendung des dynamischen Ertragswertverfahrens *(direct capitalization)* wird die Abschreibung (einschließlich ihrer steuerlichen Geltendmachung) nach den vorstehenden Ausführungen bereits mit dem Liegenschaftszinssatz (Vervielfältiger) erfasst, und zwar in der objektspezifisch üblichen Höhe.

– Soweit sich die steuerlichen Rahmenbedingungen zum Wertermittlungsstichtag gegenüber denen, die der Ermittlung des Liegenschaftszinssatzes zugrunde liegen, geändert haben, kann dem durch eine Modifikation des Liegenschaftszinssatzes Rechnung getragen werden. Nach Fortfall von Steuervergünstigungen kann es z.B. angezeigt sein, den Liegenschaftszinssatz (z.B. um 0,5%) zu erhöhen.

– Soweit ein allgemein gültiger Liegenschaftszinssatz auf Objekte mit besonders günstigen oder ungünstigen steuerlichen Abschreibungsmöglichkeiten zur Anwendung kommt, kann es ebenfalls angezeigt sein, den Liegenschaftszinssatz um 0,5% zu vermindern bzw. zu erhöhen.

Bei Anwendung des Ertragswertverfahrens auf der Grundlage prognostizierter Erträge und einem besonderen Kapitalisierungszinssatz (*Discounted Cashflow* Verfahren) **muss die Abschreibung in geeigneter Form berücksichtigt werden** (vgl. Syst. Darst. des Ertragswertverfahrens Rn. 411 ff.).

4.3 Verwaltungskosten (§ 19 Abs. 2 Nr. 1 ImmoWertV)

4.3.1 Begriff

Verwaltungskosten *(overhead management)* sind die **Kosten der zur Verwaltung des Grundstücks einschließlich seiner baulichen Anlagen erforderlichen Arbeitskräfte und Einrichtungen, die Kosten der Aufsicht sowie die Kosten der Geschäftsführung.** § 19 Abs. 2 Nr. 1 ImmoWertV stellt als Kosten der Verwaltung zur Klarstellung den „Wert der vom Eigentümer persönlich geleisteten Verwaltungsarbeit" gesondert heraus. Dazu gehören die Kosten für die Überwachung der Mieteingänge, der Mietanpassung und Mietveränderungen, der Neuvermietung und des Abschlusses von Mietverträgen, der Buchhaltung, Rechnungsprüfung, des Zahlungsverkehrs und des Jahresabschlusses, der Kosten für die Bearbeitung von Versicherungsfällen und der Organisation von Instandhaltungsarbeiten.

Die ausdrückliche Erwähnung des **„Werts der vom Eigentümer persönlich geleisteten Verwaltungsarbeit"** ist mit der ImmoWertV in Anlehnung an § 26 Abs. 1 Satz 1 II. BV in die Verordnung aufgenommen worden. Die vom Eigentümer persönlich geleistete Verwaltungsarbeit war bereits nach der in der WertV 72 gegebenen Definition Bestandteil der Verwaltungskosten. Mit der WertV 88 wurde diese Position unverständlicherweise gestrichen. Hieran ist in der Vorauflage[6] Kritik geübt worden, weil das Ergebnis der Ertragswertermittlung verfälscht wird, wenn die Eigenleistungen des Eigentümers außer Betracht blieben[7]. Der Verordnungsgeber ist dieser Kritik gefolgt.

59 Zu den Verwaltungskosten gehören die **Kosten der zur Verwaltung des Grundstücks erforderlichen Arbeitskräfte und Einrichtungen.** Demzufolge gehören zu den Verwaltungskosten auch die nach Nr. 14 der Anl. 3 zu § 27 Abs. 1 II. BV nicht umlegbaren Anteile der Hauswartskosten, die auf die Verwaltung entfallen. Bei persönlicher Arbeitsleistung ist auf den Betrag abzustellen, der für gleichwertige Unternehmerleistung zu erbringen wäre, jedoch ohne Umsatzsteuer. Im Unterschied zum bisherigen Recht werden die baulichen Anlagen des Grundstücks hierbei nicht mehr ausdrücklich genannt; begrifflich gehören sie nach wie vor zum Grundstück.

60 Die in der II. BV ergänzend genannten **Kosten der gesetzlichen und freiwilligen Prüfung des Jahresabschlusses und der Geschäftsprüfung** werden nicht mehr in der Definition der ImmoWertV ausdrücklich erwähnt. Diese Kosten sind nach wie vor für die unternehmerische Wohnungswirtschaft von Bedeutung und gehören zu den marktüblichen Verwaltungskosten bei Objekten, die diesem Teilmarkt zugeordnet werden müssen.

61 Auch die **Verwaltungskosten sind in der am Wertermittlungsstichtag üblichen Höhe anzusetzen.** Dabei wird auf entsprechende Erfahrungssätze zurückgegriffen, die den Grundsätzen einer ordnungsgemäßen Bewirtschaftung entsprechen[8]. Zur Beurteilung der Eignung der in Betracht kommenden Erfahrungssätze muss man sich verdeutlichen, von welchen Faktoren die jeweilige Höhe der angemessenen Bewirtschaftungskostengruppen abhängig ist. Die Verwaltungskosten fallen erfahrungsgemäß umso höher aus, je kleinteiliger eine Wohnanlage[9] ist. Bei gewerblichen Objekten fallen erheblich reduzierte Verwaltungskosten an, wenn ein größerer Komplex nur an einen einzigen Nutzer vermietet ist. Bei alledem ist die Bonität der Mieter von ausschlaggebender Bedeutung.

62 Als Bezugsgrundlage der **Erfahrungssätze** über die Höhe der Verwaltungskosten hat sich vor allem die Anzahl der Mieteinheiten bewährt.

63 Die **Verwaltungskosten bewegen sich** je nach Bundesland **in einer Größenordnung von 3 v.H. bis zu 10 v.H. der Jahresbruttomiete,** in Ausnahmefällen auch bis zu 12 v.H. Die WERTR a.F. nennen 3 v.H. bis 5 v.H. des Rohertrags (eigentlich Nettokaltmiete/Grundmiete) je nach den örtlichen Verhältnissen. Auch diesen Sätzen kommt allerdings keine Verbindlichkeit zu. Allgemein gilt, dass der Vomhundertsatz bei großen Wohnanlagen geringer ausfällt als bei kleineren Wohnanlagen[10].

4.3.2 Wohnraum

▶ *Zu den Verwaltungskosten nach Anl. 3 WERTR vgl. Syst. Darst. des Ertragswertverfahrens Rn. 198 ff.*

64 Bei **Mietwohnungen** können Verwaltungskosten nicht umgelegt werden. Zahlt ein Mieter dennoch aus Unkenntnis der Rechtslage solche Nebenkosten, die im Mietvertrag nicht vereinbart wurden, so stellt dies gemäß einer Entscheidung des LG Kassel[11] keine Anerkennung einer Zahlungspflicht dar. Die Zahlung der Kosten – so das Gericht – besage nur, dass der Wohnungsmieter von einer ordnungsgemäßen Abrechnung ausgegangen sei.

65 Mit der am 1.1.2002 in Kraft getretenen Neufassung der II. BV hält die Verordnung an Verwaltungskostenpauschalen fest, die sich auf die Wohneinheit beziehen. Die angegebenen Ver-

---

6 Kleiber/Simon/Weyers, Verkehrswertermittlung von Grundstücken, 5. Aufl., § 18 WertV Rn. 49.
7 BR-Drucks. 352/88, S. 58.
8 BAnz. Nr. 154 vom 12.8.1961.
9 Vgl. auch Recker/Slomian, Immobilienverwaltung, Praxishandbuch, München 2000.
10 Vgl. auch Recker/Slomian, Immobilienverwaltung, Praxishandbuch, München 2000.
11 LG Kassel, Urt. vom 27.7.1989 – 1 S 187/88 –, EzGuG 20.127.

Verwaltungskosten § 19 ImmoWertV V

waltungs- und auch die Instandhaltungskosten wurden jedoch dynamisiert. Mit § 26 Abs. 4, § 28 Abs. 5a und § 41 Abs. 1 Satz 2 II. BV n.F. werden angegeben

a) die Höchstpauschale der Verwaltungskosten für Wohnungen, Eigentumswohnungen und Garagen,

b) die *Abzugssätze* nach § 28 Abs. 2 Satz 2 II. BV bei *eigenständig gewerblicher Leistung von Wärme*,

c) der Zuschlagssatz für Wohnungen, für die ein maschinell betriebener Aufzug vorhanden ist (§ 28 Abs. 2 Satz 3 II. BV),

d) die Abzugssätze nach § 28 Abs. 3 II. BV für die vom Mieter getragenen Kosten der *kleinen Instandhaltung*,

e) die gesondert zu berücksichtigenden Kosten der vom Vermieter getragenen *Schönheitsreparaturen* in Wohnungen nach § 28 Abs. 4 II. BV sowie

f) die *Instandhaltungspauschale für Garagen* und ähnliche Einstellplätze nach § 28 Abs. 5 II. BV.

Die angegebenen Verwaltungskosten sind nach § 26 Abs. 4 und § 41 Abs. 2 Satz 2 II. BV **ab dem 1.1.2005 und am 1. Januar eines jeden darauf folgenden dritten Jahres um den Prozentsatz anzupassen, um den sich der** vom Statistischen Bundesamt festgestellte **Verbraucherpreisindex** für Deutschland für den der letzten Veränderung vorausgehenden Monat Oktober erhöht oder verringert hat. Für die Veränderung am 1.1.2008 ist die Erhöhung oder Verringerung des Verbraucherpreisindexes für Deutschland maßgeblich, die im Oktober 2007 gegenüber dem Oktober 2004 eingetreten ist. 66

Die Sätze können als Anhalt dienen und wurden deshalb in die WERTR aufgenommen (vgl. Syst. Darst. des Ertragswertverfahrens Rn. 202). Bei Verkehrswertermittlungen, die sich auf einen zurückliegenden Wertermittlungsstichtag beziehen, sind die entsprechenden Ansätze der II. BV in der jeweils gültigen Fassung heranzuziehen (vgl. Abb. 4). 67

Abb. 4: **Verwaltungskosten nach II. BV**

Zeitraum	Verwaltungskosten		
	Wohnung	**Eigentumswohnung**	**Garage**
ab 20.11.1950	15,34 p.a. je Wohnung		5,11 p.a. je Garage
1.11.1957	25,56 p.a. je Wohnung		5,11 p.a. je Garage
1.9.1963	30,67 p.a. je Wohnung		5,11 p.a. je Garage
1.1.1968	43,46 p.a. je Wohnung		7,67 p.a. je Garage
1.1.1971	51,63 p.a. je Wohnung		10,23 p.a. je Garage
1.6.1972	61,35 p.a. je Wohnung		10,23 p.a. je Garage
1.1.1975	92,03 p.a. je Wohnung		15,34 p.a. je Garage
1.7.1979	122,71 p.a. je Wohnung	148,27 p.a. je Wohnung	17,90 p.a. je Garage
1.7.1984	122,71 p.a. je Wohnung	148,27 p.a. je Wohnung	17,90 p.a. je Garage
1.7.1988	168,61 p.a. je Wohnung	196,85 p.a. je Wohnung	23,01 p.a. je Garage
1.9.1993	214,74 p.a. je Wohnung	255,65 p.a. je Wohnung	28,12 p.a. je Garage
1.1.2002	230,00 p.a. je Wohnung	275,00 p.a. je Wohnung	30,00 p.a. je Garage
1.1.2005	240,37 p.a. je Wohnung	287,40 p.a. je Wohnung	31,35 p.a. je Garage
1.1.2008	254,79 p.a. je Wohnung	304,64 p.a. je Wohnung	33,32 p.a. je Garage

Verwaltungskostenpauschalen gibt es auch im freifinanzierten Wohnungsbau. Diese bewegten sich im Jahre 2009 z.B. bei **Eigentumswohnungen** zwischen 300 € und 350 € einschließlich der Mehrwertsteuer im Jahr. 68

Abb. 5: Verwaltungskosten von Wohnungs- und Wohngeschäftsgebäuden

Verhältnis	Wohn- und Wohngeschäftsgebäude		
Qualifizierung	niedrig	mittel	hoch
Jährliche Verwaltungskosten in % der Sollmieten-Vollvermietung *ohne* Mietrückstände	4	8	12

Quelle: Gärtner, S., Beurteilung und Bewertung alternativer Planungsentscheidungen im Immobilienbereich mit Hilfe eines Kennzahlensystems, 1. Aufl. 1996

69 Bei **Wohnungs- und Teileigentum** können wesentliche Daten im Übrigen der jährlichen Wohngeldabrechnung des Verwalters (§§ 20 bis 29 WEG) entnommen werden.

4.3.3 Gewerberaum

70 Bei **Gewerbeimmobilien** kommt es im Einzelfall zu **mietvertraglichen Vereinbarungen über die Umlage der Verwaltungskosten.** Die Verwaltungskosten können umgelegt werden (vgl. § 18 ImmoWertV Rn. 13, 106 ff.)[12]. Meist handelt es sich hierbei um die Kosten für die Erstellung der Jahresabrechnungen zu den (Mietneben-)Betriebskosten. Ganz allgemein werden Gewerbeimmobilien mit häufig nur wenigen Mietern in der Bewirtschaftung als „pflegeleichter" als Wohnimmobilien angesehen.

71 Für **Gewerbeflächen** werden Verwaltungskosten zwischen 0,15 €/m² und 0,25 €/m² monatlich gezahlt. *Reeker/Slomian*[13] geben Verwaltungskosten von 3 bis 6% der Nettokaltmiete an, wobei sie sich tatsächlich eher im unteren Bereich bewegen. Rechtsgrundlage der Verwaltertätigkeit ist i.d.R. ein Dienstvertrag, der eine Geschäftsbesorgung i.S. von § 675 BGB zum Inhalt hat. Es muss allerdings sehr genau das jeweilige Marktsegment beachtet werden, denn vielfach werden die Verwaltungskosten in voller Höhe umgelegt und es fallen keine nachhaltigen Verwaltungskosten an. In diesen Fällen empfiehlt es sich, „zur Sicherheit" die Verwaltungskosten noch mit 0,5% der Einnahmen anzusetzen.

4.3.4 Landwirtschaftliche Wirtschaftsgebäude

72 Bei **landwirtschaftlichen Wirtschaftsgebäuden** wird mit Verwaltungskosten von 3,0 bis 5,0% des Rohertrags gerechnet.

4.3.5 Besonderheiten (Anomalien)

73 Besonderen, von der üblichen Vertragspraxis und den herangezogenen Vergleichsmieten abweichenden mietvertraglichen Regelungen muss wiederum Rechnung getragen werden, soweit sie den Verkehrswert beeinflussen:

- Bei Anwendung des *zwei- und eingleisigen Ertragswertverfahrens* nach § 17 Abs. 2 ImmoWertV kann solchen Besonderheiten nach § 8 Abs. 3 ImmoWertV differentiell Rechnung gatragen werden, indem die kapitalisierte Differenz ergänzend berücksichtigt wird.

- Bei Anwendung des *mehrperiodischen Ertragswertverfahrens* nch § 17 Abs. 1 Satz 2 i.V.m. Abs. 3 ImmoWertV kann direkt von einem entsprechend erhöhten oder verminderten Reinertrag ausgegangen werden.

---

12 OLG Hamburg, Urt. vom 6.2.2002 – 4 U 32/00 –, NJW-RR 2002, 802 = NZM 2002, 388.
13 Immobilienverwaltung – Praxishandbuch, München 2000.

4.4 Betriebskosten (§ 19 Abs. 3 Nr. 4 ImmoWertV)

4.4.1 Begriff

Schrifttum: *Langenberg,* Betriebskostenrecht der Wohn- und Gewerbemiete, 2. Aufl. München 2000; *Fischer-Dieskau/Pergande/Schwender,* Wohnungsbaurecht; *Zwanck, H.,* Betriebskosten und Betriebskostenvergleich, GWW 1971, 172.

▶ *Allgemeines vgl. Syst. Darst. des Ertragswertverfahrens Rn. 198 ff. und § 18 ImmoWertV Rn. 13 ff., 50*

Betriebskosten (*operating expense*) sind nach § 556 Abs. 1 Satz 2 BGB die **Kosten, die dem Eigentümer oder Erbbauberechtigten durch das Eigentum oder das Erbbaurecht am Grundstück oder durch den bestimmungsgemäßen Gebrauch des Gebäudes, der Nebengebäude, Anlagen, Einrichtungen und des Grundstücks laufend entstehen.** Für die Aufstellung der Betriebskosten gilt die Betriebskostenverordnung vom 25.11.2003 (BGBl. I S. 2346, 2347) fort. Die Regelung entspricht § 27 II. BV i.V.m. den Vorschriften der Betriebskostenverordnung – BetrKV –, ohne dass die Vorschrift ausdrücklich darauf Bezug nimmt; der Katalog der Betriebskosten nach § 2 BetrKV ist in Syst. Darst. des Ertragswertverfahrens bei Rn. 208 abgedruckt. Darüber hinaus werden Betriebskosten auch in der DIN 18960 unter der Kostengruppe 300 definiert. **74**

Betriebskosten werden vielfach auch als „Nebenkosten" bezeichnet. Auch wenn die Begriffe vielfach synonym gebraucht werden, empfiehlt es sich zu unterscheiden zwischen den **75**

– gesetzlich definierten Betriebskosten und

– den Nebenkosten, die mitunter durch Vertrag abweichend definiert werden.

Als Nebenkosten gelten mithin die Kosten, die als solche im Mietvertrag ausdrücklich vereinbart worden sind.

Die Definition der Betriebskosten gilt unmittelbar für preisgebundenen Wohnraum und **mittelbar über § 556 BGB auch für preisfreien Wohnraum.** **76**

Bei gewerblichen Mietverhältnissen und solchen, die nicht auf Gewinnerzielung ausgerichtet sind, ist die **Definition nur verbindlich, wenn sie vertraglich vereinbart worden ist** oder im Wege der Auslegung Anwendung finden kann[14]. **77**

Betriebskosten (Nebenkosten) können im **Bereich der Wohnraumbewirtschaftung** gemäß § 556 BGB mietvertraglich auf die Mieter umgelegt werden (vgl. § 18 ImmoWertV Rn. 13 ff.). Davon wird regelmäßig Gebrauch gemacht. Die Betriebskosten werden deshalb i.d.R. von den Mietern ganz neben der Miete getragen. Nach § 19 Abs. 1 letzter Halbsatz ImmoWertV werden deshalb die **durch Umlagen** (nach den §§ 556 f. BGB) **gedeckten Betriebskosten** von vornherein **nicht den bei der Ermittlung des Ertragswerts berücksichtigungsfähigen Bewirtschaftungskosten zugerechnet.** Dies ist darin begründet, dass der Rohertrag spiegelbildlich unter Ausschluss der Umlagen ermittelt wird. Infolgedessen brauchen sie zur Ermittlung des Reinertrags aus dem Rohertrag nicht als Bewirtschaftungskosten in Abzug gebracht zu werden. Zur Ermittlung des Reinertrags wird deshalb regelmäßig von der Jahresnettokaltmiete ausgegangen. Dies gilt gleichermaßen für den gewerblichen Bereich; auch hier werden die Betriebskosten in aller Regel auf die Mieter umgelegt. **78**

Auf **gewerbliche Mietverhältnisse** und solche, die nicht auf Gewinnerzielung ausgerichtet sind, ist § 556 BGB nicht anzuwenden. Die Vertragsparteien können nach dem Grundsatz der Vertragsfreiheit selbst vereinbaren, von wem die Bewirtschaftungskosten im Einzelnen zu tragen sind. Demzufolge sind die wohnraumrechtlichen Regelungen über die Betriebskosten für sie nur verbindlich, wenn sie vertraglich vereinbart worden sind oder im Wege der Auslegung Anwendung finden können[15]. Um den Besonderheiten gewerblicher Miträume Rechnung zu **79**

---

14 Langenberg, Betriebskostenrecht der Wohn- und Gewerberaummiete, 2. Aufl., München 2000, S. 2, 67 ff.
15 Langenberg, Betriebskostenrecht der Wohn- und Gewerberaummiete, 2. Aufl., München 2000, S. 2, 67 ff.

tragen wird dabei häufig von einem erweiterten Betriebskostenbegriff ausgegangen und der Begriff der Betriebskosten durch den Begriff „Nebenkosten" ersetzt.

80 Die Regelungen der **HeizkostenV** über die Verteilung der Kosten der Beheizung und Warmwasserversorgung finden generell, d.h. sowohl auf gewerbliche Mietverhältnisse als auch im wohnungswirtschaftlichen Bereich, Anwendung.

81 In jedem Fall ist **in Miet- bzw. Pachtverträge einzusehen**[16]. Die Umlagefähigkeit des *Fällens von Bäumen* ist je nach Fallgestaltung umlagefähig[17]; des Weiteren sind umlagefähig

- die Kosten eines *doorman*[18],
- die Kosten der Dachrinnenreinigung[19].

82 Marktuntersuchungen haben gezeigt, dass von der **Umlegbarkeit der Betriebskosten** jedoch nicht immer in vollständigem Umfang Gebrauch gemacht wird, und zwar vornehmlich im Handelsbereich. Nach einer Untersuchung der Deutschen Immobilien Datenbank (Ergebnisse des deutschen Marktes 1998) beliefen sich 1998 die zu Lasten des Eigentümers gehenden Betriebskostenanteile auf die sich aus Abb. 6 ergebenden Größenordnungen:

Abb. 6: Durchschnittliche vom Eigentümer getragene Betriebskosten

	Betriebskosten	
	in % der tatsächlich erzielten Miete	absolut
Wohnen	1,9%	1,20 €/m²/Jahr
Büro	2,6%	4,20 €/m²/Jahr
Handel	6,0%	7,80 €/m²/Jahr

Quelle: Deutsche Immobilien Datenbank

83 Es kommt insbesondere bei Wohnungsunternehmen vor, dass hier nur die Kosten von Wasserversorgung, Heizung und Warmwasser neben der Miete umgelegt werden. **Generell empfiehlt es sich daher zur Sicherheit, auch bei umgelegten Betriebskosten ca. 1% der Nettokaltmiete als nicht umgelegte Betriebskosten anzusetzen.**

84 Auch bei den **Betriebskosten** ist im Übrigen ein **Ausfallwagnis** zu berücksichtigen. Dieses Umlageausfallwagnis darf z.B. im Bereich der sozialen Wohnraumförderung 2 v.H. der für alle Wohnungen entstandenen Betriebskosten nicht übersteigen. Darüber hinaus vermindern die Betriebskosten den Reinertrag, soweit sie im Zuge eines **dauerhaften Leerstands** als fixe Kosten vom Eigentümer getragen werden müssen.

85 Bei gewerblichen Mietverhältnissen und solchen, die nicht auf Gewinnerzielung ausgerichtet sind, ist die **Definition nur verbindlich, wenn sie vertraglich vereinbart worden ist** oder im Wege der Auslegung Anwendung finden kann[20].

4.4.2 Wohnraum

86 Die Betriebskosten haben in der Wohnungswirtschaft immer mehr an Bedeutung gewonnen. Man spricht in diesem Zusammenhang von einer „zweiten Miete". Als Betriebskosten werden nach dem vorher Gesagten die Kosten definiert, die durch das Eigentum am Grundstück oder durch den bestimmungsgemäßen Gebrauch des Grundstücks sowie seiner baulichen und sonstigen Anlagen *laufend* entstehen. Im Unterschied zum bisherigen Recht wird nicht mehr ausdrücklich auf die entsprechende Anwendung der Betriebskostenverordnung verwiesen; die dort genannten Betriebskostenarten sind aber weiterhin zu berücksichtigen. Die Begründung

---

16 Zur Umlagefähigkeit AG Dachau, Beschl. vom 7.4.1998 – 3 C 76/98 –, DWW 1998, 181.
17 AG Düsseldorf, Urt. vom 19.7.2002 – 33 C 6544/02 –, WuM 2002, 498; vgl. Schmidt-Futterer/Langenberg, Mietrecht, 7. Aufl., § 546 BGB Rn. 131 f.
18 LG Potsdam, Urt. vom 7.11.2002 – 11 S 63/02 –, BlnGE 2003, 743.
19 BGH, Urt. vom 7.4.2004 – VIII ZR 167/03 –, BlnGE 2004, 613.
20 Langenberg, Betriebskostenrecht der Wohn- und Gewerberaummiete, 2. Aufl., München 2000, S. 2, 67 ff.

zu § 18 Abs. 3 WertV 88 weist ausdrücklich darauf hin, dass die **II. BV in der jeweils geltenden Fassung** bei Wohngebäuden einen brauchbaren Anhalt gibt, was im Einzelfall zu den Betriebskosten zu rechnen ist[21]. Auch nach diesen Bestimmungen sind Betriebskosten nur solche, die laufend entstehen, d.h. in voraussichtlichen (auch mehrjährigen) Zeiträumen immer wieder anfallen. Der Begriff der Betriebskosten kann nach § 556 BGB für preisfreien Wohnraum im Übrigen nicht über die in der Betriebskostenverordnung genannten Betriebskostenarten erweitert werden[22].

Abb. 7: **Durchschnittliche Betriebskosten für Grundstücke mit Mietwohn- und Geschäftshäusern in Berlin**

Durchschnittliche Betriebskosten für Grundstücke mit Mietwohn- und Geschäftshäusern in Berlin				
Altbauten (Baujahre bis 1918)				
Ausstattung	Betriebskosten in €/m²			
	1996	1997	1998	1999
insgesamt	1,06	1,11	1,13	1,15
OH, IT, PT	0,95	1,12	1,16	1,09
OH und ZH, IT und/oder PT oder OH, Bad, IT und/oder PT	1,04	1,07	1,11	1,09
OH und ZH, Bad, IT und/oder PT oder ZH, IT und/oder PT	1,11	1,11	1,15	
ZH, Bad, IT	1,20	1,20	1,18	1,24
Zwischenkriegsbauten (Baujahre 1919 bis 1948)				
insgesamt	1,01	1,13	1,18	1,33
OH und ZH, IT und/oder PT oder OH, Bad, IT und/oder PT	0,96	–	1,02	1,18
OH und ZH, Bad, IT und/oder PT oder ZH, IT und/oder PT	0,94	1,12	1,12	1,45
ZH, Bad, IT	–	1,15	1,28	1,42
OH = Ofenheizung; IT = Innentoilette; ZH = Zentralheizung; PT = Podesttoilette				

Quelle: ABl Berlin 2000, 1068.

Im öffentlich geförderten Wohnungsbau gehört die **Grundsteuer** nach § 2 Nr. 1 BetrKV neben anderen laufenden öffentlichen Lasten des Grundstücks zu den umlagefähigen Betriebskosten. Die Grundsteuer wird üblicherweise auch ohne gesetzliche Regelung im freifinanzierten Wohnungsbau umgelegt.

Die Grundsteuer bemisst sich in den alten Bundesländern als Produkt aus der Monatsbruttomiete pro Quadratmeter Wohnfläche zum 1.1.1964, der Wohnfläche (WF), dem Vervielfältiger (V) nach Tab. 3 bis 8 BewG, der Grundsteuermesszahl (GMZ v. T.) und dem Hebesatz (H):

$$\text{Grundsteuer} = \frac{\text{Monatsbruttomiete} \times WF \times V \times GMZ \times H}{m^2 \text{ Wohnfläche (WF)}}$$

Die Grundsteuermesszahlen betragen

Einfamilienhäuser	= 2,6 v.T. für die ersten 38 347 €, dann etwa 3,3 v.T.
Zweifamilienhäuser	= 3,1 v.T.
Sonstige Baugrundstücke	= 3,5 v.T.

---
21 BR-Drucks. 352/88, S. 58.
22 Fischer-Dieskau/Pergande/Schwender, Wohnungsbaurecht, Bd. IV, § 27 II. BV, S. 11.

Die Bruttokaltmiete 1964 wird ermittelt aus den Werten des Mietspiegels und dem Mietenindex.

88 Da das Grundsteuersystem als sog. verbundene Grundsteuer auf der Grundlage von Boden *und* Gebäude ausgestaltet ist, ergibt sich für neue Gebäude eine höhere Grundsteuer als für ältere Gebäude.

89 Die **vom Eigentümer selbst erbrachten Sach- und Arbeitsleistungen** sind bei der Ermittlung der Betriebskosten zu berücksichtigen. Dies entspricht § 27 Abs. 2 Satz 1 II. BV, nach dem derart ersparte Betriebskosten mit dem Betrag angesetzt werden dürfen, der für „eine gleichwertige Leistung eines Dritten, insbesondere eines Unternehmers, angesetzt werden könnte". Im Unterschied zu § 27 Abs. 2 Satz 2 II. BV muss hierbei allerdings auch die Umsatzsteuer des Dritten berücksichtigt werden, da auch diese üblicherweise anfällt.

90 Die von der Gewos im Auftrag des damaligen BMBau abgeleiteten durchschnittlichen Betriebskosten sind auf S. 2142 der 3. Aufl. dieses Werkes abgedruckt. Für den **Bereich des geförderten Wohnungsbaus** sowie für den **steuerbegünstigten oder freifinanzierten Wohnungsbau, der mit Wohnungsbauförderungsmitteln gefördert worden ist,** schreibt § 27 Abs. 3 II. BV im Übrigen vor, dass **Betriebskosten nicht in der Wirtschaftlichkeitsberechnung angesetzt** werden dürfen.

91 **Maßstab für die Verteilung der umlagefähigen Betriebskosten** ist im Allgemeinen der Anteil der Nutz- bzw. Wohnfläche an der gesamten nutzbaren Fläche (vgl. § 556a BGB). Nachdem die DIN 283 (1951) in den Jahren 1983 und 1989 ersatzlos zurückgezogen wurde, wird die Nutz- bzw. Wohnfläche heute meist auf der Grundlage der §§ 42 bis 44 II. BV berechnet. Es ist damit zu rechen, dass künftig die Wohnflächenverordnung breitere Anwendung findet.

92 Zur Ermittlung der **nicht umgelegten Betriebskosten**, die den Jahresreinertrag des Vermieters mindern, werden nachfolgende Erfahrungssätze angegeben:

Abb. 8: Durchschnittliche Betriebskosten pro m² Wohnfläche in €

Betriebskostenart	im Jahr	im Monat	umgelegt	nicht umgelegt
Wasserversorgung und -entsorgung	4,70	0,40		
Zentrale Warmwasserversorgung	1,50	0,12		
Verbundene Heizungs- und Warmwasserversorgungsanlagen	1,30	0,11		
Maschinell betriebener Personen- und Lastenaufzug	1,00	0,08		
Straßenreinigung und Müllbeseitigung (Schneebeseitigung)	4,00	0,33		
Gebäudereinigung und Ungezieferbekämpfung	1,10	0,09		
Gartenpflege	1,30	0,11		
Beleuchtung	0,40	0,03		
Schornsteinfegerreinigung	0,60	0,05		
Sach- und Haftpflichtversicherung	1,50	0,12		
Hauswart	1,70	0,14		
Gemeinschaftsantennenanlage	0,50	0,04		
Breitbandkabelnetzverteileranlage	1,00	0,08		
Wäschepflegeanlage	0,50	0,04		
Sonstiges (Dachrinnenreinigung)				
Grundsteuer	2,80	0,23		
		Verbleibt beim Vermieter:		

93 **Zahlungen auf Betriebskosten erfolgen regelmäßig als Vorauszahlungen.** Der Vermieter muss jährlich abrechnen und angeben, welchen Abrechnungszeitraum er zugrunde legt. So

kann es möglich sein, dass der Vermieter nicht alle Betriebskosten in einer Abrechnung erfasst. Dies ist dann der Fall, wenn für Heizkosten als Abrechnungszeitraum beispielsweise der 1.7. bis 30.6. vereinbart ist, im Übrigen aber das Kalenderjahr zugrunde gelegt wird. Der Vermieter muss die jeweilige Abrechnung spätestens bis zum Ablauf des zwölften Monats nach Ablauf des Abrechnungszeitraums vorlegen. Auch bei den Betriebskosten ist ein Ausfallwagnis zu berücksichtigen. Dieses Umlageausfallwagnis darf z.B. im Bereich der sozialen Wohnraumförderung 2 v.H. der für alle Wohnungen entstandenen Betriebskosten nicht übersteigen. Der Anspruch des Vermieters gegen den Mieter auf Nachzahlung von Betriebskosten verjährt in vier Jahren[23].

4.4.3 Gewerberaum

Zu den Mietnebenkosten zählen auch im gewerblichen Bereich die Betriebskosten gemäß § 2 BetrKV, d.h. einschließlich Grundbesitzabgaben und Prämien für Sach- und Haftpflichtversicherungen. Bei der *Neuvermietung gewerblich nutzbarer Räume* wird nur noch selten die **Umlage der Grundsteuer und Versicherungsprämien** vereinbart. **94**

Durch **individualvertragliche Regelungen** kann im gewerblichen Bereich der Vermieter den Mieter mit Kosten belasten, die über den Betriebskostenkatalog des § 2 BetrKV hinausgehen. Dies ist darauf zurückzuführen, dass **95**

- sich der wohnungswirtschaftlich ausgerichtete Betriebskostenkatalog der BetrKV für gewerbliche Immobilien als zu eng erwiesen hat,
- im gewerblichen Bereich von den Möglichkeiten der Vertragsfreiheit Gebrauch gemacht wird und über die wohnungsrechtlichen Beschränkungen hinaus weitere Kosten auf den Mieter umgelegt werden und
- zudem auch vielfache Abgrenzungsschwierigkeiten zwischen den einzelnen Bewirtschaftungskostenarten damit überwunden werden können.

In diesem Zusammenhang wird dann der Begriff der Betriebskosten durch den Begriff der **Nebenkosten** ersetzt.

Die **Richtlinie der GEFMA/gif 210 über Betriebs- und Nebenkosten für gewerblichen Raum** (Stand: Dezember 2006; Anh. A, Teil 2 dieser Richtlinie) führt hierzu auf: **96**

- die Kosten des Betriebs von Feuerlöschanlagen, z.B. Sprinkleranlagen,
- die Kosten des Betriebs von luft- und klimatechnischen Anlagen, einschließlich zugehöriger Klimakälteerzeugung, Rückkühlwerke etc.,
- die Kosten des Betriebs von Blindstromkompensationsanlagen, Netzersatzanlagen, unterbrechungsfreien Stromversorgungen (USV), Notbeleuchtungsanlagen und weiteren Starkstromanlagen,
- die Kosten des Betriebs von fernmelde- und informationstechnischen Anlagen, insbesondere Gefahrenmelde-, Alarm- und Videoüberwachungsanlagen,
- die Kosten des Betriebs weiterer Fördertechnik, z.B. Rolltreppen,
- die Kosten des Betriebs nutzungsspezifischer Anlagen,
- die Kosten des Betriebs der Gebäudeautomation,
- die Kosten des Betriebs sonstiger Anlagen und Einrichtungen, die der Bedienung, Überwachung, Prüfung, Pflege, Inspektion oder Wartung bedürfen, z.B. kraftbetätigte Türen und Tore.

---

23 Zur Auslegung und Zulässigkeit von Formularklauseln in einem Wohnungsmietvertrag (z.B. Verteilungsschlüssel, Dübeleinsätze in Küche und Bad), wird auf BGH, Urt. vom 20.1.1993 – VIII ZR 10/92 –, GuG 1994, 127 [LS] verwiesen.

97 Darüber hinaus können auch andere Bewirtschaftungskostenarten umgelegt werden, z.B.
- die Kosten der Verwaltung bei der Vermietung von Teileigentum,
- die Kosten einer rechtlich nicht mit dem Vermieter identischen Hausverwaltung,
- die laufenden Kosten von Befahranlagen für Grasdächer und Fassaden,
- die Kosten von Fahnen und Hinweisschildern,
- die laufende Instandhaltung und Instandsetzung im Innern der Räume[24].

▶ Zu den Nebenkosten für Shopping-Center vgl. Teil VI Rn. 306; für offene Parkhäuser vgl. Teil VI Rn. 491

4.4.4 Land- und Forstwirtschaft

98 Bei **landwirtschaftlichen Wirtschaftsgebäuden** wird mit Betriebskosten von 5,0 bis 18,0% des Rohertrags gerechnet; zumeist werden sie jedoch vom Mieter getragen und können dann unberücksichtigt bleiben.

4.4.5 Besonderheiten (Anomalien)

99 Da die Betriebskosten umgelegt werden können und i.d.R. auch umgelegt werden, ist davon auszugehen, dass den herangezogenen Vergleichsmieten Vertragsgestaltungen zugrunde liegen, bei denen die Betriebskosten umgelegt worden sind. Gleichwohl sollte diesbezüglich geprüft werden, ob tatsächlich alle Betriebskosten umgelegt worden sind. **Betriebskosten sind** nach § 8 Abs. 3 ImmoWertV **gesondert zu berücksichtigen, wenn sie in nicht üblicher Weise nicht umgelegt wurden.** Beispielsweise werden die Kosten der Gebäudeversicherung oder die Grundsteuer nicht umgelegt.

100 Solchen besonderen von der üblichen Vertragspraxis und den herangezogenen Vergleichsmieten temporär abweichenden mietvertraglichen Regelungen muss Rechnung getragen werden, soweit sie den Verkehrswert beeinflussen:

- Bei Anwendung des *zwei- und eingleisigen Ertragswertverfahrens* nach § 17 Abs. 2 ImmoWertV kann solchen Besonderheiten nach § 8 Abs. 3 ImmoWertV wiederum differentiell Rechnung getragen werden, indem zunächst der (vorläufige) Ertragswert in der Weise ermittelt wird, wie er sich bei der sonst üblichen Umlage der „vollen" Betriebskosten ergibt. Die nicht umgelegten Betriebskosten, die dann vom Eigentümer zu tragen sind, müssen anschließend als Mindereinnahmen über den Zeitraum kapitalisiert werden, über den sie nach den vertraglichen Gegebenheiten hinzunehmen sind.

- Bei Anwendung des *mehrperiodischen Ertragswertverfahrens* nach § 17 Abs. 1 Satz 2 i.V.m. Abs. 3 ImmoWertV kann direkt von einem entsprehend erhöhten oder verminderten Reinertrag ausgegangen werden.

101 Eine weitere Besonderheit kann bei **Leerstand** gegeben sein. Wie dargelegt wird bei der Ertragswertermittlung dem Mietausfallwagnis im Allgemeinen durch Minderung der Jahresnettokaltmiete (Rohertrag) unter

a) Ansatz (z.B. 2%) eines pauschalen Vomhundertsatzes der Jahresnettokaltmiete (Rohertrag) oder

b) Ansatz eines pauschalen Vomhundertsatzes der nicht umgelegten Bewirtschaftungskosten (insgesamt)

Rechnung getragen.

102 Im Falle eines nur **zeitweise und in ungewöhnlicher Höhe auftretenden vorübergehenden Leerstands**, z.B. in der Anlaufphase eines neuerrichteten Bürokomplexes (Aquisitionszeit-

---

[24] Langenberg, Betriebskostenrecht der Wohn- und Gewerbemiete, 2. Aufl. München 2000, S. 68; Betriebskosten von Shopping-Centern: Kinzer in GuG 2001, 74.

raum), ist es i.d.R. angezeigt, dem vorübergehenden Leerstand dadurch Rechnung zu tragen, dass der Ertragswertermittlung zunächst das übliche Mietausfallwagnis (bei Vollvermietung) zugrunde gelegt wird und der vorübergehende ungewöhnliche Leerstand zusätzlich als besonderer Ertragsausfall (z.B. nach § 8 Abs. 3 ImmoWertV als *„underrent"*) berücksichtigt wird.

103 In diesen Fällen erhöht sich der Ertragsausfall um die üblicherweise auf den Mieter umgelegten Betriebskosten, die dann in der Leerstandsphase vom Vermieter getragen werden müssen, sofern nichts Anderweitiges mit *allen* Mietern vereinbart worden ist[25]. Für den Bereich der Wohnraumbewirtschaftung sind nach der Rechtsprechung des BGH die verbrauchsunabhängigen Betriebskosten nach der gesamten Wohnfläche vom Vermieter zu tragen. Diese bestehen nämlich zu einem Großteil aus verbrauchsunabhängigen Fixkosten. Zur Einsparung kommen jedoch insbesondere die Kosten des reduzierten Wasser- und Energieverbrauchs. **Die Betriebskosten sind bei Leerstand etwa mit 80% der sonst anfallenden Betriebskosten anzusetzen** und erhöhen insoweit den Ertragsausfall:

104 *Beispiel:*

Jährlicher Mietausfall infolge Leerstand		
2 000 m² × 20 €/m² × 12 Monate		= 480 000 €
zuzüglich üblicherweise umlagefähiger Betriebskosten:		
2 000 m² × 2 €/m² × 12 Monate	= 48 000 €	
davon 80/100: 48 000 € × 80/100	= 38 400 €	+ 38 400 €
Gesamter Ertragsausfall		518 400 €

Bei einer erwarteten Leerstandszeit von 3 Jahren und einem Liegenschaftszinssatz von 6 % ergibt sich ein Vervielfältiger von 2,67. Mithin bemisst sich der kapitalisierte Ertragsausfall auf 518 400 € × 2,67   **= 1 384 128 €**

4.5 Instandhaltungs- und Modernisierungskosten (§ 19 Abs. 2 Nr. 2 ImmoWertV)

4.5.1 Begriffe

Schrifttum: *Fuchs, P., Die Instandsetzungskosten im Wohnungsbau – pauschaliert und in Wirklichkeit,* BlGBW 1972, 49.

▶ *Allgemeines vgl. Syst. Darst. des Ertragswertverfahrens Rn. 201 ff.*

a) Instandhaltung

105 Nach der gesetzlichen Regelung des § 536 BGB ist der Vermieter zur **Instandhaltung**, erforderlichenfalls bei vernachlässigter Instandhaltung zur **Instandsetzung** (vgl. Rn. 110) verpflichtet, wobei jedoch regelmäßig die Schönheitsreparaturen auf den Mieter durch eine ausdrückliche Vereinbarung übergewälzt werden. Aus einer vernachlässigten Instandhaltungspflicht kann sich dementsprechend eine Schadensersatzpflicht zur Instandsetzung ergeben.

106 § 28 II. BV definiert (ohne den Begriff zu gebrauchen) als **Instandhaltung** die Maßnahmen, die während der Nutzungsdauer zur Erhaltung des bestimmungsgemäßen Gebrauchs getätigt werden müssen, um die durch Abnutzung, Alterung und Witterungseinwirkung entstehenden baulichen und sonstigen Mängel ordnungsgemäß zu beseitigen. Die Instandhaltung ist von der Modernisierung abzugrenzen.

---

25 Der BGH hat mit Urt. vom 21.1.2003 – VIII ZR 137/03 – entschieden, dass bei Leerstand der Vermieter die verbrauchsunabhängigen Betriebskosten anteilig (nach der gesamten Wohnfläche) übernehmen muss (vgl. GuG-aktuell 2004, 22).

107 Mit der **DIN 31 052** (Januar 1985) wird die Instandhaltung definiert als Maßnahmen zur *Bewahrung und Wiederherstellung des Sollzustands* sowie zur Feststellung und Beurteilung des Istzustands von technischen Mitteln eines Systems. Diese Maßnahmen beinhalten:

– **Wartung** (Nr. 1.1),
– **Inspektion** (Nr. 1.2) und
– **Instandsetzung** (Nr. 1.3).

Sie schließen ein:

– **Abstimmung** der Instandhaltungsziele mit den Unternehmenszielen
– **Festlegung entsprechender Instandhaltungsstrategien.**

108 Als **Wartung** werden in Nr. 4.1.2 DIN 31 051, 2003 „Maßnahmen zur Verzögerung des Abbaus des vorhandenen Abnutzungsvorrats" definiert.

109 Als **Inspektion** werden in Nr. 4.1.3 DIN 31 051, 2003 „Maßnahmen zur Feststellung und Beurteilung des Istzustands einer Betrachtungseinheit einschließlich der Bestimmung der Ursachen der Abnutzung und des Ableitens der notwendigen Konsequenzen für eine künftige Nutzung" definiert.

▶ *Hierzu VDMA 24186, AMEV Wartung 2002, VDI 2067-1 Tabellen A2–A4*

b) Instandsetzung

110 **Die Instandhaltung ist zu unterscheiden von der Instandsetzung.** Einen Legalbegriff der Instandsetzung enthält § 3 Abs. 4 ModEnG. Instandsetzung ist danach die Behebung von baulichen Mängeln, insbesondere von Mängeln, die infolge von Abnutzung, Alterung, Witterungseinflüssen *oder Einwirkungen Dritter* entstanden sind, durch Maßnahmen, die in den Wohnungen den zum bestimmungsgemäßen Gebrauch geeigneten Zustand wiederherstellen (vgl. § 28 Abs. 1 Satz 2 II. BV, § 3 Nr. 10 HOAI, auch § 177 BauGB), sofern sie nicht unter den Wiederaufbau fallen oder durch Modernisierungen verursacht worden sind.

111 Dies bedeutet aber nicht, dass die Instandsetzung immer in der Wiederherstellung des ursprünglichen Zustands des Gebäudes bestehen muss, zumal namentlich ältere Gebäude im Laufe der Jahrzehnte oder Jahrhunderte mehrfach verändert werden[26]. Instandsetzung und Instandhaltung sind danach wesensgleich, aber nicht identisch. Die Begriffe werden im Verhältnis zueinander so abgegrenzt, dass die Instandhaltung die Beseitigung von Mängeln umfasst, die durch Alterung, Abnutzung oder Witterungseinflüsse in mehr oder weniger zeitlich gleich bleibenden Abständen auftreten, und die vorbeugenden Maßnahmen zur Verhinderung von eingetretenen Schäden, deren Auftreten ungewiss und unregelmäßig ist oder die durch unterlassene Instandhaltung oder durch Einwirkungen Dritter entstanden sind[27].

112 Als Instandsetzungen werden in der **DIN 31 052** definiert:

Maßnahmen zur Wiederherstellung des Sollzustands von technischen Mitteln eines Systems. Diese Maßnahmen beinhalten:

– Auftrag, Auftragsdokumentation und Analyse des Auftragsinhalts,
– Planung im Sinne des Aufzeigens und Bewertens alternativer Lösungen unter Berücksichtigung betrieblicher Forderungen,
– Entscheidung für eine Lösung,
– Vorbereitung der Durchführung, beinhaltend Kalkulation, Terminplanung, Abstimmung, Bereitstellung von Personal, Mitteln und Material, Erstellung von Arbeitsplänen,
– Vorwegmaßnahmen wie Arbeitsplatzausrüstung, Schutz- und Sicherheitseinrichtungen usw.,
– Überprüfung der Vorbereitung und der Vorwegmaßnahmen einschließlich der Freigabe zur Durchführung,

---

26 Battis/Krautzberger/Löhr, BauGB § 177 Rn. 10.
27 Pergande, Wohnungsbaurecht, II. BV, § 11 Anm. 10.4; zu den Kosten § 17 Rn. 6 und § 18 Rn. 15.

- Durchführung,
- Funktionsprüfung und Abnahme,
- Fertigmeldung,
- Auswertung einschließlich Dokumentation, Kostenaufschreibung, Aufzeigen und gegebenenfalls Einführen von Verbesserungen.

c) Unterlassene Instandhaltung

Von einer unterlassenen Instandhaltung spricht man, wenn eine bauliche Anlage nicht ordnungsgemäß instand gehalten wurde und hierdurch Bauschäden eingetreten sind (**Instandhaltungsrückstau**). 113

Unterlassene Instandhaltungen können zu einer Verkürzung der üblichen Restnutzungsdauer führen. Dies können z.B. auch durch höhere Gewalt entstandene Schäden sein, die nicht behoben worden sind. Bei unterlassener Instandhaltung kann jedoch nicht schematisch eine Verkürzung der üblichen **Restnutzungsdauer** angenommen werden, denn nicht in jedem Fall wird die übliche Restnutzungsdauer durch unterlassene Instandsetzungsmaßnahmen verkürzt[28]. 114

d) Modernisierung

Unter **Modernisierung**[29] sind im Bereich der Wohnraumbewirtschaftung bauliche **Maßnahmen zu verstehen** (§ 559 Abs. 1 BGB; § 16 Abs. 3 WoFG[30]; § 11 Abs. 6 II. BV[31]; des Weiteren ModEnG[32]), **die** 115

- **den Gebrauchswert des Wohnraums nachhaltig erhöhen,**
- **die allgemeinen Wohnverhältnisse auf Dauer verbessern oder**
- **nachhaltig Einsparungen von Energie und Wasser bewirken.**

§ 6 Abs. 6 Satz 2 ImmoWertV definiert ähnlich als **Modernisierung** beispielhaft „Maßnahmen, die eine wesentliche Verbesserung der Wohn- oder sonstigen Nutzungsverhältnisse oder wesentliche Einsparungen von Energie und Wasser bewirken". 116

Wesentliche Voraussetzung der Modernisierung ist immer die nachhaltige Erhöhung des Gebrauchswerts des Objekts. Dies schließt also eine Erhöhung des reinen Verkaufs- oder Handelswerts des Objekts allein aus. Unter dem **Gebrauchswert** ist der Wert zu verstehen, der ein Objekt nach Nutzung, funktionellen Eigenschaften, Wirtschaftlichkeit und Anforderungen an den Stand der Erkenntnis und Technik qualifiziert[33]. Auch gestalterisch-ästhetische Verbesserungen können als Teilmaßnahmen den Gebrauchswert erhöhen. Als alleinige Maßnahmen sind sie jedoch keine Modernisierung, sondern i.d.R. Instandsetzung oder Instandhaltung[34]. Die **nachhaltige Erhöhung des** *Gebrauchswerts* bezieht sich deshalb nicht nur auf Wohnobjekte, sondern auch auf alle übrigen Objekte, wie zum Beispiel Grünanlagen oder raumbildende Ausbauten, Anlagen der Technischen Ausrüstung oder der Verbesserung des Wärme- und Schallschutzes. 117

---

28 BGH, Urt. vom 8.12.1975 – III ZR 93/73 –, EzGuG 20.58.
29 Vgl. § 3 Nr. 6 HOAI a.F.; § 559 BGB; § 16 Abs. 3 WoFG; früher: Gesetz zur Förderung und Modernisierung von Wohnungen (BGBl. I 1976, 2429); § 17 Abs. 1 Satz 2 II. WoBauG; BGH, Urt. vom 3.7.1987 – 8 C 73/86 –, NJW-RR 1987, 1489.
30 Förderrechtlich fällt nach § 16 Abs. 3 WoFG unter den Begriff der Modernisierung auch die Instandsetzung, die durch Modernisierungsmaßnahmen verursacht wird.
31 Es besteht Verwandtschaft zum Umbau, worunter nach allgemeinem Sprachgebrauch (nur) die bauliche Umgestaltung eines vorhandenen Gebäudes oder von Räumen zu verstehen ist; im Rechtssinne liegt ein Umbau vor, wenn das äußere Erscheinungsbild der bisherigen Räume nachhaltig geändert wird (vgl. BVerwG, Urt. vom 3.3.1987 – 8 C 73/86 –, NJW-RR 1987, 1489; OLG Hamburg, Urt. vom 8.10.1984 – Bf. I 51/80 –; BFH, Urt. vom 28.6.1977 – VIII R 115/73 –, BFHE 122, 512).
32 Nach § 11 Abs. 6 Satz 2 II. WoBauG a.F. gehörte zur Modernisierung auch der Ausbau und der Anbau i.S. des § 17 Abs. 1 Satz 2 und Abs. 2 des II. WoBauG, soweit die baulichen Maßnahmen den Gebrauchswert des bestehenden Wohnraums nachhaltig erhöhen (Pergande, Wohnungsbaurecht, II .BV, Anm. 10). Diese Vorschrift ist wie auch das II. WoBauG ersatzlos aufgehoben worden (Art. 2 Wohnraumförderungsgesetz).
33 Teil II Rn. 6.
34 Locher/Koeble/Frik, HOAI Kommentar, Wiesbaden 1962, S. 243.

118 **Instandsetzungen, die durch Maßnahmen der Modernisierung verursacht werden**, fallen unter die Modernisierung. Eine ähnliche Definition enthält § 559 BGB in Bezug auf die Modernisierungsumlage[35]. Danach kann für bauliche Maßnahmen, die den Gebrauchswert der Mietsache nachhaltig erhöhen, die allgemeinen Wohnverhältnisse auf Dauer verbessern oder nachhaltig Einsparungen von Energie oder Wasser bewirken (Modernisierung), die jährliche Miete um 11 vom Hundert der für die Wohnung aufgewendeten Kosten erhöht werden.

119 Der Modernisierungsbegriff gilt auch für § 9 Abs. 3 des Wohnungsbindungsgesetzes – WoBindG – sowie für die §§ 6, 13 Abs. 1 und für den § 16 Abs. 5 der Neubaumietenverordnung. Trotz Aufhebung des ModEnG ist dessen Modernisierungsbegriff nach wie vor zur Auslegung heranzuziehen. Danach fallen unter den **Modernisierungsbegriff** insbesondere Maßnahmen zur Verbesserung

a) des Zuschnitts der Wohnung,
b) der Belichtung und Belüftung,
c) des Schallschutzes,
d) der Energie- und Wasserversorgung sowie der Entwässerung,
e) der sanitären Einrichtungen,
f) der Beheizung und der Kochmöglichkeiten,
g) der Funktionsabläufe in Wohnungen und
h) der Sicherheit vor Diebstahl und Gewalt.

Solche Maßnahmen sind geeignet, die sonst übliche wirtschaftliche Nutzungsdauer eines Gebäudes um mindestens 35 bis 40 Jahre zu verlängern; dies muss jedoch im Einzelfall gewissenhaft geprüft werden[36].

e) Wiederherstellung

120 **Wiederherstellung** ist der Oberbegriff für Instandsetzungen und Wiederaufbauten (§ 3 Nr. 10 HOAI).

f) Umbau

121 Unter einem Umbau ist eine **nachhaltige Änderung des äußeren Erscheinungsbildes** zu verstehen, wie etwa bei Grundrissänderungen oder der Zusammenfassung von mehreren Räumen oder kleinen Wohnungen zu einer abgeschlossenen Wohneinheit[37].

4.5.2 Instandhaltungskosten

4.5.2.1 Instandhaltungskosten nach II. BV

122 Instandhaltungskosten *(repairs & maintanance)* sind nach § 28 Abs. 1 II. BV die **Kosten, die während der Nutzungsdauer zur Erhaltung des bestimmungsgemäßen Gebrauchs der baulichen Anlagen aufgewendet werden müssen, um die durch Abnutzung, Alterung, Witterungs- und Umwelteinflüsse bzw. durch gesetzliche Auflagen entstehenden baulichen Schäden ordnungsgemäß zu beseitigen** und um die Qualität und damit die Ertragsfä-

---

[35] Das Miethöhengesetz sowie das Gesetz zur Förderung der Modernisierung von Wohnungen und von Maßnahmen zur Einsparung von Heizenergie (ModEnG), in denen die Modernisierung ähnlich definiert war (§ 3 Abs. 1 MHG), sind mit Art. 10 Nr. 1 des Mietrechtsreformgesetzes und Art. 4 des Wohnraumförderungsgesetzes aufgehoben worden.
[36] *OLG Hamburg*, Urt. vom 16.3.2001 – 11 U 131/98 -, EzGuG 20.178b.
[37] BVerwG, Urt. vom 3.7.1987 – 8 C 73/86 –, NJW-RR 1987, 1489; OVG Hamburg, Urt. vom 8.10.1981 – Bf II 51/80 –, BBauBl. 1992, 793; BFH, Urt. vom 28.6.1977 – VIII R 115/73 –, BFHE 122, 512.

higkeit des Renditeobjektes zu erhalten § 3 Nr. 11 HOAI[38]; § 28 II. BV[39], § 1 Abs. 2 Satz 2 BetrKV). Die Instandhaltungskosten umfassen sowohl die Kosten der laufenden Unterhaltung wie auch der Erneuerung einzelner baulicher Teile (z.B. Flachdächer, Fassaden, Fensterrahmen einschließlich Isolierglas).

In den Instandhaltungskosten sind auch die Kosten von Instandsetzungen enthalten[40]. **123**

Es kann zwischen der sog. **kleinen und großen Instandhaltung** (vgl. Rn. 10) unterschieden werden. **124**

– Unter der *kleinen Instandhaltung* ist nach § 28 Abs. 3 Satz 2 II. BV das Beheben kleinerer Schäden an den Installationsgegenständen für Elektrizität, Wasser und Gas, den Heiz- und Kocheinrichtungen, den Fenster- und Türverschlüssen sowie den Verschlussvorrichtungen von Fensterläden zu verstehen. Die kleine Instandhaltung kann selbst im Bereich der sozialen Wohnraumförderung (§ 28 Abs. 3 II. BV) mietvertraglich auf den Mieter übertragen werden, so dass sich die Bewirtschaftungskosten insoweit für den Vermieter vermindern (vgl. Rn. 100).

– Die *große Instandhaltung* fällt insbesondere mit der Erneuerung von Gebäudeteilen an.

Wie sich aus § 28 Abs. 4 II. BV ergibt, sind die sog. **Schönheitsreparaturen** (vgl. Rn. 10) **begrifflich der Instandhaltung zuzurechnen.** Hierunter definiert die Vorschrift „das Tapezieren, Anstreichen oder Kalken der Wände und Decken, das Streichen der Fußböden, Heizkörper einschließlich Heizrohre, der Innentüren sowie der Fenster und Außentüren von innen". Schönheitsreparaturen sind zwar grundsätzlich Sache des Vermieters, werden heute aber i.d.R. in der Wohnraumbewirtschaftung auf die Mieter umgelegt. **125**

Nach **§ 536 BGB** hat der Vermieter die vermietete Sache in einem zu dem vertragsgemäßen Gebrauch geeigneten Zustand zu überlassen und sie während der Mietzeit in diesem Zustand zu erhalten. Demzufolge sind Schönheitsreparaturen zwar grundsätzlich Sache des Vermieters, jedoch werden sie regelmäßig mietvertraglich auf den Mieter „übergewälzt". Dementsprechend schließen die in den II. BV angegebenen Instandhaltungspauschalen die Kosten der Schönheitsreparaturen aus. **126**

Instandhaltungskosten dienen nach § 28 Abs. 1 II. BV n.F. im Übrigen nicht mehr zur Deckung der *Instandsetzung*. **127**

Instandhaltungen und gegebenenfalls Sanierungsarbeiten sind wegen der damit verbundenen z.T. erheblichen Kosten langfristig zu planen. Zudem sollten die notwendigen und zumeist lohnintensiven Arbeiten nicht erst ausgeführt werden, wenn die Maßnahmen nicht mehr aufschiebbar sind. Zu bedenken ist ebenso, dass für die Dauer der Arbeiten mitunter Mietausfall unvermeidbar ist, weil Räumlichkeiten nicht benutzt werden können. Aus diesem Grunde sind **Reparaturrücklagen** unumgänglich. Sie empfehlen sich zudem, um die bei jeder Immobilie unerwartet eintretenden Schadensfälle beheben bzw. notwendige Maßnahmen durchführen und bezahlen zu können. Zu erwähnen in diesem Zusammenhang ist beispielsweise die Umrüstung (Neuanlage) von Heizungsanlagen, die älter als 10 Jahre sind. **128**

4.5.2.2 Instandhaltungskosten nach § 19 Abs. 2 Nr. 2 ImmoWertV

Die Definition der Instandhaltungskosten des § 19 Abs. 2 Nr. 2 ImmoWertV lehnt sich an die für den öffentlich geförderten Wohnraum geltende Definition der Instandhaltungskosten der II. BV an. Während § 28 Abs. 1 II. BV auf die Kosten abstellt, die „*zur Erhaltung des bestim-* **129**

---

38 § 3 Nr. 11 HOAI a.F.: „11. Instandhaltungen sind Maßnahmen zur Erhaltung des Soll-Zustandes eines Objekts.".
39 § 28 Abs. 1 II. BV: „(1) Instandhaltungskosten sind die Kosten, die während der Nutzungsdauer zur Erhaltung des bestimmungsmäßigen Gebrauchs aufgewendet werden müssen, um die durch Abnutzung, Alterung und Witterungseinwirkung entstehenden baulichen oder sonstigen Mängel ordnungsgemäß zu beseitigen. Der Ansatz der Instandhaltungskosten dient auch zur Deckung der Kosten von Instandsetzungen, nicht jedoch der Kosten von Baumaßnahmen, soweit sie durch eine Modernisierung vorgenommen wird oder Wohnraum oder auf die Dauer benutzbarer Raum neu geschaffen wird. Der Ansatz dient nicht zur Deckung der Kosten einer Erneuerung von Anlagen und Einrichtungen, für die eine besondere Abschreibung nach § 25 Abs. 3 zulässig ist.".
40 Bub/Treier, Handbuch der Geschäfts- und Wohnraummiete, II Rn. 88; III A Rn. 1062.

mungsgemäßen Gebrauchs der baulichen Anlagen" aufgebracht werden müssen, stellt die Definition auf die Kosten ab, die *„zur Erhaltung des der Wertermittlung zugrunde gelegten Ertragsniveaus der baulichen Anlage"* aufgewendet werden müssen.

130 Die *„zur Erhaltung des bestimmungsgemäßen Gebrauchs der baulichen Anlagen"* aufzuwendenden Instandhaltungskosten entsprechen den bei ordnungsgemäßer Bewirtschaftung aufzubringenden Instandhaltungskosten, wie es die Generalklausel des § 16 Abs. 1 ImmoWertV auch fordert. Insoweit kann darin kein Unterschied erblickt werden (so auch die Begründung zu dieser Rechtsänderung)[41].

131 In der Immobilienwirtschaft werden bauliche Anlagen aber nicht immer ordnungsgemäß instand gehalten, insbesondere wenn ein Gebäude abgängig ist und nur noch eine sehr begrenzte Restnutzungsdauer ausweist. Die Eigentümer beschränken sich dann vielfach auf die notwendigen Instandhaltungen und nehmen dabei Mieten in Kauf, die im Verhältnis zu ordnungsgemäß instand gehaltenen Gebäuden gemindert sind. Umgekehrt kann ein Gebäude aber auch einen besonders aufwendigen Erhaltungszustand aufweisen. Mit der Bezugnahme auf die Kosten *„zur Erhaltung des der Wertermittlung zugrunde gelegten Ertragsniveaus der baulichen Anlage"* wird eine **Korrespondenz der anzusetzenden Instandhaltungskosten zu dem dem Gebäudezustand entsprechenden Ertragsniveau** vorgegeben.

132 Nach den allgemeinen Grundsätzen des Ertragswertverfahrens ist bei der Ermittlung des Ertragswerts von der ordnungsgemäßen Instandhaltung des Objekts auf der Grundlage einer ordnungsgemäßen „Bewirtschaftung"[42] der baulichen Anlage auszugehen[43]. Die Instandhaltungskosten nach ihrer zum Wertermittlungsstichtag tatsächlich anfallenden Höhe bei der Ermittlung des Ertragswerts anzusetzen, ist regelmäßig schon deshalb abzulehnen, weil sie zeitlich in erheblich unterschiedlicher Höhe anfallen. Auf die in der Vergangenheit aufgebrachten Instandhaltungskosten kommt es nicht an. Maßgebend sind der am Wertermittlungsstichtag vorgefundene Zustand und die künftig über die gesamte Restnutzungsdauer erwarteten Instandhaltungskosten. Bei Neubauten fallen in den ersten fünf Jahren meist keine nennenswerten Kosten an. In den folgenden fünf Jahren sind es i.d.R. Kleinreparaturen, die das Gebäudeinstandsetzungskonto belasten. Die sog. *große* Instandhaltung fällt erst zu einem späteren Zeitpunkt an. **Angemessene Instandhaltungskosten können deshalb nur auf der Grundlage langfristiger Beobachtungen** unter Einbeziehung der sog. großen und kleinen Instandhaltung **gewonnen werden.**

Ab wann einzelne **Gebäudeteile** reparaturbedürftig werden, ergibt sich aus nachfolgender Abb. 9.

---

41 Vgl. BR-Drucks 296/09.
42 Eine ordnungsgemäße „Bewirtschaftung" schließt u.a. auch eine ordnungsgemäße „Instandhaltung" ein.
43 BR-Drucks. 265/72, S. 7.

Abb. 9: Reparaturbedürftigkeit von Gebäudeteilen

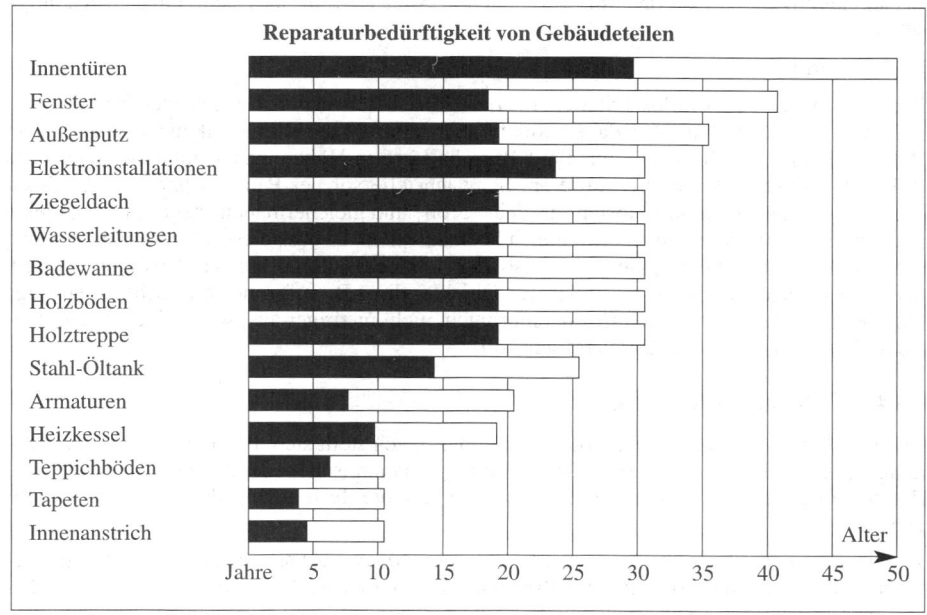

4.5.3 Höhe der Instandhaltungskosten

Innerhalb der Bewirtschaftungskosten nehmen die Instandhaltungskosten allein schon aufgrund ihrer Größenordnung eine besondere Stellung ein. **Für die Instandhaltungskosten soll auf Erfahrungssätze zurückgegriffen werden,** die den Grundsätzen einer ordnungsgemäßen Bewirtschaftung entsprechen[44]. Die Höhe der Instandhaltungskosten ist in erster Linie eine Funktion

– des Alters und des Zustands der baulichen Anlage,
– der Wohn- bzw. Nutzfläche,
– des Ausstattungsstandards,
– der Bauweise und -konstruktion,
– der Herstellungskosten sowie
– der Nutzungsart.

Bezugsgrundlage der Erfahrungssätze über Instandhaltungskosten sind deshalb vornehmlich

– die Wohn- und Nutzfläche (unter Berücksichtigung des Alters) und
– die Herstellungskosten.

a) Wohn- oder Nutzfläche

Instandhaltungskosten werden in der Wertermittlungspraxis üblicherweise in Abhängigkeit von der Wohn- und Nutzfläche (unter Berücksichtigung des Alters) angesetzt; dies entspricht auch den Vorgaben der II. BV.

---

44 BAnz. Nr. 154 vom 12.8.1961.

b) Herstellungskosten

Instandhaltungskosten werden hilfsweise auch in Abhängigkeit der Herstellungskosten angesetzt.

c) Reinertrag

135 Die oben genannten Einflusskriterien für die Höhe der Instandhaltungskosten beeinflussen alle auch die Miethöhe. Von daher könnte auch eine Bezugnahme auf die Einnahmen in Betracht kommen, d.h., man könnte auf Pauschalsätze in Höhe eines Vomhundertsatzes des Rohertrags (Nettokaltmiete) rekurrieren. Schwachstelle solcher Pauschalsätze ist die Tatsache, dass die Instandhaltungskosten für gleich große und gleichermaßen ausgestattete Objekte in guten und schlechten Lagen etwa gleich hoch ausfallen, so dass diese vor ihrer Anwendung auf Objekte in besonders guter oder besonders schlechter Lage korrigiert werden müssen, denn die Instandhaltungskosten fallen für Objekte, die z.B. aufgrund ihrer schlechten Lage einen entsprechend geringeren Ertrag einbringen, nicht niedriger aus, wenn eine ordnungsgemäße Bewirtschaftung gewährleistet sein soll.

4.5.4 Kostenentwicklung

136 Auch bezüglich des Ansatzes der Instandhaltungskosten stellt sich die Frage, wie bei Anwendung des Ertragswertverfahrens auf der Grundlage dynamischer Liegenschaftszinssätze[45] die Entwicklung der Instandhaltungskosten über die gesamte Restnutzungsdauer zu berücksichtigen ist:

1. Die *allgemeine Entwicklung der Instandhaltungskosten*, wie sie etwa auch mit der Indizierung der vorstehenden Sätze beschrieben wird, wird wiederum mit dem Liegenschaftszinssatz erfasst. Dass die Instandhaltungskosten sich aufgrund allgemeiner Entwicklungen verändern, braucht also nicht berücksichtigt zu werden.

2. Anders stellt sich die Frage bezüglich der objektspezifischen Entwicklung der Instandhaltungskosten, die mit zunehmendem Alter der baulichen Anlage (bzw. mit abnehmender Restnutzungsdauer) tendenziell steigen.

137 Dies soll am Beispiel der in der II. BV angegebenen Instandhaltungskosten verdeutlicht werden. Für ein neu errichtetes Wohngebäude betragen die Instandhaltungskosten zum 1.1.2005 danach 7,42 €/m² WF. Für ein 22 Jahre altes Gebäude betragen sie dagegen 9,41 €/m² und belaufen sich schließlich ab dem 33. Lebensjahr auf 12,02 €/m². Demzufolge mindert sich der Reinertrag mit der Zeit in entsprechender Höhe.

---

45 Bei Anwendung des Ertragswertverfahrens auf der Grundlage prognostizierter Erträge (Discounted Cashflow Verfahren) müssen indessen die künftig anfallenden Bewirtschaftungskosten prognostiziert werden. Dies wiederum trachtet man dadurch zu vermeiden, dass man die Bewirtschaftungskosten mit einem Vomhundertsatz der (prognostizierten) Einnahmen ansetzt, d.h., im Ergebnis wird die Prognose der Ertragsentwicklung direkt auf die Entwicklung der Bewirtschaftungskosten übertragen.

Instandhaltungskosten § 19 ImmoWertV V

Abb. 10: Entwicklung der Instandhaltungskosten nach II. BV

Die gesamten über die Restnutzungsdauer der baulichen Anlage anfallenden Instandhaltungskosten lassen sich auf der Grundlage der Vorgaben der II. BV für ein neu errichtetes Gebäude nach den Wertverhältnissen des Wertermittlungsstichtags wie folgt ermitteln (Abb. 11):

Abb. 11: Nachhaltige Instandhaltungskosten gemäß II. BV

Der Barwert der Instandhaltungskosten für ein neu errichtetes Objekt mit einer Restnutzungsdauer von 100 Jahren ergibt sich bei einem Zinssatz von 5% – ausgehend von 7,42 €/m² im Jahre 2005 – wie folgt:

	7,42 €/m² × $V_{5\%,\ 100\ \text{Jahre}}$	=	7,42 €/m² × 19,85	=	147,29 €/m²
+	1,99 €/m² × ($V_{5\%,\ 100\ \text{Jahre}} - V_{5\%,\ 22\ \text{Jahre}}$)	=	1,99 €/m² × 7,27	=	14,47 €/m²
+	2,64 €/m² × ($V_{5\%,\ 100\ \text{Jahre}} - V_{5\%,\ 33\ \text{Jahre}}$)	=	2,64 €/m² × 4,77	=	12,59 €/m²
	Summe				174,35 €/m²

Dies entspricht über die gesamte Restnutzungsdauer durchschnittlichen Instandhaltungskosten von

$$174{,}35\ \text{€/m}^2 / 19{,}85 = \mathbf{8{,}78\ \text{€/m}^2}$$

In der Wertermittlungspraxis wird zumeist jedoch von den Instandhaltungskosten ausgegangen, die sich entsprechend dem Baujahr (Bezugsfertigkeit) nach der II. BV ergeben, obwohl

138

der Anwender sich darüber im Klaren sein müsste, dass diese sich – über die gesamte Restnutzungsdauer betrachtet – altersbedingt erhöhen. Die Vorgehensweise der Praxis ist bei alledem nicht zwangsläufig falsch. Entscheidend für die richtige Verfahrensweise ist auch hier die Beachtung des **Grundsatzes der Modellkonformität**: Die Gutachterausschüsse für Grundstückswerte leiten die Liegenschaftszinssätze i.d.R. auf der Grundlage der am Wertermittlungsstichtag unter Berücksichtigung der Restnutzungsdauer der baulichen Anlage „marktüblichen" Instandhaltungskosten ab. Selbst wenn damit dem tatsächlichen Marktgeschehen nicht Rechnung getragen würde, so würde sich dieser Fehler bei der Ertragswertermittlung unter Heranziehung dieser Liegenschaftszinssätze von selbst dadurch „heilen", dass wiederum die stichtagsbezogenen marktüblichen Instandhaltungskosten angesetzt werden.

4.5.5 Wohnraum

139 Die WERTR machen zu den Instandhaltungskosten im Bereich des Mietwohnungsbaus unter **Nr. 3.5.2.4** keine Angaben mehr. In den abgelösten WERTR sind Erfahrungswerte der Instandhaltungskosten nicht in Abhängigkeit von den Einnahmen angegeben worden:

... bei Mietwohngrundstücken, mit vor 1925 errichteten Gebäuden

einfacher Ausstattung (ohne Bad, ohne Heizung)	etwa 20–25 v.H. des Rohertrags,
mittlerer und besserer Ausstattung	etwa 15–20 v.H. des Rohertrags,
bei Mietwohngrundstücken mit nach 1924 errichteten Gebäuden	etwa 10–15 v.H. des Rohertrags.

Sie können auch auf der Grundlage der Sätze des § 28 der II. BV in der jeweils geltenden Fassung angesetzt werden. Hierbei ist zu beachten, dass diese sich auf nach 1945 errichtete Gebäude beziehen und es sich hierbei um Höchstsätze handelt. Ältere Gebäude haben in der Regel einen höheren Instandhaltungsbedarf. Dies kann durch folgende Zuschläge auf die Sätze der II. BV erfasst werden:

bei vor 1925 errichteten Gebäuden mit	15%,
bei 1925 bis 1934 errichteten Gebäuden mit	10%,
bei 1935 bis 1945 errichteten Gebäuden mit	5%."

140 In der Anl. 3a der geltenden Fassung der WERTR werden die Instandhaltungskosten des § 28 Abs. 2 II. BV als Erfahrungswerte vorgegeben. Nach dem Stand 1.1.2008 belaufen sich diese auf

„bis	7,87 €/m²	Wohnfläche je Jahr für Wohnungen, deren Bezugsfertigkeit am Ende des Kalenderjahres weniger als 22 Jahre zurückliegt,
bis	9,97 €/m²	Wohnfläche je Jahr für Wohnungen, deren Bezugsfertigkeit am Ende des Kalenderjahres mindestens 22 Jahre zurückliegt,
bis	12,74 €/m²	Wohnfläche je Jahr für Wohnungen, deren Bezugsfertigkeit am Ende des Kalenderjahres mindestens 32 Jahre zurückliegt".

141 Es handelt sich bei den angegeben Sätzen um Höchstwerte („bis"). Als „Zeitpunkt der Bezugsfertigkeit" ist auf das Baujahr abzustellen. **Bei modernisierten Gebäuden ist das fiktive Baujahr (Bezugsfertigungsjahr) zugrunde zu legen**[46].

---

[46] BFH, Urt. vom 31.3.1992 – IX R 175/87 –, DWW 1992, 286.

Abb. 12: Gesamtübersicht ab 1.1.2008

Bezugsfertigkeit am Ende des Kalenderjahres	Instandhaltungskosten				
	Jährliche Instandhaltungskosten pro m² Wohnfläche, höchstens	**Abschläge** bei Wohnungen mit		**Zuschläge** bei Wohnungen mit	
		kleiner Instandhaltung durch Mieter	eigenständig gewerblicher Leistung von Wärme	maschinell betriebenem Aufzug	Kostentragung der Schönheitsreparaturen durch Vermieter
	€/m²	€/m²	€/m²	€/m²	€/m²
weniger als 22 Jahre	**7,87**	1,17	0,22	1,11	9,41
mindestens 22 Jahre	**9,97**	1,17	0,22	1,11	9,41
mindestens 32 Jahre	**12,74**	1,17	0,22	1,11	9,41

Die II. BV sieht unter Berücksichtigung der vorgeschriebenen Indexierung ab 1.1.2008 folgende ausstattungsabhängige **Zu- und Abschläge** vor: **142**

Abschlag von 0,22 €/m²	bei eigenständig gewerblicher Leistung von Wärme i.S.d. § 1 Abs. 2 Nr. 2 HeizkostenV;
Abschlag von 1,17 €/m²	wenn der Mieter die Kosten der kleinen Instandsetzung trägt;
Zuschlag von 1,11 €/m²	wenn ein maschinell betriebener Aufzug vorhanden ist und
Zuschlag von bis zu 9,41 €/m²	wenn der Vermieter die Kosten der Schönheitsreparaturen i.S.d. § 28 Abs. 4 Satz 2 II. BV trägt.

Die Zu- und Abschläge sind nach § 28 Abs. 5a II. BV ab dem 1. Januar eines jeden darauf folgenden dritten Jahres entsprechend der Entwicklung des Verbraucherpreisindexes in Deutschland nach Feststellung des Statistischen Bundesamtes anzupassen. **143**

Die **Zu- und Abschläge sind aber bei der Ermittlung der Instandhaltungskosten nur insoweit zu berücksichtigen, wie sie auf Dauer zu erwarten** sind. Dies ist bezüglich des Zuschlags für einen maschinell betriebenen Aufzug zu bejahen, denn dieser besteht i.d.R. auf Dauer. Bezüglich des Zu- und Abschlags für die vom Mieter bzw. Vermieter übernommenen Kosten der kleinen Instandsetzung und der Kosten der Schönheitsreparaturen stellt sich die Situation anders dar: Der II. BV liegt die übliche Vertragspraxis zugrunde, nach der **144**

– der Vermieter die Kosten der kleinen Instandhaltung und
– der Mieter die Kosten der Schönheitsreparaturen[47]

trägt, und es kann nicht erwartet werden, dass ein davon abweichender Mietvertrag auf Dauer Bestand hat. Die Beteiligung der Mieter, z.B. an Kleinreparaturen bis zu 50 € im Einzelfall sowie bei Beendigung des Mietverhältnisses Dübeleinsätze zu entfernen und Löcher zu verschließen, ist meist in Formularmietverträgen geregelt[48].

Trägt indessen der Vermieter die Schönheitsreparaturen[49] **und der Mieter die Kosten der kleinen Instandhaltung, handelt es sich um Besonderheiten i.S. des § 8 Abs. 3 ImmoWertV, die zunächst bei der Ermittlung des vorläufigen Ertragswerts außer Betracht bleiben.** **145**

---

47 Schmidt in WuM 1994, 237; Gather in ZAP F 4, S. 39 ff.
48 BGH, Urt. vom 7.6.1989 – VIII ZR 91/88 –, EzGuG 3.75a.
49 Zu den Schönheitsreparaturen in der steuerlichen Bewertung: BFH, Urt. vom 2.2.1977 – VIII ZR 271/75 –, EzGuG 3.58a.

146 Die vom Üblichen abweichenden Vereinbarungen sind für die Dauer ihres voraussichtlichen Bestands zusätzlich zu dem vorläufigen Ertragswert zu berücksichtigen:

Beispiel:

Für 3 jeweils 100 m² große Wohnungen trägt der Vermieter die Schönheitsreparaturen.

Es wird mit einer 10-jährigen Vertragsdauer gerechnet:

Wertermittlungsstichtag 1.1.2005

8,54 €/m² × 3 Wohnungen × 100 m² = 2 562 €

Zusätzliche Instandhaltungskosten des Vermieters = 2 562 € p.a.

Vervielfältiger bei einem Kapitalisierungszinssatz von 5% und einer Dauer von 10 Jahren: 7,72

Es sind zusätzlich Instandhaltungskosten von 19 778,64 € vom vorläufigen Ertragswert zum Abzug zu bringen.

147 Für den **Bereich der sozialen Wohnraumförderung** sind die angegebenen Pauschalsätze verbindlich. Die seit dem 1.1.2002 geltende Fassung bedarf im Unterschied zu den früheren Fassungen der II. BV nicht mehr der Anpassung an die wirtschaftliche Entwicklung, weil die angegebenen Pauschalsätze mit § 20 Abs. 5a II. BV ab 1.1.2005 entsprechend der Entwicklung des Verbraucherpreisindexes alljährlich anzupassen sind (Abb. 13).

Abb. 13: Instandhaltungskosten nach II. BV älterer Fassungen

Zeitraum	Instandhaltungskosten in €/m² p.a.										
	Ofenheizung			Zentralheizung			Klein-reparaturen durch Mieter	bei Übernahme			
								der Schönheitsreparatur durch Vermieter			
	ohne Bad	mit Bad	mit Lift	ohne Bad	mit Bad	mit Lift		ohne Tapete	mit Tapete	mit Zentralheizung	mit Doppelfenster
ab 20.11.1950	0,89	1,02	–	1,02	1,15	–	–0,20	–	–	–	–
ab 1.11.1957											
ab 1.9.1963	1,41	1,58	+0,10	1,56	1,74	+0,10	–0,13	–	–	+0,87	–
ab 1.1.1968 a) b) c)	1,94 1,79 1,69	2,15 1,99 1,89	+0,13 +0,13 +0,13	2,10 1,94 1,84	2,30 2,15 2,05	+0,13 +0,13 +0,13	–0,15 –0,15 –0,15	+1,28 +1,28 +1,28	+0,15 +0,15 +0,15	+0,10 +0,10 +0,10	+0,13 +0,13 +0,13
ab 1.1.1971 a) b) c)	1,94 1,79 1,69	2,15 1,99 1,89	+0,13 +0,13 +0,13	2,10 1,94 1,84	2,30 2,15 2,05	+0,13 +0,13 +0,13	–0,15 –0,15 –0,15	+1,28 +1,28 +1,28	+0,15 +0,15 +0,15	+0,10 +0,10 +0,10	+0,13 +0,13 +0,13
ab 1.6.1972 a) c)	2,35 2,06	2,66 2,35	+0,20 +0,20	2,61 2,30	2,91 2,61	+0,20 +0,20	–0,26 –0,26	+1,84 +1,84	+0,20 +0,20	+0,15 +0,15	+0,18 +0,18
ab 1.1.1975 a) b) c)	3,68 3,53 3,17	4,04 3,89 3,53	+0,26 +0,26 +0,26	3,99 3,83 3,48	4,35 4,19 3,83	+0,26 +0,26 +0,26	–0,51 –0,51 –0,51	+2,40 +2,40 +2,40	+0,26 +0,26 +0,26	+0,20 +0,20 +0,20	+0,23 +0,23 +0,23
ab 1.7.1979 a) b) c)	4,40 4,19 3,12	4,81 4,60 3,53	+0,31 +0,31 +0,31	4,76 4,55 3,48	5,16 4,96 3,98	+0,31 +0,31 +0,31	–0,61 –0,61 –0,61	+2,40 +2,40 +2,40	+0,31 +0,31 +0,31	+0,26 +0,26 +0,26	+0,33 +0,33 +0,33

Instandhaltungskosten § 19 ImmoWertV V

Zeitraum	Instandhaltungskosten in €/m² p.a.										
	Ofenheizung			Zentralheizung				bei Übernahme			
	ohne Bad	mit Bad	mit Lift	ohne Bad	mit Bad	mit Lift	Kleinreparaturen durch Mieter	der Schönheitsreparatur durch Vermieter			
								ohne Tapete	mit Tapete	mit Zentralheizung	mit Doppelfenster
	Instandhaltungskosten	Abschlag wegen fehlenden Bades oder fehlender Dusche	Zuschlag für zentrale Heizungsanlage	Zuschlag für Aufzug	Abschlag wegen kleiner Instandhaltung von Mieter	Garage Instandhaltungskosten	Schönheitsreparaturkosten Normalsatz	Abschlag, wenn überwiegend nicht tapeziert	Zuschlag, wenn Heizkörper vorhanden	Zuschlag Doppel- oder Verbundglasfenster	
ab 1.8.1984											
a)	6,39	−0,56	+0,49	+0,41	−0,82	38,55	4,24	+0,41	+0,33	+0,36	
b)	6,14	−0,56	+0,49	+0,41	−0,82	38,55	4,24	+0,41	+0,33	+0,36	
c)	5,11	−0,56	+0,49	+0,41	−0,82	38,55	4,24	+0,41	+0,33	+0,36	
d)	4,09	−0,56	+0,49	+0,41	−0,82	38,55	4,24	+0,41	+0,33	+0,36	
ab 1.7.1988											
a)	7,93	−0,66	+0,56*	+0,51	−0,97	46,02	5,11	+0,51	+0,41	+0,43	
b)	7,41	−0,66	+0,56*	+0,51	−0,97	46,02	5,11	+0,51	+0,41	+0,43	
c)	5,88	−0,66	+0,56*	+0,51	−0,97	46,02	5,11	+0,51	+0,41	+0,43	
d)	4,60	−0,66	+0,56*	+0,51	−0,97	46,02	5,11	+0,51	+0,41	+0,43	
ab 1.8.1992											
a)	10,23	−0,59	+0,41**	+0,84	−0,97	56,24	+6,14	+0,61	+0,49	+0,51	
b)	9,46	−0,59	+0,41**	+0,84	−0,97	56,24	+6,14	+0,61	+0,49	+0,51	
c)	7,16	−0,59	+0,41**	+0,84	−0,97	56,24	+6,14	+0,61	+0,49	+0,51	
d)	5,62	−0,59	+0,41**	+0,84	−0,97	56,24	+6,14	+0,61	+0,49	+0,51	
ab 1.8.1996											
a)	–	−0,66	–	+0,95	−0,97	63,91	7,93	+0,69	–	–	
b)	10,74	−0,66	–	+0,95	−0,97	63,91	7,93	+0,69	–	–	
c)	8,44	−0,66	–	+0,95	−0,97	63,91	7,93	+0,69	–	–	
d)	6,65	−0,66	–	+0,95	−0,97	63,91	7,93	+0,69	–	–	
ab 1.1.2002											
e)	11,50	–	–	1,00	1,05	68,00	8,50	–	–	–	
f)	9,00	–	–	1,00	1,05	68,00	8,50	–	–	–	
g)	7,10	–	–	1,00	1,05	68,00	8,50	–	–	–	
ab 1.1.2005											
e)	12,02	–	–	1,05	1,10	71,07	8,88	–	–	–	
f)	9,41	–	–	1,05	1,10	71,07	8,88	–	–	–	
g)	7,42	–	–	1,05	1,10	71,07	8,88	–	–	–	
ab 1.1.2008											
e)	12,74	–	–	1,11	1,17	75,33	9,41	–	–	–	
f)	9,97	–	–	1,11	1,17	75,33	9,41	–	–	–	
g)	7,87	–	–	1,11	1,17	75,33	9,41	–	–	–	

Bezugsfertig:
a) bis 31.12.1952
b) bis 31.12 1969
c) nach 31.12.1979
d) bis 31.12.1980
e) Bezugsfertigkeit liegt mindestens 32 Jahre zurück.
f) Bezugsfertigkeit liegt mindestens 22 Jahre zurück.
g) Bezugsfertigkeit liegt weniger als 32 Jahre zurück.

* Bei Fernanschluss vermindern sich diese Beträge ab 12.10.1990 um 0,17 €.
** Bei Fernanschluss vermindern sich diese Beträge ab 1.8.1992 um 0,15 €.

Abb. 14: Jährliche Instandhaltungskosten für Garagen u.ä. Einstellplätze

Zeitraum	€/Garage und p.a.
ab 20.11.1950	–
1.11.1957	–
1.9.1963	–
1.1.1968	bis 7,67 €
1.1.1971	bis 15,34 €
1.6.1972	bis 20,45 €
1.1.1975	bis 25,56 €
1.7.1979	bis 30,67 €
1.8.1984	bis 38,35 €
1.7.1988	bis 46,02 €
1.9.1993	bis 56,24 €
1.1.2002	bis 68,00 €
1.1.2005	bis 71,07 €
1.1.2008	bis 75,33 €

148 Bei **neueren baulichen Anlagen** muss zudem beachtet werden, dass die auf die Wirtschaftlichkeitsberechnung im öffentlich geförderten sozialen sowie im steuerbegünstigten Wohnungsbau zugeschnittenen Instandhaltungskosten der II. BV gegenüber den für den freifinanzierten Wohnungsbau angemessenen Sätzen i.d.R. zurückbleiben, weil dieser regelmäßig eine aufwendigere Bauart und Ausstattung aufweist. Infolgedessen müssen ggf. entsprechende Zuschläge angebracht werden.

149 Für **Einfamilienhäuser** wird z.B. mit einer Rücklage von 1,60 € pro Quadratmeter Wohnfläche im Monat gerechnet; dies entspricht 19,20 €/m² im Jahr. Bei **Wohnungseigentum** sind die Eigentümer nach § 21 Abs. 5 Nr. 4 WEG zur Ansammlung einer angemessenen Instandhaltungsrücklage verpflichtet. Ihre Höhe bestimmen die Wohnungseigentümer bei der Aufstellung des jährlichen Wirtschaftsplans durch Stimmenmehrheit. Zur Durchführung erforderlicher Instandsetzungsmaßnahmen genügt im Übrigen die Stimmenmehrheit der Wohnungseigentümergemeinschaft. Gemäß einer Entscheidung des BayOLG[50] ist ein einstimmiger Beschluss der Eigentümergemeinschaft nur erforderlich, wenn die Veränderung der Wohnanlage über eine ordnungsgemäße Instandhaltung hinausgeht. Eine Instandhaltung ist auch dann gegeben, wenn die Maßnahmen wirtschaftlich sinnvoll und erprobt sind und der Zustand des Gebäudes verändert wird.

150 Die **Instandhaltungskosten im Wohnungsbau bezogen auf Herstellungskosten** belaufen sich – je nach Ausstattung – zwischen 0,8 und 1,2% (vgl. Abb. 15).

Abb. 15: Instandhaltungskosten in % des Herstellungswerts

Instandhaltungskosten in % des Herstellungswerts			
Qualifizierung	Wohn- und Wohngeschäftsgebäude		
	niedrig	mittel	hoch
Instandsetzungskosten in % der Herstellungskosten Annahme: Kosten des Bauwerks eines 3- bis 4-geschossigen Wohnungsbaus 1994: 1 120 €/m²	0,8	1,0	1,2

Quelle: Gärtner, S., Beurteilung und Bewertung alternativer Planungsentscheidungen im Immobilienbereich mit Hilfe eines Kennzahlensystems, 1. Aufl. 1996

---

50 BayOLG, Entsch. vom 26.2.1990 – 2 Z 104/89 –, EzGuG 20.132.

4.5.6 Gewerberaum

Bei Gewerbeimmobilien kann die **Instandhaltungskostenpauschale** je nach Art ihrer Nutzung, ihrer Beanspruchung unter Berücksichtigung von Alter und Ausstattung etwa 15 € bis 20 € je Quadratmeter Nutzfläche betragen. Da im gewerblichen Bereich die Instandhaltungskosten – wie im Übrigen auch die anderen Bewirtschaftungskosten – umgelegt werden können, kommt es entscheidend auf die mietvertraglichen Vereinbarungen an. Sofern der Vermieter aufgrund mietvertraglicher Regelungen nur die „Instandhaltung von Dach und Fach" trägt, liegen die bei der Wertermittlung zugrunde zu legenden Instandhaltungspauschalen zumeist zwischen 5 und 7,50 €/m² NF. Für Garagen oder ähnliche Stellplätze dürfen als Instandhaltungskosten einschließlich der Kosten für Schönheitsreparaturen höchstens 68 € jährlich je Garagen- oder Einstellplatz angesetzt werden (§ 28 Abs. 5 II. BV). 151

Kalkulationsbasis für die Instandhaltungskosten pro Quadratmeter Wohn- oder Nutzfläche **ist insbesondere der Herstellungswert (ohne Außenanlagen und Baunebenkosten) zum Wertermittlungsstichtag.** Ein entsprechender Vomhundertsatz ist von der Ausstattung abhängig: 152

- Einfache gewerbliche Objekte (z.B. Lager- und Produktionshallen)   0,8 bis 1,2%
- Einfache gewerbliche Objekte (z.B. Selbstbedienungs- und Verbrauchermärkte) 0,8 bis 1,2%
- Mittlere gewerbliche Objekte und Wohngebäude   0,5 bis 1,0%
- Hochwertige Büro- und Handelsobjekte   0,4 bis 0,8%
- Hotels, Betreiberimmobilien   bis 0,4%

Abb. 16: Instandhaltungskosten in % des Herstellungswerts

Instandhaltungskosten in % des Herstellungswerts			
Qualifizierung	Büro- und Verwaltungsgebäude		
	niedrig	mittel	hoch
Instandsetzungskosten in % der Herstellungskosten Annahme: Kosten des Bauwerks eines 3- bis 4-geschossigen Wohnungsbaus 1994: 1 120 €/m²	0,6	0,9	1,2

Quelle: Gärtner, S., Beurteilung und Bewertung alternativer Planungsentscheidungen im Immobilienbereich mit Hilfe eines Kennzahlensystems, 1. Aufl. 1996

Neben den Instandhaltungskosten ist insbesondere bei Gewerbeobjekten ein **Modernisierungsrisiko** – ergänzend zu den Vorgaben der ImmoWertV – zu berücksichtigen, insbesondere bei Objekten, die neben der Instandhaltung einer Modernisierung bedürfen. Dies betrifft beispielsweise Hotelobjekte, deren Nasszellen einer ständigen Modernisierung bedürfen, um die üblicherweise angesetzte Gesamtnutzungsdauer zu gewährleisten. Darüber hinaus sind Dienstleistungs-, Freizeitimmobilien, aber auch Büroobjekte zu nennen. 153

4.5.7 Landwirtschaftliche Wirtschaftsgebäude

Bei **landwirtschaftlichen Wirtschaftsgebäuden** wird mit Instandhaltungskosten von 1,0 bis 3,0% des Herstellungswerts am Wertermittlungsstichtag gerechnet. 154

4.5.8 Besonderheiten (Anomalien)

Besonderen, von der üblichen Vertragspraxis und den herangezogenen Vergleichsmieten abweichenden mietvertraglichen Regelungen muss Rechnung getragen werden, soweit sie den Verkehrswert beeinflussen: 155

– Bei Anwendung des *ein- und zweigleisigen Ertragswertverfahrens* nach § 17 Abs. 2 ImmoWertV kann solchen Besonderheiten nach § 8 Abs. 3 ImmoWertV differentiell

Rechnung getragen werden, indem die kapitalisierte Differenz ergänzend berücksichtigt wird.

- Bei Anwendung des *mehrperiodischen Ertragswertverfahrens* nach § 17 Abs. 1 Satz 2 i.V.m. Abs. 3 ImmoWertV kann direkt von einem entsprechend erhöhten oder verminderten Reinertrag ausgegegen werden.

4.6 Modernisierungs- und Revitalisierungsrisiko

4.6.1 Allgemeines

Schrifttum: *Engel,E./Esselmann,D.,* Der Einfluss der Modernisierungskosten auf Nutzungsdauer, Ertragswert und Immobilienrenditen, GuG 2005, 321.

156 Insbesondere bei gewerblichen Immobilien (Bürogebäude und sog. Managementimmobilien) ist die üblicherweise angesetzte Gesamt- und Restnutzungsdauer nur dann realistisch, wenn das Objekt über die Instandhaltung hinaus durch Modernisierungsmaßnahmen den **sich verändernden Anforderungen des Grundstücksmarktes** angeglichen wird. Dies kann durch Ansatz eines Modernisierungsrisikos (Revitalisierungsrisiko) berücksichtigt werden, mit dem die notwendigen Anpassungsmaßnahmen abgedeckt werden, die zur Aufrechterhaltung der Marktgängigkeit und Ertragsfähigkeit aufgebracht werden müssen.

157 Grundsätzlich kann einem Modernisierungs- und Umstrukturierungsrisiko (Revitalisierungsrisiko) auch durch eine verkürzte Restnutzungsdauer, einen erhöhten Liegenschaftszinssatz oder einen (individuellen) Wertabschlag Rechnung getragen werden, jedoch empfiehlt es sich aus Gründen der Transparenz, dem Modernisierungsrisiko im Rahmen der Bewirtschaftungskosten durch einen gesonderten Ansatz eines Modernisierungsrisikos Rechnung zu tragen. Dies entspricht auch den Grundsätzen der **Beleihungswertermittlung**.

4.6.2 Höhe des Modernisierungs- und Revitalisierungsrisikos

158 Das Modernisierungs- und Umstrukturierungsrisiko (Revitalisierungsrisiko) ist abhängig von

- der Objektart,
- der Lage des Objekts,
- dem Zustand des Objekts (bauliche Struktur und Ausstattung) sowie
- der Höhe des Ausgangsmietniveaus.

159 Das Modernisierungs- und Umstrukturierungsrisiko (Revitalisierungsrisiko) ist umso höher,

- je älter die Immobilie ist,
- je höher das Ausgangsmietniveau ist,
- je exponierter die Immobilie ist,
- je zeitgemäßer Ausstattung und Struktur sein müssen und
- je zeitgemäßer die ausgeübte Nutzung ist.

160 Es empfiehlt sich, den **akuten und konkreten Modernisierungsbedarf** eines überschaubaren Zeitraums von bis zu 30 Jahren auf der Grundlage der kalkulierten Aufwendungen zusammen mit einer ggf. veränderten Restnutzungsdauer und einem erhöhten Ertrag zu berücksichtigen[51].

161 **Modernisierungskosten liegen** im Vergleich deutlich **über den Instandhaltungs-/Sanierungskosten.** Folgende Werte je Quadratmeter Wohnfläche (WF) sind im Jahre 2000 für eine *durchgreifende Modernisierung* angemessen:

---

51 VDH, Wesentliche Aspekte der Beleihungswertermittlung (Stand 3.6.1998).

einfacher Standard	500 bis 700 €/m² WF
mittlerer Standard	700 bis 1 000 €/m² WF
gehobener Standard	1 000 bis 1 400 €/m² WF

Berechnungsbasis für das **Modernisierungsrisiko** sind nach Anl. 1 zu § 11 BelWertV die Neubauherstellungskosten. Die in der Beleihungswertermittlung anzuhaltenden Bandbreiten sind in der Syst. Darst. des Ertragswertverfahrens unter Rn. 205 ff. abgedruckt. 162

Fazit: Bei Spezialimmobilien empfiehlt es sich, über die Instandhaltung hinaus ein Modernisierungs- und Umstrukturierungsrisiko (Revitalisierungsrisiko) zu berücksichtigen, weil die üblicherweise herangezogene Gesamt- und Restnutzungsdauer dies bedingt. 163

4.7 Mietausfallwagnis (§ 19 Abs. 2 Nr. 3 ImmoWertV)

4.7.1 Begriffe

Schrifttum: *Lehmann, H.-J.*, Wertansätze bei Ertragswertberechnungen angesichts der Wohnungs- und Leerstandsproblematik, GuG 2001, 276.

4.7.1.1 Mietausfallwagnis nach II. BV

Mietausfallwagnis *(vacancy & collection loss)* ist nach § 29 II. BV das Risiko „einer **Ertragsminderung, die durch uneinbringliche Rückstände von Mieten, Pachten, Vergütungen und Zuschlägen oder durch Leerstehen von Raum, der zur Vermietung bestimmt ist, entsteht.** Es umfasst auch die uneinbringlichen Kosten einer Rechtsverfolgung auf Zahlung oder Räumung." 164

4.7.1.2 Mietausfallwagnis nach ImmoWertV

▶ *Zum Leerstand vgl. § 8 ImmoWertV Rn. 319, 338; Syst. Darst. des Ertragswertverfahrens Rn. 200*

§ 19 Abs. 2 Nr. 3 ImmoWertV definiert das Mietausfallwagnis dagegen als „das Risiko von Ertragsminderungen, die durch uneinbringliche Rückstände von Mieten, Pachten und sonstigen Einnahmen oder **vorübergehenden Leerstand von Raum** entstehen, der zur Vermietung, Verpachtung oder sonstigen Nutzung bestimmt ist; es umfasst auch das Risiko von uneinbringlichen Kosten einer Rechtsverfolgung auf Zahlung, Aufhebung eines Mietverhältnisses oder Räumung". 165

Der wesentliche Unterschied beider Definitionen besteht darin, dass **nur der „vorübergehende Leerstand" nach der ImmoWertV zum Mietausfallwagnis gehören soll.** Die Vorschrift ist lex specialis und nur für die Ertragswertermittlung nach Unterabschnitt 3 der Verordnung maßgebend. Sie wird damit begründet[52], dass „bei dauerhaften, strukturellen Leerständen – die insbesondere in Stadtumbaugebieten zu verzeichnen sind – ... sich von vornherein der nachhaltig erzielbare Ertrag" mindere und nur ein vorübergehender Leerstand mit dem Mietausfall zu berücksichtigen ist (vgl. Syst. Darst. des Ertragswertverfahrens Rn. 212). 166

Die Vorschrift ist nicht nachvollziehbar und darf im Umkehrschluss zum Wortlaut der Regelung nicht dahingehend ausgelegt werden, dass das **aus einem dauerhaften Leerstand resultierende Mietausfallwagnis** unberücksichtigt bleibt. Es muss vielmehr berücksichtigt werden, damit es i.S. der Begründung den „nachhaltig erzielbaren Ertrag" mindert. Indessen ist es bei Anwendung der Standardverfahren sachgerecht, den vorübergehenden (temporären) Leerstand gerade nicht mit dem üblichen Mietausfallwagnis zu berücksichtigen und den damit einhergehenden Ertragsausfall – ergänzend zu dem sonst üblichen Leerstand – in 167

---
52 Vgl. BR-Drucks. 296/09, S. 62.

besonderer Weise nach Maßgabe des § 8 Abs. 3 ImmoWertV zu berücksichtigen. Auf das in § 8 ImmoWertV unter Rn. 322 vorgestellte Beispiel wird verwiesen.

168 Bei Anwendung des *mehrperiodischen Ertragswertverfahrens* (§ 17 Abs. 1 i.V.m. Abs. 3 ImmoWertV) ist einem **erhöhten, aber temporären Mietausfallwagnis** dadurch Rechnung zu tragen, dass der Mietausfall direkt mit entsprechend verminderten Einnahmen berücksichtigt wird. Davon wird man beispielsweise Gebrauch machen, wenn z.B. eine Büroimmobilie mit erhöhtem Leerstand zu bewerten ist und erkennbar ist, dass die Phase des erhöhten Leerstands zeitlich befristet ist.

Bei Anwendung des *Ertragswertverfahrens* (§ 17 Abs. 2 ImmoWertV) ist ein temporär erhöhter Leerstand rechentechnisch nach den Methoden zu berücksichtigen, die auch zur Berücksichtigung von Mieterträgen Anwendung finden, die gegenüber dem marktüblich erzielbaren Mietertrag temporär abweichen *(over- und underrented)*.

169 Das **Mietausfallwagnis** ist insbesondere **abhängig** von:
– der Miethöhe,
– der Restlaufzeit der Mietverträge,
– der individuellen Objekteigenschaften,
– der Marktsituation und
– der Mieterbonität (Solvenz).

170 Die Position Mietausfallwagnis dient auch zur Deckung der **Kosten einer Rechtsverfolgung** mit dem Ziele der Zahlung rückständiger Mieten (etwa durch eine formelle Abmahnung mit Nachweis der Zustellung), Aufhebung eines Mietverhältnisses oder Räumung der Mietfläche. Daneben können Kosten für die eventuelle Lagerung von Einrichtungsgegenständen, Maschinen, Möbeln und Zubehör sowie für eine u.U. notwendige Renovierung des geräumten Mietobjekts anfallen.

171 Für **Mietkürzungen oder Mietausfälle** gibt es viele Begründungen. So ist Miet(teil)ausfall möglich, wenn die Wohnräume wegen Hochwasser unbenutzbar sind. Für die Zeit einer Überschwemmung kann die Miete anteilig (etwa um 10 bis zu 80 v.H.) gemindert werden. Durch den Ausfall der Zentralheizung ist z.B. eine Mietminderung zwischen 50 und 100 v.H. möglich. Ist die Mietsache hingegen von Anfang an mit einem Mangel behaftet, der im Laufe der Mietzeit zur Aufhebung der Gebrauchstauglichkeit führen würde, und nimmt der Vermieter sie in seinen Besitz, um den Mangel beheben zu lassen, so gilt die Gebrauchstauglichkeit für die Dauer der Mängelbeseitigung als aufgehoben mit der Folge, dass der Mieter während dieser Zeit von der Entrichtung des Mietzinses befreit ist[53].

172 **Uneinbringliche Zahlungsrückstände** ergeben sich i.d.R. dann, wenn der Mieter die von ihm geschuldete Miete nicht zu zahlen fähig oder willens ist. Die Praxis zeigt, dass zwischen der Erklärung der fristlosen Kündigung wegen Zahlungsverzugs und der Räumung des Mietobjekts Monate vergehen können, die ein Anwachsen der Zahlungsrückstände bewirken. So ist beispielsweise bei der Räumung von Wohnraum – auch wegen der Mieterschutzgesetzgebung – oft mit sechs, meistens jedoch mit acht bis zwölf Monaten (im Einzelfall) zu rechnen. Während dieser Zeit erhält der Vermieter i.d.R. weder die Grundmiete noch die Abschlagszahlungen für die Betriebskosten. Reduzierungen der Zahlungsrückstände bei Wohnungsmieten können sich allenfalls durch die Zahlungen der Sozial- und Ordnungsämter sowie Aufrechnungen der Vermieter mit Mietkautionen ergeben. Neben Barkautionen sind auch selbstschuldnerische Bürgschaften – häufig von Kreditinstituten – üblich. Diese Sicherheiten dürfen bei Wohnungen betragsmäßig zusammen genommen die Summe von drei Monatsmieten nicht übersteigen[54].

---

[53] BGH, Urt. vom 29.10.1986 – VIII ZR 144/85 –, EzGuG 20.118; vgl. Deutscher Mieterbund, Wohnungsmangel und Mietminderung, Köln 1987; Zentralverband der Dt. Haus-, Wohnungs- und Grundeigentümer, Handbuch für Wohnungsrecht und Wohnungswirtschaft.

[54] BGH, Urt. vom 20.4.1989 – IX ZR 212/88 –, BGHZ 107, 210 = WM 1989, 795 = NJW 1989, 1853 = WuM 1989, 289 = ZMR 1989, 236 = DWW 1989, 255 = BB 1989, 1082.

173 Bezüglich des Mietausfallwagnisses ist wiederum **von dem am Wertermittlungsstichtag üblichen Mietausfallwagnis auszugehen**; auf Erfahrungssätze, die den Grundsätzen einer ordnungsgemäßen Bewirtschaftung entsprechen[55], kann zurückgegriffen werden. Dass das Mietausfallwagnis mit der wirtschaftlichen Abnutzung des Gebäudes ansteigt, kann unbeachtlich sein, da dies in den Liegenschaftszinssatz eingeht.

174 Die vielfach vertretene Auffassung, dass **langfristig vereinbarte Mietverhältnisse** das Mietausfallwagnis reduzieren, ist falsch, denn auch solche Mietverhältnisse können den Grundstückseigentümer nicht vor Zahlungsrückständen und dgl. schützen. Das Mietausfallwagnis ist vielmehr in erster Linie von der Solvenz des Mieters abhängig. Bei sog. *overrented*-Objekten ist es erfahrungsgemäß höher als bei sog. *underrented*-Objekten. Selbst bei einem ungewöhnlich langfristiges Mietverhältnis mit einem solventen Mieter, kann keinesfalls von einem „nachhaltig" verminderten Mietausfallwagnis ausgegangen werden, da dies eine Besonderheit i.S. des § 8 Abs. 3 ImmoWertV darstellt.

175 *Beispiel:*
Bei der Bewertung hochkarätiger neu errichteter Büroimmobilien im Rahmen der Fondsbewertungen (denen vielfach eine Restnutzungsdauer von 80 Jahren beigemessen wird!) ist es weit verbreitete Praxis, das Mietausfallwagnis (nur) mit 1 bis 2% anzusetzen, wenn ein Mietverhältnis von 5 bis 10 Jahren besteht und der Mieter zudem solvent erscheint.
Ein Mietausfallwagnis in dieser Größenordnung ist nicht „nachhaltig", denn die „Momentaufnahme" des Wertermittlungsstichtags gibt nicht das langfristige Mietausfallwagnis wieder, das über 80 Jahre mit der wirtschaftlichen Abnutzung der baulichen Anlage erheblich anwächst, wenn nicht modernisiert wird.

176 Einem phasenweise verminderten Mietausfallwagnis (auch vorübergehender Leerstand) aufgrund vertraglicher Besonderheiten kann nach § 8 Abs. 3 ImmoWertV Rechnung getragen werden. In diesem Rahmen ist insbesondere bei Gewerbeobjekten die Laufzeit von Mietverträgen, die **Bonität des Mieters und das Wiedervermietungsrisiko** in die Betrachtung einzustellen. Je kürzer die Laufzeit ist und je geringer die Bonität des Mieters eingeschätzt wird, umso höher ist das prognostizierbare Mietausfallwagnis.

177 Die **Höhe des Mietausfallwagnisses** ist, wie die Höhe der Instandhaltungskosten, wiederum eine Funktion der Wohn- bzw. Nutzfläche i.V.m. den nach Lage des Objekts und seiner Ausstattung erzielbaren Erträgen. Darüber hinaus ist das Mietausfallwagnis aber besonders von der Grundstücksart abhängig. Angebots- und Nachfragesituation weisen je nach Grundstücksart erhebliche Unterschiede aus. Gewerbliche Objekte, die eine deutlich höhere Fluktuation als Wohnobjekte aufweisen, sind bezüglich der Nachfrage stark von der wirtschaftlichen Konjunktur abhängig; sie weisen deshalb ein deutlich höheres Mietausfallwagnis auf.

178 **Für das Mietausfallwagnis kann auf Erfahrungssätze zurückgegriffen werden**, die den Grundsätzen einer ordnungsgemäßen Bewirtschaftung entsprechen[56]. Das Mietausfallwagnis wird üblicherweise dadurch berücksichtigt, dass die Jahresnettokaltmiete um einen bestimmten Vomhundertsatz vermindert wird. Mit **Nr. 3.5.2.5** WERTR werden keine Vorgaben für die Höhe des Mietausfallwagnisses mehr gemacht. Nach der aufgehobenen Vorgängerregelung waren als Mietausfallwagnis in etwa anzusetzen:

– *2% des Rohertrags (Nettokaltmiete) bei* **Mietwohn- und gemischt genutzten Grundstücken** *und*

– *4% des Rohertrags (Nettokaltmiete) bei* Geschäftsgrundstücken.

Bei diesem Ansatz wird davon ausgegangen, dass das Mietausfallwagnis über die Restnutzungsdauer (im Verhältnis zur Jahresnettokaltmiete) gleich bleibt und Schwankungen sich ausgleichen.

179 Bei der **Beleihungswertermittlung** ist nicht unter diese Sätze zu gehen, sondern eher ein höherer Ansatz zu wählen (vgl. Syst. Darst. des Ertragswertverfahrens Rn. 204).

---

55 BAnz. Nr. 154 vom 12.8.1961.
56 BAnz. Nr. 154 vom 12.8.1961.

180 Das Mietausfallwagnis kann im Einzelfall deutlich über den angegebenen Sätzen liegen, jedoch sollte bei **strukturell hohen Leerständen** das Mietausfallwagnis i.d.R. nicht höher als mit 10 bis 15% angesetzt werden, da höhere Leerstände auf Dauer wirtschaftlich nicht tragbar sind.

181 Wird einem erhöhten, aber zeitlich begrenzten Mietausfallwagnis wie vorstehend erläutert durch Abzug des Mietausfalls gesondert Rechnung getragen, muss aber umgekehrt berücksichtigt werden, dass der **fixe Kostenanteil der Bewirtschaftungskosten** gleichwohl zum Ansatz kommt. Nach Untersuchungen von *Jones Lang Wootton* mussten 1999 für ein leerstehendes Bürogebäude Betriebskosten in Höhe von 40% der umlagefähigen Betriebskosten[57] aufgebracht werden.

4.7.2 Wohnraum

182 Das **Mietausfallwagnis** darf **nach § 29 Satz 3 II. BV** höchstens mit 2 v.H. des Rohertrags (Jahresnettokaltmiete) angesetzt werden. Für Geschäftsgrundstücke war in den WERTR von 1991 noch ein Mietausfallwagnis von 4 v.H. der Nettokaltmiete/Grundmiete angegeben. Diese Sätze können aber nur einen Anhalt geben, denn grundsätzlich gilt auch diesbezüglich, dass die örtliche Marktlage, der Zustand und die Art des Grundstücks sowie vor allem auch die Restnutzungsdauer zu beachten sind. Die jüngsten Erfahrungen (strukturelle Probleme, Insolvenzen, Fluktuationen, Leerstände) zeigen, dass die vorgenannten Sätze insbesondere für die Gebiete außerhalb der Ballungsräume eher am unteren Rand einer möglichen Bandbreite liegen.

183 An **folgendem Beispiel** wird die Höhe der Bewirtschaftungskosten (individuell ermittelt) in Abhängigkeit von der Nettokaltmiete nach § 18 ImmoWertV sichtbar gemacht:

Beispiel:

Mehrfamilienhaus

Sachverhalt:

Die Ermittlung des Verkehrswerts ist zum Zwecke des Verkaufs erfolgt. Der Verkäufer hat die Immobilie geerbt; sie war im Zeitpunkt des Verkaufs rd. 45 Jahre im Eigentum der Familie.

Objektdaten:

Baujahr 1916, Keller-, Erd-, 1. und 2. Ober- sowie ausgebautes Dachgeschoss, Modernisierung 1975/76 mit Bädereinbau, Kunststoff-Fenster mit Isolierglas, abgehängte Decken, PVC-Böden, zentrale Etagenheizungen Gas/Strom, 1992/93 komplett neue Dacheindeckung und neuer Fassadenputz; Kosten rd. 100 000 €, fiktives Baujahr daher 1942. 8 abgeschlossene Wohnungen mit insgesamt 696 m² Wohnfläche, Vorortlage in rheinischer Großstadt, Grundstücksgröße 486 m²; umbauter Raum 4 300 m³.

Wertermittlung:

Summe der Einnahmen aus Vermietung und Verpachtung (Grundmiete, Neben- bzw. Betriebskosten)	49 150 €
abzüglich umlegbare *Betriebskosten* (Wasser, Entwässerung, allgemeine Beleuchtung, Müllabfuhr, Gemeinschaftsantenne, Ungezieferbekämpfung) i.S. der vertraglichen Vereinbarungen (6,87 €/m² p.a. oder 0,57 €/m² im Monat)	– 4 780 €
Jahresnettokaltmiete (63,75 €/m² bzw. 5,31 €/m² WF monatliche Nettokaltmiete i.D.)	= 44 370 €

Kontrolle der Grund-(Nettokalt-)Miete auf Angemessenheit unter Zuhilfenahme des örtlichen Mietspiegels für nicht öffentlich geförderte Wohnungen (Stand: 1.7.2000).
Für Wohnungen um 80 m² WF mit Heizung, Bad/WC in mittlerer Wohnlage werden 5 bis 7 €/m² WF der Objekt-Gruppe 3 mit Heizung, im Mittel also 6 €/m² ausgewiesen.
Die gezahlte Miete liegt im Rahmen der ortsüblichen Vergleichsmiete, und zwar noch unterhalb des Mittels.

---

[57] GuG 1999, 56.

Mietausfallwagnis § 19 ImmoWertV V

Abzüglich Bewirtschaftungskosten		
– *Verwaltungskosten* (gezahlt werden mtl. 200 €)		
(= 4,88% der Gesamteinnahmen)	=	2 400,00 €
– *Betriebskosten* (nicht umlegbar)		
– Grundsteuer (Teilbetrag)	310,03 €	
– Straßenreinigung	376,04 €	
– Sachversicherung	1 102,03 €	
– Haftpflichtversicherung	267,36 €	
Summe	rd. 2 055,46 €	2 055,46 €
– *Instandhaltungskosten*		
696 m² WF × 10 €/m² WF	= rd. 6 960,00 €	
– *Mietausfallwagnis*		
2% der gesamten Einnahmen von 49 150 €	rd. 983,00 €	
entspricht 27,9% der Nettokaltmiete (§ 18 ImmoWertV)	12 398,46 €	– 12 398 €
Reinertrag des Grundstücks:		31 972 €
abzüglich Bodenwertverzinsungsbetrag 5% von 150 000 €		– 7 500 €
Ertragsanteil der baulichen Anlagen:		24 472 €
= 308,64 €/m² Grundstück		
Bei einer wirtschaftlichen Restnutzungsdauer von 40 Jahren und einem Liegenschaftszinssatz von 5% beträgt der Vervielfältiger gem. Anl. zur ImmoWertV = 17,16		
24 472 € × 17,16 = 419 940 € = rd. 420 000 €		
Ertragswert der baulichen Anlage		
+ Bodenwert		rd. 420 000 €
		+ 150 000 €
= Ertragswert		= 570 000 €

Das Objekt hinterlässt einen gepflegten Eindruck. Reparaturstau ist demnach nicht zu berücksichtigen.
Der Verkehrswert für das Mehrfamilienhausgrundstück wird mit 570 000 € beziffert.
Nachrichtlich: Der Verkehrswert entspricht dem 12,8fachen Rohertrag; es ergibt sich ein Wert von rd. 820 € für einen Quadratmeter Wohnfläche.

Anmerkungen:
Gemäß Grundstücksmarktbericht des Gutachterausschusses für Grundstückswerte sind die folgenden erforderlichen Daten (§§ 9 ff. ImmoWertV) bekannt geworden:
– Bodenrichtwerte
– Bodenpreisindexreihen
– *Liegenschaftszinssatz*
– Für Mietwohngrundstücke Altbauten mit einer Restnutzungsdauer von 30 bis 45 Jahren wird ein durchschnittlicher Liegenschaftszinssatz von 5% ausgewiesen.
– *Rohertragsfaktoren (Vergleichsfaktoren für bebaute Grundstücke)*
– Aus dem Datenmaterial (Verkäufe) haben sich für Mietwohngrundstücke und Altbauten mit einer Restnutzungsdauer von 30 bis 45 Jahren Ertragsfaktoren in einer Bandbreite von 12 bis 16 (im Beispielsfall = 12,8) ergeben.
– Das Beispiel belegt den vorher genannten Erfahrungssatz (Pauschalansatz für Bewirtschaftungskosten) von bis zu 40% des Rohertrags bei Wohnimmobilien/Altbauten bis Baujahr 1948. Hier ergeben sich rund 28%.
– Beispielhaft die durchschnittliche Verteilung der Jahres-Betriebskosten eines 4-Personen-Haushalts in Köln im Jahr 2000
– Nach einer Vermarktungsdauer von rd. zwei Monaten wird das Objekt für 625 000 € verkauft. Zudem erklärt eine Sparkasse schriftlich und unwiderruflich, diese bei Fälligkeit auf das Girokonto des Verkäufers zu überweisen. Der Kaufpreis entspricht einer Steigerung von 9,65% gegenüber dem mit

570 000 € ermittelten Verkehrswert. Andererseits ist der Kaufpreis das 14,09fache des Rohertrags (Bandbreite gem. Marktbericht 12 bis 16). Auf einen Quadratmeter Wohnfläche entfallen zudem rd. 900 €.

4.7.3 Gewerberaum

184 Das Mietausfallwagnis hat im gewerblichen Bereich besondere Bedeutung, denn der Vermieter hat es hier regelmäßig – ausgenommen die *Shopping-Center* mit z.B. 50 bis 150 Fachgeschäften – nicht mit einer Vielzahl von Einzelmietern zu tun, wie dies bei Mietwohnhäusern der Fall ist, sondern mit wenigen Partnern. Das Risiko eines Mietausfalls liegt sowohl in der **Mieterbonität** als auch in der gegebenenfalls **verminderten Vermietbarkeit** von im Allgemeinen auf bestimmte betriebliche Verhältnisse zugeschnittenen, mitunter großräumigen Nutzungsflächen. Zeiten starker Konjunktureinbrüche sind regelmäßig von Zurückhaltung der Konsumenten begleitet. Insbesondere sind Gewinneinbußen des Fach-Einzelhandels (z.B. 1992/1 Hj. zu 1993/1 Hj. = ./.3%) die Regel. Spätere Geschäftsaufgaben und damit *Mietausfall* können – wie bereits gesagt – nicht ausgeschlossen werden.

185 Bei ausschließlich gewerblich genutzten Objekten sollte das Mietausfallwagnis mit 4 bis 8 v.H. der Jahresroherträge berücksichtigt werden.

186 *Beispiel:*

Für ein hochwertiges Gewerbeobjekt mit Leerstand
Bei hochwertigen Gewerbeobjekten bestimmt sich der Verkehrswert nach
– der Lage des Objekts,
– der Bonität der Mieter,
– der Qualität der Mietverträge.
Die Qualität des Mietvertrags wird bestimmt durch
– den Ablaufzeitpunkt des Mietvertrags,
– Optionsvereinbarungen,
– Abgleich der vereinbarten Miete mit der nachhaltig erzielbaren Miete,
– Indexvereinbarungen zur Wertsicherung der Miete und
– Überprüfung der im Vertrag vereinbarten vermietbaren Fläche.
Laufen die Verträge in Kürze aus und sind die Konditionen der Weitervermietung unklar, ist die Nachhaltigkeit der Ertragssituation gefährdet, insbesondere wenn davon der Hauptmieter betroffen ist.

187 **a) Sachverhalt:**

Gemischt genutztes Grundstück

Baujahr 1991

Wertermittlungsstichtag 1.11.2002

Die Miet- und Nutzungssituation stellt sich wie folgt dar:

Sach-verhalt	Nutzung	Fläche	Miete	Netto-kalt-miete	Netto-kalt-miete	Laufzeit des Mietvertrags Leerstand
		m²	€/m²	€/Monat	€/p.a.	
Mieter A	EG: Ladenfläche	2 000	50	100 000	1 200 000	Mieter hat zum 1.11.2002 gekündigt
Mieter B	I. OG: Bürofläche	2 000	10	20 000	240 000	1.5.2005
Mieter C	II. OG: Büro-fläche	2 000	9	18 000	216 000	Mieter hat zum 1.11.2003 gekündigt
		6 000	23	138 000	1 656 000	

Mietausfallwagnis　　　　　　　　　　　　　　　§ 19 ImmoWertV　V

b) Wertermittlung:　　　　　　　　　　　　　　　　　　　　　　　**188**

Lösung 1:

Aus der Miet- und Nutzungsübersicht folgt, dass 72% der Gesamteinnahmen durch die Ladenmiete erzielt werden und durch die Kündigung des Mieters ein Ertragsausfall droht, wenn nicht in absehbarer Zeit eine gleichwertige Anschlussvermietung gelingt. In diesem Falle ergäbe sich für eine Vollvermietung folgender Ertragswert:

Nettokaltmiete p.a.		1 656 000 €
Bewirtschaftungskosten		
– Verwaltungskosten	– 41 400 €	
– Instandhaltungskosten: 6 000 m² × 6 €/m²	– 36 000 €	
– Mietausfallwagnis	– 49 680 €	
insgesamt	127 080 €	– 127 080 €
Grundstücksreinertrag		1 528 920 €
Bei einer Restnutzungsdauer von 50 Jahren und einem Liegenschaftszinssatz von 6% ergibt sich ein Vervielfältiger von 15,76		
Ertragswert: 1 528 920 € × 15,76		rd. 24 100 000 €

Der Umstand, dass der Mieter C bereits am Wertermittlungsstichtag seinen Vertrag gekündigt hat, kann vernachlässigt werden, da der Akquisitionszeitraum bis zur möglichen Nachvermietung noch 12 Monate beträgt und nach der Marktsituation zu dem aktuellen Mietpreis eine Weitervermietung ohne Weiteres erwartet werden kann.

Lösung 2:　　　　　　　　　　　　　　　　　　　　　　　　　　　**189**

Grundsätzlich anders stellt sich die Situation für den kurzfristig gekündigten Mietvertrag des Mieters A dar.

a) Hier ist zunächst zu prüfen, ob das bestehende Mietpreisniveau von 50 €/m² als angemessen und nachhaltig erzielbar anzusehen ist. Da der Mieter selbst noch keine Nachvermietungsverhandlungen aufgenommen hat, sind Zweifel angezeigt. Unterstellt man gleichwohl die Angemessenheit und Nachhaltigkeit der derzeitigen Miete, muss bei der Verkehrswertermittlung ein angemessener Akquisitionszeitraum angesetzt werden.

Nettokaltmiete p.a.		1 656 000 €
Bewirtschaftungskosten		
– Verwaltungskosten	– 41 400 €	
– Instandhaltungskosten: 6 000 m² × 6 €/m²	– 36 000 €	
– Mietausfallwagnis	– 49 680 €	
insgesamt	127 080 €	– 127 080 €
Grundstücksreinertrag		1 528 920 €
Bei einer Restnutzungsdauer von 50 Jahren und einem Liegenschaftszinssatz von 6% ergibt sich ein Vervielfältiger von 15,76		
Ertragswert (bei Vollvermietung) 1 528 920 € × 15,76		rd. 24 100 000 €
Geschätzter Mietausfall bis zur Vollvermietung		
2 000 m² × 50 €/m² × 12 Monate	1 200 000 €	
zuzüglich üblicherweise umlagefähiger Bewirtschaftungskosten		
2 000 m² × 2 €/m² × 12 Monate	+ 48 000 €	
zusammen	1 248 000 €	
Abzinsung auf den Wertermittlungsstichtag über 1 Jahr und einem Zinssatz von 6%: $q^{-1} = 0{,}9434$		
1 248 000 € × 0,9434		– 1 180 000 €
Ertragswert		22 920 000 €

190 *Lösung 3:*

b) Wird nach der Marktsituation am Wertermittlungsstichtag mit einem längerfristigen Leerstand gerechnet, so wäre der Minderertrag der bereits gekündigten Teilfläche C zusätzlich zu berücksichtigen.

Ertragswert *(bei Vollvermietung)*		rd. 24 100 000 €
Geschätzter Mietausfall für Fläche A		
2 000 m² × 50 €/m² × 24 Monate	2 400 000 €	
zuzüglich üblicherweise umlagefähiger Bewirtschaftungskosten		
2 000 m² × 2 €/m² × 24 Monate	+ 96 000 €	
zusammen	2 496 000 €	
Abzinsung auf den Wertermittlungsstichtag über 2 Jahre und einem Zinssatz von 6%: $q^{-2} = 0{,}8900$		
2 496 000 € × 0,8900		− 2 220 000 €
Geschätzter Mietausfall für Fläche C		
2 000 m² × 9 €/m² × 12 Monate	216 000 €	
zuzüglich üblicherweise umlagefähiger Bewirtschaftungskosten		
2 000 m² × 2 €/m² × 12 Monate	+ 48 000 €	
zusammen	264 000 €	
Abzinsung auf den Wertermittlungsstichtag über 2 Jahre und einem Zinssatz von 6%: $q^{-2} = 0{,}8900$		
264 000 € × 0,8900		− 235 000 €
Ertragswert		21 645 000 €

191 *Lösung 4:*

c) Resultieren die Nachvermietungsprobleme aus einer Verschlechterung der Lagequalitäten des Grundstücks und seiner unmittelbaren Umgebung (z.B. Umleitung der Passantenfrequenz), fällt die Prüfung auf Angemessenheit und Nachhaltigkeit der erzielten Miete von 50 €/m² negativ aus. In diesem Fall ist einzuschätzen,

– welche Nutzung und welche Miete aufgrund der geänderten Situation nachhaltig erzielbar ist,
– welche Akquisitionszeit bis zur Nachvermietung angemessen ist und
– ob und in welchem Umfang dem Eigentümer durch die Folgenutzung Umbaukosten entstehen.

Aufgrund der Lagequalitätsverschlechterung ist im vorstehenden Beispiel die erdgeschossige Ladennutzung zwar weiterhin marktgerecht, das Mietniveau ist aber deutlich niedriger anzunehmen (20 €/m²). Umbauten zu Lasten des Eigentümers fallen nicht an. Die Akquisitionszeit bis zur Vermietung wird auf ein halbes Jahr veranschlagt.

Nettokaltmiete p.a.		936 000 €
Bewirtschaftungskosten		
– Verwaltungskosten	− 23 400 €	
– Instandhaltungskosten: 6 000 m² × 6 €/m²	− 36 000 €	
– Mietausfallwagnis	− 28 100 €	
insgesamt	87 500 €	− 87 500 €
Grundstücksreinertrag		848 500 €
Bei einer Restnutzungsdauer von 50 Jahren und einem Liegenschaftszinssatz von 6% ergibt sich ein Vervielfältiger von 15,76		
Ertragswert (bei Vollvermietung) 848 500 € × 15,76		rd. 13 370 000 €
Geschätzter Mietausfall bis zur Vollvermietung		
2 000 m² × 50 €/m² × 6 Monate	240 000 €	
zuzüglich üblicherweise umlagefähiger Bewirtschaftungskosten		
2 000 m² × 2 €/m² × 6 Monate	+ 24 000 €	
zusammen	264 000 €	264 000 €

Abzinsung auf den Wertermittlungsstichtag entfällt wegen Geringfügigkeit	
Ertragswert	13 100 000 €

Darüber hinaus ist zu prüfen, ob angesichts der Lageverschlechterung der Liegenschaftszins zu erhöhen ist.

4.7.4 Landwirtschaftliche Wirtschaftsgebäude

Bei **landwirtschaftlichen Wirtschaftsgebäuden** wird mit einem Mietausfallwagnis von 5,0 bis 18,0% des Rohertrags gerechnet. **192**

5 Bonität der Mietverhältnisse *(Scoring)*

Schrifttum: *Dobberstein, M.,* Scoringmodelle als Analyseinstrument des Immobilienportfoliomanagements, GuG 2000, 8.

Bei hochwertigen Immobilien kann es angezeigt sein, die Ausfallwahrscheinlichkeit eines Mieters durch ein Mieterscoring zu konkretisieren. Mit dem Mieter*scoring* wird eine Kennzahl ermittelt, die das Vermietungsrisiko transparent macht und risikoreiche sowie risikoarme Objekte identifiziert. **193**

Das **Mietausfallrisiko** setzt sich insbesondere zusammen aus **194**

— der Branche (nachfolgend Indikator a),

— der Bonität des Mieters (nachfolgend Indikatoren b bis g) und

— dem vertragsabhängigen Laufzeitrisiko.

Indikatoren sind **195**

a) das branchenspezifische Risikopotenzial; hierzu bedarf es zunächst einer Klassifikation der Branchen[58],

b) Ort/Kreis des Mieters, z.B. auf der Grundlage eines Bonitätsatlasses[59],

c) Gründungsjahr des Unternehmens (je länger ein Unternehmen auf dem Markt ist, desto niedriger die Ausfallquote),

d) Rechtsform des Unternehmens,

e) offene Posten, d.h. das bisherige Zahlungsverhalten des Mieters einschließlich anhängiger Rechtsstreitigkeiten,

f) Auskünfte über die Bonität des Mieters; hier kommen insbesondere in Betracht:

— eigene Auskünfte,

— Schufa-Auskünfte,

— Bankauskünfte,

— Auskünfte des Creditforums,

g) Laufzeit des Vertrags einschließlich Verlängerungsoption.

Grundlage für die Indikatoren a), b) und d) kann hier insbesondere die vom Statistischen Bundesamt jährlich veröffentlichte **Datei der Insolvenzhäufigkeit nach ausgewählten Wirtschaftszweigen**, Rechtsformen und Ländern sein[60]. **196**

---

58 Z.B. Klasseneinteilung der Deutschen Immobiliendatenbank Wiesbaden mit 28 unterschiedlichen Branchen.
59 Bonitätsatlas des Creditforums und der ExperConsult Wirtschaftsförderung und Investitionen GmbH & Co KG.
60 Statistisches Bundesamt: *http://www.destatis.de/basis/d/insol/insoltab1.htm.*

197 Die **Indikatoren sind schulnotenmäßig zu bewerten** (z.B. 1 bis 10) und bedürfen einer Gewichtung, wie z.B. in Abb. 17:

Abb. 17: Mietausfallrisiko: Indikatoren und Gewichtung

Indikatoren und Gewichtung	
Indikator	Gewicht
a) Branche des Mieters	17%
b) Ort/Kreis des Mieters	7%
c) Gründungsjahr des Unternehmens	6%
d) Rechtsform des Unternehmens	10%
e) Offene Posten	30%
f) Auskunft über die Bonität des Mieters	20%
g) Laufzeitrisiko	10%
zusammen	100%

198 Das „**Gesamtmieter-*Rating* eines Objekts**" bestimmt sich unter Berücksichtigung des Mietanteils der einzelnen Mieter am gesamten Mietertrag.

199 *Beispiel (Abb. 18):*

Abb. 18: Gesamtmieter-*Rating*

Gesamtmieter-Rating			
Mieterspezifisches Rating	Kennziffer	Mietertrag p.a.	Mietertrag × Kennziffer
Mieter 1	4,20	30 000 €	126 000 €
Mieter 2	7,85	10 000 €	78 500 €
Mieter 3	5,34	40 000 €	213 600 €
		= 80 000 €	418 100 €
		Mittlere Kennzahl = 418 100 €/80 000 € = 5,22	

6 Anlage: Bewirtschaftungskostentabelle des Gutachterausschusses in Berlin

200 **Durchschnittliche Verwaltungs- und Betriebskostenanteile an der Jahresrohmiete für Grundstücke mit Mietwohn- und Geschäftshäusern in Berlin (ABl. 1990, 1618).**

Anhand der von der Geschäftsstelle des Gutachterausschusses für Grundstückswerte in Berlin geführten Kaufpreissammlung sind mit Hilfe mathematisch-statistischer Analysen durchschnittliche Verwaltungs- und Betriebskostenanteile an der Jahresrohmiete für Grundstücke mit Mietwohn- und Geschäftshäusern ermittelt worden. Die durchschnittlichen Verwaltungs- und Betriebskostenteile an der Jahresrohmiete (ohne durch Umlagen gedeckte Betriebskosten, wie zum Beispiel Heizung) sind in der nachfolgenden Tabelle, gegliedert nach Baujahrsgruppen und Ausstattungsmerkmalen sowie nach der Höhe des gewerblichen Mietanteils, zusammengefasst. Sie können zum Beispiel für die Verkehrswertermittlung nach dem Ertragswertverfahren gemäß §§ 7 und 15 bis 20 der WertV zur Prüfung der Nachhaltigkeit von tatsächlich entstehenden Verwaltungs- und Betriebskosten oder als Erfahrungswerte angewendet werden.

In der Tabelle werden Spannen ausgewiesen, da die Verwaltungs- und Betriebskostenanteile von der Miethöhe abhängig sind. Liegen die tatsächlichen Mieten wesentlich unterhalb der

Bewirtschaftungskosten Berlin § 19 ImmoWertV V

ermittelten Durchschnittsmieten, ist ein Wert aus dem oberen Spannenbereich anzusetzen. Liegen sie wesentlich oberhalb der ermittelten Durchschnittsmieten, so ist ein Wert des unteren Spannenbereichs zu benutzen. Die dargestellten Durchschnittsmieten sind nur zur Spanneneinordnung und nicht als ortsübliche Vergleichsmiete geeignet, da sie nicht nach Lage, Größe und Ausstattung differenziert sind.

1. Durchschnittliche Betriebskosten

Jahr		Gewerbl. Mietanteil v. H.	Teil-region	Durchschnittsmiete in €/m²							
				2,50	3,75	5,00	6,25	7,50	10,00	12,50	15,00
1993	Baujahre bis 1948	< 1	West	24,1	11,8	10,1	–	–	–	–	–
			Ost	–	13,7	–	–	–	–	–	–
		≥ 1	West	13,3	10,7	7,8	5,3	6,2	4,4	–	–
			Ost	13,3	10,3	8,1	–	–	–	–	–
1994	Baujahre bis 1948	< 1	West	15,8	13,5	11,8	5,5	–	–	–	–
			Ost	–	13,7	–	–	–	–	–	–
		≥ 1	West	24,3	11,7	9,9	5,8	7,3	5,5	–	–
			Ost	24,1	11,1	8,9	4,6	–	–	–	–
1995	Baujahre bis 1948	< 1	West	17,1	14,8	13,1	6,3	–	–	–	–
			Ost	–	13,8	–	–	–	–	–	–
		≥ 1	West	15,1	12,5	10,8	6,1	8,1	6,2	–	–
			Ost	14,7	11,7	9,6	4,6	–	–	–	–
1993 bis 1995	Baujahre bis 1948	< 1	West	16,2	14,1	12,7	–	10,7	9,3	–	–
		≥ 1	West	–	14,4	12,6	–	9,9	8,4	6,7	5,6

2. Durchschnittliche Verwaltungskosten (Ergebnisse 1993/95)

Baualtersgruppe	Gewerbl. Mietanteil v. H.	Teil-region	Durchschnittsmiete in €/m²								
			1,75	2,50	3,75	5,00	6,25	7,50	10,00	12,50	15,00
Altbauten vor 1990 Bruttokaltmieten	< 1	West			3,1	2,8	2,6	–	–	–	–
		Ost	4,8	4,1	3,4	–	–	–	–	–	–
	≥ 1	West			3,1	3,0	3,9	2,7	2,6	–	–
		Ost	3,9	3,5	3,0	2,7	–	–	–	–	–
Altbauten vor 1990 Bruttokaltmieten	< 1	West			3,5	3,1	2,9	2,8	–	–	–
		Ost	4,8	4,1	3,4	–	–	–	–	–	–
	≥ 1	West			3,3	3,1	3,0	2,9	2,8	2,7	–
		Ost	3,9	3,5	3,0	2,7	2,3	–	–	–	–
Zwischenkriegs-bauten 1919 bis 1948 Bruttokaltmieten	< 1	West			3,9	3,6	3,4	3,2	–	–	–
		Ost	4,8	4,1	3,4	–	–	–	–	–	–
	≥ 1	West			3,5	3,3	3,2	3,1	3,0	2,9	–
		Ost	3,9	3,5	3,0	2,7	2,3	–	–	–	–
Neubauten ab 1949 Bruttokaltmieten	< 1	West			4,2	3,6	3,1	2,8	3,5	2,1	–	–
	≥ 1	West			3,4	3,1	2,8	2,5	2,1	1,8	1,6	–
Nettokaltmieten	< 1	West	6,47	5,4	4,3	3,5	2,9	2,4	1,6	–	–
	≥ 1	West			3,6	3,9	3,4	3,0	2,7	2,2	1,8	1,5

Quelle: Geschäftsstelle des Gutachterausschusses für Grundstückswerte in Berlin

3. Durchschnittliche Instandhaltungskosten (1996)

Baujahr	Instandhaltungskosten für		Zuschlag bei		Abschlag bei
	Wohnflächen (€/m²)	Nutzflächen (€/m²)	Zentralheizung (€/m²)	Aufzug (€/m²)	fehlendem/r Bad/Dusche (€/m²)
bis 1900	11,25	5,62	0,51	0,82	–
von 1901 bis 1948	10,22	5,11	0,51	0,82	–
von 1949 bis 1969	9,20	4,60	0,51	0,82	0,56
von 1970 bis 1979	7,16	3,58	0,51	0,82	0,56
ab 1980	6,13	3,08	0,51	0,82	0,56

Offene Wageneinstellplätze (je Platz): 28,12 €
Garagen und gedeckte Stellplätze (je Platz): 56,62 €

Quelle: ABl. Berlin 1996, 4098

§ 20 ImmoWertV
Kapitalisierung und Abzinsung

₁Der Kapitalisierung und Abzinsung sind Barwertfaktoren zugrunde zu legen. ₂Der jeweilige Barwertfaktor ist unter Berücksichtigung der Restnutzungsdauer (§ 6 Absatz 6 Satz 1) und des jeweiligen Liegenschaftszinssatzes (§ 14 Absatz 3) der Anlage 1 oder Anlage 2 zu entnehmen oder nach der dort angegebenen Berechnungsvorschrift zu bestimmen.

Gliederungsübersicht Rn.
1 Kapitalisierung und Abzinsung 1
2 Vervielfältiger (Barwertfaktor)
   2.1 Allgemeines.. 3
   2.2 Nach- und vorschüssiger Vervielfältiger
      2.2.1 Nachschüssiger Barwertfaktor.. 12
      2.2.2 Vorschüssiger Barwertfaktor.. 14
      2.2.3 Ermittlung vorschüssiger Barwertfaktoren......................... 19
   2.3 Unterjähriger Vervielfältiger... 20
3 Diskontierungszinssatz (Barwertfaktor) 29

1 Kapitalisierung und Abzinsung

§ 20 ImmoWertV bestimmt ergänzend zu den Vorschriften des Ertragswertverfahrens, dass zur Kapitalisierung und Abzinsung die den Anlagen zu entnehmenden Barwertfaktoren heranzuziehen sind.   **1**

– Der danach maßgebliche **Barwertfaktor für die Kapitalisierung** wird umgangssprachlich als Vervielfältiger bezeichnet.

– Der **Barwertfaktor für die Abzinsung** wird umgangssprachlich auch als Diskontierungsfaktor bezeichnet.

Die in der Anlage zur ImmoWertV tabellierten Vervielfältiger entsprechen denen der WertV 88/98.   **2**

2 Vervielfältiger (Barwertfaktor)

2.1 Allgemeines

▶ *Vgl. Syst. Darst. des Ertragswertverfahrens Rn. 247*

Der Vervielfältiger V ist nach § 20 Satz 2 ImmoWertV unter Berücksichtigung   **3**
– des jeweiligen Liegenschaftszinssatzes p und
– der Restnutzungsdauer n

zu bestimmen. Der **Vervielfältiger** ist im Anh. 1 zum Text der ImmoWertV am Anfang dieses Werks abgedruckt. Er stellt mathematisch nichts anderes als den **Barwertfaktor einer endlichen Rente** dar, wobei als Rente die jährlich anfallenden Reinerträge der baulichen Anlage mit Hilfe des Vervielfältigers kapitalisiert werden.

4 Die der Anl. zur ImmoWertV zugrunde liegende Formel lautet

$$V_{\text{nachschüssig}} = \frac{q^n - 1}{q^n \times (q-1)} = \frac{(p+1)^n - 1}{(p+1)^n \times p} = \frac{1 - (1+p)}{p}$$

wobei:
- $q =$ Zinsfaktor $= (1 + p)/100$
- $p =$ Liegenschaftszinssatz
- $n =$ Restnutzungsdauer der baulichen Anlage
- $V =$ Vervielfältiger

Die in der Anl. zur BelWertV sowie in Anl. 21 zu § 185 Abs. 3 Satz 11, § 193 Abs. 3 Satz 2, § 194 Abs. 3 Satz 3 und § 195 Abs. 2 Satz 2 und Abs. 3 Satz 3 BewG veröffentlichten Vervielfältiger sind mit dem Vervielfältiger der ImmoWertV identisch.

5 Finanzmathematisch bedeutet die Kapitalisierung des Reinertrags der baulichen Anlagen die **Ermittlung des Barwerts einer endlichen Rente**, bestehend aus den über die Restnutzungsdauer der baulichen Anlage fließenden Erträgen. Die Abschreibung, d.h. die Erneuerungsrücklage zum Ausgleich des Wertverfalls infolge Alterung und Abnutzung der baulichen Anlage, braucht nicht zusätzlich angesetzt zu werden (vgl. § 19 ImmoWertV Rn. 35 ff.). Dabei wird entsprechend der Vorgabe des § 17 Abs. 2 Nr. 1 ImmoWertV der Abschreibungszinssatz (Habenzinssatz) mit dem Sollzinssatz gleichgesetzt.

6 Die vorstehend vorgestellte **Formel des Vervielfältigers** lässt sich aus dem jährlichen Gebäudeertrag der allgemeinen Ertragswertformel ableiten.

$$EW = (RE - p \times BW) \times V + BW$$

mit den geschweiften Klammern: Gebäudeertragswert | Bodenwert

wobei
- EW Ertragswert
- BW Bodenwert
- p Liegenschaftszinssatz

7 Der **Gebäudeertragswertanteil ergibt sich durch Kapitalisierung des um den Bodenwertverzinsungsbetrag verminderten Reinertrags**. Dieser jährlich anfallende Betrag entspricht der Summe aus dem Verzinsungs- und dem Abschreibungsbetrag des Gebäudes. In Formeln:

$$RE - (BW \times \frac{p}{100}) = \underbrace{G \times p}_{\text{Verzinsung des Gebäudes}} + \underbrace{G \times \frac{q-1}{q^n - 1}}_{\text{Abschreibung des Gebäudes}} \quad (2)$$

wobei:
- RE Reinertrag
- BW Bodenwert
- G Gebäudezeitwert
- n Restnutzungsdauer
- p Sollzinssatz
- q Zinsfaktor = 1 + Abschreibungszinssatz / 100
- $(q^n - 1)/(q - 1)$ Abschreibungsdivisor (tabelliert im Anh. 5.2)

Die **Abschreibung des Gebäudes** definiert sich dabei als Zeitrente, die n-mal über die Restnutzungsdauer am Ende eines jeden Jahres auf Zins und Zinseszins angelegt wird und so bemessen ist, dass sich als Endwert der Gebäudezeitwert ergibt.

Bezüglich der **Verzinsung** kann unterschieden werden zwischen

– dem *Sollzinssatz,* dem Zinssatz für Schulden auf dem investierten Kapital (= übliche Kapitalverzinsung), und

– dem *Abschreibungszinssatz* (= Habenzinssatz), dem Zinssatz auf Guthaben, die der Grundstückseigentümer während der Restnutzungsdauer n des Gebäudes aus der Rücklage ansammelt (§ 19 ImmoWertV Rn. 51 ff.).

Durch Umformung der Gleichung (2) erhält man die Vervielfältigerformel:

$$\text{Vervielfältiger } V = \frac{G}{(RE-BW) \times \frac{p}{100}} = \frac{1}{\frac{q-1}{q^n-1}+p} \qquad (3)$$

Setzt man darüber hinaus **Soll- und Abschreibungszinssatz**[1] **gleich,** folgt hieraus:

$$\text{Vervielfältiger } V = \frac{q^n-1}{q^n \times (q-1)} = \frac{1-(1+p)^{-n}}{p}$$

wobei nunmehr $q = 1 +$ Liegenschaftszinssatz $p/100$
$p/100 = q - 1$
Bei $n \to \infty$ ergibt sich: $V = 1/p$.

2.2 Nach- und vorschüssiger Vervielfältiger

2.2.1 Nachschüssiger Barwertfaktor

Die angegebene **Formel bezieht sich auf eine jährlich nachschüssig anfallende Rente** (Reinertrag der baulichen Anlage), d.h., die Anwendung dieser Formel ist im strengen Sinne eigentlich nur zulässig, wenn der Reinertrag aus der Grundstücksnutzung erst am 31.12. des Jahres „fließt". Tatsächlich werden die Mieten i.d.R. jedoch vorschüssig, und zwar am Monatsanfang erbracht.

Nr. 3.5.7 WERTR führt hierzu aus:

„Der Vervielfältiger für die Berechnung des Werts der baulichen Anlagen ist aus der Tabelle Anlage 5 **WERTR** (Anl. zur ImmoWertV) nach der Restnutzungsdauer und dem Liegenschaftszinssatz für das Gebäude zu entnehmen. Dabei handelt es sich um den Rentenbarwertfaktor einer jährlich nachschüssigen Rente, die auch im Falle einer monatlich vorschüssigen Zahlungsweise Anwendung finden kann. Bei auf mehrere Monate angelegter vorschüssiger Zahlungsweise (z. B viertel-, halb- oder jährlich) muss dem besonders durch Angleichung des entsprechenden Vervielfältigers Rechnung getragen werden."

2.2.2 Vorschüssiger Barwertfaktor

Bei vorschüssigem Nutzungsentgelt lautet die Vervielfältigerformel

$$V_{\text{nachschüssig}} = \frac{q^n - 1}{q^{n-1} \times (q-1)}$$

---

[1] Kleiber in DS 1983, 106; Stemmler in Archivbericht der Fédération Internationale des Géomètres (FIG) 1971 Nr. 904.2; zum Einfluss der Inflation auf den Ertragswert vgl. Lüftl in Österreichische Immobilien-Zeitung 1975,359; Haenle in DWW 1982, 354.

Das Glied q^n im Nenner wird bei Umstellung der tabellierten nachschüssigen Vervielfältigerformel um 1 vermindert.

15 Bei **längerer Restnutzungsdauer** kann eine vorschüssige Zahlungsweise schon „zu Buche" schlagen, wie sich aus nachfolgendem Beispiel ergibt:

16 *Beispiel:*

Ertragswertermittlung bei

1. „*Nachschüssiger*" jährlicher Zahlweise			2. „*Vorschüssiger*" jährlicher Zahlweise		
Bodenwert BW	=	200 000 €	Bodenwert BW	=	200 000 €
Reinertrag RE p.a.	=	60 844 €	Reinertrag RE p.a.	=	60 844 €
Liegenschaftszins	=	5 %	Liegenschaftszins	=	5 %
Restnutzungsdauer	=	60 Jahre	Restnutzungsdauer	=	60 Jahre
Vervielfältiger: $V = \dfrac{q^n - 1}{q^n \times (q - 1)} =$		18,92929	Vervielfältiger: $V = \dfrac{q^n - 1}{q^{n-1} \times (q - 1)} =$		19,87575
			wobei $q = (1 + p)/1200$	=	1,0041666
RE × V	=	1 151 734 €	RE × V	=	1 209 320 €
BW/q^n	=	+ 10 707 €	BW/q^n	=	+ 10 707 €
Ertragswert	=	**1 162 441 €**	**Ertragswert**	=	**1 220 027 €**

$\Delta = 57\,586\,€ \approx 5\,\%$

17 Die Ergebnisse machen deutlich, dass der **Unterschied mit rd. 5% recht hoch** ausfällt. Dies findet seine Erklärung darin, dass bei der hier vorgenommenen jahrgangsweisen Kapitalisierung des alljährlich anfallenden Jahresreinertrags bei Verwendung des vorschüssigen Vervielfältigers gegenüber dem nachschüssigen Vervielfältiger jeweils über einen um ein Jahr verminderten Zeitraum diskontiert wird.

18 Unter Hinweis auf den nicht unerheblichen Unterschied zwischen der nachschüssigen Kapitalisierung gemäß Anlage zur ImmoWertV und der vorschüssigen Kapitalisierung wird vereinzelt eine Umstellung des ImmoWertV-Vervielfältigers auf vorschüssige Zahlungsweise gefordert, weil dies dem tatsächlichen Zahlungsfluss entspräche. Dies klingt zunächst plausibel, jedoch ist in diesem Zusammenhang auch darauf hinzuweisen, dass man dann konsequenterweise auch die *unterjährige* Zahlungsweise berücksichtigen muss. Üblicherweise werden nämlich (in Deutschland) die Mieten monatlich (unterjährig) entrichtet. Im Rahmen der Ertragswertermittlung werden jedoch die Jahresreinerträge (statt der monatlichen Ertragsflüsse) kapitalisiert. Dies geschieht zur Vereinfachung, wobei sich (nur) im Falle einer

– Umstellung von einer *monatlichen* auf eine *jährliche* Zahlweise bei gleichzeitiger

– Heranziehung eines *nach*schüssigen Barwertfaktors (Vervielfältigers) statt eines *vor*schüssigen Barwertfaktors

die in Kauf genommenen Fehler sich nahezu kompensieren (vgl. Rn. 25). Wird indessen die **Miete vierteljährlich, halbjährlich oder gar jährlich im Voraus entrichtet**, muss man jedoch seine Berechnung auf einen vorschüssigen Barwertfaktor und die entsprechenden Zahlungsintervalle umstellen. Eine Umstellung auf vorschüssig erbrachte Nutzungsentgelte ist mithin geboten, wenn das Nutzungsentgelt über einen längeren Zeitraum (z.B. vierteljährlich) erbracht wird, wie z.B. im angelsächsischen Raum bei Gewerbeobjekten oder bei der Kapitalisierung der Rente für einen Überbau.

2.2.3 Ermittlung vorschüssiger Barwertfaktoren

Da häufig keine Tabellen für vorschüssige Rentenbarwertfaktoren zur Hand sind, kann im Übrigen der **nachschüssige Barwertfaktor** (Vervielfältiger) **wie folgt umgerechnet** werden:

1. **Der nachschüssige Rentenbarwertfaktor wird mit dem Zinsfaktor q multipliziert:**
   Zinssatz 6,5%
   Laufzeit 10 Jahre
   Vervielfältiger nach ImmoWertV (nachschüssiger Rentenbarwertfaktor): 7,19
   Vorschüssiger Rentenbarwertfaktor: 7,19 × 1,065 = 7,66
2. **Es wird der nachschüssige Rentenbarwertfaktor für die um ein Jahr verminderte Laufzeit aus der Tabelle entnommen und dieser Wert um 1 erhöht:**
   Zinssatz 6,5%
   Laufzeit 10 Jahre
   Vervielfältiger für (10 – 1 Jahre) also 9 Jahre: 6,66
   Vorschüssiger Rentenbarwertfaktor: 6,66 + 1 = 7,66

2.3 Unterjähriger Vervielfältiger

Die vorstehenden **Vervielfältigerformeln für** vor- und nachschüssig entrichtete Nutzungsentgelte lassen sich auf eine **unterjährige Verzinsung** umstellen. Von einer unterjährigen Verzinsung spricht man bei Intervallen zwischen den Zinszahlungen kleiner als ein Jahr.

Bei unterjähriger Verzinsung tritt an die Stelle der jahresbezogenen Laufzeit n die Gesamtzahl der unterjährigen Zinsperioden (m × n).

Des Weiteren ist der Jahreszins in den **unterjährigen (Perioden-)Zinssatz** anzusetzen, z.B. bei einem Jahreszinssatz von 8% und

- bei *vierteljährlicher* Zahlweise $p^* = 8/4$ $= 2\%$
- bei *monatlicher* Zahlweise $p^* = 8/12$ $= 0,6666\%$

Dementsprechend ist z.B. bei monatlicher (m = 12) oder vierteljährlicher Zahlweise (m = 4) der **Zinsfaktor** entsprechend zu modifizieren:

$q = 1 + p/1200$ Zinsfaktor bei *monatlicher* Zahlweise
$q = 1 + p/400$ Zinsfaktor bei *vierteljährlicher* Zahlweise
$q = 1 + p/100$ Zinsfaktor bei *jährlicher* Zahlweise

Darüber hinaus ist bei Anwendung des *zweigleisigen Ertragswertverfahrens* der **Bodenwertverzinsungsbetrag auf die unterjährige Verzinsung umzustellen.**

Unter Rn. 18 wurde darauf hingewiesen, dass eine **Umstellung des ImmoWertV-Vervielfältigers** auf eine vorschüssige Zahlungsweise gefordert wurde. Die Forderung übersieht die Tatsache, dass das **Nutzungsentgelt üblicherweise monatsweise und nicht jahrgangsweise im Voraus entrichtet** wird und dann auch ein monatlicher Ertragsfluss zu kapitalisieren wäre. Mit der alleinigen Umstellung der Kapitalisierung auf einen vorschüssigen Vervielfältiger würde man den Fehler begehen, der Immobilie eine Rendite unterzuschieben, die sie tatsächlich nicht hat. Die Rendite „fließt" nämlich i.d.R. gar nicht in voller Höhe zum Jahresbeginn, sondern verteilt über 12 Monate jeweils am Monatsanfang. Wollte man also das Berechnungsverfahren der Ertragswertmethode realitätsbezogener verfeinern wollen, müsste das Rechenverfahren konsequenterweise auf eine Kapitalisierung der vorschüssig erbrachten *Monatsentgelte* umgestellt werden. Dies wäre zunächst rechenaufwendiger, was in Anbetracht moderner Rechenhilfsmittel für sich allein heute nicht mehr dagegen spräche, jedoch muss diese Umstellung das Ergebnis wiederum dem annähern, was sich bei nachschüssiger jährlicher Zahlungsweise ergibt. Dies soll nachfolgend demonstriert werden:

26 *Beispiel:*
Ertragswertermittlung bei monatlicher Zahlweise des Nutzungsentgelts

1. *Nachschüssige* Zahlweise am Monatsende			2. *Vorschüssige* Zahlweise am Monatsanfang		
Bodenwert BW	=	200 000 €	Bodenwert BW	=	200 000 €
Reinertrag RE p.a.	=	60 844 €	Reinertrag RE p.a.	=	60 844 €
60 844 € : 12 Monate	=	**5 077 €/Monat**	60 844 € : 12 Monate	=	**5 077 €/Monat**
Liegenschaftszins	=	5 %	Liegenschaftszins	=	5 %
Restnutzungsdauer	=	60 Jahre	Restnutzungsdauer	=	60 Jahre
	=	**720 Monate**		=	**720 Monate**
$V^{23} = \dfrac{q^n - 1}{q^n \times (q-1)}$	=	(227,98086)	$V^{23} = \dfrac{q^n - 1}{q^{n-1} \times (q-1)}$	=	(228,93056)
wobei q = (1 + p) / 1200	=	1,0041666	wobei q = (1 + p) / 1200	=	1,0041666
$RE_{Monat} \times V$	=	1 157 459 €	$RE_{Monat} \times V$	=	1 162 280 €
BW/q^n	=	+ 10 707 €	BW/q^n	=	+ 10 707 €
Ertragswert	=	**1 168 166 €**	**Ertragswert**	=	**1 172 987 €**

Δ = 4 821 € = 0,4 %

Δ = 10 546 € = 0,9 %

Ertragswert bei nachschüssiger jährlicher Zahlweise:	**1 162 441 €**

Mit dem Rechenergebnis auf der Grundlage eines vorschüssig entrichteten Monatsentgelts nähert man sich von allen dargestellten Berechnungsarten den tatsächlichen Verhältnissen am nächsten an. Das Ergebnis (im Beispiel: 1 172 987 €) stimmt überraschend gut mit dem sich unter Anwendung des (nachschüssigen) Vervielfältigers ermittelten Ertragswert (EW = 1 162 441 €) überein.

27 Bei **mehrmonatiger Vorauszahlung des Nutzungsentgelts**, z.B. wenn Gewerbemieten vierteljährlich vorschüssig gezahlt werden, kann eine Umstellung geboten sein. Dann ergeben sich pro Jahr 4 Zahlungstermine, jeweils am 1.1., 1.4., 1.7 und 1.10. des Jahres.

28 *Beispiel:*

Vierteljährlich vorschüssige Zahlung	25 000 €
Zinssatz	6,5%
Laufzeit der Zahlungen	10 Jahre
Anzahl der Zahlungsintervalle 10 Jahre × 4	40
Zinssatz je Zahlungstermin 6,5%/4	1,63%
Vorschüssiger Rentenbarwertfaktor bei 1,63% Zins und 40 Zahlungsintervallen: 29,24 × 1,0163	29,72
Kapitalisierter Wert der vierteljährlich vorschüssigen Zahlungen über 10 Jahre: 25 000 € × 29,72	743 000 €
Würde man hier die Zahlungsmodalitäten ignorieren und als jährlich nachschüssige Zahlungen behandeln, ergäbe sich	
100 000 € × 7,19*= 719 000 €	

* Vervielfältiger bei 6,5% und 10 Jahren Laufzeit

3 Diskontierungszinssatz (Barwertfaktor)

Bei dem in Anlage 2 zur ImmoWertV abgedruckten Barwertfaktor für die Abzinsung handelt es sich um den üblichen Diskontierungsfaktor. **29**

Berechnungsvorschrift für die der Tabelle nicht zu entnehmenden Barwertfaktoren für die Abzinsung ist: **30**

Abzinsungsfaktor = $q^{-n} = \dfrac{1}{q^n}$

wobei

$q = 1 + \dfrac{p}{100}$

p = Liegenschaftszinssatz
q = Zinsfaktor
n = Restnutzungsdauer

Unterabschnitt 3:
Sachwertverfahren
(§§ 21 bis 23 ImmoWertV)

Systematische Darstellung des Sachwertverfahrens

Gliederungsübersicht Rn.

1 Anwendungsbereich
  1.1 Allgemeines 1
  1.2 Ersatzbeschaffungs- und Reproduktionskosten 6
  1.3 Kosten und Wert 7
  1.4 Marktwertkonformes Sachwertverfahren 10
  1.5 Sachwertdominiertes Ertragswertverfahren 12
2 Grundzüge des Sachwertverfahrens
  2.1 Sachwertverfahren nach ImmoWertV 21
  2.2 Sachwertverfahren nach BelWertV 28
  2.3 Sachwertverfahren in der steuerlichen Bewertung 42
3 Bodenwert
  3.1 Verkehrswertermittlung
    3.1.1 Allgemeines 45
    3.1.2 Aufwuchs (Anpflanzungen) 47
  3.2 Beleihungswertermittlung 48
  3.3 Steuerliche Bewertung 49
4 Herstellungskosten baulicher Anlagen (Gebäudesachwert)
  4.1 Allgemeines 50
  4.2 Normalherstellungskosten
    4.2.1 Allgemeines 58
    4.2.2 Normalherstellungskosten 2000 (NHK 2000) der WERTR 06
      4.2.2.1 Allgemeines 65
      4.2.2.2 Bezugsgrundlage der NHK 2000 70
      4.2.2.3 Zum Stand der Fortschreibung der NHK 95/2000 76
      4.2.2.4 Baunebenkosten (§ 22 Abs. 2 Satz 3 ImmoWertV) 79
    4.2.3 Objektspezifische Normalherstellungskosten 2000 (NHK 2000)
      4.2.3.1 Übersicht 94
      4.2.3.2 Ermittlung der Brutto-Grundfläche (BGF) bzw. des Brutto-Rauminhalts (BRI) 97
      4.2.3.3 Übersicht über Normalherstellungskosten 2000 (NHK 2000) gem. WERTR 06 98
      4.2.3.4 Regelherstellungskosten nach Anl. 24 zu § 190 BewG (Preisstand 1.1.2007) 99
      4.2.3.5 Ausstattungsstandard 100
      4.2.3.6 Gebäudebaujahrsklassen (Baualtersklassen) 103
      4.2.3.7 Grundrissart und Wohnungsgröße bei Mehrfamilien-Wohnhäusern 108
    4.2.4 Regionalisierung der Normalherstellungskosten mit Regional- und Ortsgrößenfaktoren
      4.2.4.1 Allgemeines 112
      4.2.4.2 Regionalfaktoren 118
      4.2.4.3 Ortsgrößenfaktoren 119
      4.2.4.4 Kombinierte Regional- und Ortsgrößenfaktoren 120
      4.2.4.5 Umrechnung deutscher Kostenkennwerte 123
      4.2.4.6 Konjunkturfaktoren 124
    4.2.5 Umrechnung der Normalherstellungskosten auf die Baupreisverhältnisse am Wertermittlungsstichtag (§ 22 Abs. 3 ImmoWertV) 130

	4.2.6	Wertanteil besonderer Bauteile und von „c-Flächen"	146
	4.2.7	Zusammenfassung	148
4.3	Alterswertminderung (§ 23 ImmoWertV)		
	4.3.1	Übersicht	149
	4.3.2	Gesamt- und Restnutzungsdauer	158
	4.3.3	Alterswertminderung	
		4.3.3.1 Allgemeines	160
		4.3.3.2 Lineare Abschreibung	162
	4.3.4	Alterswertminderung bei ordnungsgemäßer Instandhaltung (§ 23 ImmoWertV)	164
	4.3.5	Alterswertminderung bei verkürzter oder verlängerter Restnutzungsdauer	
		4.3.5.1 Allgemeines	173
		4.3.5.2 Unterlassene Instandhaltung	182
		4.3.5.3 Modernisierung	188
		4.3.5.4 Andere Gegebenheiten	192
		4.3.5.5 Besondere noch nicht berücksichtigte Bauteile und c-Flächen	194
5	Sachwert der baulichen und sonstigen Außenanlagen (Aufwuchs)		
5.1	Allgemeines		202
5.2	Berücksichtigung des Wertanteils bei der Bodenwertermittlung		203
5.3	Wertanteil von Außenanlagen		
	5.3.1	Pauschale Ermittlung des Wertanteils von Außenanlagen nach Erfahrungssätzen	209
	5.3.2	Ermittlung des Wertanteils von Außenanlagen nach gewöhnlichen Herstellungskosten	
		5.3.2.1 Bauliche Außenanlagen	215
		5.3.2.2 Sonstige Außenanlagen (Aufwuchs)	219
		5.3.2.3 Beleihungswertermittlung	229
		5.3.2.4 Steuerliche Bewertung	230
6	Vorläufiger Sachwert		
6.1	Allgemeines		232
6.2	Marktanpassung		
	6.2.1	Verkehrswertermittlung	235
	6.2.2	Steuerliche Bewertung	239
6.3	Berücksichtigung besonderer objektspezifischer Grundstücksmerkmale (§ 8 Abs. 3 ImmoWertV)		240
7	Verkehrswert (Marktwert)		245

1 Anwendungsbereich

1.1 Allgemeines

Schrifttum: *Buske, K./Lüder, H.,* Verkehrswertermittlung von Grundstücken mit Betonplattenbauweise, GuG 1995, 96; *Dieterich/Kleiber,* Verkehrswertermittlung von Grundstücken, 4. Aufl.; *Dröge,* Handbuch der Mietpreisbewertung für Wohn- und Gewerberaum, 2. Aufl.; *Gottschalk, G.-J.,* Immobilienwertermittlung, 2. Aufl.; *Kleiber/Simon/Weyers,* Verkehrswertermittlung von Grundstücken, 4. Aufl.; *Petersen, H.,* Marktorientierte Immobilienbewertung, 6. Aufl.; *Buske, K./Lüder, H.,* Verkehrswertermittlung von Grundstücken mit Betonplattenbauweise, GuG 1994, 86; *Hiller, H.;* Die Diskussion um den Sachwert muss sachlich sein, GuG 1999, 52; *Hübner, K.-H.,* Anmerkungen zur Anwendung von Baupreisindices für Grundstückswertermittlungen in der ehemaligen DDR, GuG 1993, 224; *Mittag, M.,* Ermittlung zeitgemäßer Normalherstellungskosten für die Belange der Verkehrswertermittlung, BundesanzeigerVerlag 1996; *Möckel, R.,* Gedanken zur Irrationalität des Sachwertverfahrens, GuG 1998, 292; *Netscher, H.,* Sachwertverfahren – koste es was es wolle, GuG 1996, 26; *Pohnert, F.,* Konkurrierende Normen bei Hochbauten GuG 1991, 150; *Wolk, P.,* Sachwert-Ost, GuG 1994, 89; *Sailer, E.,* Ist der Sachwert nicht doch obsolet?, GuG 1999, 50; *Simon/Cors/Halaczinsky/Teß,* Handbuch der Immobilienwertermittlung, 5. Aufl.; *Tiemann, M.,* Reformvorschläge zum Ertragswert- und Sachwertverfahren, AVN 1970, 523; *Vogels, M.,* Grundstücksbewertung – marktgerecht, 5. Aufl.; *Vogel, R.,* Zur Sachwertermittlung von baulichen Anlagen in Gebieten der ehemaligen DDR, ZOV 1992, 30.

Anwendungsbereich   **Syst. Darst. Sachwertverf. V**

▶ *Zu den Anwendungsfällen ausführlich vgl. § 8 ImmoWertV Rn. 39, 70 ff., 113; grundlegende Beispielsfälle im Teil VI Rn. 10 ff.*

Das Sachwertverfahren *(Cost Approach)* kommt zur Anwendung, wenn die **Ersatzbeschaffungskosten des Wertermittlungsobjekts nach den Gepflogenheiten des gewöhnlichen Geschäftsverkehrs preisbestimmend** sind *(Depreciated Replacement Cost Approach)*. Dies sind in erster Linie eigengenutzte Ein- und Zweifamilienhäuser, bei deren Nutzung nicht der erzielbare Ertrag, sondern ein besonderer persönlicher Nutzen, wie z. B. die Annehmlichkeit des „schöneren" Wohnens im Vordergrund steht. Sachwertobjekte können grundsätzlich auch im Wege des Ertragswertverfahrens bewertet werden (vgl. § 8 ImmoWertV Rn. 78).   **1**

Auf die persönliche „eigene" Nutzung des Grundstücks kommt es allerdings nicht entscheidend an. Dass das Sachwertverfahren insbesondere bei *eigengenutzten* Einfamilienhäusern zur Anwendung kommt, darf nicht zu der Annahme verleiten, dass das Sachwertverfahren generell bei eigengenutzten Objekten zur Anwendung kommt. Diese weit verbreitete Auffassung kann schon als **missverstandenes Eigennutzprinzip**[1] verstanden werden (vgl. § 8 ImmoWertV Rn. 82 ff.).   **2**

Auf das missverstandene Eigennutzprinzip kann zurückgeführt werden, dass in der Vergangenheit insbesondere eigengenutzte Gewerbe- und Industrieobjekte, eigengenutzte Verwaltungsgebäude sowie bauliche Anlagen der öffentlichen Hand gemeinhin unter Anwendung des Sachwertverfahrens bewertet wurden (vgl. § 8 ImmoWertV Rn. 115):   **3**

a) **Gewerbe- und Industrieobjekte** sind indessen nicht als Sachwertobjekte anzusehen, weil es dem Nutzer dieser Objekte wohl mehr als bei anderen Objekten um die Rendite geht. Wenn in der Vergangenheit das Sachwertverfahren zur Ermittlung des Verkehrswerts von Gewerbe- und Industrieobjekten zur Anwendung gekommen ist, so ließe sich das allenfalls damit begründen, dass die Ertragsverhältnisse häufig „undurchsichtig" sind und persönliche Umstände, steuerliche Besonderheiten oder die Verschachtelung von Betriebszweigen nicht erkennen lassen, was als nachhaltiger Reinertrag bei ordnungsgemäßer Bewirtschaftung gelten kann. Zudem handelt es sich häufig um sehr spezialisierte Branchenzweige mit eigenem „Firmenwert", der sich mit Hilfe des Sachwertverfahrens ohnehin nicht ermitteln lässt. Im Rahmen der Unternehmensbewertung führt das Verfahren allenfalls zum sog. **Substanzwert,** der lediglich ein Element des Unternehmenswerts ist.

Die Anwendung des Sachwertverfahrens auf Gewerbe- und Industrieobjekte muss von daher für den Regelfall abgelehnt werden. Es kommt hinzu, dass insbesondere bei älteren Gewerbe- und Industrieobjekten das Verfahren (z. B. wegen aufwendiger Bauweisen, die aber keineswegs neueren Produktionsmethoden entsprechen oder auch nicht erforderlich sind – so z. B. erhebliche Mauerstärken –) zu einem Wert führen muss, der dann drastisch zu vermindern wäre. Allenfalls bei Neubauobjekten könnte für die Anwendung des Sachwertverfahrens ins Feld geführt werden, dass sich der (investierte) Sachwert „rechnet", wenn der Investor die Möglichkeit hatte, sich ein entsprechendes Objekt anzumieten. Hier kann der Sachwert zur Abstützung des Ertragswerts mit herangezogen werden.

b) Auch die dem Gemeinbedarf vorbehaltenen bebauten Grundstücke werden heute nicht (mehr) im Wege des Sachwertverfahrens bewertet. Die **öffentliche Zweckbindung steht der Anwendung des Ertragswertverfahrens grundsätzlich nicht entgegen**. Die Verkehrswertermittlung auf der Grundlage der ortsüblich erzielbaren Rendite lässt vielmehr auch bei den von der öffentlichen Hand eigengenutzten Objekten ein dem wahren und inneren Wert angemesseneres Ergebnis als bei Anwendung des Sachwertverfahrens erwarten. Dies gilt nicht nur, wenn die öffentliche Zweckbindung aufgegeben werden soll, sondern auch bei Fortführung einer öffentlichen Nutzung (vgl. § 8 ImmoWertV Rn. 131; Syst. Darst. des Ertragswertverfahrens Rn. 2, 173, 177).

---

1 Nicht zu folgen BGH, Urt. vom 13.7.1970 – VII ZR 189/68 –, EzGuG 20.49; OLG Hamm, Urt. vom 22.4.1993 – 21 U 39/92 –, BauR 1993, 628 = EzGuG 20.144c; dort auch nur für Fälle der Bausummenüberschreitung.

V Syst. Darst. Sachwertverf.   Anwendungsbereich

Dem Sachwertverfahren ist bei solchen Objekten nur dann i.S. eines **Ersatzbeschaffungswerts** der Vorzug zu geben, wenn ein öffentlich genutztes Objekt an einem bestimmten Standort aufgegeben werden muss und die ersatzweise Fortführung der Nutzung an anderer Stelle einen Neubau erfordert[2].

4   Das Sachwertverfahren kann für die Ermittlung des Verkehrswerts typischer Ertragswertobjekte zur **„Abstützung" des Ergebnisses anderer Wertermittlungsverfahren** von nicht unerheblicher Bedeutung sein. Dies gilt insbesondere für neu errichtete Ertragswertobjekte. Denn wenn die gewöhnlichen Herstellungskosten eines solchen Objekts dessen Ertragswert übersteigen, wäre es kaum verständlich, dass ein solches Objekt von einem Investor „hochgezogen" wurde. Ein vernünftig handelnder Investor wird deshalb den Sachwert durchaus „im Blick" haben, und dies sollte auch für den Sachverständigen gelten.

5   Das Sachwertverfahren ist wiederholt schon für „tot" erklärt worden. Dem ist nicht so. Ein modernes Sachwertverfahren wird für die Praxis auch weiterhin von Bedeutung sein; im amerikanischen Schrifttum hat es jedenfalls noch einen hohen Stellenwert[3]. Dies gilt nicht nur für den Bereich der Verkehrswertermittlung von Ein- und Zweifamilienhäusern.

1.2   Ersatzbeschaffungs- und Reproduktionskosten

6   Ausgangspunkt für die Ermittlung des Sachwerts sind die gewöhnlichen Kosten, die unter Berücksichtigung der am Wertermittlungsstichtag vorherrschenden wirtschaftlichen Rahmenbedingungen für die Neuerrichtung einer baulichen Anlage ersatzweise aufzubringen wären. Insoweit definieren sich die zur Ermittlung der „gewöhnlichen" Herstellungskosten herangezogenen Normalherstellungskosten für bauliche Anlagen älterer Baujahrsklassen nicht als „Rekonstruktionskosten", wie sie z. B. für den Wiederaufbau der Dresdner Frauenkirche aufzubringen sind, sondern als die (gewöhnlichen) Herstellungskosten, die am Wertermittlungsstichtag nach wirtschaftlichen Gesichtspunkten unter Berücksichtigung technischer Entwicklungen aufzubringen wären, um zu einem mit dem älteren Gebäude vergleichbaren Bauwerk zu gelangen. In diesem Sinne definieren sich z.B. die Normalherstellungskosten für ein Ende des 19. Jahrhunderts errichtetes Mietshaus auch nicht nach den Kosten einer Holzbalkendecke, sondern nach Betondecken, wie ja auch im Falle einer Erneuerung tatsächlich eingezogen würden. Insoweit geht das **Sachwertverfahren nicht von Reproduktionskosten** *(reproduction cost)*, **sondern von neuzeitlichen Ersatzbeschaffungskosten** aus (vgl. Nr. 3.6.1.1.1 WERTR; kontrovers im amerikanischen Schrifttum: *replacement-cost*)[4].

1.3   Kosten und Wert

▶ *Vgl. Syst. Darst. des Vergleichswertverfahrens Rn. 598 ff.; § 8 ImmoWertV Rn. 200*

7   Die **Sachwertermittlung** ist in erster Linie als **ein Rechenverfahren** zur Ermittlung der Herstellungskosten der Grundstückssubstanz angesehen worden. Tatsächlich ist ein sich allein daraus orientierender „Sachwert" des Grundstücks nur selten mit dem Verkehrswert gleichzusetzen. Der Verkehrswert wird aber durch den Grundstücksmarkt bestimmt, d.h. danach, was ein Kaufwilliger üblicherweise für das jeweilige Objekt bezahlen würde oder, anders ausgedrückt, wieviel Geld ihm das Objekt „wert" ist. Das kann unter Umständen wesentlich weniger sein als die dafür aufgebrachten Kosten. Ein sehr gut ausgestattetes Einfamilienhausgrundstück wird fast immer unter seinem Sachwert gehandelt. In der Rechtsprechung zur Verkehrswertermittlung von Einfamilienhäusern sind Abschläge von ca. 10 bis 15 % von einem sich allein an Kosten orientierenden „Sachwert" zur Anpassung an die **Lage auf dem**

---

[2] Erl. des BMBau vom 12.10.1993 (BAnz Nr. 199; 1993, 9630; vgl. Kleiber, WERTR 76/96, BundesanzeigerVerlag, 7. Aufl. 2000, S. 69 f.

[3] The Appraisal of Real Estate, The American Institute, 12. Aufl. S. 350 ff.

[4] The Appraisal of Real Estate, The American Institute 2002 12. Aufl. S. 357: **Reproduction cost** is the estimated cost to construct, as of the effective appraisal date, an exact duplicate or replica of the building being appraised ... **Replacement cost** is the estimated cost to construct, as of the effective appraisal date, a building with utility equivalent to the building being appraised, using contemporary materials, standards, design, and layout.

Grundstücksmarkt deshalb nicht beanstandet worden[5]; bei sehr aufwendigen Villen sind die Abschläge sogar vielfach höher. Der (vorläufige) nach den §§ 21 bis 23 ImmoWertV abgeleitete Grundstückssachwert muss deshalb nach § 8 Abs. 2 ImmoWertV an die jeweilige Marktlage mit Hilfe von Sachwertfaktoren angepasst werden.

Die hohen Abschläge, die insbesondere bei hochwertigen Immobilien angebracht werden müssen, um über den Sachwert zum Verkehrswert zu gelangen, sind letztlich darauf zurückzuführen, dass **keine Identität zwischen Kosten und Wert** besteht. Infolge der Verquickung von Kosten und Wert und den daraus resultierenden Unzulänglichkeiten des Sachwertverfahrens, auf einem möglichst direkten Weg zum Verkehrswert zu gelangen, wird das Verfahren auch als „*method of last resort*" bezeichnet[6]. 8

Auch der BGH[7] hat schon 1953 darauf hingewiesen, dass es keinen Erfahrungssatz gäbe, nach dem sich der Verkehrswert eines Grundstücks dadurch, dass es bebaut wird, um den Wert der für die Bebauung gemachten angemessenen Baukosten erhöht. In diesem Sinne führt das OLG Karlsruhe[8] aus, dass die **Baukosten eines Gebäudes** lediglich einen Anhalt für die Höhe des Verkehrswerts bilden und u. a. die Konjunktur berücksichtigt werden muss. 9

1.4 Marktwertkonformes Sachwertverfahren

Der Verordnungsgeber war seit jeher bestrebt, das **Sachwertverfahren auf eine marktkonforme Verkehrswertermittlung auszurichten** (vgl. § 8 ImmoWertV Rn. 187). Tatsächlich darf die Sachwertermittlung nicht als eine sich allein an Baukosten orientierende „Rechenmethode" verstanden werden, bei der sowohl der Markt als auch die Rentabilität der Immobilie ignoriert werden. Zwar stellen bei Anwendung dieses Verfahrens die gewöhnlichen Herstellungskosten die Ausgangsgröße der Sachwertermittlung dar, jedoch sind alle daran anschließenden weiteren Rechenschritte darauf gerichtet, die Sichtweise des Grundstücksmarktes und dabei vor allem auch ertragswirtschaftliche Sichtweisen in das Verfahren zu integrieren: 10

a) Dies beginnt bereits bei der **Gesamt- und Restnutzungsdauer**, auf deren Grundlage die Alterswertminderung ermittelt wird. Gesamt- und Restnutzungsdauer bestimmen sich auch bei Anwendung des Sachwertverfahrens – wie bei Anwendung des Ertragswertverfahrens – nach dem prognostizierten Zeitraum, über den die bauliche Anlage voraussichtlich *wirtschaftlich* nutzbar ist, d.h. eine Rendite abwirft (§ 6 Abs. 6 ImmoWertV, vgl. dort Rn. 370 ff.).

b) Die bei Anwendung des Sachwertverfahrens zu berücksichtigende und nach der Restnutzungsdauer zu bemessende **Alterswertminderung** ist damit zugleich eine ertragswirtschaftlich ausgerichtete Marktanpassung. Mit der Alterswertminderung soll die Wertminderung erfasst werden, die sich für das Gebäude trotz ordnungsgemäßer Instandhaltung auf dem Grundstücksmarkt ergibt, weil das Gebäude mit zunehmendem Alter hinter die sich wandelnden Anforderungen an Gebäude zurückfällt und die wirtschaftliche Nutzungsfähigkeit eines Gebäudes mit fortschreitender Zeit gegen null läuft. Die Alterswertminderung ist im Kern die eigentliche Marktanpassung.

c) Neben der Alterswertminderung müssen auch sonstige „**besondere objektspezifische Grundstücksmerkmale**" (u. a. eine wirtschaftliche Überalterung, ein überdurchschnittlicher Erhaltungszustand, Baumängel und Bauschäden sowie auch sonstige die wirtschaftliche Nutzbarkeit beeinflussende Besonderheiten, Rechte am Grundstück usw.) nach § 8 Abs. 3 ImmoWertV in der Höhe berücksichtigt werden, wie „dies dem gewöhnlichen Geschäftsverkehr entspricht", d.h. insoweit, wie der Verkehrswert (Marktwert) dadurch beeinflusst wird. Auf die Kosten zur Behebung entsprechender Mängel kommt es nicht entscheidend an, wenngleich diese Hinweise auf die Wertminderung geben können. Sie kann in marktkonformer Weise auch nach ertragswirtschaftlichen Maßstäben ermittelt werden.

---

5 BGH, Urt. vom 4.3.1982 – III ZR 156/80 –, EzGuG 11.127.
6 Scarett, D., Property Valuation – The five methods, London 1991, S. 171.
7 BGH, Urt. vom 10.7.1953 – V ZR 22/52 –, EzGuG 20.16.
8 OLG Karlsruhe, Urt. vom 13.6.1958 – 7 U 1/58 –, EzGuG 20.20.

11 Die subsidiäre **Berücksichtigung „besonderer objektspezifischer Grundstücksmerkmale"** (i.S. des § 8 Abs. 3 ImmoWertV: z.B. Baumängel oder Bauschäden, eine wirtschaftliche Überalterung und ein überdurchschnittlicher Erhaltungszustand) **ist integraler Bestandteil der Sachwertermittlung nach den §§ 20 bis 23 ImmoWertV,** auch wenn dort deren Berücksichtigung keine Erwähnung findet und sich der „Sachwert" nach § 21 Abs. 1 ImmoWertV allein aus dem nach den §§ 22 und 23 ImmoWertV ermittelten Sachwert baulichen und sonstigen Anlagen sowie dem Bodenwert nach § 16 ImmoWertV zusammensetzten soll (vgl. Rn. 22).

Bei den nach § 8 Abs. 3 ImmoWertV zu berücksichtigenden „besonderen objektspezifischen Grundstücksmerkmalen" geht es um solche, die nicht bereits mit dem zur Anwendung gekommenen direkt berücksichtigt worden sind. Bei Anwendung des Sachwertverfahrens nach den §§ 22 und 23 ImmoWertV ist eine direkte Berücksichtigung jedoch nur in sehr eingeschränktem Maße möglich, denn die mit § 22 Abs. 1 ImmoWertV vorgeschriebene Ableitung des Sachwerts aus „gewöhnlichen" (Normal-)Herstellungskosten ist z.B. darauf angelegt, Baumängel und Bauschäden und andere objektspezifische Grundstücksmerkmale gerade nicht zu berücksichtigen. Ein ohne Berücksichtigung solcher und anderer objektspezifischer Grundstücksmerkmale sich definierender Sachwert wäre jedoch unvollständig und nicht praxisgerecht (vgl. Rn. 37). Aus diesem Grunde schrieb § 21 Abs. 3 i.V.m. den §§ 24 und 25 WertV 88/98 ausdrücklich die ergänzende Berücksichtigung solcher Grundstücksmerkmale im Rahmen der Sachwertermittlung vor („sonstige wertbeeinflussende Umstände").

Auch nach den Vorschriften der ImmoWertV definiert sich der Sachwert unter Einbeziehung der „besonderen objektspezifischen Grundstücksmerkmale". Dies ergibt sich nunmehr aus **§ 8 Abs. 2 ImmoWertV, nach dem u.a. *„in den Wertermittlungsverfahren"* die besonderen objektspezifischen Grundstücksmerkmale des zu bewertenden Grundstücks zu berücksichtigen sind (Anomalien).** Hieraus folgt, dass sich unter Anwendung der §§ 21 bis 23 ImmoWertV nur der „vorläufige Sachwert" ergibt und die objektspezifischen Grundstücksmerkmale ergänzend zu berücksichtigen sind, um zum Sachwert zu gelangen.

Nach dem 1. RegEntw der ImmoWertV (vgl. Vorbem. zur ImmoWertV Rn. 13 ff.) sollte sich der „Sachwert" unverständlicherweise noch weitgehend unter Ausschluss besonderer objektspezifischer Grundstücksmerkmale definieren. Der Bundesrat hat die von der Fachwelt hieran geübte Kritik aufgenommen und die geltende Fassung des § 8 Abs. 2 ImmoWertV empfohlen. Die Vorschrift regelt nunmehr für alle zur Anwendung kommenden Wertermittlungsverfahren, dass besondere „objektspezifische Grundstücksmerkmale" *in den Wertermittlungsverfahren* zu berücksichtigen sind, d.h. die Berücksichtigung - wie nach bisherigem Recht (§§ 14, § 19 und §§ 45 und 25 WertV 88/98) – jeweils integraler Bestandteil der Verfahren bleibt. Die BReg ist mit ihrem 2. RegE dem Vorschlag des Bundesrates gefolgt, wobei allerdings versäumt wurde, in die Vorschriften über das Ertrags- und Sachwertverfahren auf die Berücksichtigung der Grundstücksmerkmale nach § 8 Abs. 3 ImmoWertV hinzuweisen (vgl. auch § 15 Abs. 1 Satz 4 ImmoWertV).

1.5 Sachwertdominiertes Ertragswertverfahren

▶ *Vgl. § 8 ImmoWertV Rn. 224*

12 Bei Anwendung des Ertragswertverfahrens auf Objekte mit erheblichem Instandsetzungs-, Modernisierungs- oder gar Umstrukturierungsbedarf wird das Ergebnis nicht unwesentlich und vielfach sogar entscheidend durch sachwertbezogene Betrachtungsweisen, nämlich den dafür auszubringenden Kosten bestimmt. Die Anwendung des Ertragswertverfahrens führt in solchen Fällen häufig dazu, dass selbst der Bodenwert von diesen Instandsetzungs- bzw. Umstrukturierungskosten „angefressen" wird. Dem liegt allzu häufig das grundsätzliche Missverständnis zugrunde, den Instandsetzungs-, Modernisierungs- oder gar Umstrukturierungsbedarf mit den dafür aufzubringenden (gewöhnlichen) Kosten zu berücksichtigen.

Beispiel:

a) Sachverhalt

Grund und Boden:

Grundstücksteilfläche	=	4 363 m²
Bodenwert	=	200 €/m²
Bodenwert insgesamt (4 363 m² × 200 €/m²)	=	872 600 €

Instandsetzungs- und modernisierungsbedürftiges Gebäude:

Instandsetzungs- und Modernisierungsbedarf 5 Mio. €	=	1 000 €/m²
Gesamte Nutzfläche	=	5 000 m²
Durchschnittliche Nettokaltmiete (nach Modernisierung)	=	10 €/m²
Bewirtschaftungskosten rd. 14 %	=	1,40 €/m²
Jährlicher Reinertrag 5 000 m² × 10 €/m² × 12 × 0,86	=	rd. 510 000 €
Liegenschaftsverzinsung	=	6,5 %

b) Ertragswertermittlung

Die Anwendung des Ertragswertverfahrens führt in einem solchen Fall zu folgendem Ergebnis:

RE = (10,00 €/m² – 1,40 €/m²) × 5 000 m² × 12 Monate	=	516 000 €
abzüglich Bodenwertverzinsungsbetrag 4 363 m² × 200 €/m² × 0,065	=	– 56 719 €
Reinertrag der baulichen Anlage	=	459 281 €
× Vervielfältiger = 15,03 bei 60 Jahren und 6,5 %		
= Gebäudeertragswert	=	6,903 Mio. €
+ Bodenwert	=	+ 0,873 Mio. €
– Modernisierungskosten	=	– 5,000 Mio. €
= Ertragswert	=	**2,776 Mio. €**

In dem Beispiel wird der **Ertragswert durch** die hohen „Umstrukturierungs-/**Modernisierungskosten**" „**dominiert**". Das **Ertragswertverfahren** „**konvertiert**" in solchen Fällen weitgehend **zum Sachwertverfahren, denn die Instandsetzungs- und Modernisierungskosten** „**fressen**" **den Gebäudeertragswert nahezu auf.** Vielfach wird sogar nicht nur der Gebäudeertragswert „aufgefressen", sondern auch der Bodenwert.

Es handelt sich hierbei im Kern um ein **Extraktionsverfahren (Residualwertverfahren)** mit allen seinen Schwächen, bei dem der im vorstehenden Beispiel ausgeworfene „Ertragswert" das Residuum ist (vgl. Syst. Darst. des Vergleichswertverfahrens Rn. 418 ff.).

Der Ansatz der „vollen" Umstrukturierungskosten wird vielfach damit begründet, dass sie von „jedem" Erwerber aufzubringen seien und deshalb auch in voller Höhe berücksichtigt werden müssten. Bei dieser Sichtweise kann umgekehrt ins Feld geführt werden, dass für jeden Erwerber die Bausubstanz einen Restwert aufweist, der sich aus dem Unterschied zwischen den Neubaukosten abzüglich der Umstrukturierungskosten pro m² Nutzfläche ergibt, d.h., die brachliegende Bausubstanz führt zu Ersparnissen bei der Modernisierung im Vergleich zur Neubebauung; diese Ersparnisse gegenüber den „vollen" Herstellungskosten müssen konsequenterweise auch für jeden Erwerber von „Wert" sein.

Diese Betrachtungsweise führt überschlägig zu folgendem Ergebnis:

c) Sachwertverfahren (vereinfacht)

Nutzfläche		=	5 000 m²
Herstellungskosten (Neubau)		=	1 500 €/m²
Sachwert: 5 000 m² × 1 500 €/m² (Neubau)		=	7,500 Mio. €
ersparte Herstellungskosten: 1 500 €/m² – 1 000 €/m²	500 €/m²		
Ersparnisse:	5 000 m² × 500 €/m² =		2,500 Mio. €
+ Bodenwert		=	0,873 Mio. €
= Sachwert		=	**3,373 Mio. €**

18 Das *Beispiel* macht zumindest die **Problematik der Anrechnung von Instandsetzungs- und Modernisierungskosten in voller Höhe** bei Anwendung des Ertragswertverfahrens deutlich. § 8 Abs. 3 ImmoWertV schreibt indessen unter anderem ausdrücklich vor, dass ein Instandsetzungsrückstau (Baumängel und Bauschäden) nur insoweit durch Abschläge berücksichtigungsfähig sind, wie „dies dem gewöhnlichen Geschäftverkehr entspricht." Dies muss auch für Modernisierungs- und Umstrukturierungskosten gelten.

19 Im vorstehenden *Beispiel* mag sich die Problematik dadurch „entschärfen", dass der ermittelte Sachwert noch um den Marktanpassungsabschlag zu vermindern ist und sich somit dem ermittelten Ertragswert zumindest annähert. Bei sehr hohen Instandsetzungskosten bzw. Modernisierungskosten schlägt gleichwohl das Ertragswertverfahren letztlich in ein Sachwertverfahren um, und es stellt sich dann die Frage, ob nicht die direkte Sachwertermittlung unter Berücksichtigung der ersparten Herstellungskosten das geeignete Verfahren ist.

20 Die **Wahl zwischen beiden Verfahren** ist in solchen Fällen oft schwierig. Allgemein kann gelten, dass die vorgestellte Sachwertermittlung in Betracht gezogen werden muss, wenn nach den Situationsmerkmalen im gewöhnlichen Geschäftverkehr für jeden Erwerber *keine Alternative zur Errichtung eines Neubaues besteht, d.h. auch ersatzweise eine Anmietung nicht in Betracht kommt und die Umstrukturierung des vorhandenen Gebäudes im Vergleich zum Neubau wirtschaftliche Vorteile bietet.* Auch wird der Eigentümer in solchen Fällen in Erwägung ziehen, den Umbau auf eigene Kosten durchzuführen und das fertige Produkt dann zum Verkauf zu stellen; dies kann wirtschaftlich vernünftig werden, wenn das „fertige Produkt" einen höheren Verkaufspreis als die Umbaukosten erwarten lässt.

2 Grundzüge des Sachwertverfahrens

2.1 Sachwertverfahren nach ImmoWertV

▶ *Zu den Begriffen Gebäude, bauliche Anlagen, Außenanlagen, „sonstige" Anlagen und den besonderen Betriebseinrichtungen vgl. § 1 ImmoWertV Rn. 18 ff.*

21 Im Unterschied zu dem zweisträngigen Ertragswertverfahren (bestehend aus Boden- und Gebäudeertragswert) ist das Sachwertverfahren dreisträngig ausgestaltet. Der **„Sachwert" setzt sich nach § 21 Abs. 1 ImmoWertV zusammen aus**

– dem Bodenwert (§ 16 ImmoWertV),

– dem Sachwert der baulichen Anlagen (Gebäudesachwert) und

– dem Sachwert der sonstigen Anlagen (§ 21 Abs. 1 ImmoWertV),

wobei der „Sachwert der baulichen Anlagen" grundsätzlich zwar auch den Sachwert baulicher Außenanlagen und vorhandener besonderer Betriebseinrichtungen einschließt, jedoch zunächst ohne den Sachwert der baulichen Außenanlagen und im Übrigen ohne den Sachwert der „sonstigen Anlagen" (Aufwuchs, insbesondere Gartenanlagen, Anpflanzungen und Parks) nach Maßgabe des § 21 Abs. 2 ImmoWertV ermittelt wird (Gebäudesachwert).

22 **Integraler Bestandteil des „Sachwerts" sind auch die** nach § 8 Abs. 3 ImmoWertV subsidiär zu berücksichtigenden

– **„besonderen objektspezifischen Grundstücksmerkmale"** und

– die **„Marktanpassung"**.

Dies ergibt sich daraus, dass nach § 8 Abs. 2 ImmoWertV sowohl die *Marktanpassung,* als auch die *besonderen objektspezifischen Grundstücksmerkmale „in"* dem nach § 8 Abs. 1 ImmoWertV zur Anwendung kommenden Sachwertverfahren zu berücksichtigen sind. Deshalb ergibt sich nach den §§ 21 bis 23 ImmoWertV eigentlich nur der **„vorläufige Sachwert"**. Diesen in § 182 BewG gebrauchten Begriff kennt die ImmoWertV nicht, jedoch ist er auch in der Marktwertermittlung gebräuchlich. Nach der hier vertretenen Auffassung ist der sich nach den §§ 21 bis 23 ImmoWertV ergebende „Sachwert" ebenso wie der sich nach den §§ 17 bis 19 ImmoWertV ermittelte „Ertragswert" jeweils nur der „vorläufige" Sach- und Ertragswert (vgl. Rn. 11, 278 ff.).

Die ImmoWertV ist in Bezug auf die Berücksichtigung der „besonderen objektspezifischen Grundstücksmerkmale" i.S. des § 8 Abs. 3 ImmoWertV inkonsequent, als sie bei Anwendung des Vergleichswertverfahrens nach § 15 Abs. 1 Satz 4 ImmoWertV (Abweichungen einzelner Grundstücksmerkmale von denen der Vergleichsgrundstücke) direkt in den Vergleichswert eingehen sollen, während sie bei Anwendung des Ertrags- und Sachwertverfahrens erst mit der Auffangvorschrift des § 8 Abs. 2 und 3 ImmoWertV in das Verfahren integriert werden. **23**

Der sich **aus** den vorstehenden **Komponenten zusammensetzende „Sachwert" ist mit dem Verkehrswert gleichzusetzen**, sofern sich nicht „unter Würdigung" der Aussagefähigkeit der Ergebnisse anderer angewandter Verfahren etwas anderes ergibt (§ 8 Abs. 1 Satz 3 ImmoWertV). **24**

Der **Sachwert der baulichen Anlagen** (ohne bauliche Außenanlagen, jedoch einschließlich der besonderen Betriebseinrichtungen des Gebäudes) ist nach § 21 Abs. 2 ImmoWertV regelmäßig auf der Grundlage der gewöhnlichen **Herstellungskosten der baulichen Anlagen (Normalherstellungskosten)** zu ermitteln. Dies sind die gewöhnlichen Herstellungskosten eines am Wertermittlungsstichtag errichteten Neubaus. Soweit sich die dazu herangezogenen Normalherstellungskosten auf einen älteren Bezugsstichtag beziehen, sind sie nach § 21 Abs. 3 ImmoWertV mit Hilfe geeigneter Baupreisindexreihen auf die Preisverhältnisse des Wertermittlungsstichtags umzurechnen. Die so ermittelten gewöhnlichen Herstellungskosten sind sodann nach § 21 Abs. 2 ImmoWertV einer Alterswertminderung nach § 23 ImmoWertV zu unterziehen. **25**

Der **Sachwert der baulichen Außenanlagen sowie der sonstigen Anlagen** ist, soweit sie nicht vom Bodenwert miterfasst sind, in erster Linie nach Erfahrungssätzen und hilfsweise in entsprechender Anwendung der §§ 22 und 23 ImmoWertV nach gewöhnlichen Herstellungskosten unter Berücksichtigung einer Alterswertminderung zu ermitteln. Dabei geht die ImmoWertV von Erfahrungssätzen aus, die sich direkt auf den Wertermittlungsstichtag beziehen und ggf. die Alterswertminderung bereits berücksichtigen. **26**

Den detaillierten **Verfahrensgang des Sachwertverfahrens** zeigt Abb. 1. **27**

V Syst. Darst. Sachwertverf. — Grundzüge

Abb. 1: Sachwertverfahren nach ImmoWertV

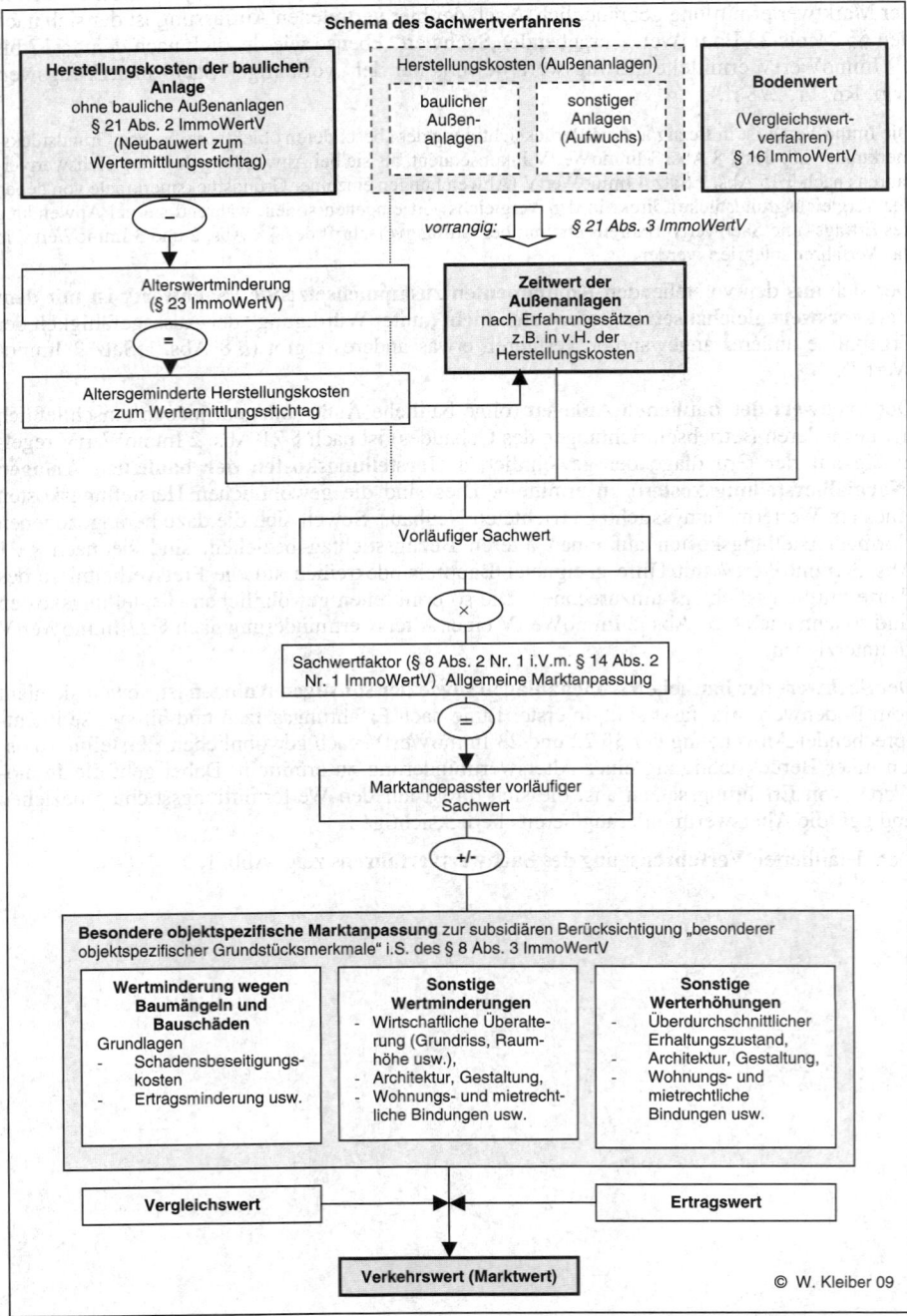

2.2 Sachwertverfahren nach BelWertV

▶ Vgl. Teil X Rn. 247 ff.

In der Beleihungswertermittlung wird der Sachwert nach den §§ 14 bis 19 BelWertV als „Substanzwert" ohne Berücksichtigung der Lage auf dem Grundstücksmarkt (Marktanpassung) ermittelt. Nach § 4 Abs. 1 BelWertV ist der Sachwert des Beleihungsobjekts getrennt vom Ertragswert zu ermitteln[9]. **Maßgeblich für die Ermittlung des Beleihungswerts ist** jedoch nach § 4 Abs. 3 Satz 1 BelWertV **regelmäßig der Ertragswert**, der nicht überschritten werden darf. **28**

Dem **Sachwert** kommt danach die **Funktion eines Kontrollwerts** zu. Bleibt nämlich der Sachwert (ohne Marktanpassung) des Beleihungsobjekts um mehr als 20 Prozent hinter dem Ertragswert zurück, bedarf es einer besonderen Überprüfung der Nachhaltigkeit der zugrunde gelegten Erträge und ihrer Kapitalisierung. Bestätigt sich hierbei der anfangs ermittelte Ertragswert, bedarf das Ergebnis der Überprüfung einer nachvollziehbaren Begründung, andernfalls ist der Ertragswert entsprechend zu mindern. **29**

Bei **Ein- und Zweifamilienhäusern sowie Eigentumswohnungen** kann der Beleihungswert am Sachwert orientiert werden und eine Ertragswertermittlung entfallen, wenn das zu bewertende Objekt nach Zuschnitt, Ausstattungsqualität und Lage zweifelsfrei zur Eigennutzung geeignet und bestimmt ist und bei gewöhnlicher Marktentwicklung nach den Umständen des Einzelfalls sicher vorausgesetzt werden kann, dass das Objekt von potenziellen Erwerbern für die eigene Nutzung dauerhaft nachgefragt wird. **30**

Das Sachwertverfahren ist im Zweiten Abschnitt des Dritten Teils (§§ 14 bis 19 BelWertV) in Anlehnung an die Vorschriften der ImmoWertV geregelt, jedoch mit einer Reihe von **Modifikationen und „Leitplanken"**. **31**

– Im Unterschied zur ImmoWertV setzt sich der in der BelWertV geregelte Sachwert lediglich aus dem **Bodenwert und Sachwert der baulichen Anlage** zusammen. Demgegenüber gehören nach § 21 Abs. 1 ImmoWertV zu dem „Sachwert" auch der Sachwert der sonstigen Anlagen (Aufwuchs), soweit sie nicht vom Bodenwert miterfasst werden. Zu den „sonstigen Anlagen" i.S. des § 21 Abs. 1 ImmoWertV gehören allerdings auch nur ungewöhnliche und besondere nicht bauliche Anlagen wie Parks, Gärten und Anpflanzungen[10]. Diese werden nach der § 14 Satz 2 BelWertV mit den „Außenanlagen" als Teil der „baulichen Anlagen erfasst.

– Mit § 23 BelWertV (**Maschinen und Betriebseinrichtungen**) wird ergänzend vorgegeben, dass „Maschinen und Betriebseinrichtungen bei der Ermittlung des Sachwerts grundsätzlich unberücksichtigt zu lassen" sind, „sofern sie nicht wesentliche Bestandteile[11] des Gegenstandes der Beleihungswertermittlung i.S. des § 2 BelWertV sind. Der Wert solcher wesentlicher Bestandteile ist, wenn sich das Grundpfandrecht darauf erstreckt, unter Berücksichtigung einer normalen Abschreibung und ausreichender Abschläge für Abnutzung und technische Entwertung gesondert zu schätzen. Sofern bei Maschinen infolge der technischen Entwicklung mit einer schnellen Überalterung zu rechnen ist, können diese wertmäßig nicht angesetzt werden."

---

9 Die Hervorhebung einer „getrennten Ermittlung" bleibt unklar, denn auch nach den Grundsätzen der ImmoWertV werden Ertrags- und Sachwert getrennt voneinander ermittelt, ohne dass dafür die Notwendigkeit einer Hervorhebung gesehen wurde.
10 BR-Drucks. 352/88, S. 60 f.
11 Vgl. § 1 ImmoWertV Rn. 32.

Abb. 2: Zusammensetzung des Sachwerts nach BelWertV

32 Nach § 16 Abs. 1 Satz 3 Nrn. 5 und 6 BelWertV ist der **„Wert der baulichen Anlagen"** (anders als nach den Grundsätzen der ImmoWertV) zu ermitteln, wobei u. a.

a) das Alter und der Erhaltungszustand nach Maßgabe des § 17 BelWertV und
b) sonstige wertbeeinflussende Umstände nach Maßgabe des § 18 BelWertV

zwar in besonderen Rechenschritten zu berücksichtigen sind, jedoch in den „Herstellungswert" (gewöhnliche Herstellungskosten) nach § 16 Abs. 1 Satz 1 BelWertV eingehen sollen[12]. Nach § 4 Abs. 5 BelWertV sind darüber hinaus ein zum *Zeitpunkt der Bewertung* erkennbarer **Instandhaltungsrückstau** oder sonstiger baulicher Aufwand sowie **Baumängel und Bauschäden auf der Grundlage der für ihre Beseitigung am *Wertermittlungsstichtag*** (den die Beleihungswertermittlung ansonsten nicht kennen will, obwohl auch der Beleihungswert ein stichtagsbezogener Wert ist) **erforderlichen Aufwendungen** oder nach Erfahrungssätzen „als gesonderter Wertabschlag" zu berücksichtigen. Nach dem Wortlaut der Regelung geht dieser Wertabschlag allerdings nicht unmittelbar in den „Herstellungswert" (gewöhnliche Herstellungskosten) ein, denn nach § 4 Abs. 5 Satz 2 BelWertV [13] ist erst der Beleihungswert „entsprechend anzupassen".

33 Ausgangsbasis für die Ermittlung des Herstellungswerts sind die aus Erfahrungssätzen abzuleitenden Herstellungskosten je Raum- oder Flächeneinheit, für die unverständlicherweise nicht der Begriff der „Normalherstellungskosten" verwandt wird. Gleichwohl handelt es sich bei diesen „Erfahrungswerten" um „Normalherstellungskosten", denn sie sind – wie die in der WERTR veröffentlichten Normalherstellungskosten – unter Berücksichtigung

---

12 § 16 Abs. 1 Satz 3 BelWertV: „Wertmäßig zu berücksichtigen sind *dabei* insbesondere
   1. die beabsichtigte und mögliche Verwendung,
   2. der Umfang und die Raumaufteilung,
   3. die Bauweise und die für den Rohbau verwendeten Materialien,
   4. die Ausstattung und die wertbeeinflussenden Nebenanlagen,
   5. das Alter und der Erhaltungszustand nach Maßgabe des § 17,
   6. sonstige wertbeeinflussende Umstände nach Maßgabe des § 18."
13 Nach der Stellung dieser Vorschrift innerhalb des Gesamtsystems der BelWertV findet die Vorschrift auch auf die Ermittlung des Sachwerts B Anwendung.

- der Bauweise
- der für den Rohbau verwendeten Materialien und
- der Ausstattung

in regional und objektspezifisch angemessener Höhe anzusetzen. Diesem Erfordernis werden die in den WERTR veröffentlichten Normalherstellungskosten gerecht. Dass darüber hinaus die Normalherstellungskosten die beabsichtigte und mögliche Verwendung (§ 16 Abs. 1 Satz 3 Nr. 1 BelWertV) und dem Umfang und der Raumaufteilung (§ 16 Abs. 1 Satz 3 Nr. 2 BelWertV) Rechnung tragen sollen, ist ermittlungstechnisch eher dem § 18 BelWertV (entspricht § 8 Abs. 3 ImmoWertV) zuzuordnen. Diesbezüglich ist die ImmoWertV systematischer gegliedert, und die Praxis wird sich hier über die BelWertV hinwegsetzen.

34 Mit § 16 Abs. 1 bis 3 BelWertV wird der **Herstellungswert** (B) im Verhältnis zum Herstellungswert nach der ImmoWertV abgesenkt. Materiell von Bedeutung ist insbesondere, dass:

a) nach § 16 Abs. 2 Satz 1 BelWertV der nach § 16 Abs. 1 BelWertV ermittelte Herstellungswert um einen *Sicherheitsabschlag* von mindestens 10 Prozent zu kürzen ist,

b) nach § 16 Abs. 3 Satz 2 BelWertV der Ansatz von *Baunebenkosten* auf bis zu 20 Prozent des nach Maßgabe des § 16 Abs. 2 Abs. 2 BelWertV (um mindestens 10 Prozent) verminderten Herstellungswerts beschränkt ist, und

c) nach § 16 Abs. 1 Satz 4 BelWertV die Kosten für *Außenanlagen* im Regelfall mit nicht mehr als 5 Prozent des Herstellungswerts angesetzt werden dürfen.

35 Der „**Sicherheitsabschlag" vom Herstellungswert** ist die entscheidende Stellschraube für die Verminderung des Sachwerts B (der Beleihungswertermittlung) gegenüber dem nach der ImmoWertV ermittelten Sachwert. Die angegebenen Kappungsgrenzen der Baunebenkosten und der Kosten der Außenanlagen sind dagegen in der Regel bedeutungslos.

36 Die **Alterswertminderung** ist in der BelWertV noch in Anlehnung an § 23 WertV 88/98 geregelt. Die Alterswertminderung ist nach § 17 Abs. 1 Satz 1 BelWertV in einem Prozentsatz des „Herstellungswerts" auszudrücken. Dies ist sprachlich und materiell unsinnig, denn – wie vorstehend ausgeführt – ist bei der Ermittlung des „Herstellungswerts" i.S. der BelWertV die Wertminderung wegen Alters bereits zu berücksichtigen (§ 16 Abs. 1 Satz 3 Nr. 5 BelWertV).

37 Die **Wertminderung wegen Baumängeln und Bauschäden** soll nach § 4 Abs. 5 BelWertV „als gesonderter Wertabschlag" berücksichtigt werden; der Beleihungswert ist nach § 4 Abs. 5 Satz 2 BelWertV entsprechend „anzupassen". Daraus kann im Umkehrschluss zu § 16 Abs. 1 BelWertV geschlossen werden, dass sich der Sachwert i.S. der BelWertV ohne diesen Wertabschlag definiert (vgl. Rn. 32).

38 Die **Berücksichtigung sonstiger wertbeeinflussender Umstände** ist in der BelWertV noch in Anlehnung an § 25 WertV 88/98 mit nahezu gleichem Wortlaut geregelt. Unklar bleibt allerdings, was unter der „vorgesehenen Nutzung" nach § 19 BelWertV zu verstehen ist. Darüber hinaus ist das Verhältnis zu der Regelung des § 16 Abs. 1 Satz 3 Nr. 1 und 2 BelWertV unsystematisch, da nach dieser Vorschrift die „Erfahrungssätze der Herstellungskosten" (Normalherstellungskosten) u.a.

1. die beabsichtigte und mögliche Verwendung und
2. die Raumaufteilung

berücksichtigen sollen und dem aber zweckmäßigerweise im Rahmen des § 19 BelWertV Rechnung getragen wird.

39 Im Unterschied zur ImmoWertV sieht die BelWertV allerdings nicht vor, dass die Lage auf dem Grundstücksmarkt mit entsprechenden **Marktanpassungszu- und -abschlägen** (Marktanpassung; Sachwertfaktoren) zu berücksichtigen ist (§ 8 Abs. 2 Nr. 1 ImmoWertV). Eine Marktanpassung wäre nun auch völlig systemwidrig, denn unter der Marktanpassung ist die Angleichung des Sachwerts an den Verkehrswert zu verstehen, und die BelWertV zielt ja nun gerade nicht darauf ab, den Verkehrswert zu ermitteln. Es macht auch keinen Sinn, den

Herstellungswert zunächst durch irgendwie geartete Sicherheitsabschläge zu vermindern, um dann den Sachwert (B) wieder der Lage auf dem Grundstücksmarkt (durch eine Marktanpassung) anzupassen, was dann wieder zum Verkehrswert (Marktwert) führen würde.

40 Eine Marktanpassung lässt sich vor diesem Hintergrund auch nicht aus § 4 Abs. 4 Satz 1 BelWertV herleiten. Diese Vorschrift spricht – gesetzessprachlich unscharf – zwar von einer „Orientierung" des Beleihungswerts am Sachwert und man mag hieraus die rechtliche Grundlage für eine Marktanpassung herauslesen. Die genannte Vorschrift betrifft aber lediglich Ein- und Zweifamilienhäuser sowie Eigentumswohnungen, so dass sich für die übrigen Objekte im Umkehrschluss eine Marktanpassung verbieten würde.

41 Wenn man bei Anwendung des Sachwertverfahrens nach den Grundsätzen der ImmoWertV vielfach mit nicht unerheblichen Marktanpassungsabschlägen (z. B. in einer Größenordnung von 30 %) rechnet und demgegenüber bei der Ableitung des Sachwerts (B) nach den Grundsätzen der BelWertV lediglich den Herstellungswert mit einem Sicherheitsabschlag von 10 % versieht, kommt man zu dem skurrilen Ergebnis, dass der **nach den Grundsätzen der ImmoWertV im Weg des Sachwertverfahrens ermittelte Verkehrswert sehr deutlich unter dem nach einem „Vorsichtsprinzip" ermittelten Sachwert i.S. der BelWertV liegt** und so der Sachwert nach BelWertV kaum seine Kontrollfunktion erfüllen kann.

2.3 Sachwertverfahren in der steuerlichen Bewertung

▶ *Vgl. auch § 23 ImmoWertV Rn. 18 ff.*

42 Im Rahmen der **erbschaftsteuerlichen Bewertung** sind nach § 182 Abs. 4 BewG im Sachwertverfahren zu bewerten

1. Grundstücke i.S. des § 182 Abs. 2 (Wohnungseigentum, Teileigentum, Ein- und Zweifamilienhäuser), wenn kein Vergleichswert vorliegt,

2. Geschäftsgrundstücke und gemischt genutzte Grundstücke mit Ausnahme der Geschäftsgrundstücke und gemischt genutzte Grundstücke, für die sich auf dem örtlichen Grundstücksmarkt eine übliche Miete ermitteln lässt,

3. sonstige bebaute Grundstücke.

Ein Grundstück gilt nach § 181 Abs. 2 Satz 2 BewG auch dann als **Ein- oder Zweifamilienhaus,** wenn es zu weniger als 50 Prozent, berechnet nach der Wohn- oder Nutzfläche, zu anderen als Wohnzwecken mitbenutzt und dadurch die Eigenart als Ein- oder Zweifamilienhaus nicht wesentlich beeinträchtigt wird.

43 Nach § 182 BewG ist bei Anwendung des Sachwertverfahrens der Gebäudesachwert getrennt vom Bodenwert (des unbebauten Grundstücks nach § 179 BewG) zu ermitteln. Sonstige bauliche Anlagen, insbesondere Außenanlagen, und der Wert der sonstigen Anlagen sind regelmäßig mit dem Gebäudewert und dem Bodenwert abgegolten. **Bodenwert und Gebäudesachwert ergeben den vorläufigen Sachwert** des Grundstücks, der an den Marktwert (gemeiner Wert) durch Multiplikation mit einer Wertzahl (Sachwertfaktor) nach § 191 BewG zu ermitteln ist.

44 Mit den §§ 189 ff. BewG wird ein **typisiertes** („abgespecktes") **Sachwertverfahren** vorgegeben, das sich an das Verfahren der ImmoWertV anlehnt. Es weist folgende **Vereinfachungen** auf:

1. Der steuerliche **Sachwert** setzt sich im Unterschied zur ImmoWertV regelmäßig nur aus **zwei Komponenten** zusammen, dem **Bodenwert und Gebäudesachwert**.

2. Sonstige bauliche Anlagen, die nicht den Gebäuden zuzurechnen sind, insbesondere **bauliche Außenanlagen, und der Wert der sonstigen Anlagen**, sollen nach § 189 Abs. 1 Satz 2 BewG „*regelmäßig*" mit dem Gebäudewert und dem Bodenwert abgegolten sein, d.h. Außenanlagen **bleiben unberücksichtigt;** zu den besonderen Ausnahmen vgl. Rn. 231.

3. Der **Bodenwert** bestimmt sich wie nach § 16 Abs. 1 ImmoWertV als Wert des unbebauten Grundstücks und **ist** nach § 189 Abs. 2 i.V.m. § 179 BewG *„regelmäßig"* **mit dem** nach § 196 BauGB zuletzt vom Gutachterausschuss ermittelten **Bodenrichtwert anzusetzen;** lässt sich von den Gutachterausschüssen kein Bodenrichtwert ermitteln, ist der Bodenwert aus den Werten vergleichbarer Flächen abzuleiten.

4. Der Gebäudesachwert ist stets auf der Grundlage der Brutto-Grundfläche (BGF) und der in Anl. 24 zum BewG vorgegebenen auf 2007 bezogenen Normalherstellungskosten, hier **Regelherstellungskosten (RHK)** genannt, zu ermitteln (vgl. Rn. 99). Die Regelherstellungskosten (RHK) entsprechen den NHK 2000, wobei

    - die Baunebenkosten bereits eingerechnet sind;
    - die angegebenen Regelherstellungskosten nur noch nach drei Ausstattungsmerkmalen differenziert sind;
    - die Baujahrsgruppen vor 1946 zusammengefasst wurden;
    - die angegebenen Regelherstellungskosten sich auf den Preisstand 1.1.2007 beziehen.

5. Die Berücksichtigung von **besonderen Bauteilen** (häufig bauliche Außenanlagen) ist nicht vorgeschrieben. Sog. c-Flächen (vgl. Teil III Rn. 504) sind mit der als Berechnungsgrundlage vorgegebenen BGF grundsätzlich zu berücksichtigen und können mit den vorgegebenen Regelherstellungskosten als miterfasst gelten.

6. Auf eine Regionalisierung der Regelherstellungskosten wurde aus Vereinfachungsgründen verzichtet.

7. Eine Umrechnung der auf 2007 bezogenen Regelherstellungskosten auf den Wertermittlungsstichtag ist nicht vorgesehen, jedoch wird mit § 190 Abs. 1 Satz 4 BewG das BMF u.a. ermächtigt, die Anl. 24 zum BewG (Regelherstellungskosten) durch Rechtsverordnung mit der vom Statistischen Bundesamt veröffentlichten Baupreisindex zu aktualisieren, soweit dies zur Ermittlung des gemeinen Werts erforderlich ist; es ist mithin die jeweils einschlägige Fassung der Anl. 24 zum BewG heranzuziehen.

8. Der Gebäuderegelherstellungswert ist (wie nach § 21 Abs. 1 ImmoWertV) einer Alterswertminderung zu unterziehen (§ 190 Abs. 2 Satz 1 BewG). Die Alterswertminderung bestimmt sich regelmäßig nach dem Alter des Gebäudes zum Bewertungsstichtag und einer typisierten wirtschaftlichen Gesamtnutzungsdauer, die sich aus der Anl. 2 zu dieser Verordnung ergibt und beispielsweise bei Ein- und Zweifamilienhäusern 80 Jahre beträgt (vgl. § 6 ImmoWertV Rn. 386, 413).

9. Die Alterswertminderung bestimmt sich wie in der Verkehrswertermittlung unter Berücksichtigung des Verjüngungs- bzw. Alterungsprinzips nach der vorgegebenen **linearen Alterswertminderung.** Sind nach Bezugsfertigkeit des Gebäudes Veränderungen eingetreten, die die wirtschaftliche Gesamtnutzungsdauer des Gebäudes verlängert oder verkürzt haben, ist nach § 190 Abs. 2 Satz 3 BewG von einem entsprechenden früheren oder späteren Baujahr auszugehen (vgl. § 6 ImmoWertV Rn. 413).

10. Der nach Abzug der Alterswertminderung verbleibende Gebäudewert ist nach § 190 Abs. 2 Satz 4 BewG *„regelmäßig"* mit mindestens 40 Prozent des Gebäuderegelherstellungswerts anzusetzen.

11. Die sonstigen „besonderen objektspezifischen Grundstücksmerkmale" i.S. des § 8 Abs. 3 ImmoWertV werden nur eingeschränkt berücksichtigt; insbesondere bleiben Rechte am Grundstück, wie z. B. ein Nießbrauch, ein Wohnrecht, ein Wegerecht usw. unberücksichtigt (vgl. BFH-Rechtsprechung).

12. Zur Anpassung des so ermittelten „vorläufigen Sachwerts" an die Lage auf dem Grundstücksmarkt (an den gemeinen Wert = Marktwert) sollen nach § 189 Abs. 3 Satz 2 BewG die in § 191 BewG genannten Wertzahlen (Sachwertfaktoren) herangezogen werden. Als Wertzahlen sind nach § 191 Abs. 1 BewG die von den Gutachterausschüssen für das

Sachwertverfahren bei der Verkehrswertermittlung abgeleiteten Sachwertfaktoren anzuwenden. Soweit von den Gutachterausschüssen keine geeigneten Sachwertfaktoren zur Verfügung stehen, sind nach § 191 Abs. 2 BewG die in der Anl. 25 zum BewG bestimmten Wertzahlen zu verwenden.

▶ Abgedruckt bei § 14 ImmoWertV Rn. 224, vgl. dort auch Rn. 20

Abb. 3: Sachwertverfahren nach den §§ 189 ff. BewG

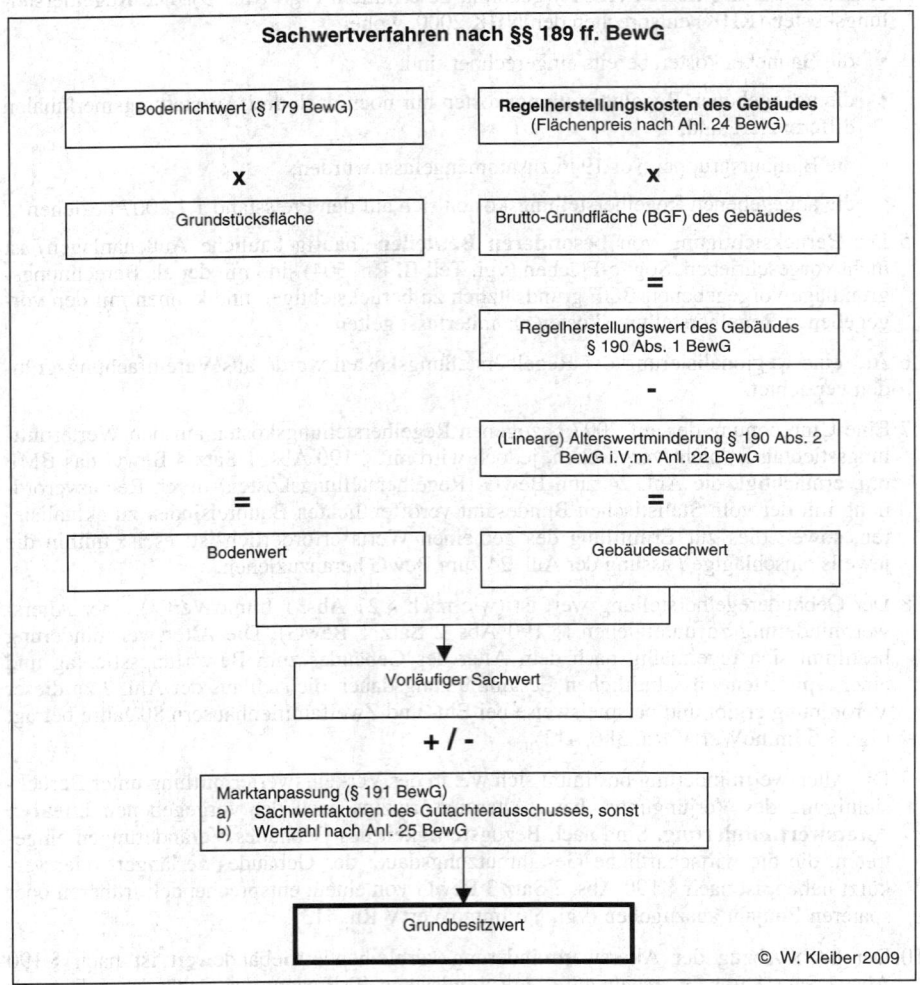

3 Bodenwert

3.1 Verkehrswertermittlung

3.1.1 Allgemeines

▶ *Näheres hierzu Erläuterungen bei § 21 ImmoWertV Rn. 12 sowie in der Syst. Darst. des Vergleichswertverfahrens Rn. 149 ff. und Erläuterungen zu § 16 ImmoWertV*

Der Bodenwert ist – wie bei Anwendung des Ertragswertverfahrens – regelmäßig nach dem Vergleichswertverfahren zu ermitteln. Dabei ist nach der Grundsatzregelung des § 16 Abs. 1 ImmoWertV grundsätzlich vom **Bodenwert des unbebaut gedachten Grundstücks** auszugehen, wobei die Umgebungsbebauung ebenso zu berücksichtigen ist wie die rechtlichen Gegebenheiten, die insbesondere Art und Maß der Nutzbarkeit des Grundstücks mitbestimmen (§ 6 Abs. 1 ImmoWertV). Auf die Erläuterungen in der Syst. Darst. des Vergleichswertverfahrens unter Rn. 149 ff. und die Erläuterungen zu § 16 ImmoWertV wird verwiesen. 45

Bei kurzer Restnutzungsdauer der baulichen Anlage ist der Bodenwert nach Maßgabe des § 16 Abs. 3 ImmoWertV um die über die Restnutzungsdauer der Gebäude diskontierten **Freilegungskosten** zu vermindern, wenn zu erwarten ist, dass das Grundstück alsbald freigelegt wird. 46

3.1.2 Aufwuchs (Anpflanzungen)

▶ *Näheres Rn. 26, 202, 219 ff. sowie § 21 ImmoWertV Rn. 11 ff., 16; § 1 ImmoWertV Rn. 28 ff., 48; § 8 ImmoWertV Rn. 46, 324, 384, 403; Syst. Darst. des Ertragswertverfahrens Rn. 32, 84; Syst. Darst. des Vergleichswertverfahrens Rn. 113 ff.*

Der im Wege des Vergleichswertverfahrens abgeleitete Bodenwert umfasst i.d.R. wertmäßig auch einen auf dem zu bewertenden Grundstück vorhandenen Aufwuchs. Dieser Fall ist insbesondere gegeben, wenn es sich um ortsübliche Anpflanzungen handelt. Deshalb ist zunächst zu prüfen, ob auf den **Vergleichsgrundstücken,** die zur Ermittlung des Bodenwerts herangezogen wurden, **ein mit dem zu bewertenden Grundstück vergleichbarer Aufwuchs vorhanden ist** und dieser bei der Bodenwertermittlung auch nicht „herausgerechnet" wurde. 47

3.2 Beleihungswertermittlung

▶ *Vgl. Syst. Darst. des Vergleichswertverfahrens Rn. 172 ff.*

Im Rahmen der **Beleihungswertermittlung** sind die für die Verkehrswertermittlung geltenden Grundsätze maßgeblich. Auf eine Reihe von Besonderheiten wird in der Syst. Darst. des Vergleichswertverfahrens unter Rn. 172 ff. hingewiesen (vgl. § 8 ImmoWertV Rn. 345, 368 sowie § 16 ImmoWertV Rn. 233; § 5 ImmoWertV Rn. 89). 48

3.3 Steuerliche Bewertung

▶ *Vgl. Syst. Darst. des Vergleichswertverfahrens Rn. 167 ff.*

Nach § 179 BewG bestimmt sich der Bodenwert nach dem Wert unbebauter Grundstücke auf der Grundlage des zuletzt vom Gutachterausschuss ermittelten Bodenrichtwerts bzw. aus Werten vergleichbarer Flächen. Der Bodenrichtwert ist lediglich Ausgangspunkt für die erbschaftsteuerliche Bewertung. Das Nähere ist im gleich lautende Erlass der obersten Finanzbehörden der Länder zur Umsetzung des Gesetzes zur Reform des Erbschaftsteuer- und Bewertungsrechts vom 5.5.2009 (GuG 2009, 225 ff.) unter Berücksichtigung der Rechtsprechung des BFH[14] geregelt. Das Nähere wird in der Syst. Darst. des Vergleichswertverfahrens unter Rn. 167 ff. erläutert. 49

4 Herstellungskosten baulicher Anlagen (Gebäudesachwert)

4.1 Allgemeines

▶ Vgl. auch Erläuterungen zu § 22 ImmoWertV

50 Der Sachwert setzt sich nach § 21 Abs. 1 ImmoWertV – wie bereits dargelegt – zusammen aus
- dem Sachwert der baulichen Anlagen (ohne bauliche Außenanlagen),
- dem Sachwert der baulichen Außenanlagen und „sonstigen" Anlagen (insbesondere Aufwuchs) sowie
- dem Bodenwert.

Die besonderen objektspezifischen Grundstücksmerkmale (Anomalien) sind subsidiär zu berücksichtigen (§ 8 Abs. 3 ImmoWertV).

51 Bei einem Gebäude (§ 1 ImmoWertV Rn. 42) handelt es sich bei dem **„Sachwert der baulichen Anlage"** um den **„Gebäudesachwert"**. Er bestimmt sich nach § 21 Abs. 2 ImmoWertV nach den „gewöhnlichen" Herstellungskosten eines Neubaus zum Wertermittlungsstichtag unter Berücksichtigung einer Alterwertminderung nach § 23 ImmoWertV, jedoch zunächst ohne Berücksichtigung besonderer objektspezifischer Grundstücksmerkmale i.S. des § 8 Abs. 3 ImmoWertV und ohne Marktanpassung.

52 **„Gewöhnliche" Herstellungskosten** sind die nach Art der baulichen Anlage, ihrer Ausstattung und Beschaffenheit im Durchschnitt üblichen (so die sonstige Terminologie der ImmoWertV) Herstellungskosten; besonders preisgünstige oder überzogene Herstellungskosten, z. B. aufgrund von Feierabendarbeiten oder unter Zeitdruck in Kauf genommene Preiszugeständnisse müssen dabei außer Betracht bleiben (vgl. Rn. 58 sowie § 22 ImmoWertV Rn. 14).

53 Der mitunter gebrauchte Begriff des **„Substanzwerts"** wird im allgemeinen Sprachgebrauch i.S. eines bloßen Sachwerts der baulichen Anlage unter Berücksichtigung besonderer objektspezifischer Grundstücksmerkmale jedoch ohne Anpassung an die Lage auf dem Grundstücksmarkt gebraucht.

54 Die gewöhnlichen Herstellungskosten sind **nach der Grundsatzregelung des § 22 Abs. 1 ImmoWertV nach** den auf eine Flächen-, Raum- oder sonstige Bezugseinheit bezogenen Gesamtkosten einer vergleichbaren baulichen Anlage (**Normalherstellungskosten**) zu ermitteln (zu den Bezugseinheiten vgl. § 22 ImmoWertV Rn. 18 sowie Teil III Rn. 497 ff., 588 ff.).

55 Nur in besonderen Ausnahmefällen ist nach § 22 Abs. 2 Satz 4 ImmoWertV eine **Ermittlung nach** den Herstellungskosten einzelner Bauleistungen (*unit-in-place method*) – **Einzelkosten** – (vgl. § 22 ImmoWertV Rn. 91) unter der Voraussetzung zulässig, dass es sich dabei um „gewöhnliche" Kosten der Einzelgewerke handelt. Diese Voraussetzung ist i.d.R. nicht gegeben, da die Gesamtkosten (bei einer Gesamtausschreibung und insbesondere der Errichtung eines Gebäudes durch einen Generalunternehmer) geringer ausfallen als bei Einzelvergaben (Mengenrabatt). So wäre z. B. auch ein Auto unbezahlbar, wenn man es sich durch Einzelvergabe zusammenbauen würde.

56 Die Ermittlung der gewöhnlichen Herstellungskosten nach **tatsächlich entstandenen Herstellungskosten** (so noch § 22 Abs. 5 WertV 88/98) ist nicht zugelassen. Nach einer älteren Entscheidung des RFH war die Heranziehung der tatsächlichen Herstellungskosten deshalb nur „hilfsweise als Anhaltspunkt" zulässig[15].

---

14 Die Grundsätze sind vom BFH in drei Grundsatzentscheidungen entwickelt worden: **Erschließungsbeitragsrechtlicher Zustand des Grundstücks** (BFH Urt. vom 18.8.2005 – II R 62/03 -, BStBl II 2006, 5 = EzGuG 4.195b); **Umrechnungskoeffizienten für Geschossflächenzahl** (BFH, Urt. vom 12.7.2006 – II R 1/04 -, GuG 2008, 249 = EzGuG 4.197a = BStBl II 2006, 742); Umrechnungskoeffizienten für Grundstücksgröße BFH. vom 11.5.2005 – II R 21/02 -, GuG 2005, 376 = BStBl II 2005, 686 = EzGuG 4.195.

15 RFH, Urt. vom 22.11.1934 – III A 247/33 -, RStBl 1935, 107.

Normalherstellungskosten

Die Ermittlung des Herstellungswerts nach Normalherstellungskosten stellt eine Kostenschätzung nach Vergleichswerten dar, die mit einer **Ungenauigkeit** von +/– 25 % verbunden ist[16].

4.2 Normalherstellungskosten

4.2.1 Allgemeines

Normalherstellungskosten sind standardisierte für bauliche Anlagen bestimmter Bauart, Ausstattung und Beschaffenheit **unter Ausschluss ungewöhnlicher Mehr- oder Minderkosten üblicherweise anfallende „gewöhnliche"** Herstellungskosten für einen Neubau (Neuerrichtung) einer baulichen Anlage (vgl. Rn. 52 sowie § 22 ImmoWertV Rn. 14). Es handelt sich um stichtagsbezogene Kosten, denn die Herstellungskosten ändern sich mit der Zeit.

Zu den Normalherstellungskosten gehören per definitionem die üblicherweise entstehenden **Baunebenkosten,** insbesondere die Kosten für Planung, Baudurchführung, behördliche Prüfungen und Genehmigungen (§ 22 Abs. 3 ImmoWertV; vgl. Rn. 79 ff.).

Auch bei den in der steuerlichen Bewertung zur Anwendung kommenden **Regelherstellungskosten** nach Anl. 24 zu § 190 BewG sowie den in der Beleihungswertermittlung heranzuziehenden „Erfahrungssätzen" (vgl. Rn. 33) handelt es sich um Normalherstellungskosten.

Die ImmoWertV gibt anders als in der steuerlichen Bewertung (§ 190 BewG) keine bestimmten Normalherstellungskosten vor. Die **Wahl der Normalherstellungskosten** *(unit cost)* **steht grundsätzlich im Ermessen des Anwenders**; sie muss aber fachlich begründbar sein. Dafür stehen zahlreiche Tabellenwerke zur Verfügung (vgl. Aufstellung bei § 22 ImmoWertV Rn. 34). Tasächlich ist der Anwender in seinem gutachterlichen Ermessen durch die ImmoWertV beschränkt.

Der nach § 8 Abs. 2 Nr. 1 ImmoWertV vorgeschriebenen Anpassung des Sachwerts an die allgemeinen Wertverhältnisse auf dem Grundstücksmarkt (Marktanpassung) „sollen" nämlich die von den Gutachterausschüssen für Grundstückswerte abgeleiteten Sachwertfaktoren zugrunde gelegt werden. Nach dem 2. Halbsatz des § 21 Abs. 1 ImmoWertV „sind" sie sogar zwingend zugrunde zu legen. Hieraus folgt,

1. dass der Anwender **die Normalherstellungskosten** heranziehen muss**, die der Gutachterausschüssen für Grundstückswerte seiner Ableitung von Sachwertfaktoren zugrunde gelegt hat**, denn die Heranziehung anderer Normalherstellungskosten würden zwangsläufig das Ergebnis verfälschen (Grundsatz der Modellkonformität).

2. dass der Anwender die Flächen bzw. den Rauminhalt der zu bewertenden baulichen Anlage aus den gleichen Gründen nach denselben Berechnungsgrundsätzen (Berechnungsnormen) ermitteln muss, wie sie vom Gutachterausschuss für Grundstückswerte der Ableitung der Sachwertfaktoren zugrunde gelegt worden sind **(korrespondierende Raum- oder Flächenberechnung)**.

Um den Sachwert des Gebäudes auf der Grundlage von Normalherstellungskosten zu ermitteln und mit Hilfe des Sachwertfaktors in sachgerechter Weise an die allgemeinen Wertverhältnisse auf dem Grundstücksmarkt (Marktanpassung) mit Hilfe von Sachwertfaktoren anpassen zu können, muss sich der Gutachter deshalb **Klarheit über die Ermittlungsmethodik des Gutachterausschusses für Grundstückswerte** verschaffen, insbesondere

– auf welchen Stichtag sich die vom Gutachterausschuss für Grundstückwerte herangezogenen Normalherstellungskosten beziehen,

– welche Bezugseinheit (Raum- oder Flächeneinheit) den Normalherstellungskosten zugrunde liegt,

– ob es sich um Bundesmittelwerte handelt oder sie sich auf bestimmte Regionen beziehen,

---

16 Schmitz/Krings/Dahlhaus/Meisel, Baukosten, 18. Aufl. S. 10.

V Syst. Darst. Sachwertverf. — Normalherstellungskosten

- ob die Baunebenkosten in den Normalherstellungskosten enthalten sind und
- ob und ggf. welche Bauteile im Hinblick auf die Regelung des § 22 Abs. 2 Satz 2 Immo-WertV mit den Normalherstellungskosten erfasst worden sind und ob die sog. „c-Fläche" gesondert erfasst worden ist.

64 Dabei ist zur Vereinfachung zu empfehlen, dass bei der **Ermittlung der Sachwertfaktoren die üblichen „c-Flächen" und üblichen besonderen „Bauteile, Einrichtungen und sonstige Vorrichtungen" nicht besonders berücksichtigt** werden; in diesem Fall gehen sie nämlich direkt in den Sachwertfaktor ein, und der Anwender des Sachwertfaktors braucht diese Positionen insoweit auch nicht mehr zu berücksichtigen. Bei Heranziehung dieser Sachwertfaktoren kann der Anwender

- im Rahmen seiner Sachwertermittlung direkt auf die veröffentlichten Normalherstellungskosten ohne Berücksichtigung des Regional- und Ortsgrößenfaktors zurückgreifen und
- muss „c-Flächen" und besondere „Bauteile, Einrichtungen und sonstige Vorrichtungen" allenfalls dann nur noch berücksichtigen, wenn sie in seinem konkreten Fall erheblich von dem Üblichen abweichen, was aber selten gegeben ist.

Der Gutachterausschuss für Grundstückswerte muss diesbezüglich bei der Veröffentlichung darlegen, wie er die Sachwertfaktoren abgeleitet hat und was als übliche „c-Flächen" und besondere „Bauteile, Einrichtungen und sonstige Vorrichtungen" der Ableitung zugrunde liegt (vgl. Rn. 63).

4.2.2 Normalherstellungskosten 2000 (NHK 2000) der WERTR 06

4.2.2.1 Allgemeines

65 Den von den Gutachterausschüssen für Grundstückswerte abgeleiteten Sachwertfaktoren liegen heute nahezu ausnahmslos

- die im Auftrag des Bundesministeriums für Raumordnung, Bauwesen und Städtebau erstmals im Erlasswege veröffentlichten **Normalherstellungskosten von 1995 (NHK 95)**[17] bzw.
- die daraus fortgeschriebenen materiell identischen und auf das Jahr 2000 umgerechneten **Normalherstellungskosten 2000 (NHK 2000)**

zugrunde. Sie sind aus den vorstehenden Gründen in aller Regel der Sachwertermittlung nach den Vorschriften der ImmoWertV zugrunde zu legen.

66 Die **NHK 2000** sind integraler Bestandteil der WERTR 06 und dort auch abgedruckt (vgl. Anl. 7 WERTR 06 sowie Rn. 98 f.)[18]. In dem Tabellenwerk werden für insgesamt 31 Gebäudetypen (Gebäudearten mit zahlreichen Untergruppen) Normalherstellungskosten differenziert nach

- Ausstattungsstandards und
- Gebäudebaujahrsklassen

nachgewiesen.

---

[17] Erl. des Bundesministeriums für Raumordnung, Bauwesen und Städtebau vom 1.8.1997 (abgedruckt bei Kleiber, WERTR 76/96, 6. Aufl. BundesanzeigerVerlag Köln) und mit der VV 5334 des Bundesministeriums der Finanzen vom 17.7.1998 im Bundesbereich eingeführt.
[18] Bekanntmachung der Neufassung der Richtlinien für die Ermittlung der Verkehrswerte (Marktwerte) von Grundstücken (Wertermittlungsrichtlinien 2006 – WERTR 06) vom 1.3.2006, BAnz. Nr. 108a vom 10.6.2006; vgl. Kleiber WERTR 06, 10. Aufl. 2010 Bundesanzeiger Verlag, zum download unter www.kleiber-digital.de.

Die NHK 2000 bzw. die zunächst eingeführten NHK 95 wurden von der GESBIG[19] in Zusammenarbeit mit dem Verband der öffentlich bestellten und vereidigten (und qualifizierten) Sachverständigen (BVS), dem Bundesministerium der Finanzen (BMF), dem Statistischen Bundesamt, der Versicherungswirtschaft, dem Deutschen Verein für Vermessungswesen (DVW), dem Kreditgewerbe, dem Arbeitskreis „Wertermittlung" der FK Vermessungs- und Liegenschaftswesen des Deutschen Städtetags und weiteren Sachverständigen erstellt. Die genannten Institutionen waren in einem das Projekt begleitenden Fachgremium vertreten und haben ihre Belange in die Erarbeitung eingebracht. 67

Mit der Einführung der NHK 2000 ging gleich in mehrerer Hinsicht eine grundlegende Umstellung der Anwendungspraxis bei der Ermittlung der Normalherstellungskosten einer baulichen Anlage im Vergleich zu der früheren Wertermittlungspraxis auf der Grundlage der **sog. 13er-Werte** einher (vgl. § 22 ImmoWertV)[20]: 68

a) Erstmals seit 1913 stehen den Sachverständigen aktuelle – auf den **Preisstand von 2000** bezogene – Normalherstellungskosten mit dem Anspruch einer fundierten und überörtlichen Ableitung wieder zur Verfügung.

b) Entsprechend den Usancen der Bauwirtschaft wurde die Bezugsgrundlage der Normalherstellungskosten von einer Raumeinheit auf eine **Flächeneinheit** umgestellt. Grundlage der Flächeneinheit ist eine gültige Norm, so dass die nunmehr maßgebliche Flächeneinheit direkt Bauanträgen entnommen werden kann. Demgegenüber musste bei Verwendung der 13er-Werte, die sich auf den Kubikmeter Umbauten Raum nach der DIN 277 von 1950 beziehen, der umbaute Raum des Wertermittlungsobjektes jeweils erst noch ermittelt werden, da diese Norm schon seit langem außer Kraft getreten ist.

Die Anwendung der NHK 2000 ist auch fachlich geboten, denn sie stellen das derzeit zuverlässigste Tabellenwerk über Normalherstellungskosten dar. **Die NHK 95/2000 entsprechen auch den Anforderungen der BelWertV und liegen auch den Regelherstellungskosten der Anl. 24 zu § 190 BewG zugrunde** (vgl. Rn. 100). 69

4.2.2.2 Bezugsgrundlage der NHK 2000

Bei den vom Bundesministerium für Verkehr, Bau und Stadtentwicklung eingeführten Normalherstellungskosten handelt es sich um **Bundesmittelwerte nach dem Preisstand von 2000 ohne Baunebenkosten einschließlich einer 16 %igen Mehrwertsteuer**, die als 70

– Grundflächenpreise bezogen auf 1 m² Brutto-Grundfläche (BGF) nach der DIN 277 i.d.F. von 1987/2005 und als

– Raummeterpreise bezogen auf 1 m³ Brutto-Rauminhalt (BRI) wiederum nach der DIN 277 von 1987/2005

ausgewiesen sind. Die Angabe von Raummeterpreisen betrifft

– Industriegebäude und Werkstätten,

– Lagergebäude.

Die dafür angegebenen Raummeterpreise beziehen sich auf Objekte mit üblichen **Raumhöhen** (bis 12 m), die entgegen weit verbreiteter Auffassung nicht von der Geschosshöhe abhängig sind, denn was mit zunehmender Höhe „innerhalb" der baulichen Anlage „eingespart" wird, gleicht sich kostenmäßig durch erhöhte – statisch bedingte – Aufwendungen der Außenwände im Hinblick auf den erhöhten Winddruck aus. Dies ist jedenfalls das Ergebnis der empirischen Kostenanalysen im Zusammenhang mit dem Jahressteuergesetz 1997 (vgl. § 22 Rn. 73 ff.).

---

19 Ermittlung von zeitgemäßen Normalherstellungskosten für die Belange der Verkehrswertermittlung; Bundesanzeiger Verlag Köln 1997.
20 Ablehnend BGH, Urt. vom 30.11.2006 – V ZB 44/06 –, GuG 2008, 122.

V Syst. Darst. Sachwertverf. NHK 2000

71 Mit einer **Erhöhung der Mehrwertsteuer** verlieren die ausgewiesenen Normalherstellungskosten nicht ihre Gültigkeit, da die mit einer Änderung des Mehrwertsteuersatzes einhergehenden Auswirkungen auf die Höhe der Normalherstellungskosten über den Baupreisindex **Baupreisindexreihen** Berücksichtigung finden.

72 Die NHK 95/2000 **schließen** ebenso wie die sonsthin veröffentlichten Normalherstellungskosten **die Baunebenkosten nicht ein**; lediglich mit den Regelherstellungskosten der Anl. 24 zu § 190 BewG werden Baunebenkosten bereits berücksichtigt. Baunebenkosten müssen bei Heranziehung der NHK 95/2000 mithin besonders berücksichtigt werden. Damit soll dem Anwender die Möglichkeit eröffnet werden, abweichend von den in dem Tabellenwerk angegebenen Regelsatz der Baunebenkosten nach den konkreten Gegebenheiten des Einzelfalls entsprechend höhere oder niedrigere Baunebenkosten anzusetzen.

73 Soweit **einzelne Bauteile, Einrichtungen und Vorrichtungen** mit den herangezogenen Normalherstellungskosten nicht erfasst sind, müssen sie nach § 22 Abs. 2 Satz 2 ImmoWertV ergänzend berücksichtigt werden. Dies betrifft bei Heranziehung der NHK 2000 auch Bauteile i.S. des „**Bereichs c**" der DIN 277 (vgl. Teil III Rn. 504), denn sie werden mit den Normalherstellungskosten nicht erfasst, obwohl der c-Bereich Bestandteil der BGF ist. In der Praxis reicht es regelmäßig aus, diesen Bereich durch einen auf die Preisverhältnisse des Wertermittlungsstichtags bezogenen „Zeitwert" zu schätzen. Der Bereich c sowie einzelne Bauteile, Einrichtungen und Vorrichtungen sind i.d.R. nur von marginaler Bedeutung für den Sachwert der baulichen Anlage und nur in besonderen Ausnahmefällen nicht vernachlässigungsfähig. Die üblichen „**einzelne Bauteile, Einrichtungen und Vorrichtungen**" sowie der **c-Bereich sind nicht zu berücksichtigen, wenn sie bei der Ableitung der Sachwertfaktoren vom Gutachterausschuss für Grundstückswerte auch nicht berücksichtigt worden sind und implizit im so abgeleiteten Sachwertfaktor enthalten sind.** Dies ist den Gutachterausschüssen für Grundstückswerte bereits mit der Einführung der NHK 95 empfohlen worden.

74 Die herangezogenen Normalherstellungskosten müssen schließlich mittels geeigneter Baupreisindexreihen auf die Preisverhältnisse am Wertermittlungsstichtag umgerechnet werden, soweit sie sich auf einen zurückliegenden Zeitpunkt beziehen.

75 In der **Zusammenfassung** (Abb. 4):

Abb. 4: Ermittlung der Herstellungskosten unter Heranziehung der Normalherstellungskosten

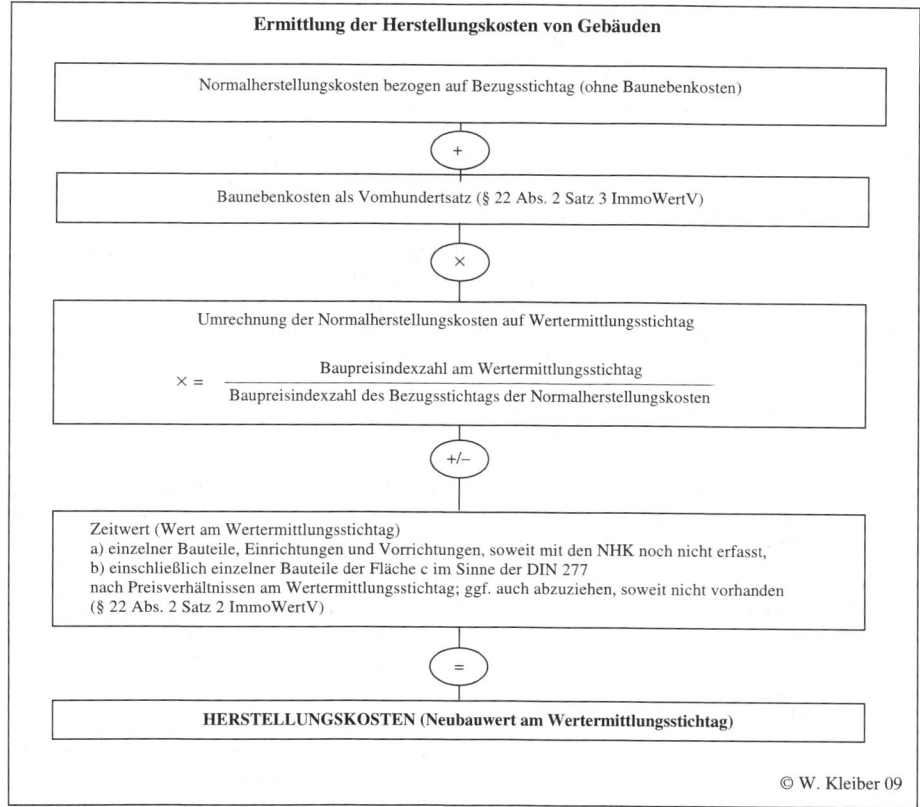

4.2.2.3 Zum Stand der Fortschreibung der NHK 95/2000

▶ *Vgl. auch Rn. 150 sowie weitere Besonderheiten vgl. § 22 ImmoWertV Rn. 39 ff.*

Zum Tabellenwerk wurde vom BMVBS im Jahre 2008 ein Forschungsbericht unter dem Titel „Aktuelle Gebäudesachwerte in der Verkehrswertermittlung" vorgelegt[21]. Ziel des Forschungsprojekts war die Überarbeitung des Tabellenwerkes „Normalherstellungskosten 2000" (NHK) bezüglich

– der Höhe der angegebenen Normalherstellungskosten,

– des Einflusses der Baujahrsklassen,

– der Gebäudetypen,

– der Ausstattungsstandards

– der Gesamt- und Restnutzungsdauer,

– der Regionalfaktoren und

– der besonderen Bauteile.

---

21 GuG 2008, 204.

77 Nach dem Vorschlag wird der Begriff „Gebäudetyp" umbenannt in „Gebäudeart" und die Normalherstellungskosten werden unterteilt in die

- Kostengruppe 300 (Baukonstruktion) und
- Kostengruppe 400 (Technische Anlagen).

Die Einordnung der Objekte soll nach einem Arbeitsblatt erfolgen. Des Weiteren sollen die Umrechnungskoeffizienten zur Berücksichtigung von Grundrissart und Wohnungsgröße entfallen. Auf der anderen Seite sollen Umrechnungskoeffizienten für Niedrigenergie-, Passiv- und Holzbauweisen sowie ergänzend Normalherstellungskosten für Doppel- und Reihenhäuser eingeführt werden; die Gebäudetypen „Gerichts-, Hochschul-, Ausstellungs- und Sportstättengebäude" sollen indessen entfallen.

78 Die Ergebnisse wurden der Praxis zur Erprobung angeboten und haben sich nach Erkenntnissen des Bundesministeriums für Verkehr, Bau und Stadtentwicklung nicht nur inhaltlich, sondern auch fachpolitisch als sehr problematisch erwiesen[22] (vgl. § 22 ImmoWertV Rn. 38). Die Auswertung der Stellungnahme zu diesen Vorschlägen hat eine massive Kritik an der Eignung der Vorschläge ausgelöst. Kritik wurde inbesondere an der systematischen Aufbereitung, der Nummerierung, dem Gebäudekatalog, der Höhe der Werte, den Baujahresklassen, den Merkmalen der Stichprobe, den Nebenkosten, der Gesamt- und Restnutzungsdauer, der Standardeinordnung und vor allem auch an dem Alterswertminderungsmodell, der Schadenswertminderungstabelle und der völlig unzureichenden Datengrundlage geübt. Diese soll aus lediglich 1 400 abgerechneten Projekten bestehen, aus denen insgesamt rd. 7 000 Preisangaben über Normalherstellungskosten abgeleitet worden sind. Demzufolge sind gerade einmal 20 % der angegebenen Normalherstellungskosten empirisch durch einen Vergleichspreis belegt.

a) Die vorgeschlagenen Normalherstellungskosten (2005) sind praktisch nicht anwendbar, weil dafür keine komplementären Sachwertfaktoren vorliegen und damit erst etwa in zehn Jahren zu rechnen wäre. Dies bestätigen u. a. die Erfahrungen mit der WERTR 06, mit der die Ableitung von Erbbaurechts- und Erbbaurechtsgrundstücksfaktoren den Gutachterausschüssen für Grundstückswerte aufgegeben wurde und die bislang nur in wenigen Einzelfällen und dann auch nur für einige Grundstücksarten abgeleitet wurden.

b) Mit § 190 Abs. 1 Satz 4 BewG ist das BMF zwar ermächtigt worden, die sich auf die NHK 2000 gründende Anl. 24 des BewG über Regelherstellungskosten entsprechend fortzuschreiben, jedoch lägen dann für lange Zeit keine nach § 191 Abs. 1 BewG anzuwendenden Sachwertfaktoren vor, denn auch hier sind die von den Gutachterausschüssen für Grundstückswerte abgeleiteten Sachwertfaktoren heranzuziehen.

Die **Heranziehung der fachlich umstrittenen Normalherstellungskosten 2005 ist derzeit mit den Vorschriften der ImmoWertV** schon deshalb unvereinbar, weil keine darauf „abgestimmten" (von den Gutachterausschüssen für Grundstückswerte abgeleiteten) Sachwertfaktoren zur Verfügung stehen (vgl. § 22 ImmoWertV Rn. 42). Das Bundesministerium für Verkehr, Bau und Stadtentwicklung hat deshalb die Absicht aufgegeben, die NHK 2005 in die WERTR zu integrieren. Neuere Überlegungen laufen deshalb auf die Entwicklung neuer NHK 2010 hinaus.

4.2.2.4 Baunebenkosten (§ 22 Abs. 2 Satz 3 ImmoWertV)

▶ *Näheres hierzu bei § 22 ImmoWertV Rn. 17 ff.*

a) Begriff

79 **Baunebenkosten** (*Fees and Charges*[23]) **sind begrifflich integraler Bestandteil der Normalherstellungskosten**. Die Baunebenkosten sind jedoch nicht in den einschlägigen Tabellenwerken der Normalherstellungskosten enthalten und müssen deshalb in einem besonderen Rechenschritt zusätzlich berücksichtigt werden.

---

22 Stemmler auf einer Fachtagung des IVD am 10.7.2009 in Berlin zur Novellierung der ImmoWertV.
23 Die Baunebenkosten sind in Großbritannien allerdings nicht einheitlich definiert.

Die **Baunebenkosten** werden in § 22 Abs. 2 Satz 3 ImmoWertV **definiert als die üblicherweise entstehenden Baunebenkosten, insbesondere Kosten für Planung, Baudurchführung, behördliche Prüfungen und Genehmigungen.** Es handelt sich dabei um keine abschließende Definition („insbesondere"). 80

In § 22 Abs. 2 WertV 88/87 wurde darüber hinaus ausdrücklich auch die „**Finanzierung**" genannt, jedoch nur insoweit, wie sie in unmittelbarem Zusammenhang mit der Herstellung der baulichen Anlage erforderlich ist. Konkret geht es um die Finanzierungsbeschaffungskosten, die im Allgemeinen von der Bonität des Bauherrn abhängig sind. Außergewöhnlich hohe oder niedrige Kosten der Finanzierungsbeschaffung (z. B. Zwischenfinanzierungskosten) zum Zeitpunkt der Erbauung, die zweifelsohne in unmittelbarem Zusammenhang mit der Herstellung des Gebäudes stehen, gehören zu den so genannten „persönlichen Umständen", die nach § 194 BauGB bei der Verkehrswertermittlung nicht zu berücksichtigen sind. Sie sind zudem nicht werthaltig und erhöhen deshalb auch nicht den Verkehrswert. Deshalb können hier nur die bei jedem Bauvorhaben üblicherweise anfallenden Finanzierungsbeschaffungskosten berücksichtigt werden, insbesondere ein Disagio, Bearbeitungsgebühren, Bereitstellungszinsen, Kosten der Beleihungsprüfung, Gerichts- und Notargebühren und die Kosten der Wertermittlung. 81

Als Kosten der in unmittelbarem Zusammenhang mit der Herstellung der baulichen Anlagen erforderlichen **Finanzierung** können üblicherweise **etwa 2 v.H. der ohne Baunebenkosten angesetzten Normalherstellungskosten** angenommen werden. Diese Kosten der Finanzierungsbeschaffung sind nach der Natur der Sache von dem Herstellungswert des Gebäudes abhängig.

Nach **DIN 276 i.d.F. von 1993** (Ziff. 4.3) zählen zu den Baunebenkosten: 82

– *Grundstücksnebenkosten,* „die im Zusammenhang mit dem Erwerb eines Grundstücks entstehen: Vermessungsgebühren, Gerichtsgebühren, Notariatsgebühren, Maklerprovisionen, Grunderwerbsteuer, Wertermittlungen/Untersuchungen (Wertermittlungen, Untersuchungen zu Altlasten und deren Beseitigung, Baugrunduntersuchungen und Untersuchungen über die Bebaubarkeit, soweit sie zur Beurteilung des Grundstückswerts dienen), Genehmigungsgebühren, Bodenordnung/Grenzregulierung, sonstige Grundstücksnebenkosten" (Kostengruppen 120 bis 129).
– *Baunebenkosten,* „die bei der Planung und Durchführung auf der Grundlage von Honorarordnungen, Gebührenordnungen oder nach weiteren vertraglichen Vereinbarungen entstehen" (Kostengruppe 700).

Unter der **Kostengruppe 700 ff.** werden folgende Positionen aufgeführt: 83
– 710 Bauherrenaufgaben,
– 720 Vorbereitung der Objektplanung,
– 730 Architekten- und Ingenieurleistungen,
– 740 Gutachten und Beratung,
– 750 Kunst,
– 760 Finanzierung,
– 770 Allgemeine Baunebenkosten und
– 790 Sonstige Baunebenkosten.

In Anl. 1 zu § 5 Abs. 5 II. BV sind die Baunebenkosten (entsprechend DIN 1954/81), wie folgt definiert: 84

„a) Kosten der Architekten- und Ingenieurleistungen; diese Leistungen umfassen namentlich Planungen, Ausschreibungen, Bauleitung, Bauführung und Bauabrechnung,
b) Kosten der dem Bauherrn obliegenden Verwaltungsleistungen bei Vorbereitung und Durchführung des Bauvorhabens,
c) Kosten der Behördenleistungen; hierzu gehören die Kosten der Prüfungen und Genehmigungen der Behörden oder Beauftragten der Behörden,
d) folgende Kosten:
    aa) Kosten der Beschaffung der Finanzierungsmittel, z. B. Maklerprovisionen, Gerichts- und Notarkosten, einmalige Geldbeschaffungskosten (Hypothekendisagio, Kreditprovisionen und Spesen, Wertberechnungs- und Bearbeitungsgebühren, Bereitstellungskosten usw.),
    bb) Kapitalkosten und Erbbauzinsen, die auf die Bauzeit entfallen,

cc) Kosten der Beschaffung und Verzinsung der Zwischenfinanzierungsmittel einschließlich der gestundeten Geldbeschaffungskosten (Disagiodarlehen),

dd) Steuerbelastungen des Baugrundstücks, die auf die Bauzeit entfallen,

ee) Kosten der Beschaffung von Darlehen und Zuschüsse zur Deckung von laufenden Aufwendungen, Fremdkapitalkosten, Annuitäten und Bewirtschaftungskosten,

e) sonstige Nebenkosten, z. B. die Kosten der Bauversicherungen während der Bauzeit, der Bauwache, der Baustoffprüfungen des Bauherrn, der Grundsteinlegungs- und Richtfeier."

85 Die **Kosten der Architekten- und Ingenieurleistungen lassen** sich auf der Grundlage der HOAI ermitteln. Nach § 8 Abs. 2 II. BV ist nämlich für die Berechnung der Architekten- und Ingenieurleistungen die HOAI zugrunde zu legen. Als Kosten für die Verwaltungsleistungen dürfen im Bereich der sozialen Wohnraumförderung höchstens die Beträge angesetzt werden, die sich nach § 8 Abs. 3 bis 5 II. BV ergeben; die Sätze können auch sonsthin als Anhalt dienen. An Kosten für Behördenleistungen fallen insbesondere Gebühren für Baugenehmigungen, Genehmigungen des Gewerbeaufsichtsamts, Abwassergenehmigungen, Gebühren für die Prüfung der Statik, die Abnahme des Rohbaus und die Bauabnahme, Gutachten und dgl. an.

Abb. 5: Zusammensetzung der Baunebenkosten

b) *Begrenzung auf üblicherweise entstehende Baunebenkosten*

86 Nur die „üblicherweise entstehenden" Baunebenkosten gehören nach § 22 Abs. 2 Satz 3 zu den berücksichtigungsfähigen Baunebenkosten.

87 Die **Höhe der** üblicherweise entstehenden **Baunebenkosten** hängt insbesondere von

a) der Ausstattung des Bauwerks und

b) der Höhe der Gesamtkosten

ab und beträgt je nach Gebäudegüte 5 bis 25 v.H. der reinen Bauwerkskosten (Abb. 6). Hierzu werden in den Tabellenwerken der Normalherstellungskosten objektspezifische Baunebenkosten als Empfehlung angegeben.

Abb. 6: Baunebenkosten in % des Herstellungswerts

Qualifizierung	Aufwandskennzahlen					
	Büro- und Verwaltungsgebäude			Wohn- und Wohnungsgeschäftsgebäude		
	niedrig	mittel	hoch	niedrig	mittel	hoch
Baunebenkosten in % der Kosten des Bauwerks	10,5	12,25	20,0	12,0	16,0	20,0

Quelle: Gärtner, S., Beurteilung und Bewertung alternativer Planungsentscheidungen im Immobilienbereich mit Hilfe eines Kennzahlensystems, 1. Aufl. 1996

Bezüglich der **Höhe der Gesamtkosten** gilt der Grundsatz, dass die **Baunebenkosten als Vomhundertsatz der reinen Baukosten umso niedriger** ausfallen, je höher **die Baukosten ausfallen.** Dies ist darauf zurückzuführen, dass nicht alle Baunebenkosten direkt von der Höhe des Herstellungswerts abhängig sind.

Werden **Eigenleistungen** erbracht, so sind dafür die Kosten einzusetzen, die für entsprechende Fremdleistungen entstehen würden.

Für Baunebenkosten bestehen folgende **Rahmensätze**, wenn keine besonderen Erschwernisse vorliegen:

18 %	der Baukosten bei größeren Objekten mit Baukosten	$\geq$ 1 Mio €,
20 – 22 %	der Baukosten bei kleineren Objekten mit Baukosten	$\leq$ 1 Mio €,
22 – 25 %	der Baukosten bei kleinen Objekten mit Baukosten	$\leq$ 500 000 €
etwa 5 %	der Baukosten bei Garagen.	

Besondere Erschwernisse liegen insbesondere bei Altbauprojekten vor. Hier sind die Kosten der Mieterumsetzung und für Ausweichwohnungen sowie einer Möbelzwischenlagerung zu nennen. Des Weiteren können zusätzliche Kosten für Sonderuntersuchungen anfallen.

Vom Gutachterausschuss der Stadt *Essen* und *Rheine* werden beispielsweise folgende Sätze angewandt (Abb. 7, 8; umgerechnet):

Abb. 7: Baunebenkosten für Wohngebäude (Rheine)

Baunebenkosten Herstellungskosten €	einfache Ausstattung	mittlere bis gehobene Ausstattung	aufwändige Ausstattung
51 000	16,5	20,0	24,0
102 000	16,0	19,0	22,5
153 000	15,5	18,0	21,0
205 000	15,0	17,5	20,0
307 000	14,5	16,5	19,0
511 000	13,5	16,0	18,0

Quelle: Grundstücksmarktbericht Rheine 2007

V Syst. Darst. Sachwertverf. NHK 2000

Abb. 8: Baunebenkosten (Essen)

bei Herstellungskosten des Gesamtgebäudes und der sonstigen baulichen Anlagen i.S. des § 22 ImmoWertV, jedoch ohne Baunebenkosten am Stichtag der Wertermittlung	für Gebäudeart (nach § 12 HOAI)				
	I Baracken, Behelfsbauten, offene Hallen, Tribünen u.a.m.	II einfach ausgestattete	III normal ausgestattete (auch modernisierte)	IV aufwändig ausgestattete	V Sondergebäude
	Wohn-, Geschäfts- und Bürogebäude				
	einfache	typische	spez. gestaltete	Sondergebäude mit hochwertiger Zweckbestimmung	
	sonstige Gebäude für Gewerbe, Industrie				
€	v.H.	v.H.	v.H.	v.H.	v.H.
50 000	15,0	17,0	20,0	–	–
100 000	14,0	16,0	19,0	22,0	–
200 000	13,5	15,5	18,0	20,0	22,5
300 000	13,0	15,0	17,0	19,0	21,0
500 000	12,0	14,0	16,0	18,0	20,0
750 000	11,0	13,0	15,0	17,0	19,0
1 250 000	10,5	12,5	14,5	16,5	18,5
2 500 000	10,0	12,0	14,0	16,0	18,0
5 000 000	–	11,5	13,5	15,5	17,5
25 000 000	–	11,0	13,0	15,0	17,0

91 Die in einem Vomhundertsatz angegebenen Baunebenkosten können bei der Ermittlung des Gebäudesachwerts rechentechnisch berücksichtigt werden, indem die Baunebenkosten aufaddiert werden:

92 *Beispiel:*

Normalherstellungskosten (ohne Baunebenkosten)	500 €/m²
Baunebenkosten in v.H.	16 v.H.

Normalherstellungskosten (einschließlich Baunebenkosten):

NHK (ohne BNK)	=	500 €/m²
+ BNK 16 % von 500 €/m²	=	80 €/m²
NHK (einschließlich BNK)	=	580 €/m²

c) *Baunebenkostenfaktor*

Rechentechnisch einfacher ist es, die Baunebenkosten als multiplikativen **Baunebenkostenfaktor zu berücksichtigen**.

Baunebenkostenfaktor = 1,00 + Vomhundertsatz der Baunebenkosten

Der Multiplikator (1 + Baunebenkosten in v.H.) wird als Baunebenkostenfaktor bezeichnet.

93 *Beispiel:*

Normalherstellungskosten (ohne Baunebenkosten)	500 €/m²
Baunebenkosten in v.H.	16 v.H.
Baunebenkostenfaktor (= 1,00 + 16/100)	1,16

Normalherstellungskosten (einschließlich Baunebenkosten):

NHK (mit BNK) = 500 €/m² (ohne BNK) × 1,16 = 580 €/m²

4.2.3 Objektspezifische Normalherstellungskosten 2000 (NHK 2000)

4.2.3.1 Übersicht

Bei Heranziehung der Normalherstellungskosten 2000 (NHK 2000) ist zunächst 94

a) die Gebäudeart (Gebäudetyp)

b) der Ausstattungsstandard und

c) die Gebäudebaujahrsklassen (ggf. nach fiktivem Baujahr)

des zu bewertenden Objekt nach dem Gebäudetypenkatalog des Tabellenwerks festzustellen.

Bei **Mehrfamilien-Wohnhäusern** wird darüber hinaus nach freistehenden Gebäuden sowie Kopf- und Mittelhäusern unterschieden. Des Weiteren sind mittels besonderer Koeffizienten Grundrissart und Wohnungsgröße zu berücksichtigen. 95

Bezugsgrundlage der in den Gebäudetypenblättern angegebenen Normalherstellungskosten ist i.d.R. die nach DIN 277/1987/2005 zu ermittelnde Brutto-Grundfläche (BGF) bzw. bei Hallengebäuden der Brutto-Rauminhalt (BRI). Dementsprechend ist von der zu bewertenden baulichen Anlage – korrespondierend – die **jeweiligen Brutto-Grundfläche (bzw. BRI) nach Maßgabe der DIN 277** vom Februar 2005 (vgl. Teil III Rn. 502 sowie Anl. 3 zum Teil III bei Rn. 590) **zu ermitteln**. 96

4.2.3.2 Ermittlung der Brutto-Grundfläche (BGF) bzw. des Brutto-Rauminhalts (BRI)

Zur Ermittlung der Herstellungskosten sind nach § 22 Abs. 1 ImmoWertV die gewöhnlichen Herstellungskosten je Flächen-, Raum- oder sonstiger Bezugseinheit (Normalherstellungskosten) mit der Anzahl der entsprechenden Bezugseinheiten der baulichen Anlage zu vervielfachen. 97

Die Normalherstellungskosten 1995/2000 (NHK 95 bzw. NHK 2000) beziehen sich grundsätzlich auf die **Brutto-Grundfläche (BGF)** und in wenigen Ausnahmefällen auf den Brutto-Rauminhalt (BRI), jedoch beziehen sich die angegebenen Normalherstellungskosten nur auf die Brutto-Grundflächen ohne den Anteil der c-Flächen. Unter den „c-Flächen" sind nach der Terminologie der DIN 277 insbesondere die nicht überdeckten Bauteile wie Balkone und Terrassenflächen zu verstehen (vgl. Teil III Rn. 504). Demzufolge ist auch nur die Brutto-Grundfläche (bzw. der BRI) ohne den Anteil der c-Flächen zu ermitteln. Werden bereits vorliegende Berechnungen der BGF herangezogen, sind die entsprechenden Flächen in Abzug zu bringen.

Werden zur Marktanpassung nach § 8 Abs. 2 Nr. 1 ImmoWertV indessen **Sachwertfaktoren** herangezogen, die vom Gutachterausschuss **auf der Grundlage einer unverminderten BGF** ermittelt worden sind, ist die „volle" Brutto-Grundfläche zu ermitteln.

4.2.3.3 Übersicht über Normalherstellungskosten 2000 (NHK 2000) gem. WERTR 06

Normalherstellungskosten 2000 (NHK 2000) gem. WERTR mit Geschosshöhen

a) Einfamilien-Wohnhäuser (freistehend)

entsprechend Kostengruppe 300 und 400 DIN 276/1993 einschließlich 16 % MwSt.[24] Gebäudebaujahrsklasse 2000/Preisstand 2000/Gesamtnutzungsdauer 60–100 Jahre; Angaben in €/je Brutto-Grundfläche DIN 277/1987 ohne Baunebenkosten (BNK) **fett**/mit 16 % BNK *kursiv* 98

---

[24] Eine höhere MWSt. wird „automatisch" mit dem Baupreisindex berücksichtigt.

V Syst. Darst. Sachwertverf. NHK 2000

Typ	Geschoss-höhe	Ausstattung			
		einfach	mittel	gehoben	stark gehoben
	1.01 2,85 m	580 672	660 766	760 882	1 040 1 206
	1.02 2,70 m	475 551	540 626	625 725	830 962
	1.03 2,90 m	595 690	670 777	750 870	975 1 131
	1.11 2,95 m	625 725	720 835	865 1 003	1 100 1 276
	1.12 2,90 m	565 655	650 754	780 904	990 1 148
	1.13 2,95 m	615 713	705 817	850 986	1 075 1 247
	1.21 2,90 m	690 800	780 904	940 1 090	1 275 1 479
	1.22 2,70 m	530 614	610 708	730 846	960 1 114
	1.23 3,05 m	870 1 009	995 1 154	1 175 1 363	1 505 1 745
	1.31 2,95 m	670 777	765 887	920 1 067	1 170 1 357
	1.32 2,85 m	585 679	675 783	810 940	1 025 1 189
	1.33 3,05 m	695 806	800 920	960 1 114	1 215 1 409

Berücksichtigung der Gebäudebaujahrsklasse

Baujahr ggf. fiktiv	Gebäudebau-jahrsfaktor näherungsweise
vor 1925	0,70–0,74
1925–1945	0,74–0,76
1946–1959	0,76–0,82
1960–1969	0,82–0,87
1970–1984	0,87–0,92
1985–1999	0,92–0,99
ab 2000	1,00

Berechnung der objektbezogenen NHK 2000

BGF/m² = ... €/m²
× (1 + Baunebenkosten [%])
.... = ... €/m²
× Gebäudebaujahrsfaktor
.... = ... €/m²
× (Regionalfaktor × Ortsfaktor)
.... = ... €/m²

Gewichtung der Ausstattungs-Kostengruppen nach einem Vorschlag der AGVGA-NRW

Kostengruppe	Kostenanteil in %
Fassade	11
Fenster	14
Dächer	15
Sanitär	13
Innenwandbekleidung der Nassräume	6
Bodenbeläge	8
Innentüren	11
Heizung	15
Elektroinstallation	7
zusammen	100

NHK 2000 gem. WERTR

Quelle: Kleiber/Rölver 2006

b) Einfamilien-Reihenhäuser

entsprechend Kostengruppe 300 und 400 DIN 276/1993 einschließlich 16% MwSt.[25] Gebäudebaujahrsklasse 2000/Preisstand 2000/Gesamtnutzungsdauer 60–100 Jahre; Angaben in €/m² je Brutto-Grundfläche DIN 277/1987 ohne Baunebenkosten (BNK) **fett**/mit 14% BNK *kursiv*

Typ	Geschoss-höhe	Ausstattung			
		Kopfhaus		Mittelhaus	
		einfach	mittel	einfach	mittel
	2.01 2,85 m	**635** *724*	**675** *770*	**625** *712*	**665** *758*
	2.02 2,70 m	**580** *621*	**620** *707*	**570** *650*	**615** *701*
	2.03 2,90 m	**650** *741*	**685** *781*	**645** *735*	**680** *775*
	2.11 2,95 m	**725** *826*	**760** *866*	**720** *821*	**755** *861*
	2.12 2,90 m	**675** *770*	**700** *798*	**670** *764*	**695** *792*
	2.13 2,95 m	**735** *838*	**770** *878*	**730** *832*	**765** *872*
	2.21 2,90 m	**785** *895*	**840** *958*	**770** *878*	**825** *940*
	2.22 2,70 m	**725** *826*	**790** *901*	**715** *804*	**775** *884*
	2.23 3,05 m	**825** *940*	**880** *1 003*	**810** *923*	**870** *992*
	2.31 2,95 m	**775** *884*	**820** *935*	**765** *872*	**810** *923*
	2.32 2,85 m	**695** *792*	**725** *826*	**685** *781*	**715** *815*
	2.33 3,05 m	**835** *952*	**870** *992*	**825** *940*	**860** *980*

Berücksichtigung der Gebäudebaujahrsklasse

Baujahr ggf. fiktiv	Gebäudebaujahrsfaktor näherungsweise
vor 1925	0,70–0,74
1925–1945	0,74–0,76
1946–1959	0,76–0,82
1960–1969	0,82–0,86
1970–1984	0,86–0,92
1985–1999	0,92–0,99
ab 2000	1,00

Berechnung der objektbezogenen NHK 2000

BGF/m² = ... €/m²
× (1 + Baunebenkosten [%])
.... = ... €/m²
× Gebäudebaujahrsfaktor
.... = ... €/m²
× (Regionalfaktor × Ortsfaktor)
.... = ... €/m²

Gewichtung der Ausstattungs-Kostengruppen nach einem Vorschlag der AGVGA-NRW

Kostengruppe	Kostenanteil in %
Fassade	11
Fenster	14
Dächer	15
Sanitär	13
Innenwandbekleidung der Nassräume	6
Bodenbeläge	8
Innentüren	11
Heizung	15
Elektroinstallation	7
zusammen	100

NHK 2000 gem. WERTR

Quelle: Kleiber/Rölver 2006

---

25 Eine höhere MWSt. wird „automatisch" mit dem Baupreisindex berücksichtigt.

V Syst. Darst. Sachwertverf. NHK 2000

c) Mehrfamilien-Wohnhäuser

entsprechend Kostengruppe 300 und 400 DIN 276/1993 einschließlich 16 % MwSt.[26] für Zweispänner mit einer durchschnittlichen Wohnungsgröße von 70 m² BGF/WE = 50 m² WF/WE

Gebäudebaujahrsklasse 2000/Preisstand 2000/Gesamtnutzungsdauer 60–80 Jahre; Angaben in €/m² je Brutto-Grundfläche DIN 277/1987/ohne Baunebenkosten (BNK) **fett**/mit 14 % BNK *kursiv*

Typ	Ge-schoss-höhe	Freistehend			Kopfhaus			Mittelhaus		
		ein-fach	mit-tel	geho-ben	ein-fach	mit-tel	geho-ben	ein-fach	mit-tel	geho-ben
3.11	2,95 m	**720** *820*	**745** *849*	**815** *929*	**705** *804*	**730** *832*	**800** *912*	**700** *790*	**725** *826*	**795** *906*
3.12	2,90 m	**655** *747*	**680** *775*	**745** *849*	**645** *735*	**665** *758*	**735** *738*	**635** *724*	**660** *752*	**725** *826*
3.13	2,95 m	**730** *832*	**755** *861*	**825** *940*	**715** *815*	**740** *844*	**815** *929*	**710** *809*	**735** *838*	**805** *918*
3.21	2,95 m	**745** *849*	**780** *889*	**845** *963*	**730** *832*	**765** *872*	**830** *946*	**725** *826*	**760** *866*	**820** *934*
3.22	2,90 m	**680** *775*	**715** *815*	**775** *883*	**665** *758*	**700** *790*	**760** *866*	**660** *752*	**690** *787*	**750** *855*
3.23	2,95 m	**755** *861*	**795** *906*	**860** *980*	**740** *843*	**780** *889*	**845** *963*	**735** *838*	**770** *877*	**835** *952*
3.32	2,90 m	**700** *790*	**730** *832*	**795** *906*	**685** *781*	**720** *820*	**780** *889*	**675** *770*	**710** *809*	**775** *884*
3.33	2,95 m	**760** *866*	**800** *912*	**865** *986*	**750** *855*	**785** *895*	**850** *869*	**740** *844*	**780** *889*	**840** *958*
3.42	2,95 m	**710** *809*	**745** *849*	**810** *923*	**700** *790*	**735** *838*	**795** *906*	**690** *787*	**725** *826*	**790** *901*

Korrekturfaktoren C und D für Mehrfamilien-Wohnhäuser C Grundrissart	
Einspänner	1,05
Zweispänner	1,00
Dreispänner	0,97
Vierspänner	0,95

D Wohnungsgröße	
von 50 m² BGF/WE = 35 m² WF/WE	1,10
von 70 m² BGF/WE = 50 m² WF/WE	1,00
von 135 m² BGF/WE = 100 m² WF/WE	0,85

Gewichtung der Ausstattungs-Kostengruppen nach einem Vorschlag der AGVGA-NRW	
Kostengruppe	Kostenanteil in %
Fassade	11
Fenster	14
Dächer	15
Sanitär	13
Innenwandbekleidung der Nassräume	6
Bodenbeläge	8
Innentüren	11
Heizung	15
Elektroinstallation	7
zusammen	100

---

26 Eine höhere MWSt. wird „automatisch" mit dem Baupreisindex berücksichtigt.

NHK 2000 — Syst. Darst. Sachwertverf. V

Typ	Geschoss-höhe	Freistehend ein-fach	Freistehend mittel	Freistehend gehoben	Kopfhaus ein-fach	Kopfhaus mittel	Kopfhaus gehoben	Mittelhaus ein-fach	Mittelhaus mittel	Mittelhaus gehoben
3.53	3,00 m	770 / 878	810 / 923	875 / 998	755 / 861	795 / 906	860 / 980	750 / 855	785 / 895	850 / 969
3.73	3,00 m	800 / 912	840 / 957	910 / 1037	785 / 895	825 / 940	895 / 889	780 / 889	820 / 934	885 / 1009

Berücksichtigung der Gebäudebaujahrsklasse

Baujahr ggf. fiktiv	Gebäudebaujahrsfaktor näherungsweise
vor 1925	0,70–0,74
1925–1945	0,74–0,76
1946–1959	0,76–0,82
1960–1969	0,82–0,86
1970–1984	0,86–0,92
1985–1999	0,92–0,99
ab 2000	1,00

NHK 2000 gem. WERTR

Quelle: Kleiber/Rölver 2006

4.2.3.4 Regelherstellungskosten nach Anl. 24 zu § 190 BewG (Preisstand 1.1.2007)

▶ Vgl. Rn. 44

1. Ein- und Zweifamilienhäuser

1. Ein- und Zweifamilienhäuser (Euro/m² BGF)
Typisierte Gesamtnutzungsdauer = 80 Jahre

GKL	Baujahr Ausstattungs-standard	bis 1945 einf.	bis 1945 mittel	bis 1945 geh.	1946-1959 einf.	1946-1959 mittel	1946-1959 geh.	1960-1969 einf.	1960-1969 mittel	1960-1969 geh.	1970-1984 einf.	1970-1984 mittel	1970-1984 geh.	1985-1999 einf.	1985-1999 mittel	1985-1999 geh.	ab 2000 einf.	ab 2000 mittel	ab 2000 geh.
1.11	Dachgeschoss ausgebaut	580	630	740	620	680	800	670	720	850	710	770	900	860	820	970	790	860	1010
1.12	Dachgeschoss nicht ausgebaut	520	570	660	560	610	720	600	650	760	640	690	810	680	740	870	720	770	910
1.13	Flachdach	590	630	740	630	680	800	680	730	850	720	770	900	770	830	960	800	870	1010
1..21	Dachgeschoss ausgebaut	660	720	860	710	770	930	760	820	990	800	870	1050	860	940	1130	900	980	1180
1.22	Dachgeschoss nicht ausgebaut	580	640	760	630	690	820	670	730	880	710	770	930	760	830	1000	800	870	1040
1.23	Flachdach	720	780	930	770	840	1000	830	900	1070	770	840	1130	940	1030	1220	990	1070	

2. Wohnungseigentum

2. Wohnungseigentum (Euro/m² BGF)
Typisierte Gesamtnutzungsdauer = 80 Jahre

GKL	Baujahr Ausstattungs-standard	bis 1945 einf.	bis 1945 mittel	bis 1945 geh.	1946-1959 einf.	1946-1959 mittel	1946-1959 geh.	1960-1969 einf.	1960-1969 mittel	1960-1969 geh.	1970-1984 einf.	1970-1984 mittel	1970-1984 geh.	1985-1999 einf.	1985-1999 mittel	1985-1999 geh.	ab 2000 einf.	ab 2000 mittel	ab 2000 geh.
2.11	Alle Gebäude	680	680	690	680	720	780	730	760	830	770	810	880	830	870	950	870	910	990

Für Wohnungseigentum in Gebäuden, die wie Ein- und Zweifamilienhäuser gestaltet sind, werden die Regelherstellungskosten der Ein- und Zweifamilienhäuser zugrunde gelegt.
Umrechnungsfaktor Wohnfläche (WF) – Brutto-Grundfläche (BGF):
für Wohnungseigentum in Mehrfamilienwohnhäusern (Mietwohngrundstücke): BGF = 1,55 x WF

V Syst. Darst. Sachwertverf. NHK 2000

3. Geschäftsgrundstücke, gemischt genutzte Grundstücke und sonstige bebaute Grundstücke

3. Geschäftsgrundstücke, gemischt genutzte Grundstücke und sonstige bebaute Grundstücke (Euro/m² BGF)

3.1 Typisierte Gesamtnutzungsdauer = 70 Jahre

GKL	Baujahr	bis 1945			1946-1959			1960-1969			1970-1984			1985-1999			ab 2000		
	Ausstattungs-standard	einf.	mittel	geh.	einf.	mittel	geh.	einf.	mittel	geh.	einf.	mittel	geh.	einf.	mittel	geh.	einf.	mittel	geh
3.11	Gemischt genutzte Grundstücke (mit Wohn- und Gewerbe-flächen)	660	960	960	720	1040	1040	770	1110	1450	810	1180	1540	870	1260	1650	910	1310	1720
3.12	Hochschulen	1430	1430	1710	1540	1540	1830	1640	1640	1960	1740	1740	2080	1870	1870	2230	1940	1940	2330
3.13	Saalbauten	1270	1560	1560	1270	1680	2110	1360	1790	2260	1450	1900	2390	1550	2040	2570	1620	2120	2680
314	Kur- und Heilbäder	2500	2500	2780	2690	2690	2870	2870	3190	3040	3040	3380	3380	3260	3260	3630	3410	3410	3780

3.2 Typisierte Gesamtnutzungsdauer = 60 Jahre

GKL	Baujahr	bis 1945			1946-1959			1960-1969			1970-1984			1985-1999			ab 2000		
	Ausstattungs-standard	einf.	mittel	geh.	einf.	mittel	geh.	einf.	mittel	geh.	einf.	mittel	geh.	einf.	mittel	geh.	einf.	mittel	geh.
3.211	Verwaltungs-gebäude (ein- bis zwei-geschossig, nicht unterkellert)	950	950	950	950	1110	1360	1010	1190	1460	1080	1260	1540	1160	1350	1650	1210	1410	1720
3.212	Verwaltungs-gebäude (zwei- bis fünfgeschos-sig)	1260	1250	1510	1140	1350	1630	1220	1450	1740	1290	1540	1850	1380	1640	1980	1440	1710	2060
3.213	Verwaltungs-gebäude (sechs- und mehrgeschos-sig)	1760	1760	1760	1760	1760	2190	1880	1880	2350	1990	1990	2480	2140	2140	2660	2230	2230	2780
3.22	Bankgebäude	1860	1860	1860	1860	1860	2140	1990	1990	2260	2110	2110	2400	2260	2260	2600	2350	2350	2710
3.23	Schulen	1030	1170	1270	1110	1260	1370	1190	1350	1460	1260	1430	1550	1350	1530	1670	1410	1600	1730
3.24	Kindergärten	1090	1090	1090	1090	1180	1510	1170	1270	1610	1230	1340	1710	1320	1440	1840	1380	1500	1910
3.25	Altenwohn-heime	920	1080	1190	990	1160	1280	1060	1240	1370	1120	1310	1450	1200	1410	1560	1250	1470	1620
3.26	Personal-wohnheime	800	980	1080	860	1060	1160	919	1130	1240	970	1190	1320	1040	1280	1420	1080	1340	1480
3.27	Hotels	880	1150	1490	950	1230	1600	1010	1320	1710	1080	1400	1810	1150	1500	1940	1200	1570	2020
3.18	Sporthallen	970	970	970	970	1170	1250	1030	1250	1340	1100	1330	1420	1170	1420	1520	1230	1480	1580

3.3 Typisierte Gesamtnutzungsdauer = 50 Jahre

GKL	Baujahr	bis 1945			1946-1959			1960-1969			1970-1984			1985-1999			ab 2000		
	Ausstattungs-standard	einf.	mittel	geh.	einf.	mittel	geh.	einf.	mittel	geh.	einf.	mittel	geh.	einf.	mittel	geh.	einf.	mittel	geh.
3.31	Kaufhäuser, Warenhäuser	950	1120	1490	1020	1210	1600	1100	1290	1720	1160	1370	1820	1250	1470	1950	1300	1530	2030
3.32	Ausstellungs-gebäude	1450	1450	1450	1450	1450	1450	1550	1550	1550	1540	1640	2070	1760	1760	2210	1840	1840	2310
3 33	Kranken-häuser	1430	1840	2260	1540	1980	2430	1650	2110	2600	1750	2240	2760	1870	2400	2950	1950	2500	3080
3.34	Vereinsheime	1020	1020	1020	1020	1130	1310	1090	1210	1410	1160	1280	1490	1240	1370	1600	1300	1430	1670
3.351	Parkhäuser (offene Ausführung, Parkpaletten)	490	490	490	490	490	490	530	530	530	560	560	560	590	590	590	620	620	620
3.352	Parkhäuser (geschlossene Ausführung)	610	610	610	610	610	610	650	650	650	690	690	690	740	740	740	780	780	780
3.353	Tiefgaragen	540	540	540	540	700	700	580	750	750	610	790	790	650	850	850	680	890	890
3.36	Funktions-gebäude für Sportanlagen (z. B. Sanitär- und Umkleide-räume)	800	800	800	800	1010	1400	850	1080	1490	910	1150	1580	970	1230	1700	1010	1280	1770

3. Geschäftsgrundstücke, gemischt genutzte Grundstücke und sonstige bebaute Grundstücke (Euro/m² BGF)

3.3 Typisierte Gesamtnutzungsdauer = 50 Jahre

GKL	Baujahr	bis 1945			1946-1959			1960-1969			1970-1984			1985-1999			ab 2000		
3.37	Hallenbäder	1390	1390	1390	1390	1830	2020	1490	1960	2160	1570	2080	2290	1680	2230	2460	1750	2320	2570
3.381	Industriegebäude, Werkstätten ohne Büro- und Sozialtrakt	450	450	450	450	630	740	500	670	780	520	720	840	560	770	910	610	800	940
3.382	Industriegebäude, Werkstätten mit Büro- und Sozialtrakt	660	660	660	660	850	980	700	910	1040	740	970	1120	780	1040	1190	840	1090	1260
3.391	Lagergebäude (Kaltlager)	390	390	390	390	740	740	430	800	800	460	830	830	490	900	900	520	950	950
3.392	Lagergebäude (Warmlager)	510	510	510	510	860	860	550	920	920	580	970	970	610	1060	1060	660	1090	1090
3.393	Lagergebäude (Warmlager mit Büro- und Sozialtrakt)	820	820	820	820	1100	1100	850	1180	1180	920	1250	1250	970	1350	1350	1030	1430	1430

3.4 Typisierte Gesamtnutzungsdauer = 40 Jahre

GKL	Baujahr	bis 1945			1946-1959			1960-1969			1970-1984			1985-1999			ab 2000		
	Ausstattungsstandard	einf.	mittel	geh.	einf.	mittel	geh.	einf.	mittel	geh.	einf.	mittel	geh.	einf.	mittel	geh.	einf.	mittel	geh.
3.41	Einkaufsmärkte, Großmärkte, Läden	630	630	630	630	850	850	680	910	910	720	970	1090	770	1050	1170	800	1080	1220
3.42	Tennishallen	520	520	520	520	610	610	550	650	650	580	690	790	630	740	850	650	770	890
3.43	Reitsporthallen	200	200	200	200	200	200	200	200	200	200	210	260	210	240	280	220	240	290

4. Kleingaragen und Carports

4. Kleingaragen und Carports (Euro/m² BGF)

Typisierte Gesamtnutzungsdauer = 50 Jahre

GKL	Baujahr	alle
	Ausstattungsstandard	alle
4.11	Kleingaragen	290
4.12	Carports	170

4.2.3.5 Ausstattungsstandard

▶ Vgl. § 22 ImmoWertV Rn. 52 f.

Eine Kurzbeschreibung der Ausstattungsstandards ist den Gebäudetypenblättern zugeordnet. Der Gegenstand der Wertermittlung ist auf der Grundlage dieser nach Kostengruppen untergliederten Ausstattungsmerkmale zu qualifizieren. Dabei ist zu beachten, dass die in der Ausstattungstabelle **angegebenen Kostengruppen ungleichgewichtig** sind und im Einzelfall das zu bewertende Objekt sachverständig zugeordnet werden muss (vgl. 3.6.1.1.1 WERTR). Eine einfache Interpolation ist wegen der unterschiedlichen Kostenanteile einzelner Ausstattungsmerkmale nicht zulässig. **100**

Zur **Gewichtung der Kostengruppen** kann auf einen Vorschlag der AGVGA-NRW zurückgegriffen werden (Abb. 9). **101**

Abb. 9: Gewichtung der Kostengruppen nach einem Vorschlag der AGVGA-NRW

Gewichtung der Kostengruppen nach einem Vorschlag der AGVGA-NRW	
Kostengruppe	Kostenanteil in %
Fassade	11
Fenster	14
Dächer	15
Sanitär	13
Innenwandbekleidung der Nassräume	6
Bodenbeläge	8
Innentüren	11
Heizung	15
Elektroinstallation	7
zusammen	100

102 Des Weiteren ist zu beachten, dass die angegebenen Normalherstellungskosten auch jeweils nur für die angegebenen Ausstattungsstandards gelten, d.h., bei **besonders exklusivem oder zurückgebliebenem Ausstattungsstandard** müssen die angegebenen Normalherstellungskosten erhöht bzw. vermindert werden. Dies kann insbesondere für die neuen Bundesländer von Bedeutung sein, die mitunter (z. B. bei Hallen) einen Ausstattungsstandard aufweisen, dem die angegebenen Normalherstellungskosten nicht gerecht werden.

4.2.3.6 Gebäudebaujahrsklassen (Baualtersklassen)

Schrifttum: *Böhning*, Altbaumodernisierung im Detail – Konstruktionsempfehlungen, 4. Aufl. 2002; *Eckermann/Preißler*, Altbaumodernisierung – Haustechnik, 2000 DVA Stuttgart; *Neddermann*, Kostenermittlung in der Altbauerneuerung und technische Beurteilung von Altbauten, 2. Aufl. 2000.

▶ *Vgl. § 22 ImmoWertV Rn. 50 ff.; zur Ermittlung des fiktiven Baujahrs bei unterlassener Instandhaltung und Modernisierung vgl. die Erläuterungen zu § 6 ImmoWertV Rn. 405*

103 In den NHK sind die Normalherstellungskosten nach unterschiedlichem Baujahr der baulichen Anlage tabelliert. Grundsätzlich ist für den Ansatz der Normalherstellungskosten das Baujahr der zu wertenden baulichen Anlage maßgebend. Bezogen auf das Bezugsjahr 2000 können auch folgende **Umrechnungskoeffizienten** herangezogen werden:

Berücksichtigung der Gebäudebaujahrsklasse	
Baujahr ggf. fiktiv	Gebäudebaujahrsfaktor näherungsweise
vor 1925	0,70–0,74
1925–1945	0,74–0,76
1946–1959	0,76–0,82
1960–1969	0,8–0,86
1970–1984	0,86–0,92
1985–1999	0,92–0,99
ab 2000	1,00

104 Bei durchgreifend modernisierten oder überdurchschnittlich instand gesetzten Gebäuden sowie bei unterlassener Instandhaltung ist vom sog. fiktiven Baujahr auszugehen.

– Bei durchgreifend modernisierten oder überdurchschnittlich instand gesetzten Gebäuden ist fiktiv eine entsprechend verjüngte Gebäudebaujahrsklasse zugrunde zu legen, die dem Standard der Gebäudebaujahrsklasse entspricht, der durch die Modernisierung herbeigeführt wurde, wenn dem nicht bereits durch Zuschläge Rechnung getragen wurde.

– Bei unterlassener Instandhaltung ist entsprechend von einer älteren Baujahrsklasse auszugehen, wenn dem Instandhaltungsstau nicht in anderer Weise Rechnung getragen wird.

Dies ist regelmäßig der Fall, wenn ein Instandsetzungsstau bereits durch Ansatz von Instandsetzungskosten nach Maßgabe des § 8 Abs. 3 ImmoWertV berücksichtigt wird.

Nr. 3.6.1.1.1 WERTR gibt hierzu folgenden Hinweis:

„Für die Bestimmung der Baujahrsklasse für Gebäude, die überdurchschnittlich instand gehalten, instand gesetzt oder modernisiert wurden, kann von einer entsprechend verjüngten Baujahrsklasse ausgegangen werden, wenn dem nicht bereits durch Zuschläge Rechnung getragen wurde. Bei durchgreifend modernisierten Gebäuden ist fiktiv die Baujahrsklasse zu Grunde zu legen, die dem Standard der Baujahrsklasse entspricht, der durch die Modernisierung herbeigeführt wurde.
Umgekehrt ist eine vernachlässigte Instandhaltung (Instandhaltungsstau) durch die Einordnung in eine ältere Baujahrsklasse zu berücksichtigen, wenn dem nicht in anderer Weise Rechnung getragen wurde."

Der Korrekturfaktor zur Berücksichtigung der Gebäudebaujahrsklasse ist **ggf. durch Interpolation** zu ermitteln, wobei eine lineare Interpolation zur Vermeidung einer übertriebenen Rechenschärfe ausreichend ist.

Das **fiktive Baujahr** lässt sich mit Hilfe des modernisierten Gebäudeanteils am Gesamtgebäude ermitteln, wobei diese jeweils auf das Modernisierungsjahr bzw. Gebäudeherstellungsjahr zu beziehen sind (vgl. § 6 ImmoWertV Rn. 405):

Beispiel:

Einfamilienhaus	Baujahr	1958
	Modernisierungsjahr	1990
	Wertermittlungsstichtag	1998

Im Jahre 1990 wurden 40 % des Gesamtgebäudes durchgreifend modernisiert, d.h., der Altbestand beträgt 60 % (Summe: 100 %).
Fiktives Baujahr (vereinfachte Berechnung ohne Berücksichtigung der unterschiedlichen Behandlung von Roh- und Ausbau):

$$[(1990 \times 40) + (1958 \times 60)]/100 = \mathbf{1971}$$

4.2.3.7 Grundrissart und Wohnungsgröße bei Mehrfamilien-Wohnhäusern

▶ *Vgl. § 22 ImmoWertV Rn. 65 ff.*

Bei Normalherstellungskosten für **Mehrfamilien-Wohnhäuser** gilt es, noch eine Besonderheit zu beachten, die bei Anwendung der 13er-Werte vernachlässigt wurde. Die empirischen Untersuchungen haben nämlich ergeben, dass die Normalherstellungskosten für Mehrfamilien-Wohnhäuser nicht unerheblich von der **Grundrissart und der Wohnungsgröße** abhängig sind. Deshalb sind allein für diese Objekte zusätzliche Korrekturfaktoren angegeben. Vor Anwendung dieser Korrekturfaktoren muss man sich vergegenwärtigen, dass sich die in den Tabellenwerken ausgewiesenen Normalherstellungskosten auf Objekte mit

– einer durchschnittlichen Wohnungsgröße von 70 m² BGF je Wohneinheit (50 m² WF/WE) sowie
– einem Grundriss mit 2 Wohneinheiten (WE) je Geschoss (Zweispänner)

beziehen.

Abweichungen von der Grundrissart bzw. von der durchschnittlichen Wohnfläche können mit folgenden Korrekturfaktoren – die auf jedem Gebäudetypenblatt ausgewiesen sind – berücksichtigt werden:

Korrekturfaktor C für Grundrissart[27]:

–	Einspänner	(eine Wohneinheit je Geschoss)	1,05
–	Zweispänner	(zwei Wohneinheiten je Geschoss)	**1,00**
–	Dreispänner	(drei Wohneinheiten je Geschoss)	0,97
–	Vierspänner	(vier Wohneinheiten je Geschoss)	0,95

---

27 Hierzu auch FG Berlin, Urt. vom 19.8.1999 – 4 K 4404/97 – EFG 1999, 1269 = EzGuG 20.173a.

V Syst. Darst. Sachwertverf.   NHK 2000

Korrekturfaktor D für Wohnungsgröße:
- durchschnittliche Wohnungsgröße von   50 m² BGF/WE   1,10
- durchschnittliche Wohnungsgröße von   70 m² BGF/WE   **1,00**
- durchschnittliche Wohnungsgröße von   135 m² BGF/WE   0,85

Zwischenwerte von Wohnungsgrößen sind ggf. zu interpolieren.

110 Bei Heranziehung der Normalherstellungskosten 2000 (NHK 2000) für neuere **Einfamilienwohn- und -Reihenhäuser** gilt es zu beachten, dass der in den Tabellen ausgewiesene Grundflächenpreis, soweit der Gebäudetyp ein **Kellergeschoss** (KG) aufweist, **ein im Durchschnitt etwa zu 50 % als Wohnfläche ausgebautes Kellergeschoss einschließt**. Dies entspricht auch dem tatsächlichen Baugeschehen, wobei die bauordnungsrechtlichen Voraussetzungen i.d.R. auch erfüllt sind. Insoweit müssen in solchen Fällen nicht noch entsprechende Zuschläge angebracht werden.

111 Die Umstellung von einer Volumeneinheit auf eine Flächeneinheit als Bezugsgrundlage der Normalherstellungskosten, wie sie mit den NHK 2000 gegenüber den sog. 13er-Werten vollzogen wurde, führt zu einer Vereinfachung in den Fällen, in denen bei Verwendung von Raummeterpreisen eine Wertminderung wegen **überhoher und unwirtschaftlicher Geschosshöhen** angebracht werden musste, weil einerseits die größere Kubatur in den Sachwert einging und andererseits dies auf dem Grundstücksmarkt schon im Hinblick auf die Heizkosten eher als wertmindernder Umstand angesehen wurde[28]. Diese Problematik stellt sich bei flächenbezogenen Normalherstellungskosten nicht mehr. Andererseits sind aber auch Fälle denkbar, wo sich große Geschosshöhen werterhöhend auswirken, z. B. bei Altbauwohnungen mit großem Ambiente. In solchen Fällen kann es angezeigt sein, bei Verwendung der NHK 2000 Wertzuschläge anzubringen.

▶ *Zu den Geschossen vgl. Rn. 70; § 8 ImmoWertV Rn. 250; § 22 ImmoWertV Rn. 53 ff.*

4.2.4 Regionalisierung der Normalherstellungskosten mit Regional- und Ortsgrößenfaktoren

4.2.4.1 Allgemeines

▶ *Vgl. § 22 ImmoWertV Rn. 43, 60 ff.; § 14 ImmoWertV Rn. 46*

112 Die **Normalherstellungskosten 2000 (NHK 2000) stellen Bundesmittelwerte dar**, d.h. es handelt sich um Durchschnittswerte für das gesamte Bundesgebiet. Wie aus den vorgenannten Untersuchungen hervorgeht, weichen jedoch die Normalherstellungskosten nach Regionen und Ortsgrößen teilweise erheblich voneinander ab.

113 Bereits bei Erlass der NHK 95 ist darauf hingewiesen worden, dass die **Regionalisierung (einschließlich Ortsgrößenfaktoren) der Normalherstellungskosten mit den örtlich ermittelten Sachwertfaktoren erfasst werden kann;** mit dem seinerzeitigen Einführungserlass wurden deshalb auch nur hilfsweise Regional- und Ortsgrößenfaktoren angegeben. Dieser Gedanke ist bislang allerdings nur in wenigen Einzelfällen von den Gutachterausschüssen aufgegriffen worden. Mit § 14 Abs. 2 Nr. 1 ImmoWertV ist es versäumt worden, diesen Gedanken verbindlich vorzugeben. Es wäre von daher zu begrüßen, wenn die Gutachterausschüsse dazu angehalten werden, die Sachwertfaktoren ohne vorherige Regionalisierung der Normalherstellungskosten abzuleiten, so dass im Ergebnis die Regionalisierung mit den empirisch abgeleiteten Sachwertfaktoren erfasst wird.

114 **Regional- und Ortsgrößenfaktoren werden gleichwohl auch weiterhin von Bedeutung sein**, denn es kann nicht erwartet werden, dass Sachwertfaktoren allerorts und vor allem nicht für alle Grundstücksarten zur Verfügung stehen werden. Die Gutachterausschüsse für Grundstückswerte sind von daher gefordert, entsprechende Korrekturfaktoren für ihren Bereich zu veröffentlichen; dies steht im Interesse einer Vergleichbarkeit der örtlichen Wertermittlungs-

---
28 Hierzu FG Berlin, Urt. vom 19.8.1999 – 4 K 440/97 –, EFG 1999, 1269 = EzGuG 20.173a.

| **Regionalfaktoren** | **Syst. Darst. Sachwertverf. V** |

praxis. Qualifizierte Gutachterausschüsse haben inzwischen ortsspezifischen Regional- und Ortsfaktoren bzw. **(kombinierten) Korrekturfaktor** (A x B) in ihren Marktberichten veröffentlicht. Diese Veröffentlichungen sind heranzuziehen.

Bei Verwendung der NHK 2000 können jedoch regionale und ortsbedingte Abweichungen der Normalherstellungskosten von den Bundesmittelwerten in transparenter Weise hilfsweise berücksichtigt werden durch die in der Literatur veröffentlichten **115**

– Regionalen Korrekturfaktoren (A) und
– Ortsspezifischen Korrekturfaktoren (B), die nicht für die Großstädte gelten, die gleichzeitig Bundesländer sind (Berlin, Bremen, Hamburg), denn der Einfluss der Ortsgröße wird bereits mit dem Regionalfaktor erfasst.

Die Korrekturfaktoren sind unter Rn. 118 abgedruckt. Diese **Faktoren** können **nicht verbindlich** vorgegeben werden; es handelt sich um Querschnittswerte für den Wohnungs-, Gewerbe- und Kommunalbau. Einflüsse auf die Kostenstruktur können sich dabei aus der Lage des Gebäudes in einem ländlichen Bereich oder einem Ballungsraum ergeben.

Die angegebenen **Korrekturfaktoren** sollen nur **als Anhalt** dienen, von denen der Sachverständige aufgrund seiner örtlichen Marktkenntnisse abweichen kann. Der Sachverständige muss bei alledem die örtlichen Verhältnisse gegebenenfalls unter Einbeziehung der Feststellungen des örtlichen Gutachterausschusses für Grundstückswerte selbstverantwortlich berücksichtigen. Abweichungen von den Korrekturfaktoren, die auch „über" und „unter" dem gesetzten Rahmen liegen können, sind also nicht nur zulässig, sondern auch geboten, wenn es die Marktverhältnisse erfordern. **116**

Im **Grenzbereich eines Bundeslandes sowie** insbesondere **in kleineren Gemeinden im Umland größerer Städte und Gemeinden** kommt es bei der Wahl der Korrekturfaktoren nicht allein auf die geographische Lage des zu bewertenden Grundstücks an; vielmehr muss das wirtschaftliche Beziehungsgeflecht berücksichtigt werden. Der Korrekturfaktor B kleinerer Gemeinden im Umland größerer Städte und Gemeinden (im sog. Speckgürtel) bestimmt sich mithin i.d.R. nach dem Korrekturfaktor der größeren Stadt. **117**

4.2.4.2 Regionalfaktoren

Korrekturfaktor A für Länder:	S/G/M[29]	LBS[30]	EinfErl. zu den NHK 95[31]
Baden-Württemberg	1,06	1,326	1,00–1,10
Bayern	1,06	1,490	1,05–1,10
Berlin	1,02	1,061	1,25–1,45
Brandenburg	1,00	1,038	0,95–1,10
Bremen	1,01	1,000	0,90–1,00
Hamburg	1,05	1,343	1,25–1,30
Hessen	1,04	1,226	0,95–1,00
Mecklenburg-Vorpommern	0,97	1,015	0,95–1,10
Niedersachsen	1,02	1,019	0,75–0,90
Nordrhein-Westfalen	1,02	1,198	0,90–1,00
Rheinland-Pfalz	1,03	1,257	0,95–1,00
Saarland	1,00	1,331	0,85–1,00
Sachsen	0,98	1,086	1,00–1,10
Sachsen-Anhalt	0,98	0,969	0,90–0,95
Schleswig-Holstein	1,00	1,089	0,90–0,95
Thüringen	0,98	1,132	1,00–1,05

118

---

29 Schmitz/Gerlach/Meisel, Baukosten 2008, Verlag Wingen 17. Aufl.
30 LBS Research 2007, vgl. GuG 2006, 232.
31 Einführungserlass des Bundesministeriums für Raumordnung, Bauwesen und Städtebau vom 1.8.1997 (abgedruckt bei Kleiber, WERTR 76/96, 7. Aufl. 2000 S. 151).

4.2.4.3 Ortsgrößenfaktoren

119 **Korrekturfaktor B für Ortsgröße:**

(zur Berücksichtigung des Einflusses der Ortsgröße; ausgenommen *Berlin, Bremen* und *Hamburg*)

- Großstädte mit mehr als 500 000 bis 1 500 000 Einwohnern (E)   1,05–1,15
- Städte mit mehr als 50 000 bis 500 000 Einwohnern (E)   0,98–1,03
- Orte bis 50 000 Einwohner (E)   0,95–0,98

4.2.4.4 Kombinierte Regional- und Ortsgrößenfaktoren

120 Die **Korrekturen** sind auf der Grundlage des örtlichen Grundstücksmarktes sachverständig in angemessener Höhe zu schätzen. **Abweichungen sind zulässig.** Bei Zusammentreffen mehrerer Korrekturfaktoren sind diese miteinander zu multiplizieren.

121 Die Regional- und Ortsgrößenfaktoren lassen sich **multiplikativ kombinieren**.

122 *Beispiel:*

Es werden die Normalherstellungskosten in einer kleineren saarländischen Gemeinde mit 40 000 Einwohnern gesucht.

Korrekturfaktor A für das Saarland   0,98
Korrekturfaktor B des Ortes   0,93
Kombinierter Korrekturfaktor 0,93 x 0,98 ≈   **0,9114**

Die Multiplikation der Tafelwerte mit dem kombinierten Korrekturfaktor ergibt dann die ortsspezifischen Normalherstellungskosten bezogen auf 2000.

4.2.4.5 Umrechnung deutscher Kostenkennwerte

123 Aus den auf der Grundlage der vom Statistischen Amt der Europäischen Gemeinschaften (Eurostat) ermittelten Daten sind im Übrigen auch Koeffizienten zur Umrechnung deutscher Kostenkennwerte auf EU-Mitgliedsstaaten abgeleitet worden.

Abb. 10: Umrechnungskoeffizienten deutscher Kostenkennwerte

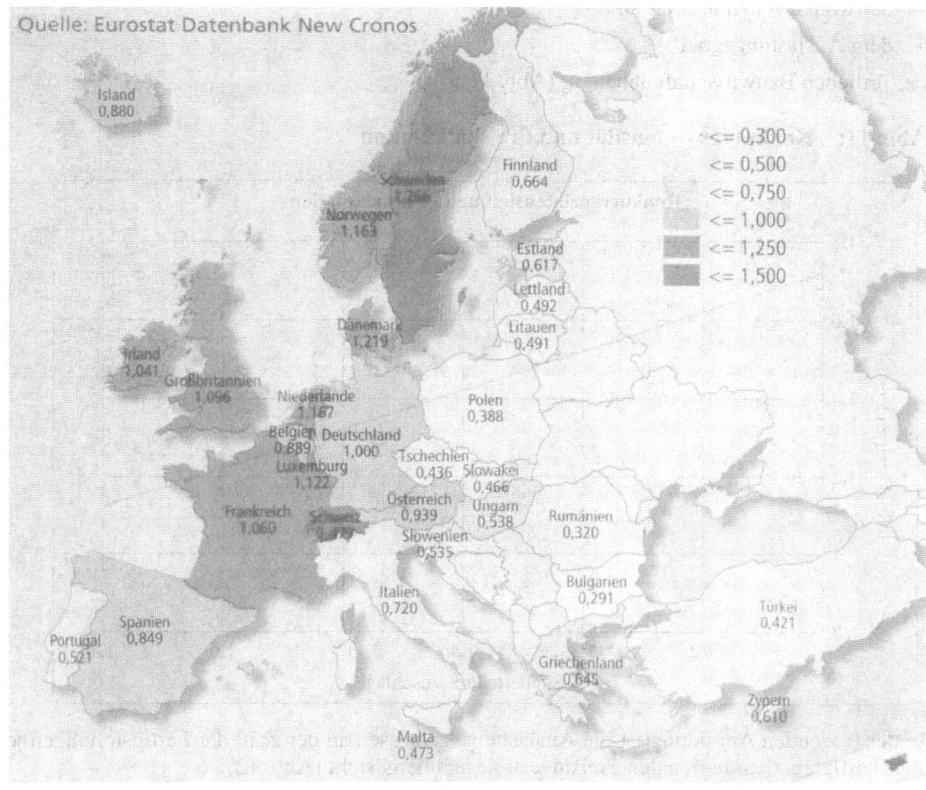

4.2.4.6 Konjunkturfaktoren

▶ *Vgl. § 22 ImmoWertV Rn. 64*

Keine besondere Erwähnung im Einführungserlass des Bundesministeriums für Raumordnung, Bauwesen und Städtebau zu den NHK 95/2000 finden **konjunkturelle Schwankungen,** die noch hinzutreten können. Je nach der Beschäftigungslage in der Bauwirtschaft können sich hieraus weitere Preisabweichungen ergeben, die sich erfahrungsgemäß im Bereich von +/– 10 % bewegen. Im Einzelfall muss jedoch beachtet werden, dass solche örtlichen konjunkturellen Schwankungen bereits mit dem Ortsfaktor erfasst sein können: **124**

Konjunkturelle Lage	Faktor
für sehr gute konjunkturelle Lage	1,05
für gute konjunkturelle Lage	1,03
für mittlere konjunkturelle Lage	**1,00**
für schlechte konjunkturelle Lage	0,98
für sehr schlechte konjunkturelle Lage	0,95

Mit diesen Faktoren können auch **konjunkturelle Einflüsse** berücksichtigt werden, und zwar **125**

– sowohl allgemeine konjunkturelle Einflüsse

– als auch örtliche konjunkturelle Einflüsse.

V Syst. Darst. Sachwertverf.   Konjunkturfaktoren

126 Nach Untersuchungen der *Gewos* ist die **örtliche konjunkturelle Lage** von
- der Konkurrenzintensität und
- dem Auslastungsgrad

der örtlichen Bauwirtschaft abhängig (Abb. 11):

Abb. 11: Konkurrenzintensität und Preiskalkulation

127 In der folgenden Abbildung ist die Auslastung, gemessen an der Zahl der Fertigstellungen je Beschäftigten, dem regionalen Preisniveau gegenübergestellt (Abb. 12):

Abb. 12: Auslastungsgrad

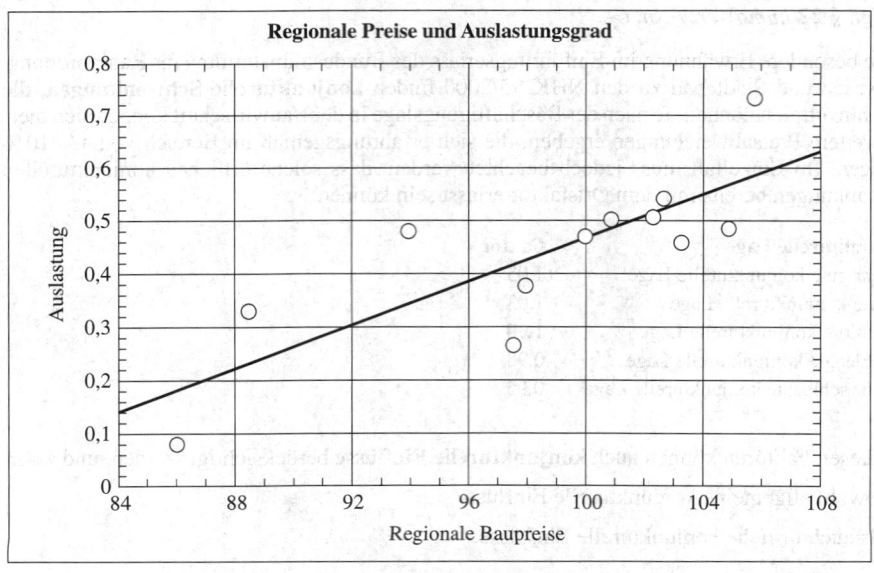

Es zeigt sich eindeutig ein positiver Zusammenhang zwischen den beiden Variablen. **Demnach reagieren die Preise vergleichsweise flexibel auf die Nachfragesituation:** Erlaubt die Nachfrage nach Bauleistungen in einer bestimmten Region Preiserhöhungen, so werden diese auch wahrgenommen. In Regionen, die sich demgegenüber in einer vergleichsweise ungünstigen Nachfragesituation befinden, werden demgegenüber tendenziell Preiszugeständnisse hingenommen. 128

Zur Frage, ob zusätzlich zu dem regional- und ortsspezifischen Korrekturfaktor die konjunkturelle Lage berücksichtigt werden muss, ist entscheidend **darauf abzustellen, ob die aktuelle Konjunkturlage bereits mit dem regional- und ortsspezifischen Korrekturfaktor hinreichend berücksichtigt wird.** Dies ist grundsätzlich anzustreben, so dass für einen Konjunkturfaktor nur noch dann Raum ist, wenn und soweit die konjunkturellen Entwicklungen nicht bereits mit einem aktuellen regional- und ortsspezifischen Korrekturfaktor berücksichtigt werden konnten. 129

4.2.5 Umrechnung der Normalherstellungskosten auf die Baupreisverhältnisse am Wertermittlungsstichtag (§ 22 Abs. 3 ImmoWertV)

Schrifttum: *Hübner, K-H.,* Anmerkungen zur Anwendung von Baupreisindizes für Grundstückswertermittlungen in der ehemaligen DDR, GuG 1993, 224.

▶ *Näheres hierzu bei § 22 ImmoWertV Rn. 93 ff.*

Normalherstellungskosten liegen i.d.R. nur bezogen auf die Preisverhältnisse der Vergangenheit vor und müssen mit Hilfe geeigneter Baupreisindexreihen **auf die Preisverhältnisse des Wertermittlungsstichtags** umgerechnet werden. Entsprechendes gilt auch bei Heranziehung von Einzelkosten nach § 22 Abs. 2 Satz 4 ImmoWertV. 130

Baupreisindexreihen (Baupreisindizes) beschreiben die Entwicklung der Preise für den Neubau sowie für die Instandhaltung ausgewählter Bauwerksarten. Aus der Sicht der Käufer können sie zugleich als Kaufpreisindizes gelten[32]. 131

§ 22 Abs. 3 ImmoWertV verpflichtet nicht zur Heranziehung bestimmter (amtlicher) Baupreisindexreihen, die im „örtlichen" Einzelfall problematisch sein können. Vielmehr kann auf bekannte, allgemein zugängliche Erfahrungssätze zurückgegriffen werden, wie sie teilweise örtlich oder regional vorliegen. Im bisherigen Recht war dagegen noch die Verwendung geeigneter *amtlicher* Baupreisindexreihen vorgeschrieben. 132

Bei alledem wird **in der Praxis** dennoch **auf amtliche Baupreisindexreihen zurückgegriffen**, wobei denen des Statistischen Landesamtes der Vorzug gegenüber den Baupreisindexreihen des Statistischen Bundesamtes zu geben ist. Die Verwendung nicht amtlicher Baupreisindexreihen muss trotz der an sich zu begrüßenden Flexibilität der Nachfolgeregelung auf grundsätzliche Bedenken stoßen, insbesondere wenn deren Ableitung nicht überprüfbar ist. 133

Es sind die **Baupreisindexreihen** heranzuziehen, **die der Bauwerksart des zu bewertenden Objekts entsprechen.** Dabei wird zwischen 134

– Wohngebäuden und

– Nichtwohngebäuden

unterschieden. Im Einzelnen werden Baupreisindexreihen abgeleitet für den Neubau von

– Wohn- und Mehrfamiliengebäuden,

– Einfamilienhäusern (in verschiedenen Bauarten),

– gemischt genutzten Gebäuden,

---

32 Vorholt, H., Zur Neuberechnung der Baupreisindizes auf Basis 1991, Wirtschaft und Statistik 1995/1; Mindig, B., Zur Neuberechnung der Preisindizes auf Basis 1991, Wirtschaft und Statistik 1991, 209 ff., Vorholt, H., Neuberechnung der Baupreisindizes auf Basis 2005, Statistisches Bundesamt Wirtschaft und Statistik 2008, 808.

- Betriebsgebäuden (in verschiedenen Bauarten) und
- Bürogebäuden.

135 Daneben werden insbesondere **Baupreisindexreihen für die Instandhaltung von Wohngebäuden sowie für Außenanlagen abgeleitet.** Die Indexreihen werden auf verschiedene Basisjahre bezogen und teilweise mit und ohne Umsatzsteuer ausgeworfen.

136 Die **Baupreisindizes** des Statistischen Bundesamtes bezogen auf unterschiedliche Gebäudearten und Basiszeitpunkte ergeben sich aus Anh. 2.6. Zur Anwendung der Indexreihen **des Statistischen Bundesamtes**[33] führt dieses aus:

„Baupreisindizes geben Auskunft über Stand und Entwicklung der Neubauwerte, nicht aber der Verkehrs-, Ertrags- oder Mietwerte von Bauwerken.

Die Tatsache, dass aus den Indexzahlen der Effekt von Qualitätsänderungen und anderen Änderungen in den preisbestimmenden Merkmalen der beobachteten Bauleistungen herausgerechnet wurde, kann von besonderer Bedeutung sein, wenn die Indizes zur Ermittlung von Wiederbeschaffungswerten verwendet werden. Werden Bauwerke in der ursprünglichen Qualität nicht mehr angeboten, weil sich bei der betreffenden Bauwerksart die Ausführung durchweg verbessert hat, dann können sich bei der Verwendung der Preisindizes Wiederbeschaffungswerte ergeben, die unter den Beträgen liegen, die bei der Wiederbeschaffung tatsächlich aufgewendet werden müssen.

Soweit Grundstückswerte nach dem Baugesetzbuch (BauGB) zu ermitteln sind, wird in der „Wertermittlungsverordnung" vom 6.12.1988 (BGBl. I 1988, 2209) vorgeschrieben, den Bauwert von Gebäuden in der Weise zu bestimmen, dass die Baukosten eines bekannten Bezugszeitpunktes mit Hilfe geeigneter amtlicher Baupreisindizes auf die Preisverhältnisse am Wertermittlungsstichtag umgerechnet werden.

Das Statistische Bundesamt ist nicht zuständig für die Festsetzung von Prämien-Richtzahlen bzw. gleitenden Neuwertfaktoren der Gebäudeversicherer."

137 Bei Heranziehung der regionalisierten Normalherstellungskosten 2000 (NHK) können sie zur Anwendung kommen, obwohl **grundsätzlich landesspezifischen Indexreihen** der Vorzug zu geben ist. Die Abweichungen sind derzeit nämlich noch unerheblich.

138 Zur **Anwendung der Indexreihen** werden folgende Erläuterungen gegeben:

Beispiel 1:

Brutto-Grundflächenpreis 2000 = 700 €/m². Die Wertermittlung ist auf das Jahr 2008 durchzuführen. Der Baupreisindex auf der Basis 2005 = 100 beträgt für 2000 = 97,9 und für das Jahr 2008 = 111,8.
Der Brutto-Grundflächenpreis ist wie folgt umzurechnen:

$$\frac{700\ €/m^2 \times \text{Index 2008}}{\text{Index 2000}} = 700\ €/m^2 \times \frac{111,8}{97,9} = 799,39\ €/m^2 \text{ oder rd. } 800\ €/m^2$$

(vgl. hierzu Anh. 2.6)

Beispiel 2:

139 Als Raummeterpreis (BRI) 2000 für ein gewerbliches Lagergebäude wurden 80 €/m³ festgestellt. Er ist auf das Jahr der Wertermittlung 2008 umzurechnen.

Baupreisindex 2000 (vgl. Anh. 2.6)   95,7
Baupreisindex 2008 (vgl. Anh. 2.6)   113,6

Raummeterpreis 2008: 80 €/m³ × 113,6/95,7 = rd. 95 €/m³

140 Grundsätzlich ist das **Indizieren von Normalherstellungskosten umso fehlerträchtiger, je größer die Zeiträume sind, die mit Baupreisindexreihen überbrückt werden.** Dies ist u.a. auf die Verknüpfung verschiedener Rechnungsmethoden (Warenkörbe) zurückzuführen.

---

[33] Statistisches Bundesamt in GWW 1967, Brüdgam in Bauwirtschaft 1977, 474; Wirtschaft und Statistik 1959, 588.

Ein Hoch- und Herunterindizieren über einen Zeitraum von mehr als fünfzehn Jahren ist fachlich abzulehnen, weil die dafür zwar zur Verfügung stehenden Indexreihen aus der Verkettung von Indexreihen mit unterschiedlichen Erfassungsmethoden und sich stetig ändernden Regelbauleistungen hervorgegangen sind[34].   **141**

Schon aus diesem Grunde, aber vor allem aus grundsätzlichen Erwägungen, sollte daher die Heranziehung aktueller Erfahrungswerte für Normalherstellungskosten mit dem Ziel angestrebt werden, die „Überbrückung" der sich mit der Zeit ändernden Baupreisverhältnisse möglichst klein zu halten. Es kommt hinzu, dass sich die Normalherstellungskosten auf die Baugestaltung und Bauausführung beziehen, wie sie zum Zeitpunkt üblich waren, als die zur Ermittlung der Normalherstellungskosten herangezogenen Daten anfielen. Zwischenzeitlich eingetretene Änderungen in Baugestaltung und Bauausführung können deshalb bei Zugrundelegung überholter und veralteter Normalherstellungskosten, wie z. B. die **13er-Werte,** insbesondere für später errichtete Gebäude das Ergebnis verfälschen, wenn diese nicht anderweitig berücksichtigt werden.   **142**

Das Indizieren von Normalherstellungskosten über größere Zeiträume wird auch problematisch, wenn sich die **Preisentwicklung in den verschiedenen Teilräumen** unterschiedlich entwickelt. Dies macht insbesondere der Vergleich der Preisentwicklung in Berlin mit dem übrigen Bundesgebiet deutlich[35]. Derzeit bestehen diesbezüglich allenfalls geringfügige Probleme, wenn die auf 2000 bezogenen Normalherstellungskosten herangezogen werden. Diese stellen Bundesmittelwerte dar.   **143**

Das Problem besteht aber in der richtigen Erfassung des örtlichen Baupreisniveaus im Verhältnis zu den Bundesmittelwerten. Die Unterschiede lassen sich mit Hilfe der unter Rn. 118 abgedruckten **Korrekturfaktoren** ermitteln, wobei sich – bezogen auf die Verhältnisse im Jahre 2000 – die dargestellten Niveauunterschiede als Querschnittswerte für den Wohnungs-, Gewerbe- und Kommunalbau ergeben. Im Rahmen der allgemeinen Schätzgenauigkeit können diese vielfach noch vernachlässigt werden. Soweit sich die Baupreise regional deutlich unterschiedlich entwickeln, kann es mit zunehmendem Zeitablauf zweckmäßig werden, den landesspezifischen Index heranzuziehen, wobei in den Grenzzonen nicht schematisch nach der Belegenheit des zu bewertenden Objekts vorgegangen werden darf. Hier muss der Sachverständige nach seinen Ortskenntnissen entscheiden, ob er den Baupreisindex des benachbarten Bundeslandes (mit-)berücksichtigt.   **144**

Nach den vorstehenden Ausführungen kann es bei einem **Auseinanderdriften der Baupreisentwicklung in den verschiedenen Bundesländern** zweckmäßig werden, wenn die Normalherstellungskosten 2000 (NHK), die als Bundesmittelwerte abgeleitet wurden, zur Sachwertermittlung herangezogen werden, folgendermaßen vorzugehen (Abb. 13):   **145**

a) Normalherstellungskosten 2000 (NHK 2000);

b) Berücksichtigung des Regionaleinflusses durch Anwendung des jeweiligen Korrekturfaktors: ggf. zusätzliche Berücksichtigung des Einflusses des Ortes durch zusätzliche Anwendung des örtlichen Korrekturfaktors;

c) Indizierung mit landesspezifischem Baupreisindex.

---

[34] Metzmacher/Krikler, Gebäudeschätzung über die Bruttogeschossfläche, 2. Aufl. Bundesanzeiger Verlag Köln 2005, S. 13 f.
[35] Vgl. die Indexreihen im Anh. 2.6; zur Geschichte vgl. Pfarr in BW-Feuilleton 1994, 48.

Abb. 13: Indizierung mit Hilfe des Bundes- bzw. Landesindexes

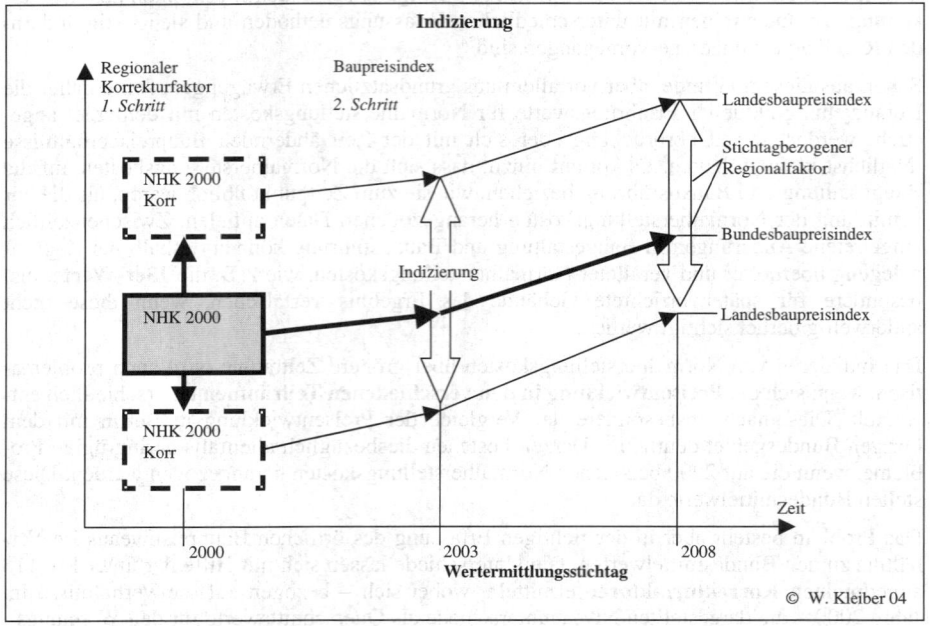

4.2.6 Wertanteil besonderer Bauteile und von „c-Flächen"

▶ *Vgl. Rn. 194 ff.*

146 Der Wertanteil der „c-Flächen" muss in einem besonderen Rechenschritt zusätzlich erfasst werden, wenn nach § 8 Abs. 2 Nr. 1 ImmoWertV **Sachwertfaktoren herangezogen werden, die vom Gutachterausschuss auf der Grundlage** einer um die „c-Fläche" **verminderten BGF ermittelt worden sind.**

147 Der Wertanteil der c-Flächen ist wie der Wertanteil **„besonderer Bauteile"** wie Kellertreppen, Lichtschächte und Eingangstreppen, soweit sie mit den Normalherstellungskosten nicht erfasst sind, weil sie von dem sonst „Üblichen" abweichen, i.d.R. von untergeordneter Bedeutung (i.d.R. ≤ 1 % des Gebäudesachwerts) und kann zur Vereinfachung mit einem pauschalen Zeitwert zum Ansatz gebracht werden.

4.2.7 Zusammenfassung

148 In der **Gesamtschau** ergeben sich die objekt- und stichtagsspezifischen Normalherstellungskosten aus den nach
- Gebäudetypen,
- Gebäudebaujahrsklassen und
- Ausstattungsstandard

tabellierten Normalherstellungskosten multipliziert mit
- dem Baunebenkostenfaktor,
- den regionalen Korrekturfaktoren A und B,
- (bei Mehrfamilien-Wohnhäusern) den Korrekturfaktoren C und D für Grundrissart und Wohnungsgröße,
- ggf. dem Konjunkturfaktor (vgl. Rn. 124) und

– dem Indexfaktor

nach folgendem Schema (Abb. 14).

Abb. 14: Ermittlung der Herstellungskosten mit Normalherstellungskosten

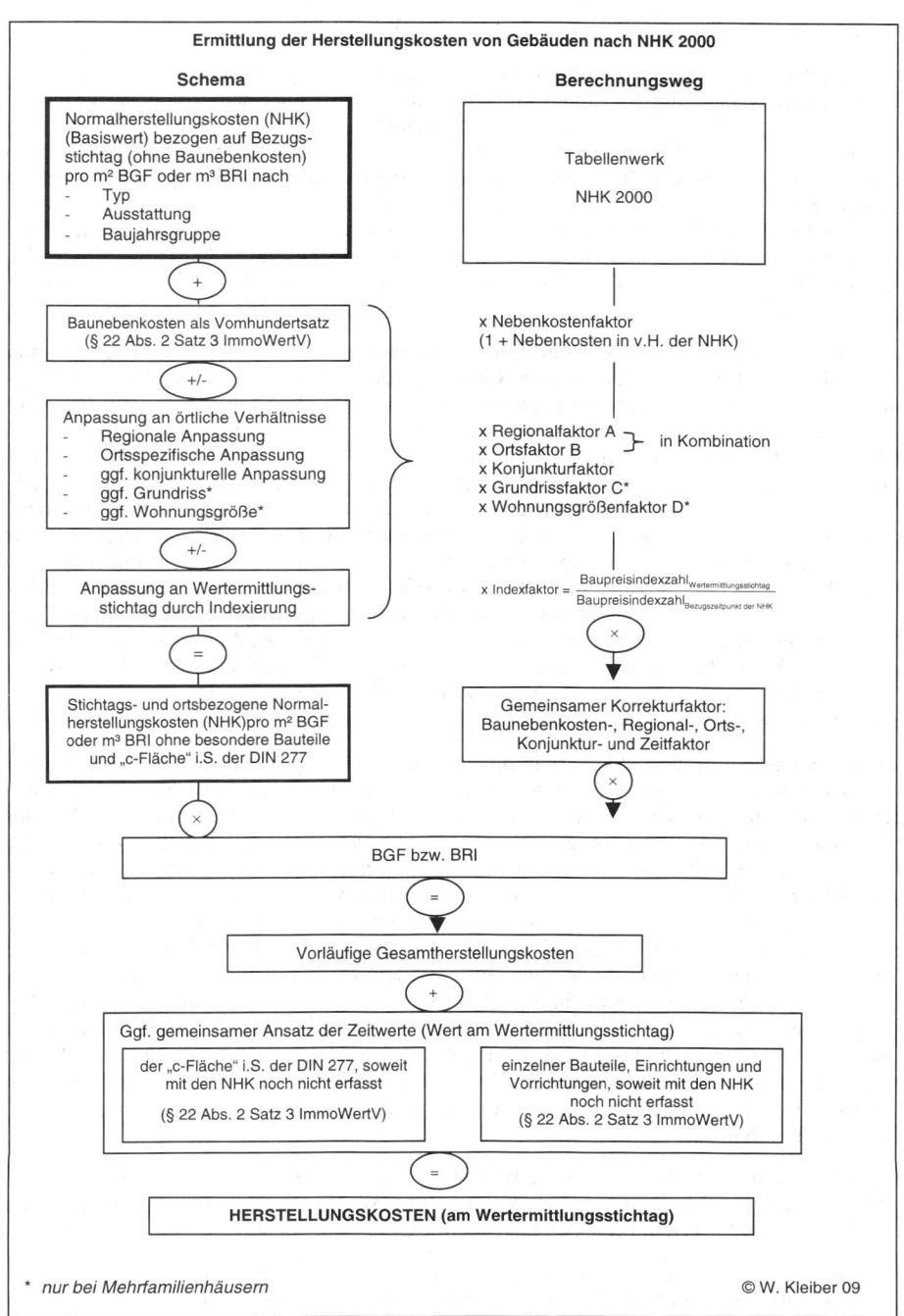

4.3 Alterswertminderung (§ 23 ImmoWertV)

4.3.1 Übersicht

Schrifttum: *Mann, W.,* Marktkonforme Gebäudeabschreibung im Sachwertverfahren, GuG 2008, 129.

▶ *Vgl. hierzu die Erläuterungen zu § 23 ImmoWertV Rn. 1 ff.*

149 Ausgangspunkt der Sachwertermittlung ist der auf der Grundlage von Ersatzbeschaffungskosten ermittelte Herstellungswert eines am Wertermittlungsstichtag neu errichteten Gebäudes (Neubauwert des Gebäudes). Soweit es sich tatsächlich jedoch um ein älteres Gebäude handelt, muss deshalb u. a. berücksichtigt werden, dass ein Gebäude aufgrund sich wandelnder Anforderungen an ein **Gebäude trotz Instandhaltung einem wirtschaftlichen Wertverzehr unterworfen** ist. Es entspricht nämlich mit fortschreitendem Alter bzw. abnehmender Restnutzungsdauer nach Anlage, Struktur, Grundriss, Ausstattung und vielem mehr immer weniger dem Standard eines neuerrichteten Gebäudes, und irgendwann „stirbt" seine wirtschaftliche Nutzbarkeit (vgl. IAS 16 §§ 50 ff.). Dem muss mit der Alterswertminderung Rechnung getragen werden.

150 Die **Alterswertminderung ist allein von der wirtschaftlichen Gebrauchsfähigkeit einer Immobilie und nicht von den Kosten der Instandhaltung** oder der wirtschaftlichen Nutzungsdauer bzw. physischen Lebensdauer einzelner Bauteile **abhängig,** wie in dem Ergebnisbericht des Baukosteninformationszentrums Deutscher Architektenkammern (BKI) unter Ziff. 5 unterstellt wird. Von daher ist auch der Ansatz von *Vogels*[36] abzulehnen, der die Alterswertminderung nach den am Stichtag der Wertermittlung erforderlichen Instandsetzungsrückstellungen bemessen will. Auch das Sachwertverfahren geht nämlich grundsätzlich von einer ordnungsgemäßen Instandhaltung aus. Das Gebäude unterliegt indessen unabhängig von den Kosten dieser Instandhaltung einem wirtschaftlichen Wertverzehr, weil es irgendwann trotz Instandhaltung nicht mehr zeitgemäß ist und wirtschaftlich „stirbt". Die Alterswertminderung stellt damit letztlich eine sich an der wirtschaftlichen Ertragsfähigkeit orientierende Größe dar. Je nach Gebäudeart können sich die an ein Gebäude gestellten Anforderungen in relativ kurzer Zeit (Logistikimmobilien) oder erst langfristig (z. B. Kirchen) derart wandeln, dass ein Gebäude entweder wirtschaftlich abgängig ist oder modernisiert werden muss, um es weiterhin wirtschaftlich nutzen zu können.

151 Die **Alterswertminderung (Abschreibung) stellt** wie im Übrigen auch die Berücksichtigung von Wertminderungen bzw. Werterhöhung wegen Baumängeln und Bauschäden und sonstigen besonderen objektspezifischen Grundstücksmerkmalen (§ 8 Abs. 3 ImmoWertV) **eine Marktanpassung dar** und muss als solche begriffen werden, denn sie zielt darauf ab, den zunächst nach den üblichen Kosten eines Neubaus ermittelten Herstellungswert auf einen marktüblichen Wert zu reduzieren, der für ein wirtschaftlich gealtertes Objekt im gewöhnlichen Geschäftsverkehr erzielbar ist. Mit der Alterswertminderung soll also die Wertminderung erfasst werden, die im gewöhnlichen Geschäftsverkehr hinzunehmen ist, weil ein Gebäude mit zunehmendem Alter trotz seiner ordnungsgemäßen Instandhaltung gegenüber den zeitgemäßen Anforderungen zurückfällt. Sofern keine Notwendigkeit der Berücksichtigung von Wertminderungen bzw. Werterhöhungen wegen Baumängeln und Bauschäden und sonstigen besonderen objektspezifischen Grundstücksmerkmalen (§ 8 Abs. 3 ImmoWertV) bestünde, müsste allein schon eine „richtig" dimensionierte Alterswertminderung zum Verkehrswert (Marktwert) führen. Für eine weitere Marktanpassung (§ 8 Abs. 2 ImmoWertV) wäre kein Raum mehr.

152 Im Rahmen einer marktkonformen Sachwertermittlung wäre es nur konsequent, die Alterswertminderung empirisch aus dem Markt (mit Hilfe von Vergleichspreisen) abzuleiten. Dies allerdings ist der Wertermittlungspraxis allerdings bislang nicht gelungen, und auch die

---

36 Vogels, Verfahren zur Alterwertminderung im Sachwertverfahren, Tag der Immobilienbewertung 1993, Deutsche Consulting Institut GmbH München; a.A. Simon/Kleiber, Schätzung und Ermittlung von Grundstückswerten, 8. Aufl. S. 424; vgl. hierzu Kleiber/Simon, Verkehrswertermittlung von Grundstücken, 5. Aufl. S. 1862.

angeblich empirisch abgeleiteten Alterswertminderungen (*Schindler, Gerardy* und *Vogels*) sind falsch. Wären sie richtig, dürfte es bei Heranziehung dieser Tabellen (ceteris paribus) keine Marktanpassung geben. Tatsächlich sind aber auch bei Heranziehung dieser Tabellen bekanntlich erhebliche Marktanpassungszu- und -abschläge erforderlich.

Da es keine gesicherten Erkenntnisse über die „richtige" Alterswertminderung gibt, bietet es sich im Interesse der Vereinheitlichung und der Vergleichbarkeit von Wertermittlungen an, für den Regelfall von einer linearen Abschreibung auszugehen. Die (klassische) Marktanpassung ist letztlich ein Korrekturfaktor, mit dem eine letztlich „unbekannte" Alterswertminderung korrigiert, d.h. an den Markt angepasst wird. Wo man indes auf empirisch abgeleitete Marktanpassungsfaktoren der Gutachterausschüsse für Grundstückswerte zurückgreifen kann, muss man die Alterswertminderung seiner Wertermittlung zugrunde liegen, die der Gutachterausschuss für Grundstückswerte bei seiner Ableitung der Marktanpassungsfaktoren herangezogen hat (Grundsatz der Modellkonformität). **153**

Die Alterswertminderung steht in unmittelbarem Zusammenhang mit der Gesamt- und Restnutzungsdauer. Während die übliche Gesamtnutzungsdauer die Anzahl der Jahre angibt, in denen eine neuerrichtete bauliche Anlage bei ordnungsgemäßer Instandhaltung voraussichtlich wirtschaftlich genutzt werden kann, gibt die wirtschaftliche Restnutzungsdauer die Anzahl der Jahre an, in denen eine ältere bauliche Anlage unter Berücksichtigung des Wertverzehrs der baulichen Anlage noch wirtschaftlich genutzt werden kann. Sofern die **Restnutzungsdauer (RND)** nicht unabhängig vom Alter der baulichen Anlage geschätzt werden kann, wird sie in der Praxis regelmäßig **durch Abzug des Alters der baulichen Anlage von der üblichen (wirtschaftlichen) Gesamtnutzungsdauer** ermittelt: **154**

Restnutzungsdauer (RND) = Übliche Gesamtnutzungsdauer (GND) – Alter

a) Haben hingegen durchgreifende Instandsetzungs- und *Modernisierungsmaßnahmen* zu einer Verlängerung der üblichen Gesamtnutzungsdauer geführt, so ist zur Ermittlung der Alterswertminderung gleichwohl von der üblichen Gesamtnutzungsdauer und der sich daraus ergebenden (verlängerten) Restnutzungsdauer auszugehen; im Ergebnis entspricht dies einer (rechnerischen) Verjüngung des Gebäudes.

b) Haben indessen *unterlassene Instandhaltungsmaßnahmen* oder *andere Gegebenheiten* zu einer Verkürzung der üblichen Gesamtnutzungsdauer geführt, so muss auch in diesen Fällen bei der Ermittlung der Alterswertminderung von der üblichen Gesamtnutzungsdauer und der sich daraus ergebenden (verkürzten) Restnutzungsdauer ausgegangen werden. Im Ergebnis entspricht diese Vorgehensweise einer (rechnerischen) Alterung des Gebäudes.

Neben der unterlassenen Instandhaltung können nach § 6 Abs. 6 ImmoWertV auch **„andere Gegebenheiten"** zu einer Verkürzung der Restnutzungsdauer geführt haben. Dies können sein u.a.: **155**

– Baumängel oder Bauschäden (vgl. § 8 Abs. 3 ImmoWertV),

– eine wirtschaftliche Überalterung i.S. des § 8 Abs. 3 ImmoWertV,

– ein Zurückbleiben hinter den allgemeinen Anforderungen an gesunde Wohn- und Arbeitsverhältnisse (städtebauliche Missstände oder Mängel; vgl. § 4 Abs. 3 Nr. 3 ImmoWertV).

– eine „wegbrechende Marktlage" mit einem dauerhaften Leerstand kann die wirtschaftliche Restnutzungsdauer im Grenzfall sogar zu „Null" gehen lassen (vgl. § 8 ImmoWertV Rn. 337, 332).

Aus der vorstehenden Formel lässt sich umgekehrt das (fiktive) **Alter der baulichen Anlage** ermitteln, wenn die Restnutzungsdauer z. B. im Wege der Schätzung ermittelt worden ist: **156**

(Fiktives) Alter = Übliche Gesamtnutzungsdauer (GND) – Restnutzungsdauer (RND)

Die Formel ergibt ein **fiktives Alter**, wenn **157**

– die Restnutzungsdauer aufgrund durchgeführter Modernisierungsmaßnahmen verlängert und damit das Gebäude künstlich verjüngt worden ist oder

– die Restnutzungsdauer aufgrund unterlassener Instandhaltung verkürzt und damit das Gebäude künstlich einer Alterung unterworfen worden ist.

Eine sachverständige Schätzung der Restnutzungsdauer nach dem Zustand des Gebäudes ohne Blick auf dessen Alter kann oft zu angemesseneren Ergebnissen führen.

Abb. 15   Übersicht über die Fallgruppen der Alterswertminderung

4.3.2   Gesamt- und Restnutzungsdauer

▶ *Allgemeines vgl. § 6 ImmoWertV Rn. 370 ff.*

158 Grundsätzlich ist zwischen der Gesamtnutzungsdauer und der Restnutzungsdauer einer baulichen Anlage zu unterscheiden.

– Als **Restnutzungsdauer** (*remaining economic life*) wird nach der Grundsatzregelung des ersten Halbsatzes des § 6 Abs. 6 ImmoWertV **die prognostizierte Anzahl der Jahre definiert, in denen die baulichen Anlagen bei *„ordnungsgemäßer Bewirtschaftung"* voraussichtlich noch wirtschaftlich genutzt werden kann.**

– Als **Gesamtnutzungsdauer** ist im Rahmen der Alterswertminderung nach § 23 Satz 3 ImmoWertV die bei ordnungsgemäßer Bewirtschaftung (Instandhaltung) „übliche" (durchschnittliche) Gesamtnutzungsdauer der baulichen Anlagen vorgegeben und zwar unabhängig davon, ob sie sich gemäß § 6 Abs. 6 ImmoWertV durch

• eine unterlassene Instandhaltung oder „anderer Gegebenheiten" oder

• durch eine Modernisierungen

verkürzt bzw. verlängert hat.

159 Bei der Ermittlung der Alterswertminderung ist nach § 23 Satz 3 ImmoWertV also **stets von der üblichen Gesamtnutzungsdauer auszugehen.** § 6 Abs. 6 ImmoWertV bestimmt zwar, dass sich die Restnutzungsdauer aufgrund durchgeführter Instandsetzungen oder Modernisierungen oder unterlassener Instandhaltung oder anderer Gegebenheiten verlängern oder verkürzen kann und damit sich tatsächlich auch die Gesamtnutzungsdauer der baulichen Anlage verlängern oder verkürzen kann, jedoch ist im Rahmen der Ermittlung der Alterswertminderung stets die „bei ordnungsgemäßer Bewirtschaftung übliche wirtschaftliche Nutzungsdauer" zu bemessen. Diese Besonderheit ist in der sachgerechten Ermittlung der Alterswertminderung begründet (vgl. Rn. 173 ff.).

4.3.3 Alterswertminderung

4.3.3.1 Allgemeines

Schrifttum: *Erxleben,* Schätzung der Wertminderung, VR 1976, 381; *Mann, W.,* Marktkonforme Gebäudewertabschreibung im Sachwertverfahren, GuG 2008, 129; *Schindler,* Analyse von Kaufpreisen bei Einfamilienhäusern, Lehrbriefe zum Kontaktstudium des geodätischen Instituts, Nieders. Landesverwaltungsamt Hannover 1976; *Tiemann, M.,* Reformvorschläge zum Ertrags- und Sachwertverfahren, AVN 1970, 523; *Tscheließnigg,* Die Alterung von Bauwerken, DBZ 1981, 251.

▶ *Vgl. nähere Erläuterungen bei § 23 ImmoWertV*

160 Die Alterswertminderung bestimmt sich nach § 23 Satz 1 ImmoWertV nach dem Verhältnis der Restnutzungsdauer zur üblichen Gesamtnutzungsdauer. Dies lässt zunächst jede Art einer stetigen Abschreibung zu. Mit § 23 Satz 2 ImmoWertV wird jedoch als **Regelabschreibung** eine „gleichmäße" Alterswertminderung, d.h. **lineare Abschreibung** vorgegeben (vgl. § 23 ImmoWertV Rn. 12). Andere Abschreibungen (vgl. § 14 ImmoWertV Rn. 59), wie sie noch nach § 23 WertV 88/98 zulässig waren, sind mit Inkrafttreten der ImmoWertV nicht mehr zulässig. Unzulässig ist damit auch die in der Wertermittlungspraxis verbreitete Abschreibung nach Ross („Rosskur").

161 Die früher (regional unterschiedlich) gebräuchlichen Abschreibungen (nach *Ross, Tiemann, Gerardy, Vogels, AGVGA* usw.) sind in der 5. Aufl. dieses Werks auf S. 1854 ff., 1939 ff. eingehend dargestellt und werden aus vorstehenden Gründen nicht mehr abgedruckt.

4.3.3.2 Lineare Abschreibung

162 Unter einer „gleichmäßigen" Alterswertminderung ist eine lineare Alterswertminderung (vgl. Anh. 8a WERTR) zu verstehen, bei der die Alterswertminderung über die Gesamtnutzungsdauer (GND) für dieselben Jahresraten gleich (hoch) ist *(straight line depreciation method).*

$$\text{Wertminderung [\%]} = \frac{100 \times \text{Alter}}{\text{GND}} = \frac{100 \, (\text{GND} - \text{RND})}{\text{GND}}$$

wobei GND = Übliche Gesamtnutzungsdauer
RND = Restnutzungsdauer

163 Die **Alterswertminderung nach „Ross"** (1838–1901) in v.H. des Herstellungswerts (Anl. 8a WERTR), weist dagegen einen parabolischen Verlauf auf.

$$\text{Wertminderung [\%]} = 50 \times \frac{\text{Alter}^2}{\text{GND}^2} + \frac{\text{Alter}}{\text{GND}}$$

wobei GND = Gesamtnutzungsdauer
RND = GND − Alter

V Syst. Darst. Sachwertverf. — Alterswertminderung

Alterswertminderung (linear und nach Ross)

Rest-nutzungs-dauer	10 linear	10 Ross	20 linear	20 Ross	30 linear	30 Ross	40 linear	40 Ross	50 linear	50 Ross	60 linear	60 Ross	70 linear	70 Ross	80 linear	80 Ross	90 linear	90 Ross	100 linear	100 Ross
0	100	100	100	100	100	100	100	100	100	100	100	100	100	100	100	100	100	100	100	100
1	90	86	95	93	97	95	98	96	98	97	98	98	99	98	99	98	99	98	99	99
2	80	72	90	86	93	90	95	93	96	94	97	95	97	96	98	96	98	97	98	97
3	70	60	85	79	90	86	93	89	94	91	95	93	96	94	96	94	97	95	97	96
4	60	48	80	72	87	81	90	86	92	88	93	90	94	92	95	93	96	93	96	94
5	50	38	75	66	83	76	88	82	90	86	92	88	93	90	94	91	94	92	95	93
6	40	28	70	60	80	72	85	79	88	83	90	86	91	88	93	89	93	90	94	91
7	30	20	65	54	77	68	83	75	86	80	88	83	90	86	91	87	92	89	93	90
8	20	12	60	48	73	64	80	72	84	77	87	81	89	84	90	86	91	87	92	88
9	10	6	55	43	70	60	78	69	82	75	85	79	87	82	89	84	90	86	91	87
10	0	0	50	38	67	56	75	66	80	72	83	76	86	80	88	82	89	84	90	86
11			45	33	63	52	73	63	78	69	82	74	84	78	86	80	88	82	89	84
12			40	28	60	48	70	60	76	67	80	72	83	76	85	79	87	81	88	83
13			35	24	57	44	68	57	74	64	78	70	81	74	84	77	86	79	87	81
14			30	20	53	41	65	54	72	62	77	68	80	72	83	75	84	78	86	80
15			25	16	50	38	63	51	70	60	75	66	79	70	81	74	83	76	85	79
16			20	12	47	34	60	48	68	57	73	64	77	68	80	72	82	75	84	77
17			15	9	43	31	58	45	66	55	72	62	76	67	79	70	81	73	83	76
18			10	6	40	28	55	43	64	52	70	60	74	65	78	69	80	72	82	75
19			5	3	37	25	53	40	62	50	68	58	73	63	76	67	79	71	81	73
20			0	0	33	22	50	38	60	48	67	56	71	61	75	66	78	69	80	72
21					30	20	48	35	58	46	65	54	70	60	74	64	77	68	79	71
22					27	17	45	33	56	44	63	52	69	58	73	63	76	66	78	69
23					23	14	43	30	54	42	62	50	67	56	71	61	74	65	77	68
24					20	12	40	28	52	40	60	48	66	54	70	60	73	64	76	67
25					17	10	38	26	50	38	58	46	64	53	69	58	72	62	75	66
26					13	8	35	24	48	36	57	44	63	51	68	57	71	61	74	64
27					10	6	33	22	46	34	55	43	61	50	66	55	70	60	73	63
28					7	4	30	20	44	32	53	41	60	48	65	54	69	58	72	62
29					3	2	28	18	42	30	52	39	59	46	64	52	68	57	71	61
30					0	0	25	16	40	28	50	38	57	45	63	51	67	56	70	60
31							23	14	38	26	48	36	56	43	61	49	66	54	69	58
32							20	12	36	24	47	34	54	42	60	48	64	53	68	57
33							18	10	34	23	45	33	53	40	59	47	63	52	67	56
34							15	9	32	21	43	31	51	39	58	45	62	50	66	55
35							13	7	30	20	42	30	50	38	56	44	61	49	65	54
36							10	6	28	18	40	28	49	36	55	43	60	48	64	52
37							8	4	26	16	38	26	47	35	54	41	59	47	63	51
38							5	3	24	15	37	25	46	33	53	40	58	46	62	50
39							3	1	22	13	35	24	44	32	51	39	57	44	61	49
40							0	0	20	12	33	22	43	31	50	38	56	43	60	48
41									18	11	32	21	41	29	49	36	54	42	59	47
42									16	9	30	20	40	28	48	35	53	41	58	46
43									14	8	28	18	39	27	46	34	52	40	57	45
44									12	7	27	17	37	25	45	33	51	39	56	44
45									10	6	25	16	36	24	44	31	50	38	55	43
46									8	4	23	14	34	23	43	30	49	36	54	42
47									6	3	22	13	33	22	41	29	48	35	53	41
48									4	2	20	12	31	21	40	28	47	34	52	40
49									2	1	18	11	30	20	39	27	46	33	51	39
50									0	0	17	10	29	18	38	26	44	32	50	38
51											15	9	27	17	36	25	43	31	49	37
52											13	8	26	16	35	24	42	30	48	36
53											12	7	24	15	34	23	41	29	47	35
54											10	6	23	14	33	22	40	28	46	34
55											8	5	21	13	31	21	39	27	45	33
56											7	4	20	12	30	20	38	26	44	32
57											5	3	19	11	29	19	37	25	43	31
58											3	2	17	10	28	18	36	24	42	30
59											2	1	16	9	26	17	34	23	41	29
60											0	0	14	8	25	16	33	22	40	28
61													13	7	24	15	32	21	39	27

Alterswertminderung (linear und nach Ross)

Rest-nutzungs-dauer	GND 10		GND 20		GND 30		GND 40		GND 50		GND 60		GND 70		GND 80		GND 90		GND 100	
	linear	Ross	linear	Ross	linear	Ross	linear	Ross	linear	Ross	linear	Ross	linear	Ross	linear	Ross	linear	Ross	linear	Ross
62													11	6	23	14	31	20	38	26
63													10	6	21	13	30	20	37	25
64													9	5	20	12	29	19	36	24
65													7	4	19	11	28	18	35	24
66													6	3	18	10	27	17	34	23
67													4	2	16	9	26	16	33	22
68													3	1	15	9	24	15	32	21
69													1	1	14	8	23	14	31	20
70													0	0	13	7	22	14	30	20
71															11	6	21	13	29	19
72															10	6	20	12	28	18
73															9	5	19	11	27	17
74															8	4	18	10	26	16
75															6	3	17	10	25	16
76															5	3	16	9	24	15
77															4	2	14	8	22	14
78															3	1	13	8	22	13
79															1	1	12	7	21	13
80															0	0	11	6	20	12
81																	10	6	19	11
82																	9	5	18	11
83																	8	4	17	10
84																	7	4	16	9
85																	6	3	15	9
86																	4	2	14	8
87																	3	2	13	7
88																	2	1	12	7
89																	1	1	11	6
90																	0	0	10	6
91																			9	5
92																			8	4
93																			7	4
94																			6	3
95																			5	3
96																			4	2
97																			3	2
98																			2	1
99																			1	1
100																			0	0

4.3.4 Alterswertminderung bei ordnungsgemäßer Instandhaltung (§ 23 ImmoWertV)

Nach dem Wortlaut des § 23 Satz 1 ImmoWertV bestimmt sich die Alterswertminderung unscharf „nach" dem Verhältnis der Restnutzungsdauer zur üblichen Gesamtnutzungsdauer der baulichen Anlagen. Sie wird in einem Vomhundertsatz des Herstellungswerts ausgedrückt. Tatsächlich bestimmt sich die (lineare) Alterswertminderung aus dem **Verhältnis des Alters zur üblichen Gesamtnutzungsdauer** nach folgender Formel:

$$\text{Alterswertminderung}_{[\%]} = \frac{\text{Alter}}{\text{Übliche Gesamtnutzungsdauer}} \times 100 \tag{1}$$

Beispiel:

Übliche Gesamtnutzungsdauer (GND) = 80 Jahre
Alter = 60 Jahre

Alterswertminderung [%] = 60 Jahre/80 Jahre = 75 %

V Syst. Darst. Sachwertverf. — Alterswertminderung

166 Die sich so ergebende Alterswertminderung ist der Vomhundertsatz der Herstellungskosten, mit dem sich der Absolutbetrag der Wertminderung errechnen lässt:

167 *Beispiel:*

Herstellungskosten (Neubauwert)	=	1 000 000 €
Alterswertminderung in v.H.	=	75 %
absolut	=	1 000 000 € × 0,75 = 750 000 €

Alterswertgeminderte Herstellungskosten:

Herstellungskosten (Neubau)	=	1 000 000 €
– *Alterswertminderung*	=	– 750 000 €
= **Herstellungskosten (alterswertgemindert)**	=	**250 000 €**

168 Die vorgestellte Vorgehensweise hat den Vorteil, dass der Alterswertminderungsbetrag in absoluter Höhe ausgeworfen wird; sie ist aber unnötig rechenaufwendig. Rechentechnisch einfacher ist es, wenn unter Verzicht auf einen gesonderten Auswurf des Alterswertminderungsbetrags gleich in „einem Zuge" die alterswertgeminderten Herstellungskosten ermittelt werden. Die **alterswertgeminderten Herstellungskosten ergeben sich als Produkt aus Herstellungskosten (Neubauwert) und Alterswertminderungsfaktor**, der sich wie folgt definiert:

$$\text{Alterswertminderungsfaktor [\%]} = \text{RND/GND}$$

169 *Beispiel* (vgl. vorangehendes Beispiel):

Übliche Gesamtnutzungsdauer (GND)	=	80 Jahre
Restnutzungsdauer (RND)	=	20 Jahre
Herstellungskosten (Neubau)	=	1 000 000 €

Alterswertminderungsfaktor [%] = 20 Jahre/80 Jahre = 25 %

Alterswertgeminderter Herstellungskosten = 1 000 000 € × 0,25 = 250 000 €

170 Diese Vorgehensweise hat auch den Vorteil, dass man **das Alter der baulichen Anlage erst gar nicht zu ermitteln braucht.** Dies ist oftmals auch gar nicht möglich. Es kommt hinzu, dass es auf das tatsächliche Alter – wie noch zu erläutern ist – gar nicht ankommt.

171 Das Alter der baulichen Anlage dient in der Praxis lediglich hilfsweise der Ermittlung der Restnutzungsdauer, auf die es nach dem Wortlaut der Vorschrift entscheidend ankommt.

Abb. 16: Alterswertminderung bei einer üblichen Gesamtnutzungsdauer

© W. Kleiber 09

172 *Beispiel:*
Restnutzungsdauer 60 Jahre, übliche Gesamtnutzungsdauer (GND) 100 Jahre.
Alterswertminderung (linear): 40 × 100/100 = 40 v.H.
(bei üblicher Gesamtnutzungsdauer von 80 Jahren:)
Alterswertminderung (linear): 20 × 100/80 = 25 v.H.

4.3.5 Alterswertminderung bei verkürzter oder verlängerter Restnutzungsdauer

4.3.5.1 Allgemeines

▶ *Zur Berücksichtigung einer geänderten Restnutzungsdauer bei Anwendung des Ertragswertverfahrens vgl. Syst. Darst. des Ertragswertverfahrens Rn. 263 ff. sowie Erläuterungen zu § 6 ImmoWertV Rn. 389 ff.*

Wird die übliche Gesamtnutzungsdauer durch Modernisierungsmaßnahmen verlängert oder wird sie durch unterlassene Instandhaltung verkürzt, so bleibt (nach § 23 Satz 3 ImmoWertV) **im Rahmen der Ermittlung der Alterswertminderung** (lex specialis) **die übliche Gesamtnutzungsdauer (GND) unverändert.** 173

Dieses „**Prinzip der gleich bleibenden Gesamtnutzungsdauer**" ist darin begründet, dass sich für eine bauliche Anlage mit einer bestimmten Restnutzungsdauer die Alterswertminderung nicht durch 174

– eine Verlängerung der tatsächlichen Gesamtnutzungsdauer (aufgrund durchgeführter Modernisierungen) erhöht, bzw.

– eine Verkürzung der tatsächliche Gesamtnutzungsdauer (aufgrund unterlassener Instandhaltung) vermindert.

Dies würde, wie nachstehend erläutert wird, aber im Falle einer Ermittlung der Alterswertminderung auf der Grundlage einer entsprechend verlängerten und verkürzten Gesamtnutzungsdauer sich ergeben und wäre nicht sachgerecht. Denn in Bezug auf die künftige wirtschaftliche Nutzungsfähigkeit zählt, wie bei Anwendung des Ertragswertverfahrens, allein die verbleibende Restnutzungsdauer.

1. Alterswertminderung bei üblicher Gesamtnutzungsdauer

Zur Erläuterung wird zunächst die Alterswertminderung für eine bauliche Anlage mit einer üblichen Gesamtnutzungsdauer von 100 Jahren bei einer Restnutzungsdauer von 50 Jahren ermittelt: 175

Abb. 17: Wertminderung bei üblicher Gesamtnutzungsdauer

2. Alterswertminderung bei verlängerter und verkürzter Gesamtnutzungsdauer

Würde man die Alterswertminderung für dieselbe bauliche Anlage mit derselben Restnutzungsdauer von 50 Jahren (im Falle einer Modernisierung bzw. unterlassenen Instandhaltung) auf der Grundlage einer verlängerten bzw. verkürzten Gesamtnutzungsdauer ermitteln, so 176 würde sich eine Wertminderung ergeben, die der Restnutzungsdauer nicht gerecht wird. Die Alterswertminderung würde sich nämlich bei unterlassener Instandhaltung vermindern und umgekehrt bei durchgeführter Modernisierung erhöhen (Abb. 18).

Abb. 18: Wertminderung bei verlängerter bzw. verkürzter Gesamtnutzungsdauer

177 Die Restnutzungsdauer beläuft sich jedoch in allen vorgestellten Beispielen auf 50 Jahre und im Verhältnis zur üblichen Gesamtnutzungsdauer muss sich in allen Fällen dieselbe Alterswertminderung ergeben. Dabei kann es keine Rolle spielen, ob sich in der Vergangenheit die tatsächliche Gesamtnutzungsdauer verlängert oder vermindert hat. Dies wäre eine Disparität gegenüber dem Ertragswertverfahren, denn die Höhe des Ertragswerts ist allein von der Restnutzungsdauer der baulichen Anlage abhängig; der Vervielfältiger nach § 20 ImmoWertV ist allein eine Funktion der Restnutzungsdauer und des Liegenschaftszinssatzes.

178 Dies lässt sich auch damit begründen, dass durchgreifend instand gesetzte oder modernisierte Gebäude zu einem erheblichen Anteil mehr neuwertige Bauteile als vergleichsweise nicht modernisierte Objekte aufweisen und sich ein **derartiges Objekt am Wertermittlungsstichtag jünger** darstellt, **als es seinem tatsächlichen Baujahr entspricht.** Die Verlängerung der Restnutzungsdauer durch Instandsetzungen oder Modernisierungen stellt also eine künstliche Verjüngung der baulichen Anlage dar.

179 Um diesbezüglich Unterschiede zwischen Sach- und Ertragswertverfahren zu vermeiden, schreibt § 23 ImmoWertV vor, dass es bei der **Ermittlung der Alterswertminderung** auch für den Fall einer **Verkürzung oder Verlängerung der Restnutzungsdauer** und damit der Gesamtnutzungsdauer der baulichen Anlage

a) bei der ansonsten „üblichen" Gesamtnutzungsdauer verbleiben soll und

b) der geänderten Restnutzungsdauer durch Berechnung eines fiktiven Alters der baulichen Anlage Rechnung getragen wird.

180 Die Alterswertminderung kann infolgedessen nach der unter Rn. 156 f. angegebenen Formel bestimmt werden, wobei **an Stelle des tatsächlichen Alters das fiktive Alter** anzusetzen ist:

$$\text{Wertminderung [\%]} = \frac{\text{fiktives Alter}}{\text{übliche Gesamtnutzungsdauer}} \times 100 \tag{6}$$

181 Ein weiterer Vorteil des beschriebenen Verfahrens liegt in der **verfahrenstechnischen Vereinfachung,** denn die Praxis kommt infolgedessen mit Alterswertminderungstabellen aus, die allein auf die übliche Gesamtnutzungsdauer (GND) bezogen sind. Sie können sowohl im „Normalfall" als auch bei tatsächlich verlängerter und verkürzter Gesamtnutzungsdauer

Anwendung finden, wobei – wie erläutert – lediglich mit einem fiktiven Alter der baulichen Anlage in die Tabelle eingegangen werden muss.

4.3.5.2 Unterlassene Instandhaltung

▶ *Vgl. Syst. Darst. des Ertragswertverfahrens Rn. 238 ff.; § 8 ImmoWertV Rn. 189, 198, 230 ff.*

Liegen Bauschäden oder Baumängel (§ 8 ImmoWertV Rn. 189) bzw. liegt eine unterlassene Instandhaltung vor, kann man davon ausgehen, dass das Gebäude schneller als ein vergleichbares schadenfreies Bauwerk altert. Es ist am Wertermittlungsstichtag in einem schlechteren Zustand, als sich durch Berücksichtigung der normalen Alterswertminderung ergeben würde. Dabei ist aber klarzustellen, dass **182**

1. nicht jede unterlassene Instandhaltung zu einer Verkürzung der Restnutzungsdauer führt und
2. nur eine unterlassene Instandhaltung, nicht etwa eine unterlassene Modernisierung zu einer Nutzungsdauerverkürzung führen kann[37].

Nur im Falle **unbehebbarer Bauschäden oder Baumängel (Instandhaltungsrückstau)** muss ggf. von einer verkürzten Restnutzungsdauer ausgegangen werden. **183**

Können Baumängel und Bauschäden behoben werden und ist der Eigentümer (z. B. aufgrund eines Mietverhältnisses) dazu verpflichtet (nicht disponible Baumängel und Bauschäden, vgl. § 6 ImmoWertV Rn. 236 ff.), müssen die erforderlichen Schadensbeseitigungskosten nach Maßgabe des § 8 Abs. 3 ImmoWertV berücksichtigt werden, und für eine verminderte Restnutzungsdauer ist dann kein Raum mehr. Bei disponiblen Bauschäden oder Baumängeln (Instandhaltungsrückstau) ist die Restnutzungsdauer nicht automatisch zu vermindern. In diesem Fall muss vielmehr nach wirtschaftlichen Kriterien abgewogen werden, ob der Sachwert auf der Grundlage **184**

a) einer ordnungsgemäß instand gehaltenen baulichen Anlage und damit auch auf der Grundlage der üblichen Restnutzungsdauer, jedoch unter Berücksichtigung der Schadensbeseitigungskosten nach Maßgabe des § 8 Abs. 3 ImmoWertV zu ermitteln ist, oder

b) einer bauschadens- bzw. baumängelbehafteten baulichen Anlage zu ermitteln ist, wobei dann ergänzend zu prüfen ist, ob sich dadurch die Restnutzungsdauer vermindert hat. Eine Doppelberücksichtigung der Bauschäden oder Baumängel (Instandhaltungsrückstau) muss dabei vermieden werden.

▶ *Zur Verfahrenswahl vgl. § 8 ImmoWertV Rn. 208 ff.*

Im Falle einer Verkürzung der Restnutzungsdauer aufgrund unterlassener Instandhaltungen oder anderer Gegebenheiten ermittelt sich die Alterswertminderung auf der Grundlage des fiktiven Alters (vgl. Rn. 104 sowie § 6 ImmoWertV Rn. 369 ff., 405). **185**

---

[37] BR-Drucks. 352/88, S. 64.

Abb. 19: Verkürzung der Restnutzungsdauer wegen unterlassener Instandhaltung oder unbehebbarer baulicher Mängel oder Schäden

186 *Beispiel A*

Übliche Gesamtnutzungsdauer = 80 Jahre
Restnutzungsdauer = 20 Jahre (Tatsächliches Alter = 60 Jahre)

Durch unterlassene Instandhaltungen hat sich die Restnutzungsdauer (RND) um 10 Jahre verkürzt.

Fiktives Alter = $80 - (20 - 10) = 70$ Jahre
Wertminderung = $70/80 \times 100 = \mathbf{88\,\%}$

187 *Beispiel B:*

Baujahr 1940
übliche Gesamtnutzungsdauer 80 Jahre
Ein im Jahre 1990 eingetretener Schaden begrenzt die Restnutzungsdauer auf 10 Jahre.
Alterswertminderung 1990 (ohne Schaden): $50 \times 1{,}25 = 62{,}5$ v.H.
Alterswertminderung 1990 (nach Schaden): $70 \times 1{,}25 = 87{,}5$ v.H.

4.3.5.3 Modernisierung

▶ *Zum Begriff vgl. § 19 ImmoWertV Rn. 115; § 6 ImmoWertV Rn. 396 ff., 413 ff.*

188 Ist die bauliche Anlage modernisiert worden, muss dem grundsätzlich mit einer entsprechend verlängerten Restnutzungsdauer Rechnung getragen werden. Allerdings führt auch nicht jede Modernisierung zu einer Verlängerung der Restnutzungsdauer.

Modernisierung

189 Im Falle einer Modernisierung ist es **nicht erforderlich**, die damit einhergehende **Verlängerung der Restnutzungsdauer eigenständig zu ermitteln**. Dies gestaltet sich insbesondere dann problematisch, wenn

a) die Modernisierung vor längerer Zeit durchgeführt wurde und insoweit auch nicht mehr den am Wertermittlungsstichtag herrschenden Ansprüchen entspricht,

b) Teilmodernisierungen zu unterschiedlichen Zeiten stattgefunden haben und

c) Bauteile modernisiert wurden, deren Nutzungsdauer kürzer als die Gesamtnutzungsdauer der baulichen Anlage ist (sog. „verbrauchte" Modernisierung, vgl. § 6 ImmoWertV Rn. 427).

190 Es kommt hinzu, dass die in der Wertermittlungspraxis entwickelten Verfahren zur Ermittlung der Verlängerung der Restnutzungsdauer aufgrund durchgeführter Modernisierungsmaßnahmen nicht überzeugen können (zu den Verfahren vgl. § 6 ImmoWertV Rn. 405). Eine freie Schätzung der Restnutzungsdauer auf der Grundlage des am Wertermittlungsstichtag vorgefundenen Zustands erscheint insbesondere bei vorstehender Sachlage „ehrlicher" und angemessener als komplizierte und fehlerträchtige Berechnungen.

Abb. 20: Berechnungsprinzip bei Verlängerung der üblichen Gesamtnutzungsdauer wegen durchgreifender Instandsetzung oder Modernisierung

191 *Beispiel A (lineare Wertminderung):*

Übliche Gesamtnutzungsdauer = 80 Jahre

Restnutzungsdauer = 20 Jahre (tatsächliches Alter = 60 Jahre)

Durch umfangreiche Modernisierungsmaßnahmen wurde die Restnutzungsdauer (RND) um 20 Jahre verlängert.

Fiktives Alter = 80 − (20 + 20) = 40 Jahre

Wertminderung = 40/80 x 100 = 50 %

V Syst. Darst. Sachwertverf. — Vorzeitiger Abbruch

4.3.5.4 Andere Gegebenheiten

▶ *Vgl. im Einzelnen § 8 ImmoWertV Rn. 178 ff., 401 ff.*

192 § 6 Abs. 6 ImmoWertV nennt neben der „unterlassenen Instandsetzung" auch „andere Gegebenheiten", die zu einer Verkürzung oder Verlängerung der Restnutzungsdauer führen können. Dieser in der Praxis vielfach nicht beachteten Regelung kommt eine erhebliche Bedeutung zu, denn neben den technischen Gegebenheiten kann sich die Restnutzungsdauer vor allem auch aufgrund der Verhältnisse auf dem Grundstücksmarkt (selbst für hochwertig modernisierte) Gebäude verringern. Dafür sind viele modernisierte Plattenbauten in den neuen Bundesländern Beleg.

Andere Gegebenheiten können insbesondere sein

– eine wirtschaftliche Überalterung (vgl. § 8 ImmoWertV Rn. 246),

– ein überdurchschnittlicher Erhaltungszustand (vgl. § 8 ImmoWertV Rn. 251),

– ein strukturell dauerhafter Leerstand (§ 8 ImmoWertV Rn. 303),

– eine Abbruchverpflichtung.

193 Die Restnutzungsdauer kann sich auch aufgrund einer vertragliche **Abbruchverpflichtung** mindern. In diesem Fall liegt eine über die normale Alterswertminderung nach § 23 ImmoWertV hinausgehende Beeinträchtigung vor, die berücksichtigt werden muss. Die Höhe des Abschlags kann aus der Differenz der üblichen Gesamtnutzungsdauer und der aufgrund der Abbruchverpflichtung tatsächlich erreichbaren Nutzungsdauer des Gebäudes ermittelt werden (vgl. Abb. 21).

Abb. 21: Abschlag wegen der Notwendigkeit des vorzeitigen Abbruchs des Gebäudes

Besondere Bauteile   **Syst. Darst. Sachwertverf. V**

Normalherstellungskosten der baulichen Anlage	100 000 €
Alterswertminderung 40 × 100/100 = 40 v.H.	− 40 000 €
Sachwert der baulichen Anlage	60 000 €

Wertminderung wegen der Abbruchverpflichtung 40 × 100/50	= 80 v.H.
Differenz	= 40 v.H.

Abschlag wegen Abbruchverpflichtung beträgt 40 v.H. der Normalherstellungskosten	40 000 €
Sachwert der baulichen Anlage	**20 000 €**

4.3.5.5 Besondere noch nicht berücksichtigte Bauteile und c-Flächen

▶ *Vgl. hierzu Rn. 70 f., 146; Teil III Rn. 504 ff.*

a) Allgemeines

Nach § 22 Abs. 2 Satz 2 ImmoWertV sind „einzelne **Bauteile**, Einrichtungen oder sonstige Vorrichtungen" durch Zu- und Abschläge zu berücksichtigen, sofern sie mit den herangezogenen Normalherstellungskosten noch nicht erfasst werden. Dies betrifft insbesondere **Kellerlichtschächte, Außentreppen zum Keller und Eingangstreppen**. Des Weiteren betrifft dies **besondere Betriebseinrichtungen** (vgl. § 1 ImmoWertV Rn. 57) als Bestandteile einer baulichen Anlage (DIN 276, Kostengruppe 400 ff.). Hierunter fallen insbesondere Aufzüge, Tresoranlagen, Kühlanlagen usw. Soweit es sich diesbezüglich um Einrichtungen außerhalb der baulichen Anlagen handelt (Gleisanlagen, Kräne und Förderanlagen), sind sie als bauliche oder sonstige Außenanlagen zu erfassen.   **194**

Neben diesen besonderen Bauteilen ist bei Heranziehung der NHK 2000 zu beachten, dass diese auch nicht die **Herstellungskosten der sog. c-Flächen** i.S. der DIN 277 einschließen. Bei den c-Flächen handelt es sich um nicht überdeckte Grundrissflächen, wie z. B. nicht überdeckte Balkone; Dachüberstände gelten dabei nicht als „Überdeckung".   **195**

Bereits bei Erlass der NHK 95 ist empfohlen worden, dass die Regionalisierung (einschließlich Ortsgrößenfaktoren) der Normalherstellungskosten mit den vom örtlichen Gutachterausschuss für Grundstückswerte ermittelten Sachwertfaktoren erfasst werden können. Das Gleiche gilt für die **Berücksichtigung des Wertanteils besonderer Bauteile und der genannten c-Flächen** der DIN 276, die mit den Normalherstellungskosten nicht erfasst werden. Wurden sie im Rahmen der Ableitung der Sachwertfaktoren bei der Ermittlung des Sachwerts nicht berücksichtigt, werden sie im üblichen Umfang mit den Sachwertfaktoren miterfasst. Bei Heranziehung solcher Sachwertfaktoren müssen besondere Bauteile und der Wertanteil der c-Flächen nur noch berücksichtigt werden, wenn sie erheblich über den üblichen Umfang hinausgehen.   **196**

Der **Wertanteil der besonderen Bauteile und c-Flächen ist i.d.R. von geringer Bedeutung** (nach Untersuchungen 2 %) und weitgehend vernachlässigbar.   **197**

b) Ermittlung des Wertanteils von noch nicht berücksichtigten besonderen Bauteilen und c-Flächen

Grundsätzlich besteht die Möglichkeit, die „einzelnen Bauteile, Einrichtungen oder sonstigen Vorrichtungen" (einschließlich die der c-Flächen) zusätzlich zu den Normalherstellungskosten mit ihrem Neubauwert anzusetzen und sie zusammen mit den Normalherstellungskosten einer Alterswertminderung nach § 23 ImmoWertV und ggf. einer Minderung wegen Baumängeln und Bauschäden zu unterwerfen. Da die genannten Bauteile ohnehin nur von untergeordneter Bedeutung sind, können sie zur Vereinfachung mit ihrem (altersgeminderten) **Zeitwert** angesetzt werden.   **198**

199 Dies gilt auch für die **Ermittlung des Herstellungswerts der besonderen Betriebseinrichtungen.** Im Verhältnis zu der Alterswertminderung von Gebäuden sind die besonderen Betriebseinrichtungen – je nach Art – i.d.R. einem sehr viel kürzeren Abschreibungszeitraum unterworfen.

200 Im Rahmen der **Beleihungswertermittlung** bleiben gemäß § 23 BelWertV Maschinen und Betriebseinrichtungen bei der Ermittlung des Sachwerts grundsätzlich unberücksichtigt, „sofern sie nicht wesentliche Bestandteile des Gegenstands der Beleihungswertermittlung i.S. des § 2 (BelWertV) sind. Der Wert solcher wesentlicher Bestandteile ist, wenn sich das Grundpfandrecht darauf erstreckt, unter Berücksichtigung einer normalen Abschreibung und ausreichender Abschläge für Abnutzung und technische Entwertung gesondert zu schätzen. Sofern bei Maschinen infolge der technischen Entwicklung mit einer schnellen Überalterung zu rechnen ist, können diese wertmäßig nicht angesetzt werden."

201 Der Wertanteil der besonderen Bauteile und der c-Flächen ist i.d.R. von marginaler Bedeutung. Der **verfahrenstechnisch** einfachste **Weg der Berücksichtigung besonderer Bauteile und der c-Flächen** besteht darin, sie bereits bei der Ableitung der Sachwertfaktoren nicht gesondert zu berücksichtigen, weil sie damit in ihrer üblichen Größenordnung bereits in die Sachwertfaktoren eingehen (in der nachfolgenden Abb. 22 als 3. Weg herausgestellt). Sofern die Sachwertfaktoren unter Berücksichtigung der besonderen Bauteile und der c-Flächen ermittelt wurden, müssen sie bei der Sachwertermittlung ebenfalls gesondert berücksichtigt werden, soweit sie vom Üblichen abweichen. Dabei kann man in aller Regel nach Maßgabe des § 22 Abs. 2 Satz 2 ImmoWertV pauschale am Zeitwert orientierte Zu- und Abschläge heranziehen (in der nachfolgenden Abb. 22 als 1. Weg herausgestellt). Nur in besonderen Ausnahmefällen ist eine eigenständige Ermittlung des Wertanteils in entsprechender Anwendung der §§ 22 und 23 ImmoWertV angezeigt (in der nachfolgenden Abb. 22 als 2. Weg herausgestellt).

Abb. 22: Verfahrenswege zur Berücksichtigung der besonderen Bauteile, Einrichtungen und sonstigen Vorrichtungen (einschließlich die der sog. c-Flächen i.S. der DIN 277)

Abb. 23: Normalherstellungskosten für besondere Bauteile

Normalherstellungskosten für besondere Bauteile		
Besonderes Bauteil	**Kosten in €**	**Anmerkungen**
Balkon (**Gesamtkosten**, soweit nicht in BGF enthalten)		Beinhaltet Kragplatte, Balkon mit ISO-Korb, Geländer, Abdichtung, Dämmung und Fliesenbelag
bis 5 m^2	2 500–5 000	
bis 10 m^2	4 000–7 500	
10 m^2 (aber in angemessener Größe bezogen auf die Baulichkeit)		
Balkon (Kosten pro m^2)		
Balkon Stahlbeton, Stahlgeländer	500 €/m^2	
Balkonplatte (mit keramischem Belag und Abdichtung, jedoch ohne Brüstung)	ab 250 €/m^2	
Dachterrasse		Oberer Spannwert bei hochwertigem Bodenbelag (z. B. Terrakotta, Naturstein) und gemauerter Brüstung
bis 10 m^2	2 500–5 000	
10 m^2 (aber in angemessener Größe bezogen auf die Baulichkeit)	bis 10 000	
Dachaufbauten (= 2 m^2 Ansichtsfläche)		
Steildachgaube, Wangengaube	2 000–5 500	
Fledermausgaube	3 000–6 000	
Eingangsüberdachung		
Holzkonstruktion	500–1 500	
Konstruktion aus Stahl auf Stützen	1 000–3 000	
Glasfach auf Stahl-/Eisenkonstruktion	500–1 500	
Eingangsvorbauten (soweit nicht in BGF enthalten)		Die Spannwerte gelten für Größen bis 10 m^2 BGF
Massiv, ein- und zweiseitig offen	3 000–15 000	
Leichtmetallkonstruktion	1 500–10 000	
Geschlossene Leichtmetallkonstruktion	bis 15 000	
Vordach (Stahltragewerk, Trapezprofile)	125 €/m^2	
Gartenterrassen (Gesamtkosten 10 m^2 bis 20 m^2)		
Bruchsteinplatten	1 750–3 500	
Waschbetonplatten	1 500–3 000	
Fliesen/Klinkerplatten	1 650–3 250	
Gartenterrassen (Kosten pro m^2)	250 €/m^2	
Hauseingangstreppen		Zuschlag bei Klinkerbelag 50 %
bis 5 Stufen	500–1 000	Zuschlag bei Natursteinbelag 100 %
bis 10 Stufen	750–1 500	
Kelleraußentreppe	1 000–3 500	Wange aus Mauerwerk (verputzt)
Freitreppe	35 bis 70 €/Stufe	

Besondere Bauteile — Syst. Darst. Sachwertverf. V

Normalherstellungskosten für besondere Bauteile		
Besonderes Bauteil	**Kosten in €**	**Anmerkungen**
Kellerlichtschächte		
Beton oder gemauert bis 100/40 cm	500	
Beton oder gemauert bis 100/40 cm	750–1 000	
Kunststoff	200–500	
Montagegrube (Betonwände)	500 €/m²	
Begehbarer Leitungs- und Kabeltunnel	750 €/m	
Benzin- bzw. Fettabscheider	3 500 €/Stück	
Sprinkleranlage	30 €/m²	
Klimaanlage	55 €/m² BGF	
Betonaußentreppe zwischen Mauerwerk/pro Stufe, Breite B = 1 m (Stufenmaß 0,17 × 0,29 m)	Ø 175 €	
Wintergärten (als Anbau, soweit nicht in BGF enthalten)	10 000–25 000	Kostenansätze gelten bis 20 m²
Leichtmetallkonstruktion, Holz	7 000–20 000	Die unteren Spannwerte gelten für offene Konstruktionen (Loggia)
Markisen	300–3 500	Unterer Spannwert = Breite bis 2,5 m
		Oberer Spannwert = Breite bis 5 m
Rampen		
Garagenabfahrt	100 €/m²	
gewerbliche Rampe (mit Unterbau und Entwässerung) ca. 150,00 €/m²	ca. 150 €/m²	
freistehende Rampe (Breite 4,00 m)	bis 150 €/m²	
Stützmauer aus Beton (ohne Erdarbeiten)	350 bis 400 €/m²	
Rampen in Verbindung mit dem Gebäude		
- auskragende Rampe	50–80 €/m²	
- untermauerte Rampe	60–85 €/m²	
Notstromaggregat 110 kVA	65 000 €	
Aufzugsanlagen		Bei Aufzügen in Glasschächten erhöhen sich die Angaben um 10 bis 15 % 12 000 € je zusätzliches Geschoss
320 kg (4 Personen, 4 Haltestellen)	40 000 €	
630 kg (8 Personen, 6 Haltestellen)	50 000 €	
1 000 kg (13 Personen, 6 Haltestellen)	75 000 €	
Paternoster (bei 7 Geschossen)	160 000 €	
Rolltreppen (je Geschosstreppenlauf)	9 000–12 000 €	

Quelle: IVD Berlin, Brandenburg 2006; Gutachterausschuss der Stadt Köln; Mittag, Kostenplanung mit Bauelementen nach DIN 276

Abb. 24: Normalherstellungskosten besonderer Einrichtungen einschließlich Baunebenkosten

Normalherstellungskosten besonderer Einrichtungen einschließlich Baunebenkosten		
Besondere Einrichtung	**Kosten in €**	**Anmerkungen**
Alarmanlage	1 000–10 000	Oberer Spannwert bei funkgesteuerten Anlagen
Satellitenspiegel	200–500	
Dachaufbauten (= 2 m² Ansichtsfläche)		
Steildachgaube, Wangengaube	2 000–5 500	
Fledermausgaube	3 000–6 000	
Sauna	2 000–7 500	
Offener Kamin	750–5 000	Die Spannwerte sind aufgrund unterschiedlicher Qualität und Modelle groß.
Einbauküchen (je nach Ausstattungsstandard des Gebäudes)		Die Qualität der Küche muss in einem angemessenen Verhältnis zum Gebäudewert stehen (max. 3 % des Gebäudeherstellungswerts).
Einfach	1 000–2 000	
Mittel	2 500–5 000	
Gehoben	5 500–15 000	
Stark gehoben	7 500–30 000	
Whirlpool	1 500–25 000	Der untere Spannwert gilt für Whirlpoolwannen. Der obere Spannwert gilt für professionelle Systeme wie etwa Fitnesscenter.
Innenschwimmbad	30 000–100 000	Alternativ kann auch bei dem Herstellungswert ein pauschaler Zuschlag für die Schwimmbadtechnik erfolgen. Die Spanne gilt für ein ca. 50 m²–100 m² großes Schwimmbad. Beim Ansatz sind die Nutzungsmöglichkeiten zu berücksichtigen. Ein Wertzuschlag hat nur zu erfolgen, wenn ein Schwimmbad für den Erwerberkreis eine Werterhöhung darstellt.

Quelle: IVD Berlin, Brandenburg 2006

5 Sachwert der baulichen und sonstigen Außenanlagen (Aufwuchs)

5.1 Allgemeines

▶ *Vgl. Rn. 20, 34, 208; § 1 ImmoWertV Rn. 48 ff.; § 8 ImmoWertV Rn. 67; § 19 ImmoWertV Rn. 4, 51; § 21 ImmoWertV Rn. 8, 16; Syst. Darst. des Vergleichswertverfahrens Rn. 112 ff.; Syst. Darst. des Ertragswertverfahrens Rn. 32, 84; Syst. Darst. des Sachwertverfahrens Rn. 199 ff. und bei Kleingärten vgl. 3. Aufl. dieses Werks auf S. 2247 ff.*

202 Nach der DIN 276 gehören u.a. zu den **Außenanlagen** u.a.

- *bauliche Anlagen* außerhalb des Gebäudes wie *Hofbefestigungen, Wege, Einfriedungen* und dgl. (bauliche Außenanlagen) sowie
- *Gartenanlagen und sonstige Bepflanzungen* (nicht bauliche Außenanlagen).

Dementsprechend unterscheidet auch § 21 ImmoWertV zwischen den baulichen Außenanlagen und den „sonstigen Anlagen". Dies ist insbesondere der auf dem Grundstück vorhandene Aufwuchs.

5.2 Berücksichtigung des Wertanteils bei der Bodenwertermittlung

203 Die ImmoWertV geht davon aus, dass der übliche Aufwuchs eines Grundstücks mit dem Bodenwert erfasst wird (vgl. Nr. 3.6.2 WERTR). Demzufolge bestimmt § 21 Abs. 3 ImmoWertV, dass ein Wertanteil für (bauliche) Außenanlagen und sonstige Anlagen, insbesondere für Anpflanzungen, nur zu berücksichtigen ist, „*soweit* sie nicht vom Bodenwert miterfasst werden".

- Wenn der Bodenwert aus Vergleichspreisen gleichartig bepflanzter Grundstücke mit vergleichbarer Funktion abgeleitet worden ist, darf zur **Vermeidung einer Doppelberücksichtigung des Aufwuchses** dieser nicht noch zusätzlich berücksichtigt werden. Lediglich außergewöhnliche Anlagen wie parkartige Gärten und besonders wertvolle Anpflanzungen werden i.d.R. vom Bodenwert nicht umfasst und sind daher gesondert zu bewerten.

- Auch der Wertanteil **baulicher Außenanlagen** kann im Einzelfall bereits **mit dem Bodenwert berücksichtigt werden**. Sind z. B. für eine wirtschaftliche Nutzung des Grundstücks aufwendige Stützmauern erforderlich und wurde der Bodenwert auf der Grundlage von Vergleichspreisen von Grundstücken ermittelt, die solcher Stützmauern nicht bedürfen, so wird der Wert dieser Stützmauern bereits mit dem Bodenwert erfasst. In solchen Fällen können eher noch Abschläge notwendig werden, wenn die Stützmauer Unterhaltungskosten verursacht. Entsprechendes gilt z. B. auch für eine **Klärgrube**, wenn von einem erschließungskostenfreien Bodenwert ausgegangen wurde.

204 § 21 Abs. 3 ImmoWertV ist aus § 21 Abs. 4 WertV 88/98 hervorgegangen. Nach der Begründung zu dieser Vorschrift betrifft die Regelung in erster Linie „die **üblichen Zier- und Nutzgärten**"[38]. Weiter heißt es dort, dass diese „**im gewöhnlichen Geschäftsverkehr vom Bodenwert mitumfasst**" werden und sich damit einer eigenen Wertermittlung „entziehen". In aller Regel werden nämlich die von den Gutachterausschüssen für Grundstückswerte in ihrer Kaufpreissammlung registrierten Vergleichspreise unbebauter Grundstücke nicht um den jeweiligen Wertanteil des auf den Grundstücken vorhandenen Aufwuchses „bereinigt", d. h. es handelt sich um Vergleichspreise unbebauter Grundstücke einschließlich des darauf befindlichen Aufwuchses. Wenn von Gehölzwertsachverständigen dies zumeist im Interesse ihrer Auftraggeber bestritten wird, so wäre es nur konsequent, im Rahmen der Verkehrswertermittlung bei der Bodenwertermittlung die herangezogenen Vergleichspreise um den Wert-

---

[38] BR-Drucks. 352/88, S. 61.

anteil zu „bereinigen". Dies könnte im Einzelfall sogar aus Gründen der Transparenz geboten sein, i.d.R. sind solche unnötigen Rechenoperationen abzulehnen.

205 Bei der Verkehrswertermittlung bebauter Grundstücke findet der orts- und objektübliche Aufwuchs auch Berücksichtigung im Rahmen der allgemeinen Marktanpassung, nämlich mit dem Liegenschaftszinssatz und dem Sachwertfaktor.

– Bei *Anwendung des Ertragswertverfahrens* wird der Wertanteil des Aufwuchses zunächst bereits mit dem angesetzten Ertrag berücksichtigt und geht insoweit in den Gebäudeertragswert direkt ein[39]; die Regelungen des Ertragswertverfahrens sehen deshalb keine besondere Berücksichtigung des Aufwuchses vor (§§ 17 bis 19 ImmoWertV). Darüber hinaus werden im Rahmen der Ableitung des Liegenschaftszinssatzes die dazu herangezogenen Vergleichspreise bebauter Grundstücke auch nicht um den Wertanteil des auf dem Grundstück vorhandenen Aufwuchses „bereinigt" und somit implizit mitberücksichtigt.

– Der bei *Anwendung des Sachwertverfahrens* nach der „Soll-Vorschrift" des § 14 Abs. 1 ImmoWertV heranzuziehende Sachwertfaktor wird wie der Liegenschaftszinssatz aus Vergleichspreisen bebauter Grundstücke (einschließlich des auf den jeweiligen Grundstücken vorhandenen Aufwuchses) abgeleitet. Der Sachwertfaktor wird nun ermittelt, indem die Vergleichspreise ins Verhältnis zu dem sich jeweils dafür ergebenden Grundstückssachwert gesetzt werden. Bei der Ermittlung des Grundstückssachwerts wird

• der Bodenwert regelmäßig aus Vergleichspreisen unbebauter Grundstücke abgeleitet, ohne dass die Vergleichspreise entsprechend vorstehenden Ausführungen um den Wertanteil des orts- und objektübliche Aufwuchses „bereinigt" werden, und

• dem auf den Grundstücken vorhanden Aufwuchs und sonstigen baulichen Außenanlagen i.d.R. damit Rechnung getragen, dass er mit einem pauschalen Erfahrungssatz berücksichtigt wird.

– Bei modellkonformer Heranziehung dieser Sachwertfaktoren ist für eine gesonderte Ermittlung des Wertanteils für Aufwuchs dann insoweit kein Raum mehr.

206 Lediglich außergewöhnliche Anlagen, wie parkartige Gärten und besonders wertvolle Anpflanzungen, werden i.d.R. vom Bodenwert nicht umfasst und sind nach § 21 Abs. 3 ImmoWertV ggf. gesondert zu bewerten. Ihr Herstellungswert ergibt sich nach Erfahrungssätzen oder notfalls aus den gewöhnlichen Herstellungskosten[40].

207 Die Vorschrift führt an erster Stelle die **Ermittlung nach Erfahrungssätzen,** ansonsten die Verfahren gleichrangig auf.

---

39 BR-Drucks. 352/88, S. 61; vom wertmindernden Einfluss spricht Dresen in Nachr. der rh.-pf. Kat.- und VermVw. 1988, 184.

40 *OLG Frankfurt am Main,* Urt. vom 14.3.1983 – 1 U 6/81 –, EzGuG 2.31 unter Bezugnahme auf *OLG Hamburg,* Urt. vom 6.12.1978 – 5 U 237/77 –, EzGuG 2.22; das OLG Frankfurt am Main bestätigend: *BGH,* Beschl. vom 29.9.1983 – III ZR 66/83 –, EzGuG 2.34; *BGH,* Urt. vom 12.7.1965 – III ZR 214/64 –, EzGuG 2.8.

Abb. 25: Berücksichtigung von baulichen Außenanlagen und Aufwuchs

Für die Verkehrswertermittlung von Ziergehölzen (Aufwuchs) als Bestandteile von Grundstücken (Schutz- und Gestaltungsgrün) sind vom BMF die **Ziergehölzhinweise 2000 – ZierH 2000 –** erlassen worden[41] (vgl. § 1 ImmoWertV Rn. 48 ff.).

5.3 Wertanteil von Außenanlagen

5.3.1 Pauschale Ermittlung des Wertanteils von Außenanlagen nach Erfahrungssätzen

Schrifttum: *Simon/Kleiber,* Schätzung und Ermittlung von Grundstückswerten, 8. Aufl. S. 462; *Vogels, M.,* Grundstücksbewertung marktgerecht, Bauverlag, 5. Aufl. 1996, S. 131.

Ist für bauliche Außenanlagen und sonstige Anlagen (Aufwuchs) noch ein Wertanteil zu berücksichtigen, so wird er nach § 21 Abs. 3 ImmoWertV

a) nach Erfahrungssätzen oder

b) nach den gewöhnlichen Herstellungskosten in entsprechender Anwendung der §§ 22 und 23 ImmoWertV

ermittelt, soweit der Aufwuchs noch nicht mit dem Bodenwert erfasst ist.

Die Vorschrift führt an erster Stelle die **Ermittlung nach Erfahrungssätzen**[42] auf, wobei regelmäßig pauschale Erfahrungssätze herangezogen werden. Auf pauschale Erfahrungssätze wird man nach vorstehenden Ausführungen schon deshalb regelmäßig zurückgreifen, weil die

---

41 Ziergehölzhinweise vom 20.3.2000, BAnz Nr. 94 vom 18.5.2000; abgedruckt in GuG 2000, 155; hierzu Wilbat/Bracke in GuG 2001, 74.
42 U.a. Vogels, Grundstücksbewertung marktgerecht.

V Syst. Darst. Sachwertverf.

nach § 14 Abs. 1 ImmoWertV heranzuziehenden Sachwertfaktoren regelmäßig auf der Grundlage einer entsprechenden Sachwertermittlung abgeleitet werden. Die Ermittlung des Wertanteils der baulichen Außenanlagen auf der Grundlage von gewöhnlichen Herstellungskosten, für die Tabellenwerke vorliegen, lässt sich zumeist durch den damit verbundenen Rechenaufwand nicht rechtfertigen, zumal sich die Neubaukosten durch erhebliche Alterswertabschreibungen insbesondere aufgrund einer im Verhältnis zu der Gesamtnutzungsdauer von Gebäuden verkürzten Restnutzungsdauer und Marktanpassungen zu Pauschalgrößen reduzieren.

211 Der Wertanteil von baulichen und sonstigen Außenanlagen wird in der breiten Anwendungspraxis in einer zumindest vom Ergebnis her durchaus zu akzeptierenden Weise mit einem **pauschalen Zuschlag von i.d.R. 1 bis 5 v.H. des Gebäudesachwerts** berücksichtigt. Diesem Erfahrungssatz liegt der Gedanke zugrunde, dass der Wert der Außenanlagen in einem dementsprechenden Verhältnis zum Gebäudesachwert steht. Dieser Erfahrungssatz hat sich, von den angesprochenen Sonderfällen abgesehen, immer wieder bestätigt.

Abb. 26: Kosten der Außenanlagen in % der Herstellungskosten nach Gärtner

Kosten der Außenanlagen in % der Herstellungskosten nach Gärtner						
Qualifizierung	Büro- und Verwaltungsgebäude			Wohn- und Wohnungsgeschäftsgebäude		
	niedrig	mittel	hoch	niedrig	mittel	hoch
Kosten der Außenanlagen in % der Herstellungskosten	3,5	5,5	7,5	5,0	10,0	15,0

Quelle: Gärtner, S., Beurteilung und Bewertung alternativer Planungsentscheidungen im Immobilienbereich mit Hilfe eines Kennzahlensystems, 1. Aufl. 1996

212 Die Pauschalzuschläge sind umso größer, je aufwendiger, größer und neuwertiger die Bebauung ist. Bei mehrgeschossigen Gebäuden sinkt der pauschale Ansatz mit der Zahl der Geschosse. Bei **neuen Ein- und Zweifamilienhäusern** können die Pauschalsätze höhere Größenordnungen bis zu 10 % einnehmen.

213 Werden die Außenanlagen in einem Vomhundertsatz des Gebäudesachwerts angesetzt, so bemisst sich dieser Vomhundertsatz nach dem Gebäudesachwert eines mängelfreien Gebäudes. Der **Vomhundertsatz ist** deshalb **auf den für ein mängelfreies Gebäude ermittelten Gebäudesachwert** und nicht auf den um die Instandsetzungskosten verminderten Gebäudesachwert **anzuwenden**. Dies kann das Ergebnis erheblich verfälschen:

214 *Beispiel:*

- Ermittelter Gebäudesachwert eines mängelfreien Gebäudes zum Wertermittlungsstichtag 500 000 €
- Instandsetzungsrückstau 100 000 €
- Gebäudesachwert unter Berücksichtigung des Instandhaltungsrückstaus 400 000 €
- Vomhundertsatz der Außenanlagen 6 %

FALSCH		RICHTIG	
Instandhaltungsgeminderter Gebäudesachwert	400 000 €	Mängelfreier Gebäudesachwert	500 000 €
+ Außenanlagen: 400 000 € × 0,06	+ 24 000 €	+ Außenanlagen: 500 000 € × 0,06	+ 30 000 €
= Gesamtwert	424 000 €	= Gebäudesachwert + Außenanlagen	530 000 €
		– Instandsetzungsrückstau	– 100 000 €
		= Gesamtwert	**430 000 €**

Abb. 27: Pauschale Ermittlung des Wertanteils von Außenanlagen als Vomhundertsatz des Gebäudewerts

Pauschale Ermittlung des Wertanteils von Außenanlagen als Vomhundertsatz des Gebäudewerts				
			Wohn- und Geschäftsgebäude	
Kategorie	Beschreibung	Ein- und Zweifamilienhäuser	3 – 5-geschossig	> als 5-geschossig
Einfachste Anlagen	Hofflächenbefestigung in geringem Umfang, Gehwegplatten, einfachste Holz- oder Metallzäune	1–2 %	0,5–1,0 %	0,25–0,50 %
Einfache Anlagen	Hofflächenbefestigung, Gehwegplatten in winterfester Ausführung, gemauerte Einfriedung mit Holz- oder Metallzäunen	2 %– 4 %	1 %– 2 %	0,5 %– 1 %
Durchschnittliche Anlagen	Großflächig befahrbare Weg- und Hoffläche; Gehwege und Einfriedung in Natur- oder Kunststein	4 %– 6 %	2 %– 3 %	1 %– 1,5 %
Aufwendige Anlagen	Großflächig befahrbare Weg- und Hoffläche; Gehwege und Einfriedung in Natur- oder Kunststein, Pergola; Stützmauern und Treppenanlagen für Grundstücke mit Höhenunterschieden, Zierteiche	bis 10 %	bis 5 %	bis 2,5 %

5.3.2 Ermittlung des Wertanteils von Außenanlagen nach gewöhnlichen Herstellungskosten

5.3.2.1 Bauliche Außenanlagen

Als „gewöhnliche Herstellungskosten" gelten nach der Terminologie der ImmoWertV die letztlich auch aus Erfahrungssätzen resultierenden Normalherstellungskosten. Die Ermittlung des Wertanteils von baulichen Außenanlagen auf der Grundlage von Normalherstellungskosten kann sich recht „rechenaufwendig" gestalten. Dieser **Rechenaufwand steht** dabei **oftmals in keinem Verhältnis zum Wertanteil der Außenanlagen,** zumal man i.d.R. auch noch sehr hohe **Markanpassungsabschläge** berücksichtigen muss, und ist deshalb nur bei außergewöhnlichen baulichen Außenanlagen zu rechtfertigen. **215**

Zur Ermittlung des Herstellungswerts von Außenanlagen ist nachstehend eine in der Praxis anerkannte Tabelle des Gutachterausschusses im Bereich Köln über Normalherstellungskosten für Außenanlagen (einschließlich Nebenkosten) abgedruckt. Im Falle ihrer Heranziehung auf aktuelle Wertermittlungen müssen diese Normalherstellungskosten mittels des Baupreisindexes für Außenanlagen auf den Wertermittlungsstichtag indiziert und einer Alterswertminderung unterworfen werden. **216**

Daneben sind etwaige Baumängel und Bauschäden zusätzlich zu berücksichtigen. Dabei muss bedacht werden, dass **217**

a) die **Alterswertminderung von Außenanlagen** einerseits gegenüber dem Alterswertminderungsverlauf eines Gebäudes abweicht und für die einzelnen Außenanlagen unterschiedlich ausfallen kann und

b) darüber hinaus auch die **Gesamt- und Restnutzungsdauer** von vorhandenen Außenanlagen wiederum von der des Gebäudes abweicht und für einzelne Außenanlagen unterschiedlich ausfallen kann. Im Durchschnitt kann von einer Gesamtnutzungsdauer von 50 Jahren ausgegangen werden.

218 Weist ein **Grundstück besonders viele Außenanlagen** auf, so kann die vorstehend erläuterte Vorgehensweise angezeigt sein. Allerdings kann in solchen Fällen vielfach beobachtet werden, dass es der Grundstücksmarkt in seiner Preisgestaltung nicht „honoriert", wenn der Grundstückseigentümer persönlichen Neigungen folgend sein Grundstück mit vielen Außenanlagen „bepflastert" hat; die Marktanpassungsabschläge fallen dann i.d.R. besonders hoch aus. Auch können solche Außenanlagen wertmindernd sein, wenn es sich um eher verunstaltend wirkende Außenanlagen handelt.

Abb. 28: Normalherstellungskosten 2005 für Außenanlagen[43]

1. Normalherstellungskosten für Außenanlagen (Preisbasis 2005)

Die angegebenen Werte für die Kosten von Außenanlagen enthalten 16 % Mehrwertsteuer.
Die aufgeführten m²- bzw. m³-Sätze sind auf Außenanlagen abgestellt, die i.d.R. keine größeren Gewerke sind. Bei größeren Anlagen können die angegebenen Werte wegen rationellerer Arbeitstechniken geringer sein.
Die Wertansätze für Bodenaushub beziehen sich je nach Bodenverhältnissen auf nichtbelastete Materialien (Erdreich).

Gewerke	Kosten	Menge	
1 **Hausanschlüsse** (Pauschal)	6 000 €	Stück	€
Kanal (je nach Lage und Bodenverhältnisse)			
im Straßenbereich	550 €/m	m	€
im Grundstücksbereich	300 €/m	m	€
Stromanschluss			
bei EFH pauschal	2 500 €	Stück	€
bei MFH pauschal	4 000 €	Stück	€
Gasanschluss			
bei EFH pauschal	1 500 €	Stück	€
bei MFH pauschal	2 000 €	Stück	€
Fernwärmeanschluss (ohne Übergabestation)	2 250 €	Stück	€
Wasseranschluss	3 500 €	Stück	€
Entwässerungsleitung DN 100	65 €/m	m	€
Einfache Elektroleitung im Garten verlegt		m	€
2 **Erdaushub**			
Mutterbodenabtrag (30 cm) einschl. Transport und Lagerung	6 €/m²	m²	€
Fundamentaushub einschl. Transport und Lagerung			
Streifenfundament	60 €/m³	m³	€
Flächenfundament (30 cm) z.B. für Hoffläche	15 €/m³	m³	€
Kiesverfüllung und Verdichtung	25 €/m³	m³	€
Fundament (frostfrei)	130 €/m³	m³	€
zzgl. Schalung (mittlere Dicke 30 cm)	45 €/m³	m³	€
Betonsockel (einschl. Schalung)	300 €/m³	m³	€
3 **Zysterne**			
Einzelgewerk bis 1–2 m³ (pauschal)	500 €	Stück	€
– aus Betonringen Ø 1 m T bis 3 m (pauschal)	750 €	Stück	€
Sickerbrunnen mit Einlaufschacht	300 €	Stück	€
Kläranlage (3–4 Kammersystem)			

---

43 Quelle: Gutachterausschuss für Grundstückswerte im Bereich der Stadt Köln.

Außenanlagen — Syst. Darst. Sachwertverf. V

	für 4 Personen (pauschal)		3 500 €	Stück	€
	für 6 Personen (pauschal)		5 000 €	Stück	€
	für 8 Personen (pauschal)		7 000 €	Stück	€
4	**Hofbefestigung**				
	Schotterfläche		30 €/m²	m²	€
	Bitumen (Grob- und Feinasphalt 10 + 4 cm)				
	– einfache Garagenhofbefestigung		45 €/m²	m²	€
	– Bitumen einschließlich Unterbau		60 €/m²	m²	€
	– Bitumen für Schwerlastverkehr inkl. Unterbau		80 €/m²	m²	€
	Entwässerung (Industriegrundstücke)			m²	€
	Verbundsteine				
	– ohne Unterbau		35 €/m²	m²	€
	– einschl. Unterbau		50 €/m²	m²	€
	Betonierte Hoffläche				
	Beton einschl. Unterbau (ab 15 cm stark)		50 €/m²	m²	€
	Beton einschl. Unterbau mit Fugenteilung		65 €/m²	m²	€
	Unterbau		15 €/m²	m²	€
	Kiesverfüllung und Verdichtung		25 €/m²	m²	€
	Mutterbodeneintrag 30 cm		6 €/m²	m²	€
5	**Wegebefestigungen**				
	Betonweg (Verdichtung Tiefe 50 cm)		25 €/m²	m²	€
	Pflasterweg Blaubasalt (Verdichtung Tiefe 50 cm)		75 €/m²	m²	€
	Verbundsteinpflaster		75 €/m²	m²	€
6	**Wegeeinfassung**				
	Rasenkantensteine (6 × 25 cm)		15 €/m	m	€
	Bordsteine (8 × 25 cm)		25 €/m	m	€
7	**Einfriedungen**				
	Jägerzaun (ohne Betonsockel)	h = 0,6 m	35 €/m	m	€
		h = 1,0 m	40 €/m	m	€
	Jägerzaun (auf Betonsockel)	h = 0,6 m	95 €/m	m	€
		h = 1,0 m	105 €/m	m	€
	Holzgeflechtzaun				
	– ohne Betonsockel	h = 2,0 m	75 €/m	m	€
	– mit Betonsockel	h = 2,0 m	140 €/m	m	€
	Maschendrahtzaun				
	– zwischen T-Eisen-Pfosten, in Betonklotz	h = 1,0 m	30 €/m	m	€
	– Zaun kunststoffummantelt	h = 1,5 m	35 €/m	m	€
		h = 2,0 m	45 €/m	m	€
	Stahlzaun	h = 2,0 m	150 €/m	m	€
	Stahlgitter (runde/eckige Stäbe)	h = 1,0 m	175 €/m	m	€
	Eisengitter (verzinkt) auf Betonsockel	h = 1,0 m	290 €/m	m	€
	Schmiedeisernes Gitter				
	– runde/eckige Stäbe	h = 1,0 m	150 €/m	m	€
	– ohne Betonsockel	h = 1,0 m	175 €/m	m	€
	– mit Betonsockel	h = 1,0 m	250 €/m	m	€
	Ziegelsteinmauer auf Fundament				
	0,12 Abdeckung (einschl. Aushub und Schalung)	h = 1,0 m	115 €/m	m	€
		h = 1,5 m	135 €/m	m	€
		h = 2,0 m	165 €/m	m	€
	0,25 Abdeckung (einschl. Aushub und Schalung)	h = 1,0 m	170 €/m	m	€
		h = 1,5 m	215 €/m	m	€
		h = 2,0 m	265 €/m	m	€

V Syst. Darst. Sachwertverf.   Außenanlagen

Kalksandstein (KS) Mauer auf Fundament				
0,12 Abdeckung	h = 1,0 m	160 €/m	m	€
	h = 1,5 m	205 €/m	m	€
	h = 2,0 m	235 €/m	m	€
0,24 Abdeckung verputzt	h = 1,0 m	215 €/m	m	€
	h = 1,5 m	270 €/m	m	€
	h = 2,0 m	325 €/m	m	€
Kalksandstein (KS) Sichtmauer auf Fundament				
0,12 Abdeckung	h = 1,0 m	115 €/m	m	€
	h = 1,5 m	135 €/m	m	€
	h = 2,0 m	165 €/m	m	€
0,24 Abdeckung verputzt	h = 1,0 m	170 €/m	m	€
	h = 1,5 m	215 €/m	m	€
	h = 2,0 m	265 €/m	m	€
Bimsmauer auf Fundament				
0,12 Abdeckung	h = 1,0 m	150 €/m	m	€
	h = 1,5 m	185 €/m	m	€
	h = 2,0 m	225 €/m	m	€
0,24 Abdeckung verputzt	h = 1,0 m	180 €/m	m	€
	h = 1,5 m	245 €/m	m	€
	h = 2,0 m	300 €/m	m	€
Klinkermauer auf Fundament				
0,12 Abdeckung	h = 1,0 m	135 €/m	m	€
	h = 1,5 m	165 €/m	m	€
	h = 2,0 m	200 €/m	m	€
0,24 Abdeckung verputzt	h = 1,0 m	185 €/m	m	€
	h = 1,5 m	265 €/m	m	€
	h = 2,0 m	320 €/m	m	€
Waschbetonplatten zwischen Betonpfälen (Fundament)	h = 1,0 m	140 €/m	m	€
	h = 1,5 m	185 €/m	m	€
	h = 2,0 m	235 €/m	m	€
Gebrochener Beton einschließlich Fundament	h = 1,0 m	160 €/m	m	€
	h = 1,5 m	210 €/m	m	€
	h = 2,0 m	280 €/m	m	€
Betonplatten einschl. Fundament und Abdeckung	h = 1,0 m	120 €/m	m	€
	h = 1,5 m	160 €/m	m	€
	h = 2,0 m	180 €/m	m	€
Betonmauer 24 cm dick		325 €/m	m	€
Bruchsteinmauer (Plattenstärke 0,12) auf Betonsockel mit Abdeckung und verfugen	h = 1,0 m	255 €/m	m	€
	h = 1,5 m	375 €/m	m	€
	h = 2,0 m	470 €/m	m	€
Einfacher Betonsockel		150 €/m		€

8	**Hecken**				
	Naturhecke (je nach Strauchgut)	h = 2,0 m	50 €/m	m	€

9	**Mauerwerke unverfugt und unverputzt**			
	Klinker	325 €/m	m	€
	Ziegel Sichtmauerwerk	260 €/m	m	€
	Kalksandstein Sichtmauerwerk	240 €/m	m	€
	Bimsstein	240 €/m	m	€
	Waschbeton (ab 10 cm) bzw. Stahlbeton mit Struktur	100 €/m	m	€
	Gebrochener Beton (ab 10 cm), z.B. Betonwaben	125 €/m	m	€
	Bruchstein			
	– unbearbeitet an 0,12 cm stark	190 €/m	m	€
	– bearbeitet	290 €/m	m	€
	Betonplatte (8 cm) oder Stegzementdielen bzw. Pfeiler	65 €/m	m	€
	Mauerabdeckung (für mindestens 24 cm Mauerwerk)	45 €/m	m	€

Außenanlagen   Syst. Darst. Sachwertverf. V

Nebenleistung				
– Verfugen		10 €/m	m	€
– Verputzen		35 €/m	m	€
10 Vorgarteneingangstür				
Stahlrohrrahmen mit Wellengitterfüllung				
einflügelig 1m x 1 m	h = 1,0 m	210 €/Stück	Stück	€
Schmiedeeisern einflügelig einfach 1 m x 1 m	h = 1,0 m	300 €/Stück	Stück	€
	h = 1,5 m	400 €/Stück	Stück	€
Eisengitter verzinkt einflügelig einfach 1 m x 1 m	h = 1,0 m	350 €/Stück	Stück	€
	h = 1,5 m	450 €/Stück	Stück	€
Holz einfach 1 m x 1 m	h = 1,0 m	200 €/Stück	Stück	€
	h = 1,5 m	275 €/Stück	Stück	€
11 Einfahrtstor				
Schmiedeisern doppelflügelig einfach	h = 1,0 m	300 €/Stück	Stück	€
	h = 1,5 m	400 €/Stück	Stück	€
	h = 2,0 m	500 €/Stück	Stück	€
Eisengitter doppelflügelig einfach	h = 1,0 m	350 €/Stück	Stück	€
	h = 1,5 m	450 €/Stück	Stück	€
	h = 2,0 m	600 €/Stück	Stück	€
Holz doppelflügelig einfach	h = 1,0 m	200 €/Stück	Stück	€
	h = 1,5 m	275 €/Stück	Stück	€
	h = 2,0 m	350 €/Stück	Stück	€
Stahlgitter verzinkt		350 €/Stück	Stück	€
12 Sonstiges				
Gartenhaus	einfach	300 €/m² BGF	m²	€
	mittel	400 €/m² BGF	m²	€
	gehoben	450 €/m² BGF	m²	€
Gewächshaus		200 €/m² BGF	m²	€
Grillplatz		750 €/Stück	Stück	€
Teichanlage		7 000 €/Stück	Stück	€
Gesamtsumme				€

Anmerkung: Der Kostenansatz der Stützmauer gilt für das Bauwerk **ohne** Oberflächenbehandlung – wie z. B. mit Putz –. Die Kosten der Schalung sind im m³- Satz enthalten.

Die technische Abschreibung ist auf die in der WERTR 76/96 angegebene Lebensdauer abzustellen.

5.3.2.2 Sonstige Außenanlagen (Aufwuchs)

▶ *Vgl. Rn. 26, 202 ff.; § 1 ImmoWertV Rn. 48 ff.; § 8 ImmoWertV Rn. 67, 403; § 19 ImmoWertV Rn. 4, 51; § 21 ImmoWertV Rn. 8, 23; Syst. Darst. des Vergleichswertverfahrens Rn. 113 ff.; Syst. Darst. des Ertragswertverfahrens Rn. 32, 84 und bei Kleingärten vgl. 3. Aufl. dieses Werks auf den S. 2247 ff.*

Der Wertanteil der sonstigen Anlagen, insbesondere Gartenanlagen und Anpflanzungen wird nach vorstehenden Ausführungen regelmäßig mit dem Bodenwert und bei der Marktwertermittlung bebauter Grundstücke im Übrigen auch mit dem herangezogenen Sachwertfaktor i.V.m. mit einem pauschalen Erfahrungssatz entsprechend vorstehender Ausführungen erfasst. Soweit darüber in besonderen Ausnahmefällen bei **außergewöhnlichen besonders werthaltigen Anlagen wie parkartige Gärten und besonders wertvolle Anpflanzungen** eine ergänzende Ermittlung des Wertanteils von Aufwuchs erforderlich wird, ist dieser gemäß § 21 Abs. 3 ImmoWertV in erster Linie nach **Erfahrungssätzen** oder „notfalls aus den gewöhnlichen Herstellungskosten" zu ermitteln[44].

---

44 BR-Drucks. 352/88, S. 56.

V Syst. Darst. Sachwertverf. — Außenanlagen

220 Dem Ansatz von Erfahrungssätzen wird in der Praxis der Vorzug eingeräumt, weil es entscheidend auf die Funktion der Außenanlagen und nicht auf deren Kosten ankommt. Die Ermittlung über gewöhnliche Herstellungskosten verursacht dagegen einen erheblichen und fragwürdigen Rechenaufwand, weil das Ergebnis i.d.R. mit erheblichen Abschlägen der Marktlage angepasst werden muss. Der Wertanteil des Aufwuchses bestimmt sich nämlich nach dem Betrag, um den sich der Verkehrswert des Grundstücks durch den vorhandenen Aufwuchs erhöht oder vermindert; er kann auch wertneutral sein (vgl. Nr. 1 ZierH). Der funktionale Zusammenhang ist entscheidend. Aus diesem Grunde ist eine **eigenständige Ermittlung des Aufwuchswerts ohne Berücksichtigung seiner Bedeutung für den Gesamtwert des Grundstücks sachwidrig.** Es kommt entscheidend auf den Wert*anteil* des Aufwuchses am Gesamtwert an und die Beauftragung eines Zweitgutachters mit der Erstellung eines eigenständigen Gutachtens allein zum „Aufwuchswert" ist i.d.R. sachwidrig. Der Grundstückssachverständige, der eine von einem Zweitgutachter eigenständige Ermittlung des Aufwuchswerts heranzieht, kann diese auch nicht ungeprüft seiner eigenen Wertermittlung zuschlagen, sondern muss unter Berücksichtigung der funktionalen Bedeutung des Aufwuchses für ein konkretes Grundstück eigenverantwortlich entscheiden, in welchem Umfang der eigenständig ermittelte Aufwuchswert in den Gesamtwert eingeht. Die **bloße Summation unabhängig voneinander ermittelter Werte ist** deshalb auch **in der Rechtsprechung verworfen worden**[45].

221 **Aufwuchs kann je nach Funktion wertneutral, werterhöhend oder wertmindernd sein.**

222 Als *wertmindernde* Aspekte werden in den ZierH beispielsweise genannt:

– Unvereinbarkeit der Gehölze mit der zukünftigen Nutzung des Grundstücks (z. B. Rohbauland, baureifes Land),

– Einschränkung der aus der Sicht des Marktes üblichen Ausnutzung des Baurechts eines Grundstücks,

– Gefahr der Beschädigung unter- und oberirdischer Leitungsnetze, der Gebäude und sonstiger Außenanlagen,

– Gehölze, deren Beseitigung aufgrund ihres Alters, Zustands oder sonstiger Gegebenheiten (z. B. Dichtstand) aus der Sicht des verständigen Marktteilnehmers sofort oder in naher Zukunft geboten ist und deren Werteinschätzung daher überwiegend durch die zu erwartenden Kosten geprägt ist,

– Störungen des Lichteinfalls in das Gebäude oder auf das Grundstück (Verschattung und Beeinträchtigungen der Aussichtslage),

– sonstige erheblich störende Einwirkungen des Aufwuchses (starker Laubfall, Blütenstaub, Nektar) oder hohen Pflege- und Bewirtschaftungskosten, insbesondere bei Renditeobjekten, ohne dass diesen Nachteilen entsprechende Vorteile, z. B. Mietmehreinnahmen, gegenüberstehen.

223 Wertmindernd können insbesondere bei **außergewöhnlichen besonders werthaltigen Anlagen wie parkartigen Gärten und besonders wertvollen Anpflanzungen** die hohen Pflege- und Bewirtschaftungskosten sein. Dies wird bei Anwendung des Ertragswertverfahrens besonders deutlich, wobei die daraus zu ziehenden Erkenntnisse auch für die Sachwertermittlung von Bedeutung und im Rahmen der Marktanpassung zu berücksichtigen sind. Ein in einer aufwendig gestalteten Parkanlage gelegenes Gebäude wird zwar auch einen höheren Ertrag als ein Gebäude in schlichter Umgebung abwerfen, jedoch wird man nicht erwarten können, dass sich ein für den Aufwuchs ermittelter „Herstellungswert" von z. B. 350 000 € auch in einem entsprechenden rentierlichen Ertragszuwachs niederschlägt. Soweit Mehreinnahmen tatsächlich nachweisbar sind, werden diese allein schon durch die Pflege des Parks „aufgefressen", denn Pflege- und Bewirtschaftungskosten sind bei der Aufwuchsbewertung wertmindernd zu berücksichtigen (vgl. Ziff. 1 Ziergehölzhinweise). Der BGH hat deshalb

---

[45] OLG Frankfurt am Main, Urt. vom 14.3.1983 – 1 U 6/81 –, (VersR 1984, 118): „Auf einem Grundstück wachsende Gehölze können wertmäßig grundsätzlich nicht isoliert betrachtet werden."

selbst einem aufwendigen Landschaftsgarten keine Wertsteigerung beigemessen und ihm allenfalls einen für die Verkehrswertermittlung unmaßgeblichen Affektionswert zugeordnet[46].

224 Die Minderung des Grundstückswerts durch störenden Aufwuchs kann über die Beseitigungskosten, ggf. korrigiert um Erlöse aus der Materialverwertung, ermittelt werden. Dabei sind die nach den ggf. zu beachtenden Rechtsvorschriften zu leistenden öffentlichen Abgaben oder Strafen und Kosten vorgeschriebener Ersatzpflanzungen zu berücksichtigen. Bei alledem ist zu untersuchen, ob ihre Beseitigung aufgrund rechtlicher Einschränkungen (z. B. Baumschutzsatzung, Naturdenkmal) ausgeschlossen oder erschwert ist.

225 Als *wertneutral* sind beispielsweise anzusehen:
– Bepflanzungen, deren Vor- und Nachteile sich gegenseitig aufheben oder
– Ziergehölze, die bei Renditeobjekten keine Mehreinnahmen bewirken.

Ziergehölze, die keine Funktion für das Grundstück haben, bewirken keine Werterhöhung des Grundstücks, so dass eine Berücksichtigung entfällt.

226 Als *wertsteigernde* Funktionen sind beispielsweise zu nennen:
– Abgrenzung von Grundstücken und Nutzungsbereichen (Hecken),
– Windschutz,
– Schutz vor Immissionen (Lärm, Staub),
– Schutz vor Einblicken von außen,
– Verblendung von wenig attraktiven Ausblicken auf Nachbargrundstücke oder die Umgebung,
– Hangbefestigung,
– biologische Entwässerung von Nassstellen,
– ästhetische Gestaltungen, z. B.
  - Auflockerung und Strukturierung ansonsten eintöniger Flächen,
  - Bestandteil eines Gartens mit parkähnlichem Charakter,
  - Teil eines gartenarchitektonischen Gesamtkonzeptes in Beziehung mit der Bebauung des Grundstücks,
– Erholungsfunktion unter Berücksichtigung der städtebaulichen Umgebungssituation,
– bessere Vermarktbarkeit.

227 Insbesondere bei den stark durch individuelle Einstellungen geprägten Aspekten (Ästhetik und Erholung) ist jeweils konkret für das betrachtete Objekt und das entsprechende Marktsegment zu prüfen, ob und inwieweit sie für den einschlägigen potenziellen Nachfragerkreis tatsächlich von werterhöhender Bedeutung sind. Dabei ist auch einzuschätzen, inwieweit diese potenziell werterhöhenden Aspekte mit dem Wunsch vereinbar sind, die Garten- bzw. Parkanlage mit möglichst geringem Einsatz an Arbeit und Kosten zu unterhalten.

228 Für den Fall der Ermittlung des Wertanteils von Aufwuchs nach gewöhnlichen Herstellungskosten ist die „entsprechende Anwendung" der §§ 22 und 23 ImmoWertV vorgeschrieben. Des Weiteren ist auf die vom Bundesministerium der Finanzen herausgegebenen **Ziergehölzhinweise**[47] und auf die fachlich äußerst umstrittene **Methode Koch** hinzuweisen (vgl. § 1 ImmoWertV Rn. 48 ff.).

– Die **Aufwuchsbewertung nach der Methode *Koch* wird in der allgemeinen Wertermittlungslehre und im juristischen Schrifttum abgelehnt** und in der Rechtsprechung

---
46 BGH, Beschl. vom 30.11.2006 – V ZB 44/06 –, GuG 2008, 121.
47 BAnz Nr. 94 vom 18.5.2000 (GuG 2000, 155).

stark relativiert[48]. In dieser Rechtsprechung wird von „völlig übersetzten Entschädigungsbeträgen", „überzogenen Entschädigungssätzen", „Abschlägen von 50 % und deutlich mehr" und einer „Reduktion auf null" gesprochen. Derartige Abschläge sprechen gegen die Eignung der Methode. Besonders problematisch ist, wenn neben dem Grundstückssachverständigen ein sog. „Gehölzsachverständiger" den Aufwuchs für sich bewertet hat, denn deren Kenntnisse beschränken sich, wie im Palandt (BGB, 67. Aufl. § 251 Rn. 11) festgestellt wird, auf Herstellungskosten. Im Falle der Ermittlung von Wertminderungen des Grundstücks bei Beschädigungen des Aufwuchses sind nach der dort dargelegten Auffassung „allein Grundstückssachverständige" kompetent, und dies gilt auch umgekehrt für die Ermittlung der Werterhöhung aufgrund eines besonderen Aufwuchses. Wenn im Palandt zusammenfassend festgestellt wird, dass „die Methode Koch/Breloer zur Schadensermittlung offensichtlich ungeeignet" ist, so wird damit die vorherrschende Meinung[49] aufgegriffen, und dies gilt mithin auch zur Ermittlung einer Werterhöhung des Grundstücks aufgrund eines besonderen Aufwuchses.

– Ergänzend wird darauf hingewiesen, dass die **Beleihungswertverordnung** überhaupt **keinen gesonderten Aufwuchswert** kennt, da er nicht als werthaltig i.S. der Beleihungsfähigkeit angesehen wird. Die Kreditinstitute haben dafür gute Gründe, denn sie wissen sehr gut, dass die nach der Methode Koch „errechneten" Aufwuchswerte im Verwertungsfalle nicht realisiert werden können.

5.3.2.3 Beleihungswertermittlung

229 Im Rahmen der **Beleihungswertermittlung** gehört nach § 14 BelWertV zum Wert der baulichen Anlage auch der Wertanteil der Außenanlagen, ohne dass diese in baulichen und sonstige Außenanlagen aufgegliedert werden. „Maschinen und Betriebseinrichtungen" bleiben bei der Ermittlung des Sachwerts grundsätzlich unberücksichtigt, „sofern sie nicht wesentliche Bestandteile des Gegenstandes der Beleihungswertermittlung i.S. des § 2 BelWertV sind".

5.3.2.4 Steuerliche Bewertung

230 Zur Ermittlung des **Wertanteils von Außenanlagen in der steuerlichen Einheitsbewertung** führt Abschn. 45 der BewGr[50] folgende Grundsätze an[51]:

„(1) Zu den Außenanlagen gehören insbesondere die Einfriedungen, Tore, Stützmauern, Brücken, Unterführungen, Wegebefestigungen, Platzbefestigungen, Schwimmbecken, Tennisplätze, Gartenanlagen sowie die außerhalb des Gebäudes gelegenen Versorgungsanlagen und Abwasseranlagen innerhalb der Grundstücksgrenzen.

(2) Der Wert der Außenanlagen wird neben dem Gebäudewert gesondert erfasst (§ 83 BewG). Bei Geschäftsgrundstücken wird im Allgemeinen bei der Bewertung der Außenanlagen von ins Einzelne gehenden Ermittlungen abgesehen werden können. In vielen Fällen wird es genügen, als Wert der Außenanlagen 2 bis 8 v.H. des gesamten Gebäudewerts anzusetzen. Andernfalls muss auf Erfahrungswerte zurückgegriffen werden. Solche Erfahrungswerte können für oft vorkommende Außenanlagen aus der Anlage 17[52] entnommen werden. Die angegebenen Preise sind bereits unter Berücksichtigung eines Baupreisindex von 135 (1958 = 100) auf die Baupreisverhältnisse im Hauptfeststellungszeitpunkt (1. Januar 1964) umgerechnet worden. Von dem Normalherstellungswert ist die Wertminderung wegen Alters abzu-

---

48 OLG Zweibrücken, Urt. vom 25.1.2005 – 8 U 105/04 –, DS 2005, 146 = NZM 2005, 438 = EzGuG 2.64a; LG Traunstein, Urt. vom 27.5.1999 – 2 O 1849/98 –, MDR 1999, 1446 = NJW-RR 2000. 615 = EzGuG 2.61; OLG Koblenz, Urt. vom 13.6.1997 – 8 U 1009/96 –, OLGR-Koblenz 1997, 138; OLG Düsseldorf, Urt. vom 12.12.1996 – 18 U 118/95 –, NJW-RR 1997, 856; LG Berlin, Urt. vom 11.1.1994 – 31 O 266/93 –, VersR 1995, 107 = EzGuG 2.58; OLG München, Urt. vom 28.4.1994 – 1 U 6995/93 –, OLGR-München 1994, 146; LG Arnsberg, Urt. vom 12.11.1993 – 5 S 96/92 –, VersR 1995, 844 = EzGuG 2.54; OLG Düsseldorf, Urt. vom 24.10.1986 – 22 U 104/86 –, VersR 1987, 1139; vgl. auch die lesenswerten Ausführungen in Palandt, 67. Aufl. 2008, BGB zu § 251 und Staud/Schiemann, Komm. zum BGB zu § 251 Rn. 91; AnwK/Magnus, § 249 Rn. 99.
49 So u.a. selbst auch im Zusammenhang mit der Bewertung denkmalgeschützter Objekte: BVVG, Fachbeiratsrichtlinie: Bewertungsgrundsätze für denkmalgeschützte Objekte am Beispiel der neuen Bundesländer (17.2.1999).
50 Richtlinien für die Bewertung des Grundvermögens vom 19.9.1966 (BAnz Nr. 183 vom 29.9.1966); VV THFM vom 19.6.1996 – S 3219b A – 3 – 201.5, GuG 2000, 107.
51 Zur steuerlichen Betrachtungsweise vgl. BFH, Urt. vom 15.10.1965 – VI 181/65 U –, EzGuG 20.41.
52 Abgedruckt unter Rn. 42.

ziehen. Sie bestimmt sich nach dem Alter der einzelnen Außenanlagen im Hauptfeststellungszeitpunkt und ihrer Lebensdauer.

(3) Auch bei jeder einzelnen Außenanlage ist in der Regel ein Restwert von 30 v.H. des Normalherstellungswerts anzusetzen.

Neben der Wertminderung wegen Alters kommen noch Abschläge wegen etwaiger baulicher Mängel und Schäden in Betracht. Darüber hinaus können in Einzelfällen weitere Abschläge vorzunehmen sein."

Zu den Durchschnittspreisen bezogen auf den **Hauptfeststellungszeitpunkt 1.1.1964** vgl. 5. Aufl. dieses Werks S. 1972.

231

Nach den Grundsätzen der **erbschaftsteuerlichen Bewertung** sind Außenanlagen regelmäßig mit dem Gebäudewert und dem Bodenwert abgegolten (vgl. Rn. 44) und sind nur in besonderen Einzelfällen mit besonders werthaltigen Außenanlagen ergänzend zu berücksichtigen[53]. Außenanlagen gelten als besonders werthaltig, wenn

– die in der nachfolgenden Tabelle dargestellten Größenmerkmale erreicht werden, oder
– ihre Sachwerte (RHK 2007 für Außenanlagen nach Alterswertminderung) in der Summe 10 % des Gebäudewerts übersteigen; sie sind dann entsprechend der nachfolgenden Tabelle zu berücksichtigen.

Abb. 29: Regelherstellungskosten 2007 für Außenanlagen einschließlich Baunebenkosten und Umsatzsteuer

Regelherstellungskosten 2007 für Außenanlagen einschließlich Baunebenkosten und Umsatzsteuer			
Typisierte Gesamtnutzungsdauer = 40 Jahre			
Einfriedung bei mehr als 500 lfd. m	€ je lfd. m		
	bis 1 m hoch	bis 2 m hoch	über 2 m hoch
Einfriedungsmauer aus Ziegelstein, 11,5 cm dick	65	105	130
Einfriedungsmauer aus Ziegelstein, 24 cm dick	100	145	170
Einfriedungsmauer aus Ziegelstein, 36,5 cm dick	130	205	280
Einfriedungsmauer aus Beton, Kunststein und dgl.	70	130	160
Einfriedungsmauer aus Naturstein mit Abdeckplatten	190	250	310
Wege- und Platzbefestigungen über 10 000 m² Fläche	€ je m²		
Wassergebundene leichte Decke auf leichter Packlage	15		
Betonplattenbelag	45		
Sonstiger Plattenbelag	50		
Asphalt-, Teer-, Beton-, oder ähnliche Decke auf Pack- oder Kieslage	40		
Kopfstein- oder Kleinpflaster	55		
Bruchsteinplatten mit Unterbeton	55		
Freitreppen bei mehr als 100 lfd. m	€ je lfd. m Stufen		
	75		
Rampen bei mehr als 100 m²	€ je m² Grundfläche		
frei stehend ohne Verbindung mit einem Gebäude	100		
Stützmauern bei mehr als 200 lfd. m	€ je m² vordere Ansichtsfläche		
Beton	100		

---

53 Gleich lautende Erlasse der obersten Finanzbehörden der Länder zur Umsetzung des Gesetzes zur Reform des Erbschaftsteuer- und Bewertungsrechts vom 5.5.2009, Abschn. 29 (GuG 2009, 305 ff.).

V Syst. Darst. Sachwertverf.   Vorläufiger Sachwert

Regelherstellungskosten 2007 für Außenanlagen einschließlich Baunebenkosten und Umsatzsteuer			
Typisierte Gesamtnutzungsdauer = 40 Jahre			
Einfriedung bei mehr als 500 lfd. m	€ je lfd. m		
	bis 1 m hoch	bis 2 m hoch	über 2 m hoch
Bruchstein		130	
Werkstein		250	
Typisierte Gesamtnutzungsdauer = 30 Jahre			
Schwimmbecken je nach Ausführung bei mehr als 50 m² Fläche	€ je m²		
einfache Ausführung	190		
normale Ausführung	500		
gehobene Ausführung	810		

6 Vorläufiger Sachwert

6.1 Allgemeines

232 Nach § 21 Abs. 1 ImmoWertV wird der **„Sachwert des Grundstücks"** (**Grundstückssachwert**) ermittelt aus

– dem Sachwert der nutzbaren baulichen Anlagen (Gebäudesachwert, einschließlich dem Wert der baulichen Außenanlagen und den besonderen Betriebseinrichtungen),

– dem Sachwert der sonstigen nutzbaren (nicht baulichen) Anlagen (Anpflanzungen) und

– dem Bodenwert.

233 Die Summe dieser drei Komponenten ergibt jedoch noch nicht den „Sachwert des Grundstücks", denn nach § 8 Abs. 2 ImmoWertV sind subsidiär „in" dem angewandten Sachwertverfahren „regelmäßig" in folgender Reihenfolge (zur Reihenfolge vgl. § 8 ImmoWertV Rn. 165) noch gesondert zu berücksichtigen:

1. die *allgemeinen Wertverhältnisse auf dem Grundstücksmarkt* (Marktanpassung) und

2. die *„besonderen objektspezifischen Grundstücksmerkmale"* des zu bewertenden Grundstücks.

Dies ist **integraler Bestandteil der Sachwertermittlung.** Der Verkehrswert ist sodann nach § 8 Abs. 1 Satz 3 ImmoWertV aus dem Ergebnis des Sachwertverfahrens abzuleiten, wobei ggf. auch die Ergebnisse anderer herangezogener Wertermittlungsverfahren zu berücksichtigen sind.

▶ *Zur subsidiären Berücksichtigung besonderer objektspezifischer Grundstücksmerkmale umfassend § 8 ImmoWertV Rn. 178 ff.*

Abb. 30: Vorläufiger Sachwert und Sachwert nach ImmoWertV (Überblick)

Der sich allein nach den §§ 21 bis 23 ImmoWertV ergebende „Sachwert" stellt mithin nur den „**vorläufigen Sachwert**" dar (vgl. Rn. 21 f.).

6.2 Marktanpassung

6.2.1 Verkehrswertermittlung

Schrifttum: *Gripp, P.,* Anpassungsfaktoren für NHK-Gebäudetypen mit Kostenangaben pro m³ Brutto-Rauminhalt, GuG 2007, 48; *Leutner, B./Wartenberg, J.,* Aktuelle Marktanpassungsfaktoren für das Sachwertverfahren, GuG 2009, 152.

▶ Vgl. § 14 ImmoWertV Rn. 12 ff. sowie Anl. zu § 14 ImmoWertV; § 8 ImmoWertV Rn. 164 ff.

Zur Berücksichtigung der allgemeinen Wertverhältnisse auf dem Grundstücksmarkt gemäß § 8 Abs. 2 Nr. 1 ImmoWertV „sollen" nach § 14 Abs. 1 ImmoWertV die **von den Gutachterausschüssen für Grundstückswerte abgeleiteten Sachwertfaktoren** nach § 14 Abs. 2 Nr. 1 ImmoWertV herangezogen werden. Dabei ist vorrangig der vom örtlichen Gutachterausschuss für die jeweilige Grundstücksart abgeleitete Sachwertfaktor heranzuziehen. Sind solche nicht ermittelt worden, muss auf Sachwertfaktoren zurückgegriffen werden, die für vergleichbare Regionen abgeleitet wurden, hilfsweise auf allgemeine Erfahrungswerte.

Die Anwendung der von den Gutachterausschüssen abgeleiteten Sachwertfaktoren kann nur dann zu einer sachgerechten Marktanpassung führen, wenn zuvor der vorläufige Sachwert nach der Methode ermittelt wurde, die der Ableitung der Sachwertfaktoren zugrunde liegt (**Grundsatz der Modellkonformität**).

237 Mit Hilfe des Sachwertfaktors lässt sich die Marktanpassung des vorläufigen Sachwerts (nach den §§ 21 bis 23 ImmoWertV) ermitteln:

Vorläufiger marktangepasster Sachwert = Vorläufiger Sachwert x Sachwertfaktor

238 Im Unterschied zur Verkehrswertermittlung nach ImmoWertV kennt die Beleihungswertermittlung **keine Anpassung des Sachwerts an die Lage auf dem Grundstücksmarkt (Marktanpassung).** Der Wortlaut der Verordnung sieht dies zumindest nicht vor. Eine Anpassung des auf der Grundlage der BelWertV ermittelten Sachwerts an die Lage auf dem Grundstücksmarkt würde im Ergebnis zum Verkehrswert führen und wäre mit Ziel und Zweck der BelWertV unvereinbar.

6.2.2 Steuerliche Bewertung

239 Die von den Gutachterausschüssen abgeleiteten Sachwertfaktoren sind nach § 191 Abs. 1 BewG auch in der erbschaftsteuerlichen Bewertung zur Anpassung eines nach den §§ 189 ff. BewG ermittelten vorläufigen Sachwerts (vgl. Rn. 44) heranzuziehen. Soweit von den Gutachterausschüssen keine geeigneten Sachwertfaktoren zur Verfügung stehen, sind die in der Anl. 25 zum BewG bestimmten Wertzahlen zu verwenden (vgl. Anl. 1.1 zu § 14 ImmoWertV).

6.3 Berücksichtigung besonderer objektspezifischer Grundstücksmerkmale (§ 8 Abs. 3 ImmoWertV)

▶ *Vgl. § 21 ImmoWertV Rn. 4, 19 sowie umfassend § 8 ImmoWertV Rn. 178 ff.*

240 Im Anschluss an die Marktanpassung sind gemäß § 8 Abs. 3 ImmoWertV die sonstigen besonderen objektspezifischen Grundstücksmerkmale des zu bewertenden Grundstücks ergänzend zu berücksichtigen, soweit sie noch nicht nach §§ 21 bis 23 ImmoWertV selbst berücksichtigt worden sind. Soweit beispielsweise einem Baumangel und Bauschaden (Instandsetzungsrückstau) mit einer verminderten Restnutzungsdauer hinreichend Rechnung getragen worden ist, besteht insoweit kein Ergänzungsbedarf.

241 Als **besondere objektspezifische Grundstücksmerkmale (Anomalien)** kommen insbesondere in Betracht:

- Baumängel und Bauschäden (Instandhaltungsrückstau),
- eine wirtschaftliche Überalterung,
- ein überdurchschnittlicher Erhaltungszustand,
- die architektonische Gestaltung,
- vom marktüblich erzielbaren Ertrag abweichender Ertrag,
- von marktüblich anfallenden Bewirtschaftungskosten abweichende Bewirtschaftungskosten,
- Leerstand,
- atypische Nutzungen (Fehlnutzungen),
- Abeichungen der tatsächlichen von der zulässigen bzw. lagetypischen Nutzung,
- Aufwendungen für bevorstehenden Abbruch,
- Altlasten,
- Aufwuchs und andere Außenanlagen,
- Rechte *am Grundstück*.

Der **Berücksichtigung besonderer objektspezifischer Grundstücksmerkmale** kommt regelmäßig eine sehr große Bedeutung zu, denn nur selten entspricht ein bebautes Grundstück in allen Belangen den Grundstücksmerkmalen, die mit einem auf der Grundlage von Normalherstellungskosten ermittelten Grundstückssachwert erfasst werden. 242

Die besonderen objektspezifische Grundstücksmerkmale sind nach § 8 Abs. 3 ImmoWertV durch 243

– marktgerechte Zu- oder Abschläge oder
– andere geeignete Weise zu berücksichtigen,

und zwar auch **nur insoweit, wie dies „dem gewöhnlichen Geschäftsverkehr"** entspricht.

Die Ermittlung der Wertminderungen und Werterhöhungen aufgrund besonderer objektspezifischer Grundstücksmerkmale wird in **§ 8 ImmoWertV unter Rn. 178 ff.** erläutert. 244

7 Verkehrswert (Marktwert)

▶ *Näheres hierzu bei § 8 ImmoWertV Rn. 172 ff.*

Der nach vorstehenden Grundsätzen unter Berücksichtigung der Marktlage und der besonderen objektspezifischen Grundstücksmerkmale ermittelte Sachwert ist regelmäßig der Verkehrswert. Soweit andere Wertermittlungsverfahren unterstützend herangezogen worden sind, ist er nach Maßgabe des § 8 Abs. 1 Satz 3 ImmoWertV unter Berücksichtigung der Ergebnisse dieser Verfahren abzuleiten. 245

Im Übrigen verbleibt es bei **Auf- oder Abrundungen** (vgl. § 194 BauGB Rn. 141) nämlich bei einer Höhe des Verkehrswerts von 246

	bis	10 000 €	auf	volle Hunderter
10 000 €	bis	500 000 €	auf	volle Tausender
500 000 €	bis	1 000 000 €	auf	volle Zehntausender
	über	1 000 000 €	auf	volle Hunderttausender

Der Sachwert kann zusammenfassend nach dem nachstehenden **Formular** ermittelt werden. Im Übrigen wird auf die im Teil VI unter Rn. 10 ff. abgedruckten Beispielsfälle verwiesen. 247

V Syst. Darst. Sachwertverf.   Verkehrswert

ERMITTLUNG DES SACHWERTS (auf der Grundlage der NHK 2000)

Bauliche Anlagen:... GeschZ...........................

PLZ .... Ort: .... Straße: .... Land:......................

Gebäudetyp gemäß NHK 2000 | TYP |

Ausstattungsstandard gemäß NHK 2000:   ☐ einfach   ☐ mittel   ☐ gehoben   ☐ stark gehoben

Baujahr: ..... Gebäudejahrsklassen ☐ vor 1925   ☐ 1925-1945; ☐ 1946-1969; ☐1970-1984; ☐1985-2000; ☐ ab 2000
Gesamtnutzungsdauer (GND) lt. Tabelle .... Jahre
Restnutzungsdauer (RND) ggf. fiktiv .... Jahre
Wertermittlungsstichtag ....

Brutto-Grundflächenpreis (gemäß Tabelle)   .... €/m² BGF

Korrekturfaktor für Land   = ... ⊗

Korrekturfaktor für Ort mit .... E   = ... ⊗

Nur für Mehrfamilien-Wohnhäuser:

Korrekturfaktor für Grundrissart: = ... ⊗
☐ Ein-:1,05; ☐ Zwei-:1,00; ☐ Drei-: 0,97 ☐ Vierspänner: 0,95

Korrekturfaktor für Wohnungsgröße mit: = ... ⊗
☐ 35 m² WF: 1,10; ☐ 50 m² WF: 1,00; ☐ 100 m² WF: 0,85

Baunebenkostenberücksichtigungsfaktor   =   1,........................... ⊗
(= 1 + Baunebenkosten in v.H.)

Indizierungsfaktor (auf Wertermittlungsstichtag)
  Landesbaupreisindexzahl .... = ... = ... ⊗
  Landesbaupreisindexzahl 1995   ....

Alterswertminderungsfaktor   (linear)
  Restnutzungsdauer   = ... Jahre   = ... ⊗
  Gesamtnutzungsdauer   .... Jahre

Brutto-Grundfläche des Wertermittlungsobjekts   .... m² BGF

Besonders zu veranschlagende Bauteile (nach Zeitwert)
....
.... ⊕
Ggf. Bereich c der BGF.........................⊕ Summe = ... € ⊕
Bauliche und sonstige Außenanlagen (nach Zeitwert)   = ... € ⊕

Bodenwert
Grundstücksgröße   .... m²
Bodenwert ⊗   .... €/m²   = ... € ⊕
Vorläufiger Sachwert   = ... €
x Sachwertfaktor (Marktanpassung)   = ... ⊗
Marktangepasster vorläufiger Sachwert   = ... €

Besondere objektspezifische Grundstücksmerkmale
- Baumängel/Bauschäden (in marktkonformer Höhe)   .... €
- .... €
- .... €

_____

VERKEHRSWERT   .... €

© W. Kleiber 09

Sachwert § 21 ImmoWertV

§ 21 ImmoWertV
Ermittlung des Sachwerts

(1) Im Sachwertverfahren wird der Sachwert des Grundstücks aus dem Sachwert der nutzbaren baulichen und sonstigen Anlagen sowie dem Bodenwert (§ 16) ermittelt; die allgemeinen Wertverhältnisse auf dem Grundstücksmarkt sind insbesondere durch die Anwendung von Sachwertfaktoren (§ 14 Absatz 2 Nummer 1) zu berücksichtigen.

(2) Der Sachwert der baulichen Anlagen (ohne Außenanlagen) ist ausgehend von den Herstellungskosten (§ 22) unter Berücksichtigung der Alterswertminderung (§ 23) zu ermitteln.

(3) ₁Der Sachwert der baulichen Außenanlagen und der sonstigen Anlagen wird, soweit sie nicht vom Bodenwert miterfasst werden, nach Erfahrungssätzen oder nach den gewöhnlichen Herstellungskosten ermittelt. ₂Die §§ 22 und 23 sind entsprechend anzuwenden.

Gliederungsübersicht Rn.
1 Übersicht (§ 21 Abs. 1 ImmoWertV)
   1.1 Zusammensetzung des Sachwerts 1
   1.2 Sachwertbezogene Begriffe
       1.2.1 Allgemeines 6
       1.2.2 Bauliche Anlage 7
       1.2.3 Bauliche Außenanlagen 9
       1.2.4 Sonstige Anlagen 11
2 Ermittlung des Bodenwerts 12
3 Ermittlung des Sachwerts baulicher Anlagen (Gebäudesachwert) nach § 21 Abs. 2 ImmoWertV 13
4 Ermittlung des Sachwerts baulicher und sonstiger Außenanlagen (§ 21 Abs. 3 ImmoWertV) 16
5 Ermittlung des Wertanteils besonderer objektspezifischer Grundstücksmerkmale (§ 8 Abs. 3 ImmoWertV) 19

1 Übersicht (§ 21 Abs. 1 ImmoWertV)

▶ *Zur Verfahrenswahl vgl. § 8 ImmoWertV Rn. 70 ff. sowie Syst. Darst. des Sachwertverfahrens Rn. 1 ff.*

1.1 Zusammensetzung des Sachwerts

§ 21 ImmoWertV regelt in drei Absätzen die Ermittlung des Sachwerts des Grundstücks (Gebäudesachwert).   **1**

– Nach *§ 21 Abs. 1 Satz 1 ImmoWertV* setzt sich der **Grundstückssachwert** zusammen aus dem getrennt zu ermittelnden
  – Sachwert der baulichen Anlagen, die nach § 21 Abs. 2 ImmoWertV nicht die baulichen Außenanlagen umfassen,
  – Sachwert der sonstigen Anlagen, soweit sie nicht vom Bodenwert erfasst sind, und
  – Bodenwert nach § 16 ImmoWertV.

V § 21 ImmoWertV — Sachwert

- Nach § 21 Abs. 2 ImmoWertV ist **der Sachwert der baulichen Anlagen** nach den Herstellungskosten (§ 22 ImmoWertV) unter Berücksichtigung der Alterswertminderung (§ 23 ImmoWertV) zu ermitteln.

- Nach § 21 Abs. 3 ImmoWertV ist der **Sachwert der baulichen Außenanlagen und sonstigen Anlagen** nach den Herstellungskosten (§ 22 ImmoWertV) unter Berücksichtigung der Alterswertminderung (§ 23 ImmoWertV) zu ermitteln.

2 Es ist grundsätzlich nur der Sachwert der **„nutzbaren"** Anlagen zu berücksichtigen. Maßgeblich für die Beurteilung der Nutzbarkeit von Anlagen ist eine wirtschaftliche Betrachtungsweise. Wirtschaftlich nicht mehr nutzbare Anlagen haben praktisch keine Restnutzungsdauer mehr; d.h., ihr Sachwert würde sich ohnehin über die Alterswertminderung auf „null" reduzieren; die Bebauung steht dann zur Liquidation an. Die Begründung nennt in diesem Zusammenhang Wohngebäude in Stadtumbaugebieten, die nicht ausreichend nachgefragt werden und auch nicht in wirtschaftlicher Weise umgenutzt werden können[1].

3 Nach § 21 ImmoWertV sind bei Anwendung des Sachwertverfahrens der **Bodenwert**, der **Sachwert der baulichen Anlagen** (ohne Außenanlagen) sowie der **Sachwert der baulichen und sonstigen Außenanlagen** getrennt zu ermitteln und zum Grundstückssachwert zusammenzufassen.

Abb. 1: Ermittlung des Sachwerts nach § 21 Abs. 1 ImmoWertV

4 Mit § 21 ImmoWertV wird die Zusammensetzung des Sachwerts unvollständig beschrieben. Über die in § 21 Abs. 1 Satz 1 ImmoWertV genannten Bestandteile des Sachwerts hinaus sind auch die in § 8 Abs. 3 ImmoWertV aufgeführten „besonderen objektspezifischen Grundstücksmerkmale" integraler Bestandteil der Sachwertermittlung. Dies ergibt sich aus § 8 Abs. 2 ImmoWertV, nach dem *„in den Wertermittlungsverfahren"* neben den (auch in § 21 Abs. 1 2. Halbsatz ImmoWertV angesprochenen) allgemeinen Wertverhältnissen auf dem Grundstücksmarkt (Lage auf dem Grundstücksmarkt) die „besonderen objektspezifischen Grundstücksmerkmale" gesondert zu berücksichtigen sind. Diese auf Empfehlung des Bundesrates eingeführte Ergänzung ist sachgerecht, denn die Ermittlung eines Sachwerts ohne Berücksichtigung etwaig vorhandener Baumängel und Bauschäden ist schlichtweg unsinnig. Bei dem nach Maßgabe der §§ 21 bis 23 ImmoWertV ermittelten Sachwert handelt es sich deshalb in aller Regel nur um einen **„vorläufigen Sachwert"**.

---

1 BR-Drucks 296/09.

Nach § 8 Abs. 2 und 3 ImmoWertV bestimmt sich der Sachwert des Grundstücks, indem 5

1. der nach den §§ 21 bis 23 ImmoWertV ermittelte vorläufige Sachwert durch **Anwendung des einschlägigen Sachwertfaktors** nach § 14 Abs. 2 Nr. 1 ImmoWertV an die allgemeinen Wertverhältnisse auf dem Grundstücksmarkt angepasst wird (Marktanpassung nach § 21 Abs. 1 2. Halbsatz ImmoWertV) und

2. die „besonderen **objektspezifischen Grundstücksmerkmale**" (Anomalien) in marktkonformer Weise ergänzend berücksichtigt werden (vgl. § 8 ImmoWertV Rn. 178).

Aus dem so ermittelten Sachwert ist der Verkehrswert unter Würdigung der Ergebnisse anderer herangezogener Wertermittlungsverfahren abzuleiten (§ 8 Abs. 1 Satz 3 ImmoWertV).

Abb. 2: Verkehrswertermittlung unter Anwendung des Sachwertverfahrens

▶ Zur Anwendung des Sachwertverfahrens vgl. die umfassende Darstellung in der Syst. Darst. des Sachwertverfahrens Rn. 16 ff.

1.2 Sachwertbezogene Begriffe

1.2.1 Allgemeines

Im Rahmen der Sachwertermittlung nach den Regelungen der ImmoWertV werden die 6
Begriffe „bauliche Anlagen" und „Außenanlagen" mit einem vom allgemeinen Sprachgebrauch und von bundes- und landesrechtlichen Bestimmungen abweichenden Inhalt gebraucht.

1.2.2 Bauliche Anlage

▶ Vgl. § 1 ImmoWertV Rn. 41 ff., 57, 60

„**Baulichen Anlagen**" sind nach § 22 Abs. 2 ImmoWertV **nur die baulichen Anlagen, die** 7
keine Außenanlagen sind. Dies sind in erster Linie Gebäude einschließlich ihrer besonderen Betriebseinrichtungen (DIN 276 vom Juni 1993; zum Begriff vgl. § 1 ImmoWertV Rn. 57).

8 Bei der Ermittlung von **Beleihungswerten** bleiben die besonderen Betriebseinrichtungen außer Betracht und sind einer besonderen Wertermittlung vorbehalten (vgl. § 23 BelWertV).

1.2.3 Bauliche Außenanlagen

▶ *Vgl. § 1 ImmoWertV Rn. 44 ff.*

9 „**Bauliche Außenanlagen**" sind nur die Außenanlagen, die nicht „sonstige Anlagen" sind, insbesondere der auf einem Grundstück vorhandene Aufwuchs (vgl. § 1 ImmoWertV Rn. 48); zu den baulichen Außenanlagen gehören Wege- und Platzbefestigungen, Stützmauern, Einfriedungen, Grundleitungen usw., aber auch besondere Betriebseinrichtungen, die nicht Bestandteil der baulichen Anlagen im vorstehenden Sinne sind (z. B. Gleisanlagen).

10 **Bauliche Außenanlagen** sind wie die sonstigen Anlagen **nur insoweit gesondert zu berücksichtigen, wie sie nicht bereits vom Bodenwert miterfasst sind**. Wird z. B. der Bodenwert unter Heranziehung von Vergleichspreisen ebener Vergleichsgrundstücke ermittelt, ist eine auf dem zu bewertenden Grundstück vorhandene Stützmauer nicht als bauliche Außenanlage berücksichtigungsfähig, wenn dadurch eine ebene Grundstücksnutzung herbeigeführt wurde.

1.2.4 Sonstige Anlagen

▶ *Vgl. § 1 ImmoWertV Rn. 28, 48 ff.; § 8 ImmoWertV Rn. 51, 324, 384; Syst. Darst. des Sachwertverfahrens Rn. 20, 199, 272; Syst. Darst. des Ertragswertverfahrens Rn. 32, 84*

11 Mit dem aus der WertV 88/98 übernommenen Begriff der „sonstigen Anlagen" ist insbesondere der auf einem Grundstück vorhandene **Aufwuchs** (Gartenanlagen, Anpflanzungen und Parks) angesprochen (vgl. die Begründung zu § 21 WertV 88[2]), aber auch nur insoweit, wie die sonstigen Anlagen nicht bereits vom Bodenwert miterfasst sind.

2 Ermittlung des Bodenwerts

12 Der Bodenwert ist nach § 21 Abs. 1 ImmoWertV gesondert zu ermitteln, wobei die Vorschrift lediglich auf § 16 ImmoWertV verweist. § 16 ImmoWertV enthält neben dem **Hinweis auf die vorrangig anzuwendenden Vorschriften über das Vergleichswertverfahren (§ 15 ImmoWertV)** keine eigenen verfahrensrechtlichen Regelungen der „Bodenwertermittlung", wenn man von den ergänzenden Hinweisen des § 16 Abs. 1 Satz 2 und 3 ImmoWertV über das Bodenrichtwertverfahren absieht.

Mit dem Hinweis auf § 16 ImmoWertV sollen aber die **materiellen Grundsätze der Bodenwertermittlung** herausgestellt werden:

a) Nach der Grundsatzregelung des § 16 Abs. 1 ImmoWertV ist der Bodenwert eines bebauten Grundstücks im Weg des Vergleichswertverfahrens nach § 15 ImmoWertV „ohne Berücksichtigung der vorhandenen baulichen Anlagen auf dem Grundstück" mit dem Wert zu ermitteln, der sich für ein vergleichbares unbebautes Grundstück ergeben würde.

b) Soweit die auf dem Grundstück realisierte Bebauung von der nach § 6 Abs. 1 zulässigen bzw. lagetypischen Bebauung abweicht, ist dies nach Maßgabe des § 8 Abs. 3 ImmoWertV zu berücksichtigen (vgl. auch die Sonderregelung des § 16 Abs. 4 ImmoWertV zu Sanierungsgebieten und Entwicklungsbereichen).

c) § 16 Abs. 3 ImmoWertV ist der nach § 16 Abs. 1 maßgebliche Bodenwert eines unbebauten Grundstücks bei alsbald anstehender Freilegung des Grundstücks um die üblichen

---

2 BR-Drucks. 352/88.

Freilegungskosten zu mindern, soweit sie im gewöhnlichen Geschäftsverkehr berücksichtigt werden.

Im Einzelnen wird auf die einschlägigen Erläuterungen hingewiesen:

▶ *Vgl. Syst. Darst. des Vergleichswertverfahrens Rn. 149; Syst. Darst. des Sachwertverfahrens Rn. 45; § 16 ImmoWertV Rn. 1 ff.; § 8 ImmoWertV Rn. 384 ff.*

3 Ermittlung des Sachwerts baulicher Anlagen (Gebäudesachwert) nach § 21 Abs. 2 ImmoWertV

▶ *Näheres in der Syst. Darst. des Sachwertverfahrens Rn. 50 ff.*

§ 21 Abs. 2 ImmoWertV bestimmt lediglich, dass der Sachwert der baulichen Anlagen, insbesondere eines Gebäudes ausgehend von Herstellungskosten nach § 22 ImmoWertV unter Berücksichtigung der Alterswertminderung nach § 23 ImmoWertV zu ermitteln ist. **13**

Die sich **nach Maßgabe des § 22 ImmoWertV bemessenden Herstellungskosten sind nur die Ausgangsgröße,** weil es sich dabei um die auf den Wertermittlungsstichtag bezogenen gewöhnlichen Herstellungskosten (Normalherstellungskosten eines Neubaus) handelt. **14**

Ausgehend von diesen Herstellungskosten ergibt sich der Sachwert der baulichen Anlage (Gebäudesachwert) unter Berücksichtigung der bis zum Wertermittlungsstichtag eingetretenen Wertverluste durch Alterung (**Alterswertminderung**) nach Maßgabe des § 23 ImmoWertV (vgl. Syst. Darst. des Sachwertverfahrens Rn. 149 ff.). **15**

4 Ermittlung des Sachwerts baulicher und sonstiger Außenanlagen (§ 21 Abs. 3 ImmoWertV)

▶ *Vgl. § 1 ImmoWertV Rn. 48 ff.; Näheres in der Syst. Darst. des Sachwertverfahrens Rn. 35 ff., 119, 202; Syst. Darst. des Ertragswertverfahrens Rn. 32, 84; § 8 ImmoWertV Rn. 403*

§ 21 Abs. 3 ImmoWertV enthält eine zusammenfassende Regelung der Ermittlung des Sachwerts baulicher Außenanlagen und des Sachwerts sonstiger Anlagen (Aufwuchs). Dabei ist von folgenden **Grundsätzen** auszugehen: **16**

1. Bauliche Außenanlagen und sonstige Anlagen (Aufwuchs) sind zur Vermeidung einer Doppelberücksichtigung nur insoweit zu erfassen, wie sie nicht bereits mit dem Bodenwert nach § 16 ImmoWertV berücksichtigt werden.
2. Soweit danach eine ergänzende Ermittlung des Sachwerts baulicher Außenanlagen und sonstiger Anlagen (Aufwuchs) erforderlich ist, wird an erster Stelle die Ermittlung auf der Grundlage von „Erfahrungssätzen" genannt.
3. An zweiter Stelle und damit nachrangig wird eine Ermittlung des Sachwerts baulicher Außenanlagen und sonstiger Anlagen (Aufwuchs) nach gewöhnlichen Herstellungskosten unter entsprechender Anwendung der §§ 22 und 23 ImmoWertV genannt.

Aufwuchs (Schutz- und Gestaltungsgrün, wie z. B. übliche Anpflanzungen, übliche Nutz- oder Ziergärten) werden im Allgemeinen mit dem Bodenwert erfasst, wenn sie bei entsprechenden Vergleichspreisen nicht vorher herausgerechnet wurden. Im Ausnahmefall können **17**

18 Entsprechend der vom Verordnungsgeber vorgegebenen Reihenfolge und entsprechend der herrschenden Praxis kann der Sachwert der sonstigen Anlagen nach **Erfahrungssätzen** ermittelt werden, und zwar direkt auf der Grundlage von Erfahrungssätzen, die den Wertverhältnissen des Wertermittlungsstichtags entsprechen (Zeitwerte); eine Alterswertminderung ist in diesem Fall nicht mehr vorzunehmen. In Betracht kommen vor allem Erfahrungssätze, die sich (als Vomhundertsatz) an dem auf den Wertermittlungsstichtag bezogenen Grundstückssachwert orientieren (vgl. Syst. Darst. des Sachwertverfahrens Rn. 207 ff.).

5 Ermittlung des Wertanteils besonderer objektspezifischer Grundstücksmerkmale (§ 8 Abs. 3 ImmoWertV)

19 Der Bodenwert ergibt zusammen mit dem Sachwert der baulichen Anlagen (Gebäudesachwert) sowie dem Sachwert der Außenanlagen in aller Regel nur den „vorläufigen" Sachwert. Daneben sind im Rahmen der Sachwertermittlung auch noch die besonderen objektspezifischen Grundstücksmerkmale i.S. des § 8 Abs. 3 ImmoWertV, soweit sie mit den Herstellungskosten und der Alterswertminderung oder sonst wie noch nicht erfasst worden sind. Die **Berücksichtigung der besonderen objektspezifischen Grundstücksmerkmale (Anomalien) ist neben der Marktanpassung** (§ 21 Abs. 1 letzter Halbsatz i.V.m. § 8 Abs. 2 und § 16 Abs. 2 Nr. 1 ImmoWertV) **integraler Bestandteil der Sachwertermittlung** auch wenn in den §§ 21 bis 23 ImmoWertV hierauf nicht hingewiesen wird. Auf die einschlägigen Erläuterungen wird verwiesen.

▶ *Vgl. Rn. 4; Syst. Darst. des Sachwertverfahrens Rn. 240 ff. sowie umfassend § 8 ImmoWertV Rn. 178*

---

3 BR-Drucks. 352/88, S. 60 f.

§ 22 ImmoWertV
Herstellungskosten

(1) Zur Ermittlung der Herstellungskosten sind die gewöhnlichen Herstellungskosten je Flächen-, Raum- oder sonstiger Bezugseinheit (Normalherstellungskosten) mit der Anzahl der entsprechenden Bezugseinheiten der baulichen Anlagen zu vervielfachen.

(2) ₁Normalherstellungskosten sind die Kosten, die marktüblich für die Neuerrichtung einer entsprechenden baulichen Anlage aufzuwenden wären. ₂Mit diesen Kosten nicht erfasste einzelne Bauteile, Einrichtungen oder sonstige Vorrichtungen sind durch Zu- oder Abschläge zu berücksichtigen, soweit dies dem gewöhnlichen Geschäftsverkehr entspricht. ₃Zu den Normalherstellungskosten gehören auch die üblicherweise entstehenden Baunebenkosten, insbesondere Kosten für Planung, Baudurchführung, behördliche Prüfungen und Genehmigungen. ₄Ausnahmsweise können die Herstellungskosten der baulichen Anlagen nach den gewöhnlichen Herstellungskosten einzelner Bauleistungen (Einzelkosten) ermittelt werden.

(3) Normalherstellungskosten sind in der Regel mit Hilfe geeigneter Baupreisindexreihen an die Preisverhältnisse am Wertermittlungsstichtag anzupassen.

Gliederungsübersicht — Rn.

1 Herstellungskosten (§ 22 ImmoWertV)
  1.1 Übersicht 1
  1.2 Mehrwertsteuer (MwSt.) 9
2 Normalherstellungskosten (§ 22 Abs. 2 ImmoWertV)
  2.1 Allgemeines 14
  2.2 Baunebenkosten (§ 22 Abs. 2 Satz 3 ImmoWertV) 17
  2.3 Bezugseinheit
    2.3.1 Allgemeines 18
    2.3.2 Raummeterpreise 20
    2.3.3 Flächenpreise 24
3 Ermittlung der Herstellungskosten baulicher Anlagen
  3.1 Allgemeines 26
  3.2 Ermittlung der Herstellungskosten auf der Grundlage von Normalherstellungskosten
    3.2.1 Allgemeines 28
    3.2.2 Normalherstellungskosten 2000 (NHK 2000) 35
    3.2.3 Zum Stand der Fortschreibung der NHK 2000 39
    3.2.4 Ermittlung der Herstellungskosten eines Neubaus auf der Grundlage der NHK 2000
      3.2.4.1 Allgemeines 43
      3.2.4.2 Gebäudebaujahrsklasse 50
      3.2.4.3 Ausstattungsstandard 52
      3.2.4.4 Geschosse 53
      3.2.4.5 Regionale und örtliche Einflüsse 60
      3.2.4.6 Konjunkturelle Einflüsse 64
      3.2.4.7 Besonderheiten für Mehrfamilien-Wohnhäuser .. 65
      3.2.4.8 Besonderheiten für Ein- und Zweifamilienhäuser (Drempel) ... 68
      3.2.4.9 Besonderheiten für Doppelhäuser 70
      3.2.4.10 Besonderheiten für landwirtschaftliche Gebäude ... 71
      3.2.4.11 Besonderheiten bei Verwendung von Raummeterpreisen für großvolumige Gebäudearten 73
4 Geschossebenenbezogene Normalherstellungskosten 2000
  4.1 Allgemeines 75
  4.2 Kellergeschosse 78
  4.3 Vollgeschosse 81
  4.4 Dachgeschosse, Dachgeschossausbau und Spitzboden
    4.4.1 Kosten des Ausbaus von Dachgeschossen 85
    4.4.2 Kosten eines Spitzbodens im Dachgeschoss 88

5 Ermittlung der Herstellungskosten baulicher Anlagen nach Einzelkosten
  (§ 22 Abs. 2 Satz 4 ImmoWertV)
  5.1 Verkehrswertermittlung 91
  5.2 Steuerliche Bewertung 93
6 Umrechnung von Normalherstellungskosten auf die Baupreisverhältnisse am
  Wertermittlungsstichtag (§ 22 Abs. 3 ImmoWertV) 95

1 Herstellungskosten (§ 22 ImmoWertV)

1.1 Übersicht

▶ *Hierzu bereits Syst. Darst. des Sachwertverfahrens Rn. 35 ff.*

1 Nach § 21 Abs. 2 ImmoWertV ist der Sachwert baulicher Anlagen (ohne Außenanlagen) ausgehend von den **Herstellungskosten der zu bewertenden baulichen Anlage** unter Berücksichtigung der Alterswertminderung nach § 23 ImmoWertV zu ermitteln. Die Herstellungskosten von *baulichen Außenanlagen und von sonstigen Anlagen* sollen gemäß § 21 Abs. 3 ImmoWertV nach Erfahrungssätzen *oder* gewöhnlichen Herstellungskosten ermittelt werden, soweit diese nicht bereits mit dem Bodenwert miterfasst sind.

2 Unter Herstellungskosten versteht die ImmoWertV die Kosten, die am Wertermittlungsstichtag für die Errichtung der baulichen Anlage aufgebracht werden müssten, d.h. **die Herstellungskosten eines Neubaus.** Dies folgt im Umkehrschluss aus der vorgegebenen Alterswertminderung und aus § 22 Abs. 3 ImmoWertV.

3 Zur Ermittlung der Herstellungskosten der zu bewertenden baulichen Anlage sind nach der Grundsatzregelung des § 22 Abs. 1 ImmoWertV die **„gewöhnlichen Herstellungskosten" je Flächen-, Raum- oder sonstiger Bezugseinheit** mit der Anzahl der entsprechenden Bezugseinheiten der baulichen Anlage zu vervielfachen. Ausnahmsweise können nach § 22 Abs. 2 Satz 4 ImmoWertV die Herstellungskosten nach den gewöhnlichen Herstellungskosten einzelner Bauleistungen (Einzelkosten) ermittelt werden.

4 Den danach grundsätzlich heranzuziehenden „gewöhnlichen" Herstellungskosten wird mit dem Klammerzusatz der Begriff der „Normalherstellungskosten zugeordnet; **Normalherstellungskosten** sind mithin gewöhnliche Herstellungskosten.

5 Der Begriff der „Herstellungs*kosten*" ersetzt den bisher in der WertV gebrauchten Begriff „Herstellungs*wert*". Von „Werten" statt von „Kosten" oder „Preisen" spricht man in der Wertermittlung jedoch immer nur dann, wenn nicht *Einzelkosten* oder *Einzelpreise*, sondern, ein aus einer Vielzahl von Einzelkosten- bzw. Preisen abgeleiteter Durchschnitts*wert* maßgeblich sein soll (so z. B. Bodenrichtwert und nicht Bodenrichtpreis). Die sprachliche Umstellung ist von daher missverständlich und abzulehnen, denn die aus gewöhnlichen Herstellungskosten abgeleiteten Normalherstellungskosten und der daraus abgeleitete Herstellungswert stellen insoweit bereits „Werte" dar.

6 **Einzelne** mit den herangezogenen Normalherstellungskosten **nicht erfasste „Bauteile, Einrichtungen oder sonstige Vorrichtungen"** (auch besondere Betriebseinrichtungen) müssen nach § 22 Abs. 2 Satz 2 ImmoWertV besonders berücksichtigt werden (vgl. Rn. 15).

7 § 22 Abs. 2 Satz 3 ImmoWertV stellt klar, dass **zu den Normalherstellungskosten auch die üblicherweise entstehenden Baunebenkosten gehören.** Tatsächlich enthalten die im Schrifttum angegebenen Erfahrungssätze und auch die mit den WERTR veröffentlichten Normalherstellungskosten (NHK 2000) nicht die Baunebenkosten, so dass in diesem Fall im strengen Sinne eigentlich nicht von Normalherstellungskosten gesprochen werden darf. Wendet man solche Erfahrungssätze an, so sind die Baunebenkosten zusätzlich zu berücksichtigen. Dies muss vor der Verwendung der im Schrifttum angegebenen Erfahrungssätze für Normalherstellungskosten geprüft werden.

Herstellungskosten § 22 ImmoWertV V

Die Normalherstellungskosten und Einzelkosten sind nach § 22 Abs. 3 ImmoWertV mit Hilfe geeigneter Baupreisindexreihen auf die Preisverhältnisse am Wertermittlungsstichtag umzurechnen, wenn sie sich nicht auf die Preisverhältnisse des Wertermittlungsstichtags beziehen. 8

1.2 Mehrwertsteuer (MwSt.)

Über die Frage, ob bei der Wertermittlung im Sachwertverfahren die Mehrwertsteuer berücksichtigt werden muss oder nicht, bestehen in der Fachwelt unterschiedliche Auffassungen. Ein Teil der Sachverständigen ist der Meinung, dass es zwei Teilmärkte gibt, nämlich einerseits den **Teilmarkt der optierenden Personen,** für die die MwSt. nur ein Durchlaufposten darstellt und für die das „Wertniveau" nicht brutto (einschließlich MwSt.), sondern netto (ohne MwSt.) zu sehen ist, und andererseits den **Teilmarkt der Endverbraucher,** für die alle Preise Bruttopreise (einschließlich MwSt.) sind und für die das Wertniveau „brutto" besteht. 9

Allgemein ist davon auszugehen, dass Verkehrswerte gewissermaßen als „Endpreise" anzusehen sind und die **Umsatzsteuer keine besondere Berücksichtigung** findet. Die Berücksichtigung einer Vorsteuerabzugsberechtigung ist mit dem Verkehrswert nicht vereinbar, weil die zu den ungewöhnlichen oder persönlichen Verhältnissen gehört[1]. Soweit die Umsatzsteuer allgemein den Verkehrswert beeinflusst, wird dies bereits mit den Vergleichspreisen (Vergleichswertverfahren) und den aus „Endpreisen" abgeleiteten Liegenschaftszinssätzen (Ertragswertverfahren) bzw. Marktanpassungsfaktoren (Sachwertverfahren) berücksichtigt. Im Einzelfall kann jedoch – entsprechend dem umsatzsteuerrechtlichen Sachverhalt – der *Preis* (und nicht der *Wert*) des Grundstücks beeinflusst werden: 10

Kauft ein **Gewerbetreibender** z. B. eine schlüsselfertige Lagerhalle, dann erwirbt er sie eigentlich zum Nettopreis, da er die gezahlte MwSt. seiner geschäftlich eingenommenen Umsatzsteuer gegenrechnen kann. Die MwSt. ist für ihn also kostenneutral. Das Wertniveau bewegt sich für ihn demnach auf der Basis von Nettopreisen. Dieses Gedankenmodell scheitert jedoch bei Verkauf oder Kauf von optierenden und nicht optierenden Personen untereinander. Bezogen auf die Verkehrswertermittlung spielt das MwSt.-Problem keine besondere Rolle. Im Verkehrswert ist die Mehrwertsteuer rechnerisch nicht enthalten. Sie ist auch nicht aus dem Kaufpreis abzugsfähig. Geht man z. B. bei der Wertermittlung im Sachwertverfahren von Herstellungskosten zuzüglich MwSt. aus, erhält man einen höheren Grundstückssachwert als bei Nichtberücksichtigung der MwSt. Letztlich ist aber als Verkehrswert der „übliche" Kaufpreis zu ermitteln. Er lässt sich bekanntlich nur durch Preisvergleich am Markt ableiten. Ist das „übliche" Preisniveau bekannt, reduziert sich das MwSt.-Problem lediglich auf die Marktanpassung. Wird normalerweise ein Marktanpassungsabschlag vom Grundstückssachwert vorgenommen, wäre er bei Ansatz von Herstellungskosten einschließlich MwSt. lediglich höher anzurechnen, als bei Ansatz der Herstellungskosten ohne MwSt. 11

Anders stellt sich die Situation dar, wenn ein **Gewerbetreibender ein Objekt erwirbt, um es dann** – z. B. nach einer Entwicklung des Objekts – wieder an einen privaten Erwerber **weiter zu veräußern**. In diesem Fall fällt die Mehrwertsteuer an und muss berücksichtigt werden. 12

Hat der Sachverständige auf Wunsch eines optierenden Auftraggebers den Grundstücks*preis* (ohne Umsatzsteuer) ermittelt, so sollte dies im Gutachten deutlich herausgestellt werden. 13

---

1 Vgl. BGH, Urt. vom 10.7.1991 – XII ZR 109/90 –, EzGuG 20.134d; Gottschalk, Immobilienbewertung, 2. Aufl. München 2003; S. 35, 64, 366, 369, 371 ff., 492.

2 Normalherstellungskosten (§ 22 Abs. 2 ImmoWertV)

2.1 Allgemeines

Schrifttum: BKI 2000,1, Baukosten 2000, Teil 1 Kostenkennwerte für Gebäude, Verlag Rudolf Müller; BKI 2000,2, Baukosten 2000, Teil 2 Kostenkennwerte für Bauelemente, Verlag Rudolf Müller; BKI 2000, 3, Baukosten 2000, Teil 3 Arbeitsunterlagen, Verlag Rudolf Müller; BKI 2000, A1, Objekte, Teil A1 Altbau – Kosten abgerechneter Bauwerke, Verlag Rudolf Müller; BKI 2002, 1, Baukosten 2002, Teil 1 Kostenkennwerte für Gebäude, Verlag Rudolf Müller; *Blaich,* Bauschäden – Analyse und Vermeidung, 1999, Fraunhofer IRB Verlag; *Böhning,* Altbaumodernisierung im Detail – Konstruktionsempfehlungen, 4. Aufl. 2002, Rudolf Müller Verlag (2005); *Eckermann/Preißler,* Altbaumodernisierung – Haustechnik, 2000, DVA Stuttgart; *Frick/Knöll,* Baukonstruktionslehre I, 33. Aufl. 2002, Teubner Verlag; *Frick/Knöll,* Baukonstruktionslehre II, 32. Aufl. 2003, Teubner Verlag; *Neddermann,* Kostenermittlung in der Altbauerneuerung – und technische Beurteilung von Altbauten, 2. Aufl. 2000, Werner Verlag (3. Auflage 2004), RWE Energie AG, Bauhandbuch – Technischer Ausbau, 10. Ausgabe 1991, Luchterhand Verlag (11. Ausgabe 1993); *Schmitz/Gerlach/Meisel,* Baukosten 2000 – Preiswerter Neubau von Ein- und Mehrfamilienhäusern, 13. Aufl., Verlag für Wirtschaft und Verwaltung Hubert Wingen; *Schmitz/Krings/Dahlhaus/Meisel,* Baukosten 2000 – Instandsetzung/Sanierung/Modernisierung/Umnutzung, 14. Aufl., Verlag für Wirtschaft und Verwaltung Hubert Wingen; *Stahr,* Bausanierung – Erkennen und Beheben von Bauschäden, 3. Auflage 2000, Vieweg & Sohn Verlag; *Stecken,* Vorteilhaftigkeit von Investitionen im Mietwohnungsbau und Mieterschutzgesetzgebung, 1989, Bonn; *Volger/Laasch,* Haustechnik, 10. Auflage 1999, Teubner Verlag; *Zimmermann/Schumacher,* Bauschadensfälle Band 1 – 5, 2002 – 2004, Fraunhofer IRB Verlag.

14 **Normalherstellungskosten** sind standardisierte, aus „gewöhnlichen" Herstellungskosten abgeleitete **Herstellungskosten,** die bei Gebäuden der jeweiligen Nutzung, Bauart und Ausstattung **unter Ausschluss ungewöhnlicher Mehr- oder Minderkosten,** z. B. aufgrund im Einzelfall in Kauf genommener Verteuerungen oder gewährter Verbilligungen oder sonstiger Kosteneinsparungen (Nachbarschaftshilfen) durchschnittlich anfallen. Sie setzen sich aus den reinen Baukosten einschließlich der üblichen **Bauteile, Einrichtungen und sonstigen Vorrichtungen** (jedoch ohne Kosten der Sonderbauteile nach DIN 277 [1950], Nr. 1.4) und den Baunebenkosten zusammen.

15 **Einzelne Bauteile, Einrichtungen oder sonstige Vorrichtungen,** die mit den Normalherstellungskosten *nicht* erfasst werden, sind nach § 22 Abs. 2 Satz 2 ImmoWertV ergänzend durch Zu- *oder* Abschläge zu berücksichtigen. Auch für die gewöhnlichen Herstellungskosten einzelner Bauteile werden im Schrifttum Erfahrungssätze angegeben.

§ 22 Abs. 2 Satz 2 ImmoWertV ist aus § 22 Abs. 1 WertV 88/98 hervorgegangen. Schon nach dieser Vorschrift war allerdings unklar, wie nicht mit den Normalherstellungskosten erfasste Bauteile und dgl. durch „Abschläge" von den Normalherstellungskosten zu berücksichtigen sind.

16 **Zu den Normalherstellungskosten gehören auch die üblicherweise entstehenden Baunebenkosten.** Die Baunebenkosten werden mit § 22 Abs. 2 Satz 3 ImmoWertV nicht abschließend als „Kosten für Planung, Baudurchführung, behördliche Prüfungen und Genehmigungen" definiert.

Abb. 1: Begriff der Herstellungskosten (§ 22 ImmoWertV)

2.2 Baunebenkosten (§ 22 Abs. 2 Satz 3 ImmoWertV)

▶ *Vgl. Syst. Darst. des Sachwertverfahrens Rn. 79 ff.*

Zu den gewöhnlichen Herstellungskosten (Normalherstellungskosten)[2] **gehören begrifflich auch die Baunebenkosten** (vgl. § 22 Abs. 2 Satz 3 ImmoWertV). Tatsächlich enthalten die im Schrifttum angegebenen Normalherstellungskosten i.d.R. nicht die Baunebenkosten, so dass in diesem Fall im strengen Sinne eigentlich nicht von Normalherstellungskosten gesprochen werden darf. Bei Heranziehung der ausgewiesenen „Normalherstellungskosten" sind die Baunebenkosten zusätzlich zu berücksichtigen (Kosten der Architekten-, Ingenieur-, Verwaltungs- und Behördenleistungen und sonstigen Nebenkosten nach DIN 276 Nr. 2.35).

17

2.3 Bezugseinheit

2.3.1 Allgemeines

▶ *Zur Raum- und Flächenermittlung vgl. Teil III Rn. 497, Anh. 1 bis 7 bei Rn. 588 ff.; die angesprochenen Normen sind im Teil III abgedruckt*

Nach § 22 Abs. 1 ImmoWertV können sich die heranzuziehenden **Normalherstellungskosten grundsätzlich auf jede geeignete Bezugseinheit beziehen,** wobei die Vorschrift neben der Flächen- und Raumeinheit auch sonstige (geeignete) Bezugseinheiten, z. B. Bauteile zulässt. Dem Sachverständigen ist es damit zwar grundsätzlich freigestellt, auf welche Weise er die Herstellungskosten des zu bewertenden Gebäudes ermittelt, jedoch wird ihm die Bezugseinheit mit den herangezogenen Normalherstellungskosten vorgegeben.

18

Als Raum- oder Flächeneinheit kommen insbesondere **in Betracht**:

19

a) der *umbaute Raum* nach DIN 277 (November 1950; vgl. Teil III Rn. 589); der umbaute Raum nach der DIN 277 (1950) ist auch nach der II. Berechnungsverordnung – BV – maßgebend und wird in Anl. 2 zu dieser Verordnung definiert; die WertV 98 enthält im Unterschied zur WertV 72 keine Definition des umbauten Raums;

---

2 Brachmann, a.a.O., S. 151; Messenhöller, a.a.O., S. 116; Gütter, Bewertung landwirtschaftlicher Wirtschaftsgebäude und baulicher Anlagen. Diss. 1991 Göttingen, S. 72 ff.

b) der *Rauminhalt* oder die *Brutto-Grundfläche* nach der DIN 277 (1973/1987/2005); aufgrund der Neufassung der DIN 277 (vgl. Teil III Rn. 590) können sich (rechnerisch) für ein und dasselbe Gebäude erhebliche Differenzen des Rauminhalts (nach DIN 277 von 1973/1987/2005) gegenüber dem umbauten Raum (nach DIN 277 von 1950) ergeben, wobei sich eine allgemein gültige Umrechnungsformel nicht angeben lässt. Da die Ermittlung des Rauminhalts einen erheblichen Rechenaufwand erfordert und bis zur Bekanntgabe der NHK 95 kaum Erfahrungssätze für Normalherstellungskosten vorliegen, die auf der Grundlage des Rauminhalts nach der DIN 277 (1973/1987/2005) abgeleitet worden sind, hat diese Bezugseinheit bis dahin keine Bedeutung erlangen können (vgl. Teil III Rn. 582);

c) die *Geschossfläche* nach § 20 Abs. 2 BauNVO (vgl. Teil III Rn. 502), wonach die Geschossfläche als die nach den Außenmaßen der Gebäude sich über alle Vollgeschosse ergebende Fläche definiert ist; die Flächen von Aufenthaltsräumen in anderen Geschossen einschließlich der zu ihnen gehörenden Treppenräume und einschließlich ihrer Umfassungswände sind mitzurechnen;

d) die Wohn/Nutzfläche nach DIN 283 (1983), die sich überschlägig aus der Geschossfläche abzüglich eines Mauerwerksanteils und eines Anteils für nicht anrechnungsfähige Nebenräume ergibt (vgl. Teil III Rn. 589 ff.).

2.3.2 Raummeterpreise

20 Der **Raummeterpreis** im Kubikmeterverfahren **ergibt sich durch Division der gewöhnlichen Herstellungskosten** eines Objekts **durch den** Rauminhalt (bzw. umbauten Raum) des Objekts und anschließende Mittelwertberechnung.

21 Dazu müssen aber die zur Preisbildung herangezogenen Herstellungskosten den **gewöhnlichen Baukosten** entsprechen. Das ist z. B. nicht der Fall, wenn

– das Bauwerk teilweise in Eigenleistung erstellt wurde;
– zwischen Bauherrn und Unternehmer besondere Beziehungen bestehen;
– der Bauherr selbst Unternehmer ist;
– das Bauwerk aus betriebswirtschaftlichen Erwägungen in besonders kurzer Zeit erstellt wurde;
– Bauart und Bauausstattung des Bauwerks nicht dem nutzungstypischen Gebäude entsprechen;
– besondere Baumaßnahmen (z. B. Tiefgründung) erforderlich waren, deren Kosten nicht befriedigend abgespalten werden können.

22 Werden die vorstehend genannten Punkte berücksichtigt, gestaltet sich die Ermittlung durchschnittlicher Herstellungskosten zeitaufwendig und ist i.d.R. schon mangels geeigneter Vergleichsdaten nicht leistbar.

23 Die mitunter in der Praxis noch zur **Anwendung** kommenden **auf 1913 bezogenen Normalherstellungskosten pro m^3 umbauten Raums** sind überholt und fachlich nicht mehr vertretbar[3].

2.3.3 Flächenpreise

▶ *Zur Ermittlung der Brutto-Grundfläche (BGF) vgl. Teil III Rn. 525 ff.; (BRI) Teil III Rn. 579 ff.*

24 In der Bauindustrie und Immobilienwirtschaft haben sich heute flächenbezogene Erfahrungssätze über die gewöhnlichen Herstellungskosten von baulichen Anlagen weitgehend durchge-

---

[3] Gerade in den letzten Jahren konnte zwar beobachtet werden, dass die Verwendung 13er-Werte nicht mehr öffentlich eingestanden wurde. Aus der Tätigkeit der TLG ist aber bekannt, dass die Anwendung der 13er-Werte immer noch verbreitet ist. Diese Praxis kann – im Prinzip – mit der Bodenwertermittlung unter Heranziehung von Vergleichspreisen aus *dem Jahre 1913 und ihrer Hochindizierung auf aktuelle Verhältnisse* verglichen werden und im Streitfall kaum Billigung erwarten, wenn erst einmal die Gerichte eine solche Praxis „durchschauen". Erstmals angesprochen wurde diese Problematik vom FG Düsseldorf, Urt. vom 10.9.1993 – 14 K 255/88 F –, GuG 1994, 253 = EzGuG 20.148.

setzt. Eine Ausnahme machen dabei allenfalls noch gewerbliche und hier insbesondere **industrielle Gebäude mit überdurchschnittlichen Raumhöhen (Hallen usw.).** Die Praxis der Verkehrswertermittlung stellt sich dementsprechend auf flächenbezogene Normalherstellungskosten um.

Als Flächeneinheit kommen die Wohn- und Nutzflächen (nach der DIN 283 bzw. der II. BV), die Geschossfläche nach § 20 Abs. 2 BauNVO oder die Brutto-Grundfläche (BGF) nach der DIN 277 in Betracht. Von allen genannten Flächenberechnungsmethoden ist die **Brutto-Grundfläche für die Ermittlung des Gebäudesachwerts besonders geeignet.** Der besondere Vorzug der Brutto-Grundfläche besteht darin, dass die kostenverursachenden Gebäudeebenen vollständiger erfasst werden als im Falle der Ermittlung von Wohn- bzw. Nutzflächen oder Geschossflächen. 25

- Da sich nach § 20 Abs. 3 BauNVO die Geschossfläche nur nach den Grundrissebenen der *Voll*geschosse bemisst, werden mit der Geschossfläche z. B. **Dach- und Kellergeschosse nicht erfasst,** auch wenn mit diesen Flächen der entsprechende Sachwert „verkörpert" wird und die Geometrie dieser Ebene zum Zwecke einer höheren bauplanungsrechtlichen Ausnutzung darauf angelegt worden ist, dass die Fläche mit wenigen Zentimetern in ihrer Abmessung die Eigenschaft eines **Vollgeschosses verfehlt. Zudem sind die Vollgeschosse in den Ländern unterschiedlich definiert,** so dass schon von daher die Geschossfläche ungeeignet ist.

- Auch mit der Wohn- und Nutzfläche werden die kostenverursachenden Grundrissebenen unvollständig erfasst. Es kommt hinzu, dass es diesbezüglich keine für alle Gebäudearten geltende Berechnungsnorm gibt. Umgekehrt könnte der Vorteil von wohn- bzw. nutzflächenbezogenen Normalherstellungskosten darin gesehen werden, dass nur die wirtschaftlich nutzbaren Flächen a priori erfasst werden und insoweit eine wirtschaftlich ungünstige Baugestaltung bereits ihre Berücksichtigung findet. Bei näherer Betrachtung ist aber auch dieser Gesichtspunkt nicht unproblematisch.

3 Ermittlung der Herstellungskosten baulicher Anlagen

3.1 Allgemeines

▶ *Vgl. Syst. Darst. des Sachwertverfahrens Rn. 50 ff.*

Schrifttum: *Deck/Böser* in AVN 1885, 145; *Klocke* in DAB 1983, 384; *Klocke* in DAB 1983, 384; *Kleiber* in Dieterich/Kleiber, Ermittlung von Grundstückswerten; Schriftenreihe des VHW, 3. Aufl., Bonn 2001; *Kleiber* in ImmobilienManager 1993, 92; *Metzmacher/Krikler,* Gebäudeschätzung über die Bruttogeschossfläche, 1. Aufl. Bundesanzeiger Verlag Köln 1996, S. 13 f. *Stiftung Warentest:* Finanztest 1996, 24, „Pi mal Daumen"; *Hofer, G.,* Nennwertgestützte Sachwertermittlung auf der Grundlage der BKI Datenbank für die NHK 2005, GuG 2009, 203; *Pohnert, F.,* Konkurrierende Normen bei Hochbauten, GuG 1991, 150.

Den bereits angesprochenen Normalherstellungskosten 2000 (NHK 2000) liegt als Bezugseinheit grundsätzlich als Flächeneinheit der Quadratmeter Brutto-Grundfläche gemäß DIN 277 zu Grunde. **Lediglich für einige voluminöse Gebäudearten werden auf den Kubikmeter Rauminhalt (gemäß DIN 277) bezogene Normalherstellungskosten angegeben (Industriegebäude, Werkstätten, Lagergebäude sowie landwirtschaftliche Betriebsgebäude).** Dies ist in der unterschiedlichen Geschosshöhe dieser Gebäude begründet. 26

Nach der **Grundsatzregelung** des § 22 Abs. 1 ImmoWertV sind die **Herstellungskosten unter Heranziehung von Normalherstellungskosten zu ermitteln;** die Heranziehung von gewöhnlichen Herstellungskosten einzelner Bauleistungen /Einzelkosten) soll nur in Ausnahmefällen in Betracht kommen. Die noch in § 22 Abs. 5 WertV 88/98 zugelassene Heranzie- 27 hung „*tatsächlich entstandener*" Herstellungskosten[4] ist mit der ImmoWertV ersatzlos fortgefallen (vgl. Rn. 91).

Abb. 2: Verfahren zur Ermittlung der Herstellungskosten

3.2 Ermittlung der Herstellungskosten auf der Grundlage von Normalherstellungskosten

3.2.1 Allgemeines

Schrifttum: *Gartung, K./Gütter, H./Müller, K-U./ Wiederhold, U./Bertz, U./Kleiber, W.*, Normalherstellungskosten 2000 (NHK 2000) für landwirtschaftliche Betriebsgebäude, GuG 2001, 326.

28 Der Sachwert der baulichen Anlage ist nach § 22 Abs. 1 ImmoWertV **vorrangig unter Heranziehung von Normalherstellungskosten zu ermitteln;** die Vorschrift gibt dafür keine bestimmten Normalherstellungskosten vor und lässt auch offen, auf welche Bezugseinheit sich die Normalherstellungskosten beziehen sollen.

29 Die Vorschrift bestimmt lediglich, dass sich die Herstellungskosten als **Produkt aus den** auf eine bestimmte Flächen- oder Raumeinheit sich beziehenden **Normalherstellungskosten und der** entsprechend ermittelten **Fläche** oder dem Rauminhalt **des zu bewertenden Gebäudes** ergibt, wobei ergänzend

- mit den Normalherstellungskosten nicht erfasste einzelne Bauteile, Einrichtungen und sonstige Vorrichtungen (§ 22 Abs. 2 Satz 2 ImmoWertV) sowie
- Baunebenkosten (§ 22 Abs. 2 Satz 3 ImmoWertV)

zu berücksichtigen sind, soweit sie nicht mit den zugrunde gelegten Normalherstellungskosten bereits erfasst sind. Darüber hinaus sind die herangezogenen Normalherstellungskosten mit Hilfe geeigneter Baupreisindexreihen an die Preisverhältnisse des Wertermittlungsstichtags anzupassen, soweit sie den Preisverhältnissen des Wertermittlungsstichtags nicht entsprechen (§ 22 Abs. 3 ImmoWertV).

30 In dem vorgegebenen Rahmen kann der Sachverständige nach eigenem Ermessen geeignete Normalherstellungskosten heranziehen. Mit dem neu in die ImmoWertV eingeführten 2. Halbsatz des § 21 Abs. 1 ImmoWertV wird sein Ermessen jedoch entscheidend einge-

---

[4] In der Begründung zu § 16 Abs. 4 WertV 72 hieß es: „Die Ermittlung des Herstellungswerts nach den tatsächlich entstandenen Herstellungskosten soll zwar grundsätzlich nur zugelassen werden, wenn diese den gewöhnlichen Herstellungskosten entsprechen, jedoch wird die Bestimmung nicht auszulegen sein. Insbesondere kann diese in geeigneten Fällen sehr zweckmäßige Methode durchaus angewendet werden, wenn Abweichungen von den gewöhnlichen Herstellungskosten lediglich durch Ersparnisse oder Mehraufwendungen verursacht sind, deren Höhe festgestellt werden kann. Es erschien aber geboten, an dieser Stelle den früher in Abs. 3 enthaltenen Hinweis aufzunehmen, dass derartige Kosteneinsparungen oder auch Mehraufwendungen zu Abweichungen von den gewöhnlichen Herstellungskosten führen und deshalb bei der Ermittlung der Herstellungskosten nicht einzubeziehen bzw. abzusetzen sind" (BR-Drucks 265/72, S. 20).

grenzt. Nach dieser Vorschrift „sind" nämlich die allgemeinen Wertverhältnisse insbesondere durch die Anwendung der von den Gutachterausschüssen für Grundstückswerte nach § 14 Abs. 2 Nr. 1 ImmoWertV abgeleiteten Sachwertfaktoren zu berücksichtigen (vgl. auch die „Soll-Vorschrift" des § 14 Abs. 1 ImmoWertV). Die vorgeschriebene Anwendung der von den Gutachterausschüssen für Grundstückswerte abgeleiteten Sachwertfaktoren bedeutet, dass **für die Sachwertermittlung grundsätzlich die Normalherstellungskosten einschließlich der ihnen zugrundeliegenden Bezugseinheit und sonstiger Verfahrensweisen, die der Ableitung der Sachwertfaktoren zugrunde liegen,** heranzuziehen sind. Dies folgt aus dem allgemeinen Grundsatz der Modellkonformität, denn die Verquickung der von den Gutachterausschüssen für Grundstückswerte abgeleiteten Sachwertfaktoren mit anderen Methoden der Ermittlung der Herstellungskosten würde das Ergebnis verfälschen.

In der Praxis der Gutachterausschüsse für Grundstückswerte und auch der Sachverständigen kommen zur Sachwertermittlung baulicher Anlagen heute nahezu ausnahmslos die vom Bundesministerium für Verkehr, Bau und Stadtentwicklung in den WERTR 06 veröffentlichten Normalherstellungskosten 2000 – NHK 2000 – zur Anwendung. Sie entsprechen den vom Bundesanzeiger Verlag im Jahre 1996 erstmals als NHK 95 und u. a. mit VV 5334 des Bundesministeriums der Finanzen von 17.7.1998 in dessen Geschäftsbereich eingeführten Normalherstellungskosten von 1995[5] und wurden auf den Stand des Jahres 2000 umgerechnet.

Die Heranziehung anderer als der in der WERTR vorgegebenen Normalherstellungskosten ist im Hinblick auf die mit § 14 ImmoWertV vorgeschriebene Anwendung der von den Gutachterausschüssen für Grundstückswerte abgeleiteten Sachwertfaktoren abzulehnen, denn diese beziehen sich regelmäßig auf die „amtlichen" Normalherstellungskosten der WERTR. Abzulehnen ist vor allem auch die Verwendung der auf Aufzeichnungen von Ross (1838 bis 1901) zurückgehenden sog. **13er-Werte**, die sich auf die Wertverhältnisse von 1913 und auf den Kubikmeter umbauten Raums beziehen und sich **als untragbar erwiesen** haben. Ihre Anwendung ist mit den an eine fundierte Verkehrswertermittlung zu stellenden Ansprüchen fachlich nicht vereinbar; dies ist in der Vorauflage zu diesem Werk ausführlich dargelegt (vgl. Syst. Darst. des Sachwertverfahrens Rn. 68)[6].

Bei alledem ist auf **andere veröffentlichte Normalherstellungskosten** nur hilfsweise zurückzugreifen, wenn die in den WERTR angegebenen Normalherstellungskosten unzureichend sind. In Betracht kommen folgende Veröffentlichungen:

– Arbeitsgemeinschaft für Rationalisierung, Landtechnik und Bauwesen in der Landwirtschaft Hessen e. V., Richtpreise für den Neu- und Umbau landwirtschaftlicher Gebäude und ländlicher Wohnhäuser 2003/2004, Kassel 2003;
– BKI 2000, 2007, 1 Kostenkennwerte für Gebäude; BKI 2007, BKI Baukosteninformationszentrum Deutscher Architektenkammern GmbH Stuttgart;
– BMVBW, Normalherstellungskosten der Wertermittlungsrichtlinien des Bundes – NHK 2000 – (vgl. Syst. Darst. des Sachwertverfahrens Rn. 58 ff.);
– Metzmacher/Krikler, Gebäudeschätzung über die Brutto-Geschossfläche, 2. Aufl. Bundesanzeiger Verlag Köln 2004;
– Simon/Kleiber, Schätzung und Ermittlung von Grundstückswerten, 8. Aufl., Neuwied 2005, Rn. 5.86 ff.;
– Ernst/Zinkahn/Bielenberg, BauGB, Komm. zu § 22 ImmoWertV Anh. 1;
– Kleiber/Simon/Weyers, Verkehrswertermittlung von Grundstücken, 2. Aufl., S. 131; Normalherstellungskosten auf Preisbasis 1985;
– Baukostenberatungsdienst (BKB) Architektenkammer Baden-Württemberg;
– Kosteninformationsdienst Architektenkammer Nordrhein-Westfalen;

---

5 Vollständige Wiedergabe in Kleiber, WERTR 02, 8. Aufl. Bundesanzeiger Verlag Köln 2002. Ermittlung von zeitgemäßen Normalherstellungskosten für die Belange der Verkehrswertermittlung, Bundesanzeiger Verlag Köln 1997, Schaar in GuG 1997, 230; Kleiber, WERTR, 8. Aufl. Köln 2003.
6 Vgl. auch die Rechtsprechung des BGH: BGH, Urt. vom 30.11.2006 – V ZB 44/06 –, GuG 2008, 122; Kleiber/Simon, Verkehrswertermittlung von Grundstücken, 5. Aufl. 2007, S. 1982 f.; weitergehend Kleiber/Simon, Marktwertermittlung, 6. Aufl. § 22 WertV Rn. 39.

V § 22 ImmoWertV Ermittlung der Herstellungskosten

- Bauschätzpreise für Eigenheime, Bauschätzpreise für gewerbliche Bauten;
- Marshall & Swift, Neuss LAG-Datei + Kostenflächenarten;
- Zentrale Sammlung und Auswertung der Planungs- und Kostendaten von Hochbaumaßnahmen der Länder bei der IWBARGE BAU Hochbauausschuss (LAG), Freiburg im Breisgau, BBD-Datei;
- Zentrale Sammlung + Auswertung der Planungs- und Kostendaten von Hochbaumaßnahmen des Bundes bei der BBD Bundesbaudirektion Berlin;
- Handbuch Baukostenplanung NRW;
- Landesinstitut für Bauwesen und angewandte Bauschadensforschung, Aachen;
- Planungs- und Kostendaten (Hessen);
- Hessisches Ministerium der Finanzen, Wiesbaden;
- Planungs- und Kostendaten (Niedersachsen);
- Niedersächsisches Ministerium der Finanzen, Hannover;
- Schulbaukosten (mehrere Veröffentlichungen) Schulbauinstitut der Länder, Berlin;
- Schieweg: Bauwerkspreise; Verlag für Wirtschaft und Verwaltung, Hubert Wingen, Essen;
- Schmitz/Krings/Dahlhaus/Meisel, Baukosten 2006 – Instandsetzung/Sanierung/Modernisierung/Umnutzung, 18. Aufl. Verlag für Wirtschaft und Verwaltung, Hubert Wingen, Essen;
- Baukosten-Daten, Kennwerte für Gebäudekosten CRB Schweizerische Zentralstelle für Baurationalisierung, Zürich;
- BCIS (Hsg.) BCIS WESSEX, Estimating Price Book SMM7 12. Aufl. UK Dorset 2007 Standard Form of Cost Analysis: Principles, Instructions and Definitions, Reprinted 2003 London;
- SPON'S Architects' and Builders' Price Book E&FN SPON, 2007 132. Aufl. Oxon: Taylor and Francis;
- Gardiner&Theobald, International Construction Cost survey, Values in Euros, Januar 2008;
- Lohrmann, G., Bewertung von **Kirchengebäuden** und ihren Einrichtungen, Hess. Brandversicherungsanstalt, Kassel:
- Normalherstellungskosten für **Lauben und Wochenendhäuser** (Hrsg. Richtlinien des Landesverbandes Rheinland der Kleingärtner e. V.);
- Durchschnittspreise für Grundstücke und Behelfsbauten bezogen auf den Hauptfeststellungszeitpunkt 1.1.1964 (Anl. zu Abschn. 16 Abs. 9 BewGr) Erl. des brem. FM vom 26.9.1967 – S 3208-A 1 St. 51; abgedruckt bei Kleiber/Simon/Weyers, Verkehrswertermittlung von Grundstücken, 3. Aufl., S. 2112;
- Normalherstellungskosten nach dem Entwurf der BReg für die steuerliche Grundbesitzbewertung (BT-Drucks.13/5359 Preisbasis 1.6.1996), abgedruckt bei Kleiber/Simon/Weyers, 3. Aufl. zu diesem Werk, S. 2113.34.

3.2.2 Normalherstellungskosten 2000 (NHK 2000)

35 Die als Anl. 7 zur WERTR 06[7] veröffentlichten Normalherstellungskosten 2000 sind als Kurzfassung in der Syst. Darst. des Sachwertverfahrens unter Rn. 48 sowie in der 5. Aufl. dieses Werks als Anh. 4 zusammen mit
- Normalherstellungskoasten für Kranbahnen (Preisbasis 2000)
- Normalherstellungskosten für Lauben und Wochenendhäusern in den neuen Bundesländern

abgedruckt; sie sind des Weiteren im Internet abrufbar unter www.kleiber-digital.de.

36 Die vorliegenden **Normalherstellungskosten – NHK 2000 –** geben für unterschiedliche Gebäudearten (Gebäudetypen) – teilweise differenziert nach Gebäuden mit und ohne ausgebautes Dachgeschoss – gewöhnliche Herstellungskosten an:

a) sie beziehen sich vornehmlich auf einen **Quadratmeter (m²) Brutto-Grundfläche (BGF)**, ermittelt nach DIN 277 i.d.F. von 1987/2005.

b) sie geben **Bundesmittelwerte** nach dem **Preisstand 2000** ohne Baunebenkosten **einschließlich einer 16%igen Mehrwertsteuer** wieder; die **Erhöhung der Mehrwertsteuer**

---

[7] Vgl. Vollständige Wiedergabe in Kleiber, WERTR 06, 10. Aufl. 2010 Bundesanzeiger Verlag Köln, 2010.

Ermittlung der Herstellungskosten § 22 ImmoWertV V

kann unbeachtlich bleiben, weil sie über den Baupreisindex, mit dem die auf 2000 bezogenen Normalherstellungskosten auf die Herstellungskosten eines aktuellen Wertermittlungsstichtags angepasst werden, miterfasst wird.

c) sie geben durchschnittliche Baunebenkosten in einem Vomhundertsatz auf den Gebäudetypenblättern an.

Die aktuellen Tabellenwerke für Normalherstellungskosten 2000 (NHK 2000) enthalten nur noch für einige **wenige Objektarten** Angaben zu **Normalherstellungskosten, die nur auf eine Volumeneinheit (Brutto-Rauminhalt) bezogen sind.** Es handelt sich um großvolumige Objekttypen, bei denen der Herstellungswert von der Raumhöhe abhängig ist: 37

– Gebäudetyp 30: Industriegebäude, Werkstätten
– Gebäudetyp 31.1: Lagergebäude (Kaltlager)
– Gebäudetyp 31.2: Lagergebäude (Warmlager)
– Gebäudetyp 31.3: Lagergebäude (Warmlager mit Büro- und Sozialtrakt)

Die pro Quadratmeter Brutto-Grundfläche angegebenen Normalherstellungskosten können nicht einer bestimmten Fläche eines Gebäudes zugeordnet werden, denn es handelt sich um einen „**Mischkostenansatz" für das Gesamtobjekt,** das gegebenenfalls ein Kellergeschoss und ein (ausgebautes oder nicht ausgebautes) Dachgeschoss umfasst, wobei es ohne Belang ist, ob es sich dabei um ein Vollgeschoss handelt und wie hoch z. B. der Wohn- und Nutzflächenanteil ist. 38

Abb. 3: Normalherstellungskosten 2000

▸ *Näheres hierzu in der Syst. Darst. des Sachwertverfahrens Rn. 286 ff.*

3.2.3 Zum Stand der Fortschreibung der NHK 2000

▸ *Vgl. hierzu Syst. Darst. des Sachwertverfahrens Rn. 76 ff.*

Zur Fortschreibung der NHK 2000 hat das Baukosteninformationszentrum Deutscher Architektenkammern (BKI) im Jahre 2008 einen Vorschlag unter dem Titel „Aktuelle Gebäudesachwerte in der Verkehrswertermittlung" zur Diskussion gestellt wurden. Der Vorschlag wurde auf der Grundlage der Baukostendatenbank mit 1 400 abgerechneten Bauprojekten erarbeitet und hält an dem Grundsystem der NHK 2000 fest, nämlich der Einteilung der Gebäude nach 39

- Gebäudearten (vormals Gebäudetypen),
- Baujahrsklassen und
- Standardeinordnung, die auf ein Punktwertsystem umgestellt werden soll.

Zur Streichung empfohlen wurden die Korrekturfaktoren für Grundrissart und Wohnungsgröße.

40 Zum Zwecke der Berücksichtigung einer Modernisierung wurde eine **Aufteilung der Normalherstellungskosten gemäß DIN 276** vorgeschlagen in

- Kostengruppe 300 Bauwerk-/Baukonstruktion und
- Kostengruppe 400 Technische Anlagen.

Zu diesem Zweck können die einzelnen Elemente der Kostengruppe 300 und 400 nach „einfach", „mittel" und „hoch" bepunktet werden, um aus der Gesamtpunktzahl zu einer Einordnung zu gelangen.

41 Der Vorschlag ist auf erhebliche Kritik auch in Bezug auf die ausgewiesenen Kosten gestoßen und ist nach einer Testphase nicht in die WERTR aufgenommen worden. Auch das vom BKI vorgeschlagene **bauteilorientierte Alterswertminderungsmodell ist fachlich abzulehnen.** Dieses Modell geht von der technischen Lebensdauer einzelner Bauteile und deren Erneuerungszyklen aus. Die Alterswertminderung bestimmt sich aber ex definitionem nach der wirtschaftlichen Restnutzungsdauer. Im Rahmen einer ordnungsgemäßen Bewirtschaftung ist die Immobilie unabhängig von den Kosten und den Erneuerungszyklen einzelner Bauteile instand zu halten. Eine Alterswertminderung resultiert trotz ordnungsgemäßer Instandhaltung allein daraus, dass sich die wirtschaftliche Nutzungsfähigkeit eines Gebäudes mit fortschreitender Zeit aufgrund sich wandelnder Anforderungen vermindert. Auf die Lebensdauer einzelner Bauteile und deren Erneuerungszyklen kommt es mithin nicht an. Der dem Modell zugrunde liegende Denkansatz ist mithin falsch.

42 Die **Heranziehung der fachlich umstrittenen Normalherstellungskosten 2005 des BKI ist derzeit mit den Vorschriften der ImmoWertV** schon deshalb **unvereinbar,** weil keine darauf „abgestimmte" Sachwertfaktoren zur Verfügung stehen. Der Verordnungsgeber hat mit der ImmoWertV das Sachwertverfahren konsequent auf eine marktorientierte Sachwertermittlung ausgerichtet. Die allgemeinen Wertverhältnisse auf dem Grundstücksmarkt (Lage auf dem Grundstücksmarkt) sind nach § 21 Abs. 1, 2. Halbsatz ImmoWertV mit den vom Gutachterausschuss für Grundstückswerte nach Maßgabe des § 14 Abs. 2 Nr. 1 ImmoWertV abzuleitenden Sachwertfaktoren zu berücksichtigen (vgl. auch die Soll-Vorschrift des § 14 Abs. 1 ImmoWertV). Die derzeit zur Verfügung stehenden abgeleiteten und veröffentlichten Sachwertfaktoren beziehen sich in aller Regel auf die NHK 2000 (bzw. NHK 95) und haben zu einer deutlichen qualitativen Verbesserung der Verkehrswertermittlung unter Anwendung des Sachwertverfahrens geführt. Es kann nicht damit gerechnet werden, dass entsprechende (auf die NHK 2005 des BKI) bezogene Sachwertfaktoren im erforderlichen Umfang zur Verfügung stehen werden. Fachpolitisch ist vielmehr eine „Stabilisierung" der allgemeinen Wertermittlungspraxis durch möglichst einheitliche Vorgaben zu den Normalherstellungskosten und den darauf „abgestimmten" Sachwertfaktoren geboten. Diesen Anforderungen sind die Gutachterausschüsse für Grundstückswerte auf der Grundlage der NHK 95/2000 vielerorts seit Einführung der NHK 95 nachgekommen, so dass sich auch die steuerliche Bewertung daran orientieren konnte (vgl. Syst. Darst. des Sachwertverfahrens Rn. 42 ff.).

3.2.4 Ermittlung der Herstellungskosten eines Neubaus auf der Grundlage der NHK 2000

3.2.4.1 Allgemeines

43 Zur **Ermittlung des aktuellen Neubauwerts** müssen

a) die Brutto-Grundfläche (BGF) des Gegenstandes der Wertermittlung – ohne Bereich c – korrespondierend mit den auf der Grundlage dieser Norm abgeleiteten und in den Gebäudetypenblättern der NHK 2000 für das jeweilige Baujahr und Ausstattung ausgewiesenen Normalherstellungskosten (NHK 2000) vervielfältigt,

b) der sich daraus ergebende Neubauwert des Jahres 2000 mit Hilfe geeigneter Baupreisindexreihen auf die Wertverhältnisse des Wertermittlungsstichtags indiziert,

c) regionale sowie ortsspezifische Besonderheiten, soweit sie mit der herangezogenen Baupreisindexreihe nicht berücksichtigt worden sind, durch Anwendung eines regional- und ortsspezifischen Korrekturfaktors zusätzlich berücksichtigt (vgl. Übersicht über regionalspezifische Multiplikatoren in der Syst. Darst. des Sachwertverfahrens Rn. 112 ff.; auch Sachwertfaktoren bei § 14 ImmoWertV Rn. 224 ff.)

d) die mit dem herangezogenen Brutto-Grundflächenpreis nicht erfassten besonderen Bauteile (einschließlich die des Bereichs c) wertmäßig hinzugerechnet und

e) die zum jeweiligen Wertermittlungsstichtag geltende Mehrwertsteuer ggf. abgezogen werden (vgl. Rn. 9 ff.).

44 Die einzelnen Normalherstellungskosten (NHK 2000) sind in den jeweiligen **Gebäudetypenblättern** differenziert nach

– Gebäudebaujahrsklassen und
– Ausstattungsstandards

nachgewiesen.

45 Mitunter werden für denselben Gebäudetypus jeweils gesondert Gebäudetypenblätter für eine **frei stehende** oder in Reihe angeordnete und dann nach **Kopf- und Mittelhaus** aufgeteilte **Bebauung** abgedruckt.

46 Eine Kurzbeschreibung der **Ausstattungsstandards** ist den Gebäudetypenblättern zugeordnet (vgl. Syst. Darst. des Sachwertverfahrens Rn. 99 ff.).

47 Zur Erleichterung der Anwendung der NHK 95 waren auf jedem Gebäudetypenblatt im Übrigen die *jeweiligen* nach Gebäudearten unterschiedlichen **Umrechnungskoeffizienten für überschlägige nicht dem Einzelfall genügende Umrechnungen** angegeben, z. B.:1 m^2 BGF (DIN 277/1987/2005) erfordert im Mittel 2,85 m^3 BRI (DIN 277/1987/2005). Die im damaligen Einführungserlass ausdrücklich nur für überschlägige Berechnungen ausgewiesenen Umrechnungskoeffizienten ließen erkennen, welche Geschosshöhe die Grundgesamtheit des zur Ableitung der Normalherstellungskosten herangezogenen Datenmaterials hatte. Die Umrechnungskoeffizienten sind nicht **für eine** dem Einzelfall genügende **Umrechnung von BGF in BRI** und umgekehrt geeignet, da es **eine Universalformel dafür nicht geben kann.** Bei der Veröffentlichung der NHK 2000 werden diese Angaben deshalb nicht mehr gemacht.

48 Auch die in der erstmaligen Veröffentlichung der Normalherstellungskosten angegebenen **Umrechnungskoeffizienten für eine Umrechnung der Wohnfläche (WF) in die BGF und umgekehrt sind für den Einzelfall ungeeignet,** so dass bei bekannter Wohnfläche WF nicht mit Hilfe der angegebenen Formel die BGF ermittelt werden kann. Aus diesem Grunde wird auf eine Wiedergabe verzichtet. Der Sachverständige muss vielmehr die individuelle BGF ermitteln, sofern sie ihm nicht zuverlässig aus den Bauakten zur Verfügung steht.

49 Das Gebäudetypenblatt enthält schließlich noch

– Hinweise zu den **Baunebenkosten** entsprechend der Kostengruppe 700 DIN 276/1993. Hierzu gehören insbesondere die Kosten, die bei der Planung und Durchführung auf der Grundlage von Honorarordnungen, Gebührenordnungen oder nach weiteren vertraglichen Vereinbarungen entstehen, die Bauherrenaufgaben, die Vorbereitung der Objektplanung, Architekten- und Ingenieurleistungen, Gutachten und Beratungen, Kunst, Finanzierung sowie die allgemeinen und sonstigen Baunebenkosten

– sowie die jeweilige Spanne der **üblichen Gesamtnutzungsdauer (GND).**

▶ *Zu überhohen und unwirtschaftlichen Geschosshöhen vgl. Rn. 53; Syst. Darst. des Sachwertverfahrens Rn. 70; § 8 ImmoWertV Rn. 214 ff.*

V § 22 ImmoWertV　　　　　　　　　　Ermittlung der Herstellungskosten

3.2.4.2　Gebäudebaujahrsklasse

▶ *Vgl. hierzu Grundsätzliches in den Syst. Darst. des Sachwertverfahrens Rn. 54 f., 103 ff., 144 ff. sowie zur Ermittlung des fiktiven Baujahrs nach durchgeführten Modernisierungsmaßnahmen bei § 6 ImmoWertV Rn. 396 ff., 405*

50　Die **Normalherstellungskosten** sind in den Tabellenwerken gestaffelt **nach Baujahrsklassen** angegeben.

51　Grundsätzlich ist für den Ansatz der Normalherstellungskosten das Baujahr der zu bewertenden baulichen Anlage maßgebend, wobei der Ansatz ggf. durch (lineare) Interpolation zu ermitteln ist. Die **Gebäudebaujahrsklasse** von Gebäuden, die überdurchschnittlich instand gesetzt oder modernisiert wurden, bestimmt sich nach einer entsprechend verjüngten Gebäudebaujahrsklasse, wenn dem nicht bereits durch Zuschläge Rechnung getragen wurde. Umgekehrt ist bei unterlassener Instandhaltung eine entsprechend ältere Gebäudebaujahrklasse maßgebend, wenn dem nicht bereits durch Ansatz der Instandsetzungskosten Rechnung getragen wird.

3.2.4.3　Ausstattungstandard

▶ *Vgl. hierzu Syst. Darst. des Sachwertverfahres Rn. 100 ff.*

52　Die Normalherstellungskosten sind **von dem Ausstattungsstandard des zu bewertenden Gebäudes abhängig,** die nach den in den Gebäudetypenblättern aufgeführten ungleichgewichtigen Kostengruppen zu qualifizieren sind.

3.2.4.4　Geschosse

▶ *Zur Geschosshöhe vgl. § 8 ImmoWertV Rn. 214; Syst. Darst. des Sachwertverfahrens Rn. 70, 111*

53　Bei **Mehrfamilienhäusern** sind die Normalherstellungskosten von der Geschosszahl nahezu unabhängig. Ein Vergleich der Normalherstellungskosten der Typen 3.13 bis 3.17 ergibt rechnerisch im Durchschnitt gerade einmal einen Preisanstieg um ca. 0,01 % pro zusätzlichem Geschoss. Kostenersparnisse (Keller und Dach) und Kostenerhöhungen (Gründungskosten), die mit jedem Geschoss einhergehen, gleichen sich offensichtlich aus. Auch die mit dem 5. Geschoss einhergehende Bereitstellung eines Fahrstuhls geht darin unter (Abb. 4).

Abb. 4:　Abhängigkeit der Normalherstellungskosten von der Geschoszahl

Normalherstellungskosten für Mehrfamilienhäuser (freistehend, Flachdach) nach Geschosszahl				
		Ausstattungsstandard		
		einfach	mittel	gehoben
2-geschossig	Typ 3.13	730 €/m² BGF	755 €/m² BGF	825 €/m² BGF
3-geschossig	Typ 3.23	755 €/m² BGF	795 €/m² BGF	860 €/m² BGF
4-geschossig	Typ 3.33	760 €/m² BGF	800 €/m² BGF	865 €/m² BGF
5-geschossig	Typ 3.53	770 €/m² BGF	810 €/m² BGF	875 €/m² BGF
7- bis 10-geschossig	Typ 3.73	800 €/m² BGF	840 €/m² BGF	910 €/m² BGF

54　Da das Tabellenwerk für **Mehrfamilienhäuser** in Abhängigkeit von der Anzahl der Geschosse originär die Normalherstellungskosten ausweist (vgl. Typ 3.11 bis 3.73), bedarf es keiner besonderen Berücksichtigung der Geschosszahl.

Ermittlung der Herstellungskosten § 22 ImmoWertV V

Bei **Büro- und Verwaltungsgebäuden** fällt die Abhängigkeit der Normalherstellungskosten von der Geschosszahl deutlich höher aus, und zwar nicht erst ab einer Sechs- und Mehrgeschossigkeit. Die Erläuterungen zum Typ 5.3 („6 und mehrgeschossig") lassen dabei nicht erkennen, auf welche Geschosszahl sich der angegebene Wert konkret bezieht, jedoch kann aus der Größenordnung des angegebenen Werts (und dem Unterschied zu den Normalherstellungskosten des Typs 5.2) geschlossen werden, dass sich dieser Wert bereits auf ein etwa 15-geschossiges Gebäude bezieht (Abb. 5)[8].

55

Abb. 5: Normalherstellungskosten für Büro- und Verwaltungsgebäude nach Geschosszahl

Normalherstellungskosten für Büro- und Verwaltungsgebäude nach Geschosszahl					
	Ausstattungsstandard				Δ gehoben zu stark gehoben
	einfach	mittel	gehoben	stark gehoben	
1–2-geschossig Typ 5.1	958 €/m² BGF	1 150 €/m² BGF	1 405 €/m² BGF		
	Δ = 18 %	Δ = 20 %	Δ = 19 %		
2–5-geschossig Typ 5.2	1 165 €/m² BGF	1 385 €/m² BGF	1 670 €/m² BGF	1 975 €/m² BGF	Δ = 18 %
	Δ = 52 %	Δ = 60 %	Δ = 57 %		
6- und mehrgeschossig Typ 5.3	1 770 €/m² BGF	2 210 €/m² BGF	2 615 €/m² BGF		
pro Geschoss i.D.	Δ = 18 %	Δ = 20 %	Δ = 19 %		

Hieraus folgt, dass das Tabellenwerk der NHK für Büro- und Verwaltungsgebäude hinsichtlich der Anzahl der Geschosse[9] verhälnismäßig grob gegliedert ist und es im konkreten Einzelfall geboten ist, der **Anzahl der Geschosse** Beachtung zu **schenken**. Fächert man die amtlich angegebenen Tabellenwerte für Büro- und Verwaltungsgebäude (Typen 5.1 bis 5.3) nach der Anzahl der Geschosse auf, so ergeben sich – bezogen auf 2000 – folgende Werte (Abb. 6):

56

---

8 Vgl. Rath, Wertermittlungspraxis, 4. Aufl. 2003 S. 228 ff.
9 Hochhäuser sind Gebäude, bei denen der Fußboden mindestens eines Aufenthaltsraumes mehr als 22 m über der festgelegten Geländeoberfläche liegt (§ 2 Abs. 3 BlnBO).

Abb. 6: Normalherstellungskosten 2000 für Büro- und Verwaltungsgebäude (Typ 5.1 bis 5.3) nach Geschosszahl

Normalherstellungskosten 2000 für Büro- und Verwaltungsgebäude (Typ 5.1 bis 5.3) nach Geschosszahl			
	Ausstattungsstandard		
	einfach	mittel	gehoben
1–2-geschossig	985 €/m² BGF	1 150 €/m² BGF	1 405 €/m² BGF
3-geschossig	1 045 €/m² BGF	1 230 €/m² BGF	1 500 €/m² BGF
4-geschossig	1 105 €/m² BGF	1 310 €/m² BGF	1 590 €/m² BGF
5-geschossig	1 165 €/m² BGF	1 395 €/m² BGF	1 685 €/m² BGF
6-geschossig	1 225 €/m² BGF	1 474 €/m² BGF	1 780 €/m² BGF
7-geschossig	1 285 €/m² BGF	1 555 €/m² BGF	1 870 €/m² BGF
8-geschossig	1 345 €/m² BGF	1 635 €/m² BGF	1 965 €/m² BGF
9-geschossig	1 405 €/m² BGF	1 720 €/m² BGF	2 055 €/m² BGF
10-geschossig	1 465 €/m² BGF	1 800 €/m² BGF	2 150 €/m² BGF
11-geschossig	1 525 €/m² BGF	1 880 €/m² BGF	2 240 €/m² BGF
12-geschossig	1 585 €/m² BGF	1 960 €/m² BGF	2 335 €/m² BGF
13-geschossig	1 645 €/m² BGF	2 040 €/m² BGF	2 430 €/m² BGF
14-geschossig	1 705 €/m² BGF	2 120 €/m² BGF	2 520 €/m² BGF
15-geschossig	1 765 €/m² BGF	2 205 €/m² BGF	2 615 €/m² BGF
16-geschossig	1 825 €/m² BGF	2 285 €/m² BGF	2 710 €/m² BGF
17-geschossig	1 885 €/m² BGF	2 365 €/m² BGF	2 800 €/m² BGF
18-geschossig	1 945 €/m² BGF	2 445 €/m² BGF	2 895 €/m² BGF
19-geschossig	2 005 €/m² BGF	2 530 €/m² BGF	2 985 €/m² BGF
20-geschossig	2 065 €/m² BGF	2 610 €/m² BGF	3 080 €/m² BGF

57   Bei einem „stark gehoben" Ausstattungsstandard eines Büro- und Verwaltungsgebäudes ist gegenüber den Normalherstellungskosten eines „gehoben" Ausstattungsstandards ein Zuschlag von rd. 19 % zu berücksichtigen.

58   Die **Gebäudebaujahrsklasse** ist mit folgenden Faktoren zu berücksichtigen (Abb. 7):

Abb. 7: Korrekturfaktoren für Büro- und Verwaltungsgebäude zur Berücksichtigung der Gebäudebaujahrsklasse gegenüber Gebäudebaujahrsklasse 2000

Korrekturfaktoren zur Berücksichtigung der Gebäudebaujahrsklasse gegenüber Gebäudebaujahrsklasse 2000							
	Gebäudebaujahrsklasse						
	vor 1925	1925 bis 1945	1946 bis 1959	1960 bis 1969	1970 bis 1984	1985 bis 1999	2000
Korrekturfaktoren	0,71 – 0,74	0,75	0,76 – 0,81	0,82 – 0,86	0,87 – 0,91	0,92 – 0,99	1,00

59   Die für **Personal- und Schwesternwohnheime** (Typ 15) im Tafelwerk ausgewiesenen Normalherstellungskosten beziehen sich auf Gebäude bis zu 6 Geschossen; die für **Altenwohnheime** (Typ 16) im Tafelwerk ausgewiesenen Normalherstellungskosten beziehen sich dagegen auf Gebäude bis zu 4 Geschossen. Bei Gebäuden mit höherer Geschosszahl, ins-

besondere Hochhäusern, sind die ausgewiesenen Normalherstellungskosten um bis zu 20% zu erhöhen. Ein „stark gehobener" Ausstattungsstandard ist des Weiteren mit einem Zuschlag von rd. 18% gegenüber den für einen „gehobenen" Ausstattungsstandard ausgewiesenen Normalherstellungskosten zu berücksichtigen. Des Weiteren gelten für diese Objekttypen die für Büro- und Verwaltungsgebäude vorgestellten Korrekturfaktoren zur Berücksichtigung der Gebäudebaujahrsklassen.

3.2.4.5 Regionale und örtliche Einflüsse

▶ *Vgl. Syst. Darst. des Sachwertverfahrens Rn. 112; § 14 ImmoWertV Rn. 22, 46 f.*

Bei den in den Tafelwerken ausgewiesenen Normalherstellungskosten 2000 (NHK 2000) handelt es sich um **Bundesmittelwerte.** Aufgrund der regionalen Verhältnisse und der besonderen Verhältnisse vor Ort können sich nicht unerhebliche Abweichungen ergeben. **60**

Die Bundesmittelwerte sind mittels Regional- und Ortsgrößenfaktoren auf die örtlichen Preisverhältnisse umzurechnen, sofern das örtliche Baupreisniveau nicht mit dem im Einzelfall herangezogenen **Sachwertfaktor** berücksichtigt wird (vgl. im Einzelnen Syst. Darst. des Sachwertverfahrens Rn. 113). **61**

Die vom Sächsischen Bauinstitut[10] bis **auf die Ebene von Postleitzahlen abgeleiteten und veröffentlichten Regionalfaktoren sind** dagegen **grundsätzlich abzulehnen,** auch wenn bei deren Veröffentlichung in irreführender Weise ein Zusammenhang mit dem Einführungserlass des Bundes bzw. der diesem zugrunde liegenden Forschungsarbeit von *Mittag* aufkommen mag. Es handelt sich hier um Faktoren, die wohl für eine bestimmte Versicherungsgesellschaft abgeleitet worden sind und von dieser – soweit erkennbar – noch nicht einmal eigenverantwortlich publiziert wurden. **62**

Auch die vom **Baukosteninformationszentrum Stuttgart** abgeleiteten Regionalfaktoren haben keine Bestätigung durch die empirischen Untersuchungen der Gutachterausschüsse für Grundstückswerte gefunden. Unter dem Gebot der Modellkonformität ist nach Ziff. 3.6.1.1.2 der Wertermittlungsrichtlinien (WERTR) den von den Gutachterausschüssen für Grundstückswerte abgeleiteten Ortsgrößen- und Regionalfaktoren ebenso wie den von den Gutachterausschüssen für Grundstückswerte abgeleiteten Marktanpassungsfaktoren bei Heranziehung der Normalherstellungskosten (NHK 2000) der Vorzug zu geben. Für eine fundierte Sachwertermittlung kommt es entscheidend darauf an, dass das zur Anwendung kommende Sachwertmodell mit dem der Ableitung dieser Korrekturfaktoren (Ortsgrößen- und Regionalfaktoren, Marktanpassungs- bzw. Sachwertfaktoren) zugrunde liegenden Sachwertmodell identisch ist. **63**

3.2.4.6 Konjunkturelle Einflüsse

▶ *Hierzu auch Syst. Darst. des Sachwertverfahrens Rn. 124 ff.*

Im Einzelfall kann es erforderlich werden, besondere allgemeine und örtlich konjunkturelle Einflüsse ergänzend zu berücksichtigen, insbesondere wenn der herangezogene Regional- und Ortsgrößenfaktor sich auf überholte Marktverhältnisse bezieht. **64**

3.2.4.7 Besonderheiten für Mehrfamilien-Wohnhäuser

▶ *Syst. Darst. des Sachwertverfahrens Rn. 108 ff; hierzu Beispiel im Teil VI Rn. 22*

Die ausgewiesenen Bundes-Mittelwerte für **Mehrfamilien-Wohnhäuser** gelten für: **65**
– eine durchschnittliche Wohnfläche von 70 m² BGF je Wohneinheit (50 m² WF/WE) sowie
– einen Grundriss mit 2 Wohneinheiten (WE) je Geschoss (Zweispänner).

---

[10] Rödenbeck in Nachr. der nds. Kat.- und VerVw 1999, 157.

V § 22 ImmoWertV   Ermittlung der Herstellungskosten

66   Abweichungen von der Grundrissart bzw. von der durchschnittlichen Wohnfläche können nach Maßgabe der in der Syst. Darst. des Sachwertverfahrens Rn. 109 ff. abgedruckten Korrekturfaktoren berücksichtigt werden:

67   Die **Korrekturfaktoren C und D** kommen also **nur bei Mehrfamilien-Wohnhäusern** zur Anwendung, deren Verkehrswert im Übrigen aber ohnehin nur in Ausnahmefällen nach dem Sachwertverfahren ermittelt wird.

3.2.4.8 Besonderheiten für Ein- und Zweifamilienhäuser (Drempel)

68   Ein- und Zweifamilienhäuser mit ausgebautem Dachgeschoss gegenüber Gebäuden ohne ausgebautes Dachgeschoss weisen nach den Erläuterungen des Tabellenwerks der WERTR regelmäßig eine bis zu 0,20 m höhere (durchschnittliche) Geschosshöhe auf. Dies kann u. a. darauf zurückgeführt werden, dass Gebäude mit ausgebautem Dachgeschoss baulich entsprechend gestaltet sind. Die in die Ableitung der Normalherstellungskosten eingegangenen Daten beziehen sich mithin überwiegend auf Gebäude, die einen Drempel aufweisen, während das Untersuchungsmaterial für Gebäude ohne ausgebautes Dachgeschoss umgekehrt in den überwiegenden Fällen sich auf Gebäude bezieht, die keine Drempel aufweisen.

Abb. 8: Durchschnittliche Geschosshöhen

Typ	Durchschnittliche Geschosshöhe			
	mit voll ausgebautem	*ohne* ausgebautem	Δ Geschosshöhe	Flachdach
	Dachgeschoss		m	m
Einfamilien-Wohnhäuser frei stehend				
1.01 bis 1.03 Keller-, Erd- und Dachgeschoss	2,85	2,70	0,15	2,90
1.11 bis 1.13 Keller-, Erd-, Ober- und Dachgeschoss	2,95	2,90	0,05	2,95
1.21 bis 1.23 Erd- und Dachgeschoss (ohne Keller)	2,90	2,70	0,20	3,05
1.31 bis 1.33 Erd-, Ober- und Dachgeschoss (ohne Keller)	2,95	2,85	0,10	3,05
Einfamilien-Reihenhäuser				
2.01 bis 2.03 Keller-, Erd- und Dachgeschoss	2,85	2,70	0,15	2,90
2.11 bis 2.13 Keller-, Erd-, Ober- und Dachgeschoss	2,95	2,90	0,05	2,95
2.21 bis 2.23 Erd- und Dachgeschoss (ohne Keller)	2,90	2,70	0,20	3,05
2.31 bis 2.33 Erd-, Ober- und Dachgeschoss (ohne Keller)	2,95	2,85	0,10	3,05
Mehrfamilien-Wohnhäuser				
3.11 bis 3.13 Keller-, Erd-, Ober- und Dachgeschoss	2,95	2,90	0,05	2,95
3.21 bis 3.23 Keller-, Erd-, 2. Ober- und Dachgeschosse	2,95	2,90	0,05	2,95
3.32 und 3.33 Keller-, Erd-, 3. Ober- und Dachgeschosse		2,90		2,95
3.42 und 3.53 Keller-, Erd-, 4.–5. Ober- und Dachgeschosse		2,95		3,00

69   Zu diesem Ergebnis ist auch die AGVGA Nordrhein-Westfalen[11] gekommen, die umgekehrt für die Gebäudetypen 1.01, 1.11, 1.21 und 1.31 folgende Abschläge von den im Tabellenwerk ausgewiesenen Normalherstellungskosten empfehlen, wenn diese Gebäudetypen (umgekehrt) keinen Drempel aufweisen (Abb. 9):

---

11 Vgl. Grundstücksmarktbericht 2006 des Gutachterausschusses für die Stadt Wuppertal.

Abb. 9: Abschläge für die Gebäudetypen 1.01, 1.11, 1.21 und 1.31 ohne Drempel

Abschläge für die Gebäudetypen 1.01, 1.11, 1.21 und 1.31 ohne Drempel		
Abschlag auf den Ansatz €/m² BGF in %		
Typ	12 m Trauflänge 14 m Giebelbreite gehobene Ausstattung	6 m Trauflänge 10 m Giebelbreite gehobene Ausstattung
1.11	1,5	4
1.31	2	5
1.01	2,5	5,5
1.21	3	7

3.2.4.9 Besonderheiten für Doppelhäuser

Die Normalherstellungskosten von Doppelhäusern können auf der Grundlage der Normalherstellungskosten für die Kopfhäuser von Einfamilien-Reihenhäusern ermittelt werden, wenn die jeweiligen hälftigen Anteile nach Art, Grundrissen und Ausstattung Reihenhäusern entsprechen. Entsprechen die jeweiligen Anteile nach Art, Grundrissen und Ausstattung denen von Einfamilien-Wohnhäusern, ist von entsprechenden Normalherstellungskosten auszugehen. Den mit der **gemeinsamen Giebelwand** einhergehenden Kostenersparnissen ist dabei durch einen entsprechenden Abschlag Rechnung zu tragen (ca. 2 % entspricht einem **Doppelhauskorrekturfaktor** von 0,98). Der Ansatz eines Mittels aus den Normalherstellungskosten für ein freistehendes Reihenhaus und einem Einfamilienhaus ist nur dann in Betracht zu ziehen, wenn das Doppelhaus nach Art, Grundrissen und Ausstattung dem Mittel aus beiden Typen entspricht.

3.2.4.10 Besonderheiten für landwirtschaftliche Gebäude

Schrifttum: *Becker, W./Olejnizak, K./Schneider, F./Tepper, D.*, Ableitung von Marktanpassungsfaktoren für aufgegebene landwirtschaftliche Hofstellen, Nachr. der rh.-Pf. Kat- und VermVw 1999, 28 – 50; *Gartung, J.; Uminski, K.; Preiß, F.*, Landbauforschung Völkenrode, Sonderheft Nr. 174, Investitionsbedarf für Mast- und Zuchtschweineställe; *Gartung, J.; Uminski, K.; Preiß, F.*, Landbauforschung Völkenrode, Sonderheft Nr. 173, Investitionsbedarf für Milchviehlaufställe, Mastbullenställe sowie Kälber- und Rinder-Jungviehställe; KTBL-Taschenbuch Landwirtschaft, Daten für betriebliche Kalkulationen in der Landwirtschaft, 20. Auflage 2000/2001; Richtpreise für den Neu- und Umbau landwirtschaftlicher Wirtschaftsgebäude und ländlicher Wohnhäuser, Arbeitsgemeinschaft für Rationalisierung, Landtechnik und Bauwesen in der Landwirtschaft Hessen e.V. (ALB).

Mit den NHK 2000 wurden zusätzliche Normalherstellungskosten für den landwirtschaftlichen Bereich vorgegeben[12]. Die wichtigste Änderung besteht darin, dass die Normalherstellungskosten für die **Gesamtanlage „Bauernhof"** entfallen und für solche Anlagen künftig die entsprechenden Normalherstellungskosten für das Wohngebäude, landwirtschaftliche Mehrzweckhallen, Stallgebäude (für Rinder-, Schweine- und Geflügelställe) sowie Scheunen und Stallteile gesondert anzusetzen sind.

Bei Heranziehung der Normalherstellungskosten im landwirtschaftlichen Bereich sind eine Reihe von **Besonderheiten** zu beachten:

a) Ortsfaktoren sind nur bedingt anwendbar, weil regionalspezifische Besonderheiten bezüglich der Bauart von entscheidender Bedeutung sind.

b) Der Ortsgrößenfaktor spielt im landwirtschaftlichen Bereich keine besondere Rolle, da die Gebäude i.d.R. im Außenbereich gelegen sind.

c) Ein Güllekanal geht grundsätzlich in den BRI ein (Abb. 10).

---

12 Gartung/Gütter/Müller/Scholz/Wiederholdt/Bertz/Kleiber, Normalherstellungskosten 2000 (NHK 2000) für landwirtschaftliche Betriebsgebäude, GuG 2001, 326.

d) Die DIN 277 ist unklar bezüglich der **Anrechnung der Grundrissebenen von Güllekanälen** auf die Brutto-Grundfläche, insbesondere hinsichtlich der Frage, ob diese Grundrissebene unabhängig von ihrer Höhe in die Brutto-Grundfläche eingeht (Abb. 10). Dieser Frage kommt eine besondere Bedeutung zu, da die Anrechnung eines Güllekanals auf die BGF im Einzelfall ins Gewicht fällt. Das Tabellenwerk der NHK 2000 hat diese Frage dahingehend entschieden, dass Güllekanäle flächenmäßig nicht erfasst werden, sondern durch die im Tabellenwerk angegebenen Korrekturfaktoren berücksichtigt werden (Abb. 11).

Abb. 10: Berechnung der BRI bei Stallgebäuden mit Güllekanal

Abb. 11: Keine Anrechnung des Güllekanals auf die BGF

Abb. 12: NHK 2000

e) **Hängeböden werden ebenfalls nicht in die BGF eingerechnet, da diese kostenmäßig nicht ins Gewicht fallen** (Abb. 13). Ansonsten werden Dachgeschosse – unabhängig, ob ausgebaut oder nicht – unabhängig von ihrer Höhe immer dann angerechnet, wenn der Dachraum nutzbar ist. Nutzbar ist nicht identisch mit ausgebaut, jedoch ist für eine Nutzbarkeit stets zu fordern, dass

- der Dachraum begehbar (nicht zwangsläufig mit Estrich) und
- über eine fest eingebaute Treppe, d.h. keine herausziehbare Leitertreppe, erreichbar ist.

Die damit verbundenen Baukosten der Gewerke sollen dem sich mit der Berücksichtigung dieser Fläche ergebenden Sachwert entsprechen.

Abb. 13: Hängeboden

f) Des Weiteren werden im Tabellenwerk **Größendegressionsfaktoren und die Restnutzungsdauer sowie Herstellungskosten für Außenanlagen** angegeben.

3.2.4.11 *Besonderheiten bei Verwendung von Raummeterpreisen für großvolumige Gebäudearten*

Bei Verwendung von Kubikmeterpreisen für großvolumige Gebäudearten wird die Frage aufgeworfen, ob sich mit zunehmender **Geschosshöhe** der **Raummeterpreis** verringert, da vor allem im Niveau des Erdgeschosses sowie des Dachs kostenintensive Bauleistungen enthalten sind, und ansonsten mit zunehmender Geschosshöhe der Luftraum erfasst wird. Dafür sprechen auch die von *Schieweg* veröffentlichten Untersuchungen (Abb. 14):

Abb. 14: Preise von Hallengebäuden in Abhängigkeit von der Geschosshöhe

Quelle: Schieweg, Bauwerkspreise; Verlag für Wirtschaft und Verwaltung; Hubert Wingen, Essen; 1993

74 Neuere Untersuchungen im Bereich der Bundesfinanzverwaltung haben indessen ergeben, dass sich mit zunehmender Geschosshöhe die Kubikmeterpreise keinesfalls signifikant vermindern, da mit höheren Geschosshöhen **Mehrkosten bei den Außenwänden insbesondere im Hinblick auf den nicht unerheblich zunehmenden Winddruck einhergehen** (Abb. 15):

Abb. 15: Preise von Hallengebäuden in Abhängigkeit von der Geschosshöhe

4 Geschossebenenbezogene Normalherstellungskosten 2000

4.1 Allgemeines

▶ *Vgl. Syst. Darst. des Sachwertverfahrens Rn. 70 ff.*

Die Tabellen der Normalherstellungskosten können auch zur Ermittlung von Normalherstellungskosten für einzelne Geschossebenen herangezogen werden, indem man entsprechende „Pärchen" vergleicht. Dabei gilt es zu beachten, dass man einerseits **möglichst gleichartige Gebäude** (Flachdachgebäude, Satteldachgebäude) miteinander **in Beziehung setzt** und andererseits beachtet, dass sowohl das Kellergeschoss als auch das Dachgeschoss – unabhängig davon, dass es aus- oder nicht ausgebaut ist – in die Brutto-Grundfläche eingeht. Durch Vergleichsrechnungen lassen sich unter Beachtung dieser Grundsätze Normalherstellungskosten für Keller- und Vollgeschosse sowie der Unterschied zwischen einem ausgebauten und nicht ausgebauten Dachgeschoss ableiten.

Da die Gebäudetypen unterschiedliche Geschosshöhen aufweisen, müssen die jeweils in Beziehung gesetzten Normalherstellungskosten auf eine **gemeinsame Geschosshöhe** umgerechnet werden.

Beispiel:

Zur Ermittlung der Normalherstellungskosten von 1 m² Kellerfläche des Gebäudetyps 2.03 als Kopfhaus mit einfacher Ausstattung wird dieser Gebäudetyp mit dem Gebäudetyp 2.23 verglichen:

– Geschosshöhe des Gebäudetyps 2.03   2,90 m
– Geschosshöhe des Gebäudetyps 2.03   3,05 m   NHK = 825 €/m²

Bezogen auf 1 cm Geschosshöhe ergeben sich für den Gebäudetyp 2.03 Normalherstellungskosten von
$$825 \text{ €/m}^2 : 3,05 = 2,704918 \text{ €/m}^2.$$
bzw. für eine gemeinsame Geschosshöhe von 2,90 m:
$$2,90 \text{ m} \times 2,704918 \text{ €/m}^2 = 784,43 \text{ €/m}^2.$$
Die Berechnung vereinfacht sich, indem man die Normalherstellungskosten (von 825 €/m²) mit dem Quotienten der jeweiligen Geschosshöhen multipliziert:
$$\text{NHK}_{GH = 2,90 \text{ m}} = 825 \text{ €/m}^2 \times 2,90 \text{ m}/3,05 \text{ m} = 784,43 \text{ €/m}^2$$

4.2 Kellergeschosse

Beispiel 1:

NHK für ein Kellergeschoss eines Einfamilien-Reihenhauses (Abb. 16, Kopfhaus, einfache Ausstattung, Flachdach):

Abb. 16: Schnittvergleich 1

Typ	Ausstattung			
	einfach	mittel	einfach	mittel
	Kopfhaus		Mittelhaus	
2.03 Geschosshöhe 2,90 m	650 €/m²	685 €/m²	645 €/m²	680 €/m²
2.23 Geschosshöhe 3,05 m	825 €/m²	880 €/m²	810 €/m²	870 €/m²

V § 22 ImmoWertV NHK 2000

Berechnungsbeispiel ohne Berücksichtigung der Geschosshöhe:

	2 m² × 650 €/m²	(Typ 2.03)	=	1 300 €/m²
–	1 m² × 825 €/m²	(Typ 2.23)	=	– 825 €/m²
=	**1 m²**		=	**475 €/m²**

Für 1 m² Kellergeschoss in einem eingeschossigen Reihenhauses (Kopfhaus, einfache Ausstattung) ergeben sich Normalherstellungskosten von 475 €/m².

Mit Hilfe dieser Normalherstellungskosten lassen sich die Normalherstellungskosten von Objekten mit abweichenden Grundrissebenen ermitteln. Dies soll am Beispiel eines teilunterkellerten Gebäudes erläutert werden:

79 *Beispiel 2:*

Teilunterkellertes Einfamilien-Reihenhaus   **Abb. 17: Teilunterkellerung**

Teilunterkellertes Einfamilien-Reihenhaus	
BGF des Obergeschosses	300 m²
BGF des Kellergeschosses	100 m²
BGF (gesamt)	400 m²

Das Gebäude ist damit zu 2/3 ein Gebäude des Typs 2.23 und zu 1/3 ein Gebäude des Typs 2.03.

Berechnung:

OG (Typ 2.23):	300 m² × 825 €/m² =	247 500 €
KG (vgl oben)	100 m² × 475 €/m² =	47 500 €
Zusammen:	3400 m²	**295 000 €**

Kontrollrechnung und Alternative:

Typ 2.23:	200 m² × 825 €/m² =	165 000 €	(200 m² des Obergeschosses)
Typ 2.03	200 m² × 650 €/m² =	130 000 €	(100 m² im OG und 100 m² im KG)
Zusammen	400 m²	295 000 €	(Ergebnis wie vorher)

Abzulehnen ist dagegen die Ermittlung eines nach den Gebäudeanteilen (1/3 des Typs 2.03 und 2/3 des Typs 2.23) gewogenen Mittels der Normalherstellungskosten der Typen 2.03 und 2.23.

80 Die vorstehend ermittelten **NHK pro 1 m² Kellergeschoss können nicht verallgemeinernd auf andere Gebäudetypen übertragen werden.** Sie sind insbesondere von

– der Anzahl der Geschosse und

– dem Dachtypus

abhängig, wie folgender Vergleich zwischen dem Gebäudetyp 2.11 und 2.31 (Kopfhaus, einfache Ausstattung) zeigt (Abb. 18):

Abb. 18: Schnittvergleich 2

Typ	Ausstattung			
	einfach	mittel	einfach	mittel
	Kopfhaus		Mittelhaus	
2.11 Geschosshöhe 2,95 m	725 €/m²	760 €/m²	720 €/m²	755 €/m²
2.31 Geschosshöhe 2,95 m	775 €/m²	820 €/m²	765 €/m²	810 €/m²

	4 m² × 725 €/m²	(Typ 2.11)	=	2 900 €/m²
−	3 m² × 775 €/m²	(Typ 2.31)	=	− 2 325 €/m²
=	1 m²		=	575 €/m²

Die Normalherstellungskosten pro 1 m² Kellergeschoss eines zweigeschossigen Einfamilien-Wohnhauses betragen 575 €/m²

4.3 Vollgeschosse

Vielfach ist es erforderlich, die Normalherstellungskosten eines Vollgeschosses gesondert zu ermitteln. Typisch dafür ist der Fall eines Anbaus:

Die Ermittlung der Normalherstellungskosten auf der Grundlage des Typs 2.12 und eines gesonderten Ansatzes der Normalherstellungskosten für den Anbau auf der Grundlage des Typs 2.23 würde nicht zu einem sachgerechten Ergebnis führen, da mit den für den Typ 2.23 im Tabellenwerk angegebenen Normalherstellungskosten die gesamte Haustechnik Berücksichtigung finden würde, die aber bereits mit den Normalherstellungskosten des Typs 2.12 erfasst ist.

Abb. 19: Anbau

Bei einfacher Ausstattung ergäben sich für den Typ 2.23 (Kopfhaus) – bezogen auf 2000 – Normalherstellungskosten von 825 €/m². Diese sind aus vorstehenden Gründen zu hoch. Im Rahmen eines Schnittvergleichs ergeben sich für den Anbau gerade einmal Normalherstellungskosten von rd. 700 €/m²:

Beispiel 2:

NHK für ein Vollgeschoss eines **Einfamilien-Wohnhauses** (Abb. 20, einfache Ausstattung, Satteldach); Typen 1.01 und 1.11:

Abb. 20: Schnittvergleich 3

Umrechnung der NHK des Gebäudetyps 1.01 (einfache Ausstattung) auf eine Geschosshöhe von 2,95 m:
$NHK_{GH = 2,95\,m} = 580\ €/m^2 \times 2,95\,m/2,85\,m = 600,35\ €/m^2$

	$4\,m^2 \times 625,00\ €/m^2$	(Typ 1.11) =	$2\,500,00\ €/m^2$
−	$3\,m^2 \times 600,35\ €/m^2$	(Typ 1.01) =	$-1\,801,05\ €/m^2$
=	$1\,m^2$	=	rd. $699\ €/m^2$

Die Normalherstellungskosten pro 1 m² Vollgeschoss eines zweigeschossigen Einfamilien-Wohnhauses mit Satteldach betragen 699 €/m².

83 Für ein Vollgeschoss eines Einfamilien-Reihenhauses (Abb. 21, Kopfhaus, einfache Ausstattung, Satteldach) der Typen 2.01 und 2.11 ergibt die Analogberechnung Folgendes:

Abb. 21: Schnittvergleich 4

Umrechnung der NHK des Gebäudetyps 2.01 (einfache Ausstattung) auf eine Geschosshöhe von 2,95 m:
$NHK_{GH = 2,95\,m} = 635\ €/m^2 \times 2,95\,m/2,85\,m = 657,28\ €/m^2$

	$4\,m^2 \times 725,00\ €/m^2$	(Typ 2.11) =	$2\,900,00\ €/m^2$
−	$3\,m^2 \times 657,28\ €/m^2$	(Typ 2.01) =	$-1\,971,84\ €/m^2$
=	$1\,m^2$	=	rd. $928\ €/m^2$

Die Normalherstellungskosten pro 1 m² Vollgeschoss eines zweigeschossigen Einfamilien-Reihenkopfhauses mit Satteldach betragen 928 €/m²; sie sind damit um 229 €/m² höher als die eines (analogen) zweigeschossigen Einfamilien-Wohnhauses. Dies ist darin begründet, dass die in aller Regel „kompakten" Reihenhäuser mit vergleichsweise kleinteiliger Aufteilung weitaus höhere Bauleistungen pro Quadratmeter BGF erfordern, als Einfamilien-Wohnhäuser mit großzügiger Zimmeraufteilung.

Die Normalherstellungskosten pro 1 m² Vollgeschoss eines zweigeschossigen Einfamilien-Wohnhauses mit Satteldach betragen 760 €/m².

Berechnungsalternativen:

Alternative 1	Alternative 2
Berücksichtigung des Anbaus nach Maßgabe vorstehender Berechnung	Berücksichtigung des Anbaus als Typ 1.23 mit 995 €/m²

Alternative 1:

BGF: 150 m² × 4 Geschosse

600 m² × 660 €/m² = 396 000 €
± 100 m² × 760 €/m² = 76 000 €
= 700 m²   472 000 €

Alternative 2:

600 m² × 660 €/m² = 396 000 €
100 m² × 995 €/m² = 99 500 €
700 m²   495 500 €

Δ = 23 500 €

Beide Berechnungen sind falsch, weil

– Alternative 1 nicht die Gründungskosten berücksichtigt und
– Alternative 2 nicht dem Umstand Rechnung trägt, dass beim Anbau die Kosten für Versorgungsleitungen und die innere Erschließung nicht anfallen.

Die „Lösung" liegt zwischen den Alternativlösungen. Setzt man die Ersparnisse für den Anbau mit 4 500 € an, so ergibt sich ein Herstellungswert von 490 000 €.

4.4 Dachgeschosse, Dachgeschossausbau und Spitzboden

4.4.1 Kosten des Ausbaus von Dachgeschossen

▶ *Zur Ermittlung der BGF im Dachgeschoss und Spitzboden vgl. Teil III Rn. 508*

Bei der Sachwertermittlung von Gebäuden, deren Dachgeschoss nur teilweise ausgebaut ist, kann der Gebäudesachwert zunächst auf der Grundlage des Gebäudetyps ermittelt werden, dem das zu bewertende Gebäude überwiegend entspricht.

a) Ist das Dachgeschoss zu mehr als 50 % ausgebaut, ist z. B. von dem entsprechendem Gebäudetyp mit ausgebautem Dachgeschoss auszugehen und der sich danach ergebende Gebäudesachwert um die entsprechenden Dachgeschossausbaukosten der nicht ausgebauten Flächenanteile des Dachgeschosses zu vermindern.

b) Ist das Dachgeschoss zu weniger als 50 % ausgebaut, so empfiehlt es sich umgekehrt, zunächst vom Gebäudetyp mit nicht ausgebautem Dachgeschoss auszugehen und den

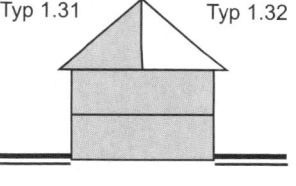

sich danach ergebenden Gebäudesachwert um die entsprechenden Dachgeschossausbaukosten der ausgebauten Flächenanteile des Dachgeschosses zu erhöhen.

Die **Dachgeschossausbaukosten** ergeben sich wiederum aus dem Unterschied der Normalherstellungskosten des jeweiligen Gebäudetyps mit und ohne ausgebautes Dachgeschoss.

86 *Beispiel:*

Unterschied der NHK zwischen ausgebautem und nicht ausgebautem Dachgeschoss eines nicht unterkellerten Einfamilien-Wohnhauses (Abb. 22, zweigeschossig, einfache Ausstattung), Typen 1.31 und 1.32

Abb. 22:   Schnittvergleich 5

Typ	Ausstattung			
	einfach	mittel	gehoben	stark gehoben
1.31 Geschosshöhe 2,95 m	670 €/m²	765 €/m²	920 €/m²	1 170 €/m²
1.32 Geschosshöhe 2,85 m	585 €/m²	675 €/m²	810 €/m²	1 025 €/m²

Umrechnung der NHK des Gebäudetyps 1.32 (einfache Ausstattung) auf eine Geschosshöhe von 2,95 m:
$NHK_{GH = 2,95\,m}$ = 585 €/m² × 2,95 m/2,85 m = 605,53 €/m²

	3 m² × 670,00 €/m²	(Typ 1.31)	=	2 010,00 €/m²
−	3 m² × 605,53 €/m²	(Typ 1.32)	=	− 1 816,58 €/m²
=	Differenz		=	193,42 €/m²

Die Normalherstellungskosten für den Ausbau von 1 m² einer nutzbaren Dachgeschossfläche betragen im Beispiel rd. 193 €/m².

87 Die Kosten für den Ausbau des Dachgeschosses fallen je nach Gebäudetyp und Ausstattungsstandard unterschiedlich aus. Sie sind erwartungsgemäß bei frei stehenden Einfamilienhäusern mit gehobenem Ausstattungsstandard am höchsten. **Bei Reihenhäusern, die nur ein Erd- und ein Dachgeschoss aufweisen, ergeben sich geringere Ausbaukosten, als bei mehrgeschossigen Reihenhäusern.** Dies dürfte darauf zurückzuführen sein, dass diese Reihenhäuser zwangsläufig eine geringe Wohnfläche aufweisen und die Dachgeschosse regelmäßig bereits für den endgültigen Ausbau vorbereitet sind. Dies gilt insbesondere für kellerlose Reihenhäuser. Für diese Auslegung spricht auch, dass sich für Reihenhäuser in auffälliger Weise deutlich geringere Ausbaukosten als für freistehende Einfamilien-Wohnhäuser ergeben.

Abb. 23: Einfamilien-Reihenhäuser

		Kosten des Dachgeschossausbaus (Baujahr 2000)			
	Ausstattung	Typ 2.21/2.22	Typ 2.31/2.32	Typ 2.01/2.02	Typ 2.11/2.12
Kopfhaus	einfach	120 €/m²	240 €/m²	165 €/m²	200 €/m²
	mittel	100 €/m²	285 €/m²	165 €/m²	240 €/m²
Mittelhaus	einfach	110 €/m²	240 €/m²	165 €/m²	200 €/m²
	mittel	100 €/m²	285 €/m²	150 €/m²	240 €/m²
Empfehlung je nach vorhandenem Ausbaugrad					
bei einfacher Ausstattung		*100 bis 200 €/m²*			
bei mittlerer Ausstattung		*100 bis 240 €/m²*			

Abb. 24: Einfamilien-Wohnhaus frei stehend

Kosten des Dachgeschossausbaus (Baujahr 2000)				
Ausstattung	Typ 1.21/1.22	Typ 1.31/1.32	Typ 1.01/1.02	Typ 1.11/1.12
einfach	320 €/m²	255 €/m²	315 €/m²	240 €/m²
mittel	340 €/m²	270 €/m²	360 €/m²	280 €/m²
gehoben	420 €/m²	330 €/m²	405 €/m²	340 €/m²
stark gehoben	630 €/m²	435 €/m²	630 €/m²	440 €/m²
Empfehlung je nach Ausstattungsstandard				
2-geschossig (EG und DG)		*320 bis 630 €/m²*		
3-geschossig (EG, OG und DG)		*250 bis 440 €/m²*		
ein vorhandenes KG ist dabei bedeutungslos				

Die Ergebnisse zeigen auf, dass die Ausbaukosten mit dem Ausstattungsstandard ansteigen.

Abb. 25: Mehrfamilien-Wohnhäuser

Kosten des Dachgeschossausbaus (Baujahr 2000)		Typ 3.11/3.12	Typ 3.21/3.22
	Ausstattung		
Kopfhaus	einfach	240 €/m²	325 €/m²
	mittel	260 €/m²	325 €/m²
	gehoben	260 €/m²	350 €/m²
Mittelhaus	einfach	260 €/m²	325 €/m²
	mittel	260 €/m²	350 €/m²
	gehoben	280 €/m²	350 €/m²
frei stehend	einfach	260 €/m²	325 €/m²
	mittel	260 €/m²	325 €/m²
	gehoben	280 €/m²	350 €/m²
Empfehlung (je nach Ausstattung)		*240 bis 350 €/m²*	

4.4.2 Kosten eines Spitzbodens im Dachgeschoss

88 *Beispiel:*

Die Berechnungsmethode kann auch Anwendung finden, wenn das Dachgeschoss nur teilweise ausgebaut worden ist, insbesondere wenn ein **Spitzboden** im Unterschied zum übrigen Dachgeschoss nicht ausgebaut worden ist (Abb. 26).

Abb. 26: Berücksichtigung von Spitzböden

Die Kosten des Dachausbaus werden durch einen Vergleich der Gebäudetypen 1.11 und 1.12 ermittelt. Dabei muss berücksichtigt werden, dass die im Tabellenwerk ausgewiesenen Normalherstellungskosten für Ein- und Zweifamilienhäuser *mit* ausgebautem Dachgeschoss sich auf Gebäude beziehen, die einen Drempel aufweisen, während das Untersuchungsmaterial für Gebäude *ohne* ausgebautes Dachgeschoss in den überwiegenden Fällen sich auf Gebäude bezieht, die keine Drempel aufweisen. Dies kommt in den unterschiedlichen Geschosshöhen zum Ausdruck. Um einen unmittelbaren Vergleich zwischen den Gebäudetypen 1.11 und 1.12

herbeizuführen, werden im vorstehenden *Beispiel* deshalb zunächst die Normalherstellungskosten des Typs 1.12 (Geschosshöhe 2,90 m) auf eine Geschosshöhe von 2,95 m umgerechnet.

Umrechnung der NHK des Gebäudetyps 1.32 (einfache Ausstattung) auf eine Geschosshöhe von 2,95 m:
$NHK_{GH\,=\,2,95\,m} = 650\,€/m^2 \times 2,95\,m/2,90\,m = 661,20\,€/m^2$

1. Normalherstellungskosten für Dachausbau (unter Berücksichtigung der Geschosshöhe)

Typ 1.11:	$4\,m^2 \times 720,00\,€/m^2$	= 2 880,00 €/m²
Typ 1.12:	$-\,4\,m^2 \times 661,20\,€/m^2$	= 2 644,83 €/m²
= Differenz		= 235,17 €/m²

2. Normalherstellungskosten des Wertermittlungsobjekts

460 m² × 720,00 €/m²	=	331 200 € (ausgebautes DG)
– 60 m² × 235,17 €/m²	=	– 14 110 € (nicht ausgebautes DG)
= Gesamtobjekt	=	**317 090 €** = rd **320 000 €**

Die **AGVGA-NRW** hat darüber hinaus einen Vorschlag zur Berücksichtigung eines ausgebauten Spitzbodens unterbreitet. Der Vorschlag geht davon aus, dass im Unterschied zu der hier vertretenen Auffassung, nach der die Grundrissebene des Spitzbodens entsprechend der Definition der DIN 277 in die Brutto-Grundfläche nur eingeht, wenn es sich um eine „nutzbare" Grundrissebene handelt, die Flächen des Spitzbodens bei der Ermittlung der Brutto-Grundfläche unberücksichtigt bleiben. Zur Berücksichtigung eines ausgebauten Spitzbodens werden – gestützt auf Modellrechnungen – folgende Zuschläge empfohlen: (Abb. 27):

Abb. 27: Zuschlag auf den Ansatz €/m² BGF in % für ausgebaute Spitzböden nach Empfehlung der AGVGA-NRW[13]

	Zuschlag auf den Ansatz €/m² BGF in % für ausgebaute Spitzböden nach Empfehlung der AGVGA-NRW	
	Zuschlag auf den Ansatz €/m² BGF in % Modellrechnung für ein Gebäude mit	
Typ	– 12 m Trauflänge – 4 m Giebelbreite – ohne Drempel – gehobene Ausstattung	– 6 m Trauflänge – 10 m Giebelbreite – mit Drempel – einfache Ausstattung
1.11	5	9
1.31	6	11,5
1.01	7,5	13
1.21	9	16,5

Beispiel:

a) **Sachverhalt**

Es ist der Gebäudesachwert eines Einfamilienhauses Typ 1.11 in einfacher Ausstattung zu ermitteln.

BGF *ohne* ausgebauten Spitzboden	400 m²
BGF *mit* ausgebautem Spitzboden	460 m²
Normalherstellungskosten	625 €/m²

---

13 Vgl. Grundstücksmarktbericht 2006 der Stadt Wuppertal.

b) **Gebäudesachwertermittlung**

– Gebäudesachwert auf der Grundlage einer BGF *mit* ausgebautem Spitzboden	460 m² × 625 €/m² =	**287 500 €**
– Gebäudesachwert auf der Grundlage einer BGF *ohne* ausgebauten Spitzboden	400 m² × 625 €/m² =	250 000 €
Zuschlag: 250 000 € × 0,09		+ 22 500 €
Gebäudesachwert =		**272 500 €**

Zwischen beiden Berechnungen ergibt sich ein Unterschied von 15 000 €; dies entspricht rd. 5 %.

5 Ermittlung der Herstellungskosten baulicher Anlagen nach Einzelkosten (§ 22 Abs. 2 Satz 4 ImmoWertV)

5.1 Verkehrswertermittlung

91 Nach der Ausnahmeregelung des § 22 Abs. 2 Satz 4 ImmoWertV können die Herstellungskosten baulicher Anlagen nach den Herstellungskosten einzelner Bauleistungen ermittelt werden. Die Bestimmung geht zurück auf § 22 Abs. 4 WertV 88/98; nach der Begründung[14] zu dieser Vorschrift sollen damit **besonderer Bauteile wie Spezialgründungen und Kranbahnen (besondere Betriebseinrichtungen) ergänzend** erfasst werden können.

92 Die **Ermittlung der Herstellungskosten einer baulichen Anlage in ihrer Gesamtheit nach Einzelkosten aller anfallender Bauleistungen ist in aller Regel abzulehnen** und allenfalls bei sehr einfachen Anlagen noch tragfähig, weil dies regelmäßig zu erheblich übersetzten Gesamtkosten führen muss. Bauliche Anlagen werden nämlich i.d.R. nicht durch Vergabe einzelner Bauleistungen errichtet (Generalvertrag), und die Summe der gewöhnlichen Kosten einzelner Bauleistungen entspricht von daher nicht den gewöhnlichen Herstellungskosten einer baulichen Anlage.

5.2 Steuerliche Bewertung

93 In der steuerlichen Bewertung ist der Rückgriff auf tatsächliche Herstellungskosten einzelner Bauleistungen schon im Hinblick darauf verworfen worden, dass das Gebäude zu besonders günstigen oder außergewöhnlich hohen Kosten errichtet worden sein kann und es bei der Ermittlung des Verkehrswerts im Übrigen entscheidend darauf ankomme, welcher Veräußerungspreis allgemein zu erzielen wäre[15]. Nach einer Entscheidung des RFH[16] können die **tatsächlich entstandenen Herstellungskosten allenfalls „hilfsweise als Anhaltspunkt" zugelassen werden, wenn geeignete Schätzungsgrundlagen nicht zur Verfügung stehen.** Stehen dem Sachverständigen aber Normalherstellungskosten zur Verfügung, so stellen diese eben eine „geeignetere Schätzungsgrundlage" dar, die die Heranziehung der tatsächlichen Herstellungskosten verbieten.

94 Zur Ermittlung von sog. **Lärmschutzdämmen** und sonstigen Bauteilen, die dem Umweltschutz dienen, in der steuerlichen Bewertung nach Durchschnittspreisen aus den tatsächlichen Herstellungskosten vgl. OFD Frankfurt am Main[17].

---

14 Amtliche Begründung, BR-Drucks. 352/88, S. 63.
15 BFH, Urt. vom 28.10.1998 – II R 37/97 –, EzGuG 20.156.
16 RFH, Urt. vom 22.11.1934 – III A 247/33 –, RStBl 1935, 107.
17 OFD Frankfurt am Main, Vfg. vom 13.11.1987 – S 3211 A-1-St III 40, in Planen und Bauen 1988, 8.

6 Umrechnung von Normalherstellungskosten auf die Baupreisverhältnisse am Wertermittlungsstichtag (§ 22 Abs. 3 ImmoWertV)

▶ *Vgl. hierzu Syst. Darst. des Sachwertverfahrens Rn. 130 ff.*

Normalherstellungskosten und Einzelkosten i.S. des § 22 Abs. 2 ImmoWertV beziehen sich in aller Regel auf Preisverhältnisse, die von denen des Wertermittlungsstichtags abweichen. Sie sind deshalb nach § 22 Abs. 3 ImmoWertV mit Hilfe geeigneter Baupreisindexreihen auf die Wertverhältnisse des Wertermittlungsstichtags umzurechnen. In der Praxis wird zumeist auf amtliche Baupreisindexreihen zurückgegriffen, wobei denen des Statistischen Landesamtes der Vorzug gegenüber den Baupreisindexreihen des Statistischen Bundesamtes zu geben ist. **95**

Von nur noch historischer Bedeutung ist der in der Versicherungswirtschaft zur Ermittlung des Neubauwerts eines Gebäudes herangezogene **„Schadensregulierungsindex" (SRI).** Er wurde auf der Grundlage amtlicher Baupreisindizes ermittelt und war darauf angelegt, den Neubauwert eines vom Schaden betroffenen Gebäudes unter Berücksichtigung dessen baulicher Besonderheiten sowie der örtlichen Verhältnisse zu ermitteln. Es handelt sich hierbei um eine nicht nachvollziehbare und rechtlich nicht anerkannte Vorgehensweise, die heute kaum noch bekannt ist. **96**

§ 23 ImmoWertV
Alterswertminderung

₁Die Alterswertminderung ist unter Berücksichtigung des Verhältnisses der Restnutzungsdauer (§ 6 Absatz 6 Satz 1) zur Gesamtnutzungsdauer der baulichen Anlagen zu ermitteln. ₂Dabei ist in der Regel eine gleichmäßige Wertminderung zugrunde zu legen. ₃Gesamtnutzungsdauer ist die bei ordnungsgemäßer Bewirtschaftung übliche wirtschaftliche Nutzungsdauer der baulichen Anlagen.

Gliederungsübersicht Rn.
1 Allgemeines 1
2 Alterswertminderung nach ImmoWertV
  2.1 Relative Alterswertminderung 7
  2.1 Lineare Alterswertminderung 12
3 Alterswertminderung nach BelWertV 16
4 Alterswertminderung in der steuerlichen Bewertung 18
5 Anlagen
  Alterswertminderung der Einheitsbewertung 20

1 Allgemeines

▶ *Näheres vgl. Syst. Darst. des Sachwertverfahrens Rn. 10, 73 ff., 149 ff.; § 19 ImmoWertV Rn. 19, 122; § 6 ImmoWertV Rn. 378.*

1 Der sich nach den §§ 21 f. ImmoWertV ergebende **Herstellungswert** der Gebäude – vielfach auch als Gebäudenormalherstellungswert bezeichnet – **ist ein auf den Wertermittlungsstichtag bezogener** (vgl. § 22 Abs. 3) **Gebäudesachwert eines neu errichteten Gebäudes.** Dieser Neubauwert muss entsprechend dem Alter einer zu bewertenden baulichen Anlage gemindert werden. Dabei ist, wie bei Anwendung des Vergleichs- und Ertragswertverfahrens, grundsätzlich davon auszugehen, dass die bauliche Anlage ordnungsgemäß bewirtschaftet worden ist (§ 536 BGB). Dazu gehört insbesondere ihre Instandhaltung. Im Rahmen der Instandhaltung werden die durch Abnutzung, Alterung, Witterungs- und Umwelteinflüsse entstehenden baulichen Schäden ordnungsgemäß beseitigt. Technisch lässt sich damit eine bauliche Anlage auf Dauer erhalten (vgl. § 19 ImmoWertV Rn. 19 ff., 105).

2 Der technische Substanzerhalt ist letztlich aber bedeutungslos, denn die wirtschaftliche Nutzungsfähigkeit einer baulichen Anlage – und auf die kommt es allein an – vermindert sich mit fortschreitender Zeit, weil **mit der ordnungsgemäßen Instandhaltung keine Anpassung der bauliche Anlage an die sich wandelnden Anforderungen an bauliche Anlagen einhergeht,** insbesondere im Hinblick auf Art, Grundriss, Konstruktion, neue Technologien, Ausstattung des Gebäudes. Je nach Gebäudeart können sich diese Anforderungen in relativ kurzer Zeit (Logistikimmobilien) oder erst langfristig (z. B. Kirchen) derart wandeln, dass die Gebäude entweder modernisiert werden müssen, um sie wirtschaftlich nutzen zu können, oder die wirtschaftliche Nutzbarkeit kommt zum Erliegen. Allein die Instandhaltung kann die wirtschaftliche Nutzbarkeit einer baulichen Anlage nicht auf Dauer erhalten.

3 Der Begriff der „**Alterswertminderung**" (altersbedingter Wertverzehr) **ist** damit **in erster Linie ein wirtschaftlichen Wertverzehr.** Damit eng verbunden ist der Begriff der „Gesamt- und Restnutzungsdauer", als die prognostizierte Anzahl von Jahren, in der sich der wirtschaftliche Wertverzehr vollzieht. Das Sachwertverfahren ist insoweit keine „reine" Kostenermittlung, sondern auch durch wirtschaftliche Betrachtungsweisen geprägt.

Diese **Alterswertminderung ist** mithin auch **nicht von den Kosten der Instandhaltung oder der Lebensdauer einzelner Bauteile abhängig.** Der Wertverzehr wird vielmehr durch die sich wandelnden Anforderungen an bauliche Anlagen bestimmt, denn irgendwann ist die bauliche Anlage trotz Instandhaltung nicht mehr zeitgemäß und wirtschaftlich verbraucht.

Ein marktwertorientiertes Sachwertverfahren muss darauf angelegt sein, die Alterswertminderung in der Weise in die Sachwertermittlung einzustellen, wie sie im gewöhnlichen Geschäftsverkehr berücksichtigt wird. Welchem Wertverzehr eine bauliche Anlage unterworfen ist und wie sich dieser Wertverzehr mit fortschreitender Zeit auf dem Markt einstellt, konnte indessen bislang nicht empirisch überzeugend aus dem Marktgeschehen abgeleitet werden. Die angeblich empirisch abgeleiteten Alterswertminderungen (*Schindler, Gerardy* und *Vogels*[1]) haben sich als untauglich erwiesen. Wären sie richtig, dürfte es bei Heranziehung dieser Tabellen regelmäßig keine Marktanpassung geben. Tatsächlich sind aber auch bei Heranziehung dieser Tabellen bekanntlich erhebliche Marktanpassungszu- und -abschläge (Sachwertfaktoren i.S. des § 14 Abs. 2 Nr. 1 ImmoWertV) erforderlich. Erst mit Hilfe dieser Sachwertfaktoren wird der nach den §§ 21 bis 23 ImmoWertV ermittelte vorläufige Sachwert an den Marktwert herangeführt, sofern nicht noch besondere objektspezifische Grundstücksmerkmale zu berücksichtigen sind (§ 8 Abs. 2 und 3 ImmoWertV). **Sachwertfaktoren stellen mithin ein Korrektiv einer nicht am Marktgeschehen orientierten Alterswertminderung dar.**

Der **Alterswertminderung kommt** bei Anwendung des Sachwertverfahrens **eine andere Funktion zu als der Abschreibung bei Anwendung des Ertragswertverfahrens** (vgl. hierzu § 19 ImmoWertV Rn. 33 ff.). Dies ist in der Natur der grundsätzlich unterschiedlichen Verfahren begründet. Während nämlich das Ertragswertverfahren von der Bildung einer Erneuerungsrücklage ausgeht und dabei dahingestellt bleiben kann, ob und wie die Erneuerungsrücklage angelegt wird, geht es bei der Bemessung der Alterswertminderung um die Berücksichtigung des bis zum Wertermittlungsstichtag tatsächlich eingetretenen altersbedingten Wertverzehrs der baulichen Anlagen.

2 Alterswertminderung nach ImmoWertV

▶ *Zur Gesamt- und Restnutzungsdauer vgl. Syst. Darst. des Sachwertverfahrens Rn. 75, 149 f., und Syst. Darst. des Ertragswertverfahrens Rn. 121 f.; § 6 ImmoWertV Rn. 370 ff.*

2.1 Relative Alterswertminderung

Schrifttum: *Mann, W.*, Marktkonforme Gebäudewertabschreibung im Sachwertverfahren, GuG 2008, 129.

Die **Alterswertminderung** bemisst sich gemäß § 23 ImmoWertV nach dem Verhältnis

– der geschätzten Restnutzungsdauer (RND) des Gebäudes am Wertermittlungsstichtag
– zur „üblichen" Gesamtnutzungsdauer (GND) des Gebäudes.

Die *„Restnutzungsdauer"* bestimmt sich nach dem prognostizierten Zeitraum, über den erwartet werden kann, dass eine bauliche Anlage „bei ordnungsgemäßer Bewirtschaftung" (Instandhaltung) wirtschaftlich noch funktions- und verwendungsfähig ist und nach den Marktverhältnissen wirtschaftlich nutzungsfähig ist. Dies hängt zunächst davon ab, dass das Gebäude den jeweiligen **Anforderungen an seine wirtschaftliche Nutzungsfähigkeit** entspricht. Die Restnutzungsdauer wird darüber hinaus noch durch die allgemeinen Marktverhältnisse bestimmt, denn selbst ein modernisiertes Gebäude steht nur so lange im Gebrauch, wie es vom Eigentümer selbst oder durch andere genutzt wird. Eine auf Dauer zusammenbre-

---

[1] Kleiber/Simon, Verkehrswertermittlung von Grundstücken, 5. Aufl. 2007 S. 1854 ff., 1862, 1939 ff.

V § 23 ImmoWertV   **Alterswertminderung**

chende Nachfrage stellt von daher eine „Gegebenheit" i.S. des § 6 Abs. 6 Satz 1 ImmoWertV dar, die die Restnutzungsdauer eines Gebäudes bis gegen „null" verkürzen kann.

9 Die „übliche" *Gesamtnutzungsdauer* definiert sich entsprechend als die prognostizierte Zahl der Jahre, in denen eine neuerrichtete bauliche Anlage bei ordnungsgemäßer Bewirtschaftung (Instandhaltung) voraussichtlich wirtschaftlich genutzt werden kann (vgl. § 6 ImmoWertV Rn. 371, 381). **Wurde die Gesamtnutzungsdauer durch eine durchgreifende Instandsetzung oder durch Modernisierungsmaßnahmen verlängert oder hat sie sich aufgrund einer unterlassenen Instandhaltung verkürzt, so soll es im Rahmen der Ermittlung der Alterswertminderung bei der „üblichen" Gesamtnutzungsdauer (GND) bleiben** (§ 23 Satz 3 ImmoWertV). In diesen Fällen verschiebt sich nur der Anteil des Alters und der Restnutzungsdauer an der Gesamtnutzungsdauer entsprechend.

10 Die **Alterswertminderung** wird im Allgemeinen **in einem Vomhundertsatz des Gebäudeherstellungswerts** ausgedrückt. Dabei kann je nach Art des Gebäudes grundsätzlich von

– einer gleichmäßigen oder
– einer mit zunehmendem Alter sich verändernden Wertminderung *(declining balance method)*

ausgegangen werden. Mit § 23 Satz 2 ImmoWertV wird jedoch für den Regelfall eine „gleichmäßige" Wertminderung vorgegeben. Darunter ist eine lineare Abschreibung zu verstehen[2].

11 Die WertV 88/98 sah dagegen noch davon ab, eine bestimmte Methode der Alterswertminderung vorzuschreiben. In der Begründung wird darauf verwiesen, dass der Gesetzgeber wegen der in Wissenschaft und Praxis unterschiedlichen Methoden keinem Verfahren den Vorzug geben könne, sondern alle sachgerechten Abschreibungsverfahren gleichermaßen möglich sein müssen[3].

2.1 Lineare Alterswertminderung

12 Mit Inkrafttreten der ImmoWertV ist **für den Regelfall die lineare Alterswertminderung verbindlich vorgeschrieben,** und zwar für alle Grundstücksarten.

13 Die lineare Alterswertminderung ist die **einfachste Form der Abschreibung,** und die Vorgabe, sie „in der Regel" anzuwenden, ist allein schon deshalb ein Fortschritt, weil künftig alle dieselbe Methode anwenden. Damit werden nicht nur die von den Gutachterausschüssen abgeleiteten Marktanpassungsfaktoren vergleichbarer, sondern auch die Gutachten verschiedener Sachverständiger untereinander.

14 Mit der Vorgabe geht nicht nur eine **Vereinheitlichung der Wertermittlungspraxis,** sondern auch eine Vereinfachung einher. Bisher galt es nämlich die Alterswertmethode anzuwenden, die Gutachterausschuss bei der Ableitung der Sachwertfaktoren angewandt hat, wenn man seine Marktwertermittlung im Hinblick auf den Grundsatz der Modellkonformität auf diese stützen wollte. Künftig kann davon ausgegangen werden, dass die Sachwertfaktoren bundeseinheitlich auf der Grundlage der linearen Wertminderung abgeleitet werden (zur Überleitung vgl. § 30 ImmoWertV Rn. 3).

15 Die lineare Alterswertminderung vermag den wirtschaftlichen Wertverzehr einer baulichen Anlage auch nicht in marktkonformer Weise zu beschreiben, jedoch werden die **Mängel mit den empirisch abgeleiteten Sachwertfaktoren kompensiert.** Diese stellen die eigentliche Marktanpassung dar, was auch keine der sonst bekannten Alterswertabschreibungen zu leisten vermag. Von einer Darstellung der in der Vergangenheit zur Anwendung gekommenen Abschreibungsmethoden wird deshalb (abgedruckt in der 5. Auflage dieses Werks auf S. 1939 ff.) abgesehen.

---

2 Vgl. Begründung zur ImmoWertV BR-Drucks. 296/09.
3 BR-Drucks. 352/88, S. 63.

3 Alterswertminderung nach BelWertV

▶ *Das Sachwertverfahren der Beleihungswertermittlung ist in der Syst. Darst. des Sachwertverfahrens unter Rn. 28 ff., 36 dargestellt.*

Die Alterswertminderung (Wertminderung wegen Alters) ist in der BelWertV noch in Anlehnung an § 23 WertV 88/98 wie folgt geregelt: **16**

„**§ 17 BelWertV Wertminderung wegen Alters**
(1) Die Wertminderung wegen Alters bestimmt sich nach dem Verhältnis der Restnutzungsdauer zur Nutzungsdauer der baulichen Anlagen; sie ist in einem Prozentsatz des Herstellungswerts auszudrücken. Bei der Bestimmung der Wertminderung kann je nach Art und Nutzung der baulichen Anlagen von einer gleichmäßigen oder von einer mit zunehmendem Alter sich verändernden Wertminderung ausgegangen werden.
(2) Ist die bei ordnungsgemäßem Gebrauch übliche Nutzungsdauer der baulichen Anlagen durch Instandsetzungen oder Modernisierungen verlängert worden oder haben unterlassene Instandhaltung oder andere Gegebenheiten zu einer Verkürzung der Restnutzungsdauer geführt, soll der Bestimmung der Wertminderung wegen Alters die geänderte Restnutzungsdauer und die für die baulichen Anlagen übliche Nutzungsdauer zugrunde gelegt werden."

Die **BelWertV lässt damit noch jede Form der Alterswertminderung zu.** Im Falle einer unterlassenen Instandhaltung oder einer Modernisierung ist, wie bei der Verkehrswertermittlung von einer entsprechend verminderten oder verlängerten Restnutzungsdauer auszugehen, wobei es jedoch bei der üblichen Gesamtnutzungsdauer (Nutzungsdauer) bleibt (vgl. hierzu die Erläuterungen in der Syst. Darst. des Sachwertverfahrens bei Rn. 149 ff. sowie § 6 ImmoWertV Rn. 383, 413). **17**

4 Alterswertminderung in der steuerlichen Bewertung

▶ *Das erbschaftsteuerliche Sachwertverfahren ist in der Syst. Darst. des Sachwertverfahrens unter Rn. 42 dargestellt.*

Die Alterswertminderung bestimmt sich im Rahmen der **erbschaftsteuerlichen Bewertung** wie in der Verkehrswertermittlung unter Berücksichtigung des Verjüngungs- bzw. Alterungsprinzips nach vorgegebener linearer Alterswertminderung. Sind nach Bezugsfertigkeit des Gebäudes Veränderungen eingetreten, die die wirtschaftliche Gesamtnutzungsdauer des Gebäudes verlängert oder verkürzt haben, ist nach § 190 Abs. 2 Satz 3 BewG von einem entsprechenden früheren oder späteren Baujahr auszugehen (§ 6 ImmoWertV Rn. 413). **18**

Zur **Alterswertminderung in der Einheitsbewertung** vgl. Anlage. **19**

5 Anlagen

20 **Anlage: Alterswertminderung (Einheitsbewertung)**

1. Lebensdauer* und jährliche Wertminderung von Außenanlagen (gemäß Nr. 45 der BewR Gr)

Bauart	Lebensdauer in Jahren	jährliche Wertminderung in v.H.
1. Einfriedungen		
Holz- und Drahtzäune	10 bis 20	10 bis 5
Plattenwände und Einfriedungsmauern	20 bis 50	5 bis 2
2. Wege und Platzbefestigungen		
Leichte Decken und Plattenwege	10 bis 20	10 bis 5
Sonstige Bodenbefestigungen	20 bis 50	5 bis 2
3. Rampen und Stützmauern	20 bis 50	5 bis 2
4. Schwimmbecken	10 bis 20	10 bis 5
5. Entwässerungs- und Versorgungsleitungen	20 bis 50	5 bis 2

* Für die sachgerechte Verkehrswertermittlung kommt es entscheidend auf die wirtschaftliche *Restnutzungsdauer* an, die durch die technische Lebensdauer begrenzt wird.

21 **2. Lebensdauer* und jährliche Wertminderung für Fabrikgebäude, Lagergebäude, Kühlhäuser, Trockenhäuser, Molkereigebäude, Tankstellengebäude, Transformatorenhäuser, Hallenbäder und Badehäuser (nach Nr. 41 der BewR Gr)**

Bauart	Lebensdauer und jährliche Wertminderung für			
	Fabrikgebäude, Werkstattgebäude, Lagergebäude, Kühlhäuser, Trockenhäuser, Molkereigebäude, Tankstellengebäude, Transformatorenhäuser, Hallenbäder, Badehäuser		die übrigen Gebäude	
	in Jahren	in v.H.	in Jahren	in v.H.
1. Massivgebäude und Gebäude in Stahl oder Stahlbetonskelettkonstruktion	80	1,25	100	1,00
2. Holzfachwerkgebäude mit Ziegelsteinausmauerung	60	1,67	70	1,43
3. Holzgebäude und Holzfachwerkgebäude mit Lehmausfachung oder mit Verschalung, Massivgebäude aus großformatigen Betonplatten (Fertigteile)	50	2,00	60	1,67
4. Massivschuppen, Stahlfachwerkgebäude mit Plattenverkleidung, Gebäude in leichter Bauart, bei denen die Außenmauern – ohne Putz gemessen – weniger als 20 cm stark sind (ausgenommen Skelettbauten und Rahmenbauten), Fertigteilbauten aus Holz	40	2,50	40	2,50
5. Holzgebäude in Tafelbauart mit massiven Fundamenten	30	3,33	30	3,33
6. Wellblechschuppen, Holzschuppen, Holzgebäude in Tafelbauart ohne massive Fundamente	20	5	20	5

* Für eine sachgerechte Verkehrswertermittlung kommt es entscheidend auf die wirtschaftliche *Restnutzungsdauer* an, die durch die technische Lebensdauer begrenzt wird.

Abschnitt 4 ImmoWertV: Schlussvorschrift

§ 24 ImmoWertV
Inkrafttreten und Außerkrafttreten

₁Diese Verordnung tritt am 1.7.2010 in Kraft. ₂Gleichzeitig tritt die Wertermittlungsverordnung vom 6. Dezember 1988 (BGBl. I S. 2209), die durch Artikel 3 des Gesetzes vom 18. August 1997 (BGBl. I S. 2081) geändert worden ist, außer Kraft.

Der Bundesrat hat zugestimmt.

Die Vorschrift regelt das Inkrafttreten der ImmoWertV und das Außerkrafttreten der WertV 88/98. — 1

Soweit vor dem Inkrafttreten der ImmoWertV der Verkehrswert eines Grundstücks nach den Vorschriften der WertV 88/98 ermittelt worden ist, bleiben diese Wertermittlungen unberührt. — 2

Die **ImmoWertV enthält keine Überleitungsvorschriften**. Soweit nach Inkrafttreten der ImmoWertV Verkehrswerte nach Maßgabe der ImmoWertV unter Heranziehung von den nach dem Zeiten Teil der WertV 88/98 abgeleiteten erforderlichen Daten der Wertermittlung ermittelt werden, kann es geboten sein, übergangsweise von den Regelungen der ImmoWertV abzuweichen. Dies betrifft beispielsweise die Anwendung des Sachwertverfahrens: Sind auf der Grundlage der WertV 88/98 Sachwertfaktoren auf der Grundlage der Abschreibung nach „Ross" ermittelt worden, kann es angezeigt sein, den Sachwert ebenfalls abweichend von der (für den Regelfall) vorgeschriebenen linearen Alterswertminderung auf dieser Grundlage zu ermitteln. — 3

Die ImmoWertV findet mit ihrem Inkrafttreten am 1.7.2010 auch Anwendung auf Wertermittlungen, die auf einen vor Inkrafttreten der ImmoWertV bezogenen Stichtag bezogen sind, jedoch kann es auch in diesen Fällen aus den vorstehenden Gründen geboten sein, von den Vorgaben der ImmoWertV abzuweichen. — 4

Der **Bundesrat hat der Verordnung** in seiner 869. Sitzung am 7.5.2010 gemäß Art. 80 Abs. 2 GG **zugestimmt**. — 5

Teil VI

**Verkehrswertermittlung
besonderer Immobilienarten
(Beispielsfälle)**

Besondere Immobilienarten VI

Valuation is not science but an art.
Cash is king.
Supply meets demand.

Verkehrswertermittlung besonderer Immobilienarten (Beispielsfälle)

Gliederungsübersicht — Rn.

1. **Grundstücksmarkt nach Immobilientypologie**
   1.1 Übersicht 1
   1.2 Wohnimmobilien 6
   1.3 Gewerbeimmobilien 7
2. **Wohnimmobilien**
   2.1 Verkehrswertermittlung von Einfamilienhäusern im Sachwertverfahren
      2.1.1 Einfamilienhaus ohne Baumängel (Umfassende Berechnung) 10
      2.1.2 Einfamilienhaus mit Baumängeln (Vereinfachte Berechnung) 15
      2.1.3 Einfamilienhaus (mit Marktanpassung) 17
      2.1.4 Einfamilienhaus mit mehrfachem Um- und Anbau 20
      2.1.5 Einfamilienhaus mit mehreren Bauteilen (Gebäudemix, Teilunterkellerung) ... 22
      2.1.6 Einfamilienhaus mit mehreren Bauteilen (Gebäudemix, unterschiedliche Dächer) 24
   2.2 Verkehrswertermittlung von Mehrfamilien-Wohnhäusern im Ertrags- und Sachwertverfahren
      2.2.1 Mehrfamilien-Wohnhaus (Sach- und Ertragswertverfahren) 26
      2.2.2 Wohnhochhaus 29
      2.2.3 Mehrfamilien-Wohnhaus (Gebäudemix, Doppelhausgrundstück) 32
      2.2.4 Mehrfamilien-Wohnhaus (Sachwertverfahren) 33
   2.3 Verkehrswertermittlung eines gemischt genutzten Grundstücks im Ertragswertverfahren
      2.3.1 Gemischt genutztes Grundstück 34
      2.3.2 Mehrfamilienhaus mit Gewerbeeinheiten 36
      2.3.3 Gemischt genutztes Geschäftshaus 38
   2.4 Verkehrswertermittlung von Eigentumswohnungen
      2.4.1 Allgemeines
         2.4.1.1 Begriffe 39
         2.4.1.2 Begründung von Wohnungs- und Teileigentum 46
         2.4.1.3 Marktsegmente 51
         2.4.1.4 Bodenmarkt 53
         2.4.1.5 Wohnungserbbaurecht 56
      2.4.2 Wertermittlungsverfahren 59
      2.4.3 Vergleichswertverfahren
         2.4.3.1 Allgemeines 63
         2.4.3.2 Wohnwertverfahren 65
         2.4.3.3 Richtwerte (Durchschnittspreise/-werte) für Eigentumswohnungen 66
         2.4.3.4 Umrechnungskoeffizienten für Eigentumswohnungen 75
         2.4.3.5 Indexreihen zur Preisentwicklung von Eigentumswohnungen ... 95
      2.4.4 Ertragswertverfahren
         2.4.4.1 Allgemeines 96
         2.4.4.2 Erträge 97
         2.4.4.3 Bewirtschaftungskosten 99
         2.4.4.4 Liegenschaftszinssatz 108
         2.4.4.5 Bodenwert 110
      2.4.5 Sachwertverfahren 111
      2.4.6 Sonderfälle

VI Besondere Immobilienarten   Übersicht

		2.4.6.1	Wohnungseigentum mit Reparaturstau	114
		2.4.6.2	Sondernutzungsrechte	115
	2.4.7		Beleihungswertermittlung	116
	2.4.8		Steuerliche Bewertung	119
	2.4.9		Beispiele	
		2.4.9.1	Verkehrswert einer Eigentumswohnung nach dem Vergleichswertverfahren	120
		2.4.9.2	Verkehrswert einer Eigentumswohnung mittels Regressionsanalyse	122
		2.4.9.3	Verkehrswert einer Eigentumswohnung nach dem Vergleichs- und Ertragswertverfahren	124
		2.4.9.4	Verkehrswertanteil von Sondernutzungsrechten	127

3 Gewerbeimmobilien

	3.1	Typologie von Gewerbeimmobilien		131
	3.2	Büroimmobilien		
		3.2.1	Allgemeines	139
		3.2.2	Büroformen	142
		3.2.3	Büroflächenbedarf	146
		3.2.4	Flächeneffizienz	147
		3.2.5	Lagemerkmale	150
		3.2.6	Mietfläche von Gewerberäumen	153
		3.2.7	Reinerträge	157
		3.2.8	Betriebskosten	158
		3.2.9	Beispiele	
		3.2.9.1	Verkehrs- und Beleihungswert eines Geschäftshauses	163
		3.2.9.2	Verkehrswert eines Geschäftshauses	169
		3.2.9.3	Ankauf eines Bürogebäudes mit Mietgarantie	171
		3.2.9.4	Verkehrswert eines Bürogebäudes mit besonderen Vertragsverhältnissen	173
	3.3	Gewerbeparks		176
	3.4	Industrieimmobilien		
		3.4.1	Allgemeines	178
		3.4.2	Lagemerkmale im industriell-produzierenden Bereich	179
	3.5	Logistikimmobilien		
		3.5.1	Allgemeines	181
		3.5.2	Lagemerkmale	187
		3.5.3	Bauliche Anforderungen	188
		3.5.4	Baukosten	196
		3.5.5	Bodenwert	200
		3.5.6	Ertragsverhältnisse	203
		3.5.7	Beispiele	
		3.5.7.1	Verkehrs- und Beleihungswert einer Logistikimmobilie	214
		3.5.7.2	Lagerhalle	216
		3.5.7.3	Hochregallager	219
		3.5.7.4	Kühlgutlagerhalle	221
		3.5.7.5	Tanklager	223
	3.6	Kiesgrube		226
	3.7	Gewerblich genutztes Altlastengrundstück		230
	3.8	Deponie		
		3.8.1	Allgemeines	231
		3.8.2	Vergleichswertverfahren	232
		3.8.3	Ertragswertverfahren	233
		3.8.4	Allgemeine Barwertmethode (Discounted Cashflow)	234
		3.8.5	Pachtwertmethode	235

4 Handelsimmobilien

	4.1	Typologie der Handelsimmobilien		236
	4.2	Lage		
		4.2.1	Allgemeines	237
		4.2.2	Makrolage	238
		4.2.3	Mikrolage	245

Übersicht   Besondere Immobilienarten VI

		4.2.4		Einzelhandelslage	247
	4.3	Kennziffern für Handelsimmobilien		
		4.3.1		Allgemeines	255
		4.3.2		Kaufkraftkennziffer	257
		4.3.3		Umsatzkennziffer	262
		4.3.4		Zentralität	264
		4.3.5		Flächenproduktivität (Raumleistung)	267
		4.3.6		Mietzahlungsfähigkeit	270
		4.3.7		Frequenzen	272
		4.3.8		Liegenschaftszinssätze	274
	4.4	Einzelhandelsimmobilien (Läden)		
		4.4.1		Allgemeines	275
		4.4.2		Erträge	
			4.4.2.1	Mieten	278
			4.4.2.2	Umsatz	281
		4.4.3		Mietpreisbestimmende Merkmale	
			4.4.3.1	Allgemeines	282
			4.4.3.2	Ladenfläche	284
			4.4.3.3	Ladentiefe	286
			4.4.3.4	Passantenfrequenz	289
			4.4.3.5	Ecklage	291
			4.4.3.6	Geschosslage	292
			4.4.3.7	Branche	294
	4.5	Großflächige Handelsimmobilien		
		4.5.1		Allgemeines	299
		4.5.2		Ertragsverhältnisse von Fach- und Verbrauchermärkten	
			4.5.2.1	Mieten	306
			4.5.2.2	Nebenkosten	307
		4.5.3		Liegenschaftszinssätze	308
		4.5.4		Beispiele	
			4.5.4.1	Selbstbedienungswarenhaus	310
			4.5.4.2	Selbstbedienungsladen	312
5	**Sonderimmobilien**			
	5.1	Typologie der Sonderimmobilien	314	
	5.2	Hotel		
		5.2.1		Betriebsarten	317
		5.2.2		Bauliche Kennziffern	328
		5.2.3		Wirtschaftliche Kennziffern	
			5.2.3.1	Belegung (Kapazitätsauslastung)	330
			5.2.3.2	Umsatz	339
			5.2.3.3	Wareneinsatz und -umschlag	358
			5.2.3.4	Personalkosten und -besatz	362
		5.2.4		Wertermittlungsverfahren	368
		5.2.5		Vergleichswertverfahren	370
		5.2.6		Sachwertverfahren	371
		5.2.7		Ertragswertverfahren	
			5.2.7.1	Allgemeines	377
			5.2.7.2	Einnahmen	379
			5.2.7.3	Bewirtschaftungskosten	390
			5.2.7.4	Liegenschaftszinssatz	392
			5.2.7.5	Plausibilitätskontrolle	393
		5.2.8		Pachtwertverfahren	394
		5.2.9		Betriebswirtschaftliches Verfahren	405
		5.2.10		Beispiele	
			5.2.10.1	Verkehrs- und Beleihungswert eines Hotelneubaus	424
			5.2.10.2	Beleihungswert eines Hotels (Sparkasse)	426
	5.3	Alten- und Pflegeheim, Klinik		
		5.3.1		Allgemeines	427
		5.3.2		Verkehrswertermittlung	
			5.3.2.1	Wertermittlungsverfahren	431
			5.3.2.2	Bodenwert	435

VI Besondere Immobilienarten — Übersicht

		5.3.2.3	Ertragswertverfahren	437
		5.3.2.4	Sachwertverfahren	456
	5.3.3	Beispiele		
		5.3.3.1	Verkehrs- und Beleihungswert eines Seniorenzentrums	458
		5.3.3.2	Fachklinik	460
		5.3.3.3	Verkehrs- und Beleihungswert einer Rehabilitationsklinik	463
		5.3.3.4	Medizinisches Versorgungszentrum	464
5.4	Parkhaus			
	5.4.1	Allgemeines		466
	5.4.2	Beispiele		
		5.4.2.1	Musterkalkulation für ein Parkhaus	472
		5.4.2.2	Großparkhaus	473
		5.4.2.3	Verkehrs- und Beleihungswertermittlung eines innerstädtischen Parkhauses	476
5.5	Tankstelle			
	5.5.1	Allgemeines		479
	5.5.2	Lagemerkmale		480
	5.5.3	Verkehrswertermittlung		
		5.5.3.1	Übersicht	489
		5.5.3.2	Bodenwert	490
		5.5.3.3	Ertragswert	491
		5.5.3.4	Sachwert	496

6 Freizeitimmobilien

6.1	Allgemeines			
	6.1.1	Typologie von Freizeitimmobilien		500
	6.1.2	Marktentwicklung		506
	6.1.3	Lagemerkmale		507
	6.1.4	Ertragsverhältnisse		510
	6.1.5	Kennzahlen		515
6.2	Freizeitbad			516
6.3	Multiplexkino			
	6.3.1	Übersicht		517
	6.3.2	Kennzahlen		518
6.4	Golfanlage			
	6.4.1	Allgemeines		522
	6.4.2	Ertragsverhältnisse		528
	6.4.3	Herstellungskosten		534
	6.4.4	Bodenwert künftiger Golfanlagen		538
	6.4.5	Verkehrswertermittlung eingerichteter Golfanlagen		546
6.5	Tennisanlage			
	6.5.1	Allgemeines		
		6.5.1.1	Begriff	555
		6.5.1.2	Bauliche Anforderungen	559
		6.5.1.3	Herstellungskosten	566
		6.5.1.4	Kennzahlen	569
	6.5.2	Tennishalle		
		6.5.2.1	Vertragsgestaltungen	570
		6.5.2.2	Nutzungszeiten	571
		6.5.2.3	Ertragsverhältnisse	572
	6.5.3	Tennisfreiplätze		
		6.5.3.1	Herstellungskosten	577
		6.5.3.2	Ertragsverhältnisse	578
	6.5.4	Beispiel (Tennishalle mit Freiplätzen)		580
	6.5.5	Beachvolleyball		582
6.6	Reitanlage			
	6.6.1	Allgemeines		583
	6.6.2	Kennzahlen		585
	6.6.3	Verkehrswertermittlung		
		6.6.3.1	Wertermittlungsverfahren	589
		6.6.3.2	Bodenwert	592
6.7	Stadien und Arenen			594

Übersicht — Besondere Immobilienarten VI

7 Gemeinbedarfsfläche
- 7.1 Allgemeines 596
- 7.2 Abgehender Gemeinbedarf
  - 7.2.1 Allgemeines 600
  - 7.2.2 Abgehende Straßenflächen 604
  - 7.2.3 Abgehende Konversionsfläche
    - 7.2.3.1 Allgemeines 606
    - 7.2.3.2 Qualifizierung des maßgeblichen Entwicklungszustands i.S. des § 6 ImmoWertV 622
    - 7.2.3.3 Bauliche Anlagen und sonstige Einrichtungen 630
    - 7.2.3.4 Komplexe Wertermittlungsansätze (Extraktionsverfahren; Residualwertverfahren) 632
    - 7.2.3.5 Altlasten 635
- 7.3 Bleibender Gemeinbedarf
  - 7.3.1 Allgemeines 636
  - 7.3.2 Pauschalierte Bruchteilsbewertung 639
  - 7.3.3 Bewertung nach Umgebungsbebauung 640
  - 7.3.4 Anerkennungsbetrag bzw. unentgeltliche Übertragung 641
  - 7.3.5 Bewertung nach Vorwirkungsgrundsatz
    - 7.3.5.1 Allgemeines 644
    - 7.3.5.2 Historisches Beschaffungswertprinzip 645
    - 7.3.5.3 Aktuelles Beschaffungswertprinzip 646
  - 7.3.6 Ersatzbeschaffungsprinzip 648
  - 7.3.7 Bebaute Gemeinbedarfsgrundstücke 650
  - 7.3.8 Gemeinbedarfsgrundstücke in der Bilanzbewertung 651
- 7.4 Künftiger Gemeinbedarf
  - 7.4.1 Allgemeines 652
  - 7.4.2 Freihändiger Ankauf
    - 7.4.2.1 Allgemeines 654
    - 7.4.2.2 Straßenbau 656
    - 7.4.2.3 Öffentliche Grünflächen/Sportplätze 657
  - 7.4.3 Entschädigung für den Rechtsverlust nach dem Vorwirkungsgrundsatz
    - 7.4.3.1 Allgemeines 660
    - 7.4.3.2 Sonderfälle der Vorwirkung 662
    - 7.4.3.3 Künftiges Straßenland 666
  - 7.4.4 Teilfläche (Vorgarten)
    - 7.4.4.1 Allgemeines 667
    - 7.4.4.2 Verschiebetheorie (vorgeschobenes Hinterland) 668
    - 7.4.4.3 Differenzwertverfahren 670
    - 7.4.4.4 Pauschalierte Bruchteilsmethode 675
  - 7.4.5 Berücksichtigung von Vermögensvor- und -nachteilen
    - 7.4.5.1 Allgemeines 677
    - 7.4.5.2 Pufferzone 678

8 Bahnfläche
- 8.1 Allgemeine Grundsätze 680
- 8.2 Entwicklungszustand und Zulässigkeit von Vorhaben
  - 8.2.1 Allgemeines 681
  - 8.2.2 Erwartung einer baulichen und sonstigen Nutzung
    - 8.2.2.1 Allgemeines 682
    - 8.2.2.2 Künftige Nutzbarkeit 683
- 8.3 Verkehrswertermittlung
  - 8.3.1 Abgehende Bahnfläche 685
  - 8.3.2 Bahnfremde Nutzungen 687
  - 8.3.3 Künftige Bahnfläche 689

9 Post- und Fernmeldewesen
- 9.1 Allgemeines 692
- 9.2 Antennengrundstücke 694
- 9.3 Abgehender Post- und Fernmeldebedarf 697

10 Flugplatz
- 10.1 Allgemeines 700

VI Besondere Immobilienarten — Übersicht

10.2	Künftige Flughafenfläche	702
10.3	Bleibende Flughafenfläche	705
10.4	Abgehende Flughafenfläche	714

11 Kirchliche und kirchlichen Zwecken dienende Fläche

11.1	Allgemeines	715
11.2	Wertermittlungsverfahren	
11.2.1	Allgemeines	717
11.2.2	Bleibender Kirchenbedarf	719
11.2.3	Abgehender Kirchenbedarf	725
11.2.4	Künftiger Kirchenbedarf	728
11.3	Symbolwert	729

12 Denkmalgeschützte Bausubstanz

12.1	Allgemeines	730
12.2	Zumutbarkeitsschwelle	749
12.3	Vor- und Nachteile des Denkmalschutzes	
12.3.1	Allgemeines	776
12.3.2	Steuerliche Vorteile	
12.3.2.1	Allgemeines	780
12.3.2.2	Grundsteuer	783
12.3.2.3	Vermögensteuer	788
12.3.2.4	Erbschaft- und Schenkungsteuer	789
12.3.2.5	Einkommensteuer	791
12.3.2.6	Umsatzsteuer	805
12.4	Verkehrswertermittlung	
12.4.1	Allgemeines	808
12.4.2	Wertermittlungsverfahren	811
12.4.3	Boden- und Ertragswertermittlung	
12.4.3.1	Bodenwert	815
12.4.3.2	Ertragswert	824
12.5	Schlösser, Burgen und Gutshäuser	
12.5.1	Allgemeines	844
12.5.2	Bodenwert	849
12.5.3	Sachwertverfahren	860
12.5.4	Ertragswertverfahren	867
12.6	Denkmalschutz in der steuerlichen Bewertung	870

13 Soziale Wohnraumförderung

13.1	Allgemeines	871
13.2	Wertermittlungsverfahren	889

1 Grundstücksmarkt nach Immobilientypologie

1.1 Übersicht

Schrifttum: *Bienert, S. (Hsg.)*, Bewertung von Spezialimmobilen, Wiesbaden 2005; *Kippes/Sailer*, Immobilienmanagement, Boorberg Verlag 2005; *Unterreiner in Bach/Ottmann/Sailer/Unterreiner*, Immobilienmarkt und Immobilienmanagement, München 2007.

▶ *Zum Grundstücksmarkt vgl. Teil II Rn. 18 ff.*

Allgemein kann der Grundstücksmarkt in seiner Gesamtheit in einen städtischen sowie einen land- und forstwirtschaftlichen Grundstücksteilmarkt untergliedert werden. **1**

Der **Immobilienbestand lässt sich daneben nach seiner Nutzung in Wohn- und Gewerbeimmobilien einschließlich ihrer Mischformen (gemischt genutzte Immobilien) aufgliedern** (Abb. 1). **2**

In der **steuerlichen Grundstücksbewertung** wird nach den in § 75 BewG definierten Grundstücksarten unterschieden: **3**

„§ 75 BewG Grundstücksarten
(1) Bei der Bewertung bebauter Grundstücke sind die folgenden Grundstücksarten zu unterscheiden:
1. Mietwohngrundstücke,
2. Geschäftsgrundstücke,
3. gemischt genutzte Grundstücke,
4. Einfamilienhäuser,
5. Zweifamilienhäuser,
6. sonstige bebaute Grundstücke.
(2) Mietwohngrundstücke sind Grundstücke, die zu mehr als achtzig vom Hundert, berechnet nach der Jahresrohmiete (§ 79), Wohnzwecken dienen mit Ausnahme der Einfamilienhäuser und Zweifamilienhäuser (Absätze 5 und 6).

Abb. 1: Typologie nach Immobilienarten

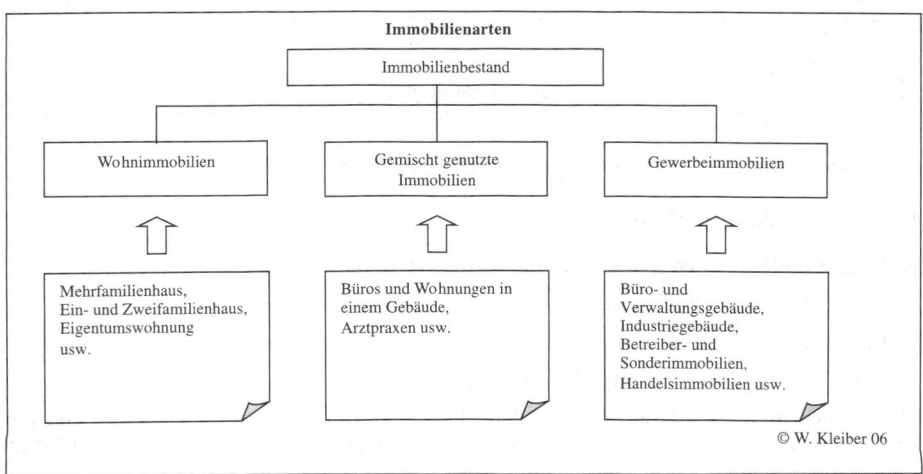

(3) **Geschäftsgrundstücke** sind Grundstücke, die zu mehr als achtzig vom Hundert, berechnet nach der Jahresrohmiete (§ 79), eigenen oder fremden gewerblichen oder öffentlichen Zwecken dienen.
(4) **Gemischt genutzte Grundstücke** sind Grundstücke, die teils Wohnzwecken, teils eigenen oder fremden gewerblichen oder öffentlichen Zwecken dienen und nicht Mietwohngrundstücke, Geschäftsgrundstücke, Einfamilienhäuser oder Zweifamilienhäuser sind.

(5) **Einfamilienhäuser** sind Wohngrundstücke, die nur eine Wohnung enthalten. Wohnungen des Hauspersonals (Pförtner, Heizer, Gärtner, Kraftwagenführer, Wächter usw.) sind nicht mitzurechnen. Eine zweite Wohnung steht, abgesehen von Satz 2, dem Begriff „Einfamilienhaus" entgegen, auch wenn sie von untergeordneter Bedeutung ist. Ein Grundstück gilt auch dann als Einfamilienhaus, wenn es zu gewerblichen oder öffentlichen Zwecken mitbenutzt wird und dadurch die Eigenart als Einfamilienhaus nicht wesentlich beeinträchtigt wird.

(6) **Zweifamilienhäuser** sind Wohngrundstücke, die nur zwei Wohnungen enthalten. Die Sätze 2 bis 4 von Absatz 5 sind entsprechend anzuwenden.

(7) **Sonstige bebaute Grundstücke** sind solche Grundstücke, die nicht unter die Absätze 2 bis 6 fallen."

4 Darüber hinaus werden im Rahmen der Führung und Auswertung der Kaufpreissammlung Übersichten über **Grundstücksarten** vorgegeben[1].

5 **Immobilien lassen sich auch nach den Akteuren und Immobiliennutzern** gliedern (Abb. 2).

Abb. 2: Typologie der Immobilienarten und -nutzer

Quelle: Schmitz-Morkramer, 1990, S. 416; Falk, 1992, S. 586; Bone-Winkel, 1994, S. 33.

1.2 Wohnimmobilien

6 **Wohnimmobilien lassen sich** danach **untergliedern** in die **Segmente:**

– Ein- und Zweifamilienhäuser,

– Eigentumswohnungen,

– Mehrfamilienhäuser, ggf. mit Eigentumswohnungen.

Mehrfamilienhäuser werden insbesondere nach der Anzahl der Wohneinheiten und der Anzahl der vom Treppenhaus „erschlossenen Wohnungen" (Ein-, Zwei- und Mehrspänner) untergliedert (Abb. 3).

---

1 Rh.-Pf. Richtlinien zur Ermittlung des Grundstückswerts vom 1.6.1988, geändert durch RSchr. vom 20.11.1996 – 356 4/648 – 15/0 (RiWert); abgedruckt in Kleiber, Simon, Marktwertermittlung 6. Aufl. S. 404.

Abb. 3:   Wohnimmobilien

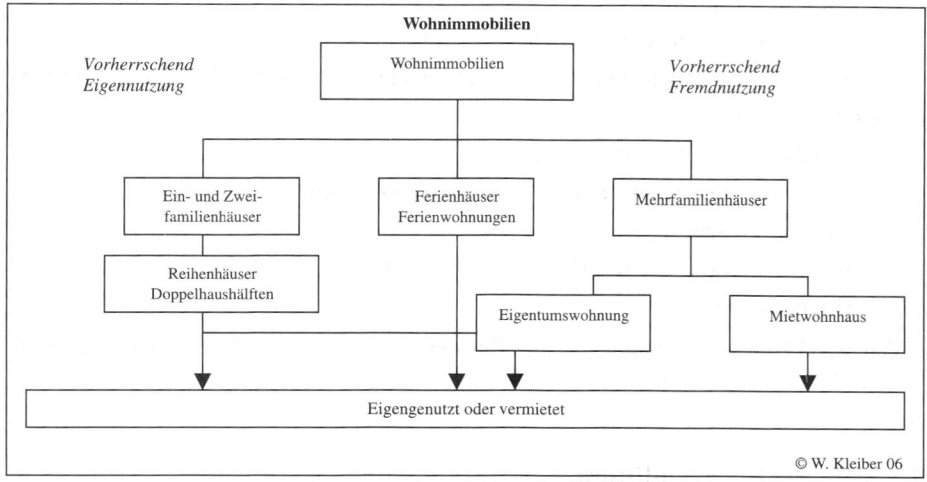

▶ *Zu den Lagemerkmalen von Wohnimmobilien vgl. § 18 ImmoWertV Rn. 137 ff.*

1.3   Gewerbeimmobilien

▶ *Hierzu auch § 6 ImmoWertV Rn. 21 ff., 59, 203 ff.; §18 ImmoWertV Rn. 141 ff.*

Bei gewerblichen Immobilien handelt es sich um **Objekte**, die überwiegend gewerblichen Aktivitäten, insbesondere **im Bereich der Produktion von Gütern und der Dienstleistungen** einschließlich der Distribution von Gütern mit der Absicht der Erzielung von Einnahmen dienen[2]. Bezüglich der Abgrenzung von anderen Immobilienarten kann auf verschiedene Rechtsbereiche rekurriert werden, insbesondere

a) das *Mietvertragsrecht* (vgl. § 18 ImmoWertV Rn. 99 ff.), und

b) das *Steuerrecht*, das ein gemischt genutztes Grundstück erst dann als überwiegend Wohnzwecken dienend anerkennt, wenn das Verhältnis der Nutzflächen (Wohnfläche zu gewerblich genutzten Flächen) 66⅔% übersteigt[3].

Die **unter den Gewerbebegriff fallenden Immobilien** lassen sich nur schwerlich typisieren. Grob **lassen sie sich wie folgt unterscheiden:**

a) *Dienstleistungsimmobilien einschließlich Betreiberimmobilien*

– Büro-, Geschäfts- und Verwaltungsimmobilien,

– Kliniken/Rehabilitationsanlagen,

– Senioreneinrichtungen,

– Hotels,

– Schank- und Speisewirtschaftsimmobilien,

– Freizeitimmobilien,

---

2   Bone-Winkel, Das strategische Management von offenen Immobilienfonds unter besonderer Berücksichtigung der Projektentwicklung von Gewerbeimmobilien, Verlag Rudolf Müller, Köln 1994, S. 33.
3   BFH, Urt. vom 9.9.1980 – VIII R 5/79 –, EzGuG 3.63b.

VI Besondere Immobilienarten — Wohnimmobilien

b) *Industrie- und Produktionsimmobilien*
   - Fabriken, Werkstätten,
   - Lagerhallen, Distributionszentren,
   - Industrie- oder Technologieparks, Gründerzentren, Gewerbehöfe bzw. Gewerbeparks,

c) *Handelsimmobilien*
   - Einzelhandel, Supermarkt, *Discounter,*
   - Einkaufszentren, Fachmärkte, Verbrauchermärkte, Fachmarktzentren,
   - Galerien, Passagen,
   - Warenhäuser, Kaufhäuser, Markthallen, Einkaufshöfe,
   - *Shopping-Center.*

9 In den nachfolgenden Abschnitten werden Beispiele der Verkehrs- und Beleihungswertermittlung zu den einzelnen Immobilienarten behandelt.

2 Wohnimmobilien

2.1 Verkehrswertermittlung von Einfamilienhäusern im Sachwertverfahren

2.1.1 Einfamilienhaus ohne Baumängel (Umfassende Berechnung)

▶ *Grundsätzliches in der Syst. Darst. des Sachwertverfahrens sowie §§ 21 bis 23 Immo-WertV*

Sachverhalt

10 1½-geschossiges im Jahre 1993 in massiver Bauweise erstelltes Einfamilienwohnhaus, voll unterkellert mit ausgebautem Dachgeschoss und Garage im „Speckgürtel" einer nordrhein-westfälischen Stadt mit 350 000 Einwohnern (E).
Wertermittlungsstichtag: 1.6.2001

Abb. 4: Ansicht

© W. Kleiber

Wohnimmobilien — Besondere Immobilienarten VI

- **Gebäudetyp gemäß NHK 2000**: 1.01
- **Ausstattungsstandard**
  - Fassade: Mauerwerk mit Putz; Hoher Wärmedämmstandard
  - Fenster: Holz; elektrische Rollläden; Wärmeschutzverglasung
  - Dach: Holzsatteldach mit Betondachpfannen
  - Sanitär: Drei Bäder und Gäste-WC, raumhoch verfliest
  - Bodenbeläge: Fliesen und Parkett überwiegend
  - Türen: Edelholzfurniert mit Holzzargen; teilweise verglast
  - Heizung: Zentrale Heizung und Warmwasserversorgung
  - Elektroinstallation: Aufwendige Installation mit zentralen Steuereinrichtungen

  Ausstattungsstandard unter Berücksichtigung der Wertanteile gemäß Tabelle des Ausstattungsstandards des Gebäudetyps 1.01 „gehoben".

- **Bodenwert** = 200 €/m²

I. Ermittlung der Brutto-Grundfläche nach DIN 277 (1987)

Ermittlung erfolgt gemäß Grundrissen (Abb. 5 und 6)

- Gebäude   BGF = 333,95 m²
- Garage   BGF = 29,89 m²

Abb. 5: Grundrisse Keller- und Erdgeschoss

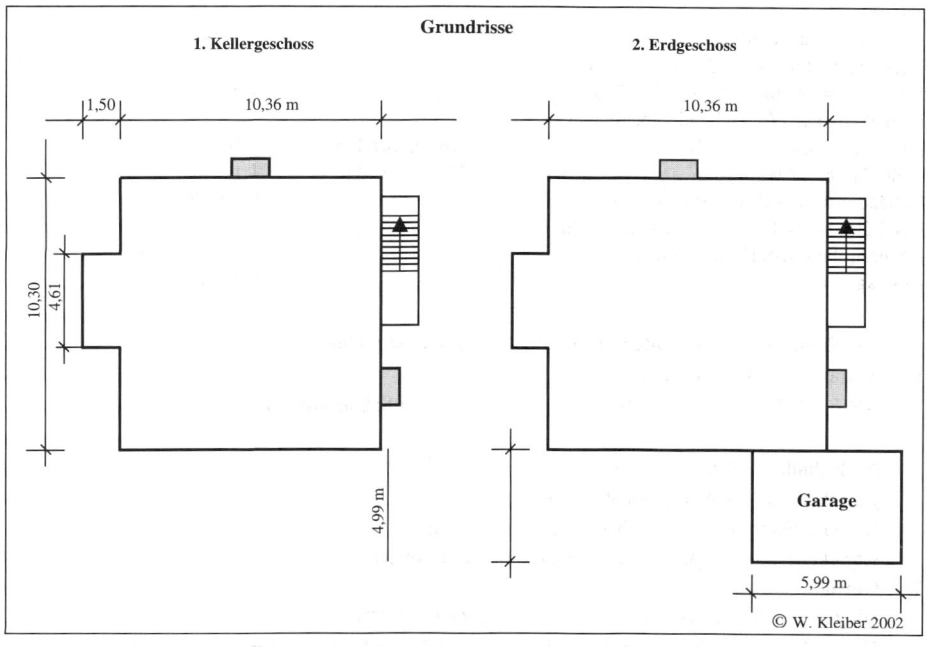

VI Besondere Immobilienarten — Wohnimmobilien

Abb. 6: Grundriss Dachgeschoss

II. Ermittlung der orts- und objektbezogenen Normalherstellungskosten 2000 (NHK 2000)

Gebäudetyp 1.01 (Einfamilienhaus, freistehend mit Keller- und Erdgeschoss sowie ausgebautem Dachgeschoss)

Ausstattungsstandard:	gehoben
Korrekturfaktor für Nordrhein-Westfalen:	0,98
Korrekturfaktor für Ortsgröße bei 350 000 E:	1,02
Baunebenkosten (lt. Gebäudetypenblätter)	
– für Einfamilienhaus 16 %: Korrekturfaktor	1,16
– für Garage 12 %: Korrekturfaktor	1,12
Gebäudebaujahrsklasse (Baujahr 1993):	1985 bis 2000
NHK 2000 (aus Tabellen 1.01 und 29) für	
– Einfamilien-Wohnhaus (gehoben)	740 €/m² BGF
– Garage (mittel)	240 €/m² BGF

Ortsspezifische NHK 2000 unter Berücksichtigung der Baunebenkosten:

1. **Einfamilien-Wohnhaus:**

   NHK = 740 €/m² × 0,98 × 1,02 × 1,16 = **858,06 €/m² BGF**

   NHK 2000 (lt. Tabelle)
   Korrekturfaktor A Nordrhein-Westfalen
   Korrekturfaktor B der Ortsgröße
   Korrekturfaktor zur Berücksichtigung der Baunebenkosten

2. **Garage**

   NHK = 240 €/m² × 0,98 × 1,02 × 1,12 = **268,69 €/m² BGF**

III. Umrechnung vom Bezugsjahr der NHK auf Wertermittlungsstichtag mittels Baupreisindexzahlen

Baupreisindexzahlen für Nordrhein-Westfalen:

2000:	104,4
2001:	105,2

Baupreissteigerungsfaktor: 105,2/104,4 = 1,00766

Wohnimmobilien — Besondere Immobilienarten VI

Auszug aus dem Tabellenwerk der NHK 2000:

Einfamilien-Wohnhäuser, freistehend Typ 1.01

Typ 1.01 Kellergeschoss, Erdgeschoss, vollausgebautes Dachgeschoss

1. Normalherstellungskosten

   (ohne Baunebenkosten) entsprechend Kostengruppe 300 und 400 DIN 276 einschl. 16 %

Kosten der Brutto-Grundfläche in €/m², durchschnittliche Geschosshöhe 2,85 m							
Ausstattungs-standard	vor 1925	1925 bis 1945	1946 bis 1959	1960 bis 1969	1970 bis 1984	1984 bis 1999	2000
einfach	410 – 425	430 – 440	440 – 475	475 – 500	505 – 530	535 – 580	580
mittel	470 – 485	490 – 500	500 – 540	540 – 575	575 – 605	610 – 660	660
gehoben	540 – 560	565 – 580	580 – 625	625 – 660	665 – 700	700 – 760	760
stark gehoben	740 – 765	770 – 785	790 – 850	855 – 900	905 – 955	955 – 1035	1 040

2. Baunebenkosten

   entsprechend Kostengruppe 700 DIN 276 + 16 %

3. Gesamtnutzungsdauer:

   60 bis 100 Jahre

KFZ-Stellplätze Typ 29

1. Normalherstellungskosten

   (ohne Baunebenkosten) entsprechend Kostengruppe 300 und 400 DIN 276 einschl. 16 % Mehrwertsteuer

   KFZ-Einstellplätze in Wohnhäusern:

Kleingaragen, freistehend	230 – 255 €/m² BGF
Kellergarage	435 – 460 €/m² BGF
Carports	130 – 155 €/m² BGF

Abb. 7: Ausstattungsstandards gemäß NHK 2000

Kostengruppe	Ausstattungsstandard			
	einfach	mittel	gehoben	stark gehoben
Fassade	Mauerwerk mit Putz- oder Fugenglattstrich und Anstrich	Wärmedämmputz, Wärmedämmverbundsystem, Sichtmauerwerk mit Fugenglattstrich, mittlerer Wärmedämmstandard	Verblendmauerwerk Metallbekleidung, Vorhangfassade hoher Wärmedämmstandard	Naturstein
Fenster	Holz-Einfachverglasung	Kunststoff, Rollladen, Isolierverglasung	Aluminium-Sprossenfenster, Sonnenschutzvorrichtung, Wärmeschutzverglasung	raumhohe Verglasung, große Schiebeelemente, elektrische Rollläden, Schallschutzverglasung

VI Besondere Immobilienarten — Wohnimmobilien

Dächer	Betondachpfannen (untere Preisklasse), Bitumen-, Kunststofffolienabdichtung Keine Wärmedämmung	Betondachpfannen (gehobene Preisklasse) Mittlerer Wärmedämmstandard	Tondachpfannen, Schiefer-Metalleindeckung Hoher Wärmedämmstandard	Große Anzahl von Oberlichtern, Dachaus- und Dachaufbauten mit hohem Schwierigkeitsgrad, Dachausschnitte in Glas
Sanitär	1 Bad mit WC Installation auf Putz	1 Bad mit Dusche und Badewanne Gäste-WC-Installation unter Putz	1 – 2 Bäder Gäste-WC	Mehrere großzügige Bäder, tlw. Bidet, Whirlpool, Gäste-WC
Innenwandbekleidung Nassräume	Ölfarbanstrich Fliesensockel 1,50 m	Fliesen (2,00 m)	Fliesen raumhoch, großformatige Fliesen	Naturstein, aufwendige Verlegung
Bodenbeläge	Holzdielen, Nadelfilz, Linoleum, PVC Untere Preisklasse Nassräume PVC, Fliesen	Teppich, PVC, Fliesen, Linoleum Mittlere Preisklasse Nassräume Fliesen	Fliesen, Parkett Betonwerkstein Nassräume großformatige Fliesen	Naturstein aufwendige Verlegung Nassräume Naturstein
Innentüren	Füllungstüren, Türblätter und Zargen gestrichen, Stahlzargen	Kunststoff-/Holztürblätter, Holzzargen, Glasausschnitte	Türblätter mit Edelholzfurnier, Glastüren, Holzzargen	Massivere Ausführung, Einbruchschutz
Heizung	Einzelöfen, Elektrische Speicherheizung, Boiler für Warmwasser	Mehrraum-Warmluft-Kachelofen, Zentralheizung mit Radiatoren (Schwerkraftheizung)	Zentralheizung/Pumpenheizung mit Flachheizkörper oder Fußbodenheizung, Warmwasserbereitung zentral	Zentralheizung und Fußbodenheizung, Klimaanlagen, Solaranlagen
Elektroinstallation	Je Raum 1 Lichtauslass und 1 – 2 Steckdosen Installation tlw. auf Putz	Je Raum 1 – 2 Lichtauslässe und 2 – 3 Steckdosen Installation unter Putz	Je Raum mehrere Lichtauslässe und Steckdosen, informationstechnische Anlagen	Aufwendige Installation, Sicherheitseinrichtungen

Baunebenkosten (entsprechend Kostengruppe 700 DIN 276)   16 %
Gesamtnutzungsdauer   60 bis 100 Jahre

14 IV. Ermittlung des Sachwerts

1. Ermittlung des Gebäudesachwerts 2000

Gebäudesachwert 2000: 333,95 m² BGF × 858,06 €/m² BGF   =   286 549 €
Indexierung auf Wertverhältnisse am Wertermittlungsstichtag 2001
(Baupreissteigerungsfaktor: 1,00766)   × 1,00766

= **Gebäudesachwert 2001**   =   288 744 €

Alterswertminderung (linear)
– Gesamtnutzungsdauer   80 Jahre
– Restnutzungsdauer   72 Jahre (= 80 – 8)

$$\text{Wertminderung \%} = \frac{100 \times \text{Alter}}{\text{Gesamtnutzungsdauer}} = 10\%$$

oder Wertminderungsfaktor:

Wohnimmobilien   **Besondere Immobilienarten VI**

$$\frac{\text{Restnutzungsdauer}}{\text{Gesamtnutzungsdauer}} = \frac{72}{80} = 0{,}9000$$

	= Alterswertgeminderter Gebäudesachwert 2001	= **259 870 €**
2.	**Ermittlung des Garagensachwerts 2000**	
	29,89 m² BGF × 268,69 €/m² = 8 031 €	
	Indexierung auf Wertermittlungsstichtag: Baupreissteigerungsfaktor × 1,00766	
	Garagensachwert 2001 = **8 092 €**	
	Alterswertminderung (linear)	
	– Gesamtnutzungsdauer 40 Jahre	
	– Restnutzungsdauer 32 Jahre	

$$\frac{\text{Restnutzungsdauer}}{\text{Gesamtnutzungsdauer}} = \frac{32}{40} = 0{,}800$$

	= Alterswertgeminderte Garage	= 6 474 €	**+ 6 474 €**
3.	**Besonders zu veranschlagende Bauteile (Zeitwert zum Wertermittlungsstichtag)**		
	a) *1 Kelleraußentreppe*:		
	Stützmauer und Treppe: Stahlbeton		
	Stufen: Zementbetonbelag	5 000 €	
	Gitter: Holzbretter auf Stahlkonstruktion		
	b) *1 Balkon*:		
	Mauerwerk mit Putz, Zinkblechabdeckung,		
	feuerverzinktes Stahlgeländer,	3 500 €	
	Holzbretterbelag		
	c) *3 Kellerlichtschächte*	1 500 €	
	insgesamt	10 000 € =	**+ 10 000 €**
4.	**Wert der Außenanlagen (Zeitwert zum Wertermittlungsstichtag)**		
	2 gepflasterte Kfz-Stellplätze, 50 m² Betonterrassenplatte mit Holzbelag (aufwendige Verlegung), Geländeauffüllung ca. 80 cm, rd. 30 m L-Steine, Aufwuchs		
	rd. 8 % des Gebäudesachwerts:	=	**+ 22 000 €**
5.	**Bodenwert**: 600 m² × 200 €/m²	=	**+ 120 000 €**
6.	**Vorläufiger Sachwert** (Summe aus 1 bis 5) gerundet	=	**418 344 €**
7.	**Marktanpassungsabschlag**; Sachwertfaktor = 0,85	=	**– 62 752 €**
	15 v.H. des ermittelten vorläufigen Sachwerts 418 344 € × 0,15		
8.	**Verkehrswert (mit Garage)**	=	**355 592 €**
			rd. 355 000 €

2.1.2 Einfamilienhaus mit Baumängeln (Vereinfachte Berechnung)

a) Sachverhalt   15

1½-geschossiges im Jahre 1982 in massiver Bauweise erstelltes Einfamilienhaus in Nordrhein-Westfalen, voll unterkellert, mit ausgebautem Dachgeschoss; Holzsatteldach mit Ziegeleindeckung; Stahlbetondecken mit schwimmendem Estrich; mittlere Ausstattung; das Gebäude weist Baumängel und Bauschäden auf: Schadensbeseitigungskosten 30 000 €. Sachwertfaktor = 0,90. Keine Außenanlagen.

Wertermittlungsstichtag: 1.1.2009

Brutto-Grundfläche – BGF – nach DIN 277 (1987/2005):

– Gebäude	300 m²
– Garage	20 m²

VI Besondere Immobilienarten   Wohnimmobilien

Die Normalherstellungskosten 2000 (ohne Baunebenkosten), jedoch unter Berücksichtigung der Ausstattung, Ortsgröße und Region, betragen:

- Gebäude Typ 1.01   600 €/m²   Baunebenkosten: 16 %
- Garage   240 €/m²   Baunebenkosten: 10 %

16 b) Wertermittlung

aa) Berechnung der Normalherstellungskosten 2000:

Gebäude			
300 m² ×	600 €/m² = 180 000 € × 1,16	=	208 800 €
Garage			
20 m² ×	240 €/m² = 4 800 € × 1,10	=	5 280 €
Summe		=	214 080 €

bb) Berechnung der Herstellungskosten der baulichen Anlagen:

Baupreisindex, hier von Nordrh.-Westf.   2000: 97,8
                                         2008: 111,2 (am Wertermittlungsstichtag)
214 080 € × 111,2/97,8 = 243 412 €

cc) Berechnung der linearen Alterswertminderung

– Gesamtnutzungsdauer	GND = 80 Jahre	
– Restnutzungsdauer	RND = 54 Jahre	(= 80 – 26)
– Alter	= 26 Jahre	
– Alterswertminderung	243 412 € × 26/80	
		= 79 109 €

dd) Sachwertermittlung

Herstellungskosten der baulichen Anlage:	243 412 €
./. Alterswertminderung:	– 79 109 €
= Alterswertgeminderte Herstellungskosten:	164 303 €
+ Bodenwert	+ 100 000 €
= Vorläufiger Sachwert:	264 303 €
× Sachwertfaktor	× 0,90
Marktangepasster vorläufiger Sachwert	237 873 €
Marktkonformer Abschlag wegen Baumängel und Bauschäden	
(§ 8 Abs. 3 ImmoWertV)	
30 000 € × (1 – 26/80)	– 20 205 €
= Sachwert:	**217 623 €**

Es handelt sich um eine vereinfachte Sachwertermittlung, wobei der Sachwertfaktor die Regionalisierung der angesetzten Normalherstellungskosten berücksichtigt (vgl. Syst. Darst. des Sachwertverfahrens Rn. 112 ff.). Die Marktanpassung der Schadensbeseitigungskosten wurde auf der Grundlage der Alterswertminderung ermittelt.

2.1.3 Einfamilienhaus (mit Marktanpassung)

a) Sachverhalt

17 Wertermittlungsobjekt: Freistehendes, unterkellertes Einfamilienhausgrundstück mit ausgebautem Dachgeschoss in mittlerer Ausstattung, Baujahr 1984, Bruttorauminhalt (BRI – DIN 277/1997) 700 m³, Brutto-Grundfläche BGF 200 m², Wohnfläche 150 m², Grundstücksgröße 700 m², GFZ 0,2. Es liegt folgender Mangelfolgeschaden vor: Der Außenputz ist infolge Verwendung mangelhaften Materials bei der Erstellung des Gebäudes erneuerungsbedürftig. Die Kosten der Mängelbeseitigung betragen am Stichtag der Wertermittlung 10 000 €. Der Schaden muss baldmöglichst behoben werden, weil Mängelfolgeschäden zu befürchten sind.

Wohnimmobilien — Besondere Immobilienarten VI

Wertermittlungsstichtag: 1.1.2009
Lage des Objekts: Ortsgröße 30 000 Einwohner im direkten Umland einer Stadt mit 400 000 Einwohnern in Niedersachsen.

b) Wertermittlung   **18**

- Bodenwertermittlung
- Bodenrichtwert gemäß Bodenrichtwertkarte:
  150 €/m² Grund und Boden für erschließungsbeitragsfreies baureifes Land
- Bodenwert des Grundstücks
  700 m² × 150 €/m²   = 105 000 €
- *Ermittlung des Sachwerts der baulichen Anlagen*

Brutto-Grundfläche (DIN 277 [1987]):	=	200 m²
Normalherstellungskosten (NHK) (Wertverhältnisse 2000):	=	595 €/m²
Typ 1.01 (Baujahrgruppe 1970 bis 1984)		
bei mittlerer Ausstattung (ohne Baunebenkosten)		
Baunebenkosten 16 v.H. von 595 €/m²	=	95 €/m²
NHK einschließlich Baunebenkosten	=	690 €/m²
Anpassung an Region (Land) und Ortsgröße		
Korrekturfaktor A Niedersachsen 0,95		
Korrekturfaktor B Ortsgröße 1,05		
(maßgeblich hier 400 000 E, da Objekt im Weichbild der Großstadt)		
NHK (orts- und regionalspezifisch):		
690 €/m² × 0,95 × 1,05	=	688 €/m²
Gebäudeherstellungskosten 2000: 200 m² × 688 €/m²	=	137 600 €
Umrechnung auf Wertermittlungsstichtag		
Baupreisindex 2000: 100,0		
Baupreisindex 2008: 110,7		
Gebäudeherstellungskosten zum Wertermittlungsstichtag		
137 600 € × 110,7 / 100,0	=	152 323 €
Alterswertminderung (Baujahr 1984, Alter 24 Jahre, übliche Gesamtnutzungsdauer 80 Jahre), d.h. RND = 56 Jahre: Alterswertminderung linear (vgl. Anl. 8b WertR) = 30 v.H. oder (24/80) × 100 = 30 v.H. von 152 323		− 45 697 €
Altersgeminderte Gebäudeherstellungskosten		106 626 €
Wertanteil der Außenanlagen (pauschal 5% einschließlich Alterswertminderung)		+ 5 331 €
Sachwert der baulichen und sonstigen Anlagen	111 957 €	111 957 €
vorläufiger Grundstückssachwert		216 957 €

c) Anpassung des Grundstückssachwerts an die Marktlage (§ 8 Abs. 2 Nr. 1 ImmoWertV)   **19**

- Anpassung über Marktdaten

Nach dem Marktbericht des Gutachterausschusses der Stadt H. wurden im Jahr 2008 Einfamilienhausgrundstücke um 10 bis 40 v.H. unter ihren Grundstückssachwerten gehandelt. Die Abschläge waren bei aufwendigen Objekten am größten. Bei einfach ausgestatteten, kleinen Grundstücken mit niedrigen Sachwerten wurden die Grundstückssachwerte am Markt realisiert. Das Wertermittlungsobjekt gehört zu den seiner Bauzeit entsprechenden üblichen Grundstücken mit mittlerer Ausstattung. Es besitzt dazu einen guten Lagewert. Der Sachwertfaktor liegt hier zwischen 0,85 und 0,90; Marktanpassungsabschlag: 10 und 15 v.H. des vorläufigen Sachwerts. Das führt zu einem aus dem vorläufigen Sachwert abgeleiteten marktangepassten Grundstückssachwert von rd. 190 000 € (= 216 957 € × 0,875).

- Anpassung über eigene Unterlagen

VI Besondere Immobilienarten   Wohnimmobilien

Hinsichtlich Kaufzeitpunkt, Lage, Gebäudeart und Nutzung liegen folgende Vergleichsgrundstücke vor:

Nr.	Kaufpreis (€)	Grundstückssachwert	Quotient Kaufpreis/ Sachwert
1	225 000	252 500	0,89
2	235 000	260 000	0,90
3	215 000	245 000	0,88
4	222 500	245 000	0,91
5	220 000	250 000	0,88
6	215 000	235 000	0,91
7	217 500	245 000	0,89
8	195 000	230 000	0,85
arithmetischer Mittelwert			0,89

Der durchschnittliche Kaufpreis vergleichbarer Objekte beträgt 89 v.H. des Grundstückssachwerts.

d) Berücksichtigung besonderer objektspezifischer Grundstücksmerkmale (§ 8 Abs. 3 ImmoWertV)

Der Außenputz des Gebäudes ist erneuerungsbedürftig. Die Kosten der Mängelbeseitigung betragen am Wertermittlungsstichtag 10 000 €. Es handelt sich um einen nicht disponiblen Bauschaden. Die Schadensbeseitigungskosten werden deshalb in voller Höhe berücksichtigt:

Verkehrswert = 190 000 € − 10 000 € = rd. **180 000 €**.

2.1.4 Einfamilienhaus mit mehrfachem Um- und Anbau

20 **a) Sachverhalt**

Das Objekt besteht aus einem 1938 errichteten Einfamilienhaus mit Keller und ausgebautem Dachgeschoss (450 m² BGF).
Das Objekt wurde im Jahr 1970 durchgreifend modernisiert.
Im Jahr 1975 wurde ein Anbau (Vergrößerung des Wohnzimmers, 80 m² BGF) vorgenommen.
Im Jahr 1998 wurde eine Doppelgarage (42 m² BGF) angebaut.
Folgende Quadratmeterpreise der Herstellungskosten – ohne Baunebenkosten – (Wertverhältnisse 2000) können angenommen werden:

Hauptgebäude	655 €/m²
Anbau	510 €/m²
Doppelgarage	300 €/m²

Der Wert der Außenanlagen ist mit 8 % und die Baunebenkosten pauschal mit 15 % der Herstellungskosten des Gebäudes anzunehmen.

Abb. 8: Lageplan

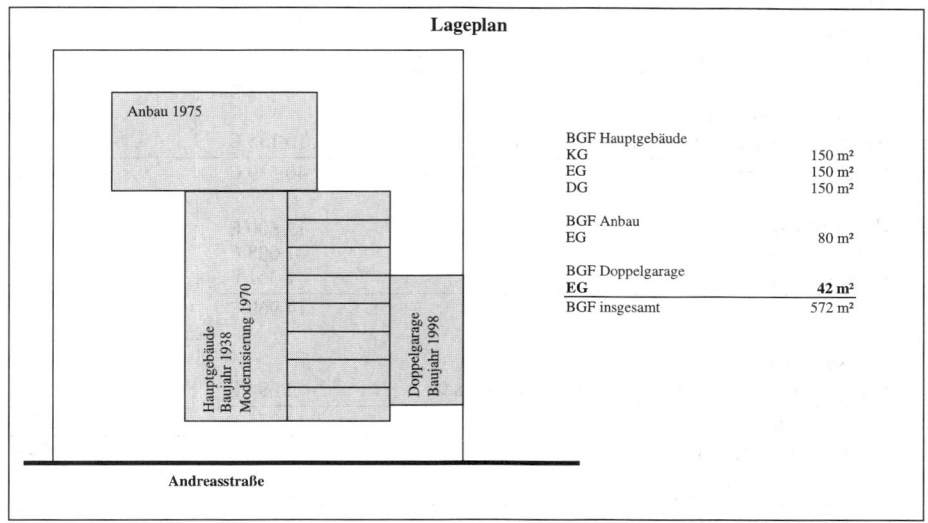

b) **Wertermittlung**

Zu ermitteln ist der Gebäudesachwert des Objekts
Ermittlung des fiktiven Baujahrs

Hauptgebäude	450 m² BGF =	78,7 %
Anbau	80 m² BGF =	14,0 %
Doppelgarage	42 m² BGF =	7,3 %
Zusammen	572 m² BGF =	100,0 %

Das Objekt ist als eine wirtschaftliche Einheit anzusehen.
Fiktives Baujahr

Hauptgebäude	(1938 + 1970)/2 = 1954	78,7 %
Anbau	1975	14,0 %
Doppelgarage	1998	7,3 %

[(1954 × 78,7) + (1975 × 14,0) + (1998 × 73,3)]/100 = 1960,15   rd. 1960

Gebäudenormalherstellungskosten

450 m² BGF × 665 €/m²	299 250 €
80 m² BGF × 510 €/m²	40 800 €
42 m² BGF × 200 €/m²	12 600 €
	352 650 €

	352 650 €
Außenanlagen 8 % (352 650 € × 0,08)	+ 28 212 €
Baunebenkosten 15 % (352 650 € × 0,15)	+ 57 129 €
Gebäudenormalherstellungskosten 2000	437 991 €
Alterswertminderung bei fiktivem Baujahr 1960 und 80 Jahren Gesamtnutzungsdauer: 38 %	– 166 437 €
Gebäudesachwert	271 554 €
	rd. 270 000 €

c) **Variante**

Hauptgebäude	299 250 €
+ Außenanlagen 8 %	+ 23 940 €
+ Baunebenkosten 15 %	+ 48 479 €
	371 669 €
Alterswertminderung:	
Baujahr 1954, 80 Jahre Gesamtnutzungsdauer: 45 %	– 167 251 €

VI Besondere Immobilienarten — Wohnimmobilien

Gebäudesachwert	204 418 €	204 418 €
Anbau	40 800 €	
Außenanlagen 8 %	+ 3 264 €	
Baunebenkosten 15 %	+ 6 610 €	
	50 674 €	
Alterswertminderung:		
Baujahr 1975, 80 Jahre Gesamtnutzungsdauer: 20 %	− 10 135 €	
Gebäudesachwert	40 539 €	+ 40 539 €
Doppelgarage	12 600 €	
Außenanlagen 8 %	1 008 €	
Baunebenkosten 10 %	1 361 €	
	14 969 €	
Alterswertminderung		
Baujahr 1998, 60 Jahre Gesamtnutzungsdauer: 18 %	− 2 694 €	
Gebäudesachwert	12 275 €	+ 12 275 €
Gebäudesachwert insgesamt		rd. 260 000 €

Die Differenz ist in den beiden Berechnungsergebnissen mit 10 000 € (3,8 %) relativ gering, so dass sich beide Lösungsmöglichkeiten anbieten.

2.1.5 Einfamilienhaus mit mehreren Bauteilen (Gebäudemix, Teilunterkellerung)

a) Sachverhalt

Der Normalherstellungswert eines freistehenden teilunterkellerten Einfamilienhauses (Baujahr 1981, gehobene Ausstattung) ist zu ermitteln. Das Gebäude befindet sich in einer Stadt mit 40 000 Einwohnern in Niedersachsen (Abb. 9).

Abb. 9: Schnitt

Mit Ausnahme des eingeschossigen Anbaues (Gebäudetyp 1.23) ist das Gebäude voll unterkellert. Das Wohnzimmer reicht ohne Zwischendecke bis unter das Dach. In diesem Bereich ist das Gebäude eingeschossig und weist einen Keller auf (Gebäudetyp 1.03). Das Wohnzimmer grenzt an einen Gebäudeteil mit ausgebautem Dachgeschoss, welches als offene Empore genutzt wird (Gebäudetyp 1.01). Die Grenze zwischen diesen beiden Gebäudeteilen verläuft entlang der Auskragung und wird entsprechend in das Kellergeschoss projiziert. Schließlich ist ein Bereich mit nicht ausgebautem Dachgeschoss und mit Keller vorhanden (Gebäudetyp 1.02).

Der Ort liegt im Umland einer Großstadt mit ca. 500 000 Einwohnern. Aufgrund der Ortskenntnisse des Sachverständigen wird jeweils der zahlenmäßig höchste Korrekturfaktor gewählt.

b) Wertermittlung (Abb. 10)

Abb. 10: Berechnung

Typ	Beschreibung	Ausstattung	Preis lt. NHK 2000 €/m² BGF	Modifizierter Preis €/m² BGF	Fläche m² BGF	Normalherstellungswert in €
1.01	eingeschossig mit Keller und ausgebautem DG	gehoben	700	–	180	126 000
1.02	eingeschossig mit Keller und nicht ausgebautem DG	gehoben	570	–	165	94 050
1.03	eingeschossig mit Keller	gehoben	670	–	90	60 300
1.23	eingeschossig ohne Keller	sehr einfach	–	–	15	6 750
		Summen			450	**287 100**

Berücksichtigung von Bundesland und Ortsgröße (Regionalisierung):

Land Niedersachsen:	Korrekturfaktor 0,95
Ortsgröße 40 000 Einwohner:	Korrekturfaktor 0,95
287 100 € × 0,95 × 0,95	259 108 €
+ Baunebenkosten 16 %	+ 39 275 €
Gebäudenormalherstellungswert	= **298 383 €**
Durchschnittlicher Preis pro m² BGF = 298 383 € : 450 m² BGF	**rd. 300 000 €**
	= 663 €/m² BGF

Die einfache Mittelung der Quadratmeterpreise für die beiden Hauptbereiche (Typ 1.01 und 1.02) ergibt einen durchschnittlichen Preis von [(700 €/m² + 570 €/m²) : 2 = 635 €/m²] und nach Regionalisierung und Hinzurechnung der Baunebenkosten 665 €/m². Dieser Preis ist ausreichend genau.

2.1.6 Einfamilienhaus mit mehreren Bauteilen (Gebäudemix, unterschiedliche Dächer)

a) Sachverhalt

Das Grundstück liegt am Rande der Stadt A und wird von der Bebauungsplangrenze durchschnitten (Abb. 11). Das aufstehende Mauerwerksmassivgebäude ist eingeschossig mit ausgebautem Dachgeschoss und besitzt keinen Keller. Es wurde 1968 gebaut. Die bauliche Ausstattung ist gehoben. Die Flachdachhaut des Anbaus ist defekt und muss vollständig erneuert werden (Kosten 2000 : 10 000 €). Weitere bauliche Schäden oder Mängel sind nicht vorhanden.

VI Besondere Immobilienarten — Wohnimmobilien

Abb. 11: Ausschnitt aus der Bodenrichtwertkarte

Der Verkehrswert des Grundstücks ist für das Jahr 2000 zu ermitteln.

Auf dem Grundstücksmarkt überstieg zu dieser Zeit das Angebot geringfügig die Nachfrage nach Einfamilienhausgrundstücken.

Ergänzende Daten:
- Preis des baureifen Lands: Die Bodenrichtwertkarte aus dem Jahr 2000 weist einen Bodenpreis von 100 €/m² für erschlossenes baureifes Land aus. Der Gartenlandpreis betrug 5 €/m² und der Ackerlandpreis 2,50 €/m².
- Brutto-Rauminhalt (BRI): Unterlagen über die ursprüngliche Berechnung des Brutto-Rauminhalts sind nicht mehr vorhanden. Nach Angabe des Eigentümers wurde der Brutto-Rauminhalt 1984 von einem Architekten auf 768 m³ berechnet.
- Die Ermittlung der Brutto-Grundfläche führte zu folgenden Ergebnissen

  I.   (8,00 m × 14,00 m) × 2   = 224 m² (Bauteil mit Dachgeschoss)
  II. (8,00 m × 6,00 m)   = 48 m² (Flachdachbauteil)
  Insgesamt   = 272 m² BGF

- Normalherstellungskosten (NHK 2000)
  Bauteil I (Typ 1.21); gehobene Ausstattung;
  Baujahrsgruppe 1960 bis 1969; Baujahr 1968   810 €/m² BGF
  Bauteil II (Typ 1.23); gehobene Ausstattung;
  Baujahrsgruppe 1960 bis 1969; Baujahr 1968   1 020 €/m² BGF
- Indizes: hier nicht erforderlich, da wertermittlungsstichtagsbezogene Normalherstellungskosten herangezogen werden können.
- Übliche Gesamtnutzungsdauer: Die übliche Gesamtnutzungsdauer für in Art und Bauweise vergleichbare Gebäude beträgt 80 Jahre. Baujahr 1968. Restnutzungsdauer RND = 48 Jahre.
- Lage des Objekts: Großstadt von 400 000 Einwohnern in Niedersachsen.
- Wertermittlungsstichtag 1.1.2000.

Abb. 12: Grundriss und Schnitt B – B (ohne Maßstab)

Abb. 13: Schnitt A – A (ohne Maßstab)

b) **Wertermittlung**

Bodenwertermittlung
Bodenrichtwert 100 €/m² für erschlossenes baureifes Land
Überprüfung der baulichen Ausnutzung des Grundstücks (GFZ):
31 m × 26 m × 0,2 = 161,20 m² = 160 m²
Das Grundstück ist entsprechend der Festsetzungen im Bebauungsplan ausgenutzt.

26 m × 31 m × 100 €/m²	+	80 600 €
19 m × 26 m × 5 €/m²	=	2 470 €
Bodenwert	=	83 070 € = 83 000 €

VI Besondere Immobilienarten — Wohnimmobilien

Ermittlung des Werts der baulichen Anlagen

Bauteil I

Brutto-Grundfläche (BGF)	=	224 m²
Normalherstellungskosten 2000	=	810 €/m² (ohne Baunebenkosten)
– Korrekturfaktor A: Niedersachsen	=	0,95
– Korrekturfaktor B: 400 000 E	=	1,05
– Baunebenkosten 16 %; dies entspricht einem Faktor von	=	1,16
Normalherstellungskosten von Bauteil I		
224 m² × 810 €/m² × 0,95 × 1,05 × 1,16	=	209 944 €

Alterswertminderung
Alter 32 Jahre (2000 – 1968); Restnutzungsdauer 48 Jahre (80 – 32)
32/80 = 40 v.H. (linear); vgl. Anl. 8b WertR

Gebäudesachwert (Bauteil I)		125 966 €	=	125 966 €

Bauteil II

Brutto-Grundfläche (BGF)	=	48 m²
Normalherstellungskosten 2000 (ohne Baunebenkosten)	=	1 020 €/m²
Normalherstellungskosten von Bauteil II		
48 m² × 1 020 €/m² × 0,95 × 1,05 × 1,16	=	56 652 €
Abschlag wegen Schadensbeseitigungskosten	–	10 000 €
Schadensgeminderter Gebäudesachwert	=	46 652 €
Alterswertminderung 40 v.H. (linear)	–	18 661 €

Gebäudesachwert (Bauteil II)	=	27 991 €	=	+ 27 991 €
Grundstückssachwert			=	236 957 €
Anpassung an Marktlage: – 5 %				– 11 848 €
ergibt			=	225 109 €

c) Verkehrswert des Grundstücks	=	**225 000 €**

2.2 Verkehrswertermittlung von Mehrfamilien-Wohnhäusern im Ertrags- und Sachwertverfahren

▶ *Grundsätzliches in der Syst. Darst. des Ertragswertverfahrens (§§ 17 bis 20 ImmoWertV) und in der Syst. Darst. des Sachwertverfahrens Rn. 108 ff. sowie §§ 21 bis 23 ImmoWertV*

2.2.1 Mehrfamilien-Wohnhaus (Sach- und Ertragswertverfahren)

26 a) **Sachverhalt**
– Auftraggeber: Testamentsvollstrecker
– Zweck der Wertermittlung: Nachlassregelung

Das Wertermittlungsobjekt ist 1961 als 6-geschossiges Mehrfamilienhaus (freifinanziert mit 14 Wohnungen, 719 m² Wohnfläche) mit Sockelgeschoss für Pkw-Abstellplätze erstellt worden. Das Grundstück ist 315 m² groß und liegt gemäß Flächennutzungsplan im Mischgebiet (MI) einer westdeutschen Großstadt in guter Wohnlage.
Wertermittlungsstichtag ist der 1.8.2000. Die Wertermittlung erfolgt im Ertragswertverfahren.

Wohnimmobilien — Besondere Immobilienarten VI

b) Wertermittlung

Bodenwertermittlung

Der Bodenrichtwert für ein lagetypisches Grundstück, mit mindestens 10 m Frontbreite im Mischgebiet gelegen, wird bei 5-geschossiger Bebauung und 30 m Grundstückstiefe in der Bodenrichtwertkarte (zum Wertermittlungsstichtag) mit 800 €/m² Grundstücksfläche ausgewiesen. Die zulässige GFZ beträgt 3,3, wobei Sockel- und Garagengeschosse unberücksichtigt bleiben. Der Bodenrichtwert ist erschließungs- und kanalanschlussbeitragsfrei. Das in der Bodenrichtwertzone gelegene Wertermittlungsgrundstück hat eine GFZ (ohne Garagengeschoss) von 3,26, so dass der ausgewiesene Bodenrichtwert mit 800 €/m² ohne Korrektur herangezogen werden kann.

Bodenwert: 800 €/m² × 315 m² = 252 000 €

rd. 250 000 €

Bei einem durchschnittlichen Bodenwertanteil von 5 000 € je Pkw-Stellplatz (insgesamt wären 8 Einstellplätze möglich) ergibt sich ein Bodenwertanteil von rd. 300 €/m² Wohnfläche, der akzeptabel ist.

Ermittlung des Sachwerts der baulichen Anlagen

Die bebaute Fläche wurde mit 150 m², die Brutto-Grundfläche mit 1 005 m² ermittelt.

Der Wertansatz je m² Brutto-Grundfläche wird in Anlehnung an die Tabellen der NHK 2000 (Typ 3.42 Mittelhaus, mittlere Ausstattung) gewählt. Das Ausbauverhältnis (m³ umbauter Raum : m² Wohnfläche) beträgt bei dem zu bewertenden Mehrfamilienhaus 4,83 m (3 470 m² : 718,9 m²).

Die in Ansatz gebrachte Wertminderung beruht auf empirischen Untersuchungen der Arbeitsgemeinschaft der Vorsitzenden der Gutachterausschüsse in Nordrhein-Westfalen (AGVGA-NW). Unterstellt sind eine Gesamtnutzungsdauer des Gebäudes von 80 Jahren und eine Restnutzungsdauer von 40 Jahren.

Mehrfamilienhaus 1 005 m² × 725 €/m²		rd.	728 700 €
– abzüglich Wertminderung 49,4 % (AGVGA – NW)		–	359 978 €
Zwischensumme 1:		=	368 722 €
zuzüglich Zeitwerte:	besondere Bauteile	+	2 794 €
	besondere Betriebseinrichtungen	+	23 000 €
	Außenanlagen	+	13 000 €
Zwischensumme 2:		=	407 516 €
zuzüglich Baunebenkosten 15 %		rd.	61 127 €
Vorläufiger Sachwert der baulichen und sonstigen Anlagen		=	468 643 €
zuzüglich Bodenwert		+	250 000 €
Vorläufiger Sachwert des Grundstücks: (Zur Stützung und Kontrolle des Ertragswerts)			**718 643 €**

Ermittlung des Ertragswerts des Grundstücks

Das Gebäude besitzt 14 Wohneinheiten, 2 Wohnungen je Geschoss mit Durchschnittsgrößen von 48 bis 53 m² Wohnfläche; die Wohnfläche wurde nach der WoFlV ermittelt.

VI Besondere Immobilienarten — Wohnimmobilien

Bruttomieteinnahmen

Nr.	Geschoss	Wohnfläche	€/m² WF Monat	Miete/Monat €
1	I. OG	50,0	5,01	250
2		51,6	4,66	240
3	II. OG	50,0	5,10	255
4		51,6	4,76	245
5	III. OG	51,4	4,63	235
6		53,0	4,48	235
7	IV. OG	51,4	4,93	250
8		53,0	4,44	235
9	V. OG	51,4	4,83	245
10		53,0	4,48	235
11	VI. OG	52,3	4,84	250
12		54,0	4,40	235
13	VII. OG	48,1	4,62	220
14		48,1	4,62	220
		718,9	4,70	3 350

Die umlagefähigen Bewirtschaftungskosten (Betriebskosten) lagen in jüngster Zeit bei 0,86 €/m² Wohnfläche (Haus mit Personenaufzug). Der Höhe nach entsprechen sie den Kosten in vergleichbaren Objekten.

Nettokaltmiete (brutto) 3 350 € × 12 Monate	40 200 €
abzüglich umlagefähiger Betriebskosten 0,86 €/m² × 718,9 m² × 12 Monate −	7 419 €
Nettokaltmiete (korrigierter Grundstücksrohertrag i.S. v. § 18 Abs. 1 ImmoWertV) =	32 781 €

Kontrolle der Grund-(Nettokalt-)Miete auf Angemessenheit

Die um die umlagefähigen Bewirtschaftungskosten geminderte Nettokaltmiete führt zu einer Nettokaltmiete/Grundmiete von 3,80 €/m². Nach der wertermittlungsstichtagsbezogenen Mietrichtwerttabelle für die Stadt D. ergibt sich bei Berücksichtigung von Baujahr, Wohnlage, Ausstattung und Beschaffenheit folgende Durchschnittsmiete je m² Wohnfläche (ohne Angabe der Berechnungsnorm – DIN 283/II. BV a. F. –) 3,00 € bis 3,80 €.

im Mittel	3,40 €/m²
Zuschlag für Fahrstuhl +	0,10 €/m²
Zuschlag für Isolierverglasung +	0,25 €/m²
Summe =	3,75 €/m²

Die gezahlte Miete liegt damit im Rahmen der marktüblich erzielbaren Miete.

Nettokaltmiete/Grundmiete	32 781 €
Garagenmiete: 6 Einstellplätze × 30 €/Pl. = 180 € × 12 Monate +	2 160 €
Jahresnettokaltmiete insgesamt (§ 18 Abs. 1 ImmoWertV) =	34 941 €

Bewirtschaftungskosten, soweit vom Vermieter zu tragen:

Verwaltungskosten

14 Wohneinheiten × 230 €	3 220 €	
6 Garagen × 30 €	180 €	
Instandhaltungskosten		
718 m² WF × 11,50 €	8 257 €	
6 Garagen × 68 €	408 €	
Mietausfallwagnis (§ 19 Abs. 2 Nr. 3 ImmoWertV)		
2 % von 32 781 €	655 €	
insgesamt = (32 v.H. der Nettokaltmiete) =	12 720 €	12 720 €
Grundstücksreinertrag =		22 221 €
Bodenwertverzinsungsbetrag: 4,5 %* von 250 000 € −		11 250 €
Reinertrag der baulichen Anlagen		10 971 €

Wohnimmobilien — Besondere Immobilienarten VI

*   *Liegenschaftszinssatz:*
    Im Jahresbericht zum Grundstücksmarkt der Stadt D. sind aktuelle Liegenschaftszinssätze ausgewiesen. Für Wohngebäude (Nachkriegsbauten ab Baujahr 1949) wurden Zinssätze zwischen 5,0 und 5,5 % unter folgenden Prämissen ermittelt:

Wohnlage: mittlere, stadtkernnahe Lage
Grundstücksgröße: 300 m² bis 500 m²
Gebäudegröße: 400 m² bis 800 m² Wohnfläche
Ausstattung: entsprechend dem Baujahr
Mietgrundlage: Nettokaltmiete/Grundmiete
Die Eigenschaften des Wertermittlungsobjekts sind:
gute Stadtlage

Grundstücksfläche		315 m²
Wohnfläche		719 m²
Baujahr	Wiederaufbau	1956

Bei Abweichungen von den wertrelevanten Eigenschaften des oben definierten Objekts sind Korrekturen des Liegenschaftszinssatzes vorzunehmen. Für Wohnungen in guter Stadtlage – wie im vorliegenden Fall – wird eine Minderung des Liegenschaftszinssatzes bis 15 % angegeben. Der beim Bodenwertverzinsungsbetrag *angenommene Liegenschaftszinssatz* ergibt sich daher wie folgt:

Mittelwert aus 5,0 bis 5,5 %		5,25 %
abzüglich 14 %	–	0,75 %
Liegenschaftszinssatz	=	4,50 %

Die Restnutzungsdauer wird bei einer üblichen Gesamtnutzungsdauer von 80 Jahren auf 40 Jahre geschätzt.

Ertragswert der baulichen Anlagen:

10 822 € × 18,40	=	199 125 €
+ Bodenwert	+	250 000 €
= Grundstücksertragswert	=	449 125 €

Der Grundstücksertragswert entspricht dem 12,8-fachen der Jahresnettokaltmiete. Der Marktbericht des Gutachterausschusses hat für Mietwohngrundstücke mit Restnutzungsdauern zwischen 30 und 80 Jahren Vergleichsfaktoren in der Bandbreite von 12,6 bis 14,3 ermittelt. Eine Anpassung an die Marktlage wurde bereits bei der Ermittlung des Liegenschaftszinssatzes berücksichtigt.

Verkehrswert des Grundstücks   **450 000 €**

Bezogen auf die Miete der Pkw-Einstellplätze im Sockelgeschoss des Objekts ergibt sich ein Wert von 4 260 €/Platz, bei 6 Plätzen sind dies 25 560 €. Auf einen Quadratmeter Wohnfläche entfallen danach rd. 625 €.

Umwandlungen in Eigentumswohnungen

Immobilien der vorgenannten Art sind zur Umwandlung in Eigentumswohnungen besonders geeignet. Auf das weitere Vorgehen wird daher im Folgenden näher eingegangen.

Erwerber sind i.d.R. professionelle Investoren, die häufig bei 100-prozentiger Fremdfinanzierung der Einstandskosten mit schlüssigen Konzepten aufwarten. Neben dem zu behebenden Reparaturstau sollen weitere Modernisierungsmaßnahmen vorgenommen werden. Gedacht ist an die Erweiterung der elektrischen Installation, Kabelanschluss, Beiputzarbeiten, Isolier-, Außenputz, Erneuerung der Aufzugstechnik, Treppenhausanstrich und diverse kleinere Arbeiten. Einschließlich der Position „Unvorhergesehenes" werden hierfür rd. 400 000 € (= rd. 555 €/m² WF) kalkuliert. Die Arbeiten sollen sukzessive (bei voll genutztem Objekt) in einem Zeitraum von etwa 15 Monaten durchgeführt werden.

Zinsen für Einstandspreis und Sanierungskosten werden marktgerecht mit 11 % effektiv für 1 Jahr angesetzt.

VI Besondere Immobilienarten — Wohnimmobilien

Kalkulationsbasis

Einstandspreis (Verkehrswert zur 13,8-fachen Grundmiete)		480 000 €
+ Maklercourtage einschließlich 16 % MwSt.	+	16 600 €
+ Grunderwerbsteuer 2 % von 480 000 €	+	9 600 €
+ Notar- und Gerichtskosten	+	7 200 €
Erwerbskosten Grund und Boden einschließlich Gebäude	=	513 400 €
+ Sanierungskosten einschließlich Reparaturen (555 €/m² WF)	+	399 000 €
Zwischensumme 1:	=	912 400 €
+ Zinsen für 1 Jahr, 11 % von 912 400 € rd.	+	100 000 €
Zwischensumme 2:	=	1 012 400 €
+ 15 % Unternehmerzuschlag	+	111 400 €
Erlöserwartung:		1 123 400 €

Nach Abzug von 52 000 € (= 8 700 €/Stellplatz) für Stellplätze ergibt sich ein Durchschnittspreis von rd. 1 490 €/m² WF.

Preisvergleich

Gemäß Jahresbericht zum Grundstücksmarkt der Stadt D wurden für citynahe Wohnlagen in der Baujahresgruppe 1949 – 1960 durchschnittliche Marktpreise von 1300 €/m² WF ermittelt, wobei folgende Wohnungsmerkmale zugrunde gelegt wurden:

Wohnlage	mittlere	
	gute	Zuschlag bis 40 %
	sehr gute	Zuschlag über 40 %
	einfache	Zuschlag bis 15 %
Wohnungsgröße	60 – 80 m²	
Ausstattung	neuzeitlich, mit Bad und Zentralheizung	
Unterhaltung	normale	
Gebäudegröße	mehr als 6 Wohnungen	
Finanzierung	mit freien Mitteln	

Im Preis €/m² WF nicht enthalten sind Wertanteile für Garagen oder Einstellplätze.

Wie bereits ausgeführt, ist die Wohnlage für das Objekt mit gut zu bezeichnen; die Wohnungsgröße liegt im Durchschnitt bei 51,4 m². Dies führt zu folgender Wertermittlung:

Grundpreis	1 300 €
+ Zuschlag 20 % wegen guter Wohnlage	260 €
+ Zuschlag 5 % wegen Kleinwohnungen	65 €
	1 625 €
Preis je m² Wohnfläche rd.	**1 600 €**

Die Erlöserwartung erscheint somit realistisch. Ein solches Vorgehen bewahrt Kreditinstitute vor überhöhten Beleihungen. Die für Reparaturen und Sanierung notwendigen Darlehensmittel sollten nur nach Baufortschritt zur Verfügung gestellt werden.

28 Anmerkungen:

a) Nach dem Wohnungseigentumsgesetz (WEG) müssen Wohnungen abgeschlossen sein. Strenge Voraussetzungen für die Erteilung der Abgeschlossenheitsbescheinigung bei älteren Gebäuden bewirkten in den vergangenen Jahren einen erheblichen Rückgang der Umwandlungsfälle. Nunmehr müssen gemäß einer Entscheidung des gemeinsamen Senats der Obersten Bundesgerichte[4] Eigentumswohnungen, die durch Sanierung von Altbauten entstehen, nicht mehr den aktuellen baurechtlichen Bestimmungen für Brand-, Schall- und Wärmeschutz entsprechen. Es genügt, dass die Wohnungen räumlich klar voneinander abgegrenzt sind.

---

4 BGH, Beschl. vom 30.6.1992 – GmS – OBG – 1/91 –, BGHZ 119, 42 = WM 1992, 671 = NJW 1992, 329 = GE 1992, 1262.

Wohnimmobilien — Besondere Immobilienarten VI

b) Die Höhe der Sanierungskosten richtet sich nach dem Umfang der vorgesehenen Arbeiten. Sie bewegen sich im Allgemeinen zwischen 200 €/m² WF bei Fassaden- und Treppenhausanstrich und bis zu 1000 €/m² WF bei Komplettsanierung an Dach und Fach bei unbewohnten Gebäuden.

c) Bei Umwandlung von alten Häusern in Wohnungseigentum muss von Beginn an (durch den Initiator) wegen der eingeschränkten Gewährleistung ein Gebäudeinstandsetzungskonto mit dem notwendigen Guthaben eingerichtet werden. Im Beispielsfall sollten dies mindestens 13 000 € sein (= rd. 1 % der Erlöserwartung bzw. die Instandhaltungsrücklage von etwa zwei Wirtschaftsjahren).

d) Bei umgewandelten Mietwohnungen in Eigentumswohnungen gilt nach dem 31.7.1990 in *Nordrhein-Westfalen* gemäß KündigungssperrfristVO für Mieter ein Kündigungsschutz von fünf Jahren ab Eintragung des Eigentumswechsels im Grundbuch; in Gebieten mit erhöhtem Wohnungsbedarf sind dies ab 1.4.1994 zehn Jahre. Hinzu kommt noch die gesetzliche Kündigungsfrist (3 bis 12 Monate). Die aufgeschobene Verfügbarkeit führt häufig zu Preiszugeständnissen der Verkäufer. Bei umgewandelten Wohnungen der sozialen Wohnraumförderung hat der Mieter ein Vorkaufsrecht. Der Käufer einer solchen Wohnung kann überhaupt nicht kündigen. Wurden die öffentlichen Darlehen vorzeitig zurückgezahlt, gilt i.d.R. eine Kündigungssperre von acht bzw. zehn Jahren, mindestens jedoch drei bzw. fünf Jahren (landesrechtlich unterschiedlich geregelt) zuzüglich gesetzlicher Kündigungsfrist.

2.2.2 Wohnhochhaus

a) Sachverhalt

Mehrfamilienhaus (Hochhaus mit 9 Vollgeschossen), Baujahr 1980, Holzfenster, Einfachverglasung
Bad, WC, zentrale Ölheizung, Durchlauferhitzer, Aufzug
34 Wohneinheiten (WE) mit insgesamt 2 536 m² Wohnfläche (WF)
Im Durchschnitt: 75 m²/WE; Brutto-Rauminhalt BRI: 10 450 m³
Grundstücksgröße: 1 820 m²
Kein Leerstand; Sozialamt zahlt bei 28 WE (= 82,4 %) einen Härteausgleich

b) Wertermittlung

Summe der *Einnahmen aus Vermietung und Verpachtung* in 2000 (Rohertrag) = 5,10 €/m² WF mtl. abzüglich umlagefähige Bewirtschaftungskosten (= 1,40 €/m² mtl. bzw. 16,80 €/m² p.a.) in Höhe von

				155 203 €
			−	42 605 €
Nettokaltmiete/Grundmiete		=		112 598 €
abzüglich nicht umlagefähige Bewirtschaftungskosten (§ 18 ImmoWertV):				
Betriebskosten nicht umlegbar (Versicherungsprämien)	=	1 000 €	(0,9 %)	
Verwaltungskosten (II BV a. F.) 34 WE × 230 €/WE	=	7 820 €	(6,9 %)	
Instandhaltungsrücklage 2 536 m² × 9,00 €/m² WF	=	22 824 €*	(20,3 %)	
Mietausfallwagnis 2 % von 155 203 €	=	3 104 €	(2,8 %)	
	=	34 748 €	(30,8 %) −	**34 748 €**

* Anzumerken: Dies sind 0,8 % der Neubaukosten.

Auf die umlagefähigen Bewirtschaftungskosten nach § 18 ImmoWertV entfallen 30,8 % der „Einnahmen aus Vermietung und Verpachtung".

Reinertrag des Grundstücks (§ 18 ImmoWertV):	77 850 €
abzüglich Bodenwertverzinsungsbetrag (§ 17 Abs. 2 Nr. 1 ImmoWertV): 5,5 % von 60 000 €	− 3 300 €
Ertragsanteil der baulichen Anlagen: =	74 550 €
Bei einer wirtschaftlichen Restnutzungsdauer von 45 Jahren und einem Liegenschaftszinssatz von 5,5 % beträgt der Vervielfältiger gem. Anl. zur ImmoWertV: 16,55	
Ertragswert der baulichen Anlagen: 74 550 € × 16,55 = 1 233 802 € rd.	1 235 000 €
abzüglich Reparaturanstau (Schätzung) −	320 000 €
zuzüglich Bodenwert +	60 000 €
Grundstücksertragswert =	**975 000 €**

Nachrichtlich: Dies sind das 8,7-fache der gezahlten Jahresnettokaltmiete und rd. 385 €/m² WF.

VI Besondere Immobilienarten — Wohnimmobilien

31 **Annex: Wertermittlung desselben Objekts ohne Überprüfung der Nettokaltmiete auf Angemessenheit (Auszug) unter Nichtbeachtung des Abzugs umlagefähiger Betriebskosten**

a) **Sachverhalt:** wie bei vorstehendem Beispiel

b) **Wertermittlung**

Summe der *Einnahmen aus Vermietung und Verpachtung*		
2 536 m² WF × 5,10 €/m² × 12 Monate	=	155 203 €
abzüglich Bewirtschaftungskosten (pauschal ca. 30 %)	=	– 46 561 €
Grundstücksreinertrag	=	108 642 €
abzüglich Bodenwertverzinsungsbetrag 5,5 % von 60 000 €	=	– 3 300 €
Gebäudeertragsanteil:	=	105 342 €
Restnutzungsdauer = 45 Jahre, 5,5 %, Vervielfältiger 16,55		
Gebäudeertragsanteil: 110 058 € × 16,55	=	1 743 410 €
	rd.	1 745 000 €
abzüglich Wertminderung wegen Reparaturstau	=	– 320 000 €
zuzüglich Bodenwert		+ 60 000 €
Grundstücksertragswert (Verkehrswert)	=	**1 485 000 €**

c) **Zum Vergleich:**

Ergebnis der Wertermittlung durch die Bank: 1 100 000 €

Das hier ermittelte Ergebnis liegt mit rd. 53 % über dem „wahren" Verkehrswert.

Dieses *Beispiel* zeigt einen der häufigsten **Fehler bei der Ertragswertermittlung.** Offensichtlich wurde im voranstehenden Beispiel der Sachverhalt nicht ausreichend aufgeklärt und die vom Vermieter angegebene Warmmiete (einschließlich der Umlagen) als Nettokaltmiete/Grundmiete angenommen. Dies führt zu der hier dargestellten Abweichung von rd. 53 % vom zutreffenden Ergebnis des vorstehenden Beispiels.

Bei jeder Ertragswertermittlung sind deshalb **bestehende Mietverträge einzusehen** und auszuwerten. Liegen keine Mietverträge vor, ist grundsätzlich von der nachhaltig erzielbaren Miete auszugehen.

2.2.3 Mehrfamilien-Wohnhaus (Gebäudemix, Doppelhausgrundstück)

a) **Sachverhalt**

32 Der Normalherstellungswert eines freistehenden **Doppelhauses** (zweigeschossig **mit Keller- und Dachgeschoss,** Brutto-Grundfläche 600 m², Baujahr 2000, mittlere Ausstattung) ist zu ermitteln. Das Dachgeschoss der einen Doppelhaushälfte ist ausgebaut; das Dachgeschoss der anderen Doppelhaushälfte ist nicht ausgebaut. Das Gebäude befindet sich in einer Stadt mit 30000 Einwohnern in Niedersachsen (Abb. 14).

Abb. 14: Doppelhaus mit je zur Hälfte ausgebautem Dachgeschoss

Wohnimmobilien — Besondere Immobilienarten VI

Normalherstellungskosten:

Typ 3.11 zweigeschossig mit Keller und ausgebautem Dachgeschoss:
Quadratmeterpreis: 730 €/m²
Typ 3.12 zweigeschossig mit Keller und nicht ausgebautem Dachgeschoss:
Quadratmeterpreis: 665 €/m²

Ansetzbarer Quadratmeterpreis:
(730 €/m² + 665 €/m²) : 2 = 697,50 €/m²
Ausgangswert: 697,50 €/m² × 600 m² BGF = 418 500 €
+ 14 % Baunebenkosten + 58 590 €
477 090 €
Korrekturfaktor für Niedersachsen (0,75 – 0,90): 0,80
Korrekturfaktor für Gemeindegröße unter 50 000 Einwohner (0,90 – 0,95): 0,80

Nach Ortskenntnis des Sachverständigen reicht die angegebene Minderung für die örtlichen Preisverhältnisse nicht aus.
Normalherstellungswert (einschließlich MwSt.):
477 090 € × 0,8 × 0,8 = 305 338 €
rd. 310 000 €

In dem Beispiel ist das Dachgeschoss je zur Hälfte ausgebaut und nicht ausgebaut (Doppelhaus). Bei unterschiedlichen Flächenanteilen empfiehlt sich nachfolgende Berechnungsweise:

2.2.4 Mehrfamilien-Wohnhaus (Sachwertverfahren)

a) Sachverhalt

Mehrfamilien-Wohnhaus	Typ 3.11
Bauart:	Kopfhaus unterkellert
Baujahr:	1970
Ausstattungsstandard:	gehoben
Grundrissart:	Einspänner (Korrekturfaktor = 1,05)
Durchschnittliche WF:	135 m² BGF (Korrekturfaktor = 0,85)
Lage (Ort/Land):	Großstadt mit 600 000 Einwohnern in Nordrhein-Westfalen

Die Korrekturen sind auf der Grundlage des örtlichen Grundstücksmarktes sachverständig in angemessener Höhe zu schätzen. Abweichungen sind zulässig.

Korrekturfaktor für Ortsgröße (hier rd. 600 000 E) 1,15
Korrekturfaktor für Land (hier Nordrhein-Westfalen) 0,98

b) Berechnung der NHK 2000 je m² BGF:

Aus der Tabelle des Gebäudetypenblatts 3.11 ergibt sich unter Berücksichtigung der Grundrissart und der durchschnittlichen Wohnfläche für 1 m² BGF:
NHK 2000 = 685 €/m² BGF (ohne Baunebenkosten)
mit folgenden Eigenschaften:
– Zweispänner
– durchschnittliche Wohnungsgröße von 70 m² BGF (= ca. 50 m² WF)
– ohne Baunebenkosten (von 14 %).

VI Besondere Immobilienarten — Wohnimmobilien

Die dem Gebäudetypenblatt entnommenen 800 €/m² BGF werden auf die Eigenschaften des Wertermittlungsobjektes unter Einbeziehung der **Baunebenkosten** auf der Grundlage von Korrekturfaktoren für

- die Grundrissart (hier: Einspänner) Korrekturfaktor 1,05
- die Wohnungsgröße (hier: 135 m² BGF) Korrekturfaktor 0,85
- die Baunebenkosten (hier: 14 %) Korrekturfaktor 1,14

wie folgt ermittelt:

NHK 2000 = 685 €/m² BGF × 0,85 × 1,14 × 1,05 = 696,95 €/m² BGF

Die **Regionalisierung** der ermittelten NHK 2000 ergibt auf der Grundlage der Korrekturfaktoren für

- die Ortsgröße (hier: rd. 600 000 E) Korrekturfaktor 1,05
- das Land (hier: Nordrhein-Westfalen) Korrekturfaktor 0,98

697 €/m² BGF × 1,05 × 0,98 = 717,21 €/m² BGF

rd. 717 €/m² BGF

Die überschlägige **Umrechnung** der auf 1 m² BGF bezogenen NHK 2000 **auf 1 m² Wohnfläche** (WF) ergibt überschlägig bei einem NFF von 0,80:

717 €/m²/0,80 = **896 €/m² WF**

Das Ergebnis bedarf ggf. der Indizierung auf den Wertermittlungsstichtag!

Gesamtbeispiel:

Für ein frei stehendes Einfamilien-Wohnhaus mit mittlerer Ausstattung, bestehend aus Keller-, Erd- und Obergeschoss sowie einem nicht ausgebauten Dachgeschoss (Baujahr 1972) wurden die Normalherstellungskosten, bezogen auf die Preisverhältnisse 2000, aus Gebäudetypenblatt 1.12 der Normalherstellungskostentabelle entnommen mit

580 €/m² Brutto-Grundfläche.

Das Objekt befindet sich in einer kleineren saarländischen Gemeinde mit 40 000 Einwohnern.

Wertermittlungsstichtag 2001

Berechnung:

a) Korrigierte NHK 2000

Korrekturfaktoren:

Regionaleinfluss für das Saarland 0,98 (vgl. Syst. Darst. des Sachwertverfahrens Rn. 112 ff.)
Einfluss des Ortes 0,93 (vgl. Syst. Darst. des Sachwertverfahrens Rn. 112 ff.)
Kombinierter Korrekturfaktor: 0,98 × 0,93 = 0,9114
Korrigierte Normalherstellungskosten 2000
(NHK 2000 Korr): 580 €/m² × 0,9114 = rd. 530 €/m²
einschließlich Baunebenkosten: 16/100 × 530 €/m² = 85 €/m² 530 €/m² + 85 €/m² = 615 €/m²

b) Indizierung auf 2001

Index 2000 103,8
Index 2001 (angenommen) 104,5

Normalherstellungskosten 2001 615 €/m² × 104,5/103,8 = rd. 620 €/m² BGF

Bei Abweichungen der **durchschnittlichen Wohnungsgröße** des Wertermittlungsobjekts von der angegebenen Normgröße der Wohneinheiten von 70 m² BGF kann in einem Zuge auch dieses Merkmal mit dem auf den Gebäudetypenblättern angegebenen Korrekturfaktor berücksichtigt werden.

Im Beispielsfall betrage die durchschnittliche Wohnungsfläche 135 m² BGF; hieraus folgt ein Korrekturfaktor von 0,85.

Gesamtrechnung:

NHK 2001 = 590 €/m² × 0,85 × 0,98 × 0,93 = 449,32 €/m² × 104,5/103,8 = 452,35 €/m² × 1,16 =
525 €/m² BGF

Entsprechendes gilt für **Abweichungen des Grundrisses** von den Eigenschaften des Gebäudes, die den Normalherstellungskosten zugrunde liegen.

2.3 Verkehrswertermittlung eines gemischt genutzten Grundstücks im Ertragswertverfahren

2.3.1 Gemischt genutztes Grundstück

a) Sachverhalt

Das im allgemeinen Wohngebiet (WA) gelegene Reihengrundstück ist 799 m² groß, voll erschlossen und mit einem viergeschossigen Mauerwerksmassivbau mit ausgebautem Dachgeschoss (Baujahr 1966) sowie mit 7 Massivgaragen bebaut. Das Grundstück ist entsprechend den Bauvorschriften voll ausgenutzt. Es besteht aus bebaubarem Vorderland (35 m tief) und nicht bebaubarem Hinterland. Der Bodenrichtwert für Vorderland beträgt 400 €/m². Im Gebäude befinden sich 8 Wohnungen und 2 Büros. Die bauliche Ausstattung des Gebäudes entspricht dem heute üblichen Standard, der bauliche Unterhaltungszustand ist gut. Es sind Nettokaltmieten vereinbart, sämtliche umlagefähigen Betriebskosten werden umgelegt. Die Nettokaltmieten (Grundmiete) betragen für die Wohnungen 4,12 €/m² WF und für die Büroräume 5 €/m² NF. Die Garagen werden für je 40 €/Monat vermietet. Der ortsübliche Liegenschaftszinssatz beträgt 5 v.H. Der Verkehrswert des Grundstücks ist zum 1.6.2000 zu ermitteln (Abb. 15).

Abb. 15: Lageplan

b) Wertermittlung

Ermittlung des Bodenwerts

Die Bodenrichtwertkarte vom 31.12.1999 weist für das allgemeine Wohngebiet einen Bodenrichtwert von 400 €/m² für Vorderland aus. Der vordere Grundstücksteil des Wertermittlungsgrundstücks erfüllt alle Merkmale des Bodenrichtwertgrundstücks. Die geringfügige Bodenwertsteigerung vom 31.12.1999 bis zum Wertermittlungsstichtag bleibt außer Betracht. Der nicht bebaubare rückwärtige Grundstücksteil wird als Gartenland mit 15 v.H. des Bodenrichtwerts berücksichtigt.

Vorderland 17 m × 35 m × 400 €/m²		238 000 €
Hinterland 17 m × 12 m × 60 €/m²		+ 12 240 €
Summe		250 240 € = 250 000 €

Ermittlung des Werts der baulichen Anlagen

Jahresnettokaltmiete

930 m² × 4,12 €/m²		3 831,60 €
200 m² × 5,00 €/m²		+ 1 000,00 €
insgesamt		4 831,60 €/Monat
	4 831,60 € × 12 =	57 980 € p.a

VI Besondere Immobilienarten — Wohnimmobilien

Nicht umlagefähige Bewirtschaftungskosten
- Verwaltungskosten 2 v.H. von 57 980 €   =   – 1 160 €
- Instandhaltungskosten* 130 m² × 10,75 €/m²   =   – 12 148 €   26 % der Jahresnetto-
                                                                   kaltmiete
- 7 Garagen × 64 €/Jahr   =   – 448 €
- Mietausfallwagnis 2 v.H. von 57 980 €   =   – 1 160 €
-       zusammen   =   – 14 916 €   – 14 916 €

Grundstücksreinertrag		= 43 064 €
Bodenwertverzinsungsbetrag 5 v.H. von 238 000 € (nur Vorderland!)		– 11 900 €
Ertragsanteil der baulichen Anlagen		= 31 164 €

*II. Berechnungsverordnung 1996 § 28 Abs. 2 Ziff. 2 a. F.

Der Vervielfältiger beträgt bei einer Restnutzungsdauer von
46 Jahren (Gesamtnutzungsdauer 80 Jahre, Alter 34 Jahre) und
einem Liegenschaftszinssatz von 5 v.H. 17,88 (vgl. Anl. zur ImmoWertV).

Ertragswert der baulichen Anlagen: 31 164 € × 17,88	= + 557 212 €
Grundstücksertragswert	807 212 €
Anpassung an die Marktlage (vgl. § 8 Abs. 2 ImmoWertV); – 5 v.H.	= – 40 361 €
	= **766 851 €**

c) **Verkehrswert des Grundstücks**   rd.   770 000 €

Nachrichtlich: Der Verkehrswert entspricht dem 13fachen der Grundstücksnettokaltmiete.

2.3.2 Mehrfamilienhaus mit Gewerbeeinheiten

36 a) **Sachverhalt**
- *Zum Grundstück:*
  Großstadt, westliche Neustadt; mittlere Wohnlage im Mischgebiet; ebenes, gut geschnittenes Reihengrundstück, Frontbreite 17,0 m, mittlere Tiefe 53,5 m, groß 888 m²; Bebauung nach § 34 BauGB, 5 Vollgeschosse, ausgebautes Dachgeschoss, GRZ = 0,27, GFZ = 1,54; keine Bau- und Altlasten, keine wertmindernden Eintragungen in Abt. II des Grundbuchs; Bodenrichtwerte: Vorderland 385 €/m² ebf., Hinterland 130 €/m² ebf.; Straße komplett und endgültig ausgebaut, direkter Zugang, kein Überbau, wirtschaftliche Einheit.

- *Zum Gebäude:*
  Baujahr 1938, durch Kriegseinwirkungen 1943/44 zu etwa 50 v.H. zerstört, Wiederaufbau 1955/56; Wohnwertverbesserungen 1986/87 durch Einbau neuer Fenster mit Isolierverglasung i.S. der WärmeschutzVO, neuer Außenputz mit Wärmedämmung durch 60 mm starke Styroporplatten, Installation von Thermostatventilen an sämtlichen Heizkörpern, die gemäß HeizanlagenVO bis zum 30.9.1987 erfolgen musste; fiktives Baujahr 1948, bei 80 Jahren üblicher Gesamtnutzungsdauer ergibt sich im Jahre 2000 eine Restnutzungsdauer von 28 Jahren (2028 – 2000), Gesamtausstattung durchschnittlich, Unterhaltungszustand normal, Keller-, Souterrain-, 1.–4. Obergeschoss und ausgebaute Mansarde (ohne Fahrstuhl).

- Wertermittlungsstichtag: 30.4.2000

37 b) **Wertermittlung**

Wohnhaus:	5 940 m²	Brutto-Rauminhalt (BRI)
	977 m²	Wohnfläche (11 WE) (DIN 283)
	210 m²	Nutzfläche (2 WG) (DIN 283)
	1 187 m²	**Gesamtnutzfläche**
	1 720,50 m²	Brutto-Grundfläche
	199,50 m²	Brutto-Grundfläche (Garagen)
		Ausbauverhältnis 5,0 (5 940 m² : 1 187 m²)

Wohnimmobilien — Besondere Immobilienarten VI

Garagen: 475 m² (13 Pkw-Plätze)

Grundmiete/Nettokaltmiete: [5]

(Mietverträge)

4 260 €	(: 977 m² = i. D. 4,36 €/m² WF)
1 050 €	(: 210 m² = i. D. 5 €/m² NF)
650 €	Garagenmiete (: 13 = 50 €/Platz)
5 960 € × 12 = **71 520 €** p.a.	

Anteil der Mieteinnahmen aus gewerblich genutzten Räumen = 17,6 %

Büromieten in vergleichbaren Gebäuden liegen bei 4,50 bis 6,50 €/m² NF; dies sind i. D. 5,50 €/m² Nutzfläche (NF) im Monat. Die gezahlte Miete (5 €/m² NF) ist demnach angemessen und nachhaltig.

Für Pkw-Garagen sind 40 bis 60 €/Platz üblich; die gezahlten rd. 50 €/Platz sind demnach marktüblich erzielbar.

Zum Vergleich:

Ableitung der Nettokaltmiete/Grundmiete aus der Anlage V zur Einkommensteuererklärung 1999

Einkünfte aus Vermietung und Verpachtung

Summe der Einnahmen (einschließlich Vorauszahlungen für Betriebskosten und Heizung sowie Ausgleich der Salden zur Mietnebenkostenabrechnung 1999)   83 570 €

abzüglich: (umlegbare Betriebskosten)

– Grundsteuer, Straßenreinigung, Müllbeseitigung	2 860 €	
– Wasserversorgung, Entwässerung, Hausbeleuchtung	3 480 €	
– Heizung	5 600 €	
– Schornsteinreinigung	70 €	
(ohne Hausversicherungen)	12 010 € –	12 010 €
Das Ergebnis korrespondiert mit der Nettokaltmiete/Grundmiete:	=	71 560 €

Geringfügige Unterschiede beruhen auf dem Saldenausgleich der Mietnebenkostenabrechnung des Vorjahres.

Hinweise zu **Instandhaltungskosten und zum Verwaltungsaufwand**

(Instandhaltung § 19 Abs. 2 Nr. 2 ImmoWertV)

Kleinere Aufwendungen werden voll abgezogen, größere Aufwendungen können auf bis zu 5 Jahre verteilt werden.

Jahr	kleinere Aufwendungen	große Aufwendungen	Bemerkungen
1994	–	11 745 €	½
1995	4 540 €	11 745 €	½
1996	11 464 €	17 990 €	¼
1997	2 140 €	17 990 €	¼
1998	2 635 €	17 990 €	¼
1999	–	17 990 €	¼

Kosten der Hausverwaltung

1996	1 574 €
1997	1 574 €
1998	2 011 €
1999	2 448 €

---

5   Modifizierte Mietspiegelsätze gemäß Beschluss des Gutachterausschusses Gruppe III (wegen Modernisierung): Für Wohnungen in mittlerer Wohnlage mit Heizung, Bad/WC um 100 m² Wohnfläche ist eine Bandbreite von 4,30 bis 5,30 €/m² WF ausgewiesen. Im Mittel sind dies 4,80 €/m² WF; die zzt. gezahlte Miete (1.6.1995–31.5.2000) liegt im Durchschnitt bei 4,36 €/m² WF; sie ist marktüblich erzielbar.

VI Besondere Immobilienarten   Wohnimmobilien

Bodenwertermittlung
Zur Ermittlung des Bodenwerts wird ein geeigneter Bodenrichtwert (Stand 31. 12. 1999) herangezogen. Infolgedessen ergibt sich für das zu bewertende Grundstück der Bodenwert wie folgt:

595 m² Vorderland, Gebäude- und Freifläche (35 m Tiefe) je m²: 385 €	=	229 075 €
293 m² Hinterland, je m² 130 €	=	+ 38 090 €
888 m²	=	267 165 €
zur Rundung (1,06 %)		+ 2 835 €
= 304, 05 €/m² im Durchschnitt:	=	270 000 €

oder: Bodenanteil rd. 200 €/m² NF/WF und rd. 2 000 €/Pkw-Platz

Ermittlung des Sachwerts der baulichen Anlagen

Wohnhaus 1 720,50 m² × 725 €/m²	=	rd. 1 247 400 €
Garagen 199,50 m² × 250 €/m²	=	+ 49 875 €
Besondere Bauteile: Balkone, Vordach, Rampe (1,7 %)	=	+ 22 000 €
Außenanlagen/Anschlüsse (6,4 %)	=	+ 83 000 €
Zwischensumme:	=	rd. 1 402 000 €
Baunebenkosten (15 %)	=	+ rd. 210 000 €
Herstellungskosten der baulichen Anlagen:		1 612 000 €

Versicherungssumme besteht mit MK 150 000 (1914); sie ist ausreichend.

Alterswert- minderung:	fiktives Baujahr 1948	
	Jahr der Wertermittlung 2000	
	Gesamtnutzungsdauer 80 Jahre	
	Restnutzungsdauer 28 Jahre	
	Wertminderung 54 % (Anlage 8a zur WERTR)	rd. – 870 000 €
	altersgeminderte Herstellungskosten =	742 000 €
zuzüglich Bodenwert		+ 270 000 €
Vorläufiger Sachwert (Bodenwert und Sachwert der baulichen Anlagen)		**1 012 000 €**
Anpassung an die Marktlage mittels Sachwertfaktor von 0,80:		
Marktangepasster vorläufiger Sachwert: 1 012 000 € × 0,80 =		809 600 €
abzüglich Reparaturanstau: Treppenhausanstrich		– 12 000 €
Verkehrswert		**rd. 800 000 €**

Ertragswert

Grundstücksrohertrag		83 570 €	
abzüglich umlagefähige Bewirtschaftungskosten 15 % von 83 570 €		– 12 536 €	
Nettokaltmiete (Grundmiete):	=	71 034 €	71 034 €
abzüglich Bewirtschaftungskosten (§ 19 ImmoWertV) (soweit nicht umlagefähig)			
– nicht umlagefähige Betriebskosten (Versicherungsprämien)	–	1 500 €	(2,1 %)
– Verwaltungskosten (gezahlt) 230 € × 13	–	2 990 €	(3,6 %)
– Instandhaltungskosten			
1 187 m² × 11,50 €/m² NF/WF	–	13 650 €	
13 Pl. × 68 €/Platz	–	884 €	(17,4 %)
– Mietausfallwagnis 2 % von 83 570 € (Nettokaltmiete)	–	1 671 €	(2,0 %)
	–	20 695 €	– 20 695 €
Reinertrag des Grundstücks:		=	50 339 €
abzüglich Verzinsung des Bodenwerts (§ 17 Abs. 2 Nr. 1 ImmoWertV):			
5,0 % von 270 000 € =			– 13 500 €
Ertragsanteil der baulichen Anlagen		=	36 839 €

Wohnimmobilien — Besondere Immobilienarten VI

Restnutzungsdauer 28 Jahre, Liegenschaftszinssatz 5,0 %,
Vervielfältiger 14,90 gemäß Anl. zur ImmoWertV
Ertragswert der baulichen Anlagen (Gebäudeertragswert):

36 839 € × 14,90 = 548 901 €	rd.	550 000 €
zuzüglich Bodenwert	+	270 000 €
Zwischenwert	=	820 000 €
Reparaturstau (Treppenhausanstrich, schätzungsweise)	–	12 000 €
Grundstücksertragswert	= rd.	**810 000 €**

Vergleichsfaktoren für bebaute Grundstücke gemäß § 13 ImmoWertV sind demnach:
Der Ertragswert entspricht dem 9,6fachen Rohertrag i.S. des § 18 ImmoWertV.
Der Wert je m² NF/WF beträgt rd. 682 €/m².

2.3.3 Gemischt genutztes Geschäftshaus

a) Sachverhalt

Der Normalherstellungswert eines 1994 errichteten, **7-geschossigen gemischt genutzten Gebäudes mit gehobener Ausstattung** ist für das Jahr 2000 zu ermitteln. Das Gebäude verfügt über zwei Tiefgaragen, ein Ladengeschoss sowie 6 Bürogeschosse. Es steht in einer Großstadt (> 500 000 Einwohner) in Hessen (Abb. 16).

b) Erläuterungen zur Wertermittlung

1. Der siebengeschossige Gebäudeteil (EG–6. OG) entspricht dem Typ 5.3. Der entsprechende Preis/m² BGF kann auf die Flächen dieses Gebäudeteils angewendet werden. Weicht die unter den Obergeschossen liegende Ladengeschossfläche hinsichtlich der baulichen Ausstattung von der Ausstattung der Obergeschosse deutlich ab, so ist der Flächenpreis sachverständig zu korrigieren. Darüber hinaus ist bei der Preisbildung zu beachten, dass der Typ 5.3 unterkellert ist. Im vorliegenden Fall ruhen die Geschosse jedoch auf den gesondert bewerteten Tiefgaragengeschossen.
2. Der Preis für die nicht überbaute Ladengeschossfläche kann in Anlehnung an Typ 5.1 (eingeschossig ohne Keller) angesetzt werden. Es entfällt jedoch der Preisanteil für die Gründung, da das Geschoss auf den Tiefgaragengeschossen ruht. Insoweit ist der anzusetzende Preis sachverständig zu korrigieren.
3. Die Tiefgaragengeschosse entsprechen dem Typ 29.

Abb. 16: Gemischt genutztes Geschäftshaus

2.4 Verkehrswertermittlung von Eigentumswohnungen

2.4.1 Allgemeines

2.4.1.1 Begriffe

Schrifttum: *Bärmann/Pick/Merle*, Wohnungseigentumsgesetz Komm. 2000; *Dröge,* Handbuch der Mietpreisbewertung von Wohn- und Gewerberaummieten 2005, S. 177 ff.; *Kahlen*, Praxiskommentar zum Wohnungseigentumsgesetz 2000; *Hügel/Elzer*, Das neue WEG-Recht, München 2007.

39 *a) Wohnungseigentum*

Eine besondere Form des Miteigentums nach Bruchteilen an einem Grundstück ist das Wohnungseigentum. Das **Wohnungseigentum ist das Sondereigentum an einer Wohnung i.V.m. dem Miteigentum** (nach Bruchteilen und nicht als Gesamthandseigentum) **am gemeinschaftlichen Grundstück** (§ 1 Abs. 2 WEG)[6]. Es ist belastbar, kann vermietet und verpachtet werden (§ 13 Abs. 1 WEG), Gegenstand der Zwangsversteigerung sein und ist vererbbar.

40 Das **Wohnungseigentum** (§ 1 Abs. 2 WEG) **setzt sich zusammen** aus

- dem *Sondereigentum an einer Wohnung* (einschließlich der dazugehörigen Nebenräume wie Kellerräume, Bodenräume und Garagen, sofern sie nicht selbständiges Teileigentum sind) i.V.m.
- dem *Miteigentum* (nach Bruchteilen und nicht als Gesamthandseigentum) am gemeinschaftlichen Grundstück.

Eine Wohnungseigentumsanlage kann auch durch mehrere Häuser auf einem Grundstück gebildet werden (**Hausanlage**). Abweichend von § 16 Abs. 2 WEG kann in solchen Fällen auch eine getrennte Lasten- und Kostentragung einschließlich getrennter Instandhaltungsrücklagen gebildet werden.

41 *b) Teileigentum*

Teileigentum ist das Sondereigentum an nicht zu Wohnzwecken dienenden Räumen eines Gebäudes i.V.m. dem Miteigentumsanteil an dem gemeinschaftlichen Eigentum, zu dem es gehört (§ 1 Abs. 3 WEG). Es kommt jede beliebige Nutzung in Betracht, insbesondere für gewerbliche und geschäftliche Zwecke, wie Läden, Werkstätten, Bildungseinrichtungen usw. Maßgebend ist nicht die tatsächlich ausgeübte Nutzung, sondern die bauliche Ausgestaltung und die sich hieraus ergebende Zweckbestimmung. Die Umwandlung von Wohnungs- in Teileigentum und umgekehrt stellt eine Änderung der Zweckbestimmung dar und bedarf der Zustimmung aller Miteigentümer.

42 Das **Teileigentum** (§ 1 Abs. 3 WEG) **setzt sich zusammen** aus

- dem *Sondereigentum an nicht zu Wohnzwecken dienenden Räumen* eines Gebäudes wie Läden, Büros, Werkstätten und dgl. in Verbindung mit
- dem *Miteigentumsanteil an dem gemeinschaftlichen Eigentum*, zu dem es gehört (§ 1 Abs. 3 WEG).

Es kommt **jede beliebige Nutzung** in Betracht, insbesondere für gewerbliche und geschäftliche Zwecke, wie Läden, Werkstätten, Bildungseinrichtungen usw. Maßgebend ist nicht die tatsächlich ausgeübte Nutzung, sondern die bauliche Ausgestaltung und die sich hieraus ergebende Zweckbestimmung.

Die **Umwandlung von Wohnungs- in Teileigentum** und umgekehrt stellt eine Änderung der Zweckbestimmung dar und bedarf der Zustimmung aller Miteigentümer (Abb. 17).

---

6 Fritz, Gewerberaummietrecht, Beck-Verlag München, 2. Aufl. 1995, Rn. 460 ff.

Abb. 17: Wohnungs- und Teileigentum

c) Sondereigentum 43

Sondereigentum ist der **mit dem Bruchteilseigentum verbundene Bereich des Alleineigentümers** sowohl an Wohnungen als auch an sonstigen Räumen (§ 5 WEG).

d) Gemeinschaftliches Eigentum 44

Zum gemeinschaftlichen Eigentum gehört nach § 1 Abs. 5 WEG der gesamte Grund und Boden, d.h. die bebaute und die unbebaute Fläche sowie die Teile, Anlagen und Einrichtungen des Gebäudes (z. B. Einfriedungen), die nicht im Sondereigentum oder im Eigentum eines Dritten stehen.

e) Sondernutzungsrecht 45

Nach § 13 Abs. 2 WEG ist jeder Miteigentümer zum Mitgebrauch des gemeinschaftlichen Eigentums im Rahmen des § 14 und des § 15 WEG berechtigt, jedoch kann dieses Recht dahingehend mit einem Sondernutzungsrecht eingeschränkt werden, dass das **Recht zum Gebrauch des gemeinschaftlichen Eigentums** einem Miteigentümer unter Ausschluss des Mitbenutzungsrechts der anderen Wohnungseigentümer eingeräumt wird. Die Bewilligung eines solchen Sondernutzungsrechts stellt eine Gebrauchsregelung i.S. des § 15 WEG dar.

2.4.1.2 Begründung von Wohnungs- und Teileigentum

Wohnungs- und Teileigentum werden begründet durch 46

a) **Teilungserklärung** des oder der Eigentümer bzw. eines Verfügungsberechtigten (§ 8 WEG) bzw.

b) **Einräumungsvertrag** mehrerer Miteigentümer eines Grundstücks (§ 3 WEG).

Die **Teilungserklärung** stellt die dem Grundbuchamt gegenüber abgegebene Erklärung dar, mit der das Eigentum am Grundstück in Miteigentumsanteile verbunden mit einem Sondereigentum an einer Wohnung aufgeteilt wird. Sie bedarf der notariellen Beglaubigung (beglaubigte Urkunde). Aus der Urkunde (§ 29 GBO) muss hervorgehen, dass das Alleineigentum in bestimmte Miteigentumsanteile aufgelöst wird und dass mit jedem Anteil das Sondereigentum an einer bestimmten Wohnung oder an sonstigen Räumen verbunden ist. 47

Mit dem **Einräumungsvertrag** räumen sich mehrere Miteigentümer eines Grundstücks das Sondereigentum an einer Wohnung ein und beschränken damit ihre Miteigentumsanteile; er bedarf der notariellen Beurkundung. 48

Wohnungs- und Teileigentum bedürfen der Eintragung in das Grundbuch, wobei für jeden Miteigentumsanteil ein besonderes Grundbuchblatt angelegt wird (**Wohnungsgrundbuch/ Teileigentumsgrundbuch**). Dafür ist nicht Voraussetzung, dass das Gebäude bereits errichtet ist (§ 3 Abs. 1 WEG). Das bisher geführte Grundbuch wird dagegen geschlossen und beste- 49

VI Besondere Immobilienarten — Wohnimmobilien

hende Belastungen werden als Gesamtbelastung in die Wohnungsgrundbücher übertragen. Der Eintragungsbewilligung sind beizufügen:

- der **Aufteilungsplan** (als Teil des Einräumungsvertrags bzw. der Teilungserklärung); er stellt die i.d.R. auf der Grundlage von Bauzeichnungen erstellte zeichnerische Aufteilung unter nummernmäßiger Bezeichnung der zu Sondereigentum erklärten und im gemeinschaftlichen Eigentum stehenden Räume bzw. Gebäudeteile dar (§ 27 Abs. 4 Nr. 2 und § 32 WEG);
- die **Abgeschlossenheitserklärung** der Baubehörde, mit der die Abgeschlossenheit der Wohnung oder sonstigen Räume bestätigt wird; für Wohnungen wird sie erteilt, wenn sie eine Küche oder Kochgelegenheit, ein WC und eine Wasserver- und -entsorgung aufweist; darüber hinaus muss die Wohnung einen abschließbaren Zugang haben und durch feste Wände und Decken vom übrigen Gebäude getrennt sein; durch Rechtsverordnung des Landes kann die Erteilung der Abgeschlossenheitserklärung auf einen öffentlich bestellten oder anerkannten Sachverständigen für das Bauwesen übertragen werden (§ 7 Abs. 4 WEG);
- die im Einzelfall nach § 172 Abs. 1 BauGB erforderliche **Genehmigung der Begründung von Wohnungs- oder Teileigentum bzw. eines Negativattestes.**

Abgeschlossene Wohnungen sind solche, die baulich vollkommen von fremden Wohnungen oder Räumen abgeschlossen sind, z. B. durch Wände und Decken, die den Anforderungen der Bauaufsichtsbehörden an Wohnungstrennwände und Wohnungsdecken entsprechen und einen eigenen abschließbaren Zugang unmittelbar vom Freien, von einem Treppenhaus oder von einem Vorraum haben. Wasserversorgung, Ausguss und WC müssen innerhalb der Wohnung liegen. Zu abgeschlossenen Wohnungen können zusätzlich Räume außerhalb des Wohnungsabschlusses gehören. Zusätzliche Räume, die außerhalb des Wohnungsabschlusses liegen, müssen verschließbar sein.

50 Wohnungs- und Teileigentum kann auch an Erbbaurechten begründet werden (**Wohnungserbbaurecht**). Das Wohnungserbbaurecht (vgl. Rn. 56) kann – wie das Wohnungseigentum – durch Teilungserklärung oder durch Einräumungsvertrag begründet werden. Bei der Begründung von Wohnungserbbaurechten werden – wie bei der Begründung von Wohnungseigentum – grundsätzlich für jedes Erbbaurecht von Amts wegen ein eigenes Grundbuch,

- das Wohnungserbbaugrundbuch und
- das Teilerbbaugrundbuch

angelegt.

2.4.1.3 Marktsegmente

51 Der Eigentumswohnungsmarkt lässt sich untergliedern in neu erstellte Eigentumswohnungen sowie in Wohnungseigentum umgewandelte Mietobjekte. Des Weiteren ist insbesondere bei der Verkehrswertermittlung von Eigentumswohnungen, die zum Zwecke der Eigennutzung gehandelt werden, zwischen **bezugsfreien und vermieteten Eigentumswohnungen** zu unterscheiden.

Der Markt für Eigentumswohnungen lässt sich deshalb auch aufgliedern in solche,

a) die üblicherweise *„bezugsfrei"* gehandelt werden und somit dem Erwerber sofort zum Zwecke der Eigennutzung zur Verfügung stehen, und solchen,

b) die *vermietet* sind und im vermieteten Zustand veräußert werden (Abb. 18).

Abb. 18: Marktsegmente

Grundsätzlich führt die **Zerstückelung eines Objekts** (z. B. Mehrfamilienhaus) **in Eigentumswohnungen** dazu, dass der Quadratmeter Wohnfläche im Wert steigt.

2.4.1.4 Bodenmarkt

Bezüglich des Bodenwertgefüges in Gebieten, die dem mehrgeschossigen Wohnungsbau vorbehalten sind, kann es angezeigt sein, zwischen Wohnlagen zu unterscheiden, die dem „Mietwohnungsbau", und solchen, die der Errichtung von Eigentumswohnungen zuzuordnen sind, wobei sich i.d.R. in typischen **Eigentumswohnungsgebieten** ein um ca. 10 bis 40 % höheres Bodenwertgefüge ergibt.

Die jeweilige Lage lässt sich oftmals nur mit sehr guten Ortskenntnissen beurteilen, insbesondere in den Phasen, in denen typische „Mietwohnungsbaugebiete" in „Eigentumswohnungsbaugebiete" umschlagen und die Eigentümer von Baulücken nicht mehr bereit sind, zu den niedrigeren Preisen des Mietwohnungsbaus zu verkaufen. Es handelt sich hierbei in erster Linie um Gebiete, die nach ihrer Lage und infrastrukturellen Ausstattung, vergleichbar mit Einfamilienhausgebieten, einen hohen Annehmlichkeitswert aufweisen. Ähnliches kann sich auch in Einfamilienhausgebieten mit großen Grundstücksflächen einstellen, wenn sich die Grundstücke für kleinere Eigentumsanlagen mit ca. 4 Wohneinheiten eignen.

Für *Bonn* ist dafür ein Verhältnis von etwa 1:1,3 und für *Köln je nach Lage und Art des Objekts* ein Verhältnis von etwa 1:1,2 bis 1:1,4 und in der Innenstadt (außer Deutz) bis 1,7 festgestellt worden, d.h., für Eigentumsmaßnahmen werden ca. 10 bis 40 % höhere Bodenpreise vereinbart, und diese müssen wohl auch dem gewöhnlichen Geschäftsverkehr zugerechnet werden, wenn dies in einem Gebiet üblich ist.

2.4.1.5 Wohnungserbbaurecht

Eigentumswohnungen können auch auf Erbbaugrundstücken errichtet werden. Man spricht dann von einem Wohnungserbbaurecht (vgl. Rn. 50). Im Vergleich zu Eigentumswohnungen mit Eigentumsanteil am Grund und Boden werden für Eigentumswohnungen auf Erbbaugrundstücken in Abhängigkeit von der Höhe des jährlichen Erbbauzinses **Kaufpreise** vereinbart, **die durchschnittlich um fünf bis 16 % niedriger ausfallen.**

In der Abb. 19 ist das Ergebnis einer Untersuchung des Gutachterausschusses von *Bergisch Gladbach* dargestellt.

VI Besondere Immobilienarten — Wohnimmobilien

Abb. 19: Verhältnis der Kaufpreise für Eigentumswohnungen auf Erbbaugrundstücken (Wohnungserbbaurecht) zu Kaufpreisen von Eigentumswohnungen mit Eigentumsanteil am Boden in Bergisch Gladbach

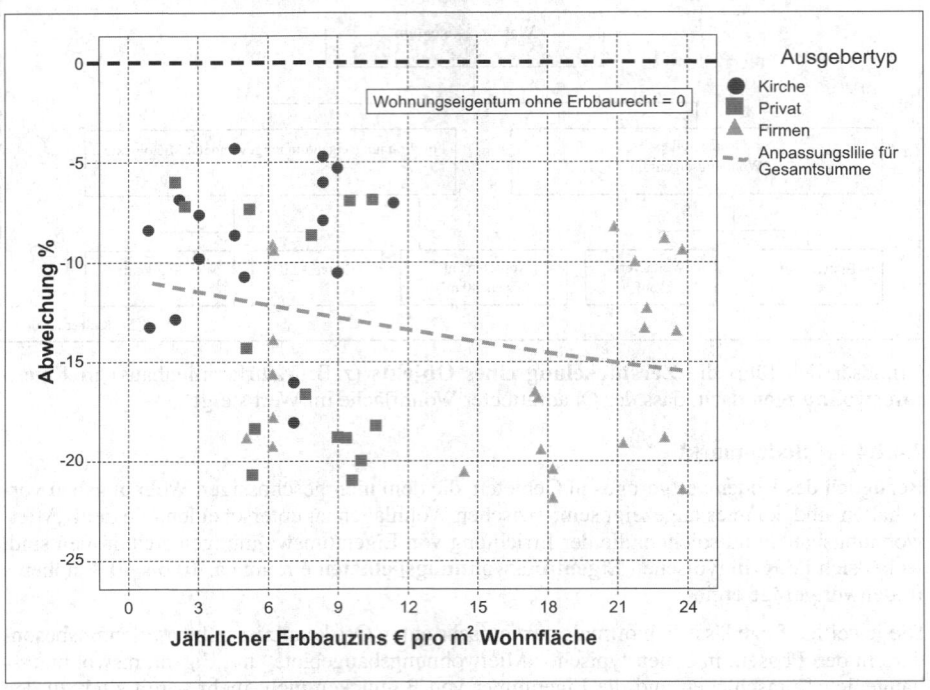

Quelle: Grundstücksmarktbericht 2009

58 Ein ähnlicher Verlauf ergibt sich auch nach Untersuchungen des Gutachterausschusses für Grundstückswerte in *Stuttgart* (Abb. 20).

2.4.2 Wertermittlungsverfahren

59 Die Wertermittlung von Eigentumswohnungen kann grundsätzlich nach dem Vergleichs-, Sach- oder Ertragswertverfahren erfolgen. Vorrangig ist das **Vergleichswertverfahren** anzuwenden. Das Vergleichswertverfahren, das ohnehin die zuverlässigste und überzeugendste Wertermittlungsmethode ist, ist vor allem auch deshalb **vorrangig** anzuwenden, da von den Gutachterausschüssen für Grundstückswerte für Eigentumswohnungen heute in aller Regel nicht nur hinreichend viele Vergleichspreise, sondern auch umfangreiche Auswertungen über das Wertgefüge bereitgestellt werden. Für Eigentumswohnungen werden vielfach sogar aus der Kaufpreissammlung abgeleitete und nach Wohnlagen differenzierte Durchschnittswerte für Eigentumswohnungen (Durchschnittswerte pro Quadratmeter WF) abgeleitet und (in den Marktberichten) veröffentlicht.

60 Auch das **Ertragswertverfahren** kommt für die Marktwertermittlung von Eigentumswohnungen und insbesondere für die Marktwertermittlung des zumeist gewerblich genutzten Teileigentums in Betracht. Dabei ist zwischen Eigentumswohnungen zu unterscheiden,

a) die zumeist in sehr guten Wohnlagen üblicherweise eigengenutzt werden, und solchen,

b) die neben der Eigennutzung (als Kapitalanlage) vornehmlich zum Zwecke der Vermietung gehalten werden (Typische Mietwohngrundstücke).

Im zweiten Fall handelt es sich sogar um typische Renditeobjekte, für die dann auch hinreichende Vergleichsmieten zur Verfügung stehen. Bei der Ermittlung des Verkehrswerts einer zur Vermietung bestimmten Eigentumswohnung ist der Sachverständige jedoch nicht auf die Anwendung des Ertragswertverfahrens festgelegt[7].

Das **Sachwertverfahren** kommt bei der Marktwertermittlung von Eigentumswohnungen eher in Ausnahmefällen zur Anwendung. Einen typischen Ausnahmefall stellt z. B. eine **Hausanlage** dar, **bei** der **mehrere Häuser in der Rechtsform des Wohnungseigentums auf einem Grundstück errichtet worden sind** oder errichtet werden oder ein Zweifamilienhaus. In den übrigen Fällen bereitet die Anwendung des Sachwertverfahrens auch besondere Schwierigkeiten, da ggf. zwischen dem Sachwert des Sondereigentums und dem des gemeinschaftlichen Eigentums zu differenzieren ist.

61

Grundsätzlich stellt sich die Frage, ob der Marktwert einer Eigentumswohnung

62

– *direkt* (beschränkt auf das zu bewertende Wohnungs- bzw. Teileigentum) oder
– *deduktiv* aus einem zunächst zu ermittelnden Gesamtwert der Wohneigentumsanlage

abgeleitet wird. Nur bei Anwendung des Vergleichswertverfahrens auf der Grundlage entsprechender Vergleichspreise oder Durchschnittswerte von Eigentumswohnungen scheidet die deduktive Vorgehensweise a priori aus. In der Regel ist der direkten Methode der Vorzug zu geben, da die Ableitung des Marktwerts einer einzelnen Eigentumswohnung aus dem Gesamtwert der Eigentumsanlage zwangsläufig die Aufspaltung des Gesamtwerts auf die einzelnen Wohnungen erfordert. Bei Anwendung der direkten Methode werden die damit verbundenen Schwierigkeiten und Fehlerquellen vermieden. Die direkte Marktwertermittlung von Eigentumswohnungen ist darüber hinaus vor allem bei Anwendung des Ertragswertverfahrens möglich und sinnvoll, weil die konkreten Eigenschaften der Eigentumswohnung vor allem über den angesetzten Ertrag unmittelbar und in angemessener Weise in das Wertermittlungsverfahren Eingang findet.

Die deduktive Methode würde dagegen zusätzliche, überflüssige und zudem fehlerträchtige Rechenschritte erfordern. Zwar stehen für die Aufspaltung die im Grundbuch ausgewiesenen **Miteigentumsanteile** – zumeist nach dem Flächenverhältnis der Wohnungen zur gesamten Wohnfläche – zur Verfügung, jedoch muss dieser Miteigentumsanteil damit keineswegs den tatsächlichen Wertverhältnissen entsprechen, in denen das Wohnungs- und Teileigentum einer Gesamtanlage zueinander stehen. Schon aufgrund der Lage einer Eigentumswohnung im jeweiligen Objekt und ihrer Ausstattung können sich erheblich abweichende Wertverhältnisse ergeben. Nur bei Anwendung des Sachwertverfahrens, bei dem es nur in Ausnahmefällen gelingt, den Sachwertanteil der Wohnung und des gemeinschaftlichen Eigentums eigenständig zu ermitteln, greift man deshalb hilfsweise auf die deduktive Methode unter Aufspaltung nach den Miteigentumsanteilen zurück (Abb. 20).

---

[7] BGH, Urt. vom 2.7.2004 – V ZR 213/03 –, EzGuG 20.192a.

Abb. 20: Direkte und deduktive Ermittlung des Verkehrswerts einer Eigentumswohnung

2.4.3 Vergleichswertverfahren

2.4.3.1 Allgemeines

63 **In den häufigsten Fällen wird der Verkehrswert vom Wohnungseigentum im Vergleichswertverfahren ermittelt.** Hierfür sprechen zwei gewichtige Gründe:

a) Der Teilmarkt orientiert sich nahezu ausschließlich an Quadratmeterpreisen (€/m² Wohnfläche).

b) Es liegt im Allgemeinen eine ausreichende Anzahl von Vergleichskaufpreisen vor, da der Teilmarkt nach wie vor rege ist.

64 **Grundlage für die Anwendung des Vergleichswertverfahrens** auf die Ermittlung des Verkehrswerts von Eigentumswohnungen können

a) einzelne Vergleichspreise für Eigentumswohnungen oder

b) die von den Gutachterausschüssen für Grundstückswerte abgeleiteten und in den Grundstücksmarktberichten veröffentlichten Richtwerte (Durchschnittspreise pro Quadratmeter Wohnfläche) einer vergleichbaren Eigentumswohnung

sein. Wie bei der Ermittlung von Bodenwerten kann insoweit zwischen dem unmittelbaren Vergleichswertverfahren (auf der Grundlage von Vergleichspreisen) und dem mittelbaren Vergleichswertverfahren unterschieden werden, wobei anstelle von Bodenrichtwerten auf entsprechende Durchschnittspreise zurückgegriffen wird. Bei der Wertermittlung im Vergleichswertverfahren kann auch die mathematische Statistik sinnvoll eingesetzt werden. Durchschnittskaufpreise lassen sich im Wege der Regressionsanalyse einfach und schnell ermitteln. Der unbestreitbare Vorteil des Vergleichswertverfahrens liegt darin, dass keine Marktanpassungsab- oder -zuschläge ermittelt werden müssen, da das Marktgeschehen sich bereits in den Kaufpreisen der Vergleichsgrundstücke ausdrückt.

2.4.3.2 Wohnwertverfahren

Das Wohnwertverfahren wird am nachstehenden *Beispiel* erläutert.

Beispiel:

a) Sachverhalt

Zu ermitteln ist der Verkehrswert einer 50 m² großen bezugsfreien (Zwei-Zimmer, Küche, Bad) Eigentumswohnung mit Balkon, jedoch ohne Stellplatz.

Die Wohnung ist Bestandteil einer Gemeinschaft von 96 Wohnungseigentümern innerhalb einer Waldsiedlung mit einheitlich im Jahre 1930 errichteten und mehrfach modernisierten zweigeschossigen Mehrfamilienhäusern (fiktives Baujahr 1950).

- Es handelt sich um eine gute Lage, die durch eine ruhige Wohnlage, gute Verkehrsanbindung (U-Bahn, Nähe zu Versorgungseinrichtungen des täglichen Bedarfs und der sonstigen Infrastruktur und der Nähe zu Erholungsgebieten) geprägt ist.
- Auf dem 11 621 m² großen Grundstück befinden sich insgesamt 6 gleichartige Mehrfamilienhäuser mit jeweils 4 Aufgängen und 4 Wohneinheiten (Zweispänner) mit insgesamt 96 Wohneinheiten und eine innere private Erschließungsstraße (ca 1 000 m²). Der Miteigentumsanteil beläuft sich auf 101/10 000stel.
- Die Wohnungen sind in baujahrsüblicher Weise errichtet worden und einfach ausgestattet; das fiktive Baujahr ergibt sich aufgrund durchgeführter Modernisierungen, insbesondere von Wärmedämmungen (Fassaden und Keller), dem Einbau einer Zentralheizung sowie der Elektroinstallationen (Steigeleitungen und dgl.). Sie weisen den Standard des sog. „sozialen Wohnungsbaus" auf.
- Restnutzungsdauer 20 Jahre.

Abb. 21: Lageplan

VI Besondere Immobilienarten Wohnimmobilien

Abb. 22: Grundrisse

Der Gutachterausschuss für Grundstückswerte hat für bezugsfreie umgewandelte Mietwohnungen des sozialen Wohnungsbaus (Baujahre seit 1950) in guter Wohnlage ein Preisniveau von 650–1 850 €/m² Wohnfläche ermittelt (Mittel 1 180 €/m²), für entsprechende Wohnungen in sog. Zwischenkriegsbauten (Baujahre 1920 bis 1949) ein Preisniveau von 800 bis 1 920 €/m² (Mittel 1 240 €/m²).

b) Verkehrswertermittlung

Entsprechend der für Zielbaumverfahren üblichen Vorgehensweise soll sich der Vergleichswert auf der Grundlage vorgegebener Wertanteile ergeben:

– Lagewert (Lage, Straße, Infrastruktur)   max. 40 %
– Gebäudewert (Baujahr, Bauzustand, Qualität, Erschließungsanlagen)   max. 20 %
– Wohnungswert (Größe, Geschoss, Grundriss, Ausstattung)   max. 20 %
– Vertragswert (Bezugsfreiheit, Instandhaltungsrücklage)   max. 20 %
zusammen   100 %

Darüber hinaus soll ein weiterer Teilwert unter der Bezeichnung „Sonstiges (einzelfallbezogene Zu- und Abschläge)" berücksichtigt werden.

Die vorstehenden Teilwerte werden auf einer Skala von 0 bis 100 Punkten aufgrund einer analytischen Betrachtung des Bewertungsobjekts geschätzt. Der Gutachter kommt zu folgenden Ergebnissen:

– Lagewert   64 von 100 Punkten
– Gebäudewert   43 von 100 Punkten
– Wohnungswert   58 von 100 Punkten
– „Vertragswert"   50 von 100 Punkten

Als „Sonstiges" wird im Hinblick auf die Größe der Eigentümergemeinschaft ein geschätzter Abschlag von 5 % angesetzt.

Beispiel eines Wohnwertverfahrens

Objekt   Eigentumswohnung Nr. x, Am Waldrand
Wohnungsgröße   50 m²
Lage   EG links
Höchstwert des Vergleichswerts   1 850 €/m²

Wertermittlung			
Nr.	Wertkomponenten	Erreichte Punkte Max. 100	Wertanteil %	Prozent
1	Lagewert (max. 40 %)	64	× 0,4	25,60 %
2	Gebäudewert (max. 20 %)	43	× 0,2	8,60 %
3	Wohnungswert (max. 20 %)	58	× 0,2	11,60 %
4	„Vertragswert" (max. 20 %)	50	× 0,2	10,00 %
5	Sonstiges			– 5,00 %
6	Wohnwert in % (Summe der Prozente)			**50,80 %**
7	Vergleichswert (€/m²) = Wohnwert (%) × Höchstwert 1 850 €/m² × 0,508 =			**rd. 940 €/m²**

Bei einer 50 m² großen Wohnung ergibt sich mithin: 940 €/m² × 50 m² = 47 000 €

c) Erläuterung

Das sog. Wohnwertverfahren[8] lässt sich als ein indirektes **Vergleichswertverfahren** qualifizieren, das herangezogen wird, wenn ein direkter Preisvergleich nicht möglich ist. Methodisch handelt es sich um ein Zielbaumverfahren, bei dem die Hauptkomponenten der wertbeeinflussenden Merkmale in vorgegebene Gewichtsanteile zerlegt und entsprechend berücksichtigt werden. „Wunder Punkt" ist die prozentuale Gewichtung der Komponenten, die kaum objektiv und zumindest nicht nachweisbar begründet werden kann, sondern letztlich freie Schätzung ist[9]. Das Ergebnis wird jedoch maßgeblich durch diese „Vorgaben" präjudiziert. Die schematische Anwendung des Verfahrens einhergehend mit einer „Punktevergabe" für einzelne wertbeeinflussende Umstände verleiht dem Verfahren zwar den Anschein einer objektiven Vorgehensweise und eine Scheingenauigkeit, jedoch stellt es mit seinen Vorgaben letztlich eine in der Literatur als „Zufallsverfahren" bezeichnete Methode dar. Sie kommt deshalb allenfalls hilfsweise zur Anwendung, wenn ein direkter Preisvergleich nicht möglich ist.

Das Wohnwertverfahren weist mannigfaltige **Schwachpunkte**, sowohl in seiner „Konstruktion" als auch in seiner Anwendung auf.

1. Die für die Komponenten „*Lagewert* (Lage, Straße, Infrastruktur)", „*Gebäudewert* (Baujahr, Bauzustand, Qualität, Erschließungsanlagen)", „*Wohnungswert* (Größe, Geschoss, Grundriss, Ausstattung)" und „*Vertragswert* (Bezugsfreiheit, Instandhaltungsrücklage)" vorgegebenen Gewichtsanteile bedürfen einer nachvollziehbaren Begründung, die kaum möglich ist. Eine modifizierter Gewichtsverteilung führt nämlich in der Anwendung zu deutlich abweichenden Ergebnissen. Mithin ist bereits dieser Ansatz eine Schätzung.

2. Obwohl die vorstehende Gewichtsverteilung den Wert eigentlich bereits zu 100 % „erklärt", wird darüber hinaus ein weiterer Teilwert unter der Bezeichnung *„Sonstiges" (einzelfallbezogene Zu- und Abschläge)* angeführt und in der Berechnung mit einem weiteren Zu- bzw. Abschlag berücksichtigt; bei einem Abschlag wird der Höchstwert im Extremfall um mehr als 100 % gemindert!

3. Die **Punktevergabe** lässt sich bei Anwendung des Verfahrens nicht eindeutig begründen und **stellt eine grobe und fehlerträchtige Schätzung** dar.

    – Wie sich die „gute" Wohnlage der vorstehend abgedruckten Tabelle definieren könnte, kann dem Grundstücksmarkt allenfalls in groben Zügen an anderen Stellen entnommen werden, jedoch nicht mit der Präzision, die es erlaubt, mit der Scheingenauigkeit einer Punktevergabe auf einer Skala von 100 Punkten (!) die Lagewertigkeit beispielsweise mit „64 von 100 Punkten" anzugeben. Es ließe sich durchaus auch eine gute Wohnlage in einer gesunden Waldsiedlung mit sehr guter Anbindung an das Nahverkehrsnetz (U-Bahn) und guter Nahversorgung mit 80 von 100 Punkten begründen.

---

8   Vgl. Springer in GuG 1995, 39, Treiber in GuG 1998, 219, Diemann in GuG 1999, 352, und Schmidt in GuG 1999, 352.
9   Vgl. Simon/Kleiber/Joeris/Simon, Schätzung und Ermittlung von Grundstückswerten, 8. Aufl. 2004 S. 101.

VI Besondere Immobilienarten — Wohnimmobilien

- Bei der Punktevergabe läuft man in nicht unerheblichem Maße Gefahr, unter Hinweis auf Zustandsmerkmale, die baujahrsspezifisch sind (z. B. Schalldämmung) und mithin bereits in dem nach Baujahren gegliederten Tabellenwerk des Gutachterausschusses für Grundstückswerte zumindest enthalten sein können, Punktereduktion anzubringen, die insoweit auf eine Doppelberücksichtigung hinauslaufen. So wird insbesondere die mit 43 von 100 Punkten angesetzte Punktezahl für den Gebäudewert mit baujahrsbedingten Zustandsmerkmalen begründet, wobei erwartet werden kann, dass sie bereits mit den, nach Baujahren gegliederten Tabellenwerken erfasst sind. Auch hier werden die Mängel des Verfahrens deutlich, denn eine sachgerechte Punktevergabe ist nur möglich, wenn der Gutachterausschuss die angegebenen Werte auch mit den baujahrsspezifischen Merkmale „untersetzt" hätte. Dies gilt beispielsweise auch für die Berücksichtigung der Größe der Wohnanlage.

4. Das sog. **Wohnwertverfahren** ist vor allem auch von seinem methodischen Grundansatz ein äußerst fragwürdiges Verfahren, denn es handelt sich **im Kern um ein Interpolationsverfahren**, bei dem über die gesamte Spanne quasi von der Nullwertigkeit einer Eigentumswohnung (0 €/m² WF) bis zum angegebenen Höchstwert (im Gutachten 1 850 €/m² WF) interpoliert wird. Interpolationen sind jedoch nur innerhalb des maßgeblichen Untersuchungsbereichs zulässig, der sich bei den herangezogenen Untersuchungsergebnissen nur auf den Bereich zwischen dem ausgewiesenen Minimalwert von 700 €/m² WF bis 1 850 €/m² WF erstreckt. Bei Anwendung des sog. Wohnwertverfahrens wird somit unzulässigerweise über eine Wertspanne interpoliert, die dem Tabellenwerk gar nicht zugrunde liegt[10].

Eine Interpolation (zwischen dem angegebenen Minimal- und Maximalwert) setzt zudem voraus, dass die qualitativen Eigenschaften der dem Minimal- und Maximalwert zugrundeliegenden Eigentumswohnungen mit derselben Schärfe bestimmt sind, mit der nach dem angewandten Punktesystem auf einer Skala zwischen 0 bis 100 Punkte das Bewertungsobjekt qualifiziert wird. Weder der vom Gutachterausschuss für Grundstückswerte ausgeworfene Minimalwert, noch der herangezogene Maximalwert wird in dem Tabellenwerk des Gutachterausschusses hinsichtlich der qualitativen Eigenschaften der Eigentumswohnung grobe Angaben der Kopfzeile zu diesen Tabellen qualifiziert (die Tabelle enthält nur grobe Angaben in der Kopfzeile). Damit ist eine sachgerechte Interpolation gar nicht möglich und schon gar nicht mit einem nach 100 Punkten untergliederten Bewertungssystem.

Man kann selbst bei gründlicher Befassung mit dem Bewertungsobjekt nicht zu einer eindeutigen Punktevergabe gelangen. Verschiedene unabhängig voneinander tätige Gutachter müssen zu divergierenden Ergebnissen kommen. Dies hat seine Ursache darin, dass es sich bei alledem um grobe Schätzungen handelt und sich die methodischen Mängel der Methode damit nicht überwinden lassen. In jedem Falle ist dem direkten Preisvergleich der Vorzug zu geben, denn alle wertbeeinflussenden Merkmale, die vom Gutachter analytisch aufbereitet wurden und nach einem vorgegebenen Rechenkalkül wertmäßig „umgesetzt" werden, finden bei Anwendung des direkten Preisvergleichs direkt Eingang in die Verkehrswertermittlung, und zwar in der Höhe, wie der Grundstücksmarkt ihnen tatsächlich Rechnung trägt.

d) Alternative: Direktes Vergleichswertverfahren

Entsprechend vorstehenden Ausführungen wird der Verkehrswert der Eigentumswohnung im Wege des Vergleichswertverfahrens ohne Aufteilung in einen Gebäude- und Bodenwertanteil ermittelt, und zwar im Wege des direkten Preisvergleichs. Die Anwendung des Vergleichswertverfahrens ist insbesondere angezeigt, wenn geeignete Vergleichspreise in ausreichender Zahl vorliegen.

Im Beispielsfall liegt eine Vielzahl von Vergleichspreisen vor. Es handelt sich dabei allesamt um

---

10 Diesem grundsätzlichen Mangel der Zielbaummethode hat man im Rahmen der mit den Ausführungsvorschriften zur Ermittlung der sanierungsbedingten Bodenwerterhöhung und zur Festsetzung von Ausgleichsbeträgen nach §§ 152 bis 155 des Baugesetzbuches (AV Ausgleichsbeträge) vom 12.11. 2002 (SenStadt IV C 3 / III E 2) damit Rechnung getragen, indem man den „veränderlicher Lage-Wertanteil" maximal begrenzt hat.

Wohnimmobilien — Besondere Immobilienarten VI

a) Wohnungen gleichen Baujahres (1930),

b) Wohnanlagen gleicher Größenordnung und gleicher „Rechtskonstruktion",

c) Wohnungen gleicher Lage,

d) Wohnungen gleicher Größe,

e) Wohnungen gleicher Ausstattung und

f) Wohnungen mit Loggia

in unmittelbarer Nachbarschaft.

Die Vergleichsobjekte sind darüber hinaus auch im Hinblick auf den Zustand der Gebäude einschließlich der für diese Objekte üblichen Baumängel und Bauschäden mit dem Bewertungsobjekt unmittelbar vergleichbar. Darüber hinaus sind die Wohnungen allesamt von der gleichen Erschließungssituation (Privatstraße) und einer gleichen bauplanungsrechtlichen Situation (bauplanungsrechtlich untergenutzte Grundstücke) betroffen.

Um einen möglichst direkten Preisvergleich zu gewährleisten, kann sich die Wertermittlung auf die Heranziehung von Vergleichspreisen aus der unmittelbaren Nachbarschaft beschränken, so dass auch Abweichungen hinsichtlich verbleibender Lageunterschiede unwesentlich sind.

Es handelt sich um Vergleichsobjekte aus den in der „Skizze zum Teilungsentwurf" eingetragenen Trennstücken A, B, D und E, die – wie dargelegt – auch in Bezug auf die Gesamtgröße des Gemeinschaftseigentums mit dem Bewertungsobjekt unmittelbar vergleichbar sind (Trennstück A: 11 705 m²; Trennstück B: 11 846 m²; Trennstück D: 11 145 m²; E: 11 621 m²).

Die angeführten Verkäufe beziehen sich auf Verkäufe an „Selbstnutzer" und geben den Verkaufspreis ohne Preisnachlass (bei Veräußerung an Mieter) und ohne Sondernutzungsrecht an einem Stellplatz wieder, wie dies auch Gegenstand dieser Wertermittlung ist (Bezugsfrei ohne Sondernutzungsrecht an einem Stellplatz).

Es handelt sich um Verkäufe, die zwar allesamt von der Wohnungsbaugesellschaft „Schöner Wohnen" als Veräußerin getätigt worden sind. Die Verkaufspreise können insoweit gleichwohl als unkorrelierte Vergleichspreise gelten, als das Wohneigentum von jeweils unterschiedlichen Käufern erworben wurde und dem mithin eine jeweils individuelle Kaufentscheidung zugrunde liegt. Bei einer derartigen Verkaufssituation können allenfalls Verkaufspreise „massenweise" realisiert werden, die unter dem Verkehrswert liegen, nicht jedoch Verkaufspreise, die über dem sonst üblichen (angemessenen) Marktpreis liegen, denn üblicherweise weicht bei überzogenen Kaufpreisforderungen der Grundstücksmarkt in andere Gebiete aus. Unabhängig davon bilden Kaufpreise in dem hier gegebenen Umfang „den Markt" ab, wie er bei der Verkehrswertermittlung maßgeblich ist.

Im Übrigen wird auch davon ausgegangen, dass die sonstigen Konditionen für die Begründung des Gemeinschaftseigentums denen der Vergleichsobjekte entsprechen, so dass auch insoweit keine Abweichungen berücksichtigt werden müssen.

Insgesamt liegen in Anbetracht der zur Verfügung stehenden Vergleichspreise in nahezu idealtypischer Weise die Voraussetzungen für einen unmittelbaren Preisvergleich ohne Unterscheidung nach dem Boden- und Gebäudewertanteil vor.

Ermittlung des Vergleichswerts

Zur Ermittlung des Vergleichswerts werden die nachfolgenden Vergleichspreise herangezogen. Das Bewertungsobjekt ist unmittelbar mit den Vergleichsobjekten vergleichbar, so dass der Vergleichswert unmittelbar und mit einer vergleichsweise hohen Genauigkeit durch Bildung des arithmetischen Mittels abgeleitet werden kann. Bei insgesamt 18 Vergleichspreisen liegt nicht nur eine hinreichend große Anzahl, sondern sogar eine für Verkehrswertermittlung ungewöhnlich hohe Anzahl geeigneter Vergleichspreise vor:

Abschluss	E-Weg Nr.	WF	Kaufpreis (€) (ohne Stellplatz)	
	Lage im Haus	m²	€	€/m² WF
27.09.2007	23 (1. OG rechts)	51,72	53.400	1 032,48
27.02.2008	19 D (1. OG rechts)	52,17	57.400	1 100,25
18.10.2007	23 E (EG links)	51,89	57.100	1 100,40
30.10.2007	27 F (EG rechts)	52,04	57.200	1 099,15
11.05.2007	15 F (EG rechts)	52,00	57.200	1 100,00
16.05.2007	27 F (1. OG links)	51,67	56.800	1 099,28

VI Besondere Immobilienarten   Wohnimmobilien

Abschluss	E-Weg Nr.	WF	Kaufpreis (€) (ohne Stellplatz)	
	Lage im Haus	m²	€	€/m² WF
15.02.2008	15 G (1. OG links)	51,96	57.200	1 100,85
18.09.2007	19 H (1. OG links)	59,90	65.900	1 100,17
04.07.2007	15 I (1. OG rechts)	51,47	56.600	1 099,67
07.12.2007	15 K (EG rechts)	51,69	56.900	1 100,79
31.08.2007	17 A (1. OG rechts)	51,50	56.700	1 100,97
30.08.2007	25 C (EG rechts)	51,83	57.000	1 099,75
22.05.2007	21 E (1. OG rechts)	51,50	53.200	1 033,01
06.09.2007	25 E (1. OG rechts)	50,38	55.400	1 099,64
29.01.2008	25 F (EG rechts)	50,38	55.400	1 099,64
16.02.2007	17 F (1. OG rechts)	52,09	57.300	1 100,02
14.03.2008	29 I (1. OG rechts)	51,58	56.700	1 099,26
11.10.2007	17 I (1. OG links)	51,81	57.000	1 100,17
			Summe	19 665,50
			Mittel:	**1 092,53**

Die Vergleichspreise lassen erkennen, dass der Grundstücksmarkt keine preislichen Unterschiede zwischen der Lage der Wohnung im Erdgeschoss und im 1. OG macht. Dies mag darauf zurückzuführen sein, dass die Wohnungen im Erdgeschoss mit (zusätzlichen) Rollläden ausgestattet sind.

Die Vergleichspreise stammen überwiegend aus dem Jahre 2007. Bei Veräußerungen im Jahre 2008 sind keine signifikant höheren Kaufpreise erzielt worden, zumal auch der allgemeine Teilmarkt für Wohnungseigentum in guten Lagen weitgehend preisstabil war und erst in jüngerer Zeit sich ein leichter Preisanstieg abzeichnet. Insoweit erscheint es gerechtfertigt, den errechneten Mittelwert – bezogen auf den Wertermittlungsstichtag – auf

$$\text{Vergleichspreis} = 1\ 100\ \text{€/m}^2\ \text{WF}$$

aufzurunden[11].

Der Gutachterausschuss für Grundstückswerte hat in seinem Marktbericht 2006/2007 (Mai 2007) für umgewandelte Wohnungen in Mehrfamilienhäusern (E 4.3.1) – bezogen auf 2006 – für bezugsfreies Wohneigentum in sog. Zwischenkriegsbauten (Baujahr 1920 bis 1949) in guter Lage ein

Preisniveau von 800 bis 1 920 €/m² Wohnfläche (Mittel: 1 240 €/m²)

ermittelt.

---

11 Vgl. Preistendenzen im Marktbericht 2006/2007 des Gutachterausschusses für Grundstückswerte (Senatsverwaltung für Stadtentwicklung, Mai 2007), S. 51.

Wohnimmobilien — Besondere Immobilienarten VI

Erst- und Weiterverkäufe umgewandelter ehemaliger Mietwohnungen in sog. Zwischenkriegsbauten (Baujahre 1920 bis 1949)				
Stadtlage	Preisniveau €/m² Wohnfläche			
Wohnlage	2005		2006	
	vermietet	bezugsfrei	vermietet	bezugsfrei
Berlin				
einfach	490 bis 1.790 / 940	580 bis 1.850 / 960	500 bis 1.770 / 950	570 bis 1.850 / 980
mittel	550 bis 1.830 / 1.050	670 bis 1.860 / 1.060	620 bis 1.830 / 1.050	670 bis 1.850[1] / 1.070
gut	640 bis 1.760 / 1.050	740 bis 1.900 / 1.210	700 bis 1.670[1] / 1.040	800 bis 1.920 / 1.240
sehr gut	850 bis 1.850 / 1.340	920 bis 2.040 / 1.340	850 bis 1.875 / 1.340	930 bis 1.950[2] / 1.320

[1] Wenige Wohnanlagen mit Kaufpreisen bis etwa 2.150 €/m²
[2] Im Vergleich zum Vorjahr fehlen Kaufpreise im oberen Preisbereich.

Unter Berücksichtigung der durchgeführten Modernisierung und eines fiktiven Baujahres (1950–1955) sind des Weiteren auch die vom Gutachterausschuss für Grundstückswerte für den sozialen Wohnungsbau für die Baujahre seit 1950 abgeleiteten Durchschnittspreise beachtlich. Für umgewandelte Wohnungen in Mehrfamilienhäusern weist der Marktbericht bezogen auf 2006 für bezugsfreies Wohneigentum der „Baujahre seit 1950" in guter Lage ein

Preisniveau von 650 bis 1 850 €/m² Wohnfläche (Mittel: 1 180 €/m²)

auf.

Erst- und Weiterverkäufe umgewandelter ehemaliger Mietwohnungen des sozialen Wohnungsbaus (Baujahre seit 1950)				
Stadtlage	Preisniveau €/m² Wohnfläche			
Wohnlage	2005		2006	
	vermietet	bezugsfrei	vermietet	bezugsfrei
Westteil Berlins				
einfach	490 bis 1.720 / 1.100	510 bis 1.450 / 930	510 bis 1.780 / 1.100	530 bis 1.520[1] / 870
mittel	640 bis 1.810 / 1.250	610 bis 1.700 / 1.040	650 bis 1.850 / 1.280	640 bis 1.750 / 1.060
gut	690 bis 1.800 / 1.070	700 bis 1.920 / 1.130	660 bis 1.860 / 1.000	650 bis 1.850 / 1.180
sehr gut	k.A.	810 bis 2.010 / 1.200	k.A.	k.A.

[1] Im Vergleich zum Vorjahr fehlen Kaufpreise im oberen Preisbereich.
k.A. = Keine Angabe, Anzahl der verwertbaren Kauffälle zu gering.

Der vorstehend ermittelte Vergleichspreis von 1 100 €/m² WF unterschreitet sowohl den Mittelwert von 1 240 €/m² als auch den Mittelwert von 1 180 €/m². Das Ergebnis ist plausibel im Hinblick auf die aufgeführten vornehmlich baujahrsbedingten Mängel und die bauplanungsrechtliche Situation des Bewertungsobjekts. Der Vergleich lässt aber auch erkennen, dass der örtliche Teilmarkt durch ein eher moderat geprägtes Preisverhalten der Verkäuferin geprägt ist.

VI Besondere Immobilienarten — Wohnimmobilien

2.4.3.3 Richtwerte (Durchschnittspreise/-werte) für Eigentumswohnungen

66 Die von den Gutachterausschüssen für Grundstückswerte veröffentlichten „Richtwerte" (Durchschnittswerte/-preise) sind ihrem Charakter nach durchaus mit Bodenrichtwerten i.S. des § 196 BauGB vergleichbar. Insofern wäre bei entsprechender Ableitung dieser „Preise" der Begriff „Durchschnittswerte" vorzuziehen. Die Durchschnittspreise können aber auch als **Gebäudefaktoren i.S. des § 13 ImmoWertV** qualifiziert werden.

67 Als *Beispiel* wird ein Ausschnitt der Karte von Durchschnittspreisen für 0–3 Jahre alte Eigentumswohnungen des Gutachterausschusses für die Stadt *Bonn* abgedruckt (Abb. 23):

Abb. 23: Durchschnittspreise für Eigentumswohnungen

Durchschnittspreise für neu erstellte Eigentumswohnungen (bis 3 Jahre alt) 1. 1. 2005 in der Bundesstadt Bonn Bad Godesberg
Angaben in €/m² Wohnfläche
              Wohnfläche

Besondere wertbestimmende Merkmale wie
- Ortsteillage
- unmittelbares Umfeld der Wohnanlage
- Gebäudekonzeption
- Lage der Wohnung innerhalb des Objektes
- Ausstattung
- Zuschnitt

bewirken in der Regel Abweichungen von den Durchschnittspreisen.
* Gebiete mit weniger als 5 Kauffällen
** Die mit ** versehenen Zahlen sind auf Grund fehlender aktueller Daten hochindizierte Vorjahreswerte

68 Die Durchschnittspreise beziehen sich auf die durchschnittlichen der Auswertung zugrunde liegenden Eigenschaften. Aus diesem Grund ist von der Veröffentlichung dieser Daten zu fordern, dass möglichst **alle wertbeeinflussenden Grundstücksmerkmale** mit bekannt gemacht werden. Da die Durchschnittspreise auch von der Lage der Objekte im und außerhalb des Stadtgebiets abhängig sind, hat sich auch die Veröffentlichung dieser „Durchschnittspreise" in Karten bewährt.

Wohnimmobilien — Besondere Immobilienarten VI

Der Gutachterausschuss für Grundstückswerte für die Stadt *Worms* erstellt jährlich Kaufpreisübersichten (durchschnittliche Marktpreise) für Eigentumswohnungen. Hierbei wird unterschieden nach Wohnfläche, Erst- und Weiterverkauf sowie nach Umwandlungsfällen (Abb. 24):

Abb. 24: Durchschnittspreise für Eigentumswohnungen in Worms

Vertragsart	Jahr	Wohnfläche									
		bis 30 m²		bis 50 m²		bis 70 m²		bis 90 m²		bis 110 m²		> 110 m²	
		Anzahl	€/m²	Anzahl	€/m²	Anzahl	€/m²	Anzahl	€/m²	Anzahl	€/m²	Anzahl	€/m²
Erstverkauf nach Neubau	1993	6	2 600	84	1 959	146	1 933	127	1 745	33	1 791	9	1 675
	1994	112	2 109	122	2 044	144	1 885	82	1 829	26	1 797	7	1 760
	1995	83	2 479	77	2 224	102	1 975	66	1 820	16	1 721	3	1 713
	1996	34	2 303	82	2 210	66	1 896	40	1 749	13	1 619	6	1 551
	1997	7	1 875	34	1 879	71	1 765	57	1 689	13	1 505	12	1 422
	1998	1	–	8	2 276	36	1 708	42	1 681	9	1 784	4	1 392
	1999	0	–	8	1 789	12	1 829	19	1 687	10	1 623	6	1 491
	2000	1	–	8	1 758	6	1 866	11	1 944	9	1 478	4	1 321
	2001	0	–	6	1 564	10	1 803	7	1 740	4	1 494	4	1 446
	2002	0	–	2	1 610	12	1 658	13	1 645	4	1 698	4	1 632
	2003	–	–	–	–	4	1 605	1	–	0	–	6	1 420
	2004	0	–	0	–	4	1 615	3	1 449	3	–	15	1 597
	2005	0	–	0	–	1	–	1	–	3	1 823	1	–
	2006	0	–	0	–	0	–	1	–	3	1 831	7	1 701
	2007												
	2008												
	2009												
Weiterverkauf neuer WE	1993	0	0	10	1 475	22	1 386	33	1 458	20	1 516	3	1 308
	1994	27	1 462	31	1 398	22	1 563	26	1 542	17	1 481	1	–
	1995	6	1 739	16	1 570	15	1 475	24	1 465	12	1 541	4	1 336
	1996	14	2 182	14	1 569	18	1 300	44	1 521	14	1 847	1	–
	1997	14	1 921	24	1 671	27	1 619	34	1 400	5	1 255	1	–
	1998	11	1 204	12	1 584	31	1 368	37	1 332	14	1 306	6	1 296
	1999	10	1 938	13	1 684	28	1 532	44	1 373	16	1 433	2	1 186
	2000	7	1 095	4	1 476	18	1 348	38	1 302	10	1 355	4	1 092
	2001	8	1 621	33	1 437	35	1 288	40	1 249	9	1 313	2	1 265
	2002	4	759	11	940	17	1 060	30	1 364	8	1 153	6	1 138
	2003	12	1 405	31	951	28	1 202	56	1 215	10	1 262	4	1 087
	2004	7	1 565	44	849	33	884	35	1 124	12	1 242	10	1 245
	2005	35	736	51	818	28	958	40	1 219	14	1 199	3	970
	2006	10	555	40	812	22	971	39	1 158	12	982	8	1 180
	2007												
	2008												
	2009												
Erstverkauf nach Umwandlung	1993	0	0	22	1 345	24	1 273	18	1 223	3	1 311	2	1 288
	1994	3	1 257	12	1 522	21	1 479	13	1 335	11	1 488	0	–
	1995	2	1 262	7	1 194	58	1 555	33	1 374	11	1 326	10	1 207
	1996	4	1 538	5	1 092	18	1 124	11	1 159	8	1 218	5	1 080
	1997	3	1 154	16	1 342	19	1 366	16	1 116	3	1 191	5	1 026
	1998	2	1 588	8	1 778	63	1 324	29	1 252	2	1 856	13	1 086
	1999	1	–	7	1 372	36	1 217	38	1 179	15	1 212	11	1 213
	2000	0	–	5	1 108	55	1 123	18	1 253	4	1 005	5	1 232
	2001	2	845	4	748	116	1 031	41	1 062	15	1 187	4	954
	2002	2	1 445	6	761	44	1 003	21	998	10	1 042	19	908

VI Besondere Immobilienarten — Wohnimmobilien

Vertragsart	Jahr	Wohnfläche										
		bis 30 m²		bis 50 m²		bis 70 m²		bis 90 m²		bis 110 m²		> 110 m²	
		Anzahl	€/m²	Anzahl	€/m²	Anzahl	€/m²	Anzahl	€/m²	Anzahl	€/m²	Anzahl	€/m²
	2003	2	1 184	9	845	54	935	37	1 038	19	1 096	20	1 142
	2004	2	–	6	1 055	25	867	30	944	11	1 050	12	1 050
	2005	2	–	6	647	31	808	22	977	15	1 036	11	1 100
	2006	0	-	2	-	31	867	20	893	16	1 106	14	1 253
	2007												
	2008												
	2009												
Weiterverkauf umgewandelter WE	1993	5	1 544	13	1 265	38	1 135	15	1 236	3	1 159	1	–
	1994	8	1 337	15	1 305	19	1 130	16	1 308	5	1 170	3	1 157
	1995	1	–	8	3.127	20	1 194	17	1 096	5	1 232	1	–
	1996	1	–	7	1 462	30	1 143	12	1 255	4	1 231	3	1 052
	1997	5	868	6	1 338	20	1 059	13	1 248	3	1 394	2	1 048
	1998	1	–	10	1 021	18	1 100	18	1 022	2	1 090	4	870
	1999	0	–	8	1 185	23	1 136	15	1 235	1	–	4	1 305
	2000	0	–	7	1 170	20	1 211	11	1 088	6	1 226	3	1 265
	2001	0	–	4	849	21	1 091	13	996	4	1 185	4	968
	2002	2	880	15	639	19	921	15	950	3	1 251	5	922
	2003	6	745	9	762	13	1 079	16	1 076	10	1 062	5	1 073
	2004	1	–	9	946	28	1 046	23	1 026	6	832	5	1 065
	2005	0	–	9	634	33	996	23	989	13	966	7	766
	2006	6	557	13	762	24	840-	7	1 029	8	1 024	5	879
	2007												
	2008												
	2009												

70 Stützt sich die Verkehrswertermittlung auf solche „Durchschnittspreise", so müssen die **Eigenschaften der Eigentumswohnung** bekannt sein, die jeweils dem angegebenen „Durchschnittspreis" zugrunde liegen. Wie bei der Ableitung von individuellen Bodenwerten aus Bodenrichtwerten müssen darüber hinaus die wesentlichen wertbeeinflussenden Merkmale von Eigentumswohnungen möglichst auch im Hinblick auf das Maß ihres Einflusses bekannt sein. Wie noch darzustellen ist, liegen auch hierüber empirische Erkenntnisse vor.

71 Die **Durchschnittspreise von Eigentumswohnungen** weisen eine große **Abhängigkeit auf von**

– der Wohnfläche,
– dem Ersterwerb bzw. Wiederverkaufsfall,
– der Pkw-Stellplatzmöglichkeit,
– dem Wohnungsalter (Baujahr bzw. Restnutzungsdauer des Gebäudes),
– der Geschosslage,
– der Ausstattung, die vielfach mit dem Baujahr korreliert,
– der Lage (Zentrumsnähe, Wohnlage, Verkehrslage und dgl.),
– der Anzahl der Wohneinheiten im Objekt,
– der Anzahl der Vollgeschosse,
– der Größe der Wohnanlage,
– dem Renovierungsgrad (insbesondere bei Altbauten),
– der Himmelsrichtung (Nord- oder Südseite),
– der „Anbindung" an eine Gartenfläche (bei Erdgeschosswohnung) und
– einem bestehenden Mietverhältnis.

Eigentumswohnungen ohne Balkon haben wie Mietwohnungen eine eingeschränkte Marktakzeptanz, selbst wenn die Nutzung eines Balkons nicht mehr den ursprünglichen Stellenwert zu haben scheint. Die eingeschränkte Marktgängigkeit von Eigentumswohnungen ohne Balkon gegenüber vergleichbaren Eigentumswohnungen mit Balkon ist je nach Lage und Bedeutung durch Abschläge zu berücksichtigen, wenn nicht bereits entsprechende Vergleichspreise herangezogen worden sind[12].

72

Bezüglich des **Stellplatzes** werden die „Durchschnittspreise" für Eigentumswohnungen entweder einschließlich oder ausschließlich eines Stellplatzes angegeben. **Ist der Stellplatz in dem angegebenen Durchschnittspreis nicht enthalten, ist er gesondert nach Erfahrungssätzen anzusetzen** (Abb. 25).

73

Beispiel:

74

Abb. 25: Preise für den Erwerb von Teileigentum bzw. Sondernutzungsrechten an PKW-Stellplätzen und PKW-Garagen einschließlich Grundstück (2007)

Art	Anzahl €	Mittelwert €	Streuung €
Stellplätze und Carport	102	2 901	1 500–5 000
Garage und ½ Doppelparker	62	6 053	1 000–15 000
Tiefgaragenstellplatz	89	7 070	2 000–14 500

Quelle: Grundstücksmarktbericht 2007 des Gutachterausschusses für den Bereich der Stadt Worms

2.4.3.4 Umrechnungskoeffizienten für Eigentumswohnungen

Bei Heranziehung von Durchschnittswerten für Eigentumswohnungen müssen **Abweichungen der qualitativen Eigenschaften** der zu bewertenden Eigentumswohnungen von den Eigenschaften der den Durchschnittswerten zugrunde liegenden Eigentumswohnungen berücksichtigt werden. Abweichungen können berücksichtigt werden

75

a) bei Anwendung des Ertragswertverfahrens durch entsprechende Modifizierungen des Liegenschaftszinssatzes (vgl. Rn. 108) und

b) bei Anwendung des Vergleichswertverfahrens nach den allgemeinen Grundsätzen des Vergleichswertverfahrens (§§ 15 f. ImmoWertV), wobei auch hier i.d.R. eine Reihe von Umrechnungskoeffizienten herangezogen werden können, die von den Gutachterausschüssen für Grundstückswerte aus der Kaufpreissammlung abgeleitet werden.

Nachfolgend werden die **wesentlichen wertbeeinflussenden Merkmale** dargestellt (Abb. 26).

---

[12] Grundstücksmarktbericht Wuppertal 2009: Abschlag von 20 %.

VI Besondere Immobilienarten — Wohnimmobilien

Abb. 26: Umrechnungskoeffizienten für Eigentumswohnungen

Umrechnungskoeffizienten für Eigentumswohnungen							
Alter		Wohnfläche		Größe der Wohnanlage		Geschoss		Bemerkungen
Jahre	UK_{Alter}	m²	UK_{WF}	Zahl der WE	$UK_{Größe}$	Geschoss	$UK_{Geschoss}$	
1	0,90	20	1,15	5	1,10	UG	0,95	
2	0,86	30	1,10	10	1,05	EG	0,98	
3	0,84	40	1,06	20	1,03	1. OG	1,00	
4	0,83	50	1,04	30	1,02	2. OG	1,02	
5	0,82	60	1,02	40	1,01	3. OG	1,04	
6	0,80	70	1,00	50	1,00	4. OG	1,06	mit Aufzug
7	0,78	80	0,98	60	0,99	4. OG	1,00	ohne Aufzug
8	0,76	90	0,96	70	0,99	5. OG	1,06	mit Aufzug
9	0,75	100	0,95	80	0,99	5. OG	0,95	ohne Aufzug
10	0,74	110	0,94	90	0,99	6. OG	1,06	mit Aufzug
11	0,73	120	0,93	100	0,98			
12	0,72	130	0,92	110	0,98			
13	0,71	140	0,91	120	0,98	Wohnlage und Ausstattung		
14	0,71	150	0,90	130	0,98	Qualität	Wohnlage	Ausstattung
15	0,70	160	0,90	140	0,97		$UK_{Wohnlage}$	$UK_{Ausstattung}$
16	0,70	170	0,89	150	0,97	einfach	0,85	0,85
17	0,69	180	0,89	160	0,97	mittel	1,00	1,00
18	0,69	190	-	170	0,97	gut	1,10	1,10
19	0,68	200	-	180	0,96	sehr gut	1,15	1,15
20	0,68							
21	0,67							
22	0,67							
23	0,66							
24	0,65							
25	0,64							
30	0,61							
40	0,51							

© W. Kleiber

a) Baujahr und Alter

76 Untersuchungen der Gutachterausschüsse zur **Abhängigkeit der Wertigkeit einer Eigentumswohnung vom Alter bzw. Baujahr haben zu nachstehenden Ergebnissen geführt,** wobei davon ausgegangen werden kann, dass in diese Kaufpreisuntersuchung Wiederverkaufsfälle eingegangen sind (Abb. 27):

Wohnimmobilien **Besondere Immobilienarten VI**

Abb. 27: Abhängigkeit des Verkehrswerts von Eigentumswohnungen vom Alter

Alter	Umrechnungskoeffizient			
	Bonn	Karlsruhe	Mainz	Nürnberg
1	0,91	–	0,84	–
2	0,89	–	0,83	–
3	0,86	–	0,82	–
4	0,84	–	0,82	–
5	0,82	–	0,81	1,06
6	0,80	–	0,80	–
7	0,78	–	0,79	–
8	0,76	–	0,77	–
9	0,75	–	0,77	–
10	0,73	–	0,76	1,02
11	0,72	1,05	0,76	–
12	0,71	–	0,75	–
13	0,70	–	0,74	–
14	0,69	–	0,73	–
15	0,68	–	0,72	–
16	0,68	–	0,71	–
17	0,67	–	0,71	–
18	0,67	–	0,70	–
19	0,67	–	0,69	–
20	0,67	–	0,68	0,94
21	0,67	1,00	0,67	–
22	0,67	–	0,66	–
23	0,67	–	0,65	–
25	–	–	0,64	–
30	–	0,95	0,61	0,89
40	–	0,91	0,51	0,84
45	–	0,82	–	–
50	–	0,77	–	0,81
60	–	–	–	0,80
70	–	–	–	0,79
80	–	–	–	0,79
90	–	–	–	0,81
100	–	–	–	0,83

Quelle: Grundstücksmarktberichte 2007

Nach Marktuntersuchungen der Gutachterausschüsse ergeben sich folgende formelmäßige Abhängigkeiten: **77**

Frankfurt am Main   Wert^{Altbau} = Wert^{Neubau} × 0,0085 × (100 – Alter)
Kleve   Wert^{Altbau} = 22,197 × Baujahr – 42 910

Neben den individuellen Werteinflüssen von Lage, Ausstattung, Zuschnitt usw. ist gerade bei Altbauten den **Gemeinschaftsanlagen** besondere Beachtung zu schenken. Dazu zählen beispielsweise Dach, Fassaden, Zufahrten, Treppenhaus, Flure, technische Einrichtungen wie Heizung oder Aufzüge usw., an deren Instandhaltung bzw. Modernisierung jeder Eigentümer anteilig beteiligt ist. **78**

VI Besondere Immobilienarten — Wohnimmobilien

b) Wohnfläche

79 Über die **Abhängigkeit des Verkehrswerts einer Eigentumswohnung von den unterschiedlichen wertbeeinflussenden Merkmalen** liegen folgende empirische Untersuchungen vor (Abb. 28):

▶ Vgl. zu den Abhängigkeiten der Mieten von der Wohnfläche bei Mietwohnungen § 18 ImmoWertV Rn. 133

Abb. 28: Abhängigkeit des Verkehrswerts von Eigentumswohnungen von der Wohnfläche

Abhängigkeit des Verkehrswerts von Eigentumswohnungen von der Wohnfläche													
Fläche m²	Umrechnungskoeffizienten												
	Aachen	Bergisch Gladbach		Dresden EW	Karlsruhe	Koblenz EW	Nürnberg	Esslingen	Kleve	Offenbach	Rheine		1–2 FamH	Schwerin
		Erstverkauf	Wiederverkauf								EW Erstverkauf	EW Wiederverkauf		
20	1,19	–	–	–	–	1,052	0,93	–	–	–	–	–	–	–
30	1,12	1,08	**1,10**	1,12	–	1,099	0,95	0,83	–	1,092	1,026	1,058	–	–
35	–	–	–	–	–	–	–	–	–	–	1,023	1,051	–	1,08
40	1,08	1,05	**1,08**	1,08	1,04	1,064	0,97	0,90	1,05	1,069	1,020	1,043	–	–
45	–	–	–	–	–	–	–	1,03	–	–	1,016	1,036	–	–
50	1,05	1,03	**1,06**	1,05	1,03	1,038	0,98	0,95	1,03	1,047	1,013	1,029	–	1,06
55	–	–	–	–	–	–	–	1,02	–	1,010	1,022	–	–	–
60	1,02	1,00	1,04	1,02	1,02	1,017	0,99	0,98	1,02	1,027	1,007	1,014	–	–
65	–	–	–	–	–	–	–	1,01	–	1,003	1,007	–	1,02	
70	**1,00**	**1,00**	**1,02**	**1,00**	**1,01**	**1,00**	**1,00**	**1,00**	**1,00**	**1,008**	**1,000**	**1,000**	–	**1,00**
75	–	–	–	–	1,00	–	–	–	0,99	**1,000**	0,997	0,993	–	0,98
80	0,98	1,00	**1,00**	0,98	0,99	0,986	1,01	1,00	0,99	0,992	0,993	0,986	1,140	–
85	–	–	–	–	–	–	–	0,99	–	0,990	0,978	–	0,95	
90	0,97	0,97	0,98	0,97	0,98	0,973	1,02	1,00	0,98	0,976	0,987	0,971	1,112	–
95	–	–	–	–	–	–	–	0,98	–	0,984	0,964	–	0,93	
100	0,95	0,95	0,96	0,95	0,97	0,962	1,02	0,98	0,97	0,965	0,980	0,957	1,084	–
110	0,94	0,93	0,94	–	0,96	0,952	1,01	0,99	0,97	0,954	–	–	1,056	0,90
120	0,93	0,91	0,92	–	0,94	0,943	1,01	0,98	0,96	0,944	–	–	1,028	0,88
130	0,92	0,89	0,90	–	–	0,935	1,00	–	–	0,937	–	–	1,000	–
140	0,91	0,87	0,88	–	–	0,928	1,00	–	–	0,931	–	–	0,972	–
150	0,90	–	–	–	–	–	0,99	–	–	–	–	–	0,944	–
160	0,89	–	–	–	–	–	–	–	–	–	–	–	0,916	–

Quelle: Gutachterausschuss für Grundstückswerte in Aachen, Bergisch Gladbach (2009), Karlsruhe, Koblenz, Nürnberg, Esslingen, Dresden, Offenbach, Rheine und Schwerin

80 Nach Feststellung des Gutachterausschusses für Grundstückswerte in *Nürnberg* ist bei der Berücksichtigung der Wohnfläche auch der Verkaufszeitpunkt zu berücksichtigen. Folgende **Wohnflächenindizes** sind im Marktbericht 2004 veröffentlicht (Abb. 29):

Abb. 29: Wohnflächenindizes in Nürnberg

Wohnflächenindizes in Nürnberg nach Verkaufsjahren (%)														
		Wohnfläche in m²												
Verkaufsjahre		20	30	40	50	60	70	80	90	100	110	120	130	140	150
	1992–1995	124	114	108	103	101	100	100	100	101	102	102	102	102	102
	1996–1999	100	99	99	99	100	100	100	100	100	99	98	97	96	94
	2000–2003	72	80	87	93	97	100	102	103	104	104	103	102	101	100

Abb. 30: Abhängigkeit des Verkehrswerts von Eigentumswohnungen von der Wohnfläche bei Ersterwerb

Quelle: Gutachterausschuss für Grundstückswerte

c) Geschosslage

Der Einfluss der Geschosslage auf das Wertniveau stellt sich teilweise recht widersprüchlich dar. Ausgehend vom Wertniveau einer Eigentumswohnung im 1. Obergeschoss kann generell von einem verminderten **Wertniveau im Erdgeschoss** ausgegangen werden. Im Erdgeschoss gelegene Wohnungen weisen allerdings ein höheres Wertniveau auf, wenn für die Wohnung ein Sondernutzungsrecht z. B. an einer direkt zugänglichen Gartenfläche besteht; insoweit muss bei der Verkehrswertermittlung eine Doppelberücksichtigung vermieden werden.

Für das 2. bis 4. Obergeschoss sind gegenüber dem Wertniveau im 1. Obergeschoss Wertzuschläge (aber auch Abschläge [*Wuppertal*[13]]) festgestellt worden. Diese Tendenz setzt sich darüber hinaus fort, wenn ein Aufzug vorhanden ist. Für das **Dachgeschoss** können sich unter dieser Voraussetzung sogar erhebliche Wertzuschläge ergeben (Abb. 31).

---

13 Grundstücksmarktbericht für die Stadt Wuppertal 2009.

VI Besondere Immobilienarten — Wohnimmobilien

Abb. 31: Abhängigkeit des Quadratmeterwerts von Eigentumswohnungen in Esslingen von der Geschosslage

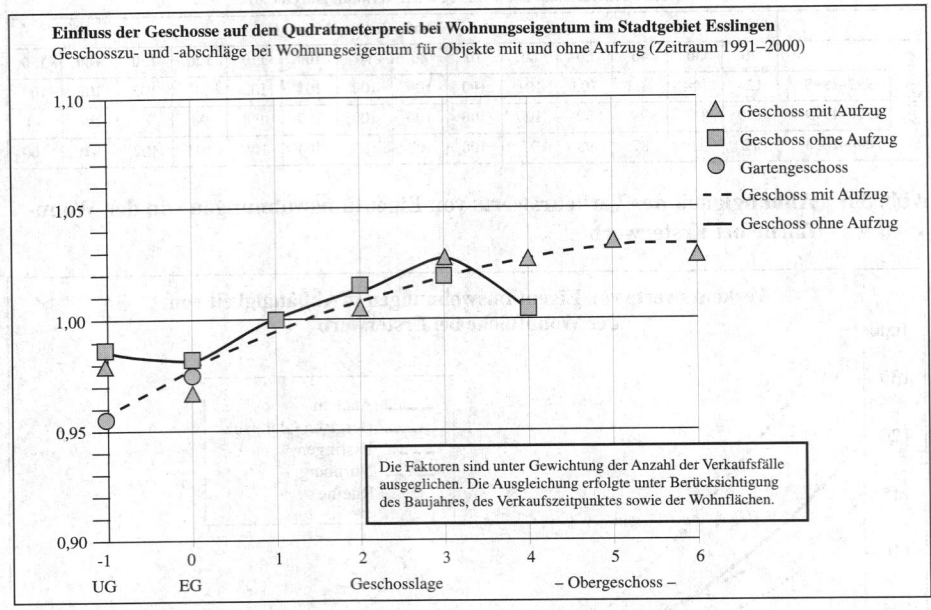

Quelle: Gutachterausschuss für Grundstückswerte in Esslingen

Abb. 32: Abhängigkeit des Verkehrswerts von Eigentumswohnungen von der Geschosslage in Karlsruhe

Abhängigkeit des Verkehrswerts von Eigentumswohnungen von der Geschosslage in Karlsruhe					
Geschoss	EG	1. OG	2. OG	3. OG	4. OG
	0,98	1,00	1,02	1,04	10,6

Quelle: Grundstücksmarktbericht 2005

d) Anzahl der Wohneinheiten im Gebäude (Größe der Wohnanlage)

83 Generell gilt, dass der Verkehrswert einer Eigentumswohnung mit zunehmender Größe der Wohnanlage abnimmt. Von der **Größe der Wohnanlage** zu unterscheiden ist die **Anzahl der Wohneinheiten im Gebäude**. Allgemein gilt auch diesbezüglich, dass der Verkehrswert mit der Zahl der Wohneinheiten im Gebäude absinkt, insbesondere bei Gebäuden mit mehr als 20 Wohneinheiten.

Generell gilt, dass der Verkehrswert einer Eigentumswohnung mit zunehmender **Größe der Wohnanlage** abnimmt (Abb. 33).

Abb. 33: Abhängigkeit des Verkehrswerts von Eigentumswohnungen von der Größe der Wohnanlage (Zahl der Wohnungen in der Wohnanlage)

Wohneinheiten	Abhängigkeit des Verkehrswerts von Eigentumswohnungen von der Größe der Wohnanlage		
	Umrechnungskoeffizienten		
	Karlsruhe	Hannover	Rheinland-Pfalz
3	-	-	1,097
4	-	-	1,074
5	-	+ 100 €/m²	1,056
6	-	-	1,041
7	-	-	1,029
8	-	-	1,018
9	-	-	1,008
10	1,05	+ 25 €/m²	1,000
11	-	-	0,992
12	-	-	0.985
13	-	-	0,979
14	-	-	0,973
15	-	+/− 0	0,967
16	-	-	0,962
17	-	-	0,957
18	-	-	0,953
19	-	-	0,949
20	1,03	-	0,944
21	-	-	0,940
22	-	-	0,937
23	-	-	0,933
24	-	-	0,930
25	-	− 25 €/m²	0,926
30	1,02	-	-
40	1,01	-	-
50	1,01	− 50 €/m²	-
60	1,00	-	-
70	0,99	-	-
100	0,99	− 75 €/m²	-
110	0,88	-	-
120	0,98	-	-
130	0,97	-	-
170	0,97	-	-
180	0,96	-	-

Quelle: Grundstücksmarktbericht 2005, 2007; Oberer GAA Rheinland-Pfalz 2009

Bei sehr wenigen **Wohneinheiten innerhalb des Gebäudes** sind Zuschläge anzusetzen; bei sehr vielen Wohnungen innerhalb eines Gebäudes sind progressive Abschläge marktüblich. Vom Gutachterausschuss der Stadt Wuppertal ist folgende Abhängigkeit festgestellt worden (Abb. 34):

VI Besondere Immobilienarten — Wohnimmobilien

Abb. 34: Abhängigkeit des Verkehrswerts von Eigentumswohnungen von der Zahl der Wohnungen im Gebäude

Quelle: Grundstücksmarktbericht 2009 Wuppertal

e) Lage im Stadtgebiet

Abb. 35: Abhängigkeit der Quadratmeterwerte wiederverkaufter Eigentumswohnungen von der Entfernung zum Stadtzentrum in Trier (1996)

Quadratmeterwerte wiederverkaufter Eigentumswohnungen ab rd. 40 m² Wohnungsgröße von Baujahr und Entfernung zum Stadtzentrum					
	Entfernung zum Zentrum				
Baujahr	Zentrum €/m²	2,0 km €/m²	3,5 km €/m²	5,0 km €/m²	7,0 km €/m²
1990	1.733	1.657	1.585	1.508	1.457
1985	1.657	1.585	1.508	1.432	1.380
1980	1.580	1.503	1.432	1.355	1.304
1975	1.503	1.432	1.355	1.278	1.227
1970	1.427	1.355	1.278	1.202	1.150
Erläuterung:	Für Wohnungen, bei denen das Mietverhältnis fortbesteht, sind die Tabellenwerte um 5 v.H. zu reduzieren. Für Wohnungen, die beim Erwerb zur freien Verfügung stehen, sind die Tabellenwerte um 5 v.H. anzuheben.				

Quelle: Grundstücksmarktbericht 1996 des Gutachterausschusses für Grundstückswerte in Trier

Die **Abhängigkeit des Verkehrswerts von der Lage** wird in den Grundstücksmarktberichten auch sehr plastisch in entsprechenden Karten dargestellt (vgl. Rn. 67):

Abb. 36: Lage von Eigentumswohnungen

Quelle: Grundstücksmarktbericht 2005

Abb. 37: Abhängigkeit des Verkehrswerts von Eigentumswohnungen von der Wohnlage

Abhängigkeit des Verkehrswerts von Eigentumswohnungen von der Wohnlage		
Wohnlage	Karlsruhe	
	Erstverkauf	Weiterverkauf
mäßig	–	0,98
mittel	**1,00**	**1,00**
gut	1,10	1,03
sehr gut	–	–

VI Besondere Immobilienarten — Wohnimmobilien

86 Am sinnvollsten erscheint die Erfassung der Abhängigkeit des Verkehrswerts von Eigentumswohnungen von der Lage auf der **Grundlage des Bodenrichtwertgefüges**, wie dies vom Gutachterausschuss in *Wuppertal* praktiziert wird:

Abb. 38: Abhängigkeit des Verkehrswerts von Eigentumswohnungen von der Lage (Bodenrichtwert)

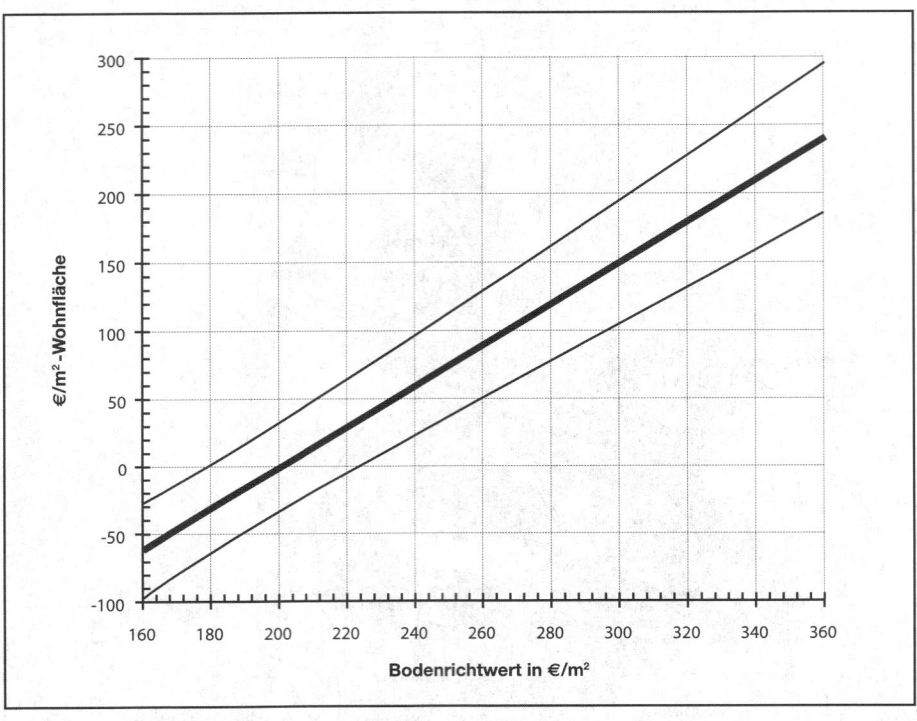

Quelle: Grundstücksmarktbericht 2009 von Wuppertal

f) Ausstattung

87 Abb. 39: Abhängigkeit des Quadratmeterwerts von Eigentumswohnungen in Hannover von der Ausstattung

Quelle: Gutachterausschuss für Grundstückswerte in Hannover (Grundstücksmarktbericht 2007)

Wohnimmobilien — Besondere Immobilienarten VI

g) Vermietungszustand/Erst- und Weiterkauf

Schrifttum: *Stelter, M.,* Zur Problematik „gespaltener Markt" bei Eigentumswohnungen und Verkehrswertermittlung, GuG 2004, 164.

Wie eingangs dargestellt, muss bei Eigentumswohnungen über deren konkrete Eigenschaften hinaus nach **88**

– Erstverkäufen und

– Weiterverkäufen

unterschieden werden. Die Unterscheidung korreliert vielfach mit der Unterscheidung nach bezugsfreiem und vermieteten Wohnungseigentum.

Weiterverkäufe (Wiederverkäufe) weisen ein deutlich geringeres Wertniveau gegenüber Erstverkäufen auf. Deshalb wird bereits bei der Ableitung der Durchschnittswerte für Eigentumswohnungen zwischen Erst- und Weiterverkäufen unterschieden. Darüber hinaus ist im Einzelfall bei eigentumswohnungsspezifischen Umrechnungskoeffizienten zwischen Erst- und Weiterverkäufen zu unterscheiden. **89**

Die im Grundstücksmarktbericht 2009 dargestellten empirischen Untersuchungen des Gutachterausschusses in *Heppenheim* haben ergeben, dass die Umrechnungskoeffizienten in erster Linie vom Baujahr und weniger von der Wohnfläche abweichen:

Umrechnungskoeffizienten in Heppenheim (2009)	
Baujahr	Umrechnungskoeffizienten (Basis 1980 = 100)
1960	0,83
1965	0,87
1970	0,91
1975	0,95
1980	1,00
1985	1,05
1990	1,10
1995	1,15
2000	1,20

Quelle: Immobilienmarktbericht 2009

Wie schon einleitend festgestellt wurde, ist insbesondere bei der Verkehrswertermittlung von Eigentumswohnungen, die zum Zwecke der Eigennutzung gehandelt werden, zwischen bezugsfreien und vermieteten Eigentumswohnungen zu unterscheiden, und man hat es insoweit mit gespaltenen Marktverhältnissen zu tun. Generell haben **vermietete Eigentumswohnungen wie vermietete Ein- und Zweifamilienhäuser einen eingeschränkten Markt.** Da der Kauf einer solchen Wohnung nicht „die Miete bricht" und Eigenbedarf nur unter engen Voraussetzungen zumeist auch nur in einem langwierigen Verfahren „durchsetzbar" ist, müssen für solche Objekte erfahrungsgemäß *Preisabschläge bis zu 30 %* hingenommen werden, wenn die Wohnung keine Aussicht hat, auf absehbare Zeit frei zu werden (in *Trier* bis 10 % und in *Essen* bis 15 %; *München* 5 bis 10 % nach Angabe des Gutachterausschusses). Derartige rechtliche und wirtschaftliche Gegebenheiten sind im Rahmen der Verkehrswertermittlung zu berücksichtigen und nicht als „ungewöhnliche oder persönliche Umstände" i.S. des § 7 ImmoWertV anzusehen, d.h., die Eigenschaft der Eigentumswohnung „vermietet" ist verkehrswertrelevant und muss deshalb im Rahmen der Verkehrswertermittlung bereits berücksichtigt werden. **90**

Bei genauerer Betrachtung müssen allerdings die Verhältnisse des Einzelfalls betrachtet werden. Bestehende Mietverhältnisse führen gegenüber bezugsfreien Wohnungen je nach **91**

– Größe der Wohnanlage,

– Größe der Wohnung und

VI Besondere Immobilienarten — Wohnimmobilien

– Lage und Ausstattung der Wohnung

zu unterschiedlichen Abweichungen gegenüber dem Verkehrswert bezugsfreier (unvermieteter) Eigentumswohnungen.

92 Die wohl eingehendste Untersuchung unter Einbeziehung der **Größe der Wohnanlage** liegt derzeit vom Gutachterausschuss für Grundstückswerte in *Bergisch Gladbach* vor. Danach fallen die Abschläge, die im Grundstücksverkehr mit vermieteten Eigentumswohnungen im Vergleich zu dem Grundstücksmarkt bezugsfreier Wohnungen üblich sind, bei kleineren Wohnanlagen höher als bei größeren Wohnanlagen aus (Abb. 40):

Abb. 40: **Abschläge für vermietete Eigentumswohnungen gegenüber bezugsfreien Eigentumswohnungen**

Wohnanlage	Durchschnittliche Abweichung der vermieteten Wohnung zu bezugsfreien Wohnungen
3 bis 6 Wohnungen	– 13 %
7 bis 12 Wohnungen	– 12 %
13 bis 60 Wohnungen	– 6 %
über 60 Wohnungen	– 6 %

Quelle: Grundstücksmarktbericht Bergisch Gladbach 2009

93 Bezüglich der Abhängigkeit des Verkehrswerts von Eigentumswohnungen von der **Größe der Wohnung** sind die Verhältnisse komplizierter. Größere Wohnungen werden tendenziell eher zur Eigennutzung erworben als kleinere Wohnungen, so dass für größere Eigentumswohnungen im vermieteten Zustand ebenfalls Abschläge hinzunehmen sind. Für kleine vermietete Eigentumswohnungen ist indessen von den Gutachterausschüssen ein gegenüber bezugsfreien Objekten höheres Wertniveau festgestellt worden (Abb. 41):

Abb. 41: **Vermietungsindex**

Index in	Vermietungsindex von Nürnberg in % (Bezugsfrei = 100 %)											
	Wohnfläche (m²)										
	20	30	40	50	60	70	80	90	100	110	120
	Indizes bezugsfrei (unvermietet)										
	100	100	100	100	100	100	100	100	100	100	100
	Indizes vermietet										
Nürnberg	103	105	106	105	104	102	99	95	90	84	77
Wuppertal	125		0,99		0,91		0,96		–	–	–

Quelle: Grundstücksmarktberichte 2005, 2006

94 Je höherwertig eine Eigentumswohnung nach **Lage und Ausstattung** beschaffen ist, desto größer ist die Disparität zwischen dem Wert der bezugsfreien Eigentumswohnung im Verhältnis zu den aus der Vermietung dieser Wohnung erzielbaren Erträgen und ihrer Kapitalisierung. Für den Erwerber einer solchen Eigentumswohnung, der sie für eigene Wohnzwecke erwerben will, kommt es – wie im Übrigen auch auf dem Teilmarkt für Ein- und Zweifamilienhäuser – hierauf primär auch gar nicht an. Er ist allein am schönen Wohnen in den „eigenen vier Wänden" interessiert.

Etwas anderes kann gelten, wenn z. B. aufgrund eines Mietvertrags oder anderer Besonderheiten davon ausgegangen wird, dass die **Eigentumswohnung nur noch vorübergehend vermietet** ist. Zusammenfassend ist also festzustellen, dass die vermieteten Eigentumswoh-

Wohnimmobilien · **Besondere Immobilienarten VI**

nungen (auch vermietete Ein- und Zweifamilienhäuser) aufgrund ihrer eingeschränkten Verwendungsfähigkeit einem Grundstücksteilmarkt unterworfen sind, der durch deutliche Wertabschläge gegenüber „bezugsfreien" Objekten gekennzeichnet ist, wobei der Wertunterschied umso deutlicher ausfällt, je besser die Lage ist. In den einfachen Lagen kann der Wertunterschied bis auf null zurückgehen.

2.4.3.5 Indexreihen zur Preisentwicklung von Eigentumswohnungen

Angesichts der Bedeutung und des Umfangs des Teilmarktes für Eigentumswohnungen kann erwartet werden, dass die Gutachterausschüsse für Grundstückswerte aus der Kaufpreissammlung Indexreihen für die Preisentwicklung dieses Teilmarktes ableiten und veröffentlichen. Der Gutachterausschuss von *Köln*[14] hat hierzu in vorbildlicher Weise beispielsweise folgende **Indexreihen** veröffentlicht (Abb. 42): 95

Abb. 42: Preisindizes von Eigentumswohnungen (mittlere Kaufpreise pro m² WF) nach Baujahrsklassen in Köln

Jahr	Preisindizes von Eigentumswohnungen (mittlere Kaufpreise pro m² WF) nach Baujahrsklassen in Köln								
	Baujahrklassen								
	bis 1924	1925 – 1948	1949 – 1960	1961 – 1971	1972 – 1980	1981 – 1989	1990 – 1999	ab 2000	insgesamt
1998	98	101	104	97	105	96	111	96	105
1999	100	94	105	97	103	99	110	104	103
2000	**100**	**100**	**100**	**100**	**100**	**100**	**100**	**100**	**100**
2001	102	102	101	92	101	98	93	99	99
2002	102	109	98	96	100	100	93	99	100
2003	98	103	101	96	98	96	89	99	99
2004	98	85	104	93	99	91	88	99	98
2005	108	95	103	96	92	95	84	100	101
2006	108	94	102	97	94	92	87	106	102
2007	107	96	106	95	70	90	88	112	100
2008									
2009									
2010									

Quelle: Grundstücksmarktbericht 2008

Vom Gutachterausschuss in *Berlin* wird die Entwicklung lediglich grafisch und unverständlicherweise ohne Angaben der Indexzahlen angegeben (Abb. 43).

---

14 Vgl. auch Grundstücksmarktbericht von Offenbach 2006, S. 24;

VI Besondere Immobilienarten — Wohnimmobilien

Abb. 43: Preisentwicklung von Wohnungs- und Teileigentum in Berlin seit 1989 in mittlerer Wohnlage

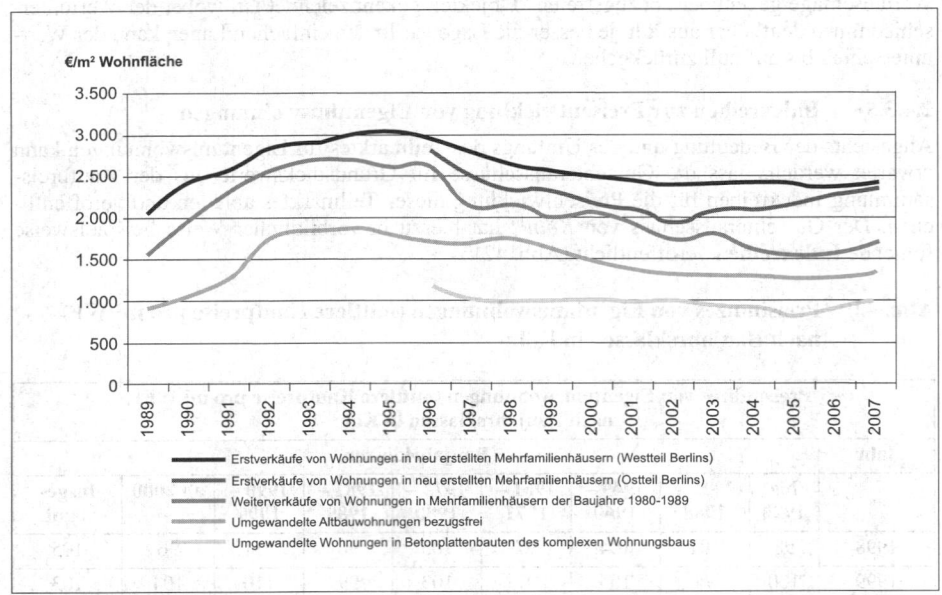

Quelle: Grundstücksmarktbericht 2008/2009

2.4.4 Ertragswertverfahren

2.4.4.1 Allgemeines

96 Das **Ertragswertverfahren** wird sowohl bei neuen wie auch bei älteren Eigentumswohnungen herangezogen, die in Bauart und Ausstattung mit Mietwohnungen vergleichbar sind.

2.4.4.2 Erträge

97 Grundsätzlich ist – wie bei sonstigen Verkehrswertermittlungen – von dem **marktüblich erzielbaren Ertrag** (vgl. § 17 Abs. 1 ImmoWertV) **als dem nachhaltig erzielbaren Ertrag** auszugehen, und zwar sowohl für selbst bewohnte als auch für vermietete Eigentumswohnungen. Darüber hinaus sind ggf. noch Erträge entsprechend der Beteiligungsquote des Eigentümers heranzuziehen, die aus der Vermietung gemeinschaftlichen Eigentums resultieren.

98 Bei vermieteten Eigentumswohnungen ist darüber hinaus der Mietvertrag heranzuziehen, um **Abweichungen der vertraglichen Miete von dem marktüblich erzielbaren Ertrag** ggf. zusätzlich zu berücksichtigen.

2.4.4.3 Bewirtschaftungskosten

99 Die für Wohn- und Teileigentum anfallenden Bewirtschaftungskosten können differenziert werden nach den Bewirtschaftungskosten, die auf das Sondereigentum und die auf das gemeinschaftliche Eigentum entfallen. Die *tatsächlich angefallenen Bewirtschaftungskosten* können der jährlichen Wohngeldabrechnung des Verwalters (§§ 20 bis 29 WEG) entnommen werden. Der Sachverständige sollte deshalb immer die Jahresabrechnungen der letzten Jahre und den Wirtschaftsplan des laufenden Jahres beim Verwalter einsehen. Bei der Ertragswertermittlung ist jedoch – wie bei der allgemeinen Ertragswertermittlung – von **marktüblichen Bewirtschaftungskosten** (§ 19 ImmoWertV) auszugehen. Die Jahresabrechnung ist deshalb nur von beschränkter Aussagekraft; sie kann insbesondere das Bild über die marktüblichen Instandhaltungs- und Verwaltungskosten verfälschen, wenn in den Vorjahren nur geringe

Instandhaltungskosten aufgebracht worden sind oder ein besonders „preiswerter" bzw. „teurer" Verwalter tätig war.

Auf das Sondereigentum entfallende Bewirtschaftungskosten, die nicht mit der Jahresabrechnung erfasst werden, müssen zusätzlich berücksichtigt werden.

Abweichungen der tatsächlichen von den marktüblichen Bewirtschaftungskosten sind, sofern sie ins Gewicht fallen, ggf. für den jeweiligen (vertraglichen) Zeitraum nach den Methoden zu berücksichtigen, wie sie auch zur Berücksichtigung einer sog. Unter- und Übervermietung (*over- and underrented*) zur Anwendung kommen (vgl. Erläuterungen zu § 8 Abs. 3 ImmoWertV).   100

a) Verwaltungskosten

Die Verwaltungskosten **für Eigentumswohnungen** (sowie Kaufeigentumswohnungen oder Wohnungen) in der Rechtsform des eigentumsähnlichen Dauerwohnrechts) werden in **§ 41 Abs. 1 II. BV** unter Berücksichtigung der Anpassung zum 1.1.2008 mit „höchstens 304,64 €" angegeben, wobei sich der genannte Betrag ab 1 Januar eines jeden dem 1 Januar 2005 folgenden dritten Jahres um den Prozentsatz verändert, um den sich der vom Statistischen Bundesamt festgestellte Verbraucherpreisindex für Deutschland für der Veränderung vorausgehenden Monat Oktober gegenüber dem Verbraucherpreisindex für Deutschland für den der letzten Veränderung vorausgehenden Monat Oktober erhöht oder verringert hat. Nach dem Stand 1.1.2008 belaufen sie sich auf 304,64 € jährlich je Eigentumswohnung, Kaufeigentumswohnung und Wohnung in der Rechtsform eines eigentumsähnlichen Dauerwohnrechts nach § 41 Abs. 2 II. BV.   101

Es handelt sich hierbei um einen **Höchstsatz**, der nur einen Anhalt bietet, denn die Höhe der Verwaltungskosten ist abhängig von der Größe der Wohnanlage. Die Verwaltung eines Hochhausblocks mit 500 Eigentümern erfordert geringere Verwaltungskosten als eine Gruppe von drei Reihenhäusern in der Rechtsform des Wohnungseigentums. Zudem wurden regionale Unterschiede festgestellt (Abb. 44):   102

Abb. 44: Jährliche Verwaltungskosten für Eigentumswohnungen nach Regionen (2005):

Lage	Jährliche Verwaltungskosten in €
Berlin und Umgebung	258
Heidelberg/Mannheim	240
Städte in Nordrhein-Westfalen	221
München und Umgebung	215
Frankfurt und Umgebung	213
Hamburg und Umgebung	212
Hannover und Umgebung	206
Stuttgart und Umgebung	205
Nürnberg und Umgebung	204
Städte in Sachsen und Thüringen	203
Braunschweig und Umgebung	200

Quelle: Verbraucherschutzverein „Wohnen im Eigentum" Bonn (Bonngasse 29, 53111 Bonn, Tel. 0228 721 58 61) auf der Grundlage von 2151 Abrechnungen aus elf Stadtregionen

VI Besondere Immobilienarten — Wohnimmobilien

b) Instandhaltungskosten

103 Grundsätzlich kann zwar bei Eigentumswohnungen von denselben Instandhaltungskosten ausgegangen werden, die sich für vergleichbaren Wohnraum ergeben. Erfahrungsgemäß fallen jedoch **für Eigentumswohnungen regelmäßig höhere Instandhaltungskosten** an. Im Hinblick darauf, dass die Instandhaltungskosten zeitlich in sehr unterschiedlicher Höhe anfallen (kleine und große Instandhaltung), können die sich aus den Wohngeldabrechnungen der letzten Jahre ergebenden Instandhaltungskosten nicht als die hier maßgeblichen „nachhaltigen" Instandhaltungskosten angesehen werden. Es kommt hinzu, dass insbesondere bei älteren Objekten die Instandhaltungsrücklagen für die notwendigen Unterhaltungsarbeiten oft nicht ausreichen (vgl. Rn. 116). Der Rückgriff auf die nach den Wohngeldabrechnungen tatsächlich angefallenen Instandhaltungskosten kann bei alledem leicht zu Fehlbewertungen führen. Sind z. B. in den abgelaufenen Jahren verhältnismäßig geringe Instandhaltungskosten angefallen, so würde sich auf dieser Basis der vermeintliche (nachhaltige) Reinertrag erhöhen und es kommt zu Überbewertungen. Dies lässt sich dadurch schnell feststellen, dass der Instandhaltungsaufwand ins Verhältnis zum (fiktiven) Mietertrag gesetzt wird.

c) Instandhaltungsrückstellung

Schrifttum: *Vogels, M.,* Staffelmieten und Instandhaltungsrückstellungen, GuG 2004, 213

104 Für Wohnungseigentum gebildete Instandhaltungsrücklagen sind festzustellen und vor allem im Hinblick auf einen ggf. vorhandenen Instandhaltungsrückstau zu berücksichtigen.

Die Wohnungseigentümergemeinschaft kann nämlich nach § 21 Abs. 5 Nr. 4 WEG mit einfacher Mehrheit die **Bildung einer angemessenen Instandhaltungsrückstellung** zur Begleichung der Kosten notwendig werdender Reparaturen beschließen. Die anteilige Beitragsleistung des einzelnen Wohnungseigentümers bestimmt sich nach dem Verhältnis der Miteigentumsanteile, wenn nicht eine abweichende Vereinbarung getroffen wird.

105 Im Rahmen der Ertragswertermittlung ist die **Instandhaltungsrückstellung weitgehend unbeachtlich, wenn von marktüblich anfallenden Instandhaltungskosten ausgegangen wurde,** denn die Instandhaltungsrückstellung dient dem Ausgleich von Kostenspitzen. Besondere Umlagen, die über das übliche Wohngeld zur Durchführung von Instandsetzungsmaßnahmen (auf der Grundlage eines Beschlusses der Eigentümerversammlung) hinaus erhoben werden, sind jedoch als Instandsetzungskosten wertmindernd zu berücksichtigen, wenn von einem mangelfreien Gebäude ausgegangen wurde und die Rückstellung der Behebung eines Instandsetzungsrückstaus dient, der nicht mit den nachhaltigen Instandhaltungskosten beglichen werden kann. In diesem Fall liegt ein nicht unerheblicher Instandsetzungsbedarf vor, der sich nach dem Barwert der noch ausstehenden (anteiligen) jährlichen Umlagen der jeweiligen Eigentumswohnung bemisst.

106 *Beispiel:*

– besondere Umlage zur Durchführung größerer Instandsetzungsmaßnahmen 2 000 € p.a.
– Zahlungsverpflichtung für 5 Jahre

Daraus folgt bei einem Zinssatz von 5 % und einem Vervielfältiger von 4,33:
Instandsetzungskosten = 2 000 € × 4,33 = 8 660 €

Abb. 45: Gesamt- und Restnutzungsdauer, Reparaturkosten von Bauteilen

Bauteil	GND n	Reparatur-kosten in €/m² WF (1995)	Instandhaltungsrückstellung in €/m² WF bei sechs Zustandsstufen i.V.m. % Restnutzungsdauer																	Ausgewählte Rückstellung in € p.a.
Zustandsstufe			1* 100%			2 80%			3 60%			4 40%			5 20%			6** 0%			
Ausstattung***			e	m	g	e	m	g	e	m	g	e	m	g	e	m	g	e	m	g	
Dach	40	65,6	0,0	4,4	5,2	5,9	11,0	12,8	14,7	20,7	24,2	27,6	35,0	40,9	46,7	56,2	65,6	75,0	
Sanitärinstallation	30	93,7	0,0	7,2	9,6	12,0	16,8	22,4	28,1	29,8	39,7	49,6	47,1	62,8	78,4	70,3	93,7	117,1	
Heizung	40	84,3	0,0	5,2	6,7	8,9	12,8	16,5	22,0	24,2	31,1	41,4	40,9	52,6	70,1	65,6	84,3	112,4	
Elektroinstallation	30	51,5	0,0	4,1	5,3	6,7	9,5	12,3	15,7	16,9	21,8	27,8	26,7	34,5	43,9	39,8	51,5	65,6	
Putz/Fliesen	35	75,0	0,0	5,1	6,8	8,4	12,2	16,3	20,3	22,2	29,6	37,1	36,3	48,5	60,6	56,2	75,0	93,7	
Fenster	30	65,6	0,0	5,0	6,7	8,6	11,8	15,7	20,2	20,8	27,8	35,7	32,9	43,9	56,5	49,2	65,6	84,3	
Türen	40	32,8	0,0	1,9	2,6	3,3	4,6	6,4	8,3	8,6	12,1	15,5	14,6	20,4	26,3	23,4	32,8	42,2	
Oberböden	20	51,5	0,0	5,2	6,7	9,2	11,5	14,9	20,3	19,2	25,8	33,8	28,5	36,9	50,3	39,9	51,5	70,3	
Maler	10	65,6	0,0	8,0	10,7	13,7	16,9	22,5	28,9	26,6	35,5	45,6	37,3	49,8	64,0	49,2	65,6	84,3	
Fassade	40	75,0	0,0	4,4	5,9	7,4	11,0	14,7	18,3	20,7	27,6	34,5	30,7	46,7	58,4	56,2	75,0	93,7	
Sonstiges	30	0,0	0,0	0,0	0,0	0,0	0,0	0,0	0,0	0,0	0,0	0,0	0,0	0,0	0,0	0,0	0,0	0,0	
Summe		660,6	0,0	50,5	66,1	84,2	118,2	154,6	196,8	209,6	274,1	348,6	334,4	436,9	555,2	505,9	660,5	838,5	
Rohbau	100	500,0	–																
		1 160,6																		

* Zustandsstufe 1: Keine Schäden: Restnutzungsdauer = Gesamtnutzungsdauer
** Zustandsstufe 6: Sofortige Erneuerung erforderlich: Restnutzungsdauer = 0
*** Ausstattung: e = einfach; m = mittel; g = gehoben

Quelle: Vogels, GuG 2004, 216

Die Summe der ausgewählten Rückstellungsbeträge ergibt die auf den Quadratmeter Wohnfläche bezogene Instandhaltungsrückstellung per annum. Die **auf die einzelne Wohnung entfallende Instandhaltungsrückstellung** ergibt sich mithin als Produkt dieses Betrags mit der Wohnfläche.

2.4.4.4 Liegenschaftszinssatz

Die besonderen Eigenschaften der Eigentumswohnung können mit dem Liegenschaftszinssatz berücksichtigt werden, soweit eine anderweitige Berücksichtigung dieser Eigenschaften nicht sachgerecht ist. Dabei ist insbesondere zu unterscheiden nach

– neu erstelltem Wohnungs- bzw. Teileigentum, jeweils bezugsfrei oder vermietet
– in Wohn- bzw. Teileigentum umgewandelte Mietobjekte, jeweils bezugsfrei oder vermietet.

Der **Liegenschaftszinssatz von vermietetem Wohnungs- und Teileigentum** liegt jeweils um

– etwa bis 1,00 Prozentpunkte über dem Liegenschaftszinssatz von neu erstelltem Wohnungs- und Teileigentum und
– etwa 0,5 Prozentpunkte über dem Liegenschaftszinssatz von umgewandeltem Wohnungs- und Teileigentum.

VI Besondere Immobilienarten — Wohnimmobilien

Abb. 46: Zusammenstellung von Liegenschaftszinssätzen in ausgewählten Städten (2009)

Stadt/Kreis	Eigentumswohnung			
	Selbst genutzt	Vermietet	Erstverkauf	Weiterverkauf
Bergisch-Gladbach	4,5	4,8	4,15–5,35	-
Bonn	-	-	4,1–5,9	-
LK Borken	3,5	4,0	3,7	
Bottrop	4,3	4,0	3,6	-
Chemnitz	-	-	2,0	
Dinslaken	-	-	3,8	-
Dorsten/Marl	3,9	4,0	3,7	-
Dortmund	3,8	4,3	3,8	-
Dresden	-	-	1,5–2,6	4,4–5,7
Düren	-	-	4,0	
Düsseldorf	-	-	4,0	4,0
LK Ennepe-Ruhr	-	4,1	-	2,9–5,1
Essen	4,1	5,1	2,6–5,6	3,1–7,1
Esslingen	-	-	2,0–4,0	
LK Euskirchen	4,2	-	4,1	
Frankfurt/Main	-	-	2,2–7,5	-
Gelsenkirchen	4,1	3,4	4,4	-
Gladbeck	3,6	3,6	3,6	
LK Gütersloh	-	-	3,0–4,5	
Hagen	2,9	3,2	-	
Hannover	-	5,4	4,7	
LK Heinsberg	-	4,3	3,2	4,3
Heppenheim	-	3,7–4,3	-	-
Herne	3,7	3,2	3,7	-
Herten	-	-	3,5	
LK Hochsauerland	4,3	4,8		
LK Höxter	4,0	4,0	3,8	-
Ilmenau	-	-	2,9–3,9	
Iserlohn	3,6	-	3,5	
Karlsruhe	-	-	2,5–3,5	
Kleve	-	-	3,5–4,0	
Konstanz	-	-	3,0–5,5	
Leipzig	-	-	2,0–4,0	-
Leverkusen	3,7	4,0	3,6	-
LK Lippe/Detmold	5,0	4,9	4,8	-
Lüdenscheid	3,3	3,1	3,1	-
LK Lüneburg	-	-	4,5	-
Lünen	4,7	5,4	4,8	-
Mainz	-	-	3,27–3,71	
Marl	-	-	4,2	
Minden	-	-	3,5	
München	-	-	2,8–3,4	
Münster	-	-	3,0–4,0	
Neuss	-	4,3	-	-
LK Nienburg	-	-	3,4–4,5	

Wohnimmobilien — Besondere Immobilienarten VI

Stadt/Kreis	Eigentumswohnung			
	Selbst genutzt	Vermietet	Erstverkauf	Weiterverkauf
Oberbergischer Kreis	4,1	4,3	3,3	-
Offenburg	-	-	3,9	4,8
Paderborn	-	-	3,6–4,4	3,6–4,4
Ratingen	4,2		4,0	
Recklinghausen	-	-	-	-
LK Recklinghausen	4,1	4,5		
Remscheid	3,2	4,1	3,0	
Rhein-Erft-Kreis		4,1		
Rhein.-Berg. Kreis	-	4,5		
Rheine	-	-		2,4–4,6
LK Rhein-Sieg	-	4,7	4,25	-
Siegen	-	-	2,0–4,0	
LK Siegen/Wittgenstein	3,9	4,2		
LK Soest	4,2	-		3,9
Solingen	4,1	-		4,1
Trier	-	-	3,3	-
Unna	-	3,6	-	-
LK Unna	3,9	3,7	3,7	
Velbert	4,0	4,2	3,7	-
Wiesbaden	-	4,5	-	-
Witten	3,3	-	3,6	-
Wuppertal	1,5–7,3	2,2–5,9	2,5–5,9	-

Quelle: Marktberichte der jeweiligen Gutachterausschüsse für Grundstückswerte

Die empirisch für Eigentumswohnungen abgeleiteten **Liegenschaftszinssätze** weisen je nach Lage und Ausstattungszustand eine große Spanbreite von 2,0 (neu erstellte) bis 5,0 % auf. Bei in Eigentumswohnungen umgewandelte Objekte liegt der Liegenschaftszinssatz eher bei 4,0 bis 5,0 % (vgl. Aufstellung bei § 14 ImmoWertV).

Die **Abhängigkeit des Liegenschaftszinssatzes von der Lage** lässt sich durch eine Abhängigkeit vom Bodenrichtwert beschreiben. Je höher der Bodenrichtwert ist, desto geringer ist der Liegenschaftszinssatz. Der Gutachterausschuss für Grundstückswerte in *Heppenheim* hat in seinem Grundstücksmarktbericht 2009 für Südhessen eine Spanne von 4,3 % bei einem Bodenrichtwertniveau von 100 bis 199 €/m² bis 3,9 % bei einem Bodenrichtwertniveau über 400 €/m² ermittelt.

VI Besondere Immobilienarten

Abb. 47: Liegenschaftszinssatz für vermietete Eigentumswohnungen in Abhängigkeit von der Lage (Bodenrichtwert) in der Region Hannover

Abb. 48: Liegenschaftszinssatz für vermietete Eigentumswohnungen in Abhängigkeit von der Ausstattung in der Region Hannover

109 Zur **Abhängigkeit des Liegenschaftszinssatzes für Eigentumswohnungen von der Wohnfläche** ist festzustellen, dass der Liegenschaftszinssatz bei besonders kleinen Wohnungen (WF < 40 m²) auch besonders niedrig ausfällt und umgekehrt (WF < 100 m²); anders die Veröffentlichung des Gutachterausschusses von Esslingen. Nach einer älteren Untersuchung (2002) ergibt sich jedoch die in Abb. 49 dargestellte Abhängigkeit.

Abb. 49: Liegenschaftszinssatz für Eigentumswohnungen in Abhängigkeit von der Wohnfläche 2002 in Esslingen

Quelle: Gutachterausschuss der Stadt Esslingen am Neckar, Grundstücksmarktbericht 2002

Abb. 50: Liegenschaftszinssatz für vermietete Eigentumswohnungen in Abhängigkeit von der Wohnfläche in der Region Hannover

Quelle: Grundstücksmarktbericht 2008

In **größeren Wohnanlagen** liegt der Liegenschaftszinssatz bis zu 2 % über dem Durchschnittswert. Zur **Abhängigkeit des Liegenschaftszinssatzes für vermietete Eigentumswohnungen** von der Gebäudegröße in der Region Hannover liegen die sich aus Abb. 51 ergebenden Werte vor.

VI Besondere Immobilienarten — Wohnimmobilien

Abb. 51: Liegenschaftszinssatz für vermietete Eigentumswohnungen in Abhängigkeit von der Gebäudegröße (Zahl der Wohnungen) in der Region Hannover

Abb. 52: Liegenschaftszinssatz für Eigentumswohnungen in Abhängigkeit vom Gebäudealter in der Region Hannover

2.4.4.5 Bodenwert

110 Grundsätzlich ist der Bodenwert des Grundstücks mit dem entsprechend der Beteiligungsquote der Eigentumswohnung an der Gesamtanlage entfallenden Bodenwertanteil anzusetzen.

2.4.5 Sachwertverfahren

111 Im Allgemeinen wird nicht das gesamte Grundstück, sondern nur eine Eigentumswohneinheit (Wohnungseigentum) zu werten sein. Das Wohnungseigentum setzt sich aus dem Sondereigentum an einer Wohnung und dem Miteigentum am gemeinschaftlichen Grundstück zusammen. Die Eigentumsanteile und hier insbesondere der Gemeinschaftsanteil lassen sich nach Gewerken kaum qualifizieren, so dass eine **direkte** (eigenständige) **Ermittlung des Sachwerts einer einzelnen Eigentumswohnung** allenfalls **in Ausnahmefällen möglich** ist, z. B.

ein mit mehreren Häusern in der Rechtsform des Wohnungseigentums bebautes Grundstück (Hausanlage) oder ein Zweifamilienhaus[15].

Bei alledem kommt bei Anwendung des Sachwertverfahrens i.d.R. die deduktive Vorgehensweise zur Anwendung, bei der zunächst der Grundstückssachwert (Bodenwert, Wert der baulichen Anlagen, insbesondere der Gebäude und der Wert der sonstigen Anlagen) des Gesamtobjekts als Ausgangswert ermittelt und hieraus der Wert des Wohnungseigentums entsprechend der **Beteiligungsquote des Wohnungseigentümers am Miteigentum** als Bruchteil des Grundstückssachwerts abgeleitet wird. Diese Ermittlung ist im Prinzip fehlerfrei, wenn die Miteigentumsanteile nach Quadratmeter Wohnfläche am Gesamtflächenanteil aufgeteilt worden sind und die Flächenverhältnisse auch den Wertverhältnissen entsprechen.

Bei **Objekten mit Mischnutzung** (z. B. Läden im Erdgeschoss und Wohnungen in den Obergeschossen) richten sich die Kaufpreise für Gewerbeflächen im Allgemeinen nicht nach den Flächengrößen des jeweiligen Teileigentums, sondern nach der Ertragserwartung. Das bedeutet, dass ein ertragsträchtiger Laden im Erdgeschoss einen höheren Verkehrswert besitzt, als er sich unter Zugrundelegung der flächenmäßigen Miteigentumsanteile ergeben würde. Insofern könnte das Sachwertverfahren bei der Aufteilung des Gesamtwerts nach Miteigentumsanteilen zu falschen Werten führen. Zudem besteht das Problem der Anpassung des Sachwerts an die Marktlage.

112

Diese Vorgehensweise ist in der Rechtsprechung bestätigt worden, sofern diesbezüglich nichts Abweichendes vereinbart wurde[16].

113

2.4.6 Sonderfälle

2.4.6.1 Wohnungseigentum mit Reparaturstau

Probleme können sich bei der Wertermittlung von Wohnungs- oder Teileigentum insbesondere in den neuen Bundesländern dann ergeben, wenn bei dem Objekt ein erheblicher Reparaturstau vorliegt. Normalerweise hat die Eigentümergemeinschaft ein Reparaturrücklagenkonto (Instandhaltungsrückstellung), aus dem die laufenden Instandhaltungskosten und andere Reparaturen für die im gemeinschaftlichen Eigentum stehenden Bauteile gedeckt werden. Dieses Konto muss ausreichend groß sein, damit auch die im Laufe der Zeit anfallenden Großreparaturen aufgefangen werden können. Anderenfalls können die einzelnen Eigentümer mit zum Teil erheblichen Kosten belastet werden. Bei der Verkehrswertermittlung von Wohnungs- und Teileigentum ist deshalb stets zu prüfen, ob dieses **Rücklagenkonto** einen entsprechenden positiven Betrag ausweist. Ist dies nicht der Fall, mindert sich der Wert des Wohnungs- oder Teileigentums (Abb. 53):

114

---
15 Beispiel in Simon/Kleiber, Schätzung und Ermittlung von Grundstückswerten, 8. Aufl. S. 549.
16 BFH, Urt. vom 15.1.1985 – IX R 81/83 –, EzGuG 20.109; zur Frage des Bodenwertanteils BGH, Urt. vom 18.6.1976 – V ZR 156/75 –, NJW 1976, 1976; BFH, Urt. vom 24.2.1999 – IV B 73/98 –, GuG 2000, 186 = EzGuG 20.170; LG Göttingen, Urt. vom 8.9.1998 – 10 T 43/89 –, EzGuG 20.165.

Abb. 53: Wertermittlung von Wohnungs- oder Teileigentum bei Instandhaltungs- oder Reparaturstau

2.4.6.2 Sondernutzungsrechte

115 Sondernutzungsrechte[17] (z. B. Gartenbenutzung) werden in der Praxis nach dem jährlichen Nutzwert der betroffenen Fläche berücksichtigt. Der **jährliche Nutzwert** kann dabei mit einem Vomhundertsatz des Bodenrichtwerts (z. B. 1 %) angesetzt werden, wobei die individuelle Lage mit einer Erhöhung oder Minderung berücksichtigt werden kann (vgl. Rn. 127). Der jährliche Nutzwert (z. B. 1/100 × Bodenrichtwert × Fläche) ist dann zu kapitalisieren, z. B. mit 5 %[18].

2.4.7 Beleihungswertermittlung

116 Die **Ermittlung des Beleihungswerts von Eigentumswohnungen** ist im § 4 BelWertV in einer unverständlich verkomplizierten Weise geregelt:

1. Nach dem Grundsatz des § 4 BelWertV sind zur Ermittlung des *Beleihungswerts* von Wohnungs- und Teileigentum zunächst der Ertragswert (§§ 8 bis 13 BelWertV) und der Sachwert (§§ 14 bis 19 BelWertV) des Beleihungsobjekts getrennt zu ermitteln (Abs. 1 Satz 1). **Maßgebend** soll nach § 4 Abs. 3 Satz 1 BelWertV jedoch **regelmäßig der Ertragswert** sein. Bleibt der Sachwert des Beleihungsobjekts um mehr als 20 Prozent hinter dem Ertragswert zurück, sollen die „Nachhaltigkeit" des der Ertragsgewinnung zugrunde gelegten Ertrags und seine Kapitalisierung einer besonderen Überprüfung unterworfen werden.

2. Mit § 4 Abs. 2 BelWertV wird verbindlich die ergänzende Anwendung des Vergleichswertverfahrens nach Maßgabe des § 19 BelWertV vorgegeben. Der **Vergleichswert (B) ist** dann als **„Kontrollwert"** zu berücksichtigen und die Ermittlung des Sachwerts „kann" entfallen.

3. Nach § 4 Abs. 4 Satz 2 BelWertV kann der Beleihungswert von Eigentumswohnungen auch direkt am **Vergleichswert** „orientiert" werden, **wenn** das zu bewertende Objekt nach

---
17 OLG Celle, Urt. vom 19.4.2000 – 3 U 47/99 –, GuG 2004, 184 zum Sondernutzungsrecht am Dachgeschoss.
18 Zur Abgrenzung der Fläche vgl. BayObLG, Beschl. vom 17.4.2003 – 2 Z BR 7/03 –, GE 2003, 1029.

Zustand, Ausstattungsqualität und Lage „zweifelsfrei" zur **Eigennutzung** geeignet ist und bei gewöhnlicher Marktentwicklung nach den Umständen des Einzelfalls vorausgesetzt werden kann, dass das Objekt von potenziellen Erwerbern für die eigene Nutzung nachgefragt wird.

Eine Ertrags- und Sachwertermittlung kann dann entfallen, so dass allein der Vergleichswert (B) ohne Heranziehung eines „Kontrollwerts" maßgeblich ist.

4. Nach § 4 Abs. 2 Satz 1 BelWertV kann der Beleihungswert von Eigentumswohnungen aber auch am **Sachwert** „orientiert" werden und eine Ertragswertermittlung entfallen, wenn die Voraussetzungen für die Anwendung des Vergleichswertverfahrens gegeben sind. Als „Kontrollwert" soll dann wohl der „Vergleichswert (B)" dienen, der nach § 4 Abs. 2 Satz 1 BelWertV (in jedem Fall) – unabhängig von dem ansonsten zur Anwendung kommenden Verfahren – zu ermitteln ist.

Für die Anwendung des Vergleichswertverfahrens bestimmt § 19 Abs. 2 BelWertV nicht sonderlich originell, dass sich der (vorläufige) Vergleichswert durch Vervielfachung des (der) geeigneten „Vergleichspreise(s) je Quadratmeter Wohn- beziehungsweise Nutzfläche mit der gesamten Fläche des Wohnungs- oder Teileigentums" ergibt[19]. Der so ermittelte (vorläufige) Vergleichswert entspricht dem auch nach den Grundsätzen der ImmoWertV ermittelten Vergleichswert. Als **Vergleichswert i.S. der BelWertV** soll jedoch ein um einen Sicherheitsabschlag in Höhe von mindestens 10 Prozent verminderter Vergleichswert (B) dienen, der darüber hinaus lediglich die Funktion eines „Kontrollwerts" hat (§ 4 Abs. 5 Satz 1 BelWertV).

In der **Gesamtschau** stellen sich die Verfahrensvorgaben wie aus Abb. 54 ersichtlich dar.

Abb. 54: Verfahren der Ermittlung des Beleihungswerts von Wohnungs- und Teileigentum

---

19 Im Falle von Stellplätzen aus der Vervielfachung des Vergleichspreises für einen Stellplatz mit der entsprechenden Anzahl.

VI Besondere Immobilienarten — Wohnimmobilien

2.4.8 Steuerliche Bewertung

119 „**§ 93 BewG Wohnungseigentum und Teileigentum**

(1) Jedes Wohnungseigentum und Teileigentum bildet eine wirtschaftliche Einheit. Für die Bestimmung der Grundstücksart (§ 75) ist die Nutzung des auf das Wohnungseigentum und Teileigentum entfallenden Gebäudeteils maßgebend. Die Vorschriften der §§ 76 bis 91 finden Anwendung, soweit sich nicht aus den Absätzen 2 und 3 etwas anderes ergibt.

(2) Das zu mehr als achtzig von Hundert Wohnzwecken dienende Wohnungseigentum ist im Wege des Ertragswertverfahrens nach den Vorschriften zu bewerten, die für Mietwohngrundstücke maßgebend sind. Wohnungseigentum, das zu nicht mehr als achtzig vom Hundert, aber zu nicht weniger als zwanzig vom Hundert Wohnzwecken dient, ist im Wege des Ertragswertverfahrens nach den Vorschriften zu bewerten, die für gemischt genutzte Grundstücke maßgebend sind.

(3) Entsprechen die im Grundbuch eingetragenen Miteigentumsanteile an dem gemeinschaftlichen Eigentum nicht dem Verhältnis der Jahresrohmiete zueinander, so kann dies bei der Feststellung des Wertes entsprechend berücksichtigt werden. Sind einzelne Räume, die im gemeinschaftlichen Eigentum stehen, vermietet, so ist ihr Wert nach den im Grundbuch eingetragenen Anteilen zu verteilen und bei den einzelnen wirtschaftlichen Einheiten zu erfassen."

2.4.9 Beispiele

2.4.9.1 Verkehrswert einer Eigentumswohnung nach dem Vergleichswertverfahren

120 a) **Sachverhalt**

Es ist der Verkehrswert einer am Wertermittlungsstichtag

– 7 Jahre alten Eigentumswohnung

– mit einer Wohnfläche von 100 m²

– in mittlerer bis einfacher Wohnlage

– zusammen mit einem zugehörigen Tiefgaragenplatz

zu ermitteln.

121 b) **Wertermittlung**

a) Ermittlung des Durchschnittswerts aus flächenbezogenen Vergleichspreisen für neu errichtetes Wohnungseigentum

Nach den vom örtlichen Gutachterausschuss für Grundstückswerte abgeleiteten *durchschnittlichen Vergleichspreisen für den Weiterverkauf von Eigentumswohnungen* beträgt der durchschnittliche Kaufpreis je Quadratmeter Wohnfläche einer neu errichteten Eigentumswohnung von 70 m² Größe in guter bis mittlerer Wohnlage 1500 €; vgl. die von den Gutachterausschüssen veröffentlichten Untersuchungsergebnisse; hieraus folgt z. B.:

100 m² × 1 500 € = **150 000 €**

b) Berücksichtigung von Abweichungen der Wohnungsgröße (Wohnfläche)

Allgemein gilt, dass der Verkehrswert pro Quadratmeter Wohnfläche – ähnlich wie die Miete vermieteten Wohnraums – desto größer ist, je kleiner die Wohnung ist. Dies belegt eine Reihe von Untersuchungen, die nachfolgend dargestellt werden. Ausnahmen von dieser Regel können sich für hochwertige Luxuswohnungen ergeben, die nicht nur bezüglich Ausstattung, sondern auch bezüglich der Wohnfläche großzügig gestaltet sein müssen, um auf diesem Teilmarkt höhere Preise erzielen zu können.

Klöckner hat für Aachen folgende Gleichung für den Umrechnungskoeffizienten für die Abhängigkeit des Quadratmeterwerts von Eigentumswohnungen von der Wohnfläche abgeleitet:

$UK = 1{,}78908 \times WF\ [m^2]^{-0{,}137}$

bezogen auf eine 70 m² große Eigentumswohnung mit einem UK = 100 oder

$UK = 1{,}8802 \times WF\ [m^2]^{-0{,}137}$

bezogen auf eine 100 m² große Eigentumswohnung mit einem UK = 100

▶ *Zu anderen Untersuchungen vgl. Rn. 81 ff.*

Nach Untersuchungen des örtlichen Gutachterausschusses für Grundstückswerte mindert sich im Beispielsfall also der durchschnittliche Vergleichspreis je Quadratmeter Nettowohnfläche mit zunehmender *Wohnungsgröße*.

Im Verhältnis zu dem auf eine 70 m² große Wohnung bezogenen durchschnittlichen Kaufpreis beträgt der Umrechnungskoeffizient für eine 100 m² große Wohnung entsprechend dem Beispielsfall z. B. in Aachen 0,95; hieraus folgt:

150 000 € × 0,95 = **142 500 €**

c) *Berücksichtigung des Stellplatzes*

Sofern ein Stellplatz nicht bereits mit den Vergleichspreisen berücksichtigt wurde, kann er durch Einzelansätze zusätzlich berücksichtigt werden. Die Gutachterausschüsse veröffentlichen entsprechende Regelsätze.

Ein *Tiefgaragenplatz* wird mit € 10 000 berücksichtigt; hieraus folgt:

142 500 € + 10 000 = **152 500 €**

d) *Berücksichtigung des Alters*

Nach Untersuchungen des örtlichen Gutachterausschusses für Grundstückswerte nimmt der *Verkehrswert von Eigentumswohnungen in Abhängigkeit vom Wohnungsalter* ab (hier: Ergebnisse der Untersuchungen des Gutachterausschusses für Grundstückswerte in den Städten Bonn, Essen, Mainz, Stuttgart und Nürnberg.

Für die im vorliegenden Fall 7 Jahre alte Eigentumswohnung ist damit bei einem Umrechnungsfaktor von 0,80 anzusetzen:

152 500 € × 0,80 = **122 000 €**

e) *Berücksichtigung der Lage*

Der Wert einer Eigentumswohnung ist wie der Wert anderer Immobilien abhängig von der Lage des Objektes. Sofern mit den herangezogenen Vergleichspreisen (differenziert nach Wohnlagen) die Lage noch nicht berücksichtigt wurde, ist eine zusätzliche Berücksichtigung erforderlich.

Nach Untersuchungen des örtlichen Gutachterausschusses für Grundstückswerte ist zur Berücksichtigung des Unterschieds zwischen einer den durchschnittlichen Vergleichspreisen zugrunde liegenden „guten bis mittleren" Wohnlage und der „mittleren ungünstigen" Wohnlage des Wertermittlungsobjekts ein weiterer Abschlag von 8 % anzubringen; hieraus folgt:

122 000 € × 0,92 = **112 240 €**

Von den Gutachterausschüssen für Grundstückswerte werden Umrechnungskoeffizienten abgeleitet, mit denen sich die Verkehrswerte von Eigentumswohnungen nach unterschiedlichen Wohnlagen umrechnen lassen (Rn. 86).

Weiterhin ist nach Lage des Einzelfalls zu berücksichtigen:

– Erst- und Wiederverkäufe (Rn. 76),

– vorangegangene Veräußerungen,

– die Ausstattung des Wohneigentums sowie des Gesamtobjekts (vgl. Rn. 88),

– die Lage des Wohneigentums innerhalb des Gesamtobjekts (z. B. Geschoss, vgl. Rn. 83),

– Besonderheiten bezüglich der zu tragenden Lasten (Instandsetzungen, Verwaltung, Gemeinschaftsanlagen usw.),

– Besonderheiten bezüglich der übrigen Bewohner,

– sonstige nach der Lage auf dem Grundstücksmarkt zu berücksichtigende Besonderheiten,

– die Anzahl der Wohneinheiten im Objekt (Rn. 85 ff.),

– allgemeine Lage[20].

Zu den angesprochenen wertbeeinflussenden Umständen liegen die unter Rn. 75 ff. vorgestellten **Untersuchungsergebnisse** vor.

---

20 Krumm in AVN 1988, 166.

VI Besondere Immobilienarten — Wohnimmobilien

2.4.9.2 Verkehrswert einer Eigentumswohnung mittels Regressionsanalyse

122

a) Vorbemerkungen

Auftraggeber des Gutachtens: Herr E. F., 30000 H., E-Straße 9.

Das Gutachten wird vom Auftraggeber für steuerliche Zwecke benötigt.

Wertermittlungsstichtag ist der 1. Januar 1991.

Die Eigentumswohnung wurde am 2.10.19... vom Unterzeichner im Beisein des Herrn F. besichtigt.

b) Beschreibung des Wertermittlungsobjekts

30000 H., E-Straße 9, Wohnung Nr. 6 mit 100/1 000 Miteigentumsanteil

Grundbuch von H., Blatt 1213.

Gemarkung St., Flur 12, Flurstück 19/7.

Eigentümer: Herr E. F., 30000 H., E-Straße 9.

(Lageplan)

Tatsächliche Wertmerkmale

Lage: Das Grundstück liegt im süd-östlichen Teil von H. an der E-Straße in einem bevorzugten Wohngebiet mit hohem Freizeitwert.

Form, Größe, Bodenbeschaffenheit: Die Form des Grundstücks und seine nähere Umgebung sind aus dem Lageplan zu erkennen. Das Grundstück ist farbig gekennzeichnet. Es ist 850 m² groß. Die Baugrundverhältnisse sind normal (nicht bindiger Boden, Grundwasser tiefer als 2 m). Das Grundstück ist mit 10 Eigentumswohneinheiten unterschiedlicher Größe in Blockbebauung bebaut.

Erschließungszustand: Das Grundstück ist voll erschlossen. Alle ortsüblichen Ver- und Entsorgungsleitungen (Wasser, Strom, Gas) sind vorhanden. Die E-Straße ist eine öffentliche Straße mit Durchgangsverkehr. Beidseitig sind Gehwege vorhanden.

Verkehrsanbindung: Bus- und Straßenbahnhaltepunkte befinden sich in unmittelbarer Nähe des Grundstücks an der E-Straße. Anschluss an die BAB 7 in ca. 500 m Entfernung über Zubringer.

Versorgungs- und Dienstleistungsbetriebe: Gute Einkaufsmöglichkeiten befinden sich im nahe gelegenen Einkaufszentrum an der H-Straße.

Rechtliche Wertmerkmale

Das Grundstück ist Bauland (§ 30 BauGB). Für das Wertermittlungsobjekt ist im rechtsverbindlichen Bebauungsplan Nr. 131 ein allgemeines Wohngebiet (WA) in offener Bauweise (o) festgesetzt. Als Maß der baulichen Nutzung ist zulässig:

Geschossflächenzahl (GFZ): 1,1

Bebauung mit 4 Vollgeschossen.

Die Bebauung entspricht der zulässigen Ausnutzung. In der näheren Umgebung des Grundstücks befindet sich ein Wohngebiet mit gehobener Einfamilienhausbebauung mit geringerer GFZ.

Erschließungsbeiträge: Das Grundstück ist erschließungsbeitragsfrei.

Rechte und Belastungen: Grundbuch und Baulastenverzeichnis wurden eingesehen. Wertbeeinflussende Rechte und Belastungen liegen nicht vor.

Beschreibung der baulichen Anlage

Baulicher Zustand: Das ausschließlich dem Wohnen dienende Gesamtgebäude wie auch die Eigentumswohnung Nr. 6 befinden sich in sehr gutem Erhaltungszustand. Nach den vorgelegten Jahresabrechnungen des Verwalters sind die Rücklagen für Instandhaltungsmaßnahmen ausreichend hoch.

Baumängel und Bauschäden: Es wurden keine Baumängel oder Bauschäden festgestellt.

Wohnfläche der Eigentumswohnung Nr. 6: 80 m².

Baujahr: 1984.

Restnutzungsdauer: Bei einem zum Zeitpunkt der Wertermittlung bestehenden Alter von 5 Jahren und einer gewöhnlichen Nutzungsdauer von 80 Jahren beträgt die Restnutzungsdauer des Objekts 75 Jahre.

Zusammenfassung: Das Wertermittlungsobjekt besteht aus der 80 m² großen 3-Zimmereigentumswohnung Nr. 6 des Aufteilungsplans mit 100/1 000 Miteigentumsanteil. Sie liegt im II. Obergeschoss rechts

Wohnimmobilien — Besondere Immobilienarten VI

in Südlage. Der Wohnungsgrundriss sowie die bauliche Ausstattung der Wohnung entsprechen derzeitig gehobenen Wohnvorstellungen und sind von guter bis sehr guter Qualität.

c) Ermittlung des Verkehrswerts

123

Grundstücksverkehrswerte werden auf der Grundlage des Sach-, Ertrags- oder Vergleichswertverfahrens ermittelt. Die Wahl des Verfahrens richtet sich nach den Gepflogenheiten des Grundstücksmarkts. Es ist dabei von den Maßstäben auszugehen, die der Verkehr beim Grundstückskauf anzuwenden pflegt[21].

Eigentumswohnungen werden i.d.R. nach Preisen je Quadratmeter Wohnfläche gehandelt. Aus diesem Grunde kann der Verkehrswert im Vergleichswertverfahren ermittelt werden. Für die Wertermittlung sind Quadratmeterpreise geeigneter Vergleichsobjekte heranzuziehen. Liegen sie nicht vor, kann der Verkehrswert je nach Charakter der Wohnung hilfsweise nach dem Ertrags- oder Sachwertverfahren ermittelt werden. Die danach errechneten Ausgangswerte sind unter Würdigung der besonderen Situation auf dem Grundstücksmarkt zu ermäßigen oder zu erhöhen.

Im vorliegenden Fall liegt eine ausreichende Anzahl von Vergleichsobjekten vor, die mit dem Wertermittlungsobjekt hinsichtlich der wertrelevanten Merkmale vergleichbar sind. Der Verkehrswert wird deshalb auf der Grundlage des Vergleichswertverfahrens ermittelt.

Da die Eigentumswohnung Nr. 6 unter Umständen auch als Renditeobjekt (Mietwohnung) angesehen werden kann, wird zu Kontrollzwecken der Ertragswert ermittelt.

Für die Ermittlung des Vergleichswerts liegen 51 bzw. 13 Kaufpreise von in Lage, Art und Ausstattung vergleichbaren Eigentumswohnungen vor, die in den Jahren 1988 bis 1993 veräußert wurden (Zweitverkäufe vgl. Abb. 55).

Abb. 55: Vergleichskaufpreise (nur Zweitverkäufe)

Vergleichskaufpreise (nur Zweitverkäufe)							
Nr.	Lage	Baujahr	Kaufzeitpunkt	x-Wert	Kaufpreis	Wohnfläche m²	Kaufpreis je m² WF
1	B-Weg	1983	13.05.1990	3,25	112 000	102,69	1 091
2	B-Weg	1983	20.12.1993	6,75	105 000	102,69	1 100
3	H-Weg	1982	11.10.1992	5,75	81 500	61,48	1 326
4	H-Weg	1982	28.07.1988	1,50	49 500	61,48	900
5	H-Weg	1982	10.06.1990	3,25	83 750	80,81	136
6	H-Weg	1982	28.05.1990	3,25	69 000	80,82	977
7	H-Weg	1982	28.12.1991	4,75	174 500	142,36	1226
8	St-Straße	1984	21.01.1990	3,00	80 000	74,06	1 080
9	St-Straße	1984	02.01.1990	3,00	70 000	74,06	945
10	St-Straße	1984	29.07.1990	3,50	75 000	74,06	1 013
11	St-Straße	1984	28.11.1990	3,75	96 000	95,57	1 005
12	E-Straße	1987	16.07.1991	4,50	97 500	80,39	1 213
13	E-Straße	1987	23.08.1989	2,50	735 000	67,86	1 083
Kaufzeitpunkt im Quartal 1988 entspricht einem x-Wert von 1,00 je Quartal + 0,25							

Der für den Wertermittlungsstichtag maßgebende Vergleichswert wurde im Wege der linearen **Regressionsanalyse** ermittelt. Hierzu wurden die Quadratmeterpreise (y) mit ihren entsprechenden Veräußerungszeitpunkten (x) in Beziehung gesetzt (vgl. nachstehende Abb. 56).

---

21 OLG Köln, Urt. vom 28.8.1962 – U 28/58 –, EzGuG 20.31.

VI Besondere Immobilienarten   Wohnimmobilien

Abb. 56: Regressionsanalyse über Kaufpreise (€/m²) von Eigentumswohnungen und Kaufzeitpunkt

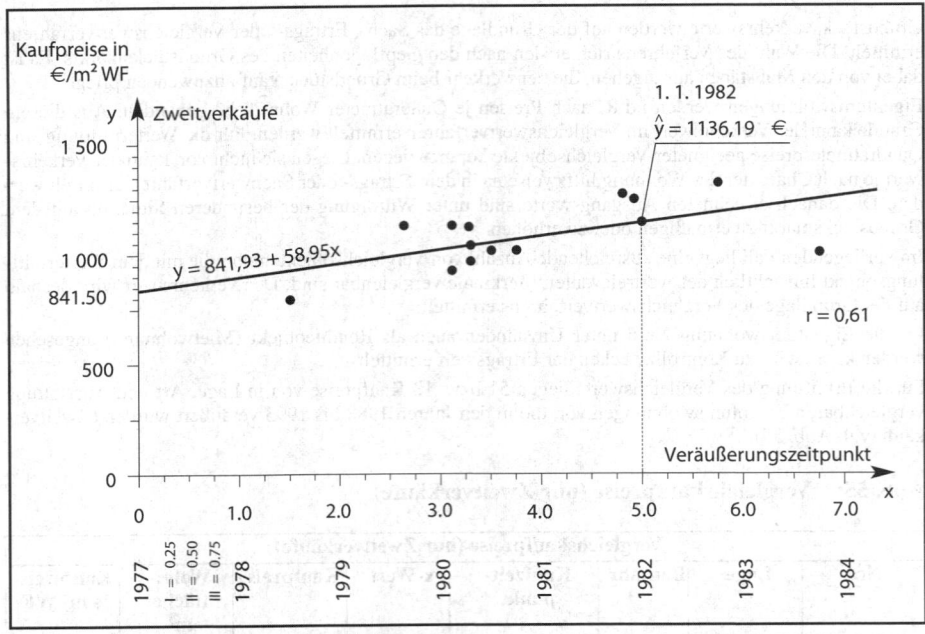

Die Regressionsgerade für die Zweitverkäufe lautet

$$y = 59{,}959 \cdot x + 851{,}65$$

bei einem Bestimmtheitsmaß von 0,4795.

Der zum 1.1.1991 (Wertermittlungsstichtag) ermittelte x-Wert ergibt sich zu 4,00. Der durchschnittliche Kaufpreis pro m² Wohnfläche ergibt sich aus:

$$y = 59{,}959 \times 4{,}00 + 851{,}65 = 1\,091 \text{ €/m}^2.$$

Bei einer Wohnfläche von 80 m² wird der Vergleichspreis zu

80,00 m² × 1 091 €/m² = 85 280 € bzw. rd. 85 000 €.

2.4.9.3 Verkehrswert einer Eigentumswohnung nach dem Vergleichs- und Ertragswertverfahren

a) Sachverhalt

Es ist der Verkehrswert einer Eigentumswohnung (Wohnungseigentum Nr. 38) mit Keller und Balkon, jedoch ohne Stellplatz und Sondernutzungsrechte zum Wertermittlungsstichtag 13.5.2005 zu ermitteln. Die Wohnung ist Bestandteil einer Wohnanlage (Mehrfamilienhaus Nr. 56 a) mittlerer Größe mit insgesamt 61 weiteren Wohnungen. Die auf dem Grundstück befindliche Wohnung Nr. 38 ist bezugsfrei.

– Lage	Erdgeschoss links
– Zimmer	3
– Wohnfläche	94,28 m²
– nachhaltige Nettokaltmiete	6,00 €/m²
– Nettokaltmiete pro Monat	565,68 € (= 94,28 €/m² × 6,00 €/m²)
– Nettokaltmiete pro Jahr	rd. 6 788,16 € (= 565,68 € × 12 Monate)
– Miteigentumsanteil	242,39/10 000stel
– Grundstücksgröße	5 795 m²

Wohnimmobilien — Besondere Immobilienarten VI

– Bodenrichtwert (1.1.2005)	240,00 €/m² (ebf) bei einer Nutzung „Wohngebiet" (W) und einer GFZ von 1,5 ohne Bezug auf eine Größe des Bodenrichtwertgrundstücks
– Art der baulichen Nutzung	Allgemeines Wohngebiet
– Maß der baulichen Nutzung	etwa 0,8
– Art des Gebäudes	Mehrfamilienhaus mit 62 Wohneinheiten und einer Gewerbeeinheit, dreigeschossig, voll unterkellert, nicht ausgebautes Dachgeschoss
– Baujahr	ca. 1930–1939
– Fiktives Baujahr	2003 (Vollmodernisierung in 2003)
– Gesamtnutzungsdauer	70 Jahre
– Restnutzungsdauer	68 Jahre
– Besondere Bauteile	Balkon; südwestliche Ausrichtung

Die auf dem Grundstück realisierte Bebauung weist mit einer überbauten Fläche von 1.363 m² bei einer (fiktiven) Grundstücksfläche von 5.795 m² eine tatsächliche GRZ von rd. 0,2 und mit einer Geschossfläche von rd. 4.317 m² eine GFZ von rd. 0,8 auf. Die tatsächliche Nutzung entspricht der lagetypischen Nutzung. Das Grundstück ist damit gemäß § 6 Abs. 1 Satz 2 ImmoWertV nicht untergenutzt. Dem Bodenrichtwert ist indessen eine GFZ von 1,5 zugeordnet. Der Bodenrichtwert wird deshalb mit Hilfe von Umrechnungskoeffizienten auf die lagetypische und realisierte Nutzung von 0,8 umgerechnet. Daraus ergibt sich folgende Berechnung:

$UK_{GFZ = 0,8} = 0{,}7960$

$UK_{GFZ = 1,5} = 1{,}4769$

$BW_{GFZ = 0,8} = 240\ \text{€/m²} \times 0{,}7960 / 1{,}4769$

$$= \text{rd. } 130\ \text{€/m²}$$

Da seit der Bodenrichtwertveröffentlichung vom 1.1.2005 keine Wertminderungen oder Werterhöhungen auf dem allgemeinen Grundstücksmarkt erkennbar waren, ergibt sich – bezogen auf den Wertermittlungsstichtag – für das Grundstück ein Bodenwert von 795 m² × 130 €

$$= \text{rd. } 753\,350\ \text{€}$$

Bei einem Miteigentumsanteil am Grundstück von 243,39/10 000 und einer Grundstücksgröße von 5 795 m² ergibt sich ein Bodenanteil von

$$= \text{rd. } 18\,336\ \text{€}$$

Die Bewirtschaftungskosten ergeben sich wie folgt:

Verwaltungskosten	260 €/pro Whg.	260 €/m² × 1	rd. 260 €
Instandhaltungskosten	9,00 €/m²	9,00 €/m² × 94,45 m²	rd. 850 €
Mietausfallwagnis in % der Nettokaltmiete	3 %	3 % von 6 788 €	rd. 204 €
Nicht umlegbare Betriebskosten	0,5 %	0,5 % von 6 788 €	rd. 34 €
Nicht umgelegte Bewirtschaftungskosten insgesamt			**rd. 1 348 €**

Bezogen auf die Jahresnettokaltmiete ergeben sich als nicht umgelegte Bewirtschaftungskosten rd. 20 %.

b) Ertragswertermittlung

Eigentumswohnung	
Jahresnettokaltmiete	6 788 €
./. Nicht umgelegte BewK (20 %)	– 1 348 €
Jahresreinertrag	**5 440 €**
./. Bodenwertverzinsung (4,5 % von 18 336 €)	rd. – 825 €
Gebäudeertragsanteil	**4 615 €**

VI Besondere Immobilienarten — Wohnimmobilien

Vervielfältiger bei – Restnutzungsdauer – p von 4,5 % Vervielfältiger V	68 Jahre 4,5 % × 20,49
Gebäudeertragswert = (RE – p × BW) × V	rd. 94 561 €
zuzüglich Bodenwert	+ 18 336 €
Vorläufiger Ertragswert	**112 897 €**

Die Ertragswertermittlung stützt das Ergebnis des Vergleichswertverfahrens, für das nur wenige Vergleichspreise vornehmlich aus dem Jahre 1998 zur Verfügung stehen. Nur ein weiterer Vergleichspreis stammt aus dem Jahre 2004. Deshalb werden auch die älteren Vergleichspreise berücksichtigt.

Soweit in den vom Gutachterausschuss angegebenen Vergleichspreisen ein Tiefgaragenstellplatz enthalten ist, werden die angegebenen Vergleichspreise in der nachfolgenden Tabelle um den anteiligen (in der Kaufpreissammlung mit 12 500 € angegebenen) Kaufpreisanteil bereinigt.

Des Weiteren sind die angegebenen Vergleichspreise auf die allgemeinen Wertverhältnisse des Wertermittlungsstichtags umzurechnen. Nach der veröffentlichten Indexreihe für die Preisentwicklung von Eigentumswohnungen ist bis zum Jahre 2005 ein erheblicher Wertrückgang von 30 % zu verzeichnen, während bis 2000 nur eine Wertminderung von 10 % berücksichtigt wurde. Die jüngere Preisentwicklung weist dagegen in diesem Segment ein unverändertes Preisniveau auf.

Somit ergeben sich folgende auf den Wertermittlungsstichtag 13.5.2005 umgerechnete Vergleichspreise für freifinanzierte, neu errichtete und bezugsfreie Eigentumswohnungen in freistehenden Gebäuden:

Umrechnung der Vergleichspreise für bezugsfreie Eigentumswohnungen auf den Wertermittlungsstichtag							
Nr.	Datum	KP/m²	Tiefgarage	KP/m²*	Wertminderung bis 2005		KP/m²
		€		€	%	€	€
1 (2576)	15.12.1998	1 917	x	1 772	– 30	– 532	**1 240**
2 (2371)	17.12.1998	2 440		2 440	– 30	– 732	**1 708**
3 (2575)	22.12.1998	1 917	x	1 779	– 30	– 534	**1 245**
4 (1075)	09.06.1999	2 426		2 426	– 25	– 606	**1 820**
5 (635)	22.07.2004	1 200		1 200	– 0	– 0	**1 200**

* um den Tiefgaragenplatz bereinigte Kaufpreise

Die Eigenschaften der Vergleichswohnungen werden wie folgt angegeben:

Eigenschaften der Vergleichswohnungen						
Nr.	KP/m²	Stadträumliche Lage		Baujahr	WF	Zimmer	Wohnanlage
	€		Bemerkung		m²		Zahl der WE
1	**1 240**	mittel	–	2000	89	4	29
2	**1 708**	mittel	Wasserlage	1998	97	3	23
3	**1 245**	mittel	–	2000	89	3	29
4	**1 820**	mittel	Wasserlage	1998	97	3	23
5	**1 200**	gut	–	1998	81	3	50

Alle Vergleichspreise beziehen sich (wie die zu bewertende Eigentumswohnung) auf Wohnungen
a) in Erdgeschosslage,
b) in guter (neuzeitlicher) Ausstattung,
c) ohne Stellplatz.

Im Unterschied zu dem Bewertungsobjekt weisen sie keinen Balkon auf, jedoch beziehen sich die Vergleichspreise auf erdgeschossige Objekte, die mit einem Sondernutzungsrecht an der Gartenfläche verbunden sind, so dass dieser Umstand außer Betracht bleiben kann.

Die zu bewertende Eigentumswohnung liegt nach den vorstehenden Ausführungen in

— einer mittleren stadträumlichen Lage,

— in einer Wohnanlage mit 62 Wohneinheiten (zuzüglich einer Gewerbeeinheit) und

— weist eine Wohnfläche von rd. 94 m² auf.

Die vorstehend erläuterten Abweichungen der Vergleichsobjekte von dem Bewertungsobjekt werden nachstehend mittels Umrechnungskoeffizienten (UK) auf die Zustandsmerkmale der zu bewertenden Eigentumswohnung umgerechnet. **126**

Vergleichspreise mit Eigenschaften und Umrechnungskoeffizienten							
Nr.	KP/m²	Stadträumliche Lage		WF		Wohnanlage	
	€		UK_{Lage}	m²	UK_{WF}	Zahl der WE	$UK_{Wohnanlage}$
1	1 240	mittel	1,00	89	0,96	29	1,02
2	1 708	mittel	1,00	97	0,95	23	1,03
3	1 245	mittel	1,00	89	0,96	29	1,02
4	1 820	mittel	1,00	97	0,95	23	1,03
5	1 200	gut	1,10	81	0,98	50	1,00
Bewertungsobjekt							
Eigenschaften		mittel	1,00	94	0,96	63	0,99
Umrechnung der Vergleichspreise auf die Eigenschaften des Bewertungsobjekts							
Nr.	KP/m²	Umrechnung	KP	Umrechnung	KP	Zahl der	KP
	€	UK_{Lage}	(umgerechnet)	UK_{WF}	(umgerechnet)	WE	(umgerechnet)
1	1 240	× UK/UK	1 240	× UK/UK	1 240	× UK/UK	1 204
2	1 708	× UK/UK	1 708	× UK/UK	1 726	× UK/UK	1 659
3	1 245	× UK/UK	1 245	× UK/UK	1 245	× UK/UK	1 208
4	1 820	× UK/UK	1 820	× UK/UK	1 839	× UK/UK	1 768
5	1 200	× UK/UK	1 091	× UK/UK	1 069	× UK/UK	1 080

Die Vergleichspreise weisen eine erhebliche Streuung auf. Insbesondere die Vergleichspreise Nr. 2 und 4 liegen nicht unerheblich über den übrigen Vergleichspreisen. Dies kann darauf zurückgeführt werden, dass es sich ausweislich der Kaufpreissammlung um Objekte „in Wasserlage" handelt. Sie werden deshalb nicht zum Preisvergleich herangezogen.

VI Besondere Immobilienarten — Wohnimmobilien

Nr.	KP/m² €	Umrech-nung UK$_{Lage}$	KP (€/m²) (umge-rechnet)	Umrechnung UK$_{WF}$	KP (€/m²) (umge-rechnet)	Zahl der WE	KP (€/m²) (umge-rechnet)
1	1 240	× UK/UK	1 240	× UK/UK	1 240	× UK/UK	1 204
2	1 708	× UK/UK	1 708	× UK/UK	1 726	× UK/UK	1 659
3	1 245	× UK/UK	1 245	× UK/UK	1 245	× UK/UK	1 208
4	1 820	× UK/UK	1 820	× UK/UK	1 839	× UK/UK	1 768
5	1 200	× UK/UK	1 091	× UK/UK	1 069	× UK/UK	1 080

Des Weiteren ist zu berücksichtigen, dass es sich bei den Vergleichspreisen 1 und 3 um ältere aus dem Jahre 1998 stammende Vergleichspreise handelt, die deshalb bei der Mittelwertbildung mit hälftigem Gewicht berücksichtigt werden.

Somit ergibt sich im Wege der Mittelbildung ein Vergleichswert in Höhe von   1 143 €/m²WF
und für das Bewertungsobjekt (ohne Stellplatz) insgesamt:
94,28 m² WF × 1 143 €/m² WF =   **rd. 110 000 €**

Dieser Wert ist plausibel im Verhältnis zu dem vom Gutachterausschuss angegebenen aggregierten Durchschnittswert von 1 176 €/m².

2.4.9.4 Verkehrswertanteil von Sondernutzungsrechten

▶ *Vgl. Rn. 115*

127 a) **Sachverhalt:**

Es ist zu ermitteln der Verkehrswert gem. § 194 BauGB
- des Teileigentums Nr. 24,
- des Sondernutzungsrechts an der Dachterrasse Nr. 24,
- des Sondernutzungsrechts an dem Dachgarten Nr. 24 sowie
- des Sondernutzungsrechts an den Tiefgaragenstellplätzen Nr. P1, P11 und P19

in dem Mehrfamilienhaus in xxx, xxxstraße 11 zum Wertermittlungsstichtag 11.6.2004.

Abb. 57: Grundriss Tiefgarage – Kellergeschoss

Abb. 58: Grundriss Lager, Abstellräume und Fahrradkeller – Erdgeschoss

Abb. 59: Grundriss Dachterrasse (links) und Dachgarten (rechts)

Grundstück: 1 168 m²

Bestandsverzeichnis:
60/10 000 Miteigentumsanteil an dem Grundstück xxxstraße 11, in xxx, (Flur 52, Flurstück 395, 1168 m²), verbunden mit dem Sondereigentum an dem nicht zu Wohnzwecken dienenden Lagerraum Nr. 24 im Erdgeschoss sowie dem Sondernutzungsrecht an der Dachterrasse Nr. 24 sowie an dem Dachgarten Nr. 24 (§ 4 Nr. 2 der Teilungserklärung vom 4.3.1994) sowie die Sondernutzungsrechte an den Tiefgaragenstellplätzen mit den Nrn. P1, P11 und P19.

VI Besondere Immobilienarten   Wohnimmobilien

Laut Teilungserklärung liegt für das Sondernutzungsrecht an der Dachterrasse eine Einwilligungserklärung der Miteigentümer vor, auf der Dachterrasse zwei weitere Stockwerke mit bis zu sechs weiteren Wohnungseigentümereinheiten zu schaffen. In diesem Gutachten bleibt dies unberücksichtigt, da

- die Einwilligungserklärung dinglich nicht gesichert ist,
- die öffentlich-rechtlichen Voraussetzungen bei einer GRZ von 0,3 und einer GFZ von 1,5 und der auf dem Grundstück vorhandenen 8-geschossigen Bebauung allenfalls im Wege eines Dispenses herbeigeführt werden können und damit nicht gerechnet werden kann,
- die wohnungseigentumsrechtlichen Voraussetzungen ungeklärt sind und im Übrigen
- eine Aufstockung des bestehenden Gebäudes mit deutlich erhöhten Baukosten verbunden ist.

Auf dem Grundstück wurde folgende Bebauung festgestellt:

- Mehrfamilienhaus (Wohnungen, Lagerräume und Gewerbe),
- einschließlich 26 Tiefgarageneinstellplätzen (Doppelparker),
- Außenanlagen (Einfriedungen, Erschließungsanlagen).

Flächen:

Lagerraum, Fahrradabstellraum, Abstellräume	69 m²
Dachterrasse	100 m²
Dachgarten	30 m²

Es handelt sich um einen abgeschlossenen Lagerbereich (bestehend aus Lager, Fahrradabstellraum und zwei Abstellräume für Mieter) im Erdgeschoss des Mehrfamilienhauses xxxxstraße 11. Im Kellergeschoss befindet sich eine Tiefgarage mit insgesamt 26 Stellplätzen (Doppelparker). Im Dachgeschoss des Hauses befinden sich eine Dachterrasse und ein Dachgarten.

Bauweise:	massive Bauweise
Baujahr:	1995/1996
Gesamtnutzungsdauer:	70 Jahre
Restnutzungsdauer:	60 Jahre
Fassade:	Mauerwerk, Kunststoffdeckputz
Außenwände:	Stahlbeton
Dach:	Flachdach
Dachterrasse:	Plattenbelag, Kiesaufschüttung, Geländer: Alu
Decken:	Stahlbetondecken
Tiefgarage:	Doppelparkanlage (26 Stellplätze); das Stahlgitter-Einfahrtstor ist mittels Fernbedienung zu öffnen
Innenwände:	massiv, verputzt, weiß gestrichen
Türen:	Stahltüren
Böden:	Estrichbelag

Es wurde kein Instandhaltungsrückstau festgestellt.

Der Verkehrswert von Wohnungs- und Teileigentum wird vornehmlich unter Anwendung des Vergleichswertverfahrens ermittelt, insbesondere wenn das Eigentum eigengenutzt wird. Bei gewerblich genutztem Wohnungs- und Teileigentum steht die Anwendung des Ertragswertverfahrens im Vordergrund, weil bei der Kaufpreisbildung für Grundstücke mit der Nutzbarkeit des Wertermittlungsobjekts der nachhaltig erzielbare Ertrag (sog. Renditeobjekt) ausschlaggebend ist. Entsprechend den Gepflogenheiten im gewöhnlichen Geschäftsverkehr wird der Verkehrswert des Teileigentums (Lagerraum, Fahrradabstellräume, Abstellräume) und auch der Verkehrswert des Sondernutzungsrechts an der Dachterrasse und dem Dachgarten sowie an den Tiefgaragenstellplätzen mit Hilfe des Ertragswertverfahrens ermittelt (§§ 17 bis 20 ImmoWertV). Das Vergleichswertverfahren wird unterstützend für die im Teileigentum stehenden Lager- und Abstellräume sowie für das Sondernutzungsrecht an den Tiefgaragenstellplätzen herangezogen.

Wohnimmobilien — **Besondere Immobilienarten VI**

b) Ertragswertverfahren

1. Teileigentum Lager- und Abstellräume

Der Lagerraum, der Fahrradabstellraum sowie die beiden Abstellräume sind vermietet. Mieter des Fahrradraums sowie der beiden Abstellräume ist die Wohnungseigentümergemeinschaft. Die gezahlten Mieten schließen den auf den Mieter umlagefähigen Bewirtschaftungskostenaufwand (Betriebskosten) ein, jedoch ohne Heizung (Bruttokaltmiete). Die Mieten werden als nachhaltig angesetzt.

Bruttokaltmiete pro Monat (insgesamt)	220 €
Bruttokaltmiete pro Jahr	2 640 €

2. Sondernutzungsrechte Dachterrasse bzw. Dachgarten

Die Dachterrasse (ca. 100 m²) ist vermietet an die xxxx GmbH zu einem monatlichen Mietpreis von	200 €
Der Dachgarten (rd. 30 m²) ist vermietet an die Eigentümer der Wohnung Nr. 23 (DG) zu einem monatlichen Mietpreis von	55 €
Miete pro Monat:	255 €
Miete pro Jahr:	3 060 €

3. Sondernutzungsrechte an den Tiefgaragenstellplätzen Nrn. 1, 11 und 19

Die Tiefgaragenplätze sind vermietet zu einem monatlichen Mietpreis von 55,00 € pro Stellplatz.

Bruttokaltmiete (insgesamt) pro Monat:	165 €
Bruttokaltmiete pro Jahr:	1 980 €

Bewirtschaftungskosten

a) Teileigentum: Lager- und Abstellräume

Für das Teileigentum (Lager- und Abstellräume) fallen Bewirtschaftungskosten an. Die Bewirtschaftungskosten (einschließlich Betriebskosten) belaufen sich jährlich auf rd. 568 €, jedoch ohne Heizung (Bruttokaltmiete).

b) Sondernutzungsrechte: Tiefgaragenstellplätze

Die Bewirtschaftungskosten (einschließlich Betriebskosten) belaufen sich auf jährlich rd. 309 €, jedoch ohne Heizung (Bruttokaltmiete).

Liegenschaftszinssätze für das

– Teileigentum (Lager- und Abstellräume)		6,0 %
– die gewerblich genutzte Dachterrasse	(100 m²)	5,5 %
– den für Wohnzwecke genutzten Dachgarten	(30 m²)	5,5 %
– die Tiefgarage		6,5 %

Ermittlung der Ertragswerte

a) Lager- und Abstellräume

Jahresbruttokaltmiete		2 640 €
./. nicht umgelegte Bewirtschaftungskosten	–	568 €
Jahresreinertrag (ohne Berücksichtigung des Bodenwertverzinsungsbetrags)		2 072 €
× Vervielfältiger bei 6,0 % Liegenschaftszins und einer Restnutzungsdauer von 60 Jahren = 16,16	rd.	33 484 €
Ertragswert des Teileigentums Lager- und Abstellräume, gerundet:	rd.	33 500 €

Unterstützendes Vergleichswertverfahren

Gemäß Grundstücksmarktbericht des Gutachterausschusses für Grundstückswerte belaufen sich auf dem Teilmarkt „Sonstige Gewerberäume" im Teileigentum die Marktpreise zwischen 410 und 2 370 €. Sonstige Gewerbeflächen können Lagerräume bzw. Abstellräume sein, die häufig im Erdgeschoss liegen. Dieses Teileigentum wies im Vergleich zu den Spannen bei Ladenflächen auf einem

VI Besondere Immobilienarten — Wohnimmobilien

etwas niedrigeren Niveau ein durchaus ähnliches, aber offenbar weniger von der Lage abhängiges Preisbild auf. Für das Wertermittlungsobjekt in einer mittleren Lage, aber einfacher Ausstattung, wird ein Wert von rd. 485 € für das Teileigentum an Lager- und Abstellräumen bestätigt.

b) Dachterrasse und Dachgarten (Sondernutzungsrecht)

Miete (ohne Berücksichtigung des Bodenwertverzinsungsbetrags)	rd.	3 060 €
× Vervielfältiger bei 5,5 % Liegenschaftszins und einer Restnutzungsdauer von 60 Jahren = 17,45	rd.	53 397 €
Dachterrasse und Dachgarten, gerundet:	rd.	53 400 €
Dies ergibt pro m² Nutzfläche einen Wert von €/m²		411 €

c) Tiefgaragenstellplätze Nrn. 1, 11 und 19 (Sondernutzungsrecht)

Jahresbruttokaltmiete	1 980 €
./. nicht umgelegte Bewirtschaftungskosten	− 309 €
Jahresreinertrag (ohne Berücksichtigung des Bodenwertverzinsungsbetrags)	1 671 €
× Vervielfältiger bei 6,5 % Liegenschaftszins und einer Restnutzungsdauer von 60 Jahren = 15,03	25 115 €
Ertragswert der Tiefgaragenstellplätze	25 000 €
Dies ergibt pro Stellplatz einen Wert von €/m² gerundet	8 500 €

129 *Unterstützendes Vergleichswertverfahren*

Der Verkehrswert von Teileigentum an Kraftfahrzeugeinstellplätzen kann entsprechend den Gepflogenheiten im gewöhnlichen Geschäftsverkehr im Vergleichswertverfahren (§§ 15 f. ImmoWertV) ermittelt werden. Laut Grundstücksmarktbericht des Gutachterausschusses für Grundstückswerte belaufen sich auf dem Teilmarkt „Garagen/Kfz-Stellplätze" im Teileigentum die Marktpreise auf zwischen 4 500 € und 20 000 €. Von zentraler Bedeutung hierbei ist die Lage im Stadtgebiet im Zusammenhang mit den Abstellmöglichkeiten für einen PKW im Grundstücksumfeld. Die Verkäufe im Zusammenhang mit neu erstellten Wohngebäuden lagen laut Grundstücksmarktbericht oberhalb von 12 000 € pro Stellplatz im Teileigentum. Da sich die zu bewertenden Garagenstellplätze in zentraler und mittlerer Lage im Stadtgebiet befinden, das Grundstücksumfeld wenig Parkmöglichkeiten für Kraftfahrzeuge bereithält sowie das zu bewertende Objekt als Neubau zu bewerten ist, wird ein Wert von 8 500 € für das Sondernutzungsrecht an einem Tiefgaragenstellplatz (Doppelparker) dadurch bestätigt.

130 c) Verkehrswerte

- Lager und Abstellräume   33 500 €
- Dachterrasse und Dachgarten   53 400 €
- Tiefgaragenstellplätze Nrn. 1, 11 und 19   25 000 € (je Tiefgaragenstellplatz rd. 8 500 €)

3 Gewerbeimmobilien

3.1 Typologie von Gewerbeimmobilien

▶ *Hierzu auch § 6 ImmoWertV Rn. 21 ff., 59; § 18 ImmoWertV Rn.141 ff.*

Gewerbliche Immobilien lassen sich nur schwerlich typisieren. Neben den klassischen Büro- und Verwaltungsimmobilien sowie industriell genutzten gehören dazu insbesondere Handelsimmobilien und Betreiberimmobilien (Abb. 60).

Abb. 60: Gewerbeimmobilien

VI Besondere Immobilienarten — Gewerbeimmobilien

132 In der Verkehrswertermittlung wird unter Berücksichtigung der Situationsgebundenheit, der **allgemeinen Verkehrsauffassung** und der lagetypischen Nutzung wie folgt unterschieden:

- *„klassische" Gewerbeflächen* für das produzierende Gewerbe, Großhandel, Lagerplätze, Speditionen, die zumeist ebenerdig bebaut sind und größere Freiflächen aufweisen (Büroflächenanteil i.d.R. < 30 %); die Verkehrswerte weisen in diesen Gebieten zumeist eine geringe „Empfindlichkeit" gegenüber einem unterschiedlichen Maß der baulichen Nutzbarkeit von i.d.R. (GFZ) 0,4 bis 1,0 auf;

- *„verdichtetes klassisches Gewerbe"* in zumeist mehrgeschossig bebauten älteren und nicht selten mit „Wohnen" durchmischten Baugebieten;

- *„Büro- und Geschäftslage"* mit i.d.R. mehrgeschossiger Bebaubarkeit (typische GFZ von 2,0); die Verkehrswerte weisen in diesen Gebieten häufig eine lineare Empfindlichkeit gegenüber der Geschossfläche (GF) auf;

- *„Shopping-Center"* in zumeist peripher gelegener Lage, zumeist autogerecht mit einem breiten Parkangebot und mit sehr geringer baulicher Ausnutzung (GFZ 0,2 bis 0,6) ausgelegt, insbesondere für Gartencenter, Autohändler und den sog. *„(Fast-)Food*-Bereich";

- *„Läden"*, wobei zwischen „klassischen" Zentrumslagen und Einkaufszentren unterschieden wird.

133 Für den städtebaurechtlichen Gewerbebegriff hat § 1 Abs. 1 der Gewerbesteuerdurchführungsverordnung Bedeutung: Danach stellt ein **Gewerbebetrieb** „eine selbständige nachhaltige Tätigkeit" dar, „die mit Gewinnabsichten unternommen wird und sich als Beteiligung am allgemeinen wirtschaftlichen Verkehr darstellt, wenn die Betätigung weder als Ausübung von Land- und Forstwirtschaft noch als Ausübung eines freien Berufs oder als selbständige Arbeit i.S. des Einkommensteuerrechts anzusehen ist". Der bauplanungsrechtliche Gewerbebegriff weist zwar zum gewerbeordnungsrechtlichen Gewerbebegriff (§ 30 GewO) eine Reihe von Verwandtschaften auf, ist aber nicht damit identisch. So können danach selbst Betriebe der öffentlichen Hand unter den bauplanungsrechtlichen Gewerbebegriff fallen (§ 8 Abs. 2 Nr. 9 BauNVO).

134 Die gewerbliche Nutzung von Grundstücken ist mit unterschiedlicher Intensität in den verschiedensten **bauplanungsrechtlichen Gebietstypen der BauNVO** (vgl. § 6 ImmoWertV Rn. 19) zulässig. Sie können nach Art und Umfang die Lage des Gebiets bestimmen oder auch von untergeordneter Bedeutung für die Lage sein. Zu den wichtigsten Unterscheidungsmerkmalen gehört die **Unterscheidung zwischen**

a) **Gewerbegebieten** i.S. des § 8 BauNVO (GE) und

b) **Industriegebieten** i.S. des § 9 BauNVO (GI),

die sich teilweise überschneidende Nutzungsmöglichkeiten aufweisen.

135 Die planungsrechtliche Ausweisung von Gewerbe- und Industrieflächen nach den Grundsätzen der BauNVO lässt aus wirtschaftlicher Sicht recht unterschiedliche Nutzungen zu. Dies reicht oftmals vom Schrottplatz bis zu einer hochwertigen Büronutzung. **Gewerblich-industrielle Immobilien** weisen eine große Bandbreite unterschiedlicher Nutzungen auf (Abb. 61).

Abb. 61: Gewerbliche und industrielle Nutzung GE/GI nach BauNVO

Die bauplanungsrechtliche **Unterscheidung zwischen GE- und GI-Gebieten** i.S. der §§ 8 und 9 BauNVO **führt häufig bereits zu Wertunterschieden von 100 %,** d.h., Industriegebiete weisen dann den hälftigen Wert von sonstigen Gewerbegebieten auf. Bei Heranziehung von Bodenrichtwerten und von Vergleichspreisen müssen Unterschiede in der gewerblichen Nutzung deshalb ggf. im Wege der Interpolation berücksichtigt werden. Allein die Unterscheidung nach GE und GI beschreibt die im Einzelfall maßgeblichen Wertverhältnisse gleichwohl nur unzureichend, denn Gewerbebetriebe ohne erhebliche Störungen sind sowohl im GE- als auch im GI-Gebiet zulässig. In den GE-Gebieten sind darüber hinaus hochwertige Büronutzungen zulässig, so dass GE-Gebiete infolgedessen ebenfalls – je nach Nutzung – große Wertunterschiede aufweisen können. Das **geringste Bodenwertniveau weisen** dagegen **die mit hohem Störungsgrad** zumeist **produktiv genutzten GI-Gebiete auf.** 136

Unter die in GE-Gebieten zulässigen „Gewerbebetriebe aller Art" fallen im Übrigen auch **Einzelhandelsbetriebe.** Dagegen sind großflächige Einzelhandelsbetriebe mit mehr als 1 500 m² Geschossfläche in einem GI-Gebiet unzulässig[22]. 137

Gewerbebetriebe sind insgesamt zulässig in 138
– besonderen Wohngebieten,
– Mischgebieten,
– Gewerbegebieten und
– Industriegebieten.

Nicht störende Gewerbebetriebe sind des Weiteren zulässig in
– Kerngebieten,
– ausnahmsweise in Kleinsiedlungsgebieten,
– im allgemeinen Wohngebiet.

Nicht störende Handwerksbetriebe sind zulässig im
– Kleinsiedlungsgebiet,
– allgemeinen Wohngebiet und
– ausnahmsweise im reinen Wohngebiet.

---
22 BVerwG, Urt. vom 3.2.1984 – 4 C 54/80 –, BVerwGE 68, 343 = NJW 1984, 1768 = BauR 1984, 380 = DVBl. 1984, 62 = ZfBR 1984, 135 = UPR 1984, 225 = DÖV 1984, 849 = BRS Bd. 42 Nr. 50 = BayVBl. 1984, 726.

VI Besondere Immobilienarten — Gewerbeimmobilien

Geschäfts-, Büro- und Verwaltungsgebäude sind zulässig in
- besonderen Wohngebieten,
- Mischgebieten,
- Kerngebieten und
- Gewerbegebieten.

3.2 Büroimmobilien

3.2.1 Allgemeines

Schrifttum: *Janzen, S./Jenyon, B.*, Die Bewertung eines Bürogebäudes auf der Basis des Offenen Marktwerts, GuG 1998, 294; *Leopoldsberger, G.*, Wertermittlung eines Büroobjekts, GuG 1998, 154; *Simon, J.*, Wertermittlung eines Büroobjekts, GuG 1998, 40.

139 **Mietpreisbestimmende Merkmale** für Büroflächen sind
- Lage,
- Zuschnitt,
- Verbindung der Geschosse (Lifte/Rolltreppen),
- klimatechnische Ausstattung (Heizung/Lüftung),
- datentechnische Ausstattung (Verkabelung),
- sozialtechnische Ausstattung (Sozial- und Personalräume),
- sicherheitstechnische Ausstattung,
- sanitäre Ausstattung (WC, Waschräume),
- Erreichbarkeit,
- Parkplatzsituation,
- Repräsentation (Vorfahrt, Eingang, Empfang, Zugangskontrollen),
- Identifikation,
- städtebauliches Umfeld,
- Außenanlagen,
- Architektur,
- Fassade,
- Baustoffe,
- Baujahr,
- Beleuchtung,
- Belichtung (Fenster, Sonnenschutz),
- Art der Decke und Deckenhöhe,
- Türhöhe,
- Dach,
- Schallschutz,
- Energieversorgung.

140 Nach älteren Untersuchungen von *Birkner*[23] bestehen bei Büroimmobilien mit folgender **Ausstattung:**
- offene, geschossweise Verbindung der Mietflächen, z. B. Rolltreppen oder innerbetriebliche Treppen,
- Klimatisierung der Mietflächen in Untergeschossen,
- Lifte, bei mehr als 2 Obergeschossen,
- Sozialflächen: WC-Anlagen, Wasch- und Personalräume,

---

23 DS 1986, 137; vgl. hierzu weitergehend Dröge a.a.O., S. 298 f.

folgende Zusammenhänge zwischen den **Mieten in unterschiedlichen Geschossebenen** (Abb. 62):

Abb. 62: Richtwerte

Richtwerte für Mietunterschiede nach Stockwerken in % bei Gewerbeflächen				
Geschoss	Verkaufsfläche	Bürofläche	Sozialfläche	Verkehrsfläche
2. Untergeschoss	50–70	5–20	10–20	10–30
1. Untergeschoss	70–80	5–25	15–25	15–25
Erdgeschoss	**100**	–	–	–
EG Schaufenster	150–200	–	–	–
EG Passage	120–150	–	–	–
1. Obergeschoss	70–90	10–60	15–25	20–30
2. Obergeschoss	50–70	10–60	15–20	10–30
3. bis 6. Obergeschoss	40–60	10–60	15–30	10–30

Quelle: Birkner in DS 1986, 137

Gute Lagemerkmale mit guter Ausstattung des Gebäudes sind Voraussetzung für Spitzenmieten. Neben den allgemeinen Lagemerkmalen, die die Rangfolge der wertbeeinflussenden Merkmale von Büroimmobilien anführen, sind vor allem die **Ausstattungsmerkmale**, die Größe, die Flexibilität der Nutzbarkeit, ihre Teilbarkeit und das Alter von Bedeutung.

3.2.2 Büroformen

Man unterscheidet zwischen[24]

- Einzel- und Zweierbüros (auch Zellenbüros),
- Gruppenbüro (mit Räumen für 3 bis 15 Mitarbeiter),
- Großraumbüros (400 bis 1 000 m² mit flexiblen Trennwänden),
- Kombibüros (Kombination von Zellen- und Großraumbüro; Team-Büro zum Teil mit benachbarter „Denkerzelle").

Beurteilungskriterien für die Büroform sind Arbeitsabläufe, Kommunikationsfluss, Störungsunanfälligkeit und Flächenökonomie. In der Branchensprache sind auch folgende schillernde Begriffe gebräuchlich:

Atmendes Büro: Büro mit flexibler Aufteilung und Einrichtung mittels versetzbarer Trennwände *(Loose Space)*; Projektwerkstatt

Decisive Space: Abgeteiltes Chefbüro

Desk Sharing: Arbeiten an wechselnden Schreibtischen

Fraktales Büro: Sich selbst organisierende Unternehmenseinheit

Lean Office: Büro mit Minimalausstattung

Human Office: Mitarbeiterfreundlich ausgestattetes Büro

Hoteling Office: Multifunktionaler Arbeitsplatz *(Free Adressable Workstation)*, der im *Desk Sharing* genutzt wird

Quality Office: Ansprechende, praktische und preiswerte Bürogestaltung

Team Center: Büro mit Aufenthaltsqualität (Sofas, Terrassen, Bistro)

Separate Office: Kombibüro mit fest zugeteilten und abgetrennten Zellenbüros

---

24 Hahn, H. Das moderne Bürogebäude, Ehningen 1991; Lorenz, P., Gewerbebau Industriebau, Leinfelden-Echterdingen 1991.

VI Besondere Immobilienarten — Gewerbeimmobilien

Abb. 63: Ausstattungsmerkmale eines modernen Bürogebäudes

Quelle: DIFA 2002

143 Die **Klimatisierung von Gebäuden** ist sehr kostenintensiv. Voll- oder Teilklimatisierungen sind deshalb nur in „Top-Lagen" gefragt.

Verkehrsflächen sollten aus Gründen der Wirtschaftlichkeit 15 % der Nutzfläche nicht überschreiten.

144 Bei alledem ist zu fordern, dass die Regelungen der **Arbeitsstättenverordnung – ArbStättVO** – vom 20.3.1975, zuletzt geändert durch VO vom 4.12.1996 (BGBl. I 1996, 1841) i.V.m. den **Arbeitsstättenrichtlinien – ASR** – beachtet worden sind.

Abb. 64: Übersicht über die Arbeitsstättenrichtlinien

ASR 5	Lüftung 1979 (BArbBl. 10/86 S. 103), geändert durch BArbBl. 12/84 S. 85
ASR 6	Raumtemperaturen
ASR 7/1	Sichtverbindung nach außen
ASR 7/3	Künstliche Beleuchtung
ASR 7/4	Sicherheitsbeleuchtung
ASR 8/1	Fußböden
ASR 8/4	Lichtdurchlässige Wände
ASR 8/5	Nicht durchtrittsichere Dächer
ASR 10/1	Türen, Tore
ASR 10/5	Glastüren, Türen mit Glaseinsatz
ASR 10/6	Schutz gegen Ausheben, Herausfallen und Herabfallen von Türen und Toren
ASR 11/1–5	Kraftbetätigte Türen und Tore
ASR 12/1–3	Schutz gegen Absturz und herabfallende Gegenstände
ASR 13/1,2	Feuerlöscheinrichtungen
ASR 17/1,2	Verkehrswege
ASR 18/1–3	Fahrtreppen und Fahrsteige
ASR 20	Steigeisengänge
ASR 25/1	Sitzgelegenheiten
ASR 29/1–4	Pausenräume vom 25.4.1977 (ArbSch 6/77 S. 141, zuletzt geändert am 1.8.1988 BArbBl. 9/88 S. 46)
ASR 31	Liegeräume
ASR 34/1–5	Umkleideräume
ASR 35/1–4	Waschräume
ASR 35/5	Waschgelegenheiten außerhalb von erforderlichen Waschräumen
ASR 37/1	Toilettenräume vom 26.6.1977 (ArbSch 9/76 S. 322, geändert am 20.4.1979 BArbBl. 7/8/79 S. 26)
ASR 38/2	Sanitätsräume vom 10.8.1986 (BArbBl. Nr. 10/86)

Gewerbeimmobilien — Besondere Immobilienarten VI

ASR 39/1,3	Mittel und Einrichtungen zur Ersten Hilfe
ASR 41/3	Künstliche Beleuchtung für Arbeitsplätze und Verkehrswege im Freien
ASR 45/1–6	Tagesunterkünfte auf Baustellen
ASR 47/1–3,5	Waschräume für Baustellen
ASR 48/1,2	Toiletten und Toilettenräume auf Baustellen

Neben der Mietfläche und Ausstattung ist vor allem die **Flexibilität**[25] einer Büroimmobilie von Bedeutung. Eine hohe Flexibilität ist bei einem großzügigen Grundraster mit möglichst weit gespannten und unterzugsfreien Decken, das den Einbau reversibler Trennwandsysteme erlaubt, gegeben. Multifunktionale Büroformen ermöglichen eine gemischte Nutzung zwischen Dienstleistung, Verwaltung, Handel und Wohnen. Eine hohe Flexibilität ist bei einem großzügigen Grundraster mit entsprechendem Achsabstandsmaß und möglichst weit gespannten und unterzugsfreien Decken, das den Einbau reversibler Trennwandsysteme erlaubt, gegeben (vgl. Rn. 147). **145**

3.2.3 Büroflächenbedarf

Der **Flächenbedarf pro Mitarbeiter** schwankt zwischen 25 und 30 m² „über alles". Der Arbeitsraum muss nach § 23 Abs. 1 und 2 ArbStättVO **146**

– eine *Grundfläche* von mindestens 8 m² und
– eine *lichte Höhe* bei einer Grundfläche
  – von nicht mehr als 50 m² von mindestens 2,50 m
  – von mehr als 50 m² von mindestens 2,75 m
  – von mehr als 100 m² von mindestens 3,00 m
  – von mehr als 2 000 m² von mindestens 3,25 m

haben. Unabdingbar für den Einsatz moderner Bürotechniken sind Doppelböden (teuerste Variante für Großmieter der EDV-Branche bzw. Rechenzentren) oder alternative Möglichkeiten (Kombination von Boden- und Fensterkanälen) für eine **Vernetzung der Bürotechnik**. Bei Bürogebäuden geht im Hinblick darauf der Trend zu Raumhöhen von 4 m (Abb. 65).

Abb. 65: Büroflächenbedarf je Mitarbeiter in m² ohne Wegeflächen, Nass-, Besprechungs- und Raucherbereiche sowie sonstige Flächen (Kantine, Erste Hilfe usw.)

Büroflächenbedarf je Mitarbeiter in m² ohne Wegeflächen, Nass-, Besprechungs- und Raucherbereiche sowie sonstige Flächen (Kantine, Erste Hilfe usw.)	
KGSt-Empfehlung für Einzelbüro	14,0 m²
Bundesstelle für Büroorganisation/-technik	12,0 m²
KGSt-Empfehlung für Doppelbüro	10,5 m²
Arbeitsstättenverordnung	8,0 m²
Bei Kommunen	20,0 m²

Quelle: evans consulting GmbH The Corporate Real Estate Consultant; vgl. GuG 2004, 169

---

25 Kretschmer, R., Mehrfunktional genutzte Gewerbeimmobilien, in Falk, Gewerbeimmobilien.

Abb. 66:   BIP und Bürobeschäftigte

Quelle: Statistisches Bundesamt und Bulwien AG 2002

3.2.4   Flächeneffizienz

147 Für die Flächeneffizienz ist das **Achsmaß** (**Achsenabstandmaß:** im Bürobereich i.d.R. zwischen 1,25 bis 1,50 m) von Bedeutung. Ein Achsmaß von 1,315 m bietet bei einer Raumtiefe von 5,20 bis 5,70 m individuelle Gestaltungsmöglichkeiten. Bei einer Flurbreite von 1,50 m und den angegebenen Raumtiefen wird eine Gebäudetiefe von mehr als 13 m problematisch. Im Hinblick auf andere Büroformen (Kombibüros, *Business*-Büros) bieten größere Raumtiefen allerdings eine größere Gestaltungsmöglichkeit (Abb. 67).

Abb. 67:   Effiziente Achsmaße

Unter dem **Abstandsmaß** (vulgo: **Achsmaß**) wird das Maß verstanden, mit dem der Grundriss eines Bauwerks in einem aus rechtwinklig zueinander angeordneten Ebenen bestehenden Koordinatensystem nach rechtwinkligen Achsabständen unterteilt wird (Rastermaß)[26]. Messlinie für diese Achsen ist die statische Systemachse der Konstruktion[27]. Die Achsabstände sind Teilmaße des Grundrisses, die Stützen, Träger, Wandmitten usw. bestimmen. Bei Industriebauten gilt für die Achsabstände z. B. ein Grundmaß von 2,5 m (Abb. 68).

Abb. 68: Achsabstandsmaß

---

26 Vgl. DIN 18000 Modulordnung im Bauwesen.
27 Neufert, Bauentwurfslehre, 37. Aufl.

VI Besondere Immobilienarten — Gewerbeimmobilien

Abb. 69: Raumgrößen und Achsmaß

Achsabstand	2-Achser inklusive Trennwand	exklusive Trennwand	Raumtiefe					
			Ohne Heizung 5,4	–	5,6	–	5,8	–
			Mit Heizung –	4,9	–	5,1	–	5,3
			Resultierende nutzbare Raumgrößen in m²					
1,20	2,4	–	13,0	11,8	13,4	12,2	13,9	12,7
		2,3	12,4	11,3	12,9	11,7	13,3	12,2
1,25	2,5	–	13,51	12,3	14,0	12,8	14,5	13,3
		2,4	3,0	11,8	13,4	12,2	13,9	12,7
1,30	2,6	–	14,01	12,7	14,6	13,3	15,1	13,8
		2,5	3,5	12,3	14,0	12,8	14,5	13,3
1,35	2,7	–	14,6	13,2	15,1	13,8	15,7	14,3
		2,6	14,0	12,7	14,6	13,3	15,1	13,8
1,40	2,8	–	15,1	13,7	15,7	14,3	16,2	14,8
		2,7	14,6	13,2	15,1	13,8	15,7	14,3
1,45	2,9	–	15,7	14,2	16,2	14,8	16,8	15,4
		2,8	15,1	13,7	15,7	14,3	16,2	14,8
1,50	3,0	–	16,2	14,7	16,8	15,3	17,4	15,9
		2,9	15,7	14,2	16,2	14,8	16,8	15,4

Quelle: Müller Consulting GmbH

149 Bei der Prognose zur Entwicklung der Büromärkte geht man von einer engen **Korrelation zu der allgemeinen Wirtschaftsentwicklung** aus.

3.2.5 Lagemerkmale

▶ *Hierzu auch § 18 ImmoWertV Rn. 145 ff.*

150 Büro- und Verwaltungsimmobilien werden im Hinblick auf Lage und Funktion insbesondere nach ihrem Standort unterschieden. **Typische Segmente sind folgende Standorte:**

151
- City,
- City-Randlage,
- Bürozentrum (Bürostandort); *Backoffice*-Standort,
- übriges Stadtgebiet,
- Stadtumland.

Abb. 70: Standortkriterien für Bürogebäude

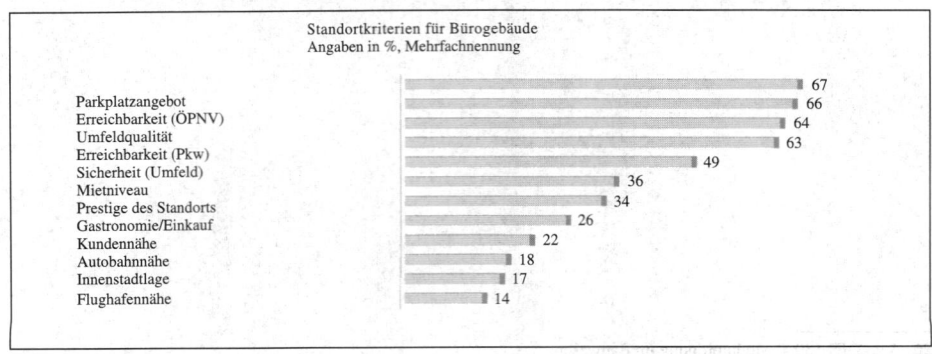

Quelle: DIFA 2002

Gewerbeimmobilien **Besondere Immobilienarten VI**

Nach *Leopoldsberger*[28] sind folgende **Faktoren für die Wertigkeit von Büroimmobilien** von Bedeutung (Abb. 71):

Abb. 71: Wertigkeit von Büroimmobilien

Merkmal	Kriterium	Wert	Gewicht	gew. Objektwert
Allgemeine Einschätzung (20 %)				
Lage im Ort; Umgebung	Bürozentrum	1		
	Stadtzentrum	1		
	Industriegebiet	3	10 %	
	Wohngebiet	3		
	Peripherie außerhalb	3		
	ungünstig	5		
Image	erstklassig	1		
	attraktiv	2		
	neutral	3	10 %	
	unattraktiv	4		
	negativ	5		
Individualverkehrsanbindung (30 %) unter Berücksichtigung des Verkehrsflusses und unter Berücksichtigung der Erreichbarkeit				
Autobahnanschluss • Entfernung	bis zu 1 km	1		
	bis zu 5 km	2		
	bis zu 10 km	3		
	bis zu 20 km	4	10 %	
	mehr als 20 km	5		
• Erreichbarkeit	i.d.R. kein Stau	1		
	selten Stau	3		
	häufig Stau	4		
	immer mit Stau	5		
Innerstädtische Straßenanbindung	Gute Anbindung	1		
	Mittlere Anbindung	3	10 %	
	Schlechte Anbindung	5		
Parkplatzsituation	für Mitarbeiter und für Kunden	1		
	nur für Kunden	3	10 %	
	kaum vorhanden	4		
	keine	5		

---

28 Leopoldsberger, G., Kontinuierliche Wertermittlung von Immobilien, Köln 1998.

VI Besondere Immobilienarten — Gewerbeimmobilien

Abb. 72: Lagequalität von Büroimmobilien

Merkmal	Kriterium	Wert	Gewicht	gew. Objektwert
Öffentlicher Personennahverkehr (20 %)				
Anzahl der Haltepunkte in 500 m Umkreis (bzw. Qualität der ÖPNV-Linien)	mehr als drei	1	5 %	
	drei	2		
	zwei	3		
	eine	4		
	keine	5		
Entfernung zu U-Bahnhöfen	weniger als 500 m	1	5 %	
	bis zu 500 m	2		
	bis zu 1 000 m	3		
	bis zu 2 000 m	4		
	mehr als 2 000 m	5		
Entfernung zu Straßenbahnhaltestellen	weniger als 500 m	1	5 %	
	bis zu 500 m	2		
	bis zu 1 000 m	3		
	mehr als 1 000 m	5		
Entfernung zu Bushaltestellen	weniger als 500 m	1	5 %	
	bis zu 500 m	2		
	bis zu 1 000 m	3		
	mehr als 1 000 m	5		
Öffentlicher Personenfernverkehr (15 %)				
IC-Bahnhof	bis zu 10 km	1	5 %	
	bis zu 20 km	2		
	bis zu 30 km	3		
	bis zu 50 km	4		
	mehr als 50 km	5		
Flughafen	bis zu 10 km	1	10 %	
	bis zu 20 km	2		
	bis zu 30 km	3		
	bis zu 50 km	4		
	mehr als 50 km	5		
Infrastrukturelle und kulturelle Umgebung (15 %)				
Hotels im 5-km-Radius	mehr als drei	1	6 %	
	drei	2		
	zwei	3		
	eines	4		
	keines	5		
Restaurants im 1 000-m-Radius	mehr als 10	1	4 %	
	bis zu 10	2		
	bis zu 5	3		
	eines	4		
	keines	5		
Nahversorgungszentrum	weniger als 500 m	1	5 %	
	bis zu 500 m	2		
	bis zu 1 000 m	3		
	bis zu 2 000 m	4		
	mehr als 2 000 m	5		

Merkmal	Kriterium	Wert	Gewicht	gew. Objektwert
Bank- oder Postfilialen	weniger als 500 m	1		
	bis zu 500 m	2		
	bis zu 1 000 m	3		
	bis zu 2 000 m	4		
	mehr als 2 000 m	5		
Lagequalität der Büroimmobilie			100 %	

3.2.6 Mietfläche von Gewerberäumen

Schrifttum: *Durst/v. Zitzewitz,* in NZM 1999, 605; *Isenmann,* in NZM 1998, 749; *Käser/Beck,* in BWNotZ 2001, 143; *Kramer,* in NZM 1999, 156 und NZM 2000, 1121; *Schul, A./Wichert, J.,* Berechnung und Bedeutung der Mietfläche von Gewerberäumen, ZMR 2002, 633.

Die Ermittlung der Mietfläche für Gewerberäume ist insoweit problematisch, als sich hierfür einheitliche mietvertragliche Berechnungsnormen noch nicht durchgesetzt haben. **153**

Während bei der Vermietung von Wohnraum die maßgebliche Mietfläche auf der Grundlage der WoFlV, der §§ 42 bis 44 II. BV bzw. der DIN 283 ermittelt wird und Vergleichsmieten sich darauf beziehen, fehlt es in der **gewerblichen Vermietungspraxis** an eindeutigen allgemein anerkannten Grundlagen zur Berechnung der Mietfläche. In der Vermietungspraxis konnte man auf eine entsprechende Anwendung der genannten Normen bzw. auf die nach Maßgabe der DIN 277 ermittelte Nutzfläche zurückgreifen. **154**

In jedem Fall gilt für die Heranziehung von Vergleichsmieten und ihre Übertragbarkeit auf das im Wege des Ertragswertverfahrens zu wertende Objekt der Grundsatz, dass die diesen Vergleichsmieten zugrunde liegende Mietflächenermittlungsmethodik der Ermittlung der maßgeblichen Mietfläche des zu wertenden Objekts zugrunde gelegt werden muss **(Einheitlichkeit der Mietflächenermittlungsmethodik).** Unterschiedlichkeiten der Mietflächenermittlungsmethodik beeinträchtigen die Vergleichbarkeit. **155**

Im Bereich der Ertragswertermittlung von zu Wohnzwecken genutzten Grundstücken ist der Grundsatz der einheitlichen Mietflächenermittlungsmethodik i.d.R. schon deshalb weitgehend erfüllt, weil hier vornehmlich nur die zwei genannten Wohnflächenermittlungsmethoden zur Anwendung kommen und diese allenfalls in Einzelfällen zu deutlich voneinander abweichenden Wohnflächen führen. Anders stellt sich aber die Vermietungspraxis für **Gewerberaum** dar. Hier haben sich insbesondere bei Großobjekten, an denen mehrere Mietverhältnisse begründet wurden, unterschiedliche Modalitäten z.B. zur Berechnung der Bürofläche herausgebildet, die die Übertragbarkeit von Vergleichsmieten verkomplizieren müssen. **156**

Um im gewerblichen Bereich zu eindeutigen und einheitlichen Grundlagen für die Ermittlung der Mietfläche zu gelangen, hat die Gesellschaft für Immobilienwirtschaftliche Forschung entsprechende **Richtlinien zur Ermittlung der Mietfläche für Gewerbeflächen** erarbeitet **(MF-G).** Es bleibt abzuwarten, ob sie von der Praxis angenommen werden. Soweit zur Verkehrswertermittlung von Büroflächen Erfahrungssätze z.B. über die erzielbaren Erträge oder deren Herstellungskosten herangezogen werden, sind dessen ungeachtet die Berechnungsmethoden maßgebend, die diesen Erfahrungssätzen zugrunde liegen. So werden z.B. in *München* ca. 70 % aller Mietverträge auf der Grundlage der BGF vereinbart, so dass man dann auch bei dem zu wertenden Objekt die BGF als Bemessungsgrundlage heranziehen muss.

3.2.7 Reinerträge

157 Vgl. hierzu § 18 ImmoWertV Rn. 20 ff.

Abb. 73: Mietspiegel 2006 der Stadt Düsseldorf (Innenstadt)

3.2.8 Betriebskosten

▶ Vgl. hierzu § 19 ImmoWertV Rn. 77 ff.

158 Die **Höhe der Nebenkosten** wird bestimmt insbesondere durch

a) Standort,

b) Gebäudequalität (Ausstattung) und

c) Gebäudegröße.

159 Allgemein gilt, dass bei Bürogebäuden die Nebenkosten

– mit der **Gebäudequalität** geringfügig ansteigen (Abb. 75) und

– mit zunehmender **Gebäudegröße** abnehmen.

Die Gebäudequalität (Ausstattung) wird maßgeblich durch die Stufe der **Klimatisierung** bestimmt, wobei selbst hochqualitative Gebäude nicht immer klimatisiert sind (vgl. hierzu Rn. 160). Eine Besonderheit stellen allerdings einfachste Bürogebäude mit veralteter und unwirtschaftlicher Betriebstechnik und dgl. dar, die vielfach überdurchschnittliche Nebenkosten ausweisen.

160 Für **Bürogebäude** sind nach Untersuchungen von *Jones Lang LaSalle* Betriebskosten in Höhe von rd. 10 bis 17 % der Mieten[29] aufzubringen. In Abhängigkeit von den genannten Einflussgrößen liegen nachfolgende Untersuchungsergebnisse vor (Abb. 74 ff.):

Abb. 74: Durchschnittliche Betriebskosten (2008) für Bürogebäude in €/m² NF (im Monat) in den wichtigsten Bürostandorten

Durchschnittliche Betriebskosten (2008) für Bürogebäude in €/m² NF (im Monat) in den wichtigsten Bürostandorten					
	klimatisiert				
	Berlin	Düsseldorf	Frankfurt/Main	Hamburg	München
Öffentliche Abgaben	0,51	0,48	0,53	0,49	0,50
Versicherung	0,13	0,19	0,16	0,14	0,15
Wartung	0,40	0,42	0,45	0,39	0,43
Strom	0,31	0,34	0,36	0,34	0,33
Heizung	0,50	0,43	0,48	0,47	0,46
Wasser/Kanal	0,12	0,11	0,12	0,11	0,11
Reinigung	0,23	0,25	0,26	0,24	0,27
Bewachung	0,27	0,29	0,33	0,28	0,32
Verwaltung	0,25	0,24	0,27	0,24	0,26
Hausmeister	0,26	0,32	0,30	0,27	0,31
Sonstiges	0,08	0,09	0,08	0,09	0,09
Gesamt	**3,06**	**3,13**	**3,34**	**3,06**	**3,23**
	unklimatisiert				
	Berlin	Düsseldorf	Frankfurt/Main	Hamburg	München
Öffentliche Abgaben	0,50	0,49	0,53	0,50	0,52
Versicherung	0,14	0,14	0,14	0,14	0,14
Wartung	0,38	0,35	0,38	0,38	0,34
Strom	0,30	0,25	0,30	0,24	0,31
Heizung	0,46	0,41	0,43	0,42	0,44
Wasser/Kanal	0,11	0,12	0,12	0,12	0,12
Reinigung	0,26	0,26	0,28	0,26	0,29
Bewachung	0,26	0,27	0,28	0,25	0,24
Verwaltung	0,25	0,24	0,24	0,25	0,26
Hausmeister	0,27	0,29	0,28	0,25	0,29
Sonstiges	0,08	0,09	0,10	0,08	0,08
Gesamt	**3,01**	**2,91**	**3,08**	**2,98**	**3,03**

Quelle: Jones Lang LaSalle 2008

Der **Klimatisierung** ist insbesondere an den wichtigsten Bürostandorten eine besondere Bedeutung beizumessen. Für diese Standorte ist es deshalb sinnvoll, die Nebenkosten von Bürogebäuden nach dem Grad der Klimatisierung zu differenzieren. Zwischen einem unklimatisierten und einem vollklimatisierten Gebäude ergibt sich ein Unterschied in den monatlichen Nebenkosten von bis zu rd. 0,75 €/m². Bei klimasieren Gebäuden gehen die Nebenkosten mit zunehmender Gebäudegröße stärker als bei unklimatisierten Gebäuden zurück. Bei größeren Gebäuden kann nämlich die Klimatisierung wirtschaftlich günstiger als bei kleineren Gebäuden angelegt werden (Abb.77).

---

29 Jones Lang LaSalle: Oscar 2005 – Büronebenkostenanalyse Office Service Charge Analysis.

VI Besondere Immobilienarten — Gewerbeimmobilien

Abb. 75: Durchschnittliche Betriebskosten (2008) für Bürogebäude in €/m² NF und Monat nach Gebäudequalität

Durchschnittliche Betriebskosten (2008) für Bürogebäude in €/m² NF und Monat nach Gebäudequalität			
	einfach	mittel	hoch
Zinsen	8,69	9,48	12,76
Öffentliche Abgaben	0,44	0,49	0,55
Versicherung	0,12	0,13	0,15
Wartung, Instandsetzung	0,99	1,15	1,36
Strom	0,56	0,59	0,64
Wärme, Kälte	0,46	0,49	0,56
Wasser, Kanal	0,11	0,13	0,14
Reinigung, Sonstiges	0,74	0,85	0,92
Bewachung	0,36	0,42	0,51
Verwaltung	0,33	0,39	0,44
Zwischensumme	12,80	14,12	18,03
Afa	2,35	3,22	4,34
Bauunterhalt	0,31	0,38	0,47
Gesamt	**15,46**	**17,72**	**22,85**

Quelle: Jones Lang LaSalle, Büronebenkostenanalyse 2008

Abb. 76: Durchschnittliche Betriebskosten (2008) für Bürogebäude in €/m² NF und Monat nach Gebäudegröße

	Betriebskosten in Bürogebäuden 2008								
	1 000 m²–4 999 m²		5 000 m²–9 999 m²		10 000 m²–19 999 m²		20 000 m²–49 999 m²		> 49 999 m²	
	Klimatisiert	Nicht klimatisiert	Klimatisiert	Nicht klimatisiert	Klimatisiert	Nicht klimatisiert	Klimatisiert	Nicht klimatisiert	Klimatisiert	Nicht klimatisiert
Öffentliche Abgaben	0,55	0,53	0,54	0,55	0,51	0,50	0,40	0,42	0,45	–
Versicherung	0,13	0,14	0,14	0,14	0,18	0,14	0,16	0,13	0,15	–
Wartung	0,38	0,33	0,40	0,34	0,33	0,37	0,35	0,37	0,47	–
Strom	0,30	0,24	0,32	0,26	0,30	0,28	0,27	0,29	0,35	–
Heizung	0,50	0,49	0,51	0,47	0,40	0,43	0,38	0,40	0,46	–
Wasser, Kanal	0,11	0,11	0,13	0,12	0,14	0,11	0,13	0,10	0,12	–
Reinigung	0,31	0,30	0,29	0,32	0,26	0,25	0,25	0,24	0,25	–
Bewachung	0,30	0,29	0,28	0,24	0,29	0,25	0,30	0,28	0,37	–
Verwaltung	0,34	0,32	0,30	0,27	0,26	0,25	0,25	0,22	0,21	–
Hausmeister	0,42	0,36	0,29	0,30	0,28	0,24	0,24	0,21	0,23	–
Sonstiges	0,10	0,11	0,06	0,04	0,04	0,10	0,15	0,12	0,11	–
Gesamt	**3,42**	**3,22**	**3,26**	**3,05**	**2,98**	**2,92**	**2,90**	**2,78**	**3,17**	–

Abb. 77: Durchschnittliche Betriebskosten für Bürogebäude in €/m² NF und Monat nach Klimatisierungsgrad (2002) und Geschosszahlen (2008)

	Durchschnittliche Betriebskosten für Bürogebäude in €/m² NF und Monat nach Klimatisierungsgrad (2002) und Geschosszahlen (2008)				
	Klimatisierungsgrad			Geschosse	
	Vollklimatisiert	Teilklimatisiert	Unklimatisiert	< 8 Geschosse	Hochhaus
Öffentliche Abgaben	0,64	0,49	0,49	0,48	0,50
Versicherung	0,11	0,10	0,10	0,13	0,15
Wartung	0,44	0,30	0,23	0,34	0,43
Strom	0,41	0,26	0,17	0,28	0,34
Heizung	0,46	0,35	0,36	0,42	0,47
Wasser, Kanal	0,12	0,11	0,11	0,11	0,13
Reinigung	0,28	0,25	0,25	0,26	0,26
Bewachung	0,29	0,26	0,18	0,25	0,32
Verwaltung	0,34	0,38	0,38	0,24	0,27
Hausmeister	0,22	0,22	0,25	0,29	0,29
Sonstiges	0,04	0,07	0,07	0,11	0,06
Gesamt	**3,35**	**2,79**	**2,59**	**2,91**	**3,22**

Quelle: Jones Lang LaSalle, Büronebenkostenanalyse 2002/2008

Bei **landwirtschaftlichen Wirtschaftsgebäuden** wird mit Betriebskosten von 5,0 bis 18,0 % des Rohertrags gerechnet; zumeist werden sie jedoch vom Mieter getragen und können dann unberücksichtigt bleiben. 162

3.2.9 Beispiele

3.2.9.1 Verkehrs- und Beleihungswert eines Geschäftshauses

1. Verkehrswert 163

a) Sachverhalt

Das 625 m² große Eckgrundstück liegt mit 14,50 m an einer großstädtischen Fußgängerzone, Seitenstraße, Frontbreite 43,00 m. Wiederaufbau 1954 mit teilweise Tiefkeller-, Keller-, Erd-, 1. bis 3. Ober- und teilweise 4. und 5. Obergeschoss. 1986 Umbau und durchgreifende Modernisierung des Gesamtobjekts, fiktives Baujahr daher 1966. Guter Bau- und Unterhaltungszustand. Kein Leerstand; kein Modernisierungs- bzw. Revitalisierungsrisiko.

Bauzahlen:	ca. 15 000 m³	BRI/Ausbauverhältnis 5,5 m³/m²	
KG	80 m²	Lagerräume	
UG, EG und 1. OG	1 455 m²	Verkaufsfläche	
2. OG	375 m²	Lager- und Sozialräume	
3. OG bis 5. OG	875 m²	Büroräume	

b) Bodenwert 164

Unter Bezugnahme auf die Bodenrichtwerte zum 31.12.2000 wird der Bodenwert wie folgt ermittelt:

295 m² Vorderland Fußgängerzone × 12 500 €/m²	3 687 500 €
330 m² Hinterland/Seitenland × 2 500 €/m²	825 000 €
625 m² im Mittel 7 220 €/m²	4 512 500 €
zuzüglich Grundstücksnebenkosten und zur Rundung (1,94 %)	87 500 €
Bodenwert	**4 600 000 €**

VI Besondere Immobilienarten — Gewerbeimmobilien

165 **c) Wert der baulichen Anlagen (Bauwert)**

15 000 m³ BRI × 450 €/m³	6 750 000 €
zuzüglich besonders zu veranschlagende Bauteile: Fahrtreppen, Aufzüge, Klimaanlage usw.	1 250 000 €
Zwischensumme	8 000 000 €
zuzüglich Ver- und Entsorgungsanschlüsse und Baunebenkosten (18,75 %)	1 500 000 €
Neubauwert	9 500 000 €
abzüglich Wertminderung nach Ross 38 %* rd.	3 600 000 €
Bauwert (= 393 €/m³ bzw. 2 181 €/m³ NF)	**5 900 000 €**

* Heute ist die lineare Wertminderung anzusetzen.

166 **d) Ertragswert**

Die zum Wertermittlungsstichtag gezahlten Nettokaltmieten für Verkaufs- und Büroräume entsprechen dem marktüblich erzielbaren Marktniveau. Sämtliche Betriebskosten sowie die volle Grundsteuer und die Prämien für Haft- und Sachversicherungen sind umlegbar; eine substantiierte Auflistung dieser Kosten ist in den Mietverträgen erfolgt[30]. Die Mietdauer ist in allen Fällen mit 15 Jahren zzgl. 2 Optionen von jeweils 5 Jahren vereinbart. Gemäß Wertsicherungsklausel (+/−10 %) ändert sich die Miete um 50 % der Wertveränderung.

KG	Lagerräume	80 m² ×	6 €/m²	480 €
UG, EG und 1. OG	Verkaufsräume	1 455 m² ×	i. D. 40 €/m²	58 200 €
2. OG	Lager- und Sozialräume	375 m² ×	10 €/m²	3 750 €
3. bis 5. OG	Büro- und Nebenräume	875 m² ×	i. D. 12 €/m²	10 500 €
Monatliche Nettokaltmiete (Grundmiete)				72 930 €
Jahresnettokaltmiete (Grundmiete) × 12 Monate =				875 160 €
abzüglich Bewirtschaftungskosten von 15 % (durch Einzelnachweis belegt)				131 274 €
= Gebäude- und Bodenreinertrag				743 886 €
abzüglich Bodenwertverzinsungsbetrag 5,0 % von 4 600 000 €				230 000 €
Reinertrag der baulichen Anlagen				513 886 €
Vervielfältiger bei RND von 45 Jahren und einem Liegenschaftszinssatz von 5,0 %: 17,77				
Gebäudeertragswert 513 886 € × 17,77				9 131 754 €
zuzüglich Bodenwert				4 600 000 €
Ertragswert				13 731 754 €
			rd.	**13 700 000 €**

Gemäß Grundstücksmarktbericht des Gutachterausschusses für Grundstückswerte hat die Auswertung für die Objektgruppe „Geschäfts- und Bürogrundstücke" (RND > 30 Jahre) einen Liegenschaftszins von 5 % und einen Vergleichs-(Rohertrags-)Faktor von 11 bis 16 ergeben.

Zusammenfassung der Werte:

Bodenwert	4 600 000 €
Bauwert	5 900 000 €
Sachwert	10 500 000 €
Ertragswert	13 700 000 €

Unter Berücksichtigung von Kosten für in Kürze auszuführende Schönheitsreparaturen wird der **Verkehrswert mit 13 500 000 €** beziffert; dies entspricht einem Rohertragsfaktor von 15,4.

---

[30] Auch LG Osnabrück, Urt. vom 31.5.1995 – 2 S 160/94 –, WuM 1995, 434.

2. Ermittlung des Beleihungswerts für eine Hypothekenbank

Bodenwert (wie zuvor bei 1.b)				4 600 000 €
Bauwert (wie zuvor bei 1.c)	5 900 000 €			
abzüglich Risikoabschlag von rd. 15 %	885 000 €			
Bauwert	5 015 000 €	rd.		5 000 000 €
Sachwert				**9 600 000 €**

Ertragswert

Nettokaltmiete (Grundmiete); marktüblich erzielbar				875 160 €
abzüglich marktübliche Bewirtschaftungskosten:				
– Verwaltungskosten (wie angefallen)	43 800 €	5,0 %		
– Instandhaltungskosten 2 705 m² × 20 €/m²	54 100 €	6,2 %		
– Mietausfallwagnis	35 000 €	4,0 %		
zusammen	132 900 €	15,2 %	der Jahresnettokaltmiete	– 132 900 €
= Gebäude- und Bodenreinertrag				742 260 €
abzüglich Bodenwertverzinsungsbetrag: 5,5 % von 4 600 000 €				253 000 €
Reinertrag der baulichen Anlagen				489 260 €
Vervielfältiger bei RND von 45 Jahren und einem Liegenschaftszinssatz von 5,5 %: 16,55				
Gebäudeertragswert: 489 260 € × 16,55				8 097 253 €
Der Risikoabschlag vom Gebäudeertragswert muss bei gewerblich genutzten Grundstücken 10 bis 25 % betragen.				
Im vorliegenden Fall werden 15 % für ausreichend angesehen; mithin			–	1 214 588 €
Gebäudeertragswert				6 882 665 €
zuzüglich Bodenwert				4 600 000 €
Beleihungswertvorschlag				11 482 665 €
			rd.	**11 500 000 €**

Der Risikoabschlag vom mit 13,5 Mio. € ermittelten Verkehrswert beträgt demnach rd. 15 %.

Anmerkungen:
– Bei gewerblich genutzten Grundstücken gilt eine Regelbandbreite von 6 % bis 7 % für den Kapitalisierungszinssatz. Da es sich hier um eine erstklassige Gewerbeimmobilie mit geringem Risiko in guter Innenstadtlage (Fußgängerzone) handelt, ist es vertretbar, die Regelbandbreite des Kapitalisierungszinssatzes um 0,5 %-Punkte zu unterschreiten.
– Das Objekt ist realkreditfähig i.S. des bankaufsichtsrechtlichen Begriffs.
– Beleihungsgrenze:
60 % von 11 500 000 € = 6 900 000 €; dies sind 51,1 % des Verkehrswerts.
– Beleihungsgrenze unter Bezugnahme auf den Verkehrswert:
50 % von 13 500 000 € = 6 750 000 €

Als Realkredit dürfen demnach 6 750 000 € gewährt werden.

VI Besondere Immobilienarten — Gewerbeimmobilien

168 **3. Ermittlung des Beleihungswerts für eine Sparkasse**

Sachwert

Bodenwert (wie zuvor bei 1.b)		4 600 000 €
Bauwert (wie zuvor bei 1.c)	5 900 000 €	
abzüglich Risikoabschlag: 20 % von 5 900 000 €	− 1 180 000 €	
ergibt	4 720 000 €	
weiterer Risikoabschlag: 10 % von 4 720 000 €	− 472 000 €	
Bauwert	4 248 000 € rd.	4 250 000 €
Sachwert		**8 850 000 €**

Ertragswert

Nettokaltmiete (Grundmiete); wie zuvor bei 1.d	875 160 €
abzüglich Bewirtschaftungskosten von 15 %	− 131 274 €
Gebäude- und Bodenreinertrag	743 886 €
abzüglich Gewerbeabschlag: 10 % von 743 886 €	− 74 389 €
Zwischensumme	669 497 €
abzüglich Bodenwertverzinsung (wie zuvor bei 2.)	− 253 000 €
Reinertrag der baulichen Anlagen	416 497 €
Vervielfältiger bei RND von 45 Jahren und einem Liegenschaftszinssatz von 5,5 %: 16,55	
Gebäudeertragswert: 416 497 € × 16,55	6 893 031 €
zuzüglich Bodenwert	4 600 000 €
Ertragswert	11 493 031 €
Beleihungswertvorschlag	**11 500 000 €**

Mithin kann auch die Sparkasse einen Realkredit in Höhe von 6 750 000 € (= 50 % des Verkehrswerts) ausweisen.

Der Fall zeigt in eindeutiger Weise, wie wichtig die Kenntnis des Verkehrswerts ist. Andererseits würden 60 % des Beleihungswerts (= 6 900 000 €) bezogen auf den Verkehrswert – wie bei der Hypobank – 51,1 % ausmachen.

3.2.9.2 Verkehrswert eines Geschäftshauses

169 **a) Sachverhalt**

Wertermittlungsstichtag 1.1.2000

Baujahr 1985 mit Tiefkeller, *Basement*, Erd- bis 6 Obergeschoss, Kaufhauscharakter, Feuermelde- und Sprinkleranlage, Rolltreppen, Aufzüge, Luftschleier, Zentralheizung, insgesamt 5 830 m² Nutzfläche (Lager-, Verkaufs-, Verkehrsfläche).

25 000 m³ umbauter Raum, Frontbreite 17 m, unregelmäßige Grundstücksform, Grundstück 800 m², Fußgängerzone (City), westdeutsche Großstadt. Zwei Hauptmieter. Guter Bau- und Unterhaltungszustand. Gesamtnutzungsdauer des Gebäudes 60 Jahre.

170 **b) Verkehrswertermittlung**

Summe der Einnahmen aus Vermietung und Verpachtung			
– (= Nettokaltmiete ohne MwSt./Grundmiete)			890 000 €
(entspricht rd. 13 €/m² Nutzfläche im Durchschnitt mtl.)			
abzüglich nicht umlegbarer Bewirtschaftungskosten:			
– *Betriebskosten* (soweit nicht umlegbar)			
– Grundsteuer	+	22 000 €	(2,5 %)
– Versicherungsprämien	+	3 090 €	(0,3 %)
– *Verwaltungskosten* in der angefallenen Höhe			
2 000 € × 12	=	24 000 €	(2,7 %)

Gewerbeimmobilien   **Besondere Immobilienarten VI**

Instandhaltungskosten 5 830 m² × 10 €/m²	= + 58 300 €	(6,5 %)	
Mietausfallwagnis (§ 19 Abs. 2 Nr. 3)			
3 % von 890 000 €	= + 26 700 €	(3,0 %)	
	= 134 090 €	−	134 090 €
Reinertrag des Grundstücks:		=	755 910 €
abzüglich Bodenwertverzinsungsbetrag 5 000 000 € × 0,06		−	300 000 €
Ertragsanteil der baulichen Anlagen:		=	455 910 €

Bei einer wirtschaftlichen Restnutzungsdauer von 45 Jahren und einem Liegenschaftszinssatz von 6 % beträgt der Vervielfältiger 15,46 (gem. Anl. zur ImmoWertV).
Ertragswert der baulichen Anlagen (Gebäudeertragswert):

455 910 € × 15,46	=	7 048 369 €
	rd.	7 000 000 €*
abzüglich Reparaturanstau		0 €
zuzüglich Bodenwert	+	5 000 000 €
Ertragswert (Verkehrswert):		**12 000 000 €**

*= 480 €/m³

Nachrichtlich: Dies sind das 13,5-Fache der gezahlten Jahresnettokaltmiete und rd. 2 060 €/m² Nutzfläche im Durchschnitt; vgl. weiteres Beispiel eines Büroobjektes in GuG 2001, 208.

3.2.9.3 Ankauf eines Bürogebäudes mit Mietgarantie

a) Sachverhalt   **171**

Ein Investor bietet ein neu erstelltes Büroobjekt zu einem Kaufpreis von 14,5 Mio. € an.
Von den 5 000 m² vermietbarer Fläche sind 4 000 m² vermietet.
Die vereinbarte Miete liegt mit 15 €/m² über der marktüblich erzielbaren Miete von 12 €/m².
Der Investor garantiert für die restlichen 1 000 m² noch nicht vermietete Mietfläche über 5 Jahre Vollvermietung auf der Basis von 15 €/m² im Monat.

Mietfläche	5 000 m² NF
	davon 4 000 m² NF vermietet
Restnutzungsdauer	60 Jahre
Marktüblich erzielbare Nettokaltmiete	12 €/m²
Tatsächliche Nettokaltmiete im Objekt	15 €/m²
Liegenschaftszinssatz	6 %
Garantierte Vollvermietung für 5 Jahre zu	15 €/m²

b) Wertermittlung   **172**

– Überschlägige Wertermittlung des Investors

5 000 m² × 15 €/m² × 12 × 16,16	= rd.	14 540 000 €
Vervielfältiger von 6 % und 60 Jahren = 16,16		

– Genauere Wertermittlung

5 000 m² × 12 €/m² × 12 Monate × 16,16	= rd.	11 630 000 €
16,16 = Vervielfältiger von 6 % und 60 Jahren		
zuzüglich des Mehrwerts von		
(15 €/m² − 12 €/m²) × 4 000 m² × 12 Monate × 4,21		
Vervielfältiger von 6 % und 5 Jahren = 4,21		606 000 €
zusammen		12 236 000 €

VI Besondere Immobilienarten — Gewerbeimmobilien

- Da der Verkäufer eine Mietgarantie über 5 Jahre abgegeben hat, muss er, wenn weitere Vermietungsbemühungen erfolglos bleiben, im ungünstigsten Fall fünf Jahre lang die vertraglich garantierte Miete für 1 000 m² Mietfläche bezahlen. Seine Kosten belaufen sich einschließlich einer Bewirtschaftungskostenpauschale von 2 €/m² auf:

1 000 m² × 15 €/m² × 12 Monate × 4,21	757 800 €
1 000 m² × 2 €/m² × 12 Monate × 4,21	101 040 €
rd.	860 000 €

Würde der Vermieter den verlangten Kaufpreis von 14,5 Mio. € erhalten, hätte er trotz der Garantiezahlung noch einen Vorteil von

Geforderter Kaufpreis	14 500 000 €
Angemessener Kaufpreis	− 12 236 000 €
Differenz	2 264 000 €
Garantiemiete	− 860 000 €
	1 404 000 €
Vorteil des Verkäufers rd.	1 400 000 €

Dieser Vorteil geht voll zu Lasten des Käufers, der im ungünstigsten Fall nach Auszug des Mieters mit Ablauf von 5 Jahren vor einem leer stehenden Objekt steht, welches er nur zur geringeren Marktmiete vermieten kann.

3.2.9.4 Verkehrswert eines Bürogebäudes mit besonderen Vertragsverhältnissen

173 a) **Sachverhalt**

Objektbeschreibung

- Bürogebäude innerhalb eines peripher gelegenen Gewerbeparks
- Stadt mit 253 495 Einwohnern in den neuen Bundesländern
- Anbindung an Autobahn und IC-Netz; das Stadtzentrum ist mit Bussen zu erreichen
- keine Immissionsbeeinträchtigung
- Leerstandsrate in der Region: ca. 15 %

Boden

− Grundstücksgröße	6 102 m²
− Bodenrichtwert zum 1.3.2003 für ortsüblich erschlossenes Bauland bezogen auf Gewerbenutzung (G)	60 €/m²
− Bodenwert 6 102 m² × 60 €/m²	366 120 €

- nahezu rechteckige Grundstücksgestalt
- voll erschlossenes Grundstück (ebf)
- Leitungsrecht: Auf dem Gelände befinden sich 66 Kfz-Außenstellplätze
- Dinglich gesichertes Leitungsrecht: Hochgasdruckleitung nach § 9 Abs. 3 GBBerG
- rechtskräftiger Flächennutzungsplan vom 24.10.2001: gewerbliche Baufläche
- Bebauungsplan: liegt nicht vor

Bebauung

- Baujahr 1999
- zweigeschossiger, ringförmiger Baukörper, der einen ebenfalls zweigeschossigen V-förmigen Baukörper umschließt
- Das Gebäude ist nicht unterkellert.

− Bauweise:	Stahlbeton
− Gesamtnutzungsdauer:	40 Jahre
− geschätzte RND:	36 Jahre
− Fassade:	Metall-Glas-Fassade
− Außenwände:	Stahlbeton

Gewerbeimmobilien — Besondere Immobilienarten VI

- Dach: Flachdach
- Decken: Stahlbetondecken
- Treppen: Stahltreppen mit Gitterrost (außen liegend)
- In dem zu bewertenden Objekt befinden sich klein- und großteilige Büroräume, ein Casino, ein Salon, Küche und auf jeder Etage ausreichende Sanitäreinrichtungen.
- Grundrisse/Rastermaße/Raumtiefen
  Der Achsenabstand (Achsmaß) in der Ebene beläuft sich nach den Entwurfsplanungen auf rd. 1,20 m (Mittelwert) bei einer Raumtiefe von ca. 4,80 m an der Außenwand. Dies ermöglicht eine flexible Raumgestaltung. Darüber hinaus sind Statik und Raumgestaltung (insbesondere die Schulungs- und Tagungsräume) darauf ausgerichtet, die Räume durch flexible Raumteiler (verschiebbare Wände) bedarfsgerecht umzufunktionieren.
- Das Objekt weist keinen Instandhaltungsrückstau auf.
- Außenanlagen gärtnerisch angelegt; Hoffläche ist gepflastert.

Flächen

- Brutto-Grundfläche (BGF)   1 783 m²
- Geschossfläche (GF)   1 783 m²
- Brutto-Rauminhalt (BRI)   7 050 m³
- Grundfläche   960 m²
- vermietete Nutzflächen (NF) gemäß Mietvertrag   1 743 m²
- Das Grundstück weist bei einer Geschossfläche von 1 783 m² und einer Grundstücksgröße von 6 102 m² eine rechnerische Geschossflächenzahl (GFZ) von 0,3 auf.
- Das Grundstück weist bei einer bebauten Grundfläche von 960 m² und einer Grundstücksgröße von 6 102 m² eine rechnerische Grundflächenzahl (GRZ) von 0,16 auf.
- Das Grundstück weist im Verhältnis zur realisierten Bebauung eine Übergröße auf. Diese ergibt sich insbesondere aus der flächenintensiven Zufahrt zum Grundstück. Diese Fläche kann allerdings nicht als „selbständig nutzbare Teilfläche" angesehen werden, da sie zur Erschließung des Grundstücks zwingend notwendig ist.

Die Ausnutzung entspricht der gegendüblichen Nutzung und braucht nicht besonders berücksichtigt zu werden.

Ertragsverhältnisse

- Liegenschaftszinssatz   7,0 %
- Marktüblich erzielbare Miete: 5,46 €/m²
- (Mittelwert) bei einer Spanne von 2,45 bis 9,71 €/m²: angemessen: 8,00 €/m² pro Monat
- Vertragsmiete   16,31 €/m² pro Monat
     15,00 € pro Stellplatz im Monat
- Mietvertrag mit einer Laufzeit von 10 Jahren und einem Optionsrecht des Mieters von 3 × 5 Jahren. Das Mietverhältnis endet, wenn das Mietverhältnis nicht verlängert wird, am 31.3.2010, d.h. nach rd. 7 Jahren.
- Die Erhöhung des Mietzinses wurde in Form einer Wertsicherungsklausel (Lebenshaltungskosten- bzw. Verbraucherpreisindex Basis 1995 = 100, Erhöhung um mind. 10 Punkte) vereinbart.
- Nach dem vorliegenden Mietvertrag sind die Verwaltungskosten (4,5 % des Reinertrags) für die Zeit des Mietverhältnisses vom Mieter zu tragen.
- Nach dem vorliegenden Mietvertrag obliegen die Instandhaltungskosten für die Dauer des Mietverhältnisses dem Mieter; ausgenommen davon sind Instandsetzungen an Dach, Fassade, Fenster und Betonsanierungen.
- Nach dem vorliegenden Mietvertrag trägt der Mieter die Betriebskosten mit Ausnahme der Gebäudeversicherung in Höhe von 5 568 € p.a. Gleichwohl verbleiben immer gewisse Betriebskostenbelastungen beim Vermieter; diese werden mit 0,5 % der marktüblich erzielbaren Nettokaltmiete angesetzt.
- Mietausfallwagnis 6 % der marktüblich erzielbaren Nettokaltmiete

VI Besondere Immobilienarten — Gewerbeimmobilien

Üblicherweise kann nicht ohne weiteres davon ausgegangen werden, dass bei einem erheblich über der marktüblich erzielbaren Miete entrichteten Nutzungsentgelt der Mieter sein Optionsrecht ausübt. Es kommt hinzu, dass der Mieter auch die Bewirtschaftungskosten weitgehend trägt und damit das vertragliche Mietentgelt besonders deutlich von der marktüblich erzielbaren Miete abweicht.

Bei dieser Sachlage wird unterstellt, dass keine Option ausgeübt wird und das Mietverhältnis am 31.3.2010 endet, so dass die tatsächliche Miete von 16,31 €/m², die 8,31 €/m² über der marktüblich erzielbaren Miete liegt, für einen Zeitraum von insgesamt 7 Jahren erzielt wird.

Wertermittlungsstichtag 1.1.2003

174 **b) Ermittlung des Ertragswerts**

Jahresnettokaltmiete

1 743 m² × 8,00 €/m² (einschließlich Stellplätze) = 13 944 € × 12 =   167 328 €

marktüblich nicht umgelegte Bewirtschaftungskosten:

– Instandhaltungskosten: 1 743 m² × 8 €/m² =	13 944 €	
– zuzüglich 66 Stellplätze × 30 € =	1 980 €	
– Verwaltungskosten: 4,5 % von 167 328 € =	7 530 €	
– Mietausfallwagnis 6 % von 167 328 €	10 040 €	
– nicht umlegbare Betriebskosten: 0,5 % von 167 328 €	837 €	
zusammen	34 331 €	34 331 €
= Jahresreinertrag		132 997 €
./. Bodenwertverzinsungsbetrag: 7,0 % von 366 120 €	–	25 628 €
Gebäudeertragsanteil		107 369 €
× Vervielfältiger bei 7,0 % Liegenschaftszins und einer Restnutzungsdauer von 36 Jahren = 13,04		
Gebäudeertragswert		1 400 092 €
zuzüglich Bodenwert	+	366 120 €
vorläufiger Ertragswert		1 766 212 €

Mehrertrag für insgesamt 7 Jahre

Für einen Zeitraum von 7 Jahren ergeben sich folgende Mehreinnahmen:

Büro- und Schulungsräume 1 743 m² × 8,31 €/m²	14 484 €/Monat	
Stellplätze: 66 Stück × 15,34 €/Stck.	1 012 €/Monat	
Mehreinnahmen im Monat		15 496 €
Mehreinnahmen pro Jahr		185 952 €
zuzüglich		
vom Mieter getragener Instandhaltung: 1 743 m² × 8 €/m² = +	13 944 €	
66 Stellplätze × 30 € p.a. +	1 980 €	
zuzüglich vom Mieter getragene Verwaltungskosten:		
4,5 % der Vertragsmiete		
16,31 €/m² × 1 743 m² × 12 Monate =	341 140 €	
+ Stellplätze =	1 980 €	
= Vertragsmiete	343 120 €	
davon 4,5 % = +	15 441 €	
abzüglich vom Vermieter getragener Versicherungskosten (marktüblich umlagefähig): –	5 568 €	
Gesamt		211 749 €
Kapitalisiert bei einem Vervielfältiger von V = 5,39		
(bei 7 % und 7 Jahren): 211 749 € × 5,39 = +	1 141 327 €	1 141 327 €
Ertragswert des Schulungsgebäudes		2 907 754 €

175 Die durch das Leitungsrecht eingetretene Wertermittlung kann unberücksichtigt bleiben.

Für die Eintragung des Leitungsrechts ist nach § 9 Abs. 3 GBBerG eine Ausgleichszahlung zu leisten, die hälftig frühestens zum 1.1.2001 (und damit vor dem Wertermittlungsstichtag 1.1.2003) und hälftig zum 1.1.2011 fällig wird. Der auf das Leitungsrecht zurückzuführenden Wertminderung steht damit zumindest hälftig ein Ausgleichsanspruch gegenüber, so dass sie insoweit nicht zu berücksichtigen ist. Umgekehrt ist damit eine durch das Leitungsrecht eingetretene Wertminderung allenfalls zur Hälfte bei der Verkehrswertermittlung zu berücksichtigen. Die Leitungszone besteht aus einem etwa 3 m breiten Streifen entlang einer Straßenfront von 56 m: Dies ergibt eine betroffene Fläche von ca. 168 m². Bei einem Bodenwert von 60 €/m² ergibt sich für die betroffene Leitungsfläche ein Bodenwert von insgesamt 10 080 €. Nach der Rechtsprechung bemisst sich die Wertminderung für leitungsbelastete Flächen auf rd. 10 % des Bodenwerts. Bei einem hälftigen noch ausstehenden Zahlungsanspruch ergäbe dies eine Wertminderung von 504 € (= 10 080 € × 0,10/2).

Verkehrswert damit rd. **2 900 000 €**

3.3 Gewerbeparks

Gewerbeparks sind Gewerbegebiete, die aus einer **Kombination von Büro-, Service- und Lagerflächen** in einem parkähnlich konzipierten und mit professionellem Management ausgestatteten zur Miete angebotenen Umfeld bestehen. Die Größe schwankt zwischen 30 000 und 80 000 m². **176**

Die wichtigsten **Anforderungen** sind

- flexible Raumaufteilung der Gebäude,
- niedriger Mietpreis,
- repräsentativer Eindruck,
- hoher Standard der Grundausstattung,
- ausreichende Lagerhöhe,
- überproportionale Anzahl von Parkplätzen,
- großzügige Anlieferung und
- Kombination von Lagerflächen und Serviceflächen.

Als **Gewerbepark** werden in einem parkähnlich angelegten Gebiet errichtete Gebäude verstanden, die i.d.R. aus einer professionell verwalteten Kombination von Büro-, Service- und Lagerflächen bestehen. Gewerbeparks werden nach folgenden Typen unterschieden: **177**

Typ I	ca. 10 % Büro- und 90 % Lagerflächen,
Typ II	ca. 40 % Büro- und 60 % Lagerflächen,
Typ III	ca. 45 % Büro-, 10 % Service- und 45 % Lagerflächen,
Typ IV	ca. 80 % Büro- und 20 % Serviceflächen.

▶ *Zu Lager- und Logistikimmobilien vgl. Rn. 180 sowie Teil X Rn 531*

3.4 Industrieimmobilien

3.4.1 Allgemeines

Charakteristisch für Industrieimmobilien sind relativ große Räume und Hallen mit wenig Innenausbauten, insbesondere **178**

- Fertigungsgebäude,
- Werkstätten,
- Lagerhallen und
- Distributionszentren.

3.4.2 Lagemerkmale im industriell-produzierenden Bereich

▶ *Allgemeines zur Wahl des Wertermittlungsverfahrens § 8 ImmoWertV Rn. 110 ff.*

179 Zur Berücksichtigung von Abweichungen bei der **Bodenwertermittlung von Fabrikgrundstücken** im Verhältnis zu den sonstigen Gewerbegrundstücken enthalten die steuerlichen Bewertungsrichtlinien eine Reihe auch bei der Verkehrswertermittlung anwendbarer Grundsätze; dort wird ausgeführt[31]:

„Bei den Fabrikgrundstücken und den anderen gewerblich genutzten Grundstücken kann sich eine besonders günstige Lage zum öffentlichen Verkehrsnetz werterhöhend auswirken, z. B. bei der Anschlussmöglichkeit an das Eisenbahnnetz, Lage an schiffbaren Gewässern und in Hafengebieten. Schlechter Baugrund wirkt sich auf den gemeinen Wert des Grund und Bodens wertmindernd aus. Mit diesem wertmindernden Umstand können werterhöhende Umstände zusammentreffen; trotz schlechten Baugrunds besteht z. B. ein Interesse an der Lage des Grundstücks an einem Gewässer (Fluss, See). Dabei kann auch die Möglichkeit, Wasser günstig zu erwerben und abzuleiten, ein werterhöhender Umstand sein. Kann der gemeine Wert nicht von Werten für gleichartige Grundstücke an einem Gewässer abgeleitet werden, sondern stehen nur Werte für Grundstücke mit gutem Baugrund, die nicht am Wasser liegen, als Vergleichswerte zur Verfügung, so ist ggf. der Umstand, dass der Baugrund nur bedingt tragfähig ist, durch einen Abschlag und die Lage am Wasser durch einen Zuschlag zu berücksichtigen. Bei besonders günstigen Industrielagen (z. B. in **Hafengebieten**) kann der Zuschlag wegen der Lage höher sein als der Abschlag wegen des schlechten Baugrunds. Aufgefüllter Boden ist nicht als tragfähiger Baugrund anzusehen; reicht er unter die normale Gründungstiefe (vgl. DIN 277, Ausgabe November 1950, Abschn. 1.344 – Anl. 1.1), so wirkt er sich wertmindernd aus."

180 Für die **neuen Bundesländer** vgl. auch die

- gleich lautenden Erlasse der neuen Bundesländer betr. Bewertung von Fabrikgrundstücken, Lagerhausgrundstücken, Grundstücken mit Werkstätten und vergleichbaren Grundstücken im Beitrittsgebiet[32],
- gleich lautenden Erlasse der neuen Bundesländer betr. Bewertung des Grundvermögens und der Betriebsgrundstücke im Beitrittsgebiet[33].

Abb. 78: Wertigkeit einzelner Bauteile zum Gesamtbauwerk nach gleich lautenden Erlassen der obersten Finanzbehörden

Wertigkeit einzelner Bauteile zum Gesamtbauwerk nach gleich lautenden Erlassen der obersten Finanzbehörden	
Gebäudeklasse I (Verwaltungsgebäude einschließlich Bürobaracken und Bürocontainer, Sozialgebäude, Laboratorien, Pförtnergebäude und vergleichbare Gebäude	
Dacheindeckung	14,8
Elektrische Installation	3,4
Türen	1,6
Tore	3,4
Fenster	3,3
Außenwand/Fassade einschließlich Tragekonstruktion	34,7
Fußboden	4,5
Fundament und Bodenplatte	19,3
Erdarbeiten	3,3
Heizung	5,0
Sonstiges	6,7

---

31 BewR Gr vom 19.9.1966 (BAnz Nr. 183 Beil.= BStBl. I 1966, 890, zu § 83 Nr. 35 [3]).
32 BStBl. I 1993, 467 = GuG 1994, 226 = Vermögensrecht (a.a.O.) II 7.3.9.
33 Vermögensrecht (a.a.O.).

Gebäudeklasse I (Fabrikgebäude, Lagergebäude, Transformatorengebäude, Wirtschaftsbaracken, Garagen und vergleichbare Gebäude)	
Erdarbeiten, Gründung und Fundamente	11,7
Außenwände	12,5
Decken	10,4
Dach	4,1
Innenwände	6,7
Innenausbau insgesamt	43,3
– Bodenbeläge	3,9
– Türen	2,1
– Fenster	8,0
– Malerarbeiten	1,6
– Wandverkleidung	4,4
– Deckenverkleidung	2,9
– Sanitäre Anlagen	3,9
– Heizung	7,8
– Elektrische Installation	6,9
– Treppen	1,8
Sonstiges	11,3

3.5 Logistikimmobilien

3.5.1 Allgemeines

▶ *Vgl. Teil X Rn. 533*

Schrifttum: *Baumgarten, H.*, Trends und Strategien in der Logistik, Berlin 2000; *Dehler, M.*, Entwicklungsstand Logistik, 2001; *Domschke/Drexl*, Logistik-Standorte, 1996; *Ehrmann, H.*, Kompakttraining Logistik, 2001; *Feinen*, Bewertungsfragen bei gewerblichen Objekten im Realkredit- und Immobilien-Leasinggeschäft, DLK 1984/8; *Fischer, R./Lorenz, H.-J./Biederbeck, M./Astl, B.*, Verkehrswertermittlung bebauter und unbebauter Grundstücke, Bundesanzeiger 2005 S. 483; *Fortmann, K.-W./Kallweit, A.*, Logistik, Kohlhammer 2000; *Pohnert, F.*, Kreditwirtschaftliche Wertermittlungen, 6. Aufl., S. 354 ff.; *Schoebel, P.*, Verkehrswertermittlung eines Lagergrundstücks mit Gebäuden auf fremdem Grund und Boden, GuG 2004, 150; *Schulte, Ch.*, Lexikon der Logistik; *Baumgarten/Weber* (Hrsg.), Handbuch Logistik.

Logistikgrundstücke stellen ein Marktsegment dar, das von einfachen Grundstücken der Lagerwirtschaft und des Speditionswesens bis hin zu hochtechnisch vernetzten Distributionszentren reicht.

Man unterscheidet Logistikimmobilien vornehmlich nach **Größenordnung und Nutzungsart**:

– *Hub/Distribution Center* (Europa Zentrallager): Umschlaganlage vornehmlich im Stückgutbereich,

– *Public Shared Warehouse:* Erweiterte Dienstleistung mit Lagerung, Kommissionierung, Montage, Verteilung und Umschlag,

– *One Customer Warehouse* (Zentrallager für einen Auftraggeber/Großkunden),

– City Logistik Center *(Metropolitan Distribution Center)*: Letzte Umschlags- und Verbindungsstelle zwischen Produktion und Endverbraucher,

– Güterverkehrszentrum (GVZ).

Darüber hinaus wird unterschieden nach
- Flachlagern bei Höhen bis 7–8 m und
- Hochlagern bei Gebäuden mit Höhen über 8 m.

Die **Gesamtnutzfläche von Logistikzentren** differiert erheblich zwischen 2 000 und 200 000 m², wobei sich der überbaute Flächenanteil zwischen 45 und 65 % bewegt (Abb. 79).

Abb. 79: Lagerarten nach Kupsch (1979)

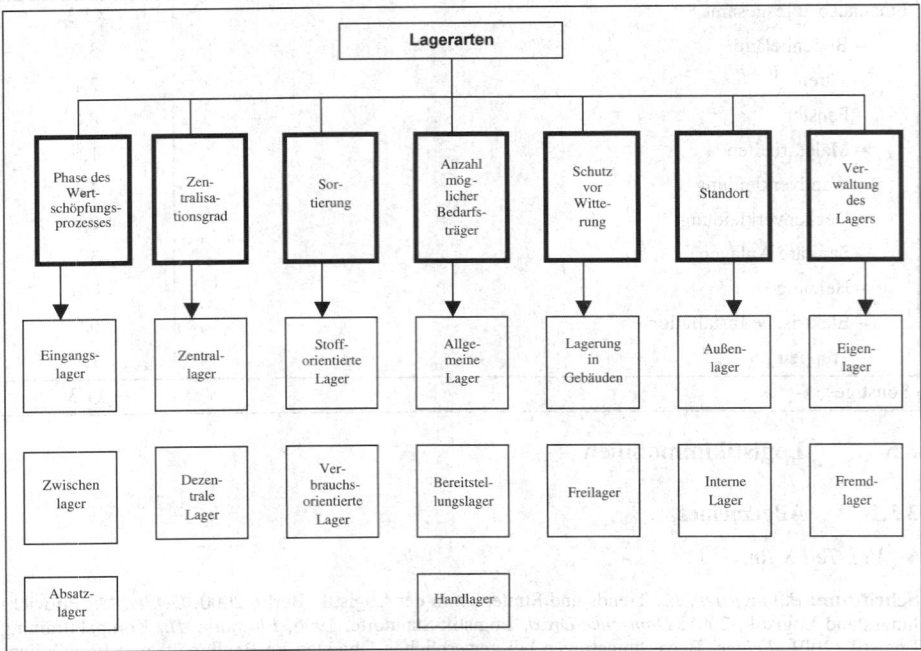

182 **Lagerhallen** sind Hallenbaukörper, die überwiegend zur Zwischenlagerung und zum Umschlag von Waren genutzt werden.

183 **Lagergebäude** sind alle Gebäude, die der Aufbewahrung von Gegenständen und Materialien dienen. Silos zählen nicht hierzu, da sie keine Gebäude sind und im Regelfall nicht von Menschen betreten werden können.

184 Lagergebäude können betrieblichen, landwirtschaftlichen, aber auch privaten Zwecken dienen. Zu den privaten Zwecken dienenden Lagergebäuden gehören etwa ein Holz- oder Heizöllagerschuppen, ein Gartenhaus zur Unterbringung von Gartengeräten, ein Abstellgebäude für Fahrräder, Kinderwagen und dergl. Zu den landwirtschaftlichen Lagergebäuden zählen Schuppen, Scheunen und Hallen zur Unterbringung landwirtschaftlicher Erzeugnisse, zur Lagerung von Streu- und Futtermitteln und zum Abstellen der landwirtschaftlichen Geräte und Fahrzeuge.

185 Im Jahre 2002 gab es in der Bundesrepublik Deutschland ca. 3 700 Logistikzentren mit ca. 65 Mio. m² Lagerfläche. Sie zeichnen sich durch eine Bündelung von Dienstleistungen aus, insbesondere Konfektionierung, Etikettierung bis hin zur Fakturierung. Die Lagerung erfolgt zunehmend in modernen Hochregallagern, errichtet in Stahlbetonbauweise mit 8,50 bis 10 m Deckenhöhe (dreilagige Palettenstellung).

186 Logistikimmobilien sind zumeist monofunktional ausgerichtet und haben daher eine geringe **Drittverwendungsmöglichkeit**.

3.5.2 Lagemerkmale

Schrifttum: *Bischoff, Ch.*, Analyse von Logistikstandorten, in Immobilien Research 2005.

187

Lagerhaus- und Speditionsgesellschaften legen Wert auf gute Anbindungen an Bahnlinien, örtliche und überörtliche Straßennetze sowie ausreichende Freiflächen. **Standortfaktoren** sind

a) hinsichtlich *Makrolage:*

- Nähe zur Hauptverkehrsader (Autobahnkreuz), Güterbahnhof, Flughafen, See- und Binnenhäfen (Makroanalyse),
- Verkehrsanbindung (Autobahnauffahrt, Zufahrtsstraße; keine Ortsdurchfahrten), GI- oder GE-Gebiet (mit 24-h-Genehmigung), Infrastruktur (Tankstelle, Hotel, Gastronomie), ÖPNV-Anschluss (Mikrolage),
- logistisches Ballungszentrum;

b) hinsichtlich *Mikrolage:*

- kein Wohngebiet in der Nähe,
- Nähe zu Absatz- und Beschaffungsmärkten,
- Arbeitskräftepotenzial,
- Anbindung an Telekommunikationsnetze,
- Grundstückspreise.

3.5.3 Bauliche Anforderungen

Das **Verhältnis von bebauter Fläche zur unbebauten Fläche** sollte bei etwa 1:1 liegen. Die i.d.R. eingeschossigen Hallen müssen entsprechend hoch (6 bis 8 m) und die Nutzfläche teilbar sein. Die Hallenböden sollen möglichst dem Niveau der Ladefläche von Eisenbahnwaggons und LKWs entsprechen, um dem immer schnelleren Warenumschlag gewachsen zu sein, denn mit Hilfe ausgefeilter Logistik muss die Ware zum richtigen Zeitpunkt, in der richtigen Qualität, in der vom Kunden gewünschten Menge zur Verfügung stehen (*„just in time"*). Das neue Logistikgeschäft benötigt eine auf spezifische Arbeitsabläufe abgestimmte Immobilie (z. B. wegen des Internethandels).

188

Baulich werden an Logistikimmobilien folgende Anforderungen *(form follows function)* gestellt:

189

- rechtwinkliger Grundstückszuschnitt,
- breite Straßenfront mit Zu- und Abfahrtsmöglichkeiten,
- ebenes Gelände,
- tragfähige Bodenbeschaffenheit auch für Staplerverkehr (6 Kn),
- ausreichende Straßendimensionierung,
- Reserve- und Erweiterungsflächen (Expansionsmöglichkeiten in der Nachbarschaft),
- ausreichende Lieferzone,
- ausreichende Grundstücksgröße (ca. 150 bis 250 % der benötigten Gebäudegröße je nach Nutzungsart,
- ausreichende Büro- und Sozialräume (10 bis 15 % der Bebauung),
- geeignete Außenflächengestaltung (hinreichende Rangiermöglichkeiten, Abzäunung mit Videoüberwachung, ausreichende PKW-Stellplätze (Faustregel 1 Stellplatz für 300–400 m²), Lagerfläche (1 Stellplatz für 125 bis 175 m² Umschlaglager), LKW-Stellplätze (Wechselbrückenstellplätze),
- ebener und widerstandsfähiger Hallenboden (Belastbarkeit mindestens 5 t/m²),

VI Besondere Immobilienarten — Gewerbeimmobilien

- Hallenkonstruktion mit Unterteilbarkeit, Rammschutz für Gebäude und modularer Länge, möglichst ohne Stützen innerhalb der Brandabschnitte (max 10 000 m²), sonst mit einem *Stützraster* von 7 m × 22 m, Brandschutz (Sprinkleranlage), Beleuchtung (200 Lux/m² am Boden), Höhe im Andockbereich (5 m für Umschlag und 10 m UKK, HRL ab 14 m bis ca. 60 m), Heizung (meist Gasdeckenluftheizung, u.U. Strahlungsheizung) und 20 % Reservefläche,
- Bauhöhen von 10 bis 25 m; in Ausnahmefällen bis 48 m,
- Brandschutz,
- ausreichende Traufhöhe (TH) und Firsthöhe (FH) sowie ausreichend (große) Torgröße,
- ausreichende Logistiktechnik (ausreichende Verladetore; 1 Tor/900 m² Lager), elektrohydraulische Überladebrücken,
- Immissionsschutzrecht,
- EDV-Verkabelung,
- Beheizbarkeit mit wartungsfreien Einbauten,
- Traglast von mindestens 5 t/m², optimal 7,5 t/m²,
- 30 m Andienungszonen mit entsprechender Traglast,
- Andockmöglichkeiten an mindestens zwei Seiten,
- große Freiflächen zum Rangieren und Parken,
- 22 × 15 m Innenflächenstützen,
- 24-h-Betriebserlaubnis,
- Erweiterungsflächen.

190 **Anlagen und Funktionsbereiche** weisen i.d.R. folgende Abläufe auf:

- Wareneingang,
- Lagerhaltung,
- Auszeichnung,
- Sortieranlage (Einschleuser, Sortenstrang und Endstellen),
- Verteilwagen,
- Behälterfördertechnik,
- Packplätze,
- automatischer Verteiler,
- Warenausgang.

191 Wegen des geforderten schnellen Warenumschlags besitzen Lagerhallen gute Andienungs- und Fördereinrichtungen. Der **Fußboden** ist für Gabelstaplerverkehr ausgelegt (mindestens 2 500 kp/m² Bodentragfähigkeit). Die darüber hinausgehende bauliche Ausstattung ist dagegen einfach.

192 Ein Großteil der Lagerhallen besitzt einen **Büro- und Sozialteil** (Büroräume, Teeküche, sanitäre Anlagen), der deutlich besser ausgestattet ist. Dabei handelt es sich entweder um in die Halle integrierte Einbauten mit Staubdecken und ohne eigene Außenwände oder um selbstständige Anbauten. Der Umfang des Büro- und Sozialteils beträgt im Allgemeinen unter 10 v.H. des umbauten Raums des Gesamtbaukörpers (Abb. 80, 81).

Abb. 80: Lagerhallen mit integriertem Büro- und Sozialteil

Abb. 81: Lagerhallen mit selbstständigem Büro- und Sozialteilanbau

Folgenutzungen von Lagerhallen (Ausnahme: Hochregallager und mit Einschränkungen Kühlgutlagerhallen) sind vielfältig möglich. Denkbar sind folgende Nutzungen: Kfz-Ausstellungshallen, Möbelausstellungshallen, Speditionslagerhallen, Textil- und Baumärkte, Gartencenter usw. 193

Der **Normaltyp der Lagerhalle** besteht aus einer nicht unterkellerten, eingeschossigen Stahl- oder Stahlbetonskelettkonstruktion. Er hat durchschnittlich 2 000 bis 5 000 m² Brutto-Grundfläche (BGF), 15 m Spannweite der Tragkonstruktion und ca. 6,5 m Traufhöhe. Dies entspricht der Stapelhöhe von 4 Europaletten. 194

Im Allgemeinen werden folgende **Bautypen** unterschieden: 195

Bautyp	Traufhöhe
Lagerhalle (Normaltyp)	6,5–7,5 m
Hochlagerhalle	8,0–14,0 m
Hochregallager (Sonderform)	15,0–45,0 m
Kühlhalle (Sonderform)	6,5–12,0 m

3.5.4 Baukosten

Eindeutiges preisbeeinflussendes Merkmal ist die Qualität der baulichen Ausstattung. Die Größe (umbauter Raum, Brutto-Grundfläche), die Spannweite der Tragkonstruktion und die Traufhöhe haben einen deutlich geringeren und damit bei der Verkehrswertermittlung vernachlässigbaren Einfluss auf den Raummeterpreis. 196

VI Besondere Immobilienarten — Gewerbeimmobilien

197 Die **Baukosten** (ohne Außenanlagen und Baunebenkosten) beliefen sich im Jahre 2003 auf etwa 450 bis 550 €/m² BGF bzw. 40 bis 65 €/m³ BRI bei einer **Gesamtnutzungsdauer** von maximal 20 Jahren (bei regelmäßiger Modernisierung – alle 15 bis 25 Jahre – maximal 40 Jahre); nach Nutzung

- 450 €/m² BGF Hallenfläche,
- 900 €/m² BGF Verwaltungsgebäude,
- 70 €/m² befestigte Außenfläche.

Ein zwanzig Jahre altes Lager- und Speichergebäude, das nicht modernisiert worden ist, kann deshalb bereits als Abbruchobjekt gelten[34]. Die Baunebenkosten und die Kosten der Außenanlagen werden etwa mit 20 % der Baukosten angesetzt (12 % + 8 %).

Abb. 82: Wertanteile für eingeschossige, nicht unterkellerte Lagerhallen

Wertanteile für eingeschossige, nicht unterkellerte Lagerhallen		
a) in besserer Bauausführung, mit Wärmedämmung und mit Heizung		
Bauwerk/Gewerk	durchschnittlicher Anteil in v.H. der Herstellungskosten (ohne Baunebenkosten nach DIN 276 Blatt 3 Nr. 7)	
	Stahlskelett-, Rahmen- oder Fachwerkbauwerke	Stahlbeton-, Skelett- oder Rahmenbauweise
Dacheindeckung	17,5	19,0
Heizanlage	4,5	4,0
Elektroinstallation	3,5	4,0
Fenster	3,0	4,0
Fußboden	4,0	4,0
Wandbekleidung	13,5	10,0
Tragkonstruktion	19,0	18,0
Gründung und Bodenplatte	18,0	17,0
Türen	2,0	2,0
Tore	3,5	3,0
Erdarbeiten	2,5	3,5
insgesamt	100,0	100,0

b) in einfacher Bauausführung, ohne Wärmedämmung und ohne Heizung				
Bauwerk/Gewerk	durchschnittlicher Anteil in v.H. der Herstellungskosten (ohne Baunebenkosten nach DIN 276 Blatt 3 Nr. 7)			
	Mauerwerks-massivbau	Holzskelett-, Rahmen- oder Fachwerkbauweise	Stahlskelett-, Rahmen- oder Fachwerkbauwerke	Stahlbeton-, Skelett- oder Rahmenbauweise
Dacheindeckung	13,0	13,5	14,0	13,5
Heizanlage	–	–	–	–
Elektroinstallation	8,0	2,5	2,5	3,0
Fenster	3,0	2,0	3,5	1,5
Fußboden	4,5	4,5	6,0	6,0
Wandbekleidung	–	12,0	12,5	15,5
Tragkonstruktion	50,0	24,0	23,5	24,0
Gründung und Bodenplatte	19,0	20,0	20,5	20,0
Türen	–	–	1,0	–
Tore	5,0	4,5	3,0	2,5
Erdarbeiten	2,5	3,5	4,0	4,0
insgesamt	100,0	100,0	100,0	100,0

---

34 Simon/Cors/Halaczinsky/Teß, Handbuch der Grundstückswertermittlung, 5. Aufl., S. 105, 891.

Baukosten und die **Kosten der Lagersysteme** (besondere Betriebsvorrichtungen einschließ- 198
lich Hard- und Software) entsprechen sich in etwa.

Zur überschlägigen Ermittlung von **Wertminderungen wegen baulicher Mängel oder** 199
Schäden kann mit den im Anh. zu § 8 ImmoWertV sowie unter Rn. 244 ff. bei § 8 Immo-
WertV abgedruckten Bauanteilen in v.H. der Herstellungskosten gerechnet werden.

3.5.5 Bodenwert

Logistikimmobilien liegen wegen der nachteiligen Umwelteinwirkungen (Lärm, Abgase) 200
meistens in Gewerbegebieten. Sie sind überwiegend großflächig (ca. 50000 bis 80000 m²
Grundstücksfläche, erreichen auch schon einmal eine Größe von 100000 m² und mehr).
Bebaut ist i.d.R. ein Anteil von 25 bis 30 % der gesamten Grundstücksfläche. Die Restfläche besteht größtenteils aus befestigter Freifläche.

Das Grundstück einer Logistikimmobilie ist häufig nach **Baulandflächen** (gewerblicher Nut- 201
zung) **und den nicht bebaubaren Acker- und Grünflächen** zu untergliedern, wobei vielfach
die Übergröße der Logistikimmobilie gegenüber den herangezogenen Vergleichspreisen wertmindernd berücksichtigt werden muss.

In den Ballungsräumen *München, Stuttgart, Rhein/Main, Rhein/Ruhr* und *Hamburg* liegen die 202
Grundstückspreise zwischen 50 und 150 €/m². In den übrigen Regionen kann je nach Lagequalität mit Preisen zwischen 15 und 50 €/m² gerechnet werden. In einigen Gebieten werden
geeignete Gewerbeflächen aus Wettbewerbsgründen zu Dumpingpreisen angeboten.

3.5.6 Ertragsverhältnisse

Allgemein ist ein deutlicher Trend zu kurzer **Mietvertragsdauer** erkennbar (2 bis 3 Jahre). 203
Die Nachhaltigkeit des Mietverhältnisses ist bei alledem gewährleistet, wenn

– sich die Logistikimmobilie in einem großflächigen Logistikpark befindet und eine Nachvermietung „aus der Nachbarschaft" in Betracht kommt;
– ein „überregionales Mietmanagement" betrieben wird und somit ohne große Leerstands-
  zeiten ein Nachfolgemietverhältnis gesichert ist; dies wiederum führt zu erhöhten Verwaltungskosten;
– die Immobilie drittverwendungsfähig ausgestaltet ist.

Die **Drittverwendungsfähigkeit** ist bei Hochregallagern nahezu ausgeschlossen. 204

Die **Mietpreise** schwanken je nach Lage zwischen 5,50 €/m² in Großstadtnähe bis 14 €/m² in 205
der Nähe zu Großflughäfen (Abb. 83).

VI Besondere Immobilienarten — Gewerbeimmobilien

Abb. 83: Mieten für Lager- und Logistikflächen

Ort	Mittlere Lage (€/m²)	Beste Lage (€/m²)	Gute Lage (€/m²)
Bergisch Gladbach	3,60 bis 6,40		
Berlin	3,5 bis 4,5	bis 6,1	4,5 bis 5,5
Dortmund		3,0 bis 5,0	3,0 bis 4,0
Dresden		4,1 bis 5,1	2,6 bis 4,1
Düsseldorf	3,0 bis 3,8	5,5 bis 6,0	4,5 bis 5,0
Frankfurt am Main	3,9 bis 4,6	6,0 bis 7,9	4,9 bis 5,7
Hamburg		4,6 bis 6,0	3,6 bis 4,6
Köln		4,0 bis 5,5	3,0 bis 4,5
Leipzig	1,5 bis 2,6	3,0 bis 5,2	2,6 bis 4,0
München	4,0 bis 5,0	7,0 bis 8,0	5,0 bis 6,0
Stuttgart	2,5 bis 4,3	4,6 bis 6,4	3,5 bis 5,2
Die angegebenen Preisspannen bzw. Werte sind abhängig von der Lage, dem Zustand, der Ausstattung, der Beziehbarkeit bzw. der architektonischen Gestaltung und von dem Maß der baulichen Nutzungsmöglichkeit. Erste objektbezogene Einschätzungen lassen sich daraus ableiten. Der Prognosezeitraum beträgt sechs Monate.			

Quelle: DB Research 2000/DEGI Deutsche Gesellschaft für Immobilienfonds mbH, Research 2003/Allianz-Dresdner 2003; vgl. GuG-aktuell 2003, 28; GuG 2003, 57; GuG 2004, 29 f., 171, 239

206 Die **Neubaumieten** liegen i.d.R. höher, wie nachfolgender Vergleich zeigt (Abb. 84):

Abb. 84: Lagerflächenmieten (Bestands- und Neubaumieten) 2004

Lagerflächenmieten (Bestands- und Neubaumieten) 2004		
Standort	Bestandsmieten (€/m²)	Neubaumieten (€/m²)
Berlin	3,00–4,00	4,90–5,50
Düsseldorf	3,00–4,50	4,50–5,50
Essen/Ruhrgebiet	2,50–4,00	4,50–5,50
Frankfurt am Main (Rhein-Main)	2,90–4,80	4,80–5,80
Hagen*	1,50–3,00	3,00–4,00
Hamburg	4,00–4,90	5,00–5,40
Köln	3,00–4,60	4,40–5,40
Leipzig	3,00–4,00	4,00–5,00
München	4,00–5,00	5,50–6,50

Quelle: Atis Real Müller, * Gutachterausschuss für Grundstückswerte 2005

207 Von den Gutachterausschüssen werden für 2006/9 folgende **Mieten für Lager-, Werkstatt- und Produktionsflächen** gemeldet (Abb. 85):

Besondere Immobilienarten VI

Abb. 85: Mieten für Produktions-, Lager- und Technikflächen

Mieten für Produktions-, Lager- und Technikflächen Nettokaltmieten in €/m² zzgl. Nebenkosten und ggf. MwSt.								
Stadt	Hoffläche befestigt und unbefestigt*	Lagerfläche geschlossen				Offene überdachte Lagerfläche	Lagerhallen (einfach)	Hallen für Speditionsbetriebe	Hallen für Fertigung und Service
		unbeheizt	beheizt	Altbau	Neubau				
Bergisch Gladbach 2009	1,10						2,60–3,60	3,60 bis 6,40	
Bonn	0,30–1,00	2,50–5,00	3,00–6,00	–	–	1,50–2,50			
Ennepe-Ruhr-Kreis								2,00 bis 5,00	
Hagen	0,50–1,00	–	–	1,50–3,00	3,00–4,00				
Nürnberg							2,00–2,50	3,00–3,50	3,50–5,00
Rheine	0,25–1,00	2,00–4,00				0,50–1,30			

* sofern sie nicht als Zufahrt oder notwendige Rangierfläche dient
Quellen: Grundstücksmarktberichte 2007

Für das **Freigelände** werden folgende Mietpreise (ohne Umsatzsteuer und Nebenkosten) bezahlt (Abb. 86): **208**

Abb. 86: Mietpreise für Freigelände

Mietpreise für Freigelände		
Stadt	Mittelwert	Streubreite
Bergisch Gladbach 2000 und 2005	1,10 €/m²	0,70 bis 1,80 €/m²
Land Brandenburg	1,95 €/m²	0,17 bis 8,50 €/m²

Quellen: Grundstücksmarktberichte 2007, 2009

Der Markt für Logistikimmobilien befand sich nach Feststellung von Jones Long LaSalle anfangs 2004 in einem Aufwärtstrend mit einer Rendite von rd. 8 %. Nach einer Untersuchung von DTZ Zadelhoff Tie Leung bewegte sich die Anfangsrendite *(initial rent)* in den fünf deutschen Logistikzentren Berlin, Düsseldorf, Frankfurt am Main, Hamburg und München zwischen 7,4 und 8,8 %, wobei Hamburg das höchste Renditeniveau aufwies und sich in keinem dieser Standorte die Quadratmetermiete für Spitzenobjekte unter 4,50 €/m² belief. **209**
Das **Mietniveau für Lager- und Logistikflächen** wurde für 2003 allgemein wie folgt angegeben:

–	sehr gute Lage in Ballungszentren	4,00 bis 7,00 €/m² NF
–	gute Lage in Ballungszentren	2,00 bis 5,00 €/m² NF
–	außerhalb von Ballungszentren	2,00 bis 4,00 €/m² NF

Bei Altbeständen kommt die Miete allerdings selten über 3,50 €/m² hinaus.

Für **Kühlflächen (Kühlhallen mit Tiefkühlflächen)** bewegen sich die Mietpreise je nach Standort und Ausstattung zwischen 6,00 und 15,00 €/m². **210**

Das **Mietniveau** orientiert sich bei alledem an der Investitionssumme (ca. 8 %).

VI Besondere Immobilienarten — Gewerbeimmobilien

211 Der **Liegenschaftszinssatz** beläuft sich je nach Lage und Ausstattung auf etwa 6,5 bis 10,0 %[35].

In *Frankfurt am Main* wurden 2008 für Hallenflächen > 3 000 m² bei zeitgemäßer Konzeption, guter Verkehrsanbindung, lichter Höhe > 10 m und einer Spitzenrendite von 6 % Liegenschaftszinssätze in einer Spanne von 5,75 bis 7,00 ermittelt.

212 Der Dauerbetrieb führt zu einer hohen Abnutzung der Gebäude, d.h., sie weisen eine kurze **Gesamtnutzungsdauer** auf.

213 Die **Bewirtschaftungskosten** werden zumeist umgelegt (*triple-net*-Verträge), und vom Vermieter wird lediglich die Unterhaltung von Dach und Fach getragen. Ein Ansatz von 6 % der Jahresnettokaltmiete (0,25 €/m² NF) ist üblich. Ansonsten ist mit Verwaltungskosten von rd. 1,00 €/m² Nutzfläche (für Lager-, Büro- und Sozialräume) und mit Instandsetzungskosten von rd. 3,00 €/m² Lagerfläche und 5,00 €/m² Büro- und Sozialraum sowie von 0,30 €/m² Freifläche zu rechnen.

3.5.7 Beispiele

3.5.7.1 Verkehrs- und Beleihungswert einer Logistikimmobilie

214 a) **Sachverhalt**

27 000 m² Hafengrundstück mit Anbindung an Schiene und Straße, bebaut mit zwei großen Lagerhallen und einem zweigeschossigen Bürogebäude, insgesamt 11 885 m² (GRZ = 0,44), Baujahr 1990, nutzbare Flächen: 1 200 m² Büroräume, 11 750 m² Lagerhalle und 13 500 m² befestigte Hoffläche (Abstellplätze für Lastkraftwagen); das moderne Objekt gestattet eine optimale Nutzung (mögliche Stapelhöhe z. B. ca. 8 m).

b) **Ermittlung des Verkehrswerts**

Bodenwert

Das zu wertende Grundstück liegt im Geltungsbereich des rechtskräftigen Bebauungsplans Nr. 25 A der Stadt. Festgesetzt ist Gewerbegebiet (GE) mit dreigeschossiger geschlossener Bauweise, Grundflächenzahl (GRZ) = 0,8 und Geschossflächenzahl (GFZ) = 2,0.

Zum 31.12.2000 hat der Gutachterausschuss für Grundstückswerte in der Stadt einen Bodenrichtwert für Gewerbeflächen guter Lagequalität (erschließungs- und kanalanschlussbeitragsfrei) in Höhe von 150 €/m² beschlossen, wobei das Bodenrichtwertgrundstück größer als 5 000 m² ist.

Der Bodenwert ergibt sich demnach wie folgt:

27 000 m² × 150 €/m² ebf	4 050 000 €
zuzüglich Grundstücksnebenkosten für Notar-, Gerichts- und Vermessungskosten sowie Rundungen (= 2,47 % von 4 050 000 €)	100 000 €
Bodenwert	**4 150 000 €**

Wert der baulichen Anlagen (Bauwert)

Die Wertermittlung erfolgt zum Nettowert, d.h. ohne Mehrwertsteuer.

Die Mehrwertsteuer bzw. **Umsatzsteuer** ist eine umfassende, nahezu auf allen Gütern und Leistungen lastende Verkehrsteuer für den Verbraucher, die im Beschaffungsfall auch als Vorsteuer bezeichnet wird. Umsätze aus der Vermietung und Verpachtung von Immobilien sind grundsätzlich steuerfrei. Vorsteuern sind nur dann absetzbar, wenn sie im Zusammenhang mit Umsatzerlösen stehen, die mehrwertsteuerpflichtig sind. Eigentümer von Gewerbeimmobilien verzichten regelmäßig auf die Umsatzsteuerbefreiung der Einkünfte aus Vermietung/Verpachtung (Option zur Umsatzsteuer) und lassen sich die „Vorsteuer" von den Kosten zur Errichtung der baulichen Anlagen erstatten.

Gemäß § 2 des Mietvertrags vom 6.12.1990 ist vereinbart worden, dass neben dem Mietzins die jeweils gültige gesetzliche Mehrwertsteuer zu entrichten ist. Die Ermittlung des Werts der baulichen Anlagen (Bauwert) muss demnach wie oben aufgeführt zum Nettowert, d.h. ohne Mehrwertsteuer, erfolgen. Zurückgegriffen wird hierbei auf die NHK (Typ 26.1 = Typ 5.1 NHK 2000 und Typ 32.1 = Typ 31.1 NHK 2000). Die durchschnittliche wirtschaftliche Gesamtnutzungsdauer (GND) der baulichen Anlagen wird mit 60 Jahren[36] angenommen; die Restnutzungsdauer beträgt demnach 49 Jahre (60 − 11).

---

35 Vgl. GuG-aktuell 2003, 28.
36 RdErl. des BMBau vom 12.10.1993 (BAnz. Nr. 199; 1993, 9630 = GuG 1994, 42).

Gewerbeimmobilien

89 900 m³ × 120 €/m³	10 788 000 €
4 450 m³ × 260 €/m³	1 157 000 €
zusammen	11 945 000 €
abzüglich 11 % von 11 945 000 € (Wertminderung)	1 313 950 €
ergibt	10 631 050 €
zuzüglich besonderer Bauteile und Außenanlagen (Zeitwert)	848 950 €
Zwischenwert	11 480 000 €
zuzüglich Baunebenkosten von 15 %	1 720 000 €
ergibt Bauwert	13 200 000 €
zuzüglich Bodenwert	4 150 000 €
Sachwert (Boden- und Bauwert)	17 350 000 €

Ertragswert

Etwa 50 % der nutzbaren Flächen sind langfristig vermietet. Die gezahlten Mieten – 14 €/m² für Büroräume, 7 €/m² für Lagerhallen – sind marktgerecht. Die Jahresnettokaltmiete (Grundmiete) ergibt sich demnach wie folgt:

1 200 m² Büro- und Nebenräume × 14 €/m²	16 800 €
11 750 m² Lagerhallenfläche × 7 €/m²	82 250 €
13 500 m² befestigte Hoffläche × 1 €/m²	13 500 €
Monatliche Nettokaltmiete (Grundmiete)	112 550 €
Jahresnettokaltmiete (Grundmiete p.a.) × 12 Monate	1 350 600 €
abzüglich 25 % Bewirtschaftungskosten (üblich)	− 337 650 €
Jahresreinertrag	1 012 950 €
abzüglich Bodenwertverzinsungsbetrag (6 % von 4 150 000 €)	249 000 €
Gebäudeertragsanteil	763 950 €
Gebäudeertragswert bei einer RND von 49 Jahren und p = 6 %; V = 15,71	
763 950 € × 15,71 = 12 001 654 €, d. h. rd.	12 000 000 €
zuzüglich Bodenwert	4 150 000 €
Ertragswert (Verkehrswert)	16 150 000 €

Bau- und Unterhaltungszustand sind gut, ein Reparaturstau ist demnach nicht zu berücksichtigen. Der Verkehrswert entspricht dem 12fachen Jahresrohertrag. Standort und Modernität der Logistikimmobilie garantieren eine vielseitige Nutzung und die Nachhaltigkeit der Mieterträge. Außerdem besteht Bedarf an solchen Distributionsflächen.

c) Ermittlung des Beleihungswerts

Unter Bezugnahme auf die Einzelansätze zur Verkehrswertermittlung kommt die Sparkasse zu „ihrem Beleihungswert". Zu berücksichtigen hat sie hierbei einerseits die Beleihungsgrundsätze und andererseits die Bestimmungen des Organisationshandbuchs. Zwei Wege führen zum Beleihungswert. Zunächst der etwas umständliche, im Sparkassenbereich aber durchaus verbreitete Lösungsweg (jeweils nur für den Ertragswert):

Der Ertragswert des Beleihungsgrundstücks *für das gewerblich genutzte Grundstück*

Jahresrohertrag

	Summe der tatsächlichen (erforderlichenfalls angeglichenen) bzw. geschätzten Bruttoeinnahmen (ohne Mehrwertsteuer) aus Grundstück und Gebäuden	1 350 600 €
./.	Bewirtschaftungskosten	
	Verwaltungs-, Betriebs- und Instandhaltungskosten sowie Mietausfallwagnis. Die Abschreibung entfällt hier, da sie mit dem Vervielfältiger berücksichtigt wird	− 337 650 €
=	Mietreinertrag (Gebäude- und Bodenreinertrag)	1 012 950 €
./.	Risikoabschlag für die gewerbliche Nutzung = 15 %	− 151 942 €
=	Mietreinertrag nach Gewerbeabschlag	861 008 €

VI Besondere Immobilienarten — Gewerbeimmobilien

./.	Bodenwertverzinsungsbetrag (6 % von 4 150 000 €)		
	Verzinsung des in der Sachwertermittlung zugrunde gelegten Bodenwerts mit dem der Kapitalisierung des Gebäudereinertrags zugrunde gelegten Zinssatzes. Behandlung einer Übergröße des Grundstücks (§ 18 Abs. 2 Satz 2 Immo-WertV)	–	249 000 €
=	Gebäudeertragsanteil		612 008 €
×	Vervielfältiger		
	Dieser ergibt sich aus der Restnutzungsdauer der baulichen Anlagen und dem der Kapitalisierung zugrunde gelegten Zinssatz. Der Zinssatz ist nach der Art der baulichen Anlagen und nach der Lage auf dem Grundstücksmarkt zu bestimmen (vgl. § 14 ImmoWertV): 15,71		
=	Gebäudeertragswert	rd.	9 600 000 €
+	Bodenwert (Bodenertragswert)		
	Dies ist der mit dem Zinssatz für die Kapitalisierung des Gebäudeertragsanteils – jedoch im Gegensatz dazu auf ewig – kapitalisierte Bodenwertertragsanteil. Er entspricht dem bei der Ermittlung des Sachwerts zugrunde gelegten Bodenwert	+	4 150 000 €
=	Ertragswert des gesamten Objekts (Beleihungswertvorschlag)		13 750 000 €*
*	Der „Risikoabschlag" vom Verkehrswert (mit 16 150 000 € ermittelt) beträgt demnach rd. 15 %.		

Mindestabschläge zur Ermittlung des Ertragswerts aus einer Übersicht im Organisationshandbuch einer anderen Sparkasse führen zu folgendem Ergebnis:

Jahresrohmiete (wie vorher)		1 350 600 €
abzüglich 40 % (Lagerhallen; Speditionsbetrieb)		540 000 €
Mietreinertrag		810 600 €
abzüglich Bodenwertverzinsungsbetrag (wie vorher)		249 000 €
Gebäudeertragsanteil		561 600 €
× Vervielfältiger von 15,71 ergibt Gebäudeertragswert	rd.	8 850 000 €
zuzüglich Bodenwert		4 150 000 €
= Ertragswert (Beleihungswertvorschlag)		13 000 000 €

Die pauschale Berücksichtigung von Bewirtschaftungskosten und Risikoabschlag führt zu einem um rd. 5 % niedrigeren Beleihungswert. Der Abschlag vom Verkehrswert beträgt in diesem Fall rd. 20 %.

3.5.7.2 Lagerhalle

a) Sachverhalt

Das 68 400 m² große Grundstück besteht aus einem zweigeschossigen Bürogebäude mit 2 300 m² Nutzfläche und zwei Betriebswohnungen mit je 105 m² Wohnfläche, aus einer Wagenpflegehalle mit Werkstatt (550 m² NF), einer Lagerhalle (7 000 m² NF) mit 12 m Stapelhöhe und einer Lagerhalle (7 000 m² NF) mit 6,5 m Stapelhöhe. Die dazugehörende befestigte Hoffläche beträgt 30 000 m².

Das Grundstück liegt im Gewerbegebiet. Der anzusetzende Bodenpreis beträgt 25 €/m² (einschließlich Erschließungskosten). Das Grundstück ist eigengenutzt. Üblich erzielbare Mieten für vergleichbare Grundstücke:

Lagerhalle:	0,40 €/m² pro lfm. Stapelhöhe
Büro- und Sozialflächen:	6 €/m² NF
Wohnflächen:	3,50 €/m² WF
Werkstattgebäude:	4,60 €/m² NF
Befestigte Hofflächen:	0,35 €/m² nutzbarer Fläche

Für Vermieter fallen bei vergleichbaren Objekten üblicherweise folgende **Bewirtschaftungskosten** an:

Instandhaltungskosten:	7 bis 8 %
anteilig Mietausfallwagnis:	4 %
Verwaltungskosten:	3 %

Der ortsübliche Liegenschaftszinssatz beträgt 6 % des Reinertrags. Die Restnutzungsdauer der baulichen Anlagen beträgt im Mittel noch 50 Jahre.

Abb. 87:   Lageplan

b) **Wertermittlung**

Bodenwertermittlung

68 400 m² × 25 €   =   1 710 000 €

Ermittlung des Gebäudeertragswerts

1. Bürogebäude (Büroflächen) 2 300 m² NF × 6,00 €	=	13 800 €
Bürogebäude (Wohnflächen) 210 m² WF × 3,50 €	=	735 €
2. Wagenpflegehalle mit Werkstatt 550 m² NF × 4,60 €	=	2 530 €
3. Lagerhalle I (0,40 €/m² × 12) × 7 000 m²	=	33 600 €
4. Lagerhalle II (0,40 €/m² × 6,5) × 7 000 m²	=	18 200 €
5. Befestigte Hoffläche 30 000 m² × 0,35 €	=	10 500 €
= Monatsnettokaltmiete (Grundmiete)	=	79 365 €/Monat
Jahresnettokaltmiete (Grundmiete) 79 365 € × 12		952 380 €
Bewirtschaftungskosten 15 %	−	142 857 €
Bodenwertverzinsungsbetrag (6 % von 1 710 000 €)	−	102 600 €
RE − p × BW	=	706 923 €
Vervielfältiger bei 50 Jahren Restnutzungsdauer und 6 % Liegenschaftszinssatz: 15,76		
706 923 € × 15,76	=	+ 11 141 106 €
Grundstücksertragswert	=	12 851 106 €

VI Besondere Immobilienarten — Gewerbeimmobilien

c) **Verkehrswert**

rd. 13 000 000 €

218 *Nachrichtlich* zu den Vergleichsdaten: Der Verkehrswert entspricht dem 13,7-Fachen der Jahresrohmiete. Der flächenbezogene Wertfaktor für die Lagerhallengrundstücke beträgt 762 €/m² NF.

Generell kann heute davon ausgegangen werden, dass der **Nettokaltmietenvervielfältiger** bei reinen Lagerhausgrundstücken bei nur etwa der 10-fachen Jahresnettokaltmiete liegt. Im vorliegenden Beispiel ist dieser Faktor wegen des schon erheblichen Anteils an nicht zu Lagerzwecken vermieteten Nutzflächen entsprechend höher.

3.5.7.3 Hochregallager

219 Eine Sonderform des Lagergebäudes bildet das Hochregallager. Es besteht überwiegend aus einem Stahllagergerüst, das lediglich mit einer leichten Außenhaut verkleidet ist. Das Lagersystem moderner Hochregallager mit Verteileranlage, Greifer und Fahrschlitten ist vollautomatisch computergesteuert, der Aufenthalt von Menschen ist während des Betriebs nicht möglich. Hochregallager werden meistens als Distributionslager an Produktionsbetriebe vermietet. Es sind steuerlich Betriebsvorrichtungen und keine Gebäude. Sie bleiben damit bei der Verkehrswertermittlung von Grundstücken unberücksichtigt.

Nach dem Erlass der **Abgrenzung des Grundvermögens von den Betriebsvorrichtungen** vom 31.3.1992 (BGBl. I 1992, 342) ist ein Hochregallager steuerrechtlich kein Gebäude, sondern eine Betriebsvorrichtung. Es weist nicht alle für die bewertungsrechtliche Zuordnung zu einem Gebäude erforderlichen Gebäudemerkmale auf. Insbesondere ist es nicht selbständig standfest. Es würde zusammenbrechen, wenn man das als Betriebsvorrichtung angesehene Regal entfernen würde. Zudem ist der nicht nur vorübergehende Aufenthalt von Menschen nicht gewährleistet, da sich in dem im Betrieb befindlichen Hochregallager keine Menschen aufhalten dürfen. Bei der Grundstückswertermittlung ist deshalb zu beachten, dass im Normalfall das Hochregallager eines Betriebs bei den Betriebsvorrichtungen erfasst und abgeschrieben wird. Eine gleichzeitige Berücksichtigung des Baukörpers bei der Verkehrswertermittlung des Grundstücks führt danach möglicherweise zu einer Doppelberücksichtigung. Soll das Hochregallager dennoch bei der Grundstückswertermittlung erfasst werden, ist im Gutachten auf diesen Umstand hinzuweisen. Bei Wertermittlungen für Versicherungszwecke spielt die steuerrechtliche Abgrenzung keine Rolle.

Abb. 88: Herstellungskosten von Hochregallagern (Preisverhältnisse 2006):

Bauart	Raummeterpreis in €/m³ umbauten Raum (ohne Baunebenkosten und ohne MwSt.)
Stahl- bzw. Stahl-Betonskelettkonstruktion (bis 25 m Traufhöhe)	60–75

220 Die **Raummeterpreise** für Lager mit größeren Traufhöhen sind um 30 bis 50 % je m³ Brutto-Rauminhalt niedriger. Für betriebliche Einrichtungen (Computer, Greifer usw.) sind durchschnittlich zusätzlich 11 bis 26 €/m³ Brutto-Rauminhalt anzusetzen.

Die **Instandhaltungskosten** belaufen sich auf ca. 0,6–1,0 % des Gebäudeherstellungswerts.

3.5.7.4 Kühlgutlagerhalle

Schrifttum: *Klocke*, in GuG 1994, 38; *Pohnert*, Kreditwirtschaftliche Wertermittlungen, 6. Aufl., S. 361; Verband Deutscher Kühlhäuser und Kühllogistikunternehmen e.V. (VDKL) http://www.dkv.org; Deutscher Kälte- und Klimatechnischer Verein (DKV) http://www.dkv.org; Bundesvereinigung Logistik (BVL), http://www.bvl.de.

221 Definition

Kühlhallen (Kühlhäuser, Kühlgutlagerhallen) sind Hallenbaukörper, in denen Lebensmittel in gekühltem Zustand gelagert werden. Sie besitzen eine gute Wärmedämmung der Fußböden, Decken und Außenwände.

Gebäudeformen und Herstellungskosten

222

Kühlgutlagerhallen bestehen meistens aus Stahl- oder Stahlbetonskelettkonstruktionen mit 2 000 bis 5 000 m² Brutto-Grundfläche, Spannweiten von 15 bis 30 m und Traufhöhen von 7 bis 10 m.

Es sind drei **Konstruktionsformen** bekannt:

- Einschalige massive Wandausführung mit innen liegender Wärmedämmung
- Zweischaliger leichter Wandaufbau mit dazwischen liegender Wärmedämmung
- Zweischaliger massiver Wandaufbau mit dazwischen liegender Wärmedämmung

Die Dicke der **Wärmedämmung** ist davon abhängig, ob im Gebäude gekühlt (2 bis 6 °C) oder tiefgekühlt (bis −25 °C) wird. Sie beträgt zwischen 100 und 200 mm. Der Fußboden ist gabelstaplerfest, die übliche Gesamtnutzungsdauer beträgt 40 bis 60 Jahre.

Die übliche **Gesamtnutzungsdauer** beträgt 40 bis 60 Jahren.

Raummeterpreise für leichtere Konstruktionen (Tiefkühlung) betragen rd. 50 €/m³ umbauten Raums (ohne Baunebenkosten und ohne MwSt., Preisverhältnisse 1996). Die Mieten betragen zwischen 6 €/m³ (Kühlung) und 15 €/m³ (Tiefkühlung).

3.5.7.5 Tanklager

Schrifttum: *Pohnert*, Kreditwirtschaftliche Wertermittlungen, 6. Aufl., S. 361.

Tanklager dienen der **Bevorratung und Verteilung von Flüssigkeiten** (z. B. Mineralöle). Sie unterliegen hohen Sicherheitsanforderungen. Rechtsgrundlage sind insbesondere das Bundesemissionsschutzgesetz, die Gefahrstoffverordnung, die Störfallverordnung sowie die Verordnung über brennbare Flüssigkeiten.

223

Wesentliche **Kenndaten der Ertragswertermittlung** sind

224

a) Lagerkapazität in m³,

b) Lagerdauer,

c) Lagergebühren pro m³ p.a.,

d) Mittlere Füllmenge p.a. in m³ (Auslastung),

e) Kapazitätsausnutzung (= mittlere Füllmenge/maximale Füllmenge),

f) Umschlag und Umschlagsgebühren pro m³,

g) Instandhaltungs-, Personal- und Verwaltungskosten sowie Betriebskosten,

h) Gesamt- und Restnutzungsdauer (mittlere Gesamtnutzungsdauer = 30–40 Jahre),

i) Liegenschaftszinssatz (7 bis 8 %).

Die **Einnahmen** setzen sich aus den Lager- und Umschlagsgebühren, die Bewirtschaftungskosten aus den Instandhaltungs-, Personal-, Verwaltungs- und Betriebskosten und ggf. den ausstehenden Kosten bezüglich Umweltauflagen zusammen.

225

3.6   Kiesgrube

▶ *Vgl. § 5 ImmoWertV Rn. 306 ff.*

a) Sand- und Kiesgrube

226

191 746 m² Abgrabungsfläche (Ausweisung im Flächennutzungsplan der Stadt Köln ist erfolgt); es ist noch mit einer Abbauzeit von 15 Jahren zu rechnen.

- Wertermittlungsstichtag 15.9.1981
- gewerblich genutztes Grundstück

VI Besondere Immobilienarten — Gewerbeimmobilien

b) Grundstücksbeschreibung/-bezeichnung

– Katasterbezeichnung: Gemarkung Köln, Flur 96

Flurstück 1204/224	=	58 774 m²
226	=	102 203 m²
249	=	30 769 m²
insgesamt	=	191 746 m²

– Grundbuchbezeichnung: Grundbuch von Longerich, Blatt 1819

– Eigentümer: Firma Wilhelm Metzler KG, Köln

Örtliche und geologische Lage:
Das Grundstück liegt im nördlichen Stadtgebiet in einem Bereich, in dem schon mehrere z.T. ausgebeutete Baggerseen vorhanden sind. Dieses Gebiet beabsichtigt die Stadt Köln für die Zukunft in das ausgedehnte Naherholungsgebiet mit Freibad im Baggersee (Stockheimer Hof) einzubeziehen. Wegen der angespannten finanziellen Lage der Stadt ist jedoch in absehbarer Zeit mit der Verwirklichung dieses Vorhabens nicht zu rechnen. Lediglich die Planungsarbeiten sind abgeschlossen und Kiesaufbereitungsanlagen sowie die Baulichkeiten eines ehemaligen Betonfertigteilebetriebs in der Nachbarschaft der zu bewertenden Abgrabungsstätte wurden bereits abgebrochen. Die Gewässer der bereits stillgelegten Kiesbaggereibetriebe sind an Angelsportvereine verpachtet. Das Areal liegt in der Wasserschutzzone zum Trinkwasserwerk Weiler. Eine Autobahnauffahrt der BAB „Kölner Westring" befindet sich in geringer Entfernung (etwa 3 km). Die Ortsdurchfahrten sind für die schweren Kiesfahrzeuge nur zu bestimmten Zeiten tagsüber erlaubt.

227 c) Wertermittlungsmerkmale

Grundlagen:

– Katasterunterlagen;
– Grundbuchauszug;
– Lagepläne;
– Erläuterungsbericht;
– Abgrabungsgenehmigung;
– 4 Bohrungen/Schichtenverzeichnisse;
– Gutachten eines geologischen Sachverständigen (Auszug);
– Aufmessungen und Berechnungen eines öffentlich bestellten Vermessungsingenieurs;
– Beleihungsgrundsätze;
– Ortsbesichtigung.

Ausnutzbarkeit: Es handelt sich um eine Kies- und Sandgrube, die bereits seit Jahren betrieben wird und deren Sohle zz. bei etwa 12 m Tiefe liegt. Durch ein geologisches Bohrgutachten wurde festgestellt, dass unter der jetzigen Sohle noch abbauwürdige Kiesvorkommen lagern. Ein auf dem Nachbargrundstück vorhandener Baggersee greift zu einem Teil auf das Wertermittlungsgrundstück über. Da die Stadt Köln ihr Vorhaben vorläufig nicht realisieren kann, hat der Regierungspräsident Köln am 25.8.1981 die weitere Abgrabung der aufgeführten Grundstücke gemäß den §§ 3, 7 und 8 AbgrG NW genehmigt. Die Auskiesung behindert das städtische Fernziel nicht; ja, sie ist sogar auf Dauer gesehen von Nutzen für die Stadt. Die Genehmigung erstreckt sich ausschließlich auf die Gewinnung von Sand und Kies im Trocken- und Nassabbau. Die Abgrabungstiefe ist auf + 35 m über NN begrenzt. Befristet ist die Genehmigung bis zum 31.12.1995 Die für die Auskiesung erforderlichen Betriebsanlagen werden auf hierfür reservierten Freiflächen aufgestellt. Die Herrichtung (die unter Bezugnahme auf die Folgenutzung als Naherholungsgebiet notwendige Rekultivierung) muss bis zum 31.12.1996 abgeschlossen sein.

Behördliche Auflagen: Die Erlaubnis zur Abgrabung (sie ist bei Verstößen widerruflich) hat die Stadt Köln (als untere Wasserbehörde) mit folgenden Auflagen verbunden:

– Die Auskiesung ist so zu betreiben, dass eine Verunreinigung des Grundwassers ausgeschlossen wird (es dürfen keine Schleppkähne mit Verbrennungsmotor eingesetzt werden; die Förderung muss ausschließlich über Transportbänder erfolgen), es ist also auch Nassauskiesung erlaubt;
– Einfriedung des Geländes 2 m hoch und verschließbares Tor;
– Verfüllung der Grube ist ausgeschlossen;

- einzuhaltende Sicherheitsabstände (Schutzstreifen):
    a) 20 m von der Straße Baggerfeld,
    b) 15 m mindestens von Gebäuden,
    c) 10 m von sonstigen Wegen,
    d) 5 m von unbebauten Nachbargrundstücken;
- die vorhandenen Böschungsneigungen sind beizubehalten;
- neue Böschungsneigungen 1:1,5, unter Grundwasserspiegel 1:3.

d) Ermittlung der Kiesmassen-Mächtigkeit:

Nach den Bodenuntersuchungen des Geologen ergeben sich unter Berücksichtigung des Abraumes (Mutterboden, Lehm etc.) und der bisherigen Förderung noch folgende Kies- und Sand-Mächtigkeiten, die im Wesentlichen hier wiedergegeben werden:

Bohrung 1:	17,80 m
	– 2,20 m Sandlagen
	15,60 m reine Kieslagen (Grundwasserspiegel bei 3,40 m)
Bohrung 2:	16,60 m
	– 1,30 m Sandlagen
	15,30 m reine Kieslagen (Grundwasserspiegel bei 3,30 m)
Bohrung 3:	20,30 m
	– 6,50 m Sandlagen
	13,80 m reine Kieslagen (Grundwasserspiegel bei 3,40 m)
Bohrung 4:	16,50 m
	– 6,70 m Sandlagen
	9,80 m reine Kieslagen (Grundwasserspiegel bei 3,30 m)
	Ø 13,60 m reine Kieslagen
	Ø 17,80 m Kies mit Sandlagen
im Mittel	= 15,70 m (Grundwasserspiegel bei Ø 3,35)

Als **mittlere Mächtigkeit** für die weitere Abgrabung werden 15,70 m angehalten, wobei die weniger ertragreichen Sandlagen mit der halben Mächtigkeit berücksichtigt werden. Die Qualität des Kieses wurde durch Siebanalyse festgestellt; es überwiegt mittlere Körnung.

- Das Ergebnis der Aufmessungen und Berechnungen des öffentlich bestellten Vermessungsingenieurs wird im Wesentlichen wie folgt wiedergegeben:

katastermäßige Fläche	=	191 746 m²	
./. Abstandsflächen und nicht abbaubare Teilflächen	ca.	11 246 m²	(rd. 6 %)
Grubenfläche	ca.	180 500 m²	
./. vorhandene Böschungen (bis 12 m Tiefe)	ca.	29 000 m²	(rd. 16 %)
obere Fläche (augenblickliche Sohle)	ca.	151 500 m²	
./. neue Böschungen (im Bereich von 15,7 m) (Böschungsneigung 1:3, da fast ausschließlich Unterwasserabbau durch Schwimmbagger)	ca.	48 000 m²	(rd. 32 %)
untere Fläche an der neuen Sohle in insgesamt 27,70 m Tiefe (ab Geländeoberkante)	ca.	103 500 m²	
mittlere Fläche mithin (obere und untere : 2) (151 500 m² + 103 500 m²) : 2	ca.	127 500 m²	

VI Besondere Immobilienarten Gewerbeimmobilien

e) Massenberechnung

127 500 m² × 15,70 m (weitere Abgrabung) = 2 001 750 m³

feste (gewachsene) Kiesmasse mithin rd. 2 000 000 m³

Bei einem Auflockerungszuschlag von 20 % beträgt der Umrechnungsfaktor von fester Masse : loser Masse = 1 : 1,2.

Spezifisches Gewicht der losen Masse bei trockenem Kies = 1,6 t pro m³, bei nassem Kies = 2,0 t pro m³ im Durchschnitt.

Da die Grundwassergrenze bei durchschnittlich 3,35 m unter der jetzigen Sohle liegt und die Sandschichten hauptsächlich in den ersten Metern bis knapp über der Wassergrenze liegen, handelt es sich hier fast ausschließlich um eine **Unterwasserförderung**. Das Gewicht wird deshalb mit 1,9 t pro m³ geförderten Kies angehalten. Die mögliche Kiesförderung ergibt sich wie folgt:

2 000 000 m³ × 1,2 = **2 400 000 m³ lose Masse**

2 400 000 m³ × 1,9 = **4 560 000 t**

Abbauzeit und Beleihungszeitraum: Gemäß Abbauplan ist eine Förderung von durchschnittlich **ca. 300 000 t jährlich** vorgesehen. Das bedeutet, dass das Kiesvorkommen in 15,2 Jahren abgebaut ist. Entsprechend kontinuierlich muss der Kreditrahmen gekürzt werden.

Der Beleihungszeitraum sollte daher maximal 15 Jahre betragen. Bei höheren Entnahmen als 300 000 t p.a. ist die Beleihungsdauer entsprechend zu kürzen. **Regelmäßige Überprüfungen** – meist jährlich – **sind daher unentbehrlich**.

228 ### f) Wertermittlung

Verkaufspreis und Ertrag: Als Verkaufspreis ab Grube für gewaschenes Material, mittlere Korngruppe, frei LKW-verladen, können zz. Ø 3 € pro t (ohne MwSt.) angehalten werden. Der mögliche jährliche Umsatz wird mithin auf **900 000 €** (300 000 t × 3 €) taxiert.

Der **Reinerlös** (vor Steuern) nach Abzug sämtlicher Förderkosten wurde mit **0,66 €/t** ermittelt (ca. 22 % von 3 €/t). Für eine vergleichbare verpachtete Förderstelle beträgt die **Pacht 0,70 € je entnommener Tonne**.

Der jährliche **Reinertrag** für das zu wertende Abgrabungsgrundstück kann daher mit **198 000 €** (300 000 t × 0,66 €/t) angehalten werden.

Die Nettoerlöse fallen sukzessive im Verlauf der nächsten 15 Jahre an. Eine Abzinsung des Reinertrags ist daher erforderlich. Als Kapitalisierungszinssatz werden für diese spezielle gewerbliche Nutzung 7,5 % angenommen. Zudem ist ein Risikoabschlag zu berücksichtigen.

Bei rd. 15 Jahren Abbauzeit und einem Kapitalisierungszins von 7,5 % beträgt der Vervielfältiger = 8,83 (Vervielfältigertabelle zur ImmoWertV).

Ertragswert = Jahresreinertrag × Vervielfältiger = 198 000 € × 8,83 = 1 748 340 €

Der **Verkehrswert** beträgt mithin rd. **1 750 000 €**. abzüglich eines gewerblichen Risikoabschlags von 30 % des Reinertrags (0,66 €/t) gehen in die Berechnung des Beleihungswerts nur noch 0,46 €/t (70 %) ein. Das Ergebnis:

300 000 t × 0,46 €/t = 138 000 € × 8,83 = 1 218 540 €

Der **Beleihungswert** kann mit rd. **1 220 000 €** zur Festsetzung vorgeschlagen werden.

Anmerkung: Aus dem Verkehrswert dieses z.T. bereits abgebauten Kiesvorkommens ergibt sich ein durchschnittlicher Quadratmeterpreis von 9,13 € (1 750 000 € : 191 746 m²); dies sind beim Beleihungswert 6,36 € (1 225 000 € : 191 746 m²).

Für in der Anfangsmächtigkeit vergleichbare (unverritzte) Böden, für die eine Auskiesungserlaubnis zu erwarten ist, liegen die Kaufpreise bei 15,00 € bis 17,50 € je Quadratmeter Grundstück.

229 ### g) Besondere Hinweise zur Beleihung

Zu bedenken sind die Einschränkungen (Umwege), die sich für die schweren Kiesfahrzeuge aus der Verkehrsanbindung (Ortsdurchfahrten) ergeben. Verkehrsgünstiger gelegene Kiesbaggereien/-werke werden unter Umständen bevorzugt angefahren. **Der Beleihungsauslauf sollte daher möglichst 60 % des Beleihungswerts nicht überschreiten.** Eine Beleihung sollte auch nur vorgenommen werden, wenn ein weiterer Abbau des Kiesvorkommens erfolgt und ein Ertrag erwirtschaftet wird. Abnahme- bzw. Lieferungsverträge können dabei von Bedeutung sein.

Der Kreditnehmer ist zu verpflichten, regelmäßig die Jahreszahlen (Verkaufsmenge, Preise, Erlöse usw.) bekannt zu geben und eine Gewässerschaden-Haftpflichtversicherung abzuschließen.

Von Bedeutung ist auch die Haftung des Kiesgrubenbetreibers für Altlasten und Neulasten nach den Normen des Abfall-, Wasser- und des allgemeinen Polizei- und Ordnungsrechts. Zu bedenken ist ferner, dass **Haftpflichtversicherungen meist ein Jahr nach Beendigung der Abgrabungen erlöschen.**

Um einen aussagekräftigen Nachweis der Entnahmemenge zu ermöglichen, sollte der Verkauf ausschließlich über die Fuhrwerkswaage erfolgen. Die Zubehörhaftung für Förderbänder, Aufbereitungs- und Mischanlage, Schwimmbagger, Silos, Fuhrwerkswaage entfällt, da sämtliche Einrichtungen geleast sind.

Die Wertermittlung muss jährlich nach Eingang des Zahlenmaterials überprüft und fortgeschrieben werden. **Bei dem mit 300 000 t p.a. geplanten Abbau beträgt die Betriebsdauer noch etwa 15 Jahre.**

3.7 Gewerblich genutztes Altlastengrundstück

a) Sachverhalt

Am Rand einer (heutigen) Großstadt (125 000 Einwohner) im Bergischen Land siedelte sich 1890 auf einer Fläche von 7 925 m² ein Metallverarbeitungsbetrieb in landschaftlich schöner Lage an (Abb. 89):

Abb. 89: Lageplan

In der bis 1960 gewachsenen Gebäudesubstanz befinden sich die Bereiche Gießerei, Schleiferei, Härterei und Galvanik. Aus den Bauakten ergibt sich, dass das Unternehmen zu Beginn der 20er-Jahre eine eigene Gaserzeugung betrieben hat. Dieser kurzfristige Eigenbetrieb wurde nach Anschluss der Fabrik an die öffentliche Versorgung eingestellt.

Auch besaß der Betrieb eine eigene Transformatorenstation. Im Laufe der Zeit wurde der Gewerbebetrieb von einer Wohnbebauung umgeben, die wegen der intensiven gewerblichen Nutzung am Ort zum Teil von geringerer Qualität war.

VI Besondere Immobilienarten — Gewerbeimmobilien

Der Betrieb ging Mitte der 70er-Jahre in Konkurs, und der Rat der Stadt beschließt die Aufstellung eines Bebauungsplans mit folgenden Fortsetzungen (Abb. 90):

- allgemeines Wohngebiet (WA) mit einer zweigeschossigen Bebauung entlang der Schäferstraße und
- reines Wohngebiet (WR) mit ebenso zweigeschossiger Bebauung auf dem hinteren Grundstücksteil.

Im Übersichtsplan **„Altablagerungen und Altstandorte"** (Stand: März 1988) sind insgesamt 134 Verdachtsflächen eingetragen; für das Plangebiet gibt es keinen konkreten Hinweis.

Abb. 90: Bebauungsplanentwurf

b) Untersuchungsergebnisse und Sanierungsmaßnahmen

Der Rat von Sachverständigen für Umweltfragen hat den Begriff **Altlastensanierung** 1989 in Anlehnung an § 28 LAbfGNW wie folgt definiert:

„Altlastensanierung ist die Durchführung von Maßnahmen, durch die sichergestellt wird, dass von der Altlast nach der Sanierung keine Gefahren für Leben und Gesundheit der Menschen sowie keine Gefährdung für die belebte und unbelebte Umwelt im Zusammenhang mit der vorhandenen und geplanten Nutzung ausgehen."

Aufgrund der Erkenntnisse aus der Nutzungsgeschichte wurde ein Untersuchungsprogramm mit den Schwerpunkten Bodenluftanalytik und Bodenanalytik aufgestellt. Hierbei sollten die Bodenluftuntersuchungen u. a. ein Bild über mögliche Kontaminationen durch Entfettungsmittel und die hier anzutreffenden leicht flüchtigen Chlorkohlenwasserstoffe bringen. Untersucht wurde die Bodenluft auf Sauerstoff (O_2), Stickstoff (N_2), Methan (CH_4), Kohlendioxyd (CO_2) und Schwefelwasserstoff (H_2S) sowie die Summe CKW (chlorierte Kohlenwasserstoffe) und die Summe BTX (Benzol, Toluol und Xylol). Aus den Bodenproben analysiert wurden Schwermetalle (Pb, Cd, Cr, Ni, Cn, Zn, Hg, As), Nitrit (NO_2), Ammonium (NH_4), Gesamtcyanid (CN) und im Hinblick auf die mögliche Verunreinigung durch Transformatoröle polycyclische chlorierte Biphenyle (PCB).

Die Ergebnisse der Untersuchungen haben gezeigt, dass lediglich in wenigen Bereichen der Bohr-/Messpunkte Kontaminationen unter dem Gebäudeboden im Fundamentbereich vorliegen. Im Einzelnen und verkürzt ergibt sich folgendes Bild:

– großflächige Belastungen mit Arsen im südlicheren Teil (P 8, 9, 15, 16) und im Bereich von P 7;
– großflächige Belastungen mit Nickel in der nördlichen Mitte (P 4, 5, 8 und 9) sowie im Bereich von P 14;
– kleinflächige Belastungen mit Kupfer, Blei und Zink vor allem in den Bereichen P 12 und 13;
– isolierte Belastungen mit verschiedenen anderen Parametern in der Mitte, im Osten und Südwesten der Fläche.

Der Gutachter fasst die **Gefährdungsabschätzung** wie folgt zusammen:

Gegen eine Folgenutzung der Fabrikfläche für eine Wohnbebauung bestehen keine Bedenken, sofern folgende Maßnahmen durchgeführt werden:

– Bestimmte Bereiche des Gebäudes (Traforaum) müssen während des Abbruchs auf PCB untersucht und ggf. auf einer zugelassenen Deponie entsorgt werden.
– Der Boden in den Bereichen P 5, 6, 7, 12 und 13 ist aufzunehmen und auf einer zugelassenen Deponie zu entsorgen. Bei den Arbeiten zur Wiedernutzbarmachung ist in den Bereichen um P 3 und 8 zu beurteilen, ob auch hier Material entsorgt werden sollte.
– Nach Abtrag der Gebäude und Bereinigung im Umfeld von P 5, 6, 7, 12 und 13 empfiehlt sich eine Begehung der Fläche gemeinsam mit den zuständigen Behörden und dem Gutachter. Gegebenenfalls können dabei Proben für eine Nachuntersuchung festgelegt werden.
– Die freigelegten Flächen sollten im Hinblick auf die Folgenutzung mit inertem Boden abgedeckt werden. Diese Maßnahme ist aus bautechnischen Gründen (freiliegender Fels) vermutlich für große Bereiche des Grundstücks erforderlich.

Durch diese Maßnahmen wird sichergestellt, dass eine spätere Gefährdung möglicher Bewohner mit hoher Wahrscheinlichkeit ausgeschlossen werden kann.

c) **Abbruch der alten Fabrikgebäude**

Eine erste Abbruchgenehmigung wird im Oktober 1979 noch ohne mögliche Altlasten berücksichtigende Bedingungen und Auflagen erteilt. Anders war dies im Februar 1988.

Da nicht innerhalb eines Jahres mit den Abbrucharbeiten begonnen worden war, musste erneut ein Abbruchantrag gestellt werden. Gemäß Abbruchgenehmigung (Bauschein i.S. von § 70 BauO NW '84) ist nunmehr die Beseitigung von Bauschutt und Altlasten in Abstimmung mit dem Amt für Umwelt und Grünflächen vorzunehmen.

Der Abbruch der Gebäudesubstanz (insgesamt 32 855 m^3) kann zum Festpreis von 115 000 € vergeben werden. Altmaterialien darf der Abbruchunternehmer verwerten. Insbesondere aus Schrotterlösen mit 90–100 €/t lassen sich die Abbruchkosten mindern.

d) **Wertermittlung bei weiterhin gewerblicher Nutzung des Grundstücks (1988)**

Die Anforderung an Altlastensanierungen bei gewerblich nutzbaren Grundstücken ist i.d.R. geringer. So wird zum Beispiel das Eindringen von möglicherweise belastetem Niederschlagswasser ins Grundwasser durch Versiegelung der Grundstücksfläche (Bebauung und befestigte Hoffläche) vermieden. Die Kosten für Bohrarbeiten/Gutachten, Sonderfachleute/Behörden und Entsorgung sind in solchen Fällen im Allgemeinen geringer gegenüber einer Folgenutzung durch Wohnbebauung.

Nach den Bodenrichtwerten des Gutachterausschusses liegt der Bodenwert bezogen auf den 31.12.1988 für vergleichbare GE-Grundstücke bei 40 €/m² erschließungsbeitragsfrei (ebf).

VI Besondere Immobilienarten　　　　　　　　　Gewerbeimmobilien

7 925 m² GE-Fläche × 40 €/m² ebf	317 000 €
Grundstücksnebenkosten/Rundung (2,5 %)	8 000 €
Wert des Grundstücks	325 000 €

abzüglich Freilegungs- und Sanierungskosten (incl. MwSt.) – Geländeaufbereitungskosten

– Bohrarbeiten und geologisches Gutachten	19 425 €	
– sonstige Honorare[1] und Behördengebühren	8 075 €	
– Abbruch zum Festpreis	115 000 €	
– Entsorgung auf Sondermülldeponie		
(Verladungs-, Transportkosten und Deponiegebühren)	32 500 €	
	175 000 €[2]	– 175 000 €
Wert des kontaminierten Grundstücks (nach Freilegung und Sanierung)		**150 000 €[3]**

1) Z. B. Eluatuntersuchungen 800 €/Probe zuzüglich Probe-Entnahmekosten, Sonderfachleute: Bauingenieure, Chemiker, Geologen 72,50 €/h inkl. Nebenkosten. Die Preise verstehen sich zuzüglich gesetzlicher MwSt.

2) = rd. 22 €/m². Nach Tiedemann, Thyssen Stahl AG, Oberhausen, sind für die Geländeaufbereitung ehemals industriell genutzter Grundstücke (Bergbau, Schwerindustrie) auch 90 bis 100 €/m² Grundstücksfläche möglich. Fast unlösbare Wertermittlungsprobleme werfen i.d.R. große Flächen auf, für die noch keine planerischen Zielvorstellungen existieren.

3) = rd. 19 €/m² ebf.

Anzumerken ist, dass sanierte Grundstücke kaum zum „Wert im unbelasteten Zustand" veräußert werden können. In der Regel werden sie mit einem – auf der Lebenserfahrung beruhenden – Abschlag (**merkantiler Minderwert**, vgl. § 194 BauGB Rn. 143 ff.) geringer bewertet. Beobachtet werden Abschläge zwischen 10 und 30 % des Werts des Grundstücks im unbelasteten Zustand.

Nachrichtlich: Das Grundstück wurde im Juni 1978 (Verkäufer war der Konkursverwalter) für 188 500 € (= 23,78 €/m²) von einer Immobiliengesellschaft erworben.

e) Wertermittlung bei einer höherwertigen Nutzung des Grundstücks

Die Teilflächen wurden mit dem Planimeter graphisch ermittelt. Grundlage hierzu bildete der Bebauungsplanentwurf im Maßstab 1: 500. Im Einzelnen ergaben sich folgende Flächen:

3 220 m²	WR zwischen Planstraße und Südgrenze
615 m²	WR östlich von Haus Weberstraße
1 365 m²	WA nördlich Planstraße und westlich Schäferstraße
45 m²	WA als Arrondierung zu Schäferstraße
1 105 m²	Anbaubeschränkungszone Schäferstraße als Gemeinschaftsfläche
1 465 m²	Fläche Planstraße
110 m²	Fläche Gehweg zwischen Schäferstraße und Weberstraße
7 925 m²	Fläche des Fabrikgrundstücks

Es entfallen auf:		in v.H.
baureifes Land	5 245 m²	66,2
Fläche Anbaubeschränkungszone als		
Bauland von geringerer Qualität	1 105 m²	13,9
Erschließungsfläche	1 575 m²	19,9
	7 925 m²	**100,0**

f) Ermittlung der Bodenwerte

Wert der erschlossenen unbelasteten Baugrundstücke:

Grundlage sind die Bodenrichtwerte des Gutachterausschusses für Grundstückswerte zum Stand 31.12.1988.

3 835 m² WR-Gebiet × 115 €/m² ebf (Baugrundstücke)	=	441 025 €
1 365 m² WA-Gebiet × 105 €/m² ebf (Baugrundstücke)	=	143 325 €
1 105 m² WA-Gebiet × 70 €/m² ebf (Gemeinschaftsfläche)	=	77 350 €
45 m² Arrondierungsfläche × 90 €/m² ebf	=	4 050 €

6 350 m² Zwischensumme (Nettobauland)		
1 575 m² Erschließungsfläche × 4 €/m² (Gemeindeanteil = 10 %)		
Gemeindeanteil (10 %)	6 300 €	
7 925 m² Rohbauland/Zwischensumme	672 050 €	
Grundstücksnebenkosten/Rundung (4,2 %)	27 950 €	
Wert des erschlossenen Grundstücks in „unbelastetem Zustand"	**700 000 €**	

(= rd. 110 €/m² ebf Nettobauland i. D.)

Wert der Baugrundstücke vor Freilegung, Sanierung und Erschließung (1989):

Zu berücksichtigen sind hierbei Mehrausgaben für weiter gehende Untersuchungen, Honorare, Gebühren, Deponiekosten und Bodenauftrag wegen der anschließenden Wohnbaunutzung.

Bodenwert (ebf) wie vor		700 000 €
abzüglich:		
– Freilegungs- und Sanierungskosten (1988/89):	30 700 €[1]	
– Bohrarbeiten und geologisches Gutachten zusätzliche Maßnahmen Sonstige Honorare und Gebühren	12 800 €	
– Abbruchkosten 32 855 m³ × 3,50 € (bis zu 0,50 m unter Geländeoberkante)	115 000 €	
– Entsorgung auf Sondermülldeponie (Verladungs-, Transportkosten und Deponiegebühren) Bodenauftrag	56 500 €	
Zwischensumme:	215 000 €[2]	
Erschließungskosten:		
6 350 m² Nettobauland × 33 €/m²		
(in Anlehnung an das Ausschreibungsergebnis ohne Hausanschlusskosten)	210 000 €	– 425 000 €
= 34,70 €/m² Rohbauland vor Freilegung und Erschließung		**275 000 €**

1) 15,75 €/m² Nettobauland.
2) 33,86 €/m² Nettobauland oder 27,13 €/m² Grundstücksfläche

Nachrichtlich: Im März 1991 wird das Grundstück an eine andere zum Konzern gehörende Gesellschaft verkauft. Im Ergebnis beträgt der Veräußerungserlös (440 000 €) rd. 91 v.H. des Werts der Baugrundstücke nach Freilegung und Sanierung sowie vor Erschließung.
Anschließend werden **15 Einzelgrundstücke** zum Preis von 650 000 € (= rd. 102,50 €/m² ebf) an einen Bauträger verkauft. Der Veräußerer trägt alle für die erstmalige vollständige Erschließung nach BauGB und KAG (aufgrund des derzeitigen Planungsstandes) entstehenden Erschließungskosten und Anliegerbeiträge, mit Ausnahme der Hausanschlusskosten. Der durchschnittliche Baustellenwert beträgt rund 42 500 €.

g) Grundstückskaufvertrag und Zustandsmerkmale

Die durch Vornutzung und Sanierung zu begründende Wertminderung des Bodens (**merkantiler Minderwert**) stellt sich im Beispielsfall (rein rechnerisch; landschaftlich schöne Lage) auf 7,50 €/m² ebf Nettobauland (= rd. 7 % von 110 €/m² ebf). Bezüglich der Sachmängel ist im notariellen Kaufvertrag u.a. Folgendes vereinbart:

– Der Veräußerer haftet nicht für sichtbare oder unsichtbare Sachmängel.
– Dem Käufer ist bekannt, dass der Grundbesitz fast vollständig mit alten Industriegebäuden bebaut war, in denen jahrzehntelang u.a. eine Gießerei, Härterei und Galvanik betrieben wurden, wodurch eine Verunreinigung des Erdreiches eingetreten ist. Der Verkäufer hat zusammen mit dem Abbruch der aufstehenden Industriegebäude die Beseitigung der Altlasten unter Zuziehung und Kontrolle eines Fachinstituts für Bodenschutz und des Amtes für Umwelt und Grünflächen der Stadt veranlasst. Nach dem Schlussprotokoll des Fachinstituts vom 22.8.1990 und dem Schreiben der Stadt vom 4.12.1990, die in Ablichtung als Anlage und Bestandteil zu dieser Urkunde genommen werden, bestehen lediglich geringfügige Restkontaminationen im Bereich zukünftiger Erschließungsflächen, die somit ausweislich des B-Plans einer Wohnnutzung des Grundbesitzes nicht entgegenstehen.

VI Besondere Immobilienarten — Gewerbeimmobilien

- Sollten trotz der durchgeführten Sanierungsmaßnahmen weitere Kontaminationen festgestellt werden, so gehen diese ausschließlich zu Lasten des Käufers; Ersatzansprüche und Ansprüche auf Wandlung und Minderung gegen den Verkäufer sind ausgeschlossen.
- Der Verkäufer wird das auf dem Grundbesitz derzeit noch lagernde kontaminierte restliche Erdmaterial auf seine Kosten bis zum 31.5.1991 abtransportieren lassen. Die Übererdung (Auffüllung mit Mutterboden bis zu einem Meter) der bekannten Teilflächen ist Sache des Erwerbers.

h) Vermarktung von Einfamilien-Reihenhäusern und Doppelhaushälften

Unter Berücksichtigung von Herstellungskosten (Grundstücks- und Gebäudekosten), Wagnis und Gewinn kalkuliert der Bauträger mit einem Veräußerungserlös – nach vollendeter Bebauung der Grundstücke – in Höhe von 3 850 000 €. Für die einzelnen Objekte (z. T. als Wohnungseigentum) ergibt sich so eine Preisspanne von 150 000 € bis 157 500 € im Durchschnitt, bei Wohnflächen von 93 bzw. 95 m² und 123 bzw. 125 m² (Abb. 91).

Abb. 91: Abdruck der Flurkarte, M 1:1 000 (Stand: März 1993)

Gegenüberstellung der Flächen laut Kataster (3/1993) mit dem Ergebnis der graphischen Ermittlung anlässlich der 1. Wertermittlung (2/1988) (Abb. 92):

Abb. 92: Flächen und Nutzungsarten

Nutzungsart	Kataster-Fläche (m²)	Fläche graph. ermittelt (m²)	Abweichung i.v.H.
Planstraße/Wohnwege	2 005	1 575	+ 27,3
Anbaubeschränkungszone/Kinderspielplatz	995	1 105	− 10,0
Planstraße/südlich und östlich Haus Weberstr. 3	3 433	3 880	− 11,5
Planstraße/nördlich und westlich Schäferstr.	1 405	1 365	+ 2,9
Planungsfläche insgesamt	**7 838**	**7 925**	**− 1,1**

Die Anteile baureifes Land, Fläche Anbaubeschränkungszone und Erschließungsfläche verändern sich demnach, wie in Abb. 93 zusammengestellt.

Abb. 93: Zusammenstellung

Nutzungsart	m²	i.v.H.	i.v.H.
Bauland	4 838	61,7	(66,2)
Anbaubeschränkungszone/Spielplatz	995	12,7	(13,9)
Erschließungsfläche	2 005	25,6*	(19,9)
Planungsfläche insgesamt	**7 338**	**100,0**	**(100,0)**
* ohne Wohnwege = 19,0 %; () Klammerwerte graphisch ermittelt 2/1988			

Vom Abbruch der alten Fabrikgebäude (1988) an bis zur Vollendung der Bebauung (1995) sind sieben Jahre vergangen.

3.8 Deponie

3.8.1 Allgemeines

Deponien lassen sich als **Abfallentsorgungsanlagen** definieren, in denen Abfälle zeitlich begrenzt oder unbegrenzt abgelagert werden; i.d.R. wird man bei zeitlich begrenzter Ablagerung (Zwischenlager) schon von einer geraumen Lagerzeit ausgehen, um von einer Deponie zu sprechen.

Abfall ist in § 1 des Bundesabfallgesetz – AbfG – wie folgt definiert:

„(1) Abfälle im Sinne dieses Gesetzes sind alle beweglichen Sachen, die unter die in Anhang I aufgeführten Gruppen fallen und deren sich ihr Besitzer entledigt, entledigen will oder entledigen muss. Abfälle zur Verwertung sind Abfälle, die verwertet werden; Abfälle, die nicht verwertet werden, sind Abfälle zur Beseitigung."

Für die Verkehrswertermittlung zukünftiger Deponien empfiehlt es sich, zwischen Deponien zu unterscheiden, die auf **Gemeinbedarfsflächen** oder auf **privatwirtschaftlich nutzbaren Flächen** betrieben werden. Dies ist maßgeblich von der Abfallart abhängig:

a) *Bodendeponien:* Das sind Deponien, auf denen „reine" Bodenablagerungen und bei älteren Bodendeponien auch noch im geringen Umfang Bauschuttablagerungen vorgenommen werden. Sie werden überwiegend von Baufirmen auf privatwirtschaftlicher Basis – häufig auf Pachtflächen – betrieben. Eine Beeinträchtigung des Grundwassers soll dabei nicht befürchtet werden. Ein Kontakt zum Grundwasser ist deshalb zulässig.

b) *Mineralstoffdeponien:* Das sind Deponien, auf denen im großen Umfang neben Bodenablagerungen vor allem Bauschutt gelagert wird. Gefordert wird ein Mindestabstand von 1 m zum höchsten Grundwasserstand. Es handelt sich dabei faktisch um Gemeinbedarfsflächen, auch wenn solche Deponien im Auftrag der Städte und Gemeinden bzw. der

VI Besondere Immobilienarten   Gewerbeimmobilien

Bezirksregierungen von privaten Unternehmen auf der Grundlage eines Planfeststellungsverfahrens eingerichtet werden.

c) *Siedlungsabfalldeponien:* Das sind Deponien, auf denen Hausmüll, Bauschutt, hausmüllähnlicher Gewerbeabfall, Schlämme, Schlacken usw. gelagert werden. Sie werden nach der TA Siedlungsabfall eingerichtet und müssen eine geologische Barriere mit hohem Schadstoffrückhaltepotenzial aufweisen; im Übrigen gelten die vorstehenden Ausführungen sinngemäß.

d) *Sonderabfalldeponien:* Das sind Deponien, auf denen schadstoffbelastete Reststoffe gelagert werden. Sie werden nach der TA Abfall eingerichtet.

Deponien[37] **werden** im Hinblick auf ihre öffentliche Daseinsfunktion i.d.R. **als Gemeinbedarfsflächen** angesehen. Sie werden i.d.R. im Außenbereich eingerichtet und können als solche im Bebauungsplan nach § 9 Abs. 1 Nr. 14 BauGB festgesetzt werden. Im Flächennutzungsplan werden sie nach § 5 Abs. 1 Nr. 4 BauGB dargestellt. Grundsätzlich könnte es von daher sachgerecht erscheinen, künftige Deponieflächen nach den Grundsätzen der enteignungsrechtlichen Vorwirkung zu qualifizieren, jedoch muss in der Praxis immer wieder festgestellt werden, dass höhere Preise für künftige Deponieflächen vereinbart werden und die vereinbarten Kaufpreise im Durchschnitt jeweils um 3 % per annum gestiegen sind. Dies findet seine Erklärung darin, dass Deponien faktisch zwar als Gemeinbedarfsflächen qualifizierbar sind, jedoch Deponien privatwirtschaftlich mit Gewinn betrieben werden[38]. Deshalb erscheint es durchaus sachgerecht, künftige Deponieflächen nicht auf der Grundlage der enteignungsrechtlichen Vorwirkung, sondern auf der Grundlage der vom BGH entwickelten **Teilmarkttheorie** (vgl. § 194 BauGB Rn. 40) zu werten.

Grundsätzlich kommen für die Verkehrswertermittlung von Deponien alle „klassischen" Verkehrswertermittlungsverfahren in Betracht (Vergleichs-, Ertrags- und Sachwertverfahren), jedoch versagt das Vergleichswertverfahren häufig bereits mangels geeigneter Vergleichspreise.

3.8.2 Vergleichswertverfahren

232 Für die Wertermittlung künftiger zumeist im Außenbereich einzurichtender Deponieflächen im Wege des Vergleichswertverfahrens wird i.d.R. von Kaufpreisen land- oder forstwirtschaftlicher Flächen auszugehen sein. Die darüber hinausgehende **Wertigkeit ist eine Funktion** der

– *Untergrundbeschaffenheit,* wobei die Wertzuschläge um so höher ausfallen, je geringer der technische Aufwand zur Herrichtung der Deponie ist und umgekehrt;

– *ablagerungsfähigen Gesamtmenge* (Schutthöhe und Flächengröße), wobei die Wertzuschläge wiederum um so höher ausfallen, je größer das Gesamtvolumen ist und umgekehrt;

– *Verkehrsanbindung,* wobei die Wertzuschläge umso höher ausfallen, je verkehrsgünstiger die Fläche gelegen ist und umgekehrt.

---

37 Korff/Steiner-Nattermann/Müller-Velten, in Müll und Abfall 1993/8.
38 ORG CONSULT, Methoden zur Ermittlung von Vergleichspachten und Vergleichskaufpreisen für Deponieflächen, Essen 1992; Korff/Steiner-Nattermann/Müller-Velten, Methoden zur Ermittlung von Vergleichspreisen für Deponieflächen, in „Müll und Abfall" 1993, 585.

Die **Qualitätsmerkmale** wurden von *Niebuhr* wie folgt zusammengestellt (Abb. 94):

Abb. 94: Vergleichsmerkmale für Deponieflächen

Zustands- und Vergleichsmerkmale von Grundflächen für Siedlungsabfalldeponien	
(1) Planungsstadium der Deponie	
– Abschluss von Voruntersuchungen	– Beginn der Erschließung
– genehmigte Planfeststellung	– Beginn des Betriebs
(2) Ausgangsqualität der Deponiefläche	
– landwirtschaftliche Nutzfläche/forstwirtschaftliche Nutzfläche	
– ehemaliges Abbauland	
– Altdeponieflächen und Grundstücke mit Altlasten	
(3) Technische Deponiedaten	
– Deponievolumen	– durchschnittliche Schütthöhe
– Laufzeit	
(4) Untergrundbeschaffenheit	
– Geologie	– Hydrologie
(5) Verkehrsanbindung und Umweltverträglichkeit	
– Lage zu Ballungszentren	– Anschluss an öffentliches Verkehrsnetz

Quelle: Niebuhr, Bewertung von Grundflächen für zukünftige Abfalldeponien, HLBS Report 1994, 11

Aus Marktuntersuchungen des Gutachterausschusses des Kreises *Paderborn* ist bekannt, dass die **Vergleichspreise für Deponien** zwischen 2,50 €/m² und 25,00 €/m² mit einem Mittelwert von rd. 11 €/m² erheblich streuen. Im Grundstücksmarktbericht 2009 des Oberen Gutachterausschusses für das Land *Brandenburg* wird ein Durchschnittspreis von 0,63 €/m² bei einer Preisspanne von 0,15 €/m² bis 1,10 €/m² angegeben. Preisunterschiede zwischen der öffentlichen Hand und privaten Unternehmern als Erwerber konnten dabei nicht festgestellt werden (vgl. auch Abb. 95):

Abb. 95: Vergleichspreise für Siedlungsabfalldeponien

Vergleichspreise für Grundflächen von Siedlungsabfalldeponien			
Nr.	Jahr	€/m²	Fläche in ha	Kreis/kreisfreie Stadt
1	1987	17,50	88,3	Bielefeld
2		2,50	6,9	Diepholz
3		8,00	10,2	Münster
4		6,00		Steinfurt
5		5,00	50,0	Aachen
6		7,50	55,0	Groß-Gerau
7	1988	4,50	9,3	Borken
8	1989	5,50	4,6	Paderborn
9		6,50	6,3	Unna
10	1990	25,00	42,5	Hochsauerlandkreis
11		8,50	10,5	Hildesheim
12		4,50	41,5	Marburg
13	1991	10,50	30,6	Borken
14		12,00	12,2	Paderborn
15		6,50	35,1	Gütersloh

VI Besondere Immobilienarten — Gewerbeimmobilien

Vergleichspreise für Grundflächen von Siedlungsabfalldeponien				
Nr.	Jahr	€/m²	Fläche in ha	Kreis/kreisfreie Stadt
16		24,00	25,7	Düsseldorf
17		7,50	1,5	Heinsberg
18	1992	23,50	22,0	Hagen
19		12,50	6,6	Soest
20		10,00	ca. 100,0	Dortmund
21		12,50		Bochum
22		11,00		Groß-Gerau
23		17,50	9,0	Mayen-Koblenz

Westfalen und angrenzendes Niedersachsen
(16 Kauffälle): $x_{16} = 10{,}72$ $s_x = \pm 6{,}46$
insgesamt
(23 Kauffälle): $x_{23} = 10{,}80$ $s_x = \pm 6{,}53$

Quelle: Niebuhr a. a. O.

Wird eine Deponiefläche auf Flächen höheren Entwicklungszustands (z. B. Rohbauland oder baureifes Land) eingerichtet, so wäre es verfehlt, entsprechende Zuschläge anzubringen, da **mit der Einrichtung einer Deponie vielmehr Wertminderungen** verbunden sind. Eine vormals baureife Fläche oder eine auf absehbare Zeit zur Bebauung anstehende Fläche wird durch die minderwertigere Deponienutzung im Wert „gekappt", zumal auch nach Verfüllung die Fläche i.d.R. für geraume Zeit von einer baulichen Nutzung ausgeschlossen bleibt. Dies ist im Einzelfall zu prüfen, um ggf. den Wertunterschied zwischen dem Wert des Grundstücks als Bauland nach Ablauf der Bodensetzung und dem Wert der Deponiefläche über die Wartezeit abzuzinsen. Der abgezinste Betrag ist dann dem Wert der Deponiefläche, wie er sich allein im Hinblick auf die Nutzung der Fläche als Deponie bilden würde, hinzuzuschlagen.

3.8.3 Ertragswertverfahren

233 Der Bodenwert lässt sich in sehr einfacher Weise aus dem zu erwartenden Ertrag ableiten. Das Verfahren vollzieht sich nach den **Grundsätzen des vereinfachten Ertragswertverfahrens,** wobei der Gewinn aus der Bodennutzung (Deponie) „fließt" und sich als Verkehrswert der Bodenwert ergibt (vgl. Syst. Darst. des Ertragswertverfahrens Rn. 28 ff.):

$$\text{Bodenwert} = \underbrace{\text{Reinertrag (Gewinn)} \times \text{Vervielfältiger}}_{\text{Kapitalisierter Gewinn}} + \underbrace{\text{Bodenwert} \times q^{-n}}_{\substack{\text{Restwert}\\\text{nach}\\\text{Verfüllung}}}$$

wobei: $q = 1 + p/100$
 $p = \text{Zinssatz}$
 $n = \text{Verfüllungszeitraum}$

Der **Restwert kann häufig vernachlässigt werden,** da der Grund und Boden für eine gewisse Zeit auch nach der Verfüllung nicht genutzt werden kann. Der Verfüllungszeitraum sowie die anschließende „Liegezeit" ergeben zusammen zumeist eine so lange Zeitspanne, dass *der diskontierte Bodenwert gegen null tendiert.*

Bevor auf die Fehleranfälligkeit des Verfahrens eingegangen wird, soll das Verfahren an einem Beispiel erläutert werden:

Beispiel:
a) Wertermittlungsobjekt:

Deponiefläche	1 000 000 m²
Verfüllungsmenge	200 000 m³ per annum
Füllhöhe	10 m
daraus folgt:	
Deponievolumen	10 000 000 m³ (= 1 000 000 m² × 10 m)
Verfüllungsdauer	50 Jahre (= 10 000 000 m³ : 200 000 m³ per annum)

b) Kalkulatorischer Gewinn

Deponiegebühr	50 €/t
Spezifisches Gewicht	1,2 t/m³ für Siedlungsabfall
daraus folgt:	
Deponiegebühr	60 €/m³ (= 50 €/t × 1,2 t/m³)

Der angenommene kalkulatorische Gewinn betrage 6 % der Deponiegebühr; daraus folgt:
– Gewinn pro m³ Füllmenge:

Wie bei dem Ertragswertverfahren nach der ImmoWertV wird hier von nachschüssigen Gewinnen ausgegangen. Der jährlich angenommene kalkulatorische Gewinn von 6 % muss deshalb jeweils um ein Jahr diskontiert werden:

60 €/m³ × 6/100 = 3,60 €/m³ × 1/1,06 = 3,39 €/m³

Im Falle der rechnerisch einfacheren Berechnungsweise:

60 €/m² × 6/106 = 3,39 €/m³

  – Gewinn für jährliche Verfüllungsmenge des Gesamtgrundstücks: 3,39 €/m³ × 200 000 m² = 678 000 €
  – Gewinn pro Quadratmeter Grundstücksfläche: 678 000 € : 1 000 000 m² = 0,68 €/m²

c) Kalkulatorische Bodenwertermittlung:

Bodenwert = Reinertrag (Gewinn) × Vervielfältiger
– Die Verfüllungsdauer wurde mit 50 Jahren ermittelt
– Als Zinssatz sei der Liegenschaftszinssatz für gewerbliche Nutzung mit 6,5 % herangezogen
– Vervielfältiger = 14,72 (vgl. Anl. zur ImmoWertV)
– **Bodenwert** = 0,68 €/m² × 14,72 × **10,00 €/m²**

Bei dem im *Beispiel* ausgeworfenen „Reinertrag" handelt es sich im eigentlichen Sinne nicht um den Reinertrag i.S. der ImmoWertV, da er nicht aus der Differenz zwischen den nachhaltigen ortsüblichen Erträgen und den Bewirtschaftungskosten bei ordnungsgemäßer Betriebsführung abgeleitet worden ist. Der im Beispiel mit 6 % der Deponiegebühr angesetzte „**Gewinn" (Reinertrag) ist** zudem **sehr fehleranfällig**, da die Gebühren einerseits erheblich schwanken können (25 €/m³ bis 250 €/m³) und sich am Selbstkostenpreis zuzüglich eines Unternehmergewinns orientieren sollen. Es kommt hinzu, dass das angesetzte spezifische Gewicht recht unterschiedlich ausfallen kann und überdies die Fehlerfortpflanzung des angewandten Verfahrens groß ist.

3.8.4 Allgemeine Barwertmethode

Eine Alternative zu dem vorgestellten Verfahren bietet die allgemeine Barwertmethode, bei der der Bodenwert aus einer **vollständigen Ertrags- und Aufwandsanalyse** ermittelt wird. Diese Methode kann zu einer Investorenmethode unter Einbeziehung der Kapitalkosten und eines Unternehmergewinns erweitert werden.

VI Besondere Immobilienarten   Gewerbeimmobilien

Diese Vorgehensweise, die im Schrifttum **fälschlicherweise als Sachwertverfahren** bezeichnet wurde[39], hat den Vorteil, dass sämtliche Kosten in die Analyse einbezogen werden können, wie z. B.

- Grunderwerbskosten,
- Umweltverträglichkeitsprüfung,
- technische Vorkehrungen,
- Gutachtenkosten,
- Anlaufkosten,
- Rekultivierungskosten,
- Genehmigungsverfahrenskosten,
- sonstige Vorlaufs- und Betreiberkosten.

3.8.5 Pachtwertmethode

235   Bei Anwendung der Pachtwertmethode ergibt sich der **Bodenwert aus der kapitalisierten Nettopacht zuzüglich des** nach Abschluss der Verfüllung verbleibenden **Restwerts,** der der kapitalisierten Nettopacht in diskontierter Höhe zuzuschlagen ist.

Niebuhr (a.a.O.) schlägt hierzu folgende **Vorgehensweise** vor:

Bodenwert   = Bodenwert vor Verfüllung (Landwirtschaftliche Fläche)
                 + Barwert des Verfüllzinses
                    – Barwert der entgangenen Gewinne aus landwirtschaftlicher Nutzung
                    – Diskontierte Differenz der Bodenwerte vor und nach der Verfüllung

und gibt hierfür das folgende Beispiel:

Beispiel:
Kalkulation für eine Siedlungsabfalldeponie

Kalkulationsdaten:
Deponiefläche:	200 000 m²
Verfüllmenge im Jahr:	100 000 m³
Deponievolumen:	4 000 000 m²
Laufzeit:	40 Jahre
Ø Schütthöhe:	20 m
Verfüllzins/m³:	1,25 €/m²
Kalkulationszinssatz:	4 % p.a.
jährliche Verfüllmenge je m² Grundfläche: 100 000 m³/200 000 m²	= 0,50 m³

Bodenwert vor Deponierung	3,00 €/m²
+ Barwert des Verfüllzinses bei einer Deponielaufzeit von 40 Jahren 0,50 m² × 1,25 €/m² × 17,159:	10,72 €/m²
– Barwert der entgangenen Grundrente aus landwirtschaftlicher Nutzung 0,03 €/m² × 17,159:	– 0,51 €/m²
– diskontierte Differenz der Bodenwerte vor und nach Verfüllung (3,00 €/m² – 0 €/m²) × 0,14205:	– 0,43 €/m²
	12,78 €/m²
	oder rd. 13,00 €/m²

---

39   Westhoff in GuG 1994, 12.

Die vorgegebene Berechnungsweise und das Beispiel gehen von der Annahme aus, dass das **Grundstück nach der Verfüllung** wertlos sei. Das kann häufig, wird aber nicht immer den Realitäten gerecht werden, insbesondere wenn bei einer entsprechenden Abdeckung – zumindest zu einem späteren Zeitpunkt – eine Nachnutzung möglich ist. Zweifelhaft ist aber vor allem, ob der „Bodenwert vor Verfüllung" überhaupt angesetzt werden darf, denn dieser ergibt sich im Hinblick auf eine landwirtschaftliche Nutzung, die sich auf der Fläche gerade nicht vollziehen kann und durch die Nutzung als Deponiefläche ersetzt wird. Wertmäßig kumulieren hier nicht zwei Nutzungen (Landwirtschaft und Deponie); vielmehr wird die landwirtschaftliche Nutzung durch die Deponie ersetzt.

Bezüglich des **Kalkulationszinssatzes zur Bemessung des Verfüllzinses** liegt es nahe, sich am Liegenschaftszinssatz für gewerbliche Objekte zu orientieren, insbesondere bei einer langen und schon deshalb risikobehafteten Laufzeit (z. B. 7 %).

4 Handelsimmobilien

4.1 Typologie der Handelsimmobilien

Schrifttum: Kippes/Sailer, Immobilienmanagement, Boorberg Verlag 2005, S. 51 ff.; *Lerchenmüller, M.,* Handelsbetriebslehre, 3. Aufl., Ludwigshafen 1998.

Handelsimmobilien sind der Ort des institutionellen Handels, der sich in den Versand- und (halb)stationären Handel unterscheiden lässt. Neben den klassischen Läden zählen zu den Handelsimmobilien insbesondere **Kaufhäuser, Einkaufszentren und sonstige großflächige Einzelhandelsagglomerationen** (sog. *Shopping-Center*). Handelsimmobilien werden insbesondere nach Größe und Standort unterschieden:

– Innenstadt,

– Stadtrand,

– Stadtteilzentrum und

– „grüne Wiese".

Im Vergleich zu Büroobjekten hat die **Bau- und Objektqualität** von Handelsimmobilien eine weitaus geringere wertbeeinflussende Bedeutung. Die Handelsunternehmen übernehmen hier häufig die Einbauten, Fassadengestaltung und Schaufensteranordnung in eigener Regie und tragen i.d.R. auch die Instandhaltungskosten (Ausnahme: Unterhaltung von Dach und Fach).

Handelsimmobilien lassen sich grob in kleinteilige Handelsflächen des Einzelhandels und großflächige Handelsflächen (Supermärkte, Einkaufszentren) unterscheiden. Die unter den Begriff der Handelsimmobilien fallenden **Läden, Ladengebiete, Einkaufszentren** usw. sind in verschiedenen bauplanungsrechtlichen Gebietstypen zulässig:

1. **Läden** sind zulässig in
   – besonderen Wohngebieten (WR),
   – Kerngebieten (obwohl § 7 BauNVO diese nicht ausdrücklich erwähnt).

2. **Der Versorgung des Gebiets dienende Läden** sind zulässig in
   – Kleinsiedlungsgebieten.

3. **Einzelhandelsbetriebe** sind zulässig in
   – Dorfgebieten (MD),
   – Mischgebieten (MI),
   – Kerngebieten (MK).

VI Besondere Immobilienarten   Handelsimmobilien

4. **Ladenbetriebe** sind zulässig in
   - sonstigen Sondergebieten (SO).
5. **Einkaufszentren**[40] sind zulässig in
   - sonstigen Sondergebieten (SO).
6. **Großflächige Handelsbetriebe**[41] sind zulässig in
   - sonstigen Sondergebieten (SO).
7. **Großflächige Einzelhandelsbetriebe und sonstige Handelsbetriebe** sind zulässig in
   - sonstigen Sondergebieten (SO).
8. **Schank- und Speisewirtschaften** sind zulässig in
   - besonderen Wohngebieten,
   - Dorfgebieten,
   - Mischgebieten,
   - Kerngebiet.
9. **Der Versorgung des Gebiets dienende Schank- und Speisewirtschaften** sind zulässig in
   - Kleinsiedlungsgebieten.

Als **großflächige Handelsfläche** gilt eine Handelsfläche, die
- eine Geschossfläche von 1 200 m² (§ 11 Abs. 3 BauNVO) bzw.
- eine Verkaufsfläche von 800 m²

überschreitet[42].

Abb. 96: Marktanteile der Vertriebsformen

Markttyp	Nutzfläche in m²	1998* in v.H.	2005** in v.H.	Prognose Marktentwicklung
SB-Warenhäuser	über 5 000	13,2	11,30	leicht steigend
Verbrauchermärkte	800–5 000	28,0	–	leicht steigend
Fachmärkte	–	–	23,00	leicht abnehmend
Supermärkte	400–800	11,6	7,60	gleich bleibend
Lebensmittel-Discounter	400–600	30,4	11,70	leicht steigend
Warenhäuser	–	–	3,40	steigend
Traditionelles Fachgeschäft	–	–	24,00	abnehmend
Filialisierter *Non-Food*-Handel	–	–	13,70	leicht abnehmend
Versandhandel	–	–	5,30	steigend
Sonstige Geschäfte*	bis 400	16,8	16,8	abnehmend
Einzelhandel im engeren Sinne (ohne Kfz-Handel, Tankstellen, Apotheken, Brennstoffhandel)				

Quelle: *Europäisches Handelsinstitut (EHI, 1998), **Bulwien Gesa 2006, EHI Köln, ifo-institut, Statistisches Bundesamt, BAG; GuG aktuell 2006, 22

---

40 Gleich lautende Erlasse der neuen Bundesländer betr. Bewertung von Warenhausgrundstücken, Einkaufszentren sowie Groß-, SB- und Verbrauchermärkten und Messehallen im Beitrittsgebiet (BStBl I 1993, 528 = Vermögensrecht [a.a.O.] II 7.3.10).
41 Leopoldsberger, G., Kontinuierliche Wertermittlung von Immobilien, Köln 1998.
42 BVerwG, Urt. vom 24.11.2005 – 4 C 10/04 –.

Bezüglich der **Ausprägung von Handelsimmobilien** wird nach *Schulte/Schäfers/Hoberg/Sotelo/Homann/Vogler* wie folgt unterschieden[43]:

Mixed-Use-Immobilien: Typische Centerform für Innenstadtlagen, die sowohl als frequenzstarke *Shopping-* als auch als attraktive Bürostandorte gelten. Kennzeichnend ist die Verbindung unterschiedlicher Nutzungsformen in einer Großimmobilie. Neben Einzelhandels- und Büroflächen ist auch eine zusätzliche Wohn- oder Freizeitnutzung möglich. Der Einzelhandel ist i.d.R. als Passage oder Galerie konzipiert.

Vertical Mall: Einkaufszentren, in denen sich die Mietflächen über mehrere Etagen erstrecken. Insbesondere die vertikale Erschließung und Aktivierung höher gelegener Geschosse stellen weitgehende Anforderungen an die Konzeption. *Vertical Malls* befinden sich überwiegend in Städten mit stark konzentrierten Citykernen.

Strip-Center: Urform der Einkaufszentren, bei der die Einzelhandelsgeschäfte als Streifen (Strip) nebeneinander aufgereiht liegen. Das Center orientiert sich zu den Parkflächen hin, welche sich direkt vor den Läden befinden.

Specialty-Center: Immobilienkonzept, welches durch zielgerichteten Mietermix Kompetenz in einem bestimmten Handelsbereich schaffen möchte. Denkbar sind Spezialisierungen auf einzelne Themen, wie junge Mode, Sport- und Freizeitartikel, Inneneinrichtung, Autozubehör oder *Entertainment* sowie die Fokussierung auf einzelne Kundengruppen oder Preissegmente.

Fachmarkt-Zentren: Agglomeration von großflächigen Einzelhandelsbetrieben unter einem gemeinsamen Dach. Häufig ergänzt um kleinere Versorgungsgeschäfte und Gastronomiebetriebe. Standort ist meist die Peripherie größerer Städte.

Offprice-Center, Factory-Outlets und *Mills-Concept:* Centerformen mit preisaggressiver Ausrichtung. Während in *Offprice-Centern* verschiedene Einzelhändler Markenartikel unterschiedlicher Hersteller anbieten und in *Factory-Outlets* mehrere unterschiedliche Hersteller Markenartikel des eigenen Unternehmens vertreiben, sind die *Mills-Concepts* eine Kombination beider vorgenannten Centertypen.

4.2 Lage

4.2.1 Allgemeines

Bei der Beurteilung der **Lage von Handelsimmobilien** ist es besonders wichtig, zwischen der **Makro- und Mikrolage** zu unterscheiden.

4.2.2 Makrolage

Zur Berücksichtigung des **Makrobereichs** ist in erster Linie auf Standortfaktoren und die **Strukturdaten der Region und der Stadt** zurückzugreifen. Bei gewerblichen Immobilien wird man für eine entsprechende Analyse die Materialien der einschlägigen Kammern und Verbände heranziehen. Zu erwähnen sind des Weiteren die Informationen der Statistischen Ämter des Bundes und der Länder, wissenschaftlicher Institute und dgl. Im Einzelnen sind von Bedeutung:

Standortfaktoren:

– Lage, städtebauliche und räumliche Einordnung,

– Infrastruktur und Erreichbarkeit (Entfernung zum ÖPNV),

– Parkmöglichkeit und Erschließung,

---

43 Immobilienökonomie, Bd. 1, S. 15 ff.

VI Besondere Immobilienarten — Handelsimmobilien

- Passantenfrequenz und -qualität,
- Einzugs- und Verflechtungsbereich,
- Standortdaten (über komplexe Datenbanken),
- Gewerbesteuer,
- Umsatzsteuerstatistiken,
- Freizeitwert/Umgebung,
- Bevölkerungsentwicklung, Strukturveränderungen, Arbeitsmarkt, Arbeitslosenquote, Beschäftigungsmöglichkeiten, Pendlerbewegungen,
- Wirtschafts- und Kaufkraft, Kaufkraftströme, Kaufkraftentwicklung, Kaufkraftbindung, Kaufkraftabfluss,
- Branchenanalysen, Konkurrenzsituation (Wettbewerbsposition und Tragfähigkeit), Konzentrationsprozesse,
- Arbeitsplatzbedarf und -nachfrage (Arbeitslosenentwicklung),
- sozialdemographische Struktur.

240 *Leopoldsberger* unterscheidet nach **fünf Lage- und Größenklassen** (Abb. 97):

Abb. 97: Lage- und Größenklassen für Handelsimmobilien

Lage	Bezeichnung	Merkmal	Flächen
I	Beste Lage am Ort	Höchste Kundenfrequenz	< 200 m²
II	Gute Zentrumslage	Hohe Kundenfrequenz	200 m²–499 m²
III	Abseitige Zentrumslage	Niedrige Kundenfrequenz	500 m²–999 m²
IV	Vorortzentrum		1 000 m²–4 999 m²
V	Stadtrandlage	„Grüne Wiese"!	5 000 m²

241 Bei der Beurteilung der Standortqualität kommt es nicht allein auf die derzeitige Situation (Status quo), sondern vor allem auf die **Entwicklung des Standorts und der Region** an.

242 Die wichtigsten **Standortfaktoren** im Makrobereich sind in der sich aus Abb. 98 ergebenden **Rangfolge** – wiederum auf der Grundlage einer Befragung – zusammengestellt.

Abb. 98: Wichtigkeit von Standortfaktoren

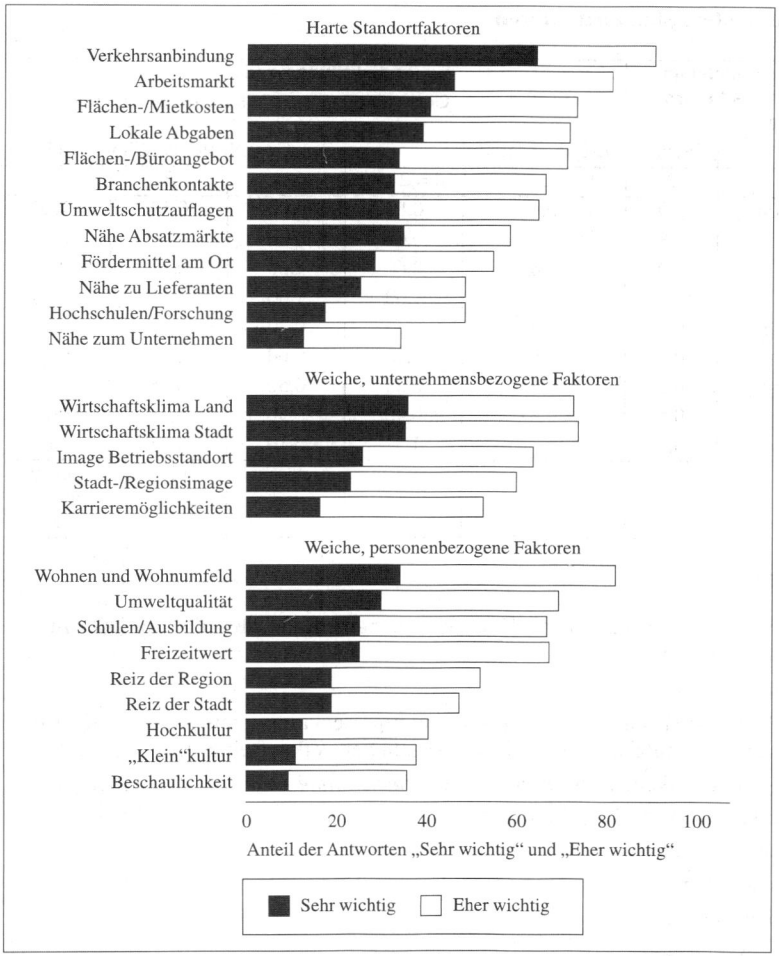

Quelle: Ergebnisse einer Umfrage bei ca. 2 000 Unternehmen im Herbst 1993; Deutsches Institut für Urbanistik.

Zur Beurteilung der Qualität des Makrobereichs bedient man sich, wie im Übrigen auch zur Beurteilung der Qualität des Mikrobereichs, zumeist eines einfachen Schulnotensystems, indem man je nach Branche die maßgeblichen **Standortqualitätskriterien gewichtet und den Erfüllungsgrad des einzelnen Standorts sowie ggf. damit konkurrierender Standorte feststellt.**

VI Besondere Immobilienarten — Handelsimmobilien

244 *Beispiel (Abb. 99):*

Abb. 99: Gewichtete Standortfaktoren

Kriterien zur Beurteilung der Qualität des Makrobereichs		Standort	Erfüllungsgrade	Wettbewerbsstandorte		
	Gewicht	Erfüllungsgrad	Gewichtet	Gewichteter Erfüllungsgrad		
1	2	3	4 = 2 × 3	A	B	C
Verkehrsanbindung	1,0	0,8	0,80	1,00	0,50	0,20
Arbeitsmarkt	0,8	0,8	0,64	0,80	0,40	0,10
Absatzmarkt	1,0	0,6	0,60	1,00	0,50	0,35
Parkplatz	1,0	1,0	1,00	1,00	0,50	0,20
Umweltauflagen	0,7	0,5	0,35	0,70	0,35	0,25
Wohnumfeld	0,6	0,8	0,48	0,60	0,30	0,30
Lieferantennähe	0,5	0,5	0,25	0,50	0,25	0,20
Freizeitwert	0,5	0,8	0,40	0,50	0,25	0,10
Summen	6,2		4,52	6,10	3,05	1,60
				sehr gut	mittel	nicht ausreichend

4.2.3 Mikrolage

245 Im **Mikrobereich** sind insbesondere **Grundstücksmerkmale und die Ausstattung** des Objekts wertbeeinflussend.

a) Grundstück
- die Ladengröße (Breite der Ladenfront und repräsentationsgeeignete Schaufensterfläche; Ladentiefe; nutzbare Deckenhöhe; Anzahl der Verkaufsebenen),
- die Lagermöglichkeiten, soweit nicht sog. *„Just-in-time*-Bedienung" möglich,
- Möglichkeiten der Außenwerbung,
- Grundstückszuschnitt,
- Grundstückswert,
- Parkplatzangebot.

b) Nutzungskonzeption
- funktionales Grundkonzept,
- Betreiberkonzeption,
- Vertriebskonzept,
- Umgestaltungs- und Erweiterungsmöglichkeiten,
- Grundriss- und Flächenoptimierung,
- markt- und standortgerechte Nutzungskonzeption,
- Portfoliostrategie,
- Ertragskalkulation (objektbezogene Ertrags- und Mietprognose),
- Branchen- und Mietstruktur,
- Vermietungschancen,
- Miet- und Pachtkonditionen (Mietvertragsdauer und ggf. Auflagen sowie Mietanpassung),
- Nebenkosten,
- Finanzierungsmodell/Wirtschaftlichkeitsberechnung.

Handelsimmobilien — Besondere Immobilienarten VI

c) Betrieb
- Centermanagement,
- Werbegemeinschaft.

d) Marktanalyse
- Bedarfsberechnungen und Nachfrageanalysen,
- Passantenfrequenz,
- Umfeld und Nachbarschaft,
- kommunales Einzelhandelskonzept,
- Lagequalifizierung,
- Akzeptanzuntersuchung für Produktenpalette,
- quantitative und qualitative Konkurrenzanalyse (Anzahl der Einzelhandelsbetriebe und Konkurrenten am Ort, Flächenumsatzentwicklung und Gesamtversorgung, Entwicklungspotenzial),
- Wirtschaftsfaktor/Multiplikatoreneffekte,
- Preis- und Mietspiegel.

e) Bau
- baulicher Zustand (z. B. Ausbaustandard im Sanitärbereich),
- Vorbereitung,
- Durchführung,
- Technik,
- Kosten,
- Baurecht,
- Architektur,
- Baustoffe,
- Flächenkonzept (Flächenmaße und -zuschnitt, Raumtiefe, Rastermaß, Schaufensterfront, Raumaufteilung, Erweiterungsmöglichkeit, Eingangsbereich, Verkaufsebenen, Übersichtlichkeit),
- Branchenmix,
- Sortimentsbeschränkungen,
- bauliche Anpassungsmöglichkeiten und Drittverwendungsmöglichkeiten.

Die Qualität des Mikrobereichs kann nach dem Beispiel der Bewertung des Makrobereichs ermittelt werden. **246**

4.2.4 Einzelhandelslage

Die für Handelsimmobilien generell geltenden Lagekriterien gelten auch für Einzelhandelsimmobilien, und zwar sowohl, was den Makrobereich, als auch, was den Mikrobereich betrifft. **Standortfaktoren** und ihre Parameter bestimmen nicht nur den Verkehrswert von Einzelhandelsimmobilien, sondern sind auch besonders geeignet **zur Umrechnung von Vergleichspreisen** (Abb. 100). **247**

VI Besondere Immobilienarten — Handelsimmobilien

Abb. 100: Standortfaktoren des Einzelhandels

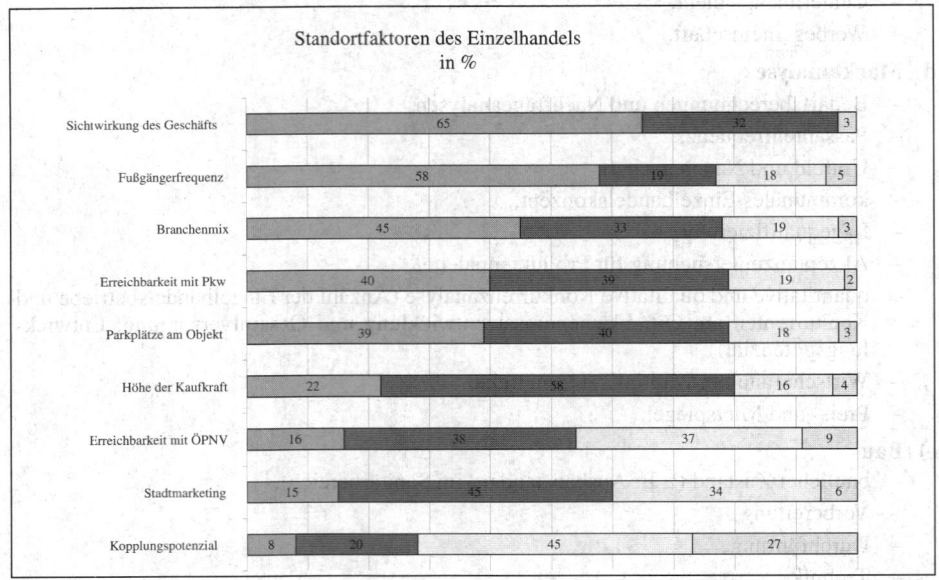

Quelle: Jones Lang LaSalle (Gewichtungsanteile der Bedeutung in %; Befragung von 644 Einzelhandelsflächen in Deutschland)

248 Einen **Überblick über die wichtigsten Standortfaktoren** gibt die Zusammenstellung der Abb. 101.

Abb. 101: Übersicht über die wichtigsten Standortfaktoren

Standortfaktoren im Einzelhandel	
Bedarfsorientierung – Konsumentendichte, -nähe und -struktur im Einzugsbereich (u. a. Einwohnerzahl und -dichte, Bevölkerungs- und Sozialstruktur, Größe des zentralörtlichen Einzugsbereichs, Kaufkraftdifferenzierung, Fremden- und Besucherfrequenz) – Versorgungsgewohnheiten (u. a. Konsumhäufigkeit, d. h. Häufigkeit der Inanspruchnahme) – Ausrichtung des Einzelhandels- und Dienstleistungsangebots auf die Nutzergruppen (u. a. Konsumwertigkeit, Spezialisierungsgrad, Ausrichtung auf Massenbedarf oder spezielle Konsumentengruppen) **Erreichbarkeit (Verkehrslage und Transportaufwand für Kunden-, Berufs- und Geschäftsverkehr sowie Materialaufwand)** – Funktionsräumliche Lage (Lagesituation des Betriebes in Bezug auf den zentralen Standortraum der Stadt, innerhalb des zentralen Standortraumes, innerhalb der Geschäftsstraße, Lage zu Wohngebieten usw.) – Verkehrsanbindung, -bedienung und -struktur (u. a. Verteilung, Frequenz und Tarife des öffentlichen Nahverkehrsnetzes; Erreichbarkeit und Dichte für den motorisierten Individualverkehr, insb. Lage im Straßennetz, Autobahnanbindung, Lage zu regionalen o. internationalen Flughäfen; Fußgängerverkehr, insb. Dichte und Frequenz) – Lage zu Verkehrsakkumulationspunkten/Lage zu Passantenmagneten (Lage zu Haltestellen öffentl. Verkehrslinien, insb. zum Hauptbahnhof, zu größeren Parkgelegenheiten, zu bes. Verkehrsanziehungspunkten wie größere Behörden) – Verkehrszukunft (u. a. vorgesehener Schnellstraßenbau, geplante Haltestellen oder unterirdische Stadtbahn) **Konkurrenzsituation/Agglomerationsvorteile** – Branchengleiche Konkurrenzakkumulation (Konkurrenzanziehung) – Branchengleiche Absatzagglomeration – Sonstige Agglomerationsvorteile (u. a. Möglichkeiten der Werbung; Messen; Fühlungsvorteile mit wichtigen Entscheidungsfunktionen der öffentl. Verwaltung und Wirtschaft) – Konkurrenzevitation (Konkurrenzvermeidung) **Stadtfunktionale Faktoren** – Wirtschaftsstruktur der Stadt – Bedeutung der Stadt als zentraler Ort/innerstädtische Zentrenausstattung (Nebenzentren) – Spezielle Funktionen der Stadt (z. B. Universitätsstadt, Fremdenverkehrsort) **Zwischen- und außerbetriebliche Kontaktbedürfnisse bzw. Interaktionen** – Persönliche (Geschäfts-)Kontaktmöglichkeiten zwischen gleichen, ähnlichen oder andersartigen Einrichtungen/Betrieben (Face-to-Face-Kontakte)	– Andere zwischenbetriebliche Kontaktarten (Interaktionsformen) (z. B. schriftlich/telefonisch) – Art der Kontakte zwischen Kunden und Einrichtungen/Betrieben **Raumbedarf, -angebot und -kosten** – Verfügbarkeit der Betriebsraumfläche/Betriebsraumqualität – Räumliche Expansionsmöglichkeiten des Betriebes – Grundstücks-, Gebäude-, Miet- und Instandhaltungskosten – Rendite (z. B. Bürogebäude als Renditeobjekt) **Einflüsse der Planung/städtebauliche Gründe** – **Bebauungsplan/Flächennutzungsplan (Art und Maß der baulichen Nutzung; Nutzungsbeschränkungen durch Bauvorschriften)** – Städtische Infrastruktur (z. B. Entsorgungseinrichtungen) – **Spezielle Maßnahmen städtebaulicher Gestaltung (u. a. Errichtung von Fußgängerzonen, Auswirkungen von Gestaltungssatzungen)** – **Maßnahmen der Verkehrsplanung** – Direkte Standortbeeinflussung (u. a. Umlegung im Rahmen von Sanierungsvorhaben, Standortlenkung beim Bau von Cityerweiterungsprojekten, z. B. im Zusammenhang mit dem U-Bahnbau) **Standortbeeinflussung durch übergeordnete Institutionen** – Vorgaben und Beeinflussung durch berufsständische Kammern – Steuern und Abgaben – Sonstige Bestimmungen **Betriebsinterne Faktoren** – Betriebsstruktur und -organisation (u. a. Art des Angebots bzw. der Spezialisierung, Größe, Besitzverhältnisse, Zugehörigkeit zu freiwilligen Ketten usw., Investitionen in Betriebsausstattung, Finanzen) – Innerbetriebliche Kommunikation und Arbeitsteilung – Persönliche Verhältnisse der Betriebsleitung (Persönlichkeit, Fachausbildung, persönliche Bindungen, berufliche Beziehungen und sonstige Präferenzen) – Arbeitskräftebedarf und -angebot (Quantität, Qualität) **Standorttradition** – Räumlich-zeitliche Persistenz von Betriebsstandorten (Standortbeharrung) **Repräsentations- und Imagefaktoren** – Historischer Lagewert, Image, Symbolwert eines Standortraumes – Landschaftliche Lagefaktoren – Attraktivität und Image des Betriebes

Quelle: Heineberg, H.; de Lange, N., Die Cityentwicklung in Münster und Dortmund seit der Vorkriegszeit, in: Weber, P.; Schreiber, K.-F. (Hg.), Westfalen und angrenzende Regionen, Paderborn 1983, S. 221–285

VI Besondere Immobilienarten   Handelsimmobilien

Citylage (Innenstadt)

249 Innerhalb der **Geschäftslagen** gilt die Citylage der Innenstadt *(CBD – Central Business District)* als Spitzenlage. So werden unter City-Immobilien vornehmlich Geschäftshäuser in erstklassiger Lage und mit Einzelhandelsnutzung verstanden, wobei sich die Hauptnutzfläche (Verkaufsfläche) in erster Linie auf das Erdgeschoss und bei guter Einbeziehung auf das *Basement* und das erste Obergeschoss erstreckt. Für den Verkehrswert dieser Immobilien ist in erster Linie der Mietertrag in diesem Bereich ausschlaggebend; die darüber hinausgehende Nutzung der Obergeschosse zu Wohn- und Bürozwecken ist dagegen eher bedeutungslos.

250 Die **Geschäftslage** beurteilt sich nach dem jeweiligen Nutzungszweck. Zentralität und Attraktivität des Standorts mit guter Verkehrsanbindung stehen im Vordergrund. Ohne wissenschaftlichen Unterbau und in unzureichender Weise wird im Einzelhandelsbereich **nach Ia-, Ib- und IIa-Lagen unterschieden** (Abb. 102).

Abb. 102: Lagemerkmale von Einzelhandelsimmobilien

251 Die **Ia-(City-)Lage** (beste Lage) wird im Allgemeinen als die Lage definiert, die den höchsten „Lauf", d.h. die höchste **Passantenfrequenz**, hat. Die sog. Ia-Lage allein nach der Passantenfrequenz zu definieren, wird der „Wertigkeit" der Lage nicht gerecht, weil damit allenfalls die „Ia-Konsumlage" erfasst wird und sich hier allenfalls „Schlecker" und „Pimkie", aber nicht „Bulgari" und „Strenesse" niederlassen. Es empfiehlt sich deshalb, auch nach der **Passantenqualität** zu unterscheiden, die vor allem in den Großstädten bei geringerer Passantenfrequenz zu einer „Ia-Luxuslage" führen kann. Besonders hohe Passantenfrequenzen mit hohem Verkaufsumsatz weisen häufig **Fußgängerzonen** auf. Branchenmäßig sind sie weniger auf die Versorgung der Bevölkerung mit dem Grundbedarf, sondern i.d.R. durch *Shopping* bzw. *luxury goods* des sog. *Non-Food*-Bereichs gekennzeichnet, insbesondere Textilien und Lederwaren (60 %), Porzellan, Schmuck und dgl. Es handelt sich dabei um einen sehr engen Markt, der sich zumeist auf 350 bis 500 m Straßenlänge in Gemeinden mit mehr als 50 000 Einwohnern beschränkt[44].

252 In den großen Metropolen unterscheidet man nach der **sog. Kaufhausrennbahn und der sog. Luxusmeile.**

---

[44] Vgl. Zusammenstellung in GuG 1995, 361.

Weiteres Kriterium für die Ia-Lage ist ein **Einzelhandelsbesatz mit gutem Branchenmix.** Als „Laufkiller" gelten dagegen Banken, Postämter, aber auch Vitrinen, Bepflanzungen und U-Bahneingänge.

Der Trend zum Erlebniskauf begünstigt die Innenstädte gegenüber den Einkaufszentren in Randlagen, und tatsächlich stiegen die Geschäftsraummieten anfangs der 90er-Jahre auch stark an. Inzwischen mussten erhebliche Einbrüche verzeichnet werden und haben dem „Beschauer" verdeutlicht, dass es sich hier um einen **instabilen Markt** handelt, **der sich nicht durch Spitzenmieten in Ia-Lagen beschreiben lässt.**

4.3 Kennziffern für Handelsimmobilien

4.3.1 Allgemeines

Als wichtigste **Kennziffern für den Standort** können gelten

a) das nach Bedarfsgruppen zu differenzierende einzelhandelsrelevante **Kaufkraftpotenzial** im Einzugsgebiet; das Kaufkraftpotenzial wird durch **Kaufkraftkennziffern** erfasst, die die Konsumfähigkeit der ortsansässigen Bevölkerung (das Nachfragepotenzial) angeben,

b) die jeweilige **Kaufkraftabschöpfung durch bestehende Angebote** einschließlich der Konkurrenzstabilität,

c) die **Umsatzkennziffer,** die den Einzelhandelsumsatz in Relation zum durchschnittlichen Umsatz der übrigen Gemeinden angibt,

d) der **Einzelhandelsumsatz pro Kopf der ortsansässigen Bevölkerung innerhalb eines Jahres,**

e) die Zentralität und der Einzugsbereich;

f) die **Immobilienkennziffern,** insbesondere
 – die **Flächenproduktivität (Raumleistung),** der jährliche Umsatz pro Verkaufsfläche,
 – die Frequenzen, d.h. der durchschnittliche Umsatz pro Kunde,

und speziell in Einzelhandelslagen:

g) der **Filialisierungsgrad,** d.h. der Anteil von Filialunternehmen am Marktbesatz (in Ia-Lagen),

h) die **Passantenfrequenz,** d.h. die Zahl der Passanten, die in einer bestimmten Zeit (z.B. einer Stunde) zu einer bestimmten Zeit eine Straße durchlaufen, und

i) die **Passantenqualität,** wobei insbesondere deren Kaufbereitschaft und Kaufkraft im Vordergrund steht.

Angaben hierfür können von **regionalen Marktforschungsinstituten** gemacht werden, die bestehende Konkurrenzstandorte mit ihren Verkaufsflächen und Umsätzen sowie Kaufkraftpotenziale abschätzen können.

4.3.2 Kaufkraftkennziffer

Quellen: BBE Unternehmensberatung Köln; *gesa* Gesellschaft für Handels-, Standort- und Immobilienberatung Hamburg; *GfK* Gesellschaft für Konsum-, Markt- und Absatzforschung Nürnberg; *Icon Regio* Gesellschaft für Regional- und Verkehrsforschung und Standortmarketing Nürnberg.

Die wichtigsten Indikatoren der Nachfragesituation an den regionalen und lokalen Märkten sind das Nachfragepotenzial und die Kaufkraft der Bewohner des jeweiligen Gebiets.

Das **Nachfragepotenzial** wird bezogen auf die individuellen Bedürfnisse nach Gütern einer besonderen Warengruppe (Sortiment, Sparte) und lässt sich – jeweils bezogen auf das Einzugsgebiet – überschlägig ermitteln aus:

Nachfragepotenzial = Einwohner × Branchenspezifische bundesdurchschnittliche Ausgaben × Kaufkraftkennziffer

VI Besondere Immobilienarten — Handelsimmobilien

258 Die **Kaufkraftkennziffer** beschreibt die Kaufkraft „vor Ort": Sie wird aus dem Verhältnis der örtlichen Kaufkraft (Bundesland, Landkreis oder Gemeinde) zu der durchschnittlichen Kaufkraft in der Bundesrepublik Deutschland mit dem Indexwert = 100 ermittelt (Abb. 103).

Als **Kaufkraft** wird diejenige Geldmenge verstanden, die den privaten Haushalten innerhalb eines bestimmten Zeitraums zur Verfügung steht; sie ergibt sich aus dem verfügbaren Nettoeinkommen zuzüglich der Einnahmen aus Ersparnissen und aufgenommener Kredite abzüglich der Bildung von Ersparnissen und der Tilgung von Schulden[45]. Zur Ermittlung der Kaufkraft werden von der Gesamtkaufkraft die je nach Gebiet unterschiedlichen Ausgaben für Dienstleistungen, Altersvorsorge und Auto abgezogen.

Abb. 103: Kaufkraftkennziffern 2003 in einzelnen Städten

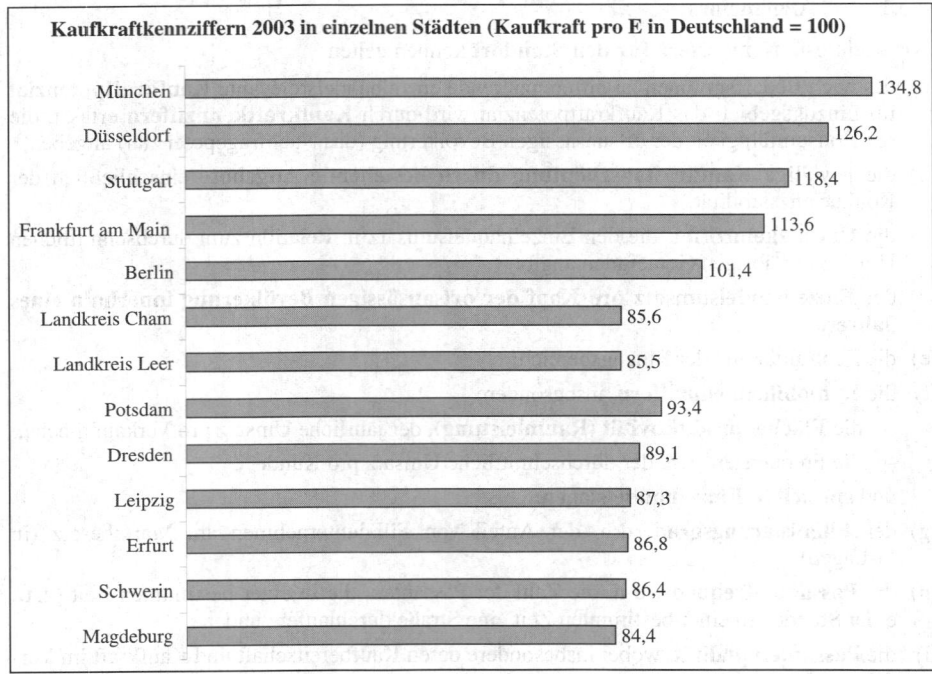

Quelle: GfK Nürnberg

Die **Abschöpfungsquote,** mit der die Zentralität des Standorts beschrieben wird, bildet sich aus dem Quotienten des realisierten Handelsumsatzes und des theoretischen Kaufkraftpotenzials.

Die **Kaufkraft** ist demzufolge regional unterschiedlich und darüber hinaus nach Sortimenten sowie nach dem

- kurzfristigen bzw. laufenden *(periodischen)* Bedarf (Nahrungs- und Genussmittel und kurzfristige Verbrauchsgüter),
- dem mittel- bzw. langfristigen *(aperiodischen)* Bedarf (Gebrauchsgüter, wie Textilien, Bekleidung und Einrichtungsgegenstände)

zu unterscheiden.

Die **einzelhandelsbezogene Kaufkraft** („einzelhandelsrelevantes Konsumpotenzial") ist die wichtigste Kennziffer für Geschäftsleute; die monatlichen Belastungen (durch Miete, Schuld-

---

[45] Vgl. Institut für Handelsforschung der Universität Köln, 5. Aufl. S. 94 (Katalog E).

zinsen, Sparquote) werden bei der Bildung der einzelhandelsbezogenen Kaufkraft (in € und als Index) herausgerechnet. Das **Kaufkraftvolumen** ergibt sich als Produkt der Kaufkraft pro Einwohner (ggf. je Teilsortiment) und der erfassten Einwohneranzahl.

Die **altersklassenbezogene Kaufkraft**[46] unterscheidet die Kaufkraft darüber hinaus nach sieben Altersklassen (15 bis unter 20 Jahre, 20 bis unter 30 Jahre, 30 bis unter 40 Jahre, 40 bis unter 50 Jahre, 50 bis unter 60 Jahre, 60 bis unter 65 Jahre, 65 Jahre und älter).

Im Jahre 2008 betrug die Kaufkraft pro Einwohner bundesweit im Durchschnitt 5 260 € (im Jahre 2002 wurden noch 5 418 € ermittelt).

Ausgehend von einer bundesdurchschnittlichen Kaufkraft im Jahre 2003 von 4 708 € pro Einwohner und einer Einwohnerzahl von z. B. 500 000 (E) kann mit Hilfe der örtlichen Kaufkraftkennziffer von z. B. 87,3 das **einzelhandelsrelevante Konsumpotenzial (ERKP)** errechnet werden:

4 708 € × 0,873 × 500 000 E = 2,055 Mrd. €

Abb. 104: Sortimentsbezogene Kaufkraft 2002

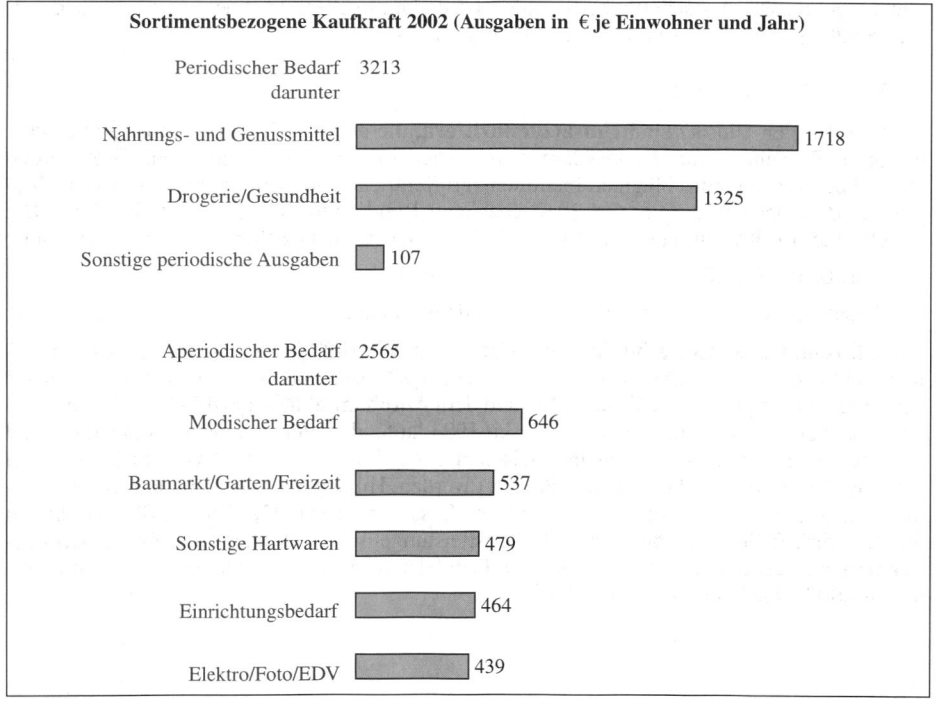

Quelle: Statistisches Bundesamt Verbraucherausgaben

Mithilfe der Kaufkraftkennziffern lässt sich für den jeweiligen Einzugsbereich eines Handelsunternehmens **die Kaufkraft ermitteln,** der das vorhandene und geplante Verkaufsflächenangebot gegenübergestellt werden kann. Aus der Gegenüberstellung lässt sich dann ablesen, ob ein örtlicher Verkaufsflächenbedarf oder ein Verkaufsflächenüberangebot besteht. Dies kann zur Beurteilung eines vorhandenen oder geplanten Handelsunternehmens herangezogen werden (Abb. 105).

---

46 www.gfk-geomarketing.de/kaufkraft_alter.

VI Besondere Immobilienarten — Handelsimmobilien

261 *Beispiel:*

Abb. 105: Örtlicher Flächenbedarf

Stadtteil	Einwohner	Kaufkraft-kennziffer	Kaufkraft Mio. €	Verkaufsfläche Angebot m²	Verkaufsfläche Bedarf m²
A	70 000	1,10	385	70 000	85 000
B	50 000	0,95	237	50 000	50 000
C	20 000	1,25	125	18 000	22 000
D	10 000	1,19	60	25 000	17 000
E	30 000	1,30	195	28 000	32 000
	180 000		1 002	191 000	206 000

Ergebnis: Im Stadtteil D, in dem ein zu wertendes Handelsobjekt gelegen ist, besteht ein Überangebot an Verkaufsflächen. In den übrigen Stadtteilen besteht dagegen zumeist ein Unterangebot. Die wirtschaftliche Situation ist dadurch gekennzeichnet, dass eine stadtteil-grenzenübergreifende Konkurrenzsituation gegeben ist.

4.3.3 Umsatzkennziffer

262 Maßstab für den Umsatz sind **Umsatzkennziffern,** die den vor Ort erzielten Einzelhandels-umsatz in Beziehung zum Bundesdurchschnitt wiedergeben. Die Umsatzkennziffern werden regelmäßig von den einschlägigen Instituten veröffentlicht. Eine Umsatzkennziffer von 130,0 gibt an, dass der Umsatz vor Ort 30 % über dem Bundesdurchschnitt von 100 % liegt. Die Gesellschaft für Konsumgüterforschung (GfK) gibt Umsatzkennziffern an differenziert nach

– Umsatz des Einzelhandels im Gebiet (Mio. €) und

– Umsatz des Gebiets in Promille zu Gesamtdeutschland.

263 Der **Einzelhandelsumsatz im engeren Sinne** liegt seit 1993 in Deutschland zwischen 355 und 360 Mrd. € (1998 = 359 Mrd. €). Der Umsatz des Einzelhandels „im weiteren Sinn" unter Einschluss von **Apotheken, Tankstellen** und dem **Autohandel** liegt bei 476 Mrd. € und ist im Gegensatz zum Umsatz im engeren Sinn seit 1993 laufend weiter gestiegen. Autohändler und Tankstellen fragen keine Einzelhandelsflächen nach. Ihr Umsatzanteil von 90 Mrd. € soll daher in dieser Untersuchung nicht betrachtet werden. Hinzugerechnet werden muss zum tra-ditionellen Umsatz im engeren Sinn aber ein Umsatzanteil von 25,5 Mrd. € für **Apotheken** und 28 Mrd. € für **Gastronomie** und Dienstleistungen. Insbesondere die **Dienstleistungs-branche** steigert die Nachfrage nach Einzelhandelsflächen in Kernstädten, aber auch inner-halb großflächiger Betriebe (Abb. 106)[47].

---

[47] DSL Bank, Die Zukunft der Handelsimmobilien 1999.

Abb. 106: Strukturzahlen des Einzelhandels 2003

Standort	Kaufkraft-kennziffer je EW	Umsatz-kennziffer je EW	Einzelhandels-zentralität	Mieten pro m² in Ia-Lage
Berlin	101,6	102,8	1,01	100–180
Dresden	88,7	100,6	1,13	50–78
Düsseldorf	126,6	143,3	1,13	90–175
Frankfurt am Main	112,6	122,6	1,09	120–210
Hamburg	109,3	121,8	1,12	75–205
Köln	114,8	133,9	1,17	75–185
Leipzig	86,0	96,1	1,12	42–79
München	131,8	153,9	1,17	150–225
Stuttgart	120,1	136,0	1,13	85–200

Die angegebenen Preisspannen bzw. Werte sind abhängig von der Lage, dem Zustand, der Ausstattung, der Beziehbarkeit bzw. der architektonischen Gestaltung und vom Maß der baulichen Nutzungsmöglichkeiten.
Der Prognosezeitraum umfasst sechs Monate. Die Angaben der Mietpreise beziehen sich auf eine Ladengröße von 60 bis 120 m².

Quelle: Research 2003

4.3.4 Zentralität

Unter der Zentralität wird vereinfacht gesagt das Verhältnis zwischen dem realisierbaren Handelsumsatz der Betriebe innerhalb eines Gebiets und dem durch die ansässige Bevölkerung gebildeten Marktpotenzial (z. B. einzelhandelsbezogene Kaufkraft) in dem jeweiligen Einzugsbereich (multipliziert mit 100) verstanden.

Zentralitätskennziffer = (Umsatzkennziffer/Kaufkraftkennziffer) × 100

Die Zentralitätskennziffer ist desto größer, je höher die Umsatzkennziffer über der Kaufkraftkennziffer liegt. Weiter gehende Analysen sind hierzu von *Tietz*[48] gemacht worden (Abb. 107).

---

48 Tietz, B., City Studie, Landsberg 1991; vgl. § 14 Rn. 230 der 4. Aufl. dieses Werks.

VI Besondere Immobilienarten — Handelsimmobilien

Abb. 107: Zentralitätskennziffern 2003

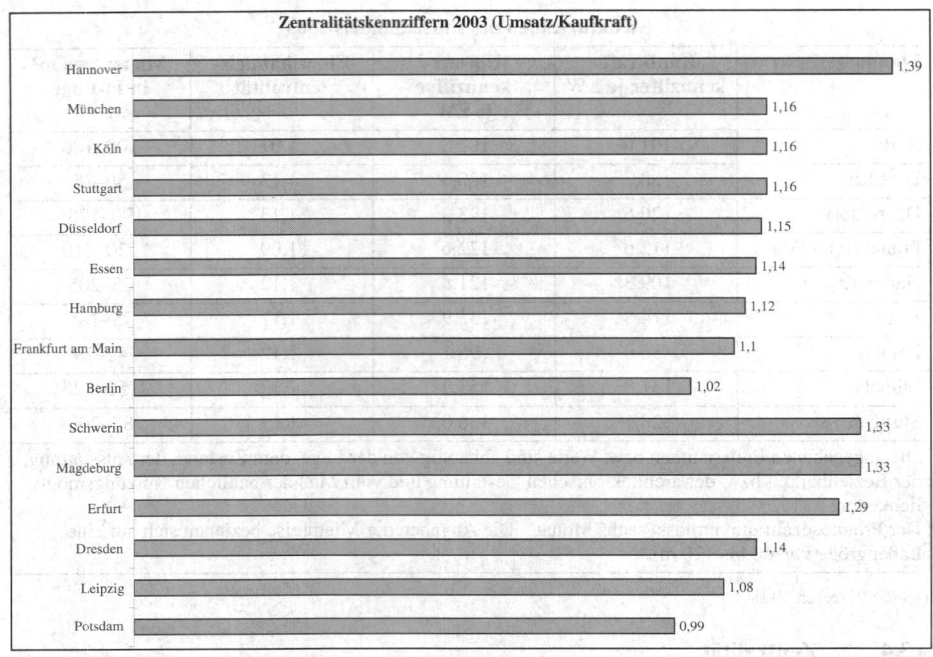

Quelle: GfK Nürnberg, Bulwien

265 Mit Hilfe der Zentralität lässt sich ermitteln, **welche Kaufkraft am Ort gebunden** ist. Bei einer Zentralität
- von > 1 ist mehr Kaufkraft am Ort gebunden, als am Ort selbst vorhanden ist, und
- von < 1 ist weniger Kaufkraft am Ort gebunden, als am Ort selbst vorhanden ist.

266 *Beispiel:*
- Umsatzkennziffer 80,5
- Kaufkraftkennziffer 110,5,

daraus folgt eine Zentralität von 0,73 (= 80,5/110,5).
Damit sind rd. 27 % (100 % – 73 %) der am Ort vorhandenen Kaufkraft nicht am Ort gebunden.

4.3.5 Flächenproduktivität (Raumleistung)

Quellen: Statistisches Bundesamt: Wirtschaftsrechnung privater Haushalte; Institut für Einzelhandelsforschung an der Universität Köln; Handels- und Gaststättenzählung.

267 Für die Größe der Handelsimmobilien ist insbesondere die **Verkaufsfläche** (VF) entscheidend. Es gibt keine allgemein gültige Definition der Verkaufsfläche. Im großflächigen Einzelhandel ist die Verkaufsfläche nach einer Entscheidung des BVerwG[49] „die Fläche, die von Kunden zum Zwecke der Verkaufsanbahnung betreten werden kann, einschließlich Windfang, Kassenvorraum (Einpackzone) und Bedientheken, auch wenn diese für den Kunden unzugänglich, aber einsehbar sind". Allgemein lässt sich dementsprechend die Verkaufsfläche definieren als die dem Verkauf dienende Fläche einschließlich Gänge, Treppen, Standflächen für Einrichtungsgegenstände, Schaufenster und Freiflächen, soweit sie dem Kunden zugänglich sind und soweit sie nicht nur vorübergehend für Verkaufszwecke genutzt werden (Innen-

---
49 Vgl. BVerwG, Urt. vom 27.4.1990 – 4 C 36/87 –, BauR 1990, 569; BVerwG in ZfBR 2005, 185.

Handelsimmobilien — Besondere Immobilienarten VI

und Außenflächen). Nicht zur Verkaufsfläche gehören Büroräume, Lager- und Vorbereitungsflächen, Werkstätten und Flächen für Personalzwecke.

Als internationale Bemessungsgrundlage gilt die **Gross Leasable Area (GLA)**. Sie definiert sich nach der zur exklusiven Nutzung durch den Mieter verfügbaren Fläche einschließlich Konstruktions-, Verkehrs- und sonstiger vermieteter Flächen. Es gibt dafür jedoch keine verbindlichen Berechnungsgrundlagen („*Gross leasable area is the total area [square feed] that is used for rental space in building*")[50].

Die wichtigste Immobilienkennziffer zur Beurteilung von Einzelhandelsimmobilien ist die **Flächenproduktivität** (bzw. die **Raumleistung**). Die Flächenproduktivität ist mit dem regionalen Verkaufsflächenangebot korreliert. Unter der Flächenproduktivität von Handelsräumen wird das Verhältnis von Umsatz pro Quadratmeter Verkaufsfläche verstanden:

268

> Flächenproduktivität (Raumleistung) = Jährlicher Umsatz/Verkaufsfläche

Die Flächenproduktivität ist mit dem regionalen Verkaufsflächenangebot korreliert. Allgemein ist die Flächenproduktivität mit der Zunahme der Verkaufsfläche in den letzten Jahren nicht unerheblich gesunken. Die Flächenproduktivität fällt je nach Branche und örtlicher Lage unterschiedlich aus:

269

Abb. 108: Flächenproduktivität nach Branchen 2004

Quelle: EHI. Handel aktuell 2003; IfH- und DHI Betriebsvergleiche (identisch mit den für 2004 veröffentlichten Daten von BulwienGesa AG (vgl. GuG-aktuell 2006, 22 = GuG 2007, 5)

---

[50] Vgl. www.all.about.commercial.mortgages.com.

VI Besondere Immobilienarten — Handelsimmobilien

Abb. 109: Flächenproduktivität und regionales Verkaufsflächenangebot

Quelle: HGZ 1993, Prognosen HDE 2002, Prisma 2003

Abb. 110: Flächenproduktivität in EUR/m² und regionales Verkaufsflächenangebot in Mio. m²

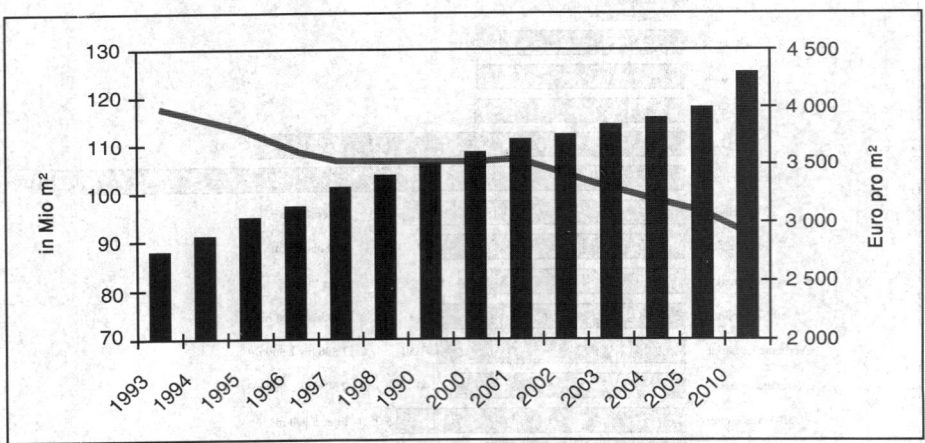

Quelle: HGZ 1993, Prognosen HDE 2002, Prisma 2003

Abb. 111: Verkaufsflächen-Entwicklung

Quelle: Metro-Holding BBE in GuG 2000, gfk prisma Schätzung

4.3.6 Mietzahlungsfähigkeit

Die Spannbreite der **Mietzahlungsfähigkeit** variiert je nach Branche zwischen 4 und 9 % des Umsatzes (im Bundesdurchschnitt 5,5 %).

270

Abb. 112: Miete im Einzelhandel 2002

Quelle: Betriebsvergleiche IfH in EHI, Handel aktuell 2003

VI Besondere Immobilienarten — Handelsimmobilien

271 Der **durchschnittliche Umsatz je Kunde** betrug 2003 (1997):

- SB-Geschäfte (1997) — 8,30 €
- Supermarkt einschließlich Lebensmitteleinzelhandel (400 bis 800 m²) — 9,50 €
- Supermarkt einschließlich Lebensmitteleinzelhandel (ab 800 m²) — 12,60 €
- „Soft"-Discounter (ohne Aldi) — 10,20 €
- Aldi — 20,50 €
- Verbrauchermarkt (1 500 bis 2 500 m²) — 18,75 €
- Verbrauchermarkt (ab 5 000 m²) — 17,50 €
- SB-Warenhaus (ab 5 000 m²) — 29,00 €
- Drogerie — 9,50 €
- Oberbekleidung (1997) — 112–133 €
- Schuhe (1997) — 45 €
- Braune Ware (1997) — 100 €
- Möbel — 900–1 000 €

4.3.7 Frequenzen

272 **Weiteres Kriterium (im Mikrobereich)** ist vor allem der Quotient aus

$$\text{Käuferfrequenz/Passantenfrequenz,}$$

u. U. gegliedert nach Alter und Geschlecht der Passanten, Besucher und Käufer.

Die **Passantenfrequenz** ist **mit** der Ladenmiete (Erdgeschossmiete) und die wiederum mit dem **Bodenwertgefüge korreliert**[51].

---

51 GuG 2003, 162.

Handelsimmobilien — Besondere Immobilienarten VI

Abb. 113: Passantenfrequenz 2005 (Passantenfrequenz 2008: vgl. GuG 2008, 288)

Rang	\multicolumn{2}{Quelle: Kempers}		Quelle: Engel & Völker	
	Stadt, Straße 2005	Passanten pro Stunde	Stadt, Straße	Passanten Dienstag 16–18 Uhr	Stadt, Straße 2005	Passanten Samstag 11–13 Uhr
1	Köln, Schildergasse	17 760	Frankfurt, Zeil	26 622	München, Kaufinger Str.	29 568
2	Dortmund, Westenhellweg	16 410	München, Kaufinger Str.	22 657	München, Neuhauser Str.	25 568
3	Frankfurt, Zeil	15 045	München, Neuhauser Str.	20 887	Frankfurt, Zeil	23 831
4	München, Kaufinger Str.	14 550	Köln, Schildergasse	15 706	Berlin, Alexanderplatz	20 254
5	Mannheim, Planken	12 150	Hannover, Georgstr.	15 144	Berlin, Tauentzienstr.	20 134
6	Düsseldorf, Schadowstr. 1	11 115	Berlin, Tauentzienstr.	13 335	Hannover, Georgstr.	17 870
7	Leipzig, Grimmaische Str.	9 205	Hamburg, Spitaler Str.	12 520	Köln, Schildergasse	16 947
8	Hamburg, Spitaler Str.	9 180	Köln, Hohe Str.	12 090	Düsseldorf, Schadowstr.	15 382
9	München, Weinstr.	9 105	Stuttgart, Königsstr.	10 740	Dortmund, Westenhellweg	14 905
10	Ulm, Hirschstr.	8 925	Duisburg, Königsstr.	10 311	Hamburg, Mönckebergstr.	14 383
11	Köln, Hohe Str.	9 405	Dortmund, Westenhellweg	9 840	Hamburg, Spitaler Str.	13 937
12	Stuttgart, Königsstr.	9 125	Hamburg, Mönckebergstr.	9 083	Stuttgart, Königsstr.	13 250
13	Nürnberg, Breite Gasse	8 895	Düsseldorf, Schadowstr.	8 031	Köln, Hohe Str.	13 153
14	Nürnberg, Karolinenstr.	8 130	Berlin, Schlossstr.	7 581	Essen, Limbecker Str.	12 886
15	Aachen, Adalbertstr.	7 965	Hannover, Große Packhofstr.	7 307	Essen, Kettwiger Str.	11 703
16			Düsseldorf, Fingerstr.	6 893	Hannover, Große Packhofstr.	10 444
17			Berlin, Kurfürstendamm	5 271	Berlin, Wilmersdorfer Str.	9 541
18			München, Theatinerstr.	4 747	Berlin, Kurfürstendamm	8 934
19					Düsseldorf, Königsallee	8 591
20					Düsseldorf, Flingerstr.	8 568
21					Duisburg, Königsstr.	7 546
22					Berlin, Schlossstr.	6 693
23					München, Theatinerstr.	5 438
24					Frankfurt, Fressgass	5 280
25					Hamburg, Neuer Wall	4 055
26					Berlin, Friedrichstr.	3 708

Quelle: GuG-aktuell 2005, 30

VI Besondere Immobilienarten — Handelsimmobilien

Abb. 114: Passantenfrequenz von Berlin 2008

Passantenfrequenzen Berlin 2008			
Berlin Passantenfrequenzen Samstag 12–13 Uhr			
Rang			
2008	2007	Standort	2008
1	1	Tauentzienstraße	5 927
2		Schlossstr./Albrechtsstraße	4 393
3	8	Alexanderplatz	4 103
4	6	Wilmersdorfer Straße	3 326
5	5	Schlossstr/Treitschkestr.	3 233
6	3	Friedrichsstraße/Georgenstraße	2 589
7	7	Rosenthaler Straße	2 505
8	4	Friedrichsstraße/Französische Straße	2 181
9	2	Kurfürstendamm	1 970
10	10	Neue Schönhauser Straße	1 114
11	9	Oranienburger Straße	796
Berlin Passantenfrequenzen 17–18 Uhr			
1	2	Tauentzienstraße	4 777
2	1	Friedrichsstraße/Georgenstraße	3 613
3	3	Alexanderplatz	3 165
4		Schlossstr./Albrechtstraße	3 036
5	4	Wilmersdorfer Straße	2 808
6	8	Schlossstr./Treitschkestraße	2 124
7	5	Kurfürstendamm	2 102
8	7	Friedrichsstraße/Französische Straße	1 607
9	6	Rosenthaler Straße	1 463
10	10	Neue Schönhauser Straße	920
11	9	Oranienburger Straße	745

Quelle: Engels & Völkers Commercial, GuG 2008, 288

273 *Beispiel:*

Zur Verkehrswertermittlung eines innerstädtischen Geschäftsgrundstücks liegen verschiedene Vergleichspreise aus benachbarten Straßenzügen vor, die vom Käuferstrom unterschiedlich frequentiert werden. Im Hinblick auf die bestehende Einzelhandelsnutzung wird der Verkehrswert maßgeblich durch den Käuferstrom bestimmt. Auf der Grundlage einer Zählung des Käuferstroms lässt sich – ceteris paribus – der Bodenwert des Wertermittlungsobjektes aus Vergleichspreisen von Grundstücken benachbarter Straßenzüge ableiten. Zur Umrechnung können die Ergebnisse z. B. von Fußgängerzählungen ins Verhältnis zueinander gesetzt werden oder sogar Umrechnungskoeffizienten im Wege einer Regressionsanalyse als Funktion der Fußgängerfrequenz abgeleitet werden (vgl. Abb. 115):

Abb. 115: Ergebnisse einer Fußgängerzählung im Fußgängerbereich in der Zeit von 10.00 bis 18.00 Uhr am ... (Beispiel)

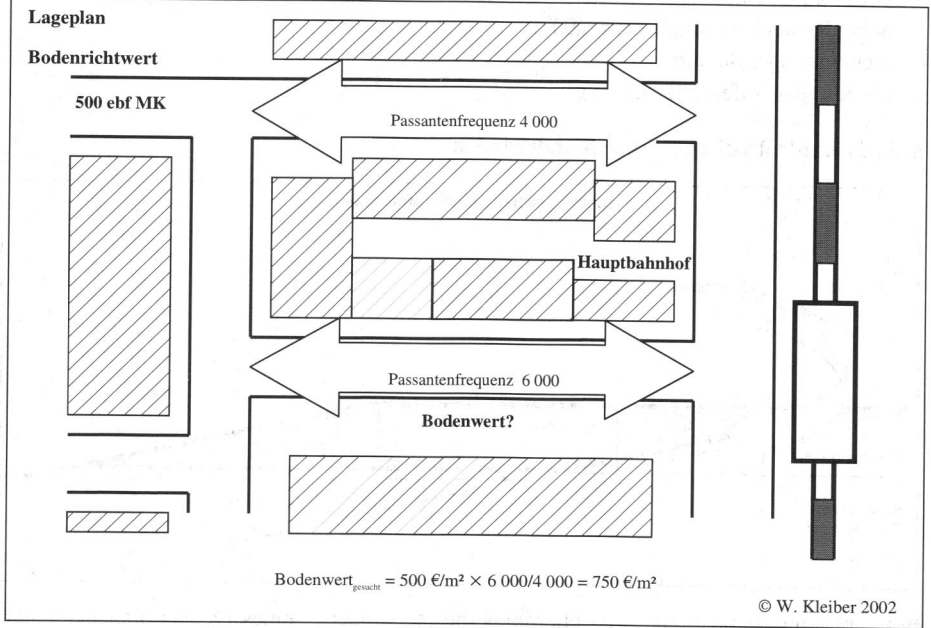

4.3.8 Liegenschaftszinssätze

Eine Auswertung von 27 Verkaufsfällen für Warenhäuser und Verkaufshallen im Land *Niedersachsen* (vornehmlich in Kleinstädten mit einem Bodenwert von 20 bis 230 €/m² ergab 2007 einen Liegenschaftszinssatz von 6,3 %[52].

In *Frankfurt am Main* wurden 2007 ermittelt für

– Verbrauchermärkte/großflächigen Einzelhandel und Baumärkte bei einer Ladenfläche > 1 200 m² BGF, bei Stellplätzen >130 und zeitgemäßer Konzeption 5,25 bis 6,50 %

– *Discounter- und Fachmärkte* bei einer Ladenfläche > 1 200 m² BGF, bei Stellplätzen ca. 100, zeitgemäßer Konzeption und guter Verkehrsanbindung 5,25 bis 6,50 %

4.4 Einzelhandelsimmobilien (Läden)

4.4.1 Allgemeines

Schrifttum: *Hannen, V.*, Abhängigkeit von Ladenmieten von der Größe der Nutzfläche, VR 1987, 165; *Paul, G.*, Zur Korrelation von Geschäftsraummieten und Bodenwerten in Kernbereichen, VR 1983, 141; *Salewski, F.*, Einfluss der Ladengröße auf die Miethöhe, VR 1990, 398.

▶ *Vgl. bei § 18 ImmoWertV Rn. 141 ff.*

---

52 Landesgrundstücksmarktbericht 2007.

VI Besondere Immobilienarten — Handelsimmobilien

275 **Der ideale Einzelhandelsladen** ergibt sich aus der Darstellung in Abb. 116 mit folgenden Merkmalen:
- Größe ca. 100 m²,
- Schaufensterfront mindestens 6,00 m,
- rechtwinkliger Schnitt,
- ebenerdiger stufenfreier Zugang.

Abb. 116: Idealtypischer Einzelhandelsladen

276 Bei genauerer Betrachtung muss allerdings die „Idealfläche" eines Ladens branchenüblich differenziert werden, denn **jede Branche hat branchenspezifische Flächenansprüche.**

277 Die Marktberichte der auf Handelsimmobilien spezialisierten Maklerhäuser unterscheiden nach **unterschiedlichen Größenklassen** (Abb. 117):

Abb. 117: Handelsflächeneinteilung verschiedener Unternehmen[53]

Brockhoff & Partner	BBE-Unternehmensberatung	Comfort	RDM
< 60 m²			< 60 m²
60 m²–120 m²		< 100 m²	
120 m²–260 m²	< 250 m²	100 m²–300 m²	> 100 m²
> 260 m²	250 m²–800 m²		
> 800 m²	300 m²–2 000 m²	300 m²–2 000 m²	
	< 10 000 m²	< 10 000 m²	

Der Anteil der Verkaufsfläche an der Gesamtnutzfläche liegt üblicherweise zwischen 75 bis 80 %.

4.4.2 Erträge

4.4.2.1 Mieten

278 Der Gutachterausschuss für Grundstückswerte in *Wuppertal* erstellt schon seit einiger Zeit **Mietrichtwertkarten für Ladenräume.** Vorausgegangen sind umfangreiche Befragungen zur Miethöhe, Nutzfläche, Ladenfront, Grundrissgestaltung, zum Baujahr und Modernisie-

---

[53] Comfort: Marktbericht Vermietung 1994/1995; vgl. Brockhoff & Partner Immobilien: Der Markt für Einzelhandelsimmobilien, Büro- und Hallenflächen 1996; Kempers City-Makler: Kempers Frequenzanalyse 96/97, 1996, S. 30; Comfort: Marktbericht Vermietung 1994/1995, S. 1.

Handelsimmobilien — Besondere Immobilienarten VI

rungsgrad und zu den Betriebskosten. Sie haben gezeigt, dass die Miethöhe fast allein von der Geschäftslage abhängig ist. Nur gering wirkt sich der Umfang der nutzbaren Fläche aus, kaum die Lage des Geschäftslokals im Eckhaus, und nur schwach beeinflussen Baujahr, Branche oder Modernisierungsgrad die Miethöhe.

Untersuchungen zu den lagespezifischen Mieten werden von großen Immobilienfirmen angestellt. Aus einem **Top-Shops-Atlas** der Brockhoff & Zadelhoff Immobilien GmbH (Essen) ist der Ausschnitt in Abb. 118 entnommen.

Abb. 118: Düsseldorf Königsstraße

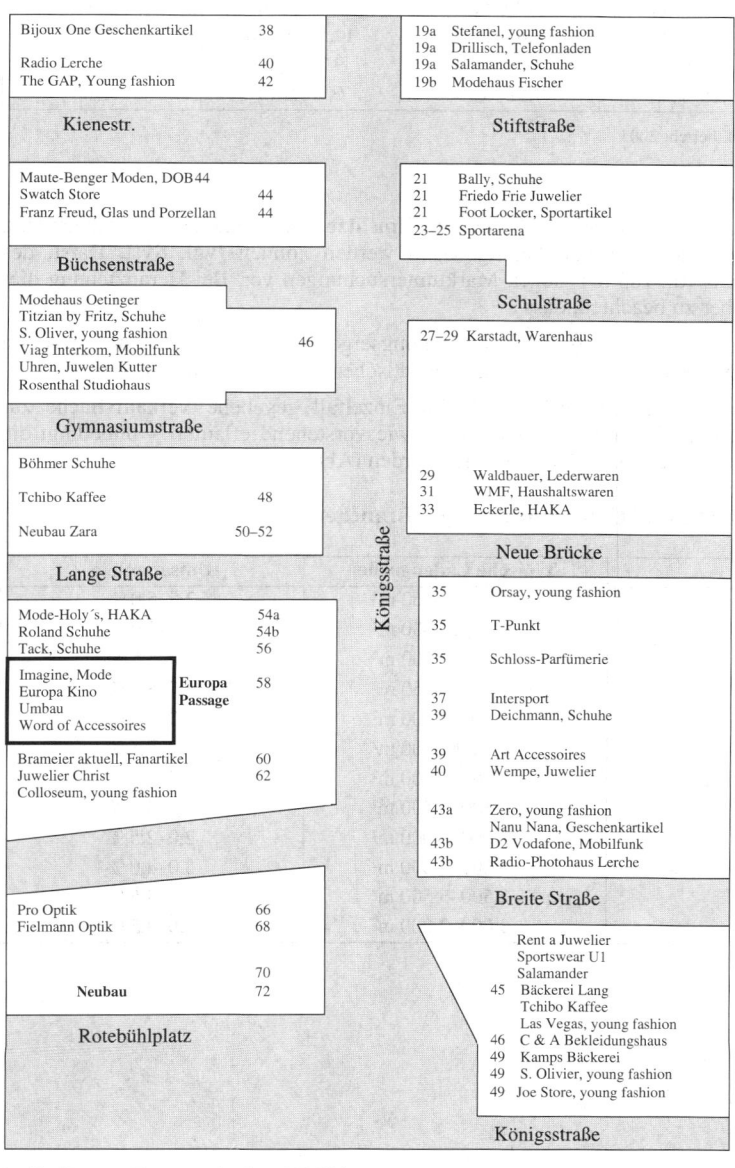

Quelle: Kempers Frequenz-Analyse 1995/96

VI Besondere Immobilienarten — Handelsimmobilien

280 In den sog. Ia-und Ib-Lagen sind in *Rheine* Tendenzen zu Mietsenkungen erkennbar. Der Grundstücksmarktbericht von Rheine 2005 weist folgende Mieten nach (Abb. 119):

Abb. 119: Mietrichtwerte in €/m² Nutzfläche bezogen auf einen „Normalladen" in Rheine

Lage	Mietrichtwerte in €/m² Nutzfläche bezogen auf einen „Normalladen" in Rheine			
	Nutzfläche			
	20 bis 60 m²	60 bis 120 m²	120 bis 260 m²	90 m²
Ia	47,05–36,80	36,80–31,70	31,70–27,60	33,60
Ib	21,45–16,85	16,85–14,55	14,55–12,80	15,45
IIa	13,80–10,75	10,75–9,20	9,20–8,20	9,80
IIb	10,25–7,95	7,95–6,90	6,90–6,15	7,30

Quelle: Grundstücksmarktbericht 2005

4.4.2.2 Umsatz

281 Über die **Höhe branchenspezifischer Mieten und Umsätze,** die im Rahmen der Anwendung des Pachtwertverfahrens als Anhalt herangezogen werden können (vgl. Syst. Darst. des Ertragswertverfahrens Rn. 183 ff.), liegen Marktuntersuchungen vor. Bei Heranziehung dieser Ergebnisse ist aber zu beachten, dass

a) es sich um bundesdurchschnittliche Untersuchungsergebnisse handelt und die Situation vor Ort insbesondere auch aufgrund der innerstädtischen Lage davon abweicht und

b) die Angaben nicht schematisch auf jede im Einzelfall gegebene Verkaufsfläche zur Anwendung kommen können, d.h., es muss – wie vorstehend erläutert – unbedingt die branchenspezifische Verkaufsfläche beachtet werden (Abb. 120).

Abb. 120: Ladengröße und Umsatzmieten nach Branchen

Branche	typische Ladengröße	Umsatzmiete
Tabak/Zeitschriften	30–60 m²	2,5–5,0 %
Bäckerei	50–80 m²	4,5–6,0 %
Uhren/Schmuck	50–100 m²	6,0–8,5 %
Mode-Boutique	50–150 m²	5,5–8,5 %
Parfümerie	100–300 m²	5,0–7,5 %
Buchhandlung	200–800 m²	4,0–5,5 %
Lebensmittel-Discounter	500–1 000 m²	1,5–2,0 %
Supermarkt	500–1 500 m²	2,5–3,5 %
SB-Warenhaus	3 000–8 000 m²	2,0–2,5 %
Elektro-Fachmarkt	3 000–4 000 m²	3,0–4,0 %
Textilkaufhaus	2 500–3 500 m²	4,0–5,5 %
Junge-Mode-Store	1 000–2 000 m²	5,0–7,5 %

Quelle: Jones Lang LaSalle

Handelsimmobilien — Besondere Immobilienarten VI

Abb. 121: Umsatzbezogene Mietkosten in Einzelfachgeschäften (Stand 1999)*

Die Mietkosten des Einzelhandels im Jahre 1999*, aufgegliedert nach 24 Branchen und Teilbranchen

		insgesamt		Orte > 100 000 E		Orte < 100 000 E	
Nr.	Branche	Geschäfts-raum je Betrieb (m²)	Miete in % des Umsatzes	Geschäfts-raum je Betrieb (m²)	Miete in % des Umsatzes	Geschäfts-raum je Betrieb (m²)	Miete in % des Umsatzes
1	Lebensmitteleinzelhandel	601	3,0	563	3,5	628	2,6
2	Reformhäuser	120	5,9	120	6,2	119	5,5
3	Naturkost/Naturwaren-Einzelhandel	167	3,7	207	3,5	135	3,9
4	Tabakwareneinzelhandel	78	2,0	–	–	–	–
5	Textilmarkteinzelhandel insgesamt	788	6,2	557	6,8	912	5,9
	davon mit vorwiegend						
6	Herrenbekleidung	383	5,9	390	7,1	380	5,2
7	Damenoberbekleidung	369	6,2	460	7,0	312	5,7
8	Herren-, Damen- und Kinderoberbekleidung	1 122	6,3	–	–	–	–
9	Wäsche, Miederwaren und Badeartikeln	189	6,0	–	–	–	–
10	Bettwaren, Bett- und Hauswäsche	885	8,0	–	–	–	–
11	Gemischtes Sortiment	1 835	5,9	–	–	–	–
12	Schuheinzelhandel	642	6,2	1 222	7,2	481	5,9
13	Möbeleinzelhandel	14 407	5,3	17 406	5,2	13 628	5,4
14	Glas-, Porzellan- und Keramikeinzelhandel	755	6,6	1 042	6,6	595	6,7
15	Hartwaren insgesamt	2 093	3,0	1 343	3,2	2 350	2,9
16	Consumer-Electronics-Einzelhandel	442	3,8	–	–	–	–
17	Drogerien	224	4,4	–	–	–	–
18	Lederwareneinzelhandel	431	8,3	–	–	–	–
19	Uhren-, Juwelen-, Gold- und Silberwareneinzelhandel	154	4,6	147	4,7	160	4,6
20	Zweiradhandel	365	4,5	396	4,5	267	4,5
21	Sportartikeleinzelhandel	589	5,4	–	–	–	–
22	Sortimentsbuchhandlung	486	3,8	604	3,9	371	3,8
23	Bürowirtschaftlicher Fachhandel insgesamt	702	4,5	–	–	–	–
24	Blumenfachgeschäfte	267	5,5	–	–	–	–
	insgesamt	1 515	5,1	1 295	5,2	1 632	5,1

Die Auswertung basiert auf Betriebsvergleichsergebnissen von Einzelhandelsfachgeschäften, die sich ausschließlich in fremden Räumen befinden.

Quelle: Institut für Handelsforschung an der Universität zu Köln, Postfach 41 05 20 in 50865 Köln; *http://www.ifhKoeln.de*; vgl. auch GuG 1997, 368 und GuG 1997, 246; GuG aktuell 2003, 5; GuG aktuell 2003, 20; vgl. auch Einzelhandel im Internet: *http://www.comfort-gmbh.de/seiten/Trend.htm*

Abb. 122: Quadratmeterumsätze in € pro Jahr nach Warengruppen und Lage des Einzelhandelsbetriebs 1998

Warengruppe	Umsatz pro m² Verkaufsfläche und Jahr in €	
	City-Lage	Außenlage
Nahrungsmittel	5 100	4 250
Getränke	3 950	3 150
Bekleidung	4 050	2 850
Schuhe	4 300	2 000
Möbel	2 250	1 550

VI Besondere Immobilienarten — Handelsimmobilien

Warengruppe	Umsatz pro m² Verkaufsfläche und Jahr in €	
	City-Lage	Außenlage
TV, Radio, Computer	6 250	5 050
Baubedarf	1 700	1 400
Bücher/Zeitungen	5 100	4 550
Uhren/Schmuck	9 800	4 600
Sportartikel	3 300	2 100
Apotheken	8 750	7 950

Quelle: Handels- und Gaststättenzählung 1993 und Rückrechnung auf das Niveau von 1998

4.4.3 Mietpreisbestimmende Merkmale

4.4.3.1 Allgemeines

282 Die **Erträge aus Ladennutzungen** sind **stark abhängig von der Ladenfläche** und Ladentiefe. Für größere Ladenflächen (etwa ab 150 m² Nutzfläche) werden bis um etwa ein Drittel bis zur Hälfte geringere Mieten erzielt als für kleinere Läden an demselben Standort. Je kleiner die Verkaufsfläche des Ladens, desto höher der Ertrag.

283 Nach einer Untersuchung der BBE-Unternehmensberatung[54] liegt die **durchschnittliche Mietbelastung in Großstädten** über 250 000 E bei

- Flächen unter 250 m²   über 10,0 % des Umsatzes,
- Flächen über 250 m²   7,4 % des Umsatzes,
- Flächen über 800 m²   5,9 % des Umsatzes.

4.4.3.2 Ladenfläche

284 **Je kleiner die Verkaufsfläche des Ladens, desto höher der Ertrag.** Diese Abhängigkeit ist wiederholt empirisch festgestellt worden. Hierüber liegen sowohl Einzeluntersuchungen wie auch Untersuchungen einzelner Gutachterausschüsse für Grundstückswerte vor (Abb. 123 f.).

Abb. 123: Umrechnungskoeffizient für die Abhängigkeit der Miethöhe von der Ladenfläche (Hauptnutzfläche)

Quelle: Gutachterausschuss für Grundstückswerte in Essen 1996 und Bonn 2007

---

54 BBE Unternehmensberatung (Hg.), Diefenbach, R., Die Mietkosten im Griff 1997, S. 116 f.

Abb. 124: Umrechnungskoeffizienten für das Verhältnis von Ladenfläche zur Miethöhe (2007)

Größe (m²)	Barmen/Oberbarmen	Bonn	Essen	Gelsenkirchen**	Karlsruhe	Rheine	Schwerin	Wuppertal	Einzeluntersuchungen Haker*	Einzeluntersuchungen Hannen***
10	1,52	–	–	3,75	–	1,73	1,727	1,45	2,79	1,55
20	1,35	1,55	–	3,27	–	1,42	1,432	1,30	2,05	1,46
30	1,26	1,39	1,66	2,82	–	1,31	1,295	1,22	1,69	1,38
40	1,19	1,28	1,47	2,42	–	1,22	1,204	1,16	1,50	1,30
50	1,14	1,21	1,34	2,07	1,20	1,17	1,159	1,12	1,36	1,23
60	1,10	1,15	1,24	1,76	–	1,12	1,113	1,09	1,26	1,18
70	1,07	1,10	1,16	1,50	–	1,07	1,068	1,06	1,17	1,13
80	1,04	1,06	1,10	1,29	–	1,05	1,045	1,04	1,10	1,07
90	1,02	1,03	1,05	1,12	–	1,02	1,023	1,02	1,05	1,03
100	**1,00**	**1,00**	**1,00**	**1,00**	**1,00**	**1,00**	**1,000**	**1,00**	**1,00**	**1,00**
110	–	0,97	0,96	0,92	–	0,97	0,977	–	–	0,97
120	0,97	0,95	0,92	0,91	–	0,94	0,954	0,97	–	0,94
130	–	0,93	0,89	0,90	–	0,94	0,932	–	–	0,91
140	0,94	0,91	0,86	0,89	–	0,93	0,909	0,95	–	0,89
150	–	0,90	0,84	0,88	0,87	0,92	0,886	–	–	0,87
160	0,91	0,88	0,82	0,88	–	0,91	0,864	0,93	–	0,85
170	–	0,87	0,80	0,88	–	0,90	0,841	–	–	0,83
180	0,89	0,85	0,78	0,87	–	0,89	0,830	0,91	–	0,81
190	–	0,84	0,76	0,86	–	0,88	0,918	–	–	0,80
200	0,87	0,83	0,74	0,85	0,80	0,87	0,795	0,89	–	0,78
210	–	0,82	0,73	0,84	–	0,86	0,733	–	–	0,77
220	–	0,81	0,71	0,83	–	0,85	0,730	–	–	0,76
230	–	0,80	0,70	0,82	–	0,85	0,727	–	–	0,75
240	–	0,79	0,69	0,81	–	0,84	–	–	–	0,74
250	0,84	0,78	0,68	0,80	–	0,84	–	0,86	–	0,74
275	–	–	–	0,79	–	0,83	–	–	–	0,72
300	0,80	–	–	0,77	–	0,82	–	0,84	–	0,69
325	–	–	–	0,75	–	0,82	–	–	–	0,68
350	–	–	–	0,73	–	0,81	–	–	–	0,67
375	–	–	–	0,71	–	0,81	–	–	–	0,66
400	0,78	0,69	–	0,69	–	0,80	–	0,80	–	0,66
450	–	–	–	0,65	–	0,80	–	–	–	0,65
500	0,75	–	–	0,61	–	0,79	–	0,77	–	0,63
600	0,73	0,62	–	0,53	–	0,78	–	0,75	–	0,61
700	0,71	–	–	0,44	–	–	–	0,73	–	0,60
800	0,69	–	–	0,36	–	–	–	0,71	–	0,59
900	–	–	–	0,28	–	–	–	–	–	0,59
1000	–	–	–	0,20	–	–	–	–	–	0,58

* Haker in RDM-Informationsdienst 1994/1 S. 9
** Salewski in VR 1990, 398
*** Hannen in VR 1987, 165

Die nachstehende Aufstellung zeigt, dass **kleinere Läden,** bezogen auf den Quadratmeter, **die höchsten Mieten abwerfen,** wobei die Mieten ab etwa 100 m² Ladengröße mit Verkleinerung der Ladenfläche steil ansteigen (Abb. 125).

VI Besondere Immobilienarten — Handelsimmobilien

Abb. 125: Umrechnungskoeffizienten für das Verhältnis der Ladenfläche (Hauptnutzfläche) und der Ladentiefe zur Miethöhe

Ladenfläche in m²	Umrechnungskoeffizient von	Mittel	bis	Ladentiefe in m²	Umrechnungskoeffizient von	Mittel	bis
10	1,45	2,24	3,05	–	–	–	–
20	1,30	2,00	2,70	–	–	–	–
30	1,22	1,80	2,28	–	–	–	–
40	1,16	1,63	2,10	–	–	–	–
50	1,12	1,48	1,84	–	–	–	–
60	1,09	1,35	1,61	–	–	–	–
70	1,06	1,20	1,34	–	–	–	–
80	1,04	1,12	1,20	–	–	–	–
90	1,02	1,05	1,08	–	–	–	–
100	0,97	**1,00**	1,03	7	0,9	**1,0**	1,1
120	0,91	0,94	0,97	8	0,8	0,9	1,0
140	0,87	0,89	0,95	9	0,7	0,8	0,9
160	0,82	0,85	0,88	10	0,6	0,7	0,8
180	0,77	0,82	0,87	11	0,5	0,6	0,7
200	0,75	0,80	0,86	12	0,4	0,5	0,6
250	0,73	0,78	0,85	13	0,3	0,4	0,5
300	0,70	0,76	0,84	14	0,2	0,3	0,4
400	0,67	0,73	0,83	–	–	–	–
500	0,63	0,70	0,81	–	–	–	–
600	0,59	0,67	0,76	–	–	–	–
700	0,55	0,64	0,73	–	–	–	–
800	0,51	0,61	0,71	–	–	–	–

4.4.3.3 Ladentiefe

286 Bedeutsamer als die Ladenfläche ist der Zuschnitt des Ladens. Die einfache Multiplikation von Ladenfläche und Mietpreis muss deshalb bei besonders tiefen Läden zu falschen Ergebnissen führen. *Brockhoff & Partner* (a.a.O.) unterscheiden deshalb nach **12 Größenklassen** (Abb. 126):

Abb. 126: Größenklassen für Handelsflächen

Handelsflächen	Ladentiefe		
Ladengröße	bis 7 m	bis 14 m	über 14 m
< 60 m²	060-I	060-II	060-III
60 m²–120 m²	120-I	120-II	120-III
120 m²–260 m²	260-I	260-II	260-III
> 260 m²	[999-I]	[999-II]	[999-III]

Zonierung

– *Horizontale Zonierung*

287 Bezüglich der **Ladenfläche, Ladentiefe und des Zuschnitts** lässt sich die Vergleichbarkeit der Läden untereinander durch die sog. *Zoning*-Methode herstellen, bei der die Ladenfläche entsprechend der Tiefe in unterschiedliche Zonen aufgeteilt wird. Üblich ist hierbei eine Staffelung der Ladentiefe in jeweils 7-m-Schritten; im angelsächsischen Raum: 20 Fuß.

Handelsimmobilien — Besondere Immobilienarten VI

Das Zoning wird hingegen nicht bei Kaufhäusern, Warenhäusern und Supermärkten praktiziert; hier wird von einem einheitlichen Mietansatz ausgegangen *("overall rent")*.

Mit zunehmender Distanz von der Straßenfront (Lauflage) vermindert sich die Wertigkeit des Ladens, weil die Umsätze sinken. Hieraus lässt sich der Mietwert eines Ladens ableiten. Läden unterschiedlicher Größen und Zuschnitte lassen sich somit vergleichbar machen. Voraussetzung ist allerdings, dass man die **Staffelung der Mietpreise nach den angegebenen Zonen** kennt. Nach dem Städte-Index von *Kemper* ergeben sich nach dem Prinzip des *halfing-back* folgende Abstufungen:

Zone	Ladentiefe	Mietpreis
Zone I	bis 7 m Ladentiefe	100 %
Zone II	ab 7 bis 14 m	50 %
Zone III	ab 14 m Ladentiefe	25 %

Abb. 127: Untergliederung einer Ladenfläche in Zonen unterschiedlicher Tiefe nach der *Zoning*-Methode

Mietwertberechnung			
Zonen	**Laden A**	**Laden B**	**Laden C**
Zone I	84 m² = 4 200 € (12 m × 7 m)	42 m² = 2 100 € (6 m × 7 m)	42 m² = 2 100 € (6 m × 7 m)
Zone II	–	84 m² = 2 100 € (12 m × 7 m)	42 m² = 1 050 € (6 m × 7 m)
Zone III	–	–	84 m² = 1 050 € (6 m × 14 m)
Summe	Laden A = 4 200 €	Laden B = 4 200 €	Laden C = 4 200 €

VI Besondere Immobilienarten — Handelsimmobilien

— *Vertikale Zonierung*

288 Bei mehrstöckigen Einkaufsläden (**Warenhäuser**) ist darüber hinaus ein vertikales *Zoning* üblich, bei dem man im Verhältnis zum Erdgeschoss mit dem Wert 1 dem Untergeschoss eine Wertigkeit von 50 % (Wert 0,5) und dem 1. Obergeschoss eine Wertigkeit von 50 % (Wert 0,5) beimisst (vgl. Rn. 292). Dieser Wertfaktor nimmt dann mit jedem weiteren Geschoss ab (2. OG mit 25 % und nachfolgend 10–15 %).

Eine weitere Rolle spielen dabei vor allem die Erreichbarkeit durch Rolltreppen und konventionelle Treppen sowie deren Anordnung, die Raumhöhe und Belichtung.

4.4.3.4 Passantenfrequenz

289 Die Ladenmieten und damit im Übrigen auch das Bodenwertgefüge weisen schließlich eine hohe Abhängigkeit von der jeweiligen Passantenfrequenz auf[55].

Abb. 128: Abhängigkeit der Ladenmiete von der Passantenfrequenz

Ladenmiete und Passantenfrequenz	
Passanten pro Stunde	Miete (€/m²/Monat)
4 000 bis 3 600	150
3 600 bis 3 200	120
3 200 bis 2 600	100
2 600 bis 2 000	80
2 000 bis 1 400	60
1 400 bis 1 000	70
1 000 bis 600	50
unter 600	30–40
Untergrenze 400	20

Quelle: Berechnungen der DSG-Bank aufgrund der Datenbasis von Kempers Frequenzanalyse 1997/98; vgl. GuG 2000, 46.

290 Problematisch ist bei Anwendung der Pachtwertmethode in Einzelhandelslagen der Ansatz der nachhaltigen Reinerträge, wenn im Einzelfall der Laden eine besonders hohe oder niedrige Ertragskraft aufweist. Die Situation in den Einzelhandelslagen ist nämlich durch einen erheblichen **Branchenmix** gekennzeichnet. Als Branchenmix versteht man Art und Anordnung von Mietern in Einzelhandelsobjekten. Ein „guter" Branchenmix zeichnet sich dadurch aus, dass die Auswahl der Mieter der Lage des Objekts (Kaufkraft, soziales Umfeld, Erschließung und Einzugsgebiet), dem Bedarf und der Konkurrenzsituation im Einzugsgebiet entspricht. Die einzelnen Branchen weisen dabei erhebliche Unterschiede in den Ertragsverhältnissen auf. Dies wird deutlich, wenn man die vom Institut für Handelsforschung an der Universität zu Köln abgeleiteten

— Umsatzzahlen je Quadratmeter Verkaufsfläche und

— Umsatzpachten (Vomhundertsätze)

betrachtet. Je nach tatsächlicher Nutzung können sich die Erträge um ein Vielfaches unterscheiden.

4.4.3.5 Ecklage

291 Für **Eckläden** werden im Hinblick auf die höhere Passantenfrequenz und die besseren Werbemöglichkeiten mit breiterer Schaufensterfront **Zuschläge von 25 % und mehr** gemacht.

---

[55] Vgl. GuG 2001, 40.

4.4.3.6 Geschosslage

Die **Ladenmieten in Untergeschossen** sind erfahrungsgemäß nicht niedriger als die im 1. Obergeschoss, wie dies auch aus einer Untersuchung des Gutachterausschusses in *Karlsruhe* deutlich wird (Abb. 129); vgl. Rn. 287:

Abb. 129: Mieten in Abhängigkeit von dem Geschoss in Karlsruhe

Mietansätze für Geschosslagen	
Geschoss	Mietansatz in %
1. Untergeschoss	30 bis 50 %
Erdgeschoss	100 %
1. Obergeschoss	30 bis 50 %

Quelle: Grundstücksmarktbericht 2004

Eine Besonderheit weist die Untersuchung des Gutachterausschusses für Grundstückswerte in *Wuppertal* auf. Diese bezieht sich auf einen **Richtwertladen, der einen Anteil der Ladenraumfläche im Erdgeschoss (EG) von 70 % aufweist.** Für Abweichungen werden vom Gutachterausschuss zusätzliche Umrechnungsfaktoren angegeben (Abb. 130).

Abb. 130: Umrechnungstabelle für verschiedene Ladenraumanteile im Erdgeschoss in Wuppertal-Elberfeld, Barmen/Oberbarmen

Anteil der Ladenraumfläche im EG in %	Miete in %	
	Wuppertal	Barmen/Oberbarmen
10	71	79
20	76	82
30	80	84
40	84	87
50	89	91
60	95	95
70	**100**	**100**
80	106	106
90	112	112
100	118	118

Umrechnungsbeispiel:

	Definition des umzurechnenden Richtwerts:	Laden:
Fläche:	100 m²	70 m²
Ladenanteil im EG:	70 %	90 %
Fußgängerfrequenz:	ist im Richtwert berücksichtigt	
Mietrichtwert:	20 €/m²	Miete = ?

Umrechnung:
1. wegen Größe 20 €/m² × 1,06 = 21,20 €/m²
2. wegen Ladenanteil im EG:
   21,20 €/m² × 1,12 = 23,74 €/m²

Quelle: Gutachterausschuss für Grundstückswerte in Wuppertal

4.4.3.7 Branche

Die Mieten von Einzelhandelsläden können in Abhängigkeit von der vorhandenen Branche erheblich divergieren. Als Branche versteht man die schwerpunktmäßig geführte Warenart eines Geschäftszweigs des Einzelhandels. Divergieren die Mieten von Einzelhandelsläden im konkreten Einzelfall in Abhängigkeit von der vorhandenen Branche, stellt sich die Frage, ob im Rahmen der Verkehrswertermittlung von der ortsüblichen Miete für die im Laden am Wertermittlungsstichtag tatsächlich ausgeübte branchenspezifische Nutzung oder von einer Durchschnittsmiete (aller Branchen) auszugehen ist. Der Grundsatz der Verkehrswertermittlung nach dem *„best use value"* wirft konkret die Frage auf, ob bei einer Ladennutzung mit geringer Mietzahlungsfähigkeit als marktüblich erzielbare Miete eine Ladenmiete zum Ansatz kommen muss, die der ertragreichsten Nutzung entspricht.

VI Besondere Immobilienarten — Handelsimmobilien

295 Die Problematik soll am nachfolgenden Fallbeispiel erläutert werden:

Beispiel:
Es ist der Verkehrswert der Grundstücke A, B und C zu ermitteln (Abb. 131).

Abb. 131: Tatsächliche Nutzung einer Einkaufszeile

296 Grundsätzlich sind der Ertragswertermittlung die nachhaltige Nutzung und die marktüblich erzielbaren Erträge zugrunde zu legen. Hieraus folgt zunächst, dass sich der Ertragswert des Grundstücks A (mit der Nutzung Wohnen im Erdgeschoss) nicht auf der Grundlage der tatsächlich ausgeübten, d.h. aus der Wohnnutzung des Erdgeschosses fließenden Erträge ableiten lässt. Die Wohnnutzung stellt hier nämlich eine *atypische Nutzung* dar.

297 *Lösung für die Verkehrswertermittlung des Grundstücks A:*

a) Es wird zunächst der Ertragswert auf der Grundlage einer Vermietung des Erdgeschosses als Laden ermittelt.

b) Im zweiten Schritt wird der Kapitalwert der Untervermietung auf der Grundlage der Reinertragsdifferenz zwischen dem Jahresreinertrag aus einer Ladennutzung und dem Jahresreinertrag aus der Wohnnutzung und -dauer der Nutzungsbindung entsprechend der mietvertraglichen Regelung und den mietrechtlichen Bestimmungen ermittelt.

c) Darüber hinaus sind die Aufwendungen für eine sofortige Freimachung und Herrichtung für eine Ladennutzung festzustellen (ggf. i.V.m. Abstandszahlungen).

d) Der Verkehrswert ergibt sich dann nach dem Ertragswert auf der Grundlage der nachhaltigen Nutzung lit a) unter Abzug des geringeren sich nach lit b) oder c) ergebenden Betrags.

Problematisch bleibt bei alledem die Frage, von welchen marktüblich erzielbaren Erträgen im Falle einer Umnutzung des Erdgeschosses von Grundstück A auszugehen ist. Dies wird im Zusammenhang des Lösungsvorschlags für die Grundstücke B und C beleuchtet.

298 *Lösung für die Verkehrswertermittlung der Grundstücke B und C:*

Die Grundstücke B und C weisen einen erheblichen Unterschied in ihrer Ertragskraft auf, obwohl sie baulich völlig gleichartig sein sollen. Die Verkehrswertermittlung auf der Grundlage der tatsächlichen Nutzung führt deshalb auch bei Ansatz der ortsüblichen branchenspezifischen Nutzungsentgelte zu völlig unterschiedlichen Marktwerten. Im Erdgeschoss wird eine Miete erzielt, die insgesamt sechs Bürogeschossen entspricht. Dies ist eine äußerst sensible „Schraube der Ertragswertermittlung". Verkomplizierend kommt hinzu, dass jede einzelne Ladennutzung von den ertragsschwächeren und ertragsstärkeren Nutzungen der Nachbarschaft lebt, denn erst der Branchenmix verleiht der Einkaufsstraße ihren Wert. Ein Herausdrängen der ertragsschwächeren Nutzungen beeinträchtigt mithin die Nachhaltigkeit ertragsstärkerer Nutzungen.

Die Nachhaltigkeit ertragsstarker als auch ertragsschwacher Nutzungen ist zudem „labil", denn schon morgen kann der Lebensmittelladen durch einen Tabakladen ersetzt werden, sofern dem nicht objektimmanente Gegebenheiten entgegenstehen.

4.5 Großflächige Handelsimmobilien

4.5.1 Allgemeines

Schrifttum: *Ellrott, R./Petersen, O.,* Bewertung von Shopping-Centern, in Bienert, Bewertung von Spezialimmobilien, S. 153; *Harrop,* Die Verkehrswertermittlung von Shopping Centern, in Falk, Das große Handbuch Shopping Center 1998;

Großflächige Handelsimmobilien sind insbesondere Warenhäuser, Shopping-Center und Selbstbedienungsläden. 299

Warenhäuser sind Gebäude, die im Ganzen oder weit überwiegend dem Betrieb von Einzelhandelsunternehmen dienen und die sich von üblichen Ladengrundstücken durch ein umfassendes Sortiment aus unterschiedlichen Warengruppen und die Größe ihrer Nutzflächen unterscheiden. Die Nutzfläche von Warenhäusern liegt regelmäßig über 500 m². Warenhäuser sind regelmäßig mehrgeschossige Massivbauten und befinden sich häufig an zentralen Standorten; sie weisen teilweise Lebensmittelabteilungen und Restaurants auf[56]. Begrifflich sind Warenhäuser kaum von **Kaufhäusern** abzugrenzen, die sich ebenfalls als große Einzelhandelsbetriebe – i.d.R. an zentralen Standorten oder in Einkaufszentren – definieren und schwerpunktmäßig ausgerichtet sein können (z. B. Textilkaufhaus). **Verbrauchermärkte** sind Einzelhandelsbetriebe mit Sortimentsschwerpunkt des täglichen Bedarfs, die in „kleine" und „große" Verbrauchermärkte unterschieden werden (mit einer Verkaufsfläche von 800 bis 1 500 m² bzw. einer Verkaufsfläche von 1 500 bis 5 000 m²). 300

a) *Shopping-Center*

Quellen: ECE Projektmanagement GmbH, Hamburg; MRE Metro Real Estate Management Saarbrücken; CEV Center-Entwicklungs- und Verwaltungs-GmbH Bielefeld; ITCM Immobilien Consulting and Management Düsseldorf; Brune Consulting Düsseldorf

Unter einem *Shopping-Center* wird ein **großflächiges, unter einheitlichem Management geführtes Einkaufszentrum** (auch Galerien, Einkaufshöfe und Passagen) verstanden. Innerhalb des Marktsegments des Einzelhandels nimmt das *Shopping-Center* eine Sonderstellung ein. 301

Unter einem *Shopping-Center* versteht man gemäß der Definition des *International Council of Shopping-Centers* eine Anzahl von Handels- und Dienstleistungseinrichtungen unterschiedlicher Branchen, die als eine einheitliche Immobilie geplant, entwickelt, finanziert und verwaltet wird. Die Gruppe der *Shopping-Center* kann man wie folgt weiter unterteilen (Abb. 132): 302

---

[56] Vgl. BMF vom 16.3.1992 (BStBl I 1992, 230). Gleich lautender Erlass der neuen Bundesländer betr. Bewertung von Warenhausgrundstücken, Einkaufszentren sowie Groß-, SB- und Verbrauchermärkten und Messehallen im Beitrittsgebiet vom 25.6.1993 (BStBl I 1993, 528 = GuG 1993, 362).

VI Besondere Immobilienarten   Handelsimmobilien

Abb. 132: Shopping-Center und andere Handelsimmobilien

\multicolumn{3}{c}{Shopping-Center und andere Handelsimmobilien}		
Art	Größe	Lage
Geschäftshaus		
Ladenfläche	bis ca. 500 m²	nicht spezifiziert
Ladenpassage	nicht spezifiziert	Innenstadt
Shopping-Center		
Nahversorgungs-Zentrum	3 000–5 000 m² VK-Fläche	Stadtteil/Wohngebiet
Galerie/Passage	10 000–20 000 m² VK-Fläche	Innenstadt
Regionales Einkaufszentrum	über 15 000 m² VK-Fläche	nicht spezifiziert
Großflächige Handelsimmobilien		
Kaufhaus	3 000–5 000 m² VK-Fläche	Innenstadt
Warenhaus	ab 5 000 m² VK-Fläche	Innenstadt
Supermarkt	800–1 500 m² VK-Fläche	nicht spezifiziert
Verbrauchermarkt	1 500–5 000 m² VK-Fläche	Peripherie/Umland
SB-Warenhaus	ab 5 000 m² VK-Fläche	Peripherie/Umland

Quelle: Immobilienökonomie Bd. 1, Oldenbourg

Abb. 133: Shopping-Center-Geschäftsfläche in m²

Quelle: Institut für Gewerbezentren, Starnberg 2007

Abb. 134: Shopping-Center-Fläche je 1 000 Einwohner

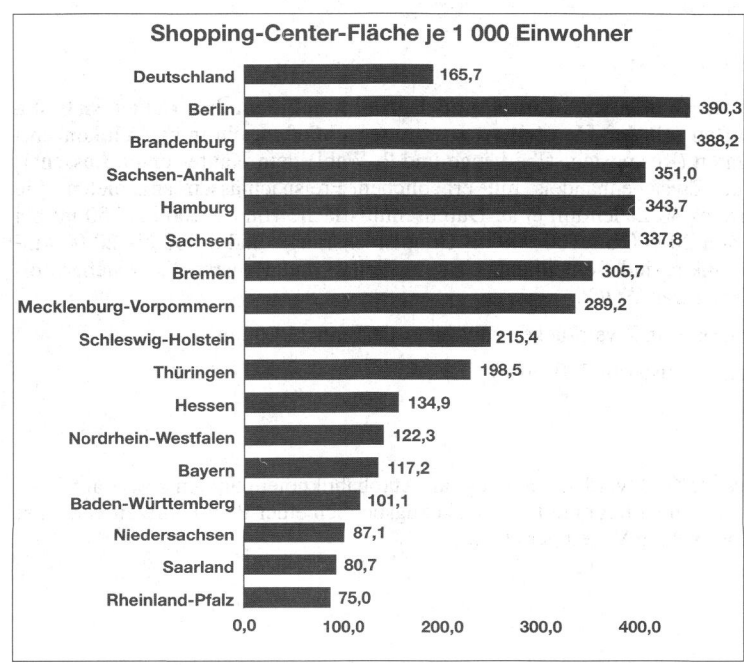

Quelle: Institut für Gewerbezentren, Starnberg 2007

VI Besondere Immobilienarten — Handelsimmobilien

b) *Fachmärkte*

303 Fachmärkte sind **großflächige, unter einheitlichem Management geführte Einkaufszentren mit breitem branchenspezifischem Angebot einer Warengruppe**. Besonders hervorzuheben sind hier die Baumärkte mit einer Verkaufsfläche im Jahre 2003 von 11,5 Mio. m², verteilt auf ca. 2 570 Fachmärkte (Abb. 135).

Abb. 135: Marktanteile ausgewählter Fachmärkte

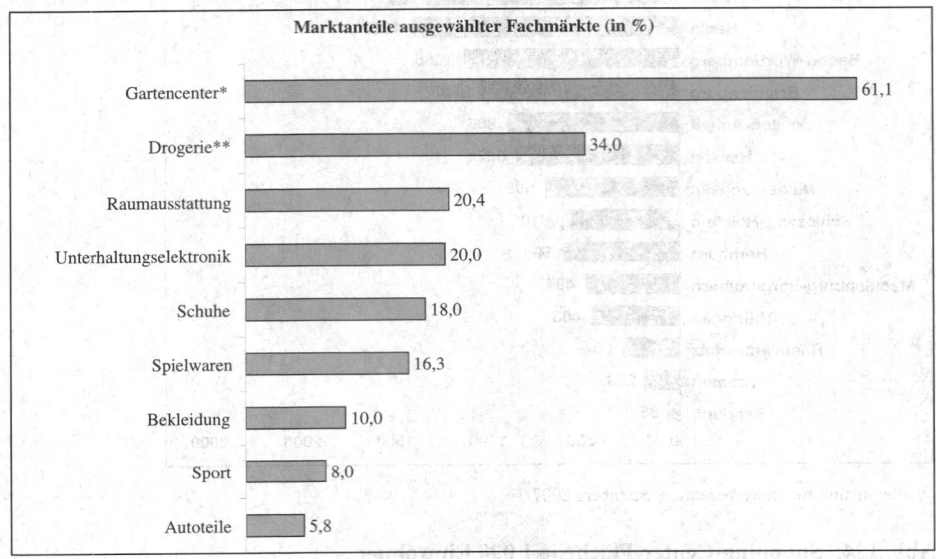

Marktanteile ausgewählter Fachmärkte (in %)

- Gartencenter* 61,1
- Drogerie** 34,0
- Raumausstattung 20,4
- Unterhaltungselektronik 20,0
- Schuhe 18,0
- Spielwaren 16,3
- Bekleidung 10,0
- Sport 8,0
- Autoteile 5,8

Quelle: BBE-Fachmarktreport 2000

c) *Factory Outlet Center (FOC)*

304 *Factory Outlet Center (FOC)* sind **Einzelhandelsgroßimmobilien, bei denen sich die Betreibergesellschaften mit den Herstellern zusammenschließen,** um in baulich konzentrierter Form ihre Waren (Restposten, Überhänge und 2. Wahl) dem Käufer unter Ausschaltung des Groß- und Zwischenhandels mit erheblichen Preisnachlässen anzubieten. Sie bestehen aus mindestens 30 Läden mit einer Durchschnittsfläche von ca. 200 bis 250 m² bei einer Gesamtgröße von 20 000 bis 100 000 m² Grundstücksfläche und 5 000 bis 20 000 m² Mietfläche. Schwerpunkte sind Bekleidung, Glas, Porzellan und Hausrat. Es bestehen folgende *Factory Outlet Center (FOC)*:

- *Designer Outlet Center* in Zweibrücken (Betreiber OCI mit 11 000 m²),
- *B 5 Outlet Center* in Wustermark (Berlin),
- Wertheim,
- Ingolstadt.

Factory Outlet Center (FOC) werden bevorzugt an Autobahnknotenpunkten sowie auf Konversionsflächen in ländlichem Raum mit einem Einzugsbereich einer Pkw-Fahrtzeit von einer Stunde nach § 11 Abs. 3 BauNVO eingerichtet.

Handelsimmobilien — **Besondere Immobilienarten VI**

d) Retail Park

Als *Retail Park* bezeichnet man **Fachmarktagglomerationen, die sich um eine gemeinsame Stellplatzanlage gruppieren,** einheitlich geplant und verwaltet werden. 305

4.5.2 Ertragsverhältnisse von Fach- und Verbrauchermärkten

4.5.2.1 Mieten

Abb. 136: Kennziffern, insbesondere Durchschnittsmieten für verschiedene Typen von Fach- und Verbrauchermärkten sowie Branchen in % des Jahresumsatzes und in €/m² Verkaufsfläche 306

Markttyp	Verkaufsfläche (VF) bis …	NFF NF/BGF	Baukosten	Nutzungsdauer	Liegenschaftszinssatz	Flächenproduktivität	Mieten in v.H. des Jahresumsatzes	Mieten in €/m²
	m²	%	€/m²BGF	Jahre	%	Umsatz(€)/m² VF		
Verbrauchermarkt	1 200–4 000	90	600–800	10–30	6,0–9,0	3 000–5 000	ca. 3,5–4,5	8,00–13,00
Supermarkt	300–1 200	80–85	600–800	20–50	6,0–8,5	3 500–5 000	ca. 2,5–4,0	9,00–15,00
Fachmarkt Elektro/Medien/Computer	3 000	90	500–700	10–30	6,0–8,5	5 000–7 000	ca. 3,0–5,0	7,00–11,00
Baumarkt	3 000–15 000	85–95	500–700	10–30	6,0–8,5	1 000–2 000	ca. 4,0–6,0	4,00–9,00
Textilmarkt	300–1 200	85–95	500–700	19–30	5,0–7,0	2 000–4 000	ca. 6,0–8,0	6,50–11,00
Betten/Matratzen	150–900	85–95	500–700	10–30	6,0–8,5	1 000–2 000	ca. 3,5–6,0	6,50–8,50
Bücher							ca. 4,5–5,5	
Drogerie					6,0–9,0	3 000–8 000	ca. 4,0–4,5	6,50–11,00
Lebensmittel (auch Discounter)	500–1 500	90	500–700	10–30	6,0–9,0	4 000–6 000	ca. 2,0–4,0	8,00–15,00
Optik							ca. 4,0–6,0	
Reformhaus							ca. 4,5–6,0	
Spielwaren	800–2 200	85–95	500–700	10–30	6,0–9,0	2 000–3 000	ca. 4,5–5,5	6,00–9,00
Tabakwaren, Zeitschriften, Lotto							ca. 3,0–5,5	
weiße + braune Ware							ca. 2,5–3,0	
Zoo	500–1 500	85–05	500–700	10–30	6,0–8,5	1 000–2 000	ca. 3,5–5,0	6,00–8,50
Blumen							ca. 5,5–8,0	
DOB/HAKA							ca. 6,0–8,0	
Kaffee + Tee							ca. 4,0–8,0	
Getränke	250–600					1 500–2 500	ca. 4,0–6,5	6,00–8,50
Möbel	2 000–25 000	90–95	600–1 000	10–30	6,5–8,5	1 000–1 800	ca. 4,3–5,5	4,00–8,00
Parfümerie							ca. 5,5–7,0	
Schuhe							ca. 5,0–7,0	
Sportartikel							ca. 4,0–5,5	
Uhren + Schmuck							ca. 5,0–7,5	
Young Fashion							ca. 6,0–8,0	
Warenhäuser								
allgemein	7 000–15 000	65–85	1 000–2 000	50	6,0–8,0	2 000–4 000	ca. 5,0–6,0	7,00–12,00
SB	7 000	90	800–1 200	20–50	6,0–9,0	4 000–6 000	ca. 3,0–4,0	8,00–12,50
Shopping-Center								
innen	7 500–50 000	60–75	1 000–2 000	50	6,5–9,0	3 500–6 000	ca. 4,0–7,0	13,00–30,00
außen	7 500–45 000	65–80	800–1 600	50	6,5–9,0	3 000–5 000	ca. 5,0–7,0	10,00–20,00

Quelle: Eigene Ermittlungen, Brockhoff City Immobilien; Brockhoff & Partner Immobilien GmbH, Essen, GuG 1999, 308

VI Besondere Immobilienarten — Handelsimmobilien

4.5.2.2 Nebenkosten

307 Abb. 137: Nebenkosten von *Shopping-Centern* 2003

Kategorie	Alle Center		10 001 m²		10 001 bis 20 000 m²		20 000 m²	
	€/m²	%	€/m²	%	€/m²	%	€/m²	%
Öffentliche Ausgaben	0,53	14,0	0,40	12,2	0,55	14,0	0,56	14,6
Versicherungen	0,24	6,3	0,19	5,8	0,26	6,6	0,22	5,7
Strom	0,26	6,9	0,27	8,3	0,33	8,4	0,21	5,5
Heizung	0,32	8,5	0,36	11,0	0,32	8,2	0,30	7,8
Wasser/Kanal	0,18	4,8	0,14	4,3	0,23	5,9	0,16	4,2
Wartung/Inspektion	0,30	7,9	0,16	4,9	0,32	8,2	0,41	10,7
Reinigung	0,41	10,8	0,23	7,0	0,48	12,2	0,39	10,2
Verwaltung	0,56	14,8	0,48	14,7	0,50	12,8	0,66	17,2
Hausmeister	0,44	11,6	0,56	17,1	0,42	10,7	0,35	9,1
Bewachung	0,35	9,3	0,42	12,8	0,38	9,7	0,33	8,6
Information	0,02	0,5	–	–	0,01	0,3	0,03	0,8
Sonstige Nebenkosten	0,17	4,5	0,06	1,8	0,12	3,1	0,22	5,7
Gesamtkosten im Monat	3,78	100,0	3,27	100,0	3,92	100,0	3,84	100,0

Quelle: Jones Lang LaSalle: Shopping Center Analysis

▶ Vgl. § 14 ImmoWertV Rn. 104 ff.

4.5.3 Liegenschaftszinssätze

308 Für Warenhäuser, Verbrauchermärkte, Einkaufszentren, Selbstbedienungs- und Fachmärkte sind Liegenschaftszinssätze von 6,5 bis 8,5 % ermittelt worden. Eine Auswertung von 27 Verkaufsfällen für Warenhäuser und Verkaufshallen im Land *Niedersachsen* (vornehmlich in Kleinstädten mit einem Bodenwert von 20 bis 230 €/m²) ergab 2007 einen Liegenschaftszinssatz von 6,3 %[57].

Harrop (a.a.O.) empfiehlt die Bildung eines nach Mieteinheiten gewichteten Liegenschaftszinssatzes und unterscheidet zwischen fünf Gruppen von Mieteinheiten:

Gruppe 1:	Mieteinheiten bis 350 m²	6,00 %
Gruppe 2:	Mieteinheiten zwischen 351 m² bis 1 000 m²	6,25 %
Gruppe 3:	Mieteinheiten über 1 000 m²	6,75 %
Gruppe 4:	Verschiedene Einkünfte, wie beispielsweise Tankstellen, Büros, Wohnungen und Arztpraxen,	7,00 %
Gruppe 4:	Freizeiteinrichtungen, Kino, Gastronomie usw.	8,00 %

309 Regelbandbreiten für Liegenschaftszinssätze (Kapitalisierungszinssätze) nach Anlage 3 zu § 12 Abs. 4 BelWertV:

– Warenhäuser: 6,5 %–8,0 %
– SB- und Fachmärkte: 6,5 %–8,5 %

Diese Angaben entsprechen den Liegenschaftszinssätzen.

---

[57] Landesgrundstücksmarktbericht 2007.

4.5.4 Beispiele

4.5.4.1 Selbstbedienungswarenhaus

Schrifttum: *Weyers, G.,* Der Verkehrswert von Verbrauchermärkten, GuG 1999, 207; *Zeißler, M.,* Verkehrswert eines Einkaufszentrums, GuG 2003, 214; Statistische Daten: GuG-aktuell 2004, 30.

a) Sachverhalt 310

Wertermittlungsstichtag 1.1.2000

Baujahr 1985, in einem Sondergebiet gemäß § 11 Abs. 2 BauNVO, Halle aus Stahlbetonfertigteilen (Betonrahmenbinder), Verkleidung Trapezbleche, Flachdach, Warmluftheizung, Sprinkleranlage, Boden Kunststeinplatten, Grundstück Rechteckform, Größe 60 000 m², ausreichend Pkw-Stellplätze für Kunden (etwa 800), auf die Verkaufsfläche entfallen rd. 72 v.H. der Nutzfläche (16 350 m²), Stadtrandlage rheinische Großstadt. Guter Bau- und Unterhaltungszustand. Bodenwert 3 000 000 €.

b) Wertermittlung 311

Marktüblich erzielbare Nettokaltmiete (ohne MwSt.)				1 103 500 €
dies sind 5,60 €/m² NF (einschließlich Nutzungsentschädigung für 800 Kundenparkplätze) im Monat				
abzüglich nicht umlegbarer Bewirtschaftungskosten				
– *Betriebskosten* (soweit nicht umlegbar)				
– Grundsteuer	23 173 €	(2,1 %)		
– Versicherungsprämien	5 517 €	(0,5 %)		
– Verwaltungskosten				
2 800 € × 12 Monate	33 600 €	(3,0 %)		
– *Instandhaltungskosten*				
16 350 m² × 7,70 €/m²	125 895 €	(11,4 %)		
– *Mietausfallwagnis*				
3 % von 103 500 €	33 105 €	(3,0 %)		
zusammen	221 290 €	(20,0 %)	–	221 290 €
Reinertrag des Grundstücks			=	882 210 €
abzüglich Bodenwertverzinsungsbetrag 3 000 000 € × 0,065			–	195 000 €
Ertragsanteil der baulichen Anlage			=	687 210 €
Bei einer wirtschaftlichen Restnutzungsdauer von 30 Jahren und einem Liegenschaftszinssatz von 6,5 % beträgt der Vervielfältiger 13,06				
Ertragswert der baulichen Anlagen (Gebäudeertragswert)				
687 210 € × 13,06			=	8 974 963 €
Ertragswert			=	rd. 9 000 000 €
abzüglich Reparaturstau				0 €
zuzüglich Bodenwert			+	3 000 000 €
= Ertragswert (Verkehrswert)			=	**12 000 000 €**

Nachrichtlich: Dies sind das 10,9-Fache der gezahlten Jahresrohmiete und rd. 734 €/m² Nutzfläche einschließlich des Werts der Außenanlagen/Pkw-Parkplätze.

VI Besondere Immobilienarten — Handelsimmobilien

4.5.4.2 Selbstbedienungsladen

a) Sachverhalt

312 Für einen Investor soll der Verkehrswert eines bestehenden Selbstbedienungsladens ermittelt werden. Der Standort für den Markt ist zufrieden stellend (mittlere Lagequalität). Folgende Daten liegen vor:

Verkaufsfläche (VF)		900 m²	(75 %)
Nebenflächen (Büro-, Sozial- und Lagerflächen)	+	300 m²	(25 %)
Nutzfläche (NF) insgesamt	=	1 200 m²	(100 %)
30 Pkw-Einstellplätze (30 m²/Platz)			
Grundstücksgröße		2 800 m²	
Umsatz		3 900 000 €/Jahr	
Üblicher Liegenschaftszinssatz		7 %	
Mieten (ohne MwSt.)			
Verkaufsflächen 900 m² × 8 €/m²	=	7 200 €	
Nebenflächen 300 m² × 2,50 €/m² NF	+	750 €	
30 Einstellplätze × 8 €/Platz	+	240 €	
Monatsmiete (Nettokaltmiete) insgesamt	=	8 190 €	

Neben der Frage nach dem Verkehrswert ist zu ermitteln, welche Umsatzmiete (in v.H.) und welche Quadratmetermiete (in €/m² NF) der Investor durchsetzen muss, wenn er eine Rendite seines zu investierenden Kapitals von 8 % erzielen will.

313 b) Wertermittlung

Überprüfung der Vorgaben auf Schlüssigkeit

Verkaufsfläche VF	=	900 m²	(75 %)
Nebenflächen (Büro-, Sozial- und Lagerflächen)	+	300 m²	(25 %)
Nutzfläche (NF) insgesamt	=	1 200 m²	(100 %)

Überprüfung auf Verhältnis VF/NF: Flächenverhältnis liegt im üblichen Rahmen.

Überprüfung der Flächenproduktivität (Fl.Pr)

Verkaufsfläche (VF)	900 m²
Umsatz	3 900 000 €/Jahr

Ermittlung der Flächenproduktivität: 3 900 000 € : 900 m² VF = 4 333 €/m² VF: Die Flächenproduktivität liegt im üblichen Rahmen.

Überprüfung der Schlüssigkeit der Miete aus Umsatz

Mieten (ohne MwSt.)

Verkaufsfläche 900 m² × 8 €/m² VF		7 200 €	
Nebenflächen 300 m² × 2,50 €/m² NF	+	750 €	
30 Einstellplätze × 8 €/Platz	+	240 €	
Monatsmiete (Nettokaltmiete) insgesamt	=	8 190 €	im Monat bei einem Umsatz von 3 900 000 €

Umsatz (in v.H.): 8 190 € × 12 Monate × 100/3 900 000 € = 2,5 %: Die gezahlte Miete beträgt rd. 2,5 % des Jahresumsatzes und liegt damit im üblichen Rahmen.

Durchschnittsmiete je m² Nutzfläche (insgesamt):

8 190 €/1 200 m² NF = 6,83 €/m²: Die Quadratmetermiete liegt im üblichen Rahmen.

Handelsimmobilien — Besondere Immobilienarten VI

Ermittlung des Grundstücksertragswerts

Jahresnettokaltmiete/Grundmiete (8 190 €/m² × 12)		98 280 €
abzüglich Bewirtschaftungskosten (25 %)	−	24 570 €
Grundstücksreinertrag/Jahr	=	73 710 €
abzüglich Bodenwertverzinsungsbetrag 7 % von 250 000 €	−	17 500 €
= Reinertrag der baulichen Anlage	=	56 210 €

Ertragswert der baulichen Anlage:
Vervielfältiger bei 7 % Zins und 40 Jahren Restnutzungsdauer 13,33

56 210 € × 13,33		749 279 €
zuzüglich Bodenwert	+	250 000 €
= Grundstücksertragswert	=	999 279 €
Verkehrswert[58]	=	rd. 1 000 000 €

c) Ermittlung der geforderten Umsatzmiete

Rendite der Gesamtinvestition 8 % von 1 000 000 €		80 000 €
Abschreibung bei 8 % Zinsen und 40 Jahren Restnutzungsdauer auf den Ertragswert der baulichen Anlage: 750 000 €/259,06*	+	2 895 €
Jahresreinertrag	=	82 895 €
Bewirtschaftungskosten (25 % der Jahresnettokaltmiete) 82 895 € × 25/75	+	27 632 €
Jahresnettokaltmiete	=	110 527 €

* Abschreibungsdivisor aus Tabelle Teil XI Anhang 3.2

Erforderliche Jahresnettokaltmiete in v.H. des Umsatzes:
Bei einem Umsatz von 3 900 000 € : 110 527 € × 100/3 900 000 € = 2,8 %
Die Umsatzmiete muss 2,8 % des Jahresumsatzes betragen.

d) Ermittlung der geforderten Quadratmetermiete

Jährliche Quadratmetermiete:	110 527 €/1 200 m²	=	92,106 €/m²
Monatliche Quadratmetermiete:	92,106 €/m² : 12 Monate	=	7,68 €/m²

Das *Beispiel* zeigt, dass sowohl die Umsatzmiete (2,8 %) als auch die Miete je m² Nutzfläche (7,68 €/m²) die übliche Bandbreite für Selbstbedienungsmärkte in mittleren Lagen übersteigt. Der Investor wird deshalb entweder seine Renditevorstellungen korrigieren müssen oder aber ein anderes, günstigeres Objekt in Erwägung ziehen.

---

[58] Bei dem angesetzten Liegenschaftszinssatz von 7 % beträgt der Verkehrswert das 10,2-Fache der Jahresnettokaltmiete (= 1 000 000 € : 98 280 €). Der Nutzflächenwert beträgt 833 €/m² (= 1 000 000 €/1 200 m²) und liegt damit im üblichen Rahmen.

VI Besondere Immobilienarten — Sonderimmobilien

5 Sonderimmobilien

5.1 Typologie der Sonderimmobilien

314 Was unter **Sonderimmobilien** *(specialised properties, special-pupose properties)* zu verstehen ist, konnte bislang nicht eindeutig definiert werden; der Begriff wird gleichbedeutend mit **Spezialimmobilien** gebraucht. Sonderimmobilien werden unscharf als Immobilien definiert, die (nach Lage, Baugestaltung einschließlich Raumgestaltung und Architektur) auf eine spezielle Nutzung **mit geringer Drittverwendungsfähigkeit** ausgerichtet sind. Als „spezielle" Nutzungsart wird dabei eine Nutzung verstanden, die nicht dem Wohnen und dem Gewerbe (Büronutzung) zuzurechnen ist, jedoch geht es gerade bei solchen Sonderimmobilien um eine besondere gewerbliche Nutzung[59].

Zu den Sonderimmobilien gehören insbesondere auch alle Arten von **Betreiberimmobilien**, die synonym auch als **Managementimmobilien** bezeichnet werden. Sonderimmobilien weisen i.d.R. ein hohes Ertragspotenzial verbunden mit einem oftmals hohen Risikopotenzial auf. Ihre Nutzung ist, wie aus Abb. 138 ersichtlich, breit gefächert.

Abb. 138: Sonderimmobilien

---

[59] Finch/Casavant, The Appraisal Journal 1996, 195; Credit Suisse.

Sonderimmobilien — Besondere Immobilienarten VI

Bei Betreiberimmobilien muss zwischen der **Verkehrs- bzw. Marktwertermittlung** der Immobilie **und** der **Ermittlung des Unternehmenswertes** unterschieden werden, denn zum Unternehmen gehört neben der Immobilie insbesondere auch der Firmenwert. **315**

Der **Firmenwert** *(Goodwill)* stellt keine feste Größe dar und ist insbesondere abhängig von **316**
- der Marktstellung des Unternehmens und der Konkurrenzsituation,
- dem Ruf des Unternehmens (der „Marke"),
- dem Wert der bestehenden Geschäftsbeziehungen und dem Organisationsnetz,
- dem Vorhandensein von Patenten, Lizenzen und dgl.,
- der Unternehmensleistung und Qualifikation der Mitarbeiter.

Der Firmenwert (Geschäftswert) ist auch als der (aus der „Marke") erzielbare Mehrwert (Übergewinn) gegenüber dem Betrag definiert worden, der sich aus einer angemessenen Verzinsung des Substanzwerts ergibt[60]. In diesem Sinne hat der BFH den Firmenwert als den **Mehrwert** definiert, „**der einem gewerblichen Unternehmen über den Wert der Einzelwirtschaftsgüter hinaus innewohnt**". Dem Firmenwert ist eine zeitlich befristete Bestandskraft beizumessen.

- Bei Unternehmen, die über eine ausgebaute Stellung auf dem Markt verfügen, wird dem *objektgebundenen* Firmenwert (Übergewinn) eine Zeitspanne von fünf bis acht Jahren beigemessen.
- Bei Unternehmen, deren Erfolg stark vom persönlichen Einsatz des Unternehmers abhängt, wird dem *subjektgebundenen* Firmenwert (Übergewinn) eine Zeitspanne von drei bis fünf Jahren beigemessen.

Der subjektgebundene Firmenwert kann bei Betreiberimmobilien auch als der „**Firmenwert des Betreibers**" bezeichnet werden.

Abb. 139: Unternehmenswert

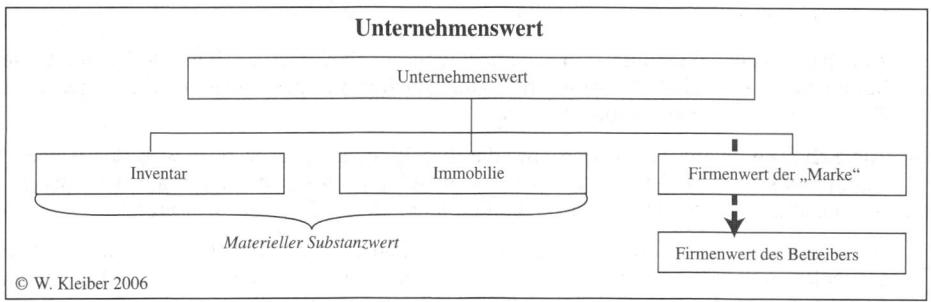

5.2 Hotel

5.2.1 Betriebsarten

Schrifttum: *BBE,* Branchenreport Hotel (BBE Tel.: 0221 93 65 52 09); *BBG-Consulting,* Betriebsvergleich Hotel & Gastronomie (BBG Cons Tel.: 0211 86 40 00); *Beiderwieden, O.,* Bewertung von Gaststätten, BDVI-Forum 1975, 64; *Bienert,* Bewertung von Hotelgrundstücken, in Bienert, Bewertung von Spezialimmobilien, S. 407 ff.; *Dehoga,* Gastgewerbliche Schriftenreihe (Interhoga Tel.: 0228 820 08 42); *Gottlöber, E.,* Planung, Finanzierung, Bewertung und Rentabilitätsbegutachtung von Hotels, Gastgewerbe Verlag Düsseldorf, 2. Aufl. 1992; *Gugg/Hank-Haase,* Der Hotelmarkt in Deutschland, Frankfurt am Main 1996; *Hotel Association of New York City:* Uniform System of Accounts for the Lodging Industry, 10th revised edition, published by American Hotel & Lodging Educational Institute, Lansing, Michigan, 2006; *Joachim, E.-W.,* Projektentwicklung und Projektmanagement in der Immobilienwirtschaft und

---
60 Viel/Brendt/Renard, Die Bewertung von Unternehmungen und Unternehmensanteilen, Zürich 1970, S. 17 ff.

VI Besondere Immobilienarten   Sonderimmobilien

Hotellerie, Immobilien-Zeitung Wiesbaden 1998; *Loew, H.-G.,* Die Pachtwertfindung für gastgewerbliche Objekte, GuG 1997, 209; *Loew, H.-G.,* Zur Eignung von Ladenmiete als Maßstab für die Bestimmung von Gaststättenmieten, GuG 2001, 142; *Loew, H.-G.,* Zur Miet-/Pachtwertfindung gastgewerblicher Bewertungsobjekte mit Hilfe des Vergleichswertverfahrens, GuG 2002, 14; *Maschke, J.,* Hotelbetriebsvergleich 1999, Sonderreihe Nr. 70/2001 DWIF-Verlag München 2001; *NGZ,* Der Hotelier (Zeitschrift Tel 069 75951972; *Niemeyer, M.,* Hotel-Projektentwicklung, in Schulte/Bone-Winkel (Hrsg.), Handbuch der Immobilien-Projektentwicklung, 2. Aufl., Köln 2002; *Ostermann, A.,* Die Verkehrswertermittlung von Hotels, GuG 1999, 143, 282; *Warstadt, E.,* Pacht im Gastgewerbe, GuG 2001, 199; *Schröder, M./Forstnig, J./Widmann, M.,* Bewertung von Hotels und Hotelimmobilien, Pannel Kerr Forster GmbH Schriftenreihe; *Simon, J.,* Wertermittlung für ein Hotel garni, GuG 1991, 152; *Simon, J./Weyers, G.,* Wertermittlung von Grundstücken mit Hotelgebäuden, GuG 1991, 312; *Weyers, G.,* Grundlagen der Wertermittlung für Hotel- und sonstige gastgewerbliche Grundstücke, DS 1985, 12; *Weyers, G.,* Gesamtnutzungsdauer von Hotelgebäuden, GuG 1993, 41.

Quellen: http://www.dehoga.de, Landesverbände DEHOGA: Anschriften über *http://www.telefonbuch.de*; BBG-Consulting Kreuzig GmbH, Düsseldorf, Tel: 02 11 – 86 40 00; Fax: – 13 27 24, E-Post: *duesseldorf@bbg-consulting.com*; G.O.P.GmbH & Co KG, Frankfurt; *http://www.gop-hotels.com*; Deutsches-Verbände-Forum: *http://www.verbaende.com*

317 Zum **Beherbergungsgewerbe** gehören Hotels, Gasthöfe, Pensionen, Erholungs- und Ferienheime, Ferienzentren, Ferienhäuser, Ferienwohnungen, Hütten, Jugendherbergen, Sanatorien und Fach-(Kur-)Kliniken.

318 Eine gesetzliche Definition der **Betriebsarten des Beherbergungsgewerbes** fehlt bisher; es gibt lediglich grobe Einteilungskriterien.

– Als **Hotel** wird ein Beherbergungsbetrieb mit gehobener Ausstattung und Dienstleistungskomfort verstanden, der gewerblich Logis, Verpflegung und sonstige Dienstleistungen für den vorübergehenden Aufenthalt zur Verfügung stellt. Betriebe ohne Restaurants werden als *Hotels garni* bezeichnet. In der Regel wird der Begriff erst auf Betriebe angewandt, die mindestens mit 20 Gästezimmern und voll ausgerüsteten Sanitärzellen ausgestattet sind[61]. Etwa ein Drittel der gesamten Bettenkapazität im Beherbergungsgewerbe wird von Hotels angeboten. Als hotelähnliche Immobilien gelten Hotelpensionen, Fremdenheime, Gasthöfe und Privatzimmer.

– Als (bürgerliche) **Gasthöfe** (mit Übernachtungsangebot) werden Betriebe definiert, die bei einem in Kapazität und Komfort begrenzten Beherbergungsangebot ein bürgerliches Speisen- und Getränkeangebot aufweisen.

– Als **Schankbetriebe** gelten Betriebe, die ihre Einnahmen ganz oder weit überwiegend (mindestens zu 75 % des Umsatzes) aus dem Getränkeumsatz beziehen; auf den Speisenumsatz und auf Automatenprovision entfällt allenfalls bis 25 % des Umsatzes.

– Als **Gaststätte** gelten Betriebe, die ihre Einnahmen ebenfalls überwiegend aus dem Getränkeumsatz (über 50 %) beziehen und daneben ein größeres Angebot an bürgerlichen Speisen bereithalten. Es handelt sich vielfach um traditionelle Betriebe, die auch als Mischform eines Schankbetriebs und eines Restaurants bezeichnet werden können, häufig in Verbindung mit Kegelbahnen und Versammlungsräumen für Vereinstreffen und Familienfeiern ausgelegt.

319 Nach den Einteilungskriterien der Dehoga ist zunächst zwischen **Eigentümer- und Pachtbetrieben** zu unterscheiden (Kennziffer 1 und 2). Hotels werden entweder

– vom *Eigentümer* selbst betrieben (z. B. kleinere Familienbetriebe, aber auch der Bayerische Hof in München),

– von einer Hotelgesellschaft im Auftrag des Eigentümers betrieben (Managementvertrag nicht dinglicher Natur) oder

– vom *Eigentümer* an einen Pächter verpachtet (Pachtvertrag dinglicher Natur).

---

61 Bletschacher, Hotels, Ferienzentren und Boardinghouses, in Falk (Hrsg.), Gewerbeimmobilien, 3. Aufl. S. 59.

Sonderimmobilien | **Besondere Immobilienarten VI**

Bei einem **Managementvertrag** wird das Hotel im Namen und im Auftrag des Eigentümers (als Unternehmer) von einem Betreiber auf Rechnung des Eigentümers betrieben. Das Risiko trägt der Eigentümer und ihm fließen auch die erwirtschafteten Erträge zu. Der Betreiber erhält für seine Leistung ein Betreiberentgelt.

Die deutsche Hotellerie wird durch den Pachtvertrag dominiert, wobei zumeist ein **Festpachtvertrag mit einer Laufzeit von i.d.R. 20 bis 30 Jahren** abgeschlossen wird, bei dem einerseits der Betreiber das Risiko aus dem Hotelbetrieb trägt und andererseits der Eigentümer nicht von guten Betriebsergebnissen profitiert. Betreiber sind deshalb bestrebt, den Festpachtvertrag mit Änderungsmöglichkeiten bei schwierigen Rahmenbedingungen zu kombinieren.

Des Weiteren unterscheidet die **Dehoga** nach 320
– Betriebsarten,
– Standorttypen,
– Gemeindegrößenklassen,
– Bundesländern und
– Umsatzgrößenklassen.

Die Hotelklassifizierung (Kategorie) in der Bundesrepublik Deutschland ist noch nicht ausgereift. Hotelführer, Kurverwaltungen und Verkehrsämter verwenden häufig bis zu 30 Bildzeichen (Piktogramme), um Ausstattung und Service der Gastgeberangebote zu kennzeichnen, während die **internationale Hotellerie** sich mit **fünf Leistungskategorien** (1- bis 5-Sterne-Hotel) für die elektronischen Buchungen begnügt. Unterschieden wird zwischen Hotels mit geringem, gutbürgerlichem, mittlerem, großem und größtem Komfort.

Kriterien sind
– Zimmergröße und -ausstattung,
– Empfangshalle,
– Personalisierte Begrüßung, Doorman, mehrsprachige Mitarbeiter,
– *Room*-, Pagen- und Gepäckservice sowie ergänzende Serviceleistungen,
– Schallschutz und Klimatisierung,
– IT-, Internet und Unterhaltungselektronik,
– Balkon und Terrassen,
– Bettenauswahl,
– Speiseangebote und Bar,
– Parkmöglichkeiten und Kfz-Service,
– Freizeit-, Tagungs- und Themenangebote einschließlich *Wellness*bereich.

a) *Hotelkategorien nach Betriebsarten*

Hotels können des Weiteren nach Schlüsselkategorien (**Betriebsarten**) aufgeteilt werden. 321
Die Dehoga nennt hier folgende Betriebsarten:

01	Hotel (ohne Hotel garni),
02	Kurhotel (Hotels mit spezifischen Kurmittelleistungen),
03	Beleghotel (Vertragshotels der Versicherungsträger),
04	Motel,
05	Hotel garni,
06	Gasthof,
07	Fremdenheim/Pension,
11	Restaurant,
12	Schankbetrieb,
21	Bahnhofsgaststätte,

VI Besondere Immobilienarten — Sonderimmobilien

22	Flughafengaststätte,
31	Autobahnraststätte,
32	Autobahnraststätte mit Motel,
41	Café/Konditorei/Eisdiele,
42	Bar, Tanz- oder Vergnügungslokal,
43	Diskothek,
44	Imbissbetrieb/Trinkhalle,
51	Kantine,
52	Caterer.

b) Hotelkategorien nach Standort

322 Nach Standorten lassen sich Hotels untergliedern in

- Hotels in größeren Städten (Stadthotel) als Hotel-Restaurant, Privat- bzw. Designer-Hotel, Hotel garni, All-Suite-Hotel, Appartementhotel und *Boardinghouse*, mit ggf. Kongress- und Seminarräumlichkeiten (Stadthotellerie);
- verkehrsabhängige Hotels an Bahnhöfen und Flugplätzen;
- Hotels in Orten mit Mineral- und Moorbädern, Seeheil- und Seebädern, Kneippheilbädern, in -kurorten sowie in heilklimatischen Kurorten (Kur- und Stadthotellerie);
- Hotels in Sport- und Feriengebieten, Strand-, Berg- und Landhotels (Ferienhotellerie);
- Motels an Fernverkehrsstraßen, Hotelschiffe auf Flüssen in Messestädten.

Die Dehoga macht folgende Unterscheidung:

1	Fremdenverkehrsort	– Betrieb ganzjährig geöffnet
2	Fremdenverkehrsort	– Saisonbetrieb
3	Autobahn	
0	kein Standortmerkmal	

c) Hotelkategorien nach Ortsgrößen und Bundesland

323 Des Weiteren unterscheidet die Dehoga **nach Gemeindegrößenklassen** und nach **Bundesländern:**

1	Gemeinden unter 20 000 Einwohner
2	Gemeinden mit 20 000 bis 100 000 Einwohnern und
3	Gemeinden über 100 000 Einwohner

d) Hotelkategorien nach Nutzung (Zielgruppen)

324 Hotels lassen sich darüber hinaus nach **Nutzung** (Zielgruppen), **Ausstattung und Leistung** unterscheiden:

- Passantenhotels,
- Businesshotels,
- Tagungshotels,
- Ferienhotels,
- Kurhotels.

Abb. 140: Zielgruppen in der Hotellerie

Zielgruppe	Anteil in v.H.	Zimmerpreis (netto) in €	Gewichteter Wert
Einzelreisende	30 %	100	30,0
Geschäftsreisende	30 %	80	24,0
Konferenzteilnehmer	20 %	75	15,0
Gruppenreisende	10 %	65	6,5
Sonstige	10 %	60	6,0
Gesamt	100 %		81,5 €

e) *nach Ausstattung:*

- Vollhotel (mit Restauration),
- Hotel garni (nur Frühstück),
- Suiten-Hotel (getrennter Schlaf- und Wohnbereich),
- Appartement-Hotel (mit Küchenzeile), auch *Boardinghaus* genannt.

f) *nach Leistung*

International orientiert sich die **Hotelklassifizierung** nach unterschiedlicher Ausstattung und Service an Sternen (*) – in Deutschland allerdings nicht offiziell –, denen üblicherweise folgende Beschreibung zugeordnet wird:

*****	Luxushotel,
****	First-Class-Hotel,
***	Mittelklassehotel (Komfort),
**	komfortables oder *Economy*-Hotel,
*	einfaches oder *Budget*-Hotel.

Daneben wird auch grob zwischen Hotels in ihrer Gesamtheit und sog. „Markenhotels" unterschieden. Von den 790 000 Hotelzimmern im Jahre 2001 entfielen im Jahre 2001 etwa 43 % aller Hotelzimmer (340 000 Hotelzimmer) und 13,5 % der Hotelbetriebe auf solche **Markenhotels.** Die durchschnittliche Zimmerzahl belief sich bei den Markenhotels auf ca. 117, während die übrigen Hotels im Durchschnitt lediglich 35 Zimmer hatten. Markenhotels befinden sich vornehmlich in den Ballungszentren (Abb. 141).

Abb. 141: Gliederung von Hotels

Preisniveau	Funktion	Ausstattung	Standort	Nutzerzielgruppe	Architektonische Besonderheit
a) Low-Budget	a) Business-Hotel	Vollhotel	a) Innenstadtlage	a) Geschäftsreisende	a) Design-Hotels
b) Economy	b) Kongresshotel	Garni-Hotel	b) Randlage	b) Erholungssuchende	b) All-Suite-Hotel
c) Mittelklasse	Ferienhotel	Suiten-Hotel	c) Autobahn	c) Incentive-Reisende	c) historisches Gebäude
d) First Class	Pension	Appartementhotel	Bahnhof	d) Pauschaltouristen	d) Boutique Hotel
e) Luxusklasse	Kurheim	Boardinghaus	Flugplatz	Airline-Crews, usw.	e) gemischt genutztes Gebäude
	Sporthotel	Gasthof	Strandhotel	Passantenhotel	
	Bauernhof				

VI Besondere Immobilienarten — Sonderimmobilien

327 Zur Führung eines gastgewerblichen Betriebs ist nach § 2 Abs. 1 des **Gaststättengesetzes** eine Erlaubnis erforderlich. Diese wird für eine bestimmte Betriebsart und für bestimmte Räume meist auf Widerruf erteilt. Eine vorläufige Erlaubnis erlischt i.d.R. nach drei Monaten.

5.2.2 Bauliche Kennziffern

328 Für Hotels der unterschiedlichen Hotelkategorien bestehen unterschiedliche **Flächenanforderungen**. Dabei wird unterschieden zwischen

- der Betriebsgröße (brutto) pro Zimmer, d.h. einschließlich aller Nebenflächen (berechnet in BGF/Zimmer), und
- der Zimmergröße (netto).

Abb. 142: Betriebs- und Zimmergröße nach Hotelkategorien

	Betriebs- und Zimmergröße nach Hotelkategorien			
	Economy**	Mittelklasse***	First Class****	Luxus*****
Betriebsgröße/Zimmer	80–120 m²	120–180 m²	200–400 m²	150–350 m²
Zimmergröße netto einschließlich Bad	16–18 m²	18–24 m²	24–32 m²	32–50 m²
Gastronomie	Restaurant oder Frühstücksraum	Restaurant, eventuell Bar: Plätze mindestens ½ Zimmerzahl	mindestens ein Restaurant und eine Bar	mindestens zwei Restaurants und zwei Bars
Konferenz	nicht zwingend	2–3 Räume mit 100–150 m²	umfangreich, abhängig vom Konzept	umfangreich, abhängig vom Konzept
BGF/Zimmer	30–35 m²	38–45 m²	50–70 m²	80–120 m²
Weitere Einrichtungen	keine	eventuell kleiner Fitnessbereich	umfangreich: Businesscenter, Spa, Garage	umfangreich: Spa, Läden, Garage, Lounge

Quelle: Niemeyer, M., Hotel-Projektentwicklung

Abb. 143: Flächenbedarf nach Hotelkategorien

Kategorie	Stadthotels				Seminarhotel 5 Sterne	Erholung Wellness
	2 Sterne	3 Sterne	4 Sterne	5 Sterne		
Logis	17,5	25,0	27,5	32,5	20,0	35,0
Public areas	2,5	6	8,2	10,6	14,2	14,5
Aufenthalt	1	1,4	1,6	2	2	2,4
F&B	1,5	2,4	2,4	2,6	2,4	2,8
Konferenz	0	1,6	3	4	8	2
Leisure	0	0,6	1,2	2	1,8	7,3
Back-office	5,8	6,5	6,8	8,2	5,6	7,4
Verwaltung	0,8	0,8	1	1,2	0,8	1
Wirtschaft	2,4	2,8	3,2	3,8	2,8	4,2
Technik	2,6	2,9	2,6	3,2	2	2,3
Nettosumme	25,8	37,5	42,5	51,3	39,8	56,9
Faktor 1,35	1,35	1,35	1,35	1,35	1,35	1,35
BGF pro Zimmer	34,83	50,63	57,38	69,26	53,73	76,82

Sonderimmobilien — Besondere Immobilienarten VI

Die **Achsmaße von Hotels** liegen derzeit für 329

- ein 2-Sterne-Hotel bei 3,20 bis 3,40 m,
- ein 3-Sterne-Hotel bei 3,60 bis 3,75 m,
- ein 4-Sterne-Hotel bei 3,80 bis 4,00 m,
- ein 5-Sterne-Hotel bei 4,00 m und darüber.

5.2.3 Wirtschaftliche Kennziffern

5.2.3.1 Belegung (Kapazitätsauslastung)

Belegungs- und Kapazitätsauslastungskennwerte werden i.d.R. aus Jahreswerten abgeleitet. In staatlichen Statistiken wird mit **Belegungs- bzw. Auslastungszahlen auf der Grundlage von Bettenbelegungen** gearbeitet. Die Zimmerauslastung ist i.d.R. um 10 Prozentpunkte höher (Bettenauslastung 45 % entspricht einer Zimmerauslastung von ca. 55 v.H.). Darüber hinaus wird mitunter auch die Belegungsziffer der Doppelzimmervermietung ermittelt, die allerdings von eingeschränkter Aussagekraft ist. 330

Die Belegung bzw. Auslastung ergibt sich aus der **Belegungsquote (Belegungsziffer)**, die die Auslastung in % angibt: 331

$$\text{Belegungsziffer} = \frac{\text{Anzahl der tatsächlichen Übernachten pro Jahr}}{\text{Anzahl der möglichen Übernachten pro Jahr}}$$

Bezogen auf Betten:

$$\text{Bettenbelegungsziffer} = \text{belegte Betten} / \text{Anzahl der Betten}$$

- **Belegte Betten** sind dabei diejenigen, die im Berichtszeitraum entgeltlich belegt sind, wobei reservierte und bezahlte Betten, die nicht in Anspruch genommen wurden, mitgerechnet werden.
- **Anzahl der Betten** ist die Zahl der vermietbaren Betten.

Die **Belegungsziffer** lässt sich auf der Grundlage der Zimmerbelegung errechnen, wobei die Zimmerbelegung naturgemäß höher ausfällt: 332

$$\text{Zimmerbelegungsziffer} = \text{belegte Zimmer} / \text{Anzahl der Zimmer}$$

- **Belegte Zimmer** sind dabei diejenigen, die im Berichtszeitraum entgeltlich belegt sind, wobei reservierte und bezahlte Zimmer, die nicht in Anspruch genommen wurden, mitgerechnet werden.
- **Anzahl der Zimmer** ist die Zahl der vermietbaren Zimmer.

Beispiel: 333

50 Zimmer mit 2 Betten × 365 Tage	=	36 500 mögliche Bettenbelegungen
Tatsächlich	=	16 000 Bettenbelegungen
Belegungsziffer (Auslastung)	=	16 000/36 500 = rd. 44 %

Die **Doppelbelegungsquote** (der Doppelbelegungsfaktor) gibt den Anteil der vermieteten Zimmer an, die mit einem zweiten Gast belegt wurden. Sie ergibt sich aus der Zahl der belegten Betten dividiert durch die belegten Zimmer. 334

$$\text{Doppelbelegungsquote} = \text{Zahl der belegten Betten} / \text{Zahl der belegten Zimmer}$$

VI Besondere Immobilienarten Sonderimmobilien

335 *Beispiel:*
Bei einer Doppelbelegungsquote (einem Doppelbelegungsfaktor) von 1,2 und 100 Zimmern ergeben sich 120 Gäste, d. h. 20 % der Zimmer sind mit zwei Gästen belegt. Dies ist z. B. für die Ermittlung des Frühstücksumsatzes von Bedeutung.

336 Die **durchschnittliche Belegung** aller verfügbaren Zimmer bei Hotels in Eigen-, Management- und Pachtbetrieb belief sich im Jahre 2002 auf 65,0 % bei einem durchschnittlich erlösten Nettopreis von 104,20 € und einem durchschnittlichen Nettoumsatz von 42 914 € pro Zimmer, bei einer durchschnittlichen Personalbesetzung von 148 Mitarbeitern. Der F&B-Anteil betrug 37,8 %. Der *break even* wird i.d.R. bei einer Zimmerauslastung ab 55 bis 60 % erreicht (Abb. 144).

Abb. 144: Auslastungsgrad/Belegung

Ausstattung	Betriebsart					
	Stadthotel		Hotel garni		Kur- und Ferienhotel	
	Betten	Zimmer	Betten	Zimmer	Betten	Zimmer
Normale Ausstattung	45,6	51,6	49,2	52,5	47,8	46,8
Gehobene Ausstattung	42,5	51,2	47,6	57,8	54,9	55,1
First-Class- Ausstattung	44,5	47,4	–	–	50,1	54,4

Quelle: Deutsches Wirtschaftswissenschaftliches Institut für Fremdenverkehr (DWIF) an der Universität München, Maschke Hotelbetriebsvergleich, Sonderreihe 63, 1995; vgl GuG-aktuell 2004, 13.

337 Die **Aufenthaltsdauer** bestimmt sich durch die durchschnittliche Verweildauer der Gäste und ergibt sich aus der Zahl der Übernachtungen dividiert durch die Ankünfte.

> Aufenthaltsdauer = Durchschnittliche Verweildauer der Gäste/Zahl der Übernachtungen

338 Nach Angaben der hotel biz consulting (*Hotel Performance Trends, Executive Summary* 2002) ergaben sich für 2001 folgende Kennzahlen für die Bundesrepublik Deutschland[62]:

a) **Logis:**
- Zimmerauslastung .... 63 %
- Zimmerpreis .... 70 €
- Zimmerpreis unter Berücksichtigung der Belegung
  (Revpar = *Revenue per available room*) .... 44 €
- Zimmer pro Hotel 129
- Doppelbelegungsfaktor 1,4
- Aufenthaltsdauer .... 1,8 Tage

b) **Gastronomie**
- Umsatz je Restaurant/Sitzplatz im Jahr .... 6 719 €
- Wareneinsatzquote Speisen und Getränke .... 29 %

c) **Personal**
- Vollbeschäftigte je Zimmer 0,39
- Umsatz je Vollbeschäftigte im Jahr .... 79 510 €
- Personalkosten je Vollbeschäftigte im Jahr .... 26 118 €

---

[62] Vgl. Performance nach USAL und SKR 70

5.2.3.2 Umsatz

a) Allgemeines

Der **Hotelbetriebsumsatz ergibt sich aus den Einnahmen für Logis,** *Food & Beverage* **und Sonstigem.** Für die Beurteilung des Umsatzes von Hotels kommt es maßgeblich auf den **Betriebsumsatz** an, d.h. auf den Gesamtumsatz (einschließlich Bedienungsgeld und ohne Mehrwertsteuer), jedoch ohne betriebsfremde Umsätze, z. B. aus der Vermietung von Ladenlokalen, Umsätze aus einem gleichzeitig betriebenen gewerblichen Einzelhandel usw. Der Betriebsumsatz setzt sich zusammen aus

— dem *Warenumsatz* (Speisen-, Getränke- und Handelswarenumsatz),

— dem *Speisen- und Getränkeumsatz*, der sich aus dem Warenumsatz vermindert um den Handelswarenumsatz ergibt,

— dem *Beherbergungsumsatz* (ohne Frühstück, Speisen- und Getränkeumsatz sowie sonstige betriebliche Umsätze)

— den *sonstigen Umsätzen* (Telefonumsatz, Automatenprovision usw.).

Der Betriebsumsatz deckt sich somit nicht mit dem Umsatz der Umsatzsteuererklärung, der auch betriebsfremde Umsätze einschließt.

Der Betriebsumsatz ist i.d.R. Maßstab für Bemessung der Pacht. Eine wichtige Kenngröße ist der **Betriebsumsatz je Öffnungstag.**

$$\text{Betriebsumsatz je Öffnungstag} = \text{Betriebsumsatz}/\text{Öffnungstage}$$

Bei Hotels bestimmt sich die **Umsatzberechnung**[63] nach

— der Anzahl der Zimmer,

— der Anzahl der jährlichen Betriebstage (Öffnungstage = Tage des Jahres abzüglich Ruhetage und Betriebsferien),

— dem Zimmerpreis (ohne MwSt.),

— der Belegungsziffer je Bett (Zimmer),

— der Aufenthaltsdauer,

— der Anzahl der vorhandenen Sitzplätze,

— der Belegungshäufigkeit je Sitzplatz,

— dem Warenumsatz je Sitzplatz.

---

[63] Zu den Umsätzen der 20 umsatzstärksten Hotelbetriebe in den Altbundesländern in den Jahren 1990/91 vgl. GuG 1991, 222; Quelle: NGZ service manager.

VI Besondere Immobilienarten — Sonderimmobilien

Abb. 145: Umsatzstärkste Hotels

Betrieb	Zimmer-anzahl insgesamt	Betten-anzahl insgesamt	Netto-umsatz in Mio. €	Netto-umsatz pro Zimmer in €	Belegung pro Zimmer in %	Preis pro Zimmer in €	Anteil Logis zu F&B in %/%	Anzahl der Vollzeitmit-arbeiter
Estrel Berlin, Berlin	1 125	2 250	48,7	43 289	58,0	79	34,0/36,0	401
Sheraton Hotel, Frankfurt	1 006	2 012	45,3	45 030	57,8	144	67,4/29,1	429
Hotel Bayerischer Hof, München	395	711	44,5	112 658	71,6	190	43,6/43,3	550
Hotel Adlon, Berlin	336	672	33,7	100 298	56,0	249	50,8/40,1	400
Hotel Inter-Continental, Frankfurt	770	1 540	33,7	43 766	58,7	128	62,7/32,6	320
ArabellaSheraton Grand, München	643	–	32,6	50 700	64,3	130	60,0/35,3	227
Hotel Inter-Continental, Berlin	584	1 080	32,4	55 480	52,8	138	45,0/50,0	330
Hilton Berlin, Berlin	589	1 169	31,6	53 650	70,7	131	–	–
Frankfurt Mariott Hotel, Frankfurt	588	1 176	29,8	50 680	69,9	126	63,3/32,8	–
Millenium Hotel and Resort, Stuttgart	454	908	27,9	61 454	65,5	93	36,4/59,7	317
Sport- und Kurhotel, Sonnenalp	225	420	27,3	121 333	84,0	–	54,5/24,0	328
Maritim Köln, Köln	454	850	24,7	54 405	68,7	112	51,4/43,3	–
Forum Hotel, Berlin	945	1 383	24,4	25 820	75,9	62	66,2/26,1	196
Hilton Frankfurt, Frankfurt	342	684	24,1	70 468	62,6	200	–	–
Hilton München Park, München	79	851	24,0	50 104	59,0	136	–	–

b) Umsatz und Personalbesatz

341 Die Angemessenheit des Personalbesatzes und die **Personalkosten** bzw. die Leistung eines Vollbeschäftigten lässt sich mit folgenden Kennzahlen prüfen:

$$\text{Umsatz je Vollbeschäftigtem} = \frac{(\text{Betriebsumsatz} - \text{außerordentliche Erlöse})}{\text{Anzahl der Vollbeschäftigten}}$$

342 Die Anzahl der **Vollbeschäftigten** (VB) stellt dabei eine theoretische Größe der im Jahresdurchschnitt vollzeitbeschäftigten Mitarbeiter einschließlich der Unternehmer oder unentgeltlich mitarbeitenden Familienangehörigen dar. Teilzeitbeschäftigte und Auszubildende werden (entsprechend der Arbeitszeit) mit dem Faktor 0,5; Aushilfen und unregelmäßig mitarbeitende Familienangehörige mit dem Faktor 0,3 als Vollzeitbeschäftigte berücksichtigt. Als Vollbeschäftigte Arbeitnehmer (VB AN) bezeichnet man dagegen nur die gegen Entgelt beschäftigten und nicht aus dem Gewinn entlohnten Arbeitskräfte. Mitarbeitende Familienangehörige und der Inhaber, soweit sie selbst tätig sind, sind mit einzubeziehen.

343 In der *Schweiz* gelten folgende Rahmendaten (Abb. 147 f.):

Sonderimmobilien | **Besondere Immobilienarten VI**

Abb. 146: Umsatzrahmen pro Vollbeschäftigtem nach Betriebsarten

Umsatzrahmen pro Vollbeschäftigtem nach Betriebsarten	
Betriebsart	Umsatzrahmen pro vollbeschäftigter Person
1. Schnellrestaurant, Pizzeria, Spezialitätenrestaurant	80 000 bis 160 000 SFF
2. Gehobenes Restaurant	90 000 bis 130 000 SFF
3. Speiserestaurant, Quartiersrestaurant	80 000 bis 120 000 SFF
4. Tea-Room, Cafeteria, Getränkewirtschaft	70 000 bis 100 000 SFF
5. Bergrestaurant (per annum)	70 000 bis 150 000 SFF
6. Nachtclub, Bar, Pub	80 000 bis 180 000 SFF

Quelle: GastroconsultAG und Wirtschaftspolitischer Dienst von Gastrosuisse, EFRA-Gruppe 1998

Abb. 147: Betriebsumsatzrahmen pro Vollbeschäftigtem nach Zeit und Tätigkeit

Betriebsumsatzrahmen pro Vollbeschäftigtem nach Zeit und Tätigkeit			
Kennziffer	Minimalwert (SFF)	Durchschnittswert (SFF)	Maximalwert (SFF)
Betriebsumsatz pro beschäftigter Person	85 700	105 600	136 800
Küchenumsatz pro beschäftigter Person in der Küche	121 700	168 600	236 800
Betriebsumsatz pro beschäftigter Person im Service	199 800	229 300	364 100
Umsatz pro Stuhl und Stunde Öffnungszeit	2,25	3,75	5,95
Umsatz pro Beschäftigungsstunde	43,80	54,20	67,10
Umsatz pro Servicestunde	93,10	122,80	160,30

Quelle: GastroconsultAG und Wirtschaftspolitischer Dienst von Gastrosuisse, EFRA-Gruppe 1998

c) Logisumsatz (Beherbergungsumsatz)

Der **Logisumsatz** (Beherbergungsumsatz) ergibt sich aus:

Logisumsatz = Bettenzahl × Bettenpreis × 365 Tage* × Belegung des Hotels in %
* bzw. Betriebstage/Jahr

Beispiel:

– Bettenzahl 100
– Bettenpreis 81,5 €
– Belegung 70 %
Logisumsatz: 100 Zimmer × 81,5 × 365 Tage × 0,70 = 2 082 325

Der Logisumsatz (**Beherbergungsumsatz**) definiert sich ohne Frühstücksumsatz und Nebenerlöse, wie Speise- und Getränkeumsatz, Telefon, Minibar, Video usw. (Abb. 148).

VI Besondere Immobilienarten — Sonderimmobilien

Abb. 148: Logisumsatz pro Zimmer/Jahr 1999

Betriebsart/Umsatzbereich	Beherbergungsumsatz pro Zimmer/Jahr in € ohne MwSt.
Einfache Betriebe (ohne Nasszelle)	bis 4 100
Einfache Betriebe (mit Nasszelle)	ca. 5 100 bis 7 700
Gute Betriebe	ca. 7 700 bis 10 300
Sehr gute Betriebe	bis 18 000
Luxushotels	über 20 500

Quelle: Riedel/Bruss: Gastwirtschaftliche Schriftenreihe Nr. 57 der DEHOGA 1999; vgl. GuG aktuell 2004, 13

346 Die **Bettenumsatzquote** wird aus dem Beherbergungsumsatz im Verhältnis zu den belegten Betten ermittelt bzw. entsprechend für die belegten Zimmer:

> Bettenumsatzquote pro belegtem Bett = Beherbergungsumsatz/belegte Betten
>
> Bettenumsatzquote pro belegtem Zimmer = Beherbergungsumsatz/belegtes Zimmer

347 Daneben lässt sich der **Beherbergungsumsatz** auch durch die Anzahl der Betten bzw. der Zimmer ermitteln:

> Bettenumsatzquote pro vorhandenem Bett = Beherbergungsumsatz/Anzahl der Betten
>
> Zimmerumsatzquote pro vorhandenem Zimmer = Beherbergungsumsatz/Anzahl der Zimmer

d) Warenumsatz

348 Unter dem **Warenumsatz** ist die Summe der Speisen-, Getränke- und Handelswarenumsätze einschließlich Bedienungsgeld, jedoch ausschließlich der Mehrwertsteuer, zu verstehen. Der Warenumsatz wird berechnet nach dem Umsatz pro Quadratmeter Verkaufsfläche oder pro Sitzplatz.

> Warenumsatz = Warenumsatz / Verkaufsfläche [m²] oder Sitzplätze

349 Der Warenumsatz je Sitzplatz oder Verkaufsfläche [m²] ist auf den Öffnungstag zu beziehen, d.h.

> Warenumsatz je Sitzplatz (Öffnungstag) = Warenumsatz/Sitzplätze (Öffnungstag)

350 – **Verkaufsfläche** ist die Fläche, die den Gästen zur Einnahme von Speisen und Getränken zur Verfügung steht. Terrassen sind mit 25 % zu berücksichtigen; Garderoben- und Toilettenräume zählen nicht mit.

– **Sitzplätze** sind die den Gästen zur Einnahme von Speisen und Getränken zur Verfügung stehenden Gastplätze. Sitzplätze im Freien (Biergärten und Terrassen sowie in Veranstaltungsräumen) sind mit 25 % zu berücksichtigen.

351 *Beispiel:*

- Anzahl der Sitzplätze — 150
- Warenumsatz pro Tag — 10,00 €
- Belegung des Sitzplatzes pro Tag — 50 %

Warenumsatz: 150 Sitze × 10,00 € × 365 Tage × 0,50 = 273 750 €

Abb. 149: Durchschnittlicher Warenumsatz je Sitzplatz im Jahr 1999 (ohne MwSt.)

Betriebsart/Umsatzbereich	Warenumsatz pro Stuhl/Jahr in € ohne MwSt.
– Traditionelle Schankbetriebe	ca. 1 500 bis 2 000
– Pubs	
– gute	ca. 2 000 bis 3 000
– sehr gute	bis 4 500
– Bistros	ca. 2 500 bis 4 500
– Gaststätten	
– einfache	ca. 1 500 bis 2 000
– gute	ca. 2 000 bis 4 000
– Restaurants	
– gute	ca. 2 000 bis 4 600
– sehr gute	bis 7 700
– Spezialitätenlokale	ca. 3 600 bis 9 200
– Cafés/Eisdielen	ca. 2 000 bis 4 600
– Diskotheken	ca. 2 600 bis 7 100
– Hallenbetriebe	ca. 1 000 bis 3 100

Quelle: DEHOGA-Schriftenreihe Nr. 57 (1999), umgerechnet

Das Sitzplatzangebot muss der jeweiligen Hotelkategorie angemessen sein. Der **Flächenbedarf in der Restauration** beläuft sich auf etwa: **352**

Flächenbedarf		
– Full-Service-Restaurant	4,5–6,0 m²	
– begrenztes Angebot (ohne große Küche)	2,5–3,5 m²	pro Platz
– Fast-Food	1,5–2,0 m²	

Quelle: Münchener Institut für Markt-, Regional- und Wirtschaftsforschung

e) *Gastronomieumsatz*

▶ *Vgl. Rn 386 ff.*

Der Gastronomieumsatz (Speisen und Getränke – F&B) definiert sich als der **Speiseumsatz** (einschließlich Frühstück) **und** der **Getränkeumsatz** (einschließlich Getränkesteuer und spezifischer Verbrauchssteuern) **inklusive Bedienungsgeld, jedoch ohne Umsatzsteuer.** **353**

Er bestimmt sich nach der Anzahl der Sitzplätze, dem Warenumsatz pro Sitzplatz und seiner Belegung [%]. Er ergibt sich aus: **354**

> Gastronomieumsatz = Anzahl der Sitzplätze × Warenumsatz × 365 Tage* × Belegungsquote
>
> * bzw. Betriebstage/Jahr

Nach einer Faustformel führt ein **Investitionsaufwand von 1 € zu einem Umsatz von 1 €** im **Gastronomiebereich.** **355**

VI Besondere Immobilienarten — Sonderimmobilien

Abb. 150: Durchschnittlicher Warenertrag und durchschnittliche Belegungshäufigkeit pro Tag in Hotels

Ausstattung	Betriebsart					
	Stadthotel		Hotel garni		Kur- und Ferienhotel	
	Durchschnittlicher Warenertrag je Sitzplatz pro Tag	Durchschnittliche Belegungshäufigkeit je Sitzplatz pro Tag	Durchschnittlicher Warenertrag je Sitzplatz pro Tag	Durchschnittliche Belegungshäufigkeit je Sitzplatz pro Tag	Durchschnittlicher Warenertrag je Sitzplatz pro Tag	Durchschnittliche Belegungshäufigkeit je Sitzplatz pro Tag
Normale Ausstattung	8,70 €	0,80	3,00 €	0,50	8,00 €	0,90
Gehobene Ausstattung	11,00 €	0,90	7,00 €	0,90	9,40 €	1,00
First-Class-Ausstattung	18,70 €	1,10	–	–	12,90 €	1,00

Quelle: Deutsches Wirtschaftswissenschaftliches Institut für Fremdenverkehr (DWIF) an der Universität München, Maschke Hotelbetriebsvergleich, Sonderreihe 63, 1995

356 Für die **Themengastronomie** gelten folgende **Kennziffern**

- *Flächenbedarf*   600 bis 2 500 m²,
- *Investitionsvolumen:*   zwischen 1 500 und 3 600 €/m² einschließlich Ausstattung,
- *Umsatz pro Gast:*   rd. 8,00 €.

357 Zu den Umsätzen und Einnahmen von **Gaststätten und Schankbetrieben** vgl. die Hinweise bei Rn. 385 ff.

5.2.3.3 Wareneinsatz und -umschlag

358 Als wichtige Kennziffer der Wirtschaftlichkeit beim Einkauf und der Restauration (Küchenproduktion) gilt die **Wareneinsatzquote,** die das prozentuale Verhältnis der Warenkosten (Speisen- und Getränke) zum Warenumsatz angibt.

$$\text{Wareneinsatzquote} = \text{Warenkosten} \times 100 / \text{Warenumsatz}$$

359 Die **Warenkosten** bemessen sich nach dem effektiven Verbrauch an Lebensmitteln und Handelswaren, bewertet nach Einstandspreisen, einschließlich Fracht, Rollgeld, Verpackung, Zoll und Verbrauchssteuern (z. B. Sektsteuer), zuzüglich der Differenz des Inventurbestands vor und am Ende der Periode.

360 Die **Warenumschlagsquote** ist eine Kennziffer zur Beschreibung des Lagerumfangs und der Lagerdauer von Warenvorräten und der damit verbundenen Kapitalbindung:

$$\text{Warenumschlagsquote} = \text{Warenkosten im Jahr} / \text{durchschnittlicher Warenbestand}$$

361 Der durchschnittliche **Warenbestand** ergibt sich aus der Summe der in den jährlichen Inventuren ermittelten Warenkosten, geteilt durch die Anzahl der Inventuren.

5.2.3.4 Personalkosten und -besatz

362 Die **Personalkosten** werden beschrieben mit den durchschnittlichen Kosten, die ein vollbeschäftigter Arbeitnehmer dem Betrieb verursacht.

$$\text{Personalkosten je Vollbeschäftigtem} = \text{Gesamtpersonalkosten} / \text{Anzahl der Vollbeschäftigten}$$

363 Die **Gesamtpersonalkosten** setzen sich aus sämtlichen Personalkosten einschließlich der gesetzlichen und freiwilligen sozialen Aufwendungen und Sachleistungen aller Art (Kost, Logis, Dienstkleidung, Inserate, Personalwerbung) zusammen.

364 Die Personalkosten können auch als **Vomhundertsatz des Betriebsumsatzes** beschrieben werden:

$$\text{Personalkostenquote} = \text{Gesamtpersonalkosten} \times 100 / \text{Betriebsumsatz}$$

365 Als **Leistungsmaßstab für den Personaleinsatz im Beherbergungswesen (Hotel)** gilt das Verhältnis der belegten Betten bzw. Zimmer pro Vollbeschäftigtem.

$$\text{Quote} = \frac{\text{Anzahl der belegten Betten (oder Zimmer)}}{\text{Anzahl der Vollbeschäftigten im Beherberungsbereich} \times \text{Öffnungstage}}$$

366 Als **Leistungsmaßstab für den Personaleinsatz im Restaurationsbetrieb** gilt die Sitzplatzquote pro Vollbeschäftigtem im Service. Sie ermittelt sich aus:

$$\text{Sitzplatzquote} = \frac{\text{Sitzplätze}}{\text{Anzahl der Vollbeschäftigten im Service}}$$

367 Der **Personalbesatz** (Vollzeitbeschäftigte) macht i.d.R. den größten Teil der Betriebskosten aus; ein unangemessener Personalbesatz kann den Betriebsgewinn erheblich verfälschen. Der Personalbesatz liegt üblicherweise bei

– einem *First-Class*-Hotel bei 0,5 bis 0,8 Angestellten pro Zimmer
– einem Standardbetrieb (auch *Boarding*häuser) bei 0,1 bis 0,2 Angestellten pro Zimmer

Abb. 151: Mitarbeiterzahl pro verfügbarem Zimmer (2003)

Mitarbeiterzahl pro verfügbarem Zimmer (Dezember 2003)				
Stadt	Berlin	Frankfurt am Main	München	Dresden
2003	0,49 bis 0,55	0,43 bis 0,46	0,39 bis 0,43	0,33 bis 0,63

Quelle: Horwarth Consulting Deutschland GmbH; vgl. GuG aktuell 2004, 13

5.2.4 Wertermittlungsverfahren

▶ *Zur Wahl des Wertermittlungsverfahrens vgl. § 8 ImmoWertV Rn. 65 ff.*

368 Grundsätzlich können für die Ermittlung des Verkehrswerts von Hotels und Gaststätten die klassischen Wertermittlungsverfahren (Vergleichs-, Ertrags- und Sachwertverfahren) in den bekannten Ausformungen in Betracht kommen.

– Die Anwendung des Vergleichswertverfahrens scheitert wegen der unterschiedlichen Beschaffenheit von Hotels in aller Regel an geeigneten Vergleichspreisen.
– Der Sachwert, d.h. der Substanzwert des Grund und Bodens, der Gebäude sowie des Inventars und der Einrichtungen, kann zwar ermittelt werden, jedoch sind die aufgebrachten Kosten für einen Investor nur von nachrangiger Bedeutung.

Hotelobjekte sind reine Renditegrundstücke, deren Verkehrswerte (Marktwerte) sich vornehmlich durch ihre Renditefähigkeit ergeben. Entscheidend ist der *Ertragswert,* der i.d.R. auf den Gewinn- und Verlustrechnungen der letzten Jahre sowie einer Einschätzung der künftigen Leistungsfähigkeit beruht. Die Ermittlung des Gesamtwerts von Hotels gehört damit vorrangig zu den Aufgaben der Betriebswirtschaft.

VI Besondere Immobilienarten — Sonderimmobilien

369 Die Erscheinungsformen der Immobilien im Hotel- und Gaststättengewerbe sind allerdings derart vielfältig, dass eine pauschale Wertermittlung über standardisierte Wertansätze nicht empfohlen werden kann.

5.2.5 Vergleichswertverfahren

370 Bei **Ableitung des Zimmerpreises aus dem Kaufpreis eines Hotels zu Vergleichszwecken** ist Vorsicht geboten. Im Kaufpreis sind neben dem Wert des Grund und Bodens und des Gebäudes in jedem Falle der *Goodwill* (Firmenwert) und häufig auch der Inventarwert enthalten. Für eine Aussage über den Verkehrswert eines Hotels sind diese Werte üblicherweise außer Betracht zu lassen.

5.2.6 Sachwertverfahren

371 Die **Anwendung des Sachwertverfahrens** als Hauptverfahren zur Wertermittlung von Hotelgrundstücken **ist abzulehnen.** Die Ermittlung des Grundstückssachwerts eines Hotels hat jedoch für Kontrollzwecke eine nicht unerhebliche Bedeutung, insbesondere, wenn es um die Verkehrswertermittlung eines Hotelneubaus geht. Der Sachwert eines Hotels auf der Grundlage von Normalherstellungskosten lässt sich i.d.R. leicht ermitteln. Die Höhe der Baukosten wird durch Bauart und Ausstattung beeinflusst. Allerdings täuschen hohe Gebäudenormalherstellungskosten oft einen ebenso hohen Verkehrswert vor, der bei Verkauf nicht erzielt werden kann.

372 **Raummeterpreise** für Hotels mit durchschnittlicher bis guter Ausstattung weisen eine große Streuung auf. Sie liegen – bezogen auf das Jahr 2000 – zwischen 1 000 und 2 000 €/m² BGF (ohne Baunebenkosten; vgl. Typ 18 der NHK 2000). Die Höhe des Brutto-Grundflächen- bzw. Raummeterpreises ist nicht unbedingt ein Indiz für die Qualität der baulichen Ausführung und Ausstattung, da den größten Kostenfaktor im Hotelbau der Ausbau und die Haustechnik darstellen. Überschlagsrechnungen basieren auf den Herstellungskosten (Grundstücks- und Gebäudekosten ohne Inventar) je Gastzimmer (Appartement mit Vorraum, Bad/Dusche, WC). Sie liegen zwischen 40 000 € und 100 000 € je Zimmer. Bei *First-Class-* und Luxushotels liegen die Kosten je Zimmer zum Teil weit über 100 000 € (Kostenverhältnisse 2002). Die Methode, die Herstellungskosten eines Hotels nach den durchschnittlich aufzuwendenden Kosten je Gästebett zu ermitteln, kann nicht empfohlen werden (Abb. 152 f.).

Abb. 152: Herstellungskosten pro Zimmereinheit (2002)

	Budget*	Economy**	Mittelklasse***	First Class****	Luxus*****
BGF pro Zimmer	15–20 m²	ca. 35 m²	40–50 m²	ca. 55 m²	über 65 m²
Grundstück einschließlich Erschließung	7 500 €	8 500 €	15 000 €	25 000–50 000 €	50 000–150 000 €
Bau-, Baunebenkosten und Außenanlagen	25 000 €	35 000 €	50 000 €	70 000–100 000 €	130 000–220 000 €
Ausstattung*	5 000 €	7 500 €	12 500 €	15 000–25 000 €	25 000–45 000 €
Gesamtkosten	37 500 €	51 000 €	77 500 €	110 000–175 000 €	205 000–415 000 €

*Das sog. FF&E (Furniture, Fixtures und Equipment) macht bis zu 15 % der Investitionskosten aus.

Quelle: Niemeyer, M., Hotel-Projektentwicklung

Abb. 153: Gesamtinvestitionen pro Zimmer

Gesamtinvestitionen pro Zimmer (ohne Grundstückskostenanteil)			
Hotelkategorie	nach Heuer 1989	nach Pohnert 2004	nach Gugg 2004
1-Sterne-Hotel	46 000 € bis 56 000 €	35 000 € bis 50 000 €	35 000 € bis 45 000 €
2-Sterne-Hotel	56 000 € bis 77 000 €	50 000 € bis 70 000 €	60 000 bis 75 000 €
3-Sterne-Hotel	77 000 € bis 107 500 €	70 000 € bis 90 000 €	80 000 € bis 100 000 €
4-Sterne-Hotel	107 500 € bis 148 000 €	90 000 € bis 130 000 €	120 000 € bis 150 000 €
5-Sterne-Hotel	148 000 € bis 205 000 €	ab 130 000 €	ab 200 000 €

Das **Investitionsvolumen** läst sich auch **auf einen Quadratmeter BGF** beziehen, z. B. ca. 2 000 bis 2 700 €/m² BGF bei durchschnittlich 50 m² BGF pro Zimmer für ein 4-Sterne Hotel.

Abb. 154: Investitionskosten und Verteilung der Kostengruppen

Investitionskosten und Verteilung der Kostengruppen					
Investitionskosten					
Hotelkategorie	1 Stern	2 Sterne	3 Sterne	4 Sterne	5 Sterne
BGF pro Zimmer in m²	15 bis 25	26 bis 39	40 bis 50	51 bis 65	über 65
Investitionskosten pro Zimmer in €	50 000–75 000	75 000–100 000	100 000–150 000	150 000–200 000	über 200 000
Verteilung der Kostengruppen (nach DIN 276) in %					
Grundstück	10 bis 16	8 bis 14	8 bis 10	8 bis 10	6 bis 8
Erschließung	1	1	1	1	1
Bauwerk	35 bis 40	35 bis 40	35 bis 40	35 bis 40	35 bis 40
Technische Anl.	12 bis 16	12 bis 16	12 bis 18	16 bis 18	16 bis 20
Außenanlagen	1 bis 2	1 bis 2	1 bis 2	1 bis 2	1 bis 2
Ausstattung	8 bis 9	10 bis 11	12 bis 14	14 bis 16	14 bis 18
Baunebenkosten	14 bis 16	14 bis 16	14 bis 16	14 bis 16	14 bis 16

Gesamt- und Restnutzungsdauer

Im Allgemeinen werden bei Hotels **Gesamtnutzungsdauern von 40 bis 60 Jahren** angesetzt, die sich tatsächlich nur unter der Voraussetzung einer laufenden Modernisierung ergeben.

Bodenwert

Eine wichtige Kenngröße ist dabei der **Bodenwert, der etwa bei 10 % der Gesamtkosten** liegt. Eine Überschreitung eines Kostenanteils von 15 % für den Grund und Boden deutet auf einen nicht tragbaren Bodenwert hin. 20 % sind allenfalls in den besten Innenstadtlagen tragbar.

▶ *Normalherstellungskosten 2000, Typ 18*

Im Rahmen der Sachwertermittlung müssen zusätzlich zu den Herstellungskosten die **Kosten der Ausstattung (FF&E – Furniture, Fixtures und Equipment)** berücksichtigt werden. Sie beliefen sich im Jahre 2004 auf rd. 12 000 € je Zimmer für ein normal ausgestattetes 4-Sterne-Hotel (bis zu 15 % der Investitionskosten). Darin eingeschlossen sind neben der Zimmerausstattung alle weiteren Ausstattungskosten (Küche, Gastronomie, Rezeption, Sozialräume usw.).

Die **Sachwertfaktoren** bewegen sich bei Anwendung des Sachwertverfahrens im Bereich von 0,4 (bei geringer Auslastung) bis 0,8 (bei hoher Auslastung). Sie sind darüber hinaus bei hohen Sachwerten geringfügig niedriger.

5.2.7 Ertragswertverfahren

5.2.7.1 Allgemeines

▶ *Zur Pachtwertmethode vgl. Rn. 393 ff. und in der Syst. Darst. des Ertragswertverfahrens Rn. 192 ff.*

377 Für die Wertermittlung von Hotelbetrieben (mit Ausnahme der kleinen Betriebe mit Werten deutlich < 500 000 €) ist bei Anwendung des Ertragswertverfahrens generell zwischen zwei Verfahren zu differenzieren:

- dem Pachtwertverfahren und
- dem betriebswirtschaftlichen Verfahren (Unternehmenswert).

Abb. 155: Bewertungsansätze

378 Grundlage beider Verfahren bildet der **durchschnittliche Gesamtjahresumsatz des Betriebs.** Er ist bei bestehenden Betrieben aus den Jahresabrechnungen der vergangenen drei bis fünf Jahre zu ermitteln oder bei geplanten oder im Bau befindlichen Objekten nach Erfahrungssätzen zu schätzen. Der nach der betriebswirtschaftlichen Methode ermittelte Unternehmenswert ist nicht identisch mit dem Verkehrswert und fällt i.d.R. höher aus[64].

5.2.7.2 Einnahmen

a) Einnahmen eines Hotelbetriebs

379 Die **Einnahmen** eines **Hotelbetriebs** und auch die Kosten werden (nach der SKR 70 von DATEV) untergliedert:

a) Logis

b) Speisen und Getränke *(Food and Beverage, F&B)*

c) Sonstiges (Telefon, Garage usw.).

380 Im Rahmen der Ertragswertermittlung kommt dem Zimmerpreis eine maßgebliche Bedeutung zu. Dabei ist nicht der **veröffentlichte Zimmerpreis** – auch *Rack Rate* genannt – maßgebend, da dieser im Hinblick auf Preisabschläge in nachfrageschwachen Zeiten sowie bei Firmen- und Gruppenrabatten *(Corporate rates)* oft um bis zu 50 % unterschritten wird. So zahlen z. B. Konferenzteilnehmer einen ca. 20 bis 30 % geringeren Zimmerpreis als Einzelreisende.

381 Internationaler Vergleichsmaßstab des Logisumsatzes (Beherbergungsumsatzes) ist der tatsächlich im Durchschnitt erzielte Zimmerpreis *(Average Room Rate,* **ARR**) ausschließlich der Mehrwertsteuer und der Umsätze aus Frühstück sowie der sonstigen Nebenerlöse. Die *Ave-*

---

64 Gottlöber, E., Planung, Finanzierung, Bewertung und Rentabilitätsbegutachtung von Hotels, Gastgewerbe Verlag, 2. Aufl. 1992, S. 49.

rage Room Rate ergibt sich aus dem Zimmerumsatz dividiert durch die Zahl der belegten Zimmer.

> *Average Room Rate* (ARR) = Zimmerumsatz/Zahl der belegten Zimmer

Bei einem 4-Sterne-Hotel kann eine **monatliche Pacht** von ca. 600 bis 900 € (ausstattungsabhängig bei ca. 50 m² BGF pro Zimmer) angesetzt werden.

Die *Average Room Rate* sollte bei einer 60 %igen Zimmerbelegung nicht 1/1 000 der Investitionssumme pro Zimmer unterschreiten (Abb. 156).

Abb. 156: Zimmerpreis und Belegung (4 bis 5 Sterne) 2003

Hotelmarkt 4 und 5 Sterne	Durchschnittlicher Zimmerpreis ARR (€)	Belegung	*Room Yield**	*Room Yield* Veränderung zu 2002	
Berlin	130,49	64,8 %	84,52	–	5,20 %
Düsseldorf	104,05	59,1 %	61,54	–	17,00 %
Frankfurt a. M.	128,26	62,2 %	79,84	–	2,70 %
Hamburg	103,83	69,7 %	72,39	+	1,00 %
Köln	98,18	57,8 %	56,74	–	6,70 %
München	108,86	66,7 %	72,56	–	7,60 %
* Durchschnittlicher Zimmerpreis × Belegung					

Quelle: Jones Lang LaSalle *(http://www.joneslanglasallehotels.com)*; vgl. GuG aktuell 2004, 13 sowie IHK Hotelverband 2002/G.O.P.-Gmbh & Co KG Frankfurt am Main *(http://www.gop-hotels.com)*

Darüber hinaus ist zu berücksichtigen, dass dieser Zimmerpreis die Umsatzsteuer einschließt und entsprechend zu vermindern ist. Vor allem aber ist auch die Belegung zu berücksichtigen. Die wichtigste Kenngröße für die Wirtschaftlichkeit eines Hotels ist deshalb der Zimmerpreis unter Berücksichtigung der Belegung, der sog. **RevPar** *(Revenue per available room)*.

> RevPar = Zimmerbelegung × *Average Room Rate* (ARR)

Beispiel: ARR = 100 €
Belegungsquote = 72 %   Revpar in €:   100 € × 72/100 = 72 €

Sofern keine Umsatzzahlen vorliegen, kann der maßgebliche Zimmerpreis entsprechend dem Anteil der jeweiligen Zielgruppe und dem entsprechenden Zimmerpreis abgeleitet werden.

Abb. 157: Hotelkennzahlen in Deutschland

Hotelkennzahlen in Deutschland			
Jahr	*Average Room Rate (ARR)*	RevPar (Umsatz pro Zimmer)	Belegung
2000	82 €	52 €	63,4 %
2001	85 €	52 €	61,2 %
2003	77 €	48 €	62,3 %
2003	81 €	45 €	55,6 %
2004	82 €	49 €	59,8 %
2005	81 €	50 €	61,7 %
2006	88 €	55 €	62,5 %
2007	85 €	55 €	64,7 %

VI Besondere Immobilienarten — Sonderimmobilien

385 Zur Ermittlung des Rohertrags (Nettokaltmiete) wird auch von der **Durchschnittspacht und dem Durchschnittsumsatz** ausgegangen (vgl. Syst. Darst. des Ertragswertverfahrens Rn. 193 ff.).

b) Einnahmen aus der Gastronomie

▶ *Vgl. Rn. 352 ff.*

386 Derzeit bestehen etwa 220 000 Gaststätten, die einen Gesamtumsatz von ca. 40 Mrd. € erwirtschaften. Je nach Standort kann eine **pauschale Pacht von bis zu 10 % des Umsatzes** vereinbart werden.

Pro Gast besteht ein Flächenbedarf von

– 4,5 bis 6,0 m² für ein *Full-Service*-Restaurant,

– 2,5 bis 3,5 m² für ein Restaurant mit mittlerem Angebot,

– 1,5 bis 2,0 m² für ein *Fast-Food*-Restaurant.

Ein „mittleres Restaurant" mit 100 Plätzen benötigt etwa 300 m².

387 Es liegen zumeist **Umsatzzahlen** vor:

Abb. 158: Betriebsergebnisse in Nordrhein-Westfalen (2005)

Betriebsform	Warenumsatz pro Tag und Sitzplatz	Betriebs-ergebnis 1[a.]	Betriebs-ergebnis 2[b.]	Mieten/Pachten
Schankbetriebe	5,00 bis 7,50 €	30 %	10 bis 16 %	8 bis 14 %
Gaststätten	6,50 bis 10,00 €	20 bis 25 %	8 bis 12 %	7 bis 10 %
Restaurants		20 bis 30 %	6 bis 10 %	7 bis 9 %
a. Betriebsergebnis 1: Umsatz abzüglich Waren-, Personal-, Betriebs- und Verwaltungskosten b. Betriebsergebnis 2: Betriebsergebnis 1 abzüglich Mieten/Pachten, Afa, Zinsen, Reparaturen				

388 Vielfach liegen auch **Mietwerte** vor:

Abb. 159: Mietwerte für Gaststätten, Restaurants, Cafés in Bergisch Gladbach, Berlin und Bonn 2009

Gaststätten, Restaurants, Cafés		
Bergisch Gladbach 2009		
Lage	Nutzfläche inkl. Nebenräume	€ pro m²
Zentren Bergisch Gladbach, Bensberg, Refrath	60–140 m²	13,00–21,00 €/m²
Stadtkernrandlagen	60–130 m²	7,00–13,00 €/m²
Nebenzentren	60–220 m²	7,00–11,00 €/m²
Wohngebiete, Stadtrandlagen	80–240 m²	5,00–10,00 €/m²
Großflächige Ladenlokale im Stadtgebiet	300–800 m²	5,00–14,00 €/m²
Die Relation der Nebenflächen an der der Gesamtfläche beträgt bei 30 bis 200 m² großen Ladenlokalen 10 bis 30 %. Mietangaben i.d.R. einschließlich Kellerflächen (im Mittel 37 m²). Weitere Angaben nach Lagen vgl. Grundstücksmarktbericht 2009.		

Sonderimmobilien

Besondere Immobilienarten VI

Gaststätten, Restaurants, Cafés			
Berlin 2007 (IVD Berlin-Brandenburg)			
In € pro m² Fläche pro Monat	Citybereich Charlottenburg, Wilmersdorf, Prenzlauer Berg, Mitte	Cityrandlagen/ Bezirkszentren (Schöneberg, Tiergarten, Friedrichshain, Kreuzberg, Steglitz	Wohnstraße
Bis 60 m²	bis 80,0	bis 50,0	bis 30,0
60–300 m²	20,0–40,0	17,0–30,0	6,0–15,0
300 m²	15,0–35,0	12,0–25,0	4,0–10,0
Bonn 2006			
€ pro m² ohne MwSt. und ohne Nebenflächen			
	Hauptnutzfläche 80 m²		Hauptnutzfläche 120 m²
Bonn Ia-Lage	30–68		23–58
Bonn Ib-Lage	24–43		18–38
Bonn Ic-Lage	16–25		13–20
Bonn Neben- und Randlage	10–22		8–18
Bad Godesberg Ia-Lage	18–30		13–27
Bad Godesberg Ib-Lage	13–26		11–21
Bad Godesberg Neben- und Randlage	10–18		8–15
Beuel Zentrum	11–24		9–19
Duisdorf Zentrum	11–24		9–17

Quelle: Gutachterausschuss für Grundstückswerte in Bonn (2006); Bergisch Gladbach (2009); Berlin (2007). Der Grundstücksmarktbericht enthält auch Mietwerte für Ladenlokale in Stadtteilen und Nebenzentren.

Abb. 160: Interne Gastronomieausgaben je Gast in Relation zur Verweildauer

1) Durchschnittliche Verweildauer vier Tage, durchschnittliche Gastro-Ausgabe pro Person und Tag 11 €
2) Die deutschen Freizeitparks mit über 1 Mio. Besucher realisieren Netto-Gastro-Umsätze zwischen 5 € und etwa 9 € je Gast; differenziert nach der Komplexität der Anlage und der Verweildauer
3) 1,75 bis 2 € bei Multiplexkinos in innerstädtischen Lagen
4) Freizeitbad (Mittelwert kommunaler und privatwirtschaftlicher Betriebe/mittlere Verweildauer)
5) Fitnessanlage
6) Großaquarien

Quelle: Marktbericht III (Freizeitmarkt) der Westdeutschen Immobilienholding

VI Besondere Immobilienarten   Sonderimmobilien

389 c) *Einnahmen von Tagungszentren*

Abb. 161: Preisliste (einschließlich Mehrwertsteuer) von Tagungszentren in Berlin (Stand 2004)

Räumlichkeit	Raumgröße	Personen	Tagessatz
Raum mit Rednerpult und Verdunkelungsmöglichkeit			
Tagungsraum	50 bis 70 m²	bis 30	230 €
	100 m²	bis 40	310 €
	160 m²	bis 80	450 €
Saal (ohne Foyer)	120 m²		
– Blockbestuhlung (Rechteck)		bis 40	410 €
– Parlamentsbestuhlung (mit Tisch)		bis 50	410 €
– Kinobestuhlung (ohne Tisch)		bis 70	460 €
Saal (ohne Foyer)	210 m²		
– Parlamentsbestuhlung (mit Tisch)		bis 100	770 €
– Kinobestuhlung (ohne Tisch)		bis 150	840 €
Saal (ohne Foyer)	330 m²		
– Parlamentsbestuhlung (mit Tisch)		160	1 000 €
– Kinobestuhlung (ohne Tisch)		250	1 125 €
Foyer	200 m²		150 €
	400 m²		250 €

Tagungstechnik:

Internetzugang		nach Gebührenabrechnung
Telefonanschluss		nach Gebührenabrechnung
Faxanschluss		nach Gebührenabrechnung
PC	20,00 € pro Stunde	100,00 € pro Tag
Overhead-Projektor	8,00 € pro Stunde	40,00 € pro Tag
Flipchart	5,00 € pro Stunde	25,00 € pro Tag
Pinnwand	5,00 € pro Stunde	25,00 € pro Tag
Beamer	20,00 € pro Stunde	100,00 € pro Tag
Videorecorder	8,00 € pro Stunde	40,00 € pro Tag
Fernseher	8,00 € pro Stunde	40,00 € pro Tag
Diaprojektor	10,00 € pro Stunde	50,00 € pro Tag
Aktivboxen mit Mikrofon		20,00 € pro Tag
Stehtische		10,00 € pro Tag
Funkkopfhörer mit schnurlosem Mikrofon		5,00 € pro Person

5.2.7.3 Bewirtschaftungskosten

390 Als Bewirtschaftungskosten (betriebsbedingte Kosten) sind insbesondere die direkten Kosten und die Personalkosten anzusetzen, insbesondere

a) **Wareneinsatz**   Benchmark: 25 %

Warenkosten sind insbesondere Lebensmittel, Getränke und sonstige Waren (Tabakwaren, Zeitungen, Süßwaren, Eis, Toilettenartikel, Ansichtskarten);

b) **Personalkosten**   Benchmark: 30 %

Personalkosten sind insbesondere Löhne und Gehälter, gesetzliche und tarifliche soziale Aufwendungen, freiwillige soziale Aufwendungen (z. B. Weihnachtsgeld, Kost, Fahrgeld), Aushilfslöhne und pauschale Steuern bei Aushilfe;

Sonderimmobilien — Besondere Immobilienarten VI

c) **Energiekosten** (4 bis 6 %), Benchmark: 5 %

Energiekosten sind sämtliche Kosten für Strom, Gas, Heizöl, Wasser, Heizung und Klimatisierung.

Zur Beurteilung der Energiekosten werden diese in % des Betriebsumsatzes angegeben:

$$\text{Berechnung} = \text{Energiekosten} \times 100 / \text{Betriebsumsatz}$$

d) **Betriebs- und Verwaltungskosten** Benchmark 3 %

Betriebs- und Verwaltungskosten sind insbesondere die Kosten der Verwaltung.

Sonstige Betriebs- und Verwaltungskosten umfassen die Kosten für

- Wäsche und Reinigung einschließlich Abraum- und Abfallbeseitigung, Müllgebühren,
- Arbeitskleidung, Wäsche, Geschirr, Batterien usw.
- Kfz-Kosten einschließlich Kfz-Steuer und Kfz-Versicherung,
- Rechts- und Beratungskosten sowie Buchführungs-, Abschluss- und Prüfungskosten,
- Bürobedarfskosten, EDV-Kosten,
- Post- und Telefonkosten,
- Musik und Unterhaltung (Kabel- und Satellitenfernsehen, Pay-TV-Kosten)
- Werbeaufwand, Verkaufsförderung, Repräsentationsaufwendungen, Bewirtungskosten,
- Reisekosten, Kreditkartenprovisionen und
- sonstige Verwaltungskosten (Aufwendungen, Geldverkehr, Bargeldfehlbeträge).

Zur Beurteilung der sonstigen Betriebs- und Verwaltungskosten werden diese in % des Betriebsumsatzes angegeben:

$$\text{Berechnung} = \text{Sonstige Betriebs- und Verwaltungskosten} \times 100 / \text{Betriebsumsatz}$$

e) **Steuern, Gebühren, Versicherungen, Beiträge** Benchmark: 5 %

Zu den Steuern, Gebühren, Versicherungen und Beiträgen gehören u.a. Umsatzsteuer, soweit nicht absetzbar, Getränke- und Vergnügungssteuer, Gewerbesteuer, Grundsteuer, Gema usw., jedoch nicht Kfz-Steuer und Kfz-Versicherungen, Betriebsversicherungen (Versicherungsprämien), Verbandsbeiträge sowie öffentliche Gebühren und Beiträge.

Zur Beurteilung der Steuern, Gebühren, Beiträge, Versicherungsprämien werden diese in % des Betriebsumsatzes angegeben:

$$\text{Berechnung} = \frac{(\text{Steuern} + \text{Gebühren} + \text{Beiträge} + \text{Versicherungsprämien}) \times 100}{\text{Betriebsumsatz}}$$

f) **Erneuerungsrücklagen (Instandhaltung)** Benchmark: 4 %

(Ergebnis vor Zinsen, Abschreibung und Steuern EBITDA)

Betreibervergütung

Bewirtschaftungskosten des Verpächters werden üblicherweise mit nicht mehr als 15 % der Jahresnettokaltmiete angesetzt. Als **Betreibervergütung** sind davon rd. 3 % des Umsatzes und 10 % des Bruttobetriebsergebnisses üblich.

5.2.7.4 Liegenschaftszinssatz

Hotelgrundstücke sind risikoreiche Kapitalanlagen. Insofern liegt der **Kapitalisierungszinssatz** im Ertragswertverfahren im Allgemeinen nicht unter 6,5 v.H. Durchschnittlich werden 7 v.H. angenommen, da Modernisierungsinvestitionen insbesondere im Gästebereich alle 15 bis 20 Jahre erforderlich sind. In diesem Zeitraum muss sich der bei einem Hotelneubau

VI Besondere Immobilienarten   Sonderimmobilien

mit 60 bis 70 v.H. der Herstellungskosten anzusetzende Ausbauanteil weitgehend amortisiert haben (vgl. § 14 ImmoWertV Rn. 142: 6,5 bis 8,5 %).

Der **Liegenschaftszinssatz** von Hotels und Gaststätten im Jahre 2005 beläuft sich nach Untersuchungen der Gutachterausschüsse im LK Diepholz und Nienburg auf 6,5 %.

5.2.7.5 Plausibilitätskontrolle

393 Als **Plausibilitätskontrolle** lässt sich der Ertragswert überschlägig als ein Vielfaches

– des *Jahresnettoumsatzes* (2,0 [schlechte Lage] bis 3,0 [gute Lage]),

– des *Jahresrohertrags* (10,0 [schlechte Lage] bis 13,0 [gute Lage])

ermitteln.

5.2.8 Pachtwertverfahren

▶ *Vgl. Rn. 339; § 8 ImmoWertV Rn. 68; Syst. Darst. des Ertragswertverfahrens Rn. 297 ff.*

394 Das Pachtwertverfahren ist das von Grundstückssachverständigen üblicherweise angewandte Verfahren zur Wertermittlung eines Hotelgrundstücks. Es wird im Wirtschaftsleben allgemein anerkannt und dient auch bei der Beleihung als Grundlage. Es gleicht im Prinzip dem Ertragswertverfahren nach der ImmoWertV, wobei der **Grundstücksreinertrag** aber nicht aus den üblichen Mieten, sondern **aus dem nachhaltig erzielbaren Pachtertrag des Eigentümers** gebildet wird. Bei bestehenden Objekten können meistens die Umsatzzahlen aus den vergangenen drei Jahren vergleichend mit herangezogen werden. Die mitgeteilten Umsatzzahlen sind jedoch zunächst auf Angemessenheit hin zu überprüfen. Grundsätzlich wird dabei vorausgesetzt, dass der Eigentümer des Hotelgrundstücks seinen Betrieb verpachtet. Als Jahresnettokaltmiete wird dann die Pacht angesetzt, die ein Betreiber des Hotels (Pächter) üblicherweise dem Eigentümer (Verpächter) zahlt. Diese Verfahrensweise ist auch bei eigengenutzten Hotels anzuwenden, also in den Fällen, in denen Betreiber und Eigentümer eine Person ist.

395 Maßstab für die Bemessung der Pacht ist i.d.R. der Betriebsumsatz. Aus einem nachhaltig erzielbaren Gesamtumsatz wird mittels **angemessener, marktüblicher Pachtsätze für Beherbergung, Gastronomie und sonstigem Umsatz** ein Jahrespachterlös als Jahresnettokaltmiete ermittelt. Von durchschnittlichen Umsätzen (etwa der letzten drei Jahre), die auf Dauer von durchschnittlich begabten Hoteliers erzielt werden können, und bei normalen Betriebs- und Sachkosten ergibt sich die Hotelpacht im Allgemeinen aus folgenden Prozentsätzen (Umsätze ohne MwSt. und gegebenenfalls auch ohne Kurtaxe) in den Teilbereichen (Abb. 162):

Abb. 162: Hotelbetriebsumsatz

	Hotel/Restaurant	Hotel garni
für Beherbergung	15–20 %	18–22 %
für Speisen	6–10 %	8–12 %
für Getränke	8–10 %	8–12 %
für Sonstiges	10–15 %	
– in Sonderfällen bis zu maximal	25 %	20–22 %
für Gesamtumsatz	15–18 %	20–22 %

396 Der sich nach Abzug der Bewirtschaftungskosten des Verpächters (üblicherweise nicht mehr als 15 % der Jahresnettokaltmiete) ergebende Grundstücksreinertrag wird wie bei dem normalen Ertragswertverfahren nach den §§ 17 bis 20 ImmoWertV mit einem marktüblichen Liegenschaftszinssatz über die voraussichtliche Restnutzungsdauer des Objekts kapitalisiert. Das

Ergebnis ist der aus dem Grundstücksertragswert abgeleitete Verkehrswert nach § 194 BauGB (Abb. 163).

Abb. 163: Durchschnittliche Pachten von Hotels

Ausstattung	Betriebsart		
	Stadthotel	Hotel garni	Kur- und Ferienhotel
Normale Ausstattung	11 % bis 13 %	18 % bis 20 %	8 % bis 10 %
Gehobene Ausstattung	11 % bis 13 %	20 % bis 24 %	11 % bis 13 %
First-Class-Ausstattung	13 % bis 15 %	–	10 % bis 12 %

Quelle: Deutsches Wirtschaftswissenschaftliches Institut für Fremdenverkehr (DWIF) an der Universität München, Maschke Hotelbetriebsvergleich, Sonderreihe 63, 1995

Die BBG-Consulting Kreuzig GmbH Düsseldorf hat im Betriebsvergleich Hotellerie & Gastronomie Deutschland 2002 folgende **Pachten in Prozent vom Nettologisumsatz** (ohne Frühstück) angegeben (Abb. 164):

Abb. 164: Durchschnittliche Pachten von Hotels in Prozent vom Nettologisumsatz (ohne Frühstück)

Hotelkategorie		Pacht
A	Bis 40 % Logisanteil, auch Gasthöfe	11 bis 14 %
B	40 bis 60 % Logisanteil, auch Saisonbetriebe	14 bis 15 %
C	über 60 % Logisanteil, auch Hotel garni	21 bis 23 %
D	Großhotellerie	15 bis 17 %

Riedel/Busse[65] geben für 1999 folgende **Pachtsätze** an (Abb. 165):

Abb. 165: Umsatz-Pachtsätze

Betriebsart/Umsatzbereich	Basis-Pachtsatz in %
Beherbergung	
– einfache Betriebe (ohne Nasszelle)	10 bis 15
– einfache Betriebe (mit Nasszelle)	15 bis 20
– gute Betriebe (mit Nasszelle)	20 bis 30
– sehr gute Betriebe (mit Nasszelle)	25 bis 35
– Luxushotels	über 30
Speisen/Getränke	
– Schankbetriebe	6 bis 8
– Pubs	
gut	8 bis 10
sehr gut	10 bis 12
– Bistros	10 bis 12
– Gaststätten	
einfach	6 bis 8
gut	7 bis 9

---

65 Schriftenreihe Nr. 57 der DEHOGA 1999.

VI Besondere Immobilienarten Sonderimmobilien

– Restaurants		
	gut	7 bis 9
	sehr gut	8 bis 10
– Spezialitätenlokale		8 bis 12
– Cafés/Eisdielen		8 bis 12
– Diskotheken		12 bis 18
– Hallenbetriebe		4 bis 7
Sonstige Betriebsumsätze		
– Spielautomatenprovisionen		40 bis 60*
– Kegelbahnmieten		30 bis 50
– Telefon/Garagen		10 bis 12
Bar- und Vergnügungsbetriebe		12 bis 16
* Hierbei handelt es sich um den vom Automatenaufsteller an den Pächter ausgezahlten Anteil an den Gesamteinspielergebnissen von mindestens 50%.		

399 Die **angegebenen Pachtsätze sind incl. Pachtanteil für Mobiliar;** der Mobiliaranteil an den o.a. Pachtsätzen kann mit bis zu ca. 25 % angenommen werden,

– z.B. 25 % (Mobiliaranteil bei Beherbergung) von 20 % Basispacht = 5 % Pachtminderung oder
– 20 % (Mobiliaranteil beim Restaurant) von 10 % Basispacht = 2 % Pachtminderung.

400 **Bei der Verkehrswertermittlung von Hotel- und Gaststättengrundstücken ist der Verkehrswert immer ohne Mobiliaranteil zu ermitteln.** Die Pachtsätze müssen dementsprechend vermindert werden.

401 Das Verfahren vollzieht sich nach dem in Abb. 166 abgedruckten Schema.

Abb. 166: Pachtwertverfahren

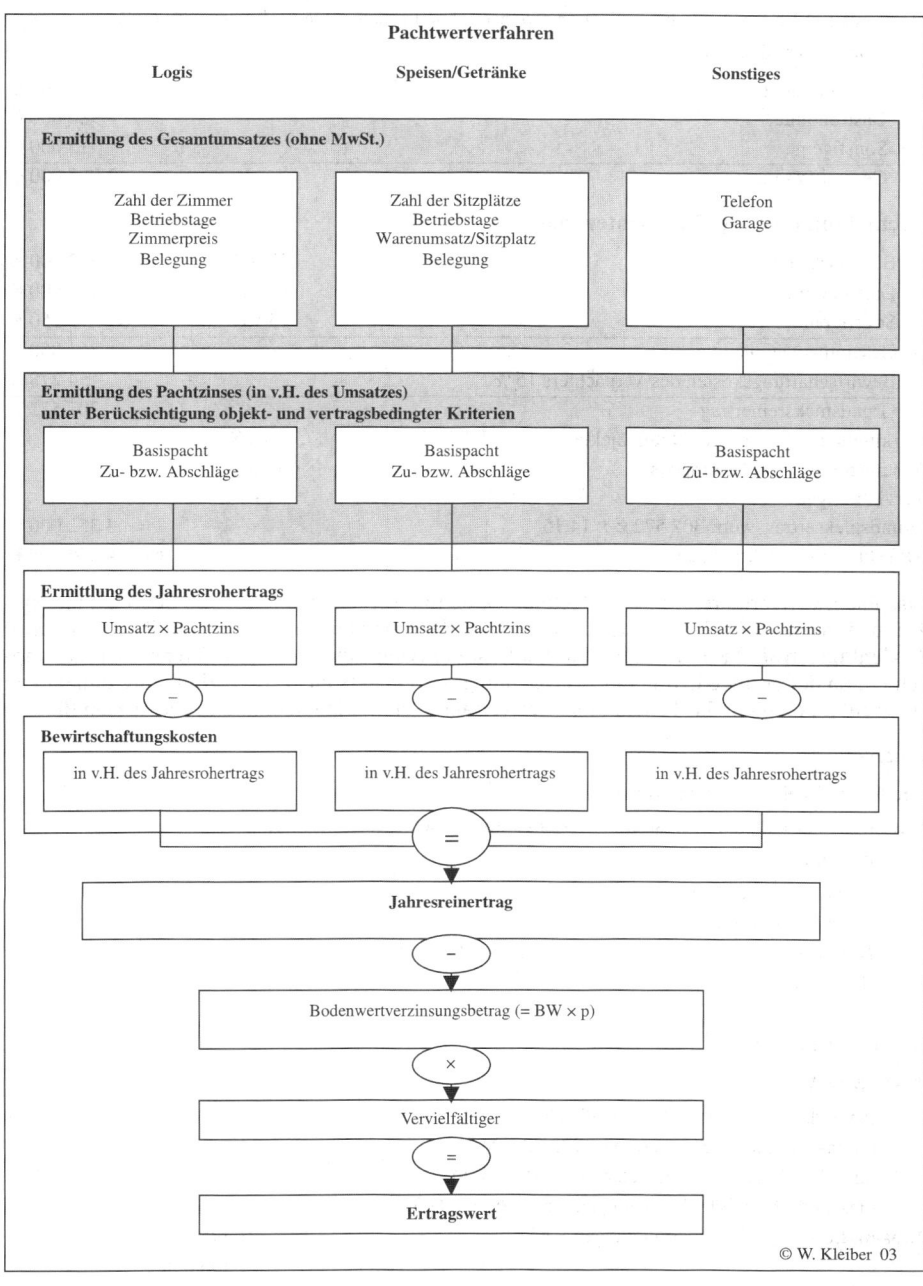

VI Besondere Immobilienarten Sonderimmobilien

402 *Beispiel (vereinfachte Wertermittlung)*

Hotel mit 132 Betten, Jahresbetrieb, Zimmerpreise (ohne Frühstück) je nach Saison 30 bis 45 €

Umsätze im Jahr 1996 aus

– Beherbergung			1 100 000 €
– Gastronomie		+	980 000 €
– Sonstigem		+	15 000 €
– Gesamtumsatz		=	2 085 000 €

Pachteinnahmen des Verpächters aus

– Beherbergung	22 v.H.		242 000 €
– Gastronomie	12 v.H.	+	117 600 €
– Sonstigem	15 v.H.	+	2 250 €
– Gesamtpachteinnahme		=	361 850 €
– Bewirtschaftungskosten des Verpächters 15 %		–	54 278 €
– Grundstücksreinertrag		=	307 572 €
marktüblicher Zinssatz für Hotelobjekte	6,5 %		
Restnutzungsdauer des Objekts	40 Jahre		
Vervielfältiger	14,15		
Grundstücksertragswert: 307 572 € × 14,15		=	4 352 000 €
Verkehrswert des Grundstücks		**rd.**	**4 350 000 €**

403 Das Pachtwertverfahren führt bei Hotelobjekten mit Verkehrswerten > 500 000 € zu plausiblen und nachvollziehbaren Ergebnissen. Für **Kleinstbetriebe, Pensionen, Gasthöfe und Ferienlager mit Werten unter 500 000** € ist die Anwendung des Verfahrens nicht zu empfehlen, da der geringe Ertrag eine Verpachtung des Objekts nicht trägt. Hier wäre ohnehin zu überprüfen, ob nicht das Liquidationswertverfahren zu marktgerechteren Ergebnissen führt.

404 *Beispiel:*

Großstadt-Hotel der 3-Sterne-Kategorie;
Privathotel mit kompletter Gastronomie/Kooperations-Hotel

a) Grundlagen

- Aktuelle Objektunterlagen
- Betriebskennzahlen des Jahres
- *Food-&-Beverage* und sonstige Kennzahlen in Prozent
- Bodenwert

b) Wertermittlung

Ertragswert

– Anteil Logis-Umsatz 1989 – 1992 i. M.		62,8 %
– durchschnittlicher Zimmerpreis 1989/92 i. M.		rd. 65 €
– durchschnittliche Zimmerbelegung 1989/92 i. M.		66,3 %
dies sind rd. 23 000 Vermietungen (95 × 365 × 0,663)		
Umsatz Logis 23 000 Vermietungen × 65 €	1 495 000 €	(62,0 %)
	rd. 1 500 000 €	

demnach ergeben sich für

Umsatz Food-&-Beverage	rd. 790 000 €	(32,7 %)
Sonstige Umsätze:	rd. 130 000 €	(5,3 %)
Betriebsumsatz	**rd. 2 420 000 €**	(100,0 %)

Besondere Immobilienarten VI

Angemessener Pachtwert = Jahresnettokaltmiete i.S. von § 18 ImmoWertV:

18 % von 2 420 000 €	=	435 600 €
./. Bewirtschaftungskosten (gemäß besonderem Nachweis rd. 15 %)	−	65 400 €
= Reinertrag des Grundstücks		370 200 €
abzüglich Bodenwertverzinsungsbetrag 6,5 % von 1 000 000 €	−	65 000 €
= Ertragsanteil der baulichen Anlagen	**rd.**	**305 000 €**

Bei

- einer wirtschaftlichen Restnutzungsdauer von   40 Jahren
- einem Liegenschaftszinssatz von   6,5 %
- ist der Vervielfältiger   14,15

Gebäudeertragswert: 305 000 € × 14,15	=	4 315 750 €
	rd.	4 300 000 €
zuzüglich Bodenwert	+	1 000 000 €
= Ertragswert		**5 300 000 €**
Sachwert (Bau- und Bodenwert) wurde ermittelt mit	=	**6 000 000 €**
Verkehrswert der Immobilie	=	**5 500 000 €**

Nachrichtlich
- 103,8 % des Ertragswerts
- 12,6-fache Jahresnettokaltmiete
- 57 900 €/Zimmer
- 2,27-facher Betriebsumsatz

5.2.9 Betriebswirtschaftliches Verfahren

Grundlage des betriebswirtschaftlichen Verfahrens ist das *„Uniform System of Accounts for the Lodging Industrie"* (USALI). Ausgangspunkt dieser Verfahren ist der Betriebsumsatz, der sich aus dem Gesamtumsatz (einschließlich Bedienungsgelder, jedoch ohne betriebsfremde Umsätze und ohne Mehrwertsteuer) ergibt. aufgrund der Besonderheiten im Hotel- und Gaststättengewerbe hat es sich als sinnvoll erwiesen, zwischen dem

Betriebsergebnis 1: Umsatz abzüglich der betriebsbedingten Kosten (operative Kosten), und

Betriebsergebnis 2: Umsatz abzüglich der Gesamtkosten, d. h.
– der betriebsbedingten Kosten (operative Kosten) sowie
– des anlagebedingten Kostenaufwands

zu unterscheiden.

Abb. 167: Betriebsgewinne

	Betriebsgewinne	
Hotelkategorie	**Betriebsgewinn 1**	**Betriebsgewinn 2**
A	26 bis 31 %	11 bis 17 %
B	35 bis 40 %	16 bis 23 %
C	40 bis 43 %	19 bis 22 %
D	38 bis 41 %	22 bis 27 %

Die **anlagebedingten Kosten** sind im laufenden Geschäftsbetrieb nur noch geringfügig beeinflussbar; hierzu gehören insbesondere

- Mieten, Pachten, Leasing,
- Instandhaltung, Reparaturen, wobei im Hinblick auf die übliche Gesamtnutzungsdauer von 40 bis 60 Jahren auch Modernisierungen zu erfassen sind,

VI Besondere Immobilienarten — Sonderimmobilien

- Abschreibungen für Abnutzung (AfA) und GWGs,
- Zinsen und Nebenkosten des Geldverkehrs,
- Fremdkapitalzinsen.

407 a) Nach der Bruttobetriebsmethode (*Gross Operating Profit*, G.O.P) wird – vereinfacht gesagt – der Ertrag zunächst damit ermittelt, dass die Umsatzerlöse um

- die ihnen direkt zurechenbaren Bewirtschaftungskosten,
- die Gemeinkosten und
- den angemessenen Betreibergewinn

vermindert werden (Betriebsergebnis 1).

b) Nach der Nettobetriebsmethode (*Net Operating Profit*, N.O.P) werden die Umsatzerlöse zusätzlich noch um die sonstigen anlagespezifischen Aufwendungen, wie Versicherungen, Grundsteuer, Fremdkapitalzinsen und Abschreibungen sowie um einen angemessenen Betreibergewinn vermindert.

Nach einer groben Faustformel liegt der **Anteil der Pacht an den Gesamtumsätzen**

- in der Großhotellerie bei   23 bis 26 %
- in der gehobenen Großhotellerie bei   28 bis 35 %.

408 Der gastgewerbliche Kontenrahmen (SKR 70) erfasst als **Abschreibung (AfA)** sowohl die Vollabschreibung der geringerwertigen Wirtschaftsgüter (GwG) im Jahr der Anschaffung als auch die Abschreibung des Anlagevermögens, wie Gebäude, Maschinen und Inneneinrichtungen.

409 Beim betriebswirtschaftlichen Bewertungsverfahren wird zunächst der Bruttobetriebsgewinn – *Gross Operating Profit* (G.O.P.) – ermittelt. Er ist die Ausgangsgröße der betrieblichen Wertbetrachtung und besteht aus der Differenz des jährlichen Gesamtumsatzes des Hotels und aller laufenden Betriebsaufwendungen. Dabei ist der Bruttobetriebsgewinn nicht mit dem nachhaltigen Grundstücksreinertrag nach den §§ 17 und 18 ImmoWertV gleichzusetzen und ist deshalb nicht auf der Grundlage von üblichen Erfahrungsgrößen ermittelbar, sondern kann nur für den jeweiligen Betrieb individuell festgestellt werden.

410 Das betriebswirtschaftliche Bewertungsverfahren lässt sich aber auch dahingehend modifizieren, dass der Ermittlung des Bruttobetriebsgewinns ein **durchschnittliches Management** ggf. auf der Grundlage von Kennziffernvergleichszahlen zugrunde gelegt wird.

411 Auch die weitere wertermittlungstechnische Behandlung des Bruttobetriebsgewinns ist von der entsprechenden Verfahrensweise bei der Ertragswertermittlung nach ImmoWertV deutlich unterschieden. Zur Ermittlung eines nachhaltig erzielbaren Unternehmensertragswerts wird der **Bruttobetriebsgewinn** üblicherweise **aus einer für die Zukunft geschätzten Fünfjahresperiode** gewichtet und kapitalisiert.

412 Bei der **Bemessung des Kapitalisierungszinssatzes** wird nicht von einem entsprechend der Risikoeinschätzung des Objekts sich ergebenden Liegenschaftszins ausgegangen, sondern von einem Kapitalmarktzins einer entsprechenden alternativen Investition, der um einen Risikozuschlag bis zu 50 v.H. erhöht wird. Betriebswirtschaftlich wird in der stark anlagenintensiven Hotellerie eine 10 %ige Gesamtkapitalrendite für erforderlich gehalten. Die Praxis akzeptiert daher Kapitalisierungssätze zwischen 10 und 11 %.

413 Die Kapitalisierung der Ertragskraft des Hotels (= Betrag, den der Hotelbetrieb jährlich erwirtschaften kann) ergibt im Allgemeinen seinen betriebswirtschaftlichen Wert oder den Unternehmenswert. Der **betriebswirtschaftliche Ertragswert** ist nicht identisch mit dem Verkehrswert nach § 194 BauGB, da er wesentlich von der künftigen Führung des Betriebs geprägt und nicht von typisierten Durchschnittsparametern abgeleitet wird. Der betriebswirtschaftliche Wert ist deshalb ein individueller Unternehmensertragswert (Abb. 168):

Abb. 168: Unterschiede zwischen der Ertragswertermittlung nach ImmoWertV und dem betriebswirtschaftlichen Bewertungsverfahren

Verfahrensvergleich	
Ertragswertverfahren nach ImmoWertV	**Betriebswirtschaftliches Verfahren**
Wert wird bei freier Disponierbarkeit des Objekts am Grundstücksmarkt von der Verzinsung des investierten Kapitals bestimmt	Wert wird bei Fortführung der bestehenden Nutzung von den voraussichtlichen Gewinnen bestimmt
Kapitalisierung des Grundstücksreinertrags unter Berücksichtigung des Liegenschaftszinssatzes und der voraussichtlichen Restnutzungsdauer des Objekts (Zeitrentenvervielfältiger)	Kapitalisierung der Einnahmeüberschüsse unter Berücksichtigung des aktuellen Kapitalmarktzinssatzes zuzüglich eines Risikozuschlags (Kapitalisierungsfaktor für 100 Jahre Laufzeit)
Normiertes Verfahren nach §§ 17 bis 20 ImmoWertV	Keine Normung des Verfahrens

Beispiel (wie vorstehend) **414**

Gesamtumsatz	=	2 095 000 €
– Warenumsatz	–	330 000 €
– Personalkosten	–	715 000 €
– Energiekosten, Steuern, Beiträge, Versicherungen, Sonstige Betriebs- und Verwaltungskosten, Reparaturen, Instandhaltung, insgesamt	–	412 000 €
Bruttobetriebsgewinn (1996)	rd.	638 000 €

Bruttobetriebsgewinn für die Folgejahre bis 2000 geschätzt
(Kapitalisierungszinssatz 7,5 % Anlagezins + 50 % Risikozuschlag = 11,0 %; Diskontierungszinssatz: 11,0 %)

Jahr	1996	1997	1998	1999	2000
Bruttobetriebsgewinn	638 000 €	640 000 €	640 000 €	645 000 €	655 000 €
Diskontierungsfaktor	0,9009	0,8116	0,7312	0,6587	0,5935
Bruttobetriebsgewinn bezogen auf 1996	574 774 €	519 424 €	467 968 €	424 862 €	388 743 €

Summe der Betriebsgewinne 1996 bis 1999		1 987 028 €
Geschätzter Betriebsgewinn des Jahres 2000 (kapitalisiert mit 11 %)	+	3 534 024 €
Betriebswirtschaftlicher Ertragswert bzw. Unternehmenswert des Objekts		**5 520 000 €**

Das vorstehende *Beispiel* zeigt eine Methode der Ermittlung des betriebswirtschaftlichen **415** Ertragswerts oder des Unternehmenswerts auf. In der betriebswirtschaftlichen Praxis werden sehr unterschiedliche Verfahren angeboten, die zum Teil zu voneinander stark abweichenden Ergebnissen führen. Wenn schon bei der Verkehrswertermittlung nach ImmoWertV eine Schätzungsgenauigkeit von ± 15 v.H. als üblich gilt, ist das **Ergebnis betriebswirtschaftlicher Wertermittlungen mit erheblich größeren Unsicherheiten behaftet,** da die Wertermittlungsansätze zukunftsorientiert vorgenommen werden, d.h. das Ergebnis noch stärker von der persönlichen Einschätzung des Wertermittlers geprägt wird als bei der Verkehrswertermittlung. Zudem fehlen Normierungen wie bei der Wertermittlung nach § 194 BauGB weitgehend (Abb. 169).

VI Besondere Immobilienarten — Sonderimmobilien

Abb. 169: Grundsätzliche Unterschiede bei der Wertermittlung von Hotelbetrieben nach § 194 BauGB und Unternehmensbewertung (schematisch)

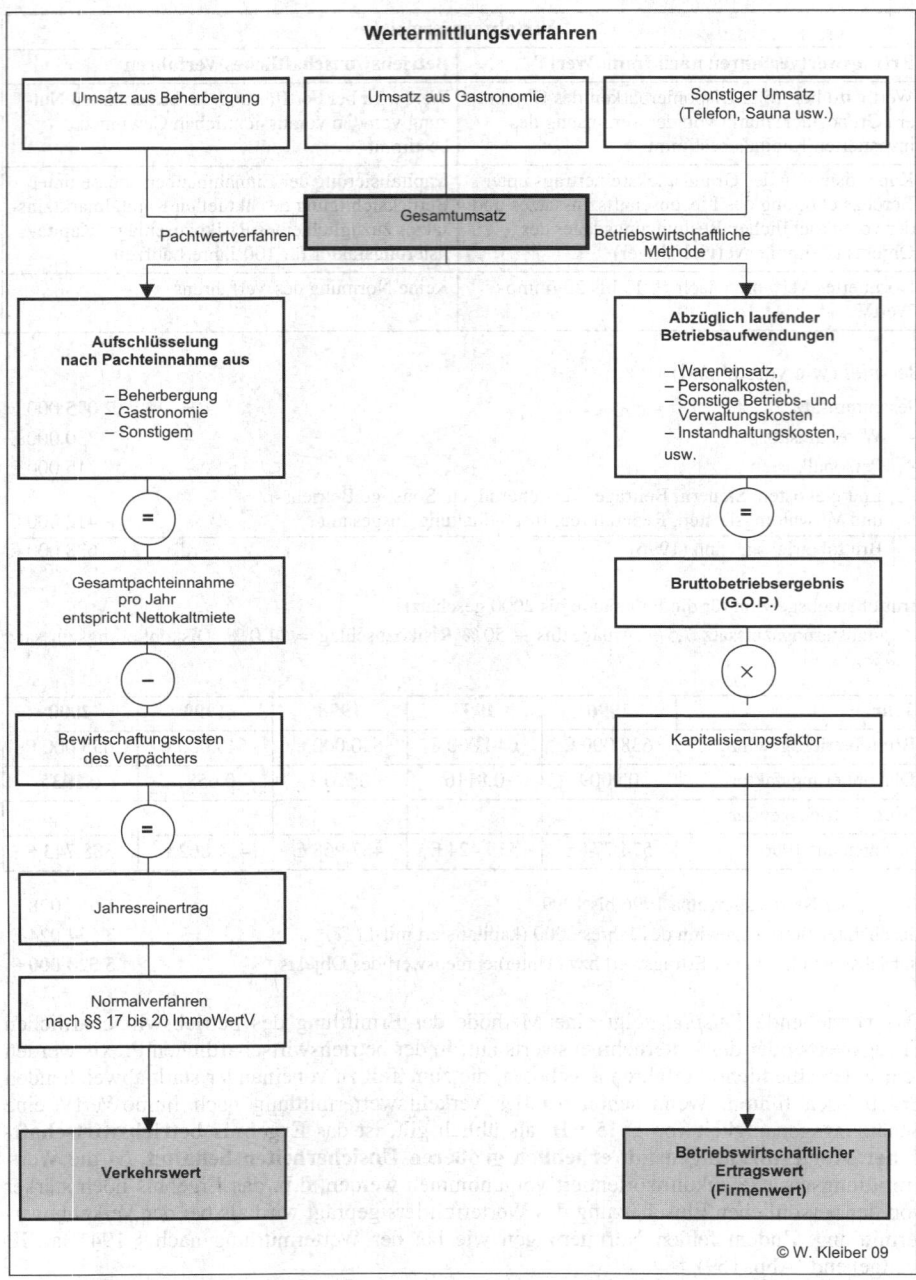

416 Im Zusammenhang mit der Unternehmensbewertung wird häufig auch ein **Mischverfahren** angewendet, welches Komponenten des Pachtwert- und des betriebswirtschaftlichen Verfahrens enthält. Von diesem Verfahren ist abzuraten, da der zunächst ermittelte Betriebsgewinn (G.O.P.; Umsatz abzüglich der Betriebsaufwendungen) mit einem aus dem Liegenschaftszins-

Sondereimmobilien — Besondere Immobilienarten VI

satz abgeleiteten Vervielfältiger kapitalisiert wird. Es liegt auf der Hand, dass dieses Verfahren gegenüber der betriebswirtschaftlichen Methode (Kapitalmarktzinssätze zuzüglich Risikozuschlag) zu nicht vertretbar hohen Endwerten führt.

Vor der Anwendung des betriebswirtschaftlichen Verfahrens bei der Verkehrswertermittlung muss generell **gewarnt werden.** Das Verfahrensergebnis speziell bei der Hotelbewertung wird ausschlaggebend durch die Personalkosten bestimmt. Bei einem angenommenen jährlichen Personalkostenanteil von rd. 15 000 €/Person wirkt sich das Fehlen einer Person bereits in einem rd. 195 000 € höheren Ertragswert aus (Objekt mit 30 Jahren Restnutzungsdauer und 6,5 % Zins), andererseits wird bei Einbeziehung einer entbehrlichen Person der Ertragswert in gleicher Größenordnung vermindert. Ein Grundstückssachverständiger ohne detaillierte Kenntnisse im Hotelmanagement wäre schon bei der Frage des für das Hotel erforderlichen Personalaufwands hoffnungslos überfordert. 417

Abb. 170: Betriebswirtschaftliche Methode

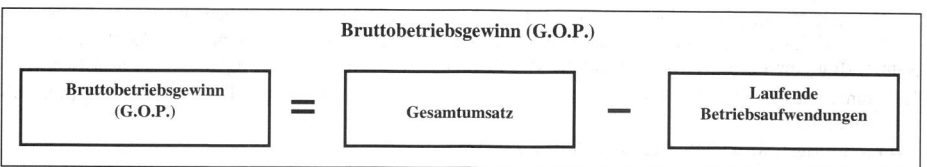

Beispiel (überschlägige Wertermittlung für ein Grundstück mit Hotelbetrieb im Ertragswertverfahren) 418

Grundstück mit Hotel der gehobenen Kategorie (70 Einzelzimmer, 30 Doppelzimmer, 3 Restaurants und Bar mit insgesamt 360 Sitzplätzen, Konferenzräume, Sauna); Baujahr 1985, Restnutzungsdauer 40 Jahre; Bodenwert 600 000 €; Liegenschaftszinssatz 6,75 %

Jahresumsatz	2 600 000 €
Jahresreinertrag rd. 14 v.H. des Umsatzes	364 000 €
Bodenertragsanteil 6,75 v.H. von 300 000 €	− 20 250 €
Ertragsanteil der baulichen Anlagen	343 750 €
Vervielfältiger bei	
– Restnutzungsdauer von 40 Jahren	
– Liegenschaftszinssatz von 6,75 %: 13,73	
Ertragswert der baulichen Anlage 343 750 € × 13,73	4 719 688 €
Bodenwert	+ 300 000 €
Grundstücksertragswert	= 5 019 688 €
Marktanpassung (risikoreiches Geschäftsgrundstück: − 10 v.H.)	− 501 969 €
Verkehrswert rd.	= **4 520 000 €**

Bei der Wertermittlung von geplanten Hotels oder **im Bau befindlichen Objekten** liegen noch keine Umsatzzahlen vor. Der Umsatz muss dann geschätzt werden. Einen Anhalt gibt z. B. der jährlich von der Betriebsberatung Gastgewerbe herausgegebene „Betriebsvergleich Hotellerie und Gastronomie"[66], der durchschnittliche Umsatzzahlen und andere für die Wertermittlung relevante Strukturdaten ausweist. 419

Als Idealfall werden in der Branche 60 v.H. des Gesamtumsatzes aus dem Beherbergungsgeschäft und 40 v.H. aus Gastronomie und Nebenabteilungen angesehen. Für die **Umsatzschätzung** sind folgende Ausgangsdaten für den Bereich Beherbergung erforderlich: 420

---

[66] Betriebsvergleich Hotellerie und Gastronomie Deutschland 1998: BBG Consulting Betriebsberatung Gastgewerbe GmbH, Rathausufer 19, 40213 Düsseldorf; Miet- und Pachtverträge im Gastgewerbe (mit Rechtsprechung zur EOP-Methode): Gastgewerbliche Schriftenreihe Nr. 57 der DEHOGA und INTERHOGA, 4. Aufl.1998.

VI Besondere Immobilienarten   Sonderimmobilien

- Anzahl der Zimmer,
- Anzahl der Betriebstage/Jahr,
- Zimmerpreis (ohne MwSt.),
- Auslastung der Zimmerkapazität.

421 Für den **Bereich Gastronomie**[67] müssen hingegen folgende Strukturdaten ermittelt werden:

- Anzahl der vorhandenen Sitzplätze,
- Beleghäufigkeit der Sitzplätze,
- Warenumsatz je Sitzplatz.

422 Für die Umsatzschätzung der sonstigen Dienstleistungen können pauschale Ansätze erfolgen.

Umsatzschätzung

423 *Beispiel*

Sachverhalt wie im vorstehenden Beispiel: Grundstück mit Hotel der gehobenen Kategorie (70 Einzelzimmer, 30 Doppelzimmer, 3 Restaurants und Bar mit insgesamt 360 Sitzplätzen, Konferenzräume, Sauna); Baujahr 1985, Restnutzungsdauer 40 Jahre; Bodenwert 600 000 €; Liegenschaftszinssatz 6,75 %.
Einnahmen aus Beherbergung (die Auslastung der Zimmerkapazität beträgt rd. 65 v.H. bei 365 Betriebstagen pro Jahr)

Umrechnungsfaktor: 365 Tage × 65/100 = 237 Tage

70 Einzelzimmer × 60 € × 237 Tage		995 400 €
30 Doppelzimmer, davon i. M. 70 v.H. einzeln belegt		
30 × 60 € × 237 Tage × 0,7 (Einzelbelegung)		298 620 €
30 × 100 € × 237 Tage × 0,3 (Doppelbelegung)		213 300 €
		1 507 320 €
Einnahmen aus Saunabetrieb	+	10 000 €
Einnahmen aus Kiosk	+	20 000 €
Einnahmen aus Beherbergung und Sonstigem insgesamt		1 537 320 € rd. 1 540 000 €
Einnahmen aus Gastronomie 360 Sitzplätze × 8 € × 340 Tage		979 200 €
Konferenzräume: 80 Sitzplätze × 2,50 € × 100 Tage	+	20 000 €
Sonstige Einnahmen	+	6 000 €
Einnahmen aus Gastronomie		1 005 200 € rd. 1 005 000 €
Jahresumsatz insgesamt		2 550 000 €
Fiktive Pachteinnahme aus Beherbergung		
20 v.H. von 1 540 000 €		308 000 €
Fiktive Pachteinnahme aus Gastronomie		
10 v.H. von 1 005 000 €		100 500 €
Jahresrohertrag		408 500 €
Bewirtschaftungskosten, soweit vom Verpächter zu tragen		
15 v.H. von 408 500 €	−	61 275 €
Jahresnettokaltmiete		347 225 €
abzüglich Bodenwertverzinsungsbetrag:		
6,75 v.H. von 300 000 €	−	20 250 €
Ertragsanteil der baulichen Anlagen	=	326 975 €

---

[67] Hierzu auch Stelter/Krenz in GuG 2001, 203; Loew in GuG 2001, 142.

× Vervielfältiger bei n = 40 Jahren und p = 6,75 % (13,73)			4 489 367 €
zuzüglich Bodenwert		+	300 000 €
Grundstücksertragswert			4 789 367 €
Marktanpassung (risikoreiches Gewerbeobjekt [10 %])		–	478 937 €
Ertragswert/Verkehrswert		=	4 310 430 € rd. 4 300 000 €

Anzumerken ist, dass im ermittelten Verkehrswert weder der Wert des *„Goodwill"* noch der Wert des Inventars enthalten ist.

Plausibilitätskontrolle: Verkehrswert entspricht der 10,5-fachen Nettokaltmiete
                           Verkehrswert je Zimmer: 43 000 €
                           Verkehrswert entspricht dem 1,7-fachen Betriebsumsatz

Umsätze und Pachtzahlungen des im **2. Halbjahr 1988** eröffneten Hotels haben sich wie folgt entwickelt:

	Jahr	Jahresumsatz [€]	Veränderungen gegenüber Vorjahr [%]	Basispacht [€]	Basispacht in v.H. vom Umsatz
1.	1989	12 345 000	–	2 585 817	23,16
2.	1990	15 473 000	25,4	2 892 191	18,69
3.	1991	16 382 000	5,9	2 908 883	17,76
4.	1992	17 628 000	7,6	2 908 883	16,50
5.	1993	18 245 000	3,5	3 290 163	18,03
6.	1994	22 292 000	3,5	4 762 684	21,36

1. Volles Geschäftsjahr
2. entsprechen nahezu den 1984 angenommenen Werten: Die Zimmerbelegung hat 71,2 % betragen = 96 155 vermietete Zimmer. Bei 60 % Logisanteil (10,5 Mio. €) sind dies 109,20 €/Zimmer.
3. Prognosen: Ab Jahresumsatz 20 Mio. € ist neben der Basispacht eine Umsatzpacht von 4 % zu zahlen. Budgetzahlen müssen in Zeiten wirtschaftlicher Rezession häufig nach unten korrigiert werden.

5.2.10 Beispiele

5.2.10.1 Verkehrs- und Beleihungswert eines Hotelneubaus

Bei geplanten Neubauten müssen Verkehrs- und Beleihungswert auf der Grundlage von Grundbuch-/Katasterunterlagen und genehmigten Bauzeichnungen vorgenommen werden. Liegt eine Baugenehmigung noch nicht vor, so muss sich die Planung auf die Festsetzungen eines rechtsverbindlichen Bebauungsplans oder eines Bauvorbescheids beziehen und die Erschließung des Grundstücks gesichert sein. Bei Baubeginn stellt lediglich der Bodenwert die Kreditsicherheit dar.

An einem *Beispiel* aus dem Jahre 1984 für ein 5-Sterne-Hotel (das Hotel hat den Betrieb in der zweiten Jahreshälfte 1988 aufgenommen) wird das Vorgehen des Immobilien-Sachverständigen vor Baubeginn demonstriert.

1. Sachverhalt

– Bodenwert   3 500 000 €
– Hotel-Neubau, 370 Zimmer, komplette Gastronomie
– 135 050 verfügbare Zimmer (370 × 365 Tage),
– angenommene Zimmerbelegung 70 % = 94 535
– marktüblich erzielbarer Zimmerpreis, hochgerechnet auf den Zeitpunkt der Hoteleröffnung (1988), 110 € (netto)

VI Besondere Immobilienarten Sonderimmobilien

- Ermittlung der möglichen Abteilungsumsätze bei Berücksichtigung der in dieser Hotel-Kategorie üblichen Kennzahlen am Gesamtumsatz:

– Umsatz Logis	60 %
– Umsatz *Food*	23 %
– Umsatz *Beverage*	12 %
– Umsatz Sonstiges	5 %
Zusammen	100 %

Branchenübliche Pachtsätze

– vom Logis-Umsatz	20 %
– vom Gastronomie-Umsatz	
– Food	8 %
– Beverage	12 %
– vom Umsatz Sonstiges	15 %

2. Lösungswege

Mögliche Struktur des Gesamtumsatzes		Schätzung [€]	in v.H.
– Logis 94 535 Zimmer × 110 €		10 398 225 €	60
– Gastronomie			
– Food	+	3 986 255 €	23
– Beverage	+	2 079 770 €	12
– Sonstiges	+	866 571 €	5
Gesamtumsatz (geschätzt)	=	**17 331 416 €**	**100**
	rd.	17 300 000 €	

3. Ermittlung der Jahresnettokaltmiete

Die Abteilungsumsätze werden gerundet

Logis	10 400 000 € × 0,20	=	2 080 000 €
Food	4 000 000 € × 0,08	+	320 000 €
Beverage	2 100 000 € × 0,12	+	252 000 €
Sonstiges	800 000 € × 0,15	+	120 000 €
Betriebsumsatz	17 300 000 € × 0,16		2 772 000 €
Jahresnettokaltmiete (§ 17 Abs. 1 ImmoWertV):		rd.	2 800 000 €
abzüglich 15 % Bewirtschaftungskosten		–	420 000 €
Reinertrag des Grundstücks		=	2 380 000 €
abzüglich Bodenwertverzinsungsbetrag: 3 500 000 € × 0,065		–	227 500 €
Ertragsanteil der baulichen Anlagen		**=**	**2 152 500 €**

Bei einer Gesamtnutzungsdauer für das Hotelgrundstück von 60 Jahren und einem Liegenschaftszinssatz von 6,5 % ist der Vervielfältiger 15,03

Gebäudeertragswert: 2 152 500 € × 15,03 = 32 352 075 €	rd.	32 500 000 €
zuzüglich Bodenwert	+	3 500 000 €
Ertragswert (Verkehrswert)		**36 000 000 €**

Nachrichtlich

Ertragswert entspricht   12,7-facher Jahresnettokaltmiete
                                    2,06-fachem Betriebsumsatz
                                    rd. 97 300 €/Zimmer

Sonderimmobilien — Besondere Immobilienarten VI

5.2.10.2 Beleihungswert eines Hotels (Sparkasse)

1. Bodenwert 3 500 000 €

2. Bauwert

Nettomethode, ohne MwSt.

370 Zimmer × 100 000 €/Zimmer =	rd.	37 000 000 €	
./. 20 % Risikoabschlag gemäß Abschlagsverfahren	–	7 400 000 €	
Zwischenwert:		29 600 000 €	
./. 15 % Gewerbeabschlag	rd. –	4 440 000 €	
Bauwert	=	25 160 000 €	25 200 000 €

3. Sachwert (Boden- und Bauwert) **28 700 000 €**

4. Ertragswert

Jahresnettokaltmiete (Grundmiete); geschätzt – (Gewerbliche Mieteinnahmen)		2 800 000 €
abzüglich 15 % Bewirtschaftungskosten	–	420 000 €
= Jahresreinertrag (Gebäude- und Bodenreinertrag)		2 380 000 €
./. 20 % Gewerbeabschlag	–	476 000 €
Mietreinertrag nach Gewerbeabschlag:	=	1 904 000 €
./. Bodenwertverzinsungsbetrag 6,5 % von 3 500 000 €	–	227 500 €
Ertragsanteil der baulichen Anlagen:	=	1 676 500 €

Gesamtnutzungsdauer 60 Jahre; Zinssatz 6,5 %, Vervielfältiger gemäß Anl. zur ImmoWertV = 15,03

Gebäudeertragswert:		
1 676 500 € × 15,03 = 25 197 795 €	rd.	25 200 000 €
zuzüglich Bodenwert	+	3 500 000 €
Beleihungswertvorschlag:	=	**28 700 000 €**

Anmerkungen:

– Der Abschlag vom Verkehrswert beträgt in diesem Fall rd. 20 %. Nach der Tabelle *Risikokategorien* ist für ein gewerblich genutztes Grundstück mit durchschnittlichem Risiko ein Abschlag von 15 bis 20 % vom Verkehrswert vorzunehmen.

– Darstellbar wären ein *Realkredit* von rd. 17,2 Mio. € (= 47,8 % des Verkehrswerts) und ein *grundpfandrechtlich gesicherter Personalkredit* von rd. 23 Mio. € (= 63,9 % des Verkehrswerts).

– Die Darlehen werden i.d.R. nach „*Baufortschritt*" unter Berücksichtigung ihres Anteils an den Finanzierungsmitteln ausgezahlt. Beleihungswert bei Baubeginn ist nur der Bodenwert. Ein mit 28,7 Mio. € festgesetzter Beleihungswert wird erreicht, wenn das in allen Teilen baurechtlich genehmigte Bauwerk mängelfrei abgenommen ist[68].

Neue Hotels haben erfahrungsgemäß – insbesondere, wenn Standort und Kategorie stimmen – eine **Anlaufdauer von bis zu fünf Jahren.**

5.3 Alten- und Pflegeheim, Klinik

5.3.1 Allgemeines

Schrifttum: *Bobka, G.,* Seniorenimmobilien – Neue Gesetze fordern neue Bewertungsschwerpunkte, GuG 2003, 7; *Brinkmann, C./Bienentreu, M.,* Bewertung von Seniorenwohn- und Pflegeimmobilien, in: Bewertung von Spezialimmobilien (Bienert; Hsg.), 1. Aufl. 2005, S. 775; *Busz, P.,* Seniorenimmobilien als Investitionsobjekte, Köln 2003; *Jahn, W.,* Wertermittlung von Alten- und Pflegeheimen, GuG 2000, 282; *Fischer, R./Lorenz, H.-J./Biederbeck, M./Astl, B.,* Verkehrswertermittlung bebauter und unbebauter Grundstücke, BundesAnzeiger 2005, S. 471; *Jahn, W.,* Verkehrswert von Alten- und Pflegeheimen, GuG 2000, 1; *Jahn, W.,* Bewertung von Reha-Kliniken, GuG 2003, 129; *Keussen in Sailer/Kippes/Reh-*

---

68 BGH, Urt. vom 16.9.1993 – VII ZR 206/92 –, NJW 1993, 3264 = MDR 1993, 1206 = BauR 1994, 108. Hiernach ist eine von Baufirmen häufig verwendete Vertragsklausel, wonach Auftraggeber vor Baubeginn eine unwiderrufliche Zahlungsgarantie einer Bank vorlegen müssen, unwirksam, weil selbst bei Ausführungsmängeln hätte gezahlt werden müssen. Die gesetzlich mögliche Leistungsverweigerung würde so abgeschnitten.

VI Besondere Immobilienarten — Sonderimmobilien

kugler, Handbuch für Immobilienmakler und Immobilienberater, München 2003, S. 390; *Lemmer, K.,* Wohnungsrechte und Pflegeverpflichtungen, GuG 1998, 96; *Ulrich, Y.,* Verkehrs- und Beleihungswertermittlung von Reha-Kliniken, GuG 2003, 321; *Ulrich, Y.* Wege zur sachgerechten Marktwertermittlung von Krankenhäusern, *Ulrich, Y.,* Abschätzung des regionalen Bedarfs an Pflegeplätzen im Rahmen der Bewertung von Pflegeheimen, GuG 2009, 82; *Weyers, G.,* Verkehrswert und Beleihungswert von Kurkliniken, GuG 1997, 218.

427 Die demographische Struktur der Bundesrepublik Deutschland erfordert bis zum Jahre 2010 einen Bedarf an Pflegeplätzen von 850 000. Im Jahre 2005 lag der Bestand dagegen bei 713 000 Pflegebetten. Davon werden 640 000 pflegebedürftige Personen (i.S. der Pflegeversicherung) betreut. Das Statistische Bundesamt hat bis 2020 rd. 2,83 Mio. pflegebedürftige Personen prognostiziert. Daraus resultiert ein zusätzlicher Bedarf an etwa 235 000 Betten (Abb. 171).

Abb. 171: Pflegebedarf bis 2050

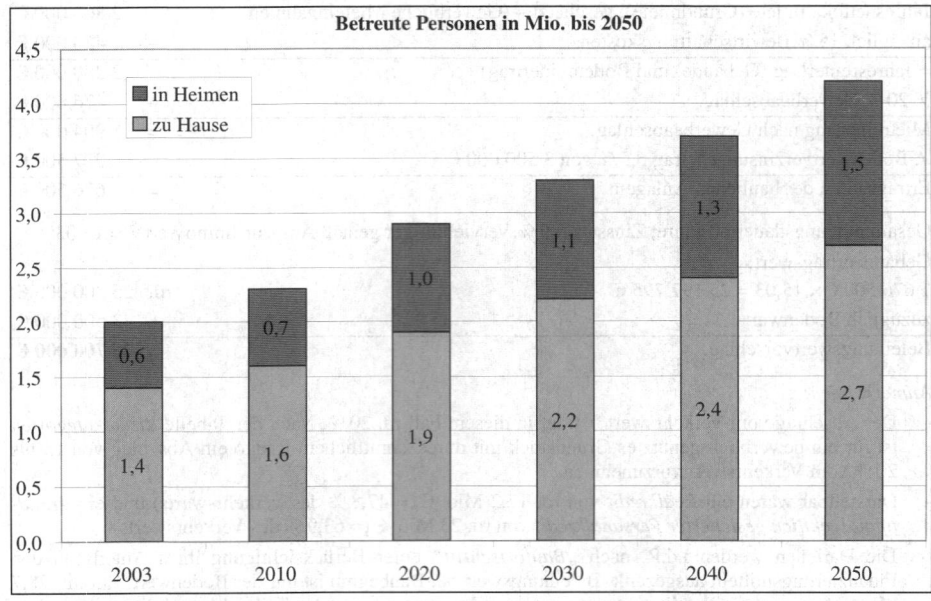

Quelle: Statistisches Bundesamt

Abb. 172: Pflegebedürftige 2006

Quelle: Statistisches Bundesamt

Sonderimmobilien — **Besondere Immobilienarten VI**

2003 lag die Anzahl der Pflegebedürftigen in Heimen bei 4,3 % der über 65-Jährigen. Im Hinblick auf die geringeren Familienbindungen in Großstädten ist diesbezüglich **zwischen Großstädten und dem ländlichen Raum zu differenzieren**: **428**

- Großstädte 5,0 bis 5,5 % der über 65-Jährigen,
- ländlicher Raum 4,0 bis 4,5 % der über 65-Jährigen.

Die Angaben können im Rahmen der Standortanalyse Grundlage einer Bedarfsabschätzung sein.

Seniorenimmobilien lassen sich untergliedern in **429**

1. **Altenwohnungen (Seniorenwohnungen)**

   a) Wohnungen (Appartements) in altengerechter Ausstattung (barrierefrei) *ohne* Serviceangebot
      - in zusammengefassten Altenwohnhäusern,
      - in gemischten Wohnanlagen.

   b) Wohnungen (Appartements) in altengerechter Ausstattung (barrierefrei) *mit* Serviceangebot für integrierte Betreuung oder als betreutes Wohnen (betreutes Wohnen/Servicewohnen), wobei Serviceleistung zu vergüten ist als
      - Grundleistung und
      - Wahlleistung.

   Unter „**betreutem Wohnen**" ist mithin eine Wohnform zu verstehen, bei der den Bewohnern eine vollwertige, in sich abgeschlossene, nach den besonderen Bedürfnissen alter Menschen ausgestattete **Senioren- oder Altenwohnung** bzw. ein Appartement mit Bad und Küche zur Verfügung gestellt wird. Neben der Wohnnutzung sind die Bewohner verpflichtet, über eine Grundpauschale weitergehende Leistungen des *Service*dienstleisters zu entgelten. Grundleistungen werden mit einer monatlichen *Service*pauschale abgegolten; nach Bedarf in Anspruch genommene Wahlleistungen werden extra vergütet. Der Begriff „betreutes Wohnen" wird häufig synonym mit „*Service*-Wohnen" gebraucht.

   Seniorenwohnungen (Altenwohnungen) können i.d.R. nach den allgemein für die Verkehrswertermittlung von (vergleichbaren) Wohnimmobilien herrschenden Grundsätzen unter Berücksichtigung der entsprechenden Parameter bewertet werden. Für den Bereich des betreuten Wohnens werden Mieten zugrunde gelegt, die am Markt marktüblich erzielt werden. Aufgrund der für das betreute Wohnen bereitgestellten Nebeneinrichtungen wurden Mieten erzielt, die üblicherweise etwa 20 bis 25 % über dem Niveau vergleichbarer Standardwohnungen lagen. Bedingt durch die vermehrt in normalen Wohnhäusern integriert angebotenen Wohnungen für betreutes Wohnen hat sich diese Situation allerdings geändert und dem allgemeinen Mietniveau angeglichen.

   Altenwohnheime sind eine komplexe Zusammenfassung in sich abgeschlossener, auf die Belange alter Menschen ausgerichteter Ein- oder Zwei-Zimmer-Wohnungen, für die im Bedarfsfall die Verpflegung und Betreuung durch einen Träger organisatorisch gesichert ist, einschließlich selbst organisierter Gruppenwohnprojekte:
   - Mehrgenerationenverbund,
   - Altenwohnverbund.

2. **Wohnstifte/Residenzen** (auch Seniorenresidenzen genannt)

   Wohnungen (Appartements) in altengerechter Ausstattung (barrierefrei) *mit* umfangreichem hotelähnlichem Dienstleistungsangebot (Verpflegung und Vorhaltung von Service-, Funktions-, Verkehrs- und Gemeinschaftsflächen), deren Nutzung mit dem Basispreis abgegolten werden (**Senioreneinrichtungen**).

VI Besondere Immobilienarten — Sonderimmobilien

3. (Alten-)Pflegeheime (Pflegeeinrichtungen)

Immobilien, in denen Leistungen der stationären Pflege nach § 71 Abs. 2 SGB Elftes Buch (XI) – Soziale Pflegversicherung – für dauernd bettlägerige oder pflegebedürftige Menschen auf Dauer und für 24 Stunden erbracht werden. Daneben bestehen Tages- und Kurzpflegeeinrichtungen.

„§ 71 Abs. 2 SGB XI

(2) Stationäre Pflegeeinrichtungen (Pflegeheime) im Sinne dieses Buches sind selbständig wirtschaftende Einrichtungen, in denen Pflegebedürftige:
1. unter ständiger Verantwortung einer ausgebildeten Pflegefachkraft gepflegt werden,
2. ganztägig (vollstationär) oder nur tagsüber oder nur nachts (teilstationär) untergebracht und verpflegt werden können."

4. Geriatrie/geriatrische Einrichtungen

Krankenhausnahe Spezialeinrichtungen zur Behandlung älterer Patienten mit mehreren Gesundheitsschäden, die einer Fach- und Spezialklinik gleichkommen und deren Verkehrswert nach den Grundsätzen der Verkehrswertermittlung von Kliniken ermittelt wird.

Abb. 173: Übersicht über Seniorenimmobilien

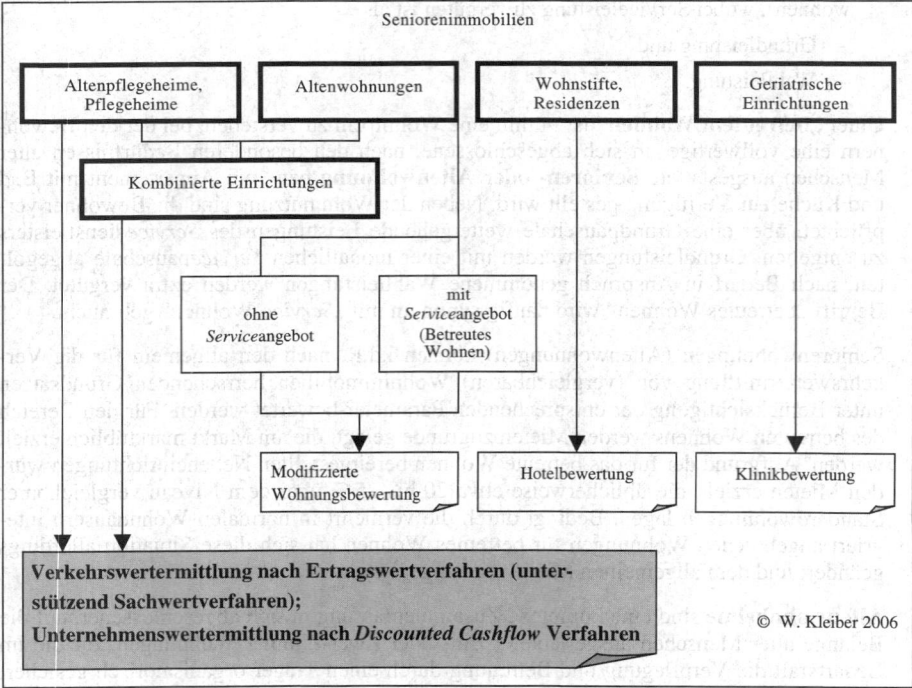

430 Rechtsgrundlagen sind

– das *Heimgesetz (HeimG)* als gesetzliche Grundlage für den Betrieb von vermieteten Heimen für pflegebedürftige oder behinderte Volljährige. Unter das Heimgesetz fallen Pflegeheime, Altenheime, Altenwohnheime und unter bestimmten Voraussetzungen auch Einrichtungen des betreuten Wohnens.

Sonderimmobilien **Besondere Immobilienarten VI**

- die *Heimpersonalverordnung (HeimPersV)*
- die *Heimmindestbauverordnung*,
- das *Pflegeversicherungsgesetz (SGB XI),* als gesetzliche Grundlage der sozialen Pflegeversicherung.

Im Unterschied zum betreuten Wohnen, bei dem neben der entgeltlichen Überlassung von Wohnraum lediglich ein Angebot von Betreuungs- und Verpflegungsleistungen sichergestellt ist, verpflichten sich nach § 1 HeimG die Mieter, Verpflegungen und weitergehende Betreuungsleistungen anzunehmen.

Die **monatliche Pflegeleistung** ist von der Pflegestufe abhängig:

	Monatliche Pflegleistung		
	Pflegestufe I	**Pflegestufe II**	**Pflegestufe III**
Pflegegeldleistung	205 €	410 €	665 €
Pflegesachleistung	bis zu 384 €	bis zu 921 €	bis zu 1 432 € (Härtefälle bis zu 1 918 €)
Vollstationäre Pflege	1 023 €	1 279 €	bis zu 1 432 € (Härtefälle 1 918 €)

Quelle: Pflegeversicherungsgesetz

5.3.2 Verkehrswertermittlung

5.3.2.1 Wertermittlungsverfahren

Der **wirtschaftliche Erfolg von Seniorenimmobilien** bestimmt sich im Wesentlichen durch die örtliche Konkurrenzsituation, dem Vermarktungskonzept und dem Management. Dies muss unabhängig von dem angewandten Verkehrswertermittlungsverfahren eingehend analysiert werden. Dazu müssen im Rahmen einer Makroanalyse zunächst die Entwicklung des vorhandenen Bestands unter Einbeziehung des zu erwartenden Bestands und der über 65-Jährigen geprüft werden. Die Sozialämter erwarten hier eine Quote von 3 bis 4 %, die möglicherweise aber höher liegen dürfte. Eine sich hieraus ergebende Unter- oder Überversorgung muss gegebenenfalls bei der Verkehrswertermittlung berücksichtigt werden. Im Rahmen einer Mikroanalyse sind dann die Lage des Objekts, sein baulicher Zustand, die Versorgungsmöglichkeiten im Umkreis der Einrichtung, die Konkurrenten (Belegung, Auslastung), die Pflegesätze, das Betriebskonzept (Investitionskosten) und die Planungen neuer Einrichtungen in einem Umkreis von ca. 20 km zu prüfen.   431

Zur Verkehrswertermittlung kommen grundsätzlich alle klassischen **Wertermittlungsverfahren** (Vergleichswert-, Ertrags- und Sachwertverfahren) in Betracht, jedoch dürfte schon mangels geeigneter Vergleichspreise das Ertragswertverfahren ausscheiden. Dabei kommen bei der Verkehrswertermittlung von   432

a) *Altenwohnungen (Seniorenwohnungen)* die allgemeinen Grundsätze zur Verkehrswertermittlung von Wohngebäuden,

b) *Residenzen, Wohnstiften* die allgemeinen Grundsätze zur Verkehrswertermittlung von Hotels (zumeist in der Kategorie von Vier-Sterne-Hotels),

c) *(Alten-)Pflegeheimen* und

d) *Geriatrischen Einrichtungen* die allgemeinen Grundsätze zur Verkehrswertermittlung von Kliniken

zur Anwendung.

Dem **Sachwertverfahren** kommt im Hinblick auf die ertragsorientierte Ausrichtung von Seniorenimmobilien allenfalls eine **unterstützende Aussagekraft** zu und es findet zumeist

VI Besondere Immobilienarten — Sonderimmobilien

als Investitionspauschalenrechnung Anwendung (Investitionsrechnung/*Discounted-Cashflow*-Verfahren).

Das **Ertragswertverfahren** steht damit im Vordergrund, und zwar zumeist

- als Pachtwertverfahren oder
- als Betriebswirtschaftliches Verfahren.

433 Bei **Pflegeheimen/Altenpflegeheimen** ist es angezeigt, zwischen

- der Ermittlung des Verkehrswerts unter Anwendung des Ertragswertverfahrens auf der Grundlage dynamischer Liegenschaftszinssätze (§§ 17–20 ImmoWertV) und
- der Ermittlung des Unternehmenswerts unter Anwendung des *Discounted Cashflow Verfahrens* zu unterscheiden.

Das *Discounted Cashflow Verfahren* zur Ermittlung des Verkehrswerts von Pflegeheimen (Altenpflegeheimen) kann hilfsweise zur Anwendung kommen; es ist (fehlertheoretisch) im Hinblick auf die Unsicherheiten bei den zu prognostizierenden Ertragsverhältnissen, dem theoretisch abzuleitenden Diskontierungszinssatz und der Restwertabschätzung zwangsläufig mit großen Unsicherheiten behaftet.

434 Bei der Ermittlung des Verkehrswerts unter **Anwendung des Ertragswertverfahrens** sind eine Reihe von Besonderheiten zu beachten:

5.3.2.2 Bodenwert

435 Pflegeheime können in allgemeinen Wohngebieten oder in Sondergebieten liegen. Als gute Standorte gelten solche, die innerhalb der Städte oder Stadtteilzentren mit guter Infrastruktur und Verkehrsanbindung gelegen sind.

436 Der Bodenwert bestimmt sich nach den Vergleichspreisen bzw. dem entsprechenden Bodenrichtwert unter Berücksichtigung der nachfolgenden Standortfaktoren (Abb. 174).

Abb. 174: Standortkriterien für Seniorenimmobilien

Die **Standortkriterien haben** je nach Art der Senioreneinrichtung **unterschiedliche Gewichte**. Generell werden urbane Standorte bevorzugt. Während im Rahmen des betreuten Wohnens die Einkaufsmöglichkeiten des täglichen Bedarfs, die medizinische Versorgung, das Freizeit- und Dienstleistungsangebot von hoher Wichtigkeit sind, ist die Nähe von Behördeneinrichtungen, die medizinische Versorgung und eine gute Verkehrsanbindung für stationäre Pflegeeinrichtungen von Bedeutung[69]

---

[69] Busz, P., Seniorenimmobilien als Investitionsobjekte, Köln 2003, S. 118.

5.3.2.3 Ertragswertverfahren

▶ *Kaufpreisfaktoren vgl. GuG-aktuell 2008, 22*

a) Ertragswertverfahren auf der Grundlage der marktüblich erzielbaren Einnahmen

Grundsätzlich kann auch das Ertragswertverfahren auf der Grundlage der am Wertermittlungsstichtag marktüblich erzielbaren Einnahmen und des Liegenschaftszinssatzes *(all-over capitalization rate)* zur Anwendung kommen. Die tatsächlich erzielten Einnahmen können als Anhalt dienen; sie müssen jedoch gegebenenfalls auf Angemessenheit überprüft werden *(over-* und *underrented)*. 437

Die **Nettokaltmieten von Altenwohnungen (Seniorenwohnungen)** weisen eine große Bandbreite auf und belaufen sich auf ca. 4 bis 20 €/m², wobei Kleinstädte ein deutlich niedrigeres Preisniveau aufweisen. Die Nebenkosten belaufen sich auf etwa 2,00 €/m² im Monat (Abb. 175). 438

Abb. 175: Nettokaltmieten für Seniorenimmobilien im Jahre 2000/2001

Nettokaltmieten für Seniorenimmobilien im Jahre 2000/2001		
Quartale (jeweils 25 %)	Nettokaltmiete für freifinanzierte Wohnungen €/m² im Monat	Gesamtpensionspreis €/Monat
Quartal 1	4,09–6,64	894,75
Quartal 2	6,65–7,66	894,76–1 636,12
Quartal 3	7,67–10,22	1 636,13–2 505,32
Quartal 4	10,23–21,47	2 505,33–4 478,28
Service-Pauschalen von Seniorenwohnimmobilien		
Quartale (jeweils 25 %)	Service-Pauschale für 1 Person €/Monat	Service-Pauschale für 2 Personen €/Monat
Quartal 1	16,36–46,01	17,90–58,79
Quartal 2	46,02–74,13	58,80–92,02
Quartal 3	74,14–109,92	92,03–132,93
Quartal 4	109,93–562,42	132,94–1 053,77

Quelle: Krings-Heckemeier, Seniorenimmobilien, in Heuer/Schiller: Spezialimmobilien; Busz, Seniorenimmobilien als Investitionsobjekt

Die **Bemessung der Jahresnettomiete in Höhe eines Vomhundertsatzes** kommt hilfsweise in Betracht, wenn keine verlässlichen Vergleichsdaten über die Jahresmiete vorliegen. 439

Bei **geförderten Objekten** ist der Kapitalwert der Förderung zusätzlich als Einnahme zu berücksichtigen. 440

Die gesamten **Bewirtschaftungskosten** belaufen sich auf etwa 10 bis 20 % der Jahresnettomiete. 441

– Die *Betriebskosten* werden regelmäßig umgelegt; gleichwohl ist von nicht umlegbaren Betriebskosten in Höhe von 0,5 % des Jahresrohertrags auszugehen.

– Pflegeheime (Altenpflegeheime) erfordern im Vergleich zu Wohn- oder Büroimmobilien geringere *Verwaltungskosten*, da sie i.d.R. nur einen Mieter (den Betreiber) aufweisen und der Aufwand für die Vermietung im Pflegesatz enthalten ist. Die Verwaltungskosten sind teilweise in den Gehältern und in den Aufwendungen des Heimbetriebs enthalten. Sie sind daher nur in Höhe von 1 bis 2 % der Jahresnettomiete (Jahrespacht) anzusetzen.

VI Besondere Immobilienarten — Sonderimmobilien

- Die Kosten der *Instandhaltung* müssen ggf. unter Berücksichtigung der mietvertraglichen Vereinbarungen in entsprechend reduzierter Höhe angesetzt werden. Übernimmt der Verpächter nur die Aufwendungen für Dach und Fach, so können sich die Instandhaltungskosten auf 50 % reduzieren.

- Ein *Mietausfallwagnis* von 3 bis 5 % ist in Abhängigkeit von der Bonität des Betreibers angemessen; dabei ist zu berücksichtigen, dass das Mietausfallwagnis bereits in die Auslastungsquote Eingang findet.

Bei *betreutem Wohnen* sind die Bewirtschaftungskosten in Anlehnung an die Verwaltungskosten etwa mit 300 €/WE p.a., die Instandhaltungskosten mit 11 €/m² p.a. und das Mietausfallwagnis mit 4 % anzusetzen.

442 Zur **Ermittlung des Barwerts der Reinerträge** ist von

- einem *Liegenschaftszinssatz* auszugehen, der sich erfahrungsgemäß auf etwa 6 bis 7,5 % unter Berücksichtigung der konkreten Risikoabschätzung und der Drittverwendungsmöglichkeiten beläuft, und

- einer *Gesamtnutzungsdauer*, die sich nach Lage und Ausstattung des Gebäudes auf etwa 60 bis 80 Jahre beläuft, sofern die Konkurrenzsituation und die demoskopische Bevölkerungsstruktur eine entsprechende Gesamtnutzungsdauer zulassen.

Bei *betreutem Wohnen* sind Liegenschaftszinssatz und Restnutzungsdauer in Anlehnung an die Sätze des Wohnungsbaus anzusetzen.

443 Die Einnahmen sind von der **baulichen Struktur und dem Raumprogramm** abhängig. Der Anteil der Pflegeplätze sollte sich auf mindestens 50 % belaufen; andernfalls sind Abschläge bei der Auslastung erforderlich. Jedes Zimmer sollte über eine Nasszelle verfügen und

- 26 m² bei Zweibettzimmern (Mindestgröße bisher bei 18 m²) und

- 16 m² bei Einbettzimmern (Mindestgröße bisher bei 12 m²)

groß sein. Der Anteil der Einzelzimmer sollte mindestens 80 % betragen. Die zentralen „Dienstleistungszentren" sollten funktional integriert sein. Hauptnutz- und Verkehrsflächen (Flure, Treppenhäuser) sollten etwa 60 bis 70 % der NGF (davon 50 % Hauptnutzfläche) ausmachen. Die pro Bett erforderliche Netto-Grundfläche liegt zwischen 40 und 55 m² NGF. Gemeinschaftseinrichtungen sollten etwa 0,75 m² pro Pflegeplatz ausmachen.

Die Größe von Seniorenimmobilien wird zumeist an der Anzahl der verfügbaren Plätze festgemacht. Die **Kapazität von Pflegeheimen** sollte mindestens 60 Pflegeplätze aufweisen und liegt im Schnitt zwischen 80 und 150 Pflegeplätzen.

444 Die **Einnahmestruktur von (Alten-)Pflegeheimen** wird durch das XI Sozialgesetzbuch (SGB XI) strukturiert. Um Pflegeleistungen im Sinne dieses Gesetzes zu erbringen, benötigt der Betreiber einen Versorgungsvertrag, in dem nach § 72 Abs. 1 Satz 2 SGB XI Art, Inhalt und Umfang der allgemeinen Pflegeleistungen (§ 4 Abs. 2), die von der Pflegeeinrichtung während der Dauer des Vertrags für die Versicherten zu erbringen sind (Versorgungsauftrag), festzulegen sind. Nach § 75 Abs. 5 SGB XI regeln die Versorgungsverträge insbesondere:

1. den Inhalt der Pflegeleistungen sowie bei stationärer Pflege die Abgrenzung zwischen den allgemeinen Pflegeleistungen, den Leistungen bei Unterkunft und Verpflegung und den Zusatzleistungen,

2. die allgemeinen Bedingungen der Pflege einschließlich der Kostenübernahme, der Abrechnung der Entgelte und der hierzu erforderlichen Bescheinigungen und Berichte,

3. Maßstäbe und Grundsätze für eine wirtschaftliche und leistungsbezogene, am Versorgungsauftrag orientierte personelle Ausstattung der Pflegeeinrichtungen,

4. die Überprüfung der Notwendigkeit und Dauer der Pflege,

5. Abschläge von der Pflegevergütung bei vorübergehender Abwesenheit (Krankenhausaufenthalt, Beurlaubung) des Pflegebedürftigen aus dem Pflegeheim,

6. den Zugang des Medizinischen Dienstes und sonstiger von den Pflegekassen beauftragter Prüfer zu den Pflegeeinrichtungen,
7. die Verfahrens- und Prüfungsgrundsätze für Wirtschaftlichkeitsprüfungen,
8. die Grundsätze zur Festlegung der örtlichen oder regionalen Einzugsbereiche der Pflegeeinrichtungen, um Pflegeleistungen ohne lange Wege möglichst orts- und bürgernah anzubieten.

Pflegeheime erzielen 80 % ihrer Einnahmen aus dem **Pflegesatz (Heimentgelt)**, der mit dem Investitionskostenanteil die Finanzierungsbasis bildet. Der Pflegesatz (Heimentgelt) setzt sich aus den Kostenbereichen für 445

– Pflegeleistungen (Pflegekosten),
– Unterkunft und Verpflegung (Hotelkosten) sowie
– Investitionskosten (zur Bedienung des Kapitaldienstes bzw. der Miete/Pacht)

zusammen, die sich in Personal- und Sachkosten, die Abschreibung und die Zinsen für Kapitaldienste mit den sich aus der nachfolgenden Darstellung ergebenden Positionen gliedern.

Die **Personalkosten** bilden bei einer Betreiberkalkulation den Schwerpunkt (Abb. 176). 446

Abb. 176: Allgemeine Pflegesätze (in €)

Pfleger(in) Art der Pflege	Std./Tag Pfleger(in)	Stundensatz	Betrag	Leistung im Monat gemäß § 43 Abs. 5 SGB XI
Pflegestufe 1 (erhebliche Pflegebedürftige)	3	4–5	12	1 023 €
Pflegestufe 2 (Schwerpflegebedürftige)	4	4–5	18	1 279 €
Pflegestufe 3 (Schwerstpflegebedürftige)	8	4–5	36	1 432 €
Härtefälle (außergewöhnlich hoher und intensiver Pflegeaufwand, vgl. § 43 Abs. 3 SGB XI)				1 688 €

Die **Pflegefachquote** bestimmt sich nach

$$\text{Pflegefachquote} = \frac{\text{Fachkräfte}}{\text{betreutes Personal}}$$

und sollte gemäß Heimpersonalverordnung (HeimPersVO) mindestens 50 % betragen. Als Fachkräfte gelten dabei Krankenschwestern, -pfleger, Kinderkrankenschwester, -pfleger, Altenpfleger, -innen sowie Heilerziehungspfleger, -innen; nicht dagegen therapeutisches und sozialbetreuendes Personal[70].

b) Ertragswertverfahren auf der Grundlage der Investitionskosten

Von maßgeblicher Bedeutung für die Verkehrswertermittlung sind die Investitionskosten, die der Bewohner (Selbstzahler) oder im Falle der Aufnahme von Sozialhilfeempfängern der Sozialhilfeträger trägt (**Investitionskostensatz**). Voraussetzung ist eine Vereinbarung zur Übernahme der gesondert berechneten Investitionskosten. Im freifinanzierten Bereich gelten rd. 16 bis 21 €/Tag als realistischer Ansatz. 447

Der **Investitionsaufwand** pro Pflegeplatz belief sich im Jahre 2007 auf rd. 75 000 €. Der Betreibergewinn bewegt sich zwischen 5 und 10 %.

Der **Unterkunfts- und Verpflegungsanteil** beträgt 2006 im Bundesdurchschnitt 19 €/Tag und schwankt nach Bundesländern (*Sachsen:* 14 €/Tag; *Nordrhein-Westfalen* 25 €/Tag). 448

---

70 Brüggemann, J. in Igl/Schiemann/Gerste/Klose, Qualität in der Pflege, Stuttgart 2002, S. 363.

VI Besondere Immobilienarten — Sonderimmobilien

449 Bei Anwendung des Ertragswertverfahrens kann der **marktüblich erzielbare Ertrag** auf der Grundlage des Investitionskostensatzes unter Abzug der vom Betreiber zu leistenden Instandhaltungskosten und unter Berücksichtigung der zu unterstellenden Auslastung ermittelt werden. Wie in der Hotellerie kommt **der Auslastung von Pflegeheimen** eine entscheidende Bedeutung zu. Gut geführte Objekte haben eine Auslastung von mindestens 95 %; bei höherer Auslastung sollte gleichwohl keine höhere Auslastung angesetzt werden.

450 *Beispiel:*

Nach Angaben des Betreibers ist mit folgenden Investitionskostenpauschalen (IV-Pauschale) zu kalkulieren:

Ermittlung des Rohertrags nach Investitionskostensätzen					
Zimmer	Anzahl	Investitionskostensatz nach Angabe des Betreibers			Auslastung	Rohertrag
		pro Zimmer und Tag	Tage	Gesamtsumme p.a.		
Doppelzimmer	17	20,02 €	365	124 224,10 €		
Einzelzimmer	60	21,14 €	365	462 966,00 €		
Summe				587 190,10 €	95 %	557.831 €

c) Ertragswertverfahren (Pachtwertverfahren) auf der Grundlage der Umsatzpacht

451 Die Ertragswertermittlung auf der Grundlage von Umsatzpachten kann zu erheblichen Fehleinschätzungen führen, denn der Investitionskostensatz kann sehr unterschiedlich ausfallen. Insbesondere bei neueren Heimen liegt der über Investitionskostenpauschalen ermittelte Rohertrag typischerweise deutlich über dem Wert der Umsatzpacht[71]. Die bei Pflegeheimen erzielbare **Umsatzpacht** beläuft sich bei einer 93 %igen Auslastung auf etwa 17 bis maximal 20 %. *Ulrich* nennt für stationäre Pflegeeinrichtungen als Kenngröße für Pachtansätze 15 bis 25 € pro Bett und Tag bzw. 9 bis 15 €/m² NF.

Für den Betreiber eines Pflegeheimes ergeben sich verschiedene **Umsatzquellen:** Dazu zählen insbesondere das Entgelt für Pflegeleistungen (Pflegesatz, Pflegekosten), die Kosten für Unterkunft und Verpflegung sowie der Investitionskostenbeitrag. Während die Anteile für Unterkunft und Verpflegung sowie der Investitionskostenbeitrag für alle Bewohner gleich sind, hängt der Pflegesatz von der Pflegeintensität der Bewohner (Pflegestufe) ab.

452 *Beispiel:*

Stufe	Anteil	Pflegeplätze	Kosten je Bewohner				Umsatz pro Tag Gesamtsumme
			Pflegekosten	Unterkunft Verpflegung	Investitionspauschale	Summe pro Bewohner	
0	14 %	14	24,00	21,60	20,00	65,60	918,40
I	28 %	30	32,50	21,60	20,00	74,10	2 223,00
II	31 %	33	39,50	21,60	20,00	81,10	2 676,30
III	13 %	14	50,40	21,60	20,00	92,00	1 288,00
III/S	14 %	15	68,40	21,60	20,00	110,00	1 650,00
EZ-Zuschlag		10		4,60			46,00
Summe	100 %	106					17 067,30
Jahresumsatz per annum (365 Tage)							6 229 564 €
Pachtwert bei 18% des Jahresumsatzes und 100%iger Auslastung							1 121 322 €
Pachtwert bei 18% des Jahresumsatzes und 95%iger Auslastung							1 065 255 €
Pachtwert pro Bewohner und Tag (365 Tage, 106 Bewohner)							27,53 €

---

[71] Jahn, Wertermittlung von Alten- und Pflegeheimen, GuG 2000, 282.

Sonderimmobilien — Besondere Immobilienarten VI

Der ermittelte Pachtwert p.a. von 1 065 255 € stellt den „Rohertrag" dar. Vermindert um die Bewirtschaftungskosten (z. B. 15 %) ergibt sich der **Reinertrag** (905 467 €). Dieser wird wiederum um den Bodenwertverzinsungsbetrag vermindert und mit dem üblichen Vervielfältiger kapitalisiert. Der sich so ergebende Gebäudeertragswert ergibt zusammen mit dem Bodenwert dann den Ertragswert.

Variabel sind vor allem die Pflegekosten, denn die Pflegesätze sind je nach Pflegestufe unterschiedlich hoch. Sie sind mithin zeitlichen Veränderungen unterworfen. Im Rahmen einer Verkehrswertermittlung ist deshalb von einem

– durchschnittlichen „Fallmix" (60 bis 80 % der Bewohner in Pflegestufe II und III) und
– einer durchschnittlichen Auslastung (etwa 95 %)

auszugehen.

Zur **Kontrolle** lässt sich der Reinertrag auch ermitteln, indem man den Jahresumsatz vermindert um

– die Betriebskosten des Betreibers,
– die Bewirtschaftungskosten des Eigentümers
– den Unternehmergewinn und
– einen Sicherheitsabschlag.

Fortsetzung des Beispiels

Jahresumsatz	6 229 564 €	vgl. vorstehendes Beispiel
– Betriebskosten des Betreibers	– 3 737 738 €	hier 60 % (Durchschnittlich 55 bis 65 % des Umsatzes)
verbleiben	2 491 826 €	
– Bewirtschaftungskosten	– 373 774 €	hier 15 % (Durchschnittlich 12 bis 18 % des verminderten Umsatzes)
verbleiben	2 118 052 €	
– Unternehmergewinn	– 622 956 €	hier 10 % (Durchschnittlich 10 bis 15 % des Jahresumsatzes)
verbleiben	1 495 096 €	entspricht rd. 24 % des Jahresumsatzes
– Sicherheitsabschlag	– 633 956 €	hier 10 % (im Durchschnitt 5 bis 15 % des Jahresumsatzes)
Reinertrag	**861 140 €**	

Zur **Plausibilisierung des Ergebnisses** kann auf Erfahrungswerte von 60 000 bis 80 000 € pro Bett und einem Jahresrohmietenvervielfältiger von 12 bis 14 (in den alten Bundesländern) sowie 11 bis 12 (in den neuen Bundesländern) zurückgegriffen werden.

VI Besondere Immobilienarten Sonderimmobilien

Umsatzbezogene Mietwertableitung für Alten- und Pflegeheime (angemessene Schätzwerte)

Abb. 177: Basisdaten

Basisdaten			
Nutzfläche (ohne Garagen):		m².	
Anzahl der Zimmer: (i. Mittel: m² je Zimmer inkl. antlg. Nebenfl.)		Stck.	
Anzahl der Betten/Plätze: (i. Mittel: Betten je Zimmer)		Stck.	
– Betreutes Wohnen:		Stck.	
– Tagespflege:		Stck.	
– Pflegestufe I:		Stck.	
– Pflegestufe II:		Stck.	
– Pflegestufe III:		Stck.	
Auslastung der Betten/Plätze:		%	90
Belegungstage (Erfahrungsw. bez. Nutzung, Lage u. Konzeption):			328,50
(365 Tage × 90 % Auslastung) p.a. Umsatzmiete			
– Betreutes Wohnen:		%	30,0
– Tagespflege:		%	20,0
– Pflegestufe I–III:		%	18,0
Tagessätze (Erfahrungswerte bez. Nutzung, Lage u. Konzeption)			
– Betreutes Wohnen: (Monatlich €/30 Tage)		€/Tg.	
– Tagespflege: (Monatlich €/30 Tage)		€/Tg.	
– Pflegestufe I: (Monatlich €/30 Tage)		€/Tg.	
– Pflegestufe II: (Monatlich €/30 Tage)		€/Tg.	
– Pflegestufe III: (Monatlich €/30 Tage)		€/Tg.	
Jahresumsatz			
– Betreutes Wohnen:	Plätze × €	× 328,50 Belegungstage	(%) €
– Tagespflege	Plätze × €	× 328,50 Belegungstage	(%) €
– Pflegestufe I:	Plätze × €	× 328,50 Belegungstage	(%) €
– Pflegestufe II:	Plätze × €	× 328,50 Belegungstage	(%) €
– Pflegestufe III:	Plätze × €	× 328,50 Belegungstage	(%) €
– Sonstiger Umsatz:			(%) €
Gesamtumsatz:	– Basisjahr		(%) €
Mietwert aus Umsatz			
– Betreutes Wohnen:	€	× 30,0 %	€
– Tagespflege:	€	× 20,0 %	€
– Pflegestufe I–III:	€	× 18,0 %	€
– Sonstiger Umsatz:	€	× 20,0 %	€
jährliche Umsatzmiete:		i. M.	%
monatliche Flächenmiete:	€	: 12: m²	€/m²
Mietwert je Bett und Belegungstag:	i.M. €		€

d) *Discounted Cashflow Verfahren*

453 Das *Discounted Cashflow* Verfahren wird von Investoren und institutionellen Anlegern präferiert. Es entspricht grundsätzlich den klassischen Ertragswertverfahren, wobei lediglich

– die Ein- und Auszahlungsströme über einen Zeitraum von i.d.R. 10 Jahre prognostiziert und

– die jährlich prognostizierten Reinerträge mit einem geeigneten Zinssatz (an Stelle des Liegenschaftszinssatzes) diskontiert

werden. Darüber hinaus sind der Restwert, die Transaktionskosten und die Abschreibung zu berücksichtigen.

Der **Diskontierungszinssatz** wird zumeist (als ein kapitalmarktüblicher Zinssatz) bestimmt
– auf der Grundlage des Zinssatzes für langfristige Hypothekenpfandbriefe[72]
– zuzüglich eines Risikoaufschlags, der sich aus einem Branchenrisiko (zur Zeit ca 2 %), und
– zuzüglich eines Risikoaufschlags, der sich aus dem Objektrisikos zusammensetzt.

Beispiel:

Verzinsung von Hypothekenpfandbriefen mit 10-jähriger Laufzeit	6,0 %
+ Branchenrisiko	+ 2,0 %
+ Objektrisiko	+ 4,0 %
= Diskontierungszinssatz	12,0 %

Bei neu errichteten Einrichtungen können die Vor- und **Anlaufkosten** (*Pre-Opening*-**Kosten**) **eine Größenordnung von rd. 500 000 bis 1 000 000 € erreichen**[73]. Der Objektrisikozuschlag zur Berücksichtigung der Einführungsphase (*Pre-Opening*-Phase) fällt mit ca. 4 % entsprechend hoch aus. Im Jahre 2002 waren Diskontierungszinssätze von rd. 11 % üblich.

Der *Cashflow* (Rendite) ergibt sich aus dem **Umsatz abzüglich der Kosten** (Abb. 178).

Abb. 178: Ermittlung des Pflegesatzes

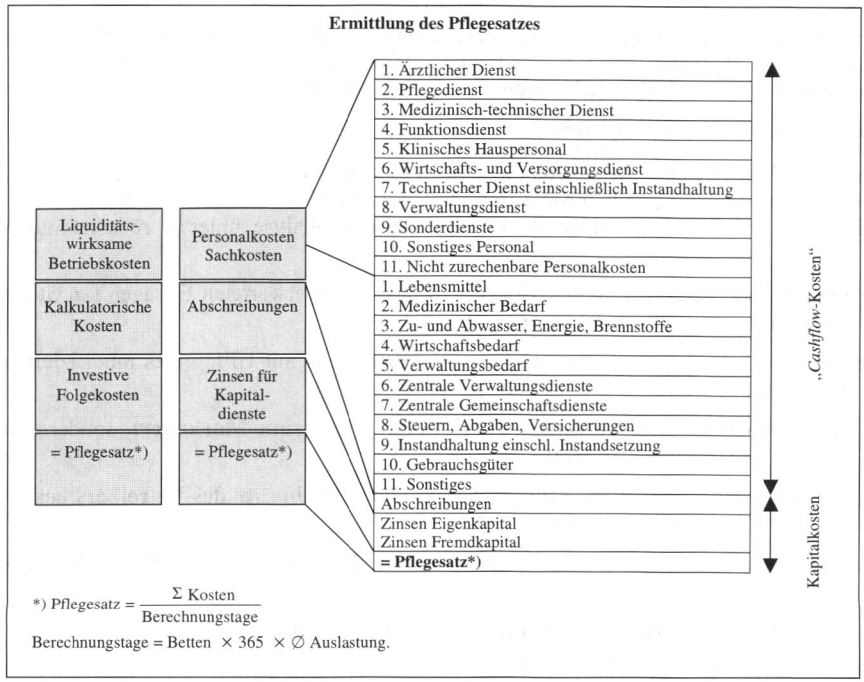

Quelle: Deutsche Bank

---
72 Quelle: Deutsche Bundesbank.
73 Ostermann/Weber, Senioreneinrichtungen in Falk, Gewerbe-Immobilien, 6. Aufl. 1996.

Abb. 179: Analyse der Betreiberkalkulation vor investiven Folgekosten

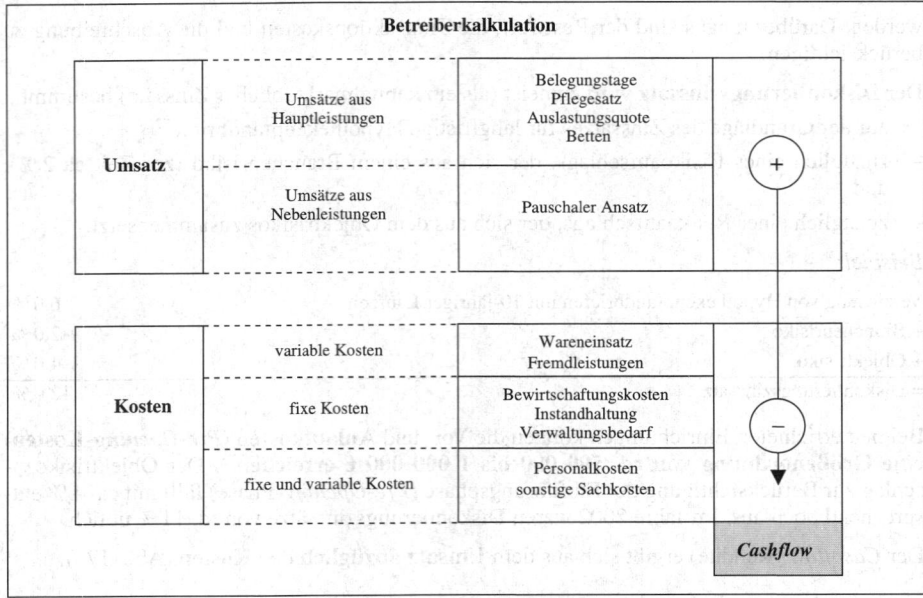

Quelle: Deutsche Bank

Bei **zentral gesteuerten Einrichtungen** muss gegebenenfalls berücksichtigt werden, dass bestimmte Dienstleistungen wie z. B. das Rechnungs- und Personalwesen zentral angeboten werden und nur die entsprechende Umlage zum Ansatz kommt.

e) Betriebswirtschaftliches Verfahren

454   Bei dem Betriebswirtschaftlichen Verfahren handelt es sich nicht um ein originär anderes Verfahren als die bereits vorgestellten Methoden. Kennzeichnend für dieses Verfahren ist lediglich, dass auf der Grundlage einer detaillierten Betreiberanalyse unter Berücksichtigung seiner Bonität

– die Erträge nach den tatsächlich erzielten und tatsächlich erwarteten Erträgen (an Stelle der tatsächlich erzielbaren Erträge) angesetzt und

– wie bei Anwendung des *Discounted Cashflow* Verfahrens mit Hilfe eines modifizierten kapitalmarktüblichen Zinssatzes diskontiert werden.

Das **Betriebswirtschaftliche Verfahren führt damit nicht zum Marktwert,** sondern zu einem unternehmensspezifischen Wert.

Bei Anwendung dieses Verfahrens kann wiederum von dem **Umsatz des Betreibers** ausgegangen werden. Dieser ist sodann um

– die Betriebskosten des Betreibers (Personal- und Sachkosten, etwa 55 bis 65 % des Umsatzes),

– die Bewirtschaftungskosten des Eigentümers (10 bis 20 %) und

– den Unternehmergewinn (10 bis 15 %)

zu vermindern. Inwieweit dabei ein Mietausfallwagnis anzusetzen ist, hängt wiederum von der angesetzten Auslastungsquote ab. Das Ergebnis ist der Reinertrag.

f) Investitionspauschalenrechnung

Bei dieser von *Jahn*[74] entwickelten Methode wird der Ertragswert allein auf der Grundlage der Gesamtsumme der Investitionspauschalen (ggf. auch des Pflegewohngeld) aller verfügbaren Plätze – vermindert um 10 % (bzw. 1,30 bis 1,70 € pro Bett und Tag) zur Berücksichtigung der vom Pächter gestellten Ersteinrichtungen (Inventar) – unter Berücksichtigung der Auslastungsquote und der Einzelzimmerzuschläge ermittelt. Das Ergebnis dieser Berechnung ist der Rohertrag. Der Ertragswert ergibt sich sodann nach herkömmlicher Vorgehensweise: **455**

Beispiel:

Ertragswertermittlung						
Ermittlung des Jahresrohertrags:						
	Tage	Anzahl der Heimbewohner		Investitionspauschale		Jahresrohertrag
		DZ	EZ	voll	vermindert	
Investitionspauschale	365	100		19,25 €	17,33 €	632 545 €
Einzelzimmerzuschlag	365		20	4,60 €		33 304 €
Summe						665 849 €
Rohertrag bei Auslastung von 98 %						652 532 €
Rohertrag pro Bewohner und Tag:			652 532 €/100 Bewohner/365 Tage =			17,88 €
Ertragswertermittlung						
– Bewirtschaftungskosten: 15 %						– 97 880 €
Reinertrag						654 652 €
– Bodenwertverzinsungsbetrag bei einem Bodenwert von 500 000 € und einem Zins von 7 %						– 35 000 €
= bodenwertverzinsungsbetragsgeminderter Reinertrag						619 652 €
× Vervielfältiger bei Restnutzungsdauer von 50 Jahren (V = 13,80)						8 551 198 €
+ Bodenwert						+ 500 000 €
= Ertragswert (gerundet)						**9 000 000 €**

Die **Einnahmen aus Pflegeaufwendungen sowie aus Unterkunft und Verpflegung bleiben außer Betracht;** es wird dabei davon ausgegangen, dass diese die betriebsnotwendigen Kosten decken.

5.3.2.4 Sachwertverfahren

Mit den Förderrichtlinien der Bundesländer werden **Baukosten** (ohne Bodenwertanteil, jedoch einschließlich Inneneinrichtung von durchschnittlich 7 500 € pro Platz) im **Bereich von 75 000 bis 100 000 € pro Platz** empfohlen[75]. **456**

---

[74] Wertermittlung von Alten- und Pflegeheimen, GuG 2000, 282.
[75] Arbeiter-Samariter-Bund 1998 (Register 5, S. 12).

VI Besondere Immobilienarten Sonderimmobilien

457 Die NHK 2005 geben folgende Ansätze pro Quadratmeter BGF vor:

34 ALTEN- UND PFLEGEHEIM
Normalherstellungskosten (NHK) Kostenkennwerte einschl. MWSt. 1. Quartal 2005

34.13 einfacher Standard

Baujahr	1925	1925–1945	1946–1959	1960–1969	1970–1984	1985–2004	2005			
300 Bauwerk Baukonstruktion	–	450	475	475	500	505	525	530	575	575	625	630
400 Bauwerk Technische Anlagen	–	170	180	180	190	190	200	200	215	215	235	235
300 + 400 Bauwerk	–	620	655	655	690	695	725	730	790	790	860	865

Merkmale der Stichprobe		Nebenkosten in % des Bauwerks[a]		
Mittlere Geschosshöhe	3,02 m	von	Ø	bis
Geschosszahl	–	16	**18**	21
Wohnfläche/BGF	–	Gesamtnutzungsdauer: 40 bis 80 Jahre		
BGF/Nutzfläche	72,5 m²/Bett	Standardeinordnung siehe Anlage 2		

34.14 mittlerer Standard

300 Bauwerk Baukonstruktion	–	540	570	575	605	605	630	635	690	695	750	755
400 Bauwerk Technische Anlagen	–	220	230	235	245	245	255	260	280	280	305	305
300 + 400 Bauwerk	–	760	800	810	850	850	885	895	970	975	1055	1060

Merkmale der Stichprobe		Nebenkosten in % des Bauwerks		
Mittlere Geschosshöhe	3,12 m	von	Ø	bis
Geschosszahl	–	16	**18**	21
Wohnfläche/BGF	–	Gesamtnutzungsdauer: 40 bis 80 Jahre		
BGF/Nutzfläche	74,1 m² /Bett	Standardeinordnung siehe Anlage 2		

34.15 hoher Standard

300 Bauwerk Baukonstruktion	–	620	655	660	695	695	725	730	790	795	860	870
400 Bauwerk Technische Anlagen	–	260	270	275	285	290	300	300	330	330	355	360
300 + 400 Bauwerk	–	880	925	935	980	985	1025	1030	1120	1125	1215	1230

Merkmale der Stichprobe		Nebenkosten in % des Bauwerks		
Mittlere Geschosshöhe	3,33 m	von	Ø	bis
Geschosszahl	–	16	**18**	21
Wohnfläche/BGF	–	Gesamtnutzungsdauer: 40 bis 80 Jahre		
BGF/Nutzfläche	71,4 m² / Bett	Standardeinordnung siehe Anlage 2		

a. Im Sinne der NHK (Kostengruppe 730 + 771) nach DIN 276-11: 2006.

5.3.3 Beispiele

5.3.3.1 Verkehrs- und Beleihungswert eines Seniorenzentrums

Schrifttum: *Stannigel/Kremer/Weyers,* Beleihungsgrundsätze, S. 516, Abschnitt 6.8.2 Altenheime, Pflegeheime; *Weyers, G.,* Verkehrswert und Beleihungswert von Seniorenimmobilien, GuG 1997, 2.

458 Das Zentrum besteht aus einem Alten- und Pflegeheim, den Bereichen beschütztes Wohnen sowie Tagespflege und Rehabilitation; sein Standort befindet sich in Nordrhein-Westfalen.

Sonderimmobilien — Besondere Immobilienarten VI

1. Ausgangsdaten
a) Bodenbeschreibung

Lage	Stadtzentrum
Lagebeurteilung	zentrale, ruhige Lage; für die ausgeübte Nutzung besonders geeignet
Nahverkehrsmittel	Bushaltestelle in unmittelbarer Nähe
Straßenzustand	Anbindung an die endgültig ausgebaute Oststraße (verkehrsberuhigt gestaltet)
Zuwegung	direkter Straßenzugang
Versorgung	Strom, Gas, Wasser, Telefon
Entsorgung	Anschluss an den öffentlichen Kanal
Erschließungsbeiträge	fallen nicht mehr an, sie sind im Kaufpreis enthalten
Nachbarbebauung	Ein- und Zweifamilienhäuser sowie Mehrfamilienhäuser
Grundstückszuschnitt	Reihengrundstück, unregelmäßiger Zuschnitt, Südhanglage
Straßenfront	ca. 80 m
Baurecht	Sondergebiet
Seniorenzentrum	GRZ = 0,4, GFZ = 1,1, 5 Vollgeschosse
vorhandene Ausnutzung	GRZ = 0,26, GF = 6880 m², GFZ = 0,92
wertbeeinflussende Umstände	keine
Baulasten	keine Eintragungen im Baulastenverzeichnis
Altlasten	sind nicht bekannt geworden
Überbauungen	keine Grenzbebauungen (offene Bauweise)
wirtschaftliche Einheit	ja

b) Baubeschreibung

Bezeichnung	Seniorenzentrum bestehend aus:
– Alten- und Pflegeheim:	90 Plätze
– Beschütztes Wohnen:	21 Plätze
– Tagespflege/ambul. Reha-Bereich:	12 Plätze
Baujahr	1993/1994
Funktion, Grundrisse	zweckmäßige, zeitgemäße Grundriss- und Gebäudekonzeption (Y-förmiger Baukörper)
Keller	als Sockel-/Hanggeschoss ausgebaut
Anzahl der Geschosse/Dachgeschosse	4 Vollgeschosse, DG im Kernbereich als Kapelle ausgebaut, ansonsten kein Dachausbau
Art	freistehend
Fundamente	Beton-Streifenfundamente
Außenwände, Fassaden	Mauerwerk, Außenhaut Thermoputz (weiß)
Innenwände	vorwiegend Mauerwerk, Putz; Tapeten, Anstrich oder Fliesen
Decken	Stahlbeton
Treppen	Stahlbeton, Natur-, Kunststein- oder Fliesenbelag
Dach	Holz-Satteldach, Falzziegeleindeckung
Fenster	Alukunststoffbeschichtet, Dämmglas
Türen	Naturholz oder kunststoffbeschichtete Türblätter, entsprechend den Anforderungen als FH-Türen ausgebildet
Bodenbeläge	vorwiegend PVC- oder Stein-/Fliesenbelag
Heizung	Zentralheizung, 500–700 kW
Sanitäre Installation	entsprechend den heutigen Erfordernissen in behindertengerechter Ausführung
Elektro-Installation	lt. VDE

VI Besondere Immobilienarten   Sonderimmobilien

Personen-Aufzüge	Kern A: 1 Aufzug 140/240
	Trakt B: 1 Aufzug 110/240
	Trakt C: 1 Aufzug 110/210
Schall- u. Wärmeschutz	lt. DIN 4108 bzw. 4109
Gesamtausstattung	durchschnittlich bis überdurchschnittlich
Bau- u. Unterhaltungszustand	gut; das Objekt ist mängelfrei erstellt und abgenommen worden
Außenanlagen, Zufahrten	40 Stellplätze und Wege in Verbundpflaster, gärtnerische Gestaltung (Strauch- und Baumbepflanzung)
Bauschein	Nr. 05/1847.015 vom 25.1.1993

Hinweis:
Die Angaben beziehen sich auf dominierende Ausstattungen und Ausführungen. In Teilbereichen können Abweichungen vorliegen.

c) Nutzungsmäßige Aufteilung

Gebäude-teil	Sockelgeschoss Ebene 0	Erdgeschoss Ebene 1	1.–3. Obergeschoss Ebene 2–4	Dachgeschoss Ebene 5
Trakt A	nicht unterkellert	Küche, Vorrat, Lager, Personal	„Heim und Pflege"	keine Nutzung
Trakt B	Lager, Wäsche- und Bügelräume	Speiseraum, Cafeteria, WC-Räume	„Heim und Pflege"	keine Nutzung
Trakt C	Technik- und Werkstatträume	Foyer, Rezeption, Friseur	Zentralbereich, div. Nutzung	Kapelle, Technik
Trakt D	Personal- und Lagerräume	Tagespflege, Büroräume	„Heim und Pflege"	keine Nutzung
Trakt E	nicht unterkellert	Phys. Therapie, Sonderräume	„Beschütztes Wohnen"	keine Nutzung

d) Betriebliche Nutzung (Zimmer- und Bettenangebot)

A Alten- und Pflegeheim (Anzahl Zimmer) „Heim und Pflege"

Lage	1. Obergeschoss		2. Obergeschoss		3. Obergeschoss		insgesamt	
	EZ	DZ	EZ	DZ	EZ	DZ	EZ	DZ
Trakt A	6	1	6	1	6	1	18	3
Trakt B	1	4	1	4	1	4	3	12
Trakt C	1	–	1	–	1	–	3	–
Trakt D	12	–	12	–	12	–	36	–
	20	5	20	5	20	5	60	15

Σ der Zimmer = 75
Σ der Betten = 90

B Betreutes (heimverbundenes) Wohnen

in Trakt E, 1.–3. Obergeschoss

Lage/Geschoss	1-Betten-appartements (Stück)	2-Betten-appartements (Stück)	insgesamt	
			Zimmer	Betten
1. Obergeschoss	–	1	1	2
2. Obergeschoss	6	2	8	10
3. Obergeschoss	5	2	7	9
	11	5	16	21

C Tagespflege und ambulante Rehabilitation

Für diesen Betriebsbereich stehen im Erdgeschoss der Trakte D und E insgesamt 12 Plätze zur Verfügung.

D Zusammenfassung

Betriebsbereich	Zimmerzahl	Betten/Plätze
Alten- und Pflegeheim („Heim und Pflege")	75	90
Beschütztes (heimverbundenes) Wohnen	16	21
Zwischensumme:	91	111
Tagespflege und ambulante Rehabilitation		12
*= 1,35 Betten/Zimmer		123*

2. Bauzahlenübersicht

In der Projektbeschreibung sowie dem Antrag und Bescheid für die öffentliche Förderung der Baumaßnahme ist bei der Ermittlung des Gebäudevolumens als Bezugsgröße der Brutto-Rauminhalt – BRI – (insgesamt 26 616 m³) und die Hauptnutzfläche (3 241 m²) zugrunde gelegt worden.

Für die Bauwert-Ermittlung (Wert der baulichen Anlagen) werden jedoch die dem Bauantrag zugrunde liegenden, geprüften Bauzahlen-Ermittlungen herangezogen.

Grundlage:

Ausstellungen des Architekten …, Schreiben vom 25.1.1992

a) Brutto-Grundfläche

Aus der geprüften Brutto-Rauminhalt-Berechnung entnommen: 1948, 84 m² rd. 1949 m²

Geschossfläche, Brutto-Rauminhalt (DIN 277 – 1973/1987 2005)

Geschoss	Geschossfläche (m²)	Brutto-Rauminhalt (m³)
Sockelgeschoss	–	3 649
Erdgeschoss	1 348	5 813
1. Obergeschoss	1 877	5 298
2. Obergeschoss	1 849	5 097
3. Obergeschoss	1 806	5 000
Dachgeschoss	6 880	24 857
(ausgebaute Kapelle)		778
Dachgeschoss		25 635
nicht ausgebaut		3 140
		28 775

Zum Vergleich: Umbauter Raum nach DIN 277/1950 = 26 616 m³; dies sind 92,5 % des Brutto-Rauminhalts.

VI Besondere Immobilienarten — Sonderimmobilien

b) **Nutzflächen**

Geschoss	NF (m²)	FF (m²)	VF (m²)	NGF (m²)
Sockelgeschoss	509	162	193	864
Erdgeschoss	1 193	–	237	1 430
1. Obergeschoss	1 322	12	360	1 694
2. Obergeschoss	1 328	–	365	1 693
3. Obergeschoss	1 283	–	372	1 655
Dachgeschoss	121	48	92	261
	5 756	222	1 619	7 597

Legende:

F	Nutzfläche (Hauptnutzfläche + Nebennutzfläche)
FF	Funktionsfläche (Fläche für betriebstechnische Anlagen)
VF	Verkehrsfläche (Flure, Treppenhäuser)
NGF	Netto-Grundfläche

Dem geprüften Antrag auf öffentliche Förderung des Objektes sind die folgenden Flächenangaben entnommen:

Zu Alten- und Pflegeheim (90 Plätze)

57 Einzelzimmer	je 25,00 m²	1 425,00 m²
3 Doppelzimmer	je 31,97 m²	295,91 m²
12 Doppelzimmer	je 29,18 m²	2 350,16 m²
3 Einzelzimmer	je 27,36 m²	282,08 m²
75 Zimmer		1 953,15 m²

Zu Heimverbundenes Wohnen (21 Plätze)

7 Einzelappartements	je 40,98 m²	286,86 m²
2 Einzelappartements	je 42,49 m²	84,98 m²
2 Einzelappartements	je 43,44 m²	86,88 m²
5 Doppelappartements	je 49,02 m²	245,10 m²
16 Appartements		703,82 m²
Zwischensumme:		2 656,97 m²
Zu Sonderbereich, Tagespflege/ambul. Reha-Bereich		678,80 m²
		3 335,77 m²
		rd. 3 336 m² *

* Es handelt sich hierbei um die Hauptnutzfläche (HNF). Unter Einbeziehung der Fläche für Flure und Treppenhäuser (Verkehrsfläche) mit 1 619 m² ergeben sich insgesamt 4 955 m². Dies sind 65,2 % der Netto-Grundfläche (NGF). Auf Gemeinschaftseinrichtungen entfallen demnach 34,8 % der NGF.
Der Anteil der Wohnfläche an der NGF liegt in der Regel zwischen 60 und 70 %; im Beispielsfall sind es 65,2 % der NGF. Ganz allgemein gilt, dass ein hoher Anteil der Fläche für Gemeinschaftseinrichtungen die Nettokaltmiete in die Höhe treibt.

3. Bodenwertermittlung

a) Kaufpreis

Das Areal wurde von der Stadt Muster (siehe hierzu UR.-Nr. 1156/91 vom 12.10.1991, Notar Karl Müller) zu einem Kaufpreis von 85 €/m² Grundstücksfläche erschließungsbeitragsfrei erworben.

b) Bodenrichtwerte, erschließungsbeitragsfrei (ebf), zum 31.12.1999

Im unmittelbaren Einzugsbereich betragen die Bodenrichtwerte:

100 €/m², Misch-/Wohngebiet, 2 Vollgeschosse

105 €/m², Mischgebiet, 2–3 Vollgeschosse.

Hierbei handelt es sich um Richtwertgrundstücke von 20 m × 35 m = 700 m², die in offener Bauweise bebaut werden können.

Sonderimmobilien — Besondere Immobilienarten VI

c) Wert des Grundstücks

Unter Berücksichtigung der Preisentwicklung auf dem Grundstücksmarkt sowie aller sonstigen wertbestimmenden Eigenschaften wurden in Abstimmung mit dem örtlichen Gutachterausschuss für Grundstückswerte für das Bewertungsgrundstück 150 €/m² ebf für angemessen erachtet.

Bei einem Sachwert des Objekts in Höhe von 11 095 000 € ergibt sich ein Bodenwertanteil von 10,4 %. Bezogen auf die Netto-Grundfläche (NGF) von 7 597 m² sind dies 151,38 €/m². Damit liegen diese Kennzahlen (i.v.H. des Bodenwerts bzw. €/m² NGF) innerhalb der üblichen Bandbreiten.

Bezeichnung	Fläche m²	€/m²	€
Gebäude- und Freifläche	7 500	150,00	1 125 000
Grundstücksnebenkosten und zur Rundung (2,22 %)			25 000
Insgesamt Bodenwert:	7 500	153,33	1 150 000

4. Ermittlung des Sachwerts der baulichen Anlage

Bezeichnung	Baujahr	beb. Fläche m²	Masse m³	Einheit	Neuwert €	WM* %	Zeitwert €
Seniorenzentrum	1994	1949	28 775	325	9 351 875	11,6	267 058
Außenanlagen, bes. Bauteile und zur Rundung (6,66 %)					623 125	11,6	550 842
Zwischensumme:					9 975 000	11,6	8 817 900
Baunebenkosten (12,78 %)					1 275 000	11,6	1 127 100
Bauwert bei Index 2 050 (1914 = 100)					11 250 000	11,6	9 945 000

Auf 1 Zimmer entfallen 316 m² (Bandbreite 200 bis 300 m²).
Ausbauverhältnis: 28 775 m³ : 7 597 m² = 3,8 (günstig).

* Bei einer durchschnittlichen wirtschaftlichen Gesamtnutzungsdauer (GND) von 60 Jahren und der Wertminderung wegen Alters nach Vogels.

Legende Bauwertermittlung:

beb. Fläche/m²	= bebaute Fläche
Masse/m³	= Bezugsgröße, Brutto-Rauminhalt
€/Einh.	= €/m³ Brutto-Rauminhalt
Neuwert/€	= Herstellungswert
WM %	= Wertminderung i.v.H.
Zeitwert/€	= Gebäudewert
Bauindex	= Die Angabe der Indexzahl zum Stichtag der Wertermittlung erfolgt zum Zweck einer späteren Überarbeitung des Gutachtens. Der €/m³-Ansatz entspricht heutigen Kosten.

Bei den Wertansätzen (einschl. MwSt.) wurden keine Reproduktionskosten, sondern die Kosten vergleichbarer wirtschaftlicher Ersatzbauten zugrunde gelegt. Auf ein Zimmer entfallen rd. 125 000 € (Neuwert) (Bandbreite vergleichbarer Neubauten 100 bis 150 000 €).

5. Pachtwertermittlung

5.1 Altenheim (90 Plätze)

5.1.1 Heimkosten inkl. Investitionskosten per 1.1.2000 (ohne MwSt.)

Die Pflegesätze beinhalten sämtliche Aufwendungen für Beherbergung, Verpflegung, Investition und Pflege (nach Bedürftigkeit). Kosten für die ärztliche Versorgung sowie für Pflegemittel sind hierin nicht enthalten. Der Heimkostensatz für die Unterkunft und die Verpflegung sowie der Investitionskostenanteil sind Grundbeträge für alle Pflegeklassen. Sie ergeben sich aus dem Selbstkostenblatt.

VI Besondere Immobilienarten   Sonderimmobilien

Leistungen	Pflegestufen					
	I normale Pflege		II erhöhte Pflege		III schwere Pflege	
	€	%	€	%	€	%
Pflege	34,70	46,3	44,70	52,6	69,70	63,3
Unterkunft und Verpflegung	27,45	36,6	27,45	32,3	27,45	25,0
Investitionskosten	12,85	17,1	12,85	15,1	12,85	11,7
Gesamtkosten pro Tag	75,00	100,0	85,00	100,0	110,0	100,0

5.1.2 Erlöse

Die vorhandenen Plätze verteilen sich seit der Eröffnung der Anlage im Durchschnitt wie folgt:

a) Für normale Pflegebedürftige   15 Plätze   (= 16,7 % der verfügbaren Plätze)
b) Für erhöht Pflegebedürftige   35 Plätze   (= 38,9 % der verfügbaren Plätze)
c) Für schwer Pflegebedürftige   40 Plätze   (= 44,4 % der verfügbaren Plätze)

Auf die Kategorien erhöht bzw. schwer pflegebedürftige Personen entfallen i.d.R. 60 bis 80 % der verfügbaren Plätze: Hier sind es 83,3 %.

15 Plätze × 75 €	= 1 125 €
35 Plätze × 85 €	= 2 975 €
40 Plätze × 110 €	= 4 400 €
Zwischensumme:	8 500 €
60 Einzelzimmer (EZ-Zuschlag 1,30 €)	78 €
Heimkosten je Tag:	8 578 €

Das Alten- und Pflegeheim war von Anbeginn voll ausgelastet; es kann daher mit einer nachhaltigen Auslastung von 98 % gerechnet werden.

Der Jahreserlös ergibt sich demnach wie folgt:

8 578 € × 365 Tage × 0,98 = 3 068 350 = rd. 3 100 000 €

Der Jahreserlös in Höhe von 3 100 000 € entspricht einem durchschnittlichen Erlös von 95 €/Platz/Tag. Bei Berücksichtigung von 100 000 € (= rd. 3 %) für sonstige Erlöse ist bei der Pachtwertermittlung von rd. 3 200 000 € auszugehen.

Angemessener Pachtwert 18 % von 3 200 000 € = 576 000 €/Jahr = 48 000 €/Monat; dies sind 24,58 €/m² HNF.

5.2 Beschütztes (heimverbundenes) Wohnen (21 Plätze)

Für diesen Bereich wird der marktüblich erzielbare Erlös mit 16 €/m² HNF/Monat kalkuliert. Bei einer Gesamtfläche von rd. 704 m² sind dies rd. 11 264 €/Monat bzw. 536,38 €/Platz

5.3 Tagespflege, ambulanter Reha-Bereich

Es stehen 12 Tagespflegeplätze zur Verfügung. Der Pflegesatz liegt bei 65 €/Platz/Tag (rd. 87 % des Normalpflegesatzes von 75 €/Tag). Bei voller Auslastung (12 × 65 € × 365) würde sich ein Jahreserlös von 284 700 € (= 23 725 €/mtl.) ergeben. Es wird eine Auslastung von 98 % angenommen. Demnach können der Bereich der Tagespflege sowie der ambulante Reha-Bereich mit einem Erlös von 23 250 €/mtl. berücksichtigt werden. Weiter sind noch Einnahmen aus Zusatzleistungen, die mit etwa 16 750 €/mtl. anzusetzen sind, zu berücksichtigen. Bei insgesamt 40 000 €/mtl. und 20 % Pachtanteil ergibt sich ein Pachtwert von 8 000 € (= 11,78 €/m² HNF bei 679 m²).

Sonderimmobilien — Besondere Immobilienarten VI

6. Ertragswertermittlung

Nr.	Bezeichnung		Einheit	€/Einheit	€/Monat
1	Alten- und Pflegeheim	90 Plätze	1 953 m²	24,58	48 000
2	Beschütztes Wohnen	21 Plätze	704 m²	16,00	11 264
3	Tagespflege/ambul. Reha-Bereich	12 Plätze	679 m²	11,78	8 000
Insgesamt:			3 336 m²	20,16	67 270
Jahresrohertrag: (§ 18 ImmoWertV)					807 228
./. Bewirtschaftungskosten: (§ 19 ImmoWertV) 15,00 %					− 121 084
Jahresreinertrag rd.:					686 100
./. Bodenwertverzinsungsbetrag: 6,5 % von 1 150 000 €					− 74 750
Gebäudeertragsanteil:					611 350
Vervielfältiger bei 54 Jahren Restnutzungsdauer					
und 6,5 % = 14,87 × 611 350 € = 9 090 700 € Gebäudeertragswert rd.					9 100 000
Bodenwert					+ 1 150 000
Ertragswert					10 250 000

7. Verkehrswertermittlung

Bodenwert	1 150 000 €
Bauwert	9 945 000 €
Sachwert (SW)	11 095 000 €
Ertragswert (EW)	10 250 000 €
Verkehrswert der Immobilie:	10 500 000 € belastungsfrei und ohne Zubehör
(94,64 % SW, 102,44 % EW)	

Bezugsgrößen zum Verkehrswert (Kennzahlen):

- Jahresrohertrag   807 168 €   13,0-facher
- Anzahl Zimmer   91   rd. 115 385 €/Zimmer
- Anzahl Betten   123   rd. 85 365 €/Bett
- Netto-Grundfläche (NGF) 7 597 m²   rd. 1 385 €/NGF
- Hauptnutzfläche (HNF) 3 336 m²   rd. 3 150 €/HNF

8. Ermittlung des Beleihungswerts

8.1 Vorgaben/Wertermittlungsanweisung

8.1.1 Bodenwert

- Preise für Grundstücke gleicher Art und Lage, die auf Dauer als angemessen anzusehen sind.
- Aktuelle Verkaufspreise, die für Grundstücke gleicher oder ähnlicher Lage unter normalen Verhältnissen erzielt worden sind.
- Bodenrichtwerte der Gutachterausschüsse für Grundstückswerte.

8.1.2 Sachwert der baulichen Anlage

- Angemessene Herstellungskosten

  Hierbei dürfen die Kosten der Außenanlagen ohne Nachweis höchstens bis zu 5 % der reinen Baukosten angesetzt werden. Baunebenkosten können bis zu 15 % der Summe aus Baukosten und Kosten der Außenanlagen ohne besonderen Nachweis berücksichtigt werden. Bei Berücksichtigung von Baunebenkosten bis zu 20 % ist ein besonderer Nachweis erforderlich.

  Risikoabschlag vom Bauwert bei Anwendung des Abschlagsverfahrens mindestens 10 %.

- Bau- und Unterhaltungszustand, Alter sowie zu erwartende Restnutzungsdauer der baulichen Anlagen sind Grundlage für die Berücksichtigung der Wertminderung.

VI Besondere Immobilienarten — Sonderimmobilien

8.1.3 Ertragswert

Jahresrohertrag (nachhaltig)
./. Bewirtschaftungskosten
= Gebäude- und Bodenreinertrag
./. Bodenwertverzinsungsbetrag (Normfläche)
= Gebäudeertragsanteil
× Vervielfältiger (Anl. zur ImmoWertV)
= Gebäudeertragswert
./. Risikoabschlag
= Gebäudeertragswert
+ Bodenwert
= Ertragswert

8.1.4 Bewirtschaftungskosten

Beim Ansatz der Bewirtschaftungskosten als Pauschalbetrag darf ein Satz von 15 % des Jahresrohertrags nicht unterschritten werden.

8.1.5 Kapitalisierungszinssätze (Mindestsätze)

Wohngrundstücke	5,0 %
Gemischt genutzte Grundstücke	5,5 %
Gewerbegrundstücke	6,0–6,5 %

8.1.6 Risikokategorien

(1) Geringes bis durchschnittliches Objektrisiko
(2) Erhöhtes Objektrisiko
(3) Hohes Objektrisiko

8.1.7 Risikoabschläge

Zur Ermittlung von Bauwert und Gebäudeertragswert sind die folgenden Risikoabschläge vorzunehmen:

– Bei Objekten mit geringem bis durchschnittlichem Risiko	Abschläge von 10 bis 25 %
– Bei Objekten mit erhöhtem Risiko	Abschläge von 25 bis 40 %
– Bei Objekten mit hohem Risiko	Abschläge von mindestens 40 %.

Bei der Ermittlung des Ertragswerts von Wohngrundstücken mit geringem Objektrisiko kann auf den Abschlag beim Gebäudeertragswert verzichtet werden.

8.1.8 Ableitung eines Beleihungswertvorschlags

Bodenwert	1 150 000 €
Bauwert bei 15 % Risikoabschlag	rd. 8 450 000 €
Gebäudeertragswert bei 15 % Risikoabschlag	7 750 000 €
Sachwert	9 600 000 €
Ertragswert	8 900 000 €
Beleihungswertvorschlag	rd. 9 000 000 €*

* Dies sind 87,71 % des mit 10 500 000 € ermittelten Verkehrswerts; d.h., der Risikoabschlag beim Praxisbeispiel beträgt rd. 14 %.

Wird der Beleihungswert mit 9 000 000 € festgesetzt, so könnten 400 000 € als Realkredit gewährt werden. Dies wären rd. 51 % des Verkehrswerts. Erfahrungsgemäß können Kreditnehmern bei realkreditfähigen Objekten bis zu 50 % der auf Angemessenheit überprüften Herstellungskosten oder des fachgerecht ermittelten Verkehrswerts als Realkredit zur Verfügung gestellt werden.

Sonderimmobilien

8.1.9 Objektbeurteilung und Risikoeinstufung

Das 1994 in Betrieb genommene Zentrum von Altenpflege, beschütztem Wohnen sowie Tagespflege und Rehabilitation mit insgesamt 123 Heimplätzen ist voll angenommen; die Betriebserlaubnis wurde am 25.10.1994 erteilt. Alle Anlagen hinterlassen einen gepflegten Eindruck. Ob seiner zentralen und ruhigen Lage ist das Zentrum derzeit völlig konkurrenzlos. Es kann von einem geringen bis durchschnittlichen Objektrisiko ausgegangen werden.

Anzumerken ist, dass von den rd. 500 000 Heimplätzen für vollstationäre Pflege in der Bundesrepublik Deutschland derzeit (1. Hj. 2000) rd. 140 000 Plätze (= 28 %) auf Nordrhein-Westfalen entfallen. Das NRW-Sozialministerium hält (am 4.4.2000) den Bedarf an stationären Pflegebetten statistisch gesehen für ausreichend, auch wenn es noch örtlich Engpässe gibt. Das Angebot in der Tagespflege ist seit 1996 (das Landespflegegesetz ist in Kraft getreten) um 60 % auf 2 700 Plätze gesteigert worden; die Kurzzeit-Pflegeplätze haben sich in diesem Zeitraum verdoppelt, sie werden derzeit mit 5 000 angegeben.

5.3.3.2 Fachklinik

Schrifttum: GuG 2004, 168.

Vorbemerkungen 460

Zu bewerten ist eine seit 1979 in privater Trägerschaft geführte Klinik für psychosomatische Medizin mit 141 Einzelzimmern und den üblichen Nebeneinrichtungen (wie z. B. Therapiegebäude, Sporthalle, Küchenausbau etc.) in westdeutscher Mittelgebirgslandschaft.

Behandelt werden Patienten mit psychosomatischen, neurotischen und psychiatrischen Erkrankungen. Es besteht ein Versorgungsvertrag nach § 111 SGB V. Die Kosten der Behandlung werden von gesetzlichen und privaten Krankenkassen sowie von allen Rentenversicherungsträgern übernommen. Die Klinik ist zudem als beihilfefähig anerkannt.

Bis Ende 1996 war die Klinik voll ausgelastet. Infolge der Auswirkungen aufgrund des Wachstums- und Beschäftigungsgesetzes vom 13.9.1996 ist die Auslastung ab 1997 geringfügig zurückgegangen. Aus heutiger Sicht kann von der Belegung mit 90 % als nachhaltig angenommen werden. Ganz allgemein gilt, dass Rehabilitationskliniken existenziell auf hohe Auslastungen (Belegungszahlen) angewiesen sind.

Für stationäre Reha-Maßnahmen (Eigenbeteiligung des Patienten mit 8,50 €/West oder 7 €/Ost; die Anrechnung auf den Urlaub wurde zurückgenommen) und stationäre Anschluss-Rehabilitation wurden 1999 (rd. 800 000 Fälle) rd. 6 Mrd. € aufgebracht, die zu rd. 95 % von den Krankenkassen und Rentenversicherungsträgern übernommen wurden. Für 2000 rechnen die Kostenträger mit rd. 1 Mio. Reha-Patienten.

a) Sachverhalt 461

Fachklinik, viergeschossiger Stahlbetonskelettbau, Baujahr 1980, Restnutzungsdauer am Wertermittlungsstichtag (2000) 40 Jahre, 130 Einzelzimmer mit Dusche/WC, insgesamt 6100 m² Nutzfläche, Grundstücksgröße 100 000 m², davon 45 000 m² Sondergebiet Klinik (Bodenrichtwert 35 €/m² einschließlich Erschließungskosten) und 55 000 m² Grünfläche im Landschaftsschutzgebiet (Bodenwert 1 €/m²). Die Klinik ist verpachtet. Die Pacht betrug in den Jahren 1986 bis 1988 durchschnittlich 1 350 000 DM[76]. Folgende weitere Daten sind bekannt:

Pflegesatz in €/Tag (1997 bis 1999 im Mittel)	100 €
Pflegesatzeinnahmen (1997 bis 1999 im Mittel)	4 850 000 €
Sonstige Erlöse (Cafeteria, Kiosk, Frisör usw.)	15 000 €
Gesamterlöse	4 865 000 €
Jahrespacht (1997 bis 1999 im Mittel)	

Der Liegenschaftszinssatz beträgt 7 %.

---

[76] Pacht für Mobiliar und Sonstiges, nicht fest mit den baulichen Anlagen verbundenes Wirtschaftsgut ist nicht enthalten.

VI Besondere Immobilienarten — Sonderimmobilien

b) Wertermittlung

Überprüfung der angegebenen Daten

Überprüfung der Pflegesatzeinnahmen:

130 Zimmer × 100 € × 365 Tage = 4 745 000 €

4 745 000 € < 4 850 000 €[77]

Überprüfung der Umsatzpacht:

Die Umsatzpachten bei Fachkliniken mit geringem Pflegeaufwand liegen i.d.R. zwischen 15 und 20 % des Gesamtumsatzes.

800 000 € × 100 = 16,44 %. Die erzielte Umsatzpacht liegt im üblichen Rahmen.

Bodenwertermittlung

45 000 m² Bauland × 35 €/m²	=	1 575 000 €
55 000 m² Grünland × 1 €/m²	+	55 000 €
Bodenwert insgesamt	=	1 630 000 €
Ermittlung des Werts der baulichen Anlagen		
Nettokaltmiete	=	800 000 €
Bewirtschaftungskosten		
Verwaltungskosten 4 %	–	32 000 €
Instandhaltungskosten (15 €/m² Nutzfläche)	–	91 500 €
Mietausfallwagnis 4 %	–	32 000 €
Jahresreinertrag	=	**644 500 €**
abzüglich Bodenwertverzinsungsbetrag 7 % von 1 630 000 €	–	114 100 €
= Jahresreinertrag der baulichen Anlage		530 400 €
Vervielfältiger bei 7 % und 40 Jahren Restnutzungsdauer: 13,33		
Ertragswert der baulichen Anlagen 530 400 € × 13,33	=	7 070 232 €
Bodenwert	+	1 630 000 €
Grundstücksertragswert	=	8 700 232 €
Verkehrswert des Grundstücks	=	**8 700 000 €**

462 Vergleichsdaten:

Wert je Zimmer	66 923 €
Jahresrohmietenvervielfältiger	10,9
Grundstücksbezogener Gebäudewertfaktor	1 426 €/m² Nutzfläche

5.3.3.3 Verkehrs- und Beleihungswert einer Rehabilitationsklinik

463 a) Wertermittlung

1. Bodenwert

Die Bodenwertermittlung erfolgt unter Rückgriff auf die am 12.3.2001 zum 31.12.2000 vom Gutachterausschuss für Grundstückswerte beschlossenen Bodenrichtwerte für erschließungsbeitragsfreie (ebf) Grundstücke (Abb. 180):

---

[77] Die tatsächliche Ausnutzung liegt bei rd. 102 %. Das ist möglich, da Aufnahme- und Entlassungstag je als ein voller Pflegetag berechnet werden konnten.

Sonderimmobilien   **Besondere Immobilienarten VI**

Abb. 180: Bodenwertermittlung*

Nutzungsart	Fläche	€/m²	€
Bauland (bebaubare Fläche 2 340 m²/GRZ = 0,4)	5 850	45,00 ebf	263 250
Reservebauland	44 150	10,00 ebf	441 500
Land- und forstwirtschaftliche Nutzfläche	83 000	1,00*	83 000
Zwischensumme	133 000		787 750
Grundstücksnebenkosten			12 250
und zur Rundung (1,6 %)			
Bodenwert			800 000**

* ohne Aufwuchs
** 6,02 €/m² im Durchschnitt

2. Wert der baulichen Anlagen

Baupreisindex 1914 = 100; 1999 = 2 010

Bei den Wertansätzen werden keine Reproduktionskosten, sondern **Kosten vergleichbarer, wirtschaftlicher Ersatzbauten** zugrunde gelegt. Es wird eine wirtschaftliche Lebensdauer von 60 Jahren angenommen. Im Hinblick auf die in den 90er Jahren durchgeführten Sanierungsarbeiten und die Erweiterungsbauten wird die wirtschaftliche Restnutzungsdauer nach gutachterlichem Ermessen frei geschätzt mit 50 Jahren; 1990 ist demnach als fiktives Baujahr anzusehen.

Die Wertansätze je €/m² enthalten die Mehrwertsteuer, nicht jedoch die Baunebenkosten. Die Ermittlung des Bauwerts muss in diesem Fall mehrwertsteuerpflichtig erfolgen, weil die Einnahmen aus Vermietung und Verpachtung „steuerfrei" sind (Abb. 181):

Abb. 181: Gebäudezeitwert

Lfd. Nr.	Bezeichnung der Gebäude	Baujahr	Bebaute Fläche m²	BRI m³	€/m²	Herstellungswert €	Wertminderung* %	Gebäudezeitwert €
1	**Klinikgebäude** mit KG und 4 Vollgeschossen							
	Bauabschnitt	1975/79	1 936	25 785	300*	7 735 500	18,9	6 273 490
	Bauabschnitt	1984/85 1995/96	252	2 230	300*	669 000	18,9	542 559
2	**Therapiegebäude** ohne KG mit 2 Vollgeschossen							
	1. Bauabschnitt	1979/80	404	2 450	330*	808 500	18,9	655 694
			2 592	30 465	rd. 302*	9 213 000	18,9	7 471 743
	BRI					187 000	18,9	151 657
Besondere Bauteile (Lichtschächte, Vordächer, Rampen) und Betriebseinrichtungen (2 Aufzüge, Trafo)						500 000	18,9	405 500
Zwischensumme (Baukosten)						9 900 000	18,9	8 028 900
Zeitwert der Außenanlagen (rd. 3 % von 8 028 900 €) und zur Rundung								241 100
Zeitwert der Baunebenkosten (15 % von 8 270 000 €)								rd. 1 230 000
Gebäudewert bei Bauindex 2010 (1914 = 100)								9 500 000
./. Reparaturstau (liegt nicht vor)								–
Bauwert (Bauzeitwert)								9 500 000**

* degressive Wertminderung nach Vogels, 5. Aufl. 1996, Tab. 2.18, S. 105
** Zeitwerte: 67 375 €/Zimmer bzw. 1 440 €/m² Nutzfläche (Neubauwert: rd. 83 200 €/Zimmer); Ausbauverhältnis: 30 465 m² : 6 600 m² = 4,62 m³/m²

VI Besondere Immobilienarten   Sonderimmobilien

3. Sachwert

Bodenwert		800 000 €
Bauwert	+	9 500 000 €
Boden- und Bauwert	=	**10 300 000 €**

4. Ertragswert

Umsätze aus Vermietung/Verpachtung von Immobilien sind grundsätzlich steuerfrei. Vorsteuern (MwSt.) sind nur dann absetzbar, wenn sie im Zusammenhang mit Umsatzerlösen stehen, die mehrwertsteuerpflichtig sind. Der Grundstückseigentümer hat die Möglichkeit, auf die Umsatzsteuerbefreiung der Mieteinnahmen zu verzichten (= Option zur MwSt.), wenn die Immobilie an einen Unternehmer, der selbst mit seinen Umsätzen der Steuer unterliegt, vermietet oder verpachtet wird.

Da die Umsätze des Klinikbetreibers „umsatzsteuerfrei" sind, ist auch die gezahlte Pacht ein „Nettobetrag", d.h. ohne MwSt. Diese hat bei i.d.R. 100 % Auslastung im Zeitraum 1997 bis 1999 im Jahresdurchschnitt rd. 900 000 € betragen. Flächenbezogen sind dies rd. 11,50 €/m² Nutzfläche im Monat. Vereinbart ist eine Wertsicherungsklausel (4-Personen-Haushalt mit mittlerem Einkommen).

Zum Vergleich: Gemäß aktuellem Mietspiegel für nicht öffentlich geförderte Wohnungen können bei Neubauten 6 bis 8 €/m² und bei Altbauten 3 bis 5 €/m² Wohnfläche mtl. angesetzt werden.

Aufgabe des Sachverständigen für die Immobilienwertermittlung ist es, Angemessenheit bzw. Nachhaltigkeit der Pachtzahlung zu überprüfen. In diesem Fall konnte er hierbei – was selten möglich ist – auf die Jahresabschlüsse der Betreibergesellschaft (Pächter, ein privatwirtschaftliches Unternehmen für Gesundheitsdienstleistungen) zurückgreifen.

Im Zeitraum 1997 bis 1999 hat der Pflegesatz unverändert rd. 120 €/Tag betragen. Bei 100 % Auslastung ergibt sich für den Klinikbetreiber somit ein Umsatz von 6 175 800 € p.a. (120 € × 141 Zimmer × 365). Die tatsächlichen Erlöse aus dem Klinikbereich haben im Durchschnitt der letzten drei Jahre rd. 5 700 000 € p.a. betragen, was einer Auslastung von rd. 92 % entsprach. Demnach ergibt die Pachtzahlung von 900 000 € p.a., die als nachhaltig erzielbar angesehen werden kann, eine Umsatzbelastung von rd. 16 %.

Abb. 182: Wertermittlung

		€	€
Nettokaltmiete:			900 000
./.Bewirtschaftungskosten			
– Betriebskosten (nicht umlegbar)	5 %	45 000	
– Verwaltungskosten	3 %	27 000	
– Instandhaltungskosten (6 600 m² × 20 €/m² NF)	rd. 15 %	132 000	
– Mietausfallwagnis	6 %	54 000	
insgesamt	rd. 29 %	258 000	– 258 000
Mietreinertrag (Gebäude- und Bodenreinertrag)			= 642 000
./.Bodenwertverzinsungsbetrag der Normfläche, Zinssatz 7 % v. rd. 270 000 €			– 18 900
Gebäudeertragsanteil			= 623 100
Bei einer wirtschaftlichen Restnutzungsdauer von 50 Jahren und einem Zinssatz von 7 % beträgt der Vervielfältiger gemäß ImmoWertV 13,80 Gebäudeertragswert (Gebäudeertragsanteil × Vervielfältiger) = 8 598 780 €			rd. 8 600 000
./. Reparaturstau (liegt nicht vor)			0
Zwischenwert			8 600 000
zuzüglich Bodenwert (Bodenwert der Normfläche + Wert der abweichenden Grundstücksfläche)			+ 800 000
Ertragswert			= 9 400 000

Sonderimmobilien — Besondere Immobilienarten VI

Nachrichtlich (Vergleichszahlen):

- Bodenwertanteil am Ertragswert (Verkehrswert) = 8,5 % (Bandbreite 5–15 %)
- Ertragswert (Verkehrswert) = 10,4fache Nettokaltmiete (Bandbreite 10–12faches)
  - = rd. 66 700 €/Zimmer (Bandbreite Neubauten 75 000 bis 150 000 €/Zimmer)
  - = 1 425 €/m² Nutzfläche (Bandbreite Neubauten 1 500 bis 2 000 €/m²)

5. Verkehrswert

Zusammenfassung:

Sachwert (Ziffer 3)	**10 300 000 €**
Ertragswert (Ziffer 4)	**9 400 000 €**

Unter Abwägung aller wertbeeinflussenden Umstände wird der Verkehrswert für das Klinikgrundstück in Anlehnung an den Ertragswert ermittelt zu **9 400 000 €**.

6. Beleihungswertermittlung (gewerblich genutztes Grundstück)

Schätzung eines externen Sachverständigen bei Berücksichtigung individueller Abschläge.

a) Sachwert

Bodenwert			800 000 €
Bauwert	9 500 000 €		
abzgl. angemessener Risikoabschlag (Abschlagsverfahren):			
25 %* von 9 500 000 €	− 2 375 000 €		
Zwischensumme:	= 7 125 000 €		
abzüglich Gewerbeabschlag: 15 %** von 7 125 000 €	− 1 068 750 €		
Bauwert	6 056 250 €	rd.	6 000 000 €
Boden- und Bauwert (Sachwert)			**6 800 000 €**

* Stannigel/Kremer/Weyers, BelGr für Sparkassen, S. 145
** Stannigel/Kremer/Weyers, BelGr für Sparkassen, S. 477

b) Ertragswert

Nettokaltmiete/Grundmiete (4):		900 000 €
bzgl. rd. 29 % Bewirtschaftungskosten	−	260 000 €
Mietreinertrag (Gebäude- und Bodenreinertrag):	=	640 000 €
abzüglich 15 % gewerblicher Risikoabschlag	−	96 000 €
Zwischensumme:		544 000 €
abzgl. Bodenwertverzinsungsbetrag der Normfläche: 7 % von rd. 270 000 €	−	18 900 €
Gebäudeertragsanteil:		525 100 €
Restnutzungsdauer 50 Jahre, Zinssatz 7 %, Vervielfältiger 13,80		
525 100 € × 13,80 = 7 246 380 €	rd.	7 200 000 €
zzgl. Bodenwert der Normfläche und Wert der abweichenden Grundstücksfläche (Bodenwert)	+	800 000 €
Ertragswert (Beleihungswertvorschlag)	=	**8 000 000 €**

c) Beleihungswert

Wird der Beleihungswert mit 8 000 000 € festgesetzt, so war bislang ein Realkredit in Höhe von 480 000 € (= 60 % von 8 000 000 € bzw. 51 % des mit 9 400 000 € ermittelten Verkehrswerts) darstellbar, wenn dies mit der Kapitaldienstgrenze vereinbar ist.

d) Eigenschätzung

Gemäß Anwendungshandbuch (Stand: 1995) müsste die Kredit-Sachbearbeitung den Jahresrohertrag um mindestens 40 % reduzieren (Bewirtschaftungskosten und gewerblicher Risikoabschlag) und mit mindes-

VI Besondere Immobilienarten — Sonderimmobilien

tens 6,5 % kapitalisieren. Im Ergebnis erhöht sich der Beleihungswert um rd. 6,2 % auf rd. 8 500 000 €; die Beleihungsmöglichkeit (60 %) endet bei 510 000 €. Bezogen auf den Verkehrswert sind dies 54,2 %. Bei einem Liegenschaftszinssatz von 7 % wäre die Eigenschätzung der Sparkasse zum gleichen Beleihungswert (Buchstabe c) gekommen.

e) Anmerkung

Das Konsultationspapier des Baseler Ausschusses für Bankenaufsicht besagt, dass an Immobilien gesicherte Kredite, wo der Betrieb eine Konzession erfordert (Privatkliniken, Alten- und Pflegeheime), zukünftig nicht mehr (bislang bevorzugte Behandlung) als *gewerblicher Realkredit* definiert werden können.

Für gewerbliche Realkredite ist ebenso wie bei Ausleihungen auf Wohnimmobilien ein Risikogewicht von 50 % vorgeschrieben, d.h. die Kredite sind zu 50 % mit Eigenkapital der Institute zu unterlegen.

5.3.3.4 Medizinisches Versorgungszentrum

464 Medizinische Versorgungszentren (MVZ) – auch Gesundheitszentren, Ärztehäusern, Polikliniken usw. genannt – sind **fachübergreifende ärztlich geleitete Einrichtungen**, in denen Ärzte als Angestellte oder Vertragsärzte **unter der Verwaltung eines gemeinsamen Trägers** (ohne Krankenhausträgerschaft) tätig sind. Kennzeichnend ist ein Mietermix bestehend aus folgenden vernetzten Bereichen:

a) Ärztliche Leistungen (Haus- und Fachärzte, Ambulanzen),

b) Medizinische Dienstleistungen (Rehabilitation, Physiotherapiezentren, Logopädie),

c) Gesundheitlicher Einzelhandel (Apotheke, Sanitäts- und Reformhaus, Drogerie, Optiker, Hörgeräte usw.),

d) Allgemeine Dienstleistungen (Cafe, Bistro, Kiosk, Friseur aber auch Fitness- und Wellness Center).

465 MVZ weisen eine **Nutzfläche** von etwa 5 000 bis 10 000 m² auf. Weitere Kennzahlen sind

– Gesamtnutzungsdauer 50 bis 60 Jahre

– Liegenschaftszinssatz 7,5 %

– Instandhaltungskosten im üblichen Rahmen, wobei die Verwaltungskosten entsprechend der Aufteilung erhebliche Unterschiede aufweisen können (1,80 bis 15,00 €/m² NF p.a.)

– i.d.R. eingeschränkte Drittverwendungsfähigkeit.

5.4 Parkhaus

5.4.1 Allgemeines

Schrifttum: *Weyers, G.*, Verkehrswert des Erbbaurechts einer Parkierungsanlage, GuG 2003, 216; Vfg. *OFD Frankfurt am Main vom 9.1.1995* – S 2196 A – A – St 88/23 –, GuG 2003. 323; *Klein, A.*, Plausibilisierung des Ertrags eines Flughafenparkhauses, GuG 2005, 77.

466 Der Parkraum ist ein wichtiger Standortfaktor. Neben den Parkmöglichkeiten im öffentlichen Straßenraum spielen dabei insbesondere in den Innenstädten Parkhäuser und Großgaragen zur Verfügung.

– **Parkhäuser** (Oberbegriff: Parkbauten) sind im Unterschied zu Tiefgaragen oberirdische Anlagen zum Abstellen von Fahrzeugen.

– **Großgaragen** sind Garagen mit einer Nutzfläche (= Summe der Stell- und Verkehrsfläche) ≥ 1 000 m² (vgl. § 1 Abs. 5 GarVO).

Parkhäuser und Großgaragen haben eine stark **eingeschränkte Drittverwendungsfähigkeit**.

Sonderimmobilien — **Besondere Immobilienarten VI**

Wertbestimmende Kriterien sind die Benutzerfreundlichkeit eines Parkhauses aufgrund 467

- breiter Zu- und Abfahrten,
- benutzerfreundlicher Parkräume mit Sicherheitszonen und Überwachungssystem, einfach anfahrbarem Parkraum in ausreichender nutzerspezifischer Größe,
- übersichtliches Leitsystem,
- kurzer Wege,
- moderner Parkabfertigungsanlage mit unkompliziertem Kassensystem und gutem Service.

Viele **Parkhäuser und Tiefgaragen,** die z. B. inzwischen 35 und 45 Jahre alt sind, müssen nunmehr saniert werden. Als häufigste Schadensursachen sind hierfür zu nennen:

- Unzureichendes Gefälle auf Geschossdecken und Flachdächern führt zu Pfützenbildung und zu Durchfeuchtung der Stahlbetonkonstruktionen mit den vielfältigen Folgeschäden,
- Zerstörung des Betons sowie Korrosion der Stahlbewehrung durch Tausalze, saurer Regen, Autoabgase und infolge von mangelhaften Betonqualitäten,
- Entstehung von Rissen durch Spannungen, Frostaufbrüche, Wechsellasten und Vibrationen, die zu Wassereinbrüchen führen,
- Zerstörungen der (meist) Beton-Fahrbahnverschleißschichten durch Abrieb (ehemals auch durch Spikesreifen). Erleichtert wird das Eindringen von Tausalzlösungen und anderen Einflüssen in den Beton.

Abhilfe kann meist durch folgende Maßnahmen getroffen werden:

- Untergrundbehandlungen,
- Korrosionsschutz-Vorkehrungen,
- Oberflächenbeschichtungen,
- neue Ausbildung der Dehnungsfugen,
- Asphalt-Fahrbahnbeläge oder Kunstharzmaterial auf Betondecken.

Abb. 183: Verweildauer von Kurzparkern 468

Standorttyp	Größe	Stunde
Hochwertige Einzelhandelslage	500 000 Einwohner	3 bis 5
Fußgängerzone	500 000 Einwohner	2 bis 4
Stadtteilzentrum	500 000 Einwohner	1 bis 2
Fußgängerzone	100 000 bis 500 000	1 bis 3
Zentrum	100 000 Einwohner	1 bis 2
Einkaufszentrum	35 000 m² Verkaufsfläche	2
Einkaufszentrum	15 000 bis 35 000 m² Verkaufsfläche	1 bis 2
Multiplexkino		2 bis 3
Bürozentrum		2 bis 3

Quelle: Apcoa Europa, Autoparking

Im Jahre 2008 beliefen sich die **durchschnittlichen Parkgebühren** in 100 untersuchten Städten zwischen 0 und 9 €/Stunde[78]. Für Dauerparkplätze in hoch verdichteten Innenstadtlagen konnten Spitzenmieten von 200 €/Stellplatz im Monat zuzüglich Umsatzsteuer erzielt werden. 469

---

78 Institut der deutschen Wirtschaft, Parkgebühren in Deutschland.

VI Besondere Immobilienarten   Sonderimmobilien

Abb. 184: Monatsmieten für Dauerparker 2004

Monatsmieten für Dauerparker 2004	
Offene Stellplätze auf befestigten Flächen	
Lage	Nettokaltmiete in €/Monat und Stellplatz
Innenstadtlage, bevorzugte Vorortlage	30 bis 60
Nicht bevorzuge Vorortlagen	15 bis 50
Garagenplätze in Großgaragen (Dauerparker in öffentlichen und privaten Anlagen)	
Innenstadt	110 bis 135
Innenstadt (feste Stellplätze)	120 bis 155
Innenstadt/Vororte (montags bis freitags)	45 bis 80
Innenstadt/Vororte (Nachtparker)	25 bis 35
Garagenplätze in Einzelgaragen	
Innenstadt	75 bis 120
Nicht bevorzuge Vorortlagen	40 bis 65

470 **Abb. 185: Bau- und Betriebskosten von Parkierungsanlagen**

Bauart bei 300 Plätzen	Baukosten (ohne Grunderwerb) €/Platz	Betriebskosten (bei Personalbesatz analog Handelsöffnungszeiten) €/Platz/Monat
Parkplatz	1 000 bis 3 000	20 bis 25
Parkhaus	5 000 bis 15 000	25 bis 35
Tiefgarage	15 000 bis 30 000	30 bis 40

Quelle: Apcoa Europa, Autoparking

Baunebenkosten (entsprechend Kostengruppe 700 DIN 276)
Parkhäuser Typ 28.1   10 %
Parkhäuser Typ 28.2   11 %
Tiefgaragen Typ 29   12 %
Gesamtnutzungsdauer:
Parkhäuser Typ 28.1   50 Jahre
Parkhäuser Typ 28.2   50 Jahre
Tiefgaragen Typ 29   50 Jahre bzw. wie Überbauung

Bezüglich der (Normal-)Herstellungskosten von Parkhäusern und Tiefgaragen unterscheiden die **NHK 2000** (ohne Baunebenkosten entsprechend Kostengruppe 300 und 400 DIN 276/ 1993 einschließlich 16 % Mehrwertsteuer, Preisstand 2000) nach folgenden Typen:

– Typ 28.1   Parkhaus mehrgeschossig offene Ausführung ohne Lüftungsanlage
– Typ 28.2   Parkhaus mehrgeschossig, geschlossene Ausführung mit Lüftungsanlage
– Typ 29   Tiefgarage

Sonderimmobilien **Besondere Immobilienarten VI**

Kosten der Brutto-Grundfläche in €/m²									
Typ	Ausstattungs-standards	Geschoss-höhe	vor 1925	1925 bis 1945	1946 bis 1959	1960 bis 1969	1970 bis 1984	1985 bis 1999	2000
Parkhaus 28.1	mittel	2,65	-	-	395–425	425–450	450–475	475–515	520
Parkhaus 28.2	mittel	2,65	-	-	485–520	525–555	555–585	585–635	640
Tiefgarage 29	einfach	3,05	-	-	425–455	460–485	485–515	515–555	560
	mittel	3,05	-	-	550–590	595–630	630–665	665–725	725

Abb. 186: Wertanteile über die Wertigkeit einzelner Bauteile zum Gesamtbauwerk für Hoch- und Tiefgaragen

Bauteil/Gewerk	Anteile in v.H.
Fundamente und Bodenplatte	13,0
Erdarbeiten	2,0
Außenwände/Fassade	10,0
Tragkonstruktion einschließlich Geschossdecken	33,5
Dacheindeckung	10,0
Fußboden	-
Türen/Tore/Fenster	3,0
Elektrische Installation	4,0
Sonstiges	24,5

Quelle: Gleich lautender Erl. der obersten Finanzbehörden vom 21.7.1994 (BStBl. I 1994, 480)

Parkhäuser sind betriebskostenintensiv. Die **Betriebskosten von Parkhäusern** können bis zu einem Drittel der Einnahmen „auffressen". 471

Abb. 187: Betriebskosten eines offenen Parkhauses (2001)

Betriebskosten eines offenen Parkhauses (2001) Parkhaus (Baujahr 1961) in westdeutscher Großstadt mit 756 Parkplätzen			
Kostenstelle	€ p.a.	€ monatlich	€ Stellplatz
Löhne/Aufsicht	80 837,45	6 736,45	8,91
Löhne, Reinigungsarbeiten	21 977,01	1 831,42	2,42
Krankenlöhne/Aufsicht	25 787,96	214,91	0,28
Krankenlöhne/Reinigung	0,00	0,00	0,00
Urlaubslöhne/Aufsicht	6 891,40	574,28	0,76
Urlaubslöhne/Reinigung	4 627,70	385,64	0,51
Weihnachtsgeld/Aufsicht	672,06	56,01	0,07
Weihnachtsgeld/Reinigung	788,04	65,67	0,09
Gehaltsanteil Betriebsleiter	21 032,47	1 752,71	2,32
Gehaltsanteil Buchhaltung	14 934,30	1 244,53	1,65
Urlaubsgeld Betriebsleiter	593,10	49,43	1,07
Urlaubsgeld Buchhaltung	337,45	28,12	0,04
Weihnachtsgeld Betriebsleiter	1 764,97	147,08	0,19
Weihnachtsgeld Buchhaltung	1 253,24	104,44	0,14
Gesetzliche soziale Aufwendungen	30 342,83	2 528,57	3,34
Beiträge Berufsgenossenschaft	1 992,23	166,02	0,22
Lohnsteuer Pauschal	51,44	4,29	0,01
Verwaltungsentschädigung	75 649,47	6 304,12	8,34

VI Besondere Immobilienarten — Sonderimmobilien

Betriebskosten eines offenen Parkhauses (2001) Parkhaus (Baujahr 1961) in westdeutscher Großstadt mit 756 Parkplätzen			
Kostenstelle	€ p.a.	€ monatlich	€ Stellplatz
Strom/Gas	27 061,86	2 255,16	2,98
Wasser	1 416,13	118,01	0,16
Reinigung (Material)	1 017,34	84,78	0,11
Abfallbeseitigung	0,00	0,00	0,00
Versicherung	47,04	3,92	0,01
Parkleitsystem	2 045,17	170,43	0,23
Reparatur der Ein- und Ausfahrt	6 661,52	555,13	0,73
Instandhaltung PH/PP	20 054,38	1 671,20	2,21
Sonstiger betrieblicher Aufwand	0,00	0,00	0,00
Telefon	613,55	51,13	0,07
Bürobedarf	118,50	9,88	0,01
Kosten des Geldverkehrs	798,79	66,57	0,09
Rechts- und Beratungskosten	0,00	0,00	0,00
Druckkosten Parkscheine	5 665,37	472,11	0,62
Druckkosten Codekarten	900,42	75,03	0,10
Erlöse Mo–Fr. Mieter	35 512,20	2 876,02	3,80
Erlöse Dauerparker	492 895,38	41 074,63	54,33
Erlöse Kurzparker	1 228 703,08	102 391,92	135,44
Erlöse Codekarten	52,89	4,41	0,01
Erlöse Hallenmieter	10 276,97	856,41	1,13
Erlöse Festplatzmieter	93 566,41	7 797,20	10,31
Erlöse Werbeeinnahmen	6 370,46	530,87	0,70
Erlöse Nachtparker	3 033,45	252,79	0,33
Sonstige Erlöse	0,00	0,00	0,00
Summe Aufwand	332 716,59	27 726,38	36,68
MwSt.	53 234,66	4 436,22	5,87
Summe Erlöse	1 869 443,90	155 786,99	206,07
MwSt.	299 111,03	24 925,92	32,97
Saldo	1 782 603,68	148 550,31	196,50

Anmerkung:
Parkhausbetreiber ist ein professionelles Unternehmen auf der Basis eines Geschäftsbesorgungsvertrags. Im Berichtszeitraum hat der Aufwand aufgrund von Synergieeffekten rd. 18 % der Erlöse betragen. Bei offenen Parkierungsanlagen liegen die Betriebskosten im Allgemeinen über 20 % der Erlöse.

Abb. 188: Betriebskosten (2003)

Kostenart		Parkhaus-kosten €	%-Anteil	Tiefgara-genkosten €	%-Anteil
\multicolumn{6}{c}{Kostenübersicht 2003}					
\multicolumn{6}{c}{24 Stunden pro Tag}					
1.	**Energie, Wasser und Abwasser**	24 500	9,3	30 500	10,9
	Strom	22 000	89,8	28 000	91,8
	Wasser, Abwasser	2 500	10,2	2 500	8,2
2.	**Wartung, Reparatur und Instandhaltung**	16 000	6,0	23 000	8,2
	Allgemein				
	– Wartung				
	– Ersatzteile	3 000	18,8	3 000	13,0
	Sicherheitstechnik	4 000	25,0	4 000	17,4
	– Videoüberwachung	1 500	9,4	1 500	6,5
	– Notruftaster				
	Rolltore	500	3,1	500	2,2
	Haustechnik	5 000	31,3	5 000	21,7
	– Beleuchtung	500	3,1	1 000	4,3
	– Pumpen, Hebeanlage				
	– Störmeldeanlagen				
	– Notstromanlage				
	Tiefgaragen Lüftung			1 500	6,5
	CO_2-Anlage			1 500	6,5
	Brandschutz	1 500	9,4	5 000	21,7
	Gefahrenmeldung				
	Sprinkleranlage				
	Handfeuerlöscher				
	Trocken-, Nassleitungen				
	Brandschutztore				
	Brandschutzklappen				
	Rauchmelder				
3.	**Personal**	167 300	63,2	167 300	59,8
	Tariflohn				
	Produktiver Anteil ca. 85 %	95 920	57,3	95 920	57,3
	Unproduktiver Anteil ca. 15 %	16 930	10,1	16 930	10,1
	Urlaubsgeld	2 800		2 800	
	Weihnachtsgeld	2 550		2 550	
	Arbeitgeberanteil (ca. 22 %)	26 000		26 000	
	Steuerfreie Zulagen	23 100		23 100	
4.	**Versicherungen, Abgaben, Beiträge und Gebühren**	10 800	4,1	12 300	4,4
	Versicherungen Betreiber	3 000	27,8	3 000	24,4
	– Haftpflicht				
	– Betriebsunterbrechung				
	– Schwachstrom				
	– Datenverlust				
	– Einbruch, Diebstahl, Beraubung, Glas				
	– Botenberaubung	3 000	27,8	3 000	24,4
	Müllabfuhr	2 500	23,1	2 500	20,3
	Parkleitsystem	1 500	13,9	3 000	24,4

VI Besondere Immobilienarten   Sonderimmobilien

Kostenübersicht 2003				
24 Stunden pro Tag				
Kostenart	Parkhaus-kosten €	%-Anteil	Tiefgara-genkosten €	%-Anteil
Prüfungsgebühren TÜV, DEKRA/VDS/ ERG/ASD				
Behörden	300	2,8	300	2,4
Beiträge IHK	500	4,6	500	4,1
Verbände				
5. Verwaltung (ohne Unternehmerlohn)	40 000	25,1	40 000	14,3
Objektbezogen				
Parkwartbüro	3 000	7,5	3 000	7,5
– Telekommunikation				
– Porto				
– EDV				
– Dienstkleidung				
– Ausrüstung (Funkgerät usw.)	6 000	15,0	6 000	15,0
– Büroeinrichtung, Reinigung				
– Maschinen	6 000	15,0	6 000	15,0
– Fremdleistungen				
– Reinigungsmittel				
Zwischensumme	15 000	37,5	15 000	37,5
Allgemein				
Personal				
Büromiete				
Kommunikation				
Büromaterial				
Kopierer				
Rechts- und Beratungskosten				
Buchhaltung und Jahresabschluss				
Geldverarbeitung und Bankspesen				
Fahrzeugkosten				
Reisekosten				
Werbungskosten				
Mitarbeiterschulung				
Zwischensumme	25 000	62,5	25 000	62,5
6. Betriebsmittel	6 000	2,3	6 500	2,3
Parken	4 000	66,7	4 000	61,5
– Parkscheine				
– Codekarten				
– Quittungen				
– Chipkarten				
– Leuchtmittel, Leuchtkörper	1 000	16,7	1 500	23,1
– Beschilderung	1 000	16,8	1 500	15,4
– Farben				
– Markierungen				
– Absperrmaterial				
– Absperrgeräte				
Gesamtkosten				
1. Energie, Wasser und Abwasser	24 500	9,3	30 500	10,9
2. Wartung, Reparatur und Instandhaltung	16 000	6,0	23 000	8,2
3. Personal	167 300	63,2	167 300	59,8
4. Versicherungen, Abgaben, Beiträge und Gebühren	10 800	4,1	12 300	4,4

Sonderimmobilien — Besondere Immobilienarten VI

Kostenübersicht 2003 24 Stunden pro Tag				
Kostenart	Parkhaus-kosten €	%-Anteil	Tiefgara-genkosten €	%-Anteil
5. Verwaltung	40 000	15,1	40 000	14,3
6. Betriebsmittel	6 000	2,3	6 500	2,3
Betriebskosten p.a.	264 600	100,0	279 600	100,0
Betriebskosten pro Einstellplatz				
– im Jahr	661,50		699,00	
– im Monat	55,13		58,24	

5.4.2 Beispiele

5.4.2.1 Musterkalkulation für ein Parkhaus

a) Sachverhalt 472

Parkhaus mit	400 Plätzen
	100 Plätze je Etage mit 25 m²
Parktarif	
– Kurzparker	1 €/Stunde
– Dauerparker	65 €/Monat
Personalpräsenz	entsprechend Handelsöffnungszeiten
Grundstück	Erbbaurecht mit Erbbauzins von 6 % des Verkehrswerts von 300 €/m²
Grundstücksgröße	2 500 m²
Betriebstage	303
Kurzparker	1 200/Tag mit 1,5 Stunden Verweildauer
Dauerparker	100
Werbung	8 Werbeflächen mit 100 € Miete im Monat

b) Einnahmen

Kurzparker: 1 200 Kurzparker × 1,5 Std. × 1 €	545 400 €
Dauerparker: 100 Dauerparker × 12 Monate × 65 €	78 000 €
Werbung: 8 Werbeflächen × 12 Monate × 100 €	9 600 €
= insgesamt (brutto)	633 000 €
abzüglich MwSt. (16 %) (633 000 €/1,16)	
insgesamt (netto)	545 690 €

c) Ausgaben

Betriebsaufwand

Betriebs- und Verwaltungskosten	168 000 €	
Wagnis und Gewinn (5 % der Einnahmen)	32 741 €	
Gesamtaufwand Betrieb	200 741 €	– 200 741 €

Grundstücksaufwand

Erbbauzins: 2 500 m² × 300 €/m² × 6,5 %	48 750 €	
Instandhaltungsrücklage; Steuern, Versicherung	95 000 €	
Gesamtaufwand Grundstück	143 750 €	– 143 750 €

d) Gewinn 201 198 €

VI Besondere Immobilienarten — Sonderimmobilien

5.4.2.2 Großparkhaus

473 a) Sachverhalt

Teiloffenes Parkhaus in City-Randlage einer westdeutschen Großstadt mit 700 Stellplätzen auf 8 Ebenen, Baujahr 1959/60, Modernisierung, Betonsanierung und Umbau Erdgeschoss (ehemalige Tankstelle) von 1991 bis 1999, Grundstück 3480 m², 55035 m³ umbauter Raum nach DIN 277/1950 (= rd. 79 m²/Stellplatz). Nutzfläche Parkhaus 19 000 m² (= rd. 27 m²/Stellplatz), sonstige Nutzfläche 200 m², das Parkhaus ist Tag und Nacht geöffnet, mit einem professionellen Betreiber besteht ein Geschäftsbesorgungsvertrag, guter Bau- und Unterhaltungszustand, es besteht Anschluss an das Parkleitsystem der Stadt.

Anzumerken ist, dass in 35 an das Parkleitsystem angeschlossenen Parkierungsanlagen[79] rund 17 000 Stellplätze zur Verfügung stehen. Zudem gibt es in der City rund 27 000 Stellplätze im öffentlichen Bereich, deren Bewirtschaftung mithilfe von Parkscheinautomaten erfolgt.

Am 1.7.1999 waren in der Stadt rd. 480 000 Personenkraftwagen zugelassen; nach Angaben des Kraftfahrtbundesamtes in Flensburg waren dies in der Bundesrepublik Deutschland rd. 42 Millionen Personenkraftwagen.

474 b) Wertermittlung

1. Bodenwert

Für den Bereich der Innenstadt hat der Gutachterausschuss für Grundstückswerte bislang Bodenrichtwerte nicht beschlossen. Seit 1988 wird hilfsweise mit Bodenwertanteilen je m² Nutz- bzw. Wohnfläche sowie je Stellplatz gearbeitet. So sind für den Parkhaus-Standort 4 500 € je Stellplatz und 350 € je m² Bürofläche anzusetzen.

Der Bodenwert ergibt sich demnach wie folgt: 700 Stellplätze zu je 4 500 €	=	3 150 000 €
200 m² Büro- und Ausstellungsfläche zu je 350 €	=	70 000 €
zzgl. Grundstücksnebenkosten und zur Rundung		80 000 €
Bodenwert (= rd. 950 € je m² Katasterfläche)		**3 300 000 €**

2. Sachwert der baulichen Anlage

Vorbemerkung: Der Grundstückseigentümer hat nach § 9 UStG zur Mehrwertsteuer optiert und somit die volle Vorsteuerabzugsberechtigung (§ 15 Abs. 1 UStG). Der Bauwert wird daher auf der Grundlage der „Nettomethode", d.h. ohne Mehrwertsteuer, ermittelt. Der Netto-Neubauwert ist zudem identisch mit der Deckungssumme für die Sachversicherung.

Wegen umfangreicher Modernisierungs- und Sanierungsarbeiten in den Jahren 1991 bis 1999 wird von einem fiktiven Baujahr 1970 ausgegangen. Bei einer durchschnittlichen Gesamtnutzungsdauer von 60 Jahren und einem Gebäudealter von 30 Jahren ergibt sich eine Restnutzungsdauer von 30 Jahren.

55 035 m³ × 130 €/m³	=	7 154 550 €
Zuschläge für besondere Einbauten und Bauteile (rd. 3 %)	+	216 450 €
Außenanlagen und Hausanschlüsse (rd. 2,5 %)	+	179 000 €
Zwischensumme	=	7 550 000 €
Baunebenkosten rd. 12 %	+	900 000 €
Neubauwert:	=	8 450 000 €
(= rd. 12 000 €/Stellplatz einschl. sonstige NF)		
./. Alterswertminderung nach Tabelle Ross 38 %	rd. −	3 200 000 €
Bauwert (netto)	=	5 250 000 €
Bodenwert	+	3 300 000 €
Sachwert	=	**8 550 000 €**
(= rd. 12 200 €/Stellplatz einschl. sonstige NF)		

3. Ertragswert

Alle Erlöse und Mieten der Gewerberäume unterliegen der Mehrwertsteuer. Für die Ermittlung des Ertragswerts kommen Nettowerte in Ansatz. Angenommen werden marktüblich erzielbare Erlöse aus dem Parkhausgeschäft und zwar in Anlehnung an die Ergebnisse im Zeitraum 1997–1999.

---
[79] Weyers in GuG 1994, 70 und 156 sowie GuG 1995, 352 und GuG 1997, 298.

Sonderimmobilien — Besondere Immobilienarten VI

Einnahmen aus dem Kurzparkergeschäft		+	850 000 €
Einnahmen aus dem Dauerparkergeschäft		+	550 000 €
Gesamteinnahmen Parkhaus:		=	1 400 000 €
abzüglich 25 % für Betreiberhonorar, Personal- und sämtliche Betriebskosten gemäß Geschäftsbesorgungsvertrag		−	rd. 350 000 €
Nettokaltmiete Parkhaus:		=	1 050 000 €

Dies sind rd. 125 €/Stellplatz/mtl. Hiermit wird ein „Nettowert" erreicht, der innerhalb der in der Stadt üblichen Bandbreite (120–135 €/Stellplatz/mtl.) liegt. Zudem sind dies rd. 4,60 €/m² mtl. NF Parkhaus, ein Satz der auch in vergleichbaren Parkhäusern erreicht wird. Mithin kann der Rohertrag als marktüblich erzielbar angesehen und für den weiteren Rechengang benutzt werden.

Zuzüglich Einnahmen aus der Vermietung von Büro-, Lager- und Nebenräumen
sowie Reklameflächen und Stellplätzen für Warenautomaten

(= rd. 8 €/m² NF i. D. mtl.)		+	20 000 €
Nettokaltmiete des Grundstücks		=	1 070 000 €
abzüglich nicht umlegbarer Bewirtschaftungskosten			
− Betriebskosten			
Grundbesitzabgaben	37 000 €		
Versicherungsprämien	15 000 €		
− Verwaltungskosten			
700 Einstellplätze × 35 €	24 500 €		
8 % von 20 000 €	1 600 €		
− Instandhaltungskosten (= 1,26 % des Neubauwerts)			
700 Einstellplätze × 150 €/Stpl.	105 000 €		
200 m² × 8 €/m²	1 600 €		
− Mietausfallwagnis			
8 % von 1 070 000 €	85 600 €		
= 25,26 % der Jahresnettokaltmiete	− 270 300 €	−	270 300 €
Reinertrag des Grundstücks:		=	799 700 €
abzüglich Bodenwertverzinsungsbetrag 7,0 % von 3 300 000 €		−	231 000 €
Ertragsanteil der baulichen Anlagen:		=	568 700 €

Bei einer wirtschaftlichen Restnutzungsdauer von 30 Jahren und einem Liegenschaftszinssatz von 7,0 % beträgt der Vervielfältiger gem. Anl. zur ImmoWertV = 12,41
Der Ertragswert der baulichen Anlagen ergibt sich demnach wie folgt:

568 700 € × 12,41 = 7 057 567 €		rd.	7 100 000 €
zuzüglich Bodenwert		+	3 300 000 €
Ertragswert der Immobilie			**10 400 000 €**

4. Einzelergebnisse

Bodenwert		3 300 000 €
Bauwert	+	5 250 000 €
Sachwert	=	8 550 000 €
Ertragswert		10 400 000 €

5. Verkehrswert

rd. 10 000 000 €

(dies sind 116,96 % des Sachwerts und 96,15 % des Ertragswerts)

VI Besondere Immobilienarten Sonderimmobilien

475 **6. Beispielhaft die Beleihungswertermittlung einer Sparkasse in Baden-Württemberg**

Bodenwert	3 300 000 €
Bauwert 5 250 000 € × 0,60 (Abschlag 40 %) = +	3 150 000 €
Sachwert	6 450 000 €

Ertragswert:

Nettokaltmiete		1 070 000 €
abzüglich 40 % für Bewirtschaftungskosten und Risiko	–	rd. 430 000 €
Reinertrag des Grundstücks:		640 000 €
abzüglich Bodenwertverzinsungsbetrag	–	231 000 €
Ertragsanteil der baulichen Anlagen:	=	409 000 €
Gebäudeertragswert: 409 000 € × 12,41	=	rd. 5 100 000 €
zuzüglich Bodenwert	+	3 300 000 €
Beleihungswert Vorschlag:	=	**8 400 000 €**

7. Personalkredit

Würden die Kompetenzträger der Sparkasse den Beleihungswert mit 8 000 000 € festsetzen, so bliebe man 20 % unter dem Marktwert. Andererseits wäre die Gewährung eines grundpfandrechtlich gesicherten Personalkredits bis zur Höhe von 8 000 000 € (bei Beachtung der Kapitaldienstgrenze) satzungsmäßig möglich. Nach der Vfg. der OFD Frankfurt/M. vom 9.1.1995 (S 2196 A – 9 – St II/23) bestehen seitens der Finanzverwaltung keine Bedenken, bei einem Parkhaus eine betriebsgewöhnliche Nutzungsdauer von 30 Jahren anzusetzen.

5.4.2.3 Verkehrs- und Beleihungswertermittlung eines innerstädtischen Parkhauses

476 a) **Sachverhalt**

Allseitig offenes, 6-geschossiges Parkhaus am westlichen Cityrand auf einem 3 500 m³ großen Grundstück mit insgesamt 700 Stellplätzen für Personenkraftwagen. Baujahr 1960, 50 000 m³ Bruttorauminhalt (= 80 m³/Stellplatz); Nutzfläche 18 900 m² (= 27 m²/Stellplatz), Sanierungs- und Modernisierungskosten im Zeitraum 1988–1999 (Kosten je Stellplatz netto rd. 10 000 €). Betrieben wird die Parkierungsanlage von einem potenziellen Fachunternehmen auf der Grundlage eines Geschäftsbesorgungsvertrags; im Zeitraum 1998–2000 haben die Parkhauserlöse aus dem Dauer- und Kurzparkergeschäft im Jahresdurchschnitt netto (ohne Mehrwertsteuer) 1 500 000 € betragen (= i. D. mtl. 178,57 €/Stellplatz); die Betriebskosten[80] des Betreibers haben im Jahresdurchschnitt rd. 25 % der Parkhauserlöse beansprucht.

477 b) **Ermittlung des Verkehrswerts**

Bodenwert

Für das zu bewertende Parkhausgrundstück existiert kein Bebauungsplan, für die geschlossene Bebauung ergibt sich eine GRZ von 0,8 und eine GFZ von 4,4 Zum 31.12.2000 hat der Gutachterausschuss für Grundstückswerte in der Stadt einen erschließungsbeitragsfreien Bodenrichtwert für innerstädtische Parkhausgrundstücke in Höhe von 1 000 €/m² beschlossen.

Der **Bodenwert** ergibt sich demnach wie folgt:

3 500 m² × 1 000 €/m² ebf = *3 500 000 €*,

bezogen auf einen Stellplatz sind dies 5 000 €

Sachwert der baulichen Anlagen (Bauwert)

Auch hier hat die Wertermittlung zum Nettowert, d.h. ohne Mehrwertsteuer zu erfolgen, weil der Vermieter zur Umsatzsteuer optiert hat. Zudem ist bei der langfristigen Parkplatzüberlassung (Dauerparker) die gesetzlich vorgeschriebene Mehrwertsteuer zu erheben. Eine Übergangsregelung hierzu endete am 28.2.1993.

Die durchschnittliche wirtschaftliche Gesamtnutzungsdauer der baulichen Anlagen wird mit 50 Jahren angenommen. Wegen umfangreicher Betonsanierungs- und Modernisierungsarbeiten in der Vergangenheit wird *1970 als fiktives Baujahr* angehalten. Mithin ergibt sich eine Restnutzungsdauer von 20 Jahren

---

80 Vgl. Ermittlung des Rohertrags mit Hilfe des Betriebsergebnisses in GuG 1997, 298.

Sonderimmobilien | **Besondere Immobilienarten VI**

(50–30). Der Kostenansatz für den BRI bei mittlerem Ausstattungsstandard ergibt sich aus der Übersicht zu NHK 95 – Typ 29.1[81].

56 000 m³ BRI × 135 €/m³		7 560 000 €
abzüglich Wertminderung (52 % von 7 560 000 €)	–	3 628 800 €
ergibt		3 931 200 €
zuzüglich besondere Bauteile und Außenanlagen (Zeitwert = 6,84 %)	+	268 800 €
Zwischensumme		4 200 000 €
zuzüglich Baunebenkosten (rd. 12 %)	+	500 000 €
= Bauwert		4 700 000 €
(auf einen Stellplatz entfallen 6 714 €)		
zuzüglich Bodenwert	+	3 500 000 €
Sachwert (Boden- und Bauwert)		8 200 000 €
(auf einen Stellplatz entfallen 11 714 €)		

Ertragswert

Parkhauserlöse im Durchschnitt der Jahre 1998 bis 2000, netto, d.h. ohne Mehrwertsteuer		1 500 000 €
abzüglich Betriebskosten eines Parkhauses 25 % von 1 500 000 €	–	375 000 €
Rohertrag i.S. von § 18 ImmoWertV		1 125 000 €
Das sind rd. 134 € je Stellplatz im Monatsdurchschnitt. Der Grundstücksmarktbericht für das Jahr 2000 des Gutachterausschusses für Grundstückswerte nennt Orientierungswerte für Stellplatzmieten in einer Bandbreite von 112,48 € bis 138,05 €.		
abzüglich 35 % Bewirtschaftungskosten (durch Einzelnachweise belegt)	–	393 750 €
Gebäude- und Bodenreinertrag		731 250 €
abzüglich Bodenwertverzinsungsbetrag bei einem Zinssatz von 7 % von 3 500 000 €	–	245 000 €
Gebäudeertragsanteil		486 250 €
Gebäudeertragswert bei einer RND von 20 Jahren und einem Zinssatz von 7 % (Vervielfältiger = 10,59) 486 250 € × 10,59 = 5 149 388 €	rd.	5 150 000 €
zuzüglich Bodenwert	+	3 500 000 €
= Ertragswert (Verkehrswert)		8 650 000 €

Bau- und Unterhaltungszustand sind zufriedenstellend; ein nennenswerter Reparaturstau steht nicht an. Der Verkehrswert entspricht dem 7,7-fachen Jahresrohertrag; auf einen Stellplatz entfallen 12 357 €. **Parkierungsanlagen,** ehemals von jedweder Beleihung ausgeschlossen, **sind wegen ihrer einseitigen Nutzungsmöglichkeit nicht realkreditfähig.**

c) Ermittlung des Beleihungswerts (Sparkasse)

Jahresrohertrag		1 125 000 €
abzüglich Bewirtschaftungskosten von 35 %	–	393 750 €
Gebäude- und Bodenreinertrag		731 250 €
abzüglich Risikoabschlag für die gewerbliche Nutzung von 15 %	–	109 688 €
Mietreinertrag nach Gewerbeabschlag		621 562 €
abzüglich Bodenwertverzinsungsbetrag (wie vorher)	–	245 000 €
= Gebäudeertragsanteil		376 562 €
× Vervielfältiger bei RND von 20 Jahren und einem Zinssatz von 7 % von 10,59 für die Kapitalisierung		
376 562 € × 10,59 = 3 987 792 € ergibt einen Gebäudeertragswert von	rd.	4 000 000 €
zuzüglich Bodenwert	+	3 500 000 €
Ertragswert (Beleihungswertvorschlag)		**7 500 000 €**

---

[81] Die OFD Frankfurt am Main hat keine Bedenken, bei einem Parkhaus von einer betriebsgewöhnlichen Nutzungsdauer von 30 Jahren auszugehen (Vfg. vom 9.1.1995 – S 2196 A – 9 – St II/23).

VI Besondere Immobilienarten — Sonderimmobilien

Der Risikoabschlag vom Verkehrswert beträgt demnach rd. 13 %.
Für eine Landesbank ergäbe sich ein Beleihungswertvorschlag von rd. 7 350 000 € (8 650 000 € × 0,85).
In beiden Fällen wären demnach rd. 6,0 bzw. 5,9 Mio. € als grundpfandrechtlich gesicherter Personalkredit darstellbar. Sparkassen in *Baden-Württemberg* könnten gar bis zu 7,5 Mio. € (= 100 % des Beleihungswerts) ausleihen, sofern die Kapitaldienstgrenze dies zulassen würde.

5.5 Tankstelle

5.5.1 Allgemeines

Schrifttum: *Energie Informationsdienst (EID)* Hamburg; BTG Jahresberichte (*http://www.btg-minden.de*); *Schröter, K.*, Die Wertermittlung von Grundstücken mit Tankstellen, GuG 2003, 257; *Smobilbowski, G.*, Aspekte zur Bewertung von Tankstellen, GuG 2005, 144; *Pohnert, F.*, Kreditwirtschaftliche Wertermittlungen, 5. Aufl. S. 319.

▶ Vgl. § 6 ImmoWertV Rn. 26

479 Unter Tankstellen werden **Immobilien zum Betreiben von Treibstoffzapfsäulen** verstanden, die i.V.m. Einrichtungen der Wagenpflege (z. B. Waschanlagen), der Wagenreparatur (z. B. Pannendienst) aber auch mit Verkaufsstellen betrieben werden können. Als „Verkaufsstelle" fallen sie unter den Begriff des § 1 Abs. 1 des Ladenschlussgesetzes (LadschlG)[82]. Als „Folgegeschäft" zum (klassischen) Tankgeschäft haben die Einnahmen aus dem „Shopgeschäft" stetig an Bedeutung gewonnen. Über die *Shops* werden mittlerweile knapp 50 % des Bruttoverdienstes gegenüber rd. 25 % des Bruttoverdienstes aus dem Kraftstoffverkauf erwirtschaftet. Neben dem branchennahen Sortiment wie Reifen, Batterien, Autozubehör, Tabakwaren, Getränke, Zeitungen und Süßwaren sind der sog. *Food*-Bereich, aber auch neuerdings der *Non-Food*-Bereich zu nennen. Moderne Tankstellen verfügen bereits über eine Verkaufsfläche von bis zu 250 m² (Mindestgröße 80 m²). Zu den einnahmestärksten Zeiten gehören die Abendstunden und die Feiertage.

480 **Städtebaurechtlich gehören Tankstellen zu den allgemeinen Versorgungseinrichtungen.** Im Hinblick auf die von Tankstellen ausgehenden Störungen kann die Nutzung zeitlich aber auch im Hinblick auf den Umfang der Betriebstätigkeit unter Berücksichtigung der Lage einer Tankstelle (z. B. in einem Wohngebiet) eingeschränkt werden[83]. Städtebaurechtlich bestimmt sich Ihre Zulässigkeit nach den Vorschriften des BauGB i.V.m. der BauNVO.

481 Tankstellen[84] sind nach dem **BauGB i.V.m. der BauNVO und der Landesbauordnung** zulässig
  – in Gewerbegebieten,
  – in Industriegebieten,
  – in Dorfgebieten, ausnahmsweise
  – in Kleinsiedlungsgebieten,
  – im allgemeinen Wohngebiet,
  – im besonderen Wohngebiet,
  – im Kerngebiet,

ansonsten sind sie im Zusammenhang mit Parkhäusern und Garagen zulässig.

482 **Sonstige** zu beachtende **Rechtsgrundlagen** sind in den Bereichen:
  – *Gewerberecht:* Tankstellenverordnung (TankVO), Verordnung über brennbare Flüssigkeiten, Technische Regeln für brennbare Flüssigkeiten (TRKF-40),

---

82 Fickert/Fieseler, Baunutzungsverordnung, § 2BauNVO Rn. 10.1, 12; § 4 Rn. 10; § 4a Rn. 25.
83 Vgl. BVerwG, Beschl. vom 13.11.1968 – 4 B 58/68 –, BRS Bd. 20 Nr 24 = DVBl 1969, 361 = RuS 1969, 64; VGH Kassel, Urt. vom 16.6.1965 BRS Bd. 16 Nr. 26 = HessVGHRspr. 66, 42; OVG Lüneburg, Beschl. vom 27.10.1978 – 1B 78/78 –, BRS Bd 33 Nr 128; OVGSaarland, Urteil vom 23.2.1978 – 2 R 123/77 –, BRS Bd 33 Nr 44; OVG Koblenz, Urteil vom 16.12.1981 – 2 A 1/81 –, DÖV 1982, 870.
84 GuG 1995, 301 = Vermögensrecht (a.a.O.), II 7.3.11.

- *Immissionsschutzrecht:* VOC[85]-Emissionsrichtlinie der EG, 20. BImSchV zur Begrenzung der Emissionen flüchtiger organischer Verbindungen beim Umfüllen und Lagern von Ottokraftstoffen, 21. BImSchV VO zur Begrenzung der Kohlenwasserstoffemissionen bei der Betankung von Kfz,
- *Wasserrecht*: Wassergesetz, Wasserhaushaltsgesetz, allgemein anerkannte Regeln der Technik.

Das Betreiben von Tankstellen wird als eine wirtschaftlich risikobehaftete Branche angesehen, zumal ein erhebliches Altlastenrisiko besteht. Im *Rating* werden Tankstellen der Klasse E (erheblich gefährdete Betriebe) zugerechnet.

Tankstellen weisen insbesondere ein hohes **Drittverwendungsrisiko** auf. Als Nachfolgenutzungen kommt eine Nutzung als Autowerkstatt, Getränkegroßmarkt, Imbissladen und dgl. in Betracht.

Tankstellen können insbesondere unterschieden werden nach

a)	ihrer Lage	– Straßentankstelle
		– Autobahntankstelle
		– Supermarkttankstelle („Billigsprit")
b)	ihrer Ausstattung	– Tankstelle mit und ohne Shopbetrieb
		– Autohof
c)	ihrer Betreiberform	– Freie- und Markentankstelle

Abb. 189: Der Tankstellenmarkt in Deutschland (1.1.2002)

Gesellschaft	Zahl der Straßentankstellen	Marktanteil beim Kraftstoffabsatz in %
Aral	2 322	ca. 19
DEA	1 631	ca. 12
Shell	1 451	ca. 13
Esso	1 330	ca. 11
Total-Fina-Elf	1 015	ca. 7
BP	909	ca. 7
Sog. Farbengesellschaften	8 658	ca. 69
Conoco (Jet)	709	ca. 8–9
Bft	1 665	
Zwischensumme	11 032	
Freie Stationen/Sonstige	4 690	ca. 7–8
Total: z. vgl. (1.1.2001: 15 981)	15 722	ca. 84
Autobahntankstellen	346	ca. 16
Tankstellen insgesamt	16 068	100

Quelle: Erdöl Energie Informationsdienst (EID)

Tankstellen an Autobahnen nehmen gemessen an der Gesamtzahl ein kleines Segment ein (Abb. 190):

---

85 VOC = Volatile Organic Compound = flüchtige organische Bestandteile.

VI Besondere Immobilienarten Sonderimmobilien

Abb. 190: Der Tankstellenmarkt an Straßen und Autobahnen in Deutschland (1.1.2004)

Tankstellen an Straßen und Autobahnen in Deutschland – per 1.7.2004			
	Straßentankstellen	Autobahntankstellen	Insgesamt
1.1.1999	16 287	330	16 617
1.1.2000	16 061	343	16 404
1.1.2001	15 981	343	16 324
1.1.2002	15 722	346	16 068
1.1.2003	15 623	348	15 971
1.1.2004	15 405	365	15 770
1.7.2004	15 114	359	15 473

5.5.2 Lagemerkmale

487 Die **Lage eines Tankstellengrundstücks** bestimmt sich insbesondere nach dem Verkehrsaufkommen und der Konkurrenzsituation. Entsprechenden Standortanalysen liegen folgende Erfahrungswerte[86] zugrunde:

- Mindestverkehrsaufkommen
  - Straßentankstellen ca. 30 000 Kraftfahrzeuge/ 24 Stunden,
  - Autohöfe ca. 30 000 Kraftfahrzeuge/ 24 Stunden, LKW-Anteil ca. 20 %,
- Durchschnittliche Frequentierung
  - je nach Konkurrenz 1 bis 2 % des Kraftfahrzeugverkehrs,
  - ca. 2 700 PKW/Tankstelle,
  - eine Autowäsche auf 10 Betankungen,
- Durchschnittliche Tankmenge/Kfz – 30 bis 35 Liter,
- Durchschnittliches Einzugsgebiet – 22,5 km²,
- Durchschnittliche Einwohnerzahl – 6 135 Einwohner,
- Umsatz p.a. Kraftstoffabsatz
  - Straßentankstellen mindestens 4 000 000 Liter,
  - Autohöfe mindestens 12 000 000 Liter,
  - Shopbereich – 3 000 bis 6 000 €/m² Verkaufsfläche,
  - Portalwaschanlagen – 70 000 bis 80 000 €.
- Reinertrag
- Entwicklung der Geschäftslage

488 Sofern der Betreiber ein Mineralölkonzern ist oder ein Pächter „im Namen oder auf Rechnung" des Konzerns die Tankstelle betreibt, werden die vom Mineralölkonzern getätigten Investitionen i.d.R. durch eine „**Tankstellendienstbarkeit**" gesichert. Damit gehen Wertminderungen insbesondere dann einher, wenn die vertragliche Pacht hinter der marktgerechten Pacht bleibt. Zur Ermittlung der Wertminderungen sind entsprechende Abweichungen über die Laufzeit der Dienstbarkeit zu kapitalisieren.

---

86 Bundesverband des Deutschen Tankstellen- und Garagenverbandes e.V. (BTG).

Sonderimmobilien   **Besondere Immobilienarten VI**

5.5.3 Verkehrswertermittlung

5.5.3.1 Übersicht

Grundsätzlich können auch bei Tankstellen das Vergleichs-, Ertrags- und Sachwertverfahren zur Anwendung kommen.   **489**

5.5.3.2 Bodenwert

Unbebauten Tankstellengrundstücken wird i.d.R. der **Bodenwert** von Gewerbegrundstücken zugeordnet, jedoch ist dieser Wert – je nach Eignung des Standorts – erfahrungsgemäß um 10 bis 30 % (ausnahmsweise auch 40 %) zu erhöhen, wenn alle Genehmigungen zur Betreibung einer Tankstelle vorliegen. Für die Beurteilung der Eignung ist entscheidend   **490**

– die Lage,

– die Grundstücksgestalt mit einer niveaugleichen Straßenfront von möglichst 50 m und

– die Grundstücksgröße (1 500 bis 3 500 m²; Autohöfe 15 000 bis 40 000 m²).

5.5.3.3 Ertragswert

Die Einnahmen setzten sich zusammen aus den Bereichen   **491**

a) Kraftstoff,

b) Shopbereich (Autozubehör und ggf. „Minimarkt"),

c) Autowäsche, Autopflege und

d) Sonstige Dienstleistungen (Werkstatt).

Abb. 191: Umsatzentwicklung der Tankstellen an Straßen und Autobahnen in Deutschland (1.1.2004)

Umsatzentwicklung in Euro einer deutschen Tankstelle (Durchschnittsstation)			
Westdeutschland	**1995**	**2000**	**2003**
Dienstleistung	28 201	17 445	11 197
Autowäsche	51 070	55 015	52 716
Shop-Umsatz	561 045	745 057	840 355
davon RZB-Verkauf*	55 727	32 169	22 701
Getränke	119 639	142 702	137 211
Tabakwaren	235 835	333 085	388 913
Karten/Zeitschriften	49 236	58 589	52 147
Süßwaren	60 853	61 335	54 835
Telefonkarten	–	–	117 902
Sonstige Waren	39 754	117 176	66 646
Kraftstoffumsatz (Liter)	3 956 032	4 081 715	3 904 257
daraus Provisionen	78 272	72 221	65 399
Gewinn	48 153	41 533	37.088
Ostdeutschland	**1995**	**2000**	**2003**
Dienstleistung	13 677	6 910	3 804
Autowäsche	85 548	53 940	50 089
Shop-Umsatz	686 470	710 620	789 679
davon RZB-Verkauf*	48 010	21 520	15 159
Getränke	144 463	124 366	105 654
Tabakwaren	266 454	341 710	395 886
Karten/Zeitschriften	49 224	46 444	40 216

VI Besondere Immobilienarten

Umsatzentwicklung in Euro einer deutschen Tankstelle (Durchschnittsstation)			
Süßwaren	56 968	40 866	33 580
Telefonkarten	–	–	120 336
Sonstige Waren	121 352	135 715	78 848
Kraftstoffumsatz (Liter)	5 476 831	4 415 414	4 136 420
daraus Provisionen	85 683	67 830	64 034
Gewinn	36 009	28 986	30 336

*Reifen, Zubehör, Batterien
Quelle: Eurodata, BTG-Jahresbericht, EID

492 Die **Umsatzermittlung** erfolgt auf der Grundlage einer betriebswirtschaftlichen Auswertung insbesondere des Kraftstoffabsatzes der letzten drei Jahre. Die Pacht ergibt sich nach Abzug der dafür aufzubringenden Kosten.

Die **Pachtansätze** (p.a.) beliefen sich 2004 auf[87]

– Kraftstoff	0,75 bis 1,00 Cent/Liter	ca. 1 %	des Kraftstoffumsatzes,
– Shop	0,40 bis 0,70 Cent/Liter	ca. 3 bis 4 %	des Shopumsatzes,
– Wagenwäsche	0,20 bis 0,30 Cent/Liter	ca. 15 bis 20 %	des Waschumsatzes,
– Sonstige Dienstleistungen		ca. 5 bis 10 %	des Umsatzes.

493 Zur Ermittlung des Reinertrags ist von folgenden durchschnittlichen **Bewirtschaftungskosten** auszugehen:

- Verwaltungskosten   2 bis 4 %,
- Instandhaltungskosten   2 bis 4 % der Baukosten,
- für große Überdachungen separat ein Ansatz von   2–3 €/m²,
- Mietausfallwagnis   4 bis 6 %.

494 Ertragswert aus Treibstoffgeschäft:

> Ertragswert = Durchschnittlicher Jahresausschank (ltr.) × Nettoertrag je ltr. × 100 × V

495 Der **Liegenschaftszinssatz** beläuft sich je nach Risiko zwischen 7,0 bis 8,5 %. Dies entspricht dem Ansatz, wie er bei der Ermittlung von Beleihungswerten üblich ist[88].

Bei Tankstellen ist üblicherweise von einer **Gesamtnutzungsdauer** der baulichen Anlage von 15 bis 20 Jahren auszugehen. Der Ansatz einer Gesamtnutzungsdauer von 30 Jahren bedingt einen zusätzlichen Ansatz eines Modernisierungs- bzw. Revitalisierungsrisikos von 2,0 % der Baukosten.

5.5.3.4 Sachwert

496 Die **Baukosten** setzten sich zusammen aus den Kosten

- des Grundstücks,
- der Gebäude (Kasse, Verkaufsfläche, Schnellimbiss, Toiletten),
- der Überdachung (Mittel: 200 bis 400 €/m²),
- der Erdtanks (Mittel: 1 500 bis 2 000 €/m³),
- der Zapfanlage (Mittel: 15 000 bis 20 000 €/Anlage),
- der Portalwaschanlage (Mittel: 50 000 bis 80 000 €),
- der Außenanlagen,

---

[87] Aufstellung nach Ott, in Pohnert, Kreditwirtschaftliche Wertermittlungen, 6. Aufl. 2004 S. 402.
[88] Syst. Darst. des Ertragswertverfahrens Rn. 117.

bestehend aus
- den versiegelten Flächen ohne Ölabscheider (50–60 €/m²),
- den versiegelten Flächen mit Ölabscheider (100–120 €/m²),
- den begrünten Flächen (20–40 €/m²).

Abb. 192: Herstellungskosten 497

Gebäude (BGF)	900 €/m²
Überdachung 380 m²	180 €/m²
Zapfsäule	20 000 €
Zapfsäulentechnik	200 000 €
Tankanlage	200 000 €
Außenanlagen	185 000 €
Autowaschanlage	80 000 €
Nebenkosten rd.	150 000 €

Quelle: Smobilowski, GuG 2005, 144

Die **Kosten der Treibstoffsäulen, Kreditautomaten und des Treibstofftanks** belaufen sich auf (2000) 498

- Einfachsäule — 12 000 Schweizer Franken
- Doppelsäule — 20 000 Schweizer Franken
- Treibstofftank — 10 000 Schweizer Franken/je 10 000 ltr.

Die **Treibstoffzapfsäulen und sonstigen technischen Einrichtungen** weisen i.d.R. eine kürzere Gesamtnutzungsdauer auf: 499

- Mechanische Zapfsäulen — 8 bis 12 Jahre
- Elektronische Zapfsäule — 10 bis 15 Jahre
- Kreditautomaten — 10 bis 15 Jahre
- Treibstofftanks — 40 bis 60 Jahre

6 Freizeitimmobilien

6.1 Allgemeines

6.1.1 Typologie von Freizeitimmobilien

Schrifttum: *Bienert,* Bewertung von Spezialimmobilien, S. 258 ff.; *Kippes/Sailer,* Immobilienmanagement, Boorberg Verlag 2005, S. 68 ff.

▶ *Weitere Ausführungen bei § 18 ImmoWertV Rn. 149 ff.*

Freizeitimmobilien werden schon im Hinblick auf das Besucheraufkommen, die Flächenanforderungen und die damit verbundenen Verkehrsanforderungen unterschieden nach 500

a) „kleineren" innerstädtisch integrierten Freizeiteinrichtungen und

b) Freizeit-Großanlagen.

VI Besondere Immobilienarten — Freizeitimmobilien

501 Von **Freizeit-Großanlagen** spricht man bei
- einer Flächeninanspruchnahme (bebaute Fläche) von 5 000 m² und mehr,
- einem Investitionsvolumen von 7 Mio. € und mehr,
- einer Beschäftigtenzahl von 30 Vollzeitkräften und mehr,
- einem Umsatzvolumen von 5 Mio. €/Jahr und mehr,
- einem Besucheraufkommen von 200 000 Besuchern und mehr und
- einem Einzugsgebiet, bei dem 30 % der Besucher weiter als 20 km anreisen[89].

502 Demzufolge sind **kleinere Freizeiteinrichtungen** (Gastronomiebetriebe etc.) nur für Innenstädte und Stadtteilzentren geeignet[90].

503 Der Trend in Freizeitanlagensegmente geht eindeutig zu **Freizeit-Großanlagen** mit den Ausprägungen:
- Integrierte Ferienzentren,
- multifunktionale Bowlingcenter,
- Freizeitbäder,
- *Urban-Entertainment-Center,*
- Freizeitparks,
- Musicaltheater,
- Freizeit- und Erlebnisparks,
- Multiplexkinos,
- Ferienressorts/Ferienzentren,
- Themengastronomie,
- Großdiskotheken,
- Wasserparks,
- Fitnesscenter,
- *Indoor*-Skianlagen,
- Golfanlagen,
- Großaquarien,
- Bowlinganlagen,
- Großarenen.

504 Eine Sonderform der Freizeiteinrichtungen stellen die *Urban-Entertainment-Center* dar, die aus einem Mix von verschiedenen Freizeitangeboten bestehen, wobei i.d.R. ein bestimmtes Segment den „Anker" bildet, z. B.
- SI in Stuttgart,
- CAP in Kiel,
- CENTRO in Oberhausen,
- SONY Center in Berlin.

---

[89] Wenzel und Partner BDU Freizeitgroßanlagen-Typologie, Bedarf und Investitionsaufwand 1995.
[90] Vgl. GuG 2003, 110; GuG 2003, 57.

Abb. 193: *Urban Entertainment Center*

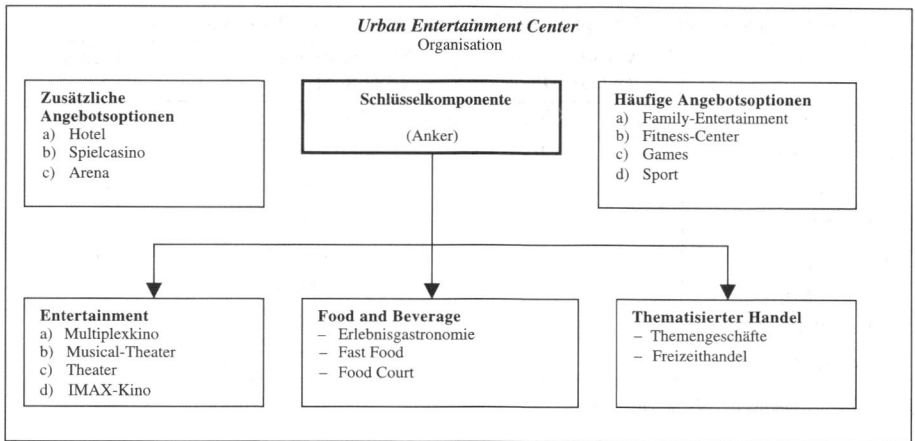

Quelle: Wenzel & Partner BDU Hamburg

„Spaßorientierte Freizeitanlagen" haben einen kurzen Lebenszyklus mit einem **steigenden Reinvestitionsbedarf.** Insbesondere Erlebnissportanlagen, Spaßbäder und Freizeitparks müssen sich auf schnell ändernde Nachfragebedürfnisse und steigende Ansprüche an immer neue und intensivere Erlebnisangebote einstellen (Abb. 194).

Abb. 194: Marktsegmente

Marktsegment	Bestehende Anlagen	Zahl der Planungen und in Bau befindlichen Anlagen	Größenordnung der Investitionen in den nächsten 5 Jahren in Mrd. €
Multiplexkinos	etwa 40	etwa 100	1,5
Urban-Entertainment-Center	4	etwa 40	3,7
Freizeitgroßparks mit über 1 Mio. Jahresbesuchen	6	3	0,6
Ferienzentren mit mehr als 1 000 Betten	22	4–5	0,5
Freizeitbäder einschließlich	ca. 250 i.w.S.	25	0,5
freizeitorientierter Freibäder, Thermal-, Mineral- und Solebäder	ca. 200 i.w.S.		

6.1.2 Marktentwicklung

Im Jahre 2000 wurde in Deutschland ein Volumen von 238 Mrd. € und damit ca. 3 000 € pro Einwohner oder 12 % des Bruttoinlandprodukts umgesetzt. Der Markt ist durch schnelle **Zyklenverläufe mit großer Unsicherheit** gekennzeichnet; langfristige Voraussagen sind nicht möglich (Abb. 195).

VI Besondere Immobilienarten — Freizeitimmobilien

Abb. 195: Marktvolumen

Marktvolumen und Marktprognose für Freizeitanlagen in Deutschland 1993/1999			
	Marktvolumen 1993 in Mio. €	Marktvolumen 1999 in Mio. €	Wachstum
Golfanlagen	500	1 000	100,0 %
Badmintonanlagen	93	155	67,6 %
Freizeitparks	300	450	50,0 %
Freizeitbäder	490	650	32,7 %
Tennisanlagen	500	650	30,0 %
Squashanlagen	195	250	28,2 %
Fitnesscenter	2 252	1 500	19,8 %
Saunaanlagen	118	135	14,9 %

Quelle: BBE-Unternehmensberatung

Abb. 196: Freizeit-Umsätze pro Jahr

Quelle: Deutsche Gesellschaft für Freizeit

Abb. 197: Umsatz von Freizeitanlagen 2000

Quelle: BBE Unternehmensberatung Deutsche Gesellschaft für Freizeit

Abb. 198: Marktentwicklung im Freizeitsektor

Quelle: DB Research 2002

6.1.3 Lagemerkmale

Bezüglich der **Standortfaktoren** kann generell zwischen

- Freizeiteinrichtungen mit einer ausgeprägten Erholungs-, Entspannungs- und Naturkomponente insbesondere im sog. *„Outdoor"*-Bereich sowie
- Freizeiteinrichtungen mit einem ausgeprägten *„Indoor"*-Angebot

unterschieden werden.

Für die *Outdoor*-Einrichtungen stellt ein landschaftlich ansprechendes Umfeld mit guter Erreichbarkeit eine gute Standortbedingung dar, während für den *Indoor*-Bereich innerstädtische Standorte optimale Rahmenbedingungen darstellen, wenngleich auch im Einzelfall solche Nutzungen auf der „grünen Wiese" realisierbar sind.

Im **Mikrobereich** sind insbesondere Grundstücksmerkmale und die Ausstattung des Objekts wichtige Standortfaktoren.

a) **Grundstück**
   - Baugrund,
   - Grundstückszuschnitt,
   - Grundstückswert,
   - Parkplatzangebot,
   - Weiterentwicklungsmöglichkeiten.

b) **Nutzungskonzept**
   - Zielgruppen und Zielgruppenverhalten,
   - Umsetzung der Standortbedingungen, Integration standortspezifischer Themen,
   - Thematisierung und Gestaltungsrichtlinien,
   - Kreation eines Angebotsmixes, Selektion der Angebotsbausteine,
   - klare Positionierung und Abgrenzung im Wettbewerbsumfeld,
   - Gästeflussplanung.

c) **Betrieb**
   - Angebotskonzept,
   - Darstellung der Betriebsform,
   - Unternehmens- und Wirtschaftsplan (fünf Jahre).

VI Besondere Immobilienarten — Freizeitimmobilien

d) **Marktanalyse**
   - Nachfrageverhalten,
   - Einzugsgebiet,
   - Synergieeffekte,
   - Verkehrsanbindung,
   - Wettbewerbssituation (Substitutionsmöglichkeiten),
   - direkte Konkurrenzsituation,
   - indirekte Konkurrenzsituation,
   - soziodemographische Struktur in den Einzugsgebietszonen,
       - Altersstruktur,
       - Geschlecht,
       - Bildungsstruktur (soziale Determinanten),
   - sozioökonomische Struktur,
       - verfügbares Haushaltseinkommen (Kaufkraft, Preispolitik),
       - Haushaltsausstattung (u. a. mit Verkehrsmitteln),
       - Arbeitsplatzstruktur nach Qualifikation (Arbeitslosenrate),
   - Siedlungsstruktur,
       - Bevölkerungsdichte (Ballungsraum, ländliche Strukturen),
       - Wohnverhältnisse,
       - Haushaltsgröße (Familien-, Singlehaushalte usw.),
   - Gästeankünfte,
   - Übernachtungsaufkommen,
   - Verweildauer,
   - Trends, insbesondere:
       - wirtschaftliche Entwicklung der Region,
       - Zu- und Abwanderungsstatistik,
       - Bevölkerungsprognose/Fremdenverkehrsentwicklung,
       - Veränderung der Altersstruktur usw.,
       - Trends der allgemeinen Wertedynamik,
       - Trends im Freizeitverhalten,
       - gesellschaftliche Rahmentrends.

e) **Bau**
   - glaubwürdige Umsetzung einer Thematisierung im Innen- und Außenbereich,
   - kostengünstiges Bauen,
   - flexibles Bauen,
   - Optimierung funktionaler Abläufe (Abb. 199).

Abb. 199: Akzeptierte Fahrzeit zu ausgewählten Fahrzielen

Quelle: BAT; Freizeit-Forschungsinstitut 1995; Repräsentativbefragung von 2 600 Personen ab 14 Jahren im März 1995 in Deutschland

6.1.4 Ertragsverhältnisse

Die **Rentabilität von Freizeitanlagen** stellt sich sehr differenziert dar[91]. Erfolgreiche Freizeitanlagenkonzepte weisen Umsatzrenditen von 20 % und darüber auf. In den meisten Sportsegmenten jedoch liegt die Eigenkapitalrendite nach Abschreibung unter 10 %. Unterschiedliche anlagenspezifische Raumleistungen und Renditen je m² finden ihren Niederschlag in den jeweiligen differierenden umsatzverträglichen Mietsätzen.

Die **Raumleistungen von flächenintensiven Freizeitanlagen** (insbesondere Sportanlagen) erlauben zumeist nur umsatzverträgliche Mietbelastungen von 5,00 bis 7,50 € (teilweise auch deutlich unter 5 €) je m². Im Segment der Abendunterhaltung sind in Abhängigkeit vom Standort für einen qualifizierten Rohbau Mieten von 12,50 bis 17,50 € pro m², vereinzelt auch 20 € erzielbar. Die Spannbreite der Mieten in den Freizeitbereichen liegt zwischen 5 und 20 € bei gewerblichen Objekten. Flächenintensive Sportnutzungen liegen im unteren und abendliche Unterhaltungsangebote mit hohen Nebenumsätzen im oberen Bereich. Der Kern der umsatzverträglichen „Freizeitmieten" liegt zwischen 10 und 12,50 € je m² (Abb. 200).

---

91 Vgl. Marktbericht III „Der Freizeitmarkt und seine Bedeutung für die Immobilienwirtschaft" (Westdeutsche Immobilienholding Düsseldorf).

VI Besondere Immobilienarten — Freizeitimmobilien

Abb. 200: Mieten für Freizeitobjekte

512 Freizeitimmobilien weisen i.d.R. zudem eine besonders geringe Fungibilität auf und sind auch deshalb risikobehaftet. Dem kann vor allem mit einem erhöhten **Liegenschaftszinssatz** (7,5 bis 9,5 %) und einem erhöhten Mietausfallwagnis Rechnung getragen werden.

513 Die Einbindung von Freizeitanlagen in *Mixed-Use-Center* (integrierte Freizeitanlagen) wird im Rahmen der Umstrukturierung klassischer Gewerbeimmobilienmärkte an Bedeutung gewinnen. Die **Rendite von Freizeiteinrichtungen in Mixed-Use-Immobilien** muss unter Umwegrentabilitätsaspekten analysiert werden. Nachfragesynergetisch geeignete Freizeitanlagen erzeugen zusätzliche Besucher- und Kundenfrequenzen.

514 *Mixed-Use-Center* führen zu einer Erhöhung der Wiederholungsbesucherquote und zu einer Verlängerung der Aufenthaltsdauer für das Gesamtzentrum. Die Umsätze und Renditen der integrierten Freizeitanlagen bleiben i.d.R. weit hinter den Vergleichsdaten von alternativen Einzelhandelsnutzungen zurück. Von den Betreibern kann somit keine dem Einzelhandel vergleichbare Miete erwirtschaftet werden. Zugeständnisse bei den Mietkonditionen sind daher durch das Centermanagement erforderlich, um Freizeiteinrichtungen als „Ankermieter" zu gewinnen[92].

6.1.5 Kennzahlen

515 Zur Beurteilung der Rentabilität von Freizeitimmobilien sind die nachfolgenden nach Art des Objektes gegliederten **Kennzahlen** von Bedeutung:

a) *Großdiskotheken*
- Flächen zumeist zwischen 1 000 und 3 500 m²,
- Gesamtinvestition bei Neubauten ca. 2,5 bis 7,5 Mio. €,
- zwischen 150 000 und 350 000 Besuche pro Jahr (größere Anlagen realisieren durchschnittlich etwa 300 000 Besuche),
- Umsatz pro Gast: durchschnittlich 8,00 €,
- umsatzverträgliche Mieten von 10,00 bis 12,50 €/m² (10 bis 12 % vom Umsatz), bezogen auf den Ausbaustandard eines qualifizierten Rohbaus ohne Nebenkosten.

b) *Integrierte Ferienzentren*
- Fläche: 60 bis 100 ha,
- Investitionssumme (einschl. Infrastruktur) je Bett: rd. 28 000 bis 30 000 €,
- Kapazität: 3 000 bis 4 000 Betten,
- Investitionssumme (einschl. Infrastruktur) je Vermietungseinheit: rd. 135 000 €,

---
92 Vgl. GuG 2001, 293.

Freizeitimmobilien **Besondere Immobilienarten VI**

- ein Drittel der Investitionssumme entfällt auf die Beherbergungseinrichtungen und ein weiteres Drittel auf die Freizeiteinrichtungen und den zentralen Unterhaltungskomplex,
- Gesamtinvestition: rd. 100 Mio. €,
- Amortisationszeit: 7 Jahre,
- Auslastungsraten bei ca. 90 %,
- Umsatz je Bett: ca. 13 000 € pro Jahr,
- Umsatzanteile: 50 % Beherbergung, 25 % Gastronomie, 10 % Freizeitdienstleistungen, 15 % Shop-Umsätze.

c) *Freizeitpark*
- Flächen: zwischen 30 und 100 ha,
- Investitionsvolumen: kumulierte Investition der gewachsenen Anlagen über 150 Mio. €,
- über 2 Mio. Besuche pro Jahr,
- durchschnittlicher Umsatz: pro Gast 23 bis 25 €,
  60 % Umsatzanteil aus Eintrittsentgelten,
  30 % Umsatzanteil Gastronomie.

Nur 7 der ca. 50 Freizeitparks weisen eine Besucherzahl von mehr als eine Million pro Jahr auf, z. B.:
- Europapark in Rust,
- Phantasialand in Brühl,
- VW-Autostadt in Wolfsburg.

d) *Musicaltheater*
- bebaute Fläche: rd. 5 000 m² (BGF zwischen 8 500 und 10 000 m²),
- Kapazität: 1 600 bis 1 800 Sitzplätze,
- Investitionsvolumen (einschl. Infrastruktur): rd. 25 bis 30 Mio. €,
- je Sitzplatz: rd. 14 000 €,
- durchschnittliche Besucherzahlen: 650 000 bis 700 000 Besuche pro Jahr bei über 90 % Auslastung,
- durchschnittlicher Umsatz pro Gast: ca. 40 €.

Weitere Kennzahlen sind den jeweiligen Kapiteln zugeordnet.

6.2 Freizeitbad

Schrifttum: *Tost, S.* Bewertung von Freizeit- und Hallenbädern, in Bienert, Die Bewertung von Spezialimmobilien; *Deutsche Gesellschaft für das Badewesen*, Überörtlicher Betriebsvergleich 2002.

Als **Kennzahlen** für Freizeitbäder (Fitness- und Wellnesscenter[93]) können gelten:

- *Flächen:* 5 000 bis 6 000 m², 600 m² Trainingsfläche pro 10 000 Einwohner
- *Investitionsvolumen:* ca. 12,5 Mio. bis 17,5 Mio. € (Spannbreite zwischen 8 Mio. und 35 Mio. €)
- *Investitionskennziffern:* ca. 15 000 € je m² Wasserfläche und ca. 1 750 bis 2 000 €/m² Saunabereich
- *Durchschnittliche Besucherzahlen:* ca. 325 000 Besuche pro Jahr (Spannbreite zwischen 150 000 und 850 000 Besuche pro Jahr)
- *Durchschnittlicher Umsatz pro Gast:* ca. 5 € (davon $1/3$ Nebenumsätze); kommerzielle Anlagen etwa 13 € bei einer Spannbreite von 6 bis 23 €

▶ *Näheres mit Beispiel vgl. Teil X Rn. 530*

---

93 Vgl. GuG aktuell 2001, 28;

6.3 Multiplexkino

Schrifttum: *Adam, B.,* Bewertung von Multiplex-Kinos, GuG 2007, 139; *Geßler, S./Leupold, E.,* Bewertung von Multiplex-Kinos, in Bienert, Die Bewertung von Spezialimmobilien; *Kühbauer,* Die Bewertung eines Multiplex-Kinos, GuG 2001, 231; *Pätzold/Röper,* Kinos in NRW, Düsseldorf 1992.

▶ *Vgl. GuG 2001, 178 und 245; GuG 1995, 301 = Vermögensrecht, a.a.O. II 7.3.11*

6.3.1 Übersicht

517 **Multiplex-Kinos sind eine Sonderform des Kinocenters** mit folgenden Eigenschaften:
- Mindestens 1.600 Sitzplätze mit Komfort-Bestuhlung (Sessel),
- Mindestens 8 Kinosäle,
- Mindestens 100 Sitzplätze je Saal,
- Amphitheater-Bestuhlung mit einem Neigungswinkel von 15°,
- Große, gekrümmte Leinwand („4 Wand"), Projektion (1,37; 1,66; 1,85; Cinemascope-Formate),
- Vorhang, Kasch (Bildrandabdeckung), Bühnen- und Vorhangbeleuchtung, Gong,
- Beste Tonwiedergabe (mind. Dolby SR, besser alle Digitalsysteme und THX in einigen Sälen),
- Zweck- bzw. Solitärbau; weitläufiges Foyer, Parkhaus,
- Gastronomie (Restaurant, Bar) und mehrere Konzessionsstände, Shops und weitere Freizeitangebote,
- Parkplätze bzw. Parkdeck, Anbindung an ÖPNV.

Nach Angaben der Filmförderungsanstalt stellt sich der **Bestand an Multiplexkinos** in Deutschland im Jahre 2000 wie folgt dar:

– Multiplex-Zentren insgesamt 128 (31.12.2000)
– Zugang Multiplex-Zentren 24 mit 206 Leinwänden (i. D. 9 Leinwände je Zentrum)
– Leinwände insgesamt 4 783, davon 1 162 (= 24,3 %) in Multiplex-Zentren
– Anzahl Kinobesucher 152,5 Millionen (+ 2,4 % geg. 1999),
– davon rd. 61,0 Millionen (= 40 %) in Multiplex-Zentren

Marktanteil Multiplexkinos			
	2006	2007	2008
Anteil an den Gesamtbesuchern	46 %	47,2 %	47,6 %
Anteil am Gesamtumsatz	49,1 %	50,2 %	50,7 %

Multiplexkino   **Besondere Immobilienarten VI**

Abb. 201: Sitzplätze je Leinwand und je 1 000 Einwohner von 1993 bis 1997

Ende des Kalenderjahres	Ortsfeste Leinwände insgesamt	Sitzplätze je Leinwand	je 1 000 Einwohner
1993 West-Dt.	3 251	188	9,3
1993 Ost-Dt.	458	295	8,6
1993	3 709	201	9,2
1994 West-Dt.	3 290	186	9,3
1994 Ost-Dt.	473	270	8,2
1994	3 763	197	9,1
1995 West-Dt.	3 291	185	9,2
1995 Ost-Dt.	523	229	7,7
1995	3 814	191	8,9
1996 West-Dt.	3 398	185	8,6
1996 Ost-Dt.	637	209	9,4
1996	4 035	188	9,3
1997 West-Dt.	3 407	184	9,4
1997 Ost-Dt.	721	203	9,5
1997	4 128	187	9,4

Quelle: Filmstatistisches Taschenbuch 1998, 65205 Wiesbaden, Kreuzberger Ring 56, Telefon (06 11) 7 78 91 14, Telefax (06 11) 7 78 91 69

Abb. 202: Besucher-, Umsatz- und Eintrittspreisentwicklung 2002 bis 2006

	2002	2003	2004	2005	2006	Vergleich 2006/2005	Durchschnitt 5 Jahre	Vergleich 06 Durchschnitt
Besucher								
Bundesweit	163 909 668	148 956 702	156 708 757	127 318 142	136 679 466	7,4 %	146 714 547	– 6,8 %
Alte Bundesländer	137 056 287	123 037 078	130 899 566	107 512 402	116 193 837	8,1 %	122 939 834	– 5,5 %
Neue Bundesländer	26 853 381	25 919 624	25 809 191	19 805 740	20 485 629	3,4 %	23 774 713	– 13,8 %
Umsatz in €								
Bundesweit	960 075 288	849 762 087	892 925 497	744 988 513	814 390 185	9,3 %	852 428 314	– 4,5 %
Alte Bundesländer	813 481 699	710 815 294	754 348 729	635 156 895	698 088 925	9,9 %	722 378 308	– 3,4 %
Neue Bundesländer	146 593 589	138 046 793	138 576 768	109 831 618	116 301 260	5,9 %	130 050 006	– 10,6 %
Eintrittspreis in €								
Bundesweit	5,86	5,70	5,70	5,85	5,96	1,9 %	5,81	2,6 %
Alte Bundesländer	5,94	5,78	5,76	5,91	6,01	1,7 %	5,88	2,2 %
Neue Bundesländer	5,46	5,36	5,37	5,55	5,68	2,3 %	5,47	3,8 %

Quellen: FFA – Bundesanstalt des öffentlichen Rechts, Berlin

6.3.2 Kennzahlen

518 *a) Fläche*

Multiplexkinos der mittleren Größenklasse (2 000 bis 2 200 Sitzplätze)
- weisen eine Gesamtfläche rd. 5 000 m² auf,
- haben einen Flächenbedarf von 2 bis 3 m² BGF pro Platz (bei Raumhöhen von 9 bis 12 m),
- haben einen Einzugsbereich von 200 000 bis 250 000 Einwohnern in 20 bis 30 Fahrminuten.

b) Gesamtbesuch und Auslastung

Kennziffern über den Gesamtbesuch werden gemessen als
- Besuch pro Platz bzw.
- Besuch pro Leinwand,
- die **Auslastung** wird in % angegeben; die Auslastungsquoten liegen zwischen 25 und 35 % (Maxx in München fast 50 %).Umsatz je Besucher 8 bis 9 € (durchschnittlicher Eintrittspreis 6 €); durchschnittliche Auslastungsquote für alle Kinotypen ca. 13 %.

c) Umsatz

Bei Lichtspieltheatern bedarf es der **Umsatzangabe** in den Bereichen Filmgeschäft und „Kiosk" sowie der Anzahl der Vorführungen mit durchschnittlicher Auslastung:
- **Gesamtumsatz**
  - davon Kartenumsatz,
  - davon Konzessionen,
  - davon Werbung,
  - davon sonstige in Umsätze/in % des Gesamtumsatzes).
- Rohertragsanteil je Besucher: rd. 60 %.

d) Einnahmen

Im Jahr 2004 setzen sich die Einnahmen nach Untersuchung der RMC Rinke Medien Consult, Wuppertal, zusammen aus
- Umsätzen aus dem Verkauf von Kinokarten (72 %),
- Warenerlösen (Speisen und Getränke etc.),
- Kinowerbung (5 %),
- Einnahmen aus Konzessionen (23 %),
- Einnahmen aus Parkgebühren.

e) Ausgaben
- Filmmieten
- Werbung (Marketing)
  - Gesamtkosten
  - Kosten pro Besucher
  - Kosten in % des Umsatzes (Nettokalt)
  - Reklamekostenzuschüsse
- Personalkosten
  - Gesamtkosten
  - Kosten pro Besucher
- Instandhaltung und Reparatur
  - Gesamtkosten
  - Kosten pro Sitzplatz
- Energiekosten
  - Gesamtkosten

- Energiekosten pro Leinwand
- Energiekosten pro Platz
- Versicherung
  - Gesamtkosten
  - Giroversicherung pro Platz
- Reinigung
  - Gesamtkosten
  - Reinigung pro Platz
- Sonstiger Betriebsbedarf (Verbandsgebühren, Wareneinkauf, GEMA-Gebühren)
  - Gesamtkosten
  - Kosten pro Platz
- Filmmiete
  - Filmmiete in % vor RZ
  - Filmmiete in % nach RZ.

f) Miete

- Umsatzverträgliche Mieten (10 bis 15 %) zwischen 10,00 und 17,50 €/m², bezogen auf den Ausbaustandard eines qualifizierten Rohbaus ohne Nebenkosten;
- Miete je Sitzplatz: 30 bis 40 € im Mittel bzw. pro Quadratmeter; bei hervorragender Standortqualität sind Mieten von 50 € bis 53 €/m² erreichbar:
  - CineStar: 16 €/m²   40 €/Platz
  - Branche: 17,50–20,00 €/m² 40–55 €/Platz

g) Lagekriterien

- Innerörtliche Verkehrsanbindung,
- Parkangebot,
- Visibilität,
- Umfeld.

Gesamtnutzungsdauer: 30–40 Jahre.

Bewirtschaftungskosten: zwischen 17 und 20 % des Jahresrohertrags bei einem hohen Instandhaltungskostenanteil von 10–12 €/m² und einem von der Anzahl der Mieter sowie vom Anteil der vermieteten Fläche abhängigen Mietausfallwagniss.

Liegenschaftszinssatz: 7,5–9,5 %

Der **Rohertrag** bestimmt sich bei umsatzbezogenen Mieten (üblich 20 % des Umsatzes) aus

- dem durchschnittlichen Umsatz pro Besucher,
- dem durchschnittlichen Eintrittspreis und
- der Auslastungsquote,

aufgeschlüsselt nach den jeweils vorliegenden Mietflächen (Multiplexkino, Café/Bar; Restaurant, Diskothek). *Adam* gibt für 2009 folgende Sitzplatzmieten an:

VI Besondere Immobilienarten — Multiplexkino

	Jahresmiete	Sitzplatzmiete		
		Sitzplätze	Sitzplatzmiete einschließlich Gastrofläche	bereinigte Sitzplatzmiete
Karlsruhe	1 975 200 €	2 942	56,96 €	46,96 €
Düsseldorf	1 784 740 €	2 845	52,57 €	40,00 €
Mainz	1 787 672 €	2 721	54,75 €	47,73 €
Bremen	1 806 459 €	3 341	45,06 €	36,86 €
Dortmund	2 285 901 €	3 702	51,46 €	42,55 €
	9 600 032 €	**15 551**	**51,71 €**	**43,02 €**

520 Die Gesamtinvestition bewegt sich zwischen 13 Mio. und 20 Mio. € (Cinedom in Köln rd. 65 Mio. €). Die **Erstellungskosten je Kinoplatz** (ohne Einrichtung mit Grundstück) belaufen sich auf Investitionen (je Sitzplatz) von 6 000 bis 8 500 € einschließlich Grundstück (CineStar: ca. 4 800 €/Platz; Branche: ca. 5 000–7 000 €/Platz) bei

- einem günstigen Grundstückspreis von ca. 250 €/m²,
- guter Grundstücksausnutzung,
- ohne Projektentwicklungskosten.

Nach einer neueren Untersuchung von *Adam*[94] belaufen sich die **durchschnittlichen Baukosten je Kinoplatz** auf rd. 5.700 €, wobei zu beachten ist, dass bei einer geringer werdenden Anzahl von Besucherplätzen die Stückkosten je Sitzplatz höher werden:

Multiplex-Kino, Berlin, Baujahr 2001, 2 600 Kinoplätze   12,7 Mio. €   4 885 €/Platz
Multiplex-Kino, Rostock, Baujahr 1996, 2 000 Kinoplätze   12,8 Mio. €   6 400 €/Platz
Multiplex-Kino, Lübeck, Baujahr 2000, 1 654 Kinoplätze   11,0 Mio. €   6 651 €/Platz

Beispiel: Multiplex-Kino (München): Bei 2 700 Kinoplätzen lag die Gesamtinvestition bei 12,9 Mio. €, d.h. bei 4 778 €/Platz.

521 Abb. 203: Wertanteile einzelner Bauteile am Gesamtbauwerk für Lichtspielhäuser

Bauteil/Gewerk	Anteile in v.H.
Erdarbeiten, Fundamente und Bodenplatte	15,4
Außenwände/Fassade	16,1
Tragkonstruktion	25,0
Dacheindeckung	15,7
Fußboden	6,7
Türen	1,6
Fenster	6,2
Heizung	7,1
Elektrische Installation	5,2

Quelle: Gleich lautender Erl. der obersten Finanzbehörden vom 21.7.2994 (BStBl I 1994, 480)

---

[94] Adam, B., Bewertung von Multiplex-Kinos, GuG 2007.

6.4 Golfanlage

Schrifttum: BBE-Branchenreport 2005; *Billion, F.,* Der Verkehrswert von Golfanlagen, GuG 1999, 331; *Böhm, G.,* Bewertung von Golfanlagen, in Bienert, Bewertung von Spezialimmobilien; *Köhne, M.,* Die Bewertung von Golfgeländen für verschiedene Anlässe, GuG 1999, 257; *Kastel/Thummert,* in Die Information über Steuer und Wirtschaft 1992, 492; *Köhne M.,* Landwirtschaftliche Taxationslehre, 3., neu bearbeitete Aufl., Parey Buchverlag, Berlin; *Köhne,* in GuG 1999, 257; *Pohnert,* Kreditwirtschaftliche Wertermittlungen, 6. Aufl. 2004 S. 223; *Störy, J.,* Die Verkehrswertermittlung von Golfplatzgrundstücken, GuG 2002, 222.

6.4.1 Allgemeines

Im Zusammenhang mit Golfanlagen stellen sich folgende **Wertermittlungsaufgaben:** 522
a) Verkehrswertermittlung von zumeist noch landwirtschaftlich genutzten oder nutzbaren Flächen zwecks Einrichtung einer Golfanlage,
b) Verkehrswertermittlung von bereits eingerichteten Golfanlagen,
c) Ermittlung angemessener Pachtentgelte für verpachtetes Golfgelände,
d) Ermittlung angemessener Erbbauzinsen für entsprechende Erbbaurechte.

Voraussetzung für die Errichtung eines Golfplatzes **sind die entsprechende Darstellung der Fläche im Flächennutzungsplan und entsprechende Festsetzungen im Bebauungsplan.** Im Hinblick auf den damit verbundenen Eingriff in die Natur ist i.d.R. ein Verhältnis der reinen Spielfläche (Abschläge, Bahnen und Grün) zu ökologischen Ausgleichsflächen von 1:1 gegeben. 523

Abb. 204: Gründung von Golfclubs in Nordrhein-Westfalen

Quelle: http://www.golf.de

Nur 10 % aller Golfanlagen stehen im Eigentum des Betreibers. Infolgedessen stellt sich i.d.R. nur die Aufgabe, den Bodenwert künftiger Golfanlagen und (angemessene) Pachtentgelte zu ermitteln. 524

Mit der Einrichtung eines Golfplatzes scheidet eine Fläche aus dem land- oder forstwirtschaftlichen Vermögen eines Land- oder Forstwirts aus. Folgende für die Verkehrswertermittlung bedeutsame Gestaltungsformen sind üblich: 525
a) ein Landwirt verkauft eine Fläche für deren Aufbereitung (Nutzung) als Golfplatz;
b) ein Landwirt verpachtet seine Flächen an einen gemeinnützigen Verein für deren Aufbereitung (Nutzung) als Golfplatz;

VI Besondere Immobilienarten — Golfanlage

c) ein Landwirt verpachtet seine Fläche an eine Betreibergesellschaft (GmbH), die den Golfplatz herrichtet und ihn einem gemeinnützigen Verein überlässt;

d) ein Landwirt verpachtet eine Fläche zu gleichen Zwecken an eine Kommanditgesellschaft.

526 Soweit die Herrichtung eines Golfplatzes mit **Baumaßnahmen** i.S. des Vorhabensbegriffs nach § 29 BauGB verbunden ist, bedarf es einer bauaufsichtlichen Genehmigung oder Zustimmung[95].

527 Für den Landwirt hat die Verpachtung bzw. der Verkauf eine Reihe **steuerrechtlicher Folgen**; diese sind:

a) Mit der Herrichtung der Fläche scheidet diese aus dem land- oder forstwirtschaftlichen Vermögen aus und wird dem Grundvermögen mit einem Einheitswert von 2 bis 2,50 €/m² zugerechnet. Damit ergibt sich eine erhebliche Grundsteuermehrbelastung.

b) aufgrund des neuen Einheitswerts ergibt sich eine entsprechend höhere Erbschaftsteuer.

c) Einkommensteuerlich ist bei Verpachtung einer ehemals land- oder forstwirtschaftlichen Betriebsfläche als Golfgelände bei gleichzeitiger Umwidmung (der Betriebsgebäude) mit der Überführung des Betriebsvermögens in das Privatvermögen eine steuerliche Entnahme verbunden. Neben der Versteuerung des Entnahmegewinns fällt dann eine Versteuerung der Pachteinnahmen aus Vermietung und Verpachtung an.

6.4.2 Ertragsverhältnisse

528 Ertragswirtschaftlich ist die **Betreibung eines Golfplatzes** von

– der Zahl der Mitglieder und dem jährlichen Beitrag,
– dem durchschnittlichen Umsatz und
– den Betreiberkosten

abhängig.

529 Als **wirtschaftliche Kennzahlen** für eine Golfanlage können gelten:

a) Durchschnittlicher Mitgliederstamm für eine 5-Mio.-€-Golfplatzanlage: 600 bis 700 Golfer

b) Durchschnittlicher Umsatz für eine 18-Loch-Golfanlage: rd. 0,6 bis 0,8 Mio. €

c) Durchschnittliche Mitgliederzahl je Golfanlage: rd. 530 Personen

530 *Beispiel einer Gesamtkalkulation*

Golfplatz mit 18 Löchern; Größe 70 ha

Jahresmitgliedsbeitrag	500 €			
Voll zahlende Mitglieder	700 Mitglieder			
Pacht	750 €/ha			
Einnahmen	700 × 500 €		=	350 000 €
Ausgaben				
– Pacht	70 ha × 750 €/ha	=	52 500 €	
– 4 Platzarbeiter	4 × 30 000 €/Jahr	=	120 000 €	
– Maschinen		=	30 000 €	
– Platzpflege		=	25 000 €	
– Betrieb/Clubhaus		=	25 000 €	
– Verwaltung; Sonstiges		=	25 000 €	
Summe		=	277 500 €	– 277 500 €
Überschuss			=	72 500 €

---

[95] Schink in StuGB 1986, 644; Schulze-Hagen in BauR 1986, 6 ff.; Schink in Kormann (Hrsg): Naturschutz und Bauleitplanung, UPR special Bd. 8, 1995; GuG-aktuell 1997, 11; Pohnert, 5. Aufl., a.a.O., S. 187.

Golfanlage — **Besondere Immobilienarten VI**

Damit ist der Golfplatz jedoch noch nicht rentierlich, denn die Kalkulation berücksichtigt nicht die Herstellung. Bei einem Gesamtfinanzierungsvolumen von 2,5 Mio. € und Finanzierungskosten von 10 % ergibt sich ein Kapitaldienst von 250 000 €/Jahr, so dass – verteilt auf die Mitglieder – jährlich rd. 350 € als Kapitaldienst von den Mitgliedern aufzubringen sind. Um den Reinertrag eines Golfplatzes nach dem Ertragswertverfahren zu ermitteln, kann deshalb auf der Einnahmeseite gleich von den Mitgliederbeiträgen einschließlich eines Kapitaldienstbetrags ausgegangen werden. 531

Unter Berücksichtigung der steuerlichen Mehrbelastungen, die mit der Herrichtung einer vormals landwirtschaftlichen Fläche zu einer Golfanlage und der damit einhergehenden Zurechnung dieser Fläche zum Grundvermögen verbunden sind, ergibt sich für die Verpachtung als Golfplatz ein Mindestpachtzins von 0,07 €/m² im Jahr. In der Praxis wird bei Golfplätzen mit einer **Verzinsung von 2 %** „gerechnet", was bei den angegebenen Pachtpreisen einem Bodenwert von 5 €/m² entspricht. 532

Im konkreten Fall muss die Höhe des angemessenen **Pachtentgelts** aus entsprechenden Vergleichsdaten abgeleitet werden. Der Deutsche Golfverband (DGV) hat solche in der Vergangenheit – gegliedert nach Postleitzahlen – veröffentlicht. Die veröffentlichten Pachtentgelte machen deutlich, dass diese erhebliche Schwankungsbreiten aufweisen. Der Schwerpunkt lag im Jahre 1998 zwischen 0,04 bis 0,08 €/m² im Jahr. Für Randzonen halbiert sich das Nutzungsentgelt. In Bezug auf die fallspezifische Differenzierung besteht eine Abhängigkeit von 533

a) der regionalen Kaufkraft und Bevölkerungsdichte mit verhältnismäßig hohen Pachtentgelten in Berlin, Stuttgart, München und dem Rhein-Main-Gebiet,

b) dem regionalen Pachtpreisniveau in der Landwirtschaft, das auch als Ausgangs- bzw. Mindestentgelt angesehen werden kann,

c) den jeweiligen Konditionen und dem Zeitpunkt des Pachtvertrags.

Abb. 205: Pachtpreise für Golfvereine nach PLZ-Bereichen 1998

PLZ-Bereich	Anzahl der Clubs in diesem Bereich	Pachtpreise in €/ha			PLZ-Bereich	Anzahl der Clubs in diesem Bereich	Pachtpreise in €/ha		
		im Durchschnitt	von	bis			im Durchschnitt	von	bis
14 bis 17	2	1 166	400	1 933	57	3	364	150	500
20 und 22	3	1 023	712	1 209	58	2	679	630	727
23	1	517	517	517	60 und 61	1	215	215	215
25	3	867	182	1 301	63	2	795	691	900
26	4	465	141	775	64	1	800	800	800
27	3	541	500	581	66 und 67	1	178	178	178
29	1	195	195	195	71	1	1 290	1 290	1 290
33	2	620	561	680	72	1	1 070	1 070	1 070
34 und 37	1	586	586	586	74	1	1 215	1 215	1 215
35	2	476	402	550	73 und 89	5	693	300	1 200
36	2	1 370	120	2 664	77 und 79	3	336	260	375
38	1	200	200	200	82	5	1 929	1 292	2 801
40 und 42		1 084	1 134	1 084	83	3	1 759	1 150	2 750
41	2	1 103	900	1 305	84	1	750	750	750
44	1	1 428	1 428	1 428	85	4	1 963	1 118	2 933
45	1	1 222	1 222	1 222	86	1	618	618	618
46	1	1 375	1 375	1 375	87	2	1 230	550	1 909
47	1	1 144	1 144	1 144	88	1	580	580	580
49	1	1 250	1 250	1 250	91	1	625	625	625
51	1	750	750	750	92	1	588	588	588
52	2	784	697	870	93	1	622	622	622
53	1	1 000	1 000	1 000	96	2	462	339	585
55 und 56	1	750	750	750*	97	2	840	500	1180

* Auf Golfplatz-Grundstücke entfallen meist 60 bis 80 Hektar. Am Betriebsvergleich 1997 haben 75 Golf-Clubs teilgenommen.

Quelle: Deutscher Golf Verband e.V., Wiesbaden (23.10.1998)

VI Besondere Immobilienarten — Golfanlage

6.4.3 Herstellungskosten

534 Die **Herstellungskosten** für eine komplette Golfanlage mit 18 Löchern auf einer Fläche von 75 ha betrugen im Jahr 1994 ohne Grundstück und Unternehmergewinn etwa 5 bis 10 Mio. €. Der Golfplatz selbst hat daran nur einen Anteil von etwa 40 %. Flächenmäßig setzt sich eine Golfanlage grob zusammen aus:

- 1/3 Sportflächen (*Fairways*, Grüns, Abschläge und Wege)
- 1/3 Randzonen (*Rough, Semirough*, kleinere Baumgruppen und Büsche)
- 1/3 naturbelassene Flächen (Wald, Hecken, Teiche, dichtes Buschwerk)

535 **Einzelpositionen**[96] sind insbesondere (1999)
- das Clubhaus mit 1 Mio. €,
- Maschinenpark (250 000 €),
- Maschinenhalle mit Werkstatt sowie Caddiehalle (je 200 000 €),
- Abschlaggebäude der *Driving Range* (50 000 €),
- Zufahrt und Parkplatz (100 000 €),
- Wasser und Abwasser (50 000 €),
- Kleinbauten (25 000 €),
- ein Polster für Unvorhergesehenes (100 000 €),
- Planung und Architektenhonorar (je 250 000 €),
- Projektmanagement mit Vorlaufkosten (175 000 €),
- Fertigstellungspflege und Bauzeitpacht (je 75 000 €).

536 Für eine einfache **parkartige Herstellung der Golfanlage sind** im Jahre 2000 etwa 20 €/m² veranschlagt worden; Randflächen mit wildparkartigen Bepflanzungen und einfache Forstanlagen wurden mit rd. 4 €/m² veranschlagt.

537 Die Herrichtung eines Golfplatzes ist dabei regelmäßig auf eine **Mindestzeit von 20 bis 30 Jahren** angelegt (Gesamtnutzungsdauer). Als **Mindestfläche** kann eine Fläche von ca. 25 ha gelten. Meist werden jedoch 9- oder 18-Loch-Anlagen hergerichtet mit einem durchschnittlichen Flächenbedarf von 50 bis 100 ha[97].

Abb. 206: Gesamt-Ausgaben/-Aufwendungen pro Loch 1997 (18-Loch-Anlagen)

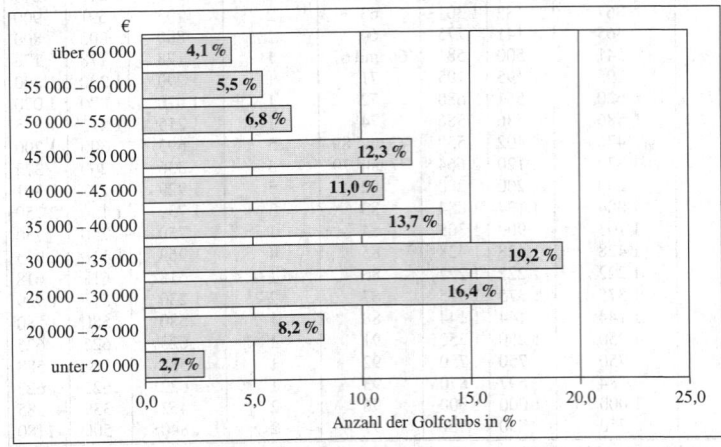

Quelle: Deutscher Golf Verband e. V.

---

96 Münchener Messegesellschaft, nach SZ vom 28.12.1994.
97 LT-Drucks. Nordrh.-Westf. 11/4891 vom 12.1.1993; Brückner in UPR 1988, 424.

6.4.4 Bodenwert künftiger Golfanlagen

Die Bodenwertermittlung über den mutmaßlichen Ertrag ist zudem höchst fehleranfällig. Deshalb ist das **Vergleichswertverfahren** vorzuziehen. Dabei wird von Vergleichspreisen landwirtschaftlich genutzter Flächen ausgegangen, und diese werden ins Verhältnis zu den für Golfplätze entrichteten Kaufpreisen gesetzt.

538

Flächen für Golfplätze werden

539

- in ländlichen Bereichen mit etwa dem 2- bis 3-fachen und
- in Ballungszentren mit dem 4- bis 5-fachen des

landwirtschaftlichen Pachtzinses verpachtet. Dementsprechend wurden künftige **Golfplätze auch mit dem 2- bis 4-fachen Wert landwirtschaftlicher Flächen** gehandelt, wobei der innerlandwirtschaftliche Verkehrswert (§ 5 Abs. 1 ImmoWertV) die Untergrenze bildet[98]. Überdurchschnittliche Kostenbelastungen bei hügeliger Geländeoberfläche sind wertmindernd zu berücksichtigen. Wertmindernd wirken sich darüber hinaus ökologische Auflagen sowie „Durchschneidungen" durch öffentliche Wege mit den notwendigen Sicherungsmaßnahmen aus.

Neuere Umfragen[99] deuten darauf hin, dass für künftige Golfanlagen nach der Boomphase Anfang der 90er-Jahre Landwirten allerdings nur noch die **Preise für landwirtschaftliche Nutzflächen bzw. bis zu 50 % darüber** bezahlt worden sind, wobei dies insbesondere für kleinere Teilflächen gelten soll. Nach einer Umfrage bei Gutachterausschüssen im nordwestdeutschen Raum liegt das Verhältnis im Mittel sogar nur bei 1,2[100] (Streuung der Einzelergebnisse zwischen 0,7 und 2,8). Der Markt ist bei alledem recht undurchsichtig und wird durch fallspezifische Verhandlungskonstellationen bestimmt.

540

Die in der Vergangenheit bezahlten **Grunderwerbspreise** zur Herrichtung von Golfanlagen schwanken nach Örtlichkeiten (Abb. 207):

541

Abb. 207: Grunderwerbspreise für die Herrichtung von Golfplätzen

Grunderwerbspreise für die Herrichtung von Golfplätzen		
Sylt	Wenningstedt	5,00 bis 6,00 €/m²
Rügen	Kanitz und Lebin	0,20 bis 1,40 €/m²
Umland von Berlin	Bindow	3,75 €/m²
	Motzen	4 €/m²
	Tremmen (Kreis Nauen)	2,50 €/m²
	Wildenbruch (Kreis Potsdam)	2,70 €/m²
	Wikendorf (Kreis Straußberg)	3,75 €/m²
	Stolpe (Kreis Oranienburg)	5,00 €/m²

Für ausgewählte Regionen sind nachfolgend die Verhältniszahl q (**Kaufpreise von Golfplatzflächen im Verhältnis zu den landwirtschaftlichen Vergleichspreisen**), deren empirische Standardabweichung, das Verhältnis von q zu seiner Standardabweichung sowie die Anzahl der zugrunde liegenden Kauffälle n dargestellt (Abb. 208).

542

---
[98] BFH, Urt. vom 20.10.2004 – II R 34/02 –, EzGuG 20.195.
[99] Köhne in GuG 1999, 258 ff.; weiteres Schrifttum: Billion, F., in GuG 1999, 331.
[100] FG Düsseldorf, Urt. vom 24.6.2002 – 11 K 4416/99 –, GuG 2003, 114 = EzGuG 20.188.

VI Besondere Immobilienarten — Golfanlage

Abb. 208: Das Verhältnis q von Kaufpreisen von Golfplatzflächen zu landwirtschaftlichen Vergleichspreisen

Region	q	s(q)	%	n	Zeitraum
Erftkreis	1,96	0,28	14	16	1991–1995
Hannover	1,65	0,70	43	10	1995–1998
Hildesheim	1,43	0,41	29	72	1992–2000
Rhein-Sieg	1,66	0,56	34	22	1985–2000
Rinteln	1,21	0,43	35	17	1993–1999
Salzgitter	2,30	0,69	30	8	1987–1999
Viersen	1,78	0,67	38	8	1995–2000
Düsseldorf	1,95			4	1999–2001
Eifelregion	2,00			5	1992–1995
Gelsenkirchen	1,18			2	1990

Quelle: Stoery

543 Als weitere Orientierung für die Bodenwertermittlung können **Vergleichspreise** herangezogen werden, **die für Sport- und Freizeitanlagen bezahlt worden sind,** wobei der Quadratmeterpreis mit zunehmender Flächengröße geringer zu veranschlagen ist.

544 Ein höherer Bodenwert, der sich am Bodenwert vergleichbarer Gewerbeflächen orientiert, ist darüber hinaus für die Teilbereiche angemessen, die planungsrechtlich mit Gebäuden bebaut werden dürfen und ausreichend erschlossen sind. Für die **Baulandflächen des Clubhauses** werden etwa 40 % des Baulandwerts der Umgebung gezahlt.

545 Eine **Bodenwertermittlung auf der Grundlage des Ertragswertverfahrens,** in dem die Nettopacht mit dem entsprechenden Barwertfaktor unter Berücksichtigung einer vorschüssigen Zahlweise kapitalisiert wird, **empfiehlt sich nicht,** da – wie im landwirtschaftlichen Bereich – der Ertrags- und der Substanzwert auch hier auseinanderfallen. So werden im landwirtschaftlichen Bereich Flächen, für die eine Pacht von 0,04 €/m² erzielt wird, für 2,50 €/m² gehandelt, obwohl sich bei einer 6 %igen Verzinsung dafür allenfalls = 0,64 €/m² ergeben (Faktor 16). Deshalb lässt sich der Bodenwert im Wege des Ertragswertverfahrens allenfalls in der Weise ermitteln, dass – ausgehend vom Bodenwert land- und forstwirtschaftlicher Grundstücke – der Kapitalwert des sog. Erfolgsvorteils hinzugerechnet und die Wertdifferenz der Fläche am Ende der Pachtzeit abgezogen wird. Der Kapitalwert des jährlichen Erfolgsvorteils des Golfgeländes errechnet sich durch Multiplikation der Differenz zwischen der Nettopacht des Golfgeländes und der Nettopacht der landwirtschaftlichen Nutzung mit jeweiligen Zins.

6.4.5 Verkehrswertermittlung eingerichteter Golfanlagen

546 Als Wertermittlungsverfahren kommt das **Ertragswertverfahren** in Betracht, da

– Vergleichspreise von eingerichteten Golfanlagen kaum zur Verfügung stehen und

– das Sachwertverfahren, wie aus der ansatzweise vorgestellten Gesamtkalkulation erkennbar, den Ertragswert, an dem sich ein wirtschaftlich denkender Käufer orientieren würde, mehr oder minder deutlich überschreitet.

547 Bei der Verkehrswertermittlung von Flächen, die zum Zwecke ihrer Nutzung als Golfanlage verpachtet sind, lässt sich der Verkehrswert nach allgemeinen Grundsätzen des Ertragswertverfahrens ermitteln (**Restwertmethode**):

$$EW = RE \times V + Restwert \times q^{-n}$$

548 **Reinertrag (RE)** ist dabei die Nettopacht, d.h. die dem Verpächter zufließende Barpacht. Bei der Ermittlung der Barpacht ist neben den Verwaltungskosten (in Höhe von rd. 3 % des Pachtzinses) auch ein Pachtausfallwagnis (etwa 4 % des Pachtzinses) zu berücksichtigen.

Tennisanlage — **Besondere Immobilienarten VI**

Zur Ermittlung des Reinertrags muss Einblick in den Pachtvertrag genommen werden. Als die wichtigsten wertbestimmenden **Parameter des Pachtvertrags** können gelten: 549

- die Höhe des Pachtentgelts,
- Anpassungsklauseln,
- die Zahlungspflicht für bodenbezogene Abgaben, insbesondere die Grundsteuer,
- die Zahlungsweise (vorschüssig oder nachschüssig),
- die Restlaufzeit des Pachtverhältnisses,
- eventuelle Entschädigungen für vorhandene Einrichtungen,
- die Regelungen zur Rückübertragung (z.B. Rekultivierungspflichten des Pächters),
- die Regelungen für eine Verlängerung der Pacht.

Die **Ausgaben** verteilen sich auf die Platzkosten (ca. 50 % = 10 000 bis 25 000 €/Loch), die Kosten des Klubhauses (10 %), die Verwaltungskosten (ca. 15 %) und Sonstiges (ca. 25 %). 550

Der **Vervielfältiger V** bestimmt sich nach Maßgabe der vertraglichen Restlaufzeit, ggf. unter Berücksichtigung von Verlängerungsoptionen, und dem Kalkulationszinssatz. Bei vorschüssiger Zahlung des jährlichen Pachtentgelts ist abweichend von der Anlage zur ImmoWerV der vorschüssige Vervielfältiger heranzuziehen. 551

Der **Restwert** ist mit dem Wert anzusetzen, den die Fläche nach Ablauf des Pachtvertrags unter Berücksichtigung der dann bestehenden Verwertungsmöglichkeiten aufweist. Fällt die Golfanlage entschädigungslos an den Verpächter zurück, muss insbesondere geprüft werden, ob dieselbe Nutzung oder eine gleichartige Nutzung fortgesetzt werden kann, wobei dann allerdings von einer entsprechend „gealterten" Anlage mit einem entsprechenden Modernisierungs- bzw. Umnutzungsbedarf ausgegangen werden muss. Ist hingegen für eine nach Ablauf der Pachtzeit noch werthaltige Anlage eine Entschädigung zu leisten, so kann als Restwert der Bodenwert angesetzt werden. 552

Kommt nach Ablauf der Pachtzeit nur eine landwirtschaftliche Nachfolgenutzung in Betracht, muss geklärt werden, wem die **Rekultivierungslast** obliegt. Hat der Pächter die Kosten der Rekultivierung zu tragen, kann direkt vom Verkehrswert landwirtschaftlicher Flächen ausgegangen werden. Hat diese Kosten indessen der Verpächter zu tragen, so ist der Verkehrswert landwirtschaftlicher Flächen abzüglich dieser Rekultivierungskosten anzusetzen. 553

Als **Kalkulationszinssatz** wird im Schrifttum ein Zinssatz von 4 % genannt[101], der nach der hier vertretenen Auffassung allerdings höher ausfällt. Dieser Auffassung hat sich *Köhne*[102] angeschlossen, der mit Recht darauf hinweist, dass im Hinblick auf ein drohendes Überangebot an Golfanlagen das Betreiberrisiko gestiegen ist. Mit einem Zinssatz von 5 bis 6 %, der sich immer noch unterhalb eines bankenüblichen Finanzierungszinssatzes bewegt, wird einer Anpassung des Pachtentgelts Rechnung getragen, andernfalls wäre der Kalkulationszinssatz noch höher anzusetzen. 554

6.5 Tennisanlage

6.5.1 Allgemeines

Schrifttum: BBE-Branchenreport 2005; *Borchert, H.,* Ermittlung des Verkehrswerts von Grundstücken mit Freizeit- und Sportanlagen, GuG 1994, 332, GuG 1995, 71, 153; *Neufert, E.,* Bauentwurfslehre, 33. Aufl., S. 437; *Pohnert/Ehrenberg u.a.,* Kreditwirtschaftliche Wertermittlungen, 6. Aufl. 2005, S. 217 ff.; Handbuch Tennisanlagen, Sportverlag Sindelfingen.

---

101 Köhne, Landwirtschaftliche Taxationslehre, 2. Aufl., S. 174; vgl. die 3. Aufl. dieses Werks, Köln 1998, S. 897.
102 Köhne in GuG 1999, 260.

6.5.1.1 Begriff

555 Tennisanlagen – synonym wird auch der Begriff Tennisplatz gebraucht – bestehen im Wesentlichen aus Freiplätzen, Tennishallen, den zugehörigen Clubgebäuden mit Sanitär- und Bürotrakt, Restaurant, Bar und Tennisshop (ggf. Pächterwohnung) sowie Parkplätzen. Tennishallen dienen im Allgemeinen dem unabhängig von der Jahreszeit und dem Wetter ganzjährig betriebenen Freizeittennissport. Betreiber der Hallen sind Vereine und kommerzielle Investoren. Die Zahl der im Deutschen Tennisbund registrierten Tennisspieler hat sich in den 90er Jahren auf rd. 2 Mio. Spieler verdoppelt. Darüber hinaus gibt es noch eine große Anzahl nicht registrierter Freizeitspieler. Die Entwicklung des Tennissports ist in den letzten Jahren rückläufig.

556 Bauplanungsrechtlich gehören Tennisanlagen zu den **Flächen für Sport- und Spielanlagen bzw. Sportplätze** (§ 9 Abs. 1 Nr. 5 und 15 BauGB). Die Tennishallen oder Tenniszentren befinden sich meistens in **Sondergebieten (SO),** die der Erholung dienen.

557 Bei einer Tennisanlage kann es sich um
- eine privatwirtschaftlich betriebene Anlage oder
- um eine Gemeinbedarfseinrichtung handeln, wenn sie jedermann und damit der Öffentlichkeit zugänglich ist.

Es kommt entscheidend auf die **bauplanungsrechtliche Festsetzung im Bebauungsplan** an, wobei ein Tennisplatz mit ein oder zwei Spielfeldern, die der Öffentlichkeit zugänglich sind, i.d.R. in jedem Baugebiet ohne besondere Festsetzung zulässig ist, während es einer besonderen Festsetzung im Bebauungsplan dann bedarf, wenn ein Tennisplatz als Gemeinbedarfseinrichtung eine größere Fläche in Anspruch nimmt und infolgedessen die Verträglichkeit der davon ausgehenden Störungen mit den benachbarten Nutzungen zu prüfen ist.

558 Im **Außenbereich** ist eine Tennisanlage grundsätzlich unzulässig[103]. Privat oder gewerblich betriebene Tennisanlagen sind im allgemeinen Wohngebiet, besonderen Wohngebiet, Dorfgebiet, Mischgebiet, Kerngebiet und Gewerbegebiet allgemein zulässig. Zumeist befinden sich Tennisanlagen in Sondergebieten (SO) und Gewerbegebieten (GE). Wegen der Geräuschemission dürfen größere Anlagen im reinen Wohngebiet (WR) und im Industriegebiet nur ausnahmsweise unter Beachtung der Schranken des § 15 BauNVO errichtet werden (Abb. 209).

Abb. 209: Die Immissionsrichtwerte nach der 28. BImSchV

Nutzung	tagsüber, nachts		tagsüber, nachts
	außerhalb der Ruhezeiten dB (A)	innerhalb der Ruhezeiten dB (A)	dB (A)
Gewerbegebiet	65	60	50
Kerngebiet/Mischgebiet	60	55	45
Allgemeines Wohngebiet, Kleinsiedlungsgebiet	55	50	40
Reines Wohngebiet	50	45	35
Kurgebiet, Krankenhäuser, Pflegeanstalten	45	45	35

---

103 BVerwG, Beschl. vom 3.12.1990 – 4 B 144/90 –, NVwZ 1991, 878.

Tennisanlage   **Besondere Immobilienarten VI**

6.5.1.2 Bauliche Anforderungen

a) Tennisfeld

Abb. 210: Platzgrößen

Tennisfelder weisen eine Regelgröße auf von
- 10,97 m × 23,77 m je Doppelplatz und
- 8,23 m × 23,77 m je Einzelplatz

bei einem Sicherheitsstreifen an jeder Längsseite von 3,65 m sowie 6,40 m an den Stirnseiten (DTB-/IAKS-Handbuch).

b) Gebäudeformen

Tennishallen überdecken ganzjährig ein oder mehrere Tennisfelder und werden überwiegend in **Holzrahmenbinderbauweise** errichtet. Man unterscheidet nach heizbaren (Warmluftheizung) und nicht heizbaren Hallenkonstruktionen mit leichter gedämmter Außenfassade (Wellfaserzementplatten oder Trapezblech) und leichter gedämmter Dacheindeckung (meistens Kaltdach). Sie haben Geschossflächen von 1 500 bis 2 000 m², Spannweiten bis zu 40 m und Traufhöhen von ca. 4,5 m.

Tennishallen werden unterschieden nach:

Hallenkonstruktion	Nutzungstypen
– Satteldach mit senkrechten Stützen oder als Bogenbinder,	– Tennishalle ohne Sozialteil (Umkleideräume, Duschen),
– Satteldach mit bogenförmiger Rahmenecke,	– Tennishalle mit integriertem oder angebautem Sozialteil,
– Bogenform,	– Tenniszentren mit integriertem Sozialteil und Restauration.
– Polygonform,	
– Hallen mit zu öffnenden Elementen (Dachflächen, Außenwände).	

Darüber hinaus wird nach stationären, wandelbaren und demontablen Hallen unterschieden (Traglufthalle).

Bei modernen Tennishallen lassen sich die Dachflächen bzw. Außenwände öffnen *(Open-Air-Halle)*[104]. Damit kann das Aufheizen der Hallen auf 40 bis 50 °C in der warmen Jahreszeit vermieden werden[105].

---

104 Open-Air-Hallen liegen im Herstellungspreis um rd. 40 % über den Kosten für konventionelle Hallenkonstruktionen.
105 Klimatisierung der Tennishallen ist wegen des hohen Kostenaufwands unrentabel.

VI Besondere Immobilienarten   Tennisanlage

563 Der **Flächen- bzw. Raumbedarf** beläuft sich für einen Tennisplatz auf ca. 615 m² oder rd. 4 300 m³ BRI. Nach internationalen Regeln ergeben sich **Spielfeldmaße** von

- 36,60 m × 36,60 m für Tennishallen mit 2 Spielfeldern,
- 54,90 m × 36,60 m für Tennishallen mit 3 Spielfeldern.

Die **Hallenhöhe von Tennishallen** beläuft sich nach Davis-Cup-Regeln auf 10,67 m.

564 **Ausstattung:** Die Hallen werden überwiegend mit Langfeldneonleuchten beleuchtet. Der Fußbodenunterbau besteht aus einer Beton- oder Asphaltbodenplatte, auf der meistens Teppichboden (Velours, Nadelfilz) verklebt ist. Neuere Hallen haben oft einen Belag aus Kunststoffteppich mit Quarzsand oder Gummigranulat. Hartplätze mit Kunststoff- oder Gummibelägen sind selten, da Spieler und Material erhöhtem Verschleiß unterliegen.

565 **Tennishallen sind Einzweckbauten.** Folgenutzungen sind i.d.R. nicht möglich. Eine Umnutzung als Selbstbedienungsmarkt wird aus bauordnungsrechtlichen Gründen scheitern. Die Nutzung als Lagerhalle ist wegen der Baukonstruktion (niedrige Traufhöhe, ungeeigneter Fußboden) unrentabel.

6.5.1.3 Herstellungskosten

566 Die **Herstellungskosten je Freiplatz** mit Sandbelag (Tennenfläche) einschließlich Umzäunung und automatischer Beregnungsanlage betragen 25 000 bis 35 000 € (Preisverhältnisse 2006).

Die **Herstellungskosten je Hallenplatz** (einschließlich Sozialteil) betragen ca. 240 000 bis 370 000 € (Preisverhältnisse 2006).

	Baukosten von Tennishallen in €		
Bauweise	1-Feld-Halle *ohne Nebenräume*	2-Feld-Halle	3-Feld-Halle
Stationäre Hallen	250 000	450 000	625 000
Wandelbare Hallen	300 000	500 000	700 000
Transportable Hallen	125 000	200 000	300 000
Traglufthallen	50 000	100 000	150 000

Die **NHK 2000** weisen folgende Normalherstellungskosten aus:

Typ 19		Tennishallen					
		eingeschossig, nicht unterkellert, Dach geneigt oder Flachdach					
	Kosten der Brutto-Grundfläche in €/m², durchschnittliche Geschosshöhe 6,00 m						
Ausstattungsstandards	vor 1925	1925 bis 1945	1946 bis 1959	1960 bis 1969	1970 bis 1984	1985 bis 1999	2000
einfach	–	–	400–430	430–455	455–480	485–525	525
mittel	–	–	470–505	510–535	540–570	570–620	620
gehoben	–	–	–	–	620–655	655–710	715

mit

- einer Gesamtnutzungsdauer von 30 bis 50 Jahren und
- Baunebenkosten von 14 %

567 Die **Klimatisierung von Tennishallen** erfordert etwa 40 % höhere Baukosten (gegenüber nicht klimatisierten Tennishallen).

Die Kosten der **Tennisbeläge für Freianlagen und Hallen** betrugen 2006 (Orientierungswerte):

Tennisanlage   **Besondere Immobilienarten VI**

Belagsart	Kosten von Tennisbelägen in Freianlagen und Hallen	
	Oberbau einschließlich Belag Gesamter Schichtaufbau vom fertig gestellten Baugrund bis einschließlich Dränung, jedoch ohne ortsabhängige Einbauten €/m²	**Belag** ein- oder mehrlagige oberste Schicht €/m²
Tennenflächen (Sandplatzflächen)	25 bis 30	5
Kunststoffflächen	55 bis 65	15 bis 30
Kunststoffrasen mit Verfüllung	48 bis 55	18 bis 20
Kunststoffrasen ohne Verfüllung	58 bis 65	28 bis 30
Textil ohne Granulat	30 bis 35	20 bis 25
Textil mit Granulat	35 bis 40	25 bis 30
Kombinationen und Sonderbauweisen		
Kunststoffgitterroste	28 bis 35	15 bis 18
Flächenelastischer Boden mit Textil	–	45 bis 50
Flächenelastischer Boden mit Kunststoff	–	40 bis 55

Die Kosten der **Entwässerung**
- Dränstrang inklusive Erdarbeit, Leitung und Dränpackung   10 bis 13 €/m
- Oberflächenentwässerungsrinne mit Abdeckung   50 €/m
- Kontrollschacht inklusive Erdarbeiten   1 000 €/Stück

Kosten für **automatische Beregnungsanlage** (automatische Versenkregneranlage ohne Druckerhöhungsanlage)
- 1-Feld-Anlage (6 Regner)   3 000 €
- 2-Feld-Anlage (12 Regner)   5 000 €
- Druckerhöhungsanlage (ohne Schacht, notwendig 5,5 bis 6 bar am Regner)   2 500 €

Kosten von **Tenniswänden**
- Ortbeton h = 3,00 m   850 €/m
- Betonfertigteile h = 3,00 m   800 €/m
- Fundamente   250 €/m

Kosten der **Einfriedung** (Preise einschließlich Fundamente und Pfosten)
- Zaunhöhe 3,00 m   40 bis 45 €/m
- Zufahrtstor h = 2,50 m   1 250 €/Stück
- Zufahrtstor h = 1,10 m   400 €/Stück
- Zwischenzaun Barriere h = 0,90 m   30 €/m
- Zwischenzaun Barriere mit Holm h = 1,10 m   45 €/m

Kosten der **Beleuchtung** (Beleuchtungsanlage für 2-Feld-Anlage einschließlich Fundamente)
- mit 4 Masten (Lichtpunkthöhe 14,00 m)   10 000 €
- mit 8 Masten (Lichtpunkthöhe 6,00 m)   10 000 €
- Halogen-Metalldampflampe (2 000 W, 380 V)   200 €/Stück
- Vorschaltgerät mit Kondensator   100 €/Stück
- Lampengehäuse   300 €/Stück

Zur überschlägigen Ermittlung von **Wertminderungen wegen baulicher Mängel** oder Schäden kann mit den entsprechenden Bauanteilen in v.H. der Herstellungskosten gerechnet werden (Abb. 211).   **568**

VI Besondere Immobilienarten Tennisanlage

Abb. 211: Wertanteile einzelner Bauteile am Gesamtbauwerk für Reit- und Tennishallen ohne Restaurations- und Sozialteil

Bauteil/Gewerk	Anteile in v.H.
Fundamente und Bodenplatte	19,3
Erdarbeiten,	3,3
Außenwände/Fassade einschließlich Tragkonstruktion	34,7
Dacheindeckung	14,8
Fußboden	4,5
Türen	1,6
Tore	3,4
Fenster	3,3
Heizung	5,0
Elektrische Installation	3,4
Sonstiges	6,7

Quelle: Gleich lautender Erl. der obersten Finanzbehörden vom 21.7.1994 (BStBl. I 1994, 480)

6.5.1.4 Kennzahlen

569 **Belegung** nach Konkurrenzsituation:

Belegung u.a. unter Berücksichtigung nach Lage, Konkurrenzsituation	
Freiplätze	Hallenplätze
Sommer 40 bis 50 %	30 bis 50 %
Winter	60 bis 80 %
Umsatzpacht	
60 %	55 %

Bewirtschaftungskosten	20 bis 25 % des Jahresrohertrags
Pachtwertsätze	45 bis 60 %
Liegenschaftszinssatz	7,5 bis 9,5 %
Gesamtnutzungsdauer (von Tennishallen)	40 bis 60 Jahre
Zahl der aktiven Spieler	1,6 bis 3 % der Gesamtbevölkerung (2003)
Verhältniszahl Spielfeld zu Spieler	1:30
Flächenbedarf je Tennisplatz	20 m²
Parkflächenbedarf im Normalbetrieb	4 Stellplätze je Spielfeld

6.5.2 Tennishalle

6.5.2.1 Vertragsgestaltungen

570 Pachtverträge werden im Allgemeinen für die gesamte Tennisanlage (ggf. auch einschließlich der Außenplätze) geschlossen. Zur Beurteilung angemessener Mieten oder Pachten müssen getrennte Berechnungen nach Erfahrungssätzen vorgenommen werden.

Tennisanlage   **Besondere Immobilienarten VI**

6.5.2.2 Nutzungszeiten

Es ist nach **Winter- und Sommersaison** zu unterscheiden. Hallenplätze haben im Sommer eine weitaus geringere **Auslastung** als im Winter, z. B.   **571**

- Sommersaison   30 %
- Wintersaison   70 %

a) Die *Wintersaison* umfasst von Anfang Oktober bis Ende April 30 Wochen. Bei einer siebentägigen Öffnungszeit mit 14,5 Stunden (7.00 bis 22.00 Uhr abzüglich 1/2 Stunde) und einer Auslastung von 70 % errechnet sich eine Nutzungszeit von

Nutzungszeit (in Stunden) pro Hallenfeld bei einer Auslastung von 70 %:

(30 Wochen × 7 Tage × 14,5 Stunden) × 70/100 =   2 132 Stunden

b) Die *Sommersaison* umfasst von Anfang Mai bis Ende September 22 Wochen. Bei einer siebentägigen Öffnungszeit mit 14,5 Stunden (7.00 bis 22.00 Uhr abzüglich 1/2 Stunde) und einer Auslastung von 30 % errechnet sich eine Nutzungszeit von

Nutzungszeit (in Stunden) pro Hallenfeld bei einer Auslastung von 30 %:

(22 Wochen × 7 Tage × 14,5 Stunden) × 30/100 =   670 Stunden

zusammen   2 702 Stunden

Daraus ergibt sich folgende Spieldauer in Stunden:

- 2-Feld-Halle   5 404 Stunden
- 3-Feld-Halle   8 106 Stunden
- 4-Feld-Halle   10 808 Stunden
- 5-Feld-Halle   13 510 Stunden

6.5.2.3 Ertragsverhältnisse

Der marktübliche Pachtzins wird auf der Grundlage von Gesprächen mit Branchenkennern vorsichtig mit 50 % des Jahresumsatzes unterstellt. Die Literaturangaben von 55 % bis 60 % des Jahresumsatzes werden als überholt und angesichts der allgemeinen Situation des Tennissports als nicht (mehr) erzielbar erachtet.   **572**

Die **Umsätze** ergeben sich aus den Benutzergebühren für die Spielfelder und ggf. den Einnahmen aus Gastronomie, der Pächterwohnung, den Sportshops, den Spielautomaten, den Reklameflächen und den sonstigen Dienstleistungen. Von dem Gesamtumsatz sind die Betriebskosten und der Gewinn des Betreibers abzuziehen. Zu diesen Kosten gehören:

- Kosten der Energieversorgung,
- Kosten der Instandhaltung (soweit vom Betreiber zu leisten),
- Kosten der Betriebsführung,
- Kosten des Personals,
- Bruttogewinn des Betreibers.

Zur Überprüfung der Umsatzangaben oder bei Neuprojektierungen ist eine **Umsatzermittlung nach Durchschnittsdaten** erforderlich. Dabei ist zunächst der Umsatz, bezogen auf einen Hallenplatz bei 100 % Auslastung nach Sommer- und Wintersaison, festzustellen. Die Mietpreise sind je nach Wochentagen und Spielzeiten gestaffelt. Bei Abonnements sind Ermäßigungen üblich, die in der Sommerspielzeit größer als im Winter sind. Bei fiktiv unterstellter 100 %iger Auslastung ergeben sich unterschiedliche Erlöse in der Sommer- und Wintersaison.   **573**

Es ist der **Gesamtjahresumsatz des Tennisplatzes** zu ermitteln. Auch hier ist eine Aufteilung in Sommer- und Wintersaison erforderlich, weil sich die Auslastung jahreszeitbedingt ändert (vgl. Abb. 212 f.):   **574**

VI Besondere Immobilienarten — Tennisanlage

Abb. 212: Wintersaison

Tag	Zeiten	€/Std	Anzahl (Tage)	Std/Tag	€
Mo.–Fr.	7–9	10,00	5	2	100
	9–16	12,00	5	6	360
	16–22	16,00	5	6	480
Sa.–So.	7–9	12,00	2	2	48
	9–20	13,00	2	10	260
	20–22	12,00	2	2	48
Summe pro Woche					1 296
Abo-Ermäßigung 5 %					– 65
Einnahmen pro Woche					1 231
Einnahmen p.a. bei 30 Wochen					36 930
Jahreseinnahmen bei 70 % Auslastung					25 851
abzüglich 45 % Betriebskosten und Pächtergewinn					11 633
Jahrespachtzins					14 218
Monatlich					1 185

Abb. 213: Sommersaison

Tag	Zeiten	€/Std.	Anzahl (Tage)	Std./Tag	€
Mo.–Fr.	7–16	8,00	5	8	320
	16–22	14,00	5	6	420
Sa.–So.	7–22	14,00	2	14	392
Summe pro Woche					1 132
Abo-Ermäßigung 10 %					– 113
Einnahmen pro Woche					1 019
Einnahmen p.a. bei 22 Wochen					22 418
Jahreseinnahmen bei 30 % Auslastung					6 725
abzüglich 45 % Betriebskosten und Pächtergewinn					– 3 026
Jahrespachtzins					3 699
Monatlich					308

575 Die vom Umsatz abzuziehenden **betriebsbedingten Ausgaben** liegen zwischen 40 und 50 % des Umsatzes[106]. Das führt zu einer Jahresnettokaltmiete von durchschnittlich 55 % des Umsatzes. Bei einem normal laufenden Betrieb liegen die üblichen Monatsmieten etwa zwischen 3 bis 4 €/m² Hallenfläche (Kostenverhältnisse 1989). Die noch zu berücksichtigenden Bewirtschaftungskosten des Eigentümers können mit 20 bis 25 % angenommen werden.

576 Nach Abzug der Betriebskosten in Höhe von rd. 45 % des Jahresumsatzes verbleibt eine Jahresnettokaltmiete von (47 091 € – 45 %) = 25 900 €/Platz.

Überprüfung auf übliche Monatsmiete je m² Nutzfläche: Platzfläche einschließlich Sozialteil und Nebenräumen (615 m² + 10 %) = 678 m², Monatsmiete danach (25 900 €/12/677) = 3,19 €/m² NF.

---

[106] Pohnert, Kreditwirtschaftliche Wertermittlungen, 5. Aufl., Luchterhand Verlag 1997, S. 184.

Die **Betriebskosten** betrugen im Jahre 2000:

Jährliche Betriebskosten von Tennishallen und Nebenräumen			
Jährliche Betriebskosten von Tennishallen in €				
Nr.	Kostenart	2-Feld-Halle	3-Feld-Halle	4-Feld-Halle
1.	Beleuchtung	4 500	6 600	8 800
2.	Heizung	9 400	11 750	13 500
3.	Bodenreinigung	1 075	1 500	1 900
4.	Versicherungen	1 850	1 850	2 050
5.	Verwaltung	1 025	1 450	1 800
6.	Rücklage, Bodenbelag	4 100	6 150	8 200
7.	Allgemeine Rücklagen	1 550	2 050	2 600
8.	Sonstiges	510	775	1 020
Summe Tennishalle		**23 810**	**32 125**	**39 870**
Jährliche Betriebskosten von Nebenräumen in €				
		Nebenraumnutzfläche		
		200 m²	250 m²	300 m²
1.	Strom und Heizung	3 600	4 700	5 900
2.	Wasser	3 600	4 860	6 150
3.	Reinigung	3 400	3 850	4 100
4.	Versicherungen	775	1 100	1 400
5.	Verwaltung	510	510	510
6.	Rücklagen	775	1 550	2 600
7.	Sonstiges	250	250	250
Summe Nebenräume		**12 910**	**16 810**	**20 910**

6.5.3 Tennisfreiplätze

6.5.3.1 Herstellungskosten

Im Zusammenhang mit Tennishallen werden häufig auch Tennisfreiplätze zum Spielbetrieb angeboten. Die Freiplätze haben Fußbodenbeläge aus Grand (Ziegelmehl), Beton, Bitumen oder Kunststoff. Die Herstellungskosten eines Freiplatzes betragen (einschließlich Unterbau, Spielfeldbelag, Pfosten, Netzen, Drainage, Umrandung und Einzäunung) rd. 25 000 bis 40 000 € (Kostenverhältnisse 1989).

6.5.3.2 Ertragsverhältnisse

Ebenso wie bei Hallentennisplätzen muss bei Freiplätzen der **Umsatz** nach gestaffelten Stundenpreisen ermittelt werden. Die Mietpreise betragen zwischen 5 und 8 €/Std. Tennisvereine pachten Freiplätze oft an. Die üblichen Pachten betragen zwischen 250 und 500 €/Platz/Woche (das sind rd. 40 bis 70 % der bei freier Vermietung erzielbaren Erlöse bei 100 % Auslastung). Die Auslastung in der Freiluftsaison (25 Wochen pro Jahr) liegt bei 30 bis 50 %. Die Jahresnettokaltmiete beträgt bei Außenplätzen etwa 50 % des Umsatzes.

VI Besondere Immobilienarten   Tennisanlage

Abb. 214: Erlöse für einen Tennisfreiplatz bei 100 % Auslastung

Freiluftsaison					
Tag	Zeiten	Std./Tag	Anzahl Tage	€/Std.	€/Woche
Mo– Fr	7–13	6	5	6,00	180
	13–21	8	5	8,00	320
Sa– So	7–21	14	2	8,00	224
					724
Abo-Ermäßigung 10 % pauschal					– 72
Einnahme pro Woche					= 652
Der Durchschnittspreis/Stunde beträgt danach (652 €/7/14) = 6,65 €					

579 **Abb. 215: Ermittlung des Jahresumsatzes eines Tennisfreiplatzes**

Saison	Wocheneinnahme bei 100 % Auslastung	übliche Auslastung	Wochen/Jahr	Umsatz in €
Freiluftsaison	652	45	25	7 335
Gesamtjahresumsatz				7 335
Nach Abzug der Betriebskosten in Höhe von rd. 40 % des Jahresumsatzes verbleibt eine Jahresnettokaltmiete von (7 335 € – 40 %) = 4 401 €/Platz				

6.5.4 Beispiel (Tennishalle mit Freiplätzen)

580 **a) Sachverhalt**

Der Verkehrswert einer Tennisanlage, bestehend aus einer Tennishalle mit Sozialteil und 4 Spielplätzen sowie 4 Freiplätzen, ist zu ermitteln. Das Grundstück ist 9 000 m² groß und entsprechend den Vorgaben des Bebauungsplans baulich voll ausgenutzt. Der Bodenrichtwert beträgt 40 €/m². Die Halle hat eine Nutzfläche von 2 700 m² und einen umbauten Raum von 18 800 m³. Die Bewirtschaftungsdaten ergeben sich aus den vorstehenden Ausführungen. Das Objekt ist 5 Jahre alt und hat eine Restnutzungsdauer von 55 Jahren. Der übliche Liegenschaftszinssatz beträgt 6,5 %.

581 **b) Wertermittlung**

Ermittlung des Sachwerts

Bodenwert: 9 000 m² × 40 €/m²	=	360 000 €	
Wert der baulichen Anlagen Halle (einschließlich Sozialteil)			
18 800 m³ × 59 €/m³	=	1 109 200 €	
Alterswertminderung bei 5 Jahren und 55 Jahren Restnutzungsdauer			
8,3 % (lineare Alterswertminderung)	./.	92 064 €	
Wert der Freiplätze:	=	1 017 136 €	
je Platz pauschal 25 000 € einschließlich Alterswert			
Minderung 4 × 25 000 €	=	100 000 €	
Wert der sonstigen Außenanlagen: Parkplatzflächen, Wege- und Platzbefestigungen, Umzäunungen, einschließlich Alterswertminderung			
5 % von 1 017 136 €	+	50 857 €	
Gebäudesachwert	=	1 167 993 €	+ 1 167 993 €
		=	1 527 993 €
Sachwert			**rd. 1 500 000 €**

Tennisanlage — Besondere Immobilienarten VI

Ermittlung des Ertragswerts

Gesamtjahresumsatz der Hallentennisplätze (vgl. oben) 47 091 € × 4		188 364 €
Gesamtjahresumsatz der Tennisfreiplätze (vgl. oben) 7 335 € × 4	+	29 340 €
Umsatz insgesamt		217 704 €
Betriebskosten und Gewinn des Pächters rd. 45 % Jahresnettokaltmiete 217 704 € – 45 %		119 737 €
Bewirtschaftungskosten 20 % der Jahresnettokaltmiete	–	23 947 €
Jahresreinertrag	=	95 790 €
Bodenwertverzinsungsbetrag 6,5 % von 360 000 €	–	23 400 €
Jahresreinertrag	=	72 390 €
Vervielfältiger bei 55 Jahren Restnutzungsdauer und 6,5 % Zinssatz = 14,90		
Ertragswert der baulichen Anlage 72 390 € × 14,90	=	1 078 611 €
Bodenwert	+	360 000 €
	=	1 438 611 €
Ertragswert	= rd.	**1 400 000 €**

c) Verkehrswert

Die Tennisanlage ist ein Renditegrundstück. Der Verkehrswert richtet sich in erster Linie nach dem marktüblich erzielbaren Grundstücksertrag. Nach den am Wertermittlungsstichtag herrschenden wirtschaftlichen Verhältnissen beträgt der Verkehrswert

1 400 000 €

Der Verkehrswert entspricht dem 11,7-fachen der Jahresnettokaltmiete.

6.5.5 Beachvolleyball

Schrifttum: *Bundesinstitut für Sportwissenschaft*, Planung und Bau von Beach-Sportanlagen, Orientierungshilfe P1/05, Bonn 2005.

Abb. 216: Beachvolleyball

6.6 Reitanlage

6.6.1 Allgemeines

Schrifttum: *Borchert, H.,* Ermittlung des Verkehrswerts von Grundstücken mit Freizeit- und Sportanlagen, GuG 1994, 332, GuG 1995, 71, 153; *Stock, K.-D.,* Verkehrswert eines Pferdehaltungsbetriebs, HLBS Verlag, 1. Aufl. 2003.

583 In diesem Segment sind vielfältige Ausformungen der Nutzung möglich; folgende **Hauptgruppen** sind in der Praxis von Bedeutung:

a) *Privatställe,* die kommerziell oder privat (vereinsmäßig) vorrangig die Pferdehaltung betreiben,

b) *Reitanlagen,* die kommerziell oder privat (vereinsmäßig) betrieben werden für
   - den Pensionsbetrieb von Reitpferden,
   - die Vermietung von Reitpferden,
   - den Reitunterricht sowie
   - die Vermietung von Pferdeboxen.

c) *(Galopp-)Rennbahnen,* die üblicherweise gewinnwirtschaftlich insbesondere für den Wetteinsatz betrieben werden.

584 Reitanlagen setzen sich zusammen aus einer Reithalle und einem Freiplatz (Abreiteplatz), Pferdeboxen (Stallanlagen einschließlich Waschboxen), Stellplätzen, Sozialräumen (Umkleideräume und WC), Büro- und Gästeräumen, Sattel- und Futterkammern. Reithalle und Freiplatz sollten möglichst turnierfähig sein und über einen direkten Anschluss an das Reitwegenetz und die Weideplätze verfügen.

Haltungs- und Ausstattungskriterien für Stallanlagen sind

a)	Einzelhaltung	Innenbox mit oder ohne Auslauf
		Außenbox mit oder ohne Auslauf
	Stallgasse	rutschfester Bodenbelag mit einer Breite von mindestens 2,00 bis 2,40 m,
	Boxen	Mindestbreite = (Widerristhöhe × 1,5 m)^2; Mindestfläche = (Widerristhöhe × 2,0)^2;
	Widerristhöhe	Ponys 1,45 m; durchschnittlich große Pferde 1,60 m; sehr große Pferde 1,80 m.
b)	Gruppenhaltung	Außenbox mit Gemeinschaftsauslauf, Offenstall (ganzjährige Weidehaltung mit Witterungsschutz), Mehrraumauslaufhaltung (räumliche Trennung von Liege- und Fressplatz).

Reithallen werden zumeist in einfacher Ausführung (ohne besondere Wärmedämmung und Hallenbeleuchtung) errichtet. Der Bodenbelag besteht aus einem mit Sand und Sägespänen aufgeschütteten Boden.

Die **Gesamtanlage** hat eine durchschnittliche Fläche von 800 bis 2 000 m².

6.6.2 Kennzahlen

585 Folgende ertragswirtschaftliche Kenndaten können für **Reitanlagen** herangezogen werden (Verhältnisse 2004):

- durchschnittliche Auslastung: 50 bis 80 %;
- durchschnittlicher Pferdeeinsatz: 4 Reitstunden täglich an 6 Tagen;
- durchschnittliches Reitstundenentgelt: 10 bis 15 €/Stunde, ggf. Aufpreise für Sonderleistungen (*Springen, Ausritte* und dgl.);

Reitanlage

- Pferdepensionspreis: 300 bis 500 €/Pferdebox in Großstädten und 200 bis 300 €/Pferdebox im ländlichen Bereich (ohne Nebenkosten), d.h. zwischen 2 400 bis 7 200 €/Pferd p.a.;
- Futterkosten: 80 bis 125 €/Monat und Pferd;
- sonstige Ausgaben: Pferdepflege, Energie-, Personal- und Betriebskosten;
- Gesamtbetriebskosten: ca. 60 bis 70 % des Rohertrags;
- Bewirtschaftungskosten: ca. 20 % des Rohertrags;
  - Verwaltungskosten: 1 bis 3 % des Jahresrohertrags;
  - Mietausfallwagnis mindestens: 4 % des Jahresrohertrags;
  - Instandhaltungskosten; rd. 1 % der Neubaukosten (4 bis 6 €/m² NF);
  - Modernisierungsrisiko: 0,3 bis 3 % der Neubaukosten;
- sonstige Einnahmen: An- und Verkauf von Pferdeartikeln, Vereinsbeiträge, Gaststättenbetrieb, Pferdezucht, Werbeeinnahmen;
- Jahrespachtwerte (2002):   1,50 bis 3 €/m² NF Hallenfläche,
  2,50 bis 4 €/m² NF Stallung,
  3 bis 6 €/m² Service-, Sozial- und Gästeräume.

Gesamtnutzungsdauer von Reithallen: 30 bis 50 Jahre.   **586**

Folgende ertragswirtschaftliche Kenndaten[107] können für **Rennbahnen** herangezogen werden: **587**
- Totalisatorerträge,
- Werbeeinnahmen,
- Sponsoren,
- Mitgliedsbeiträge,
- Einsatz- und Reuegelder,
- Mieten, Pachten und Standgelder,
- Eintrittsgelder,
- sonstige Freiflächenveranstaltungen,
- Rennbahn,
- Betriebskosten wie Rennbahnpreise, Züchterprämien, Totalisatorkosten, Veranstaltungskosten, Personalkosten, Instandhaltungskosten,
- Wettumsätze (Abb. 217).

Der **Rennbahnbetrieb** ist zeitlich und saisonal begrenzt und zudem wetterabhängig. Hinsichtlich der allgemeinen Konkurrenzsituation sind mehr als 20 große Renntage p.a. kaum möglich.   **588**

---

107 Pohnert, F., Kreditwirtschaftliche Wertermittlungen, 5. Aufl., S. 117 (zum Reiterhof).

VI Besondere Immobilienarten — Reitanlage

Abb. 217: Jahres-Wettumsätze in Mio. € (Saison 1994)

```
24,5   Baden-Baden (110)
19,0   Köln (285)
11,3   Dortmund (245)
 9,9   Düsseldorf (194)
 9,3   Mülheim (193)
 4,6   Hoppegarten* (166)
```
* 12. Rang
(in Klammern: Zahl der Rennen)

Quelle: Direktorium für Vollblutzucht und Rennen e. V.

Abb. 218: Wettumsätze pro Rennen (Saison 1994)

```
223 000   Baden-Baden
112 000   Hamburg
 67 000   Köln
 51 000   Düsseldorf
 49 000   Mülheim
 28 000   Hoppegarten
```
Angaben in €

Quelle: Direktorium für Vollblutzucht und Rennen e. V.

6.6.3 Verkehrswertermittlung

6.6.3.1 Wertermittlungsverfahren

589 I.d.R. werden Sportstätten unter gewinnwirtschaftlichen Gesichtspunkten betrieben, so dass wiederum dem **Ertragswertverfahren eine Vorrangstellung** einzuräumen ist. Dies kann auf der Grundlage einer Gewinn- oder Verlustrechnung der vergangenen sechs Jahre erfolgen, wobei ungewöhnliche Verhältnisse nicht berücksichtigt werden dürfen. Bei Heranziehung von Gewinn- und Verlustrechnungen muss deshalb das zur Verfügung stehende Material darauf hin geprüft werden, inwieweit es von besonderen Verhältnissen wie besonderen Investitionen oder einem außerplanmäßigen Nutzungsausfall beeinflusst ist.

590 Als **Grundschema**[108] können **zur Ermittlung des Reinertrags** folgende **Einnahmen aus Reit- und Pensionsbetrieben** herangezogen werden:
– Nebeneinnahmen aus Pflege und Ausbildung der Pferde, Vermietung von Pferdeboxen und Pferdekoppeln sowie Reitveranstaltungen,
– Vereinsbeiträge,
– Nebeneinnahmen im sonstigen Dienstleistungsbereich (Gaststätten, Betriebswohnungen und dgl.).

591 Sie sind um die **Bewirtschaftungskosten** zu vermindern.

---
[108] Borchert in GuG 1994, 337.

6.6.3.2 Bodenwert

Von besonderer Bedeutung für die Verkehrswertermittlung von Rennbahnen ist der **Bodenwert**, da z. B. Galopprennbahnen flächenintensiv sind und Flächen von 40 bis 60 ha aufweisen. Von den besonderen gewerblichen Flächen wie Verwaltungsgebäuden, Betriebsunterkünften und dgl. abgesehen, werden die Bodenflächen zumeist zum 3-fachen der besonderen landwirtschaftlichen Flächen i.S.d. § 5 Abs. 1 ImmoWertV gehandelt[109]. 592

Dabei sind Preisabschläge bei **überdurchschnittlich großen Anlagen** sowie bei **Arrondierungsflächen** von untergeordneter Bedeutung denkbar, sofern dafür nicht eine Heraufzonung in Aussicht steht. 593

6.7 Stadien und Arenen

Schrifttum: *BMI*, Public Private Partnership; *DFL*, Die wirtschaftliche Situation des Lizenzfußballs 2004, Frankfurt 2004; *Kurscheidt, M.*, Finanzwissenschaftliche Analyse des Sports, in Festschrift für Rahmann, Frankfurt 2005; *Rahmann, B.*, Sozioökonomische Analyse der Fußball WM 2006, in Wissenschaftliche Beiträge und Materialien des Bundesinstituts für Sportwissenschaft Bd. 4, Köln 1998.

Stadien[110] sind bauliche Anlagen, die in erster Linie der **Durchführung von Sportveranstaltungen, aber auch Veranstaltungen nichtsportlicher Art** dienen; sie werden zunehmend auch als Arenen bezeichnet. 594

Stadien und Arenen galten aufgrund ungenügender und fehlender Renditen als ökonomisch unrentabel, sie können heute wirtschaftlich rentabel sein. Voraussetzung dafür ist insbesondere die Multifunktionalität (vor allem im Hinblick auf Events), die wiederum die entsprechende technische Ausstattung und Beschaffenheit der Statik und der Bühne sowie der Ver- und Entsorgung voraussetzt. Betrieben werden solche Immobilien zumeist von Betriebsgesellschaften mit der Aufgabe der Verwaltung und Vermarktung. Die übliche Miete beläuft sich auf etwa 10 % der Nettomieteinnahmen.

Fußballstadien weisen eine Reihe besonderer Eigenschaften auf, insbesondere, wenn sie speziell auf den Fußballsport ausgelegt sind. Die Einnahmen stehen in einem engen Zusammenhang mit der Entwicklung des stadionnutzenden Fußballvereins, dessen Erfolg und Misserfolg. Die Risiken sind hoch und abhängig vom Tabellenstand (Bundesliga, internationale Wettbewerbe wie UEFA-Cup [zusätzliche Einnahmen von rd. 8 Mio. €], *Champions League* [zusätzliche Einnahmen von 20 Mio. € schon in der ersten Runde]). Sie werden vielfach „abgefedert" durch Bürgschaften der öffentlichen Hand für die refinanzierenden Kreditinstitute.

Die **Einnahmen** lassen sich untergliedern in

a) stadionbezogene Einnahmen:
  - Stadionname, Banden- und Innenraumwerbung, Anzeigetafel, Videowand, Stadion TV; sie machen etwa 60 bis 80 % der Gesamteinnahmen aus.
  - *Catering* (Umlaufebene und VIP-*Catering*),
  - Logen- und „*Business Seats*",
  - Anteil an den Zuschauereinnahmen *(Ticketing)*; der Anteil beläuft sich auf 10 % und bei zurückgehenden Zuschauerzahlen bis zu 20 %.

b) vereinsbezogene (nutzerbezogene) Einnahmen:
  - Trikotwerbung,
  - Namens- und Logorechte,
  - Transferrechte und
  - *Merchandising*.

---

[109] Füllekrug in GuG 1994, 84.
[110] Zum Begriff vgl. die Muster-Stadionordnung, IM Nordrhein-Westfalen, IV C 2, Düsseldorf.

VI Besondere Immobilienarten — Gemeinbedarfsfläche

Darüber hinaus bestehen wesentliche Einnahmen durch Sponsoring und Transfereinnahmen.

c) **Mediale Rechte** (Medien-Übertragungsrechte), insbesondere TV- und Hörfunkrechte unterliegen der Zentralvermarktung durch die Deutsche Fußballliga.

595 Die **Einnahmestruktur aus Pachtverträgen** eines Fußballstadions stellt sich etwa wie folgt dar:

- Ligasport (Risiken, abhängig vom Tabellenstand), Bundesliga, internationale Wettbewerbe, UEFA-Cup (zusätzliche Einnahmen von rd. 8 Mio. €), *Champions League* (zusätzliche Einnahmen von 20 Mio. € schon in der ersten Runde),
- Sport und Kultur, „*events*", allerdings beschränkt auf Freiluftveranstaltungen (*outdoor*),
- Sonstiges/Randnutzungen,
- Werbeeinnahmen,
- Medien-Übertragungsrechte,
- Logen- und „*Business Seats*".

Die **Umsatzrendite** beläuft sich auf etwa 10 % der Gesamtrendite des Vereins bzw. der Betriebsgesellschaft.

Weitere **Kennzahlen** sind:

- Gesamtnutzungsdauer 25 bis 35 Jahre
- Liegenschaftszinssatz 7 bis 9 %.

7 Gemeinbedarfsfläche

7.1 Allgemeines

Schrifttum: *Weyers, G.,* Nutzungsentgelt bei Inanspruchnahme öffentlichen Straßenlands, GuG 1998, 296.

▶ Zur Verfahrenswahl vgl. § 8 ImmoWertV Rn. 131 ff.; Teil VII Rn. 190 ff.; Teil VIII Rn. 515

596 Unter Gemeinbedarfsflächen werden **Grundstücke** verstanden, **die durch eine dauerhafte Zweckbindung,** insbesondere durch Festsetzungen i.S. des § 4 Abs. 2 Nr. 3, § 4a Abs. 2 Nr. 5, § 5 Abs. 2 Nr. 7, § 6 Abs. 2 Nr. 5 und § 7 Abs. 2 Nr. 4 BauNVO, **privatwirtschaftlichem Gewinnstreben entzogen sind,** ohne jedoch i.S. eines Gemeingebrauchs jedermann ohne weiteres zugänglich sein zu müssen[111]. Es kommt nicht darauf an, dass der Gemeinbedarfszweck durch einen öffentlichen Träger wahrgenommen wird.

Festsetzungen, die den vorstehend beschriebenen **Gemeinbedarfszweck sichern,** sind insbesondere solche über Anlagen für kirchliche, kulturelle, soziale, gesundheitliche und sportliche Zwecke, Anlagen für (öffentliche) Verwaltungen und Verkehrsflächen (§ 5 Abs. 2 Nr. 3 und § 9 Abs. 1 Nr. 11 BauGB).

Allein aus den genannten Nutzungen kann nicht zwangsläufig auf eine Gemeinbedarfsfläche i.S. der gegebenen Definition geschlossen werden. Eine für sportliche, soziale und gesundheitliche Zecke festgesetzte Nutzung kann nämlich auch privatwirtschaftlich mit sogar hohen Gewinnerwartungen betrieben werden. Dementsprechend ist auch eine „Grünfläche" nicht zwangsläufig eine Gemeinbedarfsfläche. Nach der gegebenen Definition kommt es entscheidend auf den Ausschluss einer auf privatwirtschaftlichem Gewinn ausgerichteten Nutzung an, wie z.B. bei einer „öffentlichen Grünfläche". Den Gemeinbedarfsflächen sind in diesem

---

111 Zum Begriff: BVerwG, Beschl. vom 18.5.1994 – 4 NB 15/94 –, DVBl 1994, 1139 = GuG 1995, 53.

Sinne auch Sondergebiete zuzurechnen, für die eine öffentliche Zweckbestimmung festgesetzt wurde.

▶ Zu **Sonderbauflächen als Gemeinbedarfsflächen** vgl. *§ 6 ImmoWertV Rn. 30 f.; Teil VII Rn. 223 ff.*

Zu den Gemeinbedarfsflächen im erweiterten Sinne gehören auch **öffentliche Grundstücke „im Anstaltsgebrauch"**, wenn sie als solche gewidmet und faktisch in Dienst gestellt wurden, wie z. B. 597

– Flughäfen (vgl. Rn. 700 ff.),
– Bahnflächen (vgl. Rn. 680 ff.) und
– Postflächen (Rn. 692 ff.).

Es kommt also nicht darauf an, dass der Gemeinbedarfszweck durch einen öffentlichen Träger wahrgenommen wird. Im Zuge der Privatisierung werden öffentliche Aufgaben durch privatrechtlich wirtschaftliche Träger wahrgenommen, deren Tätigkeit auf die Erzielung von Gewinnen ausgerichtet ist.

Gemeinbedarfsflächen sind dem gewöhnlichen Geschäftsverkehr entzogen, denn entsprechend ihrer Zweckbestimmung kommt nur der Gemeinbedarfsträger als Erwerber in Betracht. Damit sind sie dem allgemeinen Marktgeschehen entzogen (extra commercium). Es gibt für diese Flächen deshalb **begrifflich keinen Marktwert (Verkehrswert)**[112]. 598

Die Tatsache, dass eine Fläche für den allgemeinen Grundstücksverkehr keine Bedeutung hat, bedeutet indes nicht, dass die Fläche für den öffentlichen Bedarfsträger wertlos ist. Sie kann vielmehr einen **bedarfsträgerspezifischen Wert** haben. Im amerikanischen Schrifttum spricht man diesbezüglich von einem *public interest value*, der eigentlich ein *non-market value* ist[113].

Nach einer älteren Entscheidung des OLG Braunschweig bedeutet die Innehabung des Eigentums für den Eigentümer nur eine Belastung, und eine Entschädigung könne ggf. bis auf 0 € reduziert werden[114]. Die Ansicht, derartige Flächen (z. B. dem öffentlichen Verkehr dienende Straßen) hätten keinen oder nur einen symbolischen Vermögenswert, wird vom BGH als mit Art. 14 GG unvereinbar abgelehnt. Dass für derartige Grundstücke ein freier Markt fehle, rechtfertige nicht die Schlussfolgerung, ihnen sei ein realer wirtschaftlicher Wert nicht beizumessen[115].

Vor diesem Hintergrund ist **bei der Bewertung von Gemeinbedarfsflächen**[116] grundsätzlich zu unterscheiden zwischen: 599

a) *künftigem Gemeinbedarf:* Gemeinbedarfsflächen, die sich in dieser Eigenschaft (noch) nicht im Eigentum der öffentlichen Hand befinden und ggf. im Wege einer Enteignung erworben werden können;

b) *bleibendem Gemeinbedarf:* Gemeinbedarfsflächen im Eigentum der öffentlichen Hand, die auf absehbare Zeit einer öffentlichen Zweckbindung vorbehalten bleiben;

c) *abgehendem Gemeinbedarf:* Gemeinbedarfsflächen im Eigentum der öffentlichen Hand, deren öffentliche Zweckbindung aufgegeben wird.

Nr. 5 WertR regelt die Wertermittlung entsprechend dieser Typologie nach verschiedenen Grundsätzen (Abb. 219):

---
112 KG Berlin, Urt. vom 25.10.1994 – W 5012/94 –, EzGuG 18.116a; BayObLG, Urt. vom 23.9.1985 – BReg 3 Z 36/84 –, EzGuG 18.99a; OLG Bremen, Urt. vom 14.1.1970 – UB 13/68 –, BRS Bd. 26 Nr. 98 = EzGuG 18.47; BGH, Urt. vom 30.11.1959 – III ZR 122/59 –, BGHZ 31 = EzGuG 6.46, 244; OLG Hamburg, Urt. vom 6.12.1978 – 5 U 237/77 –, MDR 1979, 400 = EzGuG 18.31; a.A. RFH, Urt. vom 8.10.1926 – II A 429/26 –, ZfV 1928, 117 = EzGuG 14.1a.
113 The Appraisal of Real Estate, 12. Aufl. Chicago, S. 649.
114 OLG Braunschweig, Urt. vom 1.9.1993 – 3 U 1/92 –, EzGuG 18.116.
115 BGH, Urt. vom 20.4.1989 – III ZR 237/87 –, BRS Bd. 53 Nr. 129 = EzGuG 18.110a.
116 Weiteres Schrifttum: Dresen in Nachr. der rh.-pf. Kat.- und VermVw. 1988, 180; Kuscha in Nachr. der nds. Kat.- und VermVw, 1974, 124 ff. und 133; Uebelhoer in Nachr. der nds. Kat.- und VermVw. 1974, 131.

VI Besondere Immobilienarten — Gemeinbedarfsfläche

Abb. 219: Gemeinbedarfsflächen (Wertermittlungsgrundsätze)

Besondere Probleme werfen dabei die sog. **bleibenden Gemeinbedarfsflächen auf.** Ihr Wert lässt sich nur auf der Grundlage von „Hilfskonstruktionen" bestimmen, die den berechtigten Interessen des Verkäufers und Käufers in ausgewogener Weise Rechnung tragen. Dabei ist von einem marktkonformen Modell unter Berücksichtigung wirtschaftlicher Vor- und Nachteile auszugehen § 1 Abs. 2 Satz 2 ImmoWertV.

7.2 Abgehender Gemeinbedarf

7.2.1 Allgemeines

▶ *Hierzu auch § 8 ImmoWertV Rn. 136*

600 Gemeinbedarfsflächen, die am Wertermittlungsstichtag formell noch einer öffentlichen Zweckbindung – z. B. aufgrund entsprechender Festsetzungen im Bebauungsplan – unterliegen, von denen aber **auf absehbare Zeit erwartet wird, dass sie wieder einer privatwirtschaftlichen Nutzung (durch Umplanungen) zugeführt werden** sollen, befinden sich in einer Übergangsphase. In dieser Zeit öffnen sich die Flächen wieder dem gewöhnlichen Geschäftsverkehr.

Nr. 5.1.2 WertR führt hierzu aus:

„Verlieren Gemeinbedarfsflächen ihre öffentliche Zweckbindung, so ist für den Verkehrswert derartiger Flächen die ausgewiesene bzw. die zu erwartende privatwirtschaftliche Qualität unter Berücksichtigung der Wartezeit maßgebend. Dabei kann der Verkehrswert der umliegenden Grundstücke herangezogen werden.

Soweit Umstände vorhanden sind, die sich wertmindernd gegenüber den angrenzenden Grundstücken auswirken, sind sie angemessen zu berücksichtigen (z. B. Aufwendungen infolge Abbruchs des Straßenkörpers, Rekultivierung)."

601 Vorstehende für Verkehrs- und Grünflächen angesprochene Grundsätze können grundsätzlich für alle Gemeinbedarfsflächen Anwendung finden, die ihre öffentliche Zweckbindung verlieren. Als Fallbeispiel kann der **Rückbau einer Straße** gelten. Sobald die betroffene Fläche planungsrechtlich wieder privatwirtschaftlich nutzbar ist, bemisst sich der Verkehrswert nach allgemeinen Grundsätzen, auch wenn die öffentliche Hand noch Eigentümerin wäre. Die evtl.

noch aufzubringenden **Kosten des Rückbaus** müssten ggf. wertmindernd berücksichtigt werden, wenn bei der Verkehrswertermittlung von Vergleichspreisen unbebauter Grundstücke ausgegangen wird.

Noch vor der Umzonung stellt sich i.d.R. ein sich am künftigen Verkehrswert orientierender Wert für die Flächen ein, sobald ohne spekulative Momente die **Rückführung dieser Fläche in eine privatwirtschaftliche Nutzung** in absehbarer Zeit erkennbar wird; wäre dies „in absehbarer Zeit" nicht zu erwarten, müssten in Anwendung des § 95 Abs. 2 Nr. 1 BauGB Erwartungsmomente unberücksichtigt bleiben. **602**

Die dabei anzubringenden **Abschläge** bemessen sich nach **603**

– den ggf. anfallenden Freilegungskosten,
– der voraussichtlichen Dauer für den Vollzug der erforderlichen rechtlichen und tatsächlichen Maßnahmen (§ 2 Satz 3 ImmoWertV) sowie
– dem dafür bestehenden Wagnis, soweit dieses nicht mit der Wartezeit berücksichtigt wird.

7.2.2 Abgehende Straßenflächen

Im Zuge des **Rückbaus von Straßen** werden vielfach Gemeinbedarfsflächen an die Eigentümer der anliegenden Grundstücke wieder (zurück-)veräußert. Erfahrungsgemäß kommt es dabei zu Preisvereinbarungen über den **Rückkauf**, die nur einen Bruchteil des jeweiligen Verkehrswerts des baureifen Landes ausmachen. **604**

Der Bruchteil beträgt

a) bei kleineren unmaßgeblichen Teilflächen etwa 10 bis 20 % und

b) bei größeren Teilflächen als Vorgartenland oder Stellplätze 35 bis 45 % des angrenzenden Baulands (Abb. 220):

Abb. 220: Bruchteilssätze bei Straßenrückveräußerung an Anlieger

Empirisch abgeleitete Bruchteilssätze des Gutachterausschusses				
Art der unselbständigen Teilfläche	Ort	Anzahl	v.H. des Baulandwerts	Durchschnittliche Preisspanne
a) Rückkauf				
a) unmaßgebliche Teilflächen bei bereits ausreichenden Vorgärten	Bergisch Gladbach	23	25 %	17–34 %
	Chemnitz	8	30 %	–
	Oberbergischer Kreis	9	20 %	5–40 %
	Rheinisch-Bergischer Kreis	14	10 %	5–10 %
	Leipzig		24 %	10–38 %
	Schwerin	10	42 %	4–80 %
b) Große Teilfläche als Vorgarten oder Stellfläche	Bergisch Gladbach	16	30 %	20–45 %
	Chemnitz	12	44 %	–
	Oberbergischer Kreis	4	35 %	25–40 %
	Rheinisch-Bergischer Kreis	7	45 %	35–60 %
	Leipzig	8	32 %	28–35 %

VI Besondere Immobilienarten — Gemeinbedarfsfläche

605 Für **private Erschließungsflächen** werden erfahrungsgemäß Preise bis zu 50 % des angrenzenden Baulandes bezahlt. Von den Gutachterausschüssen liegen folgende Erfahrungswerte vor (Abb. 221):

Abb. 221: Bruchteilssätze für private Erschließungsflächen

Empirisch abgeleitete Bruchteilssätze des Gutachterausschusses				
Art der unselbständigen Teilfläche	Ort	Anzahl	v.H. des Baulandwerts	Durchschnittliche Preisspanne
	Bergisch Gladbach	12	50 %	30–70 %
	Chemnitz	14	63 %	–
	Rheinisch-Bergischer Kreis	5	50 %	40–65 %
	Leipzig	21	52 %	25–80 %

Für **unbebaute Garagen- und Vorplatzflächen im Siedlungsbereich** wird nach Untersuchungen des Gutachterausschusses des *Rheinisch-Bergischen Kreises* i.d.R. der volle Baulandwert bezahlt. Nach Untersuchungen des Gutachterausschusses in *Mainz* (2008) werden für Stellplätze durchschnittlich 56 % des Bodenrichtwerts bezahlt.

7.2.3 Abgehende Konversionsfläche

Schrifttum: *v. Feldmann*, Konversionsflächen als städtebaulicher Entwicklungsbereich, LKV 1997, 151; *Kleiber, W.*, Städtebauliche Integration von Konversionsflächen und ihre Verkehrswertermittlung, ZfBR 1993, 269; *Luers*, Der städtebauliche Rahmen von Konversionsflächen, Städte- und Gemeinderat 1993, 14; *Rohmer, F.*, Folgenbeseitigung nach Beendigung von militärischen und sonstigen Fachplanungsnutzungen von Liegenschaften, GuG 2002, 1; *Uechtritz*, Der planungsrechtliche Status von Konversionsflächen, BauR 1996, 485; *Wallraven-Lind/Strunz*, Die planungsrechtliche Beurteilung bestehender und aufgelassener Kasernen, UPR 1997, 94.

7.2.3.1 Allgemeines

606 Die Verkehrswertermittlung aufgelassener **Militärflächen** (Konversionsflächen) bereitet der Praxis in erster Linie große Schwierigkeiten bezüglich

– der Bodenwertermittlung und
– der Gebäudewertermittlung[117].

607 Der **Verkehrswert** (= voller Wert i.S.d. Haushaltsrechts), um den es bei der Veräußerung ehemaliger Militärflächen geht, **ist in § 194 BauGB als ein stichtagsbezogener, aber dennoch zukunftsorientierter Wert definiert.** Er wird maßgeblich durch die künftige Nutzung (eskomptierte Nutzung) bestimmt, es sei denn, die künftige Nutzung wird als „rechtliche" Gegebenheit ganz oder teilweise „abgeschnitten", so z. B. im Falle

– der Lage des Grundstücks in einem Sanierungsgebiet oder städtebaulichen Entwicklungsbereich (§ 153 Abs. 1, ggf. i.V.m. § 169 Abs. 4 Nr. 6 BauGB),
– der Lage des Grundstücks in einem Umlegungsgebiet (§§ 57, 58, 64 BauGB) oder
– einer künftigen Nutzung der Fläche für den Gemeinbedarf (§ 96 BauGB).

608 Ansonsten wird der Verkehrswert von Grundstücken unter der Herrschaft des Städtebaurechts, das keinen allgemeinen maßnahmenbedingten Wertausgleich und mithin auch keinen

---

117 Kleiber in ZfBR 1993, 275; RdErl. des bbg. Ministeriums für Stadtentwicklung, Wohnen und Verkehr über die rechtlichen, planerischen und finanziellen Aspekte der Konversion militärischer Liegenschaften vom 20.5.1997 (ABl. 1997, 476 = GuG 1998, 234); v. Feldmann in LKV 1997, 151.

Planungswertausgleich kennt, von der künftigen Nutzung bestimmt, und zwar umso stärker, je konkreter sich die Nutzung abzeichnet. Von den vorstehenden Sonderfällen abgesehen, kommt es dabei nicht zwingend darauf an, dass die künftige Nutzung formalrechtlich feststeht, z. B. in Form eines Bebauungsplans. In der Entschädigungsrechtsprechung ist immer wieder auf die **Situationsgebundenheit** (vgl. Rn. 165 ff., 168) hingewiesen worden, die auch ohne formalrechtliche Planungsgrundlagen zur Einstufung einer Fläche in eine höhere Entwicklungszustandsstufe i.S. des § 5 ImmoWertV führen kann, wenn sich die „von der Natur der Sache" gegebenen Möglichkeiten der Nutzung und der wirtschaftlichen Ausnutzung, wie sie sich aus der örtlichen Lage des Grundstücks bei wirtschaftlicher Betrachtungsweise objektiv anbietet[118] (z. B. Bauerwartungsland), ohne spekulative Momente aufdrängen. Dabei ist zudem noch zwischen der formalrechtlichen Einstufung einer Fläche und deren Wertigkeit zu unterscheiden. Allein die Einstufung einer Fläche als **Bauerwartungsland** sagt noch wenig über ihren Wert aus. Kann z. B. mit einer an Sicherheit grenzenden Wahrscheinlichkeit die Aufstellung eines Bebauungsplans mit einer Festsetzung der Nutzung für privatwirtschaftliche Zwecke erwartet werden, so kann dies zu einer Einstufung der Fläche als Bauerwartungsland führen, das sich wertmäßig vom Verkehrswert für (erschließungsbeitragspflichtiges) baureifes Land lediglich durch die jeweils zu berücksichtigende **Wartezeit** i.S. des § 2 Satz 3 ImmoWertV bis zur Herbeiführung der Baureife unterscheidet – und die kann auch sehr kurz sein (vgl. § 5 ImmoWertV Rn. 16, 144, 159 ff., 238; § 6 ImmoWertV Rn. 108 ff.).

Die möglicherweise zum Wertermittlungsstichtag noch tatsächlich gegebene Nutzung einer Fläche und ihre Bebauung für militärische Zwecke kann bei alledem allerdings auch nicht gänzlich außer Betracht bleiben: **609**

– Die **militärische Bebauung eines Grundstücks** hat für den zukunftsorientierten Verkehrswert eine umso größere Bedeutung, je leichter sie sich in die vorgesehene Nachfolgenutzung überführen lässt. Das Spektrum reicht hier von einem „vollen" Wertanteil, wenn eine bauliche Anlage ohne bauliche Änderungen sofort in die Nachfolgenutzung überführt werden kann, bis zu einer deutlichen Wertminderung, wenn die bauliche Anlage abgerissen werden muss und die Freilegungskosten etwaige Verwertungserlöse überschreiten. Bei alledem kommt es auch hier entscheidend auf die künftige Nutzung der Flächen an.

– Die **bisherigen rechtlichen Festsetzungen** für eine Militärfläche (Sondergebiet) sind im Falle der Aufgabe der militärischen Nutzung, wenn man von einer Nachfolgenutzung für öffentliche Zwecke absieht, nicht das entscheidende Kriterium für den künftigen der Verkehrswertermittlung zugrunde zu legenden Entwicklungszustand, auch wenn die Überführung der militärischen Nutzung in eine zivile Nutzung als eine Änderung der Zweckbestimmung zu werten ist. Die Rechtsgrundlagen für die bisherige militärische Nutzung können jedoch den „Umwidmungsprozess" vor allem in zeitlicher Hinsicht beeinflussen, insbesondere, wenn ein Bebauungsplan aufzustellen ist und zuvor möglicherweise noch die fachplanungsrechtliche Widmung nach § 1 Abs. 3 LBG aufzuheben ist, d.h. die Militärfläche für die Bauleitplanung erst wieder „freigegeben" werden muss[119]. Die Wartezeit ist wiederum der entscheidende Parameter!

Der **Verkehrswert** als stichtagsbezogener, aber dennoch zukunftsorientierter Wert **kann mit einer umso höheren Sicherheit und Genauigkeit ermittelt werden, je konkreter sich die Zukunft abzeichnet und bei der Wertermittlung berücksichtigt werden kann.** Es empfiehlt sich daher, die Verkehrswertermittlung nicht allzu früh „in Auftrag" zu geben und dem Gutachter die künftige Nutzung möglichst auf der Grundlage qualifizierter Nutzungsvorstellungen an die Hand zu geben – im Idealfalle wäre dies der rechtsverbindliche Bebauungsplan. **610**

---

[118] BGH, Urt. vom 14.6.1984 – III ZR 41/83 –, EzGuG 8.61; BGH, Urt. vom 22.4.1982 – III ZR 131/80 –, EzGuG 17.44; BGH, Urt. vom 15.11.1979 – III ZR 78/78 –, EzGuG 17.36; BGH, Urt. vom 12.2.1976 – III ZR 184/73 –, EzGuG 19.28; BGH, Urt. vom 25.11.1974 – III ZR 42/73 –, EzGuG 6.174; BGH, Urt. vom 28.4.1966 – III ZR 24/65 –, EzGuG 19.9; BGH, Urt. vom 30.9.1963 – III ZR 59/61 –, EzGuG 8.9.

[119] Die Freigabeerklärung ist in geeigneter Weise bekannt zu machen (vgl. BVerwG, Urt. vom 16.12.1988 – 4 C 48/86 –, BVerwGE 81, 111 = NVwZ 1989, 655). Erschwerend kommt hinzu, dass Militärflächen im Flächennutzungsplan i.d.R. als „Sondergebiet" dargestellt sind.

VI Besondere Immobilienarten — Gemeinbedarfsfläche

611 Im Vorfeld kann sich (und muss sich) der Gutachter auf das stützen, was ohne spekulative Erwartungen im gewöhnlichen Geschäftsverkehr unter Berücksichtigung der rechtlichen und tatsächlichen Gegebenheiten (Situationsgebundenheit) erwartet werden kann[120]; des Weiteren muss er dabei den **Zeitraum** berücksichtigen, **in dem die Umsetzung einer beabsichtigten Folgenutzung erwartet werden** kann. Zwangsläufig wird die Verkehrswertermittlung umso „schwammiger", je unsicherer die künftige Nutzung ist. Wenn bei alledem in der Praxis sog. Risikoabschläge berücksichtigt werden, so trägt dies dem Wagnis Rechnung, das ein Investor als Erwerber auf sich nimmt; dieses Wagnis kann bereits mit einer entsprechenden Wartezeit berücksichtigt werden (vgl. § 5 ImmoWertV Rn. 16, 144, 159; § 6 ImmoWertV Rn. 108). Bei alledem empfiehlt sich auch von daher, schon frühzeitig die Vorbereitungen für die Anschlussnutzung voranzutreiben. Idealtypisches Ziel ist, dass „der Bagger in dem Moment zum Zwecke der Realisierung der Anschlussnutzung in das Kasernengelände einfährt, in dem der letzte Panzer ausfährt".

612 Der **Bund** steht als Verkäufer der Flächen **unter der Verpflichtung, Vermögensgegenstände grundsätzlich zum „vollen Wert" (= Verkehrswert) zu veräußern.** Soweit Verbilligungen gewährt werden, ist dies keine Frage der Verkehrswertermittlung, sondern allenfalls im Anschluss an die Verkehrswertermittlung durch entsprechende Abschläge zu berücksichtigen. Da nun, wie eingangs erläutert, ein allgemeiner maßnahmebedingter Wertausgleich und somit auch ein Planungswertausgleich dem deutschen Städtebaurecht fremd ist, müssen – von den besonderen Verhältnissen in Sanierungsgebieten und Entwicklungsbereichen (auch in Umlegungsgebieten bezüglich umlegungsbedingter Werterhöhungen) abgesehen – die sich abzeichnenden künftigen Nutzungen bei der Verkehrswertermittlung (soweit sie nicht auf spekulativen Erwartungen beruhen) grundsätzlich berücksichtigt werden. Dies ist grundsätzlich von der Person des Veräußerers unabhängig. Um dennoch hier im Interesse einer erwünschten Folgenutzung den Erwerber finanziell zu entlasten, hat der Bund zahlreiche **Verbilligungstatbestände** geschaffen[121], bis hin zur Abgabe der Grundstücke zum entwicklungsunbeeinflussten Grundstückswert i.S. des § 153 Abs. 1 ggf. i.V.m. § 169 Abs. 4 Nr. 6 BauGB in Gebieten, in denen die Voraussetzungen für eine städtebauliche Entwicklungsmaßnahme vorliegen, ohne dass eine solche formalrechtlich eingeleitet wurde.

613 Die Verbilligungstatbestände tragen auch dem Umstand Rechnung, **dass die Baulanderschließung auf ehemaligen Militärflächen** – entgegen euphorischen Vorstellungen der Anfangsphase – die wohl **teuerste „Baulandgewinnung"** überhaupt sein dürfte – gleichwohl in aller Regel städtebaulich geboten und von daher gerechtfertigt.

614 Nur mit ganzheitlichen Konzepten kann man diese Aufgabe lösen. Man denke nur daran, dass **Versorgungsleitungen** die Militärflächen „kunterbunt" kreuzen und die Überführung dieser Flächen in eine Zivilnutzung, insbesondere wenn eine Parzellierung erforderlich wird, den „*developer*" vor allem unter Einbeziehung bodenordnerischer Belange fordern; denn es muss darum gehen, vernünftige Anschlussnutzung unter weitgehender Verwendung bestehender Anlagen und unter Berücksichtigung einer tragfähigen Grundstücksstruktur zu schaffen. Auch diesbezüglich ist ein enges Zusammengehen der Verkehrswertermittlung mit dem „*developer*" und dem Planungsträger idealtypisch.

615 Die Überplanung einer militärischen Anlage, Maßnahmen zur Sicherung der Bauleitplanung sowie sonstige städtebauliche Veranstaltungen zur Realisierung der Planung können nämlich bereits vor Aufhebung der militärischen Zweckbestimmung eingeleitet werden. Hier liegen im Übrigen **Möglichkeiten für die Beschleunigung der Revitalisierung** solcher Flächen:

– frühzeitige Ankündigung der Freigabe;

---

[120] BGH, Urt. vom 8.11.1962 – III ZR 86/81 –, EzGuG 8.5; BGH, Urt. vom 25.3.1975 – V ZR 92/74 –, MDR 1977, 827 – EzGuG 4.50; BGH, Urt. vom 28.10.1971 – III ZR 84/70 –, EzGuG 8.37; BGH, Urt. vom 20.12.1963 – III ZR 60/63 –, EzGuG 14.17; BGH, Urt. vom 30.9.1963 – III ZR 59/61 –, EzGuG 8.9; BVerwG, Urt. vom 27.1.1967 – 4 C 33/65 –, EzGuG 8.20; BVerwG, Urt. vom 9.6.1959 – 1 CB 27/58 –, EzGuG 17.13.
[121] Kleiber in Bielenberg/Koopmann/Krautzberger, Städtebauförderungsrecht Bd. II, I 15.

– frühzeitige Prüfung des Anschlussbedarfs des Bundes, der Länder und Gemeinden;
– frühzeitige Einleitung der Überplanung, Altlastenuntersuchung, Erarbeitung von Nutzungskonzepten, Prüfung der Einleitung von Sanierungs- und Entwicklungsmaßnahmen.

Dies alles sind auch für die Verkehrswertermittlung die wesentlichsten Anhaltspunkte. Die künftige Nutzung und Verwertbarkeit muss sich – frei von spekulativen Erwartungen – konkretisiert haben, um fundierte Wertermittlungen vornehmen zu können.

Es muss vermieden werden, dass die mit der Verkehrswertermittlung verbundenen Schwierigkeiten, im Frühstadium, in dem sich die Anschlussnutzung noch nicht hinreichend konkretisiert hat, **zu einer Unterbrechung des Grundstücksverkehrs führen.** Unsicherheiten bei der Verkehrswertermittlung, die allein als Folge noch nicht vom Planungsträger hinreichend konkretisierter Planungsvorstellungen zwangsläufig auftreten und nicht in der Verkehrswertlehre begründet sind, können dadurch überwunden werden, dass **Nachzahlungsklauseln**[122] vereinbart werden. Die Verwaltungsvorschriften des Bundes halten hierfür solche Nachzahlungsklauseln bereit; sie sind nicht beliebt – weil konflikträchtig –, werden aber praktiziert. Hier tut sich nämlich insofern eine weitere Problematik auf, als der Investor Sicherheit über den Grundstückspreis begehrt; umgekehrt hat er bei dieser Vorgehensweise aber auch die Sicherheit, dass nur das in den Preis eingehen kann, was aufgrund einer qualifizierten Planung „gesichert" ist. 616

Politisch tritt daneben im Falle des Erwerbs der Flächen durch die Gemeinde die Auffassung zutage, dass die Gemeinde aufgrund ihrer Planungshoheit insbesondere die **planungsbedingten Wertsteigerungen** als selbst herbeigeführte Werterhöhung betrachtet und ausgeschlossen sehen möchte. Es ist offensichtlich – wie die Behandlung des Themas in der Tagespresse zeigt – schwer verständlich zu machen, dass der Bund als Veräußerer unter der Herrschaft des Haushaltsrechts sich so behandelt sehen will, wie die Gemeinde andere private Veräußerer behandeln müsste. Im gewöhnlichen Geschäftsverkehr nimmt nun einmal jedermann für sich in Anspruch, an künftigen Wertsteigerungen zu partizipieren – dies ist, vereinfacht gesagt, das bekannte Problem des Schöneberger Millionenbauers, der lediglich das damalige Städtebaurecht für sich in Anspruch nahm und die Bodenreformer auf den Plan rief. 617

Im Falle der Aufgabe einer militärischen Nutzung kann sich die **Aufgabe** stellen, den Verkehrswert einer solchen Fläche zu ermitteln, die 618

a) einer anderen Gemeinbedarfsnutzung zugeführt werden soll (Bleibender Gemeinbedarf) oder
b) künftig einer privatwirtschaftlichen Nutzung zugeführt werden soll (Abgehender Gemeinbedarf).

Wird die **bisher militärisch genutzte Fläche ohne Unterbrechung einem anderen Gemeinbedarfszweck zugeführt** (Fall a), so kann in diesem Fall – schon begrifflich – ein Verkehrswert nicht ermittelt werden, denn es besteht kein gewöhnlicher Geschäftsverkehr im Handel mit Gemeinbedarfsflächen. Dies bedeutet nicht, dass Gemeinbedarfsflächen in diesen Fällen ohne Wert sind, auch wenn eine Reihe gesetzlicher Vorschriften eine unentgeltliche Übertragung vorsehen. Im Einzelfall ist hier ein „Wert" zwischen den jeweiligen Bedarfsträgern „auszuhandeln", wobei dies unter Berücksichtigung eines angemessenen Interessenausgleichs und nach Grundsätzen der Billigkeit geschehen sollte. 619

Die Aufgabe, Verkehrswerte für aufgelassene Militärflächen in solchen Fällen zu ermitteln, die in eine privatwirtschaftliche Nutzung überführt werden sollen (Fall b), erfolgt nach den unter **Nr. 5.1.2 WERTR** (vgl. Rn. 476) vorgegebenen Grundsätzen[123]. Die Anwendung dieser Grundsätze gestaltet sich aber bei der Verkehrswertermittlung aufgelassener Militärflächen äußerst schwierig, da diese Flächen häufig in Gebieten gelegen sind, die eine bauplanungsrechtlich komplizierte Situation aufweisen. 620

---

122 BMF – VSV – VV 0652.
123 GuG 1994, 168.

VI Besondere Immobilienarten — Gemeinbedarfsfläche

621 Wird eine militärische Nutzung, z. B. für ein dicht mit Kasernengebäuden (Wohnen und Verwaltung) bebautes Gebiet, aufgegeben, so folgt hieraus nicht automatisch, dass an seine Stelle ein „im Zusammenhang bebauter Ortsteil" mit Anspruch auf eine zivile Nachfolgenutzung entsteht. Die bisherige **militärische Anlage** kann zwar aufgrund ihres Quartiercharakters seinen im Zusammenhang bebauten Ortsteil bilden, jedoch ist dieser dann regelmäßig durch die militärische Nutzung „geprägt", insbesondere, wenn die Fläche aus Werkstätten, Sportplätzen und dergleichen besteht. Ein ziviler Nutzungsanspruch kann allerdings dann bestehen, wenn die baulichen Anlagen der militärischen Nutzung ein Gebiet überwiegend in einer Weise geprägt haben, die zugleich auch einer zivilen Nutzung entspricht, z. B.

- eine **reine Wohnanlage außerhalb eines eigentlichen Kasernengeländes,** die bislang von Soldaten genutzt wurde und allgemeinen Wohnzwecken zugeführt wird; in diesem Fall wird die Nutzung „Wohnen" nicht geändert. I.d.R. bedarf es dann noch nicht einmal einer Baugenehmigung, da die Nutzung nicht geändert wird;

- eine außerhalb eines eigentlichen Kasernengeländes gelegene Anlage der **militärischen Verwaltung,** die künftig ohne Baugenehmigung zivilen Verwaltungszwecken dienen kann. Es handelt sich auch hier um die Aufnahme einer gleichartigen Nutzung[124]. Selbst wenn dabei allein wegen der Aufgabe der militärischen Nutzung eine Baugenehmigungspflicht besteht, steht dies dem nicht entgegen, wenn hierauf ein Anspruch besteht.

- Problematisch sind die in aller Regel auftretenden Fälle der „militärischen Mischnutzung" (Kasernenhof, Sportflächen, Werkstätten einerseits und Verwaltungs- und Wohngebäude andererseits). Strittig ist hier insbesondere die Frage einer **Anwendung des Mosaikprinzips,** da die Fläche ursprünglich einer einheitlichen militärischen Zweckbestimmung vorbehalten war. Es sind aber auch hier Fälle denkbar, wo die baulichen Anlagen der bisherigen militärischen Nutzung einen angrenzenden im Zusammenhang bebauten Ortsteil mitgeprägt haben, z. B. ein in der Innenstadt gelegenes Kasernengelände, das dominierende Verwaltungsgebäude an einer öffentlichen Straße aufweist, die der Bebauung auf der gegenüber liegenden Straßenseite entsprechen und das Gebiet prägen. Wenn zudem der Erhalt dieser Gebäude den städtebaulichen Vorstellungen der Gemeinde entspricht, diese möglicherweise zudem noch unter Denkmalschutz stehen und sich ohne bauliche Veränderungen eine zivile Anschlussnutzung geradezu aufdrängt (Bürogebäude), stehen für die Belange der Verkehrswertermittlung einer Qualifizierung dieser Flächen als privatwirtschaftlich nutzbares Bauland keine gewichtigen Gründe entgegen[125].

Das BVerwG hat im Urt. vom 21.11.2000 – 4 B 36/00 –[126] nur für den Fall einen Bestandsschutz für bauliche Anlagen verneint, in dem diese ausschließlich für öffentliche Zwecke errichtet wurden, und bezüglich einer Beseitigungsanordnung auf den Verhältnismäßigkeitsgrundsatz verwiesen. Bei dem hierzu geführten Streit, in dem auf die Notwendigkeit eines Bebauungsplans bzw. einer Baugenehmigung verwiesen wird, wird häufig übersehen, dass diese Problematik für die Verkehrswertermittlung **eher nur von theoretischer Bedeutung ist,** denn, soweit für die Nutzungsänderung ein Bebauungsplan tatsächlich zu fordern wäre, käme nach dem beschriebenen Sachverhalt auch nur eine solche Festsetzung in Betracht, die für die bestehenden baulichen Anlagen eine entsprechende zivile Nachfolgenutzung erlaubt. Diese wiederum wäre dann bei der Ermittlung des Verkehrswerts zu berücksichtigen, wobei lediglich der Faktor „Zeit" (und ggf. der Faktor „Kosten") mitberücksichtigt werden muss. Für die Ermittlung des Verkehrswerts ist es von daher vom Grundsatz her nicht entscheidend, ob in solchen Fällen die Notwendigkeit besteht, einen Bebauungsplan aufzustellen und eine Baugenehmigung einzuholen. Die Wertermittlung kann hier die juristische Streitfrage überbrücken, indem sie die mit Sicherheit zu erwartende höherwertige Nutzung **unter Berücksichtigung der Wartezeit und der Kosten** bis zur Realisierung dieser Nutzung zugrunde legt. Generell kann sogar gesagt werden, dass es für die Verkehrswertermittlung von Militärflächen, die einer zivilen Nutzung zugeführt

---

[124] BVerwG, Urt. vom 3.2.1984 – 4 C 25/82 –, BVerwGE 68, 360 = NJW 1984, 1771.
[125] VG Regensburg, Beschl. vom 17.6.1996 – RN 65 96.1090 –, GuG 1997, 126.
[126] GuG 2001, 249.

werden sollen, weniger auf den derzeitigen rechtlichen Entwicklungszustand, sondern entscheidend auf die Wartezeit bis zu ihrer künftigen Baureife ankommt.

– Bestimmt sich der Entwicklungszustand einer im Innenbereich gelegenen **Militärfläche von** so **geringer Größe,** dass die dort vorhandene Umgebungsbebauung den im Zusammenhang bebauten Ortsteil prägt, so bleibt eine militärische Nutzung, die der den Innenbereich prägenden Bebauung widerspricht, unerheblich. Maßgebend für die Verkehrswertermittlung sind Art und Maß der den **Innenbereich** prägenden Bebauung in der Umgebung dieser Militärfläche (vgl. § 6 ImmoWertV Rn. 62).

7.2.3.2 Qualifizierung des maßgeblichen Entwicklungszustands i.S. des § 6 ImmoWertV

Nach den vorstehenden Ausführungen bemisst sich der **Verkehrswert** aufgelassener bzw. aufzulassender Konversionsflächen, die einer privatwirtschaftlichen Nutzung zugeführt werden sollen, **nach den rechtlichen und tatsächlichen Merkmalen (Situationsgebundenheit), die sich nach Fortfall der öffentlichen Zweckbindung ergeben,** wobei die Wartezeit und Umnutzungskosten berücksichtigt werden müssen. Vereinfacht gesagt, die bisherige Zweckbindung muss weggedacht und es müssen die sich in der gleichen Sekunde einstellenden rechtlichen *und* tatsächlichen Zustandsmerkmale der Qualifizierung des Entwicklungszustands zugrunde gelegt werden. Dafür sind die bauplanungs- und städtebaurechtliche Situation des Grundstücks, aber auch seine tatsächlichen Situationsmerkmale nach Aufgabe der militärischen Nutzung maßgebend, insbesondere die Lage eines Grundstücks 622

– in einem Gebiet nach § 34 BauGB,

– im unbeplanten Außenbereich (§ 35 BauGB),

– in einem Bebauungsplangebiet nach § 30 BauGB, der Festsetzungen über die zivile Anschlussnutzung enthält, einschließlich der Voraussetzungen nach § 33 BauGB für die Zulässigkeit einer baulichen Nutzung, sowie

– in einem Sanierungsgebiet oder städtebaulichen Entwicklungsbereich nach den §§ 136 ff. BauGB.

Ist für die Fläche bereits ein **Bebauungsplan** mit einer privatwirtschaftlichen Anschlussnutzung aufgestellt, kommt es des Weiteren für die Qualifizierung des Entwicklungszustands auf die Bodenordnung und -erschließung an, d.h., die Fläche kann Rohbauland oder bereits baureif sein. Die Qualifizierung des Entwicklungszustands wird bei alledem eine gesamtgebietliche Betrachtungsweise nicht immer erlauben. Vielmehr wird es entgegen anderer Auffassungen mitunter auch zweckmäßig sein können, die bisherige Militärfläche mosaikartig aufzuteilen. Im Einzelfall kann es sich zumindest bezüglich Teilflächen dabei um baureifes Land handeln, wenn die Erschließung gesichert ist. Sind die Grundstücke nach Lage, Form und Größe unzureichend gestaltet oder ist die Erschließung (noch) nicht gesichert, sind die Flächen als **Rohbauland** einzustufen. Des Weiteren ist wiederum die Wartezeit nach § 2 Satz 3 ImmoWertV bis zu ihrer Baureife zu berücksichtigen. Wertermittlungstechnisch vollzieht sich dies durch Abzinsung des „ausstehenden" Bodenwertzuwachses über die geschätzte Wartezeit (Bodenwertdifferenz × 1/q^n). **Die in der Syst. Darst. des Vergleichswertverfahrens unter Rn. 418 ff. dargelegten Berechnungsmethoden sind hier wiederum anwendbar.** 623

Ist ein Bebauungsplan nicht aufgestellt worden und dessen Aufstellung auch nicht beabsichtigt, so kann **nach Aufhebung der militärischen Zweckbindung** gleichwohl als maßgeblicher Entwicklungszustand **„baureifes Land"** in Betracht kommen, nämlich 624

a) wenn die Fläche innerhalb eines im Zusammenhang bebauten Ortsteils liegt und aufgrund ihrer geringen Größe Bestandteil desselben wird, oder

b) wenn die Fläche – wie bereits dargestellt – aufgrund ihres Quartiercharakters und Eigengewichts einen im Zusammenhang bebauten Ortsteil bildet.

Für die Anwendung des § 34 BauGB kommt es auf die tatsächliche Bebauung an, unabhängig davon, ob sie Bestandsschutz genießt oder nicht[127].

VI Besondere Immobilienarten   Gemeinbedarfsfläche

▶ *Zur Einordnung einer Fläche in einen im Zusammenhang bebauten Ortsteil vgl. § 5 ImmoWertV Rn. 174, 208 ff., 234; § 6 ImmoWertV Rn. 58 ff.*

625 **Im Außenbereich gelegene Militärflächen,** die nicht das gemäß § 34 Abs. 1 BauGB erforderliche Bebauungsgewicht aufweisen (z. B. Flugplätze, Depots, Bunkeranlagen, Kasernenanlagen mit Übungsplätzen), **bleiben nach Aufgabe der militärischen Nutzung Außenbereich,** wenn nicht ein Bebauungsplan mit ziviler Anschlussnutzung aufgestellt werden soll oder bereits aufgestellt worden ist[128]. Ausnahmen stellen z. B. die bereits angesprochenen im Außenbereich gelegenen reinen Wohnanlagen dar, die für zivile Wohnzwecke eine Anschlussnutzung finden.

626 **Zum Außenbereich gehören auch abgrenzbare Militärflächen innerhalb im Zusammenhang bebauter Ortsteile,** die nach ihrer Größenordnung eine zwanglose Fortsetzung der vorhandenen Bebauung nicht aufdrängen[129]. Sie stellen einen „Außenbereich im Innenbereich" dar, wobei solche Militärflächen auch am Ortsrand gelegen sein können. Sie haben grundsätzlich keinen Bestandschutz, jedoch können an den Grenzrändern die vorerwähnten Probleme auftreten.

627 Die **Einordnung der Fläche als Außenbereichsfläche schließt nicht aus, dass es sich dennoch um warteständiges Bauland handeln kann,** insbesondere, wenn ohne spekulative Motive eine „bauliche Nutzung" in absehbarer Zeit erwartet werden kann. Dies wäre z. B. durch eine entsprechende Darstellung im Flächennutzungsplan begründet. Daneben können es auch tatsächliche und sonstige Gegebenheiten sein, die eine Bauerwartung begründen. Auch § 5 Abs. 2 ImmoWertV fordert dafür nicht zwingend die entsprechende Darstellung in einem Flächennutzungsplan. Hier muss die Rechtsprechung des BGH zur allgemeinen Bauerwartung aufgrund eines Siedlungsdrucks, der Lage des Grundstücks innerhalb des Siedlungsgebiets, sowie die vorhandene Infrastruktur einschließlich günstiger Verkehrsverhältnisse beachtet werden; danach steht selbst eine die Bebauung (noch) ausschließende Planung einer Bauerwartung nicht entgegen, weil Planungen auch geändert[130] werden können.

Auch hier ist die **Wartezeit** der entscheidende Wertermittlungsparameter.

628 In **Sanierungsgebieten und städtebaulichen Entwicklungsbereichen** (vgl. Teil VIII) wird auch für aufgelassene Militärflächen als Verkehrswert der dort maßgebliche sanierungs- oder entwicklungsunbeeinflusste Grundstückswert ermittelt; d. h., der Entwicklungszustand bestimmt sich grundsätzlich nach dem **Zustand, den das Grundstück bei Aufgabe der militärischen Nutzung, jedoch unter Ausschluss von Werterhöhungen aufgrund der Aussicht auf die Maßnahmen sowie der Vorbereitung und Durchführung der anstehenden Maßnahmen hätte.** Dabei können die vorstehenden Grundsätze zur Anwendung kommen, jedoch darf dabei allerdings insbesondere nicht die Werterhöhung aufgrund eines Sanierungs- oder Entwicklungsmaßnahmebebauungsplans in die Verkehrswertermittlung eingehen. Maßgebend sind also allein die rechtliche Qualität und der tatsächliche Zustand des Grundstücks nach Aufgabe der militärischen Nutzung zu dem Zeitpunkt, als eine Aussicht auf Vorbereitung und Durchführung der genannten städtebaulichen Veranstaltungen nicht bestehen konnte. Allgemeine Erwartungen und die allgemeinen Situationsverhältnisse, die auch ohne eine Sanierungs- bzw. Entwicklungsmaßnahme bestehen würden, sind hingegen zu berücksichtigen.

629 Im **Ergebnis** bedeutet dies, dass eine Fläche entweder

– im Innenbereich als baureifes Land (Art und Maß der baulichen Nutzung nach der Umgebung),

---

127 BVerwG, Urt. vom 17.5. 2002 – 4 C 6/01 –, GuG 2002, 314 – EzGuG 15.105; zur Möglichkeit einer Beseitigungsverfügung BVerwG, Beschl. vom 21.11.2000 – 4 B 36/00 –, GuG 2001, 249 – NVwZ 2001, 557; Wahl, Abschied von den Ansprüchen aus Art. 14 GG, in Bender, u.a. (Hrsg.), Festschrift für Redeker, 1993, 245.
128 OVG Lüneburg, Urt. vom 21.1.2000 – 1 L 4202/99 –, BauR 2000, 1030; gleicher Auffassung Tiemann in BBauBl. 1992, 819.
129 BVerwG, Urt. vom 6.11.968 – 4 C 2/66 –, EzGuG 8.27.
130 Vgl. Fn. 4 sowie BGH, Urt. vom 20.12.1963 – III ZR 60/63 –, EzGuG 14.17.

- als „reine" Außenbereichsfläche (ohne Entwicklungschancen) oder
- als Außenbereichsfläche mit mehr oder minder großer Bauerwartung

einzustufen ist. In Gebieten, wo die rechtlichen Voraussetzungen für die Durchführung einer Entwicklungsmaßnahme vorliegen, d.h. das Wohl der Allgemeinheit die Durchführung der Maßnahme unter Anwendung des besonderen Bodenrechts erfordert, kann es sich bei alledem zwar um eine **Bauerwartung, jedoch i.d.R. nicht um eine hochkarätige Bauerwartung** handeln, denn erst die Entwicklungsmaßnahme – verbunden mit dem intensiven Einsatz der Verwaltungskapazität der Gemeinde oder eines Trägers (Organisationsrecht), dem i.d.R. hohen finanziellen Einsatz (Förderung) und den dabei zur Anwendung kommenden bodenrechtlichen Instrumenten – rückt die städtebauliche Entwicklung in eine greifbare Nähe.

7.2.3.3 Bauliche Anlagen und sonstige Einrichtungen

Der **Wert(anteil) baulicher Anlagen** und sonstiger Einrichtungen wird ebenso wie der Entwicklungszustand entscheidend **durch die künftige Nutzung** (Nutzbarkeit) **bestimmt.** Sie bestimmt, welche Gebäude, sonstigen baulichen Anlagen und Einrichtungen sich in die künftige Nutzung integrieren lassen. 630

Der **Wert der Gebäude** bemisst sich nach dem, was bei wirtschaftlich vernünftigem Verhalten weiter Verwendung finden kann, und zwar unter Berücksichtigung von

- Anpassungs- und Umgestaltungsmaßnahmen,
- Freilegungskosten,
- Sicherungsmaßnahmen,
- Verwertungserlösen für nicht weiter verwendbare Bauteile sowie
- Zeitverlusten für Umgestaltungsmaßnahmen.

Entsprechendes gilt für die **sonstigen Einrichtungen.** Es bedarf hier ebenfalls einer genauen Bestandsaufnahme und Prüfung, in welchem Umfang die Anlagen Weiterverwendung finden können, wobei Kosteneinsparungen, aber auch Zusatzkosten auftreten können. Z.B. kann die Weiterverwendung einer „gut zementierten" Panzerstraße erforderlich machen, dass zusätzlich ein Grünstreifen für Gemeinbedarfszwecke festgesetzt werden muss, um die notwendigen Versorgungsleitungen verlegen zu können.

Der **Anwendung des Ertragswertverfahrens** ist bei der Ermittlung des Gebäudewertanteils grundsätzlich der Vorzug zu geben[131]. Das Verfahren wird i.d.R. für die künftig zivilen Zwecken dienenden Anlagen zu marktorientierten Ergebnissen führen. Nur in Ausnahmefällen wird sich die **Anwendung des Sachwertverfahrens** empfehlen; die Anwendung des Vergleichswertverfahrens dürfte für bebaute Militärflächen dagegen in aller Regel schon mangels Vergleichspreisen ausscheiden.

Die Anwendung des Ertragswertverfahrens gewährleistet, dass die **künftige wirtschaftliche Nutzbarkeit baulicher Anlagen** maßgeblich die Wertfindung bestimmt, während die Anwendung des Sachwertverfahrens regelmäßig zu Ergebnissen führen muss, die bei eingeschränkter wirtschaftlicher Verwertbarkeit den „Wert" widerspiegeln, den die Sache gerade nicht wert ist. Vielen Sachverständigen ist es bis heute nicht geläufig, dass bereits im Rahmen der Sachwertermittlung eine eingeschränkte wirtschaftliche Verwendbarkeit berücksichtigt werden muss (§ 8 Abs. 3 ImmoWertV). Wer dies „vergisst" und über den Sachwert nach § 7 Abs. 1 Satz 2 zum Verkehrswert gelangen will, muss Marktanpassungsabschläge (§ 8 Abs. 2 ImmoWertV) anbringen, die allein schon aufgrund ihrer Größenordnung das Versagen des Sachwertverfahrens eindrucksvoll markieren. 631

Nicht untypisch für die Anwendung des Ertragswertverfahrens ist der Fall, dass eine ertragsbringende Weiternutzung verwendungsfähiger baulicher Anlagen einen sehr hohen **Instandsetzungs- bzw. Umnutzungsbedarf** bedingt. Wertermittlungstechnisch wird in solchen

---

131 Auch BGH, Urt. vom 24.1.1963 – III ZR 149/61 –, EzGuG 20.34.

Fällen zunächst der fiktive Ertragswert auf der Grundlage eines instand gesetzten bzw. umgenutzten Gebäudes ermittelt. Dieser (fiktive) Ertragswert wird dann um die Instandsetzungs- bzw. Umnutzungskosten vermindert. Es handelt sich hierbei um eine Kombination aus Ertragswert- und Sachwertverfahren, denn die „gegengerechneten" Instandsetzungs- bzw. Umnutzungskosten sind ihrer Natur nach dem Sachwertverfahren zuzurechnen. Soweit das Sachwertverfahren in solchen Fällen abgelehnt wird, weil es zu überhöhten Werten führe, müssen solche Bedenken auch gegen diese Methode bestehen, zumal diese Methode im Zuge von Verkaufsverhandlungen käuferseitig dazu „verführt", mit preisdämpfender Wirkung überhöhte Instandsetzungs- und Umnutzungsansprüche zu stellen[132]. Diese Methode kann im Übrigen auch als Extraktionsverfahren (Residualwertverfahren) angesehen werden, die ohnehin kritisch beurteilt werden muss.

7.2.3.4 Komplexe Wertermittlungsansätze (Extraktionsverfahren; Residualwertverfahren)

632 Die Probleme der Verkehrswertermittlung aufgelassener Konversionsflächen konzentrierten sich derzeit noch sehr stark auf die Frage der Bodenwertermittlung und der ihr zugrunde zu legenden Qualifizierung des Entwicklungszustands. Dies muss für sich konfliktträchtig bleiben, selbst wenn der maßgebliche Entwicklungszustand einwandfrei ermittelt worden ist. Der **Erwerb** einer **solchen Fläche ist** nämlich für jeden Investor auch darüber hinaus **sehr risikobehaftet:**

– Zum einen geht er ein erhebliches Risiko ein, wenn und soweit er mit dem Verkehrswert die künftige Nutzung vorwegnimmt, auch wenn dabei die Wartezeit möglichst einschließlich der Realisierungschancen berücksichtigt wird.

– Zum anderen ist die Aufgabe, eine bislang militärische in eine zivile Nutzung zu überführen – vergleichbar mit der Umnutzung aufgelassener Industriekomplexe – derartig komplex, dass sie nur von einem erfahrenen Träger möglichst in einem einheitlichen Verfahren bewältigt werden kann. Dabei treten aufgrund der notwendig werdenden Bodenordnungs-, Erschließungs-, Freilegungs- und Umbaumaßnahmen Kosten in einer Größenordnung auf, die vielfach und vielleicht sogar in den meisten Fällen noch nicht einmal durch die maßnahmenbedingte Werterhöhung ausgeglichen werden.

Ohne eine konkretisierende Planungsvorstellung der Gemeinde wird ein Investor diese Kosten auch kaum quantifizieren können. Auf der anderen Seite muss die Planung auch so flexibel ausgestaltet sein, dass kostengünstige und zugleich bedarfsgerechte Lösungen unter Berücksichtigung des Bestands gefunden werden können. Soweit zur Bewältigung dieser Aufgabe nicht eine städtebauliche Entwicklungsmaßnahme eingeleitet wird, bietet sich hier vor allem ein **städtebaulicher Vertrag** an, wobei die Grunderwerbskosten – losgelöst von den klassischen Wertermittlungsverfahren – im Wege des Extraktionsverfahrens (Residualwertverfahrens, vgl. Syst. Darst. des Vergleichswertverfahrens Rn. 447 ff.) ermittelt werden könnten. Bei Anwendung dieses Verfahrens erübrigt sich die streitbefangene Ermittlung des maßgeblichen Entwicklungszustands. Der für den Erwerb der Fläche tragbare Grundstückspreis ergibt sich vielmehr dann aus dem Verkehrswert der Flächen nach Abschluss der rechtlichen und tatsächlichen Neuordnung der Grundstücke unter Abzug der dafür aufzubringenden Kosten einschließlich eines Unternehmergewinns. Bei dieser Vorgehensweise tragen planungsbedingte Wertsteigerungen zur Finanzierung der Maßnahme bei, wie dies im Übrigen auch im Falle der Durchführung einer städtebaulichen Entwicklungsmaßnahme der Fall ist.

Die **Anwendung des Extraktionsverfahrens (Residualwertverfahrens)** ist allerdings in höchstem Maße risikobehaftet und fehleranfällig. In Nr. 2.3.1 WERTR wird darauf hingewiesen, dass eine Ableitung des Bodenwerts aus Vergleichspreisen oder Bodenrichtwerten eines Entwicklungszustands „höherer" Qualität nur in besonderen Ausnahmefällen in Betracht

---

[132] RdErl. des BMBau vom 12.10.1993, BAnz Nr. 199, S. 9630 = GuG 1994, 42.

kommt und insbesondere dann auf Bedenken stößt, wenn der dabei zu berücksichtigende Wertunterschied den Ausgangswert überproportional übersteigt.

Zu der vorstehenden Verfahrensweise ist zunächst darauf hinzuweisen, dass im Falle von sehr hohen Instandsetzungs- bzw. Umnutzungskosten, die den fiktiven Gebäudeertragswert mit der Folge überschreiten, dass im Ergebnis der „reine" Bodenwert „an- bzw. sogar aufgefressen" wird, der **Liquidationswert als Mindestwert** für die Verkehrswertermittlung maßgeblich sein muss. In solchen Fällen bemisst sich der Verkehrswert nach Maßgabe des § 16 Abs. 3 ImmoWertV. Hierbei handelt es sich aber – wie zu betonen ist – zunächst nur um einen Mindestwert. Darüber hinaus muss nämlich noch geprüft werden, ob die im Erlass des BMBau vom 12.10.1993[133] geregelte Vorgehensweise sachgerecht ist (vgl. Rn. 528 ff.).

Die Anwendung der in diesem Erlass dargelegten Grundsätze ist generell geboten, unabhängig davon, ob Instandsetzungs- bzw. Umnutzungskosten in einem Umfang anfallen, dass damit der **Bodenwert „an- oder aufgefressen"** wird. Dies wird nachstehend an einem der Praxis entnommenen Beispiel erläutert (vgl. Syst. Darst. des Sachwertverfahrens Rn. 12 ff.): **633**

Beispiel:
Grund und Boden:

Grundstücksteilfläche:	=	4 363 m²
Bodenwert	=	200 €/m²
Bodenwert insgesamt	=	872 600 €

Instandsetzungs- und umstrukturierungsbedürftiges Gebäude:

Instandsetzungs- und Umstrukturierungsbedarf 5,5 Mio. €	=	1 104,50 €/m²
Gesamte Nutzfläche	=	4 980 m²
Durchschnittliche Nettokaltmiete/Grundmiete (nach Modernisierung)	=	9,30 €/m²/Monat
Bewirtschaftungskosten rd. 15 %	=	1,40 €/m² NF
Jährlicher Reinertrag: 4 980 m² × 9,30 €/m² × 12 × 0,85	=	rd. 472 403 €
Liegenschaftsverzinsung = 6,5 %		

Die Anwendung des Ertragswertverfahrens führt in einem solchen Fall zu folgendem Ergebnis:

RE = (9,30 €/m²/Monat – 1,40 €/m²/Monat) × 4 980 m² × 12 Monate	=	472 104 €
abzüglich Bodenwertverzinsungsbetrag (= 4 363 m² × 200 €/m² × 0,065)	=	– 56 719 €
Reinertrag der baulichen Anlage	=	415 385 €
× Vervielfältiger = 15,03 bei 60 Jahren und 6,5 %		
= Gebäudeertragswert	=	6,243 Mio. €
+ Bodenwert	=	+ 0,873 Mio. €
– Modernisierungskosten	=	– 5,500 Mio. €
= **Ertragswert**	=	**1,616 Mio. €**

In dem *Beispiel* wird der Ertragswert durch die hohen „Instandsetzungs- und Umstrukturierungskosten" erschlagen, wobei man sich dabei eigentlich darüber im Klaren sein sollte, dass das Ertragswertverfahren in solchen Fällen weitgehend zum Sachwertverfahren „mutiert", denn die Instandsetzungs- und Umstrukturierungskosten „fressen" den Gebäudeertragswert nahezu auf. Der Ansatz der „vollen" Umstrukturierungskosten wird damit begründet, dass sie von „jedem" Erwerber aufzubringen seien und deshalb auch in voller Höhe berücksichtigt werden müssten. Bei dieser Sichtweise kann umgekehrt ins Feld geführt werden, dass für jeden Erwerber die Bausubstanz einen **Restwert** aufweist, **der sich aus dem Unterschied gegenüber den Neubaukosten pro m² Nutzfläche ergibt**, d.h. die brachliegende Bausubstanz zu **Ersparnissen bei der Umstrukturierung** im Vergleich zur Neubebauung führt; für diese müssen ebenfalls die „vollen" Herstellungskosten aufgebracht werden.

---

[133] BAnz Nr. 199; 1993, 9630 = GuG 1994, 42, abgedruckt bei § 7 WertV Rn. 140 lit d) und e) und Vorbem. zu den §§ 15 ff. Rn. 83 ff. und Vorbem. zu den §§ 21 ff. WertV Rn. 35 ff.

VI Besondere Immobilienarten — Gemeinbedarfsfläche

634 Diese **Betrachtungsweise** führt **überschlägig** zu folgendem Ergebnis:

Sachwertverfahren (vereinfacht)		
Nutzfläche	=	4 980 m²
Herstellungskosten (Neubau)	=	1 500 €/m²
Sachwert: 4 980 m² × 1 500 €/m²	=	7,47 Mio. € (Neubau)
ersparte Herstellungskosten:		
1 500 €/m² – 1 104,50 €/m²	=	395,50 €/m²
4 980 m² × 395,50 €/m²	=	1,870 Mio. €
+ Bodenwert	=	+ 0,873 Mio. €
= **Sachwert**		**2,843 Mio. €** = 38 v.H.
Ertragswert (nachrichtlich)		1,616 Mio. €

Die **Wahl zwischen beiden Verfahren** ist in solchen Fällen oft schwierig. Allgemein kann gelten, dass die vorgestellte Sachwertermittlung zumindest in solchen Fällen in Betracht gezogen werden muss, in denen nach den Situationsmerkmalen im gewöhnlichen Geschäftsverkehr für jeden Erwerber *keine Alternative zur Errichtung eines Neubaus besteht, d. h., auch ersatzweise eine Anmietung nicht in Betracht kommt, und die Umstrukturierung des vorhandenen Gebäudes im Vergleich zum Neubau wirtschaftliche Vorteile bietet.*

Ein Investor bzw. ein potenzieller Erwerber wird dies im Rahmen von Verkaufsverhandlungen stets in Abrede stellen, weil er natürlich am Erwerb eines Grundstücks zum Bodenwert unter Berücksichtigung der Freilegungskosten interessiert ist und erst im Anschluss daran gewinnbringende Überlegungen anstellt, inwieweit er die vorhandene Restbausubstanz verwertet. Allgemein kann hier die Behauptung gewagt werden, dass Sachverständige sich häufig allzu schnell einer „Abbruchmentalität" beugen und nicht realitätsbezogen bedenken, ob nicht eine **Restbausubstanz auch für eine Neubebauung Weiterverwendung finden kann.** Indessen gebietet es die unparteiische Stellung des Sachverständigen, auch die Momente zu bedenken, die seitens des (verkaufsbereiten) Eigentümers – alternativ zum Verkauf – bestehen müssen und auf eine möglichst werterhaltende Verwertung gerichtet sind. Der Eigentümer wird sich im gewöhnlichen Geschäftsverkehr nur der Verkehrswertermittlung auf der Grundlage einer Verwertungskonzeption beugen, die wirtschaftlich optimiert ist. Andernfalls würde er seine Immobilie anderen Erwerbswilligen anbieten oder selbst die wirtschaftlich optimale Verwertungskonzeption betreiben. Aus der Beobachtung, dass Sachverständige in vielen solcher Fälle – manchmal vorschnell – den Liquidationswert ermittelt haben und anschließend beobachtet werden konnte, dass der Investor die Altsubstanz weiterverwendet hat, kann allgemein die Schlussfolgerung gezogen werden, dass Grundstückswertermittler in solchen Fällen allzu leichtfertig mitunter den Liquidationswert ermittelt haben.

7.2.3.5 Altlasten

635 Bei der Veräußerung von altlastenverdächtigen und altlastenbehafteten Grundstücken praktiziert der Bund die unter § 6 ImmoWertV Rn. 357 ff. beschriebene Verfahrensweise.

Im Übrigen werden bundeseigene Grundstücke verbilligt abgegeben; der **unter Anwendung der Verbilligungsregeln erzielte Preis ist** damit **nicht zugleich dem Verkehrswert gleichzusetzen.**

Bei Einbeziehung einer Konversionsfläche in eine städtebauliche Sanierungsmaßnahme muss der Bund den Erwerb des Grundstücks unter Anwendung des **§ 153 Abs. 1, ggf. i.V.m. § 169 Abs. 4 Nr. 6 BauGB** gegen sich gelten lassen. Das Grundstück kann ggf. im Wege der Enteignung erworben werden, wobei sich die Entschädigung wiederum nach den genannten Vorschriften bemisst.

7.3 Bleibender Gemeinbedarf

▶ *Zu Gemeinbedarfsflächen und zur Verfahrenswahl vgl. § 8 ImmoWertV Rn. 130 ff.*

7.3.1 Allgemeines

Gemeinbedarfsflächen, die sich bereits im **Eigentum der öffentlichen Hand** befinden und **auf absehbare Zeit einer öffentlichen Zweckbindung vorbehalten bleiben, haben keinen Verkehrswert,** da sie dem gewöhnlichen Geschäftsverkehr entzogen sind (vgl. Rn. 597).

Die Aufgabe, den Wert solcher Flächen zu ermitteln, stellt sich insbesondere, wenn der **Bedarfsträger wechselt,** weil die Fläche einer anderen öffentlichen Nutzung zugeführt werden soll. Der hierzu gegebene Hinweis, für „spezielle", nicht marktgängige Objekte als Verkehrswert den Preis anzusetzen, der gezahlt werden würde, wenn ein gewöhnlicher Grundstücksverkehr bestünde, hilft hier nicht weiter. Da für derartige Objekte gerade kein entsprechender Grundstücksmarkt besteht, müsste ein anderer Teilmarkt unterstellt werden, der aber für derartige Objekte nicht einschlägig wäre.

Grundsätzlich ist bei alledem **zu unterscheiden zwischen**

a) Gemeinbedarfsflächen, die auch nach dem Eigentumswechsel *derselben öffentlichen Nutzung* vorbehalten bleiben, bei denen somit lediglich der Träger der Nutzung wechselt, und

b) Gemeinbedarfsflächen, die nach dem Eigentumswechsel *einer anderen als der bisherigen öffentlichen Nutzung* zugeführt werden (Wechsel der öffentlichen Nutzung).

Abb. 222: Wechsel von Gemeinbedarfsflächen

Vor allem im ersten Fall (Wechsel des Bedarfsträgers) entfällt eine Bewertung, wenn aufgrund gesetzlicher Regelungen eine unentgeltliche Übertragung vorgesehen ist.

Die Bestimmung des Werts einer solchen Fläche **stellt keine Aufgabe der Verkehrswertermittlung dar**. Es geht hier vielmehr um die Ermittlung eines „gerechten" Preises, der den unterschiedlichen Interessenlagen des Käufers und des Veräußerers Rechnung trägt. Dies kann von Fall zu Fall unterschiedlich beurteilt werden:

Der Wert dieser Flächen kann deshalb nur unter Berücksichtigung aller Umstände i.S. des § 287 ZPO auf der Grundlage von „Hilfskonstruktionen" bestimmt werden, die den berechtigten Interessen auf Seiten des Verkäufers und des Käufers in ausgewogener Weise Rechnung tragen.

Folgende **Hilfskonstruktionen** bieten sich an:
1. Pauschalierte Bruchteilsbewertung,
2. Bewertung nach Umgebungsbebauung,
3. Anerkennungsbetrag bzw. unentgeltliche Übertragung,
4. Bewertung nach dem Vorwirkungsgrundsatz:

VI Besondere Immobilienarten — Gemeinbedarfsfläche

a) historisches Beschaffungswertprinzip,
b) aktualisiertes Beschaffungswertprinzip,
5. Ersatzbeschaffungsprinzip.

In den nachfolgenden Ausführungen wird davon ausgegangen, dass eine Gemeinbedarfsfläche *ausschließlich* einer Nutzung für öffentliche Zwecke vorbehalten ist. In einer Reihe von Fällen ist aber nicht auszuschließen, dass die **vorgegebene Nutzung auch von einem privaten Bedarfsträger mit eingeschränkter Rendite ausgeübt wird.** In diesen Fällen lässt sich der Wert dieser Flächen auf der Grundlage der eingeschränkten Rendite ermitteln, wobei die sich für einen privaten Bedarfsträger ergebenden Vor- und Nachteile angemessen berücksichtigt werden müssen. Öffentliche Gebühren sind dabei nicht als Erträge berücksichtigungsfähig[134].

638 Soweit eine **Gemeinbedarfsfläche ausnahmsweise einen nicht unwesentlichen nachhaltigen Ertrag abwirft,** muss dies bei der Bewertung berücksichtigt werden; dieser Fall ist in erster Linie gegeben, wenn die Gemeinbedarfsfläche auf einen privaten Bedarfsträger (Schule, Krankenhaus und dgl.) übergeht und dieser Vorteile aus der Nutzung ziehen kann. Im Hinblick auf den Gemeinbedarfszweck ist dabei regelmäßig nur eine eingeschränkte Rendite erzielbar, wobei nach der gegebenen Rechtskonstruktion Vor- und Nachteile berücksichtigt werden müssen. Die gegenüber einem vergleichbaren unbeschränkt nutzbaren Grundstück eingeschränkte Rendite lässt sich bei der Bewertung des Grundstücks im Verhältnis zu dem Verkehrswert eines ansonsten vergleichbaren uneingeschränkt nutzbaren Grundstücks anteilig berücksichtigen.

7.3.2 Pauschalierte Bruchteilsbewertung

639 Die mancherorts bestehende Gepflogenheit, den Wert einer Gemeinbedarfsfläche nach einem bestimmten Prozentsatz des angrenzenden privatwirtschaftlich nutzbaren baureifen Landes zu bemessen, ist grundsätzlich abzulehnen, weil dies ein letztlich willkürlicher und nicht begründbarer Ansatz wäre. Allenfalls bei der Wertermittlung von Vorgartenflächen konnte diese Vorgehensweise („pauschalierte Bruchteilsbewertung") unter bestimmten Voraussetzungen zur Anwendung kommen, jedoch ist die Methode angesichts der BGH-Rechtsprechung zum **Teilmarkt** fragwürdig geworden (vgl. Rn. 562 ff.; § 8 ImmoWertV Rn. 170 ff.).

7.3.3 Bewertung nach Umgebungsbebauung

640 Abzulehnen ist des Weiteren die Praxis, den Wert einer Gemeinbedarfsfläche nach dem Verkehrswert zu bemessen, der sich fiktiv im Falle einer Aufhebung der öffentlichen Zweckbindung für das Grundstück nach „fingierter" Maßgabe des § 34 BauGB und der sog. Umgebungsbebauung ergeben würde. Da bei einem auf Dauer der öffentlichen Zweckbindung vorbehaltenen Grundstück gerade nicht mit der Aufhebung der öffentlichen Nutzung zu rechnen ist, muss diese Vorgehensweise zu sachlich nicht vertretbaren (i.d.R. „übersetzten") Ergebnissen führen.

7.3.4 Anerkennungsbetrag bzw. unentgeltliche Übertragung

641 Geht mit der Veräußerung des Grundstücks allein die Trägerschaft auf den Erwerber über, ohne dass die öffentliche Zweckbindung geändert wird, kann eine **unentgeltliche Übertragung** in Betracht kommen, denn Gemeinbedarfsflächen werfen i.d.R. keinen Ertrag ab, sondern verursachen bei dem Träger eher nur Kosten. Dies betrifft insbesondere die im Gemeingebrauch befindlichen Verkehrs- und Grünflächen, für deren Übertragung die gesetzlichen Regelungen deshalb regelmäßig keine Entschädigung vorsehen (vgl. § 6 Abs. 1b FStrG)[135]. Dies stützt sich auf die ständige Rechtsprechung des BVerfG[136], nach der Art. 14

---
[134] Nr. 5.1.1.3 WERTR (a.a.O.).
[135] VG Freiburg, Urt. vom 1.10.1969 – VS I 186/68 –, EzGuG 18.45.
[136] BVerfG, Beschl. vom 8.7.1982 – 2 BvR 118/80 –, EzGuG 6.216a; BGH, Urt. vom 31.11.1974 – III ZR 45/72 –, EzGuG 18.67.

GG als Grundrecht nicht das Privateigentum, sondern das Eigentum Privater schützt. Demzufolge „greift" ein Grundrechtsschutz z. B. nicht, soweit gemeindliches Eigentum der Erfüllung öffentlicher Aufgaben dient. Infolgedessen gibt es für solche Flächen weder eine Bestands- noch eine Wertgarantie.

Im Gemeingebrauch befindliche Gemeinbedarfsflächen sind demzufolge nicht zu werten, soweit gesetzliche Regelungen vorhanden sind, die eine unentgeltliche Übertragung vorsehen. Dies gilt vor allem bei Gemeinbedarfsflächen, die nach dem Eigentümerwechsel derselben öffentlichen Nutzung vorbehalten bleiben. Soweit keine derartigen Regelungen bestehen, ist, da grundsätzlich keine rentierliche Nutzung aus den angesprochenen Flächen zu ziehen ist, allenfalls ein geringer Anerkennungsbetrag in Ansatz zu bringen (z. B. bei im Gemeingebrauch befindlichen Verkehrs- und Grünflächen, bei Wechsel der Straßenbaulast von Straßenbaugrundstücken).

Ansonsten ist die Praxis abzulehnen, als Wert der Gemeinbedarfsfläche einen Anerkennungsbetrag[137] festzusetzen, da auch diese Methode letztlich willkürlich wäre (so aber Nr. 5.1.1.3 WERTR). **642**

Nr. 5.1.1.3 WERTR sieht folgende Regelung vor:

„Im Gemeingebrauch befindliche Gemeinbedarfsflächen sind im Übrigen nicht zu werten, soweit gesetzliche Regelungen vorhanden sind, die eine unentgeltliche Übertragung vorsehen. Dies gilt vor allem bei Gemeinbedarfsflächen, die nach dem Eigentümerwechsel derselben öffentlichen Nutzung vorbehalten bleiben. Soweit keine derartigen Regelungen bestehen, ist, da grundsätzlich keine rentierliche Nutzung aus den angesprochenen Flächen zu ziehen ist, allenfalls ein geringer Anerkennungsbetrag in Ansatz zu bringen (z. B. bei im Gemeingebrauch befindlichen Verkehrs- und Grünflächen, bei Wechsel der Straßenbaulast von Straßenbaugrundstücken).

Dienen Grundstücke oder Grundstücksteile dem Gemeinbedarf, ohne dass die Eigentums- und Entschädigungsfragen geregelt worden sind, ist allerdings vorab zu klären, ob ein Anspruch auf Entschädigung besteht, der ggf. nach Nummer 5.1.3 zu behandeln ist. Entscheidend ist die nach Landesrecht und nach Ortssatzung mögliche unterschiedliche Regelung."

Das **Fernstraßengesetz** sieht deshalb wie die Straßengesetze der Länder beim Wechsel der Straßenbaulast einen entschädigungslosen Eigentumsübergang an Straßenbaugrundstücken vor. Grundsätzlich ist es aufgrund der vorstehend erläuterten Rechtslage bei alledem unerheblich, ob das **Straßengrundstück** Straße bleibt oder ob es für andere öffentliche Aufgaben Verwendung finden soll, jedoch wird man den entschädigungslosen Übergang auf solche Gemeinbedarfsflächen beschränken müssen, die für den bisherigen Träger entbehrlich geworden sind, weil sonst die Erfüllung seiner öffentlichen Aufgaben gefährdet wäre. Ist er aufgrund seines Verfassungsauftrags gehalten, Ersatz zu beschaffen, oder wird seine Vermögenslage im Hinblick auf seine sonstigen Aufgaben beeinträchtigt, muss man ihm einen lastenausgleichsähnlichen Anspruch auf Kostenausgleich für die Ersatzbeschaffungsmaßnahmen unter Anwendung der anerkannten Grundsätze wie Vorteilsausgleich und Abzug hinsichtlich „Neu für Alt" einräumen[138].

Eine unentgeltliche Übertragung ist bei **Fortführung der abstrakt gleichen Gemeinbedarfsnutzung** durch den Erwerber (wenn sich der Nutzerkreis ändert; z. B. eine von Militärangehörigen genutzte Schule wird infolge eines Truppenabzugs zum Zwecke der „Nachnutzung durch andere Schüler" veräußert) in vielen Fällen unbillig. In solchen Fällen käme eine Ermittlung des Werts **643**

a) nach den ersparten Kosten, die für die Errichtung der Schule für einen „anderen" Nutzerkreis aufzubringen wären (Ersatzbeschaffungswertprinzip), oder

b) nach dem „Beschaffungswertprinzip"

in Betracht.

---

137 OLG Hamm, Urt. vom 3.12.1954 – 9 U 222/52 –, EzGuG 18.2; OLG Hamm, Urt. vom 27.6.1965 – 16 U 1/64 –, EzGuG 18.27; 1/10 des Baulandwerts; von einem symbolischen Wert spricht das OLG Bremen, Urt. vom 11.1.1970 – UB 13/68 a –, EzGuG 18.47.

138 BGH, Urt. vom 24.3.1959 – VI ZR 90/58 –, EzGuG 6.39; OLG Celle, Urt. vom 30.7.1959 – 7 U 23/58 –, EzGuG 6.44; BGH, Urt. vom 11.7.1963 – III ZR 133/62 –, EzGuG 6.71a.

VI Besondere Immobilienarten — Gemeinbedarfsfläche

Für den „Empfänger" unentgeltlich abgetretener Gemeinbedarfsflächen kann im Übrigen sogar der **Fall eines Unwerts** auftreten, wenn z. B.

– Entschädigungsansprüche auf den Erwerber übergehen oder

– unterlassene Instandsetzungen an baulichen Anlagen übernommen werden.

Dies kann entsprechend den Gegebenheiten des Einzelfalls durch Einrechnung solcher Kosten in den Preis berücksichtigt werden (Abb. 223).

Abb. 223: Bewertungsprinzipien für bleibenden Gemeinbedarf nach WertR

7.3.5 Bewertung nach Vorwirkungsgrundsatz

7.3.5.1 Allgemeines

644 Der Verkehrswert *künftiger* Gemeinbedarfsflächen bemisst sich nach den vorstehenden Ausführungen unter Anwendung des entschädigungsrechtlichen Vorwirkungsgrundsatzes. Bei einem sich über einen längeren Zeitraum hinziehenden Enteignungsvorgang ist ein enteignender Eingriff i.d.R. mit Sicherheit zu erwarten, wenn für das Grundstück in einem Bebauungsplan eine Gemeinbedarfsnutzung festgesetzt wird und ein ursächlicher Zusammenhang mit dem Eigentumsentzug besteht.

Im Falle einer **Änderung des Gemeinbedarfszwecks noch vor erstmaliger Übertragung des Eigentums auf eine öffentliche Hand** (Enteignungsverfahren, die sich über einen längeren Zeitraum hinziehen) ist die Änderung des Gemeinbedarfszwecks in Bezug auf die Vorwirkung nur dann unschädlich, wenn vor der Änderung im gewöhnlichen Geschäftsverkehr eine Aufhebung der öffentlichen Zweckbindung zu keiner Zeit erwartet werden konnte (**Verkettung der Vorwirkung**). In diesen Fällen wäre also auf den erstmaligen Ausschluss von der qualitativen Weiterentwicklung des Grundstücks abzustellen, weil es auf eine bestimmte öffentliche Zweckbestimmung nicht ankomme[139].

Es wird mitunter in Erwägung gezogen, die für den erstmaligen Erwerb *künftiger* Gemeinbedarfsgrundstücke geltenden Grundsätze auf den Erwerb einer bereits in die öffentliche Nutzung überführten Gemeinbedarfsfläche zu übertragen (Bornstetter Feld). Dies führt zu der Auffassung, dass sich der Wert nach dem Entschädigungswert bemisst, der bei erstmaligem

---

[139] BGH, Urt. vom 13.12.962 – III ZR 164/61 –, EzGuG 6.67; OLG Frankfurt am Main, Urt. vom 23.11.2000 – 1 U 78/98, EzGuG 18.117a;

Erwerb der Fläche für Gemeinbedarfszwecke zu entrichten war (Historisches Beschaffungswertprinzip).

7.3.5.2 Historisches Beschaffungswertprinzip

In der Praxis wird häufig die Auffassung vertreten, dass sich beim Übergang einer Gemeinbedarfsfläche auf einen anderen Träger der Preis des Grundstücks nach dessen Zustand bemisst, der beim erstmaligen Erwerb dieser Fläche ggf. unter Anwendung des Vorwirkungsgrundsatzes maßgebend war, wobei zwischenzeitliche Änderungen der allgemeinen Wertverhältnisse berücksichtigt werden (historisches Beschaffungswertprinzip). Wurde z. B. die Fläche erstmalig (vor langer Zeit) im Außenbereich zum Preis für landwirtschaftliche Flächen erworben, so würde sich der Preis für den nachfolgenden Gemeinbedarfsträger wiederum nach den heutigen landwirtschaftlichen Verkehrswerten bemessen, auch wenn zwischenzeitlich aufgrund der allgemeinen städtebaulichen Entwicklung die Bebauung an die Flächen herangerückt ist oder sie sogar bereits umschlossen hat oder die Fläche Baureife nach § 34 BauGB erlangt hat. **645**

Die Übertragung der für den Erwerb *künftiger* Gemeinbedarfsflächen entwickelten Rechtsprechung zur **„Verkettung der Vorwirkung"** (Historisches Beschaffungswertprinzip) auf sog. *„bleibende* Gemeinbedarfsflächen" führt für den „abgebenden Gemeinschaftsbedarfsträger" regelmäßig zu einem unbilligen Ergebnis. Die Praxis bedient sich deshalb in derartigen Fällen des sog. aktualisierten Beschaffungswertprinzips.

7.3.5.3 Aktuelles Beschaffungswertprinzip

Aus den vorstehenden Gründen wird das Beschaffungswertprinzip mit Nr. 5.1.1.1 WERTR dahingehend modifiziert, dass bei Anwendung des Vorwirkungsgrundsatzes auf bleibende Gemeinbedarfsflächen, die ggf. auch unter Änderung ihres Gemeinbedarfszwecks auf einen anderen Gemeinbedarfsträger übertragen werden, auch die bis zum Wertermittlungsstichtag eingetretene allgemeine städtebauliche Entwicklung berücksichtigt wird. Der Preis bemisst sich dann nach dem **Wert des Grundstücks, der sich nach Fortfall des bisherigen Gemeinbedarfszwecks, jedoch unter Anwendung des Vorwirkungsgrundsatzes für den künftigen Gemeinbedarfszweck nach den Verhältnissen am Wertermittlungsstichtag ergeben würde** (aktualisiertes Beschaffungswertprinzip)[140]. Für eine ursprünglich zu landwirtschaftlichen Preisen erworbene Fläche kann sich danach ein Bauerwartungslandpreis ergeben, wenn zwischenzeitlich eine dahingehende städtebauliche Entwicklung in der Umgebung eingetreten ist. Soweit es sich dabei um eine kleinere und nunmehr in einem im Zusammenhang bebauten Ortsteil gelegene Fläche handelt, kann sich sogar die Qualität baureifes Land ergeben. Der Erwerber wird bei Anwendung dieses Prinzips so gestellt, wie er am Wertermittlungsstichtag bei erstmaligem Erwerb auch sonst stehen würde. Der Veräußerer partizipiert demgegenüber an der allgemeinen städtebaulichen Entwicklung, ohne dass er planungsbedingte Werterhöhungen in Anspruch nimmt. **646**

Vorstehende Grundüberlegungen liegen auch der **Nr. 5.1.1.1 WERTR** zugrunde: **647**

„Der Wert einer Gemeinbedarfsfläche einschließlich solcher, die unter Änderung der öffentlichen Zweckbindung einem anderen Gemeinbedarf zugeführt werden soll (z. B. Konversionsflächen), bemisst sich vorbehaltlich des unter Nr. 5.1.1.3 geregelten Falles nach dem Entwicklungszustand, der sich bei ersatzlosem Wegfall der bisherigen öffentlichen Zweckbindung (z. B. militärische Nutzung) aufgrund der allgemeinen Situationsgebundenheit (Umgebungssituation einschließlich deren Planungsrechte, Lage, Erschließungszustand, verkehrliche Anbindung, wirtschaftlich und städtebaulich sich aufdrängende Nutzbarkeit baulicher Anlagen) für das Grundstück ergibt (aktualisiertes Beschaffungswertprinzip). Der Wertermittlung sind der Entwicklungszustand und die Lagemerkmale unmittelbar vor dem Zeitpunkt, zu dem das Grundstück infolge der künftigen öffentlichen Zweckbestimmung von der konjunkturellen Weiterentwicklung ausgeschlossen worden ist, zugrunde zu legen.

Wertänderungen, insbesondere Wertverbesserungen aufgrund von Erschließungsmaßnahmen, die der ‚weichende' Eigentümer durchgeführt oder durch entsprechende Beiträge entgolten hat, sind zu berück-

---

[140] Die diesbezügliche Ergänzung der WERTR fand die Billigung des Deutschen Städtetags und wurde in Abstimmung mit dem Deutschen Städtetag 1994 eingeführt (vgl. Schreiben des Deutschen Städtetags vom 17.1.1994 [AktZ 61.05.70/ 62.63.30; Umdruck H 4814]).

VI Besondere Immobilienarten — Gemeinbedarfsfläche

sichtigen, soweit sie im Rahmen einer geordneten städtebaulichen Entwicklung unter wirtschaftlichen Gesichtspunkten der künftigen Gemeinbedarfsnutzung dienlich sein können.

Soweit Gemeinbedarfsflächen ausnahmsweise einen nicht unwesentlichen nachhaltigen Ertrag bringen, kann der Wert auf der Grundlage des Reinertrags ermittelt werden. Öffentliche Gebühren sind nicht als Erträge zu berücksichtigen."

Abb. 224: Aktualisiertes und historisches Beschaffungswertprinzip

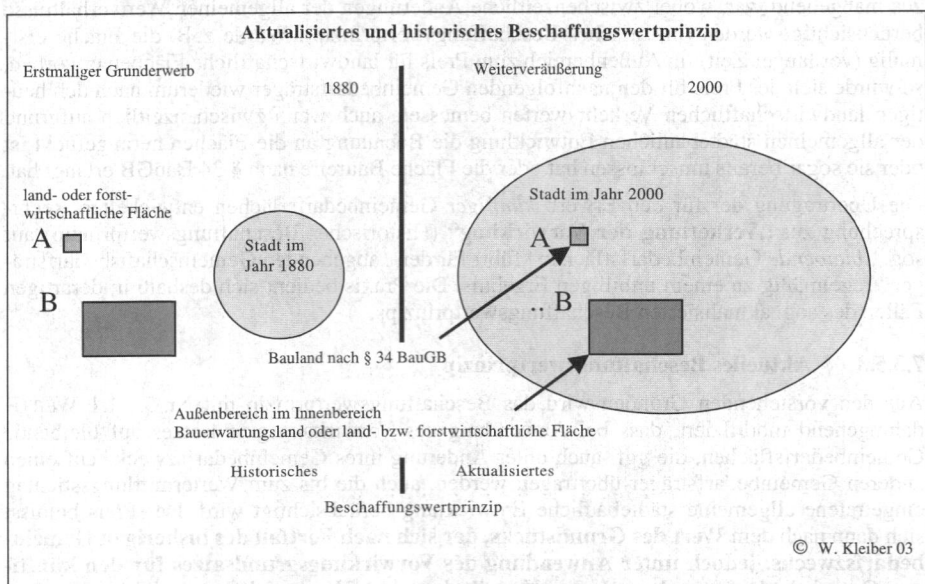

7.3.6 Ersatzbeschaffungsprinzip

648 Soweit mit der Aufgabe der bisherigen Gemeinbedarfsnutzung **Ersatzbeschaffung geboten** ist (Verlagerungsfall), entspricht es nach der hier vertretenen Auffassung i.d.R. allgemeinen Grundsätzen der Billigkeit, wenn als Preis der zu übertragenden Gemeinbedarfsfläche die **Kosten** angesetzt werden, **die der Verkäufer unter vernünftiger Mitwirkung aufbringen müsste, um die bisher ausgeübte Nutzung an anderer Stelle fortzusetzen.** Vor- und Nachteile sind dabei in entsprechender Anwendung des § 5 LBG auszugleichen. Bei der Ermittlung des Verkehrswerts des Ersatzgrundstücks können die allgemeinen Grundsätze der Verkehrswertermittlung Anwendung finden[141]. Soweit dabei vormals privatwirtschaftlich nutzbare Grundstücke einer öffentlichen Zweckbindung unterworfen werden, sind die Ausführungen unter Rn. 537 ff. zu beachten. Im Ergebnis hält sich bei dieser Betrachtungsweise der abgebende Gemeinbedarfsträger schadlos, während der künftige Gemeinbedarfsträger als Preis die Kosten zu entrichten hat, die durch die Übernahme der Gemeinbedarfsflächen verursacht werden.

Nr. 5.1.1.2 WERTR:

„Ist Ersatzbeschaffung geboten, so sind anstelle des Verkehrswertes der in Anspruch genommenen Fläche die notwendigen Kosten eines etwa bereitgestellten Grundstücks im Rahmen gleichartiger, gleichwertiger, u.U. auch fiktiver Maßnahmen zugrunde zu legen. Gesetzliche Bestimmungen über den Umfang der Ersatzbeschaffung sind zu berücksichtigen, Vor- und Nachteile sind auszugleichen."

Ist eine Ersatzlandbeschaffung nicht erforderlich, wird mitunter gleichwohl von fiktiven Maßnahmen ausgegangen **(fiktives Ersatzbeschaffungsprinzip)**. Dies kann allerdings für den

---

141 BGH, Urt. vom 12.10.1970 – III ZR 117/67 –, EzGuG 2.10.

Erwerber unbillig sein, wenn nämlich aufgrund der örtlichen Verhältnisse die Ersatzlandbeschaffung im Vergleich zu dem in der abzugebenden Gemeinbedarfsfläche investierten Kapital unverhältnismäßig hohe Kosten verursachen würde. Zur Vermeidung einer unbilligen Bereicherung des Veräußerers kann die Grenze bei dem Verkehrswert gezogen werden, den der veräußernde Gemeinbedarfsträger beim erstmaligen Erwerb dieser Fläche unter Berücksichtigung zwischenzeitlicher Änderungen in den allgemeinen Wertverhältnissen hätte aufbringen müssen (vgl. Rn. 532).

Bei Anwendung des Ersatzbeschaffungsprinzips ist ggf. ein **Abzug im Hinblick auf „neu für alt"** zu berücksichtigen, denn sonst würde der Entschädigte besser als vorher gestellt sein (Äquivalenzprinzip)[142].

In den bisherigen Ausführungen ist davon ausgegangen worden, dass eine Gemeinbedarfsfläche ausschließlich einer Nutzung für öffentliche Zwecke vorbehalten ist. In einer Reihe von Fällen ist aber nicht auszuschließen, dass die vorgegebene Nutzung auch von einem privaten Bedarfsträger mit **eingeschränkter Rendite** ausgeübt wird. In diesen Fällen lässt sich der Wert dieser Flächen auf der Grundlage der eingeschränkten Rendite ermitteln, wobei die sich für einen privaten Bedarfsträger ergebenden Vor- und Nachteile angemessen berücksichtigt werden müssen. Öffentliche Gebühren sind dabei nicht als Erträge berücksichtigungsfähig[143]. **649**

7.3.7 Bebaute Gemeinbedarfsgrundstücke

Schrifttum: *Skindelies/Höhn,* Der Mietwert einer Ersatzschule, GuG 2000, 363.

▶ *Zur Verfahrenswahl bei bebauten Grundstücken vgl. § 8 ImmoWertV Rn. 86*

Das Sachwertverfahren steht bei vielen Sachverständigen auch dann noch im Vordergrund, wenn für ein bebautes Gemeinbedarfsgrundstück die **öffentliche Zweckbindung in der bestehenden oder einer abgewandelten Form erhalten bleiben soll.** Das Sachwertverfahren kann in solchen Fällen sachgerecht sein. In vielen Fällen muss man aber bei dieser Fallkonstellation dem Ertragswertverfahren Vorrang einräumen, insbesondere, wenn – wie die Praxis zeigt – der Sachwert weitaus höher als der Ertragswert ausfällt. **650**

Nr. 3.1.2.2 WERTR bestimmt dagegen:

„Auch bei Grundstücken, die öffentlichen Zwecken vorbehalten bleiben sollen (vgl. Nr. 5.1.1) ist das Ertragswertverfahren insbesondere geeignet, wenn für die öffentliche Hand alternativ eine Anmietung in Betracht kommen würde.

Dabei ist von der Ertragssituation vergleichbarer baulicher Anlagen auszugehen z.B.:

— *für Verwaltungsgebäude: Erträge einer Büronutzung vergleichbarer Qualität,*

— *für Kinderheime, Kindergärten, Freizeitzentren, Kindererholungsheime: vergleichbare privatwirtschaftliche Einrichtungen,*

— *für Schulen: Erträge aus vergleichbaren oder anderen dafür in Betracht kommenden gewerblich genutzten Objekten.*

Steht danach die Anwendung des Ertragswertverfahrens im Vordergrund, kann es gleichwohl geboten sein, das Sachwertverfahren unterstützend heranzuziehen. Dabei muss insbesondere eine eingeschränkte wirtschaftliche Nutzbarkeit der baulichen Anlage z.B. durch eine wirtschaftliche Überalterung nach § 25 WertV (=§ 8 Abs. 3 ImmoWertV) berücksichtigt werden; dies gilt insbesondere bei der Umnutzung ehemaliger Gemeinbedarfsanlagen, z.B. bei militärisch genutzten baulichen Anlagen für privatwirtschaftliche Zwecke (z.B. Wohnen, Gewerbe, Industrie; vgl. Nr. 5.1.2)."

Die Regelung ist darin begründet, dass der erwerbswillige Gemeinbedarfsträger vor die Wahl gestellt ist, ein Objekt anzumieten oder auf der Grundlage des Sachwerts zu kaufen. Vernünftiges wirtschaftliches Handeln vorausgesetzt, würde er sich zur Anmietung entschließen, wenn der Sachwert höher als der Ertragswert ausfällt. Dies ist erfahrungsgemäß regelmäßig

---

142 OLG Celle, Urt. vom 30.7.1959 – 7 U 23/58 –, ZMR 1959, 357 = EzGuG 6.44.
143 Nr. 6.3.3.2 WERTR (a.a.O.).

VI Besondere Immobilienarten — Gemeinbedarfsfläche

der Fall. Dieses Kriterium muss deshalb für die Wahl des Wertermittlungsverfahrens in solchen Fällen ausschlaggebend sein. Etwas anderes mag gelten, wenn eine Anmietung nicht in Betracht kommt und der erwerbswillige Gemeinbedarfsträger zur Errichtung einer öffentlichen Zwecken dienenden Anlage „gezwungen" ist[144]. In diesem Fall können ihm bei der Bemessung eines „gerechten Kaufpreises" **Ersparnisse eigener Herstellungskosten** entgegengehalten werden, soweit die bauliche Anlage ganz oder teilweise und ggf. unter Berücksichtigung von Umnutzungskosten Verwendung finden kann.

Bei Anwendung des Ertragswertverfahrens auf bebaute Gemeinbedarfsgrundstücke gilt es, eine Reihe von **Besonderheiten** zu beachten:

a) Bei verbilligter Abgabe des Grund und Bodens muss ein mit dem privatwirtschaftlichen Reinertrag korrespondierender Bodenwert zum Ansatz kommen.

Beispiel:

- Der Grund und Boden wurde verbilligt abgegeben mit   500 000 €
- Der Bodenwert vergleichbarer privatwirtschaftlicher Grundstücke betrage   1 000 000 €
- Der Jahresreinertrag bei privatwirtschaftlicher Nutzung betrage   800 000 €
- Restnutzungsdauer   30 Jahre
- Liegenschaftszinssatz   6 %
- Vervielfältiger   13,76

Richtig		Falsch	
BW	1 000 000 €	BW	500 000 €
RE	800 000 €	RE	800 000 €
BW × p	− 60 000 €	BW × p	− 30 000 €
RE − (BW × p)	740 000 €	RE − (BW × p)	770 000 €
(RE − BW × p) × V	10 182 400 €	(RE − BW × p) × V	10 595 200 €
+ BW	500 000 €	+ BW	500 000 €
= EW	10 682 400 €	= EW	11 095 200 €

$\Delta = 412\,800\;€$

Der Unterschied „frisst" die gewährte Verbilligung nahezu vollständig auf.

Die Vorgehensweise ist unter **Nr. 3.5.5 WERTR** Buchstabe c ausdrücklich vorgegeben und darin begründet, dass die privatwirtschaftlich erzielbaren Reinerträge auch nur mit dem privatwirtschaftlich „vollen" Bodenwert kombiniert werden dürfen, weil sonst der Gebäudeertragswert aufgrund des geringen Bodenwertverzinsungsbetrags unangemessen wäre. Im Ergebnis muss hier mit „gespaltenen Bodenwerten" gearbeitet werden:

Die empfohlene Anwendung des Ertragswertverfahrens für Gemeinbedarfsgrundstücke auf der Grundlage von Erträgen, die im privatwirtschaftlichen Bereich üblich sind und die Vorhaltung hochwertigen Baulands erfordern, kann dann zu einer Kombination mit einem sehr niedrigen und der baulichen Nutzung nicht korrespondierenden Bodenwert führen, so z. B., wenn eine im Außenbereich gelegene Kaserne zu bewerten ist und sich der Wert des Grund und Bodens am Bauerwartungslandwert orientiert. Auch in diesem Fall muss, wenn die Verkehrswertermittlung zu vernünftigen Ergebnissen führen soll, der **mit den angesetzten Ertragsverhältnissen korrespondierende (fiktive) Bodenwert der Ermittlung des Bodenwertverzinsungsbetrags zugrunde gelegt** werden, während ansonsten der nach dem aktualisierten Beschaffungswertprinzip ermittelte Bodenwert maßgeblich ist (gespaltene Bodenwerte).

---

[144] BGH, Urt. vom 12.10.1970 – III ZR 117/67 –, EzGuG 2.10.

Gemeinbedarfsfläche   **Besondere Immobilienarten VI**

$$EW = (RE - BW \times p) \times V + BW$$

- BW (rechts): verbilligter Bodenwert
- BW (links): Bodenwert unter Berücksichtigung einer privatwirtschaftlichen Nutzung
- RE: Reinertrag unter Berücksichtigung einer privatwirtschaftlichen Nutzung

b) Entsprechendes gilt auch, wenn der unter Anwendung des aktualisierten Beschaffungswerts ermittelte Bodenwert niedriger als der privatwirtschaftliche Bodenwert ausfällt.

c) Bei entsprechend langer Restnutzungsdauer ist der Ansatz des „richtigen" Bodenwerts bedeutungslos.

Beispiel (Schule, Rathaus usw.)

Grundsätzlich ist auch bei der Verkehrswertermittlung von bebauten Gemeinbedarfsgrundstücken von dem Reinertrag auszugehen, der bei privatwirtschaftlicher Nutzung erzielt werden könnte, und das Ertragswertverfahren findet nach allgemeinen Grundätzen Anwendung.

Als Besonderheit ist nach vorstehenden Grundsätzen allein zu berücksichtigen, dass bei **Anwendung des zweigleisigen Ertragswertverfahrens der Bodenwertverzinsungsbetrag auf der Grundlage des korrespondierenden Bodenwerts** eines **entsprechend privatwirtschaftlich nutzbaren Grundstücks abgesetzt werden** und die Nutzungsbindung außer Betracht bleiben muss. Abzulehnen ist die Praxis, den Bodenwertverzinsungsbetrag auf der Grundlage eines geminderten Bodenwerts, z.B. mit 50 v.H. des Bodenrichtwerts der umliegenden Grundstücke, anzusetzen, da dies im Verhältnis zu einem gleichartig bebauten, aber privatwirtschaftlich genutzten Gebäudes zu übersetzten Gebäudeertragswerten führen muss (vgl. Syst. Darst. des Ertragswertverfahrens Rn. 183 ff.).

▶ *Zur Verfahrenswahl bei bebauten Grundstücken vgl. § 8 ImmoWertV Rn. 86*

7.3.8 Gemeinbedarfsgrundstücke in der Bilanzbewertung

Schrifttum:

Bilanzrecht: *Adler/Düring/Schmalz*, Rechnungslegung und Prüfung der Unternehmen. Kommentar zum HGB, AktG, GmbHG, PublG nach den Vorschriften des Bilanzrichtlinien-Gesetzes. 6. Aufl., Stuttgart 1995–2001; *Berger, A., Ring, M.*, Erläuterungen zu § 253 HGB, In: Beck'scher Bilanzkommentar. Handels- und Steuerrecht – §§ 238–339 HGB. 5. Aufl., München 2003; *Bolsenkötter, H.* unter Mitwirkung von Boehnert, H., Detemple, P., Heck, Ch., Marettek, Ch., Pittelkow M., Schmidt, A., Integriertes öffentliches Rechnungswesen – Konzeption einer Neugestaltung der Rechnungslegung und des Rechnungswesens öffentlicher Gebietskörperschaften, Frankfurt am Main 2000; *Bolsenkötter, H., Detemple, P., Marettek, Ch.*, Die Eröffnungsbilanz der Gebietskörperschaft, Frankfurt 2002; *Bolsenkötter, H., Detemple, P., Marettek, Ch.*, Bewertung des Vermögens in der kommunalen Eröffnungsbilanz, In: der gemeindehaushalt 2002, 154 ff.; *Brixner, H. C., Harms, J., Noe, H.*, Verwaltungs-Kontenrahmen, München 2003; *Dahlheim, N., Günther, Th., Schill, O.*, Verrechnungspreise in der Kosten- und Erlösrechnung, Fallstudie im Schulverwaltungsamt in Dresden, in: Kostenrechnungspraxis 2001, 243 ff.; *Detemple, P., Marettek, Ch.*, Konzernabschlüsse für Gebietskörperschaften, Konzeptionelle Grundlagen. Zeitschrift für öffentliche und gemeinwirtschaftliche Unternehmen (ZögU) 3(2000), 277 ff.; *Detemple, P. Marettek, Ch.*, Bewertung öffentlicher Unternehmen, Bericht über die am 13.4.2000 in Solingen durchgeführte Fachtagung (Tagungsband); *Detemple, P., Heck, Ch., Marettek, Ch,*. Kommunales Immobilienmanagement, Herausforderungen und Chancen, Verwaltung und Management 2002, 279 ff.; *Detemple, P., Marettek, Ch.*, Status Quo des Immobilienmanagements in den 83 deutschen Großstädten, Erste Ergebnisse des PwC-Forschungsprojekts, in: Verwaltung und Management 2004, 29 ff.; *Diemer, R.*, Neukonzeption des kommunalen Rechnungswesens, Wiesbaden 1996; *Dörschell, A., Schulte, J.*, Bewertungen von Beteiligungen für bilanzielle Zwecke, in: DB, 2002, 1669 ff.; *Forstnds (2003):* Waldbewertungsrichtlinien des Landes Niedersachsen (WBR 86) i. d. F. vom Juli 2003, download: www.forstnds.de/angebot/wbrforstnds/wbrpdf/pdflist.htm; *Freytag, D.*, Stadtkämmerer Brühl, Vermögensbewertung Immobilien, Vortrag zum NKF-Abschlusskongress Düsseldorf-Rheinterrassen am 5.11.2003, *Birgit Frischmuth*, Zur beschlossenen Reform des Gemeindehaushaltsrechts, Zeitschrift für Kommunalfinanzen 2004, 57 ff.; *Gemeinde Hiddenhausen*, Vorgehensweise bei der Straßenbewertung, Hiddenhausen 2003, in: www.neues-kommu-

VI Besondere Immobilienarten Gemeinbedarfsfläche

nales-finanzmanagement.de (Umsetzungstagebuch); Bilanzierungsfragen bei Zuwendungen, dargestellt am Beispiel finanzieller Zuwendungen der öffentlichen Hand; *Häfner, Ph.,* Doppelte Buchführung für Kommunen nach dem NKF, Freiburg 2002; *Hessisches Ministerium der Finanzen (Hrsg.),* Kontierungshandbuch Verwaltungskontenrahmen, 5. Aufl., Wiesbaden, Stand 01/2004 (Entwurf); *Hessisches Ministerium der Finanzen (Hrsg.),* Methodenkonzept – Budgetierung und betriebswirtschaftliche Steuerungselemente für die Landesverwaltung Hessen, Wiesbaden, 1999; *Institut der Wirtschaftsprüfer in Deutschland e. V. (Hrsg.),* Stellungnahme HFA 1/1984; *Institut der Wirtschaftsprüfer in Deutschland e. V. (Hrsg.),* IDW Standard: Grundsätze zur Durchführung von Unternehmensbewertungen (IDW S 1), in: WPg 2000, 825 ff.; *Institut der Wirtschaftsprüfer in Deutschland e. V.,* Entwurf IDW Stellungnahme zur Rechnungslegung: Rechnungslegung der öffentlichen Verwaltung nach den Grundsätzen der doppelten Buchführung (IDW ERS ÖFA 1), in: WPg 2001, 1405 ff.; *IMK-Beschl.* vom 21.11.2003, Beschlussniederschrift über die 173. Sitzung der Ständigen Konferenz der Innenminister und -senatoren der Länder am 21.11.2003 in Jena sowie Presseerklärung zur Sitzung vom 20. und 21. November 2003. Download z. B. unter: www.im.baden-wuerttemberg.de (Starke Kommunen, Neues Rechnungswesen); *IMK (2003a):* Reform des Gemeindehaushaltsrechts: von einem zahlungsorientierten zu einem ressourcenorientierten Haushalts- und Rechnungswesen, Anlage 1 zum IMK-Beschl. vom 21.11.2003 (erarbeitet vom Arbeitskreis III Kommunale Angelegenheiten der IMK). Download z. B. unter: www.im.baden-wuerttemberg.de (Starke Kommunen, Neues Rechnungswesen); *IMK (2003b):* Anl. 2 zum IMK-Beschl. vom 21.11.2003, Gemeindehaushaltsverordnung für ein doppisches Haushalts- und Rechnungswesen (erarbeitet vom Arbeitskreis III Kommunale Angelegenheiten der IMK). Download z. B. unter: www.im.baden-wuerttemberg.de (Starke Kommunen, Neues Rechnungswesen); *IMK (2003c):* Anl. 3 zum IMK-Beschluss vom 21.11.2003, Synopse zur Gemeindehaushaltsverordnung für ein doppisches Haushalts- und Rechnungswesen (erarbeitet vom Arbeitskreis III Kommunale Angelegenheiten der IMK). Download z. B. unter: www.im.baden-wuerttemberg.de (Starke Kommunen, Neues Rechnungswesen); *IMK (2003d):* Anl. 4 zum IMK-Beschl. vom 21.11.2003, Gemeindehaushaltsverordnung für die erweiterte Kameralistik (erarbeitet vom Arbeitskreis III Kommunale Angelegenheiten der IMK). Download z. B. unter: www.im.baden-wuerttemberg.de (Starke Kommunen, Neues Rechnungswesen); *Kämpfer, G.,* Die Rechnungslegung privater Konzerne als Bezugsrahmen für öffentliche Verwaltungen, in: Reform des öffentlichen Rechnungswesens. Festschrift zum 65. Geburtstag von Prof. Dr. Klaus Lüder, Wiesbaden 2000, 323 ff.; *Kommunale Gemeinschaftsstelle für Verwaltungsvereinfachung (KGSt),* Auf dem Weg in das Ressourcenverbrauchskonzept. Die kommunale Bilanz – Erste Überlegungen und Empfehlungen. Bericht 7/1997, Köln 1997; *Kommunale Gemeinschaftsstelle für Verwaltungsvereinfachung (KGSt),* Abschreibungssätze in der Kommunalverwaltung. Bericht 1/1999, Köln 1999; *Klee, B.,* Erfassung und Bewertung des Vermögens, Rückstellungen, Reform des Gemeindehaushaltsrechts, Informationsveranstaltungen am 18.11. und 27.11.2002, Vortrag des Referatsleiters im Landkreisamt Rhein-Neckar-Kreis in Heidelberg; *Körner, H.,* Neues Kommunales Rechnungs- und Steuerungssystem – Grundlagen der Entwicklung eines doppischen Rechnungs- und Haushaltswesens, Nürnberg 2000. *Körner, H., Meidel, H.,* Neues Kommunales Rechnungs- und Steuerungssystem, Grundlagen und Praxis kommunaler Vermögensbewertung, Nürnberg 2003; *Kreissparkasse Köln (2002):* Doppischer Kommunalhaushalt in der Erprobung, Gemeinschaftsprojekt der Kreissparkasse Köln sowie der Kommunen Bergisch Gladbach, Brühl, Engelskirchen, Wesseling, Erftkreis und Rheinisch-Bergischer Kreis, Leitfaden zur Bewertung des kommunalen Vermögens für die Eröffnungsbilanzierung im Rahmen der Einführung eines doppischen Kommunalhaushaltes, Köln, Bearbeitungsstand Oktober 2002; *Kreis Gütersloh,* Finanzen und Controlling, Vorgehensweise Straßenbewertung beim Kreis Gütersloh, Gütersloh 2002, in: www.neues-kommunales-finanzmanagement.de (Umsetzungstagebuch); *Lüder, K., Hinzmann, Ch., Kampmann, B., Otte, R.,* Vergleichende Analyse öffentlicher Rechnungssysteme – Konzeptionelle Grundlagen für das staatliche Rechnungswesen mit besonderer Berücksichtigung der Bundesrepublik Deutschland, Speyer 1991; *Lüder, K.,* Konzeptionelle Grundlagen des Neuen Kommunalen Rechnungswesen (Speyerer Verfahren), 2. Aufl., Stuttgart 1999; *Lüder, K., Behm, Ch., Cordes, U.* Praxiseinführung des Neuen Kommunalen Rechnungswesens (Speyerer Verfahren) – Dokumentation des Modellprojekts „Wiesloch" –, Stuttgart 1998; *Lüder, K., Jones, J.,* Reforming Governmental Accounting and Budgeting in Europe (Hrsg. PwC Deutsche Revision), Frankfurt 2003; *Marettek, Ch.,* Konzept eines integrierten Rechnungswesens, in: Finanzwirtschaft 2003, S. 32–36; *Modellprojekt „Doppischer Kommunalhaushalt in NRW" (Hrsg.):* Neues Kommunales Finanzmanagement, Betriebswirtschaftliche Grundlagen für das doppische Haushaltsrecht, 2. Aufl. Freiburg u. a. 2003; *Neufang,* Anschaffungs- und Herstellungskosten von Gebäuden – Ein Vergleich der Rechtsprechung des BFH und der Verwaltungsauffassung, BB 2004, S. 78.; *NKFG NRW (2004):* Gesetz über ein Neues Kommunales Finanzmanagement für Gemeinden im Land Nordrhein-Westfalen *(Kommunales Finanzmanagementgesetz NRW – NKFG NRW),* Entwurf, Stand Februar 2004; *PwC (2003):* Vergleich der Immobilienbewertung ausgewählter Grundstücke in den Bundesländern Baden-Württemberg, Hessen und Nordrhein-Westfalen, Studie im Auftrag des Instituts der Wirtschaftsprüfer für die Innenministerkonferenz, Download: www.pwc.com/Extweb/pwcpublications.nsf/docid/A125157AB23039C380256D66005449D7; *Rahe, Ch.*, Zur Einführung des NKR-Konzepts unter besonderer Berücksichtigung der Vermögensbewertung, dargestellt am Beispiel der Stadt Salzgitter (Niedersachsen), der gemeindehaushalt 2003, 217–221; *Ruhr, R.*, Erstellung einer Eröffnungsbilanz für Kommunen: Erfahrungen bei der Stadt Micherstadt, in: Rechnungswesen und Controlling in der öffentlichen Verwaltung 2003, S. 2/399–2/426; *Siepe, G., Dörschell, A., Schulte, J.*, Der neue IDW Standard: Grundsätze zur Durchführung von Unternehmensbewertungen (IDW, S. 1), WPg 2000, S. 946–960; *Stadt Brühl, Stadt Dortmund, Landeshauptstadt Düsseldorf, Stadt Moers, Stadt Münster, Innenministerium Nordrhein-Westfalen, Mummert+Partner Unternehmensberatung AG*, Das doppische Haushaltswesen im Neuen Kommunalen Finanzmanagement, Ziele – Zusammenfassung des Konzepts – Praxiserprobung, Düsseldorf 2000; *Stadt Salzgitter/PricewaterhouseCoopers Corporate Finance Beratung GmbH*: Handbuch zur Erfassung und Bewertung der Immobilien der Stadt Salzgitter, download unter www.salzgitter.de (Modellprojekt Doppik); *Stadtkämmerei der Stadt Dortmund*, Leitfaden zur Zeitwertermittlung des Sachanlagevermögens der Stadt Dortmund für die Eröffnungsbilanzierung im Rahmen des Modellprojekts zur Einführung des doppischen Kommunalhaushalts in Nordrhein-Westfalen, download: www.neues-kommunales-finanzmanagement.de/umsetzungstagebuch/abschnitt_32.html; *Trappmann, H.*, Bewertungsvereinfachungsverfahren für Grundstücke zulässig?, in DB 1996, 391 ff.; *Vogelpoth, N.*, Integriertes öffentliches Rechnungswesen, in: Verwaltung und Management 2001, S. 24–31; *Vogelpoth, V./ Dörschell, A.*, Internationale Rechnungslegungsstandards für öffentliche Verwaltungen – Das IPSAS-Projekt des IFAC Public Sector Committee –, WPg 2001, 752ff. ; *Vollmer-Zimmermann, M.*, Die geplante Bewertung des Vermögens in der kommunalen Eröffnungsbilanz in NRW, in: der gemeindehaushalt 2001, 265 ff. *Zwehl, W.*, Kameralistik ade! Zur Eröffnungsbilanz eines Eigenbetriebes, in: Baetge u. a. (Hrsg.), Rechnungslegung, Prüfung und Beratung, Festschrift für R. Ludewig, Düsseldorf 1996, S. 1148 ff.; *Windmöller, R.*, Ansatz und Bewertung von Vermögen und Verbindlichkeiten in der Eröffnungsbilanz der neu gestalteten öffentlichen Rechnungslegung. Finanzpolitik und Finanzkontrolle – Partner für Veränderung. Gedächtnisschrift für Udo Müller, Baden-Baden 2002, S. 167 ff.

Die in der Bilanzbewertung vorherrschende Sachwertermittlung (vgl. z. B. IDW ERS ÖFA 1 Abs. 29 f.) wird damit begründet, dass der **Substanzwert die „Nutzungsstiftung für den Bürger" abbildet** und die Grundstücke den Wert hätten, den die Herstellung der baulichen Anlagen kostet. Die mit dieser Begründung ermittelten Sachwerte geben aber ein trügerisches Bild über die Vermögenslage der öffentlichen Hand, denn die ermittelten Sachwerte haben i.d.R. mit dem Marktwert (Verkehrswert) und auch mit dem beizulegenden Zeitwert wenig gemein[145].

Die **Bewertung aus Anlass der Rechnungslegung der öffentlichen Hand** stellt einen Sonderfall dar. Die Bewertung erfolgt zu diesem Zweck in erster Linie nach Anschaffungs- bzw. Herstellungskosten oder Ersatzwerten nach Maßgabe entsprechender Bewertungsrichtlinien[146]. Ihnen liegt der Beschluss der Ständigen Konferenz der Innenminister[147] zugrunde, nach dem der Haushalt auf die doppelte Rechnungsführung („Doppik") umgestellt werden soll, um zu einer zutreffenden Abbildung der „tatsächlichen Vermögens-, Finanz- und Ertragslage" zu gelangen. Da bei öffentlich genutzten Immobilien eine unmittelbare Ableitung des Zeitwerts aus zeitnah vereinbarten Kaufpreisen i.d.R. nicht möglich ist, wird der Zeitwert in den Fällen, in denen eine Anwendung des Ertragswertverfahrens mangels nachhaltiger Erträge nicht möglich ist, i.S. des Rekonstruktionsgedankens durch die Bewertung nach Wiederbeschaffungs-/Wiederherstellungskosten zugelassen. Mit der weitgehenden Übernahme des handelsrechtlichen Bilanzierungsrechts können die Eröffnungsbilanzwerte nach den Grundsätzen des HGB fortgeschrieben werden. Die Eröffnungsbilanzwerte von Gebäuden werden als abnutzbares Anlagevermögen durch planmäßige Abschreibungen auf die Restnutzungsdauer des jeweiligen Vermögensgegenstandes verteilt.

Um für öffentliche Immobilien den „tatsächlichen Vermögenswert" in Gestalt des Verkehrswerts/Marktwert zu ermitteln, wird überwiegend das Sachwertverfahren angewendet. Die Begründung des Sachwertverfahrens mit dem Hinweis darauf, dass eigengenutzte Grundstücke im Sachwertverfahren zu bewerten seien, ist nicht belastbar, da die „Eigennutzung" schon

---

145 Vgl. GuG-aktuell 2006,1.
146 Erfassung und Bewertung kommunalen Vermögens (Bewertungsrichtlinien – BewertR), Bek. Des Bay Staatsministeriums des Innern vom 29.9.2008 – IB4 – 1516-35 –, Bay AllMBl. 2008, 558.
147 Beschluss der Ständigen Konferenz der Innenminister in: Der Gemeindehaushalt, 2004, 36 ff. „Von einem zahlungsorientierten zu einem ressourcenorientierten Haushalts- und Rechnungswesen".

VI Besondere Immobilienarten — Gemeinbedarfsfläche

seit langem keine Rechtfertigung für die Anwendung des Sachwertverfahrens ist. Darüber hinaus sprechen auch fehlende Vergleichsdaten dagegen, denn für die Durchführung dieses Verfahrens ist die Anwendung marktkonformer Marktanpassungsfaktoren (§ 8 Abs. 2 ImmoWertV) unverzichtbar, um über den Sachwert zum Verkehrswert (Marktwert) und damit zu Aufschlüssen über die „tatsächlichen Vermögensverhältnisse" zu gelangen, und die können eben nur aus tatsächlich getätigten Verkaufsfällen abgeleitet werden.

In einem Gutachten des ifo-Institut für Wirtschaftsforschung e.V. an der Universität München[148] wurde das gesamte Immobilienvermögen der Gemeinden Baden-Württembergs (Anfang 2003) auf der Grundlage des Wiederbeschaffungswerts sämtlicher Bauten und des Grundstückswerts auf 7.217 Mrd. € geschätzt. Sinn und Zweck der Aktion ist mehr als fragwürdig, denn die „tatsächlichen Vermögenswerte" spiegeln sich darin jedenfalls nicht wider und so muss das Ergebnis der Sachwertermittlung eine Illusion sein. Die öffentliche Hand rechnet sich so reich; wenn es jedoch an die Sanierung der Haushalte durch Veräußerung eben dieser Immobilien ginge, müsste man schnell erkennen, dass z.B. beim Verkauf einer unterhaltungsaufwendigen Straße keine Einnahmen erzielt werden könnten – das Beispiel ließe sich an anderen öffentlich genutzten Grundstücken beliebig fortsetzen. Wenn gleichwohl das öffentliche Vermögen im großen Stile im Sachwertverfahren bewertet wurde, so gibt das Ergebnis jedenfalls nicht die „tatsächlichen" Vermögensverhältnisse wieder. Die auf der Grundlage des Sachwertverfahrens ermittelten „Zeitwerte" sind also nicht dem Marktwert (Verkehrswert) gleichzusetzen, denn die Werte sind im Falle der Immobilienveräußerung nicht realisierbar.

Die Anwendung des Sachwertverfahrens lässt sich hilfsweise aus dem Gesichtspunkt der Daseinsvorsorge begründen: Für das Gemeinwesen bildet sich der Verkehrswert einer Gemeinbedarfsfläche nicht im Ertrag der Immobilie, sondern in der Eignung der Immobilie für die von ihr zu erbringende öffentliche Leistung. Diese lässt sich durch die Kosten erfassen, die zur Herstellung erbracht werden, also durch den Sachwert, auch wenn er im Veräußerungsfall nicht erzielt werden kann.

7.4 Künftiger Gemeinbedarf

7.4.1 Allgemeines

▶ *Zur Verfahrenswahl vgl. § 8 ImmoWertV Rn. 142 ff.; zur Bewertung von Gemeinbedarfsflächen in Umlegungsgebieten vgl. Teil VII Rn. 100 ff.; zur Erhebung von Ausgleichsbeträgen für Gemeinbedarfsflächen vgl. Teil VIII Rn. 537 ff.*

652 Flächen, die aufgrund von rechtsverbindlichen Festsetzungen z. B. in einem Bebauungsplan, aber auch in Fachplanungen (erstmalig) einer öffentlichen Zweckbindung unterworfen worden sind, können zugunsten des Bedarfsträgers im Wege der Enteignung erworben werden. Die **für die Bemessung der Enteignungsentschädigung maßgeblichen Grundsätze müssen** deshalb grundsätzlich **bei der Bewertung dieser Flächen Beachtung finden.** Dies gilt für den Fall des Erwerbs solcher Flächen durch den Bedarfsträger gleichermaßen wie für den Fall des Erwerbs durch einen Dritten. Auch das angemessene Angebot zur Vermeidung einer Enteignung muss sich an der zu gewährenden Entschädigung ausrichten. Dabei ist Gegenstand der Enteignungsentschädigung nicht nur die Entschädigung für den Rechtsverlust des Grundstücks (Verkehrswert), sondern auch die Entschädigung für sonstige Vermögensnachteile (Folgeschäden), die mit dem Substanzverlust verbunden sind (vgl. Teil VII Rn. 152 ff.).

---

[148] Die volkswirtschaftliche Bedeutung der Immobilienwirtschaft, München 2005

Abb. 225: Entschädigung

Maßgebliche Entschädigungsvorschrift zur Bemessung der **Vermögensnachteile (Folgeschäden)** ist § 96 BauGB.

Rechtsgrundlage zur Bemessung des **Vorteilsausgleichs** ist § 93 Abs. 3 BauGB: Die Anrechnung von Vermögensvorteilen wird in der Praxis durch den Gleichheitsgrundsatz (Art. 3 GG) eingeschränkt, d.h., sie darf nicht zu einem Sonderopfer führen. 653

Der BGH[149] hat in seiner Rechtsprechung vom 11.6.1970 bei der Ermittlung der Entschädigung als Anhaltspunkt den Betrag gewählt, den der Grundeigentümer als Notwegerente erhalten könnte. Dabei ging es aber speziell um ein Grundstück, das seit mehreren Jahren für eine neue Siedlung als Verbindungsweg zum allgemeinen Wegenetz hergerichtet und verwendet worden ist, bei dem aber die **förmliche Widmung zur öffentlichen Straße** und die vorgesehene Übereignung an die Gemeinde **unterblieben** waren.

7.4.2 Freihändiger Ankauf

7.4.2.1 Allgemeines

Der Verkehrswert künftiger Gemeinbedarfsflächen bemisst sich auch bei freihändigem Ankauf nach dem Wert, der unter Berücksichtigung des **Instituts der Vorwirkung** zu entschädigen wäre (Entschädigungswert). 654

Die für die Bemessung der Enteignungsentschädigung maßgeblichen Grundsätze müssen aus grundsätzlichen Erwägungen auch bei der Verkehrswertermittlung bei freihändigem Erwerb gelten[150]. Dies folgt auch aus allgemeinen Haushaltsgrundsätzen, die zur sparsamen und wirtschaftlichen Verwendung von Haushaltmitteln anhalten. Dem trägt die Praxis allerdings oftmals dann nicht Rechnung, wenn die Vorwirkung auf den land- oder forstwirtschaftlichen Entwicklungszustand hinausläuft. So muss festgestellt werden, dass öffentliche Bauträger für künftige Gemeinbedarfsflächen im Außenbereich Kaufpreise zahlen, **die deutlich über den Kaufpreisen benachbarter, der „reinen" Land- oder Forstwirtschaft weiterhin vorbehaltener Flächen** i.S. des § 5 Abs. 1 ImmoWertV liegen. Dies ist

---
149 BGH, Urt. vom 11.6.1970 – III ZR 7/69 –, EzGuG 18.51.
150 BGH, Urt. vom 20.11.1967 – III ZR 161/65 –, EzGuG 6.110; BGH, Urt. vom 17.10.1974 – III ZR 53/72 –, EzGuG 6.171; BGH, Urt. vom 27.6.1966 – III ZR 202/65 –, EzGuG 6.89; Ernst/Zinkahn/Bielenberg, BauGB § 87 Rn. 82; § 194 Rn. 148; Büchs, Grunderwerb und Entschädigung beim Straßenbau, 2. Aufl. 1980, S. 84 f.

VI Besondere Immobilienarten — Gemeinbedarfsfläche

darauf zurückzuführen, dass einerseits die Eigentümer danach trachten, an der Umwidmung zu partizipieren, und andererseits die Bedarfsträger zur Vermeidung einer Enteignung Preiszugeständnisse machen[151]. Die tatsächlich vereinbarten (überhöhten) Kaufpreise sind vornehmlich mit

- dem erschließungsbeitragspflichtigen (ebp) Bodenrichtwert des nächstgelegenen Wohnbaulandes und
- der Entfernung zum Rand der zugehörigen Bodenrichtwertzone

korreliert (vgl. Rn. 550 ff.).

Dass in der Praxis das **Marktgeschehen durch überhöhte Preise gekennzeichnet** ist, kann auf ein unzweckmäßig geregeltes Enteignungsverfahren zurückgeführt werden. In Zeiten steigender Baukosten ist es mitunter wirtschaftlicher, überhöhte Preise zu zahlen, als durch Verzögerungen eine Verkürzung des Bauvorhabens hinzunehmen[152].

655 In der Praxis werden deshalb zur **Vermeidung einer Enteignung** vielfach Preise bezahlt, die deutlich über dem liegen, was nach dem Vorwirkungsgrundsatz zu gewähren wäre. Die Praxis ist von einer allgemeinen Unsicherheit geprägt, die sich darin manifestiert, dass die Wertermittlung z. B. dadurch manipuliert wird, dass ein vorhandener Aufwuchs (quasi zum Ausgleich) überbewertet wird oder man sich auf das allgemeine Marktgeschehen beruft. Dies spiegelt sich auch in der Rechtsprechung wider. Während nach Auffassung des OLG Köln[153] **überhöhte Preiszugeständnisse zum Zwecke eines zügigen Erwerbs** und zur Vermeidung einer Enteignung nicht dem gewöhnlichen Geschäftsverkehr zuzurechnen sind, lassen andere Gerichte den Willen der Vertragsparteien gelten[154]. Das OLG Frankfurt am Main hat hieraus sogar den Schluss gezogen, dass die Beteiligung der öffentlichen Hand keine Gewähr dafür biete, dass der Verkehrswert objektiv ermittelt werde[155].

Man kommt bei alledem nicht umhin festzustellen, dass die *Großzügigkeit der Praxis* beim freihändigen Erwerb von Flächen, die zu einem (geringeren) Entschädigungswert enteignet werden könnten, im Ergebnis zu einem selbst geschaffenen **Teilmarkt** führen kann[156]. Von der allgemeinen Übung beim Erwerb von Gemeinbedarfsflächen kann unter Beachtung des Gleichheitsgrundsatzes dann nur schwer abgewichen werden[157]. Diese **Praxis findet** (leider) **große Verbreitung**.

7.4.2.2 Straßenbau

656 Der Verkehrswert künftiger Straßenflächen bestimmt sich auch bei freihändigem Grunderwerb nach der im Enteignungsfall zu bemessenden Entschädigung und demzufolge nach dem Vorwirkungsgrundsatz. Soweit der Träger der Straßenbaulast sein Enteignungsrecht zur Erfüllung seiner Aufgaben wahrnimmt (§ 19 Abs. 1 Satz 1 FStrG), reicht für die Zulässigkeit der Enteignung die Notwendigkeit des Eigentumsentzugs zur Ausführung eines durch Planfeststellung festgelegten Bauvorhabens aus. Der festgestellte Plan ist dem Enteignungsverfahren zugrunde zu legen und dem Planfeststellungsbeschluss kommt demzufolge – anders als grundsätzlich etwa einem Bebauungsplan – eine Vorwirkung der Enteignung zu[158]. Dieser Grundsatz gilt auch, wenn der Träger der Straßenbaulast die Enteignung von Grundstücken zur Ausführung eines festgestellten Plans betreibt, der den (Aus-)Bau eines Nebenbetriebs an einer Bundesautobahn betrifft. Und zwar auch dann, wenn die Übertragung des Baus des

---

151 Es ist eine Prüfung angezeigt, ob solche Vergleichspreise dem gewöhnlichen Geschäftsverkehr zurechenbar sind: OLG Köln, Urt. vom 16.8.1973 – 7 U 18/73 –, EzGuG 19.25a.
152 Salzwedel, in Erichsen (Hrsg.), Allgemeines Verwaltungsrecht, 10. Aufl. 1995, § 49 Rn. 31; BGH, Urt. vom 21.10.1966 – III ZR 210/87 –, EzGuG 18.109; OLG Frankfurt am Main, Urt. vom 20.3.1980 – 1 U 198/77 –, EzGuG 19.35c.
153 OLG Köln, Urt. vom 16.8.1973 – 7 U 18/73 –, EzGuG 19.25a.
154 BGH, Urt. vom 21.10.1966 – III ZR 210/87 –, EzGuG 18.109.
155 OLG Frankfurt am Main, Urt. vom 20.3.1980 – 1 U 198/77 –, EzGuG 19.35c.
156 BGH, Urt. vom 1.3.1987 – III ZR 197/82 –, BRS Bd. 45 Nr. 106; BGH, Urt. vom 1.7.1982 – III ZR 10/81 –, EzGuG 4.86; OLG Nürnberg, Urt. vom 11.10.1989 – 4 U 1748/89 –, GuG 1990, 46 = EzGuG 18.111; BGH, Urt. vom 23.5.1985 – III ZR 10/84 –, EzGuG 6.228.
157 Dieterich in Ernst/Zinkahn/Bielenberg, § 194 BauGB Rn. 151.
158 Kastner in Marschall/Schroeter/Kastner, BFStrG, 5. Aufl. § 19 Rn. 19.

geplanten Nebenbetriebs auf einen privaten Dritten (vgl. § 15 Abs. 2 Satz 2 FStrG) vorgesehen ist. Der Straßenbaulastträger verfolgt in diesem Fall mit dem **Bau und Betrieb einer Tank- und Raststätte** (Konzessionsträger) öffentliche Aufgaben, auch wenn diese nach Maßgabe der gesetzlichen Vorschriften auf Private übertragen wird[159].

Bei der Bemessung des Ankaufspreises für Ortsumgehungsstraßen im Außenbereich gehen z. B. die Straßenbauämter im Rhein-Main-Gebiet zwar (je nach Situation) vom inner- bzw. außerlandwirtschaftlichen Verkehrswert i.S. des § 5 Abs. 1 ImmoWertV aus, lassen jedoch in Abhängigkeit zur Ortsnähe folgende **Ortsrandentfernungszuschläge**[160] zu:

Wiesbaden-Erbenheim

0–50 m + 100 %	100 %
50–100 m + 70 %	50 %
100–150 m + 60 %	40 %
150–200 m + 50 %	30 %
200–300 m + 40 %	10–20 %
300–400 m + 30 %	5 %
400–500 m + 20 %	
500–600 m + 10 %	
600–700 m + 5 %	
über 700 m + 0 %	

7.4.2.3 Öffentliche Grünflächen/Sportplätze

Eine Umfrage von *Füllekrug* hat ergeben, dass 1994 von den örtlichen Gutachterausschüssen für Grundstückswerte für den Erwerb von Flächen, die erstmals einer Nutzung als **öffentliche Grünfläche** bzw. als **öffentliche Sportfläche** zugeführt werden sollten, als Ankaufspreis vielfach das 1,5- bis 5,0-fache (sic) des Werts des (begünstigten) Agrarlandes empfohlen wurde (Abb. 226):

Abb. 226: Agrarlandpreise/Preise für Sportplatzflächen[161]

	Vergleichsstadt	Bodenpreise für Agrarland	vom Gutachterausschuss vorgeschlagene Bodenpreise für Sportplatzflächen, öffentliche Grünflächen	Faktor Sportplatzflächen/ Agrarland
1	Bad Harzburg	1,75–2,25 €	max. 5,00 €	ca. 2,5-fach
2	Hannover	max. 3,25 €	12,50–17,50 €	ca. 5,0-fach
3	Baden-Baden	5,00–7,50 €	max. 5,00 €	ca. 1,5-fach
4	Iffezheim (Baden-B.)	7,50–10,25 €	7,50–10,00 €	ca. 1,5-fach
5	Braunschweig	max. 3,25 €	6,50–9,00 €	ca. 2,5-fach
6	Hamburg	1,35–3,00 €	7,50–10,00 €	ca. 3,5-fach
7	Mainz	5,00–7,50 €	max. 25,00 €	ca. 4,0-fach
			im Mittel	3,0-fach

Weitere (allerdings ältere) Untersuchungen über das **Kaufpreisverhalten beim Ankauf von Flächen, die** aufgrund bauleitplanerischer Ausweisung künftig **als öffentliche Grünfläche** genutzt werden sollen, liegen aus *Niedersachsen* vor.

---
159 BGH, Beschl. vom 28.11.2002 – III ZR 167/02 –, BauR 2003, 512 = GuG 2003, 249.
160 Köhne, Landwirtschaftliche Bewertungslehre, Hamburg 1978, S. 37.
161 Füllekrug in GuG 1994, 85; vgl. auch Borchert in: GuG 1994, 337; GuG 1995, 71, 153.

VI Besondere Immobilienarten — Gemeinbedarfsfläche

658 Für **Außenbereichsgebiete in der Nachbarschaft von Wohnbauland** mit einem Bodenrichtwert (ebp) bis zu 75 €/m² sind von *Ziegenbein*[162] für Entfernungsbereiche

a) bis 200 m

b) 200 m bis 600 m

c) 600 m bis 1 300 m

folgende Abhängigkeiten der gezahlten Kaufpreise von den Bodenrichtwerten für das benachbarte Wohnbauland (ebp) ermittelt worden (Abb. 227):

Abb. 227: Verhältnis tatsächlich gezahlter Kaufpreise für Flächen, die als öffentliche Grünflächen ausgewiesen sind, zum Bodenrichtwert

Entfernungs-bereiche (m)	Bodenrichtwerte für erschließungsbeitragspflichtiges (ebp) Wohnbauland (€/m²)												
	15	20	25	30	35	40	45	50	55	60	65	70	75
bis 200 m	0,25	0,21	0,18	0,16	0,15	0,14	0,13	0,12	0,11	0,11	0,11	0,10	0,10
200–600 m	0,21	0,17	0,15	0,13	0,12	0,11	0,11	0,10	0,10	0,09	0,09	0,09	0,08
600–1300 m	0,17	0,14	0,12	0,11	0,10	0,10	0,09	0,08	0,08	0,08	0,07	0,07	0,07

Beispiel:
- Die als öffentliche Grünfläche ausgewiesene künftige Gemeinbedarfsfläche befindet sich in einer Entfernung von 500 m vom nächstgelegenen Wohnbauland mit einem erschließungsbeitragspflichtigen Bodenrichtwert von 60 €/m²
- (Empirischer) Kaufpreis = 0,09 × 60 €/m² = 5,40 €/m²

Zu diesen Untersuchungsergebnissen bleibt anzumerken, dass sie sich nicht auf Kauffälle von Verkehrsflächen beziehen und die Untersuchung des Weiteren gezeigt hat, dass die tatsächlich vereinbarten Kaufpreise nicht mit dem Bodenrichtwert benachbarter Flächen der Land- oder Forstwirtschaft korreliert sind.

Ähnliche Untersuchungen wurden von *Lichtner*[163] im Jahre 1974 für **Friedhofserweiterungs- und Sportplatzflächen** vorgenommen. In Abhängigkeit zum Bodenrichtwert des nächstgelegenen Wohnbaulands ergibt sich der Bodenwert nach folgender Beziehung:

$$\text{Bodenwert} = 0{,}36 \times \text{Bodenrichtwert} - 5{,}46 \times \text{Entfernung}$$

wobei:
Bodenrichtwert in €/m²
Entfernung in km zum Rand der Bodenrichtwertzone

Für den Großraum **Hannover** in den Jahren 1982 bis 1984 hat die Überprüfung[164] auf der Grundlage von 90 Kaufpreisen zu folgender Funktion geführt:

$$BW = 0{,}3 \sqrt{1{,}502 + 0{,}6567 \times F^{0{,}2} + 0{,}5727 \times BRW^{0{,}3} - 0{,}9454 \times E^{0{,}1}}$$

wobei:
- BW = Bodenwert = Schätzwert für die Grünfläche in €/m²
- F = Fläche des Wertermittlungsobjekts in ha (0,03 ≥ F ≥ 9,0)
- BRW = Bodenrichtwert (erschließungsbeitragspflichtig) der nächstgelegenen Bodenrichtwertzone für Wohnbauland in €/m² (15 €/m² ≥ BRW ≥ 100 €/m²)
- E = Entfernung zum Rand der nächstgelegenen Bodenrichtwertzone für Wohnbauland in km (0,001 km ≤ E ≤ 1,0 km)

Im Land *Brandenburg* wurden 2009 für Sportanlagen Durchschnittspreise von 0,18 €/m² bis 5,83 €/m³ (im Mittel 1,94 €/m²) entrichtet[165].

---

[162] Ziegenbein in Nachr. der nds. Kat.- und VermVw 1989, 96; vgl. auch Lichtner in Nachr. der nds. Kat.- und VermVw 1974, 212.
[163] Lichtner in Nachr. der nds. Kat.- und VermVw 1974, 212.
[164] Scharnhorst in WF 1989, 114.
[165] Grundstücksmarktbericht 2009.

7.4.3 Entschädigung für den Rechtsverlust nach dem Vorwirkungsgrundsatz

7.4.3.1 Allgemeines

▶ *Allgemeines zum Vorwirkungsgrundsatz vgl. Teil VII Rn. 130 ff.*

Die Bewertung künftiger Gemeinbedarfsflächen nach den jeweils maßgeblichen Entschädigungsbestimmungen stellt bei alldem die **fundierteste Bewertungsmethodik** dar, die in der Praxis allerdings durch pauschalierende Methoden und vor allem durch die Praxis des freihändigen Grunderwerbs zur Vermeidung von Enteignungen ausgehöhlt wird (vgl. Rn. 543 ff.).

Nach der gefestigten Rechtsprechung zum Grundsatz des **Ausschlusses von der konjunkturellen Weiterentwicklung** (Institut der Vorwirkung) bemisst sich der Wert von Flächen, die aufgrund rechtsverbindlicher Festsetzungen einer öffentlichen Zweckbindung unterworfen worden sind (Gemeinbedarfsflächen), grundsätzlich nach dem **Entwicklungszustand der Fläche, die in dem Zeitpunkt bestand, zu dem eine Enteignung mit Sicherheit und hinreichender Bestimmtheit zu erwarten war** (Zeitpunkt des Eingriffs)[166]. Bei einem sich länger hinziehenden Enteignungsvorgang ist der enteignende Eingriff mit Sicherheit zu erwarten, wenn ein ursächlicher Zusammenhang zwischen vorbereitenden Maßnahmen, wie vorbereitenden Planungen, Veränderungssperren, Zurückstellung von Baugesuchen und dgl., und dem späteren Eigentumsentzug auf der Grundlage rechtsverbindlicher Festsetzungen für öffentliche Zwecke (Bebauungsplan) besteht. In den vorbereitenden Maßnahmen und der späteren Enteignung muss dabei ein einheitlicher Vorgang bestehen.

Nr. 5.1.3 WERTR führt hierzu aus:

„Der Wert von Grundstücken, die für Gemeinbedarfszwecke zu beschaffen sind, bestimmt sich nach den maßgeblichen entschädigungsrechtlichen Bestimmungen. In der Regel ist der Wertermittlung der Zeitpunkt zugrunde zu legen, in dem ein endgültiger Ausschluss von jeder konjunkturellen Weiterentwicklung erfolgte (enteignungsrechtliche Vorwirkung). Bei der Wertermittlung sind die allgemeinen Grundsätze, wie sie sich aus dieser Richtlinie, insbesondere aus Nr. 6 ergeben, uneingeschränkt anzuwenden. Diese Ausführungen gelten sinngemäß auch für die Grundstücke, die für Zwecke der Verteidigung beschafft werden sollen."

▶ *Bei Abtretung von Teilflächen für Zwecke des Gemeinbedarfs vgl. Nr. 5.2 WERTR.*

Mit dem Institut der Vorwirkung wird aber nur die Qualität der Fläche – der Entwicklungszustand – festgeschrieben. Ausgehend von diesem Entwicklungszustand sind der Bewertung die allgemeinen Wertverhältnisse auf dem Grundstücksmarkt zum Wertermittlungsstichtag zugrunde zu legen, d.h., es wird der Wert nach dem **Entwicklungszustand „von damals" nach den allgemeinen Wertverhältnissen „von heute"** ermittelt:

---

[166] Kleiber in Ernst/Zinkahn/Bielenberg, BauGB, Komm. zu § 4 WERTV, Rn. 92 ff.; weiteres Schrifttum: Dresen in Nachr. der rh.-pf. Kat.- und VermVw 1988, 180; Kuscha in Nachr. der nds. Kat.- und VermVw, 1974, 124 ff. und 133; Uebelhoer in Nachr. der nds. Kat.- und VermVw 1974, 131.

Abb. 228: Qualitätsstichtag und Wertermittlungsstichtag

Die der Wertermittlung zugrunde zu legenden **allgemeinen Wertverhältnisse auf dem Grundstücksmarkt** bestimmen sich im Übrigen grundsätzlich nach den Verhältnissen zum Wertermittlungsstichtag (§ 3 Abs. 1 ImmoWertV); bei Enteignungen ist der Zustand der Entscheidung der Enteignungsbehörden über den Enteignungsantrag maßgebend (ggf. letzte Tatsachenverhandlung; § 95 Abs. 1 Satz 2 BauGB).

661 Handelt es sich bei der betroffenen Fläche zum Zeitpunkt ihrer Festsetzung als Gemeinbedarfsfläche bereits um baureifes Land, so ist eben diese Qualität zu entschädigen.

7.4.3.2 Sonderfälle der Vorwirkung

a) *Vorbereitende Maßnahmen*

662 Vorbereitende Maßnahmen, insbesondere eine vorzeitige Besitzeinweisung (§ 93 Abs. 4 BauGB), eine Veränderungssperre (§ 14 BauGB), eine Zurückstellungsverfügung nach § 15 BauGB, vorbereitende Planungen sowie eine tatsächliche und rechtmäßige Inanspruchnahme zu Gemeinbedarfszwecken haben nur dann eine Vorverlegung des der Bemessung der Entschädigung zugrunde zu legenden Entwicklungszustands zur Folge, wenn ein ursächlicher Zusammenhang zwischen der vorwirkenden Maßnahme und der späteren Enteignung und darin ein einheitlicher Enteignungsvorgang gesehen werden kann (vgl. zu alledem WERTR Nr. 6). Bei **freiwilliger Besitzüberlassung** ist auf den vertraglich vereinbarten Übergabetag abzustellen[167].

b) *Verkettung der Vorwirkung*

663 Bei einem sich **über einen längeren Zeitraum hinziehenden Enteignungsvorgang** ist ein enteignender Eingriff i.d.R. mit Sicherheit zu erwarten, wenn für das Grundstück in einem Bebauungsplan eine Gemeinbedarfsnutzung festgesetzt wird und ein ursächlicher Zusammenhang mit dem Eigentumsentzug besteht. Entsprechendes gilt für übergeleitete städtebauliche Pläne, wenn durch sie ein dauerndes Bauverbot ausgesprochen wurde, z. B. Straßenfestsetzung durch Straßenbegrenzungslinien und Planfeststellungsbeschlüsse (z. B. §§ 17 f., § 19 Abs. 2 FStrG). Deswegen könnte in Betracht gezogen werden, der Bewertung weiterhin den Grundstückszustand zugrunde zu legen, den die Fläche vor dem ersten Zeitpunkt des Eingriffs hatte, wenn zwischenzeitlich eine Aufhebung der öffentlichen Zweckbin-

---

167 BGH, Urt. vom 6.4.1995 – III ZR 27/94 –, GuG 1995, 310 = EzGuG 18.117; BGH, Urt. vom 23.11.1972 – III ZR 77/70 –, EzGuG 4.38; BGH, Urt. vom 8.11.1990 – III ZR 364/89 –, GuG 1991, 99 = EzGuG 6.257.

dung nicht erwartet werden konnte *(Verkettung der Vorwirkung)*. In diesen Fällen wäre also auf den erstmaligen Ausschluss von der qualitativen Weiterentwicklung des Grundstücks abzustellen, weil es auf eine bestimmte öffentliche Zweckbestimmung nicht ankommt[168].

Im Falle einer **Änderung des Gemeinbedarfszwecks noch vor erstmaliger Übertragung des Eigentums auf eine öffentliche Hand** (Enteignungsverfahren, die sich über einen längeren Zeitraum hinziehen), ist die Änderung des Gemeinbedarfszwecks in Bezug auf die Vorwirkung nur dann unschädlich, wenn vor der Änderung im gewöhnlichen Geschäftsverkehr eine Aufhebung der öffentlichen Zweckbindung zu keiner Zeit erwartet werden konnte.

Die **Übertragung des für künftige Gemeinbedarfsflächen geltenden Grundsatzes** auf die Bewertung von sog. *„bleibenden* Gemeinbedarfsflächen" führt für den „abgebenden Gemeinschaftsbedarfsträger" zu einem unbilligen Ergebnis. Die Praxis bedient sich deshalb in derartigen Fällen des sog. aktualisierten Beschaffungswertprinzips (vgl. Rn. 532 ff., Teil VII Rn. 299, 306).

c) *Vorwirkung nach vorkonstitutionellem Recht*

664 Zur **Vorwirkung nach vorkonstitutionellem Recht** sind von der Rechtsprechung folgende Grundsätze entwickelt worden:

a) Ist die Teilfläche eines Grundstücks nach den Vorschriften des Preußischen Fluchtliniengesetzes vom 2.7.1875 (GS 1875, 651) – in dem zu entscheidenden Fall im Jahr 1930 – zu Straßenland herabgestuft worden, so ist, auch wenn die Teilfläche erst unter der Herrschaft des Grundgesetzes (hier: 1970) zur Verbreiterung einer Straße herangezogen wird, bei der Ermittlung der Entschädigung die Qualitätsstufe zugrunde zu legen, die das Grundstück vor der endgültigen Festsetzung der Fluchtlinie besessen hatte[169].

b) Wird durch die Festsetzung von Baulinien nach Münchner Baurecht[170] die Teilfläche eines unbebauten Grundstücks von Bauland zu Straßenland herabgestuft, so liegt darin eine Teilenteignung. War diese Teilenteignung nach dem damals geltenden Recht[171] entschädigungslos zulässig (sog. altrechtliche Verkehrsfläche), so ist für die Ermittlung einer Entschädigung für die unter der Herrschaft des Grundgesetzes vorgenommene Vollenteignung (Entziehung des Grundeigentums) von der Grundstücksqualität Straßenland auszugehen[172].

c) Nach Art. 13 Abs. 2 des BayStWG ist in *Bayern* die Wertermittlung unter Anwendung des Vorwirkungsgrundsatzes nur innerhalb einer 30-jährigen Verjährungsfrist (§ 195 BGB), in der zugleich ein Übernahmeanspruch besteht, zulässig[173].

d) Ist in dem zum früheren Land *Württemberg-Hohenzollern* gehörenden Landesteil von *Baden-Württemberg* nach Inkrafttreten der Verfassung vom 18.5.1947 (RegBl. 1947, 1) eine enteignende Maßnahme aufgrund des (Reichs-)Naturschutzgesetzes getroffen worden, so ist eine angemessene Entschädigung nach Art. 153 Abs. 2 Satz 2 WRV zu leisten[174].

---

168 BGH, Urt. vom 13.12.1962 – III ZR 164/61 –, EzGuG 6.67.
169 BGH, Urt. vom 26.4.1990 – III ZR 194/88 –, BRS Bd. 53 Nr. 128; BGH, Urt. vom 17.11.1988 – III ZR 210/87 –, EzGuG 18.109; BGH, Urt. vom 14.1.1982 – III ZR 134/80 –, EzGuG 6.214; BGH, Urt. vom 2.2.1978 – III ZR 90/76 –, EzGuG 18.81; ferner BGH, Urt. vom 24.10.1955 – III ZR 121/54 –, EzGuG 6.16; BGH, Urt. vom 9.5.1960 – III ZR 79/59 –, EzGuG 6.50; BGH, Urt. vom 27.9.1962 – III ZR 40/61 –, EzGuG 6.62; BayObLG, Urt. vom 29.4.1974 – 2 Z 152/72 –, EzGuG 6.167; zu AGBGB Bay. Art. 125 a. F., hierzu auch BGH, Urt. vom 10.7.1975 – III ZR 161/72 –, EzGuG 6.180.
170 Gesetz vom 17.11.1837 betr. die Zwangsabtretung von Grundeigentum für öffentliche Zwecke – ZAG – (GBl. 1837, 109) i.d.F. des Gesetzes vom 19.5.1918 (GVBl. 1918, 289).
171 2. Verordnung zur Sicherung von Wirtschaft und Finanzen vom 5.6.1931 – Zweite NotVO – (RGBl. I 1931, 278), unbefristet verlängert durch Gesetz vom 31.5.1939 (RGBl. I 1939, 649).
172 BGH, Urt. vom 8.12.1977 – III ZR 163/75 –, EzGuG 18.82; BGH, Urt. vom 3.3.1988 – III ZR 162/85 –, EzGuG 6.241.
173 Siedler/Zeidler, Bay. Straßen- und Wegegesetz, Art. 13 Rn. 22.
174 BGH, Urt. vom 20.9.1984 – III ZR 198/82 –, EzGuG 6.226; BGH, Urt. vom 26.1.1984 – III ZR 179/82 –, EzGuG 4.97.

VI Besondere Immobilienarten — Gemeinbedarfsfläche

d) *Herabzonung*

665 Die Festsetzung einer Fläche als Gemeinbedarfsfläche kann auch eine bereits baulich nutzbare Fläche (baureifes Land) treffen. Damit ist der Fall einer Herabzonung angesprochen. In diesen Fällen bemisst sich der Wert dieser Flächen nach der in **Anwendung des Planungsschadensrechts** (§§ 39 ff. BauGB) zu gewährenden Entschädigung. Soweit nur Teilflächen betroffen sind, kann der Eigentümer in besonders gravierenden Fällen ein Übernahmeverlangen bezüglich der betroffenen Gesamtfläche des Grundstücks stellen. Die Entschädigung bemisst sich dabei nach der bisher zulässigen Nutzung, ggf. nach Maßgabe der Reduktionsklausel des § 43 Abs. 4, des § 95 Abs. 2 i.V.m. den §§ 40 bis 42 und des § 153 Abs. 1 BauGB (vgl. Erl. im Teil VIII und Teil VII Rn. 168 ff.).

Wird mit einem Bebauungsplan baureifes Land i.S. des § 5 Abs. 4 ImmoWertV in eine Gemeinbedarfsfläche umgewidmet (Herabzonungsfall), ist entschädigungsrechtlich so lange von diesem Entwicklungszustand auszugehen, wie der Planungsschaden nach den §§ 39 ff. BauGB (noch) nicht entschädigt wurde.

Soweit ein **bebautes Grundstück** einer öffentlichen Nutzung zugeführt werden soll und ggf. im Wege der Enteignung erworben werden kann, bemisst sich die Entschädigung nach dem Verkehrswert auf der Grundlage der bisherigen baulichen Nutzung. Demzufolge finden für die Wahl des Wertermittlungsverfahrens die allgemeinen Grundsätze Anwendung, die sonsthin im privatwirtschaftlichen Bereich maßgebend sind.

Eine maßgebliche Bedeutung im Falle einer vorkonstitutionellen Inanspruchnahme des Baulands misst bei alledem die Rechtsprechung der Frage bei, ob der am Wertermittlungsstichtag eingetragene Eigentümer nachweisen kann, dass der einem früheren Eigentümer mit der Herabzonung seines Grundstücks zu Straßenland entstandene Entschädigungsanspruch auf ihn übergegangen ist. Der BGH[175] hat hierzu festgestellt, dass der Eigentümer die Entschädigung für eine höhere Qualität des Grundstücks als die von Straßenland nur geltend machen kann, wenn die aufgezeigte **Rechtsposition von dem Eigentümer im Zeitpunkt der Herabzonung auf den jetzigen Eigentümer übergegangen** ist. In dem zu entscheidenden Fall ging es um die Herabzonung eines Grundstücksteils durch Festsetzung einer Fluchtlinie (vom 5.12.1989). In der Berliner Praxis wird in diesen Fällen eine Entschädigung von 5 €/m² gewährt.

Abb. 229: Ankaufspreise für Straßenland

Nr.	Bezirk	Lage	Datum	Fläche m²	Veräußerer	Erwerber	Kaufpreis €/m²
1	Spandau	Mertensstr. 63	25.4.2001	12	Jr. Person	Land Berlin	5
2	Mitte	Leipziger Platz	8.10.2001	141	BRD	Land Berlin	5
3	Köpenick	Stubenrauchstr.	22.4.2002	315	Privat	BRD	5
4	Köpenick	Klafterzeile 26	26.8.2002	114	Privat	Privat	6
5	Köpenick	Buntzelstr. 131	9.9.2002	86	Privat	Land Berlin	5

Quelle: Ribbert, Vortrag am 12.11.2003 in Berlin

Auch dieser Verfahrensweise begegnen Bedenken. Zum einen wird ein „starrer" Wertansatz der zwischenzeitlich ausgeübten Nutzung nicht gerecht[176], zum anderen ist zu fragen, warum die Beweislast umgedreht ist und der Eigentümer den Nachweis zu erbringen habe, dass der Entschädigungsanspruch auf ihn übergegangen sei. Etwas anderes gilt nur, wenn der Entschädigungsanspruch erloschen oder verjährt ist.

---

[175] BGH, Urt. vom 17.11.1988 – III ZR 210/87 –, EzGuG 18.109; BGH, Urt. vom 2.2.1978 – III ZR 90/76 –, EzGuG 18.81; BGH, Urt. vom 14.1.1982 – III RZ 134/80 –, EzGuG 6.214.
[176] OLG Nürnberg, Urt. vom 11.10.1989 – 4 U 1748/89 –, GuG 1990, 48 = EzGuG 18.111; Vorinstanz: LG Nürnberg-Fürth, Urt. vom 18.4.1989 – 4 O 6698/87 –, GuG 1990, 47 = EzGuG 18.110.

7.4.3.3 Künftiges Straßenland

Beispiel:

666

a) **Sachverhalt**

Auf der Grundlage des Preußischen Fluchtliniengesetzes wurde 1898 erstmals eine Straße angelegt. Die Straßenflächen wurden nicht von der Gemeinde erworben. Sie wurden aber von der Gemeinde in Besitz genommen und der öffentlichen Nutzung zugeführt. Die Teilfläche ist aber bis heute weder freihändig erworben noch enteignet worden.

Abb. 230: Gemeinbedarfsfläche in privatem Eigentum

b) **Verkehrswertermittlung**

Vorbehaltlich des Bestehen eines Entschädigungsanspruchs (vgl. Rn. 558) sind für die Bewertung der Fläche folgende Überlegungen anzustellen:

1. Zum Zeitpunkt der erstmaligen Festsetzung der Teilfläche als Straßenland hat es sich um eine landwirtschaftliche Fläche in unmittelbarer Nähe zu einer stark wachsenden Großstadt gehandelt.

2. Wertbemessung nach dem Verkehrswert für land- und forstwirtschaftliche Fläche (§ 4 Abs. 1 Nr. 1 oder 2) bzw. als Bauerwartungsland nach den allgemeinen Wertverhältnissen von „heute".

3. Problem: Die Feststellung der Qualität (Zustand) des Grundstücks von „damals".

Es handelt sich um den Fall einer lange zurückliegenden Inanspruchnahme (**Unvordenklichkeit**). Ein zwischen der Herabstufung und der Entziehung des Grundeigentums liegender langer Zeitraum (von über 80 Jahren) schließt die Vorwirkung nach einer Grundsatzentscheidung des BGH grundsätzlich nicht aus[177]. Die Entschädigung nach einem symbolischen Betrag ist deshalb auch in diesem Falle abzulehnen[178].

7.4.4 Teilfläche (Vorgarten)

Schrifttum: *Fuhlendorf, H.,* Die Bewertung von Straßenverbreiterungsflächen bei der Feststellung der Enteignungsentschädigung, NJW 1966, 581; *Sasse, R.,* Bewertung von abzutretenden Vorlandflächen im Enteignungsverfahren bei Ertragsgrundstücken, HbgGE 1974, 326 sowie HbgGE 1973, 298.

---

177 BGH, Urt. vom 8.12.1977 – III ZR 163/75 –, BGHZ 71, 1 = EzGuG 18.79.
178 So aber OLG Bremen, Urt. vom 11.2.1970 – U B 13/68a –; OLG Hamburg, Urt. vom 21.12.1979 – 1 U 2/79 –, AVN 1983, 476 = Hbg. GE 1966, 252 = EzGuG 18.90; LG Koblenz, Urt. vom 7.9.1987 – 4.0.11/87 –.

VI Besondere Immobilienarten — Gemeinbedarfsfläche

7.4.4.1 Allgemeines

▶ *Hierzu bereits der Überblick zur Verfahrenswahl bei § 8 ImmoWertV Rn. 149 ff.*

667 Nr. 5.2 WERTR regelt zur Verkehrswertermittlung von Teilflächen Folgendes:

„*Teilflächen im Sinne der folgenden Ausführungen sind in der Regel unselbstständige Flächen, die aus einer wirtschaftlichen Einheit abgetrennt und einer anderweitigen Zweckbestimmung, insbesondere dem Gemeinbedarf zugeführt werden sollen. Dazu gehören Vorgarten-, Vorderland-, Vorland-, Seiten- und Hinterlandflächen; sie können bebaut oder nicht bebaut, bebaubar, beschränkt bebaubar oder nicht bebaubar sein.*

Bei der Ermittlung des Werts der Teilflächen ist grundsätzlich nach der Differenzmethode zu verfahren; dabei ist der Wert des Gesamtgrundstücks vor der Abtretung mit dem Wert des Restgrundstücks zu vergleichen. In geeigneten Fällen kommen die Verschiebemethode, Durchschnittswerte oder Bruchteilswerte als Anwendungsfälle der Differenzmethode in Betracht. Die Vorschriften über die im Ersten Teil aufgeführten Verfahren sind entsprechend zu berücksichtigen.

Werden mit der Inanspruchnahme von Teilflächen Gebäude, Außenanlagen oder besondere Betriebseinrichtungen betroffen, so sind deren Wertanteile nach den Grundsätzen des Ersten Teils zu ermitteln.

Dabei ist zu prüfen, ob und inwieweit das Vorhandensein von Außenanlagen (z. B. Aufwuchs) den Wert des Grundstücks beeinflusst.

Andere Vermögensnachteile (z. B. § 96 BauGB), soweit sie bei der Wertermittlung nach den folgenden Nummern nicht berücksichtigt sind, müssen im Rahmen oder zur Abwendung der Enteignung ggf. gesondert erfasst werden.

Das Gleiche gilt für Vermögensvorteile, die bei Abtretung der Teilfläche entstehen (z. B. § 93 Abs. 3 BauGB); ggf. können Vor- und Nachteile gleichzeitig ermittelt und miteinander ausgeglichen werden.

Werden Teilflächen eines unbebauten Grundstücks in Anspruch genommen und ändert sich dabei die relative Bebaubarkeit (rechnerische Bebaubarkeit in m²) des Restgrundstücks gegenüber der des ursprünglichen Grundstücks, z. B. infolge einer Verminderung durch rückwärtige Baulinien oder Abstandsflächen bzw. Erhöhung infolge Beibehaltung der ursprünglichen absoluten Bebaubarkeit, so ist der Wert der Teilfläche nach der Differenzwertmethode zu ermitteln. In geeigneten Fällen, etwa wenn ein Grundstück baurechtlich nicht notwendige Freiflächen enthält, kann dies nach der Verschiebemethode erfolgen; hierbei kann z. B. der Bodenwert des rückwärtigen Grundstücksteils maßgebend für die zu beurteilende Teilfläche (Vorland) sein.

Haben sich auf dem örtlichen Markt Bruchteilswerte gebildet, können diese zur Ermittlung des Werts der in Anspruch genommenen Teilfläche herangezogen werden.

Ändert sich die relative Bebaubarkeit nicht, so ist für die Teilfläche in der Regel der Durchschnittswert der ungeteilten Fläche maßgebend.

Dienen Teilflächen bereits seit Jahrzehnten als öffentliche Verkehrs- und Grünflächen, ohne dass die Eigentumsverhältnisse geklärt sind, so ist Nummer 5.1.1.1 anzuwenden.

Bei der Ermittlung des Werts der Teilflächen bzw. der Wertminderung bebauter Grundstücke finden die vorstehenden Grundsätze entsprechend Anwendung. Hierbei ist jedoch die Funktion der Teilfläche für das bebaute Grundstück – insbesondere eine bisherige Schutzfunktion als Vorgarten – angemessen zu berücksichtigen. Soweit die bauliche Nutzbarkeit des Restgrundstücks durch die Inanspruchnahme der Teilfläche beeinträchtigt wird und diese Beeinträchtigung erst nach Beseitigung des Gebäudes eintritt, ist dem unter Beachtung der Restnutzungsdauer Rechnung zu tragen (Gegenwartswert einer erst zukünftig wirksam werdenden Beeinträchtigung).

Für Teilflächen, die eine zugelassene selbstständige Nutzung aufweisen, z. B. Aufstellung von Schaukästen, Automaten u. a. m., ist in der Regel der auf den Ertragsverhältnissen beruhende Wert maßgebend."

7.4.4.2 Verschiebetheorie (vorgeschobenes Hinterland)

668 Bei der Abtretung von **Teilflächen** – z. B. für die Anlage öffentlicher Verkehrswege (**Vorgärten**) – bemisst sich deren Verkehrswert ebenfalls nach dem Entwicklungszustand, den die Teilfläche ggf. nach Maßgabe der enteignungsrechtlichen Vorwirkung hatte. Für die in bereits bebauten Gebieten für **Straßenlandverbreiterungen** in Anspruch genommenen Vorgartenflächen ergäbe sich danach ein Entwicklungszustand baureifes Land. Wächst jedoch mit der Abtretung einer Vorgartenfläche gleichzeitig ein im Hinterland gelegener „minderwertiger" Grundstücksteil mit dem Heranrücken der Verkehrswege in eine höhere Qualität hinein, so wird dem Grundstück mit der Abtretung lediglich eine Teilfläche genommen, die wertmäßig dem „minderwertigen" hinteren Grundstücksteil entspricht. Dies ist auch ein Ergebnis des Vorteilsausgleichs. Der schon klassische Fall ist die damit angesprochene **Abtretung von Vorgartenflächen zur Straßenverbreiterung.** Bei übergroßen Grundstücken wird dabei – wenn der Vorwirkungsgedanke nicht zum Tragen kommt – zwar eine Fläche mit dem Entwicklungszustand „baureifes Land" abgetreten, auf der anderen Seite wächst das bisher baulich nicht nutzbare Hinterland anteilig in das baureife Land hinein. In diesem Zusammenhang wird auch vom „vorgeschobenen Hinterland" gesprochen (Vorderlandabtretung als „vorgeschobenes Hinterland"; vgl. Abb. 231).

Abb. 231: Vorderlandabtretung als vorgeschobenes Hinterland

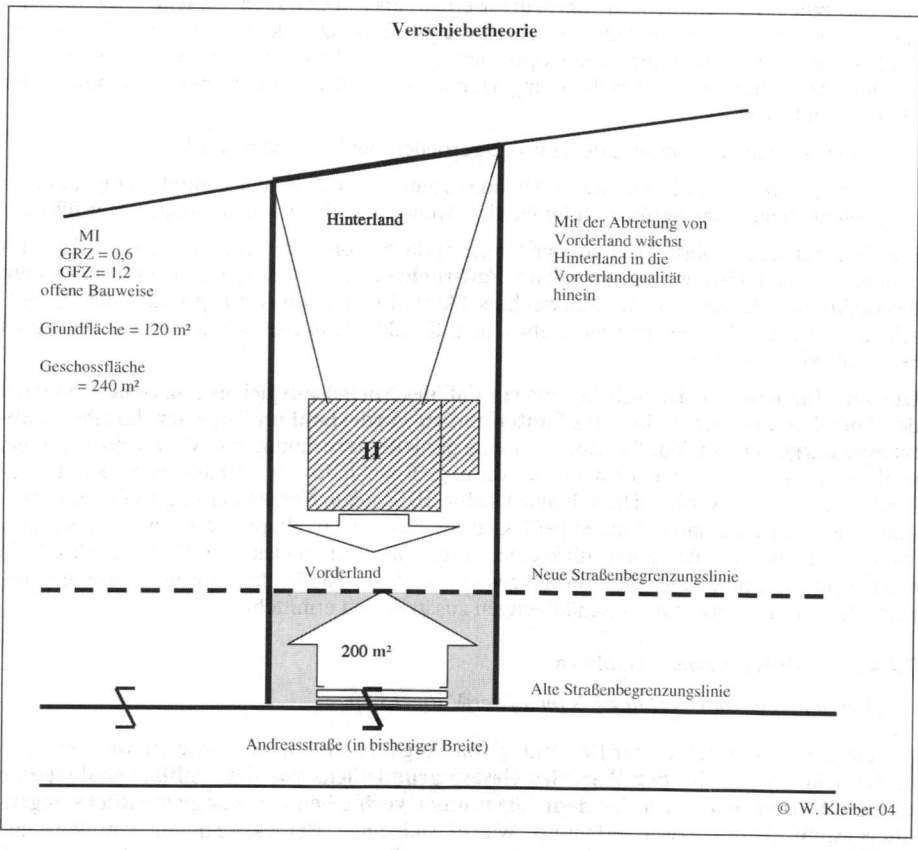

Die **Trennlinie zwischen dem vorderen Bauland und dem Hinterland** ist nach der Rechtsprechung am Ende der Fläche zu ziehen, die bebaut werden darf, zuzüglich der Freifläche, die für die Bebauung erforderlich ist[179].

▶ *Zur Bodenwertermittlung in Abhängigkeit von der Grundstückstiefe vgl. Syst. Darst. des Vergleichswertverfahrens Rn. 247 ff.*

Die Bewertung der Vorderlandfläche von übertiefen Grundstücken nach dem Wert des Hinterlandes, das mit der Abtretung der Vorderlandfläche in die Vorderlandqualität „hineinwächst", entspricht der sog. Verschiebetheorie. Die Anwendung der **Verschiebetheorie findet** insoweit

---

[179] BGH, Urt. vom 30.5.1983 – III ZR 22/82 –, EzGuG 18.93; BGH, Urt. vom 14.1.1982 – III ZR 134/80 –, EzGuG 6.214; BGH, Urt. vom 26.5.1977 – III ZR 149/74 –, EzGuG 18.75; BGH, Urt. vom 29.1.1970 – III ZR 30/69 –, EzGuG 18.48; BGH, Urt. vom 10.10.1956 – V ZR 35/55 –, EzGuG 6.19; BVerwG, Urt. vom 17.7.1958 – 1 C 209/57 –, EzGuG 4.10.

VI Besondere Immobilienarten — Gemeinbedarfsfläche

ihre **Grenzen,** als infolge der Abtretung des Vorderlands ein kleineres Grundstück entsteht, als für die Realisierung der „vor" der Vorderlandabtretung zulässigen Nutzung erforderlich ist. Dabei kann auch der Fall auftreten, dass nur ein Teil der abzutretenden Vorderlandfläche nach den Grundsätzen der „Verschiebetheorie" bewertet wird.

669 Bei Anwendung der Verschiebetheorie (vorgeschobenes Hinterland) wird die Entschädigung für **sonstige Vermögensnachteile** des verbleibenden **Restgrundstücks** nicht erfasst. Diese können sich z. B. aus dem Verlust der sog. Pufferzone zwischen der Bebauung und der näher gerückten Straße ergeben. Hieraus können sich aber auch Wertvorteile für das Restgrundstück etwa durch das Heranrücken der Passantenströme in einer Einkaufsstraße ergeben. Vermögensvor- und -nachteile sind insbesondere bei der Ermittlung von Enteignungsentschädigungen zusätzlich zu ermitteln. Umgekehrt werden aber **Vermögensvorteile** erfasst, denn tatsächlich wird unter Beachtung des Vorwirkungsgrundsatzes dem Eigentümer der „volle" Baulandwert (des Vorderlandes) entzogen, auf den die Wertsteigerung seines Hinterlandes infolge der Abtretung im Ergebnis angerechnet wird. Dies gilt es bei Anwendung der Methode zu beachten:

– *Vermögensnachteile* müssen demzufolge gesondert berücksichtigt werden;
– *Vermögensvorteile,* die mit dieser Methode „automatisch" berücksichtigt werden, dürfen tatsächlich nur dann berücksichtigt werden, wenn sie nicht zu einem Sonderopfer führen.

Des Weiteren ist der Verlust der auf der Vorgartenfläche vorhandenen Einrichtungen (Einfriedungen) einschließlich eines vorhandenen **Aufwuchses** zu entschädigen, wobei insbesondere die funktionale Bedeutung des Aufwuchses (Abschirmung) im Vordergrund steht. Zu entschädigen ist der Zeitwert und nicht etwa „neu für alt", denn dies würde den Entschädigten besser als vorher stellen.

Die Verschiebetheorie ist rechtlich als ein Fall des Vorteilsausgleichs anzusehen. Es wird der Vorteil angerechnet, dass das Hinterland zu Vorderland im Zuge der Teilflächenabtretung aufgewertet wird. Es erfolgt nur eine partielle Anrechnung von Vermögensvorteilen, weil die Entschädigungen für sonstige Vermögensnachteile des verbleibenden Restgrundstücks nicht erfasst werden. Diese können sich z. B. aus dem Verlust der sog. Pufferzone zwischen der Bebauung und der näher gerückten Straße ergeben. Hieraus können sich aber auch Wertvorteile für das Restgrundstück etwa durch das Heranrücken der Passantenströme in einer Einkaufsstraße ergeben. Vermögensvor- und -nachteile sind insbesondere bei der Ermittlung von Enteignungsentschädigungen zusätzlich zu ermitteln.

7.4.4.3 Differenzwertverfahren

▶ *Hierzu bereits im Überblick § 8 ImmoWertV Rn. 152 ff.*

670 Als ein weiteres Verfahren zur Bewertung von Vorgärten kommt das Differenzwertverfahren in Betracht. Dabei wird **der Wert des Gesamtgrundstücks vor der Teilflächenabtretung festgestellt und dem Wert des dem Eigentümer verbleibenden Restgrundstücks gegenübergestellt** (Differenzwertverfahren), wie er sich unter Berücksichtigung von Vor- und Nachteilen ergibt, die sich aus der Flächenabtretung für das Restgrundstück ergeben[180]. Damit eröffnet sich die Möglichkeit, die Problematik der Ermittlung der Vermögensnachteile „zu umgehen".

Im Unterschied zu dem vorgestellten Verschiebeverfahren sollen bei Anwendung dieses Verfahrens uno actu

– die Entschädigung für den Rechtsverlust der Teilfläche (Verkehrswert der Teilfläche) und
– die Entschädigung für sonstige Vermögensnachteile (Folgeschäden) des Restgrundstücks

ermittelt werden. Soweit mit der Teilflächenabtretung auch **Vermögensvorteile** für das Restgrundstück verbunden sind, werden auch solche damit erfasst.

---

[180] BGH, Urt. vom 19.12.1963 – III ZR 162/63 –, EzGuG 20.35; BGH, Urt. vom 16.3.1964 – III ZR 11/63 –, EzGuG 18.24; BGH, Urt. vom 29.1.1970 – III ZR 30/69 –, EzGuG 18.48; BGH, Urt. vom 10.3.1977 – III ZR 195/74 –, EzGuG 18.72.

Soweit mit dem Verkehrswert des Grundstücks nach Abtretung der Teilfläche nicht auch sonstige Vermögensnachteile oder Vermögensvorteile erfasst werden, führt die Anwendung des Verfahrens zu dem Ergebnis des vorstehend beschriebenen **Verschiebeverfahrens.** Vermögensvorteile können sich z. B. ergeben, wenn aufgrund der Flächenabtretung zum Vorteil eines gewerblich genutzten (Rest-)Grundstücks der Passantenstrom an die Bebauung herangeführt wird. Vermögensnachteile können sich einstellen, wenn das Heranrücken der Straße die gewerbliche oder sonstige Nutzung des Grundstücks zusätzlich beeinträchtigt.

Aus vorstehenden Gründen hat der BGH im Zusammenhang mit der Teilflächenenteignung (Vorgarten) für ein mit einem Mehrfamilienhaus bzw. einem Geschäftshaus bebautes Grundstück erkannt, dass die Teilfläche nicht für sich allein bewertet werden darf. Sowohl eine getrennte Bewertung der einzelnen Teile als auch der Ansatz eines „gleichmäßigen Durchschnittswerts" könne zu Ungerechtigkeiten führen. Als Entschädigung ist vielmehr der Betrag angemessen, um den sich der frühere Gesamtwert durch die Wegnahme eines Grundstücksteils vermindert (Differenzwertverfahren)[181].

Die damit geforderte Anwendung des Differenzwertverfahrens muss sich allerdings auf die Anwendung

– des Vergleichswertverfahrens und

– des Sachwertverfahrens

als Grundlage des Differenzwertverfahrens beschränken, da die **Anwendung des Differenzwertverfahrens i.V.m. dem Ertragswertverfahren,** wie noch nachgewiesen wird, **in aller Regel zu unsachlichen Ergebnissen führt.**

▶ *Zum Vergleichswertverfahren vgl. Rn. 672 ff.*

Beispiel:

671

Von dem in der nachfolgenden Abb. 232 dargestellten Villengrundstück soll eine Teilfläche zur Straßenverbreiterung und zum Ausbau des Kreuzungsbereichs abgetreten werden. Aufgrund der Topographie wird vor der Villa die Errichtung einer Stützmauer erforderlich und die Zuwegung muss neu geschaffen werden. Aufgrund des Heranrückens der viel befahrenen Straße wird der Verkehrswert des Restgrundstücks erheblich gemindert.

---

181 BGH, Urt. vom 25.2.1960 – III ZR 17/59 –, BGHZ 32, 97; BGH, Urt. vom 23.9.1957 – III ZR 171/56 –, EzGuG 18.8.

VI Besondere Immobilienarten — Gemeinbedarfsfläche

Abb. 232: Abzutretende Teilfläche

Mit der Entschädigung für die abzutretende Teilfläche einschließlich des sich darauf befindenden Bewuchses wird die Wertminderung des Restgrundstücks nicht ausgeglichen.

Im Falle einer Enteignung setzt sich die Entschädigung zusammen aus:

a) der Entschädigung für den Rechtsverlust an der abzutretenden Teilfläche, die sich gemäß § 95 BauGB nach dem Wert dieser Teilfläche bemisst, und

b) der Entschädigung für die Vermögensnachteile nach § 96 BauGB, die das Restgrundstück hinnehmen muss.

a) Differenzwertverfahren auf der Grundlage des Vergleichswertverfahrens

672 Wie unter Rn. 661 ausgeführt wurde, muss bei der Abtretung von Vorgartenflächen bebauter und bebaubarer Grundstücke (baureifes Land) von dem „vollen" Baulandwert ausgegangen werden, der der abzutretenden Grundstücksfläche entspricht, um das vorhandene Baurecht auch „voll" auszunutzen. Mit der Abtretung solcher Teilflächen tritt zugleich eine Wertminderung des Restgrundstücks ein, das künftig nur noch in einem geringeren Umfang bebaubar ist. Die Entschädigung lässt sich hier in einem Zuge unter Anwendung des **Differenzwertverfahrens** ermitteln. Die Anwendung des Differenzwertverfahrens auf der Grundlage zweier Vergleichswerte ist im Gegensatz zur Anwendung des Differenzwertverfahrens auf der Grundlage zweier Ertragswerte durchaus sachgerecht (Abb. 233).

Gemeinbedarfsfläche — Besondere Immobilienarten VI

Abb. 233: Lageplan

Grundstück A

Das Grundstück ist „voll" bebaut.

Bodenwert BW: 800 m² × 300 €/m² (Bodenrichtwert) =	240 000 €	240 000 €
Geschossfläche bei GRZ = 0,5 und II Vollgeschossen =	800 m²	
Geschossflächenwert: 1 m² = 240 000 €/800 m² =	300 €/m²	

Grundstück C

Geschossfläche bei GRZ = 0,5 und II Vollgeschossen =	600 m²	
Bodenwert bei 300 €/m² GF : 600 m² × 300 €/m² =		180 000 €
= Differenz		60 000 €

Dies entspricht dem vollen Bodenwert der abzutretenden Teilfläche von 200 m² des Grundstücks B:

$$BW = 200 \text{ m}^2 \times 300 \text{ €/m}^2 \text{ (Bodenrichtwert)} = 60\,000 \text{ €}$$

Ist nun aber das Grundstück B entsprechend der bisherigen Nutzbarkeit bebaut und kann die Bebauung erhalten bleiben, so wird die Wertminderung mit der **Abtretung der Teilfläche nicht sofort „spürbar"**, d.h., die Wertminderung tritt in „vollem" Umfang erst nach Abgang der baulichen Anlage ein. Als Wertvorteil für das Restgrundstück ergibt sich eine über die bauplanungsrechtliche Nutzbarkeit hinausgehende tatsächliche „Übernutzung". Diesem Vermögensvorteil kann dadurch Rechnung getragen werden, dass der Entschädigungsbetrag für die abzutretende Teilfläche über die Restnutzungsdauer der baulichen Anlage abgezinst wird. Diesem Vermögensvorteil steht darüber hinaus ein Vermögensnachteil gegenüber, der sich aus dem Näherrücken der Straße, d.h. aus dem Verlust der „Pufferzone" zwischen Gebäude und Straßenbegrenzungslinie, ergibt. Auch dieser Vermögensnachteil ist ggf. auf den Zeitraum begrenzt, über den die bauliche Anlage voraussichtlich erhalten bleibt.

b) *Differenzwertverfahren auf der Grundlage des Ertragswertverfahrens*

Die Anwendung des Differenzwertverfahrens auf der Grundlage der nach dem Ertragswertverfahren ermittelten Verkehrswerte für das Gesamt- und Restgrundstück muss in aller Regel versagen, wenn die abgetretene Fläche des Grundstücks schon von der Methode des Ertragswertverfahrens her die Ertragsfähigkeit und den Verkehrswert des Restgrundstücks nur sehr gering oder überhaupt nicht beeinflussen kann, so dass das Ergebnis nicht sachgerecht wäre[182].

---

182 BGH, Urt. vom 26.10.1972 – III ZR 78/71 –, EzGuG 18.57; BGH, Urt. vom 20.3.1975 – III ZR 153/72 –, EzGuG 18.64; BGH, Urt. vom 18.10.1979 – III ZR 177/77 –, EzGuG 13.52; BGH, Urt. vom 3.12.1981 – III ZR 53/80 –, EzGuG 20.93; OLG Hamburg, Urt. vom 13.4.1973 – 1 U 13/71 –, EzGuG 4.40; LG Hamburg, Urt. vom 31.10.1960 – 10 0 30/60 –, EzGuG 18.15; OLG Hamburg, Urt. vom 30.4.1959 – 1 U 218/58 –, EzGuG 18.9.

VI Besondere Immobilienarten — Gemeinbedarfsfläche

Beispiel:

a) Sachverhalt (vgl. Abb. 232 bei Rn. 668)

Grundstücksgröße	1 200 m²
Abzutretende Vorderlandfläche	200 m²
Wert der Vorderlandfläche	800 €/m²
Wert der Hinterlandfläche	300 €/m²
Reinertrag per annum	120 000 €
Restnutzungsdauer	60 Jahre
Liegenschaftszinssatz	5 %
Vervielfältiger	18,93

b) Bodenwert vor und nach Vorderlandabtretung

Gesamtgrundstück *vor* Vorderlandabtretung
1 000 m²	× 800 €/m² =	800 000 €
200 m²	× 300 €/m² =	60 000 €
1 200 m²	=	860 000 €

Gesamtgrundstück *nach* Vorderlandabtretung:
1 000 m² × 800 €/m² = 800 000 €

c) Ertragswert vor und nach Vorderlandabtretung

Gesamtgrundstück *vor* Vorderlandabtretung:

RE	=	120 000 €
Bodenwertverzinsungsbetrag:		
860 000 € × 0,05	=	43 000 €
= RE − BW × p	=	77 000 €
× V (= 18,93)		1 458 610 €
+ BW	=	860 000 €
= Ertragswert (EW)	=	**2 317 610 €**

Gesamtgrundstück *nach* Vorderlandabtretung:

RE	=	120 000 €
Bodenwertverzinsungsbetrag:		
800 000 € × 0,05	=	40 000 €
= RE − BW × p	=	80 000 €
× V (= 18,93)		1 514 400 €
+ BW	=	800 000 €
= Ertragswert (EW)	=	**2 314 400 €**

d) Differenz

EW *vor* Vorderlandabtretung		2 317 610 €
EW *nach* Vorderlandabtretung		2 314 400 €
Differenz insgesamt	=	3 210 € : 200 m²
Differenz pro m²	=	16,05 €/m²

Die **wesentlichen Gründe** werden in der Entscheidung des BGH vom 26.10.1972[183] zusammengefasst; in der Entscheidung heißt es:

„Der Gesichtspunkt, dass der Wertvergleich nach Ertragswerten nicht zu sachgerechten Ergebnissen führen kann, wenn es um die Entschädigung für die Abtrennung von kleinen Grundstücksteilen geht, die zum Ertragswert des Grundstücks so gut wie nichts beitragen, gilt schlechthin für die Verwendung der Ertragswertmethode ... Wie die Revision zutreffend bemerkt, ergibt sich in jedem Fall ein bestimmtes Verhältnis zwischen der jeweiligen Nutzungsdauer des Bauwerks auf dem Stammgrundstück und dem Wert des abgetrennten Teilstücks. Die – durch Zahlung der Entschädigung auszugleichende – Entwertung dieser Teilfläche ist um so größer, je geringer die Restnutzungsdauer des auf dem Stammgrundstück errichteten Bauwerks ist; sie verringert sich in dem Maße, in dem die Restnutzungsdauer ansteigt. Dieses Ergebnis beruht darauf, dass bei Anwendung der ... WertV der Gebäudeertragswert ein um dem kapitalistischen Verzinsungsbetrag des Bodenwerts verminderter Ertragswert ist, der sich durch jede Verminderung der Gesamtgrundfläche rechnerisch zwangsläufig erhöhen muss, was den eingetretenen Bodenwertverlust mehr oder minder aufzehrt. Da bei gleich bleibendem Sollzinssatz des Bodenwerts (§ 8 Abs. 2 WertV 61 = § 17 Abs. 2 Nr. 1 ImmoWertV) der für die Errechnung des Gebäudeertragwerts zu verwendende Vervielfältiger (§ 8 Abs. 3 a.a.O. und Anl. 1 WertV 61 = § 17 Abs. 2 Nr. 1 i.V.m. § 20 Immo-WertV und Anlage) mit der Restnutzungsdauer des Gebäudes ansteigt und dieser Vervielfältiger nach § 7

---

[183] BGH, Urt. vom 26.10.1972 – III ZR 78/71 –, EzGuG 15.57.

Abs. 4 WertV 61 (= § 17 Abs. 2 Nr. 1 i.V.m. § 20 ImmoWertV) auch die Höhe des abzusetzenden kapitalisierten Bodenwertzinses bestimmt, muss bei einem nach Maßgabe dieser Ertragswertberechnung vorgenommenen Wertvergleich der Wert der enteigneten Teilfläche gleich null sein, wenn sich Vervielfältiger und Zinssatz gegenseitig aufheben. In diesem Fall halten sich dann Bodenwertabgang und Gebäudeertragswertzuwachs rechnerisch die Waage."[184]

Die Anwendung des Differenzwertverfahrens auf der Grundlage von Verkehrswerten, die im Wege **des Ertragswertverfahrens** ermittelt werden, **versagt also, wenn die abgetretene Fläche den Ertragswert des Restgrundstücks nicht in dem Maße beeinflusst, wie dies dem Verkehrswert der abgetretenen Fläche entspricht.** Der im Beispiel um 60 000 € verminderte Bodenwert wird zum erheblichen Teil durch den höheren Gebäudewertanteil kompensiert.

Die Ertragswertmethode muss deshalb in den Fällen ausscheiden, in denen sich die Teilfläche nicht werterhöhend auf den vom Hauptgrundstück abgeworfenen Ertrag auswirken kann und infolgedessen mit der Abtretung der Teilfläche auch keine Ertragsminderung bei dem Haupt- oder Restgrundstück eintreten kann[185]. Es kommt hinzu, dass sich bei Anwendung des Ertragswertverfahrens zwar der **Bodenwert durch die abgetretene Fläche vermindert, gleichzeitig aber auch der vom Reinertrag abzuziehende Bodenwertverzinsungsbetrag,** so dass sich der Gebäudeertragswert (Wert der baulichen Anlage) entsprechend erhöht. Infolgedessen kann die Anwendung des Ertragswertverfahrens i.V.m. dem Differenzwertverfahren nicht zu einer sachgerechten Ermittlung des Verkehrswerts für abgetretene Teilflächen führen[186]. 674

Die mit der Vorgartenabtretung eintretenden **Vermögensnachteile** (für das Restgrundstück) können mit der Differenzwertmethode unter Anwendung des Ertragswertverfahrens jedoch gesondert ermittelt werden:

Beispiel:

1. Sachverhalt (vgl. wie vorstehend)

Grundstücksgröße	1 200 m²
Abzutretende Vorderlandfläche	200 m²
Wert der Vorderlandfläche	800 €/m²
Wert der Hinterlandfläche	300 €/m²
Reinertrag per annum	120 000 €
Restnutzungsdauer	60 Jahre
Liegenschaftszinssatz	5 %
Vervielfältiger	18,93

Der Reinertrag soll sich infolge der Abtretung der Vorderlandfläche auf 100 000 € vermindern.

2. Entschädigung für den Rechtsverlust unter Berücksichtigung von Vermögensvorteilen (Hinterland wird auf Vorderlandwert aufgewertet).

Bodenwert vor und nach Vorderlandabtretung

Gesamtgrundstück *vor* Vorderlandabtretung

1 000 m²	× 800 €/m² =	800 000 €
200 m²	× 300 €/m² =	+ 60 000 €
1 200 m²	=	860 000 €

Gesamtgrundstück *nach* Vorderlandabtretung

1 000 m² × 800 €/m² =   800 000 €

Entschädigung: 860 000 € – 800 000 € = **60 000 €**

---

184 Eine ausführliche Sachdarstellung hierzu enthält die Entscheidung des OLG Hamburg, Urt. vom 24.4.1970 – 1 U 17/69 –, EzGuG 18.50.
185 BGH, Urt. vom 19.12.1963 – III ZR 162/63 –, EzGuG 20.35; BGH, Urt. vom 23.9.1957 – III ZR 171/56 –, EzGuG 18.8.
186 BGH, Urt. vom 26.10.1972 – III ZR 78/71 –, EzGuG 18.57; OLG Hamburg, Urt. vom 24.4.1970 – 1 U 17/69 –, EzGuG 18.502.

VI Besondere Immobilienarten   Gemeinbedarfsfläche

3. Entschädigung für Vermögensnachteile des Restgrundstücks

Ertragswert vor und nach Vorderlandabtretung

Gesamtgrundstück *vor* Vorderlandabtretung:			Gesamtgrundstück *nach* Vorderlandabtretung:		
RE	=	120 000 €	RE	=	100 000 €
./. Bodenwertverzinsungsbetrag			./. Bodenwertverzinsungsbetrag		
800 000 € × 0,05	=	− 40 000 €	800 000 € × 0,05	=	− 40 000 €
= RE − (BW × p)	=	80 000 €	= RE − (BW × p)	=	60 000 €
× V (= 18,93)	=	1 514 400 €	× V (= 18,93)	=	1 135 800 €
+ BW	=	800 000 €	+ BW	=	800 000 €
= Ertragswert (EW)	=	2 314 400 €	= Ertragswert (EW)	=	1 935 800 €

Vermögensnachteil = 2 314 400 € − 1 935 800 € = 378 600 €

7.4.4.4 Pauschalierte Bruchteilsmethode

▶ *Allgemeines zur Verfahrenswahl vgl. § 8 ImmoWertV Rn. 156 ff.*

675 In der Praxis wurde einem Hinweis des BGH[187] folgend der **Wert von Vorgartenland** auch mit einem bestimmten Prozentsatz des für das übrige Grundstück maßgeblichen Durchschnittswerts pro Quadratmeter ermittelt (pauschalierte Bruchteilsbewertung).

So werden z. B. in *Schleswig-Holstein* als Bruchteilswert 5/10 bis 6/10 des vollen Baulandwerts der angrenzenden Bauflächen angesetzt (vgl. auch Nr. 5.2 WERTR), in *Hamburg* 50 % und *Hannover* 30 %. In *München* wird dagegen ein **(absolutes)** Wertniveau von 12,50 €/m² zugrunde gelegt.

Der BGH[188] hat in seiner Rechtsprechung betont, dass bei der Bruchteilsbewertung eine „irrtümliche Betrachtungsweise" nicht auszuschließen ist, obwohl der „erkennende Senat in seinem Urt. vom 25.2.1960 – III ZR 27/59[189] – für Vorgartengelände die Bewertung mit einem solchen Bruchteilsatz gebilligt hat, wenn diese Bewertung auf dem Grundstücksmarkt allgemein üblich ist, sich gewissermaßen als allgemeiner Ortsgebrauch darstellt und nicht besondere werterhöhende oder wertmindernde Umstände ersichtlich sind.

Das KG Berlin[190] ging in einer früheren Entscheidung bei der Verkehrswertermittlung von Straßenlandabtretungen von einem Viertel des Durchschnittswerts der angrenzenden Grundstücksfläche aus. In seiner früheren Rechtsprechung[191] hat das Gericht aber schon darauf hingewiesen, dass die „allgemeine Bewertung von Vorgartenland mit 1/4 des für das Grundstück ermittelten Verkehrswerts ... zwar der Übung der Berliner Enteignungsbehörden" entspräche, diese Praxis aber, soweit ersichtlich, „von den Gerichten in dieser allgemeinen Fassung bisher einheitlich noch nicht anerkannt und übernommen worden" sei.

Diese Vorgehensweise wird insbesondere bei der Abtretung von Flächen praktiziert, die im Zuge einer Fahrbahnverbreiterung für einen Straßenzug benötigt werden. Als Voraussetzung ist mindestens zu fordern, dass sich hier ein **begrenzter Teilmarkt** gebildet hat, der dem gewöhnlichen Geschäftsverkehr zuzurechnen ist. Ein solcher Teilmarkt kann sich mit der Zeit herausbilden, wenn im allgemeinen Grundstücksverkehr diese Praxis auf allgemeine Akzeptanz stößt, wobei das Vorliegen gleicher Preise allein nicht zu der Annahme zwingt, dass sich ein solcher Teilmarkt gebildet hat. Gegen diese Praxis sind im Übrigen Bedenken geltend gemacht worden. Dass auf diesem Teilmarkt allein die öffentliche Hand als Erwerber auftritt, steht hingegen der Annahme eines gewöhnlichen Geschäftsverkehrs nicht entgegen (§ 7 ImmoWertV Rn. 21 ff.).

---

[187] BGH, Urt. vom 2.2.1978 – III ZR 90/76 –, EzGuG 18.81; BGH, Urt. vom 16.3.1964 – III ZR 11/63 –, EzGuG 18.24; ablehnend: Maunz/Herzog/Düring, GG Komm. Art. 14 Rn. 119.
[188] BGH, Urt. vom 19.12.1963 – III ZR 162/63 –, EzGuG 20.35.
[189] BGH, Urt. vom 25.2.1960 – III ZR 27/59 –, BGHZ 32, 97.
[190] KG Berlin, Urt. vom 22.3.1983 – U 3418/82 –, Rpfleger 1983, 507 = JurBüro 1984, 587; vgl. auch LG Hamburg, Urt. vom 8.2.1965 – 10 O 24/62 –, EzGuG 18.27.
[191] KG Berlin, Urt. vom 22.12.1959, EzGuG 18.12; vgl. auch OLG Hamm, Urt. vom 27.6.1965 – 16 U 1/64 –, EzGuG 18.29; OLG Hamm, Urt. vom 3.12.1954 – 9 U 222/52 –, EzGuG 18.2.

Tatsächlich kann dieses Verfahren auch allenfalls zur Anwendung kommen, wenn das **Gesamtgrundstück nach Nutzbarkeit und Lagevorteilen einheitlich genutzt** wird und dem Vorgarten nicht andererseits eine besondere Funktion, wie z. B. die Abschirmung des Grundstücks gegen Lärm, Abgase und dgl. zukommt[192].

Die Praxis der Bruchteilsbewertung ist nicht unproblematisch, da sie den besonderen Verhältnissen des Einzelfalls oftmals unzureichend Rechnung trägt. Ihre Anwendung setzt daher voraus, dass eine **hinreichende Anzahl von Vergleichsfällen** vorliegt, die mit dem jeweiligen Bewertungsfall auch tatsächlich vergleichbar sind[193]. **676**

– Soweit eine Vorderlandfläche für die höchstzulässige bzw. lageübliche bauliche Ausnutzbarkeit des zugehörigen Ertragsgrundstücks erforderlich ist, teilt sie die „volle" Baulandqualität und ist damit mit dem „vollen" Baulandwert zu werten.

– Im theoretisch ungünstigsten Fall einer gänzlichen Nutzlosigkeit einer Vorderlandfläche ist noch ein Wert von 25 % des „vollen" Baulandwerts (schon im Hinblick auf nicht abschätzbare Entwicklungen der Vorderlandfläche) beizumessen.

– Erschöpft sich die Nutzung der Vorderlandfläche darin, dass sie in mehr oder weniger bescheidenem Maße zur Verbesserung des Wohngefühls und zur mindestens optischen Abschirmung des Gebäudes von den Einwirkungen der Straße beiträgt, können 50 % des „vollen" Baulandwerts als angemessen gelten.

– Eine höhere Wertigkeit – mindestens etwa 75 % (bis 100 %) des „vollen" Baulandwerts – ist der Vorderlandfläche beizumessen, wenn sie zu konkreten Nutzungsvorteilen, etwa in der Möglichkeit der Anlegung von Kinderspielplätzen oder zur Schaffung von Autostellplätzen oder Aufstellung von Mülltonnen führt.

Eine maßgebliche Bedeutung im Falle einer vorkonstitutionellen Inanspruchnahme des Baulands (vgl. Rn. 664) misst bei alledem die Rechtsprechung der Frage bei, ob der am Wertermittlungsstichtag eingetragene Eigentümer nachweisen kann, dass der einem früheren Eigentümer durch die Herabzonung seines Grundstücks zu Straßenland entstandene Entschädigungsanspruch auf ihn übergegangen ist. Der BGH[194] hat hierzu festgestellt, dass der Eigentümer die Entschädigung für eine höhere Qualität des Grundstücks als die von Straßenland nur geltend machen kann, wenn die aufgezeigte **Rechtsposition von dem Eigentümer im Zeitpunkt der Herabzonung auf den jetzigen Eigentümer übergegangen** ist. In dem zu entscheidenden Fall ging es um die Herabzonung eines Grundstücksteils durch Festsetzung einer Fluchtlinie (vom 5.12.1989). In der Berliner Praxis wird in diesen Fällen eine Entschädigung von 5 €/m² gewährt. Auch dieser Verfahrensweise begegnen Bedenken. Zum einen wird ein „starrer" Wertansatz der zwischenzeitlich ausgeübten Nutzung nicht gerecht[195], zum anderen ist zu fragen, warum die Beweislast umgedreht ist und der Eigentümer den Nachweis zu erbringen habe, dass der Entschädigungsanspruch auf ihn übergegangen sei. Etwas anderes gilt nur, wenn der Entschädigungsanspruch erloschen oder verjährt ist (vgl. § 6 ImmoWertV Rn. 299, § 8 ImmoWertV Rn. 137 f.).

7.4.5 Berücksichtigung von Vermögensvor- und -nachteilen

7.4.5.1 Allgemeines

▶ *Hierzu auch die allgemeinen Ausführungen in Teil VII Rn. 152 ff.*

---

192 BGH, Urt. vom 16.3.1972 – III ZR 26/71 –, EzGuG 6.150; BayVGH, Urt. vom 19.12.1964 – 6 B 82 A. 411 –, EzGuG 18.95.
193 OLG Hamburg, Urt. vom 5.7.1974 – 1 U 1/73 –, EzGuG 18.60a; zuvor BGH, Urt. vom 26.10.1972 – III ZR 78/71 –, EzGuG 11.86b.
194 BGH, Urt. vom 17.11.1988 – III ZR 210/87 –, EzGuG 18.109; BGH, Urt. vom 2.2.1978 – III ZR 90/76 –, EzGuG 18.81; BGH, Urt. vom 14.1.1982 – III RZ 134/80 –, EzGuG 6.214.
195 OLG Nürnberg, Urt. vom 11.10.1989 – 4 U 1748/89 –, GuG 1990, 48 = EzGuG 18.111; Vorinstanz: LG Nürnberg-Fürth, Urt. vom 18.4.1989 – 4 O 6698/87 –, GuG 1990, 47 = EzGuG 18.110.

VI Besondere Immobilienarten — Gemeinbedarfsfläche

677 Bei der Abtretung von Teilflächen müssen in entsprechender Anwendung des § 93 Abs. 1 BauGB auch die eintretenden Vermögensvor- und -nachteile[196] berücksichtigt werden, die für den Restbesitz entstehen. Bei Anwendung des *Differenzwertverfahrens* können diese durch den Wertvergleich des Grundstücks vor und nach der Abtretung zusammen mit der Entschädigung des Rechtsverlusts an der abgetretenen Teilfläche ganz oder teilweise berücksichtigt werden; bei Anwendung des Ertragswertverfahrens müssen allerdings die vorstehend erläuterten Besonderheiten berücksichtigt werden. Geht es dagegen um die Ermittlung der Enteignungsentschädigung, muss allerdings die **Wertminderung** unberücksichtigt bleiben, die sich für das Grundstück ohnehin auch dann ergeben hätte, wenn eine Teilfläche zum Ausbau einer Straße nicht abgetreten worden wäre, und **die der Eigentümer entschädigungslos hätte hinnehmen müssen**[197].

In besonders gravierenden Fällen einer Teilflächenabtretung kann der Eigentümer ein **Übernahmeverlangen** für die betroffene Gesamtfläche stellen (vgl. Teil VII Rn. 152 ff.). Dies kann bereits in den Festsetzungen des Bebauungsplans begründet sein; Rechtsgrundlage ist in diesem Fall **§ 40 Abs. 2 BauGB**, der folgende Fassung hat:

„(2) Der Eigentümer kann die Übernahme der Flächen verlangen,

1. wenn und soweit es ihm mit Rücksicht auf die Festsetzung oder Durchführung des Bebauungsplans wirtschaftlich nicht mehr zuzumuten ist, das Grundstück zu behalten oder es in der bisherigen oder einer anderen zulässigen Art zu nutzen, oder
2. wenn Vorhaben nach § 32 nicht ausgeführt werden dürfen und dadurch die bisherige Nutzung einer baulichen Anlage aufgehoben oder wesentlich herabgesetzt wird.

Der Eigentümer kann anstelle der Übernahme die Begründung von Miteigentum oder eines geeigneten Rechts verlangen, wenn die Verwirklichung des Bebauungsplans nicht die Entziehung des Eigentums erfordert."

Ein Übernahmeanspruch nach Maßgabe dieser Vorschrift besteht auch im Falle einer **Aufhebung der zulässigen Nutzung eines Grundstücks** (§ 42 Abs. 9 BauGB).

Im Falle einer Teilenteignung kann der Eigentümer nach § 92 Abs. 3 BauGB die **Ausdehnung der Enteignung** auf das Restgrundstück oder den Restbesitz insoweit verlangen, als das Restgrundstück oder der Restbesitz nicht mehr in angemessenem Umfang baulich oder wirtschaftlich genutzt werden kann[198].

7.4.5.2 Pufferzone

678 Nach einem Grundsatzurteil des BGH[199] sind bei der Bemessung der Entschädigung für die Enteignung eines Vorgartenteils die von einer außerhalb des (ungeteilten) Grundstücks verlaufenden Hochstraße ausgehenden Beeinträchtigungen baulicher und verkehrsmäßiger Art insoweit zu berücksichtigen, als der abgetrennte Vorgartenteil dem Eigentümer die tatsächliche Möglichkeit geboten hätte, das Grundstück gegen diese Beeinträchtigung abzuschirmen. In dem zu entscheidenden Fall (Bremer Hochstraße) hatte sich ein unmittelbar vor dem betroffenen Grundstück gelegenes Brückenbauwerk nicht nur als störender Blickfang, son-

---

196 BGH, Urt. vom 27.1.1977 – III ZR 153/74 –, EzGuG 6.189.
197 BGH, Urt. vom 19.5.1988 – III ZR 224/86 –, WM 1988, 1651 = RdL 1988, 294 = NVwZ-RR 1989, 170 = BayVBl. 1988, 634; BGH, Urt. vom 17.4.1986 – III ZR 202/84 –, EzGuG 13.87; BGH, Urt. vom 6.3.1986 – III ZR 146/84 –, EzGuG 13.86; BGH, Urt. vom 7.5.1981 – III ZR 67/80 –, EzGuG 18.91; BGH, Urt. vom 8.11.1979 – III ZR 87/78 –, EzGuG 18.89; BGH, Urt. vom 8.2.1979 – III ZR 86/77 –, EzGuG 4.66; BGH, Urt. vom 1.12.1977 – III ZR 130/75 –, EzGuG 18.78; BGH, Urt. vom 14.7.1977 – III ZR 41/75 –, EzGuG 18.77; BGH, Urt. vom 12.2.1976 – III ZR 184/73 –, EzGuG 19.28; BGH, Urt. vom 20.3.1975 – III ZR 153/72 –, EzGuG 18.64; BGH, Urt. vom 4.10.1973 – III ZR 138/71 –, EuGuG 18.59; BGH, Urt. vom 31.1.1972 – III ZR 133/69 –, EzGuG 18.57; BGH, Urt. vom 29.3.1971 – III ZR 108/67 –, EzGuG 18.55; BGH, Urt. vom 10.10.1969 – V ZR 155/60 –, EzGuG 18.46; BGH, Urt. vom 5.2.1968 – III ZR 217/65 –, EzGuG 18.41; ferner: OLG Hamburg, Urt. vom 6.10.1965 – 1 U 197/64 –, EzGuG 18.31; OLG Hamburg, Urt. vom 18.4.1966 – 10 O 1/65 –, EzGuG 18.33; OLG Hamburg, Urt. vom 12.5.1964 – 1 U 53/62 –, EzGuG 4.21; OLG Frankfurt am Main, Urt. vom 17.1.1957 – 2 U 97/55 –, EzGuG 18.5; OLG Hamburg, Urt. vom 13.4.1973 – 1 U 13/71 –, EzGuG 4.40, OLG Hamburg, Urt. vom 11.3.1966 – 1 U 44/65 –, Hbg. GE 1966, 252.
198 BGH, Nichtannahmebeschl. vom 27.9.1990 – III ZR 322/89 –, GuG 1991, 30 = EzGuG 4.134; BGH, Urt. vom 13.12.1984 – III ZR 175/73 –, EzGuG 6.227; BGH, Urt. vom 25.11.1974 – III ZR 142/73 –, EzGuG 6.174.
199 BGH, Urt. vom 16.3.1972 – III ZR 26/71 –, EzGuG 6.150; OLG Bremen, Urt. vom 9.8.1972 – U (B) 7/72 –, EzGuG 18.56; OLG Celle, Urt. vom 17.7.1990 – 4 U 27/90 –, GuG 1991, 41 – EzGuG 2.50.

dern auch als Immissionsquelle erwiesen. Des Weiteren führte ein Näherrücken von Kraftfahrzeug- und Fußgängerverkehr sowohl in optischer als auch akustischer Hinsicht zu einer Wertminderung. Soweit diese Einwirkungen über das Maß hinausgehen, was die Eigentümerin nachbarrechtlich nach § 906 BGB hinnehmen muss, kommt eine **Entschädigung wegen hoheitlichen Eingriffs in das Grundeigentum** in Betracht.

Die Frage des entschädigungsrechtlichen Anspruchs muss aber auch hier wieder von der Frage einer **Wertminderung** unterschieden werden, die **unabhängig von dem Entschädigungsanspruch** eingetreten sein kann[200].

Im Hinblick auf Entschädigungsansprüche muss bei alledem geprüft werden, ob und inwieweit ein (nachbarrechtlicher) Ausgleichs- und Entschädigungsanspruch besteht. **Abwehrrechte** können sich diesbezüglich **aus § 906 Abs. 2 BGB** ergeben (vgl. § 6 ImmoWertV Rn. 214). Mit der Entschädigung für den Substanzverlust an einer Vorgartenfläche, bemessen nach dem Verkehrswert des abgetretenen Grund und Bodens, der darauf befindlichen Einfriedung sowie des Aufwuchses, werden nämlich nicht immer die zusätzlichen optischen, akustischen und gesundheitlichen Nachteile ausgeglichen, die sich aus dem **Verlust einer Pufferzone** mit ihrer Abschirmfunktion gegen Verkehrslärm, Abgase und Erschütterungen ergeben können. Werden also mit der für den Substanzverlust gewährten Entschädigung sowie einem Kostenersatz für etwaige Schutzeinrichtungen (vgl. § 6 ImmoWertV Rn. 257 ff.) die für das Restgrundstück verbleibenden Nachteile nicht ausgeglichen, weil mit dem Verlust der Abschirmfunktion einer Teilfläche Beeinträchtigungen für das Restgrundstück „nachbleiben", die im gewöhnlichen Geschäftsverkehr zu höheren Wertabschlägen führen, so sind diese neben der Entschädigung für den Substanzverlust zusätzlich zu entschädigen[201].

Eine **spürbare Beeinträchtigung besteht, wenn die Immissionsschutzgrenzwerte** (IGW vgl. § 6 ImmoWertV Rn. 260) **überschritten werden** und mit dem Wegfall der Schutzzone die Lärmbelastung um mindestens 3 dB (A) zunimmt, denn erst eine dermaßen große Lärmzunahme wird vom menschlichen Ohr wahrgenommen. Im Einzelfall ist deshalb zu prüfen, ob eine zusätzliche Entschädigung unter Anwendung des § 42 BImschG (vgl. § 6 ImmoWertV Rn. 249 ff.) zu gewähren ist (vgl. § 74 Abs. 2 VwVfG oder § 96 Abs. 1 Nr. 2 BauGB). Eine Doppelentschädigung ist dabei unzulässig. Im Verhältnis zwischen dem **fachplanungsrechtlichen Ausgleichsanspruch** nach § 74 Abs. 2 VwVfG oder dem nach § 96 Abs. 1 Nr. 2 BauGB (vgl. § 6 ImmoWertV Rn. 249) ist der **weitergehende Anspruch** maßgebend:

Beispiel:

a) Wohnhaus in einem allgemeinen Wohngebiet = 59 dB (A)
   Berechneter Mittelungspegel (L m.T) *vor*
   Abtretung einer Vorgartenfläche = 62 dB (A)
   – Berechneter Mittelungspegel (L m.T) *nach*
   Abtretung einer Vorgartenfläche = 68 dB (A)
   = Schutzwirkung = 6 dB (A)

b) Wohnhaus in einem allgemeinen Wohngebiet: IGW = 59 dB (A)
   Berechneter Mittelungspegel (L m.T) *vor*
   Abtretung einer Vorgartenfläche = 56 dB (A)
   Berechneter Mittelungspegel (L m.T) *nach*
   Abtretung einer Vorgartenfläche = 62 dB (A)
   = Schutzwirkung = 6 dB (A)

---

200 Kamphausen in GuG 1993, 31 und BauR 1992, 723.
201 Gelzer/Busse, a.a.O.; LG Koblenz, Urt. vom 16.5.1988 – 4 O 7/86 –, EzGuG 18.107; BGH, Urt. vom 27.9.1990 – III ZR 97/89 –, EzGuG 2.51 = GuG 1991, 38; OLG Celle, Urt. vom 17.7.1990 – 4 U 27/90 –, GuG 1991, 41 = EzGuG 2.50; BayVGH, Urt. vom 19.12.1984 – 6 B 82 A. 411 –, EzGuG 18.95; BGH, Urt. vom 16.3.1972 – III ZR 26/71 –, EzGuG 6.150.

VI Besondere Immobilienarten Bahnfläche

Im Fall a) geht der fachplanungsrechtliche Ausgleichsanspruch nach § 74 Abs. 2 VwVfG weiter als der entschädigungsrechtliche Anspruch; im Fall b) geht der entschädigungsrechtliche Anspruch weiter.

Die **Ermittlung des Ausgleichsanspruchs** kann in beiden Fällen nach dem unter § 6 ImmoWertV Rn. 291 vorgestellten Berechnungsbeispiel erfolgen.

8 Bahnfläche

Schrifttum: *Bartz, G./Thielges, R.,* Verkehrswertermittlung ehemaliger Bahnflächen, AVN 1985, 53 = Nachr. der Verm.- und KatVw Rh.-Pf. 1990, 86; *Blümel, W.,* Fragen der Entwidmung von Eisenbahnbetriebsanlagen, Forschungsinstitut für öffentliche Verwaltung Speyer, 2000; *Hoppe, W./Busch, B.,* Fragen des städtebaulichen Entwicklungsrechts unter besonderer Berücksichtigung von Bahnflächen, Beiträge zur Raumplanung und zum Siedlungs- und Wohnungswesen, Bd. 198, Münster 2001; *Wagner, K./Freese, A.,* Bewertung von Bahnflächen, GuG 2004, 332.

8.1   Allgemeine Grundsätze

680 a) **Bahnflächen** (Bahnanlagen) **sind öffentliche Grundstücke im Anstaltsgebrauch,** wenn sie als solche gewidmet und faktisch für den Eisenbahnbetrieb in Dienst gestellt wurden. Mit Widmung dieser Flächen als Eisenbahnanlage unterliegen diese öffentlich-sachenrechtlichen Bindungen. Nutzungen oder verbindliche Planungen, die der widmungsgemäßen Zeckbestimmung widersprechen, sind unzulässig.[202] Bahnflächen sind erst mit ihrer Entwidmung dem allgemeinen Geschäftsverkehr wieder zugänglich und erst damit wieder im allgemeinen Sinne „verkehrswertfähig".

b) **Bahnflächen**[203] sind grundsätzlich der gemeindlichen Planungshoheit entzogen; planerischen Aussagen der Gemeinden sind sie nur insoweit zugänglich, als diese der besonderen Zweckbestimmung der Anlage, dem Betrieb der Bahn zu dienen, nicht widersprechen.

c) **Die Bestimmung des Zwecks einer Anlage, dem Betrieb der Bahn zu dienen, erfolgt durch Widmung,** die nicht an eine besondere Form gebunden ist und auch im schlüssigen Handeln der öffentlichen Verwaltung begründet sein kann. Die Widmung kann durch Rechtssatz (z. B. Gesetz, Rechtsverordnung oder Satzung), durch Verwaltungsakt oder durch andere verwaltungsinterne, aber nach außen erkennbare und amtlich nachweisbare Vorgänge erfolgen. Planfestgestellte Anlagen sind nachrichtlich in Bebauungspläne zu übernehmen (§ 9 Abs. 6 BauGB).

d) **Bahnflächen sind erst nach ihrer förmlichen Entwidmung durch das Eisenbahn-Bundesamt (EBA) der Planungshoheit zugänglich.** Stichtag ist der bestandskräftig gewordene Entwidmungsbescheid; auf den Zeitpunkt der Bekanntmachung der Entwidmung kommt es nicht an. Die rechtliche „Planungssperre" gilt nur bis zum abschließenden Beschluss über einen Bebauungsplan und insbesondere auch nicht für die Durchführung informeller Planungen. Im Flächennutzungsplan sind von der Planfeststellung abweichende Darstellungen zulässig und können verfahrensmäßig abgeschlossen werden, wenn die Beendigung der Rechtswirkung des Planfeststellungsbeschlusses in Aussicht steht[204].

Nach Durchführung der Entbehrlichkeitsprüfung wird der Entwicklungsantrag von der DB Imm für die DB AG gestellt, die allein antragsbefugt ist. Die Entwidmung erfolgt regelmäßig nach einem vorgeschalteten Planaufhebungs- bzw. Planänderungsverfahren. Das Verfahren kann mit einer Planaufstellung für die Verlagerung von Bahnanlagen ver-

---

202 Blümel, W., Fragen der Entwidmung von Eisenbahnbetriebsanlagen, Forschungsinstitut für öffentliche Verwaltung Speyer, 2000.
203 Zur Definition von Bahnanlagen vgl. BVerwG, Urt. vom 27.11.1996 – 11 A 2/96 –, BVerwGE 102, 269 und § 4 Abs. 1 EBO.
204 BVerwG, Urt. vom 16.12.1988 – 4 C 48/86 –, BVerwGE 81,111.

bunden werden. Das Eisenbahnbundesamt beansprucht bei alledem einen eigenen Beurteilungsspielraum für die Frage der weiteren Bahnnotwendigkeit von Liegenschaften, wobei die städtebauliche Gesamtsituation berücksichtigt wird. Infolgedessen soll aus der Sicht der Bahn ein Entwidmungsantrag erst dann gestellt werden können, wenn sich die gemeindliche Planung hinreichend verdichtet hat. Dies ist

- bei Bauleitverfahren der Beginn der Öffentlichkeits- und Behördenbeteiligung bzw.
- in Verfahren nach § 34 BauGB der Zeitpunkt des Einreichens eines/einer abgestimmten Baugesuchs/Bauvoranfrage.

e) Allein **durch die Aufnahme einer nichtwidmungsfähigen Nutzung tritt eine Entwidmung nicht ein,** damit auch grundsätzlich kein Bestandsschutz der widmungsfremden Nutzung. Darüber hinaus ist auch eine nur vorübergehende Überlassung von Bahnflächen an Dritte grundsätzlich nicht geeignet, den Rechtscharakter der Fläche als Bahnfläche aufzuheben[205].

f) **In Sonderfällen kann die Planungshoheit auch ohne formelle Entwidmung auf die Gemeinde zurückgefallen sein, wenn nämlich eine bestehende Fachplanung funktionslos, d.h. rechtlich obsolet, geworden ist.** Eine Funktionslosigkeit kann sich ergeben, wenn die Verhältnisse aufgrund tatsächlicher Entwicklungen einen Zustand erreicht haben, der die Verwirklichung der Planung auf unabsehbare Zeit ausschließt, und die Wiederaufnahme einer bahnbetriebsbezogenen Nutzung – auch äußerlich erkennbar – auf unabsehbare Zeit ausgeschlossen werden muss[206]. Bei stillgelegten Bahnflächen ist dies näher zu untersuchen. Ist dies zu bejahen, ist bei der Verkehrswertermittlung von entwidmeten Flächen auszugehen. Zuvor ist das mit der DB AG und dem EBA zu klären.

g) Die **vorhandene Bebauung von Bahnflächen entfaltet nach ihrer Entwidmung keinen Bestandschutz in dem Sinne,** dass diesen Flächen ein Baurecht beizumessen ist. Eine in jedem Fall zu prüfende Ausnahme hiervon bildet eine Bebauung, die nach Art und Größenordnung unter Berücksichtigung des prägenden Gewichts der angrenzenden Bebauung sich hierin einfügt.

h) Auch wenn Bahnflächen erst nach ihrer förmlichen Entwidmung einer privatwirtschaftlichen Nutzung zugänglich und damit „verkehrswertfähig" werden, kann **bereits in Erwartung dieser Entwidmung ein Verkehrswert ermittelt werden.** Ausgangspunkt und zugleich wohl auch die schwierigste Frage der Verkehrswertermittlung ist die Feststellung des maßgeblichen Entwicklungszustands. Sie erfordert eine gewissenhafte Analyse der bodenrechtlichen Rahmenbedingungen. Der Sachverständige muss deshalb zunächst die rechtlichen und tatsächlichen Grundstücksverhältnisse aufbereiten.

i) **Planfeststellungsbedürftig und planfeststellungsfähig sind nur Bahnanlagen** i.S. von § 18 Abs. 1 Satz 1 AEG (Schienenwege und betriebsnotwendige Anlagen). Nicht zu den Bahnanlagen zählen z. B. Spielhallen, Boutiquen, Fachmärkte und Einrichtungen, die nicht für den Reisebedarf gedacht sind. Gebäude, die zwar auf dem Bahngelände liegen, aber nicht vollständig Betriebsanlagen sind, unterliegen nicht der Planfeststellung[207]. Diesen Flächen ist insoweit ein „Baurecht" beizumessen. Die Verkehrswertermittlung erfolgt nach allgemeinen Grundsätzen[208]. Bahnverträgliche Anlagen und Nutzungen, die zwar im Sachzusammenhang mit dem Bahnbetrieb stehen, jedoch keine dienende Funktion i.S.d. Planfeststellung erfüllen, beurteilen sich nach den §§ 30 Abs. 2, 34 und 35 BauGB. Dementsprechend bemisst sich ihr Verkehrswert nach allgemeinen Grundsätzen.

---

205 BVerwG, Beschl. vom 5.2.1990 – 1 B 1/90 –, NVwZ 1990, 462.
206 BVerwG, Urt. vom 31.8.1995 – 7 A 19/94 –, BVerwGE 99, 106; BVerwG, Urt. vom 29.4.1977 – 4 C 39/75 –, BVerwGE 54, 5; BVerwG, Urt. vom 3.8.1990 – 7 C 41 – 43/89 –, GuG 1991, 105; OVG Münster, Urt. vom 25.4.1997 – 7a D 127/94 – und OVG Münster, Urt. vom 23.5.1997 – 7 A 5844/95 –.
207 BVerwG, Urt. vom 16.12.1988, a.a.O.: Hotels, Multiplexkinos, nicht reisebezogener Einzelhandel; hierzu Leistungskennziffern in GuG 2001, 176.
208 A. A. BayVGH, Urt. vom 20.10.1998 – 20 A 98, 40022 –, GuG 1999, 65.

8.2 Entwicklungszustand und Zulässigkeit von Vorhaben

8.2.1 Allgemeines

681 Der für die Verkehrswertermittlung entwidmeter bzw. zur Entwidmung anstehender Bahnflächen maßgebliche **Entwicklungszustand bestimmt sich nach der künftigen Nutzbarkeit der Flächen nach Wegfall der öffentlichen Zweckbestimmung,** insbesondere bezüglich Art und Maß der baulichen, aber auch der sonstigen Nutzung (z. B. als Ausgleichsflächen). Im Rahmen der Verkehrswertermittlung müssen Art und Maß der baulichen und sonstigen Nutzung unter Angabe der Rechtsgrundlagen in einer nachweisbaren Form festgestellt werden. Dies sind die maßgeblichen Ausgangsdaten.

Die besondere Problematik besteht nun i.d.R. darin, dass die **bauplanungsrechtlichen Grundlagen** zumeist noch keine Konkretisierung erfahren haben und sich der Sachverständige an dem orientieren muss, was sich ohne spekulative Erwartungen und im Einklang mit einer geordneten städtebaulichen Entwicklung abzeichnet.

Planungsrechtlich sind dabei folgende **Fallgestaltungen** denkbar:

a) Die entwidmete **Bahnfläche ist dem Außenbereich nach § 35 BauGB zuzurechnen,** wobei die Fläche unter den Voraussetzungen des § 5 Abs. 2 ImmoWertV die Qualität von Bauerwartungsland aufweisen kann. Innerhalb des Stadtgefüges kann bei entsprechend großen Flächen in diesem Sinne auch ein „Außenbereich im Innenbereich" vorliegen.

b) Die Flächen können **Bestandteil eines im Zusammenhang bebauten Ortsteils nach § 34 BauGB** sein und insoweit bereits den Entwicklungszustand Rohbauland oder baureifes Land i.S. des § 5 Abs. 3 oder 4 ImmoWertV aufweisen. Im Hinblick auf die zumeist an Bahnsträngen gelegenen Flächen wird dieser Fall zwar sehr selten sein, kann jedoch auch nicht ausgeschlossen werden.

c) Sind die Flächen bereits Gegenstand der Bauleitplanung (Flächennutzungs- und Bebauungsplanung) oder stehen die Flächen in Erwartung einer Bauleitplanung – ggf. in Verbindung mit einer informellen Planung –, kann sich eine Bauerwartungsland- oder Rohbaulandqualität ergeben. Auf den Sonderfall der Einbeziehung dieser Fläche in eine Sanierungs- und Entwicklungsmaßnahme soll hier nicht näher eingegangen werden.

Weitgehend unproblematisch ist die Verkehrswertermittlung entwidmeter **Bahnflächen im Außenbereich, für die eine bauliche Nutzung nach Aufgabe der öffentlichen Nutzung nicht in Betracht kommt.** Die Flächen können dann einem Entwicklungszustand i.S. des § 5 Abs. 1 ImmoWertV zugerechnet werden, sofern dem nicht die vorhandenen baulichen und sonstigen Anlagen entgegenstehen. Im Einzelfall wird das Erfordernis einer Freilegung sowie Abbruchkosten unter Berücksichtigung von Verwertungserlösen wertmindernd zu berücksichtigen sein, wobei durchaus auch Unwerte vorliegen können (Beseitigung von Bodenversiegelungen, Altlasten und dgl.).

8.2.2 Erwartung einer baulichen und sonstigen Nutzung

8.2.2.1 Allgemeines

682 Bei der Verkehrswertermittlung von entwidmeten oder zur Entwidmung anstehenden Bahnflächen, für die künftig eine bauliche Nutzung erwartet werden kann, muss der Sachverständige über die sich nach vorstehenden Grundsätzen ergebende **Qualität** hinaus zu folgenden Feststellungen kommen:

– Art und Maß der künftigen baulichen Nutzung,
– Art und Umfang einer sonstigen privatwirtschaftlichen Nutzung,
– die voraussichtliche Dauer des Umstrukturierungsprozesses (sog. Wartezeit) sowie
– Art und Umfang der Kosten im Hinblick auf die notwendig werdende Umstrukturierung der aufgelassenen Bahnflächen.

Soweit eine **Gemeinbedarfsnutzung für die entwidmeten Bahnflächen** vorgesehen ist, ohne dass eine privatwirtschaftliche Nutzung zwischenzeitlich in Aussicht stand, bestimmt sich der Wert nach den für sog. „bleibende Gemeinbedarfsflächen" entwickelten Grundsätzen (Nr. 5.1.1 WERTR).

8.2.2.2 Künftige Nutzbarkeit

Eine entwidmete oder zur Entwidmung anstehende Bahnfläche kann bereits auch ohne planerische Maßnahme der Gemeinde nach § 6 Abs. 2 ImmoWertV dem Bauerwartungsland zuzurechnen sein, wenn die Fläche nach ihrer Eigenschaft, ihrer sonstigen Beschaffenheit oder ihrer Lage eine bauliche Nutzung in absehbarer Zeit tatsächlich erwarten lässt. Hier ist u. a. die städtebauliche Umgebungs- und Gesamtsituation, die Nähe des Siedlungsgebiets sowie die Angebots- und Nachfragesituation zu berücksichtigen. Indiz hierfür ist das **Preisgefüge vergleichbarer Flächen.** 683

Eine entsprechende **Darstellung des Flächennutzungsplans** ist nach § 5 Abs. 2 ImmoWertV nicht erforderlich; die Bauerwartung kann sich auch auf die städtebauliche Gesamtsituation oder auf ein entsprechendes Verhalten der Gemeinde gründen.

Der Sachverständige muss sich um folgende **Unterlagen** bemühen: 684

Informelle Planungen: Bahnflächen können bereits vor ihrer Entwidmung Gegenstand informeller Planungen sein (Rahmenplanung, Entwicklungsplanung). Die informelle Planung ist hinsichtlich der Planungsabsichten der Gemeinde zu analysieren. Es kann sich um bloße „Schubladenpläne" oder um von der Gemeinde zustimmend zur Kenntnis genommene Planungen handeln.

Flächennutzungsplan: Grundsätzlich können Bahnzwecken gewidmete Flächen im Flächennutzungsplan nicht für andere Zwecke dargestellt werden, jedoch können im Einvernehmen mit dem betroffenen Planungsträger Änderungen im Flächennutzungsplan auch ohne Entwidmung vorgenommen werden.

Bebauungsplanung: Bereits vor der förmlichen Entwicklung einer Bahnfläche kann das Aufstellungs- und Änderungsverfahren bis zur abschließenden Beschlussfassung vorbereitet werden. Eine abschließende Beschlussfassung ist jedoch erst nach förmlicher Entwidmung der entsprechenden Bahnfläche durch das Eisenbahn-Bundesamt (EBA) möglich. Stichtag ist der bestandskräftig gewordene Entwidmungsbescheid. Soweit für den Sachverständigen Unklarheit über die Entwidmung einer Bahnfläche besteht und der Sachverständige für die Gemeinde tätig ist, kann der **gemeindliche Auskunftsanspruch** bedeutsam sein. Die Gemeinde hat nämlich aufgrund ihrer Planungshoheit nach Art. 28 GG grundsätzlich einen Anspruch darauf, dass der Träger der Bahnplanung sich eindeutig darüber äußert, ob eine Bahnfläche auf absehbare Zeit weiterhin für Zwecke des Bahnbetriebs benötigt wird. Der Anspruch kann ggf. vor den Verwaltungsgerichten durchgesetzt werden. Unter bestimmten Voraussetzungen kann sogar ein Anspruch auf Entwidmung gegenüber dem Eisenbahn-Bundesamt (EBA) bestehen, insbesondere bei Abgabe einer bedingten Freigabeerklärung durch die DB AG bzw. der Verwaltung der Fläche durch das Bundeseisenbahnvermögen (BEV).

8.3 Verkehrswertermittlung

8.3.1 Abgehende Bahnfläche

Grundsätzlich kann nach Feststellung der künftigen Art der baulichen Nutzung und des künftigen Maßes der baulichen Nutzung der Verkehrswert **im Wege des Preisvergleichs oder auf der Grundlage deduktiver Verfahren** (Extraktionsverfahren/Residualwertverfahren) abgeleitet werden. 685

Die Verkehrswertermittlung im Wege des **Vergleichswertverfahrens** stößt auf die bekannten Probleme, da es sich bei den künftig baulich nutzbaren aufgelassenen Bahnflächen in den

VI Besondere Immobilienarten — Bahnfläche

behandelten Fällen zumeist um Bauerwartungsland bzw. Rohbauland handelt, für die Vergleichspreise zumeist nicht zur Verfügung stehen.

Die **Verkehrsministerkonferenz** hat am 3. und 4. April 2002 in Potsdam folgenden Beschluss hierzu gefasst:

„Nach Auffassung der Verkehrsministerkonferenz sind die vom jeweiligen **Gutachterausschuss** bzw. in der **Bodenrichtwertkarte** festgelegten Preise als Verkaufsgrundlagen heranzuziehen, um langwierige Preisverhandlungen zu vermeiden. Dabei sind Kosten für die Altlastensanierung und die Sanierung der zu übernehmenden Ver- und Entsorgungsleistungen ggf. in Abschlag zu bringen."

Ob und inwieweit einem derartigen Beschluss Folge geleistet wird, dürfte entscheidend von der Qualität des Gutachterausschusses abhängig sein.

Sowohl bei dem Vergleichswertverfahren als auch bei Anwendung deduktiver Verfahren kommt dem Erfordernis einer Freimachung der Grundstücke eine besondere Bedeutung zu, insbesondere hinsichtlich der zu beseitigenden Betriebseinrichtungen und Altlasten. Dabei wird grundsätzlich ein öffentlich-rechtlicher **Folgebeseitigungsanspruch für den Fall bejaht, dass Bahnanlagen nach Entwidmung liegen gelassen werden und diese entweder weitere Planungen behindern oder von diesen Gefahren für die öffentliche Sicherheit ausgehen.**

686 Bezüglich der **Altlasten** führt die Bahn in Zusammenarbeit mit der DB Immobilien GmbH (DB Imm) Untersuchungen und ggf. zusätzliche Beprobungen der Altlastenverdachtsflächen durch und führt bei polizeirechtlicher Gefährdung entsprechende Sicherungs- und Sanierungsmaßnahmen zur Gefahrenabwehr aus. Im Falle des Verkaufs übernimmt die DBAG die Bodensanierung im Hinblick auf die geplante zukünftige Nutzung und nimmt vor dem Verkauf noch entsprechende Preissicherungen vor.

Neben der Altlastenbeseitigung können vor allem die **Kosten von erforderlichen Infrastrukturmaßnahmen** für die Verkehrswertermittlung von Bedeutung sein. Grundsätzlich beteiligt sich die Bahn auch an der Erstellung der verkehrlichen, technischen, ökologischen und sozialen Infrastruktur. Als Voraussetzung wird dafür allerdings genannt[209]:

- Die geforderten Leistungen müssen in einem kausalen Zusammenhang mit der Entwicklung stehen,
- die Leistungen müssen angemessen sein und
- die Kostenbeteiligung muss sich aus der Entwicklung heraus finanzieren.

Die Voraussetzungen entsprechen den für städtebauliche Verträge geltenden Grundsätzen. Wertermittlungstechnisch können die Grundsätze des deduktiven Verfahrens der Bodenwertermittlung zur Anwendung kommen.

8.3.2 Bahnfremde Nutzungen

Schrifttum: *Freese*, Bewertung von Bahnhöfen, in Bienert, Spezialimmobilien, S. 649.

687 Auf einem Bahngelände können sich sog. bahnfremde Nutzungen befinden, d.h. Anlagen und Nutzungen, die keine Betriebsanlagen sind. **Bahnfremde Nutzungen unterliegen formell und materiell dem allgemeinen Baurecht und sind genehmigungspflichtig:**

- Bahnfremde Vorhaben, die mit der Zweckbestimmung des Geländes im Einklang stehen, sind grundsätzlich bahnverträglich und genehmigungsfähig (vgl. Rn. 680). Ihre Zulässigkeit richtet sich nach den §§ 34 oder 35 BauGB bzw. nach ergänzenden Planfestsetzungen im Bebauungsplan oder nach § 30 Abs. 2 BauGB.
- Bahnfremde Vorhaben, die mit der Zweckbestimmung des Geländes nicht im Einklang stehen, sind nach § 38 BauGB unzulässig[210].

---

209 Rippert, Institut für Städtebau Bln. am 4.11.1998.
210 BVerwG, Urt. vom 16.12.1988 a.a.O.

Für die Verkehrswertermittlung bedeutet dies, dass **bahnfremde Vorhaben, die mit der Zweckbestimmung des Geländes nicht im Einklang stehen und nach § 38 BauGB unzulässig** sind, bei der Verkehrswertermittlung außer Betracht bleiben müssen (z. B. Nutzungsänderung einer ehemaligen Bahnhofshalle für Nichtbahnzwecke).

Bahnfremde Vorhaben, die jedoch mit der Zweckbestimmung im Einklang stehen und genehmigungsfähig sind, haben einen Verkehrswert, der sich nach **allgemeinen Grundsätzen der Verkehrswertermittlung** bestimmt. So ist auch ein auf (gewidmetem) Bahngelände angesiedelter, als wirtschaftlich eigenständiges Unternehmen betriebener Schrottplatz auch dann nicht eine Bahnanlage, wenn der Schrottplatzbetreiber nach dem mit der Bahn abgeschlossenen Mietvertrag verpflichtet ist, Transportmittel der Bahn zu nutzen[211].

Bei bahnfremden Nutzungen ist die **Bahnverträglichkeit** zu prüfen. Die Prüfung erfolgt durch das EBA. Wird die Bahnverträglichkeit bejaht, ist das Vorhaben genehmigungsfähig; wird die Bahnverträglichkeit verneint, ist für die Zulässigkeit grundsätzlich eine Entwidmung notwendig. Lediglich bei zeitlich begrenzten Zwischennutzungen ist eine Entwidmung nicht notwendig.

Bei genehmigungsfähigen bahnverträglichen Nutzungen kann auch eine Genehmigung nach § 33 BauGB in Betracht kommen.

Bezüglich der Genehmigungsfähigkeit nach den §§ 34 und 35 BauGB sind die bereits unter Rn. 213 ff., 234 ff. erläuterten Grundsätze zu beachten (vgl. auch § 6 ImmoWertV Rn. 58 ff.).

Bei gemischt genutzten Anlagen kann entsprechend dem vorliegenden Sachverhalt zum Zwecke der Verkehrswertermittlung eine (gedachte) Aufteilung des Objektes in Betracht kommen, nämlich in 688

– einen Teilbereich, der Bahnzwecken dient und entsprechend als Gemeinbedarfseinrichtung zu behandeln und dementsprechend als privatwirtschaftliche Fläche zu werten ist, und

– einen Teilbereich, der einer baurechtlichen Genehmigung bedarf.

Bei dieser Konstellation muss im Rahmen einer Verkehrswertermittlung aber geprüft werden, ob die privatwirtschaftliche Teilnutzung zeitlich befristet ist. Dieser Fall kann gegeben sein, wenn die Bahnnutzung aufgegeben wird und infolgedessen die privatwirtschaftliche Nutzung obsolet wird (Abb. 234).

Bahnhöfe können in den großen Ballungszentren mit einem nicht unerheblichen Flächenanteil sog. **Frequenzimmobilien** zugerechnet werden, da sie sich durch hohe Besucherströme mit einem erheblichen Anteil an Einzelhandelsflächen verbunden mit verlängerten Ladenöffnungszeiten auszeichnen. So verfügt beispielsweise der Leipziger Hauptbahnhof über ca. 30 000 m² Einzelhandelsflächen mit rd. 140 Geschäften und einem Jahresumsatz von 125 Mio. € im Jahre 2000.

---

[211] OVG Münster, Urt. vom 27.4.1998 – 7 A 3818/96 –, BRS Bd. 60 Nr. 165 = BauR 1999, 383 = UPR 1999, 159.

VI Besondere Immobilienarten   Bahnfläche

Abb. 234: Ausgewählte Leistungskennziffern von Bahnhöfen in Deutschland nach Frequenzklassen

	Bahnhöfe			
	Frequenz-klasse 1 (n = 23)	Frequenz-klasse 2 (n = 29)	Frequenz-klasse 3 (n = 13)	Frequenz-klasse 1–3 gesamt
Umsatz je Bahnhof in €*	3 984 000	10 259 000	36 887 000	13 364 000
Umsatz je Bahnhof pro Tag in €	10 900	28 100	101 100	36 360
Umsatz je m² VK in €**	4 600	6 400	6 800	6 300
Umsatz je Betrieb in €***	390 000	575 000	746 000	623 000
Umsatz je Besucher in €	0,65	0,54	0,50	0,53
Frequenzklasse 1 = bis zu 30 000 Besucher				
Frequenzklasse 2 = von 30 000 bis zu 100 000 Besucher				
Frequenzklasse 3 = über 100 000 Besucher				
* = einschließlich Automaten				
** = ohne Automatenfläche				
*** = ohne Automatenbetriebe				

Quelle: EHI-Bahnhof-Report; GMA-Berechnungen; Angaben gerundet = GuG 2001, 176

Der Verkehrswert des dem Einzelhandel zurechenbaren Anteils eines Bahnhofs ist im Wege des Ertragswertverfahrens mit den für Einzelhandelsnutzungen maßgeblichen Parametern zu bewerten.

8.3.3 Künftige Bahnfläche

689 Die für den Erwerb künftiger Gemeinbedarfsflächen geltenden Wertermittlungsgrundsätze finden Anwendung, wenn neue Schienenwege gebaut werden. Der Bau neuer Schienenwege erfolgt auf der Grundlage eines Planfeststellungsverfahrens nach § 18 Abs. 1 AEG. Die für den Betrieb der Eisenbahn notwendigen Flächen (Eisenbahnbetriebsanlagen) können auf der Grundlage des festgestellten und genehmigten Plans nach § 22 AEG enteignet werden. Die Enteignung vollzieht sich gem. § 22 Abs. 4 AEG nach Maßgabe landesrechtlicher Enteignungsgesetze, die hinsichtlich ihrer entschädigungsrechtlichen Vorschriften den §§ 93 ff. BauGB nachgebildet sind. Insoweit kommen – unabhängig von der Frage, ob und inwieweit es sich bei der Deutschen Bahn AG um ein privates Unternehmen handelt – die allgemeinen Verkehrswertermittlungsgrundsätze zur Anwendung, die auch sonst dem Erwerb künftiger Gemeinbedarfsflächen zugrunde zu legen wären, d.h., der **Wert des Grundstücks bemisst sich nach dem Zustand,** der vorhanden war, als mit einer Enteignung gerechnet werden musste. Dabei kommt es nicht darauf an, dass das Planfeststellungsverfahren bereits durchgeführt worden ist; vielmehr genügt, dass mit dem Planfeststellungsverfahren zu rechnen ist. Bei alledem ist auch in diesem Fall davon auszugehen, dass zunächst ein freihändiger Erwerb des Grundstücks anzustreben ist, wobei sich im Rahmen des freihändigen Grunderwerbs der Wert nach den Entschädigungsgrundsätzen bemisst.

690 Im Zuge der ICE-Neubaustrecke Köln-Rhein/Main wurde der **Grunderwerb auf der Grundlage** der von verschiedenen Gutachterausschüssen für Grundstückswerte (Landkreis *Limburg-Weilburg* und Stadt *Limburg*) bereitgestellten Vergleichspreise getätigt, die sich am Verkehrswert der besonderen Flächen der Land- und Forstwirtschaft orientierten, wobei es sich um Vergleichsgrundstücke handelte, die nicht von der Eisenbahnneubaustrecke betroffen waren. Gegenüber dem Verkehrswert für reine Flächen der Land- und Forstwirtschaft (innerlandwirtschaftlicher Verkehrswert bzw. reine land- oder forstwirtschaftliche Flächen/§ 5 Abs. 1 ImmoWertV) ergaben sich hier Multiplikationsfaktoren von 3,5 zum Verkehrswert *besonderer land- oder forstwirtschaftlicher Flächen*[212].

---

212 Dieterich, Gutachten über den Grundstückserwerb für die ICE-Strecke Köln-Rhein/Main, Dortmund 1996.

Abb. 235: Im Landkreis Limburg-Weilburg ermittelte Preise

Gemarkung	Nr. des Gutachtens	Preis in €/m²
Elz	95/1994	3,85
Elz	96/1994	3,32
Elz	97/1994	3,85
Elz	98/1994	3,85
Elz	99/1994	3,85
Elz	4/1995	4,20
Niederbrechen	84/1994	4,20
Niederbrechen	85/1994	4,20
Oberbrechen	86/1994	4,37
Werschau	87/1994	1,75
Werschau	88/1994	4,37
Werschau	89/1994	3,15
Werschau	90/1994	3,50
Werschau	91/1994	4,20
Werschau	92/1994	4,37
Werschau	93/1994	4,37
Werschau	94/1994	3,85
Dauborn	61/1994	4,37
Dauborn	63/1994	4,37
Niederselters	62/1994	1,40
Dauborn	75/1994	4,02
Oberselters	76/1994	4,37
Oberselters	77/1994	4,37
Erbach	78/1994	2,80
Erbach	79/1994	4,02
Camberg	80/1994	4,55
Camberg	81/1994	4,37
Würges	82/1994	3,50

(Preise entlang der Neubaustrecke von Elz bis Würges)

Abb. 236: In der Stadt Limburg ermittelte Preise

Gemarkung	Nr. des Gutachtens	Preis in €/m²
Staffel	2/95	4,05
Staffel	3/95	4,50
Dietkirchen	5/95	4,50
Lindenholzhausen	6/95	4,80
Lindenholzhausen	7/95	4,50
Lindenholzhausen	8/95	4,80
Lindenholzhausen	9/95	4,65
Eschhofen	10/95	4,80
Eschhofen	11/95	4,35

(Preise entlang der Neubaustrecke von Staffel bis Eschhofen)

Lediglich der Gutachterausschuss für Grundstückswerte des *Rheingau-Taunus-Kreises* fiel bei der Bemessung des Werts künftiger Eisenbahnflächen auf den **Wert des reinen Agrarlandes** (= reine Flächen der Land- oder Forstwirtschaft § 5 Abs. 1 ImmoWertV) zurück.

VI Besondere Immobilienarten

9 Post- und Fernmeldewesen

9.1 Allgemeines

Schrifttum: *Stüer, B.*, Handbuch des Bau- und Fachplanungsrechts, 2. Aufl. München.

▶ Vgl. *§ 6 ImmoWertV Rn. 269*

692 Die Bundesanstalt für die Post und Telekommunikation hatte nach dem (Privatisierungs-)-Gesetz zur Neuordnung des Postwesens und der Telekommunikation (Postneuordnungsgesetz) alle Vermögensgegenstände des Sondervermögens Deutsche Bundespost nach den §§ 1 bis 3 sowie 14 des Postumwandlungsgesetzes auf die Deutsche Post AG, die Deutsche Postbank AG und die Deutsche Telekom AG zu übertragen, soweit diese Vermögensgegenstände zur Wahrnehmung der Aufgaben dieser drei AGs benötigt werden.

– Die Belange der Post ergeben sich im Wesentlichen aus dem Telekommunikationsgesetz.

– Soweit für Telegrafenlinien nach § 7 TWG eine Planfeststellung erforderlich ist, findet § 38 BauGB Anwendung. Die dort erfassten haben Vorrang gegenüber den städtebaulichen Belangen der Gemeinde.

– Den Belangen des Post- und Fernmeldewesens kann vor allem durch **Ausweisung entsprechender Gemeinbedarfsflächen sowie durch Festsetzung von Leitungsrechten** auf den zu belastenden Flächen Rechnung getragen werden (§ 9 Abs. 1 Nr. 21 BauGB).

– Mit dem Inkrafttreten der zweiten Stufe der Postreform ist allerdings die bisherige Privilegierung des Grunderwerbs im Rahmen des Vorkaufsrechts nach § 26 BauGB zu Zwecken des Post- und Fernmeldewesens entfallen.

Dienstleistungen in den Bereichen des Postwesens und der Telekommunikation werden im GG als privatwirtschaftliche Tätigkeit qualifiziert, die nicht von entsprechenden Aktiengesellschaften des Bundes, sondern auch von anderen Unternehmern („Wettbewerber") erbracht werden können (Art. 87 f. Abs. 2 Satz 1 GG).

693 **Hoheitsaufgaben** werden nur noch von der zuständigen Bundesbehörde wahrgenommen (Art. 87 f. Abs. 2 Satz 2 GG). Von den Überleitungsregelungen (Gesetz über die Regulierung der Telekommunikation und des Postwesens; Telekom- und Postdienst-Pflichtleistungsverordnung) gilt noch die Postbank-Pflichtleistungsverordnung; diese sieht lediglich vor, dass dort keine Pflichtleistungen bestehen.

9.2 Antennengrundstücke

694 Die **Mindestfläche für Antennenträgergrundstücke** bestimmt sich nach

a) bauordnungsrechtlichen,

b) immissionsschutzrechtlichen sowie

c) fachplanungsrechtlichen (z. B. FStrG: 40 m zu Bundesautobahnen und 20 m zu Bundesstraßen) Anforderungen.

Zur Beurteilung der Mindestfläche für Antennenträgergrundstücke ist zunächst zu unterscheiden zwischen

– Gebäuden oder Antennenträgern mit gebäudegleicher Wirkung und

– Antennenträgern, die sich auf Gebäuden befinden, denen keine gebäudegleiche Wirkung zukommt.

Post-/Fernmeldewesen — Besondere Immobilienarten VI

Bei Gebäuden oder Antennenträgern mit gebäudegleicher Wirkung[213] ist zu unterscheiden zwischen

- Antennenträgern mit Mobilfunknutzung und
- Antennenträgern für Fernsehen.

Größere begehbare Antennenträger mit einer Höhe von bis zu 200 m stellen dabei Gebäude dar. Auf diese Anlagen finden die bauordnungsrechtlichen Vorschriften einschließlich der Abstandsvorschriften Anwendung. Kleinere Maste mit einem Durchmesser oder einer Seitenlänge bis zu 1 m bzw. Stahlgittermaste mit einer Kantenlänge – in den Bundesländern unterschiedlich – von 1–2 m haben keine gebäudegleiche Wirkung.

Die Tiefe der notwendigen **Abstandsflächen**, die von Antennenträgern einzuhalten ist, bemisst sich nach der Wandhöhe H. Die übliche Abstandsfläche zu Nachbargebäuden variiert in den Bundesländern zwischen 0,4 bis 1,0 der Wandhöhe. Als Mindestabstand ist in den meisten Bundesländern eine Abstandsfläche von 3 m vorgesehen. In Gewerbe-, Industrie- und Sondergebieten, die nicht der Erholung dienen, ist die Abstandsfläche in den meisten Bundesländern auf 0,25 der Wandhöhe H reduziert. Entsprechendes gilt im Außenbereich. **695**

Einige Bundesländer sehen für die Bemessung der Abstandsflächen ein sog. **Schmalseitenprivileg** vor. Danach können die Abstandsflächen bei Gebäuden bzw. baulichen Anlagen mit gebäudegleicher Wirkung mit Seitenwänden von weniger als 16 m Länge geringer sein; d.h., sie müssen nur 0,4 bis 0,5 H betragen[214]

Abb. 237: Mindestfläche für Antennenträger im Außenbereich

Mindestfläche für Antennenträger, die Gebäude oder bauliche Gebilde mit gebäudegleicher Wirkung sind, im Außenbereich	
Bundesland	Formel für die bauordnungsrechtlich erforderliche Mindestfläche
Baden-Württemberg	Kreisförmige Fläche von 0,6 H
Bayern	Kreisförmige Fläche von 0,5 H
Berlin	Kreisförmige Fläche von 0,5 H
Brandenburg	Kreisförmige Fläche von 0,5 H
Bremen	Kreisförmige Fläche von 0,6 H
Hamburg	Kreisförmige Fläche von 1,0 H
Hessen	Kreisförmige Fläche von 0,4 H
Mecklenburg-Vorpommern	Kreisförmige Fläche von 0,5 H
Niedersachsen	Kreisförmige Fläche von 0,5 H
Nordrhein-Westfalen	Kreisförmige Fläche von 0,8 H
Rheinland-Pfalz	Kreisförmige Fläche von 0,4 H
Saarland	Kreisförmige Fläche von 0,4 H
Sachsen	Kreisförmige Fläche von 0,5 H–1,0 H
Sachsen-Anhalt	Kreisförmige Fläche von 0,5 H
Schleswig-Holstein	Kreisförmige Fläche von 0,5 H
Thüringen	Kreisförmige Fläche von 0,5 H

---

[213] § 5 Abs. 9 LBO BW; VV zur BauO LSA Ziff. 6.10; VV zur ThürBO Ziff. 6.10; Hess. Erl. zur Hess BO § 6.9; VV zur LBO M-V Ziff. 6.10; VV zu § 6 BauO NRW; Bay VGH, Urt. vom 15.12.1992 – 14 CS 92.3208 –; OVG Münster, Beschl. vom 28.2.2001 – 7 B 214/01 –; VG Chemnitz, Beschl. vom 24.10.1997 – 3 K 1915/97 –; Bay VGH, Beschl. vom 13.3.1990 – 2 CS 90.532 –; OVG Münster, Beschl. vom 27.6.2000 – 7 A 3558/96 –; OVG Münster, Beschl. 28.2.2001 – 7 B 214/01 –; OVG Münster, Beschl. vom 27.6.2000 – 7 A 3558/96 –.
[214] § 5 Abs. 8 LBA BW; Art. 6 Abs. 5 BayBO; § 6 Abs. 6 BlnBO; § 6 Abs. 5 Satz 3 BO Brandb; § 6 Abs. 9 Satz 2 HbgBO; § 6 Abs. 6 BauO M-V; § 6 Abs. 6 BauO NRW; § 6 Abs. 6 SächsBO; § 6 Abs. 6 BauO LSA; § 6 Abs. 6 LBO Schl.-Hol.; § 6 Abs. 6 ThürBO; OVG Bautzen, Urt. vom 17.12.1997 – 1 S 7467) –, BayVGH, Urt. vom 20.5.1998 – 14 92.2959; OVG Münster, Urt. vom 29.8.1997 – 7 A 629/95 –.

VI Besondere Immobilienarten — Post-/Fernmeldewesen

Plattformen und Betriebsgeschosse müssen mit ihrer gesamten Tiefe bei der Berechnung der Abstandsflächen berücksichtigt werden.

696 Mit der 26. BImSchV wurden **Grenzwerte für elektromagnetische Felder von Mobilfunkbasisstationen** festgelegt. Zum Betrieb bedarf es einer Standortbescheinigung, in der als Sicherheitsabstand ein Bereich festgelegt wird, in dem sich zum Schutz vor schädlichen Immissionen keine Personen aufhalten dürfen.

- Für Mobilfunkanlagen werden üblicherweise Sicherheitsabstände von 3 m bis 15 m festgesetzt, die von der Unterkante der Antenne einzuhalten sind, d.h., bei einer 40 m hohen Antenne wird dieser Sicherheitsabstand bereits weit oberhalb des Erdbodens eingehalten.
- Bei Fernsehsendeanlagen betragen die Sicherheitsabstände teilweise 100 bis 250 m.

Antennenträgern mit einer Höhe von weniger als 20 m, die einen geringen Durchmesser bzw. eine geringe Kantenlänge, kommt keine gebäudegleiche Wirkung zu. Grundsätzlich sind dafür keine Abstandsflächen bauordnungsrechtlich vorgegeben, jedoch gilt allgemein das Gebot der Rücksichtnahme[215].

9.3 Abgehender Post- und Fernmeldebedarf

697 Grundstücke der ehemaligen Deutschen Bundespost sind in den Bebauungsplänen vielfach noch als Grundstücke des Gemeinbedarfs ausgewiesen, die eine Nutzung der Grundstücke für Post- und Fernmeldezwecke vorsehen. Gemeinbedarfsflächen, die am Wertermittlungsstichtag formell noch einer öffentlichen Zweckbindung – z. B. aufgrund entsprechender Festsetzungen im Bebauungsplan – unterliegen, von denen aber **auf absehbare Zeit erwartet wird, dass sie wieder einer privatwirtschaftlichen Nutzung (durch Umplanungen) zugeführt werden** sollen, befinden sich in einer Übergangsphase. In dieser Zeit öffnen sich die Flächen wieder dem gewöhnlichen Geschäftsverkehr. Auf die Verkehrswertermittlung sind demzufolge die bei Rn. 600 ff. dargelegten Grundsätze anzuwenden.

Vielfach und insbesondere in innerstädtischen Lagen sind Grundstücke für Post- und Fernmeldezwecke genutzt worden, ohne dass eine planungsrechtliche Zweckbindung bestand. Mit der **Aufgabe der öffentlichen Zweckbindung** sind die Grundstücke nach § 34 BauGB i.V.m. der BauNVO zu beurteilen. Ein im innerstädtischen Bereich gelegenes Postamt (vgl. Abb. 238) fällt nach den Kommentierungen zur BauNVO unter „Geschäfts- und Bürogebäude"[216], und dementsprechend kann sein Verkehrswert ermittelt werden. Stellt die Bebauung und Nutzung des Grundstücks ein „Solitär" dar (z. B. GE-Nutzung in einem WA-Gebiet), so geht auch von dieser solitären Nutzung eine prägende Wirkung aus, und es ist nach seiner realisierten Nutzungsart zu bewerten, wenn aufgrund des Bestandsschutzes weiterhin die gewerbliche Nutzung ausgeübt wird.

---

215 OVG Münster, Urt. vom 27.6.2000 – 7 A 3558/96 –.
216 König/Roeseler/Stock, BauNVO, München 1999, § 4a Rn. 29; mit der Privatisierung der Post dürften die Gebäude nicht mehr „Verwaltung" sein (so noch Boeddinghaus, BauNVO Jehle-Rehm 2000).

Abb. 238: Innerstädtisches Postamt

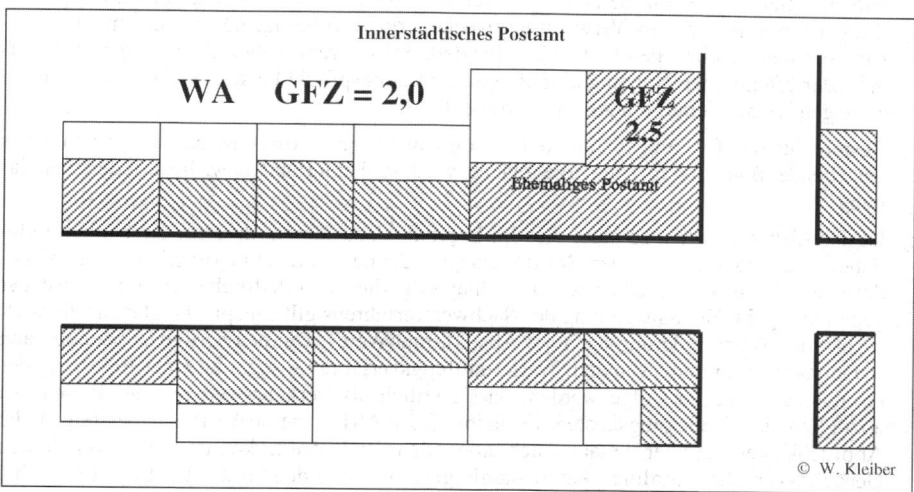

Sind im vorstehenden Fall in einem Bebauungsplan Festsetzungen getroffen worden, die eine Nutzung des Grundstücks für Post- bzw. Fernmeldezwecke vorsehen, und soll diese Nutzung aufgegeben werden, so tritt mit der Aufgabe der öffentlichen Nutzung (ggf. obsolete Planausweisung) die Frage der bauplanungsrechtlichen Einstufung auf. Sofern es sich um eine erhaltungswürdige Bebauung handelt, kann aufgrund des Bestandsschutzes von der vorhandenen Nutzungsart ausgegangen werden. Problematisch kann indessen die Aufgabe einer Gemeinbedarfsnutzung sein, für die **keine Möglichkeit einer privatwirtschaftlichen Anschlussnutzung** besteht. In diesem Fall kann das Grundstück bei obsolet gewordenem Bebauungsplan unter Anwendung des § 34 BauGB – je nach Lage – als baureifes Land einzustufen sein; es kann aber auch – bei der in der Abb. 239 dargestellten Situation – seine Baulandeigenschaft verlieren, wenn eine rückwärtige Bebauung unzulässig ist.

Abb. 239: Obsolet gewordene Gemeinbedarfsnutzung

VI Besondere Immobilienarten — Post-/Fernmeldewesen

a) Mit der *Aufgabe der Gemeinbedarfsnutzung* für die straßenseits gelegenen Verwaltungs- und Büroflächen steht in dem Beispielsfall die vorhandene Bebauung auch künftig ohne Baugenehmigung zivilen Verwaltungszwecken zur Verfügung, da es sich um die Aufnahme einer gleichartigen Nutzung[217] handelt. Selbst wenn dabei allein wegen der Aufgabe der öffentlichen Nutzung eine Baugenehmigungspflicht besteht, steht dies dem nicht entgegen, wenn hierauf ein Anspruch besteht.

b) Besteht für die Technikgebäude keine Möglichkeit einer Anschlussnutzung, so fällt das bestehende Baurecht fort und die Fläche wird zu Hinterland bzw. bedarf der Neuplanung[218].

c) Ist der Abriss geboten, so kann dies im Ergebnis dazu führen, dass für die baulich möglicherweise sogar neuwertigen Betriebsanlagen, die nur für den ursprünglichen Gemeinbedarfszweck sinnvoll nutzbar waren, schlagartig die wirtschaftliche Restnutzungsdauer gegen null geht. Bei Anwendung des Sachwertverfahrens gilt Entsprechendes für die wirtschaftliche Wertminderung nach § 8 Abs. 3 ImmoWertV. Die neuwertige Bebauung kann – unabhängig vom angewandten Wertermittlungsverfahren – sogar zu einer Belastung des Grundstücks mit der Folge werden, dass letztlich als Verkehrswert nur der Bodenwert abzüglich der Freilegungskosten verbleibt (§ 16 Abs. 3 ImmoWertV). Übersteigen die Abbruchkosten darüber hinaus auch noch den Bodenwert, könnte im gewöhnlichen Geschäftsverkehr allerdings kaum damit gerechnet werden, dass der Eigentümer bei gleichzeitiger Übernahme des überschießenden Betrags verkaufswillig ist. Insoweit können Unwerte ausgeschlossen werden.

698 Wird die Nutzung eines für Post- und Fernmeldezwecke **im Außenbereich nach § 35 bzw. § 38 BauGB errichteten Gebäudes** aufgegeben (vgl. Abb. 240), ist wiederum die Möglichkeit einer Nachfolgenutzung ggf. in Verbindung mit Umstrukturierungsmaßnahmen zu prüfen. Als Anschlussnutzung kommen in Betracht: Speditionsbetrieb, Lagerhalle, Großmarkt, Freizeitzentrum.

Abb. 240: Aufgegebene Post- oder Fernmeldefläche im Außenbereich

Bei der Wertermittlung ist der zum Wertermittlungsstichtag zu erwartende künftige Entwicklungszustand nach Maßgabe des § 5 Abs. 4 ImmoWertV unter Berücksichtigung der voraussichtlichen **Dauer für den Vollzug der erforderlichen Maßnahmen** einschließlich des für den Vollzug dieser Maßnahmen bestehenden Wagnisses nach den üblichen Gegebenheiten und den besonderen Verhältnissen des Grundstücks und seiner Umgebung zu berücksichtigen;

---

217 BVerwG, Urt. vom 3.2.1984 – 4 C 25/82 –, BVerwGE 68, 360 = NJW 1984, 1771.
218 BVerwG, Urt. vom 17.5.2002 – 4 C 6/01 –, GuG 2002, 314.

soweit im Hinblick auf die künftige Nutzung Aufwendungen entstehen (z. B. Abbruchkosten), müssen sie aber wertmindernd berücksichtigt werden (vgl. zu alledem Nr. 5.1.2 WERTR).

Zur Anwendung kommt in erster Linie das Ertragswertverfahren: **699**

Beispiel:

Gebäudeertragswert	500 000 €
Bodenwert	300 000 €
Ertragswert	800 000 €
Umstrukturierungskosten	− 600 000 € (unter Berücksichtigung der Wartezeit und des Risikos)
Verbleibt	200 000 €

Bei Anwendung des Ertragswertverfahrens „fressen" dabei vielfach die Umstrukturierungskosten den sich auf der Grundlage der künftigen Nutzung ergebenden Ertragswert auf, so dass es letztlich bei einem **(gestreckten) Liquidationswert** verbleibt.

Auch die Anwendung des Sachwertverfahrens kann in Betracht kommen, insbesondere wenn die Umstrukturierungskosten, die den Ertragswert „auffressen", geringer als die Neubaukosten sind. Zur Anwendung kann in diesem Fall die **Restwertmethode** kommen:

Beispiel:

Neubaukosten	2 000 €/m² NF
Umstrukturierungskosten (unter Berücksichtigung der Wartezeit und des Risikos)	1 500 €/m² NF
Restwert	500 €/m² NF

Dieses Verfahren lässt sich allerdings nur durchsetzen, wenn der Nachfolgenutzer keine Möglichkeit der alternativen Anmietung hat.

10 Flugplatz

10.1 Allgemeines

Schrifttum: *Kippes/Sailer*, Immobilienmanagement, Boorberg Verlag 2005 S. 228; *Poungias/Sternberg*, Bewertung von Flughäfen, in Bienert, Spezialimmobilien, S. 617.

▶ *Zur Wertminderung infolge Fluglärms vgl. § 6 ImmoWertV Rn. 294 ff.*

Flughäfen sind öffentliche Grundstücke „im Anstaltsgebrauch", wenn sie als solche **700** gewidmet und faktisch für den Flugbetrieb in Dienst gestellt wurden. Gleichwohl wird der Verkehrswert solcher Flächen maßgeblich durch deren privatwirtschaftliche Nutzung bestimmt. Im Jahre 2001 resultierte der Gewinn des Frankfurter Flughafens zu 66 % aus dem sog. *Non-Aviation*-Bereich, d.h. aus Einkünften aus Vermietung und Verpachtung von Läden, Büros, Parkhäusern, der Gastronomie und aus Werbeflächen. Der Einzelhandelssektor ist dabei zumeist von dominierender Bedeutung. So waren am Frankfurter Flughafen im Jahre 2002 130 Läden mit einer Gesamtverkaufsfläche von 13 600 m² präsent. Die *Duty-free-Shops* verzeichneten einen Quadratmeterumsatz von 13 000 € im Jahr.

Das **Luftverkehrsgesetz – LuftVG –** unterscheidet bei Flughäfen zwischen:

– Flughäfen,

– Landeplätzen und

– Segelfluggelände.

VI Besondere Immobilienarten   Flugplatz

Des Weiteren werden Flugplätze untergliedert nach:

internationalen Flugplätzen[219] und nationalen Flugplätzen,

wobei letztere noch untergliedert werden nach:

– Regionalflugplätzen,

– Verkehrslandeplatz,

– Segelflugplätzen,

– Sonderflughafen,

– Sonderlandeplatz.

Flughäfen lassen sich ferner nach ihrer Ausrichtung für den Passagier- und Luftfrachtbetrieb unterscheiden.

701 Bei Wertermittlungen im Zusammenhang mit Flughäfen ist zunächst danach zu **unterscheiden,** ob die Wertermittlung

a) künftige Flughafenflächen (neue Flughäfen bzw. Flughafenerweiterung),

b) bestehende Flughäfen oder

c) künftig fortfallende bzw. zur Umnutzung anstehende Flughäfen

zum Gegenstand hat. Auf die dementsprechenden Erläuterungen zur Verkehrswertermittlung von Gemeinbedarfsflächen bei den Rn. 596 ff. wird verwiesen.

10.2 Künftige Flughafenfläche

702 Rechtsgrundlage für den Bau neuer Flughäfen ist das Luftverkehrsgesetz (LuftVG). Der Bau neuer Flughäfen und die Erweiterung bestehender Flughäfen sind i.d.R. mit dem Erwerb großer Flächen verbunden. Für den Erwerb dieser Flächen ist nach § 28 Abs. 1 LuftVG die Enteignung auf der Grundlage des nach den §§ 8 bis 10 LuftVG festgestellten Plans zulässig. Für die Enteignung gelten nach § 28 Abs. 2 und 3 die jeweiligen Enteignungsgesetze der Länder. Im Hinblick auf den Gemeinbedarfszweck sehen die Enteignungsgesetze eine **Entschädigung für die zu erwerbenden Grundstücke** vor, **die sich nach dem Verkehrswert der Grundstücke unter Ausschluss von der konjunkturellen Weiterentwicklung** (Vorwirkung; vgl. Erl. im Teil VII Rn. 168 ff.) **von dem Zeitpunkt ab bemessen, zu dem mit Sicherheit und hinreichender Bestimmtheit eine Enteignung erwartet werden konnte.** Wie bei anderen Gemeinbedarfsflächen kann der Ausschluss bereits aufgrund von vorbereitenden Planungen und Maßnahmen eintreten, die in einem ursächlichen Zusammenhang mit der späteren Entziehung des Eigentums stehen, wenn die genannten Voraussetzungen gegeben sind, d.h., sie müssen eine hinreichende Bestimmtheit haben und die spätere Enteignung sicher erwarten lassen.

Bei der Planung neuer und der Erweiterung bestehender Flughäfen kommen dafür sogar entsprechende **politische Beschlüsse** in Betracht, **wenn sie sich verfestigt haben und die künftigen Grenzen erkennen lassen.** Darüber hinaus sind insbesondere Landes- und Regionalplanungen hervorzuheben. Die im Falle einer Enteignung nach diesen Grundsätzen zu gewährende Entschädigung ist im gewöhnlichen Geschäftsverkehr die maßgebliche Orientierungsgröße, denn ein vernünftig handelnder Käufer, der selbst nicht das Vorhaben realisieren will, würde kaum zu darüber hinausgehenden Preiszugeständnissen bereit sein, da er mit einer Enteignung zum Entschädigungswert rechnen muss. Der Verkehrswertermittlung ist damit auch im Hinblick auf ein angemessenes Angebot im freihändigen Erwerb grundsätzlich der Entschädigungswert zugrunde zu legen.

---

[219] Nach einer Studie der Beratungsgesellschaft Boston Consulting Group (BCG) aus dem Jahre 2004 werden von den weltweit 200 operierenden Großflughäfen auf Dauer nur 9 Flughäfen als große Drehkreuze des internationalen Flugverkehrs bestehen bleiben.

Flugplatz   **Besondere Immobilienarten VI**

Zum Schutz der Allgemeinheit vor Gefahren werden nach dem Gesetz gegen Fluglärm (Fluglärmgesetz) für Flugplätze **Lärmschutzbereiche** festgesetzt, und zwar zwei Schutzzonen (oberhalb und unterhalb 75 dB [A] vgl. § 6 ImmoWertV Rn. 294).

Rechtsfolge der Festlegung von Lärmschutzbereichen ist, dass in ihnen grundsätzlich keine schutzbedürftigen Einrichtungen errichtet werden dürfen. Zusätzlich dürfen in **Schutzzone** 1 keine Wohnungen gebaut werden. Dies gilt nicht, wenn bereits eine Baugenehmigung erteilt worden ist oder die Errichtung von Wohnungen nach der Rechtslage vor Festlegung des Lärmschutzbereichs zulässig war (§ 5 Fluglärmgesetz). An zulässigen Bauten sind Schallschutzmaßnahmen vorzunehmen. Für Bauverbote wird eine Entschädigung gewährt, für Schallschutzmaßnahmen eine Erstattung der Aufwendungen (§§ 8 und 9 Fluglärmgesetz). Zahlungspflichtiger ist gemäß § 12 Fluglärmgesetz der Flugplatzhalter.

Nach § 16 Fluglärmgesetz bleiben Vorschriften, die weitergehende Planungsmaßnahmen zulassen, unberührt. Solche Vorschriften befinden sich etwa im Recht der Raumordnung. So bestimmt § 2 Abs. 2 Nr. 8 Satz 8 ROG, dass der Schutz der Allgemeinheit vor Lärm sicherzustellen ist. Dieser **Grundsatz der Raumordnung** ist im jeweiligen Raumordnungsplan zu konkretisieren. I.d.R. geschieht dies durch die Festlegung von Zielen der Raumordnung, die gemäß § 4 ROG von öffentlichen Stellen und bestimmten Personen des Privatrechts zu beachten sind. aufgrund der Festlegungen im Raumordnungsplan kann die Raumordnungsbehörde Bauleitplanungen der Gemeinden untersagen.

Anlage und Betrieb eines Flugplatzes bedürfen der Genehmigung. Nach § 8 Abs. 5 LuftVG ist für die zivile Nutzung eines aus der militärischen Trägerschaft entlassenen ehemaligen Militärflugplatzes eine **Änderungsgenehmigung nach § 6 Abs. 4 Satz 2 LuftVG** durch die zuständige Zivilluftfahrtbehörde erforderlich.

Bei der Genehmigung eines Flughafens ist nach § 12 LuftVG für den Ausbau ein Plan festzulegen; aus dem Plan sollen ersichtlich sein:

- die **Start- und Landebahnen** einschließlich der sie umgebenden Schutzstreifen (Start- und Landeflächen),
- die **Sicherheitsflächen,** die an den Enden der Start- und Landeflächen nicht länger als je 1 000 Meter und seitlich der Start- und Landeflächen bis zum Beginn der Anflugsektoren je 350 Meter breit sein sollen,
- der **Flughafenbezugspunkt,** der in der Mitte des Systems der Start- und Landeflächen liegen soll,
- die **Startbahnbezugspunkte,** die je in der Mitte der Start- und Landeflächen liegen sollen,
- die **Anflugsektoren,** die sich beiderseits der Außenkanten der Sicherheitsflächen anderen Enden mit einem Öffnungswinkel von je 15 Grad anschließen; sie enden bei Hauptstart- und Hauptlandeflächen in einer Entfernung von 15 km, bei Nebenstart- und Nebenlandeflächen in einer Entfernung von 8,5 km vom Startbahnbezugspunkt (Abb. 241).

Abb. 241: Mittlere Ankaufspreise deutscher Flughäfen in €/m²

Alle Preise		
	Bis 2001	**Bis 1999**
Berlin-Schönefeld	10,50*	
Bremen		4,95
Dortmund		15,00
Dresden	8,20	
Düsseldorf	7,00	
Erfurt		6,32
Frankfurt am Main	20,00	
Hamburg-Finkenwerder	(20,00)	
Hannover	5,50	2,69
Leipzig	8,75	13,25
Mönchengladbach		9,00
München	8,20	15,00
Münster/Osnabrück	14,20	
Paderborn		4,00
Stuttgart		27,50
Mittelwert	10,15	10,85

Quelle: Dieterich 1999; vgl. GuG 2000, 309
* Bei Inanspruchnahme landwirtschaftlicher Flächen

10.3 Bleibende Flughafenfläche

705 Die **Verkehrswertermittlung eines in Nutzung stehenden Flughafens** (insbesondere eines internationalen Verkehrsflughafens) ist im Grunde nicht möglich, da Flughäfen am Grundstücksmarkt nicht zum Kauf angeboten werden[220]. Es fehlt das Merkmal der freien Disponierbarkeit der Anlage auf dem Markt. Wertaussagen über laufende Flughafenbetriebe gleichen daher im Kern einer Unternehmensbewertung, die nur von Branchenkennern und nicht vom Grundstückssachverständigen geleistet werden kann. Zur Wertermittlung sollten die für den Betrieb der Flughäfen wichtigsten Auszüge der maßgeblichen Genehmigungen herangezogen werden.

Die ertragswirtschaftliche Analyse eines Flughafens, so sie überhaupt möglich ist, führt vielfach zu der Erkenntnis, dass ein Flughafen aus sich selbst heraus nicht immer rentierlich ist. Gleichwohl ist der Flughafen deshalb nicht ohne Wert. **Sein Wert erschließt sich vielfach aus seiner Bedeutung für die Region.** Dies machen insbesondere indirekte und direkte Förderungen deutlich.

706 Wird der **Wert eines unrentierlichen Flugplatzes** durch seine Bedeutung für die Region bestimmt, lässt er sich mit den herkömmlichen Verfahren der Wertermittlung größenmäßig kaum erfassen. Im Einzelnen kann der Flughafen die Attraktivität einer Region erhöhen und insbesondere auch zu erhöhten Steuereinnahmen führen, Arbeitsplätze sichern und vor allem die wirtschaftliche Attraktivität einer Region stärken. Oftmals müssen Landeplätze daher mithilfe der Wirtschaftsförderung finanziert werden, wenn der Flugbetrieb keine Rendite erbringt; die Förderung kann im Einzelfall sogar höher ausfallen als der Verkehrswert des Flughafens. Der Verkehrswert bemisst sich in derartigen Fällen nach seiner wirtschaftlichen Bedeutung für die Region.

---

220 BVerwG, Urt. vom 29.1.1991 – 4 C 51/89 –, GuG 1991, 273 = EzGuG 13, 127; FG Brandenburg, Urt. vom 13.12.2000 – 2 K 2501/98 –, GuG 2001, 308 (nicht rechtskräftig); zur Gebührenstruktur von Flughäfen GuG 1993, 23; GuG 2000, 230.

Flugplatz   **Besondere Immobilienarten VI**

Für den Verkehrswert sind folgende **Kriterien** von Bedeutung:
- Verkehrsaufkommen (Personen- und Frachtaufkommen),
- Kapazität und Auslastung,
- Umfang der Betriebserlaubnis (Tag- und Nachtflug),
- Attraktivität (Standort allgemeines Einzugsgebiet),
- Lage zum nächsten Flugplatz,
- wirtschaftliche Struktur der Region,
- Zustand der Flugeinrichtungen (Einhaltung der Sicherheitsbestimmungen, Belastbarkeit, Tragfähigkeit),
- Siedlungsdruck/Nachfrage,
- gewerbliche Mitbenutzung (Flugschulen), sonstige Gewerbegebiete und
- verkehrliche Anbindung (Infrastruktur).

Bei großen internationalen Flughäfen sind die Umsätze im „Nichtflugbetrieb" (non aviation) bereits höher als die Umsätze aus dem Flugbetrieb. Neben den verkehrlich bedeutsamen Kriterien sind deshalb die **„am Boden"** erzielten **Umsätze** (des Nichtflugbetriebs) bedeutsam.

Abb. 242: Verhältnis Nichtflugbetrieb-Umsatz zu Flugbetrieb-Umsatz (2007)

	Umsatz 2007 je Passagier in Euro	Passagiere in Mio.	Verhältnis des Nichtflugbetrieb-Umsatzes zum Flugbetrieb-Umsatz (2005)
London-Stansted			1,29
London Gatwick	10,4	32,0	1,09
Oslo	12,8	19,0	1,04
München	14,4	33,9	1,01
London-Heathrow	13,9	67,3	0,99
Manchester	12,2	22,0	0,85
Rom			0,82
Kopenhagen			0,75
Zürich			0,71
Hamburg			0,70
Las Palmas			0,64
AdP Paris	12,2	86,4	
Stuttgart			0,63
Frankfurt	8,9	54,2	0,54
Düsseldorf	7,5	17,8	
Köln-Bonn	7,1	10,5	
Amsterdam	7,5	47,8	0,54
Brüssel		–	0,54
Atlanta		84,8	
Chicago		77,0	
Tokio		65,8	
Los Angeles		61,0	

Quelle: A T Kearney

VI Besondere Immobilienarten — Flugplatz

Abb. 243: Verkaufsfläche pro Passagier

Verkaufsfläche pro Passagier				
Flughafen	Verkaufsfläche* in m²	Ladeneinheiten	Passagiere 2007	VK** in m² je Mio. Passagiere
Frankfurt am Main	25 100	166	54 161 856	463,4
München	31 409	216	33 959 422	924,9
Berlin (gesamt)	k.A.	51	20 039 113	
Düsseldorf	13 400	95	17 831 248	751,5
Hamburg (Plaza)	7 080	48	12 780 631	553,9
Köln/Bonn	k.A.	44	10 471 657	
Stuttgart	10 400	52	10 321 438	1 007,6
Hannover	2 300	27	5 644 582	407,5
Nürnberg	k.A.	16	4 238 275	
Frankfurt Hahn	k.A.	31	4 014 898	

* inklusive Gastronomie ohne Reisebüros, Reiseveranstalter, Autovermietung
** Verkaufsfläche

Quelle: Engel & Völker Research & Consulting

Die **Flächenproduktivität** von Verkaufsflächen ist nach Hinweisen der GfK Geo-Marketing bei Flughäfen außerordentlich hoch und lag 2008 bei 15 000 €/m² Verkaufsfläche.

707 Der Wert eines Flughafens kann hilfsweise (i.S. eines Mindestwerts) unter der **Annahme** ermittelt werden, dass der **Flughafenbetrieb entwidmet oder aufgegeben** wird. Alsdann ist zu überlegen, welche potenziellen Nutzungsmöglichkeiten den Flächen und den aufstehenden Gebäuden beigemessen werden können (Abb. 244). Der gleiche Grundsatz gilt in den Fällen, in denen der Flughafenbetrieb schon aufgegeben wurde (stillliegender Flughafen) oder in denen er sich bereits in Liquidation befindet. Dabei spielt keine Rolle, ob es sich um einen (ehemals) militärisch oder zivil genutzten Flughafen handelt[221].

Abb. 244: Grundsätze der Wertermittlung von Flughäfen

---

[221] Simon in GuG 1996, 226; Kleiber in GuG 1996, 296.

Flugplatz **Besondere Immobilienarten VI**

Allgemein gilt also der Grundsatz, dass über bestehen bleibende Flugplätze ein **Mindestwert in Höhe des Verkehrswerts** anzusetzen ist, **der im Falle der Aufgabe der Nutzung (Entwidmung) nach der im Übrigen vorhandenen Situation angemessen wäre.**

Abb. 245: Passagierzahlen nach Flughäfen*

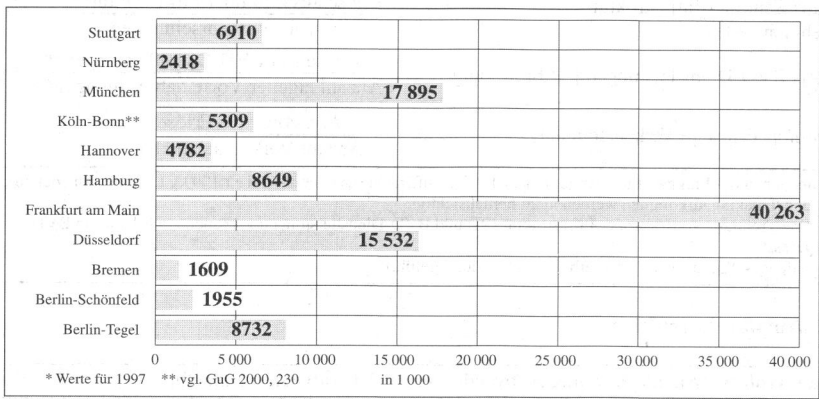

* Werte für 1997   ** vgl. GuG 2000, 230   in 1 000

Abb. 246: Wirtschaftliche Kenndaten von Flughäfen

---
1. Verkehrsstrukturkennzahlen

MTOW* je Landung $= \dfrac{\Sigma \text{ gewerbliches MTOW}}{\text{Anzahl gewerblicher Landungen}}$

Passagiere je Landung $= \dfrac{\text{Anzahl angekommener Passagiere}^{**}}{\text{Anzahl gewerblicher Landungen}}$

* *Maximum take off weight*
** alle im gewerblichen Verkehr an Bord befindlichen Passagiere (einschließlich Transit)

Abb. 247: Umsatzstrukturzahlen

---
2. Umsatzstrukturkennzahlen

a) **Struktur der Gesamterlöse** (Anteil der *Aviation* und *Non-Aviation*-Erlöse am Gesamterlös in %)

Aviation- und Abfertigungserlöse .... %
+ *Non-Aviation*-Erlöse einschließlich BVD-Gestattungen .... %
= Gesamterlöse .... = 100 %

b) **Struktur der *Aviation*- und Abfertigungserlöse** (Anteile einzelner Erlösarten an den *Aviation*- und Abfertigungserlösen in %)

Erlöse aus Lande- (fix und variabel) und Abstellentgelten... %
+ Abfertigungserlöse... %
= Aviation- und Abfertigungserlöse insgesamt .... = 100 %

c) **Struktur der *Non-Aviation*-Erlöse einschließlich BVD-Gestattungen** (Anteile einzelner Erlösarten an den *Non-Aviation*-Erlösen einschließlich BVD-Gestattung in %)

Mieten/Pachten .... %
+ Konzessionen-/Gestattungsentgelte (einschließlich BVD-Gestattungen) .... %
+ Versorgungsleistungen in Bezug auf Vermietung/Verpachtung .... %
+ eigene *Retail*-Erlöse (land- und luftseitiger Bereich) .... %
+ Parkplatzbewirtschaftung (nur Fluggastparkplätze
   als Erlöse bzw. Konzessionsentgelte) .... %
+ sonstige *Non-Aviation*-Erlöse .... %
= *Non-Aviation*-Gesamterlöse .... = 100 %

VI Besondere Immobilienarten — Flugplatz

Abb. 248: Umsatzkennzahlen

Umsatzkennzahlen (einzelne Erlössegmente in Relation zu bestimmten Basisdaten)		
a) Erlöse aus Lande- und Abstellentgelten je Verkehrseinheit*	=	$\dfrac{\text{Lande- und Abstellentgelterlöse}}{\text{Anzahl Verkehrseinheiten}}$
b) Erlöse aus Zentraler Infrastruktur je Verkehrseinheit*	=	$\dfrac{\text{Erlöse aus Zentraler Infrastruktur**}}{\text{Anzahl Verkehrseinheiten}}$
c) Erlöse aus BVD-Dienstleistungen je Abfertigung	=	$\dfrac{\text{Erlöse aus BVD-Dienstleistungen**}}{\text{Anzahl eigener Vorfeldabfertigungen***}}$
d) *Non-Aviation*-Erlöse je Verkehrseinheit	=	$\dfrac{\textit{Non-Aviation}\text{-Erlöse}}{\text{Anzahl Verkehrseinheiten}}$

* 1 Verkehrseinheit = 1 Fluggast (an oder ab) o d e r 100 kg Luftfracht (an oder ab) o d e r 100 kg Luftpost (an oder ab); Transit- und Truckingaufkommen werden nicht berücksichtigt.
** soweit keine Trennung von Zentraler Infrastruktur (ZI) und BVD-Dienstleistungen vorhanden, wird alles in BVD zusammengefasst
*** von Flughafengesellschaft ganz oder teilweise selbst durchgeführt

Abb. 249: Aufwandsstruktur

1. Aufwandsstruktur (Anteile einzelner Aufwandsarten an der Aufwandssumme in %)	
Personalaufwand	%
+ Materialaufwand/Fremdleistungen abzüglich Wareneinsatz	%
+ Wareneinsatz für eigenes Retail- und Gastronomiegeschäft	%
+ Abschreibung (ohne Sonder-AfA)	%
+ sonstiger betrieblicher Aufwand (einschließlich Leasing für Grundstücke, aber ohne Ertragsteuer)	%
+ Zinsaufwand	%
= Betriebsaufwand einschließlich Zinsaufwand	= 100 %

2. Aufwandskennzahlen (Einzelne Aufwandssegmente in Relation zu bestimmten Basisdaten)		
a) Personalaufwandsquote	=	$\dfrac{\text{Personalaufwand}}{\text{Umsatz}} \times 100$
b) Abschreibungsquote	=	$\dfrac{\text{Abschreibungen (ohne Sonder-AfA)}}{\text{Anlagevermögen zu Anschaffungskosten*}} \times 100$

* Historische Anschaffungskosten gemäß Anlagenspiegel

Abb. 250: Personalkennzahlen

Personalkennzahlen		
a) Personalaufwand je Mitarbeiter		$\dfrac{\text{Personalaufwand}}{\text{Mitarbeiterjahre*}}$
b) Betriebsaufwand je Mitarbeiter	=	$\dfrac{\text{Betriebsaufwand einschließlich Zinsaufwand}}{\text{Mitarbeiterjahre*}}$
c) Umsatz je Mitarbeiter	=	$\dfrac{\text{Umsatz}}{\text{Mitarbeiterjahre*}}$
d) Krankheitsquote**	=	$\dfrac{\text{Krankheitstage}}{\text{Mitarbeiterjahre*}} \times \dfrac{100}{\text{Soll-Arbeitstage p.a.}}$

* auf Vollzeitmitarbeiter umgerechnet
** ohne Langzeitkranke außerhalb der Lohnfortzahlung

Abb. 251: Marktkennzahlen

Marktkennzahlen		
a) Marktanteil bei BVD-Dienstleistungen	=	$\dfrac{\text{Anzahl eigener Vorfeldabfertigungen*}}{\text{Anzahl aller Vorfeldabfertigungen}} \times 100$
b) Marktanteil bei Passagierabfertigungen	=	$\dfrac{\text{Anzahl selbstabgefertigter Passagiere**}}{\text{Anzahl abgehender Passagiere**}} \times 100$
c) Retailumsatz je Passagier	=	$\dfrac{\text{Retailumsatz am gesamten Flughafen}}{\text{Anzahl abgehender Passagiere**}} \times 100$
d) Gastronomieumsatz je Passagier	=	$\dfrac{\text{Gastronomieumsatz am gesamten Flughafen}}{\text{Anzahl abgehender Passagiere**}} \times 100$

* von Flughafengesellschaft ganz oder teilweise selbst durchgeführt
** im gewerblichen Verkehr

Abb. 252: Rentabilitätskennzahlen

Rentabilitätskennzahlen		
a) Umsatzrentabilität	=	$\dfrac{\text{Jahresüberschuss*}}{\text{Umsatz}} \times 100$
b) Betriebliche Umsatzrentabilität	=	$\dfrac{\text{Betriebsergebnis**}}{\text{Umsatz}} \times 100$
c) Gesamtrentabilität	=	$\dfrac{\text{Jahresüberschuss* + FK-Zinsen***}}{\text{Gesamtkapital}} \times 100$
d) Eigenkapitalrentabiltät	=	$\dfrac{\text{Jahresüberschuss*}}{\text{Eigenkapital}} \times 100$
e) Eigenkapitalquote	=	$\dfrac{\text{Eigenkapital}}{\text{Gesamtkapital}} \times 100$

* vor Steuern
** ermittelt auf der Basis der G + V (operatives Ergebnis)
*** Fremdkapital

Abb. 253: Kapitalflusskennzahlen

Kapitalflusskennzahlen		
a) *Cashflow*	=	Jahresüberschuss nach Steuern
		+ Abschreibungen
		+/– Veränderung der Rückstellungen (ohne Pensionsrückstellungen)
		+/– Bestandsveränderungen
		= *Cashflow*
b) *Cashflow*-Umsatz-Quote	=	$\dfrac{\textit{Cashflow}}{\text{Umsatz}} \times 100$
c) Selbstfinanzierungsquote	=	$\dfrac{\textit{Cashflow}}{\text{Zugänge zum Anlagevermögen*}} \times 100$

* gesamtes Anlagevermögen gemäß Anlagenspiegel

VI Besondere Immobilienarten — Flugplatz

Abb. 254: Gesamterträge internationaler Flughäfen

Gesamtertrag der internationalen Verkehrsflughäfen 1999		
Ertragsart	Betrag in 1 000 €	Anteil an den Umsatzerlösen in v.H.
Landegebühren		
– fixer Teil	454 043	14,5
– variabler Teil	502 085	16,1
zusammen	956 128	30,6
Abstellgebühren	47 612	1,5
Summe Gebühren	**1 003 740**	**32,1**
Bodenverkehrsdienst einschließlich Fracht und *Trucking*-Entgelte	1 049 326	33,6
Vermietung, Verpachtung, Flugzeugunterstellung	419 489	13,4
Umsatzabgaben einschließlich Konzessionen	301 544	9,6
Sonstige Umsatzerlöse	352 209	11,3
Umsatzerlöse insgesamt	**3 126 482**	**100,0**
Übrige Erträge	153 830	
Gesamtertrag	3 280 312	

Quelle: Arbeitsgemeinschaft deutscher Verkehrsflughäfen (ADV) FA Wirtschaft

Abb. 255: Ertragssituation deutscher Flughäfen

Ertragssituation 2000 ausgewählter deutscher Verkehrsflughäfen (Angaben in T€)						
Position	CGN	DUS	HAJ	HAM	MUC	FRA
Erlöse aus Lande- (fix und variable) und Abstellentgelten	61218	116218	39182	60131	169292	397581
Erlöse aus zentraler Infrastruktur	4760	28829	15396	35559	70333	158858
Erlöse aus BVD-Dienstleistungen	37033	68098	20991	40654	72174	446051
Erlöse aus Passagierabfertigung	0	982	0	0	12680	0
Erlöse aus Frachtabfertigung	23851	11763	2615	0	11197	0
sonstige Aviation-Erlöse	0	919	1667	0	0	0
Aviation-Erlöse (Summe)	**126862**	**226810**	**79851**	**136345**	**335676**	**1002490**
Erlöse aus Mieten und Pachten	33160	22608	16452	29260	80623	133038
Erlöse aus Konzessions- und Gestattungsentgelten (inkl. BVD-Gestattungen)	324	11012	2118	5792	10348	125676
Erlöse aus Versorgungsleistungen im Zusammenhang mit Vermietung und Verpachtung	5149	6748	6778	5412	13642	17588
Erlöse aus eigenem Retail- und Gastronomiegeschäft (land- und luftseitig)	0	0	0	0	0	0
Erlöse aus Parkplatzbewirtschaftung (nur *Fluggastparkplätze*)	8181	17406	11656	10273	40439	49084
sonstige *Non-Aviation*-Erlöse	7033	14911	144	10925	50343	106707

Besondere Immobilienarten VI

Ertragssituation 2000 ausgewählter deutscher Verkehrsflughäfen (Angaben in T€)						
Position	CGN	DUS	HAJ	HAM	MUC	FRA
Non-Aviation-Erlöse (Summe)	53847	72685	41605	61662	311048	432093
Gesamtumsatzerlöse (Summe)	180709	299495	121455	198006	646725	1434583

708 Für die Wertermittlung können grundsätzlich alle Wertermittlungsverfahren (Vergleichs-, Sachwert- und Ertragswertverfahren) herangezogen werden. Dabei kann der **Verkehrswert** auch **unter Berücksichtigung einer fiktiven Folgenutzung** und Abzug des dafür zu erwartenden Kostenaufwands ermittelt werden.

709 Der **Bodenwert** ist unter Anwendung des direkten oder indirekten Preisvergleichs zu ermitteln. Hierbei sind die Folgenutzungsmöglichkeiten der Flächen des Flughafengeländes zu beachten. In aller Regel ist es zweckmäßig, den Flughafen insgesamt in Flächen unterschiedlicher Nutzung zu gliedern:

a) Bebaute Flächen

– Flugzeug-Dienstleistungscharakter (Passagierabfertigung, Büroverwaltung und Geschäftsnutzung); oftmals in unmittelbarem räumlichem Zusammenhang mit der äußeren Erschließungsanlage (PKW, LKW, Bus, Bahn) und Parkflächen (Parkhäuser, Tiefgaragen, Parkplätze).

– Überwiegend gewerblicher Nutzungscharakter (Werkstätten, Lager und Sonstiges einschließlich dazugehöriger Büronutzung).

Der **in direktem Zusammenhang mit der Bebauung stehende Teil eines Flughafens** ist im Allgemeinen als gewerbliches Bauland anzusehen. Insofern kann sein Bodenwert aus den angrenzenden Gewerbebaulandpreisen (ebf) abgeleitet werden.

Allgemein wird in der Praxis dabei von höherwertigem Gewerbebauland ausgegangen, ohne dass jemals eine höhere Ertragskraft der baulich genutzten Flugplatzflächen gegenüber den zum Vergleich herangezogenen Baulandflächen nachgewiesen werden konnte. Angesichts der mit der Aufrechterhaltung des Flugbetriebs hohen Bewirtschaftungskosten (in Bezug auf die Flächenvorhaltung, Sicherheitsbestimmungen, die Umweltbelange und dgl.) wird man die Bodenertragskraft nach der Kapazitätsauslastung des Flugplatzes berücksichtigen.

b) Unbebaute Flächen

710 Ein weiterer abgrenzbarer Bereich sind die **unbebauten Verkehrsflächen** oder so genannten Flughafenbetriebsflächen (Start- und Landebahnen, Taxiways etc.). Der Wert dieser Flächen hängt von der zu erwartenden Folgenutzung ab.

Besteht beispielsweise große **Gewerbebaulandknappheit,** können diese Flächen durchaus den Charakter von Bruttorohbauland besitzen. Da davon auszugehen ist, dass die Flächen zumindest teilerschlossen sind, wären – ausgehend vom Gewerbebaulandpreis (ebf) – ein Anteil Erschließungskosten sowie die Kosten der „inneren Erschließung" abzurechnen. Letztere können dadurch erfasst werden, dass die Bruttofläche um 25 % gekürzt wird[222]. Ist nach Aufgabe des Flughafens die künftige gewerbliche Nutzung nicht sicher absehbar, können diese Flächen gewissermaßen als „Rohbauland im Wartestand" oder als Bauerwartungsland anzusehen sein. Ihr Wert dürfte dann mit 20 bis 30 v.H. des Gewerbebaulandpreises (ebp) angemessen berücksichtigt sein.

In den Fällen, in denen wegen ungünstiger Lagequalität (z. B. Lage in wirtschaftlich rückständigen Regionen) eine **gewerbliche Folgenutzung in absehbarer Zeit nicht in Betracht** kommt, dürfte der Wert dieser Flächen mit etwa dem zwei- bis dreifachen ortsüblichen innerlandwirtschaftlichen Verkehrswert in Ansatz zu bringen sein., d.h., der Wert orientiert sich am Wert der besonderen Flächen der Land- und Forstwirtschaft (§ 5 Abs. 1 ImmoWertV). Die bei einem Flughafen üblicherweise vorhandenen – nicht betriebsnotwendigen – Randzonen sind

---

[222] Dieses Verfahren ist marktkonform, da in vergleichbaren Fällen die erforderlichen Erschließungsflächen (20–25 %) oftmals kostenlos der Gemeinde abgetreten werden, die dann auf ihre Kosten die (öffentliche) Erschließung erstellt.

VI Besondere Immobilienarten   Flugplatz

im Allgemeinen geringwertig. Je nach tatsächlichen Gegebenheiten sind sie zumeist als „Umland", Waldflächen, Acker- oder Grünland mit den entsprechenden ortsüblichen Preisen anzusetzen. Ein höherer Wert wäre nur dann gerechtfertigt, wenn diesen Flächen wegen zu erwartender Folgenutzung eine höherwertige Qualität beigemessen werden muss.

Abb. 256: Flächenaufteilung Lageplan

Erläuterung:

Zone	Erläuterung	Entwicklungszustand
Kernzone K	Zentralbereich (Terminals), Hotels, Gastronomie, Handel	Baureifes Land (ebf)
Gewerbezone Ia	Höherwertiges Gewerbe: Büro- und Verwaltung, Parkhäuser	Baureifes Land (ebf)
Gewerbezone Ib	Produzierendes Gewerbe: Lager, Werkstätten, Logistik, (Fracht), Feuerwehr	Baureifes Land (ebf)
Freiflächenzone IIa	Vorfelder	Bauerwartungsland/Rohbauland
Freiflächenzone IIb	Start- und Landebahnen, Taxiways	Bauerwartungsland/Rohbauland
Freiflächenzone III	Sicherheitsflächen, Anflugsektoren	Land- und forstwirtschaftlich
Straßenflächen IVa	Straßenanbindung	Gemeinbedarf
Bahnflächen IVb	Bahnanbindung	Gemeinbedarf

c) *Umgriffsflächen*

711 Dem Flugplatz zugehörige, nicht betriebsmäßig erforderliche **Umgriffsflächen** sind allgemeinen Grundsätzen der Wertermittlung unterworfen, wobei aber Baubeschränkungen zu berücksichtigen sind. Nach dem Luftverkehrsgesetz des Bundes bedarf beispielsweise jede **Errichtung von Bauwerken im Umkreis von 1,5 km Halbmesser um den Flughafenbezugspunkt** der Zustimmung der Luftfahrtbehörde. Eine Zustimmung ist unter anderem ferner erforderlich bei Bauwerken in einer Höhe von mehr als 25 m, wenn sie außerhalb der Anflugsektoren, aber im Umkreis von 4 km Halbmesser um den Flughafenbezugspunkt geplant sind, und mit einer Höhe von mehr als 15 m, wenn es sich um einen Flughafen der Klasse A bis D handelt. Der Zustimmungsbereich erweitert sich bis zu 15 km Halbmesser um den Startbahnbezugspunkt bei Bauvorhaben innerhalb der Anflugsektoren. Die Luftfahrtbehörde kann ihre Zustimmung von Auflagen abhängig machen, die der Baugenehmigung hinzugefügt werden.

Bei der Bodenwertermittlung ist also einerseits auf eine **plausible und nachvollziehbare Flächenabgrenzung** besonderer Wert zu legen und anderseits ist der Wahrscheinlichkeitsgrad der potenziellen Nutzung mit Sorgfalt nachprüfbar abzuleiten (vgl. Abb. 257). 712

In einer älteren **aus dem Jahre 1976 stammenden Untersuchung** der nds. Kataster- und Vermessungsverwaltung wurde hierzu lediglich festgestellt, dass für den Grund und Boden stets ein Mehrfaches der jeweiligen „reinen" land- oder forstwirtschaftlichen Flächen (innerlandwirtschaftlicher Verkehrswert = reine land- oder forstwirtschaftliche Flächen i.S. des § 5 Abs. 1 ImmoWertV) vereinbart wurde und lediglich in wenigen Einzelfällen der innerlandwirtschaftliche Verkehrswert die Grundlage der Preisvereinbarung bildete. I.d.R. wurde das Zwei- bis Fünffache des innerlandwirtschaftlichen Verkehrswerts, in besonderen Fällen bis zum Sechsfachen des innerlandwirtschaftlichen Verkehrswerts bezahlt.

Bei der **Gebäudewertermittlung** von Gebäuden auf Flughafengelände ergeben sich im Vergleich zu anderen Hochbauwertermittlungen keine besonderen Abweichungen. Allerdings ist auf folgende Problematik hinzuweisen: 713

Die alleinige Anwendung des Sachwertverfahrens führt zu Substanzwerten, die üblicherweise bei einer Folgenutzung zu einem unrealistisch hohen Ausgangswert führen und damit das Problem der Marktanpassung verschärfen. Sinnvoller ist es, die Gebäudewerte primär aus dem Ertragswertverfahren abzuleiten, da eine derartige Wertermittlung unter Berücksichtigung der Folgenutzung von vornherein zu einem marktkonformen Ausgangswert für die Ableitung des Verkehrswerts führt (Abb. 257).

▶ *Zum Fluglärm vgl. § 6 ImmoWertV Rn. 227 ff.*

Abb. 257: Mögliche Ansätze für die Bodenwertermittlung

10.4 Abgehende Flughafenfläche

714 Der Verkehrswert abgehender Flughäfen, d.h. solcher, die ihre Eigenschaft als Flughafen verlieren, bestimmt sich nach der künftigen Nutzung der aufgegebenen Flughafenfläche. Bei den bebauten Bereichen sind die weiterhin nutzbaren Anlagen und Einrichtungen unter Berücksichtigung der Kosten ihrer Umstrukturierung und der mit der Umnutzung einhergehenden Wartezeit zu bewerten, sofern nicht aufgrund der Art der Gebäude und ihrer Lage eine bauliche Anschlussnutzung ausgeschlossen werden muss[223].

11 Kirchliche und kirchlichen Zwecken dienende Fläche

11.1 Allgemeines

Schrifttum: *Aaron, M, Wright, J.,* The Appraisal of religious Facilities, The Appraisal Institute Chicago; *Becherer, L.* Bewertung einer Kirche GuG 2008, 106; *EKD:* Vorschläge zur Novellierung des kirchlichen Haushalts-, Kassen und Rechnungswesens, GuG-aktuell 2008, 5; *Kleiber* in Kirchliches Immobilienmanagement – Ein Leitfaden des Evangelischen Siedlungswerkes in Deutschland 2009; vgl. auch GuG 2008, 352.

715 Etwa 33 000 evangelische und katholische Gotteshäuser gibt es in Deutschland: Dome, Münster, Kirchen und Kapellen. Kirchliche und kirchlichen Zwecken dienende Flächen (Kirchengrundstück) nehmen üblicherweise nicht am allgemeinen Grundstücksverkehr teil (extra commercium) und werden gemeinhin Gemeinbedarfsflächen gleichgesetzt, weil sie – wie Gemeinbedarfsflächen – einem **privatwirtschaftlichem Gewinnstreben entzogen und quasi unveräußerlich sind.**

§ 9 BauGB kennt keine besondere Festsetzung für „Kirchenflächen", jedoch sind nach § 1 Abs. 5 Satz 2 Nr. 6 BauGB bei der Aufstellung der Bauleitpläne insbesondere die „von den Kirchen und Religionsgemeinschaften des öffentlichen Rechts festgestellten Erfordernisse für

---

223 FG Brandenburg, Urt. vom 13.12.2000 – 2 K 2501/98 –, EzGuG 4.179 (Revision BFH II R 20/01).

Kirchliche Fläche — Besondere Immobilienarten VI

Gottesdienst und Seelsorge" zu berücksichtigen[224]. Das verfassungsrechtlich mit Art. 140 GG garantierte Recht der autonomen Bedarfsfeststellung (**Kirchenautonomie**) bedeutet für die abwägende Gemeinde eine verbindliche Vorgabe. Hat die Kirchengemeinde eine entsprechende ausdrückliche Feststellung getroffen[225], so muss die Gemeinde im Rahmen ihrer Abwägung entscheiden, wo diesen Erfordernissen im Plangebiet Rechnung getragen werden kann. Dabei kommt es nicht darauf an, ob es sich um eine Kirche oder um eine Religionsgemeinschaft handelt, die als öffentlich-rechtliche Körperschaft oder als privatrechtliche Religionsgemeinschaft verfasst ist.

Anlagen für kirchliche Zwecke (*religious facilities*) sind zulässig im

– Allgemeinen Wohngebiet (§ 4 Abs. 2 Nr. 3 BauNVO),
– Besonderen Wohngebiet (§ 4a Abs. 2 Nr. 5 BauNVO),
– Dorfgebiet (§ 5 Abs. 2 Nr. 7 BauNVO),
– Mischgebiet (§ 6 Abs. 2 Nr. 5 BauNVO) und
– Kerngebiet (§ 7 Abs. 2 Nr. 4 BauNVO).

Anlagen für kirchliche Zwecke sind ausnahmsweise zulässig im

– Reinen Wohngebiet (§ 3 Abs. 2 Nr. 2 BauNVO),
– Gewerbegebiet (§ 8 Abs. 3 Nr. 2 BauNVO) und
– Industriegebiet (§ 9 Abs. 3 Nr. 2 BauNVO).

Kirchen[226] **und Religionsgemeinschaften des öffentlichen Rechts** sind solche, denen nach Art. 104 GG i. V. m Art. 137 WRV als Körperschaften des öffentlichen Rechts u.a. vorstehende Rechte aufgrund eines Landesgesetzes oder aufgrund eines solchen Gesetzes verliehen worden sind[227]. Nicht zu diesen Religionsgemeinschaften zählen organisierte Weltanschauungsgemeinschaften in Form privater Vereine.

Anlagen und Einrichtungen, die kirchlichen Zwecken dienen, können eine **vielfältige Ausprägung** haben[228]:

716

– Kirchengebäude,
– Kapellen,
– Gemeindesäle,
– Klöster mit den dazugehörigen Einrichtungen,
– Friedhöfe, aber auch
– Wohnhäuser (Mutterhäuser) zur Unterbringung des kirchlich beschäftigten Personals,
– das Pfarrhaus

sowie karikative Einrichtungen, wie

– Kindergärten,
– konfessionelle Beratungs- und Betreuungsstellen,
– Altersheime,
– Tagesstätten und
– Schulen,

---

224 Zur Ermittlung des Maßes der baulichen Nutzung vgl. OVG Münster, Urt. vom 25.5.1992 – 2 A 1546/90 –, KStZ 1992, 196 = NWVBl. 1992, 442 = ZKF 1992, 256 = KirchE 30, 238 = Gemeindehaushalt 1992, 442.
225 OVG Bremen, Urt. vom 10.3.1981 – 1 T 8/80 –, BRS Bd. 38, 94 = ZfBR 1981, 194; Kirchen in der Umlegung: Dieterich Baulandumlegung, 5. Aufl. S. 100.
226 Maunz in Maunz/Dürig, GG Art. 140 Rn. 25 ff.; Obermayer, Bonner Komm. zum GG, Art. 140 Rn. 45 ff.; BVerwG, Urt. vom 15.11.1990 – 7 C 9/89 –, BVerwGE 87, 1153.
227 Grauvogel im Kohlhammer-Komm., § 1 BauGB Rn. 3 VIf; Battis/Krautzberger/Löhr § 1 BauGB Rn. 74 ff.
228 Zu den Normalherstellungskosten von Kirchengebäuden vgl. Lohrmann, G., Bewertung von Kirchengebäuden und ihren Einrichtungen, Hess. Brandversicherungsanstalt 1989.

VI Besondere Immobilienarten — Kirchliche Fläche

soweit sie nicht unter Anlagen für soziale Zwecke fallen[229].

Kirchliche oder kirchlichen Zwecken dienende Flächen sind nach den vorstehenden Ausführungen grundsätzlich nach den Flächen zu unterscheiden, die

- im engeren Sinne als res sacrae (Kirchengebäude, Klöster, Tempel, Bethaus oder auch als Friedhof) und
- Nutzungen dienen, die auch auf nicht kirchlichen Flächen zulässig sind.

Kirchengebäude im engeren Sinne haben wie Gemeinbedarfsflächen keinen Verkehrswert, denn sie sind dem allgemeinen Grundstücksverkehr entzogen[230]. Dennoch sind diese Flächen i.d.R. nicht ohne Wert. Die **für die Bewertung von Gemeinbedarfsgrundstücken geltenden Grundsätze können entsprechend Anwendung finden,** denn sie sind gleichermaßen dem privaten Gewinnstreben entzogen (vgl. Rn. 597).

Soweit die Nutzung nicht von vornherein die Gewinnerzielung ausschließt (wie z. B. die Nutzung als Pfarr- oder Wohnhaus, zur Unterbringung des kirchlich beschäftigten Personals, Kindergarten oder Koranschule), wird man die Flächen indessen nicht den privatem Gewinnstreben entzogenen Gemeinbedarfsflächen gleichstellen können. Selbst wenn z. B. für ein **dem Wohnen dienendes Pfarrhaus** keine Mietentgelte entrichtet werden, wird man dies zumindest dann nicht bejahen können, wenn dies als geldwertgleicher Vorteil für den Pfarrer im Rahmen seiner Entlohnung anzusehen ist[231], bzw. ein Nutzungsentgelt erzielt werden könnte. Die allgemeinen für privatwirtschaftlich nutzbare Grundstücke geltenden Grundsätze der Verkehrswertermittlung können entsprechend Anwendung finden. Die nachfolgenden Ausführungen beschränken sich deshalb auf die als res sacra gewidmeten Kirchenflächen (Abb. 258).

Abb. 258: Kirchliche und kirchlichen Zwecken dienende Flächen

Die Grenze zwischen den Flächen, die durch ihre Widmung oder nach Gewohnheitsrecht zur res sacra einer wirtschaftlichen Betrachtungsweise entzogen sind, und solchen, die zumindest teilweise einer wirtschaftlichen Betrachtungsweise zugänglich sind, muss nach den konkreten Umständen des Einzelfalls beurteilt werden und ist eng zu ziehen. Jedenfalls hat das BVerwG allein die **Tatsache, dass Kirchengebäude** (einer christlichen Konfession) mitunter **gegen Entrichtung eines Geldbetrags einer anderen christlichen Konfession zur Verfügung gestellt werden,** als **unbedeutsam** angesehen, da damit das Kirchengebäude nicht „entweiht" wird[232]. In dieser Entscheidung wurde zugleich festgestellt, dass es mit dem Wesen einer sakralen Sache (res sacrae) unvereinbar wäre, sie als potenzielle Einnahmequelle zu betrachten und mithin das Ertragswertverfahren zur Ermittlung des Verkehrswerts von Kirchen ungeeignet ist.

---

229 Fickert/Fieseler, BauNVO Komm., Vorbem. §§ 2 bis 9, 12 bis 15 BauNVO Rn. 13 S. 250.
230 BayObLG, Urt. vom 23. 9. 1985 – BReg 3 Z 36/84 –, EzGuG 18.99b.
231 Zur kostenrechtlichen Wertermittlung von Kirchen: BayObLG, Urt. vom 23.9.1985 – BReg 3 Z 36/84 –, EzGuG 18.99b; VG Berlin, Urt. vom 25.10.1995 – 1 W 5012/12/94 –, EzGuG 18.116a.
232 BVerwG, Urt. vom 30.6.1965 – 5 C 151/63 –, EzGuG 20.40.

11.2 Wertermittlungsverfahren

11.2.1 Allgemeines

Zur Verkehrswertermittlung von Kirchengrundstücken kommen grundsätzlich das Vergleichs-, Ertrags- und Sachwertverfahren in Betracht und zwar in allen ihren bekannten Variationen und Kombinationen, einschließlich deduktiver Verfahren (Extraktion, Prognoseverfahren (*Discounted Cashflow* Verfahren), Pachtwertverfahren usw.)[233]. Nach § 8 Abs.1 Satz 2 ImmoWertV ist das Verfahren „unter Berücksichtigung der im gewöhnlichen Geschäftsverkehr bestehenden Gepflogenheiten und den sonstigen Umständen des Einzelfalls zu wählen". Alle nach der ImmoWertV zur Anwendung kommenden Wertermittlungsverfahren stehen unter dem Gebot, die darin eingehenden Ansätze in möglichst marktorientierter Weise einzuführen, d.h. in der Höhe, wie sie sich im gewöhnlichen Geschäftsverkehr wertmäßig im Bewertungsobjekt niederschlagen. Eine fundierte am Markt orientierte Verkehrswertermittlung erfordert zudem eine nachvollziehbare Begründung der Höhe von Zu- und Abschlägen.

717

Das **Vergleichswertverfahren** scheidet zumeist allerdings aus, da diese Immobilien aufgrund ihrer „Spezialisierung" wenig gehandelt werden. Auch das Ertrags- und Sachwertverfahren können jedoch als ein Vergleichswertverfahren angesehen werden, wobei der Wert aus dem Vergleich der wertbestimmenden Parameter, insbesondere der erzielbaren und erzielten Erträge, der Verzinsung, aber auch der Herstellungskosten hergeleitet wird. Wo eine direkte Anwendung dieser Methoden mangels geeigneter Vergleichsdaten versagt, bedarf es darüber hinaus vielfach plausibler „Hilfskonstruktionen", um den Wert zu ermitteln.

In der Praxis der Enteignungsentschädigung für Kirchen stand bislang das **Sachwertverfahren im Vordergrund.** Dies war in erster Linie darin begründet, dass mit der Enteignungsentschädigung die Kirche in den Stand zu versetzen ist, sich gleichwertigen Ersatz zu verschaffen. Diese Anschauung kann allerdings für abgehende Kirchengrundstücke nicht gelten. Immer mehr Gotteshäusern droht nämlich eine Umnutzung, und dies ist nicht selten sogar der eigentliche Anlass der Verkehrswertermittlung (abgehender Kirchenbedarf). Die künftige Nutzung eines Kirchengrundstücks muss vor diesem Hintergrund auch bei der Wahl des Wertermittlungsverfahrens berücksichtigt werden, denn ein Kirchengrundstück, das auf Dauer einer kirchlichen Nutzung vorbehalten ist, ist einem anderen Teilmarkt zuzurechnen, als ein Kirchengrundstück, das seine Nutzungsbindung verliert oder bereits verloren hat. Während nämlich für die Verkehrswertermittlung eines auf Dauer der kirchlichen Nutzung vorbehaltenen Grundstücks der Sachwert und der Vergleichswert im Vordergrund stehen, steht im Falle der Aufgabe der Nutzungsbindung auch für die Wahl des Verkehrswertermittlungsverfahrens die künftige Nutzung im Vordergrund.

718

Bei der Marktwertermittlung von Spezialimmobilien kommt neben dem anzuwendenden Wertermittlungsverfahren aufgrund ihrer speziellen Ausrichtung und der damit verbundenen eingeschränkten Marktfähigkeit auch der Frage des anzuwendenden **Wertermittlungsmodells** eine besondere Bedeutung zu. In Betracht kommt hierbei

a) eine Marktwertermittlung auf der Grundlage der ausgeübten Nutzung und

b) eine Marktwertermittlung auf der Grundlage einer alternativen (marktgängigen bzw. marktgängigeren) Nutzung.

Zu dem zuletzt genannten Wertermittlungsmodell wird man greifen (müssen), wenn keine und auch keine die Anwendung deduktiver Verfahren ermöglichenden Vergleichsdaten zur Verfügung stehen, weil die ausgeübte Nutzung eben keinen Markt hat (extra commercium). Diese Vorgehensweise lässt sich damit rechtfertigen, dass sich für eine Immobilie, die in nicht marktgängiger Weise genutzt wird, ein Marktwert erst mit ihrer Umnutzung bilden kann, der dann auf der **Grundlage einer alternativen marktgängigen Nutzung** ermittelt werden kann.

---

[233] Nach Presseberichten wurde für die Gnadenkirche in Hamburg St. Pauli, und eine Kirche der Martini-Gemeinde in Bielefeld die Kirchen für einen Betrag von 1 € veräußert, während für die St.-Johannes-Capistran Kirche in Berlin Schöneberg 2,5 Mio € mit dem Ziel der Errichtung eines Seniorenzentrums bezahlt wurde (Financial Times 22.12.2005).

VI Besondere Immobilienarten   Kirchliche Fläche

Die Vorgehensweise lässt sich auch begrifflich mit dem Verkehrswert (Marktwert) vereinbaren, der als ein „Zukunftserfolgswert" zu verstehen ist. Vorhandene Nutzungspotenziale werden nämlich im gewöhnlichen Geschäftsverkehr berücksichtigt, soweit sie bei objektiver und nüchterner Betrachtungsweise rechtlich zulässig, technisch realisierbar und wirtschaftlich vernünftig sind.

Bei der Marktwertermittlung auf der Grundlage einer alternativen (marktgängigen bzw. marktgängigeren) Nutzung ist grundsätzlich das Prinzip des sog. *„highest and best use"* anzuwenden. Soweit sich verschiedene Alternativnutzungen anbieten, ist regelmäßig die Nutzung der Verkehrswertermittlung zugrunde gelegt werden, die bei geringstem Risiko die höchste Ertragsfähigkeit *(maximally productive)* verspricht. Die **Kosten einer Umnutzung** müssen dabei gegengerechnet werden. Der Verkehrswertermittlung sollte in solchen Fällen deshalb eine Kosten-Nutzen-Analyse vorausgehen. Bei alledem kann es nicht auf bloße Wunschvorstellungen des Eigentümers ankommen; vielmehr sind die vorhandenen und absehbaren rechtlichen und wirtschaftlichen Möglichkeiten realitätsbezogen ohne spekulative Momente anzuhalten *(physically possible, legally permissible und financially feasible)*.

Die **Wertermittlung auf der Grundlage einer alternativen** (marktgängigen bzw. marktgängigeren) Nutzung muss allerdings dann außer Betracht bleiben, wenn die ausgeübte Nutzung erhalten und selbst bei unterstellter Veräußerung fortgeführt werden soll. In diesem Fall würde die Bewertung auf der Grundlage einer höherwertigen Alternativnutzung das Wertbild verzerren.

Wie bei der Bewertung von Gemeinbedarfsflächen (vgl. Rn. 598) ist nicht zuletzt im Hinblick auf das anzuwendende **Wertermittlungsmodell zu unterscheiden zwischen:**

a) *künftigem Kirchenbedarf:* Kirchenflächen, die sich in dieser Eigenschaft (noch) nicht im Eigentum der Kirche befinden und ggf. im Wege einer Enteignung erworben werden können;

b) *bleibendem Kirchenbedarf:* Kirchenflächen im Eigentum der Kirche, die auf absehbare Zeit einer sakralen Zweckbindung vorbehalten bleiben;

c) *abgehendem Kirchenbedarf:* Kirchenflächen im Eigentum der Kirche, deren sakrale Zweckbindung aufgegeben wird.

Diese Unterscheidung ist sowohl für die Ermittlung des Bodenwerts als auch für die bauliche Anlagen von Bedeutung.

Abb. 259: Wertermittlungsverfahren für Kirchengrundstücke

11.2.2 Bleibender Kirchenbedarf

Grundsätzlich kommen für die (Verkehrs-)Wertermittlung eines auf Dauer kirchlich genutzten Grundstücks *(value in use = the value a specific property has for a specific use)* **alle drei klassischen Wertermittlungsverfahren in Betracht,** jedoch steht in der Wertermittlungspraxis bislang das Sachwertverfahren im Vordergrund, da es einerseits an geeigneten Vergleichspreisen mangelte und andererseits keine rentierliche Nutzung ausgeübt wird. Gleichwohl sollten das Vergleichs- und das Ertragswertverfahren nicht gänzlich ausgeschlossen werden, denn

- eine kirchliche Nutzung mag im Einzelfall in angemieteten baulichen Anlagen ausgeübt werden,
- und kirchliche genutzte Grundstücke können andererseits auch zum Zwecke der Ausübung einer anderen kirchlichen Nutzung am Grundstücksverkehr teilnehmen. Dies schließt die Nutzung als Kirche, Synagoge, Tempel, Moschee und anderes ein.

Bei Anwendung des Sachwertverfahrens setzt sich der Sachwert nach § 21 Abs. 1 Immo-WertV aus dem Bodenwert zuzüglich des Werts der baulichen Anlagen (Gebäudesachwert nach den §§ 22 bis 23 ImmoWertV) und der sonstigen Anlagen, insbesondere Aufwuchs, zusammen. Der Verkehrswert ist nach § 8 Abs. 1 Satz 3 ImmoWertV auch bei Anwendung des Sachwertverfahrens aus dem Ergebnis (Sachwert) unter Berücksichtigung der **Lage auf dem Grundstücksmarkt (Marktanpassung)** abzuleiten. Demzufolge kann mit der Anwendung des Sachwertverfahrens die Problematik der Anpassung der Wertermittlung an die „Lage auf dem Grundstücksmarkt" nicht „umgangen" werden.

Die Ableitung des **Bodenwerts** für Flächen des bleibenden Kirchenbedarfs aus dem Bodenwert der angrenzenden (privatwirtschaftlich nutzbaren) Grundstücke ist abzulehnen, weil eine Kirchenfläche einer sakralen Nutzung vorbehalten sind. Das verfassungsrechtlich mit Art. 140 GG garantierte Recht der autonomen Bedarfsfeststellung (**Kirchenautonomie**) von Flächen als res sacrae bedeutet nämlich umgekehrt, dass die Flächen einer sonstigen Nutzung

VI Besondere Immobilienarten — Kirchliche Fläche

entzogen sind und damit keinen mit den Nachbargrundstücken vergleichbaren Ertrag erwirtschaften können[234]. Die Höhe des Bodenwerts ist nun einmal in erster Linie von dem erzielbaren Ertrag abhängig, und der hochwertige Bodenwert der privatwirtschaftlich nutzbaren Nachbargrundstücke mit hoher Ertragskraft lässt sich nicht auf die einer sakralen Nutzung vorbehaltenen Flächen übertragen.

Der **Grund und Boden** von Kirchenflächen ist **qualitativ vergleichbar mit** dem der sog. bleibenden **Gemeinbedarfsflächen** (vgl. Rn. 635). Beide Flächen werfen keinen Ertrag ab; während die Gemeinbedarfsflächen einer öffentlichen Nutzung vorbehalten sind, sind die Kirchenflächen einer sakralen Nutzung vorbehalten. Für die Bodenwertermittlung können deshalb die für bleibende Gemeinbedarfsflächen entwickelten Grundsätze entsprechend Anwendung finden.

Zur Ermittlung des **Wertanteils der baulichen Anlagen** lässt sich die Anwendung des Sachwertverfahrens damit begründen, dass bei der Errichtung einer Kirche nicht die Rendite, sondern allein die Bereitstellung einer sakralen Einrichtung im Vordergrund steht. Muss eine Kirche aus übergeordneten Gründen aufgegeben werden, weil die Fläche für andere Zwecke benötigt wird, so lässt sich ihr Wert (einschließlich des Entschädigungswerts) nach dem bestimmen, was an anderer Stelle für eine Ersatzbeschaffung aufgebracht werden muss. Aus diesem Grunde ist die Anwendung des sich an den Herstellungskosten orientierenden Sachwertverfahrens (unter Berücksichtigung des Alters und des Zustands der abgehenden Kirche) angezeigt, soweit nicht kostengünstiger ein Ersatzbau erworben werden kann.

720 Bei der Bewertung der baulichen Anlagen unter Anwendung des Sachwertverfahrens ist nach Nr. 3.6.1 WERTR ausdrücklich von den gewöhnlichen **Herstellungskosten auszugehen, „die unter Beachtung wirtschaftlicher Gesichtspunkte für die Neuerrichtung des Wertermittlungsobjekts am Wertermittlungsstichtag aufzuwenden wären (Ersatzbeschaffungskosten;** *replacement cost*). Nach herrschender Lehre und Praxis ist nämlich der Gebäudesachwert auf der Grundlage von Normalherstellungskosten zu ermitteln, die sich nicht als Rekonstruktionskosten, sondern als neuzeitliche Ersatzbeschaffungskosten definieren[235]. Der Ansatz von Ersatzbeschaffungskosten, der im Übrigen auch in der internationalen Sachwertermittlung üblich ist, ist darin begründet, dass ein Käufer nicht bereit ist, die möglicherweise höheren Kosten der Vergangenheit in seine Preisvorstellungen einfließen zu lassen, wenn eine Ersatzbeschaffung preisgünstiger ist. Die Ermittlung des Gebäudeherstellungswerts würde dagegen insbesondere bei älteren künstlerisch und geschichtlich bedeutsamen Kirchengebäuden zu außerordentlich hohen nicht realisierbaren Sachwerten führen, wenn ihr der historische Zustand zugrunde gelegt wird (konservativer Kirchenbau). In der Praxis wird deshalb unterschieden nach

a) „einfachen" Kirchen ohne besondere Merkmale,

b) Kirchen mit (architektonisch bzw. kirchengeschichtlich) besonderem Rang und

c) Kirchen mit herausragendem sakralem Denkmalwert.

721 Bei **„einfachen" Kirchen** ohne besondere Merkmale wird bei der Sachwertermittlung i.S. einer Ersatzmaßnahme ein zeitgemäße Ansprüche erfüllender und heutigen Bauweisen und Bautechniken Rechnung tragender Neubau zugrunde gelegt, der ansonsten aber dem „abgehenden" Erscheinungsbild möglichst weitgehend entspricht. Die herrschende Wertermittlungspraxis folgt dabei den bestehenden Gepflogenheiten (i.S.d. § 8 Abs. 1 Satz 2 ImmoWertV) auf dem Grundstücksmarkt, denn der neuzeitliche Kirchenbau bedient sich in aller Regel zeitgemäßer Bauweisen. Darüber hinaus ist das vorherrschende Verständnis von

---

234 Vor diesem Hintergrund ist es unsinnig, wenn in einem im immobilien-manager 2008 (auf S. 50) publizierten Beitrag die St.-Michael-Kirche in München als „Spitzenreiter" mit einem Bodenwert von 210 Mio. € (im Jahre 2008) ausgeworfen wird.

235 Dem entspricht die Anlage 7 (Typ 24) zur WERTR. Die Hinweise von Lohrmann haben indessen keinen Eingang in die WERTR gefunden, weil sie für eine marktorientierte Sachwertermittlung ungeeignet sind und sich mit ihrer Heranziehung – im Verhältnis zum Verkehrswert – völlig übersetzte Sachwerte ergeben müssten. Diesem Verständnis entspricht im Übrigen auch die internationale Praxis (replacement cost). Die vorgenannten Regelwerke gelten nach höchstrichterlicher Rechtsprechung als anerkannte Grundsätze der Verkehrswertermittlung.

Kirchliche Fläche — Besondere Immobilienarten VI

Normalherstellungskosten als Ersatzbeschaffungskosten darin begründet, dass sich der Wert einer Sache auf dem Grundstücksmarkt allenfalls an der Bauweise orientiert, die am Wertermittlungsstichtag zur Anwendung kommt.

Kirchen mit (architektonisch, künstlerisch besonders wertvollem sakralem Denkmalwert bzw. kirchengeschichtlich) besonderem Rang wird man mit einer Sachwertermittlung auf der Grundlage von Ersatzbeschaffungskosten nicht unmittelbar gerecht, weil damit letztlich kein gleichwertiger Ersatz für das Genommene gewährt wird. Der so ermittelte (vorläufige) Sachwert muss dann gemäß § 8 Abs. 3 ImmoWertV entsprechend „aufgestockt" werden, aber auch nur insoweit, wie dies marktkonform ist. 722

In besonders gelagerten Fällen kann alternativ eine Sachwertermittlung auf der Grundlage einer nachahmenden bzw. werkgetreuen Rekonstruktion *(reproduction cost)* in heutiger Bautechnik mit gleichem Material (Frauenkirche zu Dresden) an Stelle von Ersatzbeschaffungskosten in Betracht kommen. 723

Bei Anwendung des Sachwertverfahrens ist der Sachwert nach § 8 Abs. 2 ImmoWertV an die „Lage auf dem Grundstücksmarkt" anzupassen (Marktanpassung). Die Marktanpassung ist gerade bei der Sachwertermittlung unverzichtbar, denn erfahrungsgemäß ergeben sich in kleinen Gemeinden bei Sachwerten von über 600 000 € bereits Marktanpassungsabschläge von 30 %, die mit der der Höhe des Sachwerts proportional ansteigen. 724

Mit der Ermittlung des Gebäudesachwerts auf der Grundlage von Normalherstellungskosten, die sich als Ersatzbeschaffungskosten definieren, findet die „Lage auf dem Grundstücksmarkt" zumindest tendenziell ihre Berücksichtigung, da die Ermittlung des Verkehrswerts aus dem Sachwert bei Heranziehung von Rekonstruktionskosten als Normalherstellungskosten (etwa nach den Angaben von *Lohrmann*) mit extrem hohen Marktanpassungsabschlägen verbunden wäre, d.h. weit höheren Abschlägen, als sie ohnehin schon in der Praxis auftreten. Ungewöhnlich hohe Zu- und Abschläge sprechen allein schon gegen die Eignung des Verfahrens. Die Heranziehung von Reproduktionskosten anstelle von Ersatzbeschaffungskosten widerspricht damit dem Anliegen des Verordnungsgebers, das Sachwertverfahren dahingehend auszurichten, dass es möglichst direkt zum Verkehrswert führt[236]. Das sich an Ersatzbeschaffungskosten ausrichtende Sachwertverfahren kann als ein sich (zumindest tendenziell) am Grundstücksmarkt orientierendes Vergleichswertverfahren (im erweiterten Sinne) angesehen werden, denn die Methode führt zu einem Wert, der in vergleichbaren Fällen zu zahlreichen Kaufabschlüssen geführt hat.

95	SAKRALGEBÄUDE										
	Normalherstellungskosten (NHK) Kostenkennwerte einschl. MWSt.: 1. Quartal 2005										
95.234	Kirche										
Baujahr		1925	1925–1945	1946–1959	1960–1969	1970–1984	1985–2004	2005			
300 Bauwerk Baukonstruktion	–	1260	1330	1335	1405	1410	1475	1480	1605	1615	1750	1765
400 Bauwerk Technische Anlagen	–	180	190	195	205	205	215	215	230	245	250	255
300 + 400 Bauwerk	–	1440	1520	1530	1610	1615	1690	1695	1835	1850	2000	2020

Merkmale der Stichprobe	
Mittlere Geschosshöhe	5,34 m
Geschosszahl	–
Dach	–
BGF/Nutzeinheit	–

Nebenkosten in % des Bauwerks[a]		
von	Ø	bis
20	23	25
Gesamtnutzungsdauer: 60–80 Jahre		
Standardeinordnung siehe Anlage 2		

---

[236] BR-Drucks. 265/72 S. 3; vgl. auch Vorbem. zur ImmoWertV Rn. 23.

VI Besondere Immobilienarten — Kirchliche Fläche

94.235 Friedhofsgebäude											
300 Bauwerk Baukonstruktion	–	800	845	850	890	895	935	940	1020	1025	1110	1120
400 Bauwerk Technische Anlagen	–	90	95	95	100	100	105	105	115	115	125	125
300 + 400 Bauwerk	–	890	940	945	990	995	1040	1045	1135	1140	1235	1245

Merkmale der Stichprobe	
Mittlere Geschosshöhe	4,69 m
Geschosszahl	–
Wohnfläche/BGF	–
BGF/Nutzeinheit	–

Nebenkosten in % des Bauwerks		
von	Ø	bis
17	19	21
Gesamtnutzungsdauer: 60–80 Jahre		
Standardeinordnung siehe Anlage 2		

a. Im Sinne NHK (Kostengruppe 730 + 771) nach DIN 276-11: 2006.

11.2.3 Abgehender Kirchenbedarf

725 In der Kirchengeschichte hat es zu allen Zeiten aus unterschiedlichen Anlässen Umnutzungen, Profanierungen und Abrisse von Kirchen gegeben. Die Gründe waren wirtschaftlicher Art: Kriege, Aufhebung von Klöstern, vor allem die Folgen der Säkularisierung nach 1803. So wurden aus Kirchen Bibliotheken, Versammlungs-, Ausstellungs- und Konzertsäle, Verwaltungseinrichtungen und Wohnungen. Die seit den 1950er-Jahren kontinuierlich rückläufige Zahl der allsonntäglichen Gottesdienstteilnehmer von rd. 4 Millionen bis 2000 verbunden mit einer rückläufigen Entwicklung des Kirchensteueraufkommens, der Kollekten und Spenden zwingt heute vielerorts zur Profanierung und Umnutzung. Unterhalt und Erhalt (Personal, Beheizung usw.) lassen den Erhalt wirtschaftlich nicht mehr zu. Nach Angaben des Erzbistums Berlin sollen die „pastoral genutzten Flächen" von 2004 bis 2008 um insgesamt 25 Prozent oder 50 000 Quadratmeter reduziert werden. In Bochum steht nach Erhebungen der Dresdner Bank jede dritte katholische Kirche zur Disposition, im Bistum Aachen könnten den Schätzungen zufolge von den derzeit etwa 900 Kirchen in 15 Jahren nur noch 100 als Gotteshäuser genutzt werden. Die Evangelische Kirche in Deutschland (EKD) räumt ein, dass fast die Hälfte ihrer bundesweit mehr als 20 000 Kirchen und Kapellen künftig nicht mehr für Gottesdienste benötigt wird.

Nach den **Verwertungskriterien der Deutschen Bischofskonferenz** vom 24.9.2003 (Arbeitsblatt 175) soll bei Profanierungen die Verwendung von Kirchengebäuden in Absprache mit der Gemeinde insbesondere für öffentlich-kulturelle Zwecke in Betracht gezogen werden, wobei die Übernahme von Kirchenräumen durch die öffentliche Hand dem Verkauf an Private vorzuziehen ist. Die Nutzung für kulturelle Aufgaben ist einer kommerziellen Nachfolgenutzung vorzuziehen; kommerzielle Verwendungszwecke sind gleichwohl bei behutsamer baulicher Anpassung nicht auszuschließen. Eine Verpachtung des Geländes unmittelbar an der Kirche zur Anlage von Geschäften ist nach Auffassung der Deutschen Bischofskonferenz sinnvoller als die Einrichtung von Geschäften im Kircheninnern, weil dies das Kirchengebäude zerstöre und nicht reversibel sei.

Folgende **Maßnahmen** sind nach dem vorstehenden Arbeitsblatt **in Betracht zu ziehen:**

- Umnutzung des Kirchengebäudes zu kirchlichen Zwecken (z. B. karitative Institutionen, kirchliche Verwaltung, Museum, Archiv, Bibliothek).

- Umnutzung des Kirchengebäudes zu kommerziellen Zwecken mit entsprechenden Nutzungsempfehlungen (z. B. für Wohnungen, Galerien, Büros, Werkstätten usw.). Die neue Nutzung soll dem Charakter des Gebäudes nicht zuwiderlaufen.

- Konservierung des Kirchengebäudes für eine „Bedenkzeit" von 10 bis 15 Jahren. Denkbar ist auch ein zeitweises Öffnen des leeren Kirchenraumes als Ort der Erinnerung und Stille oder für Kunstausstellungen.

Kirchliche Fläche — Besondere Immobilienarten VI

– Teilabriss, verbunden mit einer Konservierung und Schaffung eines öffentlich zugänglichen Ortes der Ruhe und Besinnung.

Für die Beurteilung von **Umnutzungsszenarien** und die Entscheidungsfindung sind die unterschiedlichen Möglichkeiten der Nutzungsänderung von Kirchengebäuden zu strukturieren:

a) Das Kirchengebäude bleibt im kirchlichen Eigentum.

b) Das Kirchengebäude wird verkauft.

c) Das Kirchengebäude wird als ultima ratio abgerissen.

Im Verkaufsfalle ist eine **Profanierung erforderlich.** Dafür werden folgende Empfehlungen gegeben:

– Der Verkauf eines Kirchengebäudes hat besondere Regelungen im Kaufvertrag zu berücksichtigen, z. B. baulicher Umgang mit dem Kirchengebäude, Nutzungseinschränkungen, Rückfallklauseln usw.

– Als mögliche Nutzungen der neuen Eigentümer werden genannt:
  – liturgische oder pastorale Nutzung durch christliche Kirchen und kirchliche Gemeinschaften;
  – soziale oder kulturelle Nutzung durch kommunale, staatliche oder private Träger;
  – kommerzielle Nutzung mit entsprechenden Einschränkungen.

– Die kultische Nutzung durch nichtchristliche Religionsgemeinschaften (z. B. Islam, Buddhismus, Sekten) ist – wegen der Symbolwirkung einer solchen Maßnahme – nicht möglich.

– Baumaßnahmen sollen möglichst reversibel gestaltet werden.

Für den Abrissfall wird ein **Freihalten des „Kirchenortes" für kirchliche Zwecke** und als Ort der Erinnerung (z. B. als Kapelle, Bildwerk, Kunstwerk, Markierung der Grundmauern) oder zur Gestaltung als öffentlicher Raum empfohlen.

Beispiele:

Kirche	Folgenutzung
Heilig-Geist-Kapelle, Kempen	Buchhandlung des religiösen Buchversenders Choros
Kloster Geistingen, Hennef (Sieg)	„Wohlfühl-Paradies" mit VIP-Bereich eines indischen Physiotherapeuten
„Kirche im Grünen", Sprockhövel	wird wegen Geldmangels 2006 aufgegeben
Martini-Kirche, Bielefeld	Restaurant, in dem Hochzeiten gefeiert werden
St.-Matthäus-Kirche, Frankfurt am Main	soll auf Abbruch verkauft werden
Heilandskirche, Frankfurt am Main	neues Diakoniezentrum der Diakonie-Kliniken
St. Wolfgang, Wörth am Main	Schifffahrts- und Schiffbaumuseum
Heilig Geist, Mainz	Restaurant und Tanzlokal
Friedenskirche, Mönchengladbach-Rheydt	Sozialwohnungen
Luther-Kirche, Berlin-Spandau	Wohnhaus
Gnadenkirche, Hamburg	Nutzung durch russisch-orthodoxe Gemeinde
Marienkirche, Bochum-Mitte	Abriss für neues Altenheim
Nikolaikirche, Berlin	Wechselausstellungen

VI Besondere Immobilienarten — Kirchliche Fläche

Ulrichskirche, Halle/Saale	Konzertsaal
Kirche in Milow, Brandenburg	Sparkassenfiliale
Kirche in Moringen	Kerzenfabrik samt Laden

Quelle: Dresdner Bank/DEGI Research

Ein Kirchengrundstück steht auch dann vor der **Aufgabe seiner kirchlichen Nutzungsbindung**, wenn z. B. anlässlich einer allgemeinen Umsiedlungsveranstaltung nicht mit einer Ersatzbeschaffung zu rechnen ist. Als Indiz dafür können gelten

- eine „Unterauslastung" einer Kirche aufgrund zurückgehender Gemeindemitglieder sowie einer Abnahme der Bevölkerung und des Kirchensteueraufkommens,
- ein erheblicher Instandhaltungsstau,
- erhebliche Bewirtschaftungskosten

auf der Grundlage konkreter und objektiver Kriterien; d. h., es müssen entsprechende Anhaltspunkte dafür bestehen, dass mit einem „Funktionsersatz" nicht zu rechnen ist. *„Benchmarks"* können hierfür sein

- die Zahl der Kirchengänger pro Quadratmeter „vorgehaltener Kirchennutzfläche",
- die Kosten pro Quadratmeter „vorgehaltener Kirchennutzfläche".

Steht die religiöse Nutzung eines Kirchengrundstücks vor der Aufgabe, bestimmt sich der Verkehrswert entsprechend den Grundsätzen, die für Flächen mit „abgehendem Gemeinbedarf" gelten (vgl. 5.1.2 WertR). Derartige Grundstücke gelangen wie andere privatwirtschaftliche Grundstücke auf den Markt.[237]

726 Zur Ermittlung des Verkehrswerts ist im ersten Schritt der **Verkehrswert auf der Grundlage der künftigen bzw. zu erwartenden privatwirtschaftlichen Nutzung unter Anwendung des Vergleichs-, Ertrags- oder Sachwertverfahrens** zu ermitteln[238]. Bei bebauten Grundstücken führt dies i.d.R. zur Anwendung des Ertragswertverfahrens. Darüber hinaus kommt aber auch das Sachwertverfahren auf der Grundlage der Herstellungskosten für ein Gebäude der künftigen Nutzung in Betracht. Ausgehend von diesem Wert ergibt sich der Verkehrswert unter Berücksichtigung der Wartezeit und der ggf. für die zur Realisierung der künftigen Nutzung erforderlichen Kosten nach den Grundsätzen des Extraktionsverfahrens (Residualwertverfahren).

727 Erfahrungsgemäß führt die Anwendung des Ertragswertverfahrens angesichts der i.d.R. hohen **Umstrukturierungskosten** zu weitaus niedrigeren Verkehrswerten als bei Anwendung des Sachwertverfahrens, weil die aufwendige und überdimensionierte Bausubstanz eines Kirchengebäudes keinen entsprechenden Niederschlag in den Erträgen findet und zudem noch mit ungewöhnlich hohen Bewirtschaftungskosten verbunden ist. Wird zur Ermittlung des Verkehrswerts des „abgehenden Kirchengrundstücks" von dem Herstellungswert des Gebäudes nach Realisierung der Umnutzung ausgegangen, so kann der so unter Abzug der Umnutzungskosten ermittelte Sachwert als „Gebäuderestwert" im Sinne ersparter Kosten für die Neuerrichtung eines entsprechenden Gebäudes angesehen werden.

Soweit es sich bei einem „abgehenden" Kirchengebäude um ein **Denkmal** handelt, ist bei Anwendung des Ertragswertverfahrens entsprechend dem Zustand des Gebäudes von einer endlichen Restnutzungsdauer auszugehen. Die Grundsätze der Verkehrswertermittlung für Denkmäler, nach denen im Hinblick auf die umfassende Erhaltungspflicht von einer „unendlichen" Restnutzungsdauer auszugehen ist, sind auf „abgehende" denkmalgeschützte Kirchengebäude nicht anwendbar. Der „ewige" Erhalt eines Denkmals fordert nämlich im Unterschied zu Immobilien, denen wirtschaftlich eine endliche Gesamtnutzungsdauer zugeordnet wird, erhöhte Instandhaltungs- und Modernisierungskosten. Wird ein Denkmal aufge-

---

237 GuG-aktuell 2006, 44; vgl. *http://www.kirchengrundstuecke.de*
238 Arbeitshilfe der Deutschen Bischofskonferenz zur Umnutzung von Kirchen (2003).

geben, so werden auch diese Kosten nicht mehr aufgebracht und eine endliche Restnutzungsdauer ist geradezu zwangsläufig.

11.2.4 Künftiger Kirchenbedarf

Bei künftigem Kirchenbedarf stellt sich i.d.R. nur die Aufgabe, den Bodenwert zu ermitteln. Dieser bestimmt sich nach den Zustandsmerkmalen, die die Fläche vor ihrer Widmung zu sakralen Zwecken aufwies, und kann nach allgemeinen Grundsätzen ermittelt werden.

11.3 Symbolwert

Kirchlichen Bauwerken wird mitunter ein „Symbolwert" zugesprochen. In diesem Zusammenhang wird von einem „Geschichtswert", „geographischen Lagewert", „öffentlichen Freiraumwert" und „intagiblen Werten" gesprochen. Es handelt sich dabei allenfalls um immaterielle Werte, die – wie sich schon an den Begriffen zeigt – ihren Niederschlag in der Lage des Grundstücks, d.h. im Bodenwert, finden. Eine **von einem Kirchengebäude ausgehende Werterhöhung auf die Lage der Grundstücke** in ihrer Umgebung findet nach allgemeinen Grundsätzen ihre Berücksichtigung mit den entsprechend (höheren) Bodenwerten der benachbarten Grundstücke. Bei den von historischen und künstlerisch wertvollen Gebäuden ausgehenden werterhöhenden Wirkungen auf ihre Umgebung handelt es sich um Lagemerkmale, die wertmäßig dort ihren Niederschlag im Bodenwert finden (Nachbarschaftslage).

Abb. 260: Lageprägende Wirkung von Kirchengebäuden

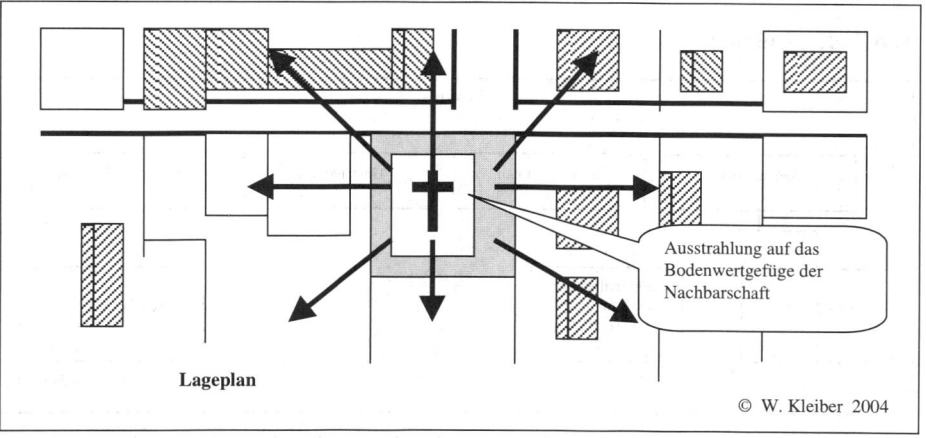

Das **„Konstrukt" intangibler Wertanteile** ist der allgemeinen Wertermittlungspraxis fremd und empirisch nicht nachweisbar. Pseudowissenschaftlichen Begründungsversuchen mangelt es an empirisch nachvollziehbaren Ergebnissen. Ein dahingehender Ansatz ist **mit einer marktkonformen Wertermittlung** deshalb **unvereinbar**.

12 Denkmalgeschützte Bausubstanz

Schrifttum: *Battis/Schmittat*, Rechtsfragen des Denkmalschutzes NuR 1983, 105; *BVVG*, Fachbeiratsrichtlinien: Bewertungsgrundsätze für denkmalgeschützte Objekte am Beispiel der neuen Bundesländer (17.2.1999); *Dörffeldt*, Hess. Denkmalschutzrecht; *Eberl/Martin/Petzet*, DenkmalschutzG, Komm.; *Ernst, W./Gütter, K.*, Bewertungsgrundsätze für denkmalgeschützte Objekte, Verlag Pflug und Feder 1. Aufl. 1999; *Halder-Hass, N./Haspel, J./Lorenz, G.*, Das Denkmal als Immobilie, Wiesbaden 2002; *Haaß, B.*, Privatnützigkeit und Wirtschaftlichkeitsberechnung im Denkmalschutz, NVwZ 2002, 1054;

VI Besondere Immobilienarten — Denkmalschutz

Heuer in NVwZ 1982, 238; *Jäpel, P.,* Verkehrswertermittlung denkmalgeschützter Grundstücke im Ertragswertverfahren, GuG 2001, 335; *Kamphausen,* Rechtliche Probleme des Denkmalschutzes, DWW 1985, 246 ff.; *Kleeberg/Eberl,* Kulturgüter in Privatbesitz, Heidelberg, 2. Aufl. 2001; *Körner,* Denkmalschutz und Eigentumsschutz 1992; *Lemmel* in DVBl. 1983, 680 f.; *Loddenkemper* in BauR 1985, 489; *Lutze, A.,* Wertentwicklung denkmalgeschützter Liegenschaften, Diss., Dortmund 1988; *Meiß* in ZfV 1985, 356, *Memmesheimer/Upmeier/Schönstein,* Denkmalschutzrecht Nordrhein-Westfalen; *Moench* in NJW 1980, 1549; *Möckel* in ZfV 1995: *Niemeyer,* in Nachr. der nds. Kat.- und VermVw 1984, 132; *Nüßgens/Boujong,* Eigentum, Sozialbindung, Enteignung, Beck-Verlag München 1987: *Schmidt-Eichstaedt* in DST 1979, 143: *Schneider* in BauR 1998, 733; *Simon* in GuG 1991, 332; *Wolf* in BlGBW 1978, 228.

12.1 Allgemeines

730 Grundstücke, deren Erhaltung wegen ihrer Bedeutung für Kunst, Geschichte und Wissenschaft im öffentlichen Interesse liegt, sind **Kulturdenkmale.** Dabei ist zu unterscheiden zwischen

– Baudenkmalen,
  – Einzeldenkmälern,
  – Denkmalbereichen (Denkmalzonen, Ensembles),
– Bodendenkmalen[239],
– Gartenanlagen und
– beweglichen Denkmalen (Schatzregalen).

Auch eine von Wasser eingenommene Fläche kann ein Denkmal sein[240].

Abb. 261: Denkmal

731 Für die Wertermittlung sind insbesondere die **Baudenkmale,** also Grundstücke mit aufstehenden Gebäuden, von Bedeutung. Bebaute Grundstücke können nach den jeweiligen Landesdenkmalschutzgesetzen ganz oder teilweise unter Schutz gestellt werden. Der Denkmalschutz gehört zu den stärksten Bindungen des Privateigentums. Zwar ist durchaus denkbar, dass sich der Denkmalschutz wertsteigernd auswirken kann (z. B. ältere Wohngebäude, die an die heute herrschenden Vorstellungen an Wohnraum angepasst worden sind, Gastronomiebetriebe in historischen Bauten oder die Aussicht auf Fördermittel und Steuerersparnisse). Überwiegend wird die Unterdenkmalschutzstellung jedoch am Markt als wertmindernd eingeschätzt; sie kann sich aber auch wertneutral auswirken[241].

---

[239] BGH, Urt. vom 23.6.1988 – III ZR 8/87 – EzGuG 5.33; Bäume: BGH, Urt. vom 25.3.1957 – III ZR 253/55 –, EzGuG 5.2, OLG Hamm, Urt. vom 14.3.1994 – 22 U 40/91 –, EzGuG 5.51; OLG Hamm, Urt. vom 21.3.1996 – 22 U 49/95 –, EzGuG 5.53a; OVG Münster, Urt. vom 5.3.1992 – 10 A 1748/86 –, EzGuG 5.45a.
[240] OVG Lüneburg, Urt. vom 19.3.1998 – 1 L 63/94 –, BRS Bd 62 Nr 215.
[241] Bay Landtag LT-Drucks. 14/7308.

Denkmalschutz — Besondere Immobilienarten VI

Grundstücke mit denkmalgeschützter Bausubstanz bereiten der **Wertermittlungspraxis** immer wieder Probleme. Diese Probleme haben ihre Ursache weniger im wertermittlungstechnischen, sondern vor allem im rechtlichen Bereich. Der Sachverständige sieht sich hier vor allem hohen Ansprüchen des Denkmalschutzes ausgesetzt. Inwieweit diese Ansprüche im Rahmen der Sozialbindung des Eigentums Bestand haben, muss jedoch von rechtlicher Seite entschieden werden. — 732

Die Eintragung eines Objekts in die **Denkmalschutzliste** (vgl. § 4 nds. DSchG) ist eine zulässige **öffentlich-rechtliche Beschränkung** des Grundeigentums. Sie gehört zu den tatsächlichen Eigenschaften und rechtlichen Gegebenheiten von Grundstücken, die den Verkehrswert beeinflussen können (§ 194 BauGB). Wertbeeinflussend sind insbesondere das Instandhaltungs- und Instandsetzungsgebot sowie das Abbruchverbot. Diese Gebote finden die Grenze in ihrer Zumutbarkeit für den Eigentümer. Die Eintragung bewirkt zwar i.d.R. keine enteignende Maßnahme, kann aber im Einzelfall bedingt enteignende Wirkung haben. Eine Überschreitung der allerdings nicht konkret definierten Zumutbarkeitsgrenze (salvatorische Zumutbarkeitsregel) löst eine Entschädigungspflicht aus. Die Beschränkungen des Grundstücks müssen zudem vom Sachverhalt her geboten und in ihrer Ausgestaltung sachgerecht sein[242]. Sie dürfen nicht zu einer übermäßigen Belastung des Eigentümers im vermögensrechtlichen Bereich führen. — 733

Beispiel: — 734
Denkmalliste der Stadt

Baudenkmal	Ortsfestes Bodendenkmal	Bewegliches Denkmal	Denkmalbereich	Lfd. Nr. 178

Lage des Denkmals

Stadtteil	Straße	Nr.	Gemarkung	Flur	Flurstück
	Brückenstr.	51		5	215

Kurzbezeichnung des Denkmals	2-geschossiges Fachwerkhaus
Darstellung der wesentlichen charakteristischen Merkmale des Denkmals	18. Jh.: 2-geschossiges Fachwerkhaus, straßenseitiger Giebel aus Backstein, an der rückwärtigen Giebelseite niederer, lang gestreckter Fachwerkanbau, Fachwerk an der Traufseite freiliegend, an der zweiten verputzt, hier mit einem modernen Fenstereinbruch, Ständerwandkonstruktion, die kleinen hochrechteckigen Fenster sind paarweise an einem Ständer angeordnet, Unterzüge mit weit herausragenden Balkenenden und Zapfenschlössern; Fenster am Backsteingiebel stichbogig mit betonten Entlastungsbögen und paarweise angeordnet, in drei Fällen mit verbindender Sohlbank, einige Zuganker, traufseitiger Eingang mit quergeteiltem Türblatt der Bauzeit
Tag der Eintragung	05. März 1993 — Unterschrift **Wächter**

Die öffentlich geführten Listen haben nur deklaratorischen Charakter, wenn die Denkmaleigenschaft per Gesetz verliehen wird. — 735

Daneben können Denkmäler als Gesamtanlagen, insbesondere Straßen-, Platz- und Ortsbilder, an deren Erhaltung aus wissenschaftlichen, künstlerischen oder heimatgeschichtlichen Gründen ein besonderes öffentliches Interesse besteht, durch Satzung unter Denkmalschutz gestellt werden (z. B. § 4 DSchG Brandenburg, § 19 DSchG Baden-Württemberg). — 736

---

242 BVerfG, Beschl. vom 12.6.1979 – 1 BvL 19/76 –, EzGuG 14.62.

VI Besondere Immobilienarten   Denkmalschutz

737 Auch die **unmittelbare Umgebung eines Denkmals,** soweit sie für dessen Erscheinungsbild von prägender Bedeutung ist, steht unter Schutz. Nach § 10 DSchG Berlin (auch § 8 Nds DSchG) darf diese durch Errichtung oder Änderung baulicher Anlagen, durch die Gestaltung der unbebauten öffentlichen und privaten Flächen oder in anderer Weise nicht so verändert werden, dass die Eigenart und das Erscheinungsbild des Denkmals wesentlich beeinträchtigt werden. Die unmittelbare Umgebung eines Denkmals ist der Bereich, innerhalb dessen sich die bauliche oder sonstige Nutzung von Grundstücken oder von öffentlichen Flächen auf das Denkmal prägend auswirkt.

738 Die mit der **Unterschutzstellung** (Eintragung in eine Denkmalliste) einhergehende Wertminderung **stellt für sich allein nämlich noch keinen enteignenden Eingriff dar,** denn Art. 14 GG gewährleistet nicht den Marktpreis eines Grundstücks. Entsprechende Maßnahmen haben für sich gesehen auch keine enteignende Wirkung, die als Vorwirkung einer späteren Enteignung angesehen werden könnte, mit der Folge, dass das Grundstück von der konjunkturellen (qualitativen) Weiterentwicklung ausgeschlossen wäre[243].

739 Ist ein **Entschädigungsanspruch** gegeben und wird er an einen potenziellen Käufer abgetreten, so wird er bei der Kaufpreisbemessung zu berücksichtigen sein. Ist ein Entschädigungsanspruch bereits abgegolten oder ein Anspruch nicht gegeben, spielt er bei der Kaufpreisbemessung keine Rolle. Der Verkehrswert ist dann bereits entsprechend gemindert.

740 Die denkmalschutzrechtlichen Bindungen (insbesondere die Pflicht zur Erhaltung der alten Bausubstanz, vgl. § 6 nds. DSchG) können für den Eigentümer auch ohne Überschreitung der entschädigungsauslösenden Enteignungsschwelle erheblich sein. Der Eigentümer hat mit folgenden Auswirkungen zu rechnen:

– **Bodenwert:** Nichtausnutzung der ansonsten zulässigen Bebaubarkeit (GRZ, GFZ); im Hinblick auf den Bestandsschutz kann aber auch eine Übernutzung gesichert sein,

– **Wert der baulichen Anlagen:** Beibehaltung veralteter Bauweisen und Bauformen (ungünstiges Verhältnis WF/BRI, WF/VF, Raumhöhen, Raumgröße),

– **gesteigerter Unterhaltungsaufwand,**

– **behördliche Auferlegung von Erhaltungsmaßnahmen,**

– **Wert der sonstigen Anlagen:** kostspielige Unterhaltung und Pflege von Außenanlagen,

– **Abrissverbot**[244].

Der Eigentümer eines Denkmals ist jedoch nicht verpflichtet, eine „museale Nutzung" ohne Nutzwert zu unterhalten, und kann die Nutzung seines Denkmals im Rahmen des **passiven Bestandsschutzes** neuzeitlichen Bedürfnissen anpassen, d.h., er genießt umgekehrt nicht den erweiterten Bestandsschutz (vgl. § 6 ImmoWertV Rn. 86). Der Bestandsschutz erstreckt sich nur auf den genehmigten Bestand und die genehmigte Funktion[245].

741 Die Unterschutzstellung einer baulichen oder sonstigen Anlage unter **Denkmalschutz führt,** wie ausgeführt, **nicht zwangsläufig zu einer Wertminderung oder Werterhöhung des Grundstücks**[246]. Vielmehr müssen Vor- und Nachteile der Unterschutzstellung entsprechend der Anschauung des gewöhnlichen Geschäftsverkehrs miteinander „aufgerechnet" werden. Im Ergebnis kann sich der Denkmalschutz dabei auch wertneutral auswirken.

742 Von einem **„denkmalgeprägten" Verkehrswert** kann bei alledem erst dann gesprochen werden, wenn der Denkmalschutz entsprechend der Vorgabe des § 194 BauGB Eingang in den Verkehrswert findet, wobei eine Prägung im eigentlichen Sinne tatsächlich erst vorliegt, wenn der Verkehrswert eines z. B. mit einem Denkmal bebauten Grundstücks vom Verkehrswert

---

243 BGH, Urt. vom 11.2.1988 – III ZR 64/87 –, EzGuG 5.30; hierzu nach Zurückverweisung: KG Berlin, Urt. vom 6.12.1988 – U 3735/88 –, GuG 1990, 106 = EzGuG 5.35.
244 BGH, Urt. vom 8.2.1977 – VIII ZR 271/75 –, EzGuG 3.58a.
245 BVerfG, Beschl. vom 15.12.1995 – 1 BvR 1713/92 –, NVwZ-RR 1996, 483 = BauR 1996, 235 = BRS Bd 57 Nr. 246 = BayVBl 1996, 240; OVG Münster, Urt. vom 3.2.1994 – 10 A 1149/91 –, NVwZ-RR 1995, 247 = BauR 1994, 741 = BRS Bd 56 Nr. 201 = NWVBl 1994, 302.
246 So auch für Sanierungsgebiete: OVG Lüneburg, Beschl. vom 10.3.2003 – 1 LA 38/03 –, EzGuG 15.106f;

Denkmalschutz — Besondere Immobilienarten VI

desselben Grundstücks unter der Annahme *abweicht*, dass das Gebäude nicht unter Schutz gestellt worden ist.[247] Im Übrigen ist die Verwendung des Begriffs „denkmalgeprägter" Verkehrswert nur im Einzelfall zur Klarstellung sinnvoll, denn die Denkmaleigenschaft ist wie jede andere verkehrswertbeeinflussende Eigenschaft eines Grundstücks zu berücksichtigen, ohne dass dies sonsthin zum Ausdruck gebracht wird. So ist es z. B. auch nicht üblich, von einem „erschließungsgeprägten" oder „aussichtsrechtsgeprägten" Verkehrswert zu sprechen.

Die denkmalschutzbedingten Einschränkungen des Grundstücks führen überwiegend zu einem Minderwert gegenüber einem vergleichbaren unbelasteten Grundstück. Zur Ermittlung der Höhe der Wertminderung lassen sich keine allgemeingültigen Regeln aufstellen. Der **Eigentümer muss regelmäßig eine 10%ige Verkehrswertminderung im Rahmen der Sozialbindung hinnehmen**[248]. Ein Minderwert von 15 v.H. infolge des Denkmalschutzes ist nach Auffassung des OLG München auch noch nicht als enteignender Eingriff zu sehen[249]. Da nach der Rechtsprechung bei einer Wertminderung von > 15 v.H. gegenüber dem „unbelasteten" Verkehrswert ein Entschädigungsanspruch ausgelöst werden kann, liegen die Abschläge auch nur in einem Bereich, wie dem Eigentümer zuzumuten ist, Beeinträchtigungen des Denkmalschutzes entschädigungslos hinzunehmen. Der BGH hat eine Grenze dort gezogen, wo der Eigentümer, um sich von ungewöhnlich hohen Bewirtschaftungskosten zu befreien, einen Verkaufspreis hinnehmen muss, der lediglich „etwa zwei Drittel des Verkehrswerts des unbebauten Grund und Bodens ausmacht"[250]. Der Verkehrswert eines mit einem Denkmal bebauten Grundstücks kann gegenüber dem Verkehrswert eines „unbelasteten" Grundstücks infolgedessen nur in dem Maße abgesenkt werden, wie im Rahmen der Sozialbindung des Eigentums entschädigungslos hinzunehmen ist. Mithin kann der Verkehrswert aufgrund des Denkmalschutzes nur bis zur sog. Zumutbarkeitsschwelle sinken. Andernfalls besteht ein **Übernahmeanspruch.** **743**

Die Zumutbarkeitsschwelle kann durch direkte und indirekte (steuerliche) Förderungsmaßnahmen angehoben werden („Herbeiführung der Zumutbarkeit"). **Steuerliche Vorteile** sind im Rahmen der Saldierung von Vor- und Nachteilen zu berücksichtigen. **744**

Die Ermittlung der Wertminderung im Wege des direkten oder indirekten **Preisvergleichs** auf der Grundlage von Kaufpreisen vergleichbarer Grundstücke oder mit Vergleichsfaktoren scheidet wegen der individuell unterschiedlichen Einzelsachverhalte i.d.R. aus. Ob und wie sich die Denkmaleigenschaft auf den Verkehrswert auswirkt, wird deshalb – wie ausgeführt – durch **Aufrechnung der damit verbundenen Vor- und Nachteile** ertragswirtschaftlich ermittelt. Der denkmalgeprägte Verkehrswert übersteigt demzufolge den (fiktiven) Verkehrswert desselben Grundstücks ohne Denkmaleigenschaft, wenn die Vorteile die Nachteile übertreffen und umgekehrt. Dabei kann es jeweils nur um solche Vor- und Nachteile gehen, die jedermann treffen. Bezüglich der mit der Denkmaleigenschaft verbundenen steuerlichen Vorteile ist in der Rechtswissenschaft strittig, ob hier eine objekt- oder subjektbezogene Betrachtungsweise durchgreift[251]. **745**

Ist nach alledem ein Entschädigungsanspruch zu bejahen, so muss grundsätzlich dieser berücksichtigt werden, solange der **Eigentümer des Grundstücks** diesen (noch) **beanspruchen kann.** **746**

Der Eigentümer, der eine aus seiner Sicht **rechtswidrige Unterschutzstellung eines Gebäudes als Denkmal** hinnimmt und von den sich ihm bietenden Möglichkeiten des Primärrechtsschutzes keinen Gebrauch macht, kann in einem nachfolgenden Zivilprozess grundsätzlich allerdings keine Entschädigung nach dem Rechtsinstitut des enteignungsgleichen Eingriffs verlangen. Vielmehr ist dem Betroffenen im Rahmen des enteignungsgleichen Eingriffs gene- **747**

---

247 A. A. Meiß in ZfV 1985, 356, der u.a. auf die Restnutzungsdauer des Gebäudes abstellt, obwohl die Besonderheit dieser Objekte gerade darin besteht, dass die Gebäude zu erhalten sind und dies i.d.R. technisch auf Dauer auch möglich ist.
248 BayObLG, Urt. vom 8.12.1998 – 2 Z RR 363/97 –, BayObLGZ 1998, 321 = BayVBl 1999, 251 = NVwZ 1999, 1023 = JMBlBy 1999, 15; OLG Hamm, Urt. vom 28.11.1996 – 16 U 3/96 –, NVwZ-RR 1998, 214 = AgrarR 1998, 119.
249 OLG München, Urt. vom 17.11.1983 – 1 U 2829/83 –, EzGuG 5.11, OLG Koblenz, Urt. vom 28.11.1984 – 1 U 266/84 –, EzGuG 5.15.
250 BGH, Urt. vom 8.6.1978 – III ZR 161/76 –, EzGuG 5.5.
251 Kleeberg/Eberl, Kulturgüter in Privatbesitz, Heidelberg, 2. Aufl. 2000, Rn. 120 m.w.N.

rell die aus dem Gedanken des § 254 BGB abzuleitende Pflicht auferlegt, nach Bekanntgabe des Verwaltungsakts der Unterschutzstellung zu prüfen, ob der darin enthaltene Eingriff in sein Eigentum rechtmäßig ist oder nicht (vgl. Teil VII Rn. 12). Ergeben sich bei dieser Prüfung Zweifel an der Rechtmäßigkeit des Eingriffs oder hätte die Prüfung zu diesem Ergebnis geführt, so ist der Betroffene im Regelfall gehalten, die zulässigen verwaltungsrechtlichen Rechtsbehelfe zu ergreifen, um den drohenden Schaden abzuwenden. Unterlässt er eine zumutbare Anfechtung und kann ihm dies i.S. eines „Verschuldens in eigener Angelegenheit" vorgeworfen werden, so steht ihm im Regelfall ein Entschädigungsanspruch für solche Nachteile nicht zu, die er durch die Anfechtung hätte vermeiden können[252]. Ein „verfallener" Anspruch ist im Rahmen der Verkehrswertermittlung kein „Aktivposten".

748 Aus den vorstehenden Ausführungen ergibt sich, dass es im Zusammenhang mit der Verkehrswertermittlung von Grundstücken, die mit einem Denkmal bebaut sind, **zwischen drei Wertermittlungsaufgaben** zu **unterscheiden** gilt:

a) Ermittlung eines „denkmalgeprägten" Verkehrswerts, wenn sich aus der Bebauung gegenüber einem „unbelasteten" Grundstück ein davon abweichender Verkehrswert ergibt,

b) Ermittlung des Entschädigungs- bzw. Ausgleichsanspruchs bei einem denkmalverursachten enteignenden Eingriff, wenn das Eigentum nicht entzogen wird, und

c) Ermittlung des Entschädigungsanspruchs bei Enteignung bzw. Übernahmeverlangen.

In den Fällen a) und b), in denen also ein Entschädigungs- bzw. Übernahmeanspruch besteht, stellt sich darüber hinaus die Frage, ob überhaupt der Entschädigungs- bzw. Ausgleichsanspruch bei der Verkehrswertermittlung zum Abzug gebracht wird, denn immerhin „hängt" dieser Anspruch vermögensmäßig am Grundstück. Allgemein wird hierzu empfohlen, diesen Anspruch bei der Verkehrswertermittlung unberücksichtigt zu lassen und den insoweit „denkmalgeprägten" Verkehrswert zu ermitteln. Diesbezüglich stellt sich nämlich die rechtlich zu beurteilende Frage, ob im Falle einer zwischenzeitlichen Veräußerung des Grundstücks dieser Anspruch auf den Käufer übergegangen ist. In jedem Falle sollte aber bei dieser Vorgehensweise im Gutachten auf diesen Umstand hingewiesen werden bzw. der Sachverständige sollte durch den Auftraggeber eine Klärung diesbezüglich herbeiführen.

12.2 Zumutbarkeitsschwelle

Schrifttum: *Grams* in BlnGE 2003, 716; *ders.* in BlnGE 1999, 1099; *Schmidt* in BlnGE 2000, 259; *Haaß*, Privatnützigkeit und Wirtschaftlichkeitsberechnung im Denkmalschutz, NVwZ 2002, 1054; *Groth, K.-M.*, Zum Nachweis der wirtschaftlichen Unzumutbarkeit im Denkmalschutzrecht, BlnGE 2006, 958.

749 Das BVerfG hat in seiner Leitentscheidung vom 2.3.1999[253] klargestellt, dass auch die Sozialpflicht des Eigentums dessen Privatnützigkeit wahren muss. Einen Entschädigungsanspruch löst der Denkmalschutz erst aus, wenn eine unzumutbare Beeinträchtigung vorliegt[254]. Die Zumutbarkeitsschwelle wird überschritten, wenn das betroffene Grundstück nicht mehr sinnvoll genutzt werden kann, insbesondere, soweit die **Kosten der Erhaltung und der Bewirtschaftung nicht durch Erträge oder den Gebrauchswert des Kulturdenkmals aufgewogen** werden. Wenn also die Belastungen so schwer sind, dass sie dem Eigentümer auch unter Berücksichtigung der Sozialbindung nicht mehr zuzumuten sind, entfaltet die Unterschutzstellung enteignende Wirkung. Denn dem Eigentümer kann nicht zugemutet werden, dass er auf Dauer zur Erhaltung des Denkmals zuschießt („Zuschussobjekt"). Hierbei sind allerdings staatliche und kommunale Zuschüsse sowie steuerliche Vergünstigungen zu

---

[252] BGH, Urt. vom 21.12.1989 – III ZR 132/88 –, EzGuG 5.38; BGH, Urt. vom 26.1.1984 – III ZR 216/82 –, EzGuG 6.223.
[253] BVerfG, Urt. vom 2.3.1999 – 1 BvL 7/91 –, BVerfGE 100, 226 = NJW 1999, 2877 = NVwZ 1999, 1218 = EzGuG 5.61a.
[254] BGH, Urt. vom 9.10.1986 – III ZR 2/84 –, EzGuG 5.23; BGH, Urt. vom 11.2.1988 – III ZR 64/87 –, EzGuG 5.30; BGH, Urt. vom 26.4.1990 – III ZR 47/89 –, GuG 1991, 215 = EzGuG 5.40.

berücksichtigen, die die Zumutbarkeitsschwelle absenken[255]. Umgekehrt hat der Eigentümer eine Wertminderung entschädigungslos hinzunehmen, soweit die Zumutbarkeitsschwelle nicht überschritten wird.

Die Erhaltung eines Gebäudes ist unzumutbar, wenn sich die Ziele des Denkmalschutzes schon aus „tatsächlichen" Gründen nicht mehr verwirklichen lassen, insbesondere wenn ein **Baudenkmal in absehbarer Zeit** ohnehin **dem Verfall preisgegeben** und als Ruine nicht erhaltungswürdig ist, wenn bei einer Sanierung die Identität des Denkmals verloren ginge und nur noch eine Rekonstruktion entstünde oder wenn eine den Anforderungen des Denkmalschutzes genügende Nutzung nicht in Betracht kommt. **750**

Ob sich eine Unterschutzstellung im Rahmen der Sozialbindung des Eigentums (Art. 14 Abs. 1 Satz 2 und Abs. 2 GG) hält und sie damit vom Eigentümer selbst bei eingetretener Minderung des Verkehrswerts entschädigungslos hinzunehmen ist oder ob mit einer damit einhergehenden Beeinträchtigung in die verfassungsrechtlich geschützte Rechtsposition des Eigentümers eingegriffen wird, beurteilt sich gemäß gefestigter Rechtsprechung nach der sog. „Zumutbarkeitsschwelle". Die Zumutbarkeit ist anhand einer **Wirtschaftlichkeitsberechnung** zu prüfen[256]. **751**

Von einer wirtschaftlichen Unzumutbarkeit kann vielmehr erst gesprochen werden, wenn der Eigentümer das **Grundstück nicht mehr wirtschaftlich sinnvoll nutzen kann und die Aufwendungen** für den Erhalt unter Berücksichtigung staatlicher Zuschüsse und anderer Vorteile **in einem nachhaltigen Missverhältnis zum realisierbaren Nutzwert des Grundstücks stehen**[257]. Hierbei sind steuerliche Vorteile, Ausgleichsleistungen und auch behördlich zugelassene Vereinbarungen der Ertragslage zu berücksichtigen. Der **Begriff der Unzumutbarkeit**[258] wird z. B. in § 7 Abs. 3 des nds. DSchG definiert. Danach tritt eine unzumutbare wirtschaftliche Belastung insbesondere dann ein, wenn die Erhaltung und Bewirtschaftung nicht durch Erträge oder den Gebrauchswert des Kulturdenkmals aufgewogen werden; die Vorschrift nennt allerdings nur einen Anwendungsfall, in dem die Erhaltung des Baudenkmals wirtschaftlich unzumutbar sein kann. **752**

§ 7 NDSchG hat folgenden Wortlaut: **753**

„**§ 7 Grenzen der Erhaltungspflicht**

(1) Erhaltungsmaßnahmen können nicht verlangt werden, soweit die Erhaltung den Verpflichteten wirtschaftlich unzumutbar belastet.

(2) Ein Eingriff in ein Kulturdenkmal ist zu genehmigen, soweit

1. der Eingriff aus wissenschaftlichen Gründen im öffentlichen Interesse liegt,
2. ein überwiegendes öffentliches Interesse anderer Art den Eingriff zwingend verlangt,
3. die unveränderte Erhaltung den Verpflichteten wirtschaftlich unzumutbar belastet.

(3) Unzumutbar ist eine wirtschaftliche Belastung insbesondere, soweit die Kosten der Erhaltung und Bewirtschaftung nicht durch die Erträge oder den Gebrauchswert des Kulturdenkmals aufgewogen werden können. Kann der Verpflichtete Zuwendungen aus öffentlichen oder privaten Mitteln oder steuerliche Vorteile in Anspruch nehmen, so sind diese anzurechnen. Der Verpflichtete kann sich nicht auf die Belastung durch erhöhte Erhaltungskosten berufen, die dadurch verursacht wurden, dass Erhaltungsmaßnahmen diesem Gesetz oder sonstigem öffentlichem Recht zuwider unterblieben sind.

(4) Absatz 1 und Absatz 2 Nr. 3 gelten nicht für das Land, die Gemeinden, die Landkreise und die sonstigen Kommunalverbände."

---

[255] BVerfG, Beschl. vom 19.6.1969 – I BvR 353/67 –, BVerfGE 26, 215 = NJW 1969, 1475 = DÖV 1970, 141 (LS); BVerwG, Beschl. vom 10.7.1987 – 4 B 146/87 –, EzGuG 5.25; BVerwG, Urt. vom 21.6.1974 – 4 C 14/74 –, EzGuG 13.23; OVG Münster, Urt. vom 18.5.1984 – 11 A 1776/83 –, EzGuG 5.14; VGH Mannheim, Urt. vom 30.11.1977 – III 2006/76 –; VGH Mannheim, Urt. vom 10.5.1988 – 1 S 1949/87 –, EzGuG 5.32; zu salvatorischen Entschädigungsklauseln: BVerwG, Urt. vom 15.2.1990 – 4 C 47/89 –, EzGuG 6.251
[256] BayVGH, Urt. vom 27.9.2007 – 1 B 00.2474 –, GuG 2008, 237; VGH Mannheim, Urt. vom 11.11.1999 – 1 S 413/99 –, EzGuG 5.62.
[257] BGH, Urt. vom 8.6.1978 – III ZR 161/76 –, EzGuG 5.5; Leibholz/Lincke in DVBl 1975, 933 ff.
[258] Nüßgens/Boujong, Eigentum, Sozialbindung, Enteignung, Beck-Verlag München 1987, Rn. 224 unter Hinweis auf BGH, Urt. vom 18.12.1980 – III ZR 64/80 –.

VI Besondere Immobilienarten — Denkmalschutz

§ 16 Abs. 1 des DSchG Berlin[259] bestimmt:

„Unzumutbar ist eine wirtschaftliche Belastung insbesondere, soweit die Kosten der Erhaltung und Bewirtschaftung dauerhaft nicht durch die Erträge und den Gebrauchswert des Denkmals aufgewogen werden können."

754 Diese Definitionen entsprechen den Grundsätzen der nachfolgend dargelegten **Rechtsprechung zum Denkmalschutz,** die entsprechend zur Anwendung kommen kann. Ihr kommt insoweit eine Allgemeingültigkeit zu.

755 Die mit § 7 Abs. 3 Satz 1 NDSchG gegebene Definition vermag den in § 7 Abs. 2 Nr. 3 NDSchG verwendeten Begriff der **wirtschaftlichen Unzumutbarkeit**[260] allerdings nicht erschöpfend zu erklären. In der Entscheidung des OVG Lüneburg[261] heißt es:

„Es mag zwar möglich sein, dass das Erd- und das Obergeschoss des Hauses sowie einige Reparaturen an der Außenschale des Umfassungsmauerwerks mit einem Aufwand von rd. 100 000 € in einen Zustand zu versetzen sind, der das Haus wieder bewohnbar werden lässt. Insoweit wird das Gutachten des Sachverständigen ... das Erforderliche zutreffend wiedergeben. Ob die darauf aufbauende, § 7 Abs. 3 Satz 1 NDSchG anwendende Kosten-Rechnung zutrifft, die die Beklagte ... vorgelegt hat, lässt der Senat offen. Denn die Substanzverbesserung, die der Kläger damit erreichte, wäre, soweit die Vermietbarkeit der vom Gutachter konzipierten zwei Wohnungen in Frage stünde, ganz unbedeutend. Die Vermietbarkeit als solche wird erheblichen Schwierigkeiten schon deswegen begegnen, weil zwei relativ großen Dielen verhältnismäßig kleine und zum Teil verwinkelte Räume zugeordnet sind. Diese Wohnungen entsprechen nicht dem Standard, der heute an Wohnungszuschnitt und Ausstattung gestellt wird. Die insbesondere im Obergeschoss sehr niedrigen lichten Deckenhöhen von 1,80 m bis 2,04 m und die in beiden Geschossen funktionslos teilweise ungleichen Fußbodenhöhen werden potenzielle Mieter davon abhalten, ernsthaft den Einzug in dieses Haus zu dem von der Beklagten angenommenen Mietpreis zu erwägen. Der Umbauaufwand stünde darüber hinaus in einem unvertretbaren Missverhältnis zu dem Wert, der dem Haus in seinem jetzigen Zustand beigemessen werden kann. Es muss nämlich die Bausubstanz des Bauwerks allgemein als aufgebraucht angesehen werden. Die vom Gutachter für erforderlich gehaltenen Arbeiten können nur als Reparatur zur notdürftigen Wiederherstellung der Bewohnbarkeit des Hauses angesehen werden."

756 Bezüglich des Zeitraums, aus dem sich die Rentierlichkeit des Sanierungsaufwands ergibt, geht das Gericht in einer späteren Entscheidung davon aus, dass sich die **Investition in einem Zeitraum von mindestens 20 Jahren amortisieren** muss. In einer weiteren Entscheidung des OVG Lüneburg[262] heißt es dazu:

„Bei einem Sanierungsaufwand von 144 440 € ergibt sich die Unzumutbarkeit der wirtschaftlichen Belastung gemäß § 7 Abs. 3 Satz 1 NDSchG schon aus der Berechnung der Beklagten selbst. Zwar endet diese Berechnung mit einer durchschnittlichen erforderlichen Kostenmiete von 3,20 €. Dieser Wert ergibt sich jedoch erst bei einem Zeitraum von 50 Jahren. In den ersten 10 Jahren hat die Beklagte eine notwendige Kostenmiete von 4,00 € und in den folgenden 20 Jahren sogar eine Kostenmiete von 5,51 € errechnet. Eine solche Miete kann aber, wie oben ausgeführt worden ist, aller Voraussicht nach nicht erzielt werden. Da die Zumutbarkeitsgrenze jedenfalls dann überschritten ist, wenn der Eigentümer auf Dauer bei der Erhaltung des Baudenkmales zuschießen müsste (BGH, Urt. vom 8.6.1978 – III ZR 161/76 –, *EzGuG 5.5*, unter Bezugnahme auf Schmaltz, BauR 1976, 96 [97]), kann der Klägerin nicht zugemutet werden, zunächst 30 Jahre lang eigenes Kapital für die Erhaltung ihres denkmalwürdigen Gebäudes aufzubringen."

757 Wird im Rahmen des Denkmalschutzes die Genehmigung zum Abbruch eines Gebäudes versagt, dessen ungewöhnlich hohe Bewirtschaftungskosten zu einem **Kaufpreis** (Verkehrswert) führen würden, der „**lediglich etwa zwei Drittel des Verkehrswerts des unbebauten Grund und Bodens**" ausmacht, so löst dies nach einer Entscheidung des BGH eine Enteignungsentschädigung aus.

---

[259] VG Berlin, Beschl. vom 20.4.2006 – 16 A 181/00 –, Bln GE 2006, 983 = EzGuG 5.64; VG Berlin, Urt. vom 22.5.2006 – 16 A 367/95 –.
[260] *VGH Mannheim, Urt. vom 10.5.1988 – 1 S 1949/87 –, EzGuG 5.32.*
[261] OVG Lüneburg, Urt. vom 14.10.1982 – 6 A 123/80 –, EzGuG 5.10.
[262] OVG Lüneburg, Urt. vom 4.10.1984 – 6 A 11/83 –, EzGuG 5.14a.

Denkmalschutz   **Besondere Immobilienarten VI**

Typische Fallgestaltungen für eine **wirtschaftliche Unzumutbarkeit**:   **758**

1. Eine mit der denkmalgerechten Erhaltung eines Gebäudes oder Gebäudeteils verbundene museale Nutzung[263].
2. aufgrund geänderter Lebens- und Wirtschaftsformen nicht mehr oder nur noch eingeschränkt nutzbare alte Scheunen, Mühlen und Speicher, für die sich auch keine wirtschaftlich tragfähige Nachfolgenutzung anbietet.
3. Schlösser, Villen und andere Repräsentationsgebäude mit aufwendiger Architektur, unwirtschaftlichem und übergroßem Bauvolumen und Grundrissen, die heutigen Wohn- und Arbeitsbedingungen nicht mehr entsprechen und deren Gebrauchswert in einem anhaltenden Missverhältnis zu den laufenden Instandhaltungs-, Heiz- und Reinigungskosten steht[264].

In jedem Fall bedarf es zur Feststellung der wirtschaftlichen Unzumutbarkeit einer genauen Analyse am konkreten Einzelfall. Im Rahmen einer solchen **Wirtschaftlichkeitsberechnung**[265] sind die Erhaltungs- und Bewirtschaftungskosten den Erträgen bzw. dem Gebrauchswert gegenüberzustellen.

Dominierende Größe der Wirtschaftlichkeitsberechnungen sind die **Sanierungskosten** bzw.   **759**
deren Finanzierungskosten. Der in der Praxis gebräuchliche „Baukostenkatalog 2002: Altbau"[266] gibt beispielsweise (ohne Baunebenkosten, aber einschließlich 16 % MwSt) folgende Mittelwerte der Kostengruppen 200 bis 600 der DIN 276 an (Abb. 262 bis 264):

Abb. 262: Baukosten je Quadratmeter Wohn- oder Nutzfläche einschließlich 16 % Mehrwertsteuer

Baukosten 2001/II	von	mittel	bis
Fachwerkhäuser			
– schlechter Zustand	2 000	2 750	3 200
– mittlerer Zustand	1 250	1 700	2 000
– guter Zustand	1 150	1 300	1 450
Gründerzeithäuser			
– städtische Gebäude	700	850	1 000
– Siedlungshäuser	800	950	1 100
Bauten 1920 bis 1939	600	800	950
Bauten 1950 bis 1959	600	800	950
Umnutzungen von Gründerzeitfabriken, Klöstern, Krankenhäusern usw. in Wohnungen/Gewerbe und öffentliche Nutzungen	1 000	1 500	2 000

Quelle: Schmitz/Krings/Dahlhaus, Meisel, Baukosten 2006, 18. Aufl.

---

263 BGH, Urt. vom 8.6.1978 – III ZR 161/76 –, EzGuG 5.7a; VGH Mannheim, Urt. vom 30.11.1977 – III 2006/76 –.
264 BGH, Urt. vom 9.10.1986 – III ZR 2/85 –, EzGuG 5.23.
265 VGH Mannheim, Beschl. vom 11.11.1999 – 1 S 413/99 – BRS Bd 62 Nr 220 = EzGuG S. 62.
266 Schmitz/Krings/Dahlhaus/Meisel, Baukosten 2006 Altbau, 18. Aufl. 2006.

VI Besondere Immobilienarten — Denkmalschutz

Abb. 263: Baukosten je Quadratmeter Wohn- oder Nutzfläche einschließlich 16 % Mehrwertsteuer von Fachwerkhäusern

Baukosten von Fachwerkhäusern in € pro Quadratmeter Wohn- bzw. Nutzfläche									
	schlecht			mittel			gut		
	von	mittel	bis	von	mittel	bis	von	mittel	bis
Abbruch-/Rohbauarbeiten	920	1 075	1 240	360	440	500	230	260	290
Zimmerarbeiten	420	550	640	265	295	320	175	195	215
Dachdeckerarbeiten	95	110	125	90	100	110	85	90	100
Putzarbeiten/Trockenbau	210	270	310	170	210	235	140	150	160
Fliesenarbeiten	35	40	50	32	40	48	35	40	50
Estricharbeiten	22	30	35	20	25	32	20	25	30
Schreinerarbeiten	130	155	175	95	110	125	58	65	70
Schlosserarbeiten	18	25	35	12	15	20	10	15	20
Fenster	110	130	155	105	120	135	100	110	120
Malerarbeiten	80	95	110	75	80	90	75	80	90
Bodenbelagsarbeiten	28	35	40	28	35	40	28	35	40
Heizungsinstallation	75	80	90	75	80	90	75	80	90
Sanitärinstallation	60	75	85	60	75	85	60	75	85
Elektroinstallation	38	45	55	38	45	55	38	45	55
Außenanlagen	10	45	60	10	35	60	10	35	60
Baukosten gesamt (Mittelwert)		2 750			1 700			1 300	

Quelle: Schmitz/Krings/Dahlhaus, Meisel, Baukosten 2006, 18. Aufl.

Abb. 264: Baukosten je Quadratmeter Wohn- oder Nutzfläche einschließlich 16 % Mehrwertsteuer von Gründerzeithäusern, Baualtersstufen 1920–1939 und 1950–1959

Baukosten von Gründerzeithäusern in € pro Quadratmeter Wohn- bzw. Nutzfläche									
	Gründerzeithäuser städtische Gebäude			Bauten (1920–1939)			Bauten (1950–1959)		
	von	mittel	bis	von	mittel	bis	von	mittel	bis
Abbruch-Rohbauarbeiten	48	70	82	40	50	60	42	50	60
Zimmerarbeiten	10	25	35	15	25	35	10	25	35
Dachdeckerarbeiten	58	65	80	50	60	70	55	60	65
Putzarbeiten/Trockenbau	100	135	150	118	130	145	120	145	160
Fliesenarbeiten	20	30	35	28	35	40	25	30	38
Estricharbeiten	18	25	35	10	20	35	12	20	30
Schreinerarbeiten	35	50	75	38	50	60	40	50	60
Schlosserarbeiten	10	15	18	17	20	25	20	25	30
Fenster	80	95	120	75	85	105	60	70	78
Malerarbeiten	80	95	110	60	65	72	70	75	80
Bodenbelagsarbeiten	18	25	40	18	25	35	25	30	40
Heizungsinstallation	70	75	80	70	75	80	70	75	80
Sanitärinstallation	68	70	75	70	70	75	72	70	75
Elektroinstallation	40	45	50	40	45	50	40	45	52
Außenanlagen	10	30	40	30	45	50	25	30	40
Baukosten gesamt (Mittelwert)	850			800			800		

Quelle: Schmitz/Krings/Dahlhaus, Meisel, Baukosten 2006, 18. Aufl.

Denkmalpflegerische Sonderaufwendungen sind mit 5 bis 10 % der Bauwerkskosten zusätzlich anzusetzen[267].

760

Die **Baunebenkosten** (Kostengruppe 700 DIN 276) sind anzusetzen mit

761

– 15 bis 18 % bei einfachen Maßnahmen,

– 18 bis 23 % bei durchschnittlichem Schwierigkeitsgrad,

– 23 bis 28 % bei extrem hohem Schwierigkeitsgrad.

An besonderen Erschwernissen fallen bei bestehenden Gebäuden insbesondere die Kosten von Mieterumsetzungen, Ausgleichswohnungen und die Kosten der Zwischenunterbringung von Möbeln und sonstigen Einrichtungen an.

762

In der **Rechtsprechung** sind dafür folgende **Grundsätze** entwickelt worden:

763

a) Allein die Tatsache, dass bei einem (Teil-)Abbruch und einer Neubebauung geringere Kosten als bei Erhalt der bestehenden baulichen Anlage entstehen würden, führt nicht zur wirtschaftlichen Unzumutbarkeit[268].

b) Allein die Tatsache, dass durch Neuvermietung höhere Renditen erzielt werden könnten, führt nicht zur wirtschaftlichen Unzumutbarkeit[269].

---

[267] Gesamtverband der Wohnungswirtschaft e.V., GdW Schriften 43, Modernisierung und Entwicklung des Wohnungsbestandes 1994, S. 145 ff.
[268] Nußgens/Boujong, Eigentum, Sozialbindung, Enteignung, Beck-Verlag München 1987.
[269] OVG Lüneburg, Urt. vom 16.1.1984 – 1 A 68/82 –, EzGuG 5.12.

c) Allein die Tatsache eines Mindererlöses des Grundstücks kann keine wirtschaftliche Unzumutbarkeit mit enteignender Wirkung begründen[270].

d) Eine wirtschaftliche Unzumutbarkeit liegt vor, wenn sich Investitionen zum Erhalt der baulichen Anlage nicht mindestens in 20 Jahren amortisieren[271].

e) Bei der Prüfung einer wirtschaftlichen Unzumutbarkeit ist ein längerer Zeitraum zugrunde zu legen, wobei absehbar sein muss, dass der Eigentümer mittelfristig keine angemessene Rendite aus dem Objekt erwirtschaften kann. In Anlehnung an das Steuerrecht bietet sich eine Zehnjahresfrist an (vgl. OVG Lüneburg, a.a.O.).

f) Bezugspunkt für die Zumutbarkeit von Erhaltungs- und Pflegemaßnahmen ist der Nutzwert des jeweiligen Kulturdenkmals und nicht etwa die allgemeine wirtschaftliche Situation des verpflichteten Eigentümers oder Besitzers. Weder kann die Sozialbindung dazu führen, dass ein Eigentümer sein sonstiges Eigentum und Vermögen für den Erhalt eines Kulturdenkmals opfern muss, noch kann umgekehrt die Zulässigkeit denkmalschutzrechtlicher Anordnungen an einer etwa gegebenen schlechten finanziellen Situation des Eigentümers scheitern.

g) Die Sozialbindung des Eigentums verpflichtet auch den Eigentümer eines Baudenkmals nicht, auf Dauer bei der Erhaltung eines Gebäudes „zuzuschießen". Die aus der Erhaltung und Unterhaltung entstehenden Folgekosten können ihm dann nicht mehr entschädigungslos zugemutet werden, wenn der Erhaltungsaufwand unter Berücksichtigung staatlicher und kommunaler Zuschüsse sowie der zu erwartenden steuerlichen Vergünstigungen in einem anhaltenden Missverhältnis zum realisierbaren Nutzwert für den Eigentümer steht[272].

h) Die Erträge müssen die Bewirtschaftungskosten übersteigen, d.h., dem Eigentümer kann mittelfristig nicht zugemutet werden „zuzulegen". Andernfalls ist der Erhalt wirtschaftlich unzumutbar. Schuldhaft unterlassene Er- und Unterhaltungsmaßnahmen müssen dabei unberücksichtigt bleiben[273].

764 Die wirtschaftliche Unzumutbarkeit ist an das Objekt gebunden. Die Frage, ob bezüglich der Zumutbarkeit eine **subjektive oder objektive Betrachtungsweise** maßgeblich ist und ggf. die persönlichen Einkommens- und Vermögensverhältnisse des Eigentümers in die Betrachtung einzubeziehen sind, war umstritten[274].

765 Der BGH hat in einer älteren Entscheidung unscharf auf Personengruppen abgestellt[275]. Die Instanzengerichte haben auf die „Abwägung aller subjektiven Gesichtspunkte unter Berücksichtigung der objektiven Lage" abgestellt und festgestellt, dass der Begriff der Zumutbarkeit allgemein, einheitlich und uneingeschränkt auch für den Fall gilt, dass eine denkmalschützende Anordnung an den Bund gerichtet ist[276]. Bezugspunkt ist also nicht die allgemeine wirtschaftliche Situation des Eigentümers[277], sondern ein **objektbezogener Wirtschaftlichkeitsmaßstab**. Abgesehen von Steuervorteilen ist nunmehr allein auf das voraussichtliche Verhältnis der Investitions- und Bewirtschaftungskosten zu den Nutzungserträgen abzustel-

---

270 OVG Lüneburg, Urt. vom 4.10.1984 – 6 A 11/63 –, EzGuG 5.14a.
271 VGH Mannheim, Urt. vom 12.12.1985 – 5 S 2653/84 –, EzGuG 5.21d.
272 OVG Münster, Urt. vom 18.12.1984 – 11 A 1176/83 –, NJW 1986, 1890 = NVwZ 1986, 685 (LS)= OVGE 37, 124 = BRS Bd. 42 Nr. 137.
273 BVerwG, Urt. vom 10.5.1985 – 8 C 35/83 –, BVerwGE 71, 290 = DÖV 1985, 724 = DVBl. 1985, 1173; BayVGH, Urt. vom 8.11.1985 – 26 8 82 A. 1173 –, EzGuG 5.21c.
274 Battis/Krautzberger/Löhr in Bezug auf Erhaltungssatzungen i.S.d. § 172 BauGB: § 173 Rn. 3; Schmidt-Eichstaedt in DST 1979, 143; Haaß in NVwZ 2002, 1054; Eberl/Martin/Petzet, DenkmalschutzG, Komm., Art. 4 Rn. 13; Dörffeldt, Hess. Denkmalschutzrecht, § 12 Rn. 6; Moench in NJW 1980, 1549; Battis/Schmittat in NuR 1983, 105; Memmesheimer/Upmeier/Schönstein, Denkmalschutzrecht Nordrhein-Westfalen, § 7 Rn. 11.1.
275 BGH, Urt. vom 25.3.1957 – III ZR 253/55 –, EzGuG 5.2; vgl. auch BGH, Urt. vom 19.9.1985 – III ZR 162/84 –, BGHZ 96, 1 = NJW 1986, 1107 = MDR 1986, 386 = NVwZ 1986, 420 (LS) = ZfBR 1986, 88 = BRS Bd. 46 Nr. 168 = RdL 1986, 179.
276 BayVGH, Beschl. vom 5.5.1980 – 14 CS 80 A 99 –, EzGuG 5.8a; ähnlich auch BayVGH, Urt. vom 8.11.1984 – 26 B 82 A 1773 –, EzGuG 5.21c.
277 VGH Mannheim, Urt. vom 12.12.1985 – 5 S 2653/84 –, EzGuG 5.21 d; Mönch in NJW 1983, 2002; Battis/Schmittat, Rechtsfragen des Denkmalschutzes NuR 1983, 105.

len[278]. Auch § 7 Abs. 3 Satz 1 des nds. DSchG geht von einer **objektiven Zumutbarkeitsgrenze** aus; auf die Einkommens- und Vermögensverhältnisse des Eigentümers kommt es nicht an.

Selbst unter dem Gesichtspunkt einer möglicherweise erhöhten Sozialpflicht der öffentlichen Hand hat man also in dieser Rechtsprechung **für den Bund objektive Maßstäbe gelten lassen und ihm im Falle der wirtschaftlichen Unzumutbarkeit einen Entschädigungsanspruch zugesprochen.** Entsprechendes gilt grundsätzlich auch für gemeindliches Eigentum. Das BVerwG hat in ständiger Rechtsprechung anerkannt, dass gemeindliches Eigentum entsprechend seiner einfach rechtlich bestimmten Gestalt ebenso wie jedes andere private Eigentum geschützt ist[279] (Ausnahme: § 7 Abs. 3 nds. DSchG). **766**

Ist das **Baudenkmal** mit seiner Umgriffsfläche **Teil eines größeren Grundstückskomplexes, so beurteilt sich die Zumutbarkeit nach dem eigentlichen Denkmalgrundstück,** d.h., der Eigentümer ist auch nicht verpflichtet, mit den Erträgen aus der nicht denkmalgeschützten Bausubstanz zuzuschießen. Dies liefe auf eine „Aushöhlung" der verfassungsrechtlichen Grenzen des Denkmalschutzes hinaus und wäre zugleich ein Verstoß gegen den Gleichheitsgrundsatz im Verhältnis zu denjenigen Eigentümern, die sich auf die Zumutbarkeitsgrenze berufen können, weil sie ein vergleichbares Baudenkmal ohne denkmalbelastete Grundstücksteilflächen innehaben. Auf der anderen Seite ist bei der Beurteilung der Zumutbarkeit das Baudenkmal in seiner Gesamtheit als wirtschaftliche Einheit in die Betrachtung einzustellen; so kann z. B. eine Burggaststätte eine ansonsten unrentable Burg mittragen[280]. **767**

Bezüglich der **Umgriffsfläche** ist des Weiteren darauf hinzuweisen, dass in entsprechender Anwendung des Gedankens, der der Regelung des § 17 Abs. 2 Satz 2 ImmoWertV zugrunde liegt, nur die im unmittelbaren (wirtschaftlichen) Zusammenhang mit dem Denkmal erforderliche nutzungsgeprägte Teilfläche dem Denkmal zuzurechnen ist und selbständig nutzbare Freiflächen besonders zu erfassen sind. Solche Flächen müssen insbesondere bei der Ermittlung des Bodenwertverzinsungsbetrags außer Betracht bleiben. **768**

In der Praxis der Verkehrswertermittlung von Grundstücken mit Denkmälern wird zumeist die Zumutbarkeitsgrenze nicht hinreichend beachtet. **769**

Beispiel:

Sanierungskosten:	30 Mio. €	Abbruchkosten:	2,3 Mio. €
		Neubaukosten:	20,3 Mio. €
= 30 Mio. €			23,0 Mio. €

Mehrkosten der Gebäudesanierung gegenüber Abriss und Neubau

= 30 Mio. € – 23 Mio. €		=	– rd. 7,0 Mio. €
abzüglich Bodenwert einschließlich „Umgriff" =			+ rd. 2,8 Mio. €
ergibt einen *negativen Wert* von =			– rd. 4,2 Mio. €

---

278 VGH Mannheim, Urt. vom 10.5.1988 – 1 S 1949/87 –, EzGuG 5.32 = NVwZ-RR 1989, 232; VGH Mannheim, Urt. vom 11.11.1999 – 1 S 413/99 –, NuR 2000, 335; OVG Koblenz, Urt. vom 2.2.1994 – 8 A 11609/92 –, BauR 1994, 503 = BRS Bd 57 Nr. 220; OVG Lüneburg, Urt. vom 4.10.1984 – 6 A 11/83 –, NJW 1986, 1892.
279 BVerwG, Urt. vom 24.11.1994 – 7 C 23/93 –, BVerwGE 97, 143 (151); BVerwG, Urt. vom 20.8.1996 – 7 C 5/96 –, VIZ 1996, 648.
280 Lemmel in DVBl. 1983, 680 f.; Heuer in NVwZ 1982, 238; VG Berlin, Urt. vom 22.5.2002 – 16 A 368/97 –.

VI Besondere Immobilienarten — Denkmalschutz

Das *Beispiel* führt mit dem **Negativwert (Unwert)** zu einem **nicht tragbaren Ergebnis:**

a) Kein Grundstückseigentümer würde zum Negativwert verkaufen, d. h., der Verkauf erfolgt allenfalls zu 1 €; ein zusätzlicher Übernahmepreis ist realitätsfremd.

b) Der Denkmalschutz „sprengt" hier die Inhaltsbestimmung des Eigentums; der Eigentümer macht seinen Übernahmeanspruch geltend.

770 I.d.R. wird als **unterste Grenze des Verkehrswerts der Wert des „reinen Grund und Bodens" vermindert um die Freilegungskosten anzusetzen** sein. Dem entspricht auch die sog. „2/3-Rechtsprechung". Art und Maß der baulichen Nutzung bemessen sich dann abweichend vom Grundsatz, dass sich die bauliche Nutzung eines mit einem Denkmal bebauten Grundstücks nach der tatsächlich realisierten Art und dem Maß der baulichen Nutzung bemisst.

771 Die **Freilegungskosten** dürfen im Übrigen nicht schematisch angesetzt werden (vgl. Syst. Darst. des Ertragswertverfahrens Rn. 61 ff. und § 16 ImmoWertV Rn. 123 ff.).

772 Wird die **Zumutbarkeitsschwelle überschritten,** ist zwischen

– Eingriffen mit enteignender Wirkung (enteignungsgleicher bzw. ausgleichspflichtiger Eingriff) und dem Fall der

– „klassischen Enteignung"

zu unterscheiden, wobei einige Denkmalschutzgesetze für bestimmte Fälle einen Übernahmeanspruch des Eigentümers ausdrücklich vorsehen[281]. Die Denkmalschutzgesetze der Länder regeln die Entschädigung durch konkretisierende Vorschriften[282] oder durch salvatorische Klauseln, die in der Rechtsprechung bislang nicht beanstandet wurden[283]. Die Enteignung ist zulässig, wenn auf andere zumutbare Weise nicht erreicht werden kann, dass

a) ein geschütztes Kulturdenkmal in seinem Bestand oder seinem Erscheinungsbild erhalten bleibt oder wissenschaftlich ausgewertet werden kann;

b) in einem Grabungsschutzgebiet planmäßige Nachforschungen betrieben werden können (so § 30 des rh.-pf. DSchG, vgl. § 30 nordrh.-westf. DSchG).

773 In den Ländern, die dem Eigentümer ausdrücklich einen Übernahmeanspruch einräumen, finden die enteignungsrechtlichen Vorschriften entsprechende Anwendung. Ein **Übernahmeanspruch** besteht danach immer dann, wenn dem Eigentümer mit Rücksicht auf seine Pflicht zur Erhaltung des Denkmals aufgrund einer behördlichen Maßnahme nicht zuzumuten ist, das Denkmal zu behalten oder es in der bisherigen oder einer anderen zulässigen Art zu nutzen (vgl. § 31 des nordrh.-westf. DSchG).

774 Die Entschädigung bei enteignungsgleichem Eingriff sowie im Falle einer Vollenteignung bemisst sich aus Gründen der **Gleichbehandlung** nach dem Verkehrswert des Grundstücks unter Berücksichtigung dessen, was der Eigentümer im Rahmen der Sozialpflichtigkeit bis zur sog. Zumutbarkeitsschwelle entschädigungslos hinzunehmen hat.

775 **Fazit:** Als Ergebnis dieser Betrachtung ist festzuhalten, dass im Falle einer Wertminderung des Grundstücks infolge der **denkmalschutzrechtlichen Unterschutzstellung** z. B. eines Bauwerks der **Verkehrswert dieses Grundstücks** unter Berücksichtigung eines ggf. bestehenden Ausgleichsanspruchs nur in dem Maße gegenüber dem unbelasteten Grundstück gemindert wird, wie dem Eigentümer zuzumuten ist, die Beeinträchtigungen entschädigungslos hinzunehmen.

---

[281] So § 31 des nordrh.-westf. Denkmalschutzgesetzes; vgl. OVG Münster, Beschl. vom 14.9.1989 – 2 B 2733/89 –; VG Köln, Urt. vom 23.5.1989 – 14 K 3101/87 –.
[282] So z. B. § 31 Abs. 2 des rh.-pf. Denkmalschutzgesetzes durch Verweis auf das Landesenteignungsgesetz.
[283] BayVerfGH, Urt. vom 15.5.1981 – Vf. 23 – VI 79 –, EzGuG 5.8a; OVG Münster, Urt. vom 18.5.1984 – 2 A 1776/83 –, EzGuG 5.14.

12.3 Vor- und Nachteile des Denkmalschutzes

12.3.1 Allgemeines

Vor- und Nachteile des Denkmalschutzes bedürfen im Rahmen der Verkehrswertermittlung der Konkretisierung[284]. Hierzu kann unter Bezugnahme auf das Auskunftsrecht nach § 197 BauGB (z. B. i.V.m. § 22 Abs. 3 Nr. 1 nordrh.-westf. DSchG) die Denkmalschutzbehörde um **Konkretisierung**

– der Schutz-, Pflege- und Nutzungspflichten,

– der erlaubnispflichtigen Maßnahmen

und der sonstigen verkehrswertbeeinflussenden Pflichten des Eigentümers gebeten werden.

Beeinträchtigungen können sich insbesondere ergeben bei

a) einer – gemessen an der sozialen Bedeutung des Eigentumsobjekts – übermäßigen, den Grundsatz der Verhältnismäßigkeit verletzenden Einschränkung der freien Verfügungsbefugnis und Nutzungsberechtigung[285];

b) einer hoheitlichen Unterbindung eines rechtmäßig betriebenen Abbaus von Bodenschätzen, auch wenn dies nur zeitweise, z. B. auf drei Jahre, erfolgt[286];

c) einem Abbruch- bzw. Rückbaugebot oder einer sonstigen Anordnung der Denkmalschutzbehörde[287];

d) einer unwirtschaftlichen Bauweise;

e) erhöhten Instand- und Unterhaltungskosten aufgrund einer aufwendigen, unwirtschaftlichen und neuzeitlichen Ansprüchen nicht hinreichend anpassbaren Bauweise;

f) einer mit der Unterschutzstellung verbundenen Anordnung, bestimmte Räume eines Baudenkmals als Museum zu belassen[288].

An Vorteilen stehen dem insbesondere gegenüber

a) Förderungen der EU, des Bundes, der Länder und der Gemeinden[289], soweit sie tatsächlich geleistet werden oder mit Sicherheit zu erwarten sind;

b) Steuerermäßigungen nach den §§ 7h und i, § 10f und § 11b EStG[290] sowie § 115 BewG;

c) Steuerbefreiungen und Steuererlasse nach § 4 Nr. 5 GrStG und den §§ 33 und 34 GrStG[291];

d) Mieterhöhungen, die der Mieter unter den Voraussetzungen des § 559 BGB (MHG) geduldet hat[292].

Darüber hinaus ist bei der Wertermittlung aber zu beachten, dass denkmalgeschützte Gebäude ein „im Trend liegendes" hohes Ambiente aufweisen und demzufolge trotz höherer Instand-

---

284 Vgl. GuG 2003, 108.
285 BVerwG, Beschl. vom 10.7.1987 – 4 B 146/87 –, EzGuG 5.25; OVG Koblenz, Urt. vom 5.6.1987 – 8 A 19/86 –, EzGuG 5.24; BGH, Urt. vom 26.4.1990 – III ZR 47/89 –, GuG 1991, 215 = EzGuG 5.40.
286 BGH, Urt. vom 23.6.1988 – III ZR 8/87 –, EzGuG 5.33; RG, Urt. vom 11.3.1927 – 346/26 –, EzGuG 5.1.
287 BGH, Urt. vom 11.2.1988 – III ZR 64/87 –, EzGuG 5.3; BGH, Urt. vom 9.10.1986 – III ZR 2/84 –, EzGuG. 5.23; OVG Münster, Urt. vom 18.5.1984 – 11 A 1776/83 –, EzGuG 5.14.
288 BGH, Urt. vom 9.10.1986 – III ZR 2/84 –, EzGuG 5.23.
289 RdErl. des nordrh.-westf. MSWV vom 16.3.1988 – I C 1 60.00 – 204/88 –, Nordrh.-Westf. MBl. 1988, 535 (vgl. LT-Drucks. 10/4160, S. 24); zu alledem auch Kleiber in Ernst/Zinkahn/Bielenberg, BauGB, Komm. zu § 5 WertV Rn. 53 ff.; zur Einschätzung durch Betroffene Lutze in AVN 1988, 170; Kleiber in Krautzberger, Stadtbauförderungsrecht Bd. II Teil I Nr. 9.
290 WoBauFG vom 22.12.1989, BGBl. I 1989, 2408 sowie BGBl. II 1990, 975; hierzu BT-Drucks. 11/5680 und BT-Drucks. 11/5970; vgl. Kirchhof/Söhn, Komm. zum EStG, Müller Verlag, Heidelberg 1993.
291 Röttsinger in KStZ 1990, 65; Troll, GrStG, Komm. 6. Aufl., München 1991, S. 403; BVerwG, Urt. vom 21.9.1984 – 8 C 62/82 –, EzGuG 1.25.
292 Hierzu Goliasch in ZMR 1992, 129.

VI Besondere Immobilienarten — Denkmalschutz

haltungskosten **Prädikatszuschläge** in die Preisbildung des gewöhnlichen Geschäftsverkehrs eingehen (Sozialprestige).

12.3.2 Steuerliche Vorteile

12.3.2.1 Allgemeines

Schrifttum: *Bauer/Bauer*, Steuerratgeber, Vermietung, Verpachtung, Selbstnutzung, 5. Aufl. Boorberg 2004.

▶ *Vgl. Rn. 53 ff. zum Teil VIII*

780 Die Steuervorteile von denkmalgeschützten Gebäuden können erheblich sein. Die Berücksichtigung steuerlicher Vorteile bei der Verkehrswertermittlung ist umstritten, da steuerliche Vorteile von der individuellen Einkommens- und Vermögenssituation des Eigentümers abhängig sind. Nach der hier vertretenen Auffassung sind sie gleichwohl **verkehrswertimmanent, da je nach Art eines Gebäudes von einer gebäudetypischen Käuferschicht mit entsprechenden Einkommens- und Vermögensverhältnissen ausgegangen werden kann.** Ein denkmalgeschütztes Herrenhaus mit gehobenem Ambiente hat ebenso wie eine einfache denkmalgeschützte Landarbeiterstelle seinen typischen „Markt", d.h., es besteht eine Nachfrage von Käufern mit entsprechenden Einkommens- und Vermögensverhältnissen. Selbst wenn im Einzelfall ein potenzieller Erwerber die entsprechenden Einkommens- und Vermögensverhältnisse nicht aufweist, steht er beim Erwerb in Konkurrenz mit den objekttypischen Käuferkreisen, die beim Erwerb von den ihren Einkommens- und Vermögensverhältnissen entsprechenden Steuervorteilen ausgehen können, d.h., er muss solche Vorteile auch bei der Kaufpreisbemessung akzeptieren, wenn er „zum Zuge" kommen will. Aus diesem Grunde sind nicht die im Einzelfall sich individuell ergebenden Steuervorteile, sondern die Steuervorteile maßgebend, die dem objekttypischen Käuferkreis entsprechen. Im Unterschied hierzu gehen jedoch in die der Zumutbarkeit zugrunde zu legende Wirtschaftlichkeitsberechnung die im Einzelfall konkreten steuerlichen Vorteile ein[293].

781 Bei der Berücksichtigung steuerlicher Vorteile können also nicht die individuellen Steuervorteile des konkreten Eigentümers berücksichtigt werden, wenn es um die Ermittlung des Verkehrswerts geht. Es müssen vielmehr die **Verhältnisse der Käuferschichten** berücksichtigt werden, **die im gewöhnlichen Geschäftsverkehr als Erwerber für das jeweilige Denkmal auftreten.** Denkmalgeschützte Herrenhäuser, Bauernhäuser, Burgen und Schlösser haben ihren spezifischen Markt, und zwar auch einen Käufermarkt.

782 *Beispiel:*
Steuervorteile beim Denkmalschutz
Wohnhaus im sanierungsbedürftigen Zustand unter Denkmalschutz

Verkehrswert	1 000 000 €
Sanierungskosten	500 000 €

1. Erhöhte Abschreibung

Abschreibung der Sanierungskosten über 10 Jahre

Jährliche Abschreibung 500 000 €: 10 %	50 000 €		
Steuerersparnis bei Steuersatz von 50 %	25 000 €		
Kapitalisiert bei Zinssatz 5 % (V = 7,72):	25 000 €	× 7,72	**193 000 €**

---

[293] VGH Mannheim, Urt. vom 11.11.1999 – 1 S 413/99 –, NuR 2000, 335 = BRS Bd. 62 Nr. 220 = BBauBl 2000, 85; OVG Lüneburg, Urt. vom 4.10.1984 – 6 A 11/83 –, NJW 1986, 1892 = BRS Bd. 42 Nr. 142 = NdsRpflege 1985, 79.

Denkmalschutz — Besondere Immobilienarten VI

2. Übliche Abschreibung

Abschreibung der Sanierungskosten über 50 Jahre			
Jährliche Abschreibung 500 000 €: 50	10 000 €		
Steuerersparnis bei Steuersatz von 50 %	5 000 €		
Kapitalisiert bei Zinssatz 5 % (V = 18,26):	5 000 €	× 18,26	91 300 €
Differenz (Vorteil aus Denkmalschutz)			101 700 €

12.3.2.2 Grundsteuer

Als Vorteile sind hier zu nennen: **Befreiungen, Erlasse usw.** bezüglich der einheitswertabhängigen Grundsteuer nach § 4 Nr. 5 GrStG und Grundsteuererlass nach den §§ 33 und 34 GrStG, wenn der jährliche Rohertrag aus dem Baudenkmal i.d.R. unter den aufzuwendenden Kosten liegt[294]. In Betracht kommt **auch ein teilweiser Grundsteuererlass,** wenn nur selbständig nutzbare Teile (z. B. Gebäudeflügel) geschützt sind.

Im Unterschied zum Grundsteuererlass bei strukturellem Leerstand wird für Kulturgüter bei Vorliegen der gesetzlichen Voraussetzungen ein Erlass zu 100 % (einschließlich Bodenanteil) gewährt.

Ein Grundsteuererlass wegen **Unwirtschaftlichkeit** setzt voraus

a) ein besonderes öffentliches Interesse am Erhalt des Denkmals aufgrund seiner Bedeutung für Kunst, Geschichte, Wissenschaft oder Naturschutz, das über die allgemeinen Eigentumsbindungen hinausgeht,

b) ein auf Dauer prognostizierbares Unterschreiten der erzielbaren Einnahmen (Mieten und Pachten bzw. Nutzungswert des Eigentümers auf der Grundlage von Vergleichsmieten) und sonstigen Vorteile (Rohertrag) im Verhältnis zu den grundstücksbezogenen Ausgaben zur Erhaltung des Grundbesitzes (Betriebskosten, Verwaltungskosten, Abschreibungen und ggf. Rückstellungen[295]) und

c) einen Ursachenzusammenhang zwischen der Unwirtschaftlichkeit und der Kulturguteigenschaft des Grundbesitzes[296].

Um den Grundsteuererlass geltend zu machen, muss in den Fällen, in denen unklar ist, ob der Erhalt des Denkmals im öffentlichen Interesse liegt, eine Bescheinigung der zuständigen Landesbehörde vorgelegt werden (in Berlin z. B. eine Bescheinigung des Landesdenkmalamtes).

Zum Rohertrag gehören im Rahmen der **Ermittlung der Bemessungsgrundlagen für die Grundsteuer** sämtliche Einnahmen und sonstigen Vorteile. Hierzu rechnen z. B. die Miet- und Pachteinnahmen oder der Nutzungswert, den die Benutzung für den Eigentümer hat. Auf der Kostenseite sind alle Ausgaben zu berücksichtigen, die mit dem privilegierten Grundbesitz in wirtschaftlichem Zusammenhang stehen, sowie beispielsweise Instandhaltungs- und Verwaltungskosten, Aufwendungen für Reparaturen und Erhaltungsmaßnahmen, Kosten für Heizung und Wasser sowie Grundbesitzabgaben, Straßenreinigungsgebühren und auch die ggf. zu erlassende Grundsteuer. Kosten in diesem Sinne sind auch die (normalen) Absetzungen für Abnutzung, nicht dagegen die Sonderabschreibungen und auch weder Schuld- noch Eigenkapitalzinsen.

Bei **denkmalgeschützten Park- und Gartenanlagen** ist der Erlass der Grundsteuer darüber hinaus davon abhängig, dass sie grundsätzlich der Öffentlichkeit zugänglich sind (Abschn. 35 GrStR).

Auch für Gebäude, in denen Gegenstände von wissenschaftlicher, künstlerischer oder geschichtlicher Bedeutung, insbesondere **Sammlungen oder Bibliotheken,** der Forschung

---

294 Röttsinger in KStZ 1990, 65; BVerwG, Beschl. vom 17.4.1964 – 7 B 10/63 –, EzGuG 1.5; BVerwG, Urt. vom 21.9.1984 – 8 C 62/82–, EzGuG 1.25; OVG Münster, Urt. vom 1.4.1960 – 22 A 1630/87 –, EzGuG 1.44.
295 Nicht jedoch Sonderabschreibungen, Aufwendungen für Tilgungsleistungen und Zinsen.
296 BVerwG, Urt. vom 8.7.1998 – 8 C 23/97 –, NVwZ 1999, 886 = BayVBl 1999, 183.

VI Besondere Immobilienarten — Denkmalschutz

oder Volksbildung nutzbar gemacht werden, kann u.U. die Grundsteuer anteilmäßig erlassen werden. Voraussetzung ist, dass der Rohertrag durch die Benutzung für Forschung und Volksbildung nachhaltig gemindert ist (vgl. Abschn. 37 GrStR). Die Grundsteuer wird nur auf Antrag erlassen. Er ist spätestens am 31. März des folgenden Jahres mit Nachweisen über Erträge und Kosten bei der Gemeinde einzureichen.

12.3.2.3 Vermögensteuer

788 Bis zum Wegfall der Vermögensteuer war eine Minderung der **Vermögensteuer** nach § 115 BewG aufgrund der Minderung des Einheitswerts nach Eintragung eines Objekts in die Denkmalliste in Höhe von 5 v.H. des Einheitswerts möglich. In Ausnahmefällen konnte dieser Abschlag auf 10 v.H. erhöht werden.

12.3.2.4 Erbschaft- und Schenkungsteuer

789 Grundbesitz oder Teile von Grundbesitz bleiben bei der **Schenkung- und Erbschaftsteuer** unter gewissen Voraussetzungen ganz oder teilweise steuerfrei (§ 13 Abs. 1 Nr. 2 ErbStG). So werden **Bodendenkmäler, Baudenkmäler oder bewegliche Denkmäler** nur mit 40 v.H. ihres Werts angesetzt, wenn ihre Erhaltung wegen ihrer Bedeutung für Kunst, Geschichte oder Wissenschaft im öffentlichen Interesse liegt, die darauf aufzuwendenden jährlichen Kosten i.d.R. die erzielten Einnahmen übersteigen und die Denkmäler in einem den Verhältnissen entsprechenden Umfang den Zwecken der Forschung oder der Volksbildung nutzbar gemacht sind oder werden.

790 Sind darüber hinaus die Denkmäler seit mindestens zwanzig Jahren im Besitz der Familie oder in das Verzeichnis national wertvollen Kulturgutes oder national wertvoller Archive eingetragen, so bleiben sie **in vollem Umfang von der Erbschaft- und Schenkungsteuer befreit.**

12.3.2.5 Einkommensteuer

▶ *Erl. des BMF zu § 15b EStG vom 17.7.2007 – IV B 2 – S 224-b/07/0001 –, GuG 2007, 294; Schreiben des BMF zur Reichweite und Bindungswirkung der Bescheinigung nach § 7h Abs. 2, § 7i Abs. 2 EStG vom 16.5.2007 – IV C 3 – S 2198 – a/07/0001 –, GuG 2007/6*

791 Von Bedeutung sind vor allem **Begünstigungen im Rahmen der Einkommensteuer,** während die Vorteile im Rahmen der Grund-, Erbschaft- und Schenkungsteuer in den Hintergrund treten. Dies ist insbesondere

– die gleichmäßige Verteilung der Herstellungskosten auf zehn Jahre nach § 7i EStG und

– die Verteilung der Erhaltungsaufwendungen auf zwei bis fünf Jahre nach § 11b EStG.

792 Beim Erwerb eines Baudenkmals kann der **jährliche Wertverlust** im Rahmen der Einkommensteuer steuermindernd abgesetzt werden (**Absetzung für Abnutzung – AfA**); i.d.R. kommt die lineare AfA nach § 7 Abs. 4 EStG in Betracht. Dies sind

– jährlich 2 % der Anschaffungskosten bei Gebäuden, die nach dem 31.12.1924 fertig gestellt wurden, bzw.

– jährlich 2,5 % der Anschaffungskosten bei Gebäuden, die vor dem 1.1.1925 fertig gestellt wurden.

793 Für im Inland gelegene Gebäude bzw. Gebäudeteile, die nach den jeweiligen landesrechtlichen Vorschriften als Baudenkmal gelten, kommt eine erhöhte Absetzung der Herstellungskosten (und nicht der **Anschaffungskosten**) in Betracht. Anstelle der üblichen linearen AfA können für Baudenkmale die für begünstigte Baumaßnahmen aufgewendeten Kosten im Jahr der Fertigstellung und den neun folgenden Jahren mit 9 bzw. 7 % abgesetzt werden (§ 7i EStG). Die Baumaßnahmen müssen nach Art und Umfang zur Erhaltung des Gebäudes im Rahmen einer sinnvollen Nutzung als Baudenkmal erforderlich sein.

Abb. 265: Erhöhte Abschreibung für Maßnahmen zur Erhaltung und Nutzung eines Denkmals nach § 7i EStG, mit denen nach dem 31.12.2003 begonnen worden ist

Erhöhte Abschreibung für Maßnahmen zur Erhaltung und Nutzung eines Denkmals nach § 7i EStG	
Anzahl der Jahre	**Absetzung**
8 Jahre	9 % der Herstellungskosten zur Erhaltung und Nutzung eines Denkmals
4 Jahre	7 % der Herstellungskosten zur Erhaltung und Nutzung eines Denkmals

Bei einem jährlich zu versteuernden Einkommen von 100 000 € und Herstellungskosten von 50 000 € ergibt die 9 %ige Abschreibung kapitalisiert über zehn Jahre nach § 7i EStG einen Steuervorteil von etwa 15 000 €. **794**

Für die erhöhte Absetzung bedarf es einer **Bescheinigung** der zuständigen Denkmalbehörde, mit der u. a. die Denkmaleigenschaft und die Höhe der begünstigten Aufwendungen nachgewiesen werden[297]. **795**

Anschaffungsnahe Herstellungskosten, die eigentlich als sofort abziehbare Betriebs- oder Werbungskosten anzusehen sind, rechnen nach § 6 Abs. 1 Nr. 1a EStG zu den Herstellungskosten, wenn die Aufwendungen für Instandsetzungs- und Modernisierungsmaßnahmen innerhalb von drei Jahren nach Anschaffung des Gebäudes durchgeführt werden und die Aufwendungen (ohne Umsatzsteuer) 15 % der Anschaffungskosten des Gebäudes übersteigen (EStR 157 Abs. 4). **796**

Die Herstellungskosten eines Wirtschaftsguts (z. B. Gebäude) können ebenso wie die Anschaffungskosten nur verteilt auf einen bestimmten Zeitraum steuerlich berücksichtigt werden. Herstellungskosten können nicht nur bei der Errichtung eines neuen Gebäudes anfallen, sondern auch, wenn an einem bereits bestehenden Gebäude Baumaßnahmen durchgeführt werden. Dies wird bei Baudenkmälern regelmäßig der Fall sein. Kosten, die **in engem räumlichem und zeitlichem Zusammenhang mit der Anschaffung** stehen und sonst als Erhaltungsaufwendungen angesehen werden, gehören auch zu den Herstellungskosten. Es handelt sich dann um so genannte **nachträgliche Herstellungskosten**. **797**

Werden an einem bereits fertig gestellten Gebäude bauliche Maßnahmen durchgeführt, muss unterschieden werden, ob die anfallenden Kosten nachträgliche Herstellungskosten oder Erhaltungsaufwendungen sind[298]. **798**

Erhaltungsaufwendungen können bei Baudenkmälern nach § 11b EStG auf Antrag auf zwei bis fünf Jahre gleichmäßig verteilt werden, soweit der Erhaltungsaufwand nicht durch öffentliche Zuschüsse gedeckt ist und soweit die Aufwendungen nach Art und Umfang zur Erhaltung des Gebäudes bzw. Gebäudeteils als Denkmal oder zu einer sinnvollen Nutzung erforderlich sind. Die Maßnahmen müssen in Abstimmung mit der Denkmalschutzbehörde durchgeführt werden. Von dieser Möglichkeit kann mithin auch Gebrauch gemacht werden, wenn ein Gebäude Teil einer Gebäudegruppe oder Gesamtanlage ist, die nach landesrechtlichen Vorschriften als Einheit geschützt ist, soweit die Aufwendungen nach Art und Umfang zur Erhaltung des schützenswerten äußeren Erscheinungsbilds der Gebäudegruppe oder Gesamtanlage erforderlich sind und die Maßnahmen in Abstimmung mit der Denkmalschutzbehörde durchgeführt wurden. **799**

Die Frage, ob nachträgliche Herstellungskosten oder Erhaltungsaufwendungen vorliegen, haben die Finanzämter zu entscheiden. **800**

– **Nachträgliche Herstellungskosten** liegen vor, wenn etwas Neues, bisher nicht Vorhandenes geschaffen wird. Bei umfangreichen und durchgreifenden Renovierungsmaßnahmen liegen nachträgliche Herstellungskosten vor, wenn das Gebäude durch die Baumaßnahme

---
[297] EStR 99 Ziff. R 83 b; nordrh.-westf. RdErl. des Ministeriums für Stadtentwicklung und Verkehr, MinBl. 1991, 1497.
[298] BMF-Schreiben vom 16.12.1996 in DB 1997, 18.

VI Besondere Immobilienarten — Denkmalschutz

wesentlich in seiner Substanz vermehrt, in seinem Wesen erheblich verändert oder über seinen bisherigen Zustand hinaus deutlich verbessert wird.

– Zu den **Erhaltungsaufwendungen** gehören insbesondere die Kosten für die **laufende Instandsetzung**. Aber auch die Erneuerung von bereits in dem Gebäude enthaltenen Teilen, Einrichtungen und Anlagen führt unabhängig von deren Zustand grundsätzlich zu Erhaltungsaufwendungen. Die wichtigsten Beispiele für Erhaltungsaufwendungen sind: Ausbesserungsarbeiten, Erneuerung des Außenputzes und der Außenverkleidung, Erneuerung und Umstellung der Heizungsanlagen, Erneuerung der sanitären Anlagen, Ersatz von Fenstern, Umdeckung des Dachs. Bei umfangreichen und durchgreifenden Renovierungsmaßnahmen können jedoch insgesamt nachträgliche Herstellungskosten vorliegen.

801 Die genannten Möglichkeiten bestehen nach § 10f EStG auch für Baumaßnahmen an Denkmälern, wenn das **Gebäude für private Wohnzwecke genutzt** wird. Liegen die Voraussetzungen vor, so werden die Maßnahmen im Rahmen der Sonderausgaben berücksichtigt.

802 **Handelt es sich bei den Kosten für Baumaßnahmen** an einem zu eigenen Wohnzwecken genutzten Baudenkmal **nicht um Herstellungskosten,** sondern um *Erhaltungsaufwendungen,* so können diese Aufwendungen nur dann als Werbungskosten oder Betriebsausgaben abgezogen werden, wenn für das Jahr der Zahlung ein Nutzungswert für die eigengenutzte Wohnung anzusetzen und dieser durch Überschussrechnung zu ermitteln ist. Entsprechendes gilt für die Verteilung des Erhaltungsaufwands auf zwei bis fünf Jahre nach § 11b EStG. Ist ein Nutzungswert durch Überschussrechnung nicht anzusetzen, so können die Erhaltungsaufwendungen nach § 10f Abs. 2 EStG wie Sonderausgaben bis zu jeweils 10 v.H. im Kalenderjahr des Abschlusses der Maßnahme und in den neun folgenden Jahren abgezogen werden, wenn der Erhaltungsaufwand nach dem 31. Dezember 1989 entstanden ist und die näheren Voraussetzungen des § 11b i.V.m. § 7i EStG vorliegen.

803 Die Vorschrift des § 10f EStG[299] enthält eine sog. Objektbeschränkung. Der Steuerpflichtige kann die als **Sonderausgaben** abziehbaren Beträge nach § 10f Abs. 1 und 2 EStG **grundsätzlich nur bei** *einem* **eigengenutzten Baudenkmal** in Anspruch nehmen, wobei die Anzahl der Maßnahmen an diesem Baudenkmal keiner Begrenzung unterliegt. Ehegatten, die die Voraussetzungen für die Ehegattenbesteuerung erfüllen, können die Abzugsbeträge nach § 10f Abs. 1 und 2 EStG bei insgesamt *zwei* eigengenutzten Baudenkmälern abziehen.

804 Bei „**zu eigenen Wohnzwecken genutzten Baudenkmalen oder Gebäuden in Sanierungsgebieten sowie städtebaulichen Entwicklungsbereichen**" können nach § 10f EStG Sonderaufwendungen i.S. des § 7h oder des § 7i EStG für Baumaßnahmen, mit denen nach dem 31.12.2003 begonnen worden ist, auf zehn Jahre jeweils 9 % der Aufwendungen geltend gemacht werden.

12.3.2.6 Umsatzsteuer

805 Nach § 4 Nr. 20 Buchst. a UStG sind die Umsätze des Bundes, der Länder, der Gemeinden oder der Gemeindeverbände hinsichtlich der Einrichtungen „Denkmäler der Bau- und Gartenbaukunst" steuerfrei. Das Gleiche gilt für entsprechende Umsätze anderer Unternehmen, wenn der zuständige Regierungspräsident bescheinigt, dass die Denkmäler der Bau- und Gartenbaukunst dieser Unternehmen die gleichen kulturellen Aufgaben erfüllen wie die der vorbezeichneten Gebietskörperschaften. Sofern Denkmäler der Bau- und Gartenbaukunst als **Museen** angesehen werden können, ist nach § 12 Abs. 2 Nr. 7 Buchst a UStG auf die Umsätze solcher Unternehmen, die die Voraussetzungen für die Steuerbefreiung nach § 4 Nr. 20 Buchst. a UStG nicht erfüllen, der ermäßigte Steuersatz anzuwenden.

806 Es ist bei alledem zu beachten, dass Steuervorteile an strenge Voraussetzungen gebunden sind und kurze Zeiträume abdecken. Die belastende Bindung an den Denkmalschutz besteht dagegen zeitlich unbeschränkt[300].

---

299 EStR 99 Nr. R 115b i.V.m. R 83 a und b.
300 Kamphausen: Rechtliche Probleme des Denkmalschutzes, DWW 1985, 246 ff.

Denkmalschutz — **Besondere Immobilienarten VI**

Im Übrigen wurde mit § 82b EStDVO die schon bis einschließlich 1998 gegebene Möglichkeit der Abschreibung des Erhaltungsaufwands für Gebäude des Privatvermögens, die überwiegend Wohnzwecken dienen, für einen nach dem 31.12.2003 entstandenen Erhaltungsaufwand wieder eingeführt.

12.4 Verkehrswertermittlung

12.4.1 Allgemeines

Die Grundaufgabe der Verkehrswertermittlung denkmalgeschützter Objekte besteht nach dem vorher Gesagten also in der **Aufrechnung der Vor- und Nachteile,** die aus der Denkmaleigenschaft resultieren. Vor- und Nachteile sind dabei in der Höhe zu ermitteln, wie sie sich wertmäßig am Wertermittlungsstichtag im Verkehrswert niederschlagen (Abb. 266):

Abb. 266: Grundaufgabe der Verkehrswertermittlung denkmalgeschützter Objekte

In der **steuerlichen Bewertungspraxis** wird entgegen vorstehenden Wertermittlungsgrundsätzen einseitig von einer Wertminderung aufgrund der Denkmaleigenschaft ausgegangen.

▶ *Hierzu der gleich lautende Ländererlass vgl. Rn. 870 ff.*

Soweit der „denkmalgeprägte" Verkehrswert den (fiktiven) Verkehrswert desselben Objekts ohne Denkmaleigenschaft übersteigt, „fließt" dem Eigentümer durch die Unterschutzstellung ein Vermögenszuwachs zu. Im umgekehrten Falle hat er die Wertminderung entschädigungslos hinzunehmen, soweit die Zumutbarkeitsschwelle nicht überschritten wird. Die mit der **Unterschutzstellung** (Eintragung in eine Denkmalliste) einhergehende Wertminderung **stellt für sich allein nämlich noch keinen enteignenden Eingriff dar,** denn Art. 14 GG gewährleistet nicht den Marktpreis eines Grundstücks[301]; entsprechende Maßnahmen haben für sich gesehen auch keine enteignende Wirkung, die als „Vorwirkung" einer späteren Enteignung

---
301 BGH, Urt. vom 11.2.1988 – III ZR 64/87 –, EzGuG 5.30; hierzu nach Zurückverweisung: KG Berlin, Urt. vom 6.12.1988 – U 3735/88 –, GuG 1990, 106 = EzGuG 5.35.

VI Besondere Immobilienarten   Denkmalschutz

angesehen werden könnten, mit der Folge, dass das Grundstück von der konjunkturellen (qualitativen) Weiterentwicklung ausgeschlossen wäre.

12.4.2 Wertermittlungsverfahren

811 Grundsätzlich können auch für denkmalgeschützte Objekte alle nach § 8 ImmoWertV zulässigen Verfahren zur Anwendung kommen, wobei allerdings das **Vergleichswertverfahren** mangels geeigneter Vergleichspreise regelmäßig ausscheidet. Ansonsten sind für die Wahl des Verfahrens

- die Usancen des Grundstücksmarktes sowie
- die Umstände des Einzelfalls, insbesondere die Verfügbarkeit der wertbestimmenden Parameter,

ausschlaggebend. Der Bodenwert wird sowohl bei Anwendung des Ertragswertverfahrens als auch des Sachwertverfahrens i.d.R. nach den Grundsätzen des Vergleichswertverfahrens ermittelt. Hierbei müssen die unter Rn. 833 ff. behandelten Besonderheiten Beachtung finden.

812 Entsprechend den Zielsetzungen des Denkmalschutzes, die wirtschaftliche Nutzung von Denkmälern zu erhalten und museale Nutzungen zu vermeiden, muss bei der Ermittlung des Verkehrswerts von Denkmälern eine vernünftige wirtschaftliche Nutzung im Vordergrund stehen. Der Sachverständige muss hier in Kenntnis der Verhältnisse des Grundstücksmarktes die in Betracht kommenden Nutzungsmöglichkeiten analysieren, wobei i.d.R. letztlich von der Nutzung auszugehen ist, die unter Berücksichtigung des Denkmalschutzes die höchste Rendite verspricht. Bei entsprechend großen Objekten sind auch **Nutzungskonzepte,** wie Tagungs- und Schulungsstätten, Sanatorien, Ferienheime, Hotels, Restaurants, Gaststätten sowie Fach- oder Rehabilitationskliniken, in die Betrachtung einzubeziehen. Vielfach stehen bei Denkmälern aufgrund ihres Ambientes auch Nutzungen im Vordergrund, die sich nur indirekt wirtschaftlich auszahlen. So versuchen häufig Unternehmen ihr Ansehen dadurch aufzuwerten, dass sie ein kostenaufwendiges Denkmal als Unternehmenssitz wählen. Bei alledem steht auch für denkmalgeschützte Gebäude, von Einfamilienhäusern und damit vergleichbaren Objekten abgesehen, die Anwendung des Ertragswertverfahrens im Vordergrund[302].

813 Das Ertragswertverfahren steht auch dann im Vordergrund, wenn eine derartige Nutzung noch nicht ausgeübt wird. In diesen Fällen wird deshalb zunächst zu untersuchen sein, in welcher Weise das Objekt unter Berücksichtigung vernünftiger wirtschaftlicher Aspekte künftig genutzt werden kann. Dabei können durchaus mehrere **Nutzungsmöglichkeiten** denkbar sein, z. B.

- privater Wohnsitz,
- Sitz von Unternehmen oder Beratungsgesellschaften,
- Hotel,
- Restaurant,
- Gaststätte,
- Tagungsstätte,
- Managementschule,
- Schulungsstätte (Internatsbetrieb),
- Privatschule,
- Betriebserholungsheim,
- Sanatorium,

---

302 Zur Wertermittlung von Schlössern und Burgen vgl. Simon in GuG 1991, 332; des Weiteren Lutze, Wertermittlung denkmalgeschützter Liegenschaften, Dortmund 1988; Niemeyer, in Nachr. der nds. Kat.- und VermVw 1984, 132.

Denkmalschutz

- Fachklinik,
- Rehabilitationszentrum,
- Amüsieretablissement.

Alle denkbaren Möglichkeiten sind zu untersuchen. Die sich auf der Grundlage der **unterschiedlichen Nutzungsmöglichkeiten** ergebenden Werte sind zu ermitteln und deren Ergebnisse zu diskutieren. Der Verkehrswertermittlung ist die Nutzung zugrunde zu legen, die am Markt am wahrscheinlichsten realisiert werden wird. Liegen für verschiedene Nutzungsmöglichkeiten gleiche Wahrscheinlichkeiten vor, ist die Nutzung anzunehmen, die – sofern keine baurechtlichen Hindernisse bestehen – die höchste Rendite verspricht. Wirtschaftliche Vorteile aus steuerlichen oder sonstigen Förderungen sind insoweit zu beachten, als sie für „jedermann" des jeweiligen objektspezifischen Grundstücksteilmarktes gelten (Abb. 267): 814

Abb. 267: Folgenutzungsmöglichkeiten bei Schlössern und Burgen

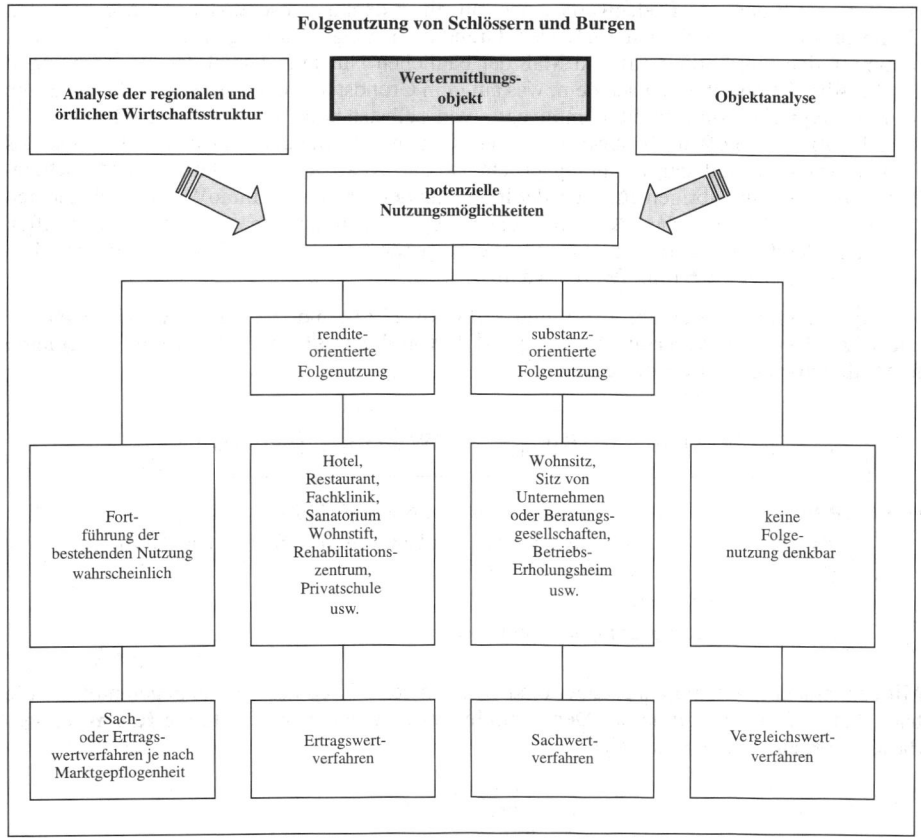

12.4.3 Boden- und Ertragswertermittlung

12.4.3.1 Bodenwert

Entsprechend den Zielsetzungen des Denkmalschutzes, die wirtschaftliche Nutzung von Denkmälern zu erhalten und museale Nutzungen zu vermeiden, muss bei der Ermittlung des Verkehrswerts von Denkmälern im Wege des Ertragswertverfahrens eine vernünftige **wirtschaftliche Nutzung** im Vordergrund stehen. Der Sachverständige muss hier in Kenntnis der 815

VI Besondere Immobilienarten — Denkmalschutz

Verhältnisse des Grundstücksmarktes die in Betracht kommenden Nutzungsmöglichkeiten analysieren, wobei i.d.R. letztlich von der Nutzung auszugehen ist, die unter Berücksichtigung des Denkmalschutzes die höchste Rendite verspricht.

816 Der **Bodenwert eines Grundstücks, das mit einem zu erhaltenden Gebäude bebaut ist, bemisst sich nach den Ausführungen zu § 6 Abs. 1 ImmoWertV grundsätzlich nach der realisierten Nutzung** (GFZ), unabhängig davon, ob das Grundstück untergenutzt oder in einem Maße bebaut ist, das baurechtlich im Falle eines Neubaus nicht zulässig wäre (vgl. § 6 ImmoWertV Rn. 72).

> Bodenwert Denkmalgrundstück = Bodenwert realisierte Nutzung

817 Nur wenn sich die bauliche Nutzung durch **An- oder Aufbauten** erhöhen lässt und dies mit öffentlich-rechtlichen Vorschriften und insbesondere mit dem Denkmalschutz vereinbar ist, sind die weiter gehenden Nutzungsmöglichkeiten zu berücksichtigen.

818 Bei der Ermittlung des Bodenwerts eines mit einer denkmalgeschützten Anlage bebauten Grundstücks ist nämlich von folgenden Grundüberlegungen auszugehen: Der Bodenwert bestimmt sich hinsichtlich Art und Maß der baulichen Nutzung gemäß den Bestimmungen des § 6 Abs. 1 ImmoWertV nach dem, was auf dem Grundstück realisiert ist; auf die zulässige oder lagetypische Nutzbarkeit kommt es – von selbstständig nutzbaren Teilflächen (§ 17 Abs. 2 Satz 2 ImmoWertV) abgesehen – i.d.R. nicht entscheidend an, denn aufgrund des Bestandsschutzes und der Erhaltungspflicht ist die **„realisierte" Nutzung „festgeschrieben".** Dies folgt im Übrigen auch aus der Regelung des § 6 Abs. 1 ImmoWertV, nach der sich Art und Maß der baulichen Nutzung „unter Berücksichtigung der sonstigen Vorschriften bestimmt, die die Nutzbarkeit betreffen". Hierzu gehören auch die denkmalschutzrechtlichen Bestimmungen (vgl. § 6 ImmoWertV Rn. 62 ff.).

819 Nach den Ausführungen unter § 16 ImmoWertV Rn. 222 ff. und 268 sind **Abweichungen der zulässigen bzw. lagetypischen Nutzung (GFZ) von der realisierten Nutzung (GFZ) nach folgender Formel zu berücksichtigen:**

$$BW = BW_{real.} + (BW_{zul./lag.} - BW_{real.}) \times 1/q^n$$

wobei:
$BW_{real.}$ = Bodenwert aufgrund realisierter Nutzung (GFZ)
$BW_{zul./lag.}$ = Bodenwert aufgrund zulässiger bzw. lagetypischer Nutzung (GFZ)
q = 1 + Zinssatz/100 = 1 + p
p = Zinssatz
n = Restnutzungsdauer in Jahren

820 Mit zunehmender Restnutzungsdauer tendiert das zweite Glied der Formel gegen null. Da die baulichen Anlagen aufgrund des Denkmalschutzes zu erhalten sind, d.h. die **Restnutzungsdauer n gegen** ∞ läuft, ergibt sich

$$\lim_{n \to \infty} \frac{1}{q^n} = 0$$

Im Ergebnis bestimmt sich also der Bodenwert der Grundstücksfläche, die dem Denkmal zuzurechnen ist, nach der realisierten Nutzung[303].

821 Bei Anwendung des Ertragswertverfahrens ist der **Bodenwert für die der Bebauung zuzurechnende Fläche** i.d.R. allerdings **bedeutungslos,** weil grundsätzlich von einer ewigen Restnutzungsdauer auszugehen ist und dementsprechend im Rahmen des Ertragswertverfah-

---

[303] Dieser hier schon stets vertretenen Auffassung schließen sich auch die Empfehlungen der gif (vom August 2003) an: „Empfehlungen zur Wertermittlung von Baudenkmalen".

rens von Instandsetzungskosten auszugehen ist, die auf ewigen Bestand der baulichen Anlage ausgerichtet sind. Abweichend von den allgemeinen Regeln der ImmoWertV wird man zu diesem Zwecke allerdings auch Modernisierungskosten berücksichtigen müssen.

Eine **Bodenwertermittlung** für denkmalgeschützte Ertragsobjekte kann jedoch z. B. in den jungen Bundesländern **bei gespaltenem Eigentum an Grund und Boden** einerseits und am Gebäude andererseits erforderlich werden. Der allgemeine Grundsatz, dass sich dann der Bodenwert unter Berücksichtigung des realisierten Maßes der baulichen Nutzung nach dem Bodenwert vergleichbarer unbebauter Grundstücke bemisst, hat in solchen Fällen zur Folge, dass zwar das realisierte Maß der baulichen Nutzung berücksichtigt werden muss, jedoch auch ggf. eine auf der Denkmaleigenschaft beruhende Ertragsfähigkeit des Grundstücks (korrespondierender Bodenwert). Die eingeschränkte Ertragsfähigkeit kann sich z. B. aus geringeren Nutzungsentgelten bei höheren Bewirtschaftungskosten, insbesondere höheren Instandsetzungskosten, gegenüber Objekten ohne Denkmaleigenschaft ergeben. Dies kann mit Hilfe von Erfahrungssätzen berücksichtigt werden, die die Abhängigkeit des Bodenwerts vom Rohertrag beschreiben. 822

Auf eine weitere Besonderheit gilt es noch hinzuweisen: Die vorstehenden Ausführungen beziehen sich allein auf die dem Denkmal zuzuordnende Grundstücksfläche. Befindet sich das denkmalgeschützte Objekt innerhalb eines größeren Areals, ist ihm eine notwendige und wirtschaftlich sinnvolle Grundstücksfläche ggf. unter Berücksichtigung einer sich aufdrängenden Bodenordnung zuzuordnen. Bei übergroßen Grundstücken, die eine **zusätzliche Nutzung oder Verwertung von Teilflächen** i.S. des § 17 Abs. 2 Satz 2 ImmoWertV ermöglichen, ist der Ermittlung des Bodenwerts dieser (zusätzlich nutzbaren) Teilfläche nach allgemeinen Grundsätzen die zulässige und lagetypische Nutzbarkeit (GFZ) zugrunde zu legen, da diese Teilflächen insoweit zur freien Disposition stehen. In diesem Fall muss die Grundstücksfläche deshalb zunächst entsprechend aufgeteilt werden. Der ortsübliche Ackerlandpreis dürfte dabei den untersten und der mit 20 % des umliegenden erschließungsbeitragspflichtigen Baulandes ermittelte Bodenpreis den obersten Grenzwert abbilden, soweit die Flächen nicht für eine höherwertige Nutzung in Betracht kommen. 823

12.4.3.2 Ertragswert

Bei Anwendung des Ertragswertverfahrens werden von der Praxis grundsätzlich **zwei verschiedene Wege** beschritten: 824

1. Ertragswertermittlung auf der Grundlage der dem Gebäudezustand angemessenen üblichen Ansätze, z. B. „begrenzte" Restnutzungsdauer, Liegenschaftszinssatz, Bewirtschaftungskosten und Roherträge (Nettokaltmiete),
2. Ertragswertermittlung unter Berücksichtigung der „auf Dauer" angelegten Erhaltungspflicht (Restnutzungsdauer: ∞) i.V.m. den daraus resultierenden erhöhten Bewirtschaftungskosten, insbesondere Instandhaltungs- und Instandsetzungskosten (ggf. auch Modernisierungskosten), sowie den geminderten oder aufgrund eines anspruchsvollen Ambientes höheren Erträgen.

Bei Wertermittlungen für unter Denkmalschutz stehende Objekte kann nach dem zweiten Modell die **Restnutzungsdauer** mit mindestens 100 Jahren angenommen werden. Dabei sind die in diesen Fällen üblicherweise entstehenden höheren Instandhaltungskosten bei den Bewirtschaftungskosten entsprechend zu berücksichtigen. Werden kürzere Restnutzungsdauern zugrunde gelegt, sind die Instandhaltungsaufwendungen entsprechend zu kürzen. In Fachkreisen wird diese Auffassung nicht einheitlich vertreten. Der **generelle Ansatz der 100-jährigen Restnutzungsdauer** werde nach anderer Auffassung dem Objekt nicht gerecht, da ein vergleichbares nicht unter Denkmalschutz stehendes Gebäude am Wertermittlungsstichtag eine kürzere Restnutzungsdauer und damit einen geringeren Wert hätte. Diese Auffassung übersieht das Instandhaltungsgebot, jedoch ist nach den Ausführungen unter Rn. 840 f. diese Auffassung durchaus „umsetzbar", wenn dann von entsprechend verminderten Instandhaltungskosten ausgegangen wird.

VI Besondere Immobilienarten　　　　　　　　　　　Denkmalschutz

825　**Grundsätzlich ist dem zweiten Modell der Vorzug zu geben,** schon weil es den rechtlichen Vorgaben (der Erhaltungspflicht) entspricht[304], auch wenn es den Sachverständigen vor die Schwierigkeit der Ermittlung der erhöhten Instandsetzungs- und Instandhaltungskosten stellt. Ein besonderer Vorteil dieses Modells kann umgekehrt darin gesehen werden, dass aufgrund der langen Restnutzungsdauer eine Bodenwertermittlung für die dem Denkmal zuzuordnenden Umgriffsflächen entfällt, d.h., ein Bodenwert ist ggf. nur noch für die selbständig nutzbaren Grundstücksteile zu ermitteln. Damit kann der Sachverständige von vornherein einer Auseinandersetzung über den richtig angesetzten Bodenwert aus dem Weg gehen. Abzulehnen ist dagegen der vereinzelt auf Hilflosigkeit beruhende und nicht begründbare Weg, im Falle der Anwendung des „sündenanfälligen" ersten Modells den Bodenwert pauschal mit der Begründung „denkmalbehaftet" mit einem Abschlag zu versehen und dann den Gebäudewertanteil auf der Grundlage einer oftmals kurzen Restnutzungsdauer willkürlich dadurch „hochzuschaukeln", dass der Reinertrag nur noch um einen entsprechend verminderten Bodenwertverzinsungsbetrag reduziert wird. Dieser Weg zeugt von wenig Verständnis für die Funktionsweise des Ertragswertverfahrens und wird dem Sachverständigen dann zum Verhängnis, wenn er zu der Erkenntnis gelangt, dass es sich eigentlich um ein Liquidationsobjekt handelt, und er sich im Hinblick auf einen Übernahmeanspruch entschließt, den um einen Denkmalabschlag verminderten Bodenwert als Entschädigungswert „stehen" zu lassen.

826　Im Einzelfall könnte es sich empfehlen, **beide Modelle durchzurechnen,** um hieraus zu einem „abgestützten" Ergebnis zu kommen.

827　Im Falle der *Ermittlung des Verkehrswerts im Wege des Ertragswertverfahrens* nach dem zweiten Modell kann also nach den vorstehenden Ausführungen vom Grundsatz her dahinstehen, welcher Bodenwert sich für das Grundstück ergibt. Denn grundsätzlich ist der Denkmalschutz darauf angelegt, die unter Schutz gestellte Anlage „auf ewig" zu erhalten, so dass sich der Ertragswert **unter Vernachlässigung des Bodenwertanteils** allein auf der Grundlage der folgenden Formel ergibt[305].

$$\text{Ertragswert} = \text{Reinertrag} \times V$$

wobei V = Vervielfältiger (gemäß Anl. zur ImmoWertV)

828　Dies folgt auch aus der dem **Ertragswertverfahren nach § 17 ff. ImmoWertV** zugrunde liegenden Formel.

$$EW = RE \times V + BW/q^n$$

wobei:　EW　Ertragswert
　　　　　RE　Reinertrag
　　　　　BW　Bodenwert
　　　　　q　　Zinsfaktor = 1 + p
　　　　　p　　Zinssatz/100 = q − 1
　　　　　n　　Restnutzungsdauer in Jahren
　　　　　V　　Vervielfältiger

Das zweite Glied dieser Formel kann wiederum vernachlässigt werden, weil

$$\lim_{n \to \infty} \frac{(BW)}{q^n} = 0$$

---

[304] So auch Jäpel in GuG 2001, 335; und Kröll/Hausmann, Rechte und Belastungen bei der Verkehrswertermittlung von Grundstücken, 3. Aufl. Neuwied 2006; der abweichenden Auffassung von Möckel (GuG 2002, 232) stimmt auch Dieterich schon im Hinblick auf die damit verbundene „Spekulation auf den Wegfall des Denkmalschutzes" nicht zu (vgl. Ernst/Zinkahn/Bielenberg, BauGB § 194 BauGB Rn. 93a).

[305] Dieser hier schon stets vertretenen Auffassung schließen sich auch die Empfehlungen der gif (vom August 2003) an: „Empfehlungen zur Wertermittlung von Baudenkmalen". Vgl. auch Niemeyer in Nachr. der nds. Kat.- und VermVw 1984, 138.

Das erste Glied der Formel ergibt den reziproken Liegenschaftszinssatz

$$\lim_{n \to \infty} V = \lim_{n \to \infty} \frac{(q^n - 1)}{q^n(q-1)} = 1/p$$

Aus vorstehenden Gründen kann generell **bei einer längeren Restnutzungsdauer** (n > etwa 50 Jahre) der **Bodenwertanteil bei der Ertragswertermittlung vernachlässigt** werden. 829

Beispiel:

Jahresreinertrag RE	= 50 000 €
Bodenwert BW	= 200 000 €
Restnutzungsdauer n	= 80 Jahre
Liegenschaftszinssatz p	= 5 v.H.

a) Berechnung *mit* Berücksichtigung des Bodenwertanteils:
EW = RE × V + BW/q^n = **984 000 €** (bei V = 19,60)

b) Berechnung *ohne* Berücksichtigung des Bodenwertanteils:
EW = RE × V = **980 000 €** (bei V = 19,60)

Die dargestellte Verfahrensweise ist eine geradezu zwangsläufige Folge der Denkmaleigenschaft, die den Eigentümer verpflichtet, das Denkmal auf Dauer zu erhalten. Die Auffassung, dass damit der Verkehrswert „über die sehr lange Restnutzungsdauer automatisch steige" – wie *Möckel*[306] behauptet –, verkennt völlig die Eigenschaften solcher Objekte, denn die Verpflichtung zur Erhaltung solcher – oftmals baulich aufwendigen – Objekte, verbunden mit eingeschränkter wirtschaftlicher Verwertbarkeit, führt gerade umgekehrt, trotz langer Restnutzungsdauer, zu sehr niedrigen Reinerträgen. Insbesondere die überdurchschnittlichen Instandhaltungskosten können dazu führen, dass die Denkmaleigenschaft für den Eigentümer unzumutbar wird und ggf. ein Übernahmeanspruch in Betracht kommt. Eine sich auf die sonst üblichen wirtschaftlichen Gesichtspunkte gründende Einschätzung der Restnutzungsdauer würde sich unzulässigerweise über das zwingende rechtliche Erhaltungsgebot hinwegsetzen. Man mag zwar einwenden, dass im Rahmen der bei unwirtschaftlichen Denkmälern anzusetzenden Restnutzungsdauer begrifflich nicht von einer **wirtschaftlichen Restnutzungsdauer** gesprochen werden kann, jedoch verbietet es sich gerade bei unwirtschaftlichen Denkmälern, deshalb das auf Dauer angelegte Erhaltungsgebot zu negieren. Dies muss zu einer Verfälschung des Ergebnisses führen, wenn bei der Ertragswertermittlung die wirtschaftlich „belastenden" Zeiträume „ausgeblendet" werden. Der Denkmalschutz läuft nun einmal nicht mit Ablauf der wirtschaftlichen Restnutzungsdauer im herkömmlichen Sinne aus. 830

Wird der Verkehrswert eines Grundstücks, das mit einem Denkmal bebaut ist, im Wege des Ertragswertverfahrens ermittelt, so kommt es demzufolge maßgeblich auf eine sachgerechte Ermittlung des Reinertrags und des Liegenschaftszinssatzes an. Bei der Ermittlung des Reinertrags gilt es insbesondere die erhöhten Bewirtschaftungskosten und hier vor allem die **auf ewig angelegte und i.d.R. kostenintensive Instandhaltung** eines Denkmals, aber auch erhöhte Betriebskosten zu berücksichtigen. Auf der anderen Seite müssen bei der Ermittlung der Erträge auch die **indirekten Erträge,** wie Steuervorteile, zinsgünstige Darlehen, Zuschüsse, berücksichtigt werden. 831

Verfahrensmäßig stellt sich der **Ablauf der Ertragswertermittlung** von Grundstücken mit denkmalgeschützten, auf Dauer zu erhaltenden Gebäuden nach dem Schema der Abb. 268 dar. 832

---

306 Möckel in ZfV 1995; a. A. Dieterich in Ernst/Zinkahn/Bielenberg, BauGB § 194 BauGB Rn. 93a.

VI Besondere Immobilienarten — Denkmalschutz

Abb. 268: Ertragswertermittlung von Grundstücken mit denkmalgeschützten Gebäuden

833 Bei Anwendung des vorgestellten Schemas gilt es zu beachten:

– Als **Rohertrag** ist der Ertrag anzusetzen, der sich unter Berücksichtigung der gebäudespezifischen Denkmaleigenschaft ergibt. Da es dabei i.d.R. an Vergleichsmöglichkeiten fehlt, wird auf die objektspezifischen Erträge zurückzugreifen sein. Dabei gilt auch hier, dass nur die bei ordnungsgemäßer Bewirtschaftung, d.h. denkmalspezifischer Bewirtschaftung, marktüblich erzielbaren Einnahmen angesetzt werden dürfen. Werden diese nicht erzielt, weil das Gebäude einen Instandsetzungsrückstau aufweist, so empfiehlt es sich, gleichwohl von entsprechend fiktiven Einnahmen auszugehen und die aufzubringenden Instandsetzungskosten bei der Ermittlung des Ertragswerts zusätzlich in Abzug zu bringen. Dem entspricht § 7 Abs. 3 Satz 1 des nds. DSchG, nach dem es auf die „Erträge oder den

Gebrauchswert" ankommt, mit denen die Belastungen aufgewogen werden „können". Im Falle des „Wohnens im eigenen Haus" soll also der Gebrauchswert maßgeblich mit entsprechend höheren fiktiven Mieten als im Falle der Vermietung maßgeblich sein.

– Als **Bewirtschaftungskosten**[307] sind grundsätzlich die denkmalspezifischen Bewirtschaftungskosten anzusetzen. Dabei ist entsprechend der wirtschaftlichen Verwertbarkeit des Gebäudes und den baulichen Besonderheiten i.d.R. von Verwaltungs-, Betriebs- und Instandsetzungskosten auszugehen, die je nach wirtschaftlichen Beeinträchtigungen und bautechnischem Mehraufwand für die Instandhaltung bei 50 Prozentpunkten und mehr über dem Prozentsatz liegen, der sich sonst für vergleichbare, nicht denkmalgeschützte Gebäude ergibt. Eine denkmalpflegerische „Überlast" ist bei den anzusetzenden Bewirtschaftungskosten allerdings nicht zu berücksichtigen, soweit sie als öffentlich-rechtliche Last dem Eigentümer eines Denkmals wirtschaftlich nicht zugemutet werden kann[308].

Die Auffassung, dass sich die Bewirtschaftungskosten um die Abschreibung verminderten, weil eine Rücklage für den Neubau bei einem Denkmal begriffsnotwendig nicht gebildet würde, kann außer Betracht bleiben, da dem Umstand bereits mit der Heranziehung des Liegenschaftszinssatzes Rechnung getragen wird[309].

Es sind insbesondere die Instandhaltungskosten, die einerseits im Hinblick auf die Verpflichtung zum dauerhaften Erhalt der baulichen Anlage und andererseits im Hinblick auf die zumeist aufwendig gestaltete Bausubstanz – je nach ihrer denkmal- und kunsthistorischen Ausgestaltung – sehr viel höher als sonst üblich ausfallen können. Nach Auffassung der Denkmalbehörden muss ein Denkmal alle zwanzig Jahre grundsaniert werden[310]. Zur Bemessung der Instandhaltungskosten wird auch auf den Sachwert des Gebäudes zurückgegriffen. **Die jährlichen Instandhaltungskosten** werden dann **mit etwa 0,8 bis 1,5 % des konkreten Herstellungswerts angesetzt,** wobei der Herstellungswert eines Baudenkmals selbst bereits 50 bis 100 % über den sonst üblichen Normalherstellungskosten liegen kann. **834**

Grundsätzlich ist der Eigentümer nach allgemeinem Baurecht nur insoweit zur Instandhaltung verpflichtet, wie es zur Abwehr einer Gefahr für die öffentliche Sicherheit erforderlich ist. Darüber hinaus steht die denkmalrechtliche Erhaltungspflicht unter dem Gebot der Zumutbarkeit, und die Erhaltungspflicht trifft den Eigentümer eines Denkmals erst mit dem Zeitpunkt, zu dem die Denkmaleigenschaft entsteht bzw. im Rahmen des Ipso-jure-Systems dem Eigentümer bekannt gegeben wurde[311]. Bei alledem sind Instandsetzungskosten für einen vorhandenen **Instandsetzungsrückstau** zusätzlich nach ihren gewöhnlichen Kosten zu berücksichtigen, wenn der Instandsetzungsrückstau weder beim Rohertrag noch durch entsprechend „aufgestockte" Bewirtschaftungskosten berücksichtigt worden ist. Es ist dabei in Betracht zu ziehen, dass dem Eigentümer Denkmalförderungsmittel gewährt werden. **835**

Umbaukosten sind anzusetzen, wenn eine wirtschaftliche Verwendung des Denkmals einen Umbau erforderlich macht und die Erträge sowie Bewirtschaftungskosten unter Berücksichtigung des Umbaus zur Verwirklichung eines neuen Nutzungskonzepts angesetzt werden (Investorenmethode). **836**

Bei alledem empfiehlt es sich, die untere Denkmalschutzbehörde (des Landkreises) zu ersuchen, dass die jeweils zuständige **Denkmalfachbehörde** (Landesamt für Denkmalpflege) schriftlich detailliert zu Art und Umfang von denkmalbezogenen Auflagen Stellung nimmt; die Stellungnahme wird allerdings i.d.R. nur gegen Kostenerstattung erteilt. **837**

---

307 Wolf in BlGBW 1978, 228; Loddenkemper in BauR 1985, 489.
308 BVerfG, Urt. vom 2.3.1999 – 1 BvL 7/91 –, NJW 1999, 2847 = EzGuG 5.61a; BayVGH, Urt. vom 27.9.2007 – 1 B 00.2474 –, GuG 2008, 237 = EzGuG 5.66.
309 Vgl. Haaß in NVwZ 2002, 1054, 1058; OVG Lüneburg, Urt. vom 4.10.1984 – 6 A 11/83 –, NJW 1986, 1892 = BRS Bd. 42 Nr. 142 = NdsRpflege 1985, 79; BVerwG, Urt. vom 15.2.1991 – 8 C 3/89 –, BVerwGE 88, 46.
310 Bericht aus dem Abgeordnetenhaus von Berlin, Drucks. 13/2242, S. 2.
311 BVerwG, Beschl. vom 8.10.1997 – 6 B 42/97 –, LKV 1998, 152 = BRS Bd 59 Nr. 231; BerlVerfGH, Beschl in LKV 1999, 361; OVG Berlin, Urt. vom 3.2.1997 – 2 B 10/93 –, OVGE 22, 45 = LKV 1998, 152 = BRS Bd 59 Nr. 230 = BauR 1998, 773 = GE 1997, 45; Schneider in BauR 1998, 733.

VI Besondere Immobilienarten — Denkmalschutz

838 Bezüglich der **Verwaltungskosten** ist zu berücksichtigen, dass diese im Zusammenhang mit der Instandhaltung höher als sonst üblich ausfallen können, weil es möglicherweise langwierige Absprachen mit dem Amt für Denkmalschutz zu berücksichtigen gilt.

Auch das **Mietausfallwagnis** fällt häufig höher als sonst üblich aus, wenn das denkmalgeschützte Gebäude eingeschränkte Nutzungsmöglichkeiten aufweist, d.h. eine geringe Multifunktionsbreite.

839 Im Hinblick auf das „auf Dauer" zu erhaltende Gebäude ist der **Vervielfältiger** für eine Restnutzungsdauer von 100 Jahren und ein Liegenschaftszinssatz maßgebend, der sich für Grundstücke ergibt, die mit einem Denkmal bebaut sind (denkmalspezifischer Liegenschaftszinssatz). Dieser ist wiederum im Hinblick auf die zu erhaltende Bebauung besonders einfach nach der Beziehung

$$p = RE/KP \times 100$$

wobei

p = Liegenschaftszinssatz
RE = Reinertrag
KP = Kaufpreis

abzuleiten.

840 Der **denkmalspezifische Liegenschaftszinssatz** unterscheidet sich von den sonstigen Liegenschaftszinssätzen vergleichbarer Objekte i.d.R. schon deshalb, weil sich für Denkmäler ein entsprechend verminderter Reinertrag ergibt, insbesondere dann, wenn steuerliche und Finanzierungsvorteile nicht in den Reinertrag eingerechnet werden. Werden indessen für denkmalgeschützte Objekte im gewöhnlichen Geschäftsverkehr Kaufpreise erzielt, die im Hinblick auf Steuer- und Finanzierungsvorteile nicht gleichermaßen wie die Reinerträge abgesenkt sind, kann sich umgekehrt auch ein entsprechend geringerer Liegenschaftszinssatz ergeben als für vergleichbare unbelastete Objekte.

841 Für denkmalgeschützte Renditeobjekte hat der Gutachterausschuss für Grundstückswerte im Bereich der Landeshauptstadt *München* gegenüber vergleichbaren Objekten ohne Denkmalschutz **verminderte Liegenschaftszinssätze** festgestellt. Für Wohnhäuser mit einem Gewerbeanteil bis zu 60 % sind die Liegenschaftszinssätze um 0,5 % und für Büro- und Geschäftshäuser sogar um 1,0 % gemindert.

842 **Steuer- und Finanzierungsvorteile,** die für das denkmalgeschützte Objekt alljährlich anfallen, sind über die Dauer ihrer Gewährung zu kapitalisieren.

843 In der Gesamtschau können sich für Objekte mit geringen Erträgen und hohen Bewirtschaftungs- und Instandsetzungskosten bei schematischer Anwendung auch negative Ertragswerte, d.h. also Unwerte, ergeben. In diesem Fall muss im Hinblick auf den **Übernahmeanspruch bei Überschreitung der Zumutbarkeitsgrenze** geprüft werden, ob dann nicht der Bodenwert geltend zu machen ist.

12.5 Schlösser, Burgen und Gutshäuser

12.5.1 Allgemeines

▶ *Zu den steuerlichen Vorteilen vgl. Rn. 780 ff.*

844 In Deutschland gibt es zurzeit etwa 12 000 **Schlösser oder Burgen,** von denen nach älteren Recherchen rd. 1 500 Objekte zum Verkauf stehen. Insbesondere an Schlössern aus dem 15. bis 19. Jahrhundert besteht reges **Interesse.**

845 Die Wertermittlung von Schlössern und Burgen ist schwer objektivierbar. Für derartige Objekte besteht **kein Grundstücksmarkt** im üblichen Sinne. Veräußerungen von Schlössern und Burgen stehen regelmäßig außerhalb des eigentlichen Marktgeschehens. **Der Verkehrswert wird maßgeblich durch eine Nutzungskonzeption bestimmt, die sich** auch realisieren lässt. Die Absicht der Kaufwilligen, das Objekt unterschiedlich zu nutzen (Anlageobjekt, Repräsentationsobjekt, Wunschobjekt), führt zu großen Preisdifferenzen.

Ein **repräsentativer Teilmarkt** für Schlösser und Burgen besteht nicht und wird auch künftig wegen der Einzigartigkeit und der geringen Anzahl der Objekte nicht zu erwarten sein. Damit scheidet das Vergleichswertverfahren nach § 15 und § 16 ImmoWertV weitgehend aus. Der Verkehrswert kann nur im Wege des Ertragswertverfahrens (§§ 17 bis 20 ImmoWertV) oder des Sachwertverfahrens (§§ 21 bis 23 ImmoWertV) ermittelt werden. Unabhängig von dem anzuwendenden Verfahren ist nach allgemeinen Schätzregeln zunächst der Verkehrswert ohne Berücksichtigung des Denkmalschutzes zu ermitteln. Danach ist die Denkmaleigenschaft durch Zu- oder Abschläge vom ermittelten unbelasteten Ausgangswert zu würdigen. 846

Etwa die Hälfte der in Deutschland stehenden Schlösser und Burgen werden genutzt. Bei diesen Objekten ist die Restnutzungsdauer sowohl in technischer als auch in wirtschaftlicher Hinsicht noch nicht abgelaufen. Im Allgemeinen liegt zwar ein Zurückbleiben hinter den allgemeinen Anforderungen an Wohnraum vor; eine Minderausnutzung dergestalt, dass nach „fiktivem" Abbruch der Gebäude der verbleibende Bodenwert höher wäre als der Verkehrswert des bebauten Grundstücks, ist selten gegeben. Ebenso wäre in den meisten Fällen ein „fiktiver" Abbruch der Baulichkeiten aus wirtschaftlichen Gründen nicht geboten. Bei den genutzten bzw. für verschiedene Zwecke wirtschaftlich nutzbaren Schlössern und Burgen wird im Allgemeinen der **Grundstücksertragswert eine plausible Ausgangsgröße** für den Verkehrswert bieten. 847

Nach dem bisherigen Erbschaftsteuerrecht hat die Finanzverwaltung die Überlast bei der Bewertung von Schlössern, Burgen und Herrenhäusern pauschaliert (R 28 ErbStR) und den Jahreswert der Last je m³ umbauter Raum bei musealer Nutzung mit 2,30 €, bei anderer Nutzung mit 1,15 € festgelegt[312]. 848

12.5.2 Bodenwert

Für die Beurteilung der **Höhe des Bodenwerts** ist die Grundstücksqualität entscheidend. Sie hängt von der durch den Denkmalschutz festgeschriebenen Nutzung ab. Vergleichspreise oder Bodenrichtwerte können nur dann ohne wesentliche Korrekturen herangezogen werden, wenn die denkmalfreie Nutzungsmöglichkeit des Vergleichsobjekts der denkmalgeprägten Nutzung des Wertermittlungsobjekts annähernd entspricht. Bodenrichtwerte werden aus der gebietstypischen Nutzung abgeleitet. Ist das denkmalgeprägte Objekt hinsichtlich seiner Nutzung nicht gebietstypisch, müssen vorliegende denkmalfreie Vergleichspreise entweder korrigiert oder aber andere Vergleichswerte aus mit dem Denkmalobjekt vergleichbaren Lagen herangezogen werden. 849

Schlösser und Burgen befinden sich überwiegend im **Außenbereich** (§ 35 BauGB). Die zum Besitz gehörenden Bodenflächen übersteigen meistens „ortsübliche" Grundstücksgrößen um ein Vielfaches. Neben der als „De-facto-Baulandfläche" ansehbaren Umgriffsfläche um die baulichen Anlagen bestehen die Restflächen überwiegend aus parkartig angelegten Anlagen, Wald-, Wiesen- und Wasserflächen. 850

Sofern die Gesamtanlage im Außenbereich liegt, kann die **Umgriffsfläche** der Baulichkeiten als „De-facto-Bauland" angesehen werden (vgl. § 16 Abs. 2 ImmoWertV). Der Bodenwert ist aus Vergleichspreisen bzw. Bodenrichtwerten der Nachbargemeinden abzuleiten. Dabei ist zu beachten, dass die Bodenrichtwerte für ortsübliche Grundstücksgrößen gelten. Vergleichspreise für ortsübliche Grundstücksgrößen gelten. Die einer Schloss- oder Burganlage zuzuordnende Baulandfläche ist meistens erheblich größer. Das führt zu einer Reduzierung des Quadratmeterpreises. Als Anhalt für die Minderung kann Anl. 11 WERTR dienen. Danach vermindert sich der Bodenpreis/m² bei Verdopplung der Grundstücksfläche etwa im Verhältnis 1:0,8. 851

---

312 Vgl. Bay Staatsministerium der Finanzen, Erl vom 7. 5 1976 – 34 – S 3284 – 3/84 – 26 806; Bay Staatsministerium der Finanzen, Erl vom 23.11.1973 – S 3284 – 3/58 –57 858 –; Niederschrift des Bundesministeriums der Finanzen vom 25.11.1975 – IV C 3 – S 3620 – 35/75 – der Besprechung mit den Bewertungs- und Vermögensteuerreferenten der obersten Finanzbehörden der Länder vom 14. bis 17. Oktober 1975 in Würzburg (Bew/VSt V/75).

852 *Beispiel:*

Bodenrichtwert (ohne Erschließung) 100 €/m², ortsübliche Grundstücksgröße 1 000 m². Bei einer Umgriffsfläche von 8 000 m² würde sich ein Bodenwert von 51 €/m² Grundstücksfläche ergeben. Dieser Wert wäre dann noch um die Erschließungskosten zu erhöhen.

853 Bei der Ermittlung der „De-facto-Baulandfläche" ist Folgendes zu berücksichtigen: Im Außenbereich wird üblicherweise die Umgriffsfläche entsprechend einer GFZ von 0,1 bis 0,2 unterstellt[313]. Bei weitläufig angelegten baulichen Anlagen kann diese rein formal ermittelte Umgriffsfläche ggf. nicht akzeptabel sein, denn am Markt wird auch für Grundstücke, die nach der BauNVO vorgegebene Mindestgröße deutlich übersteigen, der volle Baulandpreis bezahlt[314]. Es kommt also nicht unbedingt auf die rein rechnerische Flächenermittlung an, sondern auf eine **vernünftige Abgrenzung** der „De-facto-Baulandfläche" gegenüber den anderen zumeist geringerwertigen Flächen des Gesamtobjekts. In den meisten Fällen ist eine zeichnerische Abgrenzung der Flächen im Lageplan plausibel. Als Mindestgröße ist jedoch die sich nach der BauNVO ergebende GFZ anzuhalten.

854 Da die „De-facto-Baulandfläche" üblicherweise erschlossen ist, sind die **Erschließungskosten** entsprechend zu berücksichtigen. Wegen der Größe der Flächen ist jedoch nicht von den üblichen Zuschlägen auszugehen, sondern von entsprechend geringeren Ansätzen.

855 Schlossgrundstücke besitzen oft eine **Parkanlage.** Deren Wertermittlung bereitet oft Schwierigkeiten. Renditeorientierte Wertermittlungsansätze führen zu marktfremden Ergebnissen. Da aus einer Parkanlage kein Ertrag erwirtschaftet werden kann[315], müsste der Wert der Parkfläche theoretisch noch unter dem Wert für angrenzende land- oder forstwirtschaftlich nutzbare Flächen angenommen werden. Würde dagegen der Wert des Aufwuchses gewertet (was bei der Enteignungsentschädigung erforderlich ist), würde sich ein wesentlich höherer Wert ergeben. Aber auch diese Betrachtungsweise führt zu keinem bei Verkauf am Markt nachvollziehbaren Ergebnis.

856 Bei Wohnnutzung des Schlosses oder der Burganlage erhöht der Park zweifellos den **Wohn- und Freizeitwert.** Aber auch bei gemischter oder gewerblicher Nutzung bewirkt der Park eine Steigerung des Renommees (gute Adresse). Die aus dem Vorhandensein des Parks resultierende Erhöhung des Wohnwerts oder die „gute Adresse" stellt einen wertbildenden Faktor dar, der bei der Wertermittlung zu berücksichtigen ist. Zur plausiblen Ableitung des Bodenwerts der Parkflächen kann von folgenden Eckdaten ausgegangen werden:

857 Den untersten Eckwert bildet der **ortsübliche Ackerlandpreis** (land- oder forstwirtschaftliche Fläche). Der obere Eckwert wird durch den Ansatz für vorhandene, aber nicht notwendige und auf längere Zeit **nicht bebaubare Flächen im Baulandbereich** mit etwa 20 bis 30 v.H. des Baulandpreises gebildet (vergleichbar etwa mit dem Preis für Bauerwartungsland). Dies gilt jedoch nur für solche Parkflächen, für die wegen des zumeist vorliegenden Denkmalschutzes langfristig keine anderweitige Nutzung in Aussicht genommen werden kann. Parkflächen, die einer höherwertigen Nutzung zugeführt werden können, sind entsprechend höher einzustufen[316].

858 **Forstwirtschaftlich genutzte Flächen** – sofern sie überhaupt in die Verkehrswertermittlung mit einbezogen werden – sind nach Vergleichspreisen zu werten. Waldflächen werden mit 0,10 €/m² bis 0,50 €/m² (ohne Wert des Aufwuchses) angenommen. Es empfiehlt sich, in den Fällen der Wertermittlung größerer forstwirtschaftlich genutzter Flächen einen Forstsachverständigen hinzuzuziehen.

---

313 In Ausnahmefällen nahe zentralen Orten bis ca. GFZ 0,4.
314 BGH, Urt. vom 27.9.1990 – III ZR 57/89 –, GuG 1991, 31 = EzGuG 4.134.
315 Auch die Erhebung von Eintrittsgeldern führt zu keinem messbaren Ertrag, da die Einnahmen allenfalls die Kosten der Pflege der Anlage decken können; zu Schlössern ferner Heinzelmeir in ZfV 1995, 573; Gomille in Nachr. der nds. Kat.- und VermVw 2000/4.
316 Die hier angegebenen Sätze, wie sie schon in der 2. Aufl. dieses Werks (Köln 1997) veröffentlicht worden sind, haben Eingang in die „Bewertungsgrundsätze für denkmalgeschützte Objekte am Beispiel der neuen Bundesländer" des Fachbeirats „Bewertung Land- und Forstwirtschaft bei der Bodenverwertungs- und -verwaltungs GmbH" (BVVG) i.d.F. vom Februar 1999 gefunden.

Gartenlandflächen werden mit etwa 10 bis 15 v.H. des Baulandpreises (ohne Erschließungskosten) bzw. zum zweifachen Ackerlandpreis gehandelt (vgl. § 5 ImmoWertV Rn. 304). **859**

▶ *Zu Wasser- bzw. Ufergrundstücken vgl. Syst. Darst. des Vergleichswertverfahrens Rn. 401*

12.5.3 Sachwertverfahren

▶ *Zum Bodenwert vgl. Rn. 849 ff.*

Von der Ermittlung des Sachwerts wird in den meisten Fällen abzuraten sein. Insbesondere bei besonders aufwendiger Bauweise, z. B. eine Burg mit 3 m Mauerstärke, und eingeschränkter wirtschaftlicher Verwendungsfähigkeit würde die Anwendung des Sachwertverfahrens allenfalls aufzeigen, was die Sache nicht wert ist. Im Rahmen des Sachwertverfahrens wären zur Berücksichtigung der **wirtschaftlichen Verwertbarkeit nach § 8 Abs. 3 ImmoWertV Abschläge** in einer Größenordnung anzubringen, die das Sachwertverfahren als ungeeignet erscheinen lassen müssen, zumal hierfür anerkannte Normalherstellungskosten nicht vorliegen. Die Normalherstellungskosten von 1913 finden auch hier keine Rechtfertigung, da auch sie i.d.R. den Besonderheiten der Denkmäler nicht Rechnung tragen und diese zudem auch nicht alle zu dieser Zeit errichtet worden sind. Die generellen Vorbehalte gegen die Anwendung des Sachwertverfahrens auf der Grundlage der Normalherstellungskosten von 1913 greifen auch hier durch. **860**

Nach § 22 ImmoWertV ist im **Sachwertverfahren** zunächst der Normalherstellungswert zu ermitteln. Das sind die Kosten, die am Stichtag der Wertermittlung für einen Neubau üblicherweise hätten aufgewendet werden müssen. Bei Schlössern und Burgen aus dem Mittelalter wird man allerdings keine **Normalherstellungskosten** ermitteln können. Diese Objekte sind ungewöhnliche und besondere Bauwerke, deren Herstellungskosten nicht mit dem „gewöhnlichen Herstellungsaufwand" vergleichbar sind. Würden reale Herstellungskosten kalkuliert, müsste der Raummeterpreis je nach Dicke des tragenden Mauerwerks 400 €/m³ bis 800 €/m³ (DIN 277/1950) betragen. Daneben wären die Herstellungskosten der zahlreichen Sonderbauteile getrennt zu ermitteln (DIN 277/1950, Abschn. 4) und zuzuschlagen. **861**

Insgesamt ergäben sich extrem hohe Herstellungskosten, die nach Berücksichtigung der Alterswertminderung und ggf. der Abschläge wegen baulicher Mängel und Schäden zu einem ebenfalls hohen Sachwert der baulichen Anlagen führen würden. Da am Grundstücksmarkt diese Werte nicht einmal entfernt als Kaufpreis realisiert werden, wären **Abschläge in Größenordnungen von 60 bis 90 v.H.** unumgänglich. Angesichts dieser hohen Abschläge, die der Höhe nach kaum nachvollziehbar begründet werden können, stellt sich die Frage, ob das gewählte Wertermittlungsverfahren noch sinnvoll ist. **862**

Einen Ausweg bietet die Annahme, dass das Gebäude unter Verwendung heutiger Baumaterialien nach heutigen statischen Erkenntnissen aufgebaut werden würde. Dabei würde ein **„fiktiver" Raummeterpreis (Ersatzbeschaffungskosten)** in Ansatz gebracht, der wesentlich unter dem Raummeterpreis für den Wiederaufbau liegt. Diese Methode hat sich bei der Wertermittlung von alten Fabrikgrundstücken bewährt, bei der die Normalherstellungskosten für alte Massivhallen nach den Kosten für heute übliche Ausführungen angenommen werden. **863**

Beispiele der Herstellungskosten von Sonderbauteilen (Wertverhältnisse 2000) **864**

Bauteil	Kosten in € Wertverhältnisse 2000
Strebepfeiler 1,00 × 0,80 m mit Schaft, 8 m hoch	15 000 €/Stück
Gurtgesims, h = 0,25 m, Ausladung 0,15 m, glatt.	600 €/lfdm
Deckenfries aus Stuck, bis 0,60 m breit.	950 €/lfdm
Deckenmalerei Fresko (Ausmalung mit Putten, Himmel und Wolken)	500 €/m²

VI Besondere Immobilienarten — Denkmalschutz

865 In Sachverständigenkreisen wird diskutiert, ob grundsätzlich ein sog. **Schlosszuschlag** (Marktanpassungszuschlag) vorzunehmen ist, da am Markt häufig höhere Kaufpreise erzielt werden als die sich rechnerisch ergebenden Werte. Ob ein Schlosszuschlag anzunehmen ist oder nicht, hängt wesentlich von der Bedeutung des Objekts (Renommee) ab. Bei Schlössern oder Burgen mit geringem Geltungsgrad wird durchaus auch ein Marktanpassungsabschlag in Betracht zu ziehen sein.

866 *Beispiel*

A Wertermittlung der Bausubstanz, die für eine Folgenutzung noch verwertbar ist, zuzüglich der Baukosten, die für einen Umbau entsprechend der vorgesehenen Nutzung aufzuwenden sind. Vergleich der Summe dieser Kosten mit den Kosten, die für einen kompletten Neubau ohne Berücksichtigung alter Bausubstanz aufzuwenden wären.

Beispiel: (ohne Berücksichtigung des Bodenwerts)

Verwertbare Altbausubstanz	1 500 000 €
Umbaukosten (nach spezifizierter Kostenermittlung)	3 200 000 €
Summe	4 700 000 €
Neubaukosten	6 000 000 €
Differenz	1 300 000 €

Das *Beispiel* zeigt, dass eine Sanierung des Objekts lohnt.
Für die Verkehrswertermittlung ergäbe sich als Untergrenze ein Ansatz von 1,5 Mio. € für den Wert der baulichen Anlagen.

B Bei unterstellbarer Wohnnutzung: Wertermittlung der Bausubstanz, die für eine **Folgenutzung** noch verwertbar ist, zuzüglich der Instandsetzungskosten nach Flächenwerten.

Beispiel: (ohne Berücksichtigung des Bodenwerts)

Verwertbare Altsubstanz	1 500 000 €
Instandsetzungskosten für Wohnnutzung 3 200 m² WF/NF × 1 000 €/m²	3 200 000 €
Summe	4 700 000 €
Neubau für Wohnnutzung: 3 200 m² WF/NF × 1 500 €/m²	4 800 000 €
Differenz	100 000 €

Das *Beispiel* zeigt, dass auch hier eine Sanierung des Objekts lohnt.
Für die Verkehrswertermittlung ergäbe sich als Untergrenze ein Ansatz von 1,5 Mio. € für den Wert der baulichen Anlagen.

12.5.4 Ertragswertverfahren

867 Bei der Wertermittlung von Schlössern und Burgen auf der Grundlage des Ertragswertverfahrens ist Folgendes zu beachten: Das **Ertragswertverfahren** ist im Wesentlichen eine Renditeberechnung. Folglich muss auch die Zielsetzung der Nutzung oder der Folgenutzung des Objekts renditeorientiert sein. Anderenfalls ergeben sich keine plausiblen Wertermittlungsergebnisse. Da Liquidationsüberlegungen wegen des Denkmalschutzes vernachlässigt werden können, ist von einer nachhaltigen wirtschaftlichen Nutzung des Schlosses oder der Burg auszugehen. Dabei kann bezüglich des Mietansatzes der renovierte oder modernisierte Zustand des Objekts zugrunde gelegt werden. Die Aufwendungen für die Modernisierung sind wertmindernd zu berücksichtigen. Unabhängig davon ist zu klären, ob und, wenn ja, in welchem Umfang aus denkmalpflegerischer Sicht besondere Instandhaltungs- oder Instandsetzungsmaßnahmen erforderlich sind und inwieweit diese besonderen Maßnahmen wiederkehrend Einfluss auf die Bewirtschaftungskosten nehmen.

Beispiel

C Investorenmethode:

Es wird unterstellt, dass ein Investor das Objekt erwirbt, Umbau- und Sanierungsmaßnahmen für die mögliche Folgenutzung durchführt und das sanierte Objekt weiter vermarktet.

Beispiel:

Das Objekt eignet sich als Schulungsstätte (Internatsbetrieb). Der Reinertrag beträgt 17,50 €/Person. Als Tagessatz sind 60 €/Person durchsetzbar. Die Teilnehmerzahl wird mit 60 Personen bei 250 Tagen angenommen.

Reinertrag 17,50 €/Tag × 60 Personen × 250 Tage	262 500 €
Zinssatz 5 % Restnutzungsdauer 100 Jahre	
Vervielfältiger 19,85	
Grundstücksertragswert 262 500 € × 19,85	5 210 640 €
abzüglich Investitionskosten 3 000 m² WF/NF × 1 000 €/m²	− 3 000 000 €
Differenz	= 2 210 500 €

Da im Allgemeinen für den Investor die Kosten für Unvorhergesehenes, Wagnis und Gewinn (10 bis 20 %) abzuziehen sind, ergäbe sich ein Verkehrswert in einer Größenordnung von rd. 1,85 Mio. €.

D Ertragswertverfahren nach ImmoWertV

Das Objekt eignet sich zur Vermietung (Wohnungen).

Beispiel:

Rohertrag: 2 200 m² WF × 5 €/m² × 12 Monate	132 000 €
Bewirtschaftungskosten 30 %	− 39 600 €
Reinertrag	92 400 €
Vervielfältiger 19,85	
Grundstücksertragswert: 92 400 € × 19,85	1 834 140 €
abzüglich Umbaukosten 2 200 m² WF × 600 €	− 1 320 000 €
Ertragswert	= 514 140 €

Der Verkehrswert wird 0,5 Mio. € nicht übersteigen.

Das Beispiel zeigt, dass der Verkehrswert derartiger Objekte eindeutig von der künftigen Nutzung bestimmt wird. Wäre im vorliegenden Fall eine Nutzung als Schulungsstätte möglich, ergäbe sich der im Beispiel C ermittelte Wert.

Auch oder gerade im Rahmen der Verkehrswertermittlung von Schlössern zeigt sich, dass man sich mit dem Ertragswertverfahren dem Verkehrswert bedeutend zuverlässiger als mit dem Sachwertverfahren nähert (Abb. 269):

VI Besondere Immobilienarten — Denkmalschutz

Abb. 269: Bewertungen vergleichbarer Objekte in Niedersachsen

Wertermitt-lungsobjekt	Baujahr	Wertermitt-lungsjahr	Ertragswert €	Sachwert €	Verkehrswert €
Burg	13..	1972	50 000	70 000	56 000
Gut	18..	1978		550 000	400 000
Schloss	16..	1979	154 500	479 500	265 000
Villa	19..	1981	1 680 000	2 560 000	2 000 000
Schloss	16..	1983	416 000	500 000	475 000
Hotel	19..	1985		225 500	225 500
Schloss	16..	1985		520 000	400 000
Hotel	18..	1993	1 550 000	2 280 000	1 575 000
Villa	18..	1993		396 000	305 000
Schloss	19..	1995	2 840 000	4 855 000	2 840 000
Schloss	16..	1998	950 000	1 640 000	1 200 000

Quelle: Gomille, U., Was ist ein Schloss wert? Nachr. der nds. Kat.- und VermVw 2000/4, S. 4

12.6 Denkmalschutz in der steuerlichen Bewertung

870 Nachstehend wird der **Erlass betr. Einheitsbewertung von Grundbesitz, der unter Denkmalschutz steht,** vom 21. Oktober 1985 (BStBl I 1985, 648) abgedruckt:

Gleich lautender Ländererlass[317]

Die Denkmaleigenschaft einer baulichen Anlage kann einen Minderwert des Grundstücks wegen eingeschränkter wirtschaftlicher Verwertbarkeit und der dem Eigentümer obliegenden Unterhaltsverpflichtungen bewirken. Dieser Minderwert kann einen Abschlag bei der Einheitsbewertung des Grundbesitzes rechtfertigen. Bei Grundstücken mit baulichen Anlagen, die nach dem Denkmalschutzgesetz des Landes ganz oder teilweise unter Schutz gestellt sind (Baudenkmälern), ist künftig wie folgt zu verfahren:

1. Maßgebende Grundstücksart bei Schlössern und Burgen

    Innerhalb der Baudenkmäler stellen Schlösser und Burgen (im weiteren Erlasstext unter der Bezeichnung „Schlösser" zusammengefasst) eine besondere Gruppe dar, bei der für die Einordnung in die bewertungsrechtliche Grundstücksart Folgendes gilt:

1.1 Schloss ist der Grundstücksart „Einfamilienhäuser" zuzurechnen, wenn der Gebäudebestand überwiegend zur Befriedigung des Wohnbedürfnisses dient oder nach seinem baulichen Zustand zu dienen geeignet ist und nur eine Wohnung vorhanden ist. Das wird bei den meisten kleineren Schlössern der Fall sein, die regelmäßig – z. B. als Landsitz – vom Eigentümer allein bewohnt werden.

    Es kann aber auch nach Art der Benutzung eine Bewertung als Zweifamilienhaus, als gemischt genutztes Grundstück oder als Geschäftsgrundstück in Betracht kommen.

1.2 Sind dagegen – wie es insbesondere bei den größeren Schlössern und Burganlagen häufig der Fall ist – erhebliche Teile der Bausubstanz für die Befriedigung heutiger Wohnbedürfnisse ungeeignet und daher nicht oder nur gelegentlich genutzt, so ist, wenn die nach der Verkehrsauffassung nicht für Wohnzwecke geeigneten Teile der Bausubstanz überwiegen, das ganze Schloss (einschließlich der Wohnteile) der Grundstücksart „sonstige bebaute Grundstücke" zuzurechnen. Als nicht für Wohnzwecke geeignete Teile der Bausubstanz kommen z. B. Rittersäle, Hallen und andere übergroße Räume, Türme, Tore und dgl., darüber hinaus aber auch baufällige, ungesunde oder unbeheizbare Räume in Betracht. Bei der Zuordnung der Schlösser zur Grundstücksart „sonstige bebaute Grundstücke" ist nicht kleinlich zu verfahren.

---

317 Hierzu die ergänzenden Erl. Bremen S 3201/S 3206 – 3260 vom 16.12.1985, StEK BewG 1965 § 76 Nr. 19; Hamburg 54 – S 3201 – 1/85 vom 12.11.1985, StEK BewG 1965 § 76 Nr. 19; Hessen S 3101 A – 1/S 3206 A – 1 II B 42 vom 25.3.1986, StEK BewG 1965 § 76 Nr. 21; Schleswig-Holstein VI 330a – S 3201 – 18 vom 30.4.1986, StEK BewG 1965 § 76 Nr. 22; Nordrhein-Westfalen S 3201 – 1 – V A 4 vom 3.12.1985, StEK BewG1965 § 76 Nr. 23; Niedersachsen S 3199 – 3 – 36 vom 27.12.1985, StEK BewG 1965 § 76 Nr. 24; Rheinland-Pfalz S 3101 A – 446 vom 17.1.1986, StEK BewG 1965 § 76 Nr. 25; Thüringen: VV des FM vom 22.12.1994 – S 3219a A – 3 – 201.3.

Denkmalschutz — Besondere Immobilienarten VI

1.3 Ein Grundstück mit denkmalgeschützten Gebäuden ist ein Geschäftsgrundstück, wenn es z. B. als Hotel oder Gaststätte benutzt wird. Dabei können auch nicht unmittelbar genutzte Bauteile als dem gewerblichen Betrieb dienend in die wirtschaftliche Einheit Geschäftsgrundstück einzubeziehen sein.

2. Wertermittlung

Baudenkmäler sind nach Maßgabe des § 76 BewG im Ertragswertverfahren oder im Sachwertverfahren zu bewerten, soweit es sich nicht mangels Gebäudeeigenschaft der baulichen Anlagen um unbebaute Grundstücke i.S. des § 72 BewG handelt. Ist Letzteres der Fall, so gilt Tz. 2.2.1 für die Wertermittlung entsprechend.

2.1 **Ertragswertverfahren**

2.1.1 Bei der Schätzung der üblichen Miete anhand von Mietspiegeln, z. B. für eigengenutzte Wohnungen in Schlössern, sind wertmindernde Umstände zu berücksichtigen, die sich z. B. aus der Lage, der Größe, der Ausstattung, dem Bauzustand ergeben. Solche Umstände können insbesondere eine geringe oder überhöhte Geschosshöhe, eine ungünstige Grundrissgestaltung, ungenügende Fensterflächen, geringe Deckenbelastbarkeit oder für gewerbliche Räume ungünstige Zugänge oder ungenügende Gestaltungsmöglichkeiten im Innern oder am Äußern des Gebäudes sein.

2.1.2 Ein etwaiger Abschlag wegen behebbarer Baumängel und Bauschäden ist nach den allgemeinen Grundsätzen vorzunehmen und betrifft nur den Gebäudewert (Abschn. 31 Abs. 3 Abschn. 33 Abs. 4 Satz 2 BewRGr).

2.1.3 Die besonderen wertmindernden Auswirkungen des Denkmalschutzes infolge der Erhaltungspflicht und des Veränderungsverbots hinsichtlich der bestehenden Bausubstanz sind pauschal durch einen Abschlag vom Grundstückswert (Bodenwert + Gebäudewert + Wert der Außenanlagen) zu berücksichtigen, der nicht unter die Begrenzung des § 82 Abs. 3 BewG fällt. Hierbei gilt Folgendes:

2.1.3.1 Steht das gesamte Gebäude unter Denkmalschutz, so kann ohne weiteren Nachweis der Grundstückswert in der Regel um 5 v.H. ermäßigt werden.

2.1.3.2 Wird nachgewiesen oder zumindest glaubhaft gemacht, dass die denkmalschutzrechtlichen Beschränkungen im Falle einer Veräußerung den Verkaufspreis in ungewöhnlichem Maße mindern, so kann der Grundstückswert um bis zu 10 v.H. ermäßigt werden.

2.1.3.3 Stehen auf einem Grundstück nur ein Teil der vorhandenen Gebäude oder nur Gebäudeteile (z. B. ein Anbau) oder nur Bauteile (z. B. die Fassade) unter Denkmalschutz, so wird der Grundstückswert gleichwohl um einen einheitlichen Hundertsatz ermäßigt, der wie folgt zu ermitteln ist:

Der nach Tz. 2.1.3.1 oder 2.1.3.2 maßgebende Hundertsatz wird zu dem Bruchteil angesetzt, der entspricht

– bei mehreren Gebäuden oder Gebäudeteilen dem Anteil der Jahresrohmiete des denkmalgeschützten Gebäudes (Gebäudeteils) an der gesamten Jahresrohmiete des Grundstücks;

– bei einem auf Bauteile (z. B. die Fassade) beschränkten Denkmalschutz dem Wertanteil des denkmalgeschützten Bauteils am Gebäude (sämtlicher Gebäude des Grundstücks). Der sich so ergebende Hundertsatz der Ermäßigung ist auf eine volle Zahl nach oben aufzurunden.

2.1.3.4 Der Abschlag wird jeweils nur insoweit gewährt, als Bausubstanz nach dem Denkmalschutzgesetz des Landes als Denkmal geschützt und zu erhalten ist; ein Gestaltungsgebot zur Anpassung von Neubauten an benachbarte Baudenkmäler reicht daher nicht aus (vgl. das zu § 32 Abs. 1 Nr. 1 GrStG ergangene BVerwG, Urt. vom 21.9.1984 – 8 C 62/82 –, *EzGuG 1.25*). Ob Schutz und Erhaltungspflicht der Bausubstanz nur einzelne Gebäudeteile (z. B. nur das Vorderhaus) oder nur einzelne Bauteile (z. B. die Fassade) betreffen, bestimmt sich nach den materiellen Wirkungen des Denkmalschutzes, die tatsächlich für den Eigentümer eintreten.

2.1.3.5 Mit dem pauschalen Abschlag vom Grundstückswert ist bei normal nutzbarer Bausubstanz auch dem Umstand Rechnung getragen, dass die Instandhaltungskosten den Rahmen übersteigen können, der bei der pauschalen Berücksichtigung in den gesetzlich festgelegten Vervielfältigern zugrunde gelegt wurde; insoweit handelt es sich um eine Ausnahme vom Verbot der individuellen Berücksichtigung von Bewirtschaftungskosten (Abschn. 31 Abs. 1 Satz 2 BewRGr).

2.1.4 Oft wird eine Werterhöhung nach § 82 Abs. 2 Nr. 1 BewG wegen übergroßer Fläche in Betracht kommen. Eine Erhöhung muss unterbleiben, wenn die nicht bebaute Fläche nicht genutzt werden kann (z. B. ungenutzte Wasserflächen, Umwehrungen, große Höfe). Handelt es sich dagegen um Parks oder andere nutzbare Anlagen, so erhöht sich der Wert. Der Bodenwert wird allerdings im Hinblick auf die sich aus dem Denkmalschutz ergebenden Beschränkungen und Belastungen vorsichtig zu bemessen sein.

2.2 Sachwertverfahren

2.2.1 Bei der Ermittlung des Bodenwerts ist Folgendes zu beachten:

Zwar bleibt der Umstand, dass das Grundstück bebaut ist, nach Abschnitt 35 Abs. 1 BewRGr außer Betracht. Es muss aber berücksichtigt werden, dass das unter Denkmalschutz stehende Gebäude nicht beseitigt werden wird, so dass der Eigentümer gehindert ist, den Boden anderweitig auszunutzen.

Bei der Ermittlung des Bodenwerts ist daher wegen der denkmalschutzrechtlichen Beschränkungen ein pauschaler Abschlag in entsprechender Anwendung von Tz. 2.1.3 zu berücksichtigen.

2.2.2 Bei der Ermittlung der Raummeterpreise für denkmalgeschützte Gebäude oder Gebäudeteile kann die vorhandene Innenausstattung nicht unbeachtet bleiben. Dagegen sind besondere Außenausstattungen der Gebäude (z. B. Fassadenornamente, besonders aufwendige Freitreppen) bei der Bewertung weder im Raummeterpreis noch durch besonderen Ansatz zu erfassen.

2.2.3 Bei der Wertminderung wegen Alters ist von der Lebensdauer auszugehen, die sich aus der Tabelle in Abschn. 41 Abs. 2 BewRGr ergibt.

Ob die gewöhnliche Lebensdauer des Gebäudes durch erhebliche, nicht behebbare oder nur mit unverhältnismäßig hohen Kosten zu beseitigende Bauschäden verkürzt ist (Abschn. 41 Abs. 6 BewRGr), richtet sich nach den Verhältnissen des Einzelfalls. Der Restwert nach § 86 Abs. 3 BewG darf jedoch nicht unterschritten werden. Behebbare bauliche Schäden sind nach § 87 BewG in dem Umfang zu berücksichtigen, in dem sie tatsächlich bestehen.

2.2.4 Ermäßigungen nach § 88 BewG werden vornehmlich wegen der Lage des Grundstücks, wegen übergroßer Raumhöhen im Gebäude, aber auch wegen übergroßer Räume (z. B. übergroße Treppenhäuser, die ebenfalls dem Denkmalschutz unterstehen) in Betracht kommen. Das Ausmaß der Ermäßigung richtet sich nach den Verhältnissen des Einzelfalles.

Im Rahmen des § 88 BewG ist der Gebäudewert außerdem wegen der denkmalschutzrechtlichen Beschränkungen zu ermäßigen. Tz. 2.1.3 gilt mit der Maßgabe entsprechend, dass es der personellen Berechnung eines auf den gesamten Gebäudesachwert bezogenen einheitlichen Abschlagssatzes nicht bedarf, wenn bei der Bewertung von mehreren Gebäuden oder Gebäudeteilen ausgegangen wurde und von ihnen nur einige unter Denkmalschutz stehen; in diesem Fall kann der Abschlag vielmehr unmittelbar bezogen auf das einzelne Gebäude (Gebäudeteil) gewährt werden.

2.2.5 Bei Schlossanlagen müssen auch andere nutzbare Gebäude, z. B. Pavillons und Orangerien, bewertet werden. Sie zählen nicht zu den Außenanlagen.

2.2.6 Für die Ermittlung des Werts der Außenanlagen gelten die vorstehenden Ausführungen über die Ermittlung des Gebäudewerts entsprechend. Auch besondere Außenanlagen (z. B. Barockgitter) sind nur mit den normalen Durchschnittspreisen anzusetzen. Soweit die Außenanlagen nicht genutzt werden können (z. B. ungenutzte Wasserflächen, Umwehrungen), sind sie nicht zu berücksichtigen. Parkanlagen und sonstige nutzbare Anlagen sind jedoch zu erfassen.

3. Mindestbewertung

Soweit für Grundstücke mit Baudenkmälern der Mindestwert nach § 77 BewG anzusetzen ist, sind die Anweisungen in Tz. 2.2.1 über die Ermittlung des Bodenwerts zu beachten.

4. Wohnteile von Betrieben der Land- und Forstwirtschaft

Steht der Wohnteil eines Betriebs der Land- und Forstwirtschaft ganz oder teilweise unter Denkmalschutz (vgl. Abschn.1.02 Abs. 6 BewRL), so sind Nr. 2.1.1 bis 2.1.3 bei der Ermittlung des Wohnungswerts entsprechend anzuwenden.

5. Schlussbestimmung

Dieser Erlass tritt an Stelle der bisherigen, inhaltlich übereinstimmenden Erlasse der obersten Finanzbehörden der Länder.

13 Soziale Wohnraumförderung

13.1 Allgemeines

Schrifttum: *Bachmann, St.*, Die Bewertung eines Mietwohnhauses (sozialer Wohnungsbau), GuG 2002, 237; *Ohler, A.*, Zur Berücksichtigung von Mietpreisbindungen bei der Ermittlung des Ertragswerts von Mietwohngrundstücken, AVN 1994, 78; *Kippes/Saier*, Immobilienmanagement, Boorberg Verlag 2005 S. 315 ff.

▶ *Vgl § 6 ImmoWertV Rn. 88 ff.; Teil VIII Rn. 543 ff.*

Wohnungs- und mietrechtliche Bindungen beeinflussen den Verkehrswert. Dies gilt **871**

– für gesetzliche, einschließlich förderungsrechtlicher, wohnungs- und mietrechtliche Bindungen

– und auch für vertragliche wohnungs- und mietrechtliche Bindungen.

Zumindest im Rahmen des öffentlich geförderten Wohnungsbaus stehen wohnungs- und **872**
mietrechtlichen Bindungen in aller Regel **Finanzierungsvorteile** gegenüber. Ob und ggf. in welchem Maße ein im öffentlich geförderten Wohnungsbau (soziale Wohnraumförderung) gefördertes Objekt in seinem Verkehrswert von einem vergleichbaren freifinanzierten Objekt abweicht, beantwortet sich bei alledem danach, wie sich Vor- und Nachteile ausgleichen.

Zunächst soll jedoch kurz ein Blick auf die bisherigen verschiedenen **Förderungen** geworfen **873**
werden:

Bis zum 31.12.2001 bestimmte sich die Wohnungsbauförderung nach den Vorschriften **des Zweiten Wohnungsbaugesetzes (II. WoBauG).** Das II. WoBauG ist mit dem Wohnraumförderungsgesetz aufgehoben worden. Mit dem Inkrafttreten des Gesetzes zur Reform des Wohnungsbaurechts bestimmt sich die Förderung nach dem **Wohnraumförderungsgesetzes (WoFG).** Einzelne Vorschriften des II. WoBauG finden ebenso wie das **Wohnungsbindungsgesetz (WoBinG),** die **Neubaumietenverordnung (NMV)** sowie die Zweite Berechnungsverordnung in der jeweils gültigen Fassung für sog. Altförderfälle weiterhin Anwendung.

Die **soziale Wohnraumförderung** kann unterschieden werden nach dem **874**

– *1. Förderungsweg* für Wohnraum von Personen, deren Gesamteinkommen die Einkommensgrenzen nach § 9 WoFG nicht übersteigt, mit der Folge öffentlich-rechtlicher Belegungs- und Mietpreisbindungen aufgrund des Wohnungsbindungsgesetzes (WoBindG),

– *2. Förderungsweg* für Wohnraum von Personen, deren Einkommen um bis zu 60 % über den Einkommensgrenzen des 1. Förderungsweges lagen, nach den besonderen Vorschriften der §§ 88 bis 88c des II. WoBauG mit der Folge öffentlich-rechtlicher Bindungen, und zwar der Belegungsbindung nach § 88a des II WoBauG i.V.m. dem Bewilligungsbescheid und der Mietpreisbindung nach § 88b des II. WoBauG und der §§ 8 bis 11 des WoBindG, und

– *3. Förderungsweg* für fremdgenutzten und freifinanzierten Wohnraum nach

– einer Vereinbarung zwischen Darlehens- und Zuschussgeber und dem Bauherrn in Abweichung von den Vorschriften des II. WoBauG (§ 88 d des II. WoBauG), also in privatrechtlicher Form (Kostenmiete nach § 8 WoBindG) und

– der einkommensorientierten Förderung (EOF) auf der Grundlage des Wohnungsbauförderungsgesetzes 1994 (§ 88e WoBindG).

Der Einsatz der öffentlichen Mittel ist in den **§§ 42–44 II. WoBauG** geregelt. § 42 WoBauG enthält einen Katalog objektbezogener Fördermittel, wobei sowohl die Kapitalsubvention in Form von Baudarlehen als auch die Ertragssubvention in Form von Aufwendungsdarlehen, Aufwendungszuschüssen oder Zinszuschüssen aufgeführt werden. Für die nicht öffentlichen Mittel gilt die objektbezogene Fördersystematik analog.

VI Besondere Immobilienarten — Wohnraumförderung

Öffentliche und nicht öffentliche Mittel werden von der für das jeweilige Bauvorhaben zuständigen **Bewilligungsbehörde** gewährt.

875 Grundlagen für die Bewilligung der Fördermittel ist die Aufstellung einer **Wirtschaftlichkeitsberechnung,** in der die Kostenmiete für die geförderten Wohnungen ermittelt wird. Inhalt und Form der Wirtschaftlichkeitsberechnung werden in der zweiten Berechnungsverordnung (II. BV) geregelt[318].

Gemäß § 3 II. BV muss die **Wirtschaftlichkeitsberechnung** eines Objektes enthalten:

1. Grundstücks- und Gebäudebeschreibung,
2. Aufstellung der Gesamtkosten,
3 Aufstellung der Finanzierungsmittel zur Deckung der Gesamtkosten (Finanzierungsplan),
4. Aufstellung über die jährlich laufenden Aufwendungen und Erträge eines Objekts.

876 Die **Kostenmiete** entspricht der Summe der jährlichen, laufenden Aufwendungen abzüglich der jährlichen, laufenden Erträge des Bauvorhabens. Wird dieser Betrag auf die Wohnfläche des Objekts bezogen, so spricht man von der Durchschnittsmiete.

877 Sowohl im 1. Förderweg als auch im 2. Förderweg erfolgt die Förderung durch die Vergabe von zunächst **zinslosen Baudarlehen.** Im Darlehensvertrag ist eine Erhöhung der Verzinsung vorzusehen, falls dies zur Fortführung des sozialen Wohnungsbaus erforderlich und im Hinblick auf die allgemeine wirtschaftliche Entwicklung, insbesondere auf die Einkommensentwicklung der breiten Schichten des Volkes, vertretbar ist. Die Erhöhung der Verzinsung darf nur erfolgen, wenn die zuständige oberste Landesbehörde dies zugelassen hat (vgl. § 44 Abs. 2 II. WoBauG).

878 Die **laufenden Aufwendungen** setzen sich zusammen aus den Kapitalkosten und den Bewirtschaftungskosten, siehe § 18 Abs. 1 II. BV. Die Kapitalkosten setzen sich wiederum aus den Fremdkapitalkosten und den Eigenkapitalkosten zusammen. Fremdkapitalkosten sind die Kosten, die sich aus der Inanspruchnahme der Fremdmittel (§ 21 II. BV), hierzu gehören die öffentlichen und die nicht öffentlichen Baudarlehen, ergeben, u.a.:

1. Zinsen für Fremdmittel,
2. laufende Verwaltungskosten.

879 Die **Zinsen für Fremdmittel** sind mit dem Betrag anzusetzen, der sich aus den im Finanzierungsplan ausgewiesenen Fremdmitteln mit dem maßgebenden Zinssatz errechnet. Maßgebend ist, soweit nichts anderes vorgeschrieben ist, der vereinbarte Zinssatz (vgl. § 12 Abs. 1 und § 21 Abs. 2 und 3 II. BV).

880 Neben den Baudarlehen können öffentliche und nicht öffentliche Mittel auch als Darlehen (**Aufwendungsdarlehen**) oder nicht zurückzuzahlender Zuschuss (**Aufwendungszuschuss**)[319] zur Deckung der laufenden Aufwendungen gewährt werden. Vergleiche dazu §§ 42, 88 II. WoBauG.

881 Als besonderer Aufwendungszuschuss sein hier noch der **Zinszuschuss** genannt, **der zur Deckung der für Finanzierungsmittel zu entrichtenden Zinsen gegeben wird.** Die ausdrückliche Nennung des Verwendungszwecks ist allerdings das einzig besondere am Zinszuschuss, ansonsten gelten alle Regelungen für den Aufwendungszuschuss auch für den Zinszuschuss.

882 Werden dem Bauherrn Darlehen oder Zuschüsse zur Deckung der laufenden Aufwendungen gewährt, so mindern diese jährlichen Zahlungen den Gesamtbetrag der jährlich laufenden Aufwendungen und senken somit die Kostenmiete auf ein tragbares Niveau. Es handelt sich hier

---

318 Vgl. hierzu § 72 II. WoBauG und §§ 8, 8a WoBindG und §§ 1,2 NMV 1970, Fischer-Dieskau, Pergande, Schwender, Komm. zum Wohnungsbaurecht von: § 2 NMV 1970, Anmerkung 2: Verhältnis von II. BV zur NMV 1970.
319 Vgl. § 18 (2) II. BV, Fischer-Dieskau, Pergande, Schwender, Komm. Zum Wohnungsbaurecht von § 18 II. BV, Anm. 3: Behandlung von Verbilligungsmitteln.

um Ertragssubventionen. Der verringerte Gesamtbetrag der Aufwendungen ist für den Zeitraum anzusetzen, in dem die Ertragssubventionen gewährt werden. Entfällt oder kürzt sich die jährliche Zahlung aus dem Aufwendungsdarlehen bzw. Aufwendungszuschuss, so erhöht sich der Gesamtbetrag der jährlich laufenden Aufwendungen, also die Kostenmiete, entsprechend.

883 Werden die für ein Bauvorhaben als Darlehen gewährten öffentlichen Mittel ohne rechtliche Verpflichtung vorzeitig zurückgezahlt, so gelten die Wohnungen des Objekts bis zum Ablauf des zehnten Kalenderjahres nach dem Jahr der Rückzahlung als öffentlich gefördert (**Nachwirkungsfrist**). Sind neben den Darlehen Zuschüsse zur Deckung der laufenden Aufwendungen oder Zinszuschüsse aus öffentlichen Mitteln gewährt worden, so gelten die Wohnungen des Objekts bis zum Ablauf des Kalenderjahres als öffentlich gefördert, in dem der Zeitraum endet, für den sich die laufenden Aufwendungen durch die Gewährung der Zuschüsse vermindern (vgl. § 16 Abs. 1 WoBindG). Für Objekte, die sich in der Nachwirkungsfrist befinden, darf folglich nur die Kostenmiete genommen werden.

884 Das geltende Wohnraumförderungsgesetz (WoFG) unterscheidet nicht mehr nach einzelnen Förderungswegen und verzichtet auch auf bundesrechtliche Vorschriften zur Förderung. Die Förderung wird nunmehr in einer auf Antrag des Förderempfängers von der zuständigen Bewilligungsstelle erlassenen Förderzusage festgelegt. Gegenstand der **Förderzusage** sind

– Höhe, Dauer, Verzinsung und Tilgung der Fördermittel (Zuschuss oder Darlehen),
– Einhaltung der Einkommensgrenzen nach § 9 WoFG,
– Begrenzung der Wohnungsgröße,
– Belegungs- und Mietbindungen bei der Förderung von Mietwohnungen.

885 Mietwohngrundstücke können auch mit **anderen zinsverbilligten Finanzierungsmitteln** erstellt werden. Hierzu gehören insbesondere

– Arbeitgeberdarlehen,
– Darlehen aus Wohnungsfürsorgemitteln für Angehörige des öffentlichen Dienstes,
– Mittel aus dem Lastenausgleichsfonds und
– Mittel aus Wohnungsbauförderungsprogrammen.

886 In diesen Fällen liegt die vereinbarte Miete i.d.R. unter der Marktmiete und es stellt sich die Frage, ob auch hier der Verkehrswert wie im Bereich der sozialen Wohnraumförderung wegen der über einen längeren Zeitraum erzielten Mindereinnahmen gegenüber einem freifinanzierten Objekt zu mindern ist. Nach überkommener Auffassung stellen diese rein privatrechtlichen Vereinbarungen **ungewöhnliche oder persönliche Verhältnisse** i.S. des § 7 ImmoWertV dar und sind bei der Verkehrswertermittlung außer Betracht zu lassen. Diese Auffassung wird nicht geteilt.

887 Zur **indirekten Förderung durch steuerliche Vergünstigungen** sei angemerkt, dass diese i.d.R. bereits bei der Ermittlung des Liegenschaftszinssatzes Berücksichtigung findet, soweit es sich um allgemeine das Investitionsgeschehen beeinflussende Förderungen handelt. Solche steuerlichen Vorteile dürfen von daher nicht noch besonders berücksichtigt werden (Gefahr der Doppelberücksichtigung).

888 Zur Wertermittlung von Grundstücken, die im Bereich der sozialen Wohnraumförderung bebaut wurden, bietet die Fachliteratur mehrere Verfahren an; sie gehen von unterschiedlichen Ermittlungsgrundlagen aus. Zum Teil dienen Herstellungskosten, die Ertragsverhältnisse oder auch Vergleichswerte als Ausgangsparameter. Die in der Praxis überwiegend angewendeten *Ertragsmodelle* unterscheiden sich hauptsächlich in der **unterschiedlichen Berücksichtigung der niedrig verzinslichen öffentlichen Mittel**. Einigkeit besteht bei allen Modellen darin, dass die nach dem Ertragswertverfahren errechnete Wertminderung nicht auf die Restnutzungsdauer des Gebäudes, sondern auf die Dauer der Bindung an die Kostenmiete abzustellen ist[320].

---

320 BGH, Urt. vom 12.2.1988 – V ZR 184/86 –, EzGuG 20.123.

VI Besondere Immobilienarten — Wohnraumförderung

13.2 Wertermittlungsverfahren

a) Standardverfahren

889 Das Standardverfahren geht zur Ermittlung des Ertragswerts der baulichen Anlagen von einem marktüblich erzielbaren Rohertrag (Nettokaltmiete) normal finanzierter Objekte gleicher Art, Lage und Ausstattung aus. Dieser Wert wird um den **kapitalisierten Unterschiedsbetrag aus den Mieteinnahmen und dem Zinsvorteil aus den valutierten verbilligten Zinsmitteln** korrigiert[321].

890 *Beispiel 1:*

Mietwohngrundstück: Tatsächliche Jahresnettokaltmiete 25 000 €; marktüblich erzielbare Jahresnettokaltmiete 34 000 €; Bewirtschaftungskosten 8 500 €; Restnutzungsdauer des Gebäudes 70 Jahre; Bodenwert 80 000 €; Liegenschaftszinssatz 5 v.H., zinsverbilligte Mittel (valutiert) 110 000 €.

Berechnung des Ertragswerts:

Bodenwert =				80 000 €
Ertragswert der baulichen Anlage:				
Jahresnettokaltmiete	=	34 000 €		
Bewirtschaftungskosten	=	− 8 500 €		
= Reinertrag	=	25 500 €		
abzüglich Bodenwertverzinsungsbetrag (80 000 € × 5/100)	=	− 4 000 €		
Reinertrag der baulichen Anlagen	=	21 500 €		
Ertragswert der baulichen Anlage: 21 500 € × 19,34	=	415 810 €		

(Vervielfältiger bei 5 % und 70 Jahren)

Mindereinnahmen und Zinsvorteile

Mindereinnahmen: 34 000 € − 25 000 €			=	9 000 €
Zinsvorteile				
8 v.H. von 110 000 €	=	8 800 €		
zu zahlende Zinsen	=	− 825 €	=	− 7 975 €
Minderbetrag			=	1 025 €
Barwert: 1 025 € × 6,71				
(Vervielfältiger V bei 8 % und 10 Jahren = 6,71)	=	− 6 878 €	=	+ 408 932 €
Ertragswert des Grundstücks			**=**	**rd. 489 000 €**

891 Bei dem einfachsten Verfahren wird der Ertragswert unter Berücksichtigung der marktüblich erzielbaren Miete ermittelt und die kapitalisierte Differenz zwischen marktüblich erzielbarer und aufgrund der Sozialbindung tatsächlich gezahlter Miete abgezogen. Der Kapitalisierungszeitraum hängt vom Ablauf der Eigenschaft „öffentlich gefördert" und der etwaigen Nachwirkungsfrist ab. Dieses Verfahren führt im Vergleich zu den erzielten Kaufpreisen zu vertretbaren Ergebnissen[322]. Offensichtlich werden am Grundstücksmarkt die teilweise recht aufwendigen Berechnungen der anderen angebotenen Wertermittlungsmodelle nicht nachvollzogen.

892 *Beispiel 2:*

4 dreigeschossige Mietwohnhäuser mit insgesamt 29 Wohneinheiten, Baujahr 1980, 1 329 m² Wohnfläche, Marktmiete 6,84 €/m² WF (insgesamt 109 084 €/Jahr), Sozialmiete 5,26 €/m² WF (insgesamt 83 886 €/Jahr). Ablauf der Mietbindung in 8 Jahren, Bodenwert 450 000 €.

---

[321] Simon/Kleiber, a.a.O., Rn. 4.144.
[322] Hawerländer im Informationsdienst für Sachverständige 1988, Heft 2.

Abb. 270: Zusammensetzung der Miete

a) **Ertragswert**

Jahresnettokaltmiete

1 329 m² × 6,84 €/m² × 12 Monate	=	109 084 €
Bewirtschaftungskosten abzüglich 25 %	−	27 271 €
= Reinertrag	=	81 813 €
Bodenwertverzinsungsbetrag: 5 % von 450 000 €	−	22 500 €
= Reinertragsanteil der baulichen Anlagen		59 313 €

Restnutzungsdauer 45 Jahre,
Liegenschaftszinssatz 5 %
Vervielfältiger 17,77

Ertragswert der baulichen Anlage: 59 313 € × 17,77		1 053 992 €		
+ Bodenwert	+	450 000 €		
= Ertragswert	=	1 503 992 €	=	1 503 992 €

b) **Barwert der Ertragsminderung**

6,84 €/m² − 5,26 €/m² = 1,58 €/m² WF
1,58 €/m² × 12 Monate × 1 329 m² × 6,46   162 778 €   =   − 162 778 €
(Vervielfältiger bei 8 Jahren und 5 % Zins)

=	1 341 144 €
c) **Verkehrswert des Grundstücks** =	1 340 000 €

Wenn der Fall eintritt, dass der Vermieter bei **Wegfall der Mietpreisbindung** trotz 30 %iger Mieterhöhung innerhalb von zehn Jahren nicht die übliche Marktmiete erreicht, muss die Wertermittlung nach dem nachfolgend aufgezeigten Schema erfolgen (Abb. 271):

VI Besondere Immobilienarten — Wohnraumförderung

Abb. 271: Zusammensetzung der Miete

894 *Beispiel 3:*

Das voll erschlossene Grundstück liegt im Innenstadtbereich der Stadt A und ist 650 m² groß. Es ist mit einem viergeschossigen Mietwohngebäude und einer Reihengarage (7 Einstellplätze) bebaut und entsprechend den baurechtlichen Vorschriften voll ausgenutzt. Der Bodenrichtwert beträgt 400 €/m² (erschließungsbeitragsfrei). In Abt. II des Grundbuchs ist ein Durchfahrtrecht (Ein- und Ausfahrtrecht) und ein Überfahrtrecht zugunsten des jeweiligen Eigentümers des benachbarten Grundstücks 7/11 eingetragen. Im Bestandsverzeichnis ist ein Überfahrtrecht am Grundstück 7/11 vermerkt. Vereinbarungen über gegenseitige Entschädigungen für die Rechte wurden nicht getroffen.

Das 1968 erstellte Gebäude ist ein verputzter Mauerwerksmassivbau mit durchschnittlicher Ausstattung. Er enthält 9 Wohnungen mit Größen zwischen 40 und 80 m² Wohnfläche. Die Gesamtwohnfläche beträgt 596 m². Die ebenfalls 1968 fertig gestellte Garage wurde in Mauerwerksmassivbauweise mit Holzpultdach und Pappdeckung ausgeführt (Abb. 272).

Abb. 272: Lageplan

Das Gebäude wurde mit öffentlichen Mitteln gebaut. Die Mittel sind am Wertermittlungsstichtag abgelöst. Es besteht eine Nachwirkungsfrist von 10 Jahren. Die Kostenmiete beträgt

Wohnraumförderung — Besondere Immobilienarten VI

6,77 €/m² WF, die ortsübliche Marktmiete 8,30 €/m² WF. Für die Garagennutzung werden 60 €/Monat je Einstellplatz verlangt.

Wertermittlung

- Ermittlung des Bodenwerts: 650 m² × 400 €/m² = 260 000 €
- Ermittlung des Grundstücksertragswerts
  Jahresnettokaltmiete bei freier Finanzierung

596 m² WF × 8,30 €/m²	4 946,80 €	
7 Garagen × 60 €	420,00 €	
	5 366,80 € × 12 Monate =	64 401,60 €

Jahresnettokaltmiete unter Berücksichtigung der Mietbindung

596 m² WF × 6,77 €/m²	4 034,92 €		
7 Garagen × 60 €	420,00 €		
4 454,92 € × 12 Monate	4 454,92 €	=	− 53 459,04 €
Mietdifferenz		=	10 942,56 €

- Die Wertermittlung erfolgt zunächst unter Berücksichtigung der üblichen Marktmiete. Von dem danach ermittelten Ertragswert der baulichen Anlagen wird der über 10 Jahre kapitalisierte jährliche Minderertrag abgezogen.

Jahresnettokaltmiete	=	64 401,60 €
Bewirtschaftungskosten 22 v.H.	=	− 14 168,35 €
= Jahresreinertrag	=	50 233,25 €
Bodenwertverzinsungsbetrag 5 v.H. von 260 000 €	=	− 13 000,00 €
= Reinertrag der baulichen Anlagen	=	37 233,25 €

Der Vervielfältiger beträgt bei 58 Jahren Restnutzungsdauer und 5 v.H. Liegenschaftszinssatz: 18,82 (vgl. Anl. zur ImmoWertV)

Ertragswert der baulichen Anlagen				
37 233,25 € × 18,82	=	700 729,73 €		
Der kapitalisierte Minderertrag beträgt				
für 10 Jahre bei 5 v.H. Zins 10 942,56 €[a] × 7,72	=	− 84 476,56 €[b]		
Ertragswert der baulichen Anlagen				
unter Berücksichtigung der Mietbindung	=	616 253 €	+	616 253 €
zuzüglich Bodenwert (616 253 € + 260 000 €) =			=	876 253 €
− Anpassung an die Marktlage (vgl. § 7 Abs. 1): − 5 v.H.:				
876 253 € × 0,05			=	−43 812 €
			=	832 440 €
			rd.	**830 000 €**

a. Gegen die Berechnung könnte eingewendet werden, dass bei Ansatz der niedrigeren Kostenmiete der €-Betrag der Bewirtschaftungskosten geringer sein müsste. Da aber die Höhe der Bewirtschaftungskosten nicht unmittelbar davon abhängt, ob das Objekt öffentlich gefördert oder freifinanziert ist, sind *grundsätzlich die bei Marktmiete üblicherweise anfallenden Bewirtschaftungskosten anzusetzen.*

b. Bei bestehenden öffentlichen Mitteln müsste der Zinsvorteil aus den valutierten verbilligten Finanzierungsmitteln den Mindereinnahmen gegengerechnet werden. Im vorliegenden Fall sind die Mittel bereits zurückgezahlt, so dass am Wertermittlungsstichtag kein Zinsvorteil mehr besteht; vgl. auch Hofbaur in DWW 1982, 322.

VI Besondere Immobilienarten — Wohnraumförderung

895 Berücksichtigung des **Durch- und Überfahrtrechts** zugunsten des Nachbargrundstücks 7/11 und des Überfahrtrechts über das Grundstück 7/11.

Der Vorteil des Überfahrtrechts für das Wertermittlungsgrundstück 6/11 besteht darin, dass der Eigentümer auf dem rückwärtigen Grundstücksteil 7 anstatt maximal 4 Garagen (an der nordwestlichen Hofseite) bauen konnte und nutzen kann. Diesen Vorteil konnte er damit erkaufen, dass er dem Eigentümer des benachbarten Grundstücks 7/11 ein Durchfahrt- und Überfahrtrecht einräumen musste (Abb. 272). Da sich Vor- und Nachteile gegenseitig aufheben, bleiben das Recht und die Belastung bei der Wertermittlung außer Ansatz. Auch besteht durch den Zwang der Aufrechterhaltung der Durchfahrt kein Nachteil, da die Nutzung des Garagenhofs gegenüber der Nutzung der Grundfläche der Durchfahrt als Wohnfläche wirtschaftlich günstiger ist.

b) *Vogels-Verfahren*

Schrifttum: *Vogels, M.* Grundstücks- und Gebäudebewertung – marktgerecht, Bauverlag Wiesbaden und Berlin, 5. Aufl.

896 *Vogels*[323] schlägt die **Wertermittlung nach dem Hypothekenkoeffizientenverfahren** vor. Dieses Verfahren wurde von dem Amerikaner *Ellwood* entwickelt. Es ist für praktisch alle Problemfälle des Ertragswertverfahrens anwendbar. Dabei wird die gesamte *„Performance"* des Objekts, also die Zinsvorteile, die gezahlten Erträge, der Eigenkapitalzins, aber auch künftige Wertsteigerungen und Wertminderungen, in einem ebenfalls überschaubaren Zeitraum (üblicherweise 10 Jahre) nach der Formel

$$\text{Barwert (Ertragswert)} = \frac{\text{Grundstücksreinertag} + \text{Hypothek} \times c}{\text{Eigenkapitalzinssatz} - w}$$

berücksichtigt.

897 Der „c-Wert" ergibt sich aus den Hypothekenkonditionen, der zugrunde gelegten Laufzeit und den Erträgen und wird ebenso wie der „w-Wert", der die erwarteten Wertänderungen und den zugrunde gelegten Eigenkapitalzins repräsentiert, Tabellen (Auszüge in Abb. 273 und Abb. 274) entnommen.

898 *Beispiel:*

Grundstücksreinertag	30 000 €/Jahr
Hypothek	160 000 €
Zins	0,5 %
Tilgung	1 %
Eigenkapital	8 %
Laufzeit	10 Jahre
geschätzte Wertsteigerung	60 %
geschätzte Wertminderung	10 %

$$\text{Barwert (Ertragswert €)} = \frac{30\,000\,€ + 160\,000\,€ \times 0{,}072060}{0{,}08 - 0{,}0303737} = \text{rd. } 275\,000\,€$$

Abb. 273: Ausgewählte c-Koeffizienten für soziale Wohnraumförderung für n = 10 Jahre

Hypotheken-tilgung 1 %,		Eigenkapitalzins y in %						
Zins	Laufzeit	12,00	10,00	9,00	8,00	7,00	6,00	5,00
0,0	100,00	0,115690	0,096267	0,086574	0,076895	0,067230	0,057579	0,047942
0,5	81,30	0,110828	0,091418	0,081732	0,072060	0,062403	0,052760	0,043132
1,0	69,66	0,105962	0,086565	0,076886	0,067222	0,057572	0,047937	0,038318
1,5	61,54	0,101099	0,081715	0,072045	0,062388	0,052746	0,043120	0,033509
2,0	55,48	0,096240	0,076870	0,067207	0,057559	0,047925	0,038307	0,028706
2,5	50,73	0,091384	0,072030	0,062374	0,052734	0,043109	0,033500	0,023907

---

[323] Vogels, Grundstücks- und Gebäudebewertung – marktgerecht, Bauverlag Wiesbaden und Berlin, 5. Aufl., S. 319 f.

Abb. 274: Wmin bei einem Berechnungszeitraum n = 10 Jahre, y = 8 %

Wert-zuw. Wz %	Wertminderung „Wmin" in %						
	70,0	50,0	30,0	20,0	15,0	10,0	0,0
100	−0,027612	0,000000	0,027612	0,041418	0,048321	0,055224	0,069029
95	−0,028647	−0,001726	0,025196	0,038657	0,045387	0,052117	0,065578
90	−0,029683	−0,003451	0,022780	0,035895	0,042453	0,049011	0,062127
85	−0,030718	−0,005177	0,020364	0,033134	0,039519	0,045905	0,058675
80	−0,031754	−0,006903	0,017948	0,030373	0,036586	0,042798	0,055224
75	−0,032789	−0,008629	0,015532	0,027612	0,033652	0,039692	0,051772
70	−0,033824	−0,010354	0,013116	0,024851	0,030718	0,036586	0,048321
65	−0,034860	−0,012080	0,010700	0,022089	0,027784	0,033479	0,044869
60	−0,035895	−0,013806	0,008284	0,019328	0,024851	0,030373	0,041418
55	−0,036931	−0,015532	0,005868	0,016567	0,021917	0,027267	0,037966
50	−0,037966	−0,017257	0,003451	0,013806	0,018983	0,024160	0,034515
45	−0,039002	−0,018983	0,001035	0,011045	0,016049	0,021054	0,031063
40	−0,040037	−0,020709	−0,001381	0,008284	0,013166	0,017948	0,027612
35	−0,041073	−0,022435	−0,003797	0,005522	0,010182	0,014841	0,024160
30	−0,042108	−0,024160	−0,006213	0,002761	0,007248	0,011735	0,020709
25	−0,043143	−0,025886	−0,008629	0,000000	0,004314	0,008629	0,017257
20	−0,044179	−0,027612	−0,011045	−0,002761	0,001381	0,005522	0,013806
15	−0,045214	−0,029338	−0,013461	−0,005522	−0,001553	0,002416	0,010354
10	−0,046250	−0,031063	−0,015877	−0,008284	−0,004487	−0,000690	0,006903
5	−0,047285	−0,032789	−0,018293	−0,011045	−0,007421	−0,003797	0,003451
0	−0,048321	−0,034515	−0,020709	−0,013806	−0,010354	−0,006903	0,000000

Im Grunde genommen bildet die hier **angesetzte Laufzeit von 10 Jahren schon die absolute Obergrenze,** denn bei allem Vertrauen in die Finanzmathematik erscheint bedenklich, dass künftige, nicht vorhersehbare, aber – wegen der Abkoppelung des Verfahrens vom Liegenschaftszins – zwingend einzuschätzende künftige Werterhöhungen und Wertminderungen das Ergebnis erheblich beeinflussen. Diese Kritik gilt auch für Verfahrensvorschläge anderer Autoren, die mit teilweise abenteuerlichen finanzmathematischen Operationen eine Ergebnisgenauigkeit suggerieren, die in der Praxis nicht nachvollzogen wird.

c) *Weitere Verfahren*

Im Verfahren nach *Feldhaus*[324] wird vom Grundstücksertragswert ohne Berücksichtigung der Sozialbindung der Barwert der Ertragsminderung und des **Zinsvorteils** abgezogen. *Möckel* schließlich favorisiert hingegen das Vergleichswertverfahren. Da hierzu eine ausreichende Anzahl von Vergleichsgrundstücken benötigt wird, ist der Anwendungsbereich zwangsläufig stark eingeschränkt[325].

Abweichend von den hier vorgestellten Grundsätzen der Verkehrswertermittlung wird in der Rechtsprechung zur KostO die Auffassung vertreten, dass der Wert eines Grundstücks, für das eine Verpflichtung zur Bebauung mit sozialer Wohnraumförderung besteht, wegen des **eingeschränkten Interessentenkreises** i.d.R. nur einen Bruchteil des nach allgemeinen Grundsätzen zu ermittelnden Werts „ausmache"[326].

Zur **steuerlichen Bewertung** vgl. BFH, Urt. vom 16.6.1999 – II R 86/97 –, GuG 2000, 187.

---

324 Simon/Kleiber, a.a.O. Rn. 4.145.
325 Zur steuerlichen Bewertung vgl. BFH, Urt. vom 24.3.1981 – II R 118/78 –, EzGuG 20.89; BFH, Beschl. vom 11.7.1980 – III B 3/80 –, EzGuG 20.84; BFH, Urt. vom 12.12.1979 – II R 127/74 –, BStBl. II 1980, 218 = BFHE 129, 404; BFH, Beschl. vom 12.5.1978 – III R 18/76 –, EzGuG 20.74, BFH, Urt. vom 16.6.1999 – II R 86/97 –, GuG 2000, 187.
326 LG München I, Beschl. vom 28.1.1999 – 13 T 10870/98 –, EzGuG 14.132; BayObLG, Urt. vom 5.1.1995 – 3 Z BR 291/94 –, EzGuG 19.44 (Altenheim); BayObLG, Urt. vom 8.4.1998 – 3 Z BR 354/97 –, GuG 2000, 249 = EzGuG 19.45a (Betriebsgrundstück).

Teil VII

Verkehrswertermittlung aus besonderen Anlässen

Verkehrswertermittlung aus besonderen Anlässen

Gliederungsübersicht   Rn.

1 Wertermittlung im Rahmen von Enteignungen
- 1.1 Enteignung und Entschädigung
  - 1.1.1 Vorbemerkung 1
  - 1.1.2 Rechtsgrundlagen 5
  - 1.1.3 Übernahmeanspruch eines Eigentümers 9
  - 1.1.4 Nutzungsbeeinträchtigung aufgrund gesetzlicher Vorschriften 11
- 1.2 Planungsschaden
  - 1.2.1 Allgemeines 18
  - 1.2.2 Vertrauensschaden (§ 39 BauGB) 22
  - 1.2.3 Entschädigung für nachteilige fremd nützige Festsetzungen im Bebauungsplan (§§ 40 und 41 BauGB) 28
  - 1.2.4 Entschädigung für Geh-, Fahr- und Leitungsrechte sowie bei Bindungen für Bepflanzungen (§ 41 BauGB) 36
  - 1.2.5 Entschädigung bei Aufhebung oder Änderung einer zulässigen Nutzung: Herabzonung (§ 42 BauGB)
    - 1.2.5.1 Allgemeines 38
    - 1.2.5.2 Entschädigung für planerische Eingriffe innerhalb der siebenjährigen Schutzfrist nach § 42 Abs. 2 BauGB 45
    - 1.2.5.3 Entschädigung für planerische Eingriffe nach Ablauf der siebenjährigen Schutzfrist nach § 42 Abs. 3 und 4 BauGB 49
  - 1.2.6 Entschädigungsausschluss nach § 43 Abs. 4 und 5 BauGB 59
- 1.3 Übernahmeanspruch
  - 1.3.1 Allgemeines 61
  - 1.3.2 Verfahren 62
  - 1.3.3 Entschädigung 63
- 1.4 Enteignung
  - 1.4.1 Allgemeines
    - 1.4.1.1 Gegenstand und Zweck der Enteignung 65
    - 1.4.1.2 Enteignungsverfahren (Überblick) 70
    - 1.4.1.3 Enteignungsentschädigung 76
    - 1.4.1.4 Schadensersatz 83
    - 1.4.1.5 Verbot der Doppelentschädigung 88
    - 1.4.1.6 Angemessenes Angebot 95
    - 1.4.1.7 Verzinsung der Entschädigung 114
    - 1.4.1.8 Zeitpunkt der Qualitätsermittlung (Zustand) und Wertermittlungsstichtag bei der Bemessung der Enteignungsentschädigung 121
  - 1.4.2 Schuldhaftes Mitwirken 127
  - 1.4.3 Institut der Vorwirkung
    - 1.4.3.1 Allgemeines zum maßgeblichen Grundstückszustand (Qualität) bei Ausschluss von der konjunkturellen Weiterentwicklung 130
    - 1.4.3.2 Vorwirkende Planung 135
    - 4.4.3.3 Ausschluss wertsteigernder Veränderungen 144
    - 1.4.3.4 Besonderheiten für städtebauliche Sanierungsgebiete und Entwicklungsbereiche 148
  - 1.4.4 Andere Vermögensnachteile (Folgeschäden)
    - 1.4.4.1 Allgemeines 152
    - 1.4.4.2 Wertminderung des Restgrundstücks (Resthofschaden) 167
    - 1.4.4.3 An-, Durch- und Zerschneidungsschaden 183
    - 1.4.4.4 Um- bzw. Mehrwegeschaden 187
    - 1.4.4.5 Arrondierungsschaden 194
    - 1.4.4.6 Pachtaufhebungsentschädigung 195
  - 1.4.5 Vorteilsausgleich 201

VII Besondere Anlässe — Enteignung

2	**Wertermittlung im Rahmen des Zugewinnausgleichs**	
2.1	Allgemeines	207
2.2	Ermittlung des Anfangsvermögens	218
2.3	Ermittlung des Endvermögens	221
2.4	Wertermittlungsgrundsätze	224
2.4.1	Allgemeines	224
2.4.2	Zugewinn bei Unternehmen	227
2.4.3	Zugewinnausgleich bei land- oder forstwirtschaftlichen Betrieben	228
2.4.4	Zugewinnausgleich bei Unternehmen	247
3	**Wertermittlung im Rahmen des Pflichtteilsanspruchs**	
3.1	Allgemeines	248
3.2	Pflichtteilsanspruch bei land- oder forstwirtschaftlichen Betrieben	257
3.3	Pflichtteilsanspruch bei Unternehmen	271
3.4	Pflichtteilsanspruch bei Nießbrauchsvorbehalt	274

1 Wertermittlung im Rahmen von Enteignungen

1.1 Enteignung und Entschädigung

1.1.1 Vorbemerkung

1 Als **Enteignung** bezeichnet man juristisch den **vollständigen oder teilweisen Entzug konkreter *Eigentums*rechte an einer unbeweglichen oder beweglichen *Sache* durch den Staat** zur Erfüllung bestimmter hoheitlicher Aufgaben („klassische Enteignung"). Eine Enteignung darf nur auf der Grundlage eines Gesetzes erfolgen, das Art und Ausmaß der Entschädigung regelt. Die Ermittlung der Entschädigung ist eine nicht unbedeutende Aufgabe des Sachverständigen.

2 In Deutschland kommt es zwar in verhältnismäßig wenigen Fällen zur Enteignung, jedoch finden die maßgeblichen Regelungen über die Entschädigungshöhe bereits im Vorfeld zur Abwendung der Enteignung, nämlich bei der Bemessung eines angemessenen Angebots für einen freihändigen Erwerb Anwendung. Darüber hinaus sind die Vorschriften über die Höhe der Entschädigung vor allem auch in den Fällen von Bedeutung, in denen die Enteignung gar nicht konkret ansteht, ein Grundstück oder ein Grundstücksteil aber gleichwohl nach seinen Festsetzungen grundsätzlich die Voraussetzungen aufweist, ein Enteignungsverfahren einzuleiten. Dieser Fall ist beispielsweise gegeben, wenn eine Teilfläche eines Grundstücks für eine Straßenverbreiterung vorgesehen ist, ohne dass deren Realisierung ansteht.

3 Allgemein gilt der Grundsatz, dass sich der Wert eines Grundstücks bzw. einer Grundstücksteilfläche, das aufgrund von entsprechenden Festsetzungen (Bebauungsplan, Planfeststellungsbeschluss) für den Fall des Scheiterns eines freihändigen Erwerbs, enteignet werden könnte, nach der Höhe der zu gewährenden Entschädigung bemisst. Der damit befasste Sachverständige muss deshalb die Grundsätze der Enteignungsentschädigung beherrschen.

4 Im Übrigen wird auch in anderen für den Sachverständigen bedeutsamen Rechtsbereichen auf die Entschädigungsgrundsätze des Enteignungsrechts zurückgegriffen (z. B. Sanierungs- und Entwicklungsmaßnahmenrecht nach den §§ 136 ff. BauGB).

1.1.2 Rechtsgrundlagen

5 **Rechtsgrundlage für das gesamte Enteignungsrecht ist Art. 14 GG.** Der wesentliche Inhalt[1] dieser Verfassungsnorm lässt sich wie folgt zusammenfassen:

a) Institutsgarantie (Art. 14 Abs. 1 Satz 1 GG): „Das Eigentum und das Erbrecht werden gewährleistet."

---

[1] Bielenberg in GuG 1995, 193.

b) Inhaltsbestimmung des Eigentums (Art. 14 Abs. 1 Satz 2 GG): *„Inhalt und Schranken werden durch Gesetz bestimmt."*

c) Sozialbindung des Eigentums und Gemeinwohlprinzip (Art. 14 Abs. 2 GG): *„Eigentum verpflichtet. Sein Gebrauch soll zugleich dem Wohl der Allgemeinheit dienen."*

d) Zulässigkeit der Enteignung (Art. 14. Abs. 3 GG) unter Bedingungen:

- Gemeinwohlprinzip: „Eine Enteignung ist nur zum Wohle der Allgemeinheit zulässig" (Satz 1),
- Legalenteignung und Junktimsklausel: „Sie darf nur durch Gesetz oder auf Grund eines Gesetzes erfolgen, das Art und Ausmaß der Entschädigung regelt" (Satz 2),
- Abwägungsklausel: „Die Entschädigung ist unter gerechter Abwägung der Interessen der Allgemeinheit und der Beteiligten zu bestimmen" (Satz 3),
- Rechtsweggarantie: „Wegen der Höhe der Entschädigung steht im Streitfall der Rechtsweg vor den ordentlichen Gerichten offen" (Satz 4).

Entsprechend der Junktimsklausel enthalten eine **Vielzahl bundes- und landesrechtlicher Gesetze** Enteignungs- und Entschädigungsvorschriften. Von den zahlreichen bundes- und landesrechtlichen Regelungen, die fachspezifische Enteignungen vorsehen, seien hier nur genannt: – Bundesfernstraßengesetz (§ 19 BFernStrG) 6

- Verkehrswegeplanbeschleunigungsgesetz (§ 9),
- Versuchsanlagengesetz für spurgeführten Verkehr (§ 10),
- Flurbereinigungsgesetz (§ 87 FlurbG),
- Landbeschaffungsgesetz (§ 1 LBG),
- Energiewirtschaftsgesetz (§ 11 EngWG),
- Bundeskleingartengesetz (15 BKleingG),
- Bundeswasserstraßengesetz (44 BWasG),
- Allgemeines Eisenbahngesetz (§ 22 AEG),
- Magnetschwebebahngesetz (§ 7 MagschwG),
- Luftverkehrsgesetz (§ 28 LuftVG),
- Reichssiedlungsgesetz (§ 15 RSG),
- Wasserverbandsgesetz (§ 40 WasVG),
- Personenbeförderungsgesetz (§ 30 PersBG),
- Postverfassungsgesetz (§ 56 PVerfG).

Landesenteignungsgesetze 7

Baden-Württemberg
Landesenteignungsgesetz (LEntG) vom 6.4.1992 (BW GBl. 1982, 97), zuletzt geändert durch Art. 3 des Gesetzes vom 25.2.1992 (BW GBl. 1992, 145).

Bayern
Bayerisches Gesetz über die entschädigungspflichtige Enteignung (BayEG) i.d.F. der Bek. vom 25.7.1978 (GVBl.1978, 625 = Bay RS 2141-1).

Berlin
Berliner Enteignungsgesetz vom 14.7.1964 (GVBl. 1964, 737), geändert durch Gesetz vom 30.11.1984 (GVBl.1984, 1664).

Brandenburg
Enteignungsgesetz des Landes Brandenburg (EntGBbg) vom 19.10.1992 (GVBl. I 1992, 430), zuletzt geändert durch Art. 3 des Gesetzes vom 7.7.1997 (GVBl. I 1997, 72).

Bremen
Enteignungsgesetz für die Freie Hansestadt Bremen vom 5.10.1965 (GVBl. 1965, 129), zuletzt geändert durch Gesetz vom 22.3.2005 (GVBl. 2005, 91).

VII Besondere Anlässe — Enteignung

Hamburg
Hamburgisches Enteignungsgesetz i.d.F. vom 11.11.1980 (GVBl. 1980, 305), zuletzt geändert durch Art. 12 des Gesetzes vom 1.7.1993 (GVBl. 1993, 149, 151).

Hessen
Hessisches Enteignungsgesetz (HEG) vom 4.4.1973 (GVBl. I 1973, 107), zuletzt geändert durch Art. 8 des Gesetzes vom 6.9.2007 (GVBl I 2007, 548).

Mecklenburg-Vorpommern
Enteignungsgesetz für das Land Mecklenburg-Vorpommern vom 2.3.1993 (GVBl. 1993, 178), zuletzt geändert durch Art. 3 des Gesetzes vom 22.11.2001 (GVBl 2001, 438).

Niedersachsen
Niedersächsisches Enteignungsgesetz i.d.F. der Bek. vom 6.4.1981 (GVBl. 1981, 83), zuletzt geändert durch Gesetz vom 5.11.2004 (GVBl. 2004, 394).

Nordrhein-Westfalen
Gesetz über Enteignung und Entschädigung für das Land Nordrhein-Westfalen (Landesenteignungs- und Entschädigungsgesetz – EEGNW –) vom 20.6.1989 (GVBl. 1989, 366, ber. GVBl. 1989, 570).

Rheinland-Pfalz
Landesenteignungsgesetz (LEnteigG) vom 22.4.1966 (GVBl. 1966, 103), geändert durch Gesetz vom 2.3.2004 (GVBl. 2004, 198).

Saarland
Gesetz über die Enteignung von Grundeigentum vom 11.6.1874 (Pr.GS, 1874, 221) und Gesetz über das vereinfachte Enteignungsverfahren vom 26.7.1922 (Pr.GS 1922, 211).

Sachsen-Anhalt
Enteignungsgesetz vom 13.4.1994 (GVBl LSA 1994, 508), zuletzt geändert durch Art. 28 des Gesetzes vom 18.11.2005 (GVBl LSA 2005, 698, 704).

Schleswig-Holstein
Enteignungsgesetz vom 11.6.1874 (Pr.GS 1874, 221), zuletzt geändert durch Gesetz vom 8.2.1994 (GVOBl. 1994, 124).

Thüringen
Thüringer Enteignungsgesetz (ThürEG) vom 23.3.1994 (GVBl 1994, 329), zuletzt geändert durch Art 4 des Gesetzes vom 25.11.2004 (GVBl 2004, 853).

8 Die wohl **umfassendste Kodifizierung des Enteignungsrechts enthält der Fünfte Teil des BauGB** (§§ 85 bis 122 BauGB), der sich in die Abschnitte

- Zulässigkeit der Enteignung (Erster Abschnitt),
- Entschädigung (Zweiter Abschnitt) und
- Enteignungsverfahren (Dritter Abschnitt)

gliedert. An ihm orientieren sich die übrigen enteignungsrechtlichen Vorschriften, insbesondere auch die landesrechtlichen Enteignungsgesetze. Die maßgeblichen Entschädigungsgrundsätze sollen deshalb am Beispiel des Enteignungsrechts des BauGB nachfolgend erläutert werden.

1.1.3 Übernahmeanspruch eines Eigentümers

▶ *Vgl. Rn. 61, 90*

9 Der Übernahmeanspruch ist ein **gesetzliches Recht des Eigentümers, die Übernahme eines Grundstücks (Vollenteignung) zu verlangen,** insbesondere

- wenn und soweit es ihm mit Rücksicht auf die Festsetzung oder Durchführung eines Bebauungsplans wirtschaftlich nicht mehr zuzumuten ist, das Grundstück zu behalten oder es in der bisherigen oder einer anderen zulässigen Art zu nutzen,
- wenn Vorhaben nach § 32 BauGB nicht ausgeführt werden dürfen und dadurch die bisherige Nutzung einer baulichen Anlage aufgehoben oder wesentlich herabgesetzt wird.

Ein **Übernahmeanspruch besteht insbesondere im Rahmen** des *Planungsschadensrechts* **10**
(§§ 38 bis 44 BauGB), der Vorbereitung und Durchführung *städtebaulicher Maßnahmen*,
auch soweit sich diese auf nicht unmittelbar betroffene Restflächen beziehen(§ 22 Abs. 8,
§ 145 Abs. 5, ggf. i.V.m. § 169 Abs. 1 Nr. 3, § 169, § 173 Abs. 2, § 176 Abs. 4, § 179 Abs. 3
BauGB), sowie bei sonstigen nutzungsbeschränkenden Maßnahmen (z. B. im Interesse des
Denkmalschutzes)[2].

▶ *Weitere Hinweise vgl. Rn. 186 f., 194, 219 ff., 247, 286; § 5 ImmoWertV Rn. 266; § 8 ImmoWertV Rn. 131; Syst. Darst. des Vergleichswertverfahrens Rn. 206 ff., Teil VI Rn. 596 ff., 743, 749 ff.,*

1.1.4 Nutzungsbeeinträchtigung aufgrund gesetzlicher Vorschriften

Eine **Nutzungsbeeinträchtigung aufgrund gesetzlicher Vorschriften tritt insbesondere im** **11**
Zusammenhang mit der Sicherung der Bauleitplanung auf. Dies betrifft Entschädigungen
bei Veränderungssperren nach § 18 BauGB und der Versagung von Teilungsgenehmigungen
nach § 20 BauGB. Des Weiteren sind Nutzungsbeschränkungen im Zuge städtebaulicher
Maßnahmen zu nennen (§§ 60 ff. BauGB, § 150 BauGB, § 185 BauGB). Schließlich ist auch
der Entschädigungsanspruch aus **enteignendem Eingriff** und der zivilrechtliche Ausgleichsanspruch unter Nachbarn nach § 906 Abs. 2 Satz 2 BGB zu nennen.

Der **BGH unterscheidet** diesbezüglich zwischen **12**
a) der rechtmäßigen Enteignung nach Art. 14 Abs. 3 GG,
b) dem rechtswidrigen (enteignungsgleichen) Eingriff (vgl. Rn. 11) und
c) dem enteignenden Eingriff, der die unzumutbaren Nebenfolgen eines an sich rechtmäßigen Eingriffs zum Gegenstand hat[3].

Erfüllen die Enteignungstatbestände wegen fehlender Entschädigungsregelung nicht die ver- **13**
fassungsrechtlichen Voraussetzungen des Art. 14 Abs. 3 GG, stellen sie sich als verfassungswidrig dar. Der Betroffene muss sich dann Rechtsmittel einlegen; er hat kein Wahlrecht, ob er
eine Entschädigung verlangt oder sich wegen Fehlens einer gesetzlichen Entschädigungsregelung „zur Wehr" setzt. Er muss die Aufhebung des Enteignungsaktes verlangen. Lässt er den
Eingriffsakt unanfechtbar werden, verfallen seine Ansprüche[4]. Unterlassene Abwehrmöglichkeiten des Betroffenen gegenüber dem Eingriffsakt gehen in Anwendung des § 254 BGB zu
Lasten des Betroffenen bei der Bemessung der Enteignungshöhe. Nach § 254 BGB, kann der
Betroffene keine Entschädigung für diejenigen Nachteile verlangen, die er durch eine ihm
zumutbare oder schuldhaft unterlassene Einlegung des Rechtsmittels hätte vermeiden können[5].

BGB § 254 Mitverschulden

„(1) Hat bei der Entstehung des Schadens ein Verschulden des Beschädigten mitgewirkt, so hängt die
Verpflichtung zum Ersatz sowie der Umfang des zu leistenden Ersatzes von den Umständen, insbesondere davon ab, inwieweit der Schaden vorwiegend von dem einen oder dem anderen Teil verursacht worden ist.

(2) Dies gilt auch dann, wenn sich das Verschulden des Beschädigten darauf beschränkt, dass er unterlassen hat, den Schuldner auf die Gefahr eines ungewöhnlich hohen Schadens aufmerksam zu machen, die
der Schuldner weder kannte noch kennen musste, oder dass er unterlassen hat, den Schaden abzuwenden
oder zu mindern. Die Vorschrift des § 278 findet entsprechende Anwendung."

Dieser sog. **Vorrang des Primärrechtsschutzes** bezieht sich jedoch nur auf rechtswidrige **14**
hoheitliche Eingriffe, die auf den vollständigen oder teilweisen Entzug konkreter *Eigentums*rechte an einer unbeweglichen oder beweglichen *gerichtet* sind.

---

2   BGH, Urt. vom 17.12.1992 – III ZR 112/91 –, EzGuG 5.48.
3   BGH, Urt. vom 9.10.1986 – III ZR 2/85 –, EzGuG 5.23; BGH, Urt. vom 29.3.1984 – III ZR 11/83 –, EzGuG 13.78.
4   BVerfG, Beschl. vom 15.7.1981 – 1 BvL 77/78 –, BVerfGE 58, 300.
5   BGH, Urt. vom 26.1.1984 – III ZR 216/92 –, EzGuG 6.223; BGH, Urt. vom 28.6.1984 – III ZR 35/85 –, EzGuG 13.80; BGH, Urt. vom 23.6.1988 – III ZR 8/87 –, EzGuG 5.33; BGH, Urt. vom 21.12.1989 – III ZR 132/88 –, EzGuG 5.38.

VII Besondere Anlässe — Enteignung

15 Der Vorrang des Primärrechtsschutzes bezieht sich jedoch nur auf die „klassische" Enteignung. Hoheitlicher Eingriffe, die *nicht* unter die klassische Enteignung fallen, stellen einen **enteignungsgleichen Eingriff** dar. Die entschädigungsrechtlichen Folgen der rechtswidrigen Einschränkungen fallen unter das auf den Aufopferungsgedanken der §§ 74 und 75 Einl. Pr. ALR oder unter das Amtshaftungsrecht[6].

16 Das **Rechtsinstitut des enteignungsgleichen Eingriffs** begründet einen Entschädigungsanspruch für rechtswidrige Nutzungsbeschränkungen (z. B. rechtswidrige Nutzungsbeschränkungen nach § 42 BauGB, rechtswidrige Versagung einer Baugenehmigung).

17 Der **enteignende Eingriff** ist eine rechtmäßige hoheitliche Maßnahme, die bei einzelnen Betroffenen zu aufopfernden Beeinträchtigungen von Eigentumspositionen in Form von atypischen Nebenfolgen und Nachteilen führt, die die Schwelle des enteignungsrechtlich Zumutbaren überschreitet[7].

1.2 Planungsschaden

1.2.1 Allgemeines

18 Maßnahmen, die eine nach § 29 BauGB zulässige Nutzung einschränken (*downzoning*), müssen die Frage nach der Entschädigung aufwerfen. Konkret ist danach zu fragen, wie weit die **Sozialbindung des Eigentums** geht und ab wann eine entschädigungspflichtige Enteignung vorliegt. Allgemein gilt der Grundsatz, dass die Befugnisse des Gesetzgebers, die Inhaltsbestimmung und Sozialpflichtigkeit auszugestalten, umso weiter gehen, je bedeutender der soziale Bezug und die soziale Funktion des Eigentums ist. Auf dem Gebiet der Entschädigung für Planungsmaßnahmen hat der Gesetzgeber der Sozialpflichtigkeit einen gewachsenen Stellenwert innerhalb der Entschädigungsbestimmungen eingeräumt. Dies sind im BauGB die planungsschadensrechtlichen Bestimmungen des Zweiten Abschnitts des Dritten Teils (§§ 39 bis 44 BauGB), die sich in Anlehnung an eine Darstellung von *Hoppe*[8] wie folgt gliedern (Abb. 1).

Abb. 1: System des Planungsschadensrechts

---

6 Runkel in Ernst/Zinjahn/Bielenberg § 42 Rn. 3
7 Wolf, Enteignungsrecht in Schreiber, Immobilienrecht Handbuch Bln. 2001, 17.
8 Hoppe, Öffentliches Baurecht, 1. Aufl. München 1995, S. 422.

Rechtssystematisch ist dabei zu unterscheiden zwischen **19**

- den **Sondertatbeständen der §§ 40 und 41 BauGB** (Entschädigungen für nachteilige – fremd nützige – Festsetzungen im Bebauungsplan und für Leitungsrechte bzw. Bindungen für Bepflanzungen) und
- der **Regelung des § 42 Abs. 1 BauGB**, nach der für eine „nicht nur unwesentliche Wertminderung" des Grundstücks bei Aufhebung oder Änderung der zulässigen Nutzung eine angemessene Entschädigung zu gewähren ist.

Liegen die Voraussetzungen der §§ 40 und 41 Abs. 1 BauGB vor, so ist nämlich nach § 43 Abs. 3 Satz 1 BauGB allein nach diesen Vorschriften eine Entschädigung zugewähren[9]. Die Entschädigungsregeln dieser Vorschrift werden jedoch durch § 43 Abs. 3 Satz 2 BauGB dahin gehend „gekappt", dass solche Wertminderungen nicht zu berücksichtigen sind, die bei Anwendung des § 42 BauGB nicht zu entschädigen wären. **20**

Soweit die §§ 40 und 41 BauGB für Planungseingriffe keine Entschädigung vorsehen, kann der Eigentümer nach der **Auffangvorschrift des § 42 Abs. 1 BauGB** eine Entschädigung in Geld verlangen. Voraussetzung hierfür ist zusammenfassend: **21**

a) die Aufhebung oder Änderung der zulässigen Nutzung eines Grundstücks mit der Folge einer „nicht nur unwesentlichen Wertminderung des Grundstücks";

b) das Nichtbestehen eines Entschädigungsanspruchs nach den §§ 40 und 41 BauGB.

Die übrigen Regelungen des § 42 BauGB finden ansonsten allgemeine Anwendung unter den dort genannten Voraussetzungen.

1.2.2 Vertrauensschaden (§ 39 BauGB)

Eigentümer sowie in Ausübung ihrer Nutzungsrechte sonstige Nutzungsberechtigte können für die im berechtigten Vertrauen auf den Bestand eines rechtsverbindlichen Bebauungsplans gemachten Aufwendungen zur Verwirklichung von Nutzungsmöglichkeiten eine Geldentschädigung nach § 39 BauGB verlangen, soweit die Aufwendungen durch eine Änderung, Ergänzung oder Aufhebung des Bebauungsplans an Wert verlieren. **Gegenstand der Entschädigung sind also wertlos gewordene Aufwendungen und nicht eine Wertminderung des Grundstücks**, z. B. Vermessungs-, Architekten-, Ingenieur-, Bau- und Finanzierungskosten. **22**

„§ 39 BauGB Vertrauensschaden

Haben Eigentümer oder in Ausübung ihrer Nutzungsrechte sonstige Nutzungsberechtigte im berechtigten Vertrauen auf den Bestand eines rechtsverbindlichen Bebauungsplans Vorbereitungen für die Verwirklichung von Nutzungsmöglichkeiten getroffen, die sich aus dem Bebauungsplan ergeben, können sie angemessene Entschädigung in Geldverlangen, soweit die Aufwendungen durch die Änderung, Ergänzung oder Aufhebung des Bebauungsplans an Wertverlieren. Dies gilt auch für Abgaben nach bundes- oder landesrechtlichen Vorschriften, die für die Erschließung des Grundstücks erhoben wurden."

Ein **nichtiger Bebauungsplan** löst keine Ersatzansprüche nach Amtshaftungsgrundsätzen (gegen die Gemeinde) aus[10]. **23**

Ob und in welcher Höhe eine Entschädigung für die Wertminderung des Grundstücks zu gewähren ist, bestimmt sich nach den §§ 40 ff. BauGB. Es handelt sich insoweit um eine ergänzende Entschädigungsregelung für die im Vertrauen auf den Bestand des Bebauungsplans gemachten Aufwendungen, die sich nicht im Bodenwert niedergeschlagen haben und deshalb nicht von den Planungsschadensregelungen der §§ 40 ff. BauGB erfasst sind. **24**

Für den Vertrauensschaden kann der Entschädigungsberechtigte eine **Entschädigung** nach § 44 Abs. 3 Satz 1 BauGB **erst** verlangen, **wenn die Vertrauensschäden eingetreten sind.** Der Anspruch kann danach durch schriftlichen Antrag auf Entschädigung bei dem Entschädigungspflichtigen fällig gestellt werden. **25**

---

9 BGH, Urt. vom 18.12.1986 – III ZR 174/85 –, EzGuG 6.232.
10 BGH, Urt. vom 24.6.1982 – III ZR 169/80 –, EzGuG 6.216.

VII Besondere Anlässe — Enteignung

26 Von besonderer Bedeutung ist dabei die **Verjährungsfrist nach § 44 Abs. 4 BauGB.** Danach erlischt ein Entschädigungsanspruch, wenn er nicht **innerhalb von drei Jahren Vertrauensschaden** nach Ablauf des Kalenderjahres, in dem die in den §§ 39 bis 42 BauGB bezeichneten Vermögensnachteile eingetreten sind, durch schriftliche Antragstellung fällig gestellt wird. In den Fällen des § 145 BauGB (Sanierungsgebiete und Entwicklungsbereiche) gilt im Übrigen die allgemeine Verjährungsfrist.

27 Weitere Regelungen über Vertrauensschäden enthalten die Vorschriften des § 42 Abs. 5 bis 10 BauGB. Es handelt sich hierbei um Tatbestände, bei denen der **Eigentümer im Vertrauen auf den Bestand der Festsetzungen eines Bebauungsplans Maßnahmen zur Vorbereitung einer baulichen Nutzung getroffen hat,** die er aber nicht realisieren kann, weil nach Ablauf der siebenjährigen Schutzfrist nach § 42 Abs. 2 BauGB die zulässige Nutzung aufgehoben oder geändert wurde und er nur noch eine Entschädigung in Höhe der Differenz

- des Grundstückswerts aufgrund der ausgeübten Nutzung *abzüglich*
- des Grundstückswerts nach Aufhebung oder Änderung der zulässigen Nutzung

gemäß § 42 Abs. 3 BauGB verlangen kann. Auch in diesem Fall sind die Verjährungsfristen nach § 44 Abs. 3 und 4 BauGB zu beachten (vgl. Abb. 2).

Abb. 2: Vertrauensschaden

© W. Kleiber 02

1.2.3 Entschädigung für nachteilige fremd nützige Festsetzungen im Bebauungsplan (§§ 40 und 41 BauGB)

28 § 40 BauGB gewährt dem Eigentümer eines Grundstücks eine Entschädigung in Geld oder durch Übernahme (Übernahmeanspruch) für Vermögensnachteile, soweit diese durch folgende **fremd nützige Festsetzungen,** z. B. als anderen Grundstücken zugeordnete **naturschutzrechtliche Ausgleichsfläche** (vgl. § 5 ImmoWertV Rn. 258 ff.), entstehen:

1. Flächen für den Gemeinbedarf sowie für Sport- und Spielanlagen,
2. Flächen für Personengruppen mit besonderem Wohnbedarf,
3. Flächen mit besonderem Nutzungszweck,
4. von der Bebauung freizuhaltende Schutzflächen und Flächen für besondere Anlagen und Vorkehrungen zum Schutz vor Einwirkungen,
5. Verkehrsflächen,
6. Versorgungsflächen,
7. Flächen für die Abfall- und Abwasserbeseitigung einschließlich der Rückhaltung und Versickerung von Niederschlagswasser sowie für Ablagerungen,
8. Grünflächen,
9. Flächen für Aufschüttungen, Abgrabungen oder für die Gewinnung von Steinen, Erden und anderen Bodenschätzen,
10. Flächen für Gemeinschaftsstellplätze und Gemeinschaftsgaragen,
11. Flächen für Gemeinschaftsanlagen,
12. von der Bebauung freizuhaltende Flächen,
13. Wasserflächen, Flächen für die Wasserwirtschaft, Flächen für Hochwasserschutzanlagen und Flächen für die Regelung des Wasserabflusses,
14. Flächen zum Schutz, zur Pflege und zur Entwicklung von Boden, Natur und Landschaft.

Im Kern handelt es sich bei der Entschädigung nach § 40 BauGB um eine **Entschädigungsbestimmung für Vermögensnachteile,** denn nach der Grundnorm des § 40 Abs. 1 Satz 1 BauGB wird eine Entschädigung erst durch eintretende Vermögensnachteile ausgelöst. Die Entschädigung selbst kann, wie ausgeführt, erfolgen durch

a) Übernahme des Grundstücks,

b) Begründung von Miteigentum, wenn die Verwirklichung des Bebauungsplans nicht den Eigentumsentzug erfordert,

c) Geldentschädigung (vgl. Abb. 3).

Abb. 3: **Entschädigung von Vermögensnachteilen für fremd nützige Festsetzungen nach § 40 BauGB (Systematik)**

VII Besondere Anlässe — Enteignung

30 In den genannten Fällen besteht **bei wirtschaftlicher Unzumutbarkeit ein Übernahmeanspruch** bzw. ein Anspruch auf die Begründung von Miteigentum oder eines gesicherten Rechts, wenn die Verwirklichung des Bebauungsplans nicht den Eigentumsentzug erfordert; ansonsten ist Entschädigung in Geld zu leisten (§ 40 Abs. 3 Satz 1 BauGB).

31 **Auslöser für eine Entschädigung nach § 40 BauGB sind also die durch die Festsetzungen im Bebauungsplan eingetretenen Vermögensnachteile.** Im Falle des Übernahmeanspruchs wird die Entschädigung im Ergebnis nach der sich in Anwendung der §§ 93 ff. BauGB bemessenden Entschädigung für den Rechtsverlust sowie für eingetretene Vermögensnachteile ermittelt, wobei Wertminderungen unberücksichtigt bleiben, die bei Anwendung des § 42 BauGB nicht zu entschädigen wären (§ 43 Abs. 3 BauGB). Das gilt entsprechend auch für eine Entschädigung in Form von Miteigentum oder anderer „geeigneter" Rechte, denn wertmäßig kann sich diese Form der Entschädigung nur in Höhe des Entschädigungsanspruchs bewegen.

32 Die **bloße Festsetzung eines Geh-, Fahr- und Leitungsrechts** zugunsten der Allgemeinheit, eines Erschließungsträgers oder eines beschränkten Personenkreises **begründet regelmäßig (noch) keinen schweren Nachteil** i.S. des § 47 Abs. 8 VwGO, denn diese Festsetzung bedarf noch ihres Vollzugs entweder durch einvernehmliche Willenserklärung des Begünstigten und des Belasteten oder durch eine Entscheidung der Enteignungsbehörde.

33 „Diese Festsetzung ist lediglich – öffentlich-rechtliche – Grundlage, um das Grundstück zur Begründung eines solchen Rechts notfalls im Enteignungswege in Anspruch zu nehmen (vgl. § 86 Abs. 1 Nr. 1 und 4 BauGB). Der betreffende Eigentümer hat unter den Voraussetzungen des § 40 Abs. 2 BauGB und im Verfahren nach § 41 BauGB einen Anspruch darauf, dass das Recht gegen Entschädigung begründet wird. Der Bebauungsplan selbst hindert ihn nur, das Grundstück in einer Weise, z.B. durch Errichtung von baulichen Anlagen, zu nutzen, die die geplante Ausübung des noch zu begründenden Rechts behindern oder unmöglich machen würde. Das Recht selbst ist bei seiner Begründung, z.B. durch Bestellung und Eintragung einer (öffentlich-rechtlichen) Baulast oder (privatrechtlichen) Dienstbarkeit, im Einzelnen genau zu bestimmen. Dies gilt auch, soweit es den genauen Umfang der Inanspruchnahme des Grundstücks betrifft. Das bedeutet für den Bebauungsplan noch nicht, dass er eine Festsetzung nach § 9 Abs. 1 Nr. 21 BauGB mit detaillierten Angaben treffen müsse; denn diese **Festsetzung bedarf noch des Vollzugs entweder durch einvernehmliche Willenserklärungen des Begünstigten und des Belasteten** – möglicherweise erst im Enteignungsverfahren gemäß §§ 110, 111 BauGB – oder durch Entscheidung der Enteignungsbehörde gemäß § 112 BauGB"[11].

34 Zur **Festsetzung naturschutzrechtlicher Ausgleichsflächen** vgl. § 5 ImmoWertV Rn. 254 ff. und Syst. Darst. des Vergleichswertverfahrens Rn. 359

35 Eine Entschädigung allein für Vermögensnachteile wird regelmäßig nur in den Fällen des § 40 Abs. 3 Satz 1 BauGB auftreten, d.h. für bebaute Grundstücke, für die im Bebauungsplan eine Nutzung für den **„Gemeinbedarf oder als Verkehrs-, Versorgungs- oder Grünflächen"** festgesetzt wurde und die infolgedessen einer **Nutzungsbeschränkung nach § 32 BauGB** unterworfen sind. Die Vorschrift lautet:

„**§ 32 BauGB Nutzungsbeschränkungen auf künftigen Gemeinbedarfs-, Verkehrs-, Versorgungs- und Grünflächen**

Sind überbaute Flächen in dem Bebauungsplan als Baugrundstücke für den Gemeinbedarf oder als Verkehrs-, Versorgungs- oder Grünflächen festgesetzt, dürfen auf ihnen Vorhaben, die eine wertsteigernde Änderung baulicher Anlagen zur Folge haben, nur zugelassen und für sie Befreiungen von den Festsetzungen des Bebauungsplans nur erteilt werden, wenn der Bedarfs- oder Erschließungsträger zustimmt oder der Eigentümer für sich und seine Rechtsnachfolger auf Ersatz der Werterhöhung für den Fall schriftlich verzichtet, dass der Bebauungsplan durchgeführt wird. Dies gilt auch für die dem Bebauungs-

---

11 OVG Münster, Urt. vom 30.1.1996 – 11a D 127/92 –, RdL 1996, 220 = GuG-aktuell 1996, 47 (LS); OVG Münster, Beschl. vom 30.10.1996 – 11a B 2211/96 –, GuG-aktuell 1997, 15 (LS); BVerwG, Beschl. vom 18.12.1987 – 4 NB 2/87 –, NVwZ 1988, 822 = UPR 1988, 186 = ZfBR 1988, 90.

plan nicht widersprechenden Teile einer baulichen Anlage, wenn sie für sich allein nicht wirtschaftlich verwertbar sind oder wenn bei der Enteignung die Übernahme der restlichen überbauten Flächen verlangt werden kann."

1.2.4 Entschädigung für Geh-, Fahr- und Leitungsrechte sowie bei Bindungen für Bepflanzungen (§ 41 BauGB)

Soweit Leitungsrechte nicht der Erschließung und Versorgung des Grundstücks dienen, kann der Eigentümer nach § 41 Abs. 1 BauGB für die nach § 9 Abs. 1 Nr. 21 BauGB mit einem Leitungsrecht belasteten Flächen **unter den Voraussetzungen des § 40 Abs. 2 BauGB** einen **Übernahmeanspruch** geltend machen. Nach § 41 Abs. 1 Satz 3 BauGB bleiben jedoch weitergehende Rechtsvorschriften unberührt. Bei grünordnerischen Festsetzungen ist eine Entschädigung in Geld vorgesehen. 36

§ 41 Abs. 2 BauGB begründet einen Rechtsanspruch auf Entschädigung für Festsetzungen im Bebauungsplan i.S. des § 9 Abs. 1 Nr. 25 BauGB (**Anpflanzungen/Bindungen für Bepflanzungen**), wenn und soweit infolge dieser Festsetzungen 37

– besondere Aufwendungen notwendig sind, die über das bei ordnungsgemäßer Bewirtschaftung erforderliche Maß hinausgehen, oder
– eine wesentliche Wertminderung des Grundstücks eintritt.

1.2.5 Entschädigung bei Aufhebung oder Änderung einer zulässigen Nutzung: Herabzonung (§ 42 BauGB)

1.2.5.1 Allgemeines

§ 42 BauGB ist das Herzstück des Planungsschadensrechts. Eine Entschädigung für die **Aufhebung oder Änderung einer zulässigen Nutzung** nach dieser Vorschrift ist gemäß § 43 Abs. 3 Satz 1 BauGB zwar nicht in den Fällen zu gewähren, in denen die Voraussetzungen der §§ 40 und 41 Abs. 1 BauGB vorliegen und sich die Entschädigung nach diesen Vorschriften bemisst, jedoch müssen selbst dann solche Wertminderungen unberücksichtigt bleiben, die bei Anwendung des § 42 BauGB nicht zu entschädigen wären. 38

Eine Entschädigung nach § 42 BauGB ist grundsätzlich zu gewähren bei Aufhebung oder Änderung der baulichen Nutzung, die eine **nicht nur unwesentliche Wertminderung des Grundstücks** zur Folge hat. 39

– Als „*zulässige Nutzung*" ist eine Nutzung anzusehen, für die ein Rechtsanspruch auf Erteilung der Genehmigung besteht, gleichgültig ob sich dieser Rechtsanspruch auf § 30 Abs. 1 oder 2, § 34 oder § 35 BauGB stützt.
– Die „*Aufhebung und Änderung*" der zulässigen Nutzung hat nur bebauungsplanrechtliche und planersetzende Maßnahmen, nicht dagegen Maßnahmen des Fachplanungsrechts zum Inhalt.
– Als „*nicht nur unwesentliche Wertminderung*" gilt nur eine solche, die kausal auf den das jeweilige Grundstück und nicht die Nachbargrundstücke sich beziehenden Eingriff zurückzuführen ist[12].
– Nach dem Wortlaut der Vorschrift sind Wertminderungen „des Grundstücks" zu entschädigen, d.h., die Entschädigung ist nicht nur für eine Bodenwertminderung zu gewähren, sondern schließt bei bebauten Grundstücken **auch eine Wertminderung der Bausubstanz** ein: Maßgeblich ist die Wertminderung des (Gesamt-)Grundstücks einschließlich der baulichen und sonstigen Anlagen, wobei auf Grund des *Bestandsschutzes* eine Bodenwertminderung dadurch gedämpft wird, als sie nur in der über die Restnutzungsdauer der baulichen Anlage diskontierten Höhe durchschlägt, wenn ein Rückbau (Abriss) nicht geboten ist.

---

12 BGH, Urt. vom 18.12.1986 – III ZR 174/85 –, EzGuG 6.232; BGH, Urt. vom 25.11.1993 – III ZR 16/93 –, UPR 1994, 101.

VII Besondere Anlässe — Enteignung

40 Unwesentliche Wertminderungen sind mithin nicht zu entschädigen. Der Entschädigungsanspruch wird erst im Falle einer Überschreitung der Opfergrenze ausgelöst, wobei der Begriff der **„nicht nur unwesentlichen Wertminderung"** in der Gewichtung nicht als identisch mit der „wesentlichen Wertminderung" angesehen wird[13].

Das juristische Schrifttum hat sich bislang noch nicht zu allgemein anerkannten Prozentsätzen durchringen können, mit denen sich die Opfergrenze markieren ließe; genannt werden **Sätze in Höhe von 10 %**[14].

41 **Die Änderung oder Aufhebung der zulässigen Nutzung kann sowohl die Art als auch das Maß der baulichen Nutzung betreffen.** Soweit es um die Ermittlung der Wertminderung des Grund und Bodens geht, lässt sich die Wertminderung auf Grund eines unterschiedlichen Maßes der baulichen Nutzung mit Hilfe entsprechender Umrechnungskoeffizienten ermitteln (vgl. § 12 ImmoWertV).

42 Unter der Grundvoraussetzung des § 42 Abs. 1 BauGB ist nach den übrigen Regelungen dieser Vorschrift zwischen **drei Entschädigungstatbeständen** zu unterscheiden:

a) Abs. 2: *Entschädigung für Herabzonungen innerhalb einer siebenjährigen Schutzfrist*,

b) Abs. 3 und 4: *Entschädigung für Herabzonungen nach Ablauf einer siebenjährigen Schutzfrist* sowie

c) Abs. 5 bis 7: *Entschädigung von Vertrauensschäden für nicht innerhalb der siebenjährigen Schutzfrist realisierte Nutzungsmöglichkeiten*, wenn

- eine Veränderungssperre oder eine befristete Zurückstellung eines Baugesuchs die Verwirklichung der zulässigen Nutzung innerhalb der Schutzfrist verhindert hat,
- eine Baugenehmigung oder ein bauaufsichtsrechtlicher Vorbescheid zwar erteilt worden ist und der Eigentümer nach Ablauf der siebenjährigen Schutzfrist gehindert ist, das Vorhaben zu verwirklichen,
- ein Antrag auf Erteilung einer Baugenehmigung oder eines Vorbescheides rechtswidrig abgelehnt worden ist und
- über einen vom Eigentümer rechtzeitig gestellten Bauantrag bzw. einen Antrag auf Erteilung eines Vorbescheids nicht so rechtzeitig innerhalb der siebenjährigen Schutzfrist entschieden wurde, dass eine Genehmigung innerhalb der Frist hätte erteilt werden können.

---

13 Gewos, Der Entschädigungsausschluss nach § 44 Abs. 1 Satz 2 BauGB Hamburg 1965, Schriftenreihe der Gewos.
14 Pohl im Kohlhammer-Komm.; Battis/Krautzberger/Löhr, BauGB 8. Aufl. S. 692 Rn. 6.

Abb. 4: Planungsschaden nach § 42 BauGB

Im **zeitlichen Zusammenspiel** ist, wie in Abb. 4 dargestellt, zu unterscheiden.

Innerhalb der Planungsschadensregelung des § 42 BauGB sind die Regelungen des § 42 Abs. 2 sowie des § 42 Abs. 3 und 4 von zentraler Bedeutung. **Danach ist zu unterscheiden, ob die zulässige Nutzung innerhalb einer siebenjährigen Schutzfrist oder nach Ablauf dieser Schutzfrist aufgehoben oder geändert wurde.**

1.2.5.2 Entschädigung für planerische Eingriffe innerhalb der siebenjährigen Schutzfrist nach § 42 Abs. 2 BauGB

Grundsätzlich ist nach § 42 Abs. 2 BauGB im Falle einer Aufhebung oder Änderung der zulässigen Nutzung **innerhalb der siebenjährigen Schutzfrist die „volle" Wertminderung des Grundstücks zu entschädigen.** Auf die ausgeübte Nutzung soll es nach dieser Vorschrift nicht ankommen. Die Vorschrift lautet:

„(2) Wird die zulässige Nutzung eines Grundstücks innerhalb einer Frist von sieben Jahren ab Zulässigkeit aufgehoben oder geändert, bemisst sich die Entschädigung nach dem Unterschied zwischen dem Wert des Grundstücks auf Grund der zulässigen Nutzung und seinem Wert, der sich infolge Aufhebung oder Änderung ergibt."

Für die Bemessung der Entschädigung ist die ausgeübte Nutzung gleichwohl von Bedeutung. Dies soll an **zwei Beispielen** verdeutlicht werden:

Beispiel 1:

– Unbebautes Grundstück in Innenstadtlage.
– Der Bebauungsplan weist für das Grundstück eine GFZ von 3,0 aus. Der Bodenrichtwert für ein vergleichbares Grundstück mit einer GFZ von 3,0 betrage € 1 000 pro m².

VII Besondere Anlässe — Enteignung

- *Innerhalb einer Frist von sieben Jahren* wird das Maß der baulichen Nutzung auf eine GFZ von 1,5 herabgezont.
- Der Bodenwert für das herabgezonte Grundstück wird mit Hilfe von Umrechnungskoeffizienten für unterschiedliche Maße der baulichen Nutzung (GFZ : GFZ) abgeleitet (vgl. Anl. 11 zur WertR). Der Umrechnungskoeffizient (UK) für eine GFZ von 3,0 beträgt danach 1,84; der Umrechnungskoeffizient für eine GFZ von 1,5 beträgt 1,24.

$$\text{Bodenwert}_{GFZ=1,5} = \text{Bodenwert}_{GFZ=3,0} \times UK_{GFZ=1,5} / UK_{GFZ=3,0}$$
$$= 1\,000\ \text{€/m}^2 \times 1{,}24 / 1{,}84 = 674\ \text{€/m}^2$$

Planungsschaden $= 1\,000\ \text{€/m}^2 - 674\ \text{€/m}^2 = \mathbf{326\ \text{€/m}^2}$

47 *Beispiel 2:*

a) Sachverhalt
- Bebautes Grundstück in Innenstadtlage (Miethaus)
- Der Bebauungsplan weist – wie im vorangegangenen Beispiel – für das Grundstück eine GFZ von 3,0 aus. Der Bodenrichtwert für ein vergleichbares (unbebautes) Grundstück mit einer GFZ von 3,0 betrage wiederum 1 000 €/m².
- Auf dem Grundstück befindet sich ein Mietwohnhaus, mit dem eine GFZ von 2,5 „ausgeübt" wird, während ansonsten die „volle" Ausnutzung der zulässigen GFZ (von 3,0) lagetypisch ist. *Das Grundstück war mithin (bislang) untergenutzt;* es weist keine selbständig nutzbaren Teilflächen auf.
- Die wirtschaftliche Restnutzungsdauer des Gebäudes betrage 20 Jahre.
- *Innerhalb einer Frist von sieben Jahren* wird das Maß der baulichen Nutzung wiederum auf eine GFZ von 1,5 herabgezont.

b) Bodenwert auf Grund der bisher rechtlich zulässigen Nutzung unter Berücksichtigung der ausgeübten Nutzung

Bodenwert auf Grund bisheriger zulässiger Nutzung: 1 000 €/m²

Mit der aufstehenden Bebauung ist die zulässige Nutzung nicht „voll ausgeschöpft" worden. Nach allgemeinen Grundsätzen ist bei Abweichungen der tatsächlichen Bebauung von der zulässigen Bebauung dies bei der Bodenwertermittlung zu berücksichtigen (vgl. § 16 ImmoWertV Rn. 222 ff.). Im vorliegenden Beispiel liegt der Fall einer Unternutzung vor, d.h., die bislang zulässige Nutzung von einer GFZ = 3,0 wäre wirtschaftlich erst nach Abgang des Gebäudes zu realisieren gewesen. Der Bodenwert bemisst sich in diesem Fall nach ausgeübter (realisierter) Nutzung zuzüglich des über die Restnutzungsdauer des Gebäudes diskontierten „Wertsprungs" zwischen einer GFZ von 2,5 und 3,0.

Bei einem Umrechnungskoeffizienten von 1,65 für eine GFZ von 2,5 (vgl. Anl. 11 zur WertR) und von 1,84 für eine GFZ von 3,0 ergibt sich als Bodenwert für ein Grundstück mit einer GFZ von 2,5:

$$\text{Bodenwert}_{GFZ=2,5} = \text{Bodenwert}_{GFZ=3,0} \times UK_{GFZ=2,5} / UK_{GFZ=3,0}$$
$$= 1\,000\ \text{€/m}^2 \times 1{,}65 / 1{,}84 = 897\ \text{€/m}^2$$

Der Unterschied des Bodenwerts eines unbebauten Grundstücks mit einer GFZ von 3,0 zum Bodenwert mit einer GFZ von 2,5 beträgt mithin

$$\text{Bodenwert} = 1\,000\ \text{€/m}^2 - 897\ \text{€/m}^2 = \mathbf{103\ \text{€/m}^2}$$

Dieser „Wertsprung" kann erst nach Ablauf der 20-jährigen wirtschaftlichen Restnutzungsdauer des Gebäudes „realisiert" werden und „wächst" dem Eigentümer deshalb nur in diskontierter Höhe zu.

Der Bodenwert aufgrund der ausgeübten (realisierten) Nutzung ergibt sich mithin zu

$$\text{Bodenwert} = 897\ \text{€/m}^2 + 103\ \text{€/m}^2 \times (1 + p/100)^{-n}$$

wobei
p = Diskontierungszinssatz
n = Restnutzungsdauer des Gebäudes

Bei einem Diskontierungszinssatz von 5 % ergibt sich

$$\text{Bodenwert} = 897\ \text{€/m}^2 + 103\ \text{€/m}^2 \times 0{,}37688 = \mathbf{936\ \text{€/m}^2}$$

Ergänzender Hinweis

In dem Beispiel war davon auszugehen, dass aufgrund der tatsächlichen Bebauung des Grundstücks weder durch Aufstockung des Gebäudes noch durch eine bauliche Ergänzung eine Realisierung der zulässigen Nutzung möglich war. Wäre dies der Fall gewesen, wäre vom „vollen" Bodenwert in Höhe von 1 000 €/m² auszugehen. Bei untergenutzten Grundstücken ist deshalb zu prüfen, ob mit der vorhandenen, das zulässige Maß der baulichen Nutzung nicht ausschöpfenden Nutzung, tatsächlich eine Wertminderung einhergeht. Im Falle einer Bebauung des Grundstücks mit ergänzungsfähiger Bausubstanz (vgl. Lageplan) ist bei der Bemessung der Entschädigung vom „vollen" Bodenwert (für eine GFZ von 3,0) auszugehen.

Abb. 5: Lageplan

a) **Bodenwert aufgrund der (herabgezonten) künftig rechtlich zulässigen Nutzung unter Berücksichtigung der ausgeübten Nutzung**

Als Bodenwert aufgrund der künftigen zulässigen Nutzung mit einer GFZ von 1,5 ergibt sich (vgl. Beispiel 1, Rn. 46): 674 €/m².

Ein Abbruch des das künftig zulässige Maß der baulichen Nutzung (mit einer GFZ von 1,5) überschreitenden Gebäudes mit einer GFZ von 2,5 ist nicht vorgesehen; es kann erwartet werden, dass das Gebäude auf Grund seines Bestandsschutzes in bisheriger Weise bis zum Ablauf der Restnutzungsdauer genutzt werden wird.

Der bisherige Bodenwert unter Berücksichtigung der ausgeübten (realisierten) Nutzung sowie der Möglichkeit, nach Ablauf der Restnutzungsdauer eine höhere Nutzung realisieren zu können, wurde zuvor ermittelt mit 936 €/m².

Die Wertminderung in Höhe von:

$$936 \text{ €/m}^2 - 674 \text{ €/m}^2 = 261 \text{ €/m}^2$$

„schlägt" auf den Bodenwert des Grundstücks wiederum aufgrund des Bestandsschutzes des Gebäudes nur in einer über die Restnutzungsdauer diskontierten Höhe durch. Mithin ermittelt sich der Bodenwert wie folgt:

$$\text{Bodenwert} = 936 \text{ € m}^2 - 261 \text{ €/m}^2 \times (1 + p/100)^{-n}$$

wobei
p = Diskontierungszinssatz
n = Restnutzungsdauer

Bei einem Diskontierungszinssatz von 5 % ergibt sich:

$$\textbf{Bodenwert} = 936 \text{ €/m}^2 - 261 \text{ €/m}^2 \times 0{,}37688 = \textbf{838 €/m}^2$$

Planungsschaden = Bodenwert vor planungsrechtlichem Eingriff
abzüglich Bodenwert nach planungsrechtlichem Eingriff

Planungsschaden: = 936 €/m² – 838 €/m² ≈ **100 €/m²**

VII Besondere Anlässe — Enteignung

48 **Fazit:** Die ausgeübte Bebauung dämpft den Planungsschaden, wenn sie **Bestandsschutz** genießt, weil der Planungsschaden erst mit einer erheblichen Zeitverzögerung wertmäßig „zu Buche schlägt".

1.2.5.3 Entschädigung für planerische Eingriffe nach Ablauf der siebenjährigen Schutzfrist nach § 42 Abs. 3 und 4 BauGB

a) *Allgemeines*

49 Die Regelung des § 42 Abs. 3 BauGB geht von dem Grundgedanken aus, dass der **Anspruch auf eine zulässige Nutzung**, soweit sie nicht ausgeübt wird, nach Ablauf einer siebenjährigen Schutzfrist, gemessen ab dem Zeitpunkt der Zulässigkeit, „verwirkt" ist und die Gemeinde insoweit die zulässige Nutzung entschädigungslos aufheben oder ändern kann. Geschützt bleibt demzufolge nur die ausgeübte Nutzung.

50 **§ 42 Abs. 3 und 4 BauGB** haben folgende Fassung:

„(3) Wird die zulässige Nutzung eines Grundstücks nach Ablauf der in Absatz 2 bezeichneten Frist aufgehoben oder geändert, kann der Eigentümer nur eine Entschädigung für Eingriffe in die ausgeübte Nutzung verlangen, insbesondere wenn infolge der Aufhebung oder Änderung der zulässigen Nutzung die Ausübung der verwirklichten Nutzung oder die sonstigen Möglichkeiten der wirtschaftlichen Verwertung des Grundstücks, die sich aus der verwirklichten Nutzung ergeben, unmöglich gemacht oder wesentlich erschwert werden. Die Höhe der Entschädigung hinsichtlich der Beeinträchtigung des Grundstückswerts bemisst sich nach dem Unterschied zwischen dem Wert des Grundstücks auf Grund der ausgeübten Nutzung und seinem Wert, der sich infolge der in Satz 1 bezeichneten Beschränkungen ergibt.

(4) Entschädigungen für Eingriffe in ausgeübte Nutzungen bleiben unberührt."

In welchem Maße die Vorschrift den Entschädigungsanspruch einschränkt, hängt also von der ausgeübten Grundstücksnutzung ab. Im Grundsatz wird die Nutzung entschädigt, die innerhalb der Sieben-Jahres-Frist realisiert („ausgeübt") wurde (vgl. Abb. 6):

Abb.6: Entschädigung der ausgeübten Nutzung:

51 *Beispiel 3:*

- Bebautes Grundstück in Innenstadtlage (Mietshaus)
- Der Bebauungsplan weist – wie im vergangenen Beispiel – für das Grundstück eine GFZ von 3,0 aus.
- Der Bodenrichtwert für ein vergleichbares (unbebautes) Grundstück mit einer GFZ von 3,0 betrage wiederum 1 000 €/m².
- Auf dem Grundstück befinde sich wiederum ein Mietwohnhaus, mit dem eine GFZ von 2,5 „ausgeübt" wird.
- Unter der Herrschaft des § 42 Abs. 3 BauGB entfällt die Möglichkeit, nach Ablauf der Restnutzungsdauer eine „bauliche Nutzung" mit einer GFZ von 3,0 realisieren zu können. Ausgangspunkt für die Bemessung der Entschädigung ist mithin der Bodenwert, der sich für die ausgeübte Nutzung mit einer GFZ von 2,5 ergibt. Dieser beläuft sich nach Beispiel 2 auf 897 €/m² (vgl. Rn. 47); mithin

- Bodenwert aufgrund der ausgeübten Nutzung (GFZ = 2,5) = 897 €/m²
- Der Bodenwert aufgrund der künftig zulässigen Nutzung (GFZ = 1,5) wurde im Beispiel 1 (vgl. Rn. 46) ermittelt mit 674 €/m².

Die Wertminderung in Höhe von

$$897 \text{ €/m}^2 - 674 \text{ €/m}^2 = \mathbf{223 \text{ €/m}^2}$$

„schlägt" auf den Bodenwert des Grundstücks wiederum aufgrund des Bestandsschutzes des Gebäudes nur in einer über die Restnutzungsdauer diskontierten Höhe durch. Mithin ermittelt sich der Bodenwert wie folgt:

$$\text{Bodenwert} = 897 \text{ €/m}^2 - 223 \text{ €/m}^2 \times (1 + p/100)^{-n}$$

wobei
p = Diskontierungszinssatz
n = Restnutzungsdauer

Bei einem Diskontierungszinssatz von 5 % ergibt sich:

$$\text{Bodenwert} = 897 \text{ €/m}^2 - 223 \text{ €/m}^2 \times 0{,}37688 = 813 \text{ €/m}^2$$

Der **Planungsschaden** beträgt damit:

$$896 \text{ €/m}^2 - 813 \text{ €/m}^2 = \mathbf{83 \text{ €/m}^2}$$

52 **Fazit:** Der Unterschied in der Höhe das Planungsschadens fällt bei Anwendung des § 42 Abs. 2 BauGB und des § 42 Abs. 3 BauGB weitaus geringer aus, als gemeinhin angenommen wird. Dies ist auf den **Bestandsschutz** zurückzuführen, der den Planungsschaden „abfedert".

b) Eigentumsverdrängende Herabzonung

53 Bei der Ermittlung des Entschädigungswerts bleiben nach **§ 95 Abs. 2 Nr. 7 BauGB** Bodenwerte unberücksichtigt, die nicht zu berücksichtigen wären, wenn der Eigentümer eine Entschädigung nach den planungsschadensrechtlichen Bestimmungen der §§ 40 bis 42 BauGB geltend machen würde.

▶ *Zu den §§ 40 bis 42 BauGB vgl. Rn. 182 ff.*

54 Die Beschränkung der Entschädigung nach den Grundsätzen des § 42 Abs. 3 BauGB, nach denen der **Eigentümer nur für Eingriffe in die ausgeübte Nutzung zu entschädigen ist,** wenn die zulässige Nutzung eines Grundstücks nach Ablauf von sieben Jahren aufgehoben oder geändert worden ist, gilt nach § 43 Abs. 3 Satz 2 und § 95 Abs. 2 Nr. 7 BauGB auch für den Übernahmeanspruch nach § 40 BauGB.

55 Eine Besonderheit gilt für sog. **eigentumsverdrängende Planungsmaßnahmen.** Hierunter sind Planungsmaßnahmen zu verstehen, die für ein einzelnes Grundstück zum vollständigen Eigentumsentzug führen, z. B. durch Festsetzung einer Nutzung für öffentliche Zwecke.

56 Abweichend von den vorstehenden Ausführungen und im Einklang mit der enteignungsrechtlichen Fachliteratur findet § 42 Abs. 2 BauGB keine Anwendung, wenn eine **Enteignungsentschädigung** (z. B. auf Grund eines begründeten Übernahmeverlangens) **im Anschluss an eine ausschließlich fremd nützige und damit eigentumsverdrängende Planung zu gewähren ist**[15]. Ein solcher Fall liegt z. B. vor, wenn das Maß einer bisher privatwirtschaftlichen baulichen Nutzung (GFZ) nicht nur „herabgezont", sondern durch Festsetzung einer Gemeinbedarfsnutzung ersetzt wird. Von dieser Festsetzung geht die Vorwirkung einer späteren Entziehung des Eigentums an dem Grundstück aus (eigentumsverdrängende Festsetzung). Insoweit kommt die sog. Harmonisierungsklausel des § 95 Abs. 1 Nr. 7 BauGB, nach der Bodenwerte, die nicht zu berücksichtigen wären, wenn der Eigentümer eine Entschädigung in den Fällen der §§ 40 bis 42 BauGB geltend machen würde, bei der Festsetzung der Entschädigung für den Rechtsverlust nicht zur Anwendung. Bei sog. eigentumsverdrängenden Festset-

---

[15] Battis in Battis/Krautzberger/Löhr, BauGB, 7. Aufl. § 95 Rn. 10; Krohn im BerlKomm zum BauGB, 2. Aufl. § 42 Rn. 2 ff.; ders. Festschrift für Schlichter (1995) S. 439 ff., 452 ff.; Reisnecker in Brügelmann, BauGB § 95 Rn. 175 ff., 181; Bielenberg/Söfker in Ernst/Zinkahn/Bielenberg, BauGB § 42 Rn. 105a; Bielenberg, a.a.O., § 43 Rn. 36; Schmidt-Assmann, a.a.O., § 95 Rn. 101g; Breuer in Schrödter, BauGB 6. Aufl. § 95 Rn. 46 ff.

VII Besondere Anlässe — Enteignung

zungen wäre es mit der Eigentumsgarantie und dem in Art. 14 Abs. 1 und 3 i.V.m. Art 3 GG verankerten Grundsatz der Lastengleichheit unvereinbar, einzelne Eigentümer, die in einem Plangebiet von eigentumsverdrängenden Festsetzungen betroffen sind, im Falle der Enteignung mit einem (weiteren) Sonderopfer und im Verhältnis zu den übrigen Planbetroffenen, denen möglicherweise daraus sogar noch Werterhöhungen erwachsen, ungleich und unzumutbar zu belasten[16].

57   Der BGH hat (ebenso wie vorangehend das KG) unter Hinweis auf das Schrifttum festgestellt, dass abweichend zu den Planungseingriffen, bei denen nicht ausgeübte Bodennutzbarkeiten nach Ablauf der Planungsgewährleistungspflicht inhaltlich gemindert werden, jedoch privatnützig bleiben, bei eigentumsverdrängenden Planungsmaßnahmen (§ 40 Abs. 1 BauGB) insoweit eine andere Interessenlage besteht, als ein einziger Eigentümer es hinnehmen muss, aus dem Plangebiet herausgedrängt zu werden und den von der Planungsmaßnahme nicht betroffenen Eigentümern darüber hinaus noch die Vorteile der Gemeinbedarfseinrichtung zugute kommen. Die **planungsschadensrechtlichen Vorschriften finden deshalb in diesen Fällen keine Anwendung.**

58   **Die Enteignungsentschädigung bemisst sich** in den Fällen eigentumsverdrängender Planungsmaßnahmen mithin nach dem allgemeinen Vorwirkungsgrundsatz, d.h., **nach den Zustandsmerkmalen,** die das Grundstück in dem Zeitpunkt innehatte, **als** auf Grund der eigentumsverdrängenden Festsetzung **mit hinreichender Sicherheit und Bestimmtheit die spätere Enteignung erwartet werden musste;** § 42 Abs. 2 BauGB findet indessen keine Anwendung.

1.2.6   Entschädigungsausschluss nach § 43 Abs. 4 und 5 BauGB

59   Im Rahmen der Sozialpflichtigkeit des Grund und Bodens sind **Bodenwerte nicht zu entschädigen, soweit sie darauf beruhen,** dass

„1. die zulässige Nutzung auf dem Grundstück den allgemeinen Anforderungen an gesunde Wohn- und Arbeitsverhältnisse oder an die Sicherheit der auf dem Grundstück oder im umliegenden Gebiet wohnenden oder arbeitenden Menschen nicht entspricht oder

2. in einem Gebiet städtebauliche Missstände im Sinne des § 136 Abs. 2 und 3 bestehen und die Nutzung des Grundstücks zu diesen Missständen wesentlich beiträgt."

60   Des Weiteren ist die **Reduktionsklausel des § 43 Abs. 5 BauGB** zu beachten:

„(5) Nach Vorliegen der Entschädigungsvoraussetzungen bleiben Werterhöhungen unberücksichtigt, die eingetreten sind, nachdem der Entschädigungsberechtigte in der Lage war, den Antrag auf Festsetzung der Entschädigung in Geld zu stellen, oder ein Angebot des Entschädigungspflichtigen, die Entschädigung in Geld in angemessener Höhe zu leisten, abgelehnt hat. Hat der Entschädigungsberechtigte den Antrag auf Übernahme des Grundstücks oder Begründung eines geeigneten Rechts gestellt und hat der Entschädigungspflichtige daraufhin ein Angebot auf Übernahme des Grundstücks oder Begründung des Rechts zu angemessenen Bedingungen gemacht, gilt § 95 Abs. 2 Nr. 3 entsprechend."

1.3   Übernahmeanspruch

1.3.1   Allgemeines

▶ *Allgemeines zum Übernahmeanspruch vgl. Rn. 9 f.*

61   Der Übernahmeanspruch steht in enger Verwandtschaft mit der Enteignung, und zwar sowohl was den verfahrensmäßigen Vollzug als auch die Höhe der Entschädigung betrifft. Grob gesagt läuft der **Übernahmeanspruch auf ein vom Betroffenen in Gang gesetztes Enteignungsverfahren** hinaus, das zur Vermeidung einer Enteignung zunächst auf einen freihändigen Erwerb auf der Grundlage eines angemessenen Angebots gerichtet ist.

---

16   BGH, Urt. vom 6.5.1999 – III ZR 174/98 –, GuG 1999, 376 = UPR 1999, 306 = EzGuG 6.289; vorangehend: KG, Urt. vom 6.3.1998 – U 985/97 –, GuG 1998, 312 = EzGuG 6.285; OLG München, Urt. vom 25.6.1998– U 2/91 –, GuG 1999, 378; BGH, Urt. vom 11.7.2002 – III ZR 160/01 -, GuG 2002, 61.

| Enteignung | Besondere Anlässe VII |

1.3.2 Verfahren

Im Städtebaurecht ist der **verfahrensmäßige Vollzug** am umfassendsten **in § 43 Abs. 1, 4 und 5 sowie § 44 Abs. 3 und 4 BauGB** im Zusammenhang mit dem Planungsschaden **geregelt** (vgl. Abb. 1). Die Voraussetzungen ergeben sich dabei aus § 40 Abs. 2 BauGB (im Falle eines Planungsschadens oder zur Sicherung von Gebieten mit Fremdenverkehrsfunktion nach § 22 BauGB, bei der Begründung von Leitungsrechten und bei Bindungen für Bepflanzungen im Geltungsbereich nach § 41 Abs. 1 BauGB; im Falle einer Erhaltungssatzung nach § 173 Abs. 2 oder nach besonderen Vorschriften; vgl. § 145 Abs. 5 ggf. i.V.m. § 169 Abs. 1 Nr. 3 oder § 168 BauGB sowie nach § 179 Abs. 3 Satz 2 bei einem Rückbaugebot). Die genannten verfahrensrechtlichen Vorschriften sind entsprechend anzuwenden, wo sie im BauGB nicht ausdrücklich genannt sind (vgl. §§ 145 Abs. 5 und 168 BauGB)[17].   **62**

1.3.3 Entschädigung

Die **Entschädigung bemisst sich nach den enteignungsrechtlichen Vorschriften des BauGB (Fünfter Teil).** Hierauf wird in den Vorschriften über das Übernahmeverlangen (§ 145 Abs. 5 Satz 2, § 168 Abs. 2 Satz 2 und § 173 Abs. 2 BauGB) hingewiesen. Andere Vorschriften verweisen (auch) auf die Regelungen des § 43 Abs. 1, 4 und 5 sowie § 44 Abs. 3 und 4 BauGB (§ 145 Abs. 5 Satz 4, § 22 Abs. 7 und § 173 Abs. 2 BauGB) bzw. auf § 43 Abs. 1, 2, 4 und 5 sowie § 44 Abs. 3 und 4 BauGB (§ 179 Abs. 3 BauGB); § 43 Abs. 1 BauGB verweist dabei (indirekt) wiederum auf die enteignungsrechtlichen Vorschriften des Fünften Teils des BauGB.   **63**

Die **materiellen** Entschädigungsvorschriften für den Übernahmeanspruch bedürfen der Harmonisierung. Folgende **Grundsätze** sind im Wege der Auslegung zu beachten: **64**

– In den Fällen, wo sich die Entschädigung nach den Enteignungsvorschriften bemisst (so ausdrücklich § 145 Abs. 5 und § 168 BauGB), finden gemäß § 95 Abs. 2 Nr. 7 BauGB die Regelungen der §§ 40 bis 42 BauGB Anwendung. Des Weiteren sind die Regelungen des **§ 43 Abs. 4 BauGB** über die Nichtberücksichtigung von Bodenwerten anzuwenden[18].
– Die Regelungen des **§ 44 Abs. 3 und 4 BauGB** über die Fälligstellung und Verjährung von Ansprüchen aus Vermögensnachteilen nach den §§ 39 bis 42 BauGB kommen im Falle des **Übernahmeanspruchs nach den §§ 145 und 168 BauGB** (Sanierungsgebiete und Entwicklungsbereiche) seit Inkrafttreten des BauROG am 1.1.1998 auch in Sanierungsgebieten und städtebaulichen Entwicklungsbereichen zur Anwendung (vgl. § 145 Abs. 5 Satz 5 und § 168 Abs. 1 Satz 2 BauGB). Dies betrifft insbesondere die Verjährungsregelung des § 44 Abs. 4 BauGB, nach der ein Entschädigungsanspruch erlischt, wenn nicht innerhalb von drei Jahren nach Ablauf des Kalenderjahres, in dem die Vermögensnachteile nach den §§ 39 bis 42 BauGB eingetreten sind, der Betroffene die Fälligkeit des Anspruchs herbeigeführt hat (Abb. 7)[19].

---

17 Bielenberg in Ernst/Zinkahn/Bielenberg, BauGB § 145 Rn. 27.
18 Schmidt-Aßmann in Ernst/Zinkahn/Bielenberg, BauGB, Komm. zu § 95, 37. Lfg. unter Hinweis auf Battis/Krautzberger/Löhr, BauGB, Komm. zu § 95 Rn. 10; Büchs S. 384; Pohl in Kohlh.-Komm. § 95 BauGB Rn. IV 4 b; Söfker in DV-Bl. 1979, 107; Bielenberg in Ernst/Zinkahn/Bielenberg, BauGB Komm. zu § 43 BauGB.
19 Bielenberg in Ernst/Zinkahn/Bielenberg, BauGB Komm. zu § 145 Rn. 27 sowie § 18 Rn. 44, § 43 Rn. 2, § 44 Rn. 1 und 30 sowie Vorb. §§ 182 bis 186 Rn. 15.

VII Besondere Anlässe — Enteignung

Abb. 7: Übernahmeanspruch

Übernahmeanspruch
Verfahren

Vorverfahren

Voraussetzung (§ 44 Abs. 3 Satz 1 BauGB):
Vermögensnachteile nach den §§ 39 bis 42 BauGB eingetreten

Fälligkeitsstellung (§ 44 Abs. 3 Satz 2 BauGB)
Schriftlicher Antrag auf Entschädigungsleistung bei Entschädigungspflichtigen

---

Rechtsfolge

a) Verzinsung der Entschädigungsleistungen ab Fälligkeit mit 2 % über dem Basiszinssatz (§ 44 Abs. 3 Satz 3 BauGB)
b) Verzinsung bei Übernahme des Grundstücks mit 2 % über dem Basiszinssatz ab Entscheidung über Enteignungsantrag (§ 44 Abs. 3 Satz 4 BauGB)

Verjährung (§ 44 Abs. 4 BauGB)
Nach Ablauf von drei Jahren, gerechnet ab Ende des Kalenderjahrs, in dem Vermögensnachteile nach den §§ 39 bis 42 BauGB eingetreten sind, wenn nicht vorher Fälligkeit herbeigeführt

---

Übernahmeverfahren

Bei keiner Einigung über Entschädigung durch
- Übernahme des Grundstücks oder
- Begründung eines Rechts

Schriftlicher Antrag (§ 43 Abs. 1 BauGB) auf
- Entziehung des Eigentums oder
- Begründung eines Rechts bei der Enteignungsbehörde

Vorwirkung (§ 43 Abs. 4 und 5 BauGB)

a) Ausschluss von Werterhöhungen bei
  - Möglichkeit der Antragstellung auf Festsetzung einer Geldentschädigung
  - Ablehnung einer angemessenen Entschädigung
b) Vorwirkung nach § 95 Abs. 2 Nr. 3 BauGB (§ 43 Abs. 5 BauGB)
c) Ausschluss von Bodenwerten, soweit
  - sie auf städtebaulichen Missständen i. S. d. § 136 Abs. 2 BauGB beruhen
  - zulässige Nutzung gesunden Wohn- und Arbeitsverhältnissen widerspricht

1.4 Enteignung

1.4.1 Allgemeines

1.4.1.1 Gegenstand und Zweck der Enteignung

Nach **§ 86 BauGB** können durch Enteignung

1. das Eigentum an Grundstücken entzogen oder belastet werden;
2. andere Rechte an Grundstücken entzogen oder belastet werden;
3. Rechte entzogen werden, die zum Erwerb, zum Besitz oder zur Nutzung von Grundstücken berechtigen oder die den Verpflichteten in der Benutzung von Grundstücken beschränken;
4. Rechtsverhältnisse begründet werden, die Rechte der in Nummer 3 bezeichneten Art gewähren, soweit es in den Vorschriften des Fünften Teils des Ersten Kapitels des BauGB vorgesehen ist.

Der **Enteignungszweck ist im BauGB planakzessorisch** geregelt, d.h., die Enteignung ist im Geltungsbereich eines qualifizierten, vorhabenbezogenen und nicht qualifizierten Bebauungsplanes zulässig, um ein Grundstück entsprechend den Festsetzungen des Bebauungsplans zu nutzen oder der ausgewiesenen Nutzung zuzuführen (§ 85 Abs. 1 Nr. 1 BauGB)[20].

Weitere **Enteignungszwecke ergeben sich aus § 85 Abs. 1 BauGB:**

„**§ 85 BauGB Enteignungszweck**

(1) Nach diesem Gesetzbuch kann nur enteignet werden, um

1. entsprechend den Festsetzungen des Bebauungsplans ein Grundstück zu nutzen oder eine solche Nutzung vorzubereiten,
2. unbebaute oder geringfügig bebaute Grundstücke, die nicht im Bereich eines Bebauungsplans, aber innerhalb im Zusammenhang bebauter Ortsteile liegen, insbesondere zur Schließung von Baulücken, entsprechend den baurechtlichen Vorschriften zu nutzen oder einer baulichen Nutzung zuzuführen,
3. Grundstücke für die Entschädigung in Land zu beschaffen,
4. durch Enteignung entzogene Rechte durch neue Rechte zu ersetzen,
5. Grundstücke einer baulichen Nutzung zuzuführen, wenn ein Eigentümer die Verpflichtung nach § 176 Abs. 1 oder 2 nicht erfüllt, oder
6. im Geltungsbereich einer Erhaltungssatzung eine bauliche Anlage aus den in § 172 Abs. 3 bis 5 bezeichneten Gründen zu erhalten.

(2) Unberührt bleiben

1. die Vorschriften über die Enteignung zu anderen als den in Absatz 1 genannten Zwecken,
2. landesrechtliche Vorschriften über die Enteignung zu den in Absatz 1 Nr. 6 genannten Zwecken."

In **städtebaulichen Entwicklungsbereichen findet § 85 BauGB neben den §§ 87, 88 und 89 Abs. 1 bis 3 BauGB keine Anwendung** (§ 169 Abs. 3 Satz 3 BauGB); die Zulässigkeit der Enteignung ergibt sich für diese Bereiche aus § 169 Abs. 3 BauGB. Danach ist die Enteignung im städtebaulichen Entwicklungsbereich „ohne Bebauungsplan" zugunsten der Gemeinde oder des Entwicklungsträgers zur Erfüllung ihrer Aufgaben (§ 166 BauGB) zulässig und setzt voraus, dass sich der Antragsteller ernsthaft um den freihändigen Erwerb des Grundstücks zu angemessenen Bedingungen bemüht hat. Unberührt bleibt davon die Vorschrift des § 166 Abs. 1 Satz 2 BauGB, nach der die Gemeinde für den städtebaulichen Entwicklungsbereich ohne Verzug Bebauungspläne aufzustellen hat.

---

[20] BGH, Urt. vom 16.12.1982 – III ZR 141/81 –, EzGuG 1.22; BGH, Urt. vom 11.11.1976 – III ZR 114/75 –, EzGuG 6.188a; BGH, Urt. vom 27.1.1977 – III ZR 153/74 –, EzGuG 6.189; OLG München, Urt. vom 28.9.1989 – U 8/88 –, EzGuG 6.246b (nicht rechtskräftig).

VII Besondere Anlässe — Enteignung

69 Weitere Zulässigkeitsvoraussetzungen ergeben sich aus den §§ 87 ff. BauGB und vor allem aus Art. 14 Abs. 1 Satz 1 GG. Danach ist eine Enteignung nur zum **Wohle der Allgemeinheit** (Gemeinwohlprinzip) zulässig (vgl. § 87 Abs. 1 BauGB). Es handelt sich hierbei um einen unbestimmten Rechtsbegriff, der eine Abwägung des Gesamtwohls mit der geschützten Rechtsstellung des Eigentümers verlangt[21]. Damit kommt es nicht allein auf das Einzelinteresse der öffentlichen Hand an; infolgedessen geht das Wohl der Allgemeinheit weiter als das öffentliche Interesse oder öffentliche Belange. Des Weiteren muss die **Enteignung nach allgemeinen Verfassungsgrundsätzen in qualifizierter Weise geeignet, erforderlich**[22] **und verhältnismäßig sein**, um dem Zweck der Maßnahme zu genügen.

1.4.1.2 Enteignungsverfahren (Überblick)

70 Das Enteignungsverfahren ist von nicht untergeordneter Bedeutung für die Bemessung der Entschädigung und soll deshalb in den Grundzügen kurz skizziert werden. **Verfahrensmäßig** ist es in aller Regel in dem jeweils zur Anwendung kommenden Enteignungsgesetz geregelt. **Im BauGB** sind dies **die §§ 104 bis 122 BauGB** an denen sich die verfahrensrechtlichen Vorschriften anderer Rechtsgrundlagen orientieren.

71 Voraussetzung für eine Enteignung ist zunächst, dass sich der (spätere) Antragsteller

a) ernsthaft um den freihändigen Erwerb zu angemessenen Bedingungen bemüht und hierzu ein angemessenes Angebot unterbreitet und

b) glaubhaft macht, dass das Grundstück innerhalb angemessener Frist zu dem vorgesehenen Zweck verwendet wird[23].

72 Unter **angemessenen Bedingungen** ist unter den Voraussetzungen des § 100 Abs. 1 und Abs. 3 BauGB ein Angebot von geeignetem Ersatzland zu verstehen. Für einen durch eine städtebauliche Maßnahme (Sanierungs- und Entwicklungsmaßnahme) betroffenen land- oder forstwirtschaftlichen Betrieb ist die Regelung des § 189 BauGB zusätzlich zu beachten.

▶ *Weitere Ausführungen hierzu bei Rn. 94 ff.*

73 Bei **Enteignungen aus zwingenden städtebaulichen Gründen** braucht die Verwendung des Grundstücks in angemessener Frist nicht nachgewiesen zu werden, und es genügt der Nachweis des Erwerbsbemühens zu angemessenen Bedingungen. Dies gilt insbesondere für Enteignungen in förmlich festgelegten Sanierungsgebieten und städtebaulichen Entwicklungsbereichen (§ 88 BauGB).

Für den Fall, dass der Enteignungszweck in angemessener Frist nicht erreicht wird, begründet § 102 BauGB ein **Rückenteignungsrecht** des Enteigneten.

74 Das Enteignungsverfahren wird erst im Falle einer Ablehnung des angemessenen Angebots mit der Stellung eines Enteignungsantrags nach § 105 BauGB eröffnet. Die **Einleitung des Enteignungsverfahrens erfolgt** indessen erst **mit der Anberaumung eines Termins zu einer mündlichen Verhandlung** nach § 108 BauGB. Im Einzelnen ist der Ablauf des Enteignungsverfahrens in Abb. 8 dargestellt.

---

21 BVerwG, Urt. vom 6.3.1987 – 4 C 11/83 –, EzGuG 6.234.
22 *Das BVerfG*, Beschl. vom 24.3.1987 – 1 BvR 1046/85 –, EzGuG 6.236 fordert ein „besonders schwerwiegendes dringendes öffentliches Interesse".
23 BGH, Urt. vom 19.12.1966 – III ZR 62/66 –, EzGuG 6.94.

Abb. 8: Enteignungsverfahren nach BauGB

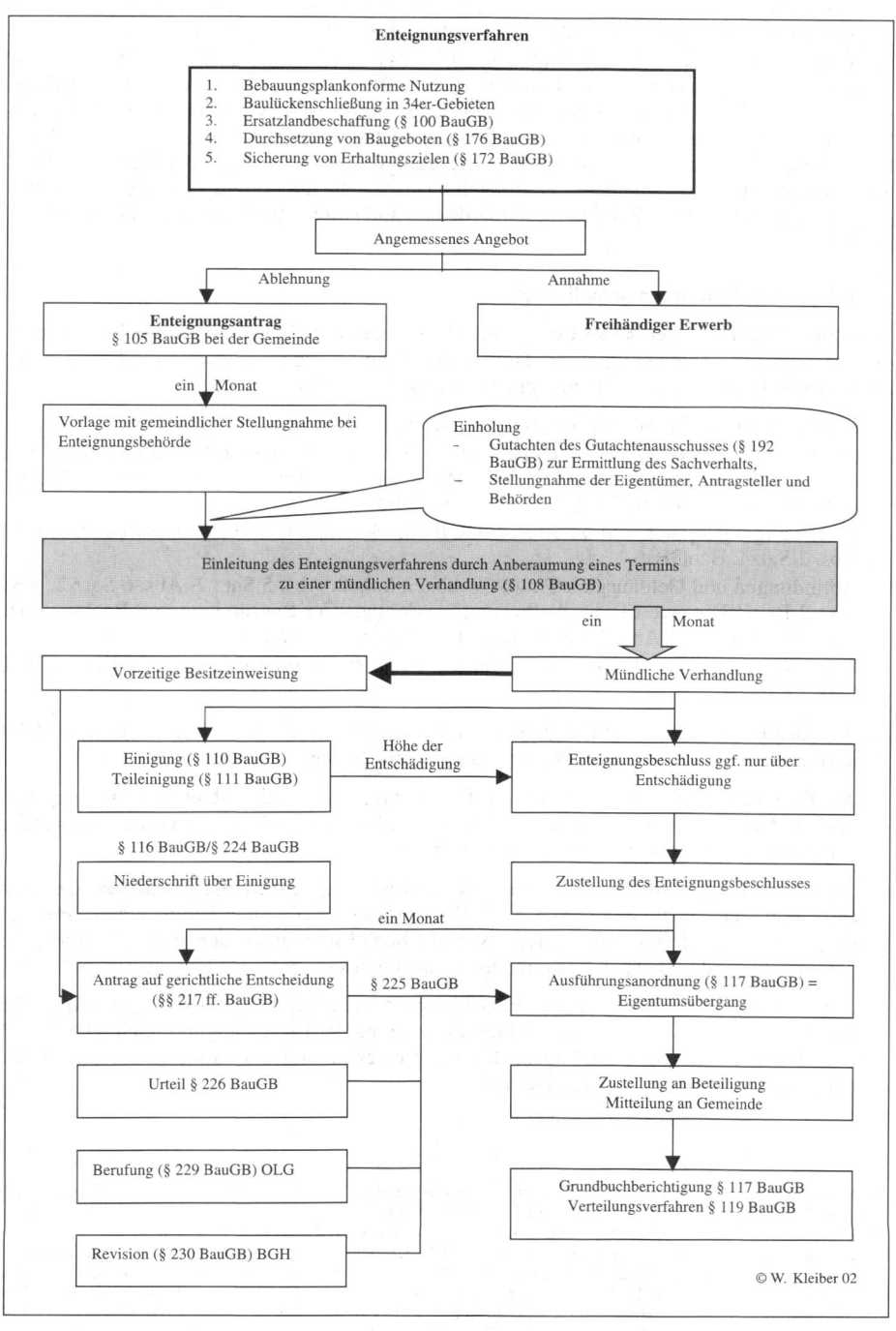

VII Besondere Anlässe — Enteignung

75 Bei der Festsetzung der Entschädigung hat die Enteignungsbehörde nach § 107 Abs. 1 Satz 4 BauGB zwingend ein Gutachten des Gutachterausschusses einzuholen, wenn Eigentum entzogen oder ein Erbbaurecht bestellt werden soll (vgl. § 193 BauGB Rn.4). Der Gutachtenerstattungspflicht kann sich der Gutachterausschuss auch nicht mit dem Hinweis auf Arbeitsüberlastung entziehen. Der Enteignungsbetroffene kann mit einer Verpflichtungsklage gemäß § 217 Abs. 1 BauGB[24] einerseits die Enteignungsbehörde verpflichten, durch Verwaltungsakt die Höhe der Enteignungsentschädigung festzusetzen bzw. nach § 75 VwGO Untätigkeitsklage einreichen, wenn die Enteignungsbehörde „ohne zureichenden Grund" nicht in angemessener Frist entscheidet[25]. Darüber hinaus besteht die Möglichkeit einer Amtshaftungsklage gegenüber der Enteignungsbehörde und auch direkt gegenüber dem Gutachterausschuss.

1.4.1.3 Enteignungsentschädigung

76 Das **BauGB regelt in den §§ 93 bis 103 die Bemessung der Entschädigung bei Enteignungen.** Materiell entsprechen ihnen die landesrechtlichen Entschädigungsbestimmungen. Nach dem BauGB finden die Vorschriften (entsprechend) Anwendung auch bei

- Entschädigungen für *Veränderungssperren* nach § 18 Abs. 1 Satz 2 BauGB[26];
- der Bestimmung des zu zahlenden Betrags bei *Ausübung des Vorkaufrechts* beim Kauf von Grundstücken im Geltungsbereich eines Bebauungsplans, für die eine Nutzung für öffentliche Zwecke festgesetzt ist (§ 28 Abs. 4 Satz 1 BauGB);
- Entschädigungen nach den §§ 39 ff. BauGB für *Vertrauens- und Planungsschäden* (§ 43 Abs. 2 Satz 2 BauGB);
- Abfindungen und Geldausgleichen (§ 59 Abs. 2 Satz 2, Abs. 5 Satz 2, Abs. 6 Satz 2, § 60 Satz 2 BauGB) sowie für die Aufhebung, Änderung oder Begründung von Rechten oder Baulasten nach § 61 Abs. 2 Satz 2 BauGB in *Umlegungsverfahren*;
- Entschädigungen für die *Aufhebung von Miet- und Pachtverhältnissen* nach § 185 Abs. 1 Satz 2 BauGB.

77 Bei der Bemessung der Entschädigung ist nach dem Vorhergesagten (Rn. 5 ff.) gemäß § 93 BauGB zwischen folgenden **drei Positionen** zu unterscheiden:

a) der **Entschädigung für den** durch die Enteignung eintretenden **Rechtsverlust,** der sich nach § 95 Abs. 1 BauGB nach dem Verkehrswert (§ 194 BauGB)[27] des Grundstücks (oder sonstigen Gegenstands der Enteignung) bemisst;

b) der **Entschädigung für „andere" durch die Enteignung eintretende Vermögensnachteile (Folgeschäden),** wenn und soweit diese Vermögensnachteile nicht bereits bei der Bemessung der Entschädigung für den Rechtsverlust berücksichtigt worden sind (§ 96 BauGB); vereinfacht wird in diesem Zusammenhang auch von sog. Folgeschäden gesprochen;

c) den **Vermögensvorteilen,** die dem Entschädigungsberechtigten (§ 94 BauGB) infolge der Enteignung entstehen; sie „sind" bei der Festsetzung der Entschädigung **nach § 93 Abs. 3 Satz 1 BauGB** zu berücksichtigen, d.h. sie mindern damit den Umfang des Entschädigungsanspruchs der Höhe nach (Abb. 9).

---

[24] BGH, Urt. vom 18.6.1976 – V ZR 156/75 –, NJW 1976, 1264; BGH, Urt. vom 9.12.1982 – III ZR 106/81 –, NJW 1983, 1793; BGH, Urt. vom 19.9.1985 – III ZR 71/83 –, NJW 1986, 1107.
[25] Zum Rechtsschutz bei Untätigkeit des Gutachterausschusses vgl. Körner, R. in BlnGE 2004, 530.
[26] Zur Entschädigung bei vorübergehenden Bausperren: BGH, Urt. vom 15.12.1988 – III ZR 110/87 –, EzGuG 6.243; BGH, Urt. vom 8.11.1979 – III ZR 51/78 –, EzGuG 6.203; BGH, Urt. vom 14.12.1978 – III ZR 77/76 –, EzGuG 6.202; BGH, Urt. vom 12.7.1973 – III ZR 111/71 –, EzGuG 6.160; BGH, Urt. vom 3.7.1972 – III ZR134/71 –, EzGuG 6.156; BGH, Urt. vom 26.6.1972 – III ZR 203/68 –, EzGuG 6.155; BGH, Urt. vom 19.6.1972 – III ZR 106/70 –, EzGuG 6.154; BGH, Urt. vom 8.6.1972 – III ZR 179/69 –, EzGuG 6.153; BGH, Urt. vom 29.5.1972 – III ZR 188/70 –, EzGuG 6.152; BGH, Urt. vom 10.2.1972 – III ZR 188/69 –, EzGuG 6.149; BGH, Urt. vom 14.12.1970 – III ZR 77/70 –, EzGuG 6.130.
[27] Verfassungsrechtlich ist bei gerechter Abwägung der Betroffenen auch eine andere gesetzgeberische Entschädigungsnorm zulässig; vgl. Maunz/Dürig/Herzog/Scholz, GG Art. 14 Rn. 518 ff.

Abb. 9: Zusammensetzung der Entschädigung

Im Übrigen sind bei der Bemessung der Entschädigung für einen **enteignenden Eingriff** (vgl. Rn. 11) in ein Grundstück, wie im Schadensersatzrecht, auch der **merkantile Minderwert** (vgl. § 194 Rn. 144[28] und ein **schuldhaftes Mitwirken** (vgl. Rn. 83 ff.) zu berücksichtigen.

78

Darüber hinaus kann ein **Härteausgleich** in Betracht kommen, wenn dem Betroffenen durch hoheitliche Maßnahmen **erhebliche Nachteile** zugefügt wurden, **ohne dass dabei in eigentumsrechtlich geschützte Rechtspositionen eingegriffen wurde** und insoweit eine Entschädigung nicht gewährt werden kann (vgl. § 181 BauGB).

79

Materielle Rechtsgrundlage des Städtebaurechts **sind** insbesondere **die §§ 95 f. BauGB.** Die Vorschriften haben folgenden Wortlaut:

80

„**§ 95 BauGB Entschädigung für den Rechtsverlust**

(1) Die Entschädigung für den durch die Enteignung eintretenden Rechtsverlust bemisst sich nach dem Verkehrswert (§ 194) des zu enteignenden Grundstücks oder sonstigen Gegenstands der Enteignung. Maßgebend ist der Verkehrswert in dem Zeitpunkt, in dem die Enteignungsbehörde über den Enteignungsantrag entscheidet.

(2) Bei der Festsetzung der Entschädigung bleiben unberücksichtigt

1. Wertsteigerungen eines Grundstücks, die in der Aussicht auf eine Änderung der zulässigen Nutzung eingetreten sind, wenn die Änderung nicht in absehbarer Zeit zu erwarten ist;
2. Wertänderungen, die infolge der bevorstehenden Enteignung eingetreten sind;
3. Werterhöhungen, die nach dem Zeitpunkt eingetreten sind, in dem der Eigentümer zur Vermeidung der Enteignung ein Kauf- oder Tauschangebot des Antragstellers mit angemessenen Bedingungen (§ 87 Abs. 2 Satz 1 und § 88) hätte annehmen können, es sei denn, dass der Eigentümer Kapital oder Arbeit für sie aufgewendet hat;
4. wertsteigernde Veränderungen, die während einer Veränderungssperre ohne Genehmigung der Baugenehmigungsbehörde vorgenommen worden sind;
5. wertsteigernde Veränderungen, die nach Einleitung des Enteignungsverfahrens ohne behördliche Anordnung oder Zustimmung der Enteignungsbehörde vorgenommen worden sind;
6. Vereinbarungen, soweit sie von üblichen Vereinbarungen auffällig abweichen und Tatsachen die Annahme rechtfertigen, dass sie getroffen worden sind, um eine höhere Entschädigungsleistung zu erlangen;
7. Bodenwerte, die nicht zu berücksichtigen wären, wenn der Eigentümer eine Entschädigung in den Fällen der §§ 40 bis 42 geltend machen würde.

(3) Für bauliche Anlagen, deren Rückbau jederzeit auf Grund öffentlich-rechtlicher Vorschriften entschädigungslos gefordert werden kann, ist eine Entschädigung nur zu gewähren, wenn es aus Gründen der Billigkeit geboten ist. Kann der Rückbau entschädigungslos erst nach Ablauf einer Frist gefordert werden, so ist die Entschädigung nach dem Verhältnis der restlichen zu der gesamten Frist zu bemessen.

---

28 BGH, Urt. vom 2.4.1981 – III ZR 186/79 –, EzGuG 4.75 = EzGuG 19.38.

VII Besondere Anlässe — Enteignung

(4) Wird der Wert des Eigentums an dem Grundstück durch Rechte Dritter gemindert, die an dem Grundstück aufrechterhalten, an einem anderen Grundstück neu begründet oder gesondert entschädigt werden, so ist dies bei der Festsetzung für den Rechtsverlust zu berücksichtigen.

§ 96 BauGB Entschädigung für andere Vermögensnachteile

(1) Wegen anderer durch die Enteignung eintretender Vermögensnachteile ist eine Entschädigung nur zu gewähren, wenn und soweit diese Vermögensnachteile nicht bei der Bemessung der Entschädigung für den Rechtsverlust berücksichtigt sind. Die Entschädigung ist unter gerechter Abwägung der Interessen der Allgemeinheit und der Beteiligten festzusetzen, insbesondere für

1. den vorübergehenden oder dauernden Verlust, den der bisherige Eigentümer in seiner Berufstätigkeit, seiner Erwerbstätigkeit oder in Erfüllung der ihm wesensgemäß obliegenden Arbeiten erleidet, jedoch nur bis zu dem Betrag des Aufwands, der erforderlich ist, um ein anderes Grundstück in der gleichen Weise wie das zu enteignende Grundstück zu nutzen;
2. die Wertminderung, die durch die Enteignung eines Grundstücksteils oder eines Teils eines räumlich oder wirtschaftlich zusammenhängenden Grundbesitzes bei dem anderen Teil oder durch Enteignung des Rechts an einem Grundstück bei einem anderen Grundstück entsteht, soweit die Wertminderung nicht schon bei der Festsetzung der Entschädigung nach Nummer 1 berücksichtigt ist;
3. die notwendigen Aufwendungen für einen durch die Enteignung erforderlich werdenden Umzug.

(2) Im Falle des Absatzes 1 Nr. 2 ist § 95 Abs. 2 Nr. 3 anzuwenden."

81 Die Entschädigung ist darauf angelegt, einen angemessenen Ausgleich für das Genommene zu gewähren[29]. Dies ist allerdings nur „bildhaft" zu verstehen, denn es kommt nicht darauf an, dass sich der Enteignete tatsächlich ein gleichartiges oder gleichwertiges Ersatzobjekt beschaffen kann oder will. Die Höhe der Entschädigung ist damit von der Art und Weise ihrer Verwendung unabhängig.

82 Dem Grundgedanken, dass die Enteignungsentschädigung den Betroffenen „bildhaft" in die Lage versetzen soll, sich einen **gleichartigen und gleichwertigen Ersatz** zu verschaffen, trägt das BauGB damit Rechnung, dass neben der Substanzentschädigung auch die als unmittelbare Folge der Enteignung entstehenden Nachteile entschädigt werden[30].

1.4.1.4 Schadensersatz

83 Von der Entschädigung bei Enteignungen ist der **Schadensersatzanspruch nach den §§ 249 ff. BGB** zu unterscheiden. Nach § 249 BGB hat der zum Schadensersatz Verpflichtete „den Zustand herzustellen, der bestehen würde, wenn der zum Ersatz verpflichtende Umstand nicht eingetreten wäre. Ist wegen Verletzung einer Person oder wegen Beschädigung einer Sache Schadensersatz zu leisten, so kann der Gläubiger statt der Herstellung den dazu erforderlichen Geldbetrag verlangen". Zwar steht der bürgerlich-rechtliche Schadensersatzanspruch der Enteignungsentschädigung in den wesentlichen Zügen „fast" gleich[31], jedoch geht er im Einzelfall weiter. Dies hat der BGH[32] in seinem Urt. vom 29.11.1965 wie folgt ausgeführt:

„ ... Hierin unterscheidet sich die Enteignungsentschädigung grundsätzlich vom Schadensersatzanspruch. Während bei diesem die Fragestellung dahingeht, wie sich die Vermögenslage des Geschädigten ohne das schädigende Ereignis künftig entwickelt hätte, also der von der Revision angeführte hypothetische Vermögenswert zu entschädigen wäre, ersetzt die Enteignungsentschädigung nur den wirtschaftlichen Wert, den das entzogene Grundstück tatsächlich in dem Augenblick hatte, in dem es von der Enteignung oder den ihr möglicherweise schon vorausgehenden Vorwirkungen betroffen wurde. Bei der Enteignungsentschädigung haben also, anders als beim Schadensersatzanspruch, in der Zukunft liegende Wertsteigerungen, die ohne die Enteignung und die ihr zu Grunde liegenden Planungen eingetreten

---

29 BGH, Urt. vom 10.3.1977 – III ZR 195/74 –, EzGuG 18.22; BGH, Urt. vom 29.3.1976 – III ZR 92/74 –, EzGuG 6.185; BGH, Urt. vom 13.11.1975 – III ZR 162/72 –, EzGuG 6.182; BGH, Urt. vom 1. 4. 1968 – III ZR 218/65 –, EzGuG 8.24.
30 BGH, Urt. vom 26.5.1977 – III ZR 93/75 –, EzGuG 6.193; BGH, Urt. vom 26.5.1977 – III ZR 109/75 –; BGH, Urt. vom 8.2.1971 – III ZR 65/70 –, EzGuG 6.133; BGH, Urt. vom 17.10.1974 – III ZR 53/72 –, EzGuG 6.171.
31 BGH, Urt. vom 16.11.1953 – GSZ 5/53 –, EzGuG 6.7, auch LG Hamburg, Urt. vom 8.2.1965 – 10 O 15/63 –, EzGuG 6.79 unter Bezugnahme auf RGZ 32, 288.
32 BGH, Urt. vom 29.11.1965 – III ZR 34/64 –, EzGuG 6.82; BGH, Urt. vom 9.1.1969 – III ZR 51/68 –, EzGuG 6.120; BGH, Urt. vom 28. 9. 1972 – III ZR 44/70 –, EzGuG 14.47.

wären, unberücksichtigt zu bleiben. Solche, wenn man so sagen will, Zukunftshoffnungen oder Gewinnchancen können bei der Enteignungsentschädigung nur dann Berücksichtigung finden, wenn ihre Verwirklichung im Zeitpunkt der Enteignung oder deren Vorwirkung so sicher unmittelbar bevorstand, dass sie sich bereits als wertbildende Faktoren auswirkten, der allgemeine Grundstücksmarkt ihnen also schon Rechnung trug."

Auch im Schadensersatzrecht findet der **Grundsatz des Vorteilsausgleichs** Anwendung, d.h. dem Geschädigten sind grundsätzlich diejenigen Vorteile zuzurechnen, die ihm im adäquaten Zusammenhang mit dem Schadensereignis zufließen (vgl. Rn. 199)[33]. **84**

Bei der Bemessung des Schadensersatzes für die Beschädigung oder Zerstörung einer durch Gebrauch oder Zeitdauer im Wert gesunkenen und schon vorher schadhaften Sache ist im Übrigen grundsätzlich ein Abzug zwecks **Berücksichtigung des Unterschiedes zwischen neu und alt** zu machen (vgl. Rn. 110). Auch stellt die Vorteilsausgleichung einen Faktor der Schadensberechnung dar. Dabei ist es nicht erforderlich, dass die schädigende Handlung unmittelbar auch den Vorteil zur Entstehung gebracht hat. Es genügt, dass Schaden und Vorteil aus mehreren der äußeren Erscheinung nach selbständigen Ereignissen fließen, sofern nur nach dem natürlichen Ablauf der Dinge das schädigende Ereignis allgemein geeignet war, derartige Vorteile mit sich zu bringen, und dass der Zusammenhang nicht so lose ist, dass er nach vernünftiger Lebensauffassung keine Berücksichtigung mehr verdient[34]. **85**

Ein Schadensersatzanspruch besteht im Übrigen auch, wenn die **Einleitung oder Durchführung eines** vom Betroffenen beantragten **Enteignungsverfahrens von der zuständigen Behörde schuldhaft oder ungerechtfertigt verzögert** wird[35]. **86**

Fazit: Im Unterschied zum Schadensersatz bleiben bei der Bemessung von Enteignungsentschädigungen hypothetische Wertentwicklungen außer Betracht, die ohne die Enteignung eingetreten wären[36]. **87**

1.4.1.5 Verbot der Doppelentschädigung

Die aus dem Rechtsverlust und anderen Vermögensnachteilen resultierenden Einbußen des Betroffenen sind häufig miteinander eng verzahnt, so dass auch bei der Bemessung der Entschädigung eine klare Abgrenzung schwierig wird. Die Entschädigung für „andere" Vermögensnachteile kann ganz oder teilweise bereits mit der Entschädigung für den Rechtsverlust, d.h. mit der Entschädigung für das entzogene Grundstück berücksichtigt sein. Deshalb bestimmt § 96 Abs. 1 Satz 1 BauGB ausdrücklich, dass **für andere durch die Enteignung eintretende Vermögensnachteile eine Entschädigung „nur zu gewähren ist, „wenn und soweit diese Vermögensnachteile nicht bei der Entschädigung für den Rechtsverlust berücksichtigt sind"**. Das Verbot der **Doppelentschädigung** ist damit im Städtebaurecht verankert.[37] **88**

§ 29 WertV 98 bestimmte, dass bei der Ermittlung von Entschädigungen nach den entschädigungsrechtlichen Grundsätzen der §§ 93 ff. BauGB die sich nach dem Verkehrswert des Grundstücks bemessende Entschädigung für den Rechtsverlust (§ 95 BauGB) von der Ent- **89**

---

[33] BGH, Urt. vom 17.5.1984 – VII ZR 169/82 –, EzGuG 11.142l; BGH, Urt. vom 16.4.1973 – VII ZR 140/71 –, BGHZ 60, 353 = BauR 1973, 260; BGH, Urt. vom 16.5.1980 – V ZR 91/79 –, BGHZ 77, 151 = WM 1980, 1033 = NJW 1980, 2187; BGH, Urt. vom 19.12.1978 – VI ZR 218/76 –, BGHZ 73, 109 = NJW 1979, 760 = VersR 1979, 323.
[34] BGH, Urt. vom 10.7.1984 – VI ZR 262/82 –, EzGuG 6.225; BGH, Urt. vom 15.12.1988 – III ZR 110/87 –, EzGuG 6.243; BGH, Urt. vom 4.7.1980 – V ZR 240/77 –, EzGuG 6.207; BGH, Urt. vom 24.3.1959 – VI ZR 90/58 –, EzGuG 6.39; BGH, Urt. vom 20.1.1972 – VII ZR 148/70 –, EzGuG 6.146; ferner BGH, Urt. vom 28.2.1980 – VII ZR 183/79 –, EzGuG 11.117; OLG Celle, Urt. vom 30.7.1959 – 7 U 23/58 –, EzGuG 6.44; zum Schadensersatz für im Vertrauen auf die Gültigkeit eines Bebauungsplans gemachte Aufwendungen: BGH, Urt. vom 24.6.1982 – III ZR 169/80 –, EzGuG 6.216.
[35] BGH, Urt. vom 27.11.1969 – III ZR 25/69 –, EzGuG 6.127.
[36] BGH, Urt. vom 11.3.1976 – II ZR 154/73 –, EzGuG 13.28; BGH, Urt. vom 20.12.1971 – III ZR 79/69 –, EzGuG 13.19; zur **Verjährung** vgl. BGH, Urt. vom 31.10.1980 – V ZR 140/79 –, EzGuG 6.209.
[37] BGH, Urt. vom 16.12.1974 – III ZR 39/72 –, EzGuG 19.26; Verbot der Doppelentschädigung: BGH, Urt. vom 7.10.1976 – III ZR 60/73 –, EzGuG 6.188; BGH Urt. vom 8.2.1971 – III ZR 200/69 –, EzGuG 6.134; BGH, Urt. vom 8.2.1971 – III ZR 65/70 –, EzGuG 6.133; BGH, Urt. vom 26.5.1977 – III ZR 93/74 –, EzGuG 6.193; BGH, Urt. vom 12.1.1978 – III ZR 57/76 –, EzGuG 6.195; BGH, Urt. vom 14.7.1983 – III ZR 215/83 –, EzGuG 4.92.

VII Besondere Anlässe — Enteignung

schädigung für andere Vermögensnachteile (§ 96 BauGB) unter Berücksichtigung von Vermögensvorteilen zur Vermeidung von Doppelentschädigungen abzugrenzen ist.

90 Aus dem Verbot der Doppelentschädigung folgt, dass

- bei einer Enteignung,
- im Falle von Übernahmeansprüchen (Rn. 9, 61 ff.) oder
- bei Nutzungsbeschränkungen

die sich nach dem Verkehrswert bemessende **Entschädigung für den Rechtsverlust von der Entschädigung für andere Vermögensnachteile** unter Berücksichtigung von Vermögensvorteilen **voneinander abzugrenzen** ist. Dies betrifft die Fälle, in denen beide Positionen – Entschädigung für den Rechtsverlust und für andere Vermögensnachteile (Folgeschäden) – Gegenstand der Wertermittlung sind. Auf Grund der gegenseitigen Abhängigkeit beider Positionen ist in der Rechtsprechung darauf hingewiesen worden, dass im Streitfall bei der Bemessung der Entschädigung für den Entzug einer Teilfläche nicht durch Teilurteil nur über den Ausgleich für die unter dem einen oder anderen Gesichtspunkt eingetretene Wertminderung entschieden werden kann[38]. Grundsätzlich gilt dies auch für die Wertermittlung. Von der Einschaltung unterschiedlicher Gutachter für die Ermittlung der Entschädigung für den Rechtsverlust einerseits und für die Ermittlung der Entschädigung für sonstige Vermögensnachteile (Folgeschäden) andererseits muss deshalb abgeraten werden, denn die schematische Aufsummierung beider Positionen trägt die Gefahr einer Doppelentschädigung in sich.

91 Deshalb ist mit § 136 BBauG 76 der Aufgabenbereich der Gutachterausschüsse erstmals dahin gehend erweitert worden, dass er außer Gutachten über die Höhe der Entschädigung für den Rechtsverlust auch Gutachten über die Höhe der Entschädigung für andere Vermögensnachteile erstatten „kann". Das BauGB hat mit § 193 Abs. 2 an dieser „Kann-Bestimmung" festgehalten. Die den praktischen Bedürfnissen entsprechende **Ergänzung des Aufgabenbereichs der Gutachterausschüsse** erschien insbesondere im Hinblick auf die angesprochenen wechselseitigen Beziehungen zwischen der Entschädigung für den Rechtsverlust sowie für andere Vermögensnachteile unter Berücksichtigung von Vermögensvorteilen geboten. Da die Abgrenzung der einzelnen Teile der Enteignungsentschädigung oft schwierig ist, sollen mit der Ermittlung der Gesamtentschädigung durch den Gutachterausschuss Doppelentschädigungen vermieden werden.

92 Die Unterscheidung zwischen der Entschädigung für den Rechtsverlust und andere Vermögensnachteile kann im Einzelfall recht schwierig sein und ist nicht immer eindeutig möglich[39]. Es wird folglich auch nicht immer erforderlich sein, die Entschädigungen voneinander in Geldbeträgen abzugrenzen. Vielfach wird es genügen, wenn **bei der Ermittlung der Gesamtentschädigungen beide Positionen qualitativ sorgfältig voneinander abgegrenzt** werden. So kann es im Einzelfall zweckmäßig sein, dass mit der Entschädigung für den Rechtsverlust auch andere Vermögensteile abgegolten werden, ohne dass diese der Höhe nach aus der Entschädigung für den Rechtsverlust ausgegrenzt werden; bei der Ermittlung der Entschädigung für andere Vermögensnachteile müssen diese dann insoweit unberücksichtigt bleiben.

93 Bei der **Entschädigung für ein landwirtschaftliches Grundstück** muss sich der Eigentümer auf Grund des Verbots der Doppelentschädigung auf die Entschädigung für Nachteile im landwirtschaftlichen Betrieb den Teil der Entschädigung für das Grundstück anrechnen lassen, der auf eine über die allgemeine landwirtschaftliche Nutzbarkeit des Grundstücks hinausreichende Qualität entfällt, wenn für die Bemessung der Entschädigung für den Rechtsverlust eine höhere Qualität, z. B. baureifes Land, Rohbauland oder Bauerwartungsland zu Grunde gelegt wurde.

---

[38] BGH, Urt. vom 6.12.1962 – III ZR 161/61 –, EzGuG 18.18; auf die einheitliche Feststellung von Entschädigungsansprüchen weist der BGH auch in seinem Urt. vom 14.3.1968 – III ZR 200/65 –, EzGuG 4.27a hin.
[39] BGH, Urt. vom 12.1.1978 – III ZR 57/76 –, EzGuG 6.195.

Der **BGH**[40] hat hierzu ausgeführt: 94

„Die Entschädigung bemisst sich nach den Nutzungsmöglichkeiten des Enteignungsobjektes, hier also eines landwirtschaftlich genutzten Grundstücks, das als Bauland oder Bauerwartungsland anzusehen ist. Seine Nutzungsmöglichkeiten als Bau- oder Bauerwartungsland werden ihm in der Regel einen höheren Wert verleihen, als es der Nutzbarkeit für landwirtschaftliche Zwecke entspricht. Im Einzelfall kann jedoch der Wert eines solchen Grundstücks für den konkreten landwirtschaftlichen *Betrieb* den Wert als Bau- oder Bauerwartungsland übersteigen. Das ist der Fall, wenn das Grundstück, etwa wegen der Qualität des Bodens oder wegen bestimmter Bewirtschaftungsvorzüge, den Wert des Betriebs mehr als die anderen Betriebsgrundstücke steigert. Die Heraustrennung eines solchen Grundstücks aus dem Betrieb kann zu Nachteilen führen, die über den – gesondert festzustellenden – Baulandwert des Grundstücks hinausgehen. In einem solchen Fall würde der Eigentümer als Betriebsinhaber allerdings nicht voll entschädigt, wenn er nur den – niedrigeren – Baulandwert erhielte.

Das Verbot der Doppelentschädigung erleidet keine Ausnahme in dem Fall, dass eine Entschädigung, die dem Verkehrswert für gleichartiges und gleichwertiges landwirtschaftlich genutztes Land entspricht und darüber hinaus betriebliche Folgeschäden abgilt, höher ist als die nach Baulandpreisen bemessene Entschädigung für das Grundstück. In diesem Fall gebührt dem Eigentümer der – aber auch nur der – höhere Entschädigungsbetrag.

Die Entschädigungspositionen, die Nachteile im landwirtschaftlichen Betrieb oder den besonderen „Mehrwert" eines Grundstücks für den Betrieb ausgleichen sollen, können daher der Entschädigung für das Grundstück ohne Verstoß gegen das Verbot der Doppelentschädigung nur insoweit *hinzugerechnet* werden, als diese den *allgemeinen landwirtschaftlichen Wert* des Grundstücks abgilt. Ein solcher Wert entspricht der allgemeinen Wertschätzung eines Grundstücks dieser Qualitätsstufe ohne Beziehung zu einem *bestimmten* Betrieb.

Der Eigentümer, der für das Grundstück eine Entschädigung erhält, die eine über die allgemeine landwirtschaftliche Nutzbarkeit des Grundstücks hinausreichende Qualität (Bauland, Bauerwartungsland) berücksichtigt, kann in *diesem* Umfang einen zusätzlichen Ausgleich für solche Nachteile nicht beanspruchen, die darin bestehen, dass ihm eine gesteigerte (besondere) landwirtschaftliche Nutzbarkeit des Grundstücks unmöglich gemacht worden ist.

Der Eigentümer erhält deshalb in diesem Fall grundsätzlich mindestens die nach Baulandpreisen berechnete Entschädigung. **Er kann aber daneben nicht *zusätzlich* für dieselbe Fläche (Teilfläche) eine Entschädigung für landwirtschaftliche Betriebs- und Grundstücksnachteile erhalten, wenn und soweit die landwirtschaftliche Nutzung und die Baulandnutzung miteinander unvereinbar sind.**

Der Eigentümer und Betriebsinhaber, der eine freiwillige Verwertung eines bisher landwirtschaftlich genutzten Grundstücks als Bauland erwägt, würde gleichfalls berücksichtigen müssen, ob die Nutzung zu betrieblichen Zwecken (Landwirtschaft) oder die Verwertung als (betriebsfremdes) Bauland für ihn vorteilhafter ist. Bei einer Vergleichsrechnung könnte sich ergeben, dass der besondere Wert des Grundstücks für den Betrieb – z. B. wegen seiner günstigen Lage – den Baulandwert erreicht oder ihn sogar übersteigt. Er muss sich jedoch für eine dieser Möglichkeiten entscheiden. Beides kann er nicht zugleich verwirklichen. Auch der von einer Enteignung Betroffene kann deshalb nicht so gestellt werden, als habe er einander ausschließende Nutzungsmöglichkeiten zugleich auf derselben Fläche verwirklicht."

▶ *Zum merkantilen Minderwert vgl. Rn. 177, § 194 BauGB Rn. 144 ff.*

1.4.1.6 Angemessenes Angebot

Das Verbot der Doppelentschädigung ist nicht nur bei formellen Enteignungsverfahren, sondern auch bei freihändigem Erwerb zur Vermeidung einer Enteignung von Bedeutung. Nach § 87 Abs. 2 BauGB setzt nämlich die Enteignung voraus, dass der Antragsteller sich ernsthaft um den freihändigen Erwerb des zu enteignenden Grundstücks zu angemessenen Bedingungen bemüht hat (angemessenes Angebot). Die **Wirksamkeitsvoraussetzungen für eine Enteignung** liegen infolgedessen erst vor, wenn die Kaufverhandlungen gescheitert sind. Auf der anderen Seite kann ein die konjunkturelle Weiterentwicklung ausschließendes angemessenes 95

---

40 BGH, Urt. vom 7.10.1976 – III ZR 60/73 –, EzGuG 6.188; vgl. auch BGH, Urt. vom 27.1.1977 – III ZR 153/74 –, EzGuG 6.189; BGH, Urt. vom 26.5.1977 – III ZR 93/75 –, EzGuG 6.193; BGH, Urt. vom 26.5.1977 – III ZR 149/74 –, EzGuG 18.75.

VII Besondere Anlässe — Enteignung

Angebot erst abgegeben werden, wenn die materiellen und formellen Voraussetzungen für die Enteignung vorliegen[41].

96 Die genannten Rechtsfolgen eines angemessenen Angebots können nur eintreten, wenn **im Zeitpunkt der Abgabe des Angebots die Voraussetzungen für die Zulässigkeit der Enteignung vorliegen.** Es reicht nicht aus, wenn die Voraussetzungen geschaffen werden können[42].

97 Im Falle einer **Enteignung aus zwingenden städtebaulichen Gründen** ist es nach § 88 BauGB nicht erforderlich, dass die vorgesehene Verwendung des Grundstücks innerhalb einer angemessenen Frist glaubhaft gemacht wird.

98 Ein **Kauf- oder Tauschangebot ist nur dann entbehrlich, wenn der Betroffene von vornherein deutlich gemacht hat, dass er jedes Angebot ablehnen werde**[43]. Ansonsten ist das angemessene Angebot für die Bemessung der Entschädigung von wesentlicher Bedeutung[44].

99 Das **angemessene Angebot ist in doppelter Hinsicht von Bedeutung:**

a) Es ist die *formelle Voraussetzung* für die Zulässigkeit der Enteignung und signalisiert dem Betroffenen ein ernsthaftes Bemühen um einen freihändigen Erwerb.

b) Zum anderen löst das angemessene Angebot insofern für die Höhe der Entschädigung eine *Sperrwirkung* mit der Folge aus, dass die nach Abgabe des Angebots eintretenden Werterhöhungen bei der Entschädigungsfestsetzung unberücksichtigt bleiben. Dies betrifft sowohl Werterhöhungen aufgrund von Qualitätssteigerungen (Zustandsmerkmale), als auch Werterhöhungen aufgrund allgemeiner (konjunktureller) Preissteigerungen.

100 Nach der Reduktionsklausel des § 95 Abs. 2 Nr. 3 BauGB führt ein angemessenes Angebot zu einem **Einfrieren der Entschädigung.** Nach dieser Vorschrift bleiben nämlich bei der Festsetzung der Entschädigung Werterhöhungen unberücksichtigt, die nach dem Zeitpunkt eingetreten sind, in dem der Eigentümer zur Vermeidung der Enteignung ein Kauf- oder Tauschangebot des Antragstellers zu angemessenen Bedingungen (§ 87 Abs. 2 Satz 1 und § 88 BauGB) hätte annehmen können. Nachfolgende Werterhöhungen müssen demnach außer Betracht bleiben, es sei denn, dass der Eigentümer Kapital oder Arbeit für sie aufgewendet hat.

101 Der **BGH**[45] führt hierzu aus:

„Ein Angebot des Enteignungsbegünstigten zum freihändigen Erwerb der benötigten Sache zu angemessenen Bedingungen kann die Preisverhältnisse für den Zeitpunkt festschreiben, indem der Betroffene ein solches Angebot hätte annehmen können; denn mit dem ernstlichen Zahlungsangebot steht dem Betroffenen der Ausgleich insoweit zur Verfügung. Der Betroffene, der ein solches Zahlungsangebot ablehnt, kann sich daher auf spätere Preissteigerungen insoweit nicht berufen, als die abgelehnte Zahlung die in jenem Zeitpunkt geschuldete Entschädigung abgegolten haben würde ...... Dieser Grundsatz trägt dem Gedanken Rechnung, dass ein Eigentümer, der ein Objekt, dessen Enteignung zulässig ist, der öffentlichen Hand auf Grund eines angemessenen Erwerbsangebots freiwillig überlässt, nicht schlechter gestellt sein darf als derjenige Eigentümer, der sich gegenüber dem Angebot weigerlich verhält; insoweit soll ein ‚Verzögerungsgewinn' ausgeschlossen sein."

102 Dieser allgemeine Entschädigungsgrundsatz dient also dem **Ausschluss von Verzögerungsgewinnen,** wobei dieser Grundsatz vor allem bezüglich allgemeiner (konjunktureller) Werterhöhungen Wirkung entfaltet, da die qualitative Weiterentwicklung i.d.R. ohnehin durch den Vorwirkungsgrundsatz gebremst ist. § 95 Abs. 2 Nr. 3 BauGB kommt indessen dem Antragsteller nicht zugute, wenn er von einem unterbreiteten angemessenen Angebot dadurch abgerückt ist, dass er mit einem Antrag auf gerichtliche Entscheidung verlangt hat, die behördlich festgesetzte Entschädigung auf einen unter dem Angebot liegenden Betrag herabzusetzen. Es

---

[41] BGH, Urt. vom 24.1.1980 – III ZR 26/78 –, EzGuG 6.206; BGH, Urt. vom 17.10.1974 – III ZR 53/72 –, EzGuG 6.17.
[42] BGH, Urt. vom 24.3.1977 – III ZR 32/75 –, EzGuG 6.190.
[43] BGH, Urt. vom 16.12.1982 – III ZR 123/81 –, EzGuG 6.218; BGH, Urt. vom 27.6.1966 – III ZR 302/65 –, EzGuG 6/89; *BVerwG, Urt. vom 19.10.1966 – 4 C 57/65 –*, EzGuG 6.93a.
[44] BT-Drucks. III/zu 1794, S. 21.
[45] BGH, Urt. vom 22.9.1988 – III ZR 161/85 –, EzGuG 6.241a.

fehlt in diesen Fällen an einem Stichtag für die allgemeinen Wertverhältnisse auf dem Grundstücksmarkt, so dass Änderungen in den allgemeinen Wertverhältnissen, die in dem Zeitraum zwischen dem Zugang des Angebots und seiner Rücknahme oder Einschränkung eingetreten sind, bei der Bemessung der Entschädigung zu berücksichtigen sind[46]. Im Übrigen ist es auch nach Einleitung des Enteignungsverfahrens zulässig, ein angemessenes Angebot zu unterbreiten, das die stichtagsfixierende Funktion des § 95 Abs. 2 Nr. 2 BauGB auslöst.

103 Ein angemessenes Angebot muss grundsätzlich den **Betrag für den enteignungsbedingten Rechtsverlust sowie für entschädigungspflichtige Vermögensnachteile** (Folgeschäden; vgl. Rn. 147 ff.) umfassen. Dabei genügt es, wenn die Höhe der einzelnen Entschädigungspositionen nur in etwa der Enteignungsentschädigung entspricht[47].

104 Bei einem den Rechtsverlust und sonstige Vermögensnachteile abdeckenden Angebot kommt es entscheidend auf die **Angemessenheit des Gesamtangebots** an, d.h. eine unangemessen zu niedrig angesetzte Position kann durch eine überhöht angesetzte Position ausgeglichen werden[48]. Ansonsten muss das angemessene Angebot nach Positionen aufgeschlüsselt werden, wenn es sich aus mehreren Positionen zusammensetzt.

105 **Angemessen ist ein Angebot**, das dem Entschädigungsberechtigten **eine wirtschaftlich sinnvolle Anlage in Grundstücken oder anderen Werten erlaubt.** Der Unterschied zwischen dem angebotenen und zu entschädigenden Betrag muss deshalb „verhältnismäßig gering" sein, d.h. er muss innerhalb einer Toleranzspanne liegen[49]. Nur dann tritt die Sperrwirkung ein[50], und zwar insgesamt.

106 Eine **Abschlagzahlung von 80 %** stellt noch kein angemessenes Angebot dar[51]. Auch liegt ein angemessenes Angebot nicht vor, wenn im Hinblick auf eine noch durchzuführende Vermessung ein Sicherheitsabschlag angebracht wurde[52]. Unter einem Rückzahlungsvorbehalt geleistete Abschlagszahlungen auf die noch festzusetzende Enteignungsentschädigung und hinterlegte Teilleistungen sind dagegen grundsätzlich geeignet, den Wertermittlungsstichtag, d.h. den Zeitpunkt, der im Hinblick auf die allgemeinen Wertverhältnisse auf dem Grundstücksmarkt (§ 3 Abs. 2 ImmoWertV) der Bemessung der Enteignungsentschädigung zugrunde zu legen ist, zu fixieren[53].

107 Ein sich an einem **Gutachten des Gutachterausschusses für Grundstückswerte** orientierendes Angebot ist nach Auffassung des BVerwG[54] angemessen, sofern es nicht offensichtlich fehlerbehaftet ist. Im Übrigen muss, um ein angemessenes Angebot zu unterbreiten, ein Gutachten des Gutachterausschusses für Grundstückswerte nicht eingeholt werden.

108 Angemessen ist stets **ein zu hohes Angebot, wenn davon nicht abgerückt wurde.**

109 Ein **angemessenes Angebot zum freihändigen Erwerb einer für öffentliche Zwecke benötigten Grundfläche erfordert i.d.R. nicht das Angebot geeigneten Ersatzlandes**[55]. Vielmehr gilt der Grundsatz, dass das Angebot auch nach der Art der Entschädigung angemessen sein muss und diese bestimmt sich nach den gesetzlichen Bestimmungen. Nach § 100 BauGB ist

---

46 BGH, Urt. vom 18.9.1986 – III ZR 83/85 –, EzGuG 4.111; BGH, Urt. vom 27.1.1977 – III ZR 153/74 –, EzGuG 6.189; BGH, Urt. vom 26.2.1976 – III ZR 164/73 –, EzGuG 6.184; BGH, Urt. vom 27.9.1973 – III ZR 131/71 –, EzGuG 6.163; BGH, Urt. vom 29.4.1971 – III ZR 144/70 –, EzGuG 6.183.
47 BGH, Urt. vom 27.6.1966 – III ZR 202/65 –, EzGuG 6.89; BGH, Beschl. vom 22.9.1988 – III ZR 161/85 –, EzGuG 6.241a; BGH, Urt. vom 19.6.1986 – III ZR 22/85 –, EzGuG 6.231; BGH, Urt. vom 16.12.1982 – III ZR 123/81 –, EzGuG 6.218.
48 BGH, Urt. vom 18.9.1986 – III ZR 83/85 –, EzGuG 4.111.
49 BGH, Urt. vom 17.10.1974 – III ZR 53/72 –, EzGuG 6.171.
50 BGH, Urt. vom 24.1.1980 – III ZR 26/76 –, EzGuG 6.206; BGH, Urt. vom 19.6. 1986 – III ZR 22/85 –, EzGuG 6.231; BGH, Urt. vom 27.9.1973 – III ZR 131/71 –, EzGuG 6.163.
51 BGH, Urt. vom 17.10.1974 – III ZR 53/72 –, EzGuG 6.171.
52 BGH, Urt. vom 12.6.1975 – III ZR 127/72 –, EzGuG 18.65.
53 BGH, Urt. vom 29.3.1976 – III ZR 92/74 –, EzGuG 6.185; BGH, Urt. vom 22.5.1967 – III ZR 145/66 –, EzGuG 6.99; BGH, Urt. vom 21.6.1965 – III ZR 8/64 –, EzGuG 6.81; BGH, Urt. vom 27.6.1966 – III ZR 191/65 –; BGH, Urt. vom 28.4.1966 – III ZR 24/65 –, EzGuG 19.9.
54 BVerwG, Beschl. vom 27.2.1969 – 4 B 248/68 –, EzGuG 11.68.
55 BGH, Urt. vom 24.3.1977 – III ZR 32/75 –, EzGuG 6.190.

VII Besondere Anlässe — Enteignung

so z. B. auf Antrag des Eigentümers die Entschädigung in geeignetem Ersatzland festzusetzen, wenn es zur Sicherung der Berufstätigkeit oder zur Erfüllung der ihm „wesensgemäß obliegenden Aufgaben auf Ersatzland angewiesen ist". Ist umgekehrt Ersatzland angeboten worden, obwohl nur eine Geldentschädigung zu leisten ist, so ist ein solches Angebot nicht angemessen[56].

110 Es ist **nicht erforderlich, ein angemessenes Angebot zu unterbreiten**, wenn der Eigentümer für sein enteignetes Grundstück nach pflichtgemäßem Ermessen der Enteignungsbehörde gemäß § 100 Abs. 4 BauGB **nur eine Entschädigung in Ersatzland erhalten kann** (vgl. Rn. 156)[57].

111 Nicht von der Sperrwirkung des angemessenen Angebots erfasst sind Werterhöhungen, die nach Abgabe des Angebots auf den **Einsatz von Kapital oder Arbeit des Eigentümers** zurückzuführen sind. Die Maßnahmen müssen allerdings rechtlich zulässig gewesen sein und tatsächlich zu Werterhöhungen geführt haben. Auf die Kosten selbst kommt es nicht an. Als solche Maßnahmen kommen die Errichtung baulicher Anlagen, Bodenverbesserungen, Anpflanzungen und Einfriedungen in Betracht.

112 **Zwischenfazit:** Bei Vorliegen eines angemessenen Angebots wird auf der Grundlage der Reduktionsklausel des § 95 Abs. 2 Nr. 3 BauGB der Wertermittlungsstichtag auf den Stichtag eines hypothetischen Annahmetags, d.h. auf den Tag vorverlagert, in dem der Eigentümer das angemessene Angebot hätte annehmen können. Etwas anderes gilt, wenn der Eigentümer dies abgelehnt hat, das Angebot nicht angemessen war oder der Antragsteller von seinem Angebot abgerückt ist.

113 **Verhandlungsgrundsätze für die Abgabe eines angemessenen Angebots** sind in der Vorschriftensammlung der Bundesfinanzverwaltung unter VV 4240 veröffentlicht.

1.4.1.7 Verzinsung der Entschädigung

114 Die **Entschädigung ist regelmäßig** vom
- Tag der Entscheidung über den Enteignungsantrag bis zum
- Tag der Unanfechtbarkeit der Entschädigungsfestsetzung

zu verzinsen. Im Falle einer vorzeitigen Besitzeinweisung bemisst sich der Verzinsungszeitraum bereits ab dem Zeitpunkt der vorzeitigen Besitzeinweisung.

115 Soweit **Teilzahlungen** geleistet worden sind, müssen diese bei der Verzinsung berücksichtigt werden, wobei es zusätzlich die Steigerungsrechtsprechung des BGH zu berücksichtigen gilt.

116 Folgende **Grundsätze** sind hierfür entwickelt worden:

a) Bei einer zu gering angesetzten Entschädigung beginnt die Verzinsung mit dem Zeitpunkt des Eingriffs, wobei nur der (ursprünglich) zu diesem Zeitpunkt geschuldete Mehrbetrag der Verzinsung unterworfen ist.

b) Ein darüber hinausgehender Mehrbetrag, der sich erst zu einem späteren Zeitpunkt aufgrund von Werterhöhungen auf dem Grundstücksmarkt ergibt, kann nicht von dem Zeitpunkt des Eingriffs verzinst werden, weil er zu diesem Tag noch gar nicht entstanden ist.

117 Zur Lösung dieses Problems wird in der Rechtsprechung des BGH die **Zinsberechnung nach gestaffelten Mittelwerten**[58] anerkannt.

118 Ist durch **Hinterlegung der Entschädigungsanspruch** bereits zu einem Teil erfüllt, so ist eine Verschiebung des Wertermittlungsstichtages nur hinsichtlich des nicht erfüllten Restes denk-

---

56 BGH, Urt. vom 13.7.1978 – III ZR 112/75 –, EzGuG 6.200.
57 *BGH*, Urt. vom 1.3.1984 – III ZR 197/82 –, EzGuG 6.224.
58 BGH, Urt. vom 27.9.1973 – III ZR 110/71 –, EzGuG 6.162; BGH, Beschl. vom 27.11.1986 – III ZR 243/85 –, EzGuG 6.231.

bar und es kann sich nur noch die Frage stellen, welcher Teil des Grundstückswerts unabgegolten blieb[59].

Teilzahlungen sind immer nur mit dem Prozentsatz auf die endgültig festgestellte Entschädigungssumme anzurechnen, der jeweils dem prozentualem Anteil der Teilzahlung an der Entschädigung zum Zeitpunkt der Teilzahlung entsprach. Dabei ist von der endgültigen (richtigen) Entschädigung auszugehen, wie sie im rechtskräftigen Urteil festgestellt wurde. Diese muss dann auf die jeweiligen Zeitpunkte der Teilzahlungen sowie auf den Zeitpunkt des Besitzentzugs zurückgerechnet werden. Der zum jeweiligen Zeitpunkt entrichtete Teilzahlungsbetrag kann dann ins Verhältnis zu der auf denselben Zeitpunkt bezogenen (richtigen) Entschädigung gesetzt werden, um daraus den Vomhundertsatz der Teilzahlung an der (richtigen) Entschädigung zu ermitteln. Die Differenz gegenüber 100 % ergibt dann den prozentualen Fehlbetrag, dessen absolute Höhe in Abhängigkeit von der sich mit der Zeit ändernden Entschädigung dadurch ermittelt werden kann, dass er auf den jeweiligen Entschädigungsbetrag angewandt wird (vgl. Abb. 10).

119

Abb. 10: Verrechnung von Teilzahlungen

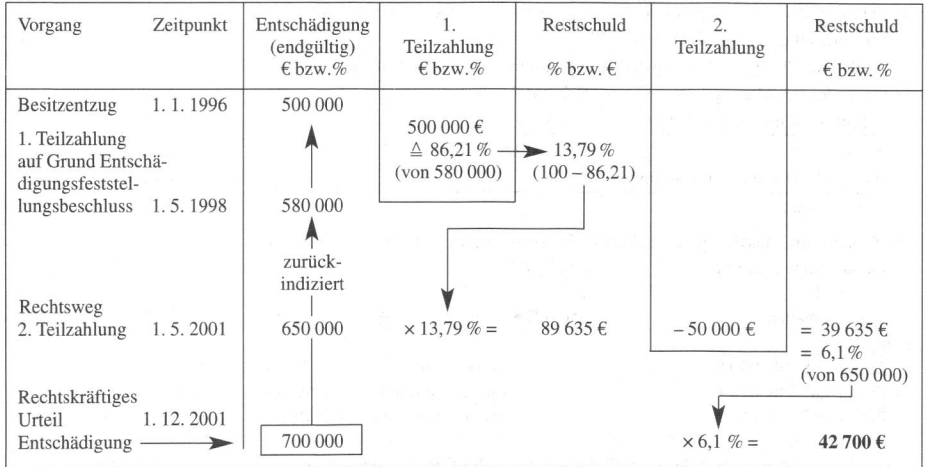

Beispiel:

120

Die Gesamtentschädigung im Zeitpunkt des Urteils beläuft sich in dem Beispiel auf:

Gesamtentschädigung = 500 000 € + 50 000 € + 42 700 € = **592 700 €**

abzüglich des gezahlten Betrags in Höhe von 550 000 € verbleiben = **42 700 €**

Hinzu kommt die Verzinsung, die ab dem Zeitpunkt des Besitzentzugs zu gewähren ist; sie bemisst sich nach der angesprochenen Methode der gestaffelten Mittelwerte:

---

[59] BGH, Urt. vom 24.4.1978 – III ZR 105/75 –, EzGuG 4.56; BGH, Urt. vom 24.3.1977 – III ZR 32/75 –, EzGuG 6.190; BGH, Urt. vom 29.3.1976 – III ZR 92/74 –, EzGuG 6.185; BGH, Urt. vom 9.12.1968 – III ZR 114/66 –, EzGuG 4.28; BGH, Urt. vom 22.5.1967 – III ZR 145/66 –, EzGuG 6.99, bezüglich eines Rechtsstreits auf Rückzahlung einer zuviel gezahlten Entschädigung: BGH, Urt. vom 9.5.1960 – III ZR 32/59 –, EzGuG 6.48.

a) *Zeitraum ab Besitzentzug (1. 1. 1996) bis zur 1. Teilzahlung am 1. 5. 1998*

1. Teilzahlung		= 500 000 €
zuzüglich hälftigem Mehrwert:		
(580 000 € − 500 000 €) = 80 000 €	: 2	= + 40 000 €
= insgesamt		**= 540 000 €**

b) *Zeitraum zwischen 1. Teilzahlung (1. 5. 1998) und*

2. Teilzahlung (1. 5. 1998)		580 000 €
zuzüglich hälftigen Erhöhung des Entschädigungsanspruchs am 1. 5. 1998:		
Dieser beträgt	500 000 €	
+ 13,79 von 650 000 €	= 89 635 €	
= insgesamt	= 589 635 €	
− Entschädigungsanspruch	= 580 000 €	
= Differenz	= 9 635 € : 2	= + 4 818 €
abzüglich des 1. Teilzahlungsbetrags		= −500 000 €
= insgesamt		**= 84 818 €**

c) *Zeitraum zwischen 2. Teilzahlung (1. 5. 1998) und rechtskräftigem Urteil*

Entschädigungsanspruch ab 1. 5. 1998		= 589 635 €
zuzüglich hälftigen Erhöhung des Entschädigungsanspruchs lt. Urteil		
Gesamtentschädigung	= 592 700 €	
− Entschädigung (ab 1. 5. 1998)	= 589 635 €	
= Differenz	= 3 065 € : 2	= + 1 532 €
abzüglich erhaltener Teilzahlungen		= −550 000 €
= insgesamt:		**= 41 167 €**

Die **Gesamtentschädigung** einschließlich Verzinsung setzt sich dann wie folgt zusammen:

Gesamtentschädigung	592 700 €	
abzüglich:		
bereits erhaltener	− 550 000 €	= 42 700 €
zuzüglich		
a) Zinsen auf 540 000 €	für den Zeitraum 1. 1. 1996 bis 1. 5. 1998	
b) Zinsen auf 84 818 €	für den Zeitraum 1. 5. 1998 bis 1. 5. 2001	
c) Zinsen auf 41 167 €	für den Zeitraum 1. 5. 2001 bis 1. 12. 2001	

Die Höhe der Zinsen beträgt gemäß § 99 Abs. 3 BauGB 2 % über dem Basissatz nach § 247 BGB.

1.4.1.8 Zeitpunkt der Qualitätsermittlung (Zustand) und Wertermittlungsstichtag bei der Bemessung der Enteignungsentschädigung

121 Für die Bemessung der Entschädigung ist nach § 93 Abs. 4 BauGB (auch § 17 Abs. 3 LBG) grundsätzlich der Zustand des Grundstücks in dem Zeitpunkt maßgebend, in dem die Enteignungsbehörde über den Enteignungsantrag entscheidet (**Zeitpunkt der Qualitätsermittlung**).

Maßgebend ist der Tag der Zustellung des Bescheids. Nach § 95 Abs. 1 Satz 2 BauGB ist dieser Zeitpunkt **zugleich Wertermittlungsstichtag.**

122 Der Zeitpunkt der Qualitätsermittlung ist in bestimmten Fällen vorzuverlegen:

– Nach § 93 Abs. 4 Satz 3 BauGB ist in Fällen der *vorzeitigen Besitzeinweisung*[60] der Zustand in dem Zeitpunkt maßgebend, in dem diese wirksam wird;
– nach § 95 Abs. 2 BauGB (ggf. i.V.m. § 95 Abs. 1 BauGB) ist in Fällen der sog. *Vorwirkung der Enteignung* der Zustand in dem Zeitpunkt maßgebend, in dem das Grundstück von der konjunkturellen Weiterentwicklung ausgeschlossen wurde.

---

60 BGH, Urt. vom 19.6.1986 – III ZR 22/85 –, EzGuG 6.231; BGH, Urt. vom 27.9.1973 – III ZR 131/71 –, EzGuG 6.163; BGH, Urt. vom 28.1.1974 – III ZR 196/71 –, EzGuG 6.164.

In sog. **Zeiten schwankender Preise** kann sich – wie bereits angesprochen – nach der vom BGH[61] unter Berufung auf Art. 14 Abs. 3 GG entwickelten **Steigerungsrechtsprechung** der Wertermittlungsstichtag verschieben, nämlich wenn **123**

– die Entschädigung nicht unwesentlich unrichtig festgesetzt oder
– die Entschädigung nicht oder unangemessen verzögert gezahlt worden ist.

Soweit in derartigen Fällen die Entschädigung nicht rechtzeitig hinterlegt, ausgezahlt oder ernsthaft und angemessen angeboten worden ist, verschiebt sich der Wertermittlungsstichtag auf den **Zeitpunkt der letzten gerichtlichen Tatsachenverhandlung**[62]. Die Steigerungsrechtsprechung ist allerdings nicht auf Folgeschäden i.S. des § 96 BauGB anzuwenden. Preissteigerungen, die seit Rechtskraft der Enteignung bis zum Tage der Hinterlegung der Entschädigung eingetreten sind, können zu Lasten des Entschädigungspflichtigen gehen; dabei sind allerdings Preissteigerungen, die zwischen Enteignungsbeschluss und seinem rechtskräftig werden eingetreten sind, nicht zu berücksichtigen[63]. **124**

Ficht der Eigentümer die Zulässigkeit der Enteignung durch Klage **erfolglos an**, so bleiben auch in diesem Fall die Grundstückswerterhöhungen grundsätzlich unberücksichtigt, die bis zum Abschluss des Rechtsstreits eingetreten sind[64]. Das Gleiche gilt, wenn der Eigentümer das Bundesverfassungsgericht erfolglos anruft[65]. **125**

Beispiel: **126**

– Kein Entschädigungsanspruch bei *Überschwemmung* eines Grundstücks, wenn das Grundstück auf Grund eines nicht ordnungsgemäßen Zustands eine unzureichende Vorflut aufweist[66].
– Weigerung des Eigentümers, auf seinem Grundstück kostenlos einen *Schutzdeich* aufschütten zu lassen[67].

1.4.2 Schuldhaftes Mitwirken

Schließlich ist auch **§ 254 BGB**[68] **zu beachten** (vgl. § 93 Abs. 3 Satz 2 BauGB, § 13 Abs. 2 SchutzbereichsG, § 8a Abs. 8 FStrG), der folgenden Wortlaut hat: **127**

„(1) Hat bei der Entstehung des Schadens ein Verschulden des Geschädigten mitgewirkt, so hängt die Verpflichtung zum Ersatze sowie der Umfang des zu leistenden Ersatzes von den Umständen, insbesondere davon ab, inwieweit der Schaden vorwiegend von dem einen oder anderen Teile verursacht worden ist.

(2) Dies gilt auch dann, wenn sich das Verschulden des Geschädigten darauf beschränkt, dass er unterlassen hat, den Schuldner auf die Gefahr eines ungewöhnlich hohen Schadens aufmerksam zu machen, die der Schuldner weder kannte noch kennen musste, oder dass er unterlassen hat, den Schaden abzuwenden oder zu mindern. Die Vorschrift des § 278 (BGB) findet entsprechende Anwendung."

Die Anwendung dieser Vorschrift kann zum Ausschluss von Entschädigungsansprüchen führen, nämlich dann, wenn es der Betroffene schuldhaft unterlässt, einen rechtswidrigen hoheitlichen Eingriff in sein Eigentum mit den zulässigen Rechtsmitteln abzuwehren. Er kann dann in entsprechender Anwendung des § 254 BGB regelmäßig eine **Entschädigung für solche Nachteile nicht verlangen, die er durch Gebrauch der Rechtsmittel hätte vermeiden können**[69]. **128**

---

61 BGH, Urt. vom 19.12.1966 – III ZR 212/65 –, EzGuG 6.95; BGH, Urt. vom 21.6.1965 – III ZR 8/64 –, EzGuG 6.81; BGH, Urt. vom 27.6.1963 – III ZR 166/61 –, EzGuG 6.70; BGH, Urt. vom 27.6.1963 – III ZR 165/61 –, EzGuG 6.69.
62 BGH, Urt. vom 15.11.1973 – III ZR 113/71 –, EzGuG 4.24; BGH, Urt. vom 9.9.1978 – III ZR 91/77 –; BGH, Urt. vom 8.6.1959 – III ZR 66/58 –, EzGuG 6.41; BGH, Urt. vom 7.7.1966 – III ZR 108/65 –, EzGuG 6.91; BGH, Urt. vom 22.1.1959 – III ZR 186/57 –, EzGuG 6.38; BGH, Urt. vom 24.2.1958 – III ZR 181/56 –, EzGuG 6.29.
63 BGH, Urt. vom 15.11.1971 – III ZR 171/69 –, EzGuG 6.142.
64 BGH, Urt. vom 18.5.1972 – III ZR 182/70 –, EzGuG 6.151.
65 BGH, Urt. vom 22.2.1990 – III ZR 196/87 –, EzGuG 6.253.
66 BGH, Urt. vom 22.2.1971 – III ZR 221/67 –, EzGuG 6.135.
67 BGH, Urt. vom 26.2.1976 – III ZR 183/73 –, EzGuG 18.67.
68 BGH, Urt. vom 8.6.1972 – III ZR 178/69 –, EzGuG 6.153.
69 BGH, Urt. vom 26.1.1984 – III ZR 216/82 –, EzGuG 6.223; BGH, Urt. vom 26.2.1976 – III ZR 183/73 –, EzGuG 6.257.

129 Die sinngemäße Anwendung dieser Vorschrift rechtfertigt es nach der Rechtsprechung des BGH[70] nicht, bei einem auf Grund eines Planungsschadens gestellten **Übernahmeverlangens** den Eigentümer auf einen späteren Zeitpunkt der Übernahme der Fläche mit der Begründung zu verweisen, dass er das Grundstück vor dem Wirksamwerden des Bebauungsplans als Bauerwartungsland erworben hat.

1.4.3 Institut der Vorwirkung

1.4.3.1 Allgemeines zum maßgeblichen Grundstückszustand (Qualität) bei Ausschluss von der konjunkturellen Weiterentwicklung

130 Nach § 95 Abs. 2 Nr. 2 BauGB bleiben bei der Festsetzung der Entschädigung **Wertänderungen** unberücksichtigt, **die infolge einer bevorstehenden Enteignung eingetreten sind.** Die Vorschrift lautet:

„(2) Bei der Festsetzung der Entschädigung bleiben unberücksichtigt

1. Wertsteigerungen eines Grundstücks, die in der Aussicht auf eine Änderung der zulässigen Nutzung eingetreten sind, wenn die Änderung nicht in absehbarer Zeit zu erwarten ist;
2. Wertänderungen, die infolge der bevorstehenden Enteignung eingetreten sind,
3. Werterhöhungen, die nach dem Zeitpunkt eingetreten sind, in dem der Eigentümer zur Vermeidung der Enteignung ein Kauf- oder Tauschangebot des Antragstellers mit angemessenen Bedingungen (§ 87 Abs. 2 Satz 1 und § 88) hätte annehmen können, es sei denn, dass der Eigentümer Kapital oder Arbeit für sie aufgewendet hat;
4. wertsteigernde Änderungen, die während einer Veränderungssperre ohne Genehmigung der Baugenehmigungsbehörde vorgenommen worden sind;
5. wertsteigernde Veränderungen, die nach Einleitung des Enteignungsverfahrens ohne behördliche Anordnung oder Zustimmung der Enteignungsbehörde vorgenommen worden sind;
6. Vereinbarungen, soweit sie von üblichen Vereinbarungen auffällig abweichen und Tatsachen die Annahme rechtfertigen, dass sie getroffen worden sind, um eine höhere Entschädigungsleistung zu erlangen;
7. Bodenwerte, die nicht zu berücksichtigen wären, wenn der Eigentümer eine Entschädigung in den Fällen der §§ 40 bis 42 geltend machen würde."

131 Unberücksichtigt bleiben danach sowohl **Werterhöhungen als auch Wertminderungen, die in einem ursächlichen Zusammenhang mit der Enteignung stehen.** Die Vorschrift betrifft qualitative, d.h. die Zustandsmerkmale des zur Enteignung anstehenden Grundstücks, denn die allgemeinen Wertänderungen auf dem Grundstücksmarkt können von der Entschädigung nicht ausgeschlossen werden, wenn der Entschädigte „bildhaft" in die Lage versetzt werden soll, sich gleichartigen Ersatz mit der Entschädigung zu beschaffen (Abb. 11).

---

[70] BGH, Urt. vom 25.11.1974 – III ZR 42/73 –, EzGuG 6.174; BGH, Urt. vom 8.11.1990 – III ZR 364/89 –, GuG 1991, 99 = EzGuG 6.25; BGH, Beschl. vom 27.9.1990 – III ZR 322/89 –, GuG 1991, 30 = EzGuG 4.134.

Abb. 11: Vorwirkung

Die Anwendung der Vorschrift führt wertermittlungstechnisch zu einer Zurückverlegung des Zeitpunkts, der für die Qualifizierung des Grundstückszustands maßgeblich ist. **Wertmittlungsstichtag** bleibt nach § 95 Abs. 1 Satz 2 BauGB dagegen grundsätzlich der Zeitpunkt, in dem die Enteignungsbehörde über den Enteignungsantrag entscheidet. Bei freihändigem Erwerb zur Vermeidung einer Enteignung ist dagegen i.d.R. der Zeitpunkt des Kaufvertrags anzuhalten. Im Ergebnis fallen damit Wertermittlungsstichtag und der für die Qualifizierung des Grundstückszustands maßgebliche Zeitpunkt auseinander (vgl. § 4 Abs. 1 ImmoWertV). 132

Die Regelung des § 95 Abs. 2 Nr. 1 BauGB, nach der Wertänderungen eines Grundstücks, die in der Aussicht auf eine Änderung in der zulässigen Nutzung eingetreten sind, unberücksichtigt bleiben müssen, wenn die Änderung nicht in absehbarer Zeit zu erwarten ist, **bedeutet, dass Wertänderungen,** die infolge der bevorstehenden Enteignung eingetreten sind, **bei der Zustandsbestimmung nicht zu berücksichtigen sind.** Der BGH hat deshalb in dieser Bestimmung die Kodifizierung des Instituts der Vorwirkung gesehen[71]. 133

Wie ausgeführt, ist also bei der Festsetzung der Entschädigung von dem Grundstückszustand (Qualität) auszugehen, den das Grundstück in dem Zeitpunkt aufwies, als es endgültig von jeder konjunkturellen (besser: qualitativen) Weiterentwicklung ausgeschlossen wurde. Anwendung findet dieser Vorwirkungsgrundsatz insbesondere bei der **Ermittlung der sich nach dem Verkehrswert bemessenden Enteignungsentschädigung für Gemeinbedarfsflächen, z. B. für Straßenland.** 134

1.4.3.2 Vorwirkende Planung

Vorwirkende Planungen können Ausweisungen in Bauleitplänen nach dem BauGB/BBauG ebenso wie rechtsverbindliche **Festsetzungen nach vorkonstitutionellem Recht**, z. B. bei altrechtlichen Verkehrsflächen nach dem preußischen Fluchtliniengesetz vom 2.7.1875 (GS 1875, 561) sein. Auch für derartige Festsetzungen bemisst sich die Entschädigung, wenn es **auch später** erst zur Enteignung kommt, nach dem Vorwirkungsgrundsatz (§ 13 Abs. 1 Nr. 1 FLG[72]); auf vorkonstitutionelle Enteignungen finden die Regelungen des BauGB allerdings – wie im Übrigen auch die Regelungen zum Rückübertragungsanspruch nach den §§ 102 f. BauGB auf Altfälle aus der DDR – keine Anwendung[73]. Hat das Eigentum zwischenzeitlich 135

---

71 BGH, Urt. vom 17.1.1972 – III ZR 3/71 –, EzGuG 6.145.
72 RG, Urt. vom 11.5.1906 – VII 419/05 –, RGZ 63, 298, 300; RG, Urt. vom 28.2.1930 – III 87/29 –, RGZ 128, 18 = EzGuG 9.1.
73 BVerfG, Urt. vom 3.2.2000 – 1 BvR 1553/99 –, NVwZ 2000, 792; BVerwG, Urt. vom 24.3.1994 – 7 C 16/93 –, BVerwGE 95, 284.

VII Besondere Anlässe   Enteignung

gewechselt, kann der neue Eigentümer die Entschädigung verlangen, wenn der beim früheren Eigentümer entstandene Entschädigungsanspruch im Wege der Rechtsnachfolge auf ihn übergegangen ist.

Beispiel:

Abb. 12:   Straßenland im Privateigentum

Abb. 13:   Lageplan:

136   Nach der Rechtsprechung muss eine enge **Kausalität zwischen der eingetretenen Wertänderung und der bevorstehenden Enteignung** bestehen, d.h., es muss ein so ursächlicher Zusammenhang zwischen einer vorwirkenden Maßnahme und der späteren mit Sicherheit und hinreichender Bestimmtheit zu erwartenden Enteignung bestehen, dass hierin ein einheitli-

cher Enteignungsvorgang zu sehen ist[74]. Die Beantwortung der Frage nach der Kausalität kann im Einzelfall äußerst problematisch sein, insbesondere bei **Grundstücken, die Gegenstand eines sich über einen längeren Zeitraum hinziehenden Enteignungsprozesses** waren (vgl. Rn. 205 und § 5 ImmoWertV Rn. 541). Klassischer Fall ist die Bemessung der Entschädigung für Gemeinbedarfsflächen. Das Institut der Vorwirkung kann in derartigen Fällen dazu führen, dass sich die Entschädigung für den Rechtsverlust nach dem Zustand des Grundstücks als Flächen der Land- und Forstwirtschaft i.S. des § 5 Abs. 1 ImmoWertV bemisst. Im Leitsatz der Entscheidung des BGH[75] vom 25.9.1958 zur Bemessung der Entschädigung für eine im Bebauungsplan[76] als Waldfriedhof ausgewiesene Fläche heißt es: „Bei Grundstücken, die Gegenstand eines sich über einen längeren Zeitraum hinziehenden Enteignungsprozesses (vorbereitende Pläne – verbindlicher Bebauungsplan mit Bauverboten für bestimmte Grundstücke – Enteignung der von dem Bauverbot betroffenen Grundstücke) waren, ist bei der Festsetzung der Enteignungsentschädigung i.d.R. von der Grundstücksqualität (Ödland, Ackerland, Bauland pp. in bestimmter Lage) auszugehen, als sie endgültig von jeder konjunkturellen Weiterentwicklung ausgeschlossen wurden. Davon unabhängig ist die Frage, welcher Zeitpunkt für die Wertbemessung maßgebend ist".

Unverbindliche, die Bebauung ausschließende Vorplanungen nach Art des Flächennutzungsplans schließen das Hineinwachsen eines landwirtschaftlich genutzten Grundstücks in die Baulandschaft nicht aus, mindern diese Aussicht allerdings häufig. Unter Umständen können sich unverbindliche Planungen sogar in der Weise auswirken, dass die davon betroffenen Grundstücke im allgemeinen Grundstücksverkehr überhaupt nicht mehr verkäuflich sind[77]. **137**

Die auf **vorbereitende Planungen** (ohne unmittelbare Rechtswirkungen) **beruhenden Enteignungsvorwirkungen** werden in der Rechtsprechung unter bestimmten Voraussetzungen anerkannt, weil der verbindliche Bebauungsplan aus dem Flächennutzungsplan zu entwickeln ist und die Zwangsläufigkeit der Enteignung bei Festsetzungen für öffentliche Zwecke im Regelfall zu bejahen ist[78]. In einer weiteren Entscheidung des BGH heißt es hierzu: „Eine vorbereitende Planung, die für sich allein noch nicht als Eingriff i.S. des Enteignungsrechts zu werten ist, kann den **Beginn eines einheitlichen Enteignungsvorgangs** darstellen. Sie ist als Vorwirkung der Enteignung (hier der Veräußerung zur Abwendung der Enteignung) anzusehen, wenn sie mit der späteren Entziehung des Eigentums in ursächlichem Zusammenhang stand, eine hinreichende Bestimmtheit hatte und die spätere Planung, die dann zur Enteignung führte, mit Sicherheit erwarten ließ." **138**

Da der Flächennutzungsplan die für öffentliche Zwecke bestimmte Nutzung meist durch Planzeichen ohne geometrisch genaue Lagebezeichnung darstellt, bleibt die Baurechtslage des einzelnen Grundstücks weitgehend in der Schwebe. Die **von der Rechtsprechung geforderte Sicherheit und hinreichende Bestimmtheit** wird umso eher gegeben sein, je klarer und eindeutiger die vorbereitende Planung (nach Art des Flächennutzungsplans) die Flächen für eine zukünftige öffentliche Nutzung darstellt und die natürlichen städtebaulichen Bedürfnisse und Entwicklungen berücksichtigt sind. In Betracht kommen vor allem die **mit festen Begrenzungslinien im Flächennutzungsplan dargestellten Flächen für den überörtlichen Verkehr** und für die örtlichen Hauptverkehrszüge. **139**

Im Übrigen ist darauf hinzuweisen, dass der BGH stets nur von vorbereitenden Planungen spricht und nicht unbedingt auf das Inkrafttreten des Flächennutzungsplans abstellt. Der BGH lässt auch das **bloße Bekanntwerden vorbereitender Planungen** für einen Ausschluss von **140**

---

[74] BGH, Urt. vom 17.1.1972 – III ZR 3/71 –, EzGuG 6.145; BayObLG, Urt. vom 27.1.1987 – RReg I Z l67/86 –, EzGuG 6.233.
[75] BGH, Urt. vom 25.9.1958 – III ZR 82/57 –, EzGuG 6.35.
[76] Vgl. auch OLG Celle, Urt. vom 28.2.2002 – 4 U 125/01 -, EzGuG 6.291a.
[77] BGH, Urt. vom 25.9.1958 – III ZR 82/57 –, EzGuG 6.35; Kröner: Die Eigentumsgarantie in der Rechtsprechung des BGH, 2. Aufl., S. 115.
[78] BGH, Urt. vom 26.1.1978 – III ZR 184/75 –, EzGuG 6.196; BGH, Urt. vom 23.6.1975 – III ZR 55/73 –, WM 1975, 1059 = DÖV 1976, 209 = BRS Bd 34 Nr 30 (LS) = DB 1975, 2128; BGH, Urt. vom 12.6.1975 – III ZR 25/73 –, EzGuG 4.44; BGH, Urt. vom 25.11.1974 – III ZR 42/73 –, EzGuG 6.174; BGH, Urt. vom 15.11.1971 – III ZR 162/69 –; BGH, Urt. vom 29.1.1968 – III ZR 2/67 –, EzGuG 6.112; OLG Hamm, Urt. vom 28.5.1974 – 10 U l4/74 –, EzGuG 6.169.

VII Besondere Anlässe — Enteignung

der konjunkturellen Weiterentwicklung genügen, wenn die vorbereitende Planung nur hinreichend bestimmt ist[79].

141 Das Institut der Vorwirkung greift auf Grund von **Festsetzungen eines Bebauungsplans und eines Planfeststellungsverfahrens** regelmäßig dann, wenn es sich um Nutzungen handelt, die nur von einem öffentlichen Bedarfsträger verwirklicht werden können, insbesondere bei Festsetzungen von Gemeinbedarfsflächen (Verkehrs-, Ver- und Entsorgungsflächen). In diesem Fall greift die Vorwirkung regelmäßig selbst bei längeren Zeiträumen zwischen verbindlicher Planung und Enteignung[80].

Sofern mit der verbindlichen Festsetzung einer Fläche für Gemeinbedarfszwecke Entschädigungsansprüche in Betracht kommen, bleiben sie in folgenden Fällen unberücksichtigt:

a) bei Ausschluss von Entschädigungsansprüchen auf Grund altrechtlicher Planfestsetzungen nach
 - der Münchener Bauordnung (Gesetz vom 17.11.1837 betr. die Zwangsabtretung von Grundeigentum für öffentliche Zwecke – ZAG – (GBl. 1837, 109), i.d.F. des Gesetzes vom 19.5.1918 (GVBl. 1918, 289))[81] und
 - der 2. Verordnung zur Sicherung von Wirtschaft und Finanzen vom 5.6.1931 – Zweite NotVO – (RGBl. I 1931, 278, 309; Kap. III §§ 1 ff., unbefristet verlängert durch Gesetz vom 31. 5. 1939, RGBl. I 1939, 649)[82];

b) bei der Übertragung des Eigentums am Grundstück nicht übergegangene Entschädigungsansprüche[83],

c) bei sonsthin erloschenen Entschädigungsansprüchen, z. B. nach den §§ 42 und 44 BauGB (vgl. Teil VIII Rn. 134) oder durch Verjährung[84].

142 Nicht erloschen sind dagegen Entschädigungsansprüche **bei Herabstufungen nach den Vorschriften des Preußischen Fluchtliniengesetzes** vom 2.7.1875 (GS 1875, 651[85]; vgl. § 5 ImmoWertV Rn. 542 ff.). Die danach geltende und bereits auf dem Vorwirkungsgrundsatz sich gründende Entschädigungsregelung ist in der reichsgerichtlichen Rechtsprechung[86] anerkannt worden und wurde später in den Schutzbereich des GG übernommen[87]. Ausgenommen auf Grund der oben genannten Zweiten Notverordnung sind lediglich Fluchtlinienfestsetzungen nach Inkrafttreten der Weimarer Reichsverfassung am 14.8.1919[88].

143 Im Falle einer Änderung des Gemeinbedarfszwecks bei einem **sich über einen längeren Zeitraum hinziehenden Enteignungsverfahren** bleibt die Änderung des Gemeinbedarfszwecks im Hinblick auf die Vorwirkung grundsätzlich unschädlich, wenn zwischenzeitlich mit einer Aufhebung der öffentlichen Zweckbindung im gewöhnlichen Geschäftsverkehr nicht gerech-

---

[79] BGH, Urt. vom 29.11.1965 – III ZR 34/64 –, EzGuG 6.82.
[80] BGH, Urt. vom 28.10.1971 – III ZR 84/70 –, EzGuG 8.37; BGH, Urt. vom 2.2.1978 – III ZR 90/76 –, EzGuG 18.81; OLG Celle, Urt. vom 28.2.2002 – 4 U 125/01 –, EzGuG 6.291a.
[81] OLG München, Urt. vom 21.6.1990 – 1 U 6509/88 –, EzGuG 6.254a.
[82] BGH, Urt. vom 3.3.1988 – III ZR 162/85 –, EzGuG 6.240; BGH, Urt. vom 6.12.1977 – III ZR 163/75 –, EzGuG 18.82; RG, Urt. vom 10.3.1933 – VII 335/32 –, EzGuG 6.1b.
[83] RG, Urt. vom 10.3.1933 – VII 535/32 –, EzGuG 6.1b; RG, Urt. vom 15.11.1904 (PrVerwBl. Bd. 26 S. 525).
[84] BGH, Urt. vom 18.9.1958 – III ZR 48/5 –, EzGuG 6.34; LG Duisburg, Urt. vom 18.5.1955 – 8 O 180/54 –; OLG Bamberg, Beschl. vom 6.4.1957 – 2 W 185/56 –.
[85] BGH, Urt. vom 14.1.1982 – III ZR 134/80 –, EzGuG 6.214; BGH, Urt. vom 2.2.1978 – III ZR 90/76 –, EzGuG 18.81; BayObLG, Urt. vom 29.4.1974 – 2 Z 152/72 –, EzGuG 6.167; zu AGBGB Bay. Art. 125 a.F.: zu enteignenden Maßnahmen nach dem (Reichs-) Naturschutzgesetz vgl. BGH, Urt. vom 20.9.1984 – III ZR 198/82 –, EzGuG 6.226; BGH, Urt. vom 26.1.1984 – III ZR 179/82 –, EzGuG 4.97.
[86] RG, Urt. vom 28.2.1930 – III 87/29 – EzGuG 9.1 = RGZ 128, 18, 31 f.
[87] BGH, Urt. vom 28.10.1971 – III ZR 142/69 –, EzGuG 16.16.
[88] BGH, Urt. vom 2.2.1978 – III ZR 90/67 –, EzGuG 18.81; BGH, Urt. vom 14.1.1982 – III ZR 134/80 –, EzGuG 6.214; vorangehend KG Berlin, Urt. vom 6.4.1976 und LG Berlin, Urt. vom 12.3.1975; nach Zurückverweisung: KG Berlin, Urt. vom 25.9.1979 – 1 W 1553/79 –, Rpfleger 1980, 34.

net werden konnte (**Verkettung der Vorwirkung**), jedoch können Abweichungen von diesem Grundsatz in bestimmten Fällen billig sein (§ 95 Abs. 3 BauGB)[89].

4.4.3.3 Ausschluss wertsteigernder Veränderungen

Wertsteigernde Veränderungen, die   **144**

– während einer *Veränderungssperre* (§§ 14 ff. BauGB) ohne Genehmigung der Baugenehmigungsbehörde vorgenommen worden sind und
– nach *Einleitung des Enteignungsverfahrens* ohne behördliche Anordnung oder Zustimmung der Enteignungsbehörde vorgenommen worden sind, bzw.
– nach einer *vorzeitigen Besitzeinweisung* oder der Zurückstellung eines Baugesuchs vorgenommen werden,

bleiben bei der Bemessung der Entschädigung für den Rechtsverlust nach § 95 Abs. 2 Nr. 4 und 5 BauGB unberücksichtigt. Dies betrifft insbesondere die nach Erlass einer **Veränderungssperre** nach den §§ 14 ff. BauGB sowie nach der Einleitung des Enteignungsverfahrens durch Anberaumung eines Termins nach § 108 Abs. 1 BauGB vorgenommenen Veränderungen. Nicht ausgeschlossen ist die Berücksichtigung einer Veränderung, die mit Genehmigung nach § 109 i.V.m. § 51 BauGB im Einzelfall vorgenommen wurde.

Als Tatbestand, der die Vorwirkung auslöst, ist somit auch der Erlass einer **Veränderungssperre** nach § 14 BBauG bzw. einer Zurückstellungsverfügung nach § 15 BBauG zu sehen, da ein ursächlicher Zusammenhang zwischen der „vorwirkenden" Maßnahme und der späteren förmlichen Enteignung besteht und hierin ein „einheitlicher Enteignungsvorgang" gesehen werden kann (vorhergehendes endgültiges Bauverbot)[90]. Voraussetzung ist, dass es dabei um den Fall einer endgültigen Vorwirkung der späteren völligen Entziehung des Eigentums und um einen endgültigen zumindest „teilweisen Entzug der aus dem Eigentum fließenden Befugnisse geht" und nicht um einen lediglich vorübergehenden und später in seinen Wirkungen wieder aufgehobenen Eingriff in die Rechte des Eigentümers[91].   **145**

Der **Ausschluss von Werterhöhungen** auf Grund wertsteigernder Veränderungen **betrifft nur die qualitativen Zustandsmerkmale** eines Grundstücks und nicht allgemeine konjunkturelle Änderungen.   **146**

Bei **vorzeitiger Besitzeinweisung** ist nach § 93 Abs. 4 Satz 2 BauGB – sofern nicht einer der vorstehenden Tatbestände maßgebend ist – der Zustand des Grundstücks in dem Zeitpunkt maßgebend, in dem diese wirksam wird, d.h. der Zeitpunkt des Besitzübergangs[92]. Dies gilt auch bei freiwilliger Besitzüberlassung[93].   **147**

1.4.3.4 Besonderheiten für städtebauliche Sanierungsgebiete und Entwicklungsbereiche

▶ *Teil VIII Rn. 78*

In förmlich festgelegten Sanierungsgebieten, für die die Anwendung der besonderen sanierungsrechtlichen Vorschriften der §§ 152 ff. BauGB in der Sanierungssatzung nach § 142 Abs. 4 BauGB nicht ausgeschlossen wurde, sowie in städtebaulichen Entwicklungsbereichen (§§ 165 ff. BauGB) ist die Reduktionsklausel des § 95 Abs. 2 BauGB ergänzt durch § 153 Abs. 1 BauGB anzuwenden. Der Ermittlung des sanierungs- bzw. entwicklungsunbeeinflussten Verkehrswerts i.S. des § 153 Abs. 1 und des § 169 Abs. 1 Nr. 6 BauGB ist danach der   **148**

---

[89] BGH, Urt. vom 13.12.1962 – III ZR 164/61 –, EzGuG 6.67; OLG München, Urt. vom 21.6.1990 – 1 U 6509/88 –, EzGuG 6.254a; gleicher Ansicht: Reisnecker/Baur-Büechl. Die entschädigungsrechtliche Qualitätsbestimmung von Grundstücken, Boorberg Verlag München 1982, S. 17 Ziff. 4.2.7.
[90] Zur Vorwirkung des Bauverbots vgl. § 5 ImmoWertV Rn. 218 ff.
[91] BGH, Urt. vom 18.11.1982 – III ZR 24/82 –, EzGuG 6.217; BGH, Urt. vom 25.9.1980 – III ZR 18/79 –, EzGuG 6.208; BGH, Urt. vom 20.3.1975 – III ZR 16/72 –, EzGuG 6.197; BGH, Urt. vom 27.6.1966 – III ZR 202/65 –, EzGuG 6.89; BGH, Urt. vom 4.6.1962 – III ZR 163/61 –, EzGuG 6.57.
[92] BGH, Urt. vom 3.3.1988 – III ZR 162/85 –, EzGuG 6.241; BGH, Urt. vom 28.6.1971 – III ZR 139/68 –, EzGuG 6.140; BGH, Urt. vom 8.12.1977 – III ZR 163/75 –, EzGuG 18.82.
[93] BGH, Urt. vom 23.11.1972 – III ZR 77/70 –, EzGuG 4.3.

VII Besondere Anlässe — Enteignung

Zustand des Grundstücks zu Grunde zu legen, den es ohne Aussicht auf die Sanierung oder Entwicklung, ihre Vorbereitung und Durchführung hatte. In der Praxis wird zur Qualifizierung des maßgeblichen Grundstückszustands zunächst der **Zeitpunkt des beginnenden Sanierungs- bzw. Entwicklungseinflusses** ermittelt, ohne dass das Gesetz dies zwingend erforderlich macht (vgl. Teil VIII Rn. 196 ff.).[94]

149 Die **Anwendung des § 153 Abs. 1 BauGB wirkt dabei vom Grundsatz her unbefristet zurück,** wobei jedoch nur solche Werterhöhungen ausgeschlossen sind, die ursächlich auf die Sanierung oder Entwicklung zurückzuführen sind. Dass dabei auch Werterhöhungen unberücksichtigt bleiben, die auf Grund der Aussicht auf die Sanierung oder Entwicklung eingetreten sind, bedeutet, dass grundsätzlich auch solche Werterhöhungen außer Betracht bleiben müssen, die vor förmlicher Festlegung des Sanierungsgebiets bzw. Entwicklungsbereichs und selbst vor Beginn der vorbereitenden Untersuchungen eingetreten sind. Darüber hinaus bleiben auch die vor Inkrafttreten des StBauFG im Jahre 1971 entstandenen sanierungs- bzw. entwicklungsbedingten Werterhöhungen unter bestimmten Voraussetzungen unberücksichtigt. In Anlehnung an die Rechtsprechung zur enteignungsrechtlichen Vorwirkung ist dafür Voraussetzung, dass die vorbereitenden Planungen

– für eine spätere Enteignung im städtebaulichen Entwicklungsbereich ursächlich waren,
– eine hinreichende Bestimmtheit hatten und
– die förmliche Erklärung der betroffenen Flächen zum Entwicklungsbereich, die dann die Enteignung gestattet, mit Sicherheit erwarten ließen[95].

150 Die **Anwendung der Reduktionsklausel des § 153 Abs. 1 BauGB erstreckt sich grundsätzlich auf alle im förmlich festgelegten Sanierungsgebiet oder Entwicklungsbereich gelegenen Grundstücke** und ist *nicht* auf besondere Grundstücke wie Gemeinbedarfsflächen beschränkt.

151 Die **Ermittlung des sanierungs- oder entwicklungsunbeeinflussten Grundstückswerts** wird in Teil VIII unter Rn. 108 ff. behandelt[96].

1.4.4 Andere Vermögensnachteile (Folgeschäden)

1.4.4.1 Allgemeines

▶ *Hierzu ein Beispiel bei Vorderlandabtretungen vgl. § 5 ImmoWertV Rn. 550 ff.*

152 Nach **§ 96 Abs. 1 BauGB** (vgl. § 19 LBG, § 20 Abs. 1 WHG) ist für „andere Vermögensnachteile" eine Entschädigung vorzusehen, insbesondere für

„1. den vorübergehenden oder dauernden Verlust, den der bisherige Eigentümer in seiner Berufstätigkeit, seiner Erwerbstätigkeit oder in Erfüllung der ihm wesensgemäß obliegenden Aufgaben erleidet, jedoch nur bis zu dem Betrag des Aufwands, der erforderlich ist, um ein anderes Grundstück in der gleichen Weise wie das zu enteignende Grundstück zu nutzen;
2. die Wertminderung, die durch die Enteignung eines Grundstücksteils oder eines Teils eines räumlich oder wirtschaftlich zusammenhängenden Grundbesitzes bei dem anderen Teil oder durch Enteignung des Rechts an einem Grundstück entsteht, soweit die Wertminderung nicht schon bei der Festsetzung der Entschädigung nach Nummer 1 berücksichtigt ist;
3. die notwendigen Aufwendungen für einen durch die Enteignung erforderlich werdenden Umzug."

153 Nach Abs. 2 der Vorschrift sind im Falle des § 96 Abs. 1 Nr. 2 BauGB wiederum **Werterhöhungen, die nach einer angemessenen Kaufofferte** (vgl. Rn. 95 ff.) **eingetreten sind, nicht berücksichtigungsfähig.**

---

[94] BGH, Urt. vom 12.1.1984 – III ZR 103/82 –, EzGuG 15.28.
[95] BVerwG, Urt. vom 21.8.1981 – 4 C 16/78 –, EzGuG 15.18; BGH, Urt. vom 12.1.1984 – III ZR 103/82 –, EzGuG 15.28.
[96] Kleiber in Ernst/Zinkahn/Bielenberg, BauGB § 153 Rn. 36 ff.

Die Entschädigung für andere Vermögensnachteile ist Ausfluss der verfassungsrechtlich gesicherten Eigentumsgarantie (Art. 14 Abs. 3 Satz 2 GG)[97]. **154**

Es handelt sich hierbei um eine äußerst komplexe Rechtsmaterie, zumal die Berücksichtigung anderer Vermögensnachteile sowohl dem Grunde wie auch der Höhe nach einer abwägenden Wertung unterstellt ist **(Gebot der Doppelabwägung)**. Nachstehend wird deshalb nur ein kurzer Überblick über allgemeine Grundsätze und die wesentlichen in Betracht kommenden Tatbestandsvarianten gegeben; im Übrigen wird auf das weiterführende Schrifttum verwiesen[98].

Andere Vermögensnachteile werden grundsätzlich **nur insoweit entschädigt**, wie sie auch entstanden wären, wenn der Betroffene alle diejenigen Maßnahmen ergriffen hätte, die **ein verständiger Eigentümer** in der gegebenen Lage **vernünftigerweise getroffen hätte**[99]. Der Konstruktion des verständigen Eigentümers muss eine überragende Bedeutung beigemessen werden. **155**

Ist der zu enteignende Eigentümer eines Grundstücks zur Sicherung seiner Berufstätigkeit, seiner Erwerbstätigkeit oder zur Erfüllung der ihm wesensmäßig obliegenden Aufgaben auf Ersatzland angewiesen, so ist auf Antrag dieses Eigentümers die **Entschädigung in geeignetem Ersatzland** festzusetzen (vgl. Rn. 110). Besteht ein derartiger Anspruch nicht, so besteht i.d.R. auch kein Anspruch auf Entschädigung für die Wiederbeschaffungskosten (vgl. § 100 Abs. 9 BauGB)[100]. **156**

Nicht entschädigungsfähig ist die **Einkommensteuer,** die insbesondere bei Aufdeckung stiller Reserven infolge der Enteignung anfällt, da auch diesbezüglich die Enteignungsentschädigung nicht auf die Wiederbeschaffung eines gleichartigen Gegenstands angelegt ist. Das Gleiche gilt für die **Kirchensteuer.** Des Weiteren sind *Erschließungskosten und Baukosten für Ersatzbauten* nicht entschädigungsfähig, da diese bereits mit der Substanzentschädigung abgegolten sind[101]. Entsprechendes gilt schließlich auch für zwischenzeitlich gestiegene Baupreise *(Baumehrkosten)*[102], für anfallende *Fremdkapitalkosten*[103] sowie für Ausgleichszahlungen nach § 13 der Höfeordnung[104]. **157**

Folgende Entschädigungsansprüche kommen in Betracht: **158**

a) Die Entschädigung für einen **vorübergehenden oder dauernden Erwerbsverlust** i.S. des § 96 Abs. 1 Nr. 1 BauGB, die sich

- im ersten Fall nach dem entgangenen Gewinn ohne Berücksichtigung von hypothetischen Zuwachsraten[105] und begrenzt auf den sich aus § 96 Abs. 1 Nr. 1 BauGB ergebenden Betrag (Obergrenze vgl. Rn. 75) ergibt, und

- im zweiten Fall nach dem Betriebswert bemisst[106]; der Wertermittlungsstichtag bestimmt sich dabei nach § 93 Abs. 4 und § 95 Abs. 1 Satz 2 BauGB.

---

97 BGH, Urt. vom 30.9.1976 – III ZR 149/75 –, EzGuG 20.64.
98 Schmidt-Aßmann in Ernst/Zinkahn/Bielenberg, BauGB Komm. zu § 96; Reisnecker in Kohlhammer Komm., BauGB § 96; Nüßgens/Boujong, Eigentum, Sozialbindung, Enteignung, München 1987; Aust/Jacobs, Die Enteignungsentschädigung, 2. Aufl. 1984; Gelzer/Busse, Der Umfang des Enteignungsentschädigungsanspruchs aus Enteignung und enteignungsgleichem Eingriff, 2. Aufl. 1980; Krohn/Löwisch, Eigentumsgarantie.
99 BGH, Urt. vom 13.11.1975 – III ZR 162/72 –, EzGuG 6.182.
100 BGH, Urt. vom 26.5.1977 – III ZR 93/75 –, EzGuG 6.193; BGH, Urt. vom 26.5.1977 – III ZR 109/75 –; BGH, Urt. vom 24.1.1966 – III ZR 15/65 –, EzGuG 6.85; BGH, Urt. vom 6.12 1965 – III ZR 172/64 –, EzGuG 6.83; BGH, Urt. vom 12.3.1964 – III ZR 209/62 –, EzGuG 6.74.
101 BGH, Urt. vom 6.12.1965 – III ZR 172/64 –, EzGuG 6.83.
102 BGH, Urt. vom 31.1.1972 – III ZR 133/69 –, EzGuG 18.57; BGH, Urt. vom 18.6.1970 – III ZR 15/67 –, EzGuG 6.128; BGH, Urt. vom 20.11.1967 – III ZR 161/65 –, EzGuG 6.110.
103 BGH, Urt. vom 4.5.1972 – III ZR 111/70 –, WM 1972, 890.
104 BGH, Urt. vom 14.12.1970 – III ZR 102/70 –, EzGuG 6.131.
105 BGH, Urt. vom 14.7.1975 – III ZR 141/72 – EzGuG 6.181; BGH, Urt. vom 26.6.1972 – III ZR 203/68 –,EzGuG 6.155; BGH, Urt. vom 10.1.1972 – III ZR 139/70 –, EzGuG 6.144a; BGH, Urt. vom 20.12.1971– III ZR 79/69 –, EzGuG 13.19; BGH, Urt. vom 29.4.1968 – III ZR 160/67 –, EzGuG 6.83; BGH, Urt. vom 6.12.1965 – III ZR 172/64 –, EzGuG 6.83; BGH, Urt. vom 16.3.1959 – III ZR 5/58 –, EzGuG 6.42.
106 BGH, Urt. vom 20.12.1971 – III ZR 79/69 –, EzGuG 13.91; BGH, Urt. vom 27.4.1964 – III ZR 136/63 –, EzGuG 6.75.

VII Besondere Anlässe — Enteignung

Dabei besteht – wie erläutert – **kein Anspruch auf Ersatz des entgangenen Gewinns**, den der Betroffene in aller Zukunft möglicherweise aus dem Grundstück hätte ziehen können. Des Weiteren ist bei der Entschädigung für Folgeschäden zu berücksichtigen, dass die Nutzung des dem Eigentümer für den Rechtsverlust zugeflossenen Entschädigungskapitals Erträge einbringt und möglicherweise sogar höhere Erträge, als das enteignete Grundstück bisher erbracht hatte. Der BGH[107] hat hierzu ausgeführt: „Bei der Gegenüberstellung wird der Ertrag der Kapitalnutzung ebenso ‚abstrakt' zu berechnen sein wie der in § 96 Abs. 1 Nr. 1 BBauG *(BauGB)* gedachte Aufwand[108], nämlich danach, wie verständlicherweise ein derartiges Kapital sachgerecht genutzt wird, d.h., man wird von einem angemessenen Zinsertrag des Entschädigungskapitals auszugehen haben ohne Rücksicht darauf, wie der Betroffene das Kapital tatsächlich genutzt hat. ... Ferner wird in Rücksicht zu ziehen sein, dass der Kläger bei einer Betriebsfortführung seine Arbeitskraft anderweitig verwenden kann. Dieser Umstand könnte nur insoweit außer Betracht bleiben, als dem Eigentümer eine anderweitige Verwendung seiner Arbeitskraft nicht möglich oder nicht zuzumuten wäre"[109].

159 b) Die Entschädigung für die **Herrichtung eines Ersatzgrundstücks**, soweit dies zu einer mit dem enteigneten Grundstück vergleichbaren Nutzung erforderlich ist. Dabei kommt es auf den Aufwand an, der einem verständigen und vernünftigen Eigentümer[110] entsteht, z. B. um ein Ersatzgrundstück „in gleicher Weise mit Wasserleitungen, Kraft- und Lichtanlagen sowie einer Einfriedung zu versehen, wie die früheren Grundstücke sie aufgewiesen haben. Diese – fiktiven – Einrichtungskosten sind alsdann um die Beiträge, die bereits im Rahmen der Entschädigung für den Rechtsverlust gemäß § 95 BBauG/*BauGB* Berücksichtigung gefunden haben, zu kürzen. Insbesondere ist aber auch ... ein **Abzug „neu für alt"** zu machen, weil andernfalls der Betroffene über seinen tatsächlichen Verlust hinaus eine Entschädigung erlangen würde" (vgl. Rn. 105).

c) Die Entschädigung für die **Kosten einer Verlagerung, soweit sie bei vernünftiger wirtschaftlicher Betrachtungsweise erforderlich sind.** Die fiktiven Verlagerungskosten sind zugleich **Obergrenze** für die Entschädigung von Erwerbsverlusten[111].

Sofern eine Verlagerung nicht erforderlich wird, müssen im Ergebnis die **fiktiven Verlagerungskosten** mit den Erwerbsverlusten verglichen werden, weil nach der durch § 96 Abs. 1 Nr. 1 BauGB normierten Obergrenze nur auf den niedrigeren Betrag ein Entschädigungsanspruch besteht. Verlagerungskosten können indessen nicht gewährt werden, wenn ein Betrieb über längere Zeit hinweg seine Kosten nicht erwirtschaftet hat und dies auf absehbare Zeit nicht erwartet werden kann; es verbleibt dann bei der Entschädigung für den Rechtsverlust.

160 Zu den **Verlagerungskosten** gehören

– Reisekosten aus Anlass der Verlagerung[112];
– Verdienstausfälle[113], Stillstandszeiten, Betriebsunterbrechungszeiten, Umsatzausfallvolumen (2,5 % des Jahresumsatzes);

---

107 BGH, Urt. vom 8.2.1971 – III ZR 65/70 –, EzGuG 6.133.
108 Vgl. BGH, Urt. vom 8.4.1965 – III ZR 60/64 –, EzGuG 6.80; BGH, Urt. vom 6.12.1965 – III ZR 172/64 –, EzGuG 6.83.
109 Vgl. dazu BGH, Urt. vom 27.4.1964 – III ZR 136/63 –, EzGuG 6.75; auch BGH, Urt. vom 6.12.1965 – III ZR 172/64 –, EzGuG 6.83.
110 BGH, Urt. vom 8.4.1965 – III ZR 60/64 –, EzGuG 6.80; BGH, Urt. vom 6.12.1965 – III ZR 172/64 –, EzGuG 6.83.
111 BGH, Urt. vom 8.2.1971 – III ZR 65/70 –, BRS Bd 26 Nr 113 = BauR 1971, 116 = EzGuG 6.133.
112 BGH, Urt. vom 20.11.1967 – III ZR 161/65 –, EzGuG 6.110; BGH, Urt. vom 27.4.1964 – III ZR 136/63 –, EzGuG 6.75; BGH, Urt. vom 27.6.1963 – III ZR 228/61 –, EzGuG 6.71; BGH, Urt. vom 6.12.1965 – III ZR 172/64 –, EzGuG 6.83; BFH, Urt. vom 17.10.1990 – I R 58/88 –, BFHE 162, 482 = BStBl II 1991, 146 = DB 1991, 228.
113 BGH, Urt. vom 20.11.1967 – III ZR 161/65 –, EzGuG 6.110a; BGH, Urt. vom 27.4.1964 – III ZR 136/63 –, EzGuG 6.75; BGH, Urt. vom 27.6.1963 – III ZR 228/61 –, EzGuG 6.71; BGH, Urt. vom 6.12.1965 – III ZR 172/64 –, EzGuG 6.83.

- Gutachten- und Rechtsanwaltkosten[114] sind nunmehr nach Maßgabe des § 121 BauGB zu erstatten; nach bisheriger Rechtsprechung (bis zur BBauG-Novelle 1976) waren sie generell erstattungsfähig;
- Anlaufkosten[115] für Gewinnausfall, Verlust des Kundenkreises, Minderung des Firmenwerts, Inseratkosten; zusätzliche Werbekosten am neuen Standort;
- Umsatzsteuern, die durch die Zahlung der Enteignungsentschädigung entstehen[116];
- Umbaukosten können bei Betriebsverlagerungen erstattungsfähig sein[117].

161 a) Die notwendigen Aufwendungen für einen **durch die Enteignung erforderlich werdenden Umzug** umfassen
- Transportkosten,
- Lagerkosten,
- Transportversicherung (0,2 % des umsetzungsfähigen Inventars),
- Beschädigungsrisiko,
- Kosten der Suche nach Ersatz,
- Kosten der Anpassung von Einrichtungen.

162 Eine hoheitliche Einwirkung auf ein **betrieblich genutztes Grundstück** stellt nach gefestigter Rechtsprechung erst dann einen enteignungsrechtlich relevanten Eingriff in den Gewerbebetrieb dar, wenn das Grundstück in die Betriebsorganisation einbezogen ist; d.h. nur der „eingerichtete und ausgeübte Gewerbebetrieb" genießt den Schutz des Art. 14 Abs. 1 Satz 1 GG[118]. Auch insoweit folgt aus dem Verbot der Doppelentschädigung, dass Erwerbsverluste nach § 96 BauGB nur zu entschädigen sind, wenn sie nicht bereits im Rahmen der Entschädigung für den Rechtsverlust mitberücksichtigt wurden[119]. Es ist aber eine Erfahrungssache, dass gewerbliche Unternehmen vielfach einen „inneren Wert" haben, der sich darin äußert, dass der Erwerber eines solchen Unternehmens bereit ist, einen höheren Kaufpreis zu zahlen, als es dem reinen Sachwert entspricht[120]. Dies kann z. B. darin seine Ursache haben, dass ein Grundstück nach seiner Lage, Beschaffenheit, Einrichtung und Bebauung „auf Dauer" für einen bestimmten Gewerbebetrieb besonders geeignet ist. In diesem Fall ist nach der Rechtsprechung das BGH[121] bei der sich nach dem Verkehrswert bemessenden Entschädigung für den Rechtsverlust von einem Kaufpreis auszugehen, der für die Beschaffung eines gleichartig gelegenen und eingerichteten Grundstücks erforderlich wäre oder den ein Kaufbewerber, der ebenfalls einen solchen Betrieb betreiben wollte, dafür aufwenden würde.

163 Etwas anderes gilt, wenn auf einem Grundstück ohne besondere Vorzüge ein **Gewerbe** ausgeübt wird, **das ohne wesentliche Unterschiede auch an anderen vergleichbaren Orten fortgesetzt** oder durch andere gewerbliche Nutzungen ersetzt **werden kann.** In diesem Fall ist der Gewerbebetrieb nur „äußerlich" mit dem Grundstück verbunden[122].

---

114 BGH, Urt. vom 19.9.1974 – III ZR 12/73 –, EzGuG 6.170; BGH, Urt. vom 14.2.1974 – III ZR 12/72 –, EzGuG 6.165; BGH, Urt. vom 27.5.1971 – III ZR 154/70 –, EzGuG 6.139; BGH, Urt. vom 27.9.1973 – III ZR 131/71 –, EzGuG 6.131; BGH, Urt. vom 29./31 10. 1968 – III ZR 183/67 –, EzGuG 6.115b; BGH, Urt. vom 6.12.1965 – III ZR 172/64 –, EzGuG 6.83; BGH, Urt. vom 8.4.1965 – III ZR 60/64 –, EzGuG 6.80; OLG Hamm, Urt. vom 4.3.1971 – 10 U 60/70 –, EzGuG 6.136.
115 BGH, Urt. vom 8.2.1971 – III ZR 65/70 –, EzGuG 6.133; BGH, Urt. vom 27.4.1964 – III ZR 136/63 –, EzGuG 6.75; BGH, Urt. vom 20.11.1967 – III ZR 161/65 –, EzGuG 6.110.
116 BGH, Urt. vom 13.11.1975 – III ZR 162/72 –, EzGuG 6.184.
117 BGH, Urt. vom 6.12.1965 – III ZR 172/64 –, EzGuG 6.83.
118 BGH, Urt. vom 18.9.1986 – III ZR 83/85 –, EzGuG 4.111 (Denkmalschutz); zur Bemessung der Enteignungsentschädigung für ein Grundstück, dessen Wert auch durch seine wirtschaftliche Bedeutung für benachbarte Betriebsstätten mitbestimmt wird, vgl. BGH, Urt. vom 31.1.1972 – III ZR 133/69 –, EzGuG 18.57.
119 BGH, Urt. vom 19.9.1966 – III ZR 216/63 –, EzGuG 6.92; BGH, Urt. vom 29.5.1967 – III ZR 143/66 –, EzGuG 18.36.
120 BGH, Urt. vom 23.11.1977 – IV ZR 131/76 –, EzGuG 20.69; BGH, Urt. vom 9.3.1977 – IV ZR 166/75 –, EzGuG 20.66.
121 BGH, Urt. vom 16.12.1974 – III ZR 39/72 –, EzGuG 19.26; BGH, Urt. vom 26.5.1977 – III ZR 93/75 –, EzGuG 6.193; BGH, Urt. vom 13.7.1978 – III ZR 112/75 –, EzGuG 6.200 –, EzGuG 19.34.
122 BGH, Urt. vom 27.4.1964 – III ZR 136/63 –, EzGuG 6.75.

VII Besondere Anlässe   Enteignung

164 *Beispiel:*

Zusammenfassung der Folgekosten

1. Aufwendungen und Kosten bei der Suche und Auswahl eines geeigneten neuen Betriebsgrundstücks	150 000 €
2. Verluste in der technischen und kaufmännischen Betriebseinrichtung infolge Nichtverwendbarkeit eines Teils an dem neuen Standort	47 485 790 €
3. Demontage-, Transport- und Remontagekosten der verlagerungsfähigen Betriebs- und Geschäftseinrichtung, Verlagerungskosten des Warenbestands sowie Kosten der Umzugsplanung	574 812 €
4. Durch die Verlagerung bedingte Verluste im Vorrätebestand	40 000 €
5. Betriebsunterbrechungsschaden – entgehender Gewinn und fortlaufende ungedeckte Bereitschaftskosten –infolge Betriebsstillstands während der Verlagerung	216 389 €
6. Wiederanlaufschwierigkeiten am neuen Standort und Auswirkungen der Verlagerung und der Betriebsunterbrechung auf den Firmenwert	365 800 €
7. Zusätzliche Werbekosten am neuen Standort	20 000 €
	48 852 791 €
Gesamtbetrag aller Folgekosten	**48 850 000 €**

i.W.: achtundvierzigmillionenachthundertfünfzigtausend Euro

165 Für den **Entzug landwirtschaftlicher Flächen** sieht Nr. 4.2 und 4.3 LandR besondere Hinweise zur Berücksichtigung des Ernteausfalls und von Vorratsdüngungen sowie zur Entschädigung von Inventar vor, die nachfolgend abgedruckt sind:

166 **4.2 Ernteausfall und Vorratsdüngung**

4.2.1 Ernteausfall

Für eine entzogene Fläche ist ggf. entweder eine Entschädigung für Aufwuchs oder für den variablen Bestellungsaufwand zuzüglich Deckungsbeitragsverlust im laufenden Wirtschaftsjahr zu vergüten. Bei den Ermittlungen ist immer vom Rohertrag der entzogenen Fläche auszugehen. Lassen Stand und Entwicklung der aufstehenden Früchte den Ernteertrag dieser Fläche voraussschätzen, so ist die zu erwartende Ernte als Rohertrag anzusehen. Kann dagegen der tatsächliche Ertrag der auf dieser Fläche angebauten Früchte nicht abgeschätzt werden, so ist als Rohertrag der auf der Fläche nachhaltig erzielbare Durchschnittsertrag anzusetzen. Bei landwirtschaftlich nicht genutzten Flächen kommt eine Entschädigung nicht in Betracht.

Von dem Rohertrag sind jeweils die ersparten Aufwendungen (Bestellungs-, Pflege-, Ernteberungs- und Verwertungskosten) sowie der Betrag einer angemessenen Verzinsung aus der Kapitalanlage des Verkehrswerts der Fläche für die Zeit von der Auszahlung bis zu der zu erwartenden Ernte abzusetzen. Der sich aus Nummer 4.1.4 (LandR) ergebende Zinssatz ist anzuwenden.

Die Entschädigung für den Ernteausfall stellt einen Ausgleich für die entgangene Nutzung der in Anspruch genommenen Fläche dar. Um Doppelentschädigungen zu vermeiden, ist sie daher auf die etwa vereinbarten oder von der Enteignungsbehörde festgesetzten Zinsen oder eine für die gleiche Zeit gezahlte Besitzeinweisungs- oder Nutzungsentschädigung anzurechnen.

4.2.2 Vorratsdüngung

Ist kurz vor dem Entzug einer Fläche eine Vorratsdüngung gegeben worden, so sind die über eine normale Düngung hinausgehenden Mehrkosten zu erstatten.

4.3 Inventar

Die Übernahme des lebenden oder toten Inventars kommt in der Regel nicht in Betracht. Beim Entzug von Betrieben ist die Differenz zwischen Verkehrswert und Veräußerungserlös des Inventars zu entschädigen.

Etwaige Nachteile wegen Inventarüberhangs, die beim Entzug von Teilflächen entstehen, werden in der Regel bei der Restbetriebsbelastung erfasst."

1.4.4.2 Wertminderung des Restgrundstücks (Resthofschaden)

▶ *Vgl. § 5 ImmoWertV Rn. 133 ff.*

Grundsätzlich stellt bei einem landwirtschaftlichen Betrieb die Entschädigung für den Rechtsverlust die Mindestentschädigung dar, soweit nicht der Gesetzgeber eine unter dem vollen Ersatz liegende Entschädigung bestimmt hat[123]. **Nachteile für das Restgrundstück** infolge des Wegfalls von Teilflächen als Betriebsbestandteile sind Ausdruck einer Substanzminderung des landwirtschaftlichen Betriebs und als Folgeschaden zu entschädigen[124]. 167

Der Entzug einer Teilfläche, sei es im Wege einer Enteignung oder durch freihändige Veräußerung, kann zu einer Wertminderung des Restgrundstücks führen. Dies ist insbesondere bei gewerblichen Betrieben zu beachten, wenn in eine wirtschaftliche Einheit[125] eingegriffen wird. Im Falle einer Enteignung sind solche Wertminderungen als Folgeschaden nach § 96 Abs. 1 Satz 2 Nr. 1 und 2 BauGB zu entschädigen. Im Einzelnen geht es dabei nicht nur um Wertminderungen des Restgrundstücks, sondern ganz allgemein um **Nebenschäden**. 168

Als **Nebenschäden** kommen in Betracht 169

– An-, Durch- und Zerschneidungsschäden,
– Um- bzw. Mehrwegeschäden,
– Trennungsschäden,
– Arrondierungsschäden sowie
– Restbetriebsbelastungen.

Die genannten Schäden stehen mehr oder minder in Beziehung zueinander und lassen sich oftmals schwerlich voneinander auseinander halten. Dies ist i.d.R. auch gar nicht erforderlich. Eine besondere Schadensgruppe bildet lediglich der sog. Resthofschaden. 170

Ein **Resthofschaden** liegt vor, wenn sich trotz Verkleinerung des Betriebs und der dadurch eingetretenen Ertragsminderung die Betriebsaufwendungen nicht verringern[126]. Der Resthofschaden wird auch *Restbetriebsbelastung* genannt. 171

Gegenstand der **Aufwendungen, die auf eine abgetretene Teilfläche entfallen** und vom Restbetrieb mitgetragen werden müssen, sind u. a. die Kosten für einen Personalüberhang, Wirtschaftsgebäude und Betriebsmittel. 172

Zur Ermittlung der Restbetriebsbelastung wird nach Nr. 4.1.1 LandR vom so genannten Deckungsbeitrag ausgegangen: 173

„Der Deckungsbeitrag ergibt sich, wenn vom Rohertrag eines Wirtschaftsjahres je Flächeneinheit alle sofort, d.h. indem der Inanspruchnahme nachfolgenden Wirtschaftsjahr, einsparbaren Aufwendungen abgezogen werden. Er dient bis zum Entzug der Teilfläche zur Deckung der festen Kosten und als Einkommen für den Betriebsinhaber (Roheinkommen). Die auf die Entzugsfläche entfallenden festen Kosten sind nach dem Entzug der Teilfläche vom Restbetrieb mitzutragen, daher Restbetriebsbelastung/Überhangkosten. Infolge des Entzugs einer Teilfläche eines Betriebs verliert der Betroffene den auf die Entzugsfläche entfallenden Deckungsbeitrag.

---

[123] BVerfG, Beschl. vom 28.12.1968 – 1 BvR 673/64 –, EzGuG 6.118; BGH, Urt. vom 28.9.1972 – III ZR 44/70 –, EzGuG 14.47.
[124] BGH, Urt. vom 30.9.1976 – III ZR 149/75 –, EzGuG 20.64; BGH, Urt. vom 3.5.1979 – III ZR 114/77 –, EzGuG 8.54; BayObLG, Urt. vom 18.5.1977 – RReg 2 Z 108/76 –, EzGuG 8.51.
[125] Zum Begriff: BFH, Urt. vom 12.12.1973 – I R 163/69 –, EzGuG 3.42; BGH, Urt. vom 7.5.1981 – III ZR 67/80 –, EzGuG 18.91; BFH, Urt. vom 23.1.1985 – II R 35/82 –, EzGuG 3.69; BFH, Urt. vom 1.8.1990 – IIR 46/88 –, EzGuG 3.86; BFH, Urt. vom 13.11.1981 – III R 69/80 –, EzGuG 7.84; BayVGH, Urt. vom 11.1.1985 – 23 B 83 A 1017 –, EzGuG 9.54; BFH, Urt. vom 10.12.1968 – II B 24/68 –, EzGuG 12.46; BFH, Urt.vom 24.7.1991 – II R 81/88 –, EzGuG 14.102; BFH, Urt. vom 12.7.1968 – III 181/64 –, EzGuG 20.43b; BGH, Urt. vom 17.1.1973 – IV ZR 142/70 –, EzGuG 20.53a; BFH, Urt. vom 16.11.1979 – III R 76/77 –, EzGuG 20.81b; BFH, Urt. vom 14.11.1990 – II R 126/87 –, EzGuG 20.143; BFH, Urt. vom 1.4.1987 – II R 79/86 –, EzGuG 12.46.
[126] BGH, Urt. vom 30.9.1976 – III ZR 149/75 –, EzGuG 20.64; OLG Köln, Urt. vom 7.12.1981 – 7 U 76/81 –; OLG Düsseldorf, Urt. vom 16.6.1977 – 18 U 35/77 –, AgrarR 1977, 270 = NJW 1978, 211.

VII Besondere Anlässe — Enteignung

4.1.2 Bei der Ermittlung des Deckungsbeitragsverlustes der betroffenen Fläche sind unter Berücksichtigung der Schadensminderungspflicht die Fruchtart (Nutzungsart) oder Fruchtarten zu Grunde zu legen, die nach dem Entzug entfallen oder eingeschränkt werden können.

Kosten, die im Falle einer notwendigen Umstellung des Anbau- oder Kulturartenverhältnisses entstehen, können insoweit zusätzlich entschädigt werden, als diese nicht bereits durch den entgangenen Deckungsbeitrag erfasst sind.

4.1.3 Soweit für die Ermittlung des Deckungsbeitrags der Verlustfläche keine betriebseigenen Unterlagen zur Verfügung stehen, können hilfsweise vor allem die von den obersten Landwirtschaftsbehörden der Länder oder Landwirtschaftskammern bekannt gegebenen Richtwerte herangezogen werden. Diese sind erforderlichenfalls den Ertragsverhältnissen der betroffenen Fläche anzupassen und in den Fällen zu kürzen, in denen Arbeitskräfte und Maschinen überzählig werden.

4.1.4 Eine Entschädigung für den entgangenen Deckungsbeitrag ist dann zu leisten, wenn der Deckungsbeitragsverlust den Betrag einer angemessenen Verzinsung aus der Kapitalanlage des Grundstücksverkehrswerts übersteigt. In diesen Fällen ist der verbleibende jährliche Deckungsbeitragsverlust entsprechend der mutmaßlichen Schadensdauer zu kapitalisieren. Bei der Ermittlung der Schadensdauer ist die Pflicht des Betroffenen zu berücksichtigen, die entsprechenden Nachteile durch betriebliche Umstellungsmaßnahmen oder durch Zukäufe/Zupacht von Ersatzflächen zu mindern (vgl. Nr. 1.2.5 LandR).

Der anzuwendende Zinssatz beträgt in der Regel 4 v.H. Er ist abhängig von der voraussichtlichen Schadensdauer. Bei der Anrechnung der Verzinsung aus der Kapitalanlage des Grundstücksverkehrswerts auf den Deckungsbeitragsverlust und bei der Kapitalisierung des verbleibenden Deckungsbeitragsverlustes ist jeweils der gleiche Zinssatz anzuwenden.

4.1.5 Beim Entzug von Betrieben beschränkt sich die Entschädigung für den Erwerbsverlust auf die Kosten und Nachteile, die entstehen würden, wenn der Betrieb verlegt würde."

174 Der von der Teilabtretung betroffene Eigentümer ist demnach im Rahmen seiner **Schadensminderungspflicht** gehalten, Restbetriebsbelastungen möglichst gering zu halten. Infolgedessen sind Restbetriebsbelastungen nicht anzusetzen, soweit die Ersatzlandbeschaffung zu zumutbaren Bedingungen möglich ist, Ersatzland gestellt bzw. zugeteilt wird. Soweit auf Grund des Ersatzlandes längere Wege im Verhältnis zu der abgetretenen Fläche in Kauf genommen werden müssen, ist dies zu berücksichtigen.

175 Nach Nr. 8.2.3 WaldR ist eine **Restbetriebsbelastung** auch dann **nicht anzusetzen, wenn, soweit und sobald die Beeinträchtigung durch betriebliche Umstellung behoben werden kann**, z. B. durch anderweitige Verwendung oder Veräußerung eines Überbestandes an Gebäuden oder Betriebsmitteln, durch Intensivierung der Wirtschaft auf der Restfläche, durch andere Verwendung, Umschulung oder Entlassung nicht mehr benötigten Personals. Die Anwendung der dort aufgestellten Grundsätze ist nicht auf forstwirtschaftliche Betriebe beschränkt. Es heißt dort weiter: „Ist die Umstellung wirtschaftlich sinnvoll, so ist die Belastung entsprechend den Kosten der erforderlichen Maßnahmen festzustellen. Kann die Beeinträchtigung durch Umstellungsmaßnahmen nicht oder nicht vollständig behoben werden, so ist festzustellen, welche Mehrkosten den Restbetrieb bei wirtschaftlicher Betriebsführung jährlich belasten. Soweit die Mehrkosten innerhalb eines bestimmten Zeitraums einsparbar sind, ist die Belastung nach der Dauer des Anfalls der Mehrkosten unter Anwendung eines Zinssatzes von 4 % (*mit Hilfe des sich auch aus der Vervielfältigertabelle ergebenden Vervielfältigers*) zu ermitteln. Die Vermögensnachteile, die durch die nicht einsparbaren – zeitlich nicht begrenzten – Mehrkosten bedingt sind, sind unter Anwendung eines Kapitalisierungsfaktors von 25 festzustellen. Auf die Restbetriebsbelastung ist der Zinsertrag aus der Nutzung der Entschädigung für den Verkehrswert der Waldflächen anzurechnen. Der anzuwendende Zinssatz beträgt 4 %."

176 Unter dem Grundsatz des **Verbots der Doppelentschädigung** sind Nebenschäden nur insoweit zu entschädigen, wie sie nicht bereits mit der Entschädigung für den Rechtsverlust erfasst sind. Ein Verstoß gegen das Verbot der Doppelentschädigung kann sich ferner leicht einschleichen, wenn die genannten Nebenschäden jeweils für sich eigenständig ermittelt und aufsaldiert werden, denn diese stehen oftmals in enger Beziehung zueinander. So wird z. B.

ein Arrondierungsschaden in aller Regel nach denselben Grundsätzen wie ein Umwegeschaden ermittelt.

Die im Rahmen der Teilenteignung landwirtschaftlicher Grundstücke entwickelten **Entschädigungsgrundsätze können** im Übrigen **auf nicht landwirtschaftlich genutzte Grundstücke übertragen** werden[127]. **177**

Eine **entschädigungspflichtige Wertminderung für die Zerschneidung eines gewerblichen Grundstücks** liegt nur dann vor, wenn **178**

– eine für das ursprüngliche Grundstück zulässige und der Sache nach vernünftige Nutzungsmöglichkeit durch die Zerschneidung für die Restfläche nur noch eingeschränkt oder gar nicht mehr gegeben ist,
– der gesunde Grundstücksverkehr (gewöhnlicher Geschäftsverkehr) dem auch Rechnung trägt (die Bemessung dieser Entschädigung muss sich demnach an einem „allgemeinen gewerblichen Betrieb" ohne Beziehung zu einem bestimmten Betrieb ausrichten[128]) und
– die Wertminderung spürbar ist[129].

Des Weiteren sind solche **Schäden** auch **nur insoweit zu entschädigen, wie die Beeinträchtigung den Eigentümer in seiner gefestigten Rechtsposition trifft**[130]. Ein Entschädigungsanspruch besteht auch nur, wenn der Eigentümer nach Umfang und Inhalt seiner Rechtsposition die Möglichkeit hatte, die auf Grund der Inanspruchnahme der Teilfläche entstehenden Auswirkungen kraft seiner Rechtsposition zu verhindern oder zu bekämpfen, ohne dass ihm eine entschädigungslose Duldungspflicht nach § 906 BGB entgegengehalten werden könnte[131]. **179**

Grundsätzlich kann zur Ermittlung des Resthofschadens das **Differenzwertverfahren** zur Anwendung kommen (vgl. § 8 ImmoWertV Rn. 139 ff.)[132]. Bei Anwendung dieses Verfahrens ist der Wert des Grundstücks vor und nach Inanspruchnahme der Teilfläche gegenüberzustellen. Das Verfahren setzt voraus, dass genügend und hinreichend sicher erfassbare Betriebsdaten in marktüblicher Höhe zur Verfügung stehen (vgl. Nr. 3.7 LandR). **180**

Des Weiteren lässt sich die Wertminderung im Wege der **Kapitalisierung eines Gewinnverlustes** ermitteln. So trifft z. B. der **Verlust von Parkplatzflächen,** die für den Betrieb eines Supermarktes, einer Gaststätte oder einer ähnlichen Betriebsstätte notwendig sind, den Eigentümer in einer durch Art. 14 GG geschützten Rechtsposition. Die Wertminderung kann in solchen Fällen sachgerecht durch Kapitalisierung der Gewinnverluste ermittelt werden. Diese Gewinnverluste lassen sich auf der Grundlage der Umsatzeinbußen ermitteln. **181**

Ein (voller) Ausgleich in Höhe des kapitalisierten Gewinnverlustes würde den Betroffenen allerdings so stellen, als wenn die enteignete Fläche ihm weiterhin diente. Deshalb sind **Erträge aus der Kapitalnutzung der Entschädigung für den Rechtsverlust** (Verkehrswert der in Anspruch genommenen Teilfläche) **gegenzurechnen**[133]. **182**

1.4.4.3 An-, Durch- und Zerschneidungsschaden

Zur Ermittlung von An-, Durch- und Zerschneidungsschäden[134] ist nach Nr. 3.2 LandR von den **auf der Restfläche entstehenden Mehrkosten und Mindererträgen** auszugehen (vgl. Rn. 187). Des Weiteren wird in den LandR hierzu ausgeführt: **183**

„Die auf der Beeinträchtigung einer Rechtsposition beruhende Wertminderung kann – insbesondere in schwierigen Fällen – individuell ermittelt werden. Dabei sind der Bewirtschaftungsaufwand und die

---

127 BGH, Urt. vom 28.10.1982 – III ZR 48/81 –, EzGuG 18.92; BGH, Urt. vom 28.10.1982 – III ZR 71/81 –, EzGuG 13.58; BGH, Urt. vom 18.9.1986 – III ZR 83/85 –, EzGuG 4.111.
128 BGH, Urt. vom 8.11.1978 – III ZR 91/77 –, EzGuG 20.78.
129 BGH, Urt. vom 30.5.1983 – III ZR 22/82 –, EzGuG 18.93.
130 BGH, Urt. vom 28.1.1975 – III ZR 11/72 –, EzGuG 8.42.
131 BGH, Urt. vom 6.3.1986 – III ZR 146/84 –, EzGuG 13.76; BGH, Urt. vom 14.7.1977 – III ZR 41/75 –, EzGuG 18.77.
132 BGH, Urt. vom 25.6.1981 – III ZR 12/80 –, EzGuG 4.77.
133 BGH, Urt. vom 28.10.1982 – III ZR 48/81 –, EzGuG 18.92.
134 Beckmann/Huth, Schriftenreihe des HLBS Heft 95; Aust/Jacobs, Die Enteignungsentschädigung, 3. Aufl.1997.

VII Besondere Anlässe — Enteignung

Erträge vor und nach der Inanspruchnahme gegenüberzustellen. Die sich daraus ergebende Differenz ist unter Zugrundelegung eines Zinssatzes von 4 v.H. zu kapitalisieren und zu entschädigen."

184 An-, Durch- und Zerschneidungsschäden sind danach im Wege einer ertragswirtschaftlichen Betrachtung zu ermitteln. Hierzu können die in der Anl. 2 zur LandR angegebenen Schadensbeträge herangezogen werden, die ggf. mit den ebenfalls dort angegebenen Korrekturfaktoren modifiziert werden. Es handelt sich hierbei um bereits kapitalisierte Anschneidungsschäden je m² abgetrennter Fläche. Den Richtwerten liegt ein rechteckiggeformtes Ausgangsgrundstück zugrunde. Abweichungen müssen deshalb ggf. berücksichtigt werden. Im Übrigen können die Richtwerte auch auf **Durchschneidungsschäden** zur Anwendung kommen, indem dieser Fall als beiderseitiger Anschneidungsfall behandelt wird.

185 Für die **Maschinenkosten** werden in einem zweijährigen Turnus Fortschreibungsfaktoren veröffentlicht[135].

186 Im Zusammenhang mit **Grundstücksabtretungen im Zuge von Straßenbaumaßnahmen** treten folgende Fälle auf:

a) Die durch den Bau einer Fernstraße „abgeschnittene" Chance eines im Außenbereich gelegenen landwirtschaftlichen Grundstücks, **Bauland zu werden,** stellt keine Rechtsposition dar, die zu entschädigen wäre[136].

b) Für Schallschutzmaßnahmen ist eine Entschädigung zu leisten, wenn sie für eine wirksame Abhilfe erforderlich sind. Eigenart und Zweckbestimmung des Grundstücks entscheiden darüber, was wirksame Abhilfe ist. **Erst wenn Schallschutzmaßnahmen nicht möglich oder die für sie erforderlichen Aufwendungen unverhältnismäßig hoch sind, ist eine Entschädigung für die Grundstückswertminderung zu gewähren**[137].

c) **Kosten für Schallschutzmaßnahmen** auf dem Restgrundstück infolge der Inanspruchnahme einer Teilfläche für die Errichtung einer Bundesstraße, wobei solche Nachteile nicht geltend gemacht werden können, die den Eigentümer getroffen hätten, falls ihm nichts „weggenommen" worden wäre, wenn die Verkehrseinrichtung statt über die abgetretene Fläche an der Grenze seines ungeteilten Grundstücks entlang geführt worden wäre[138].

d) Wertminderungen auf Grund eines **Lärmschutzwalls einer Bundesautobahn** für ein benachbartes Wohngebiet mit Auswirkungen auf die Wohnqualität; eine Entschädigung kann wiederum nur insoweit beansprucht werden, wie die infolge der Teilabtretung eintretenden Nachteile größer als diejenigen sind, die auch ohne Abtretung der Teilfläche entstanden wären[139].

1.4.4.4 Um- bzw. Mehrwegeschaden

187 Eine Umwegeentschädigung kommt nach Nr. 3.3 LandR in Betracht, wenn Umwege erforderlich werden

– als Folge der Durchschneidung einer bisher räumlich zusammenhängenden Fläche eines Eigentümers, um die jenseits gelegenen Flächen nutzen zu können;

– als Folge der Unterbrechung eines Privatwegs, der dem Betroffenen gehört oder an dem ihm ein Nutzungsrecht zusteht.

---

135 Köhne, Landwirtschaftliche Taxationslehre, 2. Aufl. S. 85 ff.
136 BGH, Urt. vom 12.6.1975 – III ZR 25/73 –, EzGuG 4.44; BGH, Urt. vom 10.3.1977 – III ZR 195/74 –, EzGuG 18.72; BGH, Urt. vom 8.5.1980 – III ZR 27/78 –, EzGuG 15.16; BGH, Urt. vom 25.6.1981 – III ZR 12/80 –, EzGuG 4.77; BayObLG, Urt. vom 27.1.1987 – RReg 1 Z 167/86 –, EzGuG 6.233.
137 BGH, Urt. vom 25.6.1981 – III ZR 12/80 –, EzGuG 4.77.
138 BGH, Urt. vom 3.6.1986 – III ZR 146/84 –, EzGuG 13.76; BGH, Urt. vom 25.6.1981 – III ZR 12/80 –, EzGuG 4.77; BGH, Urt. vom 7.5.1981 – III ZR 67/80 –, EzGuG 18.91; BGH, Urt. vom 8.2.1972 – III ZR 86/77 –, EzGuG 4.65.
139 BGH, Urt. vom 7.5.1981 – III ZR 67/80 –, EzGuG 18.91; BGH, Urt. vom 8.11.1979 – III ZR 87/78 –, EzGuG 18.89; BGH, Urt. vom 4.10.1973 – III ZR 138/81 –, EzGuG 15.59; BGH, Urt. vom 16.3.1972 – III ZR 26/71 –, EzGuG 6.150; BGH, Urt. vom 14.7.1977 – III ZR 41/75 –, EzGuG 18.77; BGH, Urt. vom 1.12.1977 – III ZR 130/75 –, EzGuG 18.78.

| Enteignung | Besondere Anlässe VII |

Der Umwegeschaden ergibt sich aus dem ermittelten **Mehrweg multipliziert mit** dem sich aus Anl. 3 der LandR ergebenden **Richtwert und multipliziert mit der vom Umweg betroffenen Fläche in ha:** 188

Umwegschaden = Mehrwegentfernung × Richtwert × umwegbetroffene Fläche

Bei der **Ermittlung der Entschädigung** ist nach Nr. 3.3 LandR ebenfalls von einem Zinssatz von 4 v.H. auszugehen. 189

Die sich aus der Anl. 3 der LandR ergebenden **Richtwerte** umfassen nicht 190

– betriebsbezogene Nachteile, die sich infolge Wegfalls der besonders günstigen Lage einer Entzugsfläche zur Hofstelle ergeben;
– bei Milchviehwiesen die Mehrwege zum Melken und für Viehbetrieb.

Diese Nachteile sind gesondert zu ermitteln und zu entschädigen, wenn sie nicht bereits durch den Verkehrswert (z. B. Lagezuschlag) ausgeglichen worden sind.

Des Weiteren führen **Nrn. 3.4 ff. LandR** hierzu aus: 191

„**3.4** Bei einer Veränderung des öffentlichen Wegenetzes kann eine Entschädigung grundsätzlich nicht gewährt werden, weil der Fortbestand einer bestimmten Verbindung mit dem öffentlichen Wegenetz in der Regel keine Rechtsposition darstellt. 192

Für die Entschädigung bei Unterbrechung oder erheblicher Erschwernis von Zufahrten zum öffentlichen Wegenetz sind die Bestimmungen der Straßengesetze des Bundes (z. B. § 8 Abs. 4 Bundesfernstraßengesetz) und der Länder maßgebend. Auf Nr. 29 bis 33 der ‚Zufahrten-Richtlinien' des Bundesministeriums für Verkehr in der Fassung vom 8. April 1976 (VkBl. 1976, 347) wird ergänzend Bezug genommen (Abs. 1 Nr. 3 LandR).

3.5 Wenn feststeht, dass die Nachteile (Nr 3.2 und 3.3) nicht von Dauer sind, sondern an einem absehbaren Zeitpunkt entfallen (z. B. durch Flurbereinigungs- oder Umlegungsverfahren), sind die Richtwerte in den Anl. 2 und 3 entsprechend zu kürzen.

3.6 Die Entschädigung für die ermittelten Wirtschaftserschwernisse darf den Verkehrswert der Restfläche nicht übersteigen. Restgrundstücke, deren Bewirtschaftung infolge des Entzugs einer Teilfläche derart erschwert wird, dass eine Weiterbewirtschaftung in der bisherigen Weise nicht mehr zumutbar ist, müssen auf Verlangen des Eigentümers angekauft werden."

Folgende **Fallgestaltungen** haben eine rechtliche Klärung erfahren: 193

a) Zusätzliche Wegekosten (Arbeitszeitverluste, Schlepper- und Gespannkosten), die sich auf den Ertrag eines landwirtschaftlichen Betriebs auswirken (Umwegschaden Nr. 8 LandR)[140].

b) Als Folgeschaden ist der betriebliche Mehraufwand infolge **längeren Weges von der Hofstelle zu den Feldern und eine größere Entfernung vom Ort** zu entschädigen. Weist die Hofstelle eine über den landwirtschaftlichen Entwicklungszustand hinausgehende Baulandqualität auf (z. B. Bauerwartungsland), so ist dieser Folgeschaden auch zu entschädigen, wenn neben dem Verkehrswert für ein gleichartiges und gleichwertiges landwirtschaftlich genutztes Grundstück ein betrieblicher Folgeschaden eintritt, der zusammen höher ausfällt, als eine sich nach Baulandpreisen bemessende Entschädigung. In diesem Fall – aber auch nur dann – gebührt dem Eigentümer eine höhere Entschädigung[141].

1.4.4.5 Arrondierungsschaden

Schrifttum: *Bruns*, Wertminderung durch Arrondierungsschaden, 1978 Verlag Pflug und Feder Schriftenreihe des HLBS Nr. B39; *Bewer, C.*, Stand der Überlegungen zur Arrondierungsentschädigung, WF 1986, 204;

▶ *Hierzu Syst. Darst. des Vergleichswertverfahrens Rn. 312*

---

140 BGH, Urt. vom 30.9.1976 – III ZR 149/75 –, EzGuG 20.64.
141 BGH, Urt. vom 7.10.1976 – III ZR 60/73 –, EzGuG 6.188; BayObLG, Urt. vom 18.5.1977 – 2 Z 108/75 –, EzGuG 8.51.

194 Unter der Arrondierung wird eine räumlich, wirtschaftlich und rechtlich geschlossene Lage eines Grundbesitzes verstanden (räumliche und wirtschaftliche Einheit). Sie ist insbesondere im landwirtschaftlichen aber auch ganz allgemein im gewerblichen Bereich immer dann von Bedeutung, wenn das Eigentum einen möglichst geschlossenen und leicht zu bewirtschaftenden Block ohne Zerschneidung durch öffentliche Wege, Eisenbahnlinien oder Wasserläufe erfordert. Ein Arrondierungsschaden kann dadurch eintreten, dass *rechtlich gesicherte* Nutzungsmöglichkeiten als Vorteil der Arrondierung (wie z. B. eine **kostengünstige Bewirtschaftung** und das **Fernhalten von Immissionsquellen**) wegfallen oder gemindert werden, wenn diese im gesunden Grundstücksverkehr (gewöhnlicher Geschäftsverkehr) werthaltig sind[142]. Die Arrondierungsvorteile müssen eine eigentumsmäßig geschützte Rechtsposition des Eigentümers bilden. Nur insoweit ist ihr Wegfall entschädigungspflichtig. Außerökonomische Gesichtspunkte, wie z. B. die Ansehnlichkeit und Ungestörtheit lösen keinen entschädigungspflichtigen Arrondierungsschaden aus, auch wenn sie zu einer Wertminderung des Grundstücks führen[143].

1.4.4.6 Pachtaufhebungsentschädigung

195 Neben der Aufhebung eines Mietrechts sind auch Pachtrechte (z. B. nach § 86 Abs. 1 Nr. 3 BauGB) zu entschädigen[144]. Art. 14 GG schützt allerdings nur **konkrete subjektive Rechtspositionen** und nicht bloße Chancen ohne rechtlich gesicherten Anspruch[145].

196 Bei der **Enteignung eines Pachtrechts,** das nach dem Pachtvertrag jeweils zum Jahresende kündbar war, ist Entschädigung wegen anderer Nachteile der Enteignung (§ 96 BauGB) wiederum nur insoweit zu leisten, als in die rechtlich gesicherte Erwartung des Pächters auf Fortsetzung des Vertrags eingegriffen worden ist. Außer Betracht bleibt die mehr oder minder sichere tatsächliche Erwartung, dass das Pachtverhältnis ohne die Enteignung noch über Jahre fortgesetzt worden wäre[146]. Die wirtschaftlich nachteiligen Auswirkungen des Entzugs eines nach der tatsächlichen Einschätzung längerfristigen Pachtrechts können ansonsten nur durch Gewährung des Härteausgleichs unter den in § 181 BauGB bestimmten Voraussetzungen ausgeglichen werden.

197 **Nr 5.1 ff. LandR** schreiben hierfür vor:

„Wird eine Pachtaufhebungsentschädigung an einen Pächter bezahlt, ist zu prüfen, ob das Pachtrecht als Minderung des Bodenwerts angesehen und deshalb zu einer Minderung der an den Eigentümer zu zahlenden Entschädigung führen muss. Nummer 2.4.2 LandR ist anzuwenden.

5.2 Ermittlung des Werts des Pachtrechts
Der Wert des Pachtrechts wird durch den Geldbetrag bestimmt, der zum Erwerb eines gleichartigen und gleichwertigen Pachtrechts aufzuwenden ist. Entspricht die vereinbarte Pacht der marktüblichen, so wird in aller Regel dem Pachtrecht ein eigener Wert nicht zukommen.
Ist die vereinbarte Pacht niedriger als die marktübliche, dann ist die Differenz für die Restpachtdauer gleich bleibend zu kapitalisieren und zu entschädigen. Bei Pachtbetrieben ist die gegendübliche, bei Teilflächen die ortsübliche Pacht als marktübliche Pacht zu bezeichnen. Sie ist der vereinbarten Pacht gegenüberzustellen. Ist die vereinbarte Pacht höher als die marktübliche, dann ist die kapitalisierte Differenz bei der Ermittlung der sonstigen Vermögensnachteile mindernd zu berücksichtigen[147].
Der anzuwendende Zinssatz beträgt in der Regel 4 v.H. Er ist abhängig von der voraussichtlichen Schadensdauer.

---

142 BGH, Urt. vom 3.12.1981 – III ZR 55/80 –, EzGuG 20.93; BGH, Urt. vom 9.11.1978 – III ZR 91/77 –, EzGuG 20.78; BGH, Urt. vom 8.10.1981 – III ZR 46/80 –, EzGuG 4.79.
143 BGH, Urt. vom 12.6.1975 – III ZR 25/73 –, EzGuG 4.44.
144 BGH, Urt. vom 7.1.1982 – III ZR 141/80 –, EzGuG 14.68; Kreft in DRiZ 1973, 355.
145 Krohn/Löwisch, Eigentumsgarantie, Enteignung, Entschädigung, 3. Aufl. 1984 Rn. 279 ff.; Engelhardt in NVwZ 1989, 1026; BGH, Urt. vom 8.7.1993 – III ZR 146/92 –, BGHZ 123, 166 = NJW 1993, 3131.
146 BGH, Urt. vom 7.1.1982 – III ZR 141/80 –, EzGuG 14.68; a.A. BGH, Urt. vom 20.1.1958 – III ZR 40/57 –, EzGuG 14.5b.
147 Gelzer/Busse, Der Umfang der Entschädigung aus Enteignung und enteignungsgleichem Eingriff; NJW-Schriftenreihe Heft 2; 2. Aufl. 1980 Rn. 607.

| Enteignung | Besondere Anlässe VII |

5.3 Entzug von Pachtgrundstücken

5.3.1 Wertminderung des Restgrundstücks oder des Restbetriebs

Die Entschädigung für Wertminderung des Restbesitzes wegen An- und Durchschneidungen sowie Umwegen (vgl. Nummern 3.2 und 3.3 LandR) steht in der Regel dem Eigentümer zu. Bei **längerfristiger Restpachtzeit** kann sie zwischen dem Eigentümer und Pächter aufgeteilt werden. Dem Pächter wird dann der Anteil zugerechnet, der auf die Restpachtzeit entfällt. Es ist sicherzustellen, dass die Entschädigung insgesamt nur einmal geleistet wird".

Marktüblich ist bei Pachtbetrieben die gegendübliche, bei Einzelflächen die ortsübliche Pacht. 198

Eine darüber hinausgehende **Entschädigung für die Pachtaufhebung** steht dem Pächter nach Nr. 5.3.2 LandR 78 zu: 199

„5.3.2 Restbetriebsbelastung und Erwerbsverlust des Pächters

Infolge des Entzugs einer Teilfläche eines Betriebs verliert der Pächter den auf die entzogene Pachtfläche entfallenden Deckungsbeitrag abzüglich der marktüblichen Pacht (einschließlich sonstiger Nebenleistungen des Pächters). Die Nummern 4.1.1 bis 4.1.3 LandR gelten sinngemäß.

Der Deckungsbeitragsverlust kann nur begrenzt entschädigt werden (z. B. § 96 Abs. 1 Nr. 1 BauGB, § 19 Nr. 1 LBG). Auch sind die Möglichkeiten, durch betriebliche Umstellungsmaßnahmen den Deckungsbeitragsverlust zu mindern, zu berücksichtigen. Bei Anwendung der sich aus nachstehender Tabelle ergebenden, nach der Dauer der Restpachtzeit gestaffelten v.-H.-Sätzen ist diesen Gesichtspunkten Rechnung getragen. Danach wird ein umso höherer Anteil des Deckungsbeitragsverlustes entschädigt, je kürzer die Restpachtzeit ist.

Der anzuwendende Zinssatz beträgt in der Regel 4 v.H. Er ist abhängig von der voraussichtlichen Schadensdauer.

Den Kapitalisierungsfaktoren der Spalte 3 der nachstehenden Tabelle liegt ein Zinssatz von 4 v.H. zu Grunde.

Eine kürzere Schadensdauer als die Restpachtzeit ist anzunehmen, wenn der Deckungsbeitragsverlust durch Zupacht von Ersatzland oder durch andere Umstände vor Ablauf der Restpachtzeit gemindert werden kann."

Beispiel: 200

für die Ermittlung der Pachtaufhebungsentschädigung (Nr. 5.2 und 5.3 LandR)

Deckungsbeitrag der Entzugsfläche	800 €/ha
ortsübliche Pacht	200 €/ha
vereinbarte Pacht	150 €/ha
keine sonstigen Nebenleistungen des Pächters Restpachtzeit	5 Jahre

a) Entschädigung für den Wert des Pachtrechts (Nr. 5.2 LandR)
   (200 €/ha – 150 €/ha) = 50 €/ha x 4,45 (Kapitalisierungsfaktor) = 222,50 €/ha

b) Entschädigung für die Restbetriebsbelastung und den Erwerbsverlust des Pächters (Nr. 5.3 LandR)
   (800 €/ha – 200 €/ha) = 600 €/ha x 4,43 (Kapitalisierungsfaktor) = 2 058 €/ha

Die Pachtaufhebungsentschädigung beträgt insgesamt:

a)	222,50 €/ha
b)	2 058,00 €/ha
Summe	2 280,50 €/ha

VII Besondere Anlässe — Enteignung

Abb. 14: Tabelle zur Ermittlung der Entschädigung für Restbetriebsbelastungen und Erwerbsverluste des Pächters

Restpachtzeit in Jahren	V.-H.-Satz des entgangenen Deckungsbeitrags abzüglich marktüblicher Pacht (Nr. 5.3.2 Abs. 1)	Kapitalisierungsfaktor bei Verwendung eines Zinssatzes von 4 v.H.
1	2	3
1	100	0,96
2	93	1,75
3	87	2,41
4	82	2,98
5	77	3,43
6	73	3,83
7	69	4,14
8	65	4,38
9	62	4,61
10	59	4,79
11	56	4,91
12	54	5,07
13	52	5,19
14	50	5,28
15	49	5,45
16	49	5,59
17	47	5,72
18	46	5,82
19	45	5,91
20	44	5,98

1.4.5 Vorteilsausgleich

201 Ein Vorteilsausgleich i.S. des § 93 Abs. 3 BauGB (vgl. § 17 Abs. 2 LBschG, § 13 Abs. 1 SchutzbereichsG)[148] ist bei der Enteignungsentschädigung nur zu berücksichtigen, wenn der Vorteil ohne die Enteignung nicht entstanden wäre und zwischen der Enteignung als der schädigenden Maßnahme und dem Umstand, der den Vorteil gebracht hat, ein adäquater Zusammenhang besteht (vgl. Rn. 85)[149]. Ergibt sich der Vorteil aus einem im Zusammenhang mit der Enteignung stehenden Planungsgewinn, so kann das Vorliegen eines ansonsten auch eingetretenen Vermögensnachteils grundsätzlich nicht im Hinblick auf einen erheblichen Planungsgewinn verneint werden; vielmehr dürfen in derartigen Fällen nur solche **Vorteile** berücksichtigt werden, **die sich unmittelbar im Sinne einer besonderen Zuordnung zum Restbesitz ergeben**. Soweit allgemeine „Gruppenvorteile" auch anderen zufließen, läuft die Anrechnung von Vorteilen auf ein „Sonderopfer" des Betroffenen hinaus. Dies wäre unzulässig, wie das *Beispiel* in Abb. 15 verdeutlicht.

---

148 BGH, Urt. vom 15.11.1973 – III ZR 113/71 –, EzGuG 4.42.
149 BGH, Urt. vom 26.5.1977 – III ZR 149/74 –, EzGuG 18.75; BGH, Urt. vom 29.3.1971 – III ZR 108/67 –, EzGuG 18.53; *BGH, Urt. vom 28.2.1966* – III ZR 159/66 –, EzGuG 6.88; BGH, Urt. vom 12.7.1965 – III ZR 214/64 –, EzGuG 2.8; zum Vorteilsausgleich bei **rechtswidriger faktischer Bausperre**: BGH, Urt. vom 15.12.1988 – III ZR 110/87 –, EzGuG 6.243.

Abb. 15: Entschädigung ohne Vorteilsausgleich

Grundstücke A und B, die im Falle entsprechender Festsetzungen im Bebauungsplan als Rohbauland einzustufen wären, werden in diesem Beispiel als Folge der Landabtretung baureif. Dies gilt aber gleichermaßen für die Grundstücke E und F, ohne dass diese allerdings Land abtreten müssen. Ein Vorteilsausgleich bei der Bemessung der Entschädigung für die abzutretenden Flächen der Grundstücke A und B liefe gegenüber den Grundstücken E und F auf ein **Sonderopfer** hinaus und wäre **mit dem Gleichheitssatz des Art. 3 Abs. 1 GG unvereinbar**.

Der **BGH** hat hierzu festgestellt:

„Die Berücksichtigung von planungsbedingten Wertsteigerungen eines in räumlicher Verbindung mit dem Enteignungsobjekt stehenden Grundstücks bei der Bemessung der Entschädigung für einen Eingriff in die Eigentumssubstanz... stellt sich bei wirtschaftlicher Betrachtung als (teilweise) ‚Abschöpfung' dieses Wertzuwachses dar. Dient die Enteignung einem Unternehmen, dessen Vorteil zumindest einer begrenzten Öffentlichkeit zufällt,....so muss der auf die Verfassung zurückführende und vom BBauG verwirklichte Grundsatz möglichst gleichmäßiger Belastung aller durch Erschließungsmaßnahmen begünstigten Eigentümer auch bei einer etwaigen Vorteilsausgleichung beachtet werden. Die Vorenthaltung der Entschädigung..... für eine Enteignung infolge Anrechnung von planungsbedingten Wertsteigerungen legt dem betroffenen Eigentümer in dem Maße ein ‚Sonderopfer' auf, als diese Vorteile auch anderen zufließen, bei denen eine ‚Abschöpfung' der Wertgewinne nicht erfolgt[150]. Dies wäre mit Art. 3 GG unvereinbar, denn eine ‚Abschöpfung' planungsbedingter Mehrwerte ist dem Allgemeinen Städtebaurecht fremd."

Die Rechtsprechung des BGH hat bei dieser Ausgangslage eine Reihe von **Kriterien zur Anrechenbarkeit von Vorteilen** aufgestellt:

a) ein Verstoß gegen den Gleichheitssatz nach Art. 3 Abs. 1 GG liegt bei der Anrechnung von Vorteilen nicht vor, wenn das Merkmal der „Überschaubarkeit" des begünstigten Personenkreises erfüllt ist, ohne dass eine bestimmte Personenzahl vorgegeben werden könnte[151].

---

150 BGH, Urt. vom 22.6.1978 – III ZR 92/75 –, EzGuG 17.35; BGH, Urt. vom 2.2.1978 – III ZR 90/76 –, EzGuG 18.81; BGH, Urt. vom 26.3.1977 – III ZR 149/74 –, EzGuG 18.75; BGH, Urt. vom 25.11.1974 – III ZR 59/73 –, EzGuG 6.174; BGH, Urt. vom 13.5.1974 – III ZR 7/72 –, EzGuG 6.168; OLG Hamburg, Urt. vom 19.3.1965 – 1 U 41/63 –, EzGuG 18.28; OLG Hamm, Urt. vom 8.2.1967 – 16 U 9/66 –, 14 O 21/65 –, EzGuG 18.34; vgl. Küppers in DVBl. 1978.
151 BGH, Urt. vom 13.5.1975 – III ZR 7/72 –, EzGuG 6.168.

VII Besondere Anlässe — Enteignung

b) Ein besonderer ausgleichspflichtiger Erschließungsvorteil kann auch dann vorliegen, wenn anderen nicht zu einer Landabtretung gezwungenen Grundeigentümern Erschließungsvorteile zufließen[152].

c) Eine Anrechnung kann sowohl bei Ersterschließungen als auch bei Straßenverbreiterungen (z. B., um eine höhere bauliche Ausnutzbarkeit der anliegenden Grundstücke zu ermöglichen) in Betracht kommen[153]. Entsprechendes gilt für den Ausbau einer öffentlichen Grünfläche"[154].

d) Die Anrechnung von Planungs- und Erschließungsvorteilen bei der Grundabtretung auf das Restgrundstück muss zumutbar sein und „darf nicht dazu führen, dass der Eigentümer im Ergebnis ohne angemessene Entschädigung bleibt für einen Landabzug, der über die vorteilhafte Erschließung des eigenen Geländes hinaus auch die Erschließung anderer (fremder) Grundstücke ermöglicht"[155]. Der BGH weist in seiner Rechtsprechung auf die Umlegungsgrundsätze nach den §§ 45 ff. BauGB hin.

e) Auch bezüglich nichtplanungs- und erschließungsbedingter Vorteile (Standortverbesserungen und Lagevorteile) sind diese stets nur dann auf die Entschädigung für den Landabzug anrechenbar, wenn es sich um Sondervorteile handelt, die dem Grundeigentümer oder zumindest einem überschaubaren Personenkreis zufließen[156].

205 Die **Anrechnung von Planungs- und Erschließungsvorteilen für das Restgrundstück** auf Grund von Straßenlandabtretungen hat der BGH in seiner Rechtsprechung anknüpfend an die Vorwirkungsrechtsprechung **zeitlich nicht begrenzt**, d.h., der erforderliche innere Zusammenhang zwischen dem Vorteil der Baulandausweisung und -erschließung und dem Nachteil der Grundflächenabtretung soll auch durch einen erheblichen Zeitablauf nicht unterbrochen werden[157]. Dies wirft die Frage auf nach dem sich tatsächlich ergebenden Vorteil für ein schon seit geraumer Zeit in einem Bebauungsplan als Bauland ausgewiesenen Restgrundstück, das durch Grundabtretung erstmals erschlossen wurde. I.d.R. kann ein solches Grundstück, soweit es im Bebauungsplan als Bauland festgesetzt ist, bereits als Rohbauland i.S. des § 4 Abs. 3 qualifiziert werden, und nur der für öffentliche Zwecke festgesetzte Grundstücksteil wurde durch die Festsetzungen des Bebauungsplans vom gewöhnlichen Geschäftsverkehr ausgeschlossen.

206 Das für eine privatwirtschaftliche Nutzung ausgewiesene Rohbauland wird dagegen i.d.R. unter Berücksichtigung des Planungsmehrwerts gehandelt, der selbst im Falle einer Einbeziehung des Grundstücks in ein **Umlegungsverfahren** nach den §§ 45 ff. BauGB bei der Einwurfsbewertung berücksichtigt wird. In diesem Falle kommen im Hinblick auf die Solidargemeinschaft der Umlegungsbeteiligten selbst die künftigen Gemeindebedarfsflächen in diesen Genuss. Ein kombinierter Planungs- und Umlegungswertausgleich wird nach dem Beschluss des BVerfG[158] indessen nur insoweit zugelassen, wie Planungs- und Umlegungsvorteil in untrennbarem Zusammenhang stehen, was aber entgegen der Beschlussbegründung des BVerfG in der Umlegung die Regel ist und vom BGH gefordert wird[159]. Wenn deshalb als Ausgangsgröße für die Bemessung des auf ein Restgrundstück infolge der Straßenlandabtretung entfallenden Vorteils bereits der Entwicklungszustand Rohbauland zu Grunde gelegt wird, können sich infolge der Straßenlandabtretung auch keine Planungsvorteile ergeben. Der Vorteil, der sich für das Restgrundstück dann ergibt, liegt in der Verkürzung der Wartezeit auf Baureife, d.h., Rohbauland, das noch der Erschließung bedarf, um Baureife zu erlangen, kann sich im Wert erhöhen, wenn mit der Straßenlandabtretung früher, als vom allgemeinen Grundstücksmarkt erwartet, die Baulanderschließung eingeleitet wird.

---

152 BGH, Urt. vom 26.5.1977 – III ZR 149/74 –, EzGuG 18.75; BGH, Urt. vom 2.2.1978 – III ZR 90/76 –, EzGuG 18.81; jedoch BGH, Urt. vom 7.2.1980 – III ZR 153/78 –, EzGuG 4.711.
153 BGH, Urt. vom 27.1.1977 – III ZR 153/74 –, EzGuG 6.189.
154 BGH, Urt. vom 25.11.1974 – III ZR 59/73 –, EzGuG 6.174; BGH, Urt. vom 11.3.1976 – III 154/73 –, EzGuG 13.28.
155 BGH, Urt. vom 11.11.1976 – III ZR 114/75 –, EzGuG 6.18a.
156 BGH, Urt. vom 7.7.1980 – III ZR 32/79 –, EzGuG 13.54; BGH, Urt. vom 5.7.1979 – III ZR 64/78 –, EzGuG 4.68; BGH, Urt. vom 10.11.1977 – III ZR 157/75 –, EzGuG 13.44; BGH, Urt. vom 3.3.1977 – III ZR 181/74 –, EzGuG 13.36; BGH, Urt. vom 11.3.1976 – III ZR 154/73 –, EzGuG 13.28; BGH, Urt. vom 2.10.1967 – III ZR 89/65 –, EzGuG 18.40.
157 Hierzu Reisnecker im Kohlhammer-Komm. BauGB § 93 Rn. 34 ff.
158 BVerfG, Beschl. vom 17.12 1964 – 1 BvL 2/62 –, EzGuG 17.25.
159 BGH, Urt. vom 22.6.1978 – III ZR 92/75 –, EzGuG 17.35.

2 Wertermittlung im Rahmen des Zugewinnausgleichs

Schrifttum: *Fischer, R./Biederbeck, M.*, Bewertung landwirtschaftlicher Betriebe in der Auseinandersetzung einer Gütergemeinschaft, GuG 2002, 147; *Fischer, R./Biederbeck, M.*, Das Niederstwertprinzip bei der Bewertung bebauter Grundstücke zur Pflichtteilsermittlung, GuG 2002, 75; *Fischer, R./Biederbeck M.*, Verkehrswertermittlung eines landwirtschaftlichen Anwesens zur Erbauseinandersetzung, 1. Aufl., HLBS-Verlag; *Fischer, R*, Bewertung landwirtschaftlicher Betriebe bei Ehescheidung, Teil B, 2005, www.dgar.de; *Wehner, R./Fischer, R./Wenzl, D.*, Bewertung landwirtschaftlicher Betriebe bei familienrechtlichen Auseinandersetzungen, 1. Aufl., HLBS-Verlag; *Fischer/Lorenz/Biederbeck*, Methode zur Berücksichtigung des mit einer Zuwendung übernommenen Wohnrechts im Zugewinnausgleich, GuG 2009, 7; *Köhne, M.*, Die Berücksichtigung des Wohnrechts beim Zugewinnausgleich, GuG 2008, 257.

2.1 Allgemeines

207 Die vermögensrechtlichen Beziehungen von Ehegatten sind in den §§ 1363 bis 1563 BGB geregelt. Soweit nichts anderes vereinbart ist, leben Ehegatten nach § 1363 BGB im Güterstand der Zugewinngemeinschaft (§§ 1363 bis 1390 BGB). Die Eheleute können aber auch **durch Ehevertrag Gütertrennung** (§ 1414 BGB) **oder Gütergemeinschaft** (§§ 1415 bis 1563 BGB) **vereinbaren**.

208 Nach § 1363 Abs. 2 BGB werden weder die vor noch die nach der Eheschließung erworbenen Gegenstände gemeinschaftliches Eigentum. Bei Beendigung des Güterstandes verbleibt es bei dieser Vermögenszuordnung, jedoch wird der **Zugewinn, den die Ehegatten in der Ehe erzielen, ausgeglichen, wenn die Zugewinngemeinschaft endet.**

209 Die **Zugewinngemeinschaft endet**

– beim Tod eines Ehegatten (§ 1371 BGB),
– bei Auflösung der Ehe einschließlich der Ehescheidung und der Feststellung der Ehenichtigkeit,
– bei nachträglicher Vereinbarung eines anderen Güterstandes (§ 1414 BGB) oder
– bei Rechtskraft eines Urteils, das auf vorzeitigen Ausgleich des Zugewinns erkennt (§ 1388 BGB).

210 **Rechtsgrundlage für den Zugewinnausgleich** ist

– im Falle des Todes eines Ehegatten § 1371 BGB und
– in anderen Fällen die §§ 1373 bis 1390 BGB (§ 1372 BGB).

211 Als **Zugewinn** ist in § 1373 BGB der Betrag definiert, um den das Endvermögen eines Ehegatten das Anfangsvermögen übersteigt.

212 – **Anfangsvermögen** ist nach § 1374 BGB das Vermögen, das einem Ehegatten nach Abzug der Verbindlichkeiten beim Eintritt des Güterstandes gehört. Vermögen, das ein Ehegatte nach Eintritt des Güterstandes von Todes wegen oder mit Rücksicht auf ein künftiges Erbrecht, durch Schenkung oder als Ausstattung erwirbt, wird nach Abzug der Verbindlichkeiten dem Anfangsvermögen hinzugerechnet, soweit es nicht den Umständen nach zu den Einkünften zu rechnen ist. Um das Anfangsvermögen mit dem Endvermögen vergleichen zu können, muss zunächst der Kaufkraftschwund ausgeglichen werden[160]. Der Ausgleich erfolgt auf der Grundlage von Indexzahlen[161]. **Verbindlichkeiten** sind über die Höhe des Vermögens hinaus abzuziehen.

213 – **Endvermögen** ist nach § 1375 BGB das Vermögen, das einem Ehegatten nach Abzug der Verbindlichkeiten bei der Beendigung des Güterstands gehört. Die Verbindlichkeiten werden, wenn Dritte gemäß § 1390 BGB in Anspruch genommen werden können, auch insoweit abgezogen, als sie die Höhe des Vermögens übersteigen. Dem Endvermögen eines

---

[160] BGH, Urt. vom 13.10.1983 – IX ZR 106/82 –, FamRZ 1984, 31 = WM 1983, 1415 = NJW 1984, 434 = MDR 1984, 225 = DNotZ 1984, 494.
[161] Palandt/Diederichsen § 1376 Rn. 13; BGH, Urt. vom 1.7.1982 – IX ZR 32/81 –, FamRZ 1982, 991 = BGHZ 84, 339 = NJW 1982, 1373 = MDR 1982, 1013.

VII Besondere Anlässe — Zugewinnausgleich

Ehegatten wird der Betrag hinzugerechnet, um den dieses Vermögen dadurch vermindert ist, dass ein Ehegatte nach Eintritt des Güterstands

a) unentgeltliche Zuwendungen gemacht hat, durch die er nicht einer sittlichen Pflicht oder einer auf den Anstand zu nehmenden Rücksicht entsprochen hat,

b) Vermögen verschwendet hat oder

c) Handlungen in der Absicht vorgenommen hat, den anderen Ehegatten zu benachteiligen. Der Betrag der Vermögensminderung wird dem Endvermögen nicht hinzugerechnet, wenn sie mindestens zehn Jahre vor Beendigung des Güterstandes eingetreten ist oder wenn der andere Ehegatte mit der unentgeltlichen Zuwendung oder der Verschwendung einverstanden gewesen ist.

Maßgebend ist der Zeitpunkt der Zustellung des Scheidungsantrags (Beendigung des Güterstandes nach § 1375 BGB).

– **Zugewinn** ist der Betrag, um den der Wertbetrag des Endvermögens das hochindizierte Anfangsvermögen übersteigt. Verbindlichkeiten dürfen den Zugewinn nicht schmälern.

214 **Übersteigt der Zugewinn des einen Ehegatten den Zugewinn des anderen**, so steht nach § 1378 BGB die **Hälfte des Überschusses dem anderen Ehegatten als Ausgleichsforderung** zu (vgl. Abb. 16).

Er entsteht mit Beendigung des Güterstands. Der Wertzuwachs, der sich aus dem Absenken des Werts von Altenteilsleistungen ergibt, und der gleitende Erwerb sind vom Zugewinnausgleich auszunehmen[162].

215 Ein **Kaufkraftschwund** ist mit Hilfe des Lebenshaltungskostenindexes (Verbraucherpreisindex) zu berücksichtigen (Rn. 219)[163]; das Anfangsvermögen ist hierzu nach Abzug der Verbindlichkeiten auf den Zeitpunkt der Beendigung des Güterstands hochzuindizieren. Die Lebenshaltungskostenindizes für die unterschiedlichen Haushaltstypen werden seit 2003 vom Statistischen Bundesamt nicht mehr berechnet. Ab Januar 2003 wird der Verbraucherpreisindex (VPI) für Deutschland auf der Basis 2000 = 100 veröffentlicht (aktuell: Basis 2005 = 100).

---

[162] BGH, Urt. vom 7.9.2005 – XII ZR 209/02 –, BGHZ 164,69 = FamRZ 2005, 1974 = EzGuG 14.142a; BGH, Urt. vom 22.11.2006 – XII ZR 8/05 –, GuG 2008, 303 = BGHZ 170, 325 = EzGuG 14.149a.
[163] BGH, Urt. vom 14.11.1973 – IV ZR 147/72 –, EzGuG 20.55a.

Abb. 16: Ausgleichsforderung beim Zugwinnausgleich

Neben einem Auskunftsrecht steht im Übrigen jedem Ehegatten nach § 1379 Abs. 1 Satz 2 Halbs. 2 BGB ein **Anspruch auf die Wertermittlung** der Vermögensgegenstände und der Verbindlichkeiten zu[164]. Der auf Wertermittlung in Anspruch genommene Ehegatte muss

- die erforderlichen Unterlagen vorlegen, die der auskunftsberechtigte Ehegatte für eine eigene Wertermittlung benötigt[165], und
- den Wert ggf. unter Einholung von Auskünften oder Einschaltung von Hilfskräften zuverlässig ermitteln und mitteilen.

Es besteht im Rahmen des Auskunftsanspruchs jedoch kein Anspruch auf Vorlage eines Sachverständigengutachtens[166]. Soweit der Auskunftsberechtigte eine Wertermittlung auf eigene Kosten in Auftrag gibt, trägt dieser die Kosten. **Der Verpflichtete hat in diesem Fall die Begutachtung zu dulden.**

Köhne[167] hat zum Zugewinnausgleich folgende Untergliederung angegeben (Abb. 17 und 18):

---

164 BGH, Urt. vom 6.5.1982 – IX ZR 36/81 –, EzGuG 11.130.
165 BGH, Urt. vom 4.10.1990 – XII ZB 37/90 –, FamRZ 1991, 316 = NJW-RR 1991, 325 = EzGuG 20.133a.
166 BGH, Urt. vom 6.5.1982 – IX ZR 36/81 –, BGHZ 84, 31 = NJW 1982, 1643 = EzGuG 11.130; OLG Karlsruhe, Urt. vom 22.9.1994 – 16 UF 33/94 –, FamRZ 1995, 893; OLG Karlsruhe, Urt. vom 3.4.1998 – 2 WF 25/98 –, NJW-RR 1999, 85 = OLGR-Karlsruhe 1997, 11.
167 Köhne in GuG 1998, 68; Fischer/Biederbeck in GuG 2001, 147.

VII Besondere Anlässe — Zugewinnausgleich

Abb. 17: Was wird außerhalb des Zugewinnausgleichsverfahrens abgewickelt?

Was unter den Versorgungsausgleich fällt
Hausrat
Zuweisung (gemieteter) Ehewohnung
Neugestaltung der Verwaltungs-/Nutzungsbefugnis oder Auflösung von Bruchteilseigentum
Ansprüche aus Ehegattengesellschaften

Abb. 18: Was fällt unter den Zugewinnausgleich?

Unternehmen (landwirtschaftliche u. a.)
Anteile/Beteiligungen an Unternehmen, Immobilien, Finanzvermögen im weiteren Sinne
Kunstgegenstände, soweit nicht Hausrat
Gegenstände des persönlichen Bedarfs
Abfindungsansprüche verschiedener Art
weitere Vermögensposten
Verbindlichkeiten i.V.m. den hier berücksichtigten Vermögensarten
Besonderheit: Ausgleichsanspruch bzw. Verbindlichkeit
Auszunehmen: Wertzuwachs und gleitender Erwerb bei Altenteilsleistungen

Quelle: Köhne, a.a.O., ergänzt durch R. Fischer

2.2 Ermittlung des Anfangsvermögens

218 Der Berechnung des Anfangsvermögens wird nach § 1376 Abs. 1 BGB der Wert zu Grunde gelegt, den das **beim Eintritt des Güterstandes vorhandene Vermögen in diesem Zeitpunkt hatte.**

Vermögen, das ein Ehegatte nach Eintritt des Güterstandes von Todes wegen oder mit Rücksicht auf ein künftiges Erbrecht, durch Schenkung oder als Ausstattung erwirbt, wird dem Anfangsvermögen nach § 1374 Abs. 2 BGB hinzugerechnet, und zwar mit dem Wert, den das Vermögen im Zeitpunkt des Erwerbs hatte. Zu dem nach § 1374 Abs. 2 BGB hinzuzurechnenden Vermögen gehören nicht Schenkungen, die ein Ehegatte dem anderen gemacht hat[168]. Ansonsten gehören zum Anfangsvermögen grundsätzlich alle Gegenstände und Rechtspositionen mit einem Vermögenswert, insbesondere Grundstücke, bewegliche Sachen, Konten- und Wertpapierguthaben, Forderungen, Anwartschaften, Patente, Urheberrechte und Unternehmenswerte *(good will)*[169].

219 Ein **inflationsbedingter Kaufkraftschwund** des Anfangsvermögens ist nach ständiger Rechtsprechung des BGH mit Hilfe des Verbraucherpreisindexes für Deutschland (2005 = 100) nach folgender Formel zu berücksichtigen[170]:

$$\text{Anfangsvermögen in €} \times \frac{\text{Index am Ende}}{\text{Index am Anfang}} = \text{indiziertes Anfangsvermögen}$$

220 Der **Wert nachträglich erworbener und nach § 1374 Abs. 2 BGB dem Anfangsvermögen hinzuzurechnender Vermögen** ist entsprechend hoch zu indizieren, wobei insoweit nicht der Stichtag der Begründung des Güterstands, sondern der Zeitpunkt des Erwerbs maßgebend ist (Abb. 19)[171].

---

168 BGH, Urt. vom 20.5.1987 – IVb ZR 62/86 –, EzGuG 20.120a.
169 BGH, Urt. vom 27.10.1976 – IV ZR 136/75 –, NJW 1977, 101; BGH, Urt. vom 14.1.1981 – IVb ZR 525/80 –, NJW 1981, 1036; BGH, Urt. vom 1.12.1983 – IX ZR 41/83 –, BGHZ 89, 137.
170 *BayObLG, Urt. vom 7.12.1973 – BReg 1 Z 81/73 –, FamRZ 1974, 137 = NJW 1974, 420 = MDR 1974, 137.*
171 BGH, Urt. vom 20.5.1987 – IVb ZR 62/86 –, EzGuG 20.120a; KG, Urt. vom 12.8.1987 – 18 UF 6287/86 –, EzGuG 14.81b; OLG Frankfurt am Main, Urt. vom 4.8.1986 – 5 UF 296/85 –, FamRZ 1987, 62.

Abb. 19: Schema zur Ermittlung des echten Wertzuwachses bei der Auseinandersetzung einer Gütergemeinschaft[172]

Quelle: Fischer/Biederbeck GuG 2001, 147, geändert R. Fischer 09

---

[172] Fischer/Biederbeck, Bewertung landwirtschaftlicher Betriebe bei Auseinandersetzungen einer Gütergemeinschaft GuG 2001, 147.

2.3 Ermittlung des Endvermögens

221 Nach der Rechtsprechung des BGH[173] ist in den Fällen des § 1374 Abs. 2 BGB das vom erwerbenden Ehegatten übernommene Altenteilsrecht (z. B. Wohnrecht, Nießbrauch) bei der Ermittlung des Anfangsvermögens und, wenn das Recht fortbesteht, auch beim Endvermögen mit seinem aktuellen Wert wertmindernd zu berücksichtigen. Der fortlaufende Wertzuwachs der Zuwendung aufgrund des abnehmenden Werts des Rechts ist auch im dazwischen liegenden Zeitraum zu bewerten, um damit den gleitenden Erwerbsvorgang zu erfassen. Dieser ist durch Hinzurechnung zum Anfangsvermögen vom Ausgleich auszunehmen[174].

Berechnungsvarianten stellten *Köhne* sowie *Fischer/Lorenz/Biederbeck* vor[175].

222 Der Berechnung des Endvermögens wird nach § 1376 Abs. 2 BGB der **Wert** zugrunde gelegt, **den das bei Beendigung des Güterstands vorhandene Vermögen in diesem Zeitpunkt hatte.** Eine dem Endvermögen nach § 1375 Abs. 2 BGB hinzuzurechnende Vermögensminderung bemisst sich nach dem Zeitpunkt, in dem sie eingetreten ist.

223 Im Falle einer Beendigung des Güterstandes durch Ehescheidung ist der **Zeitpunkt maßgebend, in dem der Scheidungsantrag rechtsanhängig geworden** ist (§ 1384 BGB). Für einen vorzeitigen Zugewinnausgleich ist § 1387 BGB maßgebend. An die Stelle der Beendigung des Güterstandes tritt bei vorzeitigem Ausgleich der Zeitpunkt, in dem die Klage auf vorzeitigen Ausgleich erhoben ist.

2.4 Wertermittlungsgrundsätze

2.4.1 Allgemeines

224 Maßgeblich ist grundsätzlich der Verkehrswert i.S. des § 194 BauGB (= wirklicher Wert)[176]. Die Wahl der geeigneten Wertermittlungsmethode steht im billigen Ermessen des Sachverständigen und ist Sache des Tatrichters. In mehreren Entscheidungen hat sich die Rechtsprechung an den **Grundsätzen** orientiert, **die sich für die Ermittlung des Verkehrswerts herausgebildet** haben (vgl. Teil II Rn. 2)[177].

Grundstücke sind mit ihrem „wirklichen Wert" und nicht mit einem hypothetischen Verkaufswert anzusetzen, es sei denn, das Grundstück ist zur Veräußerung bestimmt oder muss als Folge des Zugewinnausgleichs veräußert werden[178]. Eine bestimmte Bewertungsmethode wird im Übrigen durch § 1376 Abs. 4 BGB nur für land- und forstwirtschaftliche Betriebe vorgegeben, sofern es sich am Anfang und am Ende um einen land- und forstwirtschaftlichen Betrieb handelt. Dabei ist der Ertragswert nach § 2049 BGB anzuwenden, der nicht mit dem Ertragswert nach ImmoWertV gleichzusetzen ist.

Die ImmoWertV und ihre Grundsätze können mithin Anwendung finden:

- Renditeobjekte werden nach dem Ertragswertverfahren bewertet[179],
- Eigenheime werden nach dem Sachwertverfahren[180] bewertet, jedoch hat das OLG Celle[181] auch eine Bewertung nach dem Veräußerungswert zugelassen.

---

173 BGH, Urt. vom 22.11.2006 – XII ZR 8/05 –, GuG 2008, 303 = BGHZ 170, 325 = EzGuG 14.149a.
174 Anmerkung: Der Bundestag hat am 14.5.2009 eine Neuregelung des Zugewinnausgleichsrechts beschlossen, wonach die Zustellung des Scheidungsantrags nicht nur für die Berechnung des Zugewinns, sondern auch für die Höhe der Ausgleichsforderung gelten soll. Weiterhin dürfen Verbindlichkeiten von Ehepartnern den Zugewinn nicht mehr schmälern, was bedeutet, dass zukünftig negatives Anfangs- und Endvermögen zu berücksichtigen sind.
175 Köhne, Die Berücksichtigung des Wohnrechts beim Zugewinnausgleich, GuG 2008, 257; Fischer/Lorenz/Biederbeck, Methode der Berücksichtigung des mit einer Zuwendung übernommenen Wohnrechts im Zugewinnausgleich – ein Vorschlag zur Abbildung des fortlaufenden Wertzuwachses, GuG 2009, 7.
176 BGH, Urt. vom 23.10.1985 – IVb ZR 62/84 –, EzGuG 20.110b.
177 BGH, Urt. vom 10.3.1956 – IV ZR 99/55 –, EzGuG 20.18a; BGH, Urt. vom 7.7.1993 – XII ZR 35/92 –, EzGuG 20.147.
178 BGH, Urt. vom 1.4.1992 – XII ZR 146/91 –, GuG 1995, 56 = EzGuG 20.139b.
179 OLG Frankfurt am Main, Urt. vom 10.3.1980 – 14 UF 246/79 –, FamRZ 1980, 576; OLG Düsseldorf, Urt. vom 27.9.1988 – 24 W 104/88 –, FamRZ 1989, 80.
180 BGH, Urt. vom 13.5.1955 – V ZR 36/54 –, BGHZ 17, 236 = NJW 1955, 1106 = EzGuG 3.5.
181 OLG Celle –, Urt. vom 16.7.1981 – 12 UF 81/93 –, FamRZ 1981, 1066.

Auf den „Veräußerungswert" stellt die Rechtsprechung auch ab, wenn eine Veräußerung beabsichtigt ist oder als Folge des Zugewinns getätigt wird[182]. Der BGH hat im Übrigen auch den Mittelwert aus Ertrags- und Sachwert zugelassen[183]. Nach der Rechtsprechung des BFH[184] handelt das Finanzamt rechtswidrig, wenn es ohne Begründung auf den Mittelwert von Ertrags- und Sachwert abstellt.

225 Eine Reihe von Besonderheiten sind in der Rechtsprechung zum Zugewinnausgleich bezüglich des **Wertermittlungsstichtags** herausgestellt worden, die aber bei genauerer Betrachtung durchaus im Verkehrswertprinzip begründet sind. In Zeiten ungünstiger Marktverhältnisse (sog. **Flaute auf dem Immobilienmarkt**), d.h., wenn für einen durchschnittlich besonnenen, nüchternen Betrachter erkennbar sein kann, dass der Grundstücksmarkt durch kurzfristige und vorübergehende Ausschläge „nach oben oder unten" geprägt ist, dann soll nicht der *aktuelle* Verkehrswert sondern der *wirkliche Wert*[185] maßgebend sein, d.h. der Verkehrswert, der sich bei einer Nichtberücksichtigung solcher Ausschläge (z.B. kurzfristig vorübergehende „Flaute auf dem Grundstücksmarkt") ergibt. Tatsächlich kann eine solche Differenzierung nur notwendig werden, wenn die Wurzeln der späteren Entwicklung nicht nach dem Bewertungsstichtag eingetreten sind[186] oder bei der Verkehrswertermittlung das *Stichtagsprinzip missverstanden* wurde[187], da auch bei einer nachträglichen Bewertung nach dem Stichtagsprinzip die Zeit nach dem Bewertungsstichtag nicht bekannt ist.

Etwas anderes mag gelten, wenn als Folge des Zugewinnausgleichs unverzüglich verkauft werden muss (Notverkauf), jedoch ist begrifflich der sich dann ergebende Verkaufspreis eigentlich nicht mehr als Verkehrswert anzusehen (vgl. § 194 BauGB Rn. 53, 57 ff., 95).

226 Der BGH[188] hatte schon im Urt. vom 23.10.1985 u.a. dargelegt, dass der für die Berechnung des Zugewinns maßgebende wirkliche Wert eines Grundstücks nicht stets mit dem hypothetischen Verkaufswert am Stichtag übereinstimmen muss, sondern dass der wirkliche Wert höher sein kann als der aktuelle Veräußerungswert. Insbesondere ist bei der Wertermittlung **ein vorübergehender Preisrückgang** nicht zu berücksichtigen, wenn er bei nüchterner Beurteilung schon am Stichtag als vorübergehend erkennbar war. Eine strengere Orientierung an dem tatsächlich erzielbaren Verkaufserlös ist nur dann geboten, wenn das Grundstück zur Veräußerung bestimmt ist oder als Folge des Zugewinnausgleichs veräußert werden muss[189]. Der BGH[190] bekräftigt, dass nur dann, wenn im Rahmen des Zugewinnausgleichs der Ausgleichspflichtige gezwungen ist, Gegenstände seines Endvermögens unwirtschaftlich zu liquidieren, dieser Umstand im Rahmen einer sachverhaltsspezifischen Wertermittlung zu berücksichtigen ist. Dabei ist vorab zu prüfen, ob eine unwirtschaftliche Liquidierung durch eine Stundung gemäß § 1382 BGB vermieden werden kann.

In einer weiteren **Entscheidung des BGH**[191] wird zu alledem ausgeführt:

„Der Zugewinnausgleich soll beide Ehegatten gleichermaßen an den während der Ehe geschaffenen Werten beteiligen. Würde insbesondere ein Familienheim, bei dem es sich vielfach um das Hauptvermögensstück handelt, nur mit einem Wert angesetzt, der durch eine **vorübergehende ungünstige Marktlage** beeinflusst ist, erlangte der ausgleichsberechtigte Ehegatte keinen angemessenen Anteil an dessen wirklichen, bleibenden Wert, während der andere Ehegatte, der im Besitz des Objekts bleiben will und kann, aus eher zufälligen Umständen Nutzen zöge. Entgegen der Auffassung des BG kommt es deswegen auch nicht darauf an, ob eine ungünstige Marktlage auf örtlich begrenzte Umstände zurückzuführen ist oder auf eine gesamtwirtschaftliche Entwicklung. Entscheidend ist, ob sie aus der Sicht eines nüchternen

---

182 OLG Bamberg, Urt. vom 21.12.1993 – 7 UF 81/93 –, FamRZ 1994, 958.
183 BGH, Urt. vom 23.10.1985 – IV b ZR 62/84 –, FamRZ 1986, 37 = MDR 1986, 297 = EzGuG 20.110b.
184 BFH, Urt. vom 3.12.2008 – II R 19/08 –, GuG 2009, 248.
185 BGH, Urt. vom 1.4.1992 – XII ZR 146/91 –, EzGuG 20.139a; BGH, Urt. vom 23.10.1985 – IVb ZR 62/84 –, EzGuG 20.110b.
186 BGH, Urt. vom 28.4.1977 – II ZR 208/75–, WM 1977, 781.
187 BGH, Urt. vom 31.5.1965 – III ZR 214/63 –, EzGuG 19.8; BGH, Urt. vom 1.4.1992 – XII ZR 142/91 –, EzGuG 20.139a; hierzu Kleiber in GuG – aktuell 1995, 1.
188 BGH, Urt. vom 23.10.1985 – IVb ZR 62/84 – EzGuG 20.11b.
189 Schwab, Hdb des ScheidungsR 2. Aufl. Teil VIII Rn. 72.
190 BGH, Urt. vom 15.1.1992 – XII ZR 247/90 –, BGHZ 117, 70.
191 BGH, Urt. vom 1.4.1992 – XII ZR 146/91 –, EzGuG 20.139b.

VII Besondere Anlässe   Zugewinnausgleich

Betrachters am Bewertungsstichtag als temporär einzuschätzen war und deswegen einen wirtschaftlich Denkenden veranlasst hätte, eine Veräußerung zurückzustellen, soweit nicht besondere Umstände dazu zwangen."

Der für den Zugewinnausgleich maßgebliche wirkliche Wert eines Grundstücks kann bei alledem auch höher als der Veräußerungswert sein[192].

2.4.2 Zugewinn bei Unternehmen

Schrifttum: *Pilz, J.,* Die Unternehmensbewertung in der Rechtsprechung, 2. Aufl.; *Behringer, S.,* Unternehmensbewertung der Mittel- und Kleinbetriebe, 2. Aufl., ESV-Verlag 2002; *Helbig, C.,* Unternehmensbewertung und Steuern, 8. Aufl., IDW-Verlag, 1995.

227 Im Rahmen des Zugewinnausgleichs wird der Wert eines Unternehmens[193] nach dem Sach- und Ertragswertverfahren ermittelt, wobei das Sachwertverfahren zumeist als „**Substanzwertmethode**" bezeichnet wird:

a) Bei Anwendung der Substanzwertmethode wird der Wiederbeschaffungswert zuzüglich von Forderungen und abzüglich der Verbindlichkeiten und ohne den Geschäftswert ermittelt. Forderungen werden mit ihrem Nennwert ohne Abzug der noch anfallenden Einkommensteuer eingestellt[194]. Der Substanzwert ist allerdings nicht maßgebend, wenn er den Ertragswert übersteigt.

b) Bei Anwendung des Ertragswertverfahrens werden die zukünftigen Erträge nach Maßgabe der in der Vergangenheit erzielten Erträge nach folgenden Grundsätzen ermittelt:

- *Prinzip der Vergangenheitsanalyse* (als künftiger Gewinn wird der durchschnittlich in den letzten drei bis fünf Jahren angefallene Gewinn angesetzt).
- *Prinzip der Substanzerhaltung* (Abschreibungen werden neutralisiert, unabweisbare potenzielle Kosten werden berücksichtigt).
- *Prinzip der Vollausschüttung* der Reallast (Aktivierung stiller Reserven)
- *Prinzip der gesonderten Bewertung des nicht betriebsnotwendigen Vermögens* (Der Unternehmerlohn wird herausgerechnet; Unternehmerdarlehen für private Zwecke sind zu beachten).
- *Grundsatz der Bewertungseinheit.*

Zur Kapitalisierung wird der landesübliche Zinssatz herangezogen, der – je nach Fallgestaltung – um einen Risikozuschlag von etwa 50 % des landesüblichen Zinssatzes erhöht und um die Inflationsrate vermindert wird.

c) Nach der Rechtsprechung des BGH empfiehlt sich eine Verbindung der Methoden[195], wobei die Wahl des Verfahrens dem Tatrichter überlassen bleibt.

Ein Geschäftswert kann zum Ansatz kommen, wenn er den Substanzwert übersteigt und ein Käufer zur entsprechenden Zahlung bereit wäre[196]. Der Geschäftswert wird nach Maßgabe des Bruttoumsatzes ermittelt, z. B. 5 bis 10 % des durchschnittlichen Jahresumsatzes der letzten drei Jahre (Zahnarztpraxis), 25 % bei Arztpraxis[197].

2.4.3 Zugewinnausgleich bei land- oder forstwirtschaftlichen Betrieben

Schrifttum: *Köhne, M.,* Ehescheidungen in der Landwirtschaft, Versorgungsausgleich und Vermögensauseinandersetzung, GuG 1998, 65; *Köhne, M.,* Landwirtschaftliche Taxationslehre, 2007; *Fischer, R./ Biederbeck, M.,* Bewertung landwirtschaftlicher Betriebe in der Auseinandersetzung einer Gütergemeinschaft, GuG 2001, 147; *Fischer, R,* Bewertung landwirtschaftlicher Betriebe bei Ehescheidung, Teil B,

---

192 BGH, Urt. vom 1.4.1992 – XII ZR 146/91 –, EzGuG 19.40a.
193 OLG Karlsruhe, Urt. vom 17.10.1985 – 2 UF 129/84 –, FamRZ 1986, 167.
194 BGH, Urt. vom 24.10.1990 – XII ZR 101/89 –, FamRZ 1991, 43 = MDR 1991, 343 = EzGuG 20.133b.
195 BGH, Urt. vom 9.3.1977 – IV ZR 166/75 –, FamRZ 1977, 386 = BGHZ 68, 163 = EzGuG 20.66.
196 BGH, Urt. vom 9.3.1977 – IV ZR 166/75 –, FamRZ 1977, 386 = BGHZ 68, 163 = EzGuG 20.66.
197 BGH, Urt. vom 24.10.1990 – XII ZR 101/89 –, FamRZ 1991, 43 = MDR 1991, 343 = EzGuG 20.133b.

2005, *www.dgar.de*; *Wehner, R./Fischer R./Wenzl, D.,* Bewertung landwirtschaftlicher Betriebe bei familienrechtlichen Auseinandersetzungen, 1. Aufl., HLBS-Verlag.

Für land- oder forstwirtschaftliche Betriebe gilt für die Berechnung des Anfangs- und Endvermögens im System des Zugewinnausgleichs das **Bewertungs(Landwirtschafts)privileg des § 1376 Abs. 4 BGB:** 228

„(4) Ein land- oder forstwirtschaftlicher Betrieb, der bei der Berechnung des Anfangsvermögens und des Endvermögens zu berücksichtigen ist, ist mit dem Ertragswert anzusetzen, wenn der Eigentümer nach § 1378 Abs. 1 BGB in Anspruch genommen wird und die Weiterführung oder Wiederaufnahme des Betriebes durch den Eigentümer oder einen Abkömmling erwartet werden kann; die Vorschrift des § 2049 Abs. 2 BGB ist anzuwenden."

Der **Ertragswert** wird in § 2049 Abs. 2 BGB wie folgt definiert:

„(2) Der Ertragswert bestimmt sich nach dem Reinertrag, den das Landgut nach seiner bisherigen wirtschaftlichen Bestimmung bei ordnungsgemäßer Bewirtschaftung nachhaltig gewähren kann."

Der **Ertragswert land- oder forstwirtschaftlicher Betriebe (Landgüter)**[198] fällt in aller Regel (weitaus) niedriger aus als der volle wirkliche Wert (= Verkehrswert). Ein Zugewinnausgleich auf der Grundlage des Verkehrswerts kann die geschlossene Erhaltung und Fortführung des land- oder forstwirtschaftlichen Betriebs gefährden. Der Ertragswertansatz stellt somit eine Schutzfunktion zur Erhaltung der bäuerlichen Landwirtschaft dar. Deshalb soll der sich an der Ertragsfähigkeit des Grundbesitzes orientierende Ertragswert maßgebend sein. Für die Wertansätze im Anfangs- und Endvermögen gilt im Rahmen von Ausgleichsforderungen von Ehepartnern einer Zugewinngemeinschaft der Ertragswert nach § 2049 BGB, wenn ein existenzfähiger landwirtschaftlicher Betrieb vorhanden ist. Eine Fortführung des landwirtschaftlichen Betriebs muss gewährleistet und auch wirtschaftlich sinnvoll sein. Der Eigentümer eines derartigen Betriebs muss nach § 1378 Abs. 1 BGB in Anspruch genommen werden. 229

Im Rahmen einer Gütergemeinschaft ist grundsätzlich der Verkehrswert für den landwirtschaftlichen Betrieb als Wertansatz für das Anfangs- und Endvermögen anzusetzen, sofern im Ehevertrag ausdrücklich nichts anderes vereinbart ist. Bei der Bewertung sind verschiedene Prinzipien zu beachten, vgl. Rn. 50.

Obwohl in der Rechtsprechung des BGH die Anwendung der bisherigen WertV für die Immobilienbewertung grundsätzliche Anerkennung gefunden hat, darf nach Sinn und Zweck der Regelung bei der Ermittlung des Ertragswerts i.S. des § 2049 Abs. 2 BGB nicht im strengen Sinne vom Ertragswert nach § 17 ImmoWertV ausgegangen werden. Denn, obwohl in § 8 ImmoWertV so nicht geregelt, soll der Ertragswert auch weiterhin direkt zum Verkehrswert führen, wobei nach § 14 ImmoWertV Marktanpassungsfaktoren berücksichtigt werden sollen, wenn das mit verkehrswertorientierten Wertermittlungsparametern nicht erreicht werden kann. 230

Der Ertragswert i.S. von § 2049 Abs. 2 BGB basiert auf betriebswirtschaftlich ermittelten Jahresabschlüssen unter Berücksichtigung des Lohnanspruches des Betriebsleiters und seiner mitarbeitenden nicht entlohnten Familienangehörigen (Reinertrag). Der Reinertrag multipliziert mit dem landesüblichen Vervielfältiger ergibt den Ertragswert. 231

Der Ertragswert erfasst das **Hofesvermögen**; dazu zählen:

– die Eigentumsflächen des Betriebs,
– die Betriebsbestandteile des Besatzkapitals, wie Wohnhaus, Altenteilerwohnung, von Betriebsangestellten, bewohnte Wohnungen des Betriebs,
– Wirtschaftsgebäude, Maschinen, Vieh, Feldinventar, normaler Bestand an Vorräten und laufende Finanzmittel,
– Lieferrechte, betriebsnotwendige Beteiligungen,
– Nebenbetriebe.

---

198 Zum Begriff: BGH, Urt. vom 11.3.1992 – IV ZR 62/91 –, EzGuG 20.139a.

VII Besondere Anlässe — Zugewinnausgleich

Er gilt nicht für das **Hofesfreie Vermögen,** wie

- Bauland, u.U. Bauerwartungsland, Abbauland, langfristig verpachtete Wirtschaftsgüter (nicht nur vorübergehend), reine Kapitalanlagen an anderen Betrieben,
- Überbestand an Maschinen oder/und umlaufende Betriebsmittel einschl. Finanzvermögen und
- zeitlich befristete staatliche Zuwendungen, die nicht an die Fortführung des Betriebs gebunden sind.

Während der Ehe verkaufte Flächen sind bei der Ermittlung des Anfangsvermögens und zugekaufte Flächen bei der Ermittlung des Endvermögens aus der Reinertragsermittlung auszusondern und mit dem Verkehrswert zu bewerten, mit einer Ausnahme, wenn der Hinzuerwerb zur Erhaltung der Lebensfähigkeit des Betriebs erforderlich war[199].

232 Nach Art. 137 EGBGB i.V.m. § 1376 Abs. 4 und § 2049 BGB sind **landesrechtliche Vorschriften zur Ermittlung des Ertragswerts** maßgebend. Entsprechendes gilt im Übrigen in den Fällen des

- § 1515 Abs. 2 und 3 BGB (Übernahmerecht an einem Landgut),
- § 2049 BGB (Übernahmerecht an einem Landgut durch Miterben),
- § 2312 BGB (Berechnung des Pflichtteils bei Übernahmerechten)[200].

233 Das BVerfG[201] hat zu § 1376 Abs. 4 BGB a. F. festgestellt, dass mit Art. 137 EGBGB i.V.m. § 1376 Abs. 4 und § 2049 BGB **statisch auf das Landesrecht zur Ermittlung des Ertragswerts verwiesen werde,** d.h., dasjenige Landesrecht maßgebend sein soll, das bei Verkündung des § 1376 Abs. 4 BGB am 18.6.1957 galt, nicht jedoch späteres Landesrecht. In einer weiteren Entscheidung vom 26.4.1988 hat das BVerfG[202] klargestellt, dass die statische Verweisung **nur für die Bewertung von Landgütern beim Zugewinnausgleich** gegolten habe und nicht in den Fällen des § 1515 Abs. 2 und 3 sowie in den Fällen der §§ 2049 und 2312 BGB. Den Ländern sei es danach vorbehalten, für den Anwendungsbereich des § 1515 Abs. 2 und 3 BGB sowie der §§ 2049 und 2312 BGB innerhalb einer im Übrigen erschöpfenden bundesrechtlichen Regelung Vorschriften über den Ertragswert zu erlassen. Länder, die von diesem Vorbehalt Gebrauch machten, hätten die Bewertungsregelung des § 2049 Abs. 2 BGB zu beachten. Mit der (geltenden) Neufassung des § 1376 Abs. 4 BGB i.d.F. des Gesetzes zur Bewertung eines land- oder forstwirtschaftlichen Betriebes beim Zugewinnausgleich vom 14.9.1994 (BGBl. I 1994, 2324) und der ausdrücklichen Bezugnahme des § 137 EGBGB auf § 1376 Abs. 4 BGB wurde der Vorbehalt zugunsten der Landesgesetzgebung auch auf diese Vorschrift ausgedehnt. **Damit eröffnet der neu gefasste § 137 EGBGB den Ländern die Möglichkeit, neue Vorschriften zu erlassen,** die sich allerdings an den in § 2049 Abs. 2 BGB beschriebenen Kriterien für die Festsetzung eines Ertragswerts ausrichten müssen. In einigen Bundesländern sind Reinertrags-„Multiplikatoren" vorgegeben. Diese sind dann zu nutzen, wenn § 1376 Abs. 4 BGB anzuwenden ist. Multiplikationen beziehen sich auf ein Bundesland oder einen Landesteil im Zeitpunkt der Verkündigung des Gleichberechtigungsgesetzes (18.6.1957). Diese weichen z.T. von den gegenwärtigen Multiplikatoren ab.

Haben die Bundesländer dazu nichts bestimmt, so empfiehlt *Pabsch*[203], im Kontext mit der vom BVerfG geforderten betriebswirtschaftlichen Sicht, einen Multiplikator von 18.

---

[199] BGH. Urt. vom 6.2. 1991 – XII ZR 57/90 –, NJW 1991, 1741 = DNotZ 1991, 786.
[200] BGH, Beschl. vom 14.12.1994 – IV ZR 113/94 –, EzGuG 20.154; BGH, Urt. vom 9.10.1991 – IV ZR 259/90 –, EzGuG 20.135; BGH, Urt. vom 22.10.1986 – IVa ZR 143/85 –, EzGuG 20.117a.
[201] BVerfG, Beschl. vom 16.10.1984 – 1 BvL 17/80 –, EzGuG 20.107b; Leitfaden für die Ermittlung landwirtschaftlicher Betriebe, AgrarR 1994, 5; Köhne in AgrarR 1991, 27; Kronthaler, L., Landgut, Ertragswert und Bewertung im bürgerlichen Recht, Schriftenreihe des Instituts für Landwirtschaftsrecht an der Universität Göttingen Bd. 40, 1991.
[202] BVerfG, Beschl. vom 26.4.1988 – 2 BvL 13,14/86 –, BVerfGE 78, 132.
[203] Pabsch, E., Leitfaden für die Ermittlung des Ertragswertes landwirtschaftlicher Betriebe, AgrarR 1994, 10.

Abb. 20: Auswahl von Multiplikatoren (Vervielfältiger des Reinertrags nach § 2049 BGB)

Bundesländer	Multiplikator
Baden-Württemberg (ab 1974)	18
Württembergische Anerben Gesetz	20
Bayern (ab 1982)	18
Hessen (ab 1984)	25
Nordrhein-Westfalen	25
Rheinland-Pfalz (ab 1976)	25
Saarland-Preußische Gebiete	25
Oldenburgische Gebiete (Birkenfeld)	-
Bayerische Gebiete	18
Niedersachsen (ab 1976)	17
Schleswig-Holstein	-
Bremen	-
Bremen HöfeG	25
Hamburg	-
Sachsen (ab 1976)	-
Thüringen (ab 1976)	-
Sachsen-Anhalt (ab 1976)	-
Brandenburg (ab 1976)	-
Mecklenburg-Vorpommern (ab 1976)	-
Berlin (West)	25
Berlin (Ost) (ab 1976)	-

Quelle: Zusammengestellt bei Pabsch (AgrarR 1994, 10) zitiert aus Steffen, Ertragswertvorschriften in den ersten Ausführungsgesetzen zum BGB, AgrarR 1991, 121 ff.

Des Weiteren hat das BVerfG[204] in seiner Entscheidung vom 16.10.1984 die Inhaber solcher land- oder forstwirtschaftlichen Betriebe gesehen, bei denen die Anwendung des Ertragswerts als Bewertungsmaßstab zu einer „unverhältnismäßigen Verschiebung der Opfergrenze zu Lasten des anderen Ehegatten führt", da „ausnahmslos der Ertragswert den Bewertungsmaßstab bildet", auch wenn dies nicht zur Erhaltung leistungsfähiger Höfe in bäuerlichen Familien begründet ist. Als Beispiel führt das Gericht den Fall an, „dass das landwirtschaftliche Vermögen im Wesentlichen nur noch aus dem Grund und Boden besteht, der im Wege der Verpachtung wirtschaftlich genutzt wird, und wenn bei realistischer Betrachtungsweise keine Anhaltspunkte dafür gegeben sind, dass der Eigentümer oder seine Abkömmlinge den Hof in Zukunft wieder bewirtschaften könnten". In einem solchen Fall hält das Gericht die allgemeinen Bestimmungen der §§ 1381 und 1382 BGB für ausreichend, um Härten zu vermeiden. Das BVerfG hat in einem weiteren Beschluss[205] die von ihm genannte **Opfergrenze** dort gezogen, wo „es darum geht, die Zerschlagung des Betriebs im Interesse des Ehepartners oder der Kinder zu vermeiden". Die Berücksichtigung entfernterer Verwandter überschreite dagegen die Opfergrenze[206]. **234**

Mit der (geltenden) Neufassung des § 1376 Abs. 4 BGB soll das eigentliche Ziel des § 1376 Abs. 4 BGB, die **Erhaltung schutzwürdiger Betriebe, verdeutlicht werden.** Für das Bewertungsprivileg, nämlich die Anwendung des Ertragswerts, sieht die geltende Regelung eine mehrfache Einschränkung vor[207]: **235**

a) Der Eigentümer eines land- oder forstwirtschaftlichen Betriebs muss auf Zugewinnausgleich in Anspruch genommen werden; denn nur in diesem Fall besteht die Gefahr einer Betriebszerschlagung durch die Ausgleichsforderung. Ist der Eigentümer selbst Gläubiger der Ausgleichsforderung, besteht kein Grund, seinen land- oder forstwirtschaftlichen Betrieb anders zu behandeln als sonstiges Vermögen. **236**

---

[204] BVerfG, Beschl. vom 16.10.1984 – 1 BvL 17/80 –, BVerfGE 67, 348 = EzGuG 20.107b.
[205] BVerfG, Beschl. vom 16.10.1984 – 1 BvR 513/78 –, BVerfGE 67, 329.
[206] BVerfG, Beschl. vom 6.6.1989 – 1 BvR 803/86 –, EzGuG 20.125 d.
[207] BT-Drucks. 12/7134 S. 5; BT-Drucks. 12/8140.

237 b) Die künftige land- und forstwirtschaftliche Nutzung des Betriebs muss erwartet werden können.

238 c) Die Weiterführung oder Wiederaufnahme des land- oder forstwirtschaftlichen Betriebs muss nicht nur – an sich – gesichert, sondern gerade von dem derzeitigen Eigentümer oder seinen Abkömmlingen erwartet werden können (Alleineigentum einer natürlichen Person oder im Gesamteigentum einer Gütergemeinschaft), keine Erbengemeinschaft.

239 Mit diesen Einschränkungen erfasst die Vorschrift nicht alle denkbaren Fälle, in denen die verfassungsrechtlich zulässige Opfergrenze überschritten werden könnte. Weitere notwendige **Beschränkungen des Bewertungsprivilegs** haben denn auch bereits seit längerem Eingang in die Rechtsprechung gefunden. Eine vollständige Erfassung dieser und ähnlicher Konstellationen, in denen die Umstände des Einzelfalles eine Eingrenzung des § 1376 Abs. 4 BGB erfordern, ist in einem Gesetzeskatalog nicht möglich; sie ließe sich allenfalls mit Hilfe neuer unbestimmter Rechtsbegriffe erreichen. Die Vorschrift sieht von einer solchen Lösung ab. Die geltenden Regelungen zum Zugewinnausgleich sind im Interesse der Rechtssicherheit eher schematisch ausgestaltet und helfen, Abgrenzungs- und Berechnungsschwierigkeiten zu vermeiden[208]. An dieser Konzeption soll grundsätzlich festgehalten werden, denn auch die Vorhersehbarkeit gerichtlicher Entscheidungen dient der Gerechtigkeit im Einzelfall.

240 Der Verzicht auf eine Generalklausel darf freilich nicht missverstanden werden. Die Vorschrift will die **Voraussetzungen des Bewertungsprivilegs** präzisieren. Damit wird der Rechtsanwendung nicht nur eine im Interesse der Rechtssicherheit wünschenswerte generelle Handlungsanweisung an die Hand gegeben; vielmehr wird zugleich das gesetzgeberische Ziel des Bewertungsprivilegs verdeutlicht. Beide Ziele schließen allerdings einen Rekurs auf besondere Umstände des Einzelfalls nicht aus. Die vorgeschlagene Neufassung verbietet zwar, die vom Bewertungsprivileg gezogene Opfergrenze weiter zu Lasten des Zugewinnausgleichsgläubigers zu verschieben. Eine über den Wortlaut des § 1376 Abs. 4 BGB hinausgehende, am Sinn dieser Regelung orientierte Einschränkung des Bewertungsprivilegs hindert sie jedoch nicht. Eine solche teleologische Reduktion wird durch die empfohlene gesetzgeberische Klarstellung des Regelungszwecks sogar in besonderer Weise erleichtert.

241 Diese **Beschränkung des Bewertungsprivilegs auf den Schuldner der Ausgleichsforderung hat zur Folge, dass der Zugewinnausgleich unter Umständen in einem zweistufigen Verfahren ermittelt werden muss, wenn ein land- oder forstwirtschaftlicher Betrieb zum Anfangs- und Endvermögen eines Ehegatten gehört.**

– In einem ersten Schritt wird dabei der land- oder forstwirtschaftliche Betrieb mit seinem Verkehrswert in die Ausgleichsbilanz eingestellt. Erweist sich danach der Eigentümer des land- oder forstwirtschaftlichen Betriebs als ausgleichsberechtigt, ist das gefundene Ergebnis endgültig; die Ausgleichsforderung des Betriebseigentümers wird also nicht durch eine zusätzliche niedrige Ertragswertberechnung des land- oder forstwirtschaftlichen Betriebs aufgestockt.

– Ergibt der verkehrswertbezogene Vergleich der von den Ehegatten erzielten Zugewinne dagegen umgekehrt einen auszugleichenden Saldo zugunsten des Eigentümers des land- oder forstwirtschaftlichen Betriebs, muss nunmehr in einem zweiten Rechenschritt der Ertragswert dieses Betriebs ermittelt und in eine erneute Ausgleichsbilanz eingestellt werden. Da die Reinerträge von landwirtschaftlichen Betrieben oft gegen null tendieren oder sogar negativ sind, wird die Ertragswertberechnung bei landwirtschaftlichen Betrieben oft dazu führen, dass ein Zugewinnausgleichsanspruch gegen den Hofeigentümer entfällt. Dies gilt jedenfalls dann, wenn außer in dem landwirtschaftlichen Betrieb ansonsten während der Ehe keine nennenswerten Vermögenswerte erwirtschaftet wurden. Der zweite Rechenschritt kann allerdings nicht dazu führen, dass der nach der verkehrswertbezogenen Ausgleichsbilanz ausgleichspflichtige Ehegatte auf Grund des nunmehr angesetzten niedrigen Ertragswerts seines land- oder forstwirtschaftlichen Betriebs seinerseits ausgleichsberechtigt wird. Die Ertragswertberechnung kann – nach dem auf Hoferhaltung

---

[208] Siehe schon die Begründung zu dem RegE (BT-Drucks. II/224, S. 3 zu § 1385 E II).

ausgerichteten Sinn und Zweck des Bewertungsprivilegs – nur Zugewinnausgleichsforderungen abwehren; begründen kann sie solche Forderungen dagegen nicht.

Etwas Besonderes gilt in den Fällen, in denen keine Fortführung des land- oder forstwirtschaftlichen Betriebs angenommen werden kann. In diesem Fall ist das Ertragswertverfahren in der Ausgestaltung des Liquidationswertverfahrens anzuwenden, weil sonst eine unzumutbare Beeinträchtigung des Ausgleichsberechtigten eintreten würde, die sich sonst bei Ansatz eines niedrigen Ertragswerts ergeben würde. Dies galt nach der höchstrichterlichen Rechtsprechung im Übrigen bereits vor der Neufassung des § 1376 Abs. 4 BGB im Jahre 1994. **242**

Die **Darlegungs- und Beweislast** für die künftige Fortführung eines landwirtschaftlichen Betriebs, der im Ertragswertverfahren bewertet werden soll, verbleibt im Übrigen dem Eigentümer des Anwesens[209]. **243**

Bei der **Ermittlung des Liquidationswerts (Zerlegungstaxe)**, der sich im Falle der Veräußerung eines Betriebs ergibt, müssen wertmindernd die nach den §§ 14 ff. EStG anfallenden Steuern ebenso wie sonstige Kosten, die den Veräußerungserlös mindern, berücksichtigt werden[210]. Der insoweit anzusetzende Minderwert ist notfalls im Wege der Schätzung zu ermitteln[211]. **244**

Nach der Rechsprechung des OLG Frankfurt/M[212] ist im Rahmen des Zugewinnausgleichs auch der Kaufkraftschwund des Geldes bei der Wertermittlung zu berücksichtigen, da nur der „echte Zugewinn" ausgleichspflichtig ist. **245**

Eine **latente Steuerlast** ist zu berücksichtigen, wenn ein landwirtschaftlicher Betrieb nicht mit dem Ertragswert, sondern mit dem vollen, wirklichen Wert (Verkehrswert) anzusetzen ist[213]. **246**

2.4.4 Zugewinnausgleich bei Unternehmen

Der Wert eines Betriebs, z. B. eines Handwerksbetriebs, wird vielfach nicht unwesentlich durch den Unternehmenswert *(good will)* geprägt. Es handelt sich dabei um den Teil des Unternehmenswerts, der den reinen Substanzwert (Sachwert) übersteigt. Der sog. „innere Unternehmenswert" einschließlich des den reinen Sachwert übersteigenden **Firmenwerts ist auch für die Ermittlung des Zugewinnausgleichs maßgebend**, und zwar sowohl bei der Ermittlung des Anfangs- als auch des Endvermögens[214]. Etwas anderes gilt nur dann, wenn der Unternehmenswert ausschließlich subjektbezogen ist und im Falle der Veräußerung oder im Erbfall erlischt, wie z. B. bei einem Handelsvertretervertrag[215]. **247**

3 Wertermittlung im Rahmen des Pflichtteilsanspruchs

Schrifttum: *Fischer, R./Biederbeck, M.*, Verkehrswertermittlung eines landwirtschaftlichen Anwesens zur Erbauseinandersetzung, HLBS-Verlag 1. Aufl. 2002; *Möller, K.*, Finanzmathematische Lösungen bei beschränkt persönlichen Dienstbarkeiten, GuG 2004, 102; *Wehner, R./Fischer, R./Wenzl, D.*, Bewertung landwirtschaftlicher Betriebe bei familienrechtlichen Auseinandersetzungen, HLBS-Verlag 2006; *Fischer, R./Lorenz, H.-J./Biederbeck, M., Astl, B.*, Verkehrswertermittlung bebauter und unbebauter

---

209 BGH, Urt. vom 27.9.1989 – IVb ZR 75/88 –, EzGuG 20.129; dort auch zu Fragen der Verkehrswertermittlung.
210 BGH, Urt. vom 27.9.1989 – IVb ZR 75/88 –, EzGuG 20.129; BGH, Urt. vom 7.5.1986 – IVb ZR 42/85 –, NJW-RR 1986, 1066 = FamRZ 1986, 776.
211 BGH, Urt. vom 26.4.1972 – IV ZR 114/70 –, EzGuG 20.51a; BGH, Urt. vom 17.3.1982 – IVa ZR 27/81 –, EzGuG 20.94a; BGH, Urt. vom 22.10.1986 – IVa ZR 143/85 –, EzGuG 20.117a; BGH, Urt. vom 11.3.1992 – IV ZR 62/91 –, EzGuG 20.139a; BGH, Urt. vom 27.9.1989 – IVb ZR 75/88 –, EzGuG 20.129.
212 OLG Frankfurt am Main, Urt. vom 10.12.1982 – 1 UF 280/81 – FamRZ 1983, 395.
213 BGH, Urt. vom 22.10.1986 – IVa ZR 143/85 –, EzGuG 20.117b.
214 BGH, Urt. vom 23.11.1977 – IV ZR 131/76 –, EzGuG 20.69.
215 BGH, Urt. vom 9.3.1977 – IV ZR 166/75 –, EzGuG 20.66.

VII Besondere Anlässe — Pflichtteilsanspruch

Grundstücke, Bundesanzeiger 2005, 254; *Sandner/Weber (Hrsg.)*, Lexikon der Immobilienwertermittlung, 2. Aufl. Bundesanzeiger 2005, 524.

3.1 Allgemeines

248 Das Pflichtteilsrecht setzt die Beteiligung naher Familienangehöriger am Nachlass gegen den Willen des Erblassers durch. So sind bei Schenkungen innerhalb von 10 Jahren vor dem Todestag des Erblassers die gesetzlichen Erben nach § 2325 BGB in der Erbauseinandersetzung so zu stellen, als gehöre diese am Todestag noch zum Nachlass (sog. „Pflichtteilergänzungsanspruch"). **Der dem Pflichtteilsanspruch zugrunde zu legende Nachlasswert** ist gemäß § 2311 BGB zu ermitteln. Die Vorschrift lautet:

„§ 2311 BGB Wert des Nachlasses

(1) Der Berechnung des Pflichtteils wird der Bestand und der Wert des Nachlasses zur Zeit des Erbfalls zu Grunde gelegt. Bei der Berechnung des Pflichtteils eines Abkömmlings und der Eltern des Erblassers bleibt der dem überlebenden Ehegatten gebührende Voraus außer Ansatz.

(2) Der Wert ist, soweit erforderlich, durch Schätzung zu ermitteln. Eine vom Erblasser getroffene Wertbestimmung ist nicht maßgebend."

249 **Von Landgütern** (vgl. Rn. 49 f.) **abgesehen, wird als Wert i.S. des § 2311 Abs. 2 BGB der Verkehrswert i.S. des § 194 BauGB geschätzt,** wobei ungewöhnliche oder persönliche Verhältnisse i.S. des § 7 ImmoWertV unberücksichtigt bleiben. Ein bestimmtes Wertermittlungsverfahren wird durch das BGB ebenso wenig wie die Beauftragung bestimmter Sachverständiger oder gar des Gutachterausschusses für Grundstückswerte nach den §§ 192 ff. BauGB vorgeschrieben[216].

250 Bei der **Ermittlung von Grundstückswerten für die Bemessung von Pflichtteilsansprüchen** kann nicht einfach der volle Wert (= Verkehrswert) auf der Grundlage eines *missverstandenen Stichtagsprinzips* ermittelt werden, den das Grundstück im Zeitpunkt des Erbfalls hatte. Dies könnte im Einzelfall wiederum dazu führen, dass vorübergehende Schwankungen mit ihren Zufälligkeiten zu unbilligen Ergebnissen führen. Der sich im Zeitpunkt des Erbfalls ergebende Verkehrswert stellt demzufolge in derartigen Fällen lediglich einen Anhaltspunkt dar[217].

251 Bei der Ermittlung des Werts i.S. des § 2311 Abs. 2 BGB kann es nach dem vorher Gesagten erforderlich sein, von dem sich im Zeitpunkt des Erbfalls mutmaßlich ergebenden Wert abzuweichen, wenn z. B. in diesem Zeitpunkt ein **kurzfristiger und vorübergehender Preisverfall** festgestellt werden muss und wenige Monate vor dem Tod des Erblassers oder z. B. ein Jahr später ein höherer Verkehrswert sich ergibt[218].

252 Darüber hinaus hat der BGH in seiner Rechtsprechung den tatsächlich erzielten Verkaufserlösen, die im Anschluss an den Erbfall erzielt werden konnten, einen hohen Stellenwert beigemessen. So hat der BGH ausgesprochen, dass sich die „Bewertung von Nachlassgegenständen, die bald nach dem Erbfall veräußert worden sind, von außergewöhnlichen Verhältnissen abgesehen, grundsätzlich an dem tatsächlich erzielten Verkaufspreis orientieren muss. Dafür war einmal die Erwägung maßgebend, dass es nicht gerechtfertigt sei, im erbrechtlichen Bewertungsrecht die (relativ) gesicherte Ebene tatsächlich erzielter Verkaufserlöse zu verlassen. Weiter hat der Senat auch keinen Grund gesehen, den Pflichtteilsberechtigten von dem Vorteil auszuschließen, der durch einen tatsächlich erfolgten Verkauf den Grundstückserben zugefallen ist. Eine **Bewertung, die an einen konkreten Verkauf des betreffenden Gegenstandes anknüpfen kann, verdient den Vorzug vor einer Schätzung,** die sich nur an allgemeinen Erfahrungswerten orientiert."[219] Dies gilt selbst dann, wenn z. B. ein Nachlassgrund-

---

[216] BGH, Urt. vom 13.7.1970 – VII ZR 176/68 –, BGHZ 54, 244 = NJW 1970, 2018 = WM 1975, 860; BGH, Urt. vom 8.4.1992 – IV ZR 2/91 –, EzGuG 14.112; BGH, Urt. vom 29.4.1992 – IV ZR 252/91 –, EzGuG 20.140; BGH, Teil-Urt. vom 14.10.1992 – IV ZR 211/91 –, EzGuG 20.143; vgl. zu alledem Schopp in ZMR 1994, 552 und Replik von Bißmaier in ZMR 1995, 106.
[217] BGH, Urt. vom 14.2.1975 – IV ZR 28/73 –, NJW 1975, 1123 = MDR 1975, 562.
[218] BGH, Urt. vom 14.2.1975 – IV ZR 28/73 –, NJW 1975, 1123 = MDR 1975, 562.
[219] BGH, Urt. vom 17.3.1982 – IVa ZR 27/81 –, EzGuG 20.94a.

stück fünf Jahre nach dem Erbfall erheblich teurer als vom Sachverständigen geschätzt, veräußert wurde und der Pflichtteilsberechtigte im Wesentlichen unveränderte Marktverhältnisse nachweist und die Erben keine wesentlichen Veränderungen der Bausubstanz in der Zwischenzeit darlegen können. Der Verkehrswert ist dann grundsätzlich aus den tatsächlich erzielten Preisen unter Berücksichtigung der allgemeinen Preisentwicklung rückschließend zu bestimmen[220].

Bei sog. bedingten Schenkungen (von Nießbrauchs-, Wohn- und Wohnungsrechten sowie Reallasten zugunsten des späteren Erblassers) und bei entgeltlichen Veräußerungsvorgängen unter dem Verkehrswert werden davon nicht unmittelbar betroffene, aber ebenfalls erbbauberechtigte Personen benachteiligt, wenn der Erbfall nicht innerhalb von zehn Jahren eintritt. Dem Pflichtteilsberechtigten steht neben seinem Pflichtteil nach § 2326 BGB ein sog. Pflichtteilergänzungsanspruch zu. Pflichtteilsanspruch und Pflichtteilergänzungsanspruch bestehen selbstständig und unabhängig voneinander und sind deshalb getrennt von einander zu beurteilen.[221] Nach zehn Jahren verjährt der **Pflichtteilergänzungsanspruch**. Die dafür maßgebliche Vorschrift des § 2325 BGB lautet:

„§ 2325 BGB Ergänzung des Pflichtteils wegen Schenkungen

(1) Hat der Erblasser einem Dritten eine Schenkung gemacht, so kann der Pflichtteilsberechtigte als Ergänzung des Pflichtteils den Betrag verlangen, um den sich der Pflichtteil erhöht, wenn der verschenkte Gegenstand dem Nachlasse hinzugerechnet wird.

(2) Eine verbrauchbare Sache kommt mit dem Werte in Ansatz, den sie zur Zeit der Schenkung hatte. Ein anderer Gegenstand kommt mit dem Werte in Ansatz, den er zur Zeit des Erbfalls hat; hatte er zur Zeit der Schenkung einen geringeren Wert, so wird nur dieser in Ansatz gebracht.

(3) Die Schenkung bleibt unberücksichtigt, wenn zur Zeit des Erbfalls zehn Jahre seit der Leistung des verschenkten Gegenstandes verstrichen sind; ist die Schenkung an den Ehegatten des Erblassers erfolgt, so beginnt die Frist nicht vor der Auflösung der Ehe."

Abb. 21: Ergänzung des Pflichtteils wegen Schenkung (§ 2325 Abs. 2, S. 1 BGB)

---

220 BGH, Urt. vom 14.10.1992 – IV ZR 211/91 –, EzGuG 20.143; BGH, Urt. vom 13.3.1991 – IV ZR 52/90 –, EzGuG 20.134b.
221 BGH, Urt. vom 9.3.1988 – IVa ZR 272/86 –.

VII Besondere Anlässe — Pflichtteilsanspruch

254 Nach § 2325 Abs. 2 Satz 2 BGB ist bei der Ermittlung des Pflichtteilergänzungsanspruchs bei „unverbrauchten" Sachen (wie Grundstücke) der (Verkehrs-)Wert in Ansatz zu bringen, den der geschenkte Gegenstand zur Zeit des Erbfalls hat.[222] Hatte jedoch der geschenkte Gegenstand zur Zeit der Schenkung einen geringeren (Verkehrs-)Wert, so kommt nur der geringere Wert zum Ansatz (sog. **Niederstwertprinzip**)[223]. Dieser Wert ist einerseits schon deshalb niedriger, wenn der Beschenkte nur ein belastetes Grundstück (z. B. Nießbrauchs- oder Wohnrecht) erhalten hat. Das Niederstwertprinzip ist auch für den „richtigen" Wertermittlungsstichtag von Bedeutung:

- Ergibt sich nämlich unter Berücksichtigung der allgemeinen Wertverhältnisse auf dem Grundstücksmarkt, dass das Grundstück zur Zeit der Schenkung mehr als zum Zeitpunkt des Erbfalls wert war, so ist nach dem Niederstwertprinzip der Wert des Grundstücks zum Zeitpunkt des Erbfalls zugrunde zu legen.
- Ergibt sich nämlich unter Berücksichtigung der allgemeinen Wertverhältnisse auf dem Grundstücksmarkt, dass das Grundstück zur Zeit der Schenkung weniger als zum Zeitpunkt des Erbfalls wert war, so ist nach dem Niederstwertprinzip der Wert des Grundstücks zum Zeitpunkt der Schenkung zu Grunde zu legen.

255 Besteht ein Pflichtteils(ergänzungs)anspruch, so kann der Pflichtteilsberechtigte vom Erben Auskunft über den Bestand des Nachlasses verlangen (**Auskunftspflicht**). Weiterhin kann er verlangen, dass zu Lasten des Nachlasses ein Sachverständiger hinzugezogen wird.[224]

Der **Pflichtteilsergänzungsanspruch** besteht nach § 2325 Abs. 3 BGB nur für Schenkungen, die innerhalb der sog. 10-Jahres-Frist, d.h. 10 Jahre vor dem Erbfall, vollzogen wurden. Maßgeblicher Zeitpunkt des Eigentumsübergangs ist grundsätzlich der Zeitpunkt der Grundbucheintragung.[225]

256 Für die auf den zurückliegenden Stichtag bezogene Verkehrswertermittlung sind die Grundsätze einer retrograden (retroperspektiven) Verkehrswertermittlung maßgebend (ex post).[226]

Abb. 22: Niederstwertprinzip (§ 2325 Abs. 5, S. 2 BGB)

---

[222] BGH, Urt. vom 9.3.1988 – IVa ZR 227/86 – ; BGH, Urt. vom 2.12.1987 – IVa ZR 149/86 –.
[223] BGH, Urt. vom 17.1.1996 – IV ZR 214/96 –, NJW-RR 1996, 705; BGH, Urt. vom 29.4.1992 – IV ZR 252/91 –, NJW 1992, 2888 = EzGuG 20.140.
[224] BGH, Urt. 19.4.1989 – IVa ZR 85/88 –, NJW 1989, 2887.
[225] BGH, Urt. vom 2.12.1987 – IVa 149/86 – ; Sonderfälle BGH, Urt. vom 27.4.1994 – IV ZR 132/93 –, BGHZ 125, 395.
[226] BGH, Urt. vom 1.10.1986 – IVb ZR 69/85 –, NJW 1987, 321; BGH, Urt. vom 7.9.2005 – XII ZR 209/02 –.

Abb. 23: Niederstwertprinzip (§ 2325 Abs. 2, S. 2 BGB)

▶ *Zum Erbbaurecht bei Erbauseinandersetzungen vgl. Teil IX Rn. 222.*

3.2 Pflichtteilsanspruch bei land- oder forstwirtschaftlichen Betrieben

Für die Ermittlung des Pflichtteilsanspruchs an land- oder forstwirtschaftlichen Betrieben (Landgut) sieht das BGB in § 2312 BGB eine der Regelung des § 1376 Abs. 4 BGB für die Ermittlung des Zugewinnausgleichs entsprechende Regelung vor (vgl. Rn. 230 ff.). Für die Anwendung der Vorschrift kommt es auf die Verhältnisse zum Zeitpunkt des Erbfalls an[227].

Für Landgüter gilt die Besonderheit des § 2312 BGB[228]; die Vorschrift lautet:

„**§ 2312 BGB Landgut**

(1) Hat der Erblasser angeordnet oder ist nach § 2049 *(BGB)* anzunehmen, dass einer von mehreren Erben das Recht haben soll, ein zum Nachlasse gehörendes Landgut zu dem Ertragswert zu übernehmen, so ist, wenn von dem Rechte Gebrauch gemacht wird, der Ertragswert auch für die Berechnung des Pflichtteils maßgebend. Hat der Erblasser einen anderen Übernahmepreis bestimmt, so ist dieser maßgebend, wenn er den Ertragswert erreicht und den Schätzwert nicht übersteigt.

(2) Hinterlässt der Erblasser nur einen Erben, so kann er anordnen, dass der Berechnung des Pflichtteils der Ertragswert oder ein nach Absatz 1 Satz 2 bestimmter Wert zu Grunde gelegt werden soll.

(3) Diese Vorschriften finden nur Anwendung, wenn der Erbe, der das Landgut erwirbt, zu den im § 2303 *(BGB)* bezeichneten pflichtteilsberechtigten Personen gehört."

Pflichtteilsberechtigte Person ist ein Abkömmling des Erblassers, der durch Erbfolge ausgeschlossen ist (§ 2303 Abs. 1 Satz 1 BGB). Ebenso gehören zu dem Personenkreis Eltern und der Ehegatte des Erblassers, sofern sie durch Verfügung von Todes wegen von der Erbfolge ausgeschlossen sind (§ 2303 Abs. 2 BGB).

---

[227] BGH, Beschl. vom 14.12.1994 – IV ZR 113/94 –, EzGuG 20.154; OLG Köln, Urt. vom 26.9.1992 – 18 U123/91 –, EzGuG 12.106b.
[228] BGH, Urt. vom 21.3.1973 – IV ZR 157/71 –, EzGuG 20.54a; BGH, Urt. vom 15.12.1976 – IV ZR 27/75 –, EzGuG 20.64a; BGH, Urt. vom 12.7.1974 – IV ZR 19/73 – ; BGH, Urt. vom 14.2.1975 – IV ZR 28/73, NJW 1975, 1123 = MDR 1975, 562; BGH, Urt. vom 25.3.1954 – IV ZR 146/53 –, EzGuG 20.17; BGH, Urt. vom 4.7.1975 – IV ZR 3/74 –, BGHZ 65, 75 = WM 1975, 860 = NJW 1975, 1831.

VII Besondere Anlässe — Pflichtteilsanspruch

259 Der **Ertragswert** eines land- oder forstwirtschaftlichen Betriebs fällt in aller Regel weitaus niedriger aus als der **volle wirkliche Wert** unter Fortführungsgedanken, der dem **Verkehrswert** (= Verkaufswert) des Betriebs als Einheit entspricht. Sinn und Zweck der besonderen Regelung für land- oder forstwirtschaftliche Betriebe bestehen darin, mit dem niedrigeren Ertragswert dem Übernehmer des Landguts die Übernahme zu erleichtern und ihn vor übermäßigen Belastungen zu schützen; sie soll dem Erhalt schutzwürdiger landwirtschaftlicher Familienbetriebe dienen. § 2312 BGB kommt deshalb weder unmittelbar noch entsprechend zur Anwendung, wenn der Erblasser nur zu einem Bruchteil Eigentümer war; der Miteigentumsanteil ist dann mit seinem „vollen wirklichen Wert" (= Verkehrswert) anzusetzen[229]. Das Gleiche gilt, wenn aufgrund eines Übergabevertrags oder einer testamentarischen Anordnung das Landgut auf mehrere Erben übergehen soll[230].

▶ *Weitere Hinweise bei Rn. 229 ff.*

260 Grundsätzlich ist zu beachten, dass zur Bewertung landwirtschaftlicher Betriebe bei Erbauseinandersetzungen unterschiedliche Wertansätze heranzuziehen sind.

Abb. 24: Bewertung landwirtschaftlicher Betriebe bei Erbauseinandersetzung

Nr.	Situation	Wertstichtag	Bemerkung	Wertansatz
1	Erbfall ohne Hoferbe (Erbengemeinschaft)	Erbfall	kein Ertragswert	Verkehrswert § 194 BauGB (Fortführung oder Liquidation)
	Zuweisung	Erbfall	*Voraussetzung Beurteilung als Landgut*	Ertragswert § 2049 BGB
2	Erbfall mit Hoferbe	Erbfall	keine Anordnung des Erblassers bzw. keine Beurteilung als Landgut	Verkehrswert § 194 BauGB (Fortführung oder Liquidation)
			Beachtung § 2312 Abs. 3 i.V.m. § 2303 BGB	
			Voraussetzung Anordnung des Erblassers und Beurteilung als Landgut	Ertragswert § 2049 BGB
3	Übergabe (Schenkung)	a) Erbfall **oder** b) Schenkungsvollzug	keine Anordnung des Erblassers und keine Beurteilung als Landgut **Niederstwertprinzip § 2325 Abs. 2 BGB**	Verkehrswert § 194 BauGB (Fortführung oder Liquidation)
			Beachtung § 2312 Abs. 3 i.V.m. § 2303 BGB	
	Übergabe (Schenkung)	a) Erbfall **oder** b) Schenkungsvollzug	*Voraussetzung Anordnung des Erblassers und Beurteilung als Landgut* **Niederstwertprinzip § 2325 Abs. 2 BGB** Zustand: immer zum Zeitpunkt Schenkungsvollzug	Ertragswert § 2049 BGB

© Matthias Biederbeck, Dr. Fischer & Partner, 1999/2005

261 Steht kein Hoferbe zur Verfügung, so tritt an dessen Stelle eine Erbengemeinschaft. In diesem Fall ist der Verkehrswert zu ermitteln. Ist einer der Erben von der Erbfolge ausgeschlossen und macht einen Pflichtteilsanspruch geltend, so ist der Verkehrswert maßgebend. Als Bewertungsstichtag gilt nach § 2311 BGB der Todestag des Erblassers.

262 Ist ein Hoferbe vorhanden und hat der Erblasser keine Anordnung (Übernahme zum Ertragswert) getroffen, dann ist der volle wirkliche Wert (Verkehrswert unter Fortführungsgedanken) maßgebend. Wenn der Erblasser testamentarisch bestimmt hat, wer von den erbberechtigten den Hof übernehmen soll, ist der Ertragswert gem. § 2049 zu ermitteln. Entscheidende Voraussetzung ist, dass es sich um ein Landgut handelt und damit das so genannte Landwirtschaftsprivileg zur Anwendung kommt.

263 Hat jedoch ein Miterbe das Recht, z. B. im Wege der Zuweisung nach §§ 13 und 17 GrdstVG, den landwirtschaftlichen Betrieb zu übernehmen, so gilt als Wertansatz der Ertragswert nach

---

[229] BGH, Urt. vom 21.3.1973 – IV ZR 157/71 –, EzGuG 20.54a.
[230] BGH, Urt. vom 15.12.1976 – IV ZR 27/75 –, EzGuG 20.64a.

§ 2049 BGB. Übernimmt der Miterbe das Landgut zum Ertragswert, so ist der Ertragswert auch für die Berechnung des Pflichtteils maßgebend (§ 2312 Abs. 1 BGB).

Für die Vorgehensweise bei der **Wertermittlung sind vier Prinzipien maßgebend**: **264**

1. Verkehrswertprinzip
2. Vorsichtsprinzip
3. Methodenprinzip
4. Abgrenzungsprinzip

Grundsätzlich gilt das Verkehrswertprinzip (Verkehrswert bzw. Marktwert nach § 194 BauGB) mit der Ausnahme nach § 2311 BGB (Ertragswert).

Nach der Rechtsprechung des BVerfG muss es sich bei der Anwendung des Ertragswerts um **265** einen leistungsfähigen Betrieb handeln, der auch durch den Eigentümer bzw. einen Abkömmling weitergeführt wird. Es gelten diesbezüglich die gleichen Kriterien wie bei der Zugewinnermittlung (Rn. 229 ff.).

Bei der Verkehrs- und Reinertragsermittlung sollte man sich streng an die jeweiligen Verhält- **266** nisse bzw. an der tatsächlichen Wirtschaftsweise orientieren und Abweichungen in Richtung ordnungsgemäß vorsichtiger beurteilen (Vorsichtsprinzip). Das spielt insbesondere bei der Beurteilung des Anfangsvermögens eine große Rolle, da dieser Zeitpunkt oft viele Jahre zurückliegt. Abweichungen werden durch die Indizierung über einen längeren Zeitraum verstärkt.

Nach dem Methodenprinzip ist ein gleiches methodisches Vorgehen bei der Wertermittlung **267** des Anfangs- und des Endvermögens notwendig. Es sollen sich keine Differenzen zwischen Anfangs- und Endvermögen aus der Anwendung unterschiedlicher Methoden ergeben.

Das **Abgrenzungsprinzip** besagt, dass bei der Ertragswertermittlung eine Abgrenzung nach **268** Hofesvermögen und hofesfreien Vermögen zu erfolgen hat. Hofesfreies Vermögen ist ausschließlich nach dem Verkehrswert zu bewerten. Dabei gelten die gleichen Grundsätze wie bei der Erbauseinandersetzung (vgl. Rn. 231).

Bei einer **Übergabe** (Schenkung) ergeben sich als Wertstichtage der Zeitpunkt des Erbfalls **269** oder der Zeitpunkt des Schenkungsvollzugs. Der niedrigere Wert von beiden ist anzusetzen (vgl. Abb. 6 bis 8).

Eine **Schenkung des Hofes** bleibt bei der Pflichtteilsergänzung nach § 2325 BGB unberück- **270** sichtigt, wenn zurzeit des Erbfalls 10 Jahre seit der Leistung des verschenkten Gegenstandes verstrichen sind. Im Falle einer Schenkung an den Ehegatten kann sich der Zeitraum unter Umständen erheblich verlängern, da die 10-Jahres-Frist erst nach Auflösung der Ehe beginnt.

3.3 Pflichtteilsanspruch bei Unternehmen

Auch bei der Bemessung des Pflichtteilsanspruchs an Unternehmen kommt dem Anteil des **271** sog. **Firmenwerts** *(good will)* am Unternehmenswert eine besondere Bedeutung zu. Maßgeblich ist wiederum der Gesamtwert, wobei ein Firmenwert *(good will)* nur dann **unberücksichtigt bleibt, wenn er ausschließlich in der Person des Erblassers begründet war.**

Bei der Unternehmensbewertung auf der Grundlage des sog. Zukunftserfolgswerts ist nach Auf- **272** fassung des BGH auch die **während des Wertermittlungszeitraums erkennbare Entwicklung zu berücksichtigen,** während spätere Entwicklungen, „deren Wurzeln in der Zeit nach dem Wertermittlungsstichtag liegen", unberücksichtigt bleiben müssen (**Wurzeltheorie**)[231].

Der Liquidationswert eines Unternehmens stellt i.d.R. den untersten Wert eines Unterneh- **273** mens dar; etwas anderes kann gelten, **wenn ein Unternehmen fortgeführt wird, obwohl es ständig mit Verlusten arbeitet.** Für diesen Fall hat der BGH entschieden, dass dann nicht der

---

231 BGH, Urt. vom 17.1.1973 – IV ZR 142/70 –, EzGuG 20.53a.

3.4 Pflichtteilsanspruch bei Nießbrauchsvorbehalt

274 Nach ständiger Rechtsprechung des BGH[232] ist eine Schenkung unter Nießbrauchsvorbehalt unter der Herrschaft des Niederstwertprinzips nur in dem Umfang ergänzungspflichtig, wie der Grundstückswert den Wert des dem Erblasser verbliebenen Nießbrauchs übersteigt.

- Kommt es danach auf den Zeitpunkt der Schenkung (Grundstücksübertragung durch Grundbucheintragung) an, weil der (ohne Berücksichtigung des Wohnungsrechts) ermittelte Wert des Grundstücks (zum Zeitpunkt der Schenkung) unter dem Wert des Grundstücks zum Zeitpunkt des Erbfalls liegt, ist der Wert des Wohnungsrechts bei der Ermittlung des ergänzungspflichtigen Schenkungswerts in Abzug zu bringen.
- Ist dagegen der Grundstückswert im Zeitpunkt des Erbfalls maßgebend, kommt ein Abzug nicht in Betracht, weil zu dem Zeitpunkt das Wohnungsrecht erloschen ist.

---

232 BGH, Urt. vom 8.3.2006 – IV ZR 236/04 – ; GuG 2006, 240 = EzGuG 14.144; BGH, Urt. vom 8.4.1992 – IV ZR 2/91 –, NJW 1992, 2887 = EzGuG 14.112; BGH, Urt. vom 30.5.1990 – IV ZR 254/88 – ; BGH, Urt. vom 17.1.1996 – IV ZR 214/94 –, NJW-RR 1996, 705; BGH, Urt. vom 16.7.2003 – VIII ZR 30/03 –, NJW 2003, 2904.

Teil VIII

Städtebauliche Veranstaltungsgebiete
(Sanierungsgebiete, städtebauliche Entwicklungsbereiche,
Erhaltungssatzungen, Stadtumbausatzungen,
Umlegungsgebiete)

Teil VIII

Städtebauliche Veranstaltungsgebiete
(Sanierungsgebiete, städtebauliche Entwicklungsbereiche,
Erhaltungssatzungen, Stadtumbaumaßnahmen,
Umstrukturierungsgebiete)

Übersicht — Städtebauliche Veranstaltungsgebiete **VIII**

Städtebauliche Veranstaltungsgebiete
(Sanierungsgebiete, städtebauliche Entwicklungsbereiche, Erhaltungssatzungen, Stadtumbausatzungen, Umlegungsgebiete)

Gliederungsübersicht — Rn.

1 **Städtebauliche Sanierungsgebiete und Entwicklungsbereiche**
  1.1 Allgemeines
    1.1.1 Abschöpfung maßnahmenbedingter Bodenwerterhöhungen 1
    1.1.2 Städtebauliche Sanierungsmaßnahme
      1.1.2.1 Umfassendes Sanierungsverfahren 15
      1.1.2.2 Vereinfachtes Sanierungsverfahren 31
    1.1.3 Städtebauliche Entwicklungsmaßnahme
      1.1.3.1 Allgemeines 36
      1.1.3.2 Anwendungsvoraussetzung 42
  1.2 Besondere sanierungsrechtliche Vorschriften 46
  1.3 Steuerliche Vorschriften
    1.3.1 Steuerliche Behandlung von Modernisierungsmaßnahmen 53
    1.3.2 Steuerliche Behandlung des Ausgleichsbetrags
      1.3.2.1 Ertragsteuer 56
      1.3.2.2 Umsatzsteuer 61
      1.3.2.3 Grunderwerbsteuer 68

2 **Sanierungs- bzw. entwicklungsunbeeinflusster Grundstückswert**
  2.1 Anwendungsbereich
    2.1.1 Städtebaulicher Entwicklungsbereich 84
    2.1.2 Verhältnis zum Planungsschadensrecht 85
    2.1.3 Preisprüfung
      2.1.3.1 Allgemeines 92
      2.1.3.2 Versagung der Genehmigung 96
      2.1.3.3 Unwesentliche Preisüberschreitung 98
    2.1.4 Grunderwerb der Gemeinde, Sanierungs-, Entwicklungs- und Bedarfsträger 104
    2.1.5 Überführung in das Treuhandvermögen 107
  2.2 Ermittlung des sanierungsunbeeinflussten Grundstückswerts
    2.2.1 Allgemeines 108
    2.2.2 Qualifizierung des sanierungsunbeeinflussten Grundstückszustands
      2.2.2.1 Allgemeines 118
      2.2.2.2 Rechtliche Gegebenheiten 131
      2.2.2.3 Tatsächliche Eigenschaften und Beschaffenheit 134
      2.2.2.4 Externe Effekte 137
      2.2.2.5 Eigene Bodenwerterhöhungen 140
      2.2.2.6 Langfristige Miet- und Pachtverträge 147
      2.2.2.7 Umrechnung von Vergleichspreisen auf den Wertermittlungsstichtag 149
  2.3 Ermittlung des entwicklungsunbeeinflussten Grundstückswerts
    2.3.1 Allgemeines 150
    2.3.2 Qualifizierung des entwicklungsunbeeinflussten Grundstückszustands
      2.3.2.1 Allgemeines 154
      2.3.2.2 Mindermeinung 167
    2.3.3 Bewertungsprivileg für land- oder forstwirtschaftlich genutzte Grundstücke nach § 169 Abs. 4 BauGB 185
  2.4 Besonderheiten der Ermittlung sanierungs- oder entwicklungsunbeeinflusster Grundstückswerte für bebaute Grundstücke
    2.4.1 Allgemeines 194
    2.4.2 Sachwertverfahren 196
    2.4.3 Ertragswertverfahren 197

VIII Städtebauliche Veranstaltungsgebiete — Übersicht

3 Neuordnungswert
- 3.1 Anwendungsbereich
  - 3.1.1 Allgemeines 215
  - 3.1.2 Neuordnungswert im förmlich festgelegten Sanierungsgebiet 220
  - 3.1.3 Neuordnungswert im städtebaulichen Entwicklungsbereich 226
- 3.2 Ermittlung des Neuordnungswerts
  - 3.2.1 Allgemeines 235
  - 3.2.2 Qualifizierung des Neuordnungszustands
    - 3.2.2.1 Allgemeines 236
    - 3.2.2.2 Rechtliche Neuordnung 239
    - 3.2.2.3 Tatsächliche Neuordnung 241
  - 3.2.3 Qualifizierung des Neuordnungszustands in den Fällen, in denen die rechtliche und tatsächliche Neuordnung noch nicht abgeschlossen ist 243
- 3.3 Wertermittlungsverfahren
  - 3.3.1 Allgemeines 255
  - 3.3.2 Komponentenverfahren 258
  - 3.3.3 Ertragswirtschaftliches Verfahren 259
  - 3.3.4 Vergleichs- und Bodenrichtwertverfahren
    - 3.3.4.1 Allgemeines 260
    - 3.3.4.2 Vergleichspreise aus dem Sanierungsgebiet bzw. Entwicklungsbereich 265
  - 3.3.5 Multifaktorenanalyse 267
- 3.4 Besonderheiten der Ermittlung des Neuordnungswerts bebauter Grundstücke
  - 3.4.1 Allgemeines 268
  - 3.4.2 Sachwertverfahren 270
  - 3.4.3 Ertragswertverfahren 272
- 3.5 Verbilligte Grundstücksveräußerung 276

4 Ermittlung von Ausgleichsbeträgen
- 4.1 Erhebung von Ausgleichsbeträgen
  - 4.1.1 Allgemeines 285
  - 4.1.2 Ausgleichsbetrag in Sanierungsgebieten
    - 4.1.2.1 Übersicht 293
    - 4.1.2.2 Ausgleichsbetrag auf der Grundlage der sanierungsbedingten Bodenwerterhöhung (§ 154 Abs. 1 Satz 1 BauGB) 294
    - 4.1.2.3 Ausgleichsbetrag auf der Grundlage des Aufwands für die Erweiterung und Verbesserung von Erschließungsanlagen nach § 154 Abs. 2a BauGB 296
  - 4.1.3 Ausgleichsbeträge in städtebaulichen Entwicklungsbereichen 309
  - 4.1.4 Entstehung des Ausgleichsbetrags (Wertermittlungsstichtag) 311
  - 4.1.5 Fälligstellung des Ausgleichsbetrags 315
  - 4.1.6 Ausgleichsbetragsbescheid
    - 4.1.6.1 Allgemeines 319
    - 4.1.6.2 Begründung 320
    - 4.1.6.3 Anfechtung 321
  - 4.1.7 Absehen und Freistellung vom Ausgleichsbetrag
    - 4.1.7.1 Allgemeines 324
    - 4.1.7.2 Bagatellfall 326
    - 4.1.7.3 Unbillige Härte und öffentliches Interesse 338
    - 4.1.7.4 Erlass und Niederschlagung 339
  - 4.1.8 Entfallen des Ausgleichsbetrags bei Sanierungsumlegungen (§ 153 Abs. 5 BauGB) 340
- 4.2 Ausgleichsbetragsermittlung nach Abschluss der Maßnahme
  - 4.2.1 Allgemeines 341
  - 4.2.2 Wertermittlungsstichtag 353
- 4.3 Ermittlung des Anfangs- und Endwerts
  - 4.3.1 Übersicht 357
  - 4.3.2 Anfangswert
    - 4.3.2.1 Allgemeines 360
    - 4.3.2.2 Eigene Bodenwerterhöhungen 364
    - 4.3.2.3 Planungsschaden 366

Übersicht Städtebauliche Veranstaltungsgebiete VIII

		4.3.3	Endwert	
			4.3.3.1 Allgemeines	370
			4.3.3.2 Rechtliche und tatsächliche Neuordnung	378
			4.3.3.3 Abgabenrechtlicher Zustand	383
			4.3.3.4 Sonstige Grundstücksmerkmale	400
	4.4	Besondere Ermittlungsverfahren		
		4.4.1	Bodenrichtwertverfahren	403
		4.4.2	Delphi-Verfahren	411
		4.4.3	Ertragsdifferenzialverfahren	
			4.4.3.1 Allgemeines	413
			4.4.3.2 Beispiel	423
		4.4.4	Erdgeschossmietenverfahren	432
		4.4.5	Komponentenverfahren (Additives Verfahren)	434
		4.4.6	Niedersachsen-Verfahren	444
		4.4.7	Zielbaumverfahren (Multifaktorenanalyse)	
			4.4.7.1 Allgemeines	455
			4.4.7.2 Beispiel	469
		4.4.8	Hagedorn-Verfahren	473
	4.5	Ausgleichsbetragsermittlung vor Abschluss der Gesamtmaßnahme		
		4.5.1	Allgemeines	493
		4.5.2	Methodik	496
	4.6	Sonderregelung für die Endwertermittlung bebauter Grundstücke		
		4.6.1	Grundsätzliches zur Anfangs- und Endwertermittlung	498
		4.6.2	Sonderfälle	
			4.6.2.1 Allgemeines	501
			4.6.2.2 Planungsschaden	502
			4.6.2.3 Wirtschaftlich verbrauchte Bausubstanz (Freilegung)	506
			4.6.2.4 Beeinträchtigung der zulässigen Nutzbarkeit	514
	4.7	Sonderfälle		
		4.7.1	Gemeinbedarfsflächen	515
		4.7.2	Soziale Wohnraumförderung	521
		4.7.3	Erbbaurechtbelastete Grundstücke	
			4.7.3.1 Allgemeines	532
			4.7.3.2 Anpassung des Erbbauzinses nicht möglich	534
			4.7.3.3 Anpassung des Erbbauzinses möglich	536
	4.8	Anrechnungen auf den Ausgleichsbetrag (§ 155 Abs. 1 BauGB)		
		4.8.1	Allgemeines	539
		4.8.2	Vorteile und Bodenwerterhöhungen (§ 155 Abs. 1 Nr. 1 BauGB)	542
		4.8.3	Eigene Bodenwerterhöhungen (§ 155 Abs. 1 Nr. 2 BauGB)	547
		4.8.4	Teile des Kaufpreises nach § 155 Abs. 1 Nr. 3 BauGB	553
		4.8.5	Anrechnung von Freilegungskosten	
			4.8.5.1 Allgemeines	557
			4.8.5.2 Nichtsanierungsbedingte Freilegungskosten	562
			4.8.5.3 Sanierungsbedingte Freilegungskosten	564
	4.9	Beispiel eines Wertgutachtens zur Bemessung des Ausgleichsbetrags		572
5	**Wertermittlung im Geltungsbereich von Erhaltungssatzungen**			
	5.1	Allgemeines		573
	5.2	Verkehrswertermittlung		
		5.2.1	Grundsätzliches	583
		5.2.2	Genehmigungsvorbehalt	
			5.2.2.1 Rückbau baulicher Anlagen	591
			5.2.2.2 Änderung baulicher Anlagen	596
			5.2.2.3 Nutzungsänderung baulicher Anlagen	601
			5.2.2.4 Errichtung einer baulichen Anlage	603
			5.2.2.5 Grundstücksveräußerung	604
6	**Wertermittlung im Geltungsbereich von Stadtumbausatzungen**			
	6.1	Allgemeines		605
	6.2	Festlegung des Stadtumbaugebiets		610
	6.3	Planungsschaden		615

VIII Städtebauliche Veranstaltungsgebiete   Übersicht

7 Wertermittlung in Umlegungsgebieten
- 7.1 Übersicht 619
- 7.2 Typologie der Umlegungsverfahren 621
- 7.3 Verfahrensablauf 626
- 7.4 Einführung in die Umlegung; Begriffe
  - 7.4.1 Vorbemerkung 630
  - 7.4.2 Umlegungs- und Verteilungsmasse 631
  - 7.4.3 Flächen- und Wertumlegung
    - 7.4.3.1 Flächenumlegung 639
    - 7.4.3.2 Wertumlegung 651
  - 7.4.4 Sollanspruch und Zuteilung
    - 7.4.4.1 Allgemeines 652
    - 7.4.4.2 Sollanspruch bei Verteilung nach Flächen (Flächenumlegung) 653
    - 7.4.4.3 Sollanspruch bei Verteilung nach Werten (Wertumlegung) 655
    - 7.4.4.4 Sollanspruch bei Anwendung der vereinfachten Umlegung 657
  - 7.4.5 Zuteilung 658
  - 7.4.6 Exkurs: Freiwillige Umlegungen 662
- 7.5 Allgemeine Grundsätze der Wertermittlung in Umlegungsgebieten
  - 7.5.1 Wertermittlungsstichtag
    - 7.5.1.1 Allgemeines 663
    - 7.5.1.2 Wertermittlungsstichtag für Mehr- und Minderzuteilungen 666
    - 7.5.1.3 Wertermittlungsstichtag in der Sanierungsumlegung 678
  - 7.5.2 Gegenstand der Wertermittlung 691
  - 7.5.3 Maßgeblicher Grundstückszustand
    - 7.5.3.1 Allgemeines 692
    - 7.5.3.2 Einwurfswert 693
    - 7.5.3.3 Zuteilungswert 715
  - 7.5.4 Gemeinbedarfsflächen 729
- 7.6 Steuerliche Behandlung
  - 7.6.1 Grunderwerbsteuer 734
  - 7.6.2 Einkommensteuer 738

1 Städtebauliche Sanierungsgebiete und Entwicklungsbereiche

Schrifttum: *Busch, B.*, Städtebauliche Entwicklungsmaßnahmen und Verträge als Mittel der Wertabschöpfung durch Kommunen, in Immobilienrecht 2000, RWS-Forum 19, Köln 2000; *Diehr, U.*, BauR 2000, 1; *Friauf*, Der Beitrag steuerlicher Maßnahmen zur Lösung der Bodenfrage, Schriftenreihe des BMBau 03.064, Bonn 1978, S. 90 ff.; *Gaentzsch, G.*, Die Bodenwertabschöpfung im StBauFG, Siegburg 1975; *Janning*, Bodenwert und Städtebaurecht, Berlin 1976; *Groth/Streck*, Abschöpfung leistungsloser Bodenwertsteigerungen, Kritische Justiz 1998, 318; *Halstenberg/Lenort/Rößler*, Vorteils- und Schadensausgleich im Planungsrecht, Schriften des Deutschen Verbandes für Wohnungswesen, Städtebau und Raumplanung, Köln 1958; GuG 1997, 47, 106 ff. und 234 ff.; *Huber, P.*, Rechtliche Grenzen von Planungswertausgleich und städtebaulichen Verträgen, DÖV 1999, 173; *Leisner*, Wertzuwachsbesteuerung und Eigentum, Schriften zum Steuerrecht Bd. 19, Berlin 1973, S. 83 ff.; *Roller, G.*, Wertermittlung im Spannungsfeld von (gesetzlicher) Umlegung und maßnahmenbedingter Wertabschöpfung, GuG 2005, 1; *Schmidt-Assmann*, Grundfragen des Städtebaurechts, Göttingen 1972, S. 261 ff.; *Schmidt-Eichstaedt*, Die (Rück-)Verteilung eines Überschusses an die Eigentümer nach Abschluss einer städtebaulichen Sanierungs- oder Entwicklungsmaßnahme, GuG 2009, 92; *Troll*, Grund und Boden, Politik und Steuern, Heidelberg 1972, S. 56 ff.; *Wissenschaftlicher Beirat beim BMF*: Probleme und Lösungsmöglichkeiten einer Bodenwertzuwachsbesteuerung; Schriftenreihe des BMF Bd. 22, Bonn 1976.

1.1 Allgemeines

1.1.1 Abschöpfung maßnahmenbedingter Bodenwerterhöhungen

Die bodenpolitische Konzeption des Sanierungs- und Entwicklungsmaßnahmenrechts ist (von den vereinfachten Sanierungsverfahren abgesehen) darauf gerichtet, sanierungs- bzw. entwicklungsbedingte Bodenwerterhöhungen, die erst durch die gemeindlichen Sanierungs- bzw. Entwicklungsmaßnahmen herbeigeführt werden,

– zur **Finanzierung der Sanierung bzw. Entwicklung** (§ 154 Abs. 1 Satz 1 BauGB) und
– zur **Vermeidung von Erschwernissen bei der Durchführung der Sanierung bzw. Entwicklung** (§ 142 Abs. 4 Satz 1 BauGB)

der Gemeinde und somit der Allgemeinheit zu erhalten.

Für diesen Zweck wird **nach der Grundsatzregelung des § 154 Abs. 1 Satz 1 BauGB** von demjenigen Eigentümer, der im Verlauf einer Sanierungs- oder Entwicklungsmaßnahme sein Grundstück behalten hat, nach Abschluss der Maßnahme an Stelle des Erschließungsbeitrags und eines naturschutzrechtlichen Kostenerstattungsbetrags ein **Ausgleichsbetrag in Höhe der sanierungs- bzw. entwicklungsbedingten Bodenwerterhöhungen** erhoben (§§ 154 f., 159 Abs. 5 und § 166 Abs. 3 Satz 4 BauGB). Für diejenigen, die im Verlauf der Maßnahme ihr Grundstück freihändig bzw. im Wege der Enteignung „hergegeben" haben, sind – gleichsam spiegelbildlich hierzu – bei der Bemessung von Ausgleichs- und Entschädigungsleistungen die sanierungs- bzw. entwicklungsbedingten Werterhöhungen „auszuklammern", d.h., die entschädigungsrechtlich zu berücksichtigende Qualität bestimmt sich – in Anwendung des Grundsatzes, der § 153 Abs. 1 BauGB zugrunde liegt –, nach dem Zustand des Grundstücks ohne Aussicht auf die Sanierung bzw. Entwicklung, ihre Vorbereitung und Durchführung. Dieser Grundstückswert wird auch als „sanierungs- bzw. entwicklungsunbeeinflusster Grundstückswert" bezeichnet. Mit der sog. Preisprüfung nach § 144 i.V.m. § 153 Abs. 2 BauGB hat der Gesetzgeber sichergestellt, dass dieser Grundstückswert bei freihändiger Veräußerung grundsätzlich nicht überschritten wird.

Mit der am 1.1.2007 in Kraft getretenen **Sonderregelung des § 154 Abs. 2a BauGB**[1] wird die Gemeinde ermächtigt, abweichend von der Grundsatzregelung des § 154 Abs. 1 Satz 1 BauGB durch Satzung zu bestimmen, dass der Ausgleichsbetrag in einem „vereinfachten Ver-

---

[1] Vgl. Art. 12 des Gesetzes vom 21.12.2006 (BGBl. I 2006, 3316).

fahren"[2] nach einem in der Satzung zu bestimmenden Vomhundertsatz des Aufwands für die Erweiterung oder Verbesserung von Erschließungsanlagen i.S. des § 127 Abs. 2 Nr. 1 bis 3 BauGB in dem gesamten Sanierungsgebiet berechnet wird, wobei 50 vom Hundert des Aufwands nicht überschritten werden dürfen[3]. Der sich an den Kosten der Erweiterung und Verbesserung von Erschließungsanlagen bemessende Ausgleichsbetrag stellt im Rahmen der bodenpolitischen Konzeption des besonderen Sanierungsrechts, nach der die Sanierungsbetroffenen allein nach der für ihre Grundstücke eingetretenen Bodenwerterhöhung an der Finanzierung der Sanierungsmaßnahme beteiligt werden, einen „Fremdkörper" dar, denn nach dieser Vorschrift kann sich für den Sanierungsbetroffenen auch ein höherer Ausgleichsbetrag ergeben. Die Vorschrift findet nach § 169 Abs. 1 Nr. 7 BauGB keine Anwendung in städtebaulichen Entwicklungsbereichen, da „hier regelmäßig mit höheren entwicklungsbedingten Wertsteigerungen zu rechnen" sei[4]. Bei den nachfolgenden Ausführungen bleibt der Ausgleichsbetrag nach der Sonderregelung des § 154 Abs. 2a BauGB zunächst außer Betracht.

4   Die bodenpolitische Konzeption liegt auch der **städtebaulichen Entwicklungsmaßnahme** zugrunde, bei der nach § 166 Abs. 3 BauGB die entwicklungsbedingte Bodenwerterhöhung im Regelfall im Wege des sog. Durchgangserwerbs und in Ausnahmefällen durch die Erhebung von Ausgleichsbeträgen „abgeschöpft" wird. Der Grunderwerb erfolgt hier zum „entwicklungsunbeeinflussten Grundstückswert".

5   Das BauGB hat – wie bereits erwähnt – mit den „Besonderen sanierungsrechtlichen Vorschriften" der §§ 153 bis 156a BauGB über die „Abschöpfung" sanierungs- und entwicklungsbedingter Werterhöhungen **die bereits dem StBauFG zugrunde liegende bodenpolitische Konzeption in ihren Grundzügen unverändert übernommen**. Mit dieser Konzeption ist der Rechtsgedanke fortentwickelt worden, der auch der „Abschöpfung" umlegungsbedingter Bodenwerterhöhungen nach den §§ 45 ff. BauGB zugrunde liegt[5]. In der Literatur besteht hierzu im Wesentlichen Übereinstimmung, dass die bodenrechtliche Ausgestaltung des Sanierungs- und Entwicklungsrechts, soweit sie Art. 14 GG berührt, ihre verfassungsrechtliche Grundlage in Art. 14 Abs. 1 Satz 2 und Abs. 2 GG findet. Im Übrigen ist die sanierungs- und entwicklungsrechtliche Konzeption auch im Hinblick auf die unterschiedliche Behandlung der Eigentümer innerhalb und außerhalb förmlich festgelegter Sanierungsgebiete bzw. städtebaulicher Entwicklungsbereiche in der höchstrichterlichen Rechtsprechung gebilligt worden (vgl. Rn. 14).

6   Der **Ausgleichsbetrag** *(Equalization Levy)* nach den §§ 154 f. BauGB **ist nicht mit dem sog. Planungswertausgleich**[6] gleichzusetzen, da er sich zur Finanzierung der Maßnahme nach der Gesamtheit der maßnahmenbedingten (ggf. unter Einbeziehung planungsbedingter) Werterhöhungen und ersatzweise für die sonst zu erhebenden Erschließungsbeiträge und Kostenerstattungsbeträge bemisst und durch die aufgewandten Kosten „gekappt" wird (§ 156a BauGB 98).

---

2   A-Bericht BT-Drucks. 16/3308, S. 22 f.
3   Vgl. Ernst/Zinkahn/Bielenberg, BauGB § 154 Rn. 149a.
4   A-Bericht BT-Drucks. 16/3308 S. 23.
5   BVerfG, Beschl. vom 17.12.1964 – 1 BvL 2/62 –, EzGuG 17.24.
6   Historische Vorläufer sind z.B. das „Betterment-System" der napoleonischen Gesetzgebung vom 16.6.1807 (Art. 30; vgl. Weber, A., Über Bodenrente und Bodenspekulation in der modernen Stadt, Leipzig, S. 183) und hierauf aufbauend die „Betterment-Abgabe" des Magistrats der Stadt Breslau (Jahrbuch der Bodenreform 1906, 44, 131); die Bettermentabgabe der Stadt Frankfurt a. M. (Jahrbuch der Bodenreform 1905, 209), der Planungswertausgleich im Reichsland Elsaß (Colbert, Jahrbuch der Bodenreform 1908, 177); Gesetz vom 16.9.1807 (Art. 30 f.), „Le principe des plus values". Einen „delikaten" Vorläufer enthält der Referentenentwurf eines Deutschen Baugesetzbuchs vom 21.3.1942 (Referate für Aufbau und Allgemeines), der Abgaben für Wertsteigerungen bei der Überführung von Rohland zu Bauland (Baulandabgabe) und Abgaben für Wertsteigerung bei städtebaulichen Maßnahmen (Wertsteigerungsabgaben) in den §§ 96 und 97 vorsah. Die Abgabe sollte 80 v.H. der Werterhöhung entsprechen. Nach dem 2. Weltkrieg: Bielenberg, W., Empfehlen sich weitere bodenrechtliche Vorschriften im städtebaulichen Bereich?, Gutachten zum 49. Deutschen Juristentag, München 1972.

Der sog. **Planungswertausgleich**, der abgabenrechtlich von der sog. Wertzuwachssteuer[7] unterschieden werden muss, war nie unumstritten. Eine Steuer auf den nichtrealisierten Wertzuwachs, so *Tipke/Lang*[8] in ihrem Steuerkommentar, wäre mit Substanzsteuermängeln behaftet und hat sich deshalb nicht in der Rechtswirklichkeit durchgesetzt; „in Gestalt einer kommunalen Steuer auf Bodenwertsteigerungen, auch Planungswertausgleich genannt, wird sie immer wieder einmal von steuerunwissenden Ideologen ins Spiel gebracht."

Ein Planungswertausgleich ist entgegen weit verbreiteter Auffassung auch nicht in den **Niederlanden** eingeführt worden[9].

Im Vorfeld der Beratungen zum StBauFG, dem Vorläufer des besonderen Städtebaurechts, wurden als bodenpolitische Lösung zur Finanzierung der Maßnahme die sog. Kostenlösung und die sog. Wertlösung diskutiert:

– Nach der sog. *Kost*enlösung (Infrastrukturabgabe) werden die betroffenen Eigentümer – vergleichbar mit der Erhebung von Erschließungsbeiträgen – mit den maßnahmenbedingten Infrastrukturkosten belastet. Dieser Lösungsansatz wurde im Hinblick auf das ungelöste Zurechnungsproblem, d.h. die Zuordnung von Infrastrukturkosten zu den von den Infrastrukturmaßnahmen begünstigten Grundstücken, verworfen[10]. Diese Zurechnung ist nicht eindeutig lösbar und damit äußerst streitbefangen; sie würde im Übrigen die betroffenen Eigentümer regelmäßig mit einem höheren Betrag belasten, als ihre Grundstücke im Wert steigen.

– Nach der sog. *Wert*lösung werden die betroffenen Eigentümer lediglich mit dem Betrag belastet, der der maßnahmenbedingten Werterhöhung ihrer Grundstücke entspricht.

Der Gesetzgeber hat sich schließlich zu einer **kombinierten Wert-Kostenlösung** entschieden, mit der sich die „Abschöpfung" maßnahmenbedingter Bodenwerterhöhungen zunächst nach der maßnahmenbedingten Erhöhung der Verkehrswerte der betroffenen Grundstücke bemisst und nur in den Fällen, in denen die aufsummierten maßnahmenbedingten Bodenwerterhöhungen die Kosten übersteigen, eine Verteilung des Überschusses erfolgt (vgl. § 156a BauGB sowie § 171 BauGB).

Im Ergebnis wird die Abschöpfung der maßnahmenbedingten Bodenwerterhöhung des einzelnen Grundstücks durch den auf dieses Grundstück entfallenden Kostenanteil der Gesamtmaßnahme in den Fällen gekappt, in denen die Gesamteinnahmen aus der Abschöpfung maßnahmenbedingter Bodenwerterhöhungen die Gesamtkosten der Maßnahme übersteigen. Dies kann allerdings erst nach Abschluss der Maßnahme und dem Verfahren zur Erhebung von Ausgleichsbeträgen auf der Grundlage einer Abrechnung der Maßnahme festgestellt werden. Das Gesetzbuch geht für einen solchen Ausnahmefall von einer nachträglichen Überschussausschüttung aus (vgl. Rn. 229 ff.). Insoweit sieht das bodenpolitische System des Besonderen Städtebaurechts **zwei Kappungsgrenzen** vor (vgl. Abb. 1):

a) eine Kappung der Abschöpfung der maßnahmenbedingten Gesamtkosten durch den maßnahmenbedingten Bodenwertzuwachs des einzelnen Grundstücks sowie

b) eine Kappung der Abschöpfung der maßnahmenbedingten Bodenwerterhöhung des einzelnen Grundstücks durch die auf dieses Grundstück entfallenden Anteile der Gesamtkosten, wobei dieser Fall allerdings nur dann eintritt, wenn die Gesamteinnahmen die

---

7 S. Kumpmann, Wertzuwachssteuer, Tübingen 1907; Müthling, Wertzuwachssteuerrecht, Berlin 1943; Tuntke, Die Behandlung der Bodenwertsteigerungen im englischen Recht, Diss. Köln 1969; Sachse, DB 1971, 1179; v. Schalburg, BB 1971, 695; Zink/Liedschulte, StuW 1971, 45; K.-H. Peters, Die Bodenreform, Hamburg 1971; Ostendorf, Einführung in die Bodenwertzuwachssteuer, FR 1971, 137; Troll, Grund und Boden, Politik und Steuer, Heidelberg 1972; K. H. Friauf, Steuergesetzgebung als Instrument der Bodenordnung (Bodenwertzuwachssteuer), DVBl. 1972, 652; Zink, Die Probleme einer Wertzuwachsbesteuerung, StuW 1973, 150; v. Nell-Breuning, Handbuch der Finanzwissenschaft, Bd. 2, Tübingen 1956, 557 ff. (s. auch 521 ff.); Friedr. Klein, Bodenwertzuwachssteuer und Art. 14 GG, DÖV 1973, 433; Liedschulte/Zink, Die Erfassung von Wertzuwächsen im Rahmen der Einkommens- und Ertragsbesteuerung, Opladen 1973.
8 Tipke/Lang, Steuerrecht § 4 Rn. 107, S. 86.
9 Schmidt-Eichstaedt, GuG 1999, 65; Needham/Koenders/Kruijt, The Netherlands, UCL Press London 1993, S. 69; Jans, Planungs- und Bodenrecht in den Niederlanden, Archiv für Kommunalwissenschaft 1968, 318.
10 OVG Lüneburg, Urt. vom 27.7.1972 – 1 A 118/71 –, EzGuG 1.11; BVerwG, Urt. vom 30.11.1973 – 7 C 78/72 –, EzGuG 1.14; BVerfG, Beschl. vom 12.10.1978 – 2 BvR 154/74 –, EzGuG 1.18.

Gesamtkosten übersteigen. In diesem Fall vollzieht sich diese „Kappung" durch eine nachträgliche Ausschüttung des Überschusses nach § 156a BauGB.

12 Die Ausgleichsbetragsregelung des Besonderen Städtebaurechts ist damit vom **Äquivalenzprinzip** beherrscht und kann nicht mit der klassischen Forderung nach einem Planungswertausgleich gleichgesetzt werden, da dann auch erhebliche Abgaben im Verhältnis zu geringen gemeindlichen Aufwendungen entstehen können.

Abb. 1: Kappung der Kosten und des Bodenwertzuwachses

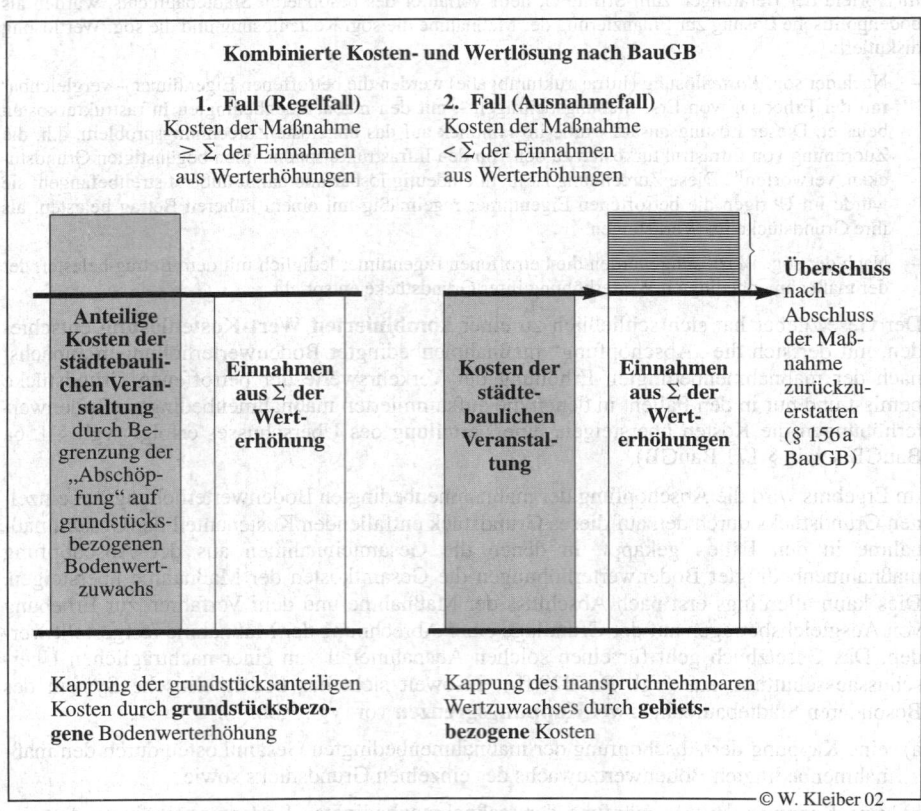

13 Die Erhebung von Ausgleichsbeträgen war rechtspolitisch nie unumstritten[11]. Die Bundesregierung hat jedoch schon anlässlich der Beratungen zum StBauFG 1984 im Bundesrat angekündigt, dass die besondere bodenpolitische Konzeption des StBauFG in das BauGB übernommen werde[12]. Demgegenüber hatte die zur Vorbereitung des BauGB eingesetzte Arbeitsgruppe noch mehrheitlich die Aufhebung des Ausgleichsbetragsrechts empfohlen[13]. Hierzu wurde in der Stellungnahme des Bundesministers für Raumordnung, Bauwesen und Städtebau zu bedenken gegeben, dass das Ausgleichsbetragsrecht für sich habe, dass die **Eigentümer nach gleichen Maßstäben und mit einer an der tatsächlichen Werterhöhung**

---

11 Glier in BIGBW 1975, 24; Bielenberg in BIGBW 1974, 1; Göb in BIGBW 1972, 41; Müller in BIGBW 1955,145; Risse in FWW 1975, 365; ders. in FWW 1976, 59; Holzheu, F., in Stadtbauwelt 1974, 17; Hintzsche in Stadtbauwelt 1970; Janning, Bodenwert und Städtebaurecht, Köln 1976; Haman, Bodenwert und Stadtplanung, Köln 1969; Risse in GWW 1976, 112; Peters in GWW 1971, 420; Kuttler/Zangg in WuR, Zürich 1972, S. 251, Angelini, ibidem 1972 S. 269; Materialien zum BauGB, BMBau Schriftenreihe 03.108, Bonn 1984, S. 124 f.
12 BR-PlenProt Nr. 452 der BR-Sitzung vom 26.10.1984; DVBl. 1984, 580.
13 Materialien zum BauGB, Schriftenreihe des BMBau 03.108, S. 96, 124.

ihrer Grundstücke orientierten Belastungsgrenze an den Kosten der Sanierungsmaßnahme beteiligt werden, während die Erhebung eines an Kosten orientierten Erschließungsbeitrags sowie eines Beitrags nach dem Kommunalabgabengesetz (KAG) bei geringen Bodenwerterhöhungen in Gebieten mit geringer Wirtschaftskraft zu höheren Belastungen der Eigentümer führen könne[14].

Die **Schutzfunktion des Ausgleichsbetrags** ist – ähnlich der Ausgleichsleistung im Umlegungsverfahren – von entscheidender Bedeutung für die Akzeptanz der abgabenrechtlichen Vorschriften. Eine über den Wertzuwachs des Grundstücks hinausgehende Belastung der Eigentümer müsste dagegen deren Mitwirkungsbereitschaft mindern und die Durchführung der Sanierung erschweren. Darüber hinaus weist das Ausgleichsbetragsrecht mehr als das Erschließungsbeitragsrecht eine Reihe sozialer Komponenten auf, wie z.B. die Regelung über die Umwandlung des Ausgleichsbetrags in ein Tilgungsdarlehen sowie über das Absehen von der Festsetzung und Erhebung des Ausgleichsbetrags. Neben diesen Gründen war für die Übernahme des Ausgleichsbetragsrechts in das BauGB entscheidend, dass bislang von keiner Seite eine gleichwertige und praktizierbare Ersatzlösung vorgeschlagen worden ist und schon im Hinblick auf laufende Sanierungsverfahren Änderungen in diesem Rechtsbereich erhebliche Probleme aufwerfen würden. Vor diesem Hintergrund ist die Übernahme des Ausgleichsbetragsrechts im federführenden BT-Ausschuss seinerzeit einmütig beschlossen worden. Rechtspolitisch ist damit die Anerkennung eines in der Vergangenheit umstrittenen Rechtsbereichs verbunden[15].

14

---

14 So auch BT-Ausschuss anlässlich der Beratungen der StBauFG 84; vgl. BT-Drucks. 10/2039, S. 5; sowie Schäfer/difu, Erfahrungen mit der Stadterneuerung nach dem StBauFG, Schriftenreihe des BMBau 02.036, Bonn 1986, S. 231.
15 **Sanierungs- und entwicklungsbedingte Werterhöhungen** werden nicht nur durch Ausgleichsbeträge, sondern in großem und zumeist überwiegendem Umfang **bereits vor Abschluss der Maßnahme abgeschöpft**. Einen Überblick gibt Abb. 2. VG Schleswig, Urt. vom 25.9.1974 – 2 A 108/74 –, EzGuG 15.1; VG Schleswig, Urt. vom 25.9.1974 – 2 A 141/74 –, EzGuG 15.2; OVG Lüneburg, Beschl. vom 5.11.1975 – 1 C 3/74 –, EzGuG 15.3; OVG Münster, Urt. vom 8.4.19976 – 10 A 1011/75 –, EzGuG 15.4; LG Limburg, Urt. vom 6.7.1976 – 3 T 175/76 –, EzGuG 15.5; OLG Bremen, Beschl. vom 6.10.1976 – 1 W 59/76 –, EzGuG 15.6; OVG Lüneburg, Urt. vom 15.12.1977 – 1 A 311/74 –, EzGuG 15.7; VG Kassel, Urt. vom 21.7.1978 – 2 E 1/77 –, EzGuG 15.7a; BVerwG, Urt. vom 25.10.1978 – 4 C 48/76 –, EzGuG 15.8; BVerwG, Urt. vom 24.11.1978 – 4 C 56/76 –, EzGuG 15.9; OVG Lüneburg, Urt. vom 30.11.1978 – 6 A 37/77 –, EzGuG 15.10; OVG Münster, Urt. vom 20.3.1979 – 7 A 1726/76 –, EzGuG 15.11; OVG Bremen, Urt. vom 30.10.1979 – 2 BA 90/78 –, EzGuG 15.13; BayVGH, Urt. vom 17.12.1979 – 14 N 838/79 –, EzGuG 15.14; OVG Münster, Urt. vom 10.3.1980 – 11a NE 15/77 –, EzGuG 15.15; BGH, Urt. vom 8.5.1980 – III ZR 27/77 –, EzGuG 15.16; LG Köln, Urt. vom 31. 3. 1981 – 65 O 1/79–, EzGuG 15.17; BVerwG, Urt. vom 21. 8. 1981 – 4 C 16/87 –, EzGuG 15.18; BVerwG, Urt. vom 15.1.1982 – 4 C94/79 –, EzGuG 15.21; VGH Mannheim, Urt. vom 9.2.1982 – 8 S 1343/81 –, EzGuG 14.71; OVG Lüneburg, Beschl. vom 28.7.1983 – 1 B 34/83 –, EzGuG 15.25; BVerwG, Urt. vom 21.10. 1983 – 8 C 40/83 –, EzGuG 15.26; OVG Münster, Urt. vom 28.10.1983 – 3 K 1102/81 –, EzGuG 15.27; BGH, Urt. vom 12.1.1984 – III ZR 103/82 –, EzGuG 15.28; VG Mainz, Urt. vom 31.1.1984 – K 18/82 – (unveröffentlicht); VG Lüneburg, Urt. vom 15.8.1984 –11 A 70/83 –, EzGuG 15.30; BGH, Beschl. vom 18.10.1984 – III ZR 116/83 –, EzGuG 15.34; VG Schleswig, Beschl. vom 31.10.1984 – 12D 95/84 –, EzGuG 15.35; VG Hannover, Urt. vom 5.12.1984 – 8 A 174/84 –, EzGuG 15.36; BVerwG, Urt. vom 26.3.1985 – 4 B 9/85 –, EzGuG 15.37; VG Oldenburg, Urt. vom 27.3.1985 – 2 OSD 13/85 –, EzGuG 15.38; OVG Lüneburg, Beschl. vom 8.7.1985 – 1 B 114/84 –, EzGuG 15.40; OVG Lüneburg, Beschl. vom 10.7.1985 – 6 B 64/85 –, EzGuG 15.41; VG Schleswig, Beschl. vom 26.11.1985 – 12 D 96/84 –, EzGuG 14.43; OVG Lüneburg, Beschl. vom 3.1.1986 – 1 A 22/84 –, EzGuG 15.44; VG Hannover, Beschl. vom 21.3.1986 – 4 D 4/86 –, EzGuG 15.45; VG Köln, Urt. vom 16.5.1986 – 1 K 3039/85 –, EzGuG 15.46; VG Darmstadt, Beschl. vom 21.5.1986 – IV/2 H 2455/85 –, EzGuG 15.47; OVG Lüneburg, Urt. vom 30.10.1986 – 6 A 32/85 –, EzGuG 15.50; VG Köln, Urt. vom 8.5.1987 – K 2398/86 –, EzGuG 15.52; VG Köln, Beschl. vom 22.5.1987 – 13 L 292/87 –, EzGuG 15.53; BVerwG, Beschl. vom 29.6.1987 – 8 B 36/87 –, EzGuG 15.54; LG Osnabrück, Urt. vom 26.10.1987 – 5 O 5/85 – 15/85 –, EzGuG 15.55; VG Minden, Urt. vom 1.11.1987 – 1 L 58/87 –, EzGuG 15.56; OVG Münster, Beschl. vom 23.11.1987 – 22 B 2787/87 –, EzGuG 15.57; OVG Bremen, Beschl. vom 26.11.1987 – 1 B 84/87 –, EzGuG 15.58; VG Bremen, Beschl. vom 4.12.1987 – 1 B 84/87 – (unveröffentlicht); VG Hannover, Urt. vom 20.1.1988 – 4 A 13/86 –, EzGuG 15.59; VG Münster, Urt. vom 18.2.1988 – 3 K 2268/85 –, EzGuG 15.60; BFH, Urt. vom 3.8.1988 – II R 210/85 –, EzGuG 15.61; OVG Lüneburg, Beschl. vom 10.10.1988 – 1 B 102/88 –, EzGuG 15.62; VG Oldenburg, Beschl. vom 11.10.1989 – 2 B 36/89 –, EzGuG 15.63; LG Kiel, Urt. vom 3.11.1989 – 19 O 4/83 –, EzGuG 15.64; LG Kiel, Urt. vom 3.11.1989 – 19 O 3/83 –, GuG 1990, 103 = EzGuG 15.64; BayVGH, Urt. vom 16.11.1989 – 2 B 89.1217 –, EzGuG 15.65; OVG Hamburg, Beschl. vom 7.3.1990 – Bs VI98/89 –, EzGuG 15.66; OVG Münster, Urt. vom 9.4.1990 – 22 A 1185/89 –, EzGuG 15.67; LG Darmstadt, Urt. vom 22.8.1990 – 9 O (B) 7/88 –, EzGuG 15.67a; VG Koblenz, Beschl. vom 20.3.1991 – 8 L 4420/90 –,

VIII Sanierungsgebiete Bodenwerterhöhungen

EzGuG 15.69; OLG Frankfurt am Main, Urt. vom 24.6.1991 – 1 U (B) 2/90 –, GuG 1997, 54 = EzGuG 15.69a; VGH Kassel, Beschl. vom 29.10.1991 – 4 N 1815/85 –, EzGuG 15.70; OVG Lüneburg, Urt. vom 24.1.1992 – 1 L 46.47/90 –, EzGuG 15.71; OVG Hamburg, Beschl. vom 24.9.1992 – Bs. VI 65/92 –, EzGuG 15.72; FG Saarland, Urt. vom 15.12.1992 – 1 K 406/91 –, EzGuG 15.73; BVerwG, Beschl. vom 17.12.1992 – 4 C 30/90 –, GuG 1993, 180 = EzGuG 15.74; VG Schleswig, Urt. vom 15.2.1993 – 8 A 200/89 –, GuG 1993, 316 = EzGuG 15.75; VG Bremen, Urt. vom 19.5.1993 – 1 A 153/89 –, GuG 1994, 59 = EzGuG 15.77; BGH, Beschl. vom 28.9.1993 – III ZR 91/92 –, EzGuG 15.76; BFH, Urt. vom 27.10.1993 – I R 65/92 –, EzGuG 15.78; VG Bremen, Urt. vom 14.12.1993 – 1 A573/91 –, EzGuG 15.80; BVerwG, Beschl. vom 16.1.1996 – 4 B 69/95 –, EzGuG 15.83 = GuG 1996, 111; VG Kassel, Gerichtsentscheid vom 25.3.1996 – 6 E 2049/92 –, GuG 1996, 316 = EzGuG 15.84; VG Mainz, Beschl. vom 14.6.1996 – 2 L 259/95 –, GuG 1996, 317 = EzGuG 15.85; LG Darmstadt, Urt. vom 31.7.1996 – 9 O (B) 12/93 –, GuG 1997, 56 = EzGuG 15.86; VGH Mannheim, Beschl. vom 1.10.1996 – 3 S 1904/96 –, GuG 1997, 61 = EzGuG 15.87; OVG Münster, Urt. vom 5.12.1996 – 22 A 1755/93 –, GuG 1998, 58 = EzGuG 15.88; OVG Lüneburg, Urt. vom 17.1.1997 – 1 L 1218/95 –, GuG 2000, 179 = EzGuG 15.87a; OVG Lüneburg, Urt. vom 29.5.1997 – 1 K 5/96 –, GuG 1998, 185 = EzGuG 15; OVG Bremen, Urt. vom 19.8.1997 – 1 BA 59/96 –, GuG 1998, 313 = EzGuG 15.88a; VG Freiburg, Beschl. vom 10.9.1997 – 3 K 1389/95 –, GuG 1998, 121 = EzGuG 15.89; BVerwG, Beschl. vom 19.11.1997 – 4 B 182/97 –, GuG 1998, 179 = EzGuG 15.90; BVerwG, Beschl. vom 8.1.1998 – 4 B 221/97 –, GuG 1998, 180 = EzGuG 15.91; OVG Koblenz, Urt. vom 27.1.1998 – 6 A 12252/97 –, GuG 1998, 181 = EzGuG 15.92; VG Berlin, Beschl. vom 11.11.1998 – 19 A 86/98 –, GuG 1999, 186 = EzGuG 15.93; BVerwG, Urt. vom 3.12.1998 – 4 C 14/97 –, GuG 1999, 112 = EzGuG 15.94; OVG Magdeburg, Urt. vom 20.1.1999 – A 2 S 130/97 –, GuG 2000, 318 = EzGuG 15.95a; VG Frankfurt am Main, Beschl. vom 25.8.1999 – 8 G 3502/98 –, GuG 2000, 190 = EzGuG 15.96; VGH Mannheim, Urt. vom 25.10.1999 – 8 S 593/99 –, GuG 2000, 178 = EzGuG 15.97; VGH Mannheim, Urt. vom 15.3.2000 – 8 S 1810/99 –, GuG 2000, 315 = EzGuG 15.98; OVG Berlin, Beschl. vom 5.6.2000 – 2 SN 6/00 –, EzGuG 15.98b; OVG Berlin, Beschl. vom 5.6.2000 – 19 A 62/99 –, EzGuG 15.98c; VG Berlin, Beschl. vom 7.6.2000 – 19 A 17/00 –, EzGuG 15.98d; VG Berlin, Beschl. vom 6.7.2000 – 13 A 62/00 –, OVG Berlin, Urt. vom 20.7.2000 - 2 S 6/00 –, EzGuG 15.99; BRS Bd. 63 Nr. 231; VG Berlin, Beschl. vom 22.8.2000 – 19 A 64/99 –, EzGuG 15.99a; OVG Berlin, Beschl. vom 21.9.2000 – 2 S 8/00 –, EzGuG 15.99b; VG Hamburg, Urt. vom 23.11.2000 – 9 VG 3722/91 –, EzGuG 15.99c; OVG Lüneburg, Urt. vom 25.1.2001 – 1 L 5010/96 –, GuG 2002, 182, EzGuG 15.99d; BGH, Urt. vom 1.2.2001 – III ZR 193/99 –, GuG 2001, 247; VG Berlin, Beschl. vom 8.3.2001 – 19 A 63/99 –, EzGuG 15.99e; OVG Lüneburg, Urt. vom 30.5.2001 – 1 L 3314/00 –, GuG 2002, 187 = EzGuG 15.100; OVG Münster, Urt. vom 19.6.2001 – 10a D 210/97 –, EzGuG 15.101; OVG Schleswig, Beschl. vom 9.7.2001 – 1 M 22/00 –, EzGuG 15.101a; VG Leipzig, Urt. vom 10.9.2001 – 6 K 222/99 –, GuG 2003, 63 = EzGuG 15.101b; OVG Berlin, Beschl. vom 27.9.2001 – 2 S 4/01 –, EzGuG 15.101c; OVG Berlin, Beschl. vom 4.12.2001 – 2 SN 8/01 –, EzGuG 15.101d; OVG Bremen, Urt. vom 10.12.2001 – 1 D 203/01 –, EzGuG 15.102; VG Berlin, Beschl. vom 4.1.2002 – 19 A 87/01 –, EzGuG 15.103; OLG Celle, Beschl. vom 17.1.2002 – 4 W 147/01 –, EzGuG 15.104; VG Minden, Urt. vom 14.3.2002 – 9 K 1440/98 –, EzGuG 15.104a; BVerwG, Urt. vom 17.5.2002 – 4 C 6/01 –, GuG 2002, 314 = EzGuG 15.105; VG Berlin, Urt. vom 20.3.2002 – 19 A 32/99 –, GuG 2003, 114 = EzGuG 15.104b; BVerwG, Urt. vom 17.5.2002 – 4 C 6/01 –, EzGuG 15.105; VG Berlin, Urt. vom 18.7.2002 – 13 A 124/01 –, EzGuG 15.106; OVG Lüneburg, Beschl. vom 26.7.2002 – 1 MA 4153/01 –, EzGuG 15.106a; OVG Weimar, Urt. vom 28.8.2002 – 1 KO 583/00 –, EzGuG 15.106b; OVG Lüneburg, Urt. vom 29.1.2003 – 1 KN 2938/01 –, BRD Bd. 66 Nr. 227 = EzGuG 15.106b; OVG Lüneburg, Urt. vom 7.3.2003 – 1 ME 341/02 –, BRS Bd. 66 Nr. 229 = EzGuG 15.106c; OVG Lüneburg, Urt. vom 7.3.2003 – 1 KN 2938/01 –, EzGuG 15.106d; OVG Lüneburg, Beschl. vom 10.3.2003 – 1 LA 38/03 –, EzGuG 15.106f; BVerwG, Urt. vom 10.7.2003 – 4 CN 2/02 –, GuG 2004, 117 = EzGuG 15.106e; BayVGH, Beschl. vom 18.7.2003 – 2 CS 03.1406 –, EzGuG 15.107; VG Göttingen, Urt. vom 10.9.2003 – 2 B 118/03 –, EzGuG 15.107a; VG Osnabrück, Urt. vom 31.10.2003 – 2 A 99/00 –, EzGuG 15.107b; VG Minden, Urt. vom 27.11.2003 – 9 K 4252/03 –, EzGuG 15.108; VG Minden, Urt. vom 27.11.2003 – 9 K 4181/03 –, EzGuG 15.109; BVerwG, Beschl. vom 17.12.2003 – 4 BN 54/03 –, EzGuG 15.109a; OVG Lüneburg, Beschl. vom 23.12.2003 – 1 ME 303/03 –, BRS Bd. 66 Nr. 231 = EzGuG 15.109a; VG Göttingen, Urt. vom 15.1.2004 – 2 B 352/03 –, EzGuG 15.109b; OVG Berlin, Urt. vom 30.1.2004 – 2 B 18/02 –, EzGuG 15.110; VG Stuttgart, Beschl. vom 20.2.2004 – 6 K 40906/03 –, EzGuG 15.110a; VG Stuttgart, Beschl. vom 20.2.2004 – 6 K 4006/03 –, EzGuG 15.109d; VG Stuttgart, Urt. vom 23.3.2004 – 13 K 5319/02 –, EzGuG 15.110b; VG Neustadt, Beschl. vom 3.5.2004 – 4 L 210/04 –, EzGuG 15.110a; OVG Bautzen, Urt. vom 17.6.2004 – 1 B 854/02 –, EzGuG 15.111; OVG Greifswald, Urt. vom 30.6.2004 – 1 L 189/01 –, EzGuG 15.111a; OVG Lüneburg, Beschl. vom 2.9.2004 – 1 L 18/04 –, EzGuG 15.111b; OVG Koblenz, Urt. vom 14.9.2004 – 6 A 10530/04 –, EzGuG 15.111c; VG Stuttgart, Urt. vom 10.11.2004 – 16 K 5676/02 –, EzGuG 15.111d; VG Arnsberg, Urt. vom 15.11.2004 – 14 K 30/03 –, EzGuG 15.112; VG Arnsberg, Urt. vom 15.11.2004 – 14 K 5237/02 –, EzGuG 15.113; BVerwG, Urt. vom 16.11.2004 – 4 B 71/04 –, EzGuG 15.114; BVerwG, Beschl. vom 21.1.2005 – 4 B 1/05 –, EzGuG 15.114a = GuG 2006, 313; VGH Mannheim, Urt. vom 26.1.2005 – 8 S 1826/04 –, EzGuG 15.115b; VGH Mannheim, Urt. vom 26.1.2005 – 8 S 722/04 –, EzGuG 15.115; VG Bremen, Urt. vom 23.2.2005 – 1 K 2694/02 –, EzGuG 15.116; VG Minden, Urt. vom 17.6.2005 – 9 K 2145/04 –, EzGuG 15.116a; VG München, Urt. vom 27.6.2005 – M 8 K 04.5456 –, EzGuG 15.116b; VG Stuttgart, Urt. vom 26.7.2005 – 6 K 4005/03 –, EzGuG 15.117; OVG Koblenz, Urt. vom 9.8.2005 – 6 A 10656/05 –, EzGuG 15.118; VG Koblenz, Urt. vom 10.10.2005 – 8 K 3415/04 –, EzGuG 15.118a; VGH Mannheim, Urt. vom 18.11.2005 – 8 S 498/05 –, EzGuG 15.118b; OVG Bautzen, Urt. vom 9.3.2006 – 1 B 345/03 –, EzGuG 15.118c; VG Münster, Urt. vom 28.4.2006 – 3 K 3271/03 –, EzGuG 15.118d; BVerwG, Urt. vom 13.7.2006 – 4 C 5/16 –, EzGuG 15.119 = GuG 2007, 58; OLG Jena, Urt. vom 18.9.2006 – 9 W 342/06 –, EzGuG 15.119v; OVG Münster, Urt. vom 16.10.2006 – 14 A 1093/05 –, EzGuG 15.120; OVG Münster, Urt. vom 16.10.2006 – 7 D 69/05 NR –, EzGuG 15.121; OLG Frankfurt am Main, Urt. vom 26.3.2007 – 100 U 5/96 –, GuG 2007, 310 = EzGuG 15.122; VGH Mannheim, Urt. vom 5.4.2007 – 8 S 2090/06 –, GuG 2007, 307 = EzGuG 15.123; BayVGH, Beschl. vom 31.10.2007 – 15 Cs 07.817 –, EzGuG 15.124; VGH Mannheim, Urt. vom 5.12.2007 – 3 S 918/06 –, EzGuG 15.125.

Abb. 2: Abschöpfung sanierungsbedingter Bodenwerterhöhungen vor Abschluss der Gesamtmaßnahme

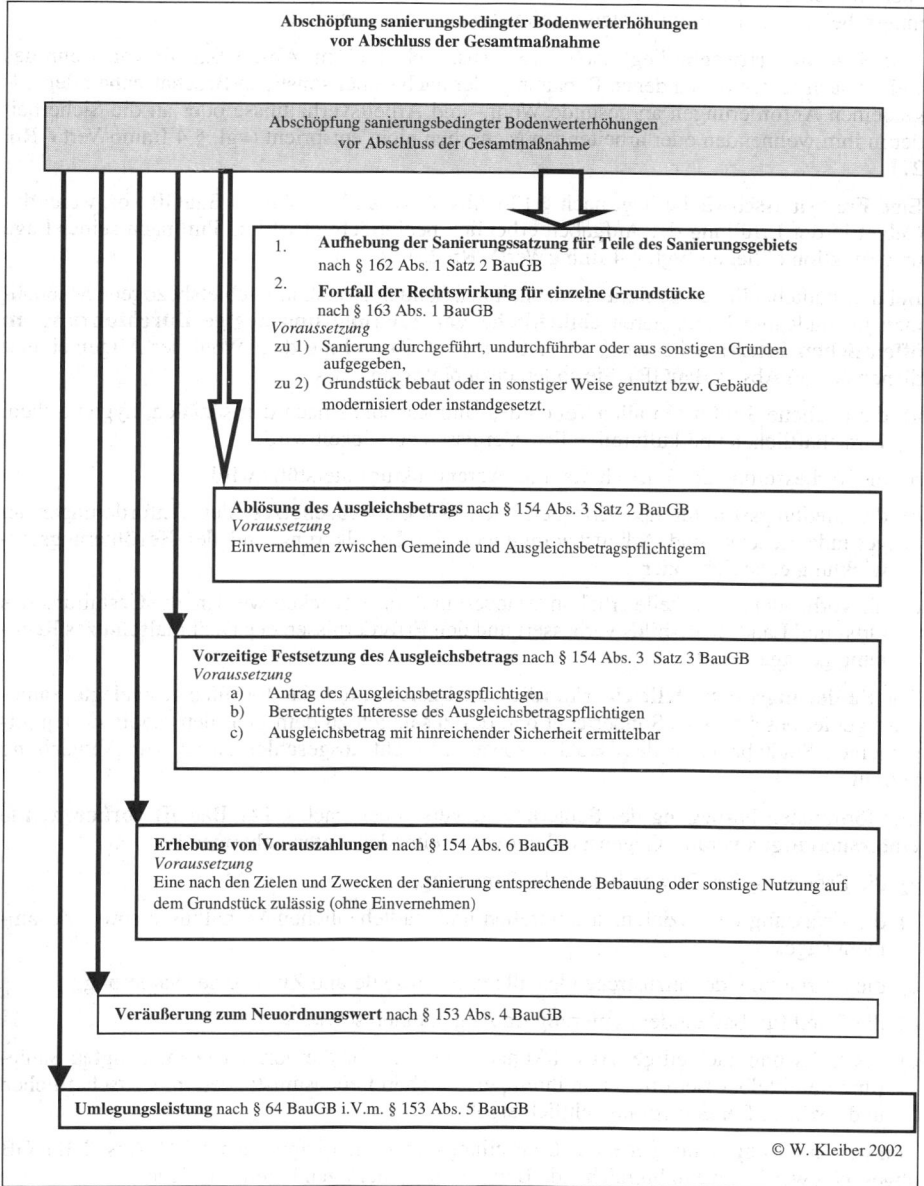

1.1.2 Städtebauliche Sanierungsmaßnahme

1.1.2.1 Umfassendes Sanierungsverfahren

Städtebauliche Sanierungsmaßnahmen *(Municipal Urban Renewal Measures)* werden in § 136 Abs. 2 BauGB als Maßnahmen definiert, durch die ein Gebiet zur Behebung **städtebaulicher Missstände** wesentlich verbessert oder umgestaltet wird.

VIII Sanierungsgebiete — Sanierungsmaßnahme

16 Was als städtebaulicher Missstand anzusehen ist, wird in § 136 Abs. 2 und 3 BauGB definiert. Danach ist bei den städtebaulichen Missständen zwischen Substanz- und Funktionsschwächen und dementsprechend zwischen **Substanz- und Funktionsschwächensanierungen** zu unterscheiden; in der Praxis treten regelmäßig Mischformen auf.

17 Eine **Substanzschwäche** liegt nach § 136 Abs. 2 Nr. 1 i.V.m. Abs. 3 BauGB vor, wenn das Gebiet nach seiner vorhandenen Bebauung oder nach seiner sonstigen Beschaffenheit den allgemeinen Anforderungen an gesunde Wohn- und Arbeitsverhältnisse oder an die Sicherheit der in ihm wohnenden oder arbeitenden Menschen nicht entspricht (vgl. § 4 ImmoWertV Rn. 27).

18 Eine **Funktionsschwäche** liegt nach § 136 Abs. 2 Nr. 2 i.V.m. Abs. 3 BauGB vor, wenn das Gebiet in der Erfüllung der Aufgaben erheblich beeinträchtigt ist, die ihm nach seiner Lage und Funktion obliegen (vgl. § 4 ImmoWertV Rn.28).

19 Bei den städtebaulichen Sanierungsmaßnahmen handelt es sich um gebietsbezogene Maßnahmen in Stadt und Land, deren **einheitliche Vorbereitung und zügige Durchführung im öffentlichen Interesse** liegen (§ 136 Abs. 1 BauGB) und die dem Wohl der Allgemeinheit dienen (§ 136 Abs. 4 BauGB). Sie sollen dazu beitragen, dass

a) die bauliche Struktur in allen Teilen des Bundesgebiets nach den sozialen, hygienischen, wirtschaftlichen und kulturellen Erfordernissen entwickelt wird,

b) die Verbesserung der Wirtschafts- und Agrarstruktur unterstützt wird,

c) die Siedlungsstruktur den Erfordernissen des Umweltschutzes, den Anforderungen an gesunde Lebens- und Arbeitsbedingungen der Bevölkerung und der Bevölkerungsentwicklung entspricht oder

d) die vorhandenen Ortsteile erhalten, erneuert und fortentwickelt werden, die Gestaltung des Orts- und Landschaftsbilds verbessert und den Erfordernissen des Denkmalschutzes Rechnung getragen wird.

20 Das **Sanierungsrecht stellt ein räumlich und zeitlich** auf das förmlich festgelegte Sanierungsgebiet beschränktes Sonderrecht dar, das zusätzlich zu dem in Teilen modifizierten allgemeinen Städtebaurecht des BauGB, soweit es nicht ausgeschlossen ist, zur Anwendung kommt.

21 Der förmlichen Festlegung des Sanierungsgebiets gehen nach § 141 BauGB **vorbereitende Untersuchungen** voraus. Gegenstand der vorbereitenden Untersuchungen ist

a) die Erfassung der Notwendigkeit der Sanierung,

b) die Erfassung der sozialen, strukturellen und städtebaulichen Verhältnisse sowie Zusammenhänge,

c) die Erarbeitung der anzustrebenden allgemeinen Ziele und Zwecke der Sanierung,

d) die Durchführbarkeit der Sanierung im Allgemeinen sowie

e) die Erfassung nachteiliger Auswirkungen, die sich für die von der beabsichtigten Sanierung unmittelbar Betroffenen in ihren persönlichen Lebensumständen im wirtschaftlichen und sozialen Bereich voraussichtlich ergeben.

Von der Erfassung dahin gehender Beurteilungsunterlagen kann nach § 141 Abs. 2 BauGB abgesehen werden, wenn hinreichende Beurteilungsunterlagen bereits vorliegen.

22 Der **Beginn der vorbereitenden Untersuchungen wird** von der Gemeinde **durch einen ortsüblich bekannt zu machenden Beschluss** eingeleitet; im Verkehrswertgutachten ist dieser Beschluss i.d.R. wegen seiner Bedeutung für die Vorwirkung, die es bei der Ermittlung sanierungsunbeeinflusster Grundstückswerte und des Anfangswerts zu beachten gilt, zu konkretisieren. Das mit dem Beschluss festgelegte Untersuchungsgebiet ist regelmäßig weiträumiger als das spätere Sanierungsgebiet ausgelegt. Die vorbereitende Untersuchung dient auch der Feststellung einer zweckmäßigen Abgrenzung des künftigen Sanierungsgebiets; einzelne

Grundstücke, die von der Sanierung nicht betroffen werden, können aus dem Sanierungsgebiet ganz oder teilweise ausgenommen werden (§ 142 Abs. 1 Satz 3 BauGB).

Auf der Grundlage der vorbereitenden Untersuchungen beschließt die Gemeinde die **Sanierung als Satzung.** Für die weitere Vorbereitung und Durchführung der Sanierung hält das Sanierungsrecht neben einer Reihe sog. organisationsrechtlicher Regelungen (§§ 137 ff. BauGB) vor allem **besondere bodenrechtliche Vorschriften** bereit, die zur Vorbereitung und Durchführung der Maßnahmen erforderlich sein müssen. Dies sind insbesondere: **23**

a) ein allgemeines Vorkaufsrecht für die im städtebaulichen Sanierungsgebiet gelegenen Grundstücke (§ 24 Abs. 1 Nr. 3 BauGB),

b) die Möglichkeit einer *Enteignung aus zwingenden städtebaulichen Gründen* nach § 88 BauGB,

c) eine umfassende *Verfügungs- und Veränderungssperre* nach den §§ 144 f. BauGB,

d) die gemeindliche *Pflicht zur Aufstellung eines Sozialplans* nach Maßgabe des § 180 BauGB *und* seine *Fortschreibung* (§ 140 Nr. 6 BauGB),

e) besondere *Regelungen über Miet- und Pachtverhältnisse* nach den §§ 185 ff. BauGB,

f) die *Aussetzung der Vorschriften über den Verkehr mit land- und forstwirtschaftlichen Grundstücken* (§ 191 BauGB)

und schließlich:

g) die Anwendung der **abgabenrechtlichen Vorschriften der §§ 152 bis 156a BauGB** („Besondere sanierungsrechtliche Vorschriften"), die die Inanspruchnahme der sanierungsbedingten Bodenwerterhöhungen (sog. Abschöpfung sanierungsbedingter Bodenwerterhöhungen) zum Gegenstand haben.

Bei der **Durchführung der Sanierung** (vgl. Rn. 124) unterscheidet das Gesetzbuch zwischen der Durchführung von Ordnungs- und Baumaßnahmen, die nach den Zielen und Zwecken der Sanierung erforderlich sind (§ 146 BauGB): **24**

Als **Ordnungsmaßnahmen** definiert das Gesetz in § 147 BauGB die der Gemeinde obliegende **25**

– Bodenordnung einschließlich des Erwerbs von Grundstücken,

– den Umzug von Bewohnern und Betrieben,

– die Freilegung von Grundstücken,

– die Herstellung und Änderung von Erschließungsanlagen

– die Bereitstellung von Flächen und die Durchführung von Maßnahmen zum Ausgleich i.S. des § 1a Abs. 3 BauGB, soweit sie gemäß § 9 Abs. 1a BauGB an anderer Stelle den Grundstücken, auf denen Eingriffe in Natur und Landschaft zu erwarten sind, ganz oder teilweise zugeordnet sind, sowie

– sonstige Maßnahmen, die notwendig sind, damit die Baumaßnahmen durchgeführt werden können (§ 147 BauGB).

Erschließungsanlagen einschließlich Ersatzanlagen können auch außerhalb des Sanierungsgebiets liegen.

Als **Baumaßnahmen** (§ 148 BauGB) definiert das Gesetzbuch die dem jeweiligen Eigentümer eines Grundstücks obliegende **26**

– Modernisierung und Instandsetzung,

– die Neubebauung und die Ersatzbauten,

– die Maßnahmen zum naturschutzrechtlichen Ausgleich i.S. des § 1a Abs. 3 BauGB auf dem „Eingriffsgrundstück" sowie

– die Verlagerung oder Änderung von Betrieben.

VIII Sanierungsgebiete Sanierungsmaßnahme

Der Gemeinde obliegt von den Baumaßnahmen

- die Errichtung und Änderung der Gemeinbedarfs- und Folgeeinrichtungen und
- die Durchführung sonstiger Baumaßnahmen, soweit sie selbst Eigentümerin des Grundstücks ist oder nicht gewährleistet ist, dass diese vom einzelnen Eigentümer zügig und zweckmäßig durchgeführt werden.

27 Nach § 162 BauGB ist die **Sanierungssatzung durch Beschluss aufzuheben, wenn**

1. die Sanierung durchgeführt ist oder
2. die Sanierung sich als undurchführbar erweist oder
3. die Sanierungsabsicht aus anderen Gründen aufgegeben wird.

Der Beschluss der Aufhebung der Sanierungssatzung – ganz oder teilweise – ergeht als Satzung.

28 Die Gemeinde kann die **Sanierung für einzelne Grundstücke** nach § 163 BauGB als **abgeschlossen erklären,** wenn entsprechend den Zielen und Zwecken der Sanierung

1. das Grundstück bebaut ist oder in sonstiger Weise genutzt wird oder
2. das Grundstück modernisiert oder instand gesetzt ist.

29 Unter die **Abwicklung der Sanierungsmaßnahme** fallen insbesondere

- die Löschung der Sanierungsvermerke,
- die Erhebung von Ausgleichsbeträgen,
- die Verwertung von Grundstücken und Rückerstattung,
- die Abrechnung von Sanierungsmaßnahmen,
- die Verteilung eines Überschusses nach § 156a BauGB.

30 Der **Ablauf eines Sanierungsverfahrens** ist in Abb. 3 dargestellt.

Abb. 3: Ablauf einer Sanierungsmaßnahme

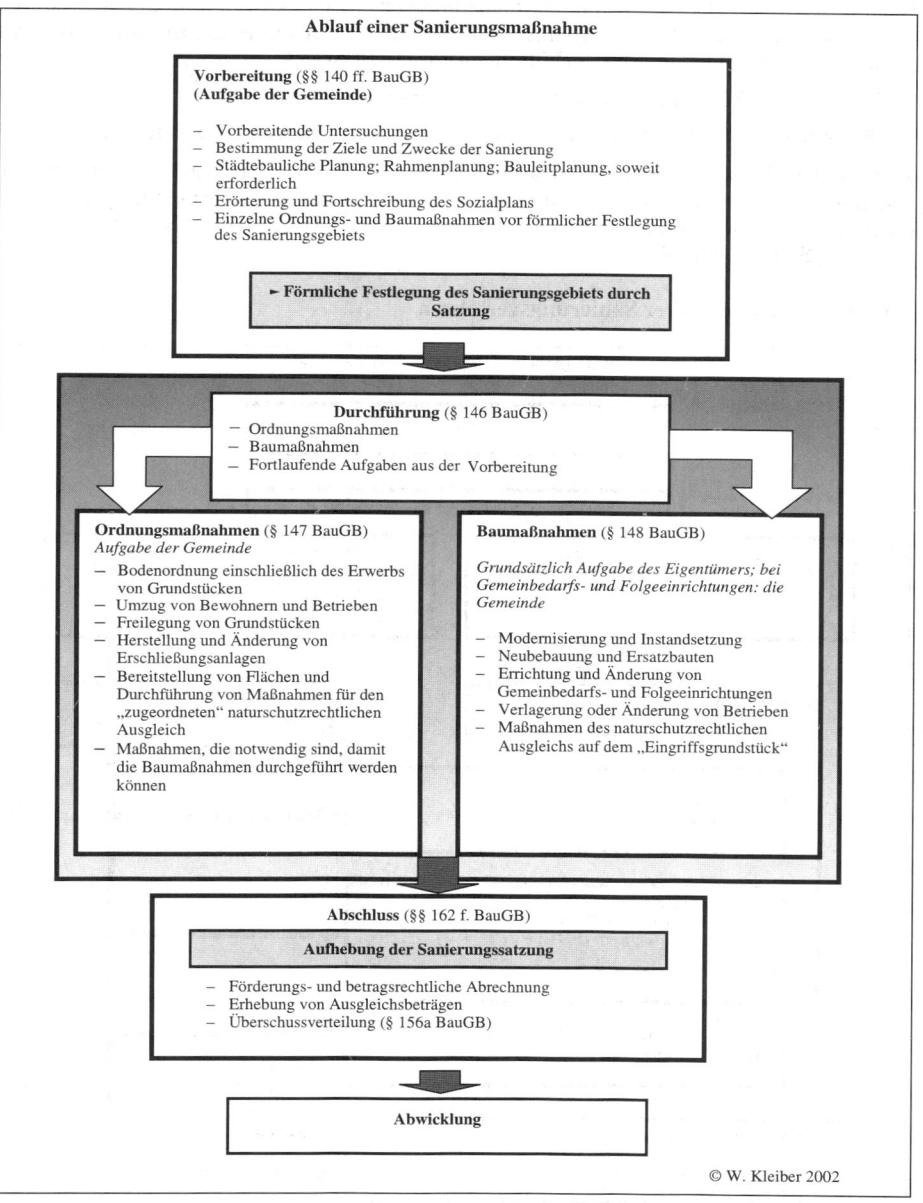

VIII Sanierungsgebiete

1.1.2.2 Vereinfachtes Sanierungsverfahren

31 Nach § 142 Abs. 4 BauGB kann in der Sanierungssatzung die **Anwendung der besonderen sanierungsrechtlichen Vorschriften (§§ 152 bis 156a BauGB) über die Inanspruchnahme sanierungsbedingter Bodenwerterhöhungen ausgeschlossen werden**, wenn die Anwendung

– für die Durchführung der Sanierung nicht erforderlich ist und

– die Durchführung der Maßnahme hierdurch voraussichtlich nicht erschwert wird.

32 Werden diese Vorschriften in der Sanierungssatzung ausgeschlossen, wird die Sanierung im vereinfachten Sanierungsverfahren durchgeführt. Damit gelten für das Sanierungsgebiet keine besonderen bei der Verkehrswertermittlung zu berücksichtigenden Vorschriften i.S. der §§ 152 ff. BauGB (Abb. 4).

Abb. 4: Übersicht über Sanierungsverfahren

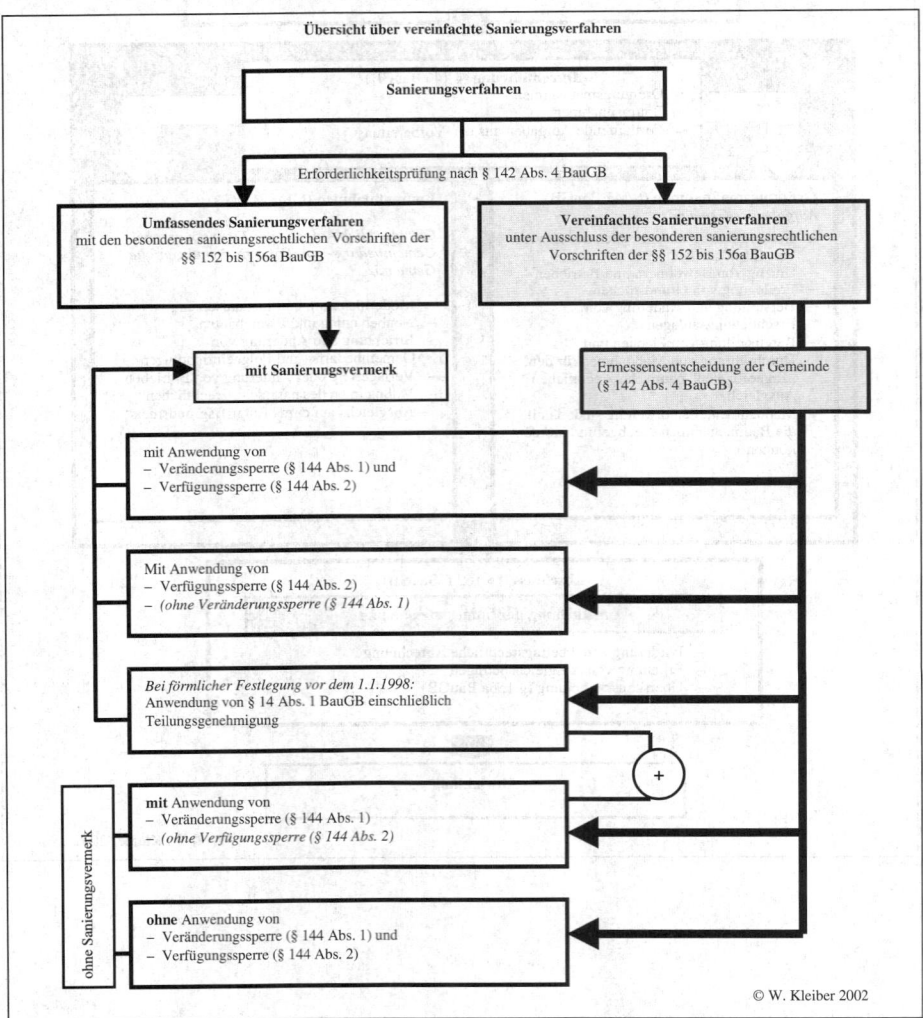

33 Grundsätzlich finden im Falle der **Sanierung im vereinfachten Sanierungsverfahren** die Vorschriften über die **umfassende Verfügungs- und Veränderungssperre** nach den

§§ 144 f. BauGB jedoch Anwendung, denn diese Vorschriften sind nicht Bestandteil der besonderen sanierungsrechtlichen Vorschriften der §§ 152 bis 156a BauGB. Allerdings kommt im Rahmen der Verfügungssperre bei Anwendung des vereinfachten Sanierungsverfahrens nicht die Preisprüfung nach §§ 144 f. i.V.m. § 153 Abs. 2 BauGB zur Anwendung, denn § 153 Abs. 2 BauGB ist Bestandteil der besonderen sanierungsrechtlichen Vorschriften.

Für den Fall der **Anwendung des vereinfachten Sanierungsverfahrens** sieht § 142 Abs. 4 BauGB darüber hinaus vor, dass **34**

– die Verfügungs- und Veränderungssperre des § 144 Abs. 1 und 2 BauGB insgesamt zur Anwendung kommen kann,

– die Verfügungs- und Veränderungssperre des § 144 Abs. 1 und 2 BauGB insgesamt ausgeschlossen werden kann,

– allein die Veränderungssperre des § 144 Abs. 1 BauGB zur Anwendung kommen kann oder

– allein die Verfügungssperre des § 144 Abs. 2 BauGB zur Anwendung kommen kann.

Hierüber hat die Gemeinde in der Satzung zu beschließen (Abb. 3).

Beim vereinfachten Sanierungsverfahren kommt es zur **Eintragung eines Sanierungsvermerks,** wenn die Verfügungssperre nach § 144 Abs. 2 BauGB nicht ausgeschlossen wird. Ist eine städtebauliche Sanierungsmaßnahme vor dem 1.1.1998 förmlich festgelegt worden und ist nach der Sanierungssatzung nur die Genehmigungspflicht nach § 144 Abs. 2 BauGB in der bis zum 31.12.1997 geltenden Fassung ausgeschlossen, ist nach § 235 Abs. 2 BauGB ebenfalls ein Sanierungsvermerk (nachträglich) einzutragen. Die Teilung bedarf dann seit dem 1.1.1998 ebenfalls der Genehmigung. **35**

1.1.3 Städtebauliche Entwicklungsmaßnahme

1.1.3.1 Allgemeines

Bei den städtebaulichen Entwicklungsmaßnahmen *(Municipal Urban Development Measures)* muss zwischen zwei Typen von Maßnahmen unterschieden werden, wobei die einschlägigen Bestimmungen des BauGB und der ImmoWertV bei beiden **Maßnahmentypen** zur Anwendung kommen: **36**

a) **Städtebauliche Entwicklungsmaßnahmen,** die unter der Herrschaft des Städtebauförderungsgesetzes – StBauFG – eingeleitet wurden; die Landesregierung konnte den dafür in Betracht kommenden Bereich durch Rechtsverordnung nach § 53 StBauFG festlegen. In **§ 1 Abs. 3 StBauFG** ist der dafür in Betracht kommende Bereich wie folgt definiert: **37**

„(3) Entwicklungsmaßnahmen sind Maßnahmen, durch die entsprechend den Zielen der Raumordnung und Landesplanung

a) neue Orte geschaffen oder

b) vorhandene Orte zu neuen Siedlungseinheiten entwickelt oder

c) vorhandene Orte um neue Ortsteile erweitert werden.

Die Maßnahmen müssen die Strukturverbesserungen in den Verdichtungsräumen, die Verdichtung von Wohn- und Arbeitsstätten im Zuge von Entwicklungsachsen oder den Ausbau von Entwicklungsschwerpunkten außerhalb der Verdichtungsräume, insbesondere in den hinter der allgemeinen Entwicklung zurückbleibenden Gebieten, zum Gegenstand haben."

Mit Inkrafttreten des BauGB (1.7.1987) wurde das StBauFG aufgehoben; die bis zu diesem Zeitpunkt nach den Bestimmungen des StBauFG förmlich festgelegten städtebaulichen Entwicklungsmaßnahmen werden jedoch nach § 165 BauGB in der bis zum 30.4.1993 geltenden Fassung unter Anwendung der §§ 166 bis 171 BauGB weitergeführt. Die Einleitung neuer städtebaulicher Entwicklungsmaßnahmen war nach diesen Vorschriften indessen nicht möglich. Nach Maßgabe des § 245 Abs. 9 BauGB konnte jedoch der **Geltungsbereich der Entwicklungsmaßnahmenverordnung** geändert werden. Die

Vorschriften des BauGB 87 zu städtebaulichen Entwicklungsmaßnahmen stellten somit eine mit Abschluss der unter der Herrschaft des StBauFG eingeleiteten Entwicklungsmaßnahmen auslaufende Rechtsmaterie dar. Dieser Rechtskonstruktion lag die Annahme zugrunde, dass die städtebauliche Entwicklungsmaßnahme in Zukunft nur noch eine geringe praktische Bedeutung haben werde, da die Zeit der Trabantenstädte und der großflächigen Entwicklung ganzer neuer Stadtteile vorbei sei.

Diese Annahme hat sich bereits in der darauffolgenden Legislaturperiode als falsch erwiesen. Insbesondere die Engpässe in der Wohnungsversorgung[16] haben die Erforderlichkeit eines besonderen Instrumentariums deutlich gemacht, um in Gemeinden mit einem erhöhten Bedarf an Wohn- und Arbeitsstätten städtebaulich integrierte Gesamtmaßnahmen entwickeln zu können und größere innerstädtische Brachflächen einer Nutzung für Wohn- und Arbeitsstätten wieder zuzuführen. Der Gesetzgeber hat dem zunächst mit dem BauGB-MaßnahmenG von 1990 und anschließend mit dem BauGB in der seit 1.5.1993 geltenden Fassung entsprochen.

b) **Kommunale städtebauliche Entwicklungsmaßnahmen:** Nach § 6 Abs. 3 i.V.m. Abs. 5 BauGB-MaßnahmenG 90[17] konnte die Gemeinde (bislang die Landesregierung) seit dem 1.6.1990 und befristet bis zum 31.5.1995 einen Bereich, in dem eine städtebauliche Entwicklungsmaßnahme durchgeführt werden soll, durch Satzung (Entwicklungssatzung) beschließen (bisher: Rechtsverordnung).

Mit Inkrafttreten des Investitionserleichterungs- und Wohnungsbaugesetzes 93 (1.5.1993) ist diese Möglichkeit als Dauerrecht in das BauGB überführt worden. Wortgleich mit § 6 Abs. 3 BauGB-MaßnahmenG 90 heißt es nunmehr in **§ 165 Abs. 2 BauGB:**

„(2) Mit städtebaulichen Entwicklungsmaßnahmen nach Absatz 1 sollen Ortsteile und andere Teile des Gemeindegebiets entsprechend ihrer besonderen Bedeutung für die städtebauliche Entwicklung und Ordnung der Gemeinde oder entsprechend der angestrebten Entwicklung des Landesgebiets oder der Region erstmalig entwickelt oder im Rahmen einer städtebaulichen Neuordnung einer neuen Entwicklung zugeführt werden."

38 Die Vorschriften finden in den alten und jungen Bundesländern Anwendung; trotz einer Vielzahl von Änderungen entsprechen die geltenden Regelungen dem auf das StBauFG zurückgehenden Entwicklungsrecht von 1971.

39 Die **den städtebaulichen Entwicklungsmaßnahmen** (beider Typen) **zugrunde liegende bodenpolitische Konzeption** lehnt sich an die besonderen sanierungsrechtlichen Vorschriften der §§ 152 bis 156a BauGB an. Grundsätzlich soll jedoch die Gemeinde die im städtebaulichen Entwicklungsbereich gelegenen Grundstücke erwerben, und zwar zu dem Wert, der sich in entsprechender Anwendung des § 153 Abs. 1 BauGB ergibt (vgl. § 166 Abs. 3, § 169 Abs. 1 Nr. 6 BauGB). Erwirbt die Gemeinde ein Grundstück nicht, so ist der Eigentümer nach Maßgabe der sanierungsrechtlichen Vorschriften (§§ 154 f. BauGB) wie in Sanierungsgebieten verpflichtet, einen Ausgleichsbetrag an die Gemeinde zu entrichten, der der durch die Entwicklungsmaßnahme bedingten Bodenwerterhöhung entspricht.

40 Bei entsprechender Anwendung des § 153 Abs. 1 BauGB im städtebaulichen Entwicklungsbereich spricht man an Stelle von dem sanierungsunbeeinflussten Grundstückswert vom **entwicklungsunbeeinflussten Grundstückswert.** Er bemisst sich nach den gleichen Grundsätzen, wobei allerdings unter besonderen Voraussetzungen die Sonderregelung des § 169 Abs. 4 BauGB Anwendung findet (lex specialis).

41 Der **Ablauf einer Entwicklungsmaßnahme** ist in Abb. 5 dargestellt.

---

16 BT-Drucks. 11/6880, S. 1 ff. und 11 ff.
17 BGBl. I 1990, 926.

Abb. 5: Ablaufschema einer Entwicklungsmaßnahme

Ablaufschema einer Entwicklungsmaßnahme (vereinfacht)

Einleitung der Vorbereitung der Entwicklung durch den **Beschluss über den Beginn der vorbereitenden Untersuchungen,** ggf. mit Beschluss
- einer Vorkaufsrechtssatzung nach § 25 Abs. 1 BauGB
- über Auftrag an Planer und/oder Entwicklungsträger
- über Bereitstellung kommunaler Mittel im Haushalt

Vorbereitende Untersuchung

Grunderwerb	Verwaltungsintern	Erste Vorgespräche mit den Eigentümern, den Trägern öffentlicher Belange und der Aufsichtsbehörde	Wenn möglich, Anmeldung für ein Städtebauförderungsprogramm
– freihändig oder – über besonderes Vorkaufsrecht	– grobe städtebauliche Untersuchungen und Rahmenplanung mit Abgrenzung Entwicklungsbereich – Überlegungen zu Kosten und Finanzierung – Wertermittlung der Grundstücke, entwicklungsunbeeinflusster Grundstückswert und Neuordnungswert je nach Planungsstand – Auftrag an Planer und/oder Entwicklungsträger		

Bericht über Ergebnis der vorbereitenden Untersuchungen mit insbesondere
- Gründen für förmliche Festlegung des Entwicklungsbereichs (Ziele und Zwecke der Entwicklungsmaßnahme und Erforderlichkeit des Einsatzes des Entwicklungsmaßnahmenrechts)
- zügige Durchführbarkeit der Entwicklungsmaßnahme, insbesondere Finanzierbarkeit (Kosten- und Finanzierungsübersicht)

Beschluss der förmlichen Festlegung des Entwicklungsbereichs (Entwicklungssatzung), Genehmigung, Bekanntmachung (= Rechtsverbindlichkeit) und Mitteilung an das Grundbuchamt (Entwicklungsvermerk), ggf. mit Beschluss
- zur Aufstellung des Bebauungsplans (oder mehrerer)
- zur Änderung des Flächennutzungsplans, soweit erforderlich

Durchführung

Grunderwerb	Bebauungsplanverfahren, ggf. auch	Anwendung der Genehmigungsvorbehalte nach den §§ 144 und 145 BauGB	Kosten- und Finanzierungsübersicht:
– freihändig oder – über Vorkaufsrecht oder – nach Übernahmeverlangen oder – mit Enteignung zum entwicklungsunbeeinflussten Grundstückswert	– mit städtebaulicher Rahmenplanung als Vorentwurf – Wettbewerb – Änderung des Flächennutzungsplans		In Abstimmung mit Planung und Stand der Maßnahmenabwicklung – jährliche Programmanmeldung, wenn in einem StBauF-Programm – Mittelbewirtschaftung

- Rückveräußerung der Grundstücke (Reprivatisierung) an Bauwillige zum Neuordnungswert
- Erschließung des Entwicklungsgebiets
- Bebauung durch die privaten Eigentümer und/oder den Entwicklungsträger nach Bebauungsplan (ab § 33 BauGB)
- ggf. vorzeitige Erhebung von Ausgleichsbeträgen, Ablösungen, Vorauszahlungen

Beschluss über die Aufhebung der Entwicklungssatzung (Aufhebungssatzung), Bekanntmachung und Mitteilung an das Grundbuchamt, Löschung des Entwicklungsvermerks	Gesamtverwendungsnachweis für die Städtebauförderung
Erhebung der Ausgleichsbeträge	Überschussverteilung

© W. Kleiber

1.1.3.2 Anwendungsvoraussetzung

42 Zu den Anwendungsvoraussetzungen heißt es im **Einführungserlass der Argebau**[18]:

> „Eine Gemeinde kann einen städtebaulichen Entwicklungsbereich nur dann förmlich festlegen, wenn als Ergebnis der gemeindlichen *vorbereitenden Untersuchungen* feststeht, dass u.a. das Wohl der Allgemeinheit die Durchführung der Maßnahme und damit verbunden den Einsatz des besonderen rechtlichen Instrumentariums erfordert. Dieses besondere rechtliche Instrumentarium der Entwicklungsmaßnahme ist vor allem dadurch gekennzeichnet, dass bodenrechtlich zur Unterstützung der Grunderwerbspflicht der Gemeinde die Enteignung auch ohne Vorliegen eines Bebauungsplans zulässig ist und finanzierungsrechtlich die Unterschiedsbeträge zwischen entwicklungsunbeeinflusstem Grundstückswert und Neuordnungswert der Grundstücke zur Finanzierung der Maßnahme herangezogen werden. Es bedarf in jedem Einzelfall einer sorgfältigen Prüfung, ob dieses Instrumentarium des Entwicklungsmaßnahmerechts zur zügigen Durchführung der Maßnahme erforderlich ist. Nach den bisherigen Erfahrungen konnten wichtige Stadtentwicklungen mit den herkömmlichen städtebaulichen Instrumenten nicht in der erforderlichen Zügigkeit verwirklicht werden. Die Gemeinde darf das Entwicklungsmaßnahmerecht daher nur dann anwenden, wenn es zur Verwirklichung ihrer städtebaulichen Ziele und Zwecke erforderlich ist und sie diese Ziele aufgrund ihrer Prognose mit den anderen Instrumenten des Städtebaurechts nicht erreichen kann."

43 Als Maßnahme mit enteignungsrechtlicher Vorwirkung unterliegt die Entwicklungsmaßnahme als Eingriff der öffentlichen Hand in verfassungsmäßig geschützte Rechte dem **Verhältnismäßigkeitsgrundsatz**. Sie kann daher nur zur Anwendung kommen, wenn nicht ein milderes Mittel zur Verfügung steht, welches den Einzelnen weniger belastet, um das angestrebte Ziel zu verwirklichen. Die Gemeinde muss also im Wege einer Prognose im Einzelfall prüfen, ob die von ihr beabsichtigte städtebauliche Entwicklung nicht ebenfalls mit anderen Mitteln bewirkt werden kann[19].

44 Im Rahmen der Überprüfung, ob die Verwirklichung der von der Gemeinde verfolgten Ziele und Zwecke nicht mit anderen Mitteln des Städtebaurechts erreicht werden kann, hat die Gemeinde insbesondere zu untersuchen, ob nicht die Mittel des allgemeinen Baurechts, Bauleitplanung und die Schaffung von Baurecht etwa gemeinsam mit einer Umlegung nach den §§ 45 ff. BauGB oder einer Grenzregelung gemäß den §§ 80 ff. BauGB, genügen. Dies wird z.B. dann zu bejahen sein, wenn erkennbar die betroffenen Eigentümer der in Rede stehenden Fläche das ihnen tatsächlich und rechtlich zu eröffnende Baurecht selbst verwirklichen werden. Es ist auch zu untersuchen, ob nicht die Gemeinde in Zusammenarbeit mit einem Investor durch einen **Vorhaben- und Erschließungsplan** (nach § 12 BauGB) die angestrebten Ziele und Zwecke erreichen kann. Im Zusammenhang mit der Frage, ob die Entwicklungsmaßnahme tatsächlich erforderlich ist, sind also auch die Möglichkeiten eines städtebaulichen Vertrags nach § 11 BauGB zu beachten, etwa zur Sicherstellung einer bestimmten baulichen Nutzung eines Grundstücks oder der alsbaldigen Bebauung (z.B. soziale Wohnraumförderung). Auch die Möglichkeit eines Erschließungsvertrags nach § 124 BauGB ist in Erwägung zu ziehen (vgl. § 165 Abs. 3 Nr. 3 BauGB). Besonders in den Fällen, in denen die Entwicklungsmaßnahme der Neuordnung einer Fläche dienen soll, wird eine umfassende Prüfung angezeigt sein, ob nicht etwa die Anwendung des Sanierungsrechts (z.B. in Form einer so genannten Funktionsschwächensanierung nach § 136 Abs. 2 Satz 2 Nr. 2 BauGB) ausreichend ist und die Anwendung des Instruments der städtebaulichen Entwicklungsmaßnahme entbehrlich macht. Die Funktionsschwächensanierung wird allerdings i.d.R. dann nicht ausreichen, wenn die Grundstücke nur im Wege der städtebaulichen Entwicklungsmaßnahme verfügbar gemacht werden können.

45 Städtebauliche Entwicklungsmaßnahmen dürfen nach alledem – wie im Übrigen auch Sanierungsmaßnahmen – nach dem Grundsatz der Verhältnismäßigkeit der Mittel und des Über-

---

[18] Argebau: Mustereinführungserlass zur städtebaulichen Entwicklungsmaßnahme vom 7.6.1990; abgedruckt in Krautzberger, Städtebauförderungsrecht Bd. I Teil E Nr. 4 = Infodienst Kommunal Nr. 88 vom 4.2.1994.
[19] Arbeitshilfe der Fachkommission „Städtebauliche Erneuerung" der Argebau für städtebauliche Entwicklungsmaßnahmen nach den §§ 165 ff. BauGB (Januar 1994).

maßverbotes[20] nur dann zur Anwendung kommen, wenn sich die Ziele und Zwecke eines derartigen „Unternehmens" in absehbarer Zeit nur unter Einsatz des Besonderen Städtebaurechts zügig realisieren lassen, das Wohl der Allgemeinheit und ein qualifiziertes öffentliches Interesse die Vorbereitung und Durchführung der Maßnahme es erfordern. Mithin kann das **Besondere Städtebaurecht des Zweiten Kapitels des BauGB nur dann zur Anwendung kommen, wenn die Instrumente des Allgemeinen Städtebaurechts (Bauleitplanung, Vorhaben- und Erschließungsplan, städtebauliche Verträge, Umlegungsverfahren, Erschließung, freihändiger Erwerb) versagen würden,** um die städtebaulichen Zielvorstellungen mit der gleichen Zügigkeit herbeizuführen. Es handelt sich also um Maßnahmen, wo insbesondere mit der Aufstellung eines Bebauungsplans zusammen mit einem Umlegungsverfahren und der Erschließung nach den §§ 127 ff. BauGB keine Aussicht auf zügige Realisierung der angestrebten Zielvorstellungen besteht. In der Rechtsprechung sind dabei sehr hohe Anforderungen gestellt worden. So wird in der Entscheidung des BayVGH vom 23.10.1995[21] gefordert, dass Erwerbsverhandlungen gescheitert sein müssen; des Weiteren wird darin auch bemängelt, dass angebotene einvernehmliche Lösungen nicht verfolgt wurden.

1.2 Besondere sanierungsrechtliche Vorschriften

Die WertV 88/98 enthielt in der bis zum 30.6.2010 geltenden Fassung „**Ergänzende Vorschriften**" **(§§ 26 bis 28 WertV 88) über die Verkehrswertermittlung in Sanierungsgebieten und Entwicklungsbereichen** einschließlich Ersatz- und Ergänzungsgebieten (§ 142 Abs. 2 BauGB) und Anpassungsgebieten (nach § 170 BauGB). Keine Anwendung fanden die Vorschriften in Sanierungsgebieten, für die in der Sanierungssatzung die Anwendung der besonderen sanierungsrechtlichen Vorschriften (§§ 152 bis 156a BauGB) ausgeschlossen und die Maßnahme im vereinfachten Sanierungsverfahren durchgeführt wurde. **46**

Die ergänzenden Vorschriften für Sanierungsgebiete und städtebauliche Entwicklungsbereiche (§§ 26 bis 28 WertV a.F.) haben erst nach Inkrafttreten des Städtebauförderungsgesetzes – StBauFG – auf der Grundlage der Ermächtigung des § 91 Nr. 1 und 2 StBauFG in die WertV von 1972 Eingang gefunden. Dies war seinerzeit sogar der eigentliche Anlass für die Novellierung der Ursprungsfassung der WertV von 1961[22]. Die Vorschriften wurden seinerzeit als erforderlich angesehen, um eine **sachgerechte Wertermittlung bei der Anwendung der allgemeinen Wertermittlungsgrundsätze auf sanierungs- und entwicklungsrechtliche Wertermittlungen** zu gewährleisten. **47**

Bereits bei der Novelle der WertV im Jahre 1988 stellte sich die Frage, ob für diese Regelungen ein unabweisbares Erfordernis bestand bzw. welche Regelungen aufgrund der gewachsenen Erfahrungen, insbesondere der Gemeinden und der Gutachterausschüsse, und mit Blick auf die gewachsene Verwaltungskraft entfallen konnten. Schon seinerzeit wurde darauf hingewiesen, dass es der ergänzenden Vorschriften für Sanierungsgebiete und Entwicklungsbereiche eigentlich gar nicht bedürfe und der Teil V der WertV 72 weitgehend die gesetzlichen Vorschriften wiederhole und zumindest von daher zu umfänglich gewesen sei. Aus diesem Grunde wurden die sanierungsrechtlichen Vorschriften der WertV 88 gegenüber der WertV i.d.F. von 1972 erheblich gestrafft und neu strukturiert. Dem kam entgegen, dass die allgemeinen Regelungen der WertV eine Reihe von Bestimmungen enthalten, die — beschränkt auf förmlich festgelegte Sanierungsgebiete und städtebauliche Entwicklungsbereiche – im Teil V der WertV 72 enthalten waren (z.B. § 22 WertV 72 = § 4 Abs. 1 WertV 88/98) und die in § 24 Abs. 1 WertV 72 i.V.m. § 2 Abs. 1 AusgleichsbetragV[23] geregelte **Ermittlung von Ausgleichsbeträgen** sich bereits weitgehend aus § 154 Abs. 2 BauGB ergibt. **48**

---

20 BVerfG, Beschl. vom 18.12.1968 – 1 BvR 638, 673/64 –, EzGuG 6.118.
21 BayVGH, Beschl. vom 23.10.1995 – 15 N 94.1693 –, GuG 1996, 114 = Bay VBl. 1996, 217; Bay VGH, Urt. vom 16.6.1997 – 14 N 94.2157 –, GuG 1997, 313, 382; OVG Lüneburg, Urt. vom 3.2.1997 – 1 K 6799/95 –, GuG 1997, 640.
22 BR-Drucks. 265/72, Begründung S. 2 ff.
23 Der Regelungsgehalt der „Verordnung über die Erhebung von Ausgleichsbeträgen nach den §§ 41 und 42 StBauFG" (AusgleichsbetragV) wurde – soweit nicht ersatzlos aufgehoben – mit den einschlägigen besonderen sanierungsrechtlichen Vorschriften der §§ 152 ff. BauGB verschmolzen (vgl. Kleiber in ZfBR 1986, 263).

VIII Sanierungsgebiete — Besondere Vorschriften

49 Mit der am 1.7.2010 in Kraft getretenen Neufassung der ImmoWertV sind die **Regelungen der §§ 26 bis 28 WertV 88/98** mit Ausnahme des § 16 Abs. 5 ImmoWertV **ersatzlos aufgehoben** worden. Zur Begründung wird – wie schon 1988 erkannt wurde – darauf hingewiesen, dass die Regelungen der §§ 26 bis 28 WertV 88/98 lediglich die gesetzlichen Vorschriften des BauGB erläutern und die Praxis dieser Regelungen nicht bedürfe. Die notwendigen Aussagen ergäben sich bereits durch sachgerechte Auslegung der BauGB-Vorschriften und sind in den einschlägigen Ländererlassen enthalten[24].

50 **Bei den in förmlich festgelegten Sanierungsgebieten und städtebaulichen Entwicklungsbereichen maßgeblichen Werten handelt es sich um Verkehrswerte (Marktwerte)**, die nach den allgemeinen Grundsätzen der ImmoWertV zu ermitteln sind. Dass bei der Ermittlung dieser Verkehrswerte besondere sich aus dem BauGB ergebende Maßgaben zu beachten sind, steht dem nicht entgegen. Derartige Maßgaben stellen sich auch in anderen Rechtsbereichen, wie z.B. bei der Ermittlung von Einwurfs- und Zuteilungswerten in der städtebaulichen Umlegung nach den §§ 45 ff. BauGB oder bei der Ermittlung von Enteignungsentschädigungen.

51 Dass es sich bei den nach Maßgabe der sanierungs- und entwicklungsrechtlichen Vorschriften zu ermittelnden Werten in ihrem substanziellen Kern jeweils um Verkehrswerte handelt, wurde schon im Gesetzgebungsverfahren zu diesen Bestimmungen gesehen. Der Ausschussbericht sprach in diesem Zusammenhang von „nach Maßgabe des ... modifizierten Verkehrswertes"[25]. Tatsächlich handelt es sich allenfalls um einen **durch besondere rechtliche Vorschriften beeinflussten Verkehrswert**, wobei namentlich die Regelungen der §§ 153 ff., ggf. i.V.m. § 169 Abs. 1 Nr. 6 und 7 sowie § 169 Abs. 4 bis 8 BauGB hervorzuheben sind. Nun liegt es im Wesen des gewöhnlichen Geschäftsverkehrs, neben den tatsächlichen Grundstückseigenschaften auch die rechtlichen Gegebenheiten zu berücksichtigen, seien es Vorschriften miet- oder steuerlicher Art oder auch privatrechtliche Vereinbarungen. Dies gilt gleichermaßen für bodenrechtliche Vorschriften. Insofern ist es sogar eher irreführend, in diesem Zusammenhang von „modifizierten" Verkehrswerten zu sprechen. Es geht auch hier im Kern um eine Verkehrswertermittlung[26].

52 Der Verweis auf einen **„modifizierten Verkehrswert"** ist rechtshistorisch erklärbar. Bei Erlass des StBauFG im Jahre 1971, aus dem das besondere Städtebaurecht des BauGB (§§ 136 ff. BauGB) hervorgegangen ist, stellten die besonderen sanierungs- und entwicklungsrechtlichen Vorschriften einen bodenpolitisch gravierenden Einschnitt in die bis dahin geltenden bodenrechtlichen Vorschriften dar und haben insoweit die rechtlichen Rahmenbedingungen „modifiziert".

Von modifizierten Verkehrswerten im Rahmen von Wertermittlungen in Sanierungsgebieten und Entwicklungsbereichen kann im Hinblick auf die besonderen Rechtsvorschriften schon deshalb nicht gesprochen werden, weil die Definition des Verkehrswerts ausdrücklich auf die **Berücksichtigung „rechtlicher Gegebenheiten"** abhebt und diese damit verkehrswertimmanent sind. Noch deutlicher wurde dies in der Vorgängerregelung zu § 194 BauGB herausgestellt. Bereits in § 142 Abs. 1 Satz 2 BBauG 1975 wurde ausdrücklich herausgestellt, dass bei der Ermittlung des Verkehrswerts „insbesondere Vorschriften über die Berücksichtigung oder Nichtberücksichtigung bestimmter Umstände zu beachten" sind[27]. Dieser ausdrückliche und klarstellende Hinweis ist später mit der Zusammenführung von BBauG und StBauFG im Jahre 1987 ersatzlos fortgefallen, da es sich dabei letztlich um Selbstverständliches handelt[28].

---

24 BR-Drucks. 296/09; BR-Drucks. 171/10.
25 BT-Drucks. VI/2204, zu § 57 StBauFG.
26 Auch im Rahmen der steuerlichen Bewertung ist der BFH in seinem Urt. vom 29.8.1996 – VIII R 15/93 –, EzGuG 15.86a davon ausgegangen, dass der Anfangswert dem gemeinen Wert (materiell = Verkehrswert) entspreche.
27 In der Begründung wurde herausgestellt, dass diese Regelung nur deklaratorischen Charakter habe und bereits im Verkehrswertprinzip begründet sei. Nur eine Minderheit des damals federführenden BT-Ausschusses befürchtete ein Abgehen vom Verkehrswertprinzip (BT-Drucks. 7/4792, S. 53). Bereits der BFH hat aber mit Urt. vom 3.4.1964 – III 293/61 – beispielsweise festgestellt, dass eine gesetzeswidrige Umgehung von Preisvorschriften, auch wenn sie einen größeren Umfang annähme, auf die Verkehrswertermittlung keinen Einfluss haben dürfe.
28 In der Begründung wurde die Regelung des § 142 Abs. 1 BBauG 1975 als „überflüssig" bezeichnet (BR-Drucks. 675/85 S. 150).

1.3 Steuerliche Vorschriften

1.3.1 Steuerliche Behandlung von Modernisierungsmaßnahmen

Schrifttum: *Bauer/Bauer*, Steuerratgeber, Vermietung, Verpachtung, Selbstnutzung, 5. Aufl., Boorberg 2004.

Für Modernisierungsmaßnahmen, mit denen nach dem 31.12.2003 begonnen worden ist, kann anstelle der bisherigen Absetzung von 10% der **Herstellungskosten** nach § 7h EStG eine erhöhte Abschreibung in Anspruch genommen werden (Abb. 6)[29].

Abb. 6: Erhöhte Abschreibung für Modernisierungsmaßnahmen in Sanierungsgebieten nach § 7h EStG

Erhöhte Abschreibung für Modernisierungsmaßnahmen in Sanierungsgebieten nach § 7h EStG	
Anzahl der Jahre	**Absetzung**
8 Jahre	9% der Herstellungskosten für Modernisierungen
4 Jahre	7% der Herstellungskosten für Modernisierungen

Abb. 7: Erhöhte Abschreibung für Maßnahmen zur Erhaltung und Nutzung eines Denkmals nach § 7i EStG

Erhöhte Abschreibung für Maßnahmen zur Erhaltung und Nutzung eines Denkmals nach § 7i EStG	
Anzahl der Jahre	**Absetzung**
8 Jahre	9% der Herstellungskosten zur Erhaltung und Nutzung eines Denkmals
4 Jahre	7% der Herstellungskosten zur Erhaltung und Nutzung eines Denkmals

Bei „zu eigenen Wohnzwecken genutzten Baudenkmalen oder Gebäuden in Sanierungsgebieten sowie städtebaulichen Entwicklungsbereichen" können nach § 10f EStG Sonderaufwendungen i.S. des § 7h oder des § 7i EStG für Baumaßnahmen, mit denen nach dem 31.12.2003 begonnen worden ist, auf 10 Jahre jeweils 9% der Aufwendungen geltend gemacht werden[30].

Als Sonderabzug für **Aufwendungen, die der Herstellung oder Erhaltung von schützenswürdigem Kulturgut dienen**, können nach § 10g EStG 10 Jahre lang jeweils 9% der Aufwendungen – statt wie bisher 10% – für Herstellungs- und Erhaltungsmaßnahmen, die nach dem 31.12.2003 begonnen worden sind, steuerlich geltend gemacht werden.

---

29 Verwaltungsvorschriften der Länder: Länderspezifische Bescheinigungsrichtlinien: Baden-Württemberg: ABl. Bad.-Württ. 1998, 617; ESt-Kartei Bad.-Württ. zu § 7i EStG; ESt.-Kartei Bad.-Württ. zu § 7h EStG; Bayern: Allg. MinBl Bayern 1998, 719; ESt.-Kartei Bayern. zu § 7h EStG; Berlin: ABl. Bln 22006, 3329; Brandenburg: ABl. Brandenburg 1995, 298; ESt.-Kartei Brandenburg zu § 7i EStG, Abl. Brandenburg 1999, 720; Bremen: ABl. Bremen 1991, 673; ESt.-Kartei Bremen. zu § 7i EStG; ABl. Bremen 2000, 119; ESt.-Kartei Bremen zu § 7h EStG; Hamburg: GVBl II 1996, 960; GVBl. II 1998, 1609; Hessen: StAnz 1991, 2346; ESt-Kartei OFD Frankfurt zu § 7i EStG; StAnz 1998, 2184; ESt-Kartei OFD Frankfurt zu § 7h EStG; Mecklenburg-Vorpommern: ABl. 1995, 1124; Vfg. der OFD Rostock vom 11.3.1997 – S 2506/S 2198b – St 231 –; ABl. 1998, 1337; Vfg. der OFD Rostock vom 24.3.1998 – S 2198a – St 231 –; Niedersachsen: ESt Kartei Hannover zu § 7i EStG; Nds MinBl 1998, 692 und 1999, 93; ESt-Kartei Hannover zu § 7h EStG; Nordrhein-Westfalen: MinBl. Nordrh.-Westf. 1998, 526; ESt-Kartei Nordrh.-Westf. zu § 7i EStG; MinBl. Nordrh.-Westf. 1999, 164; ESt-Kartei Nordrh.-Westf. zu § 7h EStG; Rheinland-Pfalz: GemABl. der Ministerien für Bildung und Kultur und für Wissenschaft und Weiterbildung 1994, 204; ESt-Kartei der OFD Koblenz zu § 7i EStG Karte 1; MinBl. 1998, 131; ESt-Kartei der OFD Koblenz zu § 7h EStG Karte 1; Saarland: Erl. des MF und Bundesangelegenheiten vom 3.3.1998 – B/3 – 73/1998 – S 2198 –; Sachsen: ABl 1993, 442; Vfg. der OFD Chemnitz vom 15.5.1998 – S 2198a – 9/2 – St 31 –; ABl, 1998, 255; Vfg. der OFD Chemnitz vom 15.5.1998 – S 2198a – 9/2 – St 31 –; Sachsen-Anhalt: MinBl 1994, 2402, Erl. des MF vom 4.11.1994 – 43 – S 2198b – 2 –; MinBl. 1998, 2210; Schleswig-Holstein: ESt-Kartei der OFD Kiel zu § 7i EStG; ABl. 1998, 92, 737; ESt-Kartei der OFD Kiel zu § 7h EStG; Thüringen: StAnz 1994, 776; Vfg. der OFD Erfurt vom 7.9.1995 – S 2225c A – 01 – St 324 –; StAnz 1999, 1237, Vfg. der OFD Erfurt vom 30.11.1999 – S 2527 A – 03 – St 32 –. Vgl. BT-Drucks. 14/6679.

30 BVerwG, Beschl. vom 18.7.2001 – 4 B 45/01 –, GuG 2003, 185 = EzGuG 3.185.

1.3.2 Steuerliche Behandlung des Ausgleichsbetrags

1.3.2.1 Ertragsteuer

56 Zur **ertragsteuerlichen Behandlung des Ausgleichsbetrags** hat der BFH[31] entschieden, dass der Ausgleichsbetrag je nach den **Umständen des Einzelfalls**

a) den *nachträglichen Anschaffungskosten* mit der Folge zuzurechnen ist, dass er steuerlich nicht abzugsfähig ist, oder

b) als *Erhaltungsaufwand* mit der Folge anzusehen ist, dass gewerbetreibende Steuerpflichtige den Ausgleichsbetrag als Betriebsausgaben sofort von der Steuer abziehen können, bzw. im Falle der Vermietung oder Verpachtung des Grundstücks der Ausgleichsbetrag als abzugsfähige Werbungskosten anzusehen ist[32].

57 Der BFH[33] will für die ertragsteuerliche Behandlung des Ausgleichsbetrags die für die Behandlung von Erschließungsbeiträgen entwickelten Grundsätze gelten lassen. Danach kommt es nunmehr entscheidend darauf an, ob der Erschließungsbeitrag bzw. der Ausgleichsbetrag der Finanzierung der **erstmaligen Erschließungsanlage** dient, um ihn den nachträglichen Anschaffungskosten zuzurechnen[34].

58 Dient hingegen der Erschließungsbeitrag bzw. der Ausgleichsbetrag der **Finanzierung des Ersatzes oder der Modernisierung einer Erschließungsanlage,** so ist er insoweit den Betriebsausgaben bzw. Werbungskosten zuzurechnen[35]. In Mischfällen muss der Ausgleichsbetrag in einen abzugsfähigen und nichtabzugsfähigen Anteil aufgeteilt werden. Zur Beurteilung einer Aufteilung des Ausgleichsbetrags/Ablösungsbetrags ist vom BMF[36] in Abstimmung mit den Obersten Finanzbehörden der Länder ein Vordruck an die Hand gegeben worden.

59 Demnach dürfte der Ausgleichsbetrag, der nach § 166 Abs. 3 Satz 4 BauGB in städtebaulichen Entwicklungsbereichen erhoben wird, in **erster Linie den Anschaffungskosten** zuzurechnen sein, während der in Sanierungsgebieten erhobene Ausgleichsbetrag vornehmlich als Erhaltungsaufwand anzusehen ist. Ob die Rechtsprechung des BFH im engen Sinne allein nach dem Kriterium der erstmaligen Herstellung oder des Ersatzes vorhandener Erschließungsanlagen auszulegen ist, bleibt allerdings weiterhin fraglich.

60 Der BFH hat nicht zu der Frage Stellung genommen, ob der für ein in der Innenstadt gelegenes Grundstück nach Abschluss der Sanierung erhobene Ausgleichsbetrag, der sich maßgeblich nach der durch den Sanierungsbebauungsplan gewährten höheren baulichen Nutzbarkeit (z.B. Heraufzonung des Maßes der baulichen Nutzung [GFZ]) bemisst, nicht doch den Anschaffungskosten zuzuordnen ist. Dafür spricht, dass dieser Ausgleichsbetrag im wirtschaftlichen Ergebnis dem **Zuerwerb eines Grundstücks** entspricht.

1.3.2.2 Umsatzsteuer

61 Für die **umsatzsteuerliche Behandlung der erstatteten Kosten** bestimmt **Nr. 1** Abs. 11 bis 15 der Umsatzsteuer-Richtlinien 2005 – UStR 2005 – vom 15.9.2004 (BR-Drucks. 696/04) Folgendes:

---

31 BFH, Urt. vom 27.10.1993 – I R 65/92 –, GuG 1994, 376 = EzGuG 15.79; FG Niedersachsen, Urt. vom 4.8.1994 – XII 409/91 –, EFG 1995, 66 = WPg 1995, 17 = EzGuG 15.80a.
32 So bislang Schindhelm/Wilde in DB 1991, 727.
33 BFH, Urt. vom 20.5.1957 – VI 138/55 U –, EzGuG 7.2a; BFH, Urt. vom 18.9.1964 – VI 100/63 S –, EzGuG 9.2; BFH, Urt. vom 24.11.1967 – VI R 302/66 –, EzGuG 9.3; BFH, Urt. vom 18.9.1964 – X R 97/92 –, GuG 1995, 123 = EzGuG 7.121.
34 BFH, Urt. vom 14.3.1989 – IX R 168/88 –, BFH/NV 1989, 633; BFH, Urt. vom 27.9.1991 – III R 76/89 –, BFH/NV 1992, 488; BFH, Urt. vom 15.2.1989 – X R 6/86 –, BFH/NV 1989, 494; BFH, Urt. vom 16.11.1982 – VIII R 167/79 –, BFHE 137, 55 = BStBl. II 1983, 111; BFH, Urt. vom 26.1.1984 – IV R 30/80 –, EzGuG 12.37a; BFH, Urt. vom 12.4.1984 – IV R 137/80 –, EzGuG 12.38a.
35 BFH, Urt. vom 2.5.1990 – VIII R 198/85 –, EzGuG 9.37a; BFH, Urt. vom 13.9.1984 – IV R 101/82 –, BFHE 142, 247 = BStBl. II 1985, 49 = BB 1985, 1243 = DB 1985, 313; BFH, Urt. vom 4.11.1986 – VIII R 322/83 –, BFHE 148, 513 = BStBl. II 1987, 333 = DB 1987, 1019 = EzGuG 9.61a.
36 BMF, Schreiben vom 8.9.2003 – IV A 6 S 2171/03 –, GuG 2003, 375.

„(11) ₁Werden auf Grund des Baugesetzbuchs (BauGB) **Betriebsverlagerungen** vorgenommen, so handelt es sich dabei um umsatzsteuerbare Leistungen des betreffenden Unternehmers an die Gemeinde oder den Sanierungsträger; das Entgelt für diese Leistungen besteht in den Entschädigungsleistungen. ₂Reichen die normalen Entschädigungsleistungen nach dem BauGB nicht aus und werden zur anderweitigen Unterbringung eines von der städtebaulichen Sanierungsmaßnahme betroffenen gewerblichen Betriebs zusätzliche Sanierungsförderungsmittel in Form von Zuschüssen eingesetzt, sind sie als Teil des Entgelts für die oben bezeichnete Leistung des Unternehmers anzusehen.

(12) ₁Nach § 181 BauGB soll die Gemeinde bei der Durchführung des BauGB zur Vermeidung oder zum Ausgleich wirtschaftlicher Nachteile, die für den Betroffenen in seinen persönlichen Lebensumständen eine besondere Härte bedeuten, auf Antrag einen Geldausgleich im Billigkeitswege gewähren. ₂Ein solcher **Härteausgleich** ist, wenn er einem Unternehmer gezahlt wird, nicht als Entgelt für eine steuerbare Leistung des Unternehmers gegenüber der Gemeinde anzusehen; es handelt sich vielmehr um eine nicht steuerbare Zuwendung. ₃Das Gleiche gilt, wenn dem Eigentümer eines Gebäudes ein Zuschuss gewährt wird,

1. für Modernisierungs- und Instandsetzungsmaßnahmen nach § 177 BauGB,
2. für Modernisierungs- und Instandsetzungsmaßnahmen im Sinne des § 177 BauGB, zu deren Durchführung sich der Eigentümer gegenüber der Gemeinde vertraglich verpflichtet hat,
3. für andere der Erhaltung, Erneuerung und funktionsgerechten Verwendung dienende Maßnahmen an einem Gebäude, das wegen seiner geschichtlichen, künstlerischen oder städtebaulichen Bedeutung erhalten werden soll, zu deren Durchführung sich der Eigentümer gegenüber der Gemeinde vertraglich verpflichtet hat.

₄Voraussetzung ist, dass in den Fällen der Nummern 2 und 3 der Zuschuss aus Sanierungsförderungsmitteln zur Deckung der Kosten der Modernisierung und Instandsetzung nur insoweit gewährt wird, als diese Kosten nicht vom Eigentümer zu tragen sind.

(13) ₁Überlässt eine Gemeinde nach § 146 Abs. 3 BauGB einem Grundstückseigentümer (Unternehmer) die Durchführung einer Ordnungsmaßnahme und zahlt sie ihm auf Grund eines Vertrags entsprechend § 155 Abs. 6 BauGB für die Freimachung des Grundstücks mit aufstehendem Gebäude die **Abbruchkosten** sowie eine Gebäude-Restwertentschädigung, so stellen diese Beträge das Entgelt für eine steuerbare und steuerpflichtige Leistung des Grundstückseigentümers an die Gemeinde dar. ₂Führt die Gemeinde die Abbrucharbeiten selbst durch und zahlt sie dem Grundstückseigentümer eine Gebäude-Restwertentschädigung, so ist die Restwertentschädigung ebenfalls Entgelt für eine steuerbare Leistung (Duldung des Gebäudeabbruchs im Rahmen der Ordnungsmaßnahmen) des Grundstückseigentümers an die Gemeinde. ₃Zur umsatzsteuerrechtlichen Behandlung von Erschließungsmaßnahmen vgl. BMF-Schreiben vom 31.5.2002 – BStBl I S. 631 (= GuG 2002, 305).

(14) ₁Der Übergang eines Grundstücks im Flurbereinigungsverfahren nach dem Flurbereinigungsgesetz (FlurbG) und im Umlegungsverfahren nach dem Baugesetzbuch unterliegt grundsätzlich nicht der Umsatzsteuer. ₂In den Fällen der Unternehmensflurbereinigung (§§ 87 bis 89 FlurbG) ist die Bereitstellung von Flächen insoweit umsatzsteuerbar, als dafür eine Geldentschädigung gezahlt wird. ₃Ggf. kommt die Steuerbefreiung nach § 4 Nr. 9 Buchstabe a UStG in Betracht.

(15) Zum Bauen auf fremdem Boden vgl. BMF-Schreiben vom 23.7.1986 – BStBl I S. 432."

Der **BMF** hat des Weiteren in seinem Schreiben vom 14.5.1987, IV A 2 – S 7100 – 19/87, zur **umsatzsteuerlichen Behandlung der Sanierungsträger**, die bei der Durchführung von Sanierungsaufgaben nach dem Städtebauförderungsgesetz (StBauFG) – jetzt Baugesetzbuch (BauGB) – eingeschaltet werden, im Einvernehmen mit den obersten Finanzbehörden der Länder folgende Auffassung vertreten[37]:

„Nach dem Wortlaut des § 35 Abs. 1 StBauFG (jetzt § 159 Abs. 1 BauGB) erfüllt der Sanierungsträger die ihm von der Gemeinde übertragenen Aufgaben entweder im eigenen Namen für Rechnung der Gemeinde als deren Treuhänder oder im eigenen Namen und für eigene Rechnung. Wird der Sanierungsträger im eigenen Namen für Rechnung der Gemeinde als Treuhänder tätig, so kann er gleichwohl umsatzsteuerlich als Vermittler angesehen werden, wenn er entsprechend der Vorschrift des § 36 Abs. 1 StBauFG (jetzt § 160 Abs. 1 BauGB) in den Verträgen, Rechnungen und dgl. klar und eindeutig zum Ausdruck bringt, dass er als Treuhänder der Gemeinde handelt. Unter dieser Voraussetzung kann der Sanierungsträger die ihm zur Verfügung gestellten Sanierungsförderungsmittel als durchlaufende Posten (§ 10 Abs. 1 Satz 4 UStG) behandeln.

Ist der Sanierungsträger danach als Vermittler anzusehen, so folgt daraus, dass die Leistungen der von ihm beauftragten Unternehmer unmittelbar an die Gemeinde ausgeführt werden, auch wenn formal der

---

[37] DB 1987, 1278.

VIII Sanierungsgebiete — Steuerliche Vorschriften

Sanierungsträger Leistungsempfänger aus diesen Vertragsverhältnissen ist. Der Sanierungsträger kann deshalb die auf diese Leistungen in Rechnung gestellte USt. nicht als Vorsteuer abziehen. Entsprechend sind die auf den Sanierungsträger lautenden Rechnungen als Rechnungen der Gemeinde zu behandeln.

Soweit der Sanierungsträger im eigenen Namen und für eigene Rechnung tätig wird, kann er umsatzsteuerlich nicht als Vermittler angesehen werden."

63 Mit der Steuerpflicht des Grundstückseigentümers (Unternehmer) für die durchgeführten Ordnungsmaßnahmen erhöhen sich auch die von der Gemeinde an den Unternehmer zu zahlenden Entgelte und damit auch die förderungsfähigen Kosten der Sanierung. Um dies zu vermeiden, haben Gemeinden in diesen Fällen Grundstücke angekauft und nach Durchführung der Maßnahme wieder an den Voreigentümer zurückübertragen. Hierin ist vereinzelt ein Missbrauch der rechtlichen Gestaltungsmöglichkeiten nach § 42 AO mit der Begründung erblickt worden, dass der **zweimalige Wechsel des Grundstückseigentums** allein zur Umgehung der Umsatzsteuer gewählt worden sei.

64 Zu dieser Problematik haben die **obersten Finanzbehörden des Bundes und der Länder** folgende im Schreiben des bad.-württemb. IM vom 1.4.1985 – V 8625 – § 39/3[38] wiedergegebene Klärung herbeigeführt:

65 „Die obersten Finanzbehörden des Bundes und der Länder haben im Zusammenhang mit der Durchführung von Ordnungsmaßnahmen zur Umsatzsteuerpflicht nunmehr eine weitere Entscheidung getroffen, die im Folgenden wiedergegeben ist:

4. Es ist nicht als Missbrauch im Sinne des § 42 AO anzusehen, wenn eine Gemeinde zur Durchführung von Ordnungsmaßnahmen nach § 13 StBauFG (entspricht § 147 BauBG) ein Grundstück ankauft und dieses nach Abbruch des Gebäudes wieder an den früheren Eigentümer veräußert.

5. Führt die Gemeinde – ohne das Grundstück zu erwerben – die Abbrucharbeiten selbst durch und erhält der Grundstückseigentümer eine Gebäuderestwertentschädigung, stellt diese das Entgelt für eine umsatzsteuerbare Leistung des Grundstückseigentümers an die Gemeinde dar (Duldung des Gebäudeabbruchs im Rahmen von Ordnungsmaßnahmen).

Ergänzend weisen wir darauf hin, dass die obersten Finanzbehörden des Bundes und der Länder sich bereits Anfang 1983 zur umsatzsteuerlichen Behandlung der Erstattung von Abbruchkosten und der Gebäuderestwertentschädigung in den Fällen geäußert hatten (Schreiben des BMF vom 28.2.1983 – IV A 2 – S 7100 – 13/84), in denen der Gebäudeabbruch durch den Grundstückseigentümer erfolgt. Danach stellt die Durchführung der Ordnungsmaßnahme durch den Grundstückseigentümer eine steuerbare und steuerpflichtige Leistung an die Gemeinde dar. Entgelte sind die erstatteten Abbruchkosten sowie die Restwertentschädigung, da diese ebenfalls einen Teil der Aufwendungen der Gemeinde für die vertraglich vereinbarte Leistung des Grundstückseigentümers darstellt."

66 Der hierin vertretenen Auffassung ist beizupflichten. Nach dem BauGB hat die Gemeinde für die Vorbereitung und Durchführung zu sorgen (§§ 140 und 147 sowie § 148 Abs. 1 Satz 1 Halbs. 2 BauGB). Die Durchführung der Sanierung umfasst nach § 146 BauGB u.a. die Ordnungsmaßnahme. Hierzu gehören alle **Maßnahmen, die notwendig sind, damit Baumaßnahmen durchgeführt werden können.** Die Ordnungsmaßnahmen werden von der Gemeinde durchgeführt, sofern sie dies nicht aufgrund eines Vertrags ganz oder teilweise dem Eigentümer überlässt. Die Gemeinde, der die Durchführung der Ordnungsmaßnahmen obliegt (§ 147 Abs. 1 BauGB), hat nach § 147 Abs. 6 BauGB dem Eigentümer auch die Kosten der Ordnungsmaßnahmen zu erstatten, wenn dieser die Maßnahmen aufgrund eines Vertrags nach § 146 Abs. 3 Satz 1 BauGB durchführt.

67 Aus alledem folgt, dass der gemeindliche Erwerb eines Grundstücks zur Durchführung von Ordnungsmaßnahmen dem gesetzlichen Normalfall entspricht und daher **nicht als steuerlicher Umgehungstatbestand** angesehen werden kann.

---

[38] BWGZ 1985, 424.

1.3.2.3 Grunderwerbsteuer

Zur **grunderwerbsteuerlichen Behandlung des Ausgleichsbetrags** vgl. Rechtsprechung des BFH[39]. — 68

Zur **steuerlichen Behandlung des Erwerbs eines Grundstücks zum Neuordnungswert** ist darauf hinzuweisen, dass der **volle Kaufpreis auch dann Besteuerungsgrundlage für die Grunderwerbsteuer ist, wenn als Teil des Kaufpreises der Betrag gesondert ausgewiesen wird,** der nach § 159 Abs. 4 BauGB an die Gemeinde abzuführen oder mit ihr zu verrechnen ist[40]. — 69

Im Übrigen sieht das GrEStG **keine Grunderwerbsteuerbefreiung** für Erwerbsvorgänge zum Zwecke der Grundstücksneuordnung entsprechend den Zielen und Zwecken einer Sanierungs- oder Entwicklungsmaßnahme vor. — 70

Grunderwerbsteuerliche Bemessungsgrundlage ist nach ständiger Rechtsprechung des BFH der tatsächliche Zustand des Grundstücks, das Gegenstand des Erwerbsvorgangs ist[41]. Je nach Vertragsgestaltung können damit – neben dem Grundstückskaufpreis – auch die Kosten für die Bebauung zur Gegenleistung gehören. — 71

Ein **sanierungs- bzw. entwicklungsbedingter Zwischenerwerb eines Grundstücks** löst nach § 1 Abs. 1 GrStG eine Grunderwerbsteuer in Höhe von 3,5% des Werts der Gegenleistung aus. Dies ist nach § 8 Abs. 1 und § 9 GrEStG i.d.R. der Kaufpreis. Davon betroffen ist der gemeindliche Grunderwerb ebenso wie die Übertragung von Grundstücken in das Treuhandvermögen eines Sanierungs- oder Entwicklungsträgers, dessen sich die Gemeinde bedient. Der Grunderwerbsteuer unterliegen darüber hinaus Rechtsvorgänge, die es einem anderen ermöglichen, ein inländisches Grundstück auf eigene Rechnung zu verwerten (§ 1 Abs. 2 GrEStG). — 72

Beim Erwerb eines Grundstücks im Auftrag der Gemeinde durch einen Sanierungs- oder Entwicklungsträger (Auftragserwerb) unterliegt nach bisheriger und vorherrschender Auffassung — 73

– zum einen der Erwerb durch den Beauftragten (Treuhänder) nach § 1 Abs. 1 GrEStG und

– zum anderen der damit einhergehende Erwerb der Verwertungsbefugnis durch die Gemeinde als die Auftraggeberin (Treugeberin) wegen des ihr zustehenden Anspruchs auf Herausgabe des in Durchführung des Auftrags Erlangten nach § 1 Abs. 2 GrEStG

der Grunderwerbsteuer. Diese **Doppelbesteuerung** besteht unabhängig davon, ob z.B. ein Entwicklungsträger (§ 167 BauGB) den Erwerb als Treuhänder im eigenen Namen mit gleichzeitiger Verwertungsbefugnis der Gemeinde oder er im eigenen Namen für Rechnung der Gemeinde handelt (z.B. Sanierungsträger nach § 159 Abs. 1 Satz 1, 1. Alt. BauGB). Überträgt der treuhänderische Entwicklungsträger das von einem Dritten erworbene Grundstück später zu Eigentum auf die Gemeinde, so unterliegt im Übrigen auch dieser Vorgang mit der Einschränkung der Grunderwerbsteuer, dass sich die Bemessungsgrundlage nach dem Betrag bemisst, der den vorausgegangenen Rechtsvorgang übersteigt (§ 3 Nr. 8 GrEStG, § 16 Abs. 2 GrEStG)[42].

Das Bundesministerium der Finanzen hat mit Schreiben vom 19.2.1985 an das Bundesministerium für Raumordnung, Bauwesen und Städtebau die zweifache Grunderwerbsteuerpflicht bei Erwerb von Grundstücken durch den Sanierungsträger für das Treuhandvermögen bejaht. — 74

---

39 BFH, Urt. vom 3.8.1988 – II R 210/85 –, EzGuG 15.61; BFH, Urt. vom 28.9.1988 – II R 244/85 –, EzGuG 1.40a; FG Koblenz, Urt. vom 24.8.1984 – 4 K 193/82 –, EFG 1985, 138 = Planen und Bauen 1985, 56 = EzGuG 15.31.
40 BFH, Urt. vom 3.8.1988 – II R 210/85 –, EzGuG 15.61.
41 BFH, Urt. vom 5.2.1992 – II R 110/88 –, BStBl. II 1992, 357; BFH, Urt. vom 19.1.1994 – II R 52/90 –, BStBl. II 1994, 409.
42 Krautzberger, Städtebauförderungsrecht § 160 Rn. 31 f.; Erl. der obersten Finanzbehörden der Länder betr. Grunderwerbsteuer bei Treuhandgeschäften, die ein inländisches Grundstück zum Gegenstand haben, vom 20.3.1978 – S 4500 – 100 – 32 2 (BStBl. I 1978, 214), betr. Erwerbsvorgänge i.S.d. § 1 Abs. 3 GrEStG vom 20.3.1978 – S 4301 – 8 32 2 (BStBl. I 1978, 217); FMS vom 29.3.1978 – S 4500 – 34/9 – 10 976; FMS vom 25.5.1984 – 37 – S 4500 – 34/18 – 31 771 –; OFD Nürnberg, Vfg. vom 2.7.1984 – S 4500 – 128/St 24 –; OFD München, Vfg. vom 5.7.1984 – S 4500 – 35/2 St 331 –, GrESt Kartei 2/3 B; Schreiben des bad.-württ. IM vom 1.4.1985 – V 6825 – § 38/3 (BWGZ 1985, 424).

VIII Sanierungsunbeeinfl. Grundstückswert   Anwendungsbereich

Danach lägen **grunderwerbsteuerrechtlich zwei Rechtsvorgänge** vor, bei denen die Steuer nach dem Wert der Gegenleistung zu berechnen ist. Für den Erwerb durch den Treugeber seien die Gegenleistung die Leistungen, die dem Treugeber über den Treuhänder nach § 670 BGB aus der Ausführung des Grundstücksbeschaffungsauftrags oblägen, nämlich der Erwerbspreis und die Erwerbskosten. Diese Auffassung des Bundesministeriums der Finanzen ist inzwischen vom BFH[43] mit Urteil vom 28.9.1988 hinsichtlich des Grunderwerbs durch einen Entwicklungsträger für das Treuhandvermögen bestätigt worden. Der BFH stellt ausdrücklich fest: Erwirbt ein Entwicklungsträger als Treuhänder einer Gemeinde ein Grundstück, so erhält die Gemeinde als Treugeber gleichzeitig an dem Grundstück die Verwertungsmacht i.S. des § 1 Abs. 2 GrEStG 1983. Der BFH bezeichnete es als unerheblich, dass der Treuhänder die Grundstücke für die Entwicklungsmaßnahme verwenden müsste und die Klägerin, die Gemeinde, daher nicht frei über das Grundstück verfügen konnte. Mit dieser Entscheidung des BFH dürfte auch für den Erwerb durch den Sanierungstreuhänder die Rechtslage vorerst i.S. der doppelten Grunderwerbsteuerpflicht entschieden sein.

75 Die Grunderwerbsteuerpflicht tritt allerdings nur dann ein, wenn es dem Auftraggeber effektiv möglich ist, das **Grundstück auf eigene Rechnung zu verwerten**[44].

76 Darüber hinaus wirkt sich auch die **Grunderwerbsteuerpflicht bei Rückübertragung von Grundstücken auf die Gemeinde** nach § 160 Abs. 6 Satz 2 BauGB kostensteigernd auf die Sanierung aus, wenn dieser Erwerb nicht nach § 4 Nr. 1 GrEStG von der Besteuerung ausgenommen ist. Nach § 4 Nr. 1 GrEStG ist der Erwerb eines Grundstücks durch eine Körperschaft des öffentlichen Rechts von der Grunderwerbsteuer befreit, wenn das Grundstück aus Anlass des Übergangs von öffentlichen Aufgaben oder aus Anlass von Grenzänderungen (z.B. Übergang der Straßenbaulast von einer Gemeinde auf eine andere Gemeinde) von der einen auf die andere Körperschaft des öffentlichen Rechts übergeht. Diese Voraussetzung ist allerdings nicht gegeben, wenn ein Grundstück im Falle eines Konkurses des Sanierungsträgers auf die Gemeinde übertragen wird.

77 Beim Kauf eines in einem Sanierungsgebiet gelegenen unbebauten Grundstücks von einem Sanierungsträger gegen einen Kaufpreis, der dem Verkehrswert entspricht, der sich durch die rechtliche und tatsächliche Neuordnung ergibt (Neuordnungswert), ist der **volle Kaufpreis** nach der Rechtsprechung des BFH auch dann **Besteuerungsgrundlage für die Grunderwerbsteuer,** wenn als Teil des Kaufpreises der Betrag gesondert ausgewiesen wird, der nach § 159 Abs. 4 BauGB an die Gemeinde abzuführen oder mit ihr zu verrechnen ist[45].

2 Sanierungs- bzw. entwickungsunbeeinflusster Grundstückswert

2.1 Anwendungsbereich

78 In förmlich festgelegten Sanierungsgebieten, für die die Anwendung der abgabenrechtlichen Regelungen der §§ 152 bis 156a BauGB in der Sanierungssatzung nach § 142 Abs. 4 Satz 1 BauGB nicht ausgeschlossen worden ist, steht der Grundstücksverkehr grundsätzlich unter dem Regime des § 153 Abs. 1 BauGB. Nach dieser Vorschrift bemessen sich Ausgleichs- und Entschädigungsleistungen, die aufgrund von Maßnahmen, die der Vorbereitung oder Durchführung der Sanierung im förmlich festgelegten Sanierungsgebiet dienen und nach den Vorschriften des BauGB zu gewähren sind, nach dem Verkehrswert des Grundstücks unter Ausschluss von Werterhöhungen, die durch die Aussicht auf die Sanierung, durch ihre Vorbe-

---

[43] BFH, Urt. vom 28.9.1988 – I R 31/86 –, BFHE 156, 166 = BStBl. II 1989, 804; BFH, Urt. vom 8.2.1995 – II R 19/95 –, BFH/NV 1995, 823; FG Köln, Beschl. vom 21.4.1988 – 1 K 637/87 –, EFG 1988, 647.
[44] BFH, Urt. vom 17.9.1986 – II R 105/85 –, BFH/NV 1987, 808; BFH, Urt. vom 25.11.1992 – II R 67/89 –, BFH/NV 1993, 670 = EzGuG 1.58 und BFH, Urt. vom 9.11.1994 –, II B 95/94 – BFH/NV 1995, 544.
[45] BFH, Urt. vom 3.8.1988 – II R 210/85 –, EzGuG 15.61; BFH, Urt. vom 28.9.1988 – II R 244/85 –, EzGuG 1.40a.

Anwendungsbereich **Sanierungsunbeeinfl. Grundstückswert VIII**

reitung oder ihre Durchführung eingetreten sind; davon ausgenommen sind nur Werterhöhungen, die der Betroffene durch eigene Aufwendungen zulässigerweise bewirkt hat. Der maßgebliche Verkehrswert wird als **sanierungsunbeeinflusster Grundstückswert bezeichnet**. § 153 Abs. 1 BauGB hat folgenden Wortlaut:

„(1) Sind auf Grund von Maßnahmen, die der Vorbereitung oder Durchführung der Sanierung im förmlich festgelegten Sanierungsgebiet dienen, nach den Vorschriften dieses Gesetzbuchs Ausgleichs- und Entschädigungsleistungen zu gewähren, werden bei deren Bemessung Werterhöhungen, die lediglich durch die Aussicht auf die Sanierung, durch ihre Vorbereitung oder ihre Durchführung eingetreten sind, nur insoweit berücksichtigt, als der Betroffene diese Werterhöhungen durch eigene Aufwendungen zulässigerweise bewirkt hat. Änderungen in den allgemeinen Wertverhältnissen auf dem Grundstücksmarkt sind zu berücksichtigen."

Die Vorschrift kommt mithin nicht beim **vereinfachten Sanierungsverfahren** zur Anwendung (vgl. § 142 Abs. 4 ggf. i.V.m. § 170 Satz 4 BauGB). **79**

Die eigentliche Bedeutung der Regelung erschließt sich erst aus der Verfügungssperre nach § 142 Abs. 2 Nr. 1 i.V.m. § 153 Abs. 2 BauGB, nach denen die rechtsgeschäftliche Veräußerung eines Grundstücks und die Bestellung und Veräußerung eines Erbbaurechts der schriftlichen Genehmigung der Gemeinde bedürfen und diese zu versagen ist, wenn bei den genannten Rechtsvorgängen der vereinbarte Gegenwert für das Grundstück oder das Recht über dem Wert liegt, der sich in Anwendung des § 153 Abs. 1 BauGB als sanierungsunbeeinflusster Grundstückswert ergibt (Preisprüfung). Dies gilt nur dann nicht, wenn der Ausgleichsbetrag nach § 154 Abs. 3 Satz 2 BauGB abgelöst oder nach § 154 Abs. 3 Satz 3 BauGB vorzeitig festgesetzt worden ist und die Verpflichtung zur Entrichtung des Ausgleichsbetrags erloschen ist. **Der sanierungs- bzw. entwicklungsunbeeinflusste Grundstückswert stellt damit grundsätzlich eine „Preisschranke" für den gesamten Grundstücksverkehr im förmlich festgelegten Sanierungsgebiet sowie im städtebaulichen Entwicklungsbereich dar.** Dem Grundstückswert **i.S. des § 153 Abs. 1 BauGB kommt** in förmlich festgelegten Sanierungsgebieten und städtebaulichen Entwicklungsbereichen eine **Schlüsselrolle zu;** er ist nicht nur Bemessungsgrundlage für Ausgleichs- und Entschädigungsleistungen: **80**

a) Der sanierungs- bzw. entwicklungsunbeeinflusste Grundstückswert ist grundsätzlich auch für den freihändigen Grundstücksverkehr in Sanierungs-, Ersatz-, Ergänzungs- und Anpassungsgebieten (§ 142 Abs. 1 und 2 sowie § 170 BauGB) sowie in städtebaulichen Entwicklungsbereichen maßgebend; an ihm orientiert sich die Preisprüfung nach § 145 Abs. 2 i.V.m. § 153 Abs. 2 BauGB.

b) § 153 Abs. 3 BauGB verpflichtet die Gemeinde sowie Sanierungs-, Entwicklungs- und Bedarfsträger, bei freihändigem Grundstückserwerb keinen höheren Preis zu vereinbaren, als es dem sanierungs- bzw. entwicklungsunbeeinflussten Grundstückswert entspricht.

c) Bezogen auf den Grund und Boden findet die Vorschrift auch bei der Ermittlung des Anfangswerts nach § 154 Abs. 2 BauGB (vgl. Rn. 341 ff.) sowie des Einwurfswerts in der Sanierungsumlegung nach § 153 Abs. 5 Nr. 1 BauGB Anwendung.

d) Der sanierungs- bzw. entwicklungsunbeeinflusste Grundstückswert ist schließlich auch bei der Überführung von Grundstücken eines Sanierungs- bzw. Entwicklungsträgers in das Treuhandvermögen nach § 160 Abs. 5 BauGB maßgebend.

e) Die Möglichkeit des freihändigen Erwerbs zum entwicklungsunbeeinflussten Grundstückswert ist nach § 165 Abs. 3 Nr. 3 BauGB auch ein Kriterium für die Zulässigkeit einer Entwicklungsmaßnahme.

Die Regelung des § 153 Abs. 1 BauGB über den sanierungsunbeeinflussten Grundstückswert betrifft den Verkehrswert des Grundstücks in seiner **Gesamtheit einschließlich vorhandener baulicher Anlagen und sonstiger Einrichtungen.** Im Rahmen des bodenpolitischen Systems des Sanierungs- und Entwicklungsrechts, das die Abschöpfung sanierungs- und entwicklungsbedingter *Boden*werterhöhungen zum Gegenstand hat (§§ 152 bis 156a BauGB), **81**

VIII Sanierungsunbeeinfl. Grundstückswert — Anwendungsbereich

darf die Bedeutung der Vorschrift nicht dahingehend verkannt werden, dass sie nur die Ermittlung des sanierungs- bzw. entwicklungsunbeeinflussten *Bodenwerts* regelt.

82 Bezogen auf den Grund und Boden (ohne aufstehender Bebauung) wird mitunter der sanierungsunbeeinflusste Grundstückswert auch als „Anfangswert" bezeichnet. Dies ist allerdings unzulässig, denn **Anfangswert ist** nach § 154 Abs. 1 BauGB **lediglich der sanierungs- und entwicklungsunbeeinflusste Bodenwert, der der Ermittlung des Ausgleichsbetrags zugrunde zu legen ist.** Der in § 154 Abs. 1 BauGB definierte Anfangswert weist zwar – wie der Einwurfswert in Umlegungsverfahren nach den §§ 45 ff. BauGB i.V.m. § 153 Abs. 5 Nr. 1 BauGB – eine enge Verwandtschaft mit dem sanierungs- bzw. entwicklungsunbeeinflussten Grundstückswert nach § 153 Abs. 1 BauGB auf. Dennoch empfiehlt es sich, begrifflich zwischen beiden Werten zu unterscheiden.

83 Während es sich bei dem sanierungs- bzw. entwicklungsunbeeinflussten Grundstückswert i.S. des § 153 Abs. 1 BauGB um den (Gesamt-)**Verkehrswert des Grundstücks** – also **einschließlich einer aufstehenden Bebauung** – handelt, geht es bei dem Anfangs- und Einwurfswert lediglich um den *Bodenwert*. Auch ist im Unterschied zum sanierungs- bzw. entwicklungsunbeeinflussten Grundstückswert für die Ermittlung des Anfangs- und Einwurfswerts ein *bestimmter Wertermittlungsstichtag*, nämlich der Zeitpunkt des Abschlusses der Veranstaltung, vorgegeben (vgl. § 57 Satz 2 BauGB). Zudem ist darauf hinzuweisen, dass die sog. „vom Eigentümer selbstbewirkten Werterhöhungen" in die Ermittlung des sanierungs- bzw. entwicklungsunbeeinflussten Grundstückswerts eingehen, während sie bei der Ausgleichsbetragserhebung gemäß § 155 Abs. 1 BauGB als Anrechnungsfall behandelt werden und demzufolge bei der Ermittlung des Anfangswerts unberücksichtigt bleiben.

2.1.1 Städtebaulicher Entwicklungsbereich

84 Nach § 169 Abs. 1 Nr. 6 BauGB ist § 153 Abs. 1 BauGB städtebaulichen Entwicklungsbereichen bei der Ermittlung des entwicklungsunbeeinflussten Grundstückswerts entsprechend anzuwenden, jedoch ist dabei das **Bewertungsprivileg des § 169 Abs. 4 BauGB** zu beachten. Die Vorschrift hat folgende Fassung:

„(4) Auf land- oder forstwirtschaftlich genutzte Grundstücke ist § 153 Abs. 1 mit der Maßgabe entsprechend anzuwenden, dass in den Gebieten, in denen sich kein von dem innerlandwirtschaftlichen Verkehrswert abweichender Verkehrswert gebildet hat, der Wert maßgebend ist, der in vergleichbaren Fällen im gewöhnlichen Geschäftsverkehr auf dem allgemeinen Grundstücksmarkt dort zu erzielen wäre, wo keine Entwicklungsmaßnahmen vorgesehen sind."

2.1.2 Verhältnis zum Planungsschadensrecht

▶ *Allgemeines zum Planungsschadensrecht vgl. Teil VII Rn. 18 ff.; zum Anfangswert Rn. 132, zum Neuordnungswert und Ausgleichsbetrag Rn. 367, 502 ff.*

85 § 153 Abs. 1 BauGB ist rechtsdogmatisch als **eine § 95 Abs. 2 BauGB ergänzende Reduktionsklausel** einzuordnen. Soweit es im Zuge der Sanierung zu Planungsschäden kommt, geht das Sanierungsrecht des BauGB im Grundsatz von einer **Trennung des Ausgleichsbetrags- und Planungsschadensrechts** aus.

86 Hieraus folgt für die Ermittlung des sanierungsunbeeinflussten Grundstückswerts:

– Hat sich für das Grundstück ein **Planungsschaden** ergeben, so ist der „herabgezonte" Grundstückszustand mit dem entsprechend geringeren Grundstückswert maßgebend. Hier ist vor allem auch die Regelung des **§ 42 Abs. 3 BauGB über die entschädigungslose Herabzonung nach Ablauf der Siebenjahresfrist** zu nennen (vgl. Teil VII Rn. 176 ff.)[46]. Dies gilt unabhängig davon, ob dafür eine gesonderte Entschädigung bereits geleistet worden ist, noch zu leisten ist oder gar nicht beansprucht werden kann.

---

[46] Kleiber/Simon/Weyers, Verkehrswertermittlung von Grundstücken, 4. Aufl. 2002, § 29 WertV Rn. 34 ff., 136.

- Es besteht kein Entschädigungsanspruch für eine **Änderung oder Aufhebung einer zulässigen Nutzung in den Fällen des § 43 Abs. 4 BauGB**; die Vorschrift hat folgenden Wortlaut:

  „(4) Bodenwerte sind nicht zu entschädigen, soweit sie darauf beruhen, dass

  1. die zulässige Nutzung auf dem Grundstück den allgemeinen Anforderungen an gesunde Wohn- und Arbeitsverhältnisse oder an die Sicherheit der auf dem Grundstück oder im umliegenden Gebiet wohnenden oder arbeitenden Menschen nicht entspricht oder

  2. in einem Gebiet städtebauliche Missstände im Sinne des § 136 Abs. 2 und 3 bestehen und die Nutzung des Grundstücks zu diesen Missständen wesentlich beiträgt."

Beispiel:

In einem Gebiet sind durch (unzulässige) Maßnahmen der Verdichtung Wertminderungen i.S. des § 43 Abs. 4 BauGB eingetreten, die durch eine Blockentkernung behoben werden sollen. Das tatsächlich realisierte Nutzungsmaß ist auch ohne herabzonenden Bebauungsplan nicht zu berücksichtigen (Abb. 8).

Abb. 8:   Nichtberücksichtigung des durch die tatsächliche Nutzung realisierten Nutzungsmaßes

Würde man nämlich die außerhalb von Sanierungsgebieten nach dieser Vorschrift entschädigungslos hinzunehmenden Änderungen eines Bebauungsplans bei der Ermittlung des sanierungsunbeeinflussten Grundstückswerts nicht wertmindernd berücksichtigen, so liefe dies im Ergebnis auf eine Entschädigung hinaus, weil sich dann der Ausgleichsbetrag für das Grundstück entsprechend vermindern würde. § 21 Abs. 5 Satz 1 WertV 72 sah deshalb ausdrücklich vor, dass derartige Herabzonungen bei der Ermittlung des sanierungsunbeeinflussten Grundstückswerts dazu führen, dass die herabgezonte Nutzung maßgebend sein soll. Diese klarstellende Regelung konnte entfallen, weil dies bereits aus dem BauGB hergeleitet werden muss[47].

---

47 So auch Schmidt-Aßmann in Ernst/Zinkahn/Bielenberg, § 95 BauGB, 37. Lfg. Rn. 101 f. unter Hinweis auf Battis/Krautzberger/Löhr, BauGB § 95 Rn. 10; Söfker in DVBl. 1979, 107; Pohl in Kohlh. Komm. § 95 Rn. 4 b; Buchs. a.a.O., S. 384.

VIII Sanierungsunbeeinfl. Grundstückswert — Anwendungsbereich

88 Vorstehenden Grundsätzen ist bei der Entstehung der **Vorgängervorschrift zu § 153 Abs. 1 BauGB** große Bedeutung beigemessen worden:

Im RegE zum StBauFG war hierfür die Regelung des § 20 Abs. 3 vorgesehen, der wie folgt lautete: „Bei der Ermittlung des Wertes von Gebäuden und Gebäudeteilen sind alle besonderen den Wert beeinflussenden Umstände, insbesondere auch Wertminderungen, zu berücksichtigen." § 20 Abs. 3 des RegE zum StBauFG sollte nach der Begründung zum RegE (zu BT-Drucks. VI/510, zu § 20 Abs. 3) klarstellen, wie bei Ausgleichs- und Entschädigungsleistungen nach der Verordnung über Grundsätze für die Ermittlung des Verkehrswerts von Grundstücken – WertV – der Wert von Gebäuden und Gebäudeteilen zu bestimmen sei. Durch die Vorschrift sollte sichergestellt werden, dass eine an sich vorhandene Wertminderung baulicher Anlagen, die sich jedoch in den Forderungen der Verkäufer nicht immer widerspiegelt, bei Ausgleichs- und Entschädigungsleistungen zu berücksichtigen ist. Solche Wertminderungen können sich namentlich dadurch ergeben, dass Instandhaltungen oder Instandsetzungen unterblieben sind oder dass Gebäude oder Gebäudeteile hinter den allgemeinen Anforderungen an gesunde Wohn- oder Arbeitsverhältnisse oder an die Sicherheit der auf dem Grundstück oder den umliegenden Grundstücken wohnenden oder arbeitenden Menschen zurückgeblieben sind. Gerade in Sanierungsgebieten sind häufig Gebäude vorhanden, die wegen ihrer vermeintlich hohen Rendite unangemessen hoch von den Verkäufern eingeschätzt werden, obwohl dies von der Beschaffenheit der Bausubstanz her nicht gerechtfertigt ist.

§ 20 Abs. 3 RegE zum StBauFG ist im Gesetzgebungsverfahren zum StBauFG gestrichen worden. Der seinerzeit federführende 14. BT-A. hielt eine solche Vorschrift für entbehrlich, da bereits auf Grund der WertV besondere den Verkehrswert beeinflussende Umstände, wie Abweichungen vom normalen baulichen Bestand, bei der Wertermittlung zu berücksichtigen seien. In dem Planspiel der Arbeitsgruppe Städtebauförderungsgesetz der Stadt Stuttgart wurde zudem angeregt, dem § 20 Abs. 3 des RegE zum StBauFG einen Satz anzufügen, nach dem bei der Bemessung von Ausgleichs- und Entschädigungsleistungen Werte für Gebäude und Gebäudeteile insoweit unberücksichtigt bleiben, als die Gebäude oder Gebäudeteile hinter den allgemeinen Anforderungen an gesunde Wohn- und Arbeitsverhältnisse oder an die Sicherheit der auf dem betroffenen Grundstück oder dem umliegenden Gebiet wohnenden oder arbeitenden Menschen zurückbleiben (vgl. hierzu oben die Begründung zum RegE). Der Ausschuss hielt es nicht für erforderlich, eine entsprechende Bestimmung in das Gesetz aufzunehmen. Dass diese Umstände bei der Bemessung von Ausgleichs- und Entschädigungsleistungen zu berücksichtigen seien, ergebe sich ebenfalls bereits aus der WertV.

Der Ausschuss ging seinerzeit jedoch davon aus, dass bei der beabsichtigten Novellierung dieser Verordnung eingehender als bisher geregelt wird, welche wertbeeinflussenden Umstände bei der Ermittlung des Werts von Grundstücken und Gebäuden zu berücksichtigen sind[48].

89 Dies bedeutet, dass der **Ermittlung des sanierungsunbeeinflussten Grundstückswerts** in den genannten Fällen ein entsprechend geminderter Bodenwert zugrunde zu legen ist und planungsschadensrechtlich zu klären ist, ob und in welcher Höhe eine planungsschadensrechtliche Entschädigung zu gewähren ist. Dabei ist es unerheblich, ob das Grundstück vor oder nach der förmlichen Festlegung i.S. des § 42 BauGB herabgezont wurde.

---

[48] Zu der Entschädigung für Gebäude und Gebäudeteile vgl. das Gewos-Gutachten „Städtebau – Verfassung – Bodenrecht" Hamburg 1969, Rn. 157 bis 165, hier auch zu der im Vergleich zum RegE der 6. Legislaturperiode (§ 20 Abs. 3 StBauFG) ausführlicheren Vorschrift des RegE der 6. Legislaturperiode (§ 15 Abs. 2 StBauFG). Der 14 BT-A. hat in § 15 Abs. 2 des RegE sowie in § 20 Abs. 3 des RegE zum StBauFG 6. Legislaturperiode ersichtlich ein Wertermittlungsproblem gesehen, das keine besonderen regelungsbedürftigen Fragen aufwirft.

Abb. 9: Planungsschaden durch Herabzonung

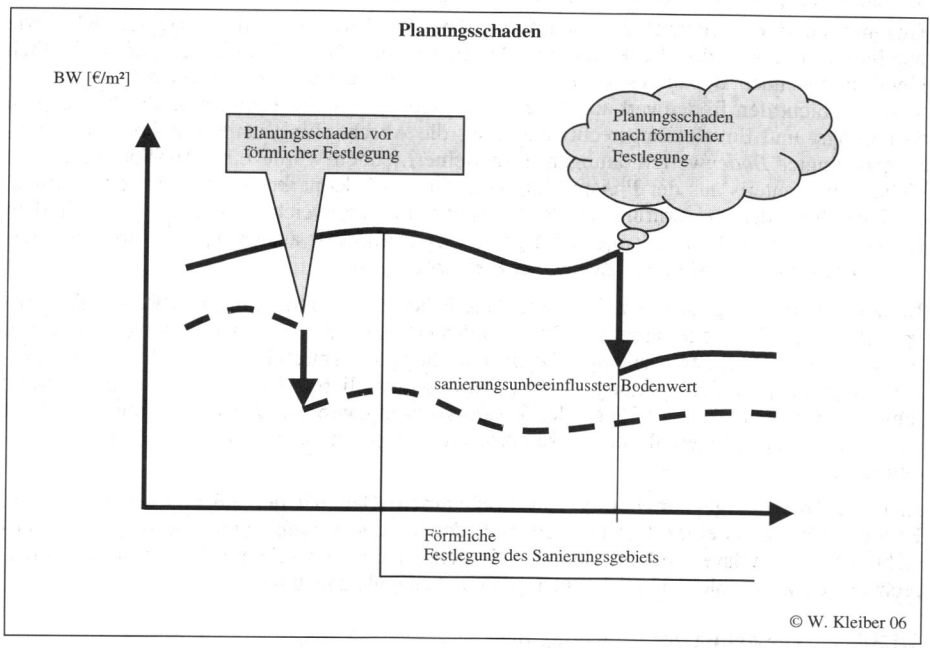

Besteht für die Änderung oder Aufhebung einer zulässigen Nutzung ein **Entschädigungsanspruch**, so **bleibt** dieser zur Vermeidung von Doppelentschädigungen **bei der Bemessung des sanierungsunbeeinflussten Grundstückswerts außer Betracht**. Eine Verrechnung des Planungsschadens im Rahmen des Ausgleichsbetragsrechts sieht das BauGB im Hinblick auf die unterschiedlichen Rechtsgrundlagen nicht vor. Deshalb bestimmte § 21 Abs. 5 Satz 2 WertV 72 klarstellend, dass bei der Ermittlung des sanierungsunbeeinflussten Grundstückswerts der herabgezonte Grundstückszustand maßgebend sein soll, wenn für die dadurch eingetretene Wertminderung „eine gesonderte Entschädigung geleistet worden ist oder beansprucht werden kann".

Für die **Ermittlung entwicklungsunbeeinflusster Grundstückswerte** gelten vorstehende Ausführungen entsprechend.

2.1.3 Preisprüfung

2.1.3.1 Allgemeines

Im förmlich festgelegten Sanierungsgebiet bzw. Entwicklungsbereich ist der Grundstücksverkehr einer Preisprüfung dergestalt unterworfen, dass u.a. die Genehmigung von Veräußerungsgeschäften zu versagen ist, wenn der vereinbarte Kaufpreis den sanierungs- bzw. entwicklungsunbeeinflussten Grundstückswert übersteigt. Die dafür maßgebliche Vorschrift des **§ 153 Abs. 2 BauGB** hat folgenden Wortlaut[49]:

„(2) Liegt bei der rechtsgeschäftlichen Veräußerung eines Grundstücks sowie bei der Bestellung oder Veräußerung eines Erbbaurechts der vereinbarte Gegenwert für das Grundstück oder das Recht über dem Wert, der sich in Anwendung des Absatzes 1 ergibt, liegt auch hierin eine wesentliche Erschwerung der

---

49 Die Preisprüfung ist eine zulässige Inhaltsbestimmung i.S.d. Art. 14 Abs. 1 Satz 2 GG: BVerwG, Beschl. vom 8.1.1998 – 4 B 221/97 –, GuG 1998, 180.

VIII Sanierungsunbeeinfl. Grundstückswert Anwendungsbereich

Sanierung im Sinne des § 145 Abs. 2. Dies gilt nicht, wenn in den Fällen des § 154 Abs. 3 Satz 2 oder 3 die Verpflichtung zur Entrichtung des Ausgleichsbetrags erloschen ist".

93 **Gegenstand der Preisprüfung** nach § 145 Abs. 2 i.V.m. § 153 Abs. 2 BauGB **ist** – wie bereits ausgeführt – **der Verkehrswert des (gesamten) Grundstücks**, d.h. einschließlich einer aufstehenden Bebauung. § 153 Abs. 2 BauGB spricht ausdrücklich den Grundstückswert und nicht den Bodenwert an. Zwar ist die bodenpolitische Konzeption des besonderen Sanierungs- und Entwicklungsrechts allein auf die Abschöpfung sanierungs- bzw. entwicklungsbedingter *Boden*werterhöhungen ausgerichtet, jedoch würde ein „Ausklammern" des Gebäudewertanteils aus der Preisprüfung dem Grundstücksmarkt die Möglichkeit eröffnen, zur Umgehung der Preisprüfung auf den Gebäudewert auszuweichen. Hierzu bräuchte in dem Kaufvertrag lediglich ein entsprechend geringerer Bodenwert ausgewiesen zu werden. Dies wiederum kann nicht Sinn und Zweck der Preisprüfung sein[50].

94 Keiner Genehmigung nach den §§ 144 f. BauGB bedarf die **Abtretung von Restitutionsansprüchen**, die sich weder unter die Tatbestandsmerkmale des § 144 Abs. 2 Nr. 1 oder Abs. 2 Nr. 3 BauGB subsumieren lassen[51]. Damit unterliegt die Abtretung von Restitutionsansprüchen auch nicht der Preisprüfung. Nicht genehmigungspflichtig ist des Weiteren die Verwertung von Grundstücken im Wege der **Zwangsversteigerung** und der freihändige Verkauf eines Grundstücks innerhalb des Gesamtvollstreckungsverfahrens nach der Gesamtvollstreckungsordnung.

95 Eine **gesetzeswidrige Umgehung von Preisvorschriften** hat der BFH in seiner früheren Rechtsprechung als einen Umstand erkannt, der bei der Verkehrswertermittlung unberücksichtigt bleiben müsse, weil dies dem gewöhnlichen Geschäftsverkehr selbst dann nicht zuzurechnen sei, wenn solche Umgehungen größere Ausmaße annähmen[52].

2.1.3.2 Versagung der Genehmigung

96 Die Genehmigung einer rechtsgeschäftlichen Veräußerung ist zu versagen, wenn eine **wesentliche Erschwerung der Sanierung bzw. Entwicklung** vorliegt. Diese ist aufgrund der unwiderlegbaren Vermutungsregel des § 153 Abs. 2 BauGB[53] gegeben, wenn bei der rechtsgeschäftlichen Veräußerung eines Grundstücks der vereinbarte Gegenwert für das Grundstück über dem Wert liegt, der sich nach § 153 Abs. 1 BauGB als sanierungsunbeeinflusster Grundstückswert ergibt[54]. Diese „wesentliche Erschwerung" kann auch nicht dadurch ausgeräumt werden, dass die Beteiligten für sich und ihre Rechtsnachfolger gemäß § 145 Abs. 3 BauGB eine Verzichtserklärung dahingehend abgeben, dass sie z.B. im Falle der späteren Ausgleichsbetragserhebung auf Entschädigungsansprüche dafür verzichten, dass dann der „überhöhte", aber genehmigte Betrag der Ausgleichsbetragserhebung unterworfen bleibt[55]. § 145 Abs. 3 BauGB ist nach seinem eindeutigen Wortlaut dafür nicht einschlägig.

97 Die **Preisprüfungsvorschrift des § 153 Abs. 2 BauGB darf** nach der Rechtsprechung des BVerwG allerdings **nicht mit dem Anspruch einer „Pfenniggenauigkeit"**[56] **dahingehend ausgelegt werden**, dass bereits geringste Überschreitungen des sanierungsunbeeinflussten Grundstückswerts i.S. des § 153 Abs. 1 BauGB als „wesentliche Erschwerung der Sanierung"

---

50 Kleiber in Ernst/Zinkahn/Bielenberg, BauGB, § 153 BauGB, Rn. 87 ff.; a. A. noch DNotI-Report 1996, 121, nunmehr aber der hier vertretenen Auffassung folgend DNotI-Report 1997, 145.
51 § 144 Abs. 2 Nr. 1 BauGB bezieht sich auf die Veränderung der Eigentumsverhältnisse, die durch die Abtretung von Restitutionsansprüchen unberührt bleiben. § 144 Abs. 2 Nr. 3 BauGB betrifft schuldrechtliche Verträge, die eine Verpflichtung zur Veräußerung von Grundstücken begründen und mit der Abtretung von Restitutionsansprüchen nicht gleichgesetzt werden kann. Sie kann allenfalls mit der Abtretung eines Anspruchs auf Auflassung verglichen werden, die nicht genehmigungspflichtig ist (Ernst/Zinkahn/Bielenberg, BauGB § 144 Rn 26).
52 BFH, Urt. vom 3.9.1964 – III 293/61 –, HFR 1964, 453 = EzGuG 19.7a.
53 BVerwG, Beschl. vom 8.1.1998 – 4 B 221/97 –, EzGuG 15.91; BVerwG, Urt. vom 21.8.1981 – 4 C 16/78 –, EzGuG 15.48; BVerwG, Urt. vom 24.11.1978 – 4 C 56/76 –, EzGuG 15.9; vgl. RG, Urt. vom 16.5.1916 – II 100/16 –, HFR 1964, 453; BayObLG, Beschl. vom 9.7.1998 – 3 Z BR 8/98 –, GuG 1999, 119.
54 Zur Preisprüfung bei isolierter Auflassung vgl. Schmidt-Eichstaedt in BauR 1995, 798 ff.
55 Fieseler, H.G., in LKV 1998, 12.
56 BVerwG, Urt. vom 24.11.1978 – 4 C 56/76 –, EzGuG 15.9; vgl. auch zur Kostenermittlung im Erschließungsbeitragsrecht BVerwG, Urt. vom 16.8.1985 – 8 C 120 – 122/83 –, EzGuG 9.59; BGH, Beschl. vom 28.9.1993 – III ZR 91/92 –, EzGuG 15.77.

zu einer Versagung der Genehmigung einer rechtsgeschäftlichen Veräußerung führen. Bei unwesentlicher Überschreitung des „spitz" ermittelten Verkehrswerts kann die rechtsgeschäftliche Veräußerung eines Grundstücks nach § 145 Abs. 2 i.V.m. § 153 Abs. 2 BauGB nicht versagt werden[57].

2.1.3.3 Unwesentliche Preisüberschreitung

Fraglich bleibt nach der vorstehenden Rechtsprechung, bis zu welcher Grenze eine Überschreitung des sanierungsunbeeinflussten Grundstückswerts als „unwesentlich" bezeichnet werden kann. Das BVerwG (a.a.O.) hat hierzu lediglich ausgeführt, dass **der vereinbarte Gegenwert** i.S. des § 153 Abs. 2 BauGB solange nicht über dem gemäß § 153 Abs. 1 BauGB ermittelten sanierungsunbeeinflussten Grundstückswert liegt, wie nicht Werte vereinbart wurden, die **in einer für den Rechtsverkehr erkennbaren Weise deutlich verfehlen, was auch sonst, nämlich im gewöhnlichen Geschäftsverkehr, ohne Rücksicht auf ungewöhnliche oder persönliche Verhältnisse zu erzielen wäre.** Feste Margen sind auch hier nicht bestimmbar, da es wesentlich auf das allgemeine (absolute) Bodenwertniveau sowie auf die Homogenität des örtlichen Grundstücksmarktes ankommt[58].

98

Wann im Rahmen der Preisprüfung der vereinbarte Gegenwert i.S. des § 153 Abs. 2 BauGB den sanierungsunbeeinflussten Grundstückswert i.S. des § 153 Abs. 1 BauGB (i.S. der Rechtsprechung BVerwG) in einer dem Rechtsverkehr erkennbaren Weise deutlich verfehlt, muss **unter Berücksichtigung der subjektiven Beurteilungsmöglichkeiten der Vertragsparteien einschließlich ihrer Möglichkeiten, sich in einer zumutbaren Weise sachkundig zumachen, beurteilt werden.** Bedenkt man, dass bei der Verkehrswertermittlung unter Normalverhältnissen auch von Sachkundigen Unsicherheiten von bis zu +/– 20 – 30% hingenommen werden müssen, wird man die Anforderungen nicht so hoch stellen können. Der genannte Unsicherheitsbereich wird jedoch allenfalls dann die Obergrenze darstellen, wenn die Betroffenen z.B. unter Zuhilfenahme einschlägiger Bodenrichtwertveröffentlichungen oder aufgrund ihres Auskunftsrechts nach § 195 Abs. 3 BauGB keine Möglichkeiten haben, sich über die tatsächlichen Wertverhältnisse ein objektives Bild zu verschaffen. Auch wird man fordern können, dass sich die Beteiligten vor Abschluss des Veräußerungsgeschäftes mit der Gemeinde in Verbindung setzen, um sich mit den zur Verfügung stehenden Erkenntnismöglichkeiten ein Bild zu verschaffen. Dies können z.B. bereits genehmigte Kaufpreise, aber auch die im Rahmen von Ablösevereinbarungen und vorzeitigen Festsetzungen von Ausgleichsbeträgen ermittelten Anfangswerte sein. Mit fortschreitender Sanierung wird man von daher die Toleranzgrenzen enger ziehen müssen. Die in der Rechtsprechung als unwesentliche Überschreitung des sanierungsunbeeinflussten Grundstückswerts qualifizierten Kaufpreisüberschreitungen stellen bei alledem Einzelfallentscheidungen[59] dar, mit denen die Grenze der unwesentlichen Überschreitung zumindest für die Fälle noch nicht gezogen worden ist, in denen sich die Wertverhältnisse auf dem Grundstücksmarkt für den Rechtsverkehr unsicher darstellen (vgl. § 194 BauGB Rn. 122 ff.)[60].

99

Die vorstehende **Rechtsprechung** des BVerwG (a.a.O.) **rechtfertigt es nicht, vom Verkehrswertprinzip** bei der Ausgleichsbetragserhebung **abzurücken**, denn die Besonderheit, die es bei der Preisprüfung zu berücksichtigen gilt, besteht darin, dass es im Geschäftsverkehr weder dem Erwerber noch dem Veräußerer angesichts der bestehenden Unsicherheiten bei der Verkehrswertermittlung zugemutet werden kann, sich an den „spitz" ermittelten Verkehrswert heranzutasten oder von vornherein „Sicherheitsabschläge" in Kauf zu nehmen, damit der Kaufpreis genehmigungsfähig ist. In der „Nötigung" zur Inkaufnahme einer „freiwilligen Vermögenseinbuße" sah das Gericht eine Verletzung des Eigentums nach Art. 14 GG. Eine

100

---

57 So noch OVG Lüneburg, Urt. vom 15.12.1977 – 1 A 311/74 –, EzGuG 15.7.
58 Ähnlich stellt sich diese Frage bei Anwendung der sog. Bagatellklausel des § 155 Abs. 3 BauGB: hierzu Kleiber in Ernst/Zinkahn/Bielenberg, BauGB, § 155, Rn. 92 ff.
59 OLG Köln, Urt. vom 4.6.1992 – 7 U 106/91 –, EzGuG 15.71a: 10%; BayVGH, Urt. vom 16.11.1989 – 2 B 89.1217 –, GuG 1991, 102 = EzGuG 15.65: 5%; VG Bremen, Urt. vom 27.10.1982 – 1 A 503/82 –, EzGuG 15.23: 7% = absolut 10 000 DM; vgl. auch LG Darmstadt, Urt. vom 28.4.1993 – 9 O 17/92 –, GuG 1994, 62 = EzGuG 20.144.
60 Kleiber/Simon/Weyers, Verkehrswertermittlung von Grundstücken, 4. Aufl. 2002, § 194 BauGB Rn. 122 ff.

VIII Sanierungsunbeeinfl. Grundstückswert Anwendungsbereich

derartige „Nötigung" besteht bei der Ausgleichsbetragserhebung ebenso wie bei der Bemessung von Enteignungsentschädigungen deshalb nicht, weil hier den Betroffenen der Rechtsweg offen steht. Von daher wäre es rechtspolitisch bedenklich, wenn im Anschluss an die Rechtsprechung des BVerwG vom Verkehrswertprinzip abgerückt würde[61].

101 Auch wenn der Verkehrswert (Marktwert) keine mathematisch exakt ermittelbare Größe (vgl. § 194 BauGB Rn. 118 ff.)[62] sein kann, ist es im Wirtschafts- und Rechtsleben unumgänglich, **Entscheidungen auf der Grundlage eines „spitz" ermittelten Verkehrswerts** zu treffen. Irgendwie geartete Verkehrswert*spannen* wären für den Grundstücksverkehr gemeinhin völlig unbrauchbar. Auch bei der Bemessung von Enteignungsentschädigungen kann man sich im Übrigen letztlich nur auf einen bestimmten Wert und nicht auf Wertspannen einigen. § 194 BauGB definiert deshalb den Verkehrswert als einen bestimmten Preis und nicht als Preisspanne. Dessen ungeachtet ist für den Grundstücksmarkt dennoch der „wahre" Verkehrswert schwer erkennbar. Dies gilt insbesondere für den in förmlich festgelegten Sanierungsgebieten bzw. Entwicklungsbereichen maßgeblichen sanierungs- bzw. entwicklungsunbeeinflussten Grundstückswert i.S. des § 153 Abs. 1 BauGB, weil nach dieser Vorschrift sanierungs- bzw. entwicklungsbedingte Werterhöhungen außer Betracht bleiben müssen.

102 Mit der Genehmigung eines den sanierungs- bzw. entwicklungsunbeeinflussten Grundstückswert i.S. des § 153 Abs. 1 BauGB „unwesentlich" überschreitenden Kaufpreises gehen für die Gemeinde grundsätzlich keine Bindungen für die Bemessung einer später möglicherweise **zu gewährenden Enteignungsentschädigung bzw. des Ausgleichsbetrags einher**[63]. Dies muss auch für die spätere Erhebung von Ausgleichsbeträgen nach den §§ 154 f. BauGB gelten. Die Preisprüfung nach § 153 Abs. 2 BauGB hat in diesem Zusammenhang die Funktion, den **Erwerber eines Grundstücks davor zu schützen, die sanierungs- bzw. entwicklungsbedingte Werterhöhung** insoweit **doppelt aufzubringen**, wie mit dem Erwerbspreis der sanierungs- bzw. entwicklungsunbeeinflusste Grundstückswert überschritten wird. Denn die sanierungs- bzw. entwicklungsbedingte Werterhöhung ist auch Gegenstand der späteren Ausgleichsbetragserhebung nach den §§ 154 f. BauGB.

103 Nach der bis zum 1.7.1987 geltenden Rechtslage musste auch eine genehmigte Überschreitung des sanierungs- bzw. entwicklungsunbeeinflussten Grundstückswerts auf den Ausgleichsbetrag angerechnet werden[64]. Die dem früher entgegenstehende Regelung des § 5 Abs. 2 AusgleichsbetragV ist ersatzlos gestrichen worden, so dass sich von daher der Erwerber eines Grundstücks im förmlich festgelegten Sanierungsgebiet bzw. Entwicklungsbereich nach dem Grundsatz caveat emptor vor einer **Überschreitung des sanierungs- bzw. entwicklungsunbeeinflussten Grundstückswerts** hüten sollte, auch wenn sie zu genehmigen ist. Die nds. Verwaltungsvorschriften zum BauGB[65] führen hierzu aus: „Bei nur geringfügiger Überschreitung hat die Gemeinde die rechtsgeschäftliche Veräußerung des Grundstücks und die Bestellung des Erbbaurechts, nicht aber den Kaufpreis als solchen in dem Bescheid zu genehmigen. In dem Bescheid ist darauf hinzuweisen, dass das Grundstück insoweit der Ausgleichsbetragspflicht nach § 154 noch unterliegt." Dies sollte gängige Praxis sein!

2.1.4 Grunderwerb der Gemeinde, Sanierungs-, Entwicklungs- und Bedarfsträger

104 Nach § 153 Abs. 3 BauGB ggf. i.V.m. § 169 Abs. 1 Nr. 6 BauGB ist der sanierungs- bzw. entwicklungsunbeeinflusste Grundstückswert **die Obergrenze für den genehmigungsfreien Grunderwerb der Gemeinde, der Sanierungs- und Entwicklungsträger sowie bestimmter Bedarfsträger.**

---

61 So aber VG Münster, Urt. vom 18.2.1988 – 3 K 2268/85 –, EzGuG 15.60.
62 Kleiber/Simon/Weyers, Verkehrswertermittlung von Grundstücken, 4. Aufl. 2002, § 194 BauGB Rn. 118 ff.
63 BVerwG, Urt. vom 24.11.1978 – 4 C 56/76 –, EzGuG 15.9; BVerwG, Urt. vom 21.8.1981 – 4 C 16/78 –, EzGuG 15.18; auch BGH, Urt. vom 28.9.1993 – III ZR 91/92 –, GuG 1994, 311 = EzGuG 15.78.
64 § 5 Abs. 2 Ausgleichsbetragsverordnung.
65 RdErl. d. MS vom 2.5.1988 – 301 – 21012 – GültL 392/17 (Nds. MBl. 1988, 547), geändert durch RdErl. des MS vom 6.3.1991 (Nds MBl. 1991, 470); abgedruckt bei Krautzberger, Städtebauförderungsrecht Bd. I, 2 E.

Die Vorschrift hat folgenden Wortlaut:

„(3) Die Gemeinde oder der Sanierungsträger darf beim Erwerb eines Grundstücks keinen höheren Kaufpreis vereinbaren, als er sich in entsprechender Anwendung des Absatzes 1 ergibt. In den Fällen des § 144 Abs. 4 Nr. 4 und 5 darf der Bedarfsträger keinen höheren Kaufpreis vereinbaren, als er sich in entsprechender Anwendung des Absatzes 1 ergibt."

Die Bestimmung erstreckt sich auch auf die **Bestellung und Veräußerung von Erbbaurechten** sowie auf die Ausübung des Vorkaufsrechts nach § 24 Abs. 1 Nr. 3 i.V.m. § 27a Abs. 2 und § 28 Abs. 3 BauGB, nicht dagegen auf den Erwerb im Wege der **Zwangsversteigerung**. **105**

Die **Frage, ob die Vereinbarung eines über dem sanierungs- bzw. entwicklungsunbeeinflussten Grundstückswert** nach § 153 Abs. 1 BauGB liegenden Kaufpreises ein Rechtsgeschäft ist, das nach § 134 BGB **nichtig ist,** muss ggf. im Zusammenhang mit § 139 BGB gesehen werden. Bejaht man die Nichtigkeit eines Vertrags, der gegen die Höchstpreisvorschrift des § 153 Abs. 3 BauGB verstößt, so kann nach Sinn und Zweck dieser Vorschrift zunächst von einer Teilnichtigkeit des Vertrags ausgegangen werden. Eine Gesamtnichtigkeit ist dagegen i.d.R. dann anzunehmen, wenn der Vertrag wegen der übermäßigen Höhe einer der beiden Leistungen gegen ein gesetzliches Verbot verstößt, weil anderenfalls ein Eingriff in das von den Parteien zu bestimmende Äquivalenzverhältnis vorgenommen werden müsste. Da es nach § 139 BGB vom mutmaßlichen Willen der Vertragsparteien abhängt, ob sie den Vertrag auch in Kenntnis der Teilnichtigkeit zu den angegebenen Konditionen abgeschlossen hätten, kann die Frage nach der Gesamtnichtigkeit nur aufgrund der besonderen Umstände des Einzelfalls beurteilt werden. **106**

2.1.5 Überführung in das Treuhandvermögen

§ 160 Abs. 5 BauGB schreibt vor, dass Grundstücke mit dem sanierungs- bzw. entwicklungsunbeeinflussten Grundstückswert i.S. des § 153 Abs. 1 BauGB in das Treuhandvermögen überführt werden. Die Vorschrift hat folgenden Inhalt: **107**

„(5) Grundstücke im förmlich festgelegten Sanierungsgebiet, die der Sanierungsträger vor oder nach Übertragung der Aufgabe mit Mitteln, die nicht zum Treuhandvermögen gehören, oder unter Hergabe von eigenem Austauschland erworben hat, hat er auf Verlangen der Gemeinde gegen Ersatz seiner Aufwendungen in das Treuhandvermögen zu überführen. Dabei sind als Grundstückswerte die Werte zu berücksichtigen, die sich in Anwendung des § 153 Abs. 1 ergeben."

2.2 Ermittlung des sanierungsunbeeinflussten Grundstückswerts

2.2.1 Allgemeines

▶ *Zum Unterschied des sanierungsunbeeinflussten Grundstückswerts vom Anfangswert vgl. Rn. 82 ff.*

Nach § 153 Abs. 1 BauGB dürfen bei der Bemessung von Ausgleichs- und Entschädigungsleistungen und auch sonsthin bei Preisvereinbarungen in förmlich festgelegten Sanierungsgebieten und städtebaulichen Entwicklungsbereichen Werterhöhungen, die lediglich durch Aussicht auf die Sanierung, durch ihre Vorbereitung oder ihre Durchführung eingetreten sind, nur insoweit berücksichtigt werden, als der Betroffene die Werterhöhungen durch eigene Aufwendungen zulässigerweise bewirkt hat. **108**

Bei Anwendung der Wertermittlungsverfahren nach den allgemeinen Regelungen der Immo-WertV müssen sich die **Vergleichs- und Ertragsverhältnisse** auf Grundstücke beziehen, die **auch hinsichtlich ihrer städtebaulichen Missstände mit dem förmlich festgelegten Sanierungsgebiet vergleichbar** sind; insbesondere dürfen sie nicht von einer in absehbarer Zeit zu erwartenden Sanierung beeinflusst worden sein. **109**

a) **Vergleichsgrundstücke** und Ertragsverhältnisse sind möglichst aus mit dem Sanierungsgebiet vergleichbaren Gebieten heranzuziehen. Die Vergleichsgrundstücke sollen hinsichtlich der Struktur des Gebiets und Lage des Grundstücks, Entwicklungsstufe, Art und Maß

VIII Sanierungsunbeeinfl. Grundstückswert — Ermittlung

der baulichen Nutzung, Grundstücksgestalt und Erschließungszustand mit dem Wertermittlungsobjekt vergleichbar sein.

b) Aus dem förmlich festgelegten Sanierungsgebiet selbst oder aus Gebieten mit Aussicht auf eine Sanierung dürfen Vergleichsgrundstücke und Ertragsverhältnisse nur herangezogen werden, wenn die entsprechenden Kaufpreise oder Ertragsverhältnisse nicht von sanierungsbedingten Umständen beeinflusst sind oder ihr Einfluss erfasst werden kann.

110 Die in der Praxis der Ermittlung des sanierungsunbeeinflussten Grundstückswerts

– unbebauter Grundstücke (Bodenwert) und

– bebauter Grundstücke

zur Anwendung kommenden Verfahren lassen sich grob nach

a) der Methode des mittelbaren bzw. unmittelbaren Preisvergleichs (Vergleichswertverfahren) sowie

b) der Methode der Rückrechnung aus einem Neuordnungswert (deduktives Verfahren)

unterscheiden.

111 Grundsätzlich ist dem **Vergleichswertverfahren der Vorzug** zu geben. Dies gilt insbesondere im Falle der Ermittlung des sanierungsunbeeinflussten Bodenwerts. Im frühen Sanierungsstadium ist eine Ableitung des sanierungsunbeeinflussten Grundstückswerts durch Rückrechnung aus dem Neuordnungswert vielfach schon deshalb gar nicht möglich, weil sich der Neuordnungszustand infolge der noch ausstehenden Konkretisierung der Sanierungsziele noch nicht hinreichend bestimmen lässt. Im frühen Sanierungsstadium wird man bei Anwendung des Vergleichswertverfahrens auch Vergleichspreise aus dem Sanierungsgebiet heranziehen können, jedoch sollten die Vergleichspreise möglichst zu einem Zeitpunkt vereinbart worden sein, als noch keine Aussicht auf die Sanierung bestand. Die Vergleichspreise sollten demzufolge mindestens noch vor dem Beschluss über den Beginn der vorbereitenden Untersuchungen nach § 141 Abs. 4 BauGB vereinbart worden sein. In jedem Fall ist in diesem Zusammenhang der nach § 141 Abs. 3 BauGB **ortsüblich bekannt zu machende Beschluss der Gemeinde über den Beginn der vorbereitenden Untersuchungen im Gutachten anzugeben.** Darüber hinaus muss geprüft werden, ob nicht bereits zu einem früheren Zeitpunkt die Sanierung in Aussicht stand, um ggf. auf noch weiter zurückliegende Vergleichspreise zurückzugreifen. Die nach diesen Maßgaben aus dem späteren Sanierungsgebiet herangezogenen Vergleichspreise müssen dann auf die allgemeinen Wertverhältnisse am Wertermittlungsstichtag umgerechnet werden.

112 Vergleichspreise, die im Sanierungsgebiet zu einem späteren Zeitpunkt vereinbart worden sind, dürfen nur herangezogen werden, wenn sich der Sanierungseinfluss erfassen lässt. Die Vergleichspreise sind dann entsprechend zu vermindern.

113 Mit fortschreitender Sanierung wird das Zurückgehen auf Vergleichspreise, die vor dem Beschluss über vorbereitende Untersuchungen vereinbart worden sind, angesichts der sehr langen Verfahrensdauer von Sanierungsmaßnahmen problematisch. Es hat sich gezeigt, dass das **Hochindizieren von Vergleichspreisen** spätestens über einen Zeitraum von zehn Jahren zu einer Verfälschung des Ergebnisses führt. Das Vergleichswertverfahren wird dann nur noch unter Heranziehung von wertermittlungsstichtagsnahen Vergleichspreisen aus Gebieten zur Anwendung kommen können, die hinsichtlich der städtebaulichen Missstände mit dem Sanierungsgebiet vergleichbar sind, wobei wiederum eine Aussicht auf die Sanierung für die Vergleichsgebiete nicht bestehen darf. Aus der unter Einfluss der Sanierungsmaßnahme stehenden Nachbarschaft sowie aus entsprechenden Nachbarschaftsgemeinden dürfen grundsätzlich auch keine Vergleichspreise herangezogen werden (vgl. Syst. Darst. des Vergleichswertverfahrens Rn. 59, 64).

114 **Hat der Eigentümer zulässigerweise zu einer Erhöhung der Bodenwerte beigetragen,** so sind diese Werterhöhungen – im Unterschied zu der Ermittlung des Anfangswerts nach § 154 Abs. 2 – gemäß § 153 Abs. 1 BauGB zu berücksichtigen. Dies gilt entsprechend für sog. externe Effekte (vgl. Rn. 140 ff.).

Zur Ermittlung des sanierungsunbeeinflussten Bodenwerts wird man vielfach auch auf entsprechende Bodenrichtwerte nach § 196 Abs. 1 Satz 5 BauGB zurückgreifen können, die fälschlicherweise vielfach auch als **Anfangswert-Bodenrichtwerte** bezeichnet werden und in aller Regel die zulässigerweise selbst bewirkten Bodenwerterhöhungen nicht berücksichtigen. Dem Bodenrichtwertverfahren zuzuordnen ist auch die Methode der Ableitung des sanierungsunbeeinflussten Bodenwerts auf der Grundlage von sog. Lagewerten, die an Stelle der besonderen Bodenrichtwerte abgeleitet werden (Lagewertverfahren). **115**

Im fortgeschrittenen Stadium der Sanierung geht die Wertermittlungspraxis zunehmend dazu über, den sanierungsunbeeinflussten Grundstückswert deduktiv durch **Rückrechnung aus dem Neuordnungswert** abzuleiten. Voraussetzung dafür ist, dass sich die Sanierungsziele soweit verdichtet haben, dass der Neuordnungswert ermittelbar ist. Dieses Verfahren gewinnt im fortgeschrittenen Stadium der Sanierungsmaßnahme schon deshalb an Bedeutung, weil **116**

— einerseits in zunehmendem Maße Vergleichspreise von Grundstücken im Neuordnungszustand verfügbar sind und

— andererseits die sanierungsbedingte Werterhöhung ihrem Umfang und ihrer Höhe nach im Rahmen der Gesamtmaßnahme aus Vergleichsfällen „ablesbar" geworden ist, so z.B. wenn im Sanierungsgebiet der Ausgleichsbetrag gemäß § 154 Abs. 3 Satz 2 und 3 BauGB abgelöst oder vorzeitig festgesetzt wurde.

In der Wertermittlungspraxis haben sich hierfür **verschiedene Methoden** entwickelt: **117**

a) Ermittlung der sanierungsbedingten Werterhöhungen auf der Grundlage der werterhöhenden Komponenten der durchgeführten Sanierungsmaßnahmen (Komponentenlösung) zur Behebung oder Minderung der städtebaulichen Missstände. Mit der Kritik des VG Minden[66] an diesem Verfahren wird übersehen, dass diese Methode z.B. bei der durchaus vergleichbaren Ermittlung von Einwurfs- und Zuteilungswerten in Umlegungsverfahren nach den §§ 45 ff. BauGB auf eine gewachsene Tradition zurückgreifen kann, die bislang in der Rechtsprechung nicht beanstandet wurde. Das LG Kiel[67] hat die Anwendung des Verfahrens anerkannt, wobei zur Ermittlung des Verkehrswerts eines entwicklungsunbeeinflussten Grundstücks im Außenbereich vom Verkehrswert für baureifes Land ausgegangen wurde und die Aufschließung unter Berücksichtigung der Wartezeit bis zur Baureife als entwicklungsbedingte Werterhöhung ermittelt worden ist[68].

b) Ermittlung der sanierungsbedingten Werterhöhung auf der Grundlage differenzieller Änderungen der Ertragsverhältnisse, wobei dieses Verfahren nur bei ertragsorientierten Grundstücken Anwendung findet (vgl. Rn. 259 ff.).

c) Ermittlung der sanierungsbedingten Werterhöhung mittels mathematisch-statistischer Verfahren in Abhängigkeit von den vorhandenen städtebaulichen Missständen und den durchgeführten sowie in Aussicht stehenden Sanierungsmaßnahmen; es handelt sich hierbei lediglich um mathematisch operationalisierte Verfahren vorstehender Art.

2.2.2 Qualifizierung des sanierungsunbeeinflussten Grundstückszustands

2.2.2.1 Allgemeines

Aufgrund des dargelegten Sachverhalts steht am Beginn der Ermittlung des sanierungsunbeeinflussten Grundstückswerts die **Qualifizierung des nach § 153 Abs. 1 Satz 1 BauGB maßgeblichen Grundstückszustands**. Dies gestaltet sich mit fortschreitender Sanierung schwieriger, weil nach und nach der sanierungsbedürftige Zustand des Grundstücks und seiner Umgebung durch den Neuordnungszustand ersetzt wird. Es empfiehlt sich deshalb, den **118**

---

[66] VG Minden, Beschl. vom 20.11.1987 – 1 L 58/87 –, EzGuG 15.56.
[67] LG Kiel, Urt. vom 3.11.1989 – 19 O 4/83 –, GuG 1990, 103 = EzGuG 15.64.
[68] LG Osnabrück, Urt. vom 28.10.1987 – 5 O 5/85 – 15/85 –, EzGuG 15.55; VG Hannover, Urt. vom 20.1.1988 – 4 VG 13/86 –, EzGuG 15.59.

VIII Sanierungsunbeeinfl. Grundstückswert — Ermittlung

Zustand eines Sanierungsgebiets vor Beginn der Sanierungsmaßnahme zu dokumentieren. Maßgebend ist der Zustand zum **Zeitpunkt des beginnenden Sanierungseinflusses**. Es handelt sich hierbei um den Zeitpunkt, von dem ab eine Sanierungsmaßnahme i.S. des Sanierungsrechts mit hinreichender Wahrscheinlichkeit in Aussicht stand[69] und der Grundstücksmarkt darauf zu reagieren begann.

119 Der **Zeitpunkt des beginnenden Sanierungseinflusses** lässt sich feststellen, indem die Preisentwicklung im Sanierungsgebiet mit der ähnlich sanierungsbedürftiger Gebiete verglichen wird. Sobald die Preisentwicklungen nachweisbar auseinander zu laufen beginnen, kann ein Sanierungseinfluss unterstellt werden[70]. Es wäre indessen unzulässig, wenn man davon ausgehen würde, eine qualitative Werterhöhung würde sich unter Anwendung des allgemeinen Städtebaurechts ergeben. Denn nach dem Verhältnismäßigkeitsgrundsatz sind die Anwendungsvoraussetzungen des besonderen Städtebaurechts so gefasst, dass es erst zur Anwendung gelangen darf, wenn das allgemeine Städtebaurecht des Ersten Kapitels der BauGB keine Chance bietet, dass die vorgesehenen Maßnahmen in absehbarer Zeit zur Realisierung kommen könnten. Erst die Anwendung des besonderen städtebaurechtlichen Instrumentariums, das i.d.R. den Einsatz erheblicher Förderungsmittel des Bundes, der Länder und der Gemeinden erfordert, ist die **conditio sine qua non, die eine Realisierung der Maßnahmen durchführbar erscheinen lässt.** Was aber sonst keine Aussicht auf Realisierung hätte, kann sich im gewöhnlichen Geschäftsverkehr nämlich nicht werterhöhend auswirken.

120 Damit sind auch Werterhöhungen ausgeschlossen, die auf die Vorbereitung und Durchführung der Sanierung zurückgehen. Was dabei unter „Vorbereitung" und „Durchführung" zu verstehen ist, ergibt sich aus den §§ 140 und 146 BauGB. Die **Vorbereitung der Sanierung** umfasst danach

1. die vorbereitenden Untersuchungen (vgl. § 141 BauGB),
2. die förmliche Festlegung des Sanierungsgebiets (vgl. § 142 BauGB),
3. die Bestimmung der Ziele und Zwecke der Sanierung,
4. die städtebauliche Planung; hierzu gehört auch die Bauleitplanung, ein Vorhaben- und Erschließungsplan oder eine Rahmenplanung, soweit sie für die Sanierung erforderlich ist,
5. die Erörterung der beabsichtigten Sanierung,
6. die Erarbeitung und Fortschreibung des Sozialplans (vgl. § 180 BauGB),
7. einzelne Ordnungs- und Baumaßnahmen (§§ 147 und 148 BauGB), die vor einer förmlichen Festlegung des Sanierungsgebiets durchgeführt werden (§ 140 Nr. 7 BauGB).

121 Die **Durchführung der Sanierung** umfasst nach § 146 BauGB

– die Ordnungsmaßnahmen (§ 147 BauGB) und
– die Baumaßnahmen (§ 148 BauGB)

innerhalb des förmlich festgelegten Sanierungsgebiets, die nach den Zielen und Zwecken der Sanierung erforderlich sind.

122 Die Qualifizierung des maßgeblichen Grundstückszustands nach dem Zeitpunkt des beginnenden Sanierungseinflusses stellt eine Hilfskonstruktion dar, die das BauGB nicht zwingend vorschreibt. Nach dem Gesetzbuch ist es auch zulässig, den **sanierungsunbeeinflussten Grundstückszustand deskriptiv zu qualifizieren,** um auf dieser Grundlage den sanierungsunbeeinflussten Grundstückswert zu ermitteln. Im Gesetzgebungsverfahren sind dieser Methode sogar Vorzüge zugesprochen worden.

123 Bei der Bestimmung des Zeitpunkts des beginnenden Sanierungseinflusses wird in aller Regel – vorbehaltlich einer zeitlich weiter zurückgehenden Kausalität – mindestens auf den **Zeit-**

---
[69] BGH, Urt. vom 12.1.1984 – III ZR 103/82 –, EzGuG 15.28.
[70] OVG Lüneburg, Urt. vom 30.10.1986 – 6 A 32/85 und 8 174/84 –, EzGuG 15.50.

punkt der ortsüblichen Bekanntmachung des Beginns der vorbereitenden Untersuchung abzustellen sein (§ 141 Abs. 3 BauGB)[71].

124 Mit dem BauGB 93 ist die Regelung des § 141 BauGB über die vorbereitenden Untersuchungen durch § 165 Abs. 4 BauGB ergänzt worden, mit dem die bis zum Inkrafttreten des BauGB 93 nur in den neuen Ländern bestehende Möglichkeit, Baugesuche und Anträge auf Erteilung von Teilungsgenehmigungen zurückzustellen, auf das gesamte Bundesgebiet unter Verkürzungen der Zurückstellungsfristen erstreckt wird. Mit dieser Regelung wird kein Stichtag für die Ermittlung des sanierungsunbeeinflussten Grundstückswerts vorgegeben[72].

125 Die Gemeinde hat – soweit nicht bereits hinreichende Beurteilungsunterlagen vorliegen – auch vor der förmlichen Festlegung des städtebaulichen Entwicklungsbereichs nach § 165 Abs. 4 BauGB **vorbereitende Untersuchungen** (früher: Voruntersuchungen) durchzuführen. Der Beschluss über den Beginn der vorbereitenden Untersuchungen (Voruntersuchungen) ist ebenfalls ortsüblich bekannt zu machen. Der Beschluss ist weder eine Satzung noch ein Verwaltungsakt in Form einer Allgemeinverfügung, d.h., es handelt sich um eine schlichte gemeindliche Verwaltungsmaßnahme[73]. Neben den sich aus § 165 Abs. 4 Satz 6 BauGB ergebenden Wirkungen kann die Bekanntmachung zugleich auch als **Vermutungstatbestand dafür angesehen werden, dass eine über die allgemeine Wertentwicklung hinausgehende Werterhöhung der Grundstücke spätestens von diesem Zeitpunkt ab ursächlich in Aussicht auf die Vorbereitung und Durchführung der Entwicklungsmaßnahme eingetreten ist.** Soweit aufgrund konkreter Anhaltspunkte eine entwicklungsbedingte Werterhöhung schon zu einem früheren Zeitpunkt nachweisbar ist, muss diese nach Maßgabe des § 169 Abs. 1 Nr. 6 i.V.m. § 153 Abs. 1 BauGB bei der Ermittlung des entwicklungsunbeeinflussten Grundstückswerts bzw. des Anfangswerts unberücksichtigt bleiben[74].

126 Der Ausschluss sanierungsbedingter Werterhöhungen nach Maßgabe des § 153 Abs. 1 BauGB bedingt, dass der Ermittlung des sanierungsunbeeinflussten Grundstückswerts ein Zustand des Grundstücks zugrunde zu legen ist, den das Grundstück einst ohne Aussicht auf die Sanierung quasi im „historischen" Zustand hatte. Wertermittlungsstichtag und der für die Qualifizierung des Grundstückszustands maßgebliche Zeitpunkt fallen damit auseinander. Da nach § 153 Abs. 1 Satz 2 BauGB Änderungen in den allgemeinen Wertverhältnissen auf dem Grundstücksmarkt (= konjunkturelle Wertänderungen) zu berücksichtigen sind, ist als sanierungsunbeeinflusster Grundstückswert grundsätzlich ein auf den Wertermittlungsstichtag bezogener (fiktiver) Verkehrswert des Grundstücks mit den (historischen) Zustandsmerkmalen zum **Zeitpunkt des beginnenden Sanierungseinflusses** zu ermitteln[75]. Der damalige Grundstückszustand wird gewissermaßen auf den Wertermittlungsstichtag transponiert; allerdings sind ggf. externe, nicht sanierungsbedingte Werterhöhungen zu berücksichtigen.

127 Bei dieser Sachlage dürfen bei der Ermittlung des Verkehrswerts bebauter Grundstücke unter Anwendung des Vergleichs- oder Ertragswertverfahrens **Kaufpreise (oder Ertragsverhält-**

---

71 So auch Köhler in Schrödter, BauGB-Komm. § 153 Rn. 16; Freise im Kohlhammer-Komm. BauGB § 153 Rn. 10; Schmalgemeier in VR 1978, 146.
72 BT-Drucks. 12/3944 S. 30.
73 Arbeitshilfe der Fachkommission „Städtebauliche Erneuerung" der Argebau; Krautzberger, Städtebauförderungsrecht.
74 A. A.: Hinweise des bad.-württ. MWi vom 29.6.1994 – VI 2516/5 – (GABl. 1994, 570 = GuG 1995, 41) Ziff. 2.3.
75 Köhler in Schrödter, BauGB-Komm. § 153 Rn. 16; Seitz, J., Planungshoheit und Grundeigentum, Diss. Köln 1999; Kleiber in Ernst/Zinkahn/Bielenberg, BauGB, Komm. zu § 153 Abs. 1 und zu § 26 WertV; Freise im Kohlhammer-Komm. BauGB § 153 Rn. 10; Friedrich im Kohlhammer-Komm. zum § 153 Rn. 6; Dieterich inGuG 1996, 1; Lemmen in HLBS-report 3/1996 S. 15; Kleiber in ZfBR 1996, 131; Schmalgemeier in VR 1978; RdErl. Brandenburg Nr. 23/1/1997 vom 20.5.1997 (ABl. 1997, 476 unter Nr. 7); RdErl. Niedersachsen vom 2.5.1988 (MBl. 1988, 547), geändert durch RdErl. vom 6.3.1991 (MBl. 1991, 477 dort unter Nr. 228.3.3); Bielenberg in Krautzberger, Städtebauförderungsrecht Bd. I Einl. B Rn. 225; So auch Mustereinführungs-Erl. der FK „Städtebauliche Erneuerung" der Argebau und deren Arbeitshilfe (Stand 1.10.1993, abgedr. in Krautzberger, Städtebauförderungsrecht, Bd. I, 4 E); vgl. auch Rn. 68 f. und die Rspr: Bay VGH, Urt. vom 23.10.1995 – 15 N 94.1693 –, GuG 1996, 114 = EzGuG; OLG Frankfurt am Main, Urt. vom 24.6.1991 – 1 U 2/90 –, GuG 1997, 54 = EzGuG 15.69a; BGH, Beschl. vom 9.7.1992 – III ZR 167/91 –; BVerfG, Beschl. vom 9.3.1998 – 1 BvR 1041/92 –, GuG 1999, 244; LG Darmstadt, Urt. vom 31.7.1996 – 90 (B) 12/93 –, GuG 1996, 59 = Ez GuG 15.84; VGH Mannheim, Beschl. vom 1.10.1996 – 3 S1904/96 –, GuG 1997, 61 = EzGuG 15.85 (a. A. LG Kiel, Urt. vom 3.11.1989 – 190 4/83 –, GuG 1990 103 = EzGuG 15.64 m. krit. Anm. von Dieterich in GuG 1996, 1) und Bielenberg in Krautzberger, Städtebauförderungsrecht, Bd. I Einl. B Rn. 225.2.

VIII Sanierungsunbeeinfl. Grundstückswert — Ermittlung

nisse) aus dem förmlich festgelegten Sanierungsgebiet oder aus Gebieten mit Aussicht auf die Sanierung „nur" herangezogen werden, **wenn sie nicht von sanierungsbedingten Umständen beeinflusst sind** oder ihr Einfluss sicher erfasst werden kann (§ 26 Abs. 1 Satz 2 WertV 88 schrieb dies ausdrücklich vor). Besondere Vorsicht ist bezüglich der Preise geboten, die nach dem Zeitpunkt des beginnenden Sanierungseinflusses, aber noch vor förmlicher Festlegung des Sanierungsgebiets vereinbart worden sind, weil zu dieser Zeit die Preisprüfung nach § 145 Abs. 2 i.V.m. § 153 Abs. 2 BauGB noch nicht zur Anwendung kommt und insoweit die Vereinbarung „spekulativer" Kaufpreise nicht verhindert werden kann (vgl. aber § 165 Abs. 3 Nr. 3 BauGB).

128 Einer dazu vertretenen **Mindermeinung von einer „dynamisierten" Ermittlung des sanierungs- bzw. entwicklungsunbeeinflussten Bodenwerts,** die im Regelfall zu einer zusätzlichen Belastung der Grundeigentümer führen würde, steht das Sanierungs- und Entwicklungsmaßnahmenrecht i.V.m. verfassungsrechtlichen Grundsätzen diametral entgegen. Die Anwendung dieser Mindermeinung kann den Sachverständigen Haftungsansprüchen wegen Fahrlässigkeit aussetzen, wenn er sich damit leichtfertig über die herrschende Auffassung hinwegsetzt[76]. Im Übrigen kann der Sachverständige in seiner Unabhängigkeit diesbezüglich auch nicht durch Verwaltungserlasse dazu angehalten werden, Rechtsauffassungen seinem Gutachten zugrunde zu legen, die mit dem Sanierungs- und Entwicklungsmaßnahmenrecht unvereinbar sind (vgl. Rn. 137).

Abb. 10: Ermittlung des sanierungsunbeeinflussten Grundstückswerts (Zustand)

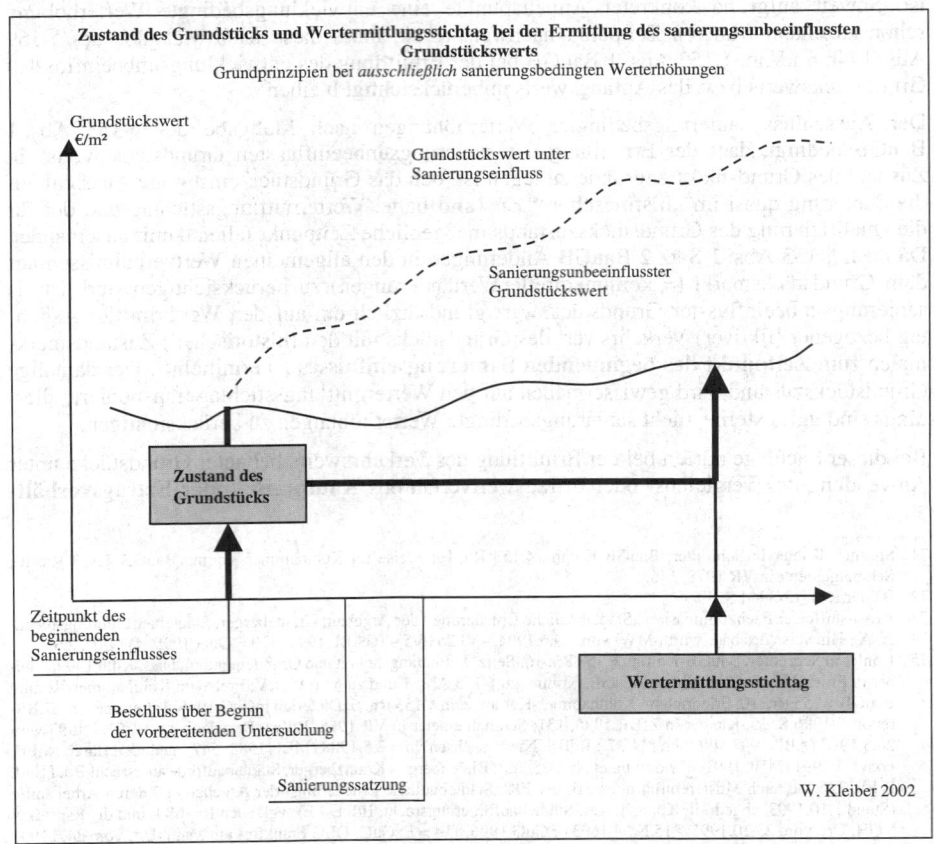

---

[76] Strotkamp in Nachr. der rh.-pf. Kat.- und VermVw 1983, 17.

Bei der **Qualifizierung des sanierungsunbeeinflussten Grundstückszustands** ist es zweckmäßig, nach

a) den rechtlichen Gegebenheiten und

b) den tatsächlichen Eigenschaften und der Beschaffenheit

des Grundstücks und seiner Umgebung zu unterscheiden.

129

Bei werdendem Bauland ist, wie auch außerhalb von Sanierungsgebieten und Entwicklungsbereichen, insbesondere eine **allgemeine Bodenwertminderung** zu berücksichtigen, die sich **im Hinblick auf die gesetzlichen Regelungen über Ausgleichsflächen i.S. des § 1a BauGB i.V.m. § 9 BauGB** im gewöhnlichen Geschäftsverkehr ergibt.

130

2.2.2.2 Rechtliche Gegebenheiten

Der sanierungsunbeeinflusste Grundstückszustand beurteilt sich in rechtlicher Hinsicht in erster Linie nach dem Planungsrecht, wie es ohne Aussicht auf die Sanierung bestand. Ist **vor förmlicher Festlegung des Sanierungsgebiets ein Bebauungsplan** aufgestellt worden, **der nicht als Sanierungsbebauungsplan anzusehen ist**, so sind dessen Festsetzungen der Ermittlung des sanierungsunbeeinflussten Grundstückswerts zugrunde zu legen. Er kann allerdings nicht unbeachtlich bleiben, wenn er wegen Funktionslosigkeit außer Kraft getreten ist (obsolete Bebauungspläne). Ein Bebauungsplan tritt aber nicht allein schon deshalb außer Kraft, dass er im Zusammenhang mit der Sanierung steht, weil die plangebende Gemeinde oder eine andere Stelle nicht auf die baldige Verwirklichung seiner Festsetzung gedrängt hat[77]. Wo vor der förmlichen Festlegung des Sanierungsgebiets (noch) kein rechtsgültiger Bebauungsplan besteht, beurteilen sich Art und Maß der baulichen Nutzung regelmäßig nach § 34 BauGB.

131

Planungsschäden, die vor der Sanierungsmaßnahme oder im Zuge der Sanierungsmaßnahme aufgrund des Sanierungsbebauungsplans geltend gemacht werden können, bleiben einer vom Ausgleichsbetragsrecht abzugrenzenden Planungsschadensregelung vorbehalten. Bei der Ermittlung des sanierungsunbeeinflussten Grundstückswerts ist ebenso wie bei der Ermittlung des Neuordnungswerts vom planungsgeschädigten Grundstückszustand auszugehen (vgl. Rn. 85).

132

Beitragspflichten für Erschließungsanlagen i.S. des § 127 Abs. 2 BauGB, **die vor der förmlichen Festlegung des Sanierungsgebiets entstanden sind,** jedoch der Beitrag noch nicht entrichtet wurde, bleiben nach § 156 Abs. 1 BauGB von der förmlichen Festlegung unberührt. Entsprechendes gilt für Kostenerstattungsbeträge. Bezüglich Erschließungsmaßnahmen, die vor förmlicher Festlegung des Sanierungsgebiets endgültig hergestellt worden sind, ist deshalb von einem erschlossenen und erschließungsbeitragsfreien Grundstückszustand bei der Ermittlung des sanierungsunbeeinflussten Bodenwerts auszugehen; alternativ kann bei der Ermittlung des Neuordnungswerts bzw. bei der Ermittlung des Endwerts von einem insoweit erschließungsbeitragspflichtigen bzw. kostenerstattungsbetragspflichtigen Grundstückszustand ausgegangen werden, um Doppelbelastungen zu vermeiden.

133

2.2.2.3 Tatsächliche Eigenschaften und Beschaffenheit

Ausgangspunkt für die Qualifizierung der maßgeblichen und tatsächlichen Eigenschaften und Beschaffenheit des sanierungsunbeeinflussten Grundstückszustands sind die **Verhältnisse, die vor dem Zeitpunkt des beginnenden Sanierungseinflusses bestanden.** Dabei sind die Reduktionsklauseln des § 95 Abs. 2 BauGB grundsätzlich zu berücksichtigen. Das bedeutet, dass insbesondere Maßnahmen der Vorbereitung und Durchführung der Sanierung außer Betracht bleiben müssen.

134

---

[77] BVerwG, Beschl. vom 31.8.1989 – 4 B 161/88 –, BRS Bd. 49 Nr. 16 = NVwZ–RR 1990, 121 = ZfBR 1990, 40 = BayVBl. 1990, 90 = UPR 1990, 27.

VIII Sanierungsunbeeinfl. Grundstückswert — Externe Effekte

135 **Zusätzlich zu berücksichtigen** sind jedoch

- Werterhöhungen, die der Betroffene *durch eigene Aufwendungen zulässigerweise bewirkt hat*, wobei es sich dabei um selbst durchgeführte Maßnahmen oder vom Betroffenen durch finanzielle Aufwendungen bewirkte Maßnahmen handeln kann (vgl. Rn. 140, 364, 547 ff.);
- Werterhöhungen, die nicht ursächlich auf die Aussicht auf die Sanierung, ihre Vorbereitung oder Durchführung zurückführbar sind, insbesondere solche, die durch nichtsanierungsbedingte Maßnahmen außerhalb des Sanierungsgebiets eingetreten sind (sog. *externe Effekte*).

136 Maßnahmen, z.B. Nutzungsänderungen, die **im Hinblick auf die bevorstehenden Änderungen** durchgeführt wurden, bleiben grundsätzlich unberücksichtigt.

2.2.2.4 Externe Effekte

137 Da sich der sanierungsunbeeinflusste Grundstückswert nach § 153 Abs. 1 BauGB unter Ausschluss von Werterhöhungen bestimmt, die „lediglich" auf die Aussicht der Sanierung, ihre Vorbereitung und Durchführung eingetreten sind, müssen umgekehrt **Werterhöhungen berücksichtigt** werden, **die auf außerhalb der Sanierung stehende Maßnahmen zurückführbar sind,** womit in erster Linie die „von außen" in das Sanierungsgebiet hereingetragenen Werterhöhungen angesprochen sind („externe Effekte" – *externalties*). Dies kann z.B. eine Werterhöhung sein, die auf eine am Sanierungsgebiet vorbeigeführte neue U-Bahn-Linie oder eine in der Nachbarschaft neu errichtete Flussbrücke zurückgeht, wenn der Bau in keinerlei kausalem Zusammenhang mit der Sanierungsmaßnahme steht. Entsprechendes gilt z.B. für Erschließungsvorteile eines Gewerbegebiets durch eine neue Autobahn oder eine Verbesserung der Geschäftslage durch Maßnahmen in angrenzenden Gebieten.

138 An die Berücksichtigung solcher externen Effekte sind strenge Anforderungen zu stellen. Hierzu zählen nämlich nicht solche Maßnahmen, die in irgendeinem Zusammenhang mit der Vorbereitung und Durchführung der Sanierung stehen (conditio sine qua non). Deshalb empfiehlt es sich, zur Qualifizierung des sanierungsunbeeinflussten Grundstückszustands alle werterhöhenden Maßnahmen festzustellen, die nicht ursächlich auf die Vorbereitung und Durchführung der Sanierung zurückzuführen sind (vgl. Abb. 11).

Abb. 11: Entwicklung des sanierungsunbeeinflussten Grundstückswerts unter dem Einfluss nichtsanierungsbedingter (externer) Maßnahmen

Etwas anderes gilt für die **Veräußerung von Grundstücken** nach § 153 Abs. 4 BauGB ggf. i.V.m. § 169 Abs. 8 BauGB, nach dem Werterhöhungen aufgrund externer Effekte bei dem Erwerb von Grundstücken berücksichtigt werden müssen, obwohl sie ursächlich nicht auf die Sanierungs- bzw. Entwicklungsmaßnahme zurückführbar sind. Die Vorschrift soll nämlich nicht verhindern, dass die Gemeinde bei der Veräußerung von Grundstücken entsprechend den kommunalhaushaltsrechtlichen Vorschriften den „vollen Wert" (Verkehrswert) realisiert[78]. **139**

2.2.2.5 Eigene Bodenwerterhöhungen

▶ *Vgl. Rn. 144, 364, 416*

Nach § 153 Abs. 1 BauGB sind **Werterhöhungen** zu berücksichtigen, wenn sie vom Eigentümer **durch eigene Aufwendungen in zulässiger Weise bewirkt** worden sind. Werterhöhungen sind zulässigerweise bewirkt, wenn die mit eigenen Aufwendungen bewirkten Maßnahmen öffentlich-rechtliche Vorschriften nicht verletzen. Es kommt dabei nicht darauf an, ob eine Befreiung von den verletzten öffentlich-rechtlichen Vorschriften hätte gewährt **140**

---

[78] BGH, Beschl. vom 13.7.1993 – III ZR 86/92 –, EzGuG 15.76a; zur Frage der verbilligten Grundstücksabgabe vgl. Kleiber in Krautzberger, Städtebauförderungsrecht Bd. II Nr. 15.

VIII Sanierungsunbeeinfl. Grundstückswert Bodenwerterhöhungen

werden können. Ein Verstoß gegen Privatrecht ist im Übrigen unerheblich. Zu den zulässigerweise bewirkten Maßnahmen gehören,

- Ordnungsmaßnahmen i.S. des § 147 BauGB, die von dem Betroffenen *nach* förmlicher Festlegung des Sanierungsgebiets durchgeführt und gemäß den §§ 144 f. BauGB genehmigt worden sind; die dadurch bewirkten Werterhöhungen gelten nur dann als vom Betroffenen durch eigene Aufwendungen selbst bewirkt, wenn sie gemäß § 146 Abs. 3 Satz 1 BauGB auf der Grundlage eines Vertrags mit der Gemeinde durchgeführt worden sind; in entsprechender Anwendung des § 155 Abs. 1 Nr. 2 Halbsatz 2 BauGB sind als Werterhöhung die dem Eigentümer entstandenen Kosten zu berücksichtigen;
- die *vor* förmlicher Festlegung des Sanierungsgebiets durchgeführten Maßnahmen i.S. des § 144 BauGB, soweit sie nicht genehmigungspflichtig waren.

141 **Werterhöhungen sind zulässigerweise vom Eigentümer bewirkt,** wie sie auf genehmigungspflichtige und genehmigte Maßnahmen zurückzuführen sind, unabhängig davon, ob sie *vor* oder *nach* förmlicher Festlegung des Sanierungsgebiets durchgeführt wurden. Dabei ist insbesondere auf die Genehmigungstatbestände der §§ 14 ff. und des § 51 BauGB hinzuweisen.

142 Zu den vom Eigentümer zulässigerweise bewirkten **Werterhöhungen** gehören auch solche, **die vom Voreigentümer erbracht** und in zulässiger Weise mit dem Erwerb des Grundstücks durch Entrichtung eines entsprechenden höheren Kaufpreises „bezahlt" wurden. Des Weiteren gehören auch solche **Vorteile und Werterhöhungen** dazu, **die in einem anderen Verfahren,** insbesondere in einem Enteignungsverfahren, **berücksichtigt worden sind.**

143 Die für die Berücksichtigung von Anrechnungen auf den Ausgleichsbetrag maßgebliche Bestimmung des **§ 155 Abs. 1 BauGB** ist entsprechend anzuwenden. Die Vorschrift hat folgende Fassung:

„(1) Auf den Ausgleichsbetrag sind anzurechnen
1. die durch die Sanierung entstandenen Vorteile oder Bodenwerterhöhungen des Grundstücks, die bereits in einem anderen Verfahren, insbesondere in einem Enteignungsverfahren, berücksichtigt worden sind; für Umlegungsverfahren bleibt Absatz 2 unberührt;
2. die Bodenwerterhöhungen des Grundstücks, die der Eigentümer zulässigerweise durch eigene Aufwendungen bewirkt hat; soweit der Eigentümer gemäß § 146 Abs. 3 Ordnungsmaßnahmen durchgeführt oder Gemeinbedarfs- und Folgeeinrichtungen im Sinne des § 148 Abs. 2 Satz 1 Nr. 3 errichtet oder geändert hat, sind jedoch die ihm entstandenen Kosten anzurechnen;
3. die Bodenwerterhöhungen des Grundstücks, die der Eigentümer beim Erwerb des Grundstücks als Teil des Kaufpreises in einem den Vorschriften der Nummern 1 und 2 sowie des § 154 entsprechenden Betrag zulässigerweise bereits entrichtet hat."

144 Anders als bei der Ermittlung des Anfangswerts nach § 154 Abs. 2 BauGB, nach dem dieser ohne Berücksichtigung der durch eigene Aufwendungen bewirkten Bodenwerterhöhungen zu ermitteln ist, **sind solche Bodenwerterhöhungen** nach § 153 Abs. 1 BauGB **bereits bei der Ermittlung des sanierungsunbeeinflussten Grundstückswerts zu berücksichtigen.** Bei der Ermittlung von Ausgleichsbeträgen sind die durch eigene Aufwendungen bewirkten Bodenwerterhöhungen in einem besonderen Schritt nach Maßgabe vorstehender Vorschrift (§ 155 Abs. 1 Nr. 2 BauGB) anzurechnen.

145 Die anzurechnenden Beträge sind mit dem **Wert** anzurechnen, **der sich bezogen auf die allgemeinen Wertverhältnisse am Wertermittlungsstichtag ergibt.**

146 In der **Gesamtschau** ergibt sich damit der sanierungsunbeeinflusste Grundstückswert wie aus Abb. 12 ersichtlich.

Abb. 12: Qualifizierung des sanierungsunbeeinflussten Grundstückszustands

▶ Zu der bei der Ermittlung des sanierungs- bzw. entwicklungsunbeeinflussten Grundstückswerts zu berücksichtigenden Anrechnung vgl. Rn. 581 ff.

2.2.2.6 Langfristige Miet- und Pachtverträge

In Gebieten, für die Sanierungsabsichten in der Öffentlichkeit bekannt werden, ist, wie die Erfahrungen zeigen, mit Vereinbarungen zu rechnen, die das Ziel haben, im Falle der Sanierung höhere Ausgleichs- oder Entschädigungsleistungen zu erlangen. Dies kann z.B. dadurch geschehen, dass **Miet- oder Pachtverträge mit einer Laufzeit** abgeschlossen werden, die in anderen vergleichbaren Gebieten nicht üblich ist. Um dem vorzubeugen war in § 23 Abs. 4 des mit Inkrafttreten des BauGB aufgehobenen StBauFG ausdrücklich vorgeschrieben, dass bei der Bemessung von Ausgleichs- und Entschädigungsleistungen eine Vereinbarung insoweit unberücksichtigt bleibt, „als sie von den üblichen Vereinbarungen in vergleichbaren Gebieten, die nicht förmlich festgelegte Sanierungsgebiete sind, auffällig abweicht, und Tatsachen die Annahme rechtfertigen, dass sie getroffen worden ist, um eine Ausgleichs- oder Entschädigungsleistung zu erlangen."

Die Vorschrift ging auf eine Empfehlung des federführenden BT-A. im Gesetzgebungsverfahren zum StBauFG zurück. Es sollte damit sichergestellt werden, dass nur in den Fällen Vereinbarungen bei der Bemessung von Ausgleichs- und Entschädigungsleistungen nicht zu berücksichtigen sind, in denen **konkrete Unterlagen vorliegen, dass solche Verträge allein zur Erzielung höherer Entschädigungen** getroffen worden sind[79]. Der RegE zum StBauFG sah dagegen eine Nichtberücksichtigung von Vereinbarungen (in Abs. 7 des RegE) lediglich für die Fälle vor, in denen sie von üblichen Vereinbarungen in vergleichbaren Gebieten, die nicht förmlich festgelegte Sanierungsgebiete sind, auffällig abweichen und anzunehmen ist, dass sie abgeschlossen worden sind, um höhere Ausgleichs- oder Entschädigungsleistungen zu erlangen. Abs. 7 RegE ist im Gesetzgebungsverfahren geändert worden.

---

79 BT-Drucks. VI/2204 zu § 23; Bericht des 14. BT-Ausschusses.

2.2.2.7 Umrechnung von Vergleichspreisen auf den Wertermittlungsstichtag

149 Kaufpreise von Vergleichsgrundstücken, die den der Wertermittlung zugrunde zu legenden sanierungsunbeeinflussten Grundstückszustand aufweisen, werden ansonsten nach den gängigen Methoden herangezogen und mittels geeigneter **Indexreihen** i.S. des § 11 ImmoWertV auf den Wertermittlungsstichtag umgerechnet. Der allgemeine Grundsatz, möglichst zeitnahe Vergleichspreise heranzuziehen, hat zur Folge, dass mit zunehmender Dauer des Sanierungsverfahrens

– einerseits auf Vergleichspreise des Sanierungsgebiets zurückgegriffen wird, die unter der Herrschaft der Preisprüfung nach § 145 Abs. 2 i.V.m. § 153 Abs. 2 BauGB zustande gekommen sind, und

– andererseits auf Vergleichspreise aus vergleichbaren Gebieten zurückgegriffen werden muss.

Vergleichspreise, die in dem Sanierungsgebiet noch vor dem Zeitpunkt des beginnenden Sanierungseinflusses zustande gekommen sind, verlieren dagegen mit zunehmender Dauer des Sanierungsverfahrens an Bedeutung.

2.3 Ermittlung des entwicklungsunbeeinflussten Grundstückswerts

2.3.1 Allgemeines

150 Der städtebaulichen Entwicklungsmaßnahme liegt die bodenpolitische Konzeption zugrunde, die nach den vorstehenden Ausführungen für Gebiete maßgebend ist, die unter Anwendung der besonderen sanierungsrechtlichen Vorschriften der §§ 152 bis 156a BauGB saniert werden (vgl. Rn. 9). Nach § 169 Abs. 1 Nr. 6 BauGB gilt § 153 Abs. 1 BauGB in städtebaulichen Entwicklungsbereichen i.S. des §§ 165 ff. BauGB entsprechend. **Der entwicklungsunbeeinflusste Grundstückswert wird** dementsprechend **nach den** unter Rn. 79 ff. **gegebenen Hinweisen zum sanierungsunbeeinflussten Grundstückswert ermittelt.**

151 Auf drei wesentliche Unterschiede soll hier **im Zusammenhang mit den sich in städtebaulichen Entwicklungsbereichen stellenden Wertermittlungsaufgaben** hingewiesen werden:

a) Anders als für Sanierungsgebiete kann nach dem Entwicklungsrecht die Anwendung der besonderen entwicklungsrechtlichen Vorschriften (= entsprechen den besonderen sanierungsrechtlichen Vorschriften der §§ 152 bis 156a BauGB) nicht ausgeschlossen werden (ausgenommen die Anpassungsgebiete nach § 170 BauGB); sie finden nach Maßgabe der Bestimmungen des § 169 BauGB entsprechende Anwendung.

b) Die Gemeinde soll die Grundstücke im Entwicklungsbereich nach § 166 Abs. 3 BauGB grundsätzlich erwerben und nur in bestimmten Fällen vom Erwerb absehen.

c) Die Regelung des § 153 Abs. 1 BauGB über die Ermittlung des sanierungsunbeeinflussten Grundstückswerts ist auf land- oder forstwirtschaftlich *genutzte* Grundstücke nach Maßgabe des § 169 Abs. 4 BauGB anzuwenden.

152 Bei der **Ermittlung des entwicklungsunbeeinflussten Grundstückswerts** bleiben in entsprechender Anwendung des § 153 Abs. 1 BauGB Werterhöhungen unberücksichtigt, die lediglich durch die **Aussicht auf die städtebauliche Entwicklung, ihre Vorbereitung oder ihre Durchführung** eingetreten sind. Nur die vom Betroffenen durch eigene Aufwendungen zulässigerweise herbeigeführten Werterhöhungen sind bei der Ermittlung des entwicklungsunbeeinflussten Grundstückswerts zu berücksichtigen.

153 Wie bei der Ermittlung des sanierungsunbeeinflussten Grundstückswerts (vgl. Rn. 78 ff.) muss zur Ermittlung des entwicklungsunbeeinflussten Grundstückswerts zunächst der **Zustand des Grundstücks** qualifiziert werden, der ohne Aussicht auf die Entwicklung, ihre Vorbereitung und Durchführung für das Grundstück bestand.

2.3.2 Qualifizierung des entwicklungsunbeeinflussten Grundstückszustands

2.3.2.1 Allgemeines

Auf einem freien Grundstücksmarkt, auf dem sich die Preisbildung nach Angebot und Nachfrage vollzieht, steigen die Grundstückspreise und damit auch die Grundstückswerte bereits im Vorfeld städtebaulicher Absichten und Maßnahmen, die auf eine Entwicklung der Grundstücke ausgerichtet sind. Dies gilt insbesondere für land- oder forstwirtschaftliche Flächen sowie für Bauerwartungsland. Wenn darüber hinaus auch noch die Entwicklung eines Gebiets durch den gezielten Einsatz nicht unerheblicher **Städtebauförderungsmittel sowie der Verwaltungskraft der Gemeinde** bzw. eines von ihr beauftragten Entwicklungsträgers vorangetrieben wird, muss mit Werterhöhungen bereits im Vorfeld der Maßnahme gerechnet werden, wenn diese nicht durch das „Abschöpfungssystem" des Entwicklungsrechts „abgeschnitten" würden.

154

Ausgleichs- und Entschädigungsleistungen sollen sich deshalb in förmlich festgelegten Entwicklungsbereichen gemäß § 169 Abs. 1 Nr. 6 BauGB nach dem (Verkehrs-)Wert des Grundstücks bemessen, der sich zum jeweiligen Wertermittlungsstichtag ohne Aussicht auf die Entwicklungsmaßnahme, ihre Vorbereitung und Durchführung ergeben hätte (§ 153 Abs. 1 BauGB). Dies bedeutet, dass der Wertermittlung der **Zustand des Grundstücks (Qualität)** zugrunde zu legen ist, der sich für das Grundstück nach dieser Maßgabe ergeben hätte, wobei jedoch die *allgemeinen Wertverhältnisse* zum Wertermittlungsstichtag maßgebend sind.

155

Wertermittlungstechnisch muss deshalb zunächst der entwicklungsunbeeinflusste Grundstückszustand qualifiziert werden. Zu diesem Zweck geht die Praxis auf den Zeitpunkt zurück, als eine Aussicht auf eine Entwicklung i.S. des Entwicklungsmaßnahmenrechts nicht bestand. Im Schrifttum wird dieser Stichtag auch als Zeitpunkt des „beginnenden Entwicklungseinflusses" bezeichnet[80]. *Köhler*[81] spricht in diesem Zusammenhang von der **Grundstücksqualität „vor Bekanntwerden der Aussicht auf die Sanierung bzw. Entwicklung"**. Es handelt sich um den Stichtag, von dem

156

– die Wertentwicklung im Entwicklungsbereich unter dem Einfluss der Aussicht auf die Entwicklung im Verhältnis zu

– der Wertentwicklung in damit vergleichbaren entwicklungsfähigen Gebieten (ohne formelle Entwicklungsmaßnahme)

auseinander zu laufen beginnt.

Die **Nachbarschaftsgemeinde** muss nach der Rechtsprechung (vgl. Syst. Darst. des Vergleichswertverfahrens Rn. 59 ff.) **als Vergleichsgebiet** jedoch dabei unberücksichtigt bleiben, wenn diese wertmäßig von der Entwicklungsmaßnahme profitiert.

157

Diese Vorgehensweise entspricht der Praxis, die auch bei der Bemessung von Enteignungsentschädigungen gängig ist. Auch hier gilt es, zunächst die Vorwirkungsqualität stichtagsmäßig zu fixieren. Hiergegen kann auch nicht eingewandt werden, dass das Sanierungs- und Entwicklungsmaßnahmenrecht keinen Qualitätsstichtag vorgibt, denn das **Entschädigungsrecht der §§ 93 ff. BauGB sieht ebenfalls** dafür nur materielle Grundsätze und **keinen gesetzlich fixierten Stichtag vor**. Dieser Vorgehensweise steht die Heranziehung aktueller Vergleichspreise für Grundstücke vergleichbaren Zustands sowohl zur Bemessung der Enteignungsentschädigung als auch zur Qualifizierung des sanierungs- bzw. entwicklungsunbeeinflussten Grundstückszustands nicht entgegen.

158

---

80 So auch Schmalgemeier in VR 1978, 146 und Dieterich in GuG 1996, 1; Freise im Kohlhammer-Komm., BauGB § 153 Rn. 10; Seitz, J., Planungshoheit und Grundeigentum, Kölner Schriften zu Recht und Staat, Frankfurt am Main 1999, S. 253 f.; Lemmen in HLBS-report 1996, 15, Groth, Kolloquium am 17.5.1999 in Potsdam; entgegen Mindermeinung von Strotkamp in Nachr. der rh.-pf. Kat.- und VermVw 1983, 17 sowie Möckel in Gerary/Möckel Praxis der Grundstücksbewertung.
81 In Schrödter, BauGB, Komm. 6. Aufl. § 153 Rn. 16.

VIII Sanierungsunbeeinfl. Grundstückswert — Ermittlung

159 Die Praxis zieht auch zur Qualifizierung des entwicklungsunbeeinflussten Grundstückszustands hilfsweise den **„historischen" Zustand des Grundstücks** zu einem Zeitpunkt heran, als eine Entwicklung nicht in Aussicht stand (Qualitätsstichtag i.S. des § 4 Abs. 1 ImmoWertV). Auf dieser „historischen" Grundlage werden sanierungs- und entwicklungsunbeeinflusste Grundstückswerte im weiteren Verlauf der Sanierungs- und Entwicklungsmaßnahme bis hin zur Ermittlung des Anfangswerts zur Bemessung von Ausgleichsbeträgen nach Abschluss einer Sanierungs- oder Entwicklungsmaßnahme ermittelt (vgl. Rn. 118 ff.).

160 Der **Mustereinführungserlass der FK Städtebauliche Erneuerung der ARGEBAU** (vgl. Rn. 41) vermerkt bezüglich Entwicklungsmaßnahmen unter Ziff. 3.1 hierzu, dass die öffentliche Bekanntmachung des Beschlusses über den *Beginn der Voruntersuchungen (vorbereitenden Untersuchungen)*, sofern kein früherer Zeitpunkt der Bekanntmachung der gemeindlichen Entwicklungsabsicht in Betracht kommt, *als sog. „Stichtag" für die Ermittlung des entwicklungsunbeeinflussten Grundstückswerts* i.S. des § 169 Abs. 1 Nr. 6 i.V.m. § 153 Abs. 1 BauGB *herangezogen werden kann*.

161 Der BayVGH[82] hat diesen Zeitpunkt zwar als „klare Stichtagsregelung für die spätere Festsetzung der Entschädigung im Enteignungsverfahren" unter Hinweis auf BT-Drucks. 12/3944, S. 32 bezeichnet. Tatsächlich kommt diesem Stichtag nur die Bedeutung eines Vermutungstatbestandes in der Weise zu, dass *spätestens* von diesem Zeitpunkt ab von einer Aussicht auf die Entwicklung (Sanierung) ausgegangen werden muss, ohne dass damit ausgeschlossen werden kann, dass schon zu einem früheren Zeitpunkt mit einer Entwicklungsmaßnahme zu rechnen war (vgl. Rn. 43).

162 Die Festschreibung der für den entwicklungsunbeeinflussten Grundstückswert maßgeblichen Qualität ist Ausfluss des enteignungsrechtlichen Vorwirkungsgedankens, an den § 153 Abs. 1 BauGB anknüpft. Die Vorschrift stellt damit insbesondere **eine die Entschädigungsvorschrift des § 95 BauGB ergänzende Reduktionsklausel** dar, die grundsätzlich auf alle im förmlich festgelegten Veranstaltungsgebiet gelegenen Grundstücke insoweit anzuwenden ist, wie sanierungs- bzw. entwicklungsbedingte Bodenwerterhöhungen nicht bereits dem Erwerb des Grundstücks zum Neuordnungswert nach § 153 Abs. 4 oder § 169 Abs. 8 BauGB „abgeschöpft" wurden oder der Abschöpfung nicht (mehr) unterworfen sind, weil der Ausgleichsbetrag nach § 154 BauGB abgelöst oder vorzeitig festgesetzt worden ist (§ 154 Abs. 3 Satz 2 und 3 BauGB). Dass mit § 153 Abs. 1 BauGB an den enteignungsrechtlichen Vorwirkungsgedanken angeknüpft wird, kam deutlicher noch in der Vorgängerregelung (§ 23 StBauFG) zum Ausdruck, die noch ausdrücklich auf die §§ 95 f. BauGB Bezug nahm.

163 Auch die **„Einbettung" des § 153 Abs. 1 BauGB in die sich an den Grundsätzen der Vorwirkung ausrichtenden Entschädigungsbestimmungen des § 95 BauGB verbietet es,** den sich danach – bezogen auf den Zeitpunkt, als noch keine Aussicht auf eine Sanierung oder Entwicklung, ihre Vorbereitung und Durchführung bestand – ergebenden **Grundstückszustand** im Verlauf der Maßnahme qualitäts- und insoweit auch wertmäßig unter der Annahme **„fortzuschreiben"**, dass sich ohne die städtebauliche Maßnahme die Grundstücke in irgendeiner Weise qualitätsmäßig zurück- oder weiterentwickelt hätten[83]. Die durch § 153 Abs. 1 BauGB vorgegebene Beschränkung der Abschöpfung sanierungs- und entwicklungsbedingter Werterhöhungen gebietet es, nur die im Verlauf der Maßnahme eingetretenen Werterhöhungen, die ursächlich nicht auf die städtebauliche Veranstaltung zurückgehen, zu berücksichtigen. Dies können beispielsweise Werterhöhungen sein, die auf Maßnahmen zurückführbar sind, die außerhalb des Veranstaltungsgebiets durchgeführt wurden und in keinem kausalen Zusammenhang mit der städtebaulichen Veranstaltung stehen (externe Effekte). Konjunkturelle Wertentwicklungen sind dagegen stets zu berücksichtigen.

164 Soweit vor der förmlichen Festlegung des Entwicklungsbereichs oder im Verlauf des Verfahrens werterhöhende Maßnahmen durchgeführt werden, die ursächlich nicht auf die Entwick-

---

[82] BayVGH, Urt. vom 23.10.1995 – 15 N 94.1693 –, GuG 1996, 114; OLG Frankfurt am Main, Urt. vom 24.6.1991 – 1 U 2/90 –, GuG 1997, 54 = EzGuG 15.69a; LG Darmstadt, Urt. vom 31.7.1996 – 90 (B) 12/93 –, GuG 1996, 56 = EzGuG 15.84; VGH Mannheim, Beschl. vom 1.10.1996 – 3 S 1904/96 –, GuG 1997, 61 = EzGuG 15.85.

[83] Ausführlich Dieterich in GuG 1996, 1; Lemmen in HLBS-report 3/96, S. 15; Kleiber in ZfBR 1996, 131.

lungsmaßnahme zurückzuführen sind und sich dennoch auf die Wertigkeit der im Veranstaltungsgebiet gelegenen Grundstücke auswirken, muss der der Ermittlung des entwicklungsunbeeinflussten Grundstückswerts zugrunde zu legende Grundstückszustand fortgeschrieben werden. Ein solcher seltener Ausnahmefall kann – wie bereits ausgeführt – z.B. gegeben sein, wenn außerhalb des Veranstaltungsgebiets eine für das Gebiet bedeutsame U-Bahn-Linie oder eine Flussbrücke gebaut wird, die nicht durch die städtebauliche Veranstaltung verursacht ist und zu Werterhöhungen im Gebiet führt. Diese sog. **externen Effekte** *(externalities)* müssen in solchen Einzelfällen bei der Ermittlung des entwicklungsunbeeinflussten Grundstückswerts berücksichtigt werden (vgl. Rn. 55, 137).

Die Bemessung des entwicklungsunbeeinflussten Grundstückswerts nach dem Zustand des Grundstücks, den es ohne Aussicht auf die Entwicklungsmaßnahme, ihre Vorbereitung und Durchführung hatte, ist begründet. Nach dem Verhältnismäßigkeitsgrundsatz darf das Entwicklungsmaßnahmenrecht nämlich nur als *conditio sine qua non* zum Einsatz kommen, d.h. nur dann, wenn es erforderlich ist und die städtebauliche Zielsetzung unter Anwendung des Allgemeinen Städtebaurechts (des Ersten Kapitels des BauGB) nicht zügig herbeigeführt werden kann. Insoweit stellt das Entwicklungsmaßnahmenrecht, von der Enteignung abgesehen, die *ultima ratio* dar. **165**

Als **zügige Durchführung der Maßnahme** muss in Anbetracht der für städtebauliche Entwicklungsmaßnahmen charakteristischen Ausgangssituation trotz des häufig massiven Einsatzes von Städtebauförderungsmitteln und der „geballten" Verwaltungskraft der Gemeinde bzw. eines von ihr beauftragten Entwicklungsträgers und trotz des Einsatzes des Besonderen Städtebaurechts mit allen seinen Eingriffsmöglichkeiten immer noch ein Zeitraum von 10 bis 15 Jahren als realistisch angesehen werden[84]. Hieraus kann umgekehrt geschlossen werden, dass ohne Einsatz des Entwicklungsmaßnahmenrechts und einer gezielten Förderung eine Entwicklung des Gebiets nahezu ausgeschlossen wäre, und in der Tat entwickeln sich potenzielle Gebiete wertmäßig häufig zurück, wenn erst einmal der Grundstücksmarkt erkannt hat, dass eine Eigenentwicklung nicht stattfinden kann. **166**

2.3.2.2 Mindermeinung

Von einer Mindermeinung[85] wird die Auffassung vertreten, dass bei der Ermittlung sanierungs- und entwicklungsunbeeinflusster Grundstückswerte darüber hinaus eine **fiktive qualitative Weiterentwicklung der in eine Sanierungs- oder Entwicklungsmaßnahme einbezogenen Grundstücke** zu berücksichtigen sei, **wie sie ohne Einleitung des Verfahrens nach dem Besonderen Städtebaurecht unterstellt** wird. Dieser Auffassung ist im Schrifttum mit Nachdruck widersprochen worden[86]. Die Berücksichtigung einer „Würde-wenn-Entwicklung" ist bei Einleitung der Maßnahmen zwar bedeutungslos, jedoch würde sie mit Fortschreiten der Sanierung oder Entwicklung dazu führen, dass bei der Ermittlung des sanierungs- oder entwicklungsunbeeinflussten Grundstückswerts eine fiktiv unterstellte qualitative Weiter- bzw. Rückentwicklung neben den Änderungen der allgemeinen Wertverhältnisse auf dem Grundstücksmarkt (§ 153 Abs. 1 Satz 2 BauGB) zusätzlich zu berücksichtigen wäre; im Ergebnis wird damit der Regelung des § 153 Abs. 1 BauGB insoweit eine Vorwirkung abgesprochen. Die sanierungs- und entwicklungsunbeeinflussten Grundstückswerte würden sich vielmehr mit fortschreitender Sanierung bzw. Entwicklung bei einer fiktiv unterstellten Entwicklung dem Neuordnungswert annähern. **167**

Zur Verdeutlichung der Mindermeinung sei das *Beispiel* angeführt, dass für ein in eine Sanierungsmaßnahme einbezogenes Grundstück zu Beginn der Maßnahme ohne Aussicht auf eine Sanierungsmaßnahme mit einer Wartezeit bis zu einer baulichen Nutzung von 30 Jahren gerechnet wurde und nach einer Gesamtverfahrensdauer von 15 Jahren der Sanierungsmaß- **168**

---

[84] Portz in Stadt und Gemeinde 1994, 424.
[85] Strotkamp in Nachr. der rh.-pf. Kat.- und VermVw 1983, 17.
[86] Bielenberg in Krautzberger, Städtebauförderungsrecht, Bd. I Einl. B Rn. 225; Dieterich in GuG 1996, 1; Lemmen in HLBS report 3/96, S. 15; Kleiber in ZfBR 1996, 131; auch bdb. RdErl. Nr. 23/1/1997 vom 20.5.1997 (ABl. 1997, 476) unter Nr. 7; nds. RdErl. vom 2.5.1988 (MBl. 1988, 547), geändert durch RdErl. vom 6.3.1991 (MBl. 1991, 470) Nr. 228.3.3.

VIII Sanierungsunbeeinfl. Grundstückswert — Ermittlung

nahme bei der Ermittlung des sanierungsunbeeinflussten Grundstückswerts eine apokryphe Wartezeit von nur 15 Jahren zugrunde gelegt wird, während nach herrschender Auffassung die maßgebliche Grundstücksqualität mit einer Wartezeit von 30 Jahren fixiert bleibt.

169 Im Falle einer hypothetisch unterstellten Eigenentwicklung (qualitative Weiterentwicklung) wäre der sanierungsunbeeinflusste Bodenwert von 600 €/m² zum Zeitpunkt des Beginns der Maßnahme qualitativ wie folgt „fortzuschreiben":

a) **Jährliche Wertentwicklung ohne Sanierungs- bzw. Entwicklungsmaßnahmen in 30 Jahren:**

$$p\% = 100 \left(\sqrt[n]{\frac{BW_n}{BW_o}} - 1\right) = 100 \left(\sqrt[30]{\frac{800}{600}} - 1\right) = \mathbf{0{,}964\ \%}$$

b) **„Würde-wenn"-Wertentwicklung in 15 Jahren:**

$BW_n = BW_o \times q^n = 600\ €/m^2 \times 1{,}00964^{15} = 692\ €/m^2$

Ausgleichsbetrag (AB)		FALSCH	
BW_n	= 800 €/m²	BW_n	= 800 €/m²
BW_o	= 600 €/m²	BW_{dyn}	= 692 €/m²
AB	= **200 €/m²**	AB	= 108 €/m² (falsch)

Wie das vorstehende Beispiel zeigt, **führt die Mindermeinung zu einer erheblichen „Schrumpfung" des Ausgleichsbetrags,** wenn unterstellt wird, dass sich die Grundstücke in ihrem Zustand auch ohne Sanierungs- bzw. Entwicklungsmaßnahme qualitätsmäßig verbessert hätten:

170 *Beispiel A:*

Bodenwerte bezogen auf die allgemeinen Wertverhältnisse zum Abschluss der Maßnahme:

- Sanierungs- bzw. entwicklungsunbeeinflusster Bodenwert = 600 €/m²
  (nach dem Zustand des Grundstücks zu Beginn der Vorbereitung)
- Bodenwert auf Grund Neuordnung = 800 €/m²

Prämisse soll zur Vereinfachung sein, dass keine konjunkturelle Bodenwertentwicklung zu beobachten ist.

- Dauer der städtebaulichen Sanierungs- bzw. Entwicklungsmaßnahme = 15 Jahre
- Geschätzte Dauer einer Eigenentwicklung = 30 Jahre

Das Berechnungsbeispiel macht deutlich, dass der Ablösungs- bzw. Ausgleichsbetrag mit fortschreitender Durchführung der Maßnahmen im Falle einer hypothetisch unterstellten Eigenentwicklung zusammenschmilzt.

171 Zu einer deutlichen **Aufblähung des Ausgleichsbetrags** führt dagegen die Mindermeinung, wenn – wie tatsächlich zu beobachten – unterstellt werden müsste, dass die Qualität der in die Sanierungs- bzw. Entwicklungsmaßnahme einbezogenen Grundstücke ohne Einleitung der Sanierungs- oder Entwicklungsmaßnahme weiter abfällt. Konsequenterweise müsste die Mindermeinung dazu führen, dass sich die Anfangswerte dann nach dem wertmäßig abgesunkenen Grundstückszustand bemessen, den die Grundstücke ohne Einleitung der Sanierungs- bzw. Entwicklungsmaßnahme zum Zeitpunkt ihres Abschlusses haben würden. Diesem Fall kommt sogar die höhere Wahrscheinlichkeit zu, denn nach den Anwendungsvoraussetzungen für das Besondere Städtebaurecht sind die Entwicklungschancen für ein solches Gebiet auf der Grundlage des Allgemeinen Städtebaurechts gering und potenzielle Investoren ziehen sich zurück (Abb. 13).

Abb. 13: Ausgleichsbetrag bei dynamisierter Anfangswertermittlung

Das nachfolgende **Fallbeispiel** soll die **Auswirkungen der Mindermeinung** verdeutlichen:

Beispiel B:

Ohne Sanierungs- bzw. Entwicklungsmaßnahmen ist ein weiterer „Qualitätsverfall" des sanierungs- bzw. entwicklungsunbeeinflussten Grundstückszustands zu erwarten.

Sanierungs- bzw. entwicklungsunbeeinflusster Bodenwert (nach dem Zustand des
Grundstücks zu Beginn der Vorbereitung) = 600 €/m²
Bodenwert auf Grund Neuordnung = 800 €/m²

Es wird erwartet, dass ohne eine Sanierungs- bzw. Entwicklungsmaßnahme die Wertigkeit des sanierungs- bzw. entwicklungsunbeeinflussten Grundstückszustands in 15 Jahren um 100 €/m² sinken wird.

Prämisse soll zur Vereinfachung wiederum sein, dass keine konjunkturellen Bodenwertänderungen zu beobachten sind.

VIII Sanierungsunbeeinfl. Grundstückswert — Ermittlung

Abb. 14: Ausgleichsbetrag bei dynamisierter Anfangswertermittlung

Ausgleichsbetrag (AB)		FALSCH		
BW_n	= 800 €/m²	BW_n	= 800 €/m²	
BW_o	= 600 €/m²	BW_o	= 500 €/m²	
AB	= 200 €/m²	AB	= 300 €/m²	(falsch)

Im Übrigen darf dieser Fall nicht mit der unter Rn. 294 behandelten Fallgestaltung verwechselt werden.

173 Verhängnisvoll wird die Mindermeinung, wenn im Verlauf der Sanierungs- bzw. Entwicklungsmaßnahme der **Ausgleichsbetrag vorzeitig abgelöst** werden soll und der Endwert unter Berücksichtigung der Wartezeit (bis zum Abschluss der Maßnahme) in der Weise ermittelt wird, dass der Endwert mit Hilfe des Diskontierungssatzes abgezinst wird.

174 Im nachfolgenden **Beispiel** soll anknüpfend an die vorangegangenen Beispiele unterstellt werden, dass eine Ablösung des Ausgleichsbetrags fünf Jahre vor Abschluss der Sanierung bzw. Entwicklung begehrt und gleichzeitig von einem dynamisierten Anfangswert ausgegangen wird:

175 *Beispiel C:*

Der Eigentümer begehrt die vorzeitige Ablösung des Ausgleichsbetrags nach 10 Jahren, d.h. 5 Jahre vor Abschluss der Sanierungs- bzw. Entwicklungsmaßnahme.

a) **Endwert**
- Bodenwert aufgrund Neuordnung (Endwert) = 800 €/m²
- Bodenwert unter Berücksichtigung der tatsächlichen und rechtlichen Neuordnung zum Zeitpunkt der Ablösung bei einer Wartezeit von 5 Jahren

$$BW_{10} = BW_{Neuordnung} \times q^{-n}$$

n = 5 Jahre

Bei einem Diskontierungszinssatz von 6%: $\quad BW_{10} = 800 \times 1{,}06^{-5} \approx 600 \ €/m^2$ (falsch)

Ermittlung — **Sanierungsunbeeinfl. Grundstückswert VIII**

b) **Anfangswert**
- Sanierungs- bzw. entwicklungsunbeeinflusster Bodenwert (Anfangswert) = 600 €/m²
- „Dynamisierter" Anfangswert zum Zeitpunkt der Ablösung (10 Jahre nach Einleitung):

$BW_{10} = BW_o \times q^n$ wobei hier p = 0,964% (vgl. Beispiel A)
= 600 €/m² × 1,00964¹⁰ = **660 €/m²** (falsch)

c) **Ablösungsbetrag**
= 600 €/m² − 660 €/m² = **− 60 €/m²** (unsinniges Ergebnis!)

Mit der Dynamisierung des Anfangswerts und der Abzinsung des Endwerts gerät der Ablösungsbetrag in eine „Zange", die zu Negativwerten führen kann. 176

Das *Beispiel* macht aber auch deutlich, dass die **Ermittlung des Endwerts vor Abschluss der Sanierungsmaßnahme nur durch Abzinsung des Endwerts mit Hilfe des internen Zinsfußes** erfolgen darf, wenn eine allein auf die Wartezeit zurückführbare Wertentwicklung zu berücksichtigen ist. Bei einer Werterhöhung von 600 €/m² auf 800 €/m² und einer Verfahrensdauer von 15 Jahren ergibt sich der Zinsfuß wie folgt: 177

$$p\,\% = 100 \left(\sqrt[n]{\frac{BW_n}{BW_o}} - 1 \right) \qquad = 100 \left(\sqrt[15]{\frac{800}{600}} - 1 \right) = \mathbf{1{,}93\,\%}$$

Daraus ergibt sich dann nach einer 10-jährigen Verfahrensdauer ein abgezinster Neuordnungswert – 5 Jahre vor Abschluss der Maßnahme – von:

Neuordnungswert BW_{10} = 800 €/m² × 1,0193⁻⁵	= 727 €/m²
Anfangswert (nicht dynamisiert)	= 600 €/m²
und ein Ablösungsbetrag von: 727 €/m² − 600 €/m²	**= 127 €/m²**

Wie ausgeführt, kann in der Weise nur vorgegangen werden, wenn eine gleichmäßige qualitative Wertverbesserung im Sanierungsgebiet bzw. Entwicklungsbereich stattfindet und nicht, wenn im Einzelfall die qualitative Wertverbesserung beispielsweise schon zu einem früheren Zeitpunkt stattgefunden hat. In einem solchen Fall würde die gleichmäßige Abzinsung der tatsächlichen Wertentwicklung nicht gerecht werden, weil die Sanierung bzw. Entwicklung insoweit für das Grundstück abgeschlossen ist und nur noch Wertverbesserungen aus den Sanierungs- bzw. Entwicklungsmaßnahmen in der Nachbarschaft dem Grundstück erwachsen. Es kommt also entscheidend auf die qualitative Wertverbesserung des einzelnen Grundstücks und seiner Nachbarschaft an. 178

Fazit: Die **Mindermeinung** ist aus den dargelegten rechtlichen, aber auch aus praktischen Erwägungen **abzulehnen:** Der Gesetzgeber hat, wie ausgeführt, die maßgebliche Entschädigungsqualität mit § 153 Abs. 1 BauGB in Fortentwicklung des Vorwirkungsgrundsatzes, der § 93 Abs. 4 i.V.m. § 95 Abs. 2 BauGB zugrunde liegt, fixieren wollen. Sie muss auch schon deshalb fixiert bleiben, weil nach den Anwendungsvoraussetzungen des Besonderen Städtebaurechts ohne eine städtebauliche Sanierungs- und Entwicklungsmaßnahme gerade nicht mit einer selbstständigen (qualitativen) Weiterentwicklung gerechnet werden konnte (conditio sine qua non). Die im Veranstaltungsgebiet vorbereiteten und durchgeführten Maßnahmen brauchen – und darin ist *Janning* zuzustimmen – „nur **eine nicht hinwegdenkbare Bedingung für den Erfolgseintritt,** d.h. für die Werterhöhung zu sein, nicht aber deren alleinige Ursache". Diesen Kausalitätsanforderungen wird genügt, wenn ohne das Sanierungs- bzw. Entwicklungsunternehmen die städtebauliche Sanierung bzw. Entwicklung in absehbarer Zeit nicht erwartet werden kann. Als solche nicht „hinwegdenkbaren Bedingungen" nennt *Jan-* 179

VIII Sanierungsunbeeinfl. Grundstückswert — Ermittlung

ning[87] die Bauleitplanung, Bodenordnung, Erschließungs- und Folgeeinrichtungen, also Maßnahmen, die nach den §§ 147 f. BauGB Grundelemente städtebaulicher Sanierungs- und Entwicklungsmaßnahmen sind. Die Mindermeinung hat deshalb keine Anerkennung gefunden.

180 **Die Mindermeinung findet in der Rechtsprechung und im Schrifttum[88] keine Stütze.** Als „abwegig" hat *Bielenberg*[89] die Entscheidung des LG Kiel[90] bezeichnet, die auf der Grundlage eines Gutachtens von *Seele* die Qualität des entwicklungsunbeeinflussten Grundstückszustands fortschreiben wollte. Das OLG Frankfurt am Main[91] hat darüber hinaus selbst für den Fall den Tatbestand der Vorwirkung einer Entwicklungsmaßnahme nicht verneint, wenn in benachbarten Gemeinden die Preisverhältnisse im weiteren Verlauf der Entwicklungsmaßnahme – mittelbar entwicklungsbedingt – auch ohne förmlich festgelegte Entwicklungsmaßnahme ansteigen. Im Übrigen wird in der bereits angeführten Rechtsprechung bei der Ermittlung des entwicklungsbedingten Grundstückswerts grundsätzlich auf den nach den jeweiligen Verhältnissen zu bestimmenden Zeitpunkt des beginnenden Entwicklungseinflusses „abgestellt".

▶ *Weitere Hinweise in der Syst. Darst. des Vergleichswertverfahrens Rn. 55 ff.*

181 **Wo städtebauliche Planungen selbst i.V.m. mit den Vollzugsinstrumenten** öffentlich-rechtlicher (Umlegung, Erschließung, städtebaulicher Vertrag) oder privatrechtlicher Art **keine Realisierungschancen hätten, können sie im gewöhnlichen Geschäftsverkehr eine werterhöhende Wirkung eigentlich ohnehin nur spekulativ entfalten.** Insoweit ist – wie ausgeführt – erst der Einsatz des Besonderen Städtebaurechts die conditio sine qua non, die eine Realisierung der städtebaulichen Zielvorstellungen absehbar werden und die damit einhergehenden Werterhöhungen tatsächlich eintreten lässt. *Köhler*[92] hat hinsichtlich dieser Kausalität zwischen Entwicklungsmaßnahme und grundstücksbezogenen Werterhöhungen zu Recht festgestellt, dass *alle* eingetretenen Werterhöhungen, soweit sie nicht durch eigene Aufwendungen des Eigentümers zulässigerweise bewirkt wurden oder durch Änderungen der allgemeinen Wertverhältnisse auf dem Grundstücksmarkt eingetreten sind, der städtebaulichen Entwicklungsmaßnahme zuzurechnen sind[93]. Wenn im Einzelfall dies nicht bei der Festlegung von Sanierungsgebieten oder Entwicklungsbereichen hinreichend beachtet worden ist, kann dies nicht einer sachgerechten Auslegung der maßgeblichen Rechtsvorschriften entgegengehalten werden.

182 Bei alledem ist bei der Ermittlung des entwicklungsunbeeinflussten Grundstückswerts im Verlauf der Maßnahme die Frage unbeachtlich, welche qualitative Weiterentwicklung für das Grundstück bis zum Wertermittlungsstichtag eingetreten wäre, wenn das Grundstück nicht in die (formelle) Entwicklungsmaßnahme einbezogen worden wäre. Diese rein hypothetische Frage ist ohne praktische Bedeutung, weil nach den vorstehenden Ausführungen schon aufgrund der Anwendungsvoraussetzungen für das Entwicklungsmaßnahmenrecht eine Eigenentwicklung nicht erwartet werden kann. **Allgemeine gesamtgemeindliche sowie regionale Entwicklungen** finden dagegen in die Wertermittlung Eingang (z.B. durch den Bodenpreisindex), weil sie die nach § 153 Abs. 1 Satz 2 BauGB zu berücksichtigenden allgemeinen Wertverhältnisse mit beeinflussen; dies wird häufig unzureichend beachtet. Zu berücksichtigen

---

[87] Janning, Bodenwert und Städtebaurecht, Kohlhammer 1976, S. 95; Söfker in DVBl 1975, 468; Dieterich in BBauBl 1975, 323.
[88] Seitz, J., Planungshoheit und Grundeigentum, a.a.O., S. 253 f.; Freise im Kohlhammer Komm., BauGB § 153 Rn. 10; Groth hat mit Recht auf dem Kolloquium am 17.5.1999 in Potsdam darauf hingewiesen, dass die Weiterentwicklung der Bauerwartung kein Eigentumsinhalt gemäß Art. 14 GG ist.
[89] Bielenberg in Krautzberger, Städtebauförderungsrecht Bd I Einl. B Rn. 225.
[90] LG Kiel vom 3.11.1989 – 19 O 4/83 –, GuG 1990, 103 = EzGuG 15.64.
[91] OLG Frankfurt am Main, Urt. vom 24.6.1991 – 1 U 2/90 –, GuG 1997, 54 = EzGuG 15.69a; BGH, Beschl. vom 9.7.1992 – III ZR 167/91 –; BVerfG, Beschl. vom 9.3.1998 – 1 BvR 1041/92 –, GuG 1999, 244; LG Darmstadt, Urt. vom 31.7.1996 – 90 (B) 12/93 –, GuG 1997, 56 = EzGuG 15.84; VG Hamburg, Urt. vom 23.11.2000 – 9 VG 3722/91 –, EzGuG 15.99c.
[92] Köhler in Schrödter, Baugesetzbuch, Vahlen Verlag § 153 Rn. 14.
[93] Auch Dieterich in WuV 1993, 122.

sind daneben noch die sog. externen Effekte (vgl. Rn. 137 ff.), die allerdings recht selten auftreten.

Aus den dargelegten Gründen ist es **unzulässig, bei der Ermittlung des entwicklungsunbeeinflussten Grundstückswerts werterhöhend zu berücksichtigen, dass auch ohne Einleitung der Entwicklungsmaßnahme – allein auf der Grundlage des Allgemeinen Städtebaurechts – eine Werterhöhung im Veranstaltungsgebiet eintreten würde,** denn das Besondere Städtebaurecht darf – wie ausgeführt – erst dort zur Anwendung kommen, wo das Allgemeine Städtebaurecht versagt. Eine andere Auffassung liefe auf eine „Honorierung" spekulativer Werterhöhungen hinaus, die das BauGB jedoch abschneiden will. 183

Bei der Ermittlung des entwicklungsunbeeinflussten Grundstückswerts auf der Grundlage des Zustands, den das Grundstück ohne Aussicht auf die Entwicklungsmaßnahme, ihre Vorbereitung und Durchführung hatte, sind die **zum Zeitpunkt des beginnenden Entwicklungseinflusses bereits bestehenden rechtlichen und tatsächlichen Gegebenheiten** zu berücksichtigen. Planungsrechtliche Gegebenheiten sind dabei mit den vor diesem Zeitpunkt bestehenden Realisierungschancen zu berücksichtigen. Eine landesplanerisch vorgezeichnete Entwicklung darf z.B. nur mit den Realisierungschancen berücksichtigt werden, die sie ohne Einsatz des Entwicklungsmaßnahmenrechts gehabt hätte. 184

▶ *Zur Ermittlung des entwicklungsunbeeinflussten Grundstückswerts wird auf die entsprechenden Ausführungen zur Ermittlung des sanierungsunbeeinflussten Grundstückswerts bei Rn. 108 ff. hingewiesen*

2.3.3 Bewertungsprivileg für land- oder forstwirtschaftlich genutzte Grundstücke nach § 169 Abs. 4 BauGB

▶ *Hierzu auch § 5 ImmoWertV Rn. 121 ff.*

§ 169 Abs. 4 BauGB findet nur auf land- oder forstwirtschaftlich genutzte Grundstücke Anwendung, für die sich nach dem allgemeinen Vorwirkungsgrundsatz des § 153 Abs. 1 BauGB nur der sog. „innerlandwirtschaftliche Verkehrswert" gebildet hat[94]. In diesen besonderen Ausnahmefällen soll als „entwicklungsunbeeinflusster Grundstückswert" der Wert maßgebend sein, der in vergleichbaren Fällen im gewöhnlichen Geschäftsverkehr auf dem allgemeinen Grundstücksmarkt dort zu erzielen wäre, wo keine Entwicklungsmaßnahmen vorgesehen sind. 185

§ 169 Abs. 4 BauGB war in der bis zum 30.4.1993 geltenden Fassung (wortgleich mit § 57 Abs. 4 StBauFG) **ausdrücklich nur auf Gebiete anzuwenden, „in denen sich kein vom innerlandwirtschaftlichen Verkehrswert abweichender Verkehrswert (Marktwert) gebildet hat".** Die ausdrückliche Bezugnahme auf diese Gebiete ist mit der ab 1.5.1993 geltenden Fassung des § 169 Abs. 4 BauGB vorübergehend ersatzlos entfallen[95]. Hieraus konnte gefolgert werden, dass die Rechtsfolgen dieser Vorschrift stets bei land- oder forstwirtschaftlich genutzten (nicht dagegen nutzbaren) Grundstücken Anwendung finden sollen und nicht nur in Gebieten, in denen sich kein vom „innerlandwirtschaftlichen Verkehrswert" abweichender Wert gebildet hat. Mit dem Gesetz zur Bewertung eines land- oder forstwirtschaftlichen Betriebs beim Zugewinnausgleich vom 14.9.1994 (BGBl. I 1994, 2324 Art. 3) ist die Regelung des § 169 Abs. 4 BauGB i.d.F. von 1986 wieder hergestellt worden[96]. 186

Die **Voraussetzungen für die Anwendung des § 169 Abs. 4 BauGB** sind nur (sic!) gegeben, wenn sich im städtebaulichen Entwicklungsbereich keine Verkehrswerte für Flächen gebildet haben, die nach ihren Eigenschaften, der sonstigen Beschaffenheit und Lage, nach ihren Ver- 187

---
94 Insoweit enthalten die Hinweise des bad.-württ. MW vom 29.6.1994 – VI 2516/5 (GABl 1994, 570 = GuG 1995, 41) unter Ziff. 2.1.1 eine zumindest missverständliche Erläuterung, als dort der Eindruck erweckt wird, § 169 Abs. 4 BauGB fände immer Anwendung; tatsächlich findet die Vorschrift keine Anwendung, wenn sich nach § 153 Abs. 1 BauGB bereits der Wert i.S.d. § 4 Abs. 2 Nr. 2 WertV oder ein „höherer Wert" gebildet hat.
95 BT-Drucks. 12/4340, S. 25.
96 Kleiber in DVBl. 1994, 726; ausführlich zur Streitfrage Ernst/Zinkahn/Bielenberg, BauGB § 26 WertV Rn. 43 ff.

VIII Sanierungsunbeeinfl. Grundstückswert   Ermittlung

wertungsmöglichkeiten oder den sonstigen Umständen in absehbarer Zeit nur land- oder forstwirtschaftlichen Zwecken dienen.

188   In der Praxis wird von **„reinem Agrarland"** gesprochen, wenn dessen Preisbildung im gewöhnlichen Geschäftsverkehr **ausschließlich von der dauernden land- oder forstwirtschaftlichen Nutzung bestimmt** wird und keine Nachfrage für eine außerland- bzw. außerforstwirtschaftlichen Nutzung den Grundstückswert beeinflusst[97]; der Wert wird als „innerlandwirtschaftlicher Verkehrswert" bezeichnet. Nach dem Wortlaut der WertV 72 wird dieser zudem durch den Preis bestimmt, der im gewöhnlichen Geschäftsverkehr „zwischen Landwirten" nach dem Zustand des Grundstücks zu erzielen wäre. Da die den Grund und Boden handelnden Vertragsparteien allenfalls nur ein Indiz für einen bestimmten Entwicklungszustand sein können, wird im geltenden Recht an diesem Merkmal nicht mehr festgehalten.

189   Die durch § 169 Abs. 4 BauGB vorgegebenen Rechtsfolgen für die im städtebaulichen Entwicklungsbereich gelegenen land- oder forstwirtschaftlich *genutzten* Grundstücke sind unter Heranziehung unbestimmter Rechtsbegriffe (allgemeiner Grundstücksmarkt) unklar formuliert und nur als politischer Kompromiss erklärbar[98]. Sie werden auch nicht durch die abweichende (inzwischen ersatzlos gestrichene) Regelung des § 26 Abs. 2 Satz 2 WertV 88/98 klarer, die – konsequent ausgelegt – zu dem widersinnigen Ergebnis führen musste, dass in Gebieten, in denen sich kein vom „innerlandwirtschaftlichen Verkehrswert" abweichender Verkehrswert gebildet hat, ein damit vergleichbarer „innerlandwirtschaftlicher Verkehrswert" maßgeblich sein soll. Tatsächlich hat aber der Gesetzgeber von 1971, auf den die Vorschrift zurückgeht (§ 57 Abs. 4 StBauFG), mit dem nach § 169 Abs. 4 BauGB maßgeblichen Wert eine **Mindestentschädigung** vorgeben wollen, **die über dem innerlandwirtschaftlichen Verkehrswert liegen soll.** Das wäre dann der Verkehrswert der besonderen Flächen der Land- oder Forstwirtschaft, der auch als außerland- oder außerforstwirtschaftlicher Verkehrswert (= begünstigtes Agrarland) bezeichnet worden ist.

190   Ergänzend werden hierzu folgende Erläuterungen gegeben: **Flächen der Land- oder Forstwirtschaft können** dadurch **begünstigt sein,** dass sie sich über ihre land- oder forstwirtschaftliche Nutzbarkeit hinaus nach objektiven Gegebenheiten auch für eine anderweitige **außerlandwirtschaftliche oder außerforstwirtschaftliche Nutzung eignen,** wobei vor allem eine Nutzung für Erholungszwecke in Betracht kommt. § 4 Abs. 1 Nr. 2 WertV a.F. (1988/98) nennt insbesondere die landschaftliche oder verkehrliche Lage, ihre Funktion oder die Nähe zu Siedlungsgebieten, ohne dass es sich dabei ausdrücklich um einen Siedlungsschwerpunkt handeln muss. Die besondere Lage kann sich danach aus der besonderen Beziehung dieser Flächen im Umland der städtebaulich genutzten oder zur städtebaulichen Nutzung anstehenden Grundstücke (Ausstrahlungsbereich)[99] oder aus der besonderen Anziehungskraft der Umgebung, insbesondere einer landschaftlich schönen Gegend mit guten Verkehrsverhältnissen (Erreichbarkeit), ergeben. Darüber hinaus hängt die Eignung der Grundstücke für anderweitige Nutzungen auch von der besonderen Beschaffenheit des Grundstücks selbst, z.B. von der Geländeform und der Besonnung, ab. In Betracht kommen Nutzungen für Freizeit- und Erholungszwecke, als Ausflugsziel für Ausflügler[100], für eine Hobbypferdehaltung sowie zulässige und befristete Nutzungen aus besonderen Anlässen, z.B. als Versammlungsstätte, Jahrmärkte, Dorf-, Bürger- und Schützenfeste, aber auch als befristete Park- und Abstellplätze.

191   Besteht für derart „begünstigte" Flächen der Land- oder Forstwirtschaft im gewöhnlichen Geschäftsverkehr eine entsprechende Nachfrage und besteht auf absehbare Zeit keine Ent-

---

[97] BR-Drucks. 265/72 Begründung zu § 18b Abs. 1 und 2; der Begriff „begünstigtes Agrarland" hat sich nicht durchsetzen können.
[98] Kleiber in Ernst/Zinkahn/Bielenberg, BauGB Komm. zu § 4 WertV Rn. 21 ff.
[99] Hierzu und zum Begriff: OLG München, Beschl. vom 23.11.1967 – X XV 2/66 –, EzGuG 8.23.
[100] VGH Mannheim, Urt. vom 4.7.1985 – 8 S 1923/83 –, EzGuG 15.39; zur Anwendung des § 169 Abs. 4 BauGB (bisher § 57 Abs. 4 StBauFG): OVG Lüneburg, Urt. vom 15.12.1977 – 1 A 311/74 –, EzGuG 15.7; Revision: BVerwG, Urt. vom 24.11.1978 – 4 C 56/76 –, EzGuG 15.9; vgl. auch Reisnecker in BayVBl. 1977, 655.

wicklung zu einer Bauerwartung[101], handelt es sich um (**besondere**) **Flächen der Land- oder Forstwirtschaft**[102].

Das **Bewertungsprivileg** des § 169 Abs. 4 BauGB ist wie bereits nach altem Recht im Übrigen weiterhin **auf land- oder forstwirtschaftlich** *nutzbare, jedoch nicht entsprechend genutzte* Grundstücke oder auf sonstige Flächen (Ödland, Unland, ökologische Freiflächen, Brachflächen) anwendbar. Dieser enge Anwendungsbereich des Bewertungsprivilegs kann darauf zurückgeführt werden, dass allein die „aktive" Land- oder Forstwirtschaft vor dem Hintergrund des Gleichbehandlungsgrundsatzes des Art. 3 GG in den „Genuss" des Bewertungsprivilegs kommen sollte[103]. **192**

Fazit: Als entwicklungsunbeeinflusster Grundstückswert ist nach der Sonderregelung des § 169 Abs. 4 BauGB als Mindestwert der Verkehrswert einer besonderen Land- oder Forstwirtschaft maßgeblich (außerlandwirtschaftlicher Verkehrswert = Wert des begünstigten Agrarlands). Dieses Bewertungsprivileg kann aber tatsächlich in der Praxis kaum Bedeutung erlangen, weil nach den rechtlichen Voraussetzungen für die Einleitung von städtebaulichen Entwicklungsmaßnahmen (§ 165 BauGB) sich auf dem örtlichen Grundstücksmarkt regelmäßig mindestens ein außerland- bzw. außerforstwirtschaftlicher Verkehrswert und in vielen, wenn nicht sogar in den meisten Fällen auch unter Anwendung des ansonsten maßgeblichen § 153 Abs. 1 BauGB bereits eine höhere Grundstücksqualität vorliegt. **193**

2.4 Besonderheiten der Ermittlung sanierungs- oder entwicklungsunbeeinflusster Grundstückswerte für bebaute Grundstücke

2.4.1 Allgemeines

Vor allem im Zusammenhang mit der Preisprüfung stellt sich die Aufgabe, den **sanierungs- und entwicklungsunbeeinflussten Grundstückswert in seiner Gesamtheit,** d.h. einschließlich vorhandener baulicher Anlagen und sonstiger Einrichtungen, zu ermitteln. Dabei gilt es eine Reihe von Besonderheiten zu beachten. **194**

Für die **Wahl des Wertermittlungsverfahrens** gelten die Grundsätze des § 8 Abs. 1 ImmoWertV, nach denen sich die Wahl des Wertermittlungsverfahrens nach den Gepflogenheiten des Geschäftsverkehrs und den Umständen des Einzelfalls bestimmt. Danach kommen bei bebauten Grundstücken das Vergleichs-, Ertrags- und das Sachwertverfahren in Betracht, wobei, von Ein- und Zweifamilienhäusern abgesehen, regelmäßig **das Ertragswertverfahren im Vordergrund** steht. **195**

2.4.2 Sachwertverfahren

Der Sachwert eines Grundstücks setzt sich nach den Grundsätzen der §§ 21 ff. ImmoWertV aus dem Bodenwert und dem Wert der nutzbaren baulichen und sonstigen Anlagen zusammen; darüber hinaus sind die Lage auf dem Grundstücksmarkt und die besonderen objektspezifischen Grundstücksmerkmale zu berücksichtigen (§ 8 Abs. 2 und 3 ImmoWertV). Als **Bodenwert ist der sanierungs- bzw. entwicklungsunbeeinflusste Bodenwert** entsprechend den vorstehenden Ausführungen anzusetzen. Der Gebäudesachwert ermittelt sich nach den Vorschriften der §§ 21 ff. ImmoWertV, wobei es insbesondere in Gebieten mit Substanzschwächen Baumängel, Bauschäden sowie ggf. einen Instandsetzungsrückstau zu berücksichtigen gilt. **196**

---

[101] BR-Drucks. 325/88, S. 36 f.; BT-Drucks. 16/1043 vom 24.3.2006, GuG 2006/6.
[102] Nach der Systematik der WertV 88/98 war in den Fällen des § 169 Abs. 4 BauGB maßgebend, denn § 26 Abs. 2 WertV 88/98 hat ausdrücklich ausgeschlossen, dass ein Verkehrswert zugrunde gelegt wird, den in Gebieten bildet, in denen Bauerwartung begründende Entwicklungsmaßnahmen vorgesehen sind – BR-Drucks. 325/88, S. 36 f.; BT-Drucks. 16/1043 vom 24.3.2006, GuG 2007, 49. Die Vorschrift gibt stattdessen den Hinweis, dass der Verkehrswert aus Gebieten maßgebend sein soll, die insbesondere hinsichtlich der Siedlungs- und Wirtschaftsstruktur, der Landschaft und der Verkehrslage mit dem städtebaulichen Entwicklungsbereich vergleichbar sind.
[103] Kleiber in Ernst/Zinkahn/Bielenberg, BauGB Komm. zu § 4 WertV Rn. 25; zur Neufassung des § 169 Abs. 4 BauGB vgl. Kleiber in Ernst/Zinkahn/Bielenberg, BauGB, Komm. zu § 26 WertV Rn. 50 ff.; Begründung hierzu BT-Drucks. 12/4340 = GuG 1993, 308.

VIII Sanierungsunbeeinfl. Grundstückswert — Besonderheiten

Auf die Ausführungen zur Syst. Darst. des Sachwertverfahrens und zu § 8 Abs. 3 ImmoWertV) wird verwiesen.

2.4.3 Ertragswertverfahren

197 Der **Ertragswert** ermittelt sich nach den Vorschriften der §§ 17 ff ImmoWertV **nach folgender Formel** (Standardverfahren):

$$EW = (RE - BW \times p) \times V + BW$$

wobei:
- EW Ertragswert
- RE Reinertrag
- BW Bodenwert
- p   Liegenschaftszinssatz
- V   Vervielfältiger

198 Das **erste Glied** dieser Formel ergibt den Wertanteil des Gebäudes am Ertragswert, den sog. **Gebäudeertragswert:**

$$\text{Gebäudeertragswert} = (RE - BW \times p) \times V$$

199 Mit dem **zweiten Glied** der Formel wird der **Bodenwert BW** dem Ertragswert „zugeschlagen". Der Bodenwert BW findet dabei gleich zweimal Eingang in die Ertragswertermittlung, nämlich einmal in voller Höhe (zweites Glied der Formel) und zum anderen in Höhe des sog. Bodenwertverzinsungsbetrags (BW × p), um den der Reinertrag vermindert werden muss, um so den Gebäudeertragswert durch Kapitalisierung des um den Bodenwertverzinsungsbetrag verminderten Reinertrags zu ermitteln. Kapitalisiert wird der verminderte Reinertrag durch Anwendung des Barwertfaktors (Vervielfältiger V; Anl. 1 zur ImmoWertV).

200 Ausgangspunkt für die Ermittlung des sanierungsunbeeinflussten Grundstückswerts im Wege des Ertragswertverfahrens ist die **Ermittlung des Roh- und Reinertrags** nach § 18 ImmoWertV. Da der Ertragswert entsprechend der Vorgabe des § 153 Abs. 1 BauGB wertmäßig nicht durch die Aussicht auf die Sanierung bzw. Entwicklung, ihre Vorbereitung oder Durchführung beeinflusst worden sein darf,

- sind der Wertermittlung möglichst Ertragsverhältnisse aus Gebieten zugrunde zu legen, die neben den allgemeinen Grundstücksmerkmalen (§§ 5 und 6 ImmoWertV) auch hinsichtlich ihrer städtebaulichen Missstände mit dem förmlich festgelegten Sanierungsgebiet vergleichbar sind, für die jedoch in absehbarer Zeit eine Sanierung nicht erwartet wird;
- dürfen der Wertermittlung Ertragsverhältnisse aus dem förmlich festgelegten Sanierungsgebiet bzw. Entwicklungsbereich oder aus Gebieten mit Aussicht auf Sanierung bzw. Entwicklung nur herangezogen werden, wenn sie nicht von sanierungs- bzw. entwicklungsbedingten Umständen beeinflusst sind oder ihr Einfluss erfasst werden kann.

Vergleichspreise aus benachbarten Gebieten, die selbst keine Aussicht auf Vorbereitung und Durchführung einer Sanierungs- bzw. Entwicklungsmaßnahme haben, die aber wertmäßig von Sanierungs- und Entwicklungsmaßnahmen in ihrer Nachbarschaft bzw. in Nachbargemeinden „profitieren", sind nach Auffassung des OLG Frankfurt am Main (vgl. Syst. Darst. Vergleichswertverfahren Rn. 65)[104] ebenfalls als Grundlage für die Ermittlung des (sanierungs- bzw.) entwicklungsunbeeinflussten Grundstückswerts ungeeignet.

201 Bezüglich der **ertragswirtschaftlichen Situation** sind bei der Qualifizierung des sanierungsunbeeinflussten Grundstückswerts

- erhöhte Preise und Nutzungsentgelte, die sich auf dem Grundstücksmarkt in Erwartung der durch die Sanierung oder Entwicklung in Aussicht stehenden Änderung gebildet haben, sowie

---

104 OLG Frankfurt, Urt. vom 24.6.1991 – 1 U (B) 2/90 –, GuG 1997, 54 = EzGuG 15.69a; vgl. LG Darmstadt, Urt. vom 31.7.1996 – 9 O (B) 12/93 –, GuG 1997, 56 = EzGuG 15.84.

– Maßnahmen, z.B. Nutzungsänderungen, die im Hinblick auf die bevorstehenden Änderungen durch Sanierungs- oder Entwicklungsmaßnahmen durchgeführt worden sind,

nicht zu berücksichtigen[105]. Dies betrifft auch Vereinbarungen i.S. des § 144 Abs. 1 Nr. 3 BauGB, durch die ein schuldrechtliches Vertragsverhältnis über den Gebrauch oder die Nutzung eines Grundstücks, Gebäudes oder Gebäudeteils eingegangen oder verlängert wird, die auffällig von den üblichen Vereinbarungen in vergleichbaren Gebieten abweichen, und Tatsachen die Annahme rechtfertigen, dass die Vereinbarungen getroffen wurden, um eine höhere Ausgleichs- und Entschädigungsleistung zu erlangen. Die Nichtberücksichtigung derartiger Vereinbarungen, die nach dem bis zum 1.7.1987 geltenden Recht in § 23 Abs. 4 StBauFG ausdrücklich geregelt war, ergibt sich aus § 95 Abs. 2 Nr. 6 BauGB[106].

In den Fällen des **§ 43 Abs. 4 BauGB** sind die Ertragsverhältnisse maßgebend, die auf der Grundlage der geänderten Nutzung nachhaltig erzielbar sind. **202**

Die besondere Situation bezüglich der Ertragsverhältnisse der in einem förmlich festgelegten Sanierungsgebiet gelegenen Grundstücke betrifft im Wesentlichen vier **Bereiche:** **203**

a) Die Höhe der in die Wertermittlung einzuführenden **Mieten, Pachten und sonstigen Nutzungsentgelte** muss den vorhandenen städtebaulichen Missständen entsprechen und darf nicht durch die Aussicht auf die Sanierung bzw. Entwicklung beeinflusst sein. Dabei kann grundsätzlich zwischen ertragserhöhenden Momenten unterschieden werden, die sich **204**

- einerseits aus der Lage des Grundstücks im Veranstaltungsgebiet ergeben, und
- andererseits solchen objektspezifischen ertragserhöhenden Momenten, die sich aus der Nutzung des Grundstücks selbst ergeben.

b) Bezüglich des objektspezifischen Ausschlusses sanierungs- bzw. entwicklungsbedingter Werterhöhungen muss daneben vor allem aber beachtet werden, dass sich der Ertragswert nur zuverlässig ermitteln lässt, wenn von dem bei ordnungsgemäßer Bewirtschaftung *marktüblich erzielbaren* Ertrag ausgegangen wird und dieser mit dem Liegenschaftszinssatz nach § 14 Abs. 3 ImmoWertV kapitalisiert wird, wie dies § 17 ImmoWertV ausdrücklich vorschreibt[107]. Es darf also in einem sanierungsbedürftigen Gebiet, in dem der Substanzwert der Häuser dadurch verwohnt worden ist, dass zwar **hohe Mieten z.B. durch Vermietung an Gastarbeiter** erzielt werden, aber keinerlei Ausbesserungen an den instandsetzungsbedürftigen Häusern vorgenommen wurden, bei der Ermittlung des Ertragswerts nicht auf die tatsächlich erzielten Erträge abgestellt werden. Dies wäre mit den Grundsätzen der ImmoWertV unvereinbar. Ein Zurückbleiben hinter den **allgemeinen Anforderungen an gesunde Arbeits- und Wohnverhältnisse,** das sich nicht immer nur in unterlassener Instandsetzung und Erhaltung zeigt, sondern auch auf die bauliche innere und äußere Beschaffenheit beruhen kann, d.h. eine Beschaffenheit, die in früheren Zeiten durchaus dem allgemeinen – inzwischen aberweit überholten – Standard entsprochen haben mag, ist bereits bei den anzusetzenden Mieten, Pachten und Nutzungsentgelten wertmindernd zu berücksichtigen (§ 4 Abs. 3 Nr. 3 ImmoWertV).

c) Der Gebäudebestand ist zumindest in Gebieten, in denen eine Substanzschwächensanierung durchgeführt wird, regelmäßig durch Baumängel oder Bauschäden geprägt, insbesondere aufgrund unterlassener Instandhaltungen. Im Rahmen des Ertragswertverfahrens kann dies berücksichtigt werden durch

- entsprechend verminderte Erträge,
- eine entsprechend geänderte **Restnutzungsdauer** nach § 6 Abs. 6 ImmoWertV oder
- Abschläge nach Maßgabe des § 8 Abs. 3 ImmoWertV.

---

[105] In § 21 Abs. 4 WertV 72 war dies ausdrücklich bestimmt; die Vorschrift konnte entfallen, da ihr Regelungsgehalt ohnehin nur klarstellender Natur war.
[106] BT-Drucks. zu VI/2204, S. 12; BT-Drucks. 10/4630, S. 128 sowie Kleiber in Ernst/Zinkahn/Bielenberg, BauGB § 153 BauGB, Rn. 25 ff.
[107] Gewos-Gutachten „Städtebau – Verfassung – Bodenrecht", Hamburg 1969 Rn. 157 ff. m.w.N.

VIII Sanierungsunbeeinfl. Grundstückswert — Besonderheiten

Abschläge nach § 8 Abs. 3 ImmoWertV sind zur Vermeidung einer doppelten Berücksichtigung von Baumängeln und Bauschäden nur insoweit zulässig, wie diese nicht bereits durch einen entsprechend verminderten Ertrag oder durch die Restnutzungsdauer erfasst sind. Demgegenüber war nach früherem Recht verbindlich vorgeschrieben, dass die Restnutzungsdauer ohne Berücksichtigung besonderer Einflüsse, die sich aus der Sanierungs- oder Entwicklungsmaßnahme ergeben, zu bestimmen war[108]. Diese Regelung war missverständlich und stand einer flexiblen Handhabung der ImmoWertV entgegen.

d) Nicht nur die in die Ertragswertermittlung einzuführenden Mieten, Pachten und sonstige Nutzungsentgelte, sondern auch die **Bewirtschaftungskosten** nach § 19 ImmoWertV müssen zur Ermittlung des sanierungsunbeeinflussten Grundstückswerts so angesetzt werden, dass sanierungsbedingte Werterhöhungen keinen Eingang in Wertermittlungsverfahren finden. Da sich der Reinertrag gemäß § 18 Abs. 1 ImmoWertV aus dem Rohertrag (Jahresnettokaltmiete) abzüglich der Bewirtschaftungskosten ergibt, muss sich der Ertragswert erhöhen, je geringer die Bewirtschaftungskosten sind. Grundsätzlich sind daher nach § 19 Abs. 1 ImmoWertV die Bewirtschaftungskosten in das Wertermittlungsverfahren einzuführen, die bei „ordnungsgemäßer Bewirtschaftung" marktüblich entstehen. Soweit daran gemessen die Bewirtschaftungskosten niedrig ausfallen, weil der Eigentümer im Hinblick auf die Sanierung eine ordnungsgemäße Bewirtschaftung unterlässt, sind die nicht einer ordnungsgemäßen Bewirtschaftung entsprechenden Kosten bereits nach den allgemeinen Grundsätzen des § 19 ImmoWertV unbeachtlich. Ein derartiges Verhalten hat der Verordnungsgeber offensichtlich als sanierungstypisch angesehen, denn auch die zu den „Ertragsverhältnissen" zählenden Bewirtschaftungskosten sollen aus Vergleichsgebieten abgeleitet werden, für die eine Sanierung nicht in Aussicht steht.

Verminderte Bewirtschaftungskosten sind zur Ermittlung des sanierungsbedingten Grundstückswerts allerdings dann in das Wertermittlungsverfahren einzuführen, wenn das **Gebäude** ohnehin, d.h. auch ohne Sanierungsverfahren, **zum Rückbau ansteht.** Es handelt sich dabei um den Fall, in dem das sog. Liquidationswertverfahren nach § 16 Abs. 3 ImmoWertV zur Anwendung kommt und jeder ökonomisch denkende Eigentümer nur noch in dem Maße in die bauliche Anlage investiert, wie dies noch sinnvoll ist.

205 Bei Anwendung des Ertragswertverfahrens in Sanierungsgebieten und Entwicklungsbereichen muss darauf geachtet werden, dass **Bodenwert und Reinertrag korrespondieren**. Diesbezüglich können sich in den genannten Veranstaltungsgebieten Disparitäten vor allem im fortgeschrittenen Stadium der Maßnahme ergeben. Nach der bodenpolitischen Konzeption des Sanierungs- und Entwicklungsmaßnahmenrechts ist nämlich bis zum Abschluss der Maßnahme der sanierungs- und entwicklungsunbeeinflusste Bodenwert maßgebend, während sich die Ertragsverhältnisse unter dem Einfluss der Sanierungs- oder Entwicklungsmaßnahme schon vor Abschluss der Veranstaltung verbessern können. Umgekehrt können sich aber auch Disparitäten dadurch ergeben, dass im Verlauf der Maßnahme der Ausgleichsbetrag abgelöst oder die sanierungs- bzw. entwicklungsbedingte Bodenwerterhöhung im Wege des Durchgangserwerbs abgeschöpft worden ist und insoweit sich für diese Grundstücke ein Bodenwert unter Berücksichtigung der tatsächlichen und rechtlichen Neuordnung einstellt. Gleichwohl können die Reinerträge noch in der Höhe „verharrt" geblieben sein, wie sie für das sanierungsträchtige Gebiet ortsüblich waren. Bei Anwendung des Ertragswertverfahrens müssen in beiden Fällen Bodenwert und Reinertrag korrespondieren. Dies ist darin begründet, dass sich der Gebäudeertragswert durch Kapitalisierung des um den Bodenwertverzinsungsbetrag verminderten Reinertrags des Grundstücks ergibt (korrespondierende Bodenwerte).

a) *Ertragswert auf der Grundlage des sanierungsunbeeinflussten Bodenwerts*

206 Der Ertragswert des ausgleichsbetragspflichtigen Grundstücks wird nach dem vorher Gesagten auf der Grundlage des sanierungs- bzw. entwicklungsunbeeinflussten Bodenwerts nach § 153 Abs. 1 BauGB ermittelt, denn dem Eigentümer des Grundstücks kann wertmäßig solange nicht die sanierungs- bzw. entwicklungsbedingte Bodenwerterhöhung zugerechnet

---

108 BR-Drucks. 265/72 S. 27.

Besonderheiten — Sanierungsunbeeinfl. Grundstückswert VIII

werden, wie er noch keinen Ausgleichsbetrag entrichtet hat oder beim Erwerb des Grundstücks zum Neuordnungswert noch nicht dafür aufgekommen ist (vgl. Syst. Darst. des Ertragswertverfahrens Rn. 76 ff.). Dementsprechend wird auch der Bodenwertverzinsungsbetrag (BW × p) auf der Grundlage des sanierungs- bzw. entwicklungsunbeeinflussten Bodenwerts ermittelt.

Die Entwicklung der Mieten kann sich dagegen der tatsächlichen Neuordnung schon während des Verfahrens angleichen, d.h., mit Fortschreiten der Sanierung bzw. Entwicklung kann eine **Disparität zwischen Ertrag und dem gesetzlich maßgeblichen Bodenwert** eintreten. Dem muss bei der Ermittlung des Gebäudeertragswerts dadurch Rechnung getragen werden, dass die Reinerträge in der Höhe angesetzt werden, wie sie ohne Aussicht auf die Sanierung marktüblich erzielbar wären. Andererseits läuft der Sachverständige Gefahr, überhöhte Ertragswerte zu ermitteln, wenn er einerseits bei der Ermittlung des Bodenwertverzinsungsbetrags vom sanierungs- bzw. entwicklungsunbeeinflussten Bodenwert und andererseits von den gestiegenen Mieten ausgeht. **207**

Beispiel: **208**

a) **Sachverhalt**

- Sanierungs- bzw. entwicklungsunbeeinflusster Bodenwert = 200 000 €
- Wohnfläche = 500 m²
- Reinertrag   vor der Sanierung bzw. Entwicklung = 7 €/m²
              unter Sanierungs- bzw. Entwicklungseinfluss = 8 €/m²

Der Unterschied ergebe sich ausschließlich aufgrund der Lageverbesserung im Zuge der bereits durchgeführten Sanierungs- bzw. Entwicklungsmaßnahmen.

- Liegenschaftszinssatz p = 5%
- Restnutzungsdauer n = 40 Jahre
- Vervielfältiger V = 17,16

b) **Ertragswertermittlung**

Richtig		Falsch	
RE = 500 m² × 7 €/m² × 12	= 42 000 €	RE = 500 m² × 8 €/m² × 12	= 48 000 €
− Bodenwertverzinsungsbetrag 200 000 € × 0,05	= −10 000 €	− Bodenwertverzinsungsbetrag 200 000 € × 0,05	= −10 000 €
= RE − BW × p	= 32 000 €	= RE − BW × p	= 38 000 €
(RE − BW × p) × V	= 549 120 €	(RE − BW × p) × V	= 652 080 €
+ BW	= 200 000 €	+ BW	= 200 000 €
= EW	= **749 120 €**	= EW	= **852 080 €**

Der Fehler ist erheblich, weil hier die bereits infolge der Durchführung von Sanierungs- bzw. Entwicklungsmaßnahmen gestiegenen Reinerträge mit dem sanierungs- bzw. entwicklungsunbeeinflussten Bodenwert in unzulässiger Weise kombiniert wurden. Der **sanierungs- bzw. entwicklungsunbeeinflusste Bodenwert korrespondiert also nicht mit dem angesetzten Reinertrag**. In solchen Fällen kann auch nicht mit gespaltenen Bodenwerten gearbeitet werden; vielmehr ist der sanierungs- bzw. entwicklungsunbeeinflusste Bodenwert sowohl der Ermittlung des Bodenwertverzinsungsbetrags als auch dem Bodenwert selbst zugrunde zu legen: **209**

$$EW = (RE - p \times BW) \times V + BW$$

- RE vor der Sanierung bzw. Entwicklung
- sanierungs- bzw. entwicklungsunbeeinflusster Bodenwert

VIII Sanierungsunbeeinfl. Grundstückswert — Besonderheiten

b) *Ertragswert auf der Grundlage des Bodenwerts unter Berücksichtigung der rechtlichen und tatsächlichen Neuordnung*

210 Haben sich im Sanierungsgebiet bzw. Entwicklungsbereich z.B. vor Abschluss der Maßnahme die **Reinerträge bereits in der Weise entwickelt, wie es dem Neuordnungszustand des Veranstaltungsgebiets entspricht,** kann es sinnvoll sein, von diesen Erträgen auszugehen, auch wenn die sanierungs- bzw. entwicklungsbedingte Bodenwerterhöhung noch nicht „abgeschöpft" worden ist. In diesem Fall muss der Bodenwertverzinsungsbetrag auf der Grundlage des Neuordnungszustands des Grundstücks ermittelt werden, während es ansonsten bei dem sanierungsunbeeinflussten Bodenwert verbleibt (gespaltener Bodenwert):

$$EW = (RE - p \times BW) \times V + BW$$

sanierungs- bzw. entwicklungsunbeeinflusster Bodenwert
Bodenwert unter Berücksichtigung des Neuordnungszustands
RE unter Berücksichtigung des Neuordnungszustands

211 *Beispiel:*

a) **Sachverhalt**

Bodenwert (sanierungs- bzw. entwicklungsunbeeinflusst)	200 000 €
Bodenwert unter Berücksichtigung des Neuordnungszustands	250 000 €
Reinertrag unter Sanierungs- bzw. Entwicklungseinfluss	9 €/m²
Wohnfläche	500 m²
Liegenschaftszinssatz p	5%
Restnutzungsdauer n	40 Jahre
Vervielfältiger V	17,16

b) **Ertragswertermittlung**

Richtig		Falsch	
RE = 500 m² × 8 €/m² × 12	= 48 000 €	RE = 500 m² × 8 €/m² × 12	= 48 000 €
− Bodenwertverzinsungsbetrag		− Bodenwertverzinsungsbetrag	
250 000 € × 0,05	*= − 12 500 €*	*200 000 € × 0,05*	*= − 10 000 €*
= RE − BW × p	= 35 500 €	= RE − BW × p	= 38 500 €
(RE − BW × p) × V	= 609 180 €	(RE − BW × p) × V	= 652 080 €
+ BW	*= 200 000 €*	+ BW	*= 200 000 €*
= EW	**= 809 180 €**	= EW	**= 852 080 €**

Auch hier führt der nicht korrespondierende Ansatz von Bodenwert und Reinertrag zu einem erheblichen Fehler.

212 Die vorgestellte Vorgehensweise kommt insbesondere auch in solchen Sonderfällen zur Anwendung, in denen der Wertanteil einer baulichen Anlage im Wege des Ertragswertverfahrens ermittelt werden soll und mit der Sanierungs- bzw. Entwicklungsmaßnahme das betrachtete Grundstück erstmalig Baulandqualität erlangt. Trotz der Bebauung des Grundstücks kann im Zuge des Erwerbs dieser Flächen nach Nr. 5.1.1.1 WERTR 06 nicht vom Bodenwert des bebauten Landes ausgegangen werden (z.B. eine abgehende Gemeinbedarfsfläche)[109].

213 *Beispiel:*

Ein auf einem bisher militärisch genutzten Gelände gelegenes Mannschaftsgebäude soll im Rahmen einer städtebaulichen Entwicklungsmaßnahme für Wohnzwecke umgenutzt werden. Das Grundstück ist dem

---

[109] RdErl. des BMBau vom 1.8.1996 (BAnz Nr. 150 vom 13.8.1996, S. 9133 = GuG 1996, 298).

Außenbereich mit einem sehr niedrigen entwicklungsunbeeinflussten Bodenwert (z.B. Bauerwartungsland) zuzurechnen. Der Wert des Gebäudes soll im Wege des Ertragswertverfahrens ermittelt werden (Gebäudeertragswert). Der Gebäudeertragswert ergibt sich nach den vorstehenden Ausführungen wie folgt:

$$\text{Gebäudewert} = (RE - BW \times p) \times V.$$

Wenn es bei derartigen Fallkonstellationen angezeigt ist, den Ertragswert auf der Grundlage der Erträge zu ermitteln, die nur auf einem baureifen Grundstück erwirtschaftet werden können, wäre es verhängnisvoll, wenn dabei der Bodenwertverzinsungsbetrag (BW × p) auf der Grundlage des sanierungs- bzw. entwicklungsunbeeinflussten Bodenwerts (z.B. für Bauerwartungsland) abgeleitet werden würde. Die der Ermittlung des Gebäudeertragswerts zugrunde gelegten Reinerträge können nämlich nur erzielt werden, wenn eine Baureife gegeben ist. Bei der **Ermittlung des Bodenwertverzinsungsbetrags** muss in diesen Sonderfällen deshalb mindestens vom Bodenwert des baureifen Landes im sanierungs- bzw. entwicklungsbedürftigen Zustand ausgegangen werden. Entsprechendes gilt für die anzusetzenden Ertragsverhältnisse. Bodenwert und Ertragsverhältnisse müssen auch in diesen Fällen miteinander korrespondieren.

Zu den Besonderheiten vgl. Syst. Darst. des Ertragswertverfahrens Rn. 149 ff., 166 ff. und Rn. 258 ff.

3 Neuordnungswert

3.1 Anwendungsbereich

3.1.1 Allgemeines

In förmlich festgelegten Sanierungsgebieten und städtebaulichen Entwicklungsbereichen ist nach den vorstehenden Ausführungen grundsätzlich der sanierungs- bzw. entwicklungsunbeeinflusste Grundstückswert die maßgebliche Bemessungsgrundlage des allgemeinen Geschäftsverkehrs. Darüber hinausgehende Preisvereinbarungen sind nach § 144 Abs. 1 i.V.m. § 153 Abs. 2 BauGB unzulässig (vgl. Rn. 78 ff.). Dies gilt jedoch dann nicht, wenn der **Ausgleichsbetrag** nach § 154 Abs. 3 Satz 2 BauGB **abgelöst oder** nach § 154 Abs. 3 Satz 3 BauGB vorzeitig **festgesetzt worden ist und die Verpflichtung zur Entrichtung des Ausgleichsbetrags erloschen** ist. Die Verpflichtung ist insbesondere auch erloschen, wenn das Grundstück zum Neuordnungswert i.V.m. einer Ablösung erworben worden ist.

Hat die Gemeinde oder der Sanierungs- bzw. Entwicklungsträger ein Grundstück zum sanierungs- bzw. entwicklungsunbeeinflussten Grundstückswert erworben, sind sie nämlich nach § 153 Abs. 4 BauGB verpflichtet, die sanierungs- bzw. entwicklungsbedingte Werterhöhung dadurch „abzuschöpfen" (realisieren), dass sie das Grundstück zu dem Verkehrswert veräußern, der sich durch die **rechtliche und tatsächliche Neuordnung des förmlich festgelegten Sanierungsgebiets** ergibt.

§ 153 Abs. 4 BauGB hat folgende Fassung:

„(4) Bei der Veräußerung nach den §§ 89 und 159 Abs. 3 ist das Grundstück zu dem Verkehrswert zu veräußern, der sich durch die rechtliche und tatsächliche Neuordnung des förmlich festgelegten Sanierungsgebiets ergibt. § 154 Abs. 5 ist dabei auf den Teil des Kaufpreises entsprechend anzuwenden, der der durch die Sanierung bedingten Werterhöhung des Grundstücks entspricht."

Beim Ankauf eines Grundstücks zum Neuordnungswert hat der Käufer keinen Anspruch, Auskunft über den sanierungsbedingten Anteil am Gesamtkaufpreis zu verlangen[110].

---

110 BVerwG, Beschl. vom 19.11.1997 – 4 B 182/97 –, GuG 1998, 179 = EzGuG 15.90; Vorinstanz: OVG Bremen, Urt. vom 19.8.1997 – 1 BA 59/96 –, GuG 1998, 313 = EzGuG 15.88a.

VIII Neuordnungswert — Anwendungsbereich

217 Für **städtebauliche Entwicklungsbereiche** wird der Neuordnungswert mit § 169 Abs. 8 BauGB materiell entsprechend geregelt. Die Vorschrift lautet:

„(8) Zur Finanzierung der Entwicklung ist das Grundstück oder das Recht zu dem Verkehrswert zu veräußern, der sich durch die rechtliche und tatsächliche Neuordnung des städtebaulichen Entwicklungsbereichs ergibt. § 154 Abs. 5 ist auf den Teil des Kaufpreises entsprechend anzuwenden, der der durch die Entwicklung bedingten Werterhöhung des Grundstücks entspricht."

218 Bei dem **Neuordnungswert** handelt es sich um den Verkehrswert des Grundstücks, der sich unter Berücksichtigung der

– tatsächlichen und
– rechtlichen

Neuordnung des förmlich festgelegten Sanierungsgebiets bzw. Entwicklungsbereichs ergibt.

219 Im Unterschied zu dem für die Bemessung des Ausgleichsbetrags nach § 154 Abs. 2 BauGB maßgeblichen Endwert geht es bei der Ermittlung des Neuordnungswerts um den Gesamtwert des Grundstücks einschließlich des Wertanteils einer vorhandenen Bebauung. Er ist jeweils auf den Zeitpunkt der Veräußerung zu ermitteln; der Endwert bezieht sich hingegen auf den Zeitpunkt des Abschlusses der Maßnahme (vgl. Rn. 309 ff.).

3.1.2 Neuordnungswert im förmlich festgelegten Sanierungsgebiet

220 Der Neuordnungswert ist Bemessungsgrundlage für die Veräußerung von Grundstücken, zu der die Gemeinde und der Sanierungsträger verpflichtet sind. Die **Veräußerungspflicht** betrifft Grundstücke, die die Gemeinde und der Sanierungsträger zur Durchführung der Sanierung freihändig, durch Ausübung des Vorkaufsrechts oder im Wege der Enteignung erworben haben.

221 Die Veräußerung zum Neuordnungswert in **Sanierungsgebieten bedeutet keine Freistellung von der Ausgleichsbetragserhebung,** jedoch sind dann die mit dem Erwerb zum Neuordnungswert bereits entgoltenen Bodenwerterhöhungen nach § 155 Abs. 1 BauGB auf den Ausgleichsbetrag anzurechnen. Nur wenn der Erwerb zum Neuordnungswert mit einer Ablösungsvereinbarung verbunden wird, entfällt eine Ausgleichsbetragserhebung.

222 Hat die Gemeinde dagegen nach Inkrafttreten des BauGB (1.7.1987) ein Grundstück freihändig erworben, so kann sie es auch zum sanierungsunbeeinflussten Grundstückswert i.S. des § 153 Abs. 1 BauGB veräußern, wobei der Erwerber dann grundsätzlich der Ausgleichsbetragserhebung nach den §§ 154 f. BauGB in vollem Umfang unterliegt. Gleichwohl wird die Gemeinde auch bei der Veräußerung der freihändig erworbenen Grundstücke i.d.R. danach trachten, die **Grundstücke zum Neuordnungswert** möglichst **i.V.m. mit einer Ablösungsvereinbarung** i.S. des § 154 Abs. 3 Satz 2 BauGB zu **veräußern,** weil damit zugleich die spätere Erhebung von Ausgleichsbeträgen (nach § 153 Abs. 2 Satz 2 BauGB) entfällt[111].

Einer Veräußerung zum sanierungsunbeeinflussten Grundstückswert mit späterer Ausgleichsbetragserhebung ist nur dann der Vorzug zu geben, wenn die Ermittlung des Neuordnungswerts besondere Schwierigkeiten aufweist, insbesondere weil die Sanierung noch nicht weit gediehen ist und die rechtliche und tatsächliche Neuordnung noch nicht hinreichend abgeschätzt werden kann. In diesem Fall wird eine Veräußerung aber auch nicht in Betracht zu ziehen sein, weil zu diesem Zeitpunkt (noch) unklar ist, ob das Grundstück nicht auch für die Gemeinde oder einem Bedarfsträger selbst gebraucht wird.

223 Im Übrigen ist in diesem Zusammenhang darauf hinzuweisen, dass schon das Kommunalrecht den Gemeinden gebietet, gemeindeeigene **Vermögensgegenstände nicht unter ihrem vollen Wert zu veräußern;** dies ist nur ausnahmsweise aus Gründen eines besonderen öffentlichen Interesses zulässig (vgl. Rn. 276 ff.)[112].

---

[111] Kleiber in Ernst/Zinkahn/Bielenberg, BauGB, § 153 Rn. 36 ff.
[112] BGH, Beschl. vom 13.7.1993 – III ZR 86/93 –, EzGuG 15.76a; Zusammenstellung über die verbilligte Abgabe von Grundstücken bei Kleiber in Krautzberger, Städtebauförderungsrecht Bd. II, Teil I Nr. 15.

Anwendungsbereich   **Neuordnungswert VIII**

Die Gemeinde soll nach § 89 Abs. 2 BauGB ihrer Veräußerungspflicht nachkommen, wenn der mit dem Erwerb verfolgte Zweck verwirklicht werden kann. An wen und wie der Veräußerungspflicht nachgekommen werden kann, ergibt sich aus § 89 Abs. 3 und 4 BauGB.   **224**

Mit der Veräußerung eines Grundstücks, das die Gemeinde bzw. der Sanierungs- oder Entwicklungsträger zum sanierungs- bzw. entwicklungsunbeeinflussten Grundstückswert erworben hat, erfolgt zugleich die Abschöpfung der sanierungs- bzw. entwicklungsbedingten Bodenwerterhöhung. Es handelt sich dabei um die **Abschöpfung im Wege des Durchgangserwerbs** (vgl. Abb. 15).   **225**

Abb. 15: Abschöpfung im Wege des sog. Durchgangserwerbs

3.1.3 Neuordnungswert im städtebaulichen Entwicklungsbereich

Nach § 166 Abs. 3 Satz 1 BauGB soll die Gemeinde grundsätzlich die im städtebaulichen Entwicklungsbereich gelegenen Grundstücke erwerben. Ausnahmen regelt § 166 Abs. 3 Satz 3 und 4 BauGB. Auf der anderen Seite ist die Gemeinde nach § 169 Abs. 5 BauGB verpflichtet, alle zur Durchführung der Entwicklungsmaßnahme freihändig oder nach den Vorschriften des BauGB, des BauGB-MaßnahmenG, des BBauG oder des StBauFG erworbenen Grundstücke nach Maßgabe des § 169 Abs. 6 bis 8 BauGB zum Neuordnungswert zu veräußern. Ausgenommen sind nur die Flächen, die als Baugrundstücke für den Gemeinbedarf oder als Verkehrs-, Versorgungs- oder Grünflächen in einem Bebauungsplan festgesetzt sind oder für sonstige öffentliche Zwecke, als Austauschland oder zur Entschädigung in Land benötigt werden. Die Veräußerungspflicht ist damit umfassender als in Sanierungsgebieten. **Bemessungsgrundlage für die Veräußerung ist wiederum der Neuordnungswert.** Eine Ausgleichsbetragserhebung findet dann nicht statt.   **226**

Das Entwicklungsmaßnahmenrecht des BauGB sieht für die Veräußerung im Übrigen vor, dass auf Antrag des Erwerbers der **Teil des Neuordnungswerts, der der entwicklungsbedingten Bodenwerterhöhung entspricht,** nach Maßgabe des § 154 Abs. 5 BauGB **in ein Tilgungsdarlehen umzuwandeln** ist (vgl. § 153 Abs. 4 Satz 2 BauGB). Die zum Neuordnungswert veräußerten Grundstücke unterliegen nicht der Ausgleichsbetragserhebung.   **227**

VIII Neuordnungswert — Anwendungsbereich

228 § 169 Abs. 8 BauGB hat folgende Fassung:

„(8) *Zur Finanzierung der Entwicklung* ist das Grundstück oder das Recht zu dem Verkehrswert zu veräußern, der sich durch die rechtliche und tatsächliche Neuordnung des städtebaulichen Entwicklungsbereichs ergibt. § 154 Abs. 5 ist auf den Teil des Kaufpreises entsprechend anzuwenden, der der durch die Entwicklung bedingten Werterhöhung des Grundstücks entspricht."

229 Die im Einleitungssatz hervorgehobene Zweckbestimmung – nämlich die **Finanzierung der Entwicklung** – trägt der Regelung des § 156a BauGB über die Verteilung von Überschüssen Rechnung. Hierzu wird im A-Bericht[113] ausgeführt:

„... Keinesfalls dürfen fiskalische Interessen der Gemeinde das Hauptmotiv für die Durchführung einer Entwicklungsmaßnahme sein. Die sachgerechte Anwendung des besonderen Finanzierungssystems dieses Instruments lässt es nicht zu, dass dabei Überschüsse zugunsten der Gemeinde entstehen. Um dies klarzustellen, ist die Ausschussmehrheit mehreren Änderungsanträgen gefolgt, die u.a. festlegen, dass die insbesondere aus dem Verkauf der baureifen Grundstücke herrührenden Einnahmen der Gemeinde ausschließlich zur Finanzierung der erforderlichen Kosten der Maßnahme eingesetzt werden dürfen ..."

230 Die Ergänzung des § 169 Abs. 8 BauGB wurde mit dem Investitionserleichterungs- und Wohnbaulandgesetz 93 in das BauGB eingeführt und mit § 156a BauGB zu einer Regelung zur Verteilung von Überschüssen fortentwickelt. Die **Kosten der Finanzierung** sind allerdings **erst nach Abschluss der Entwicklungsmaßnahme ermittelbar,** wobei die Ermittlung erfahrungsgemäß im Rahmen der Abrechnung erhebliche Schwierigkeiten bereitet, insbesondere wenn man Finanzierungs- und Rechtsverfolgungskosten, Zinsausfälle und dgl. berücksichtigt. Des Weiteren ist die Abgrenzung der „erforderlichen" Kosten von den ohnehin anfallenden Folgekosten problematisch. Bei alledem müssen sachfremde Erwägungen bei der Abgrenzung des städtebaulichen Entwicklungsbereichs vermieden werden. Die **verbilligte Abgabe von Grundstücken** mit der Folge einer Vermeidung von Finanzierungsüberschüssen liefe ebenfalls auf ein „Unterlaufen" dieser Vorschrift hinaus, da sie die vermögensrechtliche Position der Überschussberechtigten beeinträchtigen würde. Nicht zu folgen ist der Auffassung, nach der der Neuordnungswert um den Überschussanteil zu vermindern ist, denn es bestehen grundsätzlich keine überzeugenden Gründe, den Erwerber eines im Entwicklungsbereich gelegenen Grundstücks an Stelle des „Alteigentümers", der sein Grundstück zum entwicklungsunbeeinflussten Grundstückswert „hergegeben" hat, am Überschuss partizipieren zu lassen. Auf der anderen Seite sind Überschüsse regelmäßig nicht zu erwarten, insbesondere wenn man die entwicklungsbedingten Folgekosten bei der Überschussermittlung vollständig berücksichtigt (vgl. Rn. 273).

231 Abzulehnen ist deshalb die Auffassung von *Leisner*[114] und *Degenhart*[115], die *Grziwotz*[116] folgend die volle Abschöpfung des „Planungsgewinns" (gemeint ist die maßnahmebedingte Bodenwerterhöhung) mit der Veräußerung zum Neuordnungswert für den Fall für unzulässig halten, dass die **Kosten der Maßnahme deutlich unter den Bodenwerterhöhungen** bleiben. Leisner geht sogar so weit, dass sich der Neuordnungswert nach dem Anfangswert (gemeint ist der entwicklungsunbeeinflusste Grundstückswert), zu dem die Gemeinde die Fläche erworben hat, zuzüglich der von ihr oder in ihrem Auftrag tatsächlich aufgewendeten Erschließungskosten und -aufwendungen einschließlich der jeweils angemessenen Verzinsung bemesse[117].

---

113 BT-Drucks. 12/4340.
114 Leisner in NVwZ 1993, 935, 939.
115 Degenhart in DVBl. 1994, 1041.
116 Grziwotz, Baulanderschließung München 1993 S. 419.
117 A. A. VG Koblenz, Beschl. vom 20.3.1991 – 8 L 4420/90 –, EzGuG 15.69: Das Gericht weist darauf hin, dass der Finanzierungshinweis keine konstitutive Wirkung hinsichtlich eines Ausgleichsbetrags hat.

Anwendungsbereich — Neuordnungswert VIII

232 Hiergegen sprechen gleich mehrere Gründe:

a) Da im Regelfall die Kosten einer Entwicklungsmaßnahme die damit bewirkten Werterhöhungen übersteigen, ergäbe sich bei Anwendung dieser Berechnungsweise ein Neuordnungswert, der den Verkehrswert des neugeordneten Grundstücks übersteigt. Indessen hat der Gesetzgeber mit der dem Sanierungs- und Entwicklungsmaßnahmenrecht zugrunde liegenden bodenpolitischen Konzeption dies gerade eben vermeiden wollen und sich deshalb nicht für die sog. Kostenlösung, sondern für die durch die Kosten der Maßnahme „gekappte" Wertlösung entschieden (vgl. Rn. 16). Die Abschöpfung ist danach auf den sich im Neuordnungswert (i.S. des Verkehrswerts unter Berücksichtigung der tatsächlichen und rechtlichen Neuordnung) verkörpernden Vermögenszuwachs des Eigentümers begrenzt, d.h., alle Eigentümer werden **nach einer sich an der tatsächlichen Werterhöhung ihrer Grundstücke orientierenden Belastungsgrenze an den Kosten der Maßnahme beteiligt.** Nur dann, wenn die Werterhöhung die dafür aufgebrachten Kosten überschreitet, soll die Belastungsgrenze durch die Ergänzung der Regelung des § 169 Abs. 8 BauGB um die Worte „zur Finanzierung" sowie die Überschussregelung des § 156a BauGB – wie im Sanierungsrecht (vgl. § 154 Abs. 1 BauGB) – auf die Kosten der Maßnahme begrenzt werden. Im Hinblick auf das ungelöste Zurechnungsproblem der Gesamtkosten zum individuellen Vorteil bedarf es hierzu lediglich einer sachgerechten Verteilung des Überschusses nach Abschluss der Maßnahme, denn erst dann lassen sich schon im Hinblick auf unvorhersehbare, aber erfahrungsgemäß nicht unerhebliche Einnahmeausfälle die Kosten ermitteln. Der einzelne „Urbesitzer" kann dabei an einem Überschuss nur anteilig in dem Verhältnis partizipieren, den sein Grundstück, gemessen am entwicklungsunbeeinflussten Bodenwert, im Verhältnis zur Gesamtheit der entwicklungsunbeeinflussten Bodenwerte hatte.

b) Die von *Leisner* vorgegebene Berechnungsmethode für die Ermittlung des Neuordnungswerts nach § 169 Abs. 8 BauGB (entwicklungsunbeeinflusster Grundstückswert zuzüglich Erschließungskosten und -aufwendungen[118]) widerspricht nicht nur dem eindeutigen Wortlaut des § 169 Abs. 8 BauGB, sondern auch der von ihm gegebenen Begründung. Wenn es schon dem Gesetzgeber als Ausfluss der verfassungsrechtlichen Eigentumsfreiheit verwehrt ist, entwicklungsbedingte Werterhöhungen über das hinaus abzuschöpfen, was zur Finanzierung der Maßnahme erforderlich ist, so wird dadurch zunächst der „Urbesitzer" geschützt, der sein Grundstück grundsätzlich zum entwicklungsunbeeinflussten Grundstückswert abgibt. **Für einen sich in den Entwicklungsbereich „einkaufenden" Erwerber würde eine Absenkung des Neuordnungswerts um den anteiligen Überschuss einem „Geschenk" gleichkommen.** Demgegenüber ist der Neuordnungswert in § 169 Abs. 8 BauGB als der marktübliche Verkehrswert definiert, der für ein gleichartiges Grundstück außerhalb des städtebaulichen Entwicklungsbereichs aufzubringen wäre, so dass eine Absenkung des Neuordnungswerts um den anteiligen Überschuss auf eine Verbilligung hinausliefe. Umgekehrt sprechen die von Leisner genannten Gründe dafür, den von einer städtebaulichen Entwicklungsmaßnahme freiwillig oder unfreiwillig betroffenen „Urbesitzer" nur in dem Maße vermögensmäßig zu belasten, wie dies auch aus dem der Abschöpfung u.a. zugrunde liegenden Motiv (Finanzierung der Maßnahme) erforderlich wird. Dies sind gewichtige Gründe, den „Urbesitzer" an der Verteilung eines Überschusses, sofern es jemals dazu kommt, zu beteiligen. Dieser Auffassung folgt auch die Verteilungsregelung des § 156a BauGB.

▶ *Zu den grundlegenden Fragen vgl. Rn. 9 ff. und zu den bodenpolitischen Folgen Rn. 276*

233 **Fazit:** Ein nach dem Einleitungssatz des § 169 Abs. 8 BauGB zu berücksichtigender Überschuss bleibt zunächst sowohl bei der Ermittlung des entwicklungsunbeeinflussten Grundstückswerts nach § 153 Abs. 1 ggf. i.V.m. § 169 Abs. 4 BauGB als auch bei der Ermittlung

---

118 Die Berechnungsmethode wäre praktisch auch kaum möglich, da die Ermittlung des Neuordnungswerts bereits im Verlauf der städtebaulichen Veranstaltung aus den vielfältigsten Anlässen erforderlich wird, während die Kosten der Maßnahme erst Jahre nach Abschluss der Maßnahme feststehen, wobei auch im Hinblick auf die Ausgleichsbetragserhebung mit Einnahmeausfällen gerechnet werden muss.

VIII Neuordnungswert — Ermittlung

des entwicklungsbeeinflussten Neuordnungswerts ebenso wie bei der Ermittlung des entwicklungsunbeeinflussten Anfangswerts und des entwicklungsbeeinflussten Endwerts i.S. des § 154 Abs. 1 BauBG außer Betracht. Diese Vorgehensweise ist schon im Hinblick auf die Ermittelbarkeit eines etwaigen Überschusses geboten.

234 Zur **Ermittlung eines Überschusses** ist also grundsätzlich vom „vollen" Neuordnungswert bzw. Endwert auszugehen, damit eine etwaige verbilligte Abgabe nicht zu Lasten des Überschussberechtigten geht. Sollten sich auf dieser Grundlage tatsächlich im Einzelfall Überschüsse ergeben, bestehen gute Gründe dafür, sie auf die Eigentümer der im Entwicklungsbereich gelegenen Grundstücke zu verteilen. Maßgebend sind dabei die Eigentumsverhältnisse bei Bekanntmachung des Beschlusses über die förmliche Festlegung des städtebaulichen Entwicklungsbereichs, soweit nicht ein Erwerber ausgleichsbetragspflichtig wird. Den Alteigentümer in den Genuss des Überschusses kommen zu lassen, ist wohl grundsätzlich deshalb geboten, weil die Abschöpfung entwicklungsbedingter Werterhöhung als Teil der bodenpolitischen Konzeption, die nur insoweit zur Anwendung kommt, als es erforderlich ist, auch nur insoweit in die Eigentumsverhältnisse eingreifen darf, als sie tatsächlich erforderlich ist. Soweit sie – gemessen am Überschuss – also nicht erforderlich ist, verbleibt die maßnahmenbedingte Werterhöhung dem „Urbesitzer", der wohl am stärksten durch die Regelung „belastet" ist.

3.2 Ermittlung des Neuordnungswerts

3.2.1 Allgemeines

235 Spiegelbildlich zur Ermittlung des sanierungs- bzw. entwicklungsunbeeinflussten Grundstückswerts sind bei der Ermittlung des Neuordnungswerts alle sanierungs- bzw. entwicklungsbedingten Werterhöhungen einschließlich externer Effekte (vgl. Rn. 137) zu berücksichtigen, d.h. Werterhöhungen aufgrund

– der Aussicht auf die Sanierung bzw. Entwicklung,

– ihrer Vorbereitung und

– Durchführung.

3.2.2 Qualifizierung des Neuordnungszustands

3.2.2.1 Allgemeines

236 Nach der materiellen Definition des § 153 Abs. 4 und des § 169 Abs. 8 BauGB bestimmt sich der maßgebliche Zustand nach der **rechtlichen und tatsächlichen Neuordnung (Neuordnungszustand)**, d.h. nach vollständigem Abschluss der Sanierungs- bzw. Entwicklungsmaßnahme (vgl. Rn. 311 ff.).

237 Unter Abschluss der Sanierungs- oder Entwicklungsmaßnahme ist die Aufhebung der Sanierungs- bzw. Entwicklungssatzung nach § 162 BauGB (ggf. i.V.m. § 169 Abs. 1 Nr. 8 BauGB) zu verstehen (vgl. Rn. 311). **Auf die Erklärung des Abschlusses der Sanierung- oder Entwicklung für ein einzelnes Grundstück** nach § 163 BauGB (ggf. i.V.m. § 169 Abs. 1 Nr. 8 BauGB) **kann es** ebenso wie auf die Aufhebung der Satzung für einen Teilbereich nach § 162 Abs. 1 Satz 2 BauGB **hier nicht ankommen,** wenn zu erwarten ist, dass die weitere Vorbereitung und Durchführung der Sanierungs- oder Entwicklungsmaßnahme im übrigen Sanierungsgebiet oder Entwicklungsbereich zu weiteren sanierungs- oder entwicklungsbedingten Werterhöhungen führen. Dies folgt aus der bodenpolitischen Konzeption des Sanierungs- und Entwicklungsmaßnahmenrechts, die auf die Abschöpfung der Gesamtheit der sanierungs- und entwicklungsbedingten Werterhöhungen abzielt. Demzufolge bestimmt auch § 153 Abs. 4 und § 169 Abs. 8 BauGB, dass sich der Neuordnungswert auf der Grundlage der (gesamten) rechtlichen und tatsächlichen Neuordnung ergibt, die zum Zeitpunkt der Wertermittlung allerdings noch nicht vollständig durchgeführt worden sein müssen.

Wie bei der Ermittlung des sanierungs- bzw. entwicklungsunbeeinflussten Grundstückswerts i.S. des § 153 Abs. 1 BauGB sind bei der Ermittlung des Neuordnungswerts auch **238**

– die vom früheren Eigentümer bewirkten Werterhöhungen sowie
– „die *nicht* sanierungs- bzw. *nicht* entwicklungsbedingten Werterhöhungen (externe Effekte)

zu berücksichtigen. Eine andere Auffassung liefe darauf hinaus, dass die Gemeinde ein Grundstück „unter Verkehrswert" veräußert, nur weil die Werterhöhungen zum Teil von einem anderen Eigentümer oder z.B. durch Maßnahmen außerhalb des Sanierungsgebiets bzw. Entwicklungsbereichs bewirkt worden sind. Bei der Qualifizierung des Neuordnungszustands kommt es auf die **Gesamtheit aller werterhöhenden Maßnahmen** an. Eine Aufspaltung bezüglich einzelner wertbeeinflussender Sanierungs- bzw. Entwicklungsmaßnahmen kann wertermittlungstechnisch sachgerecht sein; sie ist aber entbehrlich, wenn die Werterhöhung insgesamt ermittelt werden kann. In diesem Fall könnte ein dahingehendes Verlangen sachlich sogar zu verwerfen sein und wäre nicht zu rechtfertigen (vgl. Rn. 350).

3.2.2.2 Rechtliche Neuordnung

Die **rechtliche Neuordnung ergibt sich aus** **239**

– **den Zielen und Zwecken der Sanierung bzw. Entwicklung und ihrer Konkretisierung durch eine städtebauliche Planung.** An erster Stelle ist hier der Sanierungs- bzw. Entwicklungsbebauungsplan[119] zu nennen und dessen Festsetzungen über Art und Maß der baulichen Nutzung (Grund- und Geschossflächenzahl, Baumassenzahl, Zahl der Vollgeschosse und Höhe der baulichen Anlagen gemäß den §§ 16 ff. BauNVO), Festsetzungen über die Bauweise (§ 22 BauNVO, vgl. § 6 ImmoWertV Rn. 55) und die überbaubare Grundstücksfläche (§ 23 BauNVO). Soweit die Aufstellung eines Sanierungsbebauungsplans für die städtebauliche Entwicklung und Ordnung nicht erforderlich ist (vgl. § 1 Abs. 3 BauGB), kann dies auch eine städtebauliche Rahmenplanung, ein Struktur- oder Gestaltplan (informelle Planungen) sein: Bei informellen Planungen ist zu fordern, dass es sich hierbei um qualifizierte Planungen handelt, die vom Gemeinderat festgestellt oder zustimmend zur Kenntnis genommen worden sind. Auf private, jederzeit abänderbare Planungen kann es indessen nicht ankommen (sog. Schubladenpläne). Vorhandene Bebauungspläne, die nicht den Zielen und Zwecken der Sanierung oder Entwicklung entsprechen und deshalb geändert werden müssen, sind unbeachtlich[120];

– **der Bodenordnung** (einschließlich des Erwerbs von Grundstücken) **und allen rechtlichen Maßnahmen, die für die Realisierung der Ziele und Zwecke der Sanierung bzw. Entwicklung erforderlich sind.** Welche Maßnahmen erforderlich sind, bestimmt sich in erster Linie wiederum nach der städtebaulichen Planung. In Bezug auf die Herstellung, Erweiterung und Verbesserung von Erschließungsmaßnahmen i.S. des § 127 Abs. 2 BauGB ist zu berücksichtigen, dass für diese Maßnahmen auf Grundstücke im Sanierungsgebiet bzw. Entwicklungsbereich nach § 154 Abs. 1 Satz 2 BauGB die Vorschriften über die Erhebung von Erschließungsbeiträgen nicht anzuwenden sind. Insoweit ist der Ermittlung des Neuordnungswerts ein (auch nach Landesrecht; KAG) **erschließungsbeitragsfreier Grundstückszustand** zugrunde zu legen. Entsprechendes gilt nach § 154 Abs. 1 Satz 3 BauGB auch für die Erhebung von Kostenerstattungsbeträgen i.S. des § 135a Abs. 3 BauGB, d.h., es ist ein **kostenerstattungsbetragsfreier Grundstückszustand** zugrunde zu legen (vgl. § 5 ImmoWertV Rn. 258 und Rn. 283).

---

119 BGH, Urt. vom 22.4.1982 – III ZR 131/80 –, EzGuG 17.44.
120 OVG Münster, Urt. vom 8.4.1976 – 10 A 1011/75 –, EzGuG 15.4.

VIII Neuordnungswert — Ermittlung

– Hat die Gemeinde nach dem Grundgedanken der Zielsetzung einer Milieuschutzsatzung (§ 172 BauGB) den „sozialen Schutz der angestammten Wohnbevölkerung" zu den „Zielen und Zwecken der Sanierungsmaßnahme" erklärt, so ist dies nach Auffassung des BVerwG und des OVG Berlin[121] mit dem System der Regelungen des städtebaulichen Sanierungsrechts unvereinbar, wenn die sanierungsrechtliche Genehmigung nach den §§ 144 f. BauGB davon abhängig gemacht wird, dass eine „an der durchschnittlichen wirtschaftlichen Leistungsfähigkeit der Wohnbevölkerung des Sanierungsgebiets orientierte einheitliche **Mietobergrenze**" eingehalten wird. Infolgedessen kann diese Zielsetzung auch nicht zu einer Begrenzung der Mietentwicklung im Sanierungsgebiet führen und mittelbar auf den Bodenwert der neugeordneten Grundstücke „durchschlagen".

240 Grundsätzlich unterliegen im Sanierungsgebiet auch die zum Neuordnungswert veräußerten Grundstücke der Ausgleichsbetragserhebung, wobei nach § 155 Abs. 1 Nr. 3 BauGB die Bodenwerterhöhungen des Grundstücks auf den Ausgleichsbetrag anzurechnen sind, die der Eigentümer beim Erwerb des Grundstücks als Teil des Kaufpreises in einem den Vorschriften des § 154 und des § 155 Abs. 1 Nr. 1 und 2 BauGB entsprechenden Betrag zulässigerweise bereits entrichtet hat. Zwar zielt die Veräußerung eines Grundstücks zum Neuordnungswert darauf ab, **die abzuschöpfende Bodenwerterhöhung möglichst vollständig mit dem Veräußerungspreis zu erfassen,** jedoch kann nicht ausgeschlossen werden, dass die sanierungsbedingten Bodenwerterhöhungen nicht vollständig erfasst werden konnten und im weiteren Verlauf des Sanierungsverfahrens infolge der weiteren Durchführung zusätzliche Bodenwerterhöhungen eintreten[122]. Lediglich für Entwicklungsbereiche wird mit § 169 Abs. 8 BauGB die Gemeinde verpflichtet, die Grundstücke zum Neuordnungswert zu veräußern. Die Erhebung von Ausgleichsbeträgen entfällt in diesen Fällen. In Sanierungsgebieten sind dagegen nur die zum Neuordnungswert i.V.m. einer Ablösungsvereinbarung i.S. des § 154 Abs. 3 Satz 2 BauGB veräußerten Grundstücke von der Ausgleichsbetragserhebung nach den §§ 154 f. BauGB ausgenommen.

3.2.2.3 Tatsächliche Neuordnung

241 Die tatsächliche Neuordnung bestimmt sich nach den durchgeführten **Ordnungs- und Baumaßnahmen** (§§ 147 f. BauGB), wobei allerdings die vom Eigentümer zulässigerweise bewirkten Werterhöhungen und sog. externe Effekte (vgl. Rn. 137 ff.) mitberücksichtigt werden. In erster Linie fallen hierunter

– die Errichtung und Änderung der Gemeindebedarfs- und Folgeeinrichtungen (§ 148 Abs. 1 Nr. 1 BauGB),

– die Bodenordnung sowie die Herstellung und Änderung von Erschließungsanlagen,

– die Bereitstellung von Flächen und die Durchführung von Maßnahmen zum Ausgleich von Eingriffen in Natur und Landschaft i.S. des § 1a Abs. 3 BauGB; Baumaßnahmen zum Ausgleich von solchen Eingriffen, die auf dem Grundstück durchgeführt werden (§ 148 Abs. 2 Satz 2 BauGB), gehören zur tatsächlichen Neuordnung; die dadurch bewirkte Bodenwerterhöhung ist auf den Ausgleichsbetrag anzurechnen;

– sonstige von der Gemeinde oder einem Bedarfsträger durchgeführte Ordnungsmaßnahmen.

242 Zur **Qualifizierung des Neuordnungszustands** empfiehlt es sich,

– neben einer Beschreibung des rechtlichen und tatsächlichen Neuordnungszustands nach Abschluss der Sanierung bzw. Entwicklung

---

121 OVG Berlin, Urt. vom 30.1.2004 – 2 B 18/02 – BlnGE 2004, 354 = GuG 2004, 246 = EzGuG 15.110; BVerwG, Urt. vom 17.12.2004 – 4 B 85/04 –, EzGuG 3.137; BVerwG, Urt. vom 24.5.2006 – 4 G 9/04 –, GuG 2006/6.

122 Möglicherweise ist dabei ein Anwendungsfall der sog. Bagatellklausel (§ 155 Abs. 3 BauGB) gegeben, wenn dabei nur geringfügige Bodenwerterhöhungen zusätzlich hinzukommen; vgl. Kleiber in Ernst/Zinkahn/Bielenberg, BauGB § 155 Rn. 92 ff.

– alle werterhöhenden Maßnahmen

im Gutachten darzulegen. **Es kann** indessen **nicht gefordert werden, dass bei der Ermittlung des Neuordnungswerts die partielle Werterhöhung einzelner Sanierungs- bzw. Entwicklungsmaßnahmen in jedem Fall nachgewiesen werden muss.** Dies mag bezüglich einzelner Wertkomponenten, wie z.B. bezüglich

– des Werteinflusses von Änderungen in der Art und im Maß der baulichen Nutzung,
– des Erschließungsvorteils und
– der Lageverbesserungen

der Wertermittlungspraxis entgegenkommen und zweckmäßig sein. Es entspricht aber auch den Gepflogenheiten des Geschäftsverkehrs, wertbeeinflussende Umstände „global" in die Preisbemessung einzustellen. Dem wird mit der Wertermittlungspraxis entsprochen, wenn die werterhöhenden Maßnahmen aggregiert in die Verkehrswertermittlung eingehen. Es kommt nicht darauf an, in einem Gutachten aufgeschlüsselt darzulegen, aus welchen rechnerischen Einzelpositionen sich die Werterhöhungen gegenüber dem sanierungs- bzw. entwicklungsunbeeinflussten Grundstückswert bestimmen[123].

3.2.3 Qualifizierung des Neuordnungszustands in den Fällen, in denen die rechtliche und tatsächliche Neuordnung noch nicht abgeschlossen ist

Während in städtebaulichen Entwicklungsbereichen die Gemeinde nach Maßgabe des § 169 Abs. 5 bis 8 BauGB zur **Veräußerung der Grundstücke zum Neuordnungswert** verpflichtet ist, besteht eine solche Verpflichtung **in Sanierungsgebieten** nach § 154 Abs. 4 BauGB ausdrücklich **nur für Veräußerungen nach den §§ 89 und 159 Abs. 3 BauGB.** Gleichwohl ist die Gemeinde auch bei der Durchführung von Sanierungsmaßnahmen in aller Regel bestrebt, die neugeordneten Grundstücke zum Zwecke der Erzielung von Einnahmen zum Neuordnungswert zu veräußern, und zwar schon zu einem möglichst frühen Zeitpunkt, d.h. vor Abschluss der Sanierungsmaßnahme. **243**

Bei der Ermittlung des Neuordnungswerts nach Maßgabe des **§ 153 Abs. 4 bzw. § 169 Abs. 5 BauGB** ist deshalb regelmäßig der Fall gegeben, dass die rechtliche und tatsächliche Neuordnung noch nicht abgeschlossen ist. Es kommt hinzu, dass die Gemeinde **244**

– nach Maßgabe des § 163 ggf. i.V.m. § 169 Abs. 1 Nr. 8 BauGB die Sanierungs- oder Entwicklungsmaßnahme für *einzelne Grundstücke* vorzeitig als abgeschlossen erklären kann und
– nach Maßgabe des § 163 Abs. 1 Satz 2 ggf. i.V.m. § 169 Abs. 1 Nr. 8 BauGB die Sanierungs- oder Entwicklungsmaßnahme für einen *Teil des Veranstaltungsgebiets* vorzeitig aufzuheben hat.

Der **vorzeitige Abschluss der Sanierung für einzelne Grundstücke und für einen Teil des Veranstaltungsgebiets** lässt für die davon betroffenen Grundstücke die Ausgleichsbetragspflicht zu einem Zeitpunkt entstehen, zu dem die Gesamtmaßnahme noch nicht abgeschlossen ist. In diesem Fall stellt sich ebenso wie im Falle der Grundstücksveräußerung zum Neuordnungswert während des Sanierungs- oder Entwicklungsverfahrens die Aufgabe, den Neuordnungswert bzw. den Endwert zu einem Zeitpunkt zu ermitteln, zu dem die rechtliche und tatsächliche Neuordnung für das gesamte Veranstaltungsgebiet (noch) nicht abgeschlossen ist. In diesen Fällen ist bei der Ermittlung des Neuordnungswerts die sog. Wartezeit bis zum Abschluss der Maßnahme zu berücksichtigen. Spiegelbildlich zu § 153 Abs. 1 BauGB muss die *„Aussicht"* auf die Sanierung bzw. Entwicklung in die Ermittlung des Neuordnungswerts eingehen. **245**

---

[123] LG Osnabrück, Urt. vom 28.10.1987 – 5 O 5/85 – 15/85 –, EzGuG 15.55.

VIII Neuordnungswert — Ermittlung

246 Nach der WertV von 1972 (§ 23 Satz 5 WertV 72) sollte der dort noch ausdrücklich vorgeschriebenen Berücksichtigung der **Aussicht auf die in der Planung vorgesehenen Änderungen** dadurch Rechnung getragen werden, dass

- einerseits die Wartezeit bis zum Abschluss der von der Gemeinde geplanten Ordnungs- und Baumaßnahmen und
- andererseits das für die Durchführung dieser Einzelmaßnahmen bestehende Wagnis

in Abschlag gebracht werden[124]. Das Wagnis wird in aller Regel aber bereits bei der Abschätzung der Wartezeit berücksichtigt; die Vorschrift konnte von daher ersatzlos entfallen[125].

247 Die Auswirkung dieser Umstände auf den jeweiligen Wert muss unter Berücksichtigung der ortsüblichen Gegebenheiten und der besonderen Verhältnisse des Grundstücks und seiner Umgebung qualifiziert werden. Das Wagnis besteht vor allem darin, dass die erwartete **Rentabilität von Investitionen – zumindest vorübergehend in einer gewissen Anlaufzeit – mit Unsicherheiten behaftet** ist. Soweit sich dies im gewöhnlichen Geschäftsverkehr auf die Preisgestaltung auswirkt, muss es bei der Wertermittlung berücksichtigt werden. Von dem zunächst auf den fiktiven Endzustand bezogenen Ausgangswert müssen daher entsprechend der Wartezeit für die Durchführung der von der Gemeinde geplanten Einzelmaßnahmen im Rahmen der Sanierung einschließlich dem dafür bestehenden Wagnis Abschläge angebracht werden.

248 Als Grundsatz muss auch hier gelten, dass **für einen gesonderten Risikoabschlag umso weniger Raum ist, je großzügiger die Wartezeit** angesetzt wird. Umgekehrt lässt sich ein Risikoabschlag nur dann vertreten, wenn die Wartezeit nach „engen" Maßstäben kalkuliert wurde, zumal Sanierungs- und Entwicklungsmaßnahmen unter dem Gebot der zügigen Durchführung stehen. Die Forderung nach einem gesonderten *Ansatz eines Risikoabschlags* wird bezeichnenderweise häufig von Käuferseite erhoben und zielt letztlich auf eine Preisdämpfung beim Ankauf hinaus, da sich das Ergebnis durch eine Vielzahl kleinerer prozentualer Abschläge stärker „dämpfen" lässt als durch eine das Risiko von vornherein – uno actu – mit einbeziehende „Dimensionierung" der Wartezeit. Im Übrigen stehen jedem Risiko i.d.R. auch überdurchschnittliche „Gewinnerwartungen" gegenüber.

249 Bei der Ermittlung des Neuordnungswerts vor Abschluss der Gesamtmaßnahme ist zunächst von einem Grundstückszustand auszugehen, wie er sich in einer absehbaren Zeit, nämlich mit Abschluss der Sanierungs- oder Entwicklungsmaßnahme, erst noch (tatsächlich) einstellt. Insoweit handelt es sich um einen fiktiven Wert. Im gewöhnlichen Geschäftsverkehr findet erfahrungsgemäß die zu erwartende künftige Entwicklung Eingang in die Preisbemessung, insbesondere, wenn der Vollzug gesichert ist. Dies gilt in besonderem Maße für die unter dem Gebot der zügigen Durchführung stehenden Sanierung (§ 136 Abs. 1 Satz 1 BauGB) gleichermaßen wie für Entwicklungsmaßnahmen. Ausgehend vom Verkehrswert des Grundstücks unter der Fiktion des Abschlusses der Sanierungs- oder Entwicklungsmaßnahme ist sodann die Wartezeit bis zum Abschluss der vorgesehenen Maßnahmen wertmindernd zu berücksichtigen. Mit Fortschreiten der Sanierungs- bzw. Entwicklungsmaßnahme schwindet allerdings die Bedeutung der Vorschrift, weil sich die Wartezeit entsprechend verkürzt.

---

[124] Nds. RdErl. vom 2 5.1988 – 301 – 21013 –, nds. MBl. 1988, 547, geändert durch RdErl. vom 6.3.1991 (Nds. MBl. 1991, 470) Nr. 228.3.4; abgedruckt bei Krautzberger, Städtebauförderungsrecht, Bd. I E2.

[125] So auch AK Wertermittlung der FK, „Kommunales Vermessungs- und Liegenschaftswesen" des Deutschen Städtetags; Prot. der Sitzung am 17./18.10.1996; L 5307. § 27 Abs. 2 WertV 88/98 konkretisierte den Begriff der „Aussicht" durch die Wartezeit bis zum Abschluss der Sanierung bzw. der Entwicklung.

Ermittlung **Neuordnungswert VIII**

Die **Wartezeit** bestimmt sich nach dem Zeitraum, der **250**
- einerseits vom Wertermittlungsstichtag und
- andererseits von dem voraussichtlichen Zeitpunkt der Aufhebung der Sanierungssatzung nach § 162 BauGB

begrenzt wird, weil – wie schon erwähnt – die Sanierungs- bzw. Entwicklungssatzung aufzuheben ist, wenn die Sanierung bzw. Entwicklung durchgeführt ist, sofern nicht Aufhebungsgründe i.S. des § 162 Abs. 1 Nr. 2 oder 3 BauGB vorliegen. Auf der Grundlage der konkreten Verhältnisse des Einzelfalls ist die Wartezeit letztlich im Wege einer Schätzung zu ermitteln, wobei die Schätzung naturgemäß umso unsicherer ist, je länger die Wartezeit geschätzt werden muss. Je länger der Abschluss der Sanierungs- oder Entwicklungsmaßnahme aussteht, umso weniger kann ausgeschlossen werden, dass die zugrunde gelegten Ziele und Zwecke der Veranstaltung abgeändert werden. In der Wertermittlungspraxis spricht man diesbezüglich von dem damit verbundenen Wagnis.

Allgemein hat es sich in der Wertermittlungspraxis nicht bewährt, einzelne wertbeeinflussende Umstände, die miteinander „verwoben" sind und vom Sachverständigen ohnehin nur im Wege der Schätzung berücksichtigt werden können, in eine Vielzahl kleinerer prozentualer Abschläge zu „sezieren". Dies gilt auch für die Wartezeit und das Wagnis. Ein **komplexer Gesamtansatz,** in dem solche Einflüsse vollständig in einem Schritt erfasst werden, ist hier grundsätzlich vorzuziehen. In jedem Fall muss eine Doppelberücksichtigung vermieden werden. Wenn also mit der angesetzten Wartezeit bereits berücksichtigt wird, dass eine Entwicklung aufgrund unsicherer Verhältnisse möglicherweise erst zu einem späteren als dem bei zügiger Durchführung zu erwartenden Zeitraum durchgeführt wird, ist insoweit kein Raum mehr für den gesonderten Ansatz eines Risikos. **251**

Finanzmathematisch kann die **Wartezeit dadurch berücksichtigt werden,** dass der Unterschied aus **252**

a) dem auf den Wertermittlungsstichtag bezogenen Verkehrswert des Grundstücks unter Berücksichtigung der rechtlichen und tatsächlichen Neuordnung des Sanierungsgebiets bzw. Entwicklungsbereichs nach Abschluss der Maßnahme und

b) dem auf den Wertermittlungsstichtag bezogenen Verkehrswert des Grundstücks unter Berücksichtigung der bis zu diesem Zeitpunkt durchgeführten Sanierungs- bzw. Entwicklungsmaßnahmen

über die Wartezeit bis zum voraussichtlichen Abschluss der Sanierung bzw. Entwicklung diskontiert wird.

Beispiel:
- Verkehrswert unter Berücksichtigung der rechtlichen und tatsächlichen Neuordnung des Sanierungsgebiets — 350 €/m²
- Verkehrswert unter Berücksichtigung der bis zum Wertermittlungsstichtag durchgeführten Sanierungs- und Entwicklungsmaßnahmen ohne Aussicht auf weitere Maßnahmen — 300 €/m²
- Unterschied — 50 €/m²

Bei einer Wartezeit von 5 Jahren und einem Diskontierungszinssatz von 5% ergibt sich
Neuordnungswert = 300 €/m² + 50 €/m² × 1,05^{-5} = 340 €/m²

Die Berücksichtigung der Aussicht auf die Sanierung bzw. Entwicklung entspricht anerkannten Grundsätzen der Verkehrswertermittlung, denn der Verkehrswert ist ein die Zukunftserwartungen eskomptierender Wert. Dies muss vor allem dann gelten, wenn die **Realisierung der erwarteten Entwicklung** sicher und **abschätzbar** ist. Diese Voraussetzungen sind in Sanierungsgebieten und Entwicklungsbereichen gegeben, denn diese Veranstaltungen stehen unter dem Gebot der zügigen Durchführung (§ 136 Abs. 1 BauGB). **253**

VIII Neuordnungswert — Wertermittlungsverfahren

254 Darüber hinaus ist es mitunter angezeigt, sog. **Pionierabschläge** an den Neuordnungswert anzubringen, wenn dieser auf der Grundlage einer (fiktiv) abgeschlossenen Entwicklungsmaßnahme ermittelt wurde. Damit soll der Erkenntnis Rechnung getragen werden, dass der Verkehrswert eines in einem Gebiet gelegenen Grundstücks, in dem z.B. die infrastrukturelle Ausstattung gegenüber dem Verkehrswert eines Grundstücks in einem „fertigen" Gebiet noch nicht hergestellt ist, im Wert gemindert ist. Der Nutzer solcher Grundstücke hat nämlich bis zum Abschluss der Maßnahme zahlreiche Unannehmlichkeiten hinzunehmen. Solche **Pionierabschläge** (im Wertermittlungsjargon auch „Gummistiefelabschlag" genannt) **sind** mithin **nicht mit dem Wagnisabschlag**, der allerdings ohnehin regelmäßig mit der Wartezeit Berücksichtigung finden kann, **gleichzusetzen** (vgl. Rn. 355).

3.3 Wertermittlungsverfahren

3.3.1 Allgemeines

255 Die allgemeinen Grundsätze der Verkehrswertermittlung gelten auch für die Ermittlung des Neuordnungswerts[126]. Grundsätzlich können also zur Ermittlung des Neuordnungswerts die im Abschnitt 3 der ImmoWertV geregelten **Vergleichs-, Ertrags- und Sachwertverfahren** Anwendung finden, wobei der Wertermittlung der Neuordnungszustand zugrunde zu legen ist. Da dieser Neuordnungszustand mit fortschreitender Sanierung bzw. Entwicklung dem am Wertermittlungsstichtag tatsächlich vorhandenen Grundstückszustand entspricht, gehen Wertermittlungsstichtag und der für die Qualifizierung des Neuordnungszustands maßgebliche Stichtag zunehmend ineinander über. Problematisch ist die Ermittlung des Neuordnungswerts deshalb vor allem im Anfangsstadium der Sanierung bzw. Entwicklung.

256 Schwierigkeiten treten in der Wertermittlungspraxis zudem deshalb auf, weil es sich bei den Sanierungsgebieten innerhalb der Gemeinde zumeist um **qualitativ singuläre Gebiete** handelt und kaum Vergleichspreise zur Verfügung stehen. Auch diesbezüglich verbessert sich die Situation mit fortschreitender Sanierung bzw. Entwicklung, weil zunehmend im Veranstaltungsgebiet selbst ein **Grundstücksverkehr auf der Grundlage des Neuordnungszustands** stattfindet. Es handelt sich dabei um die Grundstücke,

– die zum Neuordnungswert von der Gemeinde veräußert wurden oder
– für die der Eigentümer den Ausgleichsbetrag nach § 154 Abs. 3 Satz 2 BauGB abgelöst hat oder
– für die der Ausgleichsbetrag nach § 154 Abs. 3 Satz 2 BauGB vorzeitig festgesetzt wurde oder
– für die bei vorzeitiger Entlassung nach § 163 BauGB der Ausgleichsbetrag bereits erhoben wurde.

257 Von den vorstehenden Kauffällen sind möglichst die zeitnahen Vergleichspreise heranzuziehen, denn erfahrungsgemäß werden in der Anfangsphase der Sanierung bzw. Entwicklung die Grundstücke aus allgemeiner Unsicherheit zu verhältnismäßig niedrigen Neuordnungspreisen veräußert. Häufig werden schon nach kurzer Zeit bei der Wiederveräußerung solcher Grundstücke nicht unwesentlich höhere Kaufpreise vereinbart. In diesen Preisen manifestiert sich die Wertschätzung des Grundstücksmarktes für die durchgeführten Sanierungs- bzw. Entwicklungsmaßnahmen. Liegen Veräußerungspreise aus dem fortgeschrittenen Stadium der Sanierungs- bzw. Entwicklungsmaßnahme vor, muss Vergleichspreisen aus der Anfangszeit eine eingeschränkte Bedeutung beigemessen werden. Vor allem aber muss die **verkürzte Wartezeit** berücksichtigt werden. Im Übrigen gilt auch für die Ermittlung des Neuordnungswerts, dass auf Vergleichsgebiete zurückgegriffen werden kann, wenn aus dem Gebiet selbst keine ausreichende Zahl von Vergleichspreisen herangezogen werden kann (§ 15 Abs. 1 Satz 3 ImmoWertV).

---

126 BR-Drucks. 265/72, S. 31.

3.3.2 Komponentenverfahren

▶ *Weitere Ausführungen unten bei Rn. 434 ff.*

Gegenstand der Regelungen der ImmoWertV sind allgemeine Grundsätze der Wertermittlung. **258** Die normierten Grundsätze schließen damit nicht aus, den Neuordnungswert ausgehend vom sanierungs- bzw. entwicklungsunbeeinflussten Grundstückswert i.S. des § 153 Abs. 1 BauGB dadurch zu ermitteln, dass die Werterhöhungen aufgrund der Sanierungs- bzw. Entwicklungsmaßnahmen diesem zugeschlagen werden. In Betracht kommen vor allem **Werterhöhungen durch Verbesserung**

– der Nutzbarkeit des Grundstücks, insbesondere auf Grund der Festsetzungen des Sanierungsbebauungsplans,
– der Erschließung und
– der Gebietsstruktur (Lageverbesserungen)[127].

Dieses (differenzielle) Verfahren lässt sich zudem operationalisieren.

3.3.3 Ertragswirtschaftliches Verfahren

▶ *Weitere Ausführungen unten bei Rn. 413 ff. sowie in der Syst. Darst. des Vergleichswertverfahrens Rn. 631 ff.*

Bei der Ermittlung des Neuordnungswerts von Ertragsobjekten (vgl. § 8 ImmoWertV **259** Rn. 62 ff.) lässt sich der Neuordnungswert auf der Grundlage der durch die Sanierungsmaßnahme verbesserten Ertragsverhältnisse des Grundstücks ableiten. Das OVG Bremen[128] hat diese Methode im Beschluss vom 26.11.1987 vor allem für geschäftlich genutzte Grundstücke anerkannt. Es kann dabei nicht darauf ankommen, dass die werterhöhenden Maßnahmen bereits am Wertermittlungsstichtag zu einer Verbesserung der Ertragsverhältnisse geführt haben. Erfahrungsgemäß werden nämlich erst mit der Zeit Nutzungsentgelte den geänderten städtebaulichen Verhältnissen angepasst, zumal die mietrechtlichen Bestimmungen beachtet werden müssen. Problematisch bleibt bei dieser Vorgehensweise gleichwohl die Ermittlung des bei Anwendung des Ertragswertverfahrens anzusetzenden Bodenwerts. Wie bereits in der Syst. Darst. des Vergleichswertverfahrens unter Rn. 631 ff. ausgeführt, ist nämlich die **Ableitung des Bodenwerts aus fiktiven Erträgen** äußerst fehlerträchtig. Dies gilt auch für die differenzielle Ableitung von Bodenwerterhöhung auf der Grundlage von Ertragssteigerungen, die auf das Grundstück und seine Umgebung zurückzuführen sind.

3.3.4 Vergleichs- und Bodenrichtwertverfahren

3.3.4.1 Allgemeines

▶ *Hierzu Näheres in der Syst. Darst. des Vergleichswertverfahrens unter Rn. 149 ff. und Rn. 403 ff.*

Auf der Grundlage des für die Ermittlung des Neuordnungswerts maßgeblichen Grundstücks- **260** zustands (vgl. Rn. 236 ff.) kann bei Heranziehung des Vergleichswertverfahrens auf die allgemeinen Verfahrensgrundsätze der §§ 15 f. ImmoWertV verwiesen werden. Soweit es um die Ermittlung des Bodenwerts des neugeordneten Grundstücks geht, können auch die allgemeinen Grundsätze des Bodenrichtwertverfahrens zur Anwendung kommen. Vielfach liegen sogar besondere Bodenrichtwerte für den Endwert vor (vgl. Rn. 403 ff.), die dann zweckmäßigerweise heranzuziehen sind.

---

127 Kleiber in Ernst/Zinkahn/Bielenberg, BauGB, § 154 BauGB Rn. 126 ff.; Kleiber, Der Neuordnungswert nach ... in: Abschluss und Abrechnung von Sanierungsmaßnahmen. Institut für Städtebau und Siedlungswesen, München 1982, Arbeitsbl. 1/1982.
128 OVG Bremen, Beschl. vom 26.11.1987 – B 84/87 –, EzGuG 15.58.

VIII Neuordnungswert

261 Soweit **zum Wertermittlungsstichtag die tatsächliche und rechtliche Neuordnung nicht abgeschlossen** und zumindest teilweise noch in Aussicht ist, muss die Wartezeit berücksichtigt werden, wenn Vergleichspreise von Grundstücken im „fertigen" Zustand herangezogen worden sind. Bei Heranziehung von Bodenrichtwertkarten (vgl. Rn. 403 ff.), die sog. Bodenrichtwert-Endwerte schon vor Abschluss der Maßnahme ausweisen, ist zudem zu beachten, ob sich der ausgewiesene Endwert auf den „fertigen" Grundstückszustand unter Berücksichtigung der rechtlichen und tatsächlichen Neuordnung – bezogen auf den in der Bodenrichtwertkarte ausgewiesenen Stichtag – bezieht, oder ob es sich um den „Wert" handelt, der sich zu diesem Zeitpunkt in Aussicht auf den Endwert bzw. den Neuordnungszustand ergibt.

262 Kann zur Ermittlung des Neuordnungswerts nicht direkt von Vergleichspreisen für Grundstücke in einem vergleichbaren neugeordneten Zustand bzw. unter Berücksichtigung der Aussicht auf die rechtliche und tatsächliche Neuordnung ausgegangen werden, lässt sich der **Neuordnungswert auch auf der Grundlage des sanierungs- bzw. entwicklungsunbeeinflussten Grundstückswerts** ermitteln.

263 In diesem Fall sind die sich

– aufgrund der bereits durchgeführten Sanierungs- bzw. Entwicklungsmaßnahmen sowie
– aufgrund der Aussicht auf die noch ausstehenden Sanierungs- bzw. Entwicklungsmaßnahmen

ergebenden Werterhöhungen zusätzlich zu berücksichtigen.

264 Schema:

	Sanierungs- bzw. entwicklungsunbeeinflusster Grundstückswert
+	Werterhöhung aufgrund durchgeführter Maßnahmen
+	Werterhöhung aufgrund der noch in Aussicht stehenden Maßnahmen
=	Neuordnungswert

Die beiden letztgenannten Positionen gehen mit fortschreitender Sanierungs- und Entwicklungsmaßnahme ineinander über. In der Wertermittlungspraxis wird bei dieser Vorgehensweise nach den einzelnen Komponenten der Maßnahmen vorgegangen.

3.3.4.2 Vergleichspreise aus dem Sanierungsgebiet bzw. Entwicklungsbereich

265 Im Verlauf der Sanierungs- oder Entwicklungsmaßnahmen stellen sich für die Ermittlung des Neuordnungswerts auch Vergleichspreise aus dem Veranstaltungsgebiet ein, so

a) bei Ablösung des Ausgleichsbetrags nach § 154 Abs. 3 Satz 2 BauGB und vorzeitiger Festsetzung des Ausgleichsbetrags nach § 154 Abs. 3 Satz 3 BauGB; als Neuordnungswert kann in diesen Fällen der sanierungs- bzw. entwicklungsunbeeinflusste Bodenwert zuzüglich des Ablösungsbetrags bzw. des vorzeitigen Ausgleichsbetrags gelten;

b) im Grundstücksverkehr mit Grundstücken, die aus der Sanierungs- oder Entwicklungsmaßnahme nach § 163 BauGB entlassen wurden; auch in diesem Fall kann als Neuordnungswert der sanierungs- bzw. entwicklungsunbeeinflusste Bodenwert zuzüglich des bereits erhobenen Ausgleichsbetrags gelten;

c) im Grundstücksverkehr mit Grundstücken, die im Sanierungsgebiet zum Neuordnungswert mit einer Ablösungsvereinbarung erworben wurden und

d) im Grundstücksverkehr mit Grundstücken, die im Entwicklungsbereich zum Neuordnungswert erworben wurden.

Ausgleichsbetragsrechtlich können die Grundstücke als aus der Sanierung bzw. Entwicklung entlassen gelten. Sie sind deshalb auch nicht mehr der Preisprüfung nach § 153 Abs. 2 Satz 2 BauGB unterworfen.

Wertermittlungsverfahren — Neuordnungswert VIII

Grundsätzlich können auch die im Falle der Veräußerung zum Neuordnungswert, der Ablösung sowie der vorzeitigen Festsetzung des Ausgleichsbetrags „hingenommenen" Neuordnungswerte als Vergleichspreise gelten, denn sie sind (vergleichbar mit einem Kaufvertrag) „akzeptiert" worden.

266

Beispiel:

a) **Sachverhalt**

Es liegen aus dem Veranstaltungsgebiet mehrere Kaufpreise über neugeordnete Grundstücke mit einem Durchschnittspreis von 335 €/m² vor, die 8 Jahre vor dem voraussichtlichen Abschluss der Sanierungs- und Entwicklungsmaßnahme auf der Grundlage nachstehender Bodenwertermittlung vereinbar wurden:
Ermittlung des Bodenwerts zum Zeitpunkt der Ablösung, der vorzeitigen Festsetzung oder Erhebung des Ausgleichsbetrags bzw. des Erwerbs zum Neuordnungswerts (im Beispiel 8 Jahre vor dem voraussichtlichen Abschluss der Sanierungs- oder Entwicklungsmaßnahme) auf der Grundlage des Neuordnungszustands nach Abschluss der Sanierungs- oder Entwicklungsmaßnahme:

– Verkehrswert unter Berücksichtigung der rechtlichen und tatsächlichen Neuordnung des Sanierungsgebiets	350 €/m²
– Verkehrswert unter Berücksichtigung der bis zum Wertermittlungsstichtag durchgeführten Sanierungs- und Entwicklungsmaßnahmen *ohne Aussicht auf weitere Maßnahmen*	300 €/m²
Unterschied	50 €/m²

Bei einer Wartezeit von 8 Jahren (bis zum voraussichtlichen Abschluss der Sanierungs- oder Entwicklungsmaßnahme) zum Zeitpunkt der Ablösung, der vorzeitigen Festsetzung oder Erhebung des Ausgleichsbetrags bzw. des Erwerbs zum Neuordnungswerts und einem Diskontierungszinssatz von 5% ergab sich

$$\text{Neuordnungswert} = 300\ \text{€/m}^2 + 50\ \text{€/m}^2 \times 1{,}05^{-8} = \mathbf{334\ €/m^2}$$

b) **Wertermittlung**

Es ist der Neuordnungswert eines Grundstücks drei Jahre später zu ermitteln.

– Maßgeblich ist die zum Wertermittlungsstichtag nach dem Stand der Maßnahme abschätzbare Wartezeit. Im Beispielsfall soll sich die ursprüngliche Wartezeit nicht verändert haben, d.h., die Ermittlung erfolgt 5 Jahre vor dem voraussichtlichen Abschluss der Sanierungs- oder Entwicklungsmaßnahme. Der zum Wertermittlungsstichtag zu erwartende Zeitpunkt des Abschlusses der Maßnahme kann sich nach dem Stand der Maßnahme gegenüber dem zum Zeitpunkt der Ablösung, der vorzeitigen Festsetzung oder Erhebung des Ausgleichsbetrags bzw. des Erwerbs zum Neuordnungswerts erwarteten Abschluss aber verändert haben.

– Änderungen der allgemeinen Wertverhältnisse sind zusätzlich durch Bodenpreisindexreihen zu berücksichtigen bzw. die Berechnung erfolgt auf der Grundlage der allgemeinen Wertverhältnisse zum Wertermittlungsstichtag.

– Abweichungen in den Zustandsmerkmalen des zu wertenden Grundstücks gegenüber dem Vergleichsgrundstück sind ebenfalls zu berücksichtigen.

Abb. 16: Umrechnung von Vergleichspreisen

Bei einer Wartezeit von 5 Jahren zum Wertermittlungsstichtag ergibt sich für das Grundstück ein
$$\text{Neuordnungswert} = 300\ \text{€/m}^2 + 50\ \text{€/m}^2 \times 1{,}05^{-5} = 340\ \text{€/m}^2$$
Der ermittelte Wert ist gegebenenfalls

– konjunkturell (mittels Bodenpreisindexreihen) und

– qualitativ (z.B. mittels Umrechnungskoeffizienten)

fortzuschreiben.

Erfahrungsgemäß werden für die aus der Sanierungs- oder Entwicklungsmaßnahme entlassenen und anschließend (ohne Preisprüfung) veräußerten Grundstücke im Vergleich zu dem der Ablösevereinbarung bzw. dem bei der vorzeitigen Festsetzung des Ausgleichsbetrags ermittelten Neuordnungswert deutlich höhere Verkaufspreise erzielt. Dies ist in der „vorsichtigen" Ermittlung des Neuordnungswerts begründet.

Abb. 17: Vergleichspreise

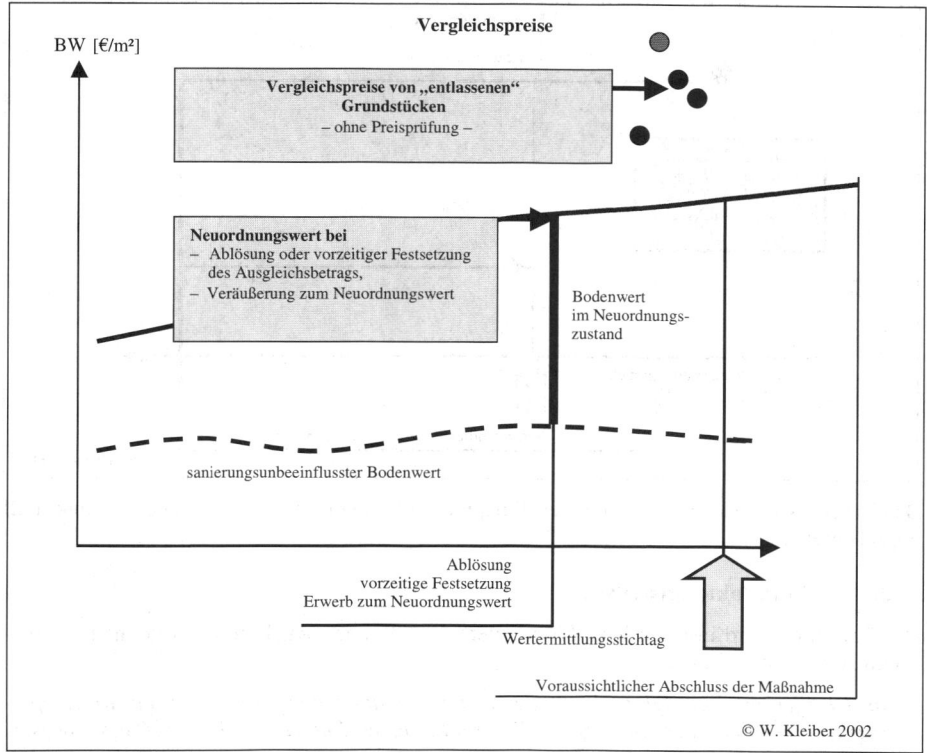

Beispiel:

a) **Sachverhalt**

Es soll ein „zwei Jahre alter" Vergleichspreis in Höhe von 400 €/m² herangezogen werden. Dabei musste zum Zeitpunkt des Erwerbs mit einer Wartezeit von 8 Jahren gerechnet werden.

Die zu diesem Zeitpunkt noch ausstehenden sanierungsbedingten Bodenwerterhöhungen wurden mit 50 €/m² ermittelt (vgl. vorstehendes *Beispiel*).

b) **Wertermittlung**

Der Verkehrswert, der im vorangegangenen Beispiel mit 300 €/m² ermittelt wurde, lässt sich nun mit Hilfe des Vergleichspreises an die Marktlage anpassen;

$$BW = 400 \text{ €/m}^2 - 50 \text{ €/m}^2 \times q^{-n} \text{ wobei } n = 8 \text{ Jahre}$$

Bei einem Zinssatz von 5% ergibt sich als Bodenwert unter Berücksichtigung der bis zum Wertermittlungsstichtag durchgeführten Sanierungs- und Entwicklungsmaßnahmen ohne Aussicht auf weitere Maßnahmen als Bodenwert = 366,16 €/m² (statt 300 €/m²).

Verprobung:

Neuordnungswert bei einer Wartezeit von 8 Jahren unter Berücksichtigung der Aussicht auf die weiteren Sanierungsmaßnahmen:

$$\text{Neuordnungswert} = 366{,}16 \text{ €/m}^2 + 50{,}00 \text{ €/m}^2 \times 1{,}05^{-8} = 400 \text{ €/m}^2$$

Dies entspricht dem gezahlten Kaufpreis.

Berechnung des Neuordnungswerts unter Berücksichtigung der Aussicht auf weitere Sanierungsmaßnahmen mit 5-jähriger Wartezeit zum Wertermittlungsstichtag:

$$\text{Neuordnungswert} = 366{,}16 \text{ €/m}^2 + 50{,}00 \text{ €/m}^2 \times 1{,}05^{-5} = \mathbf{405{,}34 \text{ €/m}^2}$$

VIII Neuordnungswert — Besonderheiten

Abb. 18: Beispiel zur Umrechnung

Das Ergebnis ist wie im vorstehenden Beispiel gegebenenfalls qualitativ und konjunkturell fortzuschreiben

3.3.5 Multifaktorenanalyse

267 Das Verfahren wird in unter Rn. 455 erläutert. Die dortigen Ausführungen können entsprechend Anwendung finden.

▶ *Im Übrigen wird bezüglich des Bodenwertanteils am Neuordnungswert auf die entsprechend anwendbaren Grundsätze für die Ermittlung des Endwerts bei Rn. 370 ff. verwiesen.*

3.4 Besonderheiten der Ermittlung des Neuordnungswerts bebauter Grundstücke

3.4.1 Allgemeines

▶ *Vgl. hierzu Rn. 194 ff.*

268 Bei der **Ermittlung des Neuordnungswerts des Grundstücks** geht es im Unterschied zur Ermittlung des Endwerts um den Marktwert des Grundstücks in seiner Gesamtheit, d.h. einschließlich vorhandener baulicher Anlagen und Einrichtungen.

269 Für die **Wahl des Wertermittlungsverfahrens** gelten wiederum die allgemeinen Grundsätze des § 8 ImmoWertV. Neben dem Vergleichs- und Sachwertverfahren kommt insbesondere das Ertragswertverfahren in Betracht.

3.4.2 Sachwertverfahren

270 Bei Anwendung des Sachwertverfahrens setzt sich der Neuordnungswert zusammen aus dem

- Bodenwert des neugeordneten Grundstücks, d.h. unter Berücksichtigung der tatsächlichen und rechtlichen Neuordnung,
- dem Gebäudesachwert und
- dem Sachwert der baulichen sonstigen Außenanlagen sowie
- unter Berücksichtigung der Marktanpassung und der besonderen objektspezifischen Grundstücksmerkmale nach § 8 Abs. 2 und 3 ImmoWertV.

271 Soweit die Sanierungs- oder Entwicklungsmaßnahmen noch nicht abgeschlossen sind, finden die Ausführungen unter Rn. 243 ff. entsprechende Anwendung.

3.4.3 Ertragswertverfahren

272 Der Ertragswert ermittelt sich gemäß § 17 Abs. 2 ImmoWertV nach der Formel

$$EW = \underbrace{(RE - BW \times p) \times V}_{\text{Gebäudeertragswert}} + \underbrace{BW}_{\text{Bodenwert}} = \underbrace{RE \times V + BW \times q^{-n}}_{\text{Gesamtwert}}$$

wobei
- EW   Ertragswert
- RE   Reinertrag
- BW   Bodenwert
- p   Liegenschaftszinssatz
- n   Restnutzungsdauer
- V   Vervielfältiger

273 Grundsätzlich können beide Formeln herangezogen werden, wobei jeweils die besonderen objektspezifischen Grundstücksmerkmale i.S. des § 8 Abs. 3 ImmoWertV ergänzend zu berücksichtigen sind.

▶ *Zur Ermittlung des Bodenwerts der neugeordneten Grundstücke vgl. die vorstehenden Ausführungen bei Rn. 236 ff.*

274 Da bei der Ermittlung des Neuordnungswerts der Bodenwert unter Berücksichtigung der Neuordnung in die Ertragswertermittlung eingeht, müssen bei Anwendung des Ertragswertverfahrens dementsprechend auch die **Ertragsverhältnisse** in einer Größenordnung zum Ansatz kommen, wie es der Neuordnung entspricht, d.h. **in einer zum Bodenwert korrespondierenden Höhe**. Dies gilt auch dann, wenn die tatsächlich erzielten Erträge (noch) nicht dem Neuordnungszustand angeglichen wurden. Andernfalls würde der Gebäudeertragswertanteil zu niedrig ausfallen, weil ein dem Neuordnungszustand noch nicht angepasster Reinertrag mit dem Bodenwert des neugeordneten Gebiets unzulässigerweise kombiniert würde (vgl. umgekehrt die Ausführungen zur Ermittlung des sanierungsunbeeinflussten Grundstückswerts unter Rn. 194 ff.).

275 Eine weitere Besonderheit kann sich in den Fällen ergeben, in denen im Zuge der städtebaulichen Veranstaltung **Art und Maß der zulässigen Nutzbarkeit verbessert** worden sind, **ohne dass die vorhandene Bausubstanz diesen Nutzungspotenzialen durch An- und Aufbauten angeglichen werden kann,** d.h. in den Fällen, in denen es bei wirtschaftlicher Betrachtungsweise mit Rücksicht auf die vorhandene Bebauung geboten erscheint, das Grundstück in der bisherigen Weise zu nutzen. In diesen Fällen kommen die Ausführungen zu § 16 Abs. 4 ImmoWertV (vgl. § 16 ImmoWertV Rn. 223 ff.) zur Anwendung (vgl. Rn. 400, 501, 514).

3.5 Verbilligte Grundstücksveräußerung

276 In der kommunalen Praxis ist immer wieder die Frage aufgeworfen worden, ob bei der Veräußerung von Grundstücken **Preisnachlässe** gewährt werden dürfen, wenn dies den ausdrücklichen Zielen und Zwecken der Sanierungs- oder Entwicklungsmaßnahme entspricht (vgl. zum Grundsätzlichen § 194 BauGB Rn. 166 ff.; Rn. 230). Als derartige Ziele kommen z.B. Maßnahmen im Bereich der sozialen Wohnraumförderung oder die verbilligte Veräußerung von Grundstücken an einkommensschwächere Bevölkerungskreise zum Zwecke der Eigentumsbildung in Betracht.

277 Das BauGB sieht für derartige Fälle eine Reihe von Möglichkeiten zur finanziellen Entlastung der Betroffenen vor, ohne der Gemeinde dabei jedoch das Recht ausdrücklich einzuräu-

VIII Neuordnungswert — Besonderheiten

men, nach eigenem Ermessen Grundstücke unter Verzicht auf die „Abschöpfung" sanierungs- bzw. entwicklungsbedingter Werterhöhungen verbilligt, d.h. „unter" dem Neuordnungswert abzugeben. Dies folgt einerseits aus dem **eindeutigen Befehl** des § 154 Abs. 1 BauGB, **nach dem der Eigentümer die sanierungs- bzw. entwicklungsbedingte Werterhöhung in Form des Ausgleichsbetrags zu entrichten „hat"**, sofern er nicht bereits beim Erwerb des Grundstücks für die sanierungs- bzw. entwicklungsbedingte Bodenwerterhöhung aufgekommen ist[129]. Ebenso eindeutig ist die für städtebauliche Entwicklungsmaßnahmen geltende Regelung des § 169 Abs. 8 BauGB, nach der das Grundstück zum Neuordnungswert zu veräußern „ist", wobei das Gesetzbuch die Veräußerung an „weite Kreise der Bevölkerung" vorgibt (§ 169 Abs. 6 Satz 1 BauGB). Darüber hinaus steht die dem Sanierungs- und Entwicklungsrecht zugrunde liegende bodenpolitische Konzeption der Rückgabe eines Überschusses nach § 156a BauGB sowie nach § 171 BauGB einer verbilligten Abgabe entgegen, denn dies würde zu Lasten der Überschussberechtigten gehen (vgl. Rn. 16 ff.). Die Rechtsprechung hat dem folgend die Veräußerung zum Neuordnungswert nach § 153 Abs. 4 BauGB (früher § 25 Abs. 6 StBauFG) als „zwingende Vorschrift" angesehen und gemeindliche Zusagen, einem Interessenten ein Grundstück zu einem Preis zu verkaufen, der den nach Durchführung der Sanierung gültigen Verkehrswert deutlich unterschreitet, wegen Verstoßes gegen § 153 Abs. 4 BauGB als unwirksam angesehen[130].

278 Nicht nur der eindeutige Gesetzesauftrag zur Abschöpfung der „vollen" sanierungs- bzw. entwicklungsbedingten Werterhöhung i.V.m. der bodenpolitischen Konzeption des Besonderen Städtebaurechts, sondern auch die besonderen Regelungen des Gesetzes zur **finanziellen Entlastung von Erwerbern in besonderen Einzelfällen** stehen einer darüber hinausgehenden verbilligten Abgabe von Grundstücken entgegen[131]. Folgende Regelungen sind dabei von Bedeutung:

279 a) Durch **Festsetzungen** nach § 9 Abs. 1 Nr. 8 BauGB (**Flächen, auf denen ganz oder teilweise nur Wohngebäude errichtet werden dürfen, die für Personengruppen mit besonderem Wohnbedarf bestimmt sind**) kann der Neuordnungswert „gedrückt", aber auch „angehoben" werden (vgl. § 6 ImmoWertV Rn. 87). Eine Beeinflussung dürfte sich allerdings nur dann einstellen, wenn solche Festsetzungen in einem Umfang vorgenommen werden, dass sich infolgedessen die allgemeinen Lagemerkmale verschlechtern oder verbessern. In der Wertermittlung wird hier von der sog. Nachbarschaftslage bzw. Gesellschaftslage gesprochen. Im Übrigen kann diesbezüglich u.U. eine Entschädigung aufgrund fremdnütziger Festsetzungen nach § 40 Abs. 1 Nr. 2 BauGB geltend gemacht werden.

Festsetzungen i.S. des § 9 Abs. 1 Nr. 7 BauGB (**Soziale Wohnraumförderung**) führen i.d.R. allerdings nicht zu entsprechend geminderten Neuordnungswerten, weil derartige Festsetzungen lediglich die bauliche Gestaltung, Ausstattung und dergleichen von Gebäuden betreffen und nicht zwangsläufig auch mit der Inanspruchnahme von Mitteln der sozialen Wohnraumförderung verbunden sein müssen. Im Übrigen kann sich mit der Gewährung entsprechender Darlehen die Ertragslage gegenüber dem freifinanzierten Wohnungsbau (mit Kostenmieten von 15 bis 25 €/m² WF) im Gesamtergebnis sogar noch verbessern (vgl. § 6 ImmoWertV Rn. 88 ff. sowie Teil VI Rn. 871 ff.).

---

129 BVerwG, Urt. vom 3.7.1998 – 4 CN 5/97 –, GuG 1998, 369; BGH, Urt. vom 14.12.1999 – X ZR 34/98 –; BGH, Urt. vom 30.4.1992 – III ZR 151/91 –; BGH, Beschl. vom 13.7.1993 – III ZR 86/92 –, EzGuG 15.77a; BGH, Urt. vom 30.1.1967 – III ZR 35/65 –; BGH, Urt. vom 30.1.1967 – III ZR 33/65 –, EzGuG 1.6; OVG Münster, Urt. vom 5.8.1982 – 15 A 1634/81 –, EzGuG 1.21; BayObLG, Beschl. vom 22.6.1995 – 2 Z BR 42/95 –, GuG 1996, 184 = EzGuG 1.62; BayObLG, Urt. vom 5.3.2001 – 5 ZRR 175/99 –, EzGuG 1.67 (Nichtigkeit des Rechtsgeschäfts); BayObLGZ 1983, 85; Meder, Die Verfassung des Freistaats Bayern, 4. Aufl Art. 12 Rn 18; Nawiasky/Leusser/Schweiger, Die Verfassung des Freistaats Bayern Art. 12 Anm. 9a; Prandl/Zimmermann/Büchner, Kommunalrecht in Bayern, Art. 75 GO Anm. 14.

130 BGH, Beschl. vom 13.7.1993 – III ZR 86/92 –, EzGuG 15.77a; a. A. Dieterich im Gutachten über Handlungsspielräume bei der Veräußerung von Grundstücken nach § 169 Abs. 6 und 8 BauGB (Dortmund 1996), der seine Auffassung maßgeblich darauf stützt, dass das Gesetzbuch keine Überschussverteilung vorsehe; a. A. Grziwotz in BauR 1997, 956.

131 Gaßner in BayVBl. 1998, 577 (583); Brenner in DVBl. 1993, 291 (299); Grziwotz, Baulanderschließung S. 418 f.; Battis/Krautzberger/Löhr, BauGB § 169 Rn. 23 und § 171 Rn. 2; Seitz, Planungshoheit und Grundeigentum, Kölner Schriften zu Recht und Städtebau Bd. 7 1999, S. 245 f.

Ob und in welchem Maße sich solche Festsetzungen wertmindernd oder werterhöhend auswirken, muss im Einzelfall im Wege einer qualifizierten Wertermittlung untersucht werden. Allgemein gültige Regeln lassen sich hierfür nicht vorgeben, jedoch wird man Wertminderungen schon im Hinblick auf die mit der Durchführung städtebaulicher Veranstaltungen verfolgten Aufwertungen i.d.R. nicht erwarten können. Wenn tatsächlich ein derartiger Fall eintritt, stellt eine solche Wertminderung keine Abweichung gegenüber dem Neuordnungswert (Verkehrswert) dar, sondern ist dem Verkehrswert immanent. Insoweit geht damit auch keine „Herabsetzung" eines ansonsten höheren Verkehrswerts einher.

b) § 154 Abs. 5 BauGB eröffnet den Gemeinden die Möglichkeit, unter bestimmten Voraussetzungen die sanierungsbedingte Werterhöhung in ein **Tilgungsdarlehen** umzuwandeln, wobei das **Darlehen niedrig verzinslich oder zinsfrei** gestellt werden kann, wenn dies im öffentlichen Interesse oder zur Vermeidung unbilliger Härten geboten ist. Das öffentliche Interesse kommt insbesondere aus der Sicht des Sanierungs- bzw. Entwicklungszwecks zum Tragen. Der vom Gesetzgeber aufgezeigte Weg zur finanziellen Entlastung von Erwerbern ist also der Weg der Zinsverbilligung in den vom Gesetzbuch genannten Fällen. Dies gilt für Ausgleichsbeträge in Sanierungsgebieten und Entwicklungsbereichen.

Der Regelung des § 154 Abs. 5 BauGB kommt in **städtebaulichen Entwicklungsbereichen** insoweit eine besondere Bedeutung zu, als nach § 169 Abs. 8 Satz 2 BauGB diese Regelung auf den Teil des Kaufpreises entsprechend anzuwenden ist, der der entwicklungsbedingten Bodenwerterhöhung entspricht. Da 70 bis 80% aller städtebaulichen Entwicklungsmaßnahmen mit zum Teil erheblichen entwicklungsbedingten Werterhöhungen im Außenbereich durchgeführt werden, kann nach dieser Vorschrift der Gesamtkaufpreis unter den gesetzlichen Voraussetzungen zu seinem überwiegenden Teil in ein zinsbegünstigtes Tilgungsdarlehen umgewandelt werden. Insbesondere in Hochpreisregionen, wo eine verbilligte Abgabe von Grundstücken besonders gefordert wird, kann damit eine erheblich verbilligte Baulandbereitstellung einhergehen. Die Vorschrift stellt damit ein recht wirkungsvolles Instrument zur finanziellen „Entlastung breiter Schichten" der Bevölkerung dar und stützt die Auffassung, dass der Gesetzgeber für entsprechende Zielsetzungen abschließende Regelungen vorgesehen hat.

c) Um die Schaffung neuen Wohnraums im Zuge städtebaulicher Sanierungs- oder Entwicklungsmaßnahmen finanziell zu unterstützen, kommt neben den genannten Tilgungsdarlehen auch die **indirekte und direkte Förderung der Bebauung** in Betracht. Eine Förderung kann insbesondere über die §§ 164a und b BauGB gewährt werden, ohne dass zugleich am Neuordnungswert Abschläge angebracht werden. Im wirtschaftlichen Ergebnis kommt dies für den Begünstigten ebenfalls einer erheblichen finanziellen Entlastung gleich. Diese Möglichkeit ist nicht an das Vorliegen eines öffentlichen Interesses gebunden oder nur zur Vermeidung unbilliger Härten zulässig, so dass damit eine breit wirksame finanzielle Entlastung auch einkommensschwächerer Bevölkerungskreise möglich ist.

d) Der Neuordnungswert, der maßgeblich durch die künftige Ertragsfähigkeit des Grundstücks bestimmt wird, kann schließlich nicht nur durch öffentlich-rechtliche Vorschriften, sondern auch durch **privatrechtliche Gegebenheiten** beeinflusst werden. Für eine Minderung des Neuordnungswerts aufgrund privatrechtlicher Gegebenheiten kommt es entscheidend darauf an, dass diese Minderung nachhaltig und auf Dauer gesichert ist. Die Auswirkungen solcher Vertragsgestaltungen auf den Verkehrswert werden bei Rn. 521 ff. behandelt.

Insbesondere die **Umwandlung des entwicklungsbedingten Kaufpreisanteils in ein Tilgungsdarlehen** sowie die Förderung der Bebauung bieten hinreichende im Gesetz vorgesehene Möglichkeiten, die Gesamtgestehungskosten (Boden und Bebauung) für besondere Bevölkerungsgruppen preisgünstig zu gestalten. Schon von daher stellt sich nicht die Notwendigkeit, bei der Veräußerung von Grundstücken vom Neuordnungswert abzuweichen. Im Übrigen haben die aufgeführten Möglichkeiten den Vorteil der höheren Transparenz der

280

VIII Ausgleichsbeträge — Erhebung

finanziellen Förderung, ohne dabei mehr oder minder ermessensfrei das Verkehrswertgefüge zu stören.

281 Der verbilligten Abgabe steht im Übrigen auch das **Kommunalrecht** entgegen, nach dem gemeindeeigene Vermögensgegenstände nur ausnahmsweise, aus Gründen eines besonderen öffentlichen Interesses, unter ihrem vollen Wert veräußert werden dürfen (vgl. § 194 BauGB Rn. 166 ff.). Lässt im Einzelfall das Kommunalrecht eine verbilligte Abgabe zu und macht die Gemeinde hiervon im Rahmen einer Sanierungs- und Entwicklungsmaßnahme Gebrauch, so sind die daraus resultierenden **Einnahmeausfälle von der Gemeinde zuzuschießen,** da dies nicht zu Lasten der Finanzierung der Sanierungs- oder Entwicklungsmaßnahme und einem etwaigen Überschuss i.S. des § 156a BauGB gehen darf.

▶ *Zur Wertermittlung im Verbilligungsfall vgl. Syst. Darst. des Ertragswertverfahrens Rn. 171 ff.*

282 Innerhalb der dem BauGB zugrunde liegenden bodenpolitischen Konzeption werden mit dem Erwerb von Grundstücken zum sanierungs- bzw. entwicklungsunbeeinflussten Verkehrswert und ihrer Veräußerung zum Neuordnungswert die sanierungs- bzw. entwicklungsbedingten Werterhöhungen im Wege des sog. **Durchgangserwerbs** abgeschöpft. Spiegelbildlich hierzu werden die Eigentümer, die ihre Grundstücke im Verlauf des Sanierungs- bzw. Entwicklungsverfahrens verloren oder gemäß § 153 Abs. 2 BauGB zum sanierungs- bzw. entwicklungsunbeeinflussten Verkehrswert erworben haben, zu Ausgleichsbeträgen in entsprechender Höhe herangezogen. Entsprechendes gilt nach § 153 Abs. 5 BauGB für die von einer Umlegung betroffenen Eigentümer.

283 Die Veräußerung eines Grundstücks zum Neuordnungswert nach § 153 Abs. 4 BauGB ist für den Erwerber ausgleichsbetragsrechtlich abschließend, wenn der **Erwerb mit einer Ablösung** nach § 154 Abs. 3 Satz 2 BauGB verbunden wird. Wird hiervon kein Gebrauch gemacht, kommt die Erhebung eines Ausgleichsbetrags nach § 154 i.V.m. § 155 Abs. 1 Nr. 3 nur noch insoweit in Betracht, wie die dem Erwerbspreis zugrunde liegenden maßgebenden, wertbeeinflussenden Umstände infolge der weiteren Durchführung der Sanierung Änderungen erfahren haben und hierdurch weitere Bodenwerterhöhungen eingetreten sind.

284 § 153 Abs. 4 BauGB ist in förmlich festgelegten **Sanierungs-, Ersatz- und Ergänzungsgebieten** anzuwenden. Auf städtebauliche Entwicklungsbereiche ist die Vorschrift gemäß § 169 Abs. 1 Nr. 4 BauGB nicht anzuwenden. Diesbezüglich wird die Veräußerungspflicht in § 169 Abs. 5 bis 8 BauGB geregelt. Nicht ausgeschlossen ist die Anwendung des § 153 Abs. 4 BauGB indessen in den **im Zusammenhang bebauten Anpassungsgebieten** (§ 170 Satz 4 BauGB). Im Übrigen findet die Vorschrift nach ihrem Sinn und Zweck auch auf die Bestellung und Veräußerung von Erbbaurechten Anwendung (vgl. § 144 Abs. 2 Nr. 2 i.V.m. § 154 Abs. 2 sowie § 200 BauGB).

4 Ermittlung von Ausgleichsbeträgen

4.1 Erhebung von Ausgleichsbeträgen

Schrifttum: *Brand, E.,* Beispiel für die Ermittlung entwicklungsunbeeinflusster Grundstückswerte, GuG 1995, 159; *Bodenstein, H.,* Modell Niedersachsen aktualisiert, Nachr. der nds. Kat- und VermVw 1988, 197; *Brill, W.,* Ableitung sanierungsbedingter Werterhöhungen nach dem Modell „Niedersachsen", Nachr. der nds. Kat- und VermVw 1986, 171; *Dieterich, H.,* Fiktive Anfangswerte bei städtebaulichen Entwicklungsmaßnahmen, GuG 1996, 1; *Gomille, U.,* Ermittlung sanierungsbedingter Bodenwerterhöhungen, VR 1993, 345; *Grassmann, H.,* Ermittlung des Verkehrswerts von Hintergebäuden, die aus Sanierungsgründen abgerissen werden müssen, AVN 1975, 433; *Helbach, C.,* Ausgleichsbeträge in kleinstädtischen Sanierungsgebieten der jungen Bundesländer, GuG 2002, 268; *Kanngieser/Schuhr,* Kollokationsmodelle sanierungsbedingter Bodenwerterhöhungen, GuG 2004, 70; *Kleiber, W.,* Die Neuregelung des § 41 Abs. 8a StBauFB (Bagatellklausel), ZfV 1986, 105; *Lappe, W.,* Die Erfassung sanierungsbedingter Werterhöhungen, VR 1984, 344; *Lucht, H.,* Bodenwertermittlungen in Sanierungsgebieten, ZfV 1982, 232; *Lucht; H.,* Zur Wertermittlung für Ausgleichsbeträge im innerstädtischen Bereich, GuG 1996, 208; *Mampel,* Erhebung von Ausgleichsbeträgen nach dem Baugesetzbuch, DÖV 1993, 556; *Rose, D.,* Wertermittlung in Sanierungsgebieten, Nachr. der nds. Kat- und VermVw 1987, 212; *Schmidt, J.,* Absehen von der Erhebung von Ausgleichsbeträgen bei städtebaulichen Sanierungsmaßnahmen nach der Bagatellklausel, GuG 1999, 340; *Schmidt, J.,* Wertermittlungen bei städtebaulichen Sanierungsmaßnahmen – eine der zentralen Durchführungsaufgaben, GuG 1998, 23; *Schmidt, J.,* Die Bedeutung der Anfangs- und der Endwerte für die Ermittlung der sanierungsbedingten Bodenwerterhöhung, GuG 2004, 286; *Schmidt. J.,* Freistellung der Grundstücke von Erschließungsbeiträgen bei der Ermittlung der Ausgleichsbeträge gem. § 154 BauGB in Sanierungsgebieten, GuG 2002, 277; *Tabke, H.H.,* Die Ermittlung sanierungsbedingter Werterhöhungen nach dem BauGB, VR 1990, 42; *Wollny, E.,* Erhebung von Ausgleichsbeträgen für sanierungsbedingte Bodenwertsteigerungen nach § 154 BauGB, DÖV 1993, 740.

▶ *Zuvor bereits die Ausführungen Rn. 38; § 5 ImmoWertV Rn. 21 ff., 121 ff.; Syst. Darst. des Ertragswertverfahrens Rn. 166 ff.*

4.1.1 Allgemeines

In förmlich festgelegten Sanierungsgebieten, für die die Anwendung der besonderen sanierungsrechtlichen Vorschriften (§§ 152 bis 156a BauGB) nach Maßgabe des § 142 Abs. 4 BauGB in der Sanierungssatzung nicht ausgeschlossen wurden (umfassendes Sanierungsverfahren), ist die Gemeinde nach den **§§ 154 f. BauGB** verpflichtet, für alle in einem förmlich festgelegten Sanierungs-, Ersatz- und Ergänzungsgebiet gelegenen Grundstücke nach Maßgabe dieser Vorschriften Ausgleichsbeträge zu erheben; Entsprechendes gilt für Anpassungsgebieten nach § 170 BauGB. Ausgleichsbeträge werden indessen nicht erhoben, wenn die Sanierungsmaßnahme in einem **vereinfachten Verfahren unter Ausschluss der besonderen sanierungsrechtlichen Vorschriften** durchgeführt wird. Für städtebauliche Entwicklungsbereiche können die besonderen sanierungsrechtlichen Vorschriften nicht ausgeschlossen werden, so dass in den Fällen, in denen die Gemeinde oder ein Entwicklungsträger ein Grundstück nach Maßgabe des § 166 Abs. 3 Satz 3 BauGB nicht erwirbt, auch dort ein Ausgleichsbetrag zu erheben ist (§ 166 Abs. 3 Satz 4 BauGB). 285

In städtebaulichen Sanierungsgebieten, für die die Anwendung der besonderen sanierungsrechtlichen Vorschriften (§§ 152 bis 156a BauGB) in der Sanierungssatzung ausgeschlossen wurde, sowie in städtebaulichen Entwicklungsbereichen sind nach § 154 Abs. 1 Satz 3 BauGB die Vorschriften über die **Erhebung von Erschließungsbeiträgen** umgekehrt nicht anzuwenden, wenn im förmlich festgelegten Sanierungsgebiet Erschließungsanlagen i.S. des § 127 Abs. 2 BauGB hergestellt, erweitert oder verbessert werden. Entsprechendes gilt nach § 154 Abs. 1 Satz 4 BauGB für die Erhebung von Kostenerstattungsbeträgen i.S. des § 135a Abs. 3 BauGB. 286

Nach der Grundsatzregelung des § 154 Abs. 1 Satz 1 BauGB bemisst sich der Ausgleichsbetrag nach der durch die Sanierung bedingten Bodenwerterhöhung des jeweiligen Grundstücks. Nach der **Sonderregelung des § 154 Abs. 2a BauGB** (vgl. Rn. 293, 296 ff.) wird die Gemeinde ermächtigt, abweichend von § 154 Abs. 1 Satz 1 BauGB durch Satzung zu bestimmen, dass sich der Ausgleichsbetrag nach einem in der Satzung zu bestimmenden Vomhundertsatz des Aufwands für die Erweiterung oder Verbesserung von Erschließungsanlagen i.S. des § 127 Abs. 2 Nr. 1 bis 3 BauGB in dem gesamten Sanierungsgebiet berechnet wird, wobei 50 vom Hundert des Aufwands nicht überschritten werden darf[132]. Die Vorschrift findet nach § 169 Abs. 1 Nr. 7 BauGB keine Anwendung in städtebaulichen Entwicklungsbereichen, da „hier regelmäßig mit höheren entwicklungsbedingten Wertsteigerungen zu rechnen" sei[133]. 287

---

132 Ernst/Zinkahn/Bielenberg, BauGB vgl. § 154 Rn. 149a.
133 A-Bericht BT-Drucks. 16/3308 S. 23.

VIII Ausgleichsbeträge — Erhebung

Abb. 19: Ausgleichsbetrag nach § 154 Abs. 1 Satz 1 sowie nach Abs. 2a BauGB, Erschließungsbeitrag, Kostenerstattungsbetrag

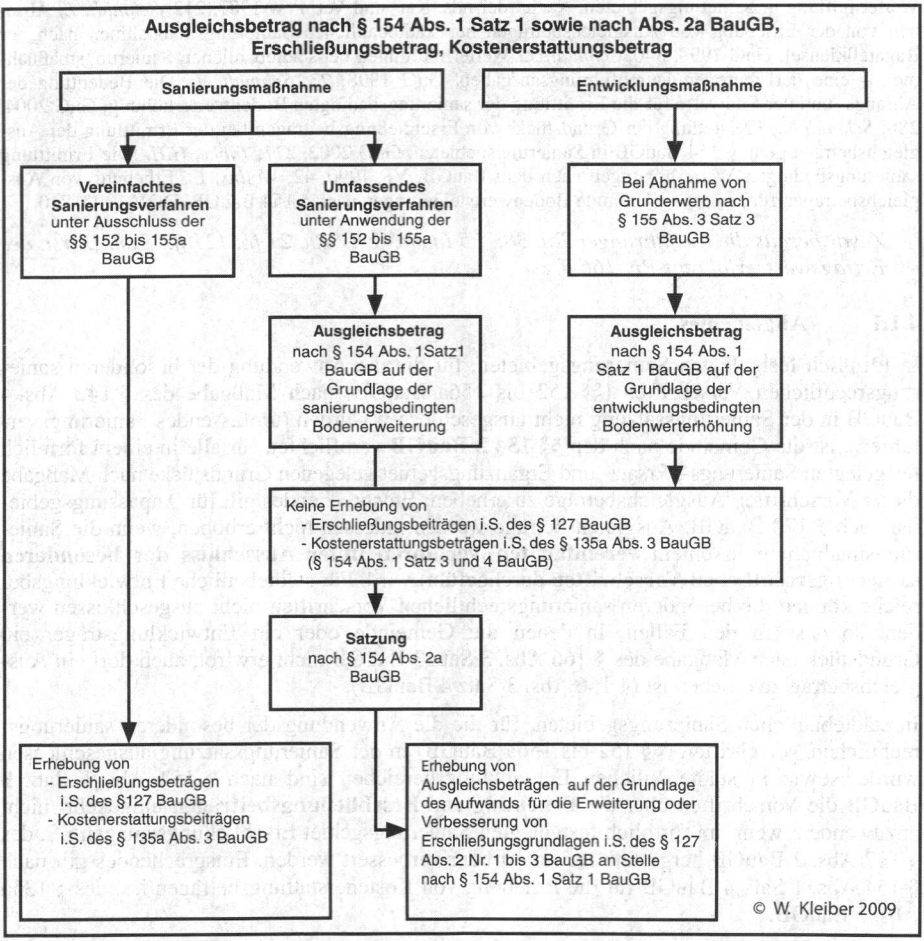

288 Die Ausgleichsbetragspflicht entsteht mit Abschluss der Sanierungs- oder Entwicklungsmaßnahme nach den §§ 162 f. ggf. i.V.m. § 169 Abs. 1 Nr. 8 BauGB (abgedruckt bei Rn. 353 f.). Die Ausgleichsbetragspflicht entsteht, wenn

– die Sanierungs- oder Entwicklungsmaßnahme durchgeführt ist (§ 162 Abs. 1 Nr. 1 BauGB),

– die Sanierungs- oder Entwicklungsmaßnahme vorzeitig abgeschlossen worden ist, weil sie sich als *undurchführbar* erwiesen hat[134], oder die Sanierungsabsicht aus anderen Gründen aufgegeben worden ist (§ 162 Abs. 1 Nr. 2 und 3 BauGB) oder

– die nach § 142 Abs. 3 Satz 3 oder 4 für die Durchführung der Sanierung festgelegte Frist abgelaufen ist (§ 162 Abs. 1 Nr. 4 BauGB).

Aufgrund dieser Vorschriften ist ein Ausgleichsbetrag auch zu erheben, wenn eine bisher unter Anwendung der abgaberechtlichen Vorschriften (§§ 152 ff. BauGB) durchgeführte Sanierungsmaßnahme *in ein vereinfachtes Sanierungsverfahren übergeleitet* worden ist[135].

---

134 BayVGH, Urt. vom 30.12.1998 – 6 B 95.1365 –, GuG 1999, 246 = EzGuG 15.94.

Ausgleichsbetragspflichtig ist der Eigentümer des Grundstücks im Zeitpunkt der Entstehung des Ausgleichsbetrags, d.h. im Zeitpunkt des rechtsförmigen Abschlusses der Sanierungsmaßnahme nach den §§ 162 f. BauGB (§ 154 Abs. 3 Satz 1 BauGB). Anders als im Erschließungsbeitragsrecht kommt es auf den Zeitpunkt der Bekanntgabe des Ausgleichsbetragsbescheids nicht an. Der Entstehungszeitpunkt ist zugleich der für die Ermittlung der Anfangs- und Endwerte – Bemessungsgrundlage des Ausgleichsbetrags – maßgebliche Wertermittlungsstichtag (vgl. Rn. 311, 353 ff.). 289

Das Ausgleichsbetragsrecht der §§ 152 bis 156a BauGB ist für die Höhe des Verkehrswerts der im förmlich festgelegten Sanierungsgebiet gelegenen Grundstücke von ausschlaggebender Bedeutung. Der **Gutachter muss sich** deshalb zunächst **Klarheit über die im Einzelfall vorliegenden rechtlichen Gegebenheiten verschaffen.** 290

Von der Ausgleichsbetragserhebung ausgenommen sind lediglich 291

1. die in einem Umlegungsverfahren nach Maßgabe des § 153 Abs. 5 BauGB neugeordneten Grundstücke (§ 155 Abs. 2 BauGB),
2. Grundstücke, für die nach Maßgabe des § 154 Abs. 3 Satz 2 und 3 BauGB der Ausgleichsbetrag im Verlauf des Sanierungsverfahrens abgelöst wurde (einschließlich der Fälle einer vorzeitigen Festsetzung des Ausgleichsbetrags).

Darüber hinaus „*kann*" die Gemeinde nach § 155 Abs. 3 bis 5 BauGB unter bestimmten Voraussetzungen **von der Festsetzung des Ausgleichsbetrags absehen.** 292

4.1.2 Ausgleichsbetrag in Sanierungsgebieten

4.1.2.1 Übersicht

Der vom Eigentümer eines im förmlich festgelegten Sanierungsgebiet gelegenen Grundstücks zu erhebende Ausgleichsbetrag wird materiell mit **§ 154 Abs. 1, 2 und 2a BauGB** bestimmt: 293

„(1) $_1$Der Eigentümer eines im förmlich festgelegten Sanierungsgebiet gelegenen Grundstücks hat zur Finanzierung der Sanierung an die Gemeinde einen Ausgleichsbetrag in Geld zu entrichten, der der durch die Sanierung bedingten Erhöhung des Bodenwerts seines Grundstücks entspricht. $_2$Miteigentümer haften als Gesamtschuldner; bei Wohnungs- und Teileigentum sind die einzelnen Wohnungs- und Teileigentümer nur entsprechend ihrem Miteigentumsanteil heranzuziehen. $_3$Werden im förmlich festgelegten Sanierungsgebiet Erschließungsanlagen im Sinne des § 127 Abs. 2 hergestellt, erweitert oder verbessert, sind Vorschriften über die Erhebung von Beiträgen für diese Maßnahmen auf Grundstücke im förmlich festgelegten Sanierungsgebiet nicht anzuwenden. Satz 2 gilt entsprechend für die Anwendung der Vorschrift über die Erhebung von Kostenerstattungsbeträgen im Sinne des § 135a Abs. 3.

(2) Die durch die Sanierung bedingte Erhöhung des Bodenwerts des Grundstücks besteht aus dem Unterschied zwischen dem Bodenwert, der sich für das Grundstück ergeben würde, wenn eine Sanierung weder beabsichtigt noch durchgeführt worden wäre (Anfangswert), und dem Bodenwert, der sich für das Grundstück durch die rechtliche und tatsächliche Neuordnung des förmlich festgelegten Sanierungsgebiets ergibt (Endwert).

(2a) $_1$Die Gemeinde kann durch Satzung bestimmen, dass der Ausgleichsbetrag abweichend von Absatz 1 Satz 1 ausgehend von dem Aufwand (ohne die Kosten seiner Finanzierung) für die Erweiterung und Verbesserung von Erschließungsanlagen im Sinne des 127 Abs. 2 Nr. 1 bis 3 (Verkehrsanlagen) in dem Sanierungsgebiet zu berechnen ist; Voraussetzung für den Erlass der Satzung sind Anhaltspunkte dafür, dass die sanierungsbedingte Erhöhung des Bodenwerts der Grundstücke in dem Sanierungsgebiet nicht wesentlich über der Hälfte dieses Aufwands liegt. $_2$In der Satzung ist zu bestimmen, bis zu welcher Höhe der Aufwand der Berechnung zugrunde zu legen ist; sie darf 50 vom Hundert nicht übersteigen. $_3$Im Geltungsbereich der Satzung berechnet sich der Ausgleichsbetrag für das jeweilige Grundstück nach dem Verhältnis seiner Fläche zur Gesamtfläche; als Gesamtfläche ist die Fläche des Sanierungsgebiets ohne die Flächen für die Verkehrsanlagen zugrunde zu legen. § 128 Abs. 1 und 3 ist entsprechend anzuwenden."

---

135 Dies folgt aus der ratio legis des § 164 Abs. 4 BauGB, nach dem bei vorzeitigem Abschluss (§ 162 Abs. 1 Nr. 2 und 3 BauGB) der rückübertragungsberechtigte Eigentümer als Kaufpreis den Verkehrswert zu zahlen hat, den das Grundstück im Zeitpunkt der Rückübertragung hat, d.h. unter Einbeziehung von Werterhöhungen, die das Grundstück auf Grund der durchgeführten Sanierungs- bzw. Entwicklungsmaßnahmen erfahren hat (vgl. Battis/Krautzberger/Löhr, BauGB § 162 Rn. 17).

VIII Ausgleichsbeträge

4.1.2.2 Ausgleichsbetrag auf der Grundlage der sanierungsbedingten Bodenwerterhöhung (§ 154 Abs. 1 Satz 1 BauGB)

294 Nach § 154 Abs. 1 Satz 1 BauGB bemisst sich der Ausgleichsbetrag nach der „durch die Sanierung bedingten Erhöhung des Bodenwerts". § 154 Abs. 2 BauGB enthält die notwendige Konkretisierung zu dieser Vorschrift. Danach ergibt sich der Ausgleichsbetrag aus dem Unterschied zwischen Anfangs- und Endwert.

- **Anfangswert** ist der Bodenwert, der sich für das Grundstück ergeben würde, wenn eine Sanierung weder beabsichtigt, vorbereitet noch durchgeführt worden wäre;
- **Endwert** ist der Bodenwert, der sich für das Grundstück durch die rechtliche und tatsächliche Neuordnung des Sanierungsgebiets ergibt.

295 **Beide Werte** (Anfangs- und Endwert) **bemessen sich nach den Wertverhältnissen zum Zeitpunkt des Abschlusses der Sanierungs- bzw. Entwicklungsmaßnahme.** Damit wird die „Abschöpfung" konjunkturell bedingter Bodenwertänderungen ausgeschlossen (vgl. Abb. 20).

Abb. 20: Bemessung sanierungsbedingter Bodenwerterhöhungen

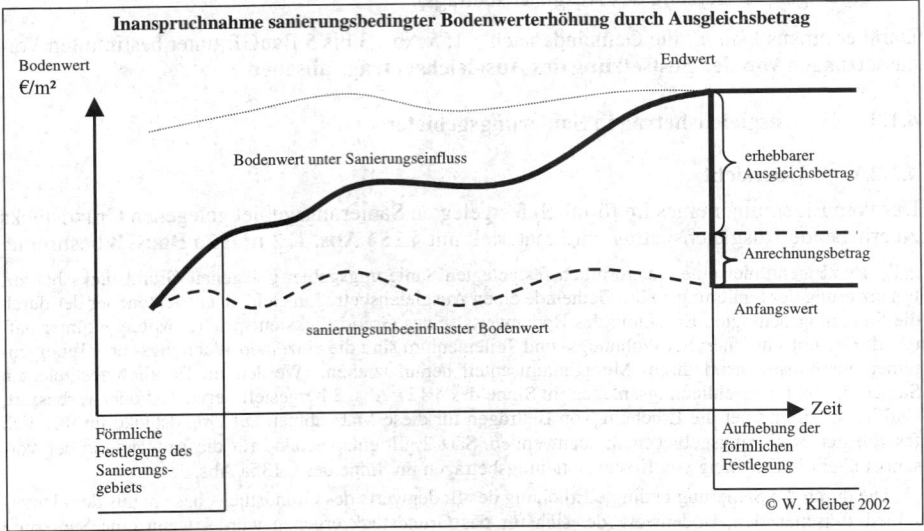

Entsprechend ist auch zu verfahren, wenn im Verlauf der Sanierungs- bzw. Entwicklungsmaßnahme die Bodenwerte unter dem Einfluss einer allgemeinen **Konjunkturabschwächung auf dem Baulandmarkt** sinken. Es ist dabei auch nicht ausgeschlossen, dass der Endwert im Verlauf der Maßnahme nominell sogar „unter" den sanierungs- bzw. entwicklungsunbeeinflussten Bodenwert absinkt, der bezogen auf den Beginn der Maßnahme ermittelt wurde. In solchen Fällen wird dann aber auch der zu Beginn der Sanierungs- bzw. Entwicklungsmaßnahme ermittelte Bodenwert unter dem Einfluss der Konjunkturschwäche auf dem Bodenmarkt absinken, so dass sich auch dann noch ein Ausgleichsbetrag ergibt (Abb. 21).

Abb. 21: Bemessung sanierungsbedingter Bodenwerterhöhungen bei konjunktureller Abschwächung des Bodenmarktes

4.1.2.3 Ausgleichsbetrag auf der Grundlage des Aufwands für die Erweiterung und Verbesserung von Erschließungsanlagen nach § 154 Abs. 2a BauGB

Schrifttum: *Foißner, P.*, Die Neuregelung des Ausgleichsbetragsrechts in § 154 BauGB, GuG 2007, 71; *Schmidt, J.*, Das neue vereinfachte Verfahren zur Ermittlung der Ausgleichsbeträge nach § 154 Abs. 2a (neu) BauGB, GuG 2007, 83.

Nach § 154 Abs. 2a BauGB[136] ist die Gemeinde ermächtigt, durch Satzung anzuordnen, dass sich der **Ausgleichsbetrag** abweichend von § 154 Abs. 1 Satz 1 BauGB **nach dem Aufwand für die Erweiterung und Verbesserung von Erschließungsanlagen** i.S. des § 127 Abs. 2 Nr. 1 bis 3 BauGB bemisst (Erschließungsaufwand). Die Ermittlung des Ausgleichsbetrags – als „kleiner Erschließungsbeitrag" – auf der Grundlage des Erschließungsaufwands für die Erweiterung und Verbesserung der Erschließungsanlagen wird im A-Bericht als „vereinfachtes Verfahren" bezeichnet[137].

Im Satzungsgebiet findet dagegen § 154 Abs. 1 Satz 2 bis 4 BauGB über die Haftung von Miteigentümern sowie über die **Nichterhebung von Erschließungsbeiträgen und Kostenerstattungsbeträgen** weiterhin Anwendung. Nach § 154 Satz 3 und 4 BauGB sind die Vorschriften über die Erhebung von Beiträgen für die Herstellung, Erweiterung oder Verbesserung von Erschließungsanlagen i.S. des § 127 Abs. 2 BauGB im förmlich festgelegten Sanierungsgebiet und über die Erhebung von Kostenerstattungsbeträgen i.S. des § 135a Abs. 3 BauGB nicht anzuwenden.

Die Ermächtigung ist auf städtebauliche Sanierungsgebiete beschränkt und findet in **städtebaulichen Entwicklungsbereichen** keine Anwendung (§ 169 Abs. 1 Nr. 7 BauGB).

Bemessungsgrundlage für die Erhebung von Ausgleichsbeträgen i.S. des § 154 Abs. 2a BauGB ist damit nicht der Erschließungsaufwand für die erstmalige Herstellung einer Erschließungsanlage, sondern nur der **Erschließungsaufwand für die Erweiterung und**

---

[136] In das Ausgleichsbetragsrecht eingeführt mit Art. 12 des Gesetzes vom 21.12.2006 (BGBl. I 2006, 3316); die Vorschrift ist am 1.1.2007 in Kraft getreten (vgl. Art. 4).
[137] BT-Drucks. 16/3308 S. 22 f.

VIII Ausgleichsbeträge — Erhebung

Verbesserung[138]. Der Erschließungsaufwand wird zudem auf „Verkehrsanlagen" beschränkt. Dies sind gemäß der Bezugnahme auf § 127 Abs. 2 Nr. 1 bis 3 BauGB die im Sanierungsgebiet gelegenen

1. öffentlichen zum Anbau bestimmten Straßen, Wege und Plätze;
2. öffentlichen aus rechtlichen oder tatsächlichen Gründen mit Kraftfahrzeugen nicht befahrbaren Verkehrsanlagen innerhalb der (im Sanierungsgebiet gelegenen) Baugebiete (z.B. Fußwege, Wohnwege);
3. Sammelstraßen innerhalb der (im Sanierungsgebiet gelegenen) Baugebiete (Sammelstraßen sind öffentliche Straßen, Wege und Plätze, die selbst nicht zum Anbau bestimmt, aber zur Erschließung der Baugebiete notwendig sind).

300 Der Erschließungsaufwand für die Erweiterung und Verbesserung der Erschließungsanlage kann der **Abrechnung des Sanierungsgebiets** entnommen werden. Eine pauschalierte Ermittlung des Erschließungsaufwands nach Einheitssätzen sieht § 154 Abs. 2a BauGB im Unterschied zu § 130 Abs. 1 BauGB nicht vor.

301 Gegenstand der Satzung kann **nur das gesamte Sanierungsgebiet** sein, d.h. die Satzung kann sich nicht auf Teile des Sanierungsgebiets beschränken. Demzufolge ist nach dem Wortlaut der Vorschrift der Erschließungsaufwand für Verkehrsanlagen „in dem (gesamten) Sanierungsgebiet" maßgeblich, d.h. es ist von dem Gesamtaufwand auszugehen. Das Gesetz folgt damit zur Vermeidung verwaltungsaufwändiger und streitanfälliger Abgrenzungsfragen nicht einer Empfehlung des Bundesrates, nach der die Satzung auf einen Teil der Grundstücke begrenzt werden können sollte[139]. Damit soll vor allem dem verfassungsmäßigen Gleichbehandlungsgrundsatz (Art. 3 GG) Rechnung getragen, demzufolge die Heranziehung von Abgaben dem Gleichheitssatz entsprechen muss. Aus den gleichen Gründen kann von dem Satzungsrecht i.d.R. auch nicht Gebrauch gemacht werden, wenn in dem Gebiet sanierungsbedingte Werterhöhungen bereits im Wege des Durchgangserwerbs oder durch eine Ablösung bzw. vorzeitige Festsetzung des Ausgleichsbetrags geltend gemacht worden sind.

302 Dem verfassungsmäßigen Gleichheitssatz ist bei der Anwendung des § 154 Abs. 2a BauGB Rechnung zu tragen. Dieser wird gewahrt, wenn die **im Sanierungsgebiet gelegenen Grundstücke von der Erweiterung und Verbesserung der Erschließungsanlagen homogen betroffen** sind. Gehen mit der Erweiterung und Verbesserung der Erschließungsanlagen indessen für einzelne Grundstücke oder Grundstückteile keine Erschließungsvorteile einher, ist die Erhebung von Ausgleichsbeträgen nach § 154 Abs. 2a BauGB nicht unproblematisch, insbesondere wenn sich für diese Grundstücke keine sanierungsbedingten Bodenwerterhöhungen ergeben[140].

303 Voraussetzung für den Erlass der Satzung sind nach § 154 Abs. 2a Satz 1, 2. Halbsatz BauGB „Anhaltspunkte" dafür, dass die sanierungsbedingte **Erhöhung der Bodenwerte der Grundstücke in dem Sanierungsgebiet nicht wesentlich über der Hälfte des Erschließungsaufwands** liegt. Dafür reicht nach der Begründung dieser Vorschrift eine überschlägige Prüfung aus, d.h. eine dezidierte Wertermittlung ist nicht gefordert. Entsprechend den vorstehenden Ausführungen liegen die Voraussetzungen für den Erlass der Satzung vor, wenn die Gesamtheit der sanierungsbedingten Bodenwerterhöhung der im Sanierungsgebiet gelegenen Grundstücke nicht wesentlich über der Hälfte des Gesamtaufwands liegt, so dass für einzelne Grundstücke die sanierungsbedingte Bodenwerterhöhung auch wesentlich darüber liegen kann und der Eigentümer mit dem sich für nach Maßgabe des § 154 Abs. 2a Satz 3 BauGB bemessenen Ausgleichsbetrag insoweit „besser" gestellt ist als die Eigentümer der übrigen im Sanierungsgebiet gelegenen Grundstücke. Dies ist gleichwohl mit dem Grundsatz der Gleichbehandlung vereinbar, da alle Eigentümer der im Sanierungsgebiet gelegenen Grundstücke mit dem „kleinen Erschließungsbeitrag" insoweit gleich behandelt werden und auch bei

---

[138] Zu den Begriffen und zur Abgrenzung vgl. Ernst/Zinkahn/Bielenberg, BauGB § 128 Rn. 19 und 41 ff.
[139] BT-Drucks. 15/3308 S. 22.
[140] Vgl. Schmidt in GuG 2007, 83.

Anwendung des allgemeinen Erschließungsbeitragsrechts die Eigentümer unterschiedliche Wertvorteile erlangen können, ohne dass darin eine Verletzung des Gleichbehandlungsgrundsatzes zu erblicken war. Im Übrigen handelt es sich bei der Regelung des § 154 Abs. 2a BauGB um eine „Kann-Bestimmung", von deren Gebrauch Abstand zu nehmen ist, wenn ein Verstoß gegen den Gleichbehandlungsgrundsatz zu besorgen ist.

304 Die gesetzlich vorgegebenen **Voraussetzungen können schon vor Abschluss der Sanierungsmaßnahme vorliegen.** Zwar entsteht der Ausgleichsbetrag erst mit Abschluss der Maßnahme und ist nach § 154 Abs. 3 Satz 1 BauGB auch erst nach Abschluss der Maßnahme zu entrichten, jedoch steht der Wortlaut des § 154 Abs. 2a BauGB dem Erlass einer entsprechenden Satzung vor Abschluss der Sanierungsmaßnahme nicht entgegen. Für diesen Fall ist zu fordern, dass die Sanierungsmaßnahme einen Stand erreicht hat, der hinreichend gesicherte „Anhaltspunkte" dafür gibt, dass die sanierungsbedingte Erhöhung der Bodenwerte der Grundstücke in dem Sanierungsgebiet nicht wesentlich über der Hälfte des Erschließungsaufwands liegen wird. Der sich nach § 154 Abs. 2a BauGB ergebende Ausgleichsbetrag kann damit auch Bemessungsgrundlage einer Ablösungsvereinbarung nach § 154 Abs. 3 Satz 2 BauGB sowie für eine vorzeitige Festsetzung nach § 154 Abs. 3 Satz 3 BauGB sein[141].

305 Nach dem Wortlaut des § 154 Abs. 2a Satz 2 BauGB ist **in der Satzung zu bestimmen, bis zu welcher Höhe der Aufwand der Berechnung der Ausgleichsbeträge zugrunde zu legen ist.** Als Höchstsatz wird 50 vom Hundert des Gesamtaufwands vorgegeben. Mit dem gesetzlich vorgegebenen Höchstsatz wird der sich ohnehin nur an den Kosten des Erschließungsaufwands für Verkehrsanlagen orientierende Gesamtaufwand mindestens halbiert, und es steht im Ermessen der Gemeinde, in der Satzung einen noch geringeren Vomhundertsatz vorzugeben und den Ausgleichsbetrag damit noch weiter zu reduzieren.

306 Der sich für das Sanierungsgebiet ergebende **Gesamtaufwand** ist unter Anwendung des in der Satzung bestimmten Vomhundertsatzes **auf die im Sanierungsgebiet gelegenen Grundstücke umzulegen.** Für das einzelne Grundstück berechnet sich der Ausgleichsbetrag nach § 154 Abs. 2a Satz 3 BauGB nach dem Verhältnis seiner Fläche zur Gesamtfläche des Sanierungsgebiets unter Abzug der Flächen für Verkehrsanlagen (§ 127 Abs. 2 Nr. 1 bis 3 BauGB). Dabei wird kein Unterschied gemacht, ob es sich dabei um Bauland oder Nichtbauland handelt. Nach der Rechtsprechung zu § 131 BauGB ist bei diesem Maßstab nicht stets auf die gesamte Grundstücksfläche abzustellen[142].

307 Im Übrigen ist nicht zu besorgen, dass mit der kostenorientierten Bemessung des Ausgleichsbetrags nach § 154 Abs. 2a BauGB die **Entstehung eines Überschusses** i.S. des § 156a BauGB vermieden wird, auf dessen Verteilung ein beteiligter Eigentümer Anspruch erheben könnte. Umgekehrt kann die Vorschrift auch dann nicht zu einem Überschuss i.S. des § 156a BauGB führen, wenn der sich nach § 154 Abs. 2a BauGB bemessene Ausgleichsbetrag höher als der Ausgleichsbetrag nach § 154 Abs. 1 Satz 1 BauGB ist. Die Satzung nach § 154 Abs. 2a BauGB darf nämlich nur erlassen werden, wenn die sanierungsbedingte Bodenwerterhöhung nicht wesentlich über der Hälfte des Erschließungsaufwands liegt. Die aus der „Abschöpfung" der sanierungsbedingten Bodenwerterhöhungen erzielbaren „Einnahmen" i.S. des § 156a Abs. 1 Satz 1 BauGB werden unter diesen Voraussetzung mithin regelmäßig von den hierfür getätigten Ausgaben i.S. des § 156a Abs. 1 Satz 1 BauGB „aufgefressen", wenn diese in voller Höhe gegengerechnet werden.

308 Die Erhebung eines kostenorientierten Ausgleichsbetrags nach Maßgabe des § 154 Abs. 2a BauGB kann darüber hinaus auch zu geringen „Einnahmen" i.S. der Bagatellklausel des § 155 Abs. 3 BauGB führen, insbesondere bei entsprechender Absenkung des Erhebungssat-

---

141 Vgl. auch die Voraussetzungen für die Ablösung des Ausgleichsbetrags nach § 154 Abs. 3 Satz 3 i.d.F. des BauGB von 1986; hierzu Kleiber in Ernst/Zinkahn/Bielenberg § 154 Rn. 174 sowie die Voraussetzungen für eine vorzeitige Festsetzung des Ausgleichsbetrags nach Abs. 3 Satz 3.
142 BVerwG, Urt. vom 4.8.1970 – 4 C 98/69 –, DVBl 1971, 215 = ZMR 1971, 194 = DÖV 1971, 394 = BauR 1971, 48; BVerwG, Urt. vom 3.6.1971 – 4 C 28/70 –, BVerwGE 38, 147 = ZMR 1971, 387 = MDR 1971, 1039 = KStZ 1971, 244 = DÖV 1971, 815); vgl. Erl. in Ernst/Zinkahn/Bielenberg § 131 Rn. 32 ff.

zes. Nach dieser Vorschrift kann die Gemeinde von der Festsetzung des Ausgleichsbetrags absehen, wenn

1. eine geringfügige Bodenwerterhöhung gutachtlich ermittelt worden ist und
2. der Verwaltungsaufwand für die Erhebung des Ausgleichsbetrags in keinem Verhältnis zu den möglichen „Einnahmen" steht.

Der Wortlaut des § 155 Abs. 3 BauGB steht einer **Anwendung der Bagatellklausel** nicht entgegen, wenngleich Sinn und Zweck der Regelung des § 154 Abs. 2a BauGB dem zuwiderlaufen, insbesondere wenn mit der Absenkung des Erhebungssatzes die gesetzlichen Voraussetzungen für die Anwendung der Bagatellklausel nach § 155 Abs. 3 BauGB sogar herbeigeführt werden sollen.

4.1.3 Ausgleichsbeträge in städtebaulichen Entwicklungsbereichen

309 **Ausgleichsbeträge** werden nach § 166 Abs. 3 Satz 4 BauGB auch für die **in städtebaulichen Entwicklungsbereichen** belegenen Grundstücke erhoben, wenn die Gemeinde ein Grundstück nicht erworben hat. **§ 166 Abs. 3 BauGB** hat folgenden Wortlaut:

„(3) ₁Die Gemeinde soll die Grundstücke im städtebaulichen Entwicklungsbereich erwerben. ₂Dabei soll sie feststellen, ob und in welcher Rechtsform die bisherigen Eigentümer einen späteren Erwerb von Grundstücken oder Rechten im Rahmen des § 169 Abs. 6 anstreben. ₃Die Gemeinde soll von dem Erwerb eines Grundstücks absehen, wenn

1. bei einem baulich genutzten Grundstück die Art und das Maß der baulichen Nutzung bei der Durchführung der Entwicklungsmaßnahme nicht geändert werden sollen oder
2. der Eigentümer eines Grundstücks, dessen Verwendung nach den Zielen und Zwecken der städtebaulichen Entwicklungsmaßnahmen bestimmt oder mit ausreichender Sicherheit bestimmbar ist, in der Lage ist, das Grundstück binnen angemessener Frist dementsprechend zu nutzen, und er sich hierzu verpflichtet.

₄Erwirbt die Gemeinde ein Grundstück nicht, ist der Eigentümer verpflichtet, einen Ausgleichsbetrag an die Gemeinde zu entrichten, der der durch die Entwicklungsmaßnahme bedingten Erhöhung des Bodenwerts seines Grundstücks entspricht."

310 **Auf die Bemessung der Ausgleichsbeträge für städtebauliche Entwicklungsbereiche sind die Vorschriften für Sanierungsgebiete entsprechend anzuwenden**, wobei sich

– der Anfangswert unter Ausschluss der entwicklungsbedingten Bodenwerterhöhung und
– der Endwert unter Berücksichtigung der rechtlichen und tatsächlichen Neuordnung des Entwicklungsbereichs

ergibt (§ 169 Abs. 1 Nr. 7 BauGB).

▶ *Bezüglich des Anfangswerts und Endwerts wird auf die Ausführungen unter Rn. 108 ff., 235 ff. verwiesen.*

4.1.4 Entstehung des Ausgleichsbetrags (Wertermittlungsstichtag)

▶ *Vgl. auch Rn. 353*

311 Die Ausgleichsbetragspflicht entsteht nach § 154 Abs. 3 Satz 1 BauGB mit Abschluss der Sanierung; der **Entstehungszeitpunkt ist zugleich der für die Ermittlung der Anfangs- und Endwerte maßgebliche Wertermittlungsstichtag.** Der Ausgleichsbetrag entsteht danach

a) in den Fällen einer *Aufhebung der Sanierungs- bzw. Entwicklungssatzung* nach § 162 BauGB zum Zeitpunkt des Inkrafttretens der Satzung, mit der die Sanierungs- bzw. Entwicklungssatzung aufgehoben wird (§ 162 Abs. 2 Satz 5 BauGB);

b) in den Fällen einer *Abgeschlossenheitserklärung für einzelne Grundstücke* nach § 163 Abs. 1 und 2 BauGB zum Zeitpunkt der Abschlusserklärung.

Ein Ausgleichsbetrag entsteht nach § 162 Abs. 1 BauGB auch dann, wenn sich die Sanierung als undurchführbar erwiesen hat oder die Sanierungsabsicht aus sonstigen Gründen aufgegeben wurde. Ein Ausgleichsbetrag entsteht ferner, wenn ein umfassendes Sanierungsverfahren durch Änderung der Sanierungssatzung in ein vereinfachtes Sanierungsverfahren übergeführt wurde oder zu diesem Zwecke die Sanierungssatzung aufgehoben worden ist[143]

Mit der Entstehung der Ausgleichsbetragspflicht liegen die Voraussetzungen für seine Erhebung dem Grunde nach vor. Die Voraussetzungen für die Erhebung von Ausgleichsbeträgen liegen der Höhe nach vor, wenn sich nach Maßgabe des § 154 Abs. 2 BauGB und unter Berücksichtigung der nach § 155 Abs. 1 BauGB anzurechnenden Beiträge eine Geldforderung ergibt. 312

Bezüglich der **Verjährung des Ausgleichsbetrags** muss zwischen 313

– der Festsetzungsverjährung, d.h. der Verjährung des Rechts auf Festsetzung der Abgabe, und

– der Zahlungsverjährung, d.h. der Verjährung des Zahlungsanspruchs,

unterschieden werden.

Nach den §§ 169 bis 171 AO beträgt die Festsetzungsverjährung grundsätzlich vier Jahre, beginnend mit Ablauf des Kalenderjahres, in dem die Abgabe entstanden ist. Auf die Festsetzungsverjährung finden die landesrechtlichen Vorschriften Anwendung[144] (vgl. z.B. § 27 Abs. 1 Satz 2 BremGebBeitrG; § 11 nds. KAG i.V.m. § 170 AO).

Im Falle des **Fortfalls von Rechtswirkungen für einzelne Grundstücke nach § 163 BauGB wird** die Durchführung der Sanierung für diese Grundstücke als abgeschlossen erklärt (§ 163 Abs. 2 Satz 1 BauGB). Auch wenn das Grundstück mit der Erklärung noch weiterhin in die Sanierungssatzung einbezogen bleibt, entsteht damit der Ausgleichsbetrag und unterliegt der Festsetzungsverjährung. 314

4.1.5 Fälligstellung des Ausgleichsbetrags

Um die Fälligkeit der Forderung herbeizuführen, bedarf es der Geltendmachung des entstandenen Ausgleichsbetrags durch Bescheid nach § 154 Abs. 4 Satz 1 BauGB. Mit der Festsetzung (Erhebung) des Ausgleichsbetrags stellt dieser für den Ausgleichsbetragspflichtigen eine Schuld dar. Der Schuldbetrag wird einen Monat nach Bekanntgabe des Ausgleichsbetragsbescheids grundsätzlich in einem Geldbetrag fällig. 315

Hat die Gemeinde den Ausgleichsbetrag fällig gestellt, unterliegt er der daran anknüpfenden **Zahlungsverjährung.** Nach §§ 228 bis 232 AO beträgt die Frist für die Zahlungsverjährung fünf Jahre, beginnend mit Ablauf des Kalenderjahres, in dem der Anspruch erstmals fällig geworden ist. Der Ausgleichsbetrag wird einen Monat nach Bekanntgabe des Bescheids fällig[145]; wird der Ausgleichsbetrag durch Zustellung des Bescheids fällig gestellt, ist im Übrigen das Zustellungsrecht der Länder maßgebend. 316

Wird der Ausgleichsbetrag nicht bis zum Ablauf des Fälligkeitstags entrichtet, hat die Gemeinde (nach Maßgabe des KAG i.V.m. § 240 AO) einen **Säumniszuschlag** festzusetzen. Dies gilt allerdings nicht, wenn die Vollziehung ausgesetzt oder die aufschiebende Wirkung angeordnet wurde, obwohl es sich bei der Erhebung eines Ausgleichsbetrags um die Anforderung einer öffentlichen Abgabe i.S. des § 80 Abs. 2 Nr. 1 VwGO handelt[146]. Soweit in diesen Fällen ein förmlicher außergerichtlicher Rechtsbehelf oder eine Anfechtungsklage endgültig keinen Erfolg gehabt haben, fallen nach KAG i.V.m. § 237 AO Aussetzungszinsen an. Hat jedoch die Anfechtungsklage Erfolg gehabt, so sind dem Eigentümer nach Maßgabe des KAG i.V.m. § 236 AO Erstattungszinsen zu zahlen. 317

---

143 Ernst/Zinkahn/Bielenberg, BauGB, § 154 BauGB Rn. 298.
144 VG Bremen, Urt. vom 19.5.1993 – 1 A 153/89 –, GuG 1994, 59 = EzGuG 15.76.
145 Ernst/Zinkahn/Bielenberg, BauGB, § 154 Rn. 103 ff., 122 ff. insbesondere Rn. 134 und 164 ff.
146 Ernst/Zinkahn/Bielenberg, BauGB, § 154 Rn. 127 ff.

VIII Ausgleichsbeträge — Ausgleichsbetragsbescheid

318 Bei **Miteigentümern,** die gesamtschuldnerisch haften, treten die genannten Rechtsfolgen (Verjährung, Unterbrechung, Hemmung) gemäß § 425 BGB individuell ein, d.h. nach den Verhältnissen der einzelnen Gesamtschuldner, so auch bei Anteilseigentümern, die nach § 154 Abs. 1 Halbsatz 2 nur nach Anteilen haften, bereits im Hinblick auf ihre anteilige Schuldnerschaft.

4.1.6 Ausgleichsbetragsbescheid

4.1.6.1 Allgemeines

319 Der **Ausgleichsbetragsbescheid muss insbesondere enthalten:**

a) die Höhe des Ausgleichsbetrags, den für seine Bemessung maßgebenden Anfangs- und Endwert sowie die sich daraus ergebende Bodenwerterhöhung einschließlich einer Begründung[147],

b) die nach § 155 Abs. 1 BauGB zu berücksichtigenden Beträge,

c) die Feststellung, dass der Ausgleichsbetrag einen Monat nach Bekanntgabe/Zustellung des Bescheids zu zahlen ist,

d) den Hinweis, dass der Ausgleichsbetragspflichtige den Antrag stellen kann, den Ausgleichsbetrag in ein Tilgungsdarlehen umzuwandeln, sofern ihm nicht zugemutet werden kann, die Verpflichtung bei Fälligkeit mit eigenen oder fremden Mitteln zu erfüllen, und dass beantragt werden kann, den zur Finanzierung der Neubebauung oder Modernisierung erforderlichen Grundpfandrechten den Vorrang vor einem zur Sicherung des Tilgungsdarlehens bestellten Grundpfandrecht einzuräumen.

4.1.6.2 Begründung

320 Der **Ausgleichsbetragsbescheid muss einer** den Anforderungen des Art. 19 Abs. 4 GG gerecht werdenden **gerichtlichen Überprüfung zugänglich sein**[148]. Dies betrifft insbesondere die ihm zugrunde liegenden Ermittlungen der Anfangs- und Endwerte sowie der anzurechnenden Beträge nach § 155 Abs. 1 BauGB. Mit pauschalen und floskelhaften Begründungen kann diesen Anforderungen nicht entsprochen werden. Vielmehr müssen die Anforderungen gestellt werden, die auch an ein Gutachten zu stellen sind.

4.1.6.3 Anfechtung

321 Der **Ausgleichsbetragsbescheid ist ein anfechtbarer Verwaltungsakt.** Die Anfechtbarkeit des Bescheids tritt mit Bekanntgabe, nicht erst mit Eintritt der Fälligkeit ein. Als Rechtsmittel stehen dem Ausgleichsbetragspflichtigen der Widerspruch und im Falle eines erfolglosen Widerspruchs die Anfechtungsklage beim Verwaltungsgericht zur Verfügung. Im Widerspruchsverfahren werden Recht- und Zweckmäßigkeit des Erhebungsbescheids geprüft. Da der Ausgleichsbetrag nicht als öffentliche Last auf dem Grundstück ruht (§ 154 Abs. 4 Satz 3 BauGB), ist bei mehreren auf das Ganze haftenden Ausgleichsbetragspflichtigen im Übrigen nur derjenige anfechtungsberechtigt, gegen den der Bescheid ergangen ist.

322 Der Ausgleichsbetrag, den die Eigentümer der im förmlich festgelegten Sanierungsgebiet belegenen Grundstücke nach § 154 Abs. 1 BauGB zu entrichten haben, stellt eine öffentliche Abgabe i.S. des § 80 Abs. 2 Nr. 1 VwGO mit der Folge dar, dass der **Widerspruch gegen den Heranziehungsbescheid keine aufschiebende Wirkung** (Suspensiveffekt) hat[149]. Mit § 212a Abs. 2 der am 1.1.1998 in Kraft getretenen Fassung des BauGB wird dies ausdrück-

---

[147] Zum Ersatz eines Ausgleichsbetragsbescheids durch einen neuen Ausgleichsbetragsbescheid VG Minden, Urt. vom 17.6.2005 – 9 K 2145/04 –, EzGuG 15.116a.
[148] VG Köln, Urt. vom 8.5.1987 – 13 K 2398/86 –, EzGuG 15.52; OVG Lüneburg, Urt. vom 30.10.1986 – 6 A 32/85 –, EzGuG 15.50.
[149] BVerwG, Urt. vom 17.12.1992 – 4 C 30/90 –, GuG 1993, 180 = EzGuG 15.73.

lich auch in Bezug auf Anfechtungsklage geregelt, wobei der Wortlaut der Vorschrift, anders als § 212 Abs. 2 Satz 2 BauGB, nicht ausdrücklich die entsprechende Anwendung von § 80 Abs. 4 und 5 VwGO vorgibt.

Zur **Anfechtung eines Ausgleichsbetragsbescheids** hat das OVG Münster[150] ausgeführt: **323**

„Für die Beurteilung der Rechtmäßigkeit des Ausgleichsbetragsbescheides kommt es auf den Zeitpunkt der letzten Behördenentscheidung (hier: des Widerspruchsbescheids) an. Das folgt allerdings nicht aus prozessrechtlichen Grundsätzen, sondern aus dem materiellen Recht. Denn während das Prozessrecht regelt, dass der Verwaltungsakt aufzuheben ist, wenn er (gegebenenfalls in Gestalt des Widerspruchsbescheides) rechtswidrig ist, beantwortet sich nach materiellem Recht die Frage, ob der Verwaltungsakt rechtswidrig ist. Das ist zu verneinen, wenn er im Zeitpunkt der letzten Verwaltungsentscheidung mit dem dann maßgeblichen Recht übereinstimmt. Soll insoweit etwas anderes gelten, der einmal rechtmäßig erlassene Verwaltungsakt also von einer späteren Änderung der Sach- oder Rechtslage noch in dem Sinne betroffen werden können, dass er im Hinblick auf seine Unvereinbarkeit mit erst nachträglich geänderten Verhältnissen im gerichtlichen Verfahren der Aufhebung unterliegt, so bedarf es dafür nicht weniger einer entsprechenden Regelung des materiellen Rechts, als sie für den Erlass des Verwaltungsakts seinerseits vorausgesetzt und tatsächlich gegeben war. Unter diesem Gesichtspunkt ist daher – und zwar insoweit vom Zeitpunkt der Gerichtsentscheidung aus – jeweils gesondert zu prüfen, ob das zwischen Verwaltungsentscheidung und gerichtlicher Entscheidung etwa in Kraft getretene neue Recht seine Berücksichtigung auch bei der Beurteilung bereits früher erlassener Verwaltungsakte fordert. (Vgl. BVerwG, Urt. vom 14.2.1975 – 4 C 21/74 –, *EzGuG 13.24*; BVerwG, Urt. vom 28.7.1989 – 7 C 39/87 –, *EzGuG 6.246a*; siehe auch Schenke, Die Bedeutung einer nach Abschluss des Verwaltungsverfahrens eintretenden Veränderung der Rechts- oder Sachlage für die Anfechtung eines Verwaltungsakts, NVwZ 1986, S. 522 ff.) … Da es sich bei dem Gutachten des Gutachterausschusses um mit besonderer Sachkunde, Fachwissen und Erfahrung begründete Stellungnahmen handelt, bestehen verfahrensmäßig keine Bedenken, wenn die Gemeinde die nachvollziehbare und an den gesetzlichen Bestimmungen orientierte Berechnung der Anfangs- und Endwerte durch den Gutachterausschuss (oder eines anderen Sachverständigen) als eigene Beurteilung übernimmt und zur Grundlage ihrer Heranziehungsbescheide macht. (Vgl. BVerwG, Beschl. vom 18.1.1982 – 7 B 254/81 –, NVwZ 1982, 309 f.; BVerwG, Urt. vom 15.4.1964 – 5 C 45/63 –, BVerwGE 18, 216 ff. [218].) Bei der Bewertung der für den Anfangs- und Endwert maßgeblichen Faktoren steht der Gemeinde ein Schätzungsspielraum hinsichtlich des Umfangs, der durch diese Faktoren bewirkten Erhöhung oder Minderung des Bodenwertes zur Verfügung. Das gilt unabhängig davon, ob sie sich hierbei auf ein Sachverständigengutachten stützt oder die Entscheidungsgrundlage selbst ermittelt. Denn Anfangs- und Endwert lassen sich nicht einfach „ausrechnen" oder in ihrer Höhe einer Tabelle entnehmen, sondern gehen aus einem Ermittlungsverfahren hervor, das zumindest praktisch vielfältig Gelegenheit bietet, so oder anders vorzugehen. Die Gemeinde hat allerdings keinen (Einschätzungs-) Spielraum hinsichtlich der Frage, ob sich die Sanierung in Bezug auf die maßgeblichen Elemente des Bodenwerts überhaupt erhöhend oder senkend auswirkt. Die diesbezüglichen Fragen beantworten sich in aller Regel aus den durch die Rechtsordnung vorgegebenen Wertungen und sind einer Schätzung i.S.d. § 162 AO nicht zugänglich.

Die gesetzliche Einräumung eines (begrenzten) Schätzungsspielraumes hat Auswirkungen auf die gerichtliche Kontrolldichte. Denn die gerichtlichen Beurteilungsmaßstäbe und die administrativen, sich aus dem materiellen Rechtergebenden Handlungsmaßstäbe entsprechen einander in der Weise, dass die gerichtliche Kontrolle umfassend ist, wo die Rechtsbindung der Verwaltung eng ist, und dass die gerichtliche Kontrolle in dem Maße zurückgenommen ist, in dem das Recht der Verwaltung Freiräume zur letztverantwortlichen und damit auch für den Richter verbindlichen Ausgestaltung zugewiesen hat. Deshalb folgt aus dem der Gemeinde materiell-rechtlich zugestandenen Spielraum zunächst eine Begrenzung richterlicher Kontrolle. Macht die Gemeinde bei der Bewertung einzelner Faktoren für die Bestimmung des Anfangs- oder Endwerts von ihrer Schätzungsbefugnis Gebrauch, so hat das Gericht lediglich nachzuprüfen, ob sich die Entscheidung der Exekutive im Rahmen dessen hält, was der Schätzungsspielraum als rechtlich vertretbar zulässt. Erst wenn diese Grenze überschritten ist, kann das Gericht auf der Grundlage des Prozessrechts gemäß § 173 VwGO i.V.m. § 287 Abs. 2 ZPO nach den hierfür entwickelten Grundsätzen die von der Behörde (fehlerhaft) vorgenommene Schätzung durch eine eigene Schätzung ersetzen. (Vgl. hierzu BFH, Urt. vom 2.2.1982 – VIII R 65/80 –, *EzGuG 20.93a*; OVG Münster, Urt. vom 17.3.1977 – 13 A 424/76 –, DGStZ 1978, 59 ff., und OVG Münster, Urt. vom 14.12.1989 – 22 A 401/87 –; a. A. VG Münster, Urt. vom 18.2.1988 – 3 K 2268/85 –, *EzGuG 15.60*, das offenbar von einer generellen gerichtlichen Schätzungsbefugnis ausgeht).

---

150 OVG Münster, Urt. vom 9.4.1990 – 22 A 1185/89 –, EzGuG 15.67 = GuG 1991, 31.

VIII Ausgleichsbeträge   Absehen vom Ausgleichsbetrag

Die Entscheidung, von der Möglichkeit des § 287 Abs. 2 ZPO Gebrauch zu machen oder aber – wie in anderen Rechtsbereichen, in denen ein Gesetzestatbestand der Exekutive die Kompetenz zur administrativen Letztentscheidung zuweist – den angefochtenen Verwaltungsakt aufzuheben, steht im Ermessen des Gerichts. Ersetzt das Gericht in Anwendung des § 287 Abs. 2 ZPO die behördliche durch eine eigene Schätzung, kann es sich hierbei, soweit ihm die eigene Sachkunde fehlt, eines Sachverständigengutachtens bedienen.

Es spricht allerdings manches dagegen, eine unter diesen Voraussetzungen zulässige gerichtliche Schätzung der Gestalt vorzunehmen, dass die von der Gemeinde fehlerhaft ermittelte sanierungsbedingte Bodenwerterhöhung durch einen generellen Abschlag in einer nicht an gesetzliche Kriterien anknüpfenden Höhe gemindert wird. Dies widerspricht bereits dem Wesen der für den jeweiligen Einzelfall vorzunehmenden Schätzung und würde sich letztlich wie ein ungeschriebenes Tatbestandsmerkmal des § 154 Abs. 2 BauGB auswirken. Die Schätzung des Gerichts hat vielmehr an die Bewertung der einzelnen, bei der Ermittlung des Anfangs- und Endwerts maßgeblichen Faktoren anzuknüpfen und ist nur in dem Maße zulässig, in dem die Gemeinde ihrerseits den ihr zustehenden Schätzungsspielraum verlassen hat. Hat die Gemeinde hingegen fehlerfrei (durch Schätzung) die sanierungsbedingte Bodenwerterhöhung ermittelt, so gibt es für eine Reduzierung des gesetzlichen Parameters für den zu erhebenden Ausgleichsbetrag keine rechtliche Handhabe."

4.1.7 Absehen und Freistellung vom Ausgleichsbetrag

4.1.7.1 Allgemeines

324 Von der Erhebung des Ausgleichsbetrags kann abgesehen werden

a) in sog. *Bagatellfällen* nach § 155 Abs. 3 BauGB; das Absehen kann auch vor Entstehung des Ausgleichsbetrags erklärt werden;

b) *zur Vermeidung unbilliger Härten* nach § 155 Abs. 4 BauGB;

c) *im öffentlichen Interesse* nach § 155 Abs. 4 BauGB;

d) nach Maßgabe landesrechtlicher Vorschriften für kommunale Beiträge durch *Erlass* oder *Niederschlagung* (§ 155 Abs. 5 BauGB).

325 Darüber hinaus entfällt die Erhebung von Ausgleichsbeträgen, wenn ein Grundstück nach Maßgabe des § 153 Abs. 5 BauGB in ein **Umlegungsverfahren** einbezogen worden ist.

4.1.7.2 Bagatellfall

326 **Rechtsgrundlage** für ein Absehen von der Erhebung des Ausgleichsbetrags in sog. Bagatellfällen **ist § 155 Abs. 3 BauGB,** der folgende Fassung hat:

„(3) Die Gemeinde kann für das förmlich festgelegte Sanierungsgebiet oder für zu bezeichnende Teile des Sanierungsgebiets von der Festsetzung des Ausgleichsbetrags absehen, wenn

1. eine geringfügige Bodenwerterhöhung gutachtlich ermittelt worden ist und
2. der Verwaltungsaufwand für die Erhebung des Ausgleichsbetrags in keinem Verhältnis zu den möglichen Einnahmen steht.

Die Entscheidung nach Satz 1 kann auch getroffen werden, bevor die Sanierung abgeschlossen ist."

327 Die **Anwendungsvoraussetzungen für die Bagatellklausel sind** äußerst **restriktiv** gefasst. Die Anwendung der Vorschrift kommt i.d.R. allenfalls in Betracht, wenn

– das Sanierungsgebiet aus einer Vielzahl kleiner Grundstücke besteht,

– das vorhandene Bodenwertniveau sowie die sanierungsbedingten Bodenwerterhöhungen verhältnismäßig niedrig sind und

– der Verwaltungsaufwand verhältnismäßig hoch ist, weil sich die notwendigen Wertermittlungen auf ein kleines Gebiet beziehen[151].

---

[151] Zu diesen Zusammenhängen vgl. Kleiber in ZfV 1986, 105 und Kleiber in Ernst/Zinkahn/Bielenberg, BauGB § 155 Rn. 92 ff.

Absehen vom Ausgleichsbetrag **Ausgleichsbeträge VIII**

Obwohl beide der in § 155 Abs. 3 BauGB genannten **Voraussetzungen** (Nr. 1 und 2) **kumulativ erfüllt** sein müssen, ist zunächst nach der Höhe des Verwaltungsaufwands für die Ausgleichsbetragserhebung zu fragen. Denn selbst bei „geringfügigen" Bodenwerterhöhungen kann von der Bagatellklausel nicht Gebrauch gemacht werden, wenn der Verwaltungsaufwand noch kleiner ist. Umgekehrt kann bei einer nicht mehr geringfügigen Bodenwerterhöhung selbst dann nicht von der Festsetzung des Ausgleichsbetrags abgesehen werden, wenn der Verwaltungsaufwand größer als die erzielbaren Einnahmen ist. **328**

Der **Verwaltungsaufwand** besteht aus den Personal- und Sachkosten, wobei zwischen **329**

a) den **festen Kosten für die Ermittlung der abschöpfungsfähigen sanierungs- bzw. entwicklungsbedingten Bodenwerterhöhung,** bestehend aus den

- Kosten der Ermittlung des Anfangs- und Endwerts i.S. des § 154 Abs. 2 BauGB,
- Kosten der Ermittlung der nach § 155 Abs. 1 BauGB auf den Ausgleichsbetrag anzurechnenden Beträge und

b) den **Kosten der Erhebung des Ausgleichsbetrags,** bestehend aus den

- Kosten der Beteiligung des Ausgleichsbetragspflichtigen nach § 154 Abs. 4 Satz 2 BauGB,
- Kosten der Ausfertigung und Bekanntgabe (Zustellung) des Ausgleichsbetragsbescheids nach § 154 Abs. 4 Satz 1 BauGB,
- Kosten einer ggf. nach Maßgabe des § 154 Abs. 5 BauGB vorzunehmenden Umwandlung des Ausgleichsbetrags in ein Tilgungsdarlehen und der Vorrangeinräumung,
- Kosten der Beitreibung des Ausgleichsbetrags (nach pauschalierten Durchschnittssätzen),

zu unterscheiden ist.

Neuere Untersuchungen[152] haben die von *Schäfer* (1974) gemachten Angaben bestätigt, während sich die von *Seele* und *Hagedorn* veröffentlichten Angaben als weit übersetzt erwiesen haben. *Schmid*[153] kommt aufgrund von Untersuchungen in 9 Gemeinden mit 10 Sanierungsmaßnahmen zu einem berücksichtigungsfähigen Verwaltungsaufwand, der zwischen 465 € und 710 € liegt, und hält für die praktische Anwendung der Bagatellklausel einen **Mittelwert von 600 € je ausgleichsbetragspflichtiges Grundstück** für gerechtfertigt. Des Weiteren verweist Schmidt auf eine Schätzung der Gemeindeprüfungsanstalt *Baden-Württemberg*[154], nach der der Verwaltungsaufwand zwischen 180 und 270 € liege (Abb. 22). **330**

---

152 Der Verwaltungsaufwand war Gegenstand verschiedener (älterer) Untersuchungen: Sten, BT-Prot. der 31. Sitzung des BT-Ausschusses vom 5.11.1974; Dt. Institut für Urbanistik, Planspiel zur Novellierung des BBauG, Berlin 1975; Hagedorn, Aufwands- und Ertragsanalyse (unveröffentlicht), 1985 Dörentrup.
153 Schmidt in GuG 1999, 340.
154 GPA Baden-Württemberg, Geschäftsbericht 1997/98, S. 70 ff.

VIII Ausgleichsbeträge — Absehen vom Ausgleichsbetrag

Abb. 22: Verwaltungsaufwand[155]

	Stunden/ Grundstück	€/Stunde und Grundstück	Einzelgutachten	Verwaltungsaufwand
1. Variante				
100% Normal	17	43 €	300 bis 750 €	1 050 bis 1 500 €
2. Variante				
70% normal	17	43 €	300 bis 750 €	1 130 bis 1 600 €
30% Widersprüche	24	43 €	300 bis 750 €	1 130 bis 1 600 €
3. Variante				
60% normal	17	43 €	300 bis 750 €	1 330 bis 1 780 €
30% Widersprüche	24	43 €	300 bis 750 €	1 330 bis 1 780 €
10% Klagen	64	43 €	300 bis 750 €	1 330 bis 1 780 €
4. Variante				
50% normal	17	43 €	300 bis 750 €	1 350 bis 1 800 €
40% Widersprüche	24	43 €	300 bis 750 €	1 350 bis 1 800 €
10% Klagen	64	43 €	300 bis 750 €	1 350 bis 1 800 €
5. Variante				
45% normal	17	43 €	300 bis 750 €	1 450 bis 1 900 €
40% Widersprüche	24	43 €	300 bis 750 €	1 450 bis 1 900 €
15% Klagen	64	43 €	300 bis 750 €	1 450 bis 1 900 €

331 Die sog. **festen Kosten der Ermittlung der sanierungs- bzw. entwicklungsbedingten Bodenwerterhöhung** lassen bei alledem **keinerlei Rückschlüsse** zur Beantwortung der Frage **zu, ob sich die Erhebung des Ausgleichsbetrags „lohnt"**, d.h., ob die Einnahmen mindestens die mit der Erhebung des Ausgleichsbetrags anfallenden Kosten decken. Diese (festen) Kosten fallen zwangsläufig an, um zunächst die abschöpfbare Bodenwerterhöhung festzustellen, wobei sich die Erhebung des Ausgleichsbetrags für die Gemeinde erst dann „rechnet", wenn die ermittelte Bodenwerterhöhung die Kosten der Erhebung des Ausgleichsbetrags (ausschließlich der Ermittlung der sanierungs- bzw. entwicklungsbedingten Bodenwerterhöhung und der anzurechnenden Beträge) übersteigt.

332 Vor diesem Hintergrund, dass der Gemeinde im Zuge der gutachterlichen Ermittlung des Ausgleichsbetrags nicht unerhebliche feste **Kosten entstehen, ist ein Absehen von der Erhebung des Ausgleichsbetrags nur dann gerechtfertigt, wenn die Kosten der Festsetzung und Erhebung des Ausgleichsbetrags einschließlich der Beitreibungskosten den erhebbaren Ausgleichsbetrag übersteigen.**

Beispiel:

Feste Kosten der Ermittlung des Ausgleichsbetrags	2 500 €
Kosten der Erhebung des Ausgleichsbetrags	1 000 €
Ausgleichsbetrag	900 €
ergibt	– 100 €
daraus folgt: Anwendung der Bagatellklausel	
Anwendung der Bagatellklausel	
Kosten der Erhebung des Ausgleichsbetrags	1 000 €
Ausgleichsbetrag	1 100 €
ergibt	100 €
daraus folgt: Keine Anwendung der Bagatellklausel	

---

[155] Arbeitsblatt 4 in Bayern, Oberste Baubehörde im Bayerischen Staatsministerium des Inneren, August 1999.

Im Ergebnis ist also festzustellen, dass die Gemeinde – unabhängig von der Höhe des erhebbaren Ausgleichsbetrags – stets auf den Kosten ihrer Ermittlung „sitzen bleibt" und es entscheidend auf die Höhe des erhebbaren Ausgleichsbetrags im Verhältnis zu seinen Erhebungskosten ankommt. Die **Bagatellklausel kommt also nur zur Anwendung, wenn die Erhebungskosten einschließlich der Beitreibungskosten den Ausgleichsbetrag übersteigen**. Von daher empfiehlt es sich, die Höhe des erhebbaren Ausgleichsbetrags mit möglichst geringem Aufwand zu prüfen, wenn eine nur „geringfügige" Bodenwerterhöhung erwartet werden kann, deren Geltendmachung durch Erhebung des Ausgleichsbetrags noch nicht einmal die Erhebungskosten deckt (Abb. 23).

333

Abb. 23: Anwendung der Bagatellklausel

Im Hinblick auf die mit dem Absehen von der Erhebung von Ausgleichsbeträgen verbundenen Einnahmeausfälle und die daraus resultierenden Folgen für die Überschussverteilung nach § 156a BauGB besteht die besondere Problematik bei der Anwendung der Bagatellklausel darin, dass **der Gemeinde bereits mit der gutachterlichen Ermittlung einer geringfügigen Bodenwerterhöhung nach § 155 Abs. 3 Nr. 1 BauGB nicht unerhebliche Kosten entstehen**, die im Falle des Absehens zu einer Verminderung des Überschusses führen. Verwaltungsökonomisch aber auch im Hinblick auf einen etwaigen Überschuss ist ein Absehen von der Festsetzung des Ausgleichsbetrags deshalb erst dann geboten, wenn allein die Kosten für die Erstellung und Zustellung des Ausgleichsbetrags einschließlich etwaiger Anwalts- und Gerichtskosten im Falle eines Widerspruchverfahrens (Beitreibungskosten) den erhebbaren Ausgleichsbetrag überschreiten. Demzufolge kann von der Erhebung des Ausgleichsbetrags nach dem Wortlaut des § 155 Abs. 3 Nr. 2 BauGB nur abgesehen werden, wenn der Verwaltungsaufwand für die „Erhebung des Ausgleichsbetrags" in keinem Verhältnis zu der geringfügigen Bodenwerterhöhung steht, wobei die „Erhebung" nicht den Verwaltungsaufwand für die „Ermittlung" des Ausgleichsbetrags umfasst.

334

In der **Verwaltungspraxis der Stadt München** macht man von der Bagatellklausel demzufolge erst Gebrauch, wenn der zu erhebende Ausgleichsbetrag die Kosten der Ausfertigung und Zustellung des Ausgleichsbetrags einschließlich eines Zuschlags für ein etwaiges Widerspruchverfahren (Beitreibungskosten) – unabhängig von dem sonstigen Verwaltungsaufwand – unterschreitet. Dies ist darin begründet, dass die Kosten für die Ermittlung des Ausgleichsbetrags in jedem Falle anfallen und sich von daher die Erhebung des Ausgleichsbetrags „lohnt", wenn mindestens die Beitreibungskosten gedeckt werden.

335

336 Das Gesetz fordert zwar eine **„gutachtliche" Ermittlung der geringfügigen Bodenwerterhöhung,** sie braucht jedoch nicht vom Gutachterausschuss für Grundstückswerte vorgenommen zu werden. Die Ermittlung muss nur fundiert sein. Die Entscheidung, wann eine ermittelte Bodenwerterhöhung als „geringfügig" i.S. des § 155 Abs. 3 Nr. 1 BauGB ist, verbleibt im Übrigen nach dem BauGB der Gemeinde, auch wenn sie sich des Gutachterausschusses für Grundstückswerte bedient.

337 Hinzu kommt, dass sich „wirklich geringfügige" Bodenwerterhöhungen kaum feststellen lassen. Die für die Feststellung einer geringfügigen Bodenwerterhöhung maßgeblichen Anfangs- und Endwerte sind nämlich keine mathematisch exakt ermittelbaren Werte (vgl. § 194 BauGB Rn. 118), so dass sich die wirklich geringfügigen Bodenwerterhöhungen auch kaum „seismographisch" ermitteln lassen. Es kommt hinzu, dass es der Gemeinde bei der Ermittlung des Verkehrswerts ohnehin nicht verwehrt ist, „die mit der Ermittlung des Verkehrswerts notwendig verbundenen Ungewissheiten[156] durch eine vorsichtige, an die untere Grenze des Vertretbaren heranreichende Veranschlagung aufzufangen"[157]. Dies dürfte auch der Grund gewesen sein, dass im Gesetzgebungsverfahren zum BauGB vom Deutschen Städtetag anlässlich der Anhörung von Sachverständigen vor dem BT-Ausschuss darauf hingewiesen wurde, dass bei „wirklich geringfügigen" Werterhöhungen sich schon aus der Wertermittlung ergäbe, dass Ausgleichsbeträge nicht anfielen[158]. Im Ergebnis dürfte deshalb festzuhalten sein, dass die **Bagatellklausel nur in wenigen Ausnahmefällen zur Anwendung** kommen kann[159].

4.1.7.3 Unbillige Härte und öffentliches Interesse

338 Nach § 155 Abs. 4 BauGB kann die Gemeinde im Einzelfall ganz oder teilweise von der Ausgleichsbetragserhebung absehen, wenn dies

– im öffentlichen Interesse oder

– zur Vermeidung unbilliger Härte

geboten ist. Die **Freistellung** kann **auch** für den Fall vorgesehen werden, dass die Ausgleichsbetragspflicht noch nicht entstanden ist, d.h. **vor Abschluss des Sanierungsverfahrens** nach den §§ 162 f. BauGB. Es handelt sich hierbei um den Erlass des Ausgleichsbetrags, der grundsätzlich im Ermessen der Gemeinde steht. Das Ermessen ist hinsichtlich Ermessensüberschreitung und Ermessensfehlgebrauch gerichtlich nachprüfbar (§ 114 VwGO)[160]. Der Erlass steht in engem Zusammenhang mit den Bestimmungen des § 154 Abs. 5 Satz 1 bis 3 BauGB, nach denen ein festgesetzter Ausgleichsbetrag bei Unzumutbarkeit in ein Tilgungsdarlehen umzuwandeln ist, wenn dies aus den vorgenannten Gründen oder zur Vermeidung einer von dem Ausgleichsbetragspflichtigen nicht zu vertretenden Unwirtschaftlichkeit der Grundstücksnutzung geboten ist. Ein Erlass wird von daher erst in Betracht gezogen werden können, wenn Billigkeitsgründe oder ein öffentliches Interesse eine völlige Freistellung durch Erlass des Ausgleichsbetrags erforderlich machen[161].

4.1.7.4 Erlass und Niederschlagung

339 Nach § 155 Abs. 5 BauGB finden die **landesrechtlichen Vorschriften über kommunale Beiträge** einschließlich der Bestimmungen über die Stundung und den Erlass auf die Erhebung von Ausgleichsbeträgen entsprechend Anwendung. Dies bedeutet, dass im Einzelfall

– die Bestimmungen des Kommunalabgabengesetzes über den *Erlass* (§ 227 AO),

– die Bestimmungen über die *Niederschlagung* (§ 261 AO) und

– die Bestimmungen über die *Stundung*

---

156 BVerwG, Urt. vom 24.11.1978 – 4 C 56/76 –, EzGuG 15.9.
157 OVG Lüneburg, Urt. vom 30.10.1986 – 6 A 32/85 –, EzGuG 15.50.
158 MittDST Nr. 611/84 vom 23.7.1984.
159 Hierzu: Kleiber in Ernst/Zinkahn/Bielenberg, BauGB § 155 Rn. 92 ff.
160 BVerwG, Urt. vom 10.9.1971 – 4 C 22/70 –, EzGuG 9.14.
161 Kleiber, a.a.O. § 155 BauGB Rn. 146 ff.

zur Anwendung kommen können. Des Weiteren sind zu nennen die einschlägigen Vorschriften[162] über

- die Festsetzung von Säumniszuschlägen (§ 240 AO),
- die Festsetzungsverjährung (§§ 169 bis 171 AO),
- die Zahlungsverjährung (§§ 228 bis 232 AO),
- die Zahlung von Aussetzungszinsen (§ 236 AO) und
- die Zahlung von Erstattungszinsen (§ 236 AO).

4.1.8 Entfallen des Ausgleichsbetrags bei Sanierungsumlegungen (§ 153 Abs. 5 BauGB)

Nach § 155 Abs. 2 BauGB entfällt die Erhebung eines Ausgleichsbetrags, wenn eine Umlegung nach Maßgabe des § 153 Abs. 5 BauGB (Sanierungsumlegung) durchgeführt worden ist. In diesen Fällen werden in Gebieten, die durch eine Sanierungsumlegung neu geordnet wurden, die sanierungsbedingten Bodenwerterhöhungen nicht durch Ausgleichsbeträge, sondern durch entsprechend „aufgestockte" Ausgleichsleistungen (§ 64 BauGB) abgeschöpft. Die Regelung ist darin begründet, dass mit der Durchführung einer Sanierungsumlegung neben den umlegungsbedingten auch die sonstigen sanierungsbedingten Werterhöhungen i.d.R. umfassend abgeschöpft werden. Die Umlegungsbeteiligten sollen deshalb darauf vertrauen können, dass es damit sein Bewenden hat und sie nicht nach Abschluss der Sanierungsmaßnahme möglicherweise erneut zu weiteren zwischenzeitlich eingetretenen Bodenwerterhöhungen herangezogen werden. Die Voraussetzungen wären dafür ohnehin nur gegeben, wenn der **Sanierungsbebauungsplan nach Eintritt der Unanfechtbarkeit des Umlegungsplans, aber vor Abschluss der Sanierung geändert** wurde. 340

4.2 Ausgleichsbetragsermittlung nach Abschluss der Maßnahme

4.2.1 Allgemeines

Nach den vorstehenden Ausführungen bemisst sich der **Ausgleichsbetrag aus dem Unterschied zwischen End- und Anfangswert,** wobei es sich hierbei jeweils um den Bodenwert des Grundstücks handelt. 341

$$\text{Ausgleichsbetrag AB} = \text{Endwert (EW)} - \text{Anfangswert (AW)}$$

End- und Anfangswert sind jeweils auf den Zeitpunkt des Abschlusses der Sanierungs- oder Entwicklungsmaßnahme zu beziehen. 342

Wie bereits erläutert, definieren sich End- und Anfangswert (nach § 154 Abs. 2 BauGB) wie folgt: 343

- **Anfangswert** ist der Bodenwert, der sich für das Grundstück ergeben würde, wenn eine Sanierung bzw. Entwicklung weder beabsichtigt, vorbereitet noch durchgeführt worden wäre.
- **Endwert** ist der Bodenwert, der sich für das Grundstück durch die rechtliche und tatsächliche Neuordnung des Sanierungsgebiets bzw. städtebaulichen Entwicklungsbereichs ergeben würde.

Zur **Unterscheidung des Anfangswerts von dem sanierungs- bzw. entwicklungsunbeeinflussten Bodenwert** wird nochmals auf Rn. 82 verwiesen. 344

---

162 Kleiber, a.a.O. § 155 BauGB Rn. 160 ff.

VIII Ausgleichsbeträge Abschluss der Maßnahme

345 Der sich aus dem Unterschied zwischen End- und Anfangswert ergebende Ausgleichsbetrag ist um die sich nach Maßgabe des § 155 Abs. 1 BauGB bemessenden **Anrechnungsbeträge** zu vermindern (Abb. 24).

Abb. 24: Ermittlung von Ausgleichsbeträgen nach den §§ 154 f. BauGB

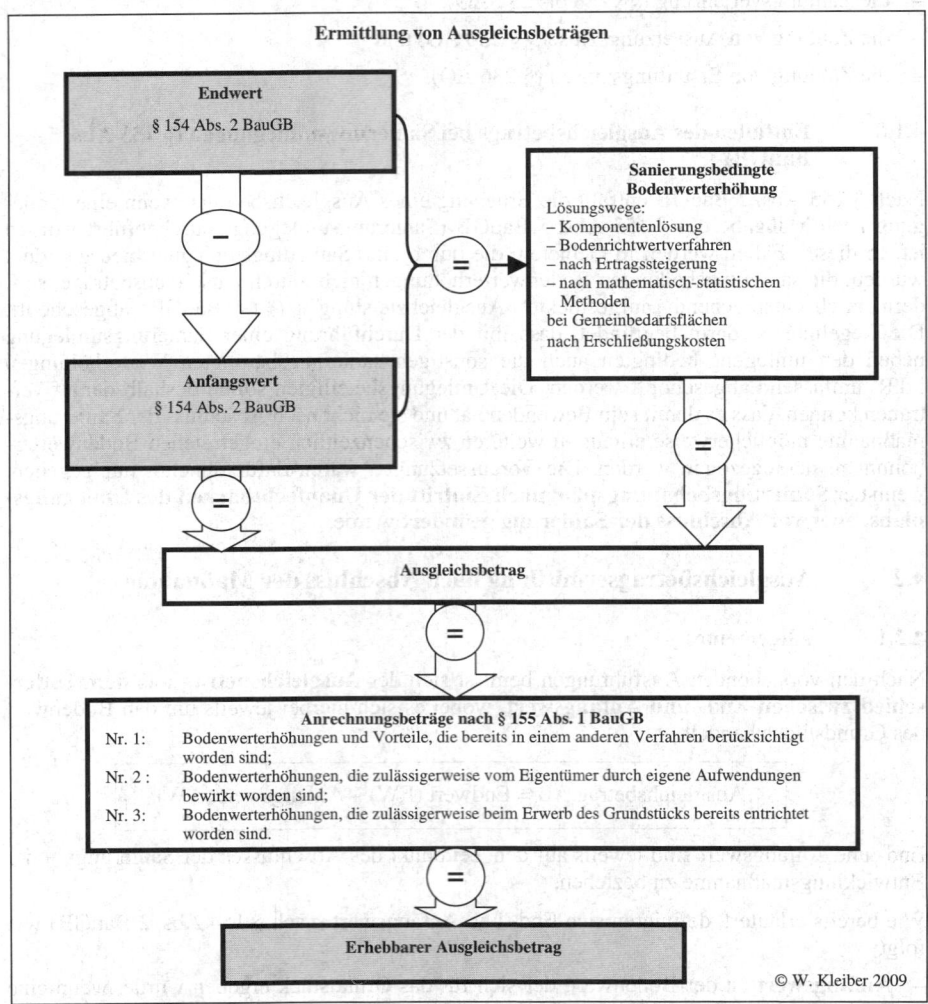

346 Anfangs- und Endwert sind nach dem Vorhergesagten jeweils die Bodenwerte des Grundstücks. Soweit es sich hierbei um ein bebautes Grundstück handelt, beantwortet sich die Frage, wie der Bodenwert zu ermitteln ist, nach § 16 Abs. 1 Satz 1 ImmoWertV. Generell ist danach als Anfangs- und Endwert jeweils der **Wert des Bodens ohne Bebauung durch Vergleich mit dem Wert unbebauter Grundstücke** zu ermitteln. Dieser Grundsatz entspricht den Vorschriften des BauGB und der Systematik der ImmoWertV:

- Nach § 196 Abs. 1 Satz 2 BauGB sind Bodenrichtwerte in bebauten Gebieten mit dem Wert zu ermitteln, der sich ergeben würde, wenn das Grundstück unbebaut wäre.
- Bodenpreisindexreihen werden aus Kaufpreisen unbebauter Grundstücke abgeleitet.

Abschluss der Maßnahme — Ausgleichsbeträge VIII

– Die Wertermittlungsverfahren gehen in ihrem Aufbau von einem wertbeständigen Grund und Boden aus und sehen nur für besondere Fälle eine davon abweichende Bodenwertermittlung vor.

Dass als Anfangs- und Endwert jeweils nur der Bodenwert zu ermitteln ist, bedeutet nicht, dass die **Bebauung des Sanierungsgebiets bzw. Entwicklungsbereichs** unberücksichtigt bleibt. Als lagebestimmende Zustandsmerkmale ist die Bebauung vielmehr sowohl bei der Ermittlung des Anfangswerts als auch der des Endwerts in allerdings unterschiedlicher Weise zu berücksichtigen: 347

– Die Bebauung des Sanierungsgebiets bzw. Entwicklungsbereichs im sanierungs- bzw. entwicklungsbedürftigen Zustand ist der Ermittlung des Anfangswerts zugrunde zu legen.

– Die Bebauung des Sanierungsgebiets bzw. Entwicklungsbereichs aufgrund der rechtlichen und tatsächlichen Neuordnung ist dagegen der Ermittlung des Endwerts zugrunde zu legen.

Nach § 154 Abs. 2 BauGB bemisst sich der Ausgleichsbetrag aus dem **Unterschied zweier unabhängig zu ermittelnder Bodenwerte** des Grundstücks, nämlich dem Endwert und dem Anfangswert. Anfangs- und Endwert unterscheiden sich um die sanierungs- bzw. entwicklungsbedingte Bodenwerterhöhung, die Gegenstand der Ausgleichsbetragserhebung ist. In vielen Fällen kann die sanierungsbedingte Bodenwerterhöhung auf direktem Wege sicherer abgeleitet werden als aus dem Unterschied zwischen End- und Anfangswert. 348

Grundsätzlich lassen sich damit **zwei methodisch unterschiedliche Verfahrenswege** zur Bemessung des Ausgleichsbetrags unterscheiden (Abb. 25). 349

Abb. 25: Verfahrenswege der Ermittlung von Ausgleichsbeträgen (Grundsätzliches)

VIII Ausgleichsbeträge — Abschluss der Maßnahme

1. Ermittlung des Ausgleichsbetrags aus dem Unterschied zwischen dem *unabhängig voneinander ermittelten End- und Anfangswert* entsprechend der Verfahrensvorgabe des § 154 Abs. 2 BauGB,

2. Ermittlung des Ausgleichsbetrags auf direktem Weg aus der *sanierungs- bzw. entwicklungsbedingten Bodenwerterhöhung*, wobei sich damit auch Anfangs- oder Endwert ableiten lassen, wenn einer dieser Werte bekannt ist:

      Anfangswert
  + Sanierungs- bzw. entwicklungsbedingte Bodenwerterhöhung
  = Endwert

oder

      Endwert
  − Sanierungs- bzw. entwicklungsbedingte Bodenwerterhöhung
  = Anfangswert

350 Nach dem Wortlaut des § 154 Abs. 2 BauGB wäre der zuletzt genannte Verfahrensweg nicht zulässig. Grundsätzlich ist nach der hier vertretenen Auffassung auch der zweite Verfahrensweg zulässig, allerdings auch nur dann, wenn dieser Verfahrensweg zu Ergebnissen führt, die nachvollziehbar sind und sich am Geschehen auf dem Grundstücksmarkt orientieren, d.h.,

– Anfangswert zuzüglich der sanierungsbedingten Bodenwerterhöhung muss auch tatsächlich zum Endwert führen, bzw.

– Endwert abzüglich sanierungsbedingter Bodenwerterhöhung muss auch tatsächlich zum Anfangswert führen.

Bei Anwendung des **Zielbaumverfahrens (Multifaktorenanalyse)** auf der Grundlage eines

a) schulnotenmäßig ermittelten *qualitativen* Wertverhältnisses zwischen dem Zustand des Grund und Bodens *vor* und *nach* der Sanierung

z.B.:

– Qualitative Bewertung des Grundstücks nach der Sanierung: Schulnote 1
– Qualitative Bewertung des Grundstücks vor der Sanierung: Schulnote 5

daraus folgend ein qualitatives Wertverhältnis 5/1

und

einer Ableitung des Endwerts aus einem bekannten Anfangswert (von z.B. 100 €/m²) nach diesem Wertverhältnis (Endwert = 100 €/m² × 5 = 500 €/m²) bzw.

einer Ableitung des Anfangswerts aus einem bekannten Endwert (von z.B. 700 €/m²) nach diesem Wertverhältnis (Endwert = 700 €/m² / 5 = 140 €/m²) bzw.

b) aus der Differenz des schulnotenmäßig nach qualitativen Merkmalen bewerteten Zustands des Grundstücks *vor* und *nach* der Sanierung

z.B.:

– Qualitative Bewertung des Grundstücks nach der Sanierung: Schulnote 1
– Qualitative Bewertung des Grundstücks vor der Sanierung: Schulnote 5

daraus folgend eine qualitative Bodenwerterhöhung von 4 Schulnoten (Schulnote 5 abzüglich Schulnote 1)

und

einer Ableitung des Anfangs- bzw. Endwerts dadurch, dass die qualitative Bodenwerterhöhung ermittelt wird, indem die Schulnotendifferenz mit einer vorgegebenen Bodenwerterhöhung (z.B. 0,25 / Δ Schulnoten) multipliziert wird (im Beispiel 4 × 0,25 = 1,0), einer Ableitung des Endwerts aus einem bekannten Anfangswert (von z.B. 100 €/m²) bzw. einer Ableitung des Anfangswerts aus einem bekannten Endwert (von z.B. 700 €/m²) ist dies keineswegs gewährleistet. Das Modell bedarf dann einer „Justierung" an die tatsächlichen Wertverhältnisse auf dem Grundstücksmarkt (vgl. Rn. 455 ff.).

Es kann im Übrigen auch nicht gefordert werden, dass die sanierungs- bzw. entwicklungsbedingte Werterhöhung aufgeschlüsselt nach den einzelnen werterhöhenden Sanierungs- und Entwicklungsmaßnahmen nachgewiesen wird, wenn eine gesamtheitliche Wertermittlungsmethode sachgerechter ist (vgl. Rn. 237)[163]. **351**

Der **Ausgleichsbetrag bemisst sich nicht nach den Kosten der Sanierung oder Entwicklung,** sondern nach der Bodenwerterhöhung des Grundstücks[164]. **352**

4.2.2 Wertermittlungsstichtag

Der maßgebliche Wertermittlungsstichtag für die Ermittlung des End- und Anfangswerts ergibt sich aus § 154 Abs. 3 BauGB[165]. **Anfangs- und Endwert,** aber auch die nach § 155 Abs. 1 BauGB anzurechnenden Beträge sind **bezogen auf denselben Zeitpunkt zu ermitteln** (vgl. § 16 Abs. 5 ImmoWertV). **Wertermittlungsstichtag** ist der Zeitpunkt des Abschlusses der städtebaulichen Sanierungs- oder Entwicklungsmaßnahme nach § 162 und § 163 BauGB (ggf. i.V.m. § 169 Abs. 1 Nr. 8 BauGB). Entsprechendes gilt auch für Anpassungsgebiete i.S. des § 170 BauGB. Wertermittlungsstichtag ist danach **353**

c) in den Fällen einer *Aufhebung der Sanierungs- bzw. Entwicklungssatzung* nach § 162 BauGB der Zeitpunkt des Inkrafttretens der Satzung, mit der die Sanierungs- bzw. Entwicklungssatzung aufgehoben wird (§ 162 Abs. 2 Satz 5 BauGB);

d) in den Fällen einer *Abgeschlossenheitserklärung für einzelne Grundstücke* nach § 163 Abs. 1 und 2 BauGB der Zeitpunkt der Abschlusserklärung.

Die zitierten Vorschriften haben folgende Fassung: **354**

„§ 162 BauGB Aufhebung der Sanierungssatzung

(1) Die Sanierungssatzung ist aufzuheben, wenn
1. die Sanierung durchgeführt ist oder
2. die Sanierung sich als undurchführbar erweist oder
3. die Sanierungsabsicht aus anderen Gründen aufgegeben wird oder
4. die nach § 142 Abs. 3 Satz 3 oder 4 für die Durchführung der Sanierung festgelegte Frist abgelaufen ist.

Sind diese Voraussetzungen nur für einen Teil des förmlich festgelegten Sanierungsgebiets gegeben, ist die Satzung für diesen Teil aufzuheben.

(2) Der Beschluss der Gemeinde, durch den die förmliche Festlegung des Sanierungsgebiets ganz oder teilweise aufgehoben wird, ergeht als Satzung. Die Satzung ist ortsüblich bekannt zu machen. Die Gemeinde kann auch ortsüblich bekannt machen, dass eine Satzung zur Aufhebung der förmlichen Festlegung des Sanierungsgebiets beschlossen worden ist; § 10 Abs. 3 Satz 2 bis 5 ist entsprechend anzuwenden. Mit der Bekanntmachung wird die Satzung rechtsverbindlich.

(3) Die Gemeinde ersucht das Grundbuchamt, die Sanierungsvermerke zu löschen.

§ 163 BauGB Fortfall von Rechtswirkungen für einzelne Grundstücke

(1) Die Gemeinde kann die Sanierung für ein Grundstück als abgeschlossen erklären, wenn entsprechend den Zielen und Zwecken der Sanierung
1. das Grundstück bebaut ist oder in sonstiger Weise genutzt wird oder
2. das Gebäude modernisiert oder instand gesetzt ist.

---

163 VG Hannover, Urt. vom 20.1.1988 – 4 A 13/86 –, EzGuG 15.59; LG Osnabrück, Urt. vom 18.10.1987 – 505/85 – und 15/85 –, EzGuG 15.55; VG Bremen, Urt. vom 19.5.1993 – 1 A 153/84 –, GuG 1994, 59 = EzGuG15.76.
164 OVG Münster, Beschl. vom 23.11.1987 – 22 B 2787/87 –, EzGuG 15.57.
165 Die Vorschrift entspricht § 2 Abs. 2 und § 10 Abs. 2 der mit In-Kraft-Treten des BauGB aufgehobenen Ausgleichsbetragsverordnung vom 6.2.1976 (BGBl. I 1976, 273).

VIII Ausgleichsbeträge — Abschluss der Maßnahme

Auf Antrag des Eigentümers hat die Gemeinde die Sanierung für das Grundstück als abgeschlossen zu erklären.

(2) Die Gemeinde kann bereits vor dem in Absatz 1 bezeichneten Zeitpunkt die Durchführung der Sanierung für einzelne Grundstücke durch Bescheid an die Eigentümer für abgeschlossen erklären, wenn die den Zielen und Zwecken der Sanierung entsprechende Bebauung oder sonstige Nutzung oder die Modernisierung oder Instandsetzung auch ohne Gefährdung der Ziele und Zwecke der Sanierung zu einem späteren Zeitpunkt möglich ist. Ein Rechtsanspruch auf Abgabe der Erklärung besteht in diesem Fall nicht.

(3)…"

355 Ist der Ausgleichsbetragsermittlung ein **falscher Wertermittlungsstichtag** zugrunde gelegt worden, ohne dass sich dies auf das Ergebnis auswirkt, verbleibt es im Übrigen bei der Bestandskraft des Ausgleichsbetragsbescheids[166].

356 Der Zeitpunkt des Abschlusses der Sanierungsmaßnahme ist auch dann Wertermittlungsstichtag, wenn die Sanierungsarbeiten schon zu einem früheren Zeitpunkt abgeschlossen sind[167].

4.3 Ermittlung des Anfangs- und Endwerts

4.3.1 Übersicht

357 Grundsätzlich kann auf die **Erläuterungen zum sanierungsunbeeinflussten Grundstückswert** bei Rn. 108 **und zum Neuordnungswert** bei Rn. 235 verwiesen werden. Die Erläuterungen können allerdings nur „entsprechend" zur Anwendung kommen, weil es bei der Ermittlung des Anfangs- und Endwerts jeweils um die Ermittlung des Bodenwerts geht, während der sanierungs- bzw. entwicklungsunbeeinflusste Grundstückswert und der Neuordnungswert das gesamte Grundstück einschließlich einer vorhandenen Bebauung betrifft. Zudem sind bei der Ermittlung des sanierungs- bzw. entwicklungsunbeeinflussten Grundstückswerts die vom Eigentümer **durch eigene Aufwendungen selbst bewirkten Werterhöhungen** mit zu berücksichtigen, während sie bei der Ermittlung des Ausgleichsbetrags gemäß § 155 Abs. 1 BauGB auf den Unterschiedsbetrag aus End- und Anfangswert **anzurechnen** sind – mithin **bei der Ermittlung des Anfangswerts unberücksichtigt** bleiben müssen.

358 Folgende Unterschiede sind zu beachten:

a) Anfangs- und Endwerte sind lediglich die Bodenwerte des Grundstücks, d.h., die Bebauung des Grundstücks bleibt außer Betracht.

b) Anfangs- und Endwerte sind auf den Zeitpunkt des Abschlusses der Sanierungs- bzw. Entwicklungsmaßnahme (vgl. Rn. 353) zu beziehen.

c) Bei der Ermittlung des Anfangswerts bleiben die nach § 155 Abs. 1 BauGB anzurechnenden Beträge (vgl. Rn. 140, 364, 539) unberücksichtigt; die sog. externen Effekte (vgl. Rn. 137 ff.) gehen indessen in den Anfangswert ein, weil die darauf zurückgehenden Bodenwerterhöhungen nicht abschöpfungsfähig sind.

d) Externe Effekte sind in die Ermittlung des Endwerts einzubeziehen, wenn sie bei der Ermittlung des Anfangswerts berücksichtigt worden sind.

e) Bei der Ermittlung des Endwerts kann die rechtliche und tatsächliche Neuordnung des Sanierungsgebiets „voll" berücksichtigt werden; die Berücksichtigung einer Wartezeit bis zum Abschluss der Sanierungsmaßnahmen im gesamten Sanierungsgebiet ist nur in den Fällen

- der vorzeitigen Festsetzung des Ausgleichsbetrags nach § 154 Abs. 3 Satz 3 BauGB (wie im Falle einer Ablösung nach § 154 Abs. 3 Satz 2 BauGB) und

- der vorzeitigen Entlassung aus der Sanierungsmaßnahme nach § 163 BauGB erforderlich.

---

166 VG Lüneburg, Urt. vom 15.8.1984 – 11 A 70/83 –, Die Gemeinde 1984, 326 = EzGuG 15.3.

167 OVG Lüneburg, Urt. vom 28.9.1995 – 1 L 159/94 –, Revision: BVerwG, Urt. vom 12.12.1995 – 4 B 281/95 –, GuG 1996, 109 = NVwZ-RR 1996, 629 = BRS Bd 57 Nr. 258 = BBauBl. 1996, 321 = ZfBR 1996, 114 = BauR 1999, 219 = UPR 1996, 113; vgl. VG Schleswig, Urt. vom 15.2.1993 – 8 A 200/89 –, GuG 1993, 316 = EzGuG 15.75.

f) Die nach § 155 Abs. 1 BauGB anzurechnenden Bodenwerterhöhungen bedürfen der Anpassung an den Wertermittlungsstichtag.

Das OVG Münster hat im Urt. vom 9.4.1990[168] festgestellt, dass der Gemeinde bei der Ermittlung der für die Anfangs- und Endwerte maßgeblichen Faktoren ein „**Schätzungsspielraum hinsichtlich des Umfangs der durch diese Faktoren bewirkten Erhöhung oder Minderung des Bodenwerts zur Verfügung**" stehe, unabhängig davon, ob sie sich hierbei auf ein Sachverständigengutachten stützt oder die Entscheidungsgrundlagen selbst ermittelt. Denn Anfangs- und Endwert ließen sich nicht einfach „ausrechnen" oder in ihrer Höhe einer Tabelle entnehmen, sondern gingen aus einem Ermittlungsverfahren hervor, das zumindest praktisch vielfältig Gelegenheit biete, so oder anders vorzugehen.[169] Dies muss auch für den Gutachterausschuss oder einen sonstigen Sachverständigen gelten, denn Anfangs- und Endwerte wie auch andere Verkehrswerte keine mathematisch exakt ermittelbaren Größen, wie in der höchstrichterlichen Rechtsprechung wiederholt festgestellt wurde. Aus diesem Grunde darf bei einer unwesentlichen Überschreitung des sanierungsunbeeinflussten Grundstückswerts die sanierungsrechtliche Preisprüfung nach § 145 i.V.m. § 153 Abs. 2 BauGB nicht zur Versagung der Genehmigung führen. Im Anschluss an die hierzu ergangene Rechtsprechung hat das OVG Lüneburg[170] hierzu festgestellt, dass es der Gemeinde nicht verwehrt werden könne, im Rahmen der Ermittlung des Ausgleichsbetrags die mit der Ermittlung des Verkehrswerts verbundenen Ungewissheiten durch eine vorsichtige, an die untere Grenze des Vertretbaren heranreichende Veranschlagung aufzufangen. Rechtlich und rechtspolitisch bedenklich wäre es indessen, wenn im Hinblick auf eine „unsichere" Wertermittlung deshalb – quasi automatisch – der Anfangswert durch einen Wertzuschlag „aufgestockt" und der Endwert mit einem Wertabschlag versehen wird[171].

359

4.3.2 Anfangswert

4.3.2.1 Allgemeines

▶ *Vgl. die entsprechend anwendbaren Erläuterungen Rn. 122 ff. und 141 ff. und zu Vergleichspreisen aus der Nachbargemeinde in der Syst. Darst. des Vergleichswertverfahrens Rn. 59 ff.*

Der maßgebliche Grundstückszustand unter Ausschluss der sanierungsbedingten Bodenwerterhöhungen muss zunächst deskriptiv nach den Verhältnissen qualifiziert werden, als noch keine Aussicht auf die Vorbereitung und Durchführung der Sanierungs- bzw. Entwicklungsmaßnahme bestand. Entsprechendes gilt für die Ermittlung des Anfangswerts in städtebaulichen Entwicklungsbereichen. In der Praxis wird hierfür der **Zeitpunkt des beginnenden Sanierungs- bzw. Entwicklungseinflusses** festgestellt werden (vgl. Rn. 118 ff.).

360

Im Verlauf der Sanierungs- oder Entwicklungsmaßnahmen eingetretene qualitative Verbesserungen, die zu Bodenwerterhöhungen geführt haben, sind bei der Qualifizierung des Anfangswertzustands nur zu berücksichtigen, wenn sie nicht in kausalem Zusammenhang mit der Sanierungs- oder Entwicklungsmaßnahme gestanden haben. Dies betrifft Maßnahmen außerhalb des Sanierungsgebiets oder Entwicklungsbereichs, wobei an die Berücksichtigung solcher **externen Effekte** enge Anforderungen zu stellen sind. Denn grundsätzlich kann davon ausgegangen werden, dass alle im Sanierungsgebiet oder im städtebaulichen Entwicklungsbereich durchgeführten Maßnahmen erst durch die städtebauliche Veranstaltung ermöglicht und ausgelöst worden sind (conditio sine qua non).

361

Ist der für die Ermittlung des Anfangswerts maßgebliche Zustand des Grund und Bodens nach den vorstehenden Grundsätzen qualifiziert, lässt sich der Anfangswert bei **Anwendung des Vergleichswertverfahrens** ermitteln, indem gemäß

362

---

168 OVG Münster, Urt. vom 9.4.1990 – 22 A 1185/89 –, GuG 1991, 31 = EzGuG 15.67.
169 So schon VG Münster, Urt. vom 18.2.1988 – 3 K 2268/85 –, EzGuG 15.60, dem allerdings nicht gefolgt werden kann (vgl. Ernst/Zinkahn/Bielenberg, BauGB, Komm. zu Vorbem. WertV Rn. 23 f.).
170 OVG Lüneburg, Urt. vom 30.10.1986 – 6 A 32/85 –, EzGuG 15.50.
171 VG Münster, Urt. vom 18.2.1988 – 3 K 2268/58 –, GuG 1991, 31 = EzGuG 15.60.

VIII Ausgleichsbeträge

- § 16 Abs. 1 ImmoWertV eine ausreichende Anzahl von Vergleichspreisen für hinreichend übereinstimmende Vergleichsgrundstücke herangezogen werden und
- Abweichungen hinsichtlich des Zustands des Grund und Bodens sowie der allgemeinen Wertverhältnisse auf dem Grundstücksmarkt nach Maßgabe des § 16 Abs. 1 Satz 3 i.V.m. § 15 Abs. 1 Satz 3 und 4 ImmoWertV berücksichtigt werden.

363 Vergleichspreise sind möglichst **von Grundstücken aus Gebieten** heranzuziehen, **die** neben den allgemeinen Grundstücksmerkmalen (§§ 4 ff. ImmoWertV) auch **hinsichtlich ihrer städtebaulichen Missstände mit dem förmlich festgelegten Sanierungsgebiet oder städtebaulichen Entwicklungsbereich vergleichbar sind,** für die jedoch in absehbarer Zeit eine Sanierung oder Entwicklung nicht erwartet wird. Was dabei als städtebauliche Missstände anzusehen ist, ergibt sich aus § 136 Abs. 2 und 3 BauGB. Die Heranziehung von Vergleichspreisen aus dem Belegenheitsgebiet ist bei der Ermittlung des Anfangswerts nur zulässig, wenn die Kaufpreise oder Ertragsverhältnisse nicht von sanierungs- oder entwicklungsbedingten Umständen beeinflusst sind oder ihr Einfluss erfasst werden kann. Dies ist darin begründet, dass die in einem Sanierungsgebiet oder städtebaulichen Entwicklungsbereich gelegenen Grundstücke unter dem Einfluss der städtebaulichen Maßnahmen stehen.

4.3.2.2 Eigene Bodenwerterhöhungen

▶ *Zur Anrechnung auf den Ausgleichsbetrag vgl. Rn. 416 ff.; zur Berücksichtigung nach § 153 Abs. 1 BauGB vgl. Rn. 140 ff.*

364 Im Unterschied zu der Ermittlung des sanierungs- oder entwicklungsunbeeinflussten Grundstückswerts nach § 153 Abs. 1 BauGB bleiben bei der **Ermittlung des Anfangswerts** unberücksichtigt:

1. die durch die Sanierung entstandenen Vorteile oder Bodenwerterhöhungen, die bereits in einem anderen Verfahren, insbesondere in einem Enteignungsverfahren berücksichtigt worden sind,
2. die vom Eigentümer zulässigerweise selbst durch eigene Aufwendungen bewirkten Bodenwerterhöhungen sowie die aufgrund eines städtebaulichen Vertrags nach § 146 Abs. 3 BauGB ihm zu erstattenden Kosten,
3. Bodenwerterhöhungen, die der Eigentümer beim Erwerb des Grundstücks als Teil des Kaufpreises zulässigerweise bereits entrichtet hat.

365 Es handelt sich hierbei um **Anrechnungsbeträge i.S. des § 155 Abs. 1 BauGB,** die an Stelle ihrer Berücksichtigung „im" Anfangswert auf den Ausgleichsbetrag anzurechnen sind. Diese zumeist bereits zu einem zurückliegenden Zeitpunkt erbrachten Leistungen, mit denen die sanierungs- bzw. entwicklungsbedingte Bodenwerterhöhung teilweise abgegolten worden ist, müssen in diesem Fall zum Zwecke ihrer Anrechnung auf den Ausgleichsbetrag ggf. auf die allgemeinen Wertverhältnisse auf dem Grundstücksmarkt umgerechnet werden, die der Bemessung des Ausgleichsbetrags zugrunde zu legen sind (vgl. Rn. 542 ff.).

4.3.2.3 Planungsschaden

▶ *Hierzu bereits Rn. 85 ff., Rn. 132 ff. sowie Rn. 502 und Grundsätzliches im Teil VII Rn. 18 ff.*

366 Eine Besonderheit bei der Qualifizierung des für den Anfangswert maßgeblichen Grundstückszustands kann sich in den Fällen ergeben, in denen das **Grundstück Gegenstand einer Planung war, die einen Planungsschaden i.S. der §§ 39 ff. BauGB ausgelöst hat.** Es kann sich hierbei um einen Planungsschaden handeln,

- der seine Ursachen noch *vor* förmlicher Festlegung des Veranstaltungsgebiets und sogar noch vor dem Zeitpunkt hatte, als eine Aussicht auf die Sanierung bzw. Entwicklung bestand und die bislang (noch) nicht zu einer Entschädigung geführt hatte, oder

– der auf den im Verlauf der Sanierungs- bzw. Entwicklungsmaßnahme aufgestellten Bebauungsplan zurückzuführen ist.

In beiden Fällen ist bei **Ermittlung des Anfangswerts der „herabgezonte" Grundstückszustand** zugrunde zu legen, unabhängig davon, ob der Planungsschaden geltend gemacht worden ist oder noch geltend gemacht werden kann. Das Ausgleichsbetragsrecht geht diesbezüglich von einer Trennung des Ausgleichsbetrags- und Planungsschadensrechts aus (vgl. Rn. 85, 132, 502 ff.). Von einem „herabgezonten" Grundstückszustand ist bei der Ermittlung des Anfangswerts auch auszugehen, wenn eine zulässige Nutzung geändert oder aufgehoben wurde, weil sie 367

a) den allgemeinen Anforderungen an gesunde Wohn- und Arbeitsverhältnisse oder an die Sicherheit der auf dem Grundstück oder im umliegenden Gebiet wohnenden oder arbeitenden Menschen nicht entsprach, oder

b) in dem Gebiet städtebauliche Missstände i.S. des § 136 Abs. 2 und 3 BauGB bestanden *und* die Nutzung des Grundstücks zu diesen Missständen wesentlich beigetragen hat.

Dies ergibt sich aus **§ 43 Abs. 4 BauGB, nach dem** darauf zurückzuführende **Bodenwertminderungen entschädigungslos hinzunehmen sind.** Würde man nämlich diese Bodenwertminderung bei der Ermittlung des Anfangswerts außer Betracht lassen, so würde sich der Anfangswert erhöhen und der Ausgleichsbetrag entsprechend vermindern, was einer Entschädigung gleichkäme. 368

Die unter Buchstabe b genannte Voraussetzung für eine **entschädigungslos hinzunehmende Änderung oder Aufhebung einer zulässigen Nutzung** ist für die im Sanierungsgebiet gelegenen Grundstücke regelmäßig gegeben, denn städtebauliche Missstände sind zugleich Voraussetzung für die förmliche Festlegung. Insoweit kann ein zu entschädigender Planungsschaden i.d.R. nicht auftreten; lediglich wenn die Nutzung des einzelnen Grundstücks nicht „wesentlich" zu den städtebaulichen Missständen beigetragen hat, verbleibt es bei einem Entschädigungsanspruch. 369

4.3.3 Endwert

4.3.3.1 Allgemeines

Nach den vorstehenden Erläuterungen definiert sich der Endwert als der Bodenwert **unter Berücksichtigung der rechtlichen und tatsächlichen Neuordnung des Sanierungsgebiets bzw. Entwicklungsbereichs,** bezogen auf die allgemeinen Wertverhältnisse **zum Zeitpunkt des Abschlusses der Sanierungs- bzw. Entwicklungsmaßnahme** (vgl. Rn. 332). 370

Wertermittlungsstichtag, d.h. der Zeitpunkt, auf den sich die Ermittlung des Endwerts bezieht, ist der Stichtag, der auch für die Ermittlung des Anfangswerts maßgebend ist. Da die rechtliche und tatsächliche Neuordnung nach den gesetzlichen Voraussetzungen für den Abschluss der Sanierungs- und Entwicklungsmaßnahme durchgeführt sein muss, besteht für die Ermittlung des Endwerts grundsätzlich Identität bezüglich des Zeitpunkts, der hier für die Feststellung des Zustands (Qualitätsstichtag) und der allgemeinen Wertverhältnisse auf dem Grundstücksmarkt anzuhalten ist. 371

Auf die Ermittlung des Endwerts kommen ansonsten die allgemeinen Wertermittlungsgrundsätze zur Anwendung. Die Ermittlung ist i.d.R. unproblematisch, weil die Ermittlung des Endwerts zum Zwecke der Erhebung von Ausgleichsbeträgen – anders als bei vorzeitiger Festsetzung oder zum Zwecke der Ablösung – zu einem Zeitpunkt vorgenommen wird, in dem die tatsächliche und rechtliche Neuordnung (zumindest weitgehend) bereits realisiert ist und die Ermittlung sowohl hinsichtlich des maßgeblichen Grundstückszustands als auch der allgemeinen Wertverhältnisse den tatsächlichen Gegebenheiten eines gegenwartsnahen Wertermittlungsstichtags entspricht. Insofern handelt es sich hier um **Normalfälle der Wertermittlungspraxis.** Besonderheiten können sich dagegen insofern ergeben, als es sich bei den sanierten oder neuentwickelten Grundstücken möglicherweise um singuläre Bereiche im 372

VIII Ausgleichsbeträge — Endwert

Gemeindegebiet handelt, wobei Unterschiede zu den dem am nächsten kommenden Vergleichsgrundstück – wie sonst auch – durch Zu- und Abschläge zu berücksichtigen sind.

373 Bei der Ermittlung von Endwerten für städtebauliche Entwicklungsbereiche kann hinzukommen, dass das neu entwickelte Gebiet noch nicht die gewachsene Struktur der Vergleichsgebiete aufweist. Die Gemeinde hat zwar nach § 166 BauGB die Bebauung zu sichern. Gleichwohl kann ein solches Gebiet zum Zeitpunkt des Abschlusses noch viele Baulücken aufweisen und demzufolge auch noch unter einer zwar im Entstehen begriffenen, aber zu diesem Zeitpunkt noch nicht vorhandenen infrastrukturellen Versorgung „leiden". In der Wertermittlungspraxis ist anerkannt, in solchen Fällen sog. **Pionierabschläge** anzubringen, wenn von Vergleichspreisen aus gewachsenen Gebieten ausgegangen wird (vgl. Rn. 243).

374 **Grundsätzlich ist bei der Ermittlung des Endwerts auch bei bebauten Grundstücken vom Bodenwert des unbebaut gedachten Grundstücks auszugehen** (vgl. § 16 Abs. 1 ImmoWertV).

375 Ausgangspunkt der Ermittlung des Endwerts ist die **Qualifizierung des Grund und Bodens im Neuordnungszustand,** wie er mit § 154 Abs. 2 BauGB vorgegeben ist. Die Ausführungen bei Rn. 235 ff. gelten hierfür entsprechend, wobei es hier lediglich um den Bodenwert geht. Die vom Eigentümer oder Voreigentümer zulässigerweise bewirkten Bodenwerterhöhungen sind bei der Ermittlung des Endwerts zunächst zu berücksichtigen; sie werden später gemäß § 155 Abs. 1 BauGB auf den Ausgleichsbetrag angerechnet.

376 Bei der Ermittlung des Endwerts bestimmen sich – wie bereits ausgeführt wurde – sowohl der **Zustand des Grundstücks** wie auch die maßgeblichen allgemeinen Wertverhältnisse auf dem Grundstücksmarkt nach dem Zeitpunkt des Abschlusses der Sanierung. Die Wertermittlung kann sich an den **zu diesem Zeitpunkt vorhandenen tatsächlichen Verhältnissen** orientieren, wenn die Sanierungsmaßnahme durch Aufhebung der förmlichen Festlegung des Sanierungs*gebiets* nach § 162 BauGB abgeschlossen ist. Werterhöhungen, die auf Maßnahmen zurückzuführen sind, die aus allgemeinen städtebaulichen Gründen außerhalb des Sanierungsgebiets durchgeführt worden sind und zu einer Werterhöhung der Grundstücke im Sanierungsgebiet beigetragen haben, z.B. der Bau einer U-Bahn am Rande des Sanierungsgebiets, dürfen bei der Ermittlung des Endwerts nur berücksichtigt werden, wenn sie auch in den Anfangswert eingegangen sind (vgl. Rn. 134). Dies betrifft jedoch nur solche Maßnahmen, die auch durchgeführt worden wären, wenn keine Sanierungsmaßnahme stattgefunden hätte. Solche sog. externen Effekte sind nach der Gesamtkonzeption des Gesetzes nicht abschöpfungsfähig, wenn sie nicht sanierungsbedingt sind. Externe Effekte müssen ebenso wie aus allgemeinen städtebauliche Entwicklungen – anders als bei der Bemessung des Neuordnungswerts – außer Betracht bleiben, denn die Abschöpfung sanierungsbedingter Bodenwerterhöhungen ist nach der bodenpolitischen Konzeption auf solche bodenwerterhöhenden Maßnahmen beschränkt, die ursächlich aus der Sanierung oder Entwicklung resultieren; das Gleiche gilt für die sog. **konjunkturellen Werterhöhungen,** die allein aus Änderungen in den allgemeinen Wertverhältnissen auf dem Grundstücksmarkt resultieren.

377 Für die **Ermittlung des Endwerts** kommt, wie für die Ermittlung des Anfangswerts, vor allem das **Vergleichswertverfahren** (§§ 15 f. ImmoWertV) in Betracht. Der Endwert wird dabei aus **Kaufpreisen (bzw. Bodenrichtwerten i.S. des § 196 Abs. 1 Satz 5 BauGB) vergleichbarer unbebauter Grundstücke** abgeleitet (§ 16 Abs. 1 ImmoWertV). Die Grundstücke sollen hinsichtlich der durch die Sanierungs- bzw. Entwicklungsmaßnahme herbeigeführten Aufwertungen des Sanierungsgebiets bzw. Entwicklungsbereichs sowie der grundstücksspezifischen Besonderheiten mit dem zu bewertenden Grundstück möglichst übereinstimmen, insbesondere hinsichtlich der Festsetzungen über die zulässige bauliche oder sonstige Nutzung (Art und Maß der Nutzung), der Lage und Erschließung des Grundstücks innerhalb des neugestalteten Gebiets, der rechtlichen Beschränkungen sowie der Form und Größe. Soweit die herangezogenen Vergleichsgrundstücke hinsichtlich der besonderen objektspezifischen Grundstücksmerkmale von dem zu bewertenden Grundstück abweichen, ist dies wiederum nach § 16 Abs. 1 Satz 3 i.V.m. § 15 Abs. 1 Satz 3 und 4 ImmoWertV durch angemessene Zu- oder Abschläge zu den Vergleichspreisen zu berücksichtigen (qualifizierender Quervergleich). Vergleichspreise aus zurückliegender Zeit sind – um zwischenzeitlich eingetretene Änderungen in den allgemeinen Wertverhältnissen (sog. „konjunkturbedingte" Bodenwertänderungen) zu „neutralisieren" – auf die Wertverhältnisse zum Wertermittlungsstichtag ggf. mit Hilfe von Bodenpreisindexreihen umzurechnen (intertemporärer Preisvergleich).

Zum Vergleich können auch geeignete **Kaufpreise** herangezogen werden, **die sich auf im Sanierungsgebiet bzw. Entwicklungsbereich belegene Grundstücke beziehen,** denn zum Zeitpunkt des Abschlusses einer Sanierungsmaßnahme können bereits Umlegungsverfahren abgeschlossen und Grundstücke zum Verkehrswert nach § 153 Abs. 4 oder § 169 Abs. 8 BauGB veräußert worden sein. Bei Heranziehung solcher Kaufpreise muss allerdings beachtet werden, dass sie i.d.R. zu einem Zeitpunkt vereinbart worden sind, zu dem die Maßnahmen noch nicht abgeschlossen waren und bei der Veräußerung nur die jeweils zu diesem Bezugspunkt bestehende Aussicht auf die Neuordnung berücksichtigt werden konnte. Zwischenzeitlich eingetretene qualitative Veränderungen müssen daher ebenso berücksichtigt werden wie zwischenzeitlich eingetretene Änderungen der allgemeinen Wertverhältnisse auf dem Grundstücksmarkt (vgl. Syst. Darst. des Vergleichswertverfahrens Rn. 174 ff.).

4.3.3.2 Rechtliche und tatsächliche Neuordnung

Wie bei der Ermittlung des Anfangswerts geht auch der Ermittlung des Endwerts zunächst eine qualifizierende Feststellung des Neuordnungszustands ggf. der Einzelfaktoren voraus, die aufgrund der rechtlichen und tatsächlichen Neuordnung im Sanierungsgebiet wertbeeinflussend sind. Die rechtlichen Gegebenheiten und tatsächlichen Eigenschaften sind ausschlaggebend für die **Nutzbarkeit des Grundstücks,** insbesondere **378**

– die Festsetzungen über Art und Maß der zulässigen baulichen Nutzung (Grund- und Geschossflächenzahl, Baumassenzahl und Zahl der Vollgeschosse und Höhe der baulichen Anlagen gemäß den §§ 16 ff. BauNVO), Festsetzungen über die Bauweise (§ 22 BauNVO) und die überbaubare Grundstücksfläche (§ 23 BauNVO),
– der Erschließungszustand (die Sicherung der Erschließung ist eine wesentliche Voraussetzung für die Baulandqualität) und
– der Zuschnitt des Grundstücks.

Unter **rechtlicher und tatsächlicher Neuordnung ist die Gesamtheit der Sanierungsmaßnahmen** zu verstehen; sie ist nicht auf die durchgeführten Ordnungsmaßnahmen beschränkt. Wenngleich als Endwert der Bodenwert zu ermitteln ist, so sind grundsätzlich auch die nach den Zielen und Zwecken der Sanierung durchgeführten Baumaßnahmen mit ihrem lageprägenden Einfluss zu berücksichtigen. Der Endwert entsteht unmittelbar durch die einzelnen und die Gesamtheit der Maßnahmen (Sanierung als Gesamtmaßnahme), wenn der Markt das Gebiet und die einzelnen Grundstücke, bedingt durch die Verbesserung der insoweit relevanten Verhältnisse und Merkmale, wertvoller einschätzt. Auf die Ermittlung des Endwerts sind „spiegelbildlich" die Qualitätskriterien der Sanierung berücksichtigungsfähig, die bei der Ermittlung des Anfangswerts bzw. des sanierungsunbeeinflussten Grundstückswerts i.S. des § 153 Abs. 1 BauGB unberücksichtigt zu bleiben haben. **379**

Die **rechtliche Neuordnung** kann dabei am sichersten **auf der Grundlage eines rechtsverbindlichen Bebauungsplans** i.S. des § 30 BauGB ermittelt werden. Der Sanierungsbebauungsplan stellt nämlich das „Instrument der rechtlichen Neuordnung des Sanierungsgebiets" dar[172]. Ein vorhandener rechtsverbindlicher (nicht sanierungsgemäßer) Bebauungsplan ist indessen unbeachtlich, soweit davon auszugehen ist, dass seine Ausweisungen der Sanierung nicht zugrunde gelegt werden[173]. Darüber hinaus kann sich die rechtliche Neuordnung auch aus einem Vorhaben- und Erschließungsplan ergeben. **380**

Die Planungen werden regelmäßig rechtsverbindlich sein. Erforderlich ist dies jedoch nicht. Ausreichend ist, dass sie genügend konkret sind und mit der gebotenen Sicherheit als bestän- **381**

---
172 BGH, Urt. vom 8.5.1980 – III ZR 27/77 –, EzGuG 4.73.
173 OVG Münster, Urt. vom 8.4.1976 – 10 A 1011/75 –, EzGuG 15.4.

VIII Ausgleichsbeträge — Endwert

dig angesehen werden können. Maßgebend sind auch insoweit die Gepflogenheiten des Verkehrs. Soweit die Aufstellung eines Bebauungsplans nicht erforderlich und auch nicht beabsichtigt ist, weil die Gemeinde es in einem Gebiet nach § 34 BauGB grundsätzlich bei dem vorhandenen planungsrechtlichen Zustand belassen will, beurteilt sich die Nutzbarkeit vor allem nach der **gemeindlichen Sanierungskonzeption unter Berücksichtigung der §§ 34 ff. BauGB**.

382 Zur **Qualifizierung des Bodenwerts des neugeordneten Grundstücks (Endwert)** wird ansonsten auf die Ausführungen unter Rn. 235 ff. verwiesen. Sie können entsprechend zur Anwendung kommen. Die bei der Ermittlung des Endwerts zugrunde zu legenden Zustandsmerkmale werden des Weiteren insbesondere im Rahmen der Behandlung sog. Komponentenlösungen (additive Verfahren) bei Rn. 434 ff. behandelt.

4.3.3.3 Abgabenrechtlicher Zustand

▶ *Vgl. Syst. Darst. des Vergleichswertverfahrens Rn. 318 ff.*

a) *Erschließungsbeitrag*

383 Zu der rechtlichen und tatsächlichen Neuordnung gehören auch die im (d.h. auch im Verlauf der Maßnahme) Sanierungsgebiet bzw. im städtebaulichen Entwicklungsbereich hergestellten oder erweiterten Erschließungsanlagen, für die die Gemeinde jedoch keinen gesonderten Erschließungsbeitrag nach § 154 Abs. 1 Satz 2 BauGB erhebt. Bei der Ermittlung des Endwerts ist deshalb insoweit nicht nur von einem ausgleichsbetragsfreien, sondern auch von einem **erschließungsbeitragsfreien (ebf) Grundstück** auszugehen.

384 **Beitragspflichten, die vor der förmlichen Festlegung entstanden sind, bleiben allerdings nach § 156 Abs. 1 BauGB unberührt;** soweit sie ausnahmsweise bestehen sollten und noch fällig gestellt werden können, muss die Beitragspflichtigkeit durch eine entsprechende Minderung des Endwerts berücksichtigt werden. Umgekehrt muss dann von einem insoweit erschließungsbeitragsfreien Anfangswert ausgegangen werden, um Doppelbelastungen zu vermeiden.

385 § 154 Abs. 1 Satz 2 BauGB lässt die Erhebung von **Beiträgen für Anlagen i.S. des § 127 Abs. 4 BauGB** unberührt. Obwohl die Länder eine dem Regelungszweck des § 154 Abs. 1 Satz 2 BauGB entsprechende Änderung des Kommunalabgabenrechts nicht herbeigeführt haben, ist die mit Inkrafttreten des BauGB aufgehobene AusgleichsbetragsV davon ausgegangen, dass als Endwert ein in Bezug auf **Beiträge für Anlagen nach § 127 Abs. 4 BauGB** beitragsfreies Grundstück ermittelt wird. § 5 Abs. 2 Nr. 1 der mit Inkrafttreten des BauGB aufgehobenen AusgleichsbetragsV sah nämlich ausdrücklich vor, dass zulässigerweise erbrachte Leistungen für Erschließungsmaßnahmen i.S. von § 127 Abs. 4 BauGB zur Vermeidung von Doppelbelastungen auf den Ausgleichsbetrag anzurechnen sind. Eine Anrechnung findet indessen nicht statt, wenn aufgrund landesrechtlicher Vorschriften für die im Sanierungsgebiet oder Entwicklungsbereich gelegenen Grundstücke keine besonderen Abgaben für Maßnahmen i.S. des § 127 Abs. 4 BauGB erhoben werden.

b) *Kostenerstattungsbetrag*

▶ *Hierzu allgemeine Ausführungen bei § 5 ImmoWertV Rn. 254 ff. und Syst. Darst. des Vergleichswertverfahrens Rn. 359 ff.*

386 **Im Rahmen von Sanierungs- und Entwicklungsmaßnahmen** als den wohl umfassendsten Instrumenten für eine städtebauliche Neuordnung muss die **naturschutzrechtliche Ausgleichsregelung** i.S. des § 1a BauGB auch **bodenordnerisch bewältigt werden.** Dies betrifft insbesondere Entwicklungsmaßnahmen, während Sanierungsmaßnahmen i.d.R. in bereits bebauten Gebieten durchgeführt werden. Die Bewältigung der naturschutzrechtlichen Ausgleichsregelung ist unter dem Begriff der Durchführung (§§ 146 ff. BauGB) zu subsumieren.

387 **Ausgleichsmaßnahmen sind** primär **Maßnahmen städtebaulichen Charakters**, die im Ergebnis als privatnützig anzusehen sind. „Städtebauliche" und „naturschutzrechtliche"

Gründe sind nämlich nicht Gegensatz; sie sind vielmehr miteinander verwoben und voneinander nicht abgrenzbar. Die Bereitstellung von Ausgleichsflächen ist deshalb ein im Rahmen der Abwägung zu berücksichtigender Annex, der bodenordnerisch zu bewältigen ist[174].

Die Durchführung von Ausgleichsmaßnahmen als **wesentlicher Bestandteil der Durchführung von Sanierungs- und Entwicklungsmaßnahmen muss bei der Gebietsabgrenzung berücksichtigt werden,** wobei möglicherweise auch Ersatz- und Ergänzungsgebiete in Betracht kommen. **388**

Bezüglich der **Einordnung von naturschutzrechtlichen Ausgleichsmaßnahmen als Ordnungs- oder Baumaßnahmen** erscheinen folgende Unterscheidungskriterien zweckmäßig: **389**

- Die *Bereitstellung von Ausgleichsflächen,* die den Eingriffsgrundstücken zugeordnet sind, und die Bereitstellung entsprechend größerer Eingriffsgrundstücke erfordern Bodenordnungsmaßnahmen, die als **von der Gemeinde durchzuführende Ordnungsmaßnahmen i.S. des § 147 BauGB** zu klassifizieren sind.

- Demgegenüber sind *Ausgleichsmaßnahmen* wie *Bepflanzungen* und dgl. auf einem vorhandenen Eingriffsgrundstück den **vom Eigentümer durchzuführenden Baumaßnahmen (i.S. des § 148 BauGB)** zuzuordnen (Landschaftsbau).

Kann der Eigentümer eines Grundstücks die im Bebauungsplan festgelegten Maßnahmen und Flächenbereitstellungen zum Ausgleich für Eingriffe in Natur und Landschaft auf seinem Grundstück nicht durchführen und werden diese **Maßnahmen an anderer Stelle als am Ort der Beeinträchtigung** seinem Grundstück zugeordnet, soll die Gemeinde **390**

- die Maßnahmen auf Kosten der Vorhabenträger oder der Eigentümer der Grundstücke durchführen und

- die – falls notwendig – auch hierfür erforderlichen Flächen im Zuge der Ordnungsmaßnahmen bereitstellen. Der Durchführung solcher Maßnahmen kommt im Rahmen von **Sanierungsmaßnahmen** im Übrigen keine besondere Bedeutung zu, da es sich hier zumeist bereits um baulich genutzte Grundstücke handelt und Ausgleichsflächen und -maßnahmen deswegen nicht anfallen.

Für die **von der Gemeinde durchgeführten Maßnahmen und Flächenbereitstellungen** entsteht mit der Herstellung der Maßnahmen für den Eigentümer außerhalb der Veranstaltungsgebiete eine Kostenerstattungspflicht. **391**

Fragen der Grundstückswertermittlung sind mit der naturschutzrechtlichen Eingriffsregelung im Zusammenhang mit der Ermittlung des Neuordnungswerts des Grund und Bodens (Endwert) aufgeworfen. Dies ist verhältnismäßig unproblematisch[175]. Nach § 154 Abs. 1 Satz 3 BauGB ist bei der Ermittlung des Endwerts von einem **kostenerstattungsbetragsfreien Grundstückszustand** auszugehen (§ 135a BauGB). **392**

Ausgehend von Vergleichspreisen für Grundstücke im kostenerstattungsbetragsfreien Neuordnungszustand muss unterstellt werden, dass im Falle der Ermittlung eines kostenerstattungsbetragspflichtigen Neuordnungswerts dieser um den üblicherweise zu erwartenden Kostenerstattungsbetrag zu vermindern wäre (Modellfall: erschließungsbeitragsfreie und erschließungsbeitragspflichtige Bodenwerte). Von einer zusätzlichen Überwälzbarkeit des Kostenerstattungsbetrags bei einem kostenerstattungsbetragsfrei ermittelten Neuordnungswert kann in aller Regel nämlich nicht ausgegangen werden, da dies im Gesamtergebnis zu einem Grundstückswert führen würde, der auf dem Grundstücksmarkt nicht „absatzfähig" wäre, denn kein Käufer ist bereit, zum kostenerstattungsbetragsfreien Verkehrswert ein Grundstück zu erwerben, um anschließend einen Kostenerstattungsbetrag zusätzlich aufzubringen, wenn also die Summe aus Erwerbspreis und Kostenerstattungsbetrag höher ausfällt, als er für ein vergleichbares kostenerstattungsbetragsfreies Grundstück aufzubringen hätte. Insoweit sind Einnahmeausfälle seitens der Gemeinde nicht hinzunehmen. Es kommt hinzu, **393**

---

174 BayVGH, Urt. vom 16.6.1997 – 14 N 94.2157 –, GuG 1997, 313.
175 Deutsches Institut für Urbanistik, Planspiel „BauGB-Novelle" 1997, Berlin 1997.

VIII Ausgleichsbeträge — Endwert

dass sich bereits der Anfangswert unter dem Einfluss der naturschutzrechtlichen Ausgleichsregelung gegenüber den bisherigen Preismechanismen auf dem Grundstücksmarkt vermindert. Es muss allerdings erwartet werden, dass die Minderung des Anfangswerts gerade bei Entwicklungsmaßnahmen mit geringen Anfangswerten kaum die naturschutzrechtliche Kostenbelastung aufzuwägen vermag. Darauf zurückzuführende Einnahmeausfälle müssen allerdings originär der naturschutzrechtlichen Ausgleichsregelung „angelastet" werden.

394 Sind **für das Neuordnungsgrundstück (Eingriffsgrundstück)** lediglich bestimmte **Bepflanzungen zum Ausgleich für Eingriffe in Natur und Landschaft festgesetzt** und sind diese Maßnahmen nach § 148 BauGB vom Eigentümer selbst durchzuführen, müssen die Kosten – wiederum von kostenerstattungsbetragsfreien Vergleichspreisen ausgehend – wertmindernd in der Größenordnung in Abzug gebracht werden, wie dies den Gepflogenheiten des Grundstücksmarktes entspricht. Soweit der Eigentümer diese Leistung während des Verfahrens selbst erbracht hat, wäre sie als selbst bewirkte Werterhöhung anzurechnen (§ 155 Abs. 1 BauGB).

395 Demgegenüber wäre eine gesonderte Erhebung des Kostenerstattungsbetrags nach § 135a BauGB in Sanierungsgebieten und Entwicklungsbereichen verwaltungsmäßig aufwendig und würde bei dem Betroffenen auf wenig Verständnis stoßen. Deshalb erschien es angezeigt, die **abgabenrechtlichen Regelungen des Sanierungs- und Entwicklungsmaßnahmenrechts** (Ausgleichsbetrag) **mit der Erhebung des Kostenerstattungsbetrags** im Interesse der Verwaltungsvereinfachung zu **bündeln**, d.h., an Stelle von zwei gesondert zu erhebenden Abgaben ist die Erhebung des Kostenerstattungsbetrags in den ohnehin zu erhebenden Ausgleichsbetrag integriert worden, und zwar bezüglich

– Maßnahmen zum Ausgleich und
– der Bereitstellung von Ausgleichsflächen,

die an anderer Stelle als am Ort der Beeinträchtigung erfolgen und die einem im Sanierungsgebiet bzw. Entwicklungsbereich belegenen Grundstück zugeordnet sind, wenn die Maßnahmen von der Gemeinde an Stelle des Eigentümers durchgeführt worden sind.

396 **Dem Eigentümer entstehen** dadurch **keine Mehrbelastungen;** vielmehr wird mit dem Ausgleichsbetrag auch die Werterhöhung erfasst, die das Grundstück aufgrund der durchgeführten Ausgleichsmaßnahmen und bereitgestellten Ausgleichsflächen erfährt und für die die Gemeinde ansonsten einen separaten Kostenerstattungsbetrag zu erheben hätte.

397 *Beispiel:*

Erhebung eines Ausgleichsbetrags

$$\text{Ausgleichsbetrag} = \text{Endwert} - \text{Anfangswert}$$

Ausgangsdaten
Anfangswert = 70 000 €
Endwert (kostenerstattungsbetragsfrei) = 100 000 €
Endwert (kostenerstattungsbetragspflichtig) = 90 000 €
Kostenerstattungsbetrag = 10 000 €

Kostenbelastung des Eigentümers
a) bei kostenerstattungsbetrags**freiem** Endwert
   Endwert (kostenerstattungsbetragsfrei) = 100 000 €
   – Anfangswert = – 70 000 €
   = Ausgleichsbetrag = 30 000 €
b) bei kostenerstattungsbetrags**pflichtigem** Endwert
   Endwert (kostenerstattungsbetragspflichtig) = 90 000 €
   – Anfangswert = 70 000 € = Ausgleichsbetrag = 20 000 €
   + Kostenerstattungsbetrag = + 10 000 € (gesondert zu erheben)
c) = Gesamtbetrag = 30 000 €

Diese Vorgehensweise führt also nach dem Vorbild der entsprechenden Regelung für Erschließungsbeiträge (§ 154 Abs. 1 Satz 1 BauGB) zu einer Bündelung des Erhebungsverfahrens ohne kostenmäßige Mehrbelastung der Eigentümer.

398 Anders ist vorzugehen, wenn auf dem Neuordnungsgrundstück (Eingriffsgrundstück) **vom Eigentümer die im Bebauungsplan festgesetzten Ausgleichsmaßnahmen (z.B. Bepflanzungen) selbst durchgeführt** werden können.

– Soweit sie vom Eigentümer bereits durchgeführt worden sind und zur Ermittlung des Endwerts wiederum erschließungsbeitrags- und kostenerstattungsbetragsfreie Vergleichspreise herangezogen wurden, sind die Maßnahmen als zulässigerweise selbstbewirkte Werterhöhungen nach § 155 Abs. 1 Nr. 2 BauGB auf den Ausgleichsbetrag anzurechnen.

– Soweit die festgesetzten Maßnahmen zum Zeitpunkt des Abschlusses der Sanierungs- oder Entwicklungsmaßnahme (Wertermittlungsstichtag) noch nicht durchgeführt worden sind und wiederum von Vergleichspreisen für kostenerstattungsbetragsfreie Grundstücke ausgegangen wurde, sind die ausstehenden Maßnahmen wertmäßig in Abzug zu bringen.

Beispiel:

399 Für das ausgleichsbetragspflichtige Grundstück sind Ausgleichsmaßnahmen festgesetzt, die der Eigentümer in eigener Regie durchführen kann. Die Maßnahmen sind bei Abschluss der Entwicklungsmaßnahme (noch) nicht durchgeführt.

Endwert (kostenerstattungsbetragsfrei) =	100 000 €
Wertanteil (festgesetzter Maßnahmen) =	− 5 000 €
Endwert =	95 000 €

Ausgleichsbetrag

Endwert =	95 000 €
− Anfangswert =	− 70 000 €
Ausgleichsbetrag =	25 000 €
noch in eigener Regie durchzuführende Maßnahmen im Wert von =	+ 5 000 €
Gesamtbetrag =	30 000 € = 100 000 € − 70 000 €

4.3.3.4 Sonstige Grundstücksmerkmale

400 Grundsätzlich ist bei der Ermittlung des **Endwerts auch bei bebauten Grundstücken vom Bodenwert des unbebaut gedachten Grundstücks auszugehen.** Soweit sich dabei Beeinträchtigungen der zulässigen Nutzbarkeit aus einer bestehenden Bebauung ergeben und es bei wirtschaftlicher Betrachtungsweise geboten erscheint, das Grundstück in der bisherigen Weise zu nutzen, sind solche Besonderheiten nach Maßgabe des § 16 Abs. 4 ImmoWertV zu berücksichtigen (vgl. § 16 ImmoWertV Rn. 223 ff.).

401 Der Zustand (die Qualität) des Grundstücks bestimmt sich des Weiteren nach seiner sonstigen Beschaffenheit (z.B. **Größe, Form, Baugrund, Geländeform, Zustand der ausgeübten Nutzung** einschließlich der rechtlichen Beschränkungen wie öffentliche Lasten und Dienstbarkeiten). Insbesondere bei Grundstücken für Ein- und Zweifamilienhäuser fällt die Abhängigkeit des Bodenwerts von der Grundstücksgröße ins Gewicht, wobei der auf den Quadratmeter Grundstücksfläche bezogene Bodenwert i.d.R. umso höher ist, je kleiner das Grundstück ist.

402 Zur **Qualifizierung des Bodenwerts des neugeordneten Grundstücks (Endwert)** wird ansonsten auf die Ausführungen unter Rn. 243 ff. verwiesen. Sie können entsprechend zur Anwendung kommen. Die bei der Ermittlung des Endwerts zugrunde zu legenden Zustandsmerkmale werden des Weiteren insbesondere im Rahmen der Behandlung sog. **Komponentenlösungen (additive Verfahren)** bei Rn. 434 ff. behandelt.

4.4 Besondere Ermittlungsverfahren

4.4.1 Bodenrichtwertverfahren

▶ *Hierzu bereits Rn. 260 ff. und Grundsätzliches in den Syst. Darst. des Vergleichswertverfahrens Rn. 152 ff.; § 196 BauGB Rn. 11 ff.; § 10 ImmoWertV*

403 Nach § 16 Abs. 1 Satz 2 ImmoWertV können im Rahmen des anzuwendenden Vergleichswertverfahrens auch geeignete Bodenrichtwerte zur Ermittlung der Anfangs- und Endwerte herangezogen werden. Die besondere Bedeutung des Bodenrichtwertverfahrens[176] besteht darin, dass mit der gebietsweisen Ermittlung von Anfangs- und Endwerten auf der Grundlage von Bodenrichtwerten eine für die Akzeptanz der Ausgleichsbeträge hohe **Nachbarschaftsstimmigkeit** erreicht wird. Deshalb hat der Gesetzgeber den Gutachterausschuss für Grundstückswerte mit § 196 Abs. 1 Satz 7 BauGB verpflichtet, auf Antrag einer für den Vollzug des Baugesetzbuchs zuständigen Behörde neben den allgemeinen Bodenrichtwerten i.S. des § 196 Abs. 1 Satz 1 bis 5 BauGB besondere Bodenrichtwerte bezogen auf einen geeigneten Zeitpunkt zu ermitteln[177].

404 Für die Ableitung von Anfangs- und Endwerten besonders geeignet sind Bodenrichtwerte, die für das Veranstaltungsgebiet bezogen auf den Abschluss der Sanierung oder Entwicklung (§ 162 f. und § 171 BauGB) abgeleitet worden sind. Der für die Ermittlung von Bodenrichtwerten maßgebliche Grundsatz, nach dem diese in bebauten Gebieten mit dem Wert abzuleiten sind, der sich ergeben würde, wenn der **Boden unbebaut** wäre (vgl. § 196 Abs. 1 Satz 2 BauGB), **kommt generell auch bei der Bodenwertermittlung nach der Grundsatzregelung des § 16 Abs. 1 Satz 1 ImmoWertV zur Anwendung.**

405 Da grundsätzlich für alle im förmlich festgelegten Sanierungsgebiet gelegenen Grundstücke Ausgleichsbeträge zu erheben sind und diese sich gemeinsam aus dem Unterschiedsbetrag zweier auf denselben Wertermittlungsstichtag bezogener Bodenwerte (End- und Anfangswerte) bemessen, ist das sog. Bodenrichtwertverfahren eine besonders geeignete Methode. **Besondere Bodenrichtwerte** sind auf Antrag der Gemeinde

– für einzelne Gebiete (z.B. Sanierungsgebiete und städtebauliche Entwicklungsbereiche),
– bezogen auf einen vom üblichen Zeitpunkt der Bodenrichtwertermittlung (nämlich dem Ende eines jeden Kalenderjahres) abweichenden Zeitpunkt (z.B. Abschluss der Sanierungs- und Entwicklungsmaßnahme)

zu ermitteln.

406 In einer Reihe von **Gutachterausschussverordnungen der Länder** wird der Regelung des § 196 Abs. 1 Satz 7 BauGB durch ergänzende Vorschriften Rechnung getragen. Darin wird ausdrücklich vorgeschrieben, dass bei der Ableitung besonderer Bodenrichtwerte für förmlich festgelegte Sanierungsgebiete der jeweilige Zustand, auf den sie sich beziehen, zu kennzeichnen ist. In diesem Zusammenhang wird auch von **Anfangs-Bodenrichtwerten** und **End-Bodenrichtwerten** gesprochen. Der Begriff ist in diesem Zusammenhang unpräzise, da zwischen Anfangs- und Endwert einerseits und dem Neuordnungswert sowie dem sanierungs- und entwicklungsunbeeinflussten Bodenwert andererseits zu unterscheiden ist (vgl. Rn. 82 sowie Rn. 339).

– *Berlin:* § 18 Abs. 4 der Verordnung zur Durchführung des Baugesetzbuchs (DVOBauGB);
– *Brandenburg:* § 11 Abs. 3 der Gutachterausschussverordnung schreibt lediglich vor, dass der Zustand zu kennzeichnen ist, auf den sich der Bodenrichtwert bezieht;

---

176 Näheres zum Bodenrichtwertverfahren in Sanierungsgebieten vgl. Syst. Darst. des Vergleichswertverfahrens Rn. 183 ff.; zur Veröffentlichung der besonderen Bodenrichtwerte i.S.d. § 196 Abs. 1 Satz 5 BauGB vgl. Ernst/Zinkahn/Bielenberg, BauGB Komm. zu § 196 BauGB Rn. 123 ff.; BVerwG, Beschl. vom 29.6.1987 – 8 B 38/87 –, EzGuG 15.54 sowie OVG Münster, Urt. vom 9.4.1990 – 22 A 1185/89 –, GuG 1991, 31 = EzGuG 15.67 = EzGuG 15.60; VG Münster, Urt. vom 18.2.1988 – 3 K 2268/85 –, EzGuG 15.60; OVG Münster, Urt. vom 28.10.1983 – 3 K 1102/81 –, EzGuG 15.27; VG Bremen, Urt. vom 19.5.1993 – 1 A 153/89 –, GuG 1994, 59 = EzGuG 15.77.
177 § 196 BauGB Rn. 11 ff

- *Bremen:* § 13 Abs. 4 der Verordnung über die Gutachterausschüsse für Grundstückswert nach dem Baugesetzbuch;
- *Hamburg:* § 11 Abs. 3 der Verordnung über den Gutachterausschuss für Grundstückswerte;
- *Hessen:* § 13 Abs. 2 der Verordnung zur Durchführung des Baugesetzbuchs;
- *Mecklenburg-Vorpommern:* § 14 Abs. 3 Gutachterausschussverordnung sieht eine Kennzeichnungspflicht vor;
- *Niedersachsen:* § 21 Abs. 2 der Verordnung zur Durchführung des Baugesetzbuchs (DVO-BauGB);
- *Nordrhein-Westfalen:* § 11 Abs. 4 der Verordnung über die Gutachterausschüsse für Grundstückswerte (Gutachterausschussverordnung NW – GAVO NW) sieht eine Kennzeichnungspflicht vor;
- *Rheinland-Pfalz:* § 13 Abs. 8 der Verordnung über Gutachterausschüsse, Kaufpreissammlungen und Bodenrichtwerte (Gutachterausschussverordnung);
- *Sachsen-Anhalt:* § 11 Abs. 3 der Gutachterausschussverordnung sieht eine Kennzeichnungspflicht wie in Brandenburg vor;
- *Schleswig-Holstein:* § 14 Abs. 3 der Verordnung über die Bildung von Gutachterausschüssen und die Ermittlung von Grundstückswerten;
- *Thüringen:* § 12 Abs. 6 der Gutachterausschussverordnung sieht wie in Brandenburg eine Kennzeichnungspflicht vor.

Die vom Gutachterausschuss für Zwecke der Ausgleichsbetragserhebung ermittelten besonderen Bodenrichtwerte haben keine bindende Wirkung. Bezüglich ihrer Publizität macht § 196 BauGB keinen Unterschied zwischen den besonderen Bodenrichtwerten i.S. des § 196 Abs. 1 Satz 5 BauGB und den allgemeinen Bodenrichtwerten. Die Landesregierungen, die nach § 199 Abs. 2 Nr. 4 BauGB ermächtigt sind, die **Veröffentlichung der Bodenrichtwerte** durch Rechtsverordnung zu regeln, können jedoch – im Rahmen des Zulässigen – den besonderen Verhältnissen bei der Veröffentlichung Rechnung tragen. Diese können darin gesehen werden, dass sich in datenschutzrechtlich bedenklicher Weise aus den besonderen Bodenrichtwerten Aufschlüsse über die von den Eigentümern zu erhebenden Ausgleichsbeträge ergeben können. Da es sich bei den Bodenrichtwerten nicht um individuelle Verkehrswerte, sondern lediglich um durchschnittliche Lagewerte des Grund und Bodens handelt, ist aus den Bodenrichtwerten die Höhe des vom einzelnen Eigentümer zu erhebenden Ausgleichsbetrags allerdings nicht direkt ablesbar. Andererseits kann die Veröffentlichung dieser Bodenrichtwerte im Hinblick auf die Preisprüfung nach § 153 Abs. 2 BauGB zweckmäßig sein, wenn solche Bodenrichtwerte schon im Verlauf der Sanierungsmaßnahme für die Ermittlung sanierungsunbeeinflusster Grundstückswerte und der Neuordnungswerte i.S. des § 153 Abs. 1 und 4 BauGB abgeleitet worden sind. Etwas anderes kann für die auf den Zeitpunkt des Abschlusses der Sanierungsmaßnahme bezogenen Bodenrichtwerte gelten (vgl. § 195 BauGB Rn. 38 ff.).

407

Da die besonderen Bodenrichtwerte i.d.R. in einer größeren „Dichte" als sonst üblich ermittelt werden, kann im Einzelfall der Unterschiedsbetrag zwischen dem für die Ermittlung der Anfangs- und Endwerte jeweils ermittelten Bodenrichtwert dem Ausgleichsbetrag sehr nahe kommen. Dies tangiert das verfassungsrechtlich geschützte Recht auf informationelle Selbstbestimmung und steht ggf. einer Veröffentlichung der besonderen Bodenrichtwerte entgegen. In bestimmten Gutachterausschussverordnungen ist deshalb vorgesehen, dass die **besonderen Bodenrichtwerte in besondere Bodenrichtwertkarten** eingetragen werden, die nicht unter die öffentliche Auslegung fallen[178].

408

Die als sog. **Lagewertverfahren** praktizierte Methode ist ihrem Charakter nach dem Bodenrichtwertverfahren zuzuordnen, auch wenn der Begriff den Eindruck eines andersartigen Verfahrens erwecken mag. Es geht auch bei diesem Verfahren lediglich um eine operationalisierte Ermittlung der Lagewertigkeit in den unterschiedlichen Zonen des Sanierungsgebiets unter besonderer Berücksichtigung des Nachbarschaftsprinzips. Dies betrifft insbesondere die Erfassung der unterschiedlichen Verkehrs-, Gesellschafts-, Geschäfts-, Wohn- und Stadtlage.

409

---

[178] § 13 Abs. 6 bis 9 GutachterausschussVO Rh.-Pf., a.a.O.

VIII Ausgleichsbeträge — Besondere Ermittlungsverfahren

Zur Anwendung kommen dabei die in der Wertermittlung auch ansonsten gebräuchlichen Methoden:

a) Die unterschiedliche Lagewertigkeit wird ermittelt im Wege einer Regressionsanalyse unter Einbeziehung von Kaufpreisen aus dem weiteren Stadtgebiet. Entscheidende Bedeutung kommt dabei wiederum dem Modellansatz zu:

Kaufpreis = f (Lage, GFZ, ...)

Der Gleichungsansatz lässt sich dabei „harmonisieren", indem als Zielgröße nicht Kaufpreise, sondern jeweils der Kaufpreis je Quadratmeter Wohn- oder Nutzfläche in die Auswertung eingeführt wird.

b) Die unterschiedliche Lagewertigkeit wird durch ein den einzelnen Lagefaktoren Rechnung tragendes Punktesystem berücksichtigt, wobei andere Einflüsse auf den Verkehrswert konventionell durch Umrechnungskoeffizienten, Bodenpreisindexreihen und dgl. zuvor eliminiert werden. Praktisch handelt es sich dabei um die Anwendung des indirekten Vergleichswertverfahrens, wobei die Zu- und Abschläge zur Berücksichtigung unterschiedlicher Lageverhältnisse an eine vorgegebene „Null- oder Basislage" mit bestimmten Eigenschaften und einem ihr zugeordneten Bodenwertniveau anzubringen sind.

410 Diese Verfahren stellen insoweit kein Neuland, sondern eine auf die umfangreiche Aufgabenstellung bei gebietsweiser Erhebung von Ausgleichsbeträgen ausgerichtete Operationalisierung des Vergleichswertverfahrens dar. Problematisch bleibt dabei die **Vorgabe eines Punkte- oder Gewichtungsrahmens** für unterschiedliche Lageverhältnisse und eine objektiv sichere Einschätzung der einzelnen Grundstücke. Bei Einschaltung des Gutachterausschusses kann es hierbei als Vorteil gelten, dass eine möglichst große Anzahl von Gutachtern herangezogen werden kann, um subjektive Einschätzungen auszuschalten[179].

▶ *Weitere Ausführungen zum Bodenrichtwertverfahren vgl. Syst. Darst. des Vergleichswertverfahrens Rn. 152 ff. und zur Veröffentlichung der besonderen Bodenrichtwerte vgl. § 196 BauGB Rn. 33 ff., 38*

4.4.2 Delphi-Verfahren

411 Bei der gebietsweisen Ermittlung von Grundstückswerten kommt es im hohen Maße auf die **Nachbarschaftsstimmigkeit der Werte** untereinander an. Dies ist nicht nur für die Akzeptanz der Werte bedeutsam. Der Vergleich der Werte untereinander öffnet dem Gutachter zugleich den Blick für die sachgerechte Berücksichtigung der wertbeeinflussenden Grundstücksmerkmale. Insbesondere unterschiedliche Lagefaktoren können dabei häufig nur in einem abwägenden Gedankenprozess des Gutachters erfasst werden, wobei subjektive Einflüsse nicht immer ausgeschaltet werden können. Dies gilt vor allem dann, wenn nur wenige Vergleichspreise für die flächendeckende Ermittlung eines Veranstaltungsgebiets herangezogen werden können. Der Einfluss subjektiver Betrachtungsweisen lässt sich durch Einschaltung mehrerer Gutachter reduzieren. So ist z.B. die **Begutachtung durch ein Gremium,** wie dem Gutachterausschuss für Grundstückswerte in der Regelbesetzung von drei Gutachtern, **weniger anfällig für subjektive Betrachtungsweisen** als eine Einzelbegutachtung. Allerdings ist auch dabei eine Beeinflussung untereinander und damit auch eine Dominanz einzelner Gutachter nicht auszuschließen.

412 Im Rahmen der Praxis der Gutachterausschüsse für Grundstückswerte kann dem mit einer einfachen, aber gleichwohl sehr effektiven Verfahrensweise begegnet werden: Das Verfahren – hier als Delphi-Methode bezeichnet – besteht darin, dass man zum Zwecke der flächendeckenden Ermittlung der Anfangs- oder Endwerte allen Mitgliedern des Gutachterausschusses eine Karte des Veranstaltungsgebiets mit der Aufforderung zukommen lässt, in die Karte – unabhängig voneinander nach Art des Schulnotensystems – z.B. durch Vorgabe einer Wertig-

---

[179] Zu den Verfahren insbesondere Lucht in ZfV 1982, 232; ders. in DS 1985, 81; Lappe in VR 1984, 348.

keitsskala von eins bis zehn – Wertigkeits*zonen* zusammen mit ihrer Benotung einzutragen. Die Auswertung der Angaben einer Vielzahl von Sachverständigen ergibt ein **auf eine breite Basis gestelltes Wertgefüge des Veranstaltungsgebiets,** und es hat sich gezeigt, dass hierbei überraschend gut übereinstimmende Ergebnisse erzielt werden können. Der Übergang von einem „schulnotenmäßig" bewerteten Wertgefüge zu absoluten Bodenwerten in €/m² lässt sich hieran anschließend so vollziehen, dass die vorhandenen Vergleichspreise in einem zweiten Schritt den Wertzonen zugeordnet werden, denen sie insbesondere lagemäßig entsprechen. Die mit Vergleichspreisen nicht „belegbaren" Zwischenwerte lassen sich dann im Wege der Interpolation ableiten. Um bei alledem Extrapolationen zu vermeiden, ist es von Vorteil, wenn für die besonders hoch- und minderwertigen Zonen Vergleichspreise in die Auswertung eingebracht werden können. Dass bei alledem individuelle Besonderheiten, die mit den so gewonnenen Lagewerten nicht erfasst sind, zusätzlich berücksichtigt werden müssen, soll nicht unerwähnt bleiben. Insgesamt stellt diese Vorgehensweise eine sehr einfache und auch überzeugende Methode dar, die vielfach sogar „mathematisch ausgefeilten" Methoden überlegen ist.

4.4.3 Ertragsdifferenzialverfahren

4.4.3.1 Allgemeines

Allgemein kommt eine Ableitung von Bodenwerterhöhungen auf der Grundlage ertragswirtschaftlicher Verhältnisse nur für die Ausgleichsbetragsermittlung auf einem ertragswertorientierten Grundstücksteilmarkt in Betracht. Die gegen die Ableitung des Bodenwerts aus dem Ertrag bestehenden Bedenken müssen dabei grundsätzlich auch gegen die Ermittlung von Bodenwerterhöhungen (aus Ertragserhöhungen) sprechen. Auf der anderen Seite eröffnet sich hier die Möglichkeit, ohne Kenntnis des absoluten Bodenwertniveaus des Anfangs- oder Endwerts die sanierungsbedingte Bodenwer*terhöhung* (differenziell) allein auf der Grundlage der **sanierungsbedingten Ertragserhöhung** zu ermitteln. Dies sind Ertragsänderungen, die auf eine Werterhöhung des Grund und Bodens zurückzuführen sind. Die Methode ist in bebauten Gebieten von besonderem Vorteil, denn dort ist die Ermittlung der Bodenwerte (bebauter Grundstücke) besonders schwierig. **413**

Zur Ermittlung von Bodenwerterhöhungen auf der Grundlage von Ertragssteigerungen wird auf die **klassische Grundrentenformel** zurückgegriffen. Danach ergibt sich der Ertragswert als Barwert einer ewigen Rente: **414**

$$\boxed{\text{Ertragswert} = \text{Reinertrag}/\text{Liegenschaftszinssatz}}$$

Die Anwendung dieser Formel führt bei hinreichend **langer Restnutzungsdauer n des Gebäudes** (i.d.R. n > etwa 50 Jahre) zu fast demselben Ertragswert, der sich nach dem in den §§ 17 ff. ImmoWertV geregelten Ertragswertverfahrens ergibt, d.h. bei sehr langer Restnutzungsdauer des Gebäudes kann der Ertragswert eines Grundstücks allein aus dem Reinertrag ohne Kenntnis des Bodenwerts abgeleitet werden (vgl. Syst. Darst. des Ertragswertverfahrens Rn. 66). Führt man nun in die vorstehende Grundrentenformel an Stelle des Reinertrags des Grundstücks die allein auf die sanierungsbedingte Bodenwerterhöhung zurückführbare Ertragserhöhung ein, so ergibt sich aus der Differenzialformel die Erhöhung des Ertragswerts, der wiederum ursächlich allein auf die Erhöhung des Bodenwerts zurückführbar ist: **415**

Differenzialform der Grundrentenformel:

$$\Delta \text{ Ertragswert} = \frac{\Delta \text{ Bodenwert} = \Delta \text{ Jahresreinertrag}_{\text{Boden}} \times 100}{\text{Liegenschaftszinssatz}}$$

Um allein die Bodenwerterhöhung mit Hilfe dieser Formel abzuleiten, ist Voraussetzung, dass als differenzieller Jahresreinertrag nur die **Mietwerterhöhung** eingeführt wird, **die auf eine Lageverbesserung zurückzuführen ist**, die infolge der Sanierung herbeigeführt wurde. Sub- **416**

VIII Ausgleichsbeträge — Besondere Ermittlungsverfahren

stanzverbesserungen, die ebenfalls zu Mieterhöhungen führen können, müssen außer Betracht bleiben.

Beispiel:

Baugrundstücksgröße	1 000 m²
Nutz- bzw. Wohnfläche	500 m²
Miete	8,00 €/m²
Sanierungsbedingte Mieterhöhung	0,50 €/m²
Liegenschaftszinssatz	4%

Jährliche Mieterhöhung des Grundstücks aufgrund von Lageverbesserungen:
0,50 €/m² × 500 m² × 12 = 3 000 €/Jahr

Erhöhung des Ertragswerts (Bodenwerts) des Grundstücks aufgrund von Lageverbesserungen:
Bodenwerterhöhung = 3 000 € × 100/4 = 75 000 €

Bodenwerterhöhung pro Quadratmeter Grundstücksfläche: 75 000 € : 1 000 m² = **75 €/m²**

417 Die vorgestellte Berechnungsweise führt nur zu der **Bodenwerterhöhung der dem Gebäude zurechenbaren Fläche (Umgriffsfläche)**. Für selbstständig nutzbare Teilflächen i.S. des § 17 Abs. 1 Satz 2 ImmoWertV ist gegebenenfalls die sanierungsbedingte Bodenwerterhöhung eigenständig zu ermitteln, sofern die Ergebnisse sich nicht hierauf übertragen lassen. Bei dem Verfahren handelt es sich methodisch um ein Verfahren der Bodenwertermittlung aus dem Ertrag, wie es auch sonsthin hilfsweise zur Anwendung kommt (vgl. Syst. Darst. des Vergleichswertverfahrens Rn. 553). Es ist in Bezug auf den maßgeblichen Zinssatz äußerst fehleranfällig.

418 Bei dieser Vorgehensweise ist – wie ausgeführt – zu beachten, dass als **sanierungsbedingte Mieterhöhungen** nur solche in die Berechnung eingeführt werden dürfen, die ursächlich auf eine Erhöhung des Bodenwerts zurückzuführen sind. Dies können insbesondere folgende lageverbessernden Sanierungsmaßnahmen sein:

– Wohnumfeldmaßnahmen;

– Anlegung von Fußgängerzonen, Grünflächen;

– Maßnahmen der Verkehrsberuhigung; Verbesserung der Parksituation;

– Infrastrukturmaßnahmen;

– Verminderung der Immission, z.B. durch Betriebsverlagerungen.

419 **Mieterhöhungen aufgrund baulicher Maßnahmen** müssen hingegen außer Betracht bleiben, da sie i.d.R. dem Gebäude zuzurechnen sind und damit nicht zu sanierungsbedingten *Boden*werterhöhungen führen. Vor allem aber sind sie im Wesentlichen den vom Eigentümer selbst bewirkten Werterhöhungen zuzurechnen, die nicht Gegenstand der „Abschöpfung" sind.

420 Zur Ermittlung der lagebezogenen und damit dem Grund und Boden zurechenbaren Mieterhöhung kann auch auf die **Mietspiegel** zurückgegriffen werden, aus denen sich für Objekte gleicher baulicher Ausstattung, aber unterschiedlicher Lage Mietwertdifferenzen ableiten lassen (Abb. 26).

Besondere Ermittlungsverfahren — Ausgleichsbeträge VIII

Beispiel: 421

Abb. 26: Auszug aus einem Mietspiegel

Mietwerttabelle (€/m²)		
Ausstattungs- und Lageklasse	bis 1948	bis 1948 modernisiert
Ausstattungsklasse II		
Sehr gute Wohnlage	–	3,35–4,40 → Δ
Gute Wohnlage	–	2,80–4,10 → Δ
Normale Wohnlage	2,05–2,85	2,30–3,40 → Δ
Einfache Wohnlage	–	
Ausstattungsklasse III		
Sehr gute Wohnlage	–	
Gute Wohnlage	2,65–3,85	2,75–3,90 → Δ
Normale Wohnlage	2,20–3,40	2,35–3,50 → Δ
Einfache Wohnlage	2,10–3,05	2,15–3,20 → Δ

(Ertragsdifferenziale aufgrund sanierungsbedingter Lageverbesserung des Grund und Bodens)

Wendet man das vorgestellte Verfahren zur Ermittlung der sanierungsbedingten Bodenwerterhöhung an, gilt es zu beachten, dass 422

a) als Ausgangsmiete die **nach Art, Größe, Ausstattung, Beschaffenheit und Lage gebietstypische Miete** herangezogen wird, wie sie sich ohne Aussicht auf die Sanierung, ihre Vorbereitung und Durchführung nachhaltig ergibt, und

b) unabhängig vom Alter bzw. der Restnutzungsdauer der baulichen Anlage, der sich infolge der Sanierung allein aufgrund der Lageverbesserung ergebende **Mietwertzuwachs auf ewig kapitalisiert wird.**

Deshalb ist in dem vorgestellten *Beispiel* der Mietwertzuwachs durch Division mit dem Liegenschaftszinssatz kapitalisiert worden. Alternativ kann dieser auch mit dem jeweiligen Vervielfältiger für eine Restnutzungsdauer von 100 Jahren multipliziert werden. Dies ist darin begründet, dass mit diesem Verfahren die Bodenwerterhöhung ermittelt wird und sich Bodenwerte aufgrund der Nutzungsfähigkeit des Grund und Bodens bilden. So wie sich mit der Baureife eines Grundstücks unabhängig von der Bebauung i.d.R. höhere Bodenwerte einstellen, ergeben sich auch infolge einer durch Sanierungsmaßnahmen herbeigeführten Lageverbesserung auch von der Restnutzungsdauer der baulichen Anlage unabhängige Bodenwerterhöhungen, zumal sie auch bei einer bestehen bleibenden Bebauung mit einer entsprechenden Mieterhöhung „realisiert" werden kann, wenn man einmal von dem ohnehin problematischen Fall einer Mietpreisbegrenzung absieht.

4.4.3.2 Beispiel

Entsprechend dem vorgestellten Grundgedanken hat man in *München* das Ertragsdifferenzialverfahren unter dem Begriff **Mietspiegelmethode** in der nachfolgend beschriebenen Weise modifiziert. 423

a) Im **ersten Schritt** stellt man aus den Zu- und Abschlägen der im Mietspiegel z.B. für „einfache" und „gehobene" Wohnlagen gegenüber der Durchschnittsmiete ausgewiesenen Mietdifferenzen die gesamte Mietdifferenz fest, um hieraus die relative Bandbreite der (wohn-)lagebedingten Mietdifferenzen zu ermitteln. Bei Abschlägen von − 10 % und Zuschlägen von + 5 % ergibt sich z.B. eine Bandbreite von insgesamt 15 %.

b) Im **zweiten Schritt** wird über diese Bandbreiten ein Feinraster in Gestalt einer nachvollziehbaren Nutzwertanalyse der Einflussfaktoren gelegt. Die Einflussfaktoren werden nach Lagekriterien mit den nachstehenden Gewichtsanteilen gewichtet (Abb. 27).

VIII Ausgleichsbeträge — Besondere Ermittlungsverfahren

Abb. 27: Gewichtsanteile

Nr.	Lagekriterien	Gewichtsanteil
1.	Ortsteilinteresse	15%
2.	Infrastruktur	15%
3.	Immissionen	15%
4.	Öffentliche Verkehrsmittel	15%
5.	Grünausstattung	10%
6.	Helligkeit/Verschattung	5%
7.	Parkplatzangebot	10%
8.	Sonstige Kriterien der Mikrolage	15%
	Summe:	100%

c) Im **dritten Schritt** werden sodann für das einzelne Objekt die relativen Abweichungen der *vor* der Sanierung erzielbaren Miete gegenüber der Durchschnittsmiete nach den Eigenschaften des Objekts auf der Grundlage einer Notenskala festgestellt (Abb. 28).

In diesem Zusammenhang wird von einer „Gewichtung" der individuellen Abweichung gegenüber dem der Durchschnittsmiete zugrunde gelegten Zustand gesprochen, wobei die Lagekriterien *vor* der Sanierung i.d.R. negativer Art sind.

Abb. 28: Grad der Abweichung

	Abweichung vom durchschnittlichen Wohnbezirk	
Beschreibung	Grad	%
Extrem schlechter	– 4	– 100%
Grundlegend schlechter	– 3	– 50%
Deutlich schlechter	– 2	– 25%
Gering, aber noch spürbar schlechter	– 1	– 10%
Unverändert	0	0%
Gering, aber noch spürbar besser	+ 1	+ 10%
Deutlich besser	+ 2	+ 25%
Grundlegend besser	+ 3	+ 50%
Extrem besser	+ 4	+ 100%

d) Im **vierten Schritt** wird die gewichtete Abweichung in die Spannbreite der Abschläge „gestaucht". Bei einer Gesamtspannbreite der Abschläge von 10% wird dazu die gewichtete relative Abweichung gegenüber der Durchschnittsmiete mit dem Faktor 0,10 multipliziert.

Abb. 29: Vor Sanierung

Nr.	Lagekriterien Bezeichnung	Gewichtung des Kriteriums %	relative Abweichung vom durchschnittlichen Wohnbezirk Grad	%	gewichtet	Anpassungsfaktor an Mietspiegel	Veränderung %
1	2	3	4	5	6	7	8
1	Ortsteilinteresse	15 %	−2	−25 %	−3,75 %	−0,10	−0,38 %
2	Infrastruktur	15 %	−1	−10 %	−1,50 %	0,10	−0,15 %
3	Immissionen	15 %	−2	−25 %	−3,75 %	0,10	−0,38 %
4	Öffentliche Verkehrsmittel	15 %	0	0 %	0,00 %	0,00	0,00 %
5	Grünausstattung	10 %	−2	−25 %	−2,50 %	0,10	−0,25 %
6	Helligkeit, Verschattung	5 %	−2	−25 %	−1,25 %	0,10	−0,13 %
7	Parkplatzangebot	10 %	−2	−25 %	−2,50 %	−0,10	−0,25 %
8	sonstige Kriterien der Mikrolage	15 %	−2	−25 %	−3,75 %	−0,10	0,38 %
	Summen	100 %			−19,00 %		−1,90 %

e) Im **fünften Schritt** werden nach der vorgestellten Vorgehensweise wiederum die individuellen Abweichungen desselben Objekts gegenüber dem der Durchschnittsmiete zugrunde gelegten Zustand *nach* der Sanierung auf der Grundlage der verbesserten Lagekriterien abgeleitet. Diese werden wiederum entsprechend der Spannbreite der Zuschläge (im Beispiel + 5%) mit dem Faktor 0,5 „gestaucht".

Abb. 30: Nach Sanierung

Nr.	Lagekriterien Bezeichnung	Gewichtung des Kriteriums %	relative Abweichung vom durchschnittlichen Wohnbezirk Grad	%	gewichtet	Anpassungsfaktor an Mietspiegel	Veränderung %
1	2	3	4	5	6	7	8
1	Ortsteilinteresse	15 %	3	50 %	7,50 %	−0,05	0,38 %
2	Infrastruktur	15 %	0	0 %	0,00 %	−0,00	0,00 %
3	Immissionen	15 %	1	10 %	1,50 %	−0,05	0,08 %
4	Öffentliche Verkehrsmittel	15 %	0	0 %	0,00 %	−0,00	0,00 %
5	Grünausstattung	10 %	1	10 %	1,00 %	−0,05	0,05 %
6	Helligkeit, Verschattung	5 %	1	10 %	0,50 %	−0,05	0,03 %
7	Parkplatzangebot	−10 %	−2	−25 %	−2,50 %	−0,10	−0,25 %
8	sonstige Kriterien der Mikrolage	15 %	1	10 %	1,50 %	−0,05	0,08 %
	Summen	100 %			9,50 %		0,35 %

f) Aus der Differenz der relativen Abweichungen *vor* und *nach* der Sanierung ergibt sich im Beispiel eine **Gesamtverbesserung** von

$$-1{,}90\% \text{ bis } +0{,}35\% = 2{,}25\%$$

Als Ergebnis erhält man den Vom-Hundert-Satz der durch die Sanierungsmaßnahmen herbeigeführten Lageverbesserungen des Grund und Bodens, aus dem nun der Absolutbetrag der Mietwerterhöhung abzuleiten ist. Bei einer nach Art, Größe, Ausstattung, Beschaffenheit und Lage gebietstypischen Ausgangsmiete vor der Sanierung in Höhe von

VIII Ausgleichsbeträge — Besondere Ermittlungsverfahren

5,78 €/m² WF (nicht umgelegte Betriebskosten bzw. Nebenkosten müssen ggf. hinzugerechnet werden) ergibt sich als Absolutbetrag der sanierungsbedingten Mieterhöhung:

$$5{,}78\ \text{€/m}^2\ \text{WF} \times 2{,}25\% = \text{rd. } 0{,}13\ \text{€/m}^2\ \text{WF monatlich}$$

g) Mit Hilfe dieser sanierungsbedingten Mieterhöhung lässt sich nun die **sanierungsbedingte Bodenwerterhöhung** ermitteln:

Bei einem Objekt mit

- einer Wohnfläche (WF) von 400 m²
- einer Grundstücksfläche von 200 m² (ohne selbständig nutzbare Freiflächen)
- einem Liegenschaftszinssatz von 4,5%

ergibt sich damit eine sanierungsbedingte Bodenwerterhöhung von

$$\frac{400\ \text{m}^2\ \text{WF} \times 0{,}13\ \text{€/m}^2 \times 12}{0{,}045 \times 200\ \text{m}^2} = 69{,}33\ \text{€/m}^2$$

424 In der *Münchener Sanierungspraxis* geht man **abweichend von der vorgestellten Berechnungsweise** jedoch wie folgt vor:

a) Der Absolutbetrag der sanierungsbedingten Mietwerterhöhung wird nicht auf der Grundlage der nach Art, Größe, Ausstattung, Beschaffenheit und Lage gebietstypischen Miete, sondern auf der Grundlage der individuellen Miete, d.h. unter Berücksichtigung der individuellen Besonderheiten des Mietobjekts, ermittelt.

b) Als *objektspezifische Besonderheiten* kommen dabei entsprechend dem Münchener Mietspiegel die Abhängigkeiten der Miete von

- der Wohnfläche,
- der Baugestaltung,
- dem Baualter,
- der Wohnungsausstattung

entsprechend nachfolgender Tabellen zum Ansatz.

Abb. 31: **Basismiete einer statistisch durchschnittlichen Wohnung in Abhängigkeit von der Wohnfläche.**

Die Abbildung enthält die Durchschnittsmieten in €/m² (Basismiete) ohne Berücksichtigung von Baualter, Lage, Wohnungstyp und Wohnungsausstattung. Wohnungen mit Wohnflächen unter 22 m² und über 160 m² werden durch den Mietspiegel nicht erfasst (umgerechnet).

Wohnfläche m²	Basismiete €/m²
65	6,05 €/m²
66	6,03 €/m²
67	6,01 €/m²
68	6,00 €/m²
69	5,98 €/m²
70	5,96 €/m²
71	5,94 €/m²
72	5,92 €/m²
73	5,90 €/m²
74	5,88 €/m²
75	5,86 €/m²
76	5,84 €/m²
77	5,83 €/m²

Besondere Ermittlungsverfahren **Ausgleichsbeträge VIII**

Wohnfläche m²	Basismiete €/m²
78	5,82 €/m²
79	5,80 €/m²
80	5,78 €/m²
81	5,77 €/m²
82	5,76 €/m²
83	5,75 €/m²

Abb. 32: Vom Baujahr abhängige Zu- und Abschläge in Prozent der Basismiete je nach Zimmerzahl der Wohnung und für großen Balkon, große Terrasse o.Ä.

Die Tabelle beinhaltet vom Baujahr abhängige Zu- und Abschläge in Prozent der Basismiete je nach Zimmeranzahl der Wohnung und je nach Vorhandensein eines großen Balkons/Terrasse o.Ä.

Baujahr	1 Zimmer	2 oder 3 Zimmer	mindestens 4 Zimmer	großer Balkon, große Terrasse o.Ä.
bis 1918	− 7%	− 11%	− 14%	+ 2%
1919–1948	− 6,5%	− 9%	− 9%	+ 2,5%
1949–1965	− 6%	− 8%	− 6%	+ 3%
1966–1977	− 3,5%	− 2%	− 3%	+ 4,5%
1978–1983	+ 2%	+ 10%	+ 3%	+ 4,5%
1984–1986	+ 6%	+ 18%	+ 7%	+ 10%
1987–1988	+ 8%	+ 24%	+ 9%	+ 11%
1989–1990	+ 10%	+ 28%	+ 11%	+ 12%
1991–1992	+ 10%	+ 31%	+ 11%	+ 13%

Hinweis: Wegen der geringen Anzahl von Wohnungen mit Baujahr 1991–1992 in der Stichprobe ist bei Ein- und mindestens Vierzimmerwohnungen die Berücksichtigung einer Bandbreite zu empfehlen.

Begriffsbestimmung: Großer Balkon ab etwa 8 m² Fläche.

Abb. 33: Zu- und Abschläge in Prozent der Basismiete nach Haus- und Wohnungstyp

Die Tabelle enthält Zu- und Abschläge in Prozent der Basismiete je nach Haus- bzw. Wohnungstyp.

Über 7 Stockwerke (Erdgeschoss und 6 Obergeschosse)	− 8%
Einfaches Haus (ab 1949 gebaut)	− 8,5%
Einfacher Altbau (vor 1949 gebaut)	− 9%
Vor 1949 gebautes Hinterhaus*	− 13%
Einfache Fenster	− 6%
Gehobene Gestaltung des Hauses	+ 10%
Ein- bis Dreizimmerwohnungen mit gehobenem Grundriss	+ 10%
Grundlegende Renovierung der Wohnung nach 1977	+ 10%
* Kein Abschlag, falls sich das Haus bereits in besonders schlechter Lage befindet.	

Hierzu werden folgende **Begriffsbestimmungen** gegeben:

Einfaches Haus (ab 1949) gebaut:

Es fehlen die für einen neueren und teilsanierten Haustyp charakteristischen Merkmale wie Sprechanlage, Aufzug, Müllschlucker o.Ä.

Einfacher Altbau (vor 1949 gebaut):

Nicht oder nur wenig renovierter Altbau, enthält keinen Aufzug, keinen Müllschlucker, gelegentlich aber eine Sprechanlage. Maximal 6 Stockwerke (einschließlich Erdgeschoss). Gemeinsame Waschküche oder Speicher alten Stils. Keine Wäschetrockner, Waschmaschine, Trockenräume zur Alleinbenutzung. Dieser

VIII Ausgleichsbeträge — Besondere Ermittlungsverfahren

Haustyp tritt überwiegend in den alten Stadtvierteln wie Haydhausen, Lehe, Schwabing bis zum mittleren Ring, Au, Isar-Vorstadt, Max-Vorstadt, altes Giesing und altes Neuhausen auf.

Einfache Fenster:
Keine Isolierverglasung und keine modernen Doppelfenster.

Gehobene Gestaltung des Hauses:
Architektonisch anspruchsvoll gestaltetes Haus. Indikatoren hierfür sind besonders gestaltete Fenster (Rundbogen, Sprossen etc.), auch Erker, sehr schöne Fassade o.Ä.

Normale Größe Ein- bis Dreizimmerwohnung mit gehobenem Grundriss:
In der Regel mindestens ein Wohnraum ab etwa 25 m^2.

Grundlegende Renovierung der Wohnung:
Es handelt sich dabei um wesentliche Renovierungsmaßnahmen nach 1977, die nicht bereits durch andere Ausstattungsmerkmale erfasst werden. Dazu gehören insbesondere Veränderungen im Zuschnitt der Wohnungen und grundlegende sanitäre Modernisierungsmaßnahmen.

Abb. 34: Zu- und Abschläge in Prozent der Basismiete nach Wohnungsausstattung

Die Tabelle enthält Zu- und Abschläge in Prozent der Basismiete je nach Wohnungsausstattung.

Keine Zentralheizung	– 15%
Keine zentrale Warmwasserversorgung	– 1,5%
Kein Badezimmer	– 5,5%
Besondere Zusatzausstattung und Zusatzeinrichtung	+ 6%
Gehobene Ausstattung der Küche *	+ 15%
Gehobene Ausstattung des Bades**	+ 7%
Besondere Zusatzausstattung des Bades**	+ 8%
Zusätzliche sanitäre Räume **	+ 4%
* Der Gesamtzuschlag für Küche- und Badeausstattung sowie Sanitärräume darf 19% nicht übersteigen.	
** Der Gesamtzuschlag für Badeausstattung und Sanitärräume darf 13% nicht übersteigen	

Hierzu werden folgende **Begriffsbestimmungen** gegeben:

Zentralheizung:
Neben der üblichen Zentral- und Etagenheizung gehören hierzu auch Gaseinzelöfen, falls alle Wohnräume einschließlich Küche und Bad damit ausgestattet sind.

Badezimmer:
Ein Badezimmer ist ein abgeschlossener Raum der Wohnung mit Badewanne oder Dusche.

Besondere Zusatzausstattung oder Zusatzeinrichtung:
Dazu gehört wenigstens eines der folgenden Merkmale: Offener Kamin, Kachelofen, überwiegend hochwertiger Marmorfußboden, Fußbodenheizung, Einbauschränke, elektrisch betriebene Rollläden, Sauna oder Schwimmbad.

Gehobene Ausstattung der Küche:
Mindestens vier der folgenden Merkmale müssen vorhanden sein (vom Vermieter zur Verfügung gestellt: Spüle, Elektro-/Gasherd, Kühlschrank, moderne Einbauschränke, Mikrowellenherd, Glaskeramik-Kochmulde, Dunstabzugshaube, Geschirrspülmaschine, Gefrierschrank).

Gehobene Ausstattung des Bades:
Überdurchschnittliche Ausstattung; ein typischer Indikator ist eine hohe (in der Regel mindestens 180 cm) Umkachelung an allen vier Wänden.

Besondere Zusatzausstattung des Bades:
Zumindest eines der folgenden Zusatzausstattungen ist vorhanden: zweites Waschbecken, Dusche und Badewanne getrennt oder zumindest feste Duschabtrennung.

Besondere Ermittlungsverfahren   **Ausgleichsbeträge VIII**

Zusätzliche Sanitärräume:
2. Bad oder Toilette vorhanden.

Beispiel:

425

Für eine Mietwohnung mit folgenden Merkmalen soll die ortsübliche Vergleichsmiete berechnet werden: 3-Zimmer-Wohnung mit 80 m² Wohnfläche, Baujahr 1980 gehobener Wohnbezirk (aber keine Spitzenlage), Hochhaus mit über 7 Stockwerken, gehobener Grundriss, Zentralheizung und zentrale Warmwasserversorgung sowie gehobene Ausstattung des Bades:

1.	Tabelle 1: 80 m² Wohnfläche	5,78 €/m²
2.	Tabelle 2: Baualterszuschlag 3 Zimmer	+10%
3.	Tabelle 3: (Wohnbezirk) gehobener Wohnbezirk	+ 5%
4.	Tabelle 3: über 7 Stockwerke	− 8%
	3-Zimmer-Wohnung mit gehobenem Grundriss	+ 10%
5.	Tabelle 4: gehobene Ausstattung des Bades	+ 7%
	Die Summe aller Zu-/Abschläge beträgt	24%

Die durchschnittliche Nettomiete in €/m² beträgt damit insgesamt

$$5{,}78 \ €/m^2 + 24\% \text{ von } 5{,}78 \ €/m^2 = 7{,}17 \ €/m^2.$$

Für die Wohnfläche von 80 m² ergibt dies 573,60 €. Zu dieser so errechneten Nettomiete ist noch die Summe der nicht umgelegten Betriebs- bzw. Nebenkosten – soweit zutreffend – hinzuzurechnen.

In dem *Beispiel* ergibt sich also eine Miete von 7,17 €/m² WF vor der Sanierung und eine sanierungsbedingte Mieterhöhung (bei einer lagebedingten Gesamtverbesserung von 2,25%; vgl. Rn. 423 Buchstabe f) von

$$7{,}17 \ €/m^2 \ WF \times 2{,}25\% = \text{rd. } 0{,}16 \ €/m^2 \ WF \text{ monatlich.}$$

Bei einem Objekt mit einer Wohnfläche von 400 m², einer Grundstücksfläche von 200 m² sowie einem Liegenschaftszinssatz von 4,5% ergibt sich damit bei einer Restnutzungsdauer des Gebäudes von 40 Jahren eine **sanierungsbedingte Bodenwerterhöhung von**

$$\frac{400 \ m^2 \ WF \times 0{,}16 \ €/m^2 \times 12 \times 18{,}40}{200 \ m^2} = \textbf{rd. 70,65 €/m}^2$$

Vervielfältiger V: bei p = 4,5% und n = 40 Jahre = 18,40

Zum Vergleich: Vorstehend wurde (unter Rn. 423) eine sanierungsbedingte Bodenwerterhöhung in Höhe von 69,33 €/m² ermittelt.

Rechnerisch fällt in diesem Beispiel der Unterschied zu der vorangegangenen Berechnungsweise gering aus. Dies ist in dem Beispiel darauf zurückzuführen, dass die sanierungsbedingte Mietwerterhöhung nur über 40 Jahre kapitalisiert worden ist, während im vorangegangenen Beispiel – entsprechend der dem Grund und Boden auf Dauer anhaftenden höheren Nutzungsmöglichkeiten – die sanierungsbedingte Mieterhöhung auf *ewig* kapitalisiert wurde. Dies würde zu einer sanierungsbedingten Bodenwerterhöhung von

$$\frac{400 \ m^2 \ WF \times 0{,}16 \ €/m^2 \ WF \times 12}{0{,}045 \times 200 \ m^2} = \textbf{rd. 85,33 €/m}^2$$

führen.

VIII Ausgleichsbeträge — Besondere Ermittlungsverfahren

426 Die Münchener **Mietspiegelmethode** ist in der Rechtsprechung bislang bestätigt worden[180], wobei allerdings die besonderen Spezifika bislang nicht richterlich gewürdigt wurden. Diese sind abzulehnen, weil sie in Abhängigkeit von

– der Restnutzungsdauer des Gebäudes und

– der individuellen Beschaffenheit einschließlich der Größe der Wohnung

zu extrem unterschiedlichen sanierungsbedingten Bodenwerterhöhungen für ansonsten völlig gleichartige Grundstücke führen müssen. Dies ist in Ansehung von Art. 3 GG und auch aus sachlichen Gesichtspunkten nicht zu rechtfertigen (Abb. 35).

Beispiel:

Abb. 35: Lageplan gebietstypischer Wohnungen

427 Bei einer sanierungsbedingten Mietwerterhöhung von 2,25% (entsprechend dem vorgestellten *Beispiel*) würden sich für die im Lageplan dargestellten Grundstücke folgende sanierungsbedingten Bodenwerterhöhungen ergeben:

Grundstück A	12,82 €/m² Bodenfläche
Grundstück B	**63,34 €/m² Bodenfläche**
Grundstück C	106,68 €/m² Bodenfläche

wobei im Falle des Grundstücks B die sanierungsbedingte Mietwerterhöhung auf ewig kapitalisiert wurde.

Es müssen sich hier **extrem unterschiedliche sanierungsbedingte Bodenwerterhöhungen je nach Beschaffenheit der Wohnungen und der Restnutzungsdauer der Gebäude** zeigen (Abb. 36).

---

[180] VG München – M 8 S 02.5094 – und – M 8 S 03.930 –; vgl. BayVGH, Beschl. vom 18.7.2003 – 2 CS 03.1406 –, GuG 2005, 247 = EzGuG 15.107 und – 2 CS 02,2342.

Besondere Ermittlungsverfahren **Ausgleichsbeträge VIII**

Abb. 36: Sanierungsbedingte Bodenwerterhöhungen in Abhängigkeit von der Wohnungsbeschaffenheit und der Restnutzungsdauer des Gebäudes

Monatlicher Mietpreis vor der Sanierung [€/m² WF]	Sanierungs- bedingte Mietpreis- erhöhung bei 2,25 %	Sanierungsbedingte Bodenwerterhöhung bei einer Restnutzungsdauer [Jahre] von (bei WF = 400 m², Grundstücksfläche = 200 m²)				
		10	30	50	100	∞
		Vervielfältiger V bei p = 4,5 %				
		7,91	16,29	49,76	21,95	**22,22**
3,00 €/m²	0,068 €/m²	A = 12,91	26,58	32,25	35,82	36,26
5,00 €/m²	0,112 €/m²	21,26	43,79	53,11	59,00	59,73
5,78 €/m²	0,130 €/m²	24,68	50,82	61,65	68,48	B = 69,33
9,00 €/m²	0,202 €/m²	38,35	79,97	95,80	C = 106,41	107,72

Δ = 94 €/m²

Allein aus der **auf ewig kapitalisierten sanierungsbedingten Mietsteigerung** (Grundstück B), wie sie sich für den gebietstypischen Wohnungsbestand ergibt, der repräsentativ für das der Preisbildung auf dem Bodenmarkt zugrunde liegende Investitionsverhalten vor der Sanierung war, lässt sich die sanierungsbedingte Bodenwerterhöhung ableiten. Dabei kann es grundsätzlich keinen Unterschied machen, ob die bauliche Anlage eine Restnutzungsdauer von 10, 20, 50 oder 100 Jahren aufweist. **428**

Dies ist darin begründet, dass sich Bodenwerte und auch der Wert des baureifen Landes ökonomisch stets als Barwerte aller künftig erzielbaren Erträge bilden, d.h., nach der **Nutzungsfähigkeit und nicht nach der tatsächlich ausgeübten Nutzung**[181]. Auch das tägliche Marktgeschehen steht dafür, denn sonst könnte sich für baureifes (unbebautes) Land nicht das hohe Bodenwertniveau einstellen. Dem kann auch nicht entgegengehalten werden, dass aufgrund der bestehenden Bebauung das durch die Sanierung herbeigeführte Nutzungspotenzial aufgrund der bestehenden Bebauung nicht „realisiert" werden kann, denn es geht hier lediglich um die Kapitalisierung der Mieterhöhung, die auf eine Verbesserung der Lagemerkmale zurückzuführen ist, die grundsätzlich auch bei bestehenden Gebäuden im Wege eines Mieterhöhungsverlangens geltend gemacht werden können[182]. Dementsprechend hat auch der VGH Mannheim entschieden, dass Wertfaktoren, die nicht dem Grundstück immanent sind, sondern nur auf einer gegenwärtigen Praxis des Vermieters beruhen, bei der Bemessung des Ausgleichsbetrags unberücksichtigt bleiben müssen[183]. **429**

Etwas anderes kann gelten, wenn zum Zwecke des „Schutzes für die angestammte Wohnbevölkerung" **Mietobergrenzen** für das Sanierungsgebiet festgesetzt worden sind. Diese Praxis ist rechtlich allerdings nicht unproblematisch, da damit möglicherweise gegen das Abwägungsgebot verstoßen wird (vgl. Rn. 238). Ein Abwägungsmangel kann z.B. vorliegen, wenn auf der einen Seite die Verbesserung des Sanierungsgebiets (Behebung städtebaulicher Missstände) Ziel und Zweck der Sanierung ist und es andererseits mit den Vorgaben von Mietobergrenzen den Grundstückseigentümern verwehrt sein soll, bauliche Missstände zu beheben. In diesem Fall muss mit einer erhöhten Förderung ein Ausgleich herbeigeführt werden, denn dem Eigentümer kann nicht zugemutet werden, die Bausubstanz auf eigene Kosten zu sanieren. **430**

Es kommt hinzu, dass solche **Mietobergrenzen kaum auf Dauer Bestand** haben können. Wertermittlungstechnisch könnte ggf. dem dadurch Rechnung getragen werden, dass die sanierungsbedingte Bodenwerterhöhung in der vorgestellten Berechnungsweise (auf der **431**

---
181 BGH, Urt. vom 8.11.1962 – III ZR 86/61 –, EzGuG 8.5; BGH, Urt. vom 13.12.1964 – III ZR 164/61 –, EzGuG 6.67.
182 So auch Dieterich, Baulandumlegung, 3. Aufl. München 1996, S. 255, der in der 4. Aufl. (München 2000 S. 281) auf die Bedenken von Möckel nicht mehr eingeht.
183 VGH Mannheim, Urt. vom 25.10.1999 – 8 S 593/99 –, EzGuG 15.97.

VIII Ausgleichsbeträge — Besondere Ermittlungsverfahren

Grundlage der langfristig zu erwartenden Mietwertsteigerung) abgeleitet wird und dann der kapitalisierte Minderertrag, kapitalisiert über die erwartete Dauer der Mietpreisbegrenzung, in Abzug gebracht wird.

4.4.4 Erdgeschossmietenverfahren

▶ *Vgl. Rn. 413 und Syst. Darst. des Vergleichswertverfahrens Rn. 631 ff.*

432 Sanierungsbedingte Bodenwerterhöhungen lassen sich auch mittels **Regressionsanalysen** ableiten, wobei vom Bodenwert als Funktion des Ertrags (vor und nach Durchführung der Sanierung) ausgegangen wird[184]. Für Geschäftslagen ist dabei eine enge **Beziehung zwischen den Erdgeschossmieten und dem Bodenwert** festgestellt worden. Dort nämlich werden die höchsten Mieten erzielt, wobei zunehmend aber auch, insbesondere in Großstädten, die Obergeschossmieten einzubeziehen sind.

433 Die Ermittlung von Bodenwerten und die **Ermittlung von sanierungsbedingten Bodenwerterhöhungen auf der Grundlage von Korrelationen zwischen Erdgeschossmieten und Bodenwert** muss nach den vorliegenden praktischen Erfahrungen (vgl. Rn. 139 und Syst. Darst. des Vergleichswertverfahrens Rn. 631 ff.) als problematisch und fehleranfällig angesehen werden. Sie ist demzufolge als Grundlage der Ausgleichsbetragserhebung äußerst streitbefangen.

4.4.5 Komponentenverfahren (Additives Verfahren)

a) *Allgemeines*

434 Kann die sanierungsbedingte Bodenwerterhöhung auf Änderungen einzelner wertbeeinflussender Grundstücksmerkmale zurückgeführt werden, so bietet sich auch für die Ermittlung von Ausgleichsbeträgen die unter Rn. 258 bereits angesprochene Komponentenlösung an. **Ausgehend vom Anfangswert** des Grundstücks **bemisst sich der Ausgleichsbetrag nach den** in einzelnen Komponenten ermittelten **Werterhöhungen, die aufsaldiert zum Endwert führen**[185]. Das Verfahren ist für die Betroffenen plausibel und nachvollziehbar; es setzt die Kenntnis des Anfangswerts voraus. Auch bei der Ermittlung von Grundstückswerten in Umlegungsverfahren wird in entsprechender Weise vorgegangen. Vom Prinzip her entspricht es im Übrigen der gängigen Wertermittlungspraxis zur Berücksichtigung von Abweichungen bei Anwendung des Vergleichswertverfahrens.

b) *Änderung der baulichen Nutzbarkeit (GFZ)*

435 Mit Hilfe von Umrechnungskoeffizienten lassen sich **Bodenwerterhöhungen** ermitteln, die durch Änderung des Maßes der baulichen Nutzung im **Rahmen einer Sanierungsmaßnahme nach dem Sanierungsrecht** des BauGB bewirkt und der Abschöpfung unterworfen worden sind.

Beispiel:

Sachverhalt

– Zulässige Nutzung ohne Aussicht auf die Sanierung sei eine GFZ von 0,8; der Bodenwert betrage 300 €/m^2

– Zulässige Nutzung auf Grund des Sanierungsbebauungsplans sei eine GFZ von 1,6

– Gesucht: sanierungsbedingte Bodenwerterhöhung auf Grund der geänderten GFZ

---

184 Schmalgemeier in VR 1983, 149; Brandt/Wehner in VR 1985, 422; Paul in VR 1983, 141; Hannen in VR 1987, 165.
185 Der Kritik des VG Minden, Beschl. vom 20.11.1987 – 1 L 58/87 –, EzGuG 15.56, kann diesbezüglich nicht gefolgt werden.

Rechengang (auf der Grundlage der Umrechnungskoeffizienten für die Stadt Köln):
- Umrechnungskoeffizient für GFZ = 0,8 : 0,93
- Umrechnungskoeffizient für GFZ = 1,6 : 1,25
- 300 €/m² × 1,25/0,93 = 400 €/m²
- Bodenwerterhöhung: 400 €/m² − 300 €/m² = **100 €/m²**

c) *Erschließungsvorteil*

▶ *Vgl. Rn. 366; Syst. Darst. des Vergleichswertverfahrens Rn. 321 ff.*

Mit Hilfe der durchschnittlichen Erschließungskosten unter Berücksichtigung der örtlichen und individuellen Gegebenheiten lässt sich der **Erschließungsvorteil** erfassen: **436**

Beispiel:

- Erschließungsausbaukosten (einschließlich Vermessungskosten, Notariatsgebühren, Gebühren sonst erforderlicher Teilungsgenehmigungen)	40 €/m²
- Erschließungsflächenkosten (soweit sie anfallen und im vorstehenden Durchschnittssatz nicht enthalten sind)	+ 30 €/m²
- Erschließungsvorteil	70 €/m²

Hinweis: Entsprechend der Praxis in der Umlegung lässt sich der Erschließungsflächenanteil auch über den Flächenabzug bemessen; ein Flächenabzug von 20 % ist in der Rechtsprechung als realistisch erkannt worden[186].

Ein „voller" Erschließungsvorteil ist jedoch nach der Situation des Einzelfalls insbesondere in den Fällen möglicherweise dann nicht gegeben, wenn es sich um eine Zweiterschließung handelt oder mit der Erschließungsmaßnahme ein unmittelbarer Zugang anstelle einer durch ein Wegerecht gesicherten Erschließung geschaffen wird[187].

d) *Lage- und Strukturverbesserungen*

Lage- und Strukturverbesserungen können nur durch eine sorgfältige qualifizierende Analyse erfasst werden. Vor der schematischen Anwendung von Tabellenwerken muss gewarnt werden, da diese i.d.R. sich auf bestimmte regionale Bodenmärkte und siedlungsstrukturelle Kreistypen beziehen. Erst aufgrund einer sorgfältigen **Qualifizierung der Lage- und Strukturverbesserung** können die daraus resultierenden Wertänderungen (i.d.R. Werterhöhungen) abgeleitet werden. Dabei ist es unabdingbar, ausgehend von den festgestellten städtebaulichen Missständen i.S. des § 136 Abs. 2 und 3 BauGB die im Zuge der Sanierung durchgeführten städtebaulichen Maßnahmen eingehend festzustellen und in ihrer wertmäßigen Auswirkung zu analysieren: Bezüglich der städtebaulichen Missstände wird zwischen *Substanz- und Funktionsschwächen* unterschieden, wobei es i.d.R. Mischformen solcher Missstände zu sanieren gilt (vgl. Rn. 100 ff.).   **437**

- **Substanzschwächen** (vgl. Rn. 24) treten auf hinsichtlich   **438**
  - Immissionen, Einwirkungen durch Lärm, Verunreinigungen und Erschütterungen,
  - Belichtung, Belüftung und Besonnung der Wohn- und Arbeitsstätten,
  - Zugänglichkeit der Grundstücke,
  - bauliche Beschaffenheit der Wohn- und Arbeitsstätten,
  - Auswirkungen sog. Gemengelagen (Mischung von Wohn- und Arbeitsstätten).

Der dafür geprägte Begriff der „ungesunden Wohn- und Arbeitsverhältnisse" ist nicht statisch, sondern allgemeinen Anschauungen und zeitgemäßen Anforderungen unterworfen[188].

---

186 LG Kiel, Urt. vom 3.11.1989 – 19 O 4/83 –, EzGuG 15.64 = GuG 1990, 103.
187 VG Arnsberg, Urt. – 14 K 30/03 –, 14 K 28/03 –.
188 BGH, Urt. vom 13.7.1967 – III ZR 1/65 –, EzGuG 6.104: Der „Missstandsbegriff ist gegenüber sich ändernden sozialen Vorstellungen des gesunden Wohnens offen."

VIII Ausgleichsbeträge — Besondere Ermittlungsverfahren

439 – **Funktionsschwächen** (vgl. Rn. 25) liegen vor, wenn das Gebiet in der Erfüllung der ihm (vom Planer) zugedachten Aufgaben erheblich beeinträchtigt ist, d.h. der Aufgaben, die ihm nach seiner Lage und Funktion obliegen[189], z.B. in Bezug auf

- den fließenden und ruhenden Verkehr,
- die Ausstattung mit Grünflächen, Spiel- und Sportplätzen,
- die innergemeindliche Zentrumsbildung,
- den Verflechtungsbereich,
- die wirtschaftliche Situation und Entwicklungsfähigkeit und
- die infrastrukturelle Ausstattung und Erschließung des Gebiets.

440 Zur **Ermittlung des wertmäßigen Einflusses durchgeführter Sanierungsmaßnahmen** sind den Missständen die Maßnahmen zur Behebung bzw. Minderung der Missstände gegenüberzustellen. Die Werterhöhung lässt sich dann ermitteln durch

- Vergleich von Bodenrichtwerten entsprechend unterschiedlich geprägter Bodenrichtwertzonen,
- empirische Untersuchungen von Lageeinflüssen,
- ertragswirtschaftliche Vergleichsbetrachtungen.

441 *Beispiel (vgl. Syst. Darst. des Vergleichswertverfahrens Rn. 376 ff.):*
Für die Innenstadtlagen ist eine hohe Signifikanz zwischen Bodenwert und Erdgeschossmiete festgestellt worden.
Für das Gemeindegebiet sei festgestellt worden, dass die Bodenwerte das 35-Fache des monatlichen Rohertrags der Nutzfläche des Erdgeschosses ausmachen:

- Vor der Sanierung betrage der Rohertrag 30 €/m² NF im Monat;
  Anfangswert: 1 050 €/m² (= 35 × 30 €/m²)

Aufgrund der Sanierung erhöhe sich der Rohertrag um 3 €/m² NF im Monat
Sanierungsbedingte Bodenwerterhöhung: 105 €/m² (= 3 €/m² × 35)
Endwert: 1 155 €/m² (= 1 050 €/m² + 105 €/m²)

442 Als Komponentenlösung können im Übrigen auch solche Verfahren bezeichnet werden, mit denen der Ausgleichsbetrag – wiederum vom Anfangswert ausgehend – auf **mathematisch statistischem Wege** komponentenweise oder insgesamt abgeleitet wird. Hierzu hat es eine Reihe von überregional angelegten Untersuchungen gegeben[190]. Ursächlich für die Höhe des Ausgleichsbetrags sind danach

a) einerseits die vorhandenen *städtebaulichen Missstände* i.S. des § 136 BauGB und – komplementär hierzu –

b) andererseits die *durchgeführten Maßnahmen* zur Behebung oder zumindest zur Minderung dieser Missstände,

wobei sowohl die städtebaulichen Missstände als auch die durchgeführten Maßnahmen in den Bereichen (differenziert nach Klassen)

- Bebauung,
- Struktur (Eigentumsverhältnisse, Erschließung),
- Grundstücksnutzung (Verdichtung/Gemengelage),
- Umfeld (Verkehr/Infrastruktur)

zu untersuchen sind.

---

[189] BVerwG, Urt. vom 6.7.1984 – 4 C 14/81 –, EzGuG 15.31; OVG Lüneburg, Urt. vom 19.9.1979 – 6 C 12/19 –, EzGuG 15.12a.
[190] Kanngieser/Bodenstein in GuG 1990, 147.

Vom Ansatz her darf bei dieser Vorgehensweise der **örtliche Bezug** nicht vernachlässigt werden, denn in der Grundstückswertermittlung sind nur wenige Parameter überregional identisch. Darüber hinaus müssen die jeweiligen Parameter eindeutig voneinander abgrenzbar sein, wobei sich gewisse Überschneidungen (Struktur/Umfeld/Gemengelage) niemals ganz vermeiden lassen. In jedem Fall aber dürfen nur solche wertbeeinflussenden Grundstücksmerkmale zur Bemessung des erhebbaren Ausgleichsbetrags herangezogen werden, die nach Maßgabe der §§ 154 f. BauGB zu abschöpfbaren Bodenwerterhöhungen führen, d.h. in kausalem Zusammenhang mit der Sanierung stehen und zudem nicht als zulässigerweise bewirkte Bodenwerterhöhung auf den Ausgleichsbetrag anzurechnen sind. Hierzu können u.a. die vom Eigentümer durchgeführten **Modernisierungs- und Instandsetzungsmaßnahmen** gehören.

443

4.4.6 Niedersachsen-Verfahren

Schrifttum: *Gottschalk, G.,* Umstellung des Niedersachsen-Modells auf Euro, GuG 2006, 138; *Kanngieser/Bodenstein,* Praktische Ermittlung von Bodenwerterhöhungen auf Grund städtebaulicher Sanierungsmaßnahmen, GuG 1990, 147; *Kanngieser/Dorn/Focht,* Vergleich des Hagedorn-Modells zur Bestimmung sanierungsbedingter Werterhöhungen mit dem Modell des DSW Hamburg, GuG 2000, 17; *Kanngieser/Schuhr,* Kollakationsmodelle sanierungsbedingter Werterhöhungen des BIS Hamburg, GuG 2004, 70; *Kanngieser/Schuhr,* Neuentwicklung des Bewertungsinformationssystems Hamburg, ZfV 2003, 235; *Kanngieser/Schuhr,* Stochastischer Algorithmus in der Grundstücksbewertung, GuG 2005, 283.

a) *Allgemeines*

Ausgehend von der Erkenntnis, dass die sanierungsbedingte Bodenwerterhöhung eine Funktion

444

– der vor der Vorbereitung, d.h. am Beginn der Sanierungsmaßnahme, bestehenden städtebaulichen *Missstände* i.S. des § 136 Abs. 3 BauGB und

– der durchgeführten städtebaulichen *Maßnahmen* (Vorbereitung nach den §§ 140 ff. BauGB und Durchführung [Ordnungs- und Baumaßnahmen] i.S. der §§ 146 bis 148 BauGB)

ist, wurden in *Niedersachsen* seit den 80er Jahren empirische Untersuchungen über die sanierungsbedingten Bodenwerterhöhungen durchgeführt. Mit Hilfe des daraus entwickelten Verfahrens lassen sich die sanierungsbedingten Bodenwerterhöhungen ausgehend vom Anfangswert in einem Vomhundertsatz in Abhängigkeit von den vorhandenen Missständen und den durchgeführten Maßnahmen „tabellarisch" ableiten. **Voraussetzung für die Anwendung** des Verfahrens **ist** also, **dass der Anfangswert ermittelt worden** und dem Gutachter bekannt **ist.** Die Untersuchungen haben nämlich ergeben, dass die sanierungsbedingte Bodenwerterhöhung vor allem auch von der *absoluten Höhe des Anfangswerts* abhängig ist.

Die Anwendung des Verfahrens vollzieht sich nach einem geradezu bestechend einfachen Schema, wobei hierin zugleich auch eine Gefahr liegt, denn **vor einer allzu schematischen Ableitung der sanierungsbedingten Bodenwerterhöhung muss gewarnt werden.** Vor allem muss geprüft werden, ob die für *Hamburg, Hessen, Niedersachsen, Nordrhein-Westfalen* und *Rheinland-Pfalz* ermittelten Werte auch für den einschlägigen Bodenmarkt gelten. Zumindest ist zu fordern, dass die siedlungsstrukturellen Kreistypen vergleichbar sind.

445

b) *Verfahrensgang*

Das Verfahren wird ausführlich im Schrifttum[191] beschrieben. Es **vollzieht sich wie folgt:**

1. Schritt

Es werden zunächst die städtebaulichen Missstände qualifiziert, wie sie vor Einleitung der städtebaulichen Sanierungsmaßnahme bestanden haben. Auf der Grundlage der festgestellten

446

---

191 Bodenstein, in Nachr. der nds. Kat.- und VermVw 1988, 199; Brill, in Nachr. der nds. Kat.- und VermVw 1984, 252; ders. in Nachr. der nds. Kat.- und VermVw 1986, 170; Kanngieser/Bodenstein in ZfV 1985, 233; dies. in ZfV 1985, 410; dies. in ZfV 1986, 445; dies. in ZfV 1989, 529; dies. in GuG 1990, 147; dies. in ZfV 1994, 113; Oelfke in VR 1983, 309; Stege in Nachr. der nds. Kat.- und VermVw 1993, 54; Seifert in VR 1999, 237.

VIII Ausgleichsbeträge — Niedersachsen-Verfahren

städtebaulichen Missstände wird mit Hilfe eines Klassifikationsrahmens die **Kenngröße der städtebaulichen Missstände** ermittelt (Abb. 38).

Der **Klassifikationsrahmen für städtebauliche Missstände** unterscheidet nach vier Parametern:

Gebietsbezogene Parameter:

a) Bebauung,

b) Struktur (Eigentumsverhältnisse und Erschließung)

Grundstücksbezogene Parameter:

c) Nutzung (Verdichtung, Gemengelage),

d) Umfeld (Verkehr, Infrastruktur).

Abb. 37: Rastereinteilung

© W. Kleiber 2002

447 *Beispiel:*

In dem zu sanierenden Gebiet wurden folgende städtebauliche Missstände festgestellt:

a) Bebauung: instandsetzungs- und modernisierungsbedürftig

b) Struktur: Erschließungssituation unzureichend

c) Nutzung: störende Gemengelage

d) Umfeld: in Teilen ergänzungsbedürftig

Auf Grund der festgestellten städtebaulichen Missstände lässt sich durch Bildung des arithmetischen Mittels der aus dem Klassifikationsrahmen (Abb. 38) entnommenen **Kennziffern** für die einzelnen **Missstände die mittlere Kennzahl** ableiten:

Mittlere Kennzahl der städtebaulichen Missstände (MI) = (5 + 6 + 7 + 2)/4 = 5,004

Abb. 38: Klassifikationsrahmen für städtebauliche Missstände

	Komplex			
Klasse	Bebauung	Struktur Eigentumsverhältnisse; Erschließung	Nutzung Verdichtung Gemengelage	Umfeld Verkehr Infrastruktur
1	überwiegend intakt	überwiegend günstig	überwiegend funktionsgerecht	überwiegend gut
2	geringe Mängel	vorhandene Erschließung in Teilen ergänzungsbedürftig	geringe Beeinträchtigungen im Wohnbereich	in Teilen ergänzungsbedürftig
3	einzelne Mängel (z.B. Heizung, Fenster)	Zugänglichkeit der Grundstücke ungünstig	geringe Beeinträchtigungen im Gewerbebereich	einige Infrastruktureinrichtungen fehlen
4	gering instandsetzungs- und modernisierungsbedürftig (z.B. äußere Beschaffenheit)	unzweckmäßig	Gemengelage mit geringen Beeinträchtigungen	Verkehrssituation verbesserungsbedürftig
5	instandsetzungs- und modernisierungsbedürftig (z.B. innere Beschaffenheit)	Grundstückszuschnitt ungünstig	hohe Verdichtung	Infrastruktur insgesamt verbesserungsbedürftig
6	im Wesentlichen instandsetzungs- und modernisierungsbedürftig	Erschließungssituation unzureichend	übermäßige Verdichtung	Verkehrsanbindung mangelhaft; Parkmöglichkeiten nicht in ausreichendem Umfang
7	grundlegend instandsetzungs- und modernisierungsbedürftig	stark zersplitterte Grundstücksstruktur	störende Gemengelage	Behinderungen durch den Verkehr; Infrastruktur unzureichend
8	zeitgemäße Wohn- und Arbeitsverhältnisse nicht gewährleistet	Erschließungs- wie Ver- und Entsorgungseinrichtungen unzureichend	hohe Verdichtung und störende Gemengelage, Beeinträchtigung durch Altbausubstanz	keine Parkmöglichkeiten; fließender Verkehr überbelastet; Infrastruktur im Prinzip nicht vorhanden
9	gesunde Wohn- und Arbeitsverhältnisse nicht gewährleistet	mangelhafte Gesamtsituation	übermäßige Verdichtung und störende Gemengelage	ungenügende Gesamtsituation
10	verfallen	unzumutbare Gesamtsituation	unzumutbare Verhältnisse	keine funktionsgerechte Ausstattung

2. Schritt

Es werden nunmehr die im Zuge der Vorbereitung und Durchführung der Sanierung bereits tatsächlich durchgeführten sowie zur Durchführung anstehenden Maßnahmen insbesondere auf der Grundlage des Sanierungsbebauungsplans oder der sonstigen Planungskonzeptionen (Ziele und Zwecke der Sanierung; Rahmenplan) qualifiziert. Auf der Grundlage dieser Feststellungen wird wiederum mit Hilfe eines Klassifikationsrahmens nunmehr die **Kenngröße der städtebaulichen Maßnahmen** abgeleitet (vgl. Abb. 39).

VIII Ausgleichsbeträge — Niedersachsen-Verfahren

Abb. 39: Klassifikationsrahmen für städtebauliche Maßnahmen

Klasse	Komplex			
	Bebauung	Struktur Eigentumsverhältnisse; Erschließung	Nutzung Verdichtung Gemengelage	Umfeld Verkehr Infrastruktur
1	einzelne Maßnahmen	einzelne Maßnahmen	einzelne Maßnahmen	einzelne Maßnahmen
2	gezielte Behebung der Mängel	gezielte Ergänzung vorhandener Erschließungsanlagen	gemeinsame Hofgestaltung mehrerer Grundstücke u.a.	geringfügige Ergänzung der Infrastruktur; geringfügige Verbesserungen für den ruhenden Verkehr
3	einzelne Modernisierungs- und Instandsetzungsmaßnahmen	Verbesserung der Zugänglichkeit von Grundstücken	Verbesserung der Nutzung; Beseitigung baulicher Nebenanlagen	gezielte Ergänzung der Infrastruktur
4	einfache Modernisierung und Instandsetzung	Verbesserung der Erschließungssituation	Maßnahmen mit einem geringen Aufwand	Ausbau von Rad- und Fußwegen; Verbesserungen für den ruhenden Verkehr
5	mittlere Modernisierung und Instandsetzung	Grenzausgleich (Grenzregelung; Umlegung)	Reduzierung des Maßes der baulichen Nutzung	Ergänzung und Verbesserung der Infrastruktur
6	umfassende Modernisierung und Instandsetzung	Ergänzung der Erschließungsanlagen	Entkernung	Erweiterung des öffentlichen Verkehrsnetzes und Verbesserung der Anschlussmöglichkeiten für den Individualverkehr; Schaffung von weiteren Parkmöglichkeiten
7	durchgreifende Modernisierung und Instandsetzung	Neuaufteilung (Umlegung)	Maßnahmen zur Beseitigung oder Verringerung von Emissionen	Umlenkung des fließenden Verkehrs; Ausstattung mit Infrastruktureinrichtungen
8	wie Klasse 7 und Neubebauung einzelner Grundstücke	durchgreifende Maßnahmen	Anpassung hinsichtlich Art und Maß der baulichen Nutzung und Maßnahmen zur Beseitigung oder Verringerung von Emissionen; Freilegung von Grundstücken	Schaffung von Parkplätzen, Parkhäusern, Verkehrsumleitungen; Ausstattung mit Infrastruktureinrichtungen
9	überwiegend Neubebauung oder aufwendige Modernisierung	grundlegende Umstrukturierung (Umlegung)	Anpassung hinsichtlich Art und Maß der baulichen Nutzung und Umsetzung von Betrieben	Anlage verkehrsberuhigter Zonen, auch Fußgängerzonen, und Ergänzung der Infrastruktur
10	Neubebauung	umfassende Neuordnung und Erschließung (Umlegung)	Auflockerung und Umnutzung	umfassende Verbesserung der Verkehrssituation und Neuausstattung mit Infrastruktureinrichtungen

Niedersachsen-Verfahren — Ausgleichsbeträge VIII

Der **Klassifikationsrahmen für städtebauliche Maßnahmen** unterscheidet wiederum nach den Parametern, die auch für die Feststellung der städtebaulichen Missstände maßgebend sind: Bebauung, Struktur, Nutzung und Umfeld.

Beispiel: **449**

Im Sanierungsgebiet wurden bzw. werden folgende städtebauliche Maßnahmen durchgeführt:
a) Bebauung: umfassende Modernisierung und Instandsetzung,
b) Struktur: Verbesserung der Erschließungssituation,
c) Nutzung: Entkernung,
d) Umfeld: einzelne Maßnahmen.

Mit Hilfe dieser Feststellungen lässt sich wiederum durch Bildung des arithmetischen Mittels der aus dem Klassifikationsrahmen für städtebauliche Maßnahmen (Abb. 39) entnommenen Kennziffern für die einzelnen Maßnahmen die **mittlere Kennzahl** ableiten.

Mittlere Kennzahl der städtebaulichen Maßnahmen (MA) = (6 + 4 + 6 + 1)/4 = 4,254

3. Schritt

Mit Hilfe der ermittelten mittleren Kennzahlen für **450**
- die städtebaulichen Missstände und
- die städtebaulichen Maßnahmen

lässt sich nun der **Vomhundertsatz der sanierungsbedingten Bodenwerterhöhung** aus Tabellen ablesen (Abb. 40). Im Hinblick auf die Abhängigkeit der sanierungsbedingten Bodenwerterhöhung vom Wertniveau des Anfangswerts stehen dafür insgesamt fünf Tabellen zur Verfügung:

– Matrix A: für Anfangswerte bis 100 €/m^2
– Matrix B: für Anfangswerte über 100 €/m^2 bis 200 €/m^2
– Matrix C: für Anfangswerte über 200 €/m^2 bis 300 €/m^2
– Matrix D: für Anfangswerte über 300 €/m^2 bis 400 €/m^2
– Matrix E: für Anfangswerte über 400 €/m^2.

Beispiel: **451**

Bei einem Anfangswert von 175 €/m^2 und einer zuvor ermittelten
- mittleren Kennzahl der städtebaulichen Missstände (MI) von 5,00 und
- mittleren Kennzahl der städtebaulichen Maßnahmen (MA) von 4,25

ergibt sich aus der Matrix B eine sanierungsbedingte Bodenwerterhöhung von 13,75%; mithin
Sanierungsbedingte Bodenwerterhöhung = 13,75/100 × 175 €/m^2 = **24 €/m^2**
Neuordnungswert = 175 €/m^2 + 24 €/m^2 = **199 €/m^2**

VIII Ausgleichsbeträge

Niedersachsen-Verfahren

Abb. 40: Sanierungsbedingte Bodenwerterhöhung in Abhängigkeit von den mittleren Kennzahlen für städtebauliche Missstände und Maßnahmen (Wertsteigerungen in Prozent des Anfangswerts)

Matrix A: Anfangswerte bis 100 €/m²

Matrix B: Anfangswerte von mehr als 100 €/m² bis 200 €/m²

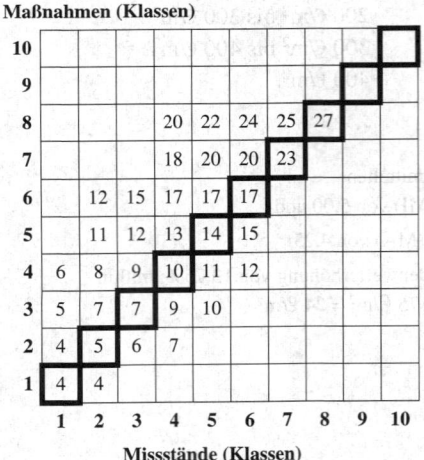

Matrix C: Anfangswerte von mehr als 200 €/m² bis 300 €/m²

Matrix D: Anfangswerte von mehr als 300 €/m² bis 400 €/m²

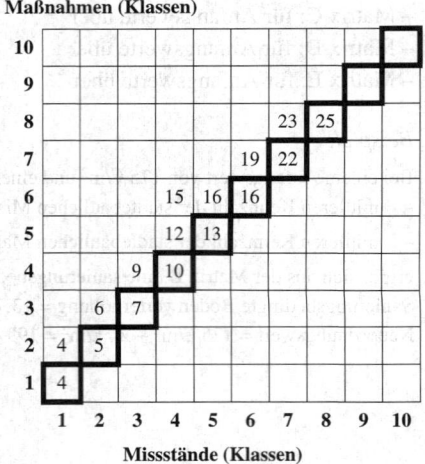

Matrix E: Anfangswerte von mehr als 400 €/m²

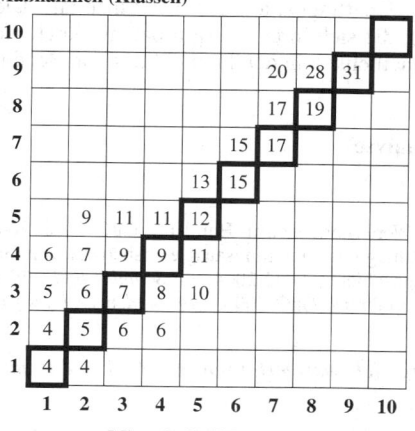

Quelle: GuG 2004, 70

Soweit bestimmte **Sanierungsmaßnahmen** im Zuge der Sanierung **noch nicht durchgeführt** worden sind, jedoch bei Anwendung der vorstehenden Methode bereits wertmäßig berücksichtigt wurden, bedarf es ergänzender Ermittlungen. Derartige Wertermittlungsaufgaben stellen sich insbesondere im Rahmen

- der Ermittlung von Zuteilungswerten in Umlegungsverfahren nach Maßgabe des § 153 Abs. 5 BauGB,
- der Ablösung von Ausgleichsbeträgen (§ 154 Abs. 3 BauGB),
- der Erhebung von Vorauszahlungen auf Ausgleichsbeträge nach § 154 Abs. 6 BauGB und
- der vorzeitigen Festsetzung des Ausgleichsbetrags nach § 154 Abs. 2 BauGB.

Beispiel:

Von allen nach vorstehender Methode berücksichtigten Sanierungsmaßnahmen ist allein die Erschließungsanlage noch nicht hergestellt worden.
- Mit der Herstellung der Erschließungsanlage wird in vier Jahren gerechnet.
- Der Erschließungsvorteil wird auf der Grundlage ersparter Erschließungsbeiträge mit 20 €/m² geschätzt.

Bei einem Zinssatz von 5% ergeben die „gesparten" Erschließungskosten abgezinst über 4 Jahre:

$$\frac{20\ \text{€/m}^2}{\left(1+\frac{p}{100}\right)^4} = \frac{20}{1{,}05^4} = 16\ \text{€/m}^2$$

Die vorstehend ermittelte sanierungsbedingte Bodenwerterhöhung ist somit um 8 €/m² (= 24 €/m² − 16 €/m²) zu kürzen und ergibt mithin den Betrag von 191 €/m².

Das „Modell Niedersachsen" ist in der **Rechtsprechung** niedersächsischer Gerichte bislang bestätigt worden[192]. Das VG Frankfurt am Main hat demgegenüber erkannt, dass der Methode

---

[192] OVG Lüneburg, Urt. vom 24.1.1992 – 1 L 46, 47/90 –, EzGuG 15.71; OVG Lüneburg, Beschl. vom 26.9.1994 – 1 M 3029/94 –; LG Oldenburg, Urt. vom 7.11.1995 – 7 O 1543/92 –, OVG Lüneburg, Urt. vom 17.4.1997 – 1 L 6618/95 –; OVG Lüneburg, Urt. vom 17.1.1997 – 1 L 1218/95 –, GuG 2000, 179 = EzGuG 15.87a; OVG Lüneburg, Beschl. vom 21.10.1996 – 6 M 4534/96 –; VG Osnabrück, Urt. vom 23.10.1998 – 2 A 200/96 –.

VIII Ausgleichsbeträge — Zielbaumverfahren

eine „gewisse Beliebigkeit" innewohne und dies darauf zurückgeführt, dass die Einordnung in die Klassifikationsrahmen der Missstände und Maßnahmen unklar sei. Beanstandet hat das Gericht vor allem die für die Betroffenen **nicht nachvollziehbare Ableitung** der zur Anwendung kommenden Matrix und ihre Gültigkeit und Übertragbarkeit auf den Einzelfall. Die Bemessung des Ausgleichsbetrags nach Methoden, die sich ihrer Überprüfbarkeit durch die Betroffenen entziehen, ist aus Gründen der Rechtstaatlichkeit in der Tat nicht frei von Bedenken[193].

4.4.7 Zielbaumverfahren (Multifaktorenanalyse)

4.4.7.1 Allgemeines

Schrifttum: *Junge, V.,* Ermittlung sanierungsbedingter Werterhöhungen in Hamburg, GuG 2006, 204; *Kreilinger, P.* Die zweifelhafte Berliner Praxis zur Ermittlung des Sanierungsausgleichsbetrags, Bln GE 2004, 1075; *Sattler, H.,* Zur Wertermittlung in Sanierungsgebieten, GuG 2004, 78; *Schmidt-Eichstädte, G.,* Rechtsprobleme bei der Anwendung des Zielbaumverfahrens, GuG 2004, 129; *Seldeneck/Dyroff* in Bln GE 1999, 92.

▶ Hierzu Allgemeines in der Syst. Darst. des Vergleichswertverfahrens Rn. 638; § 8 Immo-WertV Rn. 60 f.

455 Das in *Berlin*[194] und *Leipzig* behördlicherseits angewandte Zielbaumverfahren stellt in seinem Kern nichts anderes als ein **operationalisiertes Vergleichswertverfahren** dar, bei dem der einzelne Wert im Wege der Interpolation ermittelt wird. Das Verfahren ist insoweit also ein Interpolationsverfahren, auf der Grundlage einer schulnotenmäßigen Bewertung und Gewichtung der maßgeblichen, in einem Klassifikationsrahmen aufgegliederten wertbeeinflussenden Grundstücksmerkmale. Die Zielbaummethode kommt auch unter der Bezeichnung **Multifaktorenanalyse** zur Anwendung. In der Rechtsprechung des OVG Bautzen ist die Methode – im Unterschied zur Vorinstanz – als geeignet zur Ermittlung des Ausgleichsbetrags erkannt worden; die Vorinstanz hat ihr die Eignung abgesprochen, insbesondere, weil sie die Ermittlung der sanierungsbedingten Bodenwerterhöhung nicht transparent und nachvollziehbar erscheinen lässt[195]. Das VG Berlin[196] hat die Methode dagegen bestätigt; in ihrer Ausgestaltung ist sie in der Praxis gleichwohl fragwürdig geblieben.

456 Mit der Multifaktorenanalyse lässt sich die sanierungsbedingte Bodenwerterhöhung ableiten, indem zunächst eine **Verhältniszahl** abgeleitet wird, **die das (qualitative) Wertverhältnis zwischen Anfangs- und Endwert angibt.** Der Endwert ergibt sich aus dem Anfangswert multipliziert mit dem Quotienten aus den Kennziffern für den Grundstückszustand vor und nach der Sanierung, den Faktoren Q_A und Q_E. Die Faktoren Q_A und Q_E werden mit Hilfe der Zielbaummethode abgeleitet.

a) *Klassifikationsrahmen*

457 Bei Anwendung der Zielbaummethode muss man sich zunächst – ähnlich dem Niedersachsen-Verfahren – einen Klassifikationsrahmen vorgeben, mit dem sich die wertbeeinflussenden Merkmale (Bewertungsmerkmale) aggregieren lassen. **Grundlage des Verfahrens** ist

a) ein schulnotenmäßiger Bewertungsrahmen der wertbeeinflussenden Merkmale und

b) ein Gewichtungsrahmen dieser Merkmale,

mit dem also die maßgeblichen wertbeeinflussenden Merkmale qualifiziert und klassifiziert werden.

---

[193] VG Frankfurt am Main, Beschl. vom 25.8.1999 – 8 G 3502/98 –, EzGuG 15.96 = GuG 2000, 190.
[194] Ausführungsvorschrift zur Ermittlung der sanierungsbedingten Bodenwerterhöhung und zur Festsetzung von Ausgleichsbeträgen nach §§ 152 bis 155 des Baugesetzbuchs (AV Ausgleichsbeträge), abgedruckt in GuG 2003, 164 und 219 = ABl. Bln Sonderdr. 21 vom 29.4.2003.
[195] OVG Bautzen, Urt. vom 17.6.2004 – 1 B 854/02 –, GuG 2004, 248 = EzGuG 15.111; Vorinstanz: VG Leipzig, Urt. vom 10.9.2001 – 6 K 222/99 –, GuG 2003, 63 = EzGuG 15.101b –; OVG Bautzen, Urt. vom 19.8.1999 – 1 S 555/98 –.
[196] VG Berlin, Beschl. vom 11.11.1998 – 19 A 89/98 –, GuG 1999, 186 = EzGuG 15.93; berechtigte Kritik hierzu bei Seldeneck/Dyroff in BlnGE 1999, 89; vgl. auch OVG Berlin, Beschl. vom 4.12.2001 – 2 SN 8/01 –, EzGuG 15.101d.

Für den Klassifikationsrahmen werden z.B. folgende Zielbäume herangezogen:

Abb. 41: Klassifikationsrahmen

Klassifikationsrahmen	
Berlin	**Leipzig**
a) Umgebung,	a) Stadtbauliche Qualität,
b) Bebauungsdichte,	b) Ökologische Qualität und
c) Begrünung öffentlicher Freiflächen,	c) Infrastruktur.
d) Verkehr.	

Diese **Klassifikationsrahmen haben** zumeist den **Mangel,** dass die darin aufgeführten wertbeeinflussenden Grundstücksmerkmale **458**

– in erheblichem Maße korreliert und zumindest teilweise deckungsgleich sind,

– vielfach nicht dem Einzelfall genügen (z.B. können verkehrsberuhigende Maßnahmen auch zur Bodenwertminderung führen) und

– die dem Eigentümer obliegenden (§ 148 BauGB) Baumaßnahmen und damit (indirekt) die von ihm in zulässiger Weise herbeigeführten – aber nicht abschöpfbaren – Bodenwerterhöhungen unzulässigerweise einbeziehen.

Mit dem Klassifikationsrahmen dürfen die **von den Eigentümern selbst bewirkten Bodenwerterhöhungen** nicht erfasst werden, da diese nicht abschöpfungsfähig sind. Dies ist zu besorgen, wenn Gegenstand des Zielbaums beispielsweise Maßnahmen wie „starke Zerstörung der Blockstruktur durch Kriegseinwirkung", „Instandsetzungsmängel und Teilzerstörung bei noch vorhandenen Altbauten", „Ausstattung der Wohnung", „Begrünung privater Freiflächen" sind. Entsprechendes gilt auch für das Merkmal „Luftbelastung", wenn eine entsprechende Reduktion von den Eigentümern z.B. durch Umstellung ihrer Heizungen herbeigeführt wurde. Des Weiteren muss vermieden werden, dass Sanierungsmaßnahmen gleichzeitig in verschiedene „Körbe" eingehen, wie dies bei der Auffächerung in Maßnahmen der „städtebaulichen Struktur/Stadtbild" und Maßnahmen der „Gestaltungsqualität des Straßenraums" zu besorgen ist. Dies muss zwangsläufig zu einer Doppelberücksichtigung der Sanierungsmaßnahmen führen.

b) *Interpolationsrahmen*

Auf der Grundlage eines entsprechend vorstehender Gliederung aufgestellten Klassifikationsrahmens wird **459**

– der qualitative Zustand des Grundes und Bodens (des Grundstücks) „*vor*" der Sanierung, d.h. ohne Aussicht auf die Sanierung, ihre Vorbereitung und Durchführung mit einer Kennzahl Q_A „bewertet",

– der qualitative Zustand des Grundes und Bodens (des Grundstücks) „*nach*" der Sanierung, d.h. unter Berücksichtigung der tatsächlichen und rechtlichen Neuordnung mit der Kennzahl Q_E „bewertet" und

– ein „Verbesserungsfaktor" aus dem Verhältnis beider Kennzahlen abgeleitet.

Dieser **„Verbesserungsfaktor"** ist eine (nach einem Schulnotensystem) Verhältniszahl, die sich zunächst auf der Grundlage eines „qualitativen" (und nicht wertmäßigen) Beurteilungsrahmens ergibt. Mit dieser Verhältniszahl kann dann der Endwert aus einem bekannten Anfangswert und umgekehrt der Anfangswert aus einem bekannten Endwert abgeleitet werden. Dazu muss das „System" aber zunächst auf die örtlichen Bodenmarktverhältnisse ausgerichtet werden, indem man zunächst den maximalen Vomhundertsatz des Endwerts ermittelt, der durch städtebauliche Sanierungsmaßnahmen verbessert werden kann. Dies erfolgt zweckmäßigerweise in der Weise, dass zunächst konventionell

VIII Ausgleichsbeträge — Zielbaumverfahren

- der Endwert$_{max}$ ermittelt wird, der maximal durch Sanierungsmaßnahmen (mit der höchsten Benotungsnote) erreichbar ist, und

- der Anfangswert$_{min}$ ermittelt wird, der sich bei schlechtester Benotung ergibt.

Beispiel:

Endwert$_{max}$	=	1 000 €/m²	
Anfangswert$_{min}$	=	750 €/m²	
Δ BW	=	250 €/m² = 25% des Endwerts =	maximal erreichbare sanierungsbedingte Bodenwerterhöhung (variable Bodenwerterhöhung)

460 In der Wertermittlungspraxis wird zumeist die maximale Spannbreite der sanierungsbedingten Bodenwerterhöhung nicht nachvollziehbar dargelegt; vielmehr wird umgekehrt (komplementär) ein sog. **„unveränderlicher Bodenwertanteil" als der Bodenwertanteil vorgegeben, der durch Sanierungsmaßnahmen nicht beeinflussbar ist.** Diesem Anteil kommt eine entscheidende Bedeutung für die Anwendbarkeit der Methode zu, und deshalb ist zu fordern, dass er in nachvollziehbarer Weise begründet werden muss und nicht etwa ex cathedra unter Berufung auf „wissenschaftliche", aber nicht nachvollziehbare Methoden vorgegeben wird.[197] Dieser Nachweis muss für jedes Sanierungsgebiet geführt werden und darf nicht pauschal etwa für das gesamte Stadtgebiet vorgegeben werden, denn er ist eine Funktion der jeweils im Gebiet vorhandenen Missstände und der Maßnahmen, und diese können nicht unwesentlich divergieren. Wird dieser „unveränderliche Bodenwertanteil" in ein Gutachten als bloße „Vorgabe" eingeführt, besteht ein entscheidender **Begründungsmangel,** denn dieser „Anteil" stellt gewissermaßen den Maßstabsfaktor der Bewertung dar, während die schulnotenmäßige Bewertung der wertbeeinflussenden Faktoren im Ergebnis auf eine Interpolation in die damit vorgegebene (maximale) Spannbreite der durch Sanierungsmaßnahmen herbeiführbaren Bodenwerterhöhungen hinausläuft.

461 Mit Hilfe dieses **variablen Bodenwertanteils** (als Vomhundertsatz) kann dann der schulnotenmäßig qualifizierte Anfangs- und Endwert des einzelnen Grundstücks wiederum als Vomhundertsatz ermittelt werden und mit Hilfe des Dreisatzes auf den monetären Anfangs- oder Endwert umgerechnet werden.

c) *Gewichtungsrahmen*

462 Die Benotung wird durch Gewichtung der vor und nach der Sanierung jeweils gegebenen städtebaulichen Situation und den individuellen Eigenschaften des Grundstücks mittels eines vorgegebenen Gewichtungsrahmens abgeleitet (Abb. 43). Die **Höhe des Ausgleichsbetrags** wird bei Anwendung dieser Methode maßgeblich **durch** die vorgegebene **Gewichtung „vorprogrammiert",** denn je höher das Gewicht ist, das man den wertbeeinflussenden Situationsmerkmalen zuordnet, die Gegenstand der Sanierung(smaßnahmen) sind, desto höher muss die sanierungsbedingte Bodenwerterhöhung ausfallen (und umgekehrt). Es ist aber nur schwerlich nachweisbar, dass die über das vorgegebene Gewicht einer Sanierungsmaßnahme nach dem vorgestellten Berechnungsschema sich ergebende Bodenwerterhöhung sich tatsächlich in dieser Höhe auf dem Grundstücksmarkt abbildet.

463 Die **Gewichte bedürfen einer Begründung,** da das Ergebnis durch solche Vorgaben vorbestimmt wird, sich dieses nach den gesetzlichen Bestimmungen aber an der tatsächlich bewirkten Bodenwerterhöhung orientieren soll. Allein auf die damit durchaus sichergestellte Gleichbehandlung der Ausgleichsbetragspflichtigen kann es nicht ankommen, da Grundlage des Ausgleichsbetrags die tatsächlich eingetretene Bodenwerterhöhung ist.

---

197 Damit verbunden ist auch eine Willkürlichkeit der Ausgleichsbetragsermittlung, denn wenn man z.B. die Berliner Ausführungsvorschriften zur Ermittlung der sanierungsbedingten Bodenwerterhöhung und zur Festsetzung von Ausgleichsbeträgen nach §§ 152 bis 155 des Baugesetzbuchs (AV Ausgleichsbeträge) in der geltenden Fassung vom 29.4.2003 und in der abgelösten Fassung vom 26.5.1994 auf ein und dasselbe Grundstück anwendet, ergeben sich unterschiedliche Ergebnisse.

Zielbaumverfahren — Ausgleichsbeträge VIII

Es ist zweckmäßig, sich ein Schulnotensystem im Rahmen des Dezimalsystems mit der Höchstnote 0,0 (Endwert$_{max}$) und der schlechtesten Note 1,0 (Anfangswert$_{min}$) vorzugeben; wobei

$$Q_{Emax} = 0,0$$
$$Q_{Amin} = 1,0$$

Die **Wertsteigerungsfaktoren** ergeben sich dann wie folgt:

$$\text{Wertsteigerungsfaktor}_{\text{bezogen auf A}} = \frac{1 - (Q_E \times \text{Variable Bodenwerterhöhung}_\%)}{1 - (Q_A \times \text{Variable Bodenwerterhöhung}_\%)}$$

$$\text{Wertsteigerungsfaktor}_{\text{bezogen auf E}} = 1/\text{Wertsteigerungsfaktor}_{\text{bezogen auf A}}$$

Abb. 42: Multifaktorenanalyse

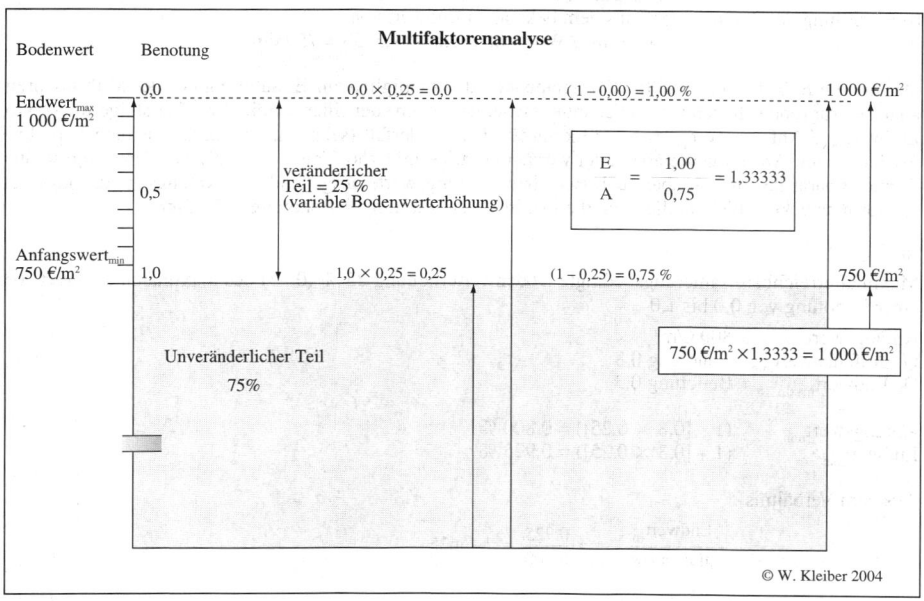

d) *Verfahrensgang*

Aus dem Produkt aus
    Benotung [Q] × Maximal erreichbare sanierungsbedingte Bodenwerterhöhung [%]

kann dann sowohl für den Anfangswert als auch den Endwert die auf den (maximalen) Endwert bezogene durch Sanierungsmaßnahmen herbeiführbare Bodenwerterhöhung als Vomhundertsatz *des maximalen Endwerts* ermittelt werden:

Im *Beispiel*:
Maximal erreichbare sanierungsbedingte Bodenwerterhöhung 25 % (0,25) bei einer Benotung von 0,0 bis 1,0
Anfangswert$_{min}$ 1,0 × 0,25 = 0,25   schlechteste Benotung 1,0
Endwert$_{max}$ 0,0 × 0,25 = 0,00   beste Benotung = 0,0

VIII Ausgleichsbeträge — Zielbaumverfahren

Die Differenz aus
$$1 - (\text{Benotung [Q]} \times \text{Maximal erreichbare sanierungsbedingte Bodenwerterhöhung [\%]})$$
ergibt dann den wiederum auf den (maximalen) Endwert bezogenen Anfangs- bzw. Endwert als Vomhundertsatz:

Im *Beispiel:*
Anfangswert$_{min}$ $(1 - 0,00) = 1,00\ \%$
Endwert$_{max}$ $(1 - 0,25) = 0,75\ \%$

Aus dem Verhältnis

$$\frac{\text{Endwert}_{max}}{\text{Anfangswert}_{min}} = \frac{1,00}{0,75} = 1,3333$$

ergibt sich der Wertsteigerungsfaktor, mit dessen Hilfe sich der Endwert aus einem bekannten Anfangswert und umgekehrt der Anfangswert aus einem bekannten Endwert auf der Grundlage der Benotungsdifferenz ableiten lässt.

Im Beispiel war zwischen End- und Anfangswert die maximale Benotungsdifferenz von 1,0 gegeben.

a) Ermittlung des Endwerts aus dem bekannten Anfangswert von
750 €/m² EW = 750 €/m² × 1,3333 = 1 000 €/m²
b) Ermittlung des Anfangswerts aus dem bekannten Endwert von
1 000 €/m² AW = 1 000 €/m² / 1,3333 = 750 €/m²

Der in dem *Beispiel* vorgestellte „Formelapparat" dient lediglich zur Erläuterung des der Multifaktorenanalyse zugrunde liegenden Berechnungsschemas, denn der hier ermittelte Wertsteigerungsfaktor Endwert$_{max}$ / Anfangswert$_{min}$ = 1,3333 kann für den Sonderfall (sehr einfach) direkt aus dem Verhältnis der jeweiligen Absolutwerte abgeleitet werden (1 000 €/m² / 750 €/m² = 1,3333). Mit dem vorgestellten Formelapparat lassen sich aber auch End- bzw. Anfangswerte ausgehend von Anfangs- und Endwerten von Grundstücken ableiten, die nicht die maximale oder minimale Benotung aufweisen:

Beispiel:
Maximal erreichbare sanierungsbedingte Bodenwerterhöhung 25 % (0,25) des maximalen Endwerts bei einer Benotung von 0,0 bis 1,0

Anfangswert 800 €/m²
Q_A Anfangswert$_{min}$ Benotung 0,8
Q_E Endwert$_{max}$ Benotung 0,3

Anfangswert$_{min}$ $(1 - [0,8 \times 0,25]) = 0,800\ \%$
Endwert$_{max}$ $(1 - [0,3 \times 0,25]) = 0,925\ \%$

Aus dem Verhältnis

$$\frac{\text{Endwert}_{max}}{\text{Anfangswert}_{min}} = \frac{0,925}{0,800} = 1,15625$$

ergibt sich dann der Wertsteigerungsfaktor bezogen auf den Anfangswert, mit dem der Endwert ermittelbar ist:

Endwert = 800 €/m² × 1,15625 = 925 €/m²

Abb. 43: Multifaktorenanalyse

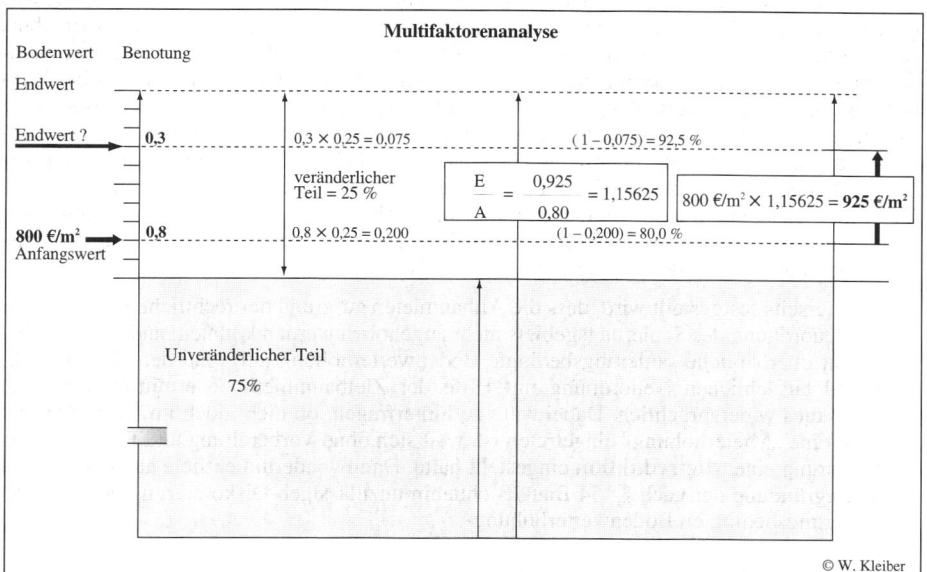

Für die Höhe des Ausgleichsbetrags ist in erster Linie der sog. unveränderliche Bodenwertanteil (im Beispiel 25% des maximalen Endwerts) und die qualitative Benotung des Grundstücks *vor* und *nach* der Sanierung maßgeblich (Maßstabsfaktor).

466

Abb. 44: Zielbaum sanierungsbedingter Bodenwerterhöhungen

VIII Ausgleichsbeträge — Zielbaumverfahren

467 Die Praxis der Ermittlung sanierungsbedingter Bodenwerterhöhungen unter Anwendung der Multifaktorenanalyse hat zu widersprüchlichen und übersetzt erscheinenden Ergebnissen geführt. In der Berliner Anwendungspraxis wird dies damit korrigiert, dass man das Ergebnis der Ermittlung der sanierungsbedingten Bodenwerterhöhung über den Zeitraum der zum Stichtag eingeschätzten **Restnutzungsdauer der auf dem Grundstück vorhandenen Altbebauung** diskontiert. Zur Begründung wird pauschal behauptet, dass „sich die sanierungsbedingte Bodenwerterhöhung auf den diskontierten Wert der sanierungsunbedingten Bodenwerterhöhung reduziere", wenn „nach der rechtlichen und tatsächlichen Neuordnung im Sanierungsgebiet mit keiner Mieterhöhung aufgrund der strukturellen Verbesserungen" zu rechnen sei. Dies findet im § 154 BauGB keine Stütze. Die Vorschrift gebietet die „volle" Inanspruchnahme der sanierungsbedingten Bodenwerterhöhung und lässt grundsätzlich keine Reduktion des Ausgleichsbetrags in den Fällen zu, in denen sich die Mieten nicht erhöhen lassen.

468 Wenn einerseits festgestellt wird, dass die Altbaumieten aufgrund der rechtlichen und tatsächlichen Neuordnung des Sanierungsgebiets nicht angehoben werden könnten, andererseits aber eine nicht unerhebliche sanierungsbedingte Bodenwerterhöhung aufgrund derselben rechtlichen und tatsächlichen Neuordnung mit Hilfe der Zielbaummethode ermittelt wurde, so erscheint dies widersprüchlich. Dabei wäre zu hinterfragen, ob nicht doch im Altbaubestand insoweit eine „Mieterhöhung" eingetreten ist, weil sich ohne Vorbereitung und Durchführung der Sanierung eine **Mietreduktion** eingestellt hätte. Dann wiederum entfiele auch die vorstehende Begründung der nach § 154 BauGB ohnehin unzulässigen Diskontierung der ermittelten sanierungsbedingten Bodenwerterhöhung.

4.4.7.2 Beispiel

469 Die Anwendung des Verfahrens vollzieht sich in folgenden Schritten:

1. Schritt:

Die maximale Spannbreite der sanierungsbedingten Bodenwerterhöhung wurde auf Grund einer konventionellen Ermittlung des maximalen Endwerts (Endwert$_{max}$) und des minimalen Anfangswerts (Anfangswert$_{min}$) mit 30 v.H. des Endwerts ermittelt. Der komplementäre „unveränderliche Bodenwertanteil" beträgt damit umgekehrt 70 v.H.

2. Schritt:

Auf der Grundlage einer Analyse des Sanierungsgebiets und der im Sanierungsgebiet gelegenen Grundstücke werden insgesamt vier Gesamtkomplexe zur Klassifizierung der Grundstücke vorgegeben, denen die sich aus der Abb. 45 ergebenden Gewichte zugeordnet werden. Die vier Gesamtkomplexe werden des Weiteren unterteilt in Einzelkomplexe (Buchstabe a bis d), denen wiederum Untergewichte zugeordnet werden. Die den Einzelkomplexen eines Gesamtkomplexes zugeordneten Untergewichte müssen in der Summe die Zahl 1 ergeben.

Abb. 45: Gewichtsansatz

Gesamtkomplex	Gewicht	Einzelkomplexe	Gewicht
1. Bebauung	0,25	a) Zustand, Instandsetzungs- und Modernisierungsbedarf	0,25
		b) Ausstattung	0,25
		c) Wohn- und Arbeitsverhältnisse	0,25
		d) Art und Maß der baulichen Nutzung	0,25
		Summe	1,00
2. Struktur, Eigentumsverhältnisse und Erschließung	0,25	a) Grundstückszuschnitt	0,25
		b) Grundstückserschließung	0,25
		c) Zugänglichkeit	0,25
		d) Gesamtsituation	0,25
		Summe	1,00
3. Nutzung, Verdichtung, Nachbarschafts- und Gemengelage	0,25	a) Baurecht (Verdichtung)	0,50
		b) Nachbarschafts- und Gemengelage	0,50
		Summe	1,00
4. Umfeld, Verkehr und Infrastruktur	0,25	a) Gebietsausstattung	0,25
		b) Öffentlicher Verkehr	0,25
		c) Ruhender und fließender Verkehr	0,25
		d) Altlasten, ökologische Situation	0,25
Summe	1,00	Summe	1,00

3. Schritt:

Auf der Grundlage dieses Klassifikationsrahmens wird sodann das ausgleichsbetragspflichtige Grundstück vor und nach der Sanierung qualifiziert, indem es schulnotenmäßig nach seinen Zustandsmerkmalen vor und nach der Sanierung „bewertet" wird. Dafür bedarf es eines Benotungsschlüssels, mit dem die Wertigkeit des einzelnen Grundstücks – bezogen auf jeden Einzelkomplex – eingeschätzt werden kann (Abb. 46).

Abb. 46: Benotungsschlüssel gegenüber Vergleichsgrundstück

Schlechteste Benotung	1,0
Mittlere Benotung	0,5
Beste Benotung	0,0

4. Schritt:

Auf der Grundlage dieses Klassifikationsrahmens und des Benotungsschlüssels wird das Grundstück qualifiziert, und zwar in seinem Zustand

a) „vor" der Sanierung, d.h. unter Ausschluss von Bodenwerterhöhungen, die durch die Aussicht auf die Sanierung, ihre Vorbereitung und Durchführung eingetreten sind, und

b) „nach" der Sanierung, d.h. unter Berücksichtigung der rechtlichen und tatsächlichen Neuordnung des Sanierungsgebiets.

Die Qualifizierung der jeweiligen Zustände führt – wie nachfolgend in den Abb. 47 und 48 dargestellt – zu entsprechenden Kennziffern,

– dem Bewertungsfaktor Q_A vor der Sanierung und
– dem Bewertungsfaktor Q_E nach der Sanierung.

VIII Ausgleichsbeträge — Zielbaumverfahren

Abb. 47: Ermittlung des Bewertungsfaktors Q_A vor der Sanierung

Komplex	Benotung B_i	Gewicht G_i	$B_i \times G_i$	Gewicht der Komplexe	$G \times \Sigma(B_i \times G_i)$
Bebauung					
Zustand, Instandsetzungs- und Modernisierungsbedarf	0,5	0,25	0,125		
Ausstattung	0,5	0,25	0,125		
Wohn- und Arbeitsverhältnisse	0,3	0,25	0,075		
Art und Maß der baulichen Nutzung	0,5	0,25	0,125		
Summe		1,00	0,450	0,25	**0,11250**
Struktur; Eigentumsverhältnisse und Erschließung					
Grundstückszuschnitt	0,5	0,25	0,125		
Grundstückserschließung	0,6	0,25	0,150		
Zugänglichkeit	0,6	0,25	0,150		
Gesamtsituation	0,6	0,25	0,150		
Summe		1,00	0,575	0,25	**0,14375**
Nutzung; Verdichtung und Gemengelage					
Baurecht – Verdichtung	0,5	0,50	0,250		
Nachbarschafts-, Gemengelage	0,5	0,50	0,250		
Summe		1,00	0,500	0,25	**0,12500**
Umfeld; Verkehr; Infrastruktur					
Gebietsausstattung	0,3	0,25	0,075		
Öffentlicher Verkehr	0,5	0,25	0,125		
Ruhender und fließender Verkehr	0,5	0,25	0,125		
Altlasten; Ökologische Situation	0,3	0,25	0,075		
Summe		1,00	0,400	0,25	**0,10000**
Summe				1,00	$Q_A = 0,48125$

Abb. 48: Ermittlung des Bewertungsfaktors Q_E nach der Sanierung

Komplex	Benotung B_i	Gewicht G_i	$B_i \times G_i$	Gewicht der Komplexe	$G \times \Sigma(B_i \times G_i)$
Bebauung					
Zustand, Instandsetzungs- und Modernisierungsbedarf	0,2	0,25	0,050		
Ausstattung	0,3	0,25	0,075		
Wohn- und Arbeitsverhältnisse	0,2	0,25	0,050		
Art und Maß der baulichen Nutzung	0,3	0,25	0,075		
Summe		1,00	0,250	0,25	**0,06250**
Struktur; Eigentumsverhältnisse und Erschließung					
Grundstückszuschnitt	0,3	0,25	0,075		
Grundstückserschließung	0,3	0,25	0,075		
Zugänglichkeit	0,5	0,25	0,125		
Gesamtsituation	0,3	0,25	0,075		
Summe		1,00	0,350	0,25	**0,08750**

Zielbaumverfahren — Ausgleichsbeträge VIII

Komplex	Benotung B_i	Gewicht G_i	$B_i \times G_i$	Gewicht der Komplexe	$G \times \Sigma(B_i \times G_i)$
Nutzung; Verdichtung und Gemengelage					
Baurecht – Verdichtung	0,3	0,50	0,150		
Nachbarschafts-, Gemengelage	0,3	0,50	0,150		
Summe		1,00	0,300	0,25	0,07500
Umfeld; Verkehr; Infrastruktur					
Gebietsausstattung	0,2	0,25	0,050		
Öffentlicher Verkehr	0,3	0,25	0,075		
Ruhender und fließender Verkehr	0,3	0,25	0,075		
Altlasten; Ökologische Situation	0,2	0,25	0,050		
Summe		1,00	0,250	0,25	0,06250
Summe				1,00	$Q_E = 0,28750$

5. Schritt:

Im Anschluss daran wird der Wertermittlungsfaktor ermittelt. Bei einer variablen Bodenwerterhöhung von maximal 30% (0,3) ergibt sich:

[1 – (Q_E × Variable Bodenwerterhöhung$_\%$)] = 1 – 0,28750 × 0,3 = 0,913750
[1 – (Q_A × Variable Bodenwerterhöhung$_\%$)] = 1 – 0,48125 × 0,3 = 0,855625

Die Wertsteigerungsfaktoren ermitteln sich dann zu:

Wertsteigerungsfaktor$_{bezogen\ auf\ A}$ = 0,913750/0,855625 = 1,0679328
Wertsteigerungsfaktor$_{bezogen\ auf\ E}$ = 1/1,0679328 = 0,93638

Mit Hilfe der Wertsteigerungsfaktoren kann dann ermittelt werden

a) der Endwert, indem der Anfangswert mit dem Wertsteigerungsfaktor$_{bezogen\ auf\ A}$ multipliziert wird, oder

b) der Anfangswert, indem der Endwert mit dem Wertsteigerungsfaktor$_{bezogen\ auf\ E}$ multipliziert wird.

Beispiel:

Anfangswert	200 €/m²
Endwert = Anfangswert × Wertsteigerungsfaktor	
Endwert = 200 €/m² × 1,0679328 =	rd. 214 €/m²
Sanierungsbedingte Bodenwerterhöhung =	214 €/m² – 200 €/m² = 14 €/m²

Umkehrung:

Endwert	214 €/m²
Anfangswert = Endwert × Wertsteigerungsfaktor	
Anfangswert = 214 €/m² × 0,93638 =	200 €/m²

Die bei dieser Vorgehensweise abgeleiteten End- oder Anfangswerte werden mit dem vorgegebenen Gewichtungs- und Benotungssystem für die rein *qualitative* Beurteilung des Grundstückszustands *vor* und *nach* der Sanierung „vorprogrammiert". Das Verfahren führt nur dann auch zum „richtigen" Endwert und zu der „richtigen" sanierungsbedingten Bodenwerterhöhung, wenn

a) das zur Anwendung kommende (qualitative) Gewichtungs- und Benotungssystem in allen seinen Gewichtsanteilen entsprechend seinem Einfluss auf die Bodenwerte justiert ist, und

VIII Ausgleichsbeträge — Hagedorn-Verfahren

b) die variable sanierungsbedingte Bodenwerterhöhung bzw. der „unveränderliche Bodenwertanteil" den tatsächlichen Marktverhältnissen entspricht.

Abweichungen im Gewichtungs- und Benotungssystem sowie im „unveränderlichen Bodenwertanteil" führen zwangsläufig zu abweichenden Ergebnissen.

4.4.8 Hagedorn-Verfahren

473 Eine Außenseiterrolle in der Grundstückswertermittlung spielt die Methode *Hagedorn*, die in ihrer Anwendung zunächst durch ihre Einfachheit verblüfft. Hier liegen jedoch auch ihre gravierenden Mängel. Im Kern stellt diese Methode lediglich ein **Interpolationsverfahren** auf der Grundlage vorgegebener Gesetzmäßigkeiten dar, die einerseits nicht nachvollziehbar sind und andererseits kaum dem Einzelfall genügen können. Es müssen deshalb Bedenken aufkommen, ob die Methode dem Begründungserfordernis genügt, das an die Erhebung von Ausgleichsbeträgen gestellt werden muss.

474 Die Methode ist in ihren Grundlagen bislang nicht umfassend und in nachvollziehbarer Weise dargestellt worden, obwohl sie sich auf empirische Grundlagen beruft[198]. Da nicht ausgeschlossen werden kann, dass ein Sachverständiger mit dieser Methode konfrontiert wird, soll hier der Versuch unternommen werden, die **Methode in ihren Grundzügen** zunächst vorzustellen.

475 Es handelt sich, wie bereits angesprochen, um eine Interpolationsmethode. **Anfangs- und Endwert** des einzelnen ausgleichsbetragspflichtigen Grundstücks **werden durch Interpolation zwischen dem auf den Zeitpunkt des Abschlusses der Sanierung** (Wertermittlungsstichtag) nach klassischer Vorgehensweise **abgeleiteten**

– **niedrigsten Bodenwert** (= sog. minimaler Bodenwert) und dem
– **höchsten Bodenwert** (= sog. maximaler Bodenwert) ermittelt.

Dem niedrigsten Bodenwert (= minimaler Bodenwert [BW_{min}]) und dem höchsten Bodenwert (= maximaler Bodenwert [BW_{max}]) werden nach einem vorgegebenen Schema Bewertungspunkte (P_{min} und P_{max}) zugeordnet. Aus dem **Quotienten der Bodenwertdifferenz** zwischen dem höchsten Bodenwert (BW_{max}) und dem niedrigsten Bodenwert (BW_{min}) zur Differenz der jeweiligen Bewertungspunkte ($P_{max} - P_{min}$) lässt sich dann die Bodenwerterhöhung in €/m² pro Bewertungspunkt ableiten:

476 *Beispiel:*

Maximaler Bodenwert	BW_{max} = 800 €/m²
Minimaler Bodenwert	BW_{min} = 500 €/m²
Differenz	ΔBW = 300 €/m²
Bewertungspunkte von $BW_{max} = P_{max}$	= 55
Bewertungspunkte von $BW_{min} = P_{min}$	= 35
Differenz	ΔP = 20

Bodenwerterhöhung pro Bewertungspunkt (Faktor):

$$\text{Faktor} = \frac{BW_{max} - BW_{min}}{P_{max} - P_{min}}$$

Faktor = (800 €/m² − 500 €/m²)/(55 €/m² − 35 €/m²) = **15 €/m² P**

---

[198] Die Veröffentlichung von Hagedorn, Ausgleichsbeträge nach Standortverbesserung im Sanierungsgebiet in Städte- und Gemeindebund 1984, 624 kann die fachlichen Grundlagen der Methode nicht erhellen; Kanngieser/Dorn/Focht in GuG 2000, 17.

Hagedorn-Verfahren

Anfangs- und Endwerte lassen sich dann in der Weise ableiten, dass nach dem vorgegebenen Schema der Anfangs- und Endwertqualität zunächst eine **Bewertungspunktezahl** zugeordnet wird. Die Differenz der jeweiligen Bewertungspunktezahl zur Bewertungspunktezahl des niedrigsten Bodenwerts (= BW_{min}) ergibt

– multipliziert mit dem vorstehenden Faktor und
– saldiert mit dem niedrigsten Bodenwert (BW_{min})

den jeweiligen Anfangs- bzw. Endwert des einzelnen Grundstücks.

Beispiel (vgl. Erhebungsbogen bei Rn. 492):

Niedrigster Bodenwert (BW_{min}):	500 €/m²
Bewertungspunkte des niedrigsten Bodenwerts P_{min}:	35 Punkte
Bewertungspunktezahl des zu wertenden Grundstücks P_i:	50 Punkte
Faktor (siehe vorstehendes Beispiel):	15 €/m² P

$$\text{Bodenwert} = \text{Faktor} \times (P_i - P_{min}) + BW_{min}$$

Bodenwert = 15 × (50 €/m² – 35 €/m²) + 500 €/m²
Bodenwert = 725 €/m²

Eine **entscheidende Bedeutung kommt** bei dieser Methode der „richtigen" Auswahl und **Bewertung des maximalen und minimalen Bodenwerts zu,** denn diese bestimmen das Ergebnis der Interpolation; in der nachfolgenden Abbildung am Anstieg der Interpolationsgeraden erkennbar (Abb. 49).

Abb. 49: Interpolationsgeraden

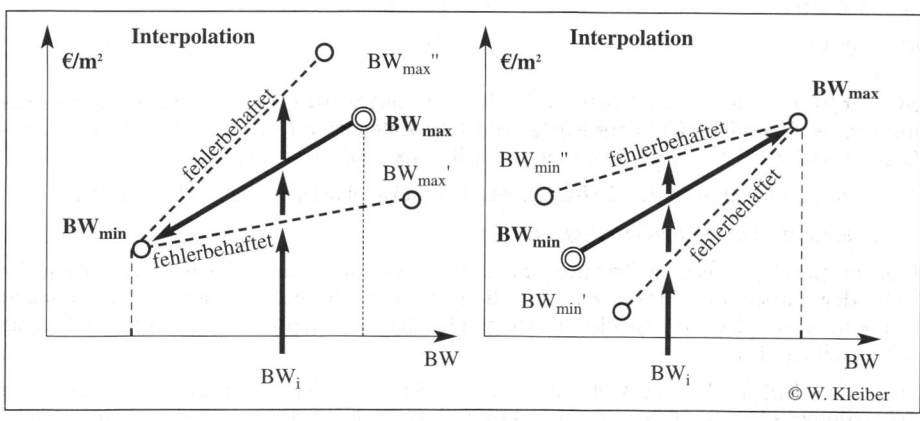

Fehler bei der Ermittlung des minimalen und maximalen Bodenwerts können sich tendenziell ausgleichen, aber auch erheblich „aufschaukeln", wobei die Interpolation an die fehlerträchtigsten Bodenwerte anknüpft.

Weitere gravierende Mängel des Verfahrens liegen in der vorgegebenen *linearen* Interpolationsgeraden zusammen mit den vorgegebenen **Gewichten** für insgesamt fünf Segmente, deren Wertigkeit mit einem bis vier Punkte belegt werden soll. Dabei wird lediglich zwischen zwei Lagen unterschieden, nämlich zwischen der Geschäfts- und Wohnlage (Abb. 50). Die Gewichtung ist ein weiterer Schwachpunkt des Verfahrens[199].

---

[199] „Wer wichtet, der dichtet", heißt es im Volksmund.

VIII Ausgleichsbeträge — Hagedorn-Verfahren

Abb. 50: Gewichte

Segment Bewertungskriterien		Wohnlagen			Geschäftslagen		
		Gewicht	Punkte* max	min	Gewicht	Punkte* max	min
A	Gesellschaftslage Kundschaftslage	4	16	4	4	16	4
B	Verkehrsanbindung	1	4	1	3	12	3
C	Ausstattung	2	8	2	1	4	1
D	Beeinträchtigung	4	16	4	1	4	1
E	Nutzung	3	12	3	2	8	2
Punktespanne:			56 bis 14			44 bis 11	

* 1 Punkt: ungünstig; 2 Punkte: mittelmäßig; 3 Punkte: gut; 4 Punkte: sehr gut

480 Die Einordnung eines Grundstücks in die Segmente „Bewertungskriterien" und die Beurteilung ihrer Wertigkeit erfolgt nach einem groben Schema.

Die fünf Segmente der Bewertungskriterien:

– Gesellschaftslage/Kundschaftslage,

– Verkehrsanbindung,

– Ausstattung,

– Beeinträchtigung und

– Nutzung

werden nach einer **Wertigkeitsskala** beurteilt:

sehr gut (sg)	4 Wertigkeitspunkte
gut (g)	3 Wertigkeitspunkte
mittelmäßig (m)	2 Wertigkeitspunkte
ungünstig (ug)	1 Wertigkeitspunkt

481 Mit der Summe der Wertigkeitspunkte aller fünf Segmente erfolgt zugleich eine Einordnung eines Grundstücks in ein Raster von Lagekategorien (I-a-, I-b-, II-a-, II-b- und III-Lage), was für den Wertermittlungsvorgang selbst aber unbedeutend bleibt.

Die Segmente der **Bewertungskriterien werden** (beispielsweise) **wie folgt definiert:**

a) *Kundschaftsanbindung/Gesellschaftslage*

482 Das für *Geschäftslagen* maßgebliche Segment *Kundschaftsanbindung* wird z.B. nach der **Zahl der Passanten** (Einkaufspendler, Berufspendler, Besucher, Nachbarschaftskunden) beurteilt, wobei das Grundstück mit der größten Passantenfrequenz des Ortes die höchste Wertigkeit (sg) hat.

483 Das für *Wohnlagen* komplementär maßgebliche Segment *Gesellschaftslage* wird z.B. nach **der soziologischen Struktur der Belegenheitsbewohner** beurteilt, wobei der „am meisten bevorzugte" Grundstücksbereich des Ortes wiederum die höchste Wertigkeit (sg) hat.

b) *Verkehrsanbindung*

484 Das Segment *Verkehrsanbindung* wird für Geschäfts- und Wohnlagen nach der **Entfernung zu den Einrichtungen des öffentlichen Verkehrswesens** (Personennahverkehr, Individualverkehr, ruhender Verkehr) beurteilt, wobei wiederum den in dieser Beziehung „am optimalsten liegenden Grundstücken" des Ortes (!) die höchste Wertigkeit (sg) zugeordnet wird; bei Geschäftslagen wird zusätzlich der Anlieferverkehr berücksichtigt.

c) *Ausstattung*

Das Segment *Ausstattung* wird nach der **Entfernung zu öffentlichen und privaten Infrastrukturen** beurteilt (Abb. 51):

Abb. 51: Ausstattung

Entfernung zur	Geschäftslage	Wohnlage
a) öffentlichen Infrastruktur	Fußgängerzone; Publikumswirksame öffentliche Verwaltungseinrichtungen (Post, Bank, Rathaus); Verkehrsberuhigte Zonen; Verkehrsfördernder Zustand der Gehwege	Grünanlagen/Naherholungsmöglichkeiten; Freizeiteinrichtungen (Sport, Schwimmbad); Grundschule/Kindergarten; Spielplätze; Kulturelle Einrichtungen
b) privaten Infrastruktur	Attraktive Nachbarschaftsgeschäfte*; Verdichtete Wohn-Nachbarschaft; Filialen von größeren Schaufensterzeilen; Unterbrechende Verwaltungs- oder Wohngebäuden	Gute Gebäudesubstanz; Attraktives Stadtbild; Versorgungsmöglichkeiten des täglichen Bedarfs; Private Grünanlagen, Gärten

* Mit dem höchsten Gewicht

d) *Beeinträchtigungen*

Das Segment *Beeinträchtigungen* wird nach dem **Vorhandensein von Immissionsquellen** beurteilt (Abb. 52)

Abb. 52: Beeinträchtigungen

Immissionsquelle	
Geschäftslage	Wohnlage
Fließender und ruhender Kraftfahrzeugverkehr; Lieferverkehr benachbarter Gewerbebetriebe; Immissionen von benachbarten Gewerbebetrieben; Verschmutzungen durch Verkehr im Zusammenhang mit einem schlechten Ausbau der Verkehrswege	Kraftfahrzeugverkehr; Benachbarte Gewerbebetriebe; Nächtliche Störung durch Anlieferverkehr/benachbarte Gewerbebetriebe; Nächtliche Störung durch Vergnügungsbetriebe; Luftverkehr

e) *Nutzung*

Das Segment *Nutzung* wird anhand des **überwiegend vorhandenen Maßes der Nutzung** beurteilt. In Geschäftslagen bestimmt sich die Wertigkeit nach der Geschosszahl (und nicht nach der GFZ oder GRZ!). In **Wohnlagen** bestimmt sich die Wertigkeit nach allgemeinen **Lagekriterien,** wie „exklusive", „gute", „mittlere" und „einfache" Wohnlage (Abb. 53):

VIII Ausgleichsbeträge — Hagedorn-Verfahren

Abb. 53: Nutzung

Wohnlage	
einfache Wohnlage	Behinderungen der Wohnlagen schlechte Bausubstanz schlechte Ausstattung Siedlungsgebiet für Randgruppen
mittlere Wohnlage	überwiegend Mietwohnungsbau Mischbebauung (Eigenheim-/Mietwohnungen) mittlere Ausstattung
gute Wohnlage	stärkerer Anteil von Eigenheimbebauung gute Ausstattung Einfamilienhäuser/Stadthäuser
exklusive Wohnlage	ausgesprochene Prestigelagen, villenartige Bebauung

488 Die entsprechenden Lagekriterien für **Geschäftslagen** sind wie folgt definiert (Abb. 54):

Abb. 54: Geschäftslagen

Geschäftslage		
I a	beste Geschäftslage	führende Spezialgeschäfte; überwiegend Kaufhäuser und Warenhäuser Geschäftsschwerpunkt
I b	sehr gute Geschäftslage	Läden im Erdgeschoss und Büros bis zu 30 % Wohnnutzungen bis zu 200 m vom Geschäftsschwerpunkt
II a	gute Geschäftslage	überwiegend Läden im Erdgeschoss in Nebenzentren gemischte und wohnliche Nutzungen Nebenzentrengeschäftsschwerpunkt
II b	Geschäfte in Nebenstraße	überwiegend Läden im Erdgeschoss Gaststätten/auch Wohnnutzung bis 150 m vom Nebenzentren- geschäftsschwerpunkt
III	überwiegend Wohnnutzung	Geschäfte in Ecklagenstandort unabhängige Gewerbebetriebe außerhalb der Innenstadt

489 Die vorgegebenen **Segmente und ihre Wertigkeitsskala sind miteinander hoch korreliert** und entsprechen vielfach nicht allgemeinen Erkenntnissen der Verkehrswertermittlung von Grundstücken. Sie können eine individuelle Betrachtung nicht ersetzen.

490 **Das Ergebnis wird** weitgehend **durch das vorgegebene Gewicht der einzelnen Segmente vorgezeichnet.** Von daher ist es für den Anwender ein sehr „bequemes" Verfahren. Ein weiterer Vorteil des Verfahrens besteht darin, dass sich systembedingte Fehler, die sich durch eine unzutreffende Auswahl und eine fehlerhafte Ermittlung des minimalen und maximalen Bodenwerts, der unterstellten linearen Bodenwertabhängigkeit und den vorgegebenen Gewichten in extremer Kumulation einschleichen können, systematisch gleichmäßig auf alle Anwendungsfälle verteilen.

491 Die für den Laien bestechenden Vorteile der „Methode Hagedorn" sind zugleich deren Schwächen. Dies sind zum einen die **Beschränkung der Bewertungskriterien auf vier Segmente** und deren Bewertung nach einfachsten Parametern. Allein mit der „Entfernung" zum „öffentlichen Personennahverkehr, Individualverkehr und zum ruhenden Verkehr" kann die Verkehrslage nicht vollständig erfasst werden. Gleiches gilt für das Kriterium „Vorhandensein von Immissionsquellen", wenn nicht damit auch eine qualitative Beurteilung einhergeht. Passantenfrequenzen ohne Berücksichtigung der Passantenqualität geben die Geschäftslage nur

Hagedorn-Verfahren **Ausgleichsbeträge VIII**

unzureichend wieder. Vieles mehr ließe sich in gleichem Sinne als Schwachpunkt des Verfahrens anführen.

Sicherlich kann der Anwender dieser Methode weitere – von *Hagedorn* nicht expressis verbis angeführte – wertbeeinflussende Merkmale zusätzlich berücksichtigen; jedoch kann man in diesem Fall dann aber auch gleich auf die klassischen Wertermittlungsverfahren „zurückfallen". Das von *Hagedorn* angebotene Verfahren verführt indessen zu der kaum jemals erfüllbaren Erwartung, dass mit dem vorgegebenen Schema die wertbeeinflussenden Umstände vollständig und treffsicher erfasst werden und die **Methode auf Grund ihrer starken Vereinfachung auch von Laien zur Anwendung** gebracht werden kann. Wie einfach sich das Verfahren in seiner Anwendung darstellt, wird am nachstehenden *Beispiel* demonstriert (Abb. 55).

Abb. 55: Erhebungsbogen

Ort: _____ Straße: _____ Sanierungsgebiet: _____
Eigentümer: _____
Flur: _____ Flurstück: _____ Größe: _____ m²
Bemerkungen: _____

Geschäftslagen		Wertigkeit ▶	sg		g		m		ug		Quer-summe	
		Punkte ▶	4		3		2		1	4		
		Gewichte ▼	A	E	A	E	A	E	A	E	A	E
A	Kundschaftskontakte	4										
B	Verkehrsanbindung	3										
C	Ausstattung	1										
D	Beeinträchtigungen	1										
E	Nutzung	2										
Erläuterungen:		Punkte zus.										

A = Berechnung für Anfangswerte   Anfangswert (_____ Punkte) = _____ €/m²
E = Berechnung für Endwerte   Endwert (_____ Punkte) = _____ €/m²
    Differenz = _____ €/m²
    × _____ m² Grundstücksgröße = _____ €

_____

Gutachterausschuss für Grundstückswerte in _____   Wertermittlungsstichtag: _____

Gutachten über die Erhöhung des Grundstückswerts gemäß § 154 BauGB
– Ermittlung der Anfangs- und Endwerte –

Ort: Wolkenhausen   Straße: Kurweg 7   Sanierungsgebiet Hoffnungsthal
Eigentümer   Anton Seelig
Flur: 12   Flurstück: 7/13   Größe: 500 m²
Bemerkungen: _____

VIII Ausgleichsbeträge — Ausgleichsbetragsermittlung

Wohnlagen	Wertigkeit ▶	sg		g		m		e		Quersumme	
	Punkte ▶	4		3		2		1		4	
	Gewichte ▼	A	E	A	E	A	E	A	E	A	E
A	Kundschaftskontakte	4	×				×				8	16
B	Verkehrsanbindung	1				×			×		1	3
C	Ausstattung	2			×				×		2	6
D	Beeinträchtigungen	4	×		×						8	16
E	Nutzung	3				×			×		3	9
Erläuterungen: Punkte zus.		32		18	16		6			22	50

A = Berechnung für Anfangswerte
E = Berechnung für Endwerte

Anfangswert (__22__ Punkte) = __600__ €/m²
Endwert (__50__ Punkte) = __725__ €/m²
Differenz = __125__ €/m²
x __500__ m² Grundstücksgröße = __62 500__ €

▶ Zur Berechnung vgl. Rn. 476 ff.

4.5 Ausgleichsbetragsermittlung vor Abschluss der Gesamtmaßnahme

4.5.1 Allgemeines

493 Nach § 162 Abs. 1 Satz 1 Nr. 2 und 3 BauGB ist die **Sanierungssatzung aufzuheben,** wenn

– die Sanierung sich als undurchführbar erweist oder
– die Sanierungsabsicht aus anderen Gründen aufgegeben wird.

Darüber hinaus kann die Gemeinde nach § 163 BauGB die **Sanierung für einzelne Grundstücke vorzeitig als abgeschlossen erklären,** wenn

– das Grundstück bebaut ist oder in sonstiger Weise genutzt wird oder
– das Gebäude modernisiert oder instand gesetzt ist.

Entsprechendes gilt nach § 169 Abs. 1 Nr. 8 BauGB für Entwicklungsmaßnahmen.

494 In den Fällen des § 162 BauGB können bis zum Zeitpunkt der vorzeitigen Aufhebung der Sanierungs- oder Entwicklungsmaßnahme bereits eine Reihe von städtebaulichen Maßnahmen durchgeführt worden sein, die zu Bodenwerterhöhungen geführt haben. In jedem Fall entsteht auch im Falle einer **vorzeitigen Aufhebung der Sanierungs- bzw. Entwicklungssatzung** die Ausgleichsbetragspflicht dem Grunde nach. Ob sich eine Ausgleichsbetragspflicht der Höhe nach ergibt, ist von den bis zum Zeitpunkt der Aufhebung der Sanierungs- bzw. Entwicklungssatzung durchgeführten Maßnahmen abhängig (vgl. Rn. 2).

In den Fällen des **§ 163 BauGB** verhält es sich ähnlich. Nach den Anwendungsvoraussetzungen dieser Vorschrift kann i.d.R. davon ausgegangen werden, dass die Sanierungs- bzw. Entwicklungsmaßnahmen auf den betreffenden Grundstücken durchgeführt sind, jedoch noch nicht im gesamten Sanierungsgebiet bzw. Entwicklungsbereich. Soweit zu erwarten ist, dass die ausstehenden Maßnahmen im Veranstaltungsgebiet noch zu weiteren Bodenwerterhöhungen der betroffenen Grundstücke führen, können sie nicht in den Endwert eingehen.

495 Materiell stellt sich in beiden Fällen die Aufgabe, den **Endwert auf der Grundlage der durchgeführten Maßnahmen** zu ermitteln. Wird zur Ermittlung dieses Endwerts von dem Endwert ausgegangen, der sich nach vollständigem Abschluss der Gesamtmaßnahme ergibt, müssen umgekehrt die noch ausstehenden Maßnahmen berücksichtigt werden.

4.5.2 Methodik

Wertermittlungstechnisch können die unter Rn. 243 ff. dargelegten Grundsätze Anwendung finden, wobei es hier allerdings allein um die Bodenwertermittlung geht. Dies bedeutet, dass einerseits die bis zu diesem Zeitpunkt verwirklichte rechtliche und tatsächliche Neuordnung und andererseits auch die **Aussicht auf die vorgesehenen und noch ausstehenden Änderungen sowie sonstige durch die Sanierungsmaßnahme bedingte Bodenwerterhöhungen zu berücksichtigen sind.** Das ist insbesondere die Aussicht auf Änderungen der Struktur des Gebiets und der Lage des Grundstücks, des Entwicklungszustands, der Art und des Maßes der baulichen Nutzung, der Grundstücksgestalt und des Erschließungszustands sowie auf Änderungen in den Ertragsverhältnissen. Dies stellt keine Besonderheit der Wertermittlungen dar. Im gewöhnlichen Grundstücksverkehr werden nämlich Qualitäten (Zustände), die sich aus Planungen ergeben, berücksichtigt. Als Beispiele sind zu nennen: geplante Gemeinbedarfs- und Folgeeinrichtungen, Verkehrsanlagen, Einrichtungen und Anlagen, die der privaten Versorgung dienen, Freizeit- und Erholungsanlagen und dgl. Bei Wohnnutzung handelt es sich zumeist um Einrichtungen und Anlagen, die den Wohnwert erhöhen. Hier ist eine auf das einzelne Grundstück bezogene Prüfung der Auswirkungen geboten, es sei denn, die Verbesserungen wirken sich für alle Grundstücke – auch im Hinblick auf deren maßgebende Zustände – gleich aus.

496

Für die Wertermittlung empfiehlt es sich, die ausstehenden Maßnahmen aufzulisten. In einer Entscheidung des OVG Bremen[200] heißt es hierzu:

497

„Bei der Erfassung der Unterschiede haben sie *(die Gutachter)* zutreffend auch berücksichtigt, was 1982 an Sanierungsmaßnahmen noch nicht abgeschlossen war, aber gesichert bevorstand. Sie haben die Sanierungsveränderungen aufgelistet (S. 6 des Gutachtens): Platzartig erweiterte Fußgängerzone vorn, fertig gestellte Straße für Kraftfahrzeuge hinten, Vermehrung der gewerblich zu nutzenden Flächen, Hebung des Umfeldes durch Sanierungsneubauten und Verkehrsberuhigung, Steigerung der Zentralfunktion der G.-R.-Straße, Verbesserung der Erschließungslage ohne Belastung mit Erschließungskosten (vgl. § 154 Abs. 1 Satz 2 BauGB = § 6 Abs. 7 Satz 1 StBauFG), deutliche Lagequalitätsverbesserung für gewerbliche Flächen und dementsprechend Mieterlöse. Sie haben daraus ein Wertsteigerungsvolumen für die Bodenwerte von bis zu 15% abgeleitet.

Dem beschließenden Senat erscheinen die aufgelisteten Gesichtspunkte zutreffend, sie machen auch deutliche Wertsteigerungen gegenüber dem gedachten unveränderten Zustand – bei im Übrigen gleicher allgemeiner Marktlage – ohne weiteres plausibel. **Fußgängerzonen wirken sich in städtischen Zentralbereichen allgemein für den Einzelhandel vorteilhaft aus**; das muss erst recht gelten, wenn die Erreichbarkeit der Geschäftsflächen mit Kraftfahrzeugen dadurch nicht eingeschränkt wird, die Grundstücke vielmehr die Vorteile der den Fußgängern vorbehaltenen Einkaufszonen und der ungehinderten Anbindung an das Fahrstraßennetz kombinieren. Eine solche Erschließungslage, wenn ihr nicht Beitragspflichten gegenüberstehen, wird sich in der Tendenz preissteigernd auf den Bodenwert auswirken, ähnlich wie das sonst in Preisunterschieden zwischen erschlossenen und nicht (voll) erschlossenen Grundstücken zu beobachten ist. Es leuchtet auch ein, dass die – auch gerichtsbekannte – Hebung des Zentralcharakters durch Sanierungsneubauten (etwa der Sparkasse) das Geschäftsviertel attraktiver macht mit entsprechenden Auswirkungen auf den Bodenwert."

4.6 Sonderregelung für die Endwertermittlung bebauter Grundstücke

4.6.1 Grundsätzliches zur Anfangs- und Endwertermittlung

Der Anfangs- und Endwert bebauter Grundstücke ist nach der Grundsatzregelung des § 16 Abs. 1 ImmoWertV mit dem **Bodenwert eines unbebauten Grundstücks zu ermitteln; die vorhandene Bebauung bleibt unberücksichtigt** (vgl. § 16 ImmoWertV Rn. 36 ff.)[201]. Eine „Dämpfung" des Bodenwerts allein aufgrund der vorhandenen Bebauung lässt die ImmoWertV nicht zu.

498

---

200 OVG Bremen, Urt. vom 26.11.1987 – 1 B 84/87 –, EzGuG 15.58.
201 Seele, W., Stellungnahme vor dem Ausschuss für Raumordnung, Bauwesen und Städtebau des Deutschen Bundestages: 7. Wahlperiode, 40. Sitzung am 22.1.1975: vgl. StenProt S. 54; abweichend Lucht, ZfV 1982, 232.

VIII Ausgleichsbeträge   Sonderregelung

499 Die **Grundsatzregelung der ImmoWertV** wird der bodenpolitischen Konzeption des BauGB gerecht.

500 Dass als Anfangs- und Endwert jeweils nur der Bodenwert zu ermitteln ist, bedeutet im Übrigen nicht, dass die **Bebauung des Sanierungsgebiets** unberücksichtigt bleibt.

4.6.2 Sonderfälle

4.6.2.1 Allgemeines

501 Nach den vorstehenden Ausführungen sind Anfangs- und Endwerte grundsätzlich mit dem Bodenwert zu ermitteln, der sich für das unbebaute Grundstück ergeben würde. Unabhängig von der damit ausgeschlossenen allgemeinen Dämpfungsproblematik stellt sich die Frage, wie sich der Anfangswert bemisst, wenn

  a) Art und Maß der baulichen Nutzung mit dem Sanierungs- bzw. Entwicklungsbebauungsplan herabgezont wurden (**Planungsschaden**),

  b) die **Bebauung des Grundstücks wirtschaftlich verbraucht** ist und das Grundstück bereits vor der Sanierung bzw. Entwicklung zur Freilegung anstand, oder

  c) die realisierte Bebauung von der nach § 6 Abs. 1 ImmoWertV maßgeblichen zulässigen bzw. lagetypischen Nutzung abweicht.

4.6.2.2 Planungsschaden

502 ▶ *Vgl. hierzu Rn. 26 sowie Rn. 366 und Grundsätzliches im Teil VII*

Wird die zulässige Nutzung eines Grundstücks aufgehoben oder gemindert, spricht man von einem Planungsschaden (§§ 39 bis 44 BauGB). Ein solcher **Planungsschaden** kann bereits **vor förmlicher Festlegung des Sanierungsgebiets** bzw. Entwicklungsbereichs eingetreten **oder mit dem Sanierungs- bzw. Entwicklungsbebauungsplan herbeigeführt** worden sein.

- Ist die bauliche Nutzung bereits vor förmlicher Festlegung des Sanierungsgebiets bzw. Entwicklungsbereichs aufgehoben oder gemindert worden, so ist bei der Ermittlung des Anfangswerts von der aufgehobenen oder geminderten Nutzung auszugehen, unabhängig davon, ob der Planungsschaden bereits gewährt worden ist oder nicht.

- Ist die bauliche Nutzug mit dem Sanierungs- bzw. Entwicklungsbebauungsplan aufgehoben oder gemindert worden, so ist bei der Ermittlung des Anfangswerts ebenfalls von der aufgehobenen oder geminderten Nutzung auszugehen.

503 In den Fällen eines Planungsschadens aufgrund eines Sanierungs- oder Entwicklungsbebauungsplans ist der Ermittlung des Anfangswerts demzufolge nicht die zum Zeitpunkt der förmlichen Festlegung des Veranstaltungsgebiets zulässige Nutzung, sondern die entsprechend aufgehobene oder geminderte Nutzung zugrunde zu legen. Diese „Minderung" ergibt sich aus der gesetzessystematischen Trennung zwischen dem Planungsschadens- und dem Ausgleichsbetragsrecht. Das BauGB geht nämlich von einer Trennung des Ausgleichsbetrags- und Planungsschadensrechts aus, d.h., Planungsschäden sind in einem gesonderten Verfahren geltend zu machen. Dies gilt generell und insbesondere auch für die Ermittlung sanierungs- bzw. entwicklungsunbeeinflusster Grundstückswerte nach § 153 Abs. 1 BauGB.

504 Damit die für Planungsschäden zu gewährende Entschädigung nicht doppelt abgeschöpft wird, ist in solchen Fällen auch der Anfangswert entsprechend zu vermindern.

Beispiel:

Ein mit einer GFZ von 1,5 bebautes Grundstück wird in eine förmliche Sanierung einbezogen. Die realisierte Bebauung entsprach der *vor* der Sanierung nach § 34 BauGB zulässigen Bebauung (Mietwohnungsbau). Die Restnutzungsdauer des Gebäudes betrage 20 Jahre.

Der Sanierungsbebauungsplan zont für das Grundstück die GFZ auf 1,0 herab (Planungsschaden). Die Durchführung der Sanierung erfordert nicht die sofortige Freilegung. Es ist absehbar, dass die Bebauung

Sonderregelung

bis zum Ablauf der Restnutzungsdauer des Gebäudes bestehen bleiben kann; dies ist auch aus wirtschaftlichen Gründen geboten.

- Der Bodenwert bei einer GFZ von 1,5 betrage   500 €/m²
- Der Bodenwert bei einer GFZ von 1,0 betrage   400 €/m²

Abb. 56: Lageplan

Nach dem **Planungsschadensrecht** kann nicht der „volle" auf die Herabzonung von einer GFZ von 1,5 auf eine GFZ von 1,0 zurückführbare Bodenwertunterschied in Höhe von 100 €/m² geltend gemacht werden, weil im Hinblick auf die bestehen bleibende Bebauung nur der über die Restnutzungsdauer des Gebäudes abgezinste Bodenwertunterschied „spürbar" wird.

Mithin beläuft sich der Anfangswert auf:

Anfangswert   = 500 €/m² + (400 × 1,05 − 500) × 1,05⁻²⁰

                = 500 €/m² − 100 €/m² × 0,376889

                = 462 €/m²

Mithin kann ein **Planungsschaden** von 38 €/m² (= 500 €/m² − 462 €/m²) geltend gemacht werden.
Ausgleichsbetrag:
Ausgleichsbetrag = Endwert − Anfangswert.

Die **Ermittlung des Endwerts** erfolgt im Hinblick auf die bestehen bleibende Bebauung in gleicher Weise, wobei wiederum von dem Bodenwert der realisierten GFZ auszugehen ist. Mithin entspricht der Endwert dem Anfangswert (= 462 €/m²).

         Ausgleichsbetrag = 462 €/m² − 462 €/m² = 0 €/m².

Im Übrigen sind im Rahmen des **Planungsschadensrechts** nach § 44 Abs. 4 BauGB Bodenwerte nicht zu entschädigen, soweit sie darauf beruhen, dass

- die zuvor zulässige Nutzung auf dem Grundstück den allgemeinen Anforderungen an gesunde Wohn- und Arbeitsverhältnisse oder an die Sicherheit der auf dem Grundstück wohnenden oder arbeitenden Menschen nicht entspricht
- oder in dem Gebiet städtebauliche Missstände i.S. des § 136 Abs. 2 BauGB bestanden und die Nutzung des Grundstücks zu diesen Missständen wesentlich beitrug.

Entsprechendes gilt für die Anwendung des § 42 Abs. 3 BauGB (Siebenjahresfrist).

4.6.2.3   Wirtschaftlich verbrauchte Bausubstanz (Freilegung)

Der Bodenwert eines Grundstücks, auf dem eine wirtschaftlich verbrauchte Bausubstanz steht, ist in seinem Wert gegenüber einem unbebauten Grundstück gemindert (§ 16 Abs. 3 ImmoWertV). Die Wertminderung bemisst sich regelmäßig nach den Freilegungskosten unter Berücksichtigung von Verwertungserlösen aus wiederverwendbaren Bauteilen. Bei dem Erwerb eines solchen Grundstücks werden nämlich regelmäßig die noch aufzubringenden

VIII Ausgleichsbeträge — Sonderregelung

Freilegungskosten berücksichtigt, wenn von Vergleichspreisen unbebauter Grundstücke ausgegangen wird. Übersteigen die Freilegungskosten in Niedrigpreisgebieten den Bodenwert unbebauter Grundstücke, so ist eine „Unterwälzung" der Freilegungskosten allerdings i.d.R. nicht möglich. In diesem Fall wird von dem Verkauf abgesehen und der Eigentümer bleibt auf dem freilegungsbelasteten Grundstück „sitzen" (Abb. 57).

Abb. 57: Bodenwert und Freilegungskosten

507 Wird das Grundstück im Zuge der Sanierungs- oder Entwicklungsmaßnahme freigelegt, so wirft die Behandlung dieser Fälle in der Sanierungs- und Entwicklungspraxis Fragen auf, denn

– einerseits ist die Freilegung des Grundstücks nach § 147 Satz 1 Nr. 3 eine Ordnungsmaßnahme, die der Gemeinde obliegt, und

– andererseits stellt die Freilegung eines Grundstücks tatsächlich eine Maßnahme dar, die von dem jeweiligen Eigentümer eines Grundstücks üblicherweise selbst durchgeführt wird, und diese Maßnahme belastet insoweit auch nicht den Eigentümer vermögensmäßig, als sich der Bodenwert mit der Freilegung entsprechend erhöht.

508 § 147 Satz 3 Nr. 3 BauGB ist vor diesem Hintergrund dahingehend auszulegen, dass die Gemeinde im Rahmen ihrer Gesamtverantwortung für die Vorbereitung und Durchführung der Sanierung bzw. Entwicklung die notwendigen Freilegungen auf ihren eigenen Grundstücken zu besorgen und auf den Grundstücken anderer Beteiligter ggf. veranlassen muss und dabei lediglich **die durch die Sanierungs- bzw. Entwicklungsmaßnahme veranlassten Freilegungskosten** trägt (sanierungsbedingte Freilegungskosten, vgl. Rn. 559). Es besteht nämlich kein vernünftiger Grund, dass die Gemeinde darüber hinaus Freilegungskosten trägt, die der Eigentümer auch ohne förmliche Festlegung des Veranstaltungsgebiets zu tragen hätte.

509 Das Sanierungsrecht unterscheidet in § 147 Satz 1 Nr. 3 BauGB allerdings nicht zwischen den durch die Sanierungsmaßnahme veranlassten sanierungsbedingten und nicht sanierungsbedingten Freilegungskosten. **Die sanierungsbedingten und nicht sanierungsbedingten Freilegungskosten lassen sich kostenmäßig** nach Maßgabe der Restnutzungsdauer der Bausubstanz eindeutig abgrenzen (vgl. Rn. 562 ff.).

510 Im Rahmen der Erhebung von Ausgleichsbeträgen kann den vorstehenden Ausführungen Rechnung getragen werden:

Sonderregelung — Ausgleichsbeträge VIII

Beispiel 1:

In einer Großsiedlung einer mitteldeutschen Stadt wird eine Sanierungsmaßnahme mit dem Ziel durchgeführt, dem infolge des Bevölkerungsrückgangs eingetretenen erheblichen Wohnungsleerstand durch den sog. Rückbau (sog. Stadtumbau) zu begegnen. Zu diesem Zweck soll ein Wohnblock abgerissen werden, der durch einen erheblichen und dauerhaften Wohnungsleerstand gekennzeichnet ist.

Die Bodenwerte sind aufgrund der Entwicklung bereits erheblich gesunken. Diese Bodenwertminderung ist im Übrigen nicht Folge der Sanierungsmaßnahme; vielmehr ist umgekehrt die Sanierungsmaßnahme durch den Bevölkerungsschwund veranlasst und die damit einhergehende Bodenwertminderung stellt für dieses Marktsegment eine allgemeine konjunkturelle Wertentwicklung dar. Die Freilegungskosten sind demzufolge in voller Höhe nicht sanierungsbedingt.

Trotz der gesunkenen Bodenwerte stellt das Objekt aufgrund des Leerstands ein Liquidationsobjekt dar, denn der Bodenwertverzinsungsbetrag übersteigt die verbleibenden Reinerträge. Ertragswert – und dies auch unabhängig von der förmlichen Festlegung des Sanierungsgebiets ist mithin der Bodenwert abzüglich Freilegungskosten.

Der Eigentümer legt sein Grundstück im Zuge der Sanierungsmaßnahme frei.

Zur Ermittlung des Ausgleichsbetrags kommen **zwei Wege** in Betracht:

a) Als Anfangswert wird der Wert des unbebauten Grundstücks angesetzt. Endwert abzüglich Anfangswert ergibt den Ausgleichsbetrag. Eventuelle Planungsschäden werden gesondert geltend gemacht.

b) Als Anfangswert wird der um die Freilegungskosten verminderte Bodenwert angesetzt. Endwert abzüglich Anfangswert ergeben unter Berücksichtigung der vom Eigentümer aufgewandten Freilegungskosten (Anrechnung nach § 155 Abs. 1 Nr. 2 BauGB) den Ausgleichsbetrag (Abb. 58).

Abb. 58: Ausgleichsbetrag und Freilegungskosten des Eigentümers

Beide Wege sind gangbar. In beiden Fällen ergibt sich derselbe Ausgleichsbetrag. Soweit die Freilegungskosten nur zu einem Teil sanierungsbedingt sind, sind

– im Falle a) die sanierungsbedingten Freilegungskosten gesondert zu erstatten,
– im Falle b) nur die sanierungsbedingten Freilegungskosten als Anrechnungsbetrag anzusetzen.

Die Erstattung bzw. Anrechnung der sanierungsbedingten Freilegungskosten gilt auch dann, wenn in einem **Niedrigpreisgebiet** die Freilegungskosten den Bodenwert eines unbebauten Grundstücks „auffressen" würden, denn sie sind allein durch die Sanierung veranlasst.

VIII Ausgleichsbeträge — Sonderregelung

512 *Beispiel 2:*

Sachverhalt wie im Beispiel 1, jedoch besorgt die Gemeinde die Freilegung an Stelle des Eigentümers auf eigene Kosten.

Wird bei der Ermittlung des Anfangswerts vom Bodenwert eines unbebauten Grundstücks ausgegangen, so sind die nichtsanierungsbedingten Freilegungskosten neben dem Ausgleichsbetrag gesondert geltend zu machen.

Die Anforderung nichtsanierungsbedingter Freilegungskosten ist indessen in **Niedrigpreisgebieten** problematisch, da ein Eigentümer von der Freilegung in aller Regel dann absieht, wenn die Kosten höher ausfallen als sich als Bodenwert des freigelegten Grundstücks ergibt. Insoweit wird der Anspruch nur bis zur Höhe des Bodenwerts des unbebauten Grundstücks geltend gemacht werden können (Abb. 59).

Abb. 59: Ausgleichsbetrag und Freilegungskosten der Gemeinde

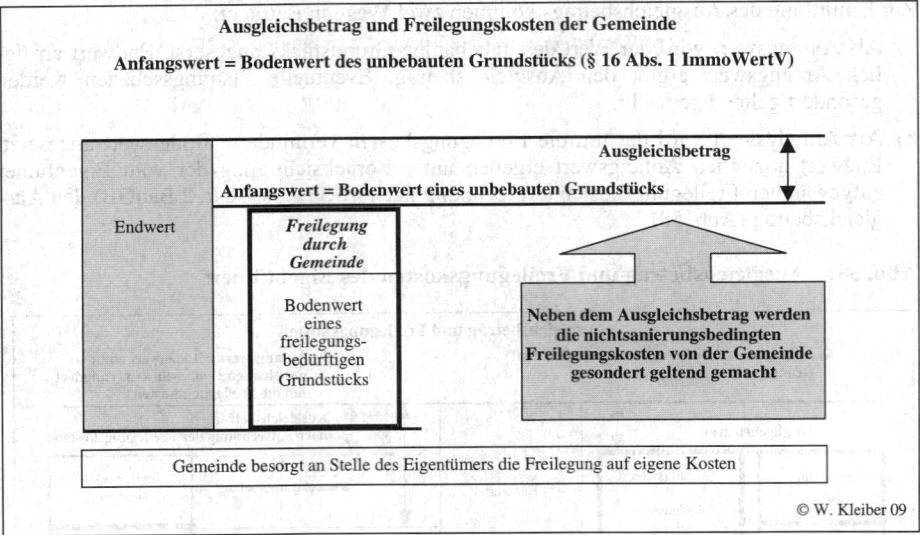

513 Der Anfangswert eines aus Gründen der Sanierung freilegungsbedürftigen Grundstücks ist bei alledem mit dem Bodenwert eines freigelegten Grundstücks zu ermitteln. Würde der Anfangswert mit dem Bodenwert eines freilegungsbedürftigen Grundstücks angesetzt werden, so würde sich der Ausgleichsbetrag um die Freilegungskosten erhöhen, und der Eigentümer kann geltend machen, dass ihm mit dem Ausgleichsbetrag in unzulässiger Weise die sanierungsbedingten Freilegungskosten aufgebürdet werden. Die sanierungsbedingten Freilegungskosten wären zu erstatten, da § 155 BauGB dafür keine eigene Anrechnungsregelung vorsieht (Abb. 60).

Abb. 60: Ausgleichsbetrag und Freilegungskosten der Gemeinde

4.6.2.4 Beeinträchtigung der zulässigen Nutzbarkeit

▶ *Hierzu § 6 ImmoWertV Rn. 35, 75 ff.; § 16 ImmoWertV Rn. 222 ff.*

Nach der Ausnahmeregelung des § 16 Abs. 4 ImmoWertV sind Beeinträchtigungen der nach § 6 Abs. 1 ImmoWertV maßgeblichen zulässigen bzw. lagetypischen Nutzbarkeit, die sich aus vorhandenen baulichen Anlagen auf dem Grundstück ergeben, bei der Bodenwertermittlung zu berücksichtigen, insbesondere, wenn es

514

a) bei wirtschaftlicher Betrachtungsweise oder

b) aus sonstigen Gründen

geboten erscheint, das Grundstück in der bisherigen Weise zu nutzen.

Die Reduktionsregelung des § 16 Abs. 4 ImmoWertV ist nach den bei § 16 ImmoWertV unter Rn. 222 ff. gegebenen Erläuterungen nur bei der Ermittlung des Endwerts anzuwenden. Auf die dort gegebenen Beispiele wird verwiesen.

4.7 Sonderfälle

4.7.1 Gemeinbedarfsflächen

Das BauGB nimmt **Flächen, die öffentlichen Zwecken gewidmet sind**[202], von der Ausgleichsbetragspflicht nicht aus. Besteht für die Flächen eine dauerhafte Zweckbindung für öffentliche Zwecke, insbesondere aufgrund entsprechender Festsetzungen in einem Bebauungsplan, so sind diese Flächen dem allgemeinen Grundstücksverkehr entzogen (Teil VI Rn. 596 ff.; § 8 ImmoWertV Rn. 138)[203]. Im Falle ihres erstmaligen Erwerbs durch die Gemeinde bemisst sich der Wert derartiger Gemeinbedarfsflächen nach dem Institut der enteignungsrechtlichen Vorwirkung (vgl. § 5 ImmoWertV Rn. 527 ff.). Es kann dahinstehen, welcher Wert sich danach für diese Flächen ergibt; mit der dauerhaften Zweckbindung bleiben diese Flächen dem gewöhnlichen Geschäftsverkehr und damit auch einer konjunkturellen

515

---

202 Dies sind Gemeinbedarfsflächen (vgl. Teil VI Rn. 596 ff.).
203 OLG Hamm, Urt. vom 3.12.1954 – 9 U 222/52 –, EzGuG 18.2; LG Hamburg, Urt. vom 5.8.1960 – 10 O 36/59 –, EzGuG 4.15; VG Freiburg, Urt. vom 1.10.1969 – VS I 186/68 –, EzGuG 18.45; OLG Bremen, Urt. vom 11.1.1970 – UB 13/68 –, EzGuG 18.47; KG Berlin, Urt. vom 21.7.1978 – U 178/78 –; a. A.: OLG Hamm, Urt. vom 27.6.1965 – 16 U 1/64 –, EzGuG 18.29; vgl. auch BGH, Urt. vom 11.6.1970 – III ZR 7/69 –, EzGuG 18.51.

VIII Ausgleichsbeträge Sonderfälle

(= qualitativen) Weiterentwicklung entzogen. Abschöpfbare Vorteile ergeben sich für diese Grundstücke deshalb nur insoweit, wie Sanierungsmaßnahmen zur Ersparnis eigener Aufwendungen bei der Nutzung öffentlicher Flächen führen. Dies sind in erster Linie ersparte Erschließungsbeiträge für durchgeführte Erschließungsmaßnahmen[204]. Etwas anderes mag nur gelten, wenn zwischen der Gemeinde und dem Bedarfsträger davon abweichende Vereinbarungen getroffen wurden.

516 Die obigen Regeln sind, wie ausgeführt, auf **Prinzipien der enteignungsrechtlichen Vorwirkung** zurückzuführen:

Gemeinbedarfsflächen werden im Falle ihres erstmaligen Erwerbs durch die öffentliche Hand qualitäts- und wertmäßig über das Institut der enteignungsrechtlichen Vorwirkung (§ 95 BauGB) eingestuft; Wertänderungen, die infolge der bevorstehenden Enteignung eingetreten sind, bleiben unberücksichtigt. Grundstücke, die vor der Umwidmung in Gemeinbedarfsflächen z.B. Bauerwartungsland waren, werden demnach als Bauerwartungsland eingestuft und als Bauerwartungsland entschädigt. Da für die im Eigentum der öffentlichen Hand befindlichen Gemeinbedarfsflächen ein freier Markt nicht besteht, werden für ihre Wertermittlung die Grundsätze angewendet, wie sie für den erstmaligen Erwerb seitens der öffentlichen Hand nach ihrer Widmung zu Gemeinbedarfsflächen gelten. Das Institut der enteignungsrechtlichen Vorwirkung findet in Sanierungsgebieten nach Maßgabe des § 153 Abs. 1 BauGB Anwendung. Die danach zu bemessende Entschädigungsleistung für den Grund und Boden entspricht grundsätzlich dem in § 153 Abs. 2 BauGB normierten sog. Anfangswert. Welcher Wert sich nun für die im Sanierungsbebauungsplan festgesetzten Gemeinbedarfsflächen in Anwendung des § 153 Abs. 1 BauGB als Anfangswert auch immer ergeben mag, so kann sich für die Flächen – von den oben genannten Vorteilen einmal abgesehen – keine weitere Bodenwerterhöhung ergeben, denn sie sind aufgrund ihrer Zweckbindung von einer qualitativen und somit auch von einer wertmäßigen Weiterentwicklung ausgeschlossen. Erst die Zulässigkeit einer privatwirtschaftlichen Nutzung würde die Fläche wieder dem allgemeinen Grundstücksmarkt zuführen und eine qualitative Weiterentwicklung ermöglichen. Da diese jedoch nach den Festsetzungen des Bebauungsplans auf absehbare Zeit ausgeschlossen werden muss, kann die Höhe des Endwerts die des Anfangswerts grundsätzlich nicht übersteigen (vgl. § 95 Abs. 2 Nr. 1 BauGB).

517 Damit ergibt sich für Gemeinbedarfsflächen ein Endwert i.S. von § 153 Abs. 2 BauGB, der dem **Betrag** entspricht, **den die öffentliche Hand im Falle ihres erstmaligen Erwerbs nach entschädigungsrechtlichen Grundsätzen dafür aufzubringen hätte.** Etwas anderes könnte unter Umständen dann gelten, wenn beim erstmaligen Erwerb künftiger Gemeinbedarfsflächen entgegen enteignungsrechtlichen Grundsätzen von der öffentlichen Hand regelmäßig höhere Preise mit der Folge entrichtet worden sind, dass sich ein gewöhnlicher Geschäftsverkehr sui generis eingestellt hat. Dann könnte unter Umständen in Betracht gezogen werden, Gemeinbedarfsflächen, die sich bereits im Eigentum der öffentlichen Hand befinden, auch diesen Wert beizumessen. In beiden Fällen kann entsprechend den obigen Ausführungen die Höhe des Endwerts die des Anfangswerts nicht übersteigen[205].

518 Grundsätzlich anders ist die Rechtslage, wenn zwischen Gemeinde und Bedarfsträger eine **Vereinbarung** i.S. von § 153 Abs. 3 Satz 2 BauGB getroffen worden ist. Mit dieser Vorschrift stellt der Gesetzgeber zur Vermeidung von Zweifeln klar, dass Vereinbarungen über einen höheren als dem aus der Wertentwicklung resultierenden Ausgleichsbetrag zulässig sind. In diesem Fall bemisst sich die Höhe des Ausgleichsbetrags nicht nach den Ergebnissen einer Wertermittlung, sondern nach der freien Vereinbarung.

519 Die Frage einer Ausgleichsbetragspflicht beantwortet sich in den vorstehenden Fällen im Übrigen nach den zum Zeitpunkt der **Entstehung des Ausgleichsbetrags** (vgl. Rn. 288) maßgeblichen bauplanungsrechtlichen Verhältnissen.

---

204 Kleiber, a.a.O. § 154 Rn. 99 ff., Gaentzsch, Die Bodenwertabschöpfung nach dem StBauFG, Siegburg, S. 106 f.
205 Gaentzsch, Bodenwertabschöpfung, S. 106 f. unter Hinweis auf die Praxis der Umlegung nach §§ 45 ff.; RdErl. des nds. MS vom 2.5.1988 – 301 – 21013 – GültL 392/17; Nds. MBl. 1988, 547 Tz. 226.3.4, geändert durch RdErl. des MS vom 6.3.1991 – 301 – 21013 – GültL 392/19; (Nds. MBl. Nr. 13/1991, S. 470).

Auch für **privat nutzbare Grundstücke im Eigentum der öffentlichen Hand** und mithin 520
auch von der Gemeinde sind grundsätzlich Ausgleichsbeträge zu erheben; jedoch entfällt die
Ausgleichsbetragspflicht so lange, wie zwischen Gläubiger und Schuldner Identität besteht[206].

4.7.2 Soziale Wohnraumförderung

Auch **Grundstücke, auf denen** nach den Festsetzungen eines Bebauungsplans „ganz oder 521
teilweise **nur Wohngebäude**" errichtet werden dürfen, „**die mit Mitteln der sozialen
Wohnraumförderung gefördert werden könnten**" (§ 9 Abs. 1 Nr. 7 BauGB; vgl. § 6
ImmoWertV Rn. 87 ff.), sind von der Ausgleichsbetragserhebung nicht ausgenommen.

Für die Ermittlung des **Verkehrswerts von Grundstücken der sozialen Wohnraumförde- 522
rung** und somit auch für die Ermittlung sanierungsbedingter Bodenwerterhöhung sind
zunächst

- die einschlägigen Festsetzungen im Bebauungsplan und
- die tatsächliche Nutzung einschließlich der ihr zugrunde liegenden wohnungs- und mietrechtlichen Bindungen (§ 8 Abs. 3 und § 6 Abs. 2 ImmoWertV) festzustellen.

▶ *Hierzu Teil VI Rn. 871 ff.*[207]

Die Festsetzung nach § 9 Abs. 1 Nr. 7 BauGB begründet keinen Anspruch auf Bereitstellung 523
von Wohnungsbauförderungsmitteln; sie hat für das unbebaute Grundstück regelmäßig nur
insoweit Auswirkungen auf den Bodenwert, als die **baulichen Gestaltungsmöglichkeiten
gegenüber vergleichbaren Grundstücken eingeschränkt** sind. Diese Auswirkungen sind –
sofern solche überhaupt festgestellt werden können – i.d.R. unerheblich, da Art und Maß der
baulichen Nutzung nicht eingeschränkt sind und kein Zwang besteht, die Flächen mit Mitteln
der sozialen Wohnraumförderung zu bebauen.

Ist das Grundstück indessen unter **Inanspruchnahme von Förderungsmitteln** bebaut wor- 524
den, so steht der Grund und Boden – zumindest vorübergehend – in einer Schicksalsgemeinschaft mit den rechtlichen Bindungen, die mit der Inanspruchnahme der Förderung
eingegangen wurden. Die rechtlichen Bindungen bestehen selbst bei vorzeitiger Rückzahlung
der öffentlichen Mittel für den Nachbindungszeitraum von 10 Jahren (vgl. § 16 WoBindG) –
oder für die ursprüngliche Restlaufzeit des vertraglichen Darlehns. Ob und in welcher Weise
sich die vorstehende Zweckbindung auf den Bodenwert auswirkt, ist das eigentliche Wertermittlungsproblem, denn die mit der öffentlichen Förderung einhergehenden rechtlichen
Bindungen sind nur im bebauten Grundstückszustand gegeben, so dass Vergleichspreise
unbebauter Grundstücke für diese Objektart nicht zur Verfügung stehen können.

Für die Ausgleichsbetragserhebung stellt sich dabei die Frage, ob und inwieweit dies auf den 525
Bodenwert durchschlägt. Hier wird man, wie bei einem mit einem Baudenkmal bebauten
Grundstück, davon ausgehen müssen, dass hier (wie dort) die **eingeschränkte Nutzbarkeit
aus der Bebauung resultiert** (vgl. Teil VI Rn. 730). Denn gerade für Grundstücke, die zur
Bebauung mit einem Ertragswertobjekt anstehen, muss berücksichtigt werden, dass die
erwarteten Erträge sich im Bodenwert niederschlagen. Es kommt also darauf an, die **mit der
Inanspruchnahme von Förderungsmitteln verbundenen Vor- und Nachteile auf Boden
und Gebäude sachbezogen zu verteilen.** Dies sind:

- einerseits wohnungs- und mietrechtliche Bindungen (Wohnungsbesetzungsrechte) und
- andererseits die wirtschaftlichen Vorteile aufgrund gewährter Aufwendungsdarlehen,
  Zinsersparnisse und dgl., die als ein wirtschaftliches Äquivalent für die mietpreisrechtlichen Bindungen betrachtet werden müssen.

---

206 BVerwG, Urt. vom 21.10.1983 – 8 C 29/82 –, EzGuG 9.49; BayVGH, Beschl. vom 7.8.1985 – 23 CS 84 A, 3129 –,
   EzGuG 9.58; BGH, Urt. vom 1.6.1967 – II ZR 150/66 –, BGHZ 48, 214.
207 Zu Fragen der Wertermittlung Simon/Kleiber, Schätzung und Ermittlung von Grundstückswerten, 7. Aufl. 1990,
   S. 209 ff.; Vogels, Grundstücks- und Gebäudebewertung – marktgerecht, 5. Aufl. 1996, S. 319 ff.

VIII Ausgleichsbeträge — Sonderfälle

526 Die **Inanspruchnahme öffentlicher Mittel kann** bei den Wertermittlungen **außer Betracht bleiben, wenn sich die Zweckbindung auf den für den Ausgleichsbetrag maßgeblichen End- und Anfangswert gleichermaßen auswirkt.** Die als Bodenwerte zu ermittelnden End- und Anfangswerte können in diesem Fall aus Vergleichspreisen unbebauter Grundstücke abgeleitet werden. Etwaige Auswirkungen, die den so ermittelten Bodenwerten infolge der Inanspruchnahme öffentlicher Mittel zugerechnet werden könnten, eliminieren sich rechnerisch dadurch, dass sich der Ausgleichsbetrag aus dem Unterschied zwischen End- und Anfangswert ergibt. In anderen Fällen können die mit der Inanspruchnahme öffentlicher Förderungen einhergehenden Auswirkungen auf den Grundstückswert ermittelt werden, indem die damit verbundenen **Vor- und Nachteile wertmäßig** berücksichtigt **und sachbezogen auf Boden und Gebäude verteilt** werden.

527 In den **Förderungsrichtlinien** von *Schleswig-Holstein*[208] heißt es hierzu:

„Soweit die Grundsätze des Ertragswertverfahrens nach §§ 8 bis 14 WertV 88 (§§ 17 ff. ImmoWertV) Anwendung finden, sind mit der Gewährung öffentlicher Baudarlehen verbundene Nachteile, wie aber auch Vorteile zu berücksichtigen. Mietpreisbindungen und Wohnungsbesetzungsrecht stellen nach der gesetzgeberischen Absicht eine Gegenleistung für die Gewährung des Darlehens dar, so dass Aufwendungsdarlehen, Zinsersparnisse und dergleichen im öffentlich geförderten Wohnungsbau als ein wirtschaftliches Äquivalent für mietpreisrechtliche und sonstige Bindungen betrachtet werden müssen. Für den Bauherrn sind diese Vorteile im wirtschaftlichen Ergebnis Erträge; sie sind entsprechend den gesetzlichen und vertraglichen Regelungen unter Berücksichtigung der im Einzelfall gegebenen Verhältnisse mehr oder minder nachhaltig. Im Übrigen werden Aufwendungsbeihilfen für Miethausbesitz einkommenssteuerlich den Einnahmen aus Vermietung und Verpachtung zugerechnet. Nach der Wertermittlungsverordnung sind die Beeinflussung der Ertragsverhältnisse durch Förderungen sowie wohnungs- und mietrechtliche Bindungen grundsätzlich im Rahmen der §§ 17 ff. ImmoWertV oder nach § 8 Abs. 3 ImmoWertV zu erfassen. Hierbei kann man nicht mehr allgemein annehmen, dass der Verkehrswert von Grundstücken mit öffentlich geförderter Wohnbebauung geringer als der vergleichbarer im freifinanzierten Wohnungsbau bebauter Grundstücke ist; dies gilt insbesondere für ‚jüngere' Objekte. Die mit öffentlichen Wohnungsbaudarlehen verbundene Mietpreis- und Belegungsbindung (oder ein kommunales Wohnungsbesetzungsrecht) kann angesichts des allgemeinen Mietrechtsschutzes und der wirtschaftlichen Gegebenheiten auf dem Wohnungsmarkt nicht mehr als wirtschaftlicher Nachteil angesehen werden."

528 Soweit hiervon abweichend im Einzelfall im Rahmen des Ertragswertverfahrens die vorgesehene Nutzung für den öffentlich geförderten Wohnungsbau als wirtschaftlicher Nachteil bewertet wird, bedarf es nach dem o.a. Erlass einer eingehenden Begründung.

529 Soweit sich für ein mit öffentlichen Förderungsmitteln bebautes Grundstück danach abschöpfbare **Bodenwerterhöhungen** ergeben, **können** sie nach den Bestimmungen der II. Berechnungsverordnung i.d.R. auch **auf die Bewilligungsmiete durchschlagen**[209]. Soll dies vermieden werden, könnte mit dem Eigentümer eine Vereinbarung getroffen werden, die entsprechend der Höhe des Ausgleichsbetrags zumindest vorübergehend die Mietanpassung begrenzt. Gegenstand der Vereinbarung wäre also

– die Höhe der zu unterbleibenden Mieterhöhung und

– die Dauer der zu unterbleibenden Mieterhöhung.

---

[208] Förderungsrichtlinien vom 10.9.1984 – IV 540a – 513.035 – 18 Tn.D.5.2.2. f.
[209] *Kleiber*, a.a.O. § 154 BauGB Rn. 58 ff.; weiteres Schrifttum zur Verkehrswertermittlung von Objekten des sozialen Wohnungsbaus: Simon/Kleiber, Schätzung und Ermittlung von Grundstückswerten, 7. Aufl. 1996, S. 209 ff.; Vogels, Grundstücks- und Gebäudebewertung – marktgerecht –, 5. Aufl. 1996, S. 270 ff.

Sonderfälle   **Ausgleichsbeträge VIII**

Im Ergebnis entspricht eine derartige **Vereinbarung der Entrichtung des Ausgleichsbetrags durch Ratenzahlungen:**   **530**

$$\text{Ausgleichsbetrag} = \text{Unterbliebene Jahresmieterhöhung} \times \frac{q^n - 1}{q^n (q - 1)}$$

wobei:
- q = Zinsfaktor = $1 + p$
- p = Zinssatz
- n = Dauer der unterbliebenen Mieterhöhung in Jahren
- $\frac{q^n - 1}{q^n (q - 1)}$ = Vervielfältiger (tabelliert in der Anl. zur ImmoWertV)

Beispiel: **531**

a) Für ein mit Mitteln der sozialen Wohnraumförderung bebautes Grundstück wurde ein Ausgleichsbetrag in Höhe von 50 000 € ermittelt.
Die vermietete Wohnfläche beträgt insgesamt 2 000 m².

b) Berechnung der *Dauer der zu unterbleibenden Mieterhöhung* bei vorgegebener Begrenzung einer monatlichen Mieterhöhung um 0,50 €/m²
Unterbliebene Mieterhöhung des Grundstücks im Jahr:
2 000 m² × 0,50 €/m² × 12 = 12 000 €
Dauer n der unterbliebenen Mieterhöhung bei einem Zinssatz von $p = 6\%$:

c) 50 000 € = 12 000 € × $q^n - 1/q^n (q - 1)$ wobei $q = 1 + p$
n = 5 Jahre

d) Berechnung der *Höhe der zu unterbleibenden Mieterhöhung* bei einer auf 10 Jahre befristeten Mietbegrenzung und einem Zinssatz von $p = 6\%$
50 000 € = Unterbliebene Jahresmieterhöhung × 7,36
wobei V bei n = 10 und p = 6%: 7,36 (vgl. Anh. zur ImmoWertV)
Unterbliebene Jahresmietbegrenzung: 50 000 €/7,36 = 6 793 €
Monatliche Mietbegrenzung pro Quadratmeter Wohnfläche (WF):
6 793 € : 2 000 m² : 12 = **0,28 €/m² WF**

4.7.3 Erbbaurechtbelastete Grundstücke

4.7.3.1 Allgemeines

Anders als im Erschließungsbeitragsrecht (vgl. § 134 Abs. 1 BauGB) ist nach § 154 Abs. 1 Satz 1 BauGB bei einem mit einem Erbbaurecht belasteten Grundstück nicht der Erbbauberechtigte, sondern der **Eigentümer ausgleichsbetragspflichtig**[210]. Bei der Ermittlung der für die Höhe der Ausgleichsbeträge maßgeblichen Anfangs- und Endwerte ist die Belastung des Grundstücks als eine rechtliche Gegebenheit i.S. des § 194 BauGB zu berücksichtigen.   **532**

Der **Verkehrswert des belasteten Grundstücks** bestimmt sich dabei insbesondere nach   **533**

- der Höhe des Erbbauzinses,
- den Möglichkeiten einer Anpassung des Erbbauzinses,
- der Dauer des Erbbaurechts und
- der nach Zeitablauf ggf. zu zahlenden Entschädigung.

---

[210] OVG Lüneburg, Beschl. vom 24.9.1993 – 1 M 2991/93 –, EzGuG 15.75a; Kleiber, a.a.O., § 154 BauGB Rn. 58 ff.; BR-Drucks. 641/75, S. 15 f.; nds.RdErl. des MS vom 2.5.1988 – 301 – 21013 –, GültL 392/17 (Nds.MBl. 1988, 547) Nr. 226.3.1.

VIII Ausgleichsbeträge   Sonderfälle

Eine entscheidende Bedeutung für die Höhe des Ausgleichsbetrags kommt dabei der Frage zu, ob der Erbbauzins den durch die Sanierungsmaßnahmen bewirkten Verbesserungen des Grundstücks und des Gebiets angepasst werden kann.

4.7.3.2 Anpassung des Erbbauzinses nicht möglich

534 Ist der Eigentümer nicht in der Lage, durch einen entsprechend erhöhten Erbbauzins wirtschaftliche Vorteile aus den durchgeführten Sanierungsmaßnahmen zu ziehen, so können die Maßnahmen insoweit nicht zu einer Erhöhung des Verkehrswerts des erbbaurechtbelasteten Grundstücks führen. Für den Eigentümer eines derart mit einem Erbbaurecht belasteten Grundstücks stellt sich eine Werterhöhung erst nach Ablauf des Erbbaurechts ein. Finanzmathematisch ergibt sich damit die **Werterhöhung des Grundstücks durch Abzinsung der nach Ablauf des Erbbaurechts wirtschaftlich realisierbaren Werterhöhung.** Dieser Wert bemisst sich nach dem am Wertermittlungsstichtag für das unbelastete Grundstück ergebenden Ausgleichsbetrag, der über die Restlaufzeit des Erbbaurechts unter Anwendung des Abzinsungsfaktors $1/q^n$ (tabelliert in Anh. 2 zur ImmoWertV) abgezinst wird. Bei langer Laufzeit des Erbbaurechts ergeben sich damit für ein derart mit einem Erbbaurecht belastetes Grundstück geringfügige Ausgleichsbeträge, während den eigentlichen Vorteil der nicht ausgleichsbetragspflichtige Erbbauberechtigte hat. Dieses Ergebnis ist aus bodenpolitischer Sicht unbefriedigend. Auf der anderen Seite treten aber für den Eigentümer des Grundstücks keine Ungerechtigkeiten ein.

535 Im Falle der Bestellung eines Erbbaurechts zur Errichtung eines Miethauses im **sozialen Wohnungsbau (soziale Wohnraumförderung)** darf im Hinblick auf eine Anpassung des Erbbauzinses nicht unberücksichtigt bleiben, dass die Mieten auf Dauer hinter der Kostenmiete zurückbleiben[211].

4.7.3.3 Anpassung des Erbbauzinses möglich

536 Soweit aufgrund einer **vertraglichen Anpassungsklausel** oder sonst wie eine Anpassung des Erbbauzinses beansprucht werden kann, stellen sich für das mit einem Erbbaurecht belastete Grundstück **Werterhöhungen** ein, und zwar **in dem Maße, wie die Anpassungsklausel eine der sanierungsbedingten Werterhöhung des unbelasteten Grundstücks entsprechende Anpassung zulässt.** Des Weiteren muss im Falle einer Anpassungsklausel der sich daraus ergebende Anspruch unter Berücksichtigung der durch § 9a Abs. 1 ErbbauG (Teil VIII Rn. 99) gezogenen Billigkeitsschwelle ermittelt werden, d.h., es muss zunächst festgestellt werden, ob und ggf. in welchem Umfang aufgrund der vertraglichen Vereinbarung ein Erhöhungsanspruch überhaupt gegeben ist.

537 Nach ständiger Rechtsprechung wird **durch die vertragliche Regelung in jedem Fall die oberste Anspruchsgrenze gezogen.** Hieran schließt sich eine Billigkeitsprüfung nach § 9a Abs. 1 ErbbauG erst an, wenn ein Erhöhungsanspruch nach der vertraglichen Regelung zu bejahen ist[212]. Grundsätzlich ist bei der Billigkeitsprüfung an die Vereinbarung anzuschließen, die die Anpassungsklausel enthält. Bei späteren grundlegenden Änderungen der Anpassungsklausel sowie bei unwesentlichen, aber den Erbbauzins betreffenden Änderungen sind jedoch die späteren Vereinbarungen maßgebend[213].

538 Enthält der **Erbbauvertrag keine Anpassungsklausel,** so ist ein Anpassungsverlangen erst bei einer sog. **Äquivalenzstörung** gerechtfertigt. Diese Voraussetzungen liegen vor, wenn das Gleichgewicht zwischen Leistung und Gegenleistung so stark gestört ist, dass die Grenze des übernommenen Risikos überschritten wird und die benachteiligte Partei in der getroffenen Vereinbarung ihr Interesse auch nicht mehr annähernd gewahrt sehen kann[214]. Beurteilungs-

---

[211] BGH, Urt. vom 19.1.2001 – V ZR 217/00 –, MDR 2001, 559 = GuG 2001, 306.
[212] BGH, Urt. vom 26.2.1988 – V ZR 155/86 –, EzGuG 7.104; BGH, Urt. vom 18.5.1979 – V ZR 237/77 –, EzGuG 7.68.
[213] BGH, Urt. vom 3.12.1976 – V ZR 60/76 –, EzGuG 7.55; BGH, Urt. vom 28.9.1979 – V ZR 18/78 –, EzGuG 7.71, BGH, Urt. vom 27.5.1981 – V ZR 20/80 –, EzGuG 7.82.
[214] *BGH*, Urt. vom 24.2.1984 – V ZR 222/82 –, EzGuG 7.92; BGH, Urt. vom 23.5.1980 – V ZR 129/76 –; BGH, Urt. vom 27.3.1981 – V ZR 19/80 –, EzGuG 7.81; BGH, Urt. vom 17.12.1982 – V ZR 306/81 –, EzGuG 7.88; BGH, Urt. vom 23.1.1976 – V ZR 76/74 –, EzGuG 7.46.

grundlage hierfür ist die Entwicklung der Verbraucherpreise (Anh. 2.4) als Spiegel des Kaufkraftschwunds und der Einkommensverhältnisse.

▶ *Weitere Ausführungen zum Erbbaurecht vgl. Teil IX Rn. 49 ff.*

4.8 Anrechnungen auf den Ausgleichsbetrag (§ 155 Abs. 1 BauGB)

4.8.1 Allgemeines

▶ *Zur Anrechnung auf den Ausgleichsbetrag vgl. Rn. 139, 144 ff., 364*

Der sich aus dem Unterschied zwischen End- und Anfangswert ergebende Ausgleichsbetrag entspricht immer dann nicht gleichzeitig dem vom Eigentümer zu *erhebenden* Ausgleichsbetrag, wenn auf den Unterschied **nach Maßgabe des § 155 Abs. 1 BauGB** anzurechnen sind: 539

„1. die durch die Sanierung entstandenen Vorteile oder Bodenwerterhöhungen des Grundstücks, die bereits in einem anderen Verfahren, insbesondere in einem Enteignungsverfahren berücksichtigt worden sind; für Umlegungsverfahren bleibt Absatz 2 unberührt,

2. die Bodenwerterhöhungen des Grundstücks, die der Eigentümer zulässigerweise durch eigene Aufwendungen bewirkt hat; soweit der Eigentümer gemäß § 146 Abs. 3 Ordnungsmaßnahmen durchgeführt oder Gemeinbedarfs- und Folgeeinrichtungen im Sinne des § 148 Abs. 2 Satz 1 Nr. 3 errichtet oder geändert hat, sind jedoch die ihm entstandenen Kosten anzurechnen;

3. die Bodenwerterhöhungen des Grundstücks, die der Eigentümer beim Erwerb des Grundstücks als Teil des Kaufpreises in einem den Vorschriften der Nummern 1 und 2 sowie des § 154 BauGB entsprechenden Betrag zulässigerweise bereits entrichtet hat."

In diesem Fall ist der Unterschiedsbetrag zwischen End- und Anfangswert zu mindern, um den zu erhebenden Ausgleichsbetrag zu ermitteln. 540

§ 155 Abs. 1 BauGB ergänzt die Bestimmungen des § 154 Abs. 1 Satz 1 i.V.m. Abs. 2 BauGB. Danach bestimmt sich die Höhe des Ausgleichsbetrags aus dem Unterschied zwischen dem Bodenwert, der sich für das Grundstück ergeben würde, wenn eine Sanierung weder beabsichtigt noch durchgeführt worden wäre (Anfangswert), und dem Bodenwert, der sich durch die rechtliche und tatsächliche Neuordnung des Sanierungsgebiets ergibt (Endwert). Hieran anknüpfend, ordnet § 155 Abs. 1 BauGB die Anrechnung bestimmter Vorteile, Bodenwerterhöhungen sowie ausnahmsweise auch Kosten auf den Ausgleichsbetrag an. Mit der Anrechnung sollen zur Vermeidung von Doppelbelastungen des Eigentümers solche sanierungsbedingten Werterhöhungen erfasst werden, die der Eigentümer oder sein Rechtsvorgänger zulässigerweise selbst bewirkt oder der Gemeinde bereits entgolten hat. Wurden im Rahmen der Anrechnungstatbestände des § 155 Abs. 1 BauGB die sanierungsbedingten Bodenwerterhöhungen bereits vollständig erbracht, so kann als Ergebnis der Anrechnung kein Ausgleichsbetrag mehr erhoben werden. **Liegen die Voraussetzungen für eine Anrechnung derartiger Beträge dem Grunde und der Höhe nach vor, so ist die Gemeinde** deshalb **zur Anrechnung verpflichtet.** Nach § 154 Abs. 4 Satz 2 BauGB ist sie zu diesem Zweck gehalten, dem Ausgleichsbetragspflichtigen vor Festsetzung des Ausgleichsbetrags Gelegenheit zur Stellungnahme und Erörterung auch in Bezug auf die anzurechnenden Beträge innerhalb angemessener Frist zu geben. 541

4.8.2 Vorteile und Bodenwerterhöhungen (§ 155 Abs. 1 Nr. 1 BauGB)

Die anzurechnenden Bodenwerterhöhungen bedürfen der Anpassung an die zum Wertermittlungsstichtag vorherrschenden allgemeinen Wertverhältnisse auf dem Grundstücksmarkt. Da Gegenstand der Ausgleichsbetragserhebung allein die sanierungsbedingten Bodenwerterhöhungen und nicht auch die durch allgemeine (konjunkturelle) Wertsteigerungen eingetretenen Bodenwerterhöhungen sein dürfen, müssen die anzurechnenden Bodenwerterhöhungen, soweit es sich dabei um in der Vergangenheit erbrachte Vorausleistungen auf den Ausgleichsbetrag handelt, zum Zwecke der Anrechnung durch Fortschreibung aktualisiert werden. Die Abschöpfung konjunkturbedingter Wertänderungen kann nämlich nur da- 542

VIII Ausgleichsbeträge

durch vermieden werden, dass Anfangs- und Endwert auf denselben (Wertermittlungs-)Stichtag bezogen werden; dies gilt auch für die Anrechnungsbeträge[215].

543 § 155 Abs. 1 Nr. 1 BauGB verpflichtet die Gemeinde zur Anrechnung von Vorteilen und Bodenwerterhöhungen, die bereits in einem anderen Verfahren berücksichtigt worden sind. Mit Ausnahme des Verfahrens zur Erhebung von Ausgleichsbeträgen und vorbehaltlich des § 155 Abs. 2 BauGB sind damit umfassend **alle Verfahren angesprochen, die vor Abschluss der Sanierungsmaßnahme bereits zur Abschöpfung sanierungsbedingter Vorteile oder Bodenwerterhöhungen geführt haben.** Enteignungsverfahren werden in der Vorschrift nur beispielhaft hervorgehoben. Die Vorschrift ist nach Sinn und Wortlaut im Übrigen auch auf Vorteile und Bodenwerterhöhungen anzuwenden, die in einem Verfahren berücksichtigt wurden, das bereits vor der förmlichen Festlegung des Sanierungsgebiets durchgeführt worden ist. Denn Gegenstand der Erhebung von Ausgleichsbeträgen sind auch die in Aussicht auf die Sanierung oder durch ihre Vorbereitung noch vor förmlicher Festlegung des Sanierungsgebiets eingetretenen Bodenwerterhöhungen (vgl. § 154 i.V.m. § 153 BauGB).

544 In der Hauptsache können folgende Anrechnungsfälle dem § 155 Abs. 1 Nr. 1 BauGB zugeordnet werden:

a) Bei der Bemessung der **Entschädigung für eine** zur Vorbereitung oder Durchführung der Sanierung **enteignete Grundstücksteilfläche** wurden die sich für das Restgrundstück ergebenden Vermögensvorteile nach § 93 Abs. 3 BauGB berücksichtigt. Die Nichtanrechnung der Vermögensvorteile würde nachträglich die Entschädigung schmälern.

b) Ein Enteigneter ist nach § 100 BauGB (**Entschädigung in Land**) mit einem Grundstück im Sanierungsgebiet entschädigt worden, wobei sanierungsbedingte Werterhöhungen in die Ermittlung des Ersatzlandwerts einbezogen wurden.

c) Im Rahmen eines **Grenzregelungsverfahrens** nach den §§ 80 bis 84 BauGB a. F. wurden mit der Geldleistung für grenzregelungsbedingte Werterhöhungen zugleich auch sanierungsbedingte Werterhöhungen von der Gemeinde erhoben.

d) In einem Verfahren nach § 154 Abs. 6 BauGB wurden **Vorauszahlungen auf den Ausgleichsbetrag** erhoben.

545 **Umlegungsverfahren fallen grundsätzlich nicht unter den Anrechnungstatbestand des § 155 Abs. 1 Nr. 1 BauGB.** § 153 Abs. 5 BauGB modifiziert die umlegungsrechtlichen Bestimmungen derart, dass sanierungsbedingte Bodenwerterhöhungen i.d.R. bereits in der Sanierungsumlegung vollständig „abgeschöpft" werden. Daher entfällt nach § 155 Abs. 2 BauGB die Erhebung von Ausgleichsbeträgen, wenn eine Umlegung nach Maßgabe des § 153 Abs. 5 BauGB (Sanierungsumlegung) durchgeführt worden ist. Eine Anrechnung kann somit nur bei den nach § 156 Abs. 2 BauGB **übergeleiteten Umlegungsverfahren** in Betracht kommen, und zwar in Bezug auf Grundstücke, die der Ausgleichsbetragspflicht unterliegen, weil für diese Grundstücke vor der förmlichen Festlegung des Sanierungsgebiets der Umlegungsplan nach § 66 Abs. 1 BauGB aufgestellt oder eine Vorwegentscheidung nach § 76 BauGB getroffen worden ist.

546 Die in einem anderen Verfahren berücksichtigten sanierungsbedingten Vorteile oder Bodenwerterhöhungen können als im Voraus erbrachte Leistungen auf den Ausgleichsbetrag angesehen werden. Gegenstand der Ausgleichsbetragserhebung können im Anschluss an die in einem anderen Verfahren erbrachten Vorausleistungen nur noch solche sanierungsbedingten Bodenwerterhöhungen sein, die nicht bereits mit der Vorausleistung abgeschöpft worden sind, insbesondere **Bodenwerterhöhungen, die erst infolge der weiteren Durchführung der Sanierung bewirkt wurden.** Sind die Vorausleistungen in einem früheren Stadium der Sanierung erbracht worden und haben sich bis zum Abschluss der Sanierung die allgemeinen Wertverhältnisse auf dem Grundstücksmarkt geändert, kann die Anrechnung der in einem anderen Verfahren erbrachten Vorausleistungen in ihrer nominellen Höhe zur Abschöpfung sog. konjunkturbedingter Bodenwerterhöhungen führen. Die bodenpolitische Konzeption des

---

[215] Kleiber in Ernst/Zinkahn/Bielenberg, BauGB § 155 Rn. 24, 80 ff.

besonderen Sanierungsrechts verbietet dies jedoch. Deshalb kann es erforderlich werden, im Voraus **erbrachte Leistungen** auf den Ausgleichsbetrag **zum Zwecke ihrer Anrechnung** wertmäßig durch Fortschreibung **zu aktualisieren.** Entsprechendes gilt schließlich, wenn der Ausgleichsbetragspflichtige sein Grundstück von der Gemeinde zum Neuordnungswert erworben hat. Die Anrechnungsvarianten des § 155 Abs. 1 BauGB müssen diesbezüglich gleichbehandelt werden[216].

4.8.3 Eigene Bodenwerterhöhungen (§ 155 Abs. 1 Nr. 2 BauGB)

Während bei der Bemessung von Ausgleichs- und Entschädigungsleistungen die **vom Eigentümer zulässigerweise durch eigene Aufwendungen bewirkten sanierungsbedingten Werterhöhungen** nach § 153 Abs. 1 BauGB zu berücksichtigen sind, bleiben diese Werterhöhungen nach den Bestimmungen des § 154 Abs. 2 BauGB bei der Bemessung des Anfangswerts zunächst außer Betracht (vgl. Rn. 140 ff.). Der Gesetzgeber hat im Interesse einer besseren Vergleichbarkeit aller Anfangswerte die Berücksichtigung der vom Eigentümer zulässigerweise bewirkten Werterhöhungen mit § 155 Abs. 1 Nr. 2 BauGB als Anrechnungsfall behandelt sehen wollen. Auch wenn die Vorschrift nicht ausdrücklich auf die vom Eigentümer bewirkten „sanierungsbedingten" Bodenwerterhöhungen Bezug nimmt, kann nur insoweit eine Anrechnung in Betracht kommen. Andere nicht sanierungsbedingte Werterhöhungen sind nämlich bereits bei der Ermittlung des Anfangswerts zu berücksichtigen. 547

Grundsätzlich sind nur die vom Eigentümer bewirkten sanierungsbedingten Bodenwerterhöhungen anzurechnen und nicht die Aufwendungen selbst. **Auf die Kosten der** Maßnahme bzw. die **erbrachten Arbeits- und Kapitalleistungen kommt es also nicht an,** wie hoch auch immer sie gewesen sein mögen. Ob und in welchem Umfang eine Anrechnung vorzunehmen ist, beurteilt sich nach den Grundsätzen der Verkehrswertermittlung. Wertermittlungsstichtag ist wie für die Ermittlung der Anfangs- und Endwerte der Zeitpunkt des Abschlusses der Sanierung (§ 162 oder § 163 BauGB). 548

Zulässigerweise bewirkte Bodenwerterhöhungen können insbesondere angenommen werden, wenn mit den einschlägigen Maßnahmen öffentlich-rechtliche Vorschriften nicht verletzt worden sind. 549

Zur Durchführung der Sanierung gehören neben den Ordnungsmaßnahmen auch die Baumaßnahmen (§ 146 BauGB). Grundsätzlich sind deshalb auch die dadurch bewirkten Bodenwerterhöhungen Gegenstand der Ausgleichsbetragserhebung. Dies betrifft insbesondere die Errichtung und Änderung von Gemein- und Folgebedarfseinrichtungen. Auch die **vom Eigentümer privat durchgeführten Baumaßnahmen** können z.B. zur Verbesserung der Lagequalität im Sanierungsgebiet beigetragen haben. Die Maßnahmen eines einzelnen Eigentümers werden dies allerdings kaum bewirken können. Erst eine Vielzahl aufeinander abgestimmter privater Baumaßnahmen könnte z.B. zu einer Lageverbesserung beitragen. Voraussetzung für eine Anrechnung entsprechender Bodenwerterhöhungen wäre in diesem Fall, dass die Maßnahmen allein durch Initiative der Eigentümer und ohne Inanspruchnahme der öffentlichen Hand durchgeführt worden sind. Diese Voraussetzungen werden selten vorliegen, denn für Sanierungsmaßnahmen ist kennzeichnend, dass die notwendigen Maßnahmen erst unter der Regie der Gemeinde und mit Unterstützung der öffentlichen Hand durchgeführt werden können. 550

Unter bestimmten Voraussetzungen sind auch Bodenwerterhöhungen auf den Ausgleichsbetrag anzurechnen, die durch die **Herstellung von Erschließungsanlagen i.S. des § 127 Abs. 4 BauGB** bewirkt wurden, insbesondere durch Anlagen zur Ableitung von Abwasser sowie zur Versorgung mit Elektrizität, Gas, Wärme und Wasser. Diese Erschließungsanlagen fallen nicht unter das Erhebungsverbot des § 154 Abs. 1 Satz 2 BauGB. Werden für diese Anlagen landesrechtliche Beiträge erhoben und wurde der Endwert unter Berücksichtigung der dadurch bewirkten Bodenwerterhöhung ermittelt, so ist diese zur Vermeidung von Doppelbelastungen ebenfalls auf den Ausgleichsbetrag anzurechnen. Nicht anrechenbar ist eine 551

---

216 Näheres zu den Anrechnungstatbeständen und zur Anrechnung vgl. Ernst/Zinkahn/Bielenberg, BauGB, § 155 Rn. 9 ff.

derartige Bodenwerterhöhung, wenn sie bei der Ermittlung des Endwerts unberücksichtigt geblieben ist oder landesrechtliche Beiträge im Hinblick auf die Erhebung von Ausgleichsbeträgen nicht erhoben werden.

552 Eine Anrechnung von Kosten an Stelle von Bodenwerterhöhungen sieht das Gesetzbuch nur in § 155 Abs. 1 Nr. 2 Halbsatz 2 BauGB in Bezug auf **Kosten** vor, **die dem Eigentümer bei der Durchführung von Ordnungsmaßnahmen i.S. des § 147 Abs. 1 BauGB entstanden** sind. Die Vorschrift ist lex specialis im Verhältnis zu Halbsatz 1 und darin begründet, dass die Durchführung von Ordnungsmaßnahmen Aufgabe der Gemeinde ist (vgl. § 147 Abs. 1 BauGB). Das BauGB verleiht der Gemeinde mit § 147 Abs. 2 Satz 1 BauGB aber das Recht, diese Aufgabe ganz oder teilweise dem Eigentümer vertraglich zu überlassen. Dabei kann auch vereinbart werden, dass die dem Eigentümer entstehenden Kosten der Ordnungsmaßnahme auf den Ausgleichsbetrag angerechnet und – soweit dadurch die Kosten nicht gedeckt werden – nach Maßgabe des § 155 Abs. 6 BauGB erstattet werden. Eine Anrechnung nach § 155 Abs. 1 Nr. 2 Halbsatz 2 BauGB kann demzufolge nur in Betracht kommen, wenn zur Deckung der Kosten für vertraglich überlassene Ordnungsmaßnahmen i.S. des § 147 Abs. 1 BauGB keine oder nicht ausreichende Vorauszahlungen geleistet wurden. Dass dabei nur die Kosten für die aufgrund eines Vertrags durchgeführten Ordnungsmaßnahmen anzurechnen sind, hat der Gesetzgeber gegenüber dem bisherigen Recht (§ 41 Abs. 6a Nr. 3 StBauFG) dadurch verdeutlicht, dass die Nachfolgeregelung ausdrücklich auf § 147 Abs. 2 BauGB Bezug nimmt.

4.8.4 Teile des Kaufpreises nach § 155 Abs. 1 Nr. 3 BauGB

553 Nach § 155 Abs. 1 Nr. 3 BauGB unterliegen **auch die unter Berücksichtigung einer sanierungsbedingten Bodenwerterhöhung erworbenen Grundstücke grundsätzlich der Ausgleichsbetragspflicht.** Dabei ist der als Teil des Kaufpreises entrichtete Betrag, der ganz oder teilweise der sanierungsbedingten Bodenwerterhöhung entspricht, auf den Ausgleichsbetrag anzurechnen. Konnte bei der Bemessung des Veräußerungspreises die rechtliche und tatsächliche Neuordnung gemäß § 154 Abs. 4 BauGB in vollem Umfang berücksichtigt werden, so kommt als Ergebnis der Anrechnung nach § 155 Abs. 1 Nr. 3 BauGB die Erhebung eines Ausgleichsbetrags von dem Erwerber nicht mehr in Betracht. Die Anrechnung muss nämlich unter diesen Voraussetzungen zwangsläufig dazu führen, dass sich der nach § 154 Abs. 2 BauGB bemessende Ausgleichsbetrag zu „Null" reduziert. Hierin liegt die eigentliche Bedeutung dieser Anrechnungsbestimmung. Etwas anderes muss jedoch gelten, wenn als Teil des Kaufpreises ein Betrag entrichtet wurde, der nur teilweise der sanierungsbedingten Bodenwerterhöhung entspricht. Zwar zielen § 153 Abs. 4 BauGB und § 159 Abs. 3 BauGB darauf ab, die nach Abschluss einer Sanierungsmaßnahme abzuschöpfende Bodenwerterhöhung des Grundstücks möglichst vollständig schon mit dem Veräußerungspreis zu erfassen, jedoch konnte der Gesetzgeber auch nicht ausschließen, dass die sanierungsbedingten Werterhöhungen bei der Bemessung des Neuordnungswerts nicht vollständig berücksichtigt werden konnten oder bis zum Abschluss der Maßnahme infolge der weiteren Durchführung zusätzliche Bodenwerterhöhungen i.S. des § 154 Abs. 2 BauGB eintreten. In diesen Fällen kommt eine Nacherhebung in Betracht. Dies war bis zum 1.7.1987 klarstellend in § 5 Abs. 4 und 5 AusgleichsbetragV geregelt. Die Vorschriften konnten im Hinblick auf die nunmehr eindeutige Anrechnungsbestimmung des § 155 Abs. 1 Nr. 3 BauGB ersatzlos entfallen.

554 § 155 Abs. 1 Nr. 3 BauGB findet indessen **keine Anwendung, wenn der Erwerb eines Grundstücks mit einer Ablösung nach § 154 Abs. 3 Satz 2 BauGB verbunden** worden ist. Die Ablösung schließt das Entstehen eines Ausgleichsbetrags aus.

555 Anzurechnen sind alle in einem Kaufpreis enthaltenen sanierungsbedingten Bestandteile, unabhängig davon, ob das Grundstück von der Gemeinde, einem Sanierungsträger oder einer Privatperson erworben wurde. Auf die Höhe der einzelnen im Kaufpreis enthaltenen sanierungsbedingten Bestandteile kommt es nach Sinn und Wortlaut der Vorschrift nicht an. Für die Anrechnung ist lediglich **Voraussetzung, dass der Kaufpreis zulässigerweise entrichtet wurde.** Die Vorschrift findet demzufolge auch Anwendung, wenn das Grundstück zum sanie-

rungsunbeeinflussten Grundstückswert i.S. des § 153 Abs. 1 BauGB erworben wurde und mit dem Kaufpreis die vom Voreigentümer durch eigene Aufwendungen selbst bewirkten sanierungsbedingten Bodenwerterhöhungen entgolten wurden. Diesbezüglich sind die im Kaufpreis enthaltenen sanierungsbedingten Bestandteile zulässigerweise erbracht worden, weil der Kaufpreis insoweit genehmigt werden musste.

Eine andere Frage ist, ob bei einem Erwerb eines Grundstücks zum sanierungsunbeeinflussten Grundstückswert auch der **Teil des Kaufpreises** auf den Ausgleichsbetrag anzurechnen ist, **der nur geringfügig den sanierungsunbeeinflussten Grundstückswert überschreitet** und deshalb einem Grundsatzurteil des BVerwG[217] genehmigt werden musste. Hierfür sprach der Wortlaut des § 5 Abs. 2 AusgleichsbetragV, nach dem der Teil des Kaufpreises auf den Ausgleichsbetrag anzurechnen war, „der den Anfangswert übersteigt, wenn die Veräußerung nach § 15 des Städtebauförderungsgesetzes (nunmehr § 145 i.V.m. § 153 Abs. 2 BauGB) genehmigt worden ist und der Eigentümer den Kaufpreis hiernach in zulässiger Weise entrichtet hat." Den Regelungsgehalt dieser Vorschrift hat der Gesetzgeber nicht in das BauGB übernommen. Hierfür war maßgebend, dass mit der Vorschrift – wie sich aus ihrer Begründung ergibt[218] – nur der Erwerber geschützt werden sollte, dem auf Grund eines Fehlers der Gemeinde bei der Preisprüfung ein höherer Erwerbspreis genehmigt wurde, als es „pfenniggenau" dem sanierungsunbeeinflussten Grundstückswert entsprochen hätte. Nachdem das BVerwG in seinem Grundsatzurteil (a.a.O.) erkannt hatte, dass die Genehmigung nach § 15 Abs. 3 Satz 2 StBauFG (entspricht § 153 Abs. 2 BauGB) jedoch nur versagt werden kann, wenn der „vereinbarte Gegenwert" den Verkehrswert, der sich in Anwendung des § 23 StBauFG (§ 153 Abs. 1 BauGB) ergibt, „in einer dem Rechtsverkehr erkennbaren Weise deutlich verfehlt", hatte § 5 Abs. 2 AusgleichsbetragV eine vom Verordnungsgeber nicht gewollte Wirkung erlangt. Ein Schutzbedürfnis besteht für den Erwerber zumindest dann nicht, wenn der Erwerber bei der Genehmigung auf die Überschreitung des nach § 153 Abs. 1 BauGB maßgeblichen Werts hingewiesen wurde, mit der Folge, dass der insoweit im Kaufpreis enthaltene Sanierungsmehrwert später mit dem Ausgleichsbetrag noch einmal an die Gemeinde abgeführt werden muss. Die Anrechenbarkeit derartiger Kaufpreisüberschreitungen hatte schon vor Inkrafttreten des BauGB durch die Rechtsprechung des BVerwG zu § 15 Abs. 3 Satz 2 StBauFG weitgehende Klärung erfahren. Das Gericht hat im Urt. vom 21.8.1981[219] zur Frage der Bindung der Entscheidung über die Preisprüfung in einem späteren Enteignungsverfahren Stellung genommen. In der Entscheidung wird die Bindung der preisrechtlichen Genehmigung im Sanierungsverfahren für die Entschädigung in einem späteren Enteignungsverfahren verneint, so dass insoweit auch die Preisprüfung ihre Schutzfunktion verliert. Aufgrund des Sachzusammenhangs zwischen dem Entschädigungs- und dem Ausgleichsbetragsrecht muss dies auch in Bezug auf § 155 Abs. 1 Nr. 3 BauGB gelten (vgl. Rn. 120 ff.)[220].

4.8.5 Anrechnung von Freilegungskosten

4.8.5.1 Allgemeines

Nach § 147 Nr. 3 BauGB gehört die **Freilegung von Grundstücken grundsätzlich zu den der Gemeinde obliegenden Ordnungsmaßnahmen.** Dies betrifft in erster Linie aber nur die Freilegung der Grundstücke, die für Gemeindebedarfszwecke von der Gemeinde oder dem von ihr beauftragten Träger aufbereitet werden. Soweit auf einem privatwirtschaftlich genutzten Grundstück zum Zwecke der Durchführung anstehender Baumaßnahmen die Freilegung eines Grundstücks erforderlich wird, stellt sich daneben die Frage, wie entschädigungsrechtlich die abgehende Bausubstanz zu behandeln ist.

---

[217] BVerwG, Urt. vom 24.11.1978 – 4 C 56/76 –, EzGuG 15.9.
[218] BR-Drucks. 641/75, zu § 5.
[219] BVerwG, Urt. vom 21.8.1981 – 4 C 16/78 –, EzGuG 15.18.
[220] Im Ergebnis ebenso Gaentzsch in NJW 1985, 881, 885, der geringfügige, aber nach der Rechtsprechung zu genehmigende Kaufpreisüberschreitung nicht als eine „zulässigerweise" entrichtete sanierungsbedingte Bodenwerterhöhung ansieht, sowie die Erläut. in Ernst/Zinkahn/Bielenberg, BauGB § 155 Rn. 77 ff. und § 153 Rn. 124; auch Battis/Krautzberger/Löhr, BauGB § 155 Rn. 10.

VIII Ausgleichsbeträge — Anrechnungen

558 Soweit der Eigentümer darüber mit der Gemeinde einen Vertrag nach § 147 Abs. 2 BauGB abgeschlossen hat, sind die darin getroffenen Vereinbarungen maßgebend. Andernfalls können die Grundsätze zur Anwendung kommen, die im Falle eines Rückbaugebots nach § 179 BauGB maßgebend sind. Danach ist eine Entschädigung für den Substanzverlust einschließlich der Freilegungskosten sowie für sonstige Vermögensnachteile zu leisten; gleichzeitig sind aber **auch Vermögensvorteile zu berücksichtigen.** Vermögensvorteile können sich dabei auch in Bezug auf die Freilegung des Grundstücks ergeben, insbesondere wenn eine Bausubstanz im Zuge der Sanierungs- oder Entwicklungsmaßnahme zum Abbruch kommt, die auch ohne Einleitung der Sanierungs- oder Entwicklungsmaßnahme aufgrund ihres Alters zu beseitigen wäre, um das Grundstück einer wirtschaftlichen Nutzung zuzuführen.

559 Es muss **zwischen sanierungs- und nicht sanierungsbedingten Freilegungskosten unterschieden** werden:

a) *Nichtsanierungsbedingte* Freilegungskosten können immer dann unterstellt werden, wenn eine bauliche Anlage auch ohne Durchführung der Sanierung wirtschaftlich abgängig ist.

b) *Sanierungsbedingte* Freilegungskosten entstehen dagegen dann, wenn eine bestehende und wirtschaftlich nicht abgängige bauliche Anlage erst aufgrund der Ziele und Zwecke der Sanierung, insbesondere durch zwingende Festsetzungen eines Sanierungsbebauungsplans, zum Rückbau „bestimmt" wird. In diesem Fall werden Freilegungskosten und sonstige Maßnahmen zur Herbeiführung der Baureife erst durch die Sanierung ausgelöst; z.B. durch die Festlegung neuer Baulinien oder Baugrenzen ohne Berücksichtigung der vorhandenen baulichen Anlagen. Etwas anderes könnte gelten, wenn in den Sanierungszielen oder der Begründung zum Sanierungsbebauungsplan den baulichen Anlagen bis zu deren Abgang der **Bestandsschutz** zuerkannt wird.

Entsprechendes gilt auch für entwicklungs- und nichtentwicklungsbedingte Freilegungskosten.

560 Sofern **mit der Freilegung des Grundstücks eine Bodenwerterhöhung einhergeht,** weil die abgehende Bausubstanz die Realisierung einer schon vor Einleitung der Sanierungs- bzw. Entwicklungsmaßnahme zulässigen Nutzung „blockiert" hat, sind die damit verbundenen Werterhöhungen nicht in der Weise abschöpfungsfähig, dass von einem um die Freilegungskosten geminderten Anfangswert ausgegangen wird. Die durch die Freilegung eintretende Bodenwerterhöhung ist deshalb – wie im Übrigen bei der Einwurfsbewertung im Umlegungsverfahren – bereits bei der Ermittlung des Anfangswerts zu berücksichtigen.

561 Zusammenfassend sind bei der Anrechnung von Freilegungskosten auf den Ausgleichsbetrag folgende **Grundsätze** zu beachten, wobei zwischen sanierungsbedingten und nichtsanierungsbedingten Freilegungskosten unterschieden werden muss.

4.8.5.2 Nichtsanierungsbedingte Freilegungskosten

562 Nach den vorstehenden Ausführungen ist die mit der nicht sanierungsbedingten Freilegung eines Grundstücks einhergehende Bodenwerterhöhung nicht abschöpfungsfähig. Bei der Ermittlung des Ausgleichsbetrags nach § 154 BauGB finden die **Bodenwerterhöhungen,** die sich im Hinblick auf ein schon vor der Sanierungs- bzw. Entwicklungsmaßnahme bestehendes Baurecht ergeben – wie ausgeführt –, **keinen Eingang in den Ausgleichsbetrag.** Nach der genannten Wertermittlungsregel ermittelt sich sowohl der Anfangswert als auch der Endwert (direkt) nach dem Wert des Grund und Bodens ohne Bebauung durch Vergleich mit dem Wert vergleichbarer unbebauter Grundstücke, d.h., der Anfangswert wird im Hinblick auf rückzubauende Gebäude bei konsequenter Anwendung dieser Vorgabe im Wert nicht gemindert; d.h., die **mit der Freilegung einhergehende Bodenwerterhöhung wird bereits mit dem Anfangswert berücksichtigt.**

563 Infolgedessen ist unter der genannten Voraussetzung ein Vertrag nach § 147 Abs. 2 BauGB so zu gestalten, dass der Eigentümer die Freilegungskosten selbst trägt und die mit der Freilegung tatsächlich bewirkte Bodenwerterhöhung umgekehrt auch nicht nach § 155 Abs. 1 Nr. 2 BauGB auf den Ausgleichsbetrag angerechnet werden darf. Im Ergebnis bedeutet dies, dass die **Kosten der nichtsanierungsbedingten Freilegung eines Grundstücks nicht zur Anrechnung** nach § 155 Abs. 1 BauGB und auch nicht unter den Voraussetzungen des § 155 Abs. 6 BauGB zur Erstattung nach dieser Vorschrift **kommen können,** da bereits bei der Ermittlung des Anfangswerts vom Zustand eines unbebauten, d.h. freigelegten Grundstücks auszugehen ist.

4.8.5.3 Sanierungsbedingte Freilegungskosten

Die durch eine Sanierungs- oder Entwicklungsmaßnahme (zwingend) veranlasste Freilegung eines bebauten Grundstücks führt in mehrfacher Hinsicht zu Vermögensverlusten des Eigentümers. Einerseits sind bezüglich der abgehenden Bausubstanz Restwerte zu entschädigen. Andererseits entstehen Freilegungskosten, die der Eigentümer erst nach Ablauf der wirtschaftlichen Restnutzungsdauer bei Fortführung der bestehenden Nutzung zu tragen hätte. Diesbezüglich wird der **Zeitpunkt der Freilegung des Grundstücks vorverlegt,** nämlich um die Zeitspanne, die die vorhandene Bebauung bei Fortführung der Nutzung noch stehen würde. Nur die über die Restnutzungsdauer der baulichen Anlage bei Fortführung der bisherigen Nutzung diskontierten Freilegungskosten hätte der Eigentümer ohne Durchführung der Sanierungs- oder Entwicklungsmaßnahme selbst zu tragen, während der Differenzbetrag zur vollen Höhe der Freilegungskosten von der Gemeinde zu tragen wäre. 564

Mit der Ermittlung des Anfangswerts als Wert des unbebaut gedachten Grundstücks bleibt dieser Umstand bei Objekten, deren Bausubstanz noch nicht wirtschaftlich verbraucht ist (Restnutzungsdauer noch nicht null), unberücksichtigt. Die Anrechnung der Freilegungskosten in voller Höhe würde andererseits nicht dem Umstand Rechnung tragen, dass entsprechend dem Alter der baulichen Anlage **Freilegungskosten auch ohne Durchführung der Sanierungs- oder Entwicklungsmaßnahmen auf den Eigentümer** (zu einem späteren Zeitpunkt) **zukommen.** Insbesondere bei dem sanierungsbedingten Rückbau einer baulichen Anlage, die ohnehin nur noch wenige Jahre zur Nutzung ansteht, wird besonders deutlich, dass der Eigentümer bei Anrechnung der vollen Freilegungskosten gegenüber dem sanierungsbedingten Rückbau eines sehr jungen Gebäudes mit langer Restnutzungsdauer begünstigt wäre. 565

Diesem Gesichtspunkt kann bei der Gestaltung des Vertrags nach § 147 Abs. 2 BauGB dadurch Rechnung getragen werden, dass **nur** der **Differenzbetrag aus den vollen Freilegungskosten zu den über die Restnutzungsdauer diskontierten Freilegungskosten auf den Ausgleichsbetrag angerechnet bzw. nach § 155 Abs. 6 BauGB erstattet wird.** 566

Beispiel: 567

Die Freilegungskosten betragen 500 000 €. Bei einer baulichen Anlage, die nach Alter und Unterhaltungszustand ohne Durchführung einer Sanierungs- oder Entwicklungsmaßnahme noch eine wirtschaftliche Restnutzungsdauer von 30 Jahren hätte, sind die Freilegungskosten vom Eigentümer in diskontierter Höhe zu tragen. Bei einem Zinssatz von 8 v.H. ergäbe dies:

$$\text{Diskontierte Freilegungskosten} = \text{Freilegungskosten}/q^n$$

wobei q = 1 + p
        p = Zinssatz/100
        n = Restnutzungsdauer

Diskontierte Freilegungskosten = 500 000 € × $1,08^{30}$ =	50 000 €
Freilegungskosten insgesamt =	500 000 €
./. vom Eigentümer zu tragen =	– 50 000 €
= Anrechnung/Erstattung =	450 000 €

Bei der gegebenen Ausgangslage ist im Vertrag nach § 147 Abs. 2 BauGB eine Regelung vorzusehen, die eine Anrechnung bzw. Erstattung von 450 000 € enthält, d.h., der Eigentümer hat von den Freilegungskosten in Höhe von 500 000 € (insgesamt) den Betrag von 50 000 € selbst zu tragen, da dieser von ihm ohnehin insoweit nach Ablauf der Restnutzungsdauer zu tragen wäre. 568

VIII Ausgleichsbeträge

Beispiel Ausgleichsbetrag

569 Bei dieser Vorgehensweise erhöht sich der **vom Eigentümer selbst zu tragende Anteil mit kürzer werdender Restnutzungsdauer,** wie sich aus folgender Zusammenstellung ergibt:

570 **Anrechnungsbetrag in Abhängigkeit von der Restnutzungsdauer bei einem Zinssatz von 8 v.H.**

	Restnutzungsdauer			
	30 Jahre	20 Jahre	10 Jahre	1 Jahr
Freilegungskosten (€)	500 000	500 000	500 000	500 000
Eigentümeranteil (€)	49 689	107 275	231 597	462 962
Anrechnung (€)	450 311	392 725	268 403	37 038

571 Wie die Zusammenstellung zeigt, schmilzt der **Betrag,** der auf den Ausgleichsbetrag anzurechnen bzw. nach § 155 Abs. 6 BauGB zu erstatten ist, mit **kürzer werdender Restnutzungsdauer zusammen.** Bei einer baulichen Anlage, die wirtschaftlich überaltert und ohnehin rückzubauen wäre (Restnutzungsdauer = null), verbleibt kein anzurechnender Betrag. Eine entsprechend vorstehenden Grundsätzen vereinbarte Kostenerstattungsregel (§ 147 Abs. 2 BauGB) trägt der durch die Sanierung oder Entwicklung bedingten Belastung des Eigentümers in angemessener Weise Rechnung.

572 **4.9 Beispiel eines Wertgutachtens zur Bemessung des Ausgleichsbetrags**

Der Gutachterausschuss für Grundstückswerte   Ort, Datum
in ...

Die Stadt ... – Amt ... – hat mit Schreiben vom ... beantragt, ein Wertgutachten gem. § 193 Abs. 1 BauGB zu erstatten über die Bodenwerte i.S.d. § 154 Abs. 2 BauGB des im Entwicklungsbereich „Bürostadt" gelegenen Grundstücks

Andreasstr. 11

Der Gutachterausschuss in der Besetzung

      6.   ... – Vorsitzender –
      7.   ...
      8.   ...

erstattet auf Grund von Unterlagen der Stadt ... – soweit sie am Beschlusstag vorgelegen haben – sowie der Ortsbesichtigung und der Beratung am ... das folgende

Gutachten.

Wertermittlungsstichtag: ... 200...   (gemäß Antrag vom ...)

1. Allgemeine Grundstücksbeschreibung

Andreasstr. 11;

... Stadt

Gemarkung ...

Flur ...

Flurstück Nr. ...

Größe 1269 m²

Liegenschaftsbuch-Nr. ...
Der Grundbesitz ist eingetragen im Grundbuch vom ..., Blatt ...

auf den Eigentümer ...

Beispiel Ausgleichsbetrag   **Ausgleichsbeträge VIII**

1 Gesetzliche Vorschriften

Gesetzliche Grundlagen für die Wertermittlung der Anfangs- und Endwerte sowie die Ermittlung der Ausgleichsbeträge sind die Rechtsvorschriften des Baugesetzbuchs (BauGB) und die Wertermittlungsverordnung (WertV).

2 Allgemeines

Nach § 166 Abs. 3 Satz 4 i.V.m. § 169 Abs. 1 Nr. 7 sowie § 154 Abs. 1 BauGB haben die Eigentümer der im förmlich festgelegten Entwicklungsbereich gelegenen Grundstücke an die Gemeinde Ausgleichsbeträge zu entrichten, die der durch die Entwicklungsmaßnahme bedingten Werterhöhung ihrer Grundstücke entsprechen.

Gemäß § 169 Abs. 1 Nr. 7 i.V.m. § 154 Abs. 2 BauGB bemisst sich die durch die Entwicklungsmaßnahme bedingte Werterhöhung der Grundstücke aus dem Unterschied zwischen dem Wert, der sich für die Grundstücke ergeben würde, wenn die Entwicklungsmaßnahme weder beabsichtigt noch durchgeführt worden wäre (Anfangswert), und dem Bodenwert, der sich für das Grundstück durch die rechtliche und tatsächliche Neuordnung des förmlich festgelegten Entwicklungsbereichs ergibt (Endwert).

Die Anfangs- und Endwerte für die Grundstücke sind zum gleichen Wertermittlungsstichtag zu ermitteln.

Der sich aus dem Unterschied zwischen Endwert und Anfangswert ergebende Betrag entspricht der maßnahmebedingten Erhöhung des Bodenwerts.

In der vorliegenden Wertermittlung ist Wertermittlungsstichtag der … 200…

Durch die 4. Verordnung zur teilweisen Aufhebung des städtebaulichen Entwicklungsbereichs Bürostadt vom 5.3.1991 – veröffentlicht im Gesetz- und Verordnungsblatt für das Land Nordrhein-Westfalen, Nr. 16 vom 28.3.1991 (GV NW 1991, 185) – ist die förmliche Festlegung des städtebaulichen Entwicklungsbereichs Bürostadt für Ihr Grundstück mit Wirkung ab 29.3.2001 aufgehoben worden.

Somit ist für Ihr Grundstück in der Gemarkung … Flur … Flurstück-Nr.: … und … gem. § 166 Abs. 3 i.V.m. § 154 Abs. 3 Baugesetzbuch (BauGB) die Ausgleichsbetragspflicht entstanden.

Nach Maßgabe des § 169 Abs. 1 Nr. 7 i.V.m. § 155 Abs. 1 Nr. 2 BauGB werden auf den Ausgleichsbetrag Werterhöhungen des Grundstücks, die der Eigentümer zulässigerweise durch eigene Aufwendungen bewirkt hat, angerechnet.

3 Anfangswert

3.1 Lagebeschreibung

Bei dem in Rede stehenden Grundstück handelt es sich um ein gleichmäßig geschnittenes, rd. 54 m tiefes und rd. 23 m breites Grundstück an der Westseite der Straße (vormals: Der C-Damm). Das Grundstück war zu Beginn der Maßnahme nicht bebaut.

Die Straße liegt im nordöstlichen Bereich des Entwicklungsbereichs. Zu Beginn der Maßnahme bestanden die umliegenden Flächen aus großparzelligen, landwirtschaftlich genutzten Ackerlandflächen, durchzogen von einzelnen Feldwegen.

Die verkehrsmäßige Anbindung erfolgte seinerzeit über den ehemalig befestigten Wirtschaftsweg über die K-Straße bis hin zum Ortsteil …

Die überörtliche Verkehrsanbindung erfolgte über die vorhandene B …

Das zu bewertende Grundstück liegt nach Einsicht in den Gruben- und Haldenplan der Stadt … nicht in einem gekennzeichneten Bereich. Die Karte der Altstandorte weist für den i. R. stehenden Bereich keine Eintragung über den Verdachtsstandort für mögliche Altlasten auf.

3.2 Planungsrechtliche Ausweisung

Zu Beginn der Entwicklungsmaßnahme existierte für das zu bewertende Grundstück kein Bebauungsplan. Im Flächennutzungsplan von 1975 war das Grundstück als Grünfläche dargestellt. Gemäß Negativplan lag das Grundstück im Außenbereich.

3.3 Bodenwert i.S. des § 169 Abs. 1 Nr. 6 i.V.m. § 153 Abs. 1 bis 3 BauGB

Zu Beginn der Maßnahme wurden vom Gutachterausschuss im Entwicklungsbereich Bürostadt besondere Bodenrichtwerte für den entwicklungsunbeeinflussten Zustand der Grundstücke i.S. des § 153 Abs. 1–3 BauGB (früher: zonale Grundwerte) ermittelt. Diese werden jährlich fortgeschrieben. Dem Bereich der W-Straße, mit Ausnahme des bereits vor Beginn der Maßnahme bebauten Bereichs, hat der

VIII Ausgleichsbeträge   Beispiel Ausgleichsbetrag

Gutachterausschuss vor Beginn der Maßnahme den Entwicklungszustand Bauerwartungsland zugeordnet (Wertzone 27). Der Bodenwert für die Wertzone 27 für die Qualität Bauerwartungsland wurde vom Gutachterausschuss zum 1.1.2001 mit 75 €/m^2 ermittelt.

Auf dieser Grundlage wird der Anfangswert i.S. des § 169 Abs. 1 Nr. 7 i.V.m. § 154 Abs. 1 und 2 BauGB für das hierzu wertende Grundstück mit

$$75 \text{ €/m}^2$$

ermittelt.

4 Endwert

4.1 Lagebeschreibung

Während der Maßnahme wurde der Bebauungsplan „Bürostadt" aufgestellt. Dieser Bebauungsplan sieht eine Bebauungsmöglichkeit des in Rede stehenden Grundstücks vor. Bis heute ist das Grundstück jedoch noch unbebaut. Durch die Entwicklungsmaßnahme ist eine Qualitätssteigerung von Bauerwartungsland zu Bauland eingetreten. Für die Ermittlung des Endwerts ist somit die Qualität baureifes Land anzuhalten.

Im Zuge der Entwicklungsmaßnahme „Bürostadt" wurden in der unmittelbaren Nähe des Grundstücks verschiedene infrastrukturelle Verbesserungen vorgenommen. Durch den Bau des Kr-Dammes und des B.-Dammes wurde die gute verkehrsmäßige Anbindung, sowohl zum Einkaufszentrum B-Berg mit seiner ausreichend ausgestatteten Fußgängerzone, Marktplatz und Kirche, als auch zu den erweiterten Ortszentren A-Dorf und B-Dorf, geschaffen.

Im Verlaufe der Maßnahme wurden mit der Neuansiedlung von rd. 23 000 Einwohnern zahlreiche Infrastruktureinrichtungen geschaffen. So wurden öffentliche kommunale Einrichtungen wie Schulen, Kindergärten sowie ein Altenzentrum erstellt.

Durch die Maßnahme ist im Bereich der Andreasstraße ein infrastrukturell gut ausgestattetes und verkehrsmäßig sehr gut angebundenes Wohnquartier entstanden, dem ein gehobener Wohnwert zukommt.

4.2 Planungsrechtliche Festsetzungen und Erschließung

Der maßnahmebedingte Bebauungsplan Nr. I vom 9.11.1989 trifft für das Wertermittlungsobjekt folgende Festsetzungen:

Reines Wohngebiet mit offener, eingeschossiger Bebauung mit Satteldach und einer Dachneigung von max. 38 ° bei einer GRZ von 0,3 und einer GFZ von 0,4.

Im förmlich festgelegten Entwicklungsbereich werden Beitragspflichten i.S. des § 127 BauGB nicht mehr begründet. Im Endwert ist das Grundstück daher erschließungsbeitragsfrei (ebf) und kostenerstattungsfrei.

4.3 Bodenwert i.S. des § 169 Abs. 1 Nr. 7 i.V.m. § 154 Abs. 1 und 2 BauGB

Der Bodenwert i.S. des § 169 Abs. 1 Nr. 7 i.V.m. § 154 Abs. 1 und 2 BauGB wird auf der Grundlage des vom Gutachterausschuss für den Bereich ... beschlossenen Endwerts ermittelt. Für Einfamilienhausgrundstücke einer mittleren Größe wurde sowohl zum ... 200... als auch zum ... 200... ein Endwert mit 295 €/m^2 erschließungsbeitragsfrei ermittelt. Entsprechend dem Endwert des Gutachterausschusses erfolgte seinerzeit die Vermarktung der Grundstücke im B-Berg.

Der vom Gutachterausschuss ermittelte Endwert wurde für Grundstücke einer mittleren Größe ermittelt. Bei dem hier zu wertenden Grundstück handelt es sich dagegen insgesamt um ein sehr großes Grundstück (Größe: 1269 m^2). Im Hinblick auf die Bebauungsmöglichkeit des Grundstücks ist davon auszugehen, dass sich der Zuschnitt des Grundstücks noch ändern wird. Für die Wertermittlung wird unterstellt, dass zunächst zur Realisierung der Bebauung eine Vereinigung der Flurstücke x und y zu einem Flurstück herbeigeführt wird. Zwar wäre dann eine weitere Aufteilung in mehrere Bauparzellen grundsätzlich möglich, jedoch setzt dies bei getrennter Vermarktungsabsicht eine kostenpflichtige Teilungsvermessung voraus.

Aufgrund der obigen Ausführungen wird in der hiesigen Wertermittlung der Endwert für ein bebaubares Grundstück mit 1269 m^2 Größe ermittelt.

Der vom Gutachterausschuss mit 295 €/m^2 ermittelte Endwert für den B-Berg bezieht sich – wie bereits oben erwähnt – auf Grundstücke einer mittleren Größe. Bei dem Wertermittlungsobjekt handelt es sich um ein sehr großes Grundstück. Große Grundstücke werden, wie eine Kaufpreisanalyse des Gutachterausschusses gezeigt hat, auf dem Markt zu niedrigeren Preisen gehandelt. Nach der Analyse sowie unter Berücksichtigung des der städtischen Bewertungsabteilung bekannt gewordenen Einflusses der Grundstücksgröße auf den Kaufpreis von Ein- und Zweifamilienhausgrundstücken ist zur Ermittlung des Endwerts für ein Grundstück der hier zu wertenden Größe ein Abschlag in Höhe von rd. 3–10% auf den vom Gutachterausschuss ermittelten Endwert anzubringen.

Aufgrund der Neuerschließung des gesamten Bereichs B-Berg beinhaltete der genannte Endwert des Gutachterausschusses noch einen Abschlag (so genannter Pionierabschlag) in Höhe von rd. 10–12%. Da an der Ostseite der Straße jedoch bereits Altbebauung vorhanden war, ist die Berücksichtigung eines Pionierabschlags für das zu bewertende Grundstück nicht gerechtfertigt. Zur Bodenwertermittlung ist somit für das zu bewertende Grundstück noch ein Zuschlag in Höhe von 10 bis 12% zu berücksichtigen.

Unter Berücksichtigung des o.g. Größenabschlags sowie eines Zuschlags für den Pioniereffekt ergibt sich für das i. R. stehende Grundstück ein Vergleichswert von rd. 305 €/m².

Bei dem Wertermittlungsobjekt muss ferner noch die unmittelbare Nähe zum K-Damm und B-Damm berücksichtigt werden. Im Bereich der zu wertenden Grundstücke führt dies zu Lärmbelästigungen.

Im vorliegenden Fall ist es sachgerecht, einen Lärmabschlag in Höhe von 15 €/m² vom Vergleichswert vorzunehmen.

Auf der Grundlage des vom Gutachterausschuss für den Bereich B-Berg ermittelten Endwerts sowie unter Berücksichtigung der genannten Zu- und Abschläge wird der Wert i.S. § 169 Abs. 1 Nr. 7 i.V.m. § 154 Abs. 1 und 2 BauGB (erschließungsbeitragsfrei) mit 290 €/m² (ebf) ermittelt.

5 Entwicklungsbedingte Werterhöhung

Die entwicklungsbedingte Werterhöhung ergibt sich aus der Differenz zwischen Endwert i.S. § 154 Abs. 1 und 2 BauGB und Anfangswert i.S. des § 154 Abs. 1 und 2 BauGB.

a) Endwert 290 €/m²
b) Anfangswert 75 €/m²
c) Werterhöhung 215 €/m²

Gesamtbetrag: 1.269 m² × 215 €/m² = **272 835 €**

Selbst bewirkte Wertsteigerungen, die i.S. § 155 Abs. 1 BauGB auf die Werterhöhung anzurechnen wären, liegen nach hiesigem Kenntnisstand nicht vor.

6 Ergebnis der Erörterung

Mit meinem Schreiben vom … hatte ich Ihnen Gelegenheit zur Stellungnahme und Erörterung gem. § 154 Abs. 4 Satz 2 BauGB gegeben.

Zu den von Ihnen vorgetragenen Einwendungen nehme ich wie folgt Stellung:

In Ihrem Schreiben führen Sie an, dass der vom Gutachterausschuss zum 1.1.2001 ermittelte Anfangswert für Ihr Grundstück in Höhe von 75 €/m² zu niedrig sei.

Nach § 153 Absätze 1 bis 3 Baugesetzbuch (BauGB) ist der Anfangswert der Bodenwert, der sich für ein Grundstück ergeben würde, wenn die Entwicklungsmaßnahme weder beabsichtigt noch durchgeführt worden wäre. Somit ist die Qualifizierung der Entwicklung von Grund und Boden auf die planungsrechtliche Ausweisung vor Einleitung der Entwicklungsmaßnahme abzustellen. Zu dieser Zeit lag Ihr Grundstück im Außenbereich und war im Flächennutzungsplan als Grünfläche dargestellt. Auf Grund dieser Bauleitplanung wurde bei der Ermittlung der besonderen Bodenrichtwerte im Anfangswertniveau vom Gutachterausschuss nach hiesiger Auffassung zu Recht der unbebaute Bereich der W-Straße dem Entwicklungszustand Bauerwartungsland zugeordnet.

Bei der Ermittlung des Endwerts wurde die Übergröße des Grundstücks berücksichtigt. Große Grundstücke werden, wie eine Kaufpreisanalyse des Gutachterausschusses gezeigt hat, auf dem Markt zu niedrigeren Preisen gehandelt. Unter Berücksichtigung dieser Analyse erfolgte die Ermittlung des Endwerts für das in Rede stehende Grundstück. Ausgehend von dem vom Gutachterausschuss für den Bereich B-Berg ermittelten Endwert wurde ein Größenabschlag in Höhe von rund 5–10% berücksichtigt. Der so ermittelte Bodenwert i.S. des § 169 Abs. 8 BauGB ist, da er unter Berücksichtigung der Grundstücksgröße ermittelt wurde, für das Gesamtgrundstück anzuhalten.

Sie führen weiter Lärm- und Abgasimmissionen an, denen Ihr Grundstück ausgesetzt ist. Hierzu ist darauf hinzuweisen, dass die städtische Bewertungsabteilung auf Grund dieser Belästigungen bereits einen Abschlag vom Vergleichswert in Höhe von 15 €/m² (entsprechend ca. 5%) vorgenommen hat.

VIII Ausgleichsbeträge Beispiel Ausgleichsbetrag

Sie erwähnen die geringe Preissteigerung Ihres Grundstücks innerhalb von 20 Jahren. Die Preissteigerung der Anfangswerte im Entwicklungsbereich H-Berg ist anhand der vom Gutachterausschuss jährlich fortgeschriebenen besonderen Bodenrichtwerte ableitbar. Diese Wertfortschreibungen erfolgen jährlich auf Grund der festgestellten Preissteigerungen auf dem allgemeinen Grundstücksmarkt. Nach den Untersuchungen des Gutachterausschusses blieb die Preisentwicklung für das hier in Rede stehende Bauerwartungsland deutlich hinter der Preisentwicklung für baureifes Land zurück.

Ihrem Erachtens nach ist durch die Entwicklungsmaßnahme kein besonderer Nutzungs-, Erschließungs- oder Infrastrukturvorteil entstanden. Die im Zuge der Maßnahme im Bereich Bürostadt geschaffenen Infrastruktureinrichtungen, aus denen der Infrastrukturvorteil resultiert, wurde in der Ihnen am ... 2000 zugesandten Wertermittlung dargestellt.

Der Nutzungsvorteil resultiert aus der maßnahmebedingten Steigerung der Grundstücksqualität i.S. von § 5 ImmoWertV von Bauerwartungsland in baureifes Land.

In Ihrem Schreiben weisen Sie darauf hin, dass in der ... Broschüre zu Ausgleichsbeträgen eine Werterhöhung in Höhe von 215 € nicht ausgewiesen sei. In dieser Broschüre ist auf Seite 8 für 3 typische Grundstücke beispielhaft die entwicklungsbedingte Werterhöhung dargestellt. Die Darstellung erhebt, da sie lediglich beispielhaft ist, keinen Anspruch auf Vollständigkeit. So ist besonders das Beispiel 3, in dem die Nutzungskomponente aus der maßnahmebedingten Erhöhung des Maßes der baulichen Nutzung resultiert, auf Ihr Grundstück nicht anwendbar.

7 Fälligkeit des Ausgleichsbetrags

Der Ausgleichsbetrag in Höhe von **272 835 €** ist einen Monat nach Bekanntgabe dieses Bescheides fällig und bis spätestens zum ... 2001 auf das Konto der Stadtkasse B, Konto-Nr.: 11312 bei der Sparkasse B (BLZ 380 500 00) zu überweisen. Geben Sie bitte bei der Überweisung das Kassenzeichen ... an.

Erfolgt die Zahlung nicht rechtzeitig, so ist mit Ablauf des Fälligkeitstags für den rückständigen Betrag ein Säumniszuschlag zu zahlen. Der Säumniszuschlag beträgt 1 v.H. des rückständigen Betrags für jeden angefangenen Monat. Außerdem sind die entstehenden Kosten für ein mögliches Mahnverfahren zu tragen.

Sofern Ihnen nicht zuzumuten ist, die Verpflichtung bei Fälligkeit mit eigenen oder fremden Mitteln zu erfüllen, können Sie nach § 154 Abs. 5 BauGB beantragen, den Ausgleichsbetrag in ein Tilgungsdarlehen umzuwandeln. Die Darlehensschuld ist mit 6 v.H. jährlich zu verzinsen und mit 5 v.H. zuzüglich der ersparten Zinsen jährlich zu tilgen.

Den zur Finanzierung der Neubebauung oder Modernisierung erforderlichen Grundpfandrechten kann der Vorrang vor einem zur Sicherung des Tilgungsdarlehens bestellten Grundpfandrecht eingeräumt werden.

Des Weiteren besteht die Möglichkeit, gem. § 155 Abs. 5 BauGB i.V.m. § 222 der Abgabenordnung die Stundung des festgesetzten Ausgleichsbetrages zu beantragen. Eine Stundung kann nach Prüfung der wirtschaftlichen Verhältnisse und gegen Sicherheitsleistung gewährt werden.

Für die Gewährung der Stundung werden Zinsen in Höhe von 0,5 v.H. im Monat von der jeweiligen Restschuld erhoben.

Sofern Sie von einer der vorgenannten Möglichkeiten Gebrauch machen wollen, stelle ich Ihnen anheim, einen entsprechend begründeten Antrag innerhalb der Zahlungsfrist einzureichen.

Belehrung über den Rechtsbehelf:

Gegen diesen Bescheid kann innerhalb eines Monats nach Bekanntgabe Widerspruch erhoben werden. Der Widerspruch ist schriftlich oder zur Niederschrift bei der Oberbürgermeisterin der Stadt B, Berliner Platz 2, XXXXX B oder bei der im Briefkopf angegebenen Dienststelle einzulegen.

Falls die Frist durch das Verschulden eines von Ihnen Bevollmächtigten versäumt werden sollte, so würde dessen Verschulden Ihnen zugerechnet werden.

Der Widerspruch hat hinsichtlich der Zahlungspflicht keine aufschiebende Wirkung.

Mit freundlichen Grüßen

Im Auftrag

5 Wertermittlung im Geltungsbereich von Erhaltungssatzungen

5.1 Allgemeines

Schrifttum: *Dyroff, A.,* Die unendliche Geschichte: Mietobergrenzen im Sanierungsgebiet, BlnGE 2004, 605; *Dyroff, A.,* Das Ende einer Milieuschutzverordnung, Bln GE 2007, 640.

Das städtebauliche Erhaltungsrecht ist ein Rechtsinstrumentarium, mit dem die Gemeinde ergänzend zum Sanierungs- und Entwicklungsrecht den Gehalt eines Gebiets „steuern" kann. Es ist in den §§ 172 bis 174 BauGB geregelt. Bei den städtebaulichen Zielvorstellungen muss es nicht nur um den **Erhalt eines Gebiets** gehen, vielmehr kann damit auch ein sozial verträglicher Umstrukturierungsprozess „gesteuert" werden. Insoweit ist die Bezeichnung missverständlich. Des Weiteren kann damit der Erhalt der Zusammensetzung der angestammten Wohnbevölkerung „gesteuert" werden, wenn ihre Verdrängung städtebaulich abträglich wäre (städtebaulicher Reflex). **573**

Das städtebauliche Erhaltungsrecht ist ein räumlich begrenzt wirksames Sonderrecht, das zeitlich (unbefristet) so lange zur Anwendung kommen kann, wie es die städtebaulichen Zielvorstellungen der Gemeinde erfordern. Zu diesem Zweck kann die Gemeinde nach § 172 Abs. 1 BauGB in einem Bebauungsplan oder durch eine sonstige Satzung Gebiete bezeichnen, in denen **574**

– der **Rückbau (Abbruch)** baulicher Anlagen,

– die **Änderung baulicher Anlagen,**

– die **Nutzungsänderung** baulicher Anlagen und

– in bestimmten Fällen auch die **Errichtung baulicher Anlagen**

der **Genehmigung** bedarf (Geltungsbereich einer Erhaltungssatzung).

Gleichzeitig steht der Gemeinde im Geltungsbereich einer Erhaltungssatzung nach § 24 Abs. 1 Nr. 4 BauGB beim Kauf von Grundstücken ein Vorkaufsrecht zu. Des Weiteren kann nach § 85 Abs. 1 Nr. 6 BauGB ein Grundstück im Geltungsbereich einer Erhaltungssatzung enteignet werden, um eine bauliche Anlage aus den in § 172 Abs. 3 bis 5 bezeichneten Gründen zu erhalten. **575**

Des Weiteren kann die Landesregierung durch Rechtsverordnung für den Geltungsbereich von sog. **Milieuschutzsatzungen**[221] (§ 172 Abs. 1 Nr. 2 i.V.m. Abs. 4 BauGB) mit einer Geltungsdauer von höchstens fünf Jahren bestimmen, dass die Begründung von Sondereigentum (Wohnungseigentum und Teileigentum gemäß § 1 WEG) an Gebäuden, die ganz oder teilweise Wohnzwecken zu dienen bestimmt sind, einer Genehmigung bedarf. Diese Genehmigung ist in den in § 172 Abs. 4 Satz 2 und 3 BauGB genannten Fällen zu erteilen. **576**

---

[221] BVerwG, Urt. vom 18.6.1997 – 4 C 2/97 –, GuG1997, 375 = EzGuG 3.124, Revision zu BayVGH, Urt. vom 12.2.1996 – 14 B 90.1485 –, EzGuG 3.119a; OVG Berlin. Urt. vom 10.6.2004 – 2 B 3/02 –, EzGuG 3.134; OVG Lüneburg, Urt. vom 27.4.1983 – 1 C 1/82 –, EzGuG 3.65a; VG Ansbach, Urt. vom 21.3.1990 – AN 3 K 89 00791 –, EzGuG 3.81a; VGH Kassel, Beschl. vom 11.5.1992 – 3 UE 174/89 –, EzGuG 3.108; VG Berlin, Urt. vom 3.6.1992 19 A 248/91 –, EzGuG 3.108a; VG München, Urt. vom 15.2.1993 – M 8 K 92.1600 –, EzGuG 3.111a; BayVGH, Urt. vom 5.8.1994 – 2 N 91.2476 –, EzGuG 3.115; OVG Berlin, Beschl. vom 10.10.1995 – 2 S 7/95 –, EzGuG 3.119; VG München, Urt. vom 9.12.1996 – M 8 K 96.1009 –, EzGuG 3.122; VG München, Urt. vom 15.6.1998 – M 8 K 97.8559 –, EzGuG 3.125; VG Berlin, Beschl. vom 11.2.2000 – 19 A 19/00 –, EzGuG 3.126.

VIII Erhaltungssatzungen — Allgemeines

577 Das **städtebauliche Erhaltungsrecht ist zweistufig ausgestaltet:**

In der ersten Stufe wird mit der Erhaltungssatzung lediglich das Gebiet festgelegt. Die Erhaltungssatzung dient ausschließlich der Bezeichnung des Gebiets, ohne dass dies an besondere planungsrechtliche Voraussetzungen gebunden ist. Die Erhaltungssatzung bedarf auch keiner Begründung. Die Erhaltungssatzung entfaltet erst im Rahmen des Genehmigungsvorbehalts (zweite Stufe) ihre Wirkung.

578 Das städtebauliche Erhaltungsrecht kennt **drei Typen von Erhaltungssatzungen** (§ 172 Abs. 1 BauGB), nämlich

a) die *Stadtgestalterhaltungssatzung* zur Erhaltung der städtebaulichen Eigenart des Gebiets auf Grund seiner städtebaulichen Gestalt (§ 172 Abs. 1 Nr. 1 BauGB) – städtebaulicher Ensembleschutz,

b) die *Milieuschutzsatzung* zur Erhaltung der Zusammensetzung der Wohnbevölkerung (§ 172 Abs. 1 Nr. 2 BauGB) oder

c) die *Umstrukturierungssatzung* für städtebauliche Umstrukturierungen (§ 172 Abs. 1 Nr. 3 BauGB).

579 Die **Rechtsfolgen** bezüglich des Genehmigungsvorbehalts sind in § 172 Abs. 3 bis 5 BauGB geregelt[222] (vgl. Abb. 61):

---

[222] Konkretisiert vielfach durch Verwaltungsanweisungen: z.B. Bekanntmachung des Berl. Senats vom 16.6.2005 zu den Kriterien für die Umsetzung der Erhaltungsverordnung entsprechend § 172 BauGB für das Gebiet „Chamissoplatz" (Bln GE 2005, 978 = ABl Bln 2005, 2300); Bekanntmachung des Berl. Senats vom 23.2.2005 zur Fortschreibung der Regelungen für das erhaltungsrechtliche Genehmigungsverfahren im Erhaltungsgebiet „Boxhagener Platz" (Bln GE 2005, 979 = ABl Bln 2005, 673).

Abb. 61: Typologie der Erhaltungssatzungen und ihre Rechtsfolgen

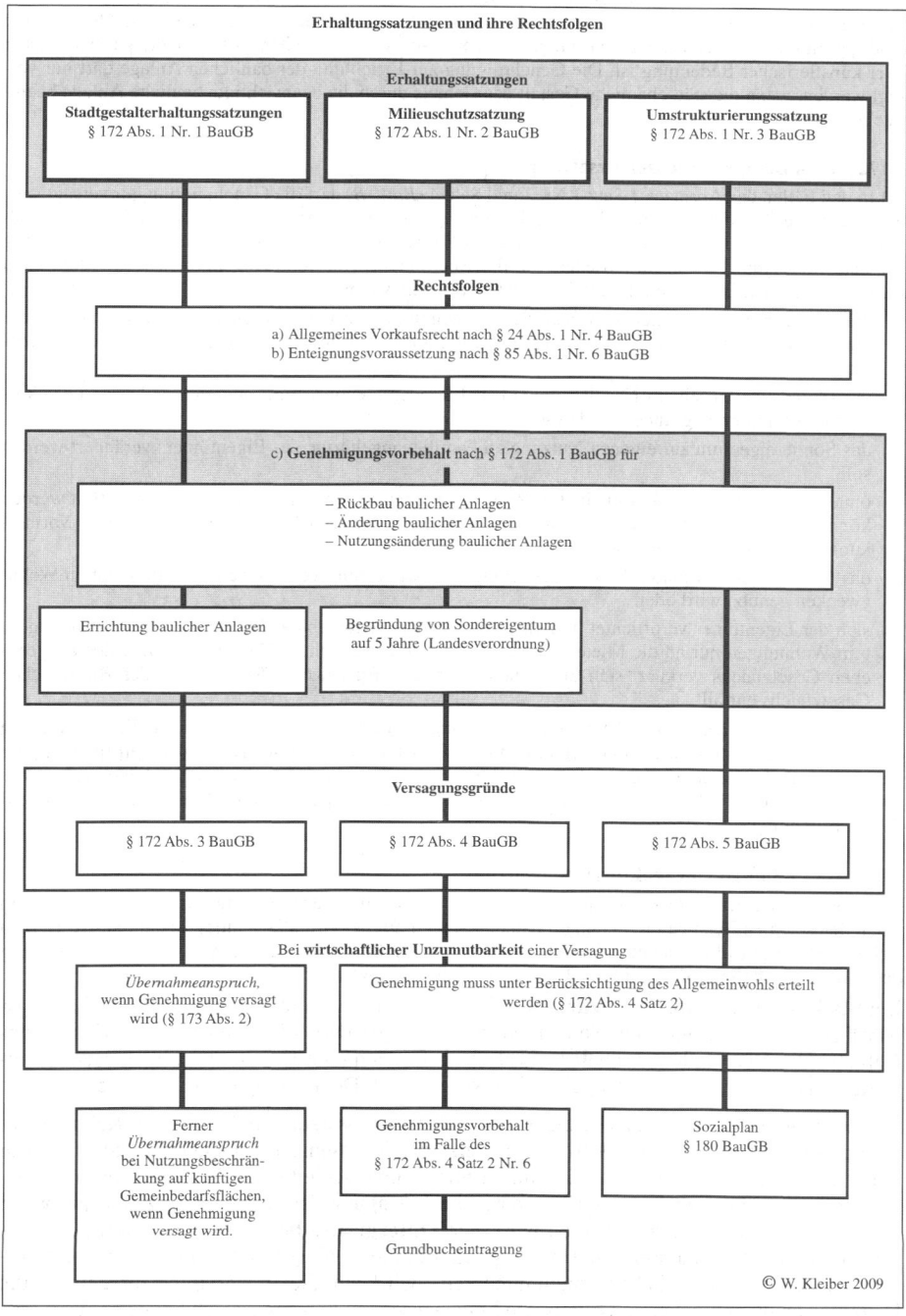

VIII Erhaltungssatzungen — Allgemeines

580 „§ 172 Abs. 3 BauGB Stadtgestalterhaltungssatzung

(3) In den Fällen des Absatzes 1 Satz 1 Nr. 1 *(BauGB)* darf die Genehmigung nur versagt werden, wenn die bauliche Anlage allein oder im Zusammenhang mit anderen baulichen Anlagen das Ortsbild, die Stadtgestalt oder das Landschaftsbild prägt oder sonst von städtebaulicher, insbesondere geschichtlicher oder künstlerischer Bedeutung ist. Die Genehmigung zur Errichtung der baulichen Anlage darf nur versagt werden, wenn die städtebauliche Gestalt des Gebiets durch die beabsichtigte bauliche Anlage beeinträchtigt wird.

§ 172 Abs. 4 BauGB Milieuschutzsatzung

(4) In den Fällen des Absatzes 1 Satz 1 Nr. 2 und Satz 4 *(BauGB)* darf die Genehmigung nur versagt werden, wenn die Zusammensetzung der Wohnbevölkerung aus besonderen städtebaulichen Gründen erhalten werden soll. Sie ist zu erteilen, wenn auch unter Berücksichtigung des Allgemeinwohls die Erhaltung der baulichen Anlage oder ein Absehen von der Begründung von Sondereigentum wirtschaftlich nicht mehr zumutbar ist. Die Genehmigung ist ferner zu erteilen, wenn

1. die Änderung einer baulichen Anlage der Herstellung des zeitgemäßen Ausstattungszustands einer durchschnittlichen Wohnung unter Berücksichtigung der bauordnungsrechtlichen Mindestanforderungen dient,
2. das Grundstück zu einem Nachlass gehört und Sondereigentum zugunsten von Miterben oder Vermächtnisnehmern begründet werden soll,
3. das Sondereigentum zur eigenen Nutzung an Familienangehörige des Eigentümers veräußert werden soll,
4. ohne die Genehmigung Ansprüche Dritter auf Übertragung von Sondereigentum nicht erfüllt werden können, zu deren Sicherung vor dem Wirksamwerden des Genehmigungsvorbehalts eine Vormerkung im Grundbuch eingetragen ist,
5. das Gebäude im Zeitpunkt der Antragstellung zur Begründung von Sondereigentum nicht zu Wohnzwecken genutzt wird oder
6. sich der Eigentümer verpflichtet, innerhalb von sieben Jahren ab der Begründung von Sondereigentum Wohnungen nur an die Mieter zu veräußern; eine Frist nach § 577a Abs. 2 Satz 1 des Bürgerlichen Gesetzbuchs verkürzt sich um sieben Jahre. Die Frist nach § 577a Abs. 1 des Bürgerlichen Gesetzbuchs entfällt.

In den Fällen des Satzes 3 Nr. 6 kann in der Genehmigung bestimmt werden, dass auch die Veräußerung von Wohnungseigentum oder Teileigentum an dem Gebäude während der Dauer der Verpflichtung der Genehmigung der Gemeinde bedarf. Diese Genehmigungspflicht kann auf Ersuchen der Gemeinde in das Grundbuch für das Wohnungseigentum oder Teileigentum eingetragen werden; sie erlischt nach Ablauf der Verpflichtung.

§ 172 Abs. 5 BauGB Umstrukturierungssatzung

(5) In den Fällen des Absatzes 1 Satz 1 Nr. 3 *(BauGB)* darf die Genehmigung nur versagt werden, um einen den sozialen Belangen Rechnung tragenden Ablauf auf der Grundlage eines Sozialplans (§ 180) zu sichern. Ist ein Sozialplan nicht aufgestellt worden, hat ihn die Gemeinde in entsprechender Anwendung des § 180 aufzustellen. Absatz 4 Satz 2 ist entsprechend anzuwenden."

581 Bei **Stadtgestalterhaltungssatzungen** steht, anders als bei Denkmalen, nicht die Erhaltungswürdigkeit des einzelnen Objekts im Vordergrund, sondern die städtebauliche Gestalt des Gebiets. Die Denkmaleigenschaft kann deshalb für sich eine Erhaltungssatzung nicht rechtfertigen, auch wenn die einbezogenen Objekte zugleich Denkmaleigenschaft aufweisen.

582 Die Festlegung des Geltungsbereichs einer Erhaltungssatzung hält sich im Rahmen der **Inhaltsbestimmung des Eigentums,** und erst die Versagung einer Genehmigung kann in einen enteignenden Eingriff mit den aufgeführten unterschiedlichen Rechtsfolgen umschlagen. In einen enteignenden Eingriff schlägt die Versagung der Genehmigung erst um, wenn damit die Opfergrenze überschritten wird. Die **Opfergrenze bestimmt sich nach der wirtschaftlichen Zumutbarkeit einer Versagung.** Für die Auslegung des unbestimmten Rechtsbegriffs der „wirtschaftlichen Unzumutbarkeit" wird auf die in der Rechtsprechung zum Denkmalschutz entwickelten Grundsätze hingewiesen, auch wenn es sich bei den betroffenen Objekten nicht um Denkmale handeln muss.

5.2 Verkehrswertermittlung

5.2.1 Grundsätzliches

Bei der Verkehrswertermittlung von Grundstücken im Geltungsbereich einer Erhaltungssatzung kommen die allgemeinen Grundsätze der Verkehrswertermittlung zur Anwendung, jedoch gilt es eine Reihe besonderer „rechtlicher Gegebenheiten" (§ 194 BauGB) zu beachten. Als **rechtliche Gegebenheiten** sind insbesondere 583

– die wertmindernden Einschränkungen zu beachten, die sich aus dem Genehmigungsvorbehalt nach § 172 Abs. 3 bis 5 BauGB und den Möglichkeiten der Versagung einer Änderung der baulichen Anlage, der Nutzungsänderung sowie des Rückbaus (Abbruchs) einer baulichen Anlage ergeben, sowie

– die werterhöhenden Momente, die sich z.B. im Falle einer Stadtgestalterhaltungssatzung nach § 172 Abs. 1 Nr. 1 BauGB im Hinblick auf den Schutz des erhaltenswerten Ortsbilds, der Stadtgestalt und des Landschaftsbilds ergeben.

Von der **Möglichkeit der Ausübung des Vorkaufsrechts sowie der Enteignung** nach § 24 Abs. 1 Nr. 4 und § 85 Abs. 1 Nr. 6 BauGB gehen i.d.R. keine besonderen Werteinflüsse aus, weil sich das Vorkaufsrecht und die Entschädigung nach dem Verkehrswert bemisst. Ob sich die Lage eines Grundstücks im Geltungsbereich einer Erhaltungssatzung insgesamt wertmindernd, werterhöhend oder wertneutral auswirkt, hängt ansonsten von einer Gesamtbetrachtung sowohl der mit dem Genehmigungsvorbehalt verbundenen Einschränkungen, als auch der mit dem besonderen Schutz einer erhaltenswerten Bausubstanz (Ensembleschutz) verbundenen Vorteile ab. 584

Je nach Typus der Erhaltungssatzung kann von den **Genehmigungstatbeständen** ein unterschiedlicher Einfluss auf den Verkehrswert ausgehen. 585

Obwohl die **wirtschaftliche Unzumutbarkeit** erst im Falle der Versagung einer Genehmigung mit unterschiedlichen Rechtsfolgen bei einer Stadtgestalterhaltungssatzung (Übernahmeanspruch) einerseits und einer Milieuschutz- oder Umstrukturierungssatzung andererseits (Genehmigungsanspruch) Bedeutung erlangt, muss die vom Gesetzgeber gezogene Grenzlinie schon bei der Verkehrswertermittlung berücksichtigt werden, denn der Grundstücksmarkt muss die im Rahmen der Sozialpflichtigkeit vom Eigentümer hinzunehmenden wirtschaftliche Beeinträchtigungen bei der Preisbildung berücksichtigen. 586

Umgekehrt kann der Genehmigungsvorbehalt immer nur in dem Maße zu einer **Wertminderung** führen, wie die mit der Versagung verbundene wirtschaftliche Beeinträchtigung für den Eigentümer wirtschaftlich zumutbar ist. 587

Bei der Verkehrswertermittlung von Grundstücken im Geltungsbereich einer Erhaltungssatzung müssen deshalb regelmäßig die aus dem Genehmigungsvorbehalt resultierenden **wirtschaftlichen Beeinträchtigungen** aus zweierlei Gründen ermittelt werden: 588

– Zum einen wird man eine aus dem Genehmigungsvorbehalt resultierende Wertminderung gegenüber einem „unbelasteten" Grundstück zumindest bei Ertragsobjekten aus der wirtschaftlichen Beeinträchtigung ableiten.

– Zum anderen muss sich der Sachverständige damit auseinander setzen, ob mit einer wirtschaftlichen Beeinträchtigung die wirtschaftliche Zumutbarkeitsgrenze überschritten wird, weil der Grundstückseigentümer im Rahmen der im Gesetz verankerten Opfergrenze die wirtschaftliche Beeinträchtigung nur bis eben zu dieser Grenze hinnehmen muss.

Soweit aufgrund des Genehmigungsvorbehalts insgesamt eine Minderung des Verkehrswerts gegenüber dem Verkehrswert eines „unbelasteten" Grundstücks eintritt, kann diese Wertminderung den Verkehrswert nur bis zu der verfassungsrechtlichen Opfergrenze aufzehren. Die Opfergrenze bestimmt sich nach der wirtschaftlichen Zumutbarkeit, wobei diese nicht in direkter Abhängigkeit von der Wertminderung zu ziehen ist. Die **Opfergrenze markiert** infolgedessen **die äußere Grenze einer sich aus dem Genehmigungsvorbehalt ergebenden** 589

VIII Erhaltungssatzungen — Verkehrswertermittlung

Wertminderung. Eine darüber hinausgehende Wertminderung wird quasi durch die vom Gesetzgeber vorgegebenen Rechtsfolgen „gekappt". Dies ist, wie ausgeführt, ein Übernahmeanspruch bzw. ein Genehmigungsanspruch mit der Folge, dass sich der Genehmigungsvorbehalt, von einer allgemeinen Unsicherheit bezüglich des Eintritts der Rechtsfolgen abgesehen, nicht mehr wertmindernd auswirken kann.

590 Hieraus ergibt sich für die Wertermittlung eine **zweistufige Vorgehensweise**:

– In der **ersten Stufe** ist zu prüfen, ob mit einer zu erwartenden wirtschaftlichen Beeinträchtigung auf Grund des Genehmigungsvorbehalts die Opfergrenze überschritten wird und deshalb ein Genehmigungs- bzw. Übernahmeanspruch geltend gemacht werden kann. Ist dies zu bejahen, kann a priori auf die Ermittlung einer Wertminderung verzichtet werden.

– Geht aufgrund des Prüfungsergebnisses der ersten Stufe mit dem Genehmigungsvorbehalt keine wirtschaftliche Beeinträchtigung einher, die die Opfergrenze überschreitet, stellt sich dann in der **zweiten Stufe** (und nur dann) die Aufgabe, ob und ggf. in welcher Höhe eine Wertminderung zu berücksichtigen ist, wenn bei der Verkehrswertermittlung vom Verkehrswert des „unbelasteten" Grundstücks ausgegangen werden soll.

▶ *Zur Zumutbarkeitsgrenze vgl. die vorstehenden Ausführungen; zur Zumutbarkeitsgrenze im Denkmalschutz vgl. Teil VI Rn. 730 ff.*

5.2.2 Genehmigungsvorbehalt

5.2.2.1 Rückbau baulicher Anlagen

591 Der Abbruch einer baulichen Anlage stellt kein Vorhaben i.S. des § 29 Satz 1 BauGB dar und bedarf deshalb grundsätzlich keiner Genehmigung nach den planungsrechtlichen Vorschriften des allgemeinen Städtebaurechts. Die Lage eines Grundstücks im Geltungsbereich einer Erhaltungssatzung engt demzufolge die Dispositionsmöglichkeiten eines Eigentümers ein (vgl. die Rechtswirkungen bei Veränderungssperren nach § 14 Abs. 1 Nr. 1 BauGB und die entsprechenden Genehmigungsvorbehalte für Grundstücke, die in eine städtebauliche Sanierungs- oder Entwicklungsmaßnahme einbezogen worden sind: § 144 Abs. 1 Nr. 1 i.V.m. § 14 Abs. 1 BauGB). Die **Versagung der Genehmigung für den Rückbau** einer baulichen Anlage gewinnt erst dann **wertmäßig Relevanz, wenn damit eine höherwertige Nutzung des Grundstücks verhindert wird,** die üblicherweise auch realisiert werden würde.

592 Zur Frage, ob der Genehmigungsvorbehalt für den Rückbau einer baulichen Anlage wertmäßig berücksichtigt werden muss, sollte deshalb untersucht werden,

– ob im Einzelfall mit der **Versagung der Genehmigung** für einen sich wirtschaftlich aufdrängenden Rückbau gerechnet werden muss und

– wie sich dies ggf. auf den Verkehrswert auswirkt.

593 Muss mit der Versagung der Rückbaugenehmigung gerechnet werden, lässt sich die Wertminderung dadurch ermitteln, dass

– der Verkehrswert des Grundstücks bei Fortführung der vorhandenen Bebauung und

– der Verkehrswert unter Berücksichtigung des Rückbaus der Bausubstanz

gegenübergestellt werden. Die sich daraus ergebende Wertminderung ist grundsätzlich bei der Verkehrswertermittlung zu berücksichtigen. Erst wenn die Wertminderung so erheblich ist, dass sie vom Eigentümer nicht hingenommen zu werden braucht, d.h., wenn sie für ihn wirtschaftlich unzumutbar ist, ist § 172 Abs. 4 Satz 2 und Abs. 5 Satz 3 sowie § 173 Abs. 2 i.V.m. § 40 Abs. 2 BauGB zu beachten. Die **wirtschaftliche Unzumutbarkeit** ist dann die vom Gesetzgeber gezogene **Grenzlinie der Wertminderung**, die der Eigentümer im Rahmen der Sozialbindung des Eigentums entschädigungslos hinnehmen muss.

594 Der Verkehrswert eines Grundstücks im Geltungsbereich einer Erhaltungssatzung kann auf Grund einer zu erwartenden Versagung der **Genehmigung des Rückbaus** einer baulichen Anlage **nur bis zu der Grenze** gemindert werden, **wie dies wirtschaftlich dem Eigentümer zugemutet werden kann.** Bei wirtschaftlicher Unzumutbarkeit

- muss bei Erhaltungssatzungen i.S. des § 172 Abs. 1 Nr. 2 BauGB (Milieuschutzsatzungen) sowie bei Satzungen i.S. des § 172 Abs. 1 Nr. 3 BauGB (Städtebauliche Umstrukturierungssatzungen) die Genehmigung nämlich erteilt werden;
- besteht bei Erhaltungssatzungen i.S. des § 172 Abs. 1 Nr. 1 BauGB (Stadtgestalterhaltungssatzung) ein Übernahmeanspruch.

Im Falle des **Übernahmeanspruchs** bestimmt sich demzufolge der (Mindest-)Verkehrswert nach der dann zu gewährenden Entschädigung. Für die Bemessung der Entschädigung **sind** nach § 173 Abs. 2 Satz 2 BauGB **die planungsschadensrechtlichen Regelungen der § 43 Abs. 1, 4 und 5 sowie § 44 Abs. 3 und 4 BauGB** entsprechend anzuwenden (vgl. Teil VII Rn. 217 ff.).

Einen Rückbau (Abbruch) wird der Eigentümer spätestens dann in Betracht ziehen, wenn der Reinertrag einer baulichen Anlage vom Bodenwertverzinsungsbetrag aufgezehrt wird und die vorhandene Bausubstanz (wirtschaftlich) nicht instandsetzungsfähig ist, d.h. gegenüber einem Neubau zu keinen Ersparnissen führt. In solchen Fällen kommt nach § 16 Abs. 3 ImmoWertV das Liquidationswertverfahren zur Anwendung. Zur Beantwortung der Frage, welche **Wertminderung** aufgrund der Lage des Grundstücks im Geltungsbereich der Erhaltungssatzung eingetreten ist und inwieweit sie tatsächlich im Hinblick auf den Übernahmeanspruch hingenommen werden muss, kann nach dem vorher Gesagten ermittelt werden, indem der **Liquidationswert dem Verkehrswert** gegenübergestellt wird, **der sich bei Fortführung der bestehenden baulichen Anlage ergibt.** Ist dieser Wert gegenüber dem Liquidationswert in einem Maße gemindert, das die wirtschaftliche Zumutbarkeit überschreitet, bemisst sich der Verkehrswert nach dem Entschädigungswert, der bei Geltendmachung des Übernahmeanspruchs zu gewähren ist.

5.2.2.2 Änderung baulicher Anlagen

Die **„Änderung einer baulichen Anlage" umfasst den Umbau, den Ausbau und die Erweiterung baulicher Anlagen.** Hierzu gehören sowohl Änderungen im Inneren einer baulichen Anlage, z.B. durch Änderung der Grundrissgestaltung sowie Modernisierungs- und Instandsetzungsmaßnahmen, als auch Änderungen des Äußeren eines Gebäudes. Der Genehmigungstatbestand kann, soweit aus den Erhaltungszielen mit einer Versagung gerechnet werden muss, zu einer Wertminderung führen, weil dem Objekt damit Entwicklungschancen genommen werden. Allerdings muss dabei berücksichtigt werden, dass die Realisierung solcher Entwicklungschancen i.d.R. eines Kapitaleinsatzes bedürfen und deshalb **nur rentierliche Entwicklungschancen zu einer Minderung des Verkehrswerts** eines von der Erhaltungssatzung erfassten Grundstücks gegenüber einem „unbelasteten" führen.

Dies kann wiederum dadurch festgestellt werden, dass

- der (fiktive) Verkehrswert unter Berücksichtigung der sich üblicherweise aufdrängenden Änderungen und der dafür aufzubringenden Kosten
- dem Verkehrswert im unveränderten Zustand

gegenübergestellt wird. Eine sich daraus ergebende Wertminderung ist wiederum nur insoweit zu berücksichtigen, wie sie wirtschaftlich zumutbar ist. Bei Überschreitung der wirtschaftlichen Zumutbarkeitsgrenze ist der fiktiv ermittelte Verkehrswert maßgebend, weil dann die Genehmigung nach § 172 Abs. 4 Satz 2 bzw. Abs. 5 Satz 3 BauGB erteilt werden muss. Der Verkehrswert des im Geltungsbereich einer Erhaltungssatzung gelegenen Grundstücks ist in diesem Fall identisch mit dem Verkehrswert eines unbelasteten Grundstücks.

Im Rahmen von **Milieuschutzsatzungen** i.S. des § 172 Abs. 1 Nr. 2 BauGB ist der Genehmigungsvorbehalt nach § 172 Abs. 4 BauGB von besonderer Bedeutung[223]. Änderungen bauli-

---

[223] BVerwG, Urt. vom 18.6.1997 –, BRS Bd. 59 Nr 254 = GuG 1997, 375 = EzGuG 3.124; VGH München, Urt. vom 8.5.2002 – 2 B 98.2215 –, OVG Münster, Urt. vom 17.11.1987 – 7 A 1897/87 –, EzGuG 3.71e; VG Berlin, Urt. vom 3.6.1992 – 19 A 248/91 –, EzGuG 3.108a; VG München, Urt. vom 9.12.1996 – M 8 K 96.1008 –, GuG 2004, 3.122; VG München, Urt. vom 15.6.1998 – M 8 K 97.8559 –, GuG 1998, 315 = EzGuG 3.125; OVG Berlin, Urt. vom 30.5.1996 – 2 B 24/93 –, BRS Bd. 58 Nr 123 = NVwZ 1997, 1005; OVG Berlin, Urt. vom 30.1.2004 – 2 B 18/02 –, GuG 2004, 246 = EzGuG 15.110; OVG Berlin, Urt. vom 10.6.2004 – 2 B 3/02 –, Bln GE 2004, 1100 = GuG 2004, 379 = EzGuG 3.134.

VIII Erhaltungssatzungen — Verkehrswertermittlung

cher Anlagen, die von vornherein nicht geeignet sind, sich auf die Zusammensetzung der Wohnbevölkerung auszuwirken, unterfallen nicht dem Genehmigungsvorbehalt des § 172 Abs. 4 Satz 3 Nr. 1 BauGB. Die Vorschrift wurde jedoch schematisch in der Weise angewandt, dass die Genehmigung von Modernisierungsmaßnahmen versagt wurde, wenn sie zu einer Miethöhe führen würde, die über der für das Erhaltungsgebiet ermittelten Durchschnittsmiete liegt (**Mietobergrenzen**). Die eigentlichen Versagungsgründe müssen dabei städtebaulicher Natur sein, wobei es konkret um den „städtebaulichen Reflex" geht, der mit einer Verdrängung der ansässigen Bevölkerung einhergeht. So kann die Verdrängung einer infrastrukturell (in dem Gebiet) ausreichend – z.B. mit Kindergärten, Schulen, Flächen des ruhenden Verkehrs, Grünflächen, Altentagesstätten usw. – versorgten Bevölkerung zur Folge haben, dass diese Einrichtungen andernorts neu und für die neuen Bewohner andere Infrastruktureinrichtungen ebenfalls neu geschaffen werden müssen. Die Milieuschutzsatzungen sind nämlich kein Instrument des Mieterschutzes. Das BVerwG hat zumindest für **Sanierungsgebiete** pauschale Mietobergrenzen für unzulässig befunden (vgl. Rn. 239)[224].

599 In der Praxis werden **Modernisierungsmaßnahmen im Geltungsbereich einer Milieuschutzsatzung** vielfach dann nicht genehmigt, wenn sie zu einer Miete führen würden, die die für das Erhaltungsgebiet ermittelte Durchschnittsmiete übersteigt. Dabei wird unterstellt, dass mit der Überschreitung der Durchschnittsmiete eine Umstrukturierung mit städtebaulichen Folgen eintritt. Ob mit der Überschreitung der Durchschnittsmiete tatsächlich die genannten städtebaulichen Folgen eintreten werden, mag im Einzelfall bezweifelt werden können; es dürfte jedoch schwierig und kaum zu beantworten sein, ab welcher Überschreitung der Durchschnittsmiete bei einer bestimmten Bevölkerung und infrastrukturellen Ausstattung des Gebiets davon ausgegangen werden muss. Im Hinblick auf die Vorbildwirkung einer Überschreitung der Gebietsmiete kommt es auf die subjektiven Verhältnisse nicht an. Mit dem BauGB 98 wurde diesbezüglich im Gesetz klargestellt, dass Maßnahmen zur Änderung baulicher Anlagen (Modernisierungsmaßnahmen) zumindest in den Fällen zu genehmigen sind, in denen die Maßnahme der **Herbeiführung eines durchschnittlichen Ausstattungszustands der Wohnungen unter Berücksichtigung der bauordnungsrechtlichen Anforderungen** dient, die in Neubaufällen zu stellen sind. Dies entspricht der herrschenden Rechtsprechung.

600 Soweit sich die Möglichkeit der Durchführung rentierlicher **Modernisierungsmaßnahmen** werterhöhend auf den Verkehrswert auswirken würde, ist diese Möglichkeit ansonsten nur bezüglich solcher Modernisierungsmaßnahmen berücksichtigungsfähig, wie die Modernisierung zu einer Miethöhe führt, die der gebietsspezifischen Durchschnittsmiete entspricht. Des Weiteren muss davon ausgegangen werden, dass insbesondere aufwertungsverdächtige Gebiete mit einkommensschwächeren Mietern durch eine Milieuschutzsatzung in ihrer Wertentwicklung gebremst werden, die sich sonst durch Modernisierungsmaßnahmen und Umwandlung der Wohnungen in Wohneigentum einstellen würde.

5.2.2.3 Nutzungsänderung baulicher Anlagen

601 Ein Genehmigungsvorbehalt besteht nicht nur bei Änderung einer baulichen Anlage, sondern auch für den Fall, dass eine vorhandene bauliche Anlage einer neuen Nutzung zugeführt werden soll. Dies betrifft insbesondere die **Umwandlung von Wohnungen in Büros oder Vergnügungsstätten** sowie im Geltungsbereich einer Milieuschutzsatzung – zeitlich befristet auf 5 Jahre – die Umwandlung von Miet- in Eigentumswohnungen, wenn die Landesregierung durch Rechtsverordnung die Begründung von Sondereigentum (Wohnungs- und Teileigentum gemäß § 1 WEG) unter Genehmigungsvorbehalt gestellt hat.

602 Für die Verkehrswertermittlung bedeutet dies, dass im Rahmen des **Ertragswertverfahrens von den Einnahmen aus der bestehenden Nutzung ausgegangen werden muss** und nicht eine zulässige höherwertigere Nutzung angesetzt werden darf, die sonst bei der Preisbemessung im gewöhnlichen Geschäftsverkehr maßgeblich wäre.

---

224 BVerwG, Beschl. vom 24.5.2006 – 4 C 9/04 –, GuG-aktuell 2006, 38; Revision zu OVG Berlin, Urt. vom 30.11.2004 – 2 B 18/02 –, GuG 2004, 246 = EzGuG 15.110; BVerwG, Urt. vom 17.12.2004 – 4 B 85/04 –, EzGuG 3.137.

5.2.2.4 Errichtung einer baulichen Anlage

§ 172 Abs. 3 Satz 2 BauGB enthält einen selbständigen materiellen Versagungsgrund für die Errichtung einer baulichen Anlage. Die Errichtung eines nach § 34 Abs. 2 BauGB zulässigen Gebäudes kann aufgrund der Erhaltungssatzung versagt werden[225]. 603

5.2.2.5 Grundstücksveräußerung

Im Geltungsbereich einer Milieuschutzsatzung kann die Veräußerung eines Grundstücks nach § 172 Abs. 4 Satz 4 BauGB versagt werden[226]. 604

6 Wertermittlung im Geltungsbereich von Stadtumbausatzungen

6.1 Allgemeines

Schrifttum: *Dyroff, A.,* Die unendliche Geschichte: Mietobergrenzen im Sanierungsgebiet, BlnGE 2004, 605; *Dyroff, A.,* Das Ende einer Milieuschutzverordnung, Bln GE 2007, 640; *Dyroff, A.,* Was in Milieuschutzgebieten geht und was nicht, Bln GE 2009, 302; *Kleiber W.,* Zur Bodenwertentwicklung beim Stadtumbau, Festschrift für Michael Krautzberger, München 2008 S. 285.

Grundstückspreise und damit auch Grundstückswerte werden maßgeblich durch die Erwartung der künftigen Nutzbarkeit des Grundstücks beeinflusst und erhöhen sich regelmäßig bereits im Vorfeld der künftigen Entwicklung. Sobald nur die Absicht der Gemeinde bekannt wird, ein Gebiet städtebaulich zu entwickeln, nimmt der Grundstücksmarkt die erwartete Aufwertung entsprechend dem Stand der Maßnahme vorweg[227]. Die Vorwegnahme solcher Werterhöhungen kann den bodenordnerischen Vollzug erschweren, insbesondere, wenn sich durch steigende Grundstückspreise die Kosten eines freihändigen oder hoheitlichen Grunderwerbs für Folge- und Gemeinbedarfseinrichtungen erhöhen. Aus diesem Grunde hat der Gesetzgeber für **städtebauliche Sanierungs- und Entwicklungsmaßnahmen** ein unter Rn. 1 ff. dargestelltes aufeinander abgestimmtes System bodenrechtlicher Vorschriften entwickelt, mit dem alle Eigentümer der von Sanierungs- und Entwicklungsmaßnahmen betroffenen Grundstücke von der dadurch bewirkten Werterhöhung ausgeschlossen werden, soweit sie nicht zulässigerweise dazu durch eigene Aufwendungen beigetragen haben (§§ 152 bis 156a BauGB)[228]. 605

Mit den §§ 171a bis 171d BauGB hat der Gesetzgeber den Gemeinden ein Instrument an die Hand gegeben, **Stadtumbaumaßnahmen ohne Einsatz des Sanierungs- bzw. Entwicklungsrechts** durchzuführen. Stadtumbaumaßnahmen sind nach § 171a Abs. 2 Satz 1 BauGB „Maßnahmen, durch die in von erheblichen städtebaulichen Funktionsverlusten betroffenen Gebieten Anpassungen zur Herstellung nachhaltiger städtebaulicher Strukturen vorgenommen werden." 606

Erhebliche städtebauliche Funktionsverluste liegen nach § 171a Abs. 2 Satz 2 BauGB „insbesondere vor, wenn ein dauerhaftes Überangebot an baulichen Anlagen für bestimmte Nutzungen, namentlich für Wohnzwecke, besteht oder zu erwarten ist." 607

Für die Durchführung von Stadtumbaumaßnahmen hat der Gesetzgeber instrumentell davon abgesehen, die Anwendung der genannten abgabenrechtlichen Vorschriften des Sanierungs- und Entwicklungsmaßnahmenrechts vorzugeben; lediglich die Vorschriften der §§ 137 und 139 BauGB über die Beteiligung und Mitwirkung der Betroffenen sowie öffentlichen Aufgabenträger und der §§ 164a und 164b BauGB über den Einsatz von Städtebauförderungsmit- 608

---

225 BVerwG, Beschl. vom 3.12.2002 – 4 B 47/02 –, EzGuG 3.127b.
226 BVerwG, Urt. vom 30.6.2006 – 4 C 1/03 –, EzGuG 3.136.
227 BT-Drucks VI/510 S. 26; BT-Drucks IV 2491 S. 30.
228 Vgl. Ernst/Zinkahn/Bielenberg/Krautzberger, BauGB § 154 Rn. 1 ff.

VIII Stadtumbausatzungen — Allgemeines

teln sind entsprechend anzuwenden (§ 171b Abs. 3 und 4 BauGB). Demzufolge können in **Aussicht auf eine Stadtumbaumaßnahme** und vor allem im Zuge ihrer Durchführung die Grundstückswerte allgemein steigen, ohne dass die davon begünstigten Eigentümer zu einem Vorteilsausgleich herangezogen werden. Soweit tatsächlich davon auszugehen ist, dass mit den Maßnahmen erhebliche Wertsteigerungen einhergehen, die zu einer Erschwerung der Maßnahme führen, ist es der Gemeinde aber unbenommen, eine städtebauliche Sanierungsmaßnahme zu beschließen, denn eine Funktionsschwäche i.S. des § 136 Abs. 2 Satz 2 Nr. 2 BauGB kann eben auf einen solchen Funktionsverlust zurückführbar sein.

609 Für die Vorbereitung und Durchführung von Stadtumbaumaßnahmen gelten eine Reihe gesetzlicher Vorgaben:

- Grundlage des Beschlusses zur Festlegung des Stadtumbaugebiets ist ein von der Gemeinde aufzustellendes **städtebauliches Entwicklungskonzept**, in dem die Ziele und Maßnahmen (§ 171a Abs. 3 BauGB) im Stadtumbaugebiet darzustellen ist. Bei der Verkehrswertermittlung von Grundstücken im Stadtumbaugebiet aber auch von mittelbar betroffenen Grundstücken ist dieses städtebauliche Entwicklungskonzept beachtlich, da diesem die städtebaulichen Zielvorstellungen entnommen werden können.

- Stadtumbaumaßnahmen sollen nach dem Willen des Gesetzgebers auf der Grundlage konsensualer Lösungen bewältigt werden. Die Gemeinde soll nach § 171c BauGB die Stadtumbaumaßnahmen möglichst auf der **Grundlage von städtebaulichen Verträgen** i.S. des § 11 BauGB durchführen. Auch derartige Verträge sind bei der Verkehrswertermittlung beachtlich. Gegenstand dieser Verträge können nämlich insbesondere sein:

  • die Durchführung de Rückbaus baulicher Anlagen innerhalb einer bestimmten Frist und die Kostentragung für den Rückbau,

  • der Verzicht auf die Ausübung von planungsschadensrechtlichen Ansprüchen nach den §§ 39 bis 44 BauGB und

  • der Ausgleich von Lasten zwischen den beteiligten Eigentümern.

  Derartige **vertragliche Regelungen müssen bei der Verkehrswertermittlung berücksichtigt werden**.

- Die Gemeinde kann nach § 171 d BauGB durch Satzung ein Gebiet mit den nachfolgenden bodenrechtlichen Besonderheiten bezeichnen:

  - Vorhaben i.S. des § 29 BauGB, die Beseitigung baulicher Anlagen sowie erhebliche oder wesentlich wertsteigernde Veränderungen i.S. des § 14 Abs. 1 BauGB bedürfen einer Genehmigung (Veränderungssperre) nach Maßgabe des § 171 d Abs. 3 BauGB.

  - Entsprechende Vorhaben und Maßnahmen können in entsprechender Anwendung des § 15 BauGB zurückgestellt werden.

  - Die §§ 138, 173 und 174 BauGB finden entsprechend Anwendung.

- In Stadtumbaugebieten können nach der Verwaltungsvereinbarung zur Städtebauförderung des Bundes[229] **Finanzhilfen** eingesetzt werden; die Einzelheiten der Förderung regeln die Länder in ihren Förderungsrichtlinien unter Beachtung folgender Eckwerte:

  - Es wird ein Zuschuss in Höhe eines vom Land festzulegenden Pauschalbetrags je Quadratmeter rückgebauter Wohnfläche gewährt, an dem sich der Bund mit bis zu 30 €/m² WF beteiligt.

  - Die Förderung setzt einen Verzicht auf planungsschadensrechtliche Entschädigungsansprüche voraus.

  - Bei der Aufwertung von Stadtquartieren wird ein Zuschuss zu den unrentierlichen Kosten gewährt.

---

[229] Abgedruckt in Krautzberger, Städtebauförderungsrecht, Bad 2 Nr. B 2.3.

6.2 Festlegung des Stadtumbaugebiets

Grundlage für den **Beschluss, mit dem die Gemeinde das Gebiet festlegt, in dem Stadtumbaumaßnahmen durchgeführt werden sollen** (§ 171b Abs. 1 BauGB), ist ein von der Gemeinde aufzustellendes städtebauliches Entwicklungskonzept, in dem die Ziele und Maßnahmen (§ 171a Abs. 3 BauGB) im Stadtumbaugebiet schriftlich darzustellen sind (§ 171b Abs. 2 Satz 1 BauGB). Dem Grundstücksmarkt werden damit einerseits konkrete Hinweise zu den beabsichtigten Maßnahmen in dem Stadtumbaugebiet und der daraus resultierenden Aufwertung und andererseits zu vergleichbaren Gebieten gegeben, die zumindest vorerst nicht unter Einsatz von Städtebauförderungsmitteln aufgewertet werden. Dementsprechend werden dem Grundstücksmarkt die gemeindlichen Prioritäten aufgezeigt, was sich möglicherweise auch wertmindernd auf die übrigen Gebiete auswirken kann.

Der Festlegung eines Stadtumbaugebiets ist in aller Regel ein längerer Prozess der **städtebaulichen Funktionsverluste mit wachsendem Leerstand,** verbunden mit einem Wertverfall auf dem Grundstücksmarkt, vorangegangen. Dieser Wertverlust muss sich bei einer ordnungsgemäßen Aufgabenerfüllung der Gutachterausschüsse für Grundstückswerte (§§ 192 bis 199 BauGB) in den für das Stadtumbaugebiet in den Bodenrichtwertkarten ausgewiesenen Bodenrichtwerten (§ 196 BauGB) abbilden. Sofern die Behauptung zuträfe, dass dessen ungeachtet für diese Gebiete gleichwohl überhöhte und realitätsferne Bodenrichtwerte in den Bodenrichtwertkarten ausgewiesen würden und diese nicht die aktuelle Marktsituation abbilden, wäre dem vom örtlichen Gutachterausschuss für Grundstückswerte und ggf. von der Rechtsaufsicht des jeweiligen Bundeslandes nachzugehen[230].

Aus alledem folgt, dass eine aus der Durchführung der Stadtumbaumaßnahme resultierende Aufwertung regelmäßig einen **Grundstücksbestand** betrifft, der nach den Anwendungsvoraussetzungen von einem „erheblichen" Funktionsverlust betroffen ist und deshalb ganz allgemein zu erwarten ist, dass er **nicht unerheblich im Wert gesunken** ist und vielfach erst durch eine Änderung des Baurechts wieder einer städtebaulichen Funktion zugeführt werden kann.

Wird in einem Stadtumbaugebiet bei der Bodenwertermittlung von Vergleichspreisen bzw. Bodenrichtwerten unbebauter Grundstücke ausgegangen, so kann die Förderung des Rückbaus die Wertminderung neutralisieren, die sich aus der abzubrechenden Bausubstanz ergibt. Subventionen erweisen sich dabei wieder einmal als preis- bzw. werterhöhend. In diesem Fall müssen aber gleichzeitig auch Wertminderungen berücksichtigt werden, die aus den Förderauflagen resultieren, insbesondere der Verzicht auf die Ausübung von Ansprüchen nach den planungsschadensrechtlichen Regelungen der §§ 39 bis 44 BauGB (Plangewährleistungsansprüche).

Dabei werfen insbesondere **eigentumsverdrängende Herabzonungen** – z.B. durch Umwidmung eines Baugrundstücks zu einer Grünfläche einhergehend mit einem Rückbau vorhandener baulicher Anlagen – und auch Änderungen im Maß der baulichen Nutzung im Hinblick auf planungsschadensrechtliche Ansprüche Fragen auf[231].

6.3 Planungsschaden

Die Ansprüche nach den planungsschadensrechtlichen Regelungen der §§ 39 bis 44 BauGB werden insbesondere von den Betroffenen überschätzt:

a) Gegenstand der planungsschadensrechtlichen Entschädigung ist nur eine „nicht nur unwesentliche Wertminderung des Grundstücks", die sich nach dem Unterschied zwischen dem Grundstückswert auf Grund der *zulässigen* Nutzung und dem Grundstückswert bemisst, der sich infolge der Aufhebung oder Änderung der zulässigen Nutzung ergibt (§ 42 Abs. 2 BauGB).

---

[230] Vgl. Kleiber, Wertermittlung und Stadtumbau, Fachaufsatz in vhw-Forum Wohnungseigentum 2003, 305.
[231] Ernst/Zinkahn/Bielenberg/Krautzberger, BauGB § 171c Rn. 10.

VIII Stadtumbausatzungen — Planungsschaden

Gegenstand der planungsschadensrechtlichen Entschädigung sind hingegen nicht Wertminderungen, die sich **aufgrund der allgemeinen (konjunkturellen) Lage auf dem Grundstücksmarkt** ergeben haben, und ein bereits vor förmlicher Festlegung des Stadtumbaugebiets eingetretener Funktionsverlust ist in aller Regel bereits im Vorfeld mit einer erheblichen Wertminderung der betroffenen Grundstücke verbunden.

Abb. 62: Planungsschaden

b) Der zunehmend bedeutsame Stadtumbau vollzieht sich nach Feststellungen des Bundesamtes für Bauwesen und Raumordnung in erster Linie in Großwohnsiedlungen, und da geht es insbesondere um den Abriss industriell vorgefertigter Plattenbauten. Geänderte Wohnpräferenzen führen hier zu Wohnungsleerständen und Attraktivitätsverlusten. Ist die Nutzung von Grundstücken für den Mietwohnungsbau auf dem allgemeinen Grundstücksmarkt nicht mehr marktgängig und sinken infolgedessen die Bodenwerte, so handelt es sich hierbei um konjunkturelle Einflüsse. Der **Rückbau des Objekts ist dann nicht Ursache, sondern Folge einer allgemeinen Marktentwicklung,** die bereits im Vorfeld zu einem Rückgang der Bodenwerte geführt hat. Die Bodenwerte vermindern sich dann auch nicht schlagartig mit dem Rückbau, sondern sind bereits zum Zeitpunkt des planungsschadensrechtlichen Eingriffs gesunken, d.h. der sich nach der zulässigen Nutzung ergebende Ausgangswert ist bereits gemindert und mindert damit die planungsschadensrechtliche Entschädigung.

c) Im Allgemeinen kann erwartet werden, dass der Bodenwert vom Maß der baulichen Nutzung abhängig ist, d.h. umso höher ist, je höher die bauliche Nutzbarkeit ist. Bei gewerblicher Nutzung ist eine lineare Abhängigkeit und bei Wohnnutzungen eine parabolische Abhängigkeit von der Geschossflächenzahl (GFZ) empirisch belegt (vgl. Syst. Darst. des Vergleichswertverfahrens Rn. 218 ff.; Anl. 11 WERTR).

Der Bodenwert eines mit einem z.B. fünfgeschossigen Wohnhaus bebauten Grundstücks fällt danach deutlich höher als der Bodenwert eines eingeschossigen Einfamilienhauses aus. In **Gebieten, in denen ein Überangebot an Mietwohngrundstücken und ein Defizit an Einfamilienhausgrundstücken besteht, steigt der Bodenwert keineswegs mehr mit der GFZ an, wie es bei schematischer Anwendung der Anl. 11 zur WERTR erwartet werden könnte.** Die bekannte Kurve der Abhängigkeit des Bodenwerts von der GFZ hat dann eine deutlich gedämpfte Ausprägung, und die Herabzonung der baulichen Nutzung führt deshalb keineswegs zwangsläufig zu einer Wertminderung, sondern kann umgekehrt sogar zu einer Werterhöhung führen.

Abb. 63: Abhängigkeit des Bodenwerts von der Geschossflächenzahl (GFZ)

d) Ein **funktionslos gewordenes Gebäude** stellt für den Eigentümer eine wirtschaftliche Belastung dar, denn die Rückbaukosten sind erheblich und können in strukturarmen Gebieten mit einem niedrigen Bodenwertniveau schnell den verbleibenden Bodenwert „auffressen". Die Förderung des Rückbaus kann bei dieser Konstellation den Verzicht auf die Ausübung von Ansprüchen nach den planungsschadensrechtlichen Regelungen der §§ 39 bis 44 BauGB kompensieren.

Abb. 64: Minderung der Bodenwerte

Wenn eingangs angemahnt wurde, dass von den Gutachterausschüssen für Grundstückswerte für die von Funktionsverlusten betroffenen Gebiete in ihren Bodenrichtwertkarten **Bodenrichtwerte** ausgewiesen werden, **die dem Funktionsverlust der davon betroffenen Gebiete gerecht werden**, so muss darauf hingewiesen werden, dass sie umgekehrt ihrem Auftrag, die tatsächlichen Marktverhältnisse in zutreffender Weise abzubilden, nicht gerecht werden würden, wenn sie allgemeine Preissteigerungen infolge der Vorbereitung und Durchführung von Stadtumbaumaßnahmen bei Fortschreibung der Bodenrichtwerte außer Betracht ließen. Denn anders als das Sanierungsrecht kennt das Stadtumbaurecht nach der gesetzgeberischen Entscheidung keinen Ausschluss von maßnahmenbedingten Bodenwerterhöhungen. Hätte näm-

VIII Umlegungsgebiete — Übersicht

lich die Gemeinde dies gewollt, so hätte sie eine Sanierungsmaßnahme beschließen können und müssen.

617 Verkehrswerte sind „Zukunftserfolgswerte". Nicht nur die aktuelle Situation, sondern auch die künftige Nutzung gibt dem Grundstück seinen Wert. Unsicherheiten bezüglich der künftigen Nutzbarkeit übertragen sich dabei allerdings auf das Marktgeschehen, und bei unklaren Verhältnissen stellt die Berücksichtigung der künftigen Nutzbarkeit dann für den Sachverständigen ein schwer lösbares Problem dar. Wenn sich die Gemeinde dann auch nicht festlegen will und das künftige Baurecht „offen" hält und lediglich Zwischennutzungen zulässt, kann davon im Hinblick auf das damit verbundene Risiko eine preisdämpfende Wirkung erwartet werden.

618 Dies stellt für die Gemeinden ein Dilemma dar. Denn das Gesetz fordert als Voraussetzung für die förmliche Festlegung eines Stadtumbaugebietes ein von ihr aufzustellendes städtebauliches Entwicklungskonzept, in dem die Ziele und Maßnahmen im Stadtumbaugebieten schriftlich darzustellen sind, und aus verständlichen Gründen wird eine alsbaldige Konkretisierung dieser Ziele und Maßnahmen gefordert. Die **mit der Darstellung der Ziele und Maßnahmen in Stadtumbaugebieten initiierten werterhöhenden Momente** können zu einer allgemeinen Werterhöhung im Stadtumbaugebiet führen, auch wenn sich daraus noch nicht die einzelnen vom Rückbau betroffenen Objekte ergeben. Sie können sich werterhöhend auf die allgemeinen Lage- und Nutzungsverhältnisse auswirken und bereits im Vorfeld der Durchführung das allgemeine Bodenwertniveau anheben. Dies stellt auch keineswegs eine „spekulative" Entwicklung dar, denn mit dem Beschluss der Gemeinde über die Durchführung der Stadtumbaumaßnahme wird ein deutliches Signal gegeben, dass die Ziele und Maßnahmen in den betroffenen Gebieten mit der „geballten" Verwaltungskraft der Gemeinde unter Einsatz von Städtebauförderungsmitteln realisiert werden, wobei die Durchführung zudem unter dem „Zügigkeitsgebot" steht (§ 171a Abs. 1 Satz 1 BauGB). Von daher müssen diese Werterhöhungen Berücksichtigung finden. Will die Gemeinde dies ausschließen, so muss sie zu dem Instrument der Sanierungsmaßnahme greifen.

7 Wertermittlung in Umlegungsgebieten

7.1 Übersicht

Schrifttum: *Aderhold, D./Meiß, F.,* Zur Ermittlung des Umlegungsvorteils – Die Komponenten verschiedener Kalkulationsmodelle im Vergleich, GuG 2004, 225; *Dieterich, H.,* Baulandumlegung, 5. Aufl. München 2006; *Reinhardt, W.,* Zum Umlegungsvorteil, GuG 1997, 85; *Roller, G.,* Wertermittlung im Spannungsfeld von (gesetzlicher) Umlegung und maßnahmenbedingter Wertabschöpfung, GuG 2005, 1.

619 Die (städtebauliche) **Umlegung** ist in den §§ 45 bis 84 BauGB als ein **Grundstückstauschverfahren mit der Zielsetzung** ausgestaltet, unbebaute und bebaute Grundstücke in der Weise neu zu ordnen, dass nach **Lage, Form und Größe für die bauliche und sonstige Nutzung zweckmäßig gestaltete Grundstücke entstehen (Umlegungszweck).**

620 Die Umlegung ist geprägt vom **Grundsatz der Eigentumserhaltung** (Bestandsgarantie), der Sozialnützigkeit und der dinglichen Surrogation. Rechtsänderungen treten in erster Linie nicht in der Person des Eigentümers und der sonstigen Inhaber von Rechten, sondern im Eigentumsobjekt ein; d.h., im Zuge des Grundstückstauschverfahrens tritt ein neues Grundstück an die Stelle des alten Grundstücks. Die Umlegung stellt deshalb keine Enteignung dar; sie ist vielmehr Ausfluss der Inhaltsbestimmung des Eigentums.

Die Einbeziehung eines Grundstücks in eine Umlegung ergibt sich aus der öffentlichen Bekanntmachung des Umlegungsverfahrens (Umlegungsbeschluss) und ist aus dem rangstellenlosen **Umlegungsvermerk** in Abteilung II des Grundbuchs erkennbar. Der Umlegungsvermerk ist ein nachrichtlicher „Achtungsvermerk" ohne unmittelbare rechtliche Wirkung, der aber auf die rechtlichen Folgen der Umlegung hinweist (Verfügungs- und Veränderungssperre nach § 51 BauGB und gesetzliches Vorkaufsrecht nach § 24 BauGB). Genehmigungsbedürftige und nicht genehmigungsfähige Grundbucheintragungen sind deshalb nicht eintragungsfähig.

7.2 Typologie der Umlegungsverfahren

Verfahrensmäßig lassen sich Umlegungsverfahren untergliedern nach **621**

a) **umfassenden Umlegungsverfahren** nach den §§ 45 bis 79 BauGB und
b) **vereinfachten Umlegungsverfahren** nach den §§ 80 bis 84 BauGB.

Hinsichtlich des Einsatzes der Umlegung ist des Weiteren zu unterscheiden zwischen **622**

c) **Neuerschließungsumlegungen** (zur erstmaligen Aufschließung) einschließlich Ergänzungsumlegungen zur erstmaligen Aufschließung des „Außenbereichs im Innenbereich" und
d) **Neuordnungsumlegungen** bereits bebauter Gebiete einschließlich der Sanierungsumlegung, d.h. Umlegungsverfahren in förmlich festgelegten Sanierungsgebieten nach den §§ 136 ff. BauGB.

Bei Anwendung des umfassenden Umlegungsverfahrens ist im Hinblick auf den Verteilungsmaßstab zu unterscheiden zwischen **623**

e) der Flächenumlegung und
f) der Wertumlegung.

Umlegungsverfahren lassen sich schließlich noch untergliedern nach **624**

g) den sog. **amtlichen Umlegungen,** die nach den Vorschriften der §§ 45 ff. BauGB unter der Regie der Gemeinde (Umlegungsstelle, Umlegungsausschuss) durchgeführt werden, und
h) den sog. **freiwilligen Umlegungen** (Rn. 661 f.), die privatrechtlich (An- und Verkauf), aber auch in einem öffentlich-rechtlichen Vertrag (sog. städtebaulicher Vertrag) vollzogen werden können; diesbezüglich haben sich recht unterschiedliche „Spielformen" entwickelt.[232]

Die **vereinfachte Umlegung** ist aus der Grenzregelung hervorgegangen. Nach § 80 Abs. 1 **625** BauGB kann sie unter der Voraussetzung durchgeführt werden, dass mit der Umlegung lediglich

– unmittelbar aneinander grenzende oder in enger Nachbarschaft liegende Grundstücke oder Teile von Grundstücken untereinander getauscht oder
– Grundstücke, insbesondere Splittergrundstücke oder Teile von Grundstücken, einseitig zugeteilt

werden. Die auszutauschende oder einseitig zuzuteilenden Grundstücke oder Grundstücksteile dürfen jedoch nicht selbständig bebaubar sein und eine einseitige Zuteilung muss im öffentlichen Interesse geboten sein.

7.3 Verfahrensablauf

Verfahrensmäßig unterscheidet sich das (klassische) umfassende Umlegungsverfahrens (nach **626** den §§ 45 bis 79 BauGB) deutlich von der vereinfachten Umlegung (nach den §§ 80 bis 84 BauGB). Der **Ablauf des umfassenden Umlegungsverfahrens** ist in Abb. 65 dargestellt.

---

[232] BVerfG, Beschl. vom 22.5.2001 – 1 BvR 1512/97 –, GuG 2001, 302, 372 = BVerfGE 104,1; Ernst/Zinkahn/Bielenberg, BauGB, Vorbem. §§ 45 Rn. 1 ff.; Dieterich, Baulandumlegung, 5. Aufl. München 2006, S. 321 ff.; Baur, Festschrift für Otto Mühl, Private Umlegung, Stuttgart 1981; Suderow, Entwurf eines Grundstücksneuordnungsverfahrens unter Berücksichtigung seiner Bezüge zu den geltenden Bodenordnungsverfahren, Beiträge zum Siedlungs- und Wohnungswesen und zur Raumplanung, Bd. 11, Münster 1973; Steger in BWGZ 1982, 661 ff.; Glück, Mehr Bauland ist möglich, München 1981; ders. Wege zum Bauland, München 1994; Hils, A. in MittBl. des BDVI 1970, 208 ff.; Tesmer in ZfV 1971,161; Mayer-Steudte in Bauwelt 1973, 57; Grziwotz, H., Baulanderschließung, München1993, S. 61 ff.; v. d. Heide in BWGZ 1999, 650; ders. BWGZ 1996, 187; ders. BWGZ 1993, 583.

VIII Umlegungsgebiete — Verfahrensablauf

Abb. 65: Ablauf eines umfassenden Umlegungsverfahrens

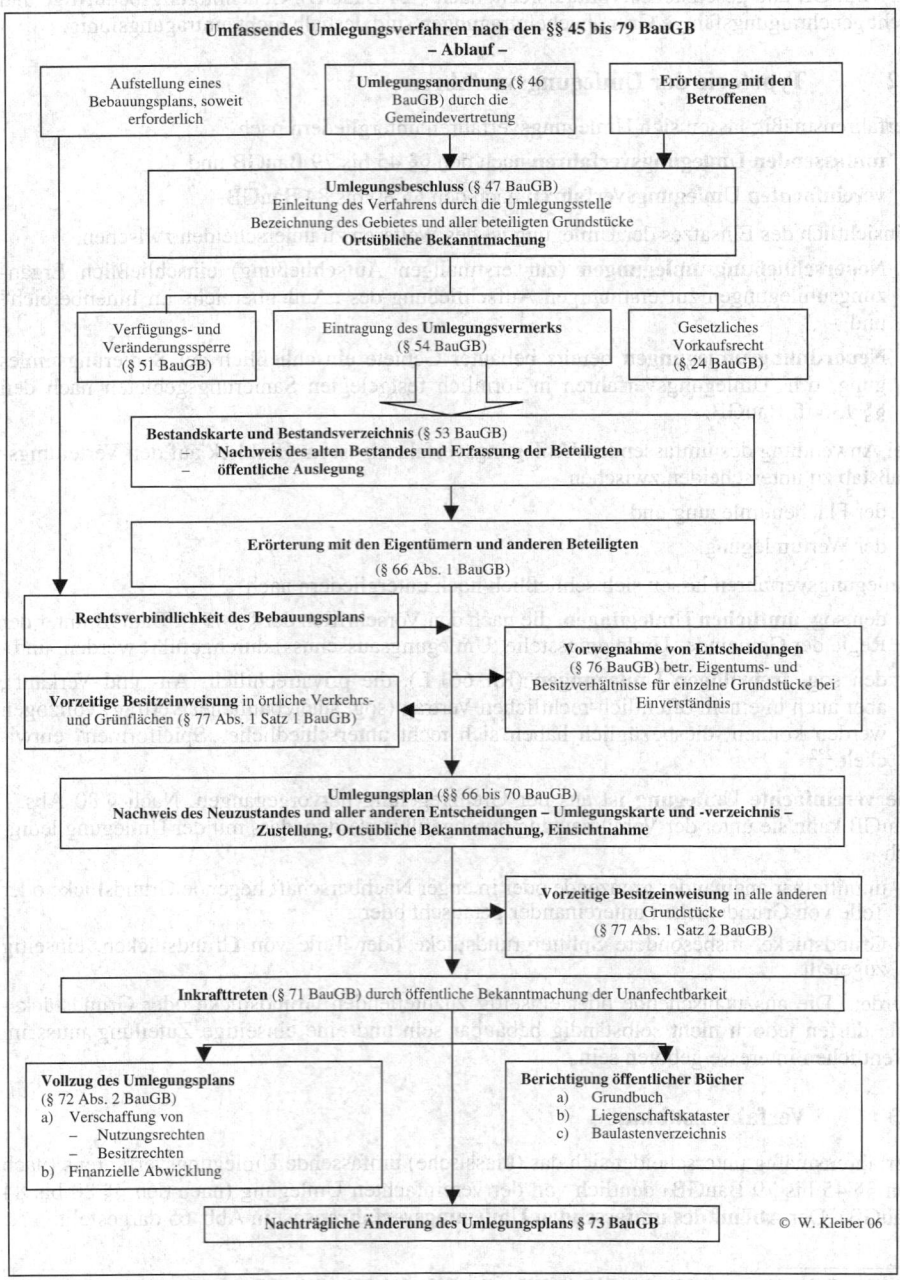

Im Unterschied zum umfassenden Umlegungsverfahren bedarf es für die vereinfachte Umlegung keiner gemeindlichen Anordnung. Die Gemeinde setzt vielmehr durch Beschluss die neuen Grenzen sowie die Geldleistungen fest; des Weiteren regelt sie im Beschluss, soweit es erforderlich ist, die Neuordnung und Aufhebung von Dienstbarkeiten, Grundpfandrechten und Baulasten. Zuvor ist die Neuordnung mit den Eigentümern zu erörtern; Beteiligten, deren

Verfahrensablauf   **Umlegungsgebiete VIII**

Rechte ohne Zustimmung durch den Beschluss betroffen werden, ist vorher Gelegenheit zur Stellungnahme zu geben (Abb. 66).

Abb. 66: Ablauf einer vereinfachten Umlegung

Das BauGB unterscheidet in § 56 BauGB *bei Anwendung des umfassenden Umlegungsverfahrens* verfahrenstechnisch zwischen den Verteilungsmodalitäten für die in der Umlegung an die beteiligten Grundeigentümer zu verteilenden Grundstücke (sog. Verteilungsmasse) nach 627

a) der sog. **Flächenumlegung,** d.h. der Verteilung nach dem Verhältnis der Flächen(anteile) der eingeworfenen Grundstücke (§ 58 BauGB), und

b) der sog. **Wertumlegung,** d.h. der Verteilung nach dem Verhältnis der Werte(-anteile) der eingeworfenen Grundstücke (§ 57 BauGB).

Mit Einverständnis der Beteiligten kann auch ein anderer Verteilungsmaßstab zur Anwendung kommen (§ 56 Abs. 2 BauGB)[233].

Bei *Anwendung der vereinfachten Umlegung* findet eine Verteilung nach dem Verhältnis der Flächen dagegen nicht statt. 628

Im Rahmen des umfassenden Umlegungsverfahrens kann die Flächenumlegung Anwendung finden, wenn jeweils die Verkehrswerte der eingeworfenen Grundstücke und die Verkehrswerte der zuzuteilenden Grundstücke untereinander gleich (homogen) sind; andernfalls wird regelmäßig die Wertumlegung den Zuteilungs- und Abfindungsgrundsätzen des Umlegungsrechts (§ 59 BauGB) gerechter. Diese schreiben vor, dass den beteiligten Eigentümern **aus der Verteilungsmasse** „dem Umlegungszweck entsprechend nach Möglichkeit **Grundstücke in gleicher und gleichwertiger Lage** wie die eingeworfenen Grundstücke und entsprechend den nach den §§ 57 und 58 (BauGB) errechneten Anteilen" **zuzuteilen** sind. Soweit dem nicht Rechnung getragen werden kann, findet ein Ausgleich in Geld statt.

Unter den nach den §§ 57 und 58 BauGB errechneten Anteilen ist der sog. **Sollanspruch** zu verstehen (Sollzuteilung). Darunter ist der den beteiligten Grundeigentümern theoretisch unter dem Verfassungsgrundsatz der Bestandsgarantie zustehende Anteil an der Verteilungsmasse zu verstehen (vgl. Rn. 652). Zur Berechnung des Sollanspruchs ist es erforderlich, die 629

---

[233] Tesmer in VR 1970, 372; Dieterich in VerwPraxis 1968, 125; ders. in ZfBR 1982, 195.

VIII Umlegungsgebiete Einführung

einzelnen Begriffe (mathematisch) zu definieren und die Funktionsweise der Umlegung zu erläutern.

7.4 Einführung in die Umlegung; Begriffe

7.4.1 Vorbemerkung

630 Die nachfolgenden Erläuterungen betreffen in erster Linie das umfassende Umlegungsverfahren. Die Hinweise zur Flächenumlegung kommen bei vereinfachtem Umlegungsverfahren nicht zur Anwendung.

7.4.2 Umlegungs- und Verteilungsmasse

631 Unter der **Umlegungsmasse** ist die rechnerische Gesamtheit der im Umlegungsgebiet gelegenen Grundstücke zu verstehen (§ 55 Abs. 1 BauGB). Sie ergibt sich aus dem Umlegungsbeschluss nach § 47 BauGB, in dem die im Umlegungsgebiet gelegenen Grundstücke einzeln aufzuführen sind. Die Umlegungsmasse umfasst demzufolge die eingeworfenen privatwirtschaftlich nutzbaren Grundstücke (Einwurfsmasse) ebenso wie die eingeworfenen (alten) Verkehrs- und Grünflächen (Gemeinbedarfsflächen). Die Umlegungsmasse kann als Flächengröße (m²) und im Wert (Gesamtwert der eingeworfenen Grundstücke) berechnet werden; in Formeln ausgedrückt:

$$U_{m^2} = \Sigma_{m^2} + A_{m^2}$$

$$U_i = \Sigma E_i + \Sigma A_i = \Sigma E_i \quad \text{(weil } \Sigma A_i = 0\text{)}$$

wobei

U_{m^2} bzw. $U_€$ = Umlegungsmasse in m² oder €
ΣE_{m^2} = $E_1 + E_2 + \ldots E_n$ = Einwurfsmasse in m²
 = Fläche der (privatwirtschaftlichen) Einwurfsgrundstücke in m²
$\Sigma E_€$ = $E_1 + E_2 + \ldots E_n$ = Einwurfsmasse in €
 = Wert der (privatwirtschaftlichen) Einwurfsgrundstücke in €
ΣA_{m^2} = $A_1 + A_2 + \ldots A_n$
 = alte Verkehrs- und Grünfläche in m²
$\Sigma A_€$ = $A_1 + A_2 + \ldots A_n$
 = Wert der alten Verkehrs- und Grünflächen
 = 0 (weil Wert = 0)

In dem in Abb. 67 abgedruckten *Beispiel* besteht ΣE aus den Flurstücken 122 bis 127 und ΣA aus den Flurstücken 59 und 121.

Abb. 67: Karte der eingeworfenen Grundstücke (Bestandskarte)

Unter der **Verteilungsmasse** ist nach § 55 Abs. 4 BauGB die Gesamtheit der für private Zwecke nutzbaren Zuteilungsgrundstücke zu verstehen. Hierzu sind (vorweg) aus der Umlegungsmasse die Verkehrs- und Grünflächen auszuscheiden, die nach dem Bebauungsplan innerhalb des Umlegungsgebiets (überwiegend) für die Bedürfnisse der Bewohner des Umlegungsgebiets ausgewiesen sind. Diese Flächen werden auch als Flächenabzug (f) bezeichnet. **632**

Als **Flächenabzug** f definiert § 55 Abs. 2 BauGB **633**

1. die örtlichen Verkehrsflächen für Straßen, Wege einschließlich Fuß- und Wohnwege und für Plätze sowie für Sammelstraßen,

2. die Flächen für Parkplätze, Grünanlagen einschließlich Kinderspielplätze und Anlagen zum Schutz gegen schädliche Umwelteinwirkungen i.S. des BImSchG, soweit sie nicht schon Bestandteil der unter Nr. 1 genannten Verkehrsanlagen sind, sowie für Regenklär- und Regenüberlaufbecken, wenn die Flächen überwiegend den Bedürfnissen der Bewohner des Umlegungsgebiets dienen sollen.

Zu den vorweg auszuscheidenden Flächen gehören auch die Flächen zum Ausgleich i.S. des § 1a Abs. 3 BauGB für die unter Nr. 1 genannten Anlagen. Grünflächen nach Nr. 2 können auch bauflächenbedingte Flächen zum Ausgleich i.S. von § 1a Abs. 3 BauGB umfassen. **634**

Diese Flächen sind vorweg aus der Umlegungsmasse auszuscheiden („Vorwegabzug") und der Gemeinde oder dem sonstigen Erschließungsträger zuzuteilen.

VIII Umlegungsgebiete Einführung

635 Die gesetzliche Bezeichnung **Flächenabzug** ist missverständlich, weil sich die Verteilungsmasse gegenüber der Einwurfsmasse nur um die vorstehend definierten neuen Verkehrs- und Grünflächen **abzüglich** der alten Verkehrs- und Grünflächen vermindert, d.h.,

$$f_{m^2} = \Sigma N_{m^2} - \Sigma A_{m^2} \text{ bei } N_{m^2} > A_{m^2}.$$

636 Die Verteilungsmasse bestimmt sich entsprechend der Definition des Flächenabzugs bei Anwendung einer **Umlegung mit Verteilung nach Werten (Wertumlegung)** nach den Festsetzungen des Bebauungsplans oder nach Maßgabe des § 34 BauGB (vgl. § 45 Abs. 1 Satz 2 BauGB); bei Anwendung der Umlegung mit Verteilung nach Flächen (Flächenumlegung) gelten die unter Rn. 633 ff. erläuterten Besonderheiten. In dem in Abb. 68 abgedruckten *Beispiel* besteht die Verteilungsmasse aus den innerhalb der Straßenbegrenzungslinien gelegenen Grundstücken, d.h. also ohne Straßenland, abzüglich der Fläche für den Kindergarten (1 130 m²).

637 Die **Verteilungsmasse** kann wiederum als Flächengröße (m²) und im Wert (Gesamtwert der für private Zwecke zuzuteilenden Grundstücke) berechnet werden. Sie entspricht der Zuteilungsmasse und ergibt sich flächenmäßig aus der Umlegungsmasse abzüglich des Flächenabzugs; in Formeln ausgedrückt:

$$\boxed{V_{m^2} = \Sigma Z_{m^2} = U_{m^2} - \Sigma N}$$

$$\boxed{V_i = \Sigma Z_i}$$

wobei

V_{m^2} bzw. V_i = Verteilungsmasse in m² oder €
ΣZ_{m^2} = $Z_1 + Z_2 + ... Z_n$
  = Fläche der (privatwirtschaftlichen) Zuteilungsgrundstücke in m²
ΣZ_i = $Z_1 + Z_2 ... Z_n$
  = Wert der (privatwirtschaftlichen) Zuteilungsgrundstücke in €
U_{m^2} = Umlegungsmasse in m²
ΣN_{m^2} = $N_1 + N_2 + ... N_n$
  = Neue Verkehrs- und Grünflächen in m²
ΣN_i = $N_1 + N_2 + ... N_n$
  = Wert der neuen Verkehrs- und Grünflächen = 0 (weil Wert = 0)

638 Der **Flächenabzug** f ergibt sich als Vomhundertsatz aus:

$$\boxed{f\% = \frac{\Sigma E_\epsilon - \Sigma Z_\epsilon}{E_\epsilon} \times 100 = \frac{f_{m^2}}{\Sigma E_{m^2}} \times 100}$$

wobei

ΣE_ϵ = Einwurfsmasse in €
ΣE_{m^2} = Einwurfsmasse in m²
ΣZ_ϵ = Zuteilungs- oder Verteilungsmasse in €
f_{m^2} = Über die alten Verkehrs- und Grünflächen hinausgehender Flächenabzug in m²
  = $\Sigma N_{m^2} - \Sigma A_{m^2}$

7.4.3 Flächen- und Wertumlegung

7.4.3.1 Flächenumlegung

639 Geht die Umlegungsstelle bei der Verteilung gemäß § 58 Abs. 1 BauGB von dem Verhältnis der Flächen aus (vgl. Rn. 628), so hat sie unter Anrechnung des Flächenabzugs f (nach § 55 Abs. 2 BauGB) einen **Flächenbeitrag in einem** solchen **Umfang** abzuziehen, **dass die Vorteile ausgeglichen werden, die durch die Umlegung erwachsen**; dies sind die sog. umlegungsbedingten Werterhöhungen.

| Einführung | Umlegungsgebiete VIII |

Für die Umlegung mit **Verteilung nach Flächen (Flächenumlegung)** gilt es zu beachten, dass sich die Verteilungsmasse aus der Umlegungsmasse abzüglich des sog. Flächen*beitrags* F ergibt, wenn der Flächenbeitrag den vorstehend definierten Flächen*abzug* übersteigt (F > f); zur sog. Wertumlegung vgl. Rn. 636 f. **640**

Der **Flächenbeitrag** ist nach § 58 Abs. 1 Satz 1 BauGB als die Gesamtfläche zu definieren, die dem Umlegungsvorteil entspricht. Der Umlegungsvorteil wiederum ergibt sich aus der umlegungsbedingten Bodenwerterhöhung. **641**

Der **Umlegungsvorteil** wird in einem Vomhundertsatz ermittelt: **642**

$$\frac{\text{Werterhöhung in €}}{\text{Einwurfswert in €}} = \frac{\text{Werterhöhung in \%}}{100}$$

Hieraus folgt:

$$\text{Werterhöhung W \%} = \frac{Z_{€/m^2} - E_{€/m^2}}{E_{€/m^2}}$$

wobei
W % = Werterhöhung in % = Umlegungsvorteil
$Z_{€/m^2}$ = Bodenwert der Zuteilungsgrundstücke
$E_{€/m^2}$ = Bodenwert der Einwurfsgrundstücke

Beispiel:
a) Einwurfswert = 150 €/m²
b) Zuteilungswert = 200 €/m²
c) Werterhöhung % = (200 € – 150 €)/150 € = 33,33 % (= Umlegungsvorteil)
d) Werterhöhung in € = 200 € – 150 € = 50 €/m²

Der **Flächenbeitrag F %** berechnet sich daraus wie folgt (vgl. Abb. 69): **643**

$$F \% = \frac{100 \times W \%}{100 + W \%} \quad (1)$$

oder direkt aus den Bodenwertverhältnissen

$$F \% = \frac{Z_{€/m^2} - E_{€/m^2}}{Z_{€/m^2}} \times 100 \quad (2)$$

Beispiel (Fortsetzung des vorherigen Beispiels): **644**
Ermittlung des Flächenbeitrags in % nach
Formel (1)

$$F \% = \frac{100 \times 33,33}{100 + 33,33} = 25 \%$$

Formel (2)

$$F \% = \frac{200 \ €/m^2 - 150 \ €/m^2}{200 \ €/m^2} \times 100 = 25 \%$$

VIII Umlegungsgebiete — Einführung

645 Der **Flächenbeitrag des einzelnen Eigentümers** bestimmt sich nach der Formel

$$F_{m^2} = F/100 \times E_{m^2}$$

Abb. 68: Bebauungsplan als Grundlage für die Berechnung der Verteilungsmasse

646 Das Beispiel zeigt, dass der **Flächenbeitrag,** der sich nach der umlegungsbedingten Bodenwerterhöhung (Umlegungsvorteil) bemisst, **nicht mit dem Umlegungsvorteil zahlenmäßig identisch** ist, sondern entsprechend niedriger ausfällt. Dies ist darauf zurückzuführen, dass sich der Umlegungsvorteil auf Grund der Verminderung der Umlegungsmasse um den Flächenbeitrag auf die *Verteilungs*masse bezieht, während der Flächenbeitrag (in %) den Flächenanteil an der *Umlegungs*masse angibt.

Einführung   **Umlegungsgebiete VIII**

§ 58 Abs. 1 Satz 2 BauGB begrenzt den Flächenbeitrag   **647**

a) in Gebieten, die erstmalig erschlossen werden, auf 30 % und

b) in anderen Gebieten, d.h. solchen, die neu geordnet werden, auf 10 %.

Umlegungsvorteile (umlegungsbedingte Bodenwerterhöhungen) können deshalb **bei Anwen-**   **648**
dung der Flächenumlegung (Verteilung nach Flächen) im Unterschied zur sog. Wertumlegung nur begrenzt **abgeschöpft** werden (vgl. Rn. 651); dies wird allerdings nur bei erheblichen Umlegungsvorteilen relevant. Durch Umkehrung der unter Rn. 643 angegebenen Formel (1) lässt sich der Grenzwert ermitteln; aus (1) folgt

$$W\% = \frac{100 \times F\%}{100 - F\%}$$

Es ergeben sich folgende **Grenzwerte:**   **649**

a) bei einem maximalen Flächenbeitrag von 10 %:

    $W_{max}\% = 100 \times 10/100 - 10 = 11{,}11\,\%$ (Neuordnungsumlegung)

b) bei einem maximalen Flächenbeitrag von 30 %:

    $W_{max}\% = 100 \times 30/100 - 30 = 42{,}86\,\%$ (Erschließungsumlegung)

Abb. 69: Ermittlung des Flächenbeitrags aus dem Umlegungsvorteil

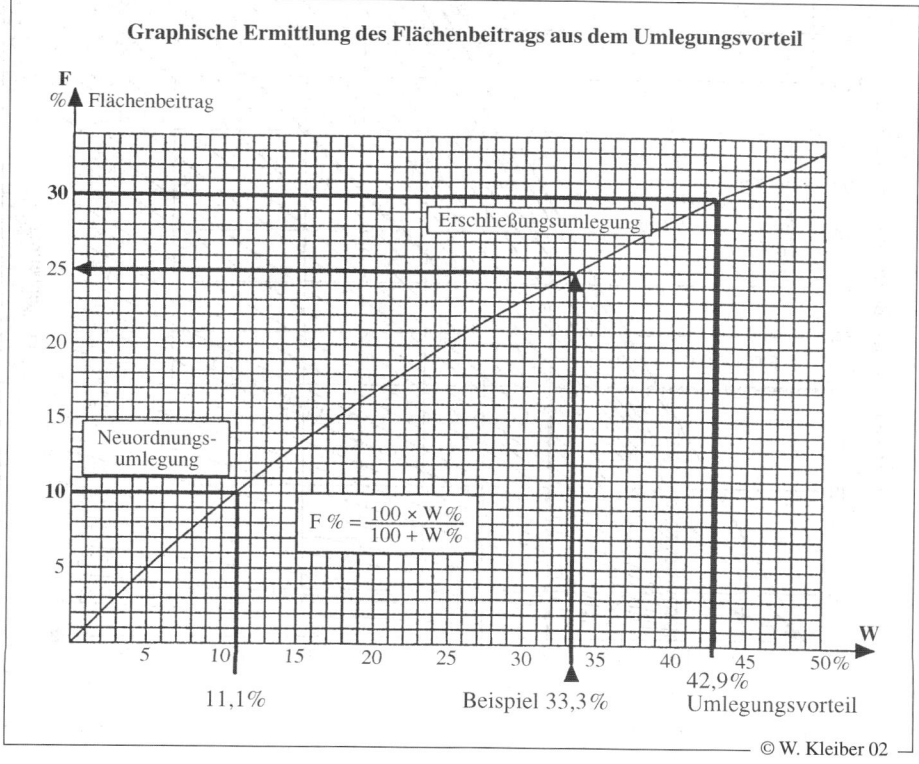

Der Flächen*beitrag* dient in erster Linie dazu, die Flächen (kostenlos) bereitzustellen, die für   **650**
Maßnahmen erforderlich sind, die Gegenstand des Flächen*abzugs* sind. § 58 Abs. 1 Satz 1

VIII Umlegungsgebiete — Einführung

stellt die **Anrechnung des Flächenabzugs auf den Flächenbeitrag** ausdrücklich heraus. Der aus dem Umlegungsvorteil resultierende Flächenbeitrag in m² entspricht aber allenfalls in Ausnahmefällen exakt dem Flächenabzug (m²);

a) übersteigt der Flächenabzug f den Flächenbeitrag F, findet ein Ausgleich in Geld nicht statt[234] (anders noch § 58 Abs. 2 BauGB a. F.); der Flächenabzug wird im Übrigen nicht durch die gesetzlichen Obergrenzen des Flächenbeitrags begrenzt;

b) übersteigt der Flächenbeitrag F den Flächenabzug f, so wird der Umlegungsvorteil in der Praxis in Land abgeschöpft, d.h., die Differenz aus ($F_{m^2} - f_{m^2}$) kommt nicht zur Verteilung an die Umlegungsbeteiligten, sondern verbleibt der Gemeinde für privatwirtschaftliche Zwecke oder für die Flächenbereitstellung für überörtliche Gemeinbedarfszwecke (§ 55 Abs. 5 BauGB); sie kann aber auch insoweit den Flächenbeitrag ganz oder teilweise in Geld abschöpfen.

Abb. 70: Flächenbeitrag in Abhängigkeit vom Einwurfswert und der umlegungsbedingten Bodenwerterhöhung

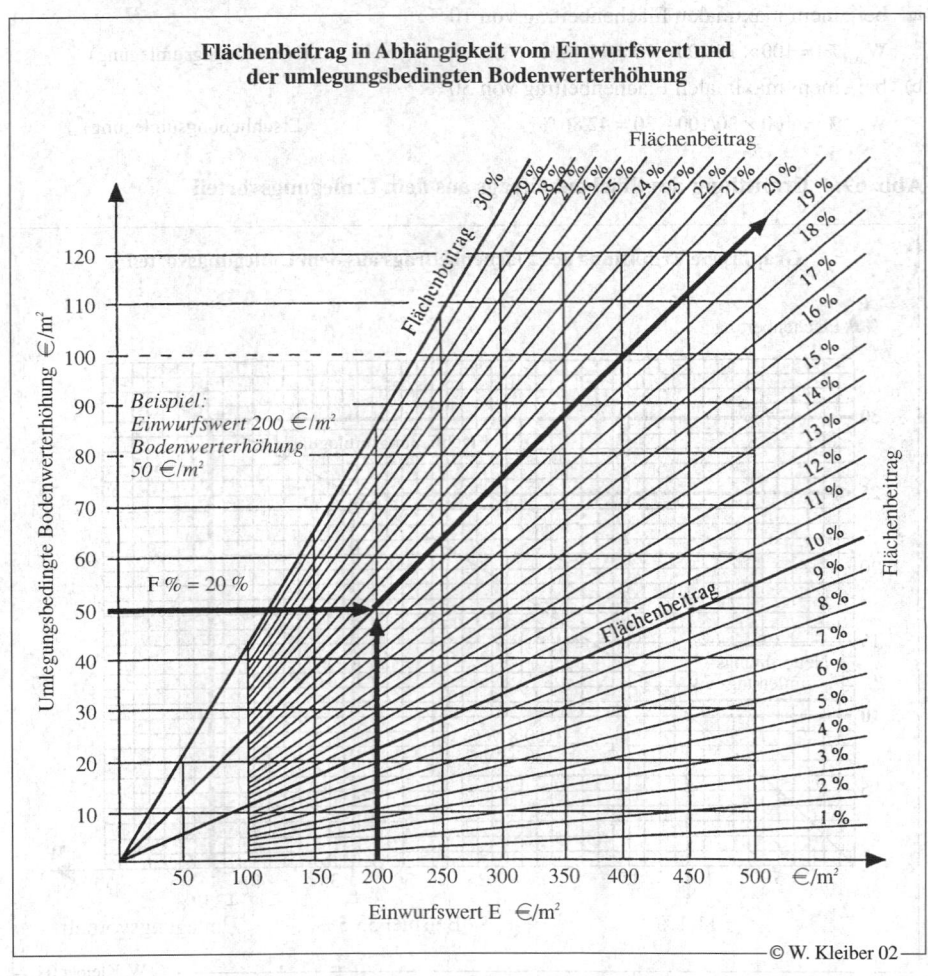

---

[234] Ernst/Zinkahn/Bielenberg, BauGB § 58 Rn. 13, § 55 Rn. 10; BT-Drucks. 10/4630, S. 100; ein Geldausgleich wäre nicht gerechtfertigt, soweit der Flächenabzug nicht durch den Umlegungsvorteil gedeckt ist. Die Abschöpfung des Umlegungsvorteils ist aber durch die Obergrenze des Flächenbeitrags (10 % und 30 %) gekappt.

Einführung   **Umlegungsgebiete VIII**

7.4.3.2 Wertumlegung

Die Wertumlegung, d.h. die Umlegung mit einer Verteilung nach dem Verhältnis der (Boden-)Werte, kommt im Unterschied zur Flächenumlegung grundsätzlich dann zur Anwendung, wenn die **Bodenwerte der eingeworfenen oder (und) der zuzuteilenden Grundstücke untereinander inhomogen sind,** d.h. eine unterschiedliche Wertigkeit aufweisen. § 57 BauGB schreibt dafür vor, dass die Verteilungsmasse dann in dem Verhältnis zu verteilen ist, in dem die zu berücksichtigenden Eigentümer an der Umlegung beteiligt sind. Eine Begrenzung des Flächenbeitrags sieht das Gesetz nicht vor. Von einem Flächenbeitrag ist noch nicht einmal die Rede, weil sich für die einzelnen Grundstücke entsprechend dem individuellen Umlegungsvorteil unterschiedliche Flächenbeiträge ergeben. Der Anspruch des beteiligten Eigentümers ergibt sich vielmehr direkt über den Sollanspruch (vgl. Rn. 655 f.).   **651**

7.4.4 Sollanspruch und Zuteilung

7.4.4.1 Allgemeines

Mit dem **Sollanspruch** wird der den beteiligten Grundeigentümern an der Verteilungsmasse zustehende Anteil bezeichnet (§ 56 Abs. 1 BauGB). Er berechnet sich wie folgt: **652**

7.4.4.2 Sollanspruch bei Verteilung nach Flächen (Flächenumlegung)

Der Sollanspruch berechnet sich nach folgender Formel: **653**

$$\boxed{\text{Sollanspruch [m}^2\text{]} = E_i\, [\text{m}^2]\; \frac{(1 - F\,[\%])}{100}} \qquad (1) \qquad \text{bei } F > f$$

wobei
$E_i\,[\text{m}^2]$ = Einwurfsgrundstück in m²
$F\,[\%]$ = Flächenbeitrag in %

Übersteigt der Flächenabzug f den Flächenbeitrag F, so ist in vorstehender Formel statt des Flächenbeitrags in % der Flächenabzug in [%] einzuführen,   **654**

$$\boxed{\text{Sollanspruch [m}^2\text{]} = E_i\, [\text{m}^2]\; \frac{(1 - f\,[\%])}{100}} \qquad (2) \qquad \text{bei } f > F$$

wobei die Wertdifferenz zwischen dem Flächenabzug und dem Flächenbeitrag in Geld auszugleichen ist (vgl. Rn. 650).

Die Ermittlung kann auch erfolgen nach:

$$\boxed{\text{Sollanspruch [m}^2\text{]} = E_i\,[\text{m}^2] \times \frac{\Sigma V\,[\text{m}^2]}{\Sigma E\,[\text{m}^2]}} \qquad (3)$$

wobei
$V\,[\text{m}^2]$ = Verteilungsmasse in m²
$E\,[\text{m}^2]$ = Einwurfsmasse in m²

7.4.4.3 Sollanspruch bei Verteilung nach Werten (Wertumlegung)

Der Verteilungsschlüssel für die Wertumlegung ergibt sich aus dem Quotienten der Summe der Verteilungsmasse zur Summe der Einwurfsmasse in € (statt in Fläche) und wird als **Verteilungsfaktor q** bezeichnet.   **655**

$$\boxed{\text{Verteilungsfaktor } q = \frac{\Sigma V\,[\text{€}]}{\Sigma E\,[\text{€}]}} \qquad (4)$$

VIII Umlegungsgebiete   Einführung

Der **Verteilungsfaktor q** gibt das **Wertverhältnis zwischen der Verteilungsmasse zur Einwurfsmasse** an und ist regelmäßig > 1; nur bei äußerst ungünstigen Verhältnissen, insbesondere bei sehr hohem Flächenabzug, kann es vorkommen, dass die Verteilungsmasse die Einwurfsmasse wertmäßig unterschreitet und zu einem Verteilungsfaktor q < 1 führt.

$$\text{Sollanspruch [€]} = E_i \ [m^2] \times q$$

wobei
E_i [€]   = Einwurfsgrundstück in €
q   = Verteilungsfaktor = ΣV [€] / ΣE [€]
ΣV [€] = Verteilungsmasse in €
ΣE [€] = Einwurfsmasse in €

656 Daneben lässt sich auch sogleich die sog. **Wertgleichheitsbedingung** ableiten. Danach ist:

$$E_{€/m^2} \times E_{m^2} = Z_{€/m^2} \times Z_{m^2}$$

wobei $Z_{m^2} = E_{m^2} \times f_{m^2}$

In Bezug auf die Zuteilung handelt es sich hierbei lediglich um eine *Mindestbedingung,* die aus § 57 Satz 2 und § 58 Abs. 1 Satz 1 BauGB folgt; eine Unterschreitung bedarf einer besonderen Rechtfertigung[235].

7.4.4.4 Sollanspruch bei Anwendung der vereinfachten Umlegung

657 Bei Anwendung der vereinfachten Umlegung werden nach § 80 Abs. 3 BauGB die neu geordneten Grundstücke möglichst in gleicher und gleichwertiger Lage nach dem Verhältnis der eingeworfenen Grundstücke zum Wert aller übrigen in das vereinfachte Umlegungsverfahren einbezogenen Grundstücke zugeteilt. Dies bedeutet, dass sich der **Sollanspruch und die Verteilung nach den Grundsätzen der Wertumlegung** bestimmen.

7.4.5 Zuteilung

658 Vom Sollanspruch zu unterscheiden ist die **tatsächliche Ist-Zuteilung,** denn der Sollanspruch stellt nur eine Orientierungsgröße für die Zuteilung dar, die aber tatsächlich kaum jemals auf den m² bzw. auf „Euro und Cent" nach der Lage der Grundstücke im Umlegungsgebiet erfüllt werden kann. Die Zuteilungsgrundstücke ergeben sich aus der Umlegungskarte (vgl. Abb. 71), die zusammen mit dem Umlegungsverzeichnis den Umlegungsplan bildet (§§ 66 ff. BauGB). Der Umlegungsplan gibt den in Aussicht genommenen Neuzustand mit allen rechtlichen und tatsächlichen Änderungen wieder und muss nach Form und Inhalt zur Übernahme in das Liegenschaftskataster geeignet sein.

659 Damit den Umlegungsbeteiligten keine Vor- oder Nachteile aus der Umlegung erwachsen, haben sie nach § 64 BauGB eine **Ausgleichsleistung** in Geld zu entrichten, die sich nach dem Unterschied zwischen Einwurfs- und Zuteilungswert bemisst; in Formeln ausgedrückt:

$$\text{Ausgleichsleistung} = Z_€ - E_€$$

wobei
$Z_€$ = Wert des Zuteilungsgrundstücks (vgl. Rn. 715 ff.)
$E_€$ = Wert des Einwurfsgrundstücks (vgl. Rn. 693 ff.)

Dies stellt den sog. **Spitzenausgleich** dar.

▶ *Näheres vgl. Rn. 666 ff.*

---

235 BGH, Urt. vom 14.7.1977 – III ZR 139/74 –, EzGuG 17.74.

Abb. 71: Umlegungskarte (Zuteilungsgrundstücke)

Die **Zuteilungsgrundsätze** sind im Übrigen in § 59 BauGB geregelt. Dies sind: **660**

a) Anspruch auf Landzuteilung (§§ 45 Abs. 1 und 59 Abs. 1 BauGB) in Form zweckmäßig gestalteter Grundstücke;

b) verhältnismäßige Zuteilung unter Berücksichtigung der nach den §§ 57 und 58 BauGB errechneten Anteile (§ 59 Abs. 1 BauGB);

c) Geldausgleich zur Herbeiführung einer wertgleichen Abfindung (§ 59 Abs. 2 BauGB); Zuteilung in gleicher oder gleichwertiger Lage;

d) optimale Bauplatzgestaltung.

Bei *Anwendung der vereinfachten Umlegung* ist dem Grundstückseigentümer möglichst ein Grundstück in gleicher oder gleichwertiger Lage nach dem Verhältnis des Werts seines früheren Grundstücks zum Wert der übrigen Grundstücke zuzuteilen.

Eine besondere Problematik bereitet die „Abarbeitung" der **naturschutzrechtlichen Ausgleichsregelung** im Rahmen von Umlegungsverfahren; hierzu wird auf das weiterführende Schrifttum verwiesen[236]. **661**

▶ *Weitere Ausführungen hierzu: vgl. Rn. 710 ff., 718 ff. sowie § 5 ImmoWertV Rn. 254 ff.*

7.4.6 Exkurs: Freiwillige Umlegungen

Mit dem Verständnis der sog. amtlichen Umlegung erschließt sich auch die Funktionsweise der sog. freiwilligen Umlegung (vgl. Rn. 625), die kurz am Beispiel der Stadt Stuttgart erläutert werden soll: **662**

---

[236] Dieterich in GuG 1991, 301; Sandmann in GuG 1995, 1; Letzner in GuG 1995, 206; Bielenberg/Sandmann in GuG 1996, 193; Reinhardt in GuG 1993, 289 und GuG 1997, 266.

VIII Umlegungsgebiete — Einführung

In Stuttgart wurden bereits in den ersten 10 Jahren nach Inkrafttreten des BBauG im Jahr 1960 zur Regelung der Eigentumsverhältnisse sehr häufig freiwillige Umlegungsverfahren durchgeführt, bei denen die Stadt nur die im Bebauungsplan ausgewiesenen örtlichen Verkehrs- und Grünflächen (§ 55 Abs. 2 BauGB) übertragen bekam, wobei die bereits bestehenden öffentlichen Flächen (meist Feldwege) vom Verkehrsflächenbedarf abgezogen wurden. Sonstige Flächen der Gemeinde wurden umlegungsgemäß wie private Grundstücke in das Bodenordnungsverfahren einbezogen. Daraus ergibt sich ein sehr viel niedrigerer Flächenabzug – im Schrifttum wird z. B. 15 bis 18 % der Einwurfsfläche genannt –, als über den Flächenbeitrag von 30 % in erstmalig erschlossenen Gebieten bei einer amtlichen Umlegung abzuziehen wäre. Am 24.5.1967 fassten der Technische Ausschuss und der Wirtschaftsausschuss des Gemeinderats der Stadt Stuttgart einen Beschluss, einer freiwilligen Umlegung nur noch unter Abschöpfung der Hälfte des den Verkehrsflächenabzug übersteigenden Umlegungsvorteils zuzustimmen.

In Formeln errechnet sich der Abzug bei einem freiwilligen Stuttgarter Verfahren:

$$\text{Abzug bei freiwilligen Verfahren} = f_{m^2} + \frac{F_{m^2} - f_{m^2}}{2}$$

wobei F_{m^2} = Flächenbeitrag (§ 58 Satz 2 BBauG = BauGB)
f_{m^2} = Flächenabzug (§ 55 Abs. 2 BBauG = BauGB)

Der sich damit ergebende Abzug (F + f)/2 bewegt sich im Schrifttum für Stuttgart im Normalfall zwischen 22,5 bis 24 %, woraus sich für die Grundeigentümer gegenüber einem amtlichen Verfahren ein Vorteil von 6 bis 7,5 % ergibt.

Das Stuttgarter Modell wurde als Bodenordnungsverfahren in mehreren anderen Städten und Gemeinden angewandt. Der freiwillige Abzug wird unterschiedlich behandelt:

Verfahren/Ort	Eigentümer	unentgeltlicher Abzug
Stuttgart/Pfaffenäcker	160	25 %
Böblingen – Diezenhalde	395	25 %
Neckarsulm – Neuberg III	170	24 %
Holzgerlingen – Stock	120	30 %
Heilbronn – Fleischbeil		23 %
Bonlanden – Kreuzäcker		16 %
Herrenberg – Ehbühl		24 %

Bereits 1966 wurde bei einer freiwilligen Bodenordnung in Stuttgart-Neugereut, im Rückblick oft als Vorläufer des Stuttgarter Modells bezeichnet, die teilweise Zweckbindung von Grundstücken zu Zwecken des öffentlich geförderten Wohnungsbaues in das Verfahren einbezogen. Die dafür benötigten Flächen wurden für 25 €/m² angekauft!

Die Flächenverwendung ergab sich damit wie folgt:

unentgeltlicher Flächenbeitrag	22,5 %
Sozialabzug (zu 25 €/m²)	35,0 %
Zuteilungsanspruch	**42,5 %**
zusammen:	100,0 %

Im Dezember 1969 wurde durch Beschluss des Technischen Ausschusses und des Wirtschaftsausschusses des Gemeinderats der Stadt Stuttgart zusätzlich gefordert, dass neben dem genannten Abzug grundsätzlich von den beteiligten Grundstückseigentümern ein zusätzlicher zu entschädigender Sozialabzug von 20 % für den öffentlich geförderten Wohnungsbau aufzubringen ist. Die Abfindung für den zusätzlichen Flächenabzug ist dabei so zu bemessen, dass der öffentlich geförderte Wohnungsbau auf diesen Flächen noch möglich ist.

Der für den öffentlich geförderten Wohnungsbau noch mögliche Bauplatzpreis wird für 1970 in Stuttgart mit 32,50 bis 40 €/m² angegeben und beträgt damit noch nicht einmal 30 % des Verkehrswerts. Damit liegt der gesamte Flächenabzug über dem Maximalbetrag nach § 58 BBauG/BauGB. Damit ist das Verfahren nicht ganz unbedenklich und erfordert große Einsicht der Eigentümer und Überzeugungskraft der bodenordnenden Verwaltung. Das Verfahren kann indes Planung und Vollzug fruchtbar verbinden.

7.5 Allgemeine Grundsätze der Wertermittlung in Umlegungsgebieten

7.5.1 Wertermittlungsstichtag

7.5.1.1 Allgemeines

Wertermittlungsstichtag, und zwar sowohl für die Ermittlung der Einwurfswerte als auch der Zuteilungswerte, ist der **Zeitpunkt des Umlegungsbeschlusses** nach § 47 BauGB (vgl. § 57 Satz 2 BauGB); dies gilt grundsätzlich auch für die Durchführung einer Sanierungsumlegung unter Anwendung des § 153 Abs. 5 BauGB[237]. Der BGH hat den Wertermittlungsstichtag auf den **Tag der Bekanntmachung des Einleitungsbeschlusses (im Amtsblatt)** präzisiert[238]. Wird von der Bekanntmachung nach § 50 Abs. 1 Satz 2 BauGB abgesehen, ist der Eingang der letzten Einverständniserklärung der Beteiligten der Wertermittlungsstichtag. Für förmlich festgelegte Sanierungsgebiete sind eine Reihe von Besonderheiten maßgebend (vgl. Rn. 678 ff.).

Auch bei *Anwendung der vereinfachten Umlegung* ist der Umlegungsbeschluss Wertermittlungsstichtag. Verfahrensrechtlich ist die vereinfachte Umlegung derart ausgestaltet, dass dem Umlegungsbeschluss des vereinfachten Umlegungsverfahrens zugleich die Bedeutung zukommt, die bei Anwendung des umfassenden Umlegungsverfahrens der Umlegungsplan hat. Nachfolgende Besonderheiten sind deshalb nur für das umfassende Umlegungsverfahren von Bedeutung:

Abweichend vom Grundsatz des § 57 Satz 2 und 3 BauGB, nach dem für die Ermittlung des Einwurfs- und Zuteilungswerts die allgemeinen Wertverhältnisse zum Zeitpunkt des Umlegungsbeschlusses maßgebend sind, ist **in besonderen Fällen nach entschädigungsrechtlichen Grundsätzen ein aktueller Wertermittlungsstichtag maßgebend**; dabei kommt in Betracht

a) der Zeitpunkt des Beschlusses über die Aufstellung des Umlegungsplans (§ 66 BauGB),

b) der Zeitpunkt der Vorwegnahme der Entscheidung nach § 76 BauGB oder

c) der Zeitpunkt der Entscheidung über die vorzeitige Besitzeinweisung nach § 77 i.V.m. den §§ 116 bis 122 BauGB.

Im Einzelnen betrifft dies

a) den Geldausgleich für eine Zuteilung unter dem Einwurfswert (Minderzuteilung nach § 59 Abs. 2 Satz 2 BauGB),

b) den Geldausgleich für eine Zuteilung, die „mehr als nur unwesentlich" den Sollanspruch unterschreitet (Minderzuteilung nach § 59 Abs. 2 Satz 2 BauGB),

c) den Geldausgleich für eine Zuteilung, die „mehr als nur unwesentlich" den Sollanspruch überschreitet *und* durch die die bebauungsplanmäßige Nutzung ermöglicht wird (Mehrzuteilung nach § 59 Abs. 2 Satz 3 BauGB),

d) die Geldabfindung nach § 59 Abs. 4 und 5 BauGB,

e) die Geldabfindung bzw. den Geldausgleich für bauliche Anlagen, Anpflanzungen und sonstige Einrichtungen nach § 60 BauGB sowie

f) den Geldausgleich für Vermögensnachteile und Vermögensvorteile nach § 61 BauGB, die durch die Aufhebung, Änderung oder Begründung von Rechten oder Baulasten entstehen.

---

[237] Ernst/Zinkahn/Bielenberg, BauGB, § 154 BauGB Rn. 53 ff.
[238] BGH, Urt. vom 21.2.1980 – III ZR 84/78 –, EzGuG 17.37.

VIII Umlegungsgebiete — Grundsätze

7.5.1.2 Wertermittlungsstichtag für Mehr- und Minderzuteilungen

666 **Minderzuteilungen** unter dem Einwurfswert[239], aber auch *mehr als nur unwesentliche Unterschreitungen des Sollanspruchs* sind nach den Grundsätzen des Entschädigungsrechts auszugleichen (vgl. § 59 Abs. 2 Satz 2 BauGB). Der Umlegungsbeschluss als Bemessungsgrundlage für derartige Minderzuteilungen würde den Betroffenen nicht in die Lage versetzen, bildhaft gesprochen, sich gleichwertigen Ersatz zu verschaffen, da zwischen Umlegungsbeschluss und Umlegungsplan i.d.R. eine geraume Zeit verstreicht und bei steigenden Bodenwerten ein gleichwertiger Ersatz nicht möglich wäre. In diesen Fällen ist deshalb die **Minderzuteilung auf den Zeitpunkt des Umlegungsplans zu beziehen,** d.h., es ist eine zeitnahe Entschädigung zu gewähren[240].

667 Nach der Rechtsprechung des BGH[241] sind **Abweichungen von 10 % als nicht mehr geringfügig** einzustufen, jedoch ist allein mit prozentualen Abweichungen eine abschließende Beurteilung kaum möglich; auch die tatsächliche (absolute) Höhe der Abweichung muss in die Betrachtung einbezogen werden.

668 Des Weiteren ist nach § 59 Abs. 2 Satz 3 BauGB auch eine **Mehrzuteilung** auf den Zeitpunkt des Umlegungsplans zu beziehen, soweit die Zuteilung den Sollanspruch mehr als nur unwesentlich überschreitet und dadurch die bebauungsplanmäßige Nutzung ermöglicht wird. Die vom Gesetz vorgegebenen Kautelen:

a) „mehr als unwesentliche Überschreitung" und

b) „Ermöglichung der bebauungsplanmäßigen Nutzung"

sind darin begründet, dass erst in diesem Fall für den Umlegungsbeteiligten ein besonderer Vorteil liegt, der über die Bestandsgarantie hinausgeht; d.h., der Eigentümer kann nicht zum Erwerb der „überschießenden" Flächen zum aktualisierten Zuteilungswert gezwungen werden, wenn er diese nicht begehrt.

669 Der Umlegungsplan ist schließlich auch Wertermittlungsstichtag, wenn der **Eigentümer** nach § 59 Abs. 5 oder 6 BauGB **völlig in Geld abgefunden** wird.

670 Unter dem **Zeitpunkt des Umlegungsplans** ist der Zeitpunkt der Bekanntgabe des Verwaltungsaktes „Umlegungsplan" durch Zustellung nach § 70 Abs. 1 BauGB zu verstehen. Aus praktischen Erwägungen wird jedoch die öffentliche Bekanntmachung der Beschlussfassung über die Aufstellung des Umlegungsplans vorzuziehen sein, wobei der Unterschied regelmäßig ohne praktische Bedeutung sein dürfte.

671 Nachstehend werden **Berechnungsbeispiele zu den vorstehenden Ausführungen** vorgestellt; dabei betrage die Bodenwerterhöhung 10 % in der Zeit zwischen Umlegungsbeschluss und Umlegungsplan.

I. Überschreitung des Sollanspruchs
Fall 1: Zuteilungswert > Sollanspruch (unwesentlich) > Einwurfswert

a) Sachverhalt
Bezugszeitpunkt: Umlegungsbeschluss

Einwurfswert	$E_€ =$	50 000 €
Einwurfsmasse [€]	$\Sigma E_€ =$	1 000 000 €
Verteilungsmasse [€]	$\Sigma V_€ =$	1 300 000 €
Sollanspruch [€] $= E_€ \times = \dfrac{\Sigma V_€}{\Sigma E_€} = \dfrac{1{,}3}{1{,}0} \times 50\,000\ €\ =$	$S_€ =$	**65 000 €**
Zuteilungswert	$Z_€ =$	70 000 €
Überschreitung des Sollanspruchs ($Z_€ - S_€$)	=	5 000 €

Überschreitung < 10 % des Sollanspruchs (unwesentlich)

---
[239] Stets eine Enteignung, vgl. BGH, Urt. vom 21.2.1980 – III ZR 84/78 –, EzGuG 17.37; BGH, Urt. vom 6.12.1984 – III ZR 174/83 –, EzGuG 17.52.
[240] BVerfG, Urt. vom 15.7.1981 – 1 BvL 77/78 –, EzGuG 4.78.
[241] Mehrzuteilungen von über 10 % werden nicht mehr als geringfügige Spitze gewertet: BGH, Urt. vom 6.12.1984 – III ZR 174/83 –, EzGuG 17.25.

Grundsätze **Umlegungsgebiete VIII**

b) **Geldausgleich bei Bodenwerterhöhung** um 10 % bis zum Bezugszeitpunkt Umlegungsplan
  Zuteilungswert Z_ϵ = 70 000 €
  Einwurfswert E_ϵ = − 50 000 €

  Geldausgleich (zu zahlen): = **20 000 €**

c) **Geldausgleich bei Bodenwertminderung** um 10 % bis zum Bezugszeitpunkt Umlegungsplan
  – wie bei b)

Fall 2: Zuteilungswert > Sollanspruch (wesentlich) > Einwurfswert 672

a) **Sachverhalt**
  Bezugszeitpunkt: Umlegungsbeschluss
  Einwurfswert E_ϵ = 50 000 €
  Einwurfsmasse [€] ΣE_ϵ = 1 000 000 €
  Verteilungsmasse [€] ΣV_ϵ = 1 300 000 €
  Sollanspruch [€] $= E_\epsilon \times \dfrac{\Sigma V_\epsilon}{\Sigma E_\epsilon} = \dfrac{1{,}3}{1{,}0} \times 50\,000\ € =$ S_ϵ = **65 000 €**
  Zuteilungswert Z_ϵ Z_ϵ = 75 000 €
  Überschreitung des Sollanspruchs ($Z_\epsilon - S_\epsilon$) = 10 000 €
  (Überschreitung > 10 % des Sollanspruchs = wesentlich)

b) **Geldausgleich bei Bodenwerterhöhung** um 10 % bis zum Bezugszeitpunkt Umlegungsplan
  10 000 € × 1,1 = 11 000 €
  + Vorteilsausgleich: (65 000 € − 50 000 €) = + 15 000 €

  Geldausgleich (zu zahlen): = **26 000 €**

c) **Geldausgleich bei Bodenwertminderung** um 10 % bis zum Bezugszeitpunkt Umlegungsplan
  10 000 € × 0,9 = 9 000 €
  + Vorteilsausgleich (wie b) = + 15 000 €

  Geldausgleich (zu zahlen): = **24 000 €**

II. Unterschreitung des Sollanspruchs

Fall 3: Zuteilungswert < Sollanspruch (unwesentlich) > Einwurfswert 673

a) **Sachverhalt**
  Bezugszeitpunkt: Umlegungsbeschluss
  Einwurfswert E_ϵ = 50 000 €
  Einwurfsmasse [€] E_ϵ = 1 000 000 €
  Verteilungsmasse [€] V_ϵ = 1 300 000 €
  Sollanspruch [€] $= E_\epsilon \times \dfrac{\Sigma V_\epsilon}{\Sigma E_\epsilon} = \dfrac{1{,}3}{1{,}0} \times 50\,000\ € =$ S_ϵ = **65 000 €**

  Zuteilungswert Z_ϵ = 60 000 €

  Unterschreitung des Sollanspruchs = 5 000 €
  (Unterschreitung < 10 % des Sollanspruchs = unwesentlich)

b) **Geldausgleich bei Bodenwerterhöhung** um 10 % bis zum Bezugszeitpunkt Umlegungsplan
  Zuteilungswert Z_ϵ = 60 000 €
  Einwurfswert E_ϵ = − 50 000 €

  Geldausgleich (zu zahlen): = **10 000 €**

c) **Geldausgleich bei Bodenwertminderung** um 10 % bis zum Bezugszeitpunkt Umlegungsplan
  – wie bei b).

VIII Umlegungsgebiete — Grundsätze

674 **Fall 4: Zuteilungswert < Sollanspruch (wesentlich) > Einwurfswert**

a) **Sachverhalt**

Bezugszeitpunkt: Umlegungsbeschluss
Einwurfswert E_ϵ = 50 000 €
Einwurfsmasse [€] ΣE_ϵ = 1 000 000 €
Verteilungsmasse [€] ΣV_ϵ = 1 300 000 €

Sollanspruch [€] $= E_\epsilon \times \dfrac{\Sigma V_\epsilon}{\Sigma E_\epsilon} = \dfrac{1{,}3}{1{,}0} \times 50\,000\, € =$ S_ϵ = 65 000 €

Zuteilungswert Z_ϵ = 57 500 €

Unterschreitung des Sollanspruchs = **7 500 €**
(Unterschreitung > 10 % des Sollanspruchs = wesentlich)

b) **Geldausgleich bei Bodenwerterhöhung** um 10 % bis zum Bezugszeitpunkt Umlegungsplan
7 500 € × 1,1 = − 8 250 €
Vorteilsausgleich: (65 000 € − 50 000 €) = + 15 000 €
Geldausgleich (zu zahlen): = **6 750 €**

c) **Geldausgleich bei Bodenwertminderung** um 10 % bis zum Bezugszeitpunkt Umlegungsplan
7 500 € × 0,9 = − 6 750 €
Vorteilsausgleich (65 000 € − 50 000 €) = = + 15 000 €
Geldausgleich (zu zahlen): = **8 250 €**

III. Unterschreitung des Einwurfswerts

675 **Fall 5: Zuteilungswert > Sollanspruch < Einwurfswert**

a) **Sachverhalt**

Bezugszeitpunkt: Umlegungsbeschluss
Einwurfswert E_ϵ = 50 000 €
Einwurfsmasse [€] ΣE_ϵ = 1 000 000 €
Verteilungsmasse [€] ΣV_ϵ = 900 000 €

Sollanspruch [€] $= E_\epsilon \times \dfrac{\Sigma V_\epsilon}{\Sigma E_\epsilon} = \dfrac{0{,}9}{1{,}0} \times 50\,000\, € =$ S_ϵ = 45 000 €

Zuteilungswert Z_ϵ = 48 000 €

Unterschreitung des Einwurfswerts (50 000 € − 48 000 €) = **2 000 €**
(Unterschreitung < 10 % des Einwurfswerts)

b) **Geldausgleich bei Bodenwerterhöhung** um 10 % bis zum Bezugszeitpunkt Umlegungsplan
2 000 € × 1,1 = **2 200 €**

c) **Geldausgleich bei Bodenwertminderung** um 10 % bis zum Bezugszeitpunkt Umlegungsplan
2 000 € × 0,9 = **1 800 €**

IV. Unterschreitung des Einwurfswerts und des Sollanspruchs

676 **Fall 6: Zuteilungswert < Einwurfswert (unwesentlich) < Sollanspruch**

a) **Sachverhalt**

Bezugszeitpunkt: Umlegungsbeschluss
Einwurfswert E_ϵ = 50 000 €
Einwurfsmasse [€] ΣE_ϵ = 1 000 000 €
Verteilungsmasse [€] ΣV_ϵ = 1 300 000 €

Sollanspruch [€] $= E_\epsilon \times \dfrac{\Sigma V_\epsilon}{\Sigma E_\epsilon} = \dfrac{1{,}3}{1{,}0} \times 50\,000\, € =$ S_ϵ = **65 000 €**

Zuteilungswert Z_ϵ = 40 000 €

Unterschreitung des Sollanspruchs = 25 000 €

Grundsätze   **Umlegungsgebiete VIII**

b) **Geldausgleich bei Bodenwerterhöhungen** um 10 % bis zum Bezugszeitpunkt Umlegungsplan

25 000 € × 1,1	=	27 500 €
./. Vorteilsausgleich: (65 000 € – 50 000 €)	=	– 15 000 €
Geldausgleich (zu erhalten):	=	12 500 €

c) **Geldausgleich bei Bodenwertminderung** um 10 % bis zum Bezugszeitpunkt Umlegungsplan

25 000 € × 0,9	=	22 500 €
./. Vorteilsausgleich (65 000 € – 50 000 €)	=	– 15 000 €
Geldausgleich (zu erhalten):	=	7 500 €

Für **bauliche Anlagen, Anpflanzungen und sonstige Einrichtungen**[242] wird nach § 60 BauGB eine Geldabfindung gewährt; die Geldabfindung bemisst sich nach entschädigungsrechtlichen Maßstäben (vgl. Rn. 681). Soweit solche Anlagen, Anpflanzungen und Einrichtungen zugeteilt werden, findet ebenfalls ein Geldausgleich statt, und zwar ausdrücklich nur insoweit, wie das Grundstück „wegen dieser Einrichtungen einen über den Bodenwert hinausgehenden Verkehrswert hat". Die Formulierung geht auf das BauGB 87 zurück und will erklärtermaßen überzogenen Preisvorstellungen bei der Aufwuchsentschädigung entgegenwirken. In der Begründung zum RegE[243] heißt es hierzu: **677**

„... Die vorgesehene Neufassung stellt zugleich klar, dass die Werte baulicher Anlagen, Anpflanzungen und sonstiger Einrichtungen nicht am Naturalverteilungsverfahren teilnehmen und dass eine Abfindung nicht isoliert für diese Werte erfolgt, sondern nur im Rahmen der Ermittlung der Grundstückswerte. Diese gehen i.d.R. als Rohbaulandwerte in die Umlegung ein. Für diese Werte sind – im Gegensatz zu bisherigen Agrarlandwerten – bauliche Anlagen, Anpflanzungen und sonstige Einrichtungen landwirtschaftlicher Art regelmäßig keine wertbildenden Faktoren. Diese Einrichtungen haben nämlich für das Rohbauland im Hinblick auf die zukünftige bauliche Nutzung wertmäßig allenfalls eine geringe, meist aber keine Bedeutung. Das Grundstück hat also in der Regel auf Grund der genannten Einrichtungen keinen über den Bodenwert hinausgehenden Verkehrswert."

7.5.1.3 Wertermittlungsstichtag in der Sanierungsumlegung

Nach allgemeinem Umlegungsrecht ist der **Zeitpunkt des Umlegungsbeschlusses** auch für die Ermittlung des Einwurfs- und Zuteilungswerts in förmlich festgelegten Sanierungsgebieten maßgebend. § 154 Abs. 5 BauGB enthält keine den Wertermittlungsstichtag expressis verbis ändernde Regelung. Der Zeitpunkt des Umlegungsbeschlusses hat als Wertermittlungsstichtag für sich, dass die Einwurfswerte in ihrer endgültigen Höhe schon frühzeitig für die Ermittlung des Sollanspruchs (§ 56 Abs. 1 BauGB), die Aufstellung des Umlegungsplans und seine Erörterung (§ 66 Abs. 1 BauGB) sowie für Entscheidungen nach § 76 BauGB zur Verfügung stehen. Dies gilt für die Ermittlung der Zuteilungswerte entsprechend. Der Ermittlung des Zuteilungswerts muss dabei allerdings die fiktive Grundstücksqualität nach Abschluss der Sanierung unter Berücksichtigung der rechtlichen und tatsächlichen Neuordnung des Sanierungsgebiets zugrunde gelegt werden.   **678**

Gegenüber den aufgezeigten Gründen der Praktikabilität kann jedoch das Gebot der Gleichbehandlung aller Eigentümer im Sanierungsgebiet vorrangig sein und den **Zeitpunkt des Umlegungsplans als maßgeblichen Wertermittlungsstichtag** für den Einwurfs- und Zuteilungswert erforderlich machen. Denn die Sanierungsumlegung ist eine in die Sanierung eingebundene Ordnungsmaßnahme (§ 147 Abs. 1 Nr. 1 BauGB). Innerhalb der bodenpolitischen Gesamtkonzeption des besonderen Sanierungsrechts ersetzt die nach Maßgabe des § 154 Abs. 5 Nr. 1 und 2 BauGB bemessene Ausgleichsleistung in der Sanierungsumlegung inhaltsgleich den im übrigen Sanierungsgebiet zu erhebenden Ausgleichsbetrag (vgl. § 154 Abs. 1 und § 155 Abs. 2 BauGB). Nach der bodenpolitischen Gesamtkonzeption, die der verfas-   **679**

---

[242] OLG Stuttgart, Urt. vom 7.3.1962 – 1 U 1/62 –, EzGuG 2.5.
[243] BT-Drucks. 10/5630.

sungskonformen Interpretation bedarf[244], dürfen die Eigentümer der in eine Umlegung nach Maßgabe des Abs. 5 einbezogenen Grundstücke nicht schlechter gestellt werden als die Eigentümer der im übrigen Sanierungsgebiet gelegenen Grundstücke. Dies führt zu folgender Auslegung:

680 Die umlegungsrechtliche **Ausgleichsleistung und** der sanierungsrechtliche **Ausgleichsbetrag entstehen i.d.R. zu unterschiedlichen Zeiten:** Der Ausgleichsbetrag entsteht mit Abschluss der Sanierung nach § 162 oder § 163 BauGB; der für ihn maßgebliche Anfangs- und Endwert bemisst sich jeweils nach den zu diesem Zeitpunkt bestehenden allgemeinen Wertverhältnissen auf dem Grundstücksmarkt. Die Sanierungsumlegung wird dem gegenüber regelmäßig zu einem früheren Zeitpunkt abgeschlossen, denn die Bodenordnung ist Voraussetzung für öffentliche und private Baumaßnahmen. Nach § 64 Abs. 2 Satz 1 BauGB wird die Ausgleichsleistung bereits mit dem Zeitpunkt der Bekanntmachung der Unanfechtbarkeit des Umlegungsplans nach § 71 BauGB fällig.

681 Die **unterschiedlichen Entstehungszeitpunkte des Ausgleichsbetrags und der Ausgleichsleistung** sind in Ansehung des Art. 3 GG grundsätzlich unbedenklich, denn die ausgleichsbetrags- und ausgleichsleistungspflichtigen Eigentümer werden gleichwohl zu denselben Sanierungsvorteilen herangezogen; für die (qualitative) Ermittlung der Vorteile sind jeweils die Verhältnisse maßgebend, die zum Zeitpunkt des Entstehens der Schuld berücksichtigungsfähig sind. Unterschiedliche Entstehungszeitpunkte sind im Übrigen auch dem „engeren" Ausgleichsbetragssystem nicht fremd.

682 Eine Ungleichbehandlung geht mit dem Entstehen der Ausgleichsleistung vor Abschluss der Sanierungsmaßnahme selbst dann nicht einher, wenn die Umlegungsbeteiligten im Verhältnis zu Ausgleichsbetragspflichtigen zu nominell geringeren Beträgen herangezogen werden, weil die sonstigen Sanierungsmaßnahmen noch nicht abgeschlossen sind und mit dem vor Abschluss der Sanierung ermittelten Zuteilungswert insoweit nur die Aussicht auf die in der Planung vorgesehenen Änderungen und auf sonstige noch ausstehende Sanierungsmaßnahmen berücksichtigt werden können. Das findet seine zusätzliche Rechtfertigung in der **früheren Fälligkeit der Ausgleichsleistung.** Im Übrigen gilt dies auch für einen den Ausgleichsbetrag nach § 154 Abs. 3 Satz 2 BauGB ablösenden Eigentümer oder bei vorzeitiger Festsetzung des Ausgleichsbetrags; die ausgleichsleistungspflichtigen Eigentümer werden in der Umlegung also nicht anders behandelt als im Falle der Ablösung des Ausgleichsbetrags.

683 Eine gegen den Gleichheitsgrundsatz verstoßende Benachteiligung kann sich für die Umlegungsbeteiligten allerdings dadurch ergeben, dass nach allgemeinem Umlegungsrecht die Einwurfs- und Zuteilungswerte nicht auf die allgemeinen Wertverhältnisse auf dem Grundstücksmarkt zum Zeitpunkt des Entstehens der Ausgleichsleistung bezogen werden, sondern bezogen auf den Zeitpunkt der Einleitung des Umlegungsverfahrens (Umlegungsbeschluss) zu ermitteln sind. **Im Verlauf des Umlegungsverfahrens kann sich** nämlich die **Kaufkraft** erfahrungsgemäß **in nicht unerheblichem Maße ändern.** Grundstückswerte können infolgedessen steigen, aber auch fallen. Aus diesem Grunde bemisst sich die Ausgleichsleistung in der Umlegung – im Gegensatz zu dem Ausgleichsbetrag – damit nach Werten, die zum Zeitpunkt ihrer Fälligkeit entsprechend der Entwicklung der allgemeinen Wertverhältnisse auf dem Grundstücksmarkt im Verlauf des Umlegungsverfahrens i.d.R. bereits überholt sein können. Dies kann ggf. nur so lange unbeachtlich bleiben, wie sich das allgemeine Bodenwertniveau sowohl von Grundstücken der Einwurfsqualität als auch der Zuteilungsqualität jeweils um etwa denselben Betrag fortentwickelt hat. In diesem Fall kann der Zeitpunkt des Umlegungsbeschlusses Wertermittlungsstichtag für die Ermittlung von Ausgleichsleistungen bleiben. Denn diese ergeben sich aus dem Unterschied zwischen Zuteilungs- und Einwurfswert, so dass sich konjunkturelle Änderungen des allgemeinen Wertniveaus auf dem Grundstücksmarkt rechnerisch eliminieren.

---

244 BVerwG, Urt. vom 21.8.1981 – 4 C 16/78 –, EzGuG 15.18, sowie BGH, Urt. vom 8.5 1980 – III ZR 27/77 –, EzGuG 4.73.

Grundsätze Umlegungsgebiete VIII

Etwas anderes muss aber ausnahmsweise gelten, wenn sich Einwurfs- und Zuteilungswerte im Verlauf des Sanierungsverfahrens in einem solchen Maße unterschiedlich fortentwickelt haben, dass sich eine erheblich geringere Ausgleichsleistung ergibt, wenn Einwurfs- und Zuteilungswerte – statt auf den Zeitpunkt des Umlegungsbeschlusses – auf den Zeitpunkt des Umlegungsplans bezogen werden. **Aus Gründen der Gleichbehandlung des ausgleichsbetrags- und ausgleichsleistungspflichtigen Eigentümers dürfte es dann geboten sein, Einwurfs- und Zuteilungswerte auf den Zeitpunkt des Umlegungsplans zu beziehen.** Andernfalls wären die Eigentümer der in eine Sanierungsumlegung einbezogenen Grundstücke gegenüber den Eigentümern der übrigen in die Sanierung einbezogenen Grundstücke benachteiligt. Die Ungleichbehandlung wird insbesondere offenkundig, wenn mit Abschluss der Umlegung gleichzeitig Ausgleichsbeträge nach § 154 Abs. 3 Satz 2 BauGB abgelöst oder gar schon entstehen würden. Unterschiedliche Wertermittlungsstichtage innerhalb und außerhalb des Umlegungsgebiets würden dann nämlich unter den vorstehenden Voraussetzungen – ceteris paribus – zu erheblich unterschiedlichen Beträgen führen. **684**

Ist eine **Verlegung des Wertermittlungsstichtags auf den Zeitpunkt des Umlegungsplans** *ausnahmsweise* geboten, so gilt dies sowohl für die Ermittlung des Einwurfswerts als auch des Zuteilungswerts. Unterschiedliche Wertermittlungsstichtage für den Einwurfswert einerseits und den Zuteilungswert andererseits verbieten sich grundsätzlich, weil damit Änderungen der Kaufkraft auf dem Grundstücksmarkt erfasst würden[245]. **685**

Nach **§ 153 Abs. 5 Nr. 1 BauGB** ist der Verkehrswert unter Ausschluss sanierungsbedingter Werterhöhungen für die Bemessung des Geldausgleichs maßgebend, soweit es unter Berücksichtigung des Bebauungsplans, sonstiger baurechtlicher Vorschriften und unter dem Primat des Grundsatzes der Zweckmäßigkeit (§ 59 Abs. 1 BauGB) nicht möglich ist, den nach § 57 BauGB errechneten Anteil (Sollanspruch) tatsächlich zuzuteilen. Dies ergibt sich bereits daraus, dass § 153 Abs. 1 BauGB auf die Ermittlung der Einwurfswerte nach § 57 Satz 2 BauGB entsprechend anzuwenden ist. § 153 Abs. 5 Nr. 1 BauGB, in dem ausdrücklich auch auf § 59 Abs. 2 Satz 2 BauGB Bezug genommen wird, hat insoweit nur klarstellende Bedeutung. Die Bezugnahme auf § 59 Abs. 2 hat vor allem Bedeutung für den maßgeblichen Wertbemessungszeitpunkt[246]. Der in Anwendung des § 153 Abs. 1 BauGB ermittelte **Geldausgleich für eine Minderzuteilung** ist danach unter bestimmten Voraussetzungen nach entschädigungsrechtlichen Grundsätzen auf den Zeitpunkt der Aufstellung des Umlegungsplans zu beziehen. Die Voraussetzungen sind einerseits gegeben, wenn die Zuteilung den Einwurfswert oder andererseits die Zuteilung mehr als nur unwesentlich den Sollanspruch unterschreitet. **686**

§ 153 Abs. 1 BauGB findet auch entsprechende Anwendung, wenn in den Fällen des § 59 Abs. 4 Nr. 1, Abs. 5 und 6 BauGB der Eigentümer an Stelle von Land eine **Geldabfindung** erhält. Auch wenn § 153 Abs. 5 Nr. 1 BauGB nur auf den Fall einer Geldabfindung Bezug nimmt, muss die Vorschrift nach ihrem Sinngehalt des Weiteren Anwendung finden, wenn der Eigentümer nach § 59 Abs. 4 Nr. 2 und Abs. 5 BauGB mit außerhalb des Umlegungsgebiets, aber noch innerhalb des Sanierungsgebiets gelegenen Grundstücken abgefunden wird. In diesen Fällen sollte dem Betroffenen aber die Möglichkeit eröffnet werden, sich seiner Ausgleichsbetragspflicht gleichzeitig dadurch zu entledigen, dass er den Ausgleichsbetrag nach § 154 Abs. 3 Satz 2 BauGB ablöst. Entsprechendes muss ferner gelten, wenn gemäß § 59 Abs. 4 Nr. 3 BauGB als Abfindung die **Begründung von Miteigentum an einem Grundstück, die Gewährung von grundstücksgleichen Rechten, Rechten nach dem Wohnungseigentumsgesetz oder sonstigen dinglichen Rechten** nach § 59 Abs. 4 Nr. 3 BauGB außerhalb des Umlegungsgebiets, jedoch wiederum innerhalb des Sanierungsgebiets vorgesehen wird. **687**

Auch eine **Geldabfindung nach § 60 BauGB** bemisst sich in entsprechender Anwendung des § 153 Abs. 1 BauGB, d.h., eine Geldabfindung für *nicht wieder zugeteilte* bauliche Anlagen, Anpflanzungen und sonstige Einrichtungen ist nur insoweit zu gewähren, wie sich dadurch der in Anwendung des § 153 Abs. 1 BauGB ergebende Verkehrswert des Grundstücks gegen- **688**

---
245 BGH, Urt. vom 6.12.1984 – III ZR 174/83 –, EzGuG 17.52.
246 Begründung in BT-Drucks. 10/4630, S. 100.

über dessen Bodenwert erhöht[247]. Schließlich bemisst sich nach § 154 Abs. 5 Nr. 1 BauGB auch die **Geldabfindung für andere Vermögensnachteile** infolge der Aufhebung, Änderung und Begründung von grundstücksgleichen Rechten und anderen Rechten (§ 61 Abs. 2 BauGB) entsprechender Anwendung des § 153 Abs. 1 BauGB. Vermögensvorteile sind nach allgemeinen entschädigungsrechtlichen Grundsätzen dabei zu berücksichtigen.

689 Des Weiteren ist der Neuordnungswert auch bei der Bemessung des Geldausgleichs für *zugeteilte* **bauliche Anlagen, Anpflanzungen und sonstige Einrichtungen** nach § 60 BauGB anzuhalten, d.h., ein Geldausgleich ist in diesen Fällen nur insoweit zu gewähren, als sich der Verkehrswert des Grundstücks (einschließlich der genannten Einrichtungen) unter Berücksichtigung der rechtlichen und tatsächlichen Neuordnung des Sanierungsgebiets gegenüber dessen Bodenwert dadurch erhöht[248]. Schließlich bemisst sich auch der **Geldausgleich für Vorteile** infolge der Aufhebung, Änderung und Begründung von Rechten nach § 61 Abs. 2 BauGB unter Berücksichtigung der Neuordnung des Sanierungsgebiets (vgl. Rn. 677).

690 Der **Geldausgleich für Mehrzuteilungen** bemisst sich, wie der Zuteilungswert, nach § 153 Abs. 5 Nr. 2 BauGB unter Berücksichtigung der rechtlichen und tatsächlichen Neuordnung des Sanierungsgebiets. Dies ergibt sich wiederum bereits daraus, dass die Vorschrift bezüglich der Zuteilungswerte umfassend auf § 57 Satz 3 und 4 BauGB verweist, in denen die maßgebliche Qualität geregelt wird. Dass die Vorschrift auch auf § 59 Abs. 2 BauGB verweist, ist darüber hinaus für den maßgeblichen Wertbemessungszeitpunkt von Bedeutung. Der Neuordnungswert ist nämlich nach § 59 Abs. 2 Satz 3 BauGB bezogen auf den Zeitpunkt der Aufstellung des Umlegungsplans zu ermitteln, soweit die Zuteilung den Sollanspruch mehr als nur unwesentlich überschreitet und erst dadurch die bebauungsplanmäßige Nutzung ermöglicht wird. Die rechtliche und tatsächliche Neuordnung des Sanierungsgebiets ist auch zu berücksichtigen, wenn nach Maßgabe des § 59 Abs. 4 Nr. 3 BauGB als Abfindung die Begründung der dort genannten **Rechte** innerhalb des Umlegungsgebietes vorgesehen ist. Zwar nimmt § 153 Abs. 5 Nr. 2 BauGB auch diesbezüglich nicht ausdrücklich auf § 59 Abs. 4 Nr. 3 BauGB Bezug, jedoch gilt es auch hier, die Vorschrift nach ihrem Sinngehalt auszulegen.

7.5.2 Gegenstand der Wertermittlung

691 Bei den Einwurfs- und Zuteilungswerten handelt es sich jeweils um die **Bodenwerte** der Grundstücke, d.h., eine etwa vorhandene Bebauung bleibt außer Betracht. Der mit § 16 Abs. 1 ImmoWertV aufgestellte Grundsatz der Ermittlung des Bodenwerts bebauter Grundstücke mit dem Wert des unbebaut gedachten Grundstücks ist im Rahmen der Umlegung geradezu zwangsnotwendig, um den ausgewiesenen Sollanspruch zu sichern.

▶ *Zur Behandlung von Erbbaurechtgrundstücken vgl. und Teil IX Rn. 49 ff., 205 ff.*

7.5.3 Maßgeblicher Grundstückszustand

7.5.3.1 Allgemeines

692 Wertermittlungen in Umlegungsgebieten sind dadurch bestimmt, dass Wertermittlungsstichtag und Stichtag des maßgeblichen Grundstückszustands i.d.R. auseinanderfallen (vgl. § 4 ImmoWertV Rn. 11 ff.). Sowohl der **Einwurfs- als auch der Zuteilungswert sind bezogen auf den Zeitpunkt der Bekanntmachung des Umlegungsbeschlusses** zu ermitteln, wobei die zu diesem Zeitpunkt tatsächlich vorhandene Qualität von dem der Wertermittlung zugrunde zu legenden Zustand abweicht. Dies ist darin begründet, dass konjunkturelle Änderungen, die bei unterschiedlichen Wertermittlungsstichtagen in die Ermittlung der umlegungsbedingten Ausgleichsleistungen Eingang finden würden, ausgeschaltet werden müssen; dies entspricht dem die Ermittlung von Ausgleichsbeträgen nach den §§ 154 ff. BauGB tragenden Prinzip.

---

[247] BT-Drucks. 10/4630, S. 101.
[248] BT-Drucks. 10/4630, S. 101.

7.5.3.2 Einwurfswert

Im Unterschied zur Ausgleichsbetragserhebung werden **bei der Durchführung von Umlegungsverfahren lediglich die umlegungsbedingten Bodenwerterhöhungen „abgeschöpft".** Das Umlegungsrecht ist hierauf angelegt, weil dem Städtebaurecht – von Sanierungs- und Entwicklungsmaßnahmen abgesehen – die „Abschöpfung" maßnahmenbedingter und insbesondere planungsbedingter Werterhöhungen fremd ist. Sie sind deshalb grundsätzlich auch im Rahmen von Umlegungsverfahren nicht abschöpfungsfähig. Das BVerfG[249] hat in seinem Beschluss vom 17.12.1964 zwar ausdrücklich bestätigt, dass regelmäßig davon auszugehen sei, dass „Planungsvorteil und Umlegungsvorteil in untrennbarem Zusammenhang stehen und einheitlich in den Umlegungswertausgleich einfließen müssen, weil die auf der Planung beruhende Wertänderung gerade und erst durch die Umlegung verwirklicht wird", jedoch andererseits folgenden Grundsatz aufgestellt:

693

„Die Bodenwertsteigerungen, die allein durch die Nutzungsfestsetzungen im Bebauungsplan (hier die ‚Aufstufung' von Bauerwartungsland zu Rohbauland für ein-, mehr- und vielgeschossige Bebauung) verursacht wurden und der Eigentümerin schon vor der Umlegung zugeflossen sind, dürfen nicht in den Wertausgleich einbezogen werden. ... Im Rahmen der hier vorliegenden Erschließungsumlegung ist es sachgerecht, bei der Berechnung des Wertausgleichs den planungsbedingten Wertzuwachs dadurch auszuklammern, dass die von der Eigentümerin eingeworfenen Grundstücke als Rohbauland bewertet werden. ... Dabei wird jedoch nach dem unterschiedlichen Grad der Nutzbarkeit der einzelnen Flächen zu differenzieren sein, sofern der Grundstücksverkehr den verschiedenartigen planungsrechtlich zulässigen Ausnutzungsmöglichkeiten der einzelnen Geländezonen bei der Preisbemessung Rechnung trug."

Nach § 45 Abs. 2 BauGB ist für die **Einleitung eines Umlegungsverfahrens** nicht Voraussetzung, dass ein **Bebauungsplan** aufgestellt oder ein Beschluss über die Aufstellung eines Bebauungsplans gefasst worden ist. Der Bebauungsplan muss jedoch vor dem Beschluss über die Aufstellung des Umlegungsplans (§ 66 Abs. 1 BauGB) in Kraft getreten sein (§ 45 Abs. 2 Satz 2 BauGB). Wird im Außenbereich zum Zwecke der erstmaligen Erschließung ein Umlegungsverfahren eingeleitet, so ergibt sich daraus die Notwendigkeit der Aufstellung eines Bebauungsplans im weiteren Verlauf des Umlegungsverfahrens. Das Gleiche gilt für eine Umlegung in einem 34er Gebiet, wenn die Umlegung der Neuordnung der Grundstücke entsprechend einer beabsichtigten Bebauungsplanung dient. Auch wenn demzufolge zum Zeitpunkt des Umlegungsbeschlusses, d.h. zum Wertermittlungsstichtag, noch nicht einmal ein Beschluss über die Aufstellung eines Bebauungsplans gefasst sein muss, sind bei der Ermittlung des Einwurfswerts der vorstehenden Rechtsprechung folgend die mit dem zu einem späteren Zeitpunkt mit der Aufstellung des Bebauungsplans einhergehenden planungsbedingten Werterhöhungen zu berücksichtigen.

694

a) Erschließungsumlegung

Der vorstehend genannten Rechtsprechung folgend werden zum Zwecke der Ermittlung der Einwurfswerte die **in eine Erschließungsumlegung einbezogenen Grundstücke mindestens als Rohbauland eingestuft,** selbst wenn der Beschluss zur Aufstellung eines Bebauungsplans noch nicht gefasst worden ist[250]. Dieser Grundsatz findet auch auf die von privaten Eigentümern eingeworfenen Flächen Anwendung, die nach den Darstellungen eines Flächennutzungsplans für Gemeinbedarfszwecke vorgesehen sind. Dies folgt, wie noch später erläutert wird, aus den besonderen Verhältnissen der Solidargemeinschaft im Umlegungsgebiet (vgl. Rn. 729 f.).

695

Die qualitätsmäßige Zuordnung der Einwurfsgrundstücke als Rohbauland ist mithin darin begründet, dass mit Einleitung des Umlegungsverfahrens selbst in den Fällen, wo ein **Bebauungsplan** zur Begründung eines Baurechts noch erforderlich ist, **mit seiner Aufstellung fest gerechnet werden kann** und sich die Erschließungslast zu einem einklagbaren Anspruch verdichtet.

696

---

249 BVerfG, Beschl. vom 17.12.1964 – 1 BvL 2/62 –, BVerfGE 18, 2748 = EzGuG 17.25; BGH, Urt. vom 22.6.1978 – III ZR 92/75 –, EzGuG 17.35; BGH, Urt. vom 19.1.1984 – III ZR 185/82 –, EzGuG 17.50; BGH, Urt. vom 15.11.1979 – III ZR 78/78 –, EzGuG 17.36.

250 BGH, Urt. vom 22.6.1978 – III ZR 92/75 –, EzGuG 17.35; BVerfG, Urt. vom 17.12.1964 – 1BvL 2/62 –, BVerfGE 18, 2748 = EzGuG 17.25.

VIII Umlegungsgebiete — Grundsätze

697 Die Besonderheit, *alle* in ein Umlegungsverfahren einbezogenen Grundstücke **unabhängig davon, ob sie für eine bauliche oder sonstige Nutzung bestimmt** sind, grundsätzlich als **Rohbauland zu bewerten,** folgt aus

a) dem in der Umlegung maßgeblichen Solidaritätsprinzip und

b) der vom Grundsatz her ausgeschlossenen Abschöpfbarkeit planungsbedingter Werterhöhungen (vgl. Rn. 727 f.).

Die Verfügungs- und Veränderungssperre nach § 51 BauGB führt deshalb i.d.R. auch nicht zum Ausschluss von der konjunkturellen Weiterentwicklung[251].

698 Des Weiteren stellt sich die Frage, ob die sich nach dem Rohbaulandwert (§ 5 Abs. 3 ImmoWertV) bemessenden Einwurfswerte darüber hinaus wertmäßig **nach den künftigen Festsetzungen des Bebauungsplans zu differenzieren** sind. Konkret geht es z. B. um die Frage, ob für ein Einwurfsgrundstück, für das der Bebauungsplan eine GFZ von 2,0 festsetzt, ein höherer Rohbaulandwert zu ermitteln ist als für ein Grundstück, für das eine GFZ von 1,0 vorgesehen ist. Die oben zitierte Rechtsprechung (vgl. Rn. 697) fordert dies.

699 Hierauf geht die heutige Praxis zurück, bei Erschließungsumlegungen die Einwurfsgrundstücke mit dem Entwicklungszustand **Rohbauland** i.S. des § 5 Abs. 3 ImmoWertV **unter Berücksichtigung des unterschiedlichen Maßes und der Art der baulichen Nutzung zu werten** (vgl. § 5 ImmoWertV Rn. 186 f.). Dies mag mitunter allzu schematisch geschehen, denn immerhin hat das BVerfG anerkannt, dass eine Berücksichtigung von Planungsvorteilen zumindest in den Ausnahmefällen unvermeidbar ist, wo Planungs- und Umlegungsvorteile nicht voneinander trennbar sind. Ein derartiger Fall kann vorliegen, wenn die Realisierung einer Bebauungsplanung in einem Maße mit der Bodenordnung verwoben ist, dass sich im gewöhnlichen Geschäftsverkehr eine Bodenwerterhöhung ohne Aussicht auf die Bodenordnung nicht einstellt und – wie das BVerfG ausgeführt hat – Umlegungs- und Planungsvorteile nicht voneinander trennen lassen (vgl. Rn. 693). Umgekehrt müssen aber Art und Maß der (künftigen) baulichen Nutzung bei der Ermittlung der Einwurfswerte berücksichtigt werden, wenn der Grundstücksverkehr dem Rechnung trägt.

700 Eine **weitere Differenzierung der Rohbaulandwerte** kann sich aus der Lage des Grundstücks, topographischen Besonderheiten einschließlich des Baugrundes ergeben:

a) eingeworfene Grundstücke, deren Bebauung z. B. aufgrund schlechten Baugrunds oder eines Geländeeinschnitts höhere Kosten verursachen würde oder

b) die aufgrund ihrer Entfernung zum Innenbereich eine längere Aufschließungsdauer erwarten lassen,

weisen auch im Einwurf einen geringeren Wert im Verhältnis zu den übrigen Grundstücken auf.

701 In besonderen **Einzelfällen** kann jedoch im Rahmen einer Erschließungsumlegung eine vom Rohbauland abweichende Wertermittlung geboten sein, nämlich dann, wenn ein Grundstück nach seiner besonderen Situation schon bisher keinerlei bauliche Nutzung erwarten ließ und z. B. als **öffentliche Grünfläche** in Vorbereitung war und deshalb vom gesunden Grundstücksverkehr entsprechend niedriger bewertet wurde (vgl. Rn. 728)[252].

702 Eine weitere Besonderheit ist schließlich bei kontaminierten Grundstücken gegeben. Die **Berücksichtigung der Altlast bei der Ermittlung des Einwurfswerts** könnte dazu führen, dass sich der Sollanspruch entsprechend vermindert und gar gegen null geht. Die Berücksichtigung der Altlast bei der Ermittlung des Einwurfswerts würde dann „über den entsprechend verminderten Sollanspruch" auf eine Verletzung der Bestandsgarantie hinauslaufen. Deshalb

---

[251] BGH, Urt. vom 22.4.1982 – III ZR 131/80 –, EzGuG 17.44.
[252] BGH, Urt. vom 15.11.1979 – III ZR 28/78 –, EzGuG 17.36.

sind Altlasten insoweit nicht zu berücksichtigen und in entsprechender Anwendung des § 60 BauGB durch einen entsprechenden Geldausgleich zu berücksichtigen[253].

b) Deduktive Ermittlung des Einwurfswerts

Schrifttum: *Aderholz/Meiß,* Zur Ermittlung des Umlegungsvorteils – Die Komponenten verschiedener Kalkulationsmodelle im Vergleich GuG 2004, 221.

Obwohl sich der Einwurfswert als der Verkehrswert definiert, der sich für das unbebaute Grundstück (Bodenwert) grundsätzlich unter Berücksichtigung planungsbedingter Werterhöhungen (Ausnahme: Einwurfswert bei Sanierungsumlegungen nach § 153 Abs. 5 BauGB), jedoch ohne Berücksichtigung umlegungsbedingter Werterhöhungen definiert, und somit einer eigenständigen Verkehrswertermittlung unter Heranziehung entsprechender Vergleichspreise – zumindest vom Prinzip her – zugänglich ist, bedient sich die Praxis sog. **deduktiver Verfahren.** Dabei werden Vergleichspreise für baureifes Land herangezogen und die ausstehenden Umlegungsvorteile in Abzug gebracht (vgl. Syst. Darst. des Vergleichwertverfahrens Rn. 450 ff.).

703

In der **Gesamtschau** können sich **folgende Umlegungsvorteile** ergeben:

704

a) Verkürzung der Aufschließungsdauer (vgl. § 5 ImmoWertV Rn. 151 ff.; Syst. Darst. des Vergleichwertverfahrens Rn. 478 ff.)[254],

b) Erschließungsvorteil (Verbesserung der Grundstücksgrenzen; Grunderwerb für den Gemeinbedarf),

c) Vorteile bezüglich der Bereitstellung von Ausgleichsflächen sowie durchgeführter Ausgleichsmaßnahmen i.S. von § 1a Abs. 3 BauGB für die diesen zugeordneten Grundstücke,

Abb. 72: Kalkulationsmodell

Ermittlung des Einwurfswerts (Kalkulationsmodell)	
Auszugehen ist von der Qualitätsstufe **baureifes Land, erschließungsbeitragsfrei**	175 €/m²
davon ist abzuziehen der voraussichtliche Erschließungsbeitragsanteil für die Herstellung der Erschließungsanlagen	25 €/m²
ergibt **erschließungsflächenbeitragsfreies Bauland** (= *Zuteilungswert*)	150 €/m²
abzüglich des Erschließungsbeitragsanteils für die Flächenbereitstellung (lässt sich im Umlegungsverfahren – ggf. iterativ – kalkulieren als Wert des Flächenabzugs), vermindert um den Gemeindeanteil von mindestens 10 % (§ 129 BauGB)	40 €/m²
ergibt **Bauland, voll erschließungsbeitragspflichtig**	110 €/m²
vermindert um die Einsparung der Vermessungs-, Notar- und Grundbuchkosten	5 €/m²
ergibt	105 €/m²
abgezinst um die Verkürzung der Wartezeit durch Umlegung (z.B. 4 Jahre, 4 %) => Abzinsungsfaktor $1/q^n = 0{,}855$	
ergibt die Qualität **Rohbauland** (= *Einwurfswert*)	90 €/m²
Hinweis: Das Beispiel berücksichtigt keine Ausgleichsflächen und -maßnahmen i.S. von § 1a Abs. 3 BauGB.	

Quelle: difu Arbeitshilfe zur Baulandumlegung 1993

---
253 Auler, Baulandumlegung und Bodenwirtschaft, Institut für Städtebau Berlin 1983 S. 21; Dieterich, Baulandumlegung, 5. Aufl. München 2000, S. 178; zu Haftungsfragen im Rahmen des § 4 Abs. 6 BBodSchG Mohr in UPR 2000.
254 BGH, Urt. vom 22.6.1978 – III ZR 92/75 –, EzGuG 17.35.

VIII Umlegungsgebiete — Grundsätze

d) Lage- und Gestaltungsvorteil,

e) Ersparte Aufwendungen im Verhältnis zu einer privatrechtlichen Bodenordnung (Vermessungskosten, Notarkosten, Grundbuchgebühren, Teilungsgenehmigung, Grunderwerbsteuer),

f) Verbesserung der rechtlichen Gegebenheiten aufgrund Neuregelungen von Rechten und Lasten.

705 In einer **Arbeitshilfe des Deutschen Instituts für Urbanistik** (difu) wird das vorstehende Kalkulationsmodell vorgestellt (vgl. Abb. 72).

706 Eine Präzisierung dieses Verfahrensgangs führt zu folgendem **Kalkulationsmodell:**

Beispiel:

a) Sachverhalt:

Umlegungsmasse U [m²]²	= 200 000 m²
Verteilungsmasse V [m²]	= 150 000 m²
Verkehrs- und Grünflächen nach § 55 Abs. 2 BauGB Σ N[m²]	= 50 000 m²
Verkehrswert für baureifes Land (ebf)	= 175 €/m²

b) *Es soll der Einwurfswert ermittelt werden,* wobei von einer erschließungs*ausbau*pflichtigen, aber ansonsten erschließungs*flächen*beitragsfreien Zuteilung auszugehen ist.

c) Der *Erschließungsbeitrag* wird erhoben für die
– Herstellung der Erschließungsanlagen sowie für den
– Grunderwerb für die Erschließungsflächen einschließlich Freilegung.

Der Grunderwerb erfolgt im Rahmen der Umlegung über die kostenlose Bereitstellung der Erschließungsflächen, so dass im Rahmen des deduktiven Verfahrens vom Verkehrswert des erschließungs*ausbau*pflichtigen aber ansonsten erschließungs*flächen*beitragsfreien Wert des baureifen Landes auszugehen ist:

Der Erschließungsausbaubeitragsanteil betrage 25 €/m². Hieraus folgt:

Baureifes Land (erschließungsbeitragsfrei)	= 175,00 €/m²
abzüglich Erschließungsausbaubeitragsanteil – 10 % Gemeindeanteil (25 €/m² × 0,9)	= 22,50 €/m²
= Baureifes Land (erschließungsflächenfrei)	= 152,50 €/m²

d) Ermittlung des Rohbaulandwerts der Einwurfsgrundstücke:

Baureifes Land BW (erschließungsflächenfrei)	= 152,50 €/m²
abzüglich Zinsverlust für den Zeitraum vom Abschluss der Umlegung bis Erschließung bei 5 % und 1 Jahr	
Diskontierungsfaktor: 0,9523809 BW'	= 145,24 €/m²

abzüglich Umlegungsvorteil (vgl. Rn. 648, 651, 694 ff.) bestehend aus
– Erschließungsvorteil,
– Verkürzung der Aufschließungsdauer und
– ersparten Kosten (Grundbuch, Vermessung, Notar)

Erschließungsvorteil
Da bezüglich der Erschließungsflächen die Umlegungsbeteiligten 90 % des erschließungsflächenbeitragsfähigen Grunderwerbs aufbringen und sich der Wert nach dem noch zu ermittelnden Rohbaulandwert bemisst, ergibt sich sein Vorteil aus der Beziehung

Σ N/V × 0,9 × Rohbaulandwert

Der Rohbaulandwert (Einwurfswert) sei ermittelt worden mit 90 €/m²
Somit 50 000 m²/150 000 m² × 0,9 × 90 €/m²   = – 27,00 €/m²

Verkürzung der Aufschließungsdauer
bei einem Zinssatz von 5 % und einem Zeitraum von 4 Jahren
4 Jahre × 0,9 × 90 €/m²   = – 18,00 €/m²

Grundsätze — Umlegungsgebiete VIII

Ersparte Kosten
Vermessungs-, Notar- und Grundbuchkosten betragen 5 €/m²   =   − 5,00 €/m²

= Einwurfswert   =   95,24 €/m²
                                                                =   **95 €/m²**

707 Im Unterschied zum vorangestellten Kalkulationsmodell wurde die Flächenbereitstellung nicht pauschal mit 40 €/m² berücksichtigt, sondern nach dem tatsächlich anfallenden Flächenabzug (50 000 m²). Um den Wertanteil dieser Fläche (vermindert um den 10%igen Gemeindeanteil) zu ermitteln, musste dieser bekannt sein. Die damit einhergehende Problematik wurde iterativ gelöst. Das Ergebnis zeigt, dass der Ansatz von 40 €/m² für die Flächenbereitstellung zu hoch gegriffen war. Des Weiteren sind die im Kalkulationsmodell angesetzten Einsparungen der Vermessungs-, Notar- und Grundbuchkosten in Höhe von 5 €/m² im Vergleich zu den bei Anwendung des Extraktionsverfahrens (Residualwertverfahren) üblicherweise zum Ansatz kommenden Nebenkosten (Unternehmergewinn, Wagnisabschlag, Finanzierungskosten) in dem Beispiel sehr niedrig.

708 Nachfolgend wird der Einwurfswert nach den allgemeinen Grundsätzen des Extraktionsverfahrens (Residualwertverfahren) berechnet:

Formel des Extraktionsverfahrens (vgl. Syst. Darst. des Vergleichswertverfahrens Rn. 447 ff.):

$$BW_{warteständig} = \frac{[(BW(ebf) - EAB \times 0{,}9 - BodenOrdK) \times \text{Nettobaulandfläche} \times q^{-n}] \times \text{Nebenkostenfaktor}}{\text{Bruttobaulandfläche}}$$

wobei:
$BW_{warteständig}$ Bodenwert/m² des warteständigen Baulands (Bruttoflächenwert)
$BW(ebf)$ Bodenwert/m² des erschließungsbeitragsfreien baureifen Landes (Nettoflächenwert baureifes Land)
EAB   Erschließungs*ausbau*beitragsanteil
BodenOrdK   Bodenordnungskosten (bei Umlegungen nach den §§ 45 BauGB ersparte Grundbuch-, Vermessungs- und Notarkosten)
q^{-n} Diskontierungsfaktor = $(1 + p/100)^{-n}$
p   Diskontierungszinssatz
n   Wartezeit
Nebenkostenfaktor ($1 - \text{Nebenkosten}_{(\%)}$)
Nebenkosten   Grundstückstransaktionskosten, Unternehmergewinn und ggf. Wagnisabschlag als Vomhundertsatz des kostenverminderten Nettobaulandflächenwerts
0,9   Faktor zur Berücksichtigung eines 10%igen Gemeindeanteils

Beispiel: **709**

BW (ebf)   =   175 €/m²
Erschließungsausbaubeitragsanteil (EAB)   =   25 €/m²
Infrastrukturkosten einschließlich Bodenordnung   =   5 €/m²
Bruttofläche   =   200 000 m²
Nettofläche   =   150 000 m²
Erschließungsflächen   =   50 000 m²
Diskontierungszinssatz p   =   5 %
Wartezeit n   =   4 Jahre
Nebenkosten   =   15 % des Bruttobaulandflächenwerts
Der Eigenanteil der Erschließung wird von der Gemeinde nicht getragen.

$$BW_{warteständig} = \frac{[(175{,}00\ \text{€/m}^2 - 22{,}50\ \text{€/m}^2 - 5{,}00\ \text{€/m}^2) \times 150\,000\ \text{m}^2 \times 1{,}05^{-4}] \times 0{,}85}{200\,000\ \text{m}^2}$$

$BW_{warteständig} = (18\,202\,291\ € - 2\,730\,343\ € / 200\,000\ \text{m}^2) =$ **77,35 €/m²**

VIII Umlegungsgebiete — Grundsätze

Nebenrechnung: Berechnung der Nebenkosten:

a) Bruttobaulandflächenwert:
   $(175{,}00\ \text{€/m}^2 - 22{,}50\ \text{€/m}^2 - 5{,}00\ \text{€/m}^2) \times 150\,000\ \text{m}^2 \times 1{,}05^{-4} =$ 18 202 291 €

b) Nebenkosten (Grundstückstransaktionskosten und Unternehmergewinn ggf. einschließlich Wagnis) 15 % = 2 730 343 €

Der Einwurfswert vermindert sich gegenüber den vorangehenden Berechnungen infolge der Berücksichtigung von Nebenkosten.

710 Bei der Ermittlung des Einwurfswerts ist darüber hinaus die **naturschutzrechtliche Ausgleichsregelung i.S. des § 1a BauGB** wertmindernd zu berücksichtigen, wenn von Vergleichspreisen für Grundstücke ausgegangen wird, die nicht unter der Herrschaft der naturschutzrechtlichen Ausgleichsregelung zustande gekommen sind und demzufolge auch nicht in ihrer Wertigkeit „gedrückt" sind. Dies entspricht allgemeinen Grundsätzen der Bodenpreisbildung, denn es entspricht dem gewöhnlichen Geschäftsverkehr, dass sich ein im Hinblick auf die Bereitstellung von Ausgleichsflächen i.S. des § 1a Abs. 3 BauGB über die bereitzustellenden Erschließungsflächen hinausgehender Flächenbedarf bereits auf den Verkehrswert des warteständigen Baulands wertmindernd auswirkt. Die Wertminderung ist bei alledem umso deutlicher, je höher der zu erwartende Flächenbedarf für den naturschutzrechtlichen Ausgleich ausfällt. In § 57 BauGB ist ein entsprechender Hinweis i.S. einer Klarstellung mit dem BauGB 98 ausdrücklich aufgenommen worden[255]. Im Schrifttum wird in diesem Zusammenhang von einem gedämpften Rohbaulandwert gesprochen, wobei damit nur verdeutlicht werden soll, dass eine solche Dämpfung lediglich im Vergleich zu der Bodenpreisbildung eintritt, wie sie vor Inkrafttreten der naturschutzrechtlichen Ausgleichsregelung vorherrschte. Ansonsten handelt es sich um eine allgemeine und nicht auf Umlegungsgebiete beschränkte Dämpfung des Bodenwertgefüges (für Bauerwartungs- und Rohbauland), die schlechthin auf die naturschutzrechtliche Ausgleichsregelung zurückzuführen und nicht umlegungsspezifisch ist. Von daher hätte es der Ergänzung des § 57 BauGB um einen Hinweis darauf nicht bedurft. Das Ausgleichsbetragsrecht der §§ 152 ff. BauGB sieht infolgedessen eine solche Klarstellung nicht vor, obwohl dieser Hinweis auch dort für die Ermittlung des sanierungs- bzw. entwicklungsunbeeinflussten Bodenwerts bzw. des Anfangswerts beachtlich ist.

711 Bei Anwendung der unter Rn. 708 vorgestellten Formel kann der naturschutzrechtlichen Ausgleichsregelung dadurch Rechnung getragen werden, dass der **Anteil der örtlichen Verkehrs- und Grünflächen entsprechend aufgestockt** wird.

712 **Umlegungsbedingte Werterhöhungen** können sich für ein Grundstück im Übrigen auch ergeben, wenn dessen **Grenzen nicht verändert werden.** Dies sind dann i.d.R. Lageverbesserungen, die durch die Bodenordnung (z. B. auch des Erschließungssystems) im Umlegungsgebiet herbeigeführt werden[256].

Umgekehrt wurden in der Rechtsprechung der durch die Bodenordnung herbeigeführte bessere Zuschnitt und die Straßenlandbeitragsfreiheit als umlegungsbedingte Werterhöhung besonders hervorgehoben.

c) *Neuordnungsumlegung*

713 Bei **Neuordnungsumlegungen in bebauten Gebieten** ist der Ermittlung der Einwurfswerte in Anlehnung an diese Rechtsprechung der Entwicklungszustand i.d.R. baureifes Land i.S. des § 5 Abs. 4 ImmoWertV unter Berücksichtigung des Bebauungsplans zugrunde zu legen. Wird die Umlegung ohne Aufstellung eines Bebauungsplans durchgeführt, so ist die vorhandene Qualität nach § 34 BauGB unter Ausschluss der umlegungsbedingten Werterhöhung maßgebend. Die erst durch die Umlegung realisierbaren Vorteile des Bebauungsplans sind umlegungsbedingte Werterhöhungen.

---

255 BT-Drucks. 13/6392, S. 62.
256 BVerfG, Beschl. vom 17.12.1964 – 1 BvL 2/62 –, BVerfGE 18,274 = EzGuG 17.25; BGH, Urt. vom 22.6.1978 – III ZR 92/75 –, EzGuG 17.35; BGH, Urt. vom 6.12.1984 – III ZR 174/83 –, EzGuG 17.52.

Grundsätze — Umlegungsgebiete VIII

d) Sanierungsumlegung

Bei Sanierungsumlegungen in förmlich festgelegten Sanierungsgebieten bestimmt sich der Einwurfswert abweichend von den vorstehenden Grundsätzen **nach Maßgabe des § 153 Abs. 1 BauGB i.V.m. § 153 Abs. 5 Nr. 1 BauGB** (vgl. Rn. 340 ff.), wenn in der Sanierungssatzung die Anwendung der besonderen sanierungsrechtlichen Vorschriften der §§ 152 ff. BauGB nicht ausgeschlossen wurde. Bodenwerterhöhungen, die lediglich durch die Aussicht auf die Sanierung, durch ihre Vorbereitung oder ihre Durchführung eingetreten sind, dürfen danach nur insoweit berücksichtigt werden, als der Betroffene diese Bodenwerterhöhungen durch eigene Aufwendungen zulässigerweise bewirkt hat. Maßgebend ist hier der Zustand des Grundstücks ohne Sanierung; auch die Aussicht auf die Vorbereitung und Durchführung der Sanierung bleibt unberücksichtigt. Da es sich bei dem Einwurfswert ebenso wie bei dem für die Bemessung des Ausgleichsbetrags maßgeblichen Anfangswert um den sanierungsunbeeinflussten Bodenwert des Grundstücks handelt, können die dafür geltenden Wertermittlungsgrundsätze entsprechende Anwendung finden. **714**

7.5.3.3 Zuteilungswert

a) Erschließungs- und Neuordnungsumlegung

Der Zuteilungswert ist in § 57 Satz 3 BauGB als der **Bodenwert des Grundstücks unter Berücksichtigung der „durch die Umlegung bewirkten" Wertänderungen** definiert (vgl. Rn. 659). Die durch die Umlegung bewirkten Wertänderungen – umlegungsbedingte Werterhöhungen – sind inhaltlich mit dem Vorteil gleichzusetzen, der „durch die Umlegung" erwächst (so § 58 Abs. 1 Satz 1 BauGB). Der Bodenwert ist – wie der Einwurfswert – bezogen auf die allgemeinen Wertverhältnisse zum Zeitpunkt des Umlegungsbeschlusses zu ermitteln. Hieraus folgt, dass als Zuteilungswert der Bodenwert der Entwicklungsstufe „baureifes Land" zugrunde zu legen ist, denn die Umlegung ist auf eine Neuordnung der Grundstücke in der Weise angelegt, dass „nach Lage, Form und Größe für die bauliche Nutzung zweckmäßig gestaltete Grundstücke entstehen". Etwas anderes gilt für die im Bebauungsplan als Gemeinbedarfsflächen oder für nichtbauliche Zwecke festgesetzten Nutzungen. Form und Größe sowie Lage der Grundstücke ergeben sich im Einzelnen aus der Umlegungskarte (Zuteilungsplan) und dem Umlegungsverzeichnis. Die baurechtlichen Festsetzungen sind dagegen dem Bebauungsplan zu entnehmen bzw. nach Maßgabe des § 34 BauGB zu bestimmen. **715**

Als Zuteilungswert ist der **Bodenwert eines erschlossenen (baureifen) Grundstücks** zu ermitteln, denn sofern nicht bereits mit der Erschließung begonnen worden ist, hat sich mit der Umlegung ein Erschließungsanspruch verfestigt. Hiervon zu unterscheiden ist die Frage nach der abgabenrechtlichen Situation bezüglich der Erschließungsbeiträge. Es bestehen hier folgende Möglichkeiten: **716**

a) erschließungsbeitragsfreie Zuteilung,

b) erschließungsbeitragspflichtige Zuteilung und

c) erschließungs*flächen*beitragsfreie, aber ansonsten erschließungsbeitragspflichtige Zuteilung.

Da die Bereitstellung der Erschließungsflächen begrifflich der Bodenordnung zuzurechnen ist, wird eine **erschließungsflächenbeitragsfreie Zuteilung anzustreben** sein; dem Erschließungsbeitragsrecht unterliegt dann nur noch die Erhebung von Erschließungsbeiträgen für den Bau der Erschließungsanlagen. § 57 Satz 4 Halbsatz 2 BauGB lässt aber ebenso wie § 58 Abs. 1 Satz 1 und § 68 Abs. 1 Nr. 4 BauGB die erschließungsbeitragspflichtige Zuteilung zu (vgl. § 128 Abs. 1 BauGB). Dies muss bei der Ermittlung der Zuteilungswerte wertmindernd berücksichtigt werden, wenn von Vergleichspreisen für erschließungsbeitragsfreie Grundstücke ausgegangen wird. **717**

Wird ein Grundstück, das an einer vorhandenen Straße liegt, in ein Umlegungsverfahren einbezogen, das der Verwirklichung eines Bebauungsplans dient, der eine abzweigende Straße

VIII Umlegungsgebiete — Grundsätze

festsetzt und damit das Grundstück zu einem **Eckgrundstück** macht, hat der Eigentümer einen Anspruch auf Ausgleich der Wertminderung, die durch die Erschließungsbeitragspflicht für die zweite Erschließungsanlage begründet wird[257].

718 Bezüglich der im Rahmen des Umlegungsverfahrens „abgearbeiteten" **naturschutzrechtlichen Ausgleichsregelung** i.S. des § 1a BauGB sind bei der Ermittlung des Zuteilungswerts folgende Grundsätze zu beachten:

a) Beschränkt sich der naturschutzrechtliche Ausgleich auf die **Durchführung von Ausgleichsmaßnahmen (Bepflanzungen)** auf dem Zuteilungsgrundstück, kann eine Minderung des Zuteilungswerts geboten sein, wenn von Vergleichspreisen ausgegangen wurde, die solchen Vorgaben nicht unterliegen, und es sich um Maßnahmen handelt, die nach Art und Umfang über das hinausgehen, was der Eigentümer sonst auf seinem Grundstück anpflanzen würde.

b) Werden dem Eigentümer des Eingriffsgrundstücks zusätzliche **private Ausgleichsflächen** zugeordnet und zugeteilt, die insgesamt zu einer Vergrößerung seiner Zuteilungsfläche führen, größer als sonsthin üblich gewesen wäre, so kann nicht ausgeschlossen werden, dass sich der auf den Quadratmeter Grundstücksfläche bezogene Zuteilungswert insoweit mindert, wenn wiederum von Vergleichspreisen ausgegangen wurde, die sich für entsprechend kleinere Grundstücke (nicht unter der Herrschaft der naturschutzrechtlichen Ausgleichsregelung) gebildet haben. Es entspricht nämlich einem Erfahrungssatz, dass sich der auf den Quadratmeter bezogene Bodenwert mit der Vergrößerung der Grundstücksfläche mindert (vgl. Syst. Darst. des Vergleichswertverfahrens Rn. 361 ff.).

Die **Begründung** zu der entsprechenden Regelung des § 59 Abs. 1 BauGB 98[258] führt hierzu aus:

„Die Zuteilung von Flächen zum Ausgleich gemäß § 59 stellt sich umlegungsrechtlich als natürlicher Annex zu den Bauflächen dar. Bauflächen und Flächen zum Ausgleich stehen in einem engen funktionalen Zusammenhang. Flächen zum Ausgleich sind die Voraussetzung für die Schaffung von Bauflächen. Dieser funktionale Zusammenhang verdeutlicht auch, dass Maßnahmen, die zur Aufbringung von Flächen zum Ausgleich im Rahmen der Umlegung vorgenommen werden, grundsätzlich als privatnützige Maßnahmen anzusehen sind."

Für den Eigentümer des Zuteilungsgrundstücks wird bei alledem eine wertmäßige Unterscheidung von den „eigentlichen" Bauflächen und den Ausgleichsflächen theoretisch bleiben. Er ist an einem bebaubaren Grundstück interessiert und fragt nach dem Gesamtpreis des Zuteilungsgrundstücks, den er mit alternativen Grundstücksangeboten vergleicht, für die zusätzliche Ausgleichsflächen nicht erforderlich sind. Bei ausgleichsbedingt übergroßen Grundstücken wird er deshalb Abschläge am Quadratmeterwert begehren.

719 Werden **öffentliche Ausgleichsflächen** ggf. i.V.m. Ausgleichsmaßnahmen (Bepflanzungen) bereitgestellt und den Eingriffsgrundstücken zugeordnet, so ist der dafür nach § 135a BauGB gesondert zu erhebende Kostenerstattungsbetrag wertmindernd bei der Ermittlung des Zuteilungswerts zu berücksichtigen, wenn wiederum insoweit von kostenerstattungsbetragsfreien Vergleichspreisen ausgegangen wurde.

▶ *Zur Behandlung von Erbbaurechten vgl. Teil IX Rn. 49 ff., 205 ff.*

b) *Besonderheiten bei erschließungsbeitragspflichtiger Zuteilung*

720 Grundsätzlich sollte eine erschließungsbeitragsfreie Zuteilung angestrebt werden. In diesem Falle stellt sich nach den vorangegangenen Ausführungen nicht die Aufgabe, den Wert der Gemeinbedarfsflächen zu ermitteln. Das **Gesetz lässt aber auch eine erschließungsbeitragspflichtige Zuteilung zu.** In diesem Falle ist nach § 68 Abs. 1 Nr. 4 BauGB der Wert der nach § 55 Abs. 2 BauGB vorweg auszuscheidenden Flächen im Umlegungsverzeichnis aufzuführen, um einerseits die Beteiligten auf den Erschließungsbeitrag hinzuweisen und andererseits die Ermittlung des Erschließungsaufwands zu erleichtern (vgl. § 128 Abs. 1 Satz 3 BauGB);

---

257 OLG Köln, Urt. vom 18.10.1990 – 7 U 24/90 –, EzGuG 17.36.
258 BT-Drucks. 13/6392.

nicht zu erfassen sind dabei die Wertanteile für Kinderspielplätze und Regenklär- und -überlaufbecken. Der Wert der im Umlegungsverzeichnis ausgewiesenen Flächen bemisst sich nach dem Wert, der sich nach den unter Rn. 729 ff. dargestellten Grundsätzen ergibt.

Werden der Gemeinde in der Umlegung die örtlichen Verkehrs- und Grünflächen zugeteilt und bleibt das zugeteilte Grundstück ansonsten erschließungsbeitragspflichtig (sog. **straßenlandbeitragsfreie Zuteilung**), so muss bei der späteren Heranziehung zu Erschließungsbeiträgen berücksichtigt werden, dass für den Erwerb von Straßenland keine Kosten entstehen[259]. 721

Soweit nach dem Vorhergesagten ein für das Umlegungsgebiet aufgestellter Bebauungsplan **Vorwirkungen** entwickelt hat, bleiben sie in Umlegungsgebieten im Hinblick auf die Solidargemeinschaft der Beteiligten also unberücksichtigt; d.h., die betroffenen Flächen sind ebenfalls als Rohbauland zu bewerten. Etwas anderes gilt nur in solchen Ausnahmefällen, wenn auf Grund einer besonderen Situation (z. B. unbebaubare Geländeeinschnitte) ein Grundstück im gewöhnlichen Geschäftsverkehr von jeglicher Weiterentwicklung ausgenommen worden ist[260]. Auch überörtliche Grünflächen und der unbebaubare Schutzstreifen einer am Umlegungsgebiet vorbeilaufenden Autobahn können hier eine weitreichende Vorwirkung entfalten (vgl. Rn. 701). 722

Die aus der Umlegung herauskommenden **Gemeinbedarfsflächen, die dem Bedarfsträger als solche zugeteilt werden,** unterliegen ebenfalls nicht der Bewertung, weil auch sie zum „Nullwert" zugeteilt werden. Dies betrifft insbesondere die künftigen örtlichen Verkehrs- und Grünflächen. Für die übrigen Gemeinbedarfsflächen gilt dies aber gleichermaßen. Dabei muss jedoch bedacht werden, dass sie insofern nicht dem Bedarfsträger kostenlos zufallen, als dieser gemäß § 55 Abs. 5 BauGB dafür Ersatzland eingebracht haben muss, das er ggf. vorher erworben haben muss. 723

Bei konsequenter Anwendung des Prinzips der Solidargemeinschaft müsste als Wert dieser Flächen im Falle von Erschließungsumlegungen **grundsätzlich der Wert des Rohbaulandes** und nicht der Wert zum Ansatz kommen, der sich sonst unter Anwendung des Vorwirkungsgrundsatzes ergibt. Andererseits käme man nämlich zu einer unterschiedlichen Bewertung je nachdem, ob die Grundstücke erschließungsbeitragsfrei oder -pflichtig zugeteilt werden[261]. 724

c) *Sanierungsumlegung*

Für die **Ermittlung des Zuteilungswerts** in förmlich festgelegten Sanierungsgebieten bestimmt § 153 Abs. 5 Nr. 2 BauGB ergänzend zu § 57 Satz 3 und 4 BauGB, dass bei der Ermittlung des Zuteilungswerts umfassend Wertänderungen zu berücksichtigen sind, die durch die rechtliche und tatsächliche Neuordnung des Sanierungsgebiets eingetreten sind, d.h., es ist die Qualität des Grundstücks durch oder auf Grund der Sanierung maßgebend. Dies gilt im Übrigen auch, wenn für den Eigentümer als Abfindung die Begründung von Miteigentum an einem Grundstück, die Gewährung von grundstücksgleichen Rechten, Rechten nach dem Wohnungseigentumsgesetz oder sonstigen dinglichen Rechten nach § 59 Abs. 4 Nr. 3 BauGB innerhalb des Umlegungsgebiets vorgesehen ist. 725

Die Ermittlung von Zuteilungswerten nach Maßgabe des § 153 Abs. 5 Nr. 2 BauGB ist nicht immer unproblematisch, denn Sanierungsumlegungen werden i.d.R. bereits zu einem Zeitpunkt abgeschlossen, in dem die **Sanierungsmaßnahmen noch nicht vollständig durchgeführt** worden sind. Um dennoch die rechtliche und tatsächliche Neuordnung des Sanierungsgebiets mit dem Zuteilungswert möglichst abschließend zu erfassen, müssen die Aussicht auf die noch ausstehenden Maßnahmen entsprechend der in der Planung vorgesehenen Änderungen und sonstige durch die Sanierungsmaßnahme bedingte Wertverbesserungen berücksichtigt werden. Dies gilt sinngemäß für die Ermittlung des für die Veräußerung nach § 153 Abs. 4, § 159 Abs. 3 und § 169 Abs. 8 BauGB maßgeblichen Verkehrswerts ebenso wie bei vorzeitiger Ablösung des Ausgleichsbetrags nach § 154 Abs. 3 Satz 2 BauGB. 726

---

[259] LG Koblenz, Urt. vom 10.6.1996 – 108/95 –, EzGuG 17.77.
[260] BGH, Urt. vom 15.11.1979 – III ZR 78/78 –, EzGuG 17.36.
[261] Kohlhammer-Komm. § 57 Rn. 78 und § 55 Rn. 44; Dieterich, Baulandumlegung, 5. Aufl. München Rn. 232i.

VIII Umlegungsgebiete — Grundsätze

727 Für die **Qualifizierung des Neuordnungszustands** ist hierbei vor allem bedeutsam, dass der Bebauungsplan vor dem Beschluss über die Aufstellung des Umlegungsplans (§ 66 Abs. 1 BauGB) in Kraft getreten sein muss (§ 45 Abs. 2 BauGB). Der Zuteilungswert kann daher auf der Grundlage einer im Sanierungsbebauungsplan rechtsverbindlich ausgewiesenen Nutzung ermittelt werden. Der rechtliche und tatsächliche Neuordnungszustand ist damit für die Ermittlung des Zuteilungswerts inhaltlich und zeitlich „vorprogrammiert"[262] und somit zusammen mit den sonstigen Sanierungsmaßnahmen wertmäßig „fassbar". Für die Ermittlung des Zuteilungswerts ist weiterhin von Bedeutung, dass die für die Nutzung der Grundstücke wesentlichen Ordnungsmaßnahmen, insbesondere die Bodenordnung, mit Abschluss der Umlegung durchgeführt sind; soweit mit der Erschließung noch nicht begonnen ist, steht ihre Durchführung zumindest an.

728 Im Übrigen gilt für die Umlegung, dass die zuzuteilenden **Grundstücke erschließungsbeitragsfrei zu werten** sind, da die Erschließung zu den Ordnungsmaßnahmen gehört (§ 147 Abs. 1 Nr. 4 BauGB) und nach § 154 Abs. 1 Satz 2 BauGB für Erschließungsanlagen i.S. des § 127 Abs. 2 BauGB keine Erschließungsbeiträge erhoben werden. Die Regelung des § 57 Satz 4 Halbsatz 2 BauGB, nach der in der Umlegung Grundstücke in Bezug auf Flächen nach § 55 Abs. 2 BauGB erschließungsbeitragspflichtig zugeteilt werden können, hat von daher für die Sanierungsumlegung keine Bedeutung[263].

7.5.4 Gemeinbedarfsflächen

729 Die allgemeinen Grundsätze der Bewertung von Gemeinbedarfsflächen sind im Teil VI unter Rn. 596 ff. behandelt. Danach muss **grundsätzlich unterschieden** werden zwischen

a) Gemeinbedarfsflächen, die sich in dieser Eigenschaft (noch) nicht im Eigentum der öffentlichen Hand (Bedarfsträger) befinden und ggf. im Wege der Enteignung erworben werden können,

b) Gemeinbedarfsflächen, die bereits im Eigentum der öffentlichen Hand (Bedarfsträger) stehen und auf absehbare Zeit einer öffentlichen Nutzung vorbehalten bleiben, und

c) Gemeinbedarfsflächen, die sich zwar (noch) im Eigentum der öffentlichen Hand befinden, die jedoch zur Veräußerung anstehen, weil deren öffentliche Zweckbindung aufgegeben wird oder bereits ist.

Bei der Bewertung von Gemeinbedarfsflächen in Umlegungsgebieten gilt es, eine Reihe von **Besonderheiten** zu beachten:

730 a) Gemeinbedarfsflächen, die sich als solche bereits vor der Umlegung im Eigentum der öffentlichen Hand (Bedarfsträger) befinden, gehen zwar in die Umlegungsmasse flächenmäßig, jedoch nicht wertmäßig ein, d.h., sie gehen mit einem „**Nullwert**" in die Umlegung ein. Dies betrifft z. B. alte Wege und Straßen. Eine Bewertung ist deshalb nicht erforderlich (vgl. Rn. 631). Im Übrigen gilt dies auch für solche „alten" Gemeinbedarfsflächen, die am bisherigen Ort untergehen, weil sie im Rahmen des Umlegungsverfahrens an anderer Stelle neu geschaffen werden. Die alten Gemeinbedarfsflächen werden, soweit sie zu den örtlichen Verkehrs- und Grünflächen zählen, bei der Ermittlung des Flächenabzuges für die künftigen örtlichen Verkehrs- und Grünflächen angerechnet (vgl. Rn. 631 ff.).

731 b) **Gemeinbedarfsflächen, die bereits als solche in die Umlegung eingeworfen worden sind,** unterliegen somit grundsätzlich nicht der Wertermittlung, da sie hier keinen eigenständigen Wert besitzen; ihr Wert geht in die entsprechend höheren Werte der durch sie erschlossenen Zuteilungsgrundstücke ein[264]. Gleichwohl können baulich nutzbare Gemeinbedarfsflächen, wie Sonderflächen für Verwaltungen, insoweit an der Umlegung partizipieren, wie sie Vorteile aus Erschließungmaßnahmen ziehen, so bei erschließungs-

---

[262] BGH, Urt. vom 22.6.1978 – III ZR 92/75 –, EzGuG 17.35.
[263] BT-Drucks. 10/4630, S. 99.
[264] BVerwG, Urt. vom 4.2.1981 – 8 C 13/81 –, EzGuG 17.39.

flächenbeitragsfreier Zuteilung. Ihre Werterhöhung bemisst sich demzufolge nach dem Wert der anteiligen Erschließungsfläche.

c) **Grundstücksflächen,** die in einem möglicherweise bereits vor Einleitung einer Erschließungsumlegung oder im Verlauf des Umlegungsverfahrens aufgestellten Bebauungsplan für Gemeinbedarfszwecke ausgewiesen wurden und **die bislang im privaten Eigentum standen,** werden grundsätzlich als Rohbauland i.S. des § 5 Abs. 3 ImmoWertV bewertet; von diesem Grundsatz kann in besonderen Fällen abzuweichen sein (vgl. Rn. 701). Dies kann zu Disparitäten gegenüber den sonsthin zur Anwendung kommenden Bewertungsgrundsätzen führen. Nach den allgemeinen Grundsätzen werden künftige Gemeinbedarfsflächen nämlich über das Institut der enteignungsrechtlichen Vorwirkung bewertet. Prinzipiell kann der mit dem Vorwirkungsgrundsatz angesprochene Ausschluss von der konjunkturellen Weiterentwicklung zu einer qualitätsmäßigen Einstufung der künftigen Gemeinbedarfsflächen bis auf eine Ackerlandqualität durchschlagen (Flächen der Land- oder Forstwirtschaft i.S. des § 5 Abs. 1 ImmoWertV). 732

Die **Praxis,** die *künftigen* Gemeinbedarfsflächen grundsätzlich in der Umlegung als Rohbauland zu qualifizieren, **ist** in erster Linie wiederum **im Solidaritätsprinzip begründet** (vgl. Rn. 697). Die Planung verteilt unter den Voraussetzungen, die das Umlegungsverfahren prägen, keine „schwarzen und weißen Lose", weil erst durch das Umlegungsverfahren „weiße Lose", d.h. privat bebaubare Grundstücke, entstehen können. Dies führt zu Disparitäten[265] bei der Bewertung von Gemeinbedarfsflächen innerhalb und außerhalb von Umlegungsgebieten und ist letztlich darin begründet, dass das Baurecht einen allgemeinen Planungswertausgleich nicht kennt (vgl. Rn. 693 ff.). 733

7.6 Steuerliche Behandlung

Schrifttum: *Aderhold, D.,* Zur grunderwerbsteuerlichen Behandlung der Baulandumlegung, GuG 2002, 212.

7.6.1 Grunderwerbsteuer

Alle in einem förmlichen (amtlichen) Umlegungsverfahren nach den §§ 45 ff. BauGB durch Ausspruch einer Behörde erfolgenden Eigentumsänderungen an Grundstücken sind von der Grunderwerbsteuer befreit, wenn der neue Eigentümer in diesem Verfahren als Eigentümer eines im Umlegungsgebiet gelegenen Grundstücks Beteiligter ist[266]. Die Eigentumsänderung vollzieht sich dabei außerhalb des Grundbuchs. Die Rechtsänderung kann durch Inkrafttreten des Umlegungsplans oder aufgrund einer Vorausregelung für einzelne Grundstücke eintreten[267]; bei Anwendung der vereinfachten Umlegung tritt die Rechtsänderung durch das Inkrafttreten des Umlegungsbeschlusses ein. 734

Von einer Besteuerung ausgenommen sind stets und in vollem Umfang Zuteilungen an die Gemeinde oder den sonstigen Erschließungsträger für die in § 55 Abs. 2 BauGB genannten Zwecke (u.a. **Straßenflächen, Wege, Plätze und Grünanlagen**). 735

Mit der **Rechtsprechung vom 28.7.1999** hat der BFH seine bisherige Auffassung aufgegeben, dass nur dann kein der Grunderwerbsteuer unterliegender Erwerbsvorgang vorliegt, wenn die im Umlegungsverfahren zugeteilten Grundstücke mit den bisher dem Beteiligten gehörenden Grundstücksflächen identisch (Flächen- und Deckungsgleichheit) sind. Grunderwerbsteuerbefreiung ist vielmehr bei Unter- und Überschreitung des Sollanspruchs zu gewähren. Die 736

---

[265] Hierauf ist ungehört schon vor 30 Jahren hingewiesen worden: vgl. Wilsing in AVN 1968, 113 und AVN 1961, 209; zu Abweichungen vgl. BGH, Urt. vom 15.11.1979 – III ZR 28/78 –, EzGuG 17.36.
[266] BFH, Urt. vom 28.7.1999 – II R 25/98 –, Hess. Städte- und GemeindeZ 1999, 439.
[267] BFH, Urt. vom 1.8.1990 – II R 6/88 –, EzGuG 17.61a, BFH, Urt. vom 29.10.1997 – II R 36/95 –, GuG 1998,116 = EzGuG 17.79; bei sog. **freiwilligen Baulandumlegungen** vgl. Vfg. der OFD Freiburg, Karlsruhe und Stuttgart zur Anwendung des § 7 Abs. 2 GrEStG auf den Erwerb eines in einer sog. freiwilligen Baulandumlegung gebildeten Grundstücks (GrESt-Kartei lfd. Nr. 346 und 354); Erl. des bad.-württ. FM vom 10.5.1990 – S 4400 – 7a/79 – und vom 13.5.1983 – S 4400 – 7/79 – ; Erl. des saarl. FM zur Behandlung von Landzuteilungen im Umlegungsverfahren nach dem BauGB (§ 1 Abs. 1 Nr. 3 Buchst. b GrEStG) vom 17.4.2000 (GuG 2001/5).

dem entgegenstehende Rechtsprechung sowie entsprechende Verwaltungsvorschriften sind damit nicht mehr anzuwenden[268].

737 Für **Grundstücksübergänge im Rahmen freiwilliger Umlegungen gibt es keine grunderwerbsteuerlichen Befreiungen.** Rechtsänderungen, die im Rahmen eines Umlegungsverfahrens auf freiwilliger Basis erfolgen, unterliegen der Grunderwerbsteuer; die Nichtsteuerbarkeit nach § 1 Abs. 1 Nr. 3 Buchst. b GrEStG findet keine Anwendung. Da es sich hier um einen Tausch von Grundstücken handelt, unterliegt sowohl die Vereinbarung über die Leistung des einen als auch die Vereinbarung über die Leistung des anderen Vertragsteils der Grunderwerbsteuer (§ 1 Abs. 5 GrEStG)[269].

7.6.2 Einkommensteuer

738 Mit der Mehrzuteilung eines Grundstücks in einem Umlegungsverfahren nach den §§ 45 ff. BauGB gegen Zuzahlung nach § 59 Abs. 2 BauGB liegt ein **Anschaffungsgeschäft** i.S. des § 23 EStG **nur dann vor, wenn sie den Sollanspruch i.S. des** § 56 Abs. 1 Satz 1 BauGB **nicht nur unwesentlich übersteigt**[270].

739 Werden im Zusammenhang mit der Baulandumlegung **andere Wirtschaftsgüter** als Grund und Boden übertragen oder zugeteilt (z. B. bauliche Anlagen, Anpflanzungen und sonstige Einrichtungen i.S. des § 60 BauGB), liegt eine Veräußerung oder Anschaffung vor. Veräußerungspreis oder Anschaffungskosten sind die insoweit im Umlegungsverzeichnis (§ 68 BauGB) aufgeführten Abfindungs- oder Ausgleichsleistungen. Ein Veräußerungsgewinn ist nach den §§ 6b und c EStG begünstigt, wenn deren Voraussetzungen vorliegen.

740 Auszugleichende umlegungsbedingte Wertsteigerungen berühren nicht die wirtschaftliche Identität des eingebrachten und des zugeteilten Grundstücks. Für die **Berechnung der Veräußerungsfrist** i.S. des § 23 EStG ist daher das der Anschaffung des eingeworfenen Grundstücks zugrunde liegende obligatorische Geschäft maßgebend. Geldleistungen, die der Zuteilungsberechtigte zum Ausgleich umlegungsbedingter Wertsteigerungen leistet, sind nachträgliche Anschaffungskosten des eingeworfenen Grundstücks. Wird die Wertsteigerung durch Zuteilung von weniger Fläche ausgeglichen, sind für die Ermittlung des Veräußerungsgewinns weiterhin die Anschaffungskosten des eingeworfenen Grundstücks anzusetzen.

741 a) **Mehrzuteilung:** Im Umfang der in Geld auszugleichenden Mehrzuteilung liegt ein Anschaffungsgeschäft i.S. des § 23 EStG vor. Für die Berechnung der Veräußerungsfrist ist der Zeitpunkt maßgebend, zu dem die Unanfechtbarkeit des Umlegungsplans bekannt gemacht wird (§ 71 Abs. 1 Satz 1 BauGB).

b) **Minderzuteilung:** Ausgleichsleistungen, die der Grundstückseigentümer wegen Minderzuteilung erhält, sind nach § 23 Abs. 1 Satz 1 Nr. 1 EStG steuerpflichtig, wenn der Zeitraum zwischen dem der Anschaffung des eingeworfenen Grundstücks zugrunde liegenden obligatorischen Geschäft und dem Zeitpunkt, zu dem die Unanfechtbarkeit des Umlegungsplans bekannt gemacht wird (§ 71 Abs. 1 Satz 1 BauGB), nicht mehr als zehn Jahre beträgt.

---

268 FG Hessen, Urt. vom 17.3.1997 – 5 K 621/95 –, EFG 1998, 1428 = UVR 1998, 443; FG Münster, Urt. vom 3.12.1990 – VIII 6135/88 GrE – ; BFH, Urt. vom 1.8.1990 – II R 6/88 –, EzGuG 17.61a; MfF Rh.-Pf. vom 14.4.1983 – S 4400 A-442 –, Deutsche Verkehrs-Rundschau 1983, 130; Erl. des bln FM vom 23.1.1997 – III ES 4400 – 2/82 –, DStR 1997, 454; Erl. des nordrh.-westf. FM vom 15.12.1992 (S 4500 – 17-VA 2, abgedruckt in GuG 1993, 360); hierzu OFD Düsseldorf, Erl. vom 19.4.1994 – S 4500 – 2 St 223 –, GuG 1998, 299; Erl. des bad.-württ. FM vom 30.9.1997 – S 4400/5 –, GuG 1998, 298.
269 BFH, Urt. vom 6.12.1988 – II B 98/88 –, BStBl II 1988, 1008; ferner BVerfG, Urt. vom 7.2.1990 – 1 BvR 1556/88 –, EzGuG 17.57d.
270 BFH, Urt. vom 29.3.1995 – X R 3/92 –, GuG 1995, 375 = EzGuG 17.74.

Teil IX

Verkehrswertermittlung von Rechten und Belastungen an Grundstücken

Teil IX

Verkehrswertermittlung von Rechten und Belastungen an Grundstücken

Übersicht — Rechte und Belastungen IX

Gliederungsübersicht — Rn.

1 Vorbemerkungen
- 1.1 Übersicht — 1
- 1.2 Eigentum — 18
- 1.3 Grundstücksgleiches Recht — 25
- 1.4 Baulast
  - 1.4.1 Allgemeines — 27
  - 1.4.2 Wertermittlungsgrundsätze — 44
  - 1.4.3 Abstandsflächenbaulast — 46
  - 1.4.4 Zwangsversteigerung — 47

2 Erbbaurecht
- 2.1 Allgemeines — 49
- 2.2 Inhalt von Erbbaurechten — 63
- 2.3 Erbbauzins
  - 2.3.1 Allgemeines — 71
  - 2.3.2 Anpassung des Erbbauzinses
    - 2.3.2.1 Verträge mit Anpassungsklausel — 85
    - 2.3.2.2 Verträge ohne Anpassungsklausel — 116
    - 2.3.2.3 Anpassung nach billigem Ermessen — 118
  - 2.3.3 Außergewöhnlich hoher Erbbauzins in städtischen Bereichen — 130
  - 2.3.4 Erbbauzins in einer Summe bei Bestellung des Erbbaurechts — 131
- 2.4 Verkehrswertermittlung von Erbbaurechten und erbbaurechtbelasteten Grundstücken
  - 2.4.1 Allgemeines — 132
  - 2.4.2 Theoretisch-mathematische Methode — 146
  - 2.4.3 Verfahren nach WertR
    - 2.4.3.1 Allgemeines — 149
    - 2.4.3.2 Vergleichswertverfahren — 153
    - 2.4.3.3 Finanzmathematische Methode — 159
    - 2.4.3.4 Verfahren nach WertR 02 — 170
  - 2.4.4 Sonderfälle
    - 2.4.4.1 Erbbaurecht an bebauten Grundstücken bei kurzer Restlaufzeit des Erbbaurechtsvertrags — 194
    - 2.4.4.2 Erbbaurechtsbestellung an bereits bebauten Grundstücken — 197
    - 2.4.4.3 Bauwerksentschädigung und -vergütung bei Heimfall und Erlöschen des Erbbaurechts durch Zeitablauf — 198
    - 2.4.4.4 Erschließungsbeitrag — 218
    - 2.4.4.5 Umlegung — 219
    - 2.4.4.6 Sanierungs- und Entwicklungsmaßnahme — 220
    - 2.4.4.7 Zwangsversteigerung — 221
    - 2.4.4.8 Erbauseinandersetzung — 227
  - 2.4.5 Ankaufsverpflichtung und -berechtigung
    - 2.4.5.1 Ankaufsverpflichtung (Kaufzwangklausel) — 228
    - 2.4.5.2 Ankaufsberechtigung — 242
  - 2.4.6 Erbbaurecht in der Beleihungspraxis — 244
  - 2.4.7 Entschädigung für Leitungsüberspannung — 259
  - 2.4.8 Geschäftswert (nach KostO) — 262
  - 2.4.9 Erbbaurecht in der steuerlichen Bewertung — 263
- 2.5 Wohnungs- und Teilerbbaurecht — 264

3 Gesetzliche Beschränkungen
- 3.1 Übersicht — 265
- 3.2 Überbau
  - 3.2.1 Allgemeines — 267
  - 3.2.2 Überbaurente und Abkauf — 277
  - 3.2.3 Verkehrswertermittlung
    - 3.2.3.1 Verkehrswert des belasteten (überbauten) Grundstücks — 286
    - 3.2.3.2 Verkehrswert des begünstigten Grundstücks — 289
    - 3.2.3.3 Zusammenfassung — 297

IX Rechte und Belastungen — Übersicht

	3.2.4	Überhang		299
	3.2.5	Nachbarwand		307
3.3	Notweg			
	3.3.1	Allgemeines		309
	3.3.2	Notwegerente		316
	3.3.3	Verkehrswertermittlung		
		3.3.3.1	Verkehrswert des dienenden Grundstücks	324
		3.3.3.2	Verkehrswert des herrschenden Grundstücks	326
		3.3.3.3	Notwegerente	329
3.4	Wassernutzungsrecht			
	3.4.1	Allgemeines		330
	3.4.2	Brunnenrecht		333
4	**Beschränkt dingliches Recht (Rechte Dritter)**			
4.1	Übersicht			338
4.2	Dienstbarkeit			
	4.2.1	Allgemeines		340
	4.2.2	Grunddienstbarkeit		
		4.2.2.1	Allgemeines	343
		4.2.2.2	Apothekengerechtigkeit	350
	4.2.3	Beschränkt persönliche Dienstbarkeit		351
	4.2.4	Nießbrauch		
		4.2.4.1	Allgemeines	357
		4.2.4.2	Verkehrswertermittlung	368
		4.2.4.3	Steuerliche Behandlung	379
	4.2.5	Miet- und Pachtrecht		381
	4.2.6	Wegerecht		
		4.2.6.1	Allgemeines	383
		4.2.6.2	Wertermittlungsgrundsätze	392
	4.2.7	Leitungsrecht		
		4.2.7.1	Allgemeines	401
		4.2.7.2	Besonderheiten für die neuen Bundesländer	405
		4.2.7.3	Grundsätze der Ermittlung der Wertminderung	407
		4.2.7.4	Grundsätze der Entschädigung bei Begründung von Leitungsrechten	414
		4.2.7.5	Verzinsung der Entschädigung	418
		4.2.7.6	Bahnunterfahrung	419
	4.2.8	Wettbewerbsbeschränkende Dienstbarkeit (Konkurrenz- und Sortimentsklauseln)		422
	4.2.9	Aussichtsrecht		429
	4.2.10	Belegungsrecht		432
	4.2.11	Wohnungsrecht		
		4.2.11.1	Allgemeines	434
		4.2.11.2	Wertbildende Parameter	444
		4.2.11.3	Verkehrswertermittlung	473
		4.2.11.4	Dauerwohnrecht	485
	4.2.12	Altenteil		
		4.2.12.1	Allgemeines	490
		4.2.12.2	Zwangsversteigerung	503
4.3	Verfügungs- und Erwerbsrecht			
	4.3.1	Übersicht		504
	4.3.2	Vorkaufsrecht		
		4.3.2.1	Allgemeines	507
		4.3.2.2	Verkehrswertermittlung	513
		4.3.2.3	Beleihungspraxis und Zwangsversteigerung	527
	4.3.3	Wiederkaufsrecht		534
	4.3.4	Ankaufsrecht und Ankaufsverpflichtung		538
	4.3.5	Aneignungsrecht		
		4.3.5.1	Allgemeines	539
		4.3.5.2	Durchschneidungsbedingte Jagdwertminderung	540

4.4	Sicherungs- und Verwertungsrecht		
	4.4.1	Übersicht...	541
	4.4.2	Grundpfandrecht...	542
	4.4.3	Reallast	546

1 Vorbemerkungen

1.1 Übersicht

Schrifttum: *Bengel/Simmerding*, Grundbuch Grundstück Grenze, Luchterhand, 5. Aufl. 2000; *Fischer, R., Lorenz, H.-J., Biederbeck, M., Astl, B.*, Verkehrswertermittlung bebauter und unbebauter Grundstücke, Bundesanzeiger 2005 S. 385; *Kröll, R., Hausmann, A.*, Rechte und Belastungen bei der Verkehrswertermittlung von Grundstücken, Luchterhand, 3. Aufl. 2006; *Sandner/Weber (Hrsg.)*, Lexikon der Immobilienwertermittlung, 2. Aufl. Bundesanzeiger 2007.

▶ *Vgl. Übersicht im Teil V § 1 ImmoWertV Rn. 20 ff.*

Grundstücksrechte werden im 3. Buch (Teil Sachenrecht) des BGB behandelt. In diesem Teil sind die Regelungen über das Eigentum an Grundstücken und über Rechte und Belastungen an Grundstücken enthalten. Die dort geregelten **Grundstücksrechte sind dingliche Rechte**. Sie erfassen das Grundstück unmittelbar; sie sind also mit dem Grundstück verbunden, unabhängig davon, wer der jeweilige Eigentümer des Grundstücks ist.   **1**

Im Allgemeinen wird der Sachverständige mit der Wertermittlung von Rechten und Belastungen betraut, wenn das mit einem Recht belastete Grundstück beliehen, versteigert oder veräußert werden oder wenn Rechte an Grundstücken aufgehoben oder geändert werden sollen[1], wie beispielsweise im Zuge von Enteignungs-, Umlegungs- oder Sanierungsmaßnahmen nach dem BauGB. Dabei treten regelmäßig folgende **Fragen** auf: **2**

– Ist das Recht zeitlich begrenzt oder kann der Ablaufzeitpunkt zumindest plausibel ermittelt werden?

– Kann das Recht in einem Geldwert ausgedrückt werden?

– Wird für die Ausübung des Rechts eine Gegenleistung erbracht, z. B. in Form einer Rente gezahlt, und ist die Rente an eine Gleitklausel gekoppelt?

– Welche Rangstelle hat das Recht im Grundbuch?

Bei den Rechten und Belastungen kann es sich   **3**

a) um gesetzliche im Grundbuch nicht eintragungsfähige Rechte und Beschränkungen sowie

b) um Rechte und Belastungen, die in öffentlichen Büchern (Denkmalbuch[2], Baulastenverzeichnis[3], Servitutenbuch, Höferolle, Wasserbuch) eingetragen sind, insbesondere um in Abteilung II des Grundbuchs dinglich gesicherte Rechte handeln.

Rechte und Belastungen ergeben sich insbesondere aus dem Grundbuch (vgl. Teil III Rn. 468 ff.). Zur Klärung ist zumindest aber in das **Grundbuch, das Baulastenverzeichnis, das Altlastenkataster und in die Denkmalschutzliste (Denkmalbuch)** einzusehen (Abb. 1). Man kann jedoch nicht in jedem Fall davon ausgehen, dass alle wesentlichen Beschränkungen des Grundeigentums aus Abt. II des Grundbuchs erkennbar sind. Dem **Grundbuch können nur die dinglich gesicherten Rechte entnommen werden**.   **4**

---

1 Nach § 4 Abs. 3 WertV i.d.F. von 1972 stellen die wertbeeinflussenden Rechte und Belastungen ungewöhnliche Verhältnisse dar, die bei der Wertermittlung nicht zu berücksichtigen waren (vgl. auch § 142 Abs. 2 BBauG 76). Nach § 6 Abs. 2 ImmoWertV werden sie ausdrücklich als Grundstücksmerkmale hervorgehoben, die bei der Verkehrswertermittlung zu berücksichtigen sind (vgl. auch RFH, Urt. vom 18.1.1935 – II A 390/34 –, RStBl. 1935, 604).

2 Auch als Denkmalliste, Denkmalverzeichnis oder Denkmalkataster bezeichnet. In manchen Bundesländern wird neben der Denkmalsliste auch ein gesondertes Denkmalbuch geführt.

3 Das Baulastverzeichnis wird nicht in allen Bundesländern geführt.

IX Rechte und Belastungen — Vorbemerkungen

Abb. 1: Belastungen des Grundstücks

5 **Gesetzliche Beschränkungen sind dagegen nicht eintragungsfähig.** Damit entsteht bei der Wertermittlung zunächst das Problem der Feststellung, ob gesetzliche Beschränkungen auf dem Wertermittlungsobjekt lasten. Der Umfang gesetzlicher Rechte und Belastungen ist auf der Grundlage der einschlägigen Bestimmungen (Landesnachbarrecht, Bauplanungs- und Bodenordnungsrecht, Bauordnungsrecht usw.) festzustellen.

6 **Rechte und Belastungen können sich auf den Verkehrswert sehr unterschiedlich auswirken** (vgl. Teil V § 1 ImmoWertV Rn. 26 ff.; Abb. 2).

7 Können die vorstehenden Fragen eindeutig (ggf. unter Heranziehung des Grundbuchs und der notariellen Bestellungsurkunden aus der Grundakte) beantwortet werden, wird die Wertermittlung erleichtert. Es ist aber immer zu beachten, dass der **Wert des Rechts für den Eigentümer des herrschenden Grundstücks nicht immer der Wertminderung des Grundstückswerts des dienenden Grundstücks entspricht.**

Der Sachverständige ist bei einer komplizierten Ausgestaltung der Rechte gut beraten, wenn er sich bezüglich der rechtlichen Würdigung der einzelnen Sachverhalte Zurückhaltung auferlegt und ggf. eine **juristische Klärung** herbeiführt. Dies gilt insbesondere bei Vertragsauslegungen (z. B. Miet- und Erbbaurechtsverträgen). Sofern eine juristische Klärung im Rahmen der Bewertung nicht möglich ist, sollte darauf hingewiesen werden, dass die Würdigung aus sachverständiger Sicht erfolgt und ggf. die Wertansätze bei einer juristisch anderen Auslegung einer Berichtigung oder Ergänzung bedarf.

8 Neben dem **Verkehrswert** des unbelasteten und unberechtigten Grundstücks kann Gegenstand der Verkehrswertermittlung sein:

a) der Verkehrswert des Rechts an einem Grundstück,

b) der Verkehrswert der Belastung eines Grundstücks,

c) der Verkehrswert des berechtigten Grundstücks und

d) der Verkehrswert des belasteten Grundstücks.

Abb. 2: Auswirkungen der Rechte und Belastungen auf den Grundstückswert

Folgende **Grundsätze** sind bei der **Wertermittlung von Rechten oder Belastungen an Grundstücken** zu beachten:

a) Ausgangspunkt ist grundsätzlich der Verkehrswert oder Bodenwert ohne Berücksichtigung der Belastung oder der Begünstigung.

b) Der Verkehrswert des berechtigten (herrschenden) Grundstücks entspricht dem Verkehrswert des unberechtigten (unbelasteten) Grundstücks zuzüglich des Verkehrswerts des Rechts (und umgekehrt).

c) Der Verkehrswert des belasteten (dienenden) Grundstücks entspricht dem Verkehrswert des unbelasteten Grundstücks abzüglich des Verkehrswerts der Belastung (und umgekehrt).

d) Der Verkehrswert eines Rechts an einem Grundstück muss nicht dem Verkehrswert der entsprechenden Belastung an dem Grundstück entsprechen und kann sogar erheblich davon abweichen.

e) Wertvorteil oder Wertminderung ergeben sich aus dem wirtschaftlichen Vor- oder Nachteil, wobei auf objektive Gesichtspunkte abzustellen ist.

f) Wird für die Einräumung eines Rechts künftig eine einmalige oder wiederkehrende Gegenleistung erbracht, so ist sie bei der Wertermittlung des Rechts oder der Belastung zu berücksichtigen. Ist sie bezogen auf die Belastung nachhaltig angemessen, so wirkt sich die Belastung i.d.R. nicht oder nur geringfügig wertmindernd aus.

g) Wird die Grundstücksqualität durch das Recht entscheidend geändert, so ist bei der Ermittlung des Grundstückswerts von dem durch das Recht geänderten Grundstückszustand auszugehen.

h) Bei befristeten Rechten und Belastungen ist der sich ergebende jährliche Vor- oder Nachteil über die Restlaufzeit zu kapitalisieren.

IX Rechte und Belastungen — Vorbemerkungen

10 Nach den allgemeinen Grundsätzen der Ziff. 4.2 WERTR 06 soll

– bei Rechten und Belastungen, die sich auf *feste Zeiträume* beziehen, der **Zeitrentenbarwertfaktor** und

– bei Rechten und Belastungen, *die an das Leben einer oder mehrerer Personen gebunden* sind, der **Leibrentenbarwertfaktor**[4] herangezogen werden,

– der jeweils „angemessene, nutzungstypische **Liegenschaftszinssatz** zu Grunde gelegt werden, der nach der Art des Grundstücks und der Lage auf dem Grundstücksmarkt zu bestimmen ist und in allen behandelten Fällen zu hinreichend genauen Ergebnissen führt".

11 Bei der Verkehrswertermittlung von Rechten ist **zu unterscheiden zwischen einem bestehenden Recht und dem Wert des Rechts, der sich bei seiner Begründung ergibt**: Im Falle der Begründung von Rechten wird z. B. der Eigentümer des dienenden Grundstücks sich nicht nur an der sich für das dienende Grundstück ergebenden Wertminderung orientieren, er wird darüber hinaus auch am Wertzuwachs des künftig herrschenden Grundstücks partizipieren wollen, d.h. es bestehen Interdependenzen zwischen dem Verkehrswert des Rechts und dem Verkehrswert der Belastung (Abb. 3). Bei alledem ist zu beachten,

1. ob der Verkehrswert eines bestehendes Recht bzw. einer bestehenden Belastung oder

2. der Verkehrswert eines zu begründenden Rechts bzw. Belastung

zu ermitteln ist.

Abb. 3: Auswirkungen der Rechte und Belastungen auf den Grundstückswert

© W. Kleiber 2006

12 *Beispiel:*

Ein an einer Erschließungsstraße gelegenes Grundstück A soll mit einem Wegerecht (Baulast bzw. Grunddienstbarkeit) belastet werden, das dessen Bebaubarkeit nicht beeinflusst. Der anzulegende Weg dient zugleich als Zufahrtsfläche zur eigenen Garage.

Das dahinter liegende Grundstück wird damit erstmals erschlossen und erfährt dadurch einen erheblichen Wertzuwachs; aus dem Rohbauland entsteht eine baureife Fläche.

---

4 Leibrentenfaktoren werden unter der Bezeichnung „Kommutationszahlen und Versicherungswerte für Leibrenten 20../20.." in unregelmäßigen Abständen vom Statistischen Bundesamt veröffentlicht (E-Mail: info@destatis.de). Zuletzt Kommutationszahlen 2002/2004, 2005/2007.

Abb. 4: Wegerecht

Der Wertzuwachs des Grundstücks B ist aufgrund des Wegerechts deutlich höher als der Wertverlust des Grundstücks A. Im Zuge der Begründung des Rechts würde sich bei hälftiger Aufteilung des Wertzuwachses der Wert des Wegerechts nach der Wertminderung des dienenden Grundstücks zuzüglich dem hälftigen Wertzuwachs des Grundstücks B bemessen.

Grundstück A

600 m² × 150 €/m² (ebf)	= 90 000 €
Weg 120 m² × 150 €/m²	= –18 000 €
Restgrundstück	= 72 000 €
abzüglich Beeinträchtigung durch Weg 5 %	–3 600 €
zuzüglich Eigennutz Garagenzufahrt 10 % von 18 000 €	1 800 €
Wert belastetes Grundstück	= 70 200 €
Wertverlust 22 %	19 800 €

Grundstück B

vorher: 600 m² × 60 % von 120 €/m² (ebp)	43 200 €
nachher: 600 m² × 120 €/m² (ebp)	72 000 €
Wertzuwachs 67 %	28 800 €
Aufteilung Wertzuwachs ½ auf A und B	14 400 €

Wert des Wegerechts

Wertminderung dienendes Grundstück A	19 800 €
zuzüglich ½ Anteil Wertzuwachs von B	14 400 €
Wert Begründung des Wegerechts	34 200 €

Das im Zuge der Begründung eines Rechts entrichtete (Einmal-)Entgelt ist bei einer späteren Bewertung unbeachtlich. Lediglich die – bezogen auf den Wertermittlungsstichtag – künftig zu tragenden Lasten und die dafür aufzubringenden (einmaligen oder wiederkehrenden) Gegenleistungen sind unter Berücksichtigung der Restlaufzeit zu berücksichtigen.

Rechte und Belastungen können aus zahlreichen sehr unterschiedlichen Gründen entstehen. Sie können ganz **erhebliche Auswirkungen auf den Grundstückswert haben.** Deshalb sind für den Sachverständigen die Kenntnis und die wertmäßigen Auswirkungen der Rechte und Belastungen von Bedeutung. Als Wert beeinflussende Rechte und Belastungen werden in § 6 Abs. 2 ImmoWertV insbesondere genannt: „Dienstbarkeiten, Nutzungsrechte, Baulasten sowie wohnungs- und mietrechtliche Bindungen".

IX Rechte und Belastungen — Vorbemerkungen

16 Keinen oder allenfalls geringen Einfluss auf den Verkehrswert haben i.d.R. dingliche oder gesetzliche Vorkaufsrechte (vgl. Rn. 504 ff.) sowie generell schuldrechtliche Verpflichtungen ohne dingliche Wirkung.

17 Für die Beeinträchtigung eines Grundstücks ist nicht nur die rechtlich mögliche, sondern auch die tatsächlich vorhandene oder absehbare Inanspruchnahme und die Auswirkung auf das Gesamtgrundstück entscheidend. Auf dem Grundstücksmarkt kann auch allein eine Eintragung einer Belastung (z. B. ein Unterfahrrecht in großer Tiefe) wertbeeinflussend sein.

1.2 Eigentum

18 Es wird unterschieden in Eigentum und Besitz. Im Gegensatz zum Besitz setzt das Eigentum einen Rechtstitel voraus. Die gesetzliche Regelung dazu findet sich in den §§ 854 bis 1011 BGB. Das Eigentum wird durch Art. 14 GG garantiert; Inhalt und Schranken werden durch Gesetze bestimmt. Das **Eigentum (§ 903 GG) an einem Grundstück stellt das volle dingliche** (Grundstücks-)**Recht,** d.h. das unbeschränkte Recht **an der Sache Grundstück, dar,** mit dem er nach Belieben verfahren und andere von jeder Einwirkung ausschließen kann. Der Gebrauch des Eigentums dagegen wird durch die grundgesetzliche Beschränkung auf die Sozialpflichtigkeit (Art. 14 Abs. 2 GG) begrenzt. Die übrigen Grundstücksrechte sind grundstücksgleiche Rechte und beschränkt dingliche Rechte oder Rechte Dritter[5]. Diese Rechte sind Belastungen des Eigentums durch Nutzungs- (z. B. Wegerecht) oder Verwertungsrechte (z. B. Hypothek). Grundstücksrechte und Belastungen lassen sich wie folgt gliedern (Abb. 5).

---

[5] Das Erbbaurecht gilt als „grundstücksgleiches Recht".

Abb. 5: Rechte und Beschränkungen an Grundstücken

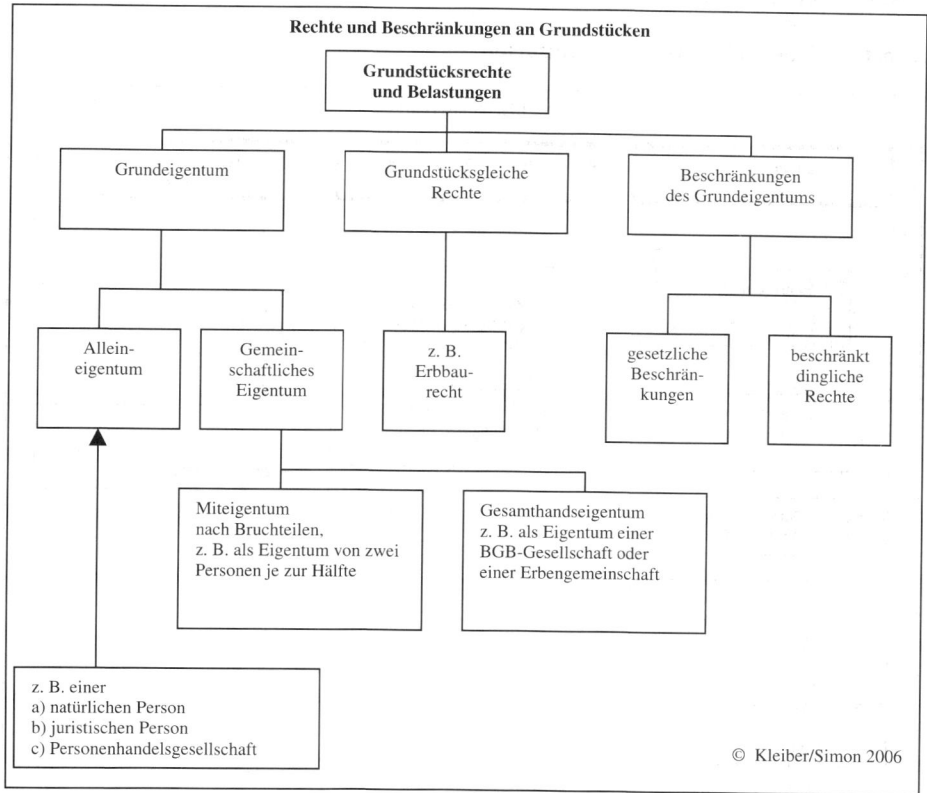

Die Wertermittlung bei Grunddienstbarkeiten (§§ 1018 bis 1029 BGB) erfolgt im Rahmen des **Kostenrechts** im Übrigen nach § 22 KostO, bei beschränkt persönlichen Dienstbarkeiten, soweit es sich um Benutzungsdienstbarkeiten handelt (§ 1090 BGB), nach § 24 KostO. Für die übrigen beschränkt persönlichen Dienstbarkeiten erfolgt die Wertermittlung nach § 30 KostO.

§ 22 KostO: „Wert, den sie für das herrschende Grundstück hat", ist die Wertminderung des dienenden Grundstücks.

§ 24 KostO: Höher ist dieser anzusetzen für wiederkehrende Nutzungen oder Leistungen mit „Multiplikationen" des Bezugswerts.

§ 30 KostO: „... nach freiem Ermessen", regelmäßig 3 000,00 €, maximal 500 000,00 €, Minderjährige betreffend 3 000,00 €.

Das Eigentum am Grundstück i.S. des Vollrechts muss nicht einem einzigen Eigentümer zustehen. **Eine Sache kann auch mehreren Eigentümern gehören.** Allgemein kann unterschieden werden nach:

a) Alleineigentum,

b) Berechtigung mehrerer Eigentümer (Miteigentum nach Bruchteilen) und

c) grundstücksgleichen (eigentumsähnlichen) Rechten (Abb. 6).

Bei mehreren berechtigten Eigentümern ist zwischen dem **Gesamthandseigentum und dem Miteigentum nach Bruchteilen** zu unterscheiden. Dies kann bei der Verkehrswertermittlung

IX Rechte und Belastungen

z. B. im Hinblick auf bestehende Beitrags- und Abgabepflichten (vgl. § 6 Abs. 3 ImmoWertV) von Bedeutung sein[6].

Abb. 6: Übersicht über Eigentumsarten

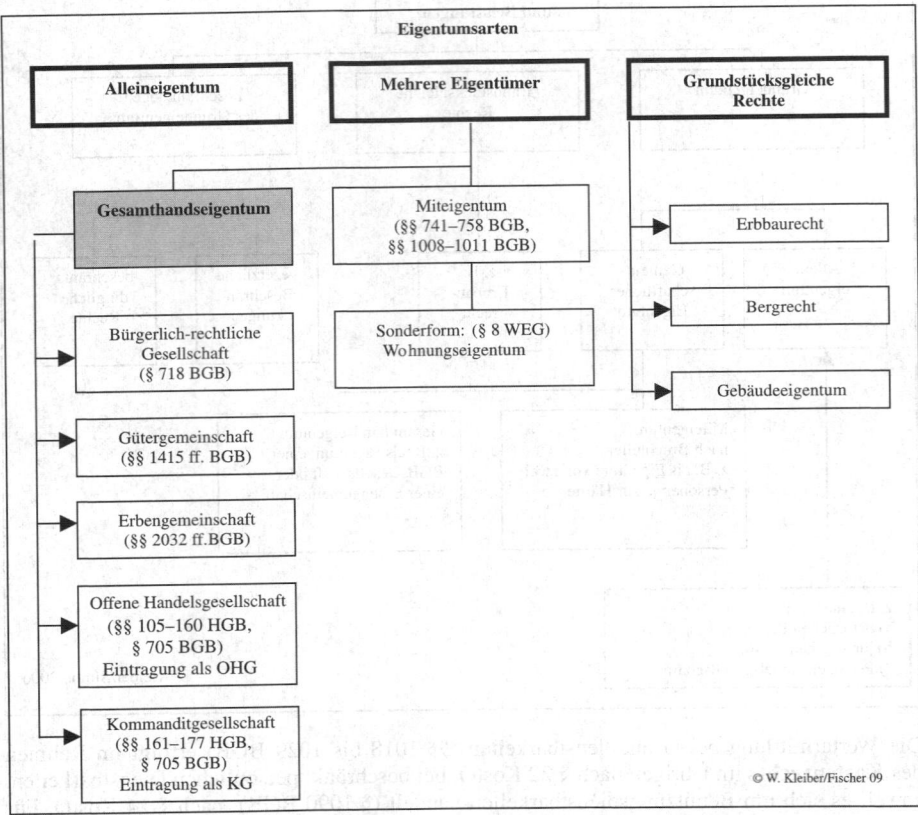

22 a) **Gesamthandseigentum** steht mehreren Eigentümern zur gesamten Hand zu, ohne dass der Anteil des einzelnen Gesamthänders an den einzelnen zum Gesamthandsvermögen gehörenden Gegenständen sachenrechtlich fassbar ist, so dass über ihn auch nicht verfügbar ist[7]. Hierzu gehören:

- die bürgerlich-rechtliche Gesellschaft (GbR) nach § 718 BGB,
- die ehevertragliche Gütergemeinschaft (§§ 1415 ff. BGB),
- die Erbengemeinschaft (§§ 2032 ff. BGB),
- die Offene Handelsgesellschaft (OHG) nach den §§ 105 bis 160 HGB, § 705 BGB und
- die Kommanditgesellschaft (KG) nach den §§ 161 bis 177 HGB[8], § 705 BGB, wobei
- OHG und KG als solche eingetragen werden.

23 b) **Miteigentum** (nach Bruchteilen), bei dem jedem Miteigentümer ein bestimmter Anteil an der Sache zusteht, wobei es sich um einen ideellen Anteil handelt (§§ 741 bis 758 BGB

---

6 Kleiber in Krautzberger, Städtebauförderungsrecht Bd. I § 154 BauGB Rn. 34 ff.
7 Baur, Lehrbuch des Sachenrechts, München 1983, S. 13 ff.; Bengel/Simmerding, Grundbuch, Grundstück, Grenze, 3. Aufl. 1989, 269.
8 Bengel/Simmerding, a.a.O. 269.

Vorbemerkungen **Rechte und Belastungen IX**

und die §§ 1008 bis 1011 BGB). Jeder Miteigentümer kann dabei über seinen Miteigentumsanteil wie über Alleineigentum frei verfügen, d.h. veräußern und belasten, und zwar in derselben Form, die für Alleineigentum vorgesehen ist.

Zum **Wohnungseigentum** vgl. die weiteren Erläuterungen im Teil III Rn. 26 ff., zu*r grundbuchlichen Behandlung vgl. Teil III Rn. 472* sowie zur Verkehrswertermittlung Teil VI Rn. 39 ff.   **24**

1.3 Grundstücksgleiches Recht

Unter grundstücksgleichen Rechten sind solche zu verstehen, die   **25**
- ihrer Ausgestaltung nach dem Eigentum am Grundstück nahe kommen, also dinglichen Charakter haben,
- eine möglichst unbeschränkte Herrschaftsbefugnis verleihen und
- in das Grundbuch oder ein entsprechendes öffentliches Buch eingetragen werden.

Zu den grundstücksgleichen Rechten, die rechtlich wie Grundstücke behandelt werden, zählen das **Erbbaurecht** (ErbbauRG) mit den Unterabteilungen Wohnungs- und Teilerbbaurecht, das **Jagd- und Fischereirecht, das Bergrecht,** das Schiffseigentum und eingetragene Luftfahrzeuge (Flugzeuge); vgl. Abb. 7. Das Schiff-, Jagd- und Fischereirecht ist nach dem EGBGB nur noch in einigen Ländern teilweise ein grundstücksgleiches Recht.   **26**

Abb. 7: Grundstücksrechte und Belastungen

* nach dem EGBGB gilt dies nur noch teilweise in einigen Ländern

© Simon 02

1.4 Baulast

1.4.1 Allgemeines

Schrifttum: *Dageförde, H.-J.,* Die öffentlich-rechtliche Baulast und ihre Möglichkeiten, Bln GE 2004, 524; *Döring, Ch.,* Die öffentlich-rechtliche Baulast und das nachbarrechtliche Grundverhältnis, Werner Verlag 1. Aufl. 1994; *Meendermann, D.,* Die öffentlich-rechtliche Baulast, Waxmann Verlag 2003; *Sand-*   **27**

IX Rechte und Belastungen — Vorbemerkungen

ner/Weber (Hrsg.), Lexikon der Immobilienwertermittlung, 2. Aufl. Bundesanzeiger 2007, 92; *Serong*, Anspruch auf Bewilligung einer Baulast, BauR 2004, 433; *Schwarz, B.,* Baulasten im öffentlichen Recht und im Privatrecht, Bauverlag Berlin 1995; *Weismann*, Anspruch des Grundeigentümers auf Löschung der Baulast, NJW 1997, 2857; *Wenzel, G.,* Baulasten in der Praxis, 2. Aufl. Bundesanzeiger Verlag 2006.

▶ Vgl. *§ 5 ImmoWertV Rn. 227* und *§ 1 ImmoWertV Rn. 23.*

28 Die Baulast ist eine freiwillig übernommene öffentlich-rechtliche Verpflichtung, die den Grundstückseigentümer zu einem sein Grundstück betreffendem **Tun, Dulden** oder **Überlassen** verpflichtet, das sich nicht bereits aus dem öffentlichen Baurecht ergibt. Rechtsgrundlage ist das Bauordnungsrecht der Länder. Mit Ausnahme von Bayern und Brandenburg sind die Baulasten in den Landesbauordnungen (LBO) geregelt.[9]

29 Eine Baulast ist kein Recht am Grundstück und keine öffentliche Last i.S.d. § 54 GBO. Baulasten stellen **Grundstücksbelastungen sui generis** dar, die der Systematik des Sachenrechts des BGB fremd sind. Inhaltlich können Baulasten nach ihrer konkreten Ausgestaltung mit der zivilrechtlichen Grunddienstbarkeit (§§ 1018 f. BGB) und der beschränkt persönlichen Dienstbarkeit (§ 1090 BGB) übereinstimmen, jedoch besteht das wesentliche Merkmal darin, dass mit einer Baulast eine nach öffentlich-rechtlichen Vorschriften nicht bestehende Verpflichtung des Grundeigentümers gegenüber der öffentlichen Verwaltung, und zwar der Bauaufsichtsverwaltung, begründet wird. Mit der Baulast entstehen deswegen keine Rechte Dritter i.S.d. § 434 BGB an einem Grundstück.

30 Die Einhaltung einer durch eine Baulast öffentlich-rechtlich gesicherten Verpflichtung kann mit bauaufsichtsrechtlichen Mitteln, d.h. durch **Erlass einer mit Zwangsmittel** bewehrten Bauordnungsverfügung, durchgesetzt werden[10]. Nur die Bauaufsichtsbehörde kann aus der Baulast Rechte herleiten.

Die Bauaufsichtsbehörde kann eine Baulast auch gegen den Willen des Begünstigten wieder aufheben. Anders als die Grunddienstbarkeit sichert die Baulast die Stellung des Grundeigentümers nicht zivilrechtlich. Um ein Nutzungsrecht des Begünstigten zu begründen, ist eine gesonderte privatrechtliche Vereinbarung notwendig (sog. „Doppelsicherung"[11]. Für den Begünstigten besteht allenfalls ein Anspruch auf ermessensfehlerfreie Entscheidungen über die Durchsetzung einer Baulast[12].

31 Die Baulast wird durch Erklärung des Grundstückseigentümers gegenüber der Bauaufsichtsbehörde begründet[13]. Sie wird konstitutiv wirksam mit der Eintragung in dem von der Baubehörde eingerichteten und geführten **Baulastenverzeichnis,** in das für Zwecke der Verkehrswertermittlung stets einzusehen ist. Ein Einsichtsrecht besteht bei berechtigtem Interesse. Im automatisierten Liegenschaftsbuch (ALB) wird nachrichtlich auf Baulasten hingewiesen.

---

9 Baden-Württemberg § 71 LBO; Berlin § 82 (BauO BLN); Bremen § 85 (Brem. LBO); Hamburg § 79 (HBauO); Hessen § 75 (HBO); Mecklenburg-Vorpommern § 83 (LBauO M-V); Niedersachsen § 92, § 93 (NBauO); Nordrhein-Westfalen § 83 (BauO NRW); Rheinland-Pfalz § 86 (LBauO); Saarland § 83 (LBO); Sachsen § 83 (SächsBO); Sachsen-Anhalt § 82 (BauOLSA); Schleswig-Holstein § 89 (LBO); Thüringen § 80 (ThürBO).

10 Gädtke/Böckenförde/Temme/Heintz, BauO Nordrh.-Westf. § 83 Rn. 47; Zum Rechtsanspruch: BGH, Urt. vom 8.3.2004 – II ZR 5/02 –, GuG 2004, 317 = BlnGE 2004, 616; BGH Urt. vom 3.12.1990 – II ZR 107/90 –, WM 1991, 821.

11 BGH, Urt. vom 8.7.1983 – III ZR 105/81 –, BGHZ 88, 97 = EzGuG 14.74; BGH, Urt. vom 19.4.1985 – V ZR 152/83 –, BGHZ 94, 160 = EzGuG 14.77a; BGH, Urt. vom 3.2.1989 – V ZR 224/87 –, BGHZ 106, 348; BGH, Urt. vom 24.6.1993 – IX ZR 84/92 –, NJW 1993, 2741; BGH, Urt. vom 7.10.1994 – VZR 4/94 –, NJW 1995, 53; offen noch BGH, Urt. vom 9.1.1981 – V ZR 58/79 –, BGHZ 79, 210; OVG Münster in BauR 1998, 323; vgl. Grziwotz in BauR 1990, 20; Masloh in NJW 1995, 1993; Steinkamp in MittRhNotK 1998, 117.

12 VGH Kassel, Urt. vom 4.6.1992 – 4 TG 2851/91 –, NVwZ-RR 1993, 236; OVG Berlin, Urt. vom 29.10.1993 – 2 B 35/92 –, NJW 1994, 2971; OVG Lüneburg, Urt. vom 2.9.1983 – 1 A 72/82 –, NJW 1984, 380; vgl. Harst in MittRhNotK 1984, 229; Lorenz in NJW 1996, 2612; Ziegler in BauR 1988, 16.

13 Im Saarland ist eine Beteiligung der am Grundstück dinglich Berechtigten an der Begründung einer Baulast erforderlich (§ 109a der saarl. BauO). In Nordrhein-Westfalen (§ 78 Abs. 1 Satz 2 LBauO) und in Bremen (§ 107a BremBauO) wird die Erklärung erst mit der Eintragung in das Baulastenverzeichnis rechtswirksam. Bayern und Brandenburg kennen das Rechtsinstitut der Baulast nicht. Bei Bedarf wird in diesen Ländern eine Grunddienstbarkeit zugunsten des herrschenden Grundstücks und eine gleichlautende beschränkt persönliche Dienstbarkeit zugunsten der Bauaufsichtsbehörde bestellt.

Beispiel:

	BAULASTENVERZEICHNIS von ... Treptow..................		
Grundbuchbezeichnung			Baulastenblatt Nr. 1 Seite 1
Grundstück:	Grundbuchbezirk	Blatt	
Berlin-Treptow	Groß-Berliner Damm Nr. XX, Trennstück G/F/K	4xxxxx	
Lfd.Nr.	Inhalt der Eintragung		Bemerkungen
1	2		3
	Das durch die Teilung des o.a. Grundstück entstehende Teilgrundstück G/F/D ist mit den Trenngrundstücken H und E/C – gemäß Lageplanausschnitt vom 21.12.1995 des öffentlich bestellten Vermessungsingenieurs Dipl.-Ing. XXXXX – so zu behandeln und zu nutzen, dass diese in ihrer Gesamtheit bauordnungsrechtlich und hinsichtlich des zulässigen Nutzungsmaßes ein Grundstück darstellen.		
	Eingetragen am 05.06.1996		
	Unterschrift	Stempel und Siegel des Bezirksamtes	Folgende Seite:

Baulasten genießen keinen öffentlichen Glauben. Es besteht allerdings eine gesetzliche Vermutung für den Bestand der im Baulastenverzeichnis eingetragenen Baulasten. Umgekehrt besteht jedoch keine Vermutung für die Vollständigkeit des Baulastenverzeichnisses. 32

Gegen **unrichtige Eintragungen im Baulastenverzeichnis** kann im Übrigen derjenige, dessen Rechte durch die Eintragung verletzt werden, die Löschung bzw. Berichtigung der Eintragung verlangen und ggf. vor den Verwaltungsgerichten geltend machen. 33

Die Baulast geht i.d.R. durch schriftlichen Verzicht der Bauaufsichtsbehörde unter. Der Verzicht wird erst ausgesprochen, wenn kein öffentliches Interesse an der Baulast mehr besteht. 34

Die Baulast kommt insbesondere in den Fällen zur Anwendung, in denen eine rechtliche Sicherung einer bestimmten Voraussetzung für die **Erteilung einer Baugenehmigung** gefordert ist, insbesondere bezüglich der Erschließung oder der Nichtbebauung eines Grundstücks(-teils); Abb. 8. 35

Mit der Baulast kann die Genehmigungsfähigkeit eines Vorhabens geschaffen werden, das ansonsten nicht genehmigungsfähig wäre, d.h., sie ermöglicht der Bauaufsichtsbehörde die Genehmigung eines Bauvorhabens, das ohne eine Baulast unzulässig wäre (z. B. aufgrund einer unzureichenden Abstandsfläche); sie ermöglicht einen GFZ-Ausgleich zwischen zwei Grundstücken durch Verpflichtung des Grundeigentümers, bestimmte Flächen seines Grundstücks nicht zu überbauen und bei der GFZ-Berechnung auf ein Nachbargrundstück anrechnen zu lassen[14]. Die Baulast ist mit der Grunddienstbarkeit nach § 1018 BGB in ihrer Auswirkung vergleichbar, begründet jedoch kein Recht, welches gegenüber Dritten geltend gemacht werden könnte. Das bedeutet, dass ein Käufer keine Gewährleistungsansprüche hat, es sei denn, dass der Verkäufer das Nichtbestehen einer Baulast zugesichert hat. 36

---

[14] BGH, Urt. vom 18.3.1994 – V ZR 159/92 –, EzGuG 14.120 a.

IX Rechte und Belastungen

Abb. 8: Rechtliche Verhältnisse bei Vorliegen einer Baulast

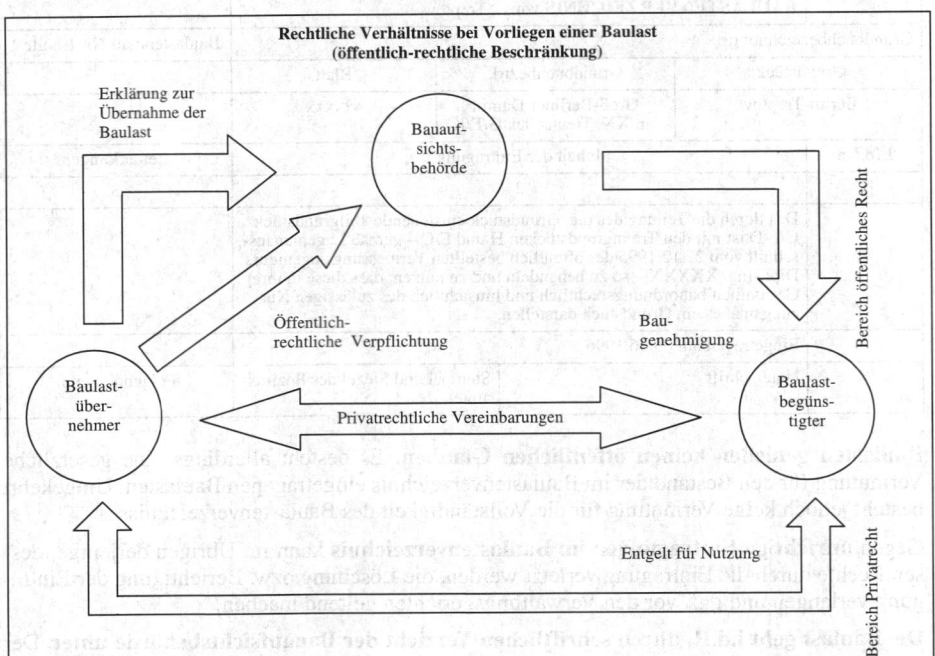

37 Art und Ausgestaltung der Baulast bedeuten in der Praxis eine Entwertung der **Warn- und Schutzfunktion des Grundbuchs.** Dies wird insbesondere von Banken, Bausparkassen, Sparkassen und Versicherungsinstituten bedauert, denn nachträglich übernommene Baulasten können zu einer Entwertung von Grundpfandrechten führen. Zum Schutz des Erwerbers eines Baugrundstücks ist es deshalb zweckmäßig, den Veräußerer darüber eine Erklärung abgeben zu lassen, dass auf dem Grundstück keine Baulast ruht. Die Vereinbarung eines „lastenfreien Übergangs" des Grundstücks auf den Erwerber reicht dafür nicht aus, da die Baulast kein Recht eines Dritten i.S.d. § 434 BGB darstellt[15].

38 Die Übernahme einer Baulast (z. B. zugunsten eines anderen Grundstücks Kfz-Stellplätze anlegen und nutzen zu lassen) bewirkt nur eine **öffentlich-rechtliche Verpflichtung** gegenüber der Baubehörde. Sie verpflichtet den belasteten Eigentümer nicht, die Nutzung auch tatsächlich zu dulden. Der begünstigte Eigentümer hat auch keinen Nutzungsanspruch[16].

39 Eine Duldungspflicht entsteht erst durch zusätzliche privatrechtliche Vereinbarung (z. B. zivilrechtliche Absicherung durch eine Dienstbarkeit). Die Baulast hat dingliche Wirkung, ist aber nicht im Grundbuch, sondern im Baulastenverzeichnis eingetragen. Die **Eintragung ist** im Gegensatz zur Grundbucheintragung **nicht rechtsbegründend,** d.h., die Baulast besteht auch dann, wenn die Eintragung in das Baulastenverzeichnis versehentlich vergessen wurde (kein Gutglaubensschutz). Nach § 54 GBO ist eine Eintragung in das Grundbuch ausgeschlossen, es sei denn, dass ihre Eintragung gesetzlich besonders zugelassen oder angeordnet ist.

40 Probleme entstehen, wenn eine **Baulast** besteht, **die nicht durch eine entsprechende privatrechtliche Dienstbarkeit abgesichert ist.**

---
15 Lauer in MDR 1988, 915; Sachse in NJW 1979, 195.
16 BGH, Urt. vom 8.7.1983 – V ZR 204/82 –, EzGuG 14.74.

Vorbemerkungen — **Rechte und Belastungen IX**

In einem Streitfall gab der Eigentümer zweier Grundstücke eine Verpflichtungserklärung gegenüber der Baubehörde ab, auf dem einen Grundstück Teilflächen als Garagen und Stellplätze zugunsten des anderen Grundstücks anlegen und nutzen zu lassen. Später verkaufte er beide Grundstücke. Der neue „Baulastverpflichtete" teilte dem „Baulastbegünstigten" mit, dass der zwar bereit sei, seiner Verpflichtung aus der Baulast nachzukommen, berechne aber dafür ein Entgelt. **41**

Der „Baulastbegünstigte" verweigerte die Zahlung. In dem darauf folgenden Rechtsstreit führte der BGH[17] aus, dass allein aus der übernommenen Baulast sich die Pflicht des Verpflichteten, das Abstellen von Fahrzeugen des Begünstigten zu dulden, nicht herleiten lässt. Im Urteil vom 19.4.1985[18] stellte der BGH in einem ähnlich gelagerten Fall noch deutlicher heraus, dass die Baulast dem dadurch Begünstigten weder privatrechtlich einen Nutzungsanspruch gewährt noch den Eigentümer verpflichtet, die Nutzung zu dulden. Die Baulast ist damit kein Rechtsgrund für die Nutzung.

Folgende **Inhalte einer Baulast** treten in der Praxis auf: **42**

a) *Zufahrtsbaulast* mit dem Inhalt einer öffentlich-rechtlich gesicherten Zufahrt über ein Drittgrundstück zu einer Erschließungsstraße, wenn das Grundstück selbst nicht an einer Erschließungsstraße liegt (vgl. § 4 Abs. 1 Nr. 1 BauO NRW; für die Feuerwehr gem. § 5 Abs. 1 BauO NRW),

b) *Abstandsflächenbaulast* mit dem Inhalt der öffentlich-rechtlich gesicherten Übernahme einer Abstandsfläche auf einem anderen Grundstück (vgl. § 6 Abs. 1 und 2 BauO NRW),

Beispiel: **43**

Im Baulastenverzeichnis sind folgende Eintragungen vorhanden:

„1. Der Eigentümer des dienenden Grundstücks B erklärt sich für sich und seine Rechtsnachfolger mit der Nichteinhaltung der Abstandsflächen durch das zu errichtende Gebäude auf dem Grundstück A, für das bei der Bauaufsichtsbehörde unter dem Aktenzeichen ... ein positiver Baubescheid erteilt wurde, einverstanden. Er übernimmt die nicht eingehaltenen Abstandsflächen auf sein Grundstück. Die genauen Maße ergeben sich aus den gesetzlichen Anforderungen der BauO.

2. Die vom dienenden Grundstück B übernommenen Abstandsflächen sind in dem dieser Vereinbarung als Anlage beigefügten Lageplan ... mit den Buchstaben e-n-o-p-q-r-s-t-u-v-w-m-e- und m-x-y-m- gekennzeichnet (vgl. Abb. 11). Der Lageplan wurde von den Parteien genehmigt.

3. Der Eigentümer des dienenden Grundstücks B übernimmt für sich zu Lasten seiner Rechtsnachfolger diese Abstandsflächen zusätzlich zu den sich für die Gebäude auf dem dienenden Grundstück B gesetzlich ergebenden Abstandsflächen und verpflichtet sich, diese von jeglicher oberirdischen Bebauung freizuhalten. Hiervon unberührt bleiben Maßnahmen des Straßenbaus.

4. Der Eigentümer des dienenden Grundstücks B übernimmt für sich und zu Lasten seiner Rechtsnachfolger die öffentlich-rechtliche Verpflichtung einer Baulast gemäß § 73 BauO mit entsprechenden vorstehenden Ziff. 1–3. Die Parteien bewilligen und beantragen hiermit gegenüber der Baulastenstelle die Eintragung dieser Baulastverpflichtungserklärung in das Baulastenverzeichnis. Eingetragen am ..."

c) *Vereinigungsbaulast* mit dem Inhalt einer öffentlich-rechtlich gesicherten Zusammenfassung von Baugrundstücken zu einem Baugrundstück (vgl. § 4 Abs. 2 BauO NRW),

---

17 BGH, Urt. vom 8.7.1983 – V ZR 204/82 –, EzGuG 14.74.
18 BGH, Urt. vom 19.4.1985 – V ZR 152/83 –, EzGuG 14.77a.

IX Rechte und Belastungen — Vorbemerkungen

Abb. 9: Vereinigungsbaulast

d) *Stellplatzpflichtbaulast* mit dem Inhalt der öffentlich-rechtlich gesicherten Herstellung der notwendigen Stellplätze auf einem anderen geeigneten und in der Nähe liegenden Grundstück (vgl. § 51 Abs. 3 Satz 1 BauO NRW),

Abb. 10: Stellplatzpflichtbaulast

e) *Grenzbebauungsverpflichtung* mit dem Inhalt einer öffentlich-rechtlich gesicherten Verpflichtung, ein Gebäude ohne Grenzabstand zu errichten (vgl. § 6 Abs. 1 Satz 2b BauO NRW),

f) *Spielflächenbaulast (Kinderspielplatzflächenbaulast)* mit dem Inhalt eines öffentlich-rechtlich gesicherten „Hausspielplatzes" auf einem anderen in unmittelbarer Nähe befindlichen Grundstück (vgl. § 9 Abs. 2 Satz 2a BauO NRW),

g) *Bauteilerhaltungsverpflichtung (Standsicherheitsbaulast)* mit dem Inhalt einer öffentlich-rechtlich gesicherten Verwendung gemeinsamer Bauteile für mehrere Anlagen (z. B. Gebäudeabschlusswände, vgl. § 15 Abs. 2 BauO NRW),

Abb. 11: Lageplan

Der Wert des Nachbargrundstücks A hat sich mit der Baulast erheblich erhöht, da damit dessen bauliche Nutzbarkeit deutlich verbessert wurde. In diesem Fall wurde ein Betrag von ... € für die Eintragung entrichtet.

Dieser Betrag führt nicht zu einer entsprechenden Werterhöhung des dienenden Grundstücks. Es kann sich allenfalls eine Wertminderung infolge der heranrückenden Bebauung ergeben. Für das dienende Grundstück B fällt die Wertminderung allenfalls gering aus, da Grundstücksteilflächen betroffen sind, die ohnehin nicht zur Bebauung anstehen und infolge der Denkmaleigenschaft der vorhandenen Bebauung eine intensivere Nutzung nicht ansteht. Darüber hinaus wird auch die Besonnung und Belichtung des Gebäudes nicht erheblich beeinträchtigt, da sich die angrenzenden Gebäude angewinkelt gegenüberstehen.

h) *Leitungsbaulast* mit dem Inhalt einer öffentlich-rechtlich gesicherten Leitung über ein Fremdgrundstück (vgl. § 4 Abs. 2 und 3 i.V.m. § 44 BauO NRW),

i) *Festsetzungsanerkenntnisbaulast* mit dem Inhalt einer öffentlich-rechtlich gesicherten Unterwerfung unter künftige Bebauungsplanfestsetzungen (vgl. § 33 Abs. 1 Nr. 3 BauGB)[19],

j) *Erschließungsbaulast* mit dem Inhalt, die Nutzung einer bestimmten Fläche für Zugang, Zufahrt und/oder Duldung von Leitungen (vgl. § 4 HBauO) zu ermöglichen,

k) *Standsicherheitsbaulast* mit dem Inhalt, dass bei Verwendung gemeinsamer Bauteile auf mehreren Grundstücken bei der Beseitigung einer der baulichen Anlagen die gemeinsamen Bauteile erhalten bleiben (vgl. § 15 HBauO),

l) *Rückbauverpflichtung* mit dem Inhalt, dass bei Nutzungsaufgabe das Grundstück im Außenbereich von der baulichen Anlage freigelegt wird (§ 35 Abs. 5 BauGB).

Zu den Baulasten im vorstehenden Sinne zählen nicht die *Straßenbaulast*, d.h. die Verpflichtung der öffentlichen Hand zum Bau und Unterhalt von Straßen, auch nicht die *Kirchenbaulast*. Bei der Bewertung von Burgen und Schlössern, in deren Nähe sich eine Kapelle oder Kirche befindet, ist darauf zu achten, ob eine historische Kirchenbaulast besteht. Die Kirchen-

---

19 Gädtke/Böckenförde/Temme/Heintz, Landesbauordnung Nordrhein-Westfalen, 9. Aufl. 1998 § 83 Rn. 12 ff.

IX Rechte und Belastungen — Vorbemerkungen

baulast bezieht sich i.R. auf die Erweiterung, Instandhaltung oder Wiederherstellung des Kirchengebäudes.

1.4.2 Wertermittlungsgrundsätze

44 § 1 Abs. 2 ImmoWertV hebt die Baulast zwar nicht ausdrücklich als Gegenstand der Wertermittlung hervor, jedoch kann sie gleichwohl im Zusammenhang mit einem belasteten und einem begünstigten Grundstück Gegenstand der Wertermittlung sein. Als rechtliche Gegebenheit i.S.d. § 194 BauGB ist sie zu berücksichtigen. In § 6 Abs. 2 ImmoWertV sind Baulasten als wertbeeinflussende Rechte und Belastungen genannt.

A: Für den Verpflichteten: Die Baulast wirkt sich wie eine dingliche Nutzungsbeschränkung (z. B. Grunddienstbarkeit) aus. Sie ist bei der Wertermittlung entsprechend zu berücksichtigen.

B: Für den Begünstigten: Die Baulast gibt dem Begünstigten kein Recht am Grundstück und kann deshalb auch nicht selbstständig bewertet werden. Es kann nur der Wert (bzw. Wertzuwachs) der zumeist im Zusammenhang mit der Baulast im Allgemeinen bestehenden privatrechtlichen Nutzungsvereinbarung (z. B. eine Dienstbarkeit) ermittelt werden.

45 Der Wert entspricht der baulastbedingten Wertänderung, die sich als **Differenz zum Wert des fiktiv unbelasteten Grundstücks** ergeben würde. Einen Anhalt kann dabei der Preis geben, der bei Ankauf der belasteten Fläche hätte aufgewendet werden müssen.

1.4.3 Abstandsflächenbaulast

46 Wichtigster Anwendungsfall ist die Abstandsflächenbaulast.

Beispiel:
Der Eigentümer des Grundstücks A beabsichtigt, sein Gebäude an der Grundstücksgrenze zu Grundstück B zu errichten. Das hat zur Folge, dass der gesetzlich vorgeschriebene Bauwich (seitlicher Grenzabstand) von 3 m zur Grundstücksgrenze vom Nachbarn B übernommen werden müsste (Abstandsflächenbaulast). Der Eigentümer B könnte danach sein Gebäude nur noch mit einem Grenzabstand von (3 m + 3 m =) 6 m von der Grenze zu A bauen. Im vorliegenden Fall übernimmt der Eigentümer B die Abstandsflächenbaulast zugunsten A (vgl. Abb. 12).

Abb. 12: Abstandsflächenbaulast

Vorbemerkungen — Rechte und Belastungen IX

Verkehrswert des herrschenden Grundstücks A
ohne Baulast

Grundstücksgröße 20,00 m × 15,00 m	=	300 m²
Bebaubare Fläche 10,00 m × 9,00 m	=	90 m²
$GFZ_{tats.\ ausnutzbar}$ 90 m² : 300 m²	=	0,3
$GFZ_{zulässig}$	=	0,5

Die Baulast berechtigt den Eigentümer des Grundstücks A zusammen mit einer Grunddienstbarkeit bis zur Grenze zu bauen:

Bebaubare Fläche: 12,00 m × 10,00 m	=	120 m²
$GFZ_{realisierbar}$ 120 m² : 300 m²	=	0,4

Bodenwert des 300 m² großen Grundstücks bei einem Bodenwert von 200 €/m² und einer GFZ von 0,3:

300 m² × 200 €/m²	=	60 000 €

Bei einem Bodenwert von 220 €/m² (gemäß örtlichem Umrechnungskoeffizienten für GFZ : GFZ) für eine bauliche Ausnutzbarkeit von GFZ = 0,4:

300 m² × 220 €/m²	=	66 000 €
Wertvorteil (A) = 66 000 € – 60 000 €	=	**6 000 €**

Verkehrswert des dienenden Grundstücks B

Wertminderung 5 bis 15 % der Abstandsfläche (keine 100 %, da Fläche zumindest als Gartenland nutzbar)

Abstandsfläche 3 m × 20 m	=	60 m²
Wert der Abstandsfläche 60 m² × 200 €/m²	=	12 000 €
Wertminderung 12 000 €/m² × 0,10	=	**1 200 €**

Mittelwert aus Wertvor- und -nachteil:

Wertvorteil (A)	=	6 000 €	
Wertnachteil (B)	=	1 200 €	
Mittelwert = (6 000 € + 1 200 €)/2		=	**3 600 €**

Dieser Vorgehensweise liegt das „Modell" zugrunde, dass sich die Eigentümer des herrschenden und dienenden Grundstücks die Werterhöhung (des herrschenden) Grundstücks und die (volle) Wertminderung des dienenden Grundstücks (Spanne) teilen. Besteht die Baulast bereits, so ergibt sich i.d.R. lediglich eine Wertminderung des „dienenden" Grundstücks, soweit die Baulast seine Nutzbarkeit beeinträchtigt.

1.4.4 Zwangsversteigerung

▶ *Vgl. hierzu Rn. 80 ff., 216 ff., 519, 526 ff.; § 194 BauGB Rn. 176 ff.; Teil III Rn. 207, 249 f. und 477*

47 Probleme mit der Wertermittlung der Baulast ergaben sich bisher bei der Zwangsversteigerung. Die in der Praxis bestehende Unsicherheit, ob eine Baulast ebenso wie die nicht durch Zahlung gedeckten nachrangigen Grundstücksrechte erlischt, ergab sich aus der unterschiedlichen Auslegung des Begriffs „Rechtsnachfolger". Ein Ersteigerer erhält in der Zwangsversteigerung ein Grundstück durch **Zuschlag** und ist **nicht Rechtsnachfolger** des vorherigen Eigentümers. Daraus wurde im einschlägigen Schrifttum abgeleitet, dass eine Baulast in der Zwangsversteigerung – sofern sie nicht als besondere Versteigerungsbedingung geltend gemacht wird – erlischt. Das OVG Hamburg[20] legt den Begriff „Rechtsnachfolger" dahingehend aus, dass als Rechtsnachfolger jeder spätere Inhaber des Grundeigentums gemeint ist

---

20 OVG Hamburg, Urt. vom 12.11.1992 – Bf II 29/91 –, EzGuG 14.116 a.

IX Rechte und Belastungen — Erbbaurecht

und nicht auf die Fälle des von einem Rechtsnachfolger abgeleiteten Rechtserwerbs bezogen ist.

48 Darüber hinaus stellte das BVerwG[21] klar, dass die **öffentliche Baulast ein eigenständiges Rechtsinstitut des Landesrechts** ist. Das Landesrecht kann daher auch bestimmen, unter welchen formellen und materiellen Voraussetzungen eine öffentliche Baulast erlischt. Aus dem Bundesrecht ergibt sich jedenfalls nicht, dass eine öffentliche Baulast im Zwangsversteigerungsverfahren aufgrund des erteilten Zuschlags erlischt[22]. Daraus ist abzuleiten, dass eine öffentliche Baulast nur dann erlöschen kann, wenn kein öffentliches Interesse an der Aufrechterhaltung der Baulast mehr besteht.

In Zwangsversteigerungsgutachten sind Baulasten gesondert aufzuführen. Im Einzelfall ist zu entscheiden bzw. nachzuweisen, ob der Verkehrswert gemindert wird.

2 Erbbaurecht

2.1 Allgemeines

Schrifttum: *Bassenge*, im Palandt, Bürgerliches Gesetzbuch 58. Aufl. 1999; Bundesverband Deutscher Grundstückssachverständiger e V (BDSG), Vorschläge zur Überarbeitung des Teil II WertR 96, GuG 1999, 1; *Czerlinsky*, Anpassung von Erbbauzinsen an die „wirtschaftlichen Verhältnisse", NJW 1977, 1228; *Dedekind*, Der Konflikt zwischen Erbbauzinsreallast und Finanzierungsgrundpfandrecht, Mitt-RhNotK 1993, 109; *Geißel, W.-H.*, Der Erbbauzins in der Zwangsversteigerung, Diss. Münster 1992; *Glaser*, Ermittlung des Verkehrswerts eines Erbbaurechts, DB 1978, 1775; *Gerardy, Th.*, Anpassung des Erbbauzinses an den veränderten Grundstückswert, GWW 1966, 35; *Gerardy, Th.*, Wertermittlungen im Zusammenhang mit Erbbaurechten, BlGBW 1974, 121; *Gilich, T./Simon, Th.*, Anpassung von Erbbauzinsen nach Einstellung der Bruttomonatsverdienste für Angestellte und Arbeiter im Produzierenden Gewerbe, GuG 2008, 99; *Gottschalck, G.-J.*, Kapitalmarktzins – Zinssätze bei Belastungen und Rechten von Immobilien, GuG 1997, 24; *Groß, E.*, Das Erbbaurecht – Zur Frage ob die Bebauung bei der Ermittlung des Bodenwerts (wertmindernd) zu berücksichtigen ist, GuG 1996, 224; *Hildebrandt, H.*, Wertermittlungsprobleme bei Erbbaurechten, ZfV 1987, 563; *Ingenstau*, Kommentar zum Erbbaurecht, 7. Aufl. 1994; *Ingenstau/Hustedt*, Kommentar zum Erbbaurecht 2002; *Kröll/Hausmann*, Rechte und Belastungen bei der Verkehrswertermittlung von Grundstücken, 3. Aufl. Neuwied 2006; *Lehmann, F.*, Zur Wertermittlung von Erbbaurechtsgrundstücken, Diss. Hannover 1974; *Lehmann, F.*, Rechtliche und technische Probleme bei der Bewertung von Erbbaurechten, ZfV 1978, 104; *Linde/Richter*, Erbbaurecht und Erbbauzins, 3. Aufl. Köln 2001; *Räfle*, Erbbaurechtsverordnung, 12. Aufl. 1986; *Ruland*, Wegfall des Erbbauzinses in der Zwangsversteigerung, NJW 1983, 96; *Staudinger, J.*, Staudingers Kommentar zum BGB, 12. Aufl. 1979; *Oefele, v.* im Münchener Kommentar zum BGB, 3. Aufl. 1997; *Oefele, v./Winkler*, Handbuch des Erbbaurechts, 4. Aufl. 2008; *Petersen, H.*, Zinssätze bei der Ermittlung von Verkehrswerten in Verbindung mit grundstücksbezogenen Rechten, GuG 1997, 91; *Petersen, H.*, WertR 2006: Ging der Richtliniengeber erneut in die Leibrentenfalle, GuG 2007, 102; *Promberger*, Vertragsklauseln über die Dauer des Erbbaurechts und ihre Auslegung, Rpfleger 1975, 233; *Richter*, Die rechtliche Behandlung von Kaufzwangklauseln in Erbbaurechtsverträgen, BWNotZ 1978, 61; *Ripfel*, Konkretisierung des Begriffs „Bauwerk" im Erbbaurechtsvertrag, BB 1967, 1357; *Winkler*, Der Erbbauzins in der Zwangsversteigerung des Erbbaurechts, NJW 1985, 940; *Scharen*, Der Heimfallanspruch in der Zwangsversteigerung des Erbbaurechts, Rpfleger 1983, 342; *Schmidt-Ränsch*, Wertsicherungsklauseln nach dem Euro-Einführungsgesetz, NJW 1998, 3166; *Simon, J.*, Das Erbbaurecht, GuG 1991, 69; *Tillmann, H.-G.*, Verkehrswertermittlung im Zusammenhang mit Erbbaurechten – Besonderheiten im Zwangsversteigerungsverfahren, GuG 2009, 136; *Tradt*, Der Erbbauzins in der Zwangsversteigerung des Erbbaurechts, DNotZ 1984, 370; *Vogels, M.*, Erbbaurecht und Beleihungswert, Grundstücksmarkt und Grundstückswert 1994, 92; *Weichhaus*, Der Heimfallanspruch in der Zwangsversteigerung, Rpfleger 1979, 329; *Werth, A.*, Erbbaurecht, GuG 1995, 105; *Werth, A.*, Zinssätze und Wertfaktoren bei Erbbaurechten, GuG 1999, 193; *Ziegenbein, W./Meyer, R.*, Zur marktgerechten Wertermittlung von Erbbaurechtsgrundstücken, ZfV 1988, 381.

---

21 BVerwG, Beschl. vom 29.10.1992 – 4 B 218/92 –, EzGuG 14.116.
22 BVerwG, Urt. vom 29.10.1992 – 4 B 218/92 –, EzGuG 14.116; OVG Münster, Urt. vom 26.4.1994 – 11 A 2345/92 –, GuG 1995, 185.

Zu den grundstücksgleichen Rechten (vgl. Rn. 26) gehört das Erbbaurecht[23] (superficies) einschließlich dem Wohnungserbbaurecht und dem Teilerbbaurecht (§ 30 WEG). Das Teilerbbaurecht entsteht in entsprechender Anwendung des § 8 WEG. Rechtsgrundlage ist die Erbbaurechtsverordnung *(Heritable Building Right Ordinance)*. Die Erbbaurechtsverordnung wurde – inhaltlich unverändert – mit Wirkung vom 30.11.2007 in Erbbaurechtsgesetz[24] (ErbbauRG) umbenannt. Das nach dem ErbbauRG bestellte Erbbaurecht ist das veräußerliche und vererbliche (dingliche) Recht an einem Grundstück, das dem Erbbauberechtigten die Befugnis verleiht, auf oder unter der Oberfläche des Grundstücks ein Bauwerk zu haben (§ 1 Abs. 1 ErbbauRG). Die §§ 1012 bis 1017 BGB für Erbbaurechte sind weggefallen.

„**§ 1 ErbbauRG – Gesetzlicher Inhalt des Erbbaurechts**

(1) Ein Grundstück kann in der Weise belastet werden, dass demjenigen, zu dessen Gunsten die Belastung erfolgt, das veräußerliche und vererbliche Recht zusteht, auf oder unter der Oberfläche des Grundstücks ein Bauwerk zu haben (Erbbaurecht).

(2) Das Erbbaurecht kann auf einen für das Bauwerk nicht erforderlichen Teil des Grundstücks erstreckt werden, sofern das Bauwerk wirtschaftliche Hauptsache bleibt.

(3) Die Beschränkung des Erbbaurechts auf einen Teil eines Gebäudes, insbesondere ein Stockwerk ist unzulässig.

(4) Das Erbbaurecht kann nicht durch auflösende Bedingungen beschränkt werden. Auf eine Vereinbarung, durch die sich der Erbbauberechtigte verpflichtet, beim Eintreten bestimmter Voraussetzungen das Erbbaurecht aufzugeben und seine Löschung im Grundbuch zu bewilligen, kann sich der Grundstückseigentümer nicht berufen."

Das Erbbaurecht darf nicht mit der Erbpacht (wird vielfach umgangssprachlich angewendet) gleichgesetzt werden; bei der Erbpacht handelt es sich um ein dingliches Nutzungsrecht an einem landwirtschaftlichen Grundstück, das gemäß Art. 64 EGBGB landesrechtlich zulässig war und unter Aufhebung des Art. 63 BGB mit Kontrollratsgesetz 45 Art. X verboten wurde[25]. Vom Erbbaurecht zu unterscheiden ist auch das Zeiteigentum *(time-sharing property)* nach dem **Gesetz über die Veräußerung von Teilnutzungsrechten an Wohngebäuden** (Teilzeit-Wohnrechte-Gesetz –TzWrG[26]).

Auf das Erbbaurecht finden grundsätzlich die Vorschriften über Grundstücke und über Ansprüche aus dem Eigentum entsprechende Anwendung (§ 11 Abs. 1 ErbbauRG)[27].

Als **Bauwerk i.S.d. § 1 Abs. 1 ErbbauRG**[28] ist eine unter Verwendung von Material und Arbeit i.V.m. dem Erdboden hergestellte Sache zu verstehen. Es muss sich dabei nicht um ein Gebäude handeln; vielmehr fallen auch Brücken, Gleisanlagen, Kanalisationsanlagen, Schwebe- und Drahtseilbahnen, als Grabdenkmal gemauerte Gruften, befestigte Straßen, Leitungsmasten, Golf- und Sportplätze sowie Campingplätze und dgl. darunter. Das aufgrund eines Erbbaurechts errichtete Bauwerk ist nach § 12 Abs. 1 ErbbauRG wesentlicher Bestandteil des Erbbaurechts und nicht des mit einem Erbbaurecht belasteten Grundstücks. Eigentümer des Bauwerks ist mithin der Erbbauberechtigte.

Das Erbbaurecht wird i.d.R. über einen längeren Zeitraum (75 bis 99 Jahre) bestellt. Der Erbbauberechtigte erwirbt **Eigentum auf Zeit,** was bei den angegebenen Laufzeiten praktisch die gleichen Vorteile wie für ein über Kauf erworbenes Grundstück bedeutet. Das ErbbauRG ent-

---

23 Zu den Perspektiven des Erbbaurechts vgl. Parl. Anfrage im Deutschen Bundestag (BT-Drucks. 13/8932 = GuG 1998, 102); zum Wesen des Erbbaurechts: Bengel/Simmerding, Grundbuch, Grundstücksgrenze, 3. Aufl., Schweitzer Verlag, Frankfurt am Main 1989, 168; Hartmann in NJW 1976, 403; Nordalm in NJW 1977, 1956; Linde/Richter, Erbbaurecht und Erbbauzins, 3. Aufl. Köln 2001; Winkler in NJW 1992, 2514; Butzer in DStZ 1992, 265; Oefele/Winkler, Handbuch des Erbbaurechts; Czerlinsky in NJW 1977, 1228; Holtzmann in NJW 1967, 915; Macke in NJW 1969, 24; Geißel, Der Erbbauzins in der Zwangsversteigerung, Berlin 1992; Groß in GuG 1996, 224; Reinhold in GuG 1998, 222.
24 Gesetz über das Erbbaurecht (Erbbaurechtsgesetz – ErbbauRG) vom 25.1.1919, zuletzt geändert durch Art. 25 des Gesetzes über die Bereinigung von Bundesrecht im Zuständigkeitsbereich des Bundesministeriums der Justiz vom 23.11.2007 (BGBl. I 2007, 2614, 2617), zuletzt geändert durch Art. 57 G vom 17.12. 2008 (BGBl. I 2586, 2726). Zur Entstehung vgl. Glaß/Scheidt, Das Erbbaurecht, Komm. 1919 Carl Heymann Berlin.
25 Ingenstau/Hustedt, Komm. z. Erbbaurechtsgesetz, 8. Aufl. Düsseldorf 2001, § 1 Rn. 10.
26 Teilzeit-Wohnrechte-Gesetz – TzWrG vom 20.12.1996 (BGBl. I 2154).
27 BVerfG, Beschl. vom 19.6.1985 – 1 BvL 57/79 –, EzGuG 14.77c; BVerfG, Beschl. vom 8.3.1988 – 1 BvR 1092/84 –, BVerfGE 78, 58 = NJW 1988, 2594 = MDR 1988, 750 = JZ 1988, 870 = DVBl. 1988, 781.
28 v. Oefele, MittBayNot 1992, 29; Ripfel DNotZ 1958, 455.

IX Rechte und Belastungen — Erbbaurecht

hält jedoch keine Regelung zur Befristung des Erbbaurechts, so dass auch ein Erbbaurecht auf ewige Dauer denkbar ist.

53 Hinsichtlich des Kapitaleinsatzes unterscheiden sich ein Grundstückskauf und ein Erbbaurecht darin, dass der Erbbauberechtigte den Kaufpreis spart und stattdessen ein jährliches Nutzungsentgelt (Erbbauzins) zahlt. Dabei ergibt sich für ihn immer dann ein Vorteil, wenn der **Erbbauzins unter dem Kapitalmarktzins** liegt, was üblicherweise der Fall ist. Wird der Kapitalmarktzins für langfristige Hypothekarkredite mit 8 % und der Erbbauzins mit 5 % angenommen, liegt der Vorteil bei 3 % p.a. Bei einem Grundstückswert von 300 000 € sind das rd. 750 € im Monat. Allerdings wächst dem Erbbauberechtigten dabei kein Eigentum zu.

54 Andererseits hat auch der Erbbaurechtsgeber den Vorteil, dass ihm ohne eigene wirtschaftliche Aktivität laufend Einnahmen zufließen. Zudem bleibt ihm der **Wertzuwachs des Grundstücks,** das er nach Ablauf des Erbbaurechtsvertrags zurückerhält. So ist die Vergabe von Erbbaurechten vor allem für Institutionen, die über erhebliche Ländereien verfügen und die sie nicht selbst nutzen können oder wollen, durchaus interessant.

55 Inhaber eines Erbbaurechts (**Erbbauberechtigter**) kann jede natürliche und juristische Person sein, wobei es sich sowohl um eine einzelne Person als auch um mehrere Personen handeln kann.

56 Das **Erbbaurecht entsteht durch die Einigung** zwischen dem Grundstückseigentümer und dem Erbbauberechtigten sowie der Eintragung des Erbbaurechts in Abt. II des Grundbuchs des belasteten Grundstücks und gleichzeitiger Anlegung eines Erbbaugrundbuchs. Die Eintragung bedarf nach § 29 GBO der notariellen Beurkundung. **Belastungen und Verkäufe** des Erbbaurechts bedürfen der Zustimmung des Grundstückseigentümers.

Das **Erbbaugrundbuch** besteht aus einem besonderen, separat zum Grundbuch des Grundstückseigentümers für das bestellte Erbbaurecht angelegten Grundbuchblatt. Im Bestandsverzeichnis des Erbbaugrundbuchs werden die Bezeichnung Erbbaurecht, das belastete Grundstück, die Dauer des Erbbaurechts, der jeweilige Grundstückseigentümer sowie Vereinbarungen über Veräußerungs- und Belastungsbeschränkungen eingetragen.

57 Das **Erbbaurecht kann** nach § 10 Abs. 1 Satz 1 ErbbauRG ausschließlich **nur zur ersten Rangstelle bestellt werden**[29]**.** Dieser Rang kann nicht geändert werden (zu den Ausnahmen vgl. § 10 Abs. 1 Satz 2 ErbbauRG). Damit ist gewährleistet, dass das Erbbaurecht in der *Zwangsversteigerung* des Erbbaurechtgrundstücks nicht erlischt.

58 Die **Veräußerlichkeit eines Erbbaurechts** kann grundsätzlich nicht abgedungen, wohl aber nach Maßgabe der §§ 5 bis 8 ErbbauRG eingeschränkt werden. Die Parteiautonomie findet ihre Grenzen im generellen Verbot eines Verstoßes gegen die guten Sitten (§ 138 Abs. 1 BGB) und dem Grundsatz von Treu und Glauben (§ 241 BGB). Im Falle eines Vertragsverstoßes kommen die Regelungen des BGB und das Institut der positiven Vertragsverletzung zur Anwendung. Darüber hinaus regelt § 2 Nr. 5 ErbbauRG die Vertragsstrafen. Sie ermöglichen es dem Eigentümer, den Erbbauberechtigten nach Maßgabe der §§ 339 bis 345 BGB zur ordnungsgemäßen Erfüllung der im Erbbauvertrag übernommenen Verpflichtungen anzuhalten.

---

29 Gemäß § 10 Abs. 2 ErbbauRG können jedoch durch landesrechtliche Verordnungen Bestimmungen getroffen werden, nach denen bei der Bestellung von Erbbaurechten von dem Erfordernis der ersten Rangstelle abgewichen werden kann.

Abb. 13: Situation beim Erbbaugrundbuch (altes Recht)

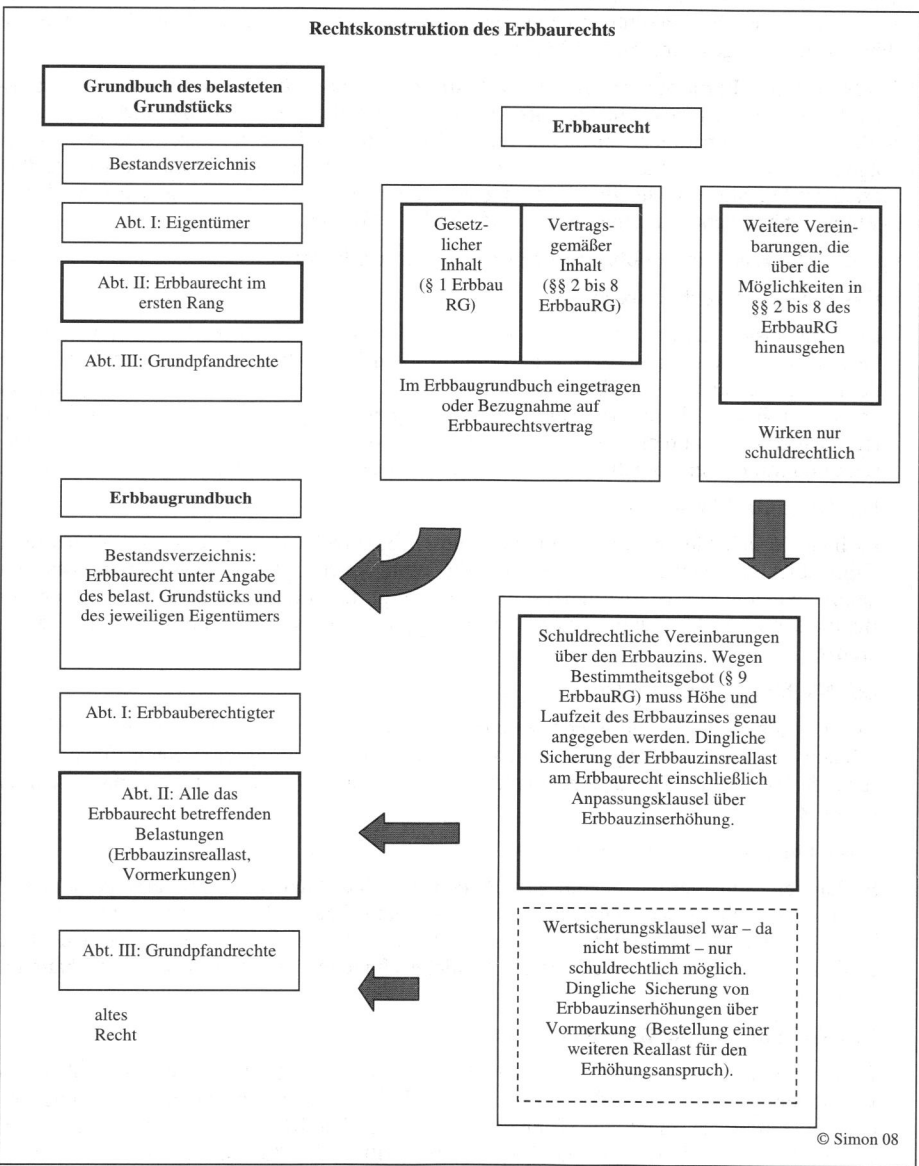

Als **Veräußerung eines Erbbaurechts** gelten alle rechtsgeschäftlichen Übertragungen des Erbbaurechts unter Lebenden und der Erwerb des Erbbaurechts aufgrund Zuschlags in der *Zwangsversteigerung* (§ 8 ErbbauRG). Nicht zur Veräußerung gehören

- die Veräußerung eines Erbteils,
- die Aufteilung des Erbbaurechts in Wohnungs- und Teilerbbaurechte und
- die Bestellung eines dinglichen Vorkaufsrechts zugunsten Dritter (§ 1103 BGB).

IX Rechte und Belastungen — Erbbaurecht

60 Das **Erbbaurecht erlischt durch Zeitablauf**, ohne dass es einer Aufhebung oder Verzichtserklärung bedarf. Damit wird das Grundbuch unrichtig. Auf Antrag des Grundstückseigentümers oder des Erbbauberechtigten wird das Erbbaurecht im Grundbuch gelöscht und das Erbbaugrundbuch geschlossen (§ 12 GBO).

61 **Ein Grundstück kann nur im Ganzen mit einem Erbbaurecht belastet werden.** Unzulässig ist die Bestellung eines Erbbaurechts an einem Grundstücksteil oder einem Miteigentumsanteil. Soll das Erbbaurecht an einem realen Grundstücksteil bestellt werden, so muss es infolgedessen als selbständiges Grundstück im Grundbuch eingetragen werden (§ 7 GBO). Zulässig ist bei alledem die Beschreibung der Ausübung eines auf das ganze Grundstück bestellten Erbbaurechts auf einen bestimmten Teil des Grundstücks.

62 **Typologisch lassen sich Erbbaurechte wie folgt untergliedern:**

– Das **Eigentümererbbaurecht:**

Es handelt sich hierbei um ein Erbbaurecht, das für den Grundstückseigentümer selbst bestellt wird, insbesondere wenn dieser auf seinem Grundstück eine bauliche Anlage mit dem Ziel errichten möchte, die bauliche Anlage wegen des Erbbaurechts zu veräußern. Für den Eigentümer hat die Bestellung eines Eigentümererbbaurechts den Vorteil, dass das Erbbaurecht als Sicherungsmittel für die Finanzierung des Vorhabens eingesetzt und mit den entsprechenden Belastungen auf den Erwerber übertragen werden kann.

– Das **Gesamterbbaurecht:**

Es handelt sich hierbei um ein einheitliches Erbbaurecht, das gleichzeitig an mehreren Grundstücken bestellt wird, wobei das Eigentum verschiedenen Eigentümern zustehen kann[30]. Nach § 6a GBO ist hierfür Voraussetzung, dass die betroffenen Grundstücke im Bezirk desselben Grundbuch- bzw. Vermessungsamts liegen und unmittelbar aneinander grenzen.

– Das **Nachbarerbbaurecht**[31]:

Es handelt sich hierbei um mehrere selbstständige Erbbaurechte an benachbarten Grundstücken zwecks Errichtung eines Gebäudes. Als subjektiv-dingliches Recht für das herrschende Grundstück ist das Nachbarerbbaurecht in den in § 39 SachenRBerG genannten Fällen zulässig.

– Das **Untererbbaurecht (§ 6a GBO):**

Es handelt sich hierbei um ein Erbbaurecht an einem anderen Erbbaurecht, dem sog. Obererbbaurecht. Belastungsgegenstand des Untererbbaurechts ist mithin das Obererbbaurecht. Innerhalb der Grenzen, die sich aus dem Obererbbaurecht ergeben, ermöglicht es dem Untererbbaurechtsnehmer die bauliche Nutzung des durch das Obererbbaurecht belasteten Grundstücks[32].

– Das **Wohnungs- und Teilerbbaurecht:**

Es handelt sich hierbei um eine Bruchteilsberechtigung am Erbbaurecht nach § 30 WEG, verbunden mit dem Sondereigentum an einer abgeschlossenen Wohnung (Wohnungserbbaurecht) oder an nicht zu Wohnzwecken dienenden Räumen (Teilerbbaurecht). Im Unterschied zum Wohnungs- oder Teileigentum tritt an die Stelle des Miteigentumsanteils am Grundstück der Mitberechtigungsanteil am Erbbaurecht.

---

[30] BGH, Urt. vom 21.11.1975 – V ZR 21/74 –, NJW 1976, 519 sowie OLG Stuttgart, Beschl. vom 17.1.1975 – 8 W 281/73 –, EzGuG 7.40.
[31] Linde/Richter, Erbbaurecht und Erbbauzins, 3. Aufl. 2001, 18.
[32] BGH, Urt. vom 22.2.1974 – V ZR 67/72 –, EzGuG 7.36.

2.2 Inhalt von Erbbaurechten

Der Inhalt des Erbbaurechts setzt sich aus

- dem *gesetzlichen* Inhalt des Erbbaurechts (§§ 1 und 12 ErbbauRG, vgl. Rn. 49) und
- dem *vertraglichen* Inhalt des Erbbaurechts (§§ 2 bis 8 ErbbauRG)

zusammen.

Grundlage für die Bestellung von Erbbaurechten und dem vertraglichen Inhalt des Erbbaurechts ist der Erbbauvertrag. Er beinhaltet sämtliche Vereinbarungen und bedarf nach § 11 Abs. 2 ErbbauRG i.V.m. § 311b Abs. 1 BGB der notariellen Beurkundung. Das Erbbaurecht entsteht allerdings erst mit

- der Eintragung des Erbbaurechts in Abt. II des Grundstücks an erster Rangstelle und
- der Anlegung eines besonderen Erbbaugrundbuchs für das Erbbaurecht.

Der vertragliche Inhalt des Erbbaurechts erhält damit dinglichen Charakter und ist sowohl für den derzeitigen Grundstückseigentümer als auch für dessen Rechtsnachfolger wirksam. Schuldrechtliche Vereinbarungen, die dinglich nicht gesichert sind, können dagegen bei einem Verkauf oder einer Übertragung untergehen.

Der **gesetzliche Mindestinhalt des Erbbaurechts** ergibt sich aus den §§ 1, 3 und 12 ErbbauRG. Die Vorschriften regeln, welche Voraussetzungen mindestens erfüllt werden müssen, damit ein Erbbaurecht rechtswirksam entstehen kann. Hierzu gehört, dass

- das Erbbaurecht nur die *bauliche Nutzung* eines fremden Grundstücks zum Inhalt haben kann,
- das Erbbaurecht *nur für bestimmte natürliche oder juristische Personen* bestellt werden kann (also nicht für den jeweiligen Eigentümer eines anderen Grundstücks),
- die *Art des Bauwerks* zu konkretisieren ist,
- die *Beschränkung des Erbbaurechts auf einen Teil des Gebäudes* (Stockwerk) unzulässig ist (möglich aber Wohnungs- und Teilerbbaurecht nach dem WEG),
- das Erbbaurecht *veräußerlich und vererblich* ist (der Ausschluss führt zum Unwirksamwerden des Erbbaurechtsvertrags) und
- die *Laufzeit des Rechts* angegeben wird.

Die **durchschnittlichen Laufzeiten von Erbbaurechten** in Abhängigkeit von der Grundstücksnutzung betragen:

	Einfamilienhausgrundstücke	Mietwohngrundstücke	Gewerblich genutzte Grundstücke	Sonstige Grundstücke
Laufzeit in Jahren	99	99	50 bis 75	50 bis 75

Anmerkung: Nach Umfrage des Deutschen Städtetags in 73 Städten der Bundesrepublik Deutschland.

Da der gesetzliche Mindestinhalt des Erbbaurechts nicht ausreicht, um die Beziehungen zwischen Erbbauberechtigten und Erbbaurechtsausgeber vollständig zu regeln, haben die Beteiligten die Möglichkeit, im Erbbaurechtsvertrag bestimmte weitere Vereinbarungen zu treffen und sie zum vertragsgemäßen Inhalt des Erbbaurechts zu machen. Im Normalfall gelten vertragliche Regelungen nur schuldrechtlich. Das Gesetz gewährt aber bestimmten Vereinbarungen dinglichen Status, die als **vertragsgemäßer Inhalt des Erbbaurechts** bezeichnet werden (§§ 2 bis 8 ErbbauRG). Sie brauchen nicht im Grundbuch eingetragen zu werden, es genügt die Bezugnahme im Grundbuch auf den Erbbaurechtsvertrag.

IX Rechte und Belastungen — Erbbaurecht

67 **Diese Regelungen** sind insbesondere

a) **Vereinbarungen über den Erbbauzins** (vgl. Rn. 85 ff.),

b) **Vereinbarung über die Errichtung, Instandhaltung und Verwendung des Bauwerks (§ 2 Nr. 1 ErbbauRG)**, z. B. die ausdrückliche Bauverpflichtung innerhalb eines festgelegten Zeitraums; Konkretisierung der Art und Größe des Bauwerks; Verpflichtung des Erbbauberechtigten zur turnusmäßigen Durchführung von Schönheitsreparaturen; Verpflichtung des Erbbauberechtigten, nur an bestimmte Personenkreise zu vermieten u. a. m.,

c) **Vereinbarung über die Versicherung des Bauwerks und seinen Wiederaufbau im Falle der Zerstörung (§ 2 Nr. 2 ErbbauRG)**, z. B. für welche Schadensfälle Versicherungen abgeschlossen werden sollen und welche Mindestversicherungssummen zu vereinbaren sind (z. B. zum gleitenden Neuwert); Verpflichtung des Erbbauberechtigten zum Wiederaufbau des Gebäudes im Falle der Zerstörung u. a. m.,

d) **Vereinbarung über die Tragung öffentlicher Lasten und Abgaben (§ 2 Nr. 3 ErbbauRG)**, z. B. Verpflichtung des Erbbauberechtigten zur Tragung der Lasten, die auf dem Grundstück selbst ruhen (Erschließungskosten lasten auf dem Erbbaurecht und nicht auf dem belasteten Grundstück) u. a. m. (vgl. Rn. 218 ff.). Auch wenn bezüglich den Erschließungsbeiträgen keine Vereinbarungen getroffen wurden, sind diese vom Erbbaurechtsnehmer zu tragen,

e) **Vereinbarung über die Verpflichtung des Erbbauberechtigten, das Erbbaurecht beim Eintreten bestimmter Voraussetzungen auf den Grundstückseigentümer zu übertragen (Heimfall; § 2 Nr. 4 ErbbauRG)**, z. B. bei Eintritt bestimmter Umstände (z. B. Zahlungsverzug des Erbbauberechtigten bei Zahlung des Erbbauzinses gemäß § 9 Abs. 3 ErbbauRG; Nutzungsänderung des aufstehenden Gebäudes, die vertraglich ausgeschlossen war) kann der Erbbauverpflichtete vom Erbbauberechtigten verlangen, das Erbbaurecht vor Zeitablauf auf ihn zu übertragen (Heimfallanspruch); auch in diesem Fall ist das Gebäude angemessen zu entschädigen (vgl. Rn. 70),

f) **Vereinbarung über die Verpflichtung des Erbbauberechtigten zur Zahlung von Vertragsstrafen (§ 2 Nr. 5 ErbbauRG)**, z. B. Vereinbarung, dass bei gewissen Vertragsverletzungen der Erbbauberechtigte eine Vertragsstrafe in einer bestimmten Höhe oder einen erhöhten Erbbauzins zu zahlen hat,

g) **Vereinbarung über die Einräumung eines Vorrechts für den Erbbauberechtigten auf Erneuerung des Erbbaurechts nach dessen Ablauf (§ 2 Nr. 6 ErbbauRG)**; diese Vereinbarung ist keine Verlängerung, sondern ein Neuabschluss, etwa vergleichbar mit dem dinglichen Vorkaufsrecht.

h) **Vereinbarung über die Verpflichtung des Grundstückseigentümers, das Grundstück an den jeweiligen Erbbauberechtigten zu veräußern (§ 2 Nr. 7 ErbbauRG)**, Anspruch des Erbbauberechtigten, dass ihm der Grundstückseigentümer das Grundstück verkauft: bei Inanspruchnahme entsteht ein Eigentümererbbaurecht (vgl. Rn 62). Im Gegensatz dazu können beide Beteiligten auch eine Ankaufsverpflichtung des Erbbauberechtigten zu bestimmten Bedingungen (Kaufzwangklausel) vereinbaren. Diese Verpflichtung kann jedoch nur schuldrechtlich vereinbart werden. Für die Wertermittlung des Erbbaurechts ergeben sich hier Besonderheiten.

i) **Vereinbarung über die Zustimmung des Grundstückseigentümers zur Veräußerung und zur Belastung des Erbbaurechts (§§ 5 bis 8 ErbbauRG)**,

j) **Vereinbarung über die Entschädigung für das Bauwerk bei Erlöschen des Erbbaurechts durch Zeitablauf (§ 27 Abs. 1 Satz 2 ErbbauRG)**, bei Erlöschen des Rechts durch Zeitablauf fällt das aufstehende Gebäude in das Eigentum des Grundstückseigentümers. Es ist angemessen zu entschädigen. Die Höhe der Entschädigung hängt von den Vereinbarungen des Erbbaurechtsvertrags ab, allerdings kann Abs. 2 im Falle „minderbemittelte Bevölkerung" nicht abbedungen werden.

68 Ist dem Erbbauberechtigten nach § 2 Nr. 6 ErbbauRG ein **Vorrecht auf Erneuerung des Erbbaurechts nach dessen Ablauf** eingeräumt worden, so stellt dieses einen dem Vorkaufsrecht entsprechenden Anspruch für den Fall dar, dass der Grundstückseigentümer nach Ablauf der Erbbaurechtszeit innerhalb der folgenden drei Jahre an demselben Grundstück einem Dritten wiederum ein Erbbaurecht bestellt (§ 31 ErbbauRG).

Ein nach § 2 Nr. 7 ErbbauRG ausdrücklich zum Inhalt des Erbbaurechts vereinbartes **Ankaufsrecht** wirkt während der Dauer des Bestehens des Erbbaurechts zugunsten des jeweiligen Erbbauberechtigten und zu Lasten des jeweiligen Grundstückseigentümers. Ansonsten sind die Parteien hinsichtlich der vertraglichen Ausgestaltung des Ankaufsrechts frei. **69**

Bei **Erlöschen des Erbbaurechts durch Zeitablauf** fällt das aufstehende Gebäude in das Eigentum des Grundstückseigentümers. Der Grundstückseigentümer hat nach § 27 Abs. 1 Satz 1 ErbbauRG dem Erbbauberechtigten eine **angemessene Entschädigung für das Bauwerk** zu leisten. Als Inhalt des Erbbaurechts können Vereinbarungen über die Höhe der Entschädigung und die Art ihrer Zahlung sowie über ihre Ausschließung getroffen werden. Bei Erbbaurechten zur Befriedigung der Wohnbedürfnisse minderbemittelter Bevölkerungskreise muss die Entschädigung mindestens zwei Drittteile des gemeinen Werts (= Verkehrswert, vgl. Rn. 198, 213) betragen, den das Bauwerk bei Ablauf des Erbbaurechts hat (§ 12 Abs. 3 und § 27 ErbbauRG). **70**

Abb. 14: Erlöschen des Erbbaurechts

2.3 Erbbauzins

2.3.1 Allgemeines

Gegenleistung für das Erbbaurecht ist der Erbbauzins (solarium). Der **Erbbauzins ist das wiederkehrende Entgelt,** das der Erbbauberechtigte an den Grundstückseigentümer entrichtet. Die Verpflichtung des Erbbauberechtigten zu einer Gegenleistung gehört nicht zum Inhalt des Erbbaurechts, sondern stellt eine dem Recht auferlegte dingliche Belastung dar. Der Erbbauzins ist also die dingliche Belastung des Erbbaurechts, die im Grundbuch eingetragen sein muss. Nach § 9 Abs. 1 Satz 1 ErbbauRG finden auf den Erbbauzins die Vorschriften des BGB über die Reallast entsprechend Anwendung (§ 1105 ff. BGB). **71**

Fälschlicherweise wird der **Erbbauzins** häufig auch als **Erbpachtzins** bezeichnet und von einer Erbpacht gesprochen, auch wenn es um Erbbaurechte geht. Bei der Erbpacht handelt es sich jedoch um ein dingliches Nutzungsrecht an einem ländlichen Grundstück, während beim Erbbaurecht das Halten eines Bauwerks bestimmend ist. Art. 63 EGBGB ließ allerdings landesrechtliche Vorschriften über das Erbpachtrecht unberührt. Die Erbpacht wurde durch das Kontrollratsgesetz 45 Art. X 2 verboten. Auch das Erbpachtrecht ist im Übrigen ein grundstücksgleiches Recht[33].

---
33 Bengel/Simmerding, a.a.O. S. 138.

IX Rechte und Belastungen Erbbaurecht

In der Abbildung 15 werden übliche Erbauzinssätze für unterschiedliche Nutzungen als Durchschnittswerte als auch als Wertspannen aufgezeigt. Dabei sind die Erbbauzinssätze regional unterschiedlich, so dass auf den örtlichen Markt abgestellt werden muss. Die Gutachterausschüsse liefern i.d.R. dazu Datenmaterial.

Abb. 15: Typische Erbbauzinssätze

Nutzung des Erbbaurechtsgrundstücks	Erbbauzinssatz (%)	Spanne (%)
Ein- und Zweifamilienhausgrundstücke	2,5	2,0 bis 3,0
Mehrfamilienhausgrundstücke	3,5	3,0 bis 4,0
Gemischt genutzte Grundstücke	5,0	4,5 bis 5,5
Gewerblich genutzte Grundstücke	6,0	5,5 bis 6,5*
Büro- und Geschäftshausgrundstücke	6,5	6,0 bis 7,0**

* Mitunter sind hier niedrigere Erbbauzinssätze, etwa 2 bis 4 % der marktgerechten Bodenwerte, zutreffend. Diese ergeben sich auf der Grundlage von Umsatzpachten (meist 3 bis 8 % der Gesamterlöse – Mieten ohne MwSt. – aus dem Erbbaugrundstück), worauf ein günstiger „Basis-Erbbauzins" angerechnet wird, oder durch Gewinnbeteiligungen (z. B. 20 bis 25 % des Handelsbilanzgewinns nach Steuern) und geringere Erbbauzinsen. Für eine Gewinnbeteiligung ist regelmäßig ein Mindestbetrag zu zahlen.
** Im Einzelfall auch bis 10 %

72 Im Grundstücksmarktbericht 1998 des Oberen Gutachterausschusses im *Land Brandenburg* wird herausgestellt, dass sich aus den vorliegenden Erkenntnissen noch keine Schlussfolgerungen über die angemessenen Erbbauzinsen ziehen lassen. Der Obere Gutachterausschuss empfiehlt, im Bedarfsfalle für Ein- und Zweifamilienhäuser einen Erbbauzins von 4 % anzusetzen.

Abb. 16: Erbbauzinsen bei Neubestellungen und marktübliche Liegenschaftszinsen

Stadt	Erbbauzins			Liegenschaftszins				Bemerkungen
	EFH	Geschossbau	Gewerbe	EFH	Geschossbau	Gewerbe	Büro- und Geschäftsbau	
Bonn	4 %	4 %	4 %	3 %		6 %		
Darmstadt	4 %		8,75 %					
Duisburg	4 %	5 %	7 %		5 %	7 %		nur 2 Fälle bei Gewerbe Erbbauzins
Erlangen			6 %					
Essen	3,5–4 %		5–7 %	2,5–6,0 %	6,0–8,5 %			nach Altersgruppen steigend (Neubau 6 %)
Frankfurt a.M.	2,50 %	2 %	3–6 %		3,2–4,7 %		4,40 %	nach Altersgruppen steigend (Neubau 6 %)
Hamburg	5 %	5 %	7 %	5 %	6–7 %	3–6 %		Zentrumslagen
Ingolstadt	4 %		5 %					
Kaiserslautern	4 %	4 %	5,5–6,5 %	3,50 %	5 %	6 %		
Mannheim	4 %	4 %	5 %					
Regensburg	5 %	5 %	5 %					
Stuttgart	4 %	4 %	> 6 %	2,5–4,5 %	6 %	4,5–4,8 %		je nach gewerblichem Anteil
Kath. Kirche	4–5 %							
Evang. Kirche	4–5 %		6 %					
Bahn AG	4,5–5 %		7 %					
im Mittel	4,04 %	4,33 %	4,95 %	3,00 %	4,50 %	6,5 %	4,5 %	

Quelle: Umfrage des Deutschen Städtetags bei den Geschäftsstellen der Gutachterausschüsse im Dezember 1993 (GuG 1994, 303)

Der Gutachterausschuss der Stadt *Regensburg* veröffentlichte in seinem Grundstücksmarktbericht 2008 für Ein- bis Dreifamilienwohnhäuser einen Erbbauzinsmittelwert von 2,4 % bei einer Standardabweichung von 0,55. Dabei sind die Erbbaurechtsgeber zu 50 % kirchliche Träger und Stiftungen.

Der Immobilienmarktbericht in *München* von 2008 weist folgende Erbbauzinssätze aus:

Nutzung	Mittelwert %	Spanne %
Ein- bis Mehrfamilienhausgrundstücke	3,1	2,4–3,7
Geschosswohnungsbau	3,9	3,4–4,4
Gewerbe GE	6,5	6,1–7,4
Gewerbe hG (höherwertiges)	5,3	5,0–5,9
Gewerbe MK (Kern- Mischgebiet)	4,0	3,1–4,8

Erbbaurechte können auch unentgeltlich oder gegen eine einmalige Zahlung bestellt werden (vgl. Rn. 131). 73

In rechtlicher Hinsicht ist zwischen **zwei Erscheinungsformen des Erbbauzinses** zu unterscheiden: 74

– dem *dinglichen Erbbauzins* (Erbbauzinsreallast) und
– dem *schuldrechtlichen Erbbauzins*.

Ein schuldrechtlich vereinbarter Erbbauzins ermöglicht im Unterschied zur Erbbauzinsreallast keine Vollstreckung in das Erbbaurecht aus einem dinglichen Titel.

Neben, aber auch an Stelle des in § 9 ErbbauRG geregelten dinglichen Erbbauzinses kann im Erbbaurechtsvertrag **schuldrechtlich** etwas anderes vereinbart werden[34]. Hauptanwendungsfall ist eine schuldrechtlich vereinbarte Anpassung des Erbbauzinses an sich verändernde Verhältnisse. Darüber hinaus kann schuldrechtlich vereinbart werden, eine weitere Erbbauzinsreallast für den jeweils geänderten Erbbauzins einzutragen bzw. die Erbbauzinsreallast entsprechend zu ändern. Der Anspruch kann durch eine Vormerkung gesichert werden. Im Übrigen ermöglicht der schuldrechtliche Erbbauzins im Unterschied zum dinglichen Erbbauzins (Erbbauzinsreallast) keine Vollstreckung in das Erbbaurecht. 75

Abb. 17: Erbbauzinssätze und marktübliche Liegenschaftszinsen in Brandenburg

Stadt/Landkreis	Erbbauzins	Liegenschaftszins
Landkreis Barnim		
Wohnen	4,0–5,0 %	3,08–5,67 % (Bernau, Eberswalde, Zeperniele, Finowfurt, Hirschfelde)
Erholung	4,0 %	
Gewerbe	4,0–6,0 %	
Landkreis Dahme-Spreewald		
Wohnen	2,4–5,0 %	
Landkreis Havelland		
Wohnen	4,0–4,5 %	
Erholung	4,0 %	

---

34 BGH, Urt. vom 28.11.1956 – V ZR 40/56 –, EzGuG 7.2; BGH, Urt. vom 20.3.1964 – V ZR 46/63 –, EzGuG 7.9; Ingenstau, Komm zur ErbbauVO 7. Aufl. 1994, § 9 Rn. 4.

IX Rechte und Belastungen — Erbbaurecht

Stadt/Landkreis	Erbbauzins	Liegenschaftszins
Stadt Frankfurt (Oder)		
Wohnen	4,5–5,75 %	3,5 %
Schulung/Bildung	5,0 %	6,75 %
Soziale Zwecke	4,0 %	
Ein- und Zweifamilienhäuser	4,0 %	
Gewerbe	6,0 %	
Mehrfamilienhäuser	4,5 %	
Mischnutzung	5,5 %	
Büro/Geschäft	6,0 %	
Potsdam-Mittelmark		
Wohnen	4,0–4,5 %	
Gewerbe	4,0–10,0 %	
Märkisch-Oderland		
Ein- und Zweifamilienhäuser	3,0–5,0 %	
Gewerbe	5,0–8,0 %	
Oder-Spree		
Unbebaute Bauflächen	3,2–4,5 %	2,9–4,6 %
Wohnen	(Mehrzahl 4–4,5 %)	2,9–4,6 %
Gewerbe	4,8–6,0 %	
Bebaute Grundstücke		
Verschiedene Nutzungen	2,0–6,5 %	
Ein- und Zweifamilienhäuser	4,0–4,5 %	
Gewerbe	4,8–6,0 %	
Spree-Neiße		
Wohnen	4,0–5,0 %	
Landkreis Oberhavel		
Ein- und Zweifamilienhäuser	3,0–4,0 %	2,0–3,5 %
Gewerbe	6,0 %	6,0–8,0 %
Uckermark		
Unbebaute Bauflächen		
Wohnen	1,8–5,0 %	
Gewerbe	3,0–6,0 %	
Bebaute Grundstücke		
Wohnen	2,3–4,0 %	
Gewerbe	3,4–6,0 %	
Landkreis Prignitz		
Einfamilienhäuser	4,0 %	3,1 %
Sonstige Bebauung (Krankenhäuser, Motel)	4,8 %	

76 Zum **dinglichen Erbbauzins** bestimmt § 9 Abs. 1 Satz 1 ErbbauRG, dass auf den Erbbauzins die Vorschriften des BGB über die Reallasten entsprechend anzuwenden sind. Gläubiger des Erbbauzinses ist danach derjenige, der bei Fälligkeit des Erbbauzinses Eigentümer des Erbbaugrundstücks ist.

a) Nach früherem Recht begründete Erbbaurechte

77 Bis 30.9.1994 musste der Erbbauzins nach Zeit und Höhe für die gesamte Laufzeit des Erbbaurechts im Voraus bestimmt (d.h. nicht nur bestimmbar) sein. Es ist der freien Parteivereinbarung überlassen, an welcher Rangstelle der Erbbauzins dinglich gesichert wird. Mit der Entscheidung des BGH vom 28.11.1956[35] sind auch Anpassungsklauseln zulässig geworden; § 9a der am 23.1.1974 in Kraft getretenen Fassung der Erbbaurechtsverordnung (jetzt ErbbauRG) findet Anwendung. Danach ist zu unterscheiden zwischen Erbbaurechten, die

---

35 BGH, Urt. vom 28.11.1956 – V ZR 40/56 –, EzGuG 7.2.

gewerblichen und Wohnzwecken dienen. Für **„gewerbliche" Erbbaurechte** kann die Höhe der Anpassung beliebig vereinbart werden und wird lediglich durch die Bestimmungen über den Wucher begrenzt.

Bei der Vereinbarung von Wertsicherungsklauseln war bisher auf folgende rechtliche Problematik zu achten: Die dingliche Sicherung des Erbbauzinses erfolgte durch Bestellung einer in Abt. II des Grundbuchs möglichst erstrangig einzutragenden **Erbbauzinsreallast am Erbbaurecht**. Der Erbbauzins musste über die gesamte Laufzeit des Rechts im Voraus bestimmt werden; eine Gleitzinsvereinbarung war unwirksam (vgl. gesetzlicher Inhalt des Erbbaurechts; Grundsätze zur Bestellung einer Reallast nach §§ 1105 bis 1109 BGB). **Wurde eine Wertsicherungsklausel über den Erbbauzins vereinbart, konnte sie nur Inhalt einer schuldrechtlichen Anpassungsklausel sein.** War danach eine Erhöhung des Erbbauzinses zulässig, konnte der Erbbaurechtsgeber vom Erbbauberechtigten die Bestellung einer weiteren Reallast für den Erhöhungsbetrag verlangen. Diese Erbbauzinserhöhung war dem Wesen nach eine Bestellung einer neuen Erbbauzinsreallast und keine Inhaltsänderung des bestehenden Rechts. Der schuldrechtliche Anspruch auf wiederholte Erhöhung des Erbbauzinses wurde durch Vormerkung nach § 883 BGB gesichert. Damit war gewährleistet, dass die Erhöhungsreallast den gleichen Rang wie die Vormerkung[36] besaß. **78**

Die Rechtskonstruktion, nach der der Erbbauzins Reallast am Erbbaurecht und nicht Inhalt des Erbbaurechts ist und der Erbbauzins nach Zeit und Höhe für die ganze Erbbauzeit im Voraus bestimmt sein musste **(Bestimmtheitsgrundsatz)**, wurde im Jahre 1919 gewählt, weil man die Beleihungsfähigkeit gewährleisten wollte. Für Hypothekenbanken bestand früher die obligatorische Verpflichtung des Vorrangs der Hypothek vor allen anderen Grundstückslasten. Wäre der Erbbauzins Inhalt des Erbbaurechts geworden, wäre damit eine Beleihung ausgeschlossen gewesen. **79**

Da die Erbbauzinsforderung lediglich eine in Abt. II des Grundbuchs eingetragene Reallast am Erbbaurecht ist, kann sie gegenüber der Forderung der Hypothekenbank im Rang zurücktreten und so die volle Beleihung des Rechts ermöglichen. Allerdings hatte der **Rangrücktritt Folgen für den Erbbaurechtsausgeber.** Betrieb die erstrangig abgesicherte Bank die *Zwangsversteigerung*, konnte die Erbbauzinsforderung als nachrangig abgesichertes Recht unter Umständen erlöschen. Dann wäre der Ersteigerer Erbbauberechtigter ohne die Verpflichtung zur Zahlung des Erbbauzinses geworden, und der Erbbaurechtsgeber hätte bis zum Ablauf des Erbbaurechts auf den Erbbauzins verzichten müssen. Aus diesen Gründen war die Bereitschaft des Erbbaurechtsgebers, mit seiner Erbbauzinsforderung gegenüber der Bank zurückzutreten, gering. **80**

Um die Beleihung doch zu gewährleisten, boten sich andere Möglichkeiten an. Der Erbbaurechtsausgeber konnte mit seiner Erbbauzinsforderung gegenüber der Bank zurücktreten, wenn die Bank gleichzeitig eine **Stillhalteerklärung** für den Erbbauzins abgab[37]. Diese Regelung barg allerdings noch Restrisiken für den Erbbaurechtsausgeber, da die Erklärung nur schuldrechtlich wirkte, also nur zwischen beiden Beteiligten, nicht hingegen gegenüber einem Rechtsnachfolger[38]. Eine andere Möglichkeit bestand darin, dass der Erbbaurechtsausgeber nicht zurücktrat, aber gegenüber der Bank erklärte, dass er im Falle der Zwangsversteigerung auf die Kapitalisierung der Erbbauzinsforderung verzichtete und weiterhin den Erbbauzins wie bisher in Raten entgegennahm; in diesem Fall hatte die Hypothekenbank gemäß § 19 Abs. 2 der ErbbauVO den im Rang vorgehenden Erbbauzins zu kapitalisieren und vom Wert des Erbbaurechts in Abzug zu bringen, was die Beleihungsmöglichkeit zwangsläufig einschränkte. Hinzu kam das Problem der Wertsicherung des Erbbauzinses, die – da die Wertsicherung der Höhe nach im Voraus nicht bestimmbar war – nicht über eine weitere Reallast (Bestimmtheitsgebot!), sondern nur über eine Vormerkung nach § 883 BGB an der Erbbauzinsreallast möglich war. **81**

---

36 Die Vormerkung sichert den schuldrechtlichen Anspruch auf Einräumung der Erhöhungsreallast. Sie bewirkt, dass der durch sie eingetragene Anspruch nicht durch nachfolgende Verfügungen beeinträchtigt wird.
37 Werth, Verkehrswertermittlung nach § 21 ErbbauVO, DLK 1989, 74.
38 Linde/Richter, Erbbaurecht und Erbbauzins, 3. Aufl. 2001.

b) Nach dem 30.9.1994 begründete Erbbaurechte[39]

82 Die vorstehend beschriebene grundbuchlich komplizierte Situation ist mit Art. 2 § 1 des SachenRBerG vom 21.9.1994 (BGBl. I 1994, 2457, 2489) wesentlich vereinfacht worden. Durch das Sachenrechtsänderungsgesetz vom 21.9.1994 wurde § 9 ErbbauVO mit Wirkung ab 1.10.1994 dahingehend geändert, dass der Erbbauzins nach Zeit und Höhe für die gesamte Erbbauzeit im Voraus bestimmt werden kann[40].

- Inhalt der Erbbauzinsreallast können nunmehr auch **Bestehenbleibensvereinbarungen für den Fall der Zwangsversteigerung** sein. § 9 Abs. 3 ErbbauRG lässt nunmehr zu, dass die Erbbauzinsreallast abweichend von § 52 Abs. 1 des Gesetzes über die Zwangsversteigerung und die Zwangsverwaltung mit ihrem Hauptanspruch bestehen bleiben kann, wenn der Grundstückseigentümer aus der Reallast oder der Inhaber eines im Range vorstehenden oder gleichgestellten dinglichen Rechts die Zwangsversteigerung des Erbbaurechts betreibt. Im Rahmen der *Zwangsversteigerung* findet in diesem Fall keine Kapitalisierung des Erbbauzinses statt, d.h., der Erbbauzins bleibt bestehen, auch wenn er bei Feststellung des geringsten Gebots nicht berücksichtigt ist, und es bedarf weder eines Rangrücktritts noch der Abgabe einer Stillhalteerklärung. Bei zuvor bestellten Erbbaurechten können beide Vertragsparteien eine **nachträgliche Änderung** vereinbaren. Sie bedarf jedoch wiederum der Zustimmung der der Erbbauzinsreallast vorgehenden oder gleichstehenden dinglichen Rechte.

„§ 9 Abs. 3 ErbbauRG

(3) Als Inhalt des Erbbauzinses kann vereinbart werden, dass

1. die Reallast abweichend von § 52 Abs. 1 des Gesetzes über die Zwangsversteigerung und die Zwangsverwaltung mit ihrem Hauptanspruch bestehen bleibt, wenn der Grundstückseigentümer aus der Reallast oder der Inhaber eines im Range vorgehenden oder gleichstehenden dinglichen Rechts oder der Inhaber der in § 10 Abs. 1 Nr. 2 des Gesetzes über die Zwangsversteigerung und die Zwangsverwaltung genannten Ansprüche auf Zahlung der Beiträge zu den Lasten und Kosten des Wohnungserbbaurechts die Zwangsversteigerung des Erbbaurechts betreibt, und

2. der jeweilige Erbbauberechtigte dem jeweiligen Inhaber der Reallast gegenüber berechtigt ist, das Erbbaurecht in einem bestimmten Umfang mit einer der Reallast im Rang vorgehenden Grundschuld, Hypothek oder Rentenschuld im Erbbaugrundbuch zu belasten."

Nach **§ 9 Abs. 2 ErbbauRG** muss der Erbbauzins nicht mehr nach Zeit und Höhe für die gesamte Erbbauzeit im Voraus bestimmt werden; es kann auch eine Wertsicherung der Reallast als Inhalt des dinglichen Rechts vereinbart werden. Weggefallen ist auch die Regelung, dass der Inhalt des Erbbauzinses auch eine Verpflichtung zu seiner Anpassung an veränderte Verhältnisse sein kann, wenn die Anpassung nach Zeit und Wertmaßstab bestimmbar ist.

„§ 9a Abs. 1 ErbbauRG

Inhalt des Erbbauzinses kann auch eine Verpflichtung zu seiner Anpassung an veränderte Verhältnisse sein, wenn die Anpassung nach Zeit und Wertmaßstab bestimmbar ist. Für die Vereinbarung über die Anpassung des Erbbauzinses ist die Zustimmung der Inhaber dinglicher Rechte am Erbbaurecht erforderlich; § 880 Abs. 2 Satz 3 des Bürgerlichen Gesetzbuchs ist entsprechend anzuwenden."

83 Diese Kann-Bestimmungen wurden mit Wirkung ab 16.6.1998 durch eine klarstellende Regelung des § 1105 BGB ergänzt, wonach als Inhalt der (Erbbauzins-)Reallast auch vereinbart werden kann, dass die zu entrichtenden Leistungen sich ohne weiteres an veränderte Verhältnisse anpassen können, wenn anhand der in der Vereinbarung festgelegten Voraussetzungen Art und Umfang der Belastung des Grundstücks bestimmt werden können[41]. Wegen der Einschränkungen des § 9a ErbbauRG, bedarf die Anpassungsvereinbarung – soweit sie eine

---

39 ErbbauVO, zuletzt geändert durch Gesetz vom 9.6.1998 (BGBl. I 1242); ErbbauRG, zuletzt geändert durch Art. 57 G vom 17.12.2008 (BGBl. I 2586,2726).
40 Art. 2 § 1 des SachenRBerG vom 21.9.1994 (BGBl. I 1994, 2457, 2489). Mohrbutter in ZIP 1995, 806; Maaß in NotBZ 1997, 44; Maaß/Holthausen-Dux in DStR 1995, 1230, 1273; v. Oefele in DNotZ 1995, 643; Panz in BWNotZ 1996, 5; Wilke in DNotZ 1995, 654; Schmidt-Räntsch in NJW 1998, 3166.
41 Art. 11a EuroEG vom 9.6.1998 (BGBl. I 1998, 1241); Ingenstau/Hustedt § 9 ErbbauVO Rn. 6.

Automatikklausel darstellt – nicht mehr der Genehmigung[42] des Bundesamtes der Wirtschaft und Ausfuhrkontrolle (BAFA).

Für die Vereinbarung über die Anpassung des Erbbauzinses ist die **Zustimmung der Inhaber der der Erbbauzinsreallast im Rang vorgehender oder gleichstehender dinglicher Rechte am Erbbaurecht erforderlich**[43]. Die Zustimmung ist unwiderruflich und dem Grundbuchamt oder einem Beteiligten gegenüber zu erklären (§ 880 Abs. 2 Satz 3 BGB). 84

2.3.2 Anpassung des Erbbauzinses

2.3.2.1 Verträge mit Anpassungsklausel

a) *Allgemeines*

Anpassungsklauseln sollen insbesondere den Erbbaurechtsgeber angesichts der langen Dauer des Erbbaurechts gegen Wertverluste des Erbbauzinses schützen. Sie sind grundsätzlich zulässig, insbesondere wenn gravierenden **Störungen im Verhältnis von Leistung und Gegenleistung** entgegengewirkt werden soll[44]. Lediglich für Wohnerbbaurechte wird jedwedes Erhöhungsverlangen durch die Billigkeitsregelung des § 9a ErbbauRG eingeschränkt (vgl. Rn. 99). 85

Beispiel: 86

Der Erbbauzins wird, beginnend am 1.1.2005, an den Verbraucherpreisindex (2005 = 100), wie er vom Statistischen Bundesamt Wiesbaden ermittelt wird, gebunden. Erhöht oder vermindert sich dieser Verbraucherpreisindex (VPI) gegenüber dem Stand vom 1.1.2005 um mehr als 10 Punkte, so verändert sich der Erbbauzins im gleichen Verhältnis, und zwar errechnet sich der Prozentsatz aus dem Verhältnis der Punkteveränderung zur zuvor zugrunde gelegten Indexzahl. Treten weitere Veränderungen des Verbraucherpreisindex um mehr als 10 Punkte ein, so wird der Erbbauzins jeweils in dem gleichen Verhältnis geändert.

Voraussetzung für die Anpassung des Erbbauzinses ist, dass der Berechtigte die Erhöhung oder Senkung des Erbbauzinses geltend macht. Die Fälligkeit der Erhöhung ist der freien Vereinbarung der Parteien im Zeitpunkt der Einigung über die Erhöhung des Erbbauzinses überlassen. Wurde eine rechtlich nicht zulässige Erbbauzinsanpassungsklausel tatsächlich doch umgesetzt, dann sollten zwei Möglichkeiten geprüft werden: 87

a) Feststellung der rechtlich zulässigen Klausel auf dem Rechtsweg,

b) Anwendung jenes Erbbauzinses, der der rechtlichen Regelung am nächsten kommt.

Wurde von der Möglichkeit einer Erbbauzinsanpassungsklausel kein Gebrauch gemacht, so sind zwei Verfahrensweisen denkbar:

Erstens könnte eine Verjährung nach 4 Jahren vorliegen. Letzteres in Anlehnung an § 917 BGB i.V.m. §§ 912 ff. BGB (Verjährung einer „Überbaurente" sowie „Notwegerente"). Diese Vorgehensweise dürfte angezeigt sein, da in § 9 und § 9a ErbbauRG keine Verjährungsklauseln enthalten sind.

Zweitens könnte auf den Wegfall der Geschäftsgrundlage abgestellt werden und in diesem Wege einer ergänzenden Vertragsauslegung eine Anpassung i.S. des wesentlich gewollten Zwecks herbeigeführt werden[45].

---

42 Das Verbot von Preisklauseln nach § 2 Abs. 1 S. 1 des Preisangaben- und Preisklauselgesetzes gilt nicht für Klauseln in Erbbaurechtsverträgen und Erbbauzinsreallasten mit einer Laufzeit von mindestens 30 Jahren, wobei § 9a der Verordnung über das Erbbaurecht unberührt bleibt. Das bisherige Genehmigungsverfahren für Wertsicherungsklauseln durch das BAFA entfällt, da Ausnahmen vom Indexierungsverbot direkt im Gesetz geregelt sind.
43 BT-Drucks. 12/7425, 261.
44 BT-Drucks. 12/5992, 80.
45 Kleiber, W., in Sandner/Weber, Lexikon der Immobilienwertermittlung, Bundesanzeiger, 2. Aufl., 242; BGH, Urt. vom 23.5.1980 – V ZR 129/76–, BGHZ 77, 188 = EzGuG 7.76.

IX Rechte und Belastungen — Erbbaurecht

88 Wertsicherungsklauseln können zum Teil **erheblichen Einfluss auf den Wert** des Erbbaurechts haben. Sie sind deshalb in die Wertermittlung mit einzubeziehen. Können die Klauseln nicht eindeutig ausgelegt werden, ist juristischer Beistand erforderlich.

89 Die Möglichkeiten schuldrechtlicher Verpflichtungen zur Anpassung des Erbbauzinses an die sich verändernden wirtschaftlichen Verhältnisse sind vielfältig. **Generell sind folgende Punkte zu regeln:**

a) Bestimmung der Voraussetzungen, die den Erhöhungsanspruch auslösen,

b) Regelung des Bewertungsmaßstabs (die Vergleichs- oder Bezugsgröße) für die Änderung,

c) Bestimmung des Anpassungszeitpunkts.

Enthalten die Bestimmungen Unklarheiten, ist allein der durch **Auslegung** zu ermittelnde **Sinn und Zweck der Anpassungsklausel** maßgebend.

90 Nachfolgendes Schaubild zeigt die verschiedenen Arten von **Anpassungsklauseln** (Abb. 18).

Abb. 18: Anpassungsklauseln

© Simon 06/Fischer 09

91 Bei der **abstrakten Anpassungsklausel** erfolgt die Anpassung, wenn nach allgemeinen wirtschaftlichen Gesichtspunkten oder bei wesentlichen Änderungen im Wirtschafts- und Währungsbereich der vereinbarte Erbbauzins nicht mehr als angemessenes Entgelt angesehen werden kann. Damit wird überwiegend auf die Kaufkraft abgestellt. Nach der Rechtsprechung ist eine wesentliche Änderung bei Steigerung des Lebenshaltungskostenindex (Verbraucherpreisindex) von 10 v.H. und mehr gegeben.

92 Bei den **konkreten Anpassungsklauseln** wird in Gleitklauseln, Spannungsklauseln und Leistungsvorbehaltsklauseln unterschieden.

– **Gleitklauseln** weisen eine Automatik auf und waren – im Unterschied zu Leistungsvorbehalten und Spannungsklauseln[46] – bisher nach § 3 WährG und sind nun nach dem Preisangaben- und Preisklauselgesetz (PaPkG) genehmigungspflichtig. Üblicherweise wurde bei Gleitklauseln als Bewertungsmaßstab der Lebenshaltungskostenindex vereinbart, der Anfang 2003 durch den Verbraucherpreisindex auf der Basis 2000 = 100 abgelöst wurde. Gleitklauseln haben den Vorteil, dass bei den Parteien über die jeweiligen Erhöhungen des Erbbauzinses in der Regel kein Streit entstehen kann. Dies gilt jedoch nur für den Fall, dass keine unvorhergesehene und daher auch nicht irgendwie im Erbbaurechtsvertrag berücksichtigte völlige Veränderung dieser für seinen Fortbestand notwendigen Verhältnisse eintritt.

---

46 Dürkes in BB 1990, 1608; Holtzmann in NJW 1967, 915; Holtzmann/Münzberg in NJW 1969, 407; Czerlinsky in NJW 1977, 1228.

Erbbaurecht — Rechte und Belastungen IX

- Unter einem **Leistungsvorbehalt** versteht man die Vereinbarung, nach der im Falle einer Änderung von Preisen oder Werten bestimmter Güter oder Leistungen die Vertragspartner oder ein Dritter den Schuldbetrag neu festsetzen sollen, ohne dass das Ausmaß der Änderung bindend festgelegt ist. So liegt z. B. ein Leistungsvorbehalt vor, wenn eine Veränderung des gewählten Anpassungsmaßstabs (z. B. Verbraucherpreisindex) nicht automatisch zu einer bestimmten Änderung des Erbbauzinses führt und den Parteien oder dem zur Festlegung der Anpassung aufgeforderten Dritten noch ein gewisser Ermessensspielraum verbleibt. Ein solcher Ermessensspielraum besteht z. B., wenn bei einer bestimmten Indexänderung eine „angemessene Änderung des Erbbauzinses" verlangt werden kann. Bei Leistungsvorbehaltsklauseln stellt die Änderung bestimmter Preise oder Indizes nur die Voraussetzung für eine Anpassung des Erbbauzinses dar. Für die Erhöhung des Erbbauzinses lässt diese Klausel einen Beurteilungsspielraum zu, wobei die tatsächliche Erhöhung zu verhandeln ist.

- Eine **Spannungsklausel** liegt dagegen vor, wenn der Maßstab, an den der Erbbauzins angepasst werden soll, und die Leistung, für die die zu sichernde Geldschuld (Erbbauzins) gezahlt wird, d.h. als Geldschulden und Wertmaßstab nach der Verkehrsanschauung gleichartig sind. Eine solche Gleichartigkeit besteht z. B. zwischen dem Mietertrag der auf einem Grundstück aufstehenden Gebäude und der Grundstücksnutzung, für die der Erbbauzins gezahlt wird. Da es im Allgemeinen schwierig ist, im Erbbaurechtsvertrag eine Vereinbarung in Form einer Spannungsklausel zu treffen, wird diese Form in der Praxis selten gewählt.

Der **Vorteil von Wertsicherungsklauseln** besteht bei Erbbaurechtsverträgen vor allem darin, dass sich der Erbbauzins ohne Verhandlungen automatisch den veränderten Verhältnissen anpasst. **93**

Automatische Indexierungsklauseln waren nach § 3 WährG in Deutschland genehmigungsbedürftig. Sie waren nur genehmigungsfähig, wenn sie den Genehmigungsgrundsätzen der Deutschen Bundesbank entsprachen. Die Laufzeit der **Vereinbarung musste dabei mindestens 10 Jahre betragen.** In den anderen Teilnehmerstaaten der europäischen Währungsunion galt jedoch kein derartiges Verbot. Insoweit wurde der § 3 WährG mit Einführung des Euroeinführungsgesetzes vom 9.6.1998 ersatzlos gestrichen, was in Deutschland aber auf Widerstände stieß. Da man in Deutschland auf dieses zum Schutz der Wirtschaft und ihrer Stabilität erforderliche Verbot nicht verzichten wollte, wird es nun im **Preisangaben- und Preisklauselgesetz** (PaPkG) mit nahezu derselben Formulierung eingestellt. Dabei ist zu beachten, dass Indexklauseln nur dann verboten sind, wenn sie zu einer „unmittelbar und selbstständigen" Bestimmung von Geldschulden durch deren Preis oder Wert von anderen Leistungen bestimmt werden, also dann, wenn die Klauseln ohne Zutun der Parteien wirken. Setzt dagegen die Änderung der Geldschuld neben der Änderung der Bezugsgröße noch irgendein Zutun eines oder der Beteiligten voraus, wirkt sie nicht mehr selbstständig und automatisch. Anders ausgedrückt: Wird zur Wertsicherung eine Anpassungsverpflichtung oder ein Anpassungsgebot vereinbart, stellt das Indexierungsverbot kein Hindernis mehr für die Wertsicherung dar. **94**

Bei **Erbbaurechten zu Wohnzwecken** in den alten Bundesländern gilt weiterhin § 9a ErbbauRG. Daneben gilt § 2 PaPkG, wonach nur die Form einer nicht automatisch wirkenden Anpassungsklausel verabredet werden kann. Automatisch wirkende Anpassungsklauseln müssen per Ausnahmegenehmigung entsprechend § 2 Abs. 1 Satz 2 PaPkG erteilt werden. **95**

Bei **Erbbaurechten aufgrund Sachenrechtsbereinigungsgesetz** gilt das Indexierungsverbot nicht, da § 46 SachenRBerG die Indexierung und die Anpassung sowie die Bezugsgrößen ohnehin vorschreibt. **96**

Der § 46 Abs. 1 regelt im Einzelnen:

„(1) Nutzer und Grundstückseigentümer sind verpflichtet, in den Erbbaurechtsvertrag eine Bestimmung aufzunehmen, die eine Anpassung des Erbbauzinses an veränderte Verhältnisse vorsieht. Die Anpassung kann erstmals nach Ablauf von zehn Jahren seit Bestellung des Erbbaurechts verlangt werden. Bei einer

zu Wohnzwecken dienenden Nutzung bestimmt sich die Anpassung nach dem in § 9a des Erbbaurechtsgesetzes bestimmten Maßstab. Bei anderen Nutzungen ist die Anpassung nach
1. den Erzeugerpreisen für gewerbliche oder industrielle Nutzung des Grundstücks,
2. den Erzeugerpreisen für landwirtschaftliche Produkte bei land- und forstwirtschaftlicher Bewirtschaftung des Grundstücks oder
3. den Preisen für die allgemeine Lebenshaltung in allen übrigen Fällen

vorzunehmen. Weitere Anpassungen des Erbbauzinses können frühestens nach Ablauf von drei Jahren seit der jeweils letzten Anpassung des Erbbauzinses geltend gemacht werden.

(2) Die Anpassung nach den Sätzen 3 und 4 ist auf den Betrag zu begrenzen, der sich aus der Entwicklung der Grundstückspreise ergibt. Die Begrenzung ist auf der Grundlage der Bodenwertrichtwerte nach § 194 des Baugesetzbuchs, soweit diese vorliegen, andernfalls in folgender Reihenfolge nach der allgemeinen Entwicklung der Grundstückspreise in dem Land, in dem das Grundstück ganz oder zum größten Teil belegen ist, dem in § 1 bezeichneten Gebiet oder im gesamten Bundesgebiet zu bestimmen. Abweichende Vereinbarungen und Zinsanpassungen sind gegenüber den Inhabern dinglicher Rechte am Erbbaurecht, die einen Anspruch auf Zahlung oder Befriedigung gewähren, unwirksam, es sei denn, dass der Erbbauzins nur als schuldrechtliche Verpflichtung zwischen dem Grundstückseigentümer und dem Nutzer vereinbart wird."

97 Nach dem 1974 in die Verordnung neu eingeführten § 9a ErbbauVO (nunmehr ErbbauRG abgedruckt bei Rn. 99) ist eine **Anpassung des Erbbauzinses für Wohnzwecke** eingeschränkt. Der Erhöhungsanspruch ist jedoch bei Änderung der allgemeinen wirtschaftlichen Verhältnisse nicht unbillig. So ist eine Koppelung des Erbbauzinses an einen Bodenpreisindex unzulässig, da die Bodenpreisentwicklung nicht der Entwicklung der allgemeinen Wertverhältnisse entspricht.

b) *Wohnzwecken dienende Grundstücke*

98 Bei **Grundstücken, die Wohnzwecken dienen,** darf eine Anpassung gemäß § 9a ErbbauRG nicht über die allgemeinen wirtschaftlichen Verhältnisse hinausgehen. Nach der Rechtsprechung des BGH ist hierunter der Mittelwert aus der Lebenshaltungskosten- und Einkommensentwicklung zu verstehen. Nach § 9a ErbbauRG darf ein Anspruch auf Erhöhung des Erbbauzinses im Übrigen frühestens nach Ablauf von drei Jahren seit Vertragsabschluss geltend gemacht werden. Ist der Erbbauzins bereits erhöht worden, so darf ein Anspruch auf Erhöhung des Erbbauzinses wiederum frühestens nach Ablauf von weiteren drei Jahren seit der jeweils letzten Erhöhung geltend gemacht werden (Abb. 19).

99 Abb. 19: **Möglichkeiten der Wertsicherung des Erbbauzinses**

§ 9a ErbbauRG findet auf Bauwerke, die gewerblichen (Hotel, Pflegeheim usw.), industriellen oder öffentlichen Zwecken dienen (Schule, Kindergarten, Sportplatz usw.) keine Anwendung[47].

Abb. 20: Wertsicherungsklauseln

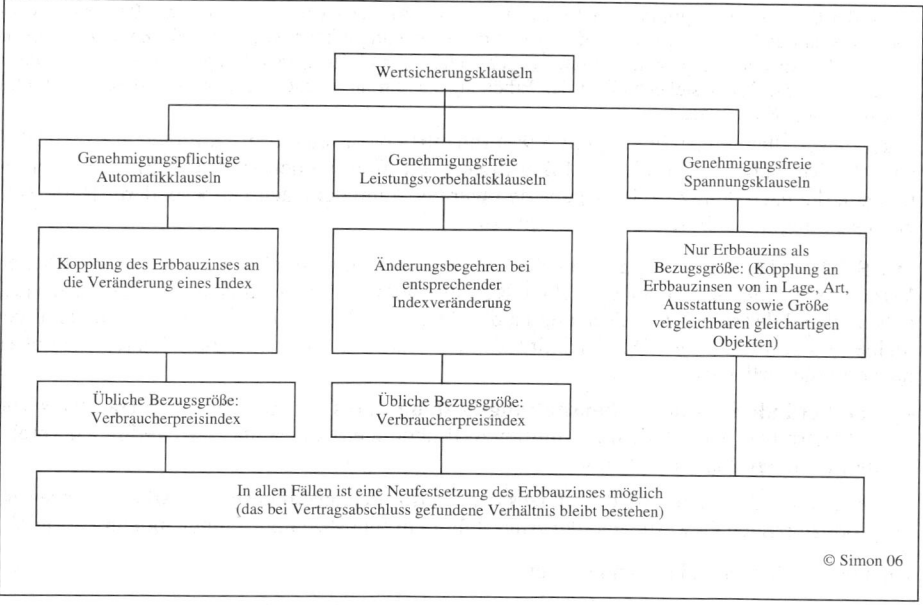

§ 9a Abs. 1 ErbbauRG hat folgenden Wortlaut:

„(1) Dient das aufgrund eines Erbbaurechts errichtete Bauwerk Wohnzwecken, so begründet eine Vereinbarung, dass eine Änderung des Erbbauzinses verlangt werden kann, einen Anspruch auf Erhöhung des Erbbauzinses nur, soweit diese unter Berücksichtigung aller Umstände des Einzelfalls nicht unbillig ist. Ein Erhöhungsanspruch ist regelmäßig als unbillig anzusehen, wenn und soweit die nach der vereinbarten Bemessungsgrundlage zu errechnende Erhöhung über die seit Vertragsabschluss eingetretene Änderung der allgemeinen wirtschaftlichen Verhältnisse hinausgeht. Änderungen der Grundstückswertverhältnisse bleiben außer den in Satz 4 genannten Fällen außer Betracht. Im Einzelfall kann bei Berücksichtigung aller Umstände insbesondere

1. einer Änderung des Grundstückswerts infolge eigener zulässigerweise bewirkter Aufwendungen des Grundstückseigentümers oder
2. der Vorteile, welcher eine Änderung des Grundstückswerts oder die ihr zu Grunde liegenden Umstände für den Erbbauberechtigten mit sich bringen, ein über die Grenze hinausgehender Erhöhungsanspruch billig sein. Ein Anspruch auf Erhöhung des Erbbauzinses darf frühestens nach Ablauf von drei Jahren seit Vertragsabschluss und, wenn eine Erhöhung des Erbbauzinses bereits erfolgt ist, frühestens nach Ablauf von drei Jahren seit der jeweils letzten Erhöhung des Erbbauzinses geltend gemacht werden."

Danach ist **bei Wohngrundstücken eine Anpassung des Erbbauzinses an einen Bodenpreisindex unzulässig.**

---

47 BGH, Urt. vom 15.11.1974 – V ZR 63/73 –, NJW 1975, 211 = DNotZ 1975, 156 = EzGuG 7.39; Dürkes in BB 1980, 1609; Sager/Peters in NJW 1976, 409.

IX Rechte und Belastungen — Erbbaurecht

Dies gilt nach § 35 ErbbauRG[48] auch für „Altverträge". Die Vorschrift lautet:

„§ 35 ErbbauRG

(1) Für nach dem Inkrafttreten des Gesetzes zur Änderung der Verordnung über das Erbbaurecht vom 8. Januar 1974 (BGBl. I S. 41) am 23. Januar 1974 fällig werdende Erbbauzinsen ist § 9a auch bei Vereinbarung des dort bezeichneten Inhalts anzuwenden, die vor dem 23. Januar 1974 geschlossen worden sind.

(2) Ist der Erbbauzins aufgrund einer Vereinbarung nach Absatz 1 vor dem 23. Januar 1974 erhöht worden, so behält es hierbei sein Bewenden. Der Erbbauberechtigte kann jedoch für die Zukunft eine entsprechende Anwendung der in Absatz 1 genannten Vorschrift gerechtfertigte Herabsetzung dann verlangen, wenn das Bestehenbleiben der Erhöhung für ihn angesichts der Umstände des Einzelfalles eine besondere Härte wäre."

Nach dieser Übergangsregelung gilt § 9a ErbbauRG nach seinem Inkrafttreten am 23.1.1974 auch für Vereinbarungen, die vor Inkrafttreten getroffen worden sind. Bei Erbbauzinserhöhungen, die nach dem 23.1.1974 getroffen wurden, kann demnach bei besonderer Härte eine Herabsetzung des Erbbauzinses möglich sein.

101 Der BGH hat bei der Auslegung des Begriffs der Änderung der allgemeinen wirtschaftlichen Verhältnisse (§ 9a Abs. 1 Satz 2 ErbbauRG) in ständiger Rechtsprechung entschieden, dass entsprechend der sozialen Zielsetzung an die Daten anzuknüpfen ist, die am besten die allgemeine Wirtschaftslage des Durchschnitts der Bevölkerung widerspiegeln. Danach kommt es daher auf den **Mittelwert**

- **der Veränderung des Lebenshaltungskostenindexes** (eines 4-Personen-Haushalts von Arbeitern und Angestellten mit mittlerem Einkommen) einerseits, neu: Verbraucherpreisindex – Basis 2005 = 100 und

- des Mittels der Änderung der Indizes der Bruttowochenverdienste der Arbeiter/-innen im produzierenden Gewerbe und der Angestellten in Industrie und Handel andererseits an[49].

102 Die hieraus abzuleitende **Formel**[50] lautet:

$$\text{Änderung der Einkommen} = \frac{\text{Änderung der Arbeiterlöhne} + \text{Änderung der Angestellteneinkommen}}{2}$$

$$\text{Änderungsprozentsatz} = \frac{\text{Änderung der Lebenshaltungskosten} + \text{Änderung der Einkommen}}{2}$$

Es gelten folgende **Grundsätze**

a) Soll sich vereinbarungsgemäß der Erbbauzins erhöhen, wenn sich die allgemeinen Verhältnisse derart nachhaltig ändern, dass der bisherige Erbbauzins dem Eigentümer nach Treu und Glauben nicht mehr zumutbar ist, so genügt dafür jedenfalls eine Änderung um mehr als 20 % der Entwicklung der Lebenshaltungskosten und der Einkommen[51].

b) Ist vereinbarte Voraussetzung einer Anpassung des Erbbauzinses eine Änderung der allgemeinen wirtschaftlichen Verhältnisse, so ist auch die Entwicklung in dem zum Zeitpunkt der Erhöhung schon abgelaufenen Teil eines Kalenderjahres einzubeziehen.

c) Ist nach dem Erbbaurechtsvertrag eine Anpassung des Erbbauzinses an die Änderung der wirtschaftlichen Verhältnisse durch einen Schiedsgutachter nur insoweit zulässig, als sie unter Berücksichtigung aller Umstände des Einzelfalls nicht unbillig ist, darf im Falle der Bestellung des Erbbaurechts zur Errichtung eines Mietshauses im sozialen Wohnungsbau

---

48 Die mit Art. 138 Nr. 4 des Gesetzes vom 19.4.2006 (BGBl. I 2006, 866) eingefügte Regelung übernimmt die gleich lautende Regelung des Art. 2 des Gesetzes vom 8.1.1974 (BGBl. I 1974, 41).
49 BGH, Urt. vom 4.7.1980 – V ZR 49/79 –, EzGuG 7.77; BGH, Urt. vom 27.5.1981 – V ZR 20/80 –, EzGuG 7.82; BGH, Urt. vom 20.12.1985 – V ZR 96/84 –, EzGuG 7.95a.
50 Erman/Hagen, BGB § 9a ErbbauVO Rn. 6; Staudinger/Ring, BGB § 9a ErbbauVO Rn. 7; MünchKomm/v. Oefele § 9 ErbbauVO Rn. 6.
51 BGH, Urt. vom 24.4.1992 – V ZR 52/91 –, EzGuG 7.114c.

bei der Anpassung nicht unberücksichtigt bleiben, dass die erzielbaren Mieten auf Dauer hinter der Kostenmiete zurückbleiben[52].

103 Die Lebenshaltungskosten werden hierbei nach einem 4-Personen-Arbeitnehmerhaushalt mittleren Einkommens bestimmt (neu: Verbraucherpreisindex). Die Einkommensverhältnisse sind nach einem Mittelwert der Bruttoeinkünfte der Industriearbeiter sowie der Angestellten in Industrie und Handel zu bestimmen. Dabei sind die für die Gesamtbevölkerung der Bundesrepublik Deutschland maßgebenden Zahlen heranzuziehen, ohne Berücksichtigung regional unterschiedlicher Entwicklungen und ohne Beschränkung auf männliche Arbeitnehmer. Maßgebende Werte für den Abschluss der **Entwicklung sind die Monatsindizes,** die vor der Stellung des Veränderungsverlangens zuletzt veröffentlicht worden sind[53].

104 An Stelle des Lebenshaltungskostenindexes wird vom **Statistischen Bundesamt Wiesbaden** seit dem 1.1.2003 der **Verbraucherpreisindex** auf der Basis 2000 = 100 veröffentlicht (vgl. Anh. 2.4 sowie *http://www.gug-aktuell.de*). Seither ist nur noch eine Bezugnahme auf den Verbraucherpreisindex möglich[54]. Zu Fragen der Umbasierung wird auf die Fachserie 17 Reihe 7 des Statistischen Bundesamtes hingewiesen. Der neue Verbraucherpreisindex kommt bei bereits bestehenden Wertsicherungsklauseln im Wege einer ergänzenden Vertragsauslegung zur Anwendung, ohne dass dafür ggf. eine neuerliche Genehmigung bzw. Zustimmung nachrangiger Gläubiger erforderlich wird. Aktuell ist der Verbraucherpreisindex für Deutschland auf der Basis 2005 = 100.

Das Statistische Bundesamt hat darüber hinaus zum Januar 2007 die Veröffentlichung der Indizes der Bruttomonatsverdienste von Arbeitern und Angestellten im Produzierenden Gewerbe eingestellt und durch die neue Indexreihe der **Arbeitnehmerverdienste in der Wirtschaft** getrennt nach Bruttomonats- und Bruttostundenverdienste ersetzt[55].

Ferner hat das Statistische Bundesamt für den Umstieg von speziellen Haushaltstypen und Basisjahren auf den Verbraucherpreisindex für Deutschland eine Anleitung für die Berechnung von Schwellenwerten für Wertsicherungsklauseln herausgegeben. Deren Anwendung ist für die Ermittlung der exakten Erbbauzinserhöhung von Bedeutung. Der Verkettungsmonat ist der Monat Dezember 1999. Eine Verkettung ist notwendig, wenn die letzte Anpassung vor dem Dezember 1999 erfolgte.

105 Die **Berechnung der Erbbauzinserhöhung** bei Änderung der allgemeinen wirtschaftlichen Verhältnisse ist nachfolgend beispielhaft dargestellt[56].

106 *Beispiel:*
Berechnung zur Erhöhung des Erbbauzinses, Erbbauzins bei Vertragsabschluss im August 1957: 1 500 DM/Jahr, Anpassungsklausel war vereinbart, jedoch nicht angewendet worden. Erstmalige Erbbauzinserhöhung im Januar 1980, sofern im Erbbaurechtsvertrag keine anderweitigen Vereinbarungen getroffen wurden, ist die Berechnung der Erbbauzinserhöhung wie folgt vorzunehmen:

Ermittlung der Änderung der allgemeinen wirtschaftlichen Verhältnisse zwischen August 1957 und Januar 1980:

a) Lebenshaltungskostenindex, 1991 = 100

August 1957	34,5 Punkte	
Januar 1980	72,8 Punkte	
Steigerung	111,0 %	entspricht Faktor 2,11

---

52 BGH, Urt. vom 19.1.2001 – V ZR 217/00 –, EzGuG 7.131.
53 BGH, Urt. vom 15.4.1983 – V ZR 9/82 –, EzGuG 7.89; BGH, Urt. vom 3.5.1985 – V ZR 23/84 –, EzGuG 7.94.
54 Reul DNotZ 2003, 93; DNotI-Report 2003, 9.
55 Entsprechend Verdienststatistikgesetz (VerdStatG) vom 21.12.2006 (BGBl. I 2006, 3291) i.V.m. Bundesstatistikgesetz (BStatG) vom 22.1.1987 (BGBl. I 1987, 462, 565), zuletzt geändert durch Art. 3 des Gesetzes vom 7.9.2007 (BGBl. I 2007, 2246).
56 Dürkes, Die Wertsicherung von Erbbauzinsen, BB 1980, 1614.

IX Rechte und Belastungen Erbbaurecht

b) Einkommensverhältnisse der Arbeiter
Bruttowochenverdienste der Arbeiter im produzierenden Gewerbe (Basis 1995 = 100)

August 1957	10,7 Punkte	
Januar 1980	54,2 Punkte	
Steigerung	406,5 %	entspricht Faktor 5,07

c) Einkommensverhältnisse der Angestellten
Bruttomonatsverdienste der Angestellten im produzierenden Gewerbe und Handel (Basis 1995 = 100)

August 1957	10,7 Punkte	
Januar 1980	53,3 Punkte	
Steigerung rd.	400 %	entspricht Faktor 5,0

Erbbauzinserhöhung:

$$\frac{111,0 + [(406,5 + 400,0)/2]}{2} = 257,13\%$$

dies entspricht einer Erhöhung des Erbbauzinses von 1 500 DM + 257,13 % auf:
(1.500 DM × 257,13/100) = 3.856,95 DM + 1.500,00 DM = 5.356,95 DM oder 2.738,97 €.

107 Das Statistische Bundesamt hat zum Januar 2007 die **Veröffentlichung der Indizes der Bruttomonatsverdienste von Arbeitern und Angestellten im Produzierenden Gewerbe eingestellt** und diese durch die neuen Indizes der Arbeitnehmerverdienste in der Wirtschaft ersetzt. Eine wesentliche Änderung besteht darin, dass innerhalb der neuen Indizes nicht mehr zwischen Arbeitern und Angestellten unterschieden wird. Die neuen Indizes der Arbeitnehmerverdienste in der Wirtschaft werden getrennt nach Bruttomonats- und Bruttostundenverdiensten auf Basis der vierteljährlichen Verdiensterhebung errechnet. Die Rechtsgrundlage bildet das neue Verdienststatistikgesetz (VerdStatG)[57] i.V.m. dem Bundesstatistikgesetz (BStatG)[58]. Das Verdienststatistikgesetz ersetzt das bis dahin geltende Lohnstatistikgesetz und ist am 1. Januar 2007 in Kraft getreten. Die Einstellung ist nach Aussage des Statistischen Bundesamtes darin begründet, dass das seit 1951 geltende Lohnstatistikgesetz den heutigen Informationsbedarf nicht mehr decken konnte. Zum einen wurden keine Daten über die Verdienste im Dienstleistungsbereich und von Teilzeitbeschäftigten erfasst, zum anderen wurden Daten erhoben, die im Verlauf der Zeit an Bedeutung verloren haben[59].

Da bisher die Indizes der Bruttomonatsverdienste von Arbeitern und Angestellten insbesondere im Zusammenhang mit der Wertermittlung von Wohnungsbaurechten von Bedeutung waren, ergeben sich nunmehr bei der Anpassung von Erbbauzinsen Probleme.

108 Die oben benannten Indexreihen stehen in Zukunft nicht mehr zur Verfügung. Für die Berechnung der Erbbauzinsanpassung muss folglich auf eine andere Indexreihe zurückgegriffen werden. Das Statistische Bundesamt führt in diesem Zusammenhang aus, dass die bisher getrennt dargestellten Indizes für Angestellte und Arbeiter in der Regel mit gleichem Gewicht in die Berechnung der Erbbauzinsanpassung eingegangen sind. Der neue Index der Bruttomonatsverdienste für Arbeitnehmer basiere ebenfalls auf Verdiensten von Arbeitern und Angestellten, verzichte jedoch auf eine differenzierte Ausweisung. Im Ergebnis könnte praktisch anstelle der bisher getrennt ausgewiesenen Indizes für Arbeiter und Angestellte im Produzie-

---

[57] Verdienststatistikgesetz (VerdStatG) vom 21. Dezember 2006 (BGBl. I S. 3291), geändert durch Artikel 21 des Gesetzes vom 7. September 2007 (BGBl. I S. 2246).
[58] Bundesstatistikgesetz (BStatG) vom 22. Januar 1987 (BGBl. I S. 462, 565), zuletzt geändert durch Artikel 3 des Gesetzes vom 7. September 2007 (BGBl. I S. 2246).
[59] N.N.: Verdienste und Arbeitskosten – Indizes der Arbeitnehmer in der Wirtschaft – vorläufige Ergebnisse, 2. Quartal 2007. Statistisches Bundesamt, Fachserie 16 Reihe 2.2, erschienen am 08.01.2008.

Erbbaurecht

renden Gewerbe zukünftig der **Index der Bruttomonatsverdienste für Arbeitnehmer im Produzierenden Gewerbe** herangezogen werden[60].

Die Anpassung des Erbbauzinses könnte somit auf der Basis der folgenden Indexreihen zu jeweils gleichen Verhältnissen erfolgen: **109**

Indexreihe	Verhältnis
bis Dezember 1999	
Lebenshaltungskostenindex von 4 Personen Haushalten von Arbeitern und Angestellten mit mittlerem Einkommen	1
ab Dezember 1999	
Verbraucherpreisindex für Deutschland (VPI)	
Index der Bruttomonatsverdienste für Arbeitnehmer im Produzierenden Gewerbe	1

Beispiel: **110**

Herr Müller ist Eigentümer eines Erbbaurechts an einem Einfamiliengrundstück. Mit dem Erbbaurechtsgeber wurde im April 1972 ein Erbbauzins in Höhe von 5.000 DM (ca. 2.556 €) vereinbart, welcher bisher nicht angepasst wurde. Der Erbbaurechtsgeber Herr Schmitt beabsichtigt nunmehr eine Anpassung des Erbbauzinses zum 2. Quartal 2007. Die Parteien sind sich darüber einig, dass anstelle der vormals getrennt ausgewiesenen Indexreihen der Bruttomonatsverdienste von Arbeitern und Angestellten der Index der Bruttomonatsverdienste für Arbeitnehmer im Produzierenden Gewerbe und Verbraucherpreisindex Basis 2000 = 100 treten soll (frühere Basierung).

In ersten Schritten wird die Steigerung von April 1972 bis zum Januar 2007 ermittelt:

a) **Lebenskostenhaltungsindex und Verbraucherpreisindex für Deutschland**

bis Dezember 1999, Lebenshaltungskostenindex von 4-Personen-Haushalten von Arbeitern und Angestellten mit mittlerem Einkommen, Basis 1995 = 100

April 1972	44,8	
Dezember 1999	105,2	$\left(\dfrac{105,2}{44,8} \times 100\right) - 100 = 134,82$

ab Dezember 1999 Verbraucherpreisindex für Deutschland (VPI) Basis 2000 = 100

Dezember 1999	99,1	
Januar 2007	110,9	$\left(\dfrac{110,9}{99,1} \times 100\right) - 100 = 11,91$

$$\textit{Veränderungsrate} = \left[\left(1 + \frac{134,82}{100}\right) \times \left(1 + \frac{11,91}{100}\right)\right] \times 100 - 100 = 162,78\%$$

b) **durchschnittliche Bruttomonatsverdienste der Arbeiter im Produzierenden Gewerbe**

Basis 2000 = 100

April 1972	30,5	
Januar 2007	109,8	$\textit{Veränderungsrate} = \left(\dfrac{109,8}{30,5} \times 100\right) - 100 = 260,00\%$

---

[60] N.N.: Verdienste und Arbeitskosten – Indizes der Arbeitnehmer in der Wirtschaft – vorläufige Ergebnisse, 2. Quartal 2007. Statistisches Bundesamt, Fachserie 16 Reihe 2.2, erschienen am 08.01.2008.

IX Rechte und Belastungen — Erbbaurecht

c) durchschnittliche Bruttomonatsverdienste der Angestellten im Produzierenden Gewerbe
Basis 2000 = 100

April 1972	27,7	
Januar 2007	115,9	$Veränderungsrate = \left(\dfrac{115,9}{27,7} \times 100\right) - 100 = 318,41\%$

$$Steigerung \text{ im Mittel} = \dfrac{162,78 + \dfrac{(260,00 + 318,41)}{2}}{2} = 226,00\%$$

Im zweiten Schritt erfolgt die Berechnung der Steigerung vom 1. Quartal 2007 bis zum 2. Quartal 2007. Der monatlich ausgewiesene Verbraucherpreisindex für Deutschland (VPI) wird hilfsweise auf eine vierteljährliche Darstellung umgestellt. Hierfür wird der jeweilige Mittelwert der einem Quartal zuzuordnenden drei Monate gebildet.

a) **Verbraucherpreisindex für Deutschland (VPI)**
Basis 2000 = 100

Januar 2007	110,9	Mittel 1. Quartal	
Februar 2007	111,3	111,27	
März 2007	111,6		
April 2007	112,0	Mittel 2. Quartal	$Veränderungsrate = \left(\dfrac{112,17}{111,27} \times 100\right) - 100 = 0,81\%$
Mai 2007	112,2	112,17	
Juni 2007	112,3		

b) **Index der Bruttomonatsverdienste für Arbeitnehmer im Produzierenden Gewerbe**
Basis 1. Quartal 2007 = 100

1. Quartal 2007	100,0	$\left(\dfrac{102,3}{100} \times 100\right) - 100 = 2,30\%$
2. Quartal 2007	102,3	

$$Steigerung \text{ im Mittel} = \dfrac{0,86 + 2,3}{2} = 1,56\%$$

Berechnung des neuen Erbbauzinses

Erbbauzins im April 1972		5 000 DM
Steigerungsbetrag zwischen April 1972 und Januar 2007		
5 000 DM × 2,26	$\dfrac{226,00\%}{100\%} = 2,26$	rd. 11 300 DM
Zwischensumme		16 300 DM
Steigerungsbetrag zwischen 1. und 2. Quartal 2007		
16 300 DM × 0,0156	$\dfrac{1,56\%}{100\%} = 0,0156$	254 DM
Erbbauzins ab Juli 2007		**16 554 DM**
		ca. 8 464 €

Es bleibt daher abzuwarten, ob sich dieser Vorschlag auch in der Praxis unter Berücksichtigung der bisherigen Rechtsprechung bewährt. Dabei dürfte es von Bedeutung sein, ob die neue Indexreihe ebenso wie die vormals angewandten Indexreihen als **geeigneter Maßstab für die Berechnung der Veränderung der allgemeinen Wertverhältnisse** angesehen werden kann.

Häufig werden die **Anpassungsklauseln nicht eindeutig formuliert,** so dass sich später Auslegungsprobleme ergeben, die oft nur durch Gerichtsentscheidungen geklärt werden können. **111**

Beispiel:

a) *Wohngrundstück* **112**

Der Erbbauzins ist alle drei Jahre zum Jahresende zu überprüfen. Dabei ist er mit den allgemeinen wirtschaftlichen Verhältnissen in Einklang zu bringen, stets soll er aber mindestens 6 % des Verkehrswerts betragen.

b) *teilerschlossenes Gewerbegrundstück:* **113**

Der Erbbauzins ist unter Berücksichtigung der allgemeinen wirtschaftlichen Verhältnisse dem veränderten Nutzungswert des Erbbaurechts durch entsprechende Erhöhung oder Herabsetzung anzupassen. Von dem hiernach ermittelten Erbbauzins wird bis zum Wegfall der Erschließungskostenzuschüsse 1,70 €/m² abgezogen. Bei Wegfall der Erschließungskostenzuschüsse wird der Erbbauzins auf den ortsüblichen Satz für Erbbauzinsen erschlossener Grundstücke festgesetzt.

Beide Klauseln enthalten je zwei Maßstäbe. Im **ersten Fall (a)** ist nur der erste Maßstab (Änderung der allgemeinen wirtschaftlichen Verhältnisse) mit § 9a ErbbauRG vereinbar; der zweite Maßstab ist zumindest nach Inkrafttreten des § 9a ErbbauVO gegenstandslos. Ob gar die ganze Klausel und nicht nur die „Mindestklausel" nichtig ist, ist ein juristisches Problem[61] (vgl. auch Rn 87). **114**

Im **zweiten Fall (b)** werden noch mehr Fragen aufgeworfen. Der zweite Teil der Klausel bestimmt zwar eindeutig den Zeitpunkt über Neufestsetzung des Erbbauzinses; der weitere Text kann aber zu einer völligen Neufestsetzung des Erbbauzinses unter Nichtbeachtung des ursprünglich vereinbarten Maßstabs ausgelegt werden. Darüber hinaus ist nicht klar, welcher ortsübliche Satz für Erbbauzinsen gemeint ist (Durchschnittssatz für alle Nutzungsarten?) und es bleibt ungeregelt, ob bei Wegfall der Erschließungskostenzuschüsse das Grundstück auch tatsächlich voll erschlossen ist, denn nach der Auslegung könnte der Grundstückseigentümer theoretisch einen Erbbauzins für einen Grundstückszustand verlangen, der gar nicht besteht. Auch dieser Fall gehört zur Klärung in die Hände der Juristen. **115**

c) *Gewerblichen Zwecken dienende Grundstücke*

Bei einem gewerblichen Zwecken dienenden Erbbaurecht ist jede Anpassungsklausel zulässig, die nicht gegen die Wucherbestimmungen verstößt; der Anpassung des Erbbauzinses an die „allgemeine wirtschaftliche Lage" des Durchschnitts der Bevölkerung[62] kommt kein Vorzug vor anderen Kriterien zu[63].

---

61 Petersen, Anpassung des Erbbauzinses, Infodienst für Sachverständige, 1990, 7.
62 BGH, Urt. vom 18.5.1979 – V ZR 237/77 –, BGHZ 75, 279 = NJW 1980, 181 = EzGuG 7.68.
63 BGH, Urt. vom 12.1.2001 – V ZR 372/96 –, EzGuG 7.130.

2.3.2.2 Verträge ohne Anpassungsklausel

116 Bei Erbbaurechtsverträgen ohne Anpassungsklausel kann nach dem Grundsatz von Treu und Glauben (§ 242 BGB) über das Rechtsinstitut „Störung der Geschäftsgrundlage[64]" (§ 313 Abs. 1 BGB) bei einem **Missverhältnis zwischen Leistung und Gegenleistung** (Äquivalenzstörung) im Wege der ergänzenden Vertragsauslegung der im Wesentlichen gewollte Zweck herbeigeführt werden[65]. Dies gilt bei Erbbaurechten für wohn- und gewerbliche Zwecke gleichermaßen. Liegen also Erbbaurechtsverträge ohne Gleitklausel vor, kann u.U. eine Veränderung in Frage kommen[66], wenn sich das Gleichgewicht zwischen Leistung und Gegenleistung im Laufe der Zeit derart verschoben hat, dass dem dadurch benachteiligten Vertragspartner ein weiteres Festhalten an der ursprünglichen Vereinbarung billigerweise nicht mehr zuzumuten ist. Unabhängig davon, ob es sich um ein Wohn- oder Gewerbegrundstück handelt, kann der Erbbauzins bei einem **Kaufkraftschwund von mehr als 60 v.H.** – bemessen nach den im Statistischen Jahrbuch der Bundesrepublik Deutschland veröffentlichten Indizes – wegen Wegfalls der Geschäftsgrundlage angepasst werden[67]. Bei der Beurtei-

---

[64] Vor Inkrafttreten der Schuldrechtsreform war der „Wegfall der Geschäftsgrundlage" (WGG) ein aus den Grundsätzen von Treu und Glauben durch die Rechtsprechung entwickeltes Rechtsinstitut. Seit dem 1.1.2002 (Inkrafttreten der Schuldrechtsreform) ist der § 313 BGB eingefügt worden und wird nun als „Störung der Geschäftsgrundlage" bezeichnet.

[65] BGH, Urt. vom 21.12.1960 – V ZR 56/60 –, NJW 1961, 499 = BB 1961, 190; OLG Celle, Urt. vom 20.2.1962 – 4 U 184/61 –, Der Siedlungsberater 1962, 28 = AVN 1968, 125; OLG Celle Urt. vom 18.7.1963 – 4 U 20/63 –, Der Siedlungsberater 1964, 16 = AVN 1968, 124; BGH, Urt. vom 20.3.1964 – V ZR 46/63 –, WM 1964, 561. = BB 1964, 620 = DB 1964, 878 = AVN 1968, 118; OLG Hamburg, Urt. vom 4.6.1966 – V ZR 160/56 –; LG München, Urt. vom 16.2.1967 – 4 O 221/66 –, AVN 1968, 123; OLG Hamm, Urt. vom 31.3.1967 – 15 W 346/66 –, NJW 1967, 2362 = AVN 1968, 234; BGH, Urt. vom 10.11.1967 – V ZR 105/65 –, WM 1967, 1220 = MDR 1968, 138 = BB 1967, 1396 = DB 1967, 2110 = AVN 1968, 121; BGH, Urt. vom 18.10.1968 – V ZR 93/65 –, WM 1969, 64 = BB 1969, 977; BGH, Urt. vom 18.10.1968 – V ZR 63/65 –, WM 1969, 62; OLG Hamburg, Urt. vom 20.5.1969 – 2 U 214/67 –, MDR 1970, 49 = BayGWW 1970, 78 = ZMR 1970, 192; BGH, Urt. vom 13.2.1970 – V ZR 63/67 –, WM 1970, 353 = MDR 1970, 486; BGH, Urt. vom 5.2.1971 – V ZR 172/69 –, WM 1971, 356 = MDR 1971, 381; BGH, Urt. vom 14.7.1971 – V ZR 54/70 –, BGHZ 57, 47 = NJW 1971, 1838 = MDR 1971, 623 =; BGH, Urt. vom 19.11.1971 – V ZR 88/69 –, MDR 1972, 223 = NJW 1972, 198; BGH, Urt. vom 20.10.1972 – V ZR 137/71 –, NJW 1973, 142 = MDR 1973, 303; BGH, Urt. vom 20.10.1972 – V ZR 196/71 –, WM 1973, 42; OLG Hamburg, Urt. vom 22.2.1972 – 4 U 155/71 –; BGH, Urt. vom 29.3.1974 – V ZR 128/72 –, NJW 1974, 1186 = MDR 1974, 743; OLG Celle, Urt. vom 25.3.1975 – 4 U 124/71 –; OLG Celle, Urt. vom 16.9.1975 – 4 U 44/75 –, AVN 1976, 243; OLG Nürnberg, Urt. vom 16.1.1976 – 1 U 81/75 –, NJW 1976, 1507; BGH, Urt. vom 23.1.1976 – V ZR 76/74 –, NJW 1976, 846 = MDR 1976, BGH, Urt. vom 23.4.1976 – V ZR 167/74 –, WM 1976, 1034; BGH, Urt. vom 8.10.1976 – V ZR 213/74 –, DB 1977, 92; BGH, Urt. vom 3.12.1976 – V ZR 60/76 –, BGHZ 68, 152 = NJW 1977, 433 = MDR 1977, 482; OLG Hamm, Urt. vom 20.10.1977 – 5 U 89/77 –, NJW 1978, 1634 = AVN 1980, 459; BGH, Urt. vom 18.11.1977 – V ZR 172/76 –, BGHZ 70, 47 = NJW 1978, 370; BGH, Urt. vom 30.3.1979 – V ZR 150/77 –, BGHZ 74, 341 = NJW 1979, 1543; BGH, Urt. vom 18.5.1979 – V ZR 237/77 –, BGHZ 75, 279 = NJW 1980, 181; BGH, Urt. vom 8.6.1979 – V ZR 59/76 –, WM 1979, 1212; BGH, Urt. vom 28.9.1979 – V ZR 18/78 –, NJW 1980, 588 = MDR 1980, 298; BGH, Urt. vom 28.9.1979 – V ZR 206/75 –, NJW 1980, 183 (LS) = WM 1979, 1332; BGH, Urt. vom 23.5.1980 – V ZR 20/78 –, BGHZ 77, 194 = NJW 1980; BGH, Urt. vom 4.7.1980 – V ZR 129/76 –, NJW 1980, 2243 = MDR 1980, 834; BGH, Urt. vom 4.7.1980 – V ZR 49/79 –, NJW 1980, 2519 = MDR 1980, 1012; BGH, Urt. vom 27.3.1981 – V ZR 19/80 –, BGHZ 77, 188 = NJW 1981, 1668 = MDR 1981, 834; BGH, Urt. vom 27.5.1981 – V ZR 20/80 –, NJW 1981, 2567; BGH, Urt. vom 3.7.1981 – V ZR 100/80 –, BGHZ 81, 135 = NJW 1981, 2241 = NJW 1983, 2252 = MDR 1981, 924; BGH, Urt. vom 30.4.1982 – V ZR 31/81 –, NJW 1982, 2383 = MDR 1982, 1007; BGH, Urt. vom 17.12.1982 – V ZR 306/81 –, BGHZ 86, 167 = NJW 1983, 1309; BGH, Urt. vom 15.4.1983 – V ZR 9/82 –, BGHZ 87, 198 = NJW 1983, 2252; BGH, Urt. vom 23.9.1983 – V ZR 147/82 –, MDR 1984, 216; BGH, Urt. vom 24.2.1984 – V ZR 222/82 –, BGHZ 90, 227 = NJW 1984, 2212; BGH, Urt. vom 29.3.1984 – III ZR 11/83 –, BGHZ 91, 20; BGH, Urt. vom 30.3.1984 – V ZR 119/83 –, BGHZ 91, 32 = NJW 1985, 126; BGH, Urt. vom 3.5.1985 – V ZR 23/84 –, BGHZ 94, 257 = NJW 1985, 2524; BGH, Urt. vom 20.12.1985 – V ZR 96/84 –, BGHZ 96, 372 = NJW 1986, 1333 = MDR 1996, 458 = DWW 1986, 100 = EzGuG 7.95a; BGH, Urt. vom 21.2.1986 – V ZR 195/84 –, BGHZ 97, 171 = NJW 1996, 2698; BGH, Urt. vom 17.10.1986 – V ZR 267/85 –, WM 1986, 1475 = EzGuG 7.98; OLG Celle, Urt. vom 16.6.1987 – 20 U 10/87 –; BGH, Urt. vom 26.2.1988 – V ZR 155/86 –, NJW-RR 1988, 775 = MDR 1988, 1694; BGH, Urt. vom 4.5.1990 – V ZR 21/89 –, BGHZ 111, 214 = MDR 1991, 136 = DNotZ 1991, 381 = EzGuG 7.110; BGH, Urt. vom 24.1.1992 – V ZR 52/91 –, NJW 1992, 2088 = WM 1992, 1321 = BB 1992, 1238 = EzGuG 7.114c; BGH, Urt. vom 18.9.1992 – V ZR 116/91 –, BGHZ 119, 220 = NJW 1993, 52; BGH, Urt. vom 3.2.1995 – V ZR 222/93 –, NJW 1995, 1360 = MDR 1995, 686 = GuG 1996, 310 = EzGuG 96, 310; BGH, Urt. vom 12.1.2001 – V ZR 372/99 –, BGHZ 146, 280 = NJW 2001, 1928 = GuG 2001, 305 = EzGuG 7.130; BGH, Urt. vom 19.1.2001 – V ZR 217/00 –, NJW 2001, 1930 = MDR 2001, 559 = EzGuG 7.131; BGH, Urt. vom 20.12.2001 – V ZR 260/00 –, NJW 2002, 1424 = MDR 2002, 632 = EzGuG 7.133a; BGH, Urt. vom 24.1.2002 – IX ZR 228/00 –, NJW 2002, 1421 = EzGuG 7.133b; BGH, Urt. vom 25.10.2002 – V ZR 396/01 –, NJW 2003, 354 = WM 2003, 648; OLG Frankfurt am Main, Urt. vom 19.2.2003 – 21 U 37/02 –, GuG 2005, 56; OLG Karlsruhe, Urt. vom 24.4.2003 – 9 U 47/02 –, GuG 2004, 47; LG Berlin, Urt. vom 22.12.2005 – 13 O 216/05 –, GuG 2006, 316.

[66] BGH, Urt. vom 23.5.1980 – V ZR 20/78 –, EzGuG 7.75.

[67] BGH, Urt. vom 21.2.1986 – V ZR 195/84 –, EzGuG 7.96.

lung, ob ein Anspruch auf Erbbauzinserhöhung rechtfertigende Äquivalenzverschiebung eingetreten ist, ist

- der *gesamte Zeitraum* seit Abschluss des schuldrechtlichen Erbaurechtsvertrags zu berücksichtigen[68] und
- auf *Monatsindizes* abzustellen[69].

Der **gesamte Zeitraum** ist als Bemessungsgrundlage auch dann maßgebend, wenn das mit einem Erbbaurecht belastete Grundstück oder das Erbbaurecht veräußert worden ist und der Erwerber in die sich aus dem Erbbaurechtsvertrag ergebenden Rechte eingetreten ist[70]. Beispiel zur Vorgehensweise in der Literatur[71] sowie nachfolgend.

Beispiel: 117

Es besteht ein Erbbaurecht an einem Einfamilienhausgrundstück. Der Erbbauzins betrug bei Vertragsabschluss im Juni 1950: 412 DM/Jahr. Eine Anpassungsklausel war im Erbbaurechtsvertrag nicht vereinbart worden. Im Oktober 1997 verlangt der Erbbaurechtsgeber unter Hinweis auf die vorstehend erwähnte BGH-Rechtsprechung eine Erbbauzinserhöhung wegen **Wegfalls (Störung ab 2002) der Geschäftsgrundlage.** Sofern im Erbbaurechtsvertrag keine anderweitigen Vereinbarungen getroffen wurden, kann die Berechnung wie folgt vorgenommen werden:

a) **Ermittlung der Änderung der allgemeinen wirtschaftlichen Verhältnisse zwischen Juni 1950 und Oktober 1997**

	1950	1997	Anpassungs- faktoren Steigerung in %
a) Preisindizes für die Lebenshaltung für 4-Personen-Haushalte von Arbeitern und Angestellten mit mittlerem Einkommen, 1991 = 100	29,4	117,1	**3,983** 298,3
b) Index der durchschnittlichen Bruttowochenverdienste der Arbeiter im produzierenden Gewerbe, Oktober 1995 = 100	6,4	102,2	**15,969** 1.496,9
c) Index der durchschnittlichen Bruttomonatsverdienste der Angestellten im produzierenden Gewerbe und Handel, Oktober 1995 = 100	6,4*	103,5	**16,172** 1.517,2
Gewogenes Mittel: (Anpassungsfaktoren)			10,027 $\left[\left(\dfrac{b+c}{2}\right)+a\right]:2$
Gewogenes Mittel: (Steigerung in %)			9,027 $\left[\left(\dfrac{b+c}{2}\right)+a\right]:2$
*Der Index wurde erstmals für Februar 1957 festgestellt. Für davor liegende Zeiten werden die Indizes der durchschnittlichen Bruttowochenverdienste der Arbeiter im produzierenden Gewerbe verwendet.			

---

[68] V.Oefele/Winkler, Handbuch des Erbbaurechts, 4. Aufl. S. 379; BGH, Urt. vom 20.12.1985 – V ZR 96/84 –, BGHZ 96, 372 = NJW 1986, 1333 = Rpfleger 1986, 130 = NJW 1986, 2698 = EzGuG 7.95a.
[69] BGH, Urt. vom 15.4.1983 – V ZR 9/82 –, BGHZ 87, 198 = NJW 1983, 2252 = EzGuG 7.89; BGH, Urt. vom 21.2.1986 – V ZR 195/94 –, BGHZ 97, 171 = NJW 1986, 2698 = EzGuG 7.96.
[70] V.Oefele/Winkler, Handbuch des Erbbaurechts, 4. Aufl. 380.
[71] Tillmann, Verkehrswertermittlung im Zusammenhang mit Erbbaurechten, GuG, 2009, 136.

b) Ermittlung des Geldwert- oder Kaufkraftschwundes

(60-%-Grenze, bezogen auf den Preisindex für die Lebenshaltung von 1997 gegenüber dem Preisindex von 1950)

$117{,}1 \times X/100 = 117{,}1 - 29{,}4 = 87{,}7$ daraus folgt $X = 74{,}9\,\%$

oder

$[100\,\% - 1/3{,}983 \times 100\,\%] = 74{,}9\,\% > 60\,\%$

c) Ermittlung der Erbbauzinserhöhung

Erbbauzins lt. Vertrag in 1950	412,00 DM
Erbbauzinserhöhung in 1997	
412,00 DM × 902,7/100	+ 3.719,12 DM
Neuer Erbbauzins ab 1997	4.131,12 DM
in Euro	(2.112,21 €)

Der Erbbauberechtigte hat indessen keinen Anspruch auf Senkung des Erbbauzinses wegen Störung der Geschäftsgrundlage (§ 313 Abs. 1 BGB) bei den entgegenstehenden klaren vertraglichen Regelungen, z. B. wenn sich für ein gewerbliches Grundstück der Bodenwert deutlich vermindert hat[72].

2.3.2.3 Anpassung nach billigem Ermessen

118 Für die Firma A wurde ein Erbbaurecht an einem Bürogrundstück bestellt. Im Erbbaurechtsvertrag wurde vereinbart, dass der festgelegte Erbbauzins auf der Grundlage der Lebenshaltungskosten angepasst werden soll. Grundlage sollte der Lebenshaltungskostenindex für alle privaten Haushalte (1985 = 100) sein. Es handelt sich um eine bislang nach § 3 WährG genehmigungspflichtige Anpassungsklausel, nach der sich der Erbbauzins entsprechend der Änderung des Lebenshaltungskostenindexes im gleichen Verhältnis ändert (ausgelöst wird die Änderung des Erbbauzinses bei einer Veränderung des Lebenshaltungskostenindexes um mehr als 5 %).

119 Es war weiter vereinbart, dass bei wesentlicher Änderung der wirtschaftlichen Verhältnisse (wenn der Erbbauzins nach **Treu und Glauben** kein angemessenes Entgelt mehr darstellt) eine Anpassung nach „**billigem Ermessen**" (§ 315 BGB) verlangt werden kann. Dabei sollten der jeweilige Bodenwert und ein Erbbauzins von 6 % des jeweiligen Bodenwerts Grundlage einer freien, die Interessen beider Vertragsparteien wahrender Vereinbarung sein.

120 Das Wertsichern des Erbbauzinses über den Lebenshaltungskostenindex gehört zu den üblichen Vereinbarungen bei Erbbaurechtsverträgen. Diese Verfahrensweise führte in der Vergangenheit sowohl für den Erbbauberechtigten als auch für den Erbbaurechtsgeber überwiegend zu akzeptablen Anpassungen. Dabei wurde zumindest bei gewerblich genutzten Objekten stillschweigend unterstellt, dass die Steigerung des Lebenshaltungskostenindexes mit einer entsprechenden Mietsteigerung einhergeht. Bei manchen wirtschaftlichen Situationen (sinkende Gewerberaummieten, steigende Inflationsrate) kann diese Automatikklausel (Gleitklausel) jedoch zu erheblichen Nachteilen für den Erbbauberechtigten führen.

121 Eine Vereinbarung, nach der bei wesentlicher Änderung der wirtschaftlichen Verhältnisse eine Anpassung nach „billigem Ermessen" (gemäß § 315 Abs. 1 BGB) verlangt werden kann, ist dahingehend auszulegen, dass **alle Umstände unter Einbeziehung vergleichbarer Fälle in sachlich begründeter und persönlich zumutbarer Weise berücksichtigt werden**[73]. Die

---

72 LG Berlin, Urt. vom 22.12.2005 – 13 O 216/05 –, GuG 2006, 316 = EzGuG 7.140; LG Berlin, Urt. vom 8.12.2005 – 13 O 211/05 –, GuG 2006, 314 = EzGuG 7.139. Die Folge gem. § 313 Abs. 1 BGB ist die Anpassung des Vertrages an die veränderten Verhältnisse. Sind diese allerdings unzumutbar, kommt es nach § 313 Abs. 3 BGB zu einem Rücktrittsrecht der benachteiligten Partei bzw. zu einem Kündigungsrecht von Dauerschuldverhältnissen.
73 Larenz, Schuldrecht Bd. I § 6 II a.

Auslegung des Begriffs des „billigen Ermessens" bietet gleichwohl einen breiten Verhandlungsspielraum. Allerdings ist gleichzeitig der Maßstab für die Beurteilung des „billigen Ermessens" dargelegt. Danach sollen 6 % des Bodenwerts des Erbbaurechtsgrundstücks Grundlage der freien, die Interessen beider Vertragsparteien wahrenden Vereinbarung sein. Dieser Passus ist wenig überzeugend, da er in seinen Auswirkungen nicht die „Interessen beider Vertragsparteien", sondern völlig einseitig die Interessen des Erbbaurechtsgebers wahrt. In Fachkreisen ist bekannt, dass die über einen längeren Zeitraum betrachtete Bodenwertsteigerung bei weitem die im gleichen Zeitraum sich ergebende Steigung des Lebenshaltungskostenindexes übersteigt. Das bedeutet, dass bei Verschlechterung der allgemeinen wirtschaftlichen Lage, sofern sie mit massivem Rückgang der erzielbaren Mieten verbunden ist und der Erbbauberechtigte eine Erhöhung des Erbbauzinses gerade wegen sinkender Erträge wirtschaftlich nicht mehr tragen kann, nach dieser Klausel einen noch höheren Erbbauzins zahlen müsste. Dies wirkt sich umso gravierender aus, je höher die Lagequalität des Erbbaugrundstücks einzuschätzen ist. Andererseits ist zu fragen, ob den Parteien wirklich bewusst war, welche Auswirkungen die Formulierung der zusätzlichen Abrede haben könnte. Denn wenn schon eine über die im Regelfall moderate Wertsicherung auf der Grundlage des Lebenshaltungskostenindexes hinaus wesentliche Veränderung der wirtschaftlichen Verhältnisse zu einer Erbbauzinsanpassung nach „billigem Ermessen" vereinbart wurde, dann war es vermutlich nicht der Wille beider Parteien, dass dies zu einer absolut einseitigen Bevorteilung des Erbbaurechtsgebers führen sollte, denn die Auslegung des Begriffs „billiges Ermessen" bedeutet eigentlich etwas anderes:

Eine Bestimmung ist billig, wenn sie sich im Rahmen des in vergleichbaren Fällen Üblichen hält und nach Lage der besonderen Umstände des Falles als angemessen, sachlich begründet und persönlich zumutbar erscheint. Hieraus ergibt sich, dass es sich bei einer Bestimmung nach der **Billigkeit**, bei der die Interessen sowohl des Gläubigers als auch des Schuldners zu berücksichtigen sind, um eine Entscheidung handelt, die einen gewissen Spielraum voraussetzt. 122

Billig und angemessen bedeutet auch, dass zwischen Leistung und Gegenleistung ein ausgewogenes Verhältnis im Sinne der §§ 315 ff. BGB besteht. Es stellt sich also die Frage, welches Risiko mit der Zusatzabrede abgedeckt werden sollte. 123

Risiko des Erbbaurechtsgebers: 124

Bei langjähriger Stagnation des Verbraucherpreisindexes (VPI) und gleichzeitiger überproportionaler Bodenwertsteigerung würde sich für den Erbbaurechtsgeber ein Nachteil ergeben. Dieser Nachteil ist aber nicht gleichbedeutend mit einem entsprechenden Vorteil des Erbbauberechtigten. Der Vorteil würde sich nur einstellen, wenn mit der Bodenwertsteigerung gleichzeitig auch die Mieten steigen würden. Für diesen Fall wäre der Erbbauzins nach billigem Ermessen über die Verbraucherpreisindexänderung hinaus anzupassen.

Risiko des Erbbauberechtigten: 125

Für den Erbbauberechtigten ergibt sich in jedem Fall ein Nachteil bei Anwendung der Zusatzabrede. Lediglich für das unwahrscheinliche Szenario, dass der Verbraucherpreisindex drastisch ansteigt und dabei der Bodenwert in ebenso massivem Maße sinken würde, ergäbe sich ein Vorteil für den Erbbauberechtigten, der eine Anpassung rechtfertigen würde. Für diese rein „fiktive" Situation ergibt sich jedoch kein Anhaltspunkt.

Insoweit ist die gesamte Anpassungsklausel unglücklich formuliert. Eine Anpassung nach billigem Ermessen ergibt sich dadurch nur einseitig zugunsten des Erbbaurechtsgebers.

Bei dem hier angesprochenen gewerblichen Erbbaurechtsvertrag gelten nicht die Vorschriften des § 9a ErbbauRG. Somit entfällt auch die Billigkeitsgrenze nach § 9a Abs. 1 Satz 1 und 3. Hier könnte allenfalls mit den §§ 157 (Auslegung von Verträgen) und 242 BGB (Leistung nach Treu und Glauben) argumentiert werden. Wenn eine **von keinem vorhersehbare und damit auch nicht im Vertrag berücksichtigte völlige Veränderung der für den Fortbestand notwendigen Verhältnisse eintritt,** dann wäre es mit „Treu und Glauben" nicht zu vereinbaren, den dadurch unverhältnismäßig benachteiligten Teil unverändert an dem unter anderen Voraussetzungen geschlossenen Vertrag festzuhalten. Es könnte dann ggf. im Wege 126 einer korrigierenden Vertragsauslegung der Vertrag so umgestaltet werden, dass er seinen ursprünglichen Sinn wieder erfüllt.

127 Im angesprochenen Fall kann man von einer **Äquivalenzstörung** sprechen. Das Ansteigen des Verbraucherpreisindexes und die gleichzeitige längerfristige Stagnation oder der Rückgang der Mieten war bei Abschluss des Erbbaurechtsvertrags nicht vorhergesehen worden, da sich in der Vergangenheit vor Abschluss des Erbbaurechtsvertrags eine derartige Situation bislang nicht eingestellt hatte. Insoweit ist die bei Vertragsabschluss gegebene oder zumindest angenommene Gleichwertigkeit von Leistung und Gegenleistung durch die Änderung der wirtschaftlichen Verhältnisse über die Grenze des normalerweise zumutbaren Risikos hinaus aufgehoben. Ob dieser Argumentation angesichts der Tatsache, dass „Vollkaufleute" den Erbbaurechtsvertrag abgesichert haben, im Streitfall gefolgt wird, bleibt dahingestellt.

128 Wäre im Wege der korrigierenden Vertragsauslegung eine Vertragsumgestaltung möglich, sollte besser eine Formulierung gewählt werden, die einer Spannungsklausel nahe kommt. Dabei sollte der Erbbauzins in einer Spannung zu einer bestimmten Leistung stehen. Als **Wertmesser** könnten die vom Erbbauberechtigten erzielten Mieten oder generell der Mietzins für bestimmte Objekte gleicher Lagequalität, Bauart, baulicher Ausstattung und gleichen Alters sein. Die erste Formulierung könnte auf Ablehnung stoßen, da der Erbbaurechtsgeber die Folgen von ggf. mangelnder baulicher Unterhaltung und versäumten Modernisierungen, die zur Erzielung eines nachhaltigen Mietzinses auf hohem Niveau erforderlich sind, ungerechtfertigterweise und zu seinem Nachteil mittragen müsste. Bei der zweiten Formulierung ist zur Vermeidung von Streitigkeiten eine Schiedsgutachterabrede zu empfehlen. Auch wenn dieser Weg zunächst aufwendig und auch streitbefragter erscheint, so sichert eine Spannungsklausel oder eine daran anknüpfende Vertragsgestaltung, dass das ursprünglich gewählte Verhältnis zwischen Leistung und Gegenleistung gewahrt bleibt.

129 Dem Grundstückssachverständigen sollte jedoch bewusst sein, dass es sich bei der Auslegung von Wertsicherungsklauseln im Kern um **juristische Auslegungen** handelt. Ist bei der Wertermittlung eines Erbbaurechts die Formulierung der Wertsicherungsklausel unklar, sollte grundsätzlich ein Jurist zu Rate gezogen und im Gutachten darauf hingewiesen werden.

2.3.3 Außergewöhnlich hoher Erbbauzins in städtischen Bereichen

130 In innerstädtischen Bereichen kann es vorkommen, dass ein außergewöhnlich hoher Erbbauzins gezahlt wird, der bei weitem nicht der üblichen Verzinsung des Bodenwerts vergleichbarer Grundstücke entspricht. Diese ungewöhnliche Situation hat im Allgemeinen steuerliche Gründe, da der Erbbauberechtigte einen Teil seiner Steuern auf den Erbbaurechtsgeber abwälzt, der seinerseits seine Dienste durch einen entsprechend hohen Erbbauzins entgelten lässt. Für ein großes Unternehmen (z. B. eine Kaufhauskette) ist es günstiger, ein Erbbaurecht zu erwerben, als den Grund und Boden zu kaufen. Der **jährliche Erbbauzins kann als Betriebsausgabe abgesetzt werden.** Damit wird ebenfalls Gewerbe- und Körperschaftsteuer (früher auch Vermögensteuer) gespart. Im Allgemeinen liegt die Ersparnis bei rd. 2/3 des Erbbauzinses. Würde ein Unternehmen das Grundstück kaufen, wäre der Kaufpreis nicht abschreibungsfähig. Der Erbbaurechtsgeber muss allerdings den Kapitalwert des Erbbauzinses versteuern. Dafür lässt er sich einen entsprechend hohen Erbbauzins zahlen. Der überhöhte Erbbauzins lässt keine Rückschlüsse auf den ortsüblichen Bodenwert zu. In diesen Fällen liegen **ungewöhnliche Verhältnisse** vor.

2.3.4 Erbbauzins in einer Summe bei Bestellung des Erbbaurechts

131 Der Erbbauzins kann auch in einer Summe bei Bestellung des Erbbaurechts im Voraus bezahlt werden (vgl. Rn. 73).

Beispiel:

1978 wurde an einem Grundstück ein Erbbaurecht mit einer Laufzeit von 50 Jahren bestellt, dessen Verkehrswert 1998 zu ermitteln ist. Der Erbbauberechtigte hat 1978 den gesamten Erbbauzins (jährlich 6 % vom Bodenwert von 800 000 €) für 50 Jahre im Voraus bezahlt. Der Bodenwert beträgt am Wertermittlungsstichtag 1 200 000 €. Es wird ein Jahresreinertrag von 800 000 € erzielt. Der Liegenschaftszinssatz beträgt 6 %. Die Restnutzungsdauer des Gebäudes entspricht der Restlaufzeit des Erbbaurechts. Unter diesen Voraussetzungen ergibt sich folgender Ertragswert des Erbbaurechts, wobei zwei Möglichkeiten der Berechnung bestehen.

Grundstücksreinertrag		800 000 €
Bodenwertverzinsung 6 % von 1 200 000 €		− 72 000 €
		728 000 €
Vervielfältiger bei 6 % und 30 Jahren Restnutzungsdauer 13,76		
Gebäudeertragswert 728 000 € × 13,76		10 017 280 €
Bodenwert des Erbbaurechts		
Der Bodenwert beträgt am Stichtag 1,2 Mio. €. Der angemessene Erbbauzins würde demnach 72 000 € betragen. Da er dem Erbbauberechtigten nicht „ewig", sondern nur noch für 30 Jahre zur Verfügung steht, ist er entsprechend zu mindern. Der Vervielfältiger beträgt bei 30 Jahren und 6 % 13,76 und der ansetzbare Bodenwert somit		
72 000 € × 13,76		+ 990 720 €
Ertragswert des Erbbaurechts		**11 008 000 €**

Variante:		
Gebäudeertragswert		10 017 280 €
Vorteil des Erbbauberechtigten aus der Bodennutzung:		
ortsüblicher Zins am Stichtag 6 % von 1 200 000 €	72 000 €	
Im Kaufpreis zugrunde gelegter Zins 6 % von 800 000 €	− 48 000 €	
Vorteil aus Bodennutzung	24 000 €	
Vorteil über die Restlaufzeit des Rechts 24 000 € × 13,76		+ 330 240 €
Kapitalisierung des Erbbauzinses 48 000 € × 13,76		+ 660 480 €
Ertragswert des Erbbaurechts		**11 008 000 €**

Erbbauzinsen können auch dann als Werbungskosten bei den Einkünften aus Vermietung und Verpachtung im Kalenderjahr ihrer Leistung sofort angesetzt werden, wenn sie in einem Einmalbetrag vorausgezahlt werden[74].

2.4 Verkehrswertermittlung von Erbbaurechten und erbbaurechtbelasteten Grundstücken

2.4.1 Allgemeines

Grundsätzlich ist bei der Verkehrswertermittlung[75] **zu unterscheiden** zwischen   132

a) dem Verkehrswert des Erbbaurechts und

b) dem Verkehrswert des mit einem Erbbaurecht belasteten Grundstücks.

Der Umstand, dass die zur Anpassung des Erbbauzinses verwendbaren Indizes nicht der Entwicklung der Bodenpreise entsprechen, führt zu einem **zentralen Problem bei der Verkehrswertermittlung von Erbbaurechten.** Der Erbbaurechtsausgeber wird mit Zeitablauf des Rechts immer schlechter gestellt, weil die Spanne zwischen der ortsüblichen Bodenwert-   133

---

74 BFH, Urt. vom 23.9.2003 – IX R 65/02 –, GuG 2004, 180 = EzGuG 7.136.
75 Pinkwart in ZfV 1929, 388; Ziegenbein/Meyer in ZfV 1988, 381; Vollmar in ZfV 1967, 165; ders. in BuG 1965, 382; Beiderwieden in AVN 1965, 93; ders in AVN 1967, 463; Müller in BuG 1963, 463; Lehmann in ZfV 1978, 104; Neisecke in AVN 1975, 362; Vogel in AVN 1969, 263; Engelbert in Nachr. Der nds Kat- und VermVw 1963, 74; Gerardy in BIG-BW 1974, 121; Gerardy in GWW 1966, 35; Glaser in DB 1978, 175; Simon in GuG 1991, 69; Räfle, Erbbaurechtsverordnung, Sonderausgabe aus BGB-RGRK 12. Aufl. 1986 § 32 Rn. 3; Wang, Wertermittlung eines mit einem Erbbaurecht belasteten Grundstücks, Peter Lang, Europäischer Verlag der Wissenschaften 1994; Morgan/Kögeböhn in GuG 2000, 270; Werth in GuG 1999, 193; Lehmann, Wertermittlung von Erbbaurechten, Diss. Sonderdruck aus der Schriftenreihe des nds. Landesvermessungsamtes.

IX Rechte und Belastungen — Erbbaurecht

verzinsung und dem aufgrund der Wertsicherungsklauseln zulässigen Erbbauzins immer größer wird. Das trifft allerdings nur dann zu, wenn der aktuelle Bodenwert zum Wertstichtag in die Betrachtung einbezogen wird. Bei dem Vergleich einer Kapitalanlage zum Wert des unbelasteten Grundstücks zum Anfang der Erbaurechtsvergabe und der üblichen Anpassungsmöglichkeiten bietet das Erbbaurecht sogar die bessere Rendite und zusätzlich nach Ablauf des Erbbaurechts den vollen Bodenwertzuwachs des Grundstücks[76].

134 Bei der Wertermittlung des Erbbaurechts stellt sich die zentrale Frage, welcher **Bodenwertanteil** dem Erbbauberechtigten und welcher dem Grundstückseigentümer zum Wertstichtag zugeordnet wird. Da die mit einem Erbbaurecht belasteten Grundstücke kaum frei gehandelt werden (Verkäufe an Dritte treten sehr selten auf), ist diese Frage nicht eindeutig zu beantworten (Abb. 21).

135 Die Wertermittlung bereitet keine Schwierigkeiten, wenn der Erbbauberechtigte einen **angemessenen Erbbauzins** zahlt, der der ortsüblichen Bodenwertverzinsung entspricht. In diesem Fall entspricht der Kapitalwert des Erbbauzinses der Belastung des Grundstücks mit dem Erbbaurecht. Der Bodenwert wird deshalb voll dem Erbbauverpflichteten (Grundstückseigentümer) zugerechnet. Allerdings muss beachtet werden, dass Grundstücke, die in Abt. II des Grundbuchs an erster Rangstelle mit einem Erbbaurecht belastet sind, nicht beliehen werden dürfen. Das führt in der Praxis zu einer Einschränkung und damit zu einer erheblichen Wertminderung.

Abb. 21: Zentrales Problem bei der Wertermittlung von Erbbaurechten

---

[76] Strohdach/Fündt Bewertung von Erbbaurechten im sozialen Wohnungsbau an der Situation der Stadt Berlin, 2002, 63 ff.

Erbbaurecht

Beispiel:

Restlaufzeit des Erbbaurechts größer oder gleich der Lebensdauer des aufstehenden Gebäudes. Bodenwert 50 000 €. Restlautzeit des Erbbaurechts 50 Jahre. Vereinbarter Erbbauzins = angemessener Erbbauzins.

Bodenwertanteil des Erbbaurechts		Wert des mit dem Erbbaurecht belasteten Grundstücks	
Angemessener Zins		Wert des unbelasteten Grundstücks	50 000 €
6 v.H. von 50 000 € =	3 000 €	Erbbauzins kapitalisiert[1]	
Gezahlter Zins	– 3 000 €	3 000 € × 15,76	47 280 €
Differenz =	0 €	zuzüglich abgezinster Bodenwert[2]	
		50 000 € × 0,0543	+ 2 714 €
			49 994 €
		Wert des mit dem Erbbaurecht belasteten Grundstücks[3]	**rd. 50 000 €**

[1] Rentenbarwertfaktor bei 50 Jahren und 6 v.H. Zins.
[2] Diskontierungsfaktor bei 50 Jahren und 6 v.H. Zins.
[3] Diese Betrachtung ist allerdings nur theoretisch richtig. In der Praxis ist folgender Sachverhalt wertbeeinflussend: Da ein mit einem Erbbaurecht belastetes Grundstück nach § 10 Abs. 1 ErbbauRG nur erstrangig (in Abt. II des Grundbuchs) belastet werden darf und das Recht bei der Zwangsversteigerung nach § 25 ErbbauRG stets bestehen bleibt, ist die Beleihung eines solchen Grundstücks durch die Kreditinstitute in aller Regel ausgeschlossen (vgl. Stannigel/Kremer/Weyers a.a.O. S. 45).

136 Zahlt der Erbbauberechtigte jedoch einen geringeren Erbbauzins und sind die vertraglich vereinbarten Anpassungszeiträume weit ausgelegt, so hat er einen Vorteil, der bei der Wertermittlung des Rechts berücksichtigt werden muss. Die Abb. 21 zeigt, dass die Kurve der Bodenwertsteigerung wesentlich steiler verläuft als die Steigerung der für die Gleitklauseln zulässigen Indizes. Das hat zur Folge, dass schon **wenige Jahre nach Abschluss eines Erbbaurechtsvertrags eine angemessene Verzinsung des aktuellen Bodenwerts nicht mehr erreicht wird.**

137 Bei sinkenden Bodenwerten stellt sich die Problematik ebenfalls, allerdings zu Lasten des Erbbauberechtigten (vgl. Abb. 22).

IX Rechte und Belastungen — Erbbaurecht

Abb. 22: Kardinalproblem der Verkehrswertermittlung von Erbbaurechten und erbbaurechtsbelasteten Grundstücken

Dies führt im Ergebnis dazu, dass der Verkehrswert eines mit einem Erbbaurecht belasteten Grundstücks in Zeiten sinkender Bodenwerte höher als der Bodenwert vergleichbarer unbebauter Grundstücke ausfallen kann[77].

138 Zur Frage des Werts des Grund und Bodens (Bodenwert) eines erbbaurechtsbelasteten Grundstücks ist bislang unkritisch davon ausgegangen worden, dass dieser infolge der Schere zwischen der Bodenwertentwicklung und der „gedämpften" Erbbauzinsanpassung im Vergleich mit einem unbelasteten Grundstück zu mindern sei. Würde der Eigentümer des Grundstücks (Erbbaurechtsausgeber) vom Erbbauberechtigten für die Überlassung des Grundstücks über die gesamte Laufzeit des Erbbaurechts eine dem jeweiligen Bodenwert angemessene Verzinsung (Erbbauzins) erzielen, so müsste der sich für das unbelastete Grundstück am jeweiligen Wertermittlungsstichtag ergebende Bodenwert in voller Höhe dem Erbbaurechtsausgeber zugeordnet werden, während sich für den Erbbauberechtigten kein **Bodenwertanteil** ergeben würde (Bodenwertanteil = null). Nun „hinkt" aus den dargestellten Gründen der Erbbauzins selbst bei Erbbaurechtsverträgen mit Anpassungsklauseln zum Vorteil des Erbbauberechtigten und zum Nachteil des Erbbaurechtsausgebers hinter der tatsächlichen Bodenwertentwicklung unbebauter (und unbelasteter) Grundstücke in aller Regel hinterher. Damit ergibt sich mit fortschreitender Laufzeit des Erbbaurechts ein Bodenwertanteil des Erbbaurechtsnehmers. Die klassischen Verfahren zur Verkehrswertermittlung von Erbbaurechten sind deshalb darauf ausgerichtet, den Gesamtwert des unbelasteten Grundstücks entsprechend den Vorteilen des Erbbaurechtsnehmers und – komplementär hierzu – den Nachteilen des Erbbaurechtgebers (Eigentümer) aufzuspalten.

139 Grundsätzlich kann dabei zwischen drei Auffassungen unterschieden werden:

a) Auf der einen Seite wird die Auffassung vertreten, dass der Vorteil des Erbbauberechtigten, der einen – gemessen an der Bodenwertentwicklung – unangemessen niedrigen Erbbauzins entrichtet, dem Nachteil des Eigentümers entspricht, der umgekehrt keine angemessene Rendite für seinen Grund und Boden erzielt. Im Gesamtergebnis muss also

---

[77] LG Berlin, Urt. vom 8.12.2005 – 13 O 211/05 –, EzGuG 7.139.

der Bodenwertanteil des Erbbaurechtsausgebers zusammen mit dem Bodenwertanteil des Erbbauberechtigten exakt dem Bodenwert des unbelasteten Grundstücks entsprechen.

b) Auf der anderen Seite wird die Auffassung vertreten, dass die Summe aus dem Bodenwertanteil des Eigentümers und des Erbbauberechtigten nicht dem Gesamtwert des unbelasteten Grundstücks entsprechen muss, d.h., sie kann niedriger oder höher ausfallen, wobei insbesondere der zuletzt genannte Fall weitere Fragen aufwirft.

c) Darüber hinaus lässt sich nun auch die Auffassung vertreten, dass der Bodenwert des erbbaurechtbelasteten Grundstücks stets dem Bodenwert des unbelasteten Grundstücks entspricht.

140 Die zuletzt genannte Auffassung entspricht sogar der herrschenden Rechtsprechung in den Fällen, in denen eine entsprechende **Ankaufsverpflichtung zum „vollen Verkehrswert"** vereinbart worden ist (vgl. unter Rn. 228 ff.). Darüber hinaus entspricht diese Auffassung zunehmend auch dem Verwaltungshandeln in den Fällen, in denen sich z. B. eine Gemeinde (aber auch die Kirche) als Erbbaurechtsausgeber ohne Veräußerungspflicht oder Ankaufsverpflichtung des Erbbauberechtigten bereit erklärt, ein erbbaurechtbelastetes Grundstück an den Erbbauberechtigten zu veräußern.

141 Der Eigentümer eines mit einem Erbbaurecht belasteten Grundstücks kann praktisch nur an den Erbbauberechtigten veräußern, denn für jeden Dritten wäre es wegen der mangelnden Renditefähigkeit uninteressant. Damit wird aber der Tatbestand der „ungewöhnlichen oder persönlichen Verhältnisse" zum „gewöhnlichen Geschäftsverkehr" erfüllt. Es besteht nur ein so genannter „bipolarer Grundstücksteilmarkt" zwischen Erbbaurechtsausgeber und Erbbauberechtigten. Der äußerst seltene Verkaufsfall an einen fremden Dritten wird dagegen zum ungewöhnlichen Fall. Nach einer Untersuchung des Gutachterausschusses *Bergisch Gladbach* ergaben sich bei **Kauf der belasteten Grundstücke durch die Erbbauberechtigten folgende Preisspannen bezogen auf den „vollen" Bodenwert** (vgl. Teil IV § 194 BauGB Rn. 33 ff.).

Abb. 23: Kaufpreise für erbbaurechtsbelastete Grundstücke

Bebauung	Kauffälle	Spanne (Bodenwert = 100 %)	Mittelwert (Bodenwert = 100 %)
Eigenheime	59	50 %–84 %	71 %
Wohn- und Geschäftshäuser	8	93 %– 20 %	104 %

Quelle: Grundstücksmarktbericht 2006

142 Aus dieser Aufstellung wird ersichtlich, dass bei den Eigenheimen zwischen 50 % und 84 % im Mittel 71 % des Bodenwerts von den Erbbauberechtigten gezahlt werden. Nur bei den Wohn- und Geschäftshäusern wird annähernd z. T. sogar ein höherer Bodenwert akzeptiert. Das mag daran liegen, dass bei den Wohn- und Geschäftshäusern im Gegensatz zum Eigenheim eine höhere Rendite erwirtschaftet wird. Im Übrigen decken sich diese Abschläge mit Erfahrungen von Kommunalen Einrichtungen, Stiftungen und Genossenschaften, die Erbbaurechtsgrundstücke vermarkten[78], wobei die Abschläge z. T. von verschiedenen Parametern abhängig sind.

Bei *selbst genutzten Wohnhäusern* ist mithin die Besonderheit zu beobachten, dass die **Erbbauberechtigten erfahrungsgemäß** bei dem Erwerb ihres mit einem Erbbaurecht belasteten Grundstücks zum Zwecke der Vereinigung von Erbbaurecht und Grundeigentum nur dann **bereit sind, einen Kaufpreis zu akzeptieren, der sich am „vollen" Bodenwert orientiert, wenn der Erbbaurechtsvertrag nur noch eine geringe Laufzeit hat.** Bei Erbbaurechts-

---

[78] Stadt Wolfsburg bis zu 30 %, Land Baden-Württemberg seit 2005 pauschal 20 %, (Drucksache 14/420 vom 11.10.2006), Land Berlin rd. 10 % bei sehr wenigen Verkäufen, so dass davon ausgegangen werden muss, dass bei 10 % Abschlag der Anreiz zu erwerben zu gering ist (Pressemitteilung Dez. 2003 Liegenschaftsfonds Berlin).

verträgen mit langer Laufzeit und günstigen Konditionen erfolgt sehr wohl eine Differenzierung. Den Nachweis zu erbringen, ob sich die Kaufpreise am Bodenwert z. B. i.S. des Bodenanteils der WERTR (vgl. Rn. 188 und Teil IV § 194 BauGB Rn. 33)[79] orientieren, ist sehr schwierig, da sehr wenig Verkäufe aus freien Stücken erfolgen. Die genannten Institutionen bieten den Erbbauberechtigten aus der Sicht und zu Konditionen des Verkäufers den Ankauf des Grundstückes an, um z.T. die Haushaltslage zu verbessern. Der Erbbauberechtigte prüft, ob speziell in seiner Situation das Angebot günstig ist, andernfalls kommt kein Verkauf zu Stande. Die sehr geringe Anzahl an Verkäufen beweist, dass die Angebote i.d.R. keine sehr große Nachfrage auslösen. Dementsprechend hat z. B. der Magistrat der Stadt *Frankfurt am Main* am 10.4.1995 folgenden Beschluss gefasst:

„Der Magistrat ist bereit, Erbbauberechtigten auf ihrem Wunsch hin den Grund und Boden zu veräußern (und damit das bestehende Erbbaurecht aufzulösen). Dies soll grundsätzlich für alle bestehenden Vertragsverhältnisse gelten. Eine abweichende Entscheidung in Einzelfällen würde allenfalls beim Vorliegen konkret sachlicher Gründe (beispielsweise stadtplanerischer Art) denkbar sein.

Kaufpreis soll der Verkehrswert des Grundstücks sein, wie er ohne das bestehende Erbbaurecht Geltung hätte. In der Regel wird sich der Verkehrswert am amtlichen (Boden-)Richtwert orientieren, wobei als Mindesthöhe eines Kaufpreises aber 300 €/m² vorgesehen sind. Vereinzelt liegen die amtlichen Richtwerte in Siedlungsgebieten noch unter dieser Marge. Der Mindestansatz von 300 €/m² rechtfertigt sich dadurch, dass vornehmlich in geschlossenen Erbbaubereichen die Richtwerte hinter den Verkehrswerten für vergleichbare Grundstücke zurückbleiben, weil Grundstücksverkehr nicht in einem Maße stattfindet, das die Ableitung der Richtwerte aus tatsächlich abgeschlossenen Verträgen erlaubt."

143 Für 550 im Jahre 2000 *auslaufende* Erbbaurechtsverträge entwickelte die Liegenschaftsverwaltung der Stadt *Kaiserslautern* ein Abzinsungsmodell, um damit einen Anreiz (verkaufsfördernde Aktion vom 1.7.1997 bis 31.12.1999) zum Kauf dieser Erbbaurechtsverträge an die Berechtigten zu schaffen. Dieses Modell sah einen 4 %igen Abschlag vor, wobei für Siedlergrundstücke 600 m² als Bauland und der Rest als Hinterland mit 50 % Abschlag bewertet wurde. Bis zum Mai 1999 wurden von diesen 550 Erbbaurechten 150 Verkaufsfälle (27 %) abgewickelt. Das bedeutet, dass das Angebot nicht sehr attraktiv war. Daraus wird deutlich, dass der Grundstücksmarkt in solchen Fällen deutlich günstigere Konditionen erwartet.

144 Bei alledem muss man erkennen, dass nur der erbbauberechtigte private Eigenheimbesitzer in Ausnahmefällen (bei kurzer Restlaufzeit des Vertrages) den „vollen" Bodenwert für das erbbaubelastete Grundstück akzeptiert (vgl. dagegen Rn. 186), während ein Dritter im Hinblick auf den im Verhältnis zum vollen Bodenwert niedrigen Erbbauzins kaum bereit ist, für das erbbaurechtbelastete Grundstück (Wohnbaugrundstück) den „vollen" Bodenwert zu akzeptieren. Das liegt darin begründet, dass der Dritte (Investor, Stiftungen, Genossenschaften u. a.) einen Erwerb ausschließlich nach Renditegesichtspunkten betrachten, der private Eigenheimbesitzer dagegen andere Kriterien einfließen lässt. Verkäufe an Dritte finden dagegen kaum oder nur als Notverkäufe statt. Die im Verkauf an Dritte erzielbaren Kaufpreise können von daher nicht zum Maßstab der Verkehrswertermittlung gemacht werden. Es kommt hinzu, dass der Grundstückseigentümer mit der Bestellung des Erbbaurechts erkennen lässt, dass er an einem Grundstücksverkauf nicht interessiert war und einen dem Bodenwert nicht angemessenen Erbbauzins nur deshalb hinzunehmen bereit war, weil das Grundstück zum „vollen" Bodenwert nach Ablauf des Erbbaurechts auf ihn zurückfällt (Mitnahme der vollen Wertsteigerung). Die wesentliche Motivation ein Grundstück als Erbbaurecht zu vergeben ist die Sicherheit des Grund und Bodens (er unterliegt nicht dem Wertverzehr) und die sich daraus erwachsenden kontinuierlichen Einnahmen. Die damit aufgeworfene Grundsatzfrage hat in der Wertermittlungspraxis und -lehre noch keine befriedigende Antwort gefunden (vgl. Teilmarktlehre).

Bei **Erbbaugrundstücken, die im Bereich der sozialen Wohnraumförderung (sozialer Wohnungsbau)** mit einer entsprechenden Mietwohnbebauung bebaut sind, ist eine Erhöhung der Miete nicht möglich, wenn der Erbbauberechtigte das Grundstück „aus freien Stücken", d.h. freiwillig, erwirbt und die Zinsbelastung infolge des Grundstückserwerbs die Höhe des

---

[79] Dies wird selbst aus Berlin berichtet: Lindner, I., Verkauf und Bewertung von Erbbaurechtsgrundstücken in Berlin, Bln GE 2003, 1475.

Erbbauzinses übersteigt. Änderungen der Gesamtkosten sind nach § 11 II BV nämlich nur zulässig, wenn sie der Bauherr nicht zu vertreten (Abs. 5, Satz 1) hat oder der Modernisierung (Abs. 7) dienen. Anders als im Falle eines mit einem zur Eigennutzung errichteten Wohnhauses kann sich für das mit einem Erbbaurecht belastete Grundstück nur ein Preis bilden, der wirtschaftlich tragfähig ist.

Darüber hinaus haben sich auch **unterschiedliche Verfahren der Verkehrswertermittlung von Erbbaurechten und erbbaurechtsbelasteter Grundstücke** entwickelt. Die beiden bekanntesten Verfahren werden nachfolgend erläutert: **145**

– theoretisch-mathematische Methode (vgl. Rn. 146 ff.),
– Verfahren nach WERTR (vgl. Rn. 149 ff.).

2.4.2 Theoretisch-mathematische Methode

Das Verfahren geht davon aus, dass der **Nachteil des Erbbauverpflichteten gleich dem Vorteil des Erbbauberechtigten** sein muss. Der Bodenwertanteil des Erbbaurechts und der Bodenwert des belasteten Grundstücks ergeben zusammen immer den Wert des vergleichbaren unbelasteten Grundstücks. **146**

Beispiel:

Restlaufzeit des Erbbaurechts größer oder gleich der Restnutzungsdauer des aufstehenden Gebäudes. Bodenwert 100 000 €. Restlaufzeit des Erbbaurechts 30 Jahre. Vereinbarter Erbbauzins wie vorstehend 3 000 €.

Bodenwertanteil des Erbbaurechts		Wert des mit dem Erbbaurecht belasteten Grundstücks	
Angemessener Zins	6 000 €	Wert des unbelasteten Grundstücks	100 000 €
Gezahlter Zins	– 3 000 €		
Differenz (Zinsvorteil/Jahr)	= 3 000 €		
Kapitalisierung des Zinsvorteils 3 000 € × 13,76[a]	= 41 280 €	– Zinsverlust	– 41 280 €
Bodenwertanteil des Erbbaurechts	= 41 280 €	Wert des mit dem Erbbaurecht belasteten Grundstücks	= 58 720 €

Beispiel:

Beispiel wie vor, Restlaufzeit des Erbbaurechts 5 Jahre

Bodenwertanteil des Erbaurechts	12 630 €	Wert des mit dem Erbbaurecht belasteten Grundstücks	87 370 €

a) Rentenbarwertfaktor bei 30 Jahren und 6 v.H. Zins.

Die Wertermittlung im vorstehenden Beispiel erscheint logisch, denn der Erbbauausgeber würde bei Abschluss eines neuen Vertrags den zu diesem Zeitpunkt angemessenen Zins von 6 000 € fordern. **Der kapitalisierte Zinsverlust des Erbbaurechtausgebers (41 280 €) entspricht daher dem kapitalisierten Zinsgewinn des Erbbauberechtigten.** Die Auswirkungen auf den Wert des belasteten Grundstücks und den Bodenwertanteil des Erbbaurechts im Zeitablauf sind aus obiger Berechnung zu ersehen. Dieses mathematische Modell beachtet jedoch nicht die Marktgepflogenheiten. Die nach § 8 ImmoWertV zu berücksichtigende Anpassung an die Marktlage ist kaum nachvollziehbar. Außerdem ist die Wertermittlung wegen des bei langen Laufzeiten heranzuziehenden hohen Kapitalisierungsfaktors fehlertheoretisch ungünstig. **147**

IX Rechte und Belastungen — Erbbaurecht

148 *Gerardy/Möckel*[80] und *Vogels*[81] versuchen den Wert des Erbbaurechts ebenfalls auf mathematischem Wege zu bestimmen und haben die erforderlichen Rechengänge in allgemeine Formeln gefasst. Ob die Formeln zutreffen, kann nicht nachgewiesen werden.

2.4.3 Verfahren nach WertR

2.4.3.1 Allgemeines

149 Der Wert des Erbbaurechts oder des belasteten Grundstücks soll in erster Linie mit Hilfe des **Vergleichswertverfahrens** ermittelt werden. Stehen Vergleichskaufpreise nicht in ausreichendem Maße zur Verfügung, so ist die **finanzmathematische Methode nach WertR** anzuwenden, die im Wesentlichen der theoretisch-mathematischen Methode entspricht (Abb. 24).

Abb. 24: Wertermittlungsverfahren für Erbbaurechte

150 Wie schon in der Ausgabe der WERTR 02 favorisiert der Verordnungsgeber die Wertermittlung von Erbbaurechten und mit Erbbaurechten belasteten Grundstücken nach dem **Vergleichwertverfahren**. Diese Methode führt zweifelsfrei zu den gesichertesten und einwandfrei nachprüfbaren Ergebnissen. Leider ist aber die Vergleichswertermittlung mangels geeigneter Kaufpreise äußerst begrenzt einsetzbar. In der Praxis wird deshalb die finanzmathematische Variante nach wie vor das Standardverfahren bilden.

151 Bei der Ermittlung des Verkehrswerts des Erbbaurechts wird **nunmehr auf die Anwendung von Wertfaktoren verzichtet,** die erstmals bei Neufassung der WERTR 76 eingeführt wurden. Sie sollten insbesondere die Vor- und Nachteile aus der Erbbaurechtsvertragsgestaltung für den Erbbauberechtigten und den Erbbaurechtsgeber berücksichtigen. Die Wertfaktoren waren – wenn überhaupt – begrenzt für Wohnerbbaurechte anwendbar. Im gewerblichen Bereich haben sie sich nicht durchgesetzt. Zudem gerieten sie in der Vergangenheit in Kritik, weil ihr Einfluss nicht von der vertraglichen Erbbaurechtsausgestaltung abhing, sondern von der Höhe des Unterschieds des angemessenen und des tatsächlich gezahlten Erbbauzinses. Je höher die Differenz war, umso gravierender war der Einfluss der Wertfaktoren.

152 Als Ersatz für die Wertfaktoren werden in der Fassung der WERTR 06 **Anpassungsfaktoren an die Marktlage** angeboten. Diese Verfahrensweise korrespondiert mit der Systematik der Marktanpassung im Sachwert- oder Ertragswertverfahren nach der ImmoWertV. Da hierfür Erfahrungswerte immer noch fehlen, wird gewissermaßen Neuland betreten. Die Marktanpassungsfaktoren müssen aus dem Markt noch abgeleitet werden. So lange diese auch nicht zur Verfügung stehen, wird zwangsläufig noch auf das WERTR 02 Verfahren zurückgegriffen.

---

80 Gerardy/Möckel, Praxis der Grundstücksbewertung, OLZOG Verlag München.
81 Vogels, Grundstücks- und Gebäudebewertung marktgerecht, 5. Aufl. 1996, S. 311 ff.

2.4.3.2 Vergleichswertverfahren

Bei Anwendung des Vergleichswertverfahrens sind möglichst zeitnahe Verkäufe von bebauten Erbbaurechten zugrunde zu legen (Abb. 25): **153**

Abb. 25: Kriterien zur Anwendung des Vergleichswertverfahrens

Kann der Vergleichswert nicht direkt aus Kaufpreisen abgeleitet werden, besteht die Möglichkeit der indirekten Ableitung über Vergleichsfaktoren (indirekter Preisvergleich), die z. B. aus dem Verhältnis des Kaufpreises des bebauten Erbbaurechts zum Wert des unbelasteten bebauten Grundstücks ermittelt werden können[82]. Bei einer ausreichenden Anzahl geeigneter Kaufpreise lässt sich der Einfluss von Merkmalen des Grundstücks und des Erbbaurechtsvertrages auf den Verkehrswert des Erbbaurechts bzw. des mit einem Erbbaurecht belasteten Grundstücks grundsätzlich analytisch feststellen. **154**

Werden derartige Untersuchungen durchgeführt oder liegen solche vor, können die Ergebnisse zur Wertermittlung unmittelbar verwendet werden, wenn die sich aus der Gesamtheit der untersuchten Kaufpreise ergebenden **sachlichen und regionalen Beschränkungen** beachtet werden. **155**

Über ihren sachlichen und räumlichen Geltungsbereich hinaus können die jeweiligen Untersuchungsergebnisse verwendet werden, wenn zuvor ihre Gültigkeit an mehreren geeigneten Kaufpreisen von Objekten, die sachlich und räumlich dem zu bewertenden Objekt entsprechen, überprüft wurde. **156**

*Beispiel 1 (*Anl. 12 WERTR 06) – Vergleichswertverfahren nach Nr. 4.3.2.1 **157**

Ermittlung des Verkehrswerts eines **Erbbaurechts** an einem Einfamilienhausgrundstück (Abb. 26).

---

82 Vgl. z. B. Marktanpassungsfaktoren für Hamburg und Hannover in GuG 2003, 73 ff.; vgl. auch Grundstücksmarktberichte der Städte Bochum, Dortmund, Hagen, Wuppertal und Witten.

IX Rechte und Belastungen — Erbbaurecht

Abb. 26: Verkehrswert des Erbbaurechts im Vergleichswertverfahren

Verkehrswert des Erbbaurechts im Vergleichswertverfahren

Verkehrswert des unbelasteten bebauten Grundstücks

×

Anpassungsfaktor

=

Verkehrswert des Erbbaurechts

© Simon 06

Vorgaben:		
	Bodenwert des unbelasteten unbebauten Grundstücks (ebf)/m²	100 €/m²
	Bodenwert des unbelasteten unbebauten Grundstücks (ebf)	60 000 €
	Verkehrswert des unbelasteten bebauten Grundstücks	165 000 €
	Gebäuderestnutzungsdauer	50 Jahre
	Restlaufzeit des Erbbaurechtsvertrages	50 Jahre
	am Wertermittlungsstichtag erzielter Erbbauzins p.a. (wertgesichert)	748,95 €
	angemessener Liegenschaftszinssatz p.a.	3,0 %
	Wohnfläche	140 m²
	Wohnflächenpreis 165 000 €/140 m² WF	1 179 €
	Vergleichsfaktor für das Erbbaurecht	0,85
Berechnung:	**Verkehrswert des unbelasteten bebauten Grundstücks**	165 000 €
	Vergleichsfaktor	0,85
	Zwischensumme 165 000 € × 0,85	140 250 €
	Zu-/Abschläge wegen besonderer vertraglicher Vereinbarungen	± 0 €
	Verkehrswert des Erbbaurechts rd.	**140 000 €**

Für die Anwendung des Verfahrens müssen entsprechende „Vergleichsfaktoren" von den Gutachterausschüssen für Grundstückswerte empirisch abgeleitet worden sein. Nach einer Untersuchung des Gutachterausschusses von *Hannover* belaufen sich die Vergleichsfaktoren für freistehende Ein- und Zweifamilienhäuser (Marktanpassungsfaktor dort genannt):

Marktanpassungsfaktoren für Erbbaurechte an Ein- und Zweifamilienhäusern in Hannover 2007		
	Ein- und Zweifamilienhäuser	Reihenhäuser und Doppelhaushälften
Vergleichsfaktor	0,82	0,91
Untersuchungszeitraum	1995 bis 2000	1995 bis 2000
Wohnflächenpreis	1 200 bis 2 200 €/m²	1 000 bis 2 100 €/m²
Restlaufzeit des Erbbaurechts	40 bis 85 Jahre	30 bis 84 Jahre

Quelle: Grundstücksmarktbericht des Gutachterausschusses von Hannover

Eine Abhängigkeit von weiteren Merkmalen wie Wohnflächenpreis, Restlaufzeit des Erbbaurechts, Rendite des Erbbaurechts, Bodenwertanteil am Gesamtwert oder Höhe des Bodenwerts konnte nicht nachgewiesen werden. Um eine sach- und marktgerechte Wertermittlung in Zukunft durchführen zu können, sind die Gutachterausschüsse gefordert, zeitnahe und sig-

Erbbaurecht — Rechte und Belastungen IX

nifikante Markanpassungsfaktoren festzustellen, und das nicht nur im großstädtischen Bereich, sondern auch im ländlichen Umfeld.

Beispiel 4 (Anl. 13 WERTR 06) – Vergleichswertverfahren nach Nr. 4.3.3.1 **158**

Ermittlung des Verkehrswerts des mit dem vorstehend beschriebenen Erbbaurecht bebauten Grundstücks (Abb. 27).

Abb. 27: Ermittlung des Verkehrswerts des Erbbaurechtgrundstücks im Vergleichswertverfahren

Vorgaben:	wie Beispiel 1	
	Rendite aus dem Verhältnis erzielbarer Erbbauzins zu Bodenwert des unbelasteten Grundstücks 748,95 € p.a. × 100/60 000 €	1,25 %
	Vergleichsfaktor auf den Wert des unbelasteten Bodenwertes (in Abhängigkeit von der Erbbauzinsrendite und dem Bodenwertniveau)	0,70
Berechnung:	Bodenwert des unbelasteten Grundstücks	60 000 €
	Vergleichsfaktor	0,70
	Zu-/Abschläge wegen besonderer vertraglicher Vereinbarungen	± 0 €
	Verkehrswert des Erbbaugrundstücks 60 000 € × 0,7	**42 000 €**

Für die Verkehrswertermittlung von Erbbaurechtsgrundstücken mit Eigenheimnutzung in *Frankfurt am Main* wurden von *Debus* (bezogen auf eine durchschnittliche Grundstücksfläche von 320 m², eine Restlaufzeit des Erbbaurechtsvertrags von 75 Jahren, einem Baujahr von 1971, eine Wohnfläche von 130 m² und eine Restnutzungsdauer von 75 Jahren) die aus Abb. 28 ersichtlichen Vergleichsfaktoren ermittelt.

IX Rechte und Belastungen — Erbbaurecht

Abb. 28: Erbbaurechtsfaktoren von Erbbaurechtsgrundstücken mit Eigenheimnutzung in Frankfurt am Main

Vergleichsfaktoren für bebaute Erbbaugrundstücke (Eigenheimmarkt) in Abhängigkeit von der Grundstücksgröße									
m²	Faktor	m²	Faktor	m²	Faktor	m²	Faktor	m²	Faktor
100	0,87	300	0,66	500	0,56	700	0;50	900	0,45
110	0,85	310	0,65	510	0,56	710	0,50	910	0,45
120	0,83	320	0,65	520	0,55	720	0,49	920	0,45
130	0,82	330	0,64	530	0,55	730	0,49	930	0,44
140	0,81	340	0,64	540	0,55	740	0,49	940	0,44
150	0,79	350	0,63	550	0,54	750	0,48	950	0,44
160	0,78	360	0,62	560	0,54	770	0,48	960	0,44
170	0,77	370	0,62	570	0,54	770	0,48	970	0,44
180	0,76	380	0,61	580	0,53	780	0,48	980	0,43
190	0,75	390	0,61	590	0,53	790	0,47	990	0,43
200	0,74	400	0,60	600	0,53	800	0,47	1000	0,43
210	0,73	410	0,60	610	0,52	810	0,47	1010	0,43
220	0,72	420	0,60	620	0,52	820	0,43	1020	0,43
230	0,71	430	0,59	630	0,52	830	0,42	1030	0,42
240	0,70	440	0,59	640	0,52	840	0,42	1 040	0,42
250	0,69	450	0,58	650	0,51	850	0,46	1 050	0,42
260	0,69	460	0,58	660	0,51	860	0,46	1 060	0,42
270	0,68	470	0,57	670	0,51	870	0,46	1 070	0,42
280	0,67	480	0,57	680	0,50	880	0,45	1 080	0,42
290	0,67	490	0,57	690	0,50	890	0,45	1 090	0,41

Quelle: Debus GuG 2007, 65

Vom Gutachterausschuss für Grundstückswerte in der Stadt und im Landkreis *Osnabrück* wurden folgende Erbbaurechtsfaktoren (Kaufpreis von Erbbaurechtsgrundstücken/erschließungsbeitragsfreien Bodenwert) in Abhängigkeit von der jeweiligen Rendite (= Erbbauzins zum Zeitpunkt des Verkaufs × 100 % / Bodenwert) ermittelt:

Abb. 29: Erbbaurechtsfaktoren von Erbbaurechtsgrundstücken in Abhängigkeit von der Rendite in Stadt und Land Osnabrück

Quelle: Landesgrundstücksmarktbericht 2007

Erbbaurecht — Rechte und Belastungen IX

Der Bodenwert des Erbbaugrundstücks ergibt sich durch Multiplikation des Erbbaurechtsfaktors mit dem Bodenwert des erschließungsbeitragspflichtigen Grundstücks.

Beispiel:

Grundstücksgröße	750 m²
Bodenrichtwert	150 €/m²
Erzielbarer Erbbauzins	2 250 €/Jahr
Unbelasteter voll erschlossener Bodenwert: 150 €/m² × 750 m² =	112 500 €
Rendite 2 250 €/Jahr × 100 %/112 500 € =	3,0 %
Erbbaurechtsfaktor	0,69
Wert des Erbbaugrundstücks 112 500 € × 0,69 =	**rd. 78 000 €**

2.4.3.3 Finanzmathematische Methode

a) Grundsätze der Wertermittlung von Erbbaurechten

Der **Wert des Rechts setzt sich aus dem Bodenwertanteil und dem Gebäudewertanteil zusammen**. Zur Berücksichtigung der Lage auf dem Grundstücksmarkt ist ein Marktanpassungsfaktor anzuwenden. Nach § 14 ImmoWertV gehören dazu Faktoren zur Anpassung finanzmathematischer Werte von Erbbaurechten oder Erbbaugrundstücken, die aus dem Verhältnis geeigneter Kaufpreise zu den finanzmathematischen errechneten Werten von entsprechenden Erbbaurechten oder Erbbaugrundstücken abgeleitet werden (Erbbaurechts- oder Erbbaugrundstücksfaktoren). Da die Marktlage regelmäßig nicht durch einen angemessenen nutzungstypischen Liegenschaftszins für das Erbbaurecht erfasst werden kann, wird in den Beispielen von einer angemessenen Verzinsung des unbelasteten Bodenwerts ausgegangen.

Abb. 30: Wert des Erbbaurechts – Bodenwertanteil

Der **Bodenwertanteil** ergibt sich, wenn der erzielbare Erbbauzins unter der angemessenen Verzinsung des Bodenwerts des unbelasteten Grundstücks liegt. Zu seiner Ermittlung ist von der Differenz zwischen dem erzielbaren Erbbauzins und dem am Wertermittlungsstichtag angemessenen Bodenverzinsungsbetrag des unbelasteten Grundstücks auszugehen. Die sich ggf. ergebende Differenz ist mit dem entsprechenden Barwertfaktor (Vervielfältiger) auf die Restlaufzeit des Erbbaurechts zu kapitalisieren.

Sind **Erschließungsbeiträge** bereits entrichtet – unabhängig davon, wer sie gezahlt hat –, ist grundsätzlich von erschließungsbeitragsfreiem Bodenwert auszugehen.

Ein **Gebäudewertanteil** ergibt sich, wenn das Gebäude bei Bestellung des Erbbaurechts bereits vorhanden war oder der Erbbauberechtigte das Grundstück aufgrund des Erbbaurechts bebaut hat. Der Gebäudewertanteil des Erbbaurechts entspricht im Regelfall dem Gebäudesach- oder Gebäudeertragswert. Der Gebäudewertanteil kann mit Hilfe des Vergleichs- oder Ertragswertverfahrens direkt ermittelt werden. Bei Anwendung des Sachwertverfahrens ist zu beachten, dass u.U. spezielle **Marktanpassungsfaktoren für Erbbaurechte** verwendet wer-

IX Rechte und Belastungen — Erbbaurecht

den müssen, die mit den „üblichen" Sachwertfaktoren für das Sachwertverfahren i.d.R. nicht übereinstimmen.

Abb. 31: Bodenwertanteil des Erbbaurechts

Abb. 32: Wert des Erbbaurechts – Gebäudewertanteil

162 Hat der Grundstückseigentümer bei Ablauf des Erbbaurechts eine **Entschädigung** zu zahlen, bemisst sich die Entschädigung üblicherweise nach dem Gebäudesach- oder Gebäudeertragswert. Eine Minderung dieses Werts kann sich ergeben, wenn die Restnutzungsdauer des Gebäudes die Restlaufzeit des Erbbaurechtes übersteigt und wenn das Gebäude nach dem Erbbaurechtsvertrag nicht oder nur teilweise zu entschädigen ist. In diesem Fall mindert sich der Gebäudewert um den Anteil, der vom Grundstückseigentümer nicht zu entschädigen ist. Übersteigt die Restnutzungsdauer des Gebäudes die Restlaufzeit des Erbbaurechts nicht oder ist das Gebäude voll zu entschädigen, ergibt sich keine Minderung des Gebäudewertanteils des Erbbaurechts.

b) Grundsätze der Wertermittlung von Erbbaurechtgrundstücken

163 Grundlage der Wertermittlung eines Erbbaugrundstücks ist der Bodenwert ohne Belastung mit dem Erbbaurecht. Eine Wertminderung des Erbbaugrundstücks ergibt sich, wenn der erzielbare Erbbauzins unter der angemessenen Verzinsung des Bodenwerts (Bodenwertverzinsungsbetrag) des unbelasteten Grundstücks liegt. Der Bodenwertanteil des Erbbaugrundstücks nähert sich bei kurzer Restlaufzeit des Erbbaurechts dem Bodenwert des unbelasteten Grundstücks.

Der **Bodenwertanteil** des Erbbaugrundstücks ist die Summe aus dem über die Restlaufzeit des Erbbaurechts abgezinsten Bodenwert des unbelasteten Grundstücks und den über den gleichen Zeitraum kapitalisierten erzielbaren Erbbauzinsen.

Abb. 33: Wert des Erbbaugrundstücks – Bodenwertanteil

Analog der Ermittlung des Bodenwertanteils des Erbbaurechts wird in Ermangelung von Marktanpassungsfaktoren von der angemessenen Verzinsung des unbelasteten Bodenwerts ausgegangen. Ebenso ist bei bereits erschlossenen Grundstücken vom erschließungsbeitragsfreien Bodenwert auszugehen (Abb. 34).

Abb. 34: Wert des Erbbaugrundstücks – möglicher Gebäudewertanteil

Ein **Gebäudewertanteil** des Erbbaugrundstücks kann sich ergeben, wenn die Restnutzungsdauer des Gebäudes die Restlaufzeit des Erbbaurechts erheblich übersteigt oder das Gebäude nicht oder nur teilweise zu entschädigen ist.

Der Gebäudewertanteil des Erbbaugrundstücks entspricht dem Wertvorteil, den der Grundstückseigentümer dadurch erlangt, dass er entsprechend den Regelungen des Erbbaurechtsvertrages keinen oder nur einen Teil des bei Auslauf des Erbbaurechtsvertrages bestehenden Werts des Gebäudes an den Erbbauberechtigten zu vergüten hat. Dieser Vorteil berechnet sich zum Zeitpunkt des Ablaufs des Erbbaurechts nach den allgemeinen Wertverhältnissen des Wertermittlungsstichtags und ist auf diesen Zeitpunkt abzuzinsen.

Übersteigt die Restnutzungsdauer des Gebäudes die Restlaufzeit des Erbbaurechts nicht oder ist es voll zu entschädigen, ergibt sich kein Gebäudewertanteil des Erbbaurechts.

IX Rechte und Belastungen — Erbbaurecht

166 Verkehrswertermittlung des Erbbaurechts von unbebauten Grundstücken (alte Fassung WertR 02) (Abb. 35)

Abb. 35: Erbbaurecht: Unbebaute Grundstücke (alte Fassung WERTR 02)

Abb. 36: Erbbaurecht; Unbebaute Grundstücke (Fassung WERTR 06)

Verkehrswertermittlung des Erbbaurechts von bebauten Grundstücken (alte Fassung WertR 02) (Abb. 37 f.)

Abb. 37: Erbbaurecht: Bebaute Grundstücke (alte Fassung WERTR 02)

IX Rechte und Belastungen — Erbbaurecht

Abb. 38: Erbbaurecht: Sachwertobjekt Fassung WERTR 06

168 *Beispiele 2 und 3* (Anl. 12 WERTR 06) – Finanzmathematische Methode nach Nr. 4.3.2.2

Ermittlung des Verkehrswerts des Erbbaurechts (Einfamilienhaus)
Bodenwertanteil des Erbbaurechts (Einfamilienhausgrundstück)

Vorgaben:	wie Beispiel 1	
Berechnung:	Liegenschaftszinssatz 3 %	
	angemessener Erbbauzins 3 % von 60 000 €	1 800,00 €
	gezahlter Erbbauzins	− 748,95 €
	Differenz	1 051,05 €
	Vervielfältiger bei 50 Jahren Restnutzungsdauer und 3 % Liegenschaftszinssatz =	25,73
	Bodenwertanteil des Erbbaurechts 1 051,05 € × 25,73	27 044 €

Gebäudewertanteil des Erbbaurechts

Vorgaben:	wie Beispiel 1	
Berechnung:	Gebäudesachwert	100 000 €
	Bodenwertanteil des Erbbaurechts	+ 27 044 €
	Ausgangswert	127 044 €
	Marktanpassungsfaktor für Erbbaurechte =	1,1
	Zwischensumme 127 044 € × 1,1	139 748 €
	Zu- oder Abschläge wegen besonderer vertraglicher Vereinbarungen	± 0 €
	Verkehrswert des Erbbaurechts	**rd. 140 000 €**

Beispiel 5 (Anl. 13 WertR 06) – **Finanzmathematische Methode** 169

Ermittlung des Verkehrswerts des **Erbbaugrundstücks** (Einfamilienhaus)		
Vorgaben:	wie Beispiel 1	
Berechnung:	unbelasteter Bodenwert	60 000 €
	Abzinsfaktor bei 50 Jahren und 3 % Liegenschaftszinssatz	= 0,2281
	abgezinster Bodenwert 60 000 € × 0,2281	13 686 €
	vertraglicher Erbbauzins	748,95 €
	Vervielfältiger bei 50 Jahren Restlaufzeit und 3 % Liegenschaftszinssatz = 25,73	
	Barwert des vertraglichen Erbbauzinses 748,95 € × 25,73	+19 270 €
	Finanzmathematischer Wert des Erbbaugrundstücks	32 956 €
	Marktanpassungsfaktor 1,4 (entspricht 40 % Zuschlag)	
	Verkehrswert des Erbbaugrundstücks 32 956 € × 1,4	**rd. 46 000 €**

2.4.3.4 Verfahren nach WertR 02

a) Allgemeines

Die Wertermittlung der Erbbaurechtsgrundstücke nach der bis zum 1.3.2006 geltenden Fassung der WertR 02 ist im Prinzip wie die finanzmathematische Methode der WertR 06 aufgebaut. 170

Bei Anwendung des Verfahrens nach den WertR 02 ist zunächst vom Wert des unbelasteten Grundstücks auszugehen. Die **Differenz zwischen dem angemessenen und dem tatsächlich gezahlten Erbbauzins** ist ebenfalls über die Restlaufzeit zu kapitalisieren. Der sich danach ergebende Betrag ist dann jedoch mit einem Wertfaktor zu multiplizieren, der je nach Beeinträchtigung durch die Erbbaurechtsgestaltung im Vertrag (vgl. Rn. 175 ff.) mit 0,3 bis 0,8 – in Einzelfällen bis 0,9 – anzunehmen ist (Abb. 39 und 40).

Hier liegt die **Schwachstelle im Verfahren nach der WertR** (vgl. Rn. 189)[83]. Zwar ist die Korrektur durch einen Wertfaktor berechtigt, da in Marktuntersuchungen eindeutig nachgewiesen wurde, dass die Kaufpreise für den Grund und Boden z.T. erheblich über den rein rechnerisch ermittelten Bodenwerten lagen. Allerdings ist die Höhe des Wertfaktors kaum plausibel zu begründen. Das zeigt sich auch aus einer Untersuchung des Deutschen Städtetags in 73 Städten in der ehemaligen Bundesrepublik aus dem Jahre 1989 über die von städtischen Stellen bei der Wertermittlung von Erbbaurechten herangezogenen Wertfaktoren (Abb. 40). 171

Allerdings ist herauszustellen, dass die Methode nach der WertR 06 nicht immer anwendbar ist, weil Erbbaurechtsfaktoren (Marktanpassungsfaktoren) nur vereinzelt vorliegen. Deshalb ist, bei allen Problemen, ein Rückgriff auf das Verfahren nach der WertR 02 zulässig und bei vielen Fallgestaltungen geboten.

---

[83] Eine Überarbeitung der WertR wurde gleichwohl vom Deutschen Städtetag nicht für erforderlich gehalten (vgl. Teil V Vorbem. zur ImmoWertV Rn. 42).

IX Rechte und Belastungen — Erbbaurecht

Abb. 39: Wertermittlung des Bodenwertanteils des Erbbaurechts (unbebautes Grundstück) nach WERTR 02

Abb. 40: Wertfaktoren

Wertfaktor	bei kurzer Laufzeit (< 10 Jahre)	bei mittlerer Laufzeit (> 10 < 30 J.)	bei langer Laufzeit (> 30 Jahre)
> 0,4	28,5	–	–
0,4	14,5	8,5	–
0,5	33,5	62,5	72,5
0,5–0,6	4,5	8,5	7,0
0,6	–	8,5	3,5
< 0,6	19,0	12,0	17,0

Es fällt auf, dass überwiegend der mittlere Faktor 0,5 angewendet wurde, was bei der Unsicherheit der Begründung über die Höhe des Faktors zu erwarten war.

172   Wie das nachfolgende *Beispiel* zeigt, führt der Wertfaktor zu einem relativ hohen Bodenwert für den Erbbauverpflichteten.

Erbbaurecht   **Rechte und Belastungen IX**

Beispiel: **173**
Ermittlung des Bodenwertanteils des Erbbaurechts und des belasteten Grundstücks (Anl. 12 zu Nr. 4.2.2.3 WertR 02)
Vertrag ohne Anpassungsklausel (finanzmathematische Methode)
Vertragsabschluss 1935: Laufzeit 100 Jahre; Restlaufzeit 1975: 60 Jahre

Bodenwert ohne Belastung   1935:   1 000 m² × 3 RM/m²   = 3 000 RM
                                                  1975:   1 000 m² × 30 DM/m²   = 30 000 DM

Erbbauzins (1935 für Gesamtlaufzeit ohne Anpassungsklausel vereinbart): 90 DM = 3 v.H.
Angemessener Zins 1975:   für gemischt genutztes Grundstück 6 v.H.
                                     für Einfamilienhausgrundstück 5 v.H.

2.1 Gemischt genutztes Grundstück		**2.2 Einfamilienhausgrundstück**	
Bodenwertanteil des Erbbaurechts			
2.1.1	DM	2.2.1	DM
Angemessener Jahreszins 1975		Angemessener Jahreszins 1975	
6 v.H. von 30 000	1 800	5 v.H. von 30 000	1 500
Vertraglicher Erbbauzins	– 90	Vertraglicher Erbbauzins	– 90
Differenz	1 710	Differenz	1 410
Rentenbarwertfaktor		Rentenbarwertfaktor	
bei 60 Jahren und 6 v.H.	16,16	bei 60 Jahren und 5 v.H.	18,93
Wertfaktor	0,5	Wertfaktor	0,5
Bodenwertanteil des Erbbaurechts		Bodenwertanteil des Erbbaurechts	
1 710 × 16,16 × 0,5	**13 817**	1 410 × 18,93 × 0,5	**13 346**
Wert des mit dem Erbbaurecht belasteten Grundstücks			
2.1.2	DM	2.2.2	DM
Bodenwert 1975 ohne Belastung	30 000	Bodenwert 1975 ohne Belastung	30 000
Wertminderung durch Erbbaurecht:		Wertminderung durch Erbbaurecht:	
Angemessener Jahreszins		Angemessener Jahreszins	
1975 (wie 2.1.1)	1 800	1975 (wie 2.2.1)	1 500
Vertraglicher Erbbauzins	– 90	Vertraglicher Erbbauzins	– 90
Differenz	1 710	Differenz	1 410
Rentenbarwertfaktor		Rentenbarwertfaktor	
bei 60 Jahren und 6 v.H.	16,16	bei 60 Jahren und 5 v.H.	18,93
Wertfaktor	0,6	Wertfaktor	0,6
Wertminderung		Wertminderung	
1 710 × 16,16 × 0,6	– 16 580	1 410 × 18,93 × 0,6	– 16 015
Wert des mit dem Erbbaurecht belasteten Grundstücks	**13 420**	Wert des mit dem Erbbaurecht belasteten Grundstücks	**13 985**

IX Rechte und Belastungen — Erbbaurecht

Abb. 41: Wertermittlung eines mit einem Erbbaurecht belasteten unbebauten Grundstücks

Kleiber/Simon 06/Fischer 09

174 *Beispiel:*

Verkehrswertermittlung des Bodenwertanteils des Erbbaurechts und des belasteten Grundstücks (Anl. 13 WertR 02 zu Nr. 4.2.2.3)

Vertrag mit ursprünglich vereinbarter Anpassungsklausel (finanzmathematische Methode)

Vertragsabschluss 1955; Laufzeit 80 Jahre; Restlaufzeit 1975: 60 Jahre

Bodenwert ohne Belastung 1955: 1 000 m² × 3 DM/m² = 3 000 DM
 1975: 1 000 m² × 30 DM/m² = 30 000 DM

Erbbauzins (1955 für Gesamtlaufzeit mit Anpassungsklausel nach Lebenshaltungskostenindex vereinbart): 90 DM = 3 v.H.

Angemessener Zins 1975: für gemischt genutztes Grundstück 6 v.H.
 für Einfamilienhausgrundstück 5 v.H.

Lebenshaltungskostenindex: 1958 = 100; 1955 = 93,5; 1975 = 176,1

Erbbaurecht   **Rechte und Belastungen IX**

Bodenwertanteil des Erbbaurechts

3.1 Gemischt genutztes Grundstück		3.2 Einfamilienhausgrundstück	
3.1.1	DM	3.2.1	DM
Angemessener Jahreszins 1975		Angemessener Jahreszins 1975	
6 v.H. von 30 000	1 800	5 v.H. von 30 000	1 500
Vertraglicher Erbbauzins		Vertraglicher Erbbauzins	
90 × 176,1/93,5	− 170	90 × 176,1/93,5	− 170
Differenz	1 630	Differenz	1 330
Rentenbarwertfaktor		Rentenbarwertfaktor	
bei 60 Jahren und 6 v.H.	16,16	bei 60 Jahren und 5 v.H.	18,93
Wertfaktor	0,5	Wertfaktor	0,5
Bodenwertanteil des Erbbaurechts		Bodenwertanteil des Erbbaurechts	
1 630 × 16,16 × 0,5	**13 170**	1 330 × 18,93 × 0,5	**12 590**

Wert des mit dem Erbbaurecht belasteten Grundstücks

3.1.2	DM	3.2.2	DM
Bodenwert 1975 ohne Belastung	30 000	Bodenwert 1975 ohne Belastung	30 000
Wertminderung durch Erbbaurecht		Wertminderung durch Erbbaurecht	
Angemessener Jahreszins		Angemessener Jahreszins	
1975 (wie 3.1.1)	1 800	1975 (wie 3.2.1)	1 500
Vertraglicher Erbbauzins		Vertraglicher Erbbauzins	
90 × 176,1/93,5	− 170	90 × 176,1/93,5	− 170
Differenz	1 630	Differenz	1 330
Rentenbarwertfaktor		Rentenbarwertfaktor	
bei 60 Jahren und 6 v.H.	16,16	bei 60 Jahren und 5 v.H.	18,93
Wertfaktor	0,6	Wertfaktor	0,6
Wertminderung		Wertminderung	
1 630 × 16,16 × 0,6	− 15 800	1 330 × 18,93 × 0,6	− 15 110
Wert des mit dem Erbbaurecht belasteten Grundstücks	**14 200**	Wert des mit dem Erbbaurecht belasteten Grundstücks	**14 890**

b) Wertfaktor

175 Bei der Ermittlung des Bodenwertanteils ist stets vom Bodenwert des unbelasteten Grundstücks auszugehen. Die Differenz zwischen dem angemessenen und dem tatsächlich gezahlten Erbbauzins ist über die Restlaufzeit zu kapitalisieren. Der sich danach ergebende Betrag ist dann jedoch mit einem Wertfaktor zu multiplizieren, der je nach **Beeinträchtigung durch die Erbbaurechtsgestaltung im Vertrag** mit 0,3 bis 0,8 – in Einzelfällen bis 0,9 – anzunehmen ist.

176 Zur **Wahl der Wertfaktoren** werden unter Nr. 4.2.2.3 WERTR 02 folgende Hinweise gegeben:

„Zur Ermittlung des **Bodenwertanteils des Erbbaurechts** ist von der Differenz zwischen dem vertraglich und gesetzlich erzielbaren Erbbauzins und dem am Stichtag angemessenen Verzinsungsbetrag des Bodenwerts des nicht mit einem Erbbaurecht belasteten Grundstücks auszugehen. Der Zinssatz ist nach der Art des Grundstücks (z. B. Einfamilienhausgrundstück, Mietwohngrundstück) und/oder nach der Lage auf dem Grundstücksmarkt zu bestimmen. Die Differenz ist mit Hilfe des Vervielfältigers (zugleich Rentenbarwertfaktor, vgl. Anlage 5) über die Restlaufzeit des Erbbauvertrags zu kapitalisieren und im Hinblick auf die in Nummer 4.2.1 genannten Einflüsse mit einem Wertfaktor zu multiplizieren. Dieser Wertfaktor ist abhängig von der Gewichtung der in Nummer 4.2.1 genannten Faktoren; er liegt

– regelmäßig zwischen 0,3 und 0,8,

IX Rechte und Belastungen — Erbbaurecht

- in Einzelfällen bis 0,9,
- bei Verträgen ohne Anpassungsklausel im Durchschnitt bei 0,5.

Der Wertfaktor ist umso größer, je geringer die Einschränkungen für den Erbbauberechtigten sind, er ist umso kleiner, je größer sie sind. Die Wahl des Wertfaktors ist zu begründen. Ergeben Marktuntersuchungen abweichende Faktoren, so sind diese zu Grunde zu legen.

Zur Ermittlung des Werts des **erbbaurechtsbelasteten Grundstücks** ist von dem Bodenwert des unbelasteten Grundstücks auszugehen. Zur Berücksichtigung der Wertminderung infolge der Belastung des Grundstücks durch das Erbbaurecht ist der Minderertrag (Differenz zwischen dem am Stichtag angemessenen Verzinsungsbetrag des Bodenwerts des unbelasteten Grundstücks und dem vertraglich und gesetzlich erzielbaren Erbbauzins) auf die Restlaufzeit mit Hilfe des Vervielfältigers (Anlage 5) zu kapitalisieren und wegen der neben dem Erbbauzins dem Grundstückseigentümer zustehenden sonstigen vertraglichen und gesetzlichen Rechte mit einem Wertfaktor zu multiplizieren. Dieser Wertfaktor ist abhängig von dem Gewicht der Beeinträchtigungen des Grundstücks durch das Erbbaurecht. Er liegt

- regelmäßig zwischen 0,3 (bei geringeren Beeinträchtigungen des Grundstücks) und
- 0,8 (bei überdurchschnittlichen Beeinträchtigungen des Grundstücks),
- in Einzelfällen bei 0,9,
- bei Verträgen ohne Anpassungsklausel in der Regel bei 0,5.

Der Wertfaktor und damit die Wertminderung ist umso größer, je größer die Einschränkungen für den Eigentümer sind, er ist umso kleiner, je geringer sie sind. Die Wahl des Wertfaktors ist zu begründen. Ergeben Marktuntersuchungen abweichende Faktoren, so sind diese zu Grunde zu legen. Der bei der Ermittlung des Werts des belasteten Grundstücks anzusetzende Wertfaktor, der die Wertminderung betrifft, darf für das gleiche Grundstück in der Regel den bei der Ermittlung des Bodenwertanteils des Erbbaurechts anzusetzenden Wertfaktor nicht unterschreiten."

Wertfaktoren		
Ermittlung des Bodenwertanteils des Erbbaurechts	**Wertfaktor**	**Ermittlung des Bodenwerts des belasteten Grundstücks**
Der Wertfaktor ist umso größer, je geringer die Einschränkungen für den Erbbauberechtigten sind; er ist umso kleiner, je größer sie sind		*Der Wertfaktor und damit die Wertminderung ist umso größer, je größer die Einschränkungen für den Eigentümer sind; er ist umso kleiner, je geringer sie sind*
	0,3	Keine oder nur geringe vertragliche Einschränkungen für den Erbbauverpflichteten
Große vertragliche Einschränkungen für den Erbbauberechtigten	0,4	
Fehlen jeglicher Wertsicherungsklauseln	0,5	Fehlen jeglicher Wertsicherungsklauseln
	0,7	Große vertragliche Einschränkungen für den Erbbauverpflichteten
Keine oder nur geringe vertragliche Einschränkungen für den Erbbauberechtigten	0,8	Überdurchschnittliche Beeinträchtigung für den Erbbauverpflichteten
Im Einzelfall	0,9	Im Einzelfall

177 Die **Wertfaktoren für den Erbbauberechtigten und den Erbbauverpflichteten müssen nicht unbedingt gleich groß sein**. Die Wahl des Wertfaktors hängt von dem Maß der jeweiligen Beeinträchtigungen des Erbbauberechtigten und des Erbbauverpflichteten ab. Der bei der Wertermittlung des belasteten Grundstücks angesetzte Wertfaktor soll den bei der Ermittlung des Bodenwertanteils des Erbbaurechts angesetzten Wertfaktor nicht unterschreiten (vgl. Nr. 4.2.2.3 WERTR 02).

178 Es gilt also der **Grundsatz, dass der Wertfaktor umso größer ist, je geringer die Einschränkungen für den Erbbauberechtigten sind,** also umso größer, je größer die Einschränkungen für den Grundstückseigentümer sind.

Erbbaurecht

179 Zu den **Einschränkungen, die aus dem Erbbaurechtsvertrag** resultieren, vgl. Rn. 67 ff.

180 Die **Wahl des Wertfaktors** ist in jedem Fall **zu begründen**. Hier liegt, wie vorstehend unter Rn. 171 ff. und 189 bereits angesprochen, die Schwachstelle im Verfahren nach der WERTR. Wie das nachfolgende *Beispiel* zeigt, führt der Wertfaktor zu einem relativ hohen Bodenwert für den Erbbauverpflichteten.

181 *Beispiel:*

Restlaufzeit des Erbbaurechts größer oder gleich der Lebensdauer des aufstehenden Gebäudes. Bodenwert 100 000 €. Restlaufzeit des Erbbaurechts 30 Jahre. Vereinbarter Erbbauzins wie vorstehend 3 000 €, Wertfaktor 0,5 (0,6)

Bodenwertanteil des Erbbaurechts		Wert des mit dem Erbbaurecht belasteten Grundstücks	
3 000 € × 13,76* × 0,5 =	20 640 €	Bodenwert des unbelasteten Grundstücks	100 000 €
		Minderung: 3 000 € × 13,76* × 0,6 =	− 24 768 €
	20 640 €		75 232 €

* Rentenbarwertfaktor bei 30 Jahren und 6 % Zins.

Die Berücksichtigung der Wertfaktoren bei der Wertermittlung nach den WERTR 02 geht auf eine Untersuchung von *Lehmann*[84] zurück, der Verkäufe von Grundstücken, die mit einem Erbbaurecht belastet waren, mittels mathematisch-statistischer Methoden untersucht hat. Allerdings standen Lehmann **nur Verkäufe des Erbbauverpflichteten an den Erbbauberechtigten** zur Verfügung. Es ist davon auszugehen, dass wegen der einseitigen Interessenlage überhöhte Bodenwertanteile für den Verpflichteten ermittelt wurden. In seiner Untersuchung hat Lehmann eigentlich nur festgestellt, dass die Kaufpreise für belastete Grundstücke immer unter den Kaufpreisen für unbelastete Grundstücke liegen, und dass der Faktor von der Höhe des Erbbauzinses (Rendite) abhängt. Allerdings erklären die von ihm ermittelten Korrelationskoeffizienten letzteres Ergebnis nur ungenügend (bei Verträgen ohne Anpassungsklausel 0,35, bei Verträgen mit Anpassungsklausel 0,52)[85]. Das darauf aufbauende Verfahren nach WERTR ist nur geringfügig modifiziert. Die Übernahme und Interpretation der Ergebnisse der Untersuchung von Lehmann führt in Sonderfällen zu teilweise grotesken Situationen (z. B. bei der *Zwangsversteigerung* oder im Erbfall, vgl. Rn. 127, 193, 217 und 227 ff.).

c) Weiterführende Überlegungen

182 Der Wert des Erbbaurechts und des belasteten Grundstücks wird von folgenden drei Einflussfaktoren geprägt:

a) dem Erbbauzins,

b) der Wertsicherungsklausel und

c) den Beschränkungen, die sich aus dem Erbbaurechtsvertrag ergeben und in den Wertfaktoren ihren Niederschlag finden sollen (Abb. 42).

---

84 Lehmann, Zur Ermittlung von Erbbaurechtsgrundstücken, Hannover 1984.
85 Lehmann, Der Einfluss des Erbbaurechts auf den Wert des Grundstücks, DS IX, 70 ff.

Abb. 42: Einflussfaktoren auf das Erbbaurecht

183   Nach Nr. 4.2.2 der WERTR 02 sind diese drei **Einflussgrößen voneinander abhängig.** Das ergibt sich aus den zur Ermittlung des Bodenwertanteils des Erbbaurechts anzuwendenden Formeln:

a) **Bodenwertanteil des Erbbaurechts =
kapitalisierter Vorteil der Bodennutzung × Wertfaktor**

und aus der zur Ermittlung des Bodenwerts des *belasteten* Grundstücks anzuwendenden Formel:

b) **Bodenwertanteil des belasteten Grundstücks =
kapitalisierter Nachteil aus Bodenverzinsung × Wertfaktor**

184   Der kapitalisierte Zinsvorteil aus der Bodennutzung für den Erbbauberechtigten, der von der Höhe des Erbbauzinses und der Art der Wertsicherungsklausel abhängt, wird mit einem Faktor < 1 multipliziert, dessen Höhe von den Einschränkungen bestimmt wird, die sich für den Erbbauberechtigten aus dem Erbbaurechtsvertrag (vgl. §§ 2 bis 8 ErbbauRG) ergeben (vgl. Nr. 4.2.1 i.V.m. Nr. 4.2.2.3 WERTR).

185   Eine **Abhängigkeit von Erbbauzins und Wertsicherungsklausel** ist gegeben, denn die Wertsicherungsklausel kann zu einer höheren oder geringeren Anpassung des Erbbauzinses an den Bodenwert führen. Entsprechend wäre denkbar, bei höherer Anpassung für die Kapitalisierung des Vorteils des Erbbauberechtigten mit einem Zinssatz zu kapitalisieren, der dem Liegenschaftszinssatz nahe kommt und bei geringeren Anpassung mit einem Liegenschaftszinssatz, der dem Kapitalmarktzins angenähert ist[86].

186   In Fachkreisen wird aber die Abhängigkeit des Erbbauzinses oder der Wertsicherungsklausel von den Einschränkungen, die sich aus dem Erbbaurechtsvertrag ergeben (im Wesentlichen Zustimmungsvorbehalte des Erbbaurechtsausgebers), angezweifelt[87]:

Es liegen zwei identische Erbbaurechtsverträge vor. Bei einem Vertrag beträgt der jährliche Vorteil des Erbbauberechtigten aus der Bodennutzung 16 000 €, bei dem anderen Vertrag hingegen 88 000 €.

Vorteil des Erbbauberechtigten aus der Bodennutzung (ortsüblicher Bodenzins – Erbbauzins) × Vervielfältiger	16 000 €	88 000 €
Beeinträchtigungen aus dem Erbbaurechtsvertrag ergeben bei Faktor 0,3 folgende Bodenwertanteile für das Erbbaurecht	– 4 800 €	– 26 400 €
Abschlag wegen der Beeinträchtigungen, die sich aus dem Erbbaurechtsvertrag ergeben, folglich	**11 200 €**	**61 600 €**

---

[86] Nach Nr. 4.2.2.3 WERTR 02 ist der Zinssatz allerdings nach der Nutzungsart des Grundstücks oder nach der Lage auf dem Grundstücksmarkt zu bestimmen.
[87] Vgl. Werth, Gedanken zur Änderung des § 21 ErbbauVO aus der Sicht der Hypothekenbanken, DLK 1989, 72.

Bei großen Einschränkungen für den Erbbauberechtigten, die sich aus dem Erbbaurechtsvertrag ergeben, ist – unabhängig von der Höhe des Erbbauzinses – nach den WERTR der Faktor 0,3 anzunehmen. Im Beispiel sind die Einschränkungen für beide Objekte gleich groß. Der Ansatz des Wertfaktors führt je nach Höhe des Erbbauzinses aber zu sehr unterschiedlichen Abschlägen (11 200 € bzw. 61 000 €).

Für diesen Umstand wird sich schwerlich eine plausible Begründung finden lassen. Die **Beeinträchtigungen aus dem Erbbaurechtsvertrag** sind eindeutig bestimmt, da sie nach den §§ 2 bis 8 ErbbauRG zum vertragsgemäßen Inhalt des Erbbaurechts gehören. Sie liegen auch von Anfang an vor, also zu einem Zeitpunkt, in dem die übliche Bodenverzinsung der durch Erbbaurechtsvertrag vereinbarten Bodenverzinsung i.d.R. entspricht, und zu einem Zeitpunkt, in dem kein Vorteil des Erbbauberechtigten aus der Bodennutzung besteht[88]. Sie bleiben auch über die Gesamtlaufzeit des Erbbaurechts, unabhängig von der jeweiligen Höhe des Erbbauzinses, bestehen und sollten als feste Größe in die Wertermittlung eingehen und nicht wie nach den WERTR vom Vorteil des Erbbauberechtigten aus der Nutzung des Grund und Bodens (bzw. von der Höhe des Erbbauzinses oder der Art der Wertsicherungsklausel) abhängen. Insoweit ist das Verfahren zur Ermittlung des Bodenwertanteils des Erbbaurechts und zur Bodenwertermittlung des belasteten Grundstücks nach den WERTR nicht nachvollziehbar. So führt das Verfahren nach den WERTR auch bei einigen Fallkonstellationen zu objektiv unbefriedigenden Ergebnissen (vgl. Rn. 171 ff.).

187

Eine Untersuchung des Gutachterausschusses für den Bereich der Stadt *Hamburg* aus dem Jahr 1990 scheint die in Fachkreisen geäußerte Vermutung zu bestätigen, dass die nach dem Faktorenverfahren der WERTR ermittelten Bodenwerte der belasteten Grundstücke überhöht sind. Als Ergebnis der Untersuchung wurde eine starke Abhängigkeit des Werts des belasteten Grundstücks nur von der Erbbauzinsrendite (PR = tatsächlicher Erbbauzins/unbelasteter Bodenwert) festgestellt, die nach der Formel

188

$$\text{Wertfaktor} = 0{,}630512 \times \text{PR}\,(\%)^{-0{,}106}$$

zu folgender **Wertfaktorentabelle** führt:

Erbbauzinsrendite (PR)	Wertfaktor
0,03	0,91
0,05	0,86
0,1	0,80
0,2	0,75
0,3	0,72
0,5	0,68
1,0	0,63
2,0	0,58
3,0	0,56

Das Verfahren führt im Allgemeinen zu geringeren Werten der belasteten Grundstücke und zu höheren Bodenwertanteilen der Erbbaurechte. Je näher die Erbbauzinsrendite jedoch an der ortsüblichen Bodenverzinsung liegt, umso höher werden die Werte der belasteten Grundstücke. Das ist aus der Tabelle der Wertfaktoren leicht ablesbar. Beträgt die Erbbauzinsrendite (tatsächlicher Erbbauzins/unbelasteter Bodenwert) beispielsweise 0,2 %, ist der Wertfaktor 0,75, beträgt die Erbbauzinsrendite 3 %, ist der Faktor dagegen 0,56.

189

---

[88] In diesem Fall führt die Einschränkung aus dem Erbbaurechtsvertrag zu keiner Wertveränderung, da der Wertfaktor mit 0 zu multiplizieren wäre.

IX Rechte und Belastungen — Erbbaurecht

Beispiel:

190
Bodenwert	100 000 €
Laufzeit	50 Jahre
Zinssatz	6 %
Bei Erbbauzinsrendite von 0,2 % = 200 € p.a. Abzugsbetrag vom unbelasteten Bodenwert:	
(6 000 € – 200 €) × 15,76 × 0,75	68 556 €
Bei Erbbauzinsrendite von 3 % = 3 000 € p.a. Abzugsbetrag vom unbelasteten Bodenwert:	
(6 000 € – 3 000 €) × 15,76 × 0,56	26 477 €

191 Die vom Gutachterausschuss *Hamburg* angewendete Formel bedarf jedoch noch der Überprüfung auf Allgemeingültigkeit. Eine wirklich befriedigende Lösung des Problems liegt nicht vor.

192 In der Wertermittlungspraxis deutet sich eine andere – eingangs bereits herausgestellte – Betrachtungsweise des Problems an (vgl. Rn. 142) indem von den Gutachterausschüssen Daten über der Verkauf von, mit einem Erbbaurecht belasteten Grundstücken, untersucht, nach den maßgebenden Kriterien ausgewertet und zur Verfügung gestellt werden.

193 Trotz seiner Schwächen greift die **Praxis** bei der Wertermittlung von Erbbaurechten im Normalfall zunächst noch auf das **Verfahren nach den WertR 02** zurück[89]. Das mathematische Modell nimmt keine Rücksicht auf die Marktgepflogenheiten; das Verfahren nach *Lehmann* gilt – streng genommen – nur für den norddeutschen Raum (empirische Ermittlungen). Die Parameter dürften auch heute überholt sein. Ein von *Streich*[90] vorgestelltes Verfahren vollzieht zwar in plausibler Weise die Überlegungen eines Kaufinteressenten für das Erbbaugrundstück, ist aber auch auf einen speziellen (norddeutschen) Markt ausgerichtet.

Ein Schwachpunkt der Anwendungspraxis muss darin erblickt werden, dass die **Wertfaktoren allzu schematisch zum Ansatz gebracht wurden.** Wie unter Rn. 67 herausgestellt wurde, können die Einschränkungen vielfältiger Natur sein und sich unterschiedlich auswirken. Die Einschränkungen müssen von daher einzeln substantiiert und vor allem unter Berücksichtigung der Restlaufzeit analysiert werden. So fällt z. B. die Übernahme und Kostentragung einmaliger öffentlicher Lasten durch den Erbbauberechtigten bei nur noch kurzer Laufzeit des Erbbaurechts sehr viel stärker ins Gewicht als bei langer Laufzeit. Dem kann mit pauschalen Betrachtungen über die erbbaurechtsvertraglichen Einschränkungen nicht hinreichend Rechnung getragen werden, und es empfiehlt sich dann, die jeweiligen **wirtschaftlichen Auswirkungen der Einschränkungen gesondert festzustellen und entsprechend der verbleibenden Laufzeit zu kapitalisieren.** Trotz aller Schwächen wurde bei der praktischen Anwendung häufig auf das WertR 02-Verfahren, unter Anwendung der Wertfaktoren, abgestellt.

2.4.4 Sonderfälle

Schrifttum: *Münchehofen, M./Springer, U.*, Bewerten von sonstigen vertraglichen Vereinbarungen bei Erbbaurechten zur gewerblichen Nutzung, GuG 2006, 201; *Schnabel, C.*, Die Bewertung des Erbbaurechts für Zwecke der Zwangsversteigerung, GuG 2004, 140; *Weiland, H.-O.*, Zur Beleihung von Erbbaurechten im Realkredit, GuG 1993, 263.

2.4.4.1 Erbbaurecht an bebauten Grundstücken bei kurzer Restlaufzeit des Erbbaurechtsvertrags

194 Bei der Wertermittlung von Erbbaurechten kann der Fall auftreten, dass nach Ablauf des Rechts noch ein funktionstüchtiges Gebäude vorhanden ist. Sieht der Erbbaurechtsvertrag keine Regelung vor, geht das Gebäude mit Ablauf des Rechts gegen angemessene (verein-

---

[89] Hierzu Teil V Vorbem. zur ImmoWertV Rn. 41.
[90] Streich, Erbbaurecht, VBN Seminar Hamburg.

Erbbaurecht

barte) Entschädigung in das Eigentum des Erbbaurechtsgebers über. Folgende andere Regelungen können aber vereinbart werden:

a) Das Gebäude ist abzubrechen. In diesem Fall ist die Lebensdauer des Gebäudes auf das Ablaufjahr des Rechts zu begrenzen.

b) Das Gebäude geht gegen teilweise oder ohne eine Entschädigung in das Eigentum des Erbbauverpflichteten über. Die Auswirkungen werden im nachfolgenden *Beispiel aufgezeigt.*

Gebäudewertanteil bei kurzer Restlaufzeit des Erbbaurechtsvertrags (Sachwert)   **195**

Beispiele 6 und 8 (Anl. 14 und 15 WERTR 06) nach Nr. 4.3.2.2.2 und 4.3.3.2.2

Abb. 43: Gebäudewertanteil bei kurzer Laufzeit des Erbbaurechtsvertrags; Sachwertverfahren

Beispiel:

Die Restlaufzeit des Erbbaurechtsvertrags ist kürzer als die Gebäuderestnutzungsdauer. Der Gebäudewert ist bei Vertragsablauf vom Grundstückseigentümer zu 2/3 des Verkehrswerts zu entschädigen.

Gebäudewertanteil des Erbbaurechts (*Beispiel* 6, Anl. 14 WERTR 06) nach Nr. 4.3.2.2.2

Vorgaben:	Restnutzungsdauer	50 Jahre
	Restlaufzeit des Erbbaurechtsvertrags	10 Jahre
	Gebäudeherstellungswert	150 000 €
	Alterswertminderung Gebäude (bei 100 Jahre Gesamtnutzungsdauer und 50 Jahre Restnutzungsdauer)	38 %
	Alterswertminderung des Gebäudes bei Vertragsablauf (bei 100 Jahren Gesamtnutzungsdauer und 40 Jahren Restnutzungsdauer)	48 %
Berechnung:	Gebäudeherstellungswert	150 000 €
	Alterswertminderung 38 %	– 57 000 €
	Gebäudesachwert am Wertermittlungsstichtag	93 000 €

IX Rechte und Belastungen Erbbaurecht

Wert des Gebäudes bei Vertragsablauf (Beispiel 8, Anl. 15 WERTR 06) nach Nr. 4.3.3.2.2

Herstellungswert des Gebäudes	150 000 €
Alterswertminderung (100 Jahre, 40 Jahre Restnutzungsdauer bei Vertragsablauf) 150 000 € × 0,48	− 72 000 €
Gebäudesachwert bei Vertragsablauf	78 000 €
Abzinsfaktor bei 10 Jahren Restlaufzeit, 3 % = 0,7441	
Sachwert des Gebäudes bei Vertragsablauf (abgezinst auf den Wertermittlungsstichtag) 78 000 € × 0,7441	58 040 €
nicht zu entschädigen sind 1/3 des Wertes 58 040 € × 1/3 = 19 347 €	
Gebäudewertanteil des Erbbaugrundstücks	19 347 €
Gebäudesachwert am Wertermittlungsstichtag bei voller Entschädigung	93 000 €
abzüglich Wertanteil der baulichen Anlagen, die nicht zu entschädigen sind	− 19 347 €
Gebäudewertanteil des Erbbaurechts rd.	73 700 €

Gebäudewertanteil bei kurzer Restlaufzeit des Erbbaurechtsvertrags (Ertragswert)

196 *Beispiele* 7 und 9 (Anl. 14 und 15 WERTR 06) nach Nr. 4.3.2.2.2 und Nr. 4.3.3.2.2

Erbbaurecht — Rechte und Belastungen IX

Abb. 44: Gebäudewertanteil des Erbbaurechts bei kurzer Laufzeit des Erbbaurechtsvertrags, Ertragswertverfahren

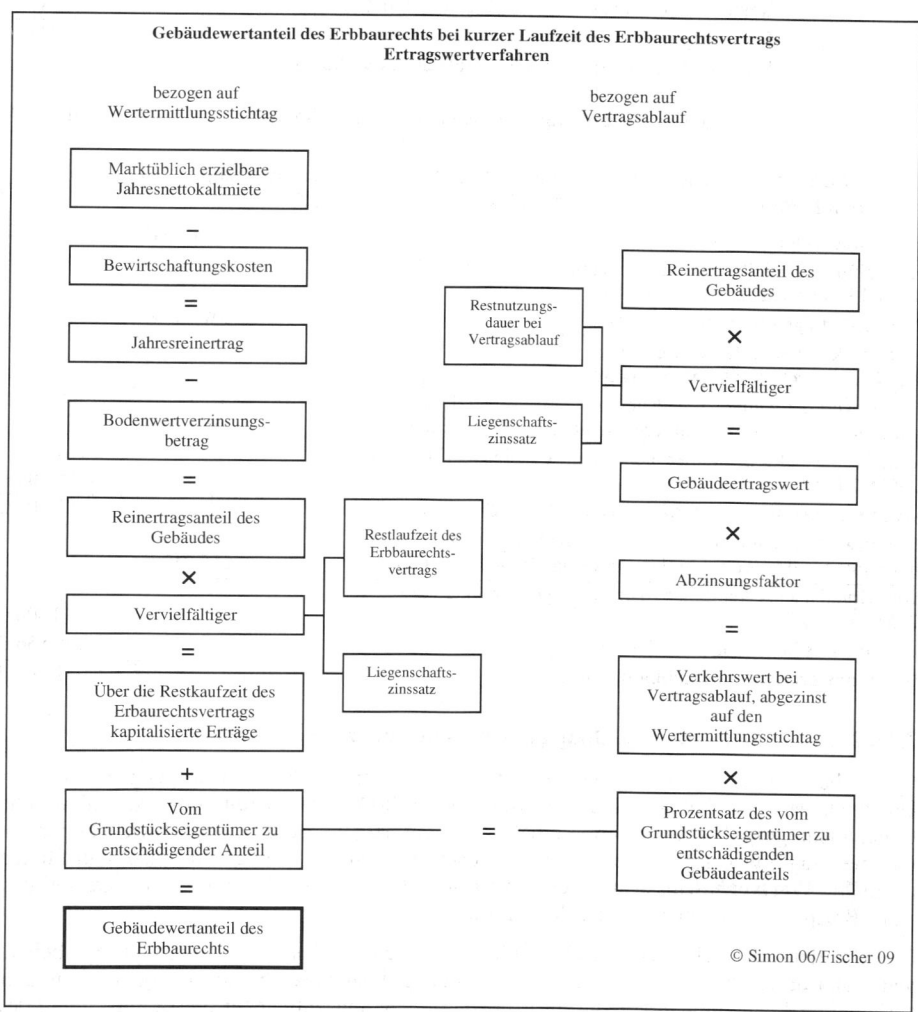

Beispiel:

Ein Mehrfamilienhaus hat eine Restnutzungsdauer von 50 Jahren. Der Erbbaurechtsvertrag hat eine Restlaufzeit von 10 Jahren. Das Gebäude ist bei Ablauf des Erbbaurechtsvertrags zu 2/3 zu entschädigen.

Gebäudewertanteil des Erbbaurechts (*Beispiel 7*, Anl. 14 WertR 06) nach Nr. 4.3.2.2.2

Vorgaben:	Restnutzungsdauer	50 Jahre
	Restlaufzeit des Erbbaurechtsvertrags	10 Jahre
	Bodenwert	40 000 €
	Liegenschaftszinssatz	4,5 %
	marktüblich erzielbare Nettokaltmiete	31 200 €
	Bewirtschaftungskosten p.a.	7 800 €
Berechnung:	Marktüblich erzielbare Nettokaltmiete	31 200 €

IX Rechte und Belastungen — Erbbaurecht

Bewirtschaftungskosten	– 7 800 €
Jahresreinertrag	23 400 €
Reinertragsanteil des Bodens 4,5 % von 40 000 €	– 1 800 €
Reinertragsanteil Gebäude	21 600 €
Vervielfältiger bei 10 Jahren Restlaufzeit des Vertrages und 4,5 % Liegenschaftszinssatz = 7,91	
über die Restlaufzeit kapitalisierte Erträge 21 600 € × 7,91	**170 856 €**

Ertragswert der baulichen Anlagen und Gebäudewertanteil des Erbbaugrundstücks bei Vertragsablauf (*Beispiel* 9, Anl. 15 WERTR 2006) nach Nr. 4.3.3.2.2

Reinertragsanteil des Gebäudes p.a.	21 600 €
Vervielfältiger bei 40 Jahren Restnutzungsdauer und 4,5 % Liegenschaftszinssatz = 18,40	
Gebäudeertragswert 21 600 € × 18,40	397 440 €
Abzinsfaktor bei 10 Jahren Restlaufzeit, 4,5 % Liegenschaftszinssatz = 0,6439	
Ertragswert der baulichen Anlagen bei Vertragsablauf, abgezinst auf den Wertermittlungsstichtag 397 440 € × 0,6439	255 912 €
vom Grundstückseigentümer nicht zu entschädigender Anteil 1/3 255 912 € × 1/3	85 304 €
Gebäudewertanteil des Erbbaugrundstücks rd.	**85 304 €**
Ertragswert der baulichen Anlagen bei Vertragsablauf, abgezinst auf den Wertermittlungsstichtag 397 440 € × 0,6439	255 912 €
vom Grundstückseigentümer zu entschädigender Anteil 2/3 255 912 € × 2/3	170 608 €
Über die Restlaufzeit kapitalisierte Erträge s.o.	+ 170 856 €
Gebäudewertanteil des Erbbaurechts rd.	**341 500 €**

2.4.4.2 Erbbaurechtsbestellung an bereits bebauten Grundstücken

197 Gegenüber der alten Fassung (WERTR 02) wird nunmehr davon ausgegangen, dass der Umstand, dass ein Gebäude bei Bestellung des Erbbaurechts bereits bestand und welche Gegenleistung der Erbbauberechtigte dafür erbracht hat, ebenso nicht zu berücksichtigen ist, wie die Frage, wer ggf. die Erschließungskosten bezahlt hat. Beide Umstände sind für **die aktuellen Wertverhältnisse am Wertermittlungsstichtag** ohne Belang. Auf die Darstellung eines Beispiels wurde daher in der WERTR 06 verzichtet.

Der Umstand, dass ein Grundstück bereits bei Abschluss des Erbbaurechtsvertrags bebaut war, kann durch die Vereinbarung eines erhöhten Erbbauzinses berücksichtigt werden. Der „erhöhte" Erbbauzins würde dann im Prinzip ein Nutzungsentgelt für die Bereitstellung des bereits vorhandenen Gebäudes enthalten. Bezüglich der Erschließungskosten ist nachfolgendes festzustellen:

Es ist üblich, dass der Erbbaurechtsnehmer die Erschließungsbeiträge bezahlt. Im ErbbauRG ist dazu keine detaillierte Regelung enthalten. Lediglich der § 2 Nr. 3 ErbbauRG sieht vor, dass zum Inhalt des Erbbaurechts Vereinbarungen zwischen Grundstückseigentümer und dem Erbbauberechtigten über die Tragung der öffentlichen und privatrechtlichen Lasten und Abgaben gehören. Nähere Ausführungen in Rn. 218.

2.4.4.3 Bauwerksentschädigung und -vergütung bei Heimfall und Erlöschen des Erbbaurechts durch Zeitablauf

▶ *Zur Verkehrswertermittlung von Erbbaurechten bebauter Grundstücke vgl. Rn. 194 ff.*

Grundsätzlich ist zu unterscheiden zwischen **198**

a) der dem Erbbauberechtigten nach § 32 ErbbauRG zu gewährenden angemessenen *Vergütung für das Erbbaurecht im Falle der Geltendmachung des Heimfallanspruchs* und

b) der nach § 27 ErbbauRG zu leistenden Entschädigung *für das Bauwerk bei Erlöschen des Erbbaurechts durch Zeitablauf*.

Jedoch kann gem. § 27 Abs. 3 ErbbauRG der Grundstückseigentümer seine Verpflichtung zur Zahlung der Entschädigung dadurch abwenden, dass er dem Erbbauberechtigten das Erbbaurecht vor dessen Ablauf für die voraussichtliche Standdauer des Bauwerks verlängert; lehnt der Erbbauberechtigte die Verlängerung ab, so erlischt der Anspruch auf Entschädigung. Das Erbbaurecht kann zur Abwendung der Entschädigungspflicht wiederholt verlängert werden.

Abb. 45: Entschädigung bei Heimfall und Zeitablauf des Erbbaurechts

a) *Vergütung für das Bauwerk bei Heimfall*

Als **Heimfall** definiert § 2 Nr. 4 ErbbauRG eine *„Verpflichtung des Erbbauberechtigten, das* **199** *Erbbaurecht beim Eintreten bestimmter Voraussetzungen auf den Grundstückseigentümer zu übertragen (Heimfall)"*; des Weiteren bestimmt § 3 ErbbauRG:

„Der Heimfallanspruch des Grundstückseigentümers kann nicht von dem Eigentum an dem Grundstück getrennt werden; der Eigentümer kann verlangen, dass das Erbbaurecht einem von ihm zu bezeichnenden Dritten übertragen wird."

Eine Vereinbarung, die den Erbbauberechtigten verpflichtet, beim Eintreten bestimmter Voraussetzungen das Erbbaurecht auf den Grundstückseigentümer zu übertragen, gehört damit grundsätzlich zum vertragsgemäßen Inhalt des Erbbaurechts und kann nicht abbedungen werden. Der Eigentümer hat danach einen **vertraglichen Anspruch auf Übertragung des Erbbaurechts**. Nach § 3 ErbbauRG kann der Grundstückseigentümer verlangen, das Erbbaurecht auf einen von ihm zu bezeichnenden Dritten zu übertragen[91]. Vertragliche Voraussetzungen können z. B. sein:

- Der Erbbauberechtigte kommt seinen Instandhaltungspflichten[92] nach fruchtlos abgelaufener Frist nicht nach.
- Der Erbbauberechtigte ist mit mehr als zwei Jahresbeiträgen des Erbbauzinses im Rückstand.
- Über das Vermögen des Erbbauberechtigten wird ein Insolvenzverfahren eröffnet.
- Der Erbbauberechtigte lässt ohne vorherige Zustimmung des Grundstückseigentümers eine Belastung in Abteilung II des Grundbuchs eintragen, die nicht einer Hypothek, Grund- oder Rentenschuld entspricht, bzw. ändert den Inhalt einer Hypothek, Grund- oder Rentenschuld, die eine weitere Belastung des Erbbaurechts enthält (§ 5 Abs. 2 ErbbauRG).
- Der Erbbauberechtigte tritt vertragswidrig aus der Kirche aus bzw. betätigt sich kirchenfeindlich (nur bei Erbbaurechten die von der Kirche vergeben wurden).

200 Für die Übertragung bedarf es der **Einigung in notariell beurkundeter Form** (§ 925 BGB) und der Eintragung in das Grundbuch (§ 873 BGB). Insoweit ist der Begriff „Heimfall" irreführend, denn das Erbbaurecht fällt bei Vertragsverletzung nicht automatisch in das Eigentum des Grundstückseigentümers. Ohne eine vertragliche Vereinbarung über den Heimfall kann der Grundstückseigentümer auch nicht unter Berufung auf § 242 BGB (Leistung nach Treu und Glauben) einen Heimfall beanspruchen.

201 Macht der Grundstückseigentümer von seinem Heimfallanspruch Gebrauch, so hat er nach § 32 Abs. 1 ErbbauRG grundsätzlich eine **angemessene Vergütung für das Erbbaurecht** zu gewähren. Als Inhalt des Erbbaurechts können Vereinbarungen über die Höhe der Vergütung und die Art der Zahlung sowie ihre Ausschließung getroffen werden, jedoch darf die Zahlung einer angemessenen Vergütung nicht ausgeschlossen werden, wenn das Erbbaurecht zur Befriedigung des Wohnbedürfnisses minderbemittelter Bevölkerungskreise bestellt wurde (§ 32 Abs. 2 Satz 1 ErbbauRG; vgl. Rn. 70).

202 Zu den **minderbemittelten Bevölkerungskreisen** wird allgemein die Auffassung vertreten, dass sich dieser Begriff mit dem „sozialen Wohnungsbau" (soziale Wohnraumförderung) decke[93]. Die Tatsache, dass ein Bauwerk im steuerbegünstigten Wohnungsbau errichtet worden ist, soll dagegen nicht ausreichen. Das KG Berlin hat im Übrigen zu diesem Begriff die Auffassung vertreten, dass nicht jeder, der mit seiner Familie die Einkommenshöchstgrenzen des II. WoBauG nicht überschreitet und daher Förderungsmaßnahmen in Anspruch nehmen kann, zu den minderbemittelten Bevölkerungskreisen gehört[94].

203 Anders als bei der Beendigung des Erbbaurechts bleiben die im Zeitpunkt des Heimfalls auf dem Erbbaurecht **ruhenden Hypotheken-, Grund- und Rentenschulden sowie Reallasten** bestehen, soweit sie nicht dem Erbbauberechtigten selbst zustehen. Bestehen bleiben auch Dauerwohn- und Dauernutzungsrechte (§ 31 sowie § 41 Abs. 2 WEG) sowie Vormerkungen eines gesetzlichen Anspruchs auf Eintragung einer Sicherungshypothek.

---

91 Weichhaus in Rpfleger 1979, 329; Scharen in Rpfleger 1983, 342.
92 Für Schäden, die infolge unterlassener Instandhaltungspflichten an dem Gebäude entstanden sind, haftet der Erbbauberechtigte (LG Dortmund, Urt. vom 2.9.1999 – 3 O 372/98 –, EzGuG 7.129).
93 Ingenstau, Komm. zum Erbbaurecht, 5. Aufl. § 27 Rn. 10 unter Hinweis auf LG Frankfurt am Main in DNotZ 1969, 222; a. A. Staudinger/Ring, BGB § 27 ErbbauVO Rn. 12.
94 KG Berlin, Beschl. vom 17.10.1980 – 1 W 3363/80 –, OLGZ 1981, 266 = Rpfleger 1981, 108 = BlGBW 1981, 134 = EzGuG 7.79.

204 Der **Wertermittlungsstichtag** bestimmt sich im Übrigen nach den Vereinbarungen im Erbbaurechtsvertrag[95]. Soweit keine abweichende Vereinbarung getroffen worden ist, bestimmt sich die Heimfallvergütung bei einem für den Wohnbedarf minderbemittelter Bevölkerungskreise bestellten Erbbaurecht nach § 32 Abs. 2 Satz 3 ErbbauRG nach dem Verkehrswert zum Zeitpunkt der Übertragung[96] (und nicht schon mit der Geltendmachung des Heimfallrechts).

b) Entschädigung für das Bauwerk bei Erlöschen des Erbbaurechts durch Zeitablauf

205 Von der dem Erbbauberechtigten nach § 32 ErbbauRG zu gewährenden angemessenen Vergütung für das Erbbaurecht im Falle einer Geltendmachung des Heimfallanspruchs zu unterscheiden ist die nach § 27 ErbbauRG zu leistende **Entschädigung für das Bauwerk** bei Erlöschen des Erbbaurechts durch Zeitablauf. Der § 27 ErbbauRG sieht hierfür folgende Regelung vor:

„**Abs. 1:** Erlischt das Erbbaurecht durch **Zeitablauf**, so hat der Grundstückseigentümer dem Erbbauberechtigten eine Entschädigung für das Bauwerk zu leisten. Als Inhalt des Erbbaurechts können Vereinbarungen über die Höhe der Entschädigung und die Art der Zahlung sowie über die Ausschließung getroffen werden.

Abs. 2: Ist das Erbbaurecht zur Befriedigung des Wohnbedürfnisses **minderbemittelter Bevölkerungskreise** bestellt, so muss die Entschädigung mindestens zwei Drittteile des gemeinen Werts betragen, den das Bauwerk bei Ablauf des Erbbaurechts hat. Auf eine abweichende Vereinbarung kann sich der Grundstückseigentümer nicht berufen."

206 Hieraus folgt, dass:

a) grundsätzlich eine angemessene Entschädigung für das Bauwerk zu leisten ist. Diese bemisst sich nach dem gemeinen Wert des Bauwerks zum Zeitpunkt des Ablaufs des Erbbaurechts. Gemeiner Wert i.S.d. ErbbauRG ist dabei der Verkehrswert(-anteil) des Bauwerks[97].

b) Abweichende Vereinbarungen über die Entschädigung sind ggf. zu berücksichtigen; deshalb muss insoweit stets in den Erbbaurechtsvertrag eingesehen werden.

c) Im Falle der Bestellung des Erbbaurechts zur Befriedigung der Wohnbedürfnisse „minderbemittelter Bevölkerungskreise" sind mindestens zwei Drittteile des gemeinen Werts (Verkehrswertanteils) des Bauwerks zu entschädigen.

207 **Grundlage der Entschädigung ist also der Verkehrswert(-anteil) des Gebäudes zum Zeitpunkt des Ablaufs des Erbbaurechts** (Ausgangswert = **Zeitwert**). Die Wahl des Wertermittlungsverfahrens bestimmt sich nach allgemeinen Grundsätzen (vgl. § 8 ImmoWertV). Da sich die Entschädigung – wie dargelegt – nach dem Verkehrswert(-anteil) des Gebäudes bemisst, müssen ggf. Marktanpassungszu- und -abschläge berücksichtigt werden[98].

208 *Beispiel:*

Es ist die Entschädigung für ein Einfamilienhaus bei Ablauf des Erbbaurechts zu ermitteln. Der Gebäudewertanteil (Zeitwert) wurde im Wege des Sachwertverfahrens auf der Grundlage von Normalherstellungskosten (ohne Marktanpassung) mit 200 000 € ermittelt.

Der Bodenwert des unbelasteten Grundstücks betrage ebenfalls 200 000 €.

Der auf den Sachwert vergleichbarer unbelasteter Grundstücke (Boden und Gebäude) bezogene Marktanpassungsabschlag betrage minus 20 % des Sachwertes.

---

95 Wie der BGH, Urt. vom 22.11.1991 – V ZR 187/90 –, NJW 1992, 1454 festgestellt hat, ist eine Formulierung, nach der sich die Vergütung nach dem gemeinen Wert des Erbbaurechts „zur Zeit des Heimfalls" bemisst, dahin gehend auszulegen, dass dann nicht der Tag der Geltendmachung des Heimfallanspruchs, sondern der Tag der Vollziehung des Heimfallanspruchs im Grundbuch maßgebend ist.
96 BGH, Urt. vom 20.4.1990 – V ZR 301/88 – BGHZ 111, 154 = EzGuG 1.09; BGH, Urt. vom 22.11.1991 – V ZR 187/90 –, EzGuG 7.114b.
97 BGH, Urt. vom 6.12.1974 – V ZR 95/73 –, WM 1975, 256 = ZMR 1977, 282 = EzGuG 11.95; BGH, Urt. vom 6.2.1976 – V ZR 191/74 –, EzGuG 7.47.
98 BGH, Urt. vom 6.12.1974 – V ZR 95/73 –, EzGuG 11.95.

209 Der BGH[99] hat unter Hinweis auf den Begriff des gemeinen Werts (= Verkehrswert) klargestellt, dass bei der **Bemessung der Entschädigung die Lage auf dem Grundstücksmarkt berücksichtigt werden müsse** (Abb. 46).

Abb. 46: Marktanpassung bei der Gebäudesachwertermittlung

Die oben vorgestellte Berechnungsweise führt im Ergebnis dazu, dass

– im ersten Fall sich der Marktanpassungsabschlag anteilig auf den Boden- und Bauwert verteilt und sich ein Verkehrswertanteil für das Bauwerk von 160 000 € (Abschlag: 20 % von 200 000 € = 40 000 €, 200 000 € – 40 000 € = 160 000 €) ergibt und

– im zweiten Fall die Marktanpassung für das Gesamtgrundstück allein dem Bauwerk zugeordnet wird und sich ein Verkehrswertanteil für das Bauwerk von 120 000 € (Abschlag: 20 % von 400 000 € = 80 000 €, 200 000 € – 80 000 € = 120 000 €) ergibt.

Der Unterschied der Entschädigung beläuft sich damit je nach Betrachtungsweise in dem Beispiel auf 40 000 € (160 000 € – 120 000 € = 40 000 €).

210 Der BGH hat also den Marktanpassungsabschlag grundsätzlich als erforderlich angesehen. Unklar bleibt jedoch nach dieser Rechtsprechung, ob die Marktanpassung des Gesamtgrundstücks anteilig auf Boden- und Gebäudewert zu verteilen ist oder allein dem Gebäudewertanteil zuzurechnen ist. Das Problem wurde (vermutlich) nicht erkannt; in der Urteilsbegründung ist jedenfalls die damit verbundene Problematik nicht angesprochen worden.

211 Diese besteht im Kern darin, dass:

a) der sog. Marktanpassungsabschlag nicht nur die Anpassung des Sachwerts an den Verkehrswert bewirkt, sondern zugleich ein Korrekturfaktor für marktgerechte Normalherstellungskosten ist und/oder eine möglicherweise nicht marktgerechte Alterswertminderung und vieles mehr zum Inhalt hat;

b) sich der Marktanpassungsabschlag auf den (Gesamt-)Sachwert bezieht, der sich aus Bodenwert, Sachwert der nutzbaren baulichen und der sonstigen Anlagen zusammensetzt (§ 21 Abs. 1 ImmoWertV). Die Entschädigung bemisst sich dagegen (nur) nach dem Verkehrswert(-anteil) des Gebäudes.

212 Die oben vorgestellte Berechnungsweise führt im Ergebnis dazu, dass sich der Marktanpassungsabschlag *anteilig* auf den Boden- und Bauwert verteilt, d.h., gegenüber einem Bauwertanteil von 120 000 €, der sich als Restgröße gegenüber dem Wert des unbebauten Grundstücks (200 000 €) ergibt, erhöht sich damit die Entschädigung in dem Beispiel um 40 000 € auf 160 000 €.

---

99 BGH, Urt. vom 6.12.1974 – V ZR 95/73 –, EzGuG 11.95.

Erbbaurecht — Rechte und Belastungen IX

Der Grundstückseigentümer könnte nun geltend machen, dass: **213**

a) ihm der **„volle"** Bodenwert (200 000 €) nach Ablauf des Erbbaurechts vermögensmäßig zuzurechnen sei und er bei der vorgestellten Berechnungsweise zu Lasten des „vollen Bodenwerts" eine zu hohe Entschädigung für das Bauwerk zu leisten hätte;

b) wie ausgeführt, sind mit dem Marktanpassungsabschlag auch „Modellkorrekturen" im Rahmen des angewandten Sachwertverfahrens verbunden und solche Korrekturen dürfen nicht zu einer Erhöhung der Entschädigungsleistungen führen;

c) bei **Anwendung des Ertragswertverfahrens** mit marktkonformen Liegenschaftszinssätzen sich als Entschädigung ein Gebäudeertragswert von 120 000 € ergeben hätte; Sach- und Ertragswertverfahren sollen aber zu annähernd identischen Ergebnissen führen, zumindest was die Entschädigungshöhe anbelangt. Dass Sach- und Ertragswert sich decken, trifft aber i.d.R. nur dann zu, wenn es sich nicht um selbstgenutzte Objekte handelt.

Vor allem wird ein Erbbaurecht regelmäßig mit der Absicht ausgegeben, dass das Grundstück nach Ablauf des Erbbaurechts mit seinem vollen Bodenwert unter Einschluss zwischenzeitlich eingetretener Bodenwerterhöhungen an den Erbbaurechtsausgeber wieder zurückfällt und dieser nicht aufgrund **wertermittlungsmethodischer Besonderheiten** Vermögenseinbußen unterworfen ist. **214**

Des Weiteren müssen im Zusammenhang mit der **Entschädigung für das Bauwerk** Doppelentschädigungen vermieden werden: Die Problematik tritt allerdings nur im Zusammenhang mit der Ermittlung des Verkehrswerts erbbaurechtsbelasteter Grundstücke auf, wenn eine Entschädigung für das Bauwerk vorgesehen ist. Wurde der Entschädigungspflicht für das Bauwerk bereits mit dem vereinbarten Erbbauzins hinreichend Rechnung getragen, so entfällt insoweit besonders der bei der Verkehrswertermittlung zu berücksichtigende Entschädigungsanspruch, wenn es um die Ermittlung des Verkehrswerts eines erbbaurechtsbelasteten Grundstücks geht[100]. **215**

Vorbehaltlich der Sonderregelung für die Bestellung von Erbbaurechten zur Befriedigung der Wohnbedürfnisse „minderbemittelter Bevölkerungskreise" können – wie ausgeführt – Vereinbarungen über die Entschädigung und die Art der Zahlung sowie über ihre Ausschließung getroffen werden. Folgende andere Regelungen können u.a. vereinbart werden (vgl. Rn. 67): **216**

– Das Gebäude ist abzubrechen. In diesem Fall ist die Lebensdauer des Gebäudes auf das Ablaufjahr des Rechts zu begrenzen.

– Das Gebäude geht gegen teilweise oder ohne eine Entschädigung in das Eigentum des Erbbauverpflichteten über. Wegen der Auswirkungen vgl. nachfolgendes *Beispiel:*

Gebäudewertanteil des Erbbaurechts **217**

Berechnung:		
Gebäudenormalherstellungswert		250 000 €
Alterswertminderung 40 %		− 100 000 €
Gebäudesachwert am Wertermittlungsstichtag		**150 000 €**

Wert des Gebäudes bei Vertragsablauf

Herstellungswert des Gebäudes		250 000 €
Alterswertminderung (100 Jahre GND, 20 Jahre Restnutzungsdauer bei Vertragsablauf) 250 000 € × 0,80		− 200 000 €
Gebäudesachwert bei Vertragsablauf		50 000 €
Abzinsfaktor bei 40 Jahren, 4 % = 0,2083		
Sachwert des Gebäudes bei Vertragsablauf (abgezinst auf den Wertermittlungsstichtag) 50 000 € × 0,2083		10 415 €

---

100 Erl. des bad.-württ. FM vom 27.11.1998 – 3 – S 3014/17 –, GuG 1999, 100.

IX Rechte und Belastungen — Erbbaurecht

nicht zu entschädigen sind 50 % des Wertes 10 415 € × 0,5 = rd.	5 208 €
Gebäudewertanteil des Erbbaugrundstücks	
Gebäudesachwert am Wertermittlungsstichtag bei voller Entschädigung	150 000 €
Abzüglich Wertanteil der baulichen Anlagen, die nicht zu entschädigen sind	− 5 208 €
Gebäudewertanteil des Erbbaurechts	**144 792 €**

2.4.4.4 Erschließungsbeitrag

▶ *Allgemeines vgl. § 6 ImmoWertV; Syst. Darst. des Vergleichswertverfahrens Rn. 321*

218 Grundsätzlich hat der Grundstückseigentümer alle auf einem *Grundstück* und der Erbbauberechtigte alle auf dem *Bauwerk* ruhenden Lasten und Abgaben zu tragen.

Etwas anderes kann sich aufgrund

a) besonderer gesetzlicher Regelungen oder

b) besonderer vertraglicher Vereinbarungen (§ 2 Nr. 3 ErbbauRG)

ergeben.

Demzufolge sind im Überblick – soweit besondere vertragliche Regelungen nicht zur Anwendung kommen – folgende gesetzliche Regelungen zu beachten:

– Für den **Erschließungsbeitrag** nach den §§ 127 ff. BauGB sieht § 134 Abs. 1 Satz 2 BauGB die Beitragspflicht des Erbbauberechtigten ausdrücklich vor.

– Für die Belastung eines Grundstücks mit einem dinglichen Nutzungsrecht nach Art. 233 § 4 EGBGB[101] (**Gebäudeeigentum**) nach den §§ 287 bis 290 („volkseigene Grundstücke") sowie den §§ 291 bis 294 (genossenschaftlich genutzte Grundstücke) ZGB der DDR sieht § 134 Abs. 1 Satz 3 BauGB ebenfalls die Beitragspflicht des Rechtsinhabers ausdrücklich vor.

– Für **Ausgleichsbeträge** nach § 154 BauGB (Ausgleichsbetrag des Eigentümers) ist dagegen stets der Grundstückseigentümer abgabenpflichtig (vgl. Rn. 220, Eigentümer eines Grundstücks im förmlich festgelegten Sanierungsgebiet).

---

101 § 4 EGBGB, Sondervorschriften für dingliche Nutzungsrechte und Gebäudeeigentum:
„(1)Für das Gebäudeeigentum nach § 288 Abs. 4 oder § 292 Abs. 3 des Zivilgesetzbuchs der Deutschen Demokratischen Republik gelten von dem Wirksamwerden des Beitritts an die sich aufgrundstücke beziehenden Vorschriften des Bürgerlichen Gesetzbuchs mit Ausnahme der §§ 927 und 928 entsprechend. Vor der Anlegung eines Gebäudegrundbuchblatts ist das dem Gebäudeeigentum zugrundeliegende Nutzungsrecht von Amts wegen im Grundbuch des belasteten Grundstücks einzutragen. Der Erwerb eines selbständigen Gebäudeeigentums oder eines dinglichen Rechts am Gebäude der in Satz 1 genannten Art aufgrund der Vorschriften über den öffentlichen Glauben des Grundbuchs ist nur möglich, wenn auch das zugrundeliegende Nutzungsrecht bei dem belasteten Grundstück eingetragen ist.
(2) Ein Nutzungsrecht nach den §§ 287 bis 294 des Zivilgesetzbuchs der Deutschen Demokratischen Republik, das nicht im Grundbuch des belasteten Grundstücks eingetragen ist, wird durch die Vorschriften des Bürgerlichen Gesetzbuchs über den öffentlichen Glauben des Grundbuchs nicht beeinträchtigt, wenn ein aufgrund des Nutzungsrechts zulässiges Eigenheim oder sonstiges Gebäude in dem für den öffentlichen Glauben maßgebenden Zeitpunkt ganz oder teilweise errichtet ist und der dem Erwerb zugrundeliegende Eintragungsantrag vor dem 1 Januar 2001 gestellt worden ist. Der Erwerber des Eigentums oder eines sonstigen Rechts an dem belasteten Grundstück kann in diesem Fall die Aufhebung oder Änderung des Nutzungsrechts gegen Ausgleich der dem Nutzungsberechtigten dadurch entstehenden Vermögensnachteile verlangen, wenn das Nutzungsrecht für ihn mit Nachteilen verbunden ist, welche erheblich größer sind als der dem Nutzungsberechtigten durch die Aufhebung oder Änderung seines Rechts entstehende Schaden; dies gilt nicht, wenn er beim Erwerb des Eigentums oder sonstigen Rechts in dem für den öffentlichen Glauben des Grundbuchs maßgeblichen Zeitpunkt das Vorhandensein des Nutzungsrechts kannte.
(3) Der Untergang des Gebäudes lässt den Bestand des Nutzungsrechts unberührt. Aufgrund des Nutzungsrechts kann ein neues Gebäude errichtet werden; Belastungen des Gebäudeeigentums setzen sich an dem Nutzungsrecht und dem neu errichteten Gebäude fort. Ist ein Nutzungsrecht unter Verletzung des Gebäudegrundfläche verliehen worden, so umfasst das Nutzungsrecht auch die Nutzung des Grundstücks in dem für Gebäude der errichteten Art zweckentsprechenden ortsüblichen Umfang, bei Eigenheimen nicht mehr als eine Fläche von 500 m². Auf Antrag ist das Grundbuch entsprechend zu berichtigen. Absatz 2 gilt entsprechend."

– Für **Geldleistungen** nach den §§ 57 bis 61 BauGB **in einem Umlegungsverfahren** sind nach § 64 Abs. 3 BauGB der Eigentümer oder der Erbbauberechtigte abgabenpflichtig (vgl. Rn. 219).

Nach dem eindeutigen Wortlaut des § 134 Abs. 1 Satz 2 BauGB ist der Erbbauberechtigte selbst dann zur Entrichtung des Erschließungsbeitrags verpflichtet, wenn das Erbbaurecht kurz vor dem Ablauf steht und das Grundstück erschließungsbeitragsfrei an den Eigentümer zurückfällt. Einen Erstattungsanspruch sieht das BauGB für diesen Fall nicht vor. Ob im Einzelfall ein Rückgriffsrecht z. B. wegen ungerechtfertigter Bereicherung besteht, muss für den Sachverständigen einer juristischen Klärung vorbehalten bleiben.

Ist das Erbbaurecht an einem erschließungsbeitragsfreien Grundstück begründet worden und hat der Erbbauberechtigte den Erschließungsbeitrag selbst entrichtet, wäre es unbillig, wenn im Falle einer vereinbarten **Anpassung des Erbbauzinses an die Bodenwertentwicklung** auch der Wertsprung vom erschließungsbeitragspflichtigen auf den erschließungsbeitragsfreien Zustand berücksichtigt wird, wenn nur eine Anpassung an die allgemeine Bodenwertentwicklung vereinbart worden ist.

Hat der Erbbauberechtigte anstelle des Eigentümers den Erschließungsbetrag entrichtet, ist nach der hier vertretenen Auffassung der Verkehrswert des erbbaurechtbelasteten Grundstücks und des Erbbaurechts – unabhängig von dem zur Anwendung kommenden Anpassungsregime – auf der Grundlage des erschließungsbeitragsfreien Bodenwerts zu ermitteln, denn

– einerseits kann der Erbbauberechtigte im Verkaufsfalle einen höheren Verkehrswert seines Erbbaurechts geltend machen, weil sich die Zinsdifferenz zwischen dem angemessenen Erbbauzins und dem nach Maßgabe des Erbbaurechtsvertrags tatsächlich entrichteten Erbbauzins erhöht, und

– andererseits fällt nach Ablauf des Erbbaurechts ein erschließungsbeitragsfreies Grundstück auf den Eigentümer zurück.

2.4.4.5 Umlegung

▶ *Allgemeines zur Umlegung vgl. Teil VIII Rn. 619 ff.*

Auch bei der Wertermittlung im Falle der **Umlegung nach den §§ 45 ff. BauGB** ergeben sich Schwierigkeiten. Die Zuteilungsgrundstücke haben im Allgemeinen höhere Werte als die Einwurfsgrundstücke. Der Eigentümer eines Erbbaugrundstücks ist im Allgemeinen verpflichtet, einen umlegungsbedingten Mehrwertausgleich zu zahlen, ohne dass er gegenüber dem Erbbauberechtigten einen höheren Erbbauzins geltend machen kann (§ 134 Abs. 1 Satz 2 BauGB). Das hätte nur bei Störung der Geschäftsgrundlage[102] (§ 313 BGB) Aussicht auf Erfolg. Der Erbbauberechtigte kann hingegen den vollen Nutzen aus dem höheren Bodenwert ziehen (z. B. höhere Miete). Eine nach § 61 BauGB mögliche Änderung von grundstücksgleichen Rechten in der Umlegung und damit eine Änderung des Erbbauzinses ist in der Rechtsprechung[103] bislang aus allerdings nicht überzeugenden Gründen abgelehnt worden.

Eine Anpassung des Erbbauzinses an den Wertsprung, den das Grundstück durch die Umlegung erfährt (umlegungsbedingte Bodenwerterhöhung), ist jedoch möglich, wenn im Erbbaurechtsvertrag ausdrücklich eine Anpassung an die Bodenwertentwicklung vorgesehen ist und dies sich nicht auf allgemeine Bodenwertentwicklungen beschränken soll.

Im Übrigen bemisst sich der Verkehrswert des in der Umlegung neu geordneten erbbaurechtbelasteten Grundstücks und des Erbbaurechts nach dem Bodenwert des neugeordneten Grundstücks.

---

102 BGH, Urt. vom 21.2.1986 – V ZR 195/84 –, EzGuG 7.9.
103 OLG Hamm, Urt. vom 30.9.1969 – 16 U 6/69 –, BauR 1970, 38 = EzGuG 17.31; Dieterich, Baulandumlegung, 5. Aufl. 2006 Rn. 293.

2.4.4.6 Sanierungs- und Entwicklungsmaßnahme

▶ *Allgemeines vgl. Rn. 218 und Teil VIII Rn. 532 ff.*

220 Bei städtebaulichen Sanierungsmaßnahmen unter Anwendung der besonderen sanierungsrechtlichen Vorschriften der §§ 152 ff. BauGB sowie in städtebaulichen Entwicklungsbereichen (§ 166 Abs. 3 Satz 4 BauGB) haben die Eigentümer einen sich nach der sanierungs- bzw. entwicklungsbedingten Bodenwerterhöhung bemessenden **Ausgleichsbetrag** zu leisten (§ 154 BauGB). Ausgleichsbetragspflichtig ist stets der Grundstückseigentümer und nicht der Erbbauberechtigte. Eine mit § 61 BauGB vergleichbare Regelung besteht – abgesehen von Sanierungsumlegungen (§ 153 Abs. 5 BauGB) – nicht.

Soweit nicht eine Anpassung des Erbbauzinses an die Bodenwertentwicklung vorgesehen ist, ist der Erbbauberechtigte nicht unmittelbar durch den Ausgleichsbetrag betroffen. Gleichwohl erhöht sich damit der Verkehrswert des erbbaubelasteten Grundstücks und des Erbbaurechts. Bei Anwendung der finanzmathematischen Methode ist mit Entrichtung des Ausgleichsbetrags für das dann ausgleichsbetragsfreie Grundstücke der Bodenwertanteil auf der Grundlage der neugeordneten Grundstücke zu ermitteln.

2.4.4.7 Zwangsversteigerung

Schrifttum: *Schnabel, N.,* Die Bewertung des Erbbaurechts für Zwecke der Zwangsversteigerung, GuG 2004, 139.

▶ *Allgemeines vgl. Rn. 47 ff., 57 ff., 82 sowie § 194 BauGB Rn. 176 ff.; Teil III Rn. 249 ff.*

221 Die Zwangsvollstreckung wegen Geldforderungen richtet sich nach den §§ 864 bis 871 ZPO. Da das **Erbbaurecht nach § 10 Abs. 1 ErbbauRG und ggf. nach § 25 ErbbauRG grundsätzlich an erster Rangstelle** im Grundbuch eingetragen ist, fällt es i.d.R. in das geringste Gebot. § 25 ErbbauRG regelt dazu:

> „Wird das Grundstück zwangsweise versteigert, so bleibt das Erbbaurecht auch dann bestehen, wenn es bei der Feststellung des geringsten Gebots nicht berücksichtigt ist."

222 Bei der **Zwangsversteigerung** des Erbbaurechts sind nach § 9 Abs. 1 ErbbauRG hinsichtlich des Erbbauzinses die Vorschriften über die Reallast entsprechend anzuwenden. Lehnt der Grundstückseigentümer einen Rücktritt hinter ein Grundpfandrecht mit seinem Erbbauzins ab, so erhält das Grundpfandrecht Rang nach dem Erbbauzins. Geht der Erbbauzins somit den betreibenden Gläubigern vor, so fällt er unter die Rechte des § 10 Abs. 1 Nr. 4 ZVG und bleibt als Teil des geringsten Gebots bestehen (§§ 44, 52 ZVG).

223 Räumt der Grundstückseigentümer dagegen dem Grundpfandgläubiger den Vorrang ein, so geht der Erbbauzins den Rechten des betreibenden Gläubigers nach und fällt nicht in das geringste Gebot, sondern erlischt vielmehr nach § 91 ZVG, so dass der **Ersteher das Erbbaurecht insoweit lastenfrei erwirbt**[104], d.h., der Erbbauzins erlischt bei einer Zwangsversteigerung des Erbbaurechts, wenn aus einem im Rang vorgehenden Recht die Versteigerung betrieben wird. Infolgedessen kann nicht ausgeschlossen werden, dass der Grundstückseigentümer seinen Erbbauzins für die Restlaufzeit (90 Jahre und mehr sind denkbar) verliert.

224 Grundstückseigentümer werden im Hinblick auf diese von der Rechtsprechung wiederholt bestätigte Rechtslage[105] (**Rangrücktritte von Erbbauzinsreallasten und Anpassungsvormerkungen** hinter Grundpfandrechten) ablehnen, so dass in Zwangsversteigerungsverfahren aus einem nachrangigen Grundpfandrecht Erbbauzinsreallast und Vormerkung bestehen bleiben. Dies schränkt jedoch die Beleihungsmöglichkeit des Erbbaurechts ein, da die Beleihung von Erbbaurechten unter Berücksichtigung des Werts im Rang vorhergehender Rechte erfolgt und die vorrangigen Belastungen von der Beleihungsgrenze abgezogen werden[106].

---

104 Winkler in NJW 1992, 2514; Geißel, Der Erbbauzins in der Zwangsversteigerung, Berlin 1992; Helwich in Rpfleger 1989, 389; Winkler in DNotZ 1970, 390 und NJW 1985, 940; Pöschl in BWNotZ 1956, 41; Pöschl in BB 1961, 581; Ruland in NJW 1983, 96; Tradt in DNotZ 1984, 370.
105 BGH, Urt. vom 25.9.1981 – V ZR 244/80 –, BGHZ 81, 358 = NJW 1982, 234; BGH, Urt. vom 26.2.1987 – V ZB 10/86 –, EzGuG 101a.
106 Götz in DNotZ 1980, 3, 20.

Eine ebenfalls besondere Situation ergibt sich bei der Wertermittlung des Erbbaurechts in der Zwangsversteigerung. Hier ist Vorsicht geboten. Das einschlägige Verfahren nach den Anl. 11 bis 16 WERTR führt zu einer Benachteiligung des Erbbauberechtigten, da ihm der Nachteil der Verpflichtung zur Zahlung des Erbbauzinses zu hoch angerechnet wird. Bei dem o.g. Verfahren erfolgt die Anrechnung durch Ansatz des Wertfaktors, der die schuldrechtlichen Vor- und Nachteile berücksichtigen soll, die sich aus der Bindung des Erbbauberechtigten aufgrund des Erbbaurechtsvertrags ergeben. Im Zwangsversteigerungsverfahren wird der Nachteil der Verpflichtung zur Zahlung des Erbbauzinses bei vorrangigem Erbbaurecht zusätzlich durch den so genannten Ersatzwert berücksichtigt, um den das 7/10-Gebot gemindert wird. Das führt im Ergebnis zu einer **Unterbewertung des Erbbaurechts und damit zu einer Benachteiligung des Erbbauberechtigten.** Als Ausgleich wurde vorgeschlagen, dem Erbbauberechtigten grundsätzlich einen Bodenwertanteil in v.H. des Bodenwerts zuzurechnen, dessen Höhe der Restlaufzeit des Erbbaurechts entsprechen soll. Dies ist allerdings nur eine grobe Überschlagsrechnung, deren Parameter wohl kaum begründet werden kann, und die zudem verkennt, dass es für die Höhe des Bodenwertanteils des Erbbaurechts ganz wesentlich darauf ankommt, inwieweit der gezahlte Erbbauzins dem angemessenen Erbbauzins entspricht. 225

Für die Wertermittlung des Erbbaurechts im Zwangsversteigerungsverfahren sollte die einfache **finanzmathematische Berechnung** angewendet werden, bei der nicht die Verpflichtung des Berechtigten zur Zahlung des Erbbauzinses berücksichtigt wird. Berücksichtigt wird hingegen der in den meisten Fällen gegebene Vorteil des Erbbauberechtigten, einen entsprechend dem Wert des Grund und Bodens geringen Erbbauzins zu zahlen. Die Erbbauzinsreallast, die Vormerkung zur Erhöhung des Erbbauzinses und das Vorkaufsrecht können danach vom Amtsgericht zur Ermittlung des Ersatzwerts in Ansatz gebracht werden. 226

2.4.4.8 Erbauseinandersetzung

Ähnlich unbefriedigend ist das Verfahren nach den WERTR bei Wertermittlungen anlässlich Erbauseinandersetzungen. In einem konkreten Fall musste sich der Eigentümer eines mit einem Erbbaurecht belasteten größeren Gewerbegrundstücks mit seinen Miterben auseinandersetzen. Der nach der WERTR ermittelte Bodenwert des belasteten Grundstücks war sehr hoch und rein hypothetisch. Er hätte nicht einmal entfernt als Verhandlungsgrundlage für den Verkauf an den – in diesem Fall nicht interessierten – Erbbauberechtigten dienen können. Der Eigentümer war somit nicht in der Lage, die Miterben zu befriedigen. In diesem oder ähnlich gelagerten Fällen ist zu überlegen, ob nicht das rein mathematische Modell zu gerechteren und letztlich plausibleren Ergebnissen führt. 227

2.4.5 Ankaufsverpflichtung und -berechtigung

2.4.5.1 Ankaufsverpflichtung (Kaufzwangklausel)

Im Unterschied zum Ankaufsrecht (vgl. Rn. 242, 535; Vorkaufsrechte Rn. 254, 502 ff.) können die Beteiligten auch vereinbaren, dass auf Verlangen des einen Vertragspartners der andere verpflichtet ist, das belastete Grundstück bzw. das Erbbaurecht zu bestimmten Bedingungen käuflich zu erwerben (Kaufzwangklausel). Dabei wird als Ankaufsverpflichtung z. B. formuliert: „Der Erbbauberechtigte hat den Kaufpreis in einer Höhe zu zahlen, wie dieser zur Zeit der Ausübung des Ankaufsrechts für das mit dem Erbbaurecht belastete Grundstück gezahlt wird." 228

Ankaufsverpflichtungen (Kaufzwangklauseln) sind nach der Rechtsprechung entgegen den im Schrifttum geltend gemachten Bedenken[107] unter bestimmten Voraussetzungen zulässig: 229

a) Eine Verknüpfung des Erbbaurechts mit einer schuldrechtlichen Ankaufsverpflichtung ist mindestens dann als unbedenklich anzusehen, wenn ein finanzstarker Vertragspartner

---

[107] Kollhoser in NJW 1974, 1302; Macke in NJW 1977, 2233; Nordalm in NJW 1974, 1936; Demmer in NJW 1983, 1636; Kibel in NJW 1979, 24; Richter in BWNotZ 1978, 61.

IX Rechte und Belastungen — Erbbaurecht

diese Verpflichtung eingeht, zumal das ErbbauRG nach Inhalt und Normzweck nicht auf bestimmte einkommensschwache Bevölkerungskreise oder auf bestimmte soziale Bedürfnisse angelegt ist[108].

b) Eine Ankaufsverpflichtung kann zwar im Einzelfall sittenwidrig sein, jedoch nicht schlechthin[109]. Vertragliche Kaufzwangklauseln verstoßen deshalb nicht schlechthin gegen gute Sitten i.S.d. § 138 Abs. 1 BGB (Sittenwidriges Rechtsgeschäft, Wucher).

c) Eine „spekulative" Erwartung des Grundstückseigentümers, mit einer Ankaufsverpflichtung auf der Grundlage des Verkehrswerts des Grundstücks zum Zeitpunkt der Veräußerung Wertsteigerungen für sich in Anspruch zu nehmen, die in der Zeit zwischen Abschluss des Erbbaurechtsvertrags und der Geltendmachung der Ankaufspflicht eingetreten sind, kann den Vorwurf der Sittenwidrigkeit nicht begründen.

230 Der BGH hat in seiner **Rechtsprechung** darauf hingewiesen, dass Bedenken bestehen:
- gegen eine übermäßig lange Bindung, insbesondere im Falle einer Koppelung der Ankaufsverpflichtung an die häufig 99-jährige Laufzeit des Erbbaurechts, und
- gegen eine Geltendmachung der Ankaufsverpflichtung schon in der ersten Phase des Erbbaurechts, in der der Erbbauberechtigte finanziell besonders in Anspruch genommen ist. Die Wahrung einer zehnjährigen „Schonfrist" hält sich dabei im Rahmen, während die Ausübung des Optionsrechts nach Ablauf von 22 Jahren als unzumutbar erkannt wurde.

231 Zwischen der Geltendmachung der Ankaufspflicht und deren Abwicklung fordert der BGH eine Ankündigungsfrist, die es dem Durchschnittsbürger erlaubt, die für den Grundstückskauf erforderlichen Mittel verfügbar zu machen.

232 **Übermäßig lange und unbegrenzte Bindungsfristen führen grundsätzlich nicht zur Unwirksamkeit der Ankaufsverpflichtung** insgesamt, sondern lediglich zu einer Reduktion auf ein angemessenes Zeitmaß. Im Falle von Ankaufsverpflichtungen aus Formularverträgen will der BGH indessen die geltungserhaltende Reduktion nicht zulassen. Entsprechendes gilt für das Erfordernis, dem Erbbauberechtigten im Falle der Ausübung der Ankaufsverpflichtung eine angemessene Frist zur Mittelbeschaffung zu sichern.

233 **Die grundsätzliche Anerkennung der Wirksamkeit von Kaufzwangklauseln ist herrschende Meinung in der Fachliteratur**[110].

234 Es ist grundsätzlich **zulässig, dass sich der Grundstückseigentümer** als Erbbaurechtsgeber die Möglichkeit des Verkaufs seines Grundstücks an den Erbbauberechtigten **in Höhe des Verkehrswerts** des vergleichsweise unbelasteten Grundstücks sichert[111].

235 Die Vereinbarung dieser Ankaufsverpflichtung kann allerdings nicht dinglich gesichert werden[112]; gleichwohl gehört sie aber zum dinglichen Inhalt des Erbbaurechts[113]. Das ErbbauRG sieht in § 2 Nr. 7 nur den Vorbehalt einer Verkaufspflicht, nicht aber eine vom gesetzlichen Leitbild des Erbbaurechts abweichende Verpflichtung. Ein Rechtsunkundiger muss demnach nicht mit einer solchen Klausel rechnen.

---

108 BGH, Urt. vom 8.6.1979 – V ZR 191/76 –, EzGuG 7.70.
109 BGH, Urt. vom 1.10.1976 – V ZR 10/76 –, EzGuG 7.52; BGH, Urt. vom 22.2.1980 – V ZR 135/76 –, EzGuG 7.74; BGH, Urt. vom 17.5.1991 – V ZR 140/90 –, GuG 1992, 115 = EzGuG 12.91; BGH, Urt. vom 14.10.1988 – V ZR 157/87 –, EzGuG 7.107.
110 Palandt/Bassenge, ErbbauVO § 2 Rn. 6; Soergel/Stürmer, ErbbauVO § 2 Rn. 9; Staudinger/Ring, ErbbauVO § 2 Rn. 36; MüKo-v. Oefele, ErbbauVO § 2 Rn. 40 f.; Ingenstau, Komm. zum Erbbaurecht § 2 Rn. 78 ff.; v. Oefele/Winkler, Handbuch des Erbbaurechts 1978, S. 116; Macke in NJW 1977, 2233.
111 Demmer (NJW 1983, 1626) hat hierzu unter Hinweis auf das OLG Hamm (Beschl. vom 4.11.1976 – 22 U 14/76 –, EzGuG 7.54) die Auffassung vertreten, dass sich im Falle unvorhersehbarer Steigerungen des Verkehrswerts des Erbbauberechtigte auf den Wegfall der Geschäftsgrundlage berufen könne (vgl. Macke in NJW 1977, 24). Dem hat Buchner (Festschrift für Helmut Schippel, Bundesnotarkammer 1996, S. 123) mit dem Hinweis widersprochen, dass keine Äquivalenzstörung vorliege, weil der Erbbauberechtigte den „vollen Gegenwert" erhalte; vgl. Uibel in NJW 1979, 24.
112 BGB, MünchenerKomm, § 2 ErbbauVO Rn. 37 ff.; Schulte in BWNotZ 1961, 315; BGH, Urt. vom 8.6.1979 – V ZR 191/76 –, EzGuG 7.70; OLG Hamm, Urt. vom 5.2.1974 – 15 Wx 14/74 –, NJW 1974, 865.
113 Palandt/Bassenge § 2 ErbbauVO Rn. 5; Ingenstau, Komm. zum Erbbaurecht Rn. 72; Staudinger/Ring, ErbbauVO § 2 Rn. 32.

236 Eine **schuldrechtliche Ankaufsverpflichtung ist** aber nicht **grundsätzlich unzulässig** und dann unbedenklich, wenn ein finanzstarker Partner diese Verpflichtung eingeht[114].

237 In der Wertermittlungspraxis stellt sich im Falle einer Ankaufsverpflichtung die **Frage, wie sich ein vertraglich ausbedungener Verkehrswert des mit einem Erbbaurecht belasteten Grundstücks zum Zeitpunkt des Verlangens bemisst.** Konkret geht es um die Frage, ob der Verkehrswert des unbelasteten Grundstücks oder der Verkehrswert des mit einem Erbbaurecht belasteten Grundstücks maßgebend ist. Aufgrund der rechtlichen Ausgestaltung des Erbbaurechts und der beschränkten Möglichkeiten, den Erbbauzins an die Grundstückswertentwicklung anzupassen, wirkt sich ein Erbbaurecht entsprechend den vorgestellten Wertermittlungsverfahren nämlich grundsätzlich wertmindernd aus. Bei der Veräußerung erbbaurechtbelasteter Grundstücke an Dritte (Drittverkauf) ist in aller Regel im gewöhnlichen Geschäftsverkehr ein geringerer Kaufpreis erzielbar als für ein unbelastetes Grundstück (vgl. Rn. 142).

238 Als Verkehrswert eines Grundstücks kann, so wird geltend gemacht, nur das gelten, was im gewöhnlichen Geschäftsverkehr von „jedermann" erzielt werden kann. Des Weiteren wird darauf hingewiesen, dass persönliche Verhältnisse unberücksichtigt bleiben müssen (vgl. § 194 BauGB und § 7 ImmoWertV). Der BGH[115] hat nun für den Fall einer Ankaufsverpflichtung zum „Verkehrswert" eindeutig entschieden, dass bei der Bemessung des Verkehrswerts **keine Differenzierung zwischen Dritterwerbern und Erbbauberechtigten** vorgenommen werden darf, weil der „Erbbauberechtigte ein Interesse am Erwerb des Grundstücks zum (vollen) Verkehrswert hat". Er hat nämlich nach dem Erwerb dieses juristisch zwar mit dem Eigentümererbbaurecht belastete Grundstück erworben, wirtschaftlich gesehen jedoch lastenfrei. Es sei gerade der Sinn der vertraglich zu Lasten des Erbbauberechtigten vereinbarten Ankaufsverpflichtung, dem Grundstückseigentümer im Falle des Verkaufs einen Erlös zu sichern, den er auf dem allgemeinen Grundstücksmarkt im Hinblick auf die bestehende Erbbaurechtsbelastung nicht erzielen könnte.

239 Der BGH spricht in diesem Zusammenhang von einer **vertragstypischen Interessenlage.** Anknüpfend an diese Rechtsprechung stellt sich darüber hinaus die Frage, ob sich diese vertragstypische Interessenlage so nur im Falle einer vertraglichen Ankaufsverpflichtung stellt oder eine solche vertragstypische Interessenlage gemeinhin bereits aus dem Erbbaurechtsvertrag ergibt, ohne dass eine Ankaufsverpflichtung vereinbart worden ist (Abb. 47).

---

[114] BGH, Urt. vom 22.2.1980 – V ZR 135/76 –, EzGuG 7.74.
[115] BGH, Urt. vom 19.5.1989 – V ZR 103/88 –, EzGuG 7.104 b; BGH, Urt. vom 14.10.1988 – V ZR 175/87 –, EzGuG 7.107; BGH, Urt. vom 23.5.1980 – V ZR 129/76 –, EzGuG 7.76; BGH, Urt. vom 4.6.1954 – V ZR 18/53 –, EzGuG 14.3a; BGH, Urt. vom 11.5.1973 – V ZR 129/71 –, DB 1973, 1594 = BB 1973, 1140.

Abb. 47: Vertragstypische Interessenlage

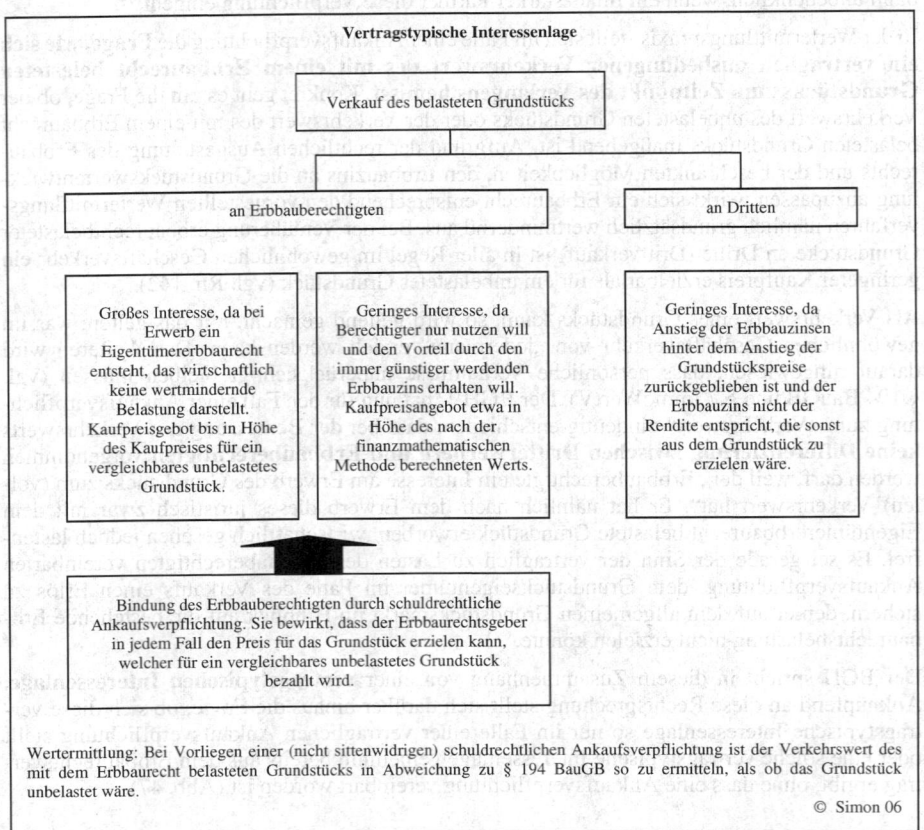

240 Allgemein kann nämlich davon ausgegangen werden, dass Erbbaurechte stets nur von Grundeigentümern ausgegeben werden, die Eigentümer ihres Grundstücks bleiben wollen. Hierauf ist auch zurückzuführen, dass Erbbaurechte vornehmlich von Kirchen, Fürstenhäusern, Stiftungen und staatlichen Institutionen ausgegeben werden, die „ewig" disponieren. Wer auf die „Realisierung" des Verkehrswerts eines unbelasteten Grundstücks mit der Möglichkeit, den Verkaufspreis bankenüblich anzulegen, verzichtet und stattdessen mit der Bestellung eines Erbbaurechts einhergehend mit beschränkten Möglichkeiten der Anpassung des Erbbauzinses an die Bodenwertentwicklung auf eine angemessene Rendite verzichtet, war am Erhalt seines Eigentums und nicht an dem Verkauf an Dritte interessiert. Dies schließt nicht aus, dass er oder die nachfolgende Generation zu einem späteren Zeitpunkt verkaufsbereit ist. Nun kann aber beobachtet werden, dass Erbbaurechtsausgeber ohne vertragliche Regelung i.d.R. sich nur verkaufswillig zeigen, wenn sie dann auch den „vollen" Verkehrswert realisieren können. Umgekehrt hat sich auch gezeigt, dass nur die Erbbauberechtigten zum Erwerb des Grundstücks zum „vollen" Verkehrswert bereit sind, und zwar aus denselben Gründen, wie sie der BGH in Bezug auf Ankaufsverpflichtungen herausgestellt hat. Im Ergebnis ist es geradezu **objekttypisch und nicht nur vertragstypisch, dass Erbbaurechte im gewöhnlichen Geschäftsverkehr (nur) an Erbbauberechtigte verkauft werden, und zwar zu dem „nur vom Erbbauberechtigten erzielbaren ‚vollen' Verkehrswert".** Das heißt aber nicht, dass der Erbbauberechtigte immer den Preis zu bezahlen bereit ist, den „jedermann" bereit wäre zu bezahlen (vgl. Rn. 142). Dritterwerbsfälle stellen mithin geradezu einen ungewöhnlichen Geschäftsverkehr dar.

Erbbaurecht   **Rechte und Belastungen IX**

Hierauf ist im Übrigen auch zurückzuführen, dass sich die der Anl. 11 zu den WertR 02 zu Grunde liegende Untersuchung vornehmlich auf Kauffälle gründet, die im gewöhnlichen Geschäftsverkehr zwischen Eigentümer und Erbbauberechtigten zustande gekommen sind[116]. Der gewöhnliche Geschäftsverkehr mit erbbaurechtbelasteten Grundstücken schmilzt also auf einen bipolaren Teilmarkt zusammen. Aus diesem Grunde ist es durchaus vertretbar, dass sich generell der Bodenwert erbbaurechtbelasteter Grundstücke – entgegen den Hinweisen der WertR – nach dem Verkehrswert des unbelasteten Grundstücks bemisst (vgl. Teil II Rn. 27; Teil III § 194 BauGB Rn. 27 ff.).   **241**

2.4.5.2 Ankaufsberechtigung

Die Parteien können vereinbaren, dass der Erbbauberechtigte unter bestimmten Voraussetzungen das Recht hat, das Erbbaugrundstück käuflich zu erwerben (vgl. Rn. 223, 535; Vorkaufsrechte Rn. 254, 502 ff.)[117]. Bezüglich des Kaufpreises gilt grundsätzlich die Vertragsfreiheit, d.h., es kommt auch hier auf den Willen der Vertragsparteien an. Sofern dafür der **Verkehrswert als Kaufpreis** vereinbart wird, empfiehlt sich eine Klarstellung, wenn das Erbbaurecht wertmindernd berücksichtigt werden soll. Bei gesunkenen Bodenwerten kann sich allerdings auch ein Verkehrswert ergeben, der höher als der Bodenwert des unbelasteten Grundstücks ausfällt[118]. Allgemein können hier die Grundsätze gelten, die im Falle einer Ankaufsverpflichtung zur Anwendung kommen[119].   **242**

Die Kaufberechtigung eines Erbbauberechtigten und **Vorkaufsrecht** unterscheiden sich formal darin voneinander, dass die Kaufberechtigung als Inhalt des Erbbaurechts im Erbbaugrundbuch (selbst oder durch Bezugnahme auf die Eintragungsbewilligung) vermerkt ist, während das Vorkaufsrecht als Belastung in Abt. II des Grundstücksgrundbuchs eingetragen wird.   **243**

2.4.6 Erbbaurecht in der Beleihungspraxis

Schrifttum: *Weiland, H.-O.*, Zur Bewertung des Erbbaurechts im Realkredit, GuG 1993, 257; *Klein/Vogels*, Beleihungswert bei Erbbaurechten, GuG 2007, 7.

▶ *Hierzu Teil IX Rn. 306, 421*

Der Erbbauberechtigte zahlt den Erbbauzins und hat dafür das (befristete) Besitzrecht am Grundstück. Die zu erbringende Leistung entspricht somit einem Vermögenswert, der als **Wert des Besitzrechts am Boden** bezeichnet wird. Er ist definiert als Barwert der angemessenen Bodenwertverzinsung unter Berücksichtigung des Wertfaktors.   **244**

Wert des Besitzrechts am Boden: **245**

$$BW_{Erb} = Bodenwert \times \frac{Liegenschaftszinssatz}{100} \times Vervielfältiger \times Wertfaktor$$

Der Wert des Besitzrechts ist ein Beleihungswertelement und berücksichtigt nicht den gezahlten Erbbauzins. Der Wert ist immer positiv. Der kapitalisierte gezahlte Erbbauzins ist, sofern kein Rangrücktritt erfolgt, als **Vorlast** (ohne Anwendung des Wertfaktors) beim Beleihungsauslauf anzusetzen.   **246**

---

116 Lehmann, Wertermittlung von Erbbaurechten, Sonderdruck aus der Schriftenreihe der Niedersächsischen Landesverwaltung, Hannover, Warmbüchenkamp 2.
117 OLG Hamm, Urt. vom 22.11.1973 – 15 W 138/73 –, EzGuG 7.34a = NJW 1974, 863 = DNotZ 1974, 17.
118 LG Berlin, Urt. vom 8.12.2005 – 13 O 211/06 –, EzGuG 7.139.
119 So Linde/Richter, Erbbaurecht und Erbbauzins, 3. Aufl. 2001, S. 65; a. A. BayStMin des Innern in: MittBayNot 1989, 285.

IX Rechte und Belastungen — Erbbaurecht

247 Der **Beleihungswert** ist abzuleiten entweder vom Gebäudesachwert nach folgender Formel:

Beleihungswert = Gebäudesachwert − Sicherheitsabschlag + Wert des Besitzrechts am Boden
(+ eventuell gezahlte Erschließungsbeiträge)

oder vom Gebäudeertragswert nach folgender Formel:

Beleihungswert = Gebäudeertragswert − Sicherheitsabschlag + Wert des Besitzrechts am Boden
(+ eventuell gezahlte Erschließungsbeiträge).

Maßgebend ist jeweils der **Wert, dem im konkreten Einzelfall das größere Gewicht beizumessen ist** (Sachwert- bzw. Ertragswertobjekt).

248 Die **Höhe der Sicherheitsabschläge** auf die Gebäudewerte sollte sich am jeweiligen Risiko orientieren. Wenn durch das Bestehen eines Erbbaurechts ein höheres Verwertungsrisiko zu erwarten ist, sollten die üblichen Abschläge in angemessener Weise erhöht werden. Dies gilt besonders für Gewerbeobjekte.

249 Der **Beleihungswert darf nach den Beleihungsgrundsätzen den Verkehrswert nicht übersteigen;** beim Erbbaurecht wäre dies möglich, wenn der Bodenwertanteil des Erbbaurechts null oder negativ, der Wert des Besitzrechts dagegen relativ hoch ist, und wenn zudem geringe Sicherheitsabschläge angesetzt werden, könnte ein solcher Fall eintreten. Dann bildet, obwohl es sich um strukturell verschiedene Berechnungen handelt, der Verkehrswert die Obergrenze.

250 **Erbbaurechte dürfen nur beliehen werden, wenn für den Kredit eine planmäßige Tilgung (§ 20 ErbbauRG) vereinbart wird.** Diese muss

- spätestens mit dem Anfang des vierten auf die Kreditgewährung folgenden Kalenderjahres beginnen,
- spätestens zehn Jahre vor Ablauf des Erbbaurechts enden und darf
- nicht länger dauern als zur buchmäßigen Abschreibung des Bauwerks nach wirtschaftlichen Grundsätzen erforderlich ist.

251 Abschließend wird noch auf einige **Besonderheiten** eingegangen:

In Abt. II des Erbbaugrundbuchs sind i.d.R. u. a. folgende Rechte eingetragen:

- Erbbauzinsreallast von ... € für den jeweiligen Eigentümer des Grundstücks,
- Vorkaufsrecht für alle Verkaufsfälle für den jeweiligen Eigentümer des Grundstücks,
- Vormerkung zur Sicherung des Anspruchs auf Inhaltsänderung der Reallast bei Erhöhung des Erbbauzinses.

252 Da **Kreditinstitute** bei Erbbaurechten – schon im Hinblick auf größtmögliche Ausschöpfung des Beleihungsraums – zur Sicherstellung ihrer Darlehen **regelmäßig Rang vor den obigen Grundbucheintragungen begehren,** kommt es zwischen Erbbauberechtigten und Grundstückseigentümer mitunter zu Meinungsverschiedenheiten. Das Interesse der Institute besteht an einer ungeminderten Werthaltigkeit des Erbbaurechts. Auch die Änderungen 1994 und/oder 1998 von § 9 Abs. 2 ErbbauRG und § 1105 Abs. 1 BGB (es wurde folgender Satz eingefügt: „Als Inhalt der Reallast kann auch vereinbart werden, dass die zu entrichtenden Leistungen sich ohne weiteres an veränderte Verhältnisse anpassen, wenn anhand der in der Vereinbarung festgelegten Voraussetzungen Art und Umfang der Belastung des Grundstücks bestimmt werden können.") haben diesem Verlangen entsprochen.

253 Insbesondere Geschäftsbanken gehen daher zunehmend dazu über, bei entsprechenden notariell beglaubigten Erklärungen des Grundstückseigentümers mit ihrem Grundpfandrecht hinter den Erbbauzins zu treten.

254 Hierzu ein *Beispiel* mit **Vorkaufsrechtsverzichtserklärung,** Zustimmungserklärung zur Belastung und Veräußerung und Erklärung zur Belastung anlässlich des Verkaufs von Erbbaurechten.

Vorkaufsrechtsverzichtserklärung

Wir, die unterzeichneten

1 ...

2 ...

haben von der Urkunde, UR. Nr. ... für 20.. des Notars ... vom 12.11.20.., Kenntnis genommen und stimmen der Veräußerung des Erbbaurechts hiermit als Grundstückseigentümer zu.

Gleichzeitig verzichten wir auf die Ausübung unseres Vorkaufsrechts.

Zustimmungserklärung zur Belastung und Veräußerung

Im Erbbaugrundbuch von ... des Amtsgerichts ... Blatt ... ist bei dem dort verzeichneten Grundstück ... – nachstehend Erbbauberechtigter genannt – als Erbbauberechtigter eingetragen. Grundstückseigentümer ist ... – nachstehend Grundstückseigentümer genannt.

Aufgrund des abgeschlossenen Erbbaurechtsvertrags ist zur Belastung und Veräußerung des Erbbaurechts die Zustimmung des Grundstückseigentümers erforderlich.

Der Grundstückseigentümer erteilt hiermit die Zustimmung zur Belastung des Erbbaurechts mit einer Gesamtgrundschuld in Höhe von 100 000 € nebst Zinsen und Nebenleistungen für das Kreditinstitut ... in ... sowie zur Veräußerung des Erbbaurechts durch den Konkursverwalter oder im Wege der Zwangsversteigerung und für den Fall, dass das Kreditinstitut das Erbbaurecht im Wege der Zwangsversteigerung erwirbt, auch zu einer freihändigen Veräußerung.

Ferner übernimmt der Grundstückseigentümer hiermit gegenüber dem Erbbauberechtigten die Verpflichtung, dass er seinen Rechtsnachfolger im Grundbuch zur Abgabe einer Zustimmungserklärung gleichen Inhalts verpflichten wird. Dieselbe Verpflichtung übernimmt er auch gegenüber dem Kreditinstitut.

Erklärung zur Belastung des Erbbaurechts

Im Erbbaugrundbuch von ..., Blatt ...

Erbbauberechtigter

ist für den Grundstückseigentümer ... in Abt. II ein Erbbauzins von 175 € monatlich eingetragen.

Das Erbbaurecht soll im Rang nach dem Erbbauzins mit einem Grundpfandrecht von 100 000 € für das Kreditinstitut ... in ... belastet werden. Der Grundstückseigentümer sichert dem jeweiligen Gläubiger des o.g. Grundpfandrechts und – wenn dieses durch Teilabtretung mehreren Gläubigern zustehen sollte – jedem dieser Gläubiger zu, im Falle einer Zwangsversteigerung des Erbbaurechts, den Erbbauzins hinsichtlich der künftig fällig werdenden Raten stehen zu lassen. Dieses Stehenbleiben soll zur Vermeidung einer eventuellen Kapitalisierung des Erbbauzinses entweder über § 59 ZVG oder – sofern Ersteher damit einverstanden sind – über § 91 ZVG erreicht werden. Hinsichtlich der laufenden und rückständigen Erbbauzinsraten soll der Grundstückseigentümer nach den Bestimmungen des Zwangsversteigerungsgesetzes befriedigt werden. Der Grundstückseigentümer ist verpflichtet, diese Vereinbarung jedem Rechtsnachfolger im Grundbuch aufzuerlegen.

Ein weiteres *Beispiel* befasst sich mit einer **„Stillhalteerklärung für den Erbbauzins durch den Grundstückseigentümer"**, wie sie von der Familienheim Karlsruhe eG, einer kirchlichen Baubewegung des Erzbistums Freiburg, verwandt wird.

Stillhalteerklärung für den Erbbauzins

Für den unterzeichneten Grundstückseigentümer ist auf dem Erbbaurecht an dem Grundstück

Flurst. Nr. ... der Gemarkung ...

ein Erbbauzins als Reallast im Grundbuch eingetragen.

Das Erbbaurecht wird im Rang danach mit einem Grundpfandrecht der Landeskreditbank Baden-Württemberg von € ... belastet.

Wir verpflichten uns im Falle der Zwangsversteigerung des Erbbaurechts, die vorbezeichnete Reallast sowie etwaige weitere Reallasten für erhöhten Erbbauzins auf Verlangen der Landeskreditbank Baden-Württemberg bestehen zu lassen.

Wir versichern, dass wir einem Recht, welches dem Grundpfandrecht der Landeskreditbank Baden-Württemberg im Rang nachgeht oder gleichsteht, den Vorrang bzw. den Gleichrang mit dem Erbbauzins nicht eingeräumt haben und in Zukunft nicht einräumen werden.

IX Rechte und Belastungen — Erbbaurecht

Um einen förmlichen Rangrücktritt zu vermeiden, verpflichten wir uns, ein vorrangig eingetragenes Vorkaufsrecht gegenüber dem Grundpfandrecht der Landeskreditbank Baden-Württemberg nachrangig zu behandeln.

..., den ...

... (Grundstückseigentümer)[120].

256 Es kommt in der **Beleihungspraxis ein weiteres Problem** hinzu:

a) Nach § 19 Abs. 2 ErbbauRG schmälert eine der Hypothek vorgehende Erbbauzinsreallast den Beleihungsraum, d. h., der über die Laufzeit kapitalisierte Erbbauzins führt zu verminderter Beleihungsmöglichkeit.

b) Bei der Ermittlung des Verkehrswerts von Erbbaurechten (Ausgangsgröße für die Ermittlung des Beleihungswerts) ermittelt sich der Bodenwertanteil durch Kapitalisierung des marktüblichen angemessenen Erbbauzinses nach Abzug des zu zahlenden Erbbauzinses [BW_{Erb} = (Bodenwert × p – gezahlter Erbbauzins) × V × Wertfaktor]. Mithin ist der Verkehrswert kein *belastungsfreier* Wert.

Dies führt zu dem Ergebnis, dass ein vorrangig als Reallast im Erbbaugrundbuch eingetragener Erbbauzins in kapitalisierter Form doppelt in Abzug gebracht wird, nämlich einmal bereits bei der Ermittlung des Verkehrswerts und zum anderen bei der Ermittlung des Beleihungswerts. Dies ist weniger ein Problem der Verkehrswertermittlung als der Ermittlung des Beleihungswerts. Der Verkehrswert des Erbbaurechts erhöht sich durch den dem Erbbauberechtigten verbleibenden kapitalisierten Differenzbetrag aus dem marktüblichen (angemessenen) Erbbauzins gegenüber dem zu zahlenden Erbbauzins. Indessen werden mit dem nach § 19 Abs. 2 ErbbauRG vorgeschriebenen Abzug des kapitalisierten Erbbauzinses die Beleihungsmöglichkeiten eingeschränkt.

257 Dem kann dadurch Rechnung getragen werden, dass als Anfangswert für die Ermittlung des Beleihungswerts neben dem Gebäudewertanteil des Erbbaurechts ein Bodenwertanteil durch Kapitalisierung des marktüblichen (angemessenen) Erbbauzinses ermittelt wird. Soweit dieser den nach § 19 Abs. 2 ErbbauRG von der Beleihungsgrenze in Abzug zu bringenden kapitalisierten Erbbauzins übersteigt, ist dies durch den wirtschaftlichen Vorteil gerechtfertigt. Diese Verfahrensweise trägt im Übrigen auch einer im **Zwangsversteigerungsverfahren** erlöschenden nachrangigen Erbbauzinsreallast Rechnung, die im Versteigerungsfall zu einem erbbauzinslosen Erbbaurecht führt. Dieser wirtschaftliche Vorteil erhöht zugleich die Beleihungsgrenze. Das entspricht dem tragenden Motiv für die nachrangige Sicherung der Erbbauzinsreallast, und von daher ist es auch nicht unbillig, wenn die Erbbauzinsreallast im Verwendungsfalle erlischt. Der Grundstückseigentümer muss dies bei seinem Rangrücktritt eben nur rechtzeitig erkennen.

258 *Beispiel:*

a) Objektdaten

Randlage einer westdeutschen Mittelstadt auf 1 200 m² großem Erbbaugrundstück

Offenes Parkhaus mit 240 Stellplätzen auf 7 Ebenen

Das Parkhaus ist derzeit für 15 600 € mtl. bzw. 187 200 € p.a. (= 65 €/Stellplatz) fest an einen professionellen Betreiber vermietet. Der Mieter trägt alle Bewirtschaftungskosten i.S.d. BetrKV.

– Erbbaurecht für die Dauer von 50 Jahren (1.5.1979 bis 30.4.2029)
– Gemäß NHK 2000 kann mit einer Gesamtnutzungsdauer des Gebäudes von 50 Jahren gerechnet werden. Nach der Vfg. der OFD Frankfurt am Main (S 2196 A – 9 St II/32) bestehen seitens der Finanzverwaltung keine Bedenken, bei einem Parkhaus von einer betriebsgewöhnlichen Nutzungsdauer von 30 Jahren auszugehen.
– Bodenwert (BW) 2001 = 375 €/m² ebf 450 000 €
– Gezahlter Erbbauzins (z) 3,75 % = 16 875 €
– Angemessener Erbbauzins (p) 6,50 % = 29 250 €
– Vervielfältiger bei RND 29 Jahre und p = 6,50 % = 12,91

---

[120] Deutscher Städtetag – Beiträge zur Stadtentwicklung und zum Umweltschutz, Reihe E, Heft 32, S. 27 (Erbbaurechte und Kommunales Bodenmanagement).

Erbbaurecht — Rechte und Belastungen IX

- Baujahr 1980
- Umbauter Raum (DIN 277/1950) 21 000 m³
- auf einen Stellplatz entfallen (bei Bandbreite 80 bis 120 m³ je Stellplatz) 87,5 m³
- Barwert gezahlter Erbbauzinsen 16 875 € × 12,91 = 217 856 € = rd. 220 000 €
- Der Erbbauberechtigte hat das Bauwerk nebst Zubehör sowie das gesamte Erbbaugrundstück im ordnungsgemäßen und zweckentsprechenden Zustand zu erhalten und die hierfür erforderlichen Instandhaltungen und Erneuerungen unverzüglich vorzunehmen. Er haftet somit bei Ablauf des Erbbaurechtsvertrags dem Grundstückseigentümer für Schäden infolge unterlassener Instandhaltungsmaßnahmen am Bauwerk[121].

b) Verkehrs- und Beleihungswert

1. Verkehrswert

$$VW_{Erb} = G + (BW \times p - z) \times V \times WF$$

wobei

VW_{Erb}	Wert des Erbbaurechts (Wertanteil des Erbbauberechtigten) = Gebäudeertragswert + Bodenwertanteil des Erbbaurechts
G	Gebäudeertragswert
BW	Bodenwert des unbelasteten Grundstücks
p	Liegenschaftszinssatz (6,50 %)
z	tatsächlich gezahlter Erbbauzins
V	Vervielfältiger (Anl. 1 zu § 20 ImmoWertV) bei RND von 29 Jahren und p = 6,50 % = 12,91
WF	Wertfaktor (Regelfaktor 0,5)

G = (187 200 € × 0,80 − 29 250 €) × 12,91 = 1 555 784 €

VW_{Erb} = 1 555 784 € + (450 000 € × 0,065 − 16 875 € × 12,91) × 0,5 = 1 635 665 € = rd. 1 650 000 €

2. Beleihungswert

Grundlagen: Wert des Besitzrechts am Boden und Bauwert oder Wert des Besitzrechts + Gebäudeertragswert.

Wert des Besitzrechts am Boden:

Bodenwert × p × Vervielfältiger × Wertfaktor (Regelfaktor)

450 000 € × 0,065 × 12,91 × 0,5 = 188 809 € = rd. 190 000 €		190 000 €
+ *Gebäudeertragswert*		
Jahresnettokaltmiete (Grundmiete)	187 200 €	
− Bewirtschaftungskosten 20 %	− 37 440 €	
= Gebäude- und Bodenreinertrag	149 760 €	
− Gewerbeabschlag 20 %	− 29 952 €	
= Mietreinertrag nach Gewerbabschlag	119 808 €	
− Bodenwertverzinsungsbetrag (6,50 % von 450 000 €)	− 29 250 €	
= Gebäudeertragsanteil	90 558 €	
Vervielfältiger bei RND von 29 Jahren und p = 6,50 %: 12,91		
Kapitalisierter Gebäudeertragsanteil: 90 558 € × 12,91 = 1 169 104 € rd.		1 170 000 €
Ergibt (Besitzrecht + kap. Gebäudeertragsanteil) = rd.		1 360 000 €
Beleihungswertvorschlag		**1 400 000 €**
Zur Kontrolle Sachwertermittlung		
Bauzeitwert (2001); dies sind rd. 8 350 € je Stellplatz rd.		2 000 000 €
− Risikoabschlag (Abschlagsverfahren) 20 % =		− 400 000 €
= Zwischenwert		1 600 000 €
− Gewerbeabschlag Bauwert i.S. der BelGr (§ 18 Abs. 1b) 20 % =		− 320 000 €
= ergibt		1 280 000 €
+ Wert des Besitzrechts am Boden s. o.		+ 190 000 €
= ergibt		1 470 000 €
Sachwert bei Beleihung durch die Sparkasse		rd. 1 500 000 €

---

121 LG Dortmund, Urt. vom 2.9.1999 – 3 O 372/98 –, NZM 2000, 1192 = EzGuG 7.129.

IX Rechte und Belastungen Erbbaurecht

Die folgende Einnahmen-Überschuss-Rechnung zeigt, dass aus der Parkhausmiete das beantragte nachrangige Darlehen bedient werden kann:

630 000 € (6,50 % Zinsen; 2,50 % Tilgung)	=	56 700 €
300 000 € (6,00 % Zinsen; 2,00 % Tilgung)		+ 24 000 €
Erbbauzinsen		+ 16 875 €
Zusammen	=	97 575 €
Jahresnettokaltmiete (Grundmiete) – BewK s. o.	=	149 760 €
Liquiditätsüberschuss mithin	=	52 185 €

Der Barwert des gezahlten Erbbauzinses beträgt:
16 875 € × 12,91 = 217 856 € = rd. 220 000 €

Bei einem Kreditantrag von beispielsweise 300 000 € für Sanierungsarbeiten und Vorlasten von insgesamt 850 000 € (= 630 000 € + 220 000 €/Barwert Erbbauzins) müsste die Kreditvorlage für das Bewilligungsorgan wie folgt aussehen:

Sicherheiten: 300 000 € Grundschuld nach Grundschuld von 630 000 € und dem Barwert der Erbbauzinsen (Abt. II/1) in Höhe von 220 000 € auf dem Parkhausgrundstück (Erbbaurecht).

Beleihungswert	1 400 000 €
Beleihungsgrenze (80 % Personalkredit)	1 120 000 €
Satzungssicherheit	270 000 €
Sonstige Sicherheit Kreditantrag	30 000 €
Beleihungsauslauf (1 150 000 € : 1 400 000 €)	82,1 %

Das beantragte Darlehen muss wegen der Art des Pfandobjekts in den Büchern der Sparkasse als *Personalkredit* geführt werden.

Für das Bauwerk steht dem Erbbauberechtigten bei Ablauf des Erbbaurechtsvertrags eine Entschädigung in Höhe von 75 % des Verkehrswerts i.S. von § 194 BauGB zu (§ 27 Abs. 1 ErbbauRG).

2.4.7 Entschädigung für Leitungsüberspannung

259 Ein weiteres Problem kann entstehen, wenn ein Stromversorgungsunternehmen das belastete Grundstück mit einer 220-kV-Freilandleitung überspannt. Üblicherweise wird dem betroffenen Eigentümer eine **Entschädigung in Höhe von etwa 10 v.H. des Werts der von der Freilandleitung in Anspruch genommenen Schutzstreifenfläche** gewährt. Da bei Vorliegen eines Erbbaurechts aber der Erbbauberechtigte in der Nutzung des Grundstücks behindert ist, erhält der Erbbaurechtsgeber im Allgemeinen nur 10 v.H. und der Erbbauberechtigte 90 v.H. des Entschädigungsbetrags. Nachfolgend wird untersucht, ob dieser allgemein übliche Aufteilungsmodus gerechtfertigt ist.

260 So lange das Erbbaurecht läuft, ist der Nutzer des Grundstücks, also der Erbbauberechtigte, in der Nutzung des Grundstücks eingeschränkt. Der Erbbaurechtsgeber ist nicht belastet, da das Leitungsrecht keine Auswirkungen auf den Erbbauzins hat. Da eine **Kopplung des Erbbauzinses an den sich durch das Leitungsrecht mindernden Bodenwert nicht zulässig** ist, kann auch bei Anpassung des Erbbauzinses an die gestiegenen wirtschaftlichen Verhältnisse kein Nachteil entstehen.

261 Bei **Verkauf des Erbbaurechts an einen Dritten** wird ebenfalls nur der Erbbauberechtigte benachteiligt, da die Überspannung sich negativ auf die Nutzung des Grund und Bodens auswirkt. Da der Erbbauberechtigte jedoch eine Abfindung (90 % der Entschädigung) erhalten hat, erfolgte dafür ein Ausgleich.

Der Verkauf des belasteten Grundstücks an einen Dritten ist normalerweise ausgeschlossen, da der Erbbauzins selten der angemessenen Rendite für den Grund und Boden entspricht. Bei Gewerbegrundstücken kann das ausnahmsweise dann der Fall sein, wenn die Bodenwertsteigerung für Gewerbegrundstücke der Steigerung der allgemeinen wirtschaftlichen Verhältnisse entspricht oder sogar darunter liegt. Da der Käufer aber die unveränderte Erbbauzinsforderung übernimmt, hat er zumindest während der Laufzeit des Rechts keinen Nachteil aus dem Leitungsrecht.

Bei Ablauf des Rechts entsteht ein Eigentümererbbaurecht. Wird lt. Vertrag das Erbbaurecht entschädigt, wirkt sich die Nutzungsbeeinträchtigung durch das Leitungsrecht wertmindernd aus, d.h., die Entschädigung wird geringer ausfallen als bei einem vergleichsweise unbelasteten Erbbaurecht.

Insgesamt gesehen ist demnach die übliche Regelung, wonach die Entschädigung für ein Leitungsrecht für den Erbbauberechtigten und den Eigentümer des belasteten Grundstücks im Verhältnis 9 : 1 erfolgt, nicht ungerechtfertigt.

2.4.8 Geschäftswert (nach KostO)

Der Geschäftswert für die Erbbaurechtsbestellung beträgt nach § 21 Abs. 1 Satz 1 KostO 80 % des Grundstückswerts (§ 19 Abs. 2 KostO)[122]. **262**

Als Geschäftswert eines bestehenden Erbbaurechts ist allein der Verkehrswert des Bauwerks maßgeblich, wenn der Erbbauberechtigte den Grundstücksteil erwirbt, auf dem das Erbbaurechtsbauwerk steht und der Wert des Bauwerks nicht in einem krassen Missverhältnis zum Wert des Erbbaurechtsgrundstücks steht[123].

2.4.9 Erbbaurecht in der steuerlichen Bewertung

Es ist zwischen der Bewertung zum Zwecke der Grundsteuer und der Feststellung der Erbschaftssteuer zu unterscheiden. Zum Zwecke der Grundsteuer werden die Einheitswerte benötigt (§ 131 Abs. 1 BewG) und zur Feststellung der Erbschaftssteuer gelten die §§ 193 und 194 BewG. **263**

„**§ 131 BewG Wohnungseigentum und Teileigentum, Wohnungserbbaurecht und Teilerbbaurecht**
(1) Jedes Wohnungseigentum und Teileigentum bildet eine wirtschaftliche Einheit. Für die Bestimmung der Grundstückshauptgruppe ist die Nutzung des auf das Wohnungseigentum und Teileigentum entfallenden Gebäudeteils maßgebend. Die Vorschriften zur Ermittlung der Einheitswerte 1935 bei bebauten Grundstücken finden Anwendung, soweit sich nicht aus den Absätzen 2 und 3 etwas anderes ergibt.
(2) Das zu mehr als 80 vom Hundert Wohnzwecken dienende Wohnungseigentum ist mit dem Vielfachen der Jahresrohmiete nach den Vorschriften zu bewerten, die für Mietwohngrundstücke maßgebend sind. Wohnungseigentum, das zu nicht mehr als 80 vom Hundert, aber zu nicht weniger als 20 vom Hundert Wohnzwecken dient, ist mit dem Vielfachen der Jahresrohmiete nach den Vorschriften zu bewerten, die für gemischt genutzte Grundstücke maßgebend sind.
(3) Entsprechen die im Grundbuch eingetragenen Miteigentumsanteile an dem gemeinschaftlichen Eigentum nicht dem Verhältnis der Jahresrohmieten zueinander, so kann dies bei der Feststellung des Wertes entsprechend berücksichtigt werden. Sind einzelne Räume, die im gemeinschaftlichen Eigentum stehen, vermietet, so ist ihr Wert nach den im Grundbuch eingetragenen Anteilen zu verteilen und bei den einzelnen wirtschaftlichen Einheiten zu erfassen.
(4) Bei Wohnungserbbaurechten oder Teilerbbaurechten gilt § 46 der weiter anzuwendenden Durchführungsverordnung zum Reichsbewertungsgesetz sinngemäß. Der Gesamtwert ist in gleicher Weise zu ermitteln, wie wenn es sich um Wohnungseigentum oder um Teileigentum handelte. Er ist auf den Wohnungserbbauberechtigten und den Bodeneigentümer entsprechend zu verteilen."

2.5 Wohnungs- und Teilerbbaurecht

Schrifttum: *Kröll/Hausmann,* Rechte und Belastungen bei der Verkehrswertermittlung von Grundstücken, 3. Aufl. Neuwied 2006.

Rechtsgrundlage des Wohnungs- und Teilerbbaurechts ist § 30 WEG, der folgende Fassung hat: **264**

---

[122] KG Berlin, Urt. vom 8.3.1994 – 1 W 6606/83 –, EzGuG 7.120a.
[123] OLG Celle, Beschl. vom 5.5.2004 – 8 W 119/04 –, EzGuG 7.138.

IX Rechte und Belastungen

„§ 30 WEG

(1) Steht ein Erbbaurecht mehreren gemeinschaftlich nach Bruchteilen zu, so können die Anteile in der Weise beschränkt werden, dass jedem der Mitberechtigten das Sondereigentum an einer bestimmten Wohnung oder an nicht zu Wohnzwecken dienenden bestimmten Räumen in einem aufgrund des Erbbaurechts errichteten oder zu errichtenden Gebäude eingeräumt wird (Wohnungserbbaurecht, Teilerbbaurecht).

(2) Ein Erbbauberechtigter kann das Erbbaurecht in entsprechender Anwendung des § 8 teilen.

(3) Für jeden Anteil wird von Amts wegen ein besonderes Erbbaugrundbuchblatt angelegt (Wohnungserbbaugrundbuch, Teilerbbaugrundbuch). Im Übrigen gelten für das Wohnungserbbaurecht (Teilerbbaurecht) die Vorschriften über das Wohnungseigentum (Teileigentum) entsprechend."

3 Gesetzliche Beschränkungen

Schrifttum: *Sandner/Weber (Hrsg.)*, Lexikon der Immobilienwertermittlung, 2. Aufl. Bundesanzeiger 2007.

3.1 Übersicht

265 Neben den Rechten Dritter oder den beschränkt dinglichen Rechten gibt es auch gesetzliche Beschränkungen des Eigentums. Sie untergliedern sich in **privatrechtliche und öffentlich-rechtliche Beschränkungen**[124]. Die öffentlich-rechtlichen Beschränkungen beziehen sich auf Normen zur Konkretisierung der Sozialpflichtigkeit des Eigentums und die privatrechtlichen Beschränkungen auf die Abgrenzung des Eigentums gegenüber Nachbarn und private Normen. Bei den privatrechtlichen Beschränkungen ist nach den nachbarrechtlichen Beschränkungen des BGB (§§ 906 bis 924 BGB) (Immissionen § 906, Überhang § 910, Überfall § 911, Überbau §§ 912 bis 916, Notweg §§ 917 und 918 und Grenzverhältnisse §§ 919 bis 923, darunter fällt auch die Grenzscheidung, die als Folge der Grenzverwirrung § 920 BGB durch eine Grenzscheidungsklage zu einer richterlichen Abgrenzung der Grundstücke führt) und den Beschränkungen des landesrechtlichen Nachbarrechts zu unterscheiden (vgl. Abb. 48).

Abb. 48: Gesetzliche Beschränkungen des Grundeigentums

---

124 Rebmann/Säcker, BGB MünchenerKomm, München 1986, 529; Soergel, BGB Komm., Stuttgart 1984, 183 ff.

Gesetzl. Beschränkungen   **Rechte und Belastungen IX**

Der durch die gesetzlichen Beschränkungen belastete Nachbar hat die Beschränkungen seines Grundeigentums zu dulden. Er ist dafür durch eine angemessene Rente zu entschädigen. Die unter die gesetzlichen Beschränkungen fallenden Rechte sind nicht im Grundbuch eintragungsfähig. Die Höhe der angemessenen Entschädigung (Rente) ist aber meistens im Grundbuch des mit der Rente belasteten Grundstücks vermerkt (dingliche Sicherung des Rentenanspruchs). **Bei den privatrechtlichen Nachbarrechtsbeschränkungen ist eine Wertminderung des belasteten Grundstücks lediglich beim Überbau oder beim Notwegrecht anzunehmen.** Die übrigen nachbarrechtlichen Beschränkungen haben keinen oder nur unwesentlichen Einfluss auf den Grundstückswert.

3.2 Überbau

3.2.1 Allgemeines

Schrifttum: *Kinne, H.,* Rechtsfragen des Überbaus, Bln GE 2007, 490.

Von einem Überbau[125] spricht man, wenn ein Bauwerk zu einem Teil auf dem benachbarten Grundstück errichtet wurde. Es macht dabei keinen Unterschied, ob die Bebauung unter (Fundamente) oder über (Dachvorsprung, Balkon, Erker) der Erdoberfläche die Grenze überschreitet.

Es ist nach **drei Formen des Überbaus** zu unterscheiden:

a) dem *rechtmäßigen Überbau* mit Einverständnis des Nachbarn,

b) dem *unbeabsichtigten (und entschuldigten) Überbau* (ohne Vorsatz und grobe Fahrlässigkeit) und

c) dem *unentschuldigten Überbau* aufgrund von Vorsatz oder grober Fahrlässigkeit (Abb. 49).

Als „Bauwerke" i.S. des BGB sind Gebäude zu verstehen, die auf Dauer errichtet und nur schwer versetzbar sind; daher fallen Zäune, Mauern und ein seitenoffener Carport[126] nicht unter den Tatbestand des Überbaus. Des Weiteren fallen nur die vom Eigentümer oder Erbbauberechtigten (§ 11 Abs. 1 ErbbauRG) und nicht die vom Besitzer oder Pächter errichteten Bauwerke unter den Tatbestand des Überbaus[127]. § 11 Abs. 1 Satz 1 besagt: „Auf das Erbbaurecht finden die sich auf Grundstücke beziehenden Vorschriften ... sowie die Vorschriften über Ansprüche aus dem Eigentum entsprechende Anwendung ..."

Abb. 49: Überbau

In der Praxis treten aber auch Fälle auf, in denen der Eigentümer zweier benachbarter Grundstücke zunächst über seine eigene Grenze gebaut hat (Eigengrenzüberbauung[128]) und die

---

125 Zum Begriff des Überbaus: BGH, Urt. vom 22.5.1981 – V ZR 102/80 –, WM 1981, 908 = NJW 1982, 756 = EzGuG 3.64; BGH, Urt. vom 16.1.2004 – V ZR 243/03 –, JurBüro 2004, 510 = GuG-aktuell 2004, 47 = EzGuG 14.142.
126 OLG Karlsruhe, Urt. vom 9.9.1992 – 6 U 45/02 –, NJW-RR 1993, 665.
127 BGH, Urt. vom 16.1.2004 – V ZR 243/03 –, NJW 2004, 1237 = EzGuG 14.141.
128 BGH, Urt. vom 12.10.2001 – V ZR 168/00 – GuG 2004, 383; OLG Hamm, Urt. vom 13.12.1990 – 5 U 179/80 –.

IX Rechte und Belastungen Gesetzl. Beschränkungen

Grundstücke später unterschiedlichen Eigentümern zufallen. Des Weiteren kann ein Überbau auch durch Grundstücksteilung entstehen (**Teilungsfälle**).

270 Beim **rechtmäßigen Überbau** liegt das Einverständnis des Nachbarn vor. Die Eigentumsverhältnisse bestimmen sich wie beim entschuldigten Überbau nach den §§ 912 ff. BGB.

271 Unter einem **entschuldigten Überbau** versteht man die unbeabsichtigte Errichtung eines Gebäudes über die Grundstücksgrenze ohne Vorsatz oder grobe Fahrlässigkeit. Der Eigentümer des Grundstücks, das überbaut worden ist, muss den Überbau dulden, wenn er nicht „vor oder sofort nach der Grenzüberschreitung" (Überbau) Widerspruch erhoben hat (§ 912 Abs. 1 BGB). Der Überbau wird jedoch nicht wesentlicher Bestandteil des überbauten Grundstücks, sondern des Grundstücks, von dem aus die Grenze baulich überschritten wurde. Der Überbau bleibt im Eigentum des Überbauers (§ 95 Abs. 1 Satz 2 BGB). Als Ausgleich für die Duldungspflicht ist der Eigentümer des überbauten Grundstücks durch eine Geldrente zu entschädigen (§ 912 Abs. 2 BGB).

272 Ein **unentschuldigter Überbau** liegt bei Vorsatz oder grober Fahrlässigkeit vor[129]. Einen Widerspruch hat der Nachbar vor oder sofort nach der Grenzüberschreitung zu erheben.

273 Ein **gegen geltendes Baurecht oder gegen die allgemein geltenden Regeln der Baukunst verstoßender Überbau und ein gefahrenträchtiger Zustand** muss nicht geduldet werden[130].

274 Der Überbau gehört zu den privatrechtlichen Beschränkungen des Grundeigentums und ist in den §§ 912 bis 916 BGB geregelt (Abb. 50).

Abb. 50: Privatrechtliche Beschränkungen

„**§ 912 BGB Überbau; Duldungspflicht**
(1) Hat der Eigentümer eines Grundstücks bei der Errichtung eines Gebäudes über die Grenze gebaut, ohne dass ihm Vorsatz oder grobe Fahrlässigkeit zur Last fällt, so hat der Nachbar den Überbau zu dulden, es sei denn, dass er vor oder sofort nach der Grenzüberschreitung Widerspruch erhoben hat.
(2) Der Nachbar ist durch eine Geldrente zu entschädigen. Für die Höhe der Rente ist die Zeit der Grenzüberschreitung maßgebend.
§ 913 BGB Zahlung der Überbaurente
(1) Die Rente für den Überbau ist dem jeweiligen Eigentümer des Nachbargrundstücks von dem jeweiligen Eigentümer des anderen Grundstücks zu entrichten.
(2) Die Rente ist jährlich im Voraus zu entrichten."

275 In den *neuen Bundesländern* galt vom **1.1.1976 bis zum 3.10.1990** die Regelung des § 320 ZGB, der folgende Fassung hat:

---

129 BGH, Urt. vom 19.9.2003 – V ZR 360/02 –, GuG-aktuell 2004, 47 = EzGuG 14.139a.
130 BGH, Urt. vom 22.9.2000 – V ZR 443/99 –, EzGuG 14.135a.

Gesetzl. Beschränkungen — Rechte und Belastungen IX

„**§ 320 ZGB Überbau**

(1) Hat der Nutzungsberechtigte eines Grundstücks ohne Einverständnis des Grundstücksnachbars über die Grundstücksgrenze gebaut, kann der Grundstücksnachbar verlangen, dass der Überbau beseitigt wird, soweit das nicht gesellschaftlichen Interessen widerspricht.

(2) Kann die Beseitigung des Überbaus nicht verlangt werden, hat der Grundstückseigentümer Anspruch auf angemessene Entschädigung in dem Umfang, in dem sein Nutzungsrecht beeinträchtigt ist."

Im **Kommentar zum ZGB**[131] heißt es hierzu: **276**

„2. Maßgeblich für den Anspruch auf **angemessene Entschädigung** und dessen Höhe ist nicht die Tatsache des Überbaus selbst, sondern der dadurch hervorgerufene **Umfang der Beeinträchtigung** der Grundstücksnutzung. Folglich ist kein Entschädigungsanspruch gegeben, wenn der Überbau keine Beeinträchtigung hervorgerufen hat, jedoch führt bereits eine unwesentliche Beeinträchtigung zum Entstehen eines Entschädigungsanspruchs. Für die Beurteilung des Umfangs der Beeinträchtigung sind Größe, Lage und Art der Nutzung des Grundstücks von Bedeutung. Wird ein mit einem Wohngebäude bebautes Grundstück überbaut und kommt es dadurch zu einem besonders engen Nebeneinander von Gebäuden, liegt eine erhebliche Beeinträchtigung des Nutzungsrechts vor. Eine Beeinträchtigung muss nicht erheblich sein, wenn ein Grundstück überbaut wurde, das lediglich an Wochenenden ausschließlich für Erholungszwecke genutzt wird (vgl. auch 1.2 zu § 319). Für die Entscheidung über den Anspruch und auch die Höhe der Entschädigung, die nicht als einmalige Zahlung, sondern in bestimmten Zeitabständen zu erbringen ist, sind die Gerichte zuständig (vgl. OG, Urt. vom 11.3.1977 – 2 OZK 31/76 –, NJ 1977, 424)."

3.2.2 Überbaurente und Abkauf

Nach § 912 Abs. 2 BGB ist der Nachbar, dessen Grundstück überbaut worden ist, durch eine Geldrente (Überbaurente) zu entschädigen. Die **Rente ist nach § 913 Abs. 1 BGB von dem „jeweiligen Eigentümer des anderen Grundstücks", von dem übergebaut worden ist, zu entrichten.** Die Rente ist nach § 913 Abs. 2 BGB jährlich im *Voraus* zu entrichten. Das Rentenrecht geht allen übrigen Rechten vor (§ 914 Abs. 1 BGB) und wird gemäß § 914 Abs. 2 BGB nicht in das Grundbuch eingetragen; die Überbaurente wird jedoch im Grundbuch des anderen Grundstücks als Reallast abgesichert. Im Übrigen finden die Vorschriften Anwendung, die für eine zugunsten des jeweiligen Eigentümers eines Grundstücks bestehende Reallast gelten (§ 914 Abs. 3 BGB). **277**

Dass die Rente im *Voraus* zu entrichten ist, muss im Rahmen der Wertermittlung besonders beachtet werden, denn der **Vervielfältiger der Anl. 1 zu § 20 ImmoWertV bezieht sich auf eine nachschüssige Rente**. Die Umrechnung der jährlich nachschüssigen Vervielfältiger aus Anl. 1 der ImmoWertV in vorschüssige Vervielfältiger, kann wie folgt erfolgen: **278**

Beispiel: **279**

Laufzeit	20 Jahre
Ansetzbarer Zinssatz	4 %
Jährlich nachschüssiger Vervielfältiger der ImmoWertV	13,59

Umrechnung in den jährlich vorschüssigen Vervielfältiger durch Multiplikation des jährlich nachschüssigen Vervielfältigers mit dem angesetzten Zinssatz in Dezimalschreibweise:

$13{,}59 \times 1{,}04 =$ **14,13** oder

Heranziehung des Vervielfältigers für n – 1 Jahre zuzüglich 1:

$13{,}13 + 1{,}00 =$ **14,13**

Ansprüche gegen einen Bauunternehmer, der einen Überbau verursacht hat, als Drittschädiger werden im Übrigen durch § 912 BGB nicht ausgeschlossen[132].

Das **Rentenrecht ist Bestandteil des überbauten Grundstücks** (§ 96 BGB). **280**

---

131 Ministerium der Justiz der DDR: Kommentar zum ZGB, Staatsverlag der DDR, Berlin 1993.
132 BGH, Urt. vom 21.5.1958 – V ZR 225/56 –, EzGuG 3.1.

IX Rechte und Belastungen Gesetzl. Beschränkungen

281 **Für die Höhe der Überbaurente** nach § 912 Abs. 2 Satz 2 BGB ist „die Zeit der Grenzüberschreitung maßgebend"[133]. Durch die Überbaurente soll nämlich der Nutzungsverlust ausgeglichen werden, den der Eigentümer des überbauten Grundstücks zum Zeitpunkt des Überbaus erleidet[134]. Dies gilt auch dann, wenn

a) der Überbau zu einem späteren Zeitpunkt entdeckt wurde und

b) im Falle des Eigengrenzüberbaus.

Für die Bemessung der Überbaurente gelten auch in diesem Falle die allgemeinen Wertverhältnisse zum Zeitpunkt des Überbaus. Bei einem Eigengrenzüberbau entsteht das Rentenzahlungsrecht mit der Errichtung des Überbaus und nicht erst mit dem Übergang an einen anderen Eigentümer[135].

Die der Ermittlung der Überbaurente zugrunde zu legende **Verzinsung ist eine Frage des Einzelfalls**. Das OLG Stuttgart[136] hat eine angemessene Verzinsung mit höchstens 9 % und das AG Landau[137] mit 8 % angenommen.

282 Aus § 912 Abs. 2 Satz 2 BGB folgt auch, dass die Überbaurente nicht der Entwicklung auf dem Grundstücksmarkt angeglichen werden darf. Das bedeutet, dass in den meisten Fällen die Überbaurente wegen der stark angestiegenen Bodenpreise bereits nach wenigen Jahren ihre praktische Bedeutung verliert (Abb. 51)[138].

Abb. 51: Entwicklung verschiedener Indizes seit 1963

Quelle: Gutachterausschuss in Worms

283 Abb. 51 zeigt, dass die Bodenpreisentwicklung wesentlich steiler verläuft als die Entwicklung der für Gleitklauseln zulässigen Indizes (z. B. Verbraucherpreisindex und Index der Bruttoverdienste der Angestellten in Industrie und Handel). Dies führt insbesondere bei Erbbau-

---

[133] OLG Celle, Urt. vom 30.10.1962 – 1 U 13/62 –, EzGuG 14.14e = EzGuG 3.20; BGH, Urt. vom 26.11.1971 – V ZR 11/70 –, EzGuG 3.37.

[134] BGH, Urt. vom 10.12.1993 – V ZR 168/92 –, EzGuG 6.272; BGH, Urt. vom 23.2.1990 – V ZR 231/88 –, BGHZ 110, 298 = WM 1990, 718 = NJW 1990, 1791 = BauR 1990, 373; OLG Köln, Beschl. vom 27.9.1995 – 16 W 49/95 –, EzGuG 14.128.

[135] OLG Hamm, Urt. vom 13.12.1990 – 5 U 179/90 –, EzGuG 14.96b.

[136] OLG Stuttgart, Urt. vom 6.11.1975 – 13 U 121/75 –, MDR 1976, 400.

[137] AG Landau, Urt. vom 27.2.2001 – 4 C 451/00 –.

[138] BGH, Urt. vom 10.12.1976 – V ZR 235/75 –, EzGuG 3.58; BGH, Urt. vom 19.12.1975 – V ZR 25/74 –, EzGuG 3.57; BGH, Urt. vom 22.2.1974 – V ZR 103/73 –, EzGuG 3.43; BGH, Urt. vom 18.12.1970 – V ZR 73/68 –, EuGuG 3.34; BGH, Urt. vom 10.10.1969 – V ZR 131/66 –, EzGuG 3.32; BGH, Urt. vom 14.11.1962 – V ZR 183/60 –, EzGuG 3.21; BGH, Urt. vom 13.2.1981 – V ZR 25/80 –, EzGuG 14.65a; BGH, Urt. vom 26.11.1971 – V ZR 11/70 –, EzGuG 3.37; BGH, Urt. vom 26.2.1964 – V ZR 105/61 –, EzGuG 3.21; OLG Nürnberg, Urt. vom 23.11.1962 – 4 U 91/62 –, EzGuG 3.22; LG Bochum, Urt. vom 23.9.1958 – 5 S 256/58 –, EzGuG 3.13.

Gesetzl. Beschränkungen — Rechte und Belastungen IX

rechten zu erheblichen Nachteilen für den Erbbauverpflichteten. Ebenso wirkt sich diese Entwicklung bei der Entschädigung für die gesetzlichen Beschränkungen aus, da hier keine **Angleichungsmöglichkeiten für die Renten** (Überbau- und Notwegrente) vorgesehen sind.

Maßgebliche Grundlage für die Bemessung der Überbaurente ist der **Verkehrswert der überbauten Grundstücksfläche** zum Zeitpunkt des Überbaus[139]. — 284

Zur Berechnung der Höhe der Überbaurente kann bei Ertragsobjekten vom Ertragswert ausgegangen werden. Während bei der Verkehrswertermittlung des überbauberechtigten Grundstücks der Überbau in der Weise berücksichtigt wird, dass die über die Dauer des (künftigen) Bestands der Überbaurente kapitalisierte Geldrente vom Gesamtwert abgezogen wird, gleicht nach der Rechtsprechung des BGH[140] bei dem überbaubelasteten Grundstück die Überbaurente den Nutzungsausfall „neutralisierend" aus. Dem wird man allerdings aus der Sicht der Verkehrswertermittlung im Hinblick auf die der Überbaurente zu Grunde liegenden überholten Wertverhältnisse nicht uneingeschränkt folgen können. — 285

Die wesentlichen wertrelevanten Parameter des Überbaus nach den §§ 912 bis 916 sind nachfolgend zusammengefasst (Abb. 52).

Abb. 52: Wichtigste Wertparameter des Überbaus

Wichtigste Wertparameter des Überbaus		
Im Grundbuch nicht eintragungsfähig. Höhe der Rente kann zur dinglichen Sicherung im Grundbuch des überbauenden Grundstücks eingetragen werden.	Duldungspflicht ist gesetzlich beschränkt. Sie erlischt nicht im Zwangsversteigerungsverfahren.	Recht auf Überbaurente geht allen anderen Rechten vor. Es unterliegt nicht der Verjährung. Anspruch auf einzeln fällige Rentenzahlung verjährt nach vier Jahren.

Geschädigter hat Anspruch auf Überbaurente, die sich nach der Einbuße bemisst, die der Geschädigte nachhaltig erleidet, z. B.
- aus dem Anteil der überbauten Fläche am Reinertrag des Gesamtgrundstücks oder
- durch angemessene Verzinsung des Werts des entzogenen Bodens.

Bei der Bemessung der Rente ist auf die allgemeinen Wertverhältnisse auf dem Grundstücksmarkt zum **Zeitpunkt des Entstehens des Überbaus** abzustellen. Die Rente wird jährlich **vorschüssig** gezahlt und kann **nicht wertgesichert** werden.

© Simon 06

3.2.3 Verkehrswertermittlung

3.2.3.1 Verkehrswert des belasteten (überbauten) Grundstücks

Die Ermittlung des Verkehrswerts vollzieht sich nach den Methoden des Rentenrechts (vgl. Begriff des Grundvermögens § 68 Abs. 1 Nr. 1 BewG[141]). **Im Zeitpunkt der Grenzüberschreitung dürfte der Wert der Überbaurente im Allgemeinen dem Verlust der Nutzung des überbauten Teils des belasteten Grundstücks entsprechen.** Eine sich aus dem Nutzungsverlust ergebende Wertminderung wird demnach in diesem Zeitpunkt auch den Wert der Überbaurente im Allgemeinen ausgleichen. Der vollständige Ausgleich einer Wertminderung tritt jedoch dann nicht mehr ein, wenn der Wert des überbauten Grundstücks steigt. Ebenso fehlt ein Ausgleich im Fall der einmaligen Zahlung oder der Ablösung der Rente oder im Fall des Verzichts auf die Rente. — 286

---
139 OLG Celle, Urt. vom 30.10.1962 – 1 U 13/62 –, EzGuG 14.14e = EzGuG 3.20; BGH, Urt. vom 26.11.1971 – V ZR 11/70 –, EzGuG 3.37.
140 BGH, Urt. vom 21.5.1958 – V ZR 225/56 –, EzGuG 3.11.
141 In der steuerlichen Bewertung ist der Wert der Überbaurente in Anlehnung an die Regelung in Abschn. 32 Abs. 5 Satz 7 BewR Gr (Allgemeine Verwaltungsvorschrift über die Richtlinie zur Besteuerung des Grundvermögens) mit dem Neunfachen des Jahresbetrags anzusetzen.

IX Rechte und Belastungen — Gesetzl. Beschränkungen

287 Bei der Verkehrswertermittlung des überbauten Grundstücks wird eine Wertminderung nur insoweit berücksichtigt, als sie nicht durch den Wert der Überbaurente ausgeglichen ist.

288 Bei der **Verkehrswertermittlung von unbebauten Grundstücken** ist zunächst der Bodenwert für die nicht vom Überbau bedeckte Fläche zu ermitteln. Diesem Wert ist dann der Wert der Überbaurente hinzuzurechnen[142].

Der Verkehrswert eines Grundstücks mit einem Überbau ergibt sich nach der aus Abb. 53 ersichtlichen Formel.

Dabei ergibt sich i.d.R. ein geringerer Wert als für ein vergleichbares unbelastetes Grundstück, da zumeist der Barwert der Überbaurente wegen der rechtlichen Hindernisse zu gering bemessen ist.

Abb. 53: Verkehrswertermittlung des belasteten (überbauten) Grundstücks

3.2.3.2 Verkehrswert des begünstigten Grundstücks

289 Der Überbau gehört zur **wirtschaftlichen Einheit** des Grundstücks, von dem aus überbaut worden ist[143].

Bisher war man davon ausgegangen, dass der Bodenwert des Grundstücks, von dem aus überbaut wurde, dann höher als der Wert eines vergleichbaren unbebauten Grundstücks einzuschätzen ist, wenn das Maß der baulichen Nutzung durch den Überbau größer ist als das Maß der baurechtlich zulässigen Nutzung. Von dieser Auffassung wird in der WERTR 06 abgewi-

---

142 In den Fällen der steuerlichen Bewertung der bebauten Grundstücke im Ertragswertverfahren kommt eine Wertminderung nach § 82 Abs. 1 BewG nur insoweit in Betracht, als sie nicht bereits in der Höhe der Jahresrohmiete berücksichtigt ist. Bei der Berechnung des Zuschlags nach § 82 Abs. 2 Nr. 1 BewG ist die vom Überbau bedeckte Fläche als unbebaute Fläche anzusehen. Bei der Bewertung eines bebauten Grundstücks im Sachwertverfahren wirkt sich eine Wertminderung im Bodenwert aus. Dieser ist wie bei einem unbebauten Grundstück zu ermitteln.
143 In der steuerlichen Bewertung ist eine Werterhöhung nach § 82 Abs. 2 BewG ausgeschlossen. Die Verpflichtung zur Zahlung der Überbaurente ist als Reallast (§ 914 Abs. 3 BGB) nach § 82 Abs. 1 BewG mit dem Neunfachen des Jahreswerts wertmindernd zu berücksichtigen.

chen. Die bisher angerechnete Bodenwerterhöhung des begünstigten Grundstücks (z. B. die durch den Überbau berücksichtigte Erhöhung der baulichen Ausnutzung) soll künftig mit der Begründung nicht mehr berücksichtigt werden, dass für den Bodenwert der Grundsatz gilt „wie, wenn unbebaut", und sich die Grundstücksqualität, insbesondere was die bauliche Ausnutzung angeht, durch den Überbau nicht ändert.

Ebenso bleibt ein denkbarer Bodenwertanteil des Berechtigten an dem überbauten Grundstück unberücksichtigt, da die Berechtigung zur Nutzung des fremden Bodens mit der baulichen Anlage „steht und fällt". Allerdings wird sich in den Fällen der Verkehrswertermittlung im Ertragswertverfahren der Wert des Überbaus im Allgemeinen in einer höheren Jahresrohmiete ausdrücken.

Im Übrigen sollte das Problem nicht zu theoretisch gesehen werden, da in der überwiegenden Anzahl der Praxisfälle ein Überbau nach § 912 BGB marginal ist.

Das nachfolgende Beispiel (Anl. 22 bis 24 WERTR 06), welches von einem 60 m² großen Überbau auf einem 450 m² großen Innenstadtgrundstück ausgeht, ist eher unwahrscheinlich.

In den Fällen der Verkehrswertermittlung bebauter Grundstücke im Ertragswertverfahren wirkt sich der Wert des Überbaus im Allgemeinen in einer höheren Jahresrohmiete aus[144]. **290**

Der **Verkehrswert eines Grundstücks, von dem aus überbaut wurde,** ergibt sich aus der aus Abb. 54 ersichtlichen Formel. **291**

Abb. 54: Verkehrswertermittlung für das begünstigte Grundstück

Beispiel (Anlage 22 WERTR 06): **292**

Bei der Bebauung des Innenstadtgrundstücks B wurde ein Überbau vom Nachbargrundstück A um 3,00 m auf einer Länge von 20 m festgestellt. Der derzeitige Bodenwert beträgt 200 €/m². Zum Zeitpunkt des Überbaus 1965 betrug der Bodenwert 60 €/m². Der Liegenschaftszinssatz beträgt 6 %. Die Grundstücke haben jeweils eine Fläche von 450 m². Bei der Berechnung wird davon ausgegangen, dass der Überbau noch 100 Jahre bestehen bleibt, da der Eigentümer des herrschenden Grundstücks den Vorteil des Überbaus künftig nicht aufgeben wird. Der Berechnung ist der vorschüssige Rentenbarwertfaktor in Höhe von 17,61 (100 Jahre, 6 %) zu Grunde zu legen.

Ermittlung der Überbaurente für belastetes Grundstück B:
Jährlicher Nutzungsverlust der überbauten Grundstücksteilfläche
Bodenverzinsungsbetrag (60 m² × 60,– €/m² × 6,00 %)   216 €

---

[144] In den Fällen der steuerlichen Bewertung bebauter Grundstücke im Sachwertverfahren wirkt sich der Wert des Überbaus sowohl im Gebäudenormalherstellungswert und damit im Gebäudewert (§ 85 BewG) als auch in einem höheren Bodenwert aus. Der Bodenwert ist in Anlehnung an die Regelung in Abschn. 35 Abs. 4 Nr. 2 BewR Gr zu ermitteln. Dabei ist jedoch die Verpflichtung zur Zahlung der Überbaurente als Reallast mit dem Neunfachen des Jahreswerts wertmindernd zu berücksichtigen.

IX Rechte und Belastungen Gesetzl. Beschränkungen

Jährliche Überbaurente	216 €
Ermittlung des Bodenwerts des begünstigten Grundstücks A:	
Bodenwert des Grundstücks (450 m² × 200 €/m²)	90 000 €
Barwert der Überbaurente (216 € × 17,61) rd.	– 3 804 €
	86 196 €
Bodenwert des begünstigten Grundstücks rd.	**86 000 €**
Ermittlung des Bodenwerts des belasteten Grundstücks B:	
abgezinster Bodenwert des überbauten Grundstückteils rd. (200 €/m² × 60 m² × 0,0029)	35 €
Diskontierungsfaktor bei 6 v.H. und 100 Jahre Restnutzungsdauer	
Barwert der Überbaurente (216 € × 17,61) rd.	+ 3 804 €
Bodenwert des nicht überbauten Grundstücksteils [(450 m² – 60 m²) × 200 €/m²]	+ 78 000 €
	81 839 €
Bodenwert des belasteten Grundstücks rd.	**82 000 €**

Abb. 55:   Lageplan

293   *Beispiel:*

An einem Innenstadtgrundstück wird 1998 ein Überbau vom Nachbargrundstück von (0,50 m × 25,00 m =) 12,5 m² festgestellt, der bei der Neubebauung des Nachbargrundstücks im Jahr 1988 unbeabsichtigt entstand. Der gegendübliche Bodenwert beträgt 1998 10 000 €/m² und im Jahr der Entstehung des Überbaus 7 000 €/m². Beide Grundstückseigentümer verhandeln über eine dinglich zu sichernde Überbaurente.

Bodenwert des belasteten Grundstücks

Bodenwert zum Zeitpunkt des Überbaus	7 000 €/m²
Die Überbaurente entspricht der ortsüblichen nutzungsbezogenen Bodenwertverzinsung zum Zeitpunkt des Entstehens des Überbaus.	
6,5 v.H.[145] von 7 000 €/m² = 455 €/m²	
Überbaurente 455 €/m² × 12,5 m² =	5 688 € p.a.

---

[145] Ansatz eines nutzungsbezogenen Liegenschaftszinssatzes unter Abwägung der langfristigen Risikoeinschätzung des Objekts.

Gesetzl. Beschränkungen — Rechte und Belastungen IX

Da davon ausgegangen werden kann, dass der einmal erreichte Vorteil des Eigentümers des herrschenden Grundstücks künftig nicht aufgegeben wird, ist der Jahreswert der Überbaurente auf ewig zu verzinsen. Dabei ist zu berücksichtigen, dass die Rente üblicherweise jährlich vorschüssig gezahlt wird.
Vervielfältiger bei vorschüssiger Zahlweise bei ewiger Rente und 6,5 v.H. Liegenschaftszins:
$15{,}38 \times 1{,}065 = 16{,}38$

Wert der Überbaurente: $5\,688\,€ \times 16{,}38 = 93\,169\,€ =$ rd. **94 000 €**

Der Rentenberechtigte kann nach § 915 BGB jederzeit verlangen, dass der Rentenpflichtige ihm den **überbauten Teil seines Grundstücks abkauft.** 294

§ 915 BGB hat folgende Fassung:

„§ 915 BGB Abkauf

(1) Der Rentenberechtigte kann jederzeit verlangen, dass der Rentenpflichtige ihm gegen Übertragung des Eigentums an dem überbauten Teil seines Grundstücks den Wert ersetzt, den dieser Teil zur Zeit der Grenzüberschreitung gehabt hat. Macht er von dieser Befugnis Gebrauch, so bestimmen sich die Rechte und Verpflichtungen beider Teile nach den Vorschriften über den Kauf.

(2) Für die Zeit bis zur Übertragung des Eigentums ist die Rente fortzuentrichten."

Diese Regelung hat in der Wertermittlungspraxis wenig Beachtung gefunden: 295

In Bezug auf die *Verkehrswertermittlung des mit einem Überbau belasteten Grundstücks* könnte sich danach auch folgende Berechnungsweise ergeben:

  Bodenwert des nicht überbauten Grundstücksteils zum Wertermittlungsstichtag
+ Bodenwert des überbauten Grundstücksteils zum Zeitpunkt der Grenzüberschreitung
= Bodenwert des Grundstücks

Aufgrund dieser Betrachtungsweise ergibt sich im Verhältnis zu der vorgestellten Berechnungsweise ein geringerer Verkehrswert. Der Eigentümer des mit einem Überbau belasteten Grundstücks wird von der Möglichkeit des § 915 BGB allenfalls Gebrauch machen, wenn die Bodenwerte seit dem Zeitpunkt der Grenzüberschreitung stabil geblieben oder sogar gefallen sind. Ansonsten würde sich ein vernünftig handelnder Grundstückseigentümer hierauf nicht oder allenfalls in Notfällen einlassen, was nicht dem gewöhnlichen Geschäftsverkehr zuzurechnen wäre. Diese Vorgehensweise muss insofern verworfen werden. **Bei** (gegenüber dem Zeitpunkt der Grenzüberschreitung) **gesunkenen Bodenpreisen** muss diese Ermittlungsmethode indessen in Betracht gezogen werden.

In Bezug auf die *Verkehrswertermittlung des überbaurentenpflichtigen Grundstücks* ergibt sich umgekehrt folgende Betrachtungsweise:

  Bodenwert des Grundstücks zum Wertermittlungsstichtag
+ Unterschiedsbetrag aus dem Bodenwert des überbauten Grundstücksteils zum Wertermittlungsstichtag
− abzüglich des Bodenwerts dieser Teilfläche zum Zeitpunkt der Grenzüberschreitung
= Bodenwert des Grundstücks

Auch diese Betrachtungsweise ist bei gestiegenen Bodenwerten zu verwerfen, weil der Rentenberechtigte in solchen Fällen von seinem Ankaufsrecht nach § 915 BGB keinen Gebrauch machen würde. **Bei** (gegenüber dem Zeitpunkt der Grenzüberschreitung) **gesunkenen Bodenpreisen** kann umgekehrt diese Ermittlungsmethodik in Betracht kommen. 296

3.2.3.3 Zusammenfassung

297 Bei der Wertermittlung von Überbaurechten sind demnach folgende Punkte zu klären und zu beachten:
- Ermittlung des Bodenwerts zum Zeitpunkt des Entstehens des Überbaus,
- Ermittlung der Laufzeit der Überbaurente und jährlich vorschüssige Kapitalisierung sowie
- Wahl des Zinssatzes.

Die sich ergebende Jahresrente ist mit dem jährlich vorschüssigen Rentenbarwertfaktor zu kapitalisieren.

298 Die Bodenwertermittlung zum Zeitpunkt des Entstehens des Überbaus bereitet im Regelfall keine Probleme. Bei der Ermittlung der Laufzeit des Rechts wird in vielen Fällen von einer unendlichen Zeitdauer (100/Zinssatz) ausgegangen, in anderen Fällen von der Restnutzungsdauer des aufstehenden Gebäudes. In der Praxis wird beobachtet, dass in den Fällen, in denen der Eigentümer des Grundstücks, von dem überbaut wurde, den Vorteil hat, den auf fremdem Grund und Boden stehenden Gebäudeteil auch bei durchgreifender Sanierung nicht abbricht, so dass durchaus von einer unendlichen Laufzeit des Überbaurechts ausgegangen werden kann. Ebenso stellt sich die Frage nach dem anzusetzenden Zinssatz. Nach überwiegender Auffassung ist der nutzungsbezogene Liegenschaftszinssatz heranzuziehen. Die sich ergebende Jahresrente ist mit dem jährlich vorschüssigen Rentenbarwertfaktor (Vervielfältiger) zu kapitalisieren.

3.2.4 Überhang

Schrifttum: Kellerschächte, Erker, Balkone – kommt jetzt das große Abkassieren?, Bln GE 2006, 994; *Weyers,* Nutzungsentgelt bei Inanspruchnahme öffentlichen Straßenlandes, GuG 1998, 296.

299 Von dem Überbau zu unterscheiden sind sog. Überhänge, wie **Balkone, Erker und Loggien, aber auch Arkaden,** die in den öffentlichen Straßenraum auskragen. Hierzu gehören auch Brücken und sog. Deckel. Die Nutzung erfolgt i.d.R. aufgrund eines Gestattungsvertrags nach bürgerlichem Recht. Für die Inanspruchnahme des öffentlichen Straßenraums (Luftraums) wird i.d.R. ein einmaliges Nutzungsentgelt vereinbart (Nutzungsentschädigung).

300 **Rechtsgrundlagen** sind

a) die Straßen- und Wegegesetze der Länder (vgl. § 3 Abs. 5 sowie § 23 Abs. 1 StrWG Nordrh.-Westf.),

b) § 8 des Bundesfernstraßengesetzes,

c) gemeindliche Satzungen (insbesondere bei Ortsdurchfahrten im Zuge von Bundes- und Landesstraßen; vgl. Satzung der Stadt Köln vom 13.2.1998 – ABl. 1998, 74 – sowie die Satzung des Landschaftsverbandes Rheinland über die Erhebung von Sondernutzungsgebühren für Sondernutzungen an Landstraßen vom 11.9.1997 – GVBl. Nordrh.-Westf. 1997, 375 –),

d) Verordnungen, z. B. Berliner Verordnung über die Erhebung von Gebühren für die Sondernutzung öffentlicher Straßen vom 12.6.2006 (GVBl. 2006, 589).

301 In allen Fällen richtet sich die Einräumung von Rechten zur Benutzung des Luftraums nach bürgerlichem Recht, wobei allerdings die gesetzlichen Regelungen bezüglich der **technischen Anforderungen** an den Überhang zu beachten sind (vgl. z. B. § 18 StrWG Nordrh.-Westf.).

302 Zur **Bemessung des Nutzungsentgelts** für ein oberes Stockwerk (Überhang), das in den Luftraum einer öffentlichen Straße hineinreicht, hat der BGH[146] im Übrigen festgestellt, dass die Ermittlung nach dem Verkehrswert versagen müsse und als Anhalt das Entgelt herangezogen werden könne, das von dem Eigentümer des Straßenlands üblicherweise für die Überbauung des Straßengeländes verlangt wird, wenn dieses Entgelt der Billigkeit entspricht.

---

146 BGH, Urt. vom 19.12.1975 – V ZR 25/74 –, EzGuG 3.57.

Gesetzl. Beschränkungen — Rechte und Belastungen IX

Das i.d.R. einmalige Nutzungsentgelt bemisst sich nach dem wirtschaftlichen Vorteil des Grundstücks, von dem der Überhang ausgeht, und erstreckt sich – sofern nichts anderes vereinbart worden ist – auf den **Zeitraum** bis zum Rückbau (Abriss) der baulichen Anlage. Vielfach wird aber auch eine bestimmte Vertragsdauer (z. B. 99 Jahre) vereinbart. Sofern aus städtebaulichen Gründen ein Überhang erwünscht ist, werden auch Abschläge vom Nutzungsentgelt gewährt. Grundlage für die **Ermittlung des wirtschaftlichen Vorteils** ist die zusätzliche Nutzfläche (NF bzw. WF), die sich aus dem Überhang ergibt. Wird zur Ermittlung der Wohn- oder Nutzfläche von der Geschossfläche (GF) ausgegangen, so ist diese im Hinblick auf Mauerwerk, Treppenaufgänge, Aufzugsschächte usw. um etwa 20 % zu vermindern. Des Weiteren ist für den statisch bedingten Mehraufwand des Überhangs ein Abschlag von etwa 30 % anzubringen, um zum wirtschaftlichen Vorteil zu gelangen[147]. 303

Beispiel: 304

Mit einem Büroneubau sollen insgesamt 8 Erker mit einer Gesamtgeschossfläche von 50 m² errichtet werden. Der durchschnittliche Bodenwert betrage bezogen auf 1 m² NF 1 000 €. Der wirtschaftliche Vorteil (Wertzuwachs) bei 99-jähriger Vertragsdauer beträgt als Einmalbetrag:

Bodenwert pro 1 m² NF	1 000 €/m²
× 0,80 zwecks Umrechnung auf 1 m² Geschossfläche (GF) =	800 €/m² GF
× 0,70 zur Berücksichtigung statisch bedingter Mehrkosten =	560 €/m² GF

Wirtschaftlicher Vorteil (Wertzuwachs):
Bei einer Gesamtgeschossfläche von 50 m² ergibt sich:
560 €/m² GF × 50 m² GF = **28 000 €**

Der Verkehrswert des Grundstücks von dem der Überhang ausgeht, erhöht sich um diesen Betrag, er stellt gleichzeitig das einmalige Nutzungentgelt dar. Soll das Nutzungentgelt in jährlichen Beträgen gezahlt werden, so ist der Einmalbetrag bei einem entsprechenden Zinssatz (z. B. 4 %) durch den Rentenbarwertfaktor (jährlich vorsch.) zu dividieren. Bezogen auf die einzelnen Parameter ergibt sich:

28 000 € : 25,46 = 1099,76 € p.a. rd. = **1 100 € p. a.**
oder 1 099,76 € : 12 Monate = **91,65 € pro Monat**
oder 91,65 € pro Monat : 50 m² GF = **1,83 € pro m² GF und Monat**

Aus wirtschaftlicher Überlegung heraus ist darüber nachzudenken, ob die Wohnungen mit Erker auch einen adäquaten Mieterrag erbringen werden, woraus der wirtschaftliche Vorteil begründet wird.

In dem vorgestellten *Beispiel* wurde von einem einheitlichen Bodenwert pro Quadratmeter Nutzfläche ausgegangen. Dies ist nicht immer sachgerecht, wenn der Überhang in den einzelnen Geschossebenen unterschiedlich ausfällt und diese **Geschossebenen eine stark voneinander abweichende Ertragssituation aufweisen** (z. B. in Innenstadtlagen). In derartigen Fällen kann auch direkt vom Bodenwert (Bodenrichtwert) ausgegangen werden, der dann nach dem Mietsäulenverfahren aufgespalten wird. 305

Beispiel: 306

Gemischt genutztes Grundstück in der Innenstadt mit einem Bodenwert von 5 000 €/m². Der Bodenwertanteil der einzelnen Geschossebenen wird auf der Grundlage der jeweiligen Erträge wie folgt aufgespaltet:

---

147 Weyers, Nutzungsentgelt bei Inanspruchnahme öffentlichen Straßenlandes, GuG 1998, 296.

IX Rechte und Belastungen — Gesetzl. Beschränkungen

Lage – Nutzung	Reinertrag €/m²	Bodenwertanteil		überhängende Fläche (m²)	Wert (€)
		in % (5 000 €/m²)	absolut (€/m²)		
V. OG Wohnen	8,00	5,44	272,00	10,00	2 720,00
IV. OG Wohnen	9,00	6,12	306,00	8,00	2 448,00
III. OG Büro	10,00	6,81	340,50	8,00	2 724,00
II. OG Büro	12,00	8,16	408,00	8,00	3 264,00
I. OG Laden	25,00	17,01	850,50	–	–
EG Laden	50,00	34,01	1 700,50	–	–
UG Laden	30,00	20,41	1 020,50	–	–
TG Garage	3,00	2,04	102,00	–	–
Summen	147,00	100,00	5 000,00	34,00	11 156,00
Berücksichtigung statisch bedingter Mehrkosten: × 0,7					7 809,20

3.2.5 Nachbarwand

307 In den Landesnachbarrechtsgesetzen sind die Möglichkeiten der Grenzbebauung geregelt. Dabei ist i.d.R. der Bau einer Nachbarwand zulässig. Die **Nachbarwand ist eine auf der Grenze zweier Grundstücke errichtete Wand, die mit einem Teil ihrer Wandstärke auf dem Nachbargrundstück steht.** Sie darf nur im Einvernehmen mit dem Nachbarn errichtet werden. Liegt diese Genehmigung nicht vor, entsteht ein Überbauanspruch nach § 912 BGB. Bei zulässiger Errichtung der Nachbarwand entsteht jedoch kein Anspruch auf Zahlung einer Vergütung oder Abkauf des überbauten Grundstücksteils (vgl. § 912, 916 BGB). Der später bauende Nachbar hat vielmehr bei Anbau an die bestehende Nachbarwand den halben Wert der Nachbarwand zu vergüten. Eine Erhöhung der Nachbarwand ist nur möglich, wenn der Nachbar einwilligt; eine Verstärkung der Wand ist nur auf dem eigenen Grundstück möglich[148].

308 Daneben gibt es den Begriff der **Grenzwand**. Sie ist eine an der Grenze zweier Grundstücke auf eigenem Grundstück stehende Wand. Der Bau ist gegenüber dem Nachbarn anzeigepflichtig. Ein Anbau an die Grenzwand durch den Nachbarn ist nur bei vorliegender Einwilligung möglich.

3.3 Notweg

3.3.1 Allgemeines

Schrifttum: *Bengel/Simmerding*, Grundbuch, Grundstück/Grenze 2000, 340 ff.; *Palandt*, Bürgerliches Gesetzbuch 2006, 1406 ff.

▶ *Zum Wegerecht vgl. Rn. 383 ff.*

309 § 917 BGB definiert als Notweg den **Weg, den der Eigentümer eines Grundstücks zu dulden hat, weil es einem Nachbargrundstück an der zur ordnungsgemäßen Benutzung notwendigen Verbindung mit einem öffentlichen Weg mangelt**[149]. Der Notweg gehört zu den gesetzlichen (privatrechtlichen) Beschränkungen und unterliegt strengen Anforderungen; er kommt nur als ultima ratio in Frage. Der Notweg ist nicht im Grundbuch eingetragen (Abb. 56):

---

148 Rechtliche Situation bei Vorliegen einer Nachbarwand: Erstbauer ist alleiniger Eigentümer der Nachbarwand, wenn der Nachbar der Errichtung zugestimmt hat (BGH, Urt. vom 20.4.1958 – V ZR 178/56 –, EzGuG 3.8). Wenn der Nachbar nicht zugestimmt hat, entsteht ein entschädigungspflichtiger Überbau. Wenn die Nachbarwand abgerissen wird, bevor der Nachbar anbaut, entsteht ein nachträglicher Überbau. Nach Anbau des Nachbarn erfolgt Realteilung der Nachbarwand oder Miteigentum in ideellen Bruchteilen (vgl. BGH, a.a.O.).

149 Zur Prüfung, ob die zur ordnungsgemäßen Benutzung notwendige Verbindung fehlt: BGH, Urt. vom 15.4.1964 – V ZR 134/62 –, EzGuG 14.19; BGH, Urt. vom 4.11.1959 – V ZR 49/58 –, EzGuG 14.10a; weitere Rspr. BGH, Urt. vom 26.5.1978 – V ZR 72/77 –, MDR 1979, 127 = NJW 1979, 104 (LS) = DNotZ 1979, 24 = JuS 1979, 369 = ZMR 1979, 119; OLG Koblenz, Urt. vom 11.7.1991 – 5 U 1808/90 –, EzGuG 14.101.

Abb. 56: Privatrechtliche Beschränkungen

Das Notwegerecht beschränkt sich nicht nur auf das Begehen und Befahren, sondern kann ebenfalls die Duldung von **Versorgungsleitungen** (Elektrizität, Wasser, Gas) zum Gegenstand haben[150]. Es beinhaltet jedoch nicht das Recht auf Zufahrtsmöglichkeiten zu einer Garage[151]. Allerdings kann das bei gewerblichen Objekten u. U. anders zu beurteilen sein. 310

Anlage und Unterhaltung des Notwegs obliegt dem, der ihn beansprucht[152]. Ein Anspruch auf Notwegerente besteht nicht, wenn das in Anspruch genommene Überwegungsrecht über eine lange Zeit ausgeübt wurde (Gewohnheitsrecht)[153]. 311

Die **Duldungspflicht** entsteht unter folgenden Voraussetzungen: 312

– Die notwendige Verbindung mit einem öffentlichen Weg zur ordnungsgemäßen Nutzung des Grundstücks fehlt,

– ein entsprechendes Fahrrecht oder Gehrecht über ein fremdes Grundstück ist nicht vorhanden bzw. nicht durch eine Dienstbarkeit (z. B. durch ein Wegerecht) gesichert,

– wenn der Eigentümer eine bestehende Verbindung zu einem öffentlichen Weg nicht willkürlich unterbrochen oder aufgegeben hat.

Ein Notwegerecht ist hingegen *nicht* gegeben, wenn der Rechtsvorgänger des Eigentümers die Verbindung zu einem öffentlichen Weg durch Verzicht auf ein Wegerecht herbeigeführt hat[154]. Auch der Besitzer eines zugangslosen Grundstücks kann die Einräumung eines Notwegerechts nicht verlangen, auch dann nicht, wenn er Eigentümer von Scheinbestandteilen ist, die sich auf dem Grundstück befinden[155].

Der **Notweg ist gesetzlich wie folgt geregelt:** 313

„**§ 917 BGB Notweg**

(1) Fehlt einem Grundstück die zur ordnungsmäßigen Benutzung notwendige Verbindung mit einem öffentlichen Wege, so kann der Eigentümer von den Nachbarn verlangen, dass sie bis zur Hebung des Mangels die Benutzung ihrer Grundstücke zur Herstellung der erforderlichen Verbindung dulden. Die Richtung des Notwegs und der Umfang des Benutzungsrechts werden erforderlichenfalls durch Urteil bestimmt.

(2) Die Nachbarn, über deren Grundstücke der Notweg führt, sind durch eine Geldrente zu entschädigen. Die Vorschriften des § 912 Abs. 2 Satz 2 und der §§ 913, 914, 916 finden entsprechende Anwendung *[§§ 912 und 913 BGB abgedruckt bei Rn. 274.]*

---

150 BGH, Urt. vom 15.4.1964 – V ZR 134/62 –, MDR 1964, 583 = EzGuG 14.19.
151 BGH, Urt. vom 9.11.1979 – V ZR 86/78 –, EzGuG 14.63a; vgl. hierzu BGH, Urt. vom 6.4.1995 – III ZR 27/94 –, GuG 1995, 310 = EzGuG 18.117.
152 BGH, Urt. vom 7.7.2006 – V ZR 159/05 –, EzGuG 14.148.
153 OLG Schleswig, Urt., vom 24.10.2006 – 3 U 41/06 –, EzGuG 14.149.
154 LG Bielefeld, Urt. vom 10.10.1962 – 2 S 149/62 –, MDR 1963, 678 = EzGuG 14.14d.
155 BGH, Urt. vom 5.5.2006 – V ZR 139/5 – EzGuG 14.145a = MittBayNot 2007, 40.

§ 918 BGB Ausschluss des Notwegrechts

(1) Die Verpflichtung zur Duldung des Notwegs tritt nicht ein, wenn die bisherige Verbindung des Grundstücks mit dem öffentlichen Wege durch eine willkürliche Handlung des Eigentümers aufgehoben wird.

(2) Wird infolge der Veräußerung eines Teiles des Grundstücks der veräußerte oder der zurückbehaltene Teil von der Verbindung mit dem öffentlichen Wege abgeschnitten, so hat der Eigentümer desjenigen Teiles, über welchen die Verbindung bisher stattgefunden hat, den Notweg zu dulden. Der Veräußerung eines Teiles steht die Veräußerung eines von mehreren demselben Eigentümer gehörenden Grundstücken gleich."

314 Hervorzuheben ist, dass § 917 Abs. 2 BGB die Vorschrift des § 915 BGB über den **Abkauf einer überbauten Grundstücksfläche** nicht für entsprechend anwendbar erklärt.

315 Für *württembergische Landesteile* gelten bezüglich der **Überfahrts- und Treppenrechte** besondere Vorschriften (vgl. Art. 234 bis 242 EGBGB).

Das Notwegerecht ist eine gesetzliche Beschränkung des Eigentums und deshalb im Grundbuch nicht eintragungsfähig. Eintragungsfähig ist indessen die Notwegerente sowie eine zusätzliche Duldungspflicht des Notwegerechts (in Erweiterung ihrer nicht eintragungsfähigen Eigenschaft als gesetzliche Beschränkung) als Grunddienstbarkeit.

3.3.2 Notwegerente

316 Nach § 917 Abs. 2 BGB ist der Eigentümer, dessen Grundstück beansprucht wird und der den Notweg zu dulden hat, durch eine der Überbaurente (vgl. § 912 BGB) entsprechende Geldrente zu entschädigen. Das Recht auf die Notwegerente ist wesentlicher Bestandteil des belasteten Grundstücks. Die Notwegerente hat – wie auch die Überbaurente – unabhängig vom Zeitpunkt ihrer Entstehung nach § 917 Abs. 2 i.V.m. § 914 BGB Vorrang vor allen anderen Grundstückslasten.

317 Bei der **Zwangsversteigerung** bleibt diese Last auch dann bestehen, wenn sie bei der Feststellung des geringsten Gebots nicht berücksichtigt wurde (§ 52 Abs. 2 ZVG). Schuldner der Notwegerente ist der Eigentümer des zuweglosen Grundstücks und nicht etwa ein den Weg benutzender Mieter oder Pächter.

318 Der Anspruch auf Entschädigung (Notwegerente) entsteht gleichzeitig mit der Pflicht des Grundeigentümers zur Duldung des Notwegs, d.h., indem das berechtigte **Verlangen auf Einräumung eines Notwegs** gestellt wird[156]. Auf den Zeitpunkt, zu dem die gesetzlichen Voraussetzungen vorliegen, kommt es nicht an. Auch kommt es nicht darauf an, dass der Notweg in Benutzung genommen wird.

319 Das Rentenrecht erlischt, sobald die **Voraussetzungen für die Duldung des Notweges weggefallen** sind. Ansonsten fällt die Rente nach § 913 BGB jährlich an, wobei Ansprüche auf Rückstände in vier Jahren verjähren (§ 917 BGB).

320 Die **Höhe der Notwegerente** nach § 917 Abs. 2 BGB richtet sich allein nach der durch das Notwegerecht bedingten Wertminderung des belasteten Grundstücks, und zwar in dem Zeitpunkt, in dem die Duldungspflicht entstanden ist, und nicht nach dem Vorteil, der sich durch den Notweg für das nicht angeschlossene Grundstück ergibt[157]. Im Schrifttum wird allerdings auch die Auffassung vertreten, dass der **Vorteil des Berechtigten** mit zu berücksichtigen sei[158]. Dem ist jedoch widersprochen worden[159].

---

[156] BGH, Urt. vom 19.4.1985 – V ZR 152/83 –, EzGuG 14.77a; RG, Urt. vom 22.12.1915 – V 263/95 –, RGZ 87, 424; Staudinger, Komm. zum BGB § 917 Rn. 44; a. A. Säcker in MünchenerKomm BGB § 917 Rn. 19, 39.

[157] BGH, Urt. vom 16.11.1990 – V ZR 297/89 –, GuG 1991, 155 = EzGuG 14.96; BGH, Urt. vom 6.4.1995 – III ZR 27/94 –, GuG 1995, 310 = EzGuG 18.117; BGH, Urt. vom 14.2.1963 – II ZR 19/61 –, BB 1964, 104; OLG Nürnberg, Urt. vom 19.12.1967 – 7 U 132/67 –, EzGuG 14.31a; OLG Hamm, Urt. vom 8.7.1991 – 5 U 49/91 –, EzGuG 14.100a; RG WarnRspr 1914 Nr. 290; LG Köln, Beschl. vom 23.7.1959 – 11 T 58/59 –, EzGuG 14.10.

[158] Süßheim in Braters Blätter für Administrative Praxis in Bayern. (BlAdmPR) 1952, 360; LG Mosbach, Urt. vom 20.9.1960 – S 56/59 –, EzGuG 14.13a.

[159] Staudinger, Komm. zum BGB § 917 Rn. 43; RG WarnRspr. 1914 Nr. 290; KG; Urt. vom 21.2.1914 – V 370/13 –, JW 1914, 529.

| Gesetzl. Beschränkungen | **Rechte und Belastungen IX** |

Eine **Beeinträchtigung des dienenden Grundstücks** ist per se bereits dann gegeben, wenn das Grundstück in Anspruch genommen wird, ohne dass es sich direkt auf die Nutzung auswirkt, so z. B. im Falle einer Verlegung einer Wasserleitung in 1 m Tiefe[160]. 321

Nach § 917 Abs. 2 BGB soll sich die **Entschädigung nach dem Bodenwert in dem Zeitpunkt bemessen, zu dem die Duldungspflicht entstanden ist.** Spätere Veränderungen der Umstände, insbesondere der derzeitigen Grundstückspreise, haben für die Höhe der Rente keine Bedeutung. 322

Eine einmalige Kapitalabfindung statt einer laufenden Rente ist möglich, kann aber vom Eigentümer des belasteten Grundstücks nicht gefordert werden. Wie bei der Überbaurente ist auch bei der Notwegerente eine Wertgleitklausel zur Anpassung an den steigenden Bodenwert ausgeschlossen[161]. Bei steigenden Bodenpreisen entspricht nach Ablauf weniger Jahre die Notwegerente nicht mehr der angemessenen Verzinsung des Bodenwerts. 323

3.3.3 Verkehrswertermittlung

3.3.3.1 Verkehrswert des dienenden Grundstücks

Grundsätzlich bestimmt sich der Verkehrswert wie in den Fällen der Überbaubelastung. Eine **Wertminderung kommt demnach nur in Betracht, als sie nicht durch den Wert der Rente ausgeglichen wird**[162] (Abb. 57): 324

Abb. 57: Bodenwert des Grundstücks, über das der Notweg führt

Die mit dem Notwegerecht einhergehende Wertminderung des belasteten Grundstücks kann auch direkt ermittelt werden. 325

3.3.3.2 Verkehrswert des herrschenden Grundstücks

Das herrschende Grundstück ist zunächst wie ein normal zugängliches Grundstück zu werten. Eine Minderung des Bodenwerts kommt wegen der fehlenden Verbindung zu einem öffentlichen Weg nicht in Betracht. Die **Verpflichtung zur Zahlung der Rente ist** jedoch sowohl in den Fällen der Verkehrswertermittlung der unbebauten Grundstücke als auch in den Fällen der Verkehrswertermittlung bebauter Grundstücke im Ertragswertverfahren und im Sachwertverfahren **wertmindernd zu berücksichtigen** (Abb. 58): 326

Abb. 58: Bodenwert des Grundstücks, das den Notweg beansprucht

---

160 A. A. AG Wiehl in HGBR Rspr. 1959 Nr. 50.
161 Soergel, a.a.O.
162 In den Fällen der steuerlichen Bewertung bebauter Grundstücke im Ertragswertverfahren ist der Abschlag nach § 82 Abs. 1 BewG vom gesamten Grundstückswert zu machen. Bei der Bewertung bebauter Grundstücke im Sachwertverfahren wirkt sich eine Wertminderung zunächst im Bodenwert aus. Beeinträchtigt der Notweg auch die Gebäude, so kann eine Ermäßigung des Gebäudesachwerts nach § 88 BewG in Betracht kommen.

IX Rechte und Belastungen — Gesetzl. Beschränkungen

Bei der Ermittlung der Entschädigung für einen **Verbindungsweg,** der schon seit mehreren Jahren **für eine neue Siedlung zum allgemeinen Wegenetz** hergerichtet und verwendet worden ist, bei dem aber die förmliche Widmung zur öffentlichen Straße und die vorgesehene Übereignung an die Gemeinde unterblieb, hat der BGH[163] in seiner Rechtsprechung auf den Betrag abgestellt, den der Grundstückseigentümer als Notwegerente erhalten könnte.

327 *Beispiel 1:*

Restnutzungsdauer des Gebäudes auf dem Grundstück B 80 Jahre. Notwegerente von B an E 200 €/Jahr.

Abb. 59: Lageplan

---

[163] BGH, Urt. vom 11.6.1970 – III ZR 7/69 –, EzGuG 18.51.

Gesetzl. Beschränkungen — **Rechte und Belastungen IX**

Verkehrswertermittlung des (dienenden) Grundstücks E

[(20 m × 40 m) – (3 m × 20 m)] × 200 €/m²	=	148 000 €
Bodenwert des Notwegs: 60 m² × 200 €/m² = rd. 12 000 € diskontiert mit 5 % über 80 Jahre Laufzeit (Diskontierungsfaktor 0,0202): 12 000 € × 0,0202 rd.	+	242 €
Barwert der Notwegerente: 200 € × 20,58*)	+	4 116 €
Bodenwert	=	**152 358 €**

Verkehrswertermittlung des (herrschenden) Grundstücks B

800 m² × 200 €/m²	=	160 000 €
Barwert der Notwegerente 200 € × 20,58	–	4 116 €
Bodenwert	=	**155 884 €**

*) Vorschüssiger Rentenbarwertfaktor bei 5 % und 80 Jahren Nutzungsdauer.

Beispiel 2:

328

Abb. 60: Lageplan

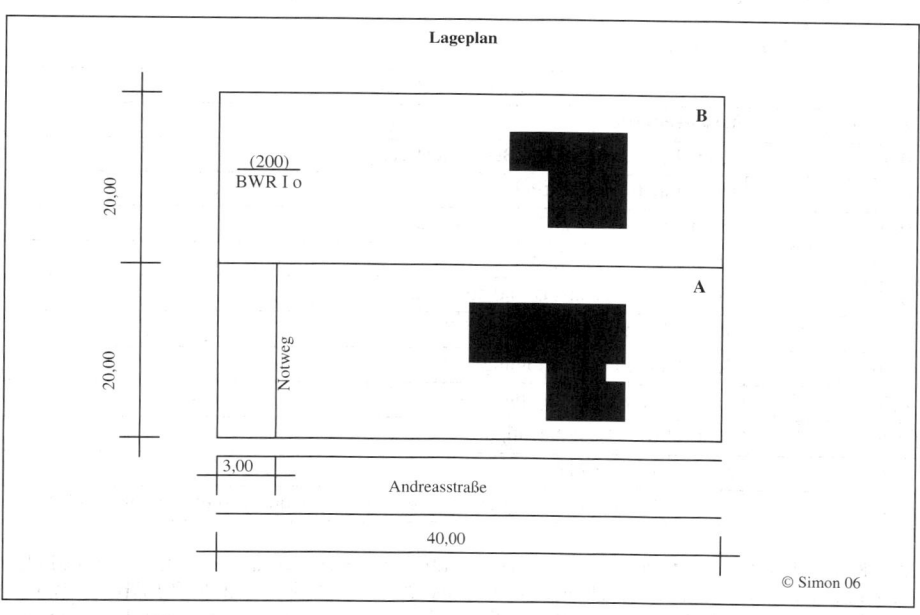

Die Restnutzungsdauer des Gebäudes auf dem Grundstück belaufe sich auf 80 Jahre. Die Notwegerente von B an A belaufe sich auf 80 €/Jahr.

Wertermittlung Grundstück A

1.	[(20 m × 40 m) – (3 m × 20 m)] × 200 €/m²	=	148 000 €
2.	Bodenwert Notweg: 60 m² × 200 €/m² = 12 000 € × 0,0202	+	242 €
3.	Barwert der Notwegerente: 80 € × 20,58 rd.	+	1 646 €
	Bodenwert	=	**149 888 €**

Wertermittlung Grundstück B

1.	800 m² × 200 €/m²	=	160 000 €
2.	Barwert der Notwegerente: 80 € × 20,58	–	1 646 €
	Bodenwert	=	**158 354 €**

3.3.3.3 Notwegerente

329 Wie vorstehend dargelegt, entspricht der Wert der Notwegerente der Differenz zwischen dem Verkehrswert des dienenden Grundstücks ohne die Beeinträchtigung durch das Notwegerecht und dem Verkehrswert des Grundstücks unter Berücksichtigung der Beeinträchtigung.

Renken[164] hat allgemein als Faustregel vorgeschlagen, ein Zehntel des Werts der benutzten Fläche als Jahresrente anzusetzen. Im Einzelfall ist jedoch eine differenzierte Betrachtungsweise angezeigt. In Anlehnung an *Sternel*[165] (zur Mietminderung bei Wohnungsmängeln) ist die Wertminderung abhängig von

- der Art und dem Umfang von Funktionseinbußen für die Nutzung,
- der Dauer und Häufigkeit der Beeinträchtigung,
- der optischen Auffälligkeit des Mangels für den Geltungswert sowie
- dem Ausmaß der Folgebeeinträchtigung.

Sie lässt sich vielfach nur im Wege der Schätzung ermitteln, wobei in Anlehnung an die Tabelle von Kamphausen zur graduellen Einstufung nur eine Einordnung an der untersten Schwelle der Bandbreite zwischen „keine bzw. unerhebliche Beeinträchtigung" und „fast keine Beeinträchtigung" angezeigt ist.

Abb. 61: Abschlagsfaktoren

Abschlagsfaktoren	
Faktor	**Beschreibung**
0,00	Keine bzw. unerhebliche Beeinträchtigung
0,10	Fast keine Beeinträchtigung
0,20	Noch leichte, geringe Beeinträchtigung
0,30	Mäßige Beeinträchtigung
0,40	Deutliche, schon etwas stärkere Beeinträchtigung
0,50	Starke Beeinträchtigung
0,60	Sehr starke Beeinträchtigung
0,70	Schwere Beeinträchtigung
0,80	Sehr schwere Beeinträchtigung
0,90	Massive Beeinträchtigung
1,00	Vollständige Beeinträchtigung, die zur völligen Gebrauchsuntauglichkeit führt

Der **Kapitalisierungszinssatz der Notwegerente** orientiert sich an dem durchschnittlichen Niveau der Kapitalverzinsung. Gemäß § 917 Abs. 2 Satz 2 BGB i.V.m. § 913 Abs. 2 BGB ist die Notwegerente im Voraus zu zahlen. Deshalb ist der vorschüssige Rentenbarwertfaktor heranzuziehen.

---

[164] Renken in GEBln 1964, 299; LG Verden, Urt. vom 2.7.1957 – 1 S 53, 61/57 –, MDR 1957, 547.
[165] Sternel, Mietrecht aktuell, Verlag Dr. Otto Schmidt, 4. Aufl.

3.4 Wassernutzungsrecht

3.4.1 Allgemeines

Quellen, Brunnen und Zisternen standen nach landesrechtlichen Vorschriften mit dem Eigentum am Grundstück in enger Verbindung, d.h., das **Eigentum an** diesen **Gewässern folgte dem Grundstück,** auf dem sie sich befinden[166]. Spätestens mit Erlass des Wasserhaushaltsgesetzes (WHG) im Jahre 1957 und der hierzu ergangenen Rechtsprechung ist das Verhältnis des Grundstückseigentümers zum Grundwasser neu geregelt.

330

Das **Grundwasser** wird durch § 1a Abs. 3 WHG gleichsam dem Grundeigentum ausgegliedert. Demzufolge ist dem Eigentümer auch der Abbau von Bodenvorkommen verwehrt, wenn wasserwirtschaftliche Belange aufgrund der Bedeutung des Grundwassers für die allgemeine Wasserversorgung dadurch beeinträchtigt werden[167]. Nach der Rechtsprechung des BVerfG und des BGH[168] (Nassauskiesungsbeschluss bzw. -urteil) endet die Rechtsstellung des Grundeigentümers in der Tiefe dort, wo er mit dem Grundwasser in Berührung kommt.

331

Wasserrechte werden urkundlich verliehen und sind in Wasserbüchern eingetragen, z.B. die Entnahme bestimmter Wassermengen zum Zwecke der Energiegewinnung aus einem Flusslauf.

332

3.4.2 Brunnenrecht

Ein Brunnenrecht kann sich nach dem vorher Gesagten nur insoweit werterhöhend auswirken, wie mit seiner Nutzung wasserrechtlich dem Umfang und der Zeit nach noch gerechnet werden kann. Der BGH[169] hat hierzu entschieden, dass eine auf einem Grundstück tatsächlich ausgeübte **Wasserförderung nicht zu der durch Art. 14 GG geschützten Eigentümerposition gehört** und ihr Verlust damit auch keine Entschädigungsansprüche auslöst.

333

Hieraus folgt, dass bei der Verkehrswertermittlung eines Brunnens, dessen Gebrauch wasserwirtschaftliche Belange nicht entgegenstehen, berücksichtigt werden muss, dass die **Nutzung entschädigungslos entzogen** werden kann. Die (stillschweigende) Aufhebung von sog. (Kauf-)Brunnenrechten, die zum ewigen unentgeltlichen Wasserbezug berechtigen, stellt nämlich grundsätzlich weder eine Enteignung noch einen enteignungsgleichen Eingriff dar. Das VG Freiburg[170] hat bereits 1976 hierzu entschieden, dass der Eigentumsschutz inhaltlich bereits erloschen sei und nur noch formal bis zu einer anderweitigen dem Allgemeinwohl dienenden Regelung bestehe.

334

Umgekehrt kann eine Wasserbehörde im Rahmen der Gewässeraufsicht auch nicht die **Anlegung von Brunnen zur Überwachung des Grundwassers** verlangen[171].

335

In der Praxis wird der werterhöhende Einfluss eines Brunnenrechts in der Weise ermittelt, dass man zunächst die **jährliche Wasserleistung** eines Brunnens ermittelt und **mit dem Preis multipliziert, der bei Abnahme dieser Wasserleistung aus dem öffentlichen Netz zu bezahlen wäre.** Dieser Betrag ist dann um die jährlichen Aufwendungen (Kosten für Untersuchung von Wasserproben, Aufwand für Aggregate, Strom und sonstiger Unterhalt) und etwaiger Konzessionsabgaben zu vermindern. Der sich so ergebende Reinertrag wird dann über die absehbare wirtschaftliche Restnutzungsdauer kapitalisiert[172].

336

---

166 So z.B. im Badischen Wassergesetz vom 12.4.1913 (GVBl. 1913, 250 § 4); Art. 16 des Bayerischen Wassergesetzes vom 23.3.1907 (GVBl. 1907, 157); § 3 Wassergesetz für das Herzogtum Braunschweig vom 20.6.1876 (GuVO Slg., 285); Art. 3 des württembergischen Wassergesetzes vom 1.12.1900 (RegBl 1900, 921); § 196 des Pr. Wassergesetzes vom 7.4.1913 (GS 1913, 53).
167 BVerfG, Beschl. vom 15.7.1981 – 1 BvL 77/78 –, NJW 1982, 745 = EzGuG 4.78;
168 BVerfG, – Beschl. vom 15.7.1981 – 1 BvL 77/78 –, NJW 1982, 745 = EzGuG 4.78; BGH, Urt. vom 3.6.1982 – II ZR 28/76 –, AgrarR 1982, 298.
169 BGH, Urt. vom 26.4.1990 – III ZR 260/89 –, EzGuG 14.90; Vorinstanz: OLG Koblenz, Urt. vom 26.7.1989 – 1 U 1831/87 –, EzGuG 14.86; vorher BGH, Urt. vom 23.6.1983 – III ZR 79/82 –, BGHZ 88, 34; BGH, Urt. vom 22.12.1976 – III ZR 62/74 –, EzGuG 4.47; BGH, Urt. vom 29.3.1976 – IV ZR 98/73 –, EzGuG 8.47.
170 VG Freiburg, Urt. vom 27.2.1976 – VS II 155/74 –, EzGuG 14.54.
171 OVG Lüneburg, Beschl. vom 2.8.1986 – 3 B 101/86 –, EzGuG 4.110.
172 Pohnert, Kreditwirtschaftliche Wertermittlungen, 5. Aufl. Neuwied 1997, S. 288.

IX Rechte und Belastungen

337 Eine Reihe von Besonderheiten gilt für ausgewiesene **Wasser- und Heilquellenschutzgebiete.** Die für diese Gebiete geltenden (Wasser-)Schutzauflagen beschränken die Grundstücksnutzung (vgl. § 5 ImmoWertV Rn. 274).

4 Beschränkt dingliches Recht (Rechte Dritter)

4.1 Übersicht

338 Neben den bereits vorgestellten Rechten können sich für den Eigentümer weitere Beschränkungen aus beschränkt dinglichen Rechten ergeben.

339 Die beschränkt dinglichen Rechte sind Belastungen des Grundeigentums **durch Nutzungs-, Sicherungs-, Verwertungs- und Erwerbsrechte.** Einen Überblick über die verschiedenen Formen gibt Abb. 62.

Abb. 62: Beschränkt dingliche Rechte des Grundeigentums

4.2 Dienstbarkeit

4.2.1 Allgemeines

340 Das Bürgerliche Gesetzbuch unterscheidet im Fünften Abschnitt (§§ 1018 bis 1093 BGB) zwischen **drei Arten von Dienstbarkeiten,** ohne sie zu definieren:

1. die Grunddienstbarkeit (§§ 1018 bis 1029 BGB),
2. den Nießbrauch (§§ 1030 bis 1089 BGB) und
3. die beschränkt persönliche Dienstbarkeit (§§ 1090 bis 1093 BGB).

Es handelt sich hierbei um Nutzungsrechte, wobei der **Nießbrauch** entsprechend dem Oberbegriff des Fünften Abschnitts des BGB den Dienstbarkeiten zuzurechnen ist[173] (Abb. 63).

---

[173] Im Zusammenhang mit den Dienstbarkeiten wird im 5. Abschnitt „Sachenrecht" des BGB auch das Nießbrauchrecht (§§ 1030 bis 1089 BGB) genannt. Es unterscheidet sich jedoch deutlich von den übrigen Dienstbarkeiten und ist deshalb bei der Eingruppierung unter den Rechten Dritter gesondert aufgeführt (vgl. Weirich, Grundstücksrecht, München 1984, 235).

Abb. 63: Nutzungsrechte

Dienstbarkeiten sind dingliche Nutzungsrechte. Sie unterscheiden sich durch ihre dingliche Natur von inhaltlich ähnlichen Rechtsverhältnissen, wie die Miete und die Pacht. Gemeinsames Merkmal aller drei Formen der Dienstbarkeiten ist ihre Ausrichtung auf ein **341**

– Dulden der Nutzung eines Grundstücks (Benutzung bzw. Nutzentziehung) oder
– Unterlassen der Nutzung eines Grundstücks (Rechtsausübung).

Demgegenüber ist die **Reallast** umgekehrt auf eine aktive Handlung ausgerichtet (§ 1105 BGB). **342**

4.2.2 Grunddienstbarkeit

4.2.2.1 Allgemeines

Die **Grunddienstbarkeit** *(easements)* gehört zu den beschränkt dinglichen Nutzungsrechten. Sie ist in den §§ 1018 bis 1029 BGB geregelt. **343**

Die Grunddienstbarkeit gewährt dem jeweiligen Eigentümer eines Grundstücks das Recht zur Benutzung eines anderen Grundstücks. Kennzeichnend für die Grunddienstbarkeit ist nach § 1018 BGB die **Belastung des Grundstücks „zugunsten des jeweiligen Eigentümers eines anderen Grundstücks". § 1018 BGB** lautet wie folgt: **344**

„§ 1018 BGB Gesetzlicher Inhalt der Grunddienstbarkeit

Ein Grundstück kann zugunsten des jeweiligen Eigentümers eines anderen Grundstücks in der Weise belastet werden, dass dieser das Grundstück in einzelnen Beziehungen benutzen darf oder dass auf dem Grundstück gewisse Handlungen nicht vorgenommen werden dürfen oder dass die Ausübung eines Rechts ausgeschlossen ist, das sich aus dem Eigentum an dem belasteten Grundstück gegenüber dem anderen Grundstück ergibt (Grunddienstbarkeit)."

Die Grunddienstbarkeit unterscheidet sich insoweit von der beschränkt persönlichen Dienstbarkeit. Im Einzelnen ergibt sich dies aus der Eintragung in Abt. II des Grundbuchs des belasteten bzw. dienenden Grundstücks[174].

Gegenstand einer Grunddienstbarkeit kann mithin auch ein **Anspruch auf Nutzungsunterlassung** sein, d.h., auf dem belasteten Grundstück dürfen bestimmte Handlungen, die der Eigentümer ansonsten kraft seines Eigentums vornehmen dürfte, nicht vorgenommen werden (z. B. Aussichtsrecht). Auch kann die Ausübung eines Rechts ausgeschlossen werden, das sich sonst aus dem Recht am dienenden Grundstück gegenüber dem herrschenden Grundstück ergeben würde (z. B. Ausübung nachbarrechtlicher Befugnisse). Die Grunddienstbarkeit kann **345**

---

[174] Palandt, BGB § 1018 Rn. 29.

indessen nicht auf ein positives Handeln des Eigentümers des belasteten Grundstücks gerichtet sein[175].

346 Die Grunddienstbarkeit wird nach dem vorher Gesagten zugunsten des jeweiligen Eigentümers eines anderen Grundstücks begründet und schränkt die Befugnisse des Eigentümers des dienenden Grundstücks insoweit ein, dass er etwas zu dulden und zu lassen hat. Die Grunddienstbarkeit wird in Abt. II des dienenden Grundstücks eingetragen und ist als dingliches Recht Bestandteil des herrschenden Grundstücks. Nach § 1018 BGB gibt die Grunddienstbarkeit **drei Möglichkeiten zur Einwirkung auf ein anderes Grundstück:**

1. Die **Benutzungsdienstbarkeit** (§ 1018, 1. Alt. BGB): Sie erlaubt dem Berechtigten, das dienende Grundstück in einzelnen Beziehungen zu nutzen. Der Eigentümer des dienenden Grundstücks ist umgekehrt verpflichtet, die Nutzung zu dulden. Als Benutzungsdienstbarkeit kommen insbesondere in Betracht:
   a) Wege- und Fahrrechte (§ 1023 BGB),
   b) Leitungs- und Kanalisationsrechte (soweit sie nicht als beschränkt persönliche Dienstbarkeit ausgestaltet sind),
   c) Gewerbebetriebs- und Warenvertriebsrechte,
   d) Ausbeutungs- und Entnahmerechte (von Bodenbestandteilen) und
   e) Errichtung und Nutzung von Bauwerken oder gewerblichen Anlagen.

2. Die **Unterlassungsdienstbarkeit** (§ 1018, 2. Alt. BGB): Sie verbietet die Vornahme bestimmter Handlungen auf dem dienenden Grundstück. Als Unterlassungsdienstbarkeit kommen insbesondere in Betracht:
   a) Bau- und Benutzungsbeschränkungen, Bauverbote (Freihalten von Abstandsflächen, Sicherung eines Aussichtsrechts und dgl.),
   b) Wettbewerbs- und Verkaufsbeschränkungen (Gewerbebetriebsdienstbarkeit) einschließlich Bezugs- und Vertriebsverbote,
   c) Wärme- und Energiebezugsdienstbarkeit,
   d) Wohnungsbelegungsrechte und
   e) Verbot von Immissionen, wie Geruch, Lärm oder Rauch, soweit sie gesetzlich an sich zu dulden wären.

3. Die **Ausschlussdienstbarkeit** (§ 1018, 3. Alt. BGB): Sie verbietet dem Eigentümer des belasteten (dienenden) Grundstücks die Ausübung eines Rechts, das sich aus dem Eigentum am dienenden Grundstück ergibt. Als Ausschlussdienstbarkeit kommen in Betracht:
   a) der Ausschluss von Einwirkungsrechten, wie z. B. der
      – Verzicht auf gemäß § 906 BGB zulässige Immissionen,
      – Verzicht auf einen gemäß § 912 BGB entschuldigten Überbau,
      – Verzicht auf einen gemäß § 917 BGB zu duldenden Notweg,
   b) der Ausschluss von Abwehrrechten, z. B.
      – Verzicht auf Einhaltung nachbarschützender Bauvorschriften,
      – Verzicht auf Abwehr übermäßiger nach § 906 BGB nicht zu duldender Immissionen,
      – Verzicht auf Beseitigung eines unentschuldigten Überbaus (§ 912 BGB),
      – Verzicht auf Beseitigung der nach § 907 BGB nicht hinzunehmenden gefährlichen Anlagen und
      – Verzicht auf Beseitigung nachbarrechtlich nicht hinzunehmender Grenzbäume,
   c) der Ausschluss von Ausgleichsansprüchen, z. B.
      – *Verzicht auf künftige Entschädigungsansprüche (§ 1004 BGB),*

---
175 Jauering, BGB München, 1092.

- Verzicht auf Entschädigungsansprüche wegen Bergschäden gemäß § 112 BBergG (Bergschadensverzicht),
- Verzicht auf Schadensersatz aus § 906 Abs. 2 Satz 2 BGB,
- Verzicht auf Ansprüche aus § 14 BImSchG und
- Verzicht auf gesetzliche Überbau- oder Notwegerente nach § 914 Abs. 2 Satz 2 sowie § 917 Abs. 2 BGB.

Bei der Wertermittlung von Grunddienstbarkeiten nach den Grundsätzen der ImmoWertV muss zwischen dem aus der Grunddienstbarkeit resultierenden Vorteil für das herrschende Grundstück und dem Nachteil für das dienende Grundstück unterschieden werden. Vor- und Nachteile können um ein Vielfaches auseinanderfallen[176]. **347**

Grunddienstbarkeiten werden nach § 873 BGB **durch Rechtsgeschäft,** d.h. durch Einigung und Eintragung im Grundbuch, in Ausnahmefällen durch Tabularersitzung nach § 900 Abs. 2 BGB oder durch hoheitlichen Akt, z.B. aufgrund des Energiewirtschaftsgesetzes, **begründet.** Die Grunddienstbarkeit ist im Grundbuch in Abt. II des dienenden Grundstücks eingetragen. Sie ist als dingliches Recht Bestandteil des herrschenden Grundstücks (Abb. 64). **348**

---

[176] BGH, Beschl. vom 30.1.1957 – V ZR 263/56 –, EzGuG 14.5.

IX Rechte und Belastungen — Rechte Dritter

Abb. 64: Grunddienstbarkeiten

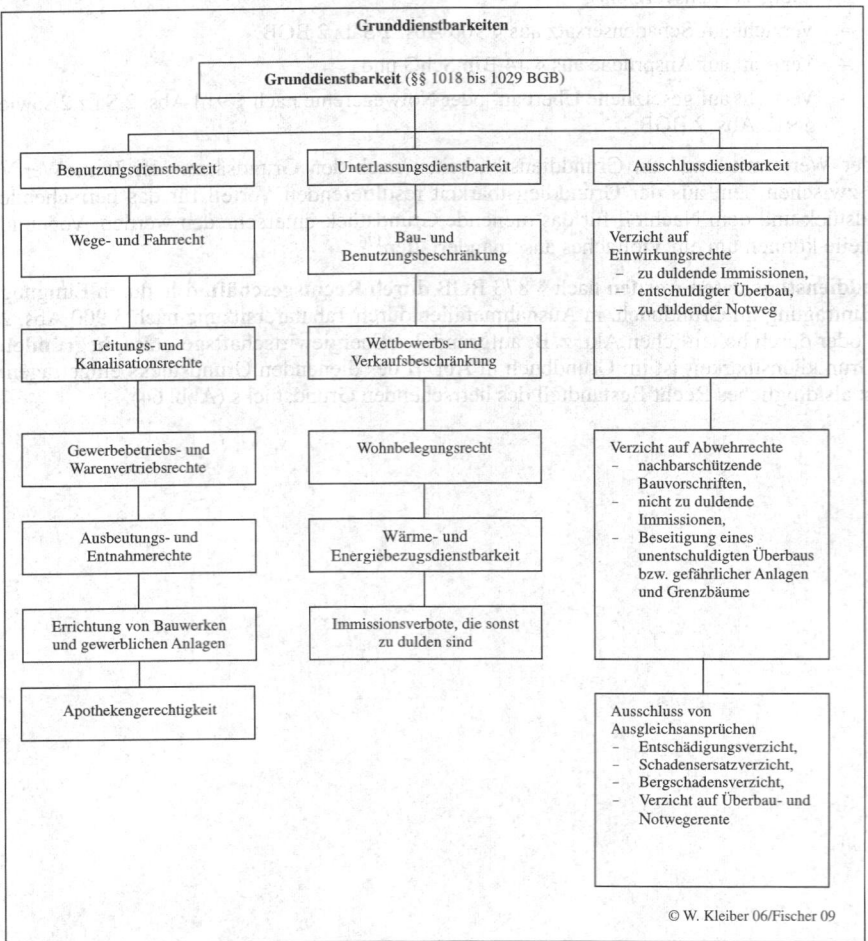

© W. Kleiber 06/Fischer 09

349 Die Einigung muss sich auf das herrschende „Wirtschaftsgrundstück" erstrecken. Das obligatorische Rechtsgeschäft, welches auch über eine mögliche Gegenleistung bestimmt, ist formfrei. Die Bestandseigenschaften einer Grunddienstbarkeit (§ 96 BGB) schließen eine selbstständige Übertragung aus. Die **Grunddienstbarkeit erlischt mit der Aufhebung** nach den §§ 875 f. BGB oder durch Staatsakt (§ 71 ZVG). § 875 BGB regelt zur Aufhebung eines Rechts Folgendes:

„(1) Zur Aufhebung eines Rechts an einem Grundstück ist, soweit nicht das Gesetz ein anderes vorschreibt, die Erklärung des Berechtigten, dass er das Recht aufgebe, und die Löschung des Rechts im Grundbuch erforderlich. Die Erklärung ist dem Grundbuchamt oder demjenigen gegenüber abzugeben, zu dessen Gunsten sie erfolgt.

(2) Vor der Löschung ist der Berechtigte an seine Erklärung nur gebunden, wenn er sie dem Grundbuchamt gegenüber abgegeben oder demjenigen, zu dessen Gunsten sie erfolgt, eine den Vorschriften der Grundbuchordnung entsprechende Löschungsbewilligung ausgehändigt hat."

4.2.2.2 Apothekengerechtigkeit

Schrifttum: *Debus, M.*, Verkehrswertermittlung einer Apothekengerechtigkeit, GuG 1999, 357; Aktueller Wirtschaftsdienst für Apotheker (Zeitschrift; AWA); *Frielingsdorf, G./Frielingsdorf, O.*, Apothekenwert, Economica/MedizinRecht.de Verlag.

Apothekengerechtigkeiten nach preußischem Recht können gemäß Art. 74 EGBGB noch heute als selbständige, vom Eigentum an einem Grundstück unabhängige (vererbbare und veräußerbare) Realprivilegien oder in Verbindung mit einer Grundgerechtigkeit (Grunddienstbarkeit/Benutzungsdienstbarkeit) bestehen. Aufgrund der Niederlassungsfreiheit (höheres Recht) ist die Apothekengerechtigkeit selbst in aller Regel wertlos; sie kann aber i.V.m. einer Grundgerechtigkeit zu einer Nutzungsbeschränkung des dienenden Grundstücks führen. Ob und in welcher Höhe sich aus der Nutzungsbindung der betroffenen Räumlichkeiten für den Betrieb einer Apotheke Wertminderungen ergeben, kann im Wege der **kapitalisierten Ertragsdifferenz zwischen der freien Nutzbarkeit und der Nutzung als Apotheke** abgeleitet werden. **350**

4.2.3 Beschränkt persönliche Dienstbarkeit

Die beschränkt persönliche Dienstbarkeit (§§ 1090 bis 1093 BGB) entspricht der Grunddienstbarkeit. Im Unterschied zur Grunddienstbarkeit ist jedoch eine bestimmte Person Berechtigter und nicht der jeweilige Eigentümer eines bestimmten Grundstücks. Die **beschränkt persönliche Dienstbarkeit berechtigt denjenigen, zu dessen Gunsten die Belastung erfolgt ist, das Grundstück zu nutzen**, bzw. befugt ihn zu dem, was auch den Inhalt der Grunddienstbarkeit bilden kann. Im Gegensatz zum Nießbrauch darf dem Berechtigten allerdings kein umfassendes Nutzungsrecht an dem belasteten Grundstück eingeräumt werden. **351**

Das **Wohnungsrecht (§ 1093 BGB)** als beschränkt persönliche Dienstbarkeit kommt bei der Bewertung i.d.R. dort vor, wo ein Altenteiler seinen Grundbesitz im Rahmen der Erbfolge übergeben und sich ein Wohnrecht an einem Gebäude oder an einem Teil eines Gebäudes unter Ausschluss des Eigentümers als Wohnung gesichert hat. Das ist bei der Ermittlung des Zugewinnausgleichs bei Ehescheidungen und bei Erbauseinandersetzungen, vorwiegend im landwirtschaftlichen Bereich, u.U. zu berücksichtigen. **352**

Bestellung, Löschung und Übertragbarkeit einer beschränkt persönlichen Dienstbarkeit erfolgen wie bei der Grunddienstbarkeit. Sie ist nicht übertragbar, nicht vererblich und erlischt spätestens mit dem Tode des Berechtigten. Die Übertragbarkeit ist gem. § 1092 Abs. 3 BGB unter gewissen Voraussetzungen möglich. Sie umfasst aber nicht das Recht, die Dienstbarkeit nach ihren Befugnissen zu teilen (vgl. Rn. 355). **353**

Berechtigter der beschränkt persönlichen Dienstbarkeit kann auch der Eigentümer (Miteigentümer) des belasteten Grundstücks sein. Man spricht dann von einer **Eigentümerdienstbarkeit**[177]. **354**

Das BGB regelt die beschränkt persönliche Dienstbarkeit in den **§§ 1090 bis 1092 BGB**: **355**

„**§ 1090 BGB Gesetzlicher Inhalt der beschränkten persönlichen Diensbarkeit**
(1) Ein Grundstück kann in der Weise belastet werden, dass derjenige, zu dessen Gunsten die Belastung erfolgt, berechtigt ist, das Grundstück in einzelnen Beziehungen zu benutzen, oder dass ihm eine sonstige Befugnis zusteht, die den Inhalt einer Grunddienstbarkeit bilden kann (beschränkt persönliche Dienstbarkeit).
(2) Die Vorschriften der §§ 1020 bis 1024, 1026 bis 1029, 1061 finden entsprechende Anwendung.

§ 1091 BGB Umfang
Der Umfang einer beschränkt persönlichen Dienstbarkeit bestimmt sich im Zweifel nach dem persönlichen Bedürfnis des Berechtigten.

§ 1092 BGB Übertragbarkeit; Überlassung und Ausübung
(1) *Eine beschränkt persönliche Dienstbarkeit ist nicht übertragbar. Die Ausübung der Dienstbarkeit kann einem anderen nur überlassen werden, wenn die Überlassung gestattet ist.*
(2) Steht eine beschränkt persönliche Dienstbarkeit oder der Anspruch auf Einräumung einer beschränkt persönlichen Dienstbarkeit einer juristischen Person oder einer rechtsfähigen Personengesellschaft zu, so gelten die Vorschriften der §§ 1059 bis 1059 d entsprechend."

---

[177] BGH, Urt. vom 11.3.1964 – V ZR 78/62 –, BGHZ 41, 209 = MDR 1964, 584 = NJW 1964, 1226 = DNotZ 1964, 493 = Rpfleger 1964, 310.

IX Rechte und Belastungen — Rechte Dritter

§ 1092 Abs. 3 BGB regelt die Übertragbarkeit von Dienstbarkeiten für juristische Personen oder eine rechtsfähige Personengesellschaft, die Anlagen u. a. zur Fortleitung von Elektrizität, Gas, Fernwärme, Wasser, Abwasser, Öl oder Rohstoffen sowie zur Telekommunikation weiter betreiben.

356 Zu den beschränkt persönlichen Dienstbarkeiten gehören:

- Wohnungsbesetzungsrechte,
- Benutzungsrechte und Unterlassungsansprüche,
- Wohnungsrechte (§ 1093 BGB), die als besondere Form der beschränkt persönlichen Dienstbarkeit das Recht verleihen, ein Gebäude oder einen Teil des Gebäudes unter Ausschluss des Eigentümers als Wohnung zu benutzen,
- Wettbewerbsbeschränkungen, sofern nicht als Grunddienstbarkeit begründet (Konkurrenzklauseln),
- Aussichtsrechte,
- Leitungsrechte, wenn sie z. B. für einen Versorgungs- oder Verkehrsträger in dieser Form begründet sind,
- Transportrechte,
- Nutzung für Straßenbahn- oder Eisenbahnanlagen (§ 1092 Abs. 3 BGB).

4.2.4 Nießbrauch

4.2.4.1 Allgemeines

357 Der Nießbrauch (§§ 1030 bis 1089 BGB) gewährt dem Nießbraucher das **nicht veräußerliche und nicht vererbliche Recht, die Nutzung aus einer Sache** (§ 1030 BGB), **einem Recht** (§ 1068 BGB) **oder einem Vermögen** (§ 1085 BGB) – ganz oder teilweise – **zu ziehen.** Es ist das umfassendste Nutzungsrecht, das den Eigentümer von der Nutzung der Sache ausschließt, wobei aber Entgeltlichkeit vereinbart werden kann. Der Nießbrauch erlischt im Allgemeinen mit dem Tode des Berechtigten.

358 Der Nießbrauch (ususfructs) unterscheidet sich vom Eigentum am Grundstück nur insoweit, dass es dem Nießbraucher kein Recht zur Einwirkung auf die Substanz des Grundstücks gibt (er darf z. B. nicht aus einem Ackergrundstück eine Kiesgrube machen). **Dem Nießbraucher stehen alle Einnahmen aus dem Grundstück zu; er hat dafür alle durch die ordnungsgemäße Bewirtschaftung des Grundstücks entstehenden Kosten und Lasten zu tragen**[178]. Der Nießbraucher darf auch die AfA in Anspruch nehmen[179]. Der Nießbrauch wird häufig bei der Erbfolge eingeräumt.

359 Der Nießbrauch ist u. a. wie folgt im **BGB** geregelt:

„**§ 1030 BGB Gesetzlicher Inhalt des Nießbrauchs an Sachen**

(1) Eine Sache kann in der Weise belastet werden, dass derjenige, zu dessen Gunsten die Belastung erfolgt, berechtigt ist, die Nutzungen der Sache zu ziehen (Nießbrauch).

(2) Der Nießbrauch kann durch den Ausschluss einzelner Nutzungen beschränkt werden.

§ 1036 BGB Besitzrecht; Ausübung des Nießbrauchs

(1) Der Nießbraucher ist zum Besitze der Sache berechtigt.

(2) Er hat bei der Ausübung des Nutzungsrechts die bisherige wirtschaftliche Bestimmung der Sache aufrechtzuerhalten und nach den Regeln einer ordnungsgemäßen Wirtschaft zu verfahren.

§ 1037 BGB Umgestaltung

(1) Der Nießbraucher ist nicht berechtigt, die Sache umzugestalten oder wesentlich zu verändern.

---

178 BGH, Urt. vom 6.6.2003 – V ZR 392/02 –, BlnGE 2003, 1273.
179 BMF Schreiben vom 24.7.1998.

(2) Der Nießbraucher eines Grundstücks darf neue Anlagen zur Gewinnung von Steinen, Kies, Sand, Lehm, Ton, Mergel, Torf und sonstigen Bodenbestandteilen errichten, sofern nicht die wirtschaftliche Bestimmung des Grundstücks dadurch wesentlich verändert wird."

Die **Nutzung des Nießbrauchs umfasst** gemäß § 100 BGB **die Gebrauchsvorteile** und die „Früchte einer Sache" oder eines Rechts, insbesondere

360

- die Sachnutzung mit ihren Gebrauchsmöglichkeiten,
- die Gewinnung von Erzeugnissen der Sache (§ 99 Abs. 1 sowie § 100 BGB) und den Eigentumserwerb daran,
- die Erträge, die die Sache aufgrund des Rechtsverhältnisses erwirtschaftet.

Demzufolge gehören dem Nießbraucher eines Miet- und Pachtverhältnisses die Miet- und Pachtzinseinnahmen auch, wenn das Grundstück vor der Bestellung des Nießbrauchs bereits vermietet war. Der Nießbraucher ist nach Entstehung des Rechts auch berechtigt, einen Miet- und Pachtvertrag selbst abzuschließen. Im Übrigen stellen Miete und Pacht keine Überlassung der Ausübung nach § 1059 Abs. 2 BGB dar.

Der **§ 1059 d BGB regelt für Miet- und Pachtverhältnisse bei Übertragung des Nießbrauchs** Folgendes:

„Hat der bisherige Berechtigte das mit dem Nießbrauch belastete Grundstück über die Dauer des Nießbrauchs hinaus vermietet oder verpachtet, so sind nach der Übertragung des Nießbrauchs die für den Fall der Veräußerung von vermieteten Wohnraum geltenden Vorschriften der §§ 566 bis 566 e, 567 a und 567 b entsprechend anzuwenden."

Nießbraucher sind im Baurecht als Nachbarn den Grundstückseigentümern gleichgestellt[180].

361

Die **Bestellung eines Nießbrauchs** erfolgt wie bei anderen dinglichen Grundstücksbelastungen durch Einigung und Eintragung in das Grundbuch nach § 873 BGB. Dabei wird gemäß den §§ 926 und 1031 BGB vermutet, dass sich der Nießbrauch auch auf das Grundstückszubehör erstreckt. Der Nießbrauch an beweglichen Sachen wird gemäß § 1032 Abs. 1 BGB durch Einigung und Übergabe begründet. An Rechten an Grundstücken wird der Nießbrauch nach § 1069 Abs. 1 BGB durch Übertragung des Rechts begründet. An beweglichen Sachen kann der Nießbrauch im Übrigen unter den Voraussetzungen des § 1033 BGB durch Ersitzung begründet werden.

362

Der Nießbrauch ist, wie bereits dargelegt, nicht übertragbar (§ 1059 BGB). Dies gilt jedoch nicht für juristische Personen oder rechtsfähige Personengesellschaften. Für die **Übertragbarkeit** bei juristischen Personen oder rechtsfähigen Personengesellschaften gelten die §§ 1059 a ff. BGB (Rn. 355).

363

Der Nießbrauch endet

- mit dem Tod des Nießbrauchers
- bei juristischen Personen oder rechtsfähigen Personengesellschaften mit deren Erlöschen (§ 1061 BGB).

Wenn das Nießbrauchrecht bei juristischen Personen oder rechtsfähigen Personengesellschaften nicht übertragbar sein sollte, kann die Ausübung einem anderen übertragen werden (Vermietung und Verpachtung). Die **Überlassung der Ausübung des Nießbrauchs** kann jedoch vertraglich ausgeschlossen werden, wobei dies durch Eintragung in das Grundbuch auch dinglich gesichert werden kann. Die Beschränkung des Nutzungsziehungsrechts des Nießbrauchers auf einzelne Teile eines Gebäudes (z. B. Mietwohnungen) ist bei einem Nießbrauch allerdings unzulässig[181].

364

Dem Nießbraucher obliegt grundsätzlich die ordnungsgemäße Bewirtschaftung, d.h. die Instandhaltung auf eigene Kosten. Öffentliche und privatrechtliche Lasten (Grundsteuer,

365

---

180 BayVGH, Urt. vom 25.4.1969 – 28 I 69 –, BRS Bd. 22 Nr. 170.
181 BGH, Urt. vom 27.1.2006 – V ZR 243/04 –, GuG 2006, 245.

Gebäudeversicherung usw.) sind von ihm nach § 1036 BGB zu tragen, soweit vertraglich nicht anderes vereinbart worden ist. Dies gilt auch dann, wenn ein unentgeltlicher Nießbrauch an einem Grundstück eingetragen ist[182].

366 Man kennt folgende **Ausgestaltungen des Nießbrauchs**[183]:

- **Quotennießbrauch:** Dem Nießbraucher steht dabei ein bestimmter Anteil (Quote) an den Einkünften des Grundstücks zu.
- **Bruchteilsnießbrauch:** Der Nießbrauch ist dabei lediglich an einem Bruchteil des Grundstücks bestellt.
- **Sicherungsnießbrauch:** Die Vereinbarung des dinglichen Nutzungsrechts dient dabei der dinglichen Absicherung der dem Berechtigten versprochenen Leistung, ohne dass der Berechtigte Art und Umfang beeinflussen kann.
- **Zuwendungsnießbrauch:** Ein Zuwendungsnießbrauch liegt vor, wenn der Nießbrauch vom Grundstückseigentümer dem Berechtigten (Nießbraucher) bestellt (zugewendet) wird. Dabei wird unterschieden zwischen einem entgeltlichen Zuwendungsnießbrauch, einem teilweise entgeltlichen Zuwendungsnießbrauch und einem unentgeltlich bestellten Nießbrauch.
- **Vermächtnisnießbrauch:** Ein Vermächtnisnießbrauch liegt vor, wenn aufgrund einer letztwilligen Verfügung des Grundstückseigentümers durch dessen Erben einem Dritten der Nießbrauch an einem Grundstück eingeräumt wird.
- **Vorbehaltsnießbrauch:** Ein Vorbehaltsnießbrauch liegt vor, wenn bei der Übertragung eines Grundstücks gleichzeitig ein Nießbrauchrecht für den bisherigen Eigentümer an dem übertragenen Grundstück bestellt wird[184].

367 Für die Wertermittlung[185] eines mit einem Nießbrauch belasteten Grundstücks sind der Geldwert der zustehenden Nutzung und das **Alter des Nießbrauchers von entscheidender Bedeutung.** Auch hier besteht wie beim Wohn- und Altenteilsrecht die Unsicherheit der Laufzeit des Rechts. Verkäufe derartig belasteter Grundstücke sind deshalb äußerst selten, zumal der Käufer aus dem Grundstück keine Erträge ziehen kann, solange der Nießbraucher lebt. Abschläge vom rein rechnerisch ermittelten Wert bis zu 50 v.H. sind deshalb keine Seltenheit. Die Wertermittlung des Nießbrauchs ist mit der Wertermittlung einer Leibrente vergleichbar. Bei juristischen Personen sind Nießbräuche auf der Basis ewiger Renten zu berechnen.

4.2.4.2 Verkehrswertermittlung

368 Je nach vertraglicher Ausgestaltung ist insbesondere die Frage der Lastentragung nach § 1047 BGB zu klären, das heißt, wer die Kosten und Lasten trägt, die in Zusammenhang mit der Nutzung des Grundstücks entstehen. Die Höhe der vom Nießbraucher zu tragenden Kosten oder Lasten können den Wert des Rechts als auch den Wert des belastenden Grundstücks beeinflussen.

Dem Nießbraucher stehen grundsätzlich alle Einnahmen aus dem Grundstück zu, im Gegenzug ist er aber verpflichtet, alle durch die ordnungsgemäße Bewirtschaftung des Grundstücks entstehenden Kosten und öffentlichen und privatrechtlichen Lasten zu tragen (also auch Zinsen aus Hypothekenforderungen und Grundschulden sowie aufgrund einer Rentenschuld zu

---

182 BGH, Urt. vom 21.12.1973 – V ZR 157/72 –, EzGuG 14.4c.
183 Zur einkommensteuerrechtlichen Behandlung vgl. Schreiben des BMF vom 24.7.1998 (BStBl. I 1998, 914).
184 BFH, Urt. vom 15.5.1990 – IX R 21/86 –, BStBl. II 1992, 67 = NJW 1991, 591.
185 Zur Wertermittlung vgl. BGH, Urt. vom 13.6.1958 – V ZR 268/56 –, EzGuG 14.8; BGH, Urt. vom 5.2.1971 – V ZR 91/68 –, EzGuG 14.43; BGH, Urt. vom 24.11.1975 – III ZR 113/73 –, EzGuG 14.51; BFH, Urt. vom 18.10.1990 – IV R 36/90 –, EzGuG 14.94 = GuG 1991, 153; BFH, Urt. vom 11.8.1976 – II R 144/76 –, EzGuG 14.55b; BFH, Urt. vom 20.1.1978 – III R 120/75 –, EzGuG 14.58b; BFH, Urt. vom 21.11.1969 – III R 14/66 –, EzGuG 14.38b; BFH, Urt. vom 29.7.1960 – III 206/57 –, EzGuG 14.13; RFH, Urt. vom 5.5.1931; OLG Frankfurt am Main, Urt. vom 6.5.1986 – 8 U 164/85 –, EzGuG 14.79; OLG Schleswig, Beschl. vom 13.12.1956 – 2 W 147/56 –, EzGuG 14.4b; Nüse in NÖV 1986, 15.

entrichtende Leistungen), soweit sie zur Zeit der Bestellung des Nießbrauchrechts auf dem Grundstück ruhten.

Ist der Nießbraucher zur Zahlung der Kosten oder Lasten verpflichtet, die normalerweise vom Grundstückseigentümer getragen werden (beispielsweise Zahlungsverpflichtungen aus Abt. III des Grundbuchs oder sonst üblicherweise nicht umlegbare Bewirtschaftungskosten, wie Verwaltungs- und Instandhaltungskosten und Mietausfallwagnis), ist zu beachten, dass sie bei der Wertermittlung des Rechts ausgehend vom Rohertrag wertmindernd angesetzt werden. Damit reduziert sich zugleich die Wertminderung des belasteten Grundstücks.

Bei der Ermittlung des Nießbrauchrechts ist zu beachten, dass im angesetzten Verkehrswert des unbelasteten Grundstücks die „üblichen Bewirtschaftungskosten" (Verwaltungskosten, Mietausfallwagnis, Instandhaltungskosten) bereits zu Lasten des Eigentümers des belasteten Grundstücks wertmindernd berücksichtigt worden sind. Zahlt der Nießbraucher diese Kosten, müssen sie werterhöhend beim Eigentümer berücksichtigt werden. Zahlt abweichend von dieser üblichen Regelung der Eigentümer beispielsweise Anteile der Instandhaltungskosten, erhöht sich der Wert des Nießbrauchrechts. Auf den Wert des belasteten Grundstücks haben die vom Eigentümer gezahlten Instandhaltungskosten keinen weiteren Einfluss, da sie bereits berücksichtigt worden sind.

Abb. 65: Einfluss der Kosten- und Lastentragung

Für Wertermittlungen eines mit einem Nießbrauch belasteten Grundstücks sind der jährliche Geldwert der zustehenden Nutzung, das Alter des Nießbrauchers und der angenommene Liegenschaftszinssatz von entscheidender Bedeutung. Auch hier besteht wie bei den anderen beschränkt persönlichen Dienstbarkeiten (Wohnungsrecht, Altenteilsrecht) die Unsicherheit hinsichtlich der Laufzeit des Rechts. Verkäufe derartig belasteter Grundstücke sind deshalb äußerst selten, zumal der Käufer aus dem Grundstück keine Erträge ziehen kann, solange der Nießbraucher lebt. Abschläge vom rein rechnerisch ermittelten Wert bis zu 50 % sind deshalb keine Seltenheit. Auch die mit Neufassung der WERTR 06 eingeführte Bestimmung der Lebenserwartung des bzw. der Berechtigten über die Kommutationszahlen und Versicherungsbarwerte für Leibrenten, in denen die Überlebenswahrscheinlichkeit über die Lebenserwartung nach der Sterbetafel berücksichtigt ist, dürfte diese Praxis nicht ändern, da die Berücksichtigung der Überlebenswahrscheinlichkeit rechnerisch so gut wie nicht ins Gewicht fällt.

IX Rechte und Belastungen

370 Die ausschlaggebenden Wertparameter bei der Verkehrswertermittlung von Nießbrauchrechten sind (Abb. 66):

Abb. 66: Wertbildende Parameter des Nießbrauchrechts

Abb. 67: Auswirkung von Abweichungen

Auswirkung von Abweichungen				
Jahresreinertrag des Rechts (€ p. a.)	Zinsertrag (in %)	Lebenserwartung des Berechtigten (Jahre)	Barwert des Rechts (€)	Differenz (in %)
50 000	5,0	30	768 500	+/− 0,0
50 000	5,0	35	818 500	+ 6,5
50 000	5,0	25	704 500	− 8,4
55 000	5,0	30	845 350	+ 10,0
45 000	5,0	30	691 000	− 10,0
50 000	3,5	30	919 000	+ 19,0
50 000	6,5	30	653 000	− 15,0

371 Schon bei geringen Änderungen der Ausgangsgrößen ergeben sich merklich voneinander abweichende Barwerte. Bei ungünstigen Konstellationen (Lebenserwartung 30 Jahre, Reinertrag 50 000 €, Zinssatz 3,5 %) ergibt sich bereits eine Wertdifferenz von 19,0 % von der Ausgangsrechnung der Zeile 1 des Beispiels. Die Erhöhung des Jahreswerts des Rechts als auch die Erhöhung der Lebenserwartung wirken sich werterhöhend auf das Nießbrauchrecht aus und umgekehrt wertmindernd auf den Wert des mit dem Nießbrauch belasteten Grundstücks. Insoweit ist zu beachten, dass die vorstehenden drei Parameter bei der Wertermittlung plausibel und nachvollziehbar angesetzt werden.

372 Grundlage der Wertermittlung des Rechts ist der wirtschaftliche Vorteil für den Berechtigten durch das Recht. Er besteht in den ersparten, marktüblich zu zahlenden Mieten oder Pachten oder aus dem Grundstück zustehenden Erträgen und gegebenenfalls in der Ersparnis weiterer Aufwendungen (z. B. von sonst üblicherweise zu übernehmenden Bewirtschaftungskosten). Diese sonstigen – üblicherweise nicht vom Nießbraucher zu tragenden Kosten und Lasten – sind wertmindernd zu berücksichtigen, soweit sie nicht schon bei der angesetzten Miete oder Pacht berücksichtigt wurden. Liegen bei einem Mietwohngrundstück die Mieten und Bewirtschaftungskosten im üblichen Bereich, können sie ohne weiteres angesetzt werden. Generell ist hier genauso zu verfahren wie bei der Ertragswertermittlung nicht belasteter Grundstücke.

Bei den üblicherweise selbst genutzten Objekten wie Einfamilienhäusern und Eigentumswohnungen entspricht der Wert des Rechts i.d.R. nicht der Wertminderung des belasteten Grundstücks. Da der Nießbraucher nicht Eigentümer des Grundstücks ist, kann er es lediglich nutzen und unter Beachtung der ordnungsgemäßen Bewirtschaftung die Erträge ziehen. Er könnte das Einfamilienhaus auch vermieten. Insoweit ist bei der Wertermittlung des Nießbrauchrechts an einem Einfamilienhausgrundstück lediglich von der marktüblich erzielbaren Miete auszugehen. Bei der Wertermittlung des belasteten Grundstücks ist jedoch vom Verkehrswert des (fiktiv) unbelasteten Grundstücks auszugehen. Es ist zunächst der Verkehrswert des unbelasteten Grundstücks im Wege des Sachwertverfahrens zu ermitteln. Als Restnutzungsdauer wird die Anzahl der Jahre zugrunde gelegt, die das Gebäude bei Ablauf des Rechts noch genutzt werden kann. Der so ermittelte Wert wird mit Hilfe des an das Leben des Nießbrauchers gebundenen Abzinsungsfaktors abgezinst. Der Diskontierungsfaktor wird wie folgt ermittelt:

$$f_x = 1 - (ä_x - 1)\, p$$

wobei:

f_x = jährlicher Diskontierungsfaktor
$ä_x$ = jährlicher Leibrentenfaktor
p = Zinssatz in Dezimalschreibweise

Zusätzlich sind die vom Grundstückseigentümer zu tragenden Kosten und Lasten wertmindernd zu berücksichtigen (üblicherweise umlagefähige oder üblicherweise nicht umlagefähige Bewirtschaftungskosten).

373 Bei der Kapitalisierung von grundstücksbezogenen Rechten oder Belastungen wird in den WERTR 06 generell als maßgeblicher Zinssatz **der angemessene nutzungstypische Liegenschaftszinssatz** empfohlen, weil damit die jeweilige Marktlage am besten erfasst wird und spekulative Momente weitgehend ausgeschlossen werden können. In der Fachwelt bestehen unterschiedliche Auffassungen darüber, ob bei der Kapitalisierung von Rechten nicht ein anderer Zinssatz (Kapitalmarktzinssatz, Zinssatz für festverzinsliche Wertpapiere usw.) sachgerechter ist. Ein Nachweis darüber, dass mit anderen Zinssätzen zutreffendere Wertermittlungsergebnisse erzielt werden können, steht jedoch aus.

374 Die Lebenserwartung des Berechtigten richtet sich ohne Berücksichtigung sonstiger persönlicher Umstände nach seinem Alter am Wertermittlungsstichtag. Dabei wird eine durchschnittliche Lebenserwartung nach der jeweils allgemeinen oder abgekürzten Sterbetafel des Statistischen Bundesamtes zu Grunde gelegt, die von der jeweils individuellen Lebenserwartung durchaus abweichen kann. Da die Sterbetafel versicherungsmathematisch eine „Absterbeordnung" darstellt, bei der nicht berücksichtigt wird, dass der Berechtigte seine durchschnittliche Lebenserwartung überlebt, hatte man in der Vergangenheit statt der Sterbetafeln auch Anwartschaftsfaktorentabellen bei Lebensversicherungen verwendet, welche die Überlebenswahrscheinlichkeit mit berücksichtigen[186].

Die Ermittlung des Werts des Rechts erfolgt auf der Grundlage einer Leibrentenberechnung mit monatlich oder jährlich[187] vorschüssiger Zahlweise. Aktuelle Leibrentenfaktoren werden unter dem Titel „Kommutationszahlen und Versicherungsbarwerte für Leibrenten 20../20.." (Tabellen zur monatlich und jährlich vorschüssigen Zahlungsweise) als Versicherungsbarwerte ($^{(12)}ä_x$ bzw. $ä_x$) vom Statistischen Bundesamt zu den jeweils aktuell erscheinenden Sterbetafeln herausgegeben. Für zurückliegende Wertermittlungsstichtage vor Erscheinen der Tabellen zu den Leibrentenfaktoren 2000/2002 im August 2004 ist die seit dem Erscheinen der letzten Allgemeinen Sterbetafel gestiegene Lebenserwartung in geeigneter Weise zu berücksichtigen.

Grundlage für die Ermittlung des Werts des belasteten Grundstücks ist der Wert des unbelasteten Grundstücks. Die wirtschaftliche Wertminderung durch das Recht entspricht bei Ertragswertobjekten i.d.R. dem wirtschaftlichen Vorteil des Berechtigten.

---

186 Petersen in GuG 1997, 91; auch diesbezüglich wird vom Deutschen Städtetag allerdings keine Notwendigkeit zur Änderung des Verfahrens gesehen.
187 DAV-Sterbetafel 1994 R für Rentenversicherungen. Quelle: DAV-Sterbetafel 1994 R, Blätter der Deutschen Gesellschaft für Versicherungsmathematik (DGVM) 1995, 29.

IX Rechte und Belastungen — Rechte Dritter

375 Eine weitere Fehlerquelle besteht in der Nichtbeachtung des Stichtagsprinzips. Der Sachverständige darf bei Wertermittlungen auf zeitlich zurückliegende Stichtage nur das verwenden, was am Stichtag bekannt war. Ist der Wert des Nießbrauchrechts beispielsweise auf den 1.3.2000 zu ermitteln, wäre zur Einschätzung der Lebenserwartung des Berechtigten zu diesem Zeitpunkt die zuletzt veröffentlichte Sterbetafel 1997/99 heranzuziehen.

376 Nießbrauch (Anl. 18 WERTR 06, Beispiel 14)

Es ist der Wert eines unentgeltlichen Nießbrauchs an einem vom Berechtigten selbst bewohnten Einfamilienhaus zu ermitteln.

Abb. 68: Wert des Nießbrauchrechts

Der Wert eines unentgeltlichen Nießbrauchs an einem Einfamilienhaus für eine 70-jährige Frau ist zu ermitteln. Dabei ist von einer lebenslangen monatlich vorschüssigen Rentenzahlung auszugehen.

Vorgaben:	jährlich marktüblich erzielbare Nettokaltmiete	7 200 €
	Liegenschaftszinssatz	3 %
	Leibrentenfaktor für 70-jährige Frau bei einem Zinssatz von 3 %	12,015
Berechnung:	Jährliche Vorteile des Nießbrauchs:	
	Nettokaltmiete p. a	7 200 €
	Ersparnis von Kosten und Lasten (BewK nach BetrKV)	0 €
	Vorteil aus Unkündbarkeit und Sicherheit vor Mieterhöhungen (hier 10 %)	+ 720 €
	Jährliche Nachteile des Nießbrauchs:	
	von Berechtigter zu tragende Bewirtschaftungskosten (hier Instandhaltungskosten)	− 800 €
	Aufwendungen für Kosten nach § 1047 BGB	0 €
	jährlicher Vorteil/Nachteil	
		7 120 €

Leibrentenfaktor 12,015

Versicherungsbarwert $^{(12)}ä_x$ einer lebenslänglich monatlich vorschüssig zahlbaren Rente nach der Sterbetafel 2001/2003

Wert des Nießbrauchs für Berechtigte 7 120 € × 12,015 rd. 85 600 €

Anmerkung: Würde von einer lebenslangen jährlich vorschüssigen Rentenzahlung ausgegangen, ergäbe sich folgender Wert des Nießbrauchrechts: Versicherungsbarwert $ä_x$ für eine weibliche Person bei Alter von 70 Jahren und 3 % Liegenschaftszinssatz. Wert des Nießbrauchs: 7 120 € p.a. × 12,478 = 88 843 € = rd. 88 900 €. Gegenüber einer lebenslangen monatlich vorschüssigen Rentenzahlung ergibt sich eine Differenz von 3 300 € oder 3,85 %.

Nießbrauch (Anl. 18 WERTR 06, Beispiel 15)

Es ist der Wert eines unentgeltlichen Nießbrauchs an einem vom Berechtigten selbst bewohnten Mehrfamilienhaus zu ermitteln.

Abb. 69: Wert des Nießbrauchrechts

© Simon 06/Fischer 09

Der Wert eines unentgeltlichen Nießbrauches an einem Mehrfamilienhaus für eine 70-jährige Frau ist zu ermitteln. Dabei ist von einer lebenslangen **monatlich vorschüssigen** Rentenzahlung auszugehen.

Vorgaben:	monatlich vorschüssige Rente ist vereinbart, die Berechtigte trägt die Bewirtschaftungskosten (§ 19 ImmoWertV)	
	jährlich marktüblich erzielbare Nettokaltmiete für ein Mehrfamilienhaus	31 200 €
	Bewirtschaftungskosten p.a.	7 800 €
	Liegenschaftszinssatz	5,0 %
	Leibrentenfaktor für eine 70-jährige Frau bei 5 %	10,324
Berechnung:	*jährliche Vorteile*	
	jährlich marktüblich erzielbare Nettokaltmiete	31 200 €
	Ersparnisse von Kosten und Lasten	0 €

IX Rechte und Belastungen — Rechte Dritter

jährliche Nachteile	
Nachteil durch Übernahme der jährlichen Bewirtschaftungskosten	– 7 800 €
Aufwendungen für Lasten nach § 1047 BGB	0 €
jährlicher Vorteil/Nachteil	23 400 €
Leibrentenfaktor 10,324	

Entspricht dem Versicherungsbarwert [12]$ä_x$ einer lebenslangen monatlich vorschüssig zahlbaren Rente nach den Kommutationszahlen der Sterbetafel 2001/2003

Wert des Nießbrauchs für Berechtigte 23 400 € × 10,324   rd. 241 600 €

Anmerkung: Würde von einer lebenslangen jährlich vorschüssigen Rentenzahlung ausgegangen, ergäbe sich folgender Wert des Nießbrauchrechts: Versicherungsbarwert $ä_x$ für eine weibliche Person bei Alter von 70 Jahren und 5 % Zins. Wert des Nießbrauchs: 23 400 € p.a. × 10,791 = 252 509 € = rd. 250 000 €. Gegenüber einer lebenslangen monatlich vorschüssigen Rentenzahlung ergibt sich eine Differenz von 10 900 € oder 4,5 %.

378 Nießbrauch (Anl. 19 WERTR 06, Beispiel 16)

Es ist der Verkehrswert eines mit einem unentgeltlichen Nießbrauch belasteten Einfamilienhausgrundstücks zu ermitteln.

Abb. 70: Verkehrswert des mit einem Nießbrauchrecht belasteten Einfamilienhausgrundstücks

* ggf. Übernahme von umlegungsfähigen Bewirtschaftungskosten, aber nicht Instandhaltungs- und Verwaltungskosten sowie Mietausfallwagnis

© Simon 06/Fischer 09

Rechte Dritter — **Rechte und Belastungen IX**

Vorgaben:	Herstellungswert der baulichen Anlagen		150 000 €
	unbelasteter Bodenwert (ebf.)		60 000 €
	Gebäuderestnutzungsdauer		50 Jahre
	Alter der berechtigten Frau		
	Berechnungsgrundlage: Versicherungsbarwert einer lebenslänglichen, nachschüssig zahlbaren Rente nach der Sterbetafel 2001/2003		70 Jahre
	durchschnittliche Lebenserwartung der Berechtigten		16 Jahre
	Restnutzungsdauer der baulichen Anlagen in 16 Jahren		34 Jahre
Berechnung:	Herstellungswert der baulichen Anlagen		150 000 €
	Alterswertminderung 55 % (GND 100; RND 34)	−	82 500 €
	Gebäudesachwert	=	67 500 €
	Bodenwert (ebf.)	+	60 000 €
	Grundstückssachwert	=	127 500 €
	Sachwert-Marktanpassungsfaktor		1,10
	Verkehrswert des unbelasteten Grundstücks		
	zum Zeitpunkt des Ablauf des Rechts (1,10 × 127 500 €)	=	140 250 €
	Abzinsungsfaktor (bei 70 Jahren und 4 %)		0,5768
	$f_x = 1 - (ä_x - 1) \times p$		
	wobei		
	p = angemessener Zinssatz und		
	$ä_x$ = Leibrentenfaktor des Statistischen Bundesamtes		
	abgezinster Verkehrswert (140 250 € × 0,5768)		80 896 €
	jährlicher Vorteil		
	aus Übernahme von Kosten und Belastungen durch Berechtigte (hier Instandhaltungskosten)		800 €
	Übernahme von Lasten nach § 1047 BGB durch Berechtigte		0 €
	jährlicher Nachteil		
	aus Übernahme von Kosten und Belastungen		0 €
	jährlicher Vorteil/Nachteil		800 €
	Leibrentenfaktor (bei 70 Jahren und 4 %): 11,115		
	Entspricht dem Versicherungsbarwert $^{(12)}ä_x$ einer lebenslänglich monatlich vorschüssig zahlbaren Rente		
	Barwert der jährlichen Vor-/Nachteile (800 € x 11,115)		+ 8 892 €
	Verkehrswert des mit dem Nießbrauchrecht belasteten Einfamilienhausgrundstücks rd.		**89 800 €**

Nießbrauch (Anl. 19 WERTR 06, Beispiel 17)

Es ist der Verkehrswert des mit einem unentgeltlichen Nießbrauch belasteten Mehrfamilienhausgrundstücks zu ermitteln.

IX Rechte und Belastungen — Rechte Dritter

Abb. 71: Verkehrswert des mit einem Nießbrauchrecht belasteten Mehrfamilienhausgrundstücks

© Simon 06/Fischer 09

Vorgaben:		
	Verkehrswert des unbelasteten Mehrfamilienhausgrundstückes	740 000 €
	Jährlich marktüblich erzielbare Nettokaltmiete	31 200 €
	Bewirtschaftungskosten p.a.	7 800 €
	Liegenschaftszinssatz (Mehrfamilienhaus)	5,0 %
Berechnung:	Verkehrswert des unbelasteten bebauten Grundstücks	740 000 €
	jährliche Vorteile	
	Übernahme der Bewirtschaftungskosten oder sonstiger Kosten und Lasten durch Berechtigten	– 7 800 €
	Übernahme von Kosten oder Lasten nach § 1047 BGB	0 €
	jährliche Nachteile	
	entgangene marktüblich erzielbare Nettokaltmiete p.a.	31 200 €
	Sonstige Kosten und Belastungen durch Eigentümer	
	(z. B. Betriebskostenanteil)	0 €
	Jährliche Wertminderung durch das Recht	= 23 400 €
	Leibrentenfaktor (70 Jahre, weiblich, 5,0 %) = 10,324	
	Entspricht dem Versicherungsbarwert $^{(12)}\ddot{a}_x$ einer lebenslang monatlich vorschüssig zahlbaren Rente nach den Kommutationszahlen zur Sterbetafel 2001/2003	
	Belastung durch das Recht 23 400 € × 10,324	– 241 582 €
	Verkehrswert des mit dem Nießbrauch belasteten Grundstücks rd.	**498 500 €**

4.2.4.3 Steuerliche Behandlung

Die **steuerliche Bewertung von Renten-, Nießbrauchs- und Nutzungsrechten nach den Vermögensteuer-Richtlinien**[188]:

Die Vermögensteuer wurde aus dem Jahressteuergesetz 1997 herausgenommen und nicht wieder erhoben und somit faktisch abgeschafft. Die **Vermögensteuer-Richtlinie 95 (Auszug) – BStBl. I 1995 Sondernr. 2–20**, die sich mit der Bewertung von **Renten-, Nießbrauchs- und Nutzungsrechten** befasst, ist in der 5. Aufl. unter Rn. 379 abgedruckt.

Nachfolgend die aktuellen Vorschriften:

Zur steuerlichen Bewertung von wiederkehrenden **Nutzungen und Leistungen** ist nach § 13 BewG der Kapitalwert und nach § 15 BewG der **Jahreswert** zu ermitteln. Für lebenslängliche Nutzungen und Leistungen enthält der § 14 BewG eine gesonderte Regelung.

(1) Um zum Kapitalwert für wiederkehrende Nutzungen und Leistungen zu gelangen, ist der Jahreswert mit dem Vielfachen gem. Anlage 9a BewG zu multiplizieren (§ 13 Abs. 1 BewG). Der in Anlage 9a aufgeführte Vervielfältiger (Kapitalwert) ist unter Berücksichtigung von Zwischenzinsen und Zinseszinsen mit 5,5 % errechnet worden. Er ist der Mittelwert zwischen dem Kapitalwert für jährlich vorschüssige und jährlich nachschüssige Zahlungsweise (§ 13 Abs. 1 BewG und Anl. 9a zum BauGB). Ist jedoch die Dauer des Rechts außerdem durch das Leben einer oder mehrerer Personen bedingt, darf der Kapitalwert nach § 14 BewG nicht überschritten werden (§ 13 Abs. 1 Satz 2 BewG).

(2) Immerwährende Nutzungen oder Leistungen sind mit dem 18,6fachen des Jahreswertes zu bewerten (§ 13 Abs. 2 BewG).

(3) Nutzungen oder Leistungen von unbestimmter Dauer sind mit dem 9,3fachen des Jahreswertes zu ermitteln (§ 13 Abs. 2 BewG – vorbehaltlich § 14 BewG).

(4) Ist jedoch der gemeine Wert der gesamten Nutzungen oder Leistungen geringer oder höher, so ist der nachgewiesene gemeine Wert zugrunde zu legen (§ 13 Abs. 3 BewG).

(5) Für die Jahreswertermittlung gilt:

Bei Nutzung einer Geldsumme ist der einjährige Betrag, wenn kein anderer Wert feststeht, mit 5,5 % anzunehmen (§ 15 Abs. 1 BewG). Bestehen die Nutzungen oder Leistungen nicht in Geld (Wohnung, Kost, Waren und sonstige Sachbezüge) sind übliche Mittelpreise des Verbraucherorts anzusetzen (§ 15 Abs. 2). Ist der Betrag jedoch ungewiss, ist ein Durchschnitt der Jahre zugrunde zu legen, der voraussichtlich erreicht wird (§ 15 Abs. 3).

(6) Der Kapitalwert von lebenslänglichen Nutzungen und Leistungen ist mit einem Vielfachen des Jahreswertes anzusetzen. Die Vervielfältiger sind nach der Sterbetafel des Statistischen Bundesamtes zu ermitteln. Das Bundesministerium der Finanzen stellt die Vervielfältiger für den Kapitalwert einer lebenslänglichen Nutzung oder Leistung im Jahresbetrag von einem Euro nach Lebensalter und Geschlecht der Berechtigten in einer Tabelle zusammen mit dem Datum der Veröffentlichung der Sterbetafel im Bundessteuerblatt zur Verfügung. Im Übrigen sind die Absätze 2 bis 4 des § 14 BewG zu berücksichtigen.

(7) Der Kapitalwert der Nutzung eines Wirtschaftsgutes ist mit einem „limitierten" Jahreswert zu ermitteln. D.h., der Jahreswert dieser Nutzungen darf höchstens den Wert betragen, der sich ergibt, wenn der für das genutzte Wirtschaftsgut nach den Vorschriften des Bewertungsgesetzes anzusetzende Wert durch 18,6 geteilt wird (§ 16 BewG). Die Besteuerung von Renten, Nutzungen und Leistungen im Rahmen des Erbschaftsteuergesetzes regelt der § 23 ErbStG. Demnach besteht ein „Wahlrecht", d.h., die Steuern können vom Kapitalwert oder jährlich im Voraus von dem Jahreswert entrichtet werden (§ 23 Abs. 1 ErbStG).

In diesem Fall wird ein Steuersatz erhoben, der sich nach § 19 (Steuersätze) für den gesamten Erwerb einschließlich des Kapitalwerts der Renten oder anderen wiederkehrenden Nutzungen oder Leistungen ergibt (§ 23 Abs. 1 Satz 2 ErbStG). Der Erwerber hat das Recht, die Jahressteuer zum jeweils nächsten Fälligkeitstermin mit ihrem Kapitalwert abzulösen (§ 23 Abs. 2 Satz 2 ErbStG). Für die Kapitalwertermittlung gelten die §§ 13 und 14 BewG.

Eine gestundete Steuer kann bei Erbfällen, die vor dem 1. Januar 2009 eingetreten sind, (nach Schenkungen) nach § 25 Abs. 1 und 2 ErbStG mit ihrem Barwert abgelöst werden.

---

[188] BFH, Urt. vom 21.11.1969 – III R 14,15/66 –, EzGuG 14.38d.

IX Rechte und Belastungen Rechte Dritter

Veräußert der Erwerber das belastete Vermögen vor dem Erlöschen der Belastung ganz oder teilweise, endet insoweit die Stundung mit dem Zeitpunkt der Veräußerung (§ 25 Abs. 2 ErBStG) – gültig für Erbfälle vor dem 1.1.2009.

380 Zur **steuerlichen Behandlung des Nießbrauchs** und anderer Nutzungsrechte bei Einkünften aus Vermietung und Verpachtung vgl. im Übrigen das Schreiben des BMF vom 24.7.1998 – IV B 3 S 2253 – 59 – BStBl. 1998, 914[189].

4.2.5 Miet- und Pachtrecht

381 Auch das Mietrecht wird als ein zumindest „stark" den beschränkten dinglichen Nutzungsrechten angenähertes Recht angesehen[190]. Miet- und Pachtrechte beeinflussen den Verkehrswert eines Grundstücks so lange nicht, wie marktübliche Mieten und Pachten erzielt werden. Nur wenn **Mieten und Pachten aufgrund rechtlicher Bindungen nachhaltig von den marktüblich erzielbaren Mieten und Pachten abweichen,** können sie sich wertmindernd bzw. werterhöhend auswirken. Bei Anwendung des Ertragswertverfahrens sind wohnungs- und mietrechtliche Bindungen nach § 6 Abs. 2 bzw. § 8 Abs. 3 ImmoWertV zu erfassen, soweit sie nicht bereits nach § 17 Abs. 1 Satz 2 i.V.m. Abs. 3 ImmoWertV erfasst wurden.

382 Im Einzelfall ist zu prüfen, ob sich ein Miet- und Pachtverhältnis durch Gewährung einer **Abstandszahlung** auflösen lässt. Die Höhe der Abstandszahlung ergibt dann zugleich die aus dem Miet- und Pachtverhältnis resultierende Wertminderung.

4.2.6 Wegerecht

4.2.6.1 Allgemeines

Schrifttum: *Simon, J.,* Wertermittlung eines Wegerechts, GuG 2004, 228.

▶ *Zum Notwegerecht vgl. Rn. 309 ff.*

383 Wegerechte können entweder als öffentlich-rechtliche Beschränkungen (tatsächlich öffentliche Wege[191], rechtlich öffentliche Wege[192]) oder als privatrechtliche Beschränkungen auftreten (vgl. Abb. 72):

---

[189] NZM 1998, 751; hierzu Eisult in NZM 1998, 802.
[190] Baur, a.a.O. S. 296; zur **Wertermittlung von Mietrechten:** BVerfG, Beschl. vom 12.6.1979 – 1 BvL 19/76 –, EzGuG 14.62; BGH, Urt. vom 15.11.1971 – III ZR 162/69 –, EzGuG 14.44; OLG Bremen, Urt. vom 11.1.1970 – U B 13/68 –, EzGuG 18.47; LG Berlin, Urt. vom 9.2.1970 – O.5/67 –, EzGuG 14.39; zur Entschädigung bei Aufhebung von Miet- und Pachtrechten: BGH, Urt. vom 11.5.1967 – III ZR 21/66 –, EzGuG 14.29; BGH, Urt. vom 19.9.1966 – III ZR 216/63 –, EzGuG 6.92; abweichend BGH, Urt. vom 20.1.1958 – III ZR 40/57 –, EzGuG 14.5; BGH, Urt. vom 7.1.1982 – III ZR 114/88 –, EzGuG 6.213a; BGH, Urt. vom 7.1.1982 – III ZR 141/80 –, EzGuG 14.68; BGH, Urt. vom 27.1.1969 – III ZR 73/68 –, EzGuG 14.36; BGH, Urt. vom 1.7.1968 – III ZR 214/55 –, EzGuG 14.34; BGH, Urt. vom 21.12.1965 – V ZR 45/63 –, EzGuG 14.24; KG, Urt. vom 16.7.1985 – U 6417/83 –, EzGuG 14,78; **zur Wertermittlung von Pachtrechten:** BGH, Urt. vom 7.1.1982 – III ZR 141/80 –, EzGuG 14.68; BGH, Urt. vom 28.9.1972 – III ZR 44/70 –, EzGuG 14.47; OLG Stuttgart, Beschl. vom 10.10.1977 – 10 Wlw 18/77 –, EzGuG 14.48; OLG Bremen, Urt. vom 14.1.1970 – U B 13/68 –, EzGuG 18.47; OVG Münster, Urt. vom 18.1.1967 – 3 A 101/66 –, AVN 1968, 237 = DVBl. 1967, 583; LG Berlin, Urt. vom 9.2.1970 – O 5/67 –, AVN 1970, 441.
[191] „Tatsächlich öffentliche Wege" sind Grundflächen im Privateigentum, die durch ausdrückliche Erklärung oder schlüssiges Verhalten für den öffentlichen Verkehr freigegeben sind.
[192] „Rechtlich öffentliche Wege" stehen im Eigentum einer Gebietskörperschaft, die die privatrechtliche Verfügungsmacht hat. Die Wege stehen durch Widmung dem öffentlichen Verkehr offen.

Abb. 72: Wege-, Fahr- und Straßenrechte

Das bei Wertermittlungsfragen überwiegend zu beurteilende Wegerecht gehört zur Untergruppe der Grunddienstbarkeiten und ist ein Benutzungsrecht. Der **Unterschied zum Notwegerecht** liegt darin, dass das Notwegerecht nur bis zur Erstellung der notwendigen Verbindung mit einem öffentlichen Weg gesetzlich zu gewähren ist (vgl. Rn. 309 ff.).

Abb. 73: Ausgestaltungsformen von Wege-, Fahr- und Gehrechten

Inhalt solcher (Grund-)Dienstbarkeiten können insbesondere **Geh-, Fahr- und Triebgerechtigkeiten** sein. Soweit es sich bei dem Wegerecht nicht um eine nicht im Grundbuch eingetragene *altrechtliche Dienstbarkeit* handelt, ergeben sich Inhalt und Umfang des Wegerechts aus den Bestimmungen bei der Bestellung der Dienstbarkeit bzw. aus dem Grundbucheintrag[193].

---
[193] KG, Urt. vom 25.6.1984 – 12 U 4853/83 –, EzGuG 14.76.

IX Rechte und Belastungen Rechte Dritter

Beispiel:

Ein altrechtliches Fahrrecht wurde 1862 in einem Kaufvertrag begründet, wobei dem Berechtigten das Recht eingeräumt wurde, den Hofraum des Nachbargrundstücks der Länge nach zu befahren. Das Fahrrecht wurde danach auch in Anspruch genommen. Dieses vor Inkrafttreten des BGB bestehende Recht bleibt in Inhalt und Rang bestehen, auch wenn es nicht in das Grundbuch eingetragen wurde.

Ist ein Wegerecht nicht bindend begründet worden, liegt lediglich ein „Leihverhältnis" vor, welches jederzeit gekündigt werden kann.

386 Die Befugnis zur Benutzung öffentlicher Straßen und Wege ergibt sich direkt aus dem öffentlichen Recht. **Eine öffentliche Straße entsteht durch Widmung** durch die zuständige staatliche bzw. kommunale Stelle. Die jedermann im Rahmen der Widmung und der Straßenverkehrsvorschriften innerhalb der verkehrsüblichen Grenzen zustehende Benutzung öffentlicher Straßen wird als Sondernutzung bezeichnet. Diese Nutzungsmöglichkeit begründet kein Recht auf den Fortbestand einer öffentlichen Straße[194].

387 Das Wegerecht ist als beschränktes dingliches Recht Bestandteil des herrschenden Grundstücks (§ 96 BGB) und schränkt die Befugnisse des Eigentümers des dienenden Grundstücks insoweit ein, als er etwas zu dulden hat. Ein aktives Tun wird von ihm nicht verlangt (Abb. 74):

Abb. 74: Herrschendes und dienendes Grundstück

388 Die dingliche Belastung geht aus Abt. II des Grundbuchs hervor. Dabei wird die Grunddienstbarkeit im Allgemeinen zu Lasten des gesamten dienenden Grundstücks eingetragen. Da aus der Eintragung nicht ohne weiteres der Umfang der Belastung durch das Wegerecht hervorgeht, sollte in jedem Fall in die den Grundakten beiliegende Eintragungsbewilligung eingesehen werden, **in der die Lage der Wegerechtsfläche auf dem belasteten Grundstück meistens eindeutig bestimmt ist.**

Der Berechtigte ist – soweit nichts anderes bestimmt wurde – zur Unterhaltung und Instandsetzung einer in Ausübung der Dienstbarkeit dienenden Anlage auch dann verpflichtet, wenn der Eigentümer die Anlage mitnutzen darf (§ 1020 Satz 2 BGB)[195].

---

194 BGH, Urt. vom 8.2.1971- III ZR 33/68 –, EzGuG 18,54 = NJW 1971, 605.
195 BGH, Urt. vom 12.11.2004 – V ZR 42/02 – GE 2005, 121 = EzGuG 14.142.

389 Probleme können sich ergeben, wenn ein altes Wegerecht besteht, dessen Benutzung vom Grundstückseigentümer des belasteten Grundstücks plötzlich bestritten wird. In diesem Fall könnte eine Duldungspflicht unter dem Gesichtspunkt der „**unvordenklichen Verjährung**" oder aus dem Tatbestand der Ersitzung abgeleitet werden. Die unvordenkliche Verjährung kann jedoch nur auf die Einräumung eines Wegerechts vor Einführung des BGB angewendet werden, und auch nur dann, wenn in dem Gebiet das Allgemeine Preußische Landrecht nicht galt, welches das Rechtsinstitut der unvordenklichen Verjährung nicht kannte. In den Gebieten, in denen das Allgemeine Preußische Landrecht galt, war der Tatbestand der Ersitzung nach 30 Jahren erfüllt, wenn also der Wegenutzer den Weg länger als 30 Jahre in Anspruch genommen und die Nutzung ununterbrochen ausgeführt hatte. Voraussetzung ist allerdings, dass der Benutzer ausdrücklich ein Wegerecht geltend gemacht hatte und kein Widerspruch seitens des Eigentümers des Wegs erhoben worden ist. Die Annahme eines Gewohnheitsrechts, aus dem die Duldungspflicht abgeleitet werden könnte, scheidet aus, da das Gewohnheitsrecht nicht auf die Rechtsbeziehung zwischen zwei Personen abstellt.

390 Der Wertausgleich für das Wegerecht ist in Form einer Rente üblich. Die **Höhe der Rente** richtet sich im Allgemeinen nach der für die entzogene Fläche **ortsüblichen Bodenwertverzinsung**. Eine Anpassung der Rente an die sich ändernden wirtschaftlichen Verhältnisse ist möglich. Die Bodenwertsteigerungen dürfen jedoch nicht in die Gleitklausel mit einbezogen werden. Damit besteht auch beim Wegerecht (nur bei steigenden Bodenwerten) nach wenigen Jahren eine Diskrepanz zwischen einer angemessenen Bodenwertverzinsung und dem tatsächlich gezahlten Bodenzins[196].

391 Der **Wertvorteil für das herrschende Grundstück** besteht im Allgemeinen in der Erhöhung der baulichen Ausnutzung und damit in der Steigerung der Ertragslage. Dieser Vorteil entspricht i.d.R. nicht dem Nachteil, den das dienende Grundstück erleidet (z. B. durch Mitbenutzung der ohnehin erforderlichen eigenen Hofzufahrt durch den Berechtigten); vgl. Abb. 75:

Abb. 75: Wegerecht (Schematische Darstellung)

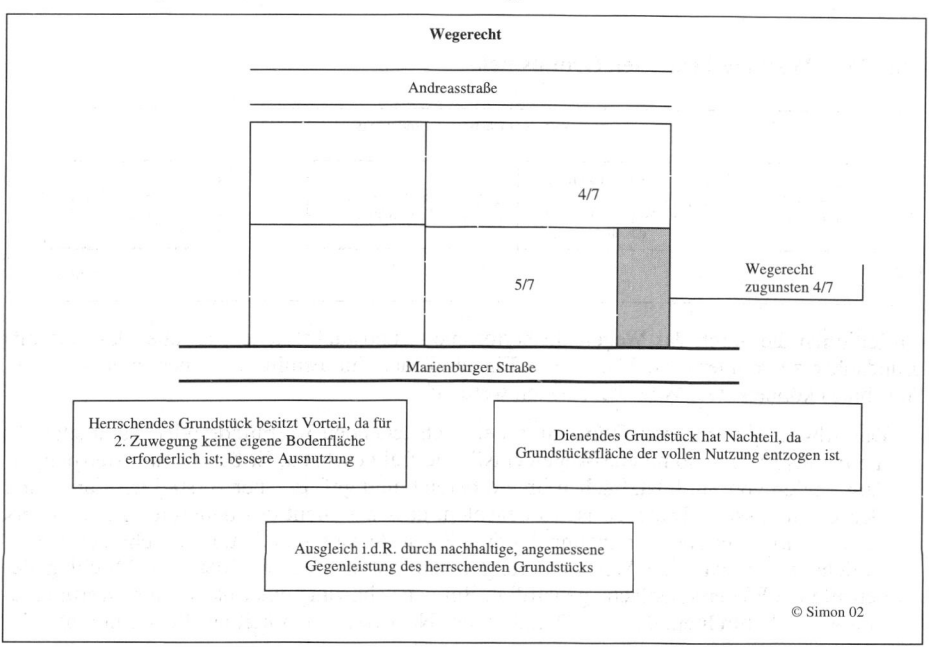

---

196 BGH, Urt. vom 5.10.1965 – V ZR 73/63 –, EzGuG 14.23; PrOVG, Urt. vom 10.6.1932 – VII C 183/37 –, EzGuG 14.2.

4.2.6.2 Wertermittlungsgrundsätze

a) Wertermittlung für das herrschende (begünstigte) Grundstück

392 Der Wert des Rechts für das begünstigte Grundstück ergibt sich aus der Differenz zwischen dem Verkehrswert des begünstigten Grundstücks ohne Berücksichtigung des Wegerechts und dem Verkehrswert mit Berücksichtigung des Wegerechts. Der Wertvorteil ergibt sich durch Erhöhung der baulichen und sonstigen Nutzbarkeit und ist normalerweise nicht identisch mit dem Wertnachteil des belasteten Grundstücks. Der Wert des begünstigten Grundstücks wird aus dem Verkehrswert des Grundstücks unter Berücksichtigung des Wegerechts ermittelt. Als Parameter für die Wertsteigerung des begünstigten Grundstücks wird die durch das Recht verbesserte Ertragssituation (vgl. nachfolgendes *Beispiel* Abb. 76) herangezogen. Die zu zahlende Wegerechtsrente und gegebenenfalls weitere in diesem Zusammenhang entstehende Zahlungen werden wertmindernd berücksichtigt.

Abb. 76: Wert des begünstigten Grundstücks

© Simon 06

b) Wertermittlung für das dienende (belastete) Grundstück

393 Die Wertminderung des belasteten Grundstücks ergibt sich durch die Einschränkungen oder den Geldwert der Einschränkungen, die das belastete Grundstück durch das Recht erfährt (Abb. 77).

Abb. 77: Wert des belasteten Grundstücks

© Simon 06

Ob lediglich die durch das Wegerecht betroffene Grundstücksfläche oder aber das Gesamtgrundstück zu mindern ist, hängt vom Einzelfall ab. Zur Ermittlung eines angemessenen Abschlags können zwei Wege beschritten werden:

- Der Abschlag wird unter Würdigung der nachstehenden wertmindernden Parameter für die in Anspruch genommene Wegerechtsfläche frei geschätzt. Er beruht zum Beispiel auf dem Fehlen von Stellplatzflächen im Hofbereich und ggf. in einer verstärkten Lärm- und Geruchsimmission. Daneben ist zu beachten, dass aus Sicht des belasteten Eigentümers das Grundbuch mit der Eintragung der dinglichen Belastung in Abt. II „beschmutzt" wird. Üblicherweise wird die Wertminderung insgesamt mit einem 50%igen Abschlag der betroffenen Wegerechtsfläche gewürdigt. Bei der Schätzung einer pauschalen Wertminderung ist zu befürchten, dass ein Defizit in der Nachvollziehbarkeit der Bewertung besteht.

Es ist deshalb sinnvoller, die Wertminderungskriterien darzustellen und in einzelnen Schritten einzustufen (z. B. vereinfachtes Zielbaumverfahren[197]), um dann zu einer Gesamtentschädigung zu gelangen.

- Die Wertminderung für die durch das Recht beanspruchte Wegerechtsfläche wird nach Erfahrungssätzen festgelegt[198]. Auch hier ist auf die Nachvollziehbarkeit der Bewertung zu achten.

Abb. 78: Parameter für die Wertminderung des belasteten Grundstücks

© Simon/Fischer 09

Normalerweise sind die Beeinträchtigungen i.d.R. auf die Wegerechtsfläche beschränkt. Wird das Gesamtgrundstück durch das Wegerecht beeinträchtigt, so ist die Wertminderung des Gesamtgrundstücks durch einen angemessenen Abschlag insgesamt zu mindern. Die Wertminderung für die durch das Recht beanspruchte Fläche kann nach Erfahrungssätzen festgelegt werden. Danach ist der Gesamtbodenwert des Grundstücks wie folgt zu mindern:

Geringe Beanspruchung der Wegerechtsfläche	5 %
Mittlere Beanspruchung der Wegerechtsfläche	10 bis 15 %
Dauernde notwendige starke Beanspruchung	25 bis 30 %

Nicht empfehlenswert ist das zuweilen angewendete Verfahren, bei dem vom hälftigen Wert der Wegerechtsfläche ein Abschlag entsprechend der Intensität der Nutzung des Wegs konstruiert wird und gleichzeitig der Bodenwert des Gesamtgrundstücks (ohne Wegerechtsfläche) gemindert wird. Hier besteht die Gefahr der Doppelberücksichtigung.

Die Belastung des Grundstücks A geht über die reine Minderung der Wegerechtsfläche hinaus. In derartigen Fällen empfiehlt es sich, den Gesamtbodenwert durch einen einzigen Abschlag zu mindern, dessen Höhe vom Grad der Beeinträchtigung des dienenden Grundstücks abhängig ist. Bei den sich aus dem Lageplan ergebenden Verhältnissen (Abb. 79) wäre ein Abschlag von 25 bis 30 % des vollen Bodenwerts durchaus angemessen. Wird die bauliche Ausnutzung (GFZ) darüber hinaus eingeschränkt, wäre ein entsprechend höherer Abschlag vorzunehmen.

---

197 Zielbaumverfahren nach Aurnhammer.
198 Stannigel/Kremer/Weyers, a.a.O., S. 202; Vogels, a.a.O., 325.

IX Rechte und Belastungen — Rechte Dritter

Abb. 79: Lageplan

395 Das Wegerecht ist üblicherweise als Dauerrecht ohne zeitliche Begrenzung ausgelegt. Ist der Barwert des Rechts bzw. der Belastung zu ermitteln, wäre der geldwerte jährliche Vorteil für das herrschende Grundstück sowie der geldwerte Nachteil für das dienende Grundstück mit dem ewigen Rentenvervielfältiger (100/Zinssatz) zu kapitalisieren.

396 Wertermittlung eines Wegerechts (*Beispiel* **Abb. 80**):

Wertermittlung Grundstück B
1. Bodenwert
   (40 m × 30 m) × 150 €/m² = 180 000 €
2. Vorteil durch Wegerecht (Erhöhung der WF, da eigene Durchfahrt entfällt):
   ca. 40 m² WF × 6 €/m² × 12 Monate = 2 880 €
   abzüglich 30 v.H. Bewirtschaftungskosten − 864 €
   abzüglich jährliche Instandhaltungskosten für Weg − 100 €
   abzüglich jährliches Nutzungsentgelt − 300 €
   Verbleibender Vorteil = 1 616 €
   Verzinsung mit 6 v.H.
   1 616 € × (100/6) = 26 933 € + 26 933 €
   Bodenwert Grundstück B rd. = **207 000 €**

Abb. 80: Lageplan

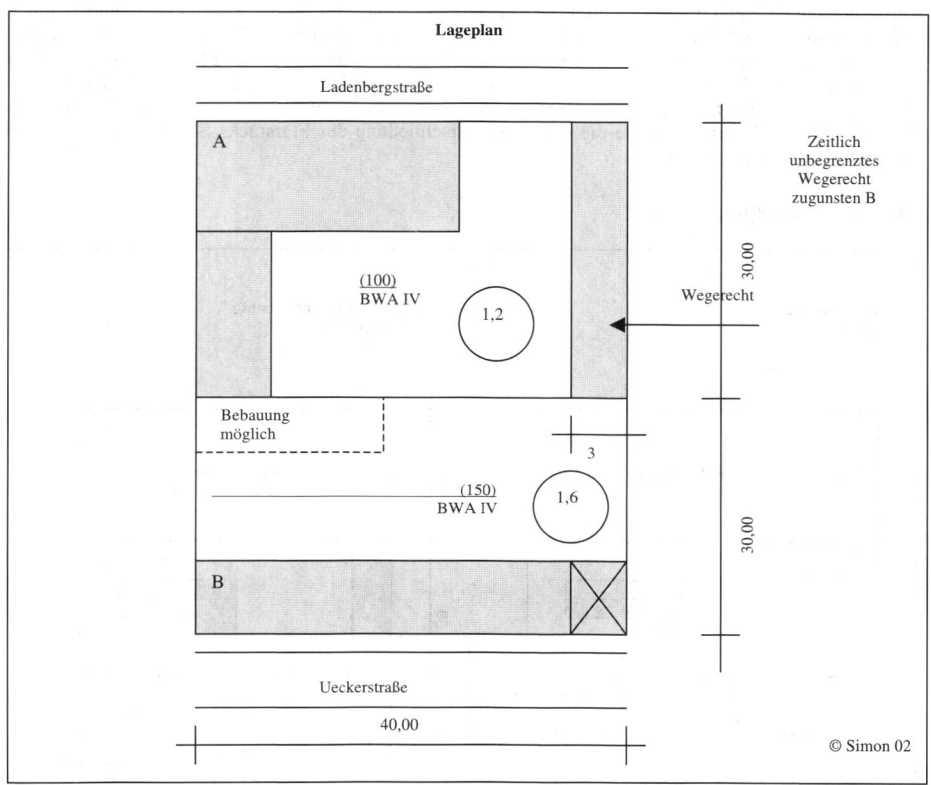

Wertermittlung für Grundstück A

1. Bodenwert der unbelasteten Grundstücksfläche (ohne Wegefläche)
   (30 m × 37 m) × 100 €/m²   = 111 000 €
2. Zuzüglich halber Bodenwert der mit dem Wegerecht belasteten Fläche
   [(30 m × 3 m) × 100 €/m²]/2   +   4 500 €
   abzüglich Minderung durch Fremdmitbenutzung 50 v.H.   −   2 250 €
   zuzüglich Barwert des Nutzungsentgelts
   300 € × (100/6)   +   5 000 €
   Verbleiben   =   7 250 €   +   7 250 €
   Bodenwert Grundstück A   = **118 250 €**

Bei diesem Beispiel ist die Wertermittlung für das Grundstück B nicht zu beanstanden. Doch beim Grundstück A wird der Bodenwert der beanspruchten Wegefläche von vornherein um 50 v.H. gekürzt. Das ist unlogisch. Logischer wäre es, den vollen Bodenwert anzusetzen und daraus den 50%igen Anteil der Mitbenutzung zu berücksichtigen. Es ergäbe sich dann ein Bodenwert des Grundstückes A in Höhe von 120 500 €. Die weitere Minderung durch die Mitbenutzung des Nachbarn B ist hingegen einleuchtend. Ebenso muss dem dienenden Grundstück als Werterhöhung der Barwert des jährlich gezahlten Nutzungsentgelts zugerechnet werden. Der geringere Bodenwert gegenüber dem Grundstück B ist in der geringeren GFZ (1,2) begründet.

IX Rechte und Belastungen — Rechte Dritter

397 *Beispiel:*

Ein Grundstückseigentümer teilt sein 1 800 m² großes Grundstück in die Flurstücke A und B mit je 900 m² Grundstücksfläche auf (vgl. Abb. 81). Damit das neu entstehende Flurstück B (bisher Rohbauland) bebaut werden kann, wird zugunsten B ein dingliches Wegerecht an Flurstück A eingeräumt (Wegerechtsfläche 3 m × 30 m = 90 m²). Es ist der Verkehrswert beider Grundstücke sowie der Wert des Wegerechts für den Fall zu ermitteln, dass eine einmalige Entschädigung vereinbart wird. Die Unterhaltungslast für das Wegerecht sowie die erschwerte Erschließung des Flurstücks B wird mit 10 v.H. des Bodenwerts von B berücksichtigt.

Abb. 81: Lageplan

Wertermittlung eines Wegerechts:

Wertermittlung Grundstück B (herrschendes Grundstück)

Grundstücksgröße 900 m²		
Bodenrichtwert (ebf.) 130 €/m²		
Bodenwert unbelastet 130 €/m² × 900 m²	=	117 000 €
Zuschlag wegen ruhigerer Lage (Abschirmung durch B) + 5 %	+	5 800 €
Abschlag wegen erschwerter Erschließung sowie Unterhaltungslast der Wegerechtsfläche, Minderung − 10 %	−	11 700 €
Bodenwert Grundstück B	=	**111 150 €**

Wertermittlung Grundstück A (dienendes Grundstück)

Bodenwert unbelastete Fläche 130 €/m² × 810 m²		105 300 €
Bodenwert der mit dem Wegerecht belasteten Fläche		
Minderung:		
− Fläche für den Eigentümer des Grundstücks nicht nutzbar − 40 %		
− Immissionsbelastung durch Fahrverkehr − 10 %		
90 m² × 130 €/m² = 11 700 €, davon × 50 % Ansatz =	+	5 850 €
Bodenwert Grundstück A		**111 150 €**

Rechte Dritter — Rechte und Belastungen IX

Wurde zwischen den Eigentümern A und B eine Wegerechtsrente vereinbart, wäre deren Barwert bei B vom Bodenwert abzuziehen und bei A hinzuzurechnen. Wird bei Teilung des Ursprungsgrundstücks A in die Baugrundstücke A und B für den Eigentümer A eine einmalige Entschädigung für die Einräumung des Wegerechts zugunsten B vereinbart, kann folgende Berechnung einen Anhalt bieten:

Baugrundstück B war ursprünglich Hinterland des Grundstücks A und besaß Rohbaulandqualität.

Bodenwert Grundstück B

60 % von 110 €/m² (Baulandpreis 130 €/m² – 20 €/m² ebp.) × 900 m²	=	+ 59 400 €
Nach Aufteilung in A und B und der damit verbundenen Einräumung des Wegerechts zugunsten B wird Grundstück B baureifes Land: 110 €/m² × 900 m²	=	– 99 000 €
Differenz		**rd. 39 600 €**

Dieser Betrag bildet die Höchstgrenze der einmaligen Entschädigung für das Wegerecht. Allerdings ist im Normalfall ein Interessenausgleich zu berücksichtigen. Der ursprüngliche Eigentümer A erfährt durch die Teilung und Einräumung des Wegerechts einen erheblichen Qualitätsvorteil, nämlich von Rohbauland zu baureifem Land, was auch mit einer Werterhöhung einhergeht. Der Interessenausgleich beider Grundeigentümer kann mit 50 % angenommen werden. Unter diesen Voraussetzungen beträgt die einmalige Entschädigung für die Gewährung des Wegerechts zugunsten des Eigentümers A 19 800 €[199].

Beispiel: 398

A ist Eigentümer eines innerstädtischen Grundstücks, welches in geschlossener Bauweise viergeschossig bebaut ist. Zur sinnvollen Nutzung des rückwärtigen Grundstücksteils mit vier Garagen müsste er eine Durchfahrt schaffen oder ein Wege- und Fahrrecht mit dem Eigentümer B des seinem Grundstück gegenüberliegenden Grundstücks vereinbaren. B hat bereits Zustimmung signalisiert und fordert als Wegerechtsrente eine 5%ige Verzinsung des hälftigen Bodenwerts der Wegerechtsfläche p.a. sowie einen Unterhaltungsbeitrag für die Wegefläche von jährlich 300 €.

A beauftragt einen Sachverständigen, zu untersuchen, welche Lösung für ihn wirtschaftlich am günstigsten ist. Die Baukosten je m² BGF betragen rd. 280 €. Die Garagenmiete wird mit 50 €/Monat angenommen. Die Nettokaltmieten im Mehrfamilienhaus des A liegen bei 8 €/m² WF im Monat.

---

[199] Es ist zu beachten, dass dieser Betrag lediglich die Entschädigung für die Gewährung des Wegerechts darstellt. Der Eigentümer A hat zudem den Vorteil, dass er das Teilgrundstück zum „vollen Baulandpreis" veräußern kann.

IX Rechte und Belastungen — Rechte Dritter

Abb. 82: Lageplan

1. Ermittlung der Belastung durch die Wegerechtsrente

Wegerechtsfläche: 30 m × 3 m = 90 m²

Bodenwert der Wegerechtsfläche: 90 m² × 150 €/m² = 13 500 €

hälftiger Bodenwert: 50 % von 13 500 € = 6 750 €

Die Wegerechtsrente beträgt p.a. 5 % × 6 750 € =	337,50 €
Die Unterhaltungsverpflichtung p.a. für die Wegerechtsfläche beträgt	+ 300,00 €
Die Gesamtbelastung aus dem Wegerecht beträgt p.a.	637,50 €

Der Barwert der Belastung aus dem Wegerecht bei einem Liegenschaftszinssatz von 5 %

637,50 € × 20 (Ewigkeitsfaktor 100/5) =   **12 750 €**

2. Ermittlung des Gewinns aus der Garagenvermietung

Die Gebäudenormalherstellungskosten der Garagen betragen 72 m² BGF × 280 €/m²	20 160 €
Baunebenkosten 12 % rd.	+ 2 419 €
Gesamt	22 579 €

Der Reinertrag aus der Garagenvermietung beträgt

4 Garagen × 50 €/Garage × 12 Monate	2 400 €
Bewirtschaftungskosten 15 %	− 360 €
Jahresreinertrag	2 040 €

Verzinsung der aufgewendeten Baukosten

Zins 5 % von 22 579 €	− 1 129 €
Gewinn p.a.	911 €

Rechte Dritter

Barwert des Gewinns durch Vermietung der Garagen
bei 5 % Liegenschaftszins und ewiger Rente 911 € × 20 =   **18 220 €**

3. Ermittlung des Verlustes durch Herstellung der Durchfahrt auf dem eigenen Grundstück

36 m² BGF × 0,8 = 28,8 m²; 28,8 m² WF × 8 €/m² × 12 Monate	2 765 €
Bewirtschaftungskosten 20 %	– 553 €
Jahresreinertrag	2 212 €
Zuzüglich Verzinsung aus Umbaukosten (hier angenommen mit 10 000 €) 5 % von 10 000 €	+ 500 €
Verlust jährlich aus Umbau	2 712 €
Barwert des Verlustes durch Bau der Durchfahrt 2 712 € × 20 =	**54 240 €**

Dem Gewinn aus der Vermietung der Garagen mit 18 220 € steht ein Verlust von 54 240 € durch die baulichen Aufwendungen und den Wegfall der Wohnfläche gegenüber. Daraus folgt, dass die Erstellung der Durchfahrt zur Nutzung des rückwärtigen Grundstücksteils mit Garagen wirtschaftlich nicht sinnvoll ist. Wirtschaftlich sinnvoll ist der Bau der Garagen nur, wenn mit dem Nachbar B ein dingliches Wege- oder Fahrrecht vereinbart werden kann und der Barwert der Wegerechtsrente unter dem Barwert des Gewinns aus der Garagenvermietung liegt. Das ist durch die hier vorliegenden Konditionen für die Wegerechtsrente der Fall. Der Vorteil für Eigentümer A liegt unter Einbeziehung der Rentenzahlungen bei 18 220 € – 12 750 € = 5 470 €.

Die Beispiele zeigen, wie man bei der Bewertung eines Wegerechtes an die Lösung des Problems herangehen kann, wobei die individuellen Gegebenheiten des Einzelfalls zu berücksichtigen sind. Eine generell anwendbare Berechnungsformel kann es bei den unterschiedlichen Fallgestaltungen nicht geben. **399**

Beispiel: **400**

Wegerecht Anl. 18 WertR 06, Wertminderung Gesamtgrundstück

Über das an einer öffentlichen Straße gelegene Grundstück A wurde ein Wegerecht zugunsten des dahinter liegenden Grundstücks B bestellt. Das Grundstück B wurde damit verkehrlich erschlossen. Beide Grundstücke wurden nach Bestellung des Wegerechts bebaut und haben jeweils eine Fläche von 650 m². Der unbelastete Bodenwert beträgt 150 €/m². Es wurde eine jährliche Wegerechtsrente in Höhe von 300 € vereinbart. Die Kosten der Instandhaltung für den Weg betragen jährlich 100 € und sind vom Eigentümer des begünstigten Grundstücks B zu tragen. Der Weg ist 3 m breit und 20 m lang und verläuft am Rand des Grundstücks A. Die bauliche Nutzbarkeit wird nicht beeinträchtigt. Durch die Nutzung des Weges entstehen jedoch Immissionen, die bei Grundstück A zu einer Nutzungsbeeinträchtigung führen. Aufgrund der Nutzungsintensität und der Lage des Weges wird die Wertminderung mit 15 % des unbelasteten Bodenwerts angesetzt. Eine Minderung des Gebäudewerts ist nicht gegeben. Es wird von einem Liegenschaftszinssatz von 3 % ausgegangen, der ewige Rentenbarwertfaktor beträgt 33,33.

IX Rechte und Belastungen   Rechte Dritter

Abb. 83: Lageplan

Bodenwert des begünstigten Grundstücks
Bodenwert des Grundstücks unter Berücksichtigung der geänderten Lagequalität
650 m² × 150 €/m² =   97 500 €
Ewige Rente bei Zinssatz von 3 % = 100/3 = 33,33
abzüglich Barwert der Wegerechtsrente (300 € × 33,33)   − 9 999 €
abzüglich Barwert der Kosten für die Instandhaltung des Weges
100 € × 33,33   − 3 333 €
                                                                                    84 168 €
Bodenwert des begünstigten Grundstücks rd.   **84 000 €**

Bodenwert des belasteten Grundstücks
Bodenwert des unbelasteten Grundstücks 650 m² × 150 €/m² =   97 500 €
abzüglich Beeinträchtigung des Grundstücks durch das Wegerecht
15 % von 97 500 €   − 14 625 €
zuzüglich Barwert der Wegerechtsrente 300 € × 33,33   + 9 999 €
                                                                                    92 874 €
Bodenwert des belasteten Grundstücks rd.   **93 000 €**

Anmerkung: Im vorliegenden Beispiel wurde nicht die Wegerechtsfläche des belasteten Grundstücks, sondern die gesamte Grundstücksfläche durch einen pauschalen Abschlag von 15 % des unbelasteten Bodenwerts wegen erhöhter Immissionsbelastung im Wert gemindert. Nach anderer Auffassung wäre bei nicht wesentlicher Immissionsbelastung (z. B. bei einem Einfamilienhaus) lediglich der Wert der dem belasteten Grundstück durch Gewährung des Wegerechts teilweise entzogenen Wegerechtsfläche zu mindern. Dabei wäre die Wertminderung üblicherweise mit rd. 50 % des Werts der betroffenen (unbelasteten) Fläche (60 m² × 150 €/m² × 1/2 = 4 500 €) anzunehmen. Der Wert des Grundstücks A wäre wegen der hohen Wegerechtsrente damit höher als der Wert des (fiktiv) unbelasteten Grundstücks
(97 500 € − 4 500 € + 9 999 € = 102 999 > 97 500 €).

4.2.7 Leitungsrecht

4.2.7.1 Allgemeines

Schrifttum: *Biederbeck, M.*, Bewertungsaufgaben und Bewertungsbeispiele von ober- und unterirdischen Leitungen, HLBS-Informationsdienste, St. Augustin, 2008; *Börner* in BayVBl. 1976, 36; *Clemens, H.*, Verkehrswertermittlung von Leitungsrechten, GuG 1993, 221; *Fischer, R./Stock, K-D.*, Modelle zur Berechnung der Entschädigung für beschränkt persönliche Dienstbarkeiten, AgrarR, 1981, 187; *Fischer, R./Lorenz, H.-J./Biederbeck, M./Astl, B.*, Verkehrswertermittlung bebauter und unbebauter Grundstücke, Bundesanzeiger 2005, 408; *Fischerhof*, Energiewirtschaftliche Tagesfragen (ET) 1964, 201 sowie 1965, 483 = Rechtsfragen der Energiewirtschaft Bd. II, 155, 165; *Münch, J.*, Die Eigentumsverhältnisse an Telekommunikationsleitungsnetzen, VIZ 2004, 207; *Noack, J./Zimmermann, A.*, Wertermittlung von Leitungsrechten auf der Grundlage des Grundbuchbereinigungsgesetzes und der Sachenrechts-Durchführungsverordnung, GuG 2005, 129; *Schmidt-Räntsch, J.*, Die BGH-Rechtsprechung zu Leitungsrechten und -kosten, VIZ 2004, 473; *Köhne, M.*, Landwirtschaftliche Taxationslehre, Ulmer, 2007, 169.

▶ *Zum Leitungsrecht bei erbbaurechtsbelasteten Grundstücken vgl. Rn. 259 ff.*

401 **Versorgungsleitungen sind** rechtstechnisch als bewegliche Sachen anzusehen, die fest verbunden mit dem Grundstück **wesentliche Bestandteile** desselben darstellen, sofern sie nicht zu einem vorübergehenden Zweck mit dem Grund und Boden verbunden sind (Scheinbestandteile nach § 95 Abs. 1 BGB).

402 Liegt indessen nicht eine Verbindung zu vorübergehendem Zweck vor, so ist regelmäßig eine **Leitungssicherung durch eine Dienstbarkeit** erforderlich.

403 **Leitungsrechte** (auch Überleitungs-, Unterführungs- und Untertunnelungsrechte) können als Grunddienstbarkeit zugunsten des Eigentümers eines anderen Grundstücks nach § 1018 BGB oder als beschränkt persönliche Dienstbarkeit i.S. der §§ 1090 ff. BGB z.B. zugunsten einer Versorgungs- oder Verkehrsgesellschaft begründet werden (Abb. 84).

Abb. 84: Ausgestaltung von Leitungsrechten

404 Der Berechtigte (meistens ein Energieversorgungsunternehmen) kann danach zur Sicherung der Ver- und Entsorgungsleitungen über ein fremdes Grundstück eine Versorgungsleitung verlegen[200], wobei das Grundstück jederzeit zum Zwecke der Unterhaltung oder ggf. Erweiterung der Leitung betreten werden darf. Dabei kann die Leitung oberirdisch (Freilandleitung) oder unterirdisch verlegt sein.

Leitungsrechte sind im Allgemeinen mit Bau- oder Nutzungsbeschränkungen verbunden. Für oberirdische und unterirdische Leitungen werden Schutzstreifen unterschiedlicher Größe festgelegt, die i.d.R. nicht überbaut werden dürfen. Ein Entschädigungsanspruch (für den Eintrag eines derartigen Rechts in das Grundbuch) für das dienende Grundstück wird grundsätzlich anerkannt[201], sofern nicht eine unentgeltliche Nutzung aufgrund gesetzlicher Vorschriften gegeben ist (vgl. z.B. **unentgeltliche Nutzung für Telekommunikationslinien**)[202]. Für die

---

[200] Das Energiewirtschaftsgesetz aus dem Jahre 1935 erlaubt gegebenenfalls eine Enteignung der für die Ver- und Entsorgungsleitungen erforderlichen Grundstücksflächen.
[201] BGH, Urt. vom 8.5.1967 – III ZR 148/65 –, EzGuG 14.28; BGH, Urt. vom 1.2.1982 – III ZR 100/80 –, EzGuG 14.70; BGH, Urt. vom 31.3 1977 – III ZR 10/75 –, EzGuG 14.56; BGH, Urt. vom 31 5.1965 – III ZR 48/64; BGH, Urt. vom 8.2.1965 – III ZR 174/63 –, EzGuG 14.22; BGH, Urt. vom 20.12.1963 – III ZR 112/63 –, EzGuG 14.18; BGH, Urt. vom 13.12.1962 – III ZR 97/61 –, EzGuG 14.15.
[202] BGH, Urt. vom 23.3.2006 – III ZR 14/05 –, GuG 2006, 249.

IX Rechte und Belastungen — Rechte Dritter

Höhe der Entschädigung ist entscheidend, in welchem Umfang der Verkehrswert des Grundstücks beeinträchtigt wird.

Anstatt der Eintragung einer Grunddienstbarkeit oder beschränkt persönlichen Dienstbarkeit in Abt. II des Grundbuchs des belasteten Grundstücks ist auch die – nicht eintragungsfähige – Vereinbarung eines Notleitungsrechts (vgl. Notweg, § 917 BGB) nicht unüblich. Der Vorteil des Notleitungsrechts für den Eigentümer des belasteten Grundstücks besteht darin, dass das Grundstück (Abt. II) nicht durch die Eintragung der Dienstbarkeit „beschmutzt" wird.

4.2.7.2 Besonderheiten für die neuen Bundesländer

▶ *Allgemeines vgl. § 1 Abs. 2 ImmoWertV Rn. 36*

Schrifttum: *Schmidt-Räntsch, J.,* Die BGH-Rechtsprechung zu Leitungsrechten und -kosten, VIZ 2004, 473.

405 Zur rechtlichen Sicherung von Leitungsrechten in den neuen Bundesländern gelten eine Reihe von **Besonderheiten:**

a) **§ 9 des Grundbuchbereinigungsgesetzes – GBBerG – begründet** zur Absicherung der Energieanlagen in den neuen Bundesländern **beschränkt persönliche Dienstbarkeiten zugunsten des jeweiligen Versorgungsunternehmens.** Um die Eintragung dieser *gesetzlich begründeten* Dienstbarkeiten in das Grundbuch zu ermöglichen, sieht das GBBerG ein Bescheinigungsverfahren vor. Das Versorgungsunternehmen kann danach die Grundbuchberichtigung beantragen und muss hierfür entweder dem Grundbuchamt durch eine öffentliche oder eine öffentlich beglaubigte Urkunde den Verlauf der Leitung auf den betreffenden Grundstücken nachweisen oder aber eine Bewilligung des Grundstückseigentümers vorlegen. Die Entschädigung ist in § 9 Abs. 3 GBBerG wie folgt geregelt:

„(3) Das Versorgungsunternehmen ist verpflichtet, dem Eigentümer des nach Absatz 1 mit dem Recht belasteten Grundstücks, in den Fällen des Absatzes 1 Satz 1 als Gesamtgläubiger neben dem Inhaber des Erbbaurechts oder Gebäudeeigentums, einen einmaligen Ausgleich für das Recht zu zahlen. Dieser Ausgleich bestimmt sich nach dem Betrag, der für ein solches Recht allgemein üblich ist. Die erste Hälfte dieses Betrags ist unverzüglich nach Eintragung der Dienstbarkeit zugunsten des Versorgungsunternehmens und Aufforderung durch den Grundstückseigentümer, frühestens jedoch am 1. Januar 2001 zu zahlen, die zweite Hälfte wird am 1. Januar 2011 fällig. Das Energieversorgungsunternehmen ist zur Zahlung eines Ausgleichs nicht verpflichtet, wenn das Grundstück mit einer Dienstbarkeit des in Absatz 1 bezeichneten Inhalts belastet ist oder war und das Grundstück in einem diese Berechtigung nicht überschreitenden Umfang genutzt wird oder wenn das Versorgungsunternehmen auf die Dienstbarkeit nach Absatz 6 vor Eintritt der jeweiligen Fälligkeit verzichtet hat. Zahlungen aufgrund der Bodennutzungsverordnung vom 26. Februar 1981 (GBl. I Nr. 10, S. 105), früherer oder anderer Vorschriften entsprechenden Inhalts genügen im Übrigen nicht. Abweichende Vereinbarungen sind zulässig."

b) **§ 1 der Sachenrechts-Durchführungsverordnung** – SachenRDV – erstreckt die Regelungen des § 9 Abs. 1 bis 7 GBBerG auf näher beschriebene **Anlagen der öffentlichen Wasserversorgung und Abwasserbeseitigung sowie der Wasserwirtschaft** und begründet für diese Anlagen ebenfalls eine beschränkt persönliche Dienstbarkeit. Inhalt der Leitungs- und Anlagenrechte ergeben sich aus den **§§ 4 und 5 SachenRDV.**

406 Die Vorschriften haben folgende Fassung:

„**§ 4 Inhalt der Leitungs- und Anlagenrechte**

(1) Die nach § 9 Abs. 1 des Grundbuchbereinigungsgesetzes entstandene beschränkt persönliche Dienstbarkeit umfasst das Recht, in eigener Verantwortung auf eigenes Risiko

1. das belastete Grundstück für den Betrieb, die Instandsetzung und Erneuerung einschließlich Neubau von Energieanlagen und Anlagen nach § 1 Satz 1 zu betreten oder sonst zu benutzen,
2. auf dem Grundstück
   a) bei Energieanlagen (§ 9 Abs. 1 des Grundbuchbereinigungsgesetzes)
      aa) die Leitung auf einem Gestänge, auf Masten, auf einem Sockel, in der Erde, in einem Tunnel oder in einem Kanal zu verlegen,

bb) die für die Fortleitung erforderlichen Einrichtungen (Buchstabe aa) einschließlich der Fundamente und Gründungen nebst Zubehör und dazu erforderliche Einrichtungen zur Informationsübermittlung zu halten, zu unterhalten, instand zu setzen, zu betreiben und zu erneuern,

cc) die für die Fortleitung auf dem jeweiligen Grundstück eingerichteten Transformatoren-, Umformer-, Regler- und Pumpstationen, Umspannwerke und vergleichbare bestehende Sonder- und Nebenanlagen und alle sonstigen für Energieumwandlung, Druckregelung und Fortleitung auf dem Grundstück eingerichteten Anlagen zu betreiben, instand zu setzen und zu erneuern,

b) bei Anlagen der öffentlichen Wasserversorgung oder Abwasserbeseitigung (§ 9 Abs. 9 Satz 1 Nr. 1 des Grundbuchbereinigungsgesetzes)

aa) Wasser oder Abwasser in einer Leitung, einem (Sammel-)Kanal oder in einem Graben zu führen,

bb) die für die Fortleitung auf dem jeweiligen Grundstück eingerichteten Brunnen, Brunnengalerien, Pumpwerke, Wassertürme, Regenwasserrückhaltebecken, Absturzwerke, öffentliche Sammelbecken und ähnliche Sonder- und Nebenanlagen zu betreiben, zu unterhalten, instand zu setzen und zu erneuern,

c) bei Hochwasserrückhaltebecken (§ 9 Abs. 9 Satz 1 Nr. 2 des Grundbuchbereinigungsgesetzes) diese einschließlich der zu ihrer Anlage errichteten Dämme und Deiche und der erforderlichen Entwässerungsgräben und ähnliche Nebenanlagen zu betreiben, zu unterhalten, zu bepflanzen, soweit dies zum Schutz der Anlage geboten ist, und bei Hochwasser vollständig oder teilweise zu überfluten.

d) bei Schöpfwerken und gewässerkundlichen Messanlagen (§ 9 Abs. 9 Satz 1 Nr. 2 und 3 des Grundbuchbereinigungsgesetzes) das Schöpfwerk und die gewässerkundliche Messanlage einschließlich dafür erforderlicher Leitungen und Datenübertragungsanlagen zu betreiben, zu unterhalten oder zu erneuern.

Die Fortleitung schließt die Förderung und Sammlung mit ein. Für den Inhalt der beschränkt persönlichen Dienstbarkeit sind Art und Umfang der gesicherten Anlage am 3. Oktober 1990 maßgeblich.

(2) Absatz 1 gilt entsprechend gegenüber einem Erbbauberechtigten oder Gebäudeeigentümer.

(3) Die Dienstbarkeit umfasst ferner das Recht, von dem Grundstückseigentümer, Gebäudeeigentümer und Erbbauberechtigten zu verlangen, dass er keine baulichen oder sonstigen Anlagen errichtet oder errichten lässt und keine Einwirkungen oder Maßnahmen vornimmt, die den ordnungsgemäßen Bestand oder Betrieb der in Absatz 1 genannten Anlagen beeinträchtigen oder gefährden. Bei Energieanlagen umfasst die Dienstbarkeit insbesondere das Recht, von dem Grundstückseigentümer, Erbbauberechtigten und Gebäudeeigentümer zu verlangen, dass er in einem in der Bescheinigung (§ 7 Abs. 2) zu bezeichnenden Schutzstreifen

1. keine leitungsgefährdenden Stoffe anhäuft,

2. duldet, dass Anpflanzungen und Bewuchs, auch soweit sie nicht in den Schutzstreifen hineinreichen, so gehalten werden, dass sie den Bestand und den Betrieb der Anlage nicht gefährden, und, soweit dies der Fall ist, entfernt werden,

3. das Gelände im Schutzstreifen nicht erhöht oder abträgt und

4. einen auf dem Grundstück befindlichen Wald so bewirtschaftet, dass Betrieb und Nutzung der Anlage nicht gestört werden.

Das Freischneiden von Leitungstrassen kann nicht verlangt werden. Breite und Anordnung des Schutzstreifens bestimmen sich nach den für die Anlage am 3. Oktober 1990 geltenden technischen Normen, wenn solche nicht bestehen, nach sachverständiger Beurteilung. Maßgeblich ist der jeweils bestimmte Mindestumfang. Soweit der Schutzstreifen nach dem 2. Oktober 1990 schmaler sein kann, beschränkt er sich auf diesen Umfang. Ist das Recht bereits im Grundbuch eingetragen, können alle Beteiligten wechselseitig die Anpassung des Schutzstreifens verlangen.

(4) Abweichend von Absatz 3 Satz 1 kann aufgrund der Dienstbarkeit die Beseitigung bestehender baulicher Anlagen nicht verlangt werden, die

1. nach der Energieverordnung vom 1. Juni 1988 (GBl. I Nr. 10, S. 89) sowie den dazu ergangenen Durchführungsbestimmungen,

2. nach dem Wassergesetz vom 2. Juli 1982 (GBl. I Nr. 26, S. 467) insbesondere seinen §§ 30 und 40,

3. der Ersten Durchführungsverordnung zum Wassergesetz vom 2. Juli 1982 (GBl. I Nr. 26, S. 477), die durch die Vierte Durchführungsverordnung zum Wassergesetz vom 25. April 1989 (GBl. I Nr. 11, S. 151) geändert worden ist,
4. der Dritten Durchführungsverordnung zum Wassergesetz (Schutzgebiete und Vorbehaltsgebiete) vom 2. Juli 1982 (GBl. I Nr. 26, S. 487),
5. den Abwassereinleitungsbedingungen vom 22. Dezember 1987 (GBl. I Nr. 3, S. 27) oder
6. den Wasserversorgungsbedingungen vom 26. Januar 1978 (GBl. I Nr. 6, S. 89), geändert durch die Anordnung zur Änderung der Wasserversorgungsbedingungen vom 15. Januar 1979 (GBl. I Nr. 6, S. 60)

zulässig waren. Der Grundstückseigentümer, Gebäudeeigentümer oder Erbbauberechtigte darf ein ihm gehörendes Gebäude oder eine ihm gehörende Anlage weiterhin in dem am 3. Oktober 1990 zulässigen Rahmen nutzen, instand setzen und erneuern, soweit eine Leitungsgefährdung nicht zu befürchten ist.

(5) Die Ausübung der Dienstbarkeit richtet sich nach den örtlichen Verhältnissen und kann einem Dritten überlassen werden.

(6) Die Bescheinigung nach § 7 ersetzt die Bescheinigung nach § 1059 a Nr. 2 Satz 2 in Verbindung mit § 1092 Abs. 2 des Bürgerlichen Gesetzbuchs.

§ 5 Bestandsschutz
Wenn nach dem 24. Dezember 1993 die Voraussetzungen für eine Verpflichtung zur Duldung von Energieanlagen nach den in § 9 Abs. 2 des Grundbuchbereinigungsgesetzes genannten Bestimmungen entstehen, bleibt die zuvor begründete Dienstbarkeit bestehen. Soweit die Allgemeinen Versorgungsbedingungen dem Versorgungsunternehmen weitergehende Rechte einräumen, sind diese maßgeblich. Die Sätze 1 und 2 gelten für die in § 9 Abs. 9 Satz 1 des genannten Gesetzes bezeichneten Anlagen entsprechend."

4.2.7.3 Grundsätze der Ermittlung der Wertminderung

407 Es ist grundsätzlich zu unterscheiden zwischen der Ermittlung der Entschädigung bei der Begründung eines Leitungsrechts und der tatsächlichen Wertminderung eines Grundstücks aufgrund eines Leitungsrechts. Zwar bemisst sich die Entschädigung bei der Begründung eines Leitungsrechts nach der daraus resultierenden Minderung des Verkehrswerts, jedoch haben Marktuntersuchungen ergeben, dass die Entschädigungen deutlich höher als die tatsächlich eintretenden Wertminderungen sind[203]. Diese Untersuchung bezieht sich nur auf den Einzugsbereich des Gutachterausschusses *Mainz* und ist deshalb nicht allgemeingültig auf andere Bereiche zu übertragen. Auch hat die gezahlte Entschädigung nicht immer etwas mit der objektiven Verkehrswertminderung zu tun, da bei einem Leitungsbau oft so genannte „Geschwindigkeitszuschläge" insbesondere dann gezahlt werden, wenn die Voraussetzungen einer Enteignung nicht oder noch nicht vorliegen. Bei der Bewertung einer Entschädigung im Rahmen eines Leitungsbaues ist deshalb darauf zu achten, ob nicht durch den Enteignungsbegünstigten ein **Teilmarkt** geschaffen wurde.

Bei einer Verkehrswertermittlung ist für die Höhe der Wertminderung durch ein Leitungsrecht entscheidend, in welchem Umfang der Verkehrswert des Grundstücks beeinträchtigt wird. Die wesentlichen Wertermittlungsparameter bei Grundstücken, die der Bebauung unterliegen, sind in Abb. 85 dargestellt.

---

[203] Untersuchungen des Gutachterausschusses in Mainz; Grundstücksmarktberichte 2000, 2008.

Abb. 85: Wertermittlungsparameter von Leitungsrechten von Baugrundstücken

Der Grad der Beeinträchtigung hängt von den konkreten Besonderheiten des Einzelfalls ab. Die nachfolgenden Abbildungen geben einen Anhalt über den Grad der Nutzungsbeeinträchtigungen, die durch Leitungsrechte an Baugrundstücken entstehen können.

408

Abb. 86: Geringe Beeinträchtigung

Abb. 87: Erhebliche Beeinträchtigung

Abb. 88: Starke Beeinträchtigung

Im Allgemeinen ist die **Höhe der Wertminderung nach dem jeweiligen Schutzstreifen zu bemessen.** Das liegt darin begründet, dass die Wertminderungsquoten bezogen auf das ganze Grundstück i.d.R. sehr gering sind und deshalb eine geringe Änderung bereits einen erheblichen Einfluss auf die Wertminderung, bezogen auf die Schutzstreifenfläche, hat.

Beispiel:

Grundstücksgröße 900 m²

Verkehrswert: 900 m² × 130 €/m² = 117 000 €

Schutzstreifen: (entlang der Grundstücksgrenze) 6 m × 20 m = 120 m²

Wertminderungsquote (unterirdische Leitung) = 20 %

Wertminderung: 130 €/m² × 20 % = 26 €/m², bei 120 m² = 3 120 €

Die Wertminderungsquote bezogen auf das ganze Grundstück beträgt: 2,67 %

Würde man die Wertminderungsquote auf das ganze Grundstück mit 5 % einschätzen, so würde die Wertminderung je m² Schutzstreifenfläche 48,75 €/m² oder 37,5 % betragen. Das allerdings wäre aus der Sicht einer objektiven Wertermittlung i.S. des § 194 BauGB nicht vertretbar. Auch aus diesem Grunde hat der BGH[204] die Einstufung der Wertminderung, bezogen auf die Schutzstreifenfläche, zugelassen.

---

204 BGH, Urt. vom 9.11.1959 –, III ZR 149/58 –, EzGuG 14.11 = MDR 1960,119.

Rechte Dritter — Rechte und Belastungen IX

Der Schutzstreifen ist bei unterirdisch verlegten Leitungen i.d.R. 3 bis 10 m breit, bei Freilandleitungen u.U. erheblich breiter (bis zu 30 bis 100 m). Empirisch ermittelte Abschläge bei Baugrundstücken geben *Vogels* und *Stannigel/Kremer/Weyers* an[205].

409

Minderung der vom Schutzstreifen bedeckten Grundstücksfläche in v.H. des örtlichen Bodenpreises

	Wohngrundstücke	Gewerbegrundstücke
Unwesentliche Beeinträchtigung	10 bis 30	10 bis 20
Teilweise eingeschränkte Nutzungsmöglichkeit	30 bis 70	20 bis 55
Stark eingeschränkte Nutzungsmöglichkeit	70 bis 80	55 bis 80

Bei **land- und forstwirtschaftlichen Grundstücken** bewegen sich die Wertminderungsquoten

– bei unterirdischen Leitungen um 20 % bis 25 % und
– bei oberirdische Leitungen um 10 % bis 20 %

der Schutzstreifenfläche[206].

Neuere Untersuchungen können die oben gemachten Angaben für Wohn- und Gewerbegrundstücke zumindest bei unwesentlicher Beeinträchtigung nicht stützen. So wird im Grundstücksmarktbericht der Stadt *Mainz* 2008 aus gutem Grunde darauf hingewiesen, dass „die Wertminderung durch Leitungsrechte im Verhältnis zum Gesamtwert i.d.R. relativ geringfügig ist und bei der Kaufpreisbildung im gewöhnlichen Geschäftsverkehr selten berücksichtigt wird." Das liegt nicht selten auch darin begründet, dass gerade bei unterirdischen Leitungen nach einer Anzahl von Jahren das störende Element nicht mehr erkannt ist und von anderen wertbildenden Faktoren überlagert wird.

Beispiele:

410

Beispiel 1 (Anl. 21 WERTR 06) – Leitungsrecht; Minderung des Schutzstreifens:

Eine unterirdische Erdgasleitung durchquert ein Einfamilienhausgrundstück im rückwärtigen Bereich. Der Schutzstreifen ist 200 m groß. Das 800 m² große Grundstück wird in seiner baulichen Ausnutzung nicht beeinträchtigt, die sonstige Ausnutzung wird nur geringfügig beeinträchtigt. Der Bodenwert beträgt 150 €/m².

---

205 Stannigel/Kremer/Weyers, a.a.O. S. 202; Vogels a.a.O., S. 328; Kleiber in Ernst/Zinkahn/Bielenberg, BauGB Komm. zu § 5 WertV Rn. 26 ff.; Clemens, H., Verkehrswertermittlung von Leitungsrechten, GuG 1993, 221.
206 Biederbeck, M., Materialsammlung für Sachverständige, 20.

IX Rechte und Belastungen

Abb. 89: Lageplan

Vorgaben:	Grundstücksgröße	800 m²
	Schutzstreifen	200 m²
	Bodenwert	150 €/m²
Berechnung:	Bodenwert des Grundstücks ohne Berücksichtigung des Rechts	
	800 m² × 150 €/m² =	120 000 €
	Wertminderung der vom Schutzstreifen bedeckten Fläche durch das Leitungsrecht wegen eingeschränkter sonstiger Nutzbarkeit (hier 15 %)	
	200 m² × 150 €/m² × 15 % =	– 4 500 €
	Bodenwert des belasteten Grundstücks	**115 500 €**

Im vorliegenden Fall ergibt sich nur eine geringe Beeinträchtigung des Grundstücks (z. B. Verbot von Baumanpflanzungen im Bereich des Schutzstreifens). Die Wertminderung wird in einem geminderten Bodenwert des Schutzstreifens ausgedrückt. Die vorstehende Tabelle kann hierzu einen Anhalt bieten.

411 Wird indessen ein Grundstück durch eine ungünstige Lage des Schutzstreifens unbebaubar, ist die Wertminderung auf das gesamte Grundstück zu beziehen (vgl. Beispiel 2, Abb. 90). Führt die Nutzungsbeschränkung durch ein Leitungsrecht zu nachhaltigen wirtschaftlichen Einbußen, kann der Abschlag auch durch **Kapitalisierung der Mindereinnahmen** mit dem Barwertfaktor für die ewige Rente ermittelt werden.

412 *Beispiel 2* (Anl. 21 WERTR 06) – Leitungsrecht, Minderung des Gesamtgrundstücks:

Das bisher unbebaute 600 m² große Grundstück (Wohnbauland) wird vom Schutzstreifen einer 220-kV-Freileitung berührt. Das Benutzungsrecht ist dinglich gesichert. Der Schutzstreifen darf nicht überbaut werden. Die ohne das Recht tatsächlich und rechtlich mögliche GFZ von 0,65 ist durch diese Einschränkung nicht realisierbar, sondern nur in einer eingeschränkten Bebaubarkeit mit einer GFZ von 0,5. Der unbelastete Bodenwert beträgt 100 €/m².

Die direkte Nachbarschaft des Grundstücks zur Freileitung begründet noch einen zusätzlichen Wertabschlag in Höhe von 10 % des unbelasteten Bodenwerts, da diese Tatsache im Bodenrichtwert noch nicht berücksichtigt wurde. Wiederkehrende Entschädigungszahlungen werden nicht geleistet.

Abb. 90: Lageplan

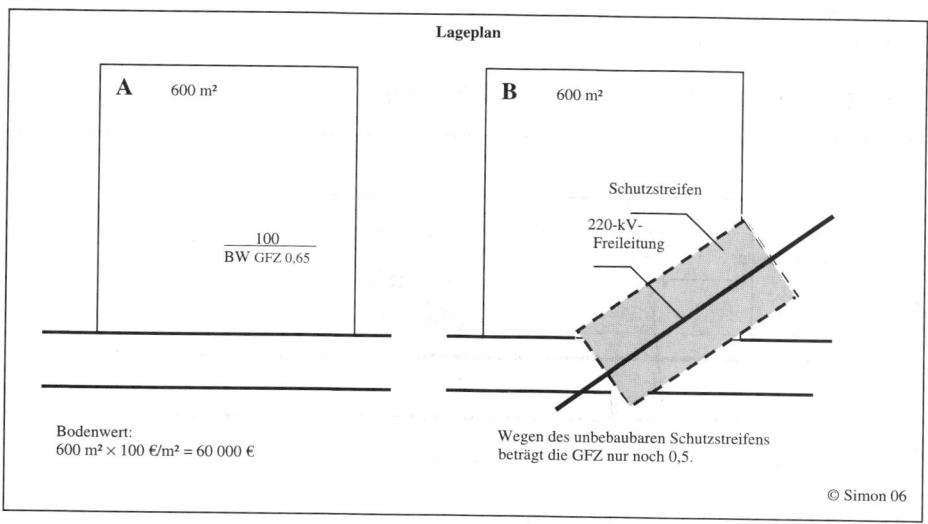

Vorgaben:	Grundstücksgröße	600 m²
	rechtlich mögliche GFZ	0,65
	eingeschränkte Bebaubarkeit	0,50
	Bodenwert	100 €/m²
	Wertminderung des unbelasteten Bodenwerts durch die Freileitung	10 %
Berechnung:	Bodenwert des Grundstücks ohne Berücksichtigung des Rechts 600 m² × 100 €/m² =	60 000 €
	sonstige Wertminderung (hier 10 % des Bodenwerts)	− 6 000 €
	geminderter Bodenwert	54 000 €
	Wertminderung durch die eingeschränkte Bebaubarkeit (GFZ-Umrechnungskoeffizient der WertR)	0,89
	Bodenwert des belasteten Grundstücks 54 000 € × 0,89	**48 060 €**

Ein Abschlag wegen der direkten Beeinflussung des Grundstücks durch die Freileitung wird geschätzt. Die Höhe des Abschlags richtet sich nach dem Grad der Beeinträchtigung. In diesem Fall wird der Bodenwert des Grundstücks wegen geringerer baulicher Ausnutzung zusätzlich gemindert, wobei eine Wertminderung der Fläche des Schutzstreifens entfällt (Doppelberücksichtigung).

Bei alledem handelt es sich um Wertminderungen des Grundstücks aufgrund unterirdischer Leitungen oder Überspannungen, mit denen die Bebaubarkeit nicht beeinträchtigt wird. Wird infolge des Leitungsrechts die Bebaubarkeit beeinträchtigt, so bemisst sich die Wertminderung nach der reduzierten Art und dem reduzierten Maß der baulichen Nutzung.

Beispiel 3:

Augrund einer unterirdischen Leitung reduziert sich das Maß der baulichen Nutzung eines 1 000 m² großen Baugrundstücks:

- Bodenrichtwert bei einer GFZ von 0,8   200 €/m²
- Grundstücksgröße   1 000 m²
- Zulässige GFZ   0,8
- Aufgrund Leitungsrecht eingeschränkte GFZ   0,5

IX Rechte und Belastungen

Rechte Dritter

– Belastete Fläche   100 m²
– Umrechnungskoeffizient bei GFZ 0,8   0,90
– Umrechnungskoeffizient bei GFZ 0,5   0,72

Abb. 91: Beeinträchtigung der zulässigen Nutzung

Bodenwert aufgrund eingeschränkter Nutzbarkeit		
$BW_{GFZ = 0,5} = 0,72/0,90 \times 200 \text{ €/m}^2 =$	160 €/m²	
$BW_{GFZ = 0,8} = 1\,000 \text{ m}^2 \times 200 \text{ €/m}^2 =$		200 000 €
$BW_{GFZ = 0,5} = 1\,000 \text{ m}^2 \times 160 \text{ €/m}^2 =$		160 000 €
Differenz		40 000 €
+ ästhetische Beeinträchtigung 6 % von 160 000 €		+ 9 600 €
Wertminderung insgesamt		**49 600 €**

Beispiel 4:

Eine unterirdische Erdgasleitung unterquert das Grundstück im rückwärtigen Teil. Der 10 m breite Schutzstreifen darf nicht überbaut werden. Das Grundstück ist 1 008 m² groß und Bauland. Die bauliche Ausnutzung wird nicht beeinträchtigt.

Abb. 92: Lageplan

Bodenwert 1 008 m² × 90 €/m²	90 720 €
Minderung durch Leitungsrecht 20 v.H.	
20 v.H. von 90 €/m² = 18 €/m²	
240 m² × 18 €/m²	– 4 320 €
Bodenwert	**86 400 €**

Zu beachten ist, dass es bei Leitungsrechten zu Überlappungen kommen kann. So z. B. bei mehreren Leitungen auf dem Grundstück. Bei der Ermittlung der Wertminderung des Grundstücks darf jedoch keine Doppelberücksichtigung erfolgen. So ist der Ausgangswert der **Überlappungsfläche** durch den Schutzstreifen der ersten Leitung bereits im Wert gemindert. Nur der geminderte Wert darf bei der Ermittlung der Wertminderung der Überlappungsflächen angesetzt werden. Bei einer Überlappung tritt kein Kumulativeffekt ein, d.h., dass für die zweite Leitung keine höhere, sondern eine niedrigere Wertminderungsquote anzunehmen ist[207].

4.2.7.4 Grundsätze der Entschädigung bei Begründung von Leitungsrechten

Pauschalierte Entschädigungen bis zu 20 % des Verkehrswerts **pro Quadratmeter beanspruchter** Schutzstreifenfläche wurden im Schrifttum unter Berufung auf den BGH[208] als problematisch beurteilt, wenn es um Unternehmen der öffentlichen Hand ging. *Börner*[209] hat solche Fälle als entschädigungslos hinzunehmende Inhaltsbestimmung des Eigentums bezeichnet. In einer Reihe gerichtlicher Entscheidungen wurde dieser Auffassung gefolgt, wenn mit der Leitung keine unzumutbaren Beeinträchtigungen verbunden sind[210]. **414**

Umgekehrt kann festgestellt werden, dass die vielgenannte **20-%-Pauschale als Extremwert** bei besonders unzumutbaren Verhältnissen angesehen wird. Andere Gerichte sind deshalb von einer 10%igen Wertminderung ausgegangen[211].

Nach dem Grundstücksmarktbericht 2008 der Landeshauptstadt *Mainz* wird bei der Begründung von Leitungsrechten

– bei landwirtschaftlichen Flächen eine Entschädigung in Höhe von 20 % und
– bei *Gewerbe- und Wohnbaulandflächen* im Allgemeinen eine Entschädigung in Höhe von ca 10 %

des Bodenrichtwerts gezahlt.

Das **Überspannen landwirtschaftlich genutzter Grundstücke mit einer Freilandleitung** führt ebenfalls zu einer Wertminderung. Mit dem OLG Hamm[212] ist zunächst die Auffassung abzulehnen, der Wert eines landwirtschaftlich nutzbaren Grundstücks sinke auf den Ertragswert ab. Nach einem Urteil des BGH[213] beträgt die Wertminderung etwa 15 bis 20 v.H. des Verkehrswerts des vergleichsweise unbelasteten Grundstücks. Dass im Falle der **Überspannung reinen Agrarlandes** mit einer Freileitung eine Wertminderung nicht eintrete, hat der BGH nur in besonderen Ausnahmefällen gelten lassen wollen, wenn etwa Ertrags- und Verkehrswert sich ausnahmsweise decken und auch der gesunde Grundstücksverkehr tatsächlich dem Vorhandensein der Freileitung keine wertmindernde Bedeutung beimisst[214]. Das OLG Hamm[215] weicht von dieser Auffassung ab. Es bemisst die Entschädigung nicht nach dem **415**

---

207 OLG Hamm, Urt. vom 17.2.1970 – 10 U 118/69 –, RdL 1970, 19 = EzGuG 14.40.
208 BGH, Urt. vom 25.1.1973 – III ZR 118/70 –, EzGuG 16.19.
209 Börner in BayVBl. 1976, 36; Fischerhof in Energiewirtschaftliche Tagesfragen (ET) 1964, 201 sowie 1965, 483 = Rechtsfragen der Energiewirtschaft, Bd. II, S. 155, 165.
210 OLG Oldenburg, ET-Rechtsbeilage 1975, 45; OLG Nürnberg, Urt. vom 20.9.1973 – 2 U 22/73 –, EzGuG 14.48b; LG Koblenz, ET-Rechtsbeilage 1954, 106; LG Düsseldorf, ET-Rechtsbeilage 1961, 82; LG Aachen, ET-Rechtsbeilage 1962, 3; OLG Hamm, Urt. vom 27.6.1968.
211 OLG Düsseldorf, Beschl. vom 24.5.1965, zit. bei Fischerhof in NJW 1970, 37; LG Heilbronn, ET-Rechtsbeilage 1970, 37.
212 OLG Hamm, Urt. vom 14.3.1961 – 10 U 3/60 –, EzGuG 14.13c.
213 BGH, Urt. vom 1.2.1982 – III ZR 100/80 –, EzGuG 14.70.
214 BGH, Urt. vom 20.12.1963 – III ZR 60/63 –, EzGuG 14.17.
215 OLG Hamm, Urt. vom 28.11.1983 – 22 U 23/83 –, EzGuG 14.75.

IX Rechte und Belastungen — Rechte Dritter

Verkehrswert des betroffenen Grundstücks, sondern nach dem durchschnittlichen Ackerlandwert, der am niedrigeren Ertragswert orientiert ist. Dabei wird eine Wertminderung in Höhe von 10 v.H. des Ackerlandpreises für ausreichend erachtet. Andere Gerichte haben sich dieser Entscheidung nicht angeschlossen. Es widerspricht auch dem Grundgedanken der Enteignungsentschädigung, wonach der Betroffene Grundeigentümer einen Anspruch auf die eingetretene Wertminderung seines Grundstückes und nicht die eines durchschnittlichen Grundstückes hat. Auch dürfte diese Entscheidung im Falle der Überspannung der sog. besonderen Flächen der Land- oder Forstwirtschaft oder gar des Bauerwartungslands nicht haltbar sein. Das auch dann, obwohl die so genannten besonderen Flächen der Land- oder Forstwirtschaft in § 5 Abs. 1 ImmoWertV nicht mehr gesondert aufgeführt sind. Denn § 4 Abs. 3 Nr. 1 ImmoWertV verlangt, dass neben dem Entwicklungszustand bei der Wertermittlung insbesondere auch eine anderweitige Nutzung von Flächen zu berücksichtigen ist. Auch derartige Flächen können durch Leitungen beansprucht sein.

416 Weitere Rechtsprechung

- Die Wertminderung des durch ein Leitungsrecht belasteten Grundstücks bemisst sich nach objektiven Nachteilen, die ein derartiges Grundstück infolge des Rechts erleidet. Dabei braucht es nicht darauf anzukommen, ob tatsächlich eine Ertragseinbuße vorliegt oder nicht[216].
- Die Wertminderung von landwirtschaftlich genutzten Grundstücken ist bei Wasserleitungen und unterirdischen Leitungen mit 20 % anzunehmen[217].
- Die Wertminderung kann im Durchschnitt mit 20 bis 25 % des Verkehrswerts angesetzt werden[218].
- Es ergibt sich keine Minderung des Ertrags landwirtschaftlicher Grundstücke und ihrer Beleihbarkeit infolge Überspannung[219].
- Der Minderwert eines mit einem Leitungsrecht belasteten landwirtschaftlichen Grundstücks beträgt etwa 20 % des Verkehrswerts. Er erhöht sich, wenn durch die verlegte Leitung außerdem die Nutzbarkeit des Grundstücks eingeschränkt wird[220].
- Die Entschädigung bei Verlegung einer zweiten unterirdischen Leitung innerhalb des Schutzstreifens beträgt 10 % des Bodenwerts, den die doppelt belastete Fläche nach ihrer ersten Belastung hatte[221].
- Die Enteignungsentschädigung für die Überspannung eines forstwirtschaftlich genutzten Grundstücks durch eine Hochspannungsleitung wird mit 20 % des Bodenwerts von 1,50 €/m² berechnet[222].
- Die wertmindernde Belastung eines landwirtschaftlichen Grundstücks aufgrund eines Leitungsrechts wird auf 10 % des durchschnittlichen Ackerlandwerts geschätzt (= 0,25 € m²)[223].
- Die Wertminderung eines Grundstücks aufgrund einer Überspannung beträgt rd. 15 %[224].
- Die Wertminderung eines Grundstücks für eine unterirdische Ferngasleitung beträgt 15 %[225].
- Die Wertminderung eines Grundstücks für eine Überspannung beträgt 10 %[226].

---

216 BGH, Urt. vom 9.11.1959 – III ZR 149/58 –, EzGuG 14.11.
217 OLG Hamm, Urt. vom 28. 6.1968 – 10 U 133/67 –, EzGuG 14.33a.
218 OLG Hamm, Urt. vom 3.10. 1961 – 10 U 5/61 –, EzGuG 14.1.
219 OLG Celle, Urt. vom 1.2.1963 – 4 U 211/60 –, EzGuG 8.6.
220 OLG Nürnberg, Urt. vom 24.9.1969 – 4 U 40/69 –, EzGuG 14.38.
221 OLG Hamm, Urt. vom 17.2.1970 – 10 U 118/69 –, EzGuG 14.40.
222 OLG Celle, Urt. vom 1 9.1978 – 4 U 58/76 –, EzGuG 14.60.
223 OLG Hamm, Urt. vom 11.3.1982 – 22 U 81/81 –, EzGuG 14.72.
224 OLG Köln, Urt. vom 9.4.1963 – 9 U 2/63 –, EzGuG 14.15a.
225 OLG Düsseldorf, Urt. vom 24.5.1965.
226 OLG Celle, Urt. vom 22.7.1966.

- Unterirdische Leitungen beeinträchtigen den Wert eines Grundstücks bei weitem nicht wie Hochspannungsleitungen[227]. Diese Aussage trifft jedoch nicht für landwirtschaftliche Flächen zu. Durch die unterirdische Verlegung der Leitungsrohre wird das Bodengefüge zerstört, was Auswirkungen auf die Ertragsfähigkeit hat. Im Gegensatz zu Hochspannungsleitungen, die, mit Ausnahme der Maststandorte, keine oder nur eine geringe Ertragseinbuße verursachen.
- Die Durchschneidung eines arrondierten Forstguts mittels einer Hochspannungsleitung bewirkt eine Minderung des Verkehrswerts des Gesamtbesitzes (Arrondierungsverlust)[228].
- Wird durch die Verlegung von Versorgungsleitungen der Verkehrswert des betroffenen Grundstücks gemindert, kann dies nur dann zur Unzumutbarkeit der unentgeltlichen Duldungspflicht führen, wenn die Minderung erheblich ist[229].
- Die durch eine zweite Leitung eintretende Wertminderung ist allenfalls geringfügig einzuschätzen. In Misch- und Gewerbegebieten, die so hoch überspannt werden, dass die typische bauliche Nutzung nicht beeinträchtigt wird (Bauhöhenfreigabe), erscheint ein Entschädigungssatz nicht unangemessen, der sich am Prozentsatz des Bodenwerts orientiert, der bei landwirtschaftlich genutzten Grundstücken als Überspannungsentschädigung zugebilligt wird[230].
- Magnetische Felder einer Hochspannungsfreileitung, die am Einwirkungsort eine magnetische Flussdichte von maximal vier Mikrotesla aufweisen, sind nach derzeitigem Erkenntnisstand nicht geeignet, Gefahren für die Gesundheit der Trassenanwohner herbeizuführen[231].

Auf die Rechtsprechung zur Bewertung von **Leitungsrechten im Kostenrecht** wird verwiesen[232]. Der Wert eines Leitungsrechts als Grunddienstbarkeit (vgl. Rn. 403) bemisst sich nach § 22 KostO nach dem Wert, den sie für das herrschende Grundstück hat; ist jedoch der Betrag, um den sich der Wert des dienenden Grundstücks durch die Dienstbarkeit mindert, größer, so ist dieser höhere Betrag maßgebend. 417

4.2.7.5 Verzinsung der Entschädigung

Die Entschädigung bemisst sich nach dem Grundstückswert in dem Zeitpunkt, zu dem der Grundstückseigentümer die Dienstbarkeit eingeräumt hat, bzw. die Enteignungsbehörde über den Enteignungsantrag entscheidet. In Fällen der vorzeitigen Besitzeinweisung ist der Zeitpunkt maßgebend, in dem diese wirksam wird (§ 99 Abs. 3 BauGB). Er kann dann aus der Entschädigung Zinsen ziehen. „Rückwirkende Enteignungszinsen" über einen möglicherweise weit zurückreichenden Zeitraum, über den die Inanspruchnahme des Grundstücks entschädigungslos hingenommen wurde, liefen auf eine Doppelentschädigung hinaus, weil der Grundstückseigentümer damit u.U. an der Bodenwertsteigerung zusätzlich partizipieren würde[233]. 418

4.2.7.6 Bahnunterfahrung

Die für die Entschädigung von Leitungsdienstbarkeiten entwickelten **Grundsätze** sind für entsprechend gesicherte Bahnunterfahrungen (z. B. U-Bahn-Röhren) übertragen worden[234]. Dabei gilt es jedoch, eine Reihe von Besonderheiten zu berücksichtigen: 419

---

227 OLG Köln, Urt. vom 12.7.1963 – 9 U 21/63 –, EzGuG 14.16.
228 OLG Hamm, Urt. vom 20.9.1977 – 10 U 76/77 –, EzGuG 4.53.
229 BGH, Urt. vom 13.3.1991 – VIII ZR 373/89 –, EzGuG 14.98.
230 OLG Celle, Urt. vom 12.10.1979 – 4 U 82/79 –, EzGuG 14.63a.
231 VGH Mannheim, Urt. vom 14.5.1996 – 10 S 1/96 –, EzGuG 14.126.
232 OLG Celle, Beschl. vom 29.11.1974 – 8 Wx 22/74 –, EzGuG 14.48h.
233 Edelmann, G., Dienstbarkeiten für Versorgungsleitungen – zur Höhe und Verzinsung der Entschädigung, Energiewirtschaftliche Tagesfragen (ET) 1978, 24 f.; OLG Hamm, Urt. vom 29.8.1964 – 10 U 133/63 –, EzGuG 14.21.
234 BGH, Urt. vom 1.2.1982 – III ZR 93/80 –, EzGuG 14.69.

IX Rechte und Belastungen

a) Im Gegensatz zu Leitungsdienstbarkeiten, die i.d.R. so gestaltet sind, dass im Bereich einer Schutzzone das Anpflanzen tief wurzelnder Bäume und die Errichtung von Gebäuden ausgeschlossen wird, werden z. B. U-Bahn-Röhren so verlegt, dass die **bauliche Nutzung des Grundstücks** nicht eingeschränkt wird. Allerdings wird der Eigentümer vielfach auch hier gehindert sein, z. B. ein zweites Kellergeschoss (Tiefgarage) anzulegen.

b) Im Gegensatz zu „ruhenden" Versorgungsleitungen muss mit **Erschütterungen** und Geräuschen infolge des Bahnbetriebs einhergehend mit der Gefahr von Bauschäden und Nutzungsbelästigungen gerechnet werden. Selbst wenn solche Einwirkungen auszuschließen sind, kann eine Wertminderung i.S. eines **merkantilen Minderwerts** nicht ausgeschlossen werden[235].

420 *Debus*[236] kommt aufgrund einer Rundfrage unter 13 deutschen Großstädten mit Bahnunterfahrungen zum Ergebnis, dass eine Entschädigung von 1,25 % bis 30 % des Bodenwerts der Schutzstreifenfläche üblich ist. Bei einem Abstand von ca. 15 m der Geländeoberkante bis zur Oberkante der Schutzzone werde zumeist eine Entschädigung von **5 % des Bodenwerts der Schutzzone** gewährt.

421 In der bisher ergangenen **Rechtsprechung** sind folgende **Grundsätze** entwickelt worden:

a) Das mit dem U-Bahn-Betrieb verbundene „gewisse Prozessrisiko" wird als sehr gering eingeschätzt und rechtfertige eine Wertminderung[237].

b) Die betriebsnotwendige Lärmeinwirkung und Erschütterung schlägt in aller Regel auf den Verkehrswert des belasteten Grundstücks durch.

c) Bedeutsam für die Wertminderung ist die Größe der untertunnelten Fläche[238].

d) Der Wert der Gebäude auf dem Grundstück muss bei der Entschädigungsbemessung unberücksichtigt bleiben, wenn die Gebäude in ihrer Substanz vom U-Bahn-Bau und ihrem Betrieb nicht betroffen sind.

e) Die Ermittlung der Entschädigungshöhe allein nach dem Bodenwert widerspricht nicht der Rechtsprechung des BGH (Urt. vom 1.2.1982, a.a.O.), in der es für zulässig befunden wurde, die Entschädigung vom Gesamtwert des Grundstücks her zu ermitteln, jedoch nicht für rechtlich geboten erachtet wurde[239].

4.2.8 Wettbewerbsbeschränkende Dienstbarkeit (Konkurrenz- und Sortimentsklauseln)

Schrifttum: *Amann, H.,* Steuerung des Bierabsatzes durch Dienstbarkeiten, DNotZ 1986, 578 und DNotZ 1988, 581; *Baetge, D.,* Wettbewerbsbeschränkende Dienstbarkeiten in Europa, RabelsZ 59 (1995); *Bormann, J.,* Wettbewerbsbeschränkungen durch Grundstücksrechte, Heidelberg 2004; *Daubner, R.,* Probleme bei der Bestellung von Sicherungsdienstbarkeiten im Rahmen von Alleinbezugsvereinbarungen nach europäischem Kartellrecht, JA 1993, 19; *Höchtl, F.,* Die dingliche Sicherung von Bierbezugsverpflichtungen durch Reallast und Dienstbarkeit, Diss. 1959; *Joost, D.,* Sachenrechtliche Zulässigkeit wettbewerbsbeschränkender Dienstbarkeiten, NJW 1981, 308; *Münch, J.,* Die Sicherungsdienstbarkeit zwischen Gewerberecht und Kartellrecht, ZHR 157 (1993).

▶ *Allgemeines vgl. § 18 ImmoWertV Rn. 103 ff.*

422 Bei dem durch eine Grunddienstbarkeit abgesicherten **Bierbezugsvertrag** liegt eine Sonderform der Dienstbarkeit vor. Sie wird in diesem speziellen Fall dazu benutzt, eine Bezugsbindung des jeweiligen Grundstückseigentümers an eine Brauerei abzusichern.

---

235 BGH, Urt. vom 2.4.1981 – III ZR 186/79 –, EzGuG 4.75.
236 Debus in GuG 1994, 7.
237 BGH, Urt. vom 1.2.1982 – III ZR 93/80 –, EzGuG 14.69; OLG Hamm, Urt. vom 3.7.1989 – 22 U 185/88 –, EzGuG 14.85a; OLG Frankfurt am Main, Urt. vom 31.3.1988 – 1 U 15/85 –, EzGuG 14.82a.
238 BGH, Beschl. vom 28.6.1984 – III ZR 187/83 –, EzGuG 14.77.
239 LG Bielefeld, Urt. vom 16.4.1990 – 5 O 356/86 –, GuG 1993, 190 = EzGuG 14.98a.

423 Eine **positive Leistungspflicht kann nicht Inhalt einer Dienstbarkeit sein.** Die Pflicht zum ausschließlichen Ausschank und Verkauf von Bier einer bestimmten Brauerei oder eines Bierverlegers ist daher ein unzulässiger Inhalt einer Dienstbarkeit[240]. Das Verbot zum Ausschank oder Verkauf von Bier ist hingegen als **Inhalt einer Dienstbarkeit** zulässig (Unterlassungsdienstbarkeit)[241].

424 Brauereien und Bierverleger umgehen die §§ 1018 und 1090 BGB (Dienstbarkeiten), indem sie die Untersagung jeglichen **Bierausschanks und Verkaufs als Grunddienstbarkeit dinglich absichern lassen** und zugleich einen schuldrechtlichen Ausschließlichkeitsvertrag abschließen, der den Grundstückseigentümer zwingt, ausschließlich Bier ihrer Brauerei bzw. ihres Vertriebs abzunehmen, auszuschenken und zu verkaufen. Diese Rechtskonstruktion ist möglich[242]. Es wird praktisch ein dingliches Recht (Unterlassungsdienstbarkeit) bestellt, auf dessen Ausübung schuldrechtlich verzichtet wird (vgl. Abb. 93). Der Eigentümer des Grundstücks soll nicht etwa kein Bier ausschenken und verkaufen, sondern dies gerade im Verhältnis zum dinglich Berechtigten tun.

425 Vor Jahren waren **Laufzeiten von Bierlieferungsverträgen** von mehr als 30 Jahren üblich. Nach einer Entscheidung des BGH[243] liegt nun die Grenze für die Bindung eines Wirtes an eine Brauerei oder einen Bierverleger bei höchstens 20 Jahren. Nach der neueren Rechtsprechung besteht die Tendenz, die höchstzulässige Bindungsdauer in Ansehung des § 138 Abs. 1 BGB noch weiter herabzusetzen[244].

426 Für die Wertermittlung gilt: Es liegt eine **Unterlassungsdienstbarkeit** vor, die eine Grundstücksbelastung darstellt und das Eigentumsrecht einschränkt. Die Höhe der Wertminderung ist schwer einschätzbar. Sie wird vom Standort des Objekts, des möglichen Hektoliterumsatzes und dem Bekanntheitsgrad und dem „Ruf" des Berechtigten abhängen.

427 Bei Verstößen gegen die Bierbezugsverpflichtung werden derzeit üblicherweise 20 bis 25 € je Hektoliter fremdbezogenes Bier (Fass- und Flaschenbier) als pauschalisierter Schadensersatz berechnet[245].

---

[240] BGH, Beschl. vom 30.1.1959 – V ZB 31/58 –, EzGuG 14.9; für die dingliche Absicherung einer positiven Leistungspflicht kennt das BGB das Rechtsinstitut der Reallast (vgl. § 1105 BGB). Es ist ein Verwertungsrecht, ähnlich dem Grundpfandrecht. Der Berechtigte hat die Befugnis, das belastete Grundstück im Wege der Zwangsversteigerung zu verwerten und sich durch den Erlös in Geld zu befriedigen. Ein Bierbezugsvertrag bedeutet jedoch lediglich eine Gegenleistung in Geld für das gelieferte Bier. Diese Gegenleistung kann nicht Inhalt einer Reallast sein (vgl. Joost in JZ 1979, 467).
[241] Baur in Soergel, a.a.O., § 1090 Rn. 16.
[242] BGH, Urt. vom 18.5.1979 – V ZR 70/78 –, EzGuG 14.61; BGH, Urt. vom 13.7.1979 – V ZR 122/77 –, EzGuG 14.63; BGH, Urt. vom 21.5.1975 – VIII ZR 215/72 –, EzGuG 14.49b; BGH, Urt. vom 22.1.1975 – VIII ZR 243/73 –, EzGuG 14.48i; BGH, Urt. vom 17.10.1971 – VIII ZR 91/72 –, EzGuG 14.48b; BGH, Urt. vom 2.10.1969 – V ZR 10/68 –, EzGuG 14.38a; BGH, Urt. vom 16.10.1956 – I ZR 2/56 –, EzGuG 14.1a; BGH, Urt. vom 23.11.1951 – I ZR 24/51 –, EzGuG 14.2a; OLG Düsseldorf, Urt. vom 3.12.1987 – 10 U 126/87 –, EzGuG 3.71f.
[243] BGH, Urt. vom 21.3.1990 – VIII ZR 49/89 –, GuG 1990, 102 = EzGuG 14.88.
[244] BGH, Urt. vom 21.3.1990 – VIII ZR 49/89 –, GuG 1990, 102 = EzGuG 14.88.
[245] BGH, Urt. vom 22.2.1989 – VIII ZR 45/88 –, EzGuG 14.84c.

Abb. 93: Wettbewerbsbeschränkende Dienstbarkeiten

428 Als Entschädigung werden auch 20 % des jeweils gültigen Brauereibezugspreises für alle anderweitig bezogenen Biere vereinbart. Bei einem Nettopreis von 120 €/hl obergäriges Bier (Preisstand 7/1989) wären dies rd. 24 €/hl Schadensersatz für entgangenen Gewinn aus nicht erfüllter Bierbezugsverpflichtung[246]. Häufig wird auch in gewerblichen Mietverträgen Konkurrenzschutzklauseln aufgenommen, um den Mietern eine erhöhte Standortsicherheit zu geben. Auch im Lichte der Fachliteratur ist eine derartige Klausel als Einschränkung zu bewerten und durchaus auch wertmindernd anzusetzen.

4.2.9 Aussichtsrecht

429 Die **Verbauung einer freien Sicht** stellt zumindest in Innenstadtlagen regelmäßig keinen rechtlichen Nachteil i.S. von § 47 Abs. 2 Satz 1 VwGO dar, die durch Normenkontrolle verhindert werden könnte[247]; gleichwohl kann damit eine nicht unerhebliche Minderung des Verkehrswerts eines Grundstücks einhergehen (vgl. hierzu §§ 11, 12, 15, 16 Abs. 2 ImmoWertV). Das Verbauen einer schönen Aussicht kann zu einer Minderung des Verkehrswertes führen, auch wenn sie nur bedingt zu verhindern ist.

430 Eine Minderung des Verkehrswerts ist regelmäßig auch dann gegeben, wenn das Aussichtsrecht durch eine **beschränkt persönliche (Grund-)Dienstbarkeit** zugunsten eines Nachbargrundstücks gesichert ist.

431 Nach Nr. 4.3.3e WERTR 02 (in der WERTR 06 ist das Aussichtsrecht nicht mehr abgedruckt) ermitteln sich die Auswirkungen auf den Verkehrswert des dienenden und herrschenden Grundstücks wie folgt:

---

246 BGH, Urt. vom 22.2.1989 – VIII ZR 45/88 –, EzGuG 14.84c.
247 VGH Mannheim, Normenkontrollbeschl. vom 14.3.1990 – 8 S 2599/89 –, UPR 1990, 280; BVerwG, Beschl. vom 9.2.1995 – 4 NB 17/94 –, GuG 1995, 251 EzGuG 4.159.

Abb. 94: Aussichtsrecht (Anl. 18 WERTR 02 zu Nr 4.3.3e)*

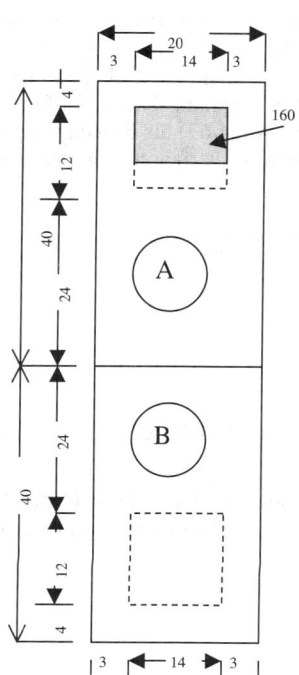

Auswirkung eines Aussichtsrechts des begünstigten Grundstücks (A) und des belasteten Grundstücks (B)

Infolge des Aussichtsrechts zugunsten des jeweiligen Eigentümers des Grundstücks (A) darf das unbebaute Grundstück (B) nur eingeschossig bebaut werden. Nach den baurechtlichen Vorschriften wären zwei Geschosse zulässig. Der Bauwich hat eine Breite von 3 m, die vordere Baulinie liegt 4 m, die hintere Baulinie 16 m hinter der straßenseitigen Grundstücksgrenze.

Beispiel 8.1

baurechtlich zulässige GFZ: 0,2; Bodenrichtwert: 50 €/m²

W e r t   d e s   b e g ü n s t i g t e n   G r u n d s t ü c k s (A)

Die Lagewertsteigerung des begünstigten Grundstücks wird auf der Grundlage der durch das Aussichrecht gesteigerten Nutzungsmöglichkeit bzw. Rentierlichkeit bei der gegebenen landschaftlichen Situation zu 20 v.H. des Bodenwerts veranschlagt.

50 €/m² + 20 v.H. = 60 €/m²

W e r t   d e s   b e l a s t e t e n   G r u n d s t ü c k s (B)

Das Grundstück wird nur hinsichtlich der Gestaltung des Gebäudes, insbesondere der Geschosszahl, nicht jedoch bezüglich des zulässigen Maßes der baulichen Nutzung beeinträchtigt. Dieser Nachteil wird mit 10 v.H. veranschlagt.

50 €/m² − 10 v.H. = 45 €/m²

Beispiel 8.2

Baurechtlich zulässige GFZ: 0,4; Bodenrichtwert: 65 €/m²

W e r t   d e s   b e g ü n s t i g t e n   G r u n d s t ü c k s (A)

Die Lagewertsteigerung des begünstigten Grundstücks wird auf der Grundlage der durch das Aussichtsrecht gesteigerten Nutzungsmöglichkeit bzw. Rentierlichkeit bei der besonderen landschaftlichen Situation zu 35 v.H. des Bodenwerts veranschlagt.

65 €/m² + 35 v.H. = 88 €/m²

W e r t   d e s   b e l a s t e t e n   G r u n d s t ü c k s (B)

Das öffentlich-rechtlich zulässige Maß der baulichen Nutzung des durch das Aussichtsrecht belasteten Grundstücks wird auf rd. die Hälfte eingeschränkt (Abschlag rd. 20 v.H.). Zusätzlich wird die Planungsfreiheit beschränkt (Abschlag wie bei 8.1 (B) rd. 10 v.H.).

65 €/m² − 30 v.H. = 46 €/m²

* Aus Gründen der Aktualität wurde das DM-Zeichen durch das €-Zeichen ersetzt.

IX Rechte und Belastungen

4.2.10 Belegungsrecht

432 Von einem Belegungsrecht (Besetzungsrecht) spricht man, wenn ein **Dritter die Befugnis hat, dem Vermieter z. B. einen Wohnungssuchenden zu benennen, mit dem dieser dann einen Mietvertrag abzuschließen hat** (vgl. §§ 26 ff. Wohnraumförderungsgesetz – WoFG). Für Angehörige des öffentlichen Dienstes regelt § 4 Abs. 5 WoBindG das **Belegungsrecht** der Wohnungsfürsorgebehörden. Es stellt ein vertraglich begründetes Belegungsrecht, wie auch in anderen Bereichen (z. B. Werkförderungsverträge), dar. Benennungs- und Belegungsrechte können durch beschränkt persönliche Dienstbarkeiten grundbuchlich gesichert werden (§ 27 WoBindG).

433 Das Belegungsrecht schränkt die Befugnisse des Eigentümers ein und entfaltet damit wertmindernde Wirkung. Eine Wertminderung kann bereits eintreten, wenn das Belegungsrecht darauf angelegt ist, bestimmten Bevölkerungskreisen zu einer Wohnung auf der Grundlage des allgemeinen Mietpreisniveaus zu verhelfen, die die freie Vermietbarkeit eines Gebäudes in der allgemeinen Anschauung beeinträchtigen. Diese Wertminderung fällt i.d.R. gering aus, da das Belegungsrecht nicht die Ertragslage, sondern nur den Personenkreis einschränkt. Ist das **Belegungs-(Besetzungs-)Recht dagegen mit einer Mietpreisbindung gekoppelt,** so geht damit eine spürbare Wertminderung einher. Sie ist abhängig von

- dem Unterschied zwischen der marktüblich erzielbaren Miete und der preisgebundenen Miete sowie
- der Dauer der Mietpreisbindung.

Die Wertminderung bemisst sich dann nach dem Barwert der aus dem Minderertrag bemessenen Zeitrente, wobei in der Praxis hier der interne Zins der Immobilie zur Anwendung gebracht wird. Da es sich hierbei um eine finanzmathematische Einschränkung der Nutzung des Objektes handelt, kann allerdings auch die Auffassung vertreten werden, dass der allgemeine langfristige Kapitalmarktzinssatz zu Grunde zu legen ist.

Zum **Wert eines Besetzungsrechts** hat das LG Münster im Urt. vom 21.6.1966 aus Anlass eines solchen in einem Versteigerungstermin erloschenen Rechts Stellung genommen: Anhaltspunkt für seinen Wert ist danach der Mietwert der Wohnung und die Restlaufzeit des Besetzungsrechts. Hieran anknüpfend hatte das Ministerium für Wohnungsbau und öffentliche Arbeiten (NRW) im Erlass vom 4.10.1967 (III A 5 – 4.15 – 4384/67) als Berechnungsformel für den Wert einer durch Zuschlag im Zwangsversteigerungsverfahren erloschenen beschränkt persönlichen Dienstbarkeit vorgegeben:

$$\text{Wert} = \frac{\text{Jahresmietwert} \times \text{Restlaufzeit des Besetzungsrechts}}{10}$$

4.2.11 Wohnungsrecht

4.2.11.1 Allgemeines

434 Die Gestaltungsmöglichkeiten von Rechten, die das Wohnen in einem Gebäude oder in einer Wohnung zum Inhalt haben, sind vielfältig.

435 Das Wohnungsrecht nach § 1093 BGB ist eine beschränkt persönliche Dienstbarkeit, durch die der Berechtigte ein Gebäude oder einen Gebäudeteil unter Ausschluss des Eigentümers als Wohnung nutzen darf.

Abb. 95: Rechte, die das Wohnen zum Inhalt haben

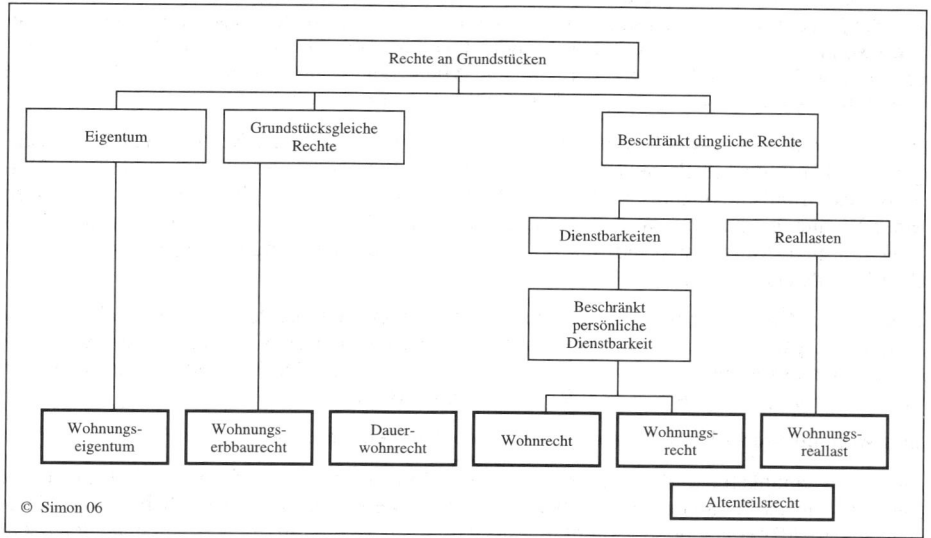

Das **Wohnungsrecht ist in § 1093 BGB** wie folgt definiert: 436

„§ 1093 BGB Wohnungsrecht

(1) Als beschränkte persönliche Dienstbarkeit kann auch das Recht bestellt werden, ein Gebäude oder einen Teil eines Gebäudes unter Ausschluss des Eigentümers als Wohnung zu benutzen. Auf dieses Recht finden die für den Nießbrauch geltenden Vorschriften der §§ 1031, 1034, 1036, des § 1037 Abs. 1 und der §§ 1041, 1042, 1044, 1049, 1050, 1057, 1062 entsprechende Anwendung.

(2) Der Berechtigte ist befugt, seine Familie sowie die zur standesmäßigen Bedienung und zur Pflege erforderlichen Personen in die Wohnung aufzunehmen.

(3) Ist das Recht auf einen Teil des Gebäudes beschränkt, so kann der Berechtigte die zum gemeinschaftlichen Gebrauche der Bewohner bestimmten Anlagen und Einrichtungen mitbenutzen."

Der **Inhalt des Wohnungsrechts** bestimmt sich nach den §§ 1090 bis 1092 BGB sowie aufgrund der Verweisung in § 1093 Abs. 1 BGB nach den dort genannten Vorschriften des Nießbrauchs, nämlich den §§ 1031[248], 1034[249] und 1036 BGB, § 1037 Abs. 1 BGB und den §§ 1041, 1042, 1044, 1049, 1050, 1057 und 1062 BGB. Abweichende und nicht gegen zwingendes Recht verstoßende Vereinbarungen sind zulässig. 437

Das Wohnungsrecht umfasst auch die **Befugnis zur Benutzung von Anlagen und Einrichtungen außerhalb des Gebäudes, wenn dies wesensmäßig zum Wohnen dazugehört**[250]. Der Wohnungsberechtigte ist (nur) zum Besitz der Wohnung befugt und hat die bisherige wirtschaftliche Bestimmung aufrechtzuerhalten und nach den Regeln der ordnungsgemäßen Wirtschaft zu verfahren; der Wohnungsberechtigte ist nicht berechtigt, die Wohnung umzugestalten und wesentlich zu verändern. 438

Umgangssprachlich wird auch der **Begriff „Wohnrecht"** verwendet, der zumeist das Recht auf ausschließliche Nutzung von Teilen einer Wohnung (z. B. ein Zimmer mit Mitbenutzung des Bades und der Küche) bezeichnet (§§ 1090, 1093 Abs. 3 BGB). 439

---

248 Das Wohnungsrecht umfasst auch das Zubehör nach den für den Erwerb des Eigentums geltenden Vorschriften.
249 Der Wohnungsberechtigte kann ebenso wie der Eigentümer den Zustand der Wohnung auf seine Kosten durch einen Sachverständigen feststellen lassen.
250 BGH, Urt. vom 20.6.1984 – IVa ZR 34/83 –, EzGuG 14.75a; RFH, Urt. vom 21.12.1928; BayObLG, Urt. vom 17.1.1985 – BReg 2 Z 132/84 –, WuM 1988, 164 = BayObLGZ 1985, 31.

440 Im Unterschied zur beschränkt persönlichen Dienstbarkeit muss das Wohnen der Hauptzweck des Wohnungsrechts sein, jedoch kann eine anderweitige Nutzung vereinbart werden, wenn sie nur Nebenzweck ist. **Unabdingbares Wesensmerkmal ist der Ausschluss des Eigentümers von der Benutzung des Gebäudes oder Gebäudeteils;** Gebäude und Gebäudeteile müssen mithin Gegenstand des Rechts sein. Ob Miete oder Wohnungsrecht gewollt ist, ist in Zweifelsfällen durch Auslegung des Parteiwillens zu ermitteln.

441 Im **Unterschied zum Nießbrauch** gemäß § 1030 BGB, bei dem der Berechtigte *alle* Nutzungen aus dem Grundstück ziehen darf, gewährt das Wohnungsrecht die ausschließliche Nutzung des Grundstücks zum Wohnen (bei Wohnungsrechten an Einfamilienhäusern) oder an einer Wohnung (z. B. bei Wohnungsrechten an einer Wohnung in einem Zweifamilienhaus oder in einem Mietwohngrundstück). Der Nießbraucher kann hingegen alle Nutzungen aus dem Grundstück ziehen.

Bestellung, Übertragung und Löschung eines Wohnungsrechts erfolgen nach den für beschränkt persönliche Dienstbarkeiten geltenden Regeln. Das Wohnungsrecht ist demzufolge auch unveräußerlich (§ 1092 Abs. 1 Satz 1, § 1093 Abs. 1 BGB) und unvererblich (§ 1090 Abs. 2, § 1061 Satz 1, § 1093 Abs. 1 Satz 1 BGB).

442 Das Wohnungsrecht ist im **Grundbuch in Abt. II** eingetragen.

443 Da das Wohnungsrecht als eine beschränkt persönliche Dienstbarkeit nicht übertragbar ist, kann sich durch Veräußerung solcher Rechte ein **Verkehrswert im gewöhnlichen Geschäftsverkehr** nicht herausbilden. Allenfalls aus Grundstücksverkäufen, bei denen zugleich ein Wohnungsrecht begründet wird, könnte der Wert des Wohnungsrechts durch Vergleich mit dem Verkehrswert des unbelasteten Grundstücks abgeleitet werden. Aus diesem Grunde verbleibt nur die Möglichkeit, den Wert eines Wohnungsrechts nach den Maßstäben abzuleiten, den ein hypothetischer Erwerber zu zahlen bereit wäre.

Jedoch ist die Wertermittlung des Wohnrechts im Rahmen der Ermittlung des Zugewinnausgleichs bei Ehescheidungen notwendig. Der Wert einer derartigen Belastung ergibt sich unter Berücksichtigung der statistischen Lebenserwartung der/des Berechtigten an den jeweiligen Stichtagen. Nach den BGH-Urteilen vom 7.9.2005 und 22.11.2006[251] ist in den Fällen des § 1374 Abs. 2 BGB das vom erwerbenden Ehegatten übernommene Recht (Wohnrecht, Nießbrauch) bei der Ermittlung des Anfangs- und, wenn das Recht fortbesteht, auch beim Endvermögen mit seinem aktuellen Wert wertmindernd zu berücksichtigen. Vom Ausgleich auszunehmen ist auch der fortlaufende Wertzuwachs aufgrund des abnehmenden Werts des Rechts im dazwischen liegenden Zeitraum (gleitender Erwerbsvorgang).

4.2.11.2 Wertbildende Parameter

444 Die **wesentlichen wertbeeinflussenden Umstände** sind

- die Nutzungsart,
- die vertragliche Ausgestaltung des Wohnungsrechtsvertrags insbesondere zu den Bewirtschaftungskosten,
- die Lebenserwartung des Berechtigten,
- der Nutzwert und
- der Zinssatz (Abb. 96):

---

[251] BGH, Urt. vom 7.9.2005 – XII ZR 209/02 –, BGHZ 164, 69 = EzGuG 14.142a; BGH, Urt. vom 22.11.2006 – XII ZR 8/05 –, GuG 2008, 303 = EzGuG 14.149a.

Abb. 96: Die wesentlichen wertbildende Parameter

Hat der Wohnungsberechtigte die Nutzung der überlassenen Räumlichkeiten bereits endgültig aufgegeben, wird das Wohnungsrecht praktisch wertlos oder zumindest stark gemindert[252].

a) Nutzungart

Von wesentlicher Bedeutung ist zunächst, ob es sich um ein Wohnungsrecht 445

– an einem Einfamilienhaus,
– an einer Wohnung in einem Zweifamilienhaus oder
– an einer Wohnung in einem Mietwohnobjekt

handelt. Je nach Nutzungsart ergeben sich unterschiedliche Belastungen für den verpflichteten Eigentümer.

b) Vertragliche Ausgestaltung des Wohnungsrechtsvertrags insbesondere zu den Bewirtschaftungskosten

Von besonderer Bedeutung für die Verkehrswertermittlung sind die **gesetzlichen und vertrag-** 446
lichen Regelungen zur Ausgestaltung des Wohnungsrechtsvertrags und insbesondere **zu den Bewirtschaftungskosten:** Es kann sich um ein entgeltliches oder um ein unentgeltliches Wohnungsrecht handeln.

Bei dem **entgeltlichen Wohnungsrecht** hat der Berechtigte die wirtschaftliche Bestimmung 447
aufrechtzuerhalten und nach den Regeln einer ordnungsgemäßen Wirtschaft zu verfahren. Er hat demnach zwar das Recht, im Gebäude zu wohnen, muss dafür aber ein Entgelt zahlen, welches sich aber nicht immer mit der marktüblichen Miete deckt. Dabei ist zu klären, welche Bewirtschaftungskosten der Berechtigte trägt.

1. Nach § 1093 Abs. 1 Satz 1 i.V.m. § 1041 BGB hat der Wohnungsberechtigte für die Erhaltung der Wohnung „in ihrem wirtschaftlichen Bestande zu sorgen und demzufolge die ‚gewöhnlichen Unterhaltungskosten' zu tragen." Ausbesserungen und Erneuerungen obliegen ihm nur insoweit, als sie zu der gewöhnlichen Unterhaltung der Sache gehören (§ 1041 Satz 2 BGB).

   „§ 1021 BGB Vereinbarte Unterhaltungspflicht

   (1) Gehört zur Ausübung einer Grunddienstbarkeit eine Anlage auf dem belasteten Grundstücke, so kann bestimmt werden, dass der Eigentümer dieses Grundstücks die Anlage zu unterhalten hat, soweit das Interesse des Berechtigten es erfordert. Steht dem Eigentümer das Recht zur Mitbenutzung

---

252 OLG Köln, Urt. vom 22.3.2002 – 19 U 111/01 –, EzGuG 14.136.

IX Rechte und Belastungen — Rechte Dritter

der Anlage zu, so kann bestimmt werden, dass der Berechtigte die Anlage zu unterhalten hat, soweit es für das Benutzerrecht des Eigentümers erforderlich ist.

(2) Auf eine solche Unterhaltungspflicht finden die Vorschriften über die Reallasten entsprechende Anwendung."

2. Die Parteien können hiervon abweichend *mit dinglicher Wirkung* vereinbaren, dass die Kosten für außergewöhnliche Ausbesserungen und Erneuerungen von den Parteien anteilig getragen werden[253]. Als vertragliche Nebenpflicht kann auch mit dinglicher Wirkung vereinbart werden, dass die Kosten für Heizung und Müllabfuhr vom Eigentümer zu tragen sind[254].

3. In Abänderung der gesetzlichen Regelungen kann *mit schuldrechtlicher Wirkung* vereinbart werden, dass der Wohnungsberechtigte alle oder die Hälfte sämtlicher Grundstückslasten trägt. Ansonsten hat der Wohnungsberechtigte die Lasten des Gebäudes nicht zu tragen; dies obliegt dem Eigentümer, da § 1093 BGB nicht auf § 1047 BGB Bezug nimmt.

Ist der Berechtigte zur Zahlung von Kosten und Lasten verpflichtet, die normalerweise vom Grundstückseigentümer getragen werden (z. B. Zahlungsverpflichtungen aus Abt. III des Grundbuchs oder üblicherweise umlegbare Bewirtschaftungskosten), ist zu beachten, dass diese Kosten und Lasten bei der Wertermittlung des Rechts ausgehend vom Jahresrohertrag wertmindernd angesetzt werden. Damit reduziert sich zugleich die Wertminderung des belasteten Grundstücks.

448 Ist **im Wohnungsrechtsvertrag nichts Näheres bestimmt**, so hat der Berechtigte die von ihm verursachten Nebenkosten anteilig zu tragen. Das sind i.d.R. die Kosten für Wasser, Abwasser, Heizung, Müllabfuhr und Schornsteinfeger, nicht jedoch die Kosten für Straßenreinigung und Gebäudeversicherung[255].

449 Einen **Überblick über die Auswirkungen eines Wohnungsrechts auf den Verkehrswert** gibt Abb. 97.

Abb. 97: Wirtschaftliche Auswirkungen des Wohnungsrechts

Grundstücksart	Einfamilienhaus-Grundstück	Zweifamilienhausgrundstück	Mietwohngrundstück
unentgeltliches Wohnungsrecht	■ erheblich wertmindernd	teilweise wertmindernd	teilweise wertmindernd
Entgeltliches Wohnungsrecht	nicht/gering wertmindernd	teilweise wertmindernd	nicht/gering wertmindernd

■ Erheblich wertmindernd
□ Nicht oder nur geringfügig wertmindernd

© Simon 02

450 Bei **unentgeltlichen Wohnungsrechten** wird normalerweise unterstellt, dass der Berechtigte nur die Nettokaltmiete (Grundmiete) einspart und alle umlagefähigen Bewirtschaftungskosten

---

[253] Joost in MünchenerKomm BGB, § 1093 Rn. 8; Soergel/Stürmer, BGB 12. Aufl. 1989, § 1093 Rn. 11; LG Gießen, Urt. vom 10.1.1986 – 7 T 6/86 –, Rpfleger 1986, 174.
[254] Haegele/Schöber/Stöber, Grundbuchrecht, 11. Aufl. 1997, Rn. 1253.
[255] LG Duisburg, Urt. vom 8.12.1987 – 75 434/86 –, EzGuG 14.81b.

zahlt. Das sind üblicherweise alle mit der Bewirtschaftung zusammenhängenden Kosten außer den Verwaltungs- und Instandhaltungskosten. Übernimmt der Eigentümer diese Kosten, einen Teil oder alle umlagefähigen Bewirtschaftungskosten, entsteht dem Berechtigten ein über die reine Ersparnis der Nettokaltmiete hinausgehender Vorteil, der bei der Wertermittlung des Rechts ebenso wie bei der Wertermittlung der Belastung des Verpflichteten zu berücksichtigen ist.

c) Lebenserwartung des Berechtigten

Schrifttum: *Bickel, H.,* Lebenserwartung und Pflegebedürftigkeit in Deutschland, Georg Thieme Verlag Stuttgart 2001; *Bundesministerium für Familien, Senioren, Frauen und Jugend,* Hilfe und Pflegebedürftigkeit, Schriftenreihe Bd. 147, 2; *Grupp/Richter/Wolsdorf,* Die Ableitung der Pflegewahrscheinlichkeit für den Mustergeschäftsplan der Rentenversicherung, Blätter der DGVN 1992; *Holl/Kakie/Richter,* Die Ableitung der Pflegewahrscheinlichkeit für den Mustergeschäftsplan der Rentenversicherung, Blätter der DGVN 1985, S. 163; *Jahn. W.,* Pflegewahrscheinlichkeit in Deutschland, GuG 2005, 24; *Kühbach,* Der Einfluss des Pflegeversicherungsgesetzes auf die Verkehrswertermittlung von Rechten an Grundstücken, GuG 1995, 138; *Lemmer, K.,* Wohnungsrecht und Pflegeverpflichtung, GuG 1998, 96; *Schmidt, A.,* Die Bewertung von Pflegeverpflichtungen, GuG 1998, 284; *Steinkamp, Chr.,* Die Bevölkerung und der Pflegefall, GuG 2004, 143, 232; *Simon, J.,* Wertermittlung eines mit einem Altersteilsrecht belasteten Grundstücks, GuG 1990, 90.

Die ein Grundstück belastenden beschränkt persönlichen Dienstbarkeiten gehören zu den rechtlichen Gegebenheiten i.S. des § 194 BauGB, die bei der Verkehrswertermittlung berücksichtigt werden müssen. Hieraus folgt, dass der Verkehrswert derartig belasteter Grundstücke von der Lebenserwartung des dinglich Berechtigten abhängig ist. Im Falle des Ankaufs derartiger Grundstücke muss deshalb bei dem Käufer ein hohes Interesse bestehen, diese Lebenserwartung möglichst genau einzuschätzen. Generell wurde dafür in Deutschland die zum jeweiligen Wertermittlungsstichtag letztmalig vom Statistischen Bundesamt in Wiesbaden veröffentlichte **Allgemeine Sterbetafel** bzw. die **Abgekürzte Sterbetafel** herangezogen[256]. Die Grundlage der Allgemeinen Sterbetafel sind die statistisch gut abgesicherten Volkszählungen. Die Abgekürzten Sterbetafeln beruhen dagegen auf weniger gut abgesicherten Bevölkerungsfortschreibungen. In der Sterbetafel 2001/2003 ist z.B. die durchschnittliche Lebenserwartung für eine 65 Jahre alte männliche Person mit ca. 16 Jahren angegeben (Abb. 98).

451

---

[256] Kleiber in GuG 1999, 217.

Abb. 98: Sterbetafeln in Deutschland

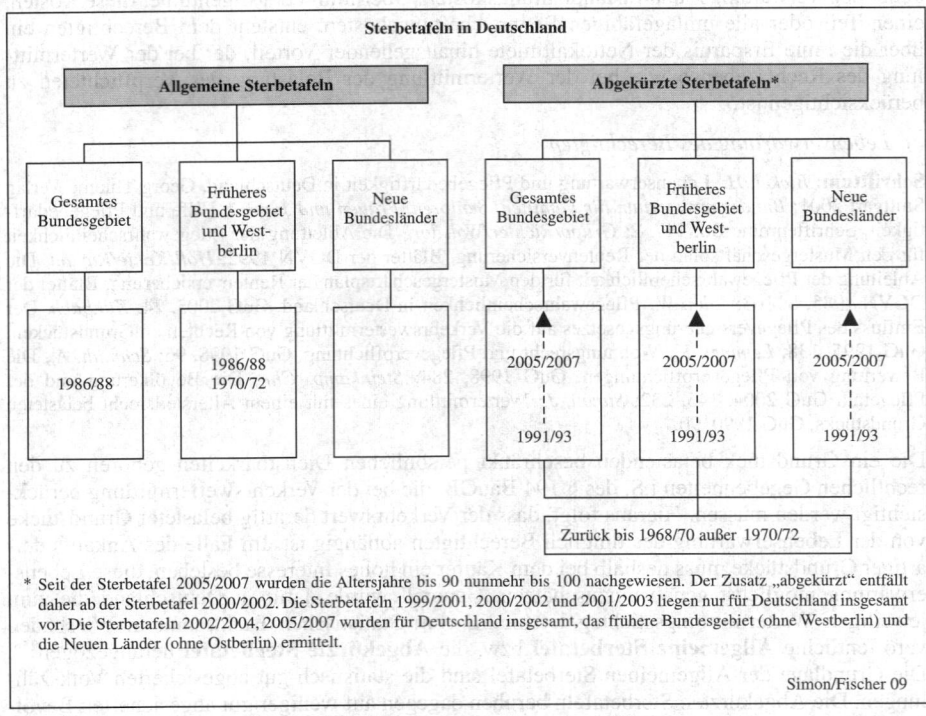

▶ http://www.destatis.de/download/d/bevoe/sterbetafelo3.xls

452 Legt man diese statistische Größe der Berechnung des Wohnungsrechts zugrunde, gilt Folgendes:

– Stirbt der Berechtigte vor Ablauf der 15 Jahre, hat der Verpflichtete einen Vorteil.

– Stirbt der Berechtigte genau nach 15 Jahren, entsteht weder für den Berechtigten noch für den Verpflichteten ein Vor- oder Nachteil.

– Stirbt der Berechtigte später als nach 15 Jahren, erleidet der Verpflichtete u.U. einen erheblichen Nachteil.

453 Die **Sterbetafeln stellen lediglich eine „Absterbeordnung"** dar, bei der nicht berücksichtigt wird, dass der Berechtigte seine durchschnittliche Lebenserwartung „überlebt", also länger lebt als nach der Sterbetafel „vorgesehen" (vgl. Rn. 361). Das ist bei Anwendung der Allgemeinen Sterbetafel leicht erkennbar:

Eine 50 Jahre alte Person hat 1998 nach der veröffentlichten Sterbetafel 1994/96 noch eine Lebenserwartung von 26,36 Jahren. Statistisch gesehen muss also im Jahr 2024 mit ihrem Ableben bei einem Alter von 76 Jahren gerechnet werden. Ist sie aber bereits 76 Jahre alt geworden, wird ihr nach der Sterbetafel noch eine Restlebenserwartung von 8,36 Jahren eingeräumt. Hätte sie auch das Alter von (76 + 8 Jahre =) 84 Jahren erreicht, würde sie wiederum noch eine Restlebenserwartung von 5,08 Jahren haben. Wird nun für die 50 Jahre alte Person im Jahr 1998 der Wert einer beschränkt persönlichen Dienstbarkeit über die Abgekürzte Sterbetafel (Lebenserwartung 26,36 Jahre) ermittelt, wird diese Überlebenswahrscheinlichkeit nicht mit berücksichtigt. Gleichwohl wird ein Kaufinteressent dieses Risiko in die Kaufverhandlungen mit einbeziehen.

454 Verkäufe von Objekten, die mit einer beschränkt persönlichen Dienstbarkeit belastet sind, lassen erkennen, dass die Kaufpreise deutlich geringer sind als die Verkehrswerte, die im Standardwertermittlungsverfahren auf der Grundlage der Sterbetafeln ermittelt werden. Diesem

Umstand wurde in der Praxis der Wertermittlung in Abweichung zum Beispiel der Anl. 20 zur WERTR im Allgemeinen durch einen zusätzlichen **Abschlag von 10 bis 15 v.H.**[257] des Werts des belasteten Grundstücks Rechnung getragen. Der Abschlag berücksichtigte im Kern die Unsicherheit der bei der Barwertermittlung vorgenommenen Annahme, dass der Berechtigte nicht länger lebt als nach der Sterbetafel des Statistischen Bundesamtes ausgewiesen. Die Bestimmung der Höhe des Abschlags ist schwierig, da er praktisch nur aus der persönlichen Erfahrung des Sachverständigen hergeleitet werden kann. Zu dem vorstehenden Ergebnis gelangt man im Übrigen auch, wenn man entsprechend der Rechtsprechung des OLG Bremen[258] einen Zuschlag an den Nutzwert anbringt.

Zuweilen wurden bei der Wertermittlung von beschränkt persönlichen Dienstbarkeiten die in der Versicherungswirtschaft bei Lebensversicherungen angewendeten Anwartschaftsfaktoren herangezogen, die das angesprochene Problem durch entsprechende Sicherheitszuschläge zu vermeiden suchten. Grundlage ist die Tabelle der Sterblichkeiten, die bei Lebensversicherern für Rententarife eingesetzt werden. Der Sterbetafel liegt die Kalkulation von Rentenversicherungen auf Anordnung des Bundesaufsichtsamtes für Versicherungswesen seit 1989 zu Grunde (**DAV-Sterbetafel 1994 R** für Rentenversicherungen – für Wertermittlungszwecke aufbereitet[259]); vgl. auch Sterbetafel für die deutsche Private Krankenversicherung (PKW 2007). Da die Tabelle nicht jedes Jahr aktualisiert wird, ist bei der Ermittlung der Lebenserwartung auf der Grundlage dieser Tabelle eine sog. Altersverschiebung zu berücksichtigen. Sie trägt dem Umstand Rechnung, dass die Lebenserwartung eines Menschen von seinem Geburtsjahr abhängig ist. Das bedeutet, dass ein 60-Jähriger, der 1940 geboren wurde, eine andere Lebenserwartung hat als ein 60-Jähriger, der 1930 geboren wurde. Um dies zu berücksichtigen, wird ausgehend von der Basistafel eine Altersverschiebung vorgenommen (Abb. 99): **455**

Abb. 99: Anwendung der DAV-Sterbetafel

Alter am Stichtag	65 Jahre
Altersverschiebung Geburtsjahr zwischen 1921 und 1934	+ 3 Jahre
anrechenbares Alter	= 68 Jahre
Lebenswahrscheinlichkeit nach der DAV-Sterbetafel bei anrechenbarem Alter von 68 Jahren	19,9 oder rd. 20 Jahre

Gegenüber der abgekürzten Sterbetafel von 1994/96 des Statistischen Bundesamtes ergibt sich bei einer 65 Jahre alten männlichen Person demnach eine 5 Jahre höhere Lebenserwartung mit entsprechenden Folgen für den Wert des Rechts und des belasteten Grundstücks. **456**

Gegen die generelle Anwendung der DAV-Sterbetafel bei der Verkehrswertermittlung bestehen erhebliche Bedenken. **Gegen die Verwendung der von der Versicherungswirtschaft erarbeiteten Sterbetafel** wird die nicht unbegründete Vermutung vorgebracht, dass mit der dort ausgewiesenen längeren Lebenserwartung Unternehmergewinne sicher angestrebt werden[260]. Umgekehrt kann gegen die Heranziehung der Sterbetafeln des Statistischen Bundesamtes eingewandt werden, dass sie die Lebenserwartung der Gesamtbevölkerung wiedergeben, während die Inhaber von Wohnungsrechten vornehmlich solchen „gehobenen" Bevölkerungskreisen zuzurechnen seien, die eine längere Lebenserwartung als die Durchschnittsbevölkerung aufweisen. Will man bezüglich der anzusetzenden Lebenserwartung auf die gruppenspezifische Lebenserwartung abstellen, wäre es konsequent, in einem weiteren Schritt gleich auf die **individuelle Lebenserwartung** überzugehen. Dafür spricht auch der **457**

---

257 Simon/Cors/Troll, a.a.O.
258 OLG Bremen, Urt. vom 29.11.1967 – U B c 5/67 –, EzGuG 14.3; a. A. Korinthenberg/Wenz/Ackermann, KostO, 6. Aufl., § 24 Anm. II 1.
259 DAV Sterbetafel 1994 R; Blätter der Deutschen Gesellschaft für Versicherungsmathematik (DGVM) 1995, 29 ff.; abgedruckt auch in Kleiber/Simon, WertV 98, 5. Aufl., 3027.
260 Kleiber/Simon, WertV 98, a.a.O., 3027.

IX Rechte und Belastungen — Rechte Dritter

Umstand, dass bei dem Erwerb eines mit einem Wohnungsrecht belasteten Grundstücks im gewöhnlichen Geschäftsverkehr klammheimlich die individuelle gesundheitliche Verfassung des Berechtigten Beachtung findet. Das konkrete Sterbealter könnte praktisch aber nicht anders als durch ärztliche Auskunft in nachvollziehbarer Weise festgestellt werden, was ohne Einwilligung des Betroffenen nicht möglich ist. Die Intimsphäre müsste dabei zurücktreten[261].

458 Bei alledem kann die Heranziehung der DAV-Sterbetafel dazu beitragen, dass das Ergebnis der Wertermittlung unter Anwendung dieser Tabelle gewissermaßen die absolute **Obergrenze des oben angesprochenen Abschlags** darstellt, sofern keine anderen plausibel darstellbaren Marktkorrekturen in Betracht kommen.

459 Nach der Neufassung der WERTR 06 richtet sich die Lebenserwartung des Berechtigten ohne Berücksichtigung sonstiger persönlicher Umstände nach seinem Alter am Wertermittlungsstichtag. Die Ermittlung des Werts des Rechts erfolgt auf der Grundlage einer Leibrentenberechnung mit monatlich oder jährlich vorschüssiger Zahlweise. Aktuelle Leibrentenfaktoren werden unter dem Titel „Kommutationszahlen und Versicherungsbarwerte für Leibrenten 20../20.." (Tabellen zur monatlich und jährlich vorschüssigen Zahlungsweise) als Versicherungsbarwerte ($^{(12)}\ddot{a}_x$ bzw. $\ddot{a}_x$) vom Statistischen Bundesamt zu den jeweils aktuell erscheinenden Sterbetafeln herausgegeben. Für zurückliegende Wertermittlungsstichtage vor Erscheinen der Tabellen zu den Leibrentenfaktoren 2000/2002 im August 2004 ist die seit dem Erscheinen der letzten Allgemeinen Sterbetafel gestiegene Lebenserwartung in geeigneter Weise zu berücksichtigen. Nunmehr steht die Sterbetafel 2005/2007 zur Verfügung.

d) Nutzwert

460 **Bei der Ermittlung des Nutzwerts des Rechts muss unterschieden werden, ob das Wohnungsrecht an einem Sachwertobjekt** (z. B. Einfamilienhausgrundstück) **oder an einem Ertragsobjekt** (z. B. Mietwohnung in einem Zweifamilienhaus oder einem Mietwohnobjekt) **besteht.**

Bei den üblicherweise selbst genutzten Objekten wie Einfamilienhäusern und Eigentumswohnungen entspricht der Wert des Rechts i.d.R. nicht der Wertminderung des belasteten Grundstücks. Da der Berechtigte nicht Eigentümer des Grundstücks ist, kann er es lediglich unter Beachtung der ordnungsgemäßen Bewirtschaftung nutzen. Er könnte das Einfamilienhaus auch vermieten. Insoweit ist bei der Wertermittlung des Wohnungsrechts an einem Einfamilienhausgrundstück lediglich von der marktüblich erzielbaren Miete auszugehen.

461 Anders verhält es sich bei der **Wertermittlung des belasteten Grundstücks.** Bisher ging man davon aus, dass ein mit einem Wohnungsrecht belastetes Einfamilienhaus für die voraussichtliche Dauer des Rechts wie ein Anlageobjekt behandelt wird. Dabei war anstatt der Marktmiete die aus dem Gebäudewertanteil am Verkehrswert errechnete Kostenmiete zu Grunde zu legen. Dies wurde damit begründet, dass eigengenutzte Ein- und in Ausnahmefällen Zweifamilienhäuser nicht unter Renditegesichtspunkten errichtet und genutzt werden, sondern dass bei diesen Objekten die Annehmlichkeit des ungestörten Wohnens „in den eigenen vier Wänden" im Vordergrund steht.

462 Nach der Neufassung der WERTR 06 soll nunmehr ein einfacherer Weg beschritten werden. Bei der Wertermittlung des belasteten Grundstücks ist vom Verkehrswert des (fiktiv) unbelasteten Grundstücks auszugehen. Es ist zunächst der Verkehrswert des unbelasteten Grundstücks im Wege des Sachwertverfahrens zu ermitteln. Als Restnutzungsdauer wird die Anzahl der Jahre zu Grunde gelegt, die das Gebäude bei Ablauf des Rechts noch hat. Der so ermit-

---

[261] Rechtsstaatlich wäre dies nur unter Wahrung des Verhältnismäßigkeitsgrundsatzes möglich (BVerfG, Urt. vom 8.3.1972 – 2 BvR 28/71 –, BVerfGE 32, 379). Bei der Frage, ob dadurch die Würde des Menschen durch Offenbarung ärztlicher Zeugnisse über den Gesundheitszustand verletzt würde, kommt es im Übrigen nicht auf die Art des bescheinigten Befindens als vielmehr auf die Missachtung des Willens an, höchstpersönliche Dinge aus der Intimsphäre, wie die gesundheitliche Verfassung, vor fremdem Einblick zu bewahren (BGH, Urt. vom 2.4.1957 – VII ZR 9/56 –, BGHZ 24, 72).

telte Wert wird mit Hilfe des an das Leben des Nießbrauchers gebundenen Abzinsungsfaktors abgezinst. Der Diskontierungsfaktor wird wie folgt ermittelt:

$$f_x = 1 - (ä_x - 1) \times p$$

wobei
f_x = jährlicher Diskontierungsfaktor
$ä_x$ = jährlicher Leibrentenfaktor
p = Zinssatz in Dezimalschreibweise

Für den Berechtigten bietet sich dagegen die Möglichkeit, zur Marktmiete in einem vergleichbaren Einfamilienhaus zu wohnen. Der Wert des Rechts ist für ihn deshalb auf der **Grundlage der Marktmiete** abzuleiten. Allerdings hat der Berechtigte gegenüber einem Mieter einen erheblichen Vorteil. Ihm kann nicht gekündigt werden und er ist – soweit es sich um ein unentgeltliches Wohnungsrecht handelt – vor Mieterhöhungen sicher. Insofern ist das Wohnrecht höher zu bewerten als das Mietrecht. So ist das OLG Bremen (a.a.O.) bei der Ermittlung des Nutzwerts faktisch von der Kostenmiete ausgegangen und hat diese im Hinblick auf den höheren Schutz, den ein Wohnungsrecht gegenüber einem mietvertraglichen Recht bietet, um 25 % erhöht. Die Erhöhung wurde damit begründet, dass ein Wohnungsrecht den Berechtigten vor Kündigung und Mietpreiserhöhung schützt und das Risiko eines Währungsverfalls auf den Eigentümer überwälzt[262]. Soweit das OLG die Kostenmiete aus dem Grundstückssachwert abgeleitet hat, erscheint diese Verfahrensweise allerdings nicht sachgerecht. **463**

Im Ergebnis ist der aus der Marktmiete abgeleitete Wert des Wohnungsrechts für den Berechtigten um einen angemessenen Zuschlag zu erhöhen. Die WERTR 06 weist hierfür eine Erhöhung der ersparten, marktüblich erzielbaren Nettokaltmiete von 10 % aus (vgl. Anl. 16 WERTR 06).

---

[262] Ebenso Gelzer/Busse, Der Umfang des Entschädigungsanspruchs aus Enteignung und enteignungsgleichem Eingriff, NJW-Schriftenreihe 1980, 2. Aufl., Rn. 619; Schmidt-Aßmann/Groß in Ernst/Zinkahn/Bielenberg, BauGB § 95, Rn. 32; Aust/Jacobs/Pasternak, Die Enteignungsentschädigung, 6. Aufl. 2007, 13, Rn. 2; Der BGH hat in seinem Urt. vom 30.5.1990 – XII ZR 75/89 –, EzGuG 14.91 bei der Ermittlung eines Zugewinnausgleichs den Mietwert zur Grundlage der Ermittlung des Wohnrechts gemacht.

Abb. 100: Wert eines unentgeltlichen Wohnungsrechts an einem Einfamilienhaus

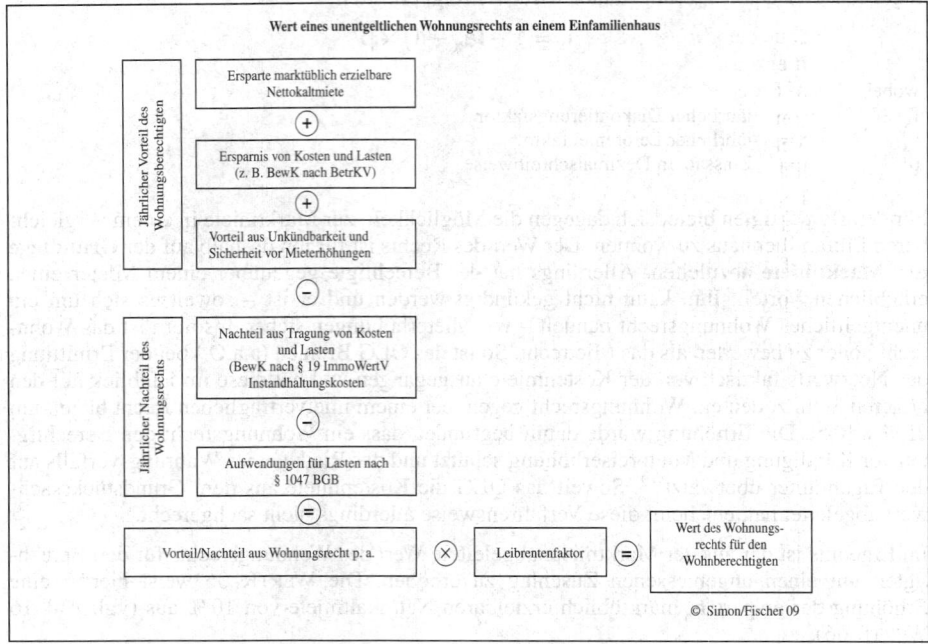

Abb. 101: Verkehrswertermittlung eines mit einem unentgeltlichen Wohnungsrecht belasteten Einfamilienhausgrundstücks

Ermittlung des Nutzwerts bei Ertragswertobjekten

Der Nutzwert des Rechts wird unabhängig vom Verkehrswert des (fiktiv) unbelasteten Grundstücks allein aus dem Mietwert der belasteten Wohnung ermittelt. Der **Mietwert wird aus der marktüblich erzielbaren Nettokaltmiete/Grundmiete** abgeleitet. Der Mietwert wird sodann um die vom Berechtigten übernommenen Bewirtschaftungskosten vermindert und ergibt kapitalisiert mit dem Leibrentenfaktor des Berechtigten den Wert des Rechts. Soweit keine besonderen Vereinbarungen im Wohnungsrechtsvertrag getroffen worden sind, hat der Eigentümer lediglich die nicht umlagefähigen Bewirtschaftungskosten zu tragen. Übernimmt er darüber hinaus sonst umlagefähige Nebenkosten, wie Grundsteuer und Gebäudeversicherungen, erhöhen diese Kosten den Nutzwert des Rechts (vgl. Anl. 16 WERTR 06).

Nicht umlagefähige Bewirtschaftungskosten sind

– die Instandhaltungskosten,

– die Verwaltungskosten und

– das Mietausfallwagnis.

Allerdings sind diese Kosten nur in anteiliger Höhe in Abzug zu bringen, wobei ein Mietausfallwagnis für den Berechtigten i.d.R. nicht besteht (vgl. Abb. 102):

Abb. 102: Nettokaltmiete und Rohertrag

Werden hingegen auch die umlagefähigen **Betriebskosten** vom Grundeigentümer und nicht vom Berechtigten getragen, so erhöht sich der aus der marktüblich erzielbaren Nettokaltmiete abgeleitete Mietwert (Rohertrag) um die durchschnittlichen objektspezifischen Betriebskosten (Abb. 102).

Bei der Wertermittlung des Wohnungsrechts für den Berechtigten ist wiederum noch zu berücksichtigen, dass der Berechtigte wegen des Schutzes vor Kündigung, Mietpreiserhöhungen und Währungsverfall eine deutlich stärkere Position als ein Mieter besitzt, der mit einem Zuschlag von bis zu 25 % gewürdigt werden kann (vgl. OLG Bremen, a.a.O.), wobei es immer auf den Einzelfall ankommt.

IX Rechte und Belastungen — Rechte Dritter

Abb. 103: Wert des unentgeltlichen Wohnungsrechts an einer Wohnung in einem Mehrfamilienhaus

Abb. 104: Verkehrswert des mit einem unentgeltlichen Wohnungsrecht an einer Wohnung belasteten Mehrfamilienhausgrundstücks

e) Zinssatz

Probleme bei der Wertermittlung von Wohnungsrechten ergeben sich häufig bei der **Wahl des Zinssatzes**, insbesondere bei der Ermittlung der Wertminderung für das belastete Grundstück. In Fachkreisen bestehen unterschiedliche Auffassungen darüber, ob hier der Liegenschaftszinssatz oder der Realzinssatz (Nominalzins abzüglich Kaufkraftschwund) heranzuziehen sei. *Petersen*[263] hat sich mit dem Problem ausführlich auseinandergesetzt und folgerte, dass der Liegenschaftszinssatz nur bei der Wertminderung für das belastete Grundstück zu rechtfertigen ist, bei der Wertermittlung des Rechts hingegen der Realzins angemessen sei. Der Ansatz eines Realzinses führt im Ergebnis zum Abzug einer Inflationsrate vom langfristigen Kapitalmarktzins. Bei einer Inflationsrate von 3 % als Durchschnittswert der letzten 30 Jahre führt dies allerdings zu einer „0-%-Verzinsung". Nach der Rechtsprechung ist auf einen Zinssatz abzustellen, der aus einer langfristigen Beobachtung der maßgeblichen Orientierungsgrößen gewonnen wird[264]. Dies schließe die Heranziehung aktuell marktüblicher Zinssätze[265] aus.   **468**

Möckel[266] kommt aufgrund empirischer Untersuchungen zu dem Ergebnis, dass für die Kapitalisierung Liegenschaftszinssätze geeigneter seien, und betont mit Recht, dass Liegenschaftszinssätze den Nominalzins widerspiegeln.   **469**

Für den Eigentümer des Grundstücks steht die langfristige Wertsteigerung des Objekts im Vordergrund. Insofern ist der Ansatz des **Liegenschaftszinssatzes** berechtigt[267]. Der Berechtigte spart hingegen lediglich die Miete, nimmt aber an der Wertsteigerung des Grundstücks nicht teil. Er könnte die ersparte Miete alternativ am Kapitalmarkt anlegen und hätte damit einen Vorteil, der dem Realzins entspricht (vgl. Rn. 501).   **470**

In der **steuerlichen Bewertungspraxis der Finanzverwaltung** ist im Übrigen ein Zinssatz von 5,5 % praxisüblich[268].   **471**

Die WERTR 06 empfehlen generell sowohl bei der Verkehrswertermittlung des Rechts als auch des belasteten Grundstücks den jeweils angemessenen nutzungsspezifischen **Liegenschaftszinssatz** heranzuziehen. Auf die Vorgehensweise bei eherechtlichen Auseinandersetzungen (Ermittlung des Zugewinns unter Berücksichtigung des mit dieser Zuwendung übernommenen Wohnrechts) wird ausdrücklich hingewiesen (vgl. Teil VII Kapitel Zugewinnausgleich).   **472**

4.2.11.3 Verkehrswertermittlung

Zur Wertbemessung eines Wohnungsrechts und des mit einem Wohnungsrecht belasteten Grundstücks herrschen im Schrifttum unterschiedliche Auffassungen. Das nachfolgende Beispiel führt eine häufig angewandte, aber falsche Verfahrensweise auf.   **473**

Beispiel 1:   **474**

Unentgeltliches Wohnungsrecht an einem Einfamilienhaus

Der Jahreswert der marktüblich erzielbaren Nettokaltmiete (Grundmiete) beträgt 10 000 €. Der Berechtigte ist 83 Jahre alt, seine Lebenserwartung beträgt nach der Sterbetafel 1992/94 5 Jahre. Der Berechtigte zahlt die üblicherweise umlagefähigen Bewirtschaftungskosten mit Ausnahme der Grundsteuer und der Gebäudeversicherungen. Der Liegenschaftszinssatz beträgt 4,5 %. Der Verkehrswert ohne Berücksichtigung des Wohnungsrechts beträgt 400 000 €.

---

263 Petersen, Liegenschafts- oder Leibrentenzins? RDM-Info Sachverständige 1993, 9 ff. Im Übrigen hat aber auch bezüglich der Verfahrensregelungen der WERTR der Deutsche Städtetag keinen Änderungsbedarf gesehen (vgl. Teil V Vorbem. zur ImmoWertV Rn. 42). Vervielfältiger bei 5 Jahren und 5 % Zins.
264 BGH, Urt. vom 15.10.2003 – XII ZR 23/01 –, GuG 2004, 179 = EzGuG 14.140; BGH, Urt. vom 23.7.2003 – XII ZB 152/01 –, FamRZ 2003, 1369.
265 BFH, Urt. vom 27.5.1992 – II R 33/89 –, BStBl II 1992, 990.
266 Möckel, R., Ableitung von Zinssätzen zur Verrentung und zur Kapitalisierung aus Rentenvereinbarungen, GuG 1995, 140.
267 Vom Liegenschaftszinssatz ist augenscheinlich auch das OLG Naumburg im Urt. vom 2.3.2000 – 11 U 142/99 –, EzGuG 14.133 ausgegangen (Mehrfamilienhaus: 5 %).
268 Abschn. 139 Abs. 9 zu § 16 EStG der EStR; vgl. auch BFH, Urt. vom 20.11.1969 – IV R 22/68 –, EzGuG 19.19.

IX Rechte und Belastungen — Rechte Dritter

Verkehrswert des Grundstücks ohne Berücksichtigung des Wohnungsrechts	400 000 €
Wert des Wohnungsrechts:	
Rentenbarwertfaktor bei 5 Jahren und 4,5 % Zins = 4,39	
10 000 € × 4,39	– 43 900 €
Wert des mit dem Wohnungsrecht belasteten Grundstücks	**356 100 €**

475 Abgesehen von dem nicht berücksichtigten Vorteil des Berechtigten aus der Ersparnis der nicht umgelegten Kosten der Grundsteuer und der Gebäudeversicherungen würde das Objekt auch zu dem entsprechend geminderten Kaufpreis keinen Käufer finden, es sei denn, die angesetzte Miete entspräche der Kostenmiete. Das ist bei Einfamilienhausgrundstücken aber nur in Ausnahmefällen gegeben. Im Allgemeinen bestehen zwischen der angemessenen Kostenmiete und der erzielbaren üblichen Miete erhebliche Unterschiede. Deshalb wurden Wohnungsrechte bei Einfamilienhäusern in der Vergangenheit vorwiegend wie Anlageobjekte behandelt[269]. Dabei wurde anstatt der Marktmiete die aus dem Sachwert des Objekts errechnete angemessene Kostenmiete zugrunde gelegt. Diese Variante hatte allerdings überschlägigen Charakter, weil der Nutzwertanteil des Gebäudes nicht am Grundstückssachwert, sondern vom Verkehrswert des Gebäudes hätte ermittelt werden müssen. In der noch geltenden Fassung der WERTR 06 wird eine zutreffendere Berechnung angeboten. Hier wird zunächst der Verkehrswert des unbelasteten Grundstücks im Wege des Sachwertverfahrens ermittelt. Als Restnutzungsdauer wird die Anzahl der Jahre zugrunde gelegt, die das Gebäude bei Ablauf des Rechts noch hat. Der so ermittelte Wert wird mit Hilfe des an das Leben des Berechtigten gebundenen Abzinsungsfaktors abgezinst (vgl. Abb. 100).

476 *Beispiel 2:*

Es ist der Verkehrswert eines mit einem unentgeltlichen Wohnungsrecht belasteten Einfamilienhausgrundstücks zu ermitteln. Der Berechtigte ist 65 Jahre alt und trägt nur die umlagefähigen Bewirtschaftungskosten (BetrKV), vgl. Anl. 17 WERTR 06, Sachwertberechnung siehe Beispiel 12 (Berechnungsbeispiel in Anlehnung an WERTR 06 Anl. 17).

a) Sachverhalt

Verkehrswert des *unbelasteten* Einfamilienhausgrundstücks	140 250 €
Übernahme von nur umlagefähigen Bewirtschaftungskosten durch den Berechtigten	0 €
Restnutzungsdauer der baulichen Anlagen	50 Jahre
Durchschnittliche Lebenserwartung des Berechtigten	16 Jahre
Restnutzungsdauer der baulichen Anlagen in 16 Jahren (50 Jahre – 16 Jahre)	34 Jahre
Liegenschaftszinssatz (Einfamilienhaus)	4,0 %

b) Berechnung

Verkehrswert des *unbelasteten* Grundstücks nach Ablauf des Rechts bei einer RND von 34 Jahren	140 250
An das Leben gebundener Abzinsungsfaktor[270] (65 Jahre und 4 %)	0,57120
Abgezinster Verkehrswert: 140 250 € × 0,57120	80 111 €

Jährlicher Vorteil:

Übernahme von Kosten und Belastungen durch den Berechtigten	0 €

Jährlicher Nachteil:

Übernahme von Kosten und Belastungen durch den Eigentümer	– 0 €
Summe	0 €

---

269 Thomas in DAB 1986, 1080.
270 Berechnungsgrundlage: Für den Verkehrswert des unbelasteten Grundstücks nach Ablauf des Rechts wurde der Versicherungswert einer lebenslänglich jährlich nachschüssig zahlbaren Rente nach der Sterbetafel 2001/2003 angesetzt.

Leibrentenfaktor[271] für einen 65-jährigen Mann (4 %)	11,255
Belastung des Grundstücks durch das Recht: 0 × 11,255	− 0 €
Verkehrswert des mit einem Wohnungsrecht belasteten Einfamilienhausgrundstücks	**rd. 80 000 €**

Anmerkung: Gemäß Erläuterung zu Anlage 17 Beispiel 12 WERTR 06 trägt der Wohnungsberechtigte lediglich die umlagefähigen Bewirtschaftungskosten, nicht aber die jährlichen Instandhaltungskosten. Sie sind vom Eigentümer zu tragen.

In der Beispielsrechnung der WERTR 06 werden die jährlichen Instandhaltungskosten von 800 € in kapitalisierter Form mit rd. 9 000 € vom abgezinsten, unbelasteten Verkehrswert in Abzug gebracht, da sie einen Nachteil für den Eigentümer darstellen sollen. Die Berechnung nach WERTR 06 ist in sich widersprüchlich, denn zum einen heißt es, dass der Berechtigte nur die umlagefähigen Bewirtschaftungskosten trägt, zum anderen werden als Nachteil die Instandhaltungskosten in Abzug gebracht. Damit verringert sich der abgezinste Verkehrswert des unbelasteten Grundstücks um die Belastung auf 71 000 €.

Diese Vorgehensweise ist falsch[272], denn der ausgewiesene abgezinste Verkehrswert beinhaltet bereits die Instandhaltungskosten, da sie bei der Verkehrswertermittlung enthalten sind. Der Verkehrswert wird bei einem selbst genutzten Einfamilienhaus über den Sachwert und bei einem fremd vermieteten Einfamilienhaus über den Ertragswert ermittelt. Beim Ertragswert werden die Instandhaltungskosten als Bewirtschaftungskosten in Abzug gebracht. Beim Algorithmus des Sachwertes wird das nicht so deutlich herausgestellt. Daraus wird deutlich, dass bei der Verkehrswertermittlung, egal ob aus dem Sach- oder Ertragswertverfahren abgeleitet, die Instandhaltungskosten dem Eigentümer bereits angelastet wurden. Die umlagefähigen Bewirtschaftungskosten sind nicht abzugsfähig und stellen somit weder einen Vorteil noch einen Nachteil dar, sie sind neutral. Der Ansatz der Instandhaltungskosten nach WERTR 06 Anl. 17 Beispiel 12 als Nachteil für den Eigentümer führt zu einer Doppelberücksichtigung der Instandhaltungskosten zu Lasten des belasteten Grundstücks. Demnach ist die Grundstruktur des Sachwertes darauf ausgelegt, dass ein Gebäude während seiner Nutzungsdauer ordnungsgemäß unterhalten wird. Abweichungen davon sind gemäß § 6 Abs. 6 bzw. § 8 Abs. 3 ImmoWertV durch eine Anpassung der Restnutzungsdauer zu berücksichtigen.

Der Ansatz eines Liegenschaftszinssatzes in diesem Beispiel in Höhe von 4 % steht im Widerspruch zu den Beispielen Anl. 16 Nr. 10 und Anl. 18 Nr. 14. Bei der Bewertung sind die Liegenschaftszinssätze, die den Marktverhältnissen entsprechen, maßgebend.

Es wäre darüber nachzudenken, ob die Wertermittlung des unbelasteten Grundstücks in der Weise erfolgen kann, dass der heutige Herstellungswert um die Alterswertminderung von 16 Jahren gekürzt wird (GND 100 Jahre, RND 50 Jahre, RND nach Ablauf des Rechts 50 Jahre − 16 Jahre = 34 Jahre). Was geschieht mit der Alterswertminderung für diese 16 Jahre? Der Eigentümer bekommt ein lastenfreies Objekt nach Ablauf des Rechts in 16 Jahren. Zum heutigen Zeitpunkt bekommt er ein Objekt, das mit einem Wohnungrecht belastet ist. Die Alterswertminderung bedeutet eine Belastung, die der Eigentümer zu tragen hätte, wenn sie nicht schon berücksichtigt worden wäre. Da die Berechnung darauf beruht, dass der Eigentümer nach Ablauf von 16 Jahren ein unbelastetes Grundstück erhält und die Alterswertminderung erst ab diesem Zeitpunkt zu greifen beginnt (sie ist aufgrund der geringeren RND wesentlich höher als zum heutigen Zeitpunkt), ist die Alterswertminderung für die Dauer der Belastung bereits berücksichtigt. Insofern ist die Grundannahme der Wertermittlung (RND 50 Jahre − 16 Jahre) als richtig anzusehen.

Beispiel 3:

Wert eines unentgeltlichen Wohnungsrechts an einem Einfamilienhaus

Es ist der Wert eines Wohnungsrechts an einem Einfamilienhaus für einen 65-jährigen Mann zu ermitteln. Dabei ist von einer jährlich vorschüssigen Zahlweise auszugehen. Der Berechtigte trägt nur die umlagefähigen Betriebskosten (BetrKV), vgl. Anl. 16 WERTR 06, Beispiel 10.

---

271 Bei der Berechnung der Belastung ist der Leibrentenfaktor $ä_x$ für eine 65-jährige männliche Person für eine lebenslang monatlich vorschüssig zahlbare Rente bei einem Zinssatz von 4 % nach der Sterbetafel 2001/2003 anzusetzen.
272 Simon, J., GuG, 5/2006, 291 ff.

IX Rechte und Belastungen — Rechte Dritter

a) Sachverhalt

Jährlich marktüblich erzielbare Nettokaltmiete für das Einfamilienhaus	7 200 €
Liegenschaftszinssatz (Einfamilienhaus)	3,0 %

b) Berechnung

Jährlicher Vorteil:

Ersparte marktüblich erzielbare Nettokaltmiete p.a.	7 200 €
Ersparnis von Kosten und Belastungen p.a.	+ 0 €
Unkündbarkeit und Sicherheit vor Mieterhöhungen (hier 10 % der Nettokaltmiete)	720 €

Jährlicher Nachteil:

Tragung von Kosten und Belastungen p.a.	− 0 €
Summe	7 920 €
Leibrentenfaktor[273] für einen 65-jährigen Mann (3 %)	12,216
Wert des Wohnungsrechts für den Berechtigten: 7 920 € × 12,216	**rd. 97 000 €**

478 *Beispiel 4:*

Wert eines unentgeltlichen Wohnungsrechts an einer Wohnung in einem Mehrfamilienhaus, vgl. Anl. 16 WERTR 06, Beispiel 11.

a) Sachverhalt

Jährlich marktüblich erzielbare Nettokaltmiete für die Wohnung	4 800 €
Liegenschaftszinssatz (Einfamilienhaus)	4,0 %

b) Berechnung

Jährlicher Vorteil:

Ersparte marktüblich erzielbare Nettokaltmiete p.a.	4 800 €
Ersparnis von Kosten und Belastungen p.a.	+ 0 €
Unkündbarkeit und Sicherheit vor Mieterhöhungen (hier 10 % der Nettokaltmiete)	+ 480 €

Jährlicher Nachteil:

Tragung von Kosten und Belastungen p.a.	− 0 €
Summe	5 280 €
Leibrentenfaktor[274] für einen 65-jährigen Mann (4 %)	11,255
Wert des Wohnungsrechts für den Berechtigten: 5 280 € × 11,255	**rd. 59 000 €**

479 *Beispiel 5:*

Verkehrswert eines mit einem unentgeltlichen Wohnungsrecht an einer Wohnung belasteten Mehrfamilienhausgrundstücks, vgl. Anl. 17 WERTR 06, Beispiel 13.

a) Sachverhalt

Verkehrswert des unbelasteten bebauten Mehrfamilienhausgrundstücks	740 000 €
Jährlich marktüblich erzielbare Nettokaltmiete für die Wohnung (Mehrfamilienhaus)	4 800 €
Liegenschaftszinssatz (Mehrfamilienhaus)	5,0 %

---

[273] Leibrentenfaktor $ä_x$ für eine 65-jährige männliche Person für eine lebenslang monatlich vorschüssig zahlbare Rente bei einem Zinssatz von 3 % nach der Sterbetafel 2001/2003.

[274] Leibrentenfaktor $ä_x$ für eine 65-jährige männliche Person für eine lebenslang monatlich vorschüssig zahlbare Rente bei einem Zinssatz von 4 % nach der Sterbetafel 2001/2003.

Rechte Dritter — Rechte und Belastungen IX

b) Berechnung

Verkehrswert des unbelasteten bebauten Grundstücks	740 000 €
Jährlicher Vorteil:	
Übernahme von Kosten und Belastungen durch den Berechtigten	0 €
Jährlicher Nachteil:	
Entgangene, marktüblich erzielbare Nettokaltmiete	– 4 800 €
Übernahme von Kosten und Belastungen	– 0 €
Summe	4 800 €
Leibrentenfaktor[275] für einen 65-jährigen Mann (5 %)	10,418
Belastung des Grundstücks durch das Recht: 4 800 € × 10,418	– 50 006 €
Verkehrswert des mit einem Wohnungsrecht belasteten Mehrfamilienhausgrundstücks rd.	**690 000 €**

Beispiel 6: 480

Der Wert eines entgeltlichen Wohnungsrechts an einem Einfamilienhaus für einen 65-jährigen Mann ist zu ermitteln. Dabei ist von einer monatlich vorschüssigen Zahlweise auszugehen. Der Berechtigte trägt die umlagefähigen Bewirtschaftungskosten (BetrKV), in Anlehnung an Anl. 16 WertR 06, Beispiel 10.

a) Vorgaben

Vom Berechtigten tatsächlich gezahlte jährliche Nettokaltmiete	5 200 €
Jährlich marktüblich erzielbare Nettokaltmiete	7 200 €
Liegenschaftszinssatz (Einfamilienhaus)	3,0 %

b) Berechnung

Jährlicher Vorteil:

Ersparte Nettokaltmiete p.a. aus Differenz der tatsächlich gezahlten zur marktüblich erzielbaren Nettokaltmiete p.a.	+ 2 000 €
Ersparnis von Kosten und Lasten p.a.	+ 0 €
Unkündbarkeit und Sicherheit vor Mieterhöhungen (hier 10 % der marktüblich erzielbaren Nettokaltmiete)	+ 720 €
Jährlicher Nachteil:	
Tragung von Kosten und Lasten p.a.	– 0 €
Summe	2 720 €
Leibrentenfaktor[276] für einen 65-jährigen Mann (3 %)	12,216
Wert des Wohnungsrechts für den Berechtigten: 2 720 € × 12,216 = rd.	**33 000 €**

Beispiel 7: 481

Es ist der Verkehrswert eines mit einem unentgeltlichen Wohnungsrecht belasteten Einfamilienhausgrundstücks zu ermitteln. Der Berechtigte ist 65 Jahre alt und trägt die umlagefähigen Bewirtschaftungskosten (BetrKV) und zusätzlich die Instandhaltungs- und Verwaltungskosten, in Anlehnung an Anl. 17 WertR 06, Beispiel 12.

---

275 Leibrentenfaktor $ä_x$ für eine 65-jährige männliche Person für eine lebenslang monatlich vorschüssig zahlbare Rente bei einem Zinssatz von 5 % nach der Sterbetafel 2001/2003.

276 Leibrentenfaktor $ä_x$ für eine 65-jährige männliche Person für eine lebenslang monatlich vorschüssig zahlbare Rente bei einem Zinssatz von 3 % nach der Sterbetafel 2001/2003.

IX Rechte und Belastungen   Rechte Dritter

a) Vorgaben

Verkehrswert des unbelasteten Einfamilienhausgrundstücks	140 250 €
Übernahme von Instandhaltungs- und Verwaltungskosten durch den Berechtigten	800 €
Restnutzungsdauer der baulichen Anlagen	50 Jahre
Durchschnittliche Lebenserwartung des Berechtigten	16 Jahre
Restnutzungsdauer der baulichen Anlagen in 16 Jahren (50 Jahre – 16 Jahre)	34 Jahre
Liegenschaftszinssatz (Einfamilienhaus)	4,0 %
Vom Berechtigten tatsächlich gezahlte jährliche Nettokaltmiete	5 200 €
Jährlich marktüblich erzielbare Nettokaltmiete	7 200 €
Differenz tatsächliche zu marktüblich erzielbare Nettokaltmiete	2 000 €

b) Berechnung

Verkehrswert unbelastet nach Ablauf des Rechts bei einer Restnutzungsdauer von 34 Jahren		140 250 €
An das Leben gebundener Abzinsungsfaktor (65 Jahre, 4 %)[277]	0,5712	
Abgezinster Verkehrswert: 140 250 € × 0,5712		**80 111 €**

Jährlicher Vorteil:

Übernahme von Kosten und Belastungen durch den Berechtigten (hier tatsächlich gezahlte Nettokaltmiete p.a.)	+ 5 200 €
Übernahme von Instandhaltungs- und Verwaltungskosten durch den Berechtigten	+ 800 €

Jährlicher Nachteil:

Übernahme von Kosten und Belastungen	– 2 000 €
Summe	4 000 €

Leibrentenfaktor[278] für einen 65-jährigen Mann (4 %)	11,255	
Belastung des Grundstücks durch das Recht: 4 000 € × 11,255		+ 45 020 €
Verkehrswert des mit einem Wohnungsrecht belasteten Einfamilienhausgrundstücks	rd.	**125 000 €**

482 *Beispiel 8:*

Wert eines entgeltlichen Wohnungsrechts an einer Wohnung in einem Mehrfamilienhaus, in Anlehnung an Anl. 16 WERTR 06, Beispiel 11.

a) Vorgaben

Jährlich marktüblich erzielbare Nettokaltmiete für die Wohnung (Mehrfamilienhaus)	4 800 €
Vom Berechtigten tatsächlich gezahlte jährliche Nettokaltmiete	2 800 €
Liegenschaftszinssatz (Mehrfamilienhaus)	4,0 %

b) Berechnung

Jährlicher Vorteil:

Ersparte Nettokaltmiete p.a. aus Differenz der tatsächlich gezahlten zur marktüblich erzielbaren Nettokaltmiete p.a. (4 800 € – 2 800 €) =	+ 2 000 €
Ersparnis von Kosten und Lasten p.a.	+ 0 €
Unkündbarkeit und Sicherheit vor Mieterhöhungen (hier 10 % der marktüblich erzielbaren Nettokaltmiete)	+ 480 €

---

[277] Berechnungsgrundlage: Versicherungswert einer lebenslänglich nachschüssig zahlbaren Rente nach der Sterbetafel 2001/2003.

[278] Leibrentenfaktor $ä_x$ für eine 65-jährige männliche Person für eine lebenslang monatlich vorschüssig zahlbare Rente bei einem Zinssatz von 4 % nach der Sterbetafel 2001/2003.

Rechte Dritter   **Rechte und Belastungen IX**

Jährlicher Nachteil:

Tragung von Kosten und Lasten p.a.	– 0 €
Summe	2 480 €
Leibrentenfaktor[279] für einen 65-jährigen Mann (4 %) 11,255	
Wert des Wohnungsrechts für den Berechtigten: 2 480 € × 11,255	**rd. 28 000 €**

483

Beispiel 9:

Verkehrswert eines mit einem entgeltlichen Wohnungsrecht an einer Wohnung belasteten Mehrfamilienhausgrundstücks, in Anlehnung an Anl. 17 WERTR 06, Beispiel 13.

a) Vorgaben

Verkehrswert des unbelasteten bebauten Mehrfamilienhausgrundstücks	740 000 €
Vom Berechtigten tatsächlich gezahlte jährliche Nettokaltmiete	2 800 €
Jährlich marktüblich erzielbare Nettokaltmiete für die Wohnung (Mehrfamilienhaus)	4 800 €
Liegenschaftszinssatz (Mehrfamilienhaus)	5,0 %

b) Berechnung

Verkehrswert des unbelasteten bebauten Grundstücks	740 000 €

Jährlicher Vorteil:

Übernahme von Kosten und Lasten durch den Berechtigten.	+ 0 €

Jährlicher Nachteil:

Entgangene, marktüblich erzielbare Nettokaltmiete p.a. aus Differenz der tatsächlich gezahlten zur marktüblich erzielbaren Nettokaltmiete p.a. (2 800 € – 4 800 €) =	– 2 000 €
Summe	– 2 000 €
Leibrentenfaktor[280] für einen 65-jährigen Mann (5 %) 10,418	
Belastung des Grundstücks durch das Recht: 2 000 € × 10,418	– 20 836 €
Verkehrswert des mit einem Wohnungsrecht belasteten	
Mehrfamilienhausgrundstücks: 740 000 € – 20 836 € =	**rd. 719 000 €**

Beispiel 10[281]: (vgl. auch Rn. 490 ff.)

Wert eines unentgeltlichen Wohnungsrechts in einem Bauernhaus im Rahmen einer Ermittlung des Leibgedings.

484

a) Vorgaben

Alter männlicher Elternteil	67 Jahre
Restlebenserwartung am Stichtag	14,54 Jahre
Alter weiblicher Elternteil	57 Jahre
Restlebenserwartung (Lebenserwartung gemäß Sterbetafel 2000/2002 des Statistischen Bundesamtes)	26,47 Jahre
Zinssatz: Leibrentenfaktor 10,276 (nach der Sterbetafel 2000/2002 für verbundene Leibrenten bis zum ersten Todesfall jährlich vorschüssig)	4,0 %

---

279 Leibrentenfaktor $ä_x$ für eine 65-jährige männliche Person für eine lebenslang monatlich vorschüssig zahlbare Rente bei einem Zinssatz von 4 % nach der Sterbetafel 2001/2003.
280 Leibrentenfaktor $ä_x$ für eine 65-jährige männliche Person für eine lebenslang monatlich vorschüssig zahlbare Rente bei einem Zinssatz von 5 % nach der Sterbetafel 2001/2003.
281 Fischer, R./Lorenz, H.-J./Biederbeck, M./Astl, B., Verkehrswertermittlung von bebauten und unbebauten Grundstücken, Bundesanzeiger, 386 ff.

IX Rechte und Belastungen — Rechte Dritter

Reduktionskonstante wegen monatlich vorschüssig	– 0,466
Abzinsungsfaktor (14,54 Jahre; 4 %)	0,5654
jährlich marktüblich erzielbare Nettokaltmiete der EG-Wohnung rd.	4 166 €
b) Berechnung	
Wert des Wohnrechts bis zum ersten Todesfall	
4 166 € × 9,810 = rd.	40 872 €
Wert für das Wohnrecht für die länger lebende Ehefrau	
4 166 € × 10,677 = rd.	44 485 €
Dieser Betrag ist auf die Dauer der gemeinsamen Lebenserwartung von 14,54 Jahren (bis zum ersten Todesfall) abzuzinsen, da das Wohnungsrecht für die länger lebende Ehefrau erst danach beginnt.	
44 485 € × 0,5654 = rd. +	25 152 €
Wert des Wohnungsrechts für die Berechtigten =	66 024 €
zuzügl. jährlicher Vorteil aus	
Ersparnis von Schönheitsreparaturen +	11 200 €
Ersparnis von Verbrauchs- und sonstigen Kosten +	12 822 €
Wohnungs- und Mitbenutzungsrecht =	**rd. 90 000 €**

4.2.11.4 Dauerwohnrecht

485 Von dem Wohnungsrecht zu unterscheiden ist das Dauerwohnrecht nach den §§ 31 ff. WEG. Nach § 31 WEG kann ein Grundstück in der Weise belastet werden, dass derjenige, zu dessen Gunsten die Belastung erfolgt, berechtigt ist, unter Ausschluss des Eigentümers eine bestimmte Wohnung in einem auf dem Grundstück errichteten oder zu errichtenden Gebäudes zu bewohnen oder in anderer Weise zu nutzen (Dauerwohnrecht). Daneben können auch „nicht zu Wohnzwecken dienende bestimmte Räume in einem auf dem Grundstück errichteten oder zu errichtenden Gebäude" entsprechend belastet werden (**Dauernutzungsrecht**; § 31 Abs. 2 WEG).

486 Das Dauerwohnrecht ist dem dinglichen Wohnrecht nach § 1093 BGB nachgebildet und verleiht ein **in das Grundbuch einzutragendes dingliches Recht auf Überlassung und Nutzung einer Wohnung.**

487 Das Dauerwohnrecht unterscheidet sich von dem Wohnungsrecht des BGB dadurch, dass es veräußerlich und vererblich ist (§ 31 Abs. 1 WEG). Es berechtigt insbesondere auch zur **Vermietung und Verpachtung.** Es kann verpfändet und gepfändet, nicht aber mit Grundpfandrechten belastet werden.

488 Als Inhalt des Dauerwohnrechts können **Vereinbarungen** getroffen werden über

– Art und Umfang der Nutzungen,

– Instandhaltung und Instandsetzung der dem Dauerwohnrecht unterliegenden Gebäudeteile,

– die Pflicht des Berechtigten zur Tragung öffentlicher oder privatrechtlicher Lasten des Grundstücks,

– die Versicherung des Gebäudes und seinen Wiederaufbau im Falle der Zerstörung und

– das Recht des Eigentümers, bei Vorliegen bestimmter Voraussetzungen Sicherheitsleistungen zu verlangen.

489 Die rechtsgeschäftliche **Bestellung eines Dauerwohnrechts** erfolgt durch Einigung und Eintragung in Abt. II des Grundbuchs. Das Dauerwohnrecht endet bei Befristung durch Zeitablauf (§ 158 Abs. 2 und § 163 BGB) oder durch Löschung auf Antrag gemäß § 22 GBO. Im Falle der **Zwangsversteigerung** erlischt das Dauerwohnrecht, wenn es nicht in das geringste Gebot aufgenommen wird (§ 91 ZVG).

4.2.12 Altenteil

4.2.12.1 Allgemeines

Schrifttum: Die Ableitung der Pflegewahrscheinlichkeiten für den Mustergeschäftsplan der Pflegerentenversicherung, Blätter der DGVM 1992; *Fischer, R./Lorenz, H.-J./Biederbeck, M./Astl, B.*, Verkehrswertermittlung bebauter und unbebauter Grundstücke, Bundesanzeiger 2005, 385; *Holl/Kakies/Richter,* Die Ableitung der Pflegewahrscheinlichkeiten für den Mustergeschäftsplan der Pflegerentenversicherung, Blätter der DGVM, 163; *Köhne, M.,* Landwirtschaftliche Taxationslehre, Ulmer 2007, 185; *Kühlbach,* Der Einfluss des Pflege-Versicherungsgesetzes auf die Verkehrswertermittlung von Rechten an Grundstücken, GuG 1995, 138; *Schmidt, A.,* Die Bewertung von Pflegeversicherungen, GuG 1998, 284; *Simon, J.,* Wertermittlung eines mit einem Altenteilrecht belasteten Grundstücks, GuG 1990, 90; *Steinkamp, Ch.,* Zwischen Pflegequote und Pflegerisiko, GuG 2009, 293.

490 Unter einem Altenteil (Auszug, Leibgeding, Leibzucht) sind **dingliche Nutzungen** und Leistungen zu verstehen, **die aus und auf einem Grundstück zu gewähren sind und der allgemeinen leiblichen und persönlichen Versorgung des Berechtigten dienen** und eine regelmäßig lebenslängliche Verknüpfung des Berechtigten mit dem belasteten Grundstück bezwecken[282]. Rechtsgrundlage sind die früheren landesrechtlichen Vorschriften, die mit Inkrafttreten des BGB unberührt geblieben sind (§ 96 EGBGB)[283]. Das Altenteil ist ein nicht übertragbares höchstpersönliches Recht, das insbesondere die beschränkt persönliche Dienstbarkeit (z. B. Wohnungsrecht und Reallasten), aber auch den Nießbrauch vereint[284].

491 § 49 der Grundbuchordnung erlaubt, dass auch mehrere Einzelrechte mit einem zusammenfassenden Vermerk in das Grundbuch eingetragen werden können. Insbesondere bei landwirtschaftlichen Hofübergabeverträgen wird von dieser Möglichkeit regelmäßig Gebrauch gemacht. Der Übergabevertrag ist unter dem Begriff Altenteilsrecht (Leibgedinge, Leibzucht, Ausgedinge, Auszug) bekannt, wobei die Begriffe Altenteilsrecht und Leibgeding die gebräuchlichsten sind. Der Begriff Altenteil ist im BGB nicht definiert. **Das typische Altenteilsrecht besteht aus einer beschränkt persönlichen Dienstbarkeit in Form eines Wohnungsrechts** (§ 1093 BGB) **und einer Reallast** (§ 1105 BGB), die (zumeist unentgeltliche) Pflege- und Sachleistungen (z. B. Hege und Pflege in alten und kranken Tagen) oder eine Verpflichtung zu monatlichen Rentenzahlungen zum Inhalt hat. Die dingliche Sicherung der Nutzung und der Leistungen dient der leiblichen und persönlichen Versorgung des Altenteilers (Berechtigten) und sichert seine lebenslange Verknüpfung mit dem Grundstück.

492 Der Grundstückssachverständige steht bei der Wertermittlung eines mit einem Altenteilsrecht belasteten Grundstücks vor einer Reihe von Problemen. Er hat die **Wertminderung des Grundstücks, die sich wesentlich durch die mit dem Wohnungsrecht verbundene Reallast ergibt,** plausibel darzustellen. Die dabei vorliegende Situation würde nicht ausreichend gewürdigt werden, wenn die Pflege- und Sachleistungen mit einem in der Praxis üblichen monatlichen Pauschalansatz von 150 bis 200 € angenommen werden. Das würde voraussetzen, dass der Berechtigte sich bis zu seinem Ableben bei guter Gesundheit befände, und den Fall außer Acht lassen, dass er möglicherweise pflegebedürftig wird, was zu ganz erheblichen Mehrkosten führen würde, wenn im Übergabevertrag dazu keine Regelung getroffen wurde.

Im Jahre 2007 waren nach Steinkamp 2 246 829 Personen in Deutschland nach der Statistik des Bundesamtes als Pflegefälle registriert. Das entspricht einer Pflegequote von 2,7 % und einer Pflegewahrscheinlichkeit von 4,7 %.

493 Ein **Pflegefall** liegt vor, wenn die berechtigte Person pflegebedürftig wird, d.h., wenn sie bei den gewöhnlichen und täglich wiederkehrenden Verrichtungen im Ablauf des täglichen Lebens in erheblichem Umfang die Hilfe einer anderen Person benötigt. Der Grad der Pflege-

---

[282] RG, Urt. vom 30.10.1939, RGZ 162, 52; OLG Hamm, Urt. vom 12.8.1969 – 14 W 39/69 –, EzGuG 14.37a; BayObLG, Urt. vom 25.3.1975 – 2 Z 8/75 –, Rpfleger 1975, 314.
[283] Z. B. Art 5–23 AGBGB (BayRS 400 – 1 – 1).
[284] OLG Hamm, Beschl. vom 30.1.1969 – 15 W 415/68 –, EzGuG 14.36a; ferner LG Bremen, Beschl. vom 10.10.1969 – 5 T 562/69 –, EzGuG 14.38a.

IX Rechte und Belastungen — Rechte Dritter

bedürftigkeit wird im Allgemeinen daran gemessen, ob die betreffende Person sämtliche oder einige der folgenden Verrichtungen nicht selbst ausführen kann:

1. Aufstehen und Zubettgehen,
2. An- und Auskleiden,
3. Waschen, Kämmen, Rasieren,
4. Einnehmen von Mahlzeiten und Getränken,
5. Stuhlgang und
6. Wasserlassen.

494 Jede Verrichtung, die die zu pflegende Person nicht selbstständig auszuführen in der Lage ist, kann mit einem Punkt bewertet werden. Je höher die Punktzahl ist, umso größer ist der Pflegeaufwand (Abb. 105 f.).

Abb. 105: Pflegestufen und Pflegeaufwand

Stufe	Anzahl der Punkte	Hilfsbedarf[1]	für Körperpflege, Ernährung, Mobilität[1]
Pflegestufe 1	3	90	mehr als 45
Pflegestufe 2	4–5	180	mind. 120
Pflegestufe 3	5	300	mind. 240

[1] Bezieht sich auf den Tagesdurchschnitt in Minuten; Regelungen ab dem 1.7.2008.
Quelle: Pflegekasse bei der AOK Sachsen-Anhalt, Die Gesundheitskasse, 35, 19 Kompetenzcenter Pflege, Magdeburg, Pflege im Überblick; Anmerkung: Die Pflegebedürftigkeit muss auf Dauer, voraussichtlich für mindestens sechs Monate gegeben sein.

Abb. 106: Pflegeleistungen im Überblick (Angaben in Euro) – monatlich – Preisstand: ab 1.7.2008

Pflegestufe	Pflegegeld	Pflegesachleistung	Teilstationäre Pflege	Vollstationär[1]
Stufe 1	215	420	420	1 023
Stufe 2	420	980	980	1 279
Stufe 3	675	1 470	bis zu 1 470	1 470
In besonderen Fällen	–	bis zu 1 918	–	1 750

[1] Max. 75 % des vereinbarten Heimentgeltes.
Quelle: Pflegekasse bei der AOK Sachsen-Anhalt, Die Gesundheitskasse, 35, 19 Kompetenzcenter Pflege, Magdeburg, Pflege im Überblick; Anmerkung: Pflegegeld wird bei „häuslicher" Pflege gezahlt. Pflegesachleistungen umfassen die Grundpflege und die hauswirtschaftliche Versorgung. Sie wird durch geeignete Pflegekräfte erbracht (auch ambulante Pflegeeinrichtungen) und diese müssen mit der Pflegekasse einen Versorgungsvertrag abgeschlossen haben. Bei einer teilstationären Pflege beteiligt sich die Pflegekasse auch an den Kosten einer Betreuung in einer Einrichtung der Tages- oder Nachtpflege. Ist häusliche oder teilstationäre Pflege nicht möglich, besteht Anspruch auf Pflege in einer vollstationären Einrichtung (Näheres bei den zuständigen Pflegekassen). Zusätzlich zu den aufgeführten Pflegeleistungen bestehen Möglichkeiten zur Nutzung einer Kombinationsleistung (Pflegesachleistung und Pflegegeld). Macht die Pflegeperson (häusliche Pflege) Urlaub, ist eine Verhinderungs- bzw. Ersatzpflege möglich. Die Aufwendungen der Pflegekasse dürften dabei bis zu 1 470 € im Kalenderjahr nicht überschreiten. Die künftigen Ansprüche auf häusliche Pflege und Pflegegeld enthält Rn. 497.

495 Bei der **Ermittlung der Wahrscheinlichkeit des Eintritts der Pflegebedürftigkeit** kann auf Statistiken des Statistischen Bundesamtes zurückgegriffen werden. Derartige Daten liegen auch für die einzelnen Bundesländer vor (vgl. Abb. 107).

Abb. 107: Pflegebedürftige und Pflegewahrscheinlichkeit in Rheinland-Pfalz (Jahr 2003)

Alter in Jahren	Pflegebedürftige Gesamt	Pflegewahrscheinlichkeit Gesamt (%)
unter 15	2 710	0,4
15–60	9 503	0,4
60–65	3 345	1,3
65–70	5 625	2,3
70–75	8 160	4,6
75–80	14 034	9,0
80–85	20 221	18,9
85–90	14 604	37,0
90 und älter	16 552	53,6

Quelle: Ickler, G., Das Risiko, ein Pflegefall zu werden, in Statistische Monatshefte Rheinland-Pfalz, 05/2005, 286.

Bei der Ermittlung der Wahrscheinlichkeit des Eintritts der Pflegebedürftigkeit ergeben sich Schwierigkeiten. Die Wahrscheinlichkeit lässt sich nur aus empirischen Untersuchungen ableiten. Nachdem über Jahre hinweg lediglich eine Repräsentativuntersuchung des *National Center for Health Statistics* (NCHS) aus den USA von 1979/80 vorlag, nach der die Pflegewahrscheinlichkeit für einen 65 Jahre alten Mann bei 2,92 Promille und einer ebenfalls 65 Jahre alten Frau bei 3,62 Promille angegeben wurde, deuten neue Erhebungen aus Japan auf eine deutlich höhere **Pflegewahrscheinlichkeit** hin. Auch wurden in der Zwischenzeit in Deutschland derartige Untersuchungen angestellt. Die **Pflegestatistiken** für 1999, veröffentlicht in einem Kurzbericht vom Oktober 2001, und für 2001, nachgewiesen in einem Sonderbericht des Statistischen Bundesamtes vom Juni 2003, enthalten zusammengefasst folgende Angaben:

496

Abb. 108: Anzahl der Pflegebedürftigen in Deutschland

	Jahr 1999	**Jahr 2001**
Insgesamt	2 016 091	2 039 780
zu Hause	1 442 880	1 435 415
in Heimen	573 211	604 365

Quellen: 2. Kurzbericht: Pflegestatistik 1999 (Oktober 2001) und Sonderbericht des Statistischen Bundesamtes (Juni 2003).

Nach einer Untersuchung von *Bickel*[285] sind männliche Personen im Alter von 65 Jahren im Mittel 1¼ Jahre ihrer Restlebenszeit pflegebedürftig und davon 3,4 Monate in stationärer Pflege. Weibliche Personen gleichen Alters sind rd. 2,5 Jahre ihrer Restlebenszeit pflegebedürftig und davon 10,4 Monate in stationärer Pflege. Die Phase der vollständigen Pflege beträgt bei Männern rd. 22 % und bei Frauen rd. 34 % der gesamten Pflegezeit.

Nach Berechnungen von *Ickler*[286] wird die Zahl der Pflegebedürftigen in Zukunft erheblich zunehmen. Für Rheinland-Pfalz ist bis zum Jahr 2050 mit einem Anstieg um nahezu 60 % zu rechnen.

---

285 Bickel, H., Lebenserwartung und Pflegebedürftigkeit in Deutschland, in Gesundheitswesen, 63, 2001 Nr. 1, 9–14.
286 Ickler, G., Das Risiko, ein Pflegefall zu werden, in Statistische Monatshefte Rheinland-Pfalz 2005, 284 ff.

Abb. 109: Pflegewahrscheinlichkeit 2003 bis 2050 (Bevölkerung Rheinland-Pfalz)[287]

Anteil der Pflegebedürftigen in der jeweiligen Bevölkerungsgruppe in %			
Jahre	insgesamt	männlich	weiblich
2003	2,3	1,5	3,1
2010	2,6	1,7	3,5
2020	3,0	2,1	4,0
2030	3,4	2,3	4,5
2040	4,0	2,7	5,3
2050	4,5	2,9	6,1

Quelle: Ickler, G., Das Risiko, ein Pflegefall zu werden, in Statistische Monatshefte Rheinland-Pfalz, 05/2005, 287.

Das Risiko der Pflegebedürftigkeit beträgt[288]:

vor dem 60. Lebensjahr   rd. 0,7 %
zwischen dem 60. und dem 80. Lebensjahr   rd. 4,2 %
nach dem 80. Lebensjahr   rd. 28,4 %

Für die Verkehrswertermittlung können folgende Kriterien einen Anhalt bieten:
- das Risiko der Pflegewahrscheinlichkeit des/der Berechtigten und
- die zu erwartende Pflegedauer des/der Berechtigten.

Beide Kriterien sind jedoch nicht mit einer angemessenen Wahrscheinlichkeit bestimmbar. Die bisher verfügbaren einschlägigen Untersuchungen im deutschen Raum (*Bickel* und *Schneekloth*[289]) weichen deutlich voneinander ab. Neuere Angaben zum Pflegerisiko legt Steinkamp in der GuG 2009, 293 vor.

497 In der Fachliteratur werden zur Wertermittlung der Reallast verschiedene Ansätze vorgestellt. Generell wird unterschieden nach dem eingetretenen Pflegefall und nach der Möglichkeit des Eintritts des Pflegefalls. Bei einem bereits eingetretenen Pflegefall wird häufig – unabhängig von der Zuzahlung der Pflegeversicherung – von 900 €/Monat ausgegangen. Besteht lediglich die (normale) Wahrscheinlichkeit des Pflegeeintritts, werden zuweilen die Kosten der privaten Pflegegeldtageversicherung (etwa 15 €/Monat) zu Grunde gelegt. Andererseits wird die Auffassung vertreten, dass der Verpflichtete sich von der Reallast freikaufen könne. Nach einem Beschluss des OVG Lüneburg[290] läge der Ansatz bei rd. 430 €/Monat.

498 In der **steuerlichen Bewertung von Pflegeleistungen** sind die §§ 13 bis 15 BewG zugrunde zu legen. § 13 Abs. 2 BewG regelt, dass immerwährende Nutzungen oder Leistungen mit dem 18,6fachen des Jahreswerts, Nutzungen oder Leistungen von unbestimmter Dauer vorbehaltlich des § 14 mit dem 9,3fachen des Jahreswertes zu bewerten sind.

Nach § 15 Abs. 1 BewG ist als Jahreswert der einjährige Betrag der Nutzung einer Geldsumme zu 5,5 Prozent anzunehmen. Das gilt, soweit kein anderer Wert feststeht.

---

287 Berechnet von Ickler, G., mit konstant gehaltenen alters- und geschlechtsspezifischen Pflegewahrscheinlichkeiten (Werte des Jahres 2003) auf der Grundlage der zukünftigen Bevölkerungsentwicklung (mittlere Variante der Modellrechnungen des Statistischen Landesamtes auf der Basis der Bevölkerungszahlen des Jahres 2000).
288 Zahlen und Fakten zur Pflegeversicherung (1/09), Bundesministerium für Gesundheit, 2008.
289 Schneekloth, U.; Müller, U., Hilfe- und Pflegebedürftigkeit in Heimen, in Schriftenreihe des Bundesministeriums für Familie, Senioren, Frauen und Jugend (Hrsg.), 1997, Bd. 147.2: Endbericht zur Repräsentativerhebung im Forschungsprojekt „Möglichkeiten und Grenzen selbständiger Lebensführung in Einrichtungen".
290 OVG Lüneburg, Beschl. vom 5.6.1996 – 4 M 2452/96 –, NdsRpflege 1996, 257 = FEVS 47, 89; zur Pflegeversicherung Schmidt in GuG 1998, 284.

Für die **monatliche Pauschalvergütung** regelt § 36 Abs. 3 SGB XI die Höhe der Beträge. Dort heißt es:

„(3) Der Anspruch auf häusliche Pflegehilfe umfasst je Kalendermonat
1. für Pflegebedürftige der Pflegestufe I Pflegeeinsätze bis zu einem Gesamtwert von
    a) 420 Euro ab 1. Juli 2008,
    b) 440 Euro ab 1. Januar 2010,
    c) 450 Euro ab 1. Januar 2012,
2. für Pflegebedürftige der Pflegestufe II Pflegeeinsätze bis zu einem Gesamtwert von
    a) 980 Euro ab 1. Juli 2008,
    b) 1 040 Euro ab 1. Januar 2010,
    c) 1 100 Euro ab 1. Januar 2012,
3. für Pflegebedürftige der Pflegestufe III Pflegeeinsätze bis zu einem Gesamtwert von
    a) 1 470 Euro ab 1. Juli 2008,
    b) 1 510 Euro ab 1. Januar 2010."

In § 37 Abs. 1 SGB heißt es:

„(1) Pflegebedürftige können anstelle der häuslichen Pflegehilfe ein Pflegegeld beantragen. Der Anspruch setzt voraus, dass der Pflegebedürftige mit dem Pflegegeld dessen Umfang entsprechend die erforderliche Grundpflege und hauswirtschaftliche Versorgung in geeigneter Weise selbst sicherstellt. Das Pflegegeld beträgt je Kalendermonat
1. für Pflegebedürftige der Pflegestufe I
    a) 215 Euro ab 1. Juli 2008,
    b) 225 Euro ab 1. Januar 2010,
    c) 235 Euro ab 1. Januar 2012,
2. für Pflegebedürftige der Pflegestufe II
    a) 420 Euro ab 1. Juli 2008,
    b) 430 Euro ab 1. Januar 2010,
    c) 440 Euro ab 1. Januar 2012,
3. für Pflegebedürftige der Pflegestufe III
    a) 675 Euro ab 1. Juli 2008,
    b) 685 Euro ab 1. Januar 2010,
    c) 700 Euro ab 1. Januar 2012."

Auch die Frage, ob die Regeln des **Gesetzes zur sozialen Absicherung des Risikos der Pflegebedürftigkeit (Pflege-WeiterentwicklungsG)** bei der Wertermittlung zu berücksichtigen seien, ist in Fachkreisen streitbefangen.

Das Kostenrisiko der Pflege zu Lasten des Verpflichteten kann durch „weiche" und „harte" Faktoren umschrieben werden. „Weiche" Faktoren sind Umstände, die nur schwer in einem Eurobetrag beziffert werden können, wie die Bindung des Verpflichteten an das Haus und an die zu pflegende Person sowie der Zeitaufwand für die Pflege, der weit über dem in einem Heim erforderlichen Rahmen liegt. Kostenmäßig erfassbare „harte" Faktoren sind z. B. der Einkommensverlust des Verpflichteten sowie die Zahlungen der Pflegekasse. Daraus könnte man die allgemeine Berechnungsformel ableiten:

$$K_R = E - K_E \times P_R$$

wobei

K_R = Kostenrisiko
E = Mittleres Einkommen in € p.M.
K_E = Kostensatz durch Pflegekasse (durchschnittlich Stufe II) in € p.M.
P_R = Pflegerisiko in v.H.

IX Rechte und Belastungen — Rechte Dritter

Zu dem auf diese Weise ermittelten Betrag wäre zusätzlich die Minderung durch die „weichen" Faktoren zu schätzen. Der Ansatz des Gesamtminderungsbetrags ist angesichts der vielen Unwägbarkeiten jedoch wenig überzeugend. Zudem ist zu berücksichtigen, dass in den Übergabeverträgen i.d.R. die Leistungen auf die vereinbarte einfache „Wart und Pflege" beschränkt werden und Leistungen, die von der Pflegeklasse I bis III erfasst werden, ausgeschlossen sind, so dass dieses Problem nur in Einzelfällen zur Anwendung kommt.

500 Generell sollte bei der Wertermittlung von Pflegeverpflichtungen mit Augenmaß vorgegangen werden. Die Pflegeverpflichtung ist eine Reallast, für die das Grundstück und darüber hinaus der Verpflichtete persönlich haftet. Letztlich handelt es sich überwiegend um ein höchstpersönliches Verhältnis zwischen Eltern und Kindern. Für die **Fiktion des „wirtschaftlich denkenden Marktteilnehmers"** ist schon deshalb kein Raum, da derartig belastete Grundstücke nicht am freien Grundstücksmarkt gehandelt werden und deshalb auch keine Markterfahrungen vorliegen, in welcher Größenordnung das Vorliegen der dinglichen Pflegeverpflichtung den Verkehrswert eines belasteten Grundstücks mindert.

Die zahlreichen zu diesem Problem vorliegenden wissenschaftlich anmutenden Berechnungen führen hier nicht weiter. Maßgebend und zu berücksichtigen ist allein, wie die Verpflichteten höchstpersönlich das Risiko des Pflegeeintritts bewerten. Dabei könnte ein Zuschlag in der Größenordnung eines angemessenen prozentualen Anteils des normalen Aufwands für Versorgungs- und Sachleistungen (z. B. ca. 10 %) einen Anhalt bieten.

501 *Beispiel:*
Herr A (65 Jahre alt) überträgt sein Zweifamilienhaus an seinen Bruder und lässt sich im Grundbuch ein Altenteilsrecht eintragen. Es beinhaltet eine beschränkt persönliche Dienstbarkeit in Form eines unentgeltlichen Wohnungsrechts an der von ihm bewohnten Wohnung und eine Reallast, die den Bruder verpflichtet, Herrn A in angemessenem Umfang Mahlzeiten und Kleidung zur Verfügung zu stellen und auch im Falle von Krankheit und Pflegebedürftigkeit zu versorgen und zu pflegen. Sämtliche Leistungen sind unentgeltlich zu erbringen.

Herstellungswert des Gebäudes	200 000 €
Bodenwert	80 000 €
Gesamtnutzungsdauer	80 Jahre
Restnutzungsdauer	50 Jahre
Lebenserwartung des Berechtigten nach der Sterbetafel 2001/2003	rd. 16 Jahre
Restnutzungsdauer des Gebäudes nach 16 Jahren (50 Jahre – 16 Jahre)	34 Jahre
Alterswertminderung bei Gesamtnutzungsdauer von 80 Jahren und Restnutzungsdauer von 34 Jahren	45 %
Liegenschaftszinssatz (Zweifamilienhaus)	4 %

a) Ermittlung des Werts des mit dem unentgeltlichen Wohnungsrecht belasteten Grundstücks

Gebäudeherstellungswert	200 000 €
Alterswertminderung bei Ablauf des Rechts nach 16 Jahren: 45 %	– 90 000 €
Gebäudesachwert	110 000 €
Bodenwert	+ 80 000 €
Grundstückssachwert	190 000 €
Marktanpassung: –10 %	– 19 000 €
Verkehrswert des unbelasteten Grundstücks zum Zeitpunkt des Ablaufs des Rechts	171 000 €

An das Leben gebundener Abzinsungsfaktor (65 Jahre, 4 %):
$0{,}5712 \; [1 - (ä_x - 1) \times p = 1 - (11{,}720 - 1) \times 0{,}04]$

Abgezinster Verkehrswert am Wertermittlungsstichtag: 171 000 € × 0,5712	97 675 €

Rechte Dritter — Rechte und Belastungen IX

Jährlicher Vorteil durch Übernahme von Kosten und Belastungen durch Berechtigten		0 €
Jährlicher Nachteil aus Übernahme von Kosten und Belastungen durch Verpflichteten		0 €
Leibrentenfaktor für einen 65-jährigen Mann bei einem Liegenschaftszinssatz von 4 %		11,255
Belastung durch Recht: 0 € × 11,255		0 €
Verkehrswert des mit dem Wohnungsrecht belasteten Zweifamilienhausgrundstücks		**97 675 €**

b) Ermittlung des Werts der Reallast

normaler Aufwand für Versorgungs- und Sachleistungen
200 €/Monat oder 2 400 € p.a.

Kapitalisierter Aufwand: 2 400 € × 11,65		27 960 €

Erhöhter Aufwand bei Eintritt des Pflegefalls

Eintrittswahrscheinlichkeit des Pflegefalls bei einem Alter von 65 Jahren:	2,2 %[291]	
Üblicher Pflegesatz bei Pflegebedürftigkeit (Vollstationäre-)	1 279 €/Monat	
abzüglich normaler Aufwand bei häuslicher Pflege	− 420 €/Monat	
Erhöhter Aufwand	859 €/Monat	
Jährliche Pflegekosten: 859 € × 12 Monate =	10 308 € p.a.	
Anrechenbarer Jahresbetrag: (10 308 € × 2,2)/100 =	226,78 €	
Kapitalisierter anteiliger Pflegeaufwand bei 4 % und 16 Jahren Laufzeit: 226,78 € × 11,65 =		+ 2 642 €
Wert der Reallast		30 602 € − 30 602 €
Ausgangswert des mit dem Altenteilsrecht belasteten Zweifamilienhausgrundstücks: 97 675 € − 30 602 € =		**67 073 €**

Nach wie vor wird empfohlen, vom ermittelten Ausgangswert (Grundstückssach-, Grundstücksertragswert) wegen der Unsicherheit bei der Ermittlung der eingestellten statistischen Daten einen zusätzlichen Abschlag von rd. 10 % anzunehmen.

10 % von 67 073 € und zur Rundung	− 6 707 €
Verkehrswert des mit dem Altenteilsrecht belasteten Grundstücks	**rd. 60 000 €**

Da die Einschätzung des Werts der Reallast am Wertermittlungsstichtag völlig offen ist (der Berechtigte könnte seine statistische Lebenserwartung als gesunder Mensch oder als Pflegefall nicht erreichen, er könnte sie erreichen oder auch geringfügig oder deutlich länger leben), erscheint es auch gerechtfertigt, die Unsicherheit der Lebenserwartung pauschal durch einen angemessenen Zuschlag zu erfassen.

Normaler Aufwand für Versorgungs- und Sachleistungen p.a.	2 400 €
Zuschlag für möglichen Pflegeeintritt 10 %	+ 240 €
Insgesamt	2 640 €
Kapitalisierter Pflegeaufwand: 2 640 € × 11,65 =	30 756 €

---

[291] Vgl. Bild 107 (Anzahl und Verteilung der Pflegebedürftigen) Mittel der Altersgruppen 60 bis 65 sowie 65 bis 70.

IX Rechte und Belastungen — Rechte Dritter

Ausgangswert des mit dem Altenteilsrecht belasteten Grundstücks	
aus Wohnungsrecht	97 675 €
aus Pflegeaufwand	– 30 756 €
Wert der Reallast	**66 919 €**
Abschlag wegen Unsicherheit der eingestellten statistischen Daten in Höhe von rd. 10 %	– 6 919 €
Verkehrswert des mit dem Altenteilsrecht belasteten Grundstücks	**60 000 €**

Bei der Ermittlung eines Werts für das Altenteil sollte immer auf den konkreten Einzelfall abgestellt werden. Von der ausschließlichen Anwendung von pauschalen Abschlägen ist abzuraten. Denn ein Leibgeding kann neben einem Wohnungs- und Mitbenutzungsrecht auch die Kosten für Wartung und Pflege, eine volle Verköstigung, eine Geldrente, PKW-Mitbenützung sowie Beerdigungskosten und Grabpflege enthalten. Jede dieser Kosten bedarf einer eigenständigen Wertermittlung[292].

502 Bei der **Wahl des „zutreffenden" Liegenschaftszinssatzes**[293] herrschen in der Fachwelt unterschiedliche Auffassungen. Der Liegenschaftszinssatz für ein Zweifamilienhaus dürfte bei ausgeglichenem Markt mit 4 % ansetzbar sein. Unter den Sachverständigen hat sich die Meinung durchgesetzt, dass dieser Zinssatz ebenfalls für die Wertberechnung der grundstücksbezogenen Rechte herangezogen werden muss, da nur auf diese Weise ein angemessenes Verhältnis zwischen Grundstückswert und dem Wert solcher aus dem Ertrag des Grundstücks errechneter Rechte herzustellen ist (vgl. auch Ziff. 4.2 WERTR 06). Dagegen wäre einzuwenden, dass bei Anwendung dieser Systematik der Wert des Rechts von der Nutzungsart des Grundstücks abhängt. Andererseits wurden Leibrenten üblicherweise mit 5,5 % verzinst[294]. Wurde also ein Haus auf Rentenbasis veräußert, wurde die Rente i.d.R. mit 5,5 % kapitalisiert. Ebenso wurde verfahren, wenn der Barwert einer schon bestehenden Leibrente ermittelt werden musste. Da nunmehr vom Statistischen Bundesamt jährlich für alle infrage kommenden Liegenschaftszinssätze Leibrentenfaktoren ermittelt und veröffentlicht werden, sollte die in der WERTR 06 empfohlene Verfahrensweise (nutzungsbezogene Liegenschaftszinssätze) übernommen werden.

▶ *Zur Verkehrswertermittlung von Seniorenimmobilien vgl. Weyers in GuG 1997, 1 und Jahn in GuG 2000, 5, 282; von Kurkliniken in GuG 1997, 218, Jahn in GuG 2003, 3, 229 sowie Teil VI Rn. 333 ff.*

4.2.12.2 Zwangsversteigerung

503 Für das Altenteilsrecht gibt es in der Zwangsversteigerung eine **Sonderregelung,** die ihm einen besseren Schutz geben soll. Es bleibt in der Zwangsversteigerung unberührt, auch wenn es bei der Feststellung des geringsten Gebots nicht berücksichtigt wird, d.h., wenn es dem betreibende Gläubiger im Range nachgeht. Da ein vorrangiger Gläubiger jedoch das Recht hat, das Erlöschen des Altenteilsrechts als abweichende Versteigerungsbedingung zu beantragen, ist die Schutzwirkung nur gering. Das Altenteilsrecht bleibt praktisch nur bestehen, wenn durch die abgegebenen Angebote alle vor- und gleichrangigen Gläubiger voll befriedigt werden können. Durch das Zunehmen der durchschnittlichen Lebenserwartung, die damit verbundenen Überalterung der Bevölkerung und die Lockerung der Familienstrukturen kommt dieser Vertragsgestaltung heute eine nicht unerhebliche Bedeutung zu. Für den Verpflichteten bedeutet das Altenteilsrecht ein nur schwer einschätzbares finanzielles Risiko, da die Laufzeit des Rechts und die finanziellen Auswirkungen unbestimmt sind. Zwar ist die Belastung durch das Wohnungsrecht noch eingrenzbar, bei der damit verbundenen Reallast, die Pflege- und Sachleistungen zum Inhalt hat, sind die finanziellen Auswirkungen jedoch schwer vorauszusehen.

---

[292] Für die ausführliche Ermittlung wird auf das Schrifttum verwiesen (Fischer/Lorenz/Biederbeck/Astl, Bundesanzeiger, 2005).
[293] OVG Koblenz, Urt. vom 18.11.1985 – 12 A 55/58 –, EzGuG 14.78a.
[294] BFH, Urt. vom 20.11.1969 – IV F 22/68 –, EzGuG 14.38.

4.3 Verfügungs- und Erwerbsrecht

4.3.1 Übersicht

Unter die Erwerbsrechte fallen insbesondere

a) das *Vorkaufsrecht*, d.h. die gesetzlich oder vertraglich eingeräumte Befugnis, in einen Kaufvertrag an Stelle des Käufers einzutreten (§§ 463 ff., 1094 ff. BGB; §§ 24 ff. BauGB);

b) die *Vormerkung* (§§ 883 ff. BGB), soweit damit ein schuldrechtlicher Anspruch auf Einräumung oder Aufhebung eines Rechts an einem Grundstück auch Dritten gegenüber gesichert wird[295];

c) das *Aneignungsrecht*[296] (z. B. Jagdrecht, vgl. Rn. 531),

d) das *Anwartschaftsrecht*, insbesondere

- das *Wiederkaufsrecht* (z. B. nach § 10 Abs. 1 Satz 2 i.V.m. § 4 Abs. 2 des Reichssiedlungsgesetzes oder aufgrund einer Vereinbarung),
- das *Ankaufsrecht* (Option) und
- die *Vorhand*.

Unter der **Vorhand** versteht man die Verpflichtung eines Eigentümers, im Falle des Verkaufs sein Grundstück zuerst einer anderen Person (dem Vorhandsberechtigten) anzubieten. Der die Vorhand einräumende Vertrag über ein Grundstück bedarf der notariellen Beurkundung nach § 313 BGB[297].

Die **unterschiedlichen Verfügungs- und Erwerbsrechte** sind aus der folgenden Abb. 110 zu ersehen.

Abb. 110: Übersicht über die Verfügungs- und Erwerbsrechte

---

295 Baur, a.a.O., S. 195, 26.
296 Baur, a.a.O., S. 23, 275.
297 RG, Urt. vom 21.4.1937 – V 297/36 –, RGZ 169, 65 (71).

4.3.2 Vorkaufsrecht

4.3.2.1 Allgemeines

507 Ein Vorkaufsrecht *(rights of pre-emption)* räumt dem Berechtigten die **Befugnis** ein, **eine bestimmte Sache zu denselben Bedingungen zu erwerben, die der Verkäufer in einem Kaufvertrag mit einem Dritten rechtswirksam vereinbart hat**[298]. Im Falle des Verkaufs der Sache – z. B. eines Grundstücks – kann der Berechtigte durch einseitige Erklärung gegenüber dem Verpflichteten einen Kauf mit diesem zustande bringen. Mit der Ausübung des Vorkaufsrechts kommt ein neuer Kaufvertrag zwischen dem Berechtigten und dem Verpflichteten zustande. Das Vorkaufsrecht ist jedoch bei Schenkung, Tausch und Erbfolge nicht wirksam.

508 Das **Vorkaufsrecht** kann auch **zugunsten des jeweiligen Eigentümers eines anderen Grundstücks** (subjektiv dinglich) bestellt werden (§ 1094 Abs. 2 BGB). Ferner kann es auch für einen, für mehrere oder für alle Verkaufsfälle eingetragen werden (§ 1097 BGB).

509 Darüber hinaus ist es i.d.R. sinnvoll, zwischen den **vertraglichen** Vorkaufsrechten einerseits **und** den **gesetzlichen** (z. B. Vorkaufsrecht der Gemeinden gem. § 24 und § 25 BauGB), insbesondere öffentlich-rechtlichen **Vorkaufsrechten** andererseits **zu unterscheiden** (Abb. 111).

510 Abb. 111: Vorkaufsrechte

511 Das **vertragliche Vorkaufsrecht** kann nach Maßgabe

a) der §§ 463 bis 473 BGB als *(schuldrechtliches) obligatorisches Vorkaufsrecht* oder

b) der §§ 1094 ff. BGB als *dingliches Vorkaufsrecht* ausgestaltet sein.

512 Nur **das dingliche Vorkaufsrecht ist grundbuchfähig und -bedürftig.** Das dingliche Vorkaufsrecht ist abgrenzungsbedürftig gegenüber

– dem Wiederkaufsrecht,

---

[298] BGH, Urt. vom 19.12.1962 – V ZR 259/60 –, MDR 1963, 396; BayObLG, Beschl. vom 19.1.1982 – BReg 2 Z 37/81 –, BayObLGZ 1982, 15 = EzGuG 14.68a; BayObLG, Urt. vom 10.2.1971 – BReg 2 Z 10/71 –, NJW 1971, 809 = MDR 1971, 488 = BayObLGZ 1971, 28; in Sanierungsgebieten: VGH Mannheim, Urt. vom 25.9.1997 – 8 S 665/97 –, NJW 1998, 1089.

- dem Ankaufsrecht und
- der Vorhand.

In der neueren Rechtslehre wird das vertragliche, dingliche Vorkaufsrecht entweder als dingliche Anwartschaft auf ein Grundstück, vergleichbar etwa mit der Auflassungsvormerkung im Grundbuch, oder als Gestaltungsrecht angesehen.

4.3.2.2 Verkehrswertermittlung

Im Rahmen der Verkehrswertermittlung muss **unterschieden werden zwischen** 513

a) dem Verkehrswert eines Grundstücks, das mit einem Vorkaufsrecht belastet ist; im Falle der Ermittlung des Verkehrswerts eines vorkaufsrechtsbelasteten Grundstücks geht es um die Frage, ob und ggf. in welchem Maße ein Vorkaufsrecht den Verkehrswert eines Grundstücks beeinflusst, wobei wiederum die Minderung des Verkehrswerts nicht mit dem Wert des Vorkaufsrechts (für sich allein) identisch sein muss, und

b) dem Wert eines Vorkaufsrechts (für sich allein).

Zu a) Verkehrswert vorkaufsrechtsbelasteter Grundstücke

Der **RFH**[299] hat in einer Entscheidung aus dem Jahre 1926 festgestellt, dass ein Vorkaufsrecht 514 den Grundstückswert nicht beeinflusst. In den Entscheidungen wird ausgeführt:

„Beizutreten ist dem FG auch dahin, dass das auf dem Grundstück lastende Vorkaufsrecht nicht als wertmindernd zu behandeln ist. Der RFH hat schon in seinem Urt. vom 24.3.1925 ausgesprochen, dass sich der Verkäufer eines Grundstücks ein durch Vormerkung gesichertes persönliches Wiedererwerbsrecht vorbehalten hat. Vorliegend handelt es sich um ein *dingliches* Vorkaufsrecht. Bei diesem gilt aber nichts anderes als in jenem Falle. Welcher Art das Vorkaufsrecht ist, steht nicht fest. Aber auch wenn es sich – was der ungünstigste Fall ist – nicht auf den Verkauf beschränkt hat, der dem besteuerten Eigentumsübergang zu Grunde lag, sondern auch für alle späteren Verkaufsfälle gilt (vgl. § 1097 BGB), so wirkt es doch nicht wertmindernd. Es mag sein, dass mancher Kauflustige durch das Bestehen des Vorkaufsrechts abgeschreckt wird. Wenn er sich aber zum Kaufe entschließt, so liegt ihm kein Anlass vor, mit Rücksicht auf das Bestehen des Vorkaufsrechts einen geringeren Preis zu bewilligen, als er ohne das Vorkaufsrecht tun würde. Im Gegenteil, wenn ihm besonders viel am Erwerb liegt, so wird er, um die Ausübung des Vorkaufsrechts zu verhindern, eher zur Anlegung eines höheren Preises geneigt sein. Durch das Bestehen eines Vorkaufsrechts wird die Zahl der Kauflustigen nicht beschränkt. Allerdings ist es möglich, dass das Zustandekommen von Kaufverträgen verhindert wird, wenn die Beteiligten glauben oder wissen, dass der Vorkaufsberechtigte sein Recht ausüben werde. Die Erschwerung des Abschlusses von Kaufverträgen kann hier aber nicht preis- und damit wertmindernd wirken."

Auch nach *Pohnert*[300] soll sich ein Vorkaufsrecht eher werterhöhend als wertmindernd auf das belastete Grundstück auswirken, da zumindest ein Käufer vorhanden ist (wobei dieser aber nicht Käufer sein muss!). Pohnert räumt aber ein, dass eine abschreckende Wirkung des Rechts auf Dritte nicht abzustreiten sei und deshalb auch **wertmindernd** sein könne.

Zu b) Verkehrswert von Vorkaufsrechten

Zum Verkehrswert eines Vorkaufsrechts können keine allgemeinen Regeln aufgestellt werden. Ob und ggf. in welcher Höhe ein Vorkaufsrecht einem Verkehrswert beigemessen werden kann, hängt entscheidend von den Umständen des jeweiligen Einzelfalls ab. 515

Nach herrschender Auffassung haben Vorkaufsrechte für sich allein zumindest so lange keinen Wert, wie sie auf dem Grundstück ruhen und nicht realisierbar sind. Soweit es um realisierbare Vorkaufsrechte geht, ist der **Wert eines Vorkaufsrechts daran zu messen, inwieweit es dem Vorkaufsberechtigten einen Vorteil gewährt.** Der wirtschaftliche Wert des Vorkaufsrechts kann deshalb regelmäßig daran gemessen werden, ob der Berechtigte einen Vermögenszuwachs erfährt, wenn aus der Anwartschaft ein Vollrecht wird[301]. Es kann z. B. der Fall vorliegen, dass der vorkaufsberechtigte Nachbar eines Grundstücks selbst Eigentümer eines 516

---
299 RFH, Urt. vom 8.10.1926 – II A 429/76 –, EzGuG 14.1a; RFH, Urt. vom 24.3.1925 – II A 91/25 –, RFHE 16, 56.
300 Pohnert, Kreditwirtschaftliche Wertermittlung, 5. Aufl., Neuwied 1997, S. 247; vgl. im Übrigen Meiß in ZfV 1980, 83.
301 BGH, Urt. vom 23.3.1975 – 5 StR 82/76 –, NJW 1977, 156 = EzGuG 14.54a.

IX Rechte und Belastungen — Rechte Dritter

ungünstig geschnittenen Grundstücks ist, dessen Ertrag unter Einbeziehung des Nachbargrundstücks wesentlich gesteigert werden kann. In einem derartigen Fall lässt sich der Wert des Vorkaufsrechts nach dem Barwert des Ertragsdifferenzials bemessen.

517 Die Tatsache, dass **für die Einräumung eines Vorkaufsrechts eine Gegenleistung erbracht** worden ist, dürfte in aller Regel für den Wert eines Vorkaufsrechts dagegen bedeutungslos, wenngleich nicht unbeachtlich sein.

518 Aus der Praxis des **Vorkaufsrechts nach den §§ 4 ff. RSG** wird berichtet, dass Landgesellschaften für die Nichtausübung ihres Vorkaufsrechts Abstandszahlungen vereinbart hätten. Das RG hat dieses Verhalten als sittenwidrig erkannt[302]. Im Grundbuch gesicherte Vorkaufsrechte unterliegen nicht der Verjährung.

519 Der Wert eines Vorkaufsrechts an einem Grundstück ist im vorstehenden Sinne nach Auffassung des **OLG Kiel**[303] gering zu veranschlagen, wenn ein besonderes Interesse an dem Erwerb eines gerade zum Verkauf gelangten Grundstücks nicht ersichtlich ist; in derartigen Fällen ließe er sich nur durch freie Schätzung ermitteln. Das Gericht hatte den Wert des Vorkaufsrechts mit 2 % des Verkehrswerts des belasteten Grundstücks angesetzt.

520 Anhaltspunkte für den Wert eines Vorkaufsrechts bietet auch die Entscheidung des Obergerichts der Freien Stadt Danzig vom 20.12.1933[304]. Das Gericht hat 2,15 % des Versteigerungserlöses als Wert des Vorkaufsrechts in dem von ihm entschiedenen Fall festgesetzt. Im Anschluss an diese bei *Sichtermann*[305] zitierten Entscheidungen empfiehlt *Michaelis*[306], für ein Vorkaufsrecht 2 % des gemeinen Werts (Verkehrswert) des Grundstücks anzusetzen, wenn nicht besondere Gründe im Einzelfall eine Abweichung rechtfertigen.

521 *Aust/Jakobs*[307] geben unter Bezug auf *Büchs* als Wert eines Vorkaufsrechts den Betrag von 5 bis 15 % eines Grundstückswerts an, den der Vorkaufsberechtigte für den Erwerb des Grundstücks ohne das Vorkaufsrecht zusätzlich zu einem Zuschlag als Liebhaberpreis in vorgenannter Höhe bezahlen würde. Dies wiederum erscheint im Hinblick auf die Verkäuflichkeit eines solchen Rechts nach den Grundsätzen der Verkehrswertermittlung zu hoch, zumal dieser „Satz" allenfalls der individuellen Wertschätzung des Vorkaufsberechtigten entspricht und damit nicht unbedingt verkehrswertrelevant ist (vgl. Rn. 530).

522 In einer Entscheidung des OLG Frankfurt am Main[308] wurde im Zuge einer Vorgartenenteignung der Entschädigungswert für den Fortfall eines Vorkaufsrechts in „freier Schätzung" mit 5 v.H. des Werts der von der Enteignung betroffenen Fläche festgesetzt. Auch dieser Prozentsatz kann nur einen groben Anhalt bieten.

523 Wird ein Vorkaufsrecht nur für eine **Teilfläche** ausgeübt, so ist im Übrigen der Teil des Kaufpreises zu ermitteln, der auf die Teilfläche entfällt. Der Wert der Teilfläche kann dabei nicht nach dem durchschnittlichen Quadratmeterpreis bemessen werden, wenn die weniger wertvolle oder die wertvollere Teilfläche vom Vorkaufsrecht betroffen ist[309], denn ein Grundstück kann durchaus unterschiedliche Qualitäten und damit unterschiedliche Werte aufweisen.

524 Für die gesetzlichen **Vorkaufsrechte nach § 24 und § 25 BauGB** gelten einige Besonderheiten. Es handelt sich dabei um sog. **preislimitierende Vorkaufsrechte,** wobei grundsätzlich zwischen zwei Fällen zu unterscheiden ist:

---

302 RG, Urt. vom 9.2.1928 – 128/28 –, HRR 1929, 1098 (Archiv für innere Kolonisation XXI, S. 272 und XX, S. 492); Posick/Wenzel, Reichssiedlungsgesetz, Komm. Berlin 1930, S. 124.
303 OLG Kiel, Urt. vom 20.11.1931 – 2 U – 238/31 –, SchlHAnz 1931, 202 = EzGuG 14.1b.
304 OG der Freien Stadt Danzig, Urt. vom 20.12.1933 – 2 II U 320/33 –, Seufferts Archiv 88 Nr. 62 = EzGuG.
305 Sichtermann, Bedeutung und Behandlung der Eintragungen in Abt. II des Grundbuchs, 8. Aufl.
306 Michaelis, Beleihungsgrundsätze für Sparkassen, 7. Aufl., S. 123.
307 Aust/Jacobs/Pasternak, Die Enteignungsentschädigung, 6. Aufl. 2007, 148, Rn. 298, mit Bezug auf Büchs, Handbuch des Eigentums- und Entschädigungsrechts, 3. Aufl., Rn. 3281, mit Bezug auf Müller in NJW 67, 1350 ff.
308 OLG Frankfurt am Main, Urt. vom 11.5.1964 – U 210/63 –, EzGuG 14.20.
309 BGH, Urt. vom 10.10.1969 – V ZR 155/60 –, EzGuG 18.46; BGH, Urt. vom 15.1.1971 – V ZR 164/68 –, EzGuG 14.42.

1. Überschreitet der vereinbarte Kaufpreis den Verkehrswert in einer für den Rechtsverkehr „deutlich" erkennbaren Weise, so kann die Gemeinde die Ausübung ihres Vorkaufsrechts nach § 28 Abs. 4 Satz 1 BauGB zum „Verkehrswert" geltend machen (§ 194 BauGB Rn. 44). Der Verkäufer ist in diesem Falle berechtigt, bis zum Ablauf eines Monats nach Unanfechtbarkeit des Verwaltungsaktes über die Ausübung des Vorkaufsrechts vom Vertrag zurückzutreten, wobei dann die Kosten des Vertrags auf der Grundlage des Verkehrswerts von der Gemeinde getragen werden.

2. Soweit es sich um den Erwerb von **Flächen handelt, für die nach dem Bebauungsplan eine Nutzung für öffentliche Zwecke oder für Maßnahmen zum Ausgleich für Eingriffe in Natur und Landschaft** nach § 1 Abs. 3 BauGB festgesetzt ist, bestimmt sich der bei Ausübung des Vorkaufsrechts zu zahlende Betrag gemäß § 28 Abs. 4 BauGB nach den entschädigungsrechtlichen Vorschriften der §§ 93 ff. BauGB, d.h. ebenfalls nach dem Verkehrswert des Grundstücks (ggf. unter Berücksichtigung einer Entschädigung für Vermögensnachteile). Bei der Ermittlung dieses Verkehrswerts sind insbesondere die Reduktionsvorschriften des § 95 BauGB beachtlich. Der Verkäufer hat in diesen Fällen kein Rücktrittsrecht.

Diese Besonderheit ist damit begründet, dass es sich hierbei um Flächen handelt, die auch enteignet werden könnten, wobei sich dann die Enteignungsentschädigung nach den genannten Vorschriften bemessen würde. Der Gesetzgeber wollte damit zum **Schutze des Erwerbers** vermeiden, dass im Falle einer überhöhten Kaufpreisgestaltung die Gemeinde auf die Ausübung ihres Vorkaufsrechts mit der Folge verzichtet, dass sie im Anschluss an den Verkaufsfall den Erwerber zu einem entsprechend niedrigeren Entschädigungswert enteignet. **525**

In dem zuletzt genannten Fall eines preislimitierten Vorkaufsrechts für Gemeinbedarfsflächen und für naturschutzrechtliche Ausgleichsflächen kann nicht erwartet werden, dass von diesem Vorkaufsrecht eine wertmindernde Wirkung auf die davon betroffenen Grundstücke ausgeht, denn die **Grundstücke können** – wie dargelegt – **ohnehin zu dem entsprechenden Entschädigungswert** enteignet werden. Das Gleiche kann aber auch für den erstgenannten Fall gelten, auch wenn hier der Grundstücksverkehr dies als Eingriff in die freie Preisgestaltung betrachten mag. Zum einen wird aber auch in diesem Fall das Vorkaufsrecht zum Verkehrswert ausgeübt, so dass schon von daher ein wertmindernder Einfluss vom Vorkaufsrecht nicht ausgeht. Zum anderen ist in diesem Fall der Grundstücksverkehr insgesamt davon betroffen, so dass eine möglicherweise preisdämpfende Wirkung in aller Regel bereits Eingang in die herangezogenen Vergleichspreise finden musste und schon von daher nicht noch zusätzlich berücksichtigt werden darf. **526**

Die Rechtsprechung zur **Bemessung des Geschäftswerts** bei Löschung eines dinglichen Vorkaufsrechts nach § 20 Abs. 2 KostO, die selbst einem gegenstandslos gewordenen Vorkaufsrecht noch einen Geschäftswert von 20 % des Grundstückswerts beimisst, geht an der Wirklichkeit vorbei[310]. Berücksichtigt werden muss aber, dass die KostO für die Kostenfestsetzung und nicht für eine Verkehrswertermittlung maßgebend ist.

4.3.2.3 Beleihungspraxis und Zwangsversteigerung

Das dingliche Vorkaufsrecht hat Dritten gegenüber die Wirkung einer Vormerkung zur Sicherung des durch die Ausübung des Rechts entstehenden Anspruchs auf Übertragung des Eigentums (§ 1098 Abs. 2 BGB). Schließt also der Eigentümer einen **Kaufvertrag mit einem Dritten ab, bevor die Grundschuld der Bank entsteht,** so ist die Grundschuld dem Vorkaufsberechtigten gegenüber unwirksam (§ 1098 Abs. 2 BGB, § 883 Abs. 2 Satz 1 BGB). Wenn das Vorkaufsrecht mit der Grundschuld einer Bank im Range vorgeht, empfiehlt es sich deshalb, durch Rückfrage bei dem Eigentümer *und* dem Vorkaufsberechtigten sich zu vergewissern, dass der Eigentümer *vor* Entstehung der Grundschuld keinen Kaufvertrag über das **527**

---

310 OLG Zweibrücken, Beschl. vom 13.7.1990 – 3 W 67/90 –, EzGuG 14.94a; BayObLG, Beschl. vom 16.12.1975 – BReg 3 Z 108/74 –, BayObLGZ 1975, 450 = EzGuG 14.51a; BayObLG, Beschl. vom 21.8.1985 – BReg 3 Z 125/85 –, Rpfleger 1986, 31; BayObLG, Urt. vom 27.5.1955 – BReg 2 Z 39/55 –, Rpfleger 1955, 287.

IX Rechte und Belastungen — Rechte Dritter

Grundstück mit einem Dritten abgeschlossen hat. Ist hingegen ein solcher Kaufvertrag abgeschlossen, so empfiehlt es sich, dann von dem Vorkaufsberechtigten die Erklärung zu verlangen, dass er der Bestellung der Grundschuld zustimmt bzw. in diesem Fall auf die Ausübung seines Vorkaufsrechts verzichtet. Tritt der Vorkaufsberechtigte mit dem Vorkaufsrecht im Range hinter die Grundschuld der Bank zurück, so liegt darin die evtl. erforderliche Zustimmung des Vorkaufsberechtigten zur Bestellung der Grundschuld. Bei Rangrücktritt des Vorkaufsrechts erübrigt sich also die vorgenannte Anfrage bei dem Eigentümer und dem Vorkaufsberechtigten.

528 **Das Vorkaufsrecht kann inhaltlich auch so gestaltet sein, dass es nur unter bestimmten Bedingungen oder nur innerhalb einer bestimmten Frist ausgeübt werden kann** und diese Bedingungen in dem vorliegenden Verkaufsfall nicht gegeben sind bzw. die Frist abgelaufen ist. Da der Vorkaufsberechtigte in diesem Fall das Vorkaufsrecht nicht ausüben kann, bedarf es auch nicht seiner Zustimmung bzw. seines Verzichts auf das Vorkaufsrecht. Die genannten Bedingungen bzw. die genannte Befristung müssen nach herrschender Auffassung im Grundbuch selbst eingetragen sein. Die Eintragung kann nicht durch Bezugnahme auf die Eintragungsbewilligung ersetzt werden[311]. Ist das Vorkaufsrecht gemäß der Grundbucheintragung bedingt oder befristet, so wäre also anhand der Grundbucheintragung und ggf. unter Zuhilfenahme der Eintragungsbewilligung ergänzend zu prüfen, ob dieser Verkaufsfall überhaupt vom Vorkaufsrecht erfasst wird. Ist dieses nicht der Fall, erübrigt sich die Zustimmung des Vorkaufsberechtigten zur Grundschuldbestellung bzw. dessen Verzicht auf die Geltendmachung des Vorkaufsrechts.

529 Das Vorkaufsrecht vermindert aus der Sicht des Kreditgebers i.d.R. den Wert des Grundstücks, da der Eigentümer schwerer einen Käufer finden wird als ohne das Vorkaufsrecht. Jedoch wird die Wertminderung oft nicht als so bedeutend anzusehen sein, dass unbedingt ein Rangrücktritt des Vorkaufsrechts erforderlich ist. Es wird im Allgemeinen genügen, die Wertminderung bei der Feststellung des Beleihungswerts zu berücksichtigen. Dabei wird das **Vorkaufsrecht für mehrere oder alle Verkaufsfälle** als eine schwerere Belastung anzusehen sein als das Vorkaufsrecht für nur einen Fall.

530 Mit welchem Wert das der Grundschuld der Bank im Range vorgehende Vorkaufsrecht anzusetzen ist, richtet sich aus der Sicht des Kreditgebers vor allen Dingen nach dem **Schicksal des Vorkaufsrechts in der Zwangsversteigerung.** Das Vorkaufsrecht für nur einen Fall des Verkaufs erlischt in der Zwangsversteigerung (§ 1098 i.V.m. § 512 BGB). Für dieses ist also in der Zwangsversteigerung kein Ersatzwert anzusetzen[312]. Das Vorkaufsrecht für nur einen Fall kann daher bei der Beleihung unberücksichtigt bleiben.

531 Demgegenüber erlischt das Vorkaufsrecht für mehrere oder alle Verkaufsfälle in der Zwangsversteigerung nicht. Es kann zwar nicht in der Zwangsversteigerung gegen den Ersteher ausgeübt werden (§ 1098 i.V.m. § 512 BGB), jedoch

– bleibt es entweder, wenn es ins geringste Gebot fällt, bestehen (§ 52 ZVG) und
– verpflichtet dann den Ersteher
– oder es erlischt gemäß § 91 ZVG durch den Zuschlag. In diesem Fall wird dann gemäß § 92 Abs. 1 ZVG für das Vorkaufsrecht für mehrere oder alle Verkaufsfälle ein Ersatzwert festgesetzt.

Diesen Ersatzwert meldet der Vorkaufsberechtigte an. Widerspricht ein nachfolgender Gläubiger gem. § 115 ZVG dem Anspruch des Vorkaufsberechtigten, so entscheidet das Gericht im ordentlichen Prozessverfahren. Hierbei wird die Höhe des Ersatzwerts geschätzt.

532 Der **Wert des Vorkaufsrechts** kann dann nach vorstehenden Ausführungen regelmäßig nur **nach dem Vermögenszuwachs bemessen werden, der dem Berechtigten erwächst,** wenn sich aus seiner Anwartschaft aus dem Vorkaufsrecht ein Vollrecht ergibt. Ergibt sich bei

---

[311] Staudinger, Rn. 2 zu § 1097; RGRK Anm. 3 zu § 1097; a. A. RG, Urt. vom 1.7.1924 – V B 2/24 –, RGZ 108, 356.
[312] Zeller, Rn. 19 zu § 92 ZVG.

einem Wertvergleich der aus dem Kaufvertrag entstehenden gegenseitigen Ansprüche, dass der Anspruch auf Übereignung des Kaufgegenstands wertvoller ist als Ansprüche auf den Kaufpreis, hat die Stellung als Käufer einen selbstständigen wirtschaftlichen Wert[313]. Im Zeitpunkt der Zwangsversteigerung wird dieser wirtschaftliche Wert häufig schwer feststellbar sein. Anhaltspunkte bieten die oben genannten Entscheidungen des OLG Kiel und des Obergerichts der Freien Stadt Danzig (Rn. 517 f.).

Besteht z. B. ein **Vorkaufsrecht** an einem Grundstück, das zusammen mit dem Grundeigentum des Vorkaufsberechtigten dessen Wert erheblich erhöht (Arrondierungsvorteil; Vereinigungsvorteil), so ist es gerade diese persönliche Beziehung, die den Wert eines stets zu einer bestimmten Person gehörenden Vorkaufsrechts bestimmt[314]. Der Vorkaufsberechtigte mag deshalb sogar einen sehr hohen Preis für die Einräumung dieses Vorkaufsrechts entrichtet haben, während für einen Dritten das Vorkaufsrecht unbedeutsam ist.

Vorstehende Ausführungen gelten sinngemäß auch für Vorkaufsrechte, welche an einem **Erbbaurecht, Wohnungseigentum, Teileigentum, Wohnungserbbaurecht oder Teilerbbaurecht** bestehen[315]. **533**

Abb. 112: Lageplan Vorkaufsrecht

4.3.3 Wiederkaufsrecht

Schrifttum: *Staudenmaier,* Zur Bewertung eines Wiederkaufsrechts, BWNotZ 1969, 419.

Das BGB enthält keine gesetzlichen Vorschriften über ein dingliches Wiederkaufsrecht[316]. **534**
Ein im Grundbuch eintragungsfähiges dingliches Wiederkaufsrecht gibt es insoweit **nicht.**

---

313 BGH, Urt. vom 23.3.1976 – 5 StR 82/70 –, NJW 1977, 155 = EzGuG 14.54a.
314 BGH, Urt. vom 23.3.1976 – 5 StR 82/70 –, NJW 1977, 155 = EzGuG 14.54a.
315 Zur Berücksichtigung von Vorkaufsrecht bei **Heimstätten** nach nicht mehr geltendem Recht: § 10 Abs. 1 Ausführungs-VO zum RHeimstG i.d.F. vom 25.11.1937 (RGBl. I 1937, 685); BGH, Urt. vom 24.5.1972 – IV ZR 71/71 –, EzGuG 14.45 und zur steuerlichen Bewertung: BFH, Urt. vom 28.10.1955 – III 92, 106/55 S –, EzGuG 14.4; zur **kostenrechtlichen Berücksichtigung von Vorkaufsrechten:** KG Berlin, Urt. vom 24.10.1997 – 25 W 5064/96 –, GuG-aktuell 1999, 47 (LS) = KGR Berlin 1998, 127 = EzGuG 14.130; BayObLG, Urt. vom 10.8.1995 – 3 Z BR 145/95 –; EzGuG 14.125a; OLG Zweibrücken, Urt. vom 13.7.1990 – 3 W 67/90 –, JurBüro 1991, 54 = Rpfleger 1991, 54 = EzGuG 14.94a; BayObLG, Urt. vom 16.12.1975 – BReg 3 Z 108/74 –, EzGuG 14.51a; BayObLG, Urt. vom 21.8.1985 – BReg 3 Z 125/85 –, Rpfleger 1986, 31; OLG Magdeburg, Urt. vom 19.1.1999 – 13 W 12/98 –, GuG-aktuell 1999, 46 (LS); OLG Schleswig, Beschl. vom 19.2.1960 – 7 W 311/59 –, Rpfleger 1962, 495 = EzGuG 7.3a; OLG Schleswig, Beschl. vom 15.1.1959 – 7 W 151/58 –, Rpfleger 1962, 395 = EzGuG 7.2b.
316 BGH, Urt. vom 15.9.2000 – V ZR 420/98 –; BGH, Urt. vom 11.12.1998 – V ZR 377/97 –; BGH, Urt. vom 30.11.1990 – V ZR 272/89 –, EzGuG 14.96a; BGH, Urt. vom 15.11.1974 – V ZR 78/73 –, EzGuG 14.48e; OLG Karlsruhe, Urt. vom 20.2.1992 – 9 U 294/91 –, EzGuG 14.108.

IX Rechte und Belastungen

Lediglich in den §§ 20 und 21 RSG ist für die betreffenden Siedlungsunternehmen bundesrechtlich ein eintragungspflichtiges Wiederkaufsrecht[317] vorgesehen, dem damit eine dingliche Wirkung beizumessen ist.

535 Ansonsten ist der **Wiederkauf in den §§ 456 bis 462 BGB geregelt.** Als schuldrechtliches Institut kann ein Wiederkaufsrecht durch Vormerkung nach den §§ 883 ff. BGB gesichert werden.

536 Bei **Grundstücken kann ein Wiederkaufsrecht nach § 462 BGB nur bis zum Ablauf von dreißig Jahren nach der Vereinbarung des Vorbehalts ausgeübt werden,** sofern nicht für die Ausübung eine Frist bestimmt ist. Ist als Wiederkaufspreis der „Schätzwert" vereinbart, den der gekaufte Gegenstand zur Zeit des Wiederkaufs hat, so ist nach § 501 BGB der Wiederverkäufer für eine Verschlechterung, den Untergang oder die aus einem anderen Grunde eingetretene Unmöglichkeit der Herausgabe des Gegenstands nicht verantwortlich, der Wiederkäufer zum Ersatze von Verwendungen nicht verpflichtet.

537 Der **Verkehrswert eines Grundstücks kann durch ein Wiederkaufsrecht** nur beeinflusst werden, wenn das Wiederkaufsrecht (durch Eintragung einer Vormerkung oder nach dem RSG) dingliche Wirkung entfaltet, weil nur in diesem Fall ein Erwerber davon betroffen sein könnte. Der Einfluss des Wiederkaufsrechts auf den Verkehrswert (i.d.R. eine Wertminderung) bestimmt sich dann nach den näheren Vereinbarungen über die Ausübung des Wiederkaufsrechts (z. B. Ausübung zu einem besonderen vom Verkehrswert am Wertermittlungsstichtag abweichenden Wert)[318].

Der **Wert eines (im Grundbuch eingetragenen) siedlungsrechtlichen Wiederkaufsrechts** (nach § 20 Abs. 1 Satz 2 i.V.m. § 4 Abs. 2 RSG) ist in der Rechtsprechung nach dem Interesse der Berechtigten festgesetzt worden. Der BGH hat in seinem Urteil vom 23.6.1972[319] als Wert eines in einem Zwangsversteigerungsverfahren erloschenen Wiederkaufsrechts bei einem Grundstückswert von 120 000 € den Betrag von 1 500 € anerkannt. Entscheidend für den Wert eines Wiederkaufsrechts ist im Einzelfall vor allem der Preis, zu dem das Wiederkaufsrecht ausgeübt werden kann (zur Vereinbarung eines Wiederkaufsrechts[320]).

4.3.4 Ankaufsrecht und Ankaufsverpflichtung

▶ *Zum Ankaufsrecht und zur Ankaufsverpflichtung bei Erbbaurechten vgl. Rn. 223 ff., 237; zum Vorkaufsrechtverzicht bei Beleihungswertermittlungen vgl. Rn. 249 ff.*

538 Ein Ankaufsrecht kann

a) in der Rechtsform eines (sofort abgeschlossenen) bedingten Kaufvertrags[321], d.h. unter der aufschiebenden Bedingung (§ 158 Abs. 1 BGB), dass der Berechtigte durch spätere Ausübungserklärung von seinem Recht Gebrauch macht, oder Vorvertrags, aus dem für den einen Teil ein Recht auf ein Vertragsangebot des anderen mit bestimmtem Inhalt erwächst[322], und

---

317 Zum Wiederkaufsrecht bei Einheimischenmodellen: OLG München, Urt. vom 20.1.1998 – 25 U 4623/97 –, GuG 1999, 125 = EzGuG 14.131; OLG München, Urt. vom 27.6.1994 – 30 U 974/93 –, EzGuG 12.117a; OLG Karlsruhe, Urt. vom 14.3.1991 – 9 U 260/89 –, EzGuG 14 98a.
318 Zum Wert eines Wiederkaufsrechts nach KostO: BayObLG, Beschl. vom 16.12.1975 – BReg 3 Z 108/74 –, EzGuG 14.51a; OLG Schleswig, Beschl. vom 14.1.1960 – 7 W 289/59 –, Rpfleger 1962, 395; OLG Schleswig, Beschl. vom 15.1.1959 – 7 W 251/58 –, EzGuG 7.2b; zum Wiederkaufsrecht beim Zugewinnausgleich: BGH, Urt. vom 23.10.1985 – IVb ZR 26/84 –, EzGuG 20.110b.
319 BGH, Urt. vom 23.6.1972 – V ZR 95/70 –, EzGuG 14.46; BGH, Urt. vom 7.7.1993 – XII ZR 35/92 –, GuG 1994, 115 = EzGuG 20.146.
320 BGH, Urt. vom 29.1.1988 – V ZR 156/86 –, EzGuG 14.82; ferner KG Berlin, Urt. vom 9.9.1986 – U 212/85 –, EzGuG 18.102; BMWo, Erl. vom 28.3.1956, BBauBl. 1956, 242.
321 BGH, Urt. vom 22.4.1960 – VZR 66/59 –; BGH, Urt. vom 31.1.1961 – V ZR 6/60 –; Thieme in MDR 1961, 586 und DNotZ 1961, 314; Reincke in DNotZ 1953, 210.
322 RG, Urt. vom 21.4.1937 – U 297/63 –, RGZ 154, 355 sowie RGZ 169, 185.

b) einseitig durch ein befristetes Kaufangebot begründet werden[323]. Der Anspruch des Ankaufsberechtigten auf Kaufvertragsabschluss unterliegt der Verjährung[324].

Ankaufsrechte können sich insbesondere bei Erbbaurechten, Heimstätten[325] sowie nach dem SachenRBerG[326] ergeben. Zum Ankaufsrecht eines Erbbaugrundstücks hat der BGH darauf verwiesen, dass bei einem Verkauf an den Erbbauberechtigten andere Preise erzielt werden können als bei einem Verkauf an Dritte, weil nach dem Entstehen eines Eigentümererbbaurechts dieses Recht wirtschaftlich keine wertmindernde Belastung mehr darstellt und der Käufer nicht gehindert ist, den vollen Wert zu realisieren[327].

Darüber hinaus kann eine Verpflichtung zur käuflichen Übernahme eines Grundstücks vereinbart werden (**Ankaufsverpflichtung**). Davon wird insbesondere im Rahmen von Erbbaurechtsverträgen Gebrauch gemacht. So wird z. B. vereinbart, dass der Erbbauberechtigte auf Verlangen des Grundstückseigentümers das Grundstück erwirbt[328].

4.3.5 Aneignungsrecht

4.3.5.1 Allgemeines

Schrifttum: *Aust/Jacobs/Pasternak,* Die Enteignungsentschädigung, 6. Aufl. 2007, 218 ff.; *Bewer, C.,* Jagdwertminderung, Taxationspraxis des SVK Heft F 7 SVK Verlag 1983; *Bewer, C.,* Jagdwertminderung, Taxationspraxis des SVK Heft F 15 SVK Verlag 1996; *BMF,* Bekanntmachung der Hinweise zur Ermittlung von Entschädigungen für die Beeinträchtigungen von gemeinschaftlichen Jagdbezirken (JagdH01) vom 7.6.2001 (BAnz Nr. 146a vom 8.8.2001); *Büchs, H.,* Handbuch des Eigentums- und Entschädigungsrechts, Boorberg Verlag, 3. Aufl. 1996; *Fuchs, A.,* Enteignungsentschädigung wegen Minderung des Jagdausübungsrechts, AgrarR 1996, 387; *Köhne, M.,* Landwirtschaftliche Taxationslehre, 3. Aufl., 448; *Krohn/Löwisch,* Eigentumsgarantie, Enteignung, Entschädigung, 3. Aufl.; *Thies, H.-J.,* Neuere Entwicklungstendenzen bei der Beurteilung von durchschneidungsbedingten Jagdwertminderungen, AgrarR 2002, 309; *Thies, H.-J.,* AgrarR 1991, 85 und AgrarR 1993, 293 sowie AgrarR 1996, 388; *Recken* in AgrarR 1977, 250; *Schopp* in MDR 1968, 808; *Wolfram,* HLBS-Information Nr. 52, 2001; *Wolfram,* Exemplarische Kalkulation der Jagdwertminderung am Beispiel des Reviers K-E mit Hilfe der Schadzonen-Methode, in: Jagdwertminderung, rechtliche und ökonomische Aspekte, HLBS-Verlag, Heft 121, 1988, 123 ff.

Das Jagd- bzw. Fischereirecht[329] verleiht dem Jagdberechtigten ein Aneignungsrecht auf „wild lebende jagdbare Tiere" bzw. Fische (§ 1 BJagdG). Es ist zu unterscheiden vom **Jagdausübungsrecht,** das die Ausübung des Jagdrechts von einer bestimmten zusammenhängenden Grundfläche abhängig macht (vgl. die §§ 7 ff. BJagdG). Das Jagdrecht steht immer dem Eigentümer zu und kann nicht als selbständiges dingliches Recht begründet werden. Es ist immer untrennbar mit dem Eigentum an Grund und Boden verbunden (§ 3 Abs. 1

---

323 BGH, Urt. vom 28.9.1962 – VZR 8/61 –, EzGuG 14.14 d.
324 BGH, Urt. vom 21.4.1967 – VZR 75/64 –, EzGuG 12.8 d.
325 BGH, Urt. vom 19.3.1975 – IV ZR 9/74 –, EzGuG 14.49.
326 OLG Jena, Urt. vom 2.11.1999 – 8 U 310/99 –, EzGuG 10.12b.
327 BGH. Urt. vom 19.5.1989 – VZR 103/88 –. EzGuG 7.104b; BGH. Urt. vom 3.2.1989 – V ZR 190/87 –, BGHZ 106, 354; BGH. Urt. vom 22.2.1980 – V ZR 135/76 –, BGH. Urt. vom 14.10.1988 – V ZR 157/87 –, EzGuG 7.107; BGH. Urt. vom 9.6.1972 – V ZR 81/70 –, EzGuG 7.30a; BFH, Urt. vom 23.11.1993 – IX R 101/92 –, EzGuG 7.119; OLG Hamburg, Urt. vom 8.7.1971 – 6 U 24/71 –, EzGuG 7.28; zum Ankaufsrecht bei gesunkenen Bodenwerten: vgl. LG Berlin, Urt. vom 8.12.2005 – 13 O 211/05 –, GuG 2006, 314; zur Bewertung von Ankaufsrechten nach KostO: BayObLG, Beschl. vom 16.12.1975 – BReg 3 108/74 –, EzGuG 14.51a.
328 BGH, Urt. vom 1.10.1976 – V ZR 10/76 –, EzGuG 7.52; BGH, Urt. vom 8.6.1979 – V ZR 191/76 –, EzGuG 7.70; BGH, Urt. vom 22.2.1980 – V ZR 135/76 –, EzGuG 7.74.
329 Zur Ermittlung von Jagdminderungen: vgl. Aust/Jacobs, Die Enteignungsentschädigung, 4. Aufl. 1997, S. 454 ff., 475 ff.; zur **Verkehrswertermittlung von Jagdausübungsrechten:** BGH, Urt. vom 4.8.2000 – III ZR 328/98 –, EzGuG 14.135 = GuG 2001, 252; BGH, Urt. vom 12.3.1992 – III ZR 216/90 –, EzGuG 14.110; BGH, Urt. vom 15.2.1996 – III ZR 143/94 –, EzGuG 6.281; BGH, Urt. vom 14.6.1982 – III ZR 175/80 –, EzGuG 14.73; BGH, Urt. vom 5.5.1988 – III ZR 116/87 –, EzGuG 14.84; BVerwG, Urt. vom 4.3.1983 – 4 C 74/80 –, NVwZ 1983, 672; OLG Hamm, Urt. vom 23.11.1992 – 22 U 283/90 –, EzGuG 14.117; BayObLG, Beschl. vom 29.10.1991 – RReg 2 St 127/91 –, EzGuG 14.105; VG Arnsberg, Urt. vom 21.1.1992 – 4 K 3400/91 –, EzGuG 14.107a; zur **Wertermittlung von Fischereirechten:** vgl. BVerfG, Beschl. vom 19.6.1984 – 1 BvL 57/79 –, EzGuG 14.77c; BayVGH, Urt. vom 3.3.1994 – 13 A 92.2234 –, EzGuG 17.71; BayObLG, Beschl. vom 1.8 1981 – BReg 2 Z 82/91 –, EzGuG 14.103; BGH, Urt. vom 5 4.1968 – V ZR 228/64 –, EzGuG 14.33; BGH, Urt. vom 3.1.1968 – V ZR 219/64 –, EzGuG 14.32.

BJagdG)³³⁰. Das Jagdausübungsrecht muss vom Jagdrecht unterschieden werden. Letzteres berechtigt zur Jagdausübung und darf ausdrücklich nur an Personen mit Jagdschein verpachtet werden.

4.3.5.2 Durchschneidungsbedingte Jagdwertminderung

Schrifttum: *Aust/Jacobs/Pasternack*, Die Enteignungsentschädigung, 6. Aufl. 2007, 218 ff.; *Bewer, C.*, Jagdwertminderung, Schriftenreihe Taxationspraxis; *Büchs, H.*, Handbuch des Eigentums- und Entschädigungsrechts, 3. Aufl. 1996, 483 ff.; *Fuchs, A.*, Enteignungsentschädigung wegen Minderung des Jagdausübungsrechts, AgrarR 1996, 387; *Köhne, M.*, Die Entschädigung für die Wertminderung von Jagdbezirken infolge öffentlicher Maßnahmen, GuG 2007, 86; *Köhne, M.*, Methoden der Entschädigungsermittlung bei Jagdwertminderungen, Schriftenreihe des HLBS Heft 121; *Thies, H.-J.*, Neuere Entwicklungstendenzen bei der Beurteilung von durchschneidungsbedingten Jagdwertminderungen, AgrarR 2002, 309; *Wolfram*, Exemplarische Kalkulation der Jagdwertminderung am Beispiel des Reviers K-E mit Hilfe der Schadzonen-Methode, in: Jagdwertminderung, rechtliche und ökonomische Aspekte, HLBS-Verlag, Heft 121, 1988, 123 ff.

540 Bei Inanspruchnahme von Grundeigentum kann die Jagdgenossenschaft bzw. der Jagdinhaber eine Enteignungsentschädigung verlangen, wenn der gemeinschaftliche Jagdbezirk bzw. die Eigenjagd durchschnitten wird³³¹. Durchschneidungen können zurückgehen insbesondere auf öffentliche Verkehrswege, wie Autobahnen, Bundes-, Kreis- und Gemeindestraßen³³² sowie Eisenbahnen³³³. Bei der Bemessung der Enteignungsentschädigung ist der BGH³³⁴ bisher vom **Grundsatz der Parallelverschiebung** ausgegangen. Nach dem Grundsatz der Parallelverschiebung sind bei der Bemessung der Durchschneidungsentschädigung Wertminderungen außer Betracht zu lassen, die auch eingetreten wären, wenn die Trassenführung nicht quer durch den Jagdbezirk, sondern parallel entlang seiner Grenze verliefe. An dieser Rechtsprechung ist von *Thies* Kritik geübt worden³³⁵.

Zur Bemessung der Enteignungsentschädigung wird der jährliche Durchneidungsschaden i.d.R. mit dem Faktor 25 kapitalisiert. Maßstab ist der Jagdpachtzins³³⁶ und die Schadenszone. Die vielfach zur Anwendung kommende Begrenzung der Schadenszone auf einen Streifen von 200 m Breite beiderseits der Durchschneidungsmaßnahme mit einer Begrenzung der Schadensfläche auf maximal 40 ha pro 1 000 m Durchschneidungslänge wird der tatsächlich eingetretenen Wertminderung nicht gerecht. Es kommt vielmehr auf die Verhältnisse des Einzelfalls an. Soweit der Eigentümer bzw. die Jagdgenossenschaft aufgrund des Jagdpachtvertrags den ursprünglichen Pachtzins weiterhin erhält, vermindert sich nach der sog. Fühlbarkeitsrechtsprechung des BGH³³⁷ die Enteignungsentschädigung entsprechend.

Die Wahl des Wertermittlungsverfahrens steht im Streitfalle im grundsätzlichen Ermessen des Tatrichters. Drei Verfahren kommen in der Praxis zur Anwendung

a) das Pachtzinsdifferenzverfahren nach *Wolf* ³³⁸,

b) das Pachtzinsdifferenzverfahren nach *Bewer*³³⁹ und

c) die Schadzonen-Methode nach *Wolfram* (s. Schrifttum).

---

330 Gaßner, O., Jagdrecht in: Lexikon der Immobilienwertermittlung, Bundesanzeiger, 2. Aufl., 385.
331 BGH, Urt. vom 14.6.1982 – III ZR 175/80 –, BGHZ 84, 261 = EzGuG 14.72b; BGH, Urt. vom 4.1.1972 – III ZR 216/90 –, EzGuG 14.110 = NJW 1992, 2078; BGH, Urt. vom 15.2.1996 – III ZR 143/94 –, BGHZ 132, 63 = NJW 1996, 1897 = EzGuG 14.127; BGH, Urt. vom 20.1.2000 – III ZR 110/99 –, NJW 2000, 1720; BGH, Urt. vom 4.8.2000 – III ZR 328/98 –, BGHZ 145, 83 = EzGuG 14.135 = NJW 2000, 3638 = AgrarR 2001, 320; OLG Stuttgart, Urt. vom 1.12.1998 – 10 U 80/96 –, AgrarR 2000, 194 = EzGuG 14.131a.
332 OLG Celle, Urt. vom 22.1.2000; OLG Bamberg, Urt. vom 21.10.1996 – 4 U 49/94 –, EzGuG 14.128 = NVwZ 1998, 211.
333 BGH, Urt. vom 20.1.2000 – III ZR 110/99 –, NJW 2000, 1720.
334 BGH, Urt. vom 20.3.1975 – III ZR 215/71 –, BGHZ 64, 220 = EzGuG 13.25; BGH, Urt. vom 11.3.1997 – X ZR 146/94 –, WM 1997, 1258 (1261); BGH, Urt. vom 8.10.1981 – III ZR 46/80 –, WM 1982, 277 = EzGuG 4.79.
335 Thies, H.-J., Neuere Entwicklungstendenzen bei der Beurteilung von durchschneidungsbedingten Jagdwertminderungen, AgrarR 2002, 309.
336 BGH, Urt. vom 12.3.1992 – III ZR 216/90 –, BGHZ 117, 309 = EzGuG 14.110.
337 BGH, Urt. vom 12.3.1992 – III ZR 216/90 –, NJW 1992, 2078 = EzGuG 14.110; BGH, Urt. vom 15.2.1996 – III ZR 143/94 –, BGHZ 132, 63 = WM 1996, 1231 = EzGuG 14.127.
338 Dargestellt in Aust/Jacobs, Die Enteignungsentschädigung, 4. Aufl., 475.
339 Dargestellt in Aust/Jacobs, Die Enteignungsentschädigung, 4. Aufl., 454.

4.4 Sicherungs- und Verwertungsrecht

4.4.1 Übersicht

Bei den Verwertungsrechten (Abb. 113) unterscheidet man zwischen

a) den *Pfandrechten,* wobei das Bürgerliche Gesetzbuch im Achten Abschnitt (§§ 1113 bis 1203 BGB) die Pfandrechte an Grundstücken untergliedert in:

- die Hypothek (§§ 1113 ff. BGB),
- die Grundschuld (§§ 1191 ff. BGB) und
- die Rentenschuld (§§ 1199 ff. BGB),

b) sowie der *Reallast.*

Abb. 113: Übersicht über die Sicherungs- und Verwertungsrechte

4.4.2 Grundpfandrecht

Das BGB kennt den **Begriff „Grundpfandrechte"** nicht. Er hat sich aber im allgemeinen Sprachgebrauch eingebürgert und bezeichnet zusammenfassend die so genannten Verwertungsrechte wie Hypotheken (§§ 1113 bis 1190 BGB), Grundschulden (§§ 1191 bis 1198 BGB) und Rentenschulden (§§ 1199 bis 1203 BGB). Sie geben dem Berechtigten ein dingliches Verwertungsrecht am belasteten Grundstück und sind zur Sicherung von Krediten in Abteilung III des Grundbuchs eingetragen.

Die in Abt. III eingetragenen **Pfandrechte wirken sich regelmäßig nicht auf den Verkehrswert des Grundstücks** aus, da sie im Verkaufsfall lediglich zur Verrechnung kommen[340]. Dies entspricht der in der Wertermittlungslehre vorherrschenden Auffassung. Sie trägt dem Umstand Rechnung, dass Finanzierungskosten die Höhe des Verkehrswerts nicht beeinflussen[341]. In der Rechtsprechung wird diesem Grundsatz nicht immer konsequent gefolgt[342]. Zumindest können die auf einem Grundstück lastenden dinglichen Belastungen z. B. einen

---

340 BGH, Urt. vom 2.4.1954 – V ZR 132/52 –, EzGuG 19.3b; BGH, Beschl. vom 13.6.1958 – V ZR 268/56 –, EzGuG 14.8; OLG Köln, Beschl. vom 18.10.1958 – 9 W 20/58 –, EzGuG 20.23; OLG München, Beschl. vom 13.1.1981 – 5 W 2607/80 –, EzGuG 19.35c; OLG Köln, Urt. vom 16.9.1960 – 4 U 152/59 –, EzGuG 20.27.
341 Einen gewissen „Einbruch" in diese Auffassung stellt die erstmals mit § 22 Abs. 2 WertV 88 in das Wertermittlungsrecht eingeführte Ergänzung der Baunebenkosten um die „in unmittelbarem Zusammenhang mit den Herstellungskosten einer baulichen Anlage" anfallenden Finanzierungskosten (vgl. auch Beschl. 1 Ziff. 3 zu § 5 Abs. 5 II. BV sowie DIN 276). Im Rahmen der Anwendung des Extraktionsverfahrens (Residualwertverfahrens) werden abweichend von dem hier vorgestellten Grundsatz die Finanzierungskosten zum Ansatz gebracht.
342 BFH, Urt. vom 14.8.1953 – III 33/53 –; RFH, Urt. vom 8.10.1926 – II A 429/26 –, EzGuG 14.1a; LG Köln, Beschl. vom 21.7.1976 – 70 O 40/76 –, EzGuG 19.30.

höheren Kaufpreis, nicht aber Verkehrswert rechtfertigen, wenn sie besonders günstig sind und vom Erwerber übernommen werden.

543 Derartig beeinflusste Kaufpreise mögen zwar grundsätzlich dem gewöhnlichen Geschäftsverkehr zuzurechnen sein, sie können gleichwohl nicht ohne Weiteres als Vergleichspreise herangezogen werden. Eine **Verkehrswertbeeinflussung kann sich aber ergeben, wenn z. B. die auf einem bestimmten Objekt üblicherweise ruhenden Belastungen vergleichsweise besonders günstig und von jedem Erwerber zu übernehmen sind.** Im Rahmen der *Verkehrswertermittlung von Grundstücken im Bereich der sozialen Wohnraumförderung* ist die Berücksichtigung günstiger Kredite sogar üblich, denn wirtschaftlich betrachtet stellen zinsgünstige öffentliche Darlehen ein Äquivalent für mietpreisrechtliche Bindungen dar[343].

544 Im Unterschied zur Grundschuld ist die **Hypothek** *(mortgages)* – streng akzessorisch – forderungsabhängig, d.h., derjenige, zu dessen Gunsten die Belastung in der Weise erfolgt, dass eine bestimmte Geldsumme zur Befriedigung einer ihm zustehenden Forderung aus dem Grundstück zu zahlen ist, kann sie nur in der jeweiligen Höhe der Forderung geltend machen. Eine auf 100 000 € eingetragene Darlehnsforderung, die bereits um 20 000 € getilgt wurde, besteht nur noch in Höhe der Restforderung von 80 000 €. Die Grundschuld kann hingegen trotz getätigter Tilgung in voller Höhe vom Gläubiger geltend gemacht werden (§§ 1191 ff. BGB).

545 **Fazit:** Allgemein lässt sich am vorstehenden Beispiel erkennen, dass Pfandrechte bei Verkehrswertermittlungen nicht berücksichtigungsfähig sind. Pfandrechte, die mit dem Eigentum derart eng verbunden sind, dass sie für jeden vernünftig handelnden Erwerber im gewöhnlichen Geschäftsverkehr zwangsläufig ein zu berücksichtigender Umstand sind, müssen dagegen als verkehrswertbeeinflussend angesehen werden. Andernfalls wäre dies als ein ungewöhnlicher Geschäftsverkehr zu klassifizieren, wenn wirtschaftliche Vorteile nicht in das Preisgeschehen Eingang fänden.

4.4.3 Reallast

546 Die Reallast[344] *(land charges)* ist die Belastung eines Grundstücks der Art, dass an den Berechtigten **wiederkehrende Leistungen aus dem Grundstück** zu entrichten sind (§ 1105 BGB). Reallasten lassen sich nach privatrechtlichen und öffentlich-rechtlichen Reallasten unterscheiden. Die Reallast nimmt eine Mittelstellung zwischen den Nutzungs- und Sicherungsrechten ein; ihrem Charakter nach ist sie den Nutzungsrechten zuzuordnen, wenn es um Leistungen geht, die aus dem Grundstück kommen, während bei den „auf Geld gerichteten Reallasten" der Sicherungszweck im Vordergrund steht.

547 Die Reallast unterscheidet sich von der **Rentenschuld** (§ 1199 BGB) insbesondere darin, dass sie außer Geldbeträgen auch andere Leistungen zum Gegenstand haben kann. Hierzu gehören

– Sicherung von Erbbauzinsen,
– Altenteile (Leibgeding, Auszug, Leibzug; vgl. Rn. 489), d.h., Ansprüche auf Sach- und Dienstleistungen, die aus einem Grundstück dem Berechtigten ganz oder teilweise für eine bestimmte Zeit oder dauernd Versorgung gewähren.

548 Nach herrschender Auffassung[345] verleiht sie kein unmittelbares Nutzungsrecht. Das Grundstück haftet nur für die Entrichtung der Leistungen durch den Eigentümer. Bei dieser Betrachtungsweise nähert sich die Reallast den Grundpfandrechten, insbesondere der Rentenschuld. Sie gehört daher wie diese zu den Verwertungsrechten. Da bei der Verkehrswertermittlung nur

---

343 Kleiber in Ernst/Zinkahn/Bielenberg, BauGB, Komm. § 28 WertV Rn. 57 ff.; BFH, Urt. vom 18.12.1985 – II R 229/83 –, EzGuG 29.111. Der Hinweis von Zimmermann/Heller (Der Verkehrswert von Grundstücken, München 1995, 196), nach dem dies zu einer in der Praxis nicht handhabbaren Kasuistik führe, ist nicht überzeugend. Wer sich bei der Verkehrswertermittlung von Grundstücken nicht der Kasuistik des Einzelfalls stellt, sollte sich dieser Aufgabe dann nämlich gar nicht erst annehmen.
344 Baur, Lehrbuch des Sachenrechts, München 1983, 22, 314.
345 Staudinger, BGB, 11. Aufl., Anm. I 2 zu § 1105 BGB.

solche Beschränkungen zu berücksichtigen sind, die nach Inhalt und Entstehung mit der Beschaffenheit des Grundstücks zusammenhängen, werden **Reallasten im Allgemeinen nicht den Verkehrswert beeinflussen.**

Die **Reallast** kann im Übrigen auch **zugunsten des jeweiligen Eigentümers eines anderen Grundstücks** bestellt werden (§ 1105 Abs. 2 BGB). **549**

Reallasten werden nach § 873 BGB durch **Einigung und Eintragung im Grundbuch** begründet. Dies gilt entsprechend für die Übertragung von Reallasten. Die Reallast erlischt als Ganzes durch Aufhebung gemäß § 875 BGB, durch Ablösung oder durch Zuschlag des Grundstücks in der Zwangsversteigerung. **550**

Die Reallast lastet als Ganzes auf dem Grundstück. Die Haftung für einzelne Leistungen wird – wie bei Hypothekenzinsen – im Wege der **Zwangsvollstreckung** durchgesetzt (§ 1107 BGB), wobei sich die Haftung auf alle Gegenstände erstreckt, für die die Hypothek eingeräumt wurde. Die dingliche Haftung trifft den jeweiligen Eigentümer ohne Rücksicht darauf, ob die Leistungen während seines Eigentums fällig werden oder es sich um Rückstände aus vorangegangenem Eigentum handelt. **551**

Teil X

Kreditwirtschaftliche Wertermittlung

Teil X

Tradwirtschaft and Wirtschaft.

Kreditwirtschaftliche Wertermittlung

Gliederungsübersicht — Rn.

1 Vorbemerkung 1
2 Überblick über kreditwirtschaftliche Wertermittlungen
   2.1 Anwender kreditwirtschaftlicher Wertermittlungen 9
   2.2 Gutachter in der Kreditwirtschaft 14
   2.3 Qualitätssicherung kreditwirtschaftlicher Wertermittlungen
      2.3.1 Sicherung von Inhalt und Form der Gutachten 22
      2.3.2 Sicherung der Qualifikation der Gutachter 29
3 Immobilien als Kreditsicherheit
   3.1 Historische Entwicklung und aktueller Stand 33
   3.2 Kreditprozess und Bewertung der Immobiliensicherheit 52
   3.3 Funktionen von Markt- und Beleihungswert im Kreditprozess
      3.3.1 Definitionen 54
      3.3.2 Funktionen des Beleihungswerts im Bankprozess 73
      3.3.3 Vorschriften für die Bewertung und Wertüberwachung von Immobiliensicherheiten 75
4 Systematik der Beleihungswertermittlung nach BelWertV
   4.1 Allgemeine Bestimmungen und Verfahrensgrundsätze
      4.1.1 Beleihungswertermittlungsverordnung (BelWertV) 91
      4.1.2 Anwendungsbereich 92
      4.1.3 Gegenstand der Wertermittlung 94
      4.1.4 Grundsatz der Beleihungswertermittlung 97
      4.1.5 Verfahren zur Ermittlung des Beleihungswerts 100
   4.2 Vorlastenbereiche im Überblick
      4.2.1 Dienstbarkeiten, Vorkaufsrechte, Baulasten und sonstige Beschränkungen und Lasten 126
      4.2.2 Vorlast in Abt. II des Grundbuchs 128
      4.2.3 Vorlast in Abt. III des Grundbuchs 132
   4.3 Wertermittlungsverfahren
      4.3.1 Ertragswertverfahren (Erster Abschnitt BelWertV)
          4.3.1.1 Ermittlungsgrundlagen 151
          4.3.1.2 Ermittlung des Ertragswerts der baulichen Anlagen (§ 9 BelWertV) 159
          4.3.1.3 Rohertrag (§ 10 BelWertV) 169
          4.3.1.4 Bewirtschaftungskosten (§ 11 BelWertV) 198
          4.3.1.5 Kapitalisierung des Reinertrags (§ 12 BelWertV) 219
          4.3.1.6 Ermittlung des Ertragswerts in besonderen Fällen (§ 13 BelWertV) 237
      4.3.2 Sachwertverfahren (Zweiter Abschnitt BelWertV)
          4.3.2.1 Ermittlungsgrundlagen (§ 14 BelWertV) 247
          4.3.2.2 Bodenwert (§ 15 BelWertV) 250
          4.3.2.3 Wert der baulichen Anlagen (§ 16 BelWertV) 255
          4.3.2.4 Wertminderung wegen Alters (§ 17 BelWertV) 267
          4.3.2.5 Wertminderung wegen Baumängeln und Bauschäden (§ 4 Abs. 5 BelWertV) 271
          4.3.2.6 Berücksichtigung sonstiger wertbestimmender Umstände (§ 18 BelWertV) 272
      4.3.3 Vergleichswertverfahren (Dritter Abschnitt BelWertV) 274
      4.3.4 Besonderheiten bei einzelnen Objekten (Vierter Abschnitt BelWertV)
          4.3.4.1 Bauland 285
          4.3.4.2 Erbbaurecht 306
          4.3.4.3 Landwirtschaftlich genutzte Objekte 332
          4.3.4.4 Erleichterungen bei überwiegend zu Wohnzwecken dienenden Objekten 338

4.4	Im Ausland belegene Objekte (Dritter Abschnitt BelWertV)	
	4.4.1 Anwendung des PfandBG	373
	4.4.2 Positionspapier der BaFin (Auszug)	378
4.5	Bewertungs- und Beleihungspraxis	
	4.5.1 Auftragsvorbereitung und Ortsbesichtigung	399
	4.5.2 Beispiele zur Ermittlung des Beleihungs- und Marktwerts	
	4.5.2.1 Vorbemerkungen	417
	4.5.2.2 Mehrfamilienhaus	418
	4.5.2.3 Handelsimmobilie (SB-Markt)	419
	4.5.2.4 Freizeitbad	421
	4.5.2.5 Logistikimmobilie mit Kühlhaus	423
5	Berücksichtigung von Immobiliensicherheiten bei der Prüfung der Werthaltigkeit ausfallgefährdeter Forderungen	424
6	Wertermittlung und Rating-Prozess	
6.1	Begriff, Ziele und Merkmale des Immobilien-Geschäftsratings	433
6.2	Markt- und Objektrating für Einzelobjekte und Portfolien	
	6.2.1 Ratingansatz	464
	6.2.2 VÖB-Immobilienanalyse (Abriss)	473
6.3	Gutachter im Rating-Prozess	491

1 Vorbemerkung

Schrifttum: *Crimmann, W./Rüchardt, K.,* Der Beleihungswert, Berlin, 2008; *Kerl, V.,* Anforderungen an den Realkredit, 2002; *Rüchardt,* Der Beleihungswert, 2001; *Steffan, F.,* Handbuch des Real- und Kommunalkredits, 2. Aufl. Frankfurt; *Stöcker,* Realkredit und Pfandbriefsicherheit, 2004; Bewertung von Reha-Kliniken, Studie HypZert e.V., Berlin 2008; Bewertung von Pflegeheimen, Studie HypZert e.V., Berlin 2008; Bewertung von Einzelhandelsimmobilien, Studie HypZert e.V. Berlin 2007; Bewertung von Tankstellen und Autohöfen, Studie HypZert, Berlin 2003; Bewertung von Beherbergungsimmobilien, VÖB, Berlin 2008.

1 Wertermittlungen sind in der kreditwirtschaftlichen Praxis zu einem unmittelbaren Bestandteil des Kreditprozesses geworden. Aber auch in der Vergangenheit stand die „sichere Bewertung" immer dann im Vordergrund, wenn es um das Pfandbriefgeschäft, die Anrechnungserleichterungen auf das Eigenkapital nach Grundsatz I und somit um die Vergabe von Realkrediten ging. Die Beleihungswertermittlung war und ist ein stabilisierendes Element der Kreditvergabe im Immobilienbereich. Aber die Wertermittlungen in der Kreditwirtschaft sind in ihren Wirkungen komplexer geworden.

2 Marktwerte und Beleihungswerte bilden heute die Basis für die Bewertung der Einzelsicherheit, für Ratingprozesse, für Kreditrisikosteuerungsprozesse. Getrieben wird diese Entwicklung im Zusammenhang mit

– der Umsetzung der MARisk,
– der Einführung der Solvabilitätsverordnung (SolvV) und der Novellierung des Kreditwesengesetzes (KWG),
– dem wachsenden Stellenwert der Kreditportfolio- und Risikosteuerung der Bank,
– der zunehmenden Vernetzung des Kreditgeschäftes mit Investments,
– der gestiegenen Eigenkapitalsteuerung der Banken durch Wegfall der Gewährträgerhaftung und der Anstaltslast bei öffentlichen Banken,
– der zunehmenden Internationalisierung des Immobilieninvestment- und Kreditgeschäftes,
– der Einführung neuer Formen der Immobilieninvestition, wie REITs,
– mit der Umstellung der Unternehmen auf eine internationalen Regelungen entsprechende Buchführung (IRFS) und weiteren hier nicht aufgezählten Gründen.

| Vorbemerkung | Beleihungswertermittlung X |

Der Beleihungswert wird mit dem Marktwert bei Anrechnungserleichterungen auf das Eigenkapital nach SolvV und KWG alternierend verwendet. Die Regelungen zur Bewertung von Immobiliensicherheiten im Zusammenhang mit Anrechnungserleichterungen auf das Eigenkapital durch Anrechnung von Hypothekengrundpfandrechten (als gedeckte Schuldverschreibungen) umfassen zwar nur wenige Paragraphen der SolvV und des KWG; diese sind in ihrer Verknüpfung jedoch außerordentlich komplex.   3

Gleichzeitig bilden das Pfandbriefgesetz (PfandBG) und die Beleihungswertermittlungsverordnung (BelWertV) die Basis für die Ermittlung von Beleihungswerten. Die Vorschriften der SolvV und des KWG verweisen wiederum auf das PfandBG.

Das Pfandbriefgesetz (PfandBG) wurde am 18.7.2005 eingeführt und löste das Hypothekenbankgesetz ab. Mit § 16 Abs. 1 und 2 PfandBG werden Definition und allgemeine Grundsätze für die Bemessung des Beleihungswerts sowie sein Verhältnis zum Marktwert (= Verkehrswert i.S. des § 194 BauGB) vorgegeben. Der Beleihungswert selbst wird in der **Beleihungswertermittlungsverordnung (BelWertV)** ergänzend beschrieben; die BelWertV regelt die Anforderungen an Gutachter und Gutachten, die Methoden der Bewertung und Besonderheiten der Beleihungswertermittlung. Die Verordnung trat am 1. August 2006 in Kraft (abgedruckt am Anfang dieses Werks).[1]   4

Wer welchen Wert nach welcher Vorschrift für welchen Teil des Kreditprozesses ermittelt und überwacht, diese Frage stellt heute insbesondere für die den Gutachter beauftragenden Bankbereiche eine intellektuelle Herausforderung dar.   5

Im Teil X werden die wesentlichen Zusammenhänge zwischen Kreditprozess, Bewertungsprozess und -methodik und Bewertungsprodukt dargestellt.

Die Komplexität der kreditwirtschaftlichen Bewertungen und die Verwendung des Marktwerts u. a. als Grenzwert in der Beleihungswertermittlung oder als Alternativwert nach SolvV ergeben zwangsläufig Bezüge zur ImmoWertV. Daher werden auch methodische und systematische Gemeinsamkeiten und Unterschiede der beiden Wertkategorien dazustellen sein. Die Eigenständigkeit des Beleihungswerts entspricht der aufsichtsrechtlichen Prüf- und der bankgutachterlichen Bewertungspraxis.   6

Für unterschiedliche Anforderungen werden in der Bank unterschiedliche Wertkategorien vom Gutachter abgefordert: 7

– Marktwert (Verkehrswert) nach § 194 BauGB (materiell identisch mit § 16 Abs. 2 Satz 4 PfandBG, IAS, *Red Book*) für unterschiedliche Anlässe (Neugeschäft, Wertüberwachung, Immobilienkredit*rating*, Verwertung),

– Beleihungswert nach § 16 Abs. 2 Satz 1 bis 3 PfandBG und ergänzend nach Beleihungswertermittlungsverordnung (BelWertV),

– Immobilienmarkt- und Objekt*ratings* in unterschiedlicher Ausprägung für Einzelobjekte und Portfolien.

Darüber hinaus werden die Anforderungen an Wertaktualisierungen und die **Einführung des Immobilienmarkt- und Objekt*ratings*** im Überblick behandelt.   8

---

1 Verordnung über die Ermittlung der Beleihungswerte von Grundstücken nach § 16 Abs. 1 und 2 des Pfandbriefgesetzes (Beleihungswertermittlungsverordnung – BelWertV)

X Beleihungswertermittlung

2 Überblick über kreditwirtschaftliche Wertermittlungen

2.1 Anwender kreditwirtschaftlicher Wertermittlungen

Kreditwirtschaftliche Wertermittlungen zielen zunächst darauf ab, Vermögenswerte, die ein Bankkunde dem Finanzinstitut als Sicherheit für einen auszureichenden Kredit anbietet, zu bewerten. Im Falle von Immobilien werden diese Vermögenswerte im Grundbuch durch Grundpfandrechte belastet. Die Sicherheit der Bank ist nunmehr das Grundpfandrecht, dem ein adäquater Wert des Vermögensgegenstandes, hier der Immobilie, gegenüberstehen soll. Andere Sicherheiten sind beispielsweise Gewährleistungen, wie Garantien und Bürgschaften, Finanzielle Sicherheiten, wie Schuldverschreibungen oder Aktien, Sonstige Sachsicherheiten, wie Schiffe oder Flugzeuge, Abtretung und Verpfändungen von Forderungen aus Lieferung und Leistung oder Forderungen aus Leasinggeschäften. Ist nämlich der Gegenwert des Darlehns, der Beleihungswert des dem Kreditinstitut abgetretenen Vermögenswertes, korrekt ermittelt, so sind die Risiken einer Beleihung überschaubar. Bietet der Kreditnehmer dem Kreditinstitut keine (Immobilien-)Sicherheit an, so stellt das Kreditinstitut auf die Bonität des Kreditnehmers ab.

Abb. 1: Übersicht über Erweiterung der in die Kreditrisikominderungstechniken einzubeziehenden Sicherheiten

Quelle: Darstellung der Nord/LB

Bei der Gewährung von Krediten wird somit zwischen **gesicherten und ungesicherten Darlehn/Krediten,** den sog. Blanko-Krediten, unterschieden. Während bei den ungesicherten Krediten die persönliche Bonität des Kreditnehmers im Vordergrund steht, sind es bei den gesicherten Krediten die Sicherheiten.

Der Beleihungswert ist folglich nicht nur ein Wert, der sich auf Immobiliensicherheiten bezieht, sondern er bezeichnet **für jede Art von Sicherheiten den Wert, den das Kreditinstitut der Sicherheit beimisst.**

Im Folgenden wird die Kreditwirtschaftliche Wertermittlung auf die Immobilie als Kreditsicherheit eingegrenzt. Zu unterscheiden ist zwischen Personalkrediten, die auf die Bonität des Kreditnehmers abgestellt sind, und Realkrediten, die den Anforderungen des § 21 Abs. 3 Nr. 1 KWG genügen.

Überblick Beleihungswertermittlung X

Realkredite werden definiert nach KWG § 21 Abs. 3 Nr. 1 durch den Ausschluss des § 15 Abs. 1 Satz 1 Nr. 6 bis 11 (Organkredite an einen bestimmten Personenkreis) und § 18 KWG (Erleichterung bei Nachweispflichten), die nicht gelten für Kredite, soweit sie den Erfordernissen des § 14 Abs. 1 und des § 16 Abs. 1 und 2 des Pfandbriefgesetzes entsprechen (Realkredite). Für den Gutachter ist der Zusammenhang bedeutsam, dass Realkredite aus der Liquidität der Immobilie heraus bedient werden müssen. Folglich können z. B. leer stehende Immobilien keinen Realkredit bedienen; der Wert der Sicherheit für den (geringer risikobehafteten und damit preisgünstigeren) Realkredit ist nicht oder nur in geringerem Maße vorhanden. Gleichwohl kann der Kreditnehmer aus seiner Bonität heraus seinen Kreditverpflichtungen nachkommen. Dies hat aber keinen Einfluss auf den Sicherheitenwert.

Immobiliensicherheiten werden in allen Bereichen der immobilienbezogenen Kreditwirtschaft herangezogen. Neben dem Personalkreditgeschäft ist das Baufinanzierungsgeschäft eine der tragenden Säulen der Kredit- und Versicherungswirtschaft. Darlehnsmittel werden nachgefragt zum Kauf von bebauten und unbebauten Grundstücken, für Projektfinanzierungen bei Neubau und Sanierung, für den Kauf von Bestandsobjekten, bei Darlehnsablösungen und Umschuldungen, von Großinvestoren und Privatkunden.

Den „grundpfandrechtlich besicherten Kreditmarkt" in der Bundesrepublik Deutschland teilen sich die folgenden **Banken bzw. Institutsgruppen:** 10

– Bausparkassen,
– Genossenschaftsbanken,
– Geschäfts- und Kreditbanken, Auto-Banken, Direktbanken,
– Pfandbriefbanken,
– Landesbanken und öffentlich-rechtliche Spezialinstitute,
– Sparkassen,
– Versicherungen,
– *Leasing*gesellschaften (als Sonderfall: Immobilien-*Leasing*).

Von diesen Banken betreiben nur die Pfandbriefbanken das „Pfandbriefgeschäft". Durch die Auflösung des Spezialbankenprinzips der Hypothekenbanken mit der Einführung des PfandBG 2005 können alle Banken, die eine Genehmigung zur Herausgabe von Pfandbriefen nachweisen, als Pfandbriefbank tätig sein. Somit verwischen sich die Grenzen zwischen den einzelnen Institutsgruppen und Banken bzgl. der Art der Refinanzierung durch die Herausgabe von Pfandbriefen. Sparkassen und Landesbanken sind heute ebenfalls Pfandbriefbanken.

Vielmehr ist bei der Einteilung der Anwender Kreditwirtschaftlicher Wertermittlungen nach der jeweils gesetzlichen Basis zu fragen, auf welcher die ermittelten Werte in den Bankprozess einfließen.

Abb. 2: Unterscheidung der Banken nach Verwendung der Wertermittlung im Bankenprozess

	Wertermittlung zur Darstellung des Kreditrisikos Umsetzung der MaRisk	Wertermittlung als Bestandteil der Umsetzung der Anforderungen aus SolvV und KWG i.V. mit PfandBG	Wertermittlung als Bestandteil der Refinanzierung über die Herausgabe von Pfandbriefen unter Beachtung von PfandBG, BelWertV
Kreditinstitute, die auf Anrechnungserleichterungen auf das Eigenkapital verzichten und keine Pfandbriefbanken sind	X		
Kreditinstitute, die Anrechnungserleichterungen auf das Eigenkapital in Anspruch nehmen und keine Pfandbriefbanken sind	X	X	
Kreditinstitute, die Anrechnungserleichterungen auf das Eigenkapital in Anspruch nehmen und Pfandbriefbanken sind	X	X	X

11 Folgende Gesetze und Verordnungen sind bankrechtlich bei Kreditwirtschaftlichen Bewertungen relevant:

Bezogen auf die ordnungsgemäße Geschäftsführung:	MaRisk
Bezogen auf Erleichterungen zur Eigenkapital-Anrechnung:	KWG
	SolvV
	GroMiKV
Bezogen auf die Pfandbriefvergabe:	PfandBG
	BelWertV

Die Aufsicht über Kreditwirtschaftliche Bewertungen wird durch die **Bundesanstalt für Finanzdienstleistungsaufsicht (BaFin)** wahrgenommen. Die BaFin ist nach § 16 Abs. 4 PfandBG auch der Herausgeber der BelWertV.

12 Bewertungsfragen ergeben sich auch im Rahmen der Umstellung der Bilanzierung auf die **internationale Rechnungslegung**[2]. Die Offenlegung „stiller Reserven" durch eine wahlweise Bewertung des Immobilienvermögens zum Marktwert soll die Transparenz der Unternehmensbilanz erhöhen. Dies hat zur Folge, dass Börsenanalysen und die globalen Kapitalmärkte im Hinblick auf Risikobetrachtung und Transparenz in der Rechnungslegung Einfluss auf die Immobilienbewertung nehmen. Mit Sicherheit wird sich dies aus Sicht der Bankenaufsicht und der internationalen Konzernrechnungslegungsstandards (*International Accounting Standards* – IAS, *International Financial Reporting Standards* – IFRS) auch auf die Immobilienwirtschaft auswirken (vgl. hierzu § 194 BauGB Rn. 206 ff.). Abgesehen davon, dass dieser Bereich der Bewertung in der Immobilienwirtschaft bedeutsam wird, sind Bewertungen nach IRFS einmal in der Kundenanalyse, somit für jedes Kreditinstitut als Anwender der Bewertung bedeutsam und zum anderen in der eigenen Bankbilanz durchschlagend. Bewertungen nach IRFS sind jedoch gegenwärtig ein Bereich der Bilanziellen Bewertung.

---

2 Kleiber, Die europäischen Bewertungsstandards des Blauen Buchs, GuG 2000, 323.

Immobilien- oder Objekt*rating* (vgl. Rn. 433) wird generell begleitend zur klassischen (konservativen) Marktwert- und Beleihungswertermittlung einzusetzen sein. **13**

2.2 Gutachter in der Kreditwirtschaft

Die Stellung des Gutachters in der Kreditwirtschaft wird erstmals im § 16 Abs. 1 PfandBG gesetzlich geregelt. **14**

„Die als Grundlage für die Beleihungswertfestsetzung dienende Wertermittlung ist von einem von der Kreditentscheidung unabhängigen Gutachter vorzunehmen, der über die hierzu notwendige Berufserfahrung sowie über die notwendigen Fachkenntnisse für Beleihungswertermittlungen verfügen muss." Diese Anforderungen gelten zunächst nur für Pfandbriefbanken. Auch bezogen auf die Anrechnungserleichterungen auf das Eigenkapital findet sich in der SolvV zunächst kein Hinweis auf § 16 Abs. 1 PfandBG. Allerdings wird in § 20a Abs. 5 und 6 KWG auf einen unabhängigen Sachverständigen verwiesen.

Die Anforderungen aus § 16 Abs. 1 PfandBG sind organisatorischer und fachlicher Natur:

– von der Kreditentscheidung unabhängig: Die Unterscheidung zwischen Sicherheiten-Bewertung und Kredit-Entscheidung ist konsequent im organisatorischen Bereich durchzusetzen. Nur so sind Interessenkonflikte auszuschalten. Diese Forderung wird in § 7 BelWertV präzisiert.

– Gutachter mit der notwendigen Berufserfahrung: In der Kreditwirtschaft wird in zwei Personengruppen unterschieden, die Wertermittlungen erstellen dürfen: Gutachter und sach- und fachkundige Bankmitarbeiter. Die Gutachter sind für die Bewertung aller Immobiliensicherheiten zuständig, die außerhalb der Kleindarlehnsgrenze (§ 24 BelWertV) zu stellen sind. Die sach- und fachkundigen Personen sind berechtigt, Bewertungen von Immobiliensicherheiten durchzuführen, die innerhalb der Kleindarlehnsgrenze finanziert werden. Die notwendige Berufserfahrung bezieht sich regelmäßig zunächst auf die Ermittlung von Marktwerten. Dies impliziert auch § 16 Abs. 2 Satz 4 PfandBG, wonach der Beleihungswert den auf transparente Weise und nach anerkannten Verfahren ermittelten Marktwert nicht übersteigen darf. Die Ermittlung des Marktwerts stellt die gleichen hohen, jedoch anders akzentuierten Anforderungen an den Gutachter. Folglich baut die Qualifikation zur Ermittlung des Beleihungswerts auf den Kenntnissen über die Marktwertermittlung auf.

Gutachter mit den notwendigen Fachkenntnissen für Beleihungswertermittlungen: Der Gutachter im kreditwirtschaftlichen Bereich verfügt über eine Spezialisierung zur Ermittlung von Beleihungswerten. Die Umsetzung der Qualitätsoffensive der Kreditwirtschaft etwa seit 1998 (beginnend mit dem Grundsatzpapier „Wesentliche Aspekte der Beleihungswertermittlung") ist Ausdruck dieser Spezialisierungsnotwendigkeit. Auch hier präzisiert § 7 BelWertV die gesetzliche Anforderung.

§ 7 Abs. 1 BelWertV präzisiert die fachlich-rechtlichen Unabhängigkeitskriterien des Gutachters einer Pfandbriefbank: **15**

– unabhängig vom Kreditakquisitions- und Kreditentscheidungsprozess: Für den Gutachter folgt daraus eine klare Trennung der Zuständigkeiten für Bewertung und Kreditentscheidung innerhalb des Kreditprozesses. Der Gutachter ist in die Kreditentscheidung nicht einbezogen. Die Funktionstrennung wird auch nochmals im letzten Satz des § 7 Abs. 1 BelWertV betont: Der Gutachter darf den Beleihungswert nicht festsetzen und/oder den Kredit nicht bearbeiten. Dabei wird der Gutachter persönlich benannt. Somit wird nicht ausgeschlossen, dass der Gutachter die Wertermittlung eines anderen Gutachters kontrollieren und als Bankmitarbeiter entsprechend der durch den Vorstand vergebenen Kompetenz einen Kredit bearbeiten (entscheiden) oder einen nicht durch ihn ermittelten Beleihungswert festsetzen kann. Das Grundprinzip lautet: Der Gutachter, der einen Beleihungswert ermittelt, darf diesen nicht festsetzen und er darf den Kredit nicht bearbeiten (entscheiden), in welchem seine Wertermittlung als Teilgrundlage für die Kreditentscheidung verwendet wird. Diese Regelung kommt vor allem kleineren Häusern entgegen, die nicht über die entsprechende Personalausstattung mit Gutachtern verfügen.

– unabhängig von Objektvermittlung, -verkauf, -vermietung: Weitere Bankdienstleistungen, wie sie beispielsweise durch Immobilienzentren der Banken angeboten werden und die als Makler-Dienstleistungen zu qualifizieren sind, können nicht mit Gutachtertätigkeiten verbunden werden. Auch hier besteht der Interessenkonflikt, dass durch das Makeln eines durch die gleiche Person bewerteten Objektes entsteht. So haben auch Maklerfirmen, die gleichzeitig bewerten, mittlerweile in den Unternehmen klare Trennungen bis hin zu „chinese walls" zwischen den Geschäftsfeldern vollzogen. Dies gilt für die Banken entsprechend. Maklerorientierte Dienstleistungen dürfen nicht von Gutachtern ausgeführt werden. Im Übrigen sprechen auch die Regelungen für „verbundene Geschäfte" gegen eine Einbeziehung der Gutachter in diese Dienstleistungen.

– unabhängig vom Darlehnsnehmer in verwandtschaftlichem, sonstigen rechtlichem oder wirtschaftlichem Sinn: Dies ist eine selbstverständliche Selbstverpflichtung in allen Berufsgrundsätzen von Gutachtern, wie sie beispielsweise durch die *Royal Institution of Chartered Surveyors* von ihren Mitgliedern oder durch die HypZert GmbH von den hier zertifizierten Gutachtern gefordert wird. Eine Befangenheit in diesem Zusammenhang ist in jedem Fall dem Auftraggeber (auch intern in der Bank) anzuzeigen. Der Gutachter wird nicht mit diesem Bewertungsauftrag betraut. Durch die Aufnahme in die BelWertV bekommt diese Unabhängigkeitsforderung Normencharakter.

– kein eigenes Interesse am Ergebnis des Gutachtens: Objekte, mit denen der Gutachter selbst wirtschaftlich verbunden ist, können nicht durch diesen als Kreditsicherheit bewertet werden. Ebenso darf der Gutachter kein von der Höhe des Honorars oder von einer Folgebeauftragung abhängiges Interesse am Wert der Sicherheit haben. Die Bank kann sich gegen diese Interessenüberlagerung schützen, indem sie die Sicherheitenbewertung von Immobilien durch bankinterne Gutachter ausführen lässt.

16 § 7 Abs. 2 BelWertV präzisiert die **organisatorischen Unabhängigkeitskriterien der Gutachter** innerhalb der Pfandbriefbank. Kriterium ist in jedem Fall die Unabhängigkeit von den Bereichen des Kreditinstitutes, die Kredite anbahnen oder zum Gegenstand nur eines Votums haben. Diese Trennung ist bis zur Geschäftsleitung durchzusetzen. Folgende Möglichkeiten bestehen:

– Die Gutachter sind direkt einzeln der Geschäftsleitung unterstellt: Dies wird insbesondere bei Häusern zutreffen, die über eine geringe Personalausstattung von Gutachtern verfügen und bei denen daher eine einzelne Anbindung direkt an einen Marktfolge-Vorstand sinnvoll erscheint.

– Die Gutachter sind ausschließlich Teil einer Gutachtereinheit, die direkt der Geschäftsleitung unterstellt ist: Damit werden zwei Aspekte verbunden: Innerhalb der Pfandbriefbank gibt es nur eine Gutachterabteilung, die zentral organisiert und der Geschäftsleitung direkt unterstellt ist. Auch hier wird durch die direkte Unterstellung der zentralen Gutachtereinheit unter die Geschäftsleitung die Unabhängigkeit des Gutachters gegenüber anderen Geschäftsbereichen betont. Es ist dann nicht zulässig, an anderer Stelle innerhalb des Kreditinstitutes weitere Gutachtereinheiten zu installieren.

– Die Gutachter sind in einer Einheit organisiert, die nicht direkt der Geschäftsleitung unterstellt ist, sondern Teil einer Einheit ist, die keine Kredite anbahnt oder in der Kreditentscheidungen nur Gegenstand eines einzigen Votums sind: Diese Regelung ist ein Zugeständnis an kleinere Häuser, die Gutachter den Marktfolgebereichen zuordnen möchten, um sie auch in der Kreditbearbeitung einsetzen und somit auslasten zu können.

17 Bei der Bewertung von Immobiliensicherheiten, die innerhalb der Kleindarlehnsgrenze finanziert werden, zeigt § 24 Abs. 2 BelWertV eine Erleichterung bezüglich der Unabhängigkeit der sach- und fachkundigen Person, die die Wertermittlung durchführt, auf:

| Überblick | Beleihungswertermittlung X |

- Diese Bankmitarbeiter dürfen im Gegensatz zum Gutachter den Kredit, mit dem die durch sie bewertete Immobiliensicherheit besichert werden soll, bearbeiten.
- Diese Bankmitarbeiter dürfen in den Markt- und Marktfolgebereichen beschäftigt sein, die mit Kreditentscheidungen befasst sind.

Folgende Unabhängigkeitskriterien sind auch hier einzuhalten. Die sach- und fachkundige Person darf nicht

- die Kreditentscheidung treffen oder den Beleihungswert festsetzen,
- in einem verwandtschaftlichen, sonstigen rechtlichen oder wirtschaftlichen Verhältnis zum Kreditnehmer stehen,
- ein eigenes Interesse am Ergebnis des Gutachtens haben.

Im Prozess der Anrechnungserleichterungen für das Eigenkapital sind die **Erstbewertung** nach § 20a Abs. 5 KWG **und die Wertüberwachung** nach § 20a Abs. 6 KWG jeweils durch einen unabhängigen Sachverständigen durchzuführen. Gemäß Positionspapier des Fachgremiums Kredit vom 22.9.2008 wird der unabhängige Sachverständige immer dann angenommen, wenn es sich um einen Gutachter nach § 7 BelWertV handelt. Somit kann der unabhängige Sachverständige als konstante Bezeichnung vor die Klammer der Erstbewertung und Wertüberprüfung gezogen werden. **18**

Die **Einbeziehung externer Gutachter** wird unterschiedlich betrachtet. Es sind mehrere Möglichkeiten der Erstellung von Gutachten gegeben: **19**

- Erstellung der Gutachten in einer externen Tochterfirma einer oder mehrerer Banken,
- Erstellung der Gutachten generell durch Fremdgutachter,
- Erstellung der Gutachten durch interne Gutachterabteilungen, die von Fall zu Fall externe Gutachter einbeziehen.

Die Anforderungen an externe Gutachter entsprechen denen an die Gutachter nach § 7 BelWertV. In vielen Banken wurde bei der Erstellung der Gutachten, unabhängig von den Regelungen des Pfandbriefgesetzes, die Forderung nach Einhaltung des Vier-Augen-Prinzips als Vorsichtsprinzip durchgesetzt. Dies hat zur Folge, dass externe Gutachten innerhalb der Bank durch die bankinternen Gutachter oder andere sach- und fachkundige Bankmitarbeiter nochmals auf Plausibilität geprüft werden.

Wertermittlung und Beleihungswertfestsetzung sind zwei voneinander unabhängige Vorgänge. Die für die Festsetzung zuständige Stelle (Person, Organ) muss die Festsetzung des Beleihungswerts unter Zugrundelegung eigener Maßstäbe vornehmen. Daraus kann nur die Folgerung gezogen werden, dass es nicht vertretbar ist, den Beleihungswert durch solche Mitarbeiter festsetzen zu lassen, die die Wertermittlung vorgenommen haben. Wohl aber kann die Bank den Personenkreis entsprechend ihrem Kompetenztableau festlegen, der als Bankmitarbeiter Beleihungswerte festsetzt. **20**

2.3 Qualitätssicherung kreditwirtschaftlicher Wertermittlungen

Die Qualitätssicherung bei Gutachten erfolgt auf zwei Ebenen: **21**

- Sicherung von Inhalt und Form der Beleihungswertgutachten
- Sicherung der Qualifizierung der Gutachter.

2.3.1 Sicherung von Inhalt und Form der Gutachten

Das Erfordernis aus § 5 Abs. 1 BelWertV, den Beleihungswert mittels eines Gutachtens zu ermitteln, führt zu einem **Formerfordernis des Gutachtens.** Es ist eine „förmliche" Bewertung durchzuführen. Diesem Erfordernis wird regelmäßig durch die Anwendung von Bewertungsprogrammen in den Banken Rechnung getragen, wenn diese die Darstellung der wesentlichen Inhalte eines Beleihungswertgutachtens nach § 5 Abs. 3 BelWertV durch den **22**

X Beleihungswertermittlung Überblick

Gutachter ermöglichen. Die Ermittlung des Beleihungswerts durch Berechnung des Sach- und Ertragswerts ohne umfassende Erläuterung reicht danach nicht aus.

Zu folgenden Sachverhalten hat sich der Gutachter nach § 5 Abs. 3 BelWertV zu äußern:

- Standort und Objektqualität
- regionaler Immobilienmarkt
- rechtliche und tatsächliche Objekteigenschaften
- Beleihungsfähigkeit des Objekts, d.h. Drittverwendungsfähigkeit des Objekts durch Dritte und Nachhaltigkeit der Erträge
- Verwertbarkeit und Vermietbarkeit
- potentieller Käuferkreis
- Wertverluste über den Zeitverlauf

Die wesentlichen Bewertungsdaten und getroffenen Annahmen sind **nachvollziehbar darzulegen und zu begründen.** Dies betrifft insbesondere Ansätze von

- Miete,
- Zinssätzen,
- Modernisierungsrisiko,
- Leerstand,
- Normalherstellungskosten,
- wertbeeinflussenden Umständen wie Reparaturstau oder die Bewertung von Lasten in Abteilung II des Grundbuchs.

Dabei darf nicht übersehen werden, dass das Beleihungswertgutachten eine wesentliche Entscheidungsgrundlage für eine Kreditentscheidung liefert und damit Arbeits- und Informationsmittel innerhalb der Bank ist. Es ist nicht Zweck dieses Gutachtens, außerhalb der Bank Verwendung zu finden und damit Schutzwirkung gegenüber Dritten zu entfalten. Daher sind nur die wesentlichen Feststellungen zur Ermittlung des Beleihungswerts zu dokumentieren. Eine andere, auf „gerichtssichere" Vollständigkeit der Darstellung bedachte Herangehensweise ist im Bankensinn nicht wirtschaftlich.

Abb. 3: Wesentliche Inhalte von Beleihungswertgutachten

Aufgrund § 16 Abs. 2 Satz 3 PfandBG soll der ermittelte Beleihungswert den auf transparente Weise und nach einem anerkannten Verfahren ermittelten Marktwert nicht übersteigen. Folglich ist in diesem Gutachten auch der Marktwert des Bewertungsobjekts zu ermitteln und im Gutachten auszuweisen.

Für die Ermittlung des Beleihungswerts im **Rahmen des § 24 BelWertV können Erleichterungen** in Anspruch genommen werden. Diese Erleichterungen beziehen sich auf Bewertungen im Massengeschäft, im sogenannten „Kleindarlehnsgeschäft". Dem liegt der Gedanke zugrunde, dass bei der Bewertung von Ein- und Zweifamilienhäusern, bei Doppelhaushälften und Reihenhäusern sowie bei Eigentumswohnungen ein gegenüber anderen Beleihungen geringes Risiko vorherrscht und aus Wirtschaftlichkeitsgründen auf ein vollständiges Gutachten verzichtet werden kann. So hat der Verordnungsgeber (nur bezogen auf die Anwender der BelWertV) für Sicherungsobjekte, die

– im Inland belegen sind,
– wohnwirtschaftlich genutzt werden und deren gewerblicher Ertragsanteil ein Drittel des (ggf. fiktiven) Gesamtertrages nicht übersteigt und
– deren auf dem Objekt eingetragener Grundschuld unter Einbeziehung aller Vorlasten den Betrag von 400 000 € nicht übersteigt,

folgende Erleichterungen ermöglicht:

– kein Gutachten nach § 5 BelWertV, wohl aber unter Einhaltung der übrigen Anforderungen der BelWertV,
– kein Gutachter nach § 7 BelWertV, wohl aber durch eine sach- und fachkundige Person, die für die Ermittlung der Beleihungswerte dieser Objekte ausreichend geschult ist und über die notwendige Erfahrung verfügt,
– Verzicht auf die Besichtigung unter bestimmten Bedingungen.

Ungeachtet des Verzichts auf ein Gutachten nach § 5 BelWertV sind die wertbeeinflussenden Umstände auch bei diesen Wertermittlungen zu beachten und ggf. wertmindernd zu berücksichtigen. Somit ist Abs. 4 des § 5 BelWertV anzuwenden.

X Beleihungswertermittlung

Diese Bewertungen sind durch die Bankgutachter regelmäßig bei Einhaltung einer ausreichenden Stichprobe zu prüfen; die Prüfung ist zu dokumentieren.

Abb. 4: Erleichterungen nach § 24 BelWertV

© Schröter 2008

24 Für Institute, die als Grundlage der Beleihungswertermittlung nicht die BelWertV verwenden, gelten die bisherigen Rdsch der BaFin zur Bewertung innerhalb der Kleindarlehnsgrenze weiter. Dies bedeutet u.a., dass die Darlehnsgrenze weiterhin bei 306 000 € liegt, dass nur geringe Formerfordernisse bestehen. Jedoch ist die Konsequenz darin zu sehen, dass dieser Beleihungswert in der Regel nicht den Forderungen des § 16 Abs. 2 Satz 1–3 entspricht und daher weder als Bewertungsgrundlage für ein Deckungspooling in Zusammenarbeit mit pfandbriefherausgebenden Banken noch als Bewertungsgrundlage für § 35 SolvV genügt.

25 Insofern besteht die Frage nach einer automatisierten Beleihungswertermittlung, wie sie in „Kreditfabriken" angestrebt wird, nur für Bewertungen innerhalb der Kleindarlehnsgrenze. Hier hat die bisherige Erfahrung gezeigt, dass eine vollständig automatisierte Bewertung nicht zielführend ist. Allenfalls kann von einer Teilautomatisierung der Bereitstellung verschiedener, für die Bewertung notwendiger Daten und der Berechnung ausgegangen werden. Diese (Geoinformations-)Daten sind durch die gutachterliche Tätigkeit bewertend in das Gutachten einzufügen.

26 Im Rahmen von Syndizierungsgeschäften, Kooperationen, Übernahmen ins Deckungs*pooling* oder **Portfoliokäufen** treten Pfandbriefbanken als Finanzierungspartner auf. Die im Konsortialgeschäft i.d.R. durch den Konsortialführer oder durch andere Beteiligte oder für diese erstellten Beleihungswertgutachten können unter bestimmten Bedingungen plausibilisiert durch die Pfandbriefbank übernommen werden, wenn:

– diese Gutachten den Bedingungen der BelWertV entsprechen,

– ein nicht mit der Kreditentscheidung befasster, fachkundiger Mitarbeiter der Pfandbriefbank eine Plausibilisierungsprüfung auch in Hinblick auf die einzelnen angesetzten Bewertungsparameter durchführt,

– das Ergebnis dieser Plausibilisierung dokumentiert wird.

Der fachkundige Mitarbeiter der Pfandbriefbank, der die **Plausibilisierung** durchzuführen hat, kann nach den Anforderungen an den Inhalt der Plausibilisierung nur aus dem Bereich der Gutachter kommen. Eine Plausibilisierung der einzelnen Wertermittlungsparameter einer komplexen Betreiberimmobilie dürfte beim Gutachter angesiedelt sein. Hingegen ist es denkbar, Portfolien der privaten Wohnungsbaufinanzierung in Anwendung der Erleichterungen des § 24 BelWertV durch fachkundige Mitarbeiter außerhalb des Kreises der Gutachter plausibilisieren zu lassen. Allerdings erscheint dann ein gewisses Risikopotenzial nicht ausgeschlossen, da auch für „Standardobjekte" eine Zertifizierung für Gutachter angeraten wird (HypZert S).

27

Die **Dokumentation der Plausibilisierung** erfolgt im Zusammenhang mit dem vorgelegten Gutachten.

28

2.3.2 Sicherung der Qualifikation der Gutachter

Zu unterscheiden ist zwischen den Anforderungen an den Gutachter und denen an die sach- und fachkundige Person, die nach § 24 BelWertV Beleihungswerte ermittelt. Eine Unterscheidung in den Grad der Qualifikation ist theoretisch noch möglich nach Personen, die in Pfandbriefbanken nach BelWertV tätig sind, und Personen, die in anderen Banken tätig sind, die nicht die BelWertV explizit anwenden. Bei letzterer Personengruppe stellt sich allerdings die Frage, wonach, wenn nicht nach den methodischen und systematischen Standards der Immobilien- und Kreditwirtschaft, bewertet werden soll. Der Nachweis der dafür notwendigen Qualifikation wird auch durch Institute, die nicht nach den Grundsätzen der BelWertV bewerten, in Anlehnung an § 6 BelWertV gefordert.

29

An die fachliche **Qualifikation des Gutachters werden in § 6 BelWertV** hohe Ansprüche gestellt. Zunächst wird umfassend und generell der Maßstab für die Qualifizierung benannt:

Der Gutachter muss

30

– nach seiner Ausbildung und beruflichen Tätigkeit über besondere Kenntnisse und Erfahrungen auf dem Gebiet der Immobilienbewertung verfügen – dies wird regelmäßig vermutet, wenn der Gutachter von einer staatlichen oder staatlich anerkannten Stelle oder nach DIN EN ISO/IEC 17024 akkreditierten Stelle als Sachverständiger oder Gutachter für die Wertermittlung von Immobilien zertifiziert oder bestellt ist,

– daneben über spezielle Kenntnisse der Beleihungswertermittlung, insbesondere des jeweiligen Immobilienmarktes und der Objektart, verfügen.

Das Kreditinstitut hat zwei Möglichkeiten, sich von dieser Qualifikation zu überzeugen:

31

– Die **Qualifikation** wird **vermutet,** wenn der Gutachter/Sachverständige öffentlich bestellt und vereidigt oder durch eine akkreditierte Zertifizierungsstelle zertifiziert ist. Inzwischen gibt es mehrere Zertifizierungsstellen in Deutschland. Die Zertifizierungsstelle der Kreditwirtschaft ist die HypZert GmbH. Aus internationaler Sicht ist die Regelung der BelWertV zu kurz gefasst. Der öffentlichen Bestellung sowie der Zertifizierung adäquat sind im internationalen Bereich gegenwärtig mindestens anerkannt die Mitgliedschaft in der RICS *(Royal Institution of Chartered Surveyors)* oder beim *Appraisal Institut*. Eine Qualifikation für kreditwirtschaftliche Bewertungen durch Zertifizierung ist gekennzeichnet durch die Bezeichnung „Zertifizierter Sachverständiger für finanzwirtschaftliche Zwecke". Diese Zertifizierung ist für öffentlich bestellte und vereidigte Sachverständige sowie zertifizierte Gutachter für bebaute und unbebaute Grundstücke bzw. Markt-/Verkehrswerte durch eine „Delta-Prüfung" zur bisher nachgewiesenen Qualifikation zu erreichen.

– Die **Qualifikation ist zu prüfen,** wenn der Gutachter keinen entsprechenden Nachweis erbringt. Ausdrücklich wird darauf verwiesen, dass aufgrund der Spezifik der Beleihungswertermittlung allein der Nachweis der Befähigung zur Ermittlung von Marktwerten nicht ausreichend ist, um Beleihungswertermittlungen durchzuführen. So sollten nur solche Gutachter herangezogen werden, deren fachliche Eignung durch

- ihre Ausbildung,
- ihre langjährige Berufserfahrung am Grundstücksmarkt,
- ihre bautechnischen und wirtschaftlichen Kenntnisse,
- ihr Verständnis für kreditmaterielle Prozesse

untersetzt ist. Dabei muss sich die Eignung des Gutachters, und hierauf haben die Kreditinstitute besonders zu achten, auf den relevanten Markt und die relevante Objektart beziehen.

Vor Erlass der BelWertV wurde durch die BaFin in verschiedenen Schreiben (vom 7.9.1999 und 17.4.2000) zur Qualifikation des Sachverständigen Stellung genommen. Hilfsweise und für Institute, die nicht nach den Normen der BelWertV arbeiten, kann der Einsatz von Sachverständigen auch bei Nichterfüllung der Zugangsvoraussetzungen zur Zertifizierung erfolgen, wenn die Person mindestens fünf Jahre Praxis in der Grundstückswirtschaft nachweist, davon drei Jahre auf dem Gebiet der Immobilienbewertung, und die dabei erstellten Gutachten nach Anzahl, Art, Umfang und Qualität die Gewähr bilden, dass der Sachverständige für die Ermittlung von Markt- und Beleihungswerten geeignet ist. Die Überprüfung der Qualifikation hat laufend zu erfolgen.

Folglich wird das Kreditinstitut auch bei der Beauftragung externer Gutachter nicht nur die allgemeine Bewertungsqualifikation in den Vordergrund der Prüfung stellen, sondern dafür Sorge zu tragen haben, dass die eingesetzten Gutachter in besonderer Weise die Belange der BelWertV zu berücksichtigen in der Lage sind.

Unklar ist in diesem Zusammenhang die Möglichkeit des Berufseinstieges für Berufsanfänger mit abgeschlossenen einschlägigen Studienabschlüssen. Vielfach erfolgt der Einsatz als „Juniorgutachter" ohne Alleinkompetenz für die Erstellung von Gutachten.

32 **Sach- und fachkundige Personen, die im Rahmen der Kleindarlehnsgrenze nach § 24 BelWertV bewerten**, unterliegen nicht diesen strengen Qualifizierungsanforderungen.

3 Immobilien als Kreditsicherheit

3.1 Historische Entwicklung und aktueller Stand

33 In der Europäischen Union wird eine Harmonisierung der Immobilienbewertung angestrebt. Auf die historische Entwicklung des Schätzungswesens in Deutschland und den Stand der kreditwirtschaftlichen Immobilienbewertungen wird daher im Folgenden näher eingegangen. Von jeher waren aktuelle Grundstückswerte bei Beschlagnahmen, Enteignungen, Besteuerung, Feuerversicherung und Beleihung von großem Interesse (vgl. Teil II unter Rn. 161).

34 Eng verbunden mit der Entstehung des (wohnungswirtschaftlichen) Immobilienkredits ist die Schätzungslehre. Der Literatur ist zu entnehmen, dass noch vor etwa 240 Jahren nahezu ausschließlich **Sachwertschätzungen** erstellt worden sind. Es wurden hierbei Vergleiche der in verschiedenen Objekten investierten Beträge oder der erzielten Verkaufspreise vorgenommen und daraus der Wert der zu schätzenden Immobilie abgeleitet.

35 Bei der Bemessung der hypothekarischen Beleihung landwirtschaftlich genutzter Grundstücke in Preußen wurde mit Einführung der **Grundsteuer** Mitte des 19. Jahrhunderts der Grundsteuerreinertrag, der sich unter Berücksichtigung der unterschiedlichen Erträge der verschiedenen Bodenklassen je ha ergab, herangezogen. Neben der Beleihung landwirtschaftlich genutzter Grundstücke gewann etwas später auch die Beleihung von wohnwirtschaftlich genutzten Grundstücken zunehmende Bedeutung. Hierbei diente der Gebäudesteuernutzungswert als Grundlage[3].

---

[3] Rozumek, P., Das Kreditgeschäft im Bankbetriebe, 3. Aufl. Berlin, 1921, S. 376 ff.

In den Satzungen fast aller Gesellschaften und Institute, die regelmäßig Hypothekengelder ausliehen, war damals eine **Beleihungsgrenze** auf der Grundlage des Grundsteuerreinertrags festgesetzt. Die preußischen öffentlichen Sparkassen z. B. durften nach ihrer Satzung, die auf dem Sparkassenreglement von 1838 beruhte, landwirtschaftlich genutzte Grundstücke bis zum 30-fachen Grundsteuerreinertrag beleihen. Die Provinzialhilfskasse für die Provinz Schlesien ging in der Beleihung bis zu zwei Drittel des durch den 36-fachen Grundsteuerreinertrag festgestellten Grundstückswerts, wobei die mit 5 % kapitalisierten Lasten und Abgaben als Vorlasten, etwa vom möglichen Darlehenshöchstbetrag, in Abzug zu bringen waren[4]. 36

Auf der Grundlage von Erträgen ergab sich bis zur Mitte des 19. Jahrhunderts keine Möglichkeit, den Wert der Immobilien in den Städten zu ermitteln. Es fehlten Erträge, weil die Grundstückseigentümer meist ihre Häuser selbst bewohnten und ihrem Gesinde (die Gesindeordnung wurde übrigens erst durch die Weimarer Verfassung von 1919 aufgehoben) neben Verpflegung auch Unterkunft (= geldwerter Vorteil als Sachbezug zum Arbeitslohn) gewährten. So musste auch hier mit Vergleichswerten (Verkaufspreisen) oder Neubaupreisen gerechnet werden. Basis für Beleihungen war regelmäßig die **Versicherungssumme** (Neuwert) der Provinzialfeuersozietät bzw. öffentlicher Feuerversicherungsanstalten, wobei maximal 50 % als Beleihungsauslauf akzeptiert wurden. Die Schätzungen erfolgten durch die mit der Wahrnehmung des örtlichen Gebäudegeschäfts betrauten Bürgermeister bzw. Geschäftsführer der genannten Versicherungen. 37

Die zunehmende Industrialisierung gegen **Ende des 19. Jahrhunderts** führte in den größeren Städten verstärkt zum Neubau von Mietwohnungshäusern, um die Arbeiterschaft und ihre Familien mit Wohnraum zu versorgen. Nunmehr konnte neben dem Sachwert auch ein **Ertragswert** errechnet werden. Auch damals wurde von den tatsächlich erzielten oder bei ordnungsmäßiger Bewirtschaftung von jedem Eigentümer dauernd erzielbaren Mieten ausgegangen. Die Bewirtschaftungskosten wurden vor dem Ersten Weltkrieg mit 15–20 %, bei Gebäuden mit Zentralheizungen mit über 25 % der Rohmiete veranschlagt. Der verbleibende Reinertrag war mit 4–5 % zu kapitalisieren, so dass sich oft ein 13- bis 15-facher Rohertrag als Wert des Grundstücks ergab[5]. 38

Neue Impulse erhielt das Schätzungswesen durch die **Miquelsche Finanzreform** im Jahre 1893 (vgl. Teil II der 5. Aufl. dieses Werks Einf. Rn. 128). 39

Hierzu wurde im Vorgriff auf die gesetzliche Regelung des Schätzungswesens durch Verfügung des Oberbürgermeisters der Stadt Köln vom 26.6.1918 bei der Liegenschaftsverwaltung ein **Schätzungsamt** eingerichtet, dem auch die Schätzungen für die städtische Sparkasse und Hypothekenanstalt übertragen wurden. Damit hatte Köln als erste preußische Stadt (neben Kassel) ein öffentliches Schätzungsamt[6]. 40

Als Stütze für die Bewertung von Immobilien im städtischen Bereich diente auch der **Gebäudesteuernutzungswert**, der bis 1941 im Bestandsverzeichnis des Grundbuchs ausgewiesen wurde[7]. Bei nach 1910 errichteten Gebäuden erfolgte daneben die Angabe des Baujahres. Es war üblich, den Gebäudesteuernutzungswert im Hypothekenbrief zu vermerken. Sparkassen beliehen seinerzeit städtische Wohnimmobilien bis zum 12,5-fachen Betrage des Gebäudesteuernutzungswerts. Demgegenüber richtete sich der Bauwert eines solchen Hauses nach den Taxen der öffentlichen Feuerversicherungsanstalten. Der Sachwert ergab sich durch Addition mit dem durch Vergleiche ermittelten Bodenwert. Der gemeine Wert (Marktwert) war damals das arithmetische Mittel aus Sach- und Ertragswert[8]. 41

Bedeutsam für die Entwicklung der Grundstücksbewertung nach dem Ersten Weltkrieg war das **Preußische Schätzungsamtgesetz** (vgl. Teil II der 5. Aufl. dieses Werks Einf. Rn. 191). Ziele des Gesetzes waren die Vereinheitlichung der Wertermittlung, die Schaffung einer aus- 42

---

4 Rozumek, P., a.a.O.; S. 384 ff.
5 Vgl. Rozumek, P., a.a.O., S. 375 f.
6 Denkschrift betreffend die Errichtung eines Schätzungsamtes für den Stadtkreis Köln aus Mai 1920, S. 8.
7 Ufer, W., Anteile an ungetrennten Hofräumen und Hausgärten, GuG 1995, 149.
8 Rozumek, P., a.a.O., S. 373.

reichenden statistischen Basis und die Beseitigung der Überbewertung von Liegenschaften, insbesondere im Bereich des Hypothekenwesens[9]. Anstelle des Begriffs „Verkaufswert" verwendete die Schätzungslehre seinerzeit den Begriff „gemeiner Wert".

43 Infolge (ständiger) gesetzlicher Eingriffe in das Wohnungsmietrecht, der Erhöhung von Grundbesitzsteuern und -abgaben sowie der hohen Arbeitslosigkeit nach dem Ersten Weltkrieg wurde der Abstand zwischen Sach- und Ertragswert, insbesondere bei städtischen Wohnhaus-Grundstücken aufgrund von sog. Krisenmieten in den Jahren 1929–1932, immer größer. Man erkannte an, dass der **Mittelwert** einen untauglichen Kompromiss darstellt, der weder von der dem Ertragswert zugrunde gelegten Rendite noch von den Vergleichswerten, auf die sich der Sachwert gründet, zu rechtfertigen ist[10]. Der Ertragswert für die Schätzung von sog. Renten-Objekten gewann jedoch steigende Bedeutung.

44 Dem Urteil bzw. der Entscheidung des Preußischen Oberverwaltungsgerichts (Pr. OVG) vom 10.6.1910[11] und 14.1.1928[12] ist zu entnehmen, dass der gemeine Wert eines Grundstücks der **Verkaufswert** ist. Der BGH stellt in seinem Urt. vom 25.6.1964 abermals fest: Der gemeine Wert ist ein Wert für Jedermann[13]. Gemäß einem Beschluss des LG Darmstadt ist unter dem Grundstückswert (Marktwert) der Wert zu verstehen, der den regulären Verkaufswert des Grundstücks – der dafür bei der freihändigen Veräußerung normalerweise zu erzielen wäre – verkörpert[14].

45 Die Bewertung von **Erbbaurechten** fand in § 19 ErbbauVO vom 15.1.1919 eine für die Anlegung von Mündelgeld in einer Erbbaurechtshypothek verbindliche Regelung.

46 Die Praxis der Ermittlung des Marktwerts von Grundstücken ist mit der **Legaldefinition des Marktwerts im BauGB**[15] und den hierzu erlassenen Rechtsvorschriften und Richtlinien des Bundes (BauNVO, II BV, ImmoWertV[16]; WertR[17] einschließlich der Erlasse des BMBau[18], den NHK 2000[19], WaldR 2000[20], LandR 78, BauNVO, II BV, WoFlVO) begrifflich und verfahrensmäßig weiter gefestigt worden (vgl. hierzu Teil II [Einf.] Rn. 99 ff.).

47 Die **Beleihung gewerblich genutzter Grundstücke** nahm nach dem Zweiten Weltkrieg wiederaufbaubedingt zu. Bei der Bewertung solcher Pfandobjekte ergaben sich schon damals bedeutende Wertermittlungsprobleme. Während bei Grundstücken mit Büro- und Geschäftshäusern die Werte sich am Ertragswert orientierten, hing z. B. bei Fabrikgrundstücken der für die Ermittlung des Ertragswerts nachhaltige Ertrag von der Aufrechterhaltung des Betriebs (oft branchenbedingt), der Beschaffenheit und dem Unterhaltungszustand der baulichen Anlagen sowie von Konjunkturschwankungen ab. Deshalb waren Fabrikgrundstücke insbesondere für Hypothekenbanken regelmäßig von der Beleihung ausgeschlossen.

48 Ein z. B. zum Zwecke des An- und Verkaufs eines Grundstückes oder einer Entschädigung für Landabgaben durch die hoheitlich tätigen Gutachterausschüsse für Grundstückswerte ermittelter **Marktwert eines gewerblich genutzten Grundstücks** ist wohl meist nicht identisch mit dem Dauerwert (Beleihungswert), den Kreditinstitute für Beleihungen zugrunde legen müssen. In vielen Fragen der Wertermittlung bestehen jedoch inzwischen einheitliche Auffas-

---

9 Romunde, W., Die Grundstücksbewertung in Köln (von 1893–1973), S. 114.
10 Der BGH hält eine schematische Wertbestimmung auf der Grundlage des arithmetischen Mittels von Sach- und Ertragswert für nicht fachgerecht, BGH, Urt. vom 13.7.1970 – VIII ZR 189/68 –, EzGuG 20.49.
11 PrOVG, Urt. vom 10.6.1910 – VIII C 99/09 –, EzGuG 20.8.
12 PrOVG, Entsch vom 14.1.1928 – VI D 10/27 –, EzGuG 20.12.
13 BGH, Urt. vom 25.6.1964 – III ZR 111/64 –, EzGuG 20.37.
14 LG Darmstadt, Beschl. vom 16.10.1958 – 5 T 18/58 –, EzGuG 19.4.
15 Zunächst BBauG vom 23.6.1960 (§ 142 Abs. 2), später BauGB (§ 194).
16 Zunächst WertV 61 vom 7.8.1961; später vom 10.8.1972, vom 6.12.1988 und 1998 (WertV 98); vgl. Teil V Vorbem. zur ImmoWertV.
17 Hierzu Teil V Vorbem. zur ImmoWertV Rn. 40 ff.
18 Vgl. die Zusammenstellung im Teil V Vorbem. zur ImmoWertV Rn. 43 insbesondere Erl. vom 1.8.1996 und 1.8.1997 (RS I 3 630504 – 4).
19 *Normalherstellungskosten – NHK 95 –* abgedruckt in der 3. Aufl. zu diesem Werk 1998, Bundesanzeiger Verlag Köln, BAnz Nr. 168 vom 6.9.2000, S. 1887 ff.
20 Vgl. Teil V Vorbem. zur ImmoWertV Rn. 50.

sungen, so dass neben einem nach WertV ermittelten Marktwert auch ein den besonderen Sicherungsanforderungen entsprechender Beleihungswert ermittelt werden kann.

Zu unterscheiden ist schließlich zwischen Realkrediten und grundpfandrechtlich gesicherten Personalkrediten. Im Zuge der im Jahre 1984 erfolgten Novellierung des Gesetzes über das Kreditwesen (KWG)[21] wurde der Realkreditbegriff für alle Kredit- und Versicherungsinstitute durch Bezugnahme auf die Bestimmungen des HBG, jetzt PfandBG, verbindlich[22]. **49**

Auch wird auf die **Praxis der Schweizer Banken** hingewiesen. Gemäß einem Beschluss des Nationalrates vom 20.9.1989 müssen die Banken bei der Vergabe von Hypotheken darauf achten, dass bei nach dem 13.10.1989 bewilligten Darlehen eine Vier-Fünftel-Grenze des Grundstücksmarktwerts nicht überschritten wird. Der Marktwert muss zudem von einem amtlichen Schätzer bestimmt werden[23]. **50**

Mit der Ablösung des Hypothekenbankgesetzes durch das PfandBG 2005 und den Erlass der **BelWertV** 2006 steht für die Bankenverbände ein Regelungskatalog zur Ermittlung des Beleihungswerts im Realkreditbereich zur Verfügung, der gesonderte Regelungen, die zwischen den Bankenverbänden in der Vergangenheit teilweise abweichend waren, für die Zukunft vermeidet. Anforderungen an den Bewertungsprozess sind ebenso aus dem Basel-II-Prozess abzuleiten. Auf die Ermittlung des Markt- und Beleihungswerts innerhalb dieses Prozesses wird insbesondere in den §§ 35 und 159 der 2007 in Kraft getretenen Solvabilitätsverordnung und in § 20a KWG hingewiesen. **51**

3.2   Kreditprozess und Bewertung der Immobiliensicherheit

Schrifttum: *Bellinger/Kerl,* Hypothekenbankgesetz, 4., völlig neu bearbeitete Aufl., C.H. Beck Verlag 1995; *Billion,* Der Marktwert von Golfanlagen, GuG 1999, 331; *Hardegen,* Betreiberimmobilien aus Sicht eines Kreditinstituts, GuG 2000, 65; *Hypothekenverband bei der Europäischen Wirtschaftsgemeinschaft,* Die Bewertung von Immobilien in den EG-Ländern, Grenz-Echo Verlag Eupen/Belgien 1989; *Janßen/Schaar,* Bilanzierungsbewertung – eine neue Aufgabe für die kommunalen Bewertungsstellen, GuG 1999, 298; *Kamphausen,* Der Immobiliensachverständige und seine Wertgutachten in der aktuellen Rechtsentwicklung, GuG 1998, 210; *Kinzer,* Betriebskosten von Shopping Centern, GuG 1999, 348; *Kerl,* Aktuelle Anforderungen an den Hypothekarkredit, GuG 1996, 37; *Kleiber,* Babylon ist überall – Verkaufswert versus Marktwert, DLK 1996, 200; *Keidel,* Ökologische Risiken im Kreditgeschäft, Gabler Verlag Wiesbaden 1987; *Kölschbach,* Offenlegung des Zeitwerts von Immobilien im Jahresabschluss von Versicherungsunternehmen, GuG 1999, 200; *Müller,* Die Bedeutung des Kapitalisierungszinssatzes bei der Bewertung von Renditeliegenschaften in der Schweiz, GuG 1993, 348; *Lux,* Bewertung von Immobilien zum Zweck der Immobilienfinanzierung, BIS 2001, 47, Deutscher Sparkassenverlag Stuttgart 1984; *Obermüller,* Die Auswirkungen der InsO auf die Banken – Erhebliche Einschränkungen der Verwertungsrechte, Kreditpraxis 1995, 30; *Reif,* Fortschritte in der Methodik der Beleihungswertermittlung, DLK 1998, 562; *Ostermann,* Die Marktwertermittlung von Hotels, GuG 1999, 143, 282; *Petersen,* Zinssätze bei der Ermittlung von Marktwerten in Verbindung mit grundstücksbezogenen Rechten, GuG 1997, 91; *Pohnert,* Kreditwirtschaftliche Wertermittlung, 5. Auflage, Luchterhand 1997; *Reifner,* Risiko Baufinanzierung, 2. Aufl., Luchterhand, Neuwied 1996; *Rüchardt,* Handbuch des Hypothekarkredits, Immobilien-Finanzierung in Deutschland und Europa, 3. Aufl., Fritz Knapp Verlag Frankfurt/Main 1993; *Schilling,* Neues Mietrecht 1993, Bundesanzeiger Köln 1993; *Stannigel,* Beleihungswert und Beleihungsgrenze für Immobilien, GuG 1991, 241, 325; *Schwebler/Knauth/Simmert,* Das Realkreditgeschäft der Versicherungsunternehmen, VVW Karlsruhe 1997; *Simon,* Europäische Standards für die Immobilienbewertung, GuG 2000, 134; *Simon/Reinhold,* Wertermittlung von Grundstücken –Aufgaben und Lösungen zur Marktwertermittlung –, 4. Aufl. 2001, Luchterhand Verlag *Simon,* Auswirkungen des EURO auf Wertsicherungsklauseln, GuG 1999, 305; *Stannigel/Kremer/Weyers,* Beleihungsgrundsätze für Sparkassen, Kommentar und Handbuch für die Beleihungspraxis, *Stinner,* Neue Herausforderungen an die Banken – die Umbrüche auf den Immobilienmärkten, GuG 1997, 261; *Sturm,* Mehrwertsteuer in der Grundstückswertermittlung, GuG 1996, 75; *Werth,* Zinssätze und Wertfaktoren bei Erbbaurechten, GuG 1999, 193; *Vogels,* Erbbaurecht und Beleihungswert, GuG 1994, 92; *Weiland,* Zur Beleihung des Erbbau-

---

21   Neufassung des Gesetzes über das Kreditwesen vom 30.6.1993, BGBl. 1993, 1082.
22   Vgl. z. B. § 20 Abs. 3 Satz 2 Nr. 5 KWG; erläutert durch die Schreiben des BAKred vom 20.9.1996 und 30.12.1996, abgedruckt bei Consbruch/Möller/Bähre/Schneider – CMBS Nr. 4.289 und CMBS Nr. 4.290.
23   Dringlicher Bundesbeschluss des Nationalrats zum Bodenrecht in „Blick durch die Wirtschaft (FAZ)" Nr. 198 vom 12.10.1989.

X Beleihungswertermittlung — Immobilien

rechts im Realkredit – Fragen und Vorschläge, GuG 1993, 257; *Welter,* Der Realkredit in den Ländern der EG, Sparkassen Verlag Stuttgart 1994; *Werth,* Vom Marktwert unabhängige Beleihungswerte im Blickfeld der Europäischen Union, GuG 1998, 25; *Weyers,* Überprüfung externer Wertermittlungen, GuG 1994, 272; *Weyers,* Bau- und gewerberechtliche Bestimmungen im Blickfeld von Grundstücksbeleihungen, Sparkasse 1994, 586; *Feinen,* Immobilien-Leasing Objekte, ihre Bewertung und Beleihungsmöglichkeiten, GuG 1995, 25; *Weyers,* Bodenwert von mit Erbbaurechten belasteten Grundstücken, die mit Parkierungsanlagen bebaut sind, GuG 1995, 352; *Weyers,* Verkehrs- und Beleihungswertermittlung von Abbauland (Abgrabungsgrundstücke) in HLBS-Report Nr. 1995, 2; *Vogels,* Grundstücks- und Gebäudebewertung marktgerecht, 5. überarbeitete Aufl. Bauverlag Wiesbaden/Berlin 1996; *Weyers,* Grundstücksverkehr und Grundstückspreisentwicklung im Blickfeld der Immobilienfinanzierung, GuG 1996, 94; *Weyers,* Verkehrs- und Beleihungswert von Grundstücken mit Parkierungsanlagen, GuG 1994, 70, 156; *Weyers,* Ermittlung des Rohertrags (§ 17 WertV) mit Hilfe des Betriebsergebnisses einer Parkierungsanlage, GuG 1997, 298; *Hammel,* Die Bedeutung des Marktwerts für Hypothekenbanken, GuG 1998, 37; *Schmidt,* Die Bewertung von Pflegeeinrichtungen GuG 1998, 284; *Weyers,* Nutzungsentgelt bei Inanspruchnahme öffentlichen Straßenlandes, GuG 1998, 296; *Simon,* Marktwertermittlung offener Immobilienfonds, GuG 1999, 129; *Weyers, G.,* Entwicklung und Praxis bei gewerblich genutzten Grundstücken im (Real-)Kreditgeschäft, DLK 1984, 445; *Weyers,* Grundlagen der Wertermittlung für Hotel- und sonstige gastwirtschaftlich genutzte Grundstücke, in Sparkasse 1986, 104; *Weyers, G.,* Gesamtnutzungsdauer von Hotelgebäuden, GuG 1993, 41; *Weyers,* Neue Grundsätze zur Ableitung des Beleihungswerts von Grundstücken bei Kredit- und Versicherungsinstituten, GuG 1990, 74; *Weyers,* Altlasten und ihre Auswirkungen auf den Grundstückswert (1) und (2), DLK 1987, 588 und 1987, 630; *Weyers,* Der Marktwert von Verbrauchermärkten, GuG 1999, 207; *Weyers, G.,* Marktwert und Beleihungswert – Gegensatz oder Synthese?, DLK 1981, 44; *Weyers,* Marktwert und Beleihungswert von Seniorenimmobilien GuG 1997, 1; *Weyers,* Marktwert und Beleihungswert von Grundstücken mit Kurkliniken, GuG 1997, 218; Grundsatzpapier des Verbandes der deutschen Hypothekenbanken zum Beleihungswert von Immobilien, GuG 1997, 239; *Weyers,* Kreditwirtschaftliche Immobilienbewertungen in Deutschland, GuG 2000, 257; *Kleiber,* Die europäischen Bewertungsstandards des Blauen Buchs, GuG 2000, 321.

52 Die rechtlichen Vorzüge der **Kreditbesicherung durch Grundeigentum** sind gekennzeichnet durch ein beständiges Vertrags- und Bodenrecht mit starkem Rechtsschutz der Partner bei einer relativ einfachen, wenngleich mitunter zeitaufwendigen Realisierung der Gläubigeransprüche. Übersicht und Publizität über Eigentums-, Besitz- und Haftungsverhältnisse an Grundstücken tragen wesentlich zur Rechtssicherheit bei. In wertmäßiger Hinsicht verdienen die folgenden Vorzüge eine besondere Hervorhebung:

– Die Immobilie ist i.d.R. eines der langlebigsten Wirtschaftsgüter;

– Grund und Boden ist nicht durch andere Wirtschaftsgüter ersetzbar;

– Grundstücke behalten ihren Wert aus der zunehmenden Knappheit, sie bleiben oft Jahrzehnte im Eigentum einer Person bzw. Institution;

– Grundstücke sind in der Nutzung im Allgemeinen fungibel;

– Grundstücke sind auf der Grundlage bestehender Vorschriften handelbar und belastungsfähig.

53 Die Bewertung von Immobiliensicherheiten wird in allen Phasen des Kreditprozesses gefordert:

– zur Vorbereitung der Kreditentscheidung durch Erstbewertung der Sicherheit mit Hilfe von Markt- und Beleihungswertgutachten. Zusätzlich kann in einzelnen Häusern zur Unterstützung des *Rating*-Prozesses vom Gutachter eine Immobilienanalyse gefordert werden, die das Chancen-Risiko-Profil der Immobilie abbildet. Durch Rdschr der BaFin kann in bestimmten Fällen auf die Ermittlung des Marktwerts im Zusammenhang mit der Beleihungswertermittlung verzichtet werden (RdSchr. 2007/118 der DSGV vom 10.4.2007).

– nach Gewährung des Kredites und Verhaftung der Immobiliensicherheit durch Wertüberprüfung und ggf. erforderliche Neubewertung des Markt- und Beleihungswerts nach § 20a Abs. 6 KWG oder § 26 BelWertV. Bei Projektfinanzierungen, bei der ausstehenden Beseitigung von Reparaturstau oder Leerstand kann ein Zustandsbeleihungswert nach § 4 Abs. 6 BelWertV ermittelt werden. Im Zusammenhang mit Projektfinanzierungen können auch Baufortschrittsberichte vom Gutachter verlangt werden.

— im Zusammenhang mit notleidenden Krediten wird es zu einer Bewertung des Marktwerts der Sicherheit kommen. Da diese Sicherheiten durch Einzelwertberichtigung abgeschrieben werden, erübrigt sich hier üblicherweise die Ermittlung eines Beleihungswerts.

Im Zusammenhang mit dem *Monitoring* des Marktes, der Beobachtung der Entwicklung der Sicherheitenwerte und der Qualitätssicherung der Bewertungen im jeweiligen Kreditinstitut ist die Immobilienbewertung ein wichtiges Instrument der Risikosteuerung auf der Ebene der Geschäftsführung.

3.3 Funktionen von Markt- und Beleihungswert im Kreditprozess[24]

3.3.1 Definitionen

▶ *Hierzu allgemein im Teil IV § 194 BauGB Rn. 182 ff.; Einf. Teil II Rn. 9*

Die Immobilienbewertung stützt sich auf zwei Wertkategorien: 54

Marktwert i.S. des § 16 Abs. 2 Satz 4 PfandBG:

„*Der Marktwert ist der geschätzte Betrag, für welchen eine Immobilie am Bewertungsstichtag zwischen einem verkaufsbereiten Verkäufer und einem kaufsbereiten Erwerber, nach angemessenem Vermarktungszeitraum, in einer Transaktion im gewöhnlichen Geschäftsverkehr verkauft werden könnte, wobei jede Partei mit Sachkenntnis, Umsicht und ohne Zwang handelt.*"

Diese Marktwertdefinition weicht zwar sprachlich, nicht aber materiell von der Verkehrswertdefinition des § 194 BauGB ab. Die Definition des Marktwerts nach PfandBG ist synonym mit der Definition des Marktwerts (Verkehrswert) nach § 194 BauGB. Sie ist von internationalen Definitionen abgeleitet und eröffnet die Möglichkeit, auch Marktwert-Gutachten über im Ausland belegene Immobiliensicherheiten im Kreditprozess zu verwenden.

Beleihungswert i.S. des § 16 Abs. 2 Satz 1 bis 3 PfandBG:

„*Der Beleihungswert darf den Wert nicht übersteigen, der sich im Rahmen einer vorsichtigen Bewertung der zukünftigen Verkäuflichkeit einer Immobilie und unter Berücksichtigung der langfristigen, nachhaltigen Merkmale des Objektes, der normalen regionalen Marktgegebenheiten sowie der derzeitigen und möglichen anderweitigen Nutzungen ergibt. Spekulative Elemente dürfen dabei nicht berücksichtigt werden. Der Beleihungswert darf einen auf transparente Weise und nach einem anerkannten Bewertungsverfahren ermittelten Beleihungswert nicht übersteigen.*"

Diese Definition wird ergänzt durch das Aufgreifen dieser Definition in § 3 BelWertV:

„*(1) Der Wert, der der Beleihung zugrunde gelegt wird (Beleihungswert), ist der Wert der Immobilie, der erfahrungsgemäß unabhängig von vorübergehenden, etwa konjunkturell bedingten Wertschwankungen am maßgeblichen Grundstücksmarkt und unter Ausschaltung von spekulativen Elementen während der gesamten Dauer der Beleihung bei einer Veräußerung voraussichtlich erzielt werden kann.*
(2) Zur Ermittlung des Beleihungswertes ist die zukünftige Verkäuflichkeit der Immobilie unter Berücksichtigung der langfristigen, nachhaltigen Merkmale des Objektes, der normalen regionalen Marktgegebenheiten sowie der derzeitigen und möglichen anderweitigen Nutzungen im Rahmen einer vorsichtigen Bewertung zugrunde zu legen."

---

24 Die Ausführungen dieses Kapitels stellen einen zusammenfassenden Überblick für den Gutachter dar. Eine ausführliche Darstellung ist bei Crimmann/Rüchardt, Der Beleihungswert, vdp, Band 33, Berlin 2008 zu finden.

X Beleihungswertermittlung

Abb. 5: Gegenüberstellung der Definition Beleihungswert nach § 16 Abs 2 Satz 1 bis 3 PfandBG und der Ergänzungen in § 3 BelWertV

Beleihungswert nach § 16 Abs. 2 Satz 1 bis 3 PfandBG Ergänzung Beleihungswert nach § 3 BelWertV	Ergänzung Beleihungswert nach § 3 BelWertV
Der Beleihungswert darf den Wert nicht überschreiten, der sich im Rahmen einer vorsichtigen Bewertung der **zukünftigen Verkäuflichkeit einer Immobilie und unter Berücksichtigung der langfristigen, nachhaltigen Merkmale des Objektes, der normalen regionalen Marktgegebenheiten sowie der derzeitigen und möglichen anderweitigen Nutzungen** ergibt. **Spekulative Elemente dürfen dabei nicht berücksichtigt werden.** Der (ermittelte) Beleihungswert darf einen auf transparente Weise und nach einem anerkannten Bewertungsverfahren ermittelten Marktwert nicht übersteigen.	Der Wert, der der Beleihung zugrunde gelegt wird (Beleihungswert), ist der Wert der Immobilie, der erfahrungsgemäß unabhängig von vorübergehenden, etwa konjunkturell bedingten Wertschwankungen am maßgeblichen Grundstücksmarkt und unter **Ausschaltung von spekulativen Elementen** während der gesamten Dauer der Beleihung bei einer Veräußerung voraussichtlich erzielt werden kann. Zur Ermittlung des Beleihungswerts ist **die zukünftige Verkäuflichkeit der Immobilie unter Berücksichtigung der langfristigen, nachhaltigen Merkmale des Objekts, der normalen regionalen Marktgegebenheiten sowie der derzeitigen und möglichen anderweitigen Nutzungen im Rahmen einer vorsichtigen Bewertung** zugrunde zu legen.

Der **Beleihungswert ist eine eigenständige Wertkategorie,** die in besonderem Maße auf das Sicherheitserfordernis der Pfandsicherheit abstellt. Er soll daher ein aus dem langfristigen Marktgeschehen abgeleiteter, in die Zukunft gerichteter Wert sein. Die Vereinnahmung des Beleihungswerts für Immobilien als Sicherheitenwert geschieht im Kreditprozess in einem zweistufigen Prozess:

– Der Beleihungswert wird ermittelt (ermittelter Beleihungswert).

– Danach wird der Beleihungswert festgesetzt (festgesetzter Beleihungswert).

55 Die **Festsetzung des Beleihungswerts** erfolgt durch den Vorstand des Kreditinstituts. Der Vorstand kann die Festsetzung entsprechend einem durch ihn bestimmten Kompetenztableau delegieren. Durch die Festsetzung wird der ermittelte Beleihungswert plausibilisiert (bankübliche Kontrolle durch Vier-Augen-Prinzip), er wird in den Kontext des Kreditportfolio-Risikomanagements gestellt und in diesem Rahmen festgesetzt.

Der festgesetzte Beleihungswert darf den ermittelten Beleihungswert nicht übersteigen. Folglich sind in die Ermittlung des Beleihungswerts alle Risiken des Objekts einzubeziehen und zu bewerten. Eine Differenzierung zwischen ermitteltem und festgesetztem Beleihungswert ergibt sich dann nur aus bankpolitischen oder Kreditportfolio-Risiken.

56 **Folgende Merkmale des Beleihungswerts können somit bestimmt werden:**

Analyse der langfristigen Marktentwicklung:

Die Beleihungswertermittlung erfolgt unter Beachtung der langfristigen Marktzyklen. Ziel ist es, die konjunkturelle Volatilität des Marktes zu glätten und somit dem Vorsichtsprinzip der Bewertung Rechnung zu tragen. Natürlich ist eine Prognose von Marktentwicklungen nur in einem sehr engen Rahmen möglich. Daher erfolgt die Marktbeurteilung mit einem stichtagsbezogenen Wissen über die Marktzyklen.

Zukünftige Verkäuflichkeit

Der Beleihungswert soll auch in Zukunft erzielt werden können. Gemeint ist damit eine Verkäuflichkeit im gewöhnlichen Geschäftsverkehr. Dieser Fall tritt jedoch im Falle der Immobilie als Sicherheit nur selten auf. Bei störungsfreiem Kreditverlauf kommt es nicht zur Notwendigkeit der Veräußerung der Immobilie; im Falle der Kreditstörung mit folgender Zwangsversteigerung wird die Immobilie „unter Zwang", also unter ungewöhnlichen

Geschäftsverhältnissen, veräußert. Im, aus Sicht des Realkredits, günstigsten Fall wird der Veräußerungserlös dem Beleihungswert entsprechen.

Die zukünftige Verkäuflichkeit wird an die **Beurteilung der langfristigen und nachhaltigen Objekteigenschaften, an die regionalen Marktgegebenheiten und an die Drittverwendungsfähigkeit** gebunden. In der Bewertung wird dies an Daten, wie der nachhaltigen Miete ohne Beachtung von *Overrents*, der Beachtung von *Underrents*, dem Mindestansatz von Bewirtschaftungskosten, der Einführung des Modernisierungsrisikos innerhalb der Bewirtschaftungskosten, der Verwendung eines risikoadäquaten Kapitalisierungszinssatzes mit Kappungsgrenzen, der Begrenzung der Restnutzungsdauer nach Objektarten dokumentiert. Spekulationen auf Wertsteigerung (Wertsteigerungspotential der Immobilie in der Zukunft) bleiben bei der Beleihungswertermittlung außen vor.

Drittverwendungsfähigkeit

Die Drittverwendungsfähigkeit der Immobilie wird unterstellt, wenn eine anderweitige Nutzung ohne wesentliche Umbaumaßnahmen möglich ist oder bei Beibehaltung der derzeitigen Nutzung die Nutzung auch in Zukunft gegeben ist.

57 Häufig stellt sich die Frage, wie weit der Begriff der Drittverwendungsfähigkeit zu stellen ist. **Drittverwendung** im engeren Sinne ist die Möglichkeit, eine Immobilie zu einem beliebigen Zeitpunkt einer anderen Nutzung zuzuführen. Dabei soll der Kostenaufwand zur Umnutzung gering sein. Dies folgt der Überlegung, dass eine Nutzung der Immobilie störungsfrei erfolgen soll, um eine kontinuierliche Kapitaldienstfähigkeit zu gewährleisten. Bei genauer Betrachtung sind die meisten Gebäude- und Nutzungsarten nicht ohne größeren Aufwand drittverwendungsfähig. So ist ein Mehrfamilienhaus nur schwer in ein Pflegeheim umzubauen und ein Bürohaus wird nicht ohne weiteres ein Hotel.

58 Als Folge ist die Frage zu beantworten, ob innerhalb der gleichen Branche eine Nachfrage nach dem Objekt besteht. Drittverwendung im weiteren Sinne beantwortet die Frage nach einer **Nachnutzung der Immobilie** in der gleichen Branche: Wird ein Bürogebäude in der betreffenden Lage nachgefragt oder besteht Bedarf an Einzelhandelsflächen in dem betreffenden Teilmarkt? Bei positiver Beantwortung dieser Frage kann eine Drittverwendung bejaht werden.

59 Bei einzelnen Objektarten wird man aufgrund ihrer Spezifik davon ausgehen können, dass sie nicht drittverwendungsfähig sind. So sind Grundstücke mit **Molkereien, Schlachtbetrieben, Industriebetrieben** in ihrer speziellen Ausprägung häufig nicht geeignet, als Sicherheit für den Realkredit zu dienen, weil keine weitere Nachfrage besteht. Allerdings sollte auch hier nicht pauschal eingeordnet werden, sondern eine *„Von Fall-zu-Fall-Entscheidung"* getroffen werden. So kann eine moderne Werkhalle ohne besondere Einbauten Produktionsstandort mit Nachfragequalität sein. Auch ist neben der Drittverwendungsmöglichkeit die Restnutzungsdauer zu beurteilen. So werden neue Produktionsgebäude, die einem Realkredit mit einer Laufzeit von 10 oder 15 Jahren als Sicherheit dienen, realkreditfähig sein, während die alten Produktionsanlagen einer Gießerei davon ausgeschlossen sind. Die Beurteilung der Realkreditfähigkeit eines Beleihungsobjekts richtet sich damit zunächst danach, ob die Immobilie durch ihre Nutzung prinzipiell drittverwendungsfähig ist, und dann danach, wie der Gutachter die Lage, den Zustand und die Um- oder Nachnutzung der speziellen Immobilie einschätzt.

60 Aus Sicherheitsüberlegungen heraus ist ein Grundstück immer nur zu beleihen, wenn auch sein Marktwert bekannt ist. Ein nach anerkannten Verfahren und auf transparente Weise ermittelter, aktueller Marktwert stellt grundsätzlich, wenn die Wertermittlung je nach Volatilität des Marktes nicht länger als ein Jahr zurückliegt, eine verlässliche Vergleichsbasis bei der Ermittlung des Beleihungswerts dar. Ganz allgemein gilt, dass der Beleihungswert nicht über dem Marktwert liegen soll. Um dies beurteilen zu können, muss der Marktwert allerdings bekannt sein.

61 Für eine fachgerechte Wertermittlung zum Zwecke der Beleihung kommt regelmäßig nur der angenommene normale Verkaufsfall bei normalen Verhältnissen zum Zeitpunkt der Wertschätzung als Ausgangslage in Betracht (**freihändiger Verkauf**); also nicht der extrem hohe

X Beleihungswertermittlung

Liebhaberpreis und nicht der gegebenenfalls gedrückte Zwangsversteigerungspreis. Maßgebend ist nicht unbedingt der vom gegenwärtigen Eigentümer erzielte Nutzen, sondern grundsätzlich der von potenziellen Käufern auf Dauer durchschnittlich und ggf. auch branchengebunden zu erreichende Ertrag.

62 Nach dem PfandBG und der BelWertV dienen als methodische Grundlage für die **Ermittlung und Festsetzung des Beleihungswerts** der Ertragswert, der Bau- und Bodenwert (Sachwert) und der Vergleichswert; regelmäßig ist bei Renditeobjekten in erster Linie der Ertragswert zu Grunde zu legen. Bei Ein- und Zweifamilienhäusern sowie selbst genutzten Eigentumswohnungen steht jedoch der Sachwert oder Vergleichswert im Vordergrund. Markt- wie **Beleihungswert sind für ein belastungsfreies Grundstück** zu ermitteln. Eventuell im Grundbuch eingetragene Belastungen/Rechte sind wertmäßig besonders zu erfassen, damit eine Berücksichtigung entsprechend der Rangstelle erfolgen kann[25].

63 Die **Realkreditdefinition** ist in § 21 Abs. 3 Nr. 1 KWG implizit enthalten:

„(3) § 15 Abs. 1 Satz 1 Nr. 6 bis 11 und § 18 gelten nicht für

1. Kredite, soweit sie den Erfordernissen des § 14 Abs. 1 und des § 16 Abs. 1 (Anforderungen an Gutachter) und 2 (Definitionen) des Pfandbriefgesetzes entsprechen (Realkredite);"

§ 14 Abs. 1 PfandBG führt aus:

„Hypotheken dürfen nur bis zur Höhe der ersten 60 % des von der Pfandbriefbank auf der Grundlage einer Wertermittlung nach § 16 festgesetzten Wertes des Grundstücks (Beleihungswert) zur Deckung genutzt werden."

Folglich sind Realkredite im Gegensatz zu Personalkrediten Kredite, die durch Grundpfandrechte abgesichert werden, denen Immobiliensicherheiten als Gegenwert dienen. An diese Immobilien werden, abgeleitet aus § 16 Abs. 2 PfandBG, unter Realkreditaspekten folgende Anforderungen gestellt. Realkreditfähig ist eine Immobilie, wenn:

– **dauerhafter Ertrag aus der Immobilie nachgewiesen wird,**

- In § 16 Abs. 3 wird explizit darauf verwiesen, dass die Immobilie einen dauerhaften Ertrag nachweisen muss. Verboten ist die Realkredit-Beleihung bei Grundstücken, die einem Wertverzehr unterliegen, wie dies bei der Hebung von Bodenschätzen der Fall ist (Verbot der Beleihung von Gruben und Brüchen). Daraus ergeben sich Überlegungen zum Umgang mit Leerständen.
- Der Ertrag aus der Immobilie ist ab Kreditvergabe an den Kapitaldienst für den Realkredit gebunden. Der Kapitaldienst für den Realkredit soll aus den Erträgen der Immobilie bedient werden. Nur dadurch bleibt das Bonitätsrisiko des Kreditnehmers für den Realkredit unbeachtlich und der Vorteil des geringen Immobilienrisikos kommt zum Tragen.

– **die Drittverwendungsfähigkeit der Immobilie gegeben ist,**

– **ein Beleihungswert nach § 16 Abs. 1 und 2 ermittelt wurde.**

Verneint der Gutachter die Realkreditfähigkeit der Immobilie wegen der Objektart, der fehlenden Dauerhaftigkeit der Erträge oder der fehlenden Drittverwendungsfähigkeit oder wurde der Sicherheitenwert nicht durch einen Gutachter nach § 16 Abs. 1 PfandBG ermittelt, ist es konsequent, keinen Beleihungswert auszuweisen. Alternativ kann dann für weitere Kreditfolgeprozesse (Eigenkapital-Anrechnungserleichterung) ein „anders ermittelter Sicherheitenwert" nach § 35 SolvV ermittelt werden.

64 Als Grundsatz gilt, dass **Verzinsung und Rückzahlung des Realkredits während seiner Laufzeit und unabhängig von der Person des Kreditnehmers aus dem durch Grundpfandrecht belasteten Beleihungsgegenstand jederzeit gewährleistet sein müssen** oder (notfalls) aus der Verwertung des Substanzwerts erbracht werden können.

---

25 Die Bewertung von Immobilien in den EG-Ländern, Grenz-Echo-Verlag, Eupen, Belgien 1989.

Der Beleihungswert soll so über die gesamte **Laufzeit des Kredits** sicherstellen, dass bei Veräußerung des Beleihungsobjekts der Realkredit zurückgeführt werden kann. Durch die Verringerung der Restnutzungsdauer nimmt der Beleihungswert über die Laufzeit des Kredits ab. Daher wird unterstellt, dass auch die Tilgung des Kredits annuitätisch erfolgt und somit immer eine Relation zwischen Beleihungswert und noch zu tilgender Kreditsumme besteht. 65

Erbbaurechte dürfen nur beliehen werden, wenn für den Kredit eine planmäßige Tilgung (§ 20 ErbbauG) vereinbart wird. Diese muss 66

– spätestens mit dem Anfang des vierten auf die Kreditgewährung folgenden Kalenderjahres beginnen,
– spätestens zehn Jahre vor Ablauf des Erbbaurechts enden und darf
– nicht länger dauern, als zur buchmäßigen Abschreibung der baulichen Anlagen nach wirtschaftlichen Grundsätzen erforderlich ist.

Insbesondere bei speziellen Produktionsstätten liegt neben der klassischen Darlehensbesicherung durch Grundpfandrechte die Sicherheit eines Darlehens wesentlich in der Bonität des Darlehensnehmers und seiner Fähigkeit, unternehmerische Gesichtspunkte, Impulse und Konzepte zu entwickeln, sie durchzusetzen und dabei die Marktchancen in der Zukunft richtig einzuschätzen. Die Anlagen solcher Produktionsstätten werden regelmäßig wertlos, wenn ein Unternehmen seine Erzeugung einstellt. Die Werthaltigkeit von nur einseitig nutzbaren Immobilien ist somit untrennbar mit den wirtschaftlichen Verhältnissen des Kreditnehmers verbunden. Häufig erfahren jedoch in solchen Fällen zentral gelegene Betriebsgrundstücke durch Überplanung eine höhere bauliche Ausnutzung. Der Grundstückswert ergibt sich dann auf Basis eines höheren Bodenrichtwerts abzüglich der Freilegungskosten für die Produktionsstätten. Aus diesen Gründen sieht die kreditgewerbliche Praxis **spezielle Produktionsstätten** nicht als realkreditfähig an. Demgegenüber ist für Personalkredite Spielraum gegeben. 67

Spezielle Produktionsstätten sind zum Beispiel: Brauereien, Mühlenbetriebe, Ziegeleien, Futtermittelbetriebe, Kraft- und Fernwärmewerke, Kokereien, Raffinerien und Kühlhäuser. 68

Für **Kraftwerke** gilt jedoch Folgendes: Nach Auffassung des BAKred (jetzt: BaFin) sind Kraftwerke und Kernkraftwerke ausnahmsweise realkreditfähig, wenn eine von jedem geeigneten Betreiber erzielbare nachhaltige Ertragsfähigkeit gegeben ist[26] (Kernkraftwerke sollen hiernach höchstens auf die Dauer von 15 Jahren nach Fertigstellung beliehen werden; eine Betriebsdauer von 40 bis 60 Jahren hält die Wissenschaft für möglich). Der Beleihungswert sollte höchstens in Höhe der angemessenen Herstellungskosten unter Berücksichtigung von Abschreibungen festgesetzt und die Beleihungsgrenze mit nicht mehr als 30 v.H. angenommen werden. 69

Die Besonderheiten der speziellen Produktionsstätten sind ebenso für **Betreiber- bzw. Management-Immobilien** wie z. B. Hotels, Kurkliniken, Sanatorien, Alten- und Pflegeheime, Seniorenstifte und Freizeitimmobilien (Parks, Fitness-Center, Multiplexkinos, Musical-Theater) zu berücksichtigen. Hier sind zudem Mindestumsätze, die zur Deckung meist hoher Mieten (die sich aufgrund der Investitionskosten ergeben) erforderlich sind, mitunter kaum erreichbar. Daneben ist auch die Problematik der inzwischen zu beobachtenden Marktsättigung nicht zu unterschätzen. 70

Der Personalkredit wird im Gegensatz zum Realkredit in erster Linie im **Vertrauen auf die persönliche Kreditwürdigkeit des Kreditnehmers** gegeben. Bestimmend für Art, Höhe und Sicherstellung des Kredits sind die Person des Kreditnehmers, sein Ruf, seine Zuverlässigkeit und Tüchtigkeit, das haftende Vermögen, die Ertragsverhältnisse und der Verwendungszweck des Kredits. Bei Personengesellschaften gelten diese Kriterien entsprechend für die haftenden Gesellschafter. Bei Kapitalgesellschaften spielen darüber hinaus die Erfahrung und Umsicht der leitenden Persönlichkeiten (z. B. Vorstand, Geschäftsführer) bei der Kreditgewährung eine 71

---

26 Vgl. Schreiben BAKred vom 14.7.1975 an den Verband privater Hypothekenbanken.

X Beleihungswertermittlung

wesentliche Rolle. Die wirtschaftlichen Verhältnisse des Unternehmens, seine Stellung im Markt und die Voraussetzungen für die zukünftige Geschäftsentwicklung (z. B. Auftragslage, langfristige Abnahmeverträge, Lizenzen u.Ä.) bestimmen den Grad der Kreditwürdigkeit. Daher ist es für ein Kreditinstitut erforderlich, zur Beurteilung der wirtschaftlichen Verhältnisse Bilanzen nebst Gewinn- und Verlustrechnungen einzusehen (vgl. § 18 KWG). Es ist üblich, die letzten drei Jahresabschlüsse und ggf. ergänzende Daten über das laufende Geschäftsjahr auszuwerten und sich damit einen aktuellen Einblick in die wirtschaftliche Situation des Kreditnehmers zu verschaffen. Gerade bei Personalkrediten sind der laufende Kontakt und die laufende Information über den Stand des Unternehmens besonders wichtig.

Bei Personalkrediten ohne besondere Sicherstellung oder mit Sicherheiten, die ganz oder zum Teil außerhalb der vorgeschriebenen Beleihungsgrenze liegen, gelten die Anforderungen an die Person des Kreditnehmers und an seine wirtschaftlichen Verhältnisse in besonderem Maße. Entsprechend der Art und den spezifischen Risiken, die die einzelne Kreditgewährung mit sich bringen kann, ist eine Abstufung der Erfordernisse des Einblicks in die wirtschaftlichen Verhältnisse in Bezug auf Tiefe oder zeitliche Intervalle im Rahmen von § 18 KWG möglich[27].

72 **Personalkredite müssen die Institute voll,** d.h. zu 100 %, **gewichten** und bei der Rechnungslegung berücksichtigen.

3.3.2 Funktionen des Beleihungswerts im Bankprozess

73 Die **Wertermittlung im Bankprozess erfüllt folgende Funktionen:**
- Der Beleihungswert dient der **Risikoeinschätzung für die Kreditvergabe** und eine adäquate Bepreisung.

  Für den Kreditprozess im Personalkreditbereich existieren hierzu keine hervorzuhebenden Vorschriften. Die Geschäftsführung ist bezüglich der Sicherheiten der Ordnungsmäßigkeit der Geschäftsführung und des Kreditgeschäftes unterworfen. Die MaRisk bilden hier die Grundlage des Handelns. Bei der Vergabe eines Realkredites ist der Beleihungswert nach Maßgabe des § 21 Abs. 3 Nr. 1 zu ermitteln.

- Der Beleihungswert dient der **Bemessung der Pfandbriefdeckung.**

  Maßgeblich hierfür sind § 16 PfandBG und die BelWertV.

- Der Marktwert und der Beleihungswert dienen als **Basis für Anrechnungserleichterungen auf das Eigenkapital** der Bank.

  Hier sind die Bestimmungen des § 22a Abs. 4 bis 8 KWG und der §§ 35, 159 und 94 sowie als Nebenbestimmung der § 25 Abs. 1 Nr. 1 und 2 GroMiKV (Groß- und Millionenkredit-Verordnung) maßgeblich.

74 Die Bewertung ist somit wesentlicher Bestandteil des Prozesses der Refinanzierung über Pfandbriefe (bei Pfandbriefbanken) und des Prozesses der Eigenkapitalentlastung für alle Banken, die den Basel-II-Prozess eingeführt haben.

Für die Bewertung als Pfandbriefsicherheit ist der Beleihungswert (im Kontext zum Marktwert) zu ermitteln. Eine Folgebewertung ist nur in den Fällen des § 26 BelWertV vorgesehen:
- nicht nur unerhebliche Verschlechterung der Grundlagen der Beleihungswertermittlung, d.h., das allgemeine Preisniveau ist so stark gesunken, dass die Sicherheit gefährdet ist (Realkreditanteil 60 % des Beleihungswerts);
- bei nicht eigengenutzten Wohnimmobilien liegt ein wesentlicher Leistungsrückstand von mehr als 90 Tagen vor.

---

[27] Vgl. Stannigel, Kreditrevision bei Banken, Sparkassen und Bausparkassen, S. 39 ff.

Für die Bewertung als Basis für die Anrechnungserleichterung auf das Eigenkapital sind eine Erstbewertung (Markt- und Beleihungswert) und die periodische Wertüberwachung mit ggf. notwendiger Folgebewertung erforderlich. Darauf wird im Einzelnen noch eingegangen.

Abb. 6: Refinanzierung/Eigenkapitalentlastung – Bewertungsprozess – Bewertungsprodukt

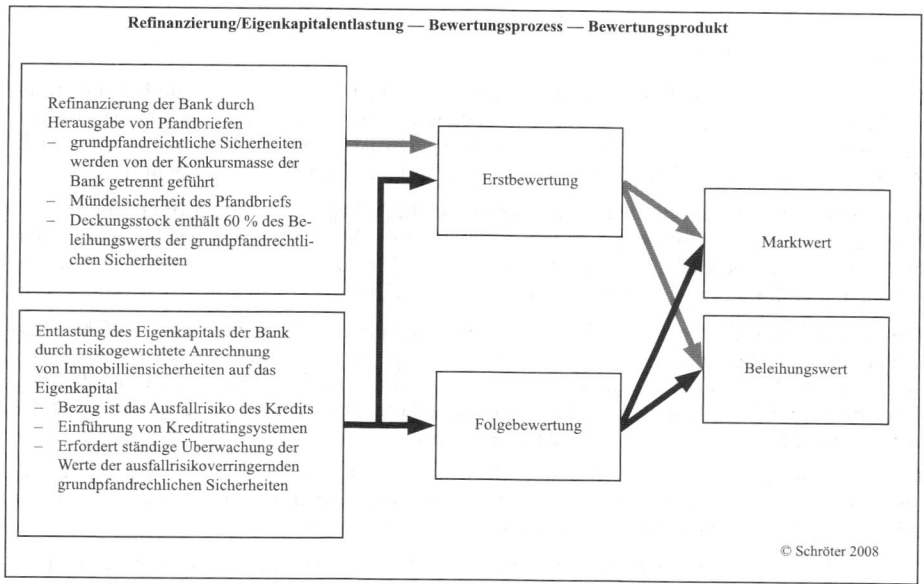

3.3.3 Vorschriften für die Bewertung und Wertüberwachung von Immobiliensicherheiten

Die Bewertungsgrundlage bildet das Pfandbriefgesetz, in Kraft getreten im Juli 2005 und veröffentlicht im BGBl. I 2005, 1373–1388.

Bewertungsrelevant ist § 16 des Pfandbriefgesetzes. Absatz 1 trifft Aussagen zum Gutachter:

– Der Gutachter muss von der Kreditentscheidung unabhängig sein,
– er verfügt über die notwendige Berufserfahrung,
– er verfügt über die notwendige Fachkenntnis für Beleihungswertermittlungen.

Abs. 2 enthält die Definitionen des Beleihungswerts (Satz 1 bis 3) und des Marktwertes (Satz 4).

Abs. 3 benennt die nicht oder nur begrenzt beleihungsfähigen Objekte und begrenzt die Anteile unbebauter und unfertiger Grundstücke als Sicherheit im Deckungsstock. So beträgt der Anteil an Bauplätzen und unfertigen Bauten maximal 10 % der Deckungswerte. Objekte ohne dauernden Ertrag oder die sich in ihrem Wert verzehren, sind nicht deckungsfähig.

Abs. 4 enthält die Ermächtigung zum Erlass der BelWertV durch die BaFin.

Die Beleihungswertermittlungsverordnung – Verordnung über die Ermittlung von Grundstückswerten nach § 16 Abs. 1 und 2 PfandBG – BelWertV – trat am 12.5.2006 in Kraft. Sie gliedert sich in vier Teile:

– Allgemeine Verfahrensgrundsätze
– Gutachten und Gutachter

X Beleihungswertermittlung — Immobilien

- Wertermittlungsverfahren
- Schlussbestimmungen

Die BelWertV enthält vier Anlagen:

- Bewirtschaftungskosten – Einzelansätze
- Erfahrungssätze für die Nutzungsdauer von Immobilien
- Regelbandbreiten für Kapitalisierungszinssätze
- Vervielfältiger-Tabelle

Die BelWertV regelt die Organisationsstruktur der Gutachter, die Inhalte von Gutachten und die Methoden zur Ermittlung von Beleihungswerten in Pfandbriefbanken. Sie ist darüber hinaus Querverweis zu „§ 20a KWG", in denen die Überwachung von Immobilienwerten im Zusammenhang mit der Anrechnungserleichterung auf das Eigenkapital geregelt ist.

77 Für die Bewertung als Sicherheit im Rahmen der Eigenkapitalentlastung bildet die 2007 in Kraft getretene Solvabilitätsverordnung die materielle Grundlage. Bezogen aufgrundpfandrechtliche KSA- und IRBA-Sicherheiten sind die §§ 35 und 159 sowie 100 relevant. Die operationellen Anforderungen sind in § 20a Abs. 4 bis 8 des KWG geregelt.

78 Berücksichtigungsfähige Grundpfandrechtliche Sicherheiten i.S. der SolvV sind Wohnimmobilien, die vom Eigentümer gegenwärtig oder künftig selbst bewohnt oder zu Wohnzwecken vermietet werden, oder Wohnimmobilien, die von Dritten als Sicherheit gestellt werden, oder Gewerbeimmobilien. Landwirtschaftlich genutzte Grundstücke gem. § 22 BelWertV stehen für Zwecke der SolvV Gewerbegrundstücken gleich.

Hervorhebenswert ist bzgl. der Wohnimmobilien, dass betont wird, dass die Immobilie entweder eigengenutzt oder vermietet ist. Zieht man den Analogieschluss zu Gewerbeimmobilien, fallen leer stehende Immobilien als Grundpfandrechtliche Sicherheiten aus.

79 Entscheidend für die Anerkennung als privilegierter Realkredit ist das Kriterium der Drittverwendungsfähigkeit der Immobilie. Grundsatz I (alte Welt des Basel-I-Ansatzes) weiterführend, bestehen zwei Möglichkeiten, privilegierte Gewerbeimmobilien als Sicherheit für die Eigenkapitalentlastung anzuerkennen:

- Prüfung und Einschätzung der Drittverwendungsfähigkeit der Immobilie durch den Gutachter,
- Vorgabe einer (bankinternen) Liste von privilegierten Objektarten gem. Abs. 7 § 20a KWG, z.B. in Anlehnung an Grundsatz I, nämlich Büro-, Handels-, Lager- und Stadthotel-Immobilien sowie Wohnimmobilien zu bestimmen.

Mit der Privilegierung soll verhindert werden, dass stark risikobehaftete Immobilien als Sicherheit für die Eigenkapitalentlastung herangezogen werden. Werden bestimmte Immobilienarten von vornherein als nicht privilegierungsfähig anerkannt, so wird verhindert, dass bei der aufsichtsrechtlichen Prüfung der Ausfallquote (Hard Tests) deutschlandweit eine Grenze überschritten wird, die zur Folge hätte, dass alle Sicherheiten für gewerbliche Realkredite nicht mehr privilegierungsfähig wären.

Darüber hinaus ist Voraussetzung für die Privilegierung die Einhaltung der Mindestanforderungen an Grundpfandrechtliche Sicherheiten gemäß SolvV (rechtliche Durchsetzbarkeit der Sicherheit, Nachweis des Versicherungsschutzes, Einhaltung der Bewertungsregeln und transparente Bewertung).

80 Bei **Objekten mit gemischter Nutzung** ist eine vollständige Zuordnung in die Kategorie Wohn- oder Gewerbeimmobilie notwendig. Die gesetzlichen Regelungen kennen die gemischt genutzte Immobile nicht. Folgende Abgrenzungsmöglichkeiten sind möglich:

Konzept der überwiegenden Nutzung: Das Objekt wird anhand der Nutzung des überwiegenden Flächenanteils vollständig der Kategorie (Wohn- oder Gewerbeimmobilie) zugeordnet, deren Flächenanteil > 50 % beträgt.

Der Vorteil dieser Einteilung besteht darin, dass die flächenmäßige Zuordnung zu einzelnen Nutzungen relativ konstant ist und sich das Verhältnis der Wohn- und Nutzflächen selten ändert. Der Nachteil dieser Aufteilung besteht darin, dass das Risiko einer gewerblichen Nutzung auf die Wohnimmobilie übertragen wird. Dies ist beispielsweise der Fall, wenn in Innenstadtlagen die Erträge aus gewerblicher Nutzung das Mehrfache der Erträge einer Wohnnutzung der darüber liegenden Geschosse betragen, der Flächenanteil der gewerblichen Nutzung jedoch nur einen Bruchteil der Wohnfläche ausmacht.

Konzept des Abgrenzungskriteriums in Analogie zu § 24 Abs. 1 BelWertV: Maßgeblich ist hierbei der Ertragsanteil. Eine Zuordnung zur Kategorie Wohnimmobilie erfolgt, wenn der Rohertrag aus gewerblicher Nutzung maximal ein Drittel des Gesamtertrages der Immobilie beträgt.

Der Vorteil dieser Regelung ist die risikoadäquate Einordnung der Immobilie nach ihrem Ertragsanteil. Der Nachteil besteht in der relativen Volatilität der Mieteinnahmen.

Institute können zwischen diesen beiden Alternativen wählen; die Entscheidung für eine der beiden Alternativen muss allerdings einheitlich und dauerhaft sein.

§ 35 Abs. 1 SolvV bestimmt **bei der Anwendung des KSA-Ansatzes** für die Privilegierung: 81

Als vollständig durch Grundpfandrechte besichert gilt eine KSA-Position, deren KSA-Bemessungsgrundlage nach § 49 Abs. 2 folgende Grenzen nicht übersteigt:

Im Falle eines Grundpfandrechts an einer Wohnimmobilie

60 % des Beleihungswerts der Wohnimmobilie nach § 16 Abs. 2 Satz 1 bis 3 PfandBG i.V.m. BelWertV oder eines anders ermittelten nachhaltig erzielbaren Werts, der den Anforderungen nach § 16 Abs. 2 Satz 1 bis 3 des Pfandbriefgesetzes genügt, oder im Falle eines Grundpfandrechts an einer Gewerbeimmobilie

a) das Niedrigere von 50 % des Marktwerts und 60 % des Beleihungswerts der Gewerbeimmobilie nach § 16 Abs. 2 Satz 1 bis 3 PfandBG i.V.m. BelWertV oder eines anders ermittelten nachhaltig erzielbaren Wertes, der den Anforderungen nach § 16 Abs. 2 Satz 1 bis 3 des Pfandbriefgesetzes genügt, oder ...

b) sonst 50 Prozent des Marktwerts der Gewerbeimmobilie.

Hervorzuheben ist hier, dass bei Wohnimmobilien zunächst auf den Beleihungswert oder einen anders ermittelten Sicherheitenwert (60-%-Grenze) abgestellt wird, während bei Gewerbeimmobilien auf den Markt- und den Beleihungswert (das Niedrigere von 50 % des Markt- oder 60 % des Beleihungswerts) abgestellt wird.

Ausgangspunkt für eine Privilegierung nach **§ 159 Abs. 2 SolvV im IRBA-Ansatz** ist folgende Regelung: 82

1. Ein Institut kann für eine grundpfandrechtlich besicherte IRBA-Position, für die es aufsichtliche Verlustquoten bei Ausfall verwenden muss, das alternative Risikogewicht für grundpfandrechtliche Besicherung nach § 85 Abs. 5 für die nach § 100 Abs. 8 abgespaltene IRBA-Position berücksichtigen, wenn das Grundpfandrecht

2. an einer im Inland belegenen Wohnimmobilie besteht und im verstrichenen Kalenderjahr im Geltungsbereich des Kreditwesengesetzes die Summe der Verluste, die auf diejenigen Adressenausfallrisikopositionen von Instituten i.S. des § 1 entfallen,

a) die durch Grundpfandrechte auf das niedrigere von 60 Prozent des Beleihungswerts nach § 16 Abs. 2 Satz 1 bis 3 des PfandBG i.V.m. der BelWertV vom 12.5.2006 (BGBl. I 2006, S. 1175) oder eines anders ermittelten nachhaltig erzielbaren Wertes, der den Anforderungen nach § 16 Abs. 2 Satz 1 bis 3 des PfandBG genügt, und 50 Prozent des Marktwerts der im Inland belegenen Wohnimmobilien besichert sind, 0,3 Prozent und

b) die durch Grundpfandrechte auf im Inland belegene Wohnimmobilien besichert sind, 0,5 Prozent der Summe der Positionswerte sämtlicher Adressenausfallrisikopositionen

X Beleihungswertermittlung — Immobilien

von Instituten i.S. des § 1, die durch Grundpfandrechte auf im Inland belegene Wohnimmobilien besichert sind, nicht überstiegen haben oder

3. an einer im Inland belegenen Gewerbeimmobilie besteht und die Höchstverlustraten für Grundpfandrechte auf im Inland belegene Gewerbeimmobilien nach § 35 Abs. 4 Satz 1 nicht überschritten sind.

§ 35 Abs. 4 Satz 2 gilt entsprechend.

83 Weitere Anerkennungsvoraussetzungen beziehen sich auf zwei Unabhängigkeitskriterien, die die Sicherheit erfüllen muss:

- Unabhängigkeit zwischen Objektwert und Kreditnehmer-Bonität und
- Unabhängigkeit zwischen Kreditnehmerbonität und Zahlungen aus dem Objekt.

Abb. 7 kennzeichnet den Zusammenhang.

Abb. 7: Anerkennungsvoraussetzungen – 2 Unabhängigkeitskriterien

84 Die Umsetzung der materiellen Anforderungen in der Bewertung erfolgt mittels des § 20a Abs. 5 und 6 KWG.

Abb. 8: Inhalt des § 20a Abs. 5 KWG

Markt- und Beleihungswertermittlung bei Eigenkapital-Entlastung
§ 20a (5) KWG

₁Um eine Immobillie als Deckungswert berücksichtigen zu dürfen,
– muss sie von einem **unabhängigen Sachverständigen** bewertet werden, und
– die Immobillie darf **höchstens zu ihrem Marktwert** nach § 16 Abs. 2 Satz 4 des Pfandbiefgesetzes bewertet werden.
₂Gelten in einem Staat des Europäischen Wirtschaftsraums in Rechts- oder Verwaltungsvorschriften strenge **Vorgaben für die Bemessung des Beleihungswerts**, kann die Immobillie statt zu ihrem Markwert nach Wahl des Instituts zu Ihrem Beleihungswert nach § 16 Abs. 2 Satz 1 bis 3 des Pfandbriefgesetzes bewertet werden. ₃Der Immobilienwert muss transparent und klar dokumentiert werden.

- Unabhängiger Sachverständiger (Gutachter gemäß § 7 BelWertV)
- Höchstens zum Markwert, wenn strengere Bestimmungen, dann Beleihungswert
- Aber: § 35 SolvV: KSA: 60 % BelWertV bei Wohnimmobillien

© Schröter 2008

Abb. 9: Inhalt des § 20a Abs. 6 KWG

Markt- und Beleihungswertermittling bei Eigenkapital-Entlastung
§ 20a (6) KWG

(6) Der Wert der belasteten Immobillie muss in regelmäßigen Abständen **überwacht** werden, Anlassbezogen aber eher.
Gewerbe: jährlich
Wohnen: dreijährlich

Institute können **statistische Methoden** verwenden (Marktschwankungskonzept)

Die Bewertung der belasteten Immobillie muss durch einen unabhängigen Sachverständigen **überprüft** werden, sobald …
der Wert der belasteten Immobillie gegenüber dem allgemeinen Marktwert für vergleichbare Immobilien wesentlich gesunken sein könnte.

Für Sicherheiten, bei denen die Bemessungsgrundlage des Kredits und der Wert der belasteten Immobilie das kleinere von 3 Millionen Euro oder 5 vom Hundert des haftenden Eigenkapitals nach § 10 Abs. 2 Satz 2 des Instituts übersteigt, ist die Bewertung der belasteten Immobilie **zumindest alle drei Jahre durch einen unabhängigen Sachverständigen zu überprüfen.**

- Übervachung (Marktschwankungskonzept)
- Überprüfung durch unabhängigen Sachverständigen (Gutachter gemäß § 7 BelWertV)
- Ausnahme: anrechenbare Kredithöhe und BelWertV < 3 Mio EUR. Dann reicht Statistisches Verfahren.
- Ausnahme: Altbestandsregelung Wohnimmobille

© Schröter 2008

Die **Wertüberwachung** nach § 20a Abs. 6 KWG umfasst die Prüfung, ob die ursprüngliche Einschätzung der Rahmenbedingungen für die Bewertung weiterhin Gültigkeit hat. Dies umfasst in der Regel einen Vergleich zwischen den Ansätzen für Rohertrag und Zinssatz im Gutachten und den gegenwärtig nachgewiesenen Roherträgen aus dem Objekt mit den gegenwärtigen Marktgegebenheiten (ortsübliche Miete und Zinssätze). Die Besichtigungsnotwendigkeit kann nur durch die überwachende Person eingeschätzt werden. Sie wird hierzu den Zeitraum der letzten Besichtigung, eventuell genannte Risikopositionen aus dem letzten Gutachten und ggf. bestehende Auffälligkeiten beachten.

X Beleihungswertermittlung — Immobilien

Einer Interpretation des Fachgremiums Kredit zufolge besteht eine wesentliche Wertabweichung dann, wenn die Marktgegebenheiten erwarten lassen, dass der Wert der besicherten Immobilie um mehr als 10 % im Jahresvergleich bei gewerblichen Immobilien oder um mehr als 20 % im Drei-Jahres-Vergleich bei Wohnimmobilien sinkt. Immer dann ist eine Neubewertung erforderlich.

Die Frage, welche Person die Wertüberwachung durchführen soll, ist derzeit noch in der Diskussion. Risikobewusst erscheint der Einsatz von unabhängigen Sachverständigen auch in dieser Überwachungsphase, da sich die Marktbeobachtung und Einschätzung der Wertveränderung von komplexeren Immobilien im Rahmen einer Überprüfung durch sach- und fachkundige Personen in der Marktfolge als schwierig erweisen könnte.

Im Ergebnis der Wertüberwachung fällt die Entscheidung, ob der bisherige Wert beibehalten wird oder eine Neubewertung mit anschließender Wertanpassung notwendig wird.

86 Nach § 20a Abs. 6 KWG sind für die regelmäßige Wertüberwachung **statistische Methoden** zugelassen. Eine solche Methode ist das **Marktschwankungskonzept** der Bankenverbände. Dieses untersucht anhand eines synthetischen Portfolios deutschlandweit in Indexstädten Marktwertveränderungen bei den Immobilienarten Wohnen, Büro, Handel und Lager sowie Stadthotel. Zusätzlich wird durch den VÖB die Marktbeobachtung für alle Städte mit mehr als 100 000 Einwohnern durchgeführt. Das Ergebnis der Bewertung des synthetischen Portfolios wird durch den Zentralen Kreditausschuss geprüft, und durch die BaFin bestätigt. Im Ergebnis wird den Banken mitgeteilt, ob in einer Region oder in einer Immobilienart Marktveränderungen zu beobachten sind, in deren Konsequenz die Banken ihr Sicherheitenportfolio objektweise oder als Portfolio insgesamt überprüfen müssen.

Lässt sich nachvollziehbar widerlegen, dass die eigenen Immobilien nicht betroffen sind, kann auf weitere Schritte verzichtet werden.

Ansonsten kann die Wertüberprüfung entweder

– durch eine pauschale Reduzierung der Markt-/Beleihungswerte aller betroffenen Immobilien in Relation zur Marktschwankung oder

– durch Identifizierung der betroffenen Objekte, Überprüfung der Bewertung auf Einzelobjektebene und ggf. erforderliche Anpassung

erfolgen. Im *Retail*-Geschäft bietet sich aufgrund des Mengengerüstes eine pauschale Reduzierung an.

Eine pauschale Anhebung der Beleihungswerte bei positiver Marktentwicklung ist nicht möglich. Eine Wertaufholung kann nur unter Zugrundelegung einer kompletten Neubewertung der Immobilie mittels eines aktuellen Gutachtens erfolgen.

Die Verwendung eines Marktschwankungskonzeptes entbindet das Institut nicht davon, das individuelle, institutseigene Portfolio in geeigneter Weise zu überwachen. Dies trifft beispielsweise auf Immobilien auf Kreisebene zu, die durch das Markschwankungskonzept nicht erfasst werden.

87 Die Frage, **wann und wie eine Immobiliensicherheit aufgrund welcher gesetzlichen Anforderung zu bewerten ist,** kann nur in verschiedenen Betrachtungsebenen beantwortet werden. Die Auswahlaspekte für die jeweils zutreffenden gesetzlichen Anforderungen beziehen sich auf folgende Fragestellungen:

– Ist die Immobilie im Inland oder im Ausland belegen?
– Erfolgte die Vergabe des Kredites im Rahmen der Kleindarlehnsgrenze?
– Wird die Immobilie wohnwirtschaftlich oder gewerblich genutzt?
– Wird der KSA- oder IRBA-*Rating*ansatz genutzt?
– Sind die anrechenbare Kredithöhe und der Wert größer 3 Mio. EUR?

Daraus ergibt sich eine Übersicht über die Auswahlaspekte der einzelnen für die jeweilige Verwendung der Immobiliensicherheit zutreffenden gesetzlichen Vorschriften (Abb. 10).

Abb. 10: Übersicht über Auswahlaspekte über Vorschriften zur Bewertung und Überwachung von Immobiliensicherheiten.

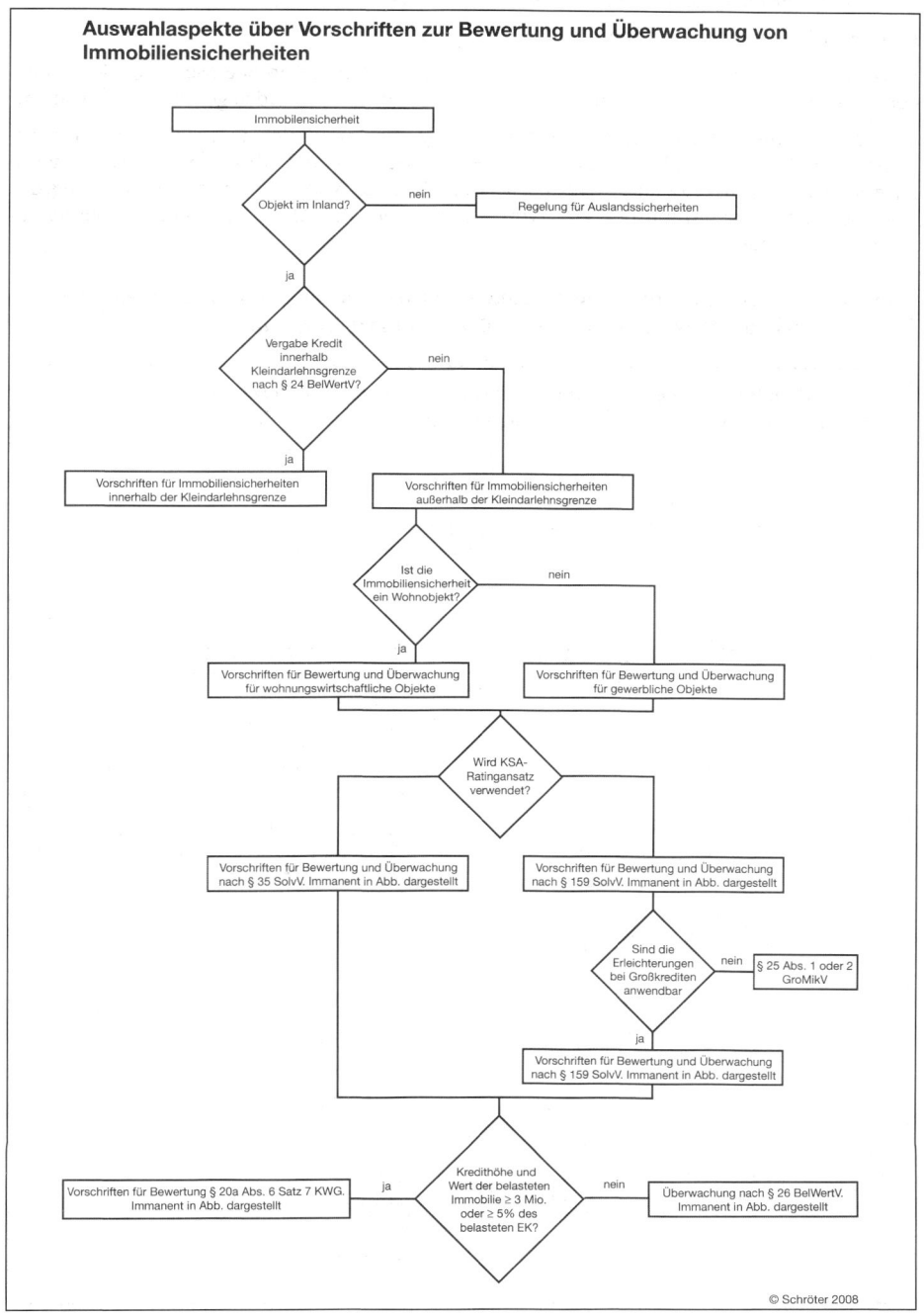

X Beleihungswertermittlung — Immobilien

88 Bei den Vorschriften für die Bewertung und Wertüberwachung von Immobiliensicherheiten, die innerhalb der Kleindarlehnsgrenze finanziert wurden, können Erleichterungen

- bei der Erst- und Folgebewertung dieser Immobilien nach § 24 BelWertV oder (bei Nicht-Pfandbriefbanken) eines anders ermittelten Sicherheitenwerts nach § 35 SolvV
- bei der Wertüberwachung nach § 20a Abs. 6 KWG

in Anspruch genommen werden.

Die Erleichterungen bei der Ermittlung des anders ermittelten Sicherheitenwerts, der den Anforderungen des § 16 Abs. 2 Satz 1 bis 3 PfandBG entsprechen soll, werden gegenwärtig diskutiert.

Die turnusmäßige dreijährliche Wertüberwachung der Immobilien innerhalb der Kleindarlehnsgrenze kann, da i.d.R. die anrechenbare Wertgrenze von 3 Mio. € nicht erreicht wird, nach statistischen Methoden geschehen. Ein anerkanntes Verfahren ist die Anwendung des Marktschwankungskonzepts des VÖB/vdp, welches auch den Markt für Wohnimmobilien im Monitoring enthält.

Abb. 11: Vorschriften für die Bewertung und Überwachung von Immobiliensicherheiten – Bewertung innerhalb der Kleindarlehnsgrenze

Die Vorschriften für die Bewertung und Überwachung von Immobiliensicherheiten, die wohnwirtschaftlich genutzt werden und nicht innerhalb der Kleindarlehnsgrenze finanziert wurden, unterscheiden sich insbesondere bei den Überwachungsvorschriften von den Vorschriften für Gewerbeimmobilien.

Die Überwachung bei Wohnimmobilien erfolgt alle drei Jahre, eine Neubewertung ist erforderlich, wenn die der Bewertung zugrunde liegenden Marktdaten eine Veränderung des Werts der Sicherheit von mehr als 20 % erwarten lassen.

Abb. 12: Vorschriften für die Bewertung und Überwachung von Immobiliensicherheiten – Bewertung von Wohnimmobilien außerhalb der Kleindarlehnsgrenze nach § 24 BelWertV

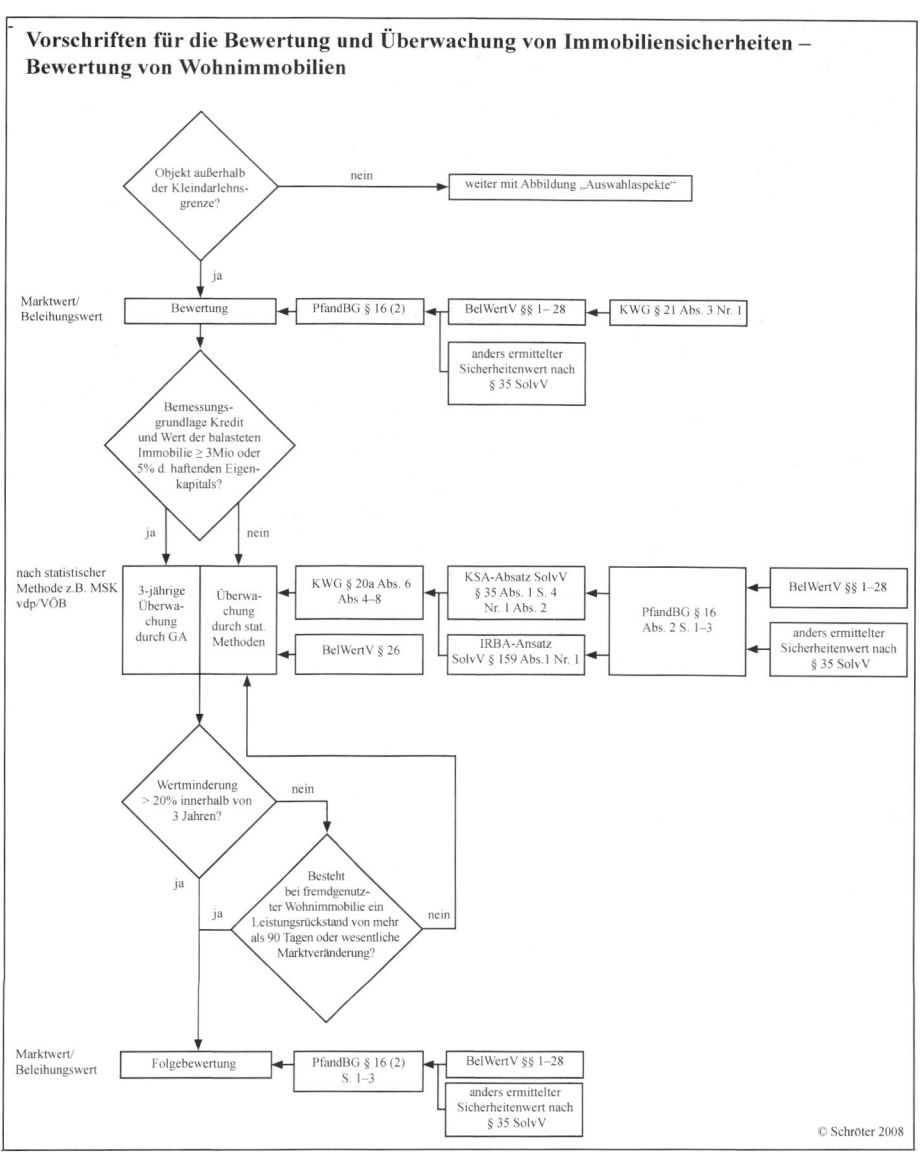

X Beleihungswertermittlung — Immobilien

90 Abb. 13: Vorschriften für die Bewertung und Überwachung von Immobiliensicherheiten – Bewertung von Gewerbeimmobilien

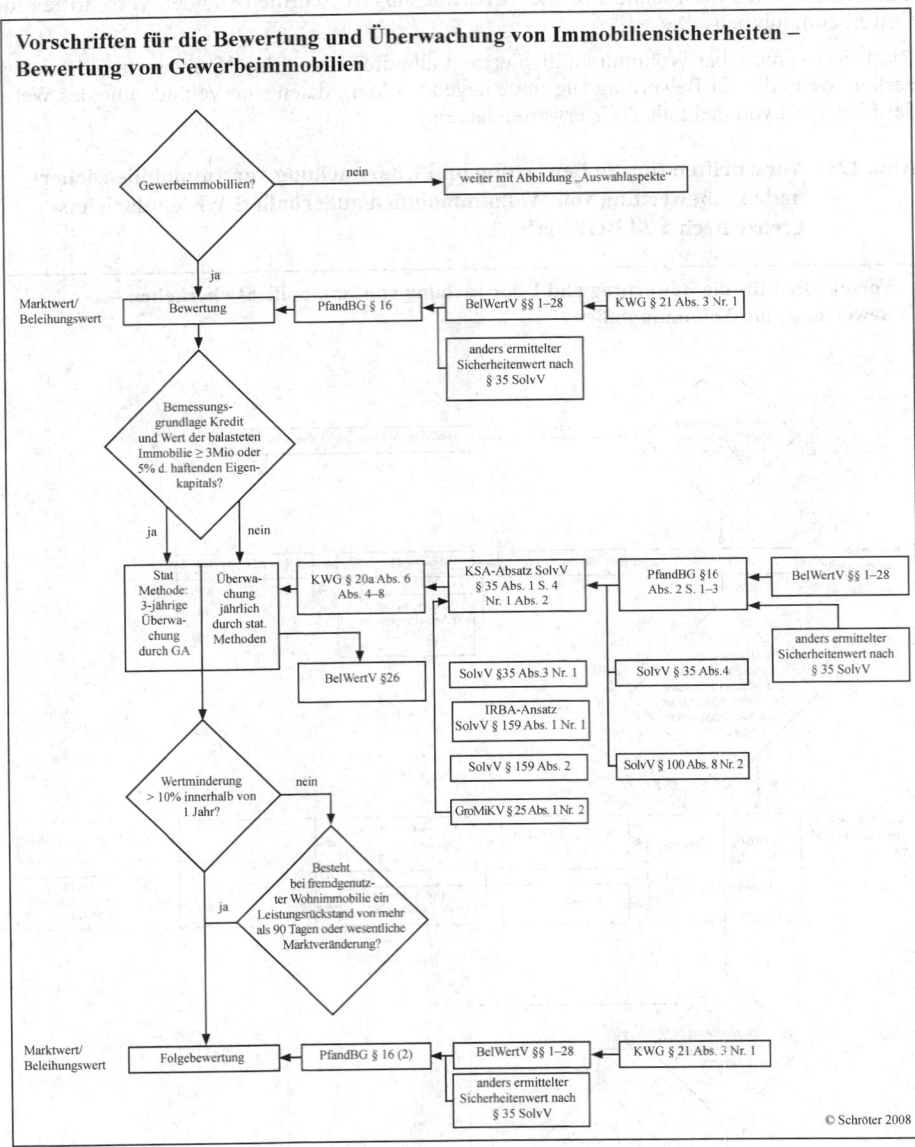

4 Systematik der Beleihungswertermittlung nach BelWertV

4.1 Allgemeine Bestimmungen und Verfahrensgrundsätze

4.1.1 Beleihungswertermittlungsverordnung (BelWertV)

Die allgemeinen Verfahrensgrundsätze sind in verbindlicher Weise nunmehr in einer Rechtsverordnung geregelt. Die Verordnung über die Ermittlung der Beleihungswerte von Grundstücken gemäß § 16 Abs. 1 und 2 PfandBG (**Beleihungswertermittlungsverordnung – BelWertV**) ist im Ersten Teil dieses Werks abgedruckt.

4.1.2 Anwendungsbereich

Die BelWertV bildet für Pfandbriefbanken die zwingend anzuwendende Rechtsgrundlage für die Ermittlung von Beleihungswerten nach § 16 Abs. 1 und 2 PfandBG. Die so ermittelten Beleihungswerte erfüllen die Funktionen des Beleihungswerts – Risikoadäquater Sicherheitenwert für die Kreditvergabe, Beleihungswert für die Indeckungnahme einer Grundschuld-Sicherheit, *Benchmark* für die Eigenkapital-Entlastung – in vollem Umfang. Dieser Beleihungswert geht somit in seiner Funktion über die ursprüngliche Anlage als sicherer Wert für die Pfandbriefdeckung hinaus.

Bezogen auf die Eigenkapital-Entlastung steht der Beleihungswert nach BelWertV neben dem anders ermittelten Sicherheitenwert, der die Anforderungen des § 16 Abs. 2 PfandBG ebenfalls erfüllen muss.

Der Bezug auf § 16 Abs. 1 und 2 PfandBG beinhaltet darüber hinaus zwei Aspekte:
– die Ermittlung des Beleihungswerts durch einen von der Kreditentscheidung unabhängigen Gutachter (vgl. Rn. 14 ff.),
– die Vorgabe von Höchstgrenzen für die Ermittlung des Beleihungswerts nach BelWertV durch die Definition des Beleihungswerts (vgl. Rn. 54) und des Marktwerts.

Die Vorschriften der BelWertV beziehen sich auch auf die Erhebung der für die Wertermittlung erforderlichen Daten. Die Markt- und Gebäudedaten unterscheiden sich in der Struktur nicht von den für eine Marktwertermittlung erforderlichen Daten den **§§ 9 ff. ImmoWertV**. Es sollen markt- und objektspezifische Bewertungsdaten ermittelt werden. Der Unterschied besteht in der Forderung, für die Ermittlung des Beleihungswerts Daten aus der Vergangenheit zu analysieren und in die langfristige, in die Zukunft gerichtete Betrachtung zur Ableitung der erforderlichen Marktdaten einzubeziehen.

4.1.3 Gegenstand der Wertermittlung

Der Gegenstand der Wertermittlung nach § 2 BelWertV bezieht sich auf § 13 Abs. 1 Satz 1 PfandBG. Folglich sind Gegenstand der Wertermittlung
– Grundstücke,
– grundstücksgleiche Rechte, insbesondere Erbbaurechte,
– Rechte einer ausländischen Rechtsordnung, die den grundstücksgleichen Rechten deutschen Rechts gleichgestellt sind.

Wesentliche Bestandteile des Grundstücks sind der Grund und Boden, die baulichen Anlagen, Rechte Dritter an Grundstücken. Zubehör ist ebenfalls Bestandteil des Grundstücks (vgl. § 1 ImmoWertV Rn. 20 ff.).

Bezüglich der Umfangs der Sicherheit ist zwischen wesentlichen Bestandteilen und Scheinbestandteilen des Bewertungsobjekts zu unterscheiden. Dies erfolgt in Analogie zum Marktwert.

X Beleihungswertermittlung — Systematik

95 Zu den Beleihungsobjekten zählen auch das **Wohnungs- und Teileigentum** sowie das **Wohnungserbbaurecht** und das **Teileigentumserbbaurecht** nach WEG.

96 Bei der **Bewertung von Betreiberimmobilien**, wie Hotels oder Pflegeheimen, stellt sich grundsätzlich die Frage, wie mit dem Inventar umzugehen ist. **Inventar** ist die Gesamtheit der beweglichen Sachen, die mit dem Grundstück in einem räumlichen Zusammenhang stehen und dazu bestimmt sind, das Grundstück entsprechend seinem wirtschaftlichen Zweck durch Betrieb zu nutzen.

Grundsätzlich wird die Immobilie ohne den Wert des Inventars bewertet.

Die Einbeziehung von Inventar einer Betreiberimmobilie in den Sicherungswert der Grundschuld (Beleihungswert des Objekts) ist an folgende Bedingungen gebunden:

- Es besteht ein **Pachtvertrag** bzw. die Immobilie ist eigengenutzt.
- Das Inventar muss sich im Eigentum des Grundstückseigentümers (Darlehnsnehmers) befinden.
- Das Inventar muss zusätzlich durch den Gläubiger verhaftet werden.

Wenn diese Bedingungen nachgewiesen sind, kann der Wert des Inventars in den Sicherheitenwert einfließen.

Wenn diese Bedingungen **nicht** eintreten oder **nicht** nachgewiesen werden, ist nach der Methodik der Bewertung im Zwangsversteigerungsverfahren zu bewerten: Das Objekt wird im Markt- und Beleihungswert **ohne** Inventar bewertet. Der Wert des Inventars kann in diesem Fall zusätzlich ausgewiesen werden.

Da Inventar einer anderen, kürzeren Abschreibungsperiode unterliegt als die Immobilie, kann die Abschreibung des Inventars nicht als Position in den Bewirtschaftungskosten ausgewiesen werden. Dies ist auch in der Systematik der Ertragswertmethode nicht vorgesehen.

4.1.4 Grundsatz der Beleihungswertermittlung

97 Bei der Beleihungswertermittlung geht es im Grundsatz um die **Sicherheit des Kredits,** im *worst-case* um die einzige Sicherheit, die die Bank bei Ausfall des Kreditnehmers verwerten kann. Zusätzlich zu den Ausführungen zur Definition des Beleihungswerts beschreiben die nachfolgenden Aspekte den Grundsatz der Beleihungswertermittlung.

98 Ein Grundprinzip des Realkredits ist es, dass der einmal ermittelte Beleihungswert, der der Sicherung des Realkredits zugemessen wird, durch Preissteigerungen am Markt oder die individuelle Entwicklung der Ertragsfähigkeit des Beleihungsobjekts nicht verändert wird. Er behält unabhängig von Wertsteigerungen des Beleihungsobjekts seine Gültigkeit. Da der Realkreditgeber i.d.R. darauf vertrauen darf, dass der vorsichtig ermittelte Beleihungswert auch bei negativen Marktschwankungen seine Gültigkeit behält, gilt im Umkehrschluss auch, dass keine Wertsteigerung abgebildet wird. Somit gilt beim Beleihungswert für den Deckungsstock zunächst: **Einmal ermittelt, immer gültig.**[28]

Aber auch hier ist, wenn sich die Grundlagen der Beleihungswertermittlung nicht nur unwesentlich verschlechtert haben, der Beleihungswert zu überprüfen und ggf. neu zu bewerten.

Von dieser Überprüfung nach § 26 BelWertV ist die regelmäßige Wertüberwachung und ggf. notwendige Überprüfung nach § 20a Abs. 6 KWG zu unterscheiden (vgl. Rn. 85 ff.).

Zum Grundsatz der Beleihungswertermittlung vgl. auch Rn. 54 ff.

99 **Außerdem bestehen Ausnahmen** bei folgenden Sachverhalten:

Ein Beleihungswert kann außerhalb der Veränderungen im Rahmen von Wertüberprüfungen und Neubewertungen auch neu ermittelt werden bei folgenden Anlässen:

---

[28] Aus anderen Vorschriften heraus (SolvV) ist der Beleihungswert allerdings zu aktualisieren.

- Der Realkredit wird neu verhandelt. Dies kann beispielsweise im Zuge der Neuvergabe eines Realkredits, der Zinsprolongation, der Erweiterung des Kredites der Fall sein. Dann ist der Beleihungswert des Bewertungsobjekts neu zu bewerten.
- Durch dramatische Marktschwankungen oder Objektzustände droht der Beleihungswert unter 60 % des ursprünglich ermittelten/festgesetzten Beleihungswerts zu sinken. Damit ist der deckungsstockfähige Anteil gefährdet.

4.1.5 Verfahren zur Ermittlung des Beleihungswerts

Die nach BelWertV anzuwendenden **Wertermittlungsverfahren** sind **100**
- das Ertragswertverfahren (§§ 8 bis 13 BelWertV),
- das Sachwertverfahren (§§ 14 bis 18 BelWertV) und
- das Vergleichswertverfahren (§ 19 BelWertV).

Die methodischen Abläufe der Verfahren entsprechen dem allgemeinen Ertragswertverfahren, dem Sachwert- und Vergleichswertverfahren der ImmoWertV, unterscheiden sich allerdings in ihrer Systematik. Hier wird auf die nachfolgenden Abschnitte verwiesen. **101**

Die Ermittlung des Beleihungswerts verlangt bei Anwendung der gleichen Verfahren einen anderen Betrachtungsstandpunkt, der mit Hilfe dieser Verfahren einen Immobiliensicherheitenwert für den durch eine Grundschuld gesicherten Realkredit ausweist. Die **Minderung des Ausfallrisikos des Realkredits** durch Abbildung eines zu jeder Zeit am Markt erzielbaren Verkaufspreises ist das Ziel dieser Bewertung. **102**

Dem dient die Forderung nach Bewertung unter Beachtung der objektiven Feststellungen aus einer Marktentwicklung heraus, die nicht nur den momentanen Markt in seiner jeweiligen Phase betrachtet, sondern das Objekt als auch in der Zukunft zu jedem beliebigen Zeitpunkt am Markt platzierbar beschreiben soll. **103**

Auch der Verkehrswert (Marktwert) definiert sich als Zukunftserfolgswert. Selbstverständlich wird auch bei der Marktwertermittlung der wirtschaftlich handelnde, zukunftsorientierte Kaufmann als Marktteilnehmer in seiner Kaufpreisentscheidung abgebildet. Aber ein Blick auf die Volatilität der Bruttoanfangsrenditen von Büro- und Geschäftshäusern oder auf die Entwicklung des Liegenschaftszinssatzes von Mehrfamilienhäusern in den letzten 10 Jahren zeigt, dass Marktwerte unter dem Eindruck des momentanen Marktes entstehen. Davon soll bei der Beleihungswertermittlung abstrahiert werden. **104**

Um dem Anspruch der Risikoabbildung gerecht zu werden, wird in der Beleihungswertermittlung prinzipiell neben dem den Beleihungswert wertbestimmenden Ertragswertverfahren als plausibilisierendes, stützendes Verfahren das **Sachwertverfahren** gerechnet. **105**

Die Anwendung des „**Zwei-Säulen-Prinzips**", der getrennten Ermittlung von Ertrags- und Sachwert ist eine der zentralen bankaufsichtsrechtlichen Forderungen der Beleihungswertermittlung. Der Beleihungswert soll dadurch plausibilisiert werden. Grundsätzlich wird auf die Ertragsfähigkeit der Immobilie abgestellt, jedoch werden „Ertragsblasen" ins Verhältnis zum durchschnittlichen Investitionsaufwand gestellt. Dadurch soll ein über die Tilgungsdauer hinausreichender nachhaltiger, vorsichtig ermittelter Wert bestimmt werden. Ertragswert und Sachwert sind getrennt in transparenter Weise zu ermitteln und auszuweisen. **106**

Im Einzelnen sollen die das Grundstück beschreibenden Sachwerteigenschaften, die die in das Grundstück investierten Kosten beschreiben, und seine Ertragsfähigkeit gesondert betrachtet werden. Dadurch soll der Gefahr der Überbewertung der Ertragsfähigkeit begegnet werden. **107**

X Beleihungswertermittlung Systematik

108 Erleichterungen bei der Anwendung des Zwei-Säulen-Prinzips sind in § 4 Abs. 2 und 5 BelWertV aufgeführt:

109 Bei **Ein- und Zweifamilienhäusern**, die in der Praxis **Doppel- und Reihenhäuser** einschließen, kann der Beleihungswert am Sachwert orientiert werden und die Ertragswertermittlung entfallen, wenn das zu bewertende Objekt nach Zuschnitt, Ausstattung und Lage zweifelsfrei zur Eigennutzung geeignet ist und als eigennutzungsfähiges Objekt am Markt dauerhaft platziert werden kann.

110 Bei **Eigentumswohnungen** kann statt des Sachwertverfahrens das Vergleichswertverfahren angewandt werden. Das Vergleichswertverfahren kann außerdem angewandt werden, wenn bei Einfamilienhäusern/Doppelhäusern/Reihenhäusern zur Bewertung mindestens fünf Vergleichspreise vergleichbarer Objekte vorliegen (Abb. 14).

111 Bei gewerblichen Objekten, deren Beleihungswert wertbestimmend durch das Ertragswertverfahren ermittelt wird, wird neben dem Sachwertverfahren zusätzlich das Vergleichswertverfahren angewandt. Die Vergleichswerte beziehen sich hier auf Kaufpreise von Teileigentum/m² Nutzfläche. Stehen solche Vergleichspreise nicht zur Verfügung, was nahezu die Regel ist, können statt dessen Vergleichswerte wie Ertragswert/m² Nutzfläche, Ertragswerte je Einheit (Zimmer, Bett usw.) bei Spezialimmobilien zur zusätzlichen Plausibilisierung des Ertragswertes herangezogen werden.

112 Durch die **getrennte Ermittlung von Ertrags- und Sachwert** wird sichergestellt, dass die Eigenschaften des Grundstücks in getrennten Verfahren ihren Niederschlag finden und so ein größtmögliches Sicherheitspotential gehoben wird. Die getrennte Ermittlung entspricht der Vorgabe des § 4 Abs. 1 BelWertV und soll einen größtmöglichen Sicherheitsstandard durchsetzen.

113 Auch bei der Ermittlung des Marktwerts (Verkehrswerts) entspricht es dem Stand der Wertermittlungslehre und -praxis, ein wertbestimmendes Verfahren und mindestens ein die Wertermittlung stützendes Verfahren anzuwenden, ohne dass dort allerdings ein „Zwei- oder Drei-Säulen-Prinzip" hervorgehoben wird. Dies gehört zu den allgemein angewandten Wertermittlungsgrundsätzen.

Abb. 14: Entscheidungsbaum, Verzicht auf Zwei-Säulen-Prinzip

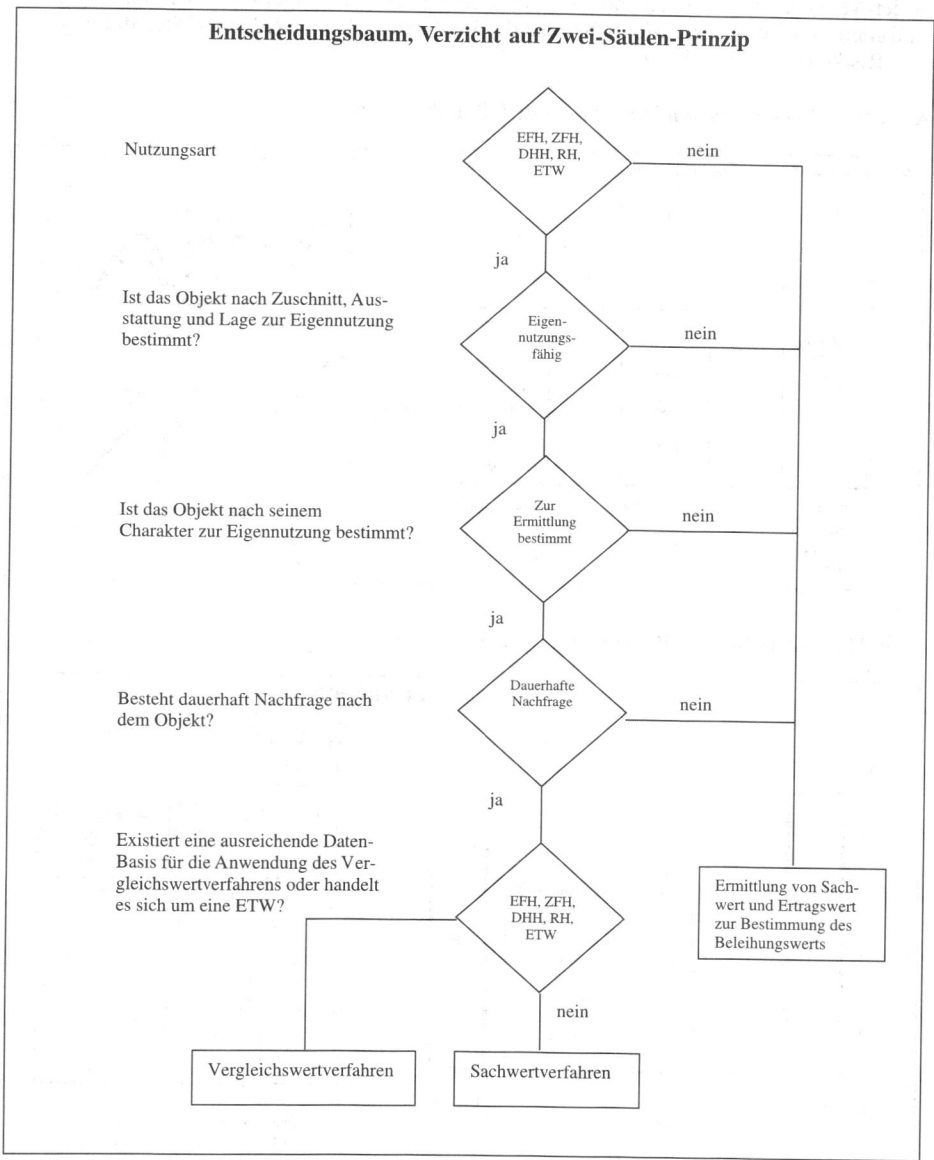

Dem Sicherheitsaspekt wird die Regelung nach § 4 Abs. 2 Satz 2 BelWertV gerecht, in dem es einer gesonderten Überprüfung der Nachhaltigkeit der zugrunde gelegten Erträge und ihrer Kapitalisierung bedarf, wenn der Sachwert mehr als 20 % hinter dem Ertragswert zurückbleibt. Nur wenn sich nach Überprüfung der dem Ertragswertverfahren zugrunde liegenden Daten der anfangs ermittelte Ertragswert bestätigt, darf mit nachvollziehbarer Begründung dieser Ertragswert weiter verwendet werden, anderenfalls ist der Ertragswert zu mindern. **114**

Bei der gegenwärtigen Marktlage ist häufig festzustellen, dass der **Sachwert den Ertrags-** **115** **wert übersteigt** und daher die Regelung nicht greift. Aber in innerstädtischen Lagen, die eine hohe Ertragskraft in den Erdgeschosslagen aufweisen, ist durchaus festzustellen, dass der

X Beleihungswertermittlung Systematik

Sachwert des Beleihungsobjekts mehr als 20 % den Ertragswert unterschreitet. In diesen auch in der Vergangenheit weitgehend risikolosen Lagen eine Verringerung des Beleihungswerts zu fordern beschneidet die Möglichkeiten des Realkreditgebers gerade im Geschäft mit geringem Risiko (Abb. 15 und 16).

Abb. 15: Verhältnis von Marktwert und Beleihungswert

Abb. 16: Zwei-Säulen-Prinzip

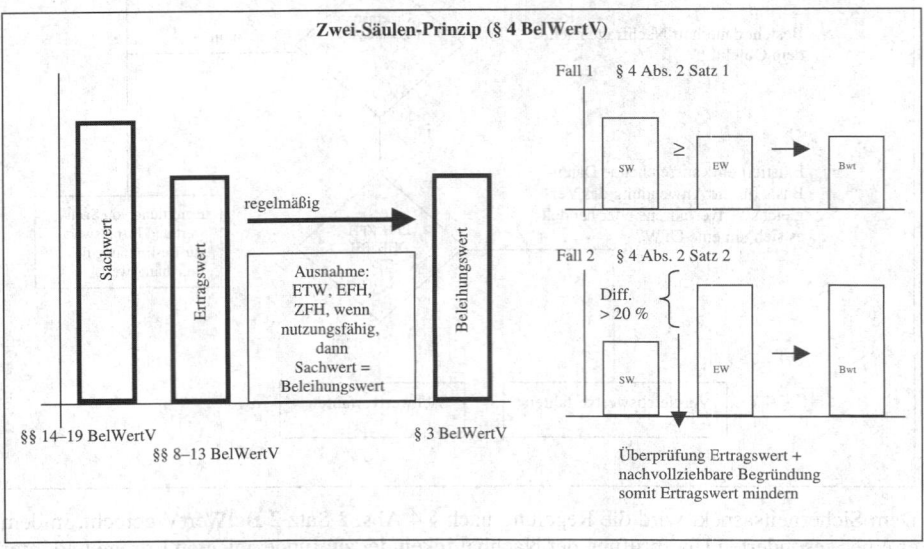

116 Besondere wertbestimmende Umstände, wie Instandhaltungsstau (Reparaturstau), Aufwendungen für die Beseitigung von Baumängeln und Bauschäden sowie sonstiger baulicher Aufwand, sind nach § 4 Abs. 5 BelWertV als Wertabschlag zu quantifizieren und im Ertragswert oder/und Sachwert in Abzug zu bringen. Der Betrag soll den tatsächlichen Aufwand beschreiben, der zum Bewertungszeitpunkt für die Beseitigung notwendig ist. Nur so kann der Realkreditgeber davon ausgehen, dass er zu einem beliebigen Zeitpunkt im Kreditverlauf das Beleihungsobjekt veräußern kann.

117 Dabei ist zwischen mehreren Fällen zu unterscheiden:

a) Bewertung im Ist-Zustand

Das Beleihungsobjekt wird im Ist-Zustand erworben und beliehen. Kosten für vorhandenen Reparaturstau bzw. für die Behebung von Baumängeln und Bauschäden sind zu ermitteln und vom Ertragswert bzw. Sachwert abzuziehen. Da der Erwerber bei einem solchen Objekt immer die für ihn entstehenden Aufwendungen zur Instandsetzung des Objekts vom Kaufpreis abziehen wird, muss der Beleihungswert diese Wertminderung beinhalten. Folglich wird auch der realkreditfähige Anteil einer Finanzierung gemindert. Nur so ist gesichert, dass der auf dieses Beleihungsobjekt ausgegebene Realkredit gedeckt ist. Bei der Finanzierung ist der Umfang der Aufwendungen zu plausibilisieren und gegebenenfalls zu entscheiden, ob das Objekt aufgrund seines Zustands dauerhaften Ertrag generieren kann.

b) Bewertung im Zustand nach Sanierung

Bei Sanierungsobjekten ist es notwendig, den voraussichtlichen Beleihungswert **nach Instandsetzung** (bzw. der Beseitigung von Baumängeln oder Bauschäden) oder nach Modernisierung zu bestimmen. Dieser Beleihungswert wird im Kreditprozess für langfristige Finanzierungen benötigt, um Kreditkonditionen zu bestimmen. Dabei wird davon ausgegangen, dass neben der Ankauffinanzierung (vgl. Wertermittlung im Ist-Zustand) auch die Reparatur (bzw. die Beseitigung der Baumängel und Bauschäden) finanziert und nach Abschluss der Baumaßnahme der Bank ein mängelfreies Objekt als Sicherungsgut angedient wird.

Hier ist eine strikte Trennung vom tatsächlichen Beleihungswert im Ist-Zustand (**Zustands-Beleihungswert** nach § 4 Abs. 6 BelWertV) und einem Beleihungswert für den Zustand nach Fertigstellung zu beachten. Da unfertige Objekte nicht zu Beleihungswerten im fertiggestellten Zustand in den Deckungsstock genommen werden dürfen, ist der Zustands-Beleihungswert zunächst für die Indeckungnahme maßgeblich.

Diese Auffassung wird gestützt durch *Crimann*[29], der sich auf die Systematik des § 4 Abs 5 BelWertV bezieht: Nach dieser Vorschrift ist zunächst der Beleihungswert zu ermitteln und danach ist dieser Wert um die Aufwendungen zu kürzen, die infolge Instandhaltungsstaus, sonstigen baulichen Aufwands sowie wegen Baumängeln und Bauschäden entstehen. Der so ermittelte Wert ist konsequenterweise ein „Zustandswert".

Die Möglichkeit der Verwendung des Zustandswerts nach § 4 Abs. 6 BelWertV für diesen Fall ist jedoch noch nicht abschließend geklärt. Da endgültig ermittelte Beleihungswerte, die nicht Zustandswerte sind, nach Indeckungnahme nicht mehr erhöht werden können, wäre bei Verneinung der Möglichkeit der Indeckungnahme eines Zustandswerts vor Durchführung einer Modernisierung eine Indeckungnahme der Sicherheit erst nach erfolgter Modernisierung möglich.

118 Erst nach Fertigstellung ist der endgültige Beleihungswert zu ermitteln, denn erst **nach Fertigstellung** kann

- die Nachhaltigkeit der vereinbarten Mieten geprüft und bewertet,
- die Vermietungssituation eingeschätzt und bewertet,
- die Fertigstellung des Objekts bestätigt und
- der Objektzustand beurteilt

werden. Erst dann kann ein endgültiges Urteil über die Nachhaltigkeit der Erträge und die Drittverwendungsfähigkeit der Immobilie getroffen und der Beleihungswert des fertig gestellten Objekts ermittelt werden.

119 Um

- unfertige Objekte oder
- komplexe Objekte, deren Fertigstellung und Inbetriebnahme in Bauabschnitten erfolgt,

---

[29] vgl. Crimann, Richard: Der Beleihungswert, S. 95, vdp, Band 33, Berlin 2008.

X Beleihungswertermittlung — Systematik

in Deckung nehmen zu können, besteht die Möglichkeit, den **Zustandswert** (Zustandsbeleihungswert) zu ermitteln. So ist die Pfandbriefbank in der Lage, Teil-Indeckungnahmen noch nicht vollständig fertig gestellter Objekte vorzunehmen. Im Umfang dieser Teil-Indeckungnahmen unfertiger Objekte ist sie nach § 16 Abs. 3 PfandBG auf 10 % ihrer Deckungsmasse begrenzt.

120 Die **Ermittlung des Zustandswerts** nach § 4 Abs. 6 BelWertV erfolgt ausgehend vom Wert des fertig gestellten Objekts.

121 Bezugswert ist der Sachwert, es sei denn, der Ertragswert nach § 8 BelWertV ist kleiner als der Sachwert des Objekts. Der Sachwert für den Zustandsbeleihungswert wird ermittelt als Summe aus Bodenwert und anteiligem, dem Grad der Fertigstellung entsprechendem Wert der baulichen Anlagen. Der **Wert der baulichen Anlagen** wird zunächst für den unterstellten Zustand nach Fertigstellung ermittelt. Dieser wird mit dem prozentualen Grad der Fertigstellung multipliziert.

Beim Wert der baulichen Anlagen ist zu beachten, dass sich eine Diskrepanz zwischen den tatsächlichen Investitionskosten des Kreditnehmers für das Bauvorhaben und den im Sachwertverfahren verwendeten Normalherstellungskosten des Gutachters ergeben kann. So ist im Vorfeld der Sachwertermittlung die Basis für den Wertansatz der baulichen Anlagen zu klären.

122 Wenn der **Ertragswert** des planmäßig fertig gestellten Objekts **niedriger als der Sachwert** der Immobilie nach Fertigstellung ist, gilt als Bezugsgröße für den Bautenstand der Ertragswert. Nur so ist gesichert, dass der Realkreditgeber im Bauverlauf nicht unterbesichert ist. Dies wäre der Fall, wenn über die Bauzeit der Zustandsbeleihungswert nach dem Sachwert bemessen würde, nach Fertigstellung aber nach dem niedrigeren Ertragswert.

123 Die Beurteilung bezieht sich auf den **Ertragswert** der planmäßig fertig gestellten Immobilie. Auch hier ist im Vorfeld der Fertigstellung somit ein Beleihungswert nach Fertigstellung zu ermitteln, der unter dem Aspekt teilweise langer Bauzeiten bei komplexen Bauten ermittelt wird.

124 Auch bei der **Ermittlung des Zustandsbeleihungswerts** ist das Zwei-Säulen-Prinzip anzuwenden.

Abb. 17: Ermittlung des Zustandsbeleihungswerts nach § 4 Abs. 6 BelWertV

```
              Ermittlung des Zustandsbeleihungswerts nach § 4 Abs. 6 BelWertV

                              ┌──────────────────────────────────────┐
                              │ Feststellung durch von der Bank      │
     Ermittlung               │ ausgewählte fachkundige und nach     │
        ▲                     │ § 7 Abs. 1 von Bauplanung/-ausführung│
        │                     │ unabhängige Person                   │
        │                     └──────────────────────────────────────┘
        │
        │   ┌──────────────────────────┐      ┌──────────────┐      ┌──────────────────────┐
        │   │ Bodenwert/Wert der       │  ×   │ Bautenstand  │  =   │                      │
        │   │ baulichen Anlage nach    │      │              │      │                      │
        │   │ Fertigstellung           │      │              │      │ Zustands(beleihungs) │
        │   └──────────────────────────┘      └──────────────┘      │        wert          │
        │        wenn Ertragswert < Sachwert                        │                      │
        │   ┌──────────────────────────┐      ┌──────────────┐      │                      │
        │   │ Ertragswert nach         │  ×   │ Bautenstand  │  =   │                      │
        │   │ Fertigstellung           │      │              │      │                      │
        │   └──────────────────────────┘      └──────────────┘      └──────────────────────┘
        │
        └──────────────────────────────────────────────────────────────────► Wert

        ⇒ Ermöglicht die Erweiterung des Deckungsstocks unter Beachtung von § 17 PfandBG
```

Die **Ermittlung des Bautenstands** ist durch eine

- von der Bank ausgewählte,
- fachkundige,
- von Bauplanung und -ausführung unabhängige

Person festzustellen. Somit kann diese Aufgabe bei den Gutachtern selbst oder bei durch sie beauftragten **Architekten oder Bauingenieuren** liegen. Es dürfen nicht die mit der Planung oder Bauleitung oder Projektsteuerung des Objekts befassten Personen sein. Auch ist es nicht möglich, den Kunden zu veranlassen, eine solche Bautenstandsermittlung durchführen zu lassen.

4.2 Vorlastenbereiche im Überblick

4.2.1 Dienstbarkeiten, Vorkaufsrechte, Baulasten und sonstige Beschränkungen und Lasten

Nach § 5 Abs. 4 BelWertV sind alle den Sach- und Ertragswert beeinflussenden Umstände zu nennen, zu beachten und gegebenenfalls wertmindernd zu berücksichtigen. Genannt werden insbesondere **Nutzungsbeschränkungen, Dienstbarkeiten, Duldungspflichten, Vorkaufsrechte, Baulasten und alle sonstigen Beschränkungen und Lasten**.

Ausgehend von dem Beleihungswert für das belastungsfreie Grundstück erfolgt die **Bewertung des Grundpfandrechts** (sein Sicherungswert) abzüglich:

a) *Vorlasten in Abt. II des Grundbuchs*

- Eintragungsfeindliche Eintragungen (Auflassungsvormerkung),
- Verfügungsbeschränkungen (z. B. Nacherbenvermerk),
- wertmäßig schlecht erfassbare Vorlasten (z. B. Bebauungsbeschränkungen, Wegerechte),
- wertmäßig erfassbare Vorlasten (Reallasten).

b) *Vorlasten in Abt. III des Grundbuchs*

- Hypotheken/Restschuld,
- Grundschulden/eingetragener Kapitalwert (Abtretung der Rückübertragungsansprüche entweder mit oder ohne Einmalvalutierungserklärung).

c) *Unsichtbare Belastungen*

- Mieterdarlehen/Baukostenzuschüsse/Mietvorauszahlungen,
- Überbau- und Notwegrenten,
- Anliegerkosten,
- öffentliche Grundbesitzabgaben,
- Lidlohnansprüche in Land- und Forstwirtschaft,
- Baulasten,
- Wasserrechte (Beitragsforderungen von Wasser- und Abwasserverbänden),
- schuldrechtlicher Bergschadenverzicht, nicht beachtete Anpassung, Sicherungsmaßnahmen, Bauwarnung,
- Altlasten.

4.2.2 Vorlast in Abt. II des Grundbuchs

128 *a) Eintragungsfeindliche Eintragungen (wertschädlich)*

Der bekannteste Vertreter dieser Gruppe ist die **Auflassungsvormerkung.** Dem Berechtigten der Auflassungsvormerkung gegenüber, also dem Grundstückskäufer, sind alle nach der Eintragung dieser Vormerkung erfolgten weiteren Grundstücksbelastungen insoweit unwirksam, als sie den Anspruch auf Auflassung des Grundstücks zu den Bedingungen des Kaufvertrags gemäß § 313 BGB vereiteln oder beeinträchtigen würden. So kann der Erwerber auch die Löschung einer nachrangig für das Kreditinstitut eingetragenen Grundschuld verlangen.

Wenn das Kreditinstitut ein solches Grundstück beleiht, muss die vorrangige Auflassungsvormerkung gelöscht werden oder im Rang zurücktreten.

Großzügiger kann das Kreditinstitut bei einer vorrangigen, so genannten **Rückauflassungsvormerkung** für eine Kommune sein. Gemeinden verkaufen Bauland oft mit der Auflage, dass z. B. innerhalb von drei Jahren eine Bebauung erfolgen muss, um reine Grundstücksspekulationen zu vermeiden. Wenn das Bauvorhaben dann realisiert ist, wird diese Rückauflassungsvormerkung i.d.R. gelöscht. Wenn das Kreditinstitut also das Bauvorhaben finanziert und die Gesamtfinanzierung gesichert ist, kann dieses Recht als vorübergehende Vorlast toleriert werden.

b) Verfügungsbeschränkung (wertbeeinflussend)

129 Zu dieser Gruppe gehören u.a. der **Nacherbenvermerk, Umlegungsvermerk, Zwangsverwaltungsvermerk, Zwangsversteigerungsvermerk.** Sie sind nicht so eintragungsfeindlich wie die Auflassungsvormerkung (die übrigens rein rechtlich auch zu den Verfügungsbeschränkungen gehört). Wenn solche Berechtigten aus einer Verfügungsbeschränkung ihre Zustimmung zu der Eintragung der Grundschuld erteilen, hat das Kreditinstitut das Recht ohne Beeinträchtigungsgefahren erworben.

c) Wertmäßig schlecht erfassbare Vorlasten (wertbeeinflussend)

130 Während in den beiden vorgenannten Gruppen die Grundschuld des Kreditinstituts in ihrem rechtlichen Bestand gefährdet wird, verlagert sich in dieser dritten Vorlastengruppe die Gefahr von der Grundschuld zum Grundstück hin, das durch solche Belastungen erheblich an Wert verlieren kann – aber nicht muss. Das hängt von der Ausgestaltung der einzelnen Belastungen ab. Es handelt sich um die große Gruppe der Dienstbarkeiten. Hier werden **Grunddienstbarkeiten** (vgl. Teil IX Rn. 339 ff.) **und beschränkt-persönliche Dienstbarkeiten** (vgl. Teil IX Rn. 347 ff.) unterschieden.

Die **inhaltlichen Gestaltungsmöglichkeiten** sind fast endlos: Wegerechte, Leitungsrechte, Geh- und Fahrrechte, Fensterrechte, Bebauungsbeschränkungen, Nutzungsbeschränkungen, Weiderechte, Tankstellenrechte usw. Es kann im Einzelfall äußerst schwierig sein, den Beeinträchtigungsgehalt einer solchen Vorlast zu ermitteln. Meistens können sie gar nicht in Geldbeträgen ausgedrückt werden. In vielen Fällen wird nur eine Abstimmung mit Sachverständigen und/oder Juristen der Immobilienbewertung weiterhelfen können. Eintragungsbewilligung und Lagepläne sind heranzuziehen.

d) Wertmäßig erfassbare Vorlast (wertbeeinflussend)

131 Hier sind in erster Linie **Reallasten** zu nennen. Die Gruppe hebt sich wohltuend von der dritten ab, weil in diesen Fällen ein **Kapitalwert** zu ermitteln ist, der dann als Vorlast berücksichtigt werden kann. Auch hier sind die Sachverständigen für Immobilienbewertung gefordert.

Beispielhaft kann es sich hierbei um **Rentenrechte** und um **Ausgleichsforderungen** der Gemeinde für Mehrwerte bezüglich der Grundstücke handeln, die der Kreditnehmer im Umlegungsverfahren von der Gemeinde erworben hat. Ein solches Grundstück hat also einen höheren Wert als das aufgegebene. Dieser Mehrwert begründet die Ausgleichsforderung zugunsten der Gemeinde und stellt eine öffentliche Last dar, die in Abt. II des Grundbuchs einzutragen ist. Es liegen noch keine Erfahrungen darüber vor, ob in Abt. II der Geldbetrag eingetragen oder lediglich auf den Umlegungsbeschluss verwiesen wird.

4.2.3 Vorlast in Abt. III des Grundbuchs

In diesem Bereich ergeben sich bei der **Ermittlung der Vorlasten** grundsätzlich keine Schwierigkeiten.   132

a) Vorrangige Hypotheken:

Es kann der **Restdarlehnsbetrag** angesetzt werden. Informationsgrundlage können die letzte Bilanz, eine Vermögensaufstellung oder ein Kontoauszug sein. Voraussetzung ist allerdings, dass zu Lasten der vorrangigen Hypothek eine Löschungsvormerkung eingetragen bzw. nicht auf den für die Grundschuld des Kreditinstituts bestehenden Löschungsanspruch verzichtet worden ist.   133

b) Vorrangige Grundschuld:

I.d.R. werden vorrangige **Grundschulden mit** ihrem Kapitalwert angesetzt. Vorrangige Grundschulden müssen mit Löschungsvormerkungen oder Löschungsansprüchen belastet sein. Außerdem muss sich das Kreditinstitut bezüglich der vorrangigen Grundschulden die Rückgewährsansprüche in offener Form abtreten lassen. Eine vorrangige Grundschuld darf nur dann mit einem geringeren Valutierungsbetrag als Vorlast angesetzt werden, wenn die Rückgewährsansprüche an das Kreditinstitut abgetreten und die Bestätigung des vorrangigen Grundschuldgläubigers mit einer Einmalvalutierungserklärung verbunden worden ist. Das könnte in der Praxis bei solchen vorrangigen Grundschuldgläubigern möglich sein, die nur Darlehen gewähren, aber kein laufendes Kreditgeschäft betreiben (z. B. Bausparkassen, sonstige Spezialfinanzierungsinstitute).   134

Es ist in der gesamten Kreditwirtschaft üblich, bei der Berechnung von Beleihungsausläufen und der betraglichen Ausschöpfung von Beleihungsspielräumen **vorrangige Grundpfandrechte nur mit ihren Kapitalbeträgen anzusetzen** und die dinglichen Zinsen und Nebenleistungen nicht zu berücksichtigen. Ein Grund dafür ist z. B., dass sich die Kreditinstitute nicht ihre Beleihungsmöglichkeiten im Neugeschäft über Gebühr einengen lassen wollen. Nur im Vorfeld der Zwangsversteigerung werden präzise Vorlastenberechnungen aufgemacht. Es ist schon ein Unterschied, ob das Kreditinstitut eine vorrangige Grundschuld von 5 Mio. € mit einem dinglichen Zinssatz von 15 % lediglich mit dem Kapitalwert von 5 Mio. € als Vorlast in ihrer Vorlage berücksichtigt oder ob es für etwa drei Jahre noch rd. 2,25 Mio. € dingliche Zinsen dazurechnet. Es bleibt jedoch bei der vorgenannten Handhabung; eine Berücksichtigung der dinglichen Zinsen bei Vorlasten wird im Kreditgewerbe nicht diskutiert.

Unsichtbare Belastung   135

In dieser Gruppe werden diejenigen Lasten und Beschränkungen (vgl. Teil IX Rn. 30 ff.) zusammengefasst, die entweder eine dingliche Wirkung haben oder das Sicherungsrecht des Kreditinstituts sonst wie beeinträchtigen können, ohne im Grundbuch eingetragen zu sein. Es handelt sich um öffentlich-rechtliche und privatrechtliche Lasten.

a) Mieterdarlehen/Baukostenzuschuss/Mietvorauszahlung

Neben beantragten Darlehensmitteln und Eigenmitteln können **Mieterdarlehen, Mietvorauszahlung** und **Baukostenzuschüsse** einem Finanzierungsplan entnommen werden. Bei einer zwangsweisen Verwertung des Grundstücks werden Mieterdarlehen etc. vorab vor den eingetragenen Grundstücksbelastungen befriedigt.   136

b) Überbau- und Notwegrente

▶ Vgl. Teil IX Rn. 262 ff., 304 ff.

Hat der Eigentümer eines zu besichernden Grundstücks unbeabsichtigt über die Grundstücksgrenze gebaut, so hat er den Nachbarn unter den Voraussetzungen des § 912 BGB durch eine **Geldrente** zu entschädigen.   137

Fehlt dem zu besichernden Grundstück ein ordnungsgemäßer **Zugang zu einem öffentlichen Weg**, kann der Eigentümer von seinem Nachbarn die Duldung eines Notwegs verlangen. Er

X Beleihungswertermittlung Systematik

muss ihm aber gemäß § 917 BGB eine Geldrente zahlen. Ob eine Vorlastberücksichtigung erfolgen muss, wird von der Höhe der jeweiligen Geldrente abhängen.

   c) *Anliegerkosten*

   ▶ *vgl. § 6 ImmoWertV Rn. 107 ff. und Syst. Darst. des Vergleichswertverfahrens Rn. 318 ff.*

   d) *öffentliche Grundbesitzabgaben*

138 Diese Position wird der Vollständigkeit halber erwähnt. Sie spielt bei der Beleihungsprüfung i.d.R. schon rein betraglich keine nennenswerte Rolle. Sicherlich kann sich diese unsichtbare Vorlast bei einer Verschlechterung der wirtschaftlichen Verhältnisse des Grundstückseigentümers durch auflaufende Rückstände erhöhen. Ein wesentlicher Störfaktor dürfte aber diese Vorlast im Verteilungstermin nicht sein. Solche **Abgaben verjähren in vier Jahren.**

   e) *Lidlohnanspruch*

139 Solche Ansprüche entstehen nur bei land- oder forstwirtschaftlich genutzten Grundstücken.

   f) *Baulast*

140 ▶ *Hierzu allgemein Teil IX Rn. 28 ff.*

   g) *Wasserrecht*

141 **Schrifttum:** *Jährig/Schuck*, Handbuch des Kreditgeschäfts, 5. völlig neu bearbeitete Aufl. von Rösler/Woite, Gabler Verlag Wiesbaden 1989; hier: IV. Grundpfandrechte S. 714 bis 758; *Hofmann/Sauter*, Das Grundbuch im Kreditgeschäft; Gabler Verlag Wiesbaden 1989; *Kröll*, Rechte und Belastungen bei der Verkehrswertermittlung von Grundstücken, Luchterhand Verlag 2001; *Schmidt/Fröhlig*, Grundbuch lesen und verstehen; Luchterhand Verlag Neuwied 1992; *Böttcher*, Fallbearbeitung im Grundbuchrecht; Luchterhand Verlag Neuwied 1993; *Stannigel/Kremer/Weyers*, Beleihungsgrundsätze für Sparkassen. Kommentar und Handbuch für die Beleihungspraxis. Deutscher Sparkassenverlag Stuttgart 1984; hier: § 5 Beleihungsgrenze, S. 192 bis S. 257 und § 6 Rangstelle, S. 258 bis 271; *Stannigel*, Kreditrevision bei Banken, Sparkassen und Bausparkassen, 4. Aufl. Knapp Verlag, Frankfurt/M. 1988, hier: Prüfung der Kreditsicherheiten S. 77 ff.; *Stannigel*, Beleihungswert und Beleihungsgrenze im Blickfeld des Kreditprüfers, GuG 1991, 241 und 325; *Sichtermann/Hennings*, Bedeutung und Behandlung der Eintragungen in Abteilung II des Grundbuchs, Deutscher Sparkassenverlag Stuttgart 1988; *Vogels*, Grundstücks- und Gebäudebewertung marktgerecht, 5. Aufl. Bauverlag Wiesbaden/Berlin 1996; hier: Wertermittlung von Grundstücksbelastungen S. 219 bis 283; *Woff/Nette*, Grundpfandrechte als Sicherheiten für langfristige Ausleihungen durch Kreditinstitute und Versicherungen; GuG 1991, 183.

   ▶ *Hierzu allgemein Teil V § 5 ImmoWertV Rn. 435 ff. und Teil IX Rn. 326 ff.*

   h) *Schuldrechtlicher Bergschädenverzicht/nicht beachtete Anpassung, Sicherungsmaßnahme oder Bauwarnung*

142 ▶ *Hierzu allgemein Teil V § 5 ImmoWertV Rn. 306 ff., 381 ff.*

Diese Beeinträchtigungen können nur bei solchen Grundstücken auftreten, die in einem Bergbaugebiet liegen. Wenn das Bergbauunternehmen solche Maßnahmen verlangt und der Bauherr handelt entsprechend, dann haftet das Bergbauunternehmen für trotzdem auftretende Bergschäden. Erfolgt ein Bau ohne entsprechende Beachtung, so entfällt die **Bergschädenhaftung** des Bergbauunternehmens. Das gilt auch, wenn eine Bauwarnung ausgesprochen worden ist. Die Grundsicherheit des Kreditinstituts kann somit im Ernstfall beeinträchtigt werden. Zumindest der Kreditnehmer sollte hinsichtlich solcher Vorgänge befragt werden. Bei einer größeren Beleihung kann sich das Kreditinstitut auch an das dort abbauende Unternehmen oder an das Bergamt wenden.

143 **Schuldrechtlicher Bergschädenverzicht:** Auch nach dem BBergG ist ein schuldrechtlicher Bergschädenverzicht möglich. Grundsätzlich erstreckt sich ein auf dem Grundstück ruhendes Grundpfandrecht zusätzlich auch auf einen etwa entstehenden Bergschädenersatzanspruch. Beide Objekte, das **Grundstück sowie der Bergschädenersatzanspruch haften gemeinsam.**

Wenn nun ein Kreditinstitut ein solches Grundstück beleiht, dann bleibt bei ihm die Unsicherheit über das Vorhandensein sie benachteiligender Bergschädenverzichte außerhalb des Grundbuchs. Ist schuldrechtlich durch Vereinbarung die Haftung des Bergbauunternehmens ausgeschlossen, so kann in Zukunft kein **Bergbauschadensersatzanspruch** entstehen. Wenn nach einem solchen schuldrechtlichen Verzicht zugunsten des Kreditinstituts eine Grundschuld im Grundbuch eingetragen wird, dann kann das Grundpfandrecht des Instituts im Ernstfall erheblich beeinträchtigt werden, weil im Schadensfalle ein Bergbauschadensersatzanspruch – wie bereits erwähnt – überhaupt nicht mehr entsteht. **144**

Dem Kreditinstitut bleibt also – vor allen Dingen bei größeren Beleihungen – gar nichts anderes übrig, als den Kreditnehmer und auch das Bergbauunternehmen entsprechend zu befragen, ob ein **schuldrechtlicher Bergschädenverzicht** ausgesprochen worden ist oder nicht. Um zumindest eine Anspruchsgrundlage gegen den Darlehensnehmer zu haben (sofern dieser auch gleichzeitig der Grundstückseigentümer ist), besteht i.d.R. in „Bedingungen für gewerbliche Finanzierungen/private Finanzierungen/Baufinanzierungen" eine Klausel, dass Vereinbarungen über Entschädigungsansprüche bei Bergschäden nicht getroffen sein dürfen. **145**

Stellt sich aufgrund einer solchen Befragung das **Vorhandensein eines schuldrechtlichen Bergschädenverzichts** heraus, dann muss das Bergbauunternehmen das Kreditinstitut in einem gesonderten Vertrag so stellen, als ob ein Bergschädenverzicht überhaupt nicht ausgesprochen worden ist (Schadloserklärung). Andernfalls ist die satzungsmäßige Beleihung eines solchen Grundstücks nicht möglich. **146**

Dinglicher Bergschädenverzicht **147**

Der **dingliche Bergschädenverzicht** wird hier nur der Vollständigkeit halber erwähnt; er gehört nicht zu der Kategorie der an dieser Stelle zu besprechenden Belastungsgruppe. Wenn das Kreditinstitut anlässlich einer Beleihungsprüfung einen vorrangigen Bergschädenverzicht in Abt. II des Grundbuchs feststellt, muss dieses Recht seiner Grundschuld den Vorrang einräumen. Besteht ein dinglicher Bergschädenverzicht im Range nach der Grundschuld, wird dieses Grundpfandrecht hierdurch nicht beeinträchtigt.

i) *Altlasten*

▶ *Hierzu allgemein Teil V § 6 ImmoWertV Rn. 119 ff.*

Bei der Sanierung von Altlasten aus einer früheren industriellen Nutzung des Grundstücks entstehen entsprechende Verbindlichkeiten des Eigentümers (= Zustandsstörers) gegenüber der öffentlichen Hand. Ein Kreditinstitut hat das kreditvertragliche Recht, diesbezügliche Erkundigungen einzuziehen und Unterlagen anzufordern. Viele Gemeinden führen ein sog. Altlastenverzeichnis/Altlastenkataster/Altlastenkarten. **148**

Das Kreditinstitut sollte davon ausgehen, dass die Verbindlichkeit aus der Altlastensanierung den Rechtscharakter einer dinglichen unsichtbaren Grundstücksbelastung annimmt und damit allen anderen eingetragenen Rechten im Range vorgeht. Erst wenn die Kreditbearbeitung das angebotene Pfandgrundstück hinsichtlich dieser drei Vorlastenbereiche geprüft hat, kann die Grundsicherheit wie eingangs dargelegt in der Kreditvorlage ausreichend gewürdigt und der genaue **Beleihungsauslauf** dargestellt werden. **149**

Für Beleihungszwecke ist (ebenso wie für Zwangsversteigerungen) im Übrigen der **Verkehrswert des Gegenstands der Wertermittlung** im belastungsfreien Zustand anzugeben. Die Werte etwaiger Eintragungen in Abt. II des Grundbuchs müssen (wie bereits ausgeführt) getrennt ermittelt und ausgewiesen werden, damit eine Berücksichtigung entsprechend der Rangstelle möglich ist. Anzumerken ist, dass nach überwiegend geübter Praxis der Gutachterausschüsse (§ 192 BauGB) die Verkehrswerte um den Wert der Eintragungen (z. B. Leibrente, Wohnungsrecht) gemindert werden; ausgewiesen wird mithin der **„Verkehrswert des belasteten Grundstücks"**. Für Darlehensgeber und Gerichte sind derartige Wertermittlungsergebnisse **nicht verwendbar**. **150**

X Beleihungswertermittlung Systematik

4.3 Wertermittlungsverfahren

4.3.1 Ertragswertverfahren (Erster Abschnitt BelWertV)

4.3.1.1 Ermittlungsgrundlagen

▶ *Hierzu Grundsätzliches in der Syst. Darst. des Ertragswertverfahrens im Teil V*

151 Die Ermittlung des Beleihungswerts einer Immobilie mittels des **Ertragswertverfahrens** ist ein Vergleich mit Hilfe der Ertrags- und Renditerechnung. Die grundsätzliche Darstellung des Verfahrens für die Zwecke der Marktwertermittlung erfolgt in den §§ 17 bis 20 der ImmoWertV. Die §§ 8 bis 13 der BelWertV wenden die Verfahren nach § 15 Abs. 2 BelWertV modifiziert für die Zwecke der Beleihungswertermittlung an.

152 Der Ertragswert für den Beleihungswert ist, wie auch der Ertragswert für den Marktwert, zunächst der Barwert aller erwarteten Erträge aus der Immobilie. Der Ertragsansatz für die Ermittlung des Beleihungswerts bestimmt sich aber nicht am aktuellen Marktgeschehen, sondern an aus dem langfristigen Marktgeschehen abgeleiteten Erlöserwartungen, die die Marktschwankungen der Vergangenheit berücksichtigen und die Gewähr bieten sollen, in der Zukunft einen nachhaltig sicheren Jahresrohertrag abzubilden.

153 Die „normalen" Mietänderungen werden in der Marktwertermittlung mit dem **Liegenschaftszins** abgebildet, in der Beleihungswertermittlung mit dem Kapitalisierungszinssatz berücksichtigt *(all over capitalization rate)*. In der Lage, den rechtlichen Gegebenheiten oder tatsächlichen Eigenschaften des Objektes begründete Mietabweichungen werden bei der Marktwertermittlung als *Over-* oder *Underrent*-Betrachtung in der Ertragswertermittlung berücksichtigt. Für die Beleihungswertermittlung ist eine *Overrent*-Berücksichtigung ausgeschlossen.

154 Nach § 8 Abs. 1 BelWertV wird wie nach § 17 Abs. 2 Nr. 1 ImmoWertV bei Anwendung des Ertragswertverfahrens der Wert der baulichen Anlagen getrennt vom Bodenwert bestimmt. Der Bodenwert, nach § 15 BelWertV ermittelt, und der Wert der baulichen Anlagen ergeben den Ertragswert des Grundstücks; es handelt sich hierbei um das sog. **allgemeine** *(zweigleisige)* **Ertragswertverfahren.** Es besteht weitgehende Methodengleichheit bei der Ermittlung des Marktwerts nach ImmoWertV und des Beleihungswerts nach BelWertV.

155 **Systematische Unterschiede** sind bei der Anwendung des Ertragswertverfahrens für die Ermittlung des Markt- und Beleihungswerts an verschiedenen Stellen des allgemeinen Ertragswertverfahrens unbedingt zu beachten.

Zum *eingleisigen* Ertragswertverfahren nach § 17 Abs. 2 Nr. 2 ImmoWertV besteht dann eine Paralellität zu § 13 Abs 2 BelWertV, wenn mit Restnutzungsdauern von weniger als 30 Jahren gerechnet wird.

156 Die Unterschiede bestehen insbesondere bei

– der Ermittlung des Bodenwerts nach § 15 BelWertV,

– der Anwendung des verkürzten Ertragswertverfahrens (§ 13 Abs. 2 BelWertV) bei Restnutzungsdauern unter 30 Jahren oder der alternativen Ermittlung des Beleihungswerts nach dem Liquidationswertverfahren (§ 13 Abs. 1 BelWertV),

– der Ermittlung und Verwendung von Markt- und Objektparametern unter Beachtung von Mindest- und Maximalsätzen.

Systematik

Abb. 18: Unterschiede bei der Ermittlung von Marktwerten im allgemeinen Ertragswertverfahren nach ImmoWertV und Beleihungswerten nach BelWertV

Für die Ermittlung des Beleihungswerts ist die Anwendung von Ertragswertverfahren außerhalb der Grenzen der §§ 8 bis 13 BelWertV nicht möglich. **157**

Wenn **Marktwerte (Verkehrswerte) für im Ausland belegene Objekte** auf der Grundlage internationaler Methoden ermittelt wurden, so ist die Beleihungswertermittlung trotzdem nach deutschen Ertragswertverfahren durchzuführen. Modifizierte Bewertungsansätze werden nur in den engen Grenzen des § 25 BelWertV zugelassen. **158**

4.3.1.2 Ermittlung des Ertragswerts der baulichen Anlagen (§ 9 BelWertV)

Für die **Ermittlung des Reinertrags der baulichen Anlagen** bedarf es einer Reihe von Vorüberlegungen: **159**

– Bestimmung des Bodenwerts und seiner Zusammensetzung aus rentierlichen und nicht rentierlichen Flächen (§ 9 Abs. 2 BelWertV)

– Bestimmung des Kapitalisierungszinssatzes (§ 9 Abs. 3 BelWertV)

– Bestimmung der Höhe des Rohertrags (§ 10 BelWertV)

– Bestimmung der Bewirtschaftungskosten (§ 11 BelWertV)

– Bestimmung der Restnutzungsdauer und des Vervielfältigers (§ 12 BelWertV)

X Beleihungswertermittlung

160 In dieser Strukturierung folgt die BelWertV dem *zweigleisigen* Ertragswertverfahren der ImmoWertV. Der Jahresreinertrag ist Basis der barwertigen Betrachtung. Der Jahresreinertrag wird in zwei Stufen ermittelt:

	Jahresrohertrag (§ 10 BelWertV)
−	Bewirtschaftungskosten (§ 11 BelWertV)
=	Jahresreinertrag des Grundstücks
−	Bodenwertverzinsung des nicht selbständig verwertbaren Bodenanteils (§ 9 Abs. 2 BelWertV)
=	Jahresreinertrag der baulichen Anlagen
×	Vervielfältiger
=	Ertragswert der baulichen Anlagen (§ 9 Abs. 3 BelWertV)

Abb. 19: Ermittlung des Jahresreinertrags

161 Der Reinertrag des Grundstücks ist um den Betrag zu mindern, der sich durch angemessene Verzinsung des Bodenwerts (**Bodenwertverzinsungsbetrag**) ergibt. Die Zinssätze für die Verzinsung des Bodens und der baulichen Anlagen sind – wie nach den Grundsätzen der WertV – gleich, d.h., auch bei der Beleihungswertermittlung wird mit einem Kapitalisierungszinssatz gerechnet, der als Mischzinssatz beide Ertragswertbestandteile – Bodenwert und Wert der baulichen Anlagen – berücksichtigt. Der Kapitalisierungszinssatz wird in § 12 BelWertV erläutert.

162 Bei der Beleihungswertermittlung ist – wie bei der Verkehrswertermittlung – die Problematik der **selbständig verwertbaren Teilflächen** zu beachten. Eine Teilfläche ist dann bei der Bodenwertverzinsung nicht zu berücksichtigen, wenn

– das Grundstück wesentlich größer ist, als es einer den baulichen Anlagen angemessenen Nutzung entspricht, und
– eine zusätzliche Nutzung oder Verwertung einer Teilfläche zulässig und möglich ist.

163 Bei Baugrundstücken mit **gesichertem Bebauungsrecht** kann zunächst davon ausgegangen werden, dass ein Grundstück immer dann wesentlich größer ist, als es einer den baulichen Anlagen angemessenen Nutzung entspricht, wenn eine Teilung und Neubebauung durch die örtlichen und baurechtlichen Gegebenheiten möglich ist.

164 In der Beleihungswertermittlung ist die **zusätzliche Nutzung und Verwertung** dieser mit dem Bodenwertverzinsungsbetrag nicht angesetzten Teilfläche auch in baurechtlicher Hinsicht darzulegen. Da im weiteren Ertragswertverfahren für die Ermittlung des Ertragswerts aus Ertragswert der baulichen Anlagen und Bodenwert dann die Summe der Bodenwertteilflächen als selbständig und nicht selbständig verwertbare Teilflächen angesetzt wird, erhöht

Systematik **Beleihungswertermittlung X**

sich mit der Berücksichtigung der selbständig verwertbaren Flächen auch der Beleihungswert. Das in selbständig verwertbaren unbebauten Teilflächen wirkende Verwertungs- und Nutzungsrisiko wird somit in den Beleihungswert eingetragen. Eine spekulativ unterstellte Bebaubarkeit der Teilfläche etwa dürfte nicht ausreichend sein, die Teilfläche als Bauland zu qualifizieren und wertmäßig im Beleihungswert zu berücksichtigen. Auch selbständig verwertbare Teilflächen, die sich in den Entwicklungsstadien zu Bauland nach § 4 Abs. 1 bis 3 der WertV befinden, sollten, solange sie nicht eindeutig bebaubar sind, in der Beleihungswertermittlung als **landwirtschaftliche Nutzfläche** bewertet werden.

Ein Vergleich der Einbeziehung selbständig verwertbarer Flächen in die Markt- und Beleihungswertermittlung zeigt die **Sensitivität des Beleihungswerts** auf das unterschiedliche Vorgehen. 165

Bei Verzicht auf die Berücksichtigung von selbständig verwertbaren Flächen ergibt sich im nachfolgenden *Beispiel* ein Wertunterschied von fast 50 %. Die Nichtberücksichtigung kann beispielsweise wegen nicht eindeutig geklärten Baurechts oder der sehr schweren Verwertbarkeit der Teilfläche erfolgen. 166

Beispiel:

Vergleich Ermittlung Ertragswert bei unterschiedlicher Berücksichtigung selbständig verwertbarer Flächen

Restnutzungsdauer	40 Jahre
Liegenschaftszinssatz	5,75 %
Kapitalisierungszinssatz	7,00 %
Bodenwert nicht selbständig verwertbar	300 000 €
Bodenwert selbständig verwertbar	500 000 €

Ertragswertermittlung im Vergleich						
Nettokaltmiete p.a.				Marktwert	Beleihungswert	
10 Wohneinheiten (WE) mit zusammen 800 m² × 5,00 €/m² × 12 Monate				48 000 €	48 000 €	48 000 €
Bewirtschaftungskosten						
Einzelansätze	Instandhaltung		8 €/m² WF			
	Verwaltung		2 400 €			
	Mietausfallwagnis		4,00 %			
	Modernisierungsrisiko		0,00 %			
	Zusammen: 22,33 % 13,40 €/m² WF			– 10 720 €	– 10 720 €	– 10 720 €
= Jahresreinertrag des Grundstücks				37 280 €	37 280 €	37 280 €
– Bodenwertverzinsungsbetrag						
Marktwert	5,75 %		von 300 000 €	– 17 250 €		
Beleihungswert	7,00 %		von 300 000 €		– 21 000 €	– 21 000 €
Jahresreinertrag				20 030 €	16 280 €	16 280 €
Vervielfältiger						
Marktwert	bei 40 Jahren	Liegenschaftszinssatz	5,75 %	15,53		
Beleihungswert	bei 40 Jahren	Kapitalisierungszinssatz	7,00 %		13,33	13,33
				311 126 €	217 040 €	217 040 €
+ Bodenwert				800 000 €	800 000 €	300 000 €
Ertragswert des Grundstücks				**1 111 126 €**	**1 017 040 €**	**517 040 €**
Differenz:					Δ = 500 000 €	

167 Wenn Grundstücke übergroß sind, die übergroßen Flächen aber nicht selbständig verwertbar sind, besteht die Gefahr, in die „Reinertragsfalle" zu laufen, d.h., durch den Verzinsungsbetrag eines relativ hohen Bodenwerts wird der Jahresreinertrag der baulichen Anlagen negativ. Dann müsste nach § 16 Abs. 3 ImmoWertV oder § 13 BelWertV das **Liquidationswertverfahren** angewandt werden, mit der Folge, dass ein Beleihungsobjekt, das ohne Berücksichtigung der Übergröße einen positiven Ertragswert generiert und dessen Erträge auch kapitaldienstfähig sind, wie Rückbau (Abriss) berechnet wird. Hier erscheint es sinnvoll, die Teilfläche, die nicht den Erträgen zuzuordnen ist, nicht in die Bewertung einzubeziehen.

168 Dies kann beispielsweise bei **Wohnungsgrundstücken mit einem hohen Parkanteil** oder bei gewerblichen Grundstücken mit einem hohen Anteil an Reservebauland, das nicht selbständig verwertbar ist, der Fall sein.

4.3.1.3 Rohertrag (§ 10 BelWertV)

169 Als Jahresrohertrag wird in der Beleihungswertermittlungspraxis die **Nettokaltmiete** angesetzt, und zwar die nachhaltig erzielbare Kaltmiete, die das Objekt bei ordnungsgemäßer Bewirtschaftung und zulässiger Nutzung jedem Eigentümer nachhaltig gewähren kann.[30] Als „nachhaltiger" Ertrag wird – wie nach den Grundsätzen der ImmoWertV – der aktuell marktüblich erzielbare Ertrag angesetzt, der mit dem Kapitalisierungszinssatz „vernachhaltigt" wird (vgl. § 14 ImmoWertV Rn. 148, 161 ff.; Syst. Darst. des Ertragswertverfahrens Rn. 6, 22 ff.; § 17 ImmoWertV Rn. 11 f.).

170 In der Vergangenheit wurde unter **Nettokaltmiete** auch der Jahresreinertrag des Grundstücks und unter Rohertrag die Bruttomiete verstanden[31].

171 Die für die Beleihungswertermittlung zu berücksichtigende **Mietkategorie** wird aus folgender Struktur abgeleitet:

Inklusive-Miete	Kosten für Möblierung, umlagefähige Betriebskosten, auch Heizung, Warmwasser,
Bruttowarmmiete	umlagefähige Betriebskosten auch für Heizung und Warmwasser,
Bruttokaltmiete	umlagefähige Betriebskosten,
Nettokaltmiete	Bewirtschaftungskosten (Verwaltungskosten, Instandhaltungskosten, Mietausfallwagnis, Kosten der nichtumlagefähigen Betriebskosten, Modernisierungs-/Revitalisierungsrisiko).

172 Die Mieten sind nachhaltig, dauerhaft und spekulationsfrei anzusetzen. Die Herleitung des Mietansatzes erfolgt aus dem Mietverlauf der Vergangenheit und bildet einen Trend für die Zukunft ab. Nachhaltige Mietansätze sind keine **„Krisenmieten"**. So wird der Unterschied zwischen aktuellen Marktmieten und dem Mietansatz für den Beleihungswert in Boomzeiten um so größer sein, je höher die Nachfrage und damit je höher die aktuellen Mieten sind; die Differenz wird umso kleiner sein, je mehr die Marktentwicklung am Tiefpunkt angelangt ist. Die Problematik des strukturellen Leerstands ist dann gesondert zu betrachten.

173 Der **Mietansatz im Ertragswertverfahren für den Beleihungswert folgt den Regeln**:
- Der Mietansatz übersteigt nicht die ortsübliche Miete.
- Der Mietansatz übersteigt nicht die tatsächliche Miete.

---

[30] Die ImmoWertV enthält diesbezüglich mit § 19 Abs. 1 eine klarstellende Regelung, nach der die durch Umlagen gedeckten Betriebskosten bei dem Ansatz der Bewirtschaftungskosten unberücksichtigt bleiben, wenn von der Nettokaltmiete ausgegangen wird (vgl. Syst. Darst. des Ertragswertverfahrens Rn. 97 ff.; § 19 ImmoWertV Rn. 7 ff.). Eine entsprechende klarstellende Regelung fehlt in der BelWertV.

[31] Vgl. Kerl, Bankaufsichtliche Anforderungen an den Realkredit, München, 2002, Seite 111 und Rüchardt, Der Beleihungswert, Frankfurt am Main, 2001, S. 31.

Systematik
Beleihungswertermittlung X

- Der Mietansatz liegt über der tatsächlichen Miete, aber maximal bei der Marktmiete, wenn nach baldigem Mietvertragsablauf sicher steigende Mieten angenommen werden können und der Mietausfall durch eine vorsichtige *Underrent*berechnung gewürdigt wird.

Der im letzten Anstrich genannte Ansatz kann nur dann greifen, wenn die bisherigen Mietverhältnisse mit *Underrent*-Mieten absehbar auslaufen und neue Mietverträge mit ortsüblichen Mieten bereits vorliegen. Ansonsten würde eine Kapitaldienstfähigkeit aus dem Objekt heraus vorgetäuscht, die ohne vorliegende Mietverträge spekulativ wäre. In diesem Zusammenhang ist auf das Vorgehen bei vorübergehendem Leerstand zu verweisen.

Die Nachhaltigkeit des Ansatzes wird deutlich, wenn die vergangene Mietentwicklung betrachtet wird. Eine Analyse der Vergangenheit zeigt die Marktschwankungen auf. An den Niedrigwerten kann sich bei der Beleihungswertermittlung orientiert werden. Abb. 20 zeigt beispielhaft den risikoarmen Ansatz einer an der vergangenen Mietentwicklung gespiegelten Nettokaltmiete zum Jahr 5 oder zum Jahr 10.

Abb. 20: Nachhaltige Nettokaltmiete für die Beleihungswertermittlung

Jahr	1	2	3	4	5	6	7	8	9	10	11
Nettokaltmiete Region Durchschnitt p.a.	10,00 €	10,50 €	11,00 €	11,00 €	10,50 €	11,00 €	12,00 €	13,00 €	10,00 €	10,50 €	11,00 €
Nachgewiesene Nettokaltmiete Miete Objekt	12,00 €	12,00 €	12,00 €	12,00 €	12,00 €	13,00 €	13,00 €	13,00 €	13,00 €	10,50 €	10,50 €
Ansatz Miete Beleihungswert Stichtag Jahr 10										10,50 €	10,50 €
Ansatz Miete Beleihungswert Stichtag Jahr 5					10,00 €	10,00 €	10,00 €	10,00 €	10,00 €	10,00 €	10,00 €

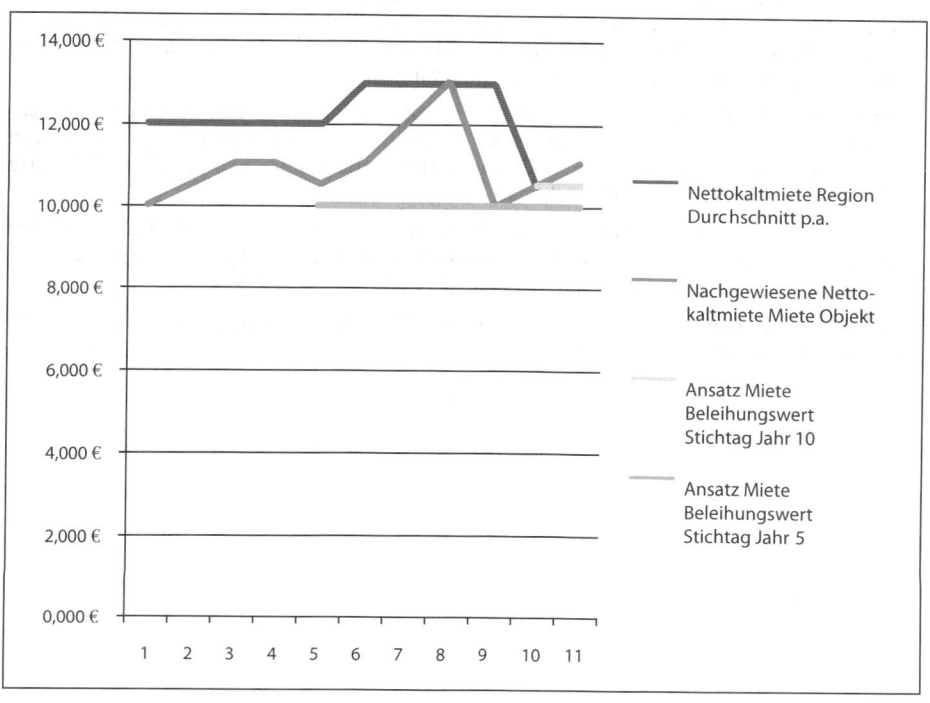

X Beleihungswertermittlung — Systematik

Abb. 21: Nachhaltigkeit des Mietansatzes im Beleihungswert

174 Erwartete, aber nicht sicher vereinbarte Mietansätze müssen unberücksichtigt bleiben. Offensichtlich nicht dauerhafte Mieten sind zu kürzen. **Overrentberechnungen** sind bei der Beleihungswertermittlung nicht zulässig[32].

175 Für gewerbliche Vermietung wird ggf. Mehrwertsteuerzahlung vereinbart. Diese bleibt beim Mietansatz unberücksichtigt. Die **Mehrwertsteuer** ist eine vom Vermieter an das Finanzamt abzuführende, durchlaufende Steuer, die den Ertragswert insoweit nicht beeinflusst.

176 Der Zusammenhang zwischen der **Kapitaldienstfähigkeit** aus den Erträgen des Beleihungsobjekts und dem Mietansatz für die Beleihungswertermittlung ist ein weiteres Kriterium für die Nachhaltigkeit des Beleihungswerts. Der Mietansatz in der Beleihungswertermittlung fließt in weitere Prozessschritte der Kreditbearbeitung ein:

- Prüfung der Kapitaldienstfähigkeit aus den Erträgen des Objekts nicht nur über den Zeitraum aktueller Mietverträge, sondern über den Zeitraum der Laufzeit des (Real-)Kredites; dabei werden im Gegensatz zur Ertragswertermittlung nur die liquiditätswirksamen Bewirtschaftungskosten berücksichtigt.
- Eintrag des Jahresrohertrags und des um die liquiditätswirksamen Bewirtschaftungskosten bereinigten Jahresreinertrags des Grundstücks in immobilienbezogene *Rating*systeme der Bank, um die Ausfallwahrscheinlichkeit eines Kredites zu beurteilen.

177 Daher darf die **Kreditlaufzeit eines Realkredits** die Restnutzungsdauer der baulichen Anlagen nicht überschreiten.

---

[32] Vgl. § 16 PfandBG, vgl. Rüchardt, a.a.O., S. 34.

Abb. 22: Nettokaltmiete und Kapitaldienstfähigkeit

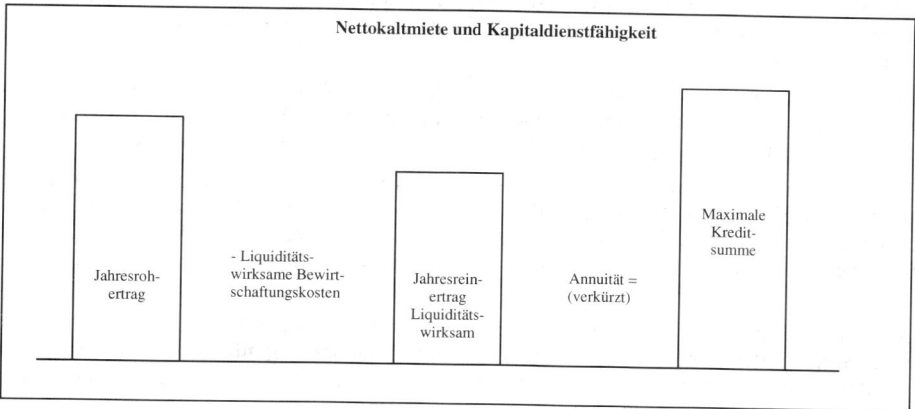

Die **Nachhaltigkeit des Mietansatzes** wird durch   178
- die Höhe des Gesamtmietbetrags,
- die breite Nutzungsmöglichkeit,
- die Möglichkeit der Nutzung für jeden Besitzer,
- staatliche Eingriffe durch Subventionen oder steuerliche Regelungen

beeinflusst.

Die Berücksichtigung von Bruttomieten ist vom Grundsatz auch bei Ansatz der Nettokaltmieten notwendig. Für den Realkredit ist die Gesamtleistung aus dem Gebäude notwendig zu würdigen. So ist die Größenordnung von auf den Mieter umlagefähigen Betriebs- und Bewirtschaftungskosten bei der Beurteilung der Nachhaltigkeit des Mietansatzes an üblichen Marktkosten zu spiegeln und bei deutlich über der Markt- und Objektüblichkeit liegenden umlagefähigen Betriebs- und Bewirtschaftungskosten ggf. der Nettokaltmietansatz zu korrigieren. Bei üblichen Nettokaltmietverträgen mit Betriebskostenvorauszahlung, die in ihrer Höhe den ortsüblichen Preisen entsprechen, wird diese Prüfung eher entbehrlich. Bei Gebäuden mit baulichen Besonderheiten oder besonderen Services wird eine differenzierte Betrachtung mit dem Ziel notwendig sein, **atypische Belastungen** in geeigneter Weise zu berücksichtigen[33].   179

Die Nachhaltigkeit der Miete ist an die langfristige und breite Nutzungsmöglichkeit gebunden. Die Drittverwendungsfähigkeit der Immobilie im engen Sinne wird neben dem Ansatz der wirtschaftlichen Restnutzungsdauer, dem Ansatz eines risikoadäquaten Kapitalisierungszinssatzes auch durch die Herleitung des nachhaltigen Mietansatzes dokumentiert. Je mehr **Besonderheiten** das Grundstück nach Lage, Zuschnitt, Bebauung oder in der Nutzungsart, für die keine breite Nachfrage angenommen werden kann, aufweist, desto kritischer ist die Prüfung der Nachhaltigkeit durchzuführen[34].   180

§ 10 stellt auf die Eigenschaft der Nachhaltigkeit ab, dass der anzusetzende Rohertrag durch jeden Besitzer bei ordnungsgemäßer Bewirtschaftung und zulässiger Nutzung erzielt werden kann. Damit ist die Drittverwendungsfähigkeit der Immobilie im weiten Sinne angesprochen. Das Grundstück muss jedem Besitzer bei ordnungsgemäßer Bewirtschaftung die Erträge gewähren. Damit steht nicht die spezielle Nutzungsart des Beleihungsobjekts im Vordergrund, sondern die notwendig vorhandenen speziellen Fähigkeiten eines Besitzers zur Nutzung dieser Immobilie. Es sollen solche Nutzungsarten ausgeschlossen werden, die so spezielle Eigenschaften, Erfahrungen und Kenntnisse des Besitzers erfordern, dass für die Zukunft kein hinreichendes Interesse am Erwerb des Grundstücks zu erwarten ist. Somit sol-   181

---
33 Vgl. Kerl, a.a.O., S. 112.
34 Vgl. Kerl, a.a.O., S. 113 f.

X Beleihungswertermittlung   Systematik

len **persönliche Umstände** bei der Beurteilung der Immobilie als Beleihungsgegenstand ausgeschlossen werden. Maßgeblich ist deshalb, ob in der jeweiligen Branche ein hinreichend großer Kreis von erwerbswilligen Marktteilnehmern, und damit ein Teilmarkt mit hinreichend großer Nachfrage existiert.

182 Ist ein solcher Kreis von Marktteilnehmern vorhanden, aber das Objekt aufgrund seines Zustands in seiner **Nachhaltigkeit eingeschränkt**, so sind die Maßnahmen zur Herstellung der dauernden Ertragsfähigkeit bei der Beleihungswertermittlung zu berücksichtigen.

183 Somit spielt insbesondere bei gewerblich genutzten Immobilien die **Branchensituation** eine erhebliche Rolle bei der Beurteilung der Nachhaltigkeit der Erträge. Je sicherer die Rentabilität eines Unternehmens eines Wirtschaftszweigs einzuschätzen ist, desto kleiner kann der Kreis der Marktteilnehmer sein, die sich für eine Drittverwendung der Immobilie interessieren[35].

184 Die unmittelbare oder mittelbare staatliche Einflussnahme stellt bei der Beurteilung der Nachhaltigkeit des Rohertrags ein deutliches Problem dar. Beim **geförderten Wohnungsbau** gewährt der Staat verlorene Investitionskostenzuschüsse, Investitionszuschüsse zur laufenden Miete, zinsverbilligte Darlehn oder er fördert den Mieter.

Abb. 23: Berücksichtigung der Investitionsförderung in der Beleihungswertermittlung

```
Berücksichtigung der Investitionsförderung in der Beleihungswertermittlung
        Ziel: Investitionsförderung im geförderten Wohnungsbau
                              durch

        „verlorene" Investitions-(Bau-)Kostenzuschüsse

        Laufende Investitionskostenzuschüsse als
                    „Zuschuss zur Miete"

        Zinsverbilligte Darlehn i.V.m. Mietpreisbindung

        Förderung des Mieters

In der Beleihungswertermittlung bleiben diese Förderungen unbeachtlich.
Lediglich die laufenden Investitionskostenzuschüsse als Zuschuss zur Miete werden bei der
                Nachhaltigkeit des Rohertrags gewürdigt.
```

185 Für die Beleihungswertermittlung ist der laufende **Investitionskostenzuschuss** zu beurteilen. Der Mietansatz im Beleihungswert ist maximal bis zur Höhe der ortsüblichen Miete zulässig. Die darüber hinausgehende Höhe der Förderung bleibt unberücksichtigt. Damit wird der möglichen Gefahr Rechnung getragen, dass bei Abbau der Fördervergünstigungen das Objekt unrentabel und die Kreditforderung möglicherweise uneinbringlich wird. Diese Subventionen sind keine nachhaltigen Erträge i.S. der für jeden Besitzer aus dem Objekt realisierbaren nachhaltigen Mieteinnahmen. In der Vergangenheit wurde am Markt beobachtet, dass nach Wegfall von Subventionen und dem Fehlen einer Anschlussförderung der Markt nur geringe Möglichkeiten zuließ, das Niveau der gebundenen Miete zu überwinden und Mieterhöhungen durchzusetzen. Vielmehr hatte der Markt das Niveau der gebundenen Miete erreicht.

186 Auch **Steuermodelle,** die einen direkten Investitionsanreiz für den jeweiligen Eigentümer bilden, sind als ungewöhnliche Verhältnisse von der Beleihungswertermittlung zu trennen. Dies

---
35 Vgl. Kerl, a.a.O., S. 113 f.

betrifft die Möglichkeit der Geltendmachung von negativen Einkünften aus Vermietung und Verpachtung, die Möglichkeit besonderer AfA-Lösungen oder die Gewährung von Investitionszuschüssen.

§ 10 Abs. 2 BelWertV verweist bei pachtorientierten Objekten auf die Anwendung der **Pachtwertmethode.** Insbesondere im Falle von Hotels, Kliniken, Pflegeheimen und Objekten mit vergleichbarer Nutzung sind die Roherträge auf der Basis vorsichtig angenommener, durchschnittlich erzielbarer Umsätze pro Zimmer oder Bett herzuleiten. Es versteht sich von selbst, dass bei weiteren pachtorientierten Objekten, wie Sport- und Freizeitobjekten, Gastronomieeinrichtungen, Tankstellen und anderen Nutzungen eine sinnvolle und marktübliche Vergleichsgröße für die Ermittlung einer nachhaltigen Pacht verwendet wird. Es wird auf durchschnittlich erzielbare Umsätze abgestellt, von denen durch einen markt- und branchenüblichen Pachtansatz der Rohertrag ermittelt wird. Dabei soll die langfristige Beurteilung (in der Praxis mindestens im dreijährigen Vergleich) herangezogen werden. Die markt- und branchenüblichen Pachtansätze sind mit den aktuellen Gewinn- und Verlustrechnungen oder bei Neubauten mit einer Ertragsvorausschau, jeweils über einen Zeitraum von mindestens drei Jahren, abzugleichen, um den Nachweis zu erhalten, dass aus dem Objekt die hergeleitete Pacht erzielt werden kann. Unterschreitet die tatsächlich wirtschaftlich mögliche Pacht aus dem Objekt die markt- und branchenübliche Pachthöhe, so ist die tatsächliche Pacht in der Beleihungswertermittlung anzusetzen. **187**

Dies betrifft insbesondere **Betreiberimmobilien** wie Kliniken, Pflegeheime, Hotels, Sport- und Freizeitimmobilien, deren langfristiger Ertrag unabhängig von den Fähigkeiten des einzelnen Betreibers auf eine langfristige, ggf. auch anderweitige Nutzungen abzustellen ist (vgl. Teil VI). **188**

Bei der **Plausibilisierung des Pachtansatzes** aus der Gewinn- und Verlustrechnung (GuV) ist zu beachten, dass **189**

— bestimmte, der Immobilie zurechenbare Kosten in der GuV enthalten sind, wie Instandhaltungskosten der baulichen Anlagen, Verwaltungskosten der Immobilie, AfA für Inventar,
— im Pachtansatz der Betreibergewinn berücksichtigt werden muss.

Der Plausibilisierung kann folgendes **Schema** zugrunde gelegt werden: **190**

	Erlös
−	Personal- und Sachkosten
	Betriebsergebnis 1
+	ggf. Instandhaltungskosten (werden bei Bewirtschaftungskosten berücksichtigt)
+	ggf. Verwaltungskosten der Immobilie (werden bei Bewirtschaftungskosten berücksichtigt)
−	Betreibergewinn
−	AfA für Inventar (da dieses eine kürzere RND als die Immobilie hat)
	möglicher Pachtansatz
÷	Anzahl der Einheiten
	möglicher Pachtansatz je Einheit als Vergleichswert

Bei **Industriegrundstücken** ist in jedem Fall die langfristige Ertragsfähigkeit der Immobilie für eine Realkreditfähigkeit zu prüfen. Nur wenn die Ertragsfähigkeit auch für einen anderen Besitzer bei ordnungsgemäßer Bewirtschaftung gesichert wäre, könnte die Nachhaltigkeit der Erträge abgeleitet werden. Ist dies nicht gesichert, scheidet eine Bewertung i.S. der BelWertV aus. Ist der dauerhafte Grundstücksertrag nicht bezifferbar, so fehlt auch die Beleihbarkeit. Industriegrundstücke können immer dann beliehen werden, wenn neben einem Sachwert auch ein Ertragswert des Grundstücks ermittelt werden kann. Die Verwendung von Buchwerten für die Ermittlung eines Sicherheitswerts für den Personalkredit ist mit den Realkreditgrundsätzen nicht vereinbar[36]. **191**

---

36 Vgl. Kerl, a.a.O., S. 118.

X Beleihungswertermittlung

192 Die Erträge aus **Leasingobjekten** sind nicht als nachhaltige Erträge i.S. des § 10 anzusehen. Hier spielen die Interessen der jeweiligen *Leasing*partner eine dominierende Rolle, mit der *Leasing*rate sind ggf. nicht nur Leistungen für die baulichen Anlagen abgegolten. Daher sind die *Leasing*raten für eine Beurteilung der Nachhaltigkeit der Ertragsfähigkeit des Grundstücks ungeeignet. Es ist auf Erträge bei nachhaltiger Verwertbarkeit im gewöhnlichen Geschäftsverkehr abzustellen.

193 Die **Leerstandsproblematik** und deren Auswirkung auf den Rohertrag wird in § 10 Abs. 3 BelWertV geregelt (vgl. § 8 ImmoWertV Rn. 319 sowie § 19 ImmoWertV Rn. 164). Zu unterscheiden sind

- fluktuationsbedingte (kurzzeitige) Leerstände,
- vorübergehende (länger andauernde) Leerstände und
- strukturelle (lang andauernde) Leerstände,

wobei der strukturelle Leerstand in aller Regel lang anhaltend oder auf Dauer gegeben ist. § 10 Abs. 3 BelWertV unterscheidet zwar begrifflich zwischen „strukturelle oder lang andauernde Leerstände", jedoch ist auch der „lang andauernde Leerstand" i.d.R. ein struktureller Leerstand.

194 Kurzzeitige Leerstände werden üblicherweise durch das **Mietausfallwagnis** (§ 11 Abs. 5 BelWertV) berücksichtigt.

195 Ein **vorübergehender, länger anhaltender Leerstand** wird nach einem markt- und branchentypischen Vermietungszeitraum nicht durch den Markt absorbiert. Dabei besteht aufgrund der Marktentwicklung und des Charakters und Zustands des Objekts auf absehbare Zeit die Chance der Wiedervermietung. Dies kann beispielsweise bei Büroflächen ein Zeitraum von bis zu zwei Jahren sein. Die Vermietungschance ist auf diesen Zeitraum und ohne gesicherte Mietverträge spekulativ. Somit sind die Erträge dieser Flächen in einer Ertragswertermittlung für den Beleihungswert nicht anzusetzen. Zusätzlich sind Kosten für die Bewirtschaftung dieser Flächen zu berücksichtigen. Der hier bestehende Zusammenhang zwischen fehlender Kapitaldienstfähigkeit aufgrund fehlenden nachhaltigen Ertrags aus dem Objekt ist offensichtlich und schränkt die Realkreditvergabe auf die tatsächlich als nachhaltig hergeleiteten Erträge ein. Daher könnte in Analogie zu unfertigen Objekten für diese Zustände ein Zustands-Beleihungswert (nach § 4 Abs. 6 BelWertV) ermittelt werden, der den Ist-Zustand der Vermietungssituation darstellt. Diese Darstellung des Beleihungswerts ist risikoadäquat. Bei Abbau der Leerstände kann (auch im Voraus auf den Zustand bei Vollvermietung abgestellt) ein endgültiger Beleihungswert ermittelt werden.

In der Literatur[37] wird auch die Möglichkeit erwogen, bei vorübergehenden oder länger andauernden Leerständen einen Wiedervermietungszeitraum nach den Marktgegebenheiten zu schätzen und nur diesen Ertragsverlust kapitalisiert als Wertminderung im Beleihungswert zu berücksichtigen und den Zustands-Beleihungswert auf diese Weise zu ermitteln. Diese Vorgehensweise hat den Vorteil, auch im teilvermieteten Ist-Zustand (übrigens dann in Analogie zum Marktwert) einen höheren Beleihungswert auszuweisen, der Basis für Kredit*pricing* und Kredit*rating* ist und zu günstigeren Konditionen führen kann. Nachteilig ist, dass die tatsächliche Kapitaldienstfähigkeit des Objekts für den Realkredit durch Ansatz des Rohertrags auch für die nicht vermieteten Flächen im Ertragswert verschleiert wird. Darüber hinaus besteht ein Nichteintritts-Risiko der getroffenen Annahmen: Wenn sich die Flächen wider Erwarten als nicht vermietbar herausstellen, ist auch der Zustandswert bei endgültiger Festsetzung zu mindern. Da der Zustandswert deckungsfähig ist, ergibt sich daraus ein Deckungsstock-Risiko.

Vorübergehende Leerstände können auch Leerstände sein, die in einem funktionierenden Markt durch Fluktuation oder mietfreie Zeiten oder Anlaufvermietung bei Projekten entstehen, aber nicht durch das Mietausfallwagnis ausreichend gewürdigt werden. Hier ist durch

---

[37] Crimmann/Rüchardt, Der Beleihungswert, Berlin 2008, S. 122 f.

nachgewiesene Mietvertragsregelungen sicher, dass eine Erst- oder Wiedervermietung im üblichen Vermietungszeitraum erfolgt. Die entstehenden Ertragsverluste setzen sich aus den Mietminderträgen und den anteiligen Kosten für Bewirtschaftung, Betrieb, Vermarktung und ggf. Restfertigstellung zusammen, die als wertmindernder Barwert vom Ertragswert des Grundstücks bei unterstellter Vollvermietung abgezogen werden.

Bei der Ermittlung des Marktwerts (Verkehrswert) kann der Annahme gefolgt werden, dass der Leerstand in absehbarer Zeit behoben wird und eine Ertragsentwicklung unter bestimmten Annahmen stattfindet. Die barwertige **Bewertung des Mietausfalls** wird üblicherweise durch eine partielle Barwertberechnung gestützt. **196**

Als **strukturelle (lang anhaltende) Leerstände** werden solche beschrieben, bei denen wesentliche oder die gesamten Erträge des Objekts wegen Leerstand nicht nur auf absehbare Zeit, sondern überhaupt nicht mehr erzielt werden können. Diese Flächen sind in die Ertragsbetrachtung nicht einzubeziehen. Zusätzlich sind die entstehenden Kosten für die Bewirtschaftung dieser Flächen auf die ggf. noch vorhandenen Erträge anzurechnen. **197**

4.3.1.4 Bewirtschaftungskosten (§ 11 BelWertV)

▶ *Vgl. hierzu § 19 ImmoWertV Rn. 1 ff.; Syst. Darst. des Ertragswertverfahrens Rn. 198 ff.*

Der Jahresreinertrag des Grundstücks wird durch Abzug der nicht umlagefähigen Bewirtschaftungskosten ermittelt. Die nicht umlagefähigen Bewirtschaftungskosten sind **198**

– Verwaltungskosten (§ 11 Abs. 3 BelWertV),
– Instandhaltungskosten (§ 11 Abs. 4 BelWertV),
– Mietausfallwagnis (§ 11 Abs. 5 BelWertV),
– nicht umlagefähige Betriebskosten (§ 11 Abs. 6 BelWertV),
– Modernisierungsrisiko (§ 11 Abs. 7 BelWertV).

Der Ansatz des *Modernisierungsrisikos* ist begrifflich zwar nicht den Bewirtschaftungskosten zuzurechnen (vgl. II. BV), wird aber im Rahmen der Beleihungswertermittlung den Bewirtschaftungskosten zugeordnet.

Die Bewirtschaftungskosten dürfen den Mindestansatz von 15 % des Jahresrohertrages nicht unterschreiten. Da bei unterschiedlichen Nutzungen für jede Nutzung getrennt der Jahresrohertrag (§ 10 Abs. 1 Satz 4 BelWertV), die Bewirtschaftungskosten (§ 11 Abs. 1 Satz 1 i.V.m. § 10 Abs. 1 Satz 4 BelWertV), aber auch der Kapitalisierungszinssatz (§ 12 Abs. 4 Satz 2 BelWertV) und damit konsequenterweise auch der nach dem Rohertrag gewichtete Bodenwertanteil je Nutzung ermittelt werden und somit für jede Nutzung ein Teil-Ertragswert ermittelt wird, bezieht sich der Bewirtschaftungskostenanteil von mindestens 15 % auf jede Nutzung einzeln. Dies wird abgeleitet aus § 11 Abs. 2 Satz 3 BelWertV: „Die Mindesthöhe für die Bewirtschaftungskosten insgesamt beträgt 15 % des Rohertrags." Der Rohertrag ist nach § 10 je Nutzung zu ermitteln.

Würde die Systematik der Betrachtung auf Nutzungsebene durchbrochen und der Mindestbewirtschaftungskostenansatz auf den Rohertrag aller Nutzungen bezogen, hätte dies zur Konsequenz, dass Nutzungen mit geringeren Bewirtschaftungskosten Nutzungen mit höheren Bewirtschaftungskosten subventionieren. Dies würde dem Vorsichtigkeitsprinzip der Beleihungswertermittlung widersprechen.

Diese Bewirtschaftungskostenanteile sind einzeln, „aus langfristiger Markterfahrung gewonnen" zu ermitteln. Als Orientierung gilt hierfür die **Anl. 1 der BelWertV**, die Einzelkostenansätze für die einzelnen Elemente der Bewirtschaftungskosten ausweist. Als aus langfristiger Marktbeobachtung gewonnene Ansätze können ebenfalls die Angaben nach der Betriebskosten-Verordnung gelten. **199**

§ 11 Abs. 1 BelWertV enthält den Hinweis, dass die beim Vermieter verbleibenden Bewirtschaftungskosten anzurechnen sind. Damit wird der Unterschied zu den beim Eigentümer **200**

X Beleihungswertermittlung — Systematik

verbleibenden Bewirtschaftungskosten hervorgehoben. Der Unterschied ist insbesondere beim **Nießbrauch** zu beachten.

Abb. 24: Zusammensetzung der Bewirtschaftungskosten nach § 11 BelWertV

Systematik   Beleihungswertermittlung X

Abb. 25: Zulässige Bandbreiten für Bewirtschaftungskosten nach Anl. 1 BelWertV

Bandbreite der Einzelkostenansätze für die Ermittlung der Bewirtschaftungskosten	
Verwaltungskosten	
a) Wohnungsbau Bandbreiten der Kosten, kalkuliert auf Basis der Einheiten: – Wohnungen: – Garagen: b) Gewerbliche Objekte Bandbreite:	 200,00 bis 275,00 Euro 25,00 bis 50,00 Euro 1 bis 3% des Jahresrohertrages
In jedem Einzelfall ist darauf zu achten, dass der ausgewiesene absolute Betrag unzweifelhaft für eine ordnungsgemäße Verwaltung angemessen ist.	
Instandhaltungskosten	
Kalkulationsbasis: Herstellungskosten pro m² Wohn- oder Nutzfläche (ohne Baunebenkosten und Außenanlagen). Die untere Grenze der Bandbreite muss in der Regel für neue, die obere Grenze für ältere Objekte angemessen sein. Objektzustand, Ausstattungsgrad und Alter sind bei der Bemessung der Instandhaltungskosten zu berücksichtigen.	
a) z.B. Lager und Produktionshallen mit Herstellungskosten von 250,00 bis 500,00 Euro/m²: 0,8% bis 1,2%,	absolute Untergrenze: 2,50 Euro/m²
b) z.B. gewerbliche Objekte einfachen Standards und SB-Verbrauchermärkte mit Herstellungskosten von mehr als 500,00 Euro/m²: 0,8% bis 1,2%,	absolute Untergrenze: 5,00 Euro/m²
c) z.B. Wohngebäude und gewerbliche Gebäude mit mittleren Standard und Herstellungskosten von mehr als 1 000,00 Euro/m²: 0,5% bis 1%,	absolute Untergrenze: 7,50 Euro/m²
d) z.B. hochwertige Büro- und Handels- sowie andere gewerbliche Objekte mit Herstellungskosten von mehr als 2 000,00 Euro/m²: 0,4% bis 1%,	absolute Untergrenze: 9,00 Euro/m²
e) Garagen und Tiefgaragenstellplätze: 30,00 bis 80,00 Euro	je Stellplatz
Mietausfallwagnis	
a) Wohnungsbau:	2% oder mehr
b) Gewerbliche Objekte:	4% oder mehr
Modernisierungsrisiko	
Berechnungsbasis sind die Herstellungskosten (ohne Baunebenkosten und Außenanlagen)	
a) *kein Modernisierungsrisiko* (z.B. normale Wohnhäuser, kleinere Wohn- und Geschäftshäuser, kleine und mittlere Bürogebäude Lager und Produktionshallen):	0 % bis 0,3 %
b) *geringes Modernisierungsrisiko* (z.B. größere Bürogebäude, Wohn-, Büro- und Geschäftshäuser mit besonderen Ausstattungsmerkmalen, Einzelhandel mit einfachem Standard):	0,2 % bis 1,2 %
c) *höheres Modernisierungsrisiko* (z.B. innerstädtische Hotels, Einzelhandel mit höherem Standard, Freizeitimmobilien mit einfachem Standard):	0,5 % bis 2 %
d) *sehr hohes Modernisierungsrisiko* (z.B. Sanatorien, Kliniken, Freizeitimmobilien mit höherem Standard, Hotels und Einzelhandelsobjekte mit besonders hohem Standard):	0,75 % bis 3 %

Die zulässigen **Bandbreiten nach Anl. 1 BelWertV** sind zunächst verbindlich einzuhalten. **201**
Eine Unterschreitung ist nicht zulässig. Gleichwohl bleibt der Spielraum der Darstellung eines höheren Objektrisikos erhalten, indem bei besonderen Umständen des Einzelfalls ein höherer Ansatz gefordert wird. Dies können

– höhere Verwaltungskosten, z. B. bei einem Quartier mit höherer Fluktuation,

– höhere Instandhaltungskosten, z. B. bei einem Objekt mit problematischer Sozialstruktur,

– höhere, nicht umlagefähige Betriebskosten, z. B. durch die Gestaltung des Mietvertrags,

sein. Ein erkennbares, aktuelles Mietausfallwagnis ist gesondert darzustellen. Symptome sind auslaufende, nicht verlängerte Mietverträge, mangelnde Instandhaltung durch Mieter oder Vermieter oder zunehmender Leerstand wegen Verschiebung des Marktes.

Nach § 11 Abs. 2 BelWertV wird das erkennbare, **aktuelle Mietausfallwagnis,** welches über **202**
dem angesetzten Erfahrungssatz (von mindestens 2 % bei Wohnen und 4 % bei Gewerbe) liegt, durch gesonderten Wertabschlag in Höhe des Ausfalls angesetzt. Somit würde die Differenz zwischen üblichem Mietausfallwagnis und dem erhöhten Mietausfallwagnis als barwertig betrachteter Mietausfall (kapitalisierte Mietdifferenz) unter der Rubrik „Besondere wertbestimmende Faktoren" vom Ertragswert abgezogen (vorübergehender Leerstand).

X Beleihungswertermittlung — Systematik

Abb. 26: Entscheidungsbaum, Bewertung von Leerstandsflächen für Beleihungswertermittlung

203 Zu beachten ist, dass sich die Ansätze bei Instandhaltungskosten und Modernisierungsrisiko auf Herstellungskosten/m² Wohn- oder Nutzfläche beziehen, nicht auf BGF. Der Systembruch entsteht durch den Bezug der Erträge auf Wohn- oder Nutzfläche und der Normalherstellungskosten auf BGF. Folglich sind die im Sachwertverfahren verwendeten Normalherstellungskosten je m² BGF auf Herstellungskosten je m² Wohn- oder Nutzfläche umzurechnen. Die Ermittlung erfolgt jeweils ohne Berücksichtigung der Baunebenkosten und der Außenanlagen.

204 Für die Beleihungswertermittlung gilt, möglichst alle – auch zukünftigen – potenziell den nachhaltigen Ertrag mindernden **Risiken** angemessen in die Wertfindung einzubeziehen. Daher ist die Festlegung des Mindestbewirtschaftungskostenansatzes auf Basis der Nettokaltmiete in Höhe von 15 % sachlich gerechtfertigt und zweckmäßig.

205 Der Nachweis dieser tatsächlichen oder kalkulierten Bewirtschaftungskosten ist in der Praxis nicht immer gegeben. Dies kann beispielsweise daran liegen, dass die Kosten nicht für ein Einzelobjekt erhoben werden, sondern nur für ein Portfolio. Hier kann aus vergleichenden Betrachtungen der angemessene Bewirtschaftungskostenansatz ermittelt werden.

206 Vor allem bei älteren Gebäuden oder **niedrigen Nettokaltmieten** wird der Mindestansatz von 15 % häufig deutlich überschritten. Bei neu vermieteten Büro- oder Handelsobjekten in zentralen Lagen bleiben die Bewirtschaftungskosten nach Einzelansatz auch unter 15 % der

Nettokaltmiete. Dann greift die Mindestgrenze. Da das Modernisierungsrisiko als Bestandteil der Bewirtschaftungskosten zu berücksichtigen ist, relativiert sich auch diese Mindestgröße.

Verwaltungskosten und Instandhaltungskosten können in Analogie zu § 19 ImmoWertV angesetzt werden (vgl. § 19 ImmoWertV Rn. 57 ff. und 105 ff.). 207

Der Wortlaut des § 11 Abs. 4 Satz 2 BelWertV definiert die **Instandhaltungskosten** als „die laufende Instandhaltung und regelmäßige Instandsetzung der baulichen Anlage" umfassende Kosten. Die Instandhaltungskosten werden mit § 11 Abs. 4 BelWertV identisch zu § 19 Abs. 2 Nr. 2 ImmoWertV definiert. 208

Hierbei handelt es sich um Kosten, die zur Erhaltung des bestimmungsgemäßen Gebrauchs der baulichen Anlagen während ihrer Nutzungsdauer in Folge von Abnutzung, Alterung und Witterung aufgewendet werden müssen (Bezug zur DIN 31051: Bewahrung und Wiederherstellung des Sollzustands). Sie umfassen die laufende Instandhaltung und die regelmäßige Instandsetzung (einschließlich Ersatz) der baulichen Anlagen, jedoch nicht deren Modernisierung. Der Ansatz der Instandhaltungskosten in der Beleihungswertermittlung ist unter Würdigung des vorgefundenen Objektzustands auf den langjährigen Durchschnitt eines Objekts auszurichten. Während bei Neubauten die Aufwendungen anfangs gering sind, steigen sie mit zunehmendem Gebäudealter. Ein zum Wertermittlungsstichtag erkennbarer, **akuter Instandhaltungsstau** ist nicht den Instandhaltungskosten zuzuführen, sondern als gesonderter Wertabschlag in Höhe der erwarteten Aufwendungen zu berücksichtigen. 209

Die in Anl. 1 BelWertV abgebildeten **Bandbreiten für Instandhaltungskosten** heben auf diesen Zusammenhang ab. 210

Das **Mietausfallwagnis** nach § 11 Abs. 4 BelWertV wird abweichend von § 19 Abs. 2 Nr. 3 ImmoWertV definiert (vgl. § 19 ImmoWertV Rn. 164; § 8 Abs. 3 ImmoWertV Rn. 3, 9 ff.). Die Herleitung der Höhe des Mietausfallwagnisses sollte immer auch an der numerischen Höhe plausibilisiert werden. Gerade bei gewerblichen Objekten ist es häufig schwierig, das Wagnis abzuschätzen. Das Argument, dass langfristige Mietverträge bestehen und daher kein Ausfallrisiko vorhanden sei, wird durch die Praxis nicht bestätigt. 211

Als Modell für die Herleitung kann ein Szenario gewählt werden, welches die Mietdauerstruktur abbildet. In Abb. 27 und 28 wird lediglich auf den möglichen **Mietausfall** abgestellt. Das Modell kann aber auf die weiteren Kostenarten im Mietausfallwagnis erweitert werden, wie Kosten der Rechtsverfolgung, Mieträumung usw. 212

Abb. 27: Modell zur Herleitung des Mietausfallwagnisses

213 Der Umfang der **Betriebskosten** nach § 11 Abs. 6 BelWertV erfolgt im Rahmen der Feststellung und Beurteilung der rechtlichen Gegebenheiten des Bewertungsobjekts. Für die Berücksichtigung nicht umlagefähiger Betriebskosten ergeben sich mindestens folgende Ansatzpunkte:

- In gewerblichen Mietverträgen wird vereinbart, dass bestimmte Bestandteile durch den Vermieter/Eigentümer zu tragen sind.
- Bei Leerstand sind die Betriebskostenanteile dem verbleibenden Rohertrag zuzurechnen, die nicht auf die verbleibenden Mieter umgelegt werden können. Dies sind i.d.R. anteilige warme Betriebskosten, die für die Objektsicherung aufgebracht werden müssen, und nicht verbrauchsabhängige kalte Betriebskosten, die über die Wohn- oder Nutzfläche auf die Mieter umgelegt werden.

214 Für den Beleihungswert besteht insbesondere bei **Leerstand** die Notwendigkeit der sorgfältigen Prüfung, zu der die tatsächlich nachgewiesenen Betriebskosten als Grundlage hinzugezogen werden müssen. Nur auf dieser Kostengrundlage ist es dem Realkreditgeber möglich, die Kapitaldienstfähigkeit des Objekts zu bestimmen und den Nachweis zu erbringen, dass das Objekt auch bei Teilleerstand i.S. des Realkredits beleihungsfähig ist.

215 Mit Hilfe des quantifizierten Modernisierungsrisikos sollen die notwendigen Anpassungsmaßnahmen abgedeckt werden, die zusätzlich zu den Instandhaltungskosten zur Aufrechterhaltung der Marktgängigkeit und der Ertragsfähigkeit (Sicherung des Mietausgangsniveaus) notwendig sind. Es ist nur der Aufwand zu berücksichtigen, der erforderlich ist, um das Ausgangsmietniveau dauerhaft zu sichern. Dies können auch Modernisierungen sein. Die Kosten für das **Modernisierungsrisiko** werden nach § 11 Abs. 7 BelWertV als prozentualer Anteil an den Neubaukosten dargestellt. Nach der Anlage zur BelWertV sollen hingegen die Herstellungskosten (ohne Baunebenkosten und Außenanlagen) die Berechnungsgrundlage sein. Der Risikobetrachtungszeitraum beträgt 30 Jahre als Dauer eines üblichen Darlehns.

216 Ein zum Wertermittlungsstichtag in einem überschaubaren Zeitraum (rd. drei bis fünf Jahre) erkennbarer, akuter und konkreter **Modernisierungsbedarf** darf nicht über das Modernisierungsrisiko aufgefangen werden. Wird ein solcher Reparaturstau/Sanierungsbedarf festgestellt, muss er auf Basis der kalkulierten Aufwendungen als Wertminderung zusätzlich in

Systematik Beleihungswertermittlung X

Abzug gebracht werden. Allerdings können in diesem Fall sowohl die Vorteile infolge Modernisierung als auch die Verringerung des Modernisierungsrisikos in die Wertermittlung mit einbezogen werden[38]. Für diese Fälle kann auf das Modell des Zustands-Beleihungswerts nach § 4 Abs. 6 BelWertV zurückgegriffen werden. Der Zustandswert berücksichtigt den Reparaturstau/Sanierungsbedarf als Wertminderung. Daneben kann der Beleihungswert nach Abschluss der Maßnahme ermittelt werden. Deckungsfähig ist der Zustands-Beleihungswert. Es kann eine Wertaufholung nach Fertigstellung erfolgen.

Beispiel:

Büro	
Nutzfläche	10 000 m²
Nettokaltmiete pro Monat	100 000 €
Jahresnettokaltmiete	1 200 000 €

Abb. 28: Rechenmodell zur Bestimmung des Mietausfallwagnisses

Jahre	Rohertrag p.a. €	Mietausfall €	entspricht GE	entspricht Monat	Barwert €
1	1 200 000	–	1	0	–
2	1 200 000	–	1	0	–
3	1 200 000	–	1	0	–
4	1 200 000	–	1	0	–
5	1 200 000	–	1	0	–
6	1 200 000	–	1	0	–
7	1 200 000	–	1	0	–
8	1 200 000	–	1	0	–
9	1 200 000	–	1	0	–
10	600 000	600 000	1	6	335 036,87
11	1 200 000	–	1	0	–
12	1 200 000	–	1	0	–
13	1 200 000	–	1	0	–
14	1 200 000	–	1	0	–
15	1 200 000	–	1	0	–
16	1 200 000	–	1	0	–
17	1 200 000	–	1	0	–
18	1 200 000	–	1	0	–
19	1 200 000	–	1	0	–
20	–	1 200 000	1	12	374 165,67
21	1 200 000	–	1	0	–
22	1 200 000	–	1	0	–
23	1 200 000	–	1	0	–
24	1 200 000	–	1	0	–
25	1 200 000	–	1	0	–
26	1 200 000	–	1	0	–
27	1 200 000	–	1	0	–
28	1 200 000	–	1	0	–
29	1 200 000	–	1	0	–
30	600 000	600 000	1	6	104 466,08
31	1 200 000	–	1	0	–
32	1 200 000	–	1	0	–
33	1 200 000	–	1	0	–
34	1 200 000	–	1	0	–
35	1 200 000	–	1	0	–
36	1 200 000	–	1	0	–
37	1 200 000	–	1	0	–
38	1 200 000	–	1	0	–
39	1 200 000	–	1	0	–
40	1 200 000	–	1	0	–
					813 668,62

∑ der Barwerte 813 685,62 €
: Vervielfältiger 15,05
= jährliche Rente als Mietausfallwagnis 54 077,67 €
entspricht 4,5 % des Jahresrohertrags

Modell: Teilmietvertrag läuft aus
Wiedervermietungszeitraum 6 Monate

Modell: Mietvertrag (20 Jahre) läuft aus
Revitalisierung des Objekts
Bauzeit 12 Monate

Barwertige Betrachtung dieser vermuteten Ausfälle (Mietausfall*risiko*) beträgt im Modell rd. 4,5 %

Modell: Teilmietvertrag läuft aus
Wiedervermietungszeitraum 6 Monate

---

[38] Vgl. Rüchardt, a.a.O., S. 103.

Abb. 29: Modernisierungsrisiko

217 Eine Immobilie, welche zum Wertermittlungsstichtag noch langfristig marktgängig ist, aber nicht mehr zeitgerechten Ansprüchen genügt, wird mit einem entsprechend reduzierten Mietansatz versehen. Aufgrund des niedrigeren Mietniveaus unterliegt sie nicht dem gleichen Modernisierungsdruck bzw. -risiko wie hochpreisige Vergleichsobjekte[39].

218 Als **Bezugsbasis für das Modernisierungsrisiko** i.S. der jährlichen Rücklagenbildung empfiehlt sich ebenso wie bei den Instandhaltungskosten ein prozentualer Anteil an den Neubaukosten. Dadurch wird auch verdeutlicht, in welchem Verhältnis diese Aufwendungen zur normalen Instandhaltung stehen[40].

Beispiel:
Rechenmodell Modernisierungsrisiko

Bürohaus		
	Kapitalisierungszinssatz	7,00 %
	Restnutzungsdauer	30 Jahre
	Baukosten/m² BGF	1 600 €

Restnutzungsdauer (Jahre)	5	10	15	20	25	30	35	40
Modernisierungskosten €/m²	–	200,00	–	400,00	–	–	–	–
Abgezinst	0	101,67	0	103,37	–	–	–	–

Barwert der Modernisierungskosten (Revitalisierungskosten)	205,04 €
Jährlicher Betrag/m²	16,52 €
Prozentanteil der Baukosten	1,03 %

Die unterschiedliche Wirkung der Berücksichtigung des Modernisierungsrisikos in den Bewirtschaftungskosten bei Marktwert und Beleihungswert verdeutlicht das folgende Bei-

---
39 Vgl. Rüchardt, a.a.O., S. 103.
40 Vgl. Rüchardt, a.a.O., S. 104.

Systematik

Beleihungswertermittlung X

spiel einer Büroimmobilie mit Normalherstellungskosten von 1 500 €/m² BGF (entspricht 1 800 je €/m² Nutzfläche).

Beispiel:

für die Wirkung des Modernisierungsrisikos auf die Bewirtschaftungskosten

Ertragswertermittlung für Markt- und Beleihungswert
Beispiel Büroimmobilie - Wirkung des Modernisierungsrisikos auf die Bewirtschaftungskosten

							Marktwert	Bel.wert
Restnutzungsdauer		60	Jahre					
Liegenschaftszins		6,00	%					
Kapitalisierungszins		6,75	%		bei diesem Beispiel kein Ausweis des Sachwertverfahrens			
NHK Gebäude		18.000.000	EUR					
Bodenwert (nachr.) rd.		1.600.000	EUR					
Rohertrag (Jahres-**Netto**-Miete)								
Ansatz Marktwert								
vermietet		8.000	m² x	8,00	EUR/m²	x 12 =	768.000 EUR	
overrent vermietet		2.000	m² x	8,00	EUR/m²	x 12 =	192.000 EUR	
Ansatz Beleihungswert								
vermietet		8.000	m² x	8,00	EUR/m²	x 12 =		768.000 EUR
overrent vermietet		2.000	m² x	8,00	EUR/m²	x 12 =		192.000 EUR
gesamt NF		10.000						
Jahresrohertrag	Verkehrswert					=	960.000 EUR	
	Beleihungswert					=		960.000 EUR
Bewi.-Kosten								
Einzelansatz:	Instandhaltung		10,00	EUR/m² NF				
	Verwaltung 1%		9600,00	EUR				
	Mietausfallwagnis		5,00%					
	Modern.risiko		0,50%	der NHK Gebäude				
Verkehrswert	16,42%	15,76	EUR/m² NF			./.	157.600 EUR	
Beleihungswert	25,79%	24,76	EUR/m² NF			./.		247.600 EUR
Reinertrag des Grundstücks						=	802.400 EUR	712.400 EUR
Bodenwertverzinsung								
Verkehrswert	6,00%	von	1.600.000	EUR		./.	96.000 EUR	
Beleihungswert	6,75%	von	1.600.000	EUR		./.		108.000 EUR
Reinertrag des Gebäudes						=	706.400 EUR	604.400 EUR
Vervielfältiger								
Verkehrswert		60	Jahre,	6,00%	x	16,16		
Beleihungswert		60	Jahre,	6,75%	x	14,52		
Ertragswert des Gebäudes						=	11.416.433 EUR	8.776.268 EUR
Bodenwert						+	1.600.000 EUR	1.600.000 EUR
Ertragswert des Grundstücks						=	13.016.433 EUR	10.376.268 EUR
Zuschlag wg.	Overrent					+	325.440 EUR	EUR
Ertragswert						=	13.341.873 EUR	10.376.268 EUR
Verkehrswert rd.							13.340.000 EUR	
Beleihungswert rd.								9.395.000 EUR
Bemerkung:								
Der Verkehrswert entspricht dem		13,9-fachen des Jahresrohertrags.					1.334 EUR/m²	
Der Beleihungswert entspricht dem		9,8-fachen des Jahresrohertrags.					940 EUR/m²	

4.3.1.5 Kapitalisierung des Reinertrags (§ 12 BelWertV)

▶ *Vgl. Syst. Darst. des Ertragswertverfahrens im Teil V Rn. 226 ff.*

219 Der Reinertrag des Gebäudes nach § 11 Abs. 1 BelWertV ergibt sich nach Abzug des **Bodenwertverzinsungsbetrags** vom Reinertrag des Grundstücks. Der sich so ergebende Reinertrag des Gebäudes wird mit dem Vervielfältiger (Rentenbarwertfaktor) multipliziert. Der Vervielfältiger entspricht dem Rentenbarwertfaktor für jährlich nachschüssig zu zahlende Renten (vgl. Vervielfältiger der ImmoWertV). Er wird in Abhängigkeit vom Kapitalisierungszinssatz und der Restnutzungsdauer ermittelt.

220 Der **Ablauf des Ertragswertverfahrens entspricht damit außer in den Fällen des § 13 BelWertV dem zweigleisigen Ertragswertverfahren nach § 17 Abs. 2 Nr. 1 ImmoWertV.**

221 Bei der Bemessung der **Restnutzungsdauer** ist ausschließlich auf den Zeitraum abzustellen, in dem die bauliche Anlage bei ordnungsgemäßer Bewirtschaftung noch wirtschaftlich betrieben werden kann. Wie in der Bewertungspraxis üblich, wird die technische Restlebensdauer nicht berücksichtigt. Allein der verbleibende Zeitraum bei wirtschaftlichem Betrieb der Immobilie ist für die Nachhaltigkeit der Ertragserzielung maßgebend. Nur über diesen Zeitraum kann auch der Realkreditgeber auf die Kapitaldienstfähigkeit aus der Immobilie abstellen.

▶ *Vgl. hierzu § 6 ImmoWertV Rn. 370 ff.*

222 Bei der Bemessung der wirtschaftlichen Restnutzungsdauer sind wie bei der Marktwertermittlung die **Prinzipien** der Ermittlung der Restnutzungsdauer bei

– unterlassener oder besonderer Instandhaltung sowie
– Gebäudeverjüngung durch Modernisierung

anzuwenden.

223 Der wirtschaftliche Betrieb einer Immobilie kann angenommen werden, wenn

– durch die angesetzten Instandhaltungskosten über die wirtschaftliche Restnutzungsdauer die Immobilie in einem ertragsfähigen Zustand und
– durch die Berücksichtigung eines Ansatzes wegen Modernisierungsrisiko

die Immobilie auf dem angenommenen Mietertrag des Ausgangszustands vermietbar gehalten werden kann.

224 Die Bestimmung der wirtschaftlichen Restnutzungsdauer richtet sich nach der **Einschätzung der Dauer der Vermietbarkeit zu den angenommenen Erträgen.** Somit ergibt sich die Restnutzungsdauer nicht automatisch aus der üblichen Gesamtnutzungsdauer – unzutreffenderweise mitunter als Lebensdauer der Immobilie bezeichnet – abzüglich der Standzeit. Es obliegt der Einschätzung des Gutachters, den Zeitraum der wirtschaftlichen Restnutzungsdauer zu schätzen.

225 Durch den zunehmend schnelleren Wandel von Nutzungsanforderungen ist auch die Frage nach wirtschaftlichen Restnutzungsdauern verstärkt in den Vordergrund gerückt. Da der Realkreditgeber die Laufzeit eines Realkredits an die Restnutzungsdauer als Maximallaufzeit knüpfen wird, stellt sich die Frage nach realistischen Wirtschaftlichkeitszyklen verstärkt. Zu beobachten ist die deutliche Verkürzung der Gesamtnutzungsdauer gegenüber in der Vergangenheit üblichen Angaben beispielsweise bei großflächigem Einzelhandel oder bei modernen Bürogebäuden. Somit ist die Nutzungsdauer an die Überlegung gebunden, für welchen Zeitraum die nachhaltig angesetzte Miete erzielbar erscheint. Anl. 2 der BelWertV enthält eine Übersicht über **übliche Nutzungsdauern** von Gebäuden aus Sicht der Bankenaufsicht, die bei der Bewertung **zu berücksichtigen**, nicht zugrunde zu legen sind. Diese Übersicht ist nicht konform mit den üblichen Gesamtnutzungsdauern nach WERTR. Vielmehr wird in Anl. 2 BelWertV dem Realkreditrisiko Rechnung getragen. Dieses wird in einem volatilen

Markt bei sich wandelnden Anforderungen an eine Immobilie durch relativ kurze Nutzungsdauern begrenzt.

Damit liegt die Einschätzung des besonderen Risikos der Immobilie beim Gutachter. Zu beachten sind die unterschiedlichen Eingriffpunkte, bei denen das Risiko in der Beleihungswertermittlung erfasst wird. Relativ kurze Restnutzungsdauern i.V.m. erhöhten Kapitalisierungszinssätzen und der Darstellung eines Modernisierungsrisikos bewerten das Risiko eines Objekts ggf. mehrfach.

Anlage 2 zu § 12 Abs. 2 der Beleihungswertermittlungsverordnung – BelWertV	
Erfahrungssätze für die Nutzungsdauer baulicher Anlagen	
A) Wohnwirtschaftliche Nutzung (in Deutschland belegene Objekte):	25 bis 80 Jahre
B) Gewerbliche Nutzung (in Deutschland belegene Objekte):	
a) Geschäfts- und Bürohäuser:	30 bis 60 Jahre
b) Warenhäuser, Einkaufszentren:	15 bis 50 Jahre
c) Hotels und Gaststätten:	15 bis 40 Jahre
d) Landwirtschaftlich genutzte Objekte:	15 bis 40 Jahre
e) Kliniken, Reha-Einrichtungen, Alten- und Pflegeheime:	15 bis 40 Jahre
f) Lagerhallen, Produktionsgebäude:	15 bis 40 Jahre
g) Freizeitimmobilien (z. B. Sportanlagen):	15 bis 30 Jahre
h) Parkhäuser:	15 bis 40 Jahre
i) SB- und Fachmärkte, Verbrauchermärkte:	10 bis 30 Jahre
j) Tankstellen:	10 bis 30 Jahre

Die Angabe der üblichen Nutzungsdauer ist nach § 12 Abs. 2 BelWertV für die Beleihungswertermittlung zu berücksichtigen. In der Praxis ist zu beobachten, dass interne oder externe Prüfungen jedoch explizit auch die Einhaltung dieses Bewertungsparameters prüfen. Im Rahmen dieser Bandbreiten der üblichen Gesamtnutzungsdauer ist die wirtschaftliche Restnutzungsdauer zu bestimmen. **226**

Der **Kapitalisierungszinssatz nach § 11 Abs. 3 BelWertV** ist ein angenommener Zinssatz, der in besonderem Maße das in der Immobiliensicherheit liegende Risiko für den Realkreditgeber ausdrückt. Er wird materiell identisch mit dem Liegenschaftszinssatz definiert. **227**

Der Kapitalisierungszinssatz ist Grundlage für die Ermittlung des Gegenwartswerts künftiger Erträge. Er ist – neben der Nettokaltmiete, dem Ansatz für die Bewirtschaftungskosten sowie der wirtschaftlichen Restnutzungsdauer der baulichen Anlage – ein wesentlicher Faktor für die Ertragswertberechnung[41]. Der Kapitalisierungszinssatz **228**

– ist vorsichtig geschätzt,

– beruht auf Erfahrung,

– ist aus der maßgeblichen langfristigen regionalen Marktentwicklung abgeleitet,

– ist durch eine Untergrenze begrenzt,

– wird für unterschiedliche Nutzungsarten durch Bandbreiten weiter beschrieben,

– ist nach oben offen.

Die **Wahl des Kapitalisierungszinssatzes** bestimmt wesentlich die Differenz zwischen Marktwert (Verkehrswert) und Beleihungswert. Dieser Zinssatz übernimmt die Funktion der in der Vergangenheit üblichen Sicherheitsabschläge vom Marktwert zur Ermittlung des Beleihungswerts. Der Unterschied zur früheren aufsichtsrechtlichen Praxis besteht darin, dass mit dem Kapitalisierungszins die Schwankungen des Markts abgefangen werden sollen. **229**

Auch der Liegenschaftszinssatz berücksichtigt bereits das mit der Immobilie verbundene Risiko einschließlich des Risikos, dass die am Wertermittlungsstichtag erzielbaren Mieten nicht nachhaltig sind. Zudem sind auch bei Heranziehung der von den Gutachterausschüssen **230**

---

41 Vgl. Rüchardt, S. 105.

X Beleihungswertermittlung — Systematik

abgeleiteten Liegenschaftszinssätze die besonderen objekt- und regionalspezifischen Risiken einzustellen (vgl. Teil V Erläuterungen zu § 14 ImmoWertV). Mit dem Kapitalisierungszinssatz soll dem in deutlicherer Weise Rechnung getragen werden. Je größer das Ertrags-, Vermietungs- oder Verwertungsrisiko, je größer die Differenz zu aktuellen ortsüblichen und nachhaltigen Erträgen, desto größer wird die Differenz zwischen Liegenschaftszinssatz und Kapitalisierungszinssatz sein. Je schwächer der Markt und je geringer die Nachfrage, je mehr sich ein Markt seinem Tiefpunkt nähert, desto geringer wird die Differenz zwischen Liegenschaftszinssatz und Kapitalisierungszinssatz sein. Der Unterschied zum Liegenschaftszinssatz besteht bei alledem vor allem darin, dass dieser unter Berücksichtigung des am Wertermittlungsstichtag gegebenen Risikos angesetzt wird, während bei dem Kapitalisierungszinssatz auch ein ggf. erhöhtes Risiko berücksichtigt wird, das aus langfristiger Marktbeobachtung resultiert. Wenn beispielsweise der Liegenschaftszinssatz einer Großstadt für Mehrfamilienhäuser in den letzten Jahren zwischen 4,8 bis 6,5 % geschwankt hat, so ist dem mit dem Kapitalisierungszinssatz insbesondere dann Rechnung zu tragen, wenn sich zum Wertermittlungsstichtag der Liegenschaftszinssatz auf 6,5 % beläuft.

231 In einem schwachen Markt ist zu beobachten, dass Liegenschaftszinssätze unter die Spannweiten von bankaufsichtlich vorgegebenen Spannweiten von Kapitalisierungszinssätzen fallen. Für die Beleihungswertermittlung ist dann ein Kapitalisierungszinssatz zu wählen, der dem Objektrisiko entspricht und nicht unter dem Liegenschaftszins liegt.

In Anl. 3 zu § 12 Abs. 4 werden Objektarten genannt. Klarstellend sind damit Nutzungsarten gemeint, die an Kapitalisierungszinssätze geknüpft werden. Nur dadurch kann der Forderung entsprochen werden, nutzungsspezifisch zu bewerten.

Anlage 3 zu § 12 Abs. 4 der Beleihungswertermittlungsverordnung – BelWertV Bandbreiten für Kapitalisierungszinssätze	
A) Wohnwirtschaftliche Nutzung (in Deutschland belegene Objekte):	
Wohnhäuser:	5,0 % bis 8,0 %
B) Gewerbliche Nutzung (in Deutschland belegene Objekte):	
a) Geschäftshäuser:	6,0 % bis 7,5 %
b) Bürohäuser:	6,0 % bis 7,5 %
c) Warenhäuser:	6,5 % bis 8,0 %
d) SB- und Fachmärkte:	6,5 % bis 8,5 %
e) Hotels und Gaststätten:	6,5 % bis 8,5 %
f) Kliniken, Reha-Einrichtungen:	6,5 % bis 8,5 %
g) Alten- und Pflegeheime:	6,5 % bis 8,5 %
h) Landwirtschaftlich genutzte Objekte:	6,5 % bis 8,5 %
i) Verbrauchermärkte, Einkaufszentren:	6,5 % bis 9,0 %
j) Freizeitimmobilien, Sportanlagen:	6,5 % bis 9,0 %
k) Parkhäuser, Tankstellen:	6,5 % bis 9,0 %
l) Lagerhallen:	6,5 % bis 9,0 %
m) Produktionsgebäude:	7,0 % bis 9,0 %

Abb. 30: Vergleich der Bandbreiten von Kapitalisierungszinssätzen mit tatsächlichen durchschnittlich angesetzten Liegenschaftszinssätzen und Kapitalisierungszinssätzen in der NORD/LB 2005

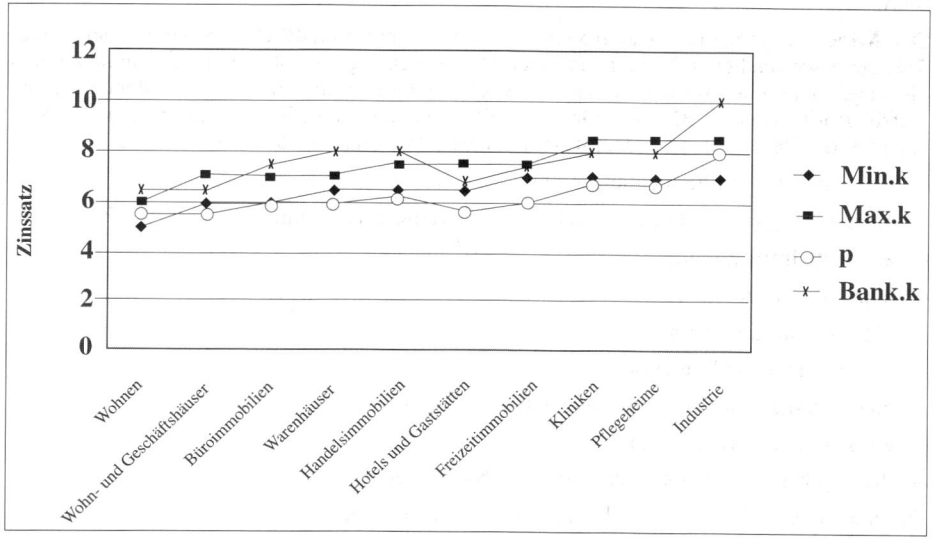

Wenn Beleihungswerte als langfristige Sicherheitswerte aus dem Marktgeschehen der Vergangenheit abgeleitet und in die Zukunft projiziert Bestand haben sollen, darf es bei einer Verkürzung des Ansatzes der wirtschaftlichen Restnutzungsdauer gleichwohl nicht automatisch zu einer Verringerung des Beleihungswerts kommen. Die bisherige Praxis der Ermittlung der Liegenschaftszinssätze für die Marktwertermittlung und die Ermittlung der Kapitalisierungszinssätze für die Beleihungswertermittlung steht im Kontext mit der Verwendung bestimmter üblicher Gesamtnutzungsdauern. Wenn ein Parameter des Bezugssystems, die wirtschaftliche Restnutzungsdauer, sich ändert, der Markt aber bei der Preisgestaltung konstant bleibt, muss auch der Parameter Kapitalisierungszinssatz angepasst werden. Dies ist jedoch bankaufsichtlich nicht vorgesehen.

Beispiel:
Bewertungsansätze für SB-Markt

Baujahr	2000
Nutzfläche	800 m²
Miete	10 €/m²
Jahresrohertrag	96 000 €
Laufzeit des Mietvertrags (übliche Indexierung)	15 Jahre
Anschlussvermietung	aussichtslos
Kapitaldienstfähigkeit	nur über 15 Jahre
Restnutzungsdauer in 2006	9 Jahre
Kapitalisierungszinssatz nach Anl. 3	6,5 bis 8,5 %
Realkreditfähigkeit	insgesamt 15 Jahre
Kaufpreis	rd. 1 000 000 €
Beleihungswert (6,5 % und 9 Jahre)	600 000 €
Beleihungswert (8,0 % und 19 Jahre)	600 000 €

X Beleihungswertermittlung — Systematik

Das Beispiel zeigt, dass bei sonst konstanten Ansätzen durch die Verkürzung der wirtschaftlichen Restnutzungsdauer auf 9 Jahre bei einer üblichen Gesamtnutzungsdauer von 15 Jahren eine Verringerung des Kapitalisierungszinssatzes um rd. 1,5 % zum gleichen Beleihungswert führt.

233 Der **Mindestkapitalisierungszinssatz** darf bei wohnwirtschaftlicher Nutzung nicht unter 5 %, bei gewerblicher Nutzung nicht unter 6 % in Ansatz gebracht werden. Zusätzlich gelten die Regelbandbreiten für die unterschiedlichen Nutzungsarten. Ausnahmen bestehen bei den Nutzungsarten Handel, Büro und Geschäft. Hier kann die untere Regelbandbreite um 0,5 Prozentpunkte unterschritten werden, wenn mindestens folgende Kriterien erfüllt sind:

- eine gute Lage im Verdichtungsraum,
- ein bevorzugter Standort entsprechend der jeweiligen Objektart,
- eine gute Infrastruktur,
- eine gute Konzeption,
- eine hochwertige Ausstattung,
- eine hochwertige Bauweise,
- eine besonders hohe Marktgängigkeit,
- ein sehr guter Objektzustand und
- die gegebene Möglichkeit anderweitiger Nutzungen.

Die Nutzungsart Wohnen ist nicht in das Privileg einbezogen.

234 Bei **Wahl eines Kapitalisierungszinssatzes unterhalb der Bandbreiten**, aber innerhalb der zulässigen Absenkung nach § 12 Abs. 4 BelWertV um einen halben Prozentpunkt, ist die Wahl anhand der Kriterien besonders und nachvollziehbar zu begründen.

235 Die enge Auslegung dieser Kriterien beschränkt die Möglichkeit des um 0,5 Prozentpunkte verminderten Kapitalisierungszinssatzes, bezogen auf die jeweilige Nutzung, auf wenige **herausragende Objekte**. Die Betrachtung des volatilen Immobilienmarktes des letzten Jahrzehnts gibt hier dem Realkreditgeber Recht, wenn er diese Möglichkeit auf wenige Ausnahmen beschränkt. Beispielsweise korrespondiert ein Kapitalisierungszins von 5,5 % bei 40 Jahren Restnutzungsdauer bei einem Bürogebäude mit einem Maklerfaktor von rd. dem 14-Fachen des Jahresrohertrags. Dies ist schon für den Marktwert nur in ausgewählten Standorten erzielbar.

236 Der Entscheidungsbaum für die Wahl des Kapitalisierungszinssatzes geht von der **Bandbreite** für die jeweilige Nutzungsart aus. Dem schließt sich die allgemeine Prüfung an, die Mindestsätze nicht unterschritten zu haben. Danach ist die Frage nach der Ausnahme nach § 12 Abs. 4 BelWertV zu stellen. Abschließend ist die objektbezogene Risikosituation durch den Gutachter zu würdigen.

Abb. 31: Entscheidungsbaum: Kapitalisierungszinssatz

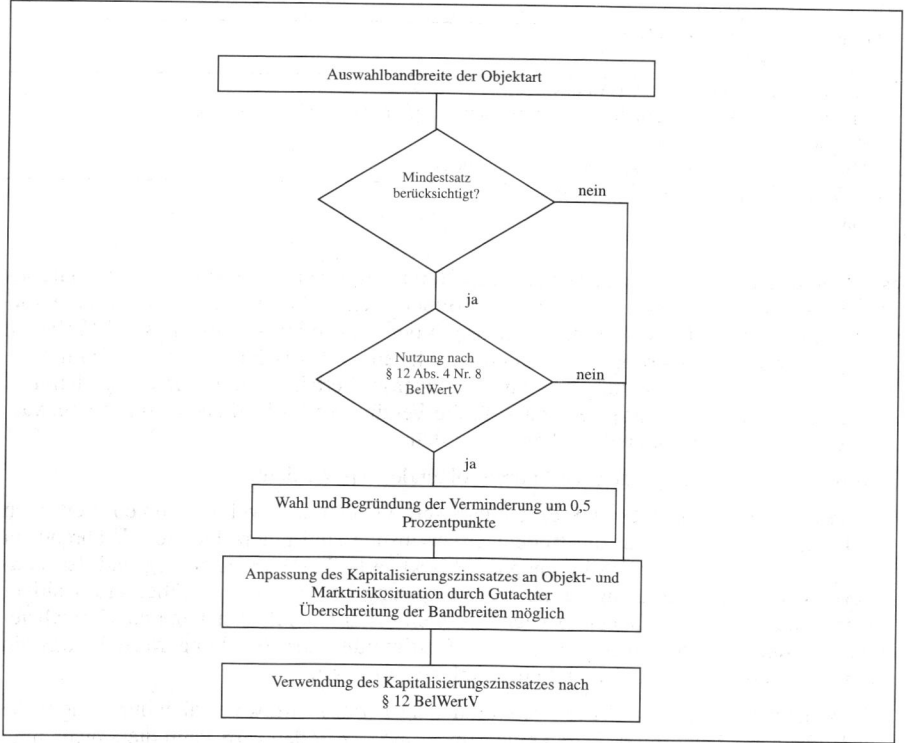

4.3.1.6 Ermittlung des Ertragswerts in besonderen Fällen (§ 13 BelWertV)

▶ *Hierzu auch Teil V § 16 ImmoWertV Rn. 123 ff.*

Das zweigleisige (gesplittete) Ertragswertverfahren ist nicht anzuwenden, wenn **237**
- nach Abzug des Bodenwertverzinsungsbetrags vom Jahresreinertrag des Grundstücks kein positiver Jahresreinertrag des Gebäudes verbleibt (§ 13 Abs. 1 BelWertV) oder
- die Restnutzungsdauer der baulichen Anlagen weniger als 30 Jahre beträgt (§ 13 Abs. 2 BelWertV).

Im Unterschied zur ImmoWertV enthält die Vorschrift des § 13 BelWertV allerdings keine dahingehende Regelung (vgl. Teil V § 16 ImmoWertV Rn. 123 ff.).

Im Falle des § 13 Abs. 1 BelWertV ist als Ertragswert unabhängig von der Restnutzungsdauer **238**
der baulichen Anlage nur der Bodenwert in Ansatz zu bringen. Dieser **Bodenwert** ist um die gewöhnlichen Kosten zu mindern, die aufzuwenden wären, damit das Grundstück vergleichbaren unbebauten Grundstücken entspricht.

X Beleihungswertermittlung Systematik

239 Der Beleihungswert wird wie folgt ermittelt:

	Jahresrohertrag
./.	Bewirtschaftungskosten
	Jahresreinertrag des Grundstücks
./.	Bodenwertverzinsung
	Jahresreinertrag der baulichen Anlagen
	wenn negativer Wert: Abbruch des Verfahrens und Ansatz des Bodenwerts, sonst
=	Ertragswert
./.	Abbruch- und Herrichtungskosten des Grundstücks
	Ertragswert nach § 13 Abs. 1 BelWertV
=	Liquidationswert

240 Diese Regelung basiert auf einer vorsichtigen Betrachtung der Ertragsfähigkeit des Grundstücks. Sie unterstellt insbesondere, dass hohe Bodenwerte nicht von sich aus die Realkreditfähigkeit eines Grundstücks sichern. Vielmehr gilt der vorsichtige Ansatz, dass bei Vorliegen eines negativen Jahresreinertrags der baulichen Anlagen die Wirtschaftlichkeit der Immobilie nicht gesichert ist. Der Realkreditgeber kann bei einer im Verhältnis zum Mietertrag zu hohen Bodenverzinsung nicht gewärtig sein, dass für die Verzinsung der baulichen Anlagen ein ausreichend hoher Mietertragsanteil zur Verfügung steht.

241 Die Problematik dieser Regelung wird durch folgende Aspekte deutlich:

– Marktwert (Verkehrswert) und Beleihungswert werden in zwei getrennten Verfahren ermittelt. Die Zinssätze für die Bodenwertverzinsung sind unterschiedlich. Während im Ertragswertverfahren zur Bestimmung des Marktwerts (Verkehrswert) aufgrund der niedrigeren Bodenwertverzinsung (Bodenwertverzinsungsbetrag) in Grenzfällen ein positiver Jahresreinertrag der baulichen Anlagen verbleibt, wird durch den höheren Kapitalisierungszinssatz im Ertragswertverfahren zur Bestimmung des Beleihungswerts bereits ein negativer Jahresreinertrag der baulichen Anlagen ermittelt.

– Die Bodenwertverzinsung (Bodenwertverzinsungsbetrag) wird wesentlich durch die Höhe des Bodenwerts beeinflusst. Durch eine Minderung des Bodenwerts kann die Anwendung des Verfahrens umgangen werden.

– In Gebieten mit hohen Bodenrichtwerten, aber geringen Mieterlösen, die aufgrund gesetzlicher Bestimmungen nicht verändert werden dürfen und deren Ertrags- oder Grundstückssituation sich nicht ändern lässt, kann es dazu kommen, dass § 13 BelWertV regelmäßig zutrifft, obwohl Vermietbarkeit und Ertragsfähigkeit der baulichen Anlage nachhaltig gegeben sind. Dies trifft beispielsweise auf Denkmale oder Immobilien in Milieuschutzsatzungen oder bei gefördertem mietgebundenem Wohnungsbau zu.

In diesen Fällen ist nach der Vorschrift der **Bodenwert um die Rückbaukosten und die Kosten zur Herrichtung eines unbebauten Grundstücks zu vermindern.**

242 Wenn die Restnutzungsdauer einen bestimmten Zeitraum (30 Jahre) nach § 13 Abs. 2 BelWertV unterschreitet, ist nach der hier vertretenen Auffassung entgegen dem Wortlaut der Verordnung, der dies nicht expressis verbis regelt,

– das eingleisige (vereinfachte) Ertragswertverfahren (Kapitalisierung des Jahresreinertrags des Grundstücks über die Restnutzungsdauer der baulichen Anlagen) oder

– das zweigleisige (allgemeine) Ertragswertverfahren abzüglich der Abbruchkosten der aufstehenden Gebäude

anzuwenden. Bodenwerte, die nicht durch Erträge aus Vermietung der baulichen Anlagen zur Sicherung des Kapitaldienstes gedeckt sind, dürfen nicht als Sicherheit für den Realkredit hinzugezogen werden. Im Zusammenhang mit Anl. 2 der BelWertV (Übliche [Gesamt-]Nutzungsdauer) wird dieser Denkansatz verstärkt. Wenn Nutzungsarten, wie Handel mit Nutzungsdauern im Neubau, schon unter 30 Jahren in Ansatz zu bringen sind, dann wird deutlich, dass ein über diese kurze Nutzungsdauer hinausgehender Ertragswert aus Bodenverzinsung nicht als Sicherheit gewürdigt wird. Die Wertdifferenz zwischen dem zweigleisigen Verfahren und dem eingleisigen Ertragswertverfahren ohne abgezinsten Bodenwert (vereinfachtes Verfahren) ist der auf die Restnutzungsdauer abgezinste Bodenwert der Immobilie.

Die Regelung betrifft insbesondere **Plattenbauten** (ohne umfassende Modernisierung) sowie (fast alle) gewerbliche Objekte (als Altbauten ohne neuere Modernisierung) und führt zu einer größeren Differenz zwischen Markt- und Beleihungswert.

Bewertungsobjekte, die aus Gebäuden mit unterschiedlicher Restnutzungsdauer bestehen, bei denen einzelne Gebäude eine Restnutzungsdauer unter 30 Jahren haben, können bei Zuordnung des anteiligen Bodenwertes einzeln gemäß § 13 Abs. 2 BelWertV betrachtet werden.

Bestehen mehrere Nutzungen in einem Gebäude, wobei für einzelne Nutzungen unterschiedliche Nutzungsdauern anzusetzen sind, die teilweise weniger als 30 Jahre betragen, so kann sich die Nutzungsdauer des Gebäudes insgesamt nach der überwiegenden Nutzung richten.

Abb. 32: Differenz zwischen Ertragswert im zweigleisigen und eingleisigen Verfahren

Beispiel:

Anwendung des zweigleisigen Ertragswertverfahrens im Vergleich zum eingleisigen (verkürzten) Ertragswertverfahren bei einer Restnutzungsdauer von 25 Jahren

Restnutzungsdauer	25 Jahre
Kapitalisierungszinssatz 1	6 %
Kapitalisierungszinssatz 2	6 %
Normalherstellungskosten (NHK) des Gebäudes	1 000 €/m²
Bodenwert (nachrichtlich)	150 000 €
Wohnfläche (WF) insgesamt	1 000 m²

X Beleihungswertermittlung — Systematik

Jahresnettokaltmiete		Beleihungswert 1 (zweigleisig)	Beleihungswert 2 (eingleisig)
2 Wohneinheiten mit zusammen 1 000 m² × 5 €/m² × 12 Monate =		60 000 €	60 000 €
Bewirtschaftungskosten (Einzelansätze)			
– Instandhaltung	8,00 €/m² WF		
– Verwaltung	2 880 €		
– Mietausfallwagnis	4,00 %		
– Modernisierungsrisiko (in v.H. der NHK)	0,00 %		
Zusammen	13,28 €/m² WF		
ergibt insgesamt		– 13 280 €	– 13 280 €
einen Ertrag des Grundstücks		46 720 €	46 720 €
abzüglich Bodenwertverzinsungsbetrag			
Zweigleisiges Ertragswertverfahren:	6 % von 150 000 €	– 9 000 €	
Eingleisiges (verkürztes) Ertragswertverfahren	0 % von 15 000 €		0 €
Ertragswert des Gebäudes		37 720 €	46 720 €
× Vervielfältiger			
Vervielfältiger von 6 % und 25 Jahren: 12,78		482 188 €	597 238 €
zuzüglich Bodenwert			
Zweigleisiges Ertragswertverfahren		150 000 €	
Eingleisiges (verkürztes) Ertragswertverfahren			0 €
= Ertragswert des Grundstücks		632 188 €	597 238 €
Abschlag wegen ... (Kapitalisierte Mietdifferenz)		–	–
Zuschlag wegen ...		0 €	–
= Ertragswert		632 188 €	597 238 €
aufgerundet		**630 000 €**	**600 000 €**

Finanzmathematischer Unterschied: Bodenwert abgezinst über die Restnutzungsdauer:
150 000 € × $1{,}06^{-25}$ = 34 949 €
Probe: 597 238 € + 34 949 € = 632 188 €

243 § 13 Abs. 2 BelWertV stellt auf zwei Situationen ab, wenn gefordert wird, dass bei einem **Bodenwertanteil am Ertragswert von mehr als 50 %** die der Ermittlung des Bodenwerts zugrunde gelegten Annahmen zu begründen sind und die Voraussetzungen für eine Ersatzbebauung und für die gegebenenfalls notwendigen Aufwendungen besonders zu prüfen sind.

244 Zum einen werden in **Kernlagen** Bodenwerte regelmäßig einen Prozentsatz von 30 bis über 50 % des Ertragswerts ausmachen. Dies ist ein Charakteristikum dieser Lagen, bei denen die Summe der Investitionskosten bis zu 50 % und mehr aus Grundstückskosten bestehen und sich dies im Ertragswert widerspiegelt.

245 Zum anderen kann es sich um Objekte handeln, und darauf zielt insbesondere die Regelung, die nach ihrer Lage als hochwertig, nach den rechtlichen Gegebenheiten oder tatsächlichen Eigenschaften der baulichen Anlagen, etwa der Ertragslage oder des Zustands, aber der Lage nicht adäquat erscheinen. Hier ist zu prüfen, ob der auf den Ertragswert mit mehr als 50 % durchschlagende Bodenwert gerechtfertigt ist. Dies ist zu begründen.

Die Wirkung ist wie bei den Abs. 1 und 2 des § 13 BelWertV, dass der Beleihungswert über den üblich vorsichtigen Ansatz hinaus gemindert wird.

4.3.2 Sachwertverfahren (Zweiter Abschnitt BelWertV)

4.3.2.1 Ermittlungsgrundlagen (§ 14 BelWertV)

▶ *Vgl. Syst. Darst. des Sachwertverfahrens im Teil V*

Bei Anwendung des Sachwertverfahrens setzt sich nach § 14 BelWertV der Sachwert aus dem Bodenwert und dem Wert der baulichen Anlagen einschließlich der Außenanlagen zusammen.

Abb. 33: Sachwertermittlung nach den §§ 14 ff. BelWertV

Die Zuordnung der **Ermittlung des Bodenwerts** zum Zweiten Abschnitt der BelWertV ist nicht schlüssig, da die Ermittlung des Bodenwerts in der Praxis im eigenständigen Vergleichswertverfahren ermittelt wird. Der Bodenwert wird außerdem im zweigleisigen (gesplitteten) Ertragswertverfahren nach dem Ersten Abschnitt der BelWertV verwendet. Systematisch ist es nicht nachvollziehbar, wieso ein Teil des Sachwertverfahrens für das Ertragswertverfahren verwendet wird. Diese Verfahrensvermischung ist nicht möglich. Sie entspricht auch nicht dem Zwei-Säulen-Prinzip der Beleihungswertermittlung.

Folglich ist die **Bodenwertermittlung als eigenständige Ermittlung im Vergleichswertverfahren** zu betrachten. Ihre Einfügung in das Sachwertverfahren dürfte auf Zweckmäßigkeitsgründe, nicht auf den Anspruch einer klaren systematischen Gliederung zurückzuführen sein.

4.3.2.2 Bodenwert (§ 15 BelWertV)

▶ *Syst. Darst. des Vergleichswertverfahrens im Teil V Rn. 149 ff.*

250 Während die Regelungen zur Ertragswertermittlung klare Aussagen beinhalten, sind die Richtlinien für die Bodenwertermittlung und die Ermittlung des Werts der baulichen Anlagen relativ weit gefasst.

251 Zur **Ermittlung des Bodenwerts** sind Erhebungen anzustellen über die rechtlichen Gegebenheiten des Grundstücks, wie

- Art und Maß der baurechtlich festgesetzten Nutzungsmöglichkeiten (Nr. 2),
- Art und Maß der tatsächlichen Nutzung (Nr. 2),
- den beitragsrechtlichen Zustand (Nr. 6),

und die tatsächlichen Eigenschaften des Grundstücks, wie

- örtliche Lage, die Größe und der Zuschnitt des Grundstücks (Nr. 1),
- Art und Beschaffenheit der Zuwegungen (Nr. 3),
- die Anschlussmöglichkeiten an Versorgungsleitungen und Kanalisation (Nr. 5),
- die wichtigsten wirtschaftlichen und verkehrstechnischen Verbindungen (Nr. 4),
- vorhandene Richtwerte und Vergleichspreise (Nr. 7).

252 Für eine systematische Bodenwertermittlung erscheint es zunächst **angeraten, sich an den Bestimmungen der ImmoWertV zu orientieren**. Die hier genannten Vorgehensweisen bieten Gewähr für eine dem Stand der Bewertung entsprechende Bodenwertermittlung.

253 Üblicherweise bildet das indirekte Vergleichswertverfahren für die Bodenwertermittlung die geeignete Verfahrensbasis. Die **Heranziehung von Bodenrichtwerten** ist üblich und ein abgesichertes Verfahren. Der Bodenrichtwert beschreibt gebietstypisch bestimmte Merkmale, aus denen der Bodenwert des Bewertungsgrundstücks abgeleitet wird. Diese Merkmale sind üblicherweise:

- Art und Maß der baulichen Nutzung,
- erschließungsbeitragsrechtlicher Zustand,
- Grundstücksgröße oder andere grundstücksbeschreibende Angaben,
- Bauweise und Geschossigkeit.

254 **Besonderheiten der Bodenwertermittlung für den Beleihungswert** im Unterschied zum Marktwert werden in folgenden Aspekten gesehen:

- Die Beleihung von nicht baureifem Land außerhalb der Grenzen des § 5 Abs. 1 ImmoWertV, also von Bauerwartungsland und Rohbauland, sollte aufgrund des hohen Risikos zunächst nur als Beleihungswert für Flächen nach § 5 Abs. 1 ImmoWertV bewertet werden. Erst wenn ein Bebauungsrecht materiell vorhanden ist, sollte der Realkreditgeber auf den Beleihungswert für unbebaute Grundstücke abstellen. Bis zum Zeitpunkt des materiell bestehenden Baurechts besteht immer die Gefahr, dass das beliehene Grundstück wieder in den Zustand von begünstigtem Agrarland zurückfällt.

- Die Beleihung von nicht bebautem Bauland sollte nicht länger, als der Vertrauensschutz für Bebauungsplangebiete nach § 30 BauGB gilt, erfolgen. Zu beachten ist § 12 PfandBG.

- Selbständig verwertbare Flächen sind nicht in die Beleihungswertermittlung einzubeziehen. Dies folgt aus den Regelungen des § 13 BelWertV, wo die nicht den annuitätischen Kapitaldienst unterstützenden Bodenwertanteile nicht berücksichtigt werden. Inwieweit die selbständig verwertbare Teilfläche ein eigenständiges Bewertungsobjekt als unbebautes Grundstück darstellt, ist in den engen Grenzen des § 12 PfandBG zu prüfen.

- Belastungen des Grund und Bodens aus Abteilung II des Grundbuchs können, sofern sie versteigerungsfest sind (Leitungsrechte, Wegerechte), bei der Ermittlung des Bodenwerts berücksichtigt werden.

4.3.2.3 Wert der baulichen Anlagen (§ 16 BelWertV)

▶ *Vgl. Syst. Darst. des Sachwertverfahrens im Teil V Rn. 50 ff.*

Die in § 16 BelWertV verwendete Formulierung lehnt sich zunächst an die §§ 21 ff. der ImmoWertV an, ist jedoch an einigen Stellen unpräziser in der Formulierung. Für die Ermittlung des Werts der baulichen Anlagen sollte daher unter Berücksichtigung der systematischen Unterschiede zwischen Markt- und Beleihungswertermittlung auf die Regelungen der ImmoWertV zurückgegriffen werden. **255**

Abb. 34: Systematische Unterschiede beim Sachwert der baulichen Anlagen zwischen ImmoWertV und BelWertV

Systematische Unterschiede beim Sachwert der baulichen Anlagen zwischen ImmoWertV und BelWertV			
ImmoWertV		**BelWertV**	
Unterschied		Unterschied	
§ 22 Abs. 1	– Herstellungswert der Gebäude – Gewöhnliche Herstellungskosten	§ 16 Abs. 1	– Wert der baulichen Anlagen – aus Erfahrungssätzen abgeleitete Herstellungskosten – Berücksichtigung der beabsichtigten/möglichen Bauweise und verwendeten Materialien, Ausstattung und wertbeeinflussende Nebenanlagen – Außenanlagen betragen max. 5 %
§ 22 Abs. 2	– Definition der NHK, Berücksichtigung einzelner in den NHK nicht erfasster Bauteile und der Baunebenkosten, die üblicherweise entstehen – Einzelkostenansatz möglich – Ansatz der tatsächlichen Kosten möglich, wenn sie gewöhnlichen Herstellungskosten entsprechen	§ 16 Abs. 3	Berücksichtigung der Baunebenkosten in üblicher Höhe, maximal jedoch 20 % des nach § 16 Abs. 2 BelWertV verminderten Herstellungswerts
§ 22 Abs. 3	Normalherstellungskosten erforderlichenfalls mittels Baupreisindex auf Wertermittlungsstichtag anzupassen	§ 16 Abs. 1	Die aus Erfahrungssätzen abgeleiteten Herstellungskosten müssen regional und objektspezifisch angemessen sein.
§ 8 Abs. 2 Nr. 2 und Abs. 3	Soweit nicht anderweitig berücksichtigt, sind die besonderen objektspezifischen Grundstücksmerkmale nach der Marktanpassung zu berücksichtigen. Dies sind beispielsweise wirtschaftliche Überalterung, Baumängel oder Bauschäden, von der Marktüblichkeit abweichende Erträge oder von der möglichen Nutzung abweichende tatsächliche Nutzung.	§ 18	Teilweise Identität des Wortlauts mit § 8 Abs. 3

X Beleihungswertermittlung   Systematik

Systematische Unterschiede beim Sachwert der baulichen Anlagen zwischen ImmoWertV und BelWertV			
ImmoWertV		**BelWertV**	
Unterschied		**Unterschied**	
§ 8 Abs. 3	Regelung zum Sonderfall, dass tatsächliche Nutzung von der nach § 6 Abs. 1 ImmoWertV maßgeblichen Nutzung abweicht	§ 19	Tatsächliche Nutzung weicht von der „vorgesehenen" Nutzung ab.
		§ 16 Abs. 2	Herstellungswert ist um einen Sicherheitsabschlag von mindestens 10 % zu vermindern.

In Bezug auf die Wahl der Normalherstellungskosten wird deutlich, dass es unterschiedliche Auswahlkriterien nach ImmoWertV und BelWertV gibt. Dabei bedarf es der Interpretation, auf welche Art beispielsweise in den Normalherstellungskosten des Gebäudes der **Unterschied zwischen beabsichtigter und möglicher Verwendung oder Umfang und Raumaufteilung** berücksichtigt werden soll. Hier bieten die §§ 21 ff. ImmoWertV die eindeutigen Aussagen für die Ermittlung der Normalherstellungskosten. Es wird auf die entsprechenden Abschnitte verwiesen (Abb. 35).

Abb. 35: Auswahlkriterien für NHK nach ImmoWertV und BelWertV

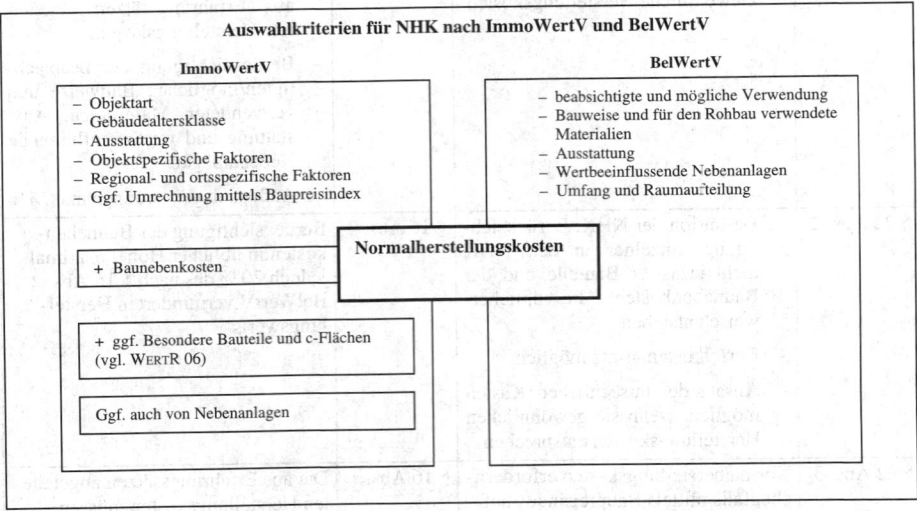

256 In § 16 BelWertV wird das **Abschlags- und das Indexverfahren** nicht mehr explizit genannt. Vielmehr ist die Ermittlung der Herstellungskosten der baulichen Anlagen auf unterschiedlicher Kostenbasis möglich. § 16 Abs. 2 BelWertV fordert allerdings auf die so ermittelten Herstellungskosten einen Sicherheitsabschlag von mindestens 10 %.

257 Aus § 16 BelWertV kann abgeleitet werden, dass die **Ermittlung des Sachwerts der baulichen Anlagen** aus verschiedenen Wertansätzen möglich ist, da auf aus Erfahrungswerten abzuleitende Herstellungskosten je Raum- oder Flächeneinheit abgestellt wird, z. B.:

– Normalherstellungskosten (NHK 2000; vgl. WERTR),
– sonstige statistisch ermittelte Herstellungskosten, z. B. nach BKI,
– tatsächliche, als marktüblich plausibilisierte Herstellungskosten.

Auch die konkrete **Vorgehensweise ist offen,** ein konkretes Berechnungsschema oder eine konkrete Reihenfolge für die Berechnungsschritte ist nicht vorgegeben. Entscheidend für die Wahl des Berechnungsalgorithmus ist das mathematisch gleiche Ergebnis. Somit erübrigt sich eine Diskussion, an welcher Stelle die Außenanlagen oder die Baunebenkosten in das Verfahren einbezogen werden.

258

Durch die Möglichkeit, **aus Erfahrungssätzen abzuleitende Herstellungskosten** anzusetzen, kann neben tatsächlichen, plausibilisierten Herstellungskosten auch auf Kaufpreise von baulichen Anlagen zurückgegriffen werden, wenn diese als marktübliche Herstellungskosten plausibilisiert wurden. Eine Plausibilisierung kann anhand der NHK (vgl. WERTR) oder anderer statistisch ermittelter durchschnittlicher und vergleichbarer Herstellungskosten oder durch eine eigene Sammlung an regionalen Herstellungskosten erfolgen. Bei Fertighäusern wird dabei ein solcher Vergleich der Herstellungskosten auf regionaler Ebene eher möglich sein als bei Betreiberimmobilien.

259

Abb. 36: Ermittlung des Herstellungswerts der baulichen Anlagen

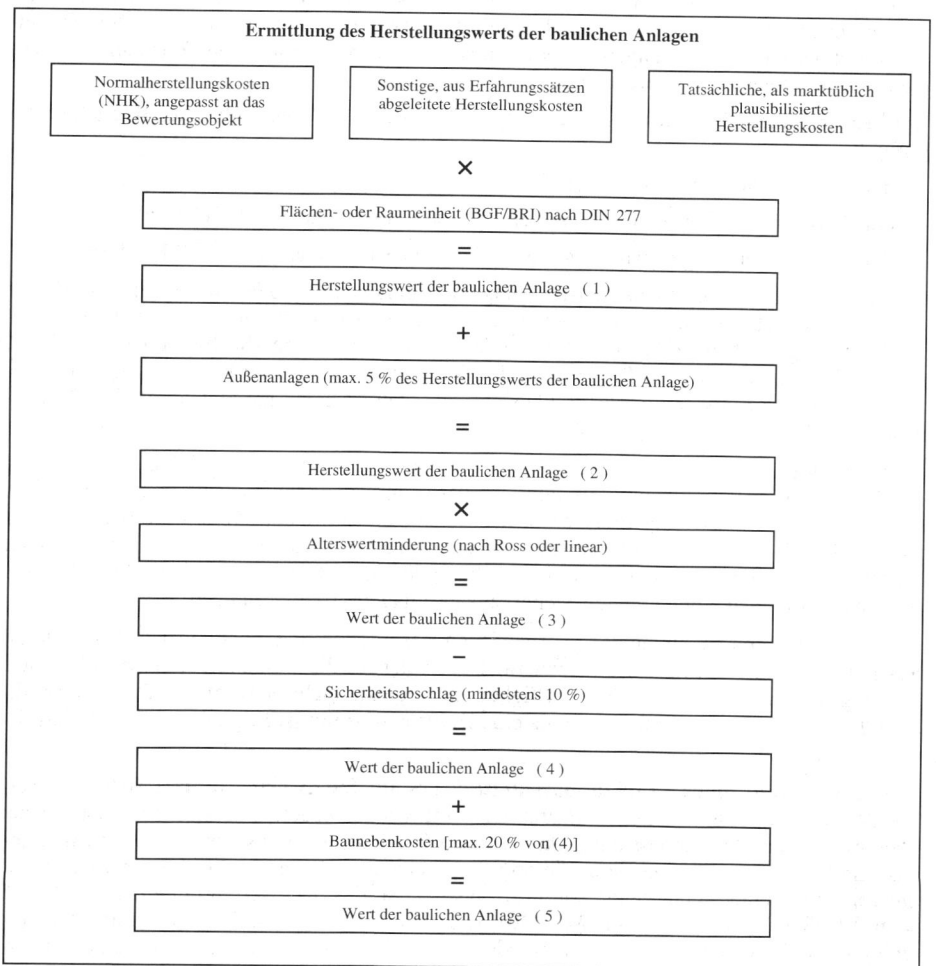

X Beleihungswertermittlung

Die Alterswertminderung nach Ross anzuwenden, erscheint unter dem Blickwinkel der analogen Bewertungsmethode des Marktwerts, und hier der Einführung ausschließlich der linearen Alterswertminderung ein Auslaufmodel.

260 Nach § 16 Abs. 1 BelWertV ergibt sich der Wert der baulichen Anlagen aus der Multiplikation des Basiswerts mit der Anzahl der Flächeneinheiten oder Raumeinheiten des Gebäudes. Diese allgemein gehaltene Aussage ermöglicht die Wahl unterschiedlicher Flächen- oder Raumbezugsgrößen. Gegenwärtig wird auf die DIN 277 verwiesen, da üblicherweise die in den Normalherstellungskosten 2000[42] (NHK 2000) oder BKI abgeleiteten Baukosten sich auf **Brutto-Grundfläche (BGF)** oder Brutto-Rauminhalt (BRI) beziehen. Eine Berechnung der Kosten nach vermietbarer Fläche ist sicher bei Anwendung tatsächlicher, plausibilisierter Kosten möglich. Da aber die Plausibilisierung nach tatsächlichen Baukosten nach den Daten der NHK auf BGF-Basis erfolgt und da die Baukostenplanung eines Projektes nach DIN 276 ebenfalls nach DIN 277 erfolgt, sollten für die Sachwertermittlung diese Flächen- und Raumbezugsgrößen verwendet werden.

Die Bemessung des **Wertanteils der Außenanlagen** bezieht sich auf die anzusetzenden Herstellungskosten und darf einen Betrag von 5 % dieses Herstellungswerts des Gebäudes nicht überschreiten. Daraus ergibt sich der Herstellungswert der baulichen Anlagen. Der Herstellungswert der baulichen Anlagen bildet die Basis für die **Berechnung der Baunebenkosten**, die 20 % des Herstellungswerts nicht übersteigen sollen.

261 Der Wert der baulichen Anlagen nach § 16 Abs. 1 BelWertV, der sich unter **Berücksichtigung**

– der Altersminderung nach § 17 BelWertV,
– der Wertminderung wegen Baumängeln und Bauschäden nach § 18 BelWertV,
– der Berücksichtigung sonstiger wertbeeinflussender Umstände nach § 19 BelWertV

ergibt, ist durch einen Sicherheitsabschlag von mindestens 10 % zu reduzieren. Dieser **Sicherheitsabschlag** soll Baupreissenkungen auffangen und damit die nachhaltige Gültigkeit des Beleihungswerts bei Objekten, deren Beleihungswert durch den Sachwert bestimmt wird, sichern. Die Betrachtung des Baukostenindex der letzten 20 Jahre verdeutlicht, dass ein tiefer Einschnitt in die Entwicklung der Baukosten nicht stattgefunden hat und somit ein Mindestabschlag von 10 % gerechtfertigt ist.

262 Dies entbindet den Gutachter nicht von der Überlegung, ob im konkreten Fall ein Sicherheitsabschlag über 10 % notwendig gewählt werden muss, weil beispielsweise für bestimmte Gebäudearten ein regionaler Preisverfall der Baukosten stattfindet. Zwar wäre dies in erster Linie über den Ansatz der Normalherstellungskosten zu steuern, da sich diese Tendenz auch im Marktwert widerspiegeln müsste, jedoch kann der Aspekt der nachhaltigen Sicherheit für den Realkredit auch einen höheren Sicherheitsabschlag als 10 % verlangen.

263 Im Extremfall kann bei einem noch vorhandenen Restwert desolater baulicher Anlagen, deren Restnutzungsdauer gering ist, der Sicherheitsabschlag für die Beleihungswertermittlung auf 100 % gesetzt werden, da die Nachhaltigkeit des Objekts nicht gegeben ist. Damit verwirkt das Objekt seine Realkreditfähigkeit, da eine **Drittverwendungsfähigkeit** durch den Gutachter verneint wird.

264 Die **Anwendung eines Marktanpassungsfaktors im Sachwertverfahren** sieht die BelWertV nicht expressis verbis vor. Hieran ist Kritik geübt worden. Der Verordnungsgeber hat gleichwohl eine Marktanpassung nicht vorgeben (wollen), wohl deshalb, weil eine Marktanpassung begrifflich auf eine Heranführung des Sachwerts (B) an den Marktwert hinausläuft, um den es ja gerade nicht gehen soll (vgl. Syst. Darst. des Sachwertverfahrens Rn. 232; § 8 ImmoWertV Rn. 164; § 14 ImmoWertv Rn. 1). Allenfalls aus § 19 BelWertV könnte man herleiten, dass als sonstige wertbeeinflussende Umstände auch die Marktanpassung zu berücksichtigen ist. In der Systematik des Sachwertverfahrens der ImmoWertV ist dies eindeutig

---

[42] Die zur Diskussion gestellten NHK 2005 sollen aufgrund fachlicher Kritik nicht in die WertR aufgenommen werden.

geregelt. Die Anpassung des Sachwerts an den Marktwert vollzieht sich nach den Grundsätzen der ImmoWertV durch Heranziehung empirisch abgeleiteter Marktwertfaktoren (vgl. § 14 ImmoWertV Rn. 1 ff.). Der Marktwertfaktor berücksichtigt in besonderem Maße die Volatilität des Markts gegenüber der relativen Starrheit der Baukostenentwicklung und bildet so die Differenz zwischen Sachwert des Objekts und den tatsächlichen Kaufpreisen, also Angebot und Nachfrage ab. Die Marktwertfaktoren werden insbesondere durch die Gutachterausschüsse ermittelt. Häufig sind auch die regionalen Makler aussagefähig zum Verhältnis von Sachwert und möglichem Kaufpreis. Nach der hier vertretenen Auffassung ist – entgegen dem Wortlaut der BelWertV – auch bei der Ermittlung des Beleihungswerts die Lage auf dem regionalen Grundstücksmarkt (§ 16 Abs. 2 Satz 1 bis 3 PfandBG) durch Marktwertfaktoren zu berücksichtigen.

Die Diskussion zur Einführung des Marktanpassungsfaktors in die Beleihungswertermittlung ist andererseits nur bei der Bewertung von Objekten zielführend, die nach dem Sachwertverfahren bewertet werden, also Ein- und Zweifamilien-, Reihen- und Doppelhäuser, wenn sie nicht nach dem Vergleichswertverfahren bewertet werden.

Die Entbehrlichkeit einer Marktanpassung im Sachwertverfahren bei Objekten, bei denen das Ertragswertverfahren das wertbestimmende Verfahren ist (§ 4 Abs. 3 Satz 1 BelWertV) wird dadurch deutlich, dass der ermittelte Sachwert innerhalb des Zwei-Säulen-Prinzips der Beleihungswertermittlung als Benchmark dient. So darf der Ertragswert den Sachwert nicht mehr als 20 % übersteigen (§ 4 Abs. 3 Satz 2 BelWertV), ohne dass gutachterlich dazu Stellung bezogen werden muss. Die Verwendung eines Marktanpassungsfaktors würde die Prüfroutine verfälschen.

265 Inwieweit bei der Ermittlung des Beleihungswerts aus dem Sachwert ein **Marktanpassungsfaktor > 1** verwendet wird, ist vom Markt, von der Lage des Objekts und von der Objektart abhängig. Übersteigt bei Solitärlagen der marktübliche Kaufpreis den Sachwert des Objekts deutlich, so kann sicher auch und trotz des Nachhaltigkeitsprinzips eine Marktanpassung des Beleihungswerts über den Sachwert hinaus erfolgen. Letztlich wird hier eine Analogie zur Bewertung von Eigentumswohnungen in solitären Lagen gezogen, deren Kaufpreis ebenfalls teilweise deutlich über dem „Sachwert" der Eigentumswohnung liegt. Die Erhöhung des Beleihungswerts über den Sachwert hinaus sollte jedoch wenigen Ausnahmeobjekten vorbehalten bleiben.

266 Eine Marktanpassung bei **Marktanpassungsfaktoren < 1** ist jedoch immer durchzuführen. Nur dann kann der Realkreditgeber sicher sein, dass das Prinzip der langfristig gegebenen Marktbedingungen ausreichend beachtet wurde.

X Beleihungswertermittlung Systematik

Abb. 37: Marktanpassung bei der Ermittlung des Beleihungswerts unter Anwendung des Sachwertverfahrens

4.3.2.4 Wertminderung wegen Alters (§ 17 BelWertV)

▶ Vgl. Syst. Darst. des Sachwertverfahrens im Teil V Rn. 149 ff.

267 Bei der Ermittlung des Werts der baulichen Anlagen ist die Alterswertminderung zu beachten. Die Alterswertminderung kann nach § 23 ImmoWertV ermittelt werden. Dabei ist i.d.R. von einer gleichmäßigen Wertminderung auszugehen. Der § 17 BelWertV lässt dagegen eine gleichmäßige oder eine mit zunehmendem Alter sich verändernde Wertminderung zu. Die einheitliche Anwendung der linearen Abschreibung beinhaltet die Abwendung von der Auffassung, dass junge Gebäude langsamer und alte Gebäude schneller altern (Ross'sche Alterswertminderung). Für den Realkreditgeber entsteht durch die Anwendung der linearen Alterswertminderung eine höhere Sicherheit, da Sachwerte von Bestandsimmobilien bei Anwendung der linearen Abschreibung immer unterhalb der Ross'schen Wertminderung liegen. Letztendlich spielt dies nur bei Bewertungsobjekten eine Rolle, deren wertbestimmendes Verfahren das Ertragswertverfahren ist und bei denen der Sachwert eine *Benchmark* darstellt. Die Begrenzung des Ertragswerts, wonach dieser maximal 20 % über dem Sachwert liegen darf, wird durch die Anwendung der linearen Abschreibung verstärkt. Bei Bewertungsobjekten, deren wertbestimmendes Verfahren das Sachwertverfahren ist, hat die lineare Abschreibung nur bedingt Auswirkungen, da durch den Marktanpassungsfaktor die Sachwertermittlung an die Marktverhältnisse angepasst wird. Hier besteht die Aufgabe der Gutachter darin, darauf zu achten, dass die durch die Gutachterausschüsse veröffentlichten Marktanpassungsfaktoren die richtige Bezugsgröße (lineare Wertminderung) aufweisen.

268 Die **übliche Gesamtnutzungsdauer und die wirtschaftliche Restnutzungsdauer unterscheiden sich im Ansatz nicht von den Werten bei der Ermittlung des Marktwerts (Verkehrswert).** Allerdings sind die Bandbreiten für die Gesamtnutzungsdauern nach Anl. 2 BelWertV zu beachten.

269 Der **Ansatz der wirtschaftlichen Restnutzungsdauer bei der Ermittlung des Ertragswerts und des Sachwerts unterscheidet sich nicht.**

Die Methode, nach der die Alterswertminderung vorgenommen wird, ist in der BelWertV **270**
nicht vorgegeben. Üblicherweise wird man bisher nach der Tabelle Ross die Alterswertminderung für wohnwirtschaftlich genutzte Objekte vornehmen. Die **lineare Abschreibung** wird eher bei gewerblich genutzten Objekten angewandt.

4.3.2.5 Wertminderung wegen Baumängeln und Bauschäden (§ 4 Abs. 5 BelWertV)

▶ *Vgl. Teil V § 8 ImmoWertV Rn. 188 ff.*

Bei der Ermittlung des Werts der baulichen Anlagen ist die Wertminderung wegen Baumängeln und Bauschäden zu beachten. **271**

4.3.2.6 Berücksichtigung sonstiger wertbestimmender Umstände (§ 18 BelWertV)

▶ *Vgl. Teil V § 8 ImmoWertV Rn. 246 ff.*

Die Berücksichtigung sonstiger wertbestimmender Umstände erfolgt zunächst in Analogie zu **272**
§ 8 Abs. 3 ImmoWertV, da auch hier die Elemente

- wirtschaftliche Überalterung,
- über- oder unterdurchschnittlicher Unterhaltungszustand,
- erhebliches Abweichen der tatsächlichen von der vorgesehenen Nutzung,

als wertbestimmende Umstände beispielhaft genannt sind.

An dieser Stelle könnte auch eine nicht explizit erwähnte Marktanpassung stattfinden.

Die **vorgesehene Nutzung** wird in der BelWertV nicht definiert. Hingegen ist in § 6 Abs. 1 **273**
ImmoWertV von der maßgeblichen Nutzung des Bewertungsobjekts die Rede. Wird auf die maßgebliche Nutzung, durch Art und Maß der baulichen Nutzung untersetzt, abgestellt, so kann § 19 BelWertV i.S. der maßgeblichen Nutzung als vorgesehene Nutzung interpretiert werden.

4.3.3 Vergleichswertverfahren (Dritter Abschnitt BelWertV)

▶ *Vgl. Syst. Darst. des Vergleichswertverfahrens im Teil V*

Mit der Anerkennung des Vergleichswertverfahrens als wertbestimmendes Verfahren zur **274**
Ermittlung des Beleihungswerts von **Wohneigentum und Teileigentum** kommt der Verordnungsgeber einer Forderung aus der Bewertungspraxis nach. Begrenzt wird die Anwendung des Verfahrens auf Wohnungs- oder Teileigentum sowie Ein- und Zweifamilienhäuser, Reihen- und Doppelhäuser, sofern ausreichend Vergleichspreise vorhanden sind.

Die Bedingung für die mögliche Anwendung des Verfahrens ist die **hinreichende Übereinstimmung der auf das Vergleichsobjekt bezogenen Vergleichspreise** hinsichtlich **275**

- Lage,
- Ausstattung,
- Nutzungsmöglichkeiten.

Die Quelle können **Kaufpreissammlungen der Gutachterausschüsse** oder andere Markt- **276**
datensammlungen sein. In Hinblick auf Vergleichspreise von Wohneigentum dürfte die Datenerhebung i.d.R. unproblematisch sein. Bei der Anwendung des Vergleichswertverfahrens zur Ermittlung des Beleihungswerts von Wohneigentum sollte außerdem die Eigenschaft „eigennutzungsfähig" geprüft werden. Wenn Wohneigentum unter Renditegesichtspunkten errichtet wurde (Kapitalanleger-Wohnungen), ist auch hier das Ertragswertverfahren das die Sicherheit beschreibende Verfahren.

Das Vergleichswertverfahren kann nunmehr auch für die Wertermittlung von **Einfamilien- 277
häusern** und vergleichbaren Objekten, die bisher ausschließlich im Sachwertverfahren

X Beleihungswertermittlung

bewertet wurden, angewandt werden. Voraussetzung ist, dass für die Objektart mindestens fünf Vergleichspreise für vergleichbare Objekte vorhanden sind.

278 In den Beleihungsgrundsätzen der Banken können Einschränkungen bei der Anwendung des Vergleichswertverfahrens verankert sein. So kann die **Anwendung des Ertragswertverfahrens** bei folgenden Indizien verlangt werden:
- Die Eigentumswohnung befindet sich in einer Wohnanlage, die durch Wohnbauförderung gebunden ist,
- die Eigentumswohnung befindet sich in einer Wohnanlage mit hoch konzentriertem Wohnungsbestand,
- der Kreditnehmer hält mehr als eine bestimmte Anzahl von Wohnungen in einem Gebäude in seiner Hand. Damit wird unterstellt, dass die Wohnungen nicht zur Eigennutzung erworben wurden, sondern unter Renditegesichtspunkten.

279 Kaufpreise für **Teileigentum**, wie Läden, Büros oder Praxen, sind schwieriger zu beschaffen. Auch steht gegen die Verwendung von Vergleichspreisen bei Teileigentum, dass i.d.R. der Renditegedanke der Nutzung dominiert. Folglich wäre hier aus Sicht des Realkreditgebers eher das Ertragswertverfahren anzuwenden. Allerdings sind Vergleichspreise, beispielsweise Ertragswert je m^2 Nutzfläche, je Bett, je Zimmer oder je Platz, als branchenübliche Vergleichswerte im Gutachten zu dokumentieren.

280 Da es sich bei der Wertermittlung von Teileigentum immer um Bewertungen außerhalb der Erleichterungen im Rahmen der **Kleindarlehnsgrenze nach § 24 BelWertV** handelt, ist bei jeder Bewertung von Teileigentum das **Drei-Säulen-Prinzip** anzuwenden. Das erfordert die Bewertung nach drei Methoden (§ 4 Abs. 2 Satz 1 BelWertV).

281 § 19 BelWertV stellt auf nachhaltig erzielbare **Vergleichspreise** ab. Dies bedeutet auch bei der Anwendung des Vergleichspreises, den Nachhaltigkeitsgedanken durch eine Preisanalyse über einen Immobilienzyklus zu fahren. Erst die Ermittlung eines über einen langen Zeitraum als stabil zu erzielenden Vergleichspreises gibt dem Realkreditgeber die Sicherheit, über die Laufzeit seines Krediets auch über die adäquate Sicherheit bei Verwertung zu verfügen. Es reicht also nicht, aktuelle Kaufpreise zu verwenden.

282 Der **Sicherheitsabschlag** von 10 % bezieht sich nicht auf den aktuellen Kaufpreis, sondern auf einen aus langfristiger Marktentwicklung abgeleiteten Vergleichswert. Von diesem ist dann ein Sicherheitsabschlag von mindestens 10 % vorzunehmen.

283 Die Vergleichspreise beziehen sich üblicherweise auf Preise je m^2 Wohn- oder Nutzfläche, jeweils in ihrem Bezug zu den Vergleichspreisen. Bei Datensammlungen außerhalb der Kaufpreissammlung ist die Bezugsgröße mitunter nicht definiert. Dies betrifft insbesondere den Nutzflächenbezug. Eine **Vergleichsgröße ohne Nutzflächendefinition ist nutzlos**.

284 Die **Bewertung von Stellplätzen** erfolgt nach Vergleichspreisen je Stück.

4.3.4 Besonderheiten bei einzelnen Objekten (Vierter Abschnitt BelWertV)

4.3.4.1 Bauland

285 Der Hereinnahme von **unbebautem Bauland** als Pfandsicherheit sind dem Realkreditgeber durch § 12 PfandBG enge Grenzen gesetzt. Da die Sicherheit der Grundschuld nur durch Veräußerung des Pfandgrundstücks, nicht aber durch dessen laufende Einnahmen gedeckt ist, wird hier in besonderem Maße der Sicherheitsgedanke der Bank zum Tragen kommen.

286 Der § 20 BelWertV stellt zunächst auf Bauland ab. Nach § 5 Abs. 5 ImmoWertV wird Grund und Boden zu **baureifem Bauland**, wenn es
- nach den rechtlichen Gegebenheiten bebaut werden kann und
- die Erschließung gesichert ist.

287 Dieser Zustand beginnt in der Phase **Rohbauland** nach § 5 Abs. 3 ImmoWertV, wenn in Bebauungsplangebieten nach § 30 BauGB der Bebauungsplan rechtskräftig wird. Damit ist Baurecht vorhanden. Erst in diesem Entwicklungszustand kann auch der Realkreditgeber damit rechnen, dass der Beleihungswert des unbebauten Grundstücks sich dem Wert für Bauland angleicht. Ohne ausreichend gesichertes Baurecht ist jederzeit damit zu rechnen, dass der Bodenwert wegen Abbruch von Entwicklungsmaßnahmen wieder auf das Niveau von begünstigtem Agrarland oder Bauerwartungsland fällt.

Abb. 38: Unterschied zwischen Markt- und Beleihungswert bei der Bodenwertentwicklung

288 Die Beurteilung der **Nachhaltigkeit von Baulandentwicklungen** impliziert die Frage nach dem Bedarf an unbebauten Grundstücken. Indizien für die Entwicklung von Bauerwartungsland zu baureifem Bauland sind

– planungskonkludentes Verhalten der Gemeinde und
– Siedlungsdruck auf den Standort.

289 Bei der **Beleihung von unbebauten Grundstücken** sollte die Beleihungsdauer im Hinblick auf den daneben ablaufenden Vertrauensschutz nicht länger als sieben Jahre nach Rechtskraft des Bebauungsplans gelten. Üblich ist eine befristete Indeckungnahme unbebauter Baugrundstücke im Geltungsbereich eines Bebauungsplans für fünf Jahre.

Abb. 39: Dauer der Beleihbarkeit eines unbebauten Grundstücks

X Beleihungswertermittlung   Systematik

290   In den **im Zusammenhang bebauten Gebieten nach § 34 BauGB** ist für den Nachweis vorhandenen Baurechts üblicherweise eine durch das zuständige Bauamt beantwortete Bauvoranfrage oder eine vorliegende Baugenehmigung maßgebend. Zu beachten ist auch hier die Geltungsdauer von Bauvoranfragen oder Baugenehmigungen, die sich nach den jeweiligen Landesbauordnungen richtet.

291   **Abbauland** scheidet nach § 16 PfandBG aus der Beleihung aus. Es ist nicht realkreditfähig. Ein Beleihungswert nach § 16 PfandBG und nach BelWertV ist nicht zu ermitteln.

Abb. 40:   Abbauland

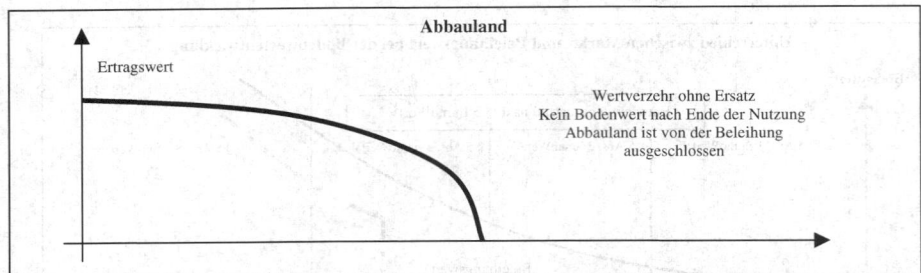

292   Als Bodenwert wird analog zur Marktwertermittlung immer der Bodenwert im erschließungsbeitragsfreien Zustand ermittelt. Bei der Ermittlung des Beleihungswerts ist der **erschließungsbeitragsrechtliche Zustand** zu berücksichtigen. Stehen noch Erschließungsbeiträge aus und sind diese durch den Kreditnehmer zu entrichten, so vermindert dies dessen Liquidität. Im Zweifelsfall hat die Bank ein mit ausstehenden Erschließungsbeiträgen behaftetes Grundstück zu verwerten. Diese Abgaben sind vorrangig und belasten somit den Weggabewert im Zwangsversteigerungsverfahren zu 100 %. Die Erschließungsbeiträge sind folglich nicht beim Beleihungswert des Grundstücks, sondern beim Deckungsstock-Betrag abzusetzen. Damit werden durch den Gutachter der lastenfreie Beleihungswert und die Höhe der Erschließungskosten gesondert ermittelt. Im Rahmen der Sicherheitenbearbeitung werden die Werte im Kreditprozess verarbeitet.

293   **Altlasten** auf unbebautem Bauland sind im Vorfeld einer Beleihungswertermittlung abzuklären. Die Kosten für die technische Beseitigung des Mangels der Immobilie sind zu berücksichtigen. Zu unterscheiden ist die **Altlastenbeseitigung** im Boden und in den Gebäuden bei ggf. notwendiger Freilegung des Grundstücks von der Altlastenbeseitigung bei Konversionsflächen.

294   Es ist weiterhin zu unterscheiden zwischen merkantilem Minderwert und den tatsächlich anfallenden Altlastensanierungskosten.

295   Der **merkantile Minderwert** ist der Wert, um den der Beleihungswert einer Immobilie, auch das unbebaute Bauland, gemindert wird, obwohl ein technischer Mangel vollständig beseitigt wurde, aber beim Realkreditgeber der Verdacht besteht, dass der Mangel im Verborgenen noch vorhanden sein könnte. Der merkantile Minderwert bezieht sich immer auf die „psychologische" Wertminderung (vgl. § 194 BauGB Rn. 144 ff.).

296   Für die **Bewertung des Mangelrisikos** (Risiko des Wiedereintritts des Mangels oder unbekannter Folgeschäden) gibt es keine umfassenden Untersuchungen. Auch ist die Bewertung des merkantilen Minderwerts teilweise subjektiv beeinflusst. Für einzelne Schadensereignisse wurden jedoch Untersuchungen zum merkantilen Minderwert vorgenommen.

297   Der **merkantile Minderwert** bezieht sich bei Altlastenflächen auf verschiedene Risikopotenziale:

298   **Inanspruchnahmerisiko:** Das Risiko, aus ordnungsrechtlichen Gründen (Gefahrenabwehr) für die Beseitigung in Anspruch genommen zu werden (Zustandsstörerhaftung, Handlungs-

störerhaftung). Das Inanspruchnahmerisiko besteht zunächst immer und kann nur durch Haftungsfreistellung durch die Behörde ausgeschlossen werden. Es ist umso größer, je geringer die Nutzungssicherheit des Grundstücks ist.

Nutzungsbezogenes Risiko: Das Risiko der Einschränkung der Nutzbarkeit oder der Bebaubarkeit der Immobilie oder zusätzlicher Kosten im Rahmen einer Nutzungsänderung (z. B. wasserrechtliche Auflagen im Zusammenhang mit Baumaßnahmen – Investitionsrisiko). Diese Risiken sind nach Klärung der Nutzung des Grundstücks nachweisbar und insofern nicht merkantil mindernd. Nur bei unklarer Nutzungsmöglichkeit (z. B. bei Versteigerung) kann stattdessen ein merkantiler Minderwert bestehen. Auch steigt hier das Inanspruchnahmerisiko.

Üblicherweise wird der merkantile Minderwert durch einen **Abschlag von 5 bis 20 % des Bodenwerts** bewertet. Für die Abschätzung kann das Verfahren von *Simon* Verwendung finden[43].

Der **merkantile Minderwert gehört zu den tatsächlichen Eigenschaften** und der sonstigen Beschaffenheit i.S. der Beleihungswertdefinition nach § 16 PfandBG.

Abb. 41: Altlastenbewertung in der Beleihungswertermittlung

Die Berücksichtigung der **Altlastenproblematik in der Beleihungswertermittlung** setzt immer voraus, dass das Baugrundstück durch Altlasten nicht so belastet ist, dass

– eine Altlastenfreiheit nur spekulativ erreicht wird,
– eine Drittverwendung am Markt nicht möglich ist,
– die Altlastenbeseitigung den Bodenwert übersteigt.

Der Realkreditgeber wird immer unter Beachtung des Gesamtrisikos zu entscheiden haben, ob er in seinem Sicherheitenportfolio Beleihungsobjekte hält, deren Werthaltigkeit durch die Altlastenproblematik belastet ist.

Die **Ermittlung des Bodenwerts** erfolgt auf der Grundlage eines auf die Bezugsgröße m² Grundstück ermittelten Vergleichswerts. Der daraus abgeleitete Bodenwert des Bewertungsobjekts wird mit der Anzahl der m² Grundstück multipliziert.

Ein nach den Grundsätzen der Nachhaltigkeit des Werts ermittelter Beleihungswert bedarf keines weiteren Abschlags.

---

43 Vgl. Simon, Berücksichtigung von Umweltschadstoffen bei der Wertermittlung, in GuG 2001, 257.

X Beleihungswertermittlung

4.3.4.2 Erbbaurecht

Schrifttum: RelSchr. 13/2009 der BaFin vom 8.6.2009 Beleihungswertermittlung bei Erbbaurechten, GuG 2009/6; *Werth, A.*, Gedanken zur Änderung des § 21 ErbbauVO, DLK 1989, 72; *Werth, A.*, Erbbaurecht, GuG 1995, 105; *Werth, A.*, Verkaufswertermittlung nach § 21 ErbbauVO: Was ist heute möglich?, DLK 1989, 68; *Werth, A.*, Zinssätze und Wertfaktoren bei Erbbaurechten, GuG 1999, 193; *Werth, A.*, Vom Verkehrswert unabhängige Beleihungswerte im Blickfeld der Europäischen Union, GuG 1998, 257.

a) Allgemeines

▶ *Hierzu Teil IX Rn. 49 ff.*

306 Die Ermittlung des Beleihungswerts eines Erbbaurechts kann nach dem so genannten Münchner Verfahren erfolgen. Auch andere Verfahren können nach den Grundsätzen des § 21 BelWertV zur Anwendung kommen, denn die Vorschrift schreibt kein spezielles Verfahren, sondern lediglich allgemeine Grundsätze vor. Im RdSchr. 13/2009 bezieht sich das BaFin allerdings explizit auf das Münchner Verfahren.[44]

„**§ 21 BelWertV Erbbaurechte und andere grundstücksgleiche Rechte**

Bei der Beleihung von Erbbaurechten ist die Restlaufzeit des Erbbaurechts zu berücksichtigen. Sich aus dem Erbbaurecht ergebende Einschränkungen ist durch angemessene Wertabschläge ausreichend Rechnung zu tragen. Im Gutachten ist darzulegen, ob und wie lange das Erbbaurecht im Hinblick auf seine Laufzeit und die bei seiner Beendigung für das Bauwerk vereinbarte Entschädigungsregelung angemessen verwertbar erscheint. Die Regelung gilt für andere grundstücksgleiche Rechte und solche Rechte einer ausländischen Rechtsordnung, die den grundstücksgleichen Rechten deutschen Rechts vergleichbar sind, entsprechend."

Bei Anwendung des **Münchner Verfahrens** wird zunächst der Beleihungswert des unbelasteten Grundstücks ermittelt und die Belastungen nach Abt. II des Grundbuchs gesondert ausgewiesen. Im Folgenden wird ausschließlich dieses Verfahren beschrieben.

Die BelWertV enthält bei Bewertungen nach § 24 BelWertV im Zusammenhang mit der Vergabe von Krediten innerhalb der Kleindarlehnsgrenze keine Erleichterungen bei der Bewertung von Erbbaurechten.

307 Das mit einem Erbbaurecht belastete Grundstück stellt üblicherweise für die Beleihungswertermittlung keinen Bewertungsgegenstand dar. Da in Abt. II des Erbbaugrundstücks das Erbbaurecht an rangerster Stelle eingetragen ist, ist das Grundstück nicht beleihbar.

b) Bewertung des Erbbaurechts

308 Für die Bewertung des Erbbaurechts sind folgende wesentliche **Inhalte des Erbbauvertrags** zu analysieren:

– Gegenstand des Erbbaurechts,

– Laufzeit,

– Zustimmungsvorbehalte,

– Entschädigungsregelung,

– Vorkaufsrechte.

Die Wirkung von Heimfall und Ablauf ist bezogen auf die Beleihungswertermittlung unterschiedlich. Beim Heimfall bleiben Grundbuch und damit die Grundschuld bestehen, es entsteht ein Eigentümer-Erbbaurecht. Bei Ablauf des Erbbaurechts wird das Grundbuch geschlossen. Die Entschädigungsregelung bei Ablauf beeinflusst die Beleihungswertermittlung.

---

[44] RdSchr. 13/2009 vom 8.6.2009 der BaFin, GuG 2009/6.

Abb. 42: Wirkung von Heimfall und Ablauf des Erbbaurechts

Auf die Erläuterungen im Teil IX wird verwiesen.

Für die Bewertung des **Barwerts der Erbbauzinsreallast** werden folgende Aussagen des Erbbaurechtsvertrags benötigt: 309

- Höhe des Erbbauzinses,
- Wertsicherungsklausel und Anpassungsklauseln,
- Vereinbarung zur Versteigerungsfertigkeit,
- zusätzlich ggf. Stillhalteerklärung.

Auf die Erläuterungen im Teil VIII wird verwiesen.

Die **Bewertung von Untererbbaurechten** kann nur erfolgen, wenn als Sicherungsobjekt gleichzeitig das Obererbbaurecht verhaftet wird. 310

Der Erbbauzins ist eine Reallast (Eintragung in Abt. II des Erbbaugrundbuchs). Sie entsteht mit Einigung und Eintragung und ist auf die Entrichtung wiederkehrender Leistungen aus dem Erbbaurecht gerichtet. Regelmäßig wird erstrangige Eintragung vereinbart. Dies verschafft dem Grundstückseigentümer ein dingliches Verwertungsrecht (durch Zwangsversteigerung oder Zwangsverwaltung) am Erbbaurecht. Andererseits würde bei nachrangigem Erbbauzins in der Zwangsversteigerung des erstrangig betreibenden Gläubigers der Erbbauzins erlöschen und das **Erbbaurecht erbbauzinsfrei** werden. 311

c) Stillhalteerklärung

Die **Stillhalteerklärung** ist eine Vereinbarung zwischen Grundstückseigentümer und Grundpfandrechtsgläubiger. Die Stillhalteerklärung hat zum Inhalt, dass der Erbbauzins für den Fall der Zwangsversteigerung des Erbbaurechtes bestehen bleibt. 312

Für diese **Stillhalteerklärung besteht Formerfordernis**. Zugleich ist daran die Verpflichtung des Grundstückseigentümers gebunden, keinem anderen Gläubiger den Vorrang vor dem Erbbauzins einzuräumen und das Grundstück nur unter der Bedingung zu veräußern, dass der Erwerber die Rechte und Pflichten aus der Stillhalteerklärung übernimmt. 313

X Beleihungswertermittlung

314 Die Stillhalteerklärung ist immer schuldrechtlich vereinbart und nicht Inhalt des Erbbaurechts.

d) Zwangsversteigerung

315 Wenn eine Vereinbarung zum Rang des Erbbauzinses nach § 9 Abs. 3 ErbbauG geschlossen wird (**Versteigerungsfester Erbbauzins**), ist Folgendes zu vereinbaren:

Die Erbbauzins-Reallast bleibt im Falle der Zwangsversteigerung des Erbbaurechts mit dem Hauptanspruch bestehen, wenn

- ein vor- oder gleichrangiger Gläubiger eines dinglichen Rechts oder der Grundstückseigentümer selbst aus der Erbbauzins-Reallast die Zwangsversteigerung betreibt und
- der Erbbauberechtigte zur Belastung des Erbbaurechts mit einer der Reallast im Range vorgehenden Grundschuld, Hypothek oder Rentenschuld befugt ist.

316 Daraus ergibt sich, dass im Falle der Zwangsversteigerung durch vor- oder gleichrangige Gläubiger der Erbbauzins nicht erlischt. Der Grundstückseigentümer kann daher dem Grundpfandrechtsgläubiger den Vorrang einräumen. Bei Vorrang des Grundpfandrechts wird die Stillhalteerklärung entbehrlich.

317 Die Vereinbarung nach § 9 Abs. 3 ErbbauG wird Inhalt des Erbbaurechts.

e) Erbbauzinsreallast

318 Die dinglichen Belastungen des Erbbaurechts (Grundpfandrechte) erlöschen mit Ablauf. Die Entschädigungsforderung haftet für das Grundpfandrecht.

319 Bei der **Beleihungswertermittlung von Erbbaurechten** werden grundsätzlich

- die Bewertung des erbbauzinsfreien Erbbaurechts und
- die Bewertung der Reallast

getrennt durchgeführt.

320 Die **Berücksichtigung der Erbbauzinsreallast im Beleihungswert** (zwangsversteigerungsfeste Reallast bzw. Stillhalteerklärung einer Körperschaft öffentlichen Rechts) oder im Sicherungswert (vorrangige, nicht zwangsversteigerungsfeste Erbbauzinsreallast) erfolgt im Rahmen der einzelnen Kreditvergabe durch den Kompetenzträger des Kreditinstituts.

321 Der **Wert des erbbauzinsfreien Erbbaurechts** ergibt sich aus dem Wert der zeitlich beschränkten Nutzung durch den Erbbauberechtigten, modifiziert um die Wertbeeinflussungen, die sich aus dem Inhalt des Erbbaurechts ergeben.

322 **Ausgangspunkt ist der Wert des Volleigentums.** Der Wert des Volleigentums ist auf der Grundlage des Sach-, Ertrags- bzw. Vergleichswertverfahrens unter Berücksichtigung der Methodik für die Ermittlung des Beleihungswerts zu bestimmen.

323 Zunächst wird der Wert des Volleigentums um den Bodenwert gemindert, der sich nach Ablauf des Erbbaurechts ergibt und auf den Wertermittlungsstichtag abgezinst wird. Grundgedanke ist die Ewigkeit des Bodenwerts, die sich im Ertragswertverfahren als ewige Rente wiederfindet. Dem Erbbauberechtigten steht dieser Bodenwert jedoch nicht, wie beim Ausgangspunkt Volleigentum unterstellt, auf ewig zur Verfügung, sondern nach Ablauf des Erbbaurechts fällt der Bodenwert auf den Erbbaurechtsgeber zurück.

324 Soweit die **Restnutzungsdauer der Bebauung die Restlaufzeit des Erbbaurechts überschreitet**, sind nicht zu entschädigende Gebäudewertanteile in Abzug zu bringen. Der nicht zu entschädigende Wert für das Bauwerk ergibt sich aus dem Gebäudesachwert bzw. Gebäudeertragswert unter Berücksichtigung der verbleibenden Restnutzungsdauer des Gebäudes bei Zeitablauf des Erbbaurechts, multipliziert mit dem nicht zu entschädigenden Anteil und abgezinst auf den Wertermittlungsstichtag. Da von der Ermittlung des Beleihungswertes bei Volleigentum ausgegangen wird und hier der entsprechende risikoadäquate Kapitalisierungszinssatz verwendet wird, sind auch bei der Diskontierung sowohl des Bodenwertes als auch des nicht zu entschädigenden Gebäudewertanteils die gleichen Kapitalisierungszinssätze als Diskontierungszinssätze zu verwenden.

Außerdem werden weitere Nutzungsbeeinträchtigungen (Zustimmungsvorbehalte usw.) durch einen angemessenen Abschlag berücksichtigt, der sich weitgehend an der Art des Objektes orientieren soll. Unbeschadet der Einschätzung des Gutachters für den jeweiligen Einzelfall sind bei guten Mietobjekten Abschläge um ca. 5 % des Gesamtwerts und bei eigengenutzten Objekten sowie bei Gewerbe- und Industrieobjekten Abschläge um ca. 10 % des Gesamtwerts vorzunehmen. **325**

Die Abschläge wegen Zustimmungsvorbehalten sollen i.S. einer Marktanpassung verdeutlichen, dass ein Objekt im Volleigentum, also unter freier Verfügbarkeit des Eigentümers, üblicherweise einen höheren Wert besitzt als ein vergleichbares Objekt im Erbbaurecht, wo die Handlungsfreiheit des Erbbaurechtsnehmers durch bestimmte Zustimmungspflichten des Erbbaurechtsgebers beschränkt ist. **326**

Die Ermittlung dieses Abschlages ist bisher nicht empirisch untersetzt. Die Gutachterausschüsse sind gehalten, für Erbbaurechte Marktanpassungsfaktoren zu ermitteln. Inwieweit diese auch für erbbauzinsfreie Erbbaurechte ermittelt werden und wie die Ermittlung offengelegt wird, bleibt abzuwarten.

Abb. 43: Zusammensetzung des Marktanpassungsfaktors Erbbaurecht nach WERTR

Der Beleihungswert des erbbauzinsfreien Erbbaurechts wird wie folgt ermittelt: **327**
  Wert des Volleigentums
- Bodenwertanteil nach Ablauf des Erbbaurechts, abgezinst auf den Wertermittlungsstichtag
- nicht zu entschädigender Gebäudewertanteil nach Ablauf des Erbbaurechts, abgezinst auf den Wertermittlungsstichtag
- Abschlag wegen Zustimmungsvorbehalten
= Beleihungswert des erbauzinsfreien Erbbaurechts

Der Barwert der Erbbauzinsreallast wird gesondert ermittelt.

X Beleihungswertermittlung   Systematik

328 Das Modell der Beleihungswertermittlung eines erbbauzinsfreien Erbbaurechts verdeutlicht das folgende **Schema** (nach *Werth*):

Abb. 44: Modell Beleihungswertermittlung Erbbaurecht

Abb. 45: Bewertungsansätze Beleihungswert Erbbaurecht

Bewertungsansätze Beleihungswert Erbbaurecht			
Wert des Volleigentums abzüglich			
Bodenwert nach Ablauf des Erbbaurechts, abgezinst auf Wertermittlungsstichtag	Nicht zu entschädigender Gebäudewertanteil bei Ablauf des Erbbaurechts, abgezinst auf den Wertermittlungsstichtag	Wertminderung wegen Zustimmungsvorbehalten	wenn ...
x		x	Laufzeit Erbbaurecht = RND
x		x	Laufzeit Erbbaurecht > RND
x	x	x	Laufzeit Erbbaurecht < RND
= Wert des erbbauzinsfreien Erbbaurechts			

Bewertung der Erbbauzinsreallast

329 Der i.d.R. zu zahlende **Erbbauzins** ist als Inhalt der Erbbauzinsreallast **über die Laufzeit des Erbbaurechts zu kapitalisieren**. Die Auswahl des Zinssatzes erfolgt grundsätzlich entsprechend der jeweiligen Nutzungsart auf der Grundlage von angemessenen Liegenschaftszinssätzen. Zu beachten ist, dass gemäß RdSchr. des BaFin 13/2009 dieser **Kapitalisierungszinssatz für die Erbbauzinsreallast auf maximal 5 % beschränkt** ist.

330 Der **Wert der Reallast** findet bei der Bestimmung des Beleihungswerts und seines realkreditfähigen Anteils folgendermaßen Berücksichtigung:

Systematik **Beleihungswertermittlung X**

Abb. 46: Berücksichtigung der Erbbauzinsreallast

	Berücksichtigung der Erbbauzinsreallast		
	Minderung des Beleihungswerts	Minderung des deckungsstockfähigen Anteils des Beleihungswerts (Vorlast)	Keine Wertminderung des Beleihungswerts
Vorrangig		x	
Nicht versteigerungsfeste Erbbauzinsreallast (keine Vereinbarung nach § 9 Abs. 3 ErbbauVO und keine Stillhalteerklärung) und nachrangig			x
Versteigerungsfestigkeit der Erbbauzinsreallast nach § 9 ErbbauG oder Stillhalteerklärung des Ausgebers (Körperschaft des öffentlichen Rechts)	x		

Folgende Möglichkeiten ergeben sich bei der Berücksichtigung der Erbbauzinsreallast (Beispiel nach *Werth*): 331

Gegeben:

Beleihungswert des erbbauzinsfreien Erbbaurechts = 1 000 000 €

Kapitalisierter Erbbauzins = 200 000 €

Abb. 47: Auswirkungen der Rangstelle der Erbbauzinsreallast auf den Deckungsstock

Auswirkungen der Rangstelle der Erbbauzinsreallast auf den Deckungsstock					
Vereinbarung nach § 9 Abs. 3 ErbbauVO	ja	nein	nein	nein	nein
Ausgeber: Körperschaft des öffentlichen Rechts	unerheblich	ja	ja	nein	nein
Erbbauzins vorrangig	i.d.R. nicht	ja	nein	ja	nein
Beleihungswert des erbbauzinsfreien Erbbaurechts	1 000 000 €	1 000 000 €	1 000 000 €	1 000 000 €	1 000 000 €
Kapitalisierter Erbbauzins	200 000 €	200 000 €			
Beleihungswert des mit Erbbauzins belasteten Grundstücks	800 000 €	800 000 €			
Realkreditfähiger Anteil (60 %-Grenze)	480 000 €	480 000 €	600 000 €	600 000 €	600 000 €
Kapitalisierter Erbbauzins				200 000 €	
Beleihung	480 000 €	480 000 €	600 000 €	400 000 €	600 000 €

4.3.4.3 Landwirtschaftlich genutzte Objekte

▶ *Allgemeines vgl. § 5 ImmoWertV Rn. 1 ff.*

332 Landwirtschaftlich genutzte Objekte sind solche, deren **Rohertrag zu mindestens 80 % durch land- und forstwirtschaftliche Nutzung erwirtschaftet** wird.

333 Die **Beleihung landwirtschaftlicher Betriebe** ist im Realkredit heute von untergeordneter Bedeutung. Die Eignung dieser Betriebe als wertstabile Beleihungsgrundlage ist zurückgegangen. Die Voraussetzungen rentabler Bewirtschaftung hängen heute von Einflüssen außerhalb der stabilen Bodenrente ab. Die Nutzbarkeit der Böden für landwirtschaftliche Produktion und damit deren Verwertbarkeit hängt heute in einem hohen Maße von ertragsstützenden staatlichen Hilfen ab, die nicht der Immobilie zuzuordnen sind. Somit sind sie keine hinreichende Grundlage für den Realkredit[45].

334 Die **Eignung landwirtschaftlicher Betriebe für eine angemessene Kreditversorgung** hängt auch davon ab, inwieweit neben der landwirtschaftlichen Produktion zusätzliche stabile Ertragsquellen vorhanden sind, etwa in der Produktveredlung. Diese Bewertungen folgen dann allerdings auch den Grundsätzen für gewerblich genutzte Objekte. Während den der landwirtschaftlichen Produktion zuzurechnenden Gebäuden kein selbständiger (Veräußerungs-)Wert zuordenbar ist, wird hier dieses Prinzip durchbrochen[46].

335 Als Bewertungsobjekte werden mindestens folgende **Objektarten** benannt:

– Land- und forstwirtschaftlich genutzte Flächen,

– Hofstellen,

– Betriebe der Pflanzenproduktion,

– Betriebe der Tierproduktion,

– Verarbeitungsbetriebe für agrarische Produkte,

– Lager.

336 Für die **Ertragswertermittlung** sind die Erträge zu berücksichtigen, die bei ordnungsgemäßer Bewirtschaftung unter den örtlichen Bedingungen nachhaltig erzielt werden können. Alle auf den Wirtschaftserfolg bezogenen Umstände sind dabei zu würdigen:

– Bodengüte,

– Bodenbeläge,

– Klimatische Verhältnisse,

– Hoflage,

– Flächenstruktur,

– Wegeverhältnisse und

– Marktsituation und Absatzwege.

337 Als Vergleichspreise können die Netto-Pachtpreise hinzugezogen werden. Für die Bewertung der land- und forstwirtschaftlichen Flächen gelten im Übrigen die Standards der landwirtschaftlichen Taxation. Bei forstwirtschaftlichen Flächen ist lediglich der Bodenwert für die Beleihungswertermittlung heranzuziehen.

---

[45] Vgl. Kerl, a.a.O., S. 229 und 97 f.
[46] Vgl. Kerl, a.a.O., S. 198.

4.3.4.4 Erleichterungen bei überwiegend zu Wohnzwecken dienenden Objekten

a) Allgemeines zur Bewertung innerhalb der Kleindarlehnsgrenze

§ 24 BelWertV enthält eine für das *Retail*geschäft der Banken wichtige Ausnahmeregelung. Der Bezug wird in § 24 Abs. 1 BelWertV definiert. Die Regelung betrifft **Finanzierungen im Kleindarlehnsbereich.** 338

Der **Kleindarlehnsbereich** ist begrenzt auf einen auf das Objekt abgesicherten Grundschuldbetrag unter Einbeziehung aller Vorlasten von 400 000 €. Den Vorlasten sind gleichrangige Lasten gleichgestellt. Beim Finanzierungsobjekt muss es sich um eine reine Wohnimmobilie oder eine gemischt genutzte Immobilie handeln, deren gewerblicher Ertragsanteil maximal ein Drittel des Gesamtertrags der Immobilie umfasst. Die Immobilie muss im Inland belegen sein. Für im Ausland belegene Objekte können die Erleichterungen des § 24 BelWertV nicht angewandt werden. 339

Der Marktwert (Verkehrswert) ist bei dieser Entscheidung unerheblich. Vielmehr wird unterstellt, dass Darlehn für diese Objektarten weniger risikobehaftet und damit weniger ausfallgefährdet als gewerbliche Immobilien sind. So können auch größere Wohnobjekte, wenn sie einschließlich des Grundschuldbetrags mit nicht mehr als 400 000 € belastet werden, nach den Erleichterungen des § 24 BelWertV bewertet werden. 340

Der Bezug auf die Ertragszusammensetzung – maximal 1/3 des Rohertrags aus gewerblicher Nutzung – stellt klar, dass nicht die **Wohn- und Nutzflächenaufteilung** über die Zuordnung zur Objektart entscheidet, sondern der Ertragsteil der einzelnen Nutzungen. 341

So fällt beispielsweise ein Wohn- und Geschäftshaus, welches einen gewerblichen Ertragsanteil von 20 % und einen Marktwert von 12 Mio. € aufweist, unter die Regelungen des § 24 BelWertV, während ein kleines Einfamilienhaus mit Laden im EG aus der Regelung herausfällt, da der Ertragsanteil des Ladens 66 % beträgt. 342

Abb. 48: Anwendungsmöglichkeit des § 24 BelWertV bei unterschiedlichen Ertragssituationen

Darlehn bis 400 000 €			
Wohn- und Geschäftshaus Marktwert 12 Mio. €			
	Jahresrohertrag €	in %	
Wohnen	800 000,00	80,00 %	
Laden	200 000,00	20,00 %	Anwendung
Gesamt	1 000 000,00	100,00 %	§ 24 möglich

Einfamilienhaus mit Laden im EG, Marktwert EUR 400 000,00			
Wohnen	7 200,00	33,33 %	
Laden	14 400,00	66,67 %	Anwendung
Gesamt	21 600,00	100,00 %	§ 24 **nicht** möglich

b) Bewertung innerhalb der Kleindarlehnsgrenze

Die Erleichterungen des § 24 BelWertV zielen auf 343

— die Qualifikation und Stellung der bewertenden Person,
— die Anwendung überwiegend nur eines Wertermittlungsverfahrens.

Wenn die zu bewertende Immobilie unter die Erleichterung des § 24 BelWertV fällt, kann auf eine förmliche Wertermittlung verzichtet werden. Diese Erleichterungen ermöglichen es prozessual, 344

X Beleihungswertermittlung — Systematik

- die Bewertungen im unilateralen Geschäft im Marktbereich der Bank durchzuführen und den Beleihungswert abschließend festzusetzen,
- die Bewertungen im bilateralen Geschäft durchzuführen und im Marktfolgebereich den Beleihungswert festzusetzen,
- (teil-)automatisierte Bewertungen, etwa innerhalb einer Kreditfabrik, ohne die personellen Erfordernisse des förmlichen Bewertungsverfahrens durchführen zu können.

345 Damit wird für Immobilienkreditsicherheiten nach § 24 BelWertV die prinzipielle Forderung der MAK, die Sicherheitenbewertung von Immobilien außerhalb der Marktbereiche und innerhalb der Marktfolgebereiche unabhängig von der Kreditbearbeitung und -entscheidung durchzuführen, gelockert.

Abb. 49: Bewertungsablauf nach § 24 Abs. 1 bis 3 BelWertV

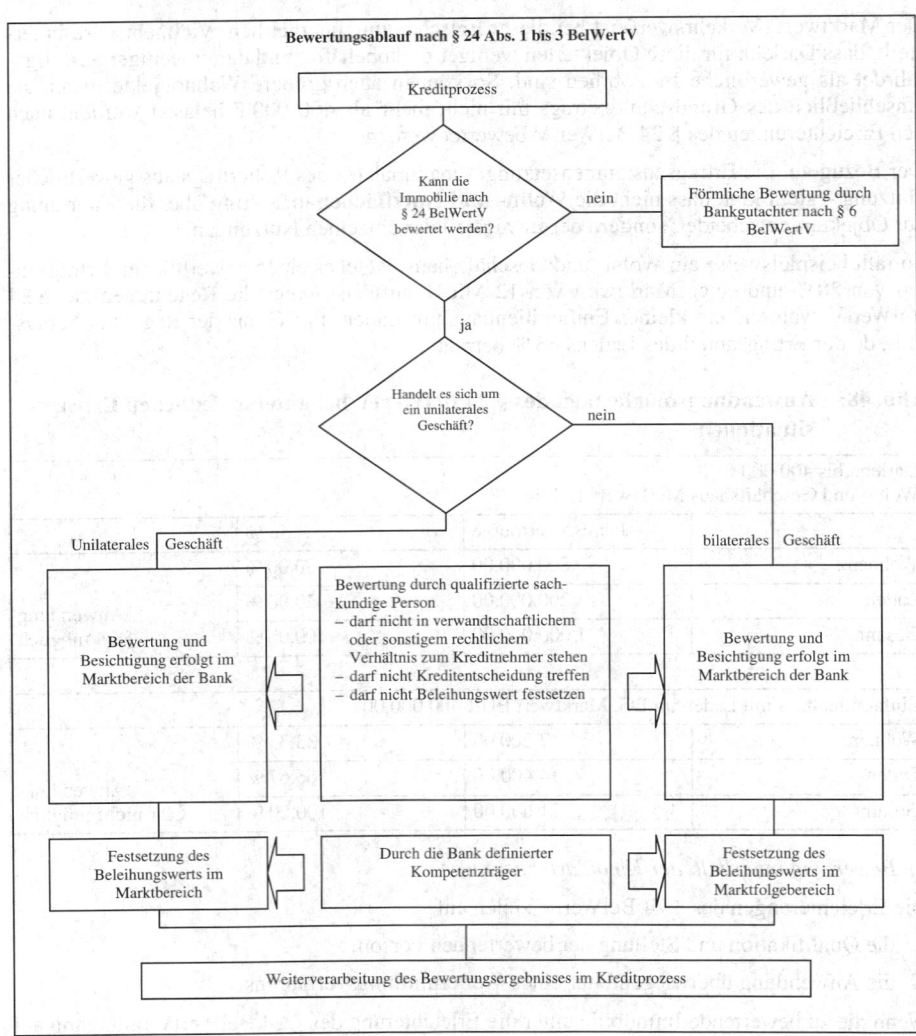

Systematik **Beleihungswertermittlung X**

Die Wertermittlung kann durch Kreditbearbeiter durchgeführt werden, die nicht abschließend die Kreditentscheidung treffen und nicht den Beleihungswert festsetzen. Außerdem dürfen sie, wie auch der Gutachter nach § 7 Abs. 1 Satz 2 BelWertV, nicht in einem verwandtschaftlichen oder sonstigen rechtlichen Verhältnis zum Kreditnehmer stehen und so ein Abhängigkeitsverhältnis bilden. **346**

Zu unterscheiden ist zwischen **unilateralem und bilateralem Kreditgeschäft**. Die Bank definiert in der Regel über ihre Kompetenzregelungen, welche Kreditentscheidungen unilateral, also in Alleinkompetenz durch die Marktbereiche, und welche bilateral, also im ersten Kreditvotum durch die Marktbereiche und im zweiten Kreditvotum durch die Marktfolgebereiche getroffen werden. Bei beiden Entscheidungswegen ist das Ergebnis der Bewertung der Immobiliensicherheit (Marktwert und Beleihungswert) im ersten Votum zu berücksichtigen. **347**

c) *Qualifikation des Bewerters*

Auch bei der Bewertung nach § 24 BelWertV hat die zu bewertende Person über die erforderliche Sach- und **Fachkunde** zu verfügen. Regelmäßig wird diese angenommen, wenn die zu bewertende Person **348**

– sich ausreichende Kenntnisse über Immobilienbewertung angeeignet hat,
– über langfristige Erfahrungen bei der Bewertung der in Rede stehenden Immobilienarten verfügt,
– nicht nur einmalig diese Bewertungen durchführt,
– durch regelmäßige Weiterbildung diese Bewertungskenntnisse vertieft und aktualisiert.

Die ausreichende Qualifikation der bewertenden Person kann auch angenommen werden, wenn sie eine entsprechende Zertifizierungen zum zertifizierten Immobiliengutachter für Standardbewertungen nachweist. Die hier zertifizierte Sachkunde deckt mindestens die Anforderungen zur Bewertung innerhalb der Kleindarlehnsgrenze. **349**

Die Bank hat zu sichern und zu kontrollieren, dass die durch sie mit der Bewertung nach § 24 BelWertV beauftragten Personen über die geforderte Qualifikation verfügen. **350**

d) *Qualitätssicherung durch Gutachter*

Die Pfandbriefbank ist nach § 24 Abs. 2 BelWertV verpflichtet, die Qualität der nach § 24 BelWertV ermittelten **Sicherheitenwerte** in einer ausreichenden Anzahl von repräsentativen Stichproben zu überprüfen. Die Überprüfung erfolgt durch Gutachter nach § 6 BelWertV. Damit sind neben der Revision für die Prüfung der Ordnungsmäßigkeit der Bewertungen die bankinternen Gutachter zuständig. Diese verfügen aufgrund ihrer Qualifikation und ihrer Routine, über die notwendigen Spezialkenntnisse, Plausibilisierungen von Gutachten mit wirtschaftlich vertretbarem Aufwand vorzunehmen, und sie verfügen aufgrund ihrer organisatorischen Anbindung über die notwendige Unabhängigkeit, diese Überprüfungen unbeeinflusst durchführen zu können. Dies erfordert auch bei kleinen Banken und bei Sparkassen die Etablierung eines Gutachters nach § 6 BelWertV, unabhängig davon, ob dieser intern oder extern für die Bank tätig ist. **351**

Die Größe und die Zusammensetzung der Stichprobe ist abhängig von der Kreditportfolio-Zusammensetzung im Bereich der **Kleindarlehnsgrenze**. Zunächst ist die Grundgesamtheit zu bestimmen. Diese setzt sich aus wohnwirtschaftlich und gemischt genutzten Objekten mit einem gewerblichen Ertragsanteil bis zu 1/3 des Jahresrohertrags zusammen. Die Stichprobe sollte sich bankintern an der tatsächlichen Ausfallwahrscheinlichkeit und an der Ausfallquote dieser Kreditart orientieren. Bei sehr homogenen Sicherheiten-Portfolios, die vorwiegend aus wohnwirtschaftlich genutzten Objekten bestehen und sich regional begrenzen, deren Ausfallquote gering ist, erscheint eine geringe Stichprobengröße (etwa von 3 %) der Grundgesamtheit ausreichend. Bei stark diversifizierten Sicherheiten-Portfolios erscheint zunächst eine *Cluster*bildung der Grundgesamtheit, etwa nach wohnwirtschaftlich und gemischt genutzten Objekten, nach bestimmten Objektarten oder/und nach der regionalen Zuordnung sowie nach **352**

X Beleihungswertermittlung — Systematik

der Höhe des Beleihungswerts sinnvoll. Für diese einzelnen *Cluster* kann dann wiederum risikoadäquat, beispielsweise nach ihrer Ausfallquote, die Stichprobe bestimmt werden. Die Obergrenze für die Stichprobenanzahl sollte bei 10 % der Grundgesamtheit liegen.

353 Schon bei 10 000 Bewertungen im **Kleindarlehnsgeschäft nach § 24 BelWertV** wären 1 000 Wertermittlungen zu überprüfen. Diese Größenordnung ist ohne EDV-seitige Unterstützung nicht zu realisieren. Der Gutachter der Bank muss den Zugriff zu den Bewertungsdatensätzen für das Einzelobjekt und listenmäßig zur ausgewählten Stichprobe haben, um der Forderung von § 24 Abs. 2 Satz 3 BelWertV nachkommen zu können. Von der EDV-Bewertungslandschaft der Bank wird damit die direkte Auswertbarkeit der Immobiliensicherheitendaten, i.d.R. aus einer Datenbanklösung heraus, erwartet.

354 Die Bewertung auf Formularen, die nicht datenbankgestützt verarbeitet werden, ist nicht zukunftsfähig. Ziel ist vielmehr eine Vernetzung der Sicherheitendaten, um die Plausibilisierung der an verschiedenen Stellen durch die Marktbereiche erstellten Bewertungen nach § 24 BelWertV durch den Gutachter zentral durchführen zu können.

Abb. 50: Schema der Plausibilisierung von Bewertungen nach § 24 Abs. 1 bis 3 BelWertV

355 Die **Dokumentation** sollte umfassen:
- die Angabe zur Auswahl und zum Umfang der Stichprobe,
- die Übereinstimmungsquote zwischen den vorliegenden Bewertungen und dem Plausibilisierungsergebnis,
- die Darstellung der Abweichungen von den aufsichtsrechtlichen oder Bankvorgaben,
- das Prüfergebnis der Einzelprüfungen,
- Konsequenzen für notwendige Wertveränderungen.

e) Vereinfachte Wertermittlung

356 Nach § 24 Abs. 1 Satz 1 BelWertV kann die Pfandbriefbank auf eine förmliche Bewertung verzichten, wenn die Darlehns- und Objektkriterien nach § 24 BelWertV eingehalten werden. Es wird eine **vereinfachte Bewertung** durchgeführt. Gegenüber dem förmlichen Bewertungsverfahren sind hier folgende inhaltliche Erleichterungen möglich:
- „formularmäßige" Bewertung,

- kein Begründungserfordernis nach § 5 BelWertV,
- in bestimmten Fällen kein Besichtigungserfordernis.

Bei der vereinfachten **Darstellung des Bewertungsobjekts** sind Mindestdaten der Bewertung zu dokumentieren: 357

- Auftraggeber,
- Bewertungsauftrag,
- Objektadresse,
- Objektart,
- Grundbuchangaben zur Objektidentifikation und zu Lasten aus Abt. II,
- Lagekategorisierung nach Makro- und Mikrolage,
- Objektkurzbeschreibung mit Baujahr, Bauweise, Ausstattungskategorie und Zustandskategorie,
- Nutzungsart (Eigennutzung/vermietet oder verpachtet),
- Vermietbarkeitskategorie,
- Verwertbarkeitskategorie,
- Marktwert- und Beleihungswertermittlung,
- ggf. Festsetzung des Beleihungswerts,
- Anlage mit Unterlagen zur Objektidentifikation und Besichtigungsnachweis.

Auch im vereinfachten Verfahren empfiehlt es sich, die beschreibenden Aussagen zu kategorisieren, um eine Auswertbarkeit der **Bewertungsdatenbank** zu sichern. Dabei sollte auch hier Übereinstimmung zwischen der Kategorisierung von in der Bank angewandten Immobilien-*Rating-Tools* und dem Bewertungs*tool* bestehen. 358

Die Dokumentation der Bewertung erfolgt in einem Gutachten, das aufgrund seines Charakters als **„Kurzgutachten"** oder „Gutachten für eine Bewertung im verkürzten Verfahren nach § 24 BelWertV" bezeichnet werden kann. 359

§ 24 Abs. 1 BelWertV gibt keinen Hinweis, dass gegenüber § 4 BelWertV eine Erleichterung in der Verfahrensanwendung zur Ermittlung des Beleihungswerts vermutet werden kann. 360

Vielmehr gelten auch bei der Bewertung im Rahmen der Kleindarlehnsgrenze die **Prinzipien der Verfahrenswahl wie beim förmlichen Verfahren.** Dies bedeutet, für die Ermittlung des Beleihungswerts 361

- für wohnwirtschaftlich genutzte Baugrundstücke wird das Vergleichswertverfahren angewandt,
- für eigennutzungsfähige Wohnimmobilien wird als wertbestimmendes Verfahren das Sachwertverfahren, im Ausnahmefall auch das Vergleichswertverfahren angewandt,
- für eigennutzungsfähiges Wohneigentum (nach WEG) kann das Vergleichswertverfahren angewandt werden,
- für alle anderen Objekte wird das Zwei-Säulen-Prinzip mit der Ermittlung des Ertrags- und des Sachwerts des Objekts angewandt.

X Beleihungswertermittlung — Systematik

Abb. 51: Entscheidungsbaum für die Anwendung des Bewertungsverfahrens nach § 24 Abs. 1 BelWertV

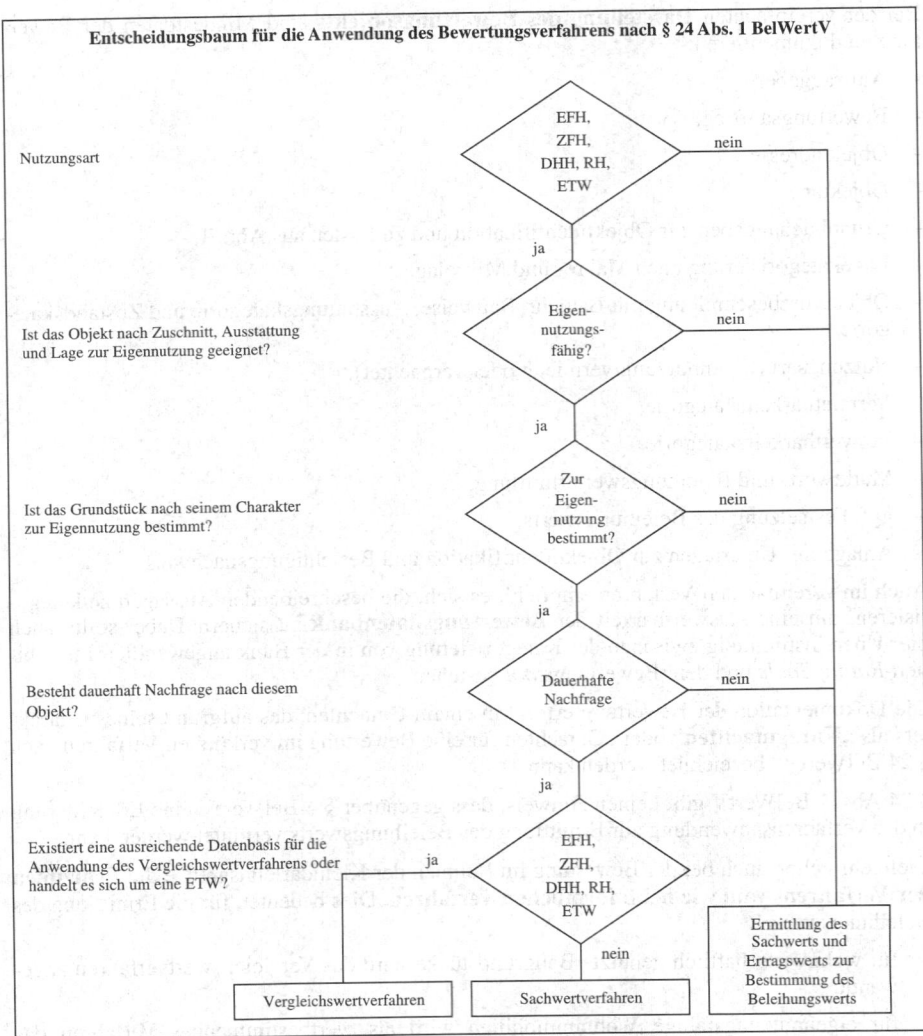

362 Während bei der förmlichen Bewertung eine Besichtigung des Bewertungsobjekts zwingend vorgegeben ist, sind bei Bewertungen innerhalb der Kleindarlehnsgrenze Ausnahmen (Erleichterung beim Besichtigungserfordernis) zulässig, die sich an den Erfordernissen des *Retailgeschäfts* orientieren. Dies betrifft folgende Sachverhalte:

- Das **Objekt ist bekannt**. Die Pfandbriefbank kooperiert im Kreditgeschäft mit anderen Kreditinstituten, und die Pfandbriefbank oder die anderen Kreditinstitute oder deren sachkundige Beauftragte haben eine Besichtigung innerhalb der letzten beiden Jahre vorgenommen. Dabei wird unterstellt, dass sich der Zustand des Objekts gegenüber der letzten Besichtigung nicht verändert hat (§ 24 Abs. 1 Nr. 1 BelWertV).
- Eine **gleichartige Eigentumswohnung wurde bereits besichtigt**. Es handelt sich üblicherweise um die Finanzierung eines nach WEG geteilten Wohneigentums, in dem die Pfandbriefbank in den letzten zwei Jahren bereits eine Wohnung besichtigt hat. Hier kann davon

ausgegangen werden, dass das zu bewertende Objekt in Ausstattung und Zustand nicht von der bereits besichtigten Eigentumswohnung abweicht (§ 24 Abs. 3 Nr. 2 BelWertV).

- Ein **gleichartiges Einfamilienhaus/Reihenhaus, Doppelhaushälfte wurde bereits besichtigt.** Hier greift das gleiche Argument, dass der Pfandbriefbank die Lage der Siedlung bekannt ist, in der eine Reihe gleichartiger Einfamilienhäuser, Reihenhäuser oder Doppelhäuser zum gleichen Zeitpunkt errichtet wurden, die nach Funktionalität, Ausstattung und Zustand als vergleichbar angesehen werden können und von denen eines innerhalb der letzten beiden Jahre besichtigt wurde (§ 24 Abs. 3 Nr. 3 BelWertV).

- Der **Bauplatz ist bekannt** und das zu errichtende Fertighaus kann eindeutig bewertet werden. Die Bewertung erfolgt für den Zustand nach Fertigstellung. Zu besichtigen ist der unbebaute Bauplatz. Wenn dieser der Pfandbriefbank oder dem kooperierenden Kreditinstitut bekannt ist, kann auf eine Besichtigung verzichtet werden. Es ist nicht auf die Zwei-Jahres-Frist der Besichtigung abgestellt, so dass eine aktuelle Besichtigung des Bauplatzes unterstellt wird. Allerdings wird davon ausgegangen, dass der Verordnungsgeber auch hier die Bauplatzsituation eines Bebauungsplangebiets im Auge hatte, so dass die aktuelle Besichtigung eines Bauplatzes bei wiederholter Bewertung verschiedener Bauplätze der gleichen Siedlung in Analogie ausreichend sein sollte. Die Bewertung kann bereits für den Zustand nach Fertigstellung erfolgen, wenn das Fertighaus nach Art und Typus anhand des Kataloges des Herstellers eindeutig bestimmt werden kann. Hier ersetzt zunächst die Besichtigung des Bauplatzes und die Katalogdarstellung die Besichtigung des Bewertungsobjekts. Die Besichtigungserleichterung trifft nicht zu bei Einzelbauplätzen und bei Nicht-Fertigteilhäusern (§ 24 Abs. 3 Nr. 4 BelWertV).

Der **Verzicht auf die Besichtigung ist zu dokumentieren.** Dies kann unter Angabe des Bezugs auf die entsprechende Ziffer des § 24 Abs. 3 BelWertV im vereinfachten Verfahren erfolgen. 363

Gegenwärtig sind weitere Einschränkungen des Besichtigungserfordernisses im Rahmen der Bewertungen nach § 24 BelWertV in der Diskussion.

f) Plausibilisierung von Portfolien im Kleindarlehnsbereich

Die Übernahme einer Vielzahl von Darlehnsforderungen in einem Portfolio geschieht beispielsweise bei der Zusammenarbeit von Sparkassen und Pfandbriefbanken beim **Deckungspooling.** Die hier herangezogenen Immobilien-Sicherheiten bestehen auch aus wohnwirtschaftlich genutzten Immobilien, die innerhalb der Kleindarlehnsgrenze finanziert wurden. Wenn diese Immobilien durch das abgebende Kreditinstitut oder Versicherungsunternehmen nach den Prinzipien des vereinfachten Verfahrens bewertet wurden, kann eine vereinfachte Plausibilitätsprüfung des gesamten Portfolios durchgeführt werden. 364

Diese Möglichkeit einer **Plausibilitätsprüfung** nach § 24 Abs. 4 BelWertV ist an drei Voraussetzungen gebunden: 365

- Die Wertermittlungen müssen nach den Prinzipien des § 24 Abs. 1 Satz 3 BelWertV im vereinfachten Verfahren erstellt sein, im Übrigen den Anforderungen der BelWertV entsprechen. Die Vereinfachung bezieht sich auf die Stellung und Qualifikation der sachkundigen wertermittelnden Person und die Anwendung überwiegend nur eines Verfahrens.

- Die Plausibilisierung der Wertermittlungen des anderen Kreditinstitutes oder Versicherungsunternehmens erfolgt durch einen nicht mit der Kreditentscheidung befassten, sachkundigen Mitarbeiter der Pfandbriefbank, der auch in Hinblick auf die einzelnen Bewertungsparameter die Plausibilitätsprüfung durchführt. Abgestellt wird hier in Analogie zur Wertermittlung im vereinfachten Verfahren nach § 24 Abs. 2 Satz 1 und 2 BelWertV auf die Qualifikation des Mitarbeiters der Pfandbriefbank für die Bewertung der in Rede stehenden Objektarten und auf die strikte Trennung zwischen Bewertungstätigkeit und Kreditentscheidung.

- Die Ergebnisse der Plausibilitätsprüfung sind zu dokumentieren.

X Beleihungswertermittlung   Systematik

366 Die Plausibilitätsprüfung hat intern, also innerhalb der Pfandbriefbank zu erfolgen. In § 24 Abs. 4 Nr. 2 BelWertV wird ausdrücklich von einem Mitarbeiter der Pfandbriefbank gesprochen. Damit ist eine externe Vergabe dieser Plausibilisierung nicht gewollt.

367 Die Durchführung der Plausibilisierungsprüfung folgt der Logik des vereinfachten Verfahrens, die Wertermittlung von innerhalb der Kleindarlehnsgrenze finanzierten Objekten zu erleichtern. Wenn also die Wertermittlung dieser Objekte in anderen Instituten nach den Vorgaben des § 24 BelWertV erfolgte, besteht zunächst keine Notwendigkeit, eine Plausibilisierung durch die Gutachter der Pfandbriefbank zu veranlassen. Die Plausibilisierung erfolgt auf gleicher Ebene wie die Erstellung dieser Wertermittlungen. Davon unabhängig besteht die Prüfungspflicht nach § 24 Abs. 2 Satz 3 BelWertV durch die Gutachter der Pfandbriefbank.

368 Die **Plausibilisierungsprüfung** bezieht sich auf
   – eine Stichprobe aus der Gesamtheit der dem Darlehnsportfolio zugrunde liegenden Immobilienbewertungen, die regional und objektmäßig repräsentativ ist,
   – die Prüfung der einzelnen angesetzten Bewertungsparameter.

369 Der Plausibilitätsprüfung liegt ein **Stufenmodell** zu Grunde, welches je nach Grad der Übereinstimmung der Plausibilisierung mit den Basis-Bewertungen der ausgewählten Einzelobjekte im Umfang variiert.

370 **Dissens- und Ausweitungsaspekte** sind hierbei:
   – Die Beleihungswerte der ausgewählten, plausibilisierten Objekte sind nicht nur im Einzelfall zu hoch.
   – Es ergeben sich Zweifel bezüglich der Angemessenheit der ermittelten Werte.

371 Diese Feststellungen sind zu dokumentieren und die Stichprobe ist auszuweiten. Die Ausweitung erfolgt in zwei Richtungen: regional und/oder objektartbezogen. Dies kann nach § 24 Abs. 4 Satz 3 BelWertV, abhängig vom Plausibilisierungsergebnis, bis zur Neubewertung des gesamten Portfolios führen.

Abb. 52: Stufenmodell der Plausibilisierungsprüfung nach § 24 Abs. 4 BelWertV

In Analogie zu den Einzelbewertungen nach § 24 BelWertV sind auch die zu bewertenden Portfolien in die **Qualitätssicherung durch die Gutachter** der Pfandbriefbank nach § 24 Abs. 2 Satz 3 BelWertV einzubeziehen. 372

4.4 Im Ausland belegene Objekte (Dritter Abschnitt BelWertV)

4.4.1 Anwendung des PfandBG

Die Regelungen der §§ 13ff. des PfandBG i.V.m. der BelWertV (außer § 24 BelWertV) gelten auch für Wertermittlungen von im Ausland belegenen Immobilien, sofern auf ihnen Realkredite lasten. Immobilien im Ausland sind grundsätzlich nach den gleichen Maßstäben wie inländische Immobilien zu bewerten. Auch hier ist der zu ermittelnde Beleihungswert ein vorsichtiger, zukunftsorientierter Wert. Für ausländische Immobilien, die innerhalb der Kleindarlehnsgrenze finanziert werden, gelten die Erleichterungen des § 24 BelWertV nicht. 373

Der Vereinheitlichung der Beleihungswertermittlung im internationalen Kontext dient die Einführung des **Begriffs des „Europäischen Beleihungswerts"**. Er soll nach folgenden Grundsätzen ermittelt werden. Er soll: 374

– eine vorsichtige Bewertung der künftigen Marktfähigkeit der Immobilie einschließen;
– versuchen, spekulative Elemente zu ermitteln und zu eliminieren;
– die normale und lokale Marktlage widerspiegeln; Grundlage für die Bewertung ist die gegenwärtige Marktsituation;
– hauptsächlich auf langfristigen (nachhaltigen) Aspekten basieren (z. B.: Qualität der Lage und des Gebäudes, seine Art und Größe, Bebauungsplanung/Flächenaufteilungsstand, baulicher Zustand, nachhaltiger Mietertragswert);
– die derzeitige Verwendung und nach Möglichkeit geeignete alternative Verwendungen berücksichtigen;
– auf transparenten und deutlich erklärten Bewertungsmethoden beruhen;
– von Gutachtern mit angemessener Sachkenntnis ermittelt werden.[47]

Da sich dieser Beleihungswertbegriff noch nicht durchgesetzt hat, liegen in der Mehrzahl ausländische Marktwertgutachten vor. Diese können zur Beleihungswertermittlung herangezogen werden, wenn folgende **Prinzipien** eingehalten werden: 375

– das landesspezifische Gutachten ist nicht älter als zwei Jahre,
– es enthält wesentliche Informationen, Daten und Einschätzungen, auf deren Grundlage ein Beleihungswert abgeleitet werden kann,
– die Ableitungen der bewertungsrelevanten Daten sind transparent und nachvollziehbar,
– die Bewertungsmethoden sind transparent und in Fachkreisen anerkannt,
– es ist ein eigenständiges Beleihungswertgutachten durch die Pfandbriefbank zu erstellen,
– i.d.R. und im Ermessen des Gutachters erfolgt eine Besichtigung des Objekts und diese kann nur in der engen Grenze des § 24 Abs. 2 BelWertV unterbleiben.

Die **Bewertung des Beleihungsobjekts erfolgt** in jedem Fall **durch die Pfandbriefbank**, da nach § 7 BelWertV Gutachten von dritter Seite nicht verwendet werden dürfen. Die hier genannten Prinzipien gelten somit für den Fall, dass die Bank nicht durch eigene Gutachter, sondern durch extern beauftragte Sachverständige den Marktwert ermitteln lässt. 376

Grundsätzlich wird der Beleihungswert nach den Methoden und der Systematik der BelWertV ermittelt. Einzelne landesspezifische Besonderheiten, die eine Übertragung von einzelnen Bewertungsdaten in die deutsche Beleihungswert-Systematik erschweren, werden im Positi- 377

---

47 Vgl. Rüchardt, a.a.O., S. 114.

X Beleihungswertermittlung   Systematik

onspapier der BaFin zur Beleihungswertermittlung von im Ausland gelegenen Objekten behandelt. Die weitere Untersetzung des § 25 BelWertV durch Positionspapiere des vdp und der VÖB ist in Aussicht gestellt.

4.4.2 Positionspapier der BaFin (Auszug)

378 Grundlage der Ermittlung des Beleihungswerts auf der Basis landesspezifischer Bewertungen sind das Grundsatzpapier zum Beleihungswert vom 14.10.1996 und das Papier „Wesentliche Aspekte der Beleihungswertermittlung" mit seinen Kernelementen

- Mietausgangsgrößen,
- Bewirtschaftungskosten,
- Kapitalisierungszinssatz.

379 **Ausgangspunkt** für die landesspezifische Betrachtung dieser drei Parameter sind – wie in Deutschland – die Marktusancen des jeweiligen Landes und die jeweilige nationale Methodik, insbesondere marktübliche Mietvertragsstandards und die aus dem Markt ermittelten Kapitalisierungszinsen. Die in landesspezifischen Bewertungen ermittelten Ansätze sind daraufhin zu überprüfen, ob sie den Anforderungen der Nachhaltigkeit und vorsichtigen Wertermittlung gemäß § 12 HBG gerecht werden.

380 Die von Land zu Land **unterschiedlichen wertbestimmenden Faktoren,** wie z. B. Bewirtschaftungskosten, sind bei der Ermittlung des Beleihungswerts auf der Grundlage landesspezifischer Gepflogenheiten individuell zu berücksichtigen, d. h., sie können grundsätzlich nicht automatisch von einem Land auf das andere übertragen werden.

381 Je nach Ausgestaltung der landesspezifischen Bewertungsmethodik bei Marktwertermittlungen kann es für die Beleihungswertermittlung erforderlich sein, die **Mindestansätze für Bewirtschaftungskosten und Kapitalisierungszinsen** anzupassen. Dabei muss aber der methodische Zusammenhang des jeweiligen landesspezifischen Bewertungssystems gewahrt bleiben. Wertbestimmende Faktoren dürfen nicht doppelt berücksichtigt werden, z. B. das Mietausfallrisiko, das in einigen Ländern bei den Bewirtschaftungskosten, in anderen Ländern beim Kapitalisierungszins angesetzt wird.

382 Die **methodischen Anforderungen/Standards an den Beleihungswert** müssen bei Auslandsimmobilien analog dem inländischen Verfahren gewahrt sein.

Dies erfordert insbesondere

- die Einhaltung des dualen Bewertungsprinzips (Sach- und Ertragswertermittlung),
- den Ansatz nachhaltiger Mieten,
- die Höhe des Sicherheitsabschlags im Sachwertverfahren,
- Mindestkapitalisierungszinssätze (Wohnen/Gewerbe),
- nutzungsspezifische Regelbandbreiten der Kapitalisierungszinssätze,
- die angemessene Berücksichtigung von Bewirtschaftungskosten.

383 Die Ansätze, speziell für **Mieten, Bewirtschaftungskosten und Kapitalisierungszinssätze, sind nachvollziehbar zu dokumentieren.**

A. Grundsätzlich gilt, dass auch innerhalb eines landestypischen Wertermittlungsverfahrens alle Teilaspekte, insbesondere die Ansätze für Mieten, Bewirtschaftungskosten und Kapitalisierungszinssätze, einzeln zu bewerten sind, um die inhaltlichen Anforderungen und Sicherheitsstandards des Beleihungswerts einzuhalten. Als Basis dienen nachvollziehbare Ansätze auf der Grundlage zuverlässiger Marktdaten.

a) Bei der Beleihungswertermittlung soll grundsätzlich ein Bewirtschaftungskostenabzug (gegebenenfalls entgegen dem landesspezifischen Marktwertverfahren) analog dem deutschen Verfahren gewählt werden. Für die Ermittlung des Reinertrags sind somit Bewirtschaftungskosten (wie Mietausfallwagnis, Eigentümerverwaltung und Instandhaltungsrisiko) von mindestens 15 % bzw. deren tatsächliche/angemessene Höhe (zuzüglich Abschreibung) von der Miete in Abzug zu bringen.

In einem solchen Fall gelten die für den deutschen Markt abgestimmten Kapitalisierungszinssätze bzw. deren nutzungsspezifische Bandbreiten als Untergrenze (gemäß der Ausarbeitung „Wesentliche Aspekte der Beleihungswertermittlung" [GuG 1997, 238]).

b) In Ländern, in denen die Bewirtschaftungskosten nur teilweise oder gar nicht gesondert ausgewiesen werden, sondern eine entsprechende Berücksichtigung im Kapitalisierungszinssatz finden, ist es auch zulässig, dass eine entsprechend dokumentierte Spezifizierung der bereits berücksichtigten bzw. zusätzlich zu berücksichtigenden Risiken, insbesondere eine detaillierte Bewirtschaftungskostenzuordnung und die Abschreibung transparent und damit nachvollziehbar dargestellt wird. Dies hat zur Folge, dass der Mindestkapitalisierungszinssatz bzw. die nutzungsspezifischen Bandbreiten entsprechend erhöht anzusetzen sind.

384 Für die Beleihungswertermittlung ist deshalb zu dokumentieren, dass der verwendete Mindestkapitalisierungszinssatz sowie die vorgenommene, systembedingte Erhöhung den Anforderungen des Beleihungswerts genügen. In diesem Fall kann der Beleihungswert ohne zusätzlichen formalen Bewirtschaftungskostenabzug nach landestypischen Bewertungsverfahren entsprechend seinen Vorgaben ermittelt werden.

Diese analog dem Sicherheitsstandard für inländische Immobilien abgeleitete Verfahrensweise ermöglicht es den deutschen Hypothekenbanken, auch bei ausländischen Risiken ähnliche Qualitäts-/Sicherheitsstandards wie im Inland anzuwenden. Neben dem Sicherheitsbedürfnis nach den Anforderungen des HBG bietet diese Verfahrensweise ein hohes Maß an Transparenz und Nachvollziehbarkeit.

B. Falls – wie speziell in Großbritannien – die landesspezifischen Bewertungszuordnungen besonders zu den Bewirtschaftungskosten im Kapitalisierungszinssatz (ARY) nicht aufgezeigt werden, kann für eine Übergangszeit akzeptiert werden, dass der Beleihungswert wie folgt ermittelt wird:

Die überprüften Mieten werden ohne Abzug von Bewirtschaftungskosten (da landesspezifisch) kapitalisiert. Allerdings ist bei dieser Verfahrensweise darauf zu achten, dass damit die Mindestkapitalisierungszinssätze und nutzungsspezifischen Bandbreiten um mindestens 15 % erhöht angesetzt werden müssen (zuzüglich AfA). Die kalkulatorische Bewirtschaftungskostenzuordnung von 15 % bewirkt beispielsweise bei einem Kapitalisierungszinssatz (Mindestzinssatz bzw. nutzungsspezifische Bandbreite) von 6 % eine Erhöhung auf 7 %, bei einem Kapitalisierungszinssatz von 7 % eine Erhöhung auf 8,2 % und bei einem Zinssatz von 8 % eine Erhöhung auf 9,4 %. Diese kalkulatorische Zuordnung dient der Abstraktion für die Vergleichbarmachung der Mindestkapitalisierungszinssätze und deren nutzungsspezifischen Bandbreiten. Gleichzeitig darf bei dieser Verfahrensweise der im Marktwertgutachten berücksichtigte Kapitalisierungszins auch beim Beleihungswert nicht unterschritten werden (vgl. zum Kapitalisierungszinssatz auch Rn. 316 ff.).

Alle Verfahren ermöglichen eine Plausibilitätsprüfung zur Ermittlung des Beleihungswerts auf der Grundlage von Wertermittlungen, die nach landestypischen Verfahren erstellt wurden. Während die Verfahren zu Lit. A.a) und A.b) die Einzelrisikoansätze transparent abbilden, sollte aber auch das Verfahren zu Lit. B. zu den gleichen Ergebnissen führen.

385 Bei der Ableitung des Beleihungswerts auf der Grundlage ausländischer Bewertungen ist das **Prinzip der Funktionstrennung** einzuhalten. Ausschlaggebend für die Qualität der ermittelten Beleihungswerte sind

– die Qualität der Marktwertermittlung,

– die Qualifikation derjenigen, die sie erstellt haben, und

– die Qualifikation derjenigen, die den Beleihungswert ermitteln.

X Beleihungswertermittlung

386 Für Beleihungswertermittlungen auf der Grundlage von landesspezifischen Bewertungen ist – analog den allgemein auch im Inland gültigen Anforderungen, wie sie in dem Methodikpapier dokumentiert sind – insbesondere Augenmerk zu legen auf:

387 – Die **duale Bewertungsmethodik (Ermittlung des Ertrags- und Sachwerts)** ist grundsätzlich auch bei der Ermittlung des Beleihungswerts von ausländischen Immobilien einzuhalten.

388 – Wenn landesspezifische Bewertungssysteme den Sachwert nicht kennen, muss die Hypothekenbank einen dem deutschen Sachwert möglichst nahe kommenden **Hilfswert zu Kontrollzwecken** selbst errechnen. Der Marktwertgutachter kann i.d.R. die erforderlichen Angaben dazu liefern: Grundstücksvergleichspreise, Baukosten, Abschreibungssätze, Versicherungswert sowie Gebäudekennzahlen (Grundflächen oder Volumen).

389 – Nur die als **nachhaltig erwiesenen Mieten** bilden die Grundlage für die Ermittlung des Beleihungswerts. Dieser nachhaltige Mietansatz darf Staffelmieten, eventuelle Mehrmieten und Mieten oberhalb der Marktmieten nicht in Ansatz bringen.

390 – Bezüglich des **ausreichenden Bewirtschaftungskostenansatzes** sind die lokalen Erfahrungswerte unter Abgleich der Mietvertragsvereinbarung zu beachten. Der Bewirtschaftungskostenansatz muss transparent dargestellt sein und die richtige Relation zum Mietansatz haben (z. B. Nettomietertrag im Verhältnis zu Nettobewirtschaftungskosten bzw. Bruttoertrag zu Bruttokosten).

391 – Grundsätzlich ist auch bei Auslandsimmobilien für alle Kosten und Risiken, die in Deutschland im Rahmen der Bewirtschaftungskosten in der Wertermittlung Berücksichtigung finden, ein **Mindestansatz von 15 %** zu berücksichtigen. Zuzüglich sind angemessene Ansätze für die Abschreibung vorzunehmen. Auch im Ausland gilt, dass tatsächlich darüber hinausgehende Kosten in Ansatz gebracht werden müssen (gem. Methodikpapier).

392 – Der **Kapitalisierungszinssatz** für den Beleihungswert ist aufgrund der nutzungsspezifischen, baulichen und lagebedingten Eigenschaften aus dem nachhaltigen (langfristigen) Marktgeschehen des lokalen Marktes abzuleiten. Diese Betrachtung sollte möglichst mehr als die letzten vergangenen 10 Jahre umfassen. Die Gutachten sollten qualifizierte und nachvollziehbare Erwägungen zur Wahl des Kapitalisierungszinssatzes enthalten und erkennen lassen, auf welcher statistischen Grundlage der nachhaltige Zinssatz ermittelt worden ist. Die bloße Bildung eines Durchschnittszinssatzes reicht dabei nicht aus. Die Mindestkapitalisierungszinssätze des Methodikpapiers, die auch im Ausland nicht unterschritten werden dürfen, sind deshalb nur anwendbar, wenn sie auch dem langfristigen Marktgeschehen des einzelnen Marktes entsprechen.

393 – Als **Mindestansatz** gelten für Wohnimmobilien 5 % und für gewerblich genutzte Objekte 6 %. Dies bedingt die Berücksichtigung von Kosten und Risiken als Bewirtschaftungskosten in tatsächlicher/angemessener Höhe, mindestens jedoch 15 % zuzüglich AfA (wie in Deutschland). Der Mindestansatz ist nur für gute Objekte in guten Lagen anzusetzen. Die Unterschreitung der Mindestkapitalisierungszinssätze/Regelbandbreiten um 0,5 Prozentpunkte kann für sehr gute gewerblich genutzte Objekte analog den Kriterien des Methodikpapiers erfolgen.

394 Wird bei der landestypischen Beleihungswertermittlung kein formaler Bewirtschaftungskostenabzug in Ansatz gebracht, so sind die Kapitalisierungszinssätze entsprechend zu erhöhen.

395 Für die Beleihungswertermittlung ist es erforderlich, auf die wirtschaftliche Gebäudeabschreibung zum Ausgleich der Wertminderung in Folge fortschreitenden Alters und Abnutzung einzugehen. Dies erfolgt in Deutschland i.d.R. als finanzmathematische Betrachtung durch die Ermittlung des Barwerts aus dem Reinertrag über die wirtschaftliche Restnutzungsdauer des Bewertungsobjekts. Analog kann die **Abschreibung** bei ausländischen Immobilien Anwendung finden.

Überwiegend werden demgegenüber im Ausland Immobilien „auf ewig" kapitalisiert. Dies soll auch bei der Beleihungswertermittlung anhand ausländischer Marktwertgutachten zulässig sein, wenn die wirtschaftliche Abschreibung über den erhöhten Kapitalisierungszins oder mittels entsprechend erhöhter Bewirtschaftungskosten ausreichend gewürdigt wird. Dies ist bei der Beleihungswertermittlung zu dokumentieren. **396**

Die bei einer Immobilientransaktion üblicherweise anfallenden **Erwerbsnebenkosten** – insbesondere Steuern, Notar- und Anwaltsgebühren, Maklerprovision – sind von Land zu Land stark unterschiedlich. In einer Reihe von Ländern ist es üblich, dass diese Kosten bei der Marktwertfeststellung in Abzug gebracht werden. Entsprechend ist bei der Beleihungswertermittlung ausländischer Immobilien zu verfahren. **397**

Das Marktwertgutachten muss Ausführungen zur Verkäuflichkeit und zur Vermietbarkeit des Objekts (**Marktfähigkeit**) enthalten. **398**

4.5 Bewertungs- und Beleihungspraxis

4.5.1 Auftragsvorbereitung und Ortsbesichtigung

Um z. B. ein **gewerblich genutztes Grundstück** zuverlässig bewerten zu können, sind – von Objektart zu Objektart verschieden – bestimmte Unterlagen notwendig. Auf die Vielfalt der Bauvorschriften und technischen Normen, die der Sachverständige bei seiner Arbeit beachten muss, wird in diesem Zusammenhang hingewiesen (Gesetze, Verordnungen, Richtlinien, Erlasse und DIN-Normen). Er darf nicht einfach unterstellen, dass ein Objekt genehmigungsgerecht errichtet worden ist; hierzu muss er die Baugenehmigung/den Bauschein einsehen. Eine Baugenehmigung wird zum Beispiel unbeschadet der Rechte Dritter erteilt. Sie kann auch Auflagen und Bedingungen enthalten, welche die Nutzung des Objekts wesentlich einschränken. Auch können Baustellen stillgelegt werden, wenn Nachbarn Verwaltungsgerichte anrufen. Dies ist z. B. der Fall, wenn die „nachbarschützenden Vorschriften" der Landesbauordnungen über einzuhaltende Abstandsflächen nicht beachtet werden. Andere Unterlagen wiederum können darüber hinaus sachdienliche Informationen liefern. **399**

Obligatorische Objektunterlagen bei unbebauten gewerblich nutzbaren Grundstücken und Fabrikarealen mit abbruchreifer Gebäudesubstanz sind: **400**

– Grundbuchauszug,

– Auszug aus dem Liegenschaftsbuch,

– Abzeichnung der Flurkarte,

– Lageplan eines Vermessungsingenieurs mit den baurechtlichen Festlegungen (Bebauungsplan-Nr., Rechtskraft, zulässiges Maß der baulichen Nutzung, Flächen- und Höhenangaben, Maße, Baulastflächen, Altlastflächen etc.),

– Auszug aus dem Baulastenverzeichnis (gegebenenfalls Negativattest),

– Erschließungsbeitragsbescheid,

– Vorbescheid mit Hinweisen und Bedingungen (Bauvoranfrage),

– Gefährdungsabschätzung (Altlasten),

– Auskunfts(pflicht) der Gemeinde zu § 42 Abs. 2 und 3 BauGB (vermögensrechtlicher Schutz der zulässigen Grundstücksnutzung und Angabe des Datums zum Ablauf der 7-Jahres-Frist [vgl. Teil VII Rn. 41 ff.]; Entschädigung wird nur für Eingriffe in die ausgeübte Nutzung geleistet).

Bei bebauten Grundstücken sind zusätzlich je nach Gegebenheit erforderlich: **401**

– Bauzeichnungen (Grundrisse, Ansichten, Schnitte),

– Baugenehmigung mit Anlagen,

X Beleihungswertermittlung Systematik

- Rohbau- und Gebrauchsabnahmeschein,
- Grenzbescheinigung bei Bebauungen an den Grundstücksgrenzen,
- Gebäude-Feuerversicherungspolice,
- Miet- bzw. Pachtverträge, zumindest Aufstellung nach Mieteinheit/Pächter mit Umlageregelung und Dauer der Vertragsverhältnisse sowie Änderungsbedingungen,
- Flächen-, Auslastungs- und Umsatzangaben bei eigengenutzten Objekten (z. B. Einzelhandel mit Verkaufsfläche und € Umsatz/m² Verkaufsfläche; Hotelbetrieb mit Anzahl der Zimmer, Auslastung und Durchschnittspreis je Zimmer; Restaurationsbetriebe und Gaststätten mit Platzangebot und Umsatz; Kühlhäuser [Hallen] mit Lagermöglichkeit in t und Umschlagshäufigkeit; Tennishallen mit Platzangebot, Preisspiegel und Auslastung; Parkhäuser/Tiefgaragen mit Anzahl der Stellplätze und Anteil Dauer- bzw. Kurzparker),
- Auflistung der besonderen Betriebseinrichtungen,
- Betriebsgenehmigungen, Konzessionen,
- Prüfberichte (TÜV, Sachverständige, Fachfirmen und in Nordrhein-Westfalen die Bauaufsichtsämter wegen § 21 GarVO; Brandschau der Berufsfeuerwehr bei Büro- und Geschäftshäusern, Warenhäusern, Hotels, Kurkliniken usw.).

402 Bei **Erbbaurechten, Wohnungs- und Teileigentum** sind zusätzlich notwendig:

- Erbbaurechtsvertrag,
- Teilungserklärung mit Teilungsplan und Gemeinschaftsordnung,
- Verwaltervertrag, Protokolle der Eigentümerversammlungen,
- Hausordnung.

403 **Andere zweckdienliche Objektunterlagen** können sein:

- Kaufvertrag,
- Bodengutachten/Baugrunduntersuchung (z. B. Grundwasser, ehemalige Kiesgrube, felsiger Untergrund),
- Bau- und Betriebsbeschreibung,
- Gebäudedaten (bebaute Fläche, umbauter Raum/Rauminhalt, Nutzfläche, Grundflächenzahl [GRZ], Geschossflächenzahl [GFZ], Baumassenzahl [BMZ]),
- Baukostenaufstellung (Ergebnis der Ausschreibung),
- Kostenvoranschlag (Schätzung),
- Erklärung zur Hauptfeststellung des Einheitswerts mit Anlagen (Lageplan, Gebäudeskizzen, Baubeschreibung und Gebäudedaten),
- Einheits- bzw. Grundbesitzwertbescheid, Bedarfsbewertung,
- Objektfotos,
- ältere Wertermittlungen,
- Gutachten externer Sachverständiger,
- Mietspiegel für Gewerberäume,
- Heizspiegel (vermitteln einen Überblick, ob die Kosten für Öl-, Gas- und Fernwärmeheizung im üblichen Rahmen liegen),
- Mietwerte für Ladenlokale und Büroräume,
- Wirtschafts- und Arbeitsmarktberichte der Kommunalen Dezernate für Wirtschaft- und Stadtentwicklung (Jahresberichte),
- Ortsprospekt mit Angaben zu Einwohnerzahl, Infra- und Wirtschaftsstruktur usw.,

- Amtsblätter der Stadt/Gemeinde; Bekanntmachungen in der örtlichen Presse,
- Statistisches Jahrbuch (Großstädte) mit Angaben zu Bau- und Wohnungswesen, Wirtschaft, Arbeitsmarkt,
- Strukturatlas der IHK mit Daten zur Lage, Größe und Verfügbarkeit von Gewerbe- und Industriegrundstücken sowie Daten zur Infrastruktur als Leitfaden zur Gewerbeansiedlung,
- Kaufkraftkennziffern (z. B. Gesellschaft für Konsum-, Markt- und Absatzforschung mbH & Co. KG, Nürnberg – GfK),
- Hotelatlas und Atlas mit den Standorten großflächigen Einzelhandels,
- Übersichtskarte zu Bürostandorten,
- Branchenberichte,
- Standortanalysen,
- Planungsatlanten zu regionalen Entwicklungsperspektiven,
- Handelsbesatz,
- Marktübersichten,
- Police der Versicherung gegen Mietausfall infolge Brand, Blitzschlag oder Explosion,
- Daten aus Geoinformationssystemen zur Wettbewerbssituation, zu sozioökonomischen Daten und zu Angebots-Nachfrage-Situationen.

404 Bei allen Unterlagen ist die Aktualität wichtigste Voraussetzung, da auf veralteten und überholten Grunddaten keine zeitnahe Wertermittlung aufgebaut werden kann. Die vorliegenden Unterlagen sind zunächst auf ihre Vollständigkeit zu überprüfen, damit fehlende Unterlagen bis zur Objektbesichtigung beschafft werden können. Es empfiehlt sich stets, vorgelegte **Bauzahlen bzw. Berechnungen zu überprüfen**[48] und festzuhalten, ob Rauminhalt und/oder Bruttogrundfläche (DIN 277/1973/2005) ermittelt wurde. Stehen jedoch nur dürftige Unterlagen/Informationen zur Verfügung, so sollte der Sachverständige die Ausarbeitung eines Gutachtens bzw. einer Schätzung ablehnen[49]. Die deutsche Rechtsprechung stellt im internationalen Vergleich sehr hohe Anforderungen an den Gutachter, was seine Sorgfaltspflichten, Gewissenhaftigkeit, Unparteilichkeit, Nachforschungs- und Begründungspflichten sowie seine höchstpersönliche Gutachtenerstattung anbelangt[50].

405 Trotz umfangreichen Unterlagenmaterials ist es die Regel, vor der Objektbesichtigung noch sachkundige Behörden (Ordnungs-, Planungs-, Bau-, Vermessungs-, Kataster-, Liegenschaftsamt, Geschäftsstelle des Gutachterausschusses, Amt für Wirtschaftsförderung, Presse- und Informationsamt, Verkehrsamt, Amtsgericht/Grundbuch) und Institutionen (z. B. Handwerkskammer, Industrie- und Handelskammer, Einzelhandelsverband, Hotel- und Gaststättenverband) **aufzusuchen, um Erkundigungen einzuziehen.** Dabei sollte insbesondere auf Maßnahmen und Planungen, die das Wertermittlungsobjekt tangieren könnten, geachtet werden (z. B. wesentliche Änderungen für den Durchgangsverkehr, Schaffung eines ausreichenden Parkraum-Angebots, Parkleit- und Verkehrsleitsysteme, Neugestaltung und Ausdehnung der Fußgängerzone, Ergänzungsplanung zum Flächennutzungsplan, Veränderungssperre, Sanierungsgebiet [§§ 144 f. BauGB] bzw. Entwicklungsbereich, genehmigungspflichtige

---

48 Vgl. Schneider-Fall im Jahr 1994.
49 Vgl. auch „Anfangsverdacht auf Untreue durch pflichtwidrige Kreditvergabe" in Focus 2000, 276 und Kölner Stadt-Anzeiger vom 16./17.12.2000.
50 So hat der BGH in seinem Urt. vom 13.11.1997 – X ZR 144/94 – (GuG 1998, 376 = EzGuG 11.256) klargestellt, dass ein SV, der in seinem Gutachten Tatsachen feststellt, auch dafür verantwortlich ist, dass er die Feststellung gewissenhaft getroffen hat. Von mitgeteilten Angaben darf er nur ausgehen, wenn er sich davon überzeugt hat, dass die Angaben zutreffend sind. Des Weiteren spricht der BGH im Urt. vom 24.9.1991 – VI ZR 293/99 –, GuG 1992, 351 = EzGuG 11.187 von einem leichtfertigen und gewissenlosen Verhalten eines SV, der z. B. die Angaben von Gemeindebediensteten zur Grundlage eines Gutachtens macht, wenn sich ihm Zweifel an der Richtigkeit aufdrängen mussten. Das OLG Köln hat im Urt. vom 5.2.1993 – 19 U 104/92 –, GuG 1995, 125 = EzGuG 11.200 herausgekehrt, dass sich ein Sachverständigengutachten auf Tatsachen und nicht auf Unterstellungen und Mutmaßungen stützen muss.

Vorhaben und Rechtsvorgänge, Umlegungsgebiet, Industrie- und Gewerbeansiedlungen, Verlagerungen von Betrieben; sind Gebäude der Denkmalpflege gewidmet?). Für die Einsichtnahme von Bauakten und bei Recherchen im Zusammenhang mit Altlasten ist i.d.R. eine Vollmacht des Grundstückseigentümers erforderlich.

406 Nach § 42 Abs. 2 und 3 BauGB können die Gemeinden das seit dem 1.1.1984 aufgehobene oder geänderte Bau- und Nutzungsrecht gegenüber dem Grundstückseigentümer **entschädigungslos** durchsetzen. Insbesondere betroffen sind Grundstücke, bei denen über sieben Jahre nach § 30 BauGB Baurecht bestand, welches nicht ausgenutzt worden ist.

407 Anlässlich der Objektbesichtigung wird die bereits vorbereitete **Checkliste zur Erfassung von Grundlagen für die Wertermittlung**[51] komplettiert (Geschäftslage, beobachtete Leerstände, Nachbarbebauung und Branchen, Verkehrsanbindung, Erschließung, Ver- und Entsorgungsanschlüsse u.a.). Offengebliebene Fragen (z. B. Eigentumsverhältnisse, Scheinbestandteile, vorgehende Lasten und Beschränkungen im Grundbuch, Planungsabweichungen, zwischenzeitliche Veränderungen der Bausubstanz u.Ä.) werden vor Begehung der Liegenschaft mit dem Eigentümer besprochen und geklärt. Bewertet werden dürfen allerdings nur Gebäude und Anlagen, für die ein Baugenehmigungsbescheid erteilt wurde, bzw. Neubauvorhaben nur, wenn aufgrund eines Bauvorbescheids mit der Baugenehmigung zu rechnen ist. Alsdann sind Qualität und Zustand der vorhandenen Gebäude und Außenanlagen zu erfassen; wurden die anerkannten Regeln der Baukunst und Technik eingehalten?

408 Mögliche technische **Baumängel und Bauschäden** können z. B entstanden sein durch:
- Feuchtigkeitsschäden in Kellergeschoss oder Tiefgaragen aufgrund fehlender oder mangelhafter Isolierung (Absperrung) des Mauerwerks bzw. unterhalb der oberirdischen Verkehrsflächen,
- Durchfeuchtung der Fassade infolge mangelhaften Wandaufbaus, schadhaften Außenputzes, schlechter Fugenverbindung bei Fertigteilen,
- Feuchtigkeitsschäden wegen Undichte des Dachs (Flachdächer),
- Risse im Mauerwerk und Leitungsnetz auf dem Grundstück (bei schlechtem Baugrund und Gebäuden auf Verfüllungsgrundstücken – ehemaligen Deponien),
- Absetzungen an Wand-Wand- oder Wand-Decken-Verbindungen,
- Schäden an Sanitär-, Heizungs- und Elektroinstallationen,
- Schädlingsbefall oder Pilz am Holzwerk,
- Verrottung der Schornsteine, Verrottung der Dachziegel, defekte Kaminköpfe,
- Neuerdings umweltbedingte Schäden – insbesondere an Natursteinfassaden und Stahlbetonkonstruktionen (durch Schwefeldioxyd und Stickoxyde aus Industrieschornsteinen, Kraftwerken und Kraftfahrzeugen, sauren Regen).

409 Die Aufnahme der Baumängel ist erforderlich, um den in der Wertermittlung zu berücksichtigenden **Reparaturstau mit hinreichender Genauigkeit zu bestimmen.** Stellt der Sachverständige jedoch erhebliche Bauschäden und Mängel fest, so wird er mitunter nicht umhin kommen, die Einschaltung geeigneter Experten (Sonderfachleute) zu empfehlen. In solchen Fällen ist häufig nach Ursachen zu forschen, und es sind anschließend neben geeigneten Sanierungsvorschlägen auch Kostenschätzungen zu erarbeiten. Derartige Leistungen gehören im Allgemeinen nicht zum Aufgabenbereich der Sachverständigen für Grundstücks- und Gebäudewertermittlung. Dies gilt in zunehmendem Maße auch für Grundstücke, die mit Altlasten behaftet sind. Die Ergebnisse dieser Untersuchungen beeinflussen jedoch erheblich die Realkreditfähigkeit des Bewertungsobjektes und sind daher nicht nur in der Marktwertermittlung, sondern ebenfalls zur Beleihungswertermittlung hinzuzuziehen.

---

51 Vgl. hierzu: BelGr für Sparkassen, Stuttgart 1984, S. 627.

Mängel des Unterhaltungszustands beziehen sich üblicherweise auf unterlassene Schönheitsreparaturen (z. B. Malerarbeiten). Versteckte Mängel können im Allgemeinen vom Sachverständigen nicht festgestellt und somit auch nicht berücksichtigt werden. Ganz allgemein gilt, dass die Beschreibung der Baulichkeiten nur den optisch erkennbaren Bau- und Unterhaltungszustand angeben kann.   **410**

Für den Realkreditgeber **nicht** zweckdienlich sind folgende Hinweise: **411**

- Die vorliegende Wertermittlung ist kein Bausubstanzgutachten. Dementsprechend wurden auch keine Untersuchungen hinsichtlich Standsicherheit bzw. Schall- und Wärmeschutz vorgenommen.
- Untersuchungen bezüglich Befall durch tierische oder pflanzliche Schädlinge (in Holz oder Mauerwerk) bzw. Rohrfraß (in Kupferleitungen) wurden nicht durchgeführt.
- Die **Gebäude** wurden nicht nach schadstoffbelasteten Baustoffen (wie Asbest, Formaldehyd, Tonerdeschmelzzement etc.) und der **Boden** nicht nach evtl. Verunreinigungen (Altlasten) untersucht.

Derartige Untersuchungen können zwar nur von Spezialinstituten vorgenommen werden; sie würden den Umfang einer Grundstückswertermittlung sprengen. Jedoch ist bei einem Anfangsverdacht dieser auszuräumen. Erst dann kann das Bewertungsobjekt der Bank auch als Sicherheit dienen. Somit sind durch den Gutachter Handlungsempfehlungen für den Nutzer des Beleihungswertgutachtens, die Marktbereiche, in der Art zu geben, dass bestimmte Nachweise zu erbringen sind, um den ermittelten Beleihungswert zu bestätigen. In einzelnen Häusern wird dies über „Auflagen" geregelt. Beispielsweise ist die Altlastenfreiheit des Gewerbegrundstücks oder ein Holzschutzgutachten nachzuweisen. Das Freizeichnen des Gutachters durch Haftungsausschlüsse nutzt dem Realkreditgeber nichts, denn es ist das dem Objekt innewohnende Risiko zu minimieren und nicht das Risiko des Gutachters.   **412**

Zur **Beschreibung des Objekts** gehört ebenso die Aufnahme wirtschaftlicher Gegebenheiten, die den Gebrauchswert des Objekts positiv oder negativ beeinflussen. Im gewerblichen Bereich beziehen diese sich auf optimale Baugestaltung zur Ermöglichung rationeller Produktionsabläufe, Erweiterungsmöglichkeiten auf dem Grundstück sowie Verwendbarkeit bei andersartiger Nutzung (Drittverwendungsmöglichkeit). Hier sind insbesondere von Bedeutung: **413**

- die Zuordnung und die Größenverhältnisse von Büro-, Produktions-, Lager- und befestigten Freiflächen,
- die Belastbarkeit von Decken und tragenden Konstruktionen (Kranbahnen),
- die Höhen (Stapelhöhe) von Lager- und Werkshallen,
- die Spannweiten der konstruktiven Teile (Säulenabstand),
- die Höhendifferenz zwischen Fußboden-Erdgeschoss und Gelände (Rampenhöhe bei Speditionsbetrieben),
- die Transportvorrichtungen (Aufzüge, Kräne, Rolltreppen),
- die Erschließung auf dem Grundstück (Entwässerung, Befestigung und Belastbarkeit der Verkehrsflächen, Beleuchtung sowie Einfriedung).

Insbesondere bei Produktionsstätten ist im Zuge dieser Beschreibung durch den Gutachter zu prüfen, ob und inwieweit die Immobilie überhaupt als Sicherheit für die Bank dient und inwieweit die Realkreditfähigkeit der Immobilie gegeben ist (Drittverwendungsfähigkeit, Nachhaltigkeit der Erträge).   **414**

Bei der Vielfalt der gewerblich genutzten Objekte ist eine **vollständige Beschreibung von Besonderheiten,** die auf das Wertermittlungsergebnis Einfluss haben können, kaum möglich. Insbesondere die örtliche Lage, die Verkehrsanbindung, die maßgebenden Vorschriften des Bauplanungs- und Bauordnungsrechts sowie Bauweise und Ausstattung der Objekte beeinflussen die Nachfrage und damit den Miet- oder Kaufpreis wesentlich. Wirtschaftliche   **415**

Aspekte haben bei der Objektbeurteilung Vorrang vor steuerlichen Gesichtspunkten. Die Rangfolge der einzelnen Beurteilungsmerkmale ist von Branche zu Branche unterschiedlich zu gewichten.

416 Den **besonderen Anforderungen an den Beleihungsgegenstand** soll mit Hilfe der folgenden Übersicht nachgegangen werden:

- Bauleitplanung: Flächennutzungsplan, rechtswirksam seit ...; Bebauungsplan, rechtsverbindlich seit ... (Bauverwaltungs- bzw. Planungsamt, Vermessungsamt),
- Erschließungskosten (Tiefbauverwaltungsamt),
- Bodenrichtwert (Gutachterausschuss für Grundstückswerte) bzw. Bodenrichtwertkarte,
- Baulasten/Eintragungen in Abt. II des Grundbuchs (Baulastenverzeichnis/Grundbuchauszug – Kataster-/Vermessungsamt, Amtsgericht),
- Altlasten: Übersichtsplan „Altablagerungen und Altstandorte" (Planungsamt, Amt für öffentliche Ordnung); sind Altlasten vorhanden, ist eine Vollmacht des Grundstückseigentümers erforderlich,
- Bauschein und Abnahmen (Bauverwaltungsamt, bei Vorlage einer Vollmacht des Grundstückseigentümers),
- Denkmalschutz, Sanierungs- und Umlegungsgebiet (Konservator, Bauverwaltungsamt, Gutachterausschuss),
- Rechte an anderen Grundstücken (Grundbuchauszug, Bestandsverzeichnis),
- Bergbau/Bergschäden (Bergschadenminderwert- bzw. -totalverzicht; Grundbuch Abt. II oder Bergbauunternehmen ansprechen/Vollmacht),
- Sonstiges (wirtschaftliche Einheit, uneingeschränkter Zugang, Erschließungszustand, Wertverbesserungen gegenüber Baujahr usw.),
- abschließende Beurteilung (Grundriss, Mieten, Liegenschaftszinssatz, Restnutzungsdauer, Verkehrswert in Anlehnung an den Sach- oder Ertragswert, Marktanpassung, anderweitige Nutzung, Beleihungs- und Objektrisiko usw.).

4.5.2 Beispiele zur Ermittlung des Beleihungs- und Marktwerts

4.5.2.1 Vorbemerkungen

417 Bei den folgenden Beispielen wird zunächst auf eine Beschreibung der Immobilien verzichtet. Die ersten Beispiele dienen nur dazu, die systematischen Unterschiede zwischen Markt- und Beleihungswertermittlung zu demonstrieren. Die Beispiele sind nicht real und wurden zur besseren Übersichtlichkeit mit Zahlen untersetzt, die auf genaue Darstellung der Nachkommazahlen verzichten.

Systematik

Beleihungswertermittlung X

4.5.2.2 Mehrfamilienhaus

418

Ertragswertermittlung für Markt- und Beleihungswert

Restnutzungsdauer	40 Jahre	Wert d. baul. Anlagen	625.000 EUR		
Liegenschaftszins	6,30 %	Risikoabschl. Geb.wert	20 %		
Kapitalisierungszins	7,00 %		Verkehrswert	Bel.wert	
NHK Gebäude	1.000.000 EUR				
Bodenwert (nachr.) rd.	160.000 EUR	Sachwert nachrichtlich	785.000 EUR	660.000 EUR	

						Marktwert	Bel.wert
Rohertrag (Jahres-**Netto**-Miete)							
Ansatz Marktwert							
10 WE		1.000	m² x	5,00	EUR/m² x 12 =	60.000 EUR	
Ansatz Beleihungswert							
10 WE		1.000	m² x	5,00	EUR/m² x 12 =		60.000 EUR
gesamt Wfl.		1.000					
Jahresrohertrag	Verkehrswert				=	60.000 EUR	
	Beleihungswert				=		60.000 EUR
Bewi.-Kosten							
Einzelansatz:	Instandhaltung		8,00	EUR/m² WFL			
	Verwaltung		2500,00	EUR			
	Mietausfallwagnis		4,00%				
	Modern.risiko			der NHK Gebäude			
Verkehrswert	21,50%	12,90	EUR/m² WFL.		./.	12.900 EUR	
Beleihungswert	21,50%	12,90	EUR/m² WFL.		./.		12.900 EUR
Reinertrag des Grundstücks					=	47.100 EUR	47.100 EUR
Bodenwertverzinsung							
Verkehrswert	6,30%	von	160.000	EUR	./.	10.080 EUR	
Beleihungswert	7,00%	von	160.000	EUR	./.		11.200 EUR
Reinertrag des Gebäudes					=	37.020 EUR	35.900 EUR
Vervielfältiger							
Verkehrswert	40	Jahre,	6,30%	x	14,49		
Beleihungswert	40	Jahre,	7,00%	x	13,33		
Ertragswert des Gebäudes					=	536.596 EUR	478.608 EUR
Bodenwert					+	160.000 EUR	160.000 EUR
Ertragswert des Grundstücks					=	696.596 EUR	638.608 EUR
Abschlag wg.					./.	EUR	EUR
Zuschlag wg.					+	EUR	EUR
Ertragswert					=	696.596 EUR	638.608 EUR
Verkehrswert rd.						700.000 EUR	
Beleihungswert rd.							638.000 EUR

Bemerkung:
Der Verkehrswert entspricht dem **12**-fachen des Jahresrohertrags. 700 EUR/m²
Der Beleihungswert entspricht dem **11**-fachen des Jahresrohertrags. 638 EUR/m²

X Beleihungswertermittlung — Systematik

4.5.2.3 Handelsimmobilie (SB-Markt)

419

Ertragswertermittlung für Markt- und Beleihungswert

Pachtplausibilisierung

Nutzfläche	1000	m²	Umsatz / m² Verkaufsfläche	4500,00	EUR p.a.
Anteil Verkaufsfläche	800	m²	Pachtanteil	3,00%	
Anteil Lagerfläche	200	m²	wirtschaftl. erzielbare Kaltmiete	9,00	EUR

Restnutzungsdauer	30	Jahre	Wert d. baul. Anlagen	1.080.000	EUR
Liegenschaftszins	6,25	%	Risikoabschl. Geb.wert	20	%
Kapitalisierungszins	7,50	%		Marktwert	Bel.wert
NHK Gebäude	900.000	EUR			
Bodenwert (nachr.) rd.	300.000	EUR	Sachwert nachrichtlich	1.380.000 EUR	1.164.000 EUR

							Marktwert	Bel.wert
Rohertrag (Jahres-Netto-Miete)								
Ansatz Marktwert								
SB-Markt		1.000	m² x	9,00	EUR/m²	x 12 =	108.000 EUR	
Ansatz Beleihungswert								
SB-Markt		1.000	m² x	9,00	EUR/m²	x 12 =		108.000 EUR
NF gesamt		1.000						
Jahresrohertrag	Marktwert					=	108.000 EUR	
	Beleihungswert					=		108.000 EUR
Bewi.-Kosten								
Einzelansatz:	Instandhaltung			10,00	EUR/m² FL			
	Verwaltung	2%		2160,00	EUR			
	Mietausfallwagnis			4,00%				
	Modern.risiko			0,50%	der NHK Gebäude			
Marktwert	15,26%		16,48	EUR/m² WFL.		./.	16.480 EUR	
Beleihungswert	19,43%		20,98	EUR/m² WFL.		./.		20.980 EUR
Reinertrag des Grundstücks						=	91.520 EUR	87.020 EUR
Bodenwertverzinsung								
Marktwert	6,25%	von	300.000	EUR		./.	18.750 EUR	
Beleihungswert	7,50%	von	300.000	EUR		./.		22.500 EUR
Reinertrag des Gebäudes						=	72.770 EUR	64.520 EUR
Vervielfältiger								
Marktwert	30	Jahre,	6,25%	x	13,40			
Beleihungswert	30	Jahre,	7,50%	x	11,81			
Ertragswert des Gebäudes						=	975.432 EUR	762.006 EUR
Bodenwert						+	300.000 EUR	300.000 EUR
Ertragswert des Grundstücks						=	1.275.432 EUR	1.062.006 EUR
Abschlag wg.	kapitalisierter Mietdifferenz					./.	EUR	EUR
Zuschlag wg.						+	0	EUR
Ertragswert						=	1.275.432 EUR	1.062.006 EUR
Marktwert rd.							1.280.000 EUR	
Beleihungswert rd.								1.060.000 EUR

Bemerkung:
Der Marktwert entspricht dem 11,9-fachen des Jahresrohertrags. 1.280 EUR/m²
Der Beleihungswert entspricht dem 9,8-fachen des Jahresrohertrags. 1.060 EUR/m²

Systematik | **Beleihungswertermittlung X**

4.5.2.4 Erbbaurecht Lagerhalle

420

Markt- und Beleihungswert für ERBBAURECHT (Münchner Verfahren)

Restnutzungsdauer	25	Jahre	
Liegenschaftszins	7,50	%	
Kapitalisierungszins	9,00	%	Sachwertverfahren wird in diesem Beispiel nicht ausgewiesen.
Restlaufzeit Erbbaurecht	78	Jahre	
Bodenwert (nachr.) rd.	190.000	EUR	

							Marktwert	Bel.wert
Rohertrag (Jahres-**Netto**-Miete)								
Ansatz Marktwert	0	10.000	m² x	3,00	EUR/m²	x 12 =	360.000 EUR	
Ansatz Beleihungswert	0	10.000	m² x	3,00	EUR/m²	x 12 =		360.000 EUR
gesamt Wfl.		**10.000**						
Jahresrohertrag	Marktwert					=	360.000 EUR	
	Beleihungswert					=		360.000 EUR
Bewi.-Kosten								
Einzelansatz:	Instandhaltung		5,00	EUR/m² WFL				
	Verwaltung		5000,00	EUR				
	Mietausfallwagnis		6,00%					
	Modern.risiko			der NHK Gebäude				
Marktwert	21,28%	7,66	EUR/m² WFL.		./.		76.600 EUR	
Beleihungswert	21,28%	7,66	EUR/m² WFL.		./.			76.600 EUR
Reinertrag des Grundstücks					=		283.400 EUR	283.400 EUR
Bodenwertverzinsung								
Marktwert	7,50%	von	190.000	EUR	./.		14.250 EUR	
Beleihungswert	9,00%	von	190.000	EUR	./.			17.100 EUR
Reinertrag des Gebäudes					=		269.150 EUR	266.300 EUR
Vervielfältiger								
Marktwert		25	Jahre,	7,50%	x	11,15		
Beleihungswert		25	Jahre,	9,00%	x	9,82		
Ertragswert des Gebäudes					=		3.000.200 EUR	2.615.753 EUR
Bodenwert					+		190.000 EUR	190.000 EUR
Ertragswert des Grundstücks					=		3.190.200 EUR	2.805.753 EUR
Abschlag wg.					./.		EUR	EUR
Zuschlag wg.					+		0	EUR
Ertragswert					=		3.190.200 EUR	2.805.753 EUR
Marktwert Volleigentum rd.							3.200.000 EUR	
Beleihungswert Volleigentum rd.								2.810.000 EUR
Abschlag wegen Erbbaurecht							319.694 EUR	281.229 EUR
Marktwert des erbbauzinsfreien Erbbaurechts							2.880.306 EUR	
Beleihungswert des erbbauzinsfreien Erbbaurechts								2.528.771 EUR

Barwert der Erbbauzinsreallast			
Erbbauzins, vertraglich/gesetzlich möglich, p.a.	9.500	EUR	
Vervielfältiger mit Liegenschaftszins, **max. 5 %**	19,56		
Barwert		185.820 **EUR**	
Marktwert des mit einer Erbbauzinsreallast belasteten Erbbaurechts		2.694.486 **EUR**	

X Beleihungswertermittlung — Systematik

Ertragswert Volleigentum abzüglich		Marktwert	
A) Bodenwert nach Ablauf des Erbbaurechts			
Bodenwert	190.000 EUR		
Abzinsungsfaktor	0,0035	=	674 EUR
B) nicht zu entschädigender Gebäudeanteil nach Ablauf Erbbaurecht			
Restlaufzeit des Erbbaurechts	78	Jahre RND Gebäude:	
RND Gebäude	25		
Differenz Restlaufzeit und RND	53	Jahre	
Nicht zu entschädigender Anteil	25,00%	x Reinertrag Geb 269.150 EUR	
Wenn RND > Restlaufzeit:	11,15	Vervielfältiger RND	
	13,29	./. Vervielfältiger Restlaufzeit	
	-2,14	0,00	0 EUR
C) Wertminderung wegen Zustimmungsvorbehalten			
Minderung in % des Ertragswertes	10,00%		
Ertragswert	3.190.200 EUR		319.020 EUR
Abschlag vom Volleigentum:		**MARKTWERT**	**319.694 EUR**

Ertragswert Volleigentum abzüglich		Beleihungswert	
A) Bodenwert nach Ablauf des Erbbaurechts			
Bodenwert	190.000 EUR		
Abzinsungsfaktor	0,0012	=	229 EUR
B) nicht zu entschädigender Gebäudeanteil nach Ablauf Erbbaurecht			
Restlaufzeit des Erbbaurechts	78	Jahre RND Gebäude:	
RND Gebäude	25		
Differenz Restlaufzeit und RND	53	Jahre	
Nicht zu entschädigender Anteil	10,00%	x Reinertrag Geb 266.300 EUR	
Wenn RND > Restlaufzeit:	9,82	Vervielfältiger RND	
	11,10	./. Vervielfältiger Restlaufzeit	
	-1,28	0,00	0 EUR
C) Wertminderung wegen Zustimmungsvorbehalten			
Minderung in % des Ertragswertes	10,00%		
Ertragswert	2.810.000 EUR		281.000 EUR
Abschlag vom Volleigentum:		**BELEIHUNGSWERT**	**281.229 EUR**

4.5.2.5 Freizeitbad

421 Bei der Bewertung eines Freizeitbads stellt sich für den Immobiliensachverständigen die Frage, was an diesem Bewertungsauftrag denn Immobilienbewertung, was Bewertung von Betriebseinrichtungen und was Unternehmensbewertung ist. Das Freizeitbad ist eine Betreiberimmobilie, deren Erfolg entscheidend

– von der Konzeption des Bads,

– von der richtigen Einschätzung des Marktanteils des Freizeitbads,

- von der Qualität des Ambientes und der Ausstattung,
- vom Spezialwissen des Betreibers

abhängt. Im Folgenden wird anhand der wichtigsten Fragen für den Sachverständigen der Bewertungsablauf skizziert.

Welche Art von Bad ist zu bewerten?

Bäder begegnen uns als öffentlicher Badebetrieb, Vereinsbad, kommerziell betriebenes Bad, Hotel- oder Gemeinschaftsbad oder Privatbad. Sie lassen sich zum einen nach Anlage, Einrichtung und Angebot und zum anderen nach Angebot und Nutzung unterscheiden. In den „Richtlinien für den Bäderbau" (KOK-Richtlinien) erfolgt folgende Differenzierung der Bäderarten:

Anlage, Einrichtung und Angebot

Hallenbäder	Bäder mit künstlichen, überdachten Wasserflächen
Freibäder	Bäder mit künstlichen, nicht überdachten Wasserflächen
Naturbäder	Bäder mit natürlichen Wasserflächen (Meer, See-, Flussbäder, Bäder an gestauten Flussläufen, Bäder an Sand- und Kiesentnahmestellen)
Kur-, Heil- und medizinische Bäder	Bäder mit vorrangiger Nutzung für Regeneration, Therapie und Rehabilitation. Sie weisen neben speziellen Beckenarten und Beckenwässern ergänzende Behandlungseinrichtungen auf.

Angebot und Nutzung

Sparte	Angebot	Nutzung
Freizeitbäder	Anlagen stark freizeitorientiert	Öffentlichkeit, Schwimmsport
Sportorientierte Bäder	Beckenabmessungen und Wassertiefe orientieren sich an Sportregeln.	Öffentlichkeit, Schwimmsport
Spaßbäder	dienen allgemein dem Freizeitbedürfnis	Öffentlichkeit, Schwimmsport, Schulsport
Schulbäder	Becken mit kleineren Abmessungen, spezielle Wassertiefe	Schulsport
Leistungssportbäder	wettkampfgerechte Beckenabmessungen, i.d.R. Sprunganlagen	Leistungssport

Was sagt der „Bad-Consulter" in seinem Gutachten?

Die Investition in ein Bad sollte nur erfolgen, wenn für den Standort und die Wirtschaftlichkeitsbetrachtung das Gutachten eines „*Consulters*" vorliegt. Dieser sollte sich äußern zu

- Makrolage, Einzugsgebiet, Konkurrenzsituation, Marktanteil,
- Konzeption, Funktionalität, Trends und Fungibilität der Immobilie,
- Wirtschaftlichkeitsberechnung für einen überschaubaren Zeitraum.

Die folgenden Gutachten-Aussagen sollten einer plausibilisierenden Prüfung unterzogen werden:

Lage des Bads:

Entscheidend für den Erfolg eines Bads ist seine Einordnung in die Makroumgebung. Zwar kennen wir kleine Gemeinden, die sich ihr Spaßbad noch „leisten", ohne den wirtschaftlichen Zwängen eines gewinnbringenden Betriebs zu unterliegen. Die Mehrzahl der Bäder ist jedoch, nachdem die Errichtung mit einem hohem Anteil an Fördermitteln erfolgte (bis zu 75 %), auf einen gewinnbringenden Betrieb ausgerichtet. Somit wird der Standort (wieder einmal) zum zunächst entscheidenden Aspekt.

X Beleihungswertermittlung Systematik

Der **Makrostandort** wird wesentlich gekennzeichnet durch **die Anzahl der verfügbaren Besucher des Bads**. In die Betrachtung des Makrostandortes gehen ein:

- Anzahl Einwohner und Touristen, die sich im 30-/60-/90-Pkw-Fahrminuten-Umkreis aufhalten,
- übliche Besuchshäufigkeit eines Spaßbads,
- Marktanteil des Bads,
- Konkurrenzsituation,
- durchschnittliche Verweildauer der Touristen in Bezug zur erwarteten Besuchsanzahl des Bads.

Häufig werden bei diesen Schätzungen das Einzugspotenzial, der Marktanteil des zu bewertenden Bads und die Aufenthaltshäufigkeit im Bad überschätzt.

Weitere Kriterien für den Makrostandort sind:

- Kaufkraft und Arbeitslosenquote (geringe Kaufkraft und hohe Arbeitslosenquote verringern das Besucherpotenzial),
- Erreichbarkeit mit öffentlichen Verkehrsmitteln und Individualverkehr (bis 1,5 Stunden Anreise werden in Kauf genommen),
- Altersstruktur der Bevölkerung des Standorts (entscheidend für Konzeption des Bads).

Bäder stellen an den Mikrostandort besondere Anforderungen. Zu vermeiden sind Standorte mit störenden Einflüssen auf das Bad (z. B. Lärm, Luftverschmutzung) und Standorte, die umgekehrt durch die Lärmemission des Bads gestört werden können (z. B. Friedhöfe, Krankenhäuser, Schulen, Grenze zu reinen Wohngebieten). Ungeeignet sind Überschwemmungs- und Trinkwasserschutzgebiete sowie Freibäderanlagen unter Hochspannungsleitungen.

Projektbeschreibung

Die Projektbeschreibung beinhaltet Aussagen über ein schlüssiges Objektkonzept, berücksichtigt das Angebot vor Ort sowie Trends, beschreibt das Objekt in seiner Funktionalität (bis zur Beurteilung des Besucher-Leitsystems, dem Anteil der Umkleidekapazitäten, dem Stellflächenangebot) und seiner Flächenaufteilung. Ebenso werden die Möglichkeiten der Immobilie bei einer Konzeptveränderung beurteilt.

Auch soll die Projektbeschreibung vergleichbare Projekte einbeziehen und deren Probleme beleuchten. Häufig werden Analogieschlüsse zum Bewertungsobjekt gezogen (z. B. bei der Besucherzahl eines erfolgreichen Bad-Konzepts), ohne auf die konkreten Bedingungen des neuen Standorts einzugehen.

Grundsätzlich ist die Besucherzahl in großem Maße von der Attraktivität der Anlage abhängig. Sensible Faktoren sind die Erfahrung und die Professionalität der Planer und Betreiber.

Wirtschaftlichkeitsbetrachtung

In die Wirtschaftlichkeitsbetrachtung fließen alle wesentlichen Faktoren des Standorts und des Projekts ein.

- Gesamtbesucher-Potenzial = Einwohnerpotenzial und Urlauberpotenzial mit einem Fahrzeitradius von bis 30, bis 60 und bis 90 Minuten.
- Einwohner-Potenzial: 20 % der Einwohner besuchen bis zu 4-mal im Jahr ein Bad, dabei existieren Abhängigkeiten vom Bad-Konzept und dem Alter der Besucher. Auch ist die abnehmende Häufigkeit des Besuches in Abhängigkeit von der Entfernung zu beachten. Einfluss auf die Besucherhäufigkeit hat auch die Qualität des Mikrostandorts (Attraktivität und Bekanntheit des Orts, Altersstruktur und allgemeine soziademographische Daten [Abwanderung, Arbeitslosenquote]).
- Urlauberpotenzial: 12 % aller Urlauber besuchen jeden zweiten Tag ein Bad.

- Erwartete Tagesbesucher: Gesamtbesucherpotenzial im Verhältnis zum erzielbaren Marktanteil des Bades, dynamisiert nach Entfernung. Dabei ist zu berücksichtigen, dass sich die Besucherangaben immer auf ein 365-Tage-Jahr beziehen, das Bad jedoch nur mit 340 Öffnungstagen gefahren werden sollte.
- Die Erlös-Kosten-Struktur: Als durchschnittlicher Eintrittspreis hat sich bei funktionierenden Bädern ein Betrag um 10 € herauskristallisiert. Weitere Erlöse entstehen durch die Pachteinnahmen aus Gastronomie (um 8 % des Umsatzes) und *Beauty/Wellness* (um 12 % des Umsatzes). Für das Bad hat sich eine Umsatz-Kosten-Struktur (ohne MwSt.) von ca. 80 % Kosten zu Umsatz herausgestellt. Dieses Verhältnis kann als typisch für Bäder gelten.

Kennzahlen

- Ein Gast benötigt 4 m^2 Wasserfläche, um sich wohl zu fühlen.
- Auslastung/Kapazität: Als Kapazität wird die maximale Anzahl von Gästen verstanden, die sich zum gleichen Zeitpunkt im Badebetrieb aufhalten können. Sie ist abhängig von der Art des Badebetriebs, der Schwimmbeckenform und der Zielgruppe. Im öffentlichen Badebetrieb geht man davon aus, dass sich 25 % der Gäste im Wasser, 50 % der Gäste rund um das Wasser und 25 % in den Umkleiden aufhalten.
- Bedarf an Grundstücksflächen (ohne Stellplatzflächen): Hallenbäder 6 bis 8 m^2 je Wasserfläche (je größer die Wasserfläche, desto kleiner der Wert) und 10 bis 20 % der vorher ermittelten Grundstücksfläche für zusätzliche Freiluftflächen; Freizeithallenbäder: 9 bis 12 m^2 Grundstück je m^2 Wasserfläche.
- Stellplätze: 1 Pkw-Stellplatz für 5 bis 10 Garderobenschränke.
- Umkleidebereich: Verhältnis Garderobenplätze zu Umkleideplätze 1 : 4, Anzahl der Garderobenplätze 0,3 bis 0,4/m^2 Wasserfläche, Anzahl Umkleideplätze 0,08 bis 0,1/m^2 Wasserfläche.
- Die Umsätze des Restaurants liegen bei ca. 2,50 € je Besucher und Tag.
- Der Lebenszyklus eines Bads beträgt zwischen 10 und 20 Jahren. Danach sind i.d.R. umfangreiche Revitalisierungen durch Konzeptänderung und bei der Badtechnik vorzunehmen.
- Für Konzeptänderungen sollten idealerweise Erweiterungsflächen vorhanden sein.

Beispiel:

Die Bewertung bezieht sich auf ein Spaßbad mit deutlich medizinischem Aspekt (Therme). Das Objekt umfasst eine Badelandschaft mit 5 Innen- und 2 Außenbecken, einem Saunagarten, einer Therapieabteilung und einem Restaurant.

Die Badelandschaft umfasst folgendes Angebot:
- Therapeutikum (130 m^2), Kaskade, Schwefel-Sole-Quelle, Geysir, Jungbrunnen, Kneipptretbecken (insgesamt 81 m^2), Lagune (242 m^2, Ausstieg ins Freie), Dampfbad.
- Der Saunagarten (Dampfbad, Finnische Sauna, Blockhaussauna für 20 bis 30 Personen) umfasst 500 m^2 und ist ausgestattet mit einer Liegewiese, Schwallwasserbrausen und Ruhebänken.
- Die Therapieabteilung (verschiedene Badanwendungen) hat eine Zugangsmöglichkeit zur Thermenlandschaft.
- Die Nutzfläche der Therme umfasst 2 500 m^2 (ohne Gastronomie). Das Restaurant hat eine Fläche von 325 m^2.
- Das Anfang der 90er Jahre errichtete Objekt ist in gutem Zustand und macht einen gepflegten Eindruck. Die Besucherzahlen belegen ein stimmiges Konzept (700 bis 800 Tagesbesucher). Eine ausreichende Anzahl von Parkplätzen steht zur Verfügung.
- Die in Ansatz gebrachte Pacht wurde mittels der Pachtwertmethode abgeleitet. Grundlage bildeten die vorliegenden GuV mehrerer Jahre, die gemittelt und deren Tendenz berücksichtigt wurde.

X Beleihungswertermittlung — Systematik

- Die Umsätze liegen im Durchschnitt bei T € 205 je Monat. Der Pachtsatz wurde mit 22 % aus der GuV abgeleitet. Das unternehmerische Risiko bei ggf. schlechteren Saisonjahren oder einer Veränderung der Erlös-Kosten-Struktur wurde durch die Berücksichtigung eines 10 %igen Betreibergewinns in der Pachtableitung gewürdigt.
- Die Gastronomie wurde gesondert bewertet.
- Zunächst wurde eine Umsatzberechnung und Plausibilisierung der Besucherzahlen vorgenommen. Daran wurde die Kosten-Erlös-Situation gespiegelt und die mögliche Pacht abgeleitet. Die Bewertungsansätze sind der Berechnung zu entnehmen.

Umsatzberechnung für Bad und Freizeit
Objekt ...
Öffnungstage (8.00 bis 22:00 Uhr)

Preisübersicht			
	Preis (€)		Preis (€)
Erwachsene		Behinderte	
Einzelkarte	9	Einzelkarte	7
10er-Karte	80	10er-Karte	60
20er-Karte	150	20er-Karte	110
50er-Karte	350	50er-Karte	250
Jahreskarte	475		
Kinder, Jugendliche	3,5		
Busgruppen	7		

Erlöse Schwimmbad	BWA Jan–Jul 2003	Ø Besucher	BWA Jan–Nov 2002	Ø Besucher	GuV 31.12.2001	Ø Besucher
Einzelkarte Erwachsene	370 946	196/Tag	653 144	220/Tag	726 629	224/Tag
10er-Karte	140 561	251/Monat	229 533	261/Monat	307 843	321/Monat
20er-Karte	75 841	72/Monat	112 850	68/Monat	126 545	70/Monat
50er-Karte	181 542	74/Monat	169 766	44/Monat	121 955	39/Monat
Jahreskarte	17 757	5/Monat	19 533	4/Monat	32 087	6/Monat
Kinder	28 736	39/Tag	52 219	45/Tag	48 018	38/Tag
Behinderte	35 178	24/Tag	54 382	24/Tag	68 555	27/Tag
Busse	46 429	32 Tag/Gruppe	54 096	23/Tag/Gruppe	30 666	12/Tag/Gruppe
Gutscheine	135 284	72/Tag	139 272	47/Tag	796 956	243/Tag
Sonstige Erlöse	959	5/Tag	1 664	5/Tag	2 421	7/Tag
Abgrenzung Karte			256 885	86	– 329 847	– 102
Summe	**1 033 233**		**1 743 344**		**1 921 828**	
Ø Erlös im Monat	147 605		158 486		160 152	
Ø Erlös je Besucher	8,37		8,39		8,43	

Beleihungswertermittlung X

Umsatzberechnung für Bad und Freizeit			
Besucherdurchschnitt am Tag	Per 12/2003	Per 11/2002	Per 12/2001
Einzelkarten	196	220	224
10er	84	87	107
20er	48	46	47
50er	123	73	48
Jahreskarten	0	0	0
Kinder	39	45	38
Behinderte	24	24	27
Busse (ca. 20 Personen)	2	1	1
Gutscheine	72	47	243
Abgrenzung Karten		86	–102
ø Tagesbesucher	588	629	634
ø Besucher je Stunde (14 Std.)	42	45	45
ø Besucher im Monat	17 638	18 881	19 008
ø Besucher p.a. (hochgerechnet)	123 469	207 696	228 101

Bemerkungen:

Die oben aufgeführten Besucherzahlen wurden durch einfache Rückrechnung ermittelt. In der Rechnung wird bei den abgegrenzten Karten und den Gutscheinen der Preis für Einzelkarten unterstellt. Keine Berücksichtigung finden Ermäßigungen wie „Mondscheintarif" oder Mehrfachkarten für Behinderte, die jedoch die Besucherzahlen erhöhen würden. Die tatsächlichen Besucherzahlen liegen nach Kundenauskunft über den einfach ermittelten Besucherzahlen. Gemäß Kundenauskunft verzeichnet die Therme 700 bis 800 Tagesbesucher. Eine Übersicht der Jahre 1993 bis 1999 weist Tagesbesucher von ca. 660 (1996), 695 (1997) und 760 (1998) aus und bestätigt die Auskunft der Kunden

Die Zahlen für 2003 stellen eine rein rechnerische Größe dar. Durch die tendenziell besucherschwachen Sommermonate wird der Durchschnitt durch die erfahrungsgemäß gut besuchten Herbst-/Wintermonate erhöht. Werden beispielsweise in den verbleibenden Monaten mindestens 760 Tagesbesucher verzeichnet, würde dies bei obiger Rechnungsweise eine durchschnittliche Tagesbesucherzahl von 656 bedeuten. Bei einer Tagesauslastung von 650 Besuchern bedeutet dies ein Besucheraufkommen von 53 Gästen in der Stunde, verteilt auf 14 Stunden je Tag. Dies liegt im wirtschaftlichen Bereich.

Erlös- und Kostenstruktur						
Umsatzerlös aus	BWA Jan–Jul 2003	Im Monat	BWA Jan–Nov 2002	Im Monat	GuV 31.12.2001	Im Monat
Schwimmbad	1 033 233	147 605	1 743 344	158 486	1 921 828	160 152
Solarium	18 660	2 666	34 325	3 120	46 975	3 915
Handelswaren	17 045	2 435	23 940	2 176	25 273	2 106
Therapieabteilung	297 005	42 429	455 772	41 434	480 456	40 038
Sonstiges	2 814	402	3 063	278	6 072	506
Summe	**1 368 757**	195 537	**2 260 444**	205 495		206 717

Bei 760 bis 800 Tagesbesuchern im Durchschnitt bedeutet dies einen Umsatz je Besucher von 8,60 bis 9,00 € (bei Besucherermittlung durch Rückrechnung).

X Beleihungswertermittlung Systematik

Erlös- und Kostenstruktur			
Erlösstruktur im Monat	**2003**	**2002**	**2001**
Erlöse aus Schwimmbad	147 605	158 4876	160 152
Erlöse aus Solarium	2 666	3 120	3 915
Erlöse aus Handelswaren	2 435	2 176	2 106
Erlöse aus Therapieabteilung	2 429	41 434	40 038
Sonstiges	402	278	506
Summe	**195 537**	**205 495**	**206 717**
Erlös/Besucher/Monat	11,09	10,88	10,88
Kostenstruktur im Monat			
Personal	81 865	77 388	76 835
Material	5 663	5 762	1 366
Instandhaltung	4 404	5 770	4 249
Werbe- und Reisekosten	2 313	3 016	2 319
Energie	27 612	24 639	28 195
Wasser und Abwasser	9 064	9 129	10 301
Buchführung/Prüfungskosten	8 812	8 406	5 860
Sonstige Betriebskosten	5 372	2 123	6 762
Betriebskosten		2 219	6 984
Korrektur wegen NK Restaurant (pauschal)	– 650	– 650	– 650
Summe	**144 455**	**137 793**	**143 221**
Kosten/Besucher/Monat	8,19	7,30	7,48
Ergebnis	51 082	67 702	64 496
./. Managementprovision	19 554	20 549	20 672
Als Pacht erwirtschaftbarer Betrag	31 528	47 153	43 824
Pachtansatz	16 %	23 %	21 %

Pachtableitung

Nachgewiesener Umsatz um 205 000 € im Monat in den Jahren 2001 bis 2003 bei möglichen Pachtansätzen um 22 %.

Für die Pachtableitung ergibt sich daraus bei gleicher Erlös- und Kostenstruktur eine Pacht in Höhe von rd. 540 000 € p.a. bzw. 45 000 €/Monat.

Spartenaufteilung – Kosten				
	Jan–Nov. 2002	Im Monat	31.12.2001	Im Monat
Personalkosten Therme	466 565	42 415	470 603	39 217
Personalkosten Therapieabteilung	384 702	34 973	451 413	37 618
Materialaufwand Therme	57 415	5 220	16 394	1 365
Materialaufwand Therapieabteilung	5 966	542	0	0
Instandhaltung Therme	62 380	5 671	50 187	4 182
Instandhaltung Therapieabteilung	561	51	667	56
Instandhaltung Solarium	528	48	135	11
Werbe- und Reisekosten	33 175	3 016	27 822	2 319
Energie	271 032	24 639	338 342	28 195
Wasser und Abwasser	100 421	9 129	123 617	10 301
Buchführung/Prüfungskosten	92 462	8 406	70 320	5 860
Sonstige Betriebskosten allgemein	23 355	2 123	81 147	6 762
Betriebskosten Therme	19 542	1 777	68 464	5 705
Betriebskosten Therapie	2 383	217	7 823	652
Betriebskosten Solarium	2 383	217	7 520	627
Summe	1 522 670	138 443	1 714 454	142 871

Systematik

Beleihungswertermittlung X

Beispiel:

Ertragswertermittlung für Markt- und Beleihungswert

Restnutzungsdauer	25 Jahre
Liegenschaftszinssatz	7,00 %
Kapitalisierungszinssatz	8,30 %
Normalherstellungskosten (NHK) des Gebäudes	9 918 720 €
Wert der baulichen Anlagen (gerundet)	8 096 918 €
Risikoabschlag zum Gebäudewert	20 %
Bodenwert (nachrichtlich, gerundet)	800 000 €
Sachwert (Verkehrswert), nachrichtlich	8 900 000 €
Sachwert (Beleihungswert), nachrichtlich	7 300 000 €

			Verkehrswert	Beleihungswert
Jahresnettokaltmiete				
- Therme	2 500 m² × 18,00 €/m² × 12 Monate =		540 000 €	540 000 €
- Gastronomie	325 m² × 7,85 €/m² × 12 Monate =		30 615 €	30 615 €
= Jahresnettokaltmiete	2 825 m²		570 615 €	570 615 €
abzüglich Bewirtschaftungskosten (Einzelansätze)				
- Instandhaltung	12,00 €/m² NF			
- Verwaltungskosten	3 000 €			
- Mietausfallwagnis	6 %			
- Modernisierungsrisiko in v.H. der NHK	0,75 %			
Bewirtschaftungskosten (Verkehrswert)	25,18 €/m²	≈ 12,47 %	– 71 137 €	
Bewirtschaftungskosten (Beleihungswert)	51,51 €/m²	≈ 25,50 %		– 145 527 €
= Jahresreinertrag des Grundstücks			499 478 €	425 088 €
abzüglich Bodenwertverzinsungsbetrag				
Verkehrswert	7,00 % von 800 000 €		– 56 000 €	
Beleihungswert	8,30 % von 800 000 €			– 66 400 €
= Reinertrag des Gebäudes			443 478 €	358 688 €
× Vervielfältiger				
Verkehrswert bei 25 Jahren und 7,00 %:		11,56	5 168 109 €	
Beleihungswert bei 25 Jahren und 8,30 %:		10,41		3 732 794 €
+Bodenwert			+ 800 000 €	+ 800 000 €
= Ertragswert des Grundstücks			5 968 109 €	4 532 794 €
Ab- und Zuschläge				
Abschlag wegen ...	Kapitalisierte Mietdifferenz			
Zuschlag wegen ...				
Verkehrs- bzw. Beleihungswert			5 968 109 €	4 532 794 €
Verkehrs- bzw. Beleihungswert gerundet			**6 000 000 €**	**4 530 000 €**

Der Verkehrswert entspricht dem 11-fachen Jahresrohertrag von 2 124 €/m².
Der Beleihungswert entspricht dem 7-fachen Jahresrohertrag von 1 604 €/m².

X Beleihungswertermittlung

4.5.2.6 Logistikimmobilie mit Kühlhaus

▶ *Vgl. hierzu Teil VI Rn. 180 ff.*

423 Logistikimmobilien sind Immobilien für automatisierte Lagerhaltung zur Distribution von Waren einer einzelnen Branche, eines Produzenten oder eines Händlers in verkehrszentraler Lage.

Nach steigenden Flächenumsätzen in den letzten fünf Jahren und steigender Nachfrage nach Lagerflächen, die dem Anspruch „Logistik" gerecht werden, kristallisieren sich heute folgende Merkmale für eine Logistikimmobilie heraus:

- Nach wie vor ist steigende Nachfrage nach Logistikflächen zu verzeichnen. Deutlich wird das *Outsourcing* der Warenbevorratung vorangetrieben.
- Deutlich wird die Zentralisiation an einigen wenigen Umschlagorten, die sich optimal in die Lieferketten einfügen (überregionale Verkehrsknotenpunkte). Gegenwärtig bilden sich hier die Knoten Nürnberg und Bad Hersfeld/Kassel heraus.
- Durch die prozessoptimierte Gebäudetechnik des Objekts ist ein 24-Stunden-Lieferrhythmus erforderlich.
- Oft werden nachrangige Verteilerzentren aufgegeben.
- Der reine Logistikstandort ist in seinen Nutzungen einem Wandel unterzogen: Die logistischen Dienstleistungen werden ausgeweitet auf *Controlling, Call-Center, Software*-Entwicklung, technische Beratung – damit steigt der Bedarf an Büro- und Verwaltungseinheiten.

Die Spitzenmieten für Hallen- und Serviceflächen haben von 1999 bis 2003 europaweit den stärksten Anstieg seit 10 Jahren erlebt. Gegenwärtig werden in Deutschland für gut ausgestattete Hallenflächen zwischen 4,50 und 6 €/m² (Düsseldorf, Berlin, Hamburg, Stuttgart), 8 €/m² (Frankfurt), 7 €/m² (München), 5,50 €/m² (Köln), 5 €/m² (Leipzig, Dresden) gezahlt.

Dabei sind Logistikunternehmen als Mieter in sehr enge Kostenkalkulationen eingebunden. Die Erlöse werden durch die Geschäftsfelder Ein- und Auslagern, Lagerung, Kommissionierung, Distribution erzielt. Je stärker die Konzentration auf die Lagerung ist, je geringer der Geschäftsfeldumfang der anderen Bereiche am Gesamtumsatz ist, desto stärker orientiert sich die mögliche Miete an einer Investoren-Kostenmiete.

Mietpreissteigerungen führen zu fallenden Spitzenrenditen und steigenden Kapitalwerten, daher nimmt das Interesse von institutionellen Anlegern an Logistikimmobilien zu.

So sind folgende Tendenzen zu beobachten:

- Die Objekte sind für Investments interessant.
- Statt Eigennutzung wird auf *Sale-and-lease-back*-Konstruktionen übergegangen.
- Es erfolgt Einmietung in *Multi-User*-Logistikparks.
- Die Rendite ist um bis zu 2 % höher als bei Büroimmobilien (z. B. 8 % Nettoanfangsrendite in etablierten westdeutschen Standorten).

Allerdings sind auch kritische Aspekte zu bedenken:

- Die Drittverwendung außerhalb der Branche durch Umnutzung ist fast ausgeschlossen. Die aufgegebenen nachrangigen Standorte stehen i.d.R. leer.
- Mietverträge werden für eine Dauer von drei bis fünf Jahren abgeschlossen. Die Nachvermietung ist oft nicht sicher. Logistikimmobilien sind häufig auf die Transport-Technologie eines Unternehmens ausgerichtet. Das Nachvermietungsrisiko ist stark gestiegen.
- Am Logistikmarkt fehlt, wie auch an anderer Stelle, Datentransparenz bei den Deals. Fehlende Vergleichszahlen (Renditen, Umsatzzahlen für einzelne Geschäftsfelder, Sach- und Personalkosten-Strukturen) erschweren eine sachgerechte Bewertung.

Systematik — Beleihungswertermittlung X

Beispiel:

Das zu bewertende Objekt ist ein Logistikzentrum für Frischwaren mit Hochregallager (Höhe 30 m, 10 Nutzebenen, davon 4 begehbar, Kühlung bis – 30 °C, 6 000 m² Nutzfläche, 28 000 Europaletten-Plätze, Palettenmaß 0,8 m × 1,3 m × 1,6 m, Außenfassade Sandwich-Dämmplatten und zusätzlich hinterlüftete Trapezbleche, Flachdach), Verteilungszentrum – Sorterhalle, 2-geschossig, 33 Verladerampen/Sektionaltore – mit 23 000 m² Nutzfläche und einem 5-geschossigen Bürogebäude mit 3 000 m² Nutzfläche. Das Grundstück umfasst 17 ha Fläche, davon 10 ha betriebsnotwendiges Grundstück und 7 ha Erweiterungsfläche. Die Erweiterungsfläche ist nicht selbständig verwertbar. Der Bodenrichtwert für Grundstücke dieser Größe, Ausnutzung und Lage liegt bei 10 €/m².

Die Lage ist als verkehrsgünstig am Schnittpunkt zweier Bundesautobahnen zu bewerten. Die Zufahrt zum Objekt (500 m bis BAB) ist ebenfalls für LKWs problemlos gegeben. aufgrund der besonderen Gebäudestruktur wird die Verwertbarkeit als schwierig beurteilt.

Am Hochregallager entzündet sich immer wieder die Diskussion über die Realkreditfähigkeit dieser Immobilie: Ist das Lager Betriebseinrichtung mit einer Hülle gegen das Wetter oder ein eigenständiges Gebäude. Der Verfasser geht davon aus, dass ein modernes Hochregallager in der Regel Betriebseinrichtung ist und daher nicht der Immobilie zugeordnet wird, also auch nicht realkreditfähig ist und somit bei der Ermittlung des Beleihungswertes nicht berücksichtigt wird. Nur wenn das Lager als Gebäude auch ohne Innenleben – also Hochregal – existieren kann, würde es als Lagergebäude bewertet werden können.

Im vorliegenden Fall erfüllt das Hochregallager nicht die Kriterien eines Gebäudes. Die Tragkonstruktion besteht aus dem Regalsystem, an dem die Außenverkleidung und das Dach lediglich als Witterungsschutz angebracht sind. Horizontal- und Vertikalkräfte werden durch das Regalsystem nach unten übertragen. Das Hochregallager ist aufgrund der Ausführungsmerkmale nicht realkreditfähig. Gleichwohl ist für die übrigen Bestandteile des Grundstücks eine Nachhaltigkeit und Drittverwendungsfähigkeit gegeben.

Der Marktwert dieser Logistikimmobilie wird durch den in der Immobilie stattfindenden Umschlag- und Lagerprozess bestimmt. Somit ergibt sich die Frage nach der Wahl des Wertermittlungsverfahrens. Einerseits erscheint der Ansatz von Vergleichsmieten möglich, die für Lagerimmobilien veröffentlicht werden. Im vorliegenden Fall wird der Ertragswert über Vergleichsmieten ermittelt. Die Qualität Kühlhaus wird durch eine gegenüber ungekühlten Lagerflächen höhere Miete (um ca. 1 bis 1,50 €/m²) gewürdigt.

Andererseits kann auch über die Pachtwertmethode eine angemessene Pacht für das Objekt bestimmt werden. Die Ableitung des Pachtwerts ist allerdings durch die geringe Vergleichsmenge an veröffentlichten Daten nicht verallgemeinerungsfähig. Auch ist zu beachten, dass die ermittelte Pacht über alle Flächen gilt, da in der GuV des Unternehmens Lagerung, Konfektionierung und Distribution ggf. zusammengefasst dargestellt werden.

Die Gesamtnutzungsdauer des Hochregallagers wird auf ca. 25 Jahre als Obergrenze geschätzt. Dabei kann davon ausgegangen werden, dass schon nach 10 bis 15 Jahren die Lagertechnik modernisiert werden muss. Häufig finden wir (vor allem bei nachgelagerten Logistikstandorten), dass bereits nach 15 Jahren keine Nutzung mehr stattfindet. Nur durch hohe Anpassungskosten kann eine Revitalisierung erfolgreich verlaufen.

Ertragswertermittlung für Markt- und Beleihungswert eines Logistikzentrums mit Kühlhaus in nachrangiger Lage	
Restnutzungsdauer	25 Jahre
Liegenschaftszinssatz	7,50 %
Liegenschaftszinssatz gemittelt aus Ertragsanteil für Hochregal (8,5 %), Lager (7,25 %) und Büro (7,00 %)	
Kapitalisierungszinssatz	8,00 %
Kapitalisierungszinssatz gemittelt aus Ertragsanteil für Lager (8,00 %) und Büro (7,75 %) ohne Hochregal	
Normalherstellungskosten (NHK) des Gebäudes (gerundet)	19 500 000 €
Wert der baulichen Anlagen (gerundet)	16 400 000 €
Risikoabschlag zum Gebäudewert	30 %
Bodenwert (nachrichtlich, gerundet)	1 700 000 €
Sachwert (Verkehrswert), nachrichtlich	18 100 000 €

X Beleihungswertermittlung   Systematik

			Verkehrswert	Beleihungswert
Sachwert (Beleihungswert), nachrichtlich			13 200 000 €	
Jahresnettokaltmiete				
– Hochregallager	6 000 m² × 6 €/m² × 12 Monate =		432 000 €	0 €
– Lager	23 000 m² × 3 €/m² × 12 Monate =		828 000 €	828 000 €
– Büro und Sozialgebäude	3 000 m² × 6 €/m² × 12 Monate =		216 000 €	216 000 €
= Jahresnettokaltmiete	32 000 m²		1 476 000 €	1 044 000 €
abzüglich Bewirtschaftungskosten (Einzelansätze)				
– Instandhaltung	7,00 €/m² NF			
– Verwaltungskosten	32 000 €			
– Mietausfallwagnis	4 %			
Modernisierungsrisiko in v.H. der NHK	0,50 %			
Bewirtschaftungskosten (Verkehrswert)	9,85 €/m²	≈ 21,34 %	– 315 040 €	
Bewirtschaftungskosten (Beleihungswert)	12,34 €/m²	≈ 37,86 %		– 395 260 €
= Jahresreinertrag des Grundstücks			1 160 960 €	648 740 €
abzüglich Bodenwertverzinsungsbetrag				
Verkehrswert	7,50 % von 1 700 000 €		– 127 500 €	
Beleihungswert	8,00 % von 1 700 000 €			136 000 €
= Gebäudeertragswert			1 033 460 €	512 740 €
× Vervielfältiger				
Verkehrswert	bei 25 Jahren und 7,50 %: 11,15		11 519 923 €	
Beleihungswert	bei 25 Jahren und 8,00 %: 10,67			5 473 385 €
+ Bodenwert			+ 1 700 000 €	+ 1 700 000 €
= Ertragswert des Grundstücks			13 219 923 €	7 173 385 €
Ab- und Zuschläge				
Abschlag wegen ...			–	–
Zuschlag wegen ...			–	–
Verkehrs- bzw. Beleihungswert			13 219 923 €	7 173 385 €
Verkehrs- bzw. Beleihungswert gerundet			**13 200 000 €**	**7 170 000 €**

Der Verkehrswert entspricht dem 9fachen Jahresrohertrag von 413 €/m².
Der Beleihungswert entspricht dem 7fachen Jahresrohertrag von 224 €/m².

5 Berücksichtigung von Immobiliensicherheiten bei der Prüfung der Werthaltigkeit ausfallgefährdeter Forderungen

Zur Berücksichtigung von Immobiliensicherheiten bei der Prüfung der Werthaltigkeit von ausfallgefährdeten Forderungen bei Kreditinstituten ist grundsätzlich auf die **IDW-Prüfhinweise PH 9.522.1** (Stand 7.7.2005[52]) hinzuweisen[53]. — 424

Die Wertaktualisierung nach den Prüfhinweisen dieses IDW wird getrieben von der Frage, wie hoch der Veräußerungserlös bei der Veräußerung einer Immobilie, die als Sicherheit für eine Forderung dient, ist und ob bei Ansatz dieses Veräußerungserlöses der Bank ein (Teil-)Ausfall des Kredits droht. — 425

Bewertungsrelevanz besteht immer, wenn aufgrund der **fehlenden Bonität des Kreditnehmers** die gestellten Sicherheiten des Kreditnehmers, insbesondere die Grundpfandrechte, herangezogen werden müssen. — 426

Die Prüfhinweise 9.522.1 gelten nicht für **eigengenutzte Wohnimmobilien.** Besonderheiten bei im Ausland gelegenen Objekten und bei Portfolio-Bewertungen bleiben außer Betracht. — 427

Die **Beurteilung der Immobiliensicherheit** erfolgt auf der Grundlage eines aktuellen Gutachtens. Für die Beurteilung der Immobiliensicherheit sind die am Stichtag der Forderungsbewertung wertbestimmenden Verhältnisse maßgebend. Die nach dem Stichtag stattgefundenen Ereignisse, wie Marktschwankungen, Leerstand oder Objektverschlechterung, sind entsprechend zu beurteilen. — 428

Allerdings hat das Kreditinstitut zu dem Zeitpunkt, wo die Immobiliensicherheit für die Bewertung der Kreditforderungen maßgeblich wird, eine aktuelle **Sicherheitenbewertung** zu erstellen. — 429

Grundlage für die Ermittlung des Veräußerungserlöses ist der **Marktwert nach § 194 BauGB**. Unterstellt wird damit als Ausgangswert der Wert, der im Falle der Verwertung im gewöhnlichen Geschäftsverkehr erzielt werden kann. — 430

Gleichzeitig wird für die Immobilienbewertung bei drohendem Ausfall gefordert, die Bewertungsparameter und das **Vorsichtsprinzip** so zu bestimmen, dass dem Gesichtspunkt der Sicherheitenbewertung in angemessener Weise Rechnung getragen wird. — 431

Hier liegt zunächst ein Widerspruch vor. Einerseits wird auf den Marktwert im gewöhnlichen Geschäftsverkehr abgestellt, andererseits das besondere Sicherheitsbedürfnis für die Bewertung im Verwertungsfall herausgestellt und die „Richtigkeit" des Marktwerts unter Zuhilfenahme von Hilfsgrößen überprüft. Dieses Vorgehen wird aber in den Prüfhinweisen selbst relativiert, indem ein klarer Bewertungsverlauf vorgegeben wird. — 432

---

52 Verabschiedet vom Hauptfachausschuss (HFA) am 7.7.2005.
53 Abgedruckt in GuG 2006, 179 ff.

Abb. 53: Bewertungsablauf Veräußerungserlös

6 Wertermittlung und *Rating*-Prozess

6.1 Begriff, Ziele und Merkmale des Immobilien-Geschäfts*ratings*

▶ *Hierzu Teil III Rn. 451*

433 Bereits Anfang des 20. Jahrhunderts wurden in den USA erste *Ratings* zur Bereitstellung von Informationen über die Finanzkraft einzelner Unternehmen durchgeführt. 1913 war es Moody's, der Anleihen bewertete, 1916 Standard & Poor's, dann Fitch, die *Ratings* über Firmenanleihen herausgaben. Mit den drei genannten sind die auch heute renommiertesten *Rating*agenturen genannt. So wurde in den 50er und 60er Jahren in den USA eine *Rating*kultur ausgebaut, die mit 40-jähriger Verspätung auch Europa überzieht. Die Anforderungen aus Basel II an *Rating*systeme der Banken für die Beurteilung des Adressenausfallrisikos und zur Bemessung des Eigenkapitals der Banken sind der Auslöser dafür.

434 *Rating* ist ein Verfahren, welches eine Zukunftseinschätzung einer Person, einer Branche, einer Situation einschätzt und auf einer Skala abbildet. Somit beinhaltet eine *Rating*-Note immer ein „Versprechen" des das *Rating* Durchführenden, z. B., dass die Ausfallwahrscheinlichkeit eines Krediteses nicht höher als 0,3 % ist oder dass die Verkäuflichkeit einer Immobilie in drei Jahren überdurchschnittlich schlecht ist.

435 *Rating*
- ist eine zukunftsgerichtete Meinung in eine strukturierte Form gebracht,
- liefert eine Aussage über die zukünftige Entwicklung der Branche gegenüber vergleichbaren Branchen.

436 *Rating* liefert relative Positionen, relative Chancen- und Risikoprofile zu bestimmten Sachverhalten wie Ausfallwahrscheinlichkeiten oder Verkäuflichkeiten[54].

437 Als Bestandteile eines *Rating*-Modells, aber auch eigenständig werden *Scoring*-Methoden für die Beurteilung bestimmter Sachverhalte und Zustände angewandt. So wird für die Beurteilung der Bonität von Privatkunden ein *Scoring*-Modell verwendet.

---
[54] Vgl. Trotz (Hrsg.), Markt- und Objekt*rating*, 2003.

Ein *Scoring* ist ein Verfahren zur Bewertung und zum Vergleich unterschiedlicher Alternativen anhand errechneter Nutzwerte. Dabei wird zunächst nach Oberkriterien gesucht, die für die Bewertung von Alternativen von Interesse sind, und diese werden dann nach Unterkriterien detailliert. Darüber hinaus wird die Bedeutung der einzelnen Kriterien durch Gewichtungsfaktoren gekennzeichnet. Ein Beispiel für ein auf *Scoring* orientiertes Modell ist die Immobilienmarkt- und Objektanalyse. 438

Generisches *Scoring* ist beispielsweise die Risikobeurteilung mit einer festgelegten Bewertungsmatrix unter Einbeziehung von externen anonymisierten Daten. 439

Verhaltens*scoring* ist die Risikobeurteilung von eigenen historischen Daten mit ständiger Anpassung der Bewertungsmatrix entsprechend vorhandene Erfahrungswerte[55]. 440

In Banken werden verschiedene ***Rating*verfahren** angewandt. Unter Bewertungsaspekten und bezogen auf das Sicherungsobjekt Immobilie sind folgende *Rating*verfahren zu beachten: 441

Aspekt des Kreditausfalls (Adressenausfall): 442

– Firmen*rating*,

– Immobiliengeschäfts*rating*

Aspekt der Verkäuflichkeit der Immobilie als Sicherheit:

– Markt- und Objekt*rating*,

– Immobilienmarkt- und Objektanalyse *(Scoring)*.

Das **Adressen*rating*** schließt die Bewertung der Firmenbonität, der Vermögenslage, der Sicherheiten-Situation, der Firmenstrategie, der Bewertung von Organisation und Management ein. Es ist nicht Gegenstand von Immobiliengutachter-Tätigkeiten. 443

Das **Objekt-/Projekt*rating*** umfasst das individuelle *Rating* eines Einzelobjekts oder eines Immobilienportfolios. Die Immobilie wird dabei immer wieder aufgrund ihrer speziellen Eigenschaften als Kreditsicherheit gesondert betrachtet. 444

Das **Firmen*rating*** umfasst ein Gesamtvotum zur Kreditwürdigkeit der Firma als Einschätzung der Bonität und der Qualität und Risikostruktur ihrer Immobiliensicherheiten. Bei Einkünften über 50 % aus Immobilien ist bereits das Immobilien*rating*-Modell anzuwenden. 445

Im Allgemeinen muss ein *Rating*system für Banken zwischen kreditnehmer- und kreditspezifischem Risiko trennen und eine aussagefähige Risikodifferenzierung gewährleisten. Wesentliche Grundprinzipien nach Basel II sind dabei: 446

– Die Struktur der *Rating*klassen wird insofern definiert, dass die Banken mindestens sechs *Rating*klassen für nicht ausgefallene und zwei *Rating*klassen für ausgefallene Kredite verwenden müssen. Dabei soll sich jede *Rating*klasse durch bestimmte Kriterien auszeichnen, die für eine gewisse Ausprägung des kreditnehmerbezogenen Risikos stehen.

– In den *Rating*systemen müssen alle Risikokriterien erfasst und bewertet werden, wobei jedoch keine genauen Risikoindikatoren vorgeschrieben werden. Transparenz und Nachvollziehbarkeit der gewählten Indikatoren und Bewertungskriterien müssen dabei gewährleistet sein.

– Die prognostizierten Ausfallwahrscheinlichkeiten, Verlustquoten und erwartete ausstehende Forderungen bei Ausfall sollen zudem auf Basis der jeweils eigenen, bankinternen Verlusthistorie erstellt werden, um die Angemessenheit der Risikoparameter zu dem spezifischen Portfolio des Kreditinstitutes sowie dem verwendeten *Rating*system sicherzustellen. Wenn die eigene Verlusthistorie nicht zur Schätzung statistisch gültiger Risikoparameter ausreicht, können auch externe Daten verwendet werden.

---

[55] Vgl. Cholewa, Melanie; Aspekte der Immobilienbewertung im *Rating*prozess nach Basel II, Diplomarbeit FH Kiel, 2004.

X Beleihungswertermittlung — Wertermittlung und Rating-Prozess

- Die Vergleichbarkeit der Risiko-Positionen muss gewährleistet sein, gleiche Fallkonstruktionen müssen zu identischen Ergebnissen führen.
- Die Bewertungen müssen regelmäßig stattfinden.

447 Insgesamt ist das Ziel der Richtlinien, die Risiken in einer konsistenten, glaubwürdigen und zutreffenden Weise zu klassifizieren und zu quantifizieren, um auf diese Weise eine aussagefähige Bewertung der Kreditnehmer sicherzustellen. Der Anteil der Gutachter an dieser *Rating*tätigkeit beschränkt sich auf die Immobilienbewertung, die Lieferung einzelner Markt- und Objektdaten und -einschätzungen und die kontinuierliche Wertaktualisierung der Immobilie über den Marktwert.

448 **Basel II** beruht auf drei sich gegenseitig verstärkenden Säulen, die es den Banken und Aufsichtsinstanzen gestatten, die verschiedenen Risiken der Banken zu bewerten. Die drei Säulen sind:
- Mindestkapitalanforderungen, mit denen das Messverfahren der Eigenkapitalausstattung gegenüber „Basel I" verfeinert werden soll,
- aufsichtsrechtliche Überprüfung der Eigenkapitalausstattung eines Kreditinstitutes und seiner Wertermittlungsverfahren,
- Marktdisziplin mittels wirksamer Offenlegung zur Förderung eines sicheren und soliden Bankwesens.

449 *Rating* wird in der ersten Säule durchgeführt. Gegenstand der Betrachtung in Säule 1 sind
- das Bonitätsrisiko als Gefahr für zukünftige Zahlungsunfähigkeit und damit Gefahr für Zins und Tilgung,
- das Marktrisiko,
- das operationelle Risiko, das durch Verluste infolge unzulänglicher oder ausfallender interner Verfahren/Mitarbeiter und/oder Systeme entsteht.

450 Die **Messung des Kreditrisikos** kann auf der Grundlage des „Standardansatzes" oder des IRB-Ansatzes erfolgen. Beim IRB-Ansatz besteht die Möglichkeit, den Basisansatz oder den Fortgeschrittenen Ansatz zu wählen[56].

451 Im Standardansatz werden die **Regelungen nach Basel I** abgeändert fortgeführt und unveränderliche Risikogewichte festgelegt. Die Spanne der pauschalen Risikogewichte wurde erweitert und die Zuordnung des Kreditnehmers in eine *Rating*klasse von einem externen *Rating* abhängig gemacht. Es wird davon ausgegangen, dass eine Vielzahl von Kreditinstituten sich nicht für den Standardansatz entscheiden wird, sondern über eine Datenbasis verfügt, die mindestens den Basisansatz ermöglicht.

452 Der auf internen *Ratings* basierende Ansatz (IRB-Ansatz) beruht darauf, dass die **Bonität des Kreditnehmers und der erwartete Verlust bei Schuldnerausfall** bankintern geschätzt wird. Im Basisansatz werden die Risikoparameter (Verlustquote) dabei als Standardwerte vorgegeben, im fortgeschrittenen Ansatz ermittelt die Bank diese Risikoparameter Ausfallwahrscheinlichkeit des Kredits und Verlustquote aufgrund eigener Datenhistorie.

453 Diese historisch beobachtete Verlustverteilung des Kreditportfolios einer Bank wird aus den folgenden **Risikokomponenten** berechnet:

---

56 Vgl. Cholewa, a.a.O., S. 14 f.

Abb. 54: Berechnung des erwarteten Verlustes im IRB-Ansatz

Quelle: Marburger/Holter 2002

Über die **Ausfallwahrscheinlichkeit** wird der Kreditnehmer in eine Risikokategorie zugeordnet. Die Ausfallwahrscheinlichkeit (PD) wird durch ein *Rating*-Verfahren bestimmt.

Im **IRB-Ansatz** wird Forderungen ohne anerkannte Sicherheiten ein LGD (Verlustquote) von 50 % zugewiesen. Anerkennungsfähige Sicherheiten im IRB-Ansatz sind Wohn- und Gewerbeimmobilien (Büroimmobilien und vielseitig nutzbare Geschäftsräume).

Bezogen auf die Ausfallquote ist die Höhe der Forderungen zum Zeitpunkt des Ausfalls (EAD) von Bedeutung. Es sind diejenigen Forderungen, die der Kreditnehmer im Moment der Zahlungsunfähigkeit der Bank schuldig ist. Mit sich verkürzender Kreditlaufzeit sinkt das Risiko des Ausfalls des Kreditnehmers.

Die **IRB-Formel** lautet: $EL = PD \times LGD \times EAD \times M$

EL	Erwarteter Verlust	Expected Loss
PD	Ausfallwahrscheinlichkeit	Probability of Default
LGD	Verlust-/Ausfallrate	Lost Given Default
EAD	Ausstehende Forderungen zum Zeitpunkt der Zahlungsunfähigkeit	Exposure at Default
M	Restlaufzeit des Kredites	Maturity

X Beleihungswertermittlung — Wertermittlung und Rating-Prozess

Abb. 55: Schema der ersten Säule von Basel II

Quelle: Cholewa, a.a.O., S. 18, zitiert aus Marburger/Holter (2002), S. 55

457 Im Falle des Kreditausfalls ist eine aktuelle Bewertung der Sicherheit zu erstellen. Die Kriterien für die Kreditausfalldefinition nach Basel II sind folgende:

- Der Kreditnehmer ist mehr als 90 Tage im Zahlungsverzug,
- Eintritt eines risikobedingten Kreditverlustes durch Bildung von Einzelwertberichtigungen, Abschreibungen oder Umschuldungen,
- die volle Erfüllung der Zahlungsverpflichtungen durch den Kreditnehmer erscheint unwahrscheinlich,
- der Kreditnehmer hat Antrag auf Insolvenz oder ein ähnliches Verfahren gestellt.

458 Am Beispiel des Immobiliengeschäfts*ratings* der Sparkassen und Landesbanken werden die Verbindungen zwischen dem Kredit*rating* und einem Markt- und Objekt*rating* hergestellt. Das Immobiliengeschäfts*rating* ist ein *Rating* zur Bestimmung der Ausfallwahrscheinlichkeit von Krediten.

Abb. 56: Ablauf des Immobiliengeschäfts*ratings* – Teil Immobilien*rating*

Ablauf des Immobiliengeschäfts*ratings* – Teil Immobilien*rating*	
Volkswirtschaftliche Szenarien (national)	Im Programmhintergrund sind volkswirtschaftliche Daten zum nationalen Markt hinterlegt (z.B. soziodemografische, politische und wirtschaftliche Entwicklung).
Immobilienmarkt auf Bundesländer-Ebene	Daten zum Immobilienmarkt der Bundesländer sind ebenfalls hinterlegt (z.B. Leerstandsquote, Baukosten usw.).
Cashflow-Simulation „Doppelter Ausfalltest"	In der Simulation wird das Ausfallverhalten von Objekten über einen Zeitraum von 20 Jahren und 5 000 simulierten Szenarien beobachtet. Ergebnis ist das Verhältnis der ausgefallenen Szenarien insgesamt (die sogenannte PD).
Qualitative Faktoren	Überprüfung der ermittelten PD anhand von qualitativen Faktoren
PD	Endgültige PD (Ausfallwahrscheinlichkeit)
Objekt*rating*	Aus PD ergibt sich die Objekt*rating*note.

Das **Immobilengeschäfts*rating*** umfasst den gesamten Prozess des Bonitäts- und Immobilien*ratings*. Dabei werden Kreditnehmer betrachtet, die ihren Ertrag überwiegend aus dem Verkauf, der Vermietung oder Verpachtung von Immobilen generieren. Es wird im *Rating*verfahren unterschieden nach Bestandsobjekten und Projekten sowie nach Bauträgern, Investoren und Wohnungsbaugesellschaften. Das Immobiliengeschäfts*rating* von Investoren schließt Betreiberimmobilien ein. **459**

Im Weiteren bleibt die **Bonitätsebene** außer Betracht. Die Beurteilung der einzelnen Objekte wird unterschieden nach Vermietungsobjekten und Bauträgerobjekten. Dafür werden quantitative und qualitative Daten durch den Gutachter bereitgestellt. **460**

Die Einbeziehung des Gutachters an dieser Stelle erfolgt zu einem Zeitpunkt, an dem das *Rating* bereits wesentliche **Cashflow-Simulationen** durchgeführt hat. Auf diese Abläufe wird an dieser Stelle nicht eingegangen. Von Interesse sind die durch den Gutachter zu erstellenden bzw. zu beurteilenden Daten. Diese gliedern sich beim Immobiliengeschäfts*rating* wie folgt: **461**

Vermietungsobjekte:

Quantitativ	Nettokaltmiete
	Nicht umlagefähige Betriebskosten
	Aktuelle Belegungsquote
	Marktwert
Qualitativ	Immobilie
	Lage (Makrolage/Mikrolage)
	Qualität der Immobilie
Mieter	Miete relativ zum Markt
	Durchschnittliche Mieterbonität
	Qualität der Mietverträge
Management der Immobilie	Managementqualität
	Controlling
	Erfahrung mit dem Objekttyp

X Beleihungswertermittlung — Wertermittlung und Rating-Prozess

Bauträger-Objekte

Quantitativ	Kosten
	Variable Kosten
	Feste Kosten
	Zwischenfinanzierungszinsen
Kreditbetrag	Eigenkapital
	Erhöhung durch Baukostenerhöhung
	Zeitpunkt der Inanspruchnahme
Erlöse	Geplante Erlöse aus Bauträgersicht
	Geplante Erlöse aus Banksicht
	Zeitpunkt des Zuflusses
Qualitativ	Immobilie
	Lage (Makrolage/Mikrolage)
	Qualität der Immobilie
	Konkurrenzsituation
Kosten/Erlöse	Nachweis der Käuferfinanzierung
	Kostenrisiko
	Fertigstellungsrisiko
Management der Immobilie	Managementqualität
	Controlling
	Vertriebskonzept
	Erfahrung mit dem Objekttyp

462 Zur transparenten und nachvollziehbaren Einschätzung wird für die Beurteilung der Kriterien eine **sechsstufige Bewertungsskala** verwendet, die durch Leitplankendefinitionen untersetzt ist. So gilt die Qualität einer Büroimmobilie als „gut", wenn eine gute technische Ausstattung, ausreichend Parkplätze und ein flexibles Flächenangebot sowie angemessene Nebenflächen vorhanden sind, als „schlecht", wenn veraltete Ausstattung, unzureichendes Stellplatzangebot, starre Flächennutzung, unangemessene Nebenflächen vorhanden sind.

463 Diese durch den Gutachter zu liefernden Aussagen werden in die **Ratingberechnung** aufgenommen. Durch die Zielrichtung dieses *Ratings*, die Ausfallwahrscheinlichkeit eines Kredites zu bestimmen, werden die Chancen und Risiken der Immobilie nur im Zusammenspiel mit anderen Kriterien ausgewertet.

6.2 Markt- und Objekt*rating* für Einzelobjekte und Portfolien

6.2.1 *Rating*ansatz

464 Grundlage für die sich im Verlauf der letzten vier Jahre in den Banken entwickelnden *Rating*-Verfahren zur Abbildung von Chancen und Risiken von Einzelobjekten und Portfolien bildet der Leitfaden der TEGoVA „Europäisches Markt- und Objekt*rating* – Ein Leitfaden" aus dem Jahr 2003. Damit wurde international das Bestreben dokumentiert, für die Qualitätsbeurteilung von Immobilien ein einheitliches Instrument zu schaffen, das durch die bis dahin auf dem Markt vorhandenen Immobilienbewertungsinstrumente nicht vorhanden war.

465 Mit Hilfe des Markt- und Objekt*ratings* können Einzelobjekte und Portfolien betrachtet werden. Ziel ist es, das **Chancen-Risiko-Profil** der Immobilie zu ermitteln und dadurch ein Instrument zur Risikofrüherkennung zusätzlich zur Bewertung der Bank zur Verfügung zu stellen.

Wertermittlung und Rating-Prozess — Beleihungswertermittlung X

Das Markt- und Objekt*rating* der TEGoVA ist zunächst ein Rahmenmodell, welches durch weitere Vertiefung mit Leben erfüllt werden muss. „Zwar vermittelt es den Zugang zu der viel versprechenden Methodik des ‚*Scorings*', ist inhaltlich jedoch neben den vorgestellten Kriteriengruppen und Kriterien in einigen Punkten nicht tief genug ausgestaltet. Dadurch können in der Anwendung eine Reihe von intersubjektiven Auffassungsunterschieden auftreten. Da viele der gewählten Kriterien im Objekt*rating* relativ abstrakt ausfallen, können z.B. bei der sachverständigen Gutachtenerstellung bestimmte objektiv vorliegende Objekteigenschaften nur bedingt als gut oder schlecht eingeschätzt werden."[57] **466**

Eine Verbindung zum Immobiliengeschäfts*rating* besteht nur insofern, als im Immobiliengeschäfts*rating* überlappend Objekt- und Marktdaten eingepflegt werden. Das Ziel der beiden *Ratings* ist jedoch unterschiedlich: Das Immobiliengeschäfts*rating* ist ein **Kredit*rating***, das Markt- und Objekt*rating* ist ein Immobilien*rating*. **467**

Im Folgenden wurde das Markt- und Objekt-*Rating* in Deutschland untersetzt, insbesondere durch das Immobilien-Markt- und Objekt-*Rating*[58]. Damit wird dieses *Rating* zu einem wichtigen Instrument auch bei Verbriefungsaktionen. **468**

Schon heute sind vor dem Hintergrund steigender **Anforderungen an die Eigenkapitalverzinsung** und die Kreditgewährung klare Aussagen zu den Chancen und Risiken der Immobilie und ihres relevanten Marktes notwendig. **469**

Die **Anforderungen an das Markt- und Objekt***rating* sind: **470**

- frühzeitiges Erkennen und Differenzieren der Risiken,
- Gewährleistung der Vergleichbarkeit von Risikopotenzialen,
- ganzheitlicher Ansatz Markt, Standort, Objekt, Objekt-*Cashflow*,
- modularer Aufbau,
- übersichtliche Darstellung,
- Regelmäßigkeit,
- Transparenz und Nachvollziehbarkeit der Indikatoren und Kriterien,
- Auswertbarkeit,
- Gewährleistung der Überprüfbarkeit,
- Akzeptanz und Harmonisierung[59].

---

57 VÖB-Immobilienanalyse, S. 15.
58 Vgl. Trotz (Hrsg.), Immobilienmarkt- und Objekt*rating*, 2004.
59 Vgl. Trotz, a.a.O., S. 17 ff.

X Beleihungswertermittlung — Wertermittlung und Rating-Prozess

Abb. 57: Daten-Beziehungen zwischen Immobiliengeschäfts*rating* und Markt- und Objekt*rating*

471 Die Einsatzgebiete dieses *Ratings* gehen von der Immobilienanalyse bei der Gewährung von Immobiliendarlehen, die Risikoanalyse bei Verbriefungsportfolien, die Unterstützung von Portfoliosteuerungsmaßnahmen bis zur Ergänzung der Aussagen des Gutachtens durch transparente Beurteilungsdarstellung.

Abb. 58: Definition des *Rating*modells

Definition des *Rating*modells	
Bestandsobjekte	**Projekte**
Das Markt- und Objekt*rating* ist ein standardisiertes Verfahren, um die nachhaltige Qualität einer Immobilie in ihrem relevanten Markt darzustellen.	Das Projekt*rating* ist ein standardisiertes Verfahren, um die Qualität des Projektes in seinem relevanten Markt unter Berücksichtigung der nachhaltigen Qualität der fiktiv fertig gestellten Immobilie sowie der Entwicklungsrisiken und -chancen darzustellen.
Maßstab der Qualität ist die mittelfristige Verkäuflichkeit der Immobilie zu einem dann angemessenen Preis zwischen Experten, denen alle Markt- und Objektinformationen zur Verfügung stehen.	Maßstab der Qualität ist die Verkäuflichkeit des Projekts am *Rating*stichtag zu einem angemessenen Preis zwischen Experten, denen alle Markt- und Objektinformationen zur Verfügung stehen.

Die verwendete *Rating*-Skala von exzellent (1) bis katastrophal (10) gibt die relative Erfüllung eines Kriteriums, immer bezogen auf die mittelfristige Verkäuflichkeit einer Immobilie, an. Die zehnstufige Skala orientiert sich an der Skala der *Rating*agenturen.

Abb. 59: *Rating*-Skalen

Aaa	Aa1 Aa2	Aa3 A1	A2 A3	Baa1 to Baa3	Ba1 to Ba3	B1 to B3	Caa1 to Ca	C		Moody's
AAA	AA+ AA	AA- A+	A A-	BBB+ to BBB-	BB+ to BB-	B+ to B-	CCC CC	SD/D		S & P's
excellent	very good	good	above average	average	below average	poor/special monetioned	very poor/substandard	doubtful	loss	**Bank**
1	2	3	4	5	6	7	8	9	10	**Markt- und Objektrating**
exzellent	sehr gut	gut	leicht überdurchschnittlich	durchschnittlich	leicht unterdurchschnittlich	mäßig	schlecht	sehr schlecht	katastrophal	

Quelle: Trotz, a.a.O., S. 41

Die weitere Methodik des Markt- und Objekt-*Ratings* wird hier nicht weiterverfolgt.

6.2.2 VÖB-Immobilienanalyse (Abriss)

Schrifttum: *VÖB-Kommission für Bewertungsfragen (Immobilien) (Hrsg.),* VÖB-Immobilienanalyse – Instrument zur Beurteilung des Chancen-Risiko-Profils von Immobilien, VÖB, 2005.

Die VÖB-Immobilienanalyse ist ein weiteres Instrument der Beschreibung des Chancen-Risiko-Profils einer Immobilie. Auf dem Grundgedanken des TEGoVA-Markt- und Objekt-*ratings* aufbauend, wird für die Objektarten

- Büro,
- Handel

und zukünftig

- Lager,

X Beleihungswertermittlung — Wertermittlung und Rating-Prozess

- gemischt genutzte Objekte,
- Wohnen

das Chancen-Risiko-Profil der Immobilien dargestellt.

474 Die Bezeichnung „**Immobilienanalyse**" bezieht sich auf die vorausgehende Begriffsdiskussion zum „Markt- und Objekt*rating*", welche zu dem Ergebnis führte, dass nach Analyse der Begriffe „*Rating*", „*Scoring*" und „*Benchmarking*" keiner in Gänze auf den befolgten Ansatz übertragen werden kann. Zwar scheint vor dem Modell der Immobilienanalyse der Begriff „*Scoring*" am meisten zutreffend, aber auch Elemente eines *Rating*prozesses, „die wahrscheinliche Verkäuflichkeit", sind Bestandteil der Analyse. Insoweit soll der Begriff „Immobilienanalyse" zu einem einheitlichen Verständnis über die perspektivischen Chancen und Risiken der beurteilten Immobilien beitragen.

475 Das Modell geht von einer systematischen Beurteilung von **Immobilienmarkt- und Objektrisiken** aus. Auch dieses Analyse-Instrument stützt sich auf das oben genannte TEGoVA-Markt- und Objekt*rating* und führt es auf erweiterter Basis fort.

476 Die **Immobilienanalyse**[60] ist eine wesentliche Ergänzung zum Gutachten des Sachverständigen und gleichzeitiges eigenständiges Produkt.

477 In der **VÖB-Immobilienanalyse** werden die Kriterien

- Markt,
- Standort,
- Objekt und
- Objekt-*Cashflow*

bewertet.

478 Die im Gutachten gesammelten und dargestellten Erkenntnisse zum Markt und zum Objekt verschließen sich häufig einer zusammenfassenden und auswertbaren nach objektiven und transparenten Maßstäben erstellten Chancen-Risiko-Betrachtung. Somit verlieren sie an Wert, da sie in weitere Entscheidungsprozesse der Bank nicht eingesteuert werden können.

479 Somit bedarf es bei der Untersetzung des TEGoVA-*Ratings* einer trennscharfen Darstellung der einzelnen Kriterien durch Messgrößen, die auf der zehnstufigen Messskala abbildbar sind.

480 Für die einheitliche, nachvollziehbare und transparente Anwendung der Immobilienanalyse sind folgende Werkzeuge notwendig:

- einheitlich erarbeitetes Markt*rating* für den nationalen und regionalen Markt,
- Wichtungsmethodik der einzelnen Teil- und Unterkriterien zueinander,
- Messkriterien für die Beurteilung der Unterkriterien.

481 Während die Bestimmung der *Scoring*-Note des relevanten nationalen Marktes im internationalen Kontext gegenwärtig durch eine Vielzahl von volks- und immobilienwirtschaftlichen Daten möglich ist[61], erscheint die Bestimmung von *Scoring*-Noten für den regionalen Markt, für 439 Kreise und kreisfreie Städte in Deutschland und zukünftig für ausländische Standorte für die Einzelinstitute, die nicht über ausgeprägte Forschungskapazitäten verfügen, zumindest schwierig. Hier besteht der Wunsch nach einer einheitlichen, flächendeckenden volks- und immobilienwirtschaftlich abgesicherten Aussage. Die Bereitstellung des *Scorings* des regionalen Marktes ist notwendig, da der Gutachter i.d.R. zur Beurteilung des Marktes neben seinen eigenen Erkenntnissen immer auf die übergreifenden, volks- und immobilienwirtschaftlich abgesicherten Marktanalysen zurückgreifen muss. Der Gutachter wird sich hier immer des Know-hows volkswirtschaftlich orientierter Bankabteilungen/Anbieter bedienen müssen.

---

60 Wie auch das Immobilienmarkt- und Objekt*rating* nach Trotz, (a.a.O.)
61 Vgl. Trotz, a.a.O., S. 46 ff.

Wertermittlung und Rating-Prozess **Beleihungswertermittlung X**

Für die VÖB-Immobilienanalyse wird die Kennzahl „regionaler Markt" durch den VÖB bereitgestellt.

Die Wichtungsmethodik der einzelnen Unterkriterien untereinander, der Teilkriterien und der Kriterien Markt, Standort, Objekt und Objekt-*Cashflow* zueinander entscheidet wesentlich über das Beurteilungsergebnis. Diese Wichtungsmethodik haben sowohl das Immobilienmarkt- und Objekt*rating* nach Trotz[62] als auch die VÖB-Immobilienanalyse erarbeitet und dem Modell hinterlegt. Es erscheint vor dem Licht hoher Transparenz der gutachterlichen Analyse von Chancen und Risiken einer Immobilie als Banksicherheit nicht unter wirtschaftlichen Gesichtspunkten begründbar, diese Wichtungsmethodik nur in Ansätzen, nämlich bei der Wichtung der Hauptkriterien und Teilkriterien, offenzulegen. **482**

Die von der TEGoVA vorgeschlagene Hierarchie von zwei Ebenen wird für die sensitive Erfassung der Objekteigenschaften als nicht hinreichend erachtet. Deshalb sind einige Kriterien in einer dritten Ebene durch eine Reihe von Unterkriterien präziser ausdifferenziert worden"[63]. Dadurch wurde einerseits die zweite Hierarchieebene (Teilkriterien) plausibilisiert, aber auch die Messgröße 10 als Ausschlusskriterium relativiert. Es galt, für jedes Unterkriterium eine Messgröße zu bestimmen und damit die zehnstufige Messskala zu beschreiben. Diese Messkriterien sind ebenfalls wesentlicher Mehrwert der Immobilienanalyse und werden daher, wie die Messkriterien des Immobilienmarkt- und Objekt*ratings* nur beispielhaft offengelegt. **483**

Am Beispiel Büro werden im Folgenden die Unterkriterien für die Kriterien Standort, Objekt und Objekt-*Cashflow* dargestellt. Als Quelle dienen die Übersichten des VÖB[64]. **484**

Abb. 60: Kriterium Standort

Objektanalyse „Büro" – Kriteriengruppen, Kriterien, Unterkriterien			Gewichte	
2 Kriteriengruppe „Standort"			2. Ebene	3. Ebene
2.1	**Image/Ruf des Quartiers und der Adresse**		15 %	
	2.1.1	Zentralität		20 %
	2.1.2	Quartiersqualität/Branchenzentralisierung		40 %
	2.1.3	Adressenqualität/Repräsentanzwert		60 %
2.2	**Eignung des Mikrostandorts für Objektart und Nutzerzielgruppe**		25 %	
2.3	**Qualität der Verkehrsanbindung von Grundstück und Quartier**		25 %	
	2.3.1	Flughafen		10 %
	2.3.2	Bahn		25 %
	2.3.3	ÖPNV		25 %
	2.3.4	Straßenanschluss		25 %
	2.3.5	Parkplatzsituation		15 %
2.4	**Qualität der Nahversorgung für die Nutzerzielgruppe**		15 %	
	2.4.1	Geschäfte für täglichen Bedarf, Dienstleistungen, sozialmedizinische Einrichtungen, Behörden		70 %
	2.4.2	Gastronomie		30 %

---

62 Vgl. Trotz, a.a.O.
63 VÖB-Immobilienanalyse, a.a.O., S. 16.
64 VÖB-Immobilienanalyse, a.a.O., S. 31–33.

X Beleihungswertermittlung — Wertermittlung und Rating-Prozess

2.5	Höhere Gewalt		20 %	
	2.5.1	Naturkatastrophen		10 %
	2.5.2	Ökologische Altlasten (Mikrostandort – regionale Betrachtung)		10 %
	2.5.3	Technische Katastrophen		25 %
	2.5.4	Sicherheit des Standorts		30 %
	2.5.5	Immissionen		25 %
Gewicht der Kriteriengruppe 2 (1. Ebene):				30 %

Quelle: VÖB-Immobilienanalyse, a.a.O., S. 31

Abb. 61: Kriterium Objekt

3 Kriteriengruppe „Objekt"			2. Ebene	3. Ebene
3.1	Architektur/Bauweise		20 %	
	3.1.1	Architektonische Gestaltung		25 %
	3.1.2	Belichtung/Beschattung		15 %
	3.1.3	Grundrissplanung/Funktionalität		60 %
3.2	Ausstattung		10 %	
	3.2.1	Gebäudetechnik/Sicherheitsausstattung		25 %
	3.2.2	Informations- und Kommunikationstechnik		25 %
	3.2.3	Innenausstattung		35 %
	3.2.4	Soziale Einrichtung		15 %
3.3	Baulicher Zustand		15 %	
	3.3.1	Alter/Baujahrsklasse		20 %
	3.3.2	Modernisierungszustand/Revitalisierung		40 %
	3.3.3	Instandhaltungszustand		40 %
3.4	Grundstückssituation		25 %	
	3.4.1	Grundstückszuschnitt/Topografie		25 %
	3.4.2	Geologische Verhältnisse, archäologische Aspekte (Grundstück)		20 %
	3.4.3	Bodenkontamination (Grundstück)		20 %
	3.4.4	Innere und äußere Erschließung		20 %
	3.4.5	Außenlage		15 %
3.5	Umweltverträglichkeit		10 %	
	3.5.1	Baumaterialien		40 %
	3.5.2	Energiebilanz		35 %
	3.5.3	Gebäudeemissionen (z. B. Wind, Blendwirkung)		25 %
3.6	Rentabilität der Gebäudekonzeption		20 %	
	3.6.1	Flächeneffizienz (Mietfläche nach gif/Brutto-Grundfläche)		30 %
	3.6.2	Betriebskosten (€/m² Brutto-Grundfläche)		50 %
	3.6.3	Behördliche Auflagen (z. B. Baugenehmigung, Brandschutz, Denkmalschutz)		20 %
Gewicht der Kriteriengruppe 3 (1. Ebene):				20 %

Quelle: VÖB-Immobilienanalyse, a.a.O., S. 32

Abb. 62: Kriterium Objekt-*Cashflow*

4 Kriteriengruppe „Qualität des Cashflows"			2. Ebene	3. Ebene
4.1	Mieter-/Nutzersituation		20 %	
	4.1.1	Anzahl der Mieter, Mieterimage		60 %
	4.1.2	Laufzeit und Struktur der Mietverträge		40 %
4.2	Miet-/Wertentwicklungspotenzial		30 %	
	4.2.1	Mietentwicklungspotenzial		75 %
	4.2.2	Wertentwicklungspotenzial (Veränderung des Wiederverkaufspreises)		25 %
4.3	Vermietbarkeit/Konkurrenzsituation		20 %	
4.4	Leerstand/Vermietungsstand		10 %	
4.5	Bewirtschaftungskosten		10 %	
	4.5.1	Niveau der Bewirtschaftungskosten		35 %
	4.5.2	Umlagefähigkeit der Bewirtschaftungskosten inkl. Betriebskosten		35 %
4.6	Drittverwendungsfähigkeit		10 %	
Gewicht der Kriteriengruppe 4 (1. Ebene):				30 %

Quelle: VÖB-Immobilienanalyse, a.a.O., S. 33

485 Je Objektart wurden bis zu 460 Messstandards erarbeitet. Für diese Vielzahl von unterschiedlichen Eigenschaften des Objektes, die zu beschreiben waren, wurden nicht nur Leitplanken definiert wie im Immobiliengeschäfts*rating*, sondern es wurde auch versucht, jede *Scoring*note verbal zu beschreiben. Der Gutachter hat durch die Ausformulierung aller Messstandards eine Orientierung für nachvollziehbares Entscheiden. Sicher ist nicht in jedem Fall eine einhundertprozentige Treffgenauigkeit möglich, dann sind die Messstandards als Hilfsmittel zu gutachterlicher Analogie-Entscheidung zu verstehen.

486 Selbstverständlich ist, dass der Gutachter im Rahmen seiner Kompetenz die Immobilie umfassend und ganzheitlich betrachtet und im Gutachten darstellt. Die Nutzung der VÖB-Immobilienanalyse stellt aus diesem Betrachtungswinkel ein für die Zwecke der Chancen-Risiko-Analyse geschaffenes Instrument dar, welches wiederum nur Teile der Bewertung und Beurteilung der Immobilie spiegelt.

487 Beispielhaft wird der Messstandard für das Unterkriterium „Architektonische Gestaltung (Büro)" des Teilkriteriums „Architektur und Bauweise" des Kriteriums „Objekt" dargestellt. Näheres ist der VÖB-Immobilienanalyse[65] zu entnehmen.

---

65 Vgl. VÖB-Immobilienanalyse, a.a.O., S. 40.

X Beleihungswertermittlung — Wertermittlung und Rating-Prozess

Abb. 63: Messstandards – Beispiel „Architektonische Gestaltung (Büro)"

Ausprägung	Büroimmobilie
1	International bekanntes Unikat, von anerkanntem Architekturbüro entworfen, preisgekröntes Objekt
2	National anerkanntes Unikat, von anerkanntem Architekturbüro entworfen, preisgekröntes Objekt
3	Unikat mit hohem Identifikations- und Wiedererkennungswert
4	Individuelle gestalterische Note des Objekts erkennbar, überregionaler Identifikationswert vorhanden
5	Individuelle gestalterische Note des Objekts muss erkennbar sein
6	Standardarchitektur, zweckgebundene Gestaltung
7	Standardarchitektur, zweckgebundene Gestaltung, überholte Konzeption
8	Überalterte Konzeption, überholter Zeitgeschmack
9	Zweckbau ohne gestalterische Akzente, überalterte Konzeption, überholter Zeitgeschmack
10	Negatives architektonisches Image, Bauweise ohne ästhetischen Anspruch, überalterte Konzeption

Quelle: VÖB-Immobilienanalyse

488 Um Chancen und Risiken des Objekts deutlich zu differenzieren und besondere Ausprägungsgrade vom Durchschnitt abzuheben, werden Zweitwichtungen bereits beim TEGoVA-*Rating* eingeführt. Dieser Algorithmus wird bei der VÖB-Immobilienanalyse wie beim Immobilienmarkt- und Objekt*rating* auf die dritte Ebene übertragen. Die Zweitwichtungskurve in der VÖB-Immobilienanalyse bezieht sich auf die *Scoring*-Noten 1 und 9, die mit dem Faktor 9 gewichtet werden, die *Scoring*-Noten 2 und 8, die mit dem Faktor 6 gewichtet werden, die *Scoring*-Noten 3 und 7, die mit dem Faktor 3 gewichtet werden und die *Scoring*-Note 10, die mit dem Faktor 18 gewichtet wird. Damit wird deutlich, dass nicht bei jedem Ergebnis „katastrophal" automatisch das Gesamtergebnis „katastrophal" ausgewiesen werden muss. Vielmehr wird im Profil ein ausgeprägtes Risiko eines Teilkriteriums dargestellt. Zur Ermittlung der Ausprägung der dynamisierten Zweitwichtung wird auf die VÖB-Immobilienanalyse[66] verwiesen.

489 Die Darstellung der Analyseergebnisse kann auf unterschiedliche Art erfolgen:

- Diagramm der *Scoring*-Noten für die Kriterien,
- Diagramm der *Scoring*-Noten für die Teilkriterien,
- Chancen-Risiko-Profil des Einzelobjektes oder des Portfolios oder eines Einzelobjektes im Kontext zum Portfolio-Profil.

Durch die visuelle Darstellung unter Bezug auf die *Scoring*-Noten wird das Profil der Immobilie besonders deutlich und erfüllt hier insbesondere die Funktion, Entscheidungsinstrument für Kreditentscheidungen, Portfolio-Steuerungsmaßnahmen oder Investitionsentscheidungen zu sein.

490 Der Bezug zum Immobiliengeschäfts*rating* der Sparkassen und Landesbanken wird durch eine Schnittstelle zu den qualitativen und quantitativen Markt- und Objektangaben im Kredit*rating* geschaffen. Der inhaltliche Zusammenhang zwischen beiden Beurteilungsansätzen wurde oben erläutert. An dieser Stelle wird auf die Transformation der *Scoring*-Noten von der VÖB-Immobilienanalyse zum Immobiliengeschäfts*rating* abgestellt.

---

[66] VÖB-Immobilienanalyse, a.a.O., S. 48 ff.

Abb. 64: Transformation der Ausprägungsgrade

Überführung der zehnstufigen Skala der VÖB-Immobilienanalyse zur sechsstufigen Skala des Kredit*ratings*									
exzellent	sehr gut	gut	leicht überdurchschnittlich	durchschnittlich	leicht unterdurchschnittlich	mäßig	schlecht	sehr schlecht	katastrophal
1	2	3	4	5	6	7	8	9	10
1		2	3			4		5	6
sehr gut		gut	befriediegend		ausreichend		schlecht	sehr schlecht	

Quelle: VÖB-Immobilienanalyse

6.3 Gutachter im *Rating*-Prozess

Mit der Einführung des *Ratings* in den Banken wird sich die Stellung des Gutachters im Kreditprozess verändern. Dazu gibt es verschiedene Modelle:[67]

a) *Komplettmodell*

Vollständiges Markt- und Objekt*rating* durch Gutachterabteilung.

Daraus ergibt sich eine starke Einwirkung auf die Kreditvergabeentscheidung von der Objektseite her. Für Immobilien-Geschäfts*ratings* ist dies bei Pfandbriefbanken, die gleichzeitig Pfandbriefe begeben und daher die Immobiliensicherheit im Vordergrund sehen, denkbar. Es kommt zu einer starken Anbindung an die Risikomanagement-Abteilung, die das zweite Votum zur Kreditentscheidung fällt.

b) *Zuliefer-Modell*

– Es existiert eine eigene *Rating*-Abteilung.
– Die Gutachter liefern lediglich Markt- und Beleihungswerte sowie die markt- und objektbezogenen Daten mit *Rating*bezug.

c) *Schleifenmodell*

– Kredit- bzw. *Rating*abteilung erarbeiten *Rating* gemeinsam mit Gutachterabteilung.
– Es erfolgt ein Routineaustausch von Mieterbonitäten zwecks Wertermittlung und **Cashflow**-Ermittlung. Im Ergebnis entsteht ein gemeinsames *Rating*urteil.

Beispielsweise können durch die Gutachter folgende markt- und objektbezogene Daten für das Immobilien-Geschäfts*rating* für Investoren und Wohnungsbaugesellschaften bereitgestellt werden:

– Qualität der Immobilie, Qualität des Makrostandortes, Qualität des Mikrostandortes
– Qualität der Mietverträge, Miethöhe relativ zum Markt
– Gesamtnettokaltmiete, Gesamtnettokaltmarktmiete, Gesamtfläche des Objektes, Anzahl der Stellplätze, Nettoeinnahmen der Stellplätze, nichtumlagefähige Nebenkosten,
– momentane Belegungsquote, momentaner Marktwert, Marktwert nach Baufertigstellung, Art des Gutachtens.

Die Stellung des Gutachters wird gestützt durch folgende Trends[68]:

– Die Überwachung und Prognose der Kapitaldienstfähigkeit auf Objekt-/Projektebene durch Analysen des *Discounted Cashflows* und der vollständigen Finanzplanung (VOFI-

---

67 Vgl. Liebchen, Immobilien*rating* Workshop des VÖB, Skript 2004.
68 Vgl. Liebchen, Immobilien*rating* Workshop des VÖB, Skript 2004.

Analysen) erhält eine wachsende Bedeutung. Hier besteht teilweise erheblicher Nachholbedarf in den Gutachterabteilungen, für die diese Prognosen Teil gutachterlicher Tätigkeit im Sinne der Risikofrüherkennung werden müssen.

- Das *Backtesting* von Immobilien-*Ratings* ist notwendig für die Validität stochastisch simulierter Objekt-/Projektkrisenszenarien.
- Die jährliche *Rating*-Überprüfung erfordert eine verstärkte Inanspruchnahme des Kreditnehmers und der Gutachter. Eine „kontinuierliche" Wertermittlung erfordert vermehrte Zuarbeiten von beiden Seiten.
- Die Gutachter haben zentralen Einfluss über ihre Zuständigkeit für die Markt- und Beleihungswertermittlung auf die *Loan-Given-Default*-(LGD-) und die *Loan-To-Value*-(LTV-) Prognose der Bank, im Standardansatz unmittelbar auf den Erhalt des vergünstigten Risikogewichtes. Hier entsteht ein hoher Anspruch an die Gewährleistung der gutachterlichen Unabhängigkeit.
- Die Bedeutung des präventiven Risikomanagements wächst. Es entsteht eine Tendenz zu höherer Betreuungsintensität und Ausbau der qualitativen Kreditüberwachung.
- Für den Gutachter ergibt sich eine Schnittstellenstärkung zur Mieter-Bonitätsanalyse für einen risikogerechten Marktwert und eine Schnittstellenstärkung zur Verbriefung von Portfolien durch die Einführung einer DCF-Objektanalyse.

Teil XI

Anhang

Teil XI

Anhang

Übersicht Anhang XI

Anhang

Gliederungsübersicht   Seite

1 Sachverständigenwesen
1.1 Muster-Sachverständigenordnung (SVO) 3068
1.2 Honorar für Mietwertgutachten 3093
1.3 Muster eines Partnerschaftsgesellschaftsvertrags 3095
1.4 Anschriftenliste der Sachverständigenverbände 3097

2 Statistischer Anhang
2.1 Kaufwerte für Bauland insgesamt, baureifes Land und Rohbauland 3103
2.2 Preisindex für Wohnungsmieten (NKM) 3104
2.3 Verdienstindex 3105
2.4 Verbraucherpreisindex (VPI) 3106
2.5 Sterbetafel 2006/2008 für Deutschland 3107
2.6 Baupreisindizes des Statistischen Bundesamtes
    2.6.1 Wiederherstellungswerte für 1913/1914 erstellte Wohngebäude (einschl. Umsatzsteuer) in Deutschland, Berlin, Bayern und Nordrhein-Westfalen 3111
    2.6.2 Hauspreisindex 3114
    2.6.3 Preisindex für den Neubau von Wohngebäuden, Mehrfamiliengebäuden, Einfamiliengebäuden, Büro- sowie gewerblichen Betriebsgebäuden und die Instandhaltung von Mehrfamiliengebäuden 3115
2.7 Baupreisindizes, insbesondere für Wohngebäude in den Bundesländern
    2.7.1 Baden-Württemberg, Bayern 3117
    2.7.2 Berlin 3119
    2.7.3 Brandenburg 3120
    2.7.4 Hessen 3121
    2.7.5 Niedersachsen 3123
    2.7.6 Nordrhein-Westfalen 3124
    2.7.7 Saarland 3126
    2.7.8 Sachsen 3127
    2.7.9 Sachsen-Anhalt 3128
    2.7.10 Thüringen 3129

3. Tabellen zur Zinseszins- und Rentenrechnung
3.1 Aufzinsungsfaktor q^n 3130
3.2 Abschreibungsdivisor $(q^n - 1)/(q - 1)$
    (Endwert einer nachschüssigen Rente) 3133

XI Anhang 1.1   Muster-Sachverständigenordnung (SVO)

Anhang

1 Sachverständigenwesen

1.1 Muster-Sachverständigenordnung (SVO) des Deutschen Industrie- und Handelskammertages (DIHK) für öffentlich bestellte und vereidigte Sachverständige[1] einschließlich hierzu erlassener Richtlinien

neu gefasst aufgrund des Beschlusses des Arbeitskreises Sachverständigenwesen beim DIHK vom 30.11.2009 (Stand: 15.02.2010)

I Voraussetzungen für die öffentliche Bestellung und Vereidigung

§ 1
Bestellungsgrundlage

Die Industrie- und Handelskammer bestellt gemäß § 36 Gewerbeordnung auf Antrag Sachverständige für bestimmte Sachgebiete nach Maßgabe der folgenden Bestimmungen.

Richtlinie:

1.1 Rechtsgrundlage

1.1.1 Materiell-rechtliche Grundlage für die öffentliche Bestellung ist § 36 GewO. Die Industrie- und Handelskammern sind nach § 36 Abs. 4 GewO befugt, Sachverständigenordnungen zu erlassen, soweit die Landesregierungen von ihrer Befugnis, Durchführungsvorschriften zu erlassen, keinen Gebrauch gemacht haben (§ 36 Abs. 3 GewO). Die Sachverständigenordnungen sind Satzungen der zuständigen Industrie- und Handelskammern. Den zulässigen Inhalt der Satzung regelt § 36 Abs. 3 GewO.

1.1.2 Auf die öffentliche Bestellung besteht ein Anspruch, wenn die Bestellungsvoraussetzungen (§ 3 MSVO) erfüllt werden.

1.1.3 Die öffentliche Bestellung kann nur auf Antrag erfolgen.

1.2 Zuständigkeit

Die Industrie- und Handelskammern sind sachlich für die öffentliche Bestellung von Sachverständigen auf allen wirtschaftlichen und technischen Sachgebieten zuständig mit Ausnahme der Hochsee- und Küstenfischerei, der Land- und Forstwirtschaft, des Garten- und Weinbaus. Für einige Sachgebiete gibt es darüber hinaus in den Bundesländern unterschiedliche sachliche Zuständigkeiten von Bestellungskörperschaften und Behörden. Soweit sonstige Vorschriften des Bundes oder der Länder über die öffentliche Bestellung oder Vereidigung von Personen bestehen, findet § 36 GewO keine Anwendung (vgl. § 36 Abs. 5 GewO).

Die örtliche Zuständigkeit richtet sich nach der beruflichen oder gewerblichen (Haupt-)Niederlassung als Sachverständiger (vgl. 17.1).

1.3 Sachgebiete

1.3.1 Die öffentliche Bestellung kann nur für ein bestimmtes Sachgebiet erfolgen. „Bestimmt" bedeutet, dass das Sachgebiet, für das der Sachverständige bestellt werden soll, möglichst genau zu beschreiben und abzugrenzen ist. Die Industrie- und Handelskammern haben bei der Auswahl und Abgrenzung der Sachgebiete einen weiten Ermessensspielraum, der die Bedürfnisse der Praxis, insbesondere die Nachfrage nach bestimmten Sachgebieten, berücksichtigt (vgl. 3.1 und 3.2). Sachgebiete, die vom Publikum nicht oder nur selten nachgefragt werden, sind nicht bestellungsfähig.

1.3.2 Das einzelne Sachgebiet sollte möglichst eng gefasst werden. In bestimmten Bereichen (z. B. Bauschäden) kann es jedoch zur Vermeidung von Kosten und der Einschaltung einer Vielzahl von Sachverständigen erforderlich sein, auch Sachverständige für ein breitgefächertes Sachgebiet zu bestellen (vgl. 3.1).

---

[1] Alle 7000 Sachverständige sind unter http://svv.ihk.de im Internet abrufbar. Zu der Begründung zu den im Jahre 2001 eingeführten Änderungen vgl. 5. Aufl. dieses Werks S. 2926 ff.

Muster-Sachverständigenordnung (SVO) — Anhang 1.1 XI

1.3.3 Die vom Arbeitskreis „Sachverständigenwesen" beim DIHK erarbeiteten Sachgebietseinteilungen sind im Interesse einer bundeseinheitlichen Bestellungspraxis anzuwenden (vgl. 3.1).

1.4 Bestellungsfähiger Personenkreis

1.4.1 Die Industrie- und Handelskammern können sowohl Gewerbetreibende als auch Freiberufler, sowohl Selbständige als auch Angestellte öffentlich bestellen und vereidigen, sofern im Einzelfall die Voraussetzungen für die öffentliche Bestellung gegeben sind (vgl. § 3 MSVO).

1.4.2 Es können nur natürliche Personen, nicht aber Personengesellschaften oder juristische Personen öffentlich bestellt werden.

§ 2
Öffentliche Bestellung

(1) Die öffentliche Bestellung hat den Zweck, Gerichten, Behörden und der Öffentlichkeit besonders sachkundige und persönlich geeignete Sachverständige zur Verfügung zu stellen, deren Aussagen besonders glaubhaft sind.

(2) Die öffentliche Bestellung umfasst die Erstattung von Gutachten und andere Sachverständigenleistungen wie Beratungen, Überwachungen, Prüfungen, Erteilung von Bescheinigungen sowie schiedsgutachterliche und schiedsrichterliche Tätigkeiten.

(3) Die öffentliche Bestellung kann inhaltlich beschränkt und mit Auflagen verbunden werden. Auflagen können auch nachträglich erteilt werden.

(4) Die öffentliche Bestellung wird auf 5 Jahre befristet. Vorbehaltlich des Erlöschens wegen der Vollendung des 68. Lebensjahres (§ 22 Absatz 1 Buchstabe d)) kann der Sachverständige auf Antrag für weitere 5 Jahre erneut bestellt werden. Bei einer erstmaligen Bestellung und in begründeten Ausnahmefällen kann die Frist von 5 Jahren unterschritten werden.

(5) Die öffentliche Bestellung erfolgt durch Aushändigung der Bestellungsurkunde.

(6) Die Tätigkeit des öffentlich bestellten Sachverständigen ist nicht auf den Bezirk der bestellenden Industrie- und Handelskammer beschränkt.

Richtlinie:

2.1 Rechtsnatur und Zweck

2.1.1 Die öffentliche Bestellung ist keine Berufszulassung, sondern die Zuerkennung einer besonderen Qualifikation, die der Aussage des Sachverständigen einen erhöhten Wert verleiht. Durch die öffentliche Bestellung erhält der Sachverständige keine hoheitlichen Befugnisse. Die öffentliche Bestellung dient ausschließlich dem Zweck, Gerichten, Behörden und privaten Auftraggebern Sachverständige zur Verfügung zu stellen, die persönlich integer sind und eine fachlich richtige sowie unparteiische und glaubhafte Sachverständigenleistung gewährleisten.

2.1.2 Die öffentliche Bestellung ist darüber hinaus ein Hilfsmittel bei der Suche nach Sachverständigen, die durch eine öffentlich-rechtliche Einrichtung wie die Industrie- und Handelskammer persönlich und fachlich überprüft worden sind und überwacht werden. Die von öffentlich bestellten Sachverständigen erbrachten Leistungen genießen aus diesem Grund besonderes Vertrauen.

2.2 Umfang der öffentlichen Bestellung

2.2.1 Die Aufgaben eines Sachverständigen können sowohl die Erstattung von Gutachten als auch weitere Sachverständigentätigkeiten sein, wie Beratungen, Überwachungen, Überprüfungen, Erteilung von Bescheinigungen sowie schiedsgutachterliche und schiedsgerichtliche Tätigkeiten.

2.2.2 Die Aufzählung ist nicht abschließend, wie sich aus § 36 GewO ergibt.

2.3 Beschränkungen, Befristungen, Auflagen

2.3.1 Beschränkung

Inhaltliche Beschränkung bedeutet, dass der Sachverständige z. B. bestimmte Tätigkeiten nicht ausüben oder in bestimmten Regionen oder für bestimmte Auftraggeber nicht als Sachverständiger tätig sein darf, weil sonst seine Objektivität und Glaubwürdigkeit nicht gewährleistet wären.

2.3.2 Befristung

Die öffentliche Bestellung wird jeweils auf 5 Jahre befristet. Dies gilt nicht für Sachverständige, die aufgrund einer früheren MSVO unbefristet bestellt wurden (§ 26 Abs. 1 S. 2 MSVO). Läuft eine auf der Grundlage einer bisherigen MSVO erfolgte Bestellung mit kürzerer oder längerer Befristung aus, gilt für die Verlängerung der öffentlichen Bestellung die neue fünfjährige Befristung. Bei einer Erstbestellung kann die Frist von 5 Jahren unterschritten werden. Mit Ablauf der Frist erlischt die Bestellung. Der Sachverständige kann jedoch vor Ablauf der Frist einen Verlängerungsantrag stellen. Die IHK muss dann erneut prüfen, ob sämtliche Bestellungsvoraussetzungen, insbesondere die besondere Sachkunde und die persönliche Eignung, vorliegen (vgl. 4.4).

2.3.3 *Auflagen*
Die öffentliche Bestellung kann jederzeit mit Auflagen verbunden werden (§ 2 Abs. 3 MSVO).

Beispiele:
- Einem Angestellten einer Behörde oder eines privaten Arbeitgebers kann die Auflage erteilt werden, am Beginn jedes Gutachtens das Arbeits- bzw. Dienstverhältnis offenzulegen (vgl. § 3 Abs. 3 MSVO).
- Einem Sachverständigen kann die Auflage erteilt werden, an Fortbildungsveranstaltungen oder an einem Erfahrungsaustausch teilzunehmen (vgl. § 16 MSVO).

Auflagen können im Zusammenhang mit Aufsichtsverfahren gegen öffentlich bestellte Sachverständige von Bedeutung sein, wenn sie unter Berücksichtigung des Verhältnismäßigkeitsgrundsatzes als milderes Mittel gegenüber dem Widerruf der öffentlichen Bestellung in Betracht kommen (vgl. 23.3.3).

Kommt der Sachverständige solchen Auflagen nicht nach, kann seine Bestellung widerrufen werden (vgl. 23.3).

2.4 Bestellungsakt
2.4.1. Der Sachverständige wird in der Weise öffentlich bestellt und vereidigt, dass ihm die Bestellungsurkunde ausgehändigt und ihm erklärt wird,
- er sei als Sachverständiger für das in der Bestellungsurkunde genannte Sachgebiet nach Maßgabe der Vorschriften der Sachverständigenordnung öffentlich bestellt,
- er müsse von nun an die darin zum Ausdruck kommenden Pflichten einhalten,

Daraufhin ist er gemäß § 5 MSVO zu vereidigen.

Mit der öffentlichen Bestellung ist die Verpflichtung des Sachverständigen verbunden, den Eid bzw. die Bekräftigung nach § 5 MSVO zu leisten.

2.4.2 Öffentliche Bestellung und Vereidigung bilden einen einheitlichen Vorgang und haben in rechtlicher Hinsicht dieselbe Funktion, nämlich das Vertrauen der Öffentlichkeit in die Glaubwürdigkeit und Objektivität des Sachverständigen zu begründen und zu bekräftigen.

2.4.3 Anlässlich seiner öffentlichen Bestellung ist der Sachverständige außerdem nach § 1 Abs. 1 Nr. 3 des Verpflichtungsgesetzes vom 2.3.1974 (BGBl. I Seite 469/547) auf die gewissenhafte Einhaltung seiner Obliegenheiten zu verpflichten und auf die strafrechtlichen Folgen einer Verletzung dieser Pflichten hinzuweisen.

2.5 Rechtsfolgen der Bestellung
2.5.1 Durch die öffentliche Bestellung entsteht ein besonderes öffentlich-rechtliches Rechtsverhältnis. Der Sachverständige muss von nun an seine Sachverständigentätigkeiten auf dem Bestellungsgebiet als von der Industrie- und Handelskammer öffentlich bestellter Sachverständiger erbringen. Der Sachverständige unterliegt der Aufsicht der Industrie- und Handelskammer, die die Einhaltung der Pflichten des Sachverständigen aus der Sachverständigenordnung überwacht und bei Pflichtverstößen Auflagen erteilen oder die öffentliche Bestellung widerrufen kann.

2.5.2 Durch die Aushändigung der Sachverständigenordnung und der Richtlinien erhält der Sachverständige einen Überblick über sämtliche ihm obliegenden Rechte und Pflichten (vgl. 6.4).

2.5.3 Der Gesetzgeber hat folgende Sonderbestimmungen für die öffentlich bestellten Sachverständigen erlassen:
- Sie sind in Zivil- und Strafverfahren bevorzugt zur Gutachtenerstattung heranzuziehen (vgl. §§ 404 Abs. 2 ZPO, 73 Abs. 2 StPO).
- Sie sind grundsätzlich verpflichtet, die von ihnen verlangten Gutachten zu erstatten (z. B. §§ 407 Abs. 1 ZPO, 75 Abs. 1 StPO).
- Sie unterliegen einer mit Strafe bewehrten Schweigepflicht (vgl. § 203 Abs. 2 Nr. 5 StGB).
- Sie haben in einigen Sachbereichen besondere Prüfzuständigkeiten und in einigen Rechtsbereichen (z. B. § 558a Abs. 2 Nr. 3 BGB) besondere Gutachtenzuständigkeiten.
- Ihre Bezeichnung „öffentlich bestellter Sachverständiger" ist durch § 132a StGB gesetzlich geschützt.
- Sie haben zunehmend eine Prüfung von Sachverhalten mit anschließender Ausstellung einer positiven oder negativen Bescheinigung vorzunehmen (z. B. § 641a BGB).

2.6 Überregionale Geltung

2.6.1 Die Tätigkeit des öffentlich bestellten Sachverständigen ist nicht auf den Bezirk der Industrie- und Handelskammer beschränkt, von der er öffentlich bestellt worden ist, sondern er kann im gesamten Bundesgebiet sowohl für Gerichte, Behörden als auch private Auftraggeber tätig werden.

2.6.2 Der Sachverständige darf sich auch im Ausland als öffentlich bestellter Sachverständiger bezeichnen, wenn dies dort erlaubt ist und er die Vorschriften der Sachverständigenordnung einhält.

§ 3
Bestellungsvoraussetzungen

(1) Ein Sachverständiger ist auf Antrag öffentlich zu bestellen, wenn die nachfolgenden Voraussetzungen vorliegen. Für das beantragte Sachgebiet muss ein Bedarf an Sachverständigenleistungen bestehen. Die Sachgebiete und die Bestellungsvoraussetzungen für das einzelne Sachgebiet werden durch die Industrie- und Handelskammer bestimmt.

(2) Voraussetzung für die öffentliche Bestellung des Antragstellers ist, dass

a) er eine Niederlassung als Sachverständiger im Geltungsbereich des Grundgesetzes unterhält;

b) er das 30. Lebensjahr vollendet und zum Zeitpunkt der Stellung des vollständigen Antrags auf erstmalige Bestellung das 62. Lebensjahr noch nicht vollendet hat;

c) keine Bedenken gegen seine Eignung bestehen;

d) er erheblich über dem Durchschnitt liegende Fachkenntnisse, praktische Erfahrungen und die Fähigkeit, sowohl Gutachten zu erstatten als auch die in § 2 Abs. 2 genannten Leistungen zu erbringen, nachweist;

e) er über die zur Ausübung der Tätigkeit als öffentlich bestellter Sachverständiger erforderlichen Einrichtungen verfügt;

f) er in geordneten wirtschaftlichen Verhältnissen lebt;

g) er die Gewähr für Unparteilichkeit und Unabhängigkeit sowie für die Einhaltung der Pflichten eines öffentlich bestellten Sachverständigen bietet;

h) er nachweist, dass er über einschlägige Kenntnisse des deutschen Rechts und die Fähigkeit zur verständlichen Erläuterung fachlicher Feststellungen und Bewertungen verfügt.

(3) Ein Sachverständiger, der in einem Arbeits- oder Dienstverhältnis steht, kann nur öffentlich bestellt werden, wenn er die Voraussetzungen des Abs. 2 erfüllt und zusätzlich nachweist, dass

a) sein Anstellungsvertrag den Erfordernissen des Abs. 2 Buchst. g) nicht entgegensteht und dass er seine Sachverständigentätigkeit persönlich ausüben kann;

b) er bei seiner Sachverständigentätigkeit im Einzelfall keinen fachlichen Weisungen unterliegt und seine Leistungen gemäß § 12 als von ihm selbst erstellt kennzeichnen kann;

c) ihn sein Arbeitgeber im erforderlichen Umfang für die Sachverständigentätigkeit freistellt.

(4) *(entfallen)*

Richtlinie:

3.1 Das abstrakte Bedürfnis

3.1.1 Eine öffentliche Bestellung ist nur möglich, wenn das abstrakte Bedürfnis für das beantragte Sachgebiet gegeben ist.

3.1.2 Das abstrakte Bedürfnis liegt vor, wenn eine häufige, nachhaltige oder verbreitete, nicht unbedeutende oder nur gelegentliche Nachfrage nach Sachverständigenleistungen auf dem beantragten Sachgebiet besteht.

3.1.3 Ein wichtiges Indiz für das Vorliegen des abstrakten Bedürfnisses ist gegeben, wenn der Antragsteller eine größere Anzahl bereits gefertigter Gutachten vorlegen kann. Das abstrakte Bedürfnis ist auch dann gegeben, wenn es sich um Sachgebiete handelt, für die z. B. fachliche Bestellungsvoraussetzungen vorliegen oder eine größere Anzahl von öffentlichen Bestellungen bei anderen IHKs gegeben ist. Es empfiehlt sich eine Recherche im GfI-Verzeichnis oder den Sachverständigenverzeichnissen der IHKs.

3.1.4 Bei Sachgebieten, für die bisher keine öffentlichen Bestellungen vorliegen oder festgestellt werden können, ist das abstrakte Bedürfnis zu prüfen. Dabei sollte zunächst geklärt werden, ob das beantragte Sachgebiet ein Teilbereich eines bereits bestellfähigen Sachgebietes ist oder ein völlig neues Sachgebiet (vgl. auch 3.2.2). Im ersten Fall sollte unter Beteiligung von Fachleuten (z. B. öffentlich bestellten Sachverständigen, Fachausschüssen) abgeklärt werden, ob das Teilsachgebiet wirklich als eigenständiges neues Bestellungsgebiet sinnvoll ist. Im zweiten Fall sollte durch Umfrage über den DIHK bei allen IHKs,

XI Anhang 1.1   Muster-Sachverständigenordnung (SVO)

ggf. auch einschlägigen Verbänden, anderen sachkundigen Stellen oder auch auf verwandten Sachgebieten öffentlich bestellten Sachverständigen ggf. auch Gerichten überprüft werden, ob eine ausreichende Nachfrage nach Sachverständigenleistungen auf diesem Sachgebiet besteht.

Wegen der präjudizierenden Wirkung von öffentlichen Bestellungen auf neuen Sachgebieten gegenüber anderen IHKs sollte davon abgesehen werden, ohne eingehende Überprüfung und Beteiligung des DIHK bzw. des Arbeitskreises Sachverständigenwesen öffentliche Bestellungen auf bisher nicht bestellfähigen Sachgebieten vorzunehmen.

3.1.5 *Die konkrete Bedürfnisprüfung ist wegen des Rechtsanspruches auf öffentliche Bestellung und Vereidigung unzulässig. Konkrete Bedürfnisprüfung bedeutet, die öffentliche Bestellung davon abhängig zu machen, ob auf einem bestimmten Sachgebiet bereits eine ausreichende Zahl von Sachverständigen vorhanden ist.*

3.2. *Bestimmung der Sachgebiete*

3.2.1 *Die IHK bestimmt den Sachgebietstenor auf der Grundlage des gestellten Antrags. Dabei soll sie sich an die vom Arbeitskreis verabschiedete Übersicht der Sachgebiete halten. Dies ist erforderlich, um die Verständlichkeit und Vergleichbarkeit der Sachgebiete der einzelnen Sachverständigen für die Öffentlichkeit zu gewährleisten. Die einheitliche Tenorierung ist auch Grundlage für die Aufstellung von fachlichen Bestellungsvoraussetzungen, die der Prüfung der besonderen Sachkunde zugrunde gelegt werden (vgl. 3.7.2).*

3.2.2 *Im Interesse der Einheitlichkeit sollen weitere Sachgebietsbezeichnungen mit dem DIHK abgestimmt werden. Teilgebiete von definierten Sachgebieten sind nur ausnahmsweise bestellungsfähig. Dabei darf weder das abstrakte Bedürfnis entfallen noch die Verständlichkeit für potentielle Auftraggeber leiden.*

3.3. *Maßgeblicher Sitz*

3.3.1 *Über den Antrag auf öffentliche Bestellung kann nur dann entschieden werden, wenn der Bewerber seine berufliche (Haupt-)Niederlassung (vgl. 17.1) im IHK-Bezirk hat.*

3.3.2 *Der Bewerber hat mit dem Antrag eine Erklärung darüber abzugeben, ob und ggf. wann und wo er bereits früher einen Antrag auf öffentliche Bestellung als Sachverständiger gestellt hat.*

3.3.3 *Von den in § 3 Abs. 2 Buchst b MSVO festgelegten Altersgrenzen kann nicht abgewichen werden; sie sind zwingender Natur.*

3.3.4 *Für die Einhaltung der Altershöchstgrenze kommt es auf die Einreichung des vollständigen Antrages bei der IHK an. Die Vollständigkeit richtet sich nach dem Antragsformular der IHK. Andererseits reicht ein lediglich „fristwahrend" gestellter Antrag nicht aus. Fehlen im Antragsformular aufgeführte Unterlagen, liegt kein vollständiger Antrag vor. Werden jedoch im Verfahren weitere oder neue Gutachten nachgefordert, berührt dies die Rechtzeitigkeit des Antrages nicht.*

3.4 *Persönliche Eignung*

3.4.1 *Persönliche Eignung liegt nur dann vor, wenn der Sachverständige die Gewähr für Unabhängigkeit, Unparteilichkeit, Glaubwürdigkeit und für die Einhaltung der Pflichten eines öffentlich bestellten Sachverständigen bei der Gutachtenerstellung oder Erbringung der sonstigen Sachverständigenleistungen bietet. Begründete Zweifel am Vorliegen dieser Eigenschaften rechtfertigen bereits die Ablehnung der öffentlichen Bestellung.*

3.4.2 *Folgende Voraussetzungen sind in diesem Zusammenhang insbesondere zu prüfen:*

– *Der Sachverständige muss bei der Gutachtenerstattung oder der Erbringung sonstiger Sachverständigenleistungen persönlich und beruflich unabhängig sein. Er muss seine Gutachten in eigener Verantwortung erstatten können und darf nicht der Gefahr einseitiger Beeinflussung oder fachlicher Weisung bei der Erstattung seiner Gutachten beziehungsweise der Erbringung seiner Sachverständigenleistungen ausgesetzt sein (vgl. § 8 Abs. 1, 2 MSVO).*

– *Der Sachverständige muss in geordneten wirtschaftlichen Verhältnissen leben. Das bedeutet insbesondere, dass der Sachverständige keine eidesstattliche Versicherung nach § 807 ZPO für sich oder einen Dritten abgegeben haben darf und weder persönlich noch für einen Dritten im Schuldnerverzeichnis nach § 915 ZPO eingetragen sein darf. Dies bedeutet weiter, dass über das Vermögen des Sachverständigen kein Insolvenzverfahren beantragt oder eröffnet oder mangels Masse abgelehnt sein darf. Dies bedeutet schließlich, dass über das Vermögen einer Handelsgesellschaft, dessen Geschäftsführer oder Gesellschafter er ist, nicht das Insolvenzverfahren beantragt oder eröffnet oder die Eröffnung eines Insolvenzverfahrens mangels Masse abgelehnt sein darf. Eine Bestellung kann in solchen Fällen nur dann ausnahmsweise in Betracht kommen, wenn ausgeschlossen ist, dass das*

Ansehen des Sachverständigen in der Öffentlichkeit Schaden genommen hat und die Gefahr der Erstattung von Gefälligkeitsgutachten nicht besteht.
- Der Sachverständige muss zuverlässig sein. Es darf deshalb über ihn keine einschlägige Eintragung im Bundeszentralregister oder Gewerbezentralregister vorliegen.
- Der Sachverständige muss in der Lage sein, die im Zusammenhang mit der Erstellung der Gutachten auftretenden physischen und psychischen Belastungen auszuhalten.

3.5. Arbeits- oder Dienstverhältnis

3.5.1. Sachverständige, die in einem Arbeits-, Dienst- oder Beamtenverhältnis stehen, können öffentlich bestellt werden, wenn

- der Arbeits- bzw. Anstellungsvertrag so ausgestaltet ist, dass die Gewähr für Unparteilichkeit und Unabhängigkeit gegeben und die Einhaltung der sonstigen Pflichten eines öffentlich bestellten Sachverständigen gewährleistet ist,
- die Sachverständigentätigkeit persönlich ausgeübt werden kann,
- der Sachverständige bei seiner Tätigkeit im Einzelfall keinen fachlichen Weisungen unterliegt,
- er seine Leistungen gemäß § 12 als von ihm selbst erstellt kennzeichnen kann und
- der Arbeitgeber ihn in dem erforderlichen Umfang freistellt.

3.5.2 Der Nachweis ist durch eine entsprechende schriftliche Erklärung des Arbeitgebers oder Dienstherrn zu erbringen. In Zweifelsfällen kann die IHK die Vorlage des Arbeits- oder Dienstvertrages oder dessen einschlägiger Teile verlangen.

3.5.3. Die Freistellungserklärung muss mindestens folgenden Inhalt haben: „Herr/Frau ... ist befugt, als öffentlich bestellte(r) Sachverständige(r) auf dem Sachgebiet .... tätig zu werden und wird hierfür in dem erforderlichen Umfang freigestellt (Begrenzung auf eine bestimmte Zeitspanne ist zulässig). Ich/Wir bestätige(n) als Arbeitgeber/Dienstherr, dass Herr/Frau die Tätigkeit als öffentlich bestellte(r) Sachverständige(r) unter Einhaltung der Pflichten aus der Sachverständigenordnung der IHK also insbesondere unabhängig, frei von fachlichen Weisungen und persönlich ausüben kann. Er/Sie kann schriftliche Leistungen selbst unterschreiben und mit dem Sachverständigenrundstempel versehen. Der Widerruf dieser Freistellung kann nur gegenüber der IHK erklärt werden."

Soweit die Freistellung nicht unmittelbar gegenüber der IHK widerrufen wird, ist der Sachverständige verpflichtet, die IHK über den Widerruf unverzüglich zu unterrichten.

3.6 Besondere Sachkunde und fachliche Bestellungsvoraussetzungen

3.6.1 Der Sachverständige muss auf dem Sachgebiet, für das er öffentlich bestellt werden möchte, erheblich über den Durchschnitt liegende Fachkenntnisse, praktische Erfahrung und die Fähigkeit, sowohl Gutachten zu erstatten als auch die in § 2 Abs. 2 genannten Leistungen zu erbringen, nachweisen.

3.6.2 Maßgebend für die Überprüfung dieser Kriterien sind der berufliche Werdegang, die fachlichen Prüfungsabschlüsse und die durch langjährige Berufspraxis erworbenen Erfahrungen. Die Überprüfung erfolgt – soweit vorhanden – anhand von besonderen fachlichen Bestellungsvoraussetzungen, die für das jeweilige Sachgebiet bundeseinheitlich durch den Arbeitskreis beschlossen werden.

3.6.3 Der Nachweis der besonderen Sachkunde ist durch den Sachverständigen zu führen. Er ist nicht schon dadurch erbracht, dass er seinen Beruf in fachlicher Hinsicht bisher ordnungsgemäß ausgeübt und/oder einen einschlägigen Studienabschluss erworben hat. Schriftliche Unterlagen allein reichen zum Nachweis der besonderen Sachkunde in aller Regel nicht aus (vgl. 4.3).

3.6.4 Zum Inhalt der besonderen Sachkunde gehört weiter, dass der Sachverständige in der Lage ist, auch schwierige fachliche Zusammenhänge mündlich oder schriftlich so darzustellen, dass seine gutachterlichen Äußerungen für den jeweiligen Auftraggeber, der in aller Regel Laie sein wird, verständlich sind. Hierzu gehört auch, dass die vom Sachverständigen dargestellten Ergebnisse so begründet werden müssen, dass sie für einen Laien verständlich und nachvollziehbar und für einen Fachmann in allen Einzelheiten nachprüfbar sind (vgl. 11.1, 11.6).

3.7 Technische Einrichtungen

Der Sachverständige muss über die zur Ausübung seiner Sachverständigentätigkeit erforderlichen Einrichtungen verfügen. Dies bedeutet nicht, dass er alle technischen Einrichtungen selbst zu Eigentum erwerben muss; es reicht vielmehr aus, dass ihm die erforderlichen Einrichtungen in einer Weise zur Verfügung stehen, dass der Zugriff, soweit erforderlich, jederzeit möglich ist und seine Unabhängigkeit und Unparteilichkeit nicht gefährdet werden.

XI Anhang 1.1   Muster-Sachverständigenordnung (SVO)

§ 3a
Bestellungsvoraussetzungen für Anträge nach § 36a GewO

(1) Für die Anerkennung von Qualifikationen des Antragstellers aus einem anderen Mitgliedsstaat der Europäischen Union oder einem anderen Vertragsstaat des Abkommens über den Europäischen Wirtschaftsraum gelten die Voraussetzungen von § 36a Abs. 1 und 2 GewO.

(2) Im Übrigen gilt § 3 Abs. 2 und 3.

II. Verfahren der öffentlichen Bestellung und Vereidigung

§ 4
Zuständigkeit und Verfahren

(1) Die Industrie- und Handelskammer ... ist zuständig, wenn die Niederlassung des Sachverständigen, die den Mittelpunkt seiner Sachverständigentätigkeit im Geltungsbereich des Grundgesetzes bildet, im Kammerbezirk liegt. Die Zuständigkeit der Industrie- und Handelskammer ... endet, wenn der Sachverständige die Niederlassung nach Satz 1 nicht mehr im Kammerbezirk unterhält.

(2) Über die öffentliche Bestellung entscheidet die Industrie- und Handelskammer nach Anhörung der dafür bestehenden Ausschüsse und Gremien. Zur Überprüfung der gesetzlichen Voraussetzungen kann sie Referenzen einholen, sich vom Bewerber erstattete Gutachten vorlegen lassen, Stellungnahmen fachkundiger Dritter abfragen, die Einschaltung eines Fachgremiums veranlassen und weitere Erkenntnisquellen nutzen.

Richtlinie:

4.1. Entscheidungsfindung
Über den Antrag auf öffentliche Bestellung entscheidet die örtlich zuständige IHK (vgl. 1.2.2 und 3.3.1). Sie ist verpflichtet, sich zum Vorliegen der Bestellungsvoraussetzungen, insbesondere zur persönlichen Eignung und besonderen Sachkunde, eine eigene Überzeugung zu bilden, wobei Zweifel am Vorliegen der Bestellungsvoraussetzungen zu Lasten des Bewerbers gehen.

Die Überzeugungsbildung beruht auf den vom Bewerber vorgelegten Nachweisen und Unterlagen sowie eigenen Ermittlungen der IHK.

4.2. Anhörung
Vor der Entscheidung müssen die Ausschüsse und Gremien zu dem Antrag gehört werden, die nach der SVO der zuständigen IHK zu beteiligen sind. Die IHK ist an deren Stellungnahme nicht gebunden.

4.3. Vorgehen bei der Überprüfung
Zur Überprüfung der besonderen Sachkunde werden in der Regel Informationen, insbesondere Referenzen von früheren Auftraggebern, Kollegen oder sonstigen Bekannten des Sachverständigen eingeholt und bereits erstattete Gutachten und sonst vorgelegte fachliche Unterlagen (z. B. eine bereits erfolgte Zertifizierung) überprüft. Für die Berücksichtigung von Zertifizierungen wird auf die dazu geltenden Grundsätze (DIHK-Rundschreiben vom 4. Juli 2000 – einschließlich des Fragebogens an die Zertifizierungsstelle) verwiesen (siehe Anlage zu den Richtlinien).

Da die IHK Gewissheit haben muss, ob der Bewerber über die besondere Sachkunde verfügt, kann sie authentische Nachweise des Bewerbers verlangen. Der Sachverständige hat die Zustimmung des Auftraggebers zur Verwendung der Gutachten im Bestellungsverfahren einzuholen. Erteilt der Auftraggeber die Zustimmung nicht, kann der Sachverständige das Gutachten auch in anonymisierter Form vorlegen, soweit dadurch die Nachprüfbarkeit nicht beeinträchtigt wird. Der Bewerber hat in aller Regel seine besondere Sachkunde, die insbesondere die Fähigkeit beinhaltet, auch schwierige fachliche Problemstellungen schriftlich und mündlich in verständlicher und nachvollziehbarer Weise darzustellen, vor einem einschlägigen Fachgremium unter Beweis zu stellen.

Besteht für das in Frage kommende Sachgebiet kein fest installiertes Fachgremium, soll der Bewerber seine besondere Sachkunde vor einem „ad-hoc-Fachgremium" oder einer neutralen sachkundigen Person nachweisen. Bei einer solchen Überprüfung, die rechtlich eine Begutachtung der besonderen Sachkunde ist, sollte immer ein Vertreter der für den Bewerber örtlich zuständigen IHK anwesend sein. Der DIHK leistet bei der Suche nach solchen Fachgremien und Personen Hilfestellung. In diesem Zusammenhang wird auch auf die Veröffentlichungen des IfS zu den fachlichen Bestellungsvoraussetzungen und die darin enthaltene Zusammenstellung aller Fachgremien der IHKs im Bundesgebiet hingewiesen.

4.4. Wiederbestellung
Der öffentlich bestellte Sachverständige unterliegt einer regelmäßigen Überwachung durch die bestellende IHK. Bei der Wiederbestellung i.S. von § 2 Abs. 4 MSVO kann die IHK deshalb einen Nachweis fordern, dass der Sachverständige weiterhin über die notwendige Qualifikation verfügt. Dazu kann stich-

probenweise die Vorlage von Gutachten und/oder der Nachweis verlangt werden, dass sich der Sachverständige in der erforderlichen Weise weitergebildet hat.

Sind die Voraussetzungen für die Wiederbestellung gegeben, besteht ein Anspruch auf Verlängerung. Der Sachverständige wird dann für fünf Jahre wiederbestellt, es sei denn, er hat bei der Wiederbestellung bereits das 63. Lebensjahr überschritten. In diesem Fall erfolgt die Wiederbestellung wegen § 22 Abs. 1 Buchstabe d) nur für den bis zur Vollendung des 68. Lebensjahres verbleibenden Zeitraum.

Für die Wiederbestellung ist zumindest folgendes Verfahren einzuhalten:

1. Alle zur Verlängerung vorgesehenen Sachverständigen werden überprüft.
2. Mit dem Verlängerungsantrag werden Fragebogen, das Gutachtenjournal und je 1 Gerichts- und Privatgutachten (nach Wahl des Sachverständigen) eingefordert.
3. Die IHK prüft die Auftraggebersituation an Hand des Gutachtenjournals sowie die Antworten im Fragebogen und erörtert Auffälligkeiten mit dem Sachverständigen bzw. erteilt Auflagen etc.
4. Die Kammer prüft die vorgelegten Gutachten auf äußere Aufmachung, Nachvollziehbarkeit, Schlüssigkeit und Vollständigkeit der Antworten bezogen auf den Auftrag.
5. Geben die vorgelegten Arbeitsproben Veranlassung zu Bedenken, die nicht im Gespräch mit dem Sachverständigen bereinigt werden können, legt sie die Stücke einem Fachmann des jeweiligen Sachgebiets (Mitglied Sachverständigenausschuss, Vertrauensmann, Mitglied Fachgremium oder Fachausschuss etc.) zur Durchsicht und Begutachtung vor. Bei der erstmaligen Verlängerung sollte von der vertieften Überprüfung verstärkt Gebrauch gemacht werden.
6. Kosten der Überprüfung werden durch eine möglichst landesweit einheitliche Gebühr für die hausinterne Kontrolle sowie Kostenersatz für Aufwendungen eines sachgebietsbezogenen Fachmanns pauschal oder im Einzelfall abgedeckt. Beide Teile (Gebühr und Aufwandsersatz) sollten in Relation zu denen einer Erstbestellung stehen.

Sind die Voraussetzungen für die Wiederbestellung gegeben, besteht ein Anspruch auf Verlängerung. Der Sachverständige wird dann für fünf Jahre wiederbestellt, es sei denn, er hat bei der Wiederbestellung bereits das 63. Lebensjahr überschritten. In diesem Fall erfolgt die Wiederbestellung wegen § 22 Abs. 1 Buchstabe d) nur für den bis zur Vollendung des 68. Lebensjahres verbleibenden Zeitraum.

§ 4a
Zuständigkeit und Verfahren für Anträge nach § 36a GewO

(1) Abweichend von § 4 Abs. 1 besteht für den Antrag eines Sachverständigen aus einem anderen Mitgliedstaat der Europäischen Union oder einem anderen Vertragsstaat des Abkommens über den Europäischen Wirtschaftsraum, der noch keine Niederlassung im Geltungsbereich des Grundgesetzes unterhält, die Zuständigkeit der Industrie- und Handelskammer ... bereits dann, wenn der Sachverständige beabsichtigt, die Niederlassung nach § 4 Abs. 1 S. 1 im Kammerbezirk zu begründen.

(2) Für Verfahren von Antragstellern mit Qualifikationen aus einem anderen Mitgliedstaat der Europäischen Union oder einem anderen Vertragsstaat des Abkommens über den Europäischen Wirtschaftsraum gelten die Regelungen in § 36a Abs. 3 und 4 GewO.

§ 5
Vereidigung

(1) Der Sachverständige wird in der Weise vereidigt, dass der Präsident oder ein Beauftragter der Industrie- und Handelskammer an ihn die Worte richtet: „Sie schwören, dass Sie die Aufgaben eines öffentlich bestellten und vereidigten Sachverständigen unabhängig, weisungsfrei, persönlich, gewissenhaft und unparteiisch erfüllen und die von Ihnen angeforderten Gutachten entsprechend nach bestem Wissen und Gewissen erstatten werden", und der Sachverständige hierauf die Worte spricht: „Ich schwöre es, so wahr mir Gott helfe." Der Sachverständige soll bei der Eidesleistung die rechte Hand erheben.

(2) Der Eid kann auch ohne religiöse Beteuerung geleistet werden.

(3) Gibt der Sachverständige an, dass er aus Glaubens- oder Gewissensgründen keinen Eid leisten wolle, so hat er eine Bekräftigung abzugeben. Diese Bekräftigung steht dem Eid gleich; hierauf ist der Verpflichtete hinzuweisen. Die Bekräftigung wird in der Weise abgegeben, dass der Präsident oder ein Beauftragter der Industrie- und Handelskammer die Worte vorspricht: „Sie bekräftigen im Bewusstsein ihrer Verantwortung, dass Sie die Aufgaben eines öffentlich bestellten und vereidigten Sachverständigen unabhängig weisungsfrei, persönlich gewissenhaft und unparteiisch erfüllen und die von Ihnen angeforderten Gutachten entsprechend nach bestem Wissen und Gewissen erstatten werden" und der Sachverständige hierauf die Worte spricht: „Ich bekräftige es."

(4) Im Falle einer erneuten Bestellung oder einer Änderung oder Erweiterung des Sachgebiets einer bestehenden Bestellung genügt statt der Eidesleistung oder Bekräftigung die Bezugnahme auf den früher geleisteten Eid oder die früher geleistete Bekräftigung.

(5) Die Vereidigung durch die Industrie- und Handelskammer ist eine allgemeine Vereidigung im Sinne von § 79 Abs. 3 Strafprozessordnung[2], § 410 Abs. 2 Zivilprozessordnung[3].

Richtlinie:

5.1. Der Eid

Der Sachverständigeneid ist die ernsthafte und feierliche Versicherung des Sachverständigen, nach der eigenen Überzeugung, unparteiisch und gewissenhaft Gutachten zu erstatten und Sachverständigenleistungen zu erbringen. Gleichzeitig verspricht er damit, die Pflichten nach der Sachverständigenordnung einzuhalten.

5.2. Erstreckung auf die Prozessordnungen

Die Vereidigung im Rahmen der öffentlichen Bestellung ist eine allgemeine Vereidigung im Sinne der Strafprozess- und Zivilprozessordnung sowie anderer Prozessordnungen.

5.3. Rechtsfolgen einer Eidesverletzung

5.3.1 Verstößt der Sachverständige gegen die durch den Eid besonders bekräftigten Pflichten nach der Sachverständigenordnung, kann seine öffentliche Bestellung widerrufen werden. Durch den Widerruf der Bestellung wird der Eid gegenstandslos; es bedarf daher keiner besonderen Rücknahme des Eides. Ein Sachverständiger darf sich nach dem Widerruf der Bestellung nicht mehr als „vereidigter Sachverständiger" oder „ehemals öffentlich bestellter und vereidigter Sachverständiger" o.ä. bezeichnen (vgl. 22.6).

5.3.2 Bezieht sich der Sachverständige im Rahmen eines Zivil- oder Strafprozesses ausdrücklich auf den geleisteten Eid, treffen ihn die strafrechtlichen Folgen, die sich aus den §§ 154 ff. StGB ergeben, wenn er eine falsche Aussage machen würde. Die Bezugnahme auf den Eid kann in einem Zivilprozess auch durch schriftliche Erklärung erfolgen.

5.3.3 Wird der Sachverständige in einem Gerichtsverfahren vereidigt oder bezieht er sich in einer entsprechenden Formel unter dem Gutachten auf den vor der IHK geleisteten Eid und leistet er dabei einen Falscheid, entstehen insoweit besondere Schadensersatzpflichten (vgl. 14.11).

§ 6
Aushändigung von Bestellungsurkunde, Stempel, Ausweis und Sachverständigenordnung

(1) Die Industrie- und Handelskammer händigt dem Sachverständigen bei der öffentlichen Bestellung und Vereidigung die Bestellungsurkunde, den Ausweis, den Rundstempel, die Sachverständigenordnung und die dazu ergangenen Richtlinien aus. Ausweis, Bestellungsurkunde und Stempel bleiben Eigentum der Industrie- und Handelskammer.

(2) Über die öffentliche Bestellung und Vereidigung und die Aushändigung der in Abs. 1 genannten Gegenstände ist eine Niederschrift zu fertigen, die auch vom Sachverständigen zu unterschreiben ist.

Richtlinie:

6.1 Bestellungsurkunde, Ausweis und Rundstempel haben den Zweck, jedem potentiellen Nachfrager dokumentieren zu können, dass der Sachverständige öffentlich bestellt und vereidigt und wer die zuständige Bestellungsbehörde ist.

6.2 Bestellungsurkunde, Ausweis und Rundstempel bleiben Eigentum der IHK, so dass sie nach Rechtskraft eines Widerrufs oder einer Rücknahme (§ 23 MSVO) oder nach Eintritt eines Erlöschensgrundes (§ 22 MSVO) auf Grund des Eigentumsrechts der IHK wieder zurückzugeben sind. Ein öffentlich-rechtlicher Rückgabeanspruch ergibt sich daneben aus § 24 MSVO.

6.3 Die Bestimmungen der Sachverständigenordnung gelten als Satzungsrecht für jeden öffentlich bestellten Sachverständigen (vgl. 2.1.1). Es bedarf zu ihrer Wirksamkeit damit nicht zusätzlich einer Unterwerfungserklärung des Sachverständigen (z. B. durch eine vom Sachverständigen unterschriebene Verpflichtungserklärung). Die Aushändigung soll dazu dienen, dem Sachverständigen nachdrücklich auf seine Rechte und Pflichten aufmerksam zu machen.

6.4 Mit der Aushändigung der Richtlinien erhält der Sachverständige eine ausführliche Information über diese Rechte und Pflichten, so dass er sich bei einem Pflichtenverstoß oder in einem Widerrufsverfahren nicht auf Unkenntnis berufen kann.

---

2 **§ 79 Abs. 3 StPO**: (3) Ist der Sachverständige für die Erstattung von Gutachten der betroffenen Art im Allgemeinen vereidigt, so genügt die Berufung auf den geleisteten Eid.

3 **§ 410 Abs. 2 ZPO**: (2) Ist der Sachverständige für die Erstattung von Gutachten der betreffenden Art im Allgemeinen beeidigt, so genügt die Berufung auf den geleisteten Eid; sie kann auch in einem schriftlichen Gutachten erklärt werden.

§ 7
Bekanntmachung

Die Industrie- und Handelskammer macht die öffentliche Bestellung und Vereidigung des Sachverständigen in ...... (Mitteilungsorgan) bekannt. Name, Adresse, Kommunikationsmittel und Sachgebietsbezeichnung des Sachverständigen können durch die Industrie- und Handelskammer oder einen von ihr beauftragten Dritten gespeichert und in Listen oder auf sonstigen Datenträgern veröffentlicht und auf Anfrage jedermann zur Verfügung gestellt werden. Eine Bekanntmachung im Internet kann erfolgen, wenn der Sachverständige zugestimmt hat.

Richtlinie:

7.1 Die öffentliche Bekanntmachung der Bestellung und Vereidigung eines Sachverständigen ist in dem jeweiligen Veröffentlichungsorgan (Presseorgan) der betreffenden IHK vorzunehmen. Des Weiteren sollte nach Möglichkeit auch eine Bekanntmachung in anderen Medien erfolgen, um die Bestellung und Vereidigung einer breiten Öffentlichkeit und damit allen Nachfragern unverzüglich zugänglich zu machen. In gleicher Weise sind wesentliche Sachgebietsänderungen und das Erlöschen von Bestellungen (§ 22 Abs. 3 MSVO) bekannt zu machen. Eine Bekanntmachung im Internet kann erfolgen, wenn der Sachverständige zugestimmt hat. Eine Zustimmung des Sachverständigen ist wegen des öffentlichen Interesses anzustreben.

7.2 Daten der Bekanntmachung können Name, Adresse, Kommunikationsmittel, Bestellungstenor, Tag der Bestellung und Bestellungskörperschaft des öffentlich bestellten und vereidigten Sachverständigen sein. Sie sind von der zuständigen IHK aufzuzeichnen. Dabei ist zu beachten, dass der Sachverständige für potentielle Auftraggeber erreichbar sein muss. Zu den üblichen Kommunikationsmitteln zählen derzeit Telefon, Mobiltelefon, Fax, E-Mail- und Internetanschrift. Weitere Kommunikationsmittel, durch die der Sachverständige zu erreichen ist, sollten gleichfalls aufgenommen werden.

Diese Daten werden in die von den IHKs regional oder überregional herausgegebenen Sachverständigenverzeichnissen aufgenommen und verbreitet. Die Verzeichnisse werden nach Sachgebieten gegliedert und innerhalb eines Sachgebiets alphabetisch geordnet.

7.3 Die IHK kann zum Zwecke der Erstellung eines bundes- und/oder landesweiten Verzeichnisses die Daten auch speichern oder einem von ihr beauftragten Dritten gespeichert oder in anderer Form zur Verfügung stellen.

7.4 Die öffentliche Bestellung erfolgt ausschließlich im öffentlichen Interesse. Die IHK kann deshalb jedermann auf Anfrage Name, Adresse, Bestellungstenor, Kommunikationsmittel und Bestellungskörperschaft eines öffentlich bestellten Sachverständigen mitteilen. Sie kann darüber hinaus diese Angaben Interessenten wie Gerichten, Behörden, Rechtsanwälten und sonstigen Nachfragern in Listenform zur Verfügung stellen.

III.   Pflichten der öffentlich bestellten und vereidigten Sachverständigen

§ 8
Unabhängige, weisungsfreie, gewissenhafte und unparteiische Aufgabenerfüllung

(1) Der Sachverständige darf sich bei der Erbringung seiner Leistungen keiner Einflussnahme aussetzen, die seine Vertrauenswürdigkeit und die Glaubhaftigkeit seiner Aussagen gefährdet (Unabhängigkeit).

(2) Der Sachverständige darf keine Verpflichtungen eingehen, die geeignet sind, seine tatsächlichen Feststellungen und Beurteilungen zu verfälschen (Weisungsfreiheit).

(3) Der Sachverständige hat seine Aufträge unter Berücksichtigung des aktuellen Standes von Wissenschaft, Technik und Erfahrung mit der Sorgfalt eines ordentlichen Sachverständigen zu erledigen. Die tatsächlichen Grundlagen seiner fachlichen Beurteilungen sind sorgfältig zu ermitteln und die Ergebnisse nachvollziehbar zu begründen. Er hat in der Regel die von den Industrie- und Handelskammern herausgegebenen Mindestanforderungen an Gutachten und sonstigen von den Industrie- und Handelskammern herausgegebenen Richtlinien zu beachten (Gewissenhaftigkeit).

(4) Der Sachverständige hat bei der Erbringung seiner Leistung stets darauf zu achten, dass er sich nicht der Besorgnis der Befangenheit aussetzt. Er hat bei der Vorbereitung und Erarbeitung seines Gutachtens strikte Neutralität zu wahren, muss die gestellten Fragen objektiv und unvoreingenommen beantworten (Unparteilichkeit).

Insbesondere darf der Sachverständige nicht

– Gutachten in eigener Sache oder für Objekte und Leistungen seines Dienstherren oder Arbeitgebers erstatten,

XI Anhang 1.1   Muster-Sachverständigenordnung (SVO)

– Gegenstände erwerben oder zum Erwerb vermitteln, eine Sanierung oder Regulierung der Objekte durchführen, über die er ein Gutachten erstellt hat, es sei denn, er erhält den entsprechenden Folgeauftrag nach Beendigung des Gutachtenauftrags und seine Glaubwürdigkeit wird durch die Übernahme dieser Tätigkeiten nicht infrage gestellt.

Richtlinie:

8.1   Unabhängigkeit erfordert:

8.1.1 Der Sachverständige darf bei der Erbringung seiner Leistung keiner Einflussnahme von außen unterliegen, die geeignet ist, seine Feststellungen, Bewertungen und Schlussfolgerungen so zu beeinflussen, dass die gebotene Objektivität der Leistung und die Glaubwürdigkeit seiner Aussagen nicht mehr gewährleistet sind.

8.1.2 Der Sachverständige darf bei der Übernahme, Vorbereitung und Durchführung eines Auftrags keiner Einflussnahme persönlicher, wirtschaftlicher oder beruflicher Natur unterliegen. Mithin darf ein Sachverständiger:

8.1.2.1 keine Gefälligkeitsgutachten erstatten, zum Beispiel keine fachlichen Weisungen seiner Auftraggeber befolgen oder deren Wünschen hinsichtlich eines bestimmten Ergebnisses entsprechen, wenn diese das Ergebnis verfälschen.

8.1.2.2 keine Gutachten für sich selbst, Verwandte, Freunde oder sonstige Personen erstatten, zu denen er in einem engen persönlichen Verhältnis steht.

8.1.2.3 keine Gutachten über einen längeren Zeitraum ganz überwiegend für nur einen einzigen Auftraggeber (z. B. eine bestimmte Versicherung) erbringen.

8.1.2.4 keine sonstigen Bindungen vertraglicher oder persönlicher Art eingehen, die seine Unabhängigkeit bei der Gutachtenerstattung in Frage stellen können.

8.1.3 Das Einkommen eines angestellten Sachverständigen oder eines Sachverständigen in einer Sozietät darf nicht an die Zahl und die Ergebnisse seiner Gutachten gekoppelt werden.

8.2   Weisungsfreiheit bedeutet:

8.2.1 Der Sachverständige darf bei der Erbringung seiner Leistungen nicht vertraglich verpflichtet werden, Vorgaben einzuhalten, die die tatsächlichen Ermittlungen, die Bewertungen und die Schlussfolgerungen derart beeinflussen, dass unvollständige oder fehlerhafte Gutachtenergebnisse verursacht werden.

8.2.2 Es muss sorgfältig zwischen Anweisungen zum Gutachtengegenstand, Beweisthema und Umfang des Gutachtens auf der einen und der sach- und ergebnisbezogenen Weisung auf der anderen Seite unterschieden werden. Der erste Teil der Alternative ist rechtlich nicht zu beanstanden, weil nur der Auftraggeber bestimmen kann, was Gegenstand einer gutachterlichen Untersuchung sein soll. Der zweite Teil der Alternative kann nur unter den Voraussetzungen von 8.2.1 akzeptiert werden.

8.2.3 Die Ausführungen zu 8.2.1 und 8.2.2 gelten uneingeschränkt für Sachverständige im Angestelltenverhältnis. In diesem Fall sind jedoch organisatorische Weisungen des Arbeitgebers an den angestellten Sachverständigen zulässig. Mithin kann der Arbeitgeber beispielsweise die Arbeitsbedingungen, die Urlaubszeit und die Verteilung der Aufträge regeln.

8.3   Gewissenhaftigkeit erfordert:

8.3.1 Sorgfältige Prüfung, ob das Beweisthema (bei Gerichtsauftrag) oder der Auftrag (bei Privatauftrag) in seinem wesentlichen Inhalt innerhalb des Sachgebiets liegt, für das der Sachverständige öffentlich bestellt ist. Bei negativem Ergebnis hat der Sachverständige den Auftraggeber darauf hinzuweisen, dass er für das in Frage kommende Sachgebiet nicht öffentlich bestellt ist. Zweifelsfälle sind vor Auftragsübernahme mit dem Auftraggeber und notfalls mit der IHK zu klären. Betrifft der Auftrag nur zum Teil das eigene Sachgebiet, so ist der Auftraggeber auch auf diesen Umstand hinzuweisen. Nur auf dessen ausdrücklichen Wunsch darf ein weiterer, fachlich zuständiger Sachverständiger hinzugezogen werden.

8.3.2 Unverzügliche Prüfung, ob der Auftrag innerhalb der gesetzten oder vereinbarten Frist oder in angemessener Zeit durchgeführt werden kann. Ist das nicht der Fall, muss der Sachverständige den Auftraggeber vor Übernahme des Auftrags entsprechend unterrichten und dessen Antwort abwarten.

8.3.3 Unverzügliche Prüfung, ob der Sachverständige die Annahme des Auftrages wegen Besorgnis der Befangenheit (vgl. unter 8.4) oder gesetzlichen Verweigerungsgründen (vgl. unter 10.2) ablehnen sollte oder sich vom Gericht vom Auftrag entbinden lassen sollte (vgl. 10.3).

Ablehnen sollte der Sachverständige die Übernahme des Gutachtenauftrages bei einem Privatauftrag auch dann, wenn er Grund zur Annahme hat, dass das Gutachten missbräuchlich verwendet oder das Ergebnis verfälscht werden soll. Vorsicht ist geboten, wenn bei der Besprechung des Gutachtenauftrags vom Sachverständigen bestimmte Zusicherungen hinsichtlich des Ergebnisses des Gutachtens verlangt werden oder gewünscht wird, dass bestimmte Tatsachen oder Unterlagen unberücksichtigt bleiben sollen.

8.3.4 Unverzügliche Bestätigung der Auftragsannahme sowie des Einganges wichtiger Unterlagen (z. B. Gerichtsakten, Beweisstücke und dergl.).

8.3.5 Bei gerichtlichem Auftrag Hinweis an das Gericht, wenn der angeforderte Kostenvorschuss in auffälligem Missverhältnis zu den voraussichtlichen erwachsenen Kosten des Gutachtens steht. Vor Arbeitsbeginn ist die Entscheidung des Gerichts abzuwarten.

Sinngemäß besteht eine entsprechende Aufklärungspflicht auch gegenüber einem privaten Auftraggeber; bei Privatauftrag wird darüber hinaus eine vorherige Honorarvereinbarung empfohlen, falls keine staatliche Gebührenordnung gilt.

8.3.6 Unterrichtung des Auftraggebers über Verzögerungen während der Bearbeitung des Auftrags. Eine entsprechende Unterrichtungspflicht besteht auch dann, wenn sich während der Bearbeitung herausstellt, dass die Durchführung des Auftrages teurer wird als ursprünglich angenommen.

8.3.7 Jeder Auftrag ist mit der Sorgfalt eines öffentlich bestellten Sachverständigen zu erledigen und dabei der aktuelle Stand von Wissenschaft, Technik und Praxiserfahrung zu berücksichtigen. Gutachten sind systematisch aufzubauen, übersichtlich zu gliedern, nachvollziehbar zu begründen und auf das Wesentliche zu beschränken (vgl. 11.6).

Es sind alle im Auftrag gestellten Fragen zu beantworten, wobei sich der Sachverständige genau an das Beweisthema bzw. an den Inhalt des Auftrages zu halten hat. Die tatsächlichen Grundlagen für eine Sachverständigenaussage sind sorgfältig zu ermitteln und die erforderlichen Besichtigungen sind persönlich durchzuführen. Kommen für die Beantwortung der gestellten Fragen mehrere Lösungen ernsthaft in Betracht, so hat der Sachverständige diese darzulegen und den Grad der Wahrscheinlichkeit der Richtigkeit der einzelnen Lösungen gegeneinander abzuwägen. Die Schlussfolgerungen im Gutachten müssen so klar und verständlich dargelegt sein, dass sie für einen Nichtfachmann lückenlos nachvollziehbar und plausibel sind. Ist eine Schlussfolgerung nicht zwingend, sondern nur naheliegend, und ist das Gefolgerte deshalb nicht erkenntnissicher, sondern nur mehr oder weniger wahrscheinlich, so muss der Sachverständige dies im Gutachten deutlich zum Ausdruck bringen (siehe auch 11.6).

8.3.8 Der Sachverständige hat in der Regel das IHK-Merkblatt „Der gerichtliche Gutachtenauftrag" aus dem Selbstverlag des Deutschen Industrie- und Handelskammertages und die von den IHKs herausgegebenen Mindestanforderungen an Gutachten für die einzelnen Sachgebiete zu beachten (siehe auch 11.7).

8.4 Unparteiisches Verhalten erfordert:

8.4.1 Der Sachverständige hat seine Leistungen so zu erbringen, dass er sich weder in Gerichtsverfahren noch bei Privatauftrag dem Einwand der Befangenheit aussetzt. Er hat bei der Vorbereitung des Gutachtens strikte Neutralität zu wahren, muss alle Fragen objektiv und unvoreingenommen beantworten und darf zu den Auftraggebern und – in Gerichtsverfahren – zu den Prozessparteien nicht in einem Verhältnis stehen, dass zu Misstrauen Anlass gibt. Auf Gründe, die geeignet sind, Misstrauen gegen seine Unparteilichkeit zu rechtfertigen, hat er seinen jeweiligen Auftraggeber unverzüglich hinzuweisen.

8.4.2 Der Sachverständige darf nicht zu Personen, Unternehmen, Organisationen oder Behörden in Abhängigkeit stehen, die mit den einzelnen Gutachtenaufträgen in Verbindung gebracht werden können. Unabhängigkeit von Personen bedeutet, dass der Sachverständige grundsätzlich keinen Auftrag übernehmen kann, wenn er mit dem Auftraggeber – in Gerichtsverfahren mit einer Prozesspartei – verheiratet, verwandt, verschwägert oder befreundet ist (vgl. 8.1.2.2 und 10.2).

8.4.3 Der Sachverständige muss bei der Auftragsdurchführung neutral sein und muss bei der Behandlung von Sachfragen den Grundsatz der Objektivität beachten. Bei den notwendigen Handlungen, Maßnahmen und Arbeiten zur zweckmäßigen Erledigung eines Auftrages hat er bereits den Anschein der Parteilichkeit und der Voreingenommenheit zu vermeiden.

8.4.4 Neutralität während der Gutachtenerstattung bedeutet, dass der Sachverständige bei Gerichtsauftrag zur Orts- und Objektbesichtigung stets beide Parteien lädt und auch beide Parteien teilnehmen lässt und dass er die jeweils andere Partei unterrichtet, wenn er bei einer Partei Unterlagen anfordert oder Auskünfte einholt. Im Übrigen sollten während der Erarbeitung des Gerichtsgutachtens keine einseitigen Kontakte zu den Parteien stattfinden.

8.4.5 Objektivität in Sachfragen bedeutet, dass der Sachverständige keine Vorurteile gegen ein bestimmtes Produkt, eine bestimmte Untersuchungsmethode oder eine bestimmte Lehrmeinung haben darf. In gleicher Weise sind ungerechtfertigte Bevorzugungen unzulässig. Falls erforderlich, hat er sich mit abweichenden Methoden und Lehrmeinungen im Gutachten in der gebotenen Sachlichkeit auseinanderzusetzen.

8.4.6 Der Sachverständige darf keine Gutachten in derselben Sache – auch nicht zeitlich versetzt – für beide sich streitenden Parteien erstatten, es sei denn, beide Parteien erklären sich ausdrücklich damit einverstanden.

8.4.7 Der Sachverständige darf keine Sachverständigenleistungen in eigener Sache erbringen, der zugleich Inhaber eines Handelsgeschäfts dieser Warengattung ist (z. B. Sachverständiger für Orientteppiche oder Briefmarken fügt den von ihm verkauften Waren von ihm selbst gefertigte Echtheitszertifikate bei).

8.4.8 Der Sachverständige, der ein eigenes Geschäft hat oder Makler ist, darf nicht ein Objekt bewerten, von dem er von vornherein, also bei Gutachtenübernahme, weiß, dass er es danach selbst ankaufen will oder zum Verkauf vermitteln soll. Ein solches Verhalten erweckt in der Regel den Anschein der Parteilichkeit. Ein solches Geschäft ist dem Sachverständigen nur dann erlaubt, wenn er erst nach Abgabe des Gutachtens den Verkaufs- oder Vermittlungsauftrag erhält.

§ 9
Persönliche Aufgabenerfüllung und Beschäftigung von Hilfskräften

(1) Der Sachverständige hat die von ihm angeforderten Leistungen unter Anwendung der ihm zuerkannten Sachkunde in eigener Person zu erbringen (persönliche Aufgabenerfüllung).

(2) Der Sachverständige darf Hilfskräfte nur zur Vorbereitung seiner Leistung und nur insoweit beschäftigen, als er ihre Mitarbeit ordnungsgemäß überwachen kann; der Umfang der Tätigkeit der Hilfskraft ist kenntlich zu machen.

(3) Bei außergerichtlichen Leistungen darf der Sachverständige Hilfskräfte über Vorbereitungsarbeiten hinaus einsetzen, wenn der Auftraggeber zustimmt und Art und Umfang der Mitwirkung offengelegt werden.

(4) Hilfskraft ist, wer den Sachverständigen bei der Erbringung seiner Leistung nach dessen Weisungen auf dem Sachgebiet unterstützt.

Richtlinie:
9.1 Der Sachverständige ist grundsätzlich verpflichtet, seine Gutachten und andere Sachverständigenleistungen (§ 2 Abs. 2 MSVO) in eigener Person zu erarbeiten bzw. zu erbringen. Für den gerichtlichen Bereich ergibt sich diese Pflicht aus § 407a Abs. 2 ZPO, für den privaten Bereich aus dem Inhalt des Eides nach § 36 GewO.

9.2 Dies bedeutet, dass der Sachverständige auf der Grundlage der Aufgabenstellung die wesentlichen Teile der Tatsachenermittlung und -feststellung, die Orts- und Objektsbesichtigung, die Schlussfolgerungen, die Beurteilungen und die Bewertungen grundsätzlich in eigener Person durchzuführen hat.

Die Verpflichtung, die Leistung durch den Sachverständigen persönlich zu erbringen, kann im Einzelfall
– bei gerichtlicher Heranziehung durch Weisung oder Zustimmung des Gerichts,
– bei privatem Auftrag mit vorheriger Zustimmung des Auftraggebers (§ 9 Abs. 3)
entfallen oder modifiziert werden.

In jedem Fall der Beteiligung von fachlichen Hilfskräften (Def. vgl. 9.4) müssen Art und Umfang der Beteiligung im Gutachten selbst offengelegt werden, um Transparenz für dritte Personen herzustellen, die von dem Gutachten Kenntnis nehmen.

Unterschreibt der Sachverständige das Gutachten persönlich, hat er es insgesamt mindestens auf Plausibilität in Bezug auf Vollständigkeit, Inhalt, Ergebnis und Darstellung zu prüfen und sicherzustellen, dass eine ausreichende Rechtsgrundlage gegeben ist, um eine Abweichung von dem Grundsatz der Verpflichtung zur persönlichen Gutachtenserstellung zu rechtfertigen.

Aus dieser Verpflichtung kann sich der Sachverständige nicht befreien.

Ist die wesentliche Grundlage eines Gutachtens eine Orts- oder Objektsbesichtigung, hat der Sachverständige besonders sorgfältig zu prüfen, ob eine Übertragung dieser Tätigkeit auf eine Hilfskraft mit den Pflichten aus der öffentlichen Bestellung zu vereinbaren ist, selbst wenn der private Auftraggeber zugestimmt hat oder bereit wäre, zuzustimmen.

9.3 Nicht zulässig ist, dass der Sachverständige nur formal und nach außen hin die Verantwortung für die unter seinem Namen abgegebenen gutachterlichen Äußerungen übernimmt.

9.4 Hilfskraft ist eine Person, die auf demselben Sachgebiet tätig ist wie der beauftragte Sachverständige, dessen fachlichen Weisungen und fachlicher Kontrolle unterliegt und dem Sachverständigen entsprechend seinen Fähigkeiten zuarbeitet. Einer Hilfskraft können und dürfen nur solche Aufgaben übertragen werden, die der Sachverständige aufgrund seiner Sachkunde auch persönlich hätte erledigen können.

Andernfalls könnte der Sachverständige für die Tätigkeit der Hilfskraft die Verantwortung nicht übernehmen.

9.5 Beim Sachverständigen angestellte öffentlich bestellte Sachverständige oder die mit ihm in einer Sozietät arbeitenden Sachverständigen sind keine Hilfskräfte im vorgenannten Sinne, weil sie eigenverantwortlich tätig sind. Auch vom beauftragten Sachverständigen hinzugezogene Sachverständige anderer Sachgebiete sind keine Hilfskräfte im Sinne von § 9 MSVO. Werden solche Sachverständige beteiligt, handelt es sich bei dem Gesamtwerk um ein Gemeinschaftsgutachten; dabei muss deutlich gemacht werden, wer für welchen Teil des Gutachtens verantwortlich ist.

9.6 Unterschreibt der Sachverständige ungeprüft oder nur formal ein Gutachten, das von einer Hilfskraft vorbereitet, entworfen oder formuliert wurde, verstößt er in grober Weise gegen seine Pflicht zur persönlichen Aufgabenerfüllung.

9.7 Der Sachverständige muss Hilfskräfte im Hinblick auf deren fachliche Eignung und persönliche Zuverlässigkeit im Einzelfall sorgfältig auswählen, einweisen, anleiten, überwachen und für deren Fortbildung sorgen. Art und Umfang der Verpflichtung zur Überwachung und Anweisung im Einzelfall bestimmen sich nach dem Maß ihrer Sachkunde, Erfahrung und Zuverlässigkeit sowie den Gegebenheiten des konkreten Auftrags, vor allem der Schwierigkeit der einzelnen gutachterlichen Leistung.

9.8 Der Sachverständige hat sicherzustellen, dass durch beteiligte Hilfskräfte nicht gegen den Pflichtenkatalog der MSVO verstoßen wird. Insbesondere muss die Hilfskraft ggf. im Arbeitsvertrag oder bei selbstständiger Beschäftigung in geeigneter Weise (z. B. durch Vertrag) verpflichtet werden, die Schweigepflicht einzuhalten.

9.9 Eine Hilfskraft darf ein Gutachten nicht allein oder zusammen mit dem beauftragten Sachverständigen unterschreiben (vgl. 11.8 und 12.4).

9.10 Die Hilfskraft darf den Sachverständigen nicht vertreten, auch nicht vorübergehend.

9.11 Der Sachverständige soll beim Abschluss einer Haftpflichtversicherung auch die Beteiligung von Hilfskräften in erforderlichem Umfang berücksichtigen.

§ 10
Verpflichtung zur Gutachtenerstattung

(1) Der Sachverständige ist zur Erstattung von Gutachten für Gerichte und Verwaltungsbehörden nach Maßgabe der gesetzlichen Vorschriften verpflichtet.

(2) Der Sachverständige ist zur Erstattung von Gutachten und zur Erbringung sonstiger Leistungen i.S. von § 2 Absatz 2 auch gegenüber anderen Auftraggebern verpflichtet. Er kann jedoch die Übernahme eines Auftrags verweigern, wenn ein wichtiger Grund vorliegt; die Ablehnung des Auftrags ist dem Auftraggeber unverzüglich zu erklären.

Richtlinie:

10.1 Inhalt und Umfang der Pflicht zur Gutachtenerstattung sind unterschiedlich geregelt und hängen davon ab, ob der Sachverständige vom Gericht oder von privater Seite beauftragt wird.

10.1.1 Der vom Gericht ernannte Sachverständige hat der Ernennung Folge zu leisten, wenn er für das betreffende Gebiet öffentlich bestellt ist oder wenn er die Wissenschaft, die Kunst oder das Gewerbe, deren Kenntnis die Voraussetzung für die Begutachtung ist, öffentlich zum Erwerb ausübt (§ 407 Abs. 1 ZPO; § 75 Abs. 1 StPO).

10.1.2 Beim Privatauftrag gibt es für den Sachverständigen zwar keine Pflicht, jeden Auftrag anzunehmen. Sinn und Zweck der öffentlichen Bestellung verlangen jedoch vom Sachverständigen, dass er seine Arbeitskraft zu einem angemessenen Teil auch für Gutachten im außergerichtlichen Bereich zur Erledigung von Gutachtenaufträgen zur Verfügung stellt. Verweigert er nachhaltig und ohne berechtigten Grund solche privaten Gutachtenaufträge, kann seine Bestellung widerrufen werden.

10.2 Ein vom Gericht beauftragter Sachverständiger kann die Erstattung eines Gutachtens aus denselben Gründen verweigern, die einen Zeugen zur Zeugnisverweigerung berechtigen (§§ 408 Abs. 1 S. 1, 383, 384 ZPO; §§ 76 Abs. 1 Satz 1, 52,53 StPO). Beispielsweise können folgende Verweigerungsgründe in Betracht kommen:

— *Der Sachverständige ist mit einer Partei oder dem Beschuldigten verlobt, verheiratet, verwandt, verschwägert oder es besteht eine Lebenspartnerschaft.*

— *Der Sachverständige gehört einer Berufsgruppe an, die bestimmte Tatsachen nicht weitergeben darf, weil sie ihm als Vertrauensperson anvertraut oder bekannt geworden sind (Geistliche, Rechtsanwälte, Notare, Wirtschaftsprüfer, Berater usw.).*

Liegen solche Verweigerungsgründe vor, ist der Sachverständige berechtigt, den Auftrag abzulehnen.

10.3 Der Sachverständige kann bei Gerichtsauftrag auch aus anderen Gründen vom Gericht von der Pflicht zur Gutachtenerstattung entbunden werden (§ 408 Abs. 1 Satz 2 ZPO, § 76 Abs. 1 Satz 2 StPO). Solche Gründe sind insbesondere dann gegeben, wenn Umstände vorliegen, die geeignet sind, berechtigte Zweifel an seiner Unparteilichkeit aufkommen zu lassen (Besorgnis der Befangenheit). Es kommen aber auch Gründe wie Urlaub, Überlastung, Krankheit, fehlende Sachkunde u.ä. in Betracht. In all diesen Fällen kann der Sachverständige die Übernahme des Auftrags nicht von sich aus verweigern, sondern muss bei Gericht einen Antrag auf Entbindung von seiner Gutachtenpflicht stellen.

10.4 Bei Privatauftrag sollte der Sachverständige von sich aus den Auftrag ablehnen, wenn Verweigerungsgründe oder Gründe für eine Entpflichtung im Sinne von 10.2 oder 10.3 vorliegen. Allerdings gibt es keine dem Gericht vergleichbare Stelle, die die Verweigerungsgründe überprüfen oder ihn vom Auftrag entbinden kann. Auch die IHK ist hierzu nicht befugt, kann aber in Zweifelsfällen um Rat gebeten werden. Eine Ablehnung des Privatauftrags ist auch dann gerechtfertigt, wenn der Auftraggeber die vertraglichen Konditionen, insbesondere das Honorar, nicht akzeptiert.

§ 11
Form der Gutachtenerstattung; gemeinschaftliche Leistungen

(1) Soweit der Sachverständige mit seinem Auftraggeber keine andere Form vereinbart hat, erbringt er seine Leistungen in Schriftform oder in elektronischer Form. Erbringt er sie in elektronischer Form, trägt er für eine der Schriftform gleichwertige Fälschungssicherheit Sorge.

(2) Erbringen Sachverständige eine Leistung gemeinsam, muss zweifelsfrei erkennbar sein, welcher Sachverständige für welche Teile verantwortlich ist. Leistungen in schriftlicher oder elektronischer Form müssen von allen beteiligten Sachverständigen unterschrieben oder elektronisch gekennzeichnet werden. § 12 gilt entsprechend.

(3) Übernimmt ein Sachverständiger Leistungen Dritter, muss er darauf hinweisen.

Richtlinie:

11.1 Das schriftliche Gutachten und andere schriftliche Sachverständigenleistungen müssen in gedruckter Schrift gefertigt sein. Die erste Seite muss den Vorschriften des § 12 MSVO entsprechen. Das Gutachten und andere schriftliche Sachverständigenleistungen müssen mit der eigenhändigen Unterschrift des Sachverständigen und seinem Rundstempel versehen sein.

11.2 Nutzt der Sachverständige die elektronische Form, kann er Unterschrift und Rundstempel einscannen. Um die Fälschungssicherheit zu gewährleisten, hat er die qualifizierte Signatur zu benutzen.

11.3 Wird das Gutachten von zwei oder mehreren Sachverständigen desselben Sachgebiets oder unterschiedlicher Sachbereiche erarbeitet, muss zunächst im Gutachtentext kenntlich gemacht werden, welcher Sachverständige für welche Teile verantwortlich ist. Sodann müssen alle beteiligten Sachverständigen das Gutachten nach den Regeln von 11.1 oder 11.2 unterzeichnen und mit ihren Rundstempeln versehen. Eine Hilfskraft nach § 9 Abs. 4 MSVO ist kein Sachverständiger im Sinne dieser Regelung.

11.4 Übernimmt ein Sachverständiger beispielsweise die Ergebnisse eines Materialprüfungsamtes oder eines anderen Gutachtens, hat er im Gutachten darauf hinzuweisen.

11.5 Möchte der Sachverständige Gutachtenformulare benutzen, so ist dies nur dann gestattet, wenn er durch die darin enthaltenen Vorgaben oder Beschränkungen nicht in seiner Unabhängigkeit, Unparteilichkeit und Anwendung seiner Sachkunde beeinträchtigt wird. Inhalt und Umfang seiner gutachtlichen Äußerungen, insbesondere die Vollständigkeit, der systematische Aufbau, die übersichtliche Gliederung, die Nachvollziehbarkeit und Nachprüfbarkeit der Gedankengänge und der Ergebnisse dürfen durch Vorgaben des Formulars nicht beeinträchtigt werden.

11.6 Im Übrigen muss das Gutachten
- systematisch aufgebaut und übersichtlich gegliedert sein;
- in den Gedankengängen für den Laien nachvollziehbar und für den Fachmann nachprüfbar sein (Nachprüfbarkeit bedeutet, dass die das Gutachten tragenden Feststellungen und Schlussfolgerungen so dargestellt sind, dass sie von einem Fachmann ohne Schwierigkeiten als richtig oder als falsch erkannt werden können.);
- auf das Wesentliche beschränkt bleiben;
- unter Berücksichtigung des jeweiligen Adressaten verständlich formuliert sein und hat unvermeidbare Fachausdrücke nach Möglichkeit zu erläutern.

11.7 Für einige Sachgebiete haben die IHKs Mindestanforderungen an Gutachten herausgegeben, die den fachlichen Standard festschreiben und die Sorgfaltspflichten des Sachverständigen in fachlicher Hinsicht konkretisieren. Diese Mindestanforderungen sind grundsätzlich einzuhalten. Weicht der Sachverständige in Ausnahmefällen von diesen Anforderungen ab, so hat er dies im Auftrag zu vermerken und die Gründe hierfür im Gutachten anzugeben.

11.8 Diese Richtlinien gelten ohne Einschränkungen auch für Sachverständige im Angestelltenverhältnis (vgl. auch 12.7). Der Sachverständige darf das Gutachten zwar auf dem Briefbogen seines Arbeitgebers oder Dienstherrn erstellen; er muss aber auch die in § 12 MSVO vorgegebenen Angaben machen. Und schließlich muss auch der angestellte Sachverständige durch eigenhändige Unterschrift und Beifügung des Rundstempels nach außen hin die Verantwortung für den Inhalt des von ihm gefertigten Gutachtens übernehmen. Der Arbeitgeber oder Dienstherr darf das Gutachten nicht mitunterschreiben (gegenzeichnen).

§ 12
Bezeichnung als „öffentlich bestellter und vereidigter Sachverständiger"

(1) Der Sachverständige hat bei Leistungen im Sinne von § 2 Abs. 2 in schriftlicher oder elektronischer Form auf dem Sachgebiet, für das er öffentlich bestellt ist, die Bezeichnung „von der Industrie- und Handelskammer ... öffentlich bestellter und vereidigter Sachverständiger für ..." zu führen und seinen Rundstempel zu verwenden. Gleichzeitig hat er auf die Zuständigkeit der Industrie- und Handelskammer ... hinzuweisen.

(2) Unter die in Absatz 1 genannten Leistungen darf der Sachverständige nur seine Unterschrift und seinen Rundstempel setzen. Im Fall der elektronischen Übermittlung ist die qualifizierte elektronische Signatur zu verwenden.

(3) Bei Sachverständigenleistungen auf anderen Sachgebieten darf der Sachverständige nicht in wettbewerbswidriger Weise auf seine öffentliche Bestellung hinweisen oder hinweisen lassen.

Richtlinie:

12.1 Der Sachverständige muss in allen Fällen seiner gutachterlichen Tätigkeit und der ihm sonst obliegenden Aufgaben auf seinem Bestellungsgebiet seine Bezeichnung (jeweils mit dem vollständigen Bestellungstenor einschließlich der zuständigen Bestellungskörperschaft) und seinen Rundstempel verwenden. Dabei muss er das vollständige Sachgebiet so angeben, wie es in der Bestellungsurkunde verzeichnet ist. Auf Visitenkarten, in Anzeigen und in der Werbung kann er diese Hinweise in verkürzter Form verwenden; dabei ist jedoch das Irreführungsverbot des § 3 UWG zu beachten.

12.2 Andere Bezeichnungen, Anerkennungen, Zulassungen, Zertifizierungen, Mitgliedschaften und vergleichbare Hinweise im Briefkopf von Gutachten und Geschäftsbriefen sind zulässig, wenn sie nicht irreführend, also geeignet sind, über die fachliche und persönliche Qualifikation des Sachverständigen zu täuschen.

12.3 Unter das Gutachten oder andere schriftliche Leistungen darf der Sachverständige nur seine Unterschrift und seinen Rundstempel setzen. Im Falle der elektronischen Übermittlung unter Verwendung der qualifizierten elektronischen Signatur kann er Unterschrift und Rundstempel einscannen.

12.4 Eine weitere Unterschrift, beispielsweise des Arbeitgebers oder der Hilfskraft, ist nicht zulässig (vgl. 9.11 und 11.8). Ein weiterer Rundstempel, beispielsweise eines Verbandes oder einer Zertifizierungsstelle, ist ebenfalls nicht erlaubt. Nur wenn die Benutzung des Rundstempels gesetzlich vorgeschrieben ist, ist ein weiterer Rundstempel zugelassen. Schließlich kann eine weitere Unterschrift mit entsprechendem Rundstempel angebracht werden, wenn es sich um ein Gemeinschaftsgutachten von zwei selbständigen Sachverständigen im Sinne von 11.3 handelt.

12.5 Ist der Sachverständige auf weiteren Sachgebieten als Sachverständiger tätig, darf er dies im Briefkopf vermerken. Dabei hat er aber darauf zu achten, dass auch für den flüchtigen Durchschnittsleser klar erkennbar wird, für welches Sachgebiet er öffentlich bestellt ist und für welches nicht. Gleiches gilt für den Hinweis auf eine sonstige berufliche Tätigkeit (z. B. Architekt, Ingenieurbüro). In allen Fällen ist das Irreführungsverbot des § 3 UWG zu beachten.

12.6 In den Fällen einer Sozietät (§ 21 MSVO) – in welcher Rechtsform auch immer – gelten die vorstehenden Richtlinien in gleicher Weise. Es müssen alle Sachverständigen mit ihren jeweiligen Sachgebieten aufgeführt werden, und es muss dabei jeweils erkennbar werden, wer öffentlich bestellt ist und wer nicht.

12.7 Die vorstehenden Richtlinien gelten ohne Einschränkungen auch für Sachverständige im Angestelltenverhältnis (vgl. dazu 11.8).

§ 13
Aufzeichnungs- und Aufbewahrungspflichten

(1) Der Sachverständige hat über jede von ihm angeforderte Leistung Aufzeichnungen zu machen. Aus diesen müssen ersichtlich sein:

a) der Name des Auftraggebers,

XI Anhang 1.1   Muster-Sachverständigenordnung (SVO)

b) der Tag, an dem der Auftrag erteilt worden ist,

c) der Gegenstand des Auftrags und

d) der Tag, an dem die Leistung erbracht, oder die Gründe, aus denen sie nicht erbracht worden ist.

(2) Der Sachverständige ist verpflichtet,

a) die Aufzeichnungen nach Absatz 1,

b) ein vollständiges Exemplar des Gutachtens oder eines entsprechenden Ergebnisnachweises einer sonstigen Leistung nach § 2 Abs. 2 und

c) die sonstigen schriftlichen Unterlagen, die sich auf seine Tätigkeit als Sachverständiger beziehen,

mindestens 10 Jahre lang aufzubewahren.

Die Aufbewahrungsfrist beginnt mit dem Schluss des Kalenderjahres, in dem die Aufzeichnungen zu machen oder die Unterlagen entstanden sind.

(3) Werden die Dokumente gemäß Abs. 2 auf Datenträgern gespeichert, muss der Sachverständige sicherstellen, dass die Daten während der Dauer der Aufbewahrungsfrist verfügbar sind und jederzeit innerhalb angemessener Frist lesbar gemacht werden können. Er muss weiterhin sicherstellen, dass die Daten sämtlicher Unterlagen nach Abs. 2 nicht nachträglich geändert werden können.

Richtlinie:

13.1 Die Regelung bezieht sich auf alle Sachverständigenleistungen, wie sie sich aus § 2 Abs. 2 MSVO ergeben.

13.2 Die Aufzeichnungen dienen der Kontrolle über die Einhaltung der Pflichten des Sachverständigen. Deshalb müssen sie vollständig, übersichtlich und chronologisch geordnet sein. Eine bestimmte technische Form (z. B. Tagebuch) ist nicht vorgesehen. Neben der herkömmlichen Schriftform ist es beispielsweise zulässig, die erforderlichen Aufzeichnungen und Daten in elektronischer Form (z. B. auf Festplatte, CD-Rom oder Diskette) vorzuhalten. Sollte diese Aufbewahrungsform gewählt werden, hat der Sachverständige sicherzustellen, dass die gespeicherten aufzuzeichnenden und aufzubewahrenden Daten ohne einen unverhältnismäßigen Aufwand zur Einsicht durch Berechtigte (vgl. § 20 MSVO) in allgemein lesbarer Form zur Verfügung stehen.

13.3 Der Sachverständige hat seine Leistung oder den begutachteten Gegenstand in den Aufzeichnungen so zu beschreiben, dass eine spätere Identifizierung zweifelsfrei ohne weitere Ermittlungen und Einsichtnahme in die Akten möglich ist.

13.4 Bei mündlich erbrachten Leistungen sind Auftraggeber, Gegenstand der Leistung, Datum und Ergebnis der Leistungserbringung schriftlich (s. o.) festzuhalten. Bei mündlich erstatteten Gerichtsgutachten genügt eine Aufzeichnung über den Tag der Vernehmung, das Gericht, die Prozessparteien und das Aktenzeichen des Verfahrens, weil das Ergebnis des Gutachtens durch Protokollierung aktenkundig wird.

13.5 Wird das Gutachten nicht erstattet, so sind die Gründe dafür festzuhalten (z. B. Ablehnung wegen der Besorgnis der Befangenheit oder Abbruch wegen Abschluss eines Vergleichs).

13.6 Der Sachverständige muss nachträgliche Änderungen der Aufzeichnungen kenntlich machen. Dies gilt insbesondere auch für Aufzeichnungen in elektronischer Form.

13.7 Der Sachverständige muss von sich aus prüfen, ob zum besseren Verständnis der Art und des Umfangs seiner Tätigkeit als Sachverständiger sowie zum Nachweis über Einzelheiten von ihm getroffener Feststellungen (beispielsweise zum Zwecke der Abwehr von Haftungsansprüchen) weitere Unterlagen aufzubewahren sind.

§ 14
Haftungsausschluss; Haftpflichtversicherung

(1) Der Sachverständige darf seine Haftung für Vorsatz und grobe Fahrlässigkeit nicht ausschließen oder der Höhe nach beschränken.

(2) Der Sachverständige soll eine Haftpflichtversicherung in angemessener Höhe abschließen und während der Zeit der Bestellung aufrechterhalten. Er soll sie in regelmäßigen Abständen auf Angemessenheit überprüfen.

Richtlinie:

14.1 Der Sachverständige ist seinem Auftraggeber zum Ersatz vorsätzlich oder fahrlässig verursachter Schäden verpflichtet.

14.2 Die Haftung für Vorsatz und grobe Fahrlässigkeit kann vom Sachverständigen weder ausgeschlossen noch der Höhe nach beschränkt werden. Weitere gesetzliche Verbote für Haftungsausschlüsse und Haftungsbeschränkungen sind zu beachten.

14.3 Der Sachverständige soll für sich und seine Mitarbeiter eine Berufshaftpflichtversicherung in angemessener Höhe abschließen und diese während des Zeitraums seiner öffentlichen Bestellung aufrechterhalten. Die Höhe der Versicherung muss sich nach dem Umfang seiner möglichen Inanspruchnahme richten. Der Sachverständige soll seine Haftpflichtversicherung – auch im eigenen Interesse – in regelmäßigen Abständen auf ihre Angemessenheit hin überprüfen.

14.4 Wird der Sachverständige in einem Zusammenschluss mit anderen Sachverständigen tätig, bei dem die Haftung des Einzelnen ausgeschlossen oder beschränkt ist (siehe § 21 MSVO), soll dieser sich haftpflichtversichern. Die Deckungssumme der Haftpflichtversicherung soll dem Haftungsrisiko des Zusammenschlusses entsprechen.

Wählt der Sachverständige für einen Zusammenschluss im Sinne des § 21 MSVO eine Rechtsform, die die Haftung auf das Vermögen des Zusammenschlusses beschränkt (z. B. GmbH, § 13 Abs. 2 GmbHG), soll er dafür Sorge tragen, dass die Gesellschaft über eine angemessene Haftpflichtversicherung verfügt. Für eine Gesellschaft, deren Haftung auf das Gesellschaftsvermögen beschränkt ist, gilt eine Haftpflichtversicherung nur dann als angemessen, wenn die Haftungshöchstsummen deutlich über denen für die einzelnen Sachverständigen des Zusammenschlusses liegen.

§ 15
Schweigepflicht

(1) Dem Sachverständigen ist untersagt, bei der Ausübung seiner Tätigkeit erlangte Kenntnisse Dritten unbefugt mitzuteilen oder zum Schaden anderer oder zu seinem oder zum Nutzen anderer unbefugt zu verwerten.

(2) Der Sachverständige hat seine Mitarbeiter zur Beachtung der Schweigepflicht zu verpflichten.

(3) Die Schweigepflicht des Sachverständigen erstreckt sich nicht auf die Anzeige- und Auskunftspflichten nach den §§ 19 und 20.

(4) Die Schweigepflicht des Sachverständigen besteht über die Beendigung des Auftragsverhältnisses hinaus. Sie gilt auch für die Zeit nach dem Erlöschen der öffentlichen Bestellung.

Richtlinie:

15.1 Die Schweigepflicht ist ein maßgeblicher Grund für die Vertrauenswürdigkeit des öffentlich bestellten Sachverständigen. Der Sachverständige darf weder das Gutachten noch Tatsachen oder Unterlagen, die ihm im Rahmen seiner gutachtlichen Tätigkeit anvertraut worden oder bekannt geworden sind, unbefugt offenbaren, weitergeben oder ausnutzen. Die Pflicht zur Verschwiegenheit umfasst alle Tatsachen, die er durch seine Tätigkeit als öffentlich bestellter Sachverständiger erfahren hat, sofern diese nicht offenkundig sind. Auch die Tatsache seiner Beauftragung ist gegebenenfalls geheim zu halten. So dürfen Dritten nicht ohne weiteres auf Anfrage Auskünfte über den Inhalt oder Umstände der Gutachtenerstattung erteilt werden. Wenn z. B. Versicherungsgesellschaften, denen das Gutachten eines Kraftfahrzeugsachverständigen vorgelegt worden ist, Rückfragen haben, ist das Einverständnis des Auftraggebers zur Auskunftserteilung einzuholen, wenn es nicht aus den Umständen oder der Interessenlage unterstellt werden kann.

15.2 Diese Schweigepflicht gilt auch für alle im Betrieb des Sachverständigen mitarbeitenden Personen. Der Sachverständige hat dafür zu sorgen, dass die Schweigepflicht von den genannten Personen eingehalten wird.

15.3 Eine befugte Offenbarung liegt dann vor, wenn der Auftraggeber den Sachverständigen ausdrücklich von der Schweigepflicht entbindet. Es empfiehlt sich, sich die Zustimmung des Auftraggebers schriftlich geben zu lassen. Der Sachverständige darf allerdings Dritten, denen der Auftraggeber das Gutachten zugänglich gemacht hat, unter Schonung der berechtigten Belange des Auftraggebers das Gutachten z. B. erläutern.

15.4 Der Sachverständige darf die bei seiner Gutachtertätigkeit erlangten Kenntnisse in anonymisierter Form für sich oder Dritte verwerten (beispielsweise zum Zweck des Vergleichs, der Statistik oder des Erfahrungsaustausches). In diesen Fällen muss der Sachverständige jedoch sicherstellen, dass – auch nicht mittelbar – Rückschlüsse auf den Auftraggeber, den konkreten Gutachtenfall oder das begutachtete Objekt möglich sind.

15.5 Eine befugte Offenbarung liegt auch dann vor, wenn der Sachverständige aufgrund von Vorschriften dazu verpflichtet ist (z. B. nach § 20 MSVO oder nach der ZPO). Der Sachverständige ist auch verpflichtet, als Zeuge im Strafprozess auszusagen. Die Zeugnispflicht geht hier der Schweigepflicht vor. Er hat auch kein Auskunftsverweigerungsrecht nach der Abgabenordnung.

XI Anhang 1.1 Muster-Sachverständigenordnung (SVO)

15.6 Die Schweigepflicht gilt auch, wenn die öffentliche Bestellung des Sachverständigen erloschen (§ 22 Abs. 1 MSVO) oder sein Auftraggeber verstorben ist.

15.7 Da der öffentlich bestellte Sachverständige auf die gewissenhafte Erfüllung seiner Obliegenheiten förmlich verpflichtet worden ist, stellt die Verletzung der Schweigepflicht eine strafbare Handlung nach § 203 Abs. 2 Nr. 5 StGB dar; die oben genannten Ausnahmen von der Schweigepflicht gelten auch hier.

§ 16
Fortbildungspflicht und Erfahrungsaustausch

Der Sachverständige hat sich auf dem Sachgebiet, für das er öffentlich bestellt und vereidigt ist, im erforderlichen Umfang fortzubilden und den notwendigen Erfahrungsaustausch zu pflegen.

Richtlinie:

16.1 Es reicht nicht aus, dass der Sachverständige nur im Zeitpunkt seiner Bestellung über das notwendige Fachwissen verfügt und fähig ist, Gutachten zu erstatten. Beide Bestellungsvoraussetzungen müssen während der gesamten Dauer der öffentlichen Bestellung vorhanden sein. Der Sachverständige hat sich daher ständig über den jeweiligen Stand der Wissenschaft, der Technik und die neueren Erkenntnisse auf seinem Sachgebiet zu unterrichten. Zur Fortbildung gehört aber nicht nur die Ergänzung des unmittelbaren Fachwissens, sondern auch Weiterbildung im allgemeinen Sachverständigenwissen (z. B. Vertrags-, Prozess-, Haftungs-, Gebühren- und Schiedsgutachterrecht sowie im öffentlichen Recht hinsichtlich des ihn betreffenden Pflichtenkatalogs).

16.2 Zu diesem Zweck hat sich der Sachverständige nachweisbar in der erforderlichen Weise, insbesondere durch regelmäßige Teilnahme an Kursen, Seminaren und Fortbildungslehrgängen, die von kompetenten Stellen angeboten werden, sowie durch laufendes Studium der Fachliteratur und von Fachzeitschriften fortzubilden. Zur Fortbildung gehört auch die Teilnahme am fachlichen Erfahrungsaustausch (z. B. Teilnahme an Fachkongressen) in erforderlichem Umfang, soweit es diesen auf dem Sachgebiet gibt, für das er öffentlich bestellt ist.

Entsprechende Nachweise sind fortlaufend, spätestens bei einem Antrag auf Verlängerung nach Ablauf der Befristung vorzulegen (vgl. 4.4).

§ 17
(entfallen)

§ 18
Werbung

Werbung des öffentlich bestellten und vereidigten Sachverständigen muss seiner besonderen Stellung und Verantwortung gerecht werden.

Richtlinie:

18.1 Der Sachverständige unterliegt bei seiner Werbung den Bestimmungen der §§ 1 und 3 UWG.

18.2 Der Sachverständige hat sich bei der Kundmachung seiner Tätigkeit und bei seiner Werbung Zurückhaltung aufzuerlegen. Aufmachung und Inhalt seiner Selbstdarstellung müssen dem Ansehen, der Funktion und der hohen Verantwortung eines öffentlich bestellten Sachverständigen gerecht werden. Zulässig ist danach eine Werbung, die lediglich hinweisenden und informierenden Charakter hat und das Leistungsangebot des Sachverständigen in der äußeren Aufmachung und der inhaltlichen Aussage objektiv darstellt. Zu unterlassen sind dagegen aufdringliche und anreißerische Werbeaussagen.

18.3 Der Sachverständige darf seine öffentliche Bestellung sowie seine Sachverständigentätigkeit in Tageszeitungen, Fachzeitschriften, Branchenfernsprechbüchern, Adressbüchern und im Internet bekannt geben. Solche Anzeigen dürfen nach Form und Inhalt nicht reklameartig aufgemacht sein und müssen sich auf die Bekanntgabe des Namens, der Adresse, der Sachgebietsbezeichnung, der öffentlichen Bestellung und der bestellenden Kammer beschränken.

18.4 Der Sachverständige darf in Anzeigen und auf seinen Briefbögen außer auf seine Sachverständigentätigkeit nicht auf seine sonstige berufliche oder gewerbliche Tätigkeit hinweisen, wenn dies gegen §§ 1 und 3 UWG verstößt. Dies ist jedenfalls dann der Fall, wenn der Hinweis auf die öffentliche Bestellung so in den Mittelpunkt gerückt wird, dass dem angesprochenen Dritten der Eindruck nahe liegt, der Sachverständige sei auch bei seiner sonstigen beruflichen oder gewerblichen Tätigkeit besonders qualifiziert oder vertrauenswürdig (Image-Transfer). Umgekehrt darf der Sachverständige bei Tätigkeiten auf anderen Sachgebieten als denjenigen, für die er bestellt ist, oder bei Leistungen im Rahmen seiner sonstigen beruflichen oder gewerblichen Tätigkeit auf seine öffentliche Bestellung nur dann Bezug nehmen, wenn dadurch die §§ 1 und 3 UWG nicht verletzt werden (vgl. § 12 Abs. 3 MSVO).

18.5 Der Auftraggeber darf nach Absprache mit dem Sachverständigen auf seinen Produkten oder in der Produktbeschreibung darauf hinweisen, dass sein Produkt von dem betreffenden öffentlich bestellten

Muster-Sachverständigenordnung (SVO)

Sachverständigen überprüft worden ist. Ansonsten darf der Sachverständige nicht im Zusammenhang mit den beruflichen oder gewerblichen Leistungen Dritter werben oder für sich werben lassen.

18.6 Soweit der Sachverständige standesrechtlichen Regeln zur Werbung unterliegt (z. B. als Architekt, Ingenieur, Wirtschaftsprüfer oder Steuerberater), bleiben diese unberührt.

§ 19
Anzeigepflichten

Der Sachverständige hat der Industrie- und Handelskammer unverzüglich anzuzeigen:

a) die Änderung seiner nach § 4 Abs. 1 S.1 die örtliche Zuständigkeit begründenden Niederlassung und die Änderung seines Wohnsitzes;

b) die Errichtung und tatsächliche Inbetriebnahme oder Schließung einer Niederlassung;

c) die Änderung seiner oder die Aufnahme einer weiteren beruflichen oder gewerblichen Tätigkeit, insbesondere den Eintritt in ein Arbeits- oder Dienstverhältnis;

d) die voraussichtlich länger als drei Monate dauernde Verhinderung an der Ausübung seiner Tätigkeit als Sachverständiger;

e) den Verlust der Bestellungsurkunde, des Ausweises oder des Rundstempels;

f) die Leistung der Eidesstattlichen Versicherung gemäß § 807 Zivilprozessordnung[4] und den Erlass eines Haftbefehls zur Erzwingung der Eidesstattlichen Versicherung gemäß § 901 Zivilprozessordnung[5];

g) die Stellung des Antrages auf Eröffnung eines Insolvenzverfahrens über sein Vermögen oder das Vermögen einer Gesellschaft, deren Vorstand, Geschäftsführer oder Gesellschafter er ist, die Eröffnung eines solchen Verfahrens und die Abweisung der Eröffnung des Insolvenzverfahrens mangels Masse;

h) den Erlass eines Haft- oder Unterbringungsbefehls, die Erhebung der öffentlichen Klage und den Ausgang des Verfahrens in Strafverfahren, wenn der Tatvorwurf auf eine Verletzung von Pflichten schließen lässt, die bei der Ausübung der Sachverständigentätigkeit zu beachten sind, oder er in anderer Weise geeignet ist, Zweifel an der persönlichen Eignung oder besonderen Sachkunde des Sachverständigen hervorzurufen;

i) die Gründung von Zusammenschlüssen nach § 21 oder den Eintritt in einen solchen Zusammenschluss.

Richtlinie:

19.1 Der Sachverständige ist verpflichtet, der IHK alle Veränderungen in seinem persönlichen Bereich mitzuteilen, die Auswirkungen auf seine Tätigkeit haben können. So muss die IHK, da sie auf Anfrage Gerichten oder privaten Interessenten Sachverständige benennt, wissen, wo und wie der Sachverständige erreichbar ist, und darüber unterrichtet sein, wenn er z. B. durch Krankheit oder Auslandsaufenthalt drei Monate und länger gehindert ist, seine Tätigkeit auszuüben. Der Sachverständige ist daher verpflichtet, die IHK zu unterrichten, wenn er seine (Haupt-)Niederlassung oder seine Wohnung ändert, eine Zweigniederlassung errichten oder ändern will. Im Übrigen hat der Sachverständige auch Änderungen seiner

---

[4] § 807 ZPO: (1) Der Schuldner ist nach Erteilung des Auftrags nach § 900 Abs. 1 verpflichtet, ein Verzeichnis seines Vermögens vorzulegen und für die Forderungen den Grund und die Beweismittel zu bezeichnen, wenn die Pfändung zu einer vollständigen Befriedigung des Gläubigers nicht geführt hat, der Gläubiger glaubhaft macht, dass er durch die Pfändung seine Befriedigung nicht vollständig erlangen könne, der Schuldner die Durchsuchung (§ 758) verweigert hat oder der Gerichtsvollzieher den Schuldner wiederholt in seiner Wohnung nicht angetroffen hat, nachdem er einmal die Vollstreckung mindestens zwei Wochen vorher angekündigt hatte; dies gilt nicht, wenn der Schuldner seine Abwesenheit genügend entschuldigt und den Grund glaubhaft macht.(2) Aus dem Vermögensverzeichnis müssen auch ersichtlich sein
1. die in den letzten zwei Jahren vor dem ersten zur Abgabe der eidesstattlichen Versicherung anberaumten Termin vorgenommenen entgeltlichen Veräußerungen des Schuldners an eine nahe stehende Person (§ 138 der Insolvenzordnung);
2. die in den letzten vier Jahren vor dem ersten zur Abgabe der eidesstattlichen Versicherung anberaumten Termin von dem Schuldner unentgeltlichen Leistungen, sofern sie sich nicht auf gebräuchliche Gelegenheitsgeschenke geringeren Werts richteten.Sachen, die nach § 811 Abs. 1 Nr. 1, 2 der Pfändung offensichtlich nicht unterworfen sind, brauchen in dem Vermögensverzeichnis nicht angegeben zu werden, es sei denn, dass eine Austauschpfändung in Betracht kommt.(3) Der Schuldner hat zu Protokoll an Eides statt zu versichern, dass er die von ihm verlangten Angaben nach bestem Wissen und Gewissen richtig und vollständig gemacht habe. Die Vorschriften der §§ 478 bis 480, 483 gelten entsprechend.

[5] § 901 ZPO: Erlass eines Haftbefehls: Gegen den Schuldner, der in dem zur Abgabe der eidesstattlichen Versicherung bestimmten Termin nicht erscheint oder die Abgabe der eidesstattlichen Versicherung ohne Grund verweigert, hat das Gericht zur Erzwingung der Abgabe auf Antrag einen Haftbefehl zu erlassen. In dem Haftbefehl sind der Gläubiger, der Schuldner und der Grund der Verhaftung zu bezeichnen. Einer Zustellung des Haftbefehls vor seiner Vollziehung bedarf es nicht.

Telefon- oder Telefaxnummer und sonstigen Kommunikationsmitteln, die er als Sachverständiger benutzt, mitzuteilen.

19.2 Die Tätigkeit als öffentlich bestellter Sachverständiger muss mit seiner sonstigen beruflichen oder gewerblichen Tätigkeit vereinbar sein. Insbesondere dürfen Unparteilichkeit und Unabhängigkeit wegen Interessenkollision nicht beeinträchtigt und seine zeitliche Verfügbarkeit nicht in unzumutbarem Umfang eingeschränkt werden. Deshalb hat der Sachverständige die Änderung der ausgeübten oder die Aufnahme einer weiteren beruflichen oder gewerblichen Tätigkeit, insbesondere den Eintritt in ein Arbeits- oder Dienstverhältnis oder die Gründung von Zusammenschlüssen (§ 21 MSVO), ebenso den Widerruf einer vom Arbeitgeber bzw. vom Dienstherrn erteilten Freistellung (vgl. 3.6.) anzuzeigen.

19.3 Die Pflicht zur Unterrichtung der IHK erstreckt sich auch auf solche Umstände, die seine wirtschaftliche Leistungsfähigkeit oder seine persönliche Eignung für die Tätigkeit als Sachverständiger in Frage stellen können. Die IHK ist daher bei eidesstattlichen Versicherungen und Insolvenzverfahren zu informieren. Auch bei Strafverfahren ist die IHK zu unterrichten und über den Stand des Verfahrens auf dem laufenden zu halten.

§ 20
Auskunftspflichten, Überlassung von Unterlagen

(1) Der Sachverständige hat auf Verlangen der Industrie- und Handelskammer die zur Überwachung seiner Tätigkeit und der Einhaltung seiner Pflichten erforderlichen mündlichen oder schriftlichen Auskünfte innerhalb der gesetzten Frist und unentgeltlich zu erteilen und angeforderte Unterlagen vorzulegen. Er kann die Auskunft auf solche Fragen verweigern, deren Beantwortung ihn selbst oder einen seiner Angehörigen (§ 52 Strafprozessordnung[6]) der Gefahr strafrechtlicher Verfolgung oder eines Verfahrens nach dem Gesetz über Ordnungswidrigkeiten aussetzen würde.

(2) Der Sachverständige hat auf Verlangen der Industrie- und Handelskammer die aufbewahrungspflichtigen Unterlagen (§13) in deren Räumen vorzulegen und angemessene Zeit zu überlassen.

Richtlinie:
20.1 Auf Verlangen der IHK hat der Sachverständige unverzüglich und auf seine Kosten alle Auskünfte zu erteilen, die erforderlich sind, um Art und Umfang seiner Tätigkeit überwachen zu können. Hierunter fallen auch Tatsachen, die nicht unmittelbar mit Gutachten oder anderen Sachverständigentätigkeiten zusammenhängen. Voraussetzung ist, dass ihre Kenntnis zur Würdigung der besonderen Sachkunde, der Unparteilichkeit, Unabhängigkeit, Zuverlässigkeit und anderer Grundlagen der persönlichen Eignung sowie der Einhaltung der Sachverständigenpflichten erforderlich ist. Dazu gehören z. B. Rahmenverträge über Sachverständigenleistungen über einen längeren Zeitraum, Korrespondenz über Beschwerden, Werbe- und Informationsmaterial, Bestätigungen über Fortbildungsmaßnahmen und Erfahrungsaustausch, Nachweise einer nach Art der versicherten Risiken und Höhe angemessenen Haftpflichtversicherung.

20.2 Der Sachverständige kann diese Auskünfte gemäß § 15 Abs. 3 MSVO nicht mit dem Hinweis auf seine Schweigepflicht verweigern, da die IHK als zuständige Bestellungskörperschaft im Rahmen ihrer Überwachungspflicht über die Sachverständigen zur Einholung dieser Auskünfte berechtigt ist.

§ 21
Zusammenschlüsse

Der Sachverständige darf sich zur Ausübung seiner Sachverständigentätigkeit mit anderen Personen in jeder Rechtsform zusammenschließen. Dabei hat er darauf zu achten, dass seine Glaubwürdigkeit, sein Ansehen in der Öffentlichkeit und die Einhaltung seiner Pflichten nach dieser Sachverständigenordnung gewährleistet sind.

Richtlinie:
21.1 Der Sachverständige ist in seiner Wahl frei, in welcher Rechtsform er tätig werden will. Er kann allein, auch in der Rechtsform der GmbH, arbeiten; er kann sich mit anderen Sachverständigen seines

---

6 § 52 StPO: (1) Bei jedem Gericht und jeder Staatsanwaltschaft wird eine Geschäftsstelle eingerichtet, die mit der erforderlichen Zahl von Urkundsbeamten besetzt wird.
(2) Haben Minderjährige wegen mangelnder Verstandesreife oder haben Minderjährige oder Betreute wegen einer psychischen Krankheit oder einer geistigen oder seelischen Behinderung von der Bedeutung des Zeugnisverweigerungsrechts keine genügende Vorstellung, so dürfen sie nur vernommen werden, wenn sie zur Aussage bereit sind und auch ihr gesetzlicher Vertreter der Vernehmung zustimmt. Ist der gesetzliche Vertreter selbst Beschuldigter, so kann er über die Ausübung des Zeugnisverweigerungsrechts nicht entscheiden; das Gleiche gilt auch für den nicht beschuldigten Elternteil, wenn die gesetzliche Vertretung beiden Eltern zusteht.
(3) Die zur Verweigerung des Zeugnisses berechtigten Personen, in den Fällen des Absatzes 2 auch deren zur Entscheidung über die Ausübung des Zeugnisverweigerungsrechts befugte Vertreter, sind vor jeder Vernehmung über ihr Recht zu belehren. Sie können den Verzicht auf dieses Recht auch während der Vernehmung widerrufen.

oder anderer Sachgebiete in der Rechtsform z. B. der Gesellschaft bürgerlichen Rechts, der GmbH, der Partnerschaftsgesellschaft zusammentun. Soweit solche Gesellschaften rechtlich verselbständigt sind, werden sie selbst Partner der Verträge über Sachverständigenleistungen. Anderes gilt nur bei gerichtlichen Aufträgen, die sich direkt an einzelne Sachverständige richten. Auch wenn die Sachverständigen-Gesellschaft Vertragspartner für Sachverständigenleistungen wird, ändert sich nichts daran, dass der Sachverständige aufgrund seiner öffentlichen Bestellung verpflichtet ist, für die Einhaltung des Pflichtenkatalogs Sorge zu tragen. Ist das nicht möglich, bleibt ihm nur die Alternative, entweder aus der Gesellschaft auszuscheiden oder auf die öffentliche Bestellung zu verzichten.

Gesellschaftsvertrag und sonstige interne Organisationsregeln dürfen die Unabhängigkeit und Unparteilichkeit des Sachverständigen nicht gefährden. Eine Gefährdung ist regelmäßig anzunehmen bei fachlichen Weisungsbefugnissen anderer Gesellschafter, kaufmännischer Geschäftsführer, der Gesellschafterversammlung, wenn die Zuweisung eingegangener Aufträge nicht nach einer weitgehend objektivierten Geschäftsverteilung erfolgt.

21.2 Schließt sich ein öffentlich bestellter Sachverständiger mit nicht öffentlich bestellten Sachverständigen zusammen, hängt seine uneingeschränkte fachliche und persönliche Vertrauenswürdigkeit nicht mehr allein von ihm, sondern auch von der Gesellschaft ab. Den öffentlich bestellten und vereidigten Sachverständigen trifft daher die Verpflichtung, seine Partner auf die Einhaltung solcher Pflichten aus der Sachverständigenordnung zu verpflichten, deren Nichtbeachtung Wirkungen auf seine öffentliche Bestellung haben können. Das sind im Kern z. B. eine jedenfalls vergleichbare Qualifikation, Unabhängigkeit und Unparteilichkeit, die Wahrung der Grundsätze der Höchstpersönlichkeit, eine uneingeschränkte persönliche Eignung und die Schweigepflicht. Nicht einschlägig sind dagegen solche Pflichten, die nur zwischen der IHK und dem öffentlich bestellten und vereidigten Sachverständigen zu Überwachungszwecken bestehen.

21.2.1 Die IHK kann unmittelbar weder auf die Gesellschaft noch auf deren nicht öffentlich bestellte Mitglieder Einfluss nehmen. Dazu fehlt es an rechtlichen Beziehungen. Der öffentlich bestellte Sachverständige muss selbst dafür Sorge tragen, dass die Tätigkeit der anderen Partner seine uneingeschränkte Vertrauenswürdigkeit nicht gefährdet. Gelingt das nicht oder ist aufgrund bestimmter Umstände dieses Vertrauen der Öffentlichkeit zerstört, auch wenn das der öffentlich bestellte Sachverständige selbst dafür die Verantwortung trägt, kann ein Widerruf der öffentlichen Bestellung in Betracht kommen.

21.2.2 Der Zusammenschluss der Sachverständigen und deren einzelne Mitglieder unterliegen dem gesetzlichen Verbot nach § 3 UWG, über geschäftliche Verhältnisse zu täuschen. Eine Täuschung kann auch in der Verschleierung liegen. Die Sachverständigen müssen deshalb klarstellen, welcher einzelne von ihnen welche Art Qualifikation in Anspruch nimmt. Pauschale Bezeichnungen auf gemeinsamen Drucksachen, Briefbögen, Praxisschildern wie z. B. „... freie, zertifizierte und öffentlich bestellte Sachverständige ..." sind unzulässig. Solche Handhabung betrifft nicht nur das Rechtsverhältnis zwischen dem öffentlich bestellten Sachverständigen und der IHK. Bei Verstößen gegen das Wettbewerbsrecht kann die IHK unmittelbar gegen die Gesellschaft und die nicht öffentlich bestellten Sachverständigen vorgehen.

IV. Erlöschen der öffentlichen Bestellung

§ 22
Erlöschen der öffentlichen Bestellung

(1) Die öffentliche Bestellung erlischt, wenn

a) der Sachverständige gegenüber der Industrie- und Handelskammer erklärt, dass er nicht mehr als öffentlich bestellter und vereidigter Sachverständiger tätig sein will;

b) der Sachverständige keine Niederlassung mehr im Geltungsbereich des Grundgesetzes unterhält;

c) die Zeit, für die der Sachverständige öffentlich bestellt ist, abläuft;

d) der Sachverständige das 68. Lebensjahr vollendet hat;

e) die Industrie- und Handelskammer die öffentliche Bestellung zurücknimmt oder widerruft.

(2) Die Industrie- und Handelskammer kann in dem Fall des Abs. 1 Buchst. d) in begründeten Ausnahmefällen auf Antrag einmalig erneut bestellen, höchstens jedoch bis zur Vollendung des 71. Lebensjahres; § 2 Abs. 4 bleibt dabei außer Betracht.

(3) Die Industrie- und Handelskammer macht das Erlöschen der Bestellung in ....(Mitteilungsorgan) bekannt.

Richtlinie:

22.1 Die Erklärung des Sachverständigen nach § 22 Abs. 1 Buchst. a) MSVO muss klar und unmissverständlich geäußert werden.

22.2 § 22 Abs. 1 Buchst. b) MSVO korrespondiert mit § 3 Abs. 2 a) MSVO. Daher erlischt die öffentliche Bestellung bei einer Sitzverlegung; der Sitz ist dort, von wo aus der Sachverständige seiner Sachverständigentätigkeit nachgeht (vgl. 17.1). Das muss nicht das Büro seiner sonstigen beruflichen oder gewerblichen Tätigkeit sein. Kommt es zu einer Sitzverlegung aus dem Zuständigkeitsbereich der bestellenden IHK, muss der Sachverständige bei der für den neuen Sitz zuständigen IHK erneut einen Antrag auf öffentlich Bestellung stellen, falls er wiederum öffentlich bestellt werden möchte, die ihn im Regelfall erneut öffentlich bestellen und vereidigen wird. Die jetzt zuständige IHK wird von der früher zuständigen die vollständigen Sachverständigenakten anfordern.

Wegen des Verfahrens im Einzelnen siehe die Ausführung zu 3.9.

22.3 Auch nach Ablauf einer zeitlich befristeten Bestellung nach § 22 Abs. 1 Buchst. c) MSVO erlischt die Bestellung. Die IHK sollte regelmäßig von sich aus rechtzeitig vor Ablauf der Befristung den Sachverständigen fragen, ob der Sachverständige die Erneuerung der öffentlichen Bestellung wünscht. Er kann dann rechtzeitig einen Verlängerungsantrag stellen. Die IHK ist gegenüber der Öffentlichkeit verpflichtet sicherzustellen, dass ein Sachverständiger während der Dauer der öffentlichen Bestellung z. B. seiner Pflicht zur Weiterbildung nachkommt und über eine ausreichende gerätetechnische Ausrüstung verfügt. Außerdem muss sie wissen, ob auf einem bestimmten Sachgebiet in ausreichender Zahl Sachverständige zur Verfügung stehen. Sie sollte den Sachverständigen an die Notwendigkeit einer ausreichenden Haftpflichtversicherung erinnern. Sie wird deshalb aus Anlass der Verlängerung den Sachverständigen anhand eines vorbereiteten Fragebogens um nähere Angaben zu seiner bisherigen Tätigkeit bitten. Im Einzelnen sollten dies mindestens Fragen sein:

– zu Umfang und Angemessenheit der Haftpflichtversicherung,
– zur Anzahl der in den vergangenen 5 Jahren erstellen Gutachten (getrennt nach Gerichts- und Privatgutachten),
– zur technischen Ausrüstung,
– zur Bearbeitungsdauer, einschl. der Frage, ob Gutachtenaufträge wegen Überlastung zurückgewiesen werden mussten, evtl. Wartezeiten,
– zu Spezialkenntnissen
– zur Fortbildung.

22.4 Voraussetzungen der Verlängerung einer aus Altersgründen erlöschenden Bestellung sind die unveränderte physische und psychische Fähigkeit des Sachverständigen, die von ihm verlangten Sachverständigenleistungen innerhalb angemessener Zeit zu erbringen, sowie die unbeeinträchtigte besondere Sachkunde. Sind diese Voraussetzungen zu bejahen, bleibt der Ausnahmefall zu prüfen. Die einmalige Verlängerung kann die in § 2 Abs. 4 MSVO normierte Frist von 5 Jahren deutlich unterschreiten.

22.5 Das Erlöschen der öffentlichen Bestellung wird im Mitteilungsorgan der IHK bekanntgemacht. Auf die Ausführungen zu 7.1 und 7.2 wird verwiesen.

22.6 Mit Erlöschen der öffentlichen Bestellung wird die Vereidigung gegenstandslos. Der Sachverständige darf sich nunmehr z. B. nicht mehr als „vereidigter Sachverständiger" oder als „vormals vereidigter Sachverständiger" u.ä. bezeichnen (vgl. auch 5.3). Auch eine Bezugnahme auf die frühere öffentliche Bestellung ist unter wettbewerbsrechtlichen Gesichtspunkten unzulässig.

§ 23
Rücknahme; Widerruf

Rücknahme und Widerruf der öffentlichen Bestellung richten sich nach den Bestimmungen des Verwaltungsverfahrensgesetzes des jeweiligen Landes.

Richtlinie:

23.1 Die Rücknahme oder der Widerruf einer öffentlichen Bestellung ist eine Ermessensentscheidung. Die IHK muss dieses Ermessen erkennbar ausüben.

23.2 Eine rechtswidrige öffentliche Bestellung kann z. B. zurückgenommen werden, wenn der Sachverständige sie durch Angaben erwirkt hat, die in wesentlicher Beziehung unrichtig oder unvollständig waren.

Beispiele:
– Der Sachverständige hat die im Antragsverfahren vorgelegten Gutachten nicht persönlich erstattet; er hat gefälschte Zeugnisse oder Nachweise seiner Berufsausbildung vorgelegt; er verschweigt trotz Erklärungsaufforderung Vorstrafen oder Ordnungswidrigkeitenverfahren; er erbringt den Nachweis der besonderen Sachkunde vor Fachgremien nicht durch selbst erarbeitete Gutachten.
– Der Sachverständige kann sich nicht darauf berufen, er habe die Unrichtigkeit oder Unvollständigkeit der Angaben nicht erkannt, wenn ihm insoweit grobe Fahrlässigkeit anzulasten ist. Der Vertrau-

ensschutz des Sachverständigen in den Fortbestand seiner öffentlichen Bestellung als begünstigendem Verwaltungsakt wird in den §§ 43 ff Verwaltungsverfahrensgesetz des jeweiligen Landes im Enzelnen geregelt.

23.3 Die öffentliche Bestellung kann widerrufen werden, wenn die IHK aufgrund nachträglich eingetretener Tatsachen berechtigt wäre, die öffentliche Bestellung abzulehnen, und wenn ohne den Widerruf das öffentliche Interesse gefährdet würde. Sie darf die öffentliche Bestellung auch widerrufen, wenn eine mit ihr verbundene Auflage nicht erfüllt worden ist. Die IHK wird also einen Widerruf prüfen, wenn sich nach der Bestellung ergibt, dass der Sachverständige nicht mehr über die erforderliche fachliche und persönliche Eignung verfügt oder seine Einrichtungen nicht mehr den Anforderungen genügen, von denen die Bestellung abhängig war (§ 3 MSVO).

23.3.1 Ein Widerruf kann beispielsweise in Betracht kommen, wenn

– der Sachverständige Blanko-Gutachtenformulare mit seiner Unterschrift und Stempel Mitarbeitern oder Dritten zur Verfügung stellt,

– der Sachverständige Straftaten im Zusammenhang oder angelegentlich seiner Sachverständigentätigkeit begeht (Diebstahl während eines Ortstermins). Das können auch Straftaten sein, die nicht in zumindest mittelbarem Zusammenhang mit der Sachverständigentätigkeit stehen. Von Bedeutung ist, ob sie geeignet sind, begründete Zweifel an der persönlichen Eignung, Zuverlässigkeit oder Befähigung hervorzurufen, z. B. Trunkenheitsdelikte. Bereits bei Einleitung eines Ermittlungsverfahrens kann der Widerruf einer öffentlichen Bestellung geboten sein; die Entscheidung darüber hängt von der Schwere des Strafvorwurfs und der Dringlichkeit des Tatverdachtes ab.

– der Sachverständige eine eidesstattliche Versicherung nach § 807 ZPO für sich oder einen Dritten abgeben musste und entweder persönlich oder für einen Dritten in das Schuldnerverzeichnis nach § 915 ZPO eingetragen ist,

– über das Vermögen des Sachverständigen ein Insolvenzverfahren beantragt, eröffnet oder die Eröffnung eines Insolvenzverfahrens mangels Masse abgelehnt wurde; dasselbe gilt bei einer Gesellschaft, deren Vorstand, Geschäftsführer oder Gesellschafter der Sachverständige ist. Die IHK wird in diesem Fall prüfen, inwieweit der Sachverständige noch über die notwendige Glaubwürdigkeit, Zuverlässigkeit und Unabhängigkeit verfügt, d. h. die persönliche Eignung noch gegeben ist.

– der Sachverständige dergestalt unbegründete und nicht nachvollziehbare Gutachten erstattet, dass diese für Auftraggeber oder Dritte nicht verwertbar oder verwendbar sind.

23.3.2 Das Verfahren der IHK zur Prüfung eines Widerrufs wird durch strafrechtliche Ermittlungen weder hinsichtlich des Verfahrensganges noch des Ergebnisses präjudiziert. Strafverfahren und Wiederrufsverfahren orientieren sich an unterschiedlichen Maßstäben. Trotz Einstellung eines Strafverfahrens oder Freispruchs aus Rechtsgründen ist deshalb ein Widerruf der öffentlichen Bestellung nicht ausgeschlossen, wenn begründete Zweifel an der persönlichen Eignung des Sachverständigen nicht ausgeräumt werden können.

23.3.3 Vor einer Rücknahme oder einem Widerruf muss geprüft werden, ob nicht geringere Eingriffe wie z. B. die Erteilung von Auflagen das erforderliche Ergebnis erzielen oder gewährleisten. Die IHK muss prüfen, ob der Widerruf die geeignete, notwendige und nicht außer Verhältnis zum erstrebten Ziel stehende Maßnahme ist. Erklärt sich z. B. der betroffene Sachverständige bereit, für die Zeit eines strafrechtlichen Ermittlungsverfahrens bis zur Entscheidung über eine Anklageerhebung die öffentliche Bestellung ruhen zu lassen, bedarf es in diesem Sinne vorerst keines Widerrufs. Es kann auch ausreichend sein, den Sachverständigen auf den Pflichtverstoß hinzuweisen und ihm mitzuteilen, dass im Wiederholungsfall der Widerruf ausgesprochen werden kann.

23.3.4 Die IHK wird In aller Regel prüfen, ob die sofortige Vollziehung des Widerrufs oder der Rücknahme anzuordnen ist.

23.4 Jede Rücknahme bzw. jeder Widerruf ist schriftlich zu begründen. In der Begründung sind die wesentlichen tatsächlichen und rechtlichen Entscheidungsgründe mitzuteilen. Da es sich in beiden Fällen um Ermessensentscheidungen handelt, muss die IHK auch die Gesichtspunkte erkennen lassen, von denen sie bei der Ausübung ihres Ermessens ausgegangen ist. Ihren Bescheid versieht sie mit einer Rechtsbehelfsbelehrung.

§ 24
Rückgabepflicht von Bestellungsurkunde, Ausweis und Stempel

Der Sachverständige hat nach Erlöschen der öffentlichen Bestellung der Industrie- und Handelskammer Bestellungsurkunde, Ausweis und Rundstempel zurückzugeben.

XI Anhang 1.1 — Muster-Sachverständigenordnung (SVO)

Richtlinie:
24.1 Da gemäß § 6 Abs. 1 MSVO Ausweis und Rundstempel im Eigentum der IHK verbleiben, kann sie nach Erlöschen der Bestellung deren Herausgabe verlangen. Die Rückgabepflicht auch für die Bestallungsurkunde folgt im Übrigen aus der Bestimmung des Verwaltungsverfahrensgesetzes des jeweiligen Landes, die die Rückgabe von Urkunden und Sachen nach unanfechtbarem Widerruf Rücknahme oder Wirksamkeitsende eines Verwaltungsaktes (Ablauf der öffentlichen Bestellung) regelt.

24.2 Die IHK kann den Anspruch nach den Vorschriften des Verwaltungsverfahrens- oder Vollstreckungsgesetzes des jeweiligen Landes durchsetzen.

V. Vorschriften über die öffentliche Bestellung und Vereidigung sonstiger Personen

§ 25
Entsprechende Anwendung

Diese Vorschriften sind entsprechend auf die öffentliche Bestellung und Vereidigung von besonders geeigneten Personen anzuwenden, die auf den Gebieten der Wirtschaft

a) bestimmte Tatsachen in Bezug auf Sachen, insbesondere die Beschaffenheit, Menge, Gewicht oder richtige Verpackung von Waren feststellen oder

b) die ordnungsmäßige Vornahme bestimmter Tätigkeiten überprüfen,

soweit hierfür nicht besondere Vorschriften erlassen worden sind.

Richtlinie:
25.1 Mit dieser Bestimmung werden die Eichaufnehmer, Messer, Schauer, Stauer, Güterbesichtiger und ähnliche Vertrauenspersonen erfasst (§ 36 Abs. 2 GewO), die auf den Gebieten der Wirtschaft zur Feststellung bestimmter Tatsachen in Bezug auf Sachen und zur Überprüfung der ordnungsgemäßen Vornahme bestimmter Tätigkeiten öffentlich bestellt werden können.

25.2 Die IHK kann für diesen Personenkreis auch besondere Satzungen erlassen, falls dazu eine Notwendigkeit besteht (z. B. für die Änderung der Altersgrenzen und Ergänzung des Pflichtenkataloges).

§ 26
Inkrafttreten und Überleitungsvorschrift

(1) Die Sachverständigenordnung tritt am ... in Kraft. Die Sachverständigenordnung vom ... tritt damit außer Kraft.

(2) § 2 Abs. 4 gilt nicht für unbefristete öffentliche Bestellungen, die vor diesem Zeitpunkt erfolgt sind.

Richtlinie:
26.1 Die Sachverständigenordnung und jede spätere Änderung müssen von der Vollversammlung der IHK als Satzung beschlossen und von Präsident und Hauptgeschäftsführer ausgefertigt werden. Das Inkrafttreten richtet sich nach den für die jeweilige IHK geltenden Vorschriften.

26.2 Neue Bestimmungen gelten grundsätzlich auch für bereits bestellte Sachverständige. Es gibt insoweit keinen Vertrauensschutz. Eine Ausnahme wurde aus Gründen der Rechtssicherheit mit der Einführung der fünfjährigen Regelbefristung (2.4) für bisher unbefristet bestellte Sachverständige gemacht. Insoweit wird für diesen Personenkreis eine Bestandschutzregelung eingeführt.

Honorar für Mietwertgutachten
Anhang 1.2 XI

1.2 Honorar für Mietwertgutachten

Vorbemerkungen: Die HOAI war und ist für die Honorierung von Mietwertgutachten nicht einschlägig. Nachstehend werden die Honorartabellen von *Dröge/Zehnter* für Mietwertgutachten abgedruckt.[7]

1 Honorartabelle: Gutachten über Wohnraummieten
1.1 Einzelgutachten (Stand: 1.9.2009)

Bruttokaltmiete im Monat	Honorar ohne MwSt.
bis 1 000 €	1 500 €
bis 1 500 €	1 800 €
bis 2 500 €	2 000 €
bis 4 000 €	2 500 €
ab 4 000 €	nach Vereinbarung

Quelle: Dröge, F., a. a. O.

1.2 Sammelgutachten

Zahl der Wohneinheiten	Honorar ohne MwSt.
2 Wohnungen zu 900 €	1 800 €
3 Wohnungen zu 750 €	2 250 €
4 Wohnungen zu 650 €	2 600 €
5 Wohnungen zu 600 €	3 000 €
8 Wohnungen zu 550 €	4 400 €
ab 10 Wohnungen zu 500 €	5 000 €
ab 15 Wohnungen zu 475 €	7 125 €
ab 20 Wohnungen zu 450 €	9 000 €
ab 25 Wohnungen zu 430 €	10 750 €
ab 30 Wohnungen zu 400 €	12 000 €
ab 50 Wohnungen zu 350 €	17 500 €
ab 100 Wohnungen zu 250 €	25 000 €
ab 150 Wohnungen	nach Vereinbarung

Quelle: Dröge, F., a.a.O.

Das obige Honorar beinhaltet:

Schreibgebühr ohne Flächenberechnungen, Telefon, Porto, Büromaterial, Fahrtspesen bis insgesamt 50 km.

Nicht enthalten sind:

eventuell erforderliche Flächenberechnungen, mehrmalige Ortsbesichtigungen, welche nicht durch den Sachverständigen verursacht sind (z. B. Unzugänglichkeit der Mieträume zum vorgesehenen Termin, Terminverschiebungen auf Wunsch einzelner Mieter), örtliches Aufmaß, Beschaffung erforderlicher Unterlagen. Für diese Tätigkeit wird nach Zeitaufwand abgerechnet, wobei ein Stundenhonorar von 180,00 €/Std zuzüglich MWSt. in Rechnung gestellt wird.

Die Schreibgebühr für Flächenberechnungen wird mit 45,00 €/Std., die Fahrtspesen über 50 km werden mit 0,60 €/km berechnet.

---

[7] Dröge, F., Handbuch der Mietpreisbewertung für Wohn- und Gewerberaum, 3. Aufl. S. 324 i.V.m. www.ferdinanddroege.de

XI Anhang 1.2 — Honorar für Mietwertgutachten

2 Honorartabelle: Gutachten über Gewerberaummieten

Nettomiete pro Jahr	Honorar ohne MwSt. in €
bis 7 500 €	1 850 €
bis 10 000 €	2 000 €
bis 15 000 €	2 350 €
bis 20 000 €	2 700 €
bis 25 000 €	3 000 €
bis 30 000 €	3 250 €
bis 50 000 €	4 200 €
bis 100 000 €	5 200 €
bis 175 000 €	6 200 €
bis 250 000 €	7 000 €
bis 500 000 €	10 000 €
bis 1 000 000 €	13 000 €
bis 2 500 000 €	19 000 €
bis 5 000 000 €	25 000 €

Quelle: Dröge, F., a.a.O.

Das obige Honorar beinhaltet:
Schreibgebühr ohne Flächenberechnungen, Telefon, Porto, Büromaterial, Fahrtspesen bis insgesamt 50 km.

Nicht enthalten sind:
eventuell erforderliche Flächenberechnungen, mehrmalige Ortsbesichtigungen, welche nicht durch den Sachverständigen verursacht sind (z. B. Unzugänglichkeit der Mieträume zum vorgesehenen Termin, Terminverschiebungen auf Wunsch einzelner Mieter), örtliches Aufmaß, Beschaffung erforderlicher Unterlagen. Für diese Tätigkeit wird nach Zeitaufwand abgerechnet, wobei ein Stundenhonorar von 180,00 €/Std zuzüglich MWSt in Rechnung gestellt wird.

Die Schreibgebühr für Flächenberechnungen wird mit 45,00 €/Std, die Fahrtspesen über 50 km werden mit 0,60 €/km berechnet.

1.3 Muster eines Partnerschaftsgesellschaftsvertrags

Vertrag[8]

§ 1

Die Herren X, Y und Z schließen sich als freiberufliche Sachverständige zur Ausübung ihres Berufs zusammen

Die Herren X, Y und Z sind hauptamtlich Sachverständige.

Auf die Partnerschaft finden das Gesetz zur Schaffung von Partnerschaftsgesellschaften vom 25.7.1994 – PartG – (BGBl I 1994, 1744), zuletzt geändert durch Art 1 a des Gesetzes vom 22.7.1998 (BGBl I 1998, 1878) und die Vorschriften des Bürgerlichen Gesetzbuchs Anwendung.

§ 2

Die Partnerschaft trägt den Namen „X & Partner".

§ 3

Die Partnerschaft mit Namen „X & Partner" hat ihren Sitz in Frankfurt am Main.

Die Namen der Partner lauten Manfred X, Wilfried Y und Ludwig Z. Die Partner sind wohnhaft unter folgenden Anschriften ....

Die Partner üben hauptberuflich die Sachverständigentätigkeit in folgenden Bereichen aus.....

Der Zusammenschluss der Partnerschaft hat die hauptberufliche Sachverständigentätigkeit zum Gegenstand.

§ 4

Die mit diesem Vertrag geschlossene Partnerschaft ist in das Partnerschaftsregister einzutragen.

§ 5

Sie Partnerschaft kann neben ihrem Sitz Zweigniederlassungen nach dem Handelsgesetzbuch errichten bzw. eigenständige Betriebsstätten schaffen.

§ 6

Die Partner erbringen ihre beruflichen Leistungen unter Beachtung des für sie geltenden Berufsrechts.

§ 7

Neben dem Hauptsitz in Frankfurt am Main, der von dem Partner X geführt wird, errichten die Partner Y in Berlin und Z in München eine eigenständige Betriebsstätte, die von den jeweiligen Partnern betreut wird.

§ 8

Die Partnerschaft wird im Verhältnis zu dritten Personen erst mit ihrer Eintragung in das Partnerschaftsregister wirksam.

§ 9

Für Verbindlichkeiten der Partnerschaft haften, neben dem Vermögen der Partnerschaft, die Partner als Gesamtschuldner.

Es besteht Einigkeit, dass die Partner ihre Haftung aus Ansprüchen aus Schäden wegen fehlender Berufsausübung auch unter Verwendung vorformulierter Vertragsbedingungen auf denjenigen Partner beschränken können, der die berufliche Leistung erbringt oder zu verantworten hat.

Es besteht Einigkeit, dass die Beschränkung der Haftung für Ansprüche aus Schäden wegen fehlerhafter Berufsausübung auf einen bestimmten Höchstbetrag begrenzt wird, der identisch ist mit der Deckungssumme der Berufshaftpflichtversicherung der Partner oder der Partnerschaft.

§ 10

Das Ausscheiden eines Partners und die Auflösung der Partnerschaft richten sich nach den §§ 131 bis 141 des Handelsgesetzbuchs.

Der Tod eines Partners, die Eröffnung des Insolvenzverfahrens über das Vermögen eines Partners, die Kündigung eines Partners und die Kündigung durch einen Privatgläubiger eines Partners bewirken nur das Ausscheiden des betroffenen Partners aus der Partnerschaft.

---

8 Nach Volze, H., DS 1995, 3.

Verliert ein Partner eine erforderliche Zulassung zu dem Freien Beruf, den er in der Partnerschaft ausübt, so scheidet er mit dem Verlust auch aus der Partnerschaft aus.

Die Beteiligung an einer Partnerschaft ist nicht vererblich.

§ 11

Es besteht Einigkeit, dass der vorgenannte Vertrag die individuelle Ausgestaltung durch den Partner erforderlich macht. Diese Ausgestaltung erfolgt durch Beschlüsse aller Partner und deren hundertprozentiger Zustimmung. Die Beschlüsse sind schriftlich abzufassen und dienen als Ergänzung dieser vorstehenden Vereinbarung.

gez. Sachverständiger X, gez. Sachverständiger Y, gez. Sachverständiger Z

Sachverständigenverbände

1.4 Anschriftenliste der Sachverständigenverbände

Arbeitsgemeinschaft der Sachverständigen für das Bauwesen (ASB)
Sohnstr. 25
40237 Düsseldorf
Tel. (0211) 25 17 53

Arbeitsgemeinschaft deutscher Immobilienbörsen
Börsenplatz 4
60313 Frankfurt am Main
Tel. (069) 21 97 338
Fax (069) 21 97 487

Berufsverband für das Sachverständigen- und Gutachterwesen BSG e. V.
Mittelstr. 85
40721 Hilden
Tel. (0211) 383017 0
Fax (0211) 383017 200
E-Mail: info@bsg-ev.de

Bund Deutscher Sachverständiger und Gutachter (BDSG)
Badensche Str. 6
10825 Berlin
Tel. (030) 853 3095
Fax (030) 853 3099

Bundesverband der Immobilien-Investment Sachverständigen (BIIS)
Hochstr. 17
60313 Frankfurt am Main
Tel. (069) 2980289 0
Fax (069) 2980289 19
Mail: verband@biis.info

Bundesverband der Zertifizierten und Qualifizierten Sachverständigen e. V. (BZS e. V.)
Obermarkt 47
82418 Murnau
Tel. (08841) 676411
E-Mail: bzsev@aol.com
Internet:: www.bszev.org

Bundesverband Deutscher Bausachverständiger e. V. – BBauSV
Edelsbergstraße 8
80686 München
Tel. (089) 57007 0
Fax (089) 570072 60
E-Mail: verband@t-online.de

Bundesverband Deutscher Grundstückssachverständiger (BDGS)
Edelsberg Straße 8
80686 München
Tel. (0 89) 5 70 07-0
Fax (0 89) 5 70 07-2 60
E-Mail: verband@t-online.de

Bundesverband Deutscher Immobilienmanager und Bauwirtschaftsexperten (BDIB)
Edelsberg Straße 8
80686 München
Tel. (0 89) 5 70 07-0
Fax (0 89) 5 70 07-2 60
E-Mail: verband@t-online.de

Bundesverband Freier Sachverständiger (BVFS)
Postfach 1867
79553 Weil am Rhein
Tel. (07621) 71055
Fax (07521) 71011

Bundesverband öffentlich bestellter und vereidigter sowie qualifizierter Sachverständiger e. V. (BVS)
Lindenstraße 76
10969 Berlin
Tel. (0 30) 25 59 38-0
Fax (0 30) 25 59 38-14
E-Mail: info@bvs-ev.de
www.bvs-ev.de

Landesverbände (BVS)
Baden-Württemberg
Friedrichshaller Straße 11/1
74117 Bad Friedrichshall
Tel. (0 71 36) 2 55 03
Fax (0 71 36) 2 54 23
E-Mail: LVS-BW@BAltmann.de

Bayern
Arcostraße 5
80333 München
Tel. (0 89) 55 45 95
Fax (0 89) 5 50 39 38
E-Mail: LVS-Bayern@t-online.de

Berlin und Brandenburg (VVS)
Kurfürstendamm 132 A
10711 Berlin
Tel. (0 30) 81584 40
Fax (0 30) 8158440
E-Mail: info@vvs-ev.de

Hamburg/Schleswig-Holstein
Baurstraße 70
22607 Hamburg-Othmarschen
Tel. (0 40) 89 16 60
Fax (0 40) 89 16 33

Hessen
Börsenplatz 1

60322 Frankfurt a. M.
Tel. (0 69) 28 78 50
Fax (069) 291564
E-Mail: info@lvs-hessen.de

Mecklenburg-Vorpommern
Fritz-Reuter Straße 9
17033 Neubrandenburg
Tel. (0395) 58250 00
Fax (0395) 5825042
E-Mail: info@bvs-ev.de

Niedersachsen-Bremen
Sulniacweg 12
27478 Cuxhaven
Tel. (04722) 2399
Fax (04722) 2392

Nordrhein-Westfalen
Moerser Str. 110
47803 Krefeld
Tel. (02151) 950671
Fax (02151) 58045
E-Mail: info@lvs-nrw.de

Rheinland-Pfalz-Saar
St.-Josef-Straße 8
56068 Koblenz
Tel. (02 61) 3 57 84
Fax (02 61) 1 69 41
E-Mail: hajoaltmeier@freenet.de

Sachsen
Preußerstraße 3
01445 Radebeul
Tel. (03 51) 8339727
Fax (0351) 8339728
E-Mail: vorstand@lvs-sachsen.de

Sachsen-Anhalt
Rudolf-Breitscheid-Straße 12
06110 Halle
Tel. (03 45) 2 02 98 76
Fax (03 45) 2 02 58 31
E-Mail: KFZPie7@aol.com

Schleswig-Holstein
Am Spargelhof 4
23554 Lübeck
Tel. (04 51) 4 80 04-0
Fax (04 51) 4 80 04-40

Thüringen
Schillerstraße 18
99423 Weimar
Tel. (0 36 43) 90 39 64
Fax (0 36 43) 50 55 11
E-Mail:buero_Biskop_Wiemar@t-online.de

Bundesvereinigung der von privaten Fachorganisationen anerkannten Grundstückssachverständigen (BAS)
Obermarkt 15
82418 Murnau
Tel. (0 88 41) 61 64 11
Fax (0 88 41) 9 08 30

Forschungsinstitut des BVS
Arcostraße 5
80333 München
Tel. (0 89) 55 45 95
Fax (0 89) 55 39 38

Collegium der Sachverständigen Architekten Deutschlands (CSAD)
Christophstr. 11
45130 Essen
tel: (0201) 77 70 77
Fax (0201) 78 23 25
E-Mail: mail@cors-experts.de

DAR Geschäftsstelle, Bundesanstalt für Materialforschung und -prüfung
Unter den Eichen 87
12205 Berlin
Tel. (030) 81041942 oder 3713
Fax (030) 81041947
E-Mail: das@bam.de/monika.wloka@bam.de
Internet: www.deutscherakkreditierungsrat.org

Deutsche Sachverständigengesellschaft mbH DESA
Axlerhof 2
40721 Hilden
Tel. (02103) 96193 0
Fax (02103) 96193 200
E-Mail: info@deutsche-sachverstaendigengesellschaft.de

Trägergemeinschaft für Akkreditierung GmbH
Gartenstraße 6
60594 Frankfurt/M.
Tel. (0 69) 6 10 94 30

Hauptverband der landwirtschaftlichen Buchstellen und Sachverständigen e. V. (HLBS)
Kölnstraße 202
53757 St. Augustin
Tel. (0 22 41) 92 80 81-85
Fax (0 22 41) 2 70 14
E-Mail: verband@hlbs.de

Bundesverband Zertifizierter Immobilien-Sachverständiger (BZIS) e. V.
Postfach 1442
37004 Göttingen
(Vorsitzender Peter de Vries)

Sachverständigenverbände — Anhang 1.4 XI

Bundesverband Freiberuflicher Forstsachverständigen e. V. BvFF
Ludwig-Thoma-Str. 20
85276 Pfaffenhofen
Tel. (08441) 871642
Fax (08441) 87643

HypZert Gesellschaft zur Zertifizierung von Immobiliensachverständigen für Beleihungswertermittlungen mbH
Georgenstr. 21
10117 Berlin
Tel. (030) 20 62 29 0
Fax (030) 20 62 29 12

Institut für Sachverständigenwesen (IfS) an der Industrie- und Handelskammer in Köln
Unter Sachsenhausen 10–26
50667 Köln
Tel. (02 21) 16 40-3 21
Fax (02 21) 16 40-3 29

IfS-Zertifizierungsgesellschaft für Sachverständige mbH
Gereonstraße 50
50670 Köln
Tel. (02 21) 91 27 71 12
Fax (02 21) 91 27 71 99

Deutscher Sachverständigen Verband e. V. Berufsverband öffentlich bestellter und vereidigter Sachverständiger e. V.
Jülicher Str. 25
41199 Mönchengladbach

Verband der Bausachverständigen Deutschlands e. V. (VBD)
Rendsburger Straße 24
30659 Hannover
Tel. (0511) 5636664
Tel. (0511) 5636665
E-Mail: info@vbd-ev.de

Verband der Vereidigten Sachverständigen Berlin und Brandenburg eV
Sachtlebenstr. 5
14165 Berlin
Tel. 030 53650950
Fax 030 53 65 0951
www.vvs-info.de

Landesverband der Sachverständigen für Wertermittlung im Grundstücksverkehr Land Brandenburg e. V.
Geschäftsstelle
Zahsower Straße 31
03046 Cottbus
Tel. (0355) 494 4678
Fax (0355) 484 4681

Landesverband Brandenburg der öffentlich Bestellten und vereidigten Sachverständigen e. V. LBVS
Geschwister-Scholl-Str. 90
14471 Potsdam
Tel. 0331 97 02 92
Fax 0331 96 48 05
www.simon-stuckart.de

Landesverband der Sachverständigen im Bauwesen in Mecklenburg-Vorpommern
Fürstenseer Landstr. 38
17235 Neustrelitz

Landesverband der staatlich zugelassenen Sachverständigen für die Grundstückswertermittlung Berlin
Dolgensee 63
10319 Berlin

Landesverband der staatlich zugelassenen Sachverständigen für Wertermittlung in Sachsen
Schinkelstr. 21
01217 Dresden

Landesverband der staatlich zugelassenen Bausachverständigen von Sachsen
Thielaustr. 8
01309 Dresden

Landesverband der öffentlich bestellten und vereidigten Sachverständigen e. V. in Thüringen
Herbststraße 29
99423 Weimar

Verband der Sachverständigen für Immobilienbewertung Sachsen-Anhalt e. V.
Fichtestr 4
06712 Zeitz
Tel. 03441-766099

Verband der zugelassenen Bausachverständigen
Panoramastr. 1
10178 Berlin

Bundesverband Deutscher Sachverständiger und Fachgutachter e. V. (BDSF)
Postfach 18 67
79553 Weil am Rhein
Tel. (0 76 21) 7 10 55
Fax (0 76 21) 7 10 11

Hauptverband freier Sachverständiger Deutschland Ost
Eislebener Straße 1
99086 Erfurt

XI Anhang 1.4 — Sachverständigenverbände

Tel. (03 61) 7 36-15 18
Fax (03 61) 7 36-15 19

Union freier Sachverständiger e. V. (UFS)
Edelsbergstr. 8
80686 München
Tel. (089) 570 070
Fax (089) 570 072 60
E-Mail: verband@t-online.de

Sachverständigen-Kuratorium (SVK)
Im Schlank 26
40472 Düsseldorf

Immobilienverband Deutschland (IVD)
Littenstraße 10
10179 Berlin
Tel. 030 2757260
Fax 030 275726 49
E-Mail: info@ivd.net
www.ivd.net

Bund Technischer Experten (BTE)
Christophstr. 11
45130 Essen
Tel. (0201) 777077
Fax (0201) 782325
E-Mail: BTEBuero@aol.com

International Real Estate Business School (IREBS)
Immobilienakademie
Barocketage
Kloster Eberbach
65346 Eltville im Rheingau
Tel. (06723) 9950-30
Fax (06723) 9950-35
E-Mail : klostereberbach@irebs.de

gif Gesellschaft für Immobilienwirtschaftliche Forschung e. V.
Wilhelmstr. 12
65185 Wiesbaden
Tel. 0611 33449
Fax 0611 33449

Verwaltungs- und Wirtschafts-Akademie (VWA)
Eisenbahnstr. 56
79098 Freiburg
Tel. (0761) 211 069 0
Fax (0761) 211 069 99

Deutsche Immobilien Akademie (DIA) GmbH
Eisenbahnstr. 56
79098 Freiburg
Tel. (0761) 211 069 0
Fax (0761) 211 069 99

Akademie der Immobilienwirtschaft GmbH an der Berufsakademie Stuttgart
Staatliche Studienakademie
Rotebühlplatz 41
70178 Stuttgart
Tel. (07 11) 66 73-69 61
Fax (07 11) 66 73-69 99

Akademie für Immobilien Management International
Waldstraße 40
24768 Rendsburg

Berufsakademie Sachsen
Staatliche Studienakademie Leipzig
Schönauer Straße 113 a
04207 Leipzig
Tel. (03 41) 4 27 43-0
Fax (03 41) 42 74 33 31
E-Mail: studienakademie.leipzig@debitel.net
www.ba-leipzig.de

European Association of Chartered and Qualified Surveyors (EurAS)
Sandeckweg 1
A 6632 Ehrwald/Tirol
E-Mail: euras@aol.com

Executive Headquaters
15 Delisle Avenue
Toronto Ontario
Canada M4V 148
Tel. 1 41 6922 3999
Fax 141 6922 3589

Institute of Professional Auctioneers and Valuers
39 Upper Fitzwilliam Street
Dublin 2, Irland
Tel. (00353) 6 78 5685
Fax (00353) 676 2890

International Valuation Standards Committee
International Bureau
12 Great George Street
London
England SW1P SAD
Tel. 44 17 12 22 70 00
Fax 44 17 12 22 94 30

The Appraisal Institute
875 North Michigan Avenue
Chicago, Illinois
60611-1980
Internet: www.appraisalinstitute.org

Sachverständigenverbände

Anhang 1.4 XI

Internationaler Verband der Immobilienberufe (FIABCI)
23 Avenue Bosquet
75007 Paris
Frankreich

FIABCI-Deutschland
Große Theaterstraße 7
20354 Hamburg
Tel. (0 40) 35 71 03 56
Fax (0 40) 35 71 03 57

Royal Institution of Chartered Surveyors (RICS)
12 Great George Street
Parliament Square
GB – London SW1P 3AD
Tel. 44 17 12 22 70 00
Fax 44 17 13 34 38 00

Director of Valuation:
Andrew Gooding
Tel. 44 2 76 95 15 22
E-Mail: agooding@rics.org.uk

RICS Deutschland
c/o Judith Gabler
Junghofstrasse 26
60311 Frankfurt am Main
T.: + 49 69 65 00 75-0
F.: + 49 69 65 00 75-19
ricsdeutschland@rics.org
E-Mail: jgabler.dvcs@t-online.de

Tegova c/o The Royal Institution of
Chartered Surveyors
12 Great George Street
Parliament Square
London SW1P 3AD
England

Bodenverwertungs- und -verwaltungs GmbH BVVG
Schönhauser Allee 120
10437 Berlin
Tel. (0 30) 44 32-0
Fax (0 30) 44 32-12 15

TLG Treuhandliegenschaftsgesellschaft mbH
Holzmarktster. 15
10179 Berlin
Tel. (030) 24 70 72 27
Fax (030) 24 70 62 53

Bundesaufsichtsamt für das Kreditwesen
Gardeschützenweg 71-101
12203 Berlin

Italien:
Italian Institution for Real Estate Valuation (IsiVI)

Spanien:
Professional Association of Valuation Combanies (ATASA)

Frankreich:
Association Française des Sociétés de l'Èxpertise Immobilière (AFREXIM)
Chambre des Experts Immobilièrs de France (FNAIM-CEIFF)
Institut Français de l'Èxpertise Immobilière (IFEI)

Russland:
Russian Society of Appraisers (RSA)

Schweiz:
Schweizerische Schätzungsexperten-Kammer/
Schweizerischer Verband der Immobilienwirtschaft SEK/SVIT
Schweizerischer Immobilienschätzer-Verband SIV
Sekretariat SIV
Schweizerischer Immobilienschätzerverband
Poststrasse 23
Postfach 2149
9001 St. Gallen
Präsident Sproll René c/o Sproll und Ramseyer AG
Postfach 2149 9001 St. Gallen SG

Österreich:
Hauptverband der allgemein beeideten und gerichtlich zertifizierten Sachverständigen Österreichs
A 1010 Wien,
Doblhoffgasse 3/5;
Tel. 01 405 4546 01/ 406 32 67
Fax 01 406 1156
E-Mail: hauptverband@gerichts-sv.at

Polen:
The Polish Federation of Valuers`Associations (PFVA)

Schiedgerichtsorganisationen:
American Arbitration Association (AAA)
140 West 51st Street
New York
NY 10020 1203
USA
Tel. 001 212 4844000
Fax 001 212 3074387

Internationale Chamber of Commerce (ICC)
38, Cous Albert 1er
75008 Paris
Frankreich
Tel. 0033 1 49532828
Fax 0033 1 49532933

XI Anhang 1.4 — Sachverständigenverbände

Internationales Schiedsgericht der Bundeskammer der gewerblichen Wirtschaft Wien
Wiedner Hauptstr. 63
P.O. Box 190
1045 Wien
Österreich
Tel. 0043 1 501054398
Fax 0043 1 5020 6270

London Court of International Arbitration (LCIA)
Fleet Arbitration Center
6th Floor
Huton House
161 – 166 Fleet Street
London EC4A2DY
England
Tel. 0044 171 9363530
Fax 0044 171 9363533

Zürcher Handelskammer
Bleichenweg 5 (Börse)
8022 Zürich
Schweiz
Tel. 0041 1 2210737
Fax 0031 1 221 7615

Bauland   Anhang 2.1 XI

2 Statistischer Anhang

2.1 Kaufwerte für Bauland insgesamt, baureifes Land und Rohbauland

Deutschland

Quelle: Statistisches Bundesamt, Reihe 5, Fachserie 17, Kaufwerte für Bauland

	Kaufwerte für Bauland in Deutschland								
	Bauland insgesamt			Baureifes Land			Rohbauland		
	Deutsch-land	Bundesländer		Deutsch-land	Bundesländer		Deutsch-land	Bundesländer	
		alte	neue		alte	neue		alte	neue
Jahr[a,b]	Kaufwert €/m²	Kaufwert €/m²	Kaufwert €/m²	Kaufwert €/m²	Kaufwert €/m²	Kaufwert €/m²	Kaufwert €/m²	Kaufwert €/m²	Kaufwert €/m²
1962	–	5,90	–	–	7,58	–	–	4,86	–
1963	–	6,86	–	–	8,65	–	–	5,85	–
1964	–	7,29	–	–	9,44	–	–	6,20	–
1965	–	8,71	–	–	11,19	–	–	7,00	–
1966	–	9,68	–	–	12,07	–	–	7,47	–
1967	–	10,57	–	–	13,15	–	–	7,60	–
1968	–	11,51	–	–	14,51	–	–	8,12	–
1969	–	11,95	–	–	15,27	–	–	9,14	–
1970	–	12,93	–	–	15,72	–	–	10,02	–
1971	–	13,82	–	–	17,16	–	–	10,00	–
1972	–	16,06	–	–	20,57	–	–	11,52	–
1973	–	16,74	–	–	20,85	–	–	12,14	–
1974	–	16,20	–	–	20,63	–	–	11,35	–
1975	–	17,94	–	–	22,54	–	–	11,10	–
1976	–	20,44	–	–	24,95	–	–	12,85	–
1977	–	22,39	–	–	27,60	–	–	13,36	–
1978	–	23,82	–	–	30,63	–	–	14,65	–
1979	–	27,54	–	–	35,37	–	–	16,20	–
1980	–	31,92	–	–	41,93	–	–	16,81	–
1981	–	37,15	–	–	49,12	–	–	18,69	–
1982	–	42,43	–	–	57,01	–	–	21,91	–
1983	–	45,26	–	–	61,31	–	–	23,56	–
1984	–	44,85	–	–	62,35	–	–	23,05	–
1985	–	40,23	–	–	59,36	–	–	20,42	–
1986	–	42,95	–	–	61,90	–	–	22,94	–
1987	–	43,66	–	–	64,46	–	–	21,86	–
1988	–	45,12	–	–	65,31	–	–	25,08	–
1989	–	47,11	–	–	64,65	–	–	26,01	–
1990	–	45,63	–	–	63,50	–	–	29,18	–
1991	–	46,38	–	–	64,12	–	–	27,79	–
1992	25,09	48,06	10,18	43,16	64,71	13,90	10,94	27,74	8,12
1993	30,59	49,36	14,47	49,06	66,45	22,63	13,30	25,63	9,82
1994	35,58	50,33	19,72	55,66	68,18	33,44	15,70	23,54	11,71
1995	35,93	50,60	19,91	58,02	71,25	36,09	14,68	24,48	9,54
1996	41,53	53,48	26,50	61,37	74,29	40,71	17,60	23,41	13,01
1997	44,47	55,16	27,47	64,70	77,67	41,12	18,84	24,92	11,38
1998	48,25	56,46	30,87	69,69	80,64	45,45	21,30	24,93	13,65
1999	49,60	59,67	29,20	70,65	81,64	44,67	20,51	23,73	14,91
2000	51,79	63,03	30,75	76,21	89,37	48,17	22,70	25,49	16,87
2001	50,18	61,63	27,86	75,20	88,70	44,94	19,46	21,40	14,35
2002	58,43	68,29	35,15	80,44	91,82	50,45	22,66	24,75	16,90
2003	76,90	92,37	35,04	99,89	117,33	48,95	24,13	27,07	15,84
2004	76,93	97,31	31,88	103,47	129,02	44,92	27,00	32,31	12,87
2005	85,97	108,53	33,62	115,80	140,44	49,14	26,13	31,12	14,64
2006	81,93			122,85			25,74		
2007	83,64			134,29			26,20		
2008									

a. Bis einschl. 1964 Bundesgebiet ohne Berlin
b. Die Summe der Veräußerungsfälle des Kalenderjahres liegt um die Nachmeldungen höher als die der Veräußerungsfälle der zugehörigen Quartale. – Laufende Angaben können der Zeitschrift „Grundstücksmarkt und Grundstückswert" – GuG –, erschienen beim Luchterhand Verlag, entnommen werden.

XI Anhang 2.2

Deutschland

2.2 Preisindex für Wohnungsmieten (NKM) in Deutschland im langfristigen Vergleich

(Basis 2000 = 100)

Quelle: *Preise und Preisindex für Lebenshaltung, Fachserie 17, Reihe 7 des Statistischen Bundesamts Wiesbaden.*

Jahr	Preisindex für Wohnungsmieten (NKM) in Deutschland				
	zusammen	Nettokaltmiete	davon		Wohnungsnebenkosten
			Altbauwohnungen	Neubauwohnungen	
1999	98,5	98,8	98,4	99,0	98,1
2000	**100,0**	**100,0**	**100,0**	**100,0**	**100,0**
2001	101,2	101,2	101,7	101,0	101,8
2002	102,6	102,6	103,5	102,3	103,2
2003	103,8	103,6	104,7	103,4	104,9
2004	104,8	104,5	105,8	104,2	107,3
2005	105,9	105,4	107,1	105,1	108,9
2006	107,0	106,5	108,4	106,1	110,5
2007		107,6	109,5	107,2	112,1
2008					

Laufende Angaben können der Zeitschrift „Grundstücksmarkt und Grundstückswert" – GuG – oder www.gug-aktuell.de entnommen werden

2.3 Verdienstindex

Index der durchschnittlichen Bruttomonatsverdienste der Arbeitnehmer in der Wirtschaft

1. Quartal 2007 = 100

Verdienstindizes für Erbbauzinsberechnungen

Quelle: Statistisches Bundesamt, Verdienste und Arbeitskosten

Index der durchschnittlichen Bruttomonatsverdienste der Arbeitnehmer in der Wirtschaft 1. Quartal 2007 = 100							
1913	2,4	1946	3,1	1969	19,2	1991	68,9
		1947	3,2			1992	72,0
1925	2,8	1948	3,8	1970	21,9	1993	74,3
1926	3,1	1949	4,8	1971	24,0	1994	76,8
1927	3,5			1972	26,0	1995	79,7
1928	3,9	1950	5,3	1973	28,6	1996	81,4
1929	4,0	1951	6,1	1974	31,2	1997	82,5
		1952	6,5	1975	33,2	1998	84,2
1930	3,6	1953	6,9	1976	35,6	1999	86,3
1931	3,2	1954	7,1	1977	38,2		
1932	2,6	1955	7,6	1978	40,3	2000	88,6
1933	2,7	1956	8,3	1979	42,9	2001	90,4
1934	2,9	1957	8,6			2002	92,3
1935	3,0	1958	9,0	1980	45,5	2003	94,7
1936	3,1	1959	9,5	1981	47,6	2004	96,7
1937	3,2			1982	49,6	2005	98,0
1938	3,5	1060	10,2	1983	51,1	2006	99,4
1939	3,5	1961	11,2	1984	52,8	2007 (I. Quartal)	100,0
		1962	12,3	1985	54,7	2007	101,7
1940	3,5	1963	13,1	1986	56,4	2008	
1941	3,8	1964	14,1	1987	58,4	2009	
1942	3,8	1965	15,4	1988	60,6	2010	
1943	3,9	1966	16,4	1989	62,7	2011	
1944 (März)	3,8	1967	16,8			2012	
		1968	17,6	1990	65,3	2013	

Vgl. hierzu: Indizes der Bruttoverdienste (Index der durchschnittlichen Bruttostunden und -wochenverdienste) auf der Basis 2000=100 in der 5. Auflage, S. 3015.

XI Anhang 2.4 VPI

2.4 Verbraucherpreisindex (VPI)

Erläuterungen zum Verbraucherpreisindex (VPI) vgl. 5. Aufl. dieses Werks auf S. 3016 ff.

Die Verbraucherpreisindizes für das Frühere Bundesgebiet und die Neuen Länder und Berlin-Ost werden nicht mehr berechnet.

Zur Umstellung des Lebenshaltungskostenindex auf die Basis 2000 und zu den Auswirkungen auf die Vereinbarung von Wertsicherungsklauseln vgl. RdSchr. Nr. 21/2002 der Bundesnotarkammer vom 29.11.2002 (GuG 2004, 312); Kluge in MittRhNotK 2000, 409; Rasch DNotZ 1999, 467; Rasch DNotZ 1996, 411; Eibel NJW 1999/48.

Zur Umrechnung vgl. **interaktives Rechenprogramm** unter www.destatis.de

Verbraucherpreisindex

(Basis 2005 = 100)

Quelle: Statistisches Bundesamt: Fachserie 17 Reihe 7

Jahr	Oktober	Gesamtindex	Wohnungsmiete einschließlich Mietwert von Eigentumswohnungen	Wohnungsmieten zusammen	Nettokaltmiete	davon Altbauwohnung	davon Neubauwohnung	Wohnnebenkosten
COICOP-VPI Nr.		Jahr	Oktober	041				
1991	–	75,9	–	65,3	–	–	–	–
1992	–	79,8	–	71,3	–	–	–	–
1993	–	83,3	–	77,1	–	–	–	–
1994	–	85,6	–	80,2	–	–	–	–
1995	–	87,1	–	82,7	–	–	–	–
1996	–	88,3	–	84,7	–	–	–	–
1997	–	90,0	–	86,9	–	–	–	–
1998	–	90,9	–	87,7	–	–	–	–
1999	–	91,4	–	88,8	–	–	–	–
2000	–	92,7	–	91,3	–	–	–	–
2000	Oktober		92,9		–			
2001	–	94,5	–	93,5	–	–	–	–
2001	Oktober		94,6		–			
2002	–	95,9	–	94,4	–	–	–	–
2002	Oktober		95,8		–			
2003	–	96,9	–	95,8	–	–	–	–
2003	Oktober		96,9		–	–	–	–
2004	–	98,5	–	97,3	–	–	–	–
2004	Oktober		98,8					
2005	–	100,0	–	100,0	100,0	100,0	100,0	100,0
2005	Oktober		100,6		–	–	–	–
2006	–	101,6	–	102,9				
2006	Oktober		101,7		–	–	–	–
2007	–	103,9	–	104,9				
2007	Oktober		104,5		102,7	–	103,1	102,6	103,0
2008	–	106,6	–	108,5				
2008	Oktober		107,0					
2009								
2009	Oktober							

Sterbetafel

2.5 Sterbetafel 2006/2008 für Deutschland des Statistischen Bundesamtes

Quelle: Statistisches Bundesamt, Fachserie 1, Reihe 1

Durchschnittliche Lebenserwartung (nach der abgekürzten Sterbetafel 2006/2008)							
Weiblich				Männlich			
Vollende-tes Alter	Durchschnitt-liche Lebens-erwartung im Alter x in Jahren	Vollende-tes Alter	Durchschnitt-liche Lebens-erwartung im Alter x in Jahren	Vollende-tes Alter	Durchschnitt-liche Lebens-erwartung im Alter x in Jahren	Vollende-tes Alter	Durchschnitt-liche Lebens-erwartung im Alter x in Jahren
0	82,40	51	32,79	0	77,17	51	28,39
1	81,67	52	31,87	1	76,49	52	27,53
2	80,70	53	30,96	2	75,51	53	26,68
3	79,71	54	30,05	3	74,53	54	25,83
4	78,72	55	29,15	4	73,54	55	24,99
5	77,73	56	28,25	5	72,55	56	24,17
6	76,74	57	27,36	6	71,56	57	23,35
7	75,74	58	26,47	7	70,56	58	22,53
8	74,75	59	25,59	8	69,57	59	21,73
9	73,75	60	24,71	9	68,58	60	20,93
10	72,76	61	23,84	10	67,58	61	20,15
11	71,76	62	22,98	11	66,59	62	19,38
12	70,77	63	22,12	12	65,60	63	18,61
13	69,78	64	21,27	13	64,60	64	17,86
14	68,78	65	20,41	14	63,61	65	17,11
15	67,79	66	19,57	15	62,62	66	16,38
16	66,80	67	18,72	16	61,63	67	15,65
17	65,81	68	17,89	17	60,65	68	14,93
18	64,82	69	17,06	18	59,67	69	14,23
19	63,84	70	16,25	19	58,71	70	13,54
20	62,85	71	15,44	20	57,74	71	12,86
21	61,86	72	14,65	21	56,78	72	12,20
22	60,88	73	13,88	22	55,81	73	11,56
23	59,89	74	13,12	23	54,84	74	10,94
24	58,91	75	12,38	24	53,87	75	10,34
25	57,92	76	11,66	25	52,91	76	9,76
26	56,93	77	10,95	26	51,94	77	9,21
27	55,94	78	10,27	27	50,97	78	8,67
28	54,96	79	9,61	28	50,00	79	8,16
29	53,97	80	8,97	29	49,03	80	7,65
30	52,99	81	8,36	30	48,06	81	7,17
31	52,00	82	7,78	31	47,09	82	6,71
32	51,02	83	7,22	32	46,13	83	6,27
33	50,04	84	6,69	33	45,16	84	5,86
34	49,05	85	6,19	34	44,19	85	5,46
35	48,07	86	5,72	35	43,23	86	5,10
36	47,10	87	5,30	36	42,27	87	4,78
37	46,12	88	4,90	37	41,30	88	4,46
38	45,14	89	4,53	38	40,35	89	4,16

XI Anhang 2.5 — Sterbetafel

Durchschnittliche Lebenserwartung (nach der abgekürzten Sterbetafel 2006/2008)							
Weiblich				Männlich			
Vollendetes Alter	Durchschnittliche Lebenserwartung im Alter x in Jahren	Vollendetes Alter	Durchschnittliche Lebenserwartung im Alter x in Jahren	Vollendetes Alter	Durchschnittliche Lebenserwartung im Alter x in Jahren	Vollendetes Alter	Durchschnittliche Lebenserwartung im Alter x in Jahren
39	44,17	90	4,15	39	39,39	90	3,84
40	43,20	91	3,80	40	38,44	91	3,56
41	42,23	92	3,51	41	37,49	92	3,32
42	41,27	93	3,26	42	36,55	93	3,10
43	40,31	94	3,06	43	35,61	94	2,90
44	39,35	95	2,88	44	34,68	95	2,71
45	38,40	96	2,72	45	33,76	96	2,54
46	37,45	97	2,54	46	32,84	97	2,38
47	36,51	98	2,38	47	31,93	98	2,24
48	35,57	99	2,23	48	31,04	99	2,10
49	34,64	100	2,10	49	30,15	100	1,98
50	33,71	-	-	50	29,27	-	-

Hinweis: Eine neue „Allgemeine Sterbetafel" wird jeweils nach Vorliegen der Ergebnisse einer Volkszählung berechnet. Zuletzt wurde die Allgemeine Sterbetafel 1986/88 im Statistischen Jahrbuch 1991 und in der Fachserie 1, Reihe 1 S. 2 veröffentlicht; vgl. Kleiber/Simon/Weyers, WertV 88, 3. Aufl. S. 421 und Kleiber in Grundstücksmarkt und Grundstückswert (GuG) 1999, 217: Übersicht über Sterbetafeln und ihre Bedeutung.

Hinweis zu Leibrentenfaktoren

Die Geschäftsstelle des Gutachterausschusses in der Landeshauptstadt Kiel hat eine Rechenanwendung entwickelt, die Leibrentenbarwertfaktoren auf Basis der jeweils aktuellen Sterbetafel anzeigt; sie können im Internet über die Adresse „Gutachterausschuss Kiel" abgerufen werden. Liegen neue Veröffentlichungen des statistischen Bundesamtes (Destatis) vor, werden diese eingepflegt. Entsprechendes gilt auch für Leibrentenfaktoren für verbundene Leben, bei denen Zahlungen „bis zum Tod der letztversterbenden Person" oder „bis zum Tod der erstversterbenden Person" (ab Version 2003–2005 eingepflegt) vereinbart sind. Die entwickelte Applikation berücksichtigt auch diese Möglichkeit, in dem Leibrentenbarwertfaktoren für zwei Berechtigte unter Berücksichtigung des Geschlechts ermittelt werden können.

Es handelt sich im Hinblick auf die Ermittlung der an das Leben gebundenen Abzinsung um Leibrentenfaktoren bei jährlich nachschüssiger Zahlweise entsprechend Ziff. 4.4.3 WERTR 06 (Anl. 10):

$$f(x) = 1 - (ä(x) - 1) \times p$$

wobei f(x) = Abzinsungsfaktor
ä(x) = Leibrentenbarwertfaktor
p = Zinsfaktor (z. B. 0,05 bei 5 %)

Hinweis: Dem Beispiel der Anl. 17 der WERTR 06 liegt eine monatlich vorschüssige Zahlweise zugrunde.

Angeboten werden folgende „Rechenmaschinen":

Rechenmaschine 2005–2007 (Grundlage: Absterbeordnung 2005–2007)
Rechenmaschine 2004–2006 (Grundlage: Absterbeordnung 2004–2006)
Rechenmaschine 2003–2005 (Grundlage: Absterbeordnung 2003–2005)
Rechenmaschine 2002–2004 (Grundlage: Absterbeordnung 2002–2004)
Rechenmaschine 2001–2003 (Grundlage: Absterbeordnung 2001–2003)
Rechenmaschine 2000–2002 (Grundlage: Absterbeordnung 2000–2002)

Sterbetafel   **Anhang 2.5 XI**

Abb. 1: Veröffentlichte Sterbetafeln des Statistischen Bundesamtes

Sterbetafel		Fachserie/Veröffentlichung
1968/70	**Abgekürzte Sterbetafel** Früheres Bundesgebiet einschließlich Berlin-West	Bevölkerung und Kultur Reihe 2 Natürliche Bevölkerungsbewegung 1970, 66
1969/71	**Abgekürzte Sterbetafel** Früheres Bundesgebiet einschließlich Berlin-West	Bevölkerung und Kultur Reihe 2 Natürliche Bevölkerungsbewegung 1971, 69
1970/72	**Allgemeine Sterbetafel** Früheres Bundesgebiet einschließlich Berlin-West	Bevölkerung und Kultur; Reihe 2; Natürliche Bevölkerungsbewegung 1972, 65 Kleiber/Simon/Weyers, Verkehrswertermittlung von Grundstücken, 2. Aufl. S. 1298 = 1. Aufl. S. 834 = WERTR 91 vom 17.3.1992 BAnz Nr. 86a vom 8.5.1992 = Kleiber, Sammlung amtlicher Vorschriften, 1. Aufl. 1987, S. 74
1971/73	**Abgekürzte Sterbetafel** Früheres Bundesgebiet einschließlich Berlin-West	Bevölkerung und Kultur Reihe 2 Natürliche Bevölkerungsbewegung 1973, 65
1972/74	**Abgekürzte Sterbetafel** Früheres Bundesgebiet einschließlich Berlin-West	Bevölkerung und Kultur Reihe 2 Natürliche Bevölkerungsbewegung 1974, 67
1973/75	**Abgekürzte Sterbetafel** Früheres Bundesgebiet einschließlich Berlin-West	Bevölkerung und Erwerbstätigkeit Fachserie 1, Reihe 2 Bevölkerungsbewegung 1975, 68
1974/76	**Abgekürzte Sterbetafel** Früheres Bundesgebiet einschließlich Berlin-West	Bevölkerung und Erwerbstätigkeit Fachserie 1, Reihe 2 Bevölkerungsbewegung 1976, 68
1975/77	**Abgekürzte Sterbetafel** Früheres Bundesgebiet einschließlich Berlin-West	Bevölkerung und Erwerbstätigkeit Fachserie 1, Reihe 2 Bevölkerungsbewegung 1977, 70
1976/78	**Abgekürzte Sterbetafel** Früheres Bundesgebiet einschließlich Berlin-West	Bevölkerung und Erwerbstätigkeit Fachserie 1, Reihe 2 Bevölkerungsbewegung 1978, 68
1977/79	**Abgekürzte Sterbetafel** Früheres Bundesgebiet einschließlich Berlin-West	Bevölkerung und Erwerbstätigkeit Fachserie 1, Reihe 2 Bevölkerungsbewegung 1979, 70
1978/80	**Abgekürzte Sterbetafel** Früheres Bundesgebiet einschließlich Berlin-West	Bevölkerung und Erwerbstätigkeit Fachserie 1, Reihe 2 Bevölkerungsbewegung 1980, 62
1979/81	**Abgekürzte Sterbetafel** Früheres Bundesgebiet einschließlich Berlin-West	Bevölkerung und Erwerbstätigkeit Fachserie 1, Reihe 1 Gebiet und Bevölkerung 1981, 107
1980/82	**Abgekürzte Sterbetafel** Früheres Bundesgebiet einschließlich Berlin-West	Bevölkerung und Erwerbstätigkeit Fachserie 1, Reihe 1 Gebiet und Bevölkerung 1982, 108
1981/83	**Abgekürzte Sterbetafel** Früheres Bundesgebiet einschließlich Berlin-West	Bevölkerung und Erwerbstätigkeit Fachserie 1, Reihe 1 Gebiet und Bevölkerung 1983, 120
1982/84	**Abgekürzte Sterbetafel** Früheres Bundesgebiet einschließlich Berlin-West	Bevölkerung und Erwerbstätigkeit Fachserie 1, Reihe 1 Gebiet und Bevölkerung 1984, 132–133
1983/85	**Abgekürzte Sterbetafel** Früheres Bundesgebiet einschließlich Berlin-West	Bevölkerung und Erwerbstätigkeit Fachserie 1, Reihe 1 Gebiet und Bevölkerung 1985, 136–137
1984/86	**Abgekürzte Sterbetafel** Früheres Bundesgebiet einschließlich Berlin-West	Bevölkerung und Erwerbstätigkeit; Fachserie 1, Reihe 1; Gebiet und Bevölkerung 1986, 144–145; Kleiber/Simon/Weyers, Verkehrswertermittlung von Grundstücken, 2. Aufl. S. 1299 = GuG 1990, 176
1985/87	**Abgekürzte Sterbetafel** Früheres Bundesgebiet einschließlich Berlin-West	Bevölkerung und Erwerbstätigkeit Fachserie 1, Reihe 1 Gebiet und Bevölkerung 1987, 130–131
1986/88	**Abgekürzte Sterbetafel** Früheres Bundesgebiet einschließlich Berlin-West	Bevölkerung und Erwerbstätigkeit Fachserie 1, Reihe 1 Gebiet und Bevölkerung 1988, 130–131

XI Anhang 2.5 — Sterbetafel

Sterbetafel		Fachserie/Veröffentlichung
1986/88	**Allgemeine Sterbetafel** Früheres Bundesgebiet einschließlich Berlin-West	Bevölkerung und Erwerbstätigkeit, Fachserie 1, Reihe 1; Gebiet und Bevölkerung 1989, 148–151: Kleiber/Simon/Weyers, Verkehrswertermittlung von Grundstücken, 2. Aufl. S. 1300 = Kleiber, Sammlung amtlicher Vorschriften, 3. Aufl. 1991, S. 154 = 4. Aufl. 1992 S. 211
1986/88	**Allgemeine Sterbetafel** Deutschland nach dem Gebietsstand seit 3.10.1990	Bevölkerung und Erwerbstätigkeit Fachserie 1, Reihe 1 Gebiet und Bevölkerung 1990, 158–161 = GuG 1999, 240
1989/91	**Abgekürzte Sterbetafel** Früheres Bundesgebiet einschließlich Berlin-West	Bevölkerung und Erwerbstätigkeit Fachserie 1, Reihe 1 Gebiet und Bevölkerung 1991, 174–175
1990/92	**Abgekürzte Sterbetafel** Früheres Bundesgebiet einschließlich Berlin-West	Bevölkerung und Erwerbstätigkeit Fachserie 1, Reihe 1 Gebiet und Bevölkerung 1992, 160–161
1991/93	**Abgekürzte Sterbetafel** 3 Gebietsstände	Bevölkerung und Erwerbstätigkeit Fachserie 1, Reihe 1 Gebiet und Bevölkerung 1993, 178–183
1992/94	**Abgekürzte Sterbetafel** 3 Gebietsstände	Bevölkerung und Erwerbstätigkeit; Fachserie 1, Reihe 1; Gebiet und Bevölkerung 1994, 168–173; Kleiber/Simon/Weyers, Verkehrswertermittlung von Grundstücken, 3. Aufl. S. 1847 ff. = Kleiber, WERTR 96, 6. Aufl. 1991, S. 142 = Kleiber, WERTR 76/96 5. Aufl., S. 142; Kleiber, WERTR 76/96 4. Aufl., S. 142 = Kleiber/Simon/Weyers, WertV 88, 4. Aufl., S. 142 = GuG 1996, 371
1993/95	**Abgekürzte Sterbetafel** 3 Gebietsstände	Bevölkerung und Erwerbstätigkeit Fachserie 1, Reihe 1 Gebiet und Bevölkerung 1995, 176–181
1994/96	**Abgekürzte Sterbetafel** 3 Gebietsstände	Bevölkerung und Erwerbstätigkeit, Fachserie 1, Reihe 1, Gebiet und Bevölkerung 1996, 160–165; Kleiber/Simon, WertV 98, 5. Aufl., S. 720 ff. = GuG 1998, 309 ff.
1995/97	**Abgekürzte Sterbetafel** 3 Gebietsstände	Bevölkerung und Erwerbstätigkeit; Fachserie 1, Reihe 1; Gebiet und Bevölkerung 1997 Kleiber/Simon, WertV 88, 4. Aufl., S. 142 = Kleiber, WERTR 76/96, 7. Aufl., S. 142; GuG 1996, 371
1996/98	**Abgekürzte Sterbetafel** 3 Gebietsstände	Bevölkerung und Erwerbstätigkeit; Fachserie 1, Reihe 1; Gebiet und Bevölkerung 1998
1997/99	**Abgekürzte Sterbetafel** 3 Gebietsstände	Bevölkerung und Erwerbstätigkeit; Fachserie 1, Reihe 1; Gebiet und Bevölkerung 1999 Kleiber/Simon/Weyers, Verkehrswertermittlung von Grundstücken, 4. Aufl., S. 2563 = GuG aktuell 2001, 45
1998/00	**Abgekürzte Sterbetafel** 3 Gebietsstände	Bevölkerung und Erwerbstätigkeit; Fachserie 1, Reihe 1; Gebiet und Bevölkerung 2000, Kleiber, WERTR 02, 8. Aufl. 2002, S. 142 = GuG aktuell 2002, 44
2000/2002	**Abgekürzte Sterbetafel**	GuG 2004, 245
2001/2003	**Abgekürzte Sterbetafel**	GuG 2005, 105
2002/2004	**Abgekürzte Sterbetafel**	Kleiber/Simon/Weyers, Verkehrswertermittlung von Grundstücken, 5. Aufl., S. 3022 = GuG aktuell 2006, 27
2003/2005	**Abgekürzte Sterbetafel**	GuG aktuell 2007, 21
2004/2006	**Abgekürzte Sterbetafel**	Kleiber/Tillmann, Tabellenhandbuch zur Ermittlung des Verkehrswerts und des Beleihungswerts, 1. Aufl. 2008

Hinweis: Die Sterbetafel 1994 R für Rentenversicherungen der Deutschen Aktuarvereinigung (DAV) ist in der 5. Auflage dieses Werks auf den S. 3026 ff. abgedruckt.

Wiederherstellungswerte   Anhang 2.6.1 XI

2.6 Baupreisindizes des Statistischen Bundesamtes[1]

Deutschland, Berlin, Bayern, Nordrhein-Westfalen

2.6.1 Wiederherstellungswerte für 1913/1914 erstellte Wohngebäude[2] (einschl. Umsatzsteuer) in Deutschland, Berlin, Bayern und Nordrhein-Westfalen

Jahr	Deutschland		Berlin		Bayern		Nordrhein-Westfalen	
	1913 = 1 M	1914 = 1 M	1913 = 1 M	1914 = 1 M	1913 = 1 M	1914 = 1 M	1913 = 1 M	1914 = 1 M
1913	1,000	0,936	1,000	0,931	1 000		1,000	
1914	1,068	1,000	1,074	1,000		1 000		1 000
1915	1,197	1,121	1,195	1,113				
1916	1,320	1,236	1,324	1,233				
1917	1,639	1,535	1,645	1,532				
1918	2,272	2,127	2,280	2,309				
1919	3,735	3,497	2,971	2,766				
1920	10,680	10,000	6,900	6,452				
1921	18,030	16,880	18,084	16,838				
1922	–	–	–	–				
1923								
Umstellung von Mark auf Rentenmark/Reichsmark								
1924	1,381 RM	1,293 RM	1,370 RM	1,276 RM				
1925	1,701 RM	1,592 RM	1,691 RM	1,574 RM				
1926	1,653 RM	1,548 RM	1,611 RM	1,500 RM				
1927	1,673 RM	1,567 RM	1,725 RM	1,606 RM				
1928	1,748 RM	1,637 RM	1,725 RM	1,606 RM				
1929	1,776 RM	1,662 RM	1,765 RM	1,643 RM				
1930	1,701 RM	1,592 RM	1,671 RM	1,556 RM				
1931	1,558 RM	1,459 RM	1,525 RM	1,420 RM				
1932	1,320 RM	1,236 RM	1,286 RM	1,197 RM				
1933	1,252 RM	1,172 RM	1,233 RM	1,148 RM				
1934	1,313 RM	1,229 RM	1,286 RM	1,197 RM				
1935	1,313 RM	1,229 RM	1,326 RM	1,235 RM				
1936	1,313 RM	1,229 RM	1,334 RM	1,242 RM				
1937	1,340 RM	1,255 RM	1,353 RM	1,260 RM				
1938	1,354 RM	1,268 RM	1,366 RM	1,272 RM				
1939	1,374 RM	1,287 RM	1,406 RM	1,309 RM				
1940	1,395 RM	1,306 RM	1,435 RM	1,336 RM				
1941	1,163 RM	1,369 RM	1,495 RM	1,392 RM				
1942	1,585 RM	1,484 RM	1,584 RM	1,475 RM				
1943	1,619 RM	1,516 RM	1,605 RM	1,494 RM				
1944	1,653 RM	1,548 RM	1,644 RM	1,531 RM				
1945	1,707 RM	1,599 RM	1,711 RM	1,593 RM				
1946	1,823 RM	1,701 RM	1,830 RM	1,704 RM				
1947	2,129 RM	1,994 RM	2,134 RM	1,987 RM				
1948	–	–	2,811 RM	2,617 RM				
Umstellung von Reichsmark auf Deutsche Mark								
1949	2,626 DM	2,459 DM	2,599 DM	2,420 DM				
1950	2,503 DM	2,344 DM	2,519 DM	2,345 DM				
1951	2,898 DM	2,713 DM	2,917 DM	2,716 DM				
1952	3,088 DM	2,892 DM	3,274 DM	3,048 DM				
1953	2,986 DM	2,796 DM	3,215 DM	2,993 DM				
1954	3,000 DM	2,809 DM	3,274 DM	3,048 DM				
1955	3,163 DM	2,962 DM	3,421 DM	3,185 DM				
1956	3,245 DM	3,038 DM	3,515 DM	3,273 DM				
1957	3,361 DM	3,146 DM	3,686 DM	3,432 DM				
1958	3,469 DM	3,248 DM	3,859 DM	3,593 DM	3,484 DM	3,247 DM		
1959	3,653 DM	3,420 DM	4,164 DM	3,877 DM	3,661 DM	3,413 DM		
1960	3,925 DM	3,675 DM	4,365 DM	4,064 DM	3,926 DM	3,659 DM		
1961	4,224 DM	3,955 DM	4,594 DM	4,277 DM	4,238 DM	3,951 DM		
1962	4,571 DM	4,280 DM	4,906 DM	4,568 DM	4,572 DM	4,261 DM		
1963	4,810 DM	4,503 DM	5,135 DM	4,781 DM	4,806 DM	4,479 DM		
1964	5,034 DM	4,713 DM	5,503 DM	5,124 DM	5,002 DM	4,662 DM		
1965	5,245 DM	4,911 DM	5,848 DM	5,445 DM	5,186 DM	4,834 DM		

1 Zu den Veröffentlichungen des Statistischen Bundesamtes vgl. 4. Aufl. 2002, S. 2569 ff.
2 Bis 1990 früheres Bundesgebiet. Für 1922 und 1923 wurden wegen der sprunghaften Entwertung der Mark keine Durchschnittsindizes veröffentlicht.

XI Anhang 2.6.1 — Wiederherstellungswerte

Jahr	Deutschland		Berlin		Bayern		Nordrhein-Westfalen	
	1913 = 1 M	1914 = 1 M	1913 = 1 M	1914 = 1 M	1913 = 1 M	1914 = 1 M	1913 = 1 M	1914 = 1 M
1966	5,415 DM	5,070 DM	6,153 DM	5,729 DM	5,343 DM	4,980 DM		
1967	5,299 DM	4,962 DM	6,164 DM	5,739 DM	5,227 DM	4,871 DM		
1968	5,524 DM	5,172 DM	6,511 DM	6,062 DM	5,453 DM	5,083 DM		
1969	5,840 DM	5,468 DM	7,015 DM	6,532 DM	5,762 DM	5,370 DM		
1970	6,803 DM	6,369 DM	8,301 DM	7,723 DM	6,708 DM	6,252 DM		
1971	7,504 DM	7,027 DM	9,176 DM	8,541 DM	7,447 DM	6,941 DM		
1972	8,012 DM	7,502 DM	9,746 DM	9,074 DM	7,863 DM	7,329 DM		
1973	8,600 DM	8,053 DM	10,604 DM	9,871 DM	8,319 DM	7,754 DM		
1974	9,226 DM	8,639 DM	11,987 DM	11,165 DM	8,755 DM	8,160 DM		
1975	9,446 DM	8,844 DM	12,690 DM	11,815 DM	8,883 DM	8,279 DM		
1976	9,771 DM	9,150 DM	13,257 DM	12,343 DM	9,152 DM	8,530 DM		
1977	10,245 DM	9,593 DM	13,917 DM	12,958 DM	9,621 DM	8,967 DM		
1978	10,878 DM	10,186 DM	14,616 DM	13,609 DM	10,240 DM	9,545 DM		
1979	11,833 DM	11,080 DM	15,876 DM	14,782 DM	11,208 DM	10,447 DM		
1980	13,097 DM	12,263 DM	17,584 DM	16,372 DM	12,482 DM	11,635 DM		
1981	13,863 DM	12,981 DM	18,921 DM	17,617 DM	13,278 DM	12,377 DM		
1982	14,263 DM	13,355 DM	20,024 DM	18,645 DM	13,755 DM	12,822 DM		
1983	14,564 DM	13,637 DM	20,746 DM	19,316 DM	14,096 DM	13,139 DM		
1984	14,924 DM	13,974 DM	21,396 DM	19,922 DM	14,508 DM	13,523 DM		
1985	14,987 DM	14,033 DM	21,646 DM	20,155 DM	14,678 DM	13,682 DM		
1986	15,193 DM	14,226 DM	21,895 DM	20,386 DM	14,971 DM	13,955 DM		
1987	15,482 DM	14,496 DM	22,333 DM	20,795 DM	15,279 DM	14,243 DM		
1988	15,811 DM	14,805 DM	22,972 DM	21,389 DM	15,606 DM	14,547 DM		
1989	16,389 DM	15,345 DM	23,800 DM	22,160 DM	16,270 DM	15,166 DM		
1990	17,445 DM	16,334 DM	25,358 DM	23,611 DM	17,353 DM	16,175 DM		
1991	18,656 DM	17,469 DM	27,119 DM	25,251 DM	18,535 DM	17,278 DM		
1992	19,850 DM	18,587 DM	29,336 DM	27,315 DM	19,583 DM	18,254 DM		
1993	20,830 DM	19,504 DM	31,003 DM	28,868 DM	20,468 DM	19,079 DM		
1994	21,329 DM	19,971 DM	31,756 DM	29,569 DM	20,774 DM	19,364 DM		
1995	21,829 DM	20,440 DM	32,431 DM	30,197 DM	21,213 DM	19,773 DM		
1996	21,791 DM	20,405 DM	32,455 DM	30,219 DM	20,990 DM	19,566 DM		
1997	21,627 DM	20,252 DM	32,114 DM	29,902 DM	20,847 DM	19,432 DM		
1998	21,551 DM	20,180 DM	31,684 DM	28,502 DM	20,794 DM	19,383 DM		
1999	21,474 DM	20,108 DM	30,906 DM	28,777 DM	20,815 DM	19,403 DM	22,049 DM	20,544 DM
2000	21,545 DM	20,174 DM	30,241 DM	28,158 DM	21,037 DM	19,609 DM	22,331 DM	20,806 DM
2001	21,529 DM	20,159 DM	29,697 DM	27,651 DM	21,163 DM	19,727 DM	22,410 DM	20,879 DM
2002	21,518 DM	20,149 DM	–	–	21,174 DM	19,737 DM	22,381 DM	20,853 DM
2003	21,529 DM	20,159 DM	–	–	21,137 DM	19,703 DM	22,365 DM	20,838 DM
2004	21,809 DM	20,422 DM	–	–	21,369 DM	19,918 DM	22,639 DM	21,093 DM
2005	22,003 DM	20,603 DM	–	–	21,441 DM	19,986 DM	22,817 DM	21,259 DM
2006	22,421 DM	20,995 DM	–	–	21,849 DM	20,366 DM	23,211 DM	21,626 DM
2007	23,917 DM	22,395 DM	–	–	23,371 DM	21,785 DM	24,746 DM	23,056 DM
2008	24,599 DM	23,034 DM	–	–	24,079 DM	22,444 DM	25,379 DM	23,646 DM
Umstellung von Deutsche Mark auf Euro[a]								
1990	8,920 EUR	8.352 EUR	–	–				
1991	9,539 EUR	8,932 EUR	–	–				
1992	10,149 EUR	9,504 EUR	–	–	10,012 EUR	9,333 EUR		
1993	10,650 EUR	9,973 EUR	–	–	10,465 EUR	9,755 EUR		
1994	10,905 EUR	10,211 EUR	–	–	10,622 EUR	9,901 EUR		
1995	11,161 EUR	10,451 EUR	–	–	10,846 EUR	10,110 EUR		
1996	11,142 EUR	10,433 EUR	–	–	10,732 EUR	10,004 EUR		
1997	11,058 EUR	10,355 EUR	–	–	10,659 EUR	9,936 EUR		
1998	11,019 EUR	10,318 EUR	–	–	10,632 EUR	9,910 EUR		
1999	10,980 EUR	10,281 EUR	–	–	10,643 EUR	9,921 EUR	11,273 EUR	10,504 EUR
2000	11,016 EUR	10,315 EUR	–	–	10,756 EUR	10,026 EUR	11,418 EUR	10,638 EUR
2001	11,007 EUR	10,307 EUR	–	–	10,821 EUR	10,087 EUR	11,458 EUR	10,675 EUR
2002	11,002 EUR	10,302 EUR	15,029 EUR	13,994 EUR	10,826 EUR	10,092 EUR	11,443 EUR	10,662 EUR
2003	11,008 EUR	10,307 EUR	14,979 EUR	13,947 EUR	10,807 EUR	10,074 EUR	11,435 EUR	10,654 EUR
2004	11,151 EUR	10,442 EUR	15,126 EUR	14,084 EUR	10,925 EUR	10,184 EUR	11,575 EUR	10,785 EUR
2005	11,250 EUR	10,534 EUR	15,230 EUR	14,181 EUR	10,963 EUR	10,219 EUR	11,666 EUR	10,869 EUR
2006	11,464 EUR	10,735 EUR	15,490 EUR	14,424 EUR	11,171 EUR	10,413 EUR	11,868 EUR	11,957 EUR
2007	12,229 EUR	11.451 EUR	16,448 EUR	15,316 EUR	11,949 EUR	11,139 EUR	12,652 EUR	11,788 EUR
2008	12,577 EUR	11,777 EUR	17,111 EUR	15,933 EUR	12,311 EUR	11,476 EUR	12,976 EUR	12,090 EUR
2009								

a. Die Relation der ab 1999 in DM und EUR vorliegenden Werte beträgt einheitlich 1,95583.

Wiederherstellungswerte Anhang 2.6.1 XI

Laufende Angaben können der Zeitschrift „Grundstücksmarkt und Grundstückswert" – GuG –, erschienen im Luchterhand Verlag, oder unter www.gug-aktuell.de entnommen werden.

Statistisches Bundesamt
Postfach 5528
Gustav-Stresemann-Ring 11
65189 Wiesbaden
Tel. (06121) 75-1
Fax (06121) 753425   ***www.statistik-bund.de***

Statistisches Landesamt Berlin
Alt-Friedrichsfelde
10315 Berlin
Tel. (030) 9021 3434
Fax (030) 9021 3655
http://www.statistik-berlin.de

Bayerisches Landesamt für Statistik und Datenverarbeitung
Postfach 20 03 03
80331 München
Tel. 089 211 9297
Fax 089 211 9607
http://www.statistik.bayern.de

XI Anhang 2.6.2 — Häuserpreisindex

2.6.2 Baupreisindex für den Neubau von Ein- und Zweifamilienhäusern (Häuserpreisindex)

Quelle: Statistisches Bundesamt, http://www.destatis.de/download/d/preis/Haeuserpreisindex_2006.pdf

Jahr Vierteljahr		Bestehende Wohngebäude	Häuserpreis-index	Preisindex für das schlüsselfertige Bauen	Preisindex für den Eigenbau	Preisindex für den Fertigteilbau
2000 JD		100,8	99,8	105,0	98,0	95,8
	1. Vj.	100,4	100,0	106,3	97,8	95,6
	2. Vj.	100,5	99,9	105,4	98,0	95,7
	3. Vj.	101,0	99,6	104,5	98,0	95,9
	4. Vj.	101,2	99,5	103,6	98,1	96,1
2001 JD		101,2	98,9	102,0	97,9	96,9
	1. Vj.	101,9	99,1	102,4	98,0	96,5
	2. Vj.	102,0	98,6	100,7	98,0	96,9
	3. Vj.	101,5	99,1	102,6	97,9	97,0
	4. Vj.	99,4	98,9	102,2	97,7	97,1
2002 JD		99,9	98,6	100,7	97,9	97,5
	1. Vj.	99,7	98,6	101,0	97,8	97,3
	2. Vj.	100,9	98,4	99,9	97,9	97,4
	3. Vj.	100,5	99,2	102,3	98,0	97,6
	4. Vj.	98,4	98,3	99,7	97,8	97,8
2003 JD		100,0	98,6	100,1	98,0	98,0
	1. Vj.	99,6	98,9	101,1	98,0	97,9
	2. Vj.	101,7	99,4	103,1	97,9	98,0
	3. Vj.	100,5	97,8	97,7	97,9	98,0
	4. Vj.	98,0	98,1	98,6	98,0	97,9
2004 JD		98,5	99,5	100,4	99,2	98,8
	1. Vj.	100,3	99,2	101,3	98,3	98,4
	2. Vj.	99,8	99,4	100,0	99,3	98,7
	3. Vj.	98,1	99,5	99,7	99,6	98,9
	4. Vj.	95,9	99,9	100,7	99,7	99,0
2005 JD		100,0	100,0	100,0	100,0	100,0
	1. Vj.	99,8	100,4	101,4	100,1	99,6
	2. Vj.	99,6	99,3	97,8	99,9	99,6
	3. Vj.	100,8	100,0	100,4	100,0	99,4
	4. Vj.	99,9	100,3	100,4	101,1	101,4
2006 JD		97,9	100,9	98,0	101,9	102,6
	1. Vj.	100,1	100,5	99,8	100,6	101,8
	2. Vj.	96,1	100,2	97,0	101,1	102,3
	3. Vj.	98,9	101,2	98,0	102,4	102,6
	4. Vj.	96,5	101,7	97,1	103,3	103,7
2007 JD		95,8	105,6	97,4	108,6	108,7
	1. Vj.	95,6	104,0	94,2	107,7	106,7
	2. Vj.	96,5	105,3	96,7	108,4	108,7
	3. Vj.	96,6	106,3	99,2	108,9	108,5
	4. Vj.	94,4	106,9	99,4	109,4	110,7

Preisindizes für selbst genutztes Wohneigentum 2005 = 100

Häuserpreisindex — Anhang 2.6.3 XI

Deutschland

2.6.3 Preisindex für den Neubau von

- Wohngebäuden insgesamt sowie nach Roh- und Ausbau mit Umsatz-(Mehrwert-)steuer,
- Mehrfamiliengebäuden,
- Einfamiliengebäuden,
- Büro- sowie gewerblichen Betriebsgebäuden

und die Instandhaltung von Mehrfamiliengebäuden in Deutschland

(Basis 2005 = 100)
Quelle: Statistisches Bundesamt Wiesbaden, Reihe 4, Fachserie 17

Jahr	Wohngebäude insgesamt			Mehrfamiliengebäude			Einfamiliengebäude		Nichtwohngebäude	
	insgesamt	nach Abschnitten		Neubau	Instandhaltung ohne Schönheitsreparaturen	Schönheitsreparaturen in einer Wohnung	insgesamt	Vorgefertigte Bauart ohne Keller	Neubau	Neubau
		Rohbauarbeiten	Ausbauarbeiten						Bürogebäude	Gewerbliche Betriebsgebäude
1958	15,8	17,9	14,1	15,8	15,9	11,9	15,8	–	16,0	16,5
1959	16,6	19,0	14,7	16,7	16,2	12,7	16,5	–	16,8	17,1
1960	17,8	20,5	15,6	17,9	17,0	13,6	17,7	–	18,0	18,3
1961	19,1	21,9	16,9	19,2	18,2	15,2	19,1	–	19,2	19,4
1962	20,8	23,9	18,3	20,9	19,2	17,3	20,8	–	20,7	20,9
1963	21,8	25,2	19,1	21,9	20,0	18,3	21,8	–	21,8	21,8
1964	22,8	26,4	20,0	23,0	20,9	19,6	22,7	–	22,6	22,7
1965	23,9	27,3	21,0	23,8	.21,7	21,0	23,7	–	23.5	23,5
1966	24,6	28,0	21,7	24,7	22,3	22,3	24,5	–	24,3	24,2
1967	24,1	27,3	21,5	24,2	22,0	22,2	24,0	–	23,7	23,0
1968	25,1	28,4	22,3	25,1	22,9	23,6	25,0	22,6	24,7	24,2
1969	26,6	30,3	23,4	26,6	24,0	24,7	26,5	23,3	26,2	26,4
1970	30,9	36,3	26,6	31,0	26,8	27,7	30,8	24,8	30,7	31,2
1971	34,1	39,8	29,5	34,2	29,5	31,2	33,9	26,91	33,8	34,6
1972	36,5	42,3	31,7	36,5	31,2	33,5	36,3	28,8	35.9	36,3
1973	39.1	44,9	34,4	39,2	33,4	35,9	38,9	30,1	38,5	38,5
1974	42,0	46,9	37,6	42,1	36,7	39,3	41,9	32,2	41,1	40,7
1975	43,0	47,2	39,1	43,1	38,5	40,9	42,8	34.4	42,0	41,9
1976	44,5	48,7	40,5	44,6	39,9	42,5	44,3	36,1	43,4	43,6
1977	46,5	51,2	42,4	46,6	41,7	44,6	46,7	37,8	45,4	45,4
1978	49,4	54,8	44,5	49,5	43,8	47,4	49,6	40,3	48,0	47,8
1979	53,8	60,5	47,4	53,8	46,5	50,4	54,1	43,4	51,8	51,6
1980	59,6	67,4	52,1	59,5	50,7	54,5	60,0	47,8	57,1	56,9
1981	63,0	70,9	55,5	63,1	54,0	58,3	63,5	51,8	60,6	60,4
1982	64,8	71,8	58,3	64,9	56,7	60,6	65,2	54,5	62,8	62,9
1983	66,2	72,8	60,1	66,3	58,5	62,5	66,4	57,2	64,3	64,3
1984	67,9	74,3	62,0	68,0	60,3	64,3	68,0	59,4	66,1	65,8
1985	68,2	74,0	63.0	68,3	61,5	65,4	68,3	59,7	66,8	66,4
1986	69,0	74 2	64,0	69,3	62,6	67,0	69,2	60,6	67,9	67,8
1987	70,3	76,0	65,6	70,7	64,3	68,7	70,5	62.1	69,5	69,3
1988	71,9	77,4	67,4	72,2	66,0	70,6	72,0	63,6	71,2	70,7
1989	74,5	80,2	69,8	74,8	68,4	72,8	74,6	65,5	73,8	73,2
1990	79,3	86,0	73,6	79,6	71,8	76,7	79,5	69,4	78,1	77,8
1991	84,8	92,0	78,3	85,0	76,6	81,2	84,8	73,5	83,1	82,6
1992	90,3	97,6	83,5	90,5	82,4	87,6	90,3	80,1	88,2	87,6
1993	94,7	102,0	88,2	95,0	87,3	92,8	94,8	86,5	92.3	91,4
1994	97,0	104,1	90,8	97,2	90,0	95,6	97,1	89,8	94,5	93,3

XI Anhang 2.6.3 — Häuserpreisindex

Jahr	Wohngebäude insgesamt			Mehrfamiliengebäude			Einfamiliengebäude		Nichtwohngebäude	
	insgesamt	nach Abschnitten		Neubau	Instand-haltung ohne Schön-heits-repara-turen	Schön-heits-repara-turen in einer Wohnung	insgesamt	Vorgefer-tigte Bau-art ohne Keller	Neubau Büroge-bäude	Neubau Gewerb-liche Betriebs-gebäude
		Rohbau-arbeiten	Ausbau-arbeiten							
1995	99,2	106,1	93,4	99,4	92,7	98,6	99,3	92,4	96,7	95,4
1996	99,0	105,0	94,1	99,1	93,8	99,8	99,2	93,6	96,8	95,7
1997	98,3	103,3	94,1	98,4	94,2	100,3	98,4	93,6	96,3	95,2
1998	97,9	102,0	94,5	98,0	95,1	101,0	98,1	95,3	96,3	95,3
1999	97,6	101,3	94,5	97,7	95,2	100,9	97,7	95,4	96,1	95,0
2000	97,9	101,1	95,3	97,9	95,8	101,3	98,0	95,9	96,8	95,7
2001	97,8	100,0	96,2	97,8	96,5	101,6	97,9	97,0	97,2	96,1
2002	97,8	99,3	96,7	97,7	97,0	101,4	97,9	97,6	97,3	96,3
2003	97,8	98,8	97,2	97,7	97,4	101,5	98,0	98,0	97,4	96,5
2004	99,1	99,9	98,5	99,1	98,5	100,4	99,2	98,9	98,8	98,0
2005	100,0	100,0	100,0	100,0	100,0	100,0	100,0	100,0	100,0	100,0
2006	101,9	102,2	101,7	102,1	101,8	100,5	101,9	102,8	102,1	102,3
2007	108,7	109,1	108,3	109,1	108,4	104,4	108,6	109,1	109,7	109,6
2008	111,8	112,5	111,2	112,7	111,3	105,9	111,6	111,9	112,6	113,6
2009										
2010										

1998–1990 früheres Bundesgebiet
1958–1959 Bundesgebiet ohne Saarland und Berlin.
1960–1965 Bundesgebiet ohne Berlin.
Laufende Angaben können der Zeitschrift „Grundstücksmarkt und Grundstückswert" – GuG –, erschienen im Luchterhand Verlag, oder unter www.gug-aktuell.de entnommen werden.

2.7 Baupreisindizes, insbesondere für Wohngebäude in den Bundesländern

Baden-Württemberg, Bayern

Nachfolgend sind die Baupreisindexreihen der Länder abgedruckt. Für Bremen, Hamburg, Mecklenburg-Vorpommern, Rheinland-Pfalz und Schleswig-Holstein werden keine eigenen Baupreisindexreihen von den jeweiligen Statistischen Landesämtern veröffentlicht.

2.7.1 Baupreisindizes für den Neubau von Wohn-, Büro- und Betriebsgebäuden (einschließlich Mehrwertsteuer) in Baden-Württemberg und Bayern seit 1949

Quelle: Statistische Berichte Baden-Württemberg M I 4
Quelle: Statistische Berichte des Bay. Landesamts für Statistik und Datenverarbeitung M I 4

Jahr	Baden-Württemberg 2005=100			Bayern 2000=100						
	Wohn-gebäude	Büroge-bäude	Gewerb-liche Betriebs-gebäude	Wohngebäude			Ein- und Zwei-fami-lien-häuser	Büroge-bäude	Gemischt genutzte Gebäude	Gewerb-liche Betriebs-gebäude	Instandhal-tung Wohnge-bäude ohne Schönheits-reparaturen
				Insge-samt	Roh-bau	Ausbau					
1949	13,0	–	–	–	–	–	–	–	–	–	–
1950	11,9	–	–	–	–	–	–	–	–	–	–
1951	14,2	–	–	–	–	–	–	–	–	–	–
1952	15,7	–	–	–	–	–	–	–	–	–	–
1953	15,3	–	–	–	–	–	–	–	–	–	–
1954	15,4	–	–	–	–	–	–	–	–	–	–
1955	16,4	–	–	–	–	–	–	–	–	–	–
1956	17,1	–	–	–	–	–	–	–	–	–	–
1957	17,8	–	–	–	–	–	–	–	–	–	–
1958	18,4	–	–	16,6	–	–	16,1	15,8	16,3	16,6	–
1959	19,2	–	–	17,4	–	–	17,1	16,8	17,5	17,5	–
1960	21,1	–	–	18,7	–	–	18,5	18,1	18,9	18,8	–
1961	23,1	–	–	20,1	–	–	20,1	19,6	20,4	20,2	–
1962	25,1	–	–	21,7	24,2	19,1	21,7	21,1	22,1	21,8	–
1963	26,4	–	–	22,9	25,5	20,1	22,8	22,2	23,2	22,8	–
1964	27,8	–	–	23,8	26,6	20,9	23,7	23,1	24,1	23,6	–
1965	29,2	–	–	24,7	27,3	21,9	24,6	23,9	25,0	24,5	–
1966	29,7	–	–	25,4	28,1	22,6	25,4	24,6	25,8	25,1	–
1967	28,3	–	–	24,9	27,3	22,3	24,9	24,0	25,1	24,0	–
1968	29,1	30,6	29,2	25,9	28,4	23,3	25,9	25,0	26,2	25,3	–
1969	31,0	32,7	31,7	27,4	30,4	24,4	27,3	26,5	27,7	27,5	–
1970	35,8	38,2	37,4	31,9	36,1	28,0	31,7	31,0	32,3	32,4	–
1971	39,2	41,7	41,4	35,4	39,9	31,1	35,2	34,3	35,7	36,0	–
1972	41,7	44,3	43,6	37,4	41,8	33,1	37,1	36,1	37,5	37,4	–
1973	44,8	47,2	46,1	39,5	43,3	35,6	39,2	38,2	39,7	39,2	–
1974	46,9	49,3	47,4	41,6	44,7	38,1	41,4	40,1	41,8	40,9	–
1975	47,2	49,5	48,1	42,2	44,7	39,1	42,0	40,5	42,4	41,7	–
1976	48,5	50,7	49,7	43,5	46,1	40,3	43,4	41,7	43,7	43,3	–
1977	50,7	53,0	51,7	45,8	48,5	42,3	45,7	43,6	45,8	45,3	–
1978	54,1	55,9	54,4	48,7	52,0	44,6	48,8	46,5	48,8	47,9	–
1979	59,3	60,5	58,7	53,3	57,6	48,0	53,5	50,5	53,2	51,9	–
1980	65,9	66,4	64,9	59,3	64,5	53,1	59,7	56,1	59,2	57,2	–
1981	69,0	69,8	68,0	63,1	68,0	57,3	63,5	60,0	63,0	60,8	–
1982	69,5	70,9	69,3	65,4	69,5	60,6	65,5	62,9	65,5	63,8	–
1983	70,4	72,0	70,3	67,0	70,5	62,8	67,0	64,7	65,5	65,5	–
1984	72,3	73,8	71,7	68,9	72,3	65,0	68,9	67,0	69,1	67,6	–
1985	72,1	73,7	71,7	69,7	72,5	66,5	69,7	68,0	70,0	68,6	–

XI Anhang 2.7.1 Baupreisindizes (Baden-Württemberg, Bayern)

Jahr	Baden-Württemberg 2005=100			Bayern 2000=100								
	Wohn-gebäude	Büroge-bäude	Gewerb-liche Betriebs-gebäude	Wohngebäude			Ein- und Zwei-fami-lien-häuser	Büroge-bäude	Gemischt genutzte Gebäude	Gewerb-liche Betriebs-gebäude	Instandhal-tung Wohnge-bäude ohne Schönheits-reparaturen
				Insge-samt	Roh-bau	Ausbau					
1986	73,0	74,9	73,0	71,2	74,1	67,8	71,1	69,7	71,5	70,5	–
1987	74,6	76,6	74,9	72,6	75,3	69,5	72,5	71,4	73,0	72,2	–
1988	76,3	78,2	76,5	74,2	76,5	71,6	74,0	73,4	74,5	73,7	–
1989	79,2	81,1	79,2	77,3	79,8	74,6	77,1	76,7	77,8	76,7	–
1990	84,6	85,8	84,2	82,4	85,6	78,9	82,3	81,3	82,9	81,6	–
1991	90,4	91,5	89,6	88,1	91,1	84,5	88,0	86,9	88,4	87,0	–
1992	94,8	95,6	93,5	93,1	95,6	90,2	93,1	92,0	93,2	91,6	–
1993	97,4	97,2	95,2	97,3	99,6	94,8	97,3	96,2	97,3	95,4	–
1994	98,8	97,7	95,7	98,7	100,7	96,8	98,7	97,7	98,7	96,8	–
1995	98,7	98,6	96,9	100,8	102,7	99,2	100,8	99,9	100,7	98,9	–
1996	97,2	97,4	96,1	99,8	100,6	99,1	99,8	99,1	99,7	98,5	–
1997	95,8	96,4	95,3	99,1	99,6	98,8	99,2	98,5	99,0	98,2	–
1998	96,1	96,2	95,1	98,8	99,1	98,8	99,0	98,7	98,8	98,5	–
1999	96,5	96,3	95,0	98,9	99,2	98,8	99,0	98,8	99,0	98,6	–
2000	97,6	97,7	96,2	**100,0**	**100,0**	**100,0**	100,0	**100,0**	**100,0**	**100,0**	**100,0**
2001	98,3	98,7	97,2	100,6	99,4	101,6	100,6	100,8	100,6	100,9	–
2002	98,6	98,9	97,5	100,6	99,3	101,9	100,6	101,0	100,7	101,2	–
2003	98,0	98,2	97,2	100,5	98,5	102,3	100,5	100,9	100,4	101,4	–
2004	99,2	99,1	98,2	101,6	99,7	103,3	101,6	102,1	101,5	102,7	–
2005	**100,0**	**100,0**	**100,0**	102,1	99,8	104,1	102,0	102,9	102,0	104,7	106,7
2006	102,4	102,4	103,3	104,4	102,6	105,9	104,3	105,3	104,3	107,3	109,0
2007	109,6	110,1	111,1	112,1	110,9	113,2	112,2	113,1	112,1	115,5	116,1
2008	112,8	113,8	115,5								

Statistisches Landesamt Baden Württemberg

Postfach 106033
70049 Stuttgart
Tel. (07 11) 6 41-2527
Fax (07 11) 6 41-2988
http://www.stala.bwl.de

Bayerisches Landesamt für Statistik und Datenverarbeitung

Postfach 20 03 03
80331 München
Tel. (089) 211-9297
Fax (089) 211-9607
http://www.statistik.bayern.de

Baupreisindizes (Berlin)

Berlin

2.7.2 Baupreisindizes für den Neubau von Wohngebäuden, Nichtwohngebäuden und Instandhaltung in Berlin (einschließlich Mehrwertsteuer) in Berlin

(Basis 2005 = 100)

Quelle: Statistisches Landesamt für Berlin, Statistische Berichte:
Messzahlen für Bauleistungspreise für Bauwerke in Berlin M I 4

Jahr	Wohngebäude				Nichtwohngebäude		Instandhaltung	
	Wohn-gebäude insgesamt	Ein- und Zwei-familien-gebäude	Mehr-familien-gebäude	Gemischt genutzte Gebäude	Büro-gebäude	Gewerb-liche Betriebs-gebäude	Mehr-familien-gebäude ohne Schönheits-reparatu-ren	Schönheits-reparaturen in einer Wohnung
1991	91,1	91,2	90,7	–	87,8	86,9	82,6	92,5
1992	98,5	98,7	98,0	–	94,2	93,2	88,6	99,1
1993	104,1	104,4	103,5	–	99,0	97,7	94,2	104,4
1994	106,7	106,9	106,1	–	101,3	99,6	97,8	109,0
1995	108,9	109,3	108,3	–	103,3	101,7	101,2	114,9
1996	109,0	109,3	108,4	–	103,6	102,1	101,6	115,4
1997	107,8	108,0	107,3	–	102,9	101,5	101,7	116,2
1998	106,4	106,6	105,9	–	102,0	100,5	102,8	118,7
1999	103,6	104,0	103,2	–	99,9	98,3	101,5	114,4
2000	101,6	101,7	100,9	–	98,5	97,2	100,0	110,1
2001	99,7	99,9	99,2	–	97,6	96,6	99,1	108,0
2002	98,7	98,8	98,3	–	97,1	96,0	99,2	105,1
2003	98,4	98,5	98,0	–	97,3	96,2	98,2	101,3
2004	99,3	99,3	99,2	–	98,7	97,9	99,0	102,1
2005	**100,0**	**100,0**	**100,0**	–	**100,0**	**100,0**	**100,0**	**100,0**
2006	101,6	101,5	102,0	–	101,6	102,4	101,6	99,2
2007	108,0	107,8	108,5	–	107,1	109,2	106,9	101,4
2008	112,4							

Zum Baupreisindex auf der Basis 2000=100 vgl. 5. Aufl., S. 3036 f.

Laufende Angaben können der Zeitschrift „Grundstücksmarkt und Grundstückswert" – GuG –, erschienen im Luchterhand Verlag, oder unter www.gug-aktuell.de entnommen werden.

Statistisches Landesamt Berlin
Alt-Friedrichsfelde
10315 Berlin
Tel. (0 30) 90 21-34 34
Fax (0 30) 90 21-36 55
http://www.statistik-berlin.de

Für **Bremen** wird keine eigene Baupreisindexreihe vom Statistischen Landesamt veröffentlicht.

XI Anhang 2.7.3 — Baupreisindizes (Brandenburg)

Brandenburg

2.7.3 Baupreisindizes für den Neubau und die Instandhaltung von Wohn- und Nichtwohngebäuden in Brandenburg

(Basis 2000 = 100)

Quelle: Statistische Berichte des Landesamtes für Datenverarbeitung und Statistik M I 4

Jahr	Wohngebäude						Nichtwohngebäude	
	insgesamt	Ein- u. Zwei-familien-gebäude	Mehr-familien-gebäude	Gemischt genutzte Gebäude	Mehr-familien-gebäude ohne Schön-heitsrepa-raturen	Schön-heitsrepa-raturen in einer Wohnung	Büro-gebäude	Gewerb-liche Betriebs-gebäude
1991	80,5	80,1	80,8	81,4	70,2	65,4	80,3	80,2
1992	89,1	88,8	89,4	89,8	79,6	75,7	88,4	89,2
1993	95,5	95,2	95,7	95,7	86,9	84,3	94,1	94,7
1994	99,4	99,4	99,5	99,4	92,1	91,1	97,2	97,8
1995	102,9	103,0	102,9	102,8	96,3	95,4	100,4	100,7
1996	103,9	104,1	103,9	103,9	98,9	100,1	101,8	102,0
1997	103,6	103,8	103,6	103,5	100,6	101,5	101,6	102,0
1998	101,8	102,0	101,8	101,9	101,2	101,8	100,8	101,1
1999	100,6	100,6	100,5	100,6	100,4	100,7	99,7	99,6
2000	100,0	100,0	100,0	100,0	100,0	100,0	100,0	100,0
2001	98,7	98,7	98,7	98,9	98,6	92,4	99,9	99,7
2002	99,7	99,7	99,8	100,0	98,6	89,6	101,1	100,2
2003	100,5	100,5	100,6	100,7	99,5	89,1	102,3	101,3
2004	102,8	102,7	102,9	103,1	101,0	86,8	105,1	104,0
2005	104,9	104,8	105,1	105,5	103,5	85,7	108,3	107,5
2006	109,0	108,9	109,2	109,7	107,9	86,1	113,1	112,2
2007	122,1	121,9	123,0	122,7	116,0	88,6	126,8	124,6
2008								

Landesamt für Datenverarbeitung und Statistik Brandenburg
Dortusstraße 46
14467 Potsdam
Tel. (03 31) 39-4 03
Fax: (03 31) 39-4 18
http://www.lds-bb.de

Für **Hamburg** wird keine eigene Baupreisindexreihe vom Statistischen Landesamt veröffentlicht.

Hessen

2.7.4 Baupreisindizes für den Neubau und die Instandhaltung von Wohngebäuden in Hessen[1)]

(Basis 2005 = 100)
Quelle: Statistische Berichte des Hessischen Statistischen Landesamtes M I 4

Jahr	Neubau von							Instandhaltung von	
	Wohn-gebäuden insgesamt	davon		Ein- und Zwei-familien-gebäuden insgesamt	Mehr-familien-gebäuden	Nichtwohngebäuden		Mehr-familien-gebäuden[2)]	Schön-heits-repara-turen in einer Wohnung
		Rohbau-arbeiten	Ausbau-arbeiten			Büro-gebäuden	Gewerb-lichen Betriebsge-bäuden		
1968	25,5	29,6	22,4	25,4	25,5	26,0	25,4		21,2
1969	26,8	31,4	23,4	26,7	26,7	27,6	27,4		22,3
1970	31,2	37,6	26,2	30,9	30,9	32,2	32,4		25,5
1971	34,3	41,1	29,3	34,2	34,3	35,4	36,0		29,4
1972	36,5	43,3	31,2	36,2	36,4	37,4	37,8		32,2
1973	39,1	45,7	34,0	38,8	39,2	39,9	39,8		35,1
1974	41,9	47,3	37,3	41,6	41,9	42,5	42,2		38,3
1975	42,6	47,3	38,7	42,4	42,7	43,0	43,0		40,2
1976	44,0	48,6	39,8	43,7	44,0	44,2	43,9		42,1
1977	45,6	50,4	41,7	45,6	45,7	46,0	45,4		43,8
1978	48,0	53,4	43,2	48,0	48,0	48,2	47,3		46,2
1979	53,0	58,6	45,7	52,0	51,7	51,7	50,9		49,1
1980	57,1	65,0	49,7	57,2	57,0	56,7	56,0		53,3
1981	60,8	69,1	53,0	60,8	60,7	60,3	59,7		56,8
1982	62,9	70,5	55,6	62,8	62,9	62,4	62,4		59,6
1983	64,5	71,9	57,6	64,3	64,4	63,9	64,0		61,6
1984	66,1	73,5	59,3	65,9	66,1	65,2	65,5		63,3
1985	66,5	73,7	60,1	66,3	66,7	65,9	66,2		64,5
1986	67,8	75,2	61,4	67,7	68,1	67,2	67,8		65,9
1987	69,5	76,7	63,1	69,2	69,7	68,8	69,4		67,4
1988	71,0	78,2	64,6	70,6	71,3	70,3	70,9		68,3
1989	73,0	80,4	66,7	72,8	73,4	72,6	73,0		70,3
1990	77,8	86,3	70,3	77,5	78,1	76,8	77,2		74,0
1991	83,0	92,3	74,6	82,7	83,3	81,7	81,8		78,2
1992	87,8	97,0	79,7	87,5	88,1	86,2	86,3		83,5
1993	92,1	101,0	84,3	91,8	92,4	90,5	90,4		88,4
1994	94,0	103,0	86,6	93,8	94,3	92,7	92,2		91,1
1995	96,4	104,8	89,5	96,3	96,7	94,9	94,1		93,3
1996	96,6	104,3	90,2	96,5	96,8	95,3	94,9		94,5
1997	96,2	102,9	90,7	96,1	96,4	95,0	94,5		95,9
1998	96,4	102,8	91,3	96,4	96,7	95,3	94,9		97,0
1999	96,6	102,6	91,6	96,5	96,8	95,4	95,0		97,5
2000	97,8	103,3	93,2	97,7	97,9	97,1	96,2		98,3
2001	98,7	103,3	95,0	98,6	98,8	98,3	97,1		99,7

XI Anhang 2.7.4 — Baupreisindizes (Hessen)

Jahr	Neubau von							Instandhaltung von	
	Wohngebäuden insgesamt	davon		Ein- und Zweifamiliengebäuden insgesamt	Mehrfamiliengebäuden	Nichtwohngebäuden		Mehrfamiliengebäuden[2]	Schönheitsreparaturen in einer Wohnung
		Rohbauarbeiten	Ausbauarbeiten			Bürogebäuden	Gewerblichen Betriebsgebäuden		
2002	98,7	102,1	96,0	98,6	98,8	98,4	97,5		100,4
2003	98,5	100,3	97,1	98,4	98,4	98,1	97,4		100,0
2004	99,1	100,2	98,3	99,1	99,1	98,9	98,4		101,1
2005	100,0	100,0	100,0	100,0	100,0	100,0	100,0	100,0	100,0
2006	101,3	101,0	101,6	101,2	101,5	101,6	101,5		98,9
2007	107,4	107,1	107,7	107,3	107,6	107,8	107,8		103,0
2008									

1) Einschließlich Umsatz-(Mehrwert-)Steuer.
2) Mehrfamiliengebäude ohne Schönheitsreparaturen

Hessisches Statistisches Landesamt
Postfach 32 05
65175 Wiesbaden
Tel. (06 11) 38 02-0
Fax: (06 11) 38 02-9 90
http://www.statistik-hessen.de

Für **Mecklenburg-Vorpommern** wird keine eigene Baupreisindexreihe vom Statistischen Landesamt veröffentlicht.

Baupreisindizes (Niedersachsen)

Anhang 2.7.5 XI

Niedersachsen

2.7.5 Baupreisindizes für den Neubau von Wohn- und Nichtwohngebäuden in Niedersachsen

(Basis 2000 = 100)

Quelle: Statistische Berichte des Niedersächsischen Statistischen Landesamtes M 1 4

Jahr	Wohngebäude insgesamt	Bürogebäude	Gewerbliche Betriebsgebäude	Schönheitsreparaturen in einer Wohnung
2000	100,0		100,0	100,0
2001	99,8		100,4	99,4
2002	99,4		100,2	98,8
2003	99,2		100,5	98,8
2004	99,8		101,7	98,1
2005	100,3		103,7	99,3
2006	102,2		106,4	99,7
2007	107,9		113,5	103,5
2008				

(Basis 2005 = 100)

Quelle: Landesbetrieb für Statistik und Kommunikationstechnologie Niedersachsen (LSKN) 2009

Jahr	Wohngebäude insgesamt	Bürogebäude	Gewerbliche Betriebsgebäude	Schönheitsreparaturen in einer Wohnung
2000	–		–	–
2001	–		–	–
2002	–		–	–
2003	–		–	–
2004	–		–	–
2005	100,0		100,0	100,0
2006	101,9		102,3	100,4
2007	107,5		109,6	104,2
2008	110,4		113,6	106,0
2009				

Niedersächsisches Statistisches Landesamt
Göttinger Chaussee 76
39453 Hannover
Tel. (05 11) 98 98- 0
Fax (05 11) 98 98-40 00
http://www.nls.niedersachsen.de

XI Anhang 2.7.6 — Baupreisindizes (Nordrhein-Westfalen)

Nordrhein-Westfalen

2.7.6 Preisindizes für Wohn- und Nichtwohngebäude (Bauleistungen am Bauwerk) sowie für Instandhaltung in Nordrhein-Westfalen

(Basis 2005 = 100)

Quelle: Statistische Berichte des Landesamtes für Datenverarbeitung und Statistik M I 4

Jahr	Wohngebäude					Nichtwohngebäude			Instandhaltung	
	insgesamt	davon nach Bauabschnitten				Gemischt genutzte Gebäude	Gewerbliche Betriebsgebäude	Bürogebäude	Mehrfamilienliegebäude ohne Schönheitsreparaturen	Schönheitsreparaturen in einer Wohnung
		Rohbau	Ausbau	Ein- und Zweifamiliengebäude	Mehrfamiliengebäude					
1962	–	–	–	–	–	–	–	–	–	–
1963	–	–	–	–	–	–	–	–	–	–
1964	–	–	–	–	–	–	–	–	–	–
1965	–	–	–	–	–	–	–	–	–	–
1966	–	–	–	–	–	–	–	–	–	–
1967	–	–	–	–	–	–	–	–	–	–
1968	24,0	–	–	–	–	–	23,7	24,0	–	–
1969	25,3	–	–	–	–	–	25,6	25,5	–	–
1970	29,6	–	–	–	–	–	30,5	29,7	–	–
1971	32,6	–	–	–	–	–	33,6	32,7	–	–
1972	34,9	–	–	–	–	–	35,4	35,0	–	–
1973	37,6	–	–	–	–	–	37,7	37,6	–	–
1974	40,6	–	–	–	–	–	40,2	40,5	–	–
1975	41,8	–	–	–	–	–	41,7	41,6	–	–
1976	43,3	–	–	–	–	–	43,3	42,9	–	–
1977	45,4	–	–	–	–	–	45,1	44,8	–	–
1978	47,9	–	–	–	–	–	47,2	47,2	–	–
1979	51,8	–	–	–	–	–	50,9	50,7	–	–
1980	57,1	–	–	–	–	–	55,7	55,7	–	–
1981	60,6	–	–	–	–	–	59,4	59,1	–	–
1982	62,4	–	–	–	–	–	62,2	61,3	–	–
1983	63,8	–	–	–	–	–	63,3	62,7	–	–
1984	65,4	–	–	–	–	–	64,9	64,6	–	–
1985	65,6	–	–	–	–	–	65,1	65,1	–	–
1986	66,0	–	–	–	–	–	66,1	65,9	–	–
1987	67,2	–	–	–	–	–	67,3	67,3	–	–
1988	68,6	–	–	–	–	–	68,9	69,0	–	–
1989	70,8	–	–	–	–	–	71,0	71,2	–	–
1990	74,8	–	–	–	–	–	75,0	74,9	–	–
1991	79,6	–	–	–	–	–	79,3	79,5	–	–
1992	84,3	–	–	–	–	–	83,4	83,8	–	–
1993	88,6	–	–	–	–	–	87,2	87,8	–	–
1994	91,1	–	–	–	–	–	89,2	89,9	–	–
1995	93,8	–	–	–	–	–	91,6	92,4	–	–

Baupreisindizes (Nordrhein-Westfalen) — Anhang 2.7.6 XI

Jahr	Wohngebäude					Nichtwohngebäude			Instandhaltung	
	insgesamt	davon nach Bauabschnitten				Gemischt genutzte Gebäude	Gewerbliche Betriebsgebäude	Bürogebäude	Mehrfamilienliegebäude ohne Schönheitsreparaturen	Schönheitsreparaturen in einer Wohnung
		Rohbau	Ausbau	Ein- und Zweifamiliengebäude	Mehrfamiliengebäude					
1996	94,4	–	–	–	–	–	92,5	93,1	–	–
1997	94,8	–	–	–	–	–	92,8	93,5	–	–
1998	95,9	–	–	–	–	–	93,9	94,7	–	–
1999	96,6	–	–	–	–	–	94,4	95,4	–	–
2000	97,8	–	–	–	–	–	95,8	96,9	–	–
2001	98,2	–	–	–	–	–	96,4	97,5	–	–
2002	98,0	–	–	–	–	–	96,6	97,6	–	–
2003	98,0	–	–	–	–	–	96,8	97,6	–	–
2004	99,2	–	–	–	–	–	98,3	98,9	–	–
2005	**100,0**	–	–	–	–	–	**100,0**	**100,0**	–	–
2006	101,7	–	–	–	–	–	102,0	101,9	–	–
2007	108,4	–	–	–	–	–	109,3	108,8	–	–
2008	111,2	–	–	–	–	–	113,4	112,0	–	–
2009										

Zum Baupreisindex auf der Basis 2000=100 vgl. 5.Aufl., S. 3043 f.

Landesamt für Datenverarbeitung und Statistik
Postfach 10 11 05
40002 Düsseldorf
Tel. (02 11) 94 49 25 21
Fax (02 11) 44 20 06
http://www.lds.nrw.de

Für **Rheinland-Pfalz** wird keine eigene Baupreisindexreihe vom Statistischen Landesamt veröffentlicht.

XI Anhang 2.7.7 — Baupreisindizes (Saarland)

Saarland

2.7.7 Baupreisindizes für den Neubau von Wohn- und Nichtwohngebäuden im Saarland

(Basis 2000 = 100)

Quelle: Statistische Berichte des Statistischen Landesamtes Saarland M I 4

Jahr	Monat	Wohngebäude	Bürogebäude	Gewerbliche Betriebsgebäude
2000	Februar	99,3	99,2	99,2
	Mai	99,9	99,8	99,8
	August	100,3	100,2	100,2
	November	100,5	100,7	100,7
2001	Februar	100,6	101,1	101,1
	Mai	101,0	101,5	101,5
	August	101,2	101,7	101,7
	November	101,0	101,6	101,7
2002	Februar	101,4	102,2	102,3
	Mai	101,8	102,5	102,6
	August	101,9	102,8	102,9
	November	102,2	103,2	103,3
2003	Februar	102,3	103,5	103,6
	Mai	102,5	103,7	103,8
	August	102,5	103,8	103,8
	November	102,4	103,7	103,6
2004	Februar	103,4	104,7	104,3
	Mai	104,4	105,8	105,3
	August	104,9	106,6	106,3
	November	105,1	107,0	106,9
2005	Februar	105,9	108,1	108,2
	Mai	106,1	108,4	108,6
	August	106,6	108,9	109,0
	November	107,0	109,5	109,4
2006	Februar	108,3	110,9	110,2
	Mai	108,8	111,6	110,8
	August			
	November			
2007	Februar			
	Mai			
	August			
	November			
2008	Februar			
	Mai			
	August			
	November			

Statistisches Landesamt Saarland
Postfach 10 30 44
66030 Saarbrücken
Tel. (06 81) 5 01 59 27
Fax (06 81) 5 01 59 21
http://www.statistik.saarland.de

Baupreisindizes (Sachsen)

Sachsen

2.7.8 Baupreisindizes für den Neubau und die Instandhaltung von Wohn- und Nichtwohngebäuden in Sachsen

Quelle: Statistische Berichte des Statistischen Landesamtes M I 4

Jahr	Neubau							
	Wohngebäude						Nichtwohngebäude	
	insgesamt	Ein- und Zweifamilienhäuser	Mehrfamiliengebäude	Gemischt genutzte Gebäude	Mehrfamiliengebäude ohne Schönheitsreparaturen	Schönheitsreparaturen in einer Wohnung	Bürogebäude	Gewerbliche Betriebsgebäude
	(Basis 2000 = 100)							
1995	112,1	111,8	112,5	111,5			107,8	106,8
1996	111,0	110,9	111,3	110,6			107,6	106,6
1997	108,5	108,5	108,6	108,2			105,8	104,9
1998	104,8	104,7	104,9	104,7			103,5	103,0
1999	102,5	102,3	102,7	102,4			101,8	101,1
2000	**100,0**	**100,0**	**100,0**	**100,0**	**100,0**	**100,0**	**100,0**	**100,0**
2001	97,4	97,4	97,1	98,5			98,5	98,4
2002	96,9	97,1	96,5	98,3			98,3	98,3
2003	98,2	98,4	97,8	99,7			99,7	99,6
2004	100,8	100,9	100,6	102,9			102,9	102,9
2005	102,0	102,1	101,8	104,5			104,5	105,2
	(Basis 2005 = 100)							
1995	109,7	109,2	110,2				103,0	101,6
1996	108,6	108,3	109,0				102,8	101,4
1997	106,2	106,0	106,4				101,0	99,8
1998	102,5	102,2	102,7				98,8	98,0
1999	100,3	99,9	100,6				97,2	96,2
2000	97,8	97,6	98,0				95,5	95,1
2001	95,3	95,1	95,1				94,1	93,6
2002	94,8	94,8	94,5				93,9	93,5
2003	96,1	96,1	95,8				95,2	94,8
2004	98,7	98,5	98,6				98,3	97,9
2005	**100,0**	**100,0**	**100,0**	**100,0**	**100,0**	**100,0**	**100,0**	**100,0**
2006	101,8	101,8	101,9	–	102,7	97,7	101,9	101,9
2007	109,2	109,2	109,3	–	111,4	101,7	109,2	109,4
2008	111,9	111,7	112,4	–	–	–	112,1	113,1
2009								

Statistisches Landesamt des Freistaats Sachsen
Macherstr. 63
01917 Kamenz
http://www.statistik.sachsen.de

XI Anhang 2.7.9 — Baupreisindizes (Sachsen-Anhalt)

Sachsen-Anhalt

2.7.9 Baupreisindizes für den Neubau und die Instandhaltung von Wohn- und Nichtwohngebäuden in Sachsen-Anhalt

(Basis 2005 = 100)

Quelle: Statistische Berichte des Statistischen Landesamtes M I 4

Jahr	Neubau							
	Wohngebäude						Nichtwohngebäude	
	insgesamt	Ein- und Zwei-familien-häuser	Mehr-familien-gebäude	Gemischt genutzte Gebäude	Mehr-familien-gebäude ohne Schönheits-reparaturen	Schönheits-reparaturen in einer Wohnung	Büro-gebäude	Gewerbliche Betriebs-gebäude
1994	–	–	–	–	–	–	–	–
1995	–	–	–	–	–	–	–	–
1996	–	–	–	–	–	–	–	–
1997	100,2	100,2	100,1	–	96,1	103,4	98,8	96,5
1998	99,4	99,4	99,2	–	96,8	104,3	98,5	96,4
1999	98,3	98,3	98,2	–	96,5	103,4	97,8	95,5
2000	98,1	98,1	98,1	–	96,5	103,0	97,7	95,6
2001	98,1	98,1	98,0	–	97,0	102,7	97,7	95,9
2002	98,3	98,3	98,2	–	97,4	102,7	97,8	96,1
2003	98,3	98,3	98,2	–	98,2	102,2	97,9	96,6
2004	99,3	99,9	99,2	–	99,1	100,9	98,9	98,1
2005	100,0	100,0	100,0	100,0	100,0	100,0	100,0	100,0
2006	101,5	101,5	101,5	101,0	101,3	100,5	101,8	101,7
2007	107,1	107,1	107,2	106,7	106,6	103,8	107,7	107,7
2008	109,8	109,7	110,4		108,9	104,8	110,4	110,8
2009								

Zum Baupreisindex auf der Basis 2000=100 vgl. 5. Aufl., S. 3047.

Statistisches Landesamt Sachsen-Anhalt
Merseburger Straße 2
06112 Halle/Saale
Tel.: (0345) 23 18-0
Fax: (0345) 2 31 89 01
http://www.stala.sachsen-anhalt.de

Für **Schleswig-Holstein** wird keine eigene Baupreisindexreihe vom Statistischen Landesamt veröffentlicht.

Baupreisindizes (Thüringen)

Thüringen

2.7.10 Baupreisindizes für den Neubau und die Instandhaltung von Wohn- und Nichtwohngebäuden in Thüringen

(Basis 2000 = 100)
Quelle: Statistische Berichte des Landesamtes für Statistik M I 4

Jahr	Neubau							
	Wohnbäude					Nichtwohngebäude		
	insgesamt	Ein-familien-gebäude	Mehr-familien-gebäude	Gemischt genutzte Gebäude	Mehr-familien-gebäude ohne Schönheits reparaturen	Schönheits-reparaturen in einer Wohnung	Büro-gebäude	Gewerbliche Betriebs-gebäude
1991	85,5	85,0	85,8	85,7	79,6	80,1	83,8	85,1
1992	94,2	93,7	94,5	93,9	89,1	92,7	91,6	93,8
1993	99,3	99,0	99,5	98,5	95,3	100,8	96,5	97,6
1994	101,9	101,7	101,9	101,2	98,9	105,9	99,0	99,3
1995	104,4	104,3	104,4	103,8	102,1	108,7	101,5	101,5
1996	103,2	103,2	103,1	102,6	102,0	106,8	100,9	101,3
1997	102,3	102,2	102,2	101,8	101,6	104,6	100,5	100,9
1998	101,2	101,1	101,1	100,9	101,3	103,7	100,3	100,7
1999	100,2	100,1	100,0	99,9	100,5	101,3	99,4	99,8
2000	100,0	100,0	100,0	100,0	100,0	100,0	100,0	100,0
2001	99,7	99,7	99,7	99,9	99,4	96,6	100,4	100,0
2002	99,6	99,6	99,7	99,9	98,7	93,7	100,8	100,4
2003	100,4	100,4	100,4	100,6	99,1	93,3	101,6	101,5
2004	102,0	102,0	102,3	102,4	100,3	93,8	103,3	103,6
2005	103,7	103,6	103,9	103,9	102,6	93,5	105,0	106,3
2006	106,1	105,9	106,4	106,3	105,6	93,4	107,6	105,2
2007	112,9	112,7	113,3	113,3	112,8	98,7	115,0	117,1
2008								

Thüringer Landesamt für Statistik
Leipziger Straße 71
99085 Erfurt
Tel. (03 61) 66 56-01
Fax (03 61) 66 56-6 99
http://www.tls.thueringen.de

3 Tabellen zur Zinseszins- und Rentenrechnung

3.1 Aufzinsungsfaktor q^n

Aufzinsung bzw. Diskontierung (Barwert eines Kapitals)

Formeln $K_n = K_o \times q^n$ wobei $q = 1 + \dfrac{p}{100}$ ist

K_n = Endkapital
K_o = Anfangskapital
n = Anzahl der Jahre, Laufzeit
p = Zinssatz, Zinsfuß
q = Zinsfaktor = $1 + p/100$
q^n = Tabellenwert (Aufzinsungsfaktor) = $1 + p/100$)

Hinweis: **Abzinsungsfaktoren** (Diskontierungsfaktoren) sind in der Anl. 2 zur ImmoWertV abgedruckt.

	Zinssatz									
n	1%	2%	3%	4%	5%	6%	7%	8%	9%	10%
1	1,0100	1,0200	1,0300	1,0400	1,0500	1,0600	1,0700	1,0800	1,0900	1,1000
2	1,0201	1,0404	1,0609	1,0816	1,1025	1,1236	1,1449	1,1664	1,1881	1,2100
3	1,0303	1,0612	1,0927	1,1249	1,1576	1,1910	1,2250	1,2597	1,2950	1,3310
4	1,0406	1,0824	1,1255	1,1699	1,2155	1,2625	1,3108	1,3605	1,4116	1,4641
5	1,0510	1,1041	1,1593	1,2167	1,2763	1,3382	1,4026	1,4693	1,5386	1,6105
6	1,0615	1,1262	1,1941	1,2653	1,3401	1,4185	1,5007	1,5869	1,6771	1,7716
7	1,0721	1,1487	1,2299	1,3159	1,4071	1,5036	1,6058	1,7138	1,8280	1,9487
8	1,0829	1,1717	1,2668	1,3686	1,4775	1,5938	1,7182	1,8509	1,9926	2,1436
9	1,0937	1,1951	1,3048	1,4233	1,5513	1,6895	1,8385	1,9990	2,1719	2,3579
10	1,1046	1,2190	1,3439	1,4802	1,6289	1,7908	1,9672	2,1589	2,3674	2,5937
11	1,1157	1,2434	1,3842	1,5395	1,7103	1,8983	2,1049	2,3316	2,5804	2,8531
12	1,1268	1,2682	1,4258	1,6010	1,7959	2,0122	2,2522	2,5182	2,8127	3,1384
13	1,1381	1,2936	1,4685	1,6651	1,8856	2,1329	2,4098	2,7196	3,0658	3,4523
14	1,1495	1,3195	1,5126	1,7317	1,9799	2,2609	2,5785	2,9372	3,3417	3,7975
15	1,1610	1,3459	1,5580	1,8009	2,0789	2,3966	2,7590	3,1722	3,6425	4,1772
16	1,1726	1,3728	1,6047	1,8730	2,1829	2,5404	2,9522	3,4259	3,9703	4,5950
17	1,1843	1,4002	1,6528	1,9479	2,2920	2,6928	3,1588	3,7000	4,3276	5,0545
18	1,1961	1,4282	1,7024	2,0258	2,4066	2,8543	3,3799	3,9960	4,7171	5,5599
19	1,2081	1,4568	1,7535	2,1068	2,5270	3,0256	3,6165	4,3157	5,1417	6,1159
20	1,2202	1,4859	1,8061	2,1911	2,6533	3,2071	3,8697	4,6610	5,6044	6,7275
21	1,2324	1,5157	1,8603	2,2788	2,7860	3,3996	4,1406	5,0338	6,1088	7,4002
22	1,2447	1,5460	1,9161	2,3699	2,9253	3,6035	4,4304	5,4365	6,6586	8,1403
23	1,2572	1,5769	1,9736	2,4647	3,0715	3,8197	4,7405	5,8715	7,2579	8,9543
24	1,2697	1,6084	2,0328	2,5633	3,2251	4,0489	5,0724	6,3412	7,9111	9,8497
25	1,2824	1,6406	2,0938	2,6658	3,3864	4,2919	5,4274	6,8485	8,6231	10,8347
26	1,2953	1,6734	2,1566	2,7725	3,5557	4,5494	5,8074	7,3964	9,3992	11,9182
27	1,3082	1,7069	2,2213	2,8834	3,7335	4,8223	6,2139	7,9881	10,2451	13,1100

Aufzinsungsfaktor

Anhang 3.1 XI

n	1%	2%	3%	4%	5%	6%	7%	8%	9%	10%
28	1,3213	1,7410	2,2879	2,9987	3,9201	5,1117	6,6488	8,6271	11,1671	14,4210
29	1,3345	1,7758	2,3566	3,1187	4,1161	5,4184	7,1143	9,3173	12,1722	15,8631
30	1,3478	1,8114	2,4273	3,2434	4,3219	5,7435	7,6123	10,0627	13,2677	17,4494
31	1,3613	1,8476	2,5001	3,3731	4,5380	6,0881	8,1451	10,8677	14,4618	19,1943
32	1,3749	1,8845	2,5751	3,5081	4,7649	6,4534	8,7153	11,7371	15,7633	21,1138
33	1,3887	1,9222	2,6523	3,6484	5,0032	6,8406	9,3253	12,6760	17,1820	23,2252
34	1,4026	1,9607	2,7319	3,7943	5,2533	7,2510	9,9781	13,6901	18,7284	25,5477
35	1,4166	1,9999	2,8139	3,9461	5,5160	7,6861	10,6766	14,7853	20,4140	28,1024
36	1,4308	2,0399	2,8983	4,1039	5,7918	8,1473	11,4239	15,9682	22,2512	30,9127
37	1,4451	2,0807	2,9852	4,2681	6,0814	8,6361	12,2236	17,2456	24,2538	34,0039
38	1,4595	2,1223	3,0748	4,4388	6,3855	9,1543	13,0793	18,6253	26,4367	37,4043
39	1,4741	2,1647	3,1670	4,6164	6,7048	9,7035	13,9948	20,1153	28,8160	41,1448
40	1,4889	2,2080	3,2620	4,8010	7,0400	10,2857	14,9745	21,7245	31,4094	45,2593
41	1,5038	2,2522	3,3599	4,9931	7,3920	10,9029	16,0227	23,4625	34,2363	49,7852
42	1,5188	2,2972	3,4607	5,1928	7,7616	11,5570	17,1443	25,3395	37,3175	54,7637
43	1,5340	2,3432	3,5645	5,4005	8,1497	12,2505	18,3444	27,3666	40,6761	60,2401
44	1,5493	2,3901	3,6715	5,6165	8,5572	12,9855	19,6285	29,5560	44,3370	66,2641
45	1,5648	2,4379	3,7816	5,8412	8,9850	13,7646	21,0025	31,9204	48,3273	72,8905
46	1,5805	2,4866	3,8950	6,0748	9,4343	14,5905	22,4726	34,4741	52,6767	80,1795
47	1,5963	2,5363	4,0119	6,3178	9,9060	15,4659	24,0457	37,2320	57,4176	88,1975
48	1,6122	2,5871	4,1323	6,5705	10,4013	16,3939	25,7289	40,2106	62,5852	97,0172
49	1,6283	2,6388	4,2562	6,8333	10,9213	17,3775	27,5299	43,4274	68,2179	106,7190
50	1,6446	2,6916	4,3839	7,1067	11,4674	18,4202	29,4570	46,9016	74,3575	117,3909
51	1,6611	2,7454	4,5154	7,3910	12,0408	19,5254	31,5190	50,6537	81,0497	129,1299
52	1,6777	2,8003	4,6509	7,6866	12,6428	20,6969	33,7253	54,7060	88,3442	142,0429
53	1,6945	2,8563	4,7904	7,9941	13,2749	21,9387	36,0861	59,0825	96,2951	156,2472
54	1,7114	2,9135	4,9341	8,3138	13,9387	23,2550	38,6122	63,8091	104,9617	171,8719
55	1,7285	2,9717	5,0821	8,6464	14,6356	24,6503	41,3150	68,9139	114,4083	189,0591
56	1,7458	3,0312	5,2346	8,9922	15,3674	26,1293	44,2071	74,4270	124,7050	207,9651
57	1,7633	3,0918	5,3917	9,3519	16,1358	27,6971	47,3015	80,3811	135,9285	228,7616
58	1,7809	3,1536	5,5534	9,7260	16,9426	29,3589	50,6127	86,8116	148,1620	251,6377
59	1,7987	3,2167	5,7200	10,1150	17,7897	31,1205	54,1555	93,7565	161,4966	276,8015
60	1,8167	3,2810	5,8916	10,5196	18,6792	32,9877	57,9464	101,2571	176,0313	304,4816
61	1,8349	3,3467	6,0684	10,9404	19,6131	34,9670	62,0027	109,3576	191,8741	334,9298
62	1,8532	3,4136	6,2504	11,3780	20,5938	37,0650	66,3429	118,1062	209,1428	368,4228
63	1,8717	3,4819	6,4379	11,8332	21,6235	39,2889	70,9869	127,5547	227,9656	405,2651
64	1,8905	3,5515	6,6311	12,3065	22,7047	41,6462	75,9559	137,7591	248,4825	445,7916
65	1,9094	3,6225	6,8300	12,7987	23,8399	44,1450	81,2729	148,7798	270,8460	490,3707

XI Anhang 3.1　　　　　　　　　　　　　　　　　　　　　　Aufzinsungsfaktor

n	1%	2%	3%	4%	5%	6%	7%	8%	9%	10%
66	1,9285	3,6950	7,0349	13,3107	25,0319	46,7937	86,9620	160,6822	295,2221	539,4078
67	1,9477	3,7689	7,2459	13,8431	26,2835	49,6013	93,0493	173,5368	321,7921	593,3486
68	1,9672	3,8443	7,4633	14,3968	27,5977	52,5774	99,5627	187,4198	350,7534	652,6834
69	1,9869	3,9211	7,6872	14,9727	28,9775	55,7320	106,5321	202,4133	382,3212	717,9518
70	2,0068	3,9996	7,9178	15,5716	30,4264	59,0759	113,9894	218,6064	416,7301	789,7470
71	2,0268	4,0795	8,1554	16,1945	31,9477	62,6205	121,9686	236,0949	454,2358	868,7217
72	2,0471	4,1611	8,4000	16,8423	33,5451	66,3777	130,5065	254,9825	495,1170	955,5938
73	2,0676	4,2444	8,6520	17,5160	35,2224	70,3604	139,6419	275,3811	539,6775	1051,1532
74	2,0882	4,3293	8,9116	18,2166	36,9835	74,5820	149,4168	297,4116	588,2485	1156,2685
75	2,1091	4,4158	9,1789	18,9453	38,8327	79,0569	159,8760	321,2045	641,1909	1271,8954
76	2,1302	4,5042	9,4543	19,7031	40,7743	83,8003	171,0673	346,9009	698,8981	1399,0849
77	2,1515	4,5942	9,7379	20,4912	42,8130	88,8284	183,0421	374,6530	761,7989	1538,9934
78	2,1730	4,6861	10,0301	21,3108	44,9537	94,1581	195,8550	404,6252	830,3608	1692,8927
79	2,1948	4,7798	10,3310	22,1633	47,2014	99,8075	209,5648	436,9952	905,0933	1862,1820
80	2,2167	4,8754	10,6409	23,0498	49,5614	105,7960	224,2344	471,9548	986,5517	2048,4002
81	2,2389	4,9729	10,9601	23,9718	52,0395	112,1438	239,9308	509,7112	1075,3413	2253,2402
82	2,2613	5,0724	11,2889	24,9307	54,6415	118,8724	256,7260	550,4881	1172,1220	2478,5643
83	2,2839	5,1739	11,6276	25,9279	57,3736	126,0047	274,6968	594,5272	1277,6130	2726,4207
84	2,3067	5,2773	11,9764	26,9650	60,2422	133,5650	293,9255	642,0893	1392,5982	2999,0628
85	2,3298	5,3829	12,3357	28,0436	63,2544	141,5789	314,5003	693,4565	1517,9320	3298,9690
86	2,3531	5,4905	12,7058	29,1653	66,4171	150,0736	336,5154	748,9330	1654,5459	3628,8659
87	2,3766	5,6003	13,0870	30,3320	69,7379	159,0781	360,0714	808,8476	1803,4550	3991,7525
88	2,4004	5,7124	13,4796	31,5452	73,2248	168,6227	385,2764	873,5555	1965,7660	4390,9278
89	2,4244	5,8266	13,8839	32,8071	76,8861	178,7401	412,2458	943,4399	2142,6849	4830,0206
90	2,4486	5,9431	14,3005	34,1193	80,7304	189,4645	441,1030	1018,9151	2335,5266	5313,0226
91	2,4731	6,0620	14,7295	35,4841	84,7669	200,8324	471,9802	1100,4283	2545,7240	5844,3249
92	2,4979	6,1832	15,1714	36,9035	89,0052	212,8823	505,0188	1188,4626	2774,8391	6428,7574
93	2,5228	6,3069	15,6265	38,3796	93,4555	225,6553	540,3701	1283,5396	3024,5747	7071,6331
94	2,5481	6,4330	16,0953	39,9148	98,1283	239,1946	578,1960	1386,2227	3296,7864	7778,7964
95	2,5735	6,5617	16,5782	41,5114	103,0347	253,5463	618,6697	1497,1205	3593,4971	8556,6760
96	2,5993	6,6929	17,0755	43,1718	108,1864	268,7590	661,9766	1616,8902	3916,9119	9412,3437
97	2,6253	6,8268	17,5878	44,8987	113,5957	284,8846	708,3150	1746,2414	4269,4340	10353,5780
98	2,6515	6,9633	18,1154	46,6947	119,2755	301,9776	757,8970	1885,9407	4653,6830	11388,9358
99	2,6780	7,1026	18,6589	48,5625	125,2393	320,0963	810,9498	2036,8160	5072,5145	12527,8294
100	2,7048	7,2446	19,2186	50,5049	131,5013	339,3021	867,7163	2199,7613	5529,0408	13780,6123

3.2 Abschreibungsdivisor $(q^n - 1)/(q - 1)$
(Endwert einer nachschüssigen Rente)

n	1%	2%	3%	4%	5%	6%	7%	8%	9%	10%
1	1,000	1,000	1,000	1,000	1,000	1,000	1,000	1,000	1,000	1,000
2	2,010	2,020	2,030	2,040	2,050	2,060	2,070	2,080	2,090	2,100
3	3,030	3,060	3,091	3,122	3,152	3,184	3,215	3,246	3,278	3,310
4	4,060	4,122	4,184	4,246	4,310	4,375	4,440	4,506	4,573	4,641
5	5,101	5,204	5,309	5,416	5,526	5,637	5,751	5,867	5,985	6,105
6	6,152	6,308	6,468	6,633	6,802	6,975	7,153	7,336	7,523	7,716
7	7,214	7,434	7,662	7,898	8,142	8,394	8,654	8,923	9,200	9,487
8	8,286	8,583	8,892	9,214	9,549	9,897	10,260	10,637	11,028	11,436
9	9,369	9,755	10,159	10,583	11,027	11,491	11,978	12,488	13,021	13,579
10	10,462	10,950	11,464	12,006	12,578	13,181	13,816	14,487	15,193	15,937
11	11,567	12,169	12,808	13,486	14,207	14,972	15,784	16,645	17,560	18,531
12	12,682	13,412	14,192	15,026	15,917	16,870	17,888	18,977	20,141	21,384
13	13,809	14,680	15,618	16,627	17,713	18,882	20,141	21,495	22,953	24,523
14	14,947	15,974	17,086	18,292	19,599	21,015	22,550	24,215	26,019	27,975
15	16,097	17,293	18,599	20,024	21,579	23,276	25,129	27,152	29,361	31,772
16	17,258	18,639	20,157	21,825	23,657	25,673	27,888	30,324	33,003	35,950
17	18,430	20,012	21,762	23,698	25,840	28,213	30,840	33,750	36,974	40,545
18	19,615	21,412	23,414	25,645	28,132	30,906	33,999	37,450	41,301	45,599
19	20,811	22,841	25,117	27,671	30,539	33,760	37,379	41,446	46,018	51,159
20	22,019	24,297	26,870	29,778	33,066	36,786	40,996	45,762	51,160	57,275
21	23,239	25,783	28,676	31,969	35,719	39,993	44,865	50,423	56,765	64,003
22	24,472	27,299	30,537	34,248	38,505	43,392	49,006	55,457	62,873	71,403
23	25,716	28,845	32,453	36,618	41,430	46,996	53,436	60,893	69,532	79,543
24	26,973	30,422	34,426	39,083	44,502	50,816	58,177	66,765	76,790	88,497
25	28,243	32,030	36,459	41,646	47,727	54,864	63,249	73,106	84,701	98,347
26	29,526	33,671	38,553	44,312	51,113	59,156	68,677	79,954	93,324	109,182
27	30,821	35,344	40,710	47,084	54,669	63,706	74,484	87,351	102,723	121,100
28	32,129	37,051	42,931	49,968	58,403	68,528	80,698	95,339	112,968	134,210
29	33,450	38,792	45,219	52,966	62,323	73,640	87,347	103,966	124,135	148,631
30	34,785	40,568	47,575	56,085	66,439	79,058	94,461	113,283	136,308	164,494
31	36,133	42,379	50,003	59,328	70,761	84,802	102,073	123,346	149,575	181,944
32	37,494	44,227	52,503	62,701	75,299	90,890	110,218	134,214	164,037	201,138
33	38,869	46,112	55,078	66,209	80,064	97,343	118,934	145,951	179,800	222,252
34	40,258	48,034	57,730	69,858	85,067	104,184	128,259	158,627	196,982	245,477
35	41,660	49,994	60,462	73,652	90,320	111,435	138,237	172,317	215,711	271,025
36	43,077	51,994	63,276	77,598	95,836	119,121	148,914	187,102	236,125	299,127
37	44,508	54,034	65,174	81,702	101,628	127,268	160,338	203,071	258,376	330,040
38	45,953	56,115	69,159	85,970	107,709	135,904	172,561	220,316	282,630	364,044
39	47,412	58,237	72,234	90,409	114,095	145,058	185,641	238,941	309,067	401,448
40	48,886	60,402	75,401	95,025	120,800	154,762	199,635	259,057	337,883	442,593
41	50,375	62,610	78,663	99,826	127,840	165,047	214,610	280,781	369,292	487,852
42	51,879	64,862	82,023	104,819	135,232	175,950	230,633	304,244	403,529	537,637
43	53,398	67,159	85,484	110,012	142,993	187,507	247,777	329,583	440,846	592,401
44	54,932	69,503	89,048	115,413	151,143	199,758	266,121	356,950	481,522	652,641
45	56,481	71,893	92,720	121,029	159,700	212,743	285,750	386,506	525,859	718,905
46	58,046	74,331	96,501	126,870	168,685	226,508	306,752	418,427	574,187	791,796
47	59,626	76,817	100,396	132,945	178,119	241,098	329,225	452,901	626,863	871,976
48	61,223	79,353	104,408	139,263	188,025	256,564	353,271	490,133	684,281	960,173
49	62,835	81,941	108,541	145,834	198,426	272,958	379,000	530,344	746,867	1 057,190
50	64,463	84,579	112,797	152,667	209,348	290,335	406,530	573,771	815,085	1 163,910
51	66,108	87,271	117,181	159,774	220,815	308,755	435,987	620,673	889,442	1 281,301
52	67,769	90,016	121,696	167,165	232,856	328,281	467,506	671,327	970,492	1 410,431
53	69,447	92,817	126,347	174,851	245,499	348,978	501,231	726,033	1 058,836	1 552,474
54	71,141	95,673	131,137	182,845	258,773	370,910	537,317	785,115	1 155,132	1 708,721
55	72,852	98,586	136,071	191,159	272,712	394,171	575,930	848,925	1 260,094	1 880,593
56	74,581	101,558	141,154	199,805	287,348	418,821	617,245	917,839	1 374,502	2 069,653
57	76,327	104,589	146,388	208,797	302,715	444,951	661,452	992,266	1 499,207	2 277,618
58	78,090	107,681	151,780	218,149	318,851	472,648	708,754	1 072,647	1 635,136	2 506,380
59	79,871	110,835	157,333	227,875	335,793	502,007	759,367	1 159,459	1 783,298	2 758,018
60	81,670	114,051	163,053	237,990	353,583	533,127	813,522	1 253,216	1 944,795	3 034,820

XI Anhang 3.2 — Abschreibungsdivisor

n	Zinssatz									
	1%	2%	3%	4%	5%	6%	7%	8%	9%	10%
61	83,486	117,332	168,945	248,510	372,262	566,115	871,469	1 354,473	2 120,827	3 339,302
62	85,321	120,679	175,013	259,450	391,875	601,081	933,472	1 463,831	2 312,701	3 674,232
63	87,174	124,093	181,264	270,828	412,469	638,146	999,815	1 581,937	2 521,844	4 042,655
64	89,046	127,575	187,701	282,661	434,092	677,435	1 070,802	1 709,493	2 749,810	4 447,921
65	90,937	131,126	194,333	294,968	456,797	719,081	1 146,758	1 847,252	2 998,293	4 893,713
66	92,846	134,749	201,162	307,767	480,637	763,226	1 228,031	1 996,032	3 269,140	5 384,084
67	94,774	138,444	208,197	321,077	505,669	810,019	1 314,993	2 156,715	3 564,363	5 923,493
68	96,722	142,212	215,443	334,920	531,952	859,620	1 408,043	2 330,252	3 886,156	6 516,842
69	98,689	146,057	222,907	349,317	559,550	912,198	1 507,606	2 517,672	4 236,910	7 169,527
70	100,676	149,978	230,594	364,290	588,527	967,929	1 614,139	2 720,086	4 619,231	7 887,480
71	102,683	153,977	238,512	379,861	618,953	1 027,005	1 728,128	2 938,693	5 035,962	8 677,228
72	104,710	158,057	246,667	396,056	650,901	1 089,625	1 850,097	3 174,789	5 490,199	9 545,951
73	106,757	162,218	255,067	412,898	684,446	1 156,003	1 980,604	3 429,772	5 985,317	10 501,547
74	108,825	166,462	263,719	430,414	719,668	1 226,363	2 120,247	3 705,154	6 524,996	11 552,701
75	110,913	170,792	272,630	448,630	756,652	1 300,945	2 269,664	4 002,566	7 113,246	12 708,972
76	113,022	175,207	281,809	467,576	795,484	1 380,001	2 429,541	4 323,772	7 754,438	13 980,868
77	115,152	179,712	291,264	487,279	836,258	1 463,801	2 600,609	4 670,674	8 453,338	15 379,956
78	117,304	184,306	301,002	507,770	879,071	1 552,629	2 783,651	5 045,328	9 215,139	16 918,953
79	119,477	188,992	311,032	529,081	924,025	1 646,787	2 979,507	5 449,955	10 045,501	18 611,848
80	121,671	193,772	321,363	551,244	971,226	1 746,594	3 189,073	5 886,951	10 950,597	20 474,033
81	123,888	198,647	332,003	574,294	1 020,787	1 852,390	3 413,308	6 358,907	11 937,151	22 522,436
82	126,127	203,620	342,963	598,265	1 072,827	1 964,533	3 653,240	6 868,621	13 012,495	24 775,680
83	128,388	208,693	354,252	623,196	1 127,468	2 083,405	3 909,967	7 419,110	14 184,619	27 254,248
84	130,672	213,866	365,880	649,124	1 184,841	2 209,409	4 184,665	8 013,639	15 462,236	29 980,674
85	132,979	219,144	377,856	676,089	1 245,083	2 342,973	4 478,592	8 655,730	16 854,838	32 979,742
86	135,309	224,527	390,192	704,132	1 308,337	2 484,551	4 793,093	9 349,189	18 372,773	36 278,719
87	137,662	230,017	402,898	733,297	1 374,754	2 634,625	5 129,610	10 098,125	20 027,324	39 907,590
88	140,038	235,617	415,985	763,629	1 444,492	2 793,702	5 489,683	10 906,976	21 830,783	43 899,352
89	142,439	240,330	429,464	795,174	1 517,716	2 962,323	5 874,961	11 780,534	23 796,555	48 290,285
90	144,863	247,156	443,348	827,981	1 594,602	3 141,063	6 287,208	12 723,978	25 939,246	53 120,320
91	147,312	253,100	457,649	862,101	1 675,332	3 330,526	6 728,313	13 742,896	28 274,777	58 433,352
92	149,785	259,161	472,378	897,585	1 760,099	3 531,358	7 200,296	14 843,328	30 820,510	64 277,684
93	152,283	265,345	487,549	934,488	1 849,104	3 744,239	7 705,316	16 031,795	33 595,355	70 706,461
94	154,806	271,652	503,176	972,867	1 942,559	3 969,893	8 245,689	17 315,340	36 619,941	77 778,109
95	157,354	278,085	519,271	1 012,782	2 040,687	4 209,086	8 823,888	18 701,568	39 916,734	85 556,914
96	159,927	284,646	535,849	1 054,293	2 143,721	4 462,631	9 442,561	20 198,693	43 510,242	94 113,609
97	162,526	291,339	552,925	1 097,465	2 251,907	4 731,389	10 104,540	21 815,590	47 427,168	103 525,969
98	165,152	298,166	570,512	1 142,364	2 365,502	5 016,272	10 812,859	23 561,838	51 696,613	113 879,570
99	167,803	305,129	588,628	1 189,058	2 484,777	5 318,249	11 570,760	25 447,785	56 350,309	125 268,531
100	170,481	312,232	607,286	1 237,620	2 610,016	5 638,343	12 381,713	27 484,611	61 422,840	137 796,391

Teil XII

Sachverzeichnis

Teil XII

Buchverzeichnis

Sachverzeichnis

Numerics
13er-Werte 1865, 1919
2-Sigma Regel 925

A
Abbau von Bodenschätzen 983
Abbaugrundstoffe 764
Abbauland 135, 619, 737, 756, 3006
Abbaumasse 754
Abbaumenge 753
Abbaustoff 747
Abberufung von Gutachtern 360
Abbruch 2657
Abbruchverpflichtung 1880
Abfallentsorgungsanlage
– stillgelegte 888
Abfindung
– in Geld 468
– in Land 468
Abgaben 373
– nach dem Kommunalabgabenrecht (KAG) 1349
Abgabenrechtliche Vorschriften 2487
Abgabenrechtlicher Zustand 818, 2588
Abgehende
– Bahnfläche 2313
– Flughafenfläche 2336
– Konversionsfläche 2266
– Straßenflächen 2265
Abgehender
– Gemeinbedarf 2264
– Kirchenbedarf 2344
– Post- und Fernmeldebedarf 2320
Abgeschlossenheitsbescheinigung 299
Abgeschlossenheitserklärung 1992
Abgrabung 737, 756, 758, 764
– Genehmigung 747, 764
– Grundstück 737, 759– 760
Abgrabungsplan 747
Abhängigkeit 1323
– der Wertigkeit einer Eigentumswohnung vom Alter 2008
– des Bodenwerts von der Grundstückstiefe 1332
– des Liegenschaftszinssatzes für Eigentumswohnung 2026
– des Marktanpassungszu- oder -abschlags von der Lage 1160
– des Verkehrswerts einer Eigentumswohnung von der Lage 2010
– von Erbbauzins und Wertsicherungsklausel 2780
Abkauf einer überbauten Grundstücksfläche 2820
Ablagerungen 879
Ablehnung
– eines Schiedsrichters 264
– von Behörden 216
– von Gutachtern 364
– von Sachverständigen 211, 215
Ablehnungsgesuch 214
Ablehnungsgründe 215

XII Sachverzeichnis

Ableitung
– besonderer Bodenrichtwerte 386
– der für die Wertermittlung erforderlichen Daten 544, 557
– der Umrechnungskoeffizienten 814
– des Bodenwerts aus fiktiven Erträgen 2551
– des Bodenwerts von werdendem Bauland 1429
– des Liegenschaftszinssatzes 1507
– des Liegenschaftszinssatzes bei gedämpften Bodenwerten 1203
– des Liegenschaftszinssatzes bei kurzer Restnutzungsdauer 1198
– des Liegenschaftszinssatzes bei langer Restnutzungsdauer 1195
– des Verkehrswerts 941, 1443
– des Verkehrswerts aus dem Vergleichswert 1263
– des Zimmerpreises aus dem Kaufpreis eines Hotels 2160
– eines spitz abgeleiteten Werts 439
– erforderlicher Daten 399
– von Bodenpreisindexreihen 1117
– von Bodenrichtwerten für Gebiete ohne Grundstücksverkehr 1100
– von den Bodenrichtwertspannen 1099
– von Gebäudefaktoren 1138
– von Liegenschaftszinssätzen 1191–1192
– von Mietwerten 1084
– von Vergleichsfaktoren für bebaute Grundstücke 1085, 1128
Ableitungsmethodik 1191
Ablösebetrag 1352
– für Stellplatzverpflichtungen 1351
Ablösung
– Vereinbarung 2540
– von Ausgleichsbeträgen 2529
Abmahnung 191
Abnutzung 1788
Abnutzungskonforme Tilgung 758
Abriss 690, 1101
Abrissverbot 2350
Abrundung 448
Abschätzung
– der künftigen Entwicklung 1644
– der Mietentwicklung 1643
– der Wartezeit 602, 1402
– des Gefährdungspotenzials 881
– einer verlängerten Restnutzungsdauer 906
Abschlag 759, 778, 1036, 1283, 2379
– vom Ertrags- oder Sachwert 770
– wegen Übergröße 1332
Abschlagsverfahren 2998
Abschluss
– des Sanierungsverfahrens 2576
– von Miet- und Pachtverträgen 257
Abschöpfung
– im Wege des Durchgangserwerbs 2541
– sanierungsbedingter Vorteile 2646
– umlegungsbedingter Bodenwerterhöhungen 1385
Abschöpfungsquote 2112
Abschreibung 477, 1586, 1661, 1771, 1868, 1945, 2174, 3026
– bei Anwendung des Ertragswertverfahrens 1945
– des Gebäudes 1815
– Methode 1157

Sachverzeichnis XII

Abschreibungsbetrag 1661, 1774
Abschreibungsdivisor 1775
Abschreibungssatz 1771
Abschreibungszinssatz 1775
Abschreibungszuschlag 1646, 1654
Abschrift des Gutachtens 381
Absetzung für Abnutzung AfA 2364
Abspaltung des Bodenwerts 1149
Absprache mit dem Auftraggeber 270
Abstandsfläche 811, 2319
Abstandsflächenbaulast 2724
Abstandsmaß 2053
Abstandszahlung 2844
Absterbeordnung 2880
Abtriebswert 653, 657
– eines Waldbestands 653
– im Alter 654
Abwägung 841
Abwägungsgebot 872–873
Abwehrrecht 2309
Abweichung 2020
– der Grundstücksgestalt 1335
– der lagetypischen von der realisierten Nutzung 2370
– der realisierbaren GFZ 1308
– der tatsächlichen von der lagetypischen/zulässigen Bebauung 783, 787, 1152
– der tatsächlichen von der lagetypischen/zulässigen Nutzung 1505
– der vertraglichen Miete 2020
– der wertbeeinflussenden Grundstücksmerkmale 1284
– des Bodenwerts vom Bodenrichtwert 1102
– des lageüblichen vom bauplanungsrechtlich zulässigen Maß der baulichen Nutzung 1296
– in den Grundstücksmerkmalen 1275, 1281
– von der Grundrissart/durchschnittlichen Wohnfläche 1857, 1928
– von der üblichen Restnutzungsdauer 903
Abzinsung
– des Endwerts 2529
– Diskontierung 1667
Abzinsungsfaktor 1402, 1668
Achsmaß 2053
– von Hotels 2151
Acker-Grünland 634
Ackerland 634, 752
Ackerpreise 725, 749
Ackerzahl 635, 642
Additives Verfahren 2606
Adressenrating 3049
Aggregation
– der gleichnamig gemachten Vergleichspreise 1442
– der Vergleichspreise 1256
Agrarland 709
Akkreditieren 193
Akkreditierungsstelle 197
Akkreditierungswesen 194
Akten und Urkunden 493
Akteneinsicht 522
Aktuelles Beschaffungswertprinzip 2281
Akute Gefahrenstellen 890

XII Sachverzeichnis

Allgemeine Einsichtsgewährung 491
Allgemeine Geschäftsbedingungen 234
Allgemeine Grundsätze der Gutachtenerstattung 267
Allgemeine Schranken der Mieterhöhung 1716
Allgemeine Wertentwicklung 2515
Allgemeine Wertverhältnisse
– auf dem Grundstücksmarkt 604, 1114, 1143, 2294
– auf dem örtlichen Bodenmarkt 1118
– zum Wertermittlungsstichtag 417, 1119
Allgemeines Auskunftsrecht 495
Allgemeines Ertragswertverfahren 1674
Allgemeines Städtebaurecht 2495, 2531
Allgemeines Vorkaufsrecht 454
Allgemeines Wirtschafts- und Rechtsleben 386
Alten- und Pflegeheim 2181
Altenteil 2895
Altenwohnheim 1926, 2183, 2186
Altenwohnung 2183
Alter 1154, 1748
Alter des Nießbrauchers 2834
Altersklassenwald 653
Alterswertabschreibungskurve 1154, 1157
Alterswertfaktor 654
– Verfahren 654
Alterswertminderung 1155, 1693, 1833, 1868, 1875, 1944
– bei ordnungsgemäßer Instandhaltung 1873
– Faktor 1874
Alterung 1789
Altlasten 871, 874, 889, 1103, 2276, 2314, 3006
– im Bewertungsrecht 890
– in der Beleihungswertermittlung 3007
Altlastenbeseitigung 3006
Altlastenkataster 2709
Altlastensanierungen 890
Altlastenverdacht 422
Altlastenverordnung 882
Amtlich anerkannte Sachverständige 165
Amtliches Umlegungsverfahren 1400
Amtliches Zahlenmaterial 129
Amtsblatt 2685
Amtshilfe 505, 521
– durch den Gutachterausschuss 521
– Verpflichtungen des Gutachterausschusses 505
Amtspflichten des Gutachterausschusses 366
An- und Aufbauten 2370, 2557
Analytische Simulation 1640
Anbaubeschränkungen 692, 706
Anbauverbot 706
Änderung
– baulicher Anlagen 680, 2657, 2663
– der Genehmigung 2325
– einer zulässigen Nutzung 2507
Anerkennungsbetrag 2278
Anfangs-Bodenrichtwert 1094, 2592
Anfangsvermögen 2453

Anfangswert 1514, 2577, 2583
– Bodenrichtwerte 2513
Anfechtbare Verwaltungsakte 391
Anfechtung 2570
Anflugsektoren 2325
Anforderungen
– an das Markt- und Objektrating 3055
– an die Eigenkapitalverzinsung 3055
Angabe des Bodenwerts eines bebauten Grundstücks im Gutachten 289
Angebotspreis 1249
Angebotszurückhaltung der Eigentümer 149
Angelsächsische Ertragswertmethode 1551
Angelsächsische Wertermittlungspraxis 1135
Angemessene Instandhaltungskosten 1788
Angemessene Vergütung für das Erbbaurecht 2788
Angemessene Zu- und Abschläge 1282
Angemessener Erbbauzins 2756
Angemessener Wert 579
Angleichungsmöglichkeiten für die Renten 2811
Angstklausel 569
Ankaufsberechtigung 2799
Ankaufsrecht 597, 2733
Ankaufsverpflichtung 2795
– zum vollen Verkehrswert 2759
Anknüpfungstatsachen 171, 272, 274
Anlage 11 WERTR 1295
Anlagebedingte Kosten 2173
Anlagen 595
– der öffentlichen Wasserversorgung 2858
– für kirchliche Zwecke 2337
Anlagevermögen 473
Anmietrecht 1706
Anmietung von Einfamilienhäusern 1726
Anpassung an die örtliche Vergleichsmiete 1709
Anpassung des Erbbauzinses 2644
– für Wohnzwecke 2742
Anpassung nach billigem Ermessen 2752
Anpassungsgebiet 2495
Anpassungsklausel 2644, 2739, 2749
– abstrakte 2740
– konkrete 2740
Anpassungsmaßnahmen 765
Anpflanzungen 595, 1026, 1837, 2689
Anrechnung 2645
Anrechnung des Flächenabzugs auf den Flächenbeitrag 2680
Anrechnung eines Vorteilsausgleichs 711
Anrechnungsbeträge 2584
Anrechnungstatbestand 2646
Anschaffungsgeschäft 2704
Anschaffungskosten 2498
Anschaffungsnahe Herstellungskosten 2365
Anspruch
– auf die Wertermittlung 2455
– auf Genehmigung eines baulichen Vorhabens 684
– auf Nutzungsunterlassung 2827

XII Sachverzeichnis

– auf Zulassung einer baulichen Anlage 680
– dritter Personen 234
Anstaltsgebrauch 2310
Anteil
– der unentgeltlich bereitzustellenden Flächen 1387
Antennenanlage 1026, 1062
Antennengrundstück 2318
Antennenträger 2319
Antragsberechtigung 382, 384, 386, 388
Antragsrecht 380, 382
– des beauftragten Notars 390
– für die Ableitung besonderer Bodenrichtwerte 386
Anwendung
– der Flächenumlegung 2679
– der II. BV 324
– der ImmoWertV 578
– der Regional- und Ortsgrößenfaktoren 1858
– der Wertermittlungsverfahren 1408
– des betriebswirtschaftlichen Verfahrens 2177
– des Differenzwertverfahrens 2301
– des Ertragswertverfahrens 420, 428, 453, 569, 1093, 1581, 1823, 2186, 2273, 2370, 2791, 3004
– des Extraktionsverfahrens (Residualwertverfahrens) 569, 1385, 1408, 1420, 2274
– des PfandBG 3023
– des Planungsschadensrechts 2296
– des Prognoseverfahrens (Discounted Cashflow) 1655
– des Sachwertverfahrens 428, 452, 569, 2160, 2273
– des Vergleichswertverfahrens 420, 428, 959, 1236, 1253, 1263, 2339, 2583
– des Vervielfältigerquotienten-Verfahrens 1693
– eines Marktanpassungsfaktors 3000
– von Gebäudefaktoren 1140
– von Indexreihen 1123, 1864
– von Umrechnungskoeffizienten 1125
– von Wertfaktoren 2762
Anzeigepflicht bei Ablehnung 188
Apotheke 2114
Apothekengerechtigkeit 2830
Appraisal Standards Board (ASB) 202
Äquivalenter Dauerschallpegel 853
Äquivalenzprinzip 2482
Äquivalenzstörung 2644, 2754
Arbeitsgemeinschaft der Vermessungsverwaltungen 135
Arbeitskreis Wertermittlung des Deutschen Städtetags 1841
Arbeitsstättenrichtlinien ASR 2050
Arbeitsstättenverordnung ArbStättVO 2050
Architektonische Gestaltung 1024
Arithmetisches Mittel aus Ertrags- und Sachwert 986
Arkade 1373, 2816
Arrondierung 1336
Arrondierungsfläche 1336, 1338, 2261
Art
– der Bodenrichtwertausweisung 1104
– der Nutzung 810
– der Wohnung 1726
Art und Maß der baulichen Nutzung 487, 783, 1293
Arztpraxen 980
Attentismus 416

Sachverzeichnis XII

Auditierung 197
Auf- und Abrundung 448
Auf- und Abschichtungsverfahren 1038
Aufbauten
– vorhandene 879
Aufenthaltsdauer 2152
Aufenthaltsraum 307, 799
Aufgabe
– der Geschäftsstelle des Gutachterausschusses 363
– der kirchlichen Nutzungsbindung 2346
– der Nutzung 2329
– der öffentlichen Zweckbindung 2312, 2320
– des Gutachterausschusses 376
– des Oberen Gutachterausschusses 537
– des Vorsitzenden des Gutachterausschusses 547
– einer militärischen Nutzung 809
Aufhebung
– der militärischen Zweckbindung 2271
– der Sanierungs- bzw. Entwicklungssatzung 2632
– der Schiedsgutachterabrede 259
– der zulässigen Nutzung 2308, 2507
– des Pachtvertrags 722
– des Preisstopps 342
– von Miet- oder Pachtverhältnissen 382
Auflagen oder Bedingungen 191, 487, 747
Auflassung 2962
Aufschließungskosten 1379
Aufteilung
– der Gesamtfläche in Vorder- und Hinterland 1335
– übergroßer Grundstücke 1317
Aufteilungsplan 1992
Auftragserteilung 268
Auftragsgeberorientierte Wertlehre 124
Aufwendungsdarlehen 2386
Aufwendungszuschuss 2386
Aufwuchs 262, 589, 1448, 1581, 1837, 1887, 1895, 1909, 2300
Aufzeichnungspflicht 187
Aufzinsung 1666
Aufzinsungsfaktor 1666
Aufzinsungsformel 1666
Aufzug 1881
Ausbau 2663
Ausbaufähiges Dachgeschoss 808
Ausbaukomponente 1394
Ausbauverhältnis 338, 1023
Ausbeutung 411, 747, 754
Ausfallwagnis 1780
Ausfallwahrscheinlichkeit eines Mieters 1809
Ausgangswert 1392
Ausgebaute Dachfläche 316, 799
Ausgebauter Kellerraum 322
Ausgekieste Areale 752
Ausgestaltung des Nießbrauchs 2834
Ausgleichsabgabe nach Baumschutzverordnung 1357
Ausgleichsanspruch 836, 847, 2309
Ausgleichsbetrachtung 1358

XII Sachverzeichnis

Ausgleichsbetrag 571, 1350, 2480, 2504, 2510, 2526, 2560, 2581, 2618, 2648, 2650–2651, 2690
– nach §§ 152 ff. BauGB 2616
– nach den §§ 154 f. BauGB 1350
Ausgleichsbetragsbescheid 391, 2570–2571
Ausgleichsbetragserhebung 441, 2540, 2563
Ausgleichsbetragsermittlung 2577
– vor Abschluss der Gesamtmaßnahme 2632
Ausgleichsfläche 706, 2517
– in Sanierungsgebieten und Entwicklungsbereichen 711
Ausgleichsforderung 2454, 2962
Ausgleichsleistung 2682, 2690
Ausgleichsmaßnahme 706, 2588
Ausgleichsmaßnahmen (Bepflanzungen)
– Festsetzung 1356
Ausgleichszahlung des Landespflegegesetzes 1355
Auskunft 373, 487
– aus dem Liegenschaftskataster 305
– aus der Kaufpreissammlung 495
– über Bodenrichtwerte 513
Auskunftserteilung
– anonymisierte 354, 498
– nicht anonymisierte 498
Auskunftspflicht 518–519
– des Finanzamts 521
Auskunftsrecht 513
Auskunftsverfahren 353
Auslagen 818
Auslagenersatz 358
Auslandsobjekte 3023
Auslastungszahlen 2151
Ausnutzung 761
Ausprägung von Handelsimmobilien 1260
Ausreißer 1260, 1441
Ausschluss
– des Eigentümers von der Benutzung des Gebäudes 2876
– von der konjunkturellen Weiterentwicklung 2293
– von Gutachtern 365
– von Werterhöhungen 811, 2272
Ausschlussdienstbarkeit 2828
Ausschreibung 1250–1251
Ausschussbericht zum BBauG 76 397
Außenanlage 1908
Außenbereich 676, 695, 698, 709, 784, 811, 2248, 2272, 2292, 2312, 2322, 2377
– bebaute Grundstücke 1474
Außenbereichssatzung 701, 811
Außentreppen 1881
Außenwohnbereich 834, 840
Außergewöhnlich hoher Erbbauzins in städtischen Bereichen 2754
Außergewöhnliche Anlage 1895
Außerland- und forstwirtschaftliche Nutzungen 661
Aussichtslage 1367
Aussichtsrecht 595, 2872
Ausstattung 1748, 2106
– Ausstattungsstandards NHK 1965
– der Wohnung 1731

– Merkmal 1731–1732, 1734
– Standard 1855, 1924
Ausstattungsstandard 1924
Ausübung
– öffentlicher Gewalt 375
– von Vorkaufsrechten 454
Auswertung
– der Kaufpreise 1138
– der Kaufpreissammlung 393
– von Kaufverträgen 397
Auswirkungen eines Wohnungsrechts auf den Verkehrswert 2878
Autobahn 1337
Autohandel 2114
Average Room Rate ARR 2162

B

Badminton 1735
Bagatellfall 2572
Bahnanlage 2310, 2314
Bahnfremde Nutzungen 2314–2315
Bahnunterfahrung 2869
Bahnverträglichkeit 2315
Balkon oder Terrasse 323, 326, 807, 1728, 2816
Bankenübliche Zinsen 757, 1175, 1187, 1406, 1628
Barwert
– Ermittlung einer jährlich wiederkehrenden Zahlung 1669
– Faktor 1813
– verbundener Leibrenten 937
Barzahlung 928
Basel I 3050
Basiszinssatz 1646–1648
Bau- und Objektqualität 2101
Baualtersklasse 1856
Baubeschränkung 692, 706
Baudenkmal 1477, 2348, 2364, 2497
Bauernhof 1929
Bauernwald 657
Bauerwartungsland 566, 670, 672, 708, 2267, 2273
Baufläche 467
Baugebiet 806
Baugenehmigung 2719
– rechtswidrig erteilte 1367
Baugesetzbuch (BauGB) 490, 557, 560, 659, 676, 686, 701, 2276, 2308
Baugrundstück 807
Bauhoffnung 672
Bauingenieur 2961
Baukörper
– Stellung auf dem Grundstück 803
Baukosten 1420, 2075, 2226
– Überschreitung 987
– Zuschüsse 2963
Baukunst 2808
Bauland 467, 681, 711, 1335, 3004
– Erschließung 2268
– Flächen des Clubhauses 2246
– Markt 2564

XII Sachverzeichnis

– Produktions- und Vermarktungskosten 1382, 1384, 1398
– Steuer 344
Baulärm 862
Baulast 594, 695, 817, 1321, 2717, 2961
Baulastenverzeichnis 2709
– unrichtige Eintragungen 2719
Bauleitplanerische Abwägung 1357
Bauleitplanung 872, 2495
Bauliche Anforderungen 2073, 2249
Bauliche Anlage 467, 586, 689, 700, 815, 1869, 2273, 2503, 2689
– im Außenbereich 840
Bauliche Außenanlage 1449, 1887
Bauliche Entwicklung 1417
Bauliche Gestaltungsmöglichkeiten 2641
Bauliche Kennziffern 2150
Bauliche Nutzung 670, 678, 680, 688, 691, 2312
– des Grundstücks 2870
Bauliche Struktur 2188
Bauliche Wasserschutzauflage 718
Baulichkeiten 595
Baulücke 683, 689
Baumangel und Bauschaden 270, 453, 994, 1678, 1789, 1833, 1877, 3030
Baumartengruppe 656
Baumasse 331–332
Baumassenzahl (BMZ) 800
Baumaßnahme 822, 2487, 2546, 2589
Baumschutzsatzung 1358
Baunebenkosten 1839, 1844, 1848, 1920, 1923, 2357
Baunebenkostenfaktor 1848
Baunutzungsplan 805
Baunutzungsverordnung 784
Bauordnung 738
Bauplanungsrecht 684, 2312
Bauplanungsrechtliche
– Festsetzung im Bebauungsplan 2248
– Gebietstypen der BauNVO 2046
– Grundlagen für Art und Maß der baulichen Nutzung 812
– Qualifizierung von Gewerbeflächen 790
– Vergangenheit des zu wertenden Grundstücks 1292
– Vorgaben 783
– zulässige Nutzung 1573
Baupreisindexreihen 1842, 1863–1864
Baupreisverhältnis 1154, 1943
Baurecht 682, 2314, 2833
– Fortfall 682
Baurechtliche Genehmigung 775
Baureife 566, 680, 684, 692, 1374, 2271, 3004
BauROG 562
Bauschutzbereich 856
Bausperre 694
Baustufe 806
Bauteil 807, 1881, 1912
Bautypen 2075
Bauweise 807, 1311
Bauwerk 237, 1863
Bauwerksentschädigung und -vergütung bei Heimfall 2787

Sachverzeichnis XII

Bayerisches Sachverständigengesetz 182
BBauG-Novelle 1976 344, 559, 672
BBergG 579, 739
Bebaubarkeit des Grundstücks 677, 698
Bebaute Gemeinbedarfsgrundstücke 2283
Bebaute Innenstadtbereiche 1471
Bebauter Ortsteil 695, 2272, 2312
Bebautes Grundstück 665, 682, 690, 982, 1174, 2296, 2333
Bebautes Mietwohngrundstück 964
Bebauung 689, 2633
– des Entwicklungsbereichs 2579
– des Sanierungsgebiets 2579, 2634
– von Bahnflächen 2311
Bebauungskomplex 808
Bebauungsplan 685, 695, 786, 795, 1294, 1358, 1397, 2271, 2517, 2587, 2693, 2907
– qualifizierter 686
– vorhabenbezogener 685–686
Bebauungsplangebiet 784, 786
Bebauungsrecht 2968
Bebauungszusammenhang 688
Bedarfsbewertung 1098
Bedarfsträger 2277
Bedürfnisprüfung 179
Beeidigung und öffentliche Bestellung als Sachverständiger 177
Beeinträchtigung
– aus dem Erbbaurechtsvertrag 2781
– der geplanten Nutzung 873
– der Lageverhältnisse 822
– der zulässigen Nutzbarkeit 2639
– des dienenden Grundstücks 2821
– durch Baumaßnahmen 825
– durch Verkehrslärm 833, 2309
Beendigung des Güterstands 2458
Beendigung von Miet- und Pachtverhältnissen 382
Befangenheit von Gutachtern 364
Befundtatsache 171
Begrenzter Teilmarkt 2306
Begrenzung
– der Bewirtschaftungskosten 1766
– der Darlehenshöhe 758
Begründung von Wohnungs- und Teileigentum 1991
Begründungsgebot 275
Begründungsmittel 1737
Beheizbarer Wintergarten 324
Beherbergungsgewerbe 2146
Beherbergungsumsatz 2156
Behörde 350, 496
Beiträge 2167
Beitrags- und abgabenrechtlicher Zustand 1342
Beitragspflicht 2588
– für Erschließungsanlagen 2517
Beitreibungskosten 2575
Belastungsfreies (schuldenfreies) Grundstück 2940
Belastungsgrenze 2483, 2543
Belegenheitsbewohner
– soziologische Struktur 2628

XII Sachverzeichnis

Belegenheitsgemeinde 724
Belegungsrecht 2874
Belegungszahlen
– Auslastungszahlen 2151
– Bettenbelegungen 2151
Beleihung 759
– gewerblich genutzter Grundstücke 2934
– landwirtschaftlicher Betriebe 3014
– von Grundstücken 466
– von unbebauten Grundstücken 3005
Beleihungsauslauf 2965
Beleihungsgrenze 2933
Beleihungsgrundsatz 2800
Beleihungspraxis 2802, 2907
Beleihungswert 120, 461– 462, 759, 1831, 2800
– eines Hotels (Sparkasse) 2181
– methodische Anforderungen 3024
Beleihungswertermittlung 592, 653, 670, 684, 957, 1146, 1500, 1585, 1589, 1603, 1634, 1800, 1803, 1837, 1898, 2030
– nach Beleihungswertermittlungsverordnung 2953
– von Erbbaurechten 3010
Beleihungswertermittlungsverordnung (BelWertV) 87, 581, 583, 625, 664, 1831, 1898, 2921, 2953
Beleihungswertfestsetzung 2927
Beleihungswesen 432
Beleuchtung 2251
BelWertV 1585
Bemessung
– der Enteignungsentschädigung 652
– der Entschädigung 842, 2790
– der Jahresnettomiete in Höhe eines Vomhundertsatzes 2187
– des Geschäftswerts 2907
– des Kapitalisierungszinssatzes 2174
– des Nutzungsentgelts 2816
– des Zugewinnausgleichs 630
Benachteiligung des Erbbauberechtigten 2795
Benutzbarkeit des Grundstücks 823
Benutzung der Gemeinschaftsanlagen 1722
Benutzungs- und Entgeltverordnung 1736
Benutzungsdienstbarkeit 2828
Bepflanzung 963, 2590
Berechnung
– der Erbbauzinserhöhung 2745
– der Geschossflächenzahl 807
– der Veräußerungsfrist 2704
– der Wohnfläche 1728
– des Barwerts 934
Berechnungsmethoden 2271
Berechnungsverordnung (BV) 483
Berechtigtes Interesse 301, 496
Beregnungsanlage
– automatische 2251
Bergbaubedingte Erschütterungen 851
Bergbaubedingter merkantiler Minderwert 772
Bergbauberechtigung 745, 763
Bergbauschadensersatzanspruch 2965

Sachverzeichnis XII

Bergbauschutzgebiet 743
Bergfreie Bodenschätze 413, 739, 745
Berggesetz der DDR 741
Bergrecht 456, 579, 593, 739, 2717
Bergrechtliche Pflichten 743
Bergrechtsvereinheitlichung 744
Bergschaden 762, 765, 771
– an Gebäuden und Außenanlagen 765
– behebbarer 769
Bergschädenhaftung 2964
Bergschadensersatzanspruch 766, 2964
Bergschadensgebiet 770
Bergschadensgefahr 450, 763, 773
Bergschadenssicherung 769, 773
Bergschadenssicherungsmaßnahmen 769
Bergschadensverzicht 773
Bergsschadensverzicht 773
Berliner Grundstücksmarkt 419
Berliner Mietspiegel 1365
Berliner Verfahren 986
Berücksichtigung
– der Altlast bei der Ermittlung des Einwurfswerts 2694
– der bauordnungsrechtlichen Anforderungen 2664
– der Bewirtschaftungskosten 1038
– der Erbbauzinsreallast im Beleihungswert 3010
– der Grundstücksfinanzierungskosten 1420
– der Lage auf dem Grundstücksmarkt 1143, 1148
– der Wertminderung wegen Alters 1693
– des Alters der baulichen Anlage 1136
– objekt- und vertragsspezifischer Besonderheiten 1621
– rechtlicher Gegebenheiten 2496
– sonstiger wertbeeinflussender Umstände 1253–1254, 1441, 1833
– ungewöhnlicher Aufwendungen bei Kaufpreisen 929
– unterschiedlicher Zustandsmerkmale 1283
– von Abweichungen in den Zustandsmerkmalen 1290
– von Altlasten bei Grundstücksveräußerungen des Bundes 889
– von Arkaden 1373
– von Bodenverunreinigungen bei der Einheitsbewertung 892
– von Vermögensvor- und -nachteilen 2307
Berufsgesetz für Sachverständige 160
Beschaffenheit
– der Wohnung 1726
– vereinbarte 224
Beschaffungswertprinzip 2281
Beschränkt dingliche Rechte 595, 2826
Beschränkt persönliche Dienstbarkeit 2831, 2872, 2895, 2962
Beschränkung
– der Haftung und Gewährleistung durch Verkürzung der Verjährungsfrist 235
– des Bewertungsprivilegs 2464
Beseitigung
– der infolge der Abgrabungen verursachten Landschaftsschäden 738
Besitzüberlassung 2294
Besondere Betriebseinrichtungen 592, 1881, 1887, 1912
Besondere bodenrechtliche Vorschriften 2487
Besondere Bodenrichtwerte 1094, 2592–2593
Besondere Bodenrichtwertkarten 2593

XII Sachverzeichnis

Besondere Flächen der Land- oder Forstwirtschaft 658, 662
Besondere objektspezifische Grundstücksmerkmale 571, 1545, 1828
Besondere Sachkunde 177
Besondere Teilmärkte 1166
Besondere Zahlungsbedingungen 928–929
Besonderes Städtebaurecht 2495, 2525
Besonderheiten
– der Bodenwertermittlung für den Beleihungswert 2996
– für Doppelhäuser 1929
– für Ein- und Zweifamilienhäuser 1928
– für landwirtschaftliche Gebäude 1929
– für Mehrfamilien-Wohnhäuser 1927
Besonders verpflichtete Bausachverständige einer Kreissparkasse 230
Besonnungslage 1367
Bestandsangaben des Katasters über die Begrenzung des Grundstücks 295
Bestandsobjekt 471
Bestandsschutz 689, 745, 814, 2311, 2650
– der zulässigerweise errichteten baulichen Anlage 700
– einer baulichen Anlage 682
Bestandteile des Grundstücks 585
Bestehenbleibensvereinbarungen 2738
Bestellung
– eines Dauerwohnrechts 2894
– eines Nießbrauchs 2833
– eines Wohnungsrechts 2876
– und Löschung 2831
– und Vereidigung von Sachverständigen 184
– von Erbbaurechten 2511
– von Gutachtern 358
– zum Gutachter des Gutachterausschusses für Grundstückswerte 359
Bestellungsverfahren 184
Bestellungsverlängerung 186
Bestes Wissen und Gewissen 227
Besteuerung 492
– unbebauter, aber baureifer Grundstücke 149
Besteuerungsgrundlage für Grunderwerbsteuer 2501
Bestimmtheitsgrundsatz 2737
Bestimmtheitsmaß R 1288
Bestockungsfaktor 654
Beta-Faktoren 1649
Betrachtungszeitraum 1688
Betreiberimmobilie 2144, 2941, 2975
Betreibervergütung 2167
Betretungsrecht 520
Betreutes Wohnen 2183
Betriebsarten 2145
– des Beherbergungsgewerbes 2146
Betriebsbedingte Ausgaben 2254
Betriebsfläche 135
Betriebskosten 1590, 1708, 1779, 2058, 2885, 2982
– Gewerberaummietvertrag 1719
– leerstandsbedingte 1051
– unvermeidliche 1051
Betriebsumsatz 2153
Betriebsverlagerungen 2499
Betriebswirtschaftliche Prüfung 204

Betriebswirtschaftliches Verfahren 2173, 2194
Bettenanzahl 2151
Bettenumsatzquote 2156
Bevölkerungswachstum 140
Bewegliche Denkmäler 2364
Bewegungsfläche innerhalb von Nutz- oder Funktionsflächen 311
Beweisaufnahme 168
Beweisbeschluss 168
Beweiserhebung durch Sachverständige 266
Beweisfrage 538
Beweislast der Mangelfreiheit des Werks 223
Beweismittel 495
Bewertung 730
– der Erbbauzinsreallast 3012
– des Beleihungsobjekts 3023
– des Grundpfandrechts 2961
– des Mangelrisikos 3006
– des Mietausfalls 2977
– nach Umgebungsbebauung 2278
– nach Vorwirkungsgrundsatz 2280
– von Altlasten 889
– von Finanzinstrumenten 481
– von Gemeinbedarfsflächen 2263
– von Hafengrundstücken in Seehäfen 778
– von Landgütern beim Zugewinnausgleich 2462
– von Praxen 980
– von Rechten und Belastungen 778
– von Stellplätzen 3004
Bewertungsgesellschaft 347
Bewertungsgesetz 121
Bewertungsmethodik 2293
Bewertungsprivileg 2461, 2464, 2533
Bewertungsstandard 472, 947
Bewertungsstelle 352
Bewertungszeitraum 827
Bewilligungsmiete 2642
Bewirtschaftungskosten 1035, 1038, 1224, 1585, 1619, 1645, 1678, 1722, 1762, 1769, 1779, 2020, 2080, 2166, 2187, 2226, 2260, 2375, 2536, 2877, 3024
– Kostengruppen 1764
– nach § 11 BelWertV 2977
– nicht umgelegte 1697
– nicht umlagefähige 2885
Bewirtschaftungskostenansatz 3026
Bezugseinheit 1839
– für die Ableitung der Gebäudefaktoren 1137
Bezugsfertigungsjahr 1794
Bezugszeitpunkt 1255
BGF 307; siehe *Brutto-Grundfläche*
Bierausschank 2871
Bierbezugsvertrag 2870
Bieterverfahren 1250
Bilanzbewertung 1469
Bilanzrecht 471, 476, 1633
Bilanzstichtag 478
Bindungsfrist 2796
Biomasseanlage 701

XII Sachverzeichnis

Biosphärenreservat 712
Biotop 619
BKI (Baukosteninformationszentrum Deutscher Architektenkammern) 1868
BKleingG 723
Blaues Buch 429
Bleibende Flughafenfläche 2326
Bleibender
– Gemeinbedarf 2277
– Kirchenbedarf 2341
Blume'sche Formel 654
BNatSchG 711
Board of Trustees (BOT) 202
Boden 136
Bodenart 637
Bodenbelastung 873
Bodenbeschaffenheit 636, 638
Bodenbeschaffenheit (Baugrund) 1341
Bodenbewertung 344
Bodenbezogene Förderungen 1397
Bodenbezogene Wasserschutzauflage 718
Bodendenkmal 2364
Bodeneigenschaft 638
Bodenfrage 137
Bodenmarkt 981, 1993
Bodennutzung 125
Bodenordnung 2545
Bodenpolitische Konzeption 2495
Bodenpreis 1233
Bodenpreisindex 2743
Bodenpreisindexableitung aus Bodenrichtwerten 1120
Bodenpreisindexreihe 401, 1100, 1117
Bodenpreisindexzahl 1118
Bodenprofil 636
Bodenrichtwerte 386, 508, 779, 856, 960, 1093, 1239, 1837
– Ableitung der 813
– allgemeine 1093
– als Grundlage der Wertermittlung 1092
– Anfangs-Bodenrichtwert 1094
– Auskunft über 512–513, 516
– bebauter Grundstücke (in Innenstadtlagen) 1471
– besondere 1094
– Definition und Darstellung in Karten 509
– End-Bodenrichtwert 1094
– für bebaute Gebiete 511
– für Grundstücke mit 1- oder 2-geschossiger Bebauung 1362
– für Grundstücke mit 3- oder mehrgeschossiger Bebauung 1362
– für land- oder forstwirtschaftliche Flächen 512
– für steuerliche Bewertungen 512
– im Internet 1110
– Publizität der 512
– Typologie der 1093
– Übersichten 514
– Verbindlichkeit für die Finanzverwaltung 1097
– zum Zwecke der Einheits- und Grundbesitzbewertung 1096
– Zweifel an der Stimmigkeit der 1093

Sachverzeichnis XII

Bodenrichtwertermittlung 1276
- als Pflichtaufgabe 510
- in bebauten Gebieten 1101
- Ländererlasse zur 1109
Bodenrichtwertgrundstück 509, 1314
Bodenrichtwertkarte 1100, 1102, 2314
Bodenrichtwertliste 1102–1103
Bodenrichtwertspanne 1099
Bodenrichtwertübersicht 401, 514, 537, 545, 552
Bodenrichtwertverfahren 960, 2551
Bodenrichtwertzone 1100
Bodenschatz 737, 739, 741, 745, 1448
Bodenschätzung 303
Bodenschutzrechtlicher Ausgleichsbetrag 1351
Bodensondierung 1543, 1567
- bei übergroßen Grundstücken 1490
Bodenspekulation 147
Bodenwert 289, 590, 1137, 1152, 1448, 1572, 2028, 2077, 2186, 2225, 2245, 2261, 2275, 2305, 2333, 2350, 2369, 2377, 2536, 2606, 2633, 2692
- § 15 BelWertV 2996
- angemessene Verzinsung des 2757
- auf der Grundlage eines fiktiven Ertrags 1411
- bebauter Grundstücke 1446
- der angrenzenden Landfläche 776
- der baulichen Anlage 1831
- der eingeworfenen oder (und) der zuzuteilenden Grundstücke 2681
- der Schutzzone 2870
- der Umgriffsfläche 1570
- des begünstigten Grundstücks 2856
- des Grundstücks unter Berücksichtigung der „durch die Umlegung bewirkten" Wertänderungen 2699
- des unbebaut gedachten Grundstücks 1837
- des warteständigen Baulandes 1379
- einer Gemeinbedarfsnutzung 1735
- eines erschlossenen (baureifen) Grundstücks 2699
- künftiger Golfanlagen 2245
- landwirtschaftlicher Hofstellen 664, 1330
- sanierungs- bzw. entwicklungsunbeeinflusster 1095
- steuerliche Bewertung 1837
- unter Berücksichtigung der tatsächlichen und rechtlichen Neuordnung 1095
- voller 2791
- von Abbauland 756
- von Grundstücken mit Freilegungssubstanz 1475
- von im Außenbereich baurechtswidrig bebauten Grundstücken 702
Bodenwertanteil 1471–1472, 2756, 2758, 2767, 2994
Bodenwertdämpfung 1204, 1454, 1470
Bodenwertentwicklung 140
- von baureifem Land, Rohbauland sowie Bauerwartungsland 1117
Bodenwerterhöhung 2542, 2546, 2606, 2617, 2633, 2642, 2645–2646, 2650
- der dem Gebäude zurechenbaren Fläche 2596
- realisierbare 1516
Bodenwertermittlung 701, 943, 960, 1908, 2070, 2246, 2371
- auf der Grundlage der Ertragsfähigkeit 1433
- auf der Grundlage des Ertragswertverfahrens 2246
- aus dem zu erwartenden Ertrag 960
- bebauter Grundstücke 1452, 1466

XII Sachverzeichnis

– bei warteständigem Bauland 1375
– deduktive 1374
– im Wege des Vergleichswertverfahrens 1270
– in Bergschadensgebieten 770
– kalkulatorische 1411
– mittels Vergleichspreisen 1271
– von Fabrikgrundstücken 2070
Bodenwertgefüge 2120
Bodenwertverzinsungsbetrag 1571, 1576, 2305, 2968, 2986
Bodenwertzuwachs 1519
Bodenzahl 635
Bodenzustandsstufe 640
Bonczeksche Treppenkurve 622
Bonität 634, 641
– der Mietverhältnisse 1809
– des Kreditnehmers 3050
– des Mieters 1037, 1802
Bonitätsebene 3053
Bootshafen 779
Branche 2133
Branchenmix 2132
Branchensituation 2974
Branchenspezifische Durchschnittspacht 1619
Branchenspezifischer Flächenanspruch 2124
Brandenburgische Ingenieurkammer 182
Braunkohlenplanverfahren 738
Breite der Straßenfront 1337
BRI 1916; siehe *Brutto-Rauminhalt*
Bruchteilsbewertung 945, 983
Bruchteilsmethode 2306
Bruchteilsnießbrauch 2834
Brunnenrecht 2825
Brutto- und Nettofläche des Erschließungsgebiets 1386
Bruttobaulandfläche 1393
Bruttobetriebsgewinn 2174
Brutto-Grundfläche (BGF) 307–308, 1023, 1841, 1849, 1917, 1920, 3000
– Berechnungen 316
– eines Spitzbodens 317
Bruttokaltmiete 1708
Bruttomiete 1740
Brutto-Rauminhalt (BRI) 308, 332, 335, 1841, 1921
Bruttorohbauland 677
Bruttowarmmiete 1708
Bruttowochenverdienste 2744
Bundesanstalt für Finanzdienstleistungsaufsicht (BaFin) 2924
Bundesbeauftragter für den Datenschutz 491
Bundesberggesetz (BBergG) 456, 579
Bundes-Bodenschutz 882
Bundesdatenschutzgesetz 505
Bundes-Immissionsschutzgesetz 835, 858, 865
Bundeskleingartengesetz 728
Bundesministerium für Ernährung, Landwirtschaft und Forsten 373
Bundesministerium für Raumordnung 573
Bundesmittelwert 1858, 1927
Bundesverband der Immobilien-Investment-Sachverständigen e.V. (BIIS) 471
Bundesverband Investment und Asset Management e.V. (BVI) 469

Bundesverfassungsgericht 489
Burgen 2376
Büro- und Praxisgemeinschaften 211
Büro- und Verwaltungsgebäude 1925
Bürogebäude 792, 1297, 2048
– mit Wiegevorrichtungen 759
Büromarkt 1643
Büroteil
– Sozialteil 2074

C

Cashflow 3063
Cashflow-Simulationen 3053
c-Fläche 315, 1866, 1881
Charte de l'Expertise 432
Chartered Surveyors 202
City-Lage 2110

D

Dachgarten 323, 1727
Dachgeschoss 316–317, 334, 799, 1937, 2011
Dachgeschossausbau 316, 799, 1937
Dachraum 331
Dämpfung
– bei Anwendung des Ertragswertverfahrens 1461
– des Bodenwertes 1152, 1454, 1457
– von Bodenwerten bei Anwendung des Sachwertverfahrens 1464
Dämpfungsmethode 1460
Dämpfungsmethodik des Gutachterausschusses 1465
Darlehen 2559
Darlehenssicherung 597
Datenschutzgesetz 351
– der Länder 361
Datenschutzrechtliche
– Bedenken 486
– Gründe 491
Datsche 722
Dauerhafter Leerstand 1780
Dauerkleingärten 722
Dauerschallpegel 853
Dauerwohnrecht 595, 2894
Deckungsbeitrag 668, 706
Deckungspooling 3021
Deduktives Verfahren 1374, 2313, 2695
Definition
– Bodenrichtwert 509
– des Verkehrswerts (Marktwerts) 122
– Verkehrswert (Marktwert) 404, 407
Denkmal 2346
Denkmalbuch 2709
Denkmalgeprägter Verkehrswert 2350
Denkmalgeschützte
– Bausubstanz 2347
– Gebäude 1481
– Park- und Gartenanlagen 2363
Denkmalpflegerische Sonderaufwendungen 2357

XII Sachverzeichnis

Denkmalschutz 811, 1026, 2350, 2360
- in der steuerlichen Bewertung 2382
Denkmalschutzliste 2349, 2709
Denkmalspezifischer Liegenschaftszinssatz 2376
Deponie 620
Depreciated Replacement Cost Approach 1823
Depreciated Replacement Costs (DRC) 430
Deregulierungsbericht 179
Deutscher Akkreditierungs-Rat (DAR) 194
Deutscher Immobilien Index 1123
Deutscher Immobilienaktienindex (DIMAX) 1123
Deutscher Städtetag
- Arbeitskreis Wertermittlung 572
Deutscher Verein für Vermessungswesen (DVW) 1841
Deutsches Institut für Urbanistik (difu) 2696
Dienstaufsicht 358
Dienstbarkeit 594, 817–818, 2710, 2826, 2869, 2961
Dienstleistungsbranche 2114
Differenzierung des Rohbaulandwerts 2694
Differenzwertverfahren 945, 982, 2300
DIN 276/1993 426, 1655
DIN 277 1916
DIN EN 45013 500
DIN 18005-1 829
DIN 277 308
DIN 283 319, 326
Dingliche Rechte 2709
- am Erbbaurecht 2739
Dinglicher Bergschädenverzicht 2965
Dinglicher Erbbauzins 2736
Dingliches Nutzungsrecht 595, 1344
Dingliches Vorkaufsrecht 2904
Dingliches Wiederkaufsrecht 2909
Discounted Cashflow Verfahren 428, 950, 1187, 1530, 1632–1633, 1645, 1656–1657
Discounted Cashflow Verfahren, Pflegeheim 2192
Diskontierung 1667
Diskontierungsfaktor 1668
Diskontierungszinssatz 1174, 1628
- aus den jeweiligen Verhältnissen des örtlichen Grundstücksmarkts 1402
- der holding period (projection period) 1645
Dispositionsfreiheit 1454
Doppelbelegungsquote 2151
Doppelberücksichtigung 1182
- des Aufwuchses 1887
- eines bestehenden Risikos 1409
Doppelhaus 1929, 2956
Dritthaftungsausschluss 230
Drittschaden 232
Drittverwendungsfähigkeit 272, 424, 2072, 2077, 2144, 2939, 3000
Drogist 1723
Duldungspflicht 518, 520, 2819, 2821, 2961
Durchführung
- der Sanierung 2514
- von Ausgleichsmaßnahmen 2700
Durchgangserwerb 2541, 2560
Durchgangsstraße 832

Durchschneidung eines geschlossenen Landguts 1337
Durchschneidungsbedingte Jagdwertminderung 2912
Durchschneidungsschaden 982
Durchschnittspacht 2164
Durchschnittspreise von Eigentumswohnungen 2006
Durchschnittsumsatz 2164
Dynamische Wertermittlungsmethode 1170
Dynamisierung des Anfangswerts 2529

E

Eckgrundstück 1368, 2132, 2700
– in Geschäftslagen 1368
Eheliches Güterrecht 630
Ehrenamtliche Gutachter 358
Eigene Aufwendungen 2647
Eigene Bodenwerterhöhung 2519, 2584, 2647
Eigengenutztes Grundstück 2366, 3047
Eigenheim 127, 430
Eigennutzung 966, 980
Eigentum 497, 707, 759, 863, 2714
– an mineralischen Rohstoffen 745
– auf Zeit 2727
Eigentümerangaben 305
Eigentümerbetrieb
– Pachtbetrieb 2146
Eigentümerdienstbarkeit 2831
Eigentümererbbaurecht 2730, 2805
Eigentumsmaßnahmen 1293
Eigentumsverhältnisse 126, 298
– in der Bundesrepublik Deutschland 125
Eigentumswohnung 430, 958–959, 980, 1180, 1777, 1831, 2956
– ohne Balkon 2007
Eigentumswohnungsgebiet 1362, 1993
Eignung landwirtschaftlicher Betriebe für eine angemessene Kreditversorgung 3014
Eignung von Vergleichspreisen 2584
Eignungsgebiet 721
Ein- und Zweifamilienhäuser 964, 1156, 1165, 1268, 1297, 1928, 2956
Einfache (leichte) Fahrlässigkeit 225
Einfache Wohnlage 1362
Einfacher Bebauungsplan 786
Einfamilienhaus 831, 958, 964, 1798, 1831, 1960, 3003
– mit Baumängeln 1967
– mit mehreren Bauteilen 1972–1973
– mit mehrfachem Um- und Anbau 1970
– ohne Baumängel 1962
Einfamilienhausgrundstück 959, 964
Einfamilien-Reihenhaus 1851
Einfamilien-Wohnhaus 1849, 1935
Einflussfaktor
– von Marktanpassungsfaktoren 1151
Einfriedung 2251
Einführung des Immobilienmarkt- und Objektratings 2921
Einführungserlass der Argebau 2494
Eingangstreppe 1881
Eingeschränkte Nutzbarkeit 2641
Eingeschränkter
– Interessentenkreis 415, 816

XII Sachverzeichnis

– Käuferkreis 982
Eingleisiges Ertragswertverfahren 1534
Eingriff in Natur und Landschaft 707–708, 710, 1356, 2590, 2907
Einheimischenmodell 140, 409
Einheitsbewertung 447, 833, 1093
– des Betriebsvermögens 893
– des Grundvermögens und der Betriebsgrundstücke 890
Einigung und Eintragung im Grundbuch 2915
Einigungsvertrag 347, 744
Einkaufszentrum 2101
Einkommensteuer 2364, 2704
Einkünfte aus Vermietung und Verpachtung, Werbungskosten 1773
Einnahmeausfall 2560
Einnahmeentwicklung 1643
Einnahmen 2162
– aus Reit- und Pensionsbetrieben 2260
– eines Hotelbetriebs 2162
– für Logis, Food & Beverage und Sonstiges 2153
Einräumung
– eines Notwegs 2820
– eines Vorkaufsrechts 2906
Einräumungsvertrag 1991
Einschätzung
– von Baumängeln und Bauschäden 270
Einsichtsrecht 301, 305
Einwurfswert 2693
Einzelgutachten 392
Einzelhandelsagglomerationen 2101
Einzelhandelsbesatz mit gutem Branchenmix 2111
Einzelhandelsbetrieb 792, 2047, 2101
Einzelhandelsfläche 1626
Einzelhandelsimmobilie 2123
Einzelhandelslage 2107, 2111
Einzelhandelsobjekt 1360
Einzelhandelsumsatz
– im engeren Sinne 2114
– pro Kopf der ortsansässigen Bevölkerung 2111
Einzelne Bauteile, Einrichtungen oder sonstige Vorrichtungen 1914
Einzweckbauten 2250
Eisenbahn 837
Eisenbahn-Bundesamt (EBA) 2310
Elektromagnetisches Feld 865–866
Elektrosmog 865
End-Bodenrichtwert 1094, 2592
Endliche
– Rente 1813
Endvermögen 2453, 2458
Endwert 2577
Endwertermittlung 2633
– einer jährlich wiederkehrenden Zahlung 1671
Energieeinsparverordnung (EnEV) 893
Energiekosten 2167
Enteignender Eingriff 849
Enteignete Grundstücksteilfläche 2646
Enteignung 382, 785, 926, 2293, 2661
– Vermeidung 441, 2290

Sachverzeichnis XII

Enteignungsbegünstigte 927
Enteignungsbehörde 385
Enteignungsentschädigung 609, 2288–2289, 2510
– Bemessung 453
Enteignungsgesetze der Länder 454
Enteignungsvorgang 2294
Enteignungsvorwirkung 2640
Enteigungsunternehmen 711
Entgeltliches Wohnungsrecht 2877
Entprivilegierung landwirtschaftlicher Gebäude 700
Entschädigung 405, 453, 836–837, 841, 2521, 2646, 2768, 2869
– aufgrund anderer Gesetze 385
– für das Bauwerk 2733, 2789, 2791
– für das Genommene 441
– für die Grundstückswertminderung 855
– für Leitungsüberspannung 2804
– für Manöverlärm 862
– für Vermögensnachteile 382, 520, 571
– für zu erwerbende Grundstücke 2324
– in Land 2646
– von Mitgliedern des Gutachterausschusses 357
– wegen hoheitlichen Eingriffs in das Grundeigentum 2309
– wegen verbleibender Beeinträchtigungen 841
Entschädigungs- und Ausgleichsleistungsgesetz (EALG) 629
Entschädigungsanspruch 822, 825, 841, 1292, 2309, 2350, 2359, 2507
– für Beeinträchtigungen eines Grundstücks 849
Entschädigungsbestimmung 2524
Entschädigungsgrundsatz 853
Entschädigungslose Herabzonung 2504
Entschädigungspflichtiger Eingriff 822
Entschädigungspraxis 738
Entschädigungsrecht 383, 454, 2523
Entschädigungsrichtlinie Landwirtschaft 575, 629
Entschädigungswert 2907
Entscheidung durch ein Schiedsgericht 262
Entscheidungsgehilfen des Gerichts 254
Entschuldigter Überbau 2808
Entwässerung 2251
Entwicklung 2545
– der allgemeinen Wertverhältnisse 1115
– der Bewirtschaftungskosten 1645
– der Jahresreinerträge 1643
– der Mieten 1579
– der vertragsbedingten Mietentwicklung 1643
– des Standorts und der Region 2104
Entwicklungsbedingte Bodenwerterhöhung 2479, 2541
Entwicklungsbedingte Werterhöhung 2510, 2558
Entwicklungsbedingter Zwischenerwerb eines Grundstücks 2501
Entwicklungsbereich 544, 659, 711, 1578
Entwicklungskosten 1395, 1420
Entwicklungsmaßnahme 610, 2492, 2515, 2525, 2531, 2542, 2590, 2651
Entwicklungsmaßnahmenverordnung 2491
Entwicklungspotenzial 421, 423, 945
Entwicklungsträger 384
Entwicklungsunbeeinflusster Bodenwert 1579, 2533, 2537, 2577
Entwicklungsunbeeinflusster Grundstückswert 1378, 2492, 2504, 2510, 2533, 2552

XII Sachverzeichnis

Entwicklungszeit 671
Entwicklungszustand 611, 2293, 2312
– Bauerwartungsland 673
Entwicklungszustandsstufe 619, 621
Entwidmung 2310, 2314, 2329
Entzug der Besonnung 1367
Enumerationsprinzip 1708
EOP-Methode 1622
Erbauseinandersetzung 648, 2795
Erbbauberechtigter 412, 497, 2728, 2798
Erbbaugrundbuch 2728
Erbbaugrundstück 1168
Erbbaurecht 299, 471, 483, 593, 2644, 2717, 2726, 2794, 2798, 2909, 2934, 3028
– an bebauten Grundstücken bei kurzer Restlaufzeit 2782
– auf Grund Sachenrechtsbereinigungsgesetz 2741
– belastetes Grundstück 412, 430, 2643
– gewerbliches 2737
– in der Beleihungspraxis 2799
– Restlaufzeit 3010
– Unterbewertung 2795
– zu Wohnzwecken 2741
Erbbaurechtausgeber 2761
Erbbaurechtsausgeber 2737
Erbbaurechtsbestellung an bereits bebauten Grundstücken 2786
Erbbaurechtsgestaltung 2777
Erbbauvertrag 2731, 2757
Erbbauzins 2728, 2733, 2754, 3012
Erbbauzinsreallast 2739
– am Erbbaurecht 2737
Erbrecht 630
Erbschaft- und Schenkungsteuer 121, 2364
Erdgeschoss 334, 689
Erdgeschossige Ladennutzung 1309
Erdgeschossmietenverfahren 2606
Erdgeschossrohmiete 961
Erfahrungssätze 987, 1007, 1384, 1398, 1776, 1895, 1912
Erforderliche Daten 1083
– der Wertermittlung 1083, 1949
Ergänzende Hinweise
– für das Gebiet der neuen Länder 596
– zu den Wertermittlungs-Richtlinien 574
Ergänzende Vorschriften für Sanierungsgebiete und Entwicklungsbereiche 571
Ergänzende Wertermittlungsrichtlinien 572
Ergänzungsgebiet 2560
Erhaltungsaufwand 1593
Erhaltungsmaßnahmen 837
Erhaltungsrecht 1026
Erhaltungssatzung 2657
Erhaltungszustand 1944
Erhebliche Abweichung 924, 1308
Erhebung von Ausgleichsbeträgen 2575
Erhebung von Gebühren 501
Erhebungsumfang 519
Erhöhung
– der jährlichen Miete 1713

– der Kapitalkosten 1714
– der Mehrwertsteuer 1842
Erholungsfläche 135, 729
Erholungswald 652
Erholungszweck 726, 728
Erker 323, 807, 2816
Erlass und Niederschlagung 2576
Erlebenswahrscheinlichkeit 935
Erlöschen der öffentlichen Bestellung 189
Erlöschen des Erbbaurechts 2733
Ermächtigung 540
– der Bundesregierung 541
– der Landesregierungen 546
– zum Erlass von Rechtsverordnungen 541
Ermächtigungsgrundlagen 341, 348, 542
Ermittlung 2063–2064, 2080, 2188, 2260
– besonderer Bodenrichtwerte 1094
– bestimmter Wertanteile am Verkehrswert 381
– der abschöpfungsfähigen sanierungs- bzw. entwicklungsbedingten Bodenwerterhöhung 2573
– der Alterswertminderung 1873, 1875, 1946
– der Anfangs- und Endwerte 2568
– der Beeinträchtigung des Außenwohnbereichs 843
– der Bemessungsgrundlagen für die Grundsteuer 2363
– der Bodenpreisindexreihen 1117
– der Bodenrichtwerte 356
– der Brutto-Grundfläche (BGF) nach DIN 277 311–312
– der Entschädigung 842
– der geringfügigen Bodenwerterhöhung 2576
– der Grundfläche 322
– der Herstellungskosten 1838, 1841, 1918
– der Herstellungskosten einesNeubaus auf der Grundlage der NHK 2000 1922
– der Instandhaltungskosten 1795
– der Netto-Grundfläche (NGF) 316
– der Nettokaltmiete/Grundmiete 1701
– der nicht umgelegten Betriebskosten 1782
– der ortsüblichen Pacht 725
– der ortsüblichen Vergleichsmiete 1712
– der sanierungsbedingten Werterhöhung 381
– der Verkehrswertspanne 439
– der Vorlasten 2963
– der Wahrscheinlichkeit des Eintritts der Pflegebedürftigkeit 2896
– der Wertminderung wegen Alters 1876
– der Wohn- oder Nutzfläche 318
– des Anfangsvermögens 2456
– des Anfangswerts 1518, 2520, 2584, 2633
– des Anfangswerts des herabgezonten Grundstückszustands 2585
– des Ausgleichsanspruchs 2310
– des Ausgleichsbetrags 571, 1094
– des Barwerts der Reinerträge 2188
– des Bautenstands 2961
– des beizulegenden Zeitwerts 481
– des Beleihungswerts 467, 1831, 2940
– des Beleihungswerts für eine Hypothekenbank 2063
– des Beleihungswerts für eine Sparkasse 2064
– des Bodenwertanteils des Erbbaurechts und des belasteten Grundstücks 2775
– des Bodenwerts 2995

XII Sachverzeichnis

- des Bodenwerts von Abbauland 756
- des Bodenwerts von Gemeinbedarfsflächen 981
- des Bodenwertverzinsungsbetrags 1578, 2539
- des Brutto-Rauminhalts (BRI) 336
- des Endvermögens 2458
- des Endwerts von Zeitrenten 931–932
- des Endwerts vor Abschluss der Sanierungsmaßnahme 2529
- des entwicklungsunbeeinflussten Grundstückswerts 2503, 2522, 2531
- des Ertrags- und Sachwerts 1643, 1779, 3026
- des Ertragswerts 1673
- des Ertragswerts der baulichen Anlagen (§ 9 BelWert 2967
- des Ertragswerts in besonderen Fällen (§ 13 BelWertV) 2991
- des Gebäudesachwerts 1922
- des Gebäudewerts (Gebäudeertragswert) 1578
- des gemeinen Werts 1232
- des Gesamtvermögens 892
- des Grundbesitzwertes 1097
- des Grundstücksreinertrags 1699
- des Herstellungswerts von Gebäuden nach Normalherstellungskosten 1912
- des Liegenschaftszinssatzes 1649
- des Liquidationswerts 2465
- des Marktwerts 3002
- des Minderungsbetrags 1356
- des Minderwerts 767
- des (merkantilen) Minderwerts 449
- des Modernisierungsgrads 906
- des nachhaltig erzielbaren Reinertrags 1582
- des Neuordnungswerts 2540, 2544, 2547, 2551, 2556
- des Nutzwerts des Rechts 2882
- des Reinertrags 1681, 1696, 2260, 2967
- des Restwerts 1631, 1636
- des Roh- und Reinertrags 2534
- des Sachwerts der baulichen Anlagen 2998
- des sanierungs- oder entwicklungsunbeeinflussten Grundstückswerts 1243, 2511, 2520
- des umbauten Raums auf der Grundlage der DIN 277 333
- des Unterschieds zwischen Rohbauland und baureifem Land 1291
- des Verkehrswerts 557, 579, 775, 1903, 2080, 2458
- des Verkehrswerts aus dem Ertrag 777
- des Verkehrswerts aus Vergleichspreisen 777
- des Verkehrswerts eines bebauten Grundstücks 1579
- des Verkehrswerts eines unbeplanten Grundstücks 692
- des Verkehrswerts von baulich für Gemeinbedarfszwecke genutzten Grundstücken 1735
- des Volumens 331
- des vorläufigen Ertragswerts 1795
- des Wertanteils von Außenanlagen 1891
- des wertmäßigen Einflusses durchgeführter Sanierungsmaßnahmen 2608
- des Werts baulicher Anlagen 896, 1909
- des Werts der sonstigen Anlagen 1909
- des wirtschaftlichen Vorteils 2817
- des Zugewinnausgleichs 2465
- des Zustandsbeleihungswerts 2960
- des Zustandswerts 2960
- des Zuteilungswerts 2701
- eines Überschusses 2544
- entwicklungsunbeeinflusster Grundstückswerte 2507
- marktüblich erzielbarer Mieten/Pachten 1702

Sachverzeichnis XII

- nach Erfahrungssätzen 1889
- sanierungs- oder entwicklungsunbeeinflusster Grundstückswerte 2533
- von Ankaufpreisen 1417
- von Ausgleichsbeträgen 2560
- von Bodenrichtwerten 1100, 1120, 1416
- von Bodenwerten bebauter Grundstücke 2633
- von Ertragsfaktoren 1132
- von gewerblichen Flächen 318
- von Grundstückswerten für die Bemessung von Pflichtteilsansprüchen 2466
- von Herstellungskosten nach Einzelkosten 1942
- von sanierungsbedingten Bodenwerterhöhungen 2606
- von Verkehrswerten (Marktwerten) 182, 439, 1622, 1645

Erneuerungsrücklage 1772– 1773, 2167
Eröffnungsbilanz 472
Ersatz- und Ergänzungsgebiet 2495
Ersatzbau 690
Ersatzbepflanzung 1358
Ersatzbeschaffung 2282
Ersatzbeschaffungskosten 1823, 2342, 2379
Ersatzbeschaffungsprinzip 2282
Ersatzbeschaffungswert 1824
- des Gebäudes 1914
Ersatzgebiete 2560
Ersatzlandbereitstellung 468
Ersatzlösungen bei fehlenden Vergleichspreisen 1249
Ersatzmethode 1308
Erschließung 678, 684, 686, 688, 1393, 2495
Erschließungsanlage 2517, 2647
Erschließungsbeitrag 1350, 1393, 1576, 2767, 2792
- nach den §§ 123 ff. BauGB 1343
Erschließungsbeitragsfreier (ebf) Bodenwert 1298, 1575
Erschließungsbeitragsfreies (ebf) Grundstück 2545, 2588
Erschließungsbeitragspflichtige Zuteilung 2700
Erschließungsbeitragspflichtiges Grundstück 1344, 1576, 3006
Erschließungsbeitragsrecht 445
Erschließungsfläche 2266
Erschließungsflächenbeitragsfreie Zuteilung 2699
Erschließungskosten 1392, 2378
Erschließungsplan 684, 2494
Erschließungsumlegung 2693
Erschließungsvertrag 1344
Erschließungsvorteil 2607
Erschütterung 864, 2870
Erstattung einer Sozialleistung 372
Erstattung von Gutachten 366, 388
Erstaufforstung 1359
Erstellungskosten je Kinoplatz 2240
Erteilung einer Baugenehmigung 2719
Erteilung von Auflagen 191
Erteilung von Auskünften 513, 522
Ertrag 778, 2124
- aus Ladennutzungen 2128
Erträge 2020
Ertragsdifferenzialverfahren 2595
Ertragsfaktor 960, 1128, 1132, 1265, 1553
Ertragskraftorientiertes Pachtwertverfahren (EOP-Methode) 1621

XII Sachverzeichnis

Ertragsmesszahl 641
Ertragsobjekt 2882
Ertragssituation 2817
Ertragsteuer 2498
Ertragsverhältnis 820, 953, 978, 1187, 2077, 2233, 2253, 2255, 2511, 2557
– von Fach- und Verbrauchermärkten 2139
Ertragswert 660, 758– 759, 963, 980, 1187, 1194, 1233, 1418, 1827, 2225, 2371, 2461, 2534, 2933, 2960
– der baulichen Anlage 1594
– des Grundstücks 1633
– eines land- oder forstwirtschaftlichen Betriebs 2461, 2470
Ertragswertanteil der holding period 1643
Ertragswertermittlung 647, 758, 958, 1453, 1700, 3014
– auf der Grundlage einer begrenzten Restnutzungsdauer 1604
– nach Runge 1692
Ertragswertobjekt 985
Ertragswertverfahren 287, 453, 568– 569, 748, 753, 951– 952, 961, 963, 965– 966, 981, 989, 1191, 1458, 1521, 1633, 1656, 1676, 1827, 1994, 2020, 2162, 2187, 2246, 2260, 2273, 2305, 2339, 2380, 2533– 2534, 2550, 2557
– auf der Grundlage dynamischer Liegenschaftszinssätze 1773
– nach BelWertV 2966
Erweiterung baulicher Anlagen 2663
Erwerbsnebenkosten 3027
Erwerbsrecht 597, 2826
Europäischer Beleihungswert 466, 3023
European Society of Chartered Surveyors (ESCS) 204
Eurostat 1860
Existing Use Value (EUV) 431, 435
Exit caprate 1638
Externe Effekte 2518, 2525
Extraktionsverfahren 428, 568, 943, 946, 970, 1411, 2274
– auf der Grundlage der Baulandproduktionskosten 1375
– bei baureifem Land 1410, 1416
– bei warteständigem Bauland 1381

F

Fachgremien 185
Fachklinik 2205
Fachplanung 2311
Fachplanungsrechtlicher Ausgleichsanspruch 2309
Fahrgerechtigkeit 2845
Fahrlässigkeit 224– 225
Fair Value 481– 482
Fakultative Wertermittlung 381
Fälligstellung des Ausgleichsbetrags 2569, 2690
Fällung von Bäumen 1358
Fehlerbetrachtung (Ertragswertverfahren) 1611
Fehlerfortpflanzung 1657
Fehlerhaftes Gutachten 880
Fehlerhaftigkeit 260
Fehlnutzung 1058
Feld- und Förderabgabe 745
Fellow of the Royal Institution of Chartered Surveyors (FRICS) 203
Ferienlager 2172
Fernmeldewesen 2318
Fernstraßengesetz 2279

Sachverzeichnis XII

Festsetzung
- des Beleihungswerts 2938
- des Maßes der baulichen Nutzung im Bebauungsplan 802
- für den sozialen Wohnungsbau 816
- von Grünflächen 707
- von Leitungsrechten 2318

Fiktive Folgenutzung 2333
Fiktiver Raummeterpreis 2379
Fiktives Alter 1869, 1876–1877
Fiktives Baujahr 1702, 1857, 1876
Fiktives Ersatzbeschaffungsprinzip 2282
Filialisierungsgrad 2111
Finanzamt 493
Finanzanlage 475
Finanzbehörde 356, 385
Finanzgericht 388
Finanzierung 1420, 1631, 2479, 2542, 3015
Finanzierungsfähigkeit 138
Finanzierungskosten 946, 1421, 1427
- für die Gesamtentwicklung 1421

Finanzinstrument 481
Finanzinvestition 478
Finanzmathematische
- Berechnung 2795
- Methode 2762, 2767

Finanzverwaltung 893
Firmenrating 3049
Firmenwert 2465, 2471
Fischereirecht 2717
Fläche 566
- der Land- oder Forstwirtschaft 624, 672, 2532
- die nach dem BauGB enteignet werden kann 785
- einer baulichen Anlage 306
- für Aufschüttungen 620
- für Sport- und Spielanlagen bzw. Sportplätze 2248
- zum Zwecke der Bebauung 685

Flächen- bzw. Raumbedarf 2250
Flächen und Volumina baulicher Anlagen 306
Flächen- und Wertumlegung 2676
Flächenabgrenzung 2335
Flächenabzug 2675–2676
Flächenbeitrag 2676
Flächenberechnungen 287
Flächeneffizienz 2052
Flächeneinheit 307, 1915
Flächenermittlung 306, 1917
Flächenerwerbsverordnung 629
Flächennutzungsplan 671, 674, 784–785, 795, 1294, 2313
Flächenpreis 1916
Flächenproduktivität 2116
- Raumleistung 2111

Flächenumlegung 2673, 2676
Flaute auf dem Grundstücksmarkt 419, 2459
Flexibilität 1734
Flora-Fauna-Habitat-Richtlinie 676, 692, 705, 713
Flucht in die Sachwerte 144

XII Sachverzeichnis

Flughafen 2323, 2325, 2328, 2335
Fluglärm 852–853
Flugplatzgelände 853
Flur 297
Flurbereinigungsrecht 467, 625
Flurstück 297, 303, 504
Folgebeseitigungsanspruch 2314
Folgebewertung 477
Folgenutzung 756, 2268
Folgeschaden 448, 2289
Förderanlage 1881
Fördermenge 753
Förderung 1483
Förderungsmittel 2641
Förderungsrichtlinien 2642
Förderungsvolumen 754
Form des Grundstücks 1312
Formelle Entwidmung 2310–2311
Formelle Planreife 688
Formelles Liegenschaftsrecht 295
Formulare für Verkehrswertgutachten 283, 291
Formularmietvertrag 1709
Forstwirtschaft 626
Forstwirtschaftlich genutzte Flächen 2378
Fortbildungspflicht 187
Freie (selbst ernannte) Sachverständige 163, 180, 345, 1458
Freie Beweiswürdigung 538
Freigelände 2079
Freihändiger Erwerb und Verkauf 2289, 2495, 2939
Freiheitsgrad 1259
Freilegung 1393, 2635
Freilegungskosten 1483, 1545, 1573, 2360, 2636, 2649, 2651
– nicht sanierungsbedingte 2636
Freiraumschutz 136
Freisitz 324, 1727
Freistellung 2576
– vom Ausgleichsbetrag 2572
Freiwillige Besitzüberlassung 2294
Freizeitbad 3036
Freizeit-Großanlagen 2228
Freizeitgrundstück 726, 729
Freizeitimmobilie 1734, 2227
Fremdkörper 690
Fremdnützige Ausweisung einer Fläche 710
Fremdnützige Nutzung 709
Friedhof 135, 2292
Frontbreite 1337
Frontlänge 1350
Frühere Fälligkeit der Ausgleichsleistung 2690
FStrG 693
Führung und Auswertung der Kaufpreissammlung 393, 398
Fungibilitätszuschlag 1650
Funktionale Werttheorie 124
Funktionalität des Grundstücksmarktes 136, 143
Funktionen des Beleihungswerts 2920
Funktionsschwäche 613, 2486, 2608

Funktionsschwächensanierung 613, 2486
Furniture, Fixtures und Equipment 2161
Fußballstadion 2261
Fußboden 2074
Fußgängerzone 2110, 2633

G
Garten- und Parkanlagen 1026
Garten- und Weinbau 181, 722
Gartenland 2379
– in den innerstädtischen Bereichen 731
Gartenlaube 727
– steuerliche Zurechnung 727
Gastronomie 2114, 2178
Gaststätte 2146, 2158, 2172
Gaststättengesetz 2150
Gebäude 587, 595
– in bester Geschäftslage 1465
Gebäude- und Freifläche 135
Gebäudeangaben 303
Gebäudebaujahrsklasse 1856, 1924, 1926
Gebäudeertragswert 1594, 1827, 2534
Gebäudefaktor 960, 1128, 1136, 1265
Gebäudemerkmale 893
Gebäudesachwert 771, 1156, 1838, 1890, 1909, 1944
Gebäudesteuernutzungswert 2933
Gebäudetypenblätter 1923
Gebäudetypensammlung 397
Gebäudewert 1652
Gebäudewertanteil 1132, 1137, 2767, 2769, 2783–2784
Gebietstypen 788
Gebrauchswert 120
– des Wohnraums 1787
Gebühren 367, 373, 501, 818, 2167
Gebührenbefreiung 371
Gebührenbescheid 374, 392
Gebührenordnung 374
Gedämpfter Bodenwert 1192, 1204
Gedämpfter Liegenschaftszinssatz 1203
Gefährdungshaftung 226
Gefahrenträchtiger Zustand 2808
Gefahrenvorbeugung 873
Geförderter Wohnungsbau 1782, 2974; siehe auch *Soziale Wohnraumförderung*
GE-Gebiet 791, 1290, 2047
Geheimhaltungspflicht 360
Gehgerechtigkeit 2845
Gehilfe des Richters 161
Geldausgleich
– für eine Minderzuteilung 2691
– für Mehrzuteilungen 2692
– für Vorteile 2692
– nach den Kosten der Schallschutzmaßnahmen 838
Geldrente 2963
Gemarkung 297
Gemeinbedarf 2264
Gemeinbedarfsfläche 620, 679, 682, 981, 1379, 1580, 1735, 2262, 2277, 2279, 2313, 2318, 2639, 2701–2702

XII Sachverzeichnis

Gemeinbedarfsgrundstück 2283
– in der Bilanzbewertung 2285
Gemeinbedarfszweck 2269, 2280, 2295
Gemeinde 707, 1859
Gemeindeeigener Bauplatz 926
Gemeindefreier Bereich 547
Gemeindegrenze 689
Gemeindeordnung 362
Gemeindlicher Auskunftsanspruch 2313
Gemeiner Wert 456
– des Steuerrechts 456
Gemeinschaftliches Eigentum 1991
Gemischt genutzte Grundstücke/Objekte 1180–1181, 1803, 1959, 1985, 1989
Gemüseanbau 725, 736
Genauigkeit
– der Verkehrswertermittlung 442
– des Vergleichswerts 1258
Genehmigung 1715, 2657, 2661–2662, 2719
– Anlage 851
– der Begründung von Wohnungs- oder Teileigentum 1992
– des Rückbaus 2662
– von Abgrabung und Herrichtung 739
Generalbebauungsplan 806
Generisches Scoring 3049
Geordnete wirtschaftliche Verhältnisse 186
Gepflogenheiten des Geschäftsverkehrs 951, 956
Geräuschvorbelastung 838
Geriatrie 2184
Gerichtlich ernannte Sachverständige 165–166, 229, 236
Gerichtsstandsklausel 252
Geringfügige Bodenwerterhöhung 2575
Geringstland 704
German Property Index 1124
Geruchsimmission 863
Gesamt- und Restnutzungsdauer 895
Gesamterbbaurecht 2730
Gesamthandseigentum 210, 392, 2715
Gesamtnutzungsdauer (GND) 897, 1604, 1869, 1875, 1923, 1946, 2076, 2080, 2226
– baulicher Anlagen 898, 905
Gesamtpersonalkosten 2159
Geschäfts-, Büro- und Verwaltungsgebäude 2048
Geschäftsbedingung 255
Geschäftsführung ohne Auftrag 237
Geschäftsgrundstück 792, 961, 1337, 1803, 1959
Geschäftshaus
– Verkehrs- und Beleihungswert 2061
Geschäftslage 1295, 2110, 2630
Geschäftsraummiete 1705
Geschäftsstelle des Gutachterausschusses 362, 547
Geschäftswert 119
Geschlossenheit 683, 690, 1336
Geschoss 1924
Geschossebenenbezogene Normalherstellungskosten 1933
Geschossfläche 307, 797
Geschossflächenpreis 1308
Geschossflächenzahl (GFZ) 797, 1294

Geschosshöhe 316, 1858, 1931
Geschosslage 2133
Geschützte
– Eigentümerposition 2825
– Landschaftsbestandteile 692, 705, 713, 1357
Gesellschaft bürgerlichen Rechts (GbR) 209–210
Gesellschaft mit beschränkter Haftung (GmbH) 211
Gesellschaftsvertrag 209
Gesetz
– über die förmliche Verpflichtung nicht beamteter Personen 173
– über die Schätzung des Kulturbodens 468
– zur sozialen Absicherung des Risikos der Pflegebedürftigkeit 2899
Gesetzgebungskompetenz 342
Gesetzgebungsmotiv 342
Gesetzliches Schuldverhältnis 228
Gespaltener Bodenwert 1578
Gesplittetes Ertragswertverfahren 1542, 1627
Gestaltungsgrün 1910
Gestaltungssatzung 1026
Gestehungskosten 970
Gestreckte Liquidation 1494
Gesunde Arbeits- und Wohnverhältnisse 898, 2535
Gesundheitsgefährdung 874
Gewährleistungsbestimmung 222
Gewässer 774, 2825
Gewerbebauland 136
Gewerbebaulandknappheit 2333
Gewerbebetriebe
– nicht störende 792, 2047
Gewerbefläche 226, 584, 701, 792–793, 961, 966, 978, 986, 1778, 1961, 2046–2047; siehe auch *Gewerberaum*
Gewerbegebiet 790, 2046
Gewerbelärm 851
Gewerbemiete
– individualvertragliche Regelung 1783
Gewerbeordnung (GewO) 164
Gewerbepark 1734, 2069
Gewerberaum 1734, 1770, 1778, 1799, 1806, 2057; siehe auch *Gewerbefläche*
Gewerberaummiete 1704, 1719
Gewerberaummietvertrag; siehe auch *Mietvertrag*
– Rechtsgrundlagen 1719
Gewerbetreibender 1913
Gewerblich genutztes Grundstück 1295, 1297, 1591, 1770, 2046, 3027; siehe auch *Gewerbefläche*, *Gewerberaum*
– Altlastengrundstück 2089
– Folgenutzung 2333
Gewerbliche Mietfläche 328
Gewerbliche Vermietung 1698, 2057
Gewöhnliche
– Baukosten 1914
– Herstellungskosten 1839, 1889, 1914, 1920
Gewöhnlicher Geschäftsverkehr 123, 407, 409, 425, 435, 921, 956, 2509, 2530, 2798
– bei Massenverkäufen 416
– von Erbbauberechtigten 412
Gezügeltes Nachhaltigkeitsprinzip 464
GI-Gebiet 791, 1290, 2047

XII Sachverzeichnis

Gleichgewichtswert 1160
Gleichwertiger Ersatz 405
Gleisanlage 1881
Gleitklausel 2740
Going concern 979
Going-concern Value 431
Golfanlage 2241
– parkartige Herstellung 2244
Grenzpegel 827
Grenzregelungsverfahren 2646
Grenzwert 754, 839, 865–866
– für elektromagnetische Felder von Mobilfunkbasisstationen 2320
Grobe Fahrlässigkeit 225
Gross External Area (GEA) 436
Gross Internal Area (GIA) 317
Gross Leasable Area (GLA) 2117
Gross Operating Profit (G.O.P.) 2174
Großflächige Einzelhandelsbetriebe 808
– und sonstige Handelsbetriebe 2102, 2135
Großgaragen 2210
Großparkhaus 2218
Grünanlagen 2703
Grund und Boden 149, 472, 584, 630, 723, 727, 784, 872–873, 1137, 1570
– Zustand und Entwicklung von 618
Grundakte 296
Grundbesitzbewertung 1504
Grundbesitzwert 1098
Grundbuch 295, 299, 685, 2709, 2800, 2876
Grundbuchbereinigungsgesetz 2858
Grundbuchbezeichnung 287
Grunddienstbarkeit 818, 2827, 2871, 2962
Grundeigene und bergfreie Bodenschätze 739–740
Grunderwerb 1393, 2245, 2316
– der Gemeinde, Sanierungs-, Entwicklungs- und Bedarfsträger 2510
– von Grundstücken mit bergfreien Bodenschätzen 413
Grunderwerbskosten 1191, 1408, 1655
Grunderwerbsnebenkosten 426, 1190
Grunderwerbsteuer 2501, 2703
– Ausgleichsbetrag 2501
– bei Rückübertragung von Grundstücken auf die Gemeinde 2502
Grundflächenzahl (GRZ) 795, 1309
Grundlage
– der Marktmiete 2883
Grundlagenvertrag 259
Grundmiete 1707–1708, 1739, 1764
Grundpfandrecht 298, 467, 597, 2913, 2940
Grundrecht 277
Grundrente 1450
Grundrentenabgabe 343
Grundrentenformel 1450, 2595
Grundrissart 1857
Grundsatz
– der Ableitung erforderlicher Daten 1085
– der Beleihungswertermittlung 2954
– der Eigentumserhaltung 2670
– der freien Honorarvereinbarung 239

– der Gutachtenerstattung 267
– der Höchstpersönlichkeit 206
– der Kompatibilität 306
– der Modellkonformität 1165, 1203, 1458–1459, 1794, 1869
– der Parallelverschiebung 2912
– der Raumordnung 2325
– der Verkehrswertermittlung 123, 579, 953, 2315
– der Wertermittlung in Umlegungsgebieten 2685
– der Wertermittlung von Erbbaurechten 2767
– der Wohn- und Nutzflächenermittlung 318
– des Ertragswertverfahrens 1656
– einer ordnungsgemäßen Bewirtschaftung 1765
– von Treu und Glauben 252
– zur Neubewertung von Vermögensgegenständen 472
Grundsatzregelung der Bodenwertermittlung bebauter Grundstücke 1446
Grundschuld 597, 2788, 2963
– der Bank 2907
Grundsteuer 1590, 1781, 2363
Grundsteuererlass 1051
Grundstücksbegriff 582, 968
Grundstücksgleiche Rechte 593, 2717, 2727
Grundstücksgröße, -tiefe und -gestalt 631, 633, 651, 688, 1137, 1312, 1316, 1573
– im ländlichen Raum 137
– von Einfamilienhäusern 137
Grundstücksgröße, -tiefe und -zuschnitt 1322, 1335
Grundstückskategorie 1117
Grundstücksmarkt 125, 343, 393, 412, 486, 603, 956, 1114, 2645
– für bebaute Objekte 1118
– mit freier Preisbildung 123, 408
– nach Immobilientypologie 1959
Grundstücksmarktbericht 401, 551
– des Landes 537
Grundstücksmerkmal 780, 1243, 1281, 2106
Grundstücksmitteilung 1251
Grundstücksqualität 2523
Grundstücksrecht 593, 2709
Grundstücksreinertrag 1665, 2168
Grundstückssachverständiger 269, 497
Grundstückstauschverfahren 2670
Grundstücksteil 582
Grundstückstiefe 1316, 1330
Grundstückstransaktionskosten 426, 946, 1159, 1190, 1639, 1655, 1662
Grundstücksveräußerung 890, 926, 2269
– des Bundes 889
Grundstücksverkehr 661, 694, 2550
– mit land- oder forstwirtschaftlichen Grund 484
Grundstücksverkehrsausschuss 725
Grundstückswert 253, 359, 384, 578, 651, 711, 862, 2502, 2589
– im Zwangsversteigerungsverfahren 120
Grundstückszuschnitt 1312
Grundstückszustand 606, 608, 2513, 2524, 2551
Gründungskosten 1341
Gründungsmaßnahme 1342
Grundwasser 2825
Grundwertakte 397
Grünfläche 710

XII Sachverzeichnis

Grünland 634
Grünlandgrundzahl 635
Grünlandzahl 635, 642
Gruppengutachten 380
Gutachten 168, 351, 379, 538, 582, 770, 869, 880, 2512
– Abnahme des 238
– Abschrift des 381
– Aufbau und Gestaltung schriftlicher 283
– der Gutachterausschüsse 276, 391
– des Oberen Gutachterausschusses 538
– eines anderen gerichtlichen Sachverständigen 274
– Erläuterung des 173
– Erstattung eines 218, 268, 366, 388
– Formerfordernis 2927
– freier Sachverständiger 230
– mangelhaftes 220
– missbräuchliche Verwendung eines 267
– Mitteilung eines 392
– offenbar unbillig oder offenbar unrichtig 232
– öffentlich bestellter Vermessungsingenieur 182
– Rang und Autorität 381
– über andere Vermögensnachteile 392
– über die Höhe der Entschädigung für andere Vermögen 382
– über die ortsüblichen Nutzungsentgelte 390
– über Miet- und Pachtwerte 389
– über Wohnungs- und Teileigentum 299
– unwesentlicher Mangel 238
– Vorschuss auf die Vergütung 238
Gutachtenerstattungspflicht 187
Gutachtenvertrag 259
Gutachtenverweigerungsrecht 187
Gutachter 206, 356, 442, 492, 880, 955, 2563
– Abberufung 360
– Ausschluss 365
– Befangenheit 364
– Bestellung 358
– der Pfandbriefbanken 2930
– für eine Wohnungsbau- oder Sanierungsgesellschaft 500
– im Rating-Prozess 3063
– Qualifikation des 2931
– Qualitätssicherung durch die 3023
Gutachterausschuss für Grundstückswerte 341, 350, 372, 374, 439, 488, 492, 505, 521, 547, 578, 725, 1083–1085, 1120, 1157, 1191, 1281, 1599, 2314
– Amtshilfe 366, 505, 521
– Aufgaben 376
– Auskunftsverlangen 522
– Befugnisse 517–518
– bei Kleinstgemeinden 355
– Besetzung 356
– Bildung und Tätigwerden 546
– Entschädigung der Mitglieder 553
– Gebühren 367
– Geschäftsstelle 362, 513
– Haftung 366
– Pflichten 386, 521
– Repräsentant 356

– selbstständiger 547
– Selbstständigkeit 1098
– unabhängiger 547
– Unabhängigkeit 352
– Veröffentlichungspflicht 546
– Zusammensetzung 356
Gutachterausschussverordnung 348, 548
– der Länder 361, 2592
– der Landesregierungen 401
Gutachterausschusswesen 341
Gutachterliche
– Äußerung 379
– Stellungnahme 254
Gute Adresse 1362
Gütergemeinschaft 2453
Güterstand 2456
Gütertrennung 2453
Gutshaus 2376

H

Habenzinsen 1665
Hafen 778
Haftung 763
– aus unerlaubter Handlung 232
– aus zivilrechtlichem Vertrag 231
– der vom Gericht bestellten Sachverständigen 231
– des Auftraggebers 238
– des Gutachterausschusses 366
– des Gutachters 880
– für den Zustand des Mietobjekts 1722
– gegenüber Dritten (Drittwirkung) 228
– gegenüber privaten Auftraggebern 223
– im Zwangsversteigerungsverfahren 233
– nach § 826 BGB 233
– von Sachverständigen 236
– von Schiedsgutachtern 232
Haftungsausschluss 233
Haftungsbegrenzung 233, 252, 267
Haftungsgrundsatz 267
Haftungspflicht 187
Hagedorn-Verfahren 2626
Hallenhöhe von Tennishallen 2250
Handels- und Steuerbilanz 118
Handelsimmobilien 1734, 2103; siehe auch *Gewerberaum, Gewerbefläche*
Handelsrechtliche Eröffnungsbilanz 472
Handwerksbetriebe 701
– nicht störende 792, 2047
Harmonisierung der Wertermittlungsverfahren 949
Härteausgleich 2499
Hauptnutzfläche (HNF) 1023
Hausanlage 1990
Hedonisches Modell 1284
Heilquellengebiet 695, 715
Heimfall 2787
Heizkostenverordnung 1780
Herabzonung auf den jetzigen Eigentümer 2307
Herrschendes Grundstück 594, 818, 2710

XII Sachverzeichnis

Herstellung der Erschließungsanlage 1393
Herstellungskosten 1833, 1874, 1889, 1912, 1944, 2244, 2250, 2342, 2999
– der baulichen Anlagen 1829
– der besonderen Betriebseinrichtungen 1907
– für Außenanlagen 1931
– gewöhnliche 1912
– Tennisplatz 2250
– von Gebäuden 1838, 1909, 1912
– zum Wertermittlungsstichtag 1799
Hilfskraft 282
Hinreichend übereinstimmende Zustandsmerkmale 1242
Hinterland 1317, 1319
Historisches Beschaffungswertprinzip 2281
Hochindizieren von Vergleichspreisen 2512
Hochregallager 2084
Hochsee- und Küstenfischerei 181
Hochspannungsleitung 865
Höchster Bodenwert 2626
Höchstpersönlichkeitsgrundsatz 282, 291
Höchstsatz 240
Hofanschlussfläche 663, 668
– Sonderwert 669
– Wegekostenvorteil 669
Höfewert 484
Hofflächen im Innenbereich 664
Hofnahe und -ferne Fläche 663, 668
Hofnähezuschlag 668
Hofstelle 663
Hoheitliche Tätigkeit 351, 374, 500, 2318
Höherlegung einer Straße 823
Höherwertige Nutzung 813
Hohlräume 312
Holzbestand 652, 654
Holzrahmenbinderbauweise 2249
Honorarordnung für Architekten und Ingenieure HOAI 239
Hotel 1735, 2145, 2179
Hotelbetriebsumsatz 2153
Hyp Zert 200
Hypoport-Hauspreisindex (HPX) 1124
Hypothek 597, 2914
Hypothekarkredit 1184
Hypothekenbank 758
Hypothekenschulden 2788
– ruhende 2788
Hypothekenzins 150, 1186, 1405
Hypothetische Weiterentwicklung 863

I

IAS, 476, 482– 483; siehe *International Accounting Standards*
IAS-Verordnung 474
IDW-Prüfhinweise PH 9.522.1 3047
IFRS 474; siehe *International Financal Reporting Standards*
Im Zusammenhang bebaute Ortsteile 808
Immissionen 826, 834, 839, 841
Immissionsrichtwert 827– 828
Immissionsschutzgrenzwert 2309
Immobilengeschäftsrating 2925, 3053, 3058

Sachverzeichnis XII

Immobilien-Due-Dilgence 271
Immobiliengeschäftsrating 3048, 3056
Immobilienkennziffern 2111
Immobilienleasing 1705
Immobilienvermögen in Deutschland 125
ImmoWertV 418, 577
– Anwendungsbereich 578
Indexreihen 1114
Indexverfahren 2998
Indexzone 1117, 1119
Indikator 1809
Indirekte Subventionen 1175
Industrie- und Handelskammer 184, 248, 1746
Industriegrundstück 790, 978, 980, 1734, 1921, 2046, 2939, 2975
Inflationäre Entwicklung 150, 1599
Inflationsabschlag 1639, 1646, 1650
Informationelles Selbstbestimmungsrecht 489
Informationsfunktion 140
Infrastrukturelle Aufschließungskosten 1392
Infrastrukturkostenbeitrag 1398
Infrastrukturmaßnahme 926, 2314
Ingenieurkammer 183
Inklusivmiete 1740
Inkompatibilitätsbestimmung 359
Innenbereich 688, 2271
Innengeräuschpegel nach VDI 2719 829
Innenstadtlage 1309, 1433, 1471
Innerer Wert 408, 455
Innerlandwirtschaftlicher Verkehrswert 2531
Inspektion 761, 1786
Instandhaltung 1785, 2167, 2833
– Umlegung 1720
Instandhaltungskosten 1225, 1593, 1785, 2022, 2375, 2980
– Bandbreiten 2981
– im Wohnungsbau bezogen auf Herstellungskosten 1798
– Pauschale 1225, 1799
Instandhaltungsrückstau 994, 2981
Instandhaltungsrückstellung 2022
Instandsetzung 1786, 1827, 2273, 2609
Instandsetzungsrückstau 987
Interessenskollision 354
Interessensneutralität 353
Internal-Rate-of-Return-Methode 1628, 1632
International Accounting Standards 476, 896, 950, 1868; siehe *IAS*
International Financial Reporting Standards 481
International Valuation Standards Committee (IVSC) 425
Internationale Bewertungsstandards (IFRS/IAS) 474, 947
Internationale Hotellerie 2147
Internationale Rechnungslegung und Bilanzierung 118, 429, 438, 950, 2924
Interne Zinsfuß-Methode (I.-R.-R.-Methode) 1628, 1632, 2529
Interpolationsverfahren 2626
Interqualitativer Preisvergleich 1125, 1239, 1246, 1253–1254, 1442
Intertemporärer Abgleich 1442
Investitionsentscheidung 946, 970, 1430
Investitionskosten 1379, 2189, 2974
Investitionsorientiertes Prognoseverfahren 950

XII Sachverzeichnis

Investitionspauschalenrechnung 2195
Investitionsrechnungen 1406, 1416, 1633
Investment Value 431
Investmentgesetz 468
Investorenmethode 971
IRB-Ansatz 3051
IRPA-Grenzwerte zum Schutz der Bevölkerung 866
Irreführende Aussagen 268
Ist-Zuteilung 2682
IVD-Immobilienpreisspiegel 1739

J

Jagd- und Fischereirecht 576, 593, 597, 2717, 2911
JagdH 576
Jagdwertminderung 2912
Jahresabschlüsse wirtschaftlicher Unternehmen 204
Jahresförderungsvolumen 754
Jedermanns-Prinzip 412, 415

K

KAG-Beiträge 1349
Kalkulationszinssatz 1630, 2247
Kalkulatorische Bodenwertermittlung 943
Kapitalgesellschaft 472
Kapitalisierung 757, 1813
– der Mindereinnahmen 869, 2864
– der Reinerträge (§ 12 BelWertV) 2986
– des Mehrertrags 1036
– nachhaltiger Pachteinnahmen und Nutzungsentgelte 778
– von Leibrenten 937
Kapitalisierungsfaktor 647
Kapitalisierungszinssatz 1038, 1171, 1645, 2167, 3024, 3026
– nach § 11 Abs. 3 BelWertV 2987
Kapitalmarkt 1184
Kapitalmarkttheoretischer Zinssatz 1645
Kapitalmarktzins 757, 2728
Kapitalmarktzinssatz 1087
Kapitalwert 2962
Kapitalwertmethode 1627, 1629
Kappungsgrenze 1029, 1718, 2481
Kappungsgrenze der Verjährungsfrist 237
Kasernengelände 2270
Katasteramt 305
Katasterbezeichnungen 287
Katasterbuchwerk 302
Kaufhaus 2101, 2135
Kaufkraft 138
Kaufkraftabschöpfung 2111
Kaufkraftindex 2112
Kaufkraftkennziffer 2111–2113
Kaufkraftpotenzial 2111
Kaufkraftschwund 2454, 2456
Kaufkraftvolumen 2113
Kaufpreis 124, 139, 408, 709, 726, 922, 1119, 2289, 2648
– als Barzahlung 928
– aus zurückliegender Zeit 1243
– gleichartiger Grundstücke 1132

Sachverzeichnis XII

– reparaturstaufreier Grundstücke 1193
– unbebauter Grundstücke 1119, 1449
– von Grundstücken in anderen Lagen 1246
Kaufpreise von Investments 1552
Kaufpreiskarte 395
Kaufpreiskartei(-datei) 396
Kaufpreisliste 397
Kaufpreissammlung 395, 486
Kaufpreissammlung der Gutachterausschüsse 393, 397, 485, 489, 492, 548, 923
– Auskunft 495, 504
– Auswertung 519
– Einsicht 491–492
– Führung und Auswertung 519
– kartenmäßiger Nachweis 394
– Zugang zu den Daten 489, 506
Kaufpreisvereinbarung 410
Kaufwertestatistik 142, 1122
– der Statistischen Landesämter 1255
Kaufzwangklausel 2795–2796
Kellergeschoss 322, 334, 1858, 1933
Kellerlichtschacht 1881
Kenngröße
– der städtebaulichen Maßnahmen 2611, 2613
– der städtebaulichen Missstände 2610
Kennzahl 2234, 2238, 2252
Kennzeichnung im Bauleitplan 873–874
Kennziffern für den Standort 2111
Kiesboden 739, 759
Kiesgrube 2085
Kippgebühren 756
Kirche 1920, 2337–2338, 2347
Klarheitsgebot 274
Klassenabschnittsfläche 636
Klassenfläche 636
Klassifikationsrahmen für städtebauliche Missstände 2610
Klassifizierung
– des Entwicklungszustands 618, 1335
– eines Grundstücks 622
Kleindarlehnsbereich 3004, 3015, 3017–3018
Kleine Instandhaltung 1698, 1789
Kleines Hausgrundstück 372, 386
Kleingartenanlage 579, 690, 722–723, 726, 728, 730
– in den neuen Bundesländern 727
Kleinräumige Lagemerkmale 1368
Kleinstbetrieb 2172
Klimastufen 641
Klimatisierung 2058
– von Gebäuden 2050
– von Tennishallen 2250
Klinik 2181
Kombinationsverfahren 943, 969
Kombinierte Wert-Kostenlösung 2481
Kommunalabgabenrecht (KAG) 1349
Kommunale städtebauliche Entwicklungsmaßnahmen 2492
Kompetenzeinhaltungsgebot 268
Kompetenzzertifikat 196–197

XII Sachverzeichnis

Komponentenverfahren 2551, 2591, 2606
Konjunkturelle Einflüsse 464, 856, 1640, 1861–1862, 1927, 2324, 2564, 2586
Konkurrenzsituation 971, 1722, 2870
Konkursverfahren 927
Konsistenz eines Mietwertgutachtens 1748
Konstruktions-Grundfläche (KGF) 310
Konstruktions-Rauminhalt (KRI) 336
Kontamination 890
Kontrollwert 1831
Konvergenzintervall 445
Konversionsfläche 269, 2266
Konzentrationsgebot 267
Kopf- und Mittelhaus 1923
Körperschaftsteuer-Erklärung 374
Korrekturfaktor 1175, 1865
– für den Regionaleinfluss 1858, 1927
– ortsspezifischer 1863
– regionalspezifischer 1863
Korrekturfaktor A 1859
Korrekturfaktor B 1860
Korrekturfaktor C 1857, 1928
Korrekturfaktor D 1858, 1928
Korrespondierender Bodenwert 1577, 1735
Kosten 373, 2161
– der Altlastensanierung 885
– der Architekten- und Ingenieurleistungen 1846
– der Ausstattung 2161
– der Bewirtschaftung 1696
– der Erhebung des Ausgleichsbetrags 2573
– der Ermittlung der sanierungs- bzw. entwicklungsbedingten Bodenwerterhöhung 2574
– der kleinen Instandhaltung 1795
– der nichtsanierungsbedingten Freilegung eines Grundstücks 2651
– der Sanierungsmaßnahme 890, 2483, 2581
– der Schallschutzmaßnahme 838
– der Wiederinwertsetzung 881
– des Entwicklungsträgers (Investors) 1408
– des Grunderwerbs 1393
– des Grunderwerbs für die Erschließungsflächen 1395
– des Rückbaus 2265
– einer Rechtsverfolgung 1802
– für Baumaßnahmen 2366
– für Schönheitsreparaturen 1593
– von erforderlichen Infrastrukturmaßnahmen 2314
– zur Herrichtung eines unbebauten Grundstücks 2992
Kosten und Wert 1430
Kostenanlastungsprinzip 876
Kostenerstattungsanspruch 240
Kostenerstattungsbetrag 709, 1356, 2590
Kostenerstattungsbetragsbescheid 707
Kostenerstattungsbetragsfreier Grundstückszustand 1356, 2545, 2589
Kostenerstattungsbetragspflichtiger Grundstückswert 1356
Kostenkennwerte 1017
Kostenmiete 1707
Kosten-Nutzen-Analyse 1418
Kostenordnung (KostO) 928, 1280
Kostenrecht 119, 2715

Sachverzeichnis XII

Kostenunterwälzungsmodell 1388
Kraftwerke 2941
Kran 1881
Kredit 2800
Kreditausfall 3049
Kreditbesicherung durch Grundeigentum 2936
Kreditgeschäft
– unilaterales 3017
Kreditgewerbe 1841
Kreditinstitut 467, 2800
Kreditlaufzeit eines Realkredits 2972
Kreditrating 3055
Kreditsicherheit 761
Kreditwesengesetz (KWG) 468
Kreditwirtschaftliche Immobilienwertermittlung 2917, 2919
Kriegsfolgelasten 889
Krisenmieten 2970
Krisensichere Sachanlage 965
Kritischer Zinssatz 1630
Kubikmeterpreis 1931
Kühlanlage 1881, 2079, 2084
Kulturdenkmal 2348
Kulturfläche 468, 629, 654
Künftige
– Bahnfläche 2316
– Flughafenfläche 2324
– Grenzen 2324
– Nutzbarkeit 2273, 2313
Künftiger Gemeinbedarf 2288
Künftiger Grundstückszustand 435
Künftiges Straßenland 2297
Kunstgegenstände 593
Kurzfristige Preisausschläge 420
Kurzgutachten 379, 3019
Küstenfischerei 181

L

Ladenfläche 1734, 2101–2102, 2128, 2130; siehe auch *Gewerberfläche*
Ladenfrontbreite 1337
Ladenmieten in Untergeschossen 2133
Ladenräume
– Mietrichtwertkarten 2124
Ladentiefe 2130
Lage 275, 698, 820, 1180, 1732, 1748, 2018, 2103, 2224
– auf dem Baumarkt 1163
– auf dem Grundstücksmarkt 604, 905, 951, 989, 1085, 1143, 1158, 1241, 1263, 1825, 2341, 2790
– der Wegerechtsfläche 2846
– der Wohnung innerhalb des Hauses 1734
– *eines Tankstellengrundstücks* 2224
– großräumige 1360
– von Handelsimmobilien 2103
Lagekategorie 2628
Lageklassenverfahren 1361, 1460
Lagemerkmale 630–631, 820, 1359, 1732, 1734, 2054, 2073, 2224, 2231, 2629
– des Wertermittlungsobjektes 1360

XII Sachverzeichnis

– des Wertermittlungsobjekts und der Vergleichsgrundstücke 821
– im industriell-produzierenden Bereich 2070
Lager- und Logistikimmobilie 1734, 1921, 2072, 2082
– Folgenutzungen 2075
– Mietniveau 2079
Lagerhalle 2075
Lagetypische
– Bodenrichtwertkarte 1104
– Nutzung 425, 812, 1277, 1295, 1573
Lageverbesserung 2595
Lageverhältnis 822
Lagevorteile 2307
Lagewertverfahren 2593
Land- oder forstwirtschaflicher Betrieb
– steuerliche Bewertung 594, 683, 729, 770, 779, 852, 857
Land- oder forstwirtschaftlich genutzte Grundstücke 181, 566, 625, 629, 660, 662, 1330, 1336, 1374, 2289, 2533, 2969, 3014
Landbeschaffungsgesetz 609
Landebahn 2325
Landesrecht 2726
Landessiegel 350
Landgüter 2469
LandR 576, 629
Landschafts- oder Naturschutzgebiete 692, 705, 711– 712, 786
Landschaftsbestandteile 692, 705, 713
– geschützte 1357
Landschaftsschaden 738
Landwirtschaftlich nutzbare Flächen 634
Landwirtschaftliche Gebäude 1737, 1778, 1784, 1799, 1809, 1929, 2061
– Entprivilegierung 700
Landwirtschaftsanpassungsgesetz 468
Langfristige Miet- und Pachtverträge 1803, 2521
Lärm 826, 830, 851, 861
Lärmschutz 705, 722, 835, 853, 1942, 2325
Lästigkeitsfaktor 833
Laube 1920
Laubengang 807
Laufzeit
– des Erbbaurecht 3012
– des Kredits 2941
– von Bierlieferungsverträgen 2871
– von Erbbaurecht 2731
Leasingobjekte 2976
Lebenserwartung 930
Lebenshaltungskostenindex 1643, 2744
Leerstand 1025, 1592– 1593, 1784, 1880, 2976, 2982
– fluktuationsbedingt, 1047
– funktionaler 1047
– struktureller 1047
Leibrente 930
– unabhängige 933
Leibrentenfaktor 935
Leistungsvorbehalt 2741
Leitungsdurchschneidungen 1337
Leitungsrecht 595, 2318, 2804, 2857
Lichtwerbeanlage 1061

Liegenschaft 1184
Liegenschafts- und Kapitalmarktzinssatz 1087, 1141, 1170, 1184, 1405, 1415, 1597, 1599–1600, 1634, 1655–1656, 1700, 1774, 2023, 2080, 2140, 2167–2168, 2226, 2234, 2712, 2837, 2887
- als Diskontierungszinssatz 1403
- nach WertV 1169
Liegenschaftskataster 295, 297, 302
Liegenschaftsrecht 295
Liegenschaftszins 2966
Liegenschaftszinssatz 987, 1144
Liegenschaftszinssatzermittlung 1197
Lineare
- Abschreibung 3003
- Alterswertminderung 1871
- Einfachregression 1285–1286
Liquidation 1597
Liquidationsfall 967
Liquidationsobjekt 1048, 1480
Liquidationswert 945, 2323, 2663
- als Mindestwert 2275
Liquidationswertverfahren 879, 967
- Sachwertverfahren 1490
Liquidationszufuhr 977
Locus-Prinzip 300
Loggia 323, 1727, 2816
Logistikimmobilie 2071, 3044
- Verkehrs- und Beleihungswert 2080
Logisumsatz 2155
Löschung eines Wohnungsrechts 2876
Luftgeschosse 799
Luftverkehrsgesetz (LuftVG) 2323
Luxusmeile 2110

M
Magnetische Felder 865
Maklerformel 1135
Maklermethode 1551
Makrolage 821, 2103, 3038
Management-Immobilien 2144, 2941
Mangel 227, 1692
Mangelfolgeschaden 228
Manöverlärm 862
Markenhotels 2149
Market Rent 431
Market Value 433, 482
Markt- und Objektrating 3054
Marktanalyse 2107, 2232
Marktanpassung 985, 987, 1143, 1828, 1868, 2341
- im Ertragswertverfahren 989
- Marktanpassungsabschlag 990, 1148, 1415, 1426, 1834, 1891
- Marktanpassungszuschlag 1148, 1834
- Sachwertverfahren 1901
Marktanpassungsfaktor 1087, 1147, 1166, 3001
Marktbedingungen am Bilanzstichtag 478
Marktlage 985
- Markteinschätzung 268
- Marktentwicklung 2229
- Marktfähigkeit 3027

XII Sachverzeichnis

– Marktgepflogenheiten 1316
– marktkonforme Ableitung 1085
– marktkonforme Liegenschaftszinssätze 989
Marktmiete 1678, 1712
Marktüblich erzielbare Erträge 1701, 2020
Marktübliche
– Bewirtschaftungskosten 1765, 1768, 2020
– Vergleichsmiete 2020
Marktwert 122, 405, 463, 466, 477, 557, 579, 1903, 2531
– der IAS 432
– eines gewerblich genutzten Grundstücks 2934
– marktüblicher Liegenschaftszinssatz 1621
– Marktwertermittlung 405, 438, 1635, 1657
– Marktwertverfahren 1656
– nach § 194 BauGB 3047
– nach EU-Recht 432
Marriage value 414
Maschinen und Betriebseinrichtungen 1831
Maß der baulichen Nutzung 794, 810, 1125, 1294, 1392, 1433, 2629
Massenberechnung 287
Massenbewertung 972
Materielle Planreife 688
Mehreinnahmen aus der Übervermietung 1037
Mehrfamilienhäuser 1849, 1924
– Mehrfamilien-Wohnhaus (Sach- und Ertragswertverfahren) 1976
– Mehrfamilien-Wohnhaus (Sachwertverfahren) 1983
– mit Gewerbeeinheiten 1986
Mehrfamilien-Wohnhäuser 1857
Mehrperiodisches Ertragswertverfahren 1674
Mehrphasiges Ertragswertverfahren 1537
Mehrwertsteuer 1698, 1721, 1764, 1913, 2972
Mehrzuteilung 2686, 2704
Member of the Appraisal Institute (MAI) 201
Merkantiler Minderwert 448, 452, 770, 2870, 3006
Merkantiles Bauland 619
Methode Koch 1897
Miet- bzw. Pachtverträge 928, 1780, 2844
Mietanpassung bei Index- oder Staffelmietverträgen 1714
Mietausfall 1802, 2981
Mietausfallwagnis 1593
Miete 1706, 1721, 2124, 2139, 2535, 2844, 3024
– für frei finanzierte Wohnungen 1713
– Mietausfallwagnis 1038, 1225, 1767, 1801, 2376, 2976, 2979, 2981
– Mietbeginn und Mietdauer 1721
– Mietbegriff 1747
– Mietdatenbank 1750
– Mieteinnahmen 862
– Mieten pro Quadratmeter Wohnfläche 1727
Mietenmultiplikator 1552
Mieterbonität 1806
Mieterdarlehen 2963
Mieterhöhung 1707, 1709, 1712
– aufgrund baulicher Maßnahmen 2596
– Mieterhöhungsverlangen 1709, 1737, 1739, 1747
– nach Durchführung von Modernisierungsmaßnahmen 1713
– wegen Änderung der Darlehenszinsen 1714

Mieterscoring 1809
Mietertrag 478
Mietfläche
– für gewerbliche Flächen (gif) 328
– von Gewerberäumen 1734, 2057
Mietflächenermittlungsmethode 329
Mietgarantie 1054
Mietgutachten 226
Mietkategorie 2970
Mietkürzungen 1802
Mietnebenkosten 1708
Mietobergrenzen 2546, 2605, 2664
Mietpreisbindung 2874
Mietpreise 2077
Mietpreisgestaltung 1707, 1721
– mietpreisbestimmende Merkmale 1723, 1734, 2128
– Mietpreisüberhöhung 1701
– Mietrechtliche Bindungen 1025
– Vereinbarungen über Verwaltungskosten 1778
Mietsäulenverfahren 1309
Mietsicherheiten 1721
Mietspiegel 321, 1737, 1742, 2596
– vergleichbarer Nachbargemeinden 1739
Mietspiegelmethode 2597, 2604
Mietverhältnis 263, 382, 478
Mietvertrag 1698, 1715, 2521
– für Gewerbeimmobilien 1721, 1728
– Mietvertragsdauer 2077
Mietvorauszahlung 2963
Mietwert 383, 2164, 2885
Mietwerterhöhung 1175, 2595, 2597
Mietwertgutachten 1746
– Beispiel 1756
Mietwertminderung 1599
Mietwohngrundstück 964
Mietwohnungen 961, 1776
Mietwohnungsbau 1293
Mietzahlungsfähigkeit 2119
Mikrobereich 2106, 2231
Mikrolage 821, 2106
Milieuschutzsatzung 2657, 2663
Militärfläche 698, 810, 2266–2267, 2269–2272
Militärische Nutzung
– Aufgabe 809
Minderbemittelte Bevölkerungskreise 2788
Mindereinnahmen
– aus einer Untervermietung 1037
Minderung
– des Ausfallrisikos des Realkredits 2955
– des Endwerts 1516
– des Ergebnisses um die Grundstückstransaktionskosten 1662
– des Nutzungsentgelts 869
– des Verkehrswerts 449, 695, 770, 2663
– wegen merkantilen Minderwerts 449
Minderwertregelung 767
Minderzuteilung 2686, 2704

XII Sachverzeichnis

Mindestanforderungen an Wohnungen 319
Mindestansätze für Bewirtschaftungskosten/Kapitalisierungszinsen 3024
Mindestentschädigung 2532
Mindestfläche 868, 1318, 2244
– für Antennenträgergrundstücke 2318
Mindestkapitalisierungszinssatz 2990
Mindestpacht 760
Mindeststundensatz 357
Mindestwert 892, 1504, 2329
Mineralienvorkommen 754, 764
Mischungsverhältnis 1749
Mischverfahren 2176
Missverhältnis
– zwischen der Miete und der Leistung des Vermieters 1717
– zwischen Leistung und Gegenleistung 484, 2750
Missverhältnis zwischen Boden und Gebäude 1536
Missverstandenes Eigennutzprinzip 966, 1823
Missverstandenes Stichtagsprinzip 418
Missverständliche Aussagen 268
Miteigentum 2570
– am Grundstück 392, 584
– Miteigentumsanteile 1995
– nach Bruchteilen 2715
Mitgliedschaft
– im Gutachterausschuss für Grundstückswerte 186
– in einem Berufsverband 163
Mittelbarer Preisvergleich 960, 1236
Mittelwert 2934
Mittelwertmethode 986
Mittlere Wohnlage 1363
Mobilfunksendeantenne 867
Mobilfunkstation 1063
Mobiliaranteil 2170
Möblierungszuschlag 1697, 1732
Modellkonformität 1203
– bei der Ableitung und Anwendung des Liegenschaftszinssatzes 1204
Modellkorrekturfaktor 1145
Modernisierung 1878
– der baulichen Anlage 1639
– einer Erschließungsanlage 2498
– Modernisierungsarbeiten 1787
– Modernisierungsbedarf 1800, 2982
– Modernisierungsgrad 906
– Modernisierungskosten 1654, 1827
– Modernisierungsrisiko 905, 1594, 1763
Modernisierungs- und Revitalisierungsrisiko 1589, 1799–1801, 2980, 2982
Modernisierungsmaßnahme 1713, 1875, 1946, 2609
– im Geltungsbereich einer Milieuschutzsatzung 2664
Modifizierter Verkehrswert 435, 2496
Molkereien 2939
Monatsindizes 2745
Monte-Carlo-Verfahren 971
Moorböden 638
Mosaikmethode 945, 1314, 2270
– Vorder- und Hinterland 1317
Multifaktorenanalyse 961, 2556, 2580, 2616

Sachverzeichnis XII

Multiplexkino 2236
Münchner Verfahren 3008
Mündliche oder schriftliche Auskünfte 517–518
Museum 2366
Musterstück 302, 634

N

N.-P.-V.-Methode 1628
Nach bestem Wissen und Gewissen 255, 270, 367
Nachbarerbbaurecht 2730
Nachbarrechtsbeschränkung 2807
Nachbarschaftslage 1366, 2523, 2818
Nachbarschaftsstimmigkeit 2592
– der Werte 2594
Nachbarwand 2818
Nacherbenvermerk 2962
Nachfragepotenzial 2111
Nachhaltig erzielbare
– Erträge 1701
– Pachterlöse 1621
– Pachterträge 2168
Nachhaltigkeit
– des Mietansatzes 2973
– von Baulandentwicklungen 3005
Nachhaltigkeitsprinzip 464, 2190
Nachlasswert 2466
Nachnutzung der Immobilie 2939
Nachschüssigkeit
– Barwertfaktor 1817
Nachweis
– der besonderen Sachkunde 184
– der Kaufpreissammlung 396
– des berechtigten Interesses 301
Nachzahlungsklausel 2269
Naherholungsfunktion 652
Nationale Akkreditierungsstellen 194
Nationale Bewertungsstandards 472
Nationalpark 692, 705, 711
Natura 2000 676, 713
Naturdenkmal 713
Naturpark 692, 705, 712
Naturschutzgebiet 692, 705, 711
Naturschutzrechtliche
– Ausgleichsfläche 706, 1407
– Ausgleichsmaßnahmen 1389
– Ausgleichsregelung 1378, 2588, 2683, 2698, 2700
– Ausgleichszahlung 1355
Nebenanlage 332
Nebenberuflich tätige Sachverständige 162
Nebenkosten 1387, 1408, 1779, 2140
Nebennutzfläche (NNF) 1023
Nebenpflichten 208, 236
– des Sachverständigen 220
Nebenraum 322
Negative Bodenwerte 878
Negativwert 2360
Net internal area (NIA) 436

XII Sachverzeichnis

Net Operating Profit N.O.P 2174
Nettoanfangsrendite 428
Nettobaulandfläche 1394
Netto-Grundfläche (NGF) 309, 316
Nettokaltmiete 1038, 1584, 1698, 1707– 1708, 1764, 1780, 2970
– von Altenwohnungen (Seniorenwohnungen) 2187
Netto-Present-Value-Methode 1628
Netto-Rauminhalt (NRI) 335
Nettorohbauland 677
Neu für alt 2283
Neubaukosten 1912, 2275
– Neubaumiete 2078
– Neubauwert 1838, 1874, 1922
Neuerschließungsumlegungen 2671
Neuordnung 2547
– des Entwicklungsbereichs 2585
– des Sanierungsgebiets 2585
Neuordnungsumlegung 2671
– in bebauten Gebieten 2698
Neuordnungswert 2513, 2539, 2552
– im förmlich festgelegten Sanierungsgebiet 2540
– im städtebaulichen Entwicklungsbereich 2541
– Neuordnungsgrundstück 2590
Neuordnungszustand 2550, 2586
– des Veranstaltungsgebiets 2538
NHK 2005 1843, 1921
Nicht bauliche Anlagen 1910
Nicht behebbare
– Baumängel 903
– Bergschäden 766
Nichtigkeit des Bebauungsplans 872, 874
Nichtsanierungsbedingte Freilegungskosten 2650
Nichtsteuerliche Abgaben 818, 1343
Niederlassungspflicht 175, 188
Niedersachsen-Verfahren 2609
Niederstwertprinzip 2468
Niedrigenergiehaus 894
Nießbrauch 595, 936, 1175, 2832
– reinertragsorientierter 1175
Noise Sensitivity Depreciation Index NSDI 856
Normalherstellungskosten 1841, 1855, 1912
Normalherstellungskosten (NHK 2000) 333, 820, 1153, 1839, 1841, 1849, 1919– 1921, 1943, 2379
– aus dem Jahre 1913 333
– für Lauben und Wochenendhäuser 730
– für Objekte mit Dachgeschoss 335
– geschossebenenbezogen 1933
– mit Regional- und Ortsgrößenfaktor 1858
– stichtagsbezogene, alterswertgeminderte und verkehrswertorientierte 1139
Normatives Dokument 196
Notar 390
Notifizierung 195
Notverkauf 430
Notweg 2818
Notwegerecht 2807, 2845
Nullwert 2702

Sachverzeichnis XII

Nutzbarer Dachraum/Spitzboden 316
Nutzbarkeit des Grundstücks 2587
NutzEV 497, 579
Nutzfläche (NF) 310
– nach DIN 277 318
Nutzflächenfaktor 329, 1023
Nutzgarten 1910
Nutzung 775
– atypische 1058
– des Nießbrauchs 2833
– für öffentliche Zwecke 2907
Nutzungsänderung 607, 680, 706, 2518, 2657
– baulicher Anlagen 2664
Nutzungsart 135, 303, 629, 642
Nutzungsbeschränkung 2961
Nutzungsbezogenes Risiko 3007
Nutzungsdauer 1869
– mutmaßliche 1651
– Verkürzung 1877
Nutzungsentgelt 868
– für Hafenflächen 778
– Nutzungsentgeltverordnung 729
Nutzungsfähigkeit 2605
– des Grund und Bodens 784
Nutzungskonzept 1411, 1431, 2106, 2231, 2368
Nutzungsmöglichkeit 424, 442, 611
Nutzungsrecht 595, 817, 1578, 2826
– dingliches 2895
Nutzungsunterlassung 2827
Nutzungsverhältnis 1115
Nutzungswert 120
Nutzungszeit 2253

O

Oberer Gutachterausschuss 533
Obergeschosse 334
Obergutachten 259, 537
Objektbesichtigung 212, 214, 225
Objektivitätsgebot 268
Objektrisiken 3058
Objekt-Risikokategorien 465
Obligatorische (schuldrechtliche) Nutzungsrechte 596
Obst- und Gemüseanbau 725, 736
Öd- oder Unland 619
Offenbare Unrichtigkeit 260
Offenbarungspflicht 279, 499
Offener Immobilienfond 469
Offenlegung von Vergleichsdaten 1749
Öffentlich bestellte und vereidigte Sachverständige 164, 174, 181, 500, 503
Öffentlich geförderter Wohnungsbau 1707
Öffentliche
– Ausgleichsflächen 2700
– Grünfläche 2291, 2694
– Sportfläche 2291
– Straße 829, 837, 2846
– Zweckbestimmung 2312

XII Sachverzeichnis

Öffentliche Bestellung
– Erlöschen 189
Öffentliche Stelle 496
Öffentlicher Glaube 2719
Öffentliches Grundstück 2310
– im Anstaltsgebrauch 2323
Öffentlich-rechtliche
– Beiträge 818
– Beschränkung 2349, 2806
– Verpflichtung 2720
Ökologisch wertvoller Freiraum 137
Opfergrenze 825, 863, 2463, 2660
Optimierter Verkehrswert 1418, 1430
Option 1706
Ordnungsgemäße Bewirtschaftung 895, 1619, 1696, 1765, 2833
Ordnungsmaßnahme 2487, 2546, 2589, 2648–2649
Ordnungsmerkmale 395
Organisationsformen der Sachverständigentätigkeit 206
Örtliche Verhältnisse des Grundstücksmarktes 2609
– örtliche Erschließungsfläche 1407
– örtliche konjunkturelle Lage 1862
– örtliches Marktgeschehen 1397
Orts- oder Objektbesichtigung 212, 214, 225, 611, 3027
Ortsgebundene Betriebe 700
Ortsgrößenfaktor 1858–1859
Ortsrandentfernungszuschlag 2291
Ortstermin 172, 242
Ortsübliche Pacht 724, 729
Ortsübliche Vergleichsmiete 1584, 1678, 1709, 1711, 1749
Ortsüblichkeit 725, 830, 864
Overrentberechnungen 2972

P

Pacht 382, 579, 647, 723–724, 752, 776, 1706, 2168, 2243, 2247, 2535, 2844
Pachtadaptionsregelung 724
Pachtanteil für Mobiliar 2170
Pachtbeschränkungen 723
Pachtvertrag 722, 760, 928, 1698, 1715, 2521
Pachtwert 383
Pachtwertmethode 963, 1619, 1622, 2168, 2975
Paketabschlag 976, 1650
Parallelverschiebung 2912
Park 1026, 2378
– parkartige Gärten 1895
Parkgebühr 2211
Parkhaus 2210
– Musterkalkulation 2217
Parkstreifen 1347
Parteigutachten 1738
Partnerschaftsgesellschaftsgesetz (PartGG) 210
Passage 1373
Passantenfrequenz 2110–2111, 2120, 2132
Passantenqualität 2110–2111
Passiver Bestandsschutz 2350
Passivhaus 894
Pauschale Bruchteilsbewertung 945, 983, 2278, 2306
Pension 2172

Sachverzeichnis XII

Personal- und Schwesternwohnheim 1926
Personalkosten und -besatz 2158, 2166, 2189
Personenbezogene Daten 489, 522
Personengruppen mit besonderem Wohnbedarf 816, 2558
Personenschäden 251
Persönliche
- Beziehungen 411
- Dienstbarkeiten 2858
- Eignung und Integrität 176
- Gebührenbefreiung 371
- Gutachtenerstattung 187, 207
- Verhältnisse 409, 487, 921, 2974
Persönliches Erscheinen 519
Pfandbriefbank 3023
Pfandbriefgesetz (PfandBG) 462
Pfandrecht 818, 2913
Pfarrhaus 2338
Pfeifengrundstück 1319
Pflegefachquote 2189
Pflegeheim 2184, 2189
Pflichtaufgabe des Gutachterausschusses 386, 509
Pflichten
- des gerichtlich beauftragten Sachverständigen 170
- des Gerichts 169
Pflichtteilsanspruch 2466
- bei land- oder forstwirtschaftlichen Betrieben 2469
- bei Nießbrauchsvorbehalt 2472
- bei Unternehmen 2471
Pflichtverletzung 224
Pionierabschlag 2550, 2586
Planreife 688
Planungs-, Bodenordnungs- und Infrastrukturkosten 1396
Planungsbedingte Wertsteigerungen 2269
Planungsgewinn 878
Planungsgrundlage 276
Planungshoheit 2310
Planungsschaden 2504, 2517, 2584, 2634
Planungsschadensrecht 613, 2296, 2635
Planungswertausgleich 2480
Plausibilitätskontrolle 2168, 2931, 3021
- des Pachtansatzes 2975
- von Portfolien im Kleindarlehnsbereic 3021
Polizeirechtliche Gefahrenschwelle 872
Portfoliobewertung 2930
Positive Leistungspflicht 2871
Prädikatszuschlag 2362
Praxen 980
Preisangaben- und Preisklauselgesetz 2741
Preisangebot 1250
Preisbildung auf dem Grundstücksmarkt 138, 545, 708
Preisbildung im gewöhnlichen Geschäftsverkehr 797, 951
- für landwirtschaftliche Nutzflächen 2245
- für wartestängiges Bauland 1405
Preisentwicklung 1865
Preisfreier Wohnraum 1779
PreisklauselVO 1721

XII Sachverzeichnis

Preisnachlass 2557
Preisprüfung 440, 2507–2508
Preisrelationen zum jeweiligen Bodenrichtwert 1338
Preisstopp 151
Preisverfall 417, 2466
Preisvergleich 924, 960, 1125, 1128, 2313, 2351
Preisverhältnis 1863
Preußisches Schätzungsamtgesetz 2933
Prinzip
– der Funktionstrennung 3025
– der Verfahrenswahl 3019
– des korrespondierenden Bodenwerts 1577
Private
– Bedarfsträger 2278
– Bodenordnung 1400
– Erschließungsfläche 2266
Privatrechtliche
– Beschränkungen 2806
– Dienstbarkeit 2720
– Gegebenheiten 2559
– Rechte und Lasten 1448
Privatwirtschaftliche Nutzung 1735, 2265, 2320–2321
Privilegierte
– Auskunftsberechtigung 499
– Vorhaben 699, 701
Prognosefehler 1638
Prognoseverfahren 428, 963, 1528, 1632, 1635, 1657–1658
Projected Market Value (PMV) 431, 435
Projektrating 3049
Prophecy valuation 1632–1633
Proportionalverfahren 983
Public Interest Value 431
Pufferzone 2309
Putzabschlag 323, 326

Q

Qualifikationsmerkmale 660
Qualifizierung
– der Lage und Strukturverbesserung 2607
– des Bodenwerts des neugeordneten Grundstücks 2588, 2591
– des Grund und Bodens im Neuordnungszustand 2586
– des Grundstücks 618
– des maßgeblichen Entwicklungszustands 2271
– des Neuordnungszustands 2544, 2546, 2702
– des sanierungsunbeeinflussten Grundstückszustands 2513, 2517
– des Zustands eines Wertermittlungsobjekts 2548
– einer Fläche 620
– von Gewerbefläche 790
– von Sonderbaufläche 793
Qualitativer Abgleich 1254, 1442
Qualitätsmanagement der Dienstleistung 193
Quotennießbrauch 2834

R

Rack Rate 2162
Rangrücktritt 2794
Raststätte 2114, 2222, 2291

Sachverzeichnis XII

Ratenzahlungen 2643
Rating 3048, 3054
Ratingverfahren 3049
Raumfreiheit 1915
Rauminhalt nach der DIN 277 331
Raumleistung 2116–2117
– von flächenintensiven Freizeitanlagen 2233
Räumliche Zuordnung 396
Raummeterberechnung 1841, 1916
– für Hotels 2160
Raumordnung 737, 2325
Raumordnungsplan 720
Raumprogramm 2188
Realfolium 299
Reallast 2788, 2827, 2895, 2914–2915, 2962
Rechnungslegung 1633
Rechte Dritter 2826
Rechte und Belastungen 410, 817
– Bewertung 778
Rechte und Lasten 1448
Rechts- und Dienstaufsicht 358
Rechtsanspruch
– auf Auskunftserteilung 497
– auf Gutachtenerstattung 380
Rechtsgeschäft 2829
Rechtsgrundlage für den Zugewinnausgleich 2453
Rechtsmangel 222
Rechtsmittelbelehrung 522
Rechtsnachfolger 2725
Recycelfähige Abbruchmassen 1485
Reduktionsklausel 2504, 2524
Regelbandbreite
– des Kapitalisierungszinssatzes 1172
– für Liegenschaftszinssätze (Kapitalisierungszinssätze) 2140
Regelverfahren
– für die Bodenwertermittlung 960
– für die Ermittlung des Verkehrswerts unbebaute 1446
Regionale
– Baupreisunterschiede 1154
– Beschränkung 2763
– Entwicklungen 2530
– Marktforschungsinstitute 2111
– Risiken 1648
– Teilmärkte 412
Regionalfaktor 1858–1859
– der Normalherstellungskosten 1154
Regressionsanalysen 1287, 2606
Rehabilitationsklinik 2206
Reihenhaus 965, 2956
Reine Wohngebiete 831
Reinertrag 753, 830, 1196, 1582, 1633, 1695–1696, 1763, 2246, 2536
– nach Abzug der Bewirtschaftungskosten 1696
Reinertragsfaktor 1132
Reinertragszahl 636
Reinvestitionsbedarf 2229
Reitanlage 2258

XII Sachverzeichnis

Reithalle 1735
Rekonstruktionskosten 1824
Rekultivierung 738–739
– von Kies- und Sandgruben 739
Rekultivierungslast 2247
Rennbahn 2259
Rentabilität
– von Freizeitanlagen 2233
– von Investitionen 2548
Rentabilitätsanalysen für Immobilienprojekte 1627
Rente 1665, 2809, 2962
Rentenschuld 597, 2788, 2914
Rentierlicher Bodenwert 1569
Rentierlichkeit 144
– Bodenwert 1450
– einer Immobilieninvestition 1170
Reparaturrücklage 1790
Reparaturstau 3030
Reparaturzuschlag 1016
Repartitionsproblem 1454, 1460
Residenzen 2183
Residualwertverfahren 428, 568–569, 946, 970, 2274
Residuum 1425
Restauration
– Flächenbedarf 2157
Restdarlehnsbetrag 2963
Rest-durch-Abzug-Verfahren 1415, 1420
Restgrundstück 2276, 2300
Resthofstellen 664
Restitutionsanspruch 2508
– Abtretung 2508
Restlebensdauer 896
Restnutzungsdauer (RND) 756, 895–896, 902–903, 1134, 1158, 1171, 1194, 1225, 1433, 1457, 1552, 1604, 1869, 1931, 1945, 2370, 2373, 2535, 2595, 2604, 2622, 2651, 3010
Restwert 1574, 1655, 1689, 2247, 2275
– des Grundstücks im 10. Jahr 1636
Restwertmethode 1466–1467, 1635, 1656, 2246
Retail Park 2139
Retrograde Ermittlung von Verkehrswerten 1248
Revitalisierung 2268
Revitalisierungsrisiko 1800
RevPar 2163
Richtlinie
– der Finanzverwaltung für die Bewertung des Grundvermögens 1370
– für den Lärmschutz an Straßen 827
– für die Bewertung der Hafengrundstücke in Seehäfen 778
– MF-G 328, 2057
Richtwert
– (Durchschnittspreise/-werte) für Eigentumswohnungen 2004
Richtwertladen 2133
RICS Deutschland 204
Risiko 1036, 1409, 1428, 2980
– des jeweiligen Grundstücksteilmarktes 1648
– einer Ertragsminderung 1801
– Risikokomponente 3050
Risikoabschlag 673, 2548

Risikozuschlag 1646, 1648–1649
– am Diskontierungszinssatz 1409
Risk premium 1648
RND 902; siehe *Restnutzungsdauer*
Rohbauland 566, 670, 672, 676–677, 736, 2271, 3005
Rohertrag 1132, 1196, 1695–1697, 1721, 1763, 2374, 2970
Rohertragsfaktor 1132
Ross'sche Alterswertminderung 1157, 1871
Royal Institution of Chartered Surveyors RICS 202
Rückauflassungsvormerkung 2962
Rückbau 690, 2536, 2657
– baulicher Anlagen 2662
– einer Straße 2264–2265
Rückbaugebot 1482
Rückbaukosten 2992
Rückkauf 2265
Rücklagenkonto 2029
Rückrechnungsverfahren 1382, 2513
Rückstand von Pachten, Vergütungen und Zuschlägen 1801
Rückwärtsrechnung 1417
Rückwärtsversicherung 251
Rules of Conduct 203
Rundstempel 181, 188

S

Sach- und Arbeitsleistungen 1782
Sachanlagen 474
Sachaufklärungsgebot 270
Sachenrechtsbereinigungsgesetz (SachenRBerG) 579, 1578
Sachenrechts-Durchführungsverordnung 2858
Sachgutanlage 1404
Sachliche Beschränkung 2763
Sachmangel 221, 224
Sachschaden 251
Sachverständigenausschuss 470
Sachverständigenbeweis 167, 254, 539
Sachverständigengruppe 208
Sachverständigengutachten 253, 351, 388, 1746–1747
Sachverständigenordnung (SVO) 183
Sachverständigenverbände 193
Sachverständigenverordnung 184
Sachverständigenwesen 155
Sachverständiger 155, 254, 345, 351, 439, 492, 580, 603, 1465, 1738
– Ablehnung von 211
– als Beweismittel von Schiedsrichtern 263
– Beauftragung 218
– Bestellung 266
– für Grundstückswerte 270, 880
– GmbH 209
– Haftung 221
– in Zwangsangelegenheiten 388
– Partnerschaft 209
– Pflichten 187
– Typologie 162
– Vergütung 239
– Versicherung 251
– Zeuge 162, 167

XII Sachverzeichnis

Sachwert 759, 952, 958, 1144, 1900, 2226
– der baulichen Anlage 1149, 1831
– der besonderen Betriebseinrichtungen 1882
– der sonstigen Anlagen (Aufwuchs) 1887
– des Grundstücks 1905–1906
– steuerlicher 1834
– vorläufiger 1829, 1900
Sachwertermittlung 333, 1453
Sachwertfaktor 987, 1465, 1945, 2161
Sachwertobjekt 985, 2882
Sachwertparameter 1165
Sachwertschätzungen 2932
Sachwertverfahren 287, 452, 569, 951, 964, 966, 978, 981, 989, 1152, 1774, 1824, 1827–1829, 1945, 1995, 2028, 2160, 2273, 2339, 2379, 2533, 2550, 2556, 2955, 2995
– steuerliches 1834
Sammelgutachten 392
Sammelheizung 1722
Sandgrube 739
Sanierung 1519, 2488, 2495, 2545, 2632
– als Satzung 2487
– im vereinfachten Sanierungsverfahren 2490
– Sanierungskosten 1800
– Sanierungslast 886
– Sanierungsmaßnahme 610, 885, 2485, 2525, 2589, 2606, 2615, 2633, 2646, 2651, 2701
– Sanierungspflichtiger 876
– Sanierungsrecht 2486, 2606
– Sanierungsträger 384
– Sanierungsverfahren 2485, 2488
– Sanierungsvermerk 2491
– von Altlasten 889
Sanierungs- und Entwicklungsmaßnahme 1095, 2590, 2794
Sanierungs- und entwicklungsunbeeinflusster Grundstückswert 2504
Sanierungsbebauungsplan 2517, 2577
Sanierungsbedingte
– Anteile am Gesamtkaufpreis 2539
– Bodenwerterhöhung 2479, 2600, 2603, 2609
– Ertragserhöhung 2595, 2605
– Freilegungskosten 2636, 2651
– Werterhöhung 2510, 2558, 2644, 2647
Sanierungsbeeinflusster Grundstückswert 2510, 2533
Sanierungsgebiet 544, 659, 711, 784, 811, 2272, 2495, 2511, 2517, 2540, 2560, 2563, 2584
– und Entwicklungsbereiche 571, 1578
Sanierungssatzung 2488, 2632
Sanierungsunbeeinflusster
– Bodenwert 2533, 2537, 2577
– Grundstückswert 440, 2503, 2507, 2552, 2649
– Grundstückszustand 2513
Säumniszuschlag 2569
Sauna 321
Schadensersatz 223, 453, 590, 762, 875
– bei Abwägungsmängeln in der Bauleitplanung 874
– Ermittlungen wegen Baukostenüberschreitung 987
Schädliche Bodenveränderungen 1448
Schall 826
Schallschutzmaßnahmen 838
Schank- und Speisewirtschaft 2102, 2146

Sachverzeichnis XII

Schätzung 121, 1407
Schätzungen über Grundstückswerte 447
Schätzungsamt 2933
Schätzungsbuch 302
Schätzungsgrundlagen 1942
Schätzungskarten 302–303, 641
Schätzungsrahmen 447, 635–636
Schätzungsspielraum 2583
Scheingenauigkeiten 1285
Schenkung- und Erbschaftsteuer 121, 2364
Scheuerleisten 325
Schiedsgericht 232
Schiedsgutachten 254–255, 257, 293, 1749
– Anfechtbarkeit 262
– über Vergleichsmieten 281
Schiedsgutachter 229
Schiedsrichtervereinbarung 256
– Verfahren 262
Schiedsspruch 263
– mit vereinbartem Wortlaut 267
Schienenwege 829
Schießlärm 862
Schiffseigentum 593
Schikanierzwickel 1336
Schlachtbetriebe 2939
Schlösser, Burgen und Gutshäuser 2376
Schlosszuschlag 2380
Schmalseitenprivileg 2319
Schönheitsreparatur 1593, 1696, 1708, 1742, 1789, 1795
Schornstein 323
Schreibkraft 283
Schriftliche Gutachtenerstattung 253
Schriftliches Gutachten des Gutachterausschusses 390
Schulden 122
Schuldrechtliche/r
– Ankaufsverpflichtung 2797
– Anpassungsklausel 2737
– Bergschädenverzicht 2964–2965
– Erbbauzins 2735
Schutz des Erwerbers 2907
Schutz- und Gestaltungsgrün 1908–1909
Schutz- und Gestaltungsmaßnahmen 1359
Schutzeinrichtungen 855
Schutzgesetz 227
Schutzstreifen 2862
Schutzzone 2325
Schwarzmarktpreise 928
Schweigepflicht 187, 208
Schwesternwohnheim 1926
Schwimmbecken 321
Scoring 3049
Seehafen 778
Sektorale Teilmärkte 412
Sektorkomitee 193, 196
Selbständig nutzbare Teilflächen 1314, 2968
Selbständiges Beweisverfahren 167

XII Sachverzeichnis

Selbstbedienungsmarkt 2141–2142
Sendemast 867
Seniorenwohnungen 2183
Seniorenzentrum 2196
Shopping-Center 1806, 2135
Sicherheit der Beleihungen 2954
Sicherheitsabschlag 440, 464, 1280, 2800, 3000, 3004
Sicherheitsabschlag vom Herstellungswert 1833
Sicherheitsfläche 2325
Sicherungs- und Verwertungsrecht 597, 2913
Sicherungsmaßnahmen 758, 765
Sicherungsnießbrauch 2834
Sicherungsrechte 2826
Siebenjahresfrist 2504
Siedlung 2822
Siedlungs- und Verkehrsfläche 135
Siedlungsdruck 675
Siedlungsstruktur 688
Siedlungsstrukturelle Kreistypen 1246
Sielanschlussbeitrag 1349
Silvesterverjährung 237
Sittenwidriges Verhalten 225, 227
Situationsgebundenheit des Grundstücks 675, 830, 2267, 2271
Sitzplätze 2156
Solidaritätsprinzip 2703
Soll- und Abschreibungszinssatz 1815
Sollanspruch 2704
– bei vereinfachter Umlegung 2682
– Flächenumlegung 2681
Sollzinsen 1665
Solvabilitätsrichtlinie 466
Sonderausgabe 2366
Sonderbaufläche 793
Sondereigentum 299
Sonderfläche 636
Sondergebiet 793, 2248
Sonderimmobilien 1734, 2144
Sondermüll 1483
Sondernutzungsrechte 2030
Sonstige
– Anlagen 589, 1887, 1895, 1909
– Aufwendungen 358
– bebaute Grundstücke 1960
– Beschaffenheit und Lage des Grundstücks 611
– Daten der Wertermittlung 1085
– Einrichtungen 2273, 2689
– Nutzungsentgelte 2535
– Richtwerte 511
– wertbeeinflussende Umstände 956
Sorgfaltspflicht 272, 1348
Sortenanteile 653
Sortimentsklausel 1722, 2870
Sozialbindung des Eigentums 2353
Soziale Wohnraumförderung 815, 1796, 2558, 2641, 2644, 2760
Soziale Zwecke 1389
Sozialleistung 372

Sachverzeichnis XII

Sozietäten von Sachverständigen 210
Spannungsklausel 2741
Speditionsgesellschaft 2073
– Standortfaktoren 2073
Speicherrecht 742
Spekulation 149, 420, 434, 928
Spezialimmobilien 1735, 2144
Spiellärm 858
Spitzboden 1937
Spitzwinklige Eckgrundstücke 1372
Sportanlage 858
Sportplatzfläche 2292
Squashhalle 1735
SSK (Deutsche Strahlenkommission) 866
Staatliche Bauverwaltung 490
Staatliche Wohnungspolitik 347
Staatsanwaltschaft 495
Stadien und Arenen 2261
Städtebauförderungsmittel 2523
Städtebauliche
– Entwicklungsbereiche 373, 659, 784, 887, 1356, 2272, 2480, 2485, 2491, 2559, 2584
– Grundsatzbeschlüsse 1396
– Maßnahmen 386
– Missstände 613, 2511
– Planung 829, 2530, 2545
– Veranstaltungsgebiete 785
– Verträge 1397, 2274, 2495
– Zulässigkeit 783
Städtebauliches Erhaltungsrecht 2658
Städtebaurecht 579
Stadtgestalterhaltungssatzung 2660
Städtische Bewertungsstelle 490
Stadtumbausatzung 2665
Staffelmiete 1714, 1720
Staffelung der Mietpreise nach Zonen 2131
Stallanlagen 2258
Standardabweichung 925
Standesrechtliche Regel 236
Standfestigkeit 822
Standortfaktoren 2103, 2231
Startbahn 2325
Statistische/r
– Ämter 493, 1122, 1841, 1864
– Begriffe und Verfahren 1192, 1256
– Sicherheit 1245
– Vertrauensbereich 1261
Staubimmission 864
Steildach 317
Stellplatz 1352, 2007
Sterbetafeln 2880
Sterbewahrscheinlichkeit 935
Steuer- und Finanzierungsvorteile 2376
Steuerbegünstigter Wohnungsbau 1782
Steuerbilanz 118
Steuergeheimnis 208

XII Sachverzeichnis

Steuerliche Bewertung 282, 356, 456, 594, 683, 729, 770, 779, 852, 857, 1334, 1378, 1466, 1476, 1504, 1773, 1898, 1942
- land- oder forstwirtschaftlicher Betriebe 630
- von Renten-, Nießbrauchs- und Nutzungsrechten 2843

Steuerliche Bewertungspraxis 769, 774
- der Finanzverwaltung 2887

Steuermodelle 2974
Steuern 373, 2167
Steuervorteile 1429, 2351, 2362
Stichtagsprinzip 417–419
Stillhalteerklärung 2737, 3009
- für den Erbbauzins 2801

Stockausschlag 657
Stopppreis 419
Störungsgrad 792
Strafprozessordnung (StPO) 495
Strafverfahren 167
Straßenbahn 837
Straßenbau 2290
Straßenbaumaßnahmen 982–983, 2298
Straßenfläche 2265, 2703
Straßengrundstück 2279, 2297
Straßenlandbeitragsfreie Zuteilung 2701
Streuung der Kaufpreise 1240, 1255
Strukturdaten 2103
Struktureller Leerstand 2977
Stützmauer 1449
Subjektive Wertlehre 124
Substantiierungspflicht 280, 499
Substanzschwäche 613, 2486, 2607
Substanzwert 986, 1823, 1838
Substanzwertmethode 2460
Subvention 1175, 1429
Symbolwert 2347
Systemkonformität 1165

T

TA Lärm 827
TA-Luft 864
Tank- und Raststätte 792, 2114, 2222, 2291
Tanklager 2085
Tankstellendienstbarkeit 2224
Täuschung 160
Tauschwert 406
Technische Funktionsfläche (TF) 310
Technische Lebensdauer 896
Tegova 438
Teileigentum 387, 1778, 2909, 2954, 3003–3004, 3028
Teileigentumserbbaurecht 2954
Teileigentumsgrundbuch 1991
Teilerbbaurecht 2909
Teilfläche 982, 2297, 2906
- nicht selbständig nutzbare 1314
- selbständig nutzbare 1567
Teilflächenabtretung 982, 2300
Teilinklusivmiete 1708, 1739

Teilmarkt 136, 411, 664, 2278
- der Endverbraucher 1913
- der optierenden Personen 1913
Teilmarkttheorie 413–414
Teilungserklärung 299, 1991
Teilungsfälle 2808
Teilungsgenehmigung 692
Teilungsmodell des SachenRBerG 1578
Teilverzicht 774
Teilwert 390
Telekommunikationseinrichtungen 868
Temporäre Mehr- oder Mindererträge 1545
Tempus-Prinzip 300
Tennisanlage 2247, 2250, 2255
Tennishalle 1735, 2252
Terrasse 323, 326, 807
Terrassenlage 1728
The Appraisal Foundation (TAF) 202
Tiefenzone 1331
Top-Shops-Atlas 2125
Trafostation 865
Trägergemeinschaft für Akkreditierung (TGA) 195
Transaktionskosten 427, 478, 1648
Transparenz des Grundstücksmarktes 343, 509
Treibstoffzapfsäule 2227
Trennlinie zwischen Vorder- und Hinterland 2299
Trennung von Flächen 584
Treppe 314
Treppenrecht 2820
Tresoranlage 1881
Treuepflicht 208
Treuhandvermögen
- Überführung in das 2511
Treutax 347
Triebgerechtigkeit 2845

U
Überalterung
- wirtschaftliche 967
Überbau 2807
- rechtmäßiger 2808
Überbaubare Grundstücksfläche 804
Überbaurente 2810
Überbautes Grundstück 2809
Überdurchschnittlicher Erhaltungszustand 1023
Überfahrtrecht 2820
Übergabezeitpunkte 488
Übergroße Grundstücke 1312
Überhang 2816
Überhöhte Angebote 926
Überhöhter Kaufpreis 545
Überlassung der Ausübung des Nießbrauchs 2833
Übermittlung
- der Kaufpreissammlung an das zuständige Finanzamt 492
- von Daten der Flurbereinigungsbehörden 549
- von Grundstücksverträgen 486
Übernahmeanspruch 710, 1292, 1478, 2351, 2376, 2663

XII Sachverzeichnis

Übernahmeverlangen 2308
Übernutzung 1573
Überschreitung des Maßes der baulichen Nutzung 813
Überschwemmungsgebiete 692, 705
Übertiefe 1331
Übertragung
– des Erbbaurechts 2787
– eines Wohnungsrechts 2876
Übervermietung 1037
Überwachungsbedürftige Anlagen 165
Überwachungsstelle für Zertifizierung 197
Übliches Entgelt 1709
Ufer 1368
Ufergrundstück 1368
Umbau 1788, 2663
Umbaukosten 2375
Umbauter Raum 331– 333, 1916
Umgebungsbebauung 809
Umgriffsfläche 1474, 1573, 2334, 2359, 2377, 2596
Umlage 1584
– Betriebskosten 1780
– Bewirtschaftungskosten 1698
– der Grundsteuer und Versicherungsprämien 1783
– gedeckte Betriebskosten 1590
Umlageverminderter Rohertrag 1698
Umlaufsrendite börsennotierter Wertpapiere 1647
Umlaufvermögen 473
Umlegung 2670, 2793
– amtliche 2671
– Flächenumlegung 2673
– freiwillige 2671, 2683
– vereinfachte 2671
– Wertumlegung 2673, 2676
Umlegungs- und Verteilungsmasse 2674
Umlegungsausgleichsleistungen 1350
Umlegungsbedingte
– Bodenwerterhöhungen 2693
– Werterhöhungen 2698
Umlegungsgebiet 679, 785, 2670
Umlegungsmasse 2674
Umlegungsmaßnahme 610
Umlegungsverfahren 373, 1348, 2495, 2572, 2646
– Einleitung 2693
– Typologie der 2671
Umlegungsvermerk 2962
Umlegungsvorteil 2678
Umlegungszweck 2670
Umnutzungsbedarf 2273
Umplanung 2264, 2320
Umrechnung
– der Normalherstellungskosten auf den Wertermittlungsstichtag 1863, 1943
– von BGF in BRI 1923
– von Vergleichspreisen 2107
– von Vergleichspreisen auf den Wertermittlungsstichtag 2522
Umrechnungskoeffizient 644, 800, 1125, 1295, 1442
– Baujahrsklasse 1856

Sachverzeichnis XII

- für das Verhältnis von Wohnfläche zur Miethöhe 1729
- für Eigentumswohnungen 2007
- für eine Umrechnung der Wohnfläche 1923
- für überschlägige Umrechnungen 1923

Umsatz 2126, 2153
Umsatzabhängige Miete 1707
Umsatzbesteuerung 375
Umsatzbeteiligungsklauseln 1721
Umsatzermittlung 2226
- nach Durchschnittsdaten 2253

Umsatzkennziffer 2111, 2114
Umsatzpacht 2190
Umsatzschätzung 2177
Umsatzsteuer 374, 1484, 1913, 2366, 2498
Umsatzsteuerpflichtige Tätigkeit 374
Umtriebszeit 653–654, 656
Umwandlung
- des entwicklungsbedingten Kaufpreisanteils 2559
- eines Waldes 1359
- von Wohnungen 2664

Umweltpolitische Belange 146
Umwidmungsgewinne von Ackerland zu Bauland 141
Unabhängigkeit des Gutachterausschusses 352
Unbebaute Grundstücke 690, 774, 1174, 1296, 2266, 2333, 3004
Unbenutzbarkeit eines Gebäudes 1449
Unbeplanter Innenbereich 688, 808
Unbillige Härte und öffentliches Interesse 2576
Unentgeltlichkeit
- bereitzustellender Flächen 1386, 1389, 1393, 1406
- Übertragung 2278
- Wohnungsrecht 2878

Unerlaube Beihilfe 352
Unerlaubte Handlung 227
Unerträglicher Eingriff 1366
Ungedämpfter Bodenwert 1204; siehe auch *Bodenwert*
Ungerechtfertigte Bereicherung 237
Ungewöhnliche
- Bewirtschaftungskosten 1768
- Eigenschaften eines Grundstücks 409–410, 487
- Grunderwerbskosten 1191
- Mehr- oder Minderkosten 1914
- Verhältnisse 410

Ungewöhnliche oder persönliche Verhältnisse 921
Ungewöhnlicher Geschäftsverkehr 415
Uniform Standards of Professional Appraisal Practice (USPAP) 202
Uniform Standards of Professional Practice 1531
Uniform System of Accounts for the Lodging Industry 2173
Unland 704
Unmittelbarer Preisvergleich 960, 1236
Unparteilichkeit 176
Unrentierlicher Bodenwert 1569
Unsichtbare Belastung 2963
Untererbbaurecht 2730
Unterhaltungskosten 837
Unterjährige Verzinsung 1817

XII Sachverzeichnis

Unterkunftsanteil
- Verpflegungsanteil 2189
Unterlassene Instandhaltung 903, 1787, 1875, 1877, 1946
Unterlassene Modernisierung 1877
Unterlassungsdienstbarkeit 2828, 2871
Unternehmensbewertung 278, 422, 968, 979, 986, 1633, 1649
Unternehmergewinn 1408, 1417, 1427
Unternutzung 1573
Unterschutzstellung 2350
- von Bäumen 1357
Untersuchungskosten 882
Untersuchungsrecht 742
Untervermietung 1037
Unterwälzungsverfahren 1382, 1417
Unverdiente Wertsteigerung 144
Unverwertbarkeit eines Gutachtens 242
Unwerte 1487, 2280, 2360
Unwirtschaftlichkeit 2363
- Bebauung 1506
- Geschosshöhe 338
- hoher Anteil an Funktions- und Verkehrsflächen 338
Unzumutbarkeit 873, 2353
Urban-Entertainment-Center 2228
Use Value 431
US-GAAP 474

V

Valeur vénale 432
Varianz 1261
Variationskoeffizient 1261
Veränderungssperre 694, 717, 2490
Veranstaltungsgebiet 2595
Veräußerlichkeit eines Erbbaurechts 2728
Veräußerungswert 472
Verband der öffentlich bestellten und vereidigten Sachverständigen 1841
Verbauung einer freien Sicht 2872
Verbilligte Abgabe von Grundstücken 1580, 2542
Verbilligungsregel 2268, 2276
Verbindlichkeiten 122, 2453
Verbindungsweg 2822
Verbot
- der irreführenden Handlung (Werbung) 164
- der Nutzungsänderung 706
- täuschender Berufsangaben 165
Verbraucherpreisindex 1643, 1650, 1777
Verdachtsflächen 873
Verdeckte vertragsbedingte Besonderheiten 1625
Vereidigter Buchprüfer 204
Vereinbarungen
- im Mietvertrag 1721
- über die Abgeltung von Erschließungsbeiträgen 1348
- von Wettbewerbsverboten 1722
Vereinfachte Bewertungsverfahren 3018
Vereinfachtes Ertragswertverfahren 568, 1674, 1685, 3018
Vereinfachtes Sanierungsverfahren 2490, 2495
Vereinigungswert 414, 968–969
Verfahren

Sachverzeichnis XII

- nach WertR 2762
- nach WertR 02 2773
- zur Preisermittlung für Investitionsentscheidungen 946

Verfahren nach BelWertV 2953
Verfahrensauswahl 275, 290
Verfahrenswahl 953, 978
Verfügungs- und Erwerbsrecht 2903
Verfügungssperre 2490
Vergleichbare
- Erträge 952
- Lage- und Nutzungsverhältnisse 1115
- Lärmbelastung 830

Vergleichsfaktor 1128
- für bebaute Grundstücke 1085, 1127, 1264

Vergleichsfälle 2307
Vergleichsgebiet 2523
Vergleichsgröße ohne Nutzflächendefinition 3004
Vergleichsgrundstücke 618, 856, 960, 1239, 1241, 1281, 1314, 1360, 2511
Vergleichskriterien 1723
Vergleichsmiete 276, 329, 951, 1717, 1748
Vergleichspacht 724
Vergleichspreise 290, 434, 650, 748, 820, 830, 926, 952, 1234, 1246, 1281, 1308, 1322, 1392, 1748, 2512, 3003
- aus dem Sanierungsgebiet bzw. Entwicklungsbereich 2552
- bei retrograder Verkehrswertermittlung 1248
- für Wasserflächen 776
- für werdendes Bauland 1402
- von Grundstücken 276, 830

Vergleichsstück 634
Vergleichswertermittlungen 952
Vergleichswertverfahren 643, 748, 959–960, 978, 981, 983, 988, 1143, 1229, 1234, 1236, 1264, 1418, 1994, 1996, 2160, 2245, 2339, 2512, 2550–2551, 2586, 2762, 3003
Vergleichswohnungen 1727
Vergütung 1696
- von Sachverständigen 239
- von Schiedsgutachtern 250

Verhaltensscoring 3049
Verhaltensstörer 886, 888
Verjährung
- des Ausgleichsbetrags 2569
- von Gewährleistungsansprüchen 237

Verjährungsfrist 237, 367
Verkäufermarkt 417
Verkaufsfläche 2116, 2156
Verkaufswert 120, 462, 579, 2934
Verkehrs- und Grünflächen 2698
Verkehrsauffassung 581, 620, 1319
Verkehrsfläche (VF) 135, 310
Verkehrslage 823
Verkehrslärm 826
Verkehrsweg 983
Verkehrswert 122, 139, 341, 403, 405, 438, 463, 483, 545, 568, 579, 593, 611, 659, 692, 784, 819, 875, 943, 979, 1191, 1194, 1825, 1829, 1903, 1907, 1996, 2032, 2034, 2036, 2064, 2066, 2266–2267, 2271, 2276, 2305, 2311, 2324, 2329, 2333, 2496, 2504, 2510, 2531, 2710
- als Kaufpreis 2799
- als Zukunftserfolgswert 420

XII Sachverzeichnis

– aus benachbarten Landflächen 775
– bebauter Grundstücke 1128
– der überbauten Grundstücksfläche 2811
– des belasteten Grundstücks 2811, 2965
– des dienenden Grundstücks 2821
– des Eingriffsgrundstücks 709
– des Grundstücks 291, 341, 379, 406, 564, 622, 822, 959, 1144, 1233, 1350, 1949, 2812
– des werdenden Baulands 708
– eines Bürogebäudes 2066
– eines Geschäftshauses 2064
– eines Vorkaufsrechts 2905
– für baureifes Land 1379
– für warteständiges Bauland 1174
– land- und forstwirtschaftlich genutzter Flächen 1451
– Minderung 695
– Minderung des 449
– von Bauland 1384
– von Eigentumswohnungen 2032, 2034, 2036
– von Ein- und Zweifamilienhäusern 1451
– von Grundstücken der sozialen Wohnraumförderung 2641
– von Kleingärten 723
– von Mietwohnhäusern 1451
– von Rohbauland 1380
Verkehrswertdefinition 423, 425
Verkehrswerte in anderen Rechtsbereichen 454
Verkehrswertermittlung 287, 418, 425, 438, 509, 599, 629, 747, 773, 817, 820, 830, 872, 875, 890, 979, 1125, 1343, 1360, 1627, 1635, 1945, 1962, 1976, 1985, 2170, 2225, 2246, 2260, 2269, 2277, 2313, 2315, 2661, 2811, 2834, 2887, 2905
– auf der Grundlage gedämpfter Bodenwerte 1455
– aus besonderen Anlässen 2395, 2397
– bebauter Grundstücke 767, 956, 959, 968, 1173, 1342, 1659
– bei freihändigem Erwerb 2289
– bezogen auf zurückliegende Zeitpunkte 1248
– eines Flughafens 2326
– gemischt genutzter Grundstücke 956, 1985
– in Sanierungsgebieten und Entwicklungsbereichen 2495
– land- oder forstwirtschaftlicher Nutzflächen 630, 643
– unbebauter Grundstücke 956
– von Aufwuchs und Baulichkeiten 727
– von Bauerwartungsland oder Rohbauland 1374
– von Einfamilienhäusern 1962
– von Erbbaurechten und erbbaurechtbelasteten Grundstücken 2770, 2755
– von Golfanlagen 2246
– von Grundstücken mit Bodenschätzen 739
– von Hotel- und Gaststättengrundstücken 2170
– von Kirchengrundstücken 2339
– von Mehrfamilien-Wohnhäusern 1976
– von Rechten an Grundstücken 411, 579, 594
– von unbebauten Grundstücken 2812
– von Waldbeständen 653
Verkehrswertgesetz 343
Verkehrswertmethode 446, 1467, 1657, 2509
Verkehrswertminderung 840
– im Rahmen der Sozialbindung 2351
Verkehrswertspanne 438
Verkettung der Vorwirkung 2280

Verkürzung der Restnutzungsdauer 903, 1875–1876
Verlängerung der Gesamt- und Restnutzungsdauer 1654, 1875–1876
Verletzung
– des Datengeheimnisses 361, 506
– des Eigentums oder des Vermögens 237
– des Lebens, des Körpers, der Gesundheit oder Freiheit 237
Verlust
– an Mieteinnahmen 862
– bei Schuldnerausfall 3050
– des Vergütungsanspruchs 240
Vermächtnisnießbrauch 2834
Vermarktungskosten 1420, 1427
Vermarktungsmodalitäten 418
Vermarktungszeit der baureifen Grundstücke 1402
Vermarktungszeitraum 420
– objektadäquater 420
Vermessungsingenieur 182
Vermietung 980
– von Eigentumswohnungen 1992, 2017
Vermietungspraxis 318
Vermietungsrisiko 1809
Vermögensnachteil 382, 392, 520, 571, 2289, 2300, 2305
Vermögensrecht 952, 986
Vermögensschaden 231
Vermögensschaden-Haftpflichtversicherung 251
Vermögensteuer 2364
Vermögensteuer-Richtlinien 2843
Vermögensvorteil 2300, 2305, 2650
Vermögenswert 477
Verobjektivierende Wertlehre 124
Verobjektivierter Tauschwert 406
Veröffentlichung 512, 543, 1087
– der Bodenrichtwerte 2593
– sonstiger Daten 548
– von Bodenrichtwerten 548
– von Marktanpassungsabschlägen 1148
Verordnung über die Ermittlung der Beleihungswerte von Grundstücken 87
Verpflichtete Sachverständige 173
Verpflichtung der auskunftsfähigen Personen 518
Verrentung von Kaufpreisen 930
Verschiebetheorie 2298–2299
Verschmelzungswert 945, 969
Versicherung 758, 2167
Versicherungsbilanzrichtlinie 482
Versicherungssumme 2933
Versicherungswert 120
Versicherungswirtschaft 1841, 2881
Versiegelte Fläche 135
Versorgungsleitung 2268, 2819, 2857
Versorgungsunternehmen 2858
Versteigerungsfester Erbbauzins 3010
Verteilung nach Flächen (Flächenumlegung) 2677
Verteilungsfaktor q 2681
Verteilungsmasse 2673, 2675
Vertragliche Haftung des Gerichtssachverständigen 233
Vertragliches Vorkaufsrecht 2904

XII Sachverzeichnis

Vertragsgestaltung 2252
Vertragstypische Interessenlage 2797
Vertrauensbereich 1261
Verunreinigung 880
– des Grund und Bodens 872– 873
Verursacherprinzip 886
Vervielfältiger 1551, 1598, 1670, 1813, 2247, 2376
– nach- und vorschüssiger 1815
Vervielfältigerdifferenzenverfahren 1543
Vervielfältigerformeln 1817
Vervielfältigertabelle 1171
Verwaltungsarbeit 1776
Verwaltungsgebäude 792, 1925
Verwaltungsgerichte 388
Verwaltungsgerichtsordnung (VwGO) 495
Verwaltungskosten 1224, 1593, 1775– 1776, 2376, 2573, 2981
– Gewerberaummietvertrag 1720
– Pauschalen 1586
Verwaltungsverfahren 167, 254, 351
Verwaltungsverfahrensgesetze 360
Verwaltungsvollstreckungsgesetze der Länder 522
Verwaltungsvorschrift 183
Verwaltungsvorschriften der Länder 399
Verwendung bankenüblicher Finanzierungszinssätze 1406
Verwertung der abgehenden Bausubstanz 1416
Verwertungsabsicht 488
Verwertungserlöse 967
Verwertungskonzeption 970
Verwertungskosten 946
Verwertungsrechte 2826
Verzicht auf die Besichtigung 3021
Verzinsung 964, 1170, 1196, 1572, 1815, 2810
– der Entschädigung 2869
– des eingesetzten Kapitals 964
– des mit den Investitionskosten gebundenes Kapitals 1632
Verzinsungsanteile des Bodens 1576
Verzinsungsbetrag des Bodenwerts 1597
Verzinsungsuntergrenze 1630
Verzögerungsschaden 219
Villa 965, 989
VÖB-Immobilienanalyse 3058
VÖB-Immobilienanalyse (Abriss) 3057
Vogel'sche Alterswertabschreibungskurve 1157
Vogelschutzrichtlinie 676, 713
Volkseigentum 596
Volkszählungsgesetz 1983 489
Vollbeschäftigte 2154
Voller Wert 123, 579
Vollgeschoss 307, 798, 802, 1935
Volumenberechnung 306, 331
– im Hochbau 331
– nach DIN 277/2005 337
Volumenermittlung 1916
Vorausleistungen auf den Erschließungsbeitrag 1346
Vorauszahlungen 1708
– auf den Ausgleichsbetrag 2646

Sachverzeichnis XII

– für Betriebskosten 1698
Vorbehalt 2910
Vorbehaltsgebiet 720–721
Vorbehaltsnießbrauch 2834
Vorbelastung 855
Vorbereitende Untersuchungen 2486, 2515
Vorder- und Hinterland 1312
Voreigentümer 2520
Voreingenommenheit 268
Vorgarten 982, 2297, 2299, 2306
Vorgeschobenes Hinterland 1318, 2298
Vorgesehene Nutzung 3003
Vorhaben 686
Vorhaben- und Erschließungsplan 684, 2494–2495
Vorhabenträger 707
Vorhaltekosten 929, 1392, 1401
Vorhand 2903
Vorhandene
– Aufbauten 879
– Bebauung 808
Vorkaufsrecht 411, 454, 597, 2661, 2799, 2904, 2961
– in der Zwangsversteigerung 2908
– Verzichtserklärung 2800
Vorkaufsrechte
– preislimitierende 2906
Vorlagepflicht 494
Vorlast 2799
Vorlastenbereiche im Überblick 2961
Vormietrecht 1706
Vorrangfläche für die Rohstoffgewinnung 737
Vorranggebiet 720
– für den Hochwasserabfluss und -rückhalt 721
– für die Wasserversorgung 721
Vorrangige
– Grundpfandrechte 2963
Vorrangprinzip 300
Vorrangverfahren für die Bodenwertermittlung 1232
Vorsatz 224, 227
Vorschüssige
– Nutzungsentgelte 1817
Vorsichtsprinzip 3047
Vorsteuerabzug 928, 1698
Vorteilsausgleich 711, 2289, 2300
Vorübergehende/r
– Preisausschläge 420
– Preisrückgang 419, 2459
– Preisveränderungen 927
– Wertschwankungen 464
Vorvertrag 1706
Vorwärtsversicherungen 251
Vorwirkung 709, 2281, 2289, 2294, 2524
– Sonderfälle 2294

W

Wagnis 2548
Wagnisabschlag 673, 1408, 2550

XII Sachverzeichnis

Wahl
- des Extraktionsverfahrens 1430
- des Kapitalisierungszinssatzes 2987
- des Wertermittlungsstichtags 946
- des Wertermittlungsverfahrens 275, 290, 953, 978, 1315, 2533, 2556
- des Wertfaktors 2779
- des Zinssatzes 2887

Wahrer Wert 408, 455
Waldbestand 652
Waldbodenverkehrswert 649
Walderhaltungsabgabe 1359
Waldgrundstück 591, 648
WaldR 575, 653
Wandbekleidungen 325
Wandgliederung 325
Wandschränke 323
Wandstärke 2818
Warenbestand 2158
Wareneinsatz und -umschlag 2158, 2166
Warenhaus 2135
Warenkosten 2158
Warmmiete 1740
Warn- und Schutzfunktion des Grundbuchs 2720
Warteständiges Bauland 698, 983, 1291, 2272
Wartezeit 602, 622, 671, 673, 1291, 1377, 1395, 1401, 2267, 2270, 2548
Wartung 1786
Wasserfläche 619, 774, 776
- nicht nutzbare 776
Wasserförderung 2825
Wassergrundstück 1368
Wasserlaufnähe
- Aufhebung 778
Wasserrechtliche Genehmigung 747, 764, 775
Wasserschutzauflage 718
Wasserschutzgebiet 692, 695, 705, 715
Wassersportnutzung 776
Wege 2703, 2822
Wegekostenvorteil der Hofanschlussflächen 669
Wegerecht 1448, 2844
Weinbau 181, 722
Weiterverkäufe 2017
Werbebeschränkungen 1723
Werbefläche 1026, 1061
Werbungskosten 1773
Werkstätte 1921
Werkvertrag 260
Wert
- der baulichen Anlage 1413, 1595, 1838, 1887, 1906, 1944, 2273, 2350, 2960, 2997
- der Gebäude 2273
- der Grundstücke eines Teilnehmers 467
- der investierten Baukosten 1825
- der Reallast 3012
- der Rente 2821
- der sonstigen Anlagen 1906, 2350
- der Überbaurente 2811
- der vom Vermieter persönlich geleisteten Verwaltungsarbeit 1775

– der Wasserfläche 778
– des begünstigten Agrarlands 709
– des Besitzrechts am Boden 2799
– des erbbauzinsfreien Erbbaurechts 3010
– des fiktiv unbelasteten Grundstücks 2724
– des Grund und Bodens 1905, 2360, 2578
– des Grundstücks i.S.d. bürgerlichen Rechts 123
– des Reihengrundstücks 1371
– des reinen Agrarlandes 2317
– des Rohbaulandes 2701
– des unbebauten Außenwohnbereichs 844
– des Volleigentums 3010
– des Vorkaufsrechts 2908
– eines unrentierlichen Flugplatzes 2326
– eines Vorkaufsrechts 2905
– eines Wiederkaufsrechts 2910
– unbebauter Grundstücke 289, 2578, 2633
– von Vorgartenland 2306
– vorhandener Anlagen 777
Wertabschlag 720, 758, 862
– zum Vorderlandwert 1331
Wertansätze
– regionale 629
Wertanteil
– Außenanlagen 590
– baulicher Außenanlagen 590, 1837, 1887
– baulicher Außenanlagen einschließlich sonstiger Anlagen 1909
– besonderer Bauteile und von c-Flächen 1866
– des Bauerwartungslandes oder des Rohbaulandes 1377
– des Grund und Bodens 630
– einer vorhandenen Bebauung 2540
– für Anpflanzungen 1889
– sonstige Anlagen 590
Wertausgleich 888
Wertauskunft 380
Wertbeeinflussende Rechte und Belastungen 410, 817
Wertbeeinflussende Umstände 395, 1282, 2004
– von Büroimmobilien 1734
Wertbegriff 117
Wertbeständigkeit des Grund und Bodens 1458
Wertbestimmende Merkmale 422, 630
Wertbestimmenden Merkmale 2876, 3024
Wertentwicklung 708, 1187
– auf dem Bodenmarkt 1118
– des warteständigen Baulands 1405
Werterhöhende Umstände 1373, 2347, 2515, 2518– 2519, 2531, 2582, 2606
– auf Grund einer Planungsänderung 877
– des Grundstücks 2644
– durch Verbesserung 2551
Wertermittlung 121, 359, 365, 425, 442, 618, 922, 1949, 2267, 2927, 2966
– des belasteten Grundstücks 2882
– durch unmittelbare Ableitung aus Kaufpreisen 1092
– eines Grundstücksteils 983
– erforderlicher Daten der 543, 549
– fakultative 381
– im Geltungsbereich von Erhaltungssatzungen 2657

XII Sachverzeichnis

 – im Geltungsbereich von Stadtumbausatzungen 2665
 – im Rahmen des Pflichtteilsanspruchs 2465
 – im Rahmen des Zugewinnausgleichs 2453
 – in förmlich festgelegten Sanierungsgebieten un 544
 – in förmlich festgelegten Sanierungsgebieten und Entwicklungsbereichen 2495
 – in Umlegungsgebieten 441, 2670
 – nach dem Flurbereinigungsrecht 625
 – nach dem Städtebaurecht 579
 – und Rating-Prozess 3048
 – von Aufwuchs 590
 – von Eigentumswohnungen 981
 – von Grundstücken 347
 – von Industrieobjekten 980
 – von Unternehmen 978
 – von Ziergehölzen 575
Wertermittlungsantrag 386, 581
Wertermittlungsaufgaben 2522
Wertermittlungsgrundsätze 2458, 2724, 2848
Wertermittlungslehre 971
Wertermittlungsmethodik 544
Wertermittlungsobjekt 1823, 1840, 2342
Wertermittlungsparameter 1151
Wertermittlungspraxis 414, 1331, 2349
Wertermittlungsrecht
 – der Länder 348
 – des BauGB 341
 – des Bundes 341
Wertermittlungsspanne 445
Wertermittlungsstichtag 291, 407, 417, 464, 603–604, 606, 813, 904, 946, 952, 989, 1281, 1486, 1633, 1737, 1803, 1829, 1863, 1868, 1913, 1944, 2281, 2342, 2459, 2568, 2581, 2645, 2685, 2691, 2789
 – für Mehr- und Minderzuteilungen 2686
 – in der Sanierungsumlegung 2689
Wertermittlungsstichtagsnahe Vergleichspreise 952, 1243
Wertermittlungsverfahren 289, 566, 953, 985, 1907, 1994, 2159, 2260, 2339, 2533, 2550, 2955
 – klassische 942
Wertfaktorentabelle 2781
Wertgutachten 283
 – zur Bemessung des Ausgleichsbetrags 2652
Wertmesser 2754
Wertminderung 770, 830, 876, 1373, 2077, 2251, 2308–2309, 2661, 2663, 2821
 – auf Grund bergbaulicher Einwirkungen 381
 – des belasteten Grundstücks 2807
 – des Grundstücks 761, 1367, 2710, 2895
 – merkantile 452
 – technische 452
 – wegen Alters 1140, 1661, 1772, 1774, 1833, 1838, 1868, 1909, 3002
 – wegen baulicher Mängel oder Schäden 1833, 2077, 2251, 3003
 – wegen Fluglärms 856
 – wirtschaftliche 571
WERTR 572, 625, 775, 777, 2263–2264, 2269, 2279
Wertschätzung 121
Wertschwankungen 464
Wertsicherungsklausel 1720, 2737, 2741
Wertspanne 445
Wertsteigerung 2269

Sachverzeichnis XII

Wertsteigerungsfaktoren 2619
Wertumlegung 2673, 2681
Wertunterschiede 791–792
– auf der Grundlage einer vorgegebenen Lageklassifikation 1361
– gleichartiger Grundstücke 1125
WertV 561, 619
Wertverhältnisse 603, 609, 989, 1098, 2294, 2564, 2645
– am Wertermittlungsstichtag 2786
– der Bodenrichtwerte 1361
– von Wohnbau- und Gewerbebauland 1290
– zwischen Bauerwartungs- und Rohbauland zum baureifen Land 1377
– zwischen den verschiedenen Entwicklungszustandsstufen 1291
– zwischen der Verteilungsmasse zur Einwurfsmasse 2682
Wertvorteil für das herrschende Grundstück 2847
Wertzahl 635
Wertzuwachs 1175, 1402–1403, 1429, 2728
Wesentliche Bestandteile 585
Wesentlichkeitsgrenze 1716
Wettbewerbsbeschränkende Dienstbarkeit 2870
Wettbewerbsverbot 1722
Wettbewerbsvorteile 181
Widersprechende Gutachten 172
Widmung 2310, 2846
Wiederaufbau zerstörter Gebäude 700
Wiederherstellung 1788
Wiederinwertsetzungskosten 872, 882
Wiederkaufsrecht 597, 2909
Wiederkehrende Leistungen aus dem Grundstück 2914
Wiederverkäufe 2017
Wintergärten 324
Wirklicher Wert 455
Wirtschaftliche Einheit 581, 583, 945, 2812
– des Wohnungs-/Teileigentums 583
– eines Gewerbegrundstücks 584
Wirtschaftliche Gesamt- und Restnutzungsdauer 2373, 3002
Wirtschaftliche Kennziffern 2151
Wirtschaftliche Nutzung 1945, 2369
Wirtschaftliche Überalterung 1020, 1944
Wirtschaftliche Unzumutbarkeit 2660–2661
Wirtschaftlicher Vorteil des Grundstücks 1349
Wirtschaftlichkeit eines Gebäudes 338
Wirtschaftlichkeitsberechnung 1707, 1782, 2353, 2355
Wirtschafts- und vereidigte Buchprüfer 204
Wirtschaftsgebäude
– landwirtschaftliche 1007
Wirtschaftsprüferkammer 206
Wirtschaftsprüferordnung 205
Wirtschaftswert 484
Witterungs- und Umwelteinflüsse 1789
Wochenendhaus 700, 1920
Wohl der Allgemeinheit 710
Wohn- und Freizeitwert 2378
Wohn- und Gewerberaummiete 1704
Wohn- und Nutzflächenaufteilung 3015
Wohnbauflächen 136
Wohnbauland 1295

XII Sachverzeichnis

Wohnbaurechte 936
Wohnblockartige Siedlungsvorhaben 1366
Wohneigentum 3003
Wohnen im Freien 834
Wohnfläche 318, 320– 321, 1162, 1723, 1727
Wohnflächenermittlung
– normgerechte 320
Wohngebäude 690
Wohngebiet 832, 1367
Wohnhäuser 701
Wohnhochhaus 1981
Wohnimmobilie 1362, 1960
– gemischt genutzte Immobilien 1959
– Gewerbeimmobilien 1959
– steuerliche Grundstücksbewertung 1959
Wohnlage 1362
Wohnlagenklassifizierung 1362
Wohnpark 1365
Wohnraum 319, 1706, 1723, 1769, 1776, 1780, 1794, 1804
Wohnraumförderungsgesetz (WoFG) 320
Wohnraummiete 1699, 1704, 1719
Wohnrechte 1175
Wohnsiedlungsgenehmigung 692
Wohnstifte 2183
Wohnung 1727
– in Hochhäusern 1726
– parkartige Gärten 2970
Wohnungs- und Sondereigentum 299
Wohnungs- und Teilerbbaurecht 2730
Wohnungsbauförderungsmittel 1782
Wohnungseigentum 387, 1778, 1798, 2717, 2909, 2954, 3028
– mit Reparaturstau 2029
Wohnungseigentumsgesetz 2691
Wohnungserbbaurecht 1992– 1993, 2909, 2954
Wohnungsgröße
– Einschätzung 815
Wohnungsgrundbuch 1991
Wohnungsmietvertrag 1728; siehe auch *Mietvertrag*
Wohnungsrecht 595, 2831, 2874– 2875, 2882, 2895
Wohnungssuchende 2874
Wohnwertmerkmal 1723
Wuchergrenze 1717
Wurzeltheorie 422

Y
Yachthafen 779

Z
Zahl
– ausreichende 1440
Zahl der Passanten 2628
Zahlungsrückstände
– uneinbringliche 1801– 1802
Zahlungsweise 930
Zeitpunkt
– der Bekanntmachung des Umlegungsbeschlusses 2692
– der Entstehung der Beitragspflicht 1344, 1349

Sachverzeichnis

- der Entstehung des Ausgleichsbetrags 2563
- der Freilegung des Grundstücks 2651
- der Grenzüberschreitung 2811
- der Herabzonung auf den jetzigen Eigentümer 2307
- der Ortsbesichtigung 286
- der Qualifizierung des maßgeblichen Zustands 606
- der Wertermittlung 603
- der Zustellung des Scheidungsantrags 2454
- des Ablaufs des Erbbaurechts 2789
- des Abschlusses der Sanierungs- bzw. Entwicklungsmaßnahme 2564, 2582, 2585, 2626
- des beginnenden Sanierungs- bzw. Entwicklungseinflusses 2514–2515, 2517, 2531, 2583
- des Eintritts eines Bergschadens 766
- des Umlegungsbeschlusses 2685, 2689

Zeitrente 930
Zeitrentenbarwertfaktor 2712
Zeitversäumnisse 358
Zeitwert 118, 417, 478
Zerlegung der Immobilie 967
Zerlegungsmethode 1314
Zerschlagungstaxe 945, 967
Zersplitterung des Bewertungs- und Wertermittlungswesens 384
Zersplitterung des Gutachterausschusswesens 1102
Zertifizierung 192, 194, 199–200
Zertifizierungsstelle 197
Zertifizierungssystem 197
Zielbaumverfahren 961, 2580, 2616
Ziergärten 1910
Ziergehölzhinweise 2000 575, 1896
Zigarettenautomat 1062
Zinseinnahmen aus Immobilien 1648
Zinsentwicklung bei Hypothekarkrediten auf Wohngrundstücke 1184
Zinseszinsrechnung 602, 1665
Zinsfaktor 1817
Zinssatz 756, 937, 1036, 1170, 1184, 1381, 1665
- der ersten 10 Jahre 1637
- der Restwertermittlung 1637
- für Bundesschatzbriefe 1648
- vergleichbarer alternativer (Geld-)Anlagen 1646

Zinsvorteile 816
Ziviler Nutzungsanspruch 810
Zivilprozessordnung (ZPO) 495
Zonale Bodenrichtwerte 1104
Zu- und Abschläge an die im Mietspiegel ausgewiesenen Werte 1740
Zubehör 592, 759
Zubehörräume 584
Zuerwerb eines Grundstücks 2498
Zugang
- zu einem öffentlichen Weg 2963
- zur Erschließungsanlage 1320
- zur Kaufpreissammlung 180

Zugänglichkeit
- der besonderen Bodenrichtwerte für jedermann 1095
- des Grundstücks 823

Zugewinn 630, 2453
Zugewinnausgleich
- bei land- oder forstwirtschaftlichen Betrieben 2460

XII Sachverzeichnis

– bei Unternehmen 2465
Zugewinngemeinschaft 2453
Zukunftserfolgswert 420
Zukunftserwartung 417
Zulässigkeit
– einer baulichen Nutzung 676
– von Vorhaben 685, 688, 2312
Zumutbarkeitsschwelle 822, 840, 855, 861, 2360
– des Immissionsschutzrechtes 849
Zusätzliche Nutzung oder Verwertung von Teilflächen 2371
Zuschläge 778, 1283, 1696, 1742
Zuschnitt 2130
– der Grundstücke 396
– der Wohnung 1726
Zustand 606
– abgabenrechtlicher 818
– des Grund und Bodens 618
Zustand des Grundstücks 599
Zuständigkeitsregelung 837
Zustandsmerkmal 609, 1107, 1125
Zustandsmerkmale 422, 1242
Zustandsqualifizierung 608
Zustandsstörer 878, 886, 888
Zustandsstufen 638
Zustandswert 2960
Zuteilungsgrundsätze 2683
Zutrittsverbot 274
Zuwendungsnießbrauch 2834
Zwangsgeld 522
Zwangsmittel 2718
Zwangsversteigerung 2508, 2725, 2738, 2794, 2820, 2894, 2902, 2907
– Verfahren 120, 486, 520, 2802
Zwangsversteigerungsvermerk 2962
Zwangsvollstreckung 2915
Zweckentfremdungsverbot 811
Zweifamilienhäuser 958, 964, 1831, 1960
Zweigleisiges Ertragswertverfahren 1534
Zwei-Säulen-Prinzip 2955
Zwei-Sigma-Regel 1260
Zweiterschließung 1347
Zweitgutachten 381
Zwischenerwerb eines Grundstücks
– sanierungsbedingter 2501
Zwischennutzung 1026
Zyklenverläufe 2229